인 지 문 법 에 서 본 영 어 동 사 사 전

English Verb Dictionary
A Cognitive Grammar View

저자 약력

이 기 동 (李基東)

- 서울대학교 사범대학 영어교육학과
- University of Hawaii 영어교수법 석사, 언어학 박사
- 건국대학교 영문과 교수
- 연세대학교 영문과 교수
- 현재 연세대학교 명예교수
- University of British Columbia 초빙교수
- University of California at San Diago 객원교수
- University of California at Berkeley 객원교수
- 저서로는 『영어 전치사 연구』, 『영어 동사의 문법』外 다수
- 역서로는 『언어와 심리』, 『인지 문법』, 『언어학개론』外 다수

개정판

English Verb Dictionary

A Cognitive Grammar View

인지 문법에서 본

영어 동사 사전

이기동 지음

한국문화사

재판에 즈음하여

머 | 리 | 말

초판이 나올 즈음 나는 인생의 최대 위기를 맞고 있었습니다. 이 사전을 만드는 작업에 몇 년 계속해서 몰두하던 중 건강을 잃고 병원 신세를 지게 되었습니다. 한 번 일을 시작하면 끝을 보고야 마는 성격 때문에 과로하게 되었습니다. 그래서 나는 초판이 탄생되는 감격을 느끼지 못했습니다. 재판에 즈음하여 비로소 수년간 온몸을 바쳐서 만들어낸 이 사전을 보며 스스로 감격하고 있습니다. 어떻게 해서 이 큰 일을 혼자서 해내었는지? 이 책은 나의 열정과 정성을 바친 책이기에 더욱 감격스럽습니다. 그간 초판을 애용해 주신 독자들에게 감사드리고 싶습니다. 재판에 즈음하여 다시 정독해 보면서, 들어가는 부분에 잘 마무리되지 않은 것이 눈에 띄어서 이들을 깔끔히 다시 정리했고, 쉽게 이해가 되지 않는다고 생각되는 부분은 다시 썼으며, '은유' 부분은 완전히 다시 썼습니다.

이 책을 쓰는 학생들은 영어 동사를 좀 더 깊이, 정확하게 배울 수 있고, 영어 선생님들은 교재 준비를 할 때 영어 동사를 어느 한 부분에만 국한하지 않고 전체를 아우르는 방법으로 제시할 수 있기를, 또 언어학을 연구하는 분들에게는 좋은 자료가 되기를 바랍니다.

마지막으로 초판 제작에 나 대신 원고를 정리하며 출판사에 넘겨주신 고 이정희 교수에게 삼가 명복을 빕니다.

2015년 10월
이기동

인지 문법에서 본 영어 동사 사전

머 | 리 | 말

　나의 학문의 여정에 한때 방황의 시기가 있었다. 1968년에 언어학을 시작했다. 처음에는 구조주의 언어를 배웠고, 그 다음 변형 문법을 배웠다. 그러나 변형 문법은 나의 편협한 생각에는 언어에 아무런 통찰력을 주지 못하는 것으로 생각되었다. 만약 변형 문법이 언어학의 전부라면, 언어학을 계속 할 가치가 있는지 회의를 느끼고 있었다. 이러한 방황의 시기에 Ronald W. Langacker 교수가 공간 문법이라는 논문을 Language에 발표했다. 이것은 촘스키의 문법과는 전혀 다른 새로운 문법이었다. 나는 여기에 관심을 가지고 Langacker 교수가 쓰는 논문과 저서를 읽고 그의 문법을 이해하고 그것을 실제 언어 기술에 적용하려고 하고 있다. 나는 언어학 이론을 배우지만, 이론 자체보다 이론의 적용에 더 많은 관심을 가져왔다. 주어진 이론이 실제 언어의 규칙성을 드러내줄 통찰력을 제공할 수 있는가 없는가가 나의 주된 관심이었다. 이 관심은 내가 태평양의 섬나라 말 Kusaiean을 기술하는 데서 시작되었다고 볼 수 있다. 형식문법으로는 언어의 피상적인 몇 가지 사실을 기술하고는 더 이상 깊이 들어갈 수 있는 통찰력을 제공해 주지 못했다. 그 이후 한국어와 영어를 부분적으로 형식문법으로 기술하면서 형식문법의 한계점을 느끼게 되었다. 그 후에 접하게 된 인지 문법은 언어를 좀 더 깊이 있게 인지 능력과 연관을 지어서 연구하게 해줄 수 있음을 알게 되어 꾸준히 이 문법을 언어 기술에 적용해오고 있다.

　1970년대부터 인지 문법을 공부하면서, 이것을 영어 전치사와 영어 동사의 의미 분석에 적용해 보았다. 영어 전치사의 연구는 [영어 전치사 연구: 의미와 용법]으로 출간되었고, 영어 동사의 연구는 [영어 동사 上 · 下]로 출간되었다. 이 두 책은 전문 서적에 가까운 책치고는 강한 생명력을 지니고 있어서 지금도 꾸준히 여러 독자들이 찾아주고 있다. 이번에 이 사전을 만들게 된 주된 동기는 위의 두 책에 보여준 독자들의 관심과 인지 문법을 통한 영어 동사의 분석이 보여주는 결과였다. 대부분의 동사는 여러 개의 뜻을 갖는 다의어이다. 인지 문법을 적용함으로써 다의어의 여러 뜻 사이의 관련성을 잘 보여줄 수 있었다. 나는 이러한 결과를 독자들과 나누고 싶었다.

　이러한 희망을 실현시키기 위해서 첫 작업으로 각 동사에 대한 예문을 수집하기 시작했다. 예문은 우리나라에서 구할 수 있는 모든 영영 사전과 한영 사전에서 찾았다. 찾은 예문에서 중복되는 것은 추리고, 나머지를 품사, 주어, 목적어의 의미에 따라서 분류하고 이 분류를 중심으로 기본 개념 바탕을 설정하고, 이 개념 바탕에 있는 참여자의 부각에 맞추어서 뜻 하나하나를 기술했다. 이 작업은 방대한 작업이었다. 그러나 이것을 추진하기 위해서 매일 아침 일찍 일어나 출근하기 전 1시간에서 2시간 정도 이 작업에 매달렸다. 처음에는 각 동사의 자료를 수집하고 그 다음 참여자의 종류에 따라 문장을 분석하고 각 문장을 번역하는 데 많은 시간을 들였다.

이 책은 여러 사람의 도움으로 이루어졌다. 먼저 나는 R. W. Langacker 교수의 도움에 감사드린다. 그가 개발한 인지 문법이 없었더라면 이 사전은 나오지 못했을 것이다. 그리고 1996~1997년 나의 안식년에 UCSD에 초빙되어 그의 강의와 자문을 받을 수 있는 좋은 기회를 제공받았다. UC Berkeley의 George Lakoff 교수에게도 깊은 감사를 드린다. 2002년 봄 학기에 UC Berkeley에 가서 연구할 수 있는 좋은 기회를 주었다. 특히 넓은 연구실을 제공해 주어서 조용하게 연구에 몰입할 수 있었고, 매주 점심 시간에 열리는 세미나에 참석하여 많은 것을 배웠다.

오자와 탈자를 검토해준 허상화, 이진희, 배윤정에게도 깊은 감사를 드린다. 검토된 원고를 마지막으로 정리하여 출판사에 넘겨준 이정화 교수의 노고에 깊은 감사를 드린다. 이 큰일을 기꺼이 맡아주신 한국문화사 김진수 사장님께도 감사 드리고, 이 사전의 편집을 맡아주신 분에게도 감사 드린다. 마지막 자료를 묵묵히 입력하고 정리하는 데 도와준 아들 승호와 연구에 몰두할 수 있도록 늘 배려해 준 아내에게도 감사 드린다.

2006년
이기동

들어가는 말

이 장에서는 이 사전 편찬의 밑바탕이 되는 Ronald W. Langacker의 인지 문법 가운데 동사에 관련된 부분을 추려서 소개한다. 그 목적은 이를 제시함으로써 이 사전이 어떤 관점에서 만들어졌는지를 보여주기 위함이다. (R.W.Langacker 외 문법은 참고 문헌 참조)

1. 이론적 바탕

영어에서 빈도수가 높은 기본어휘에 속하는 낱말은 거의 모두 여러 가지의 뜻을 갖는다. 대표적인 예로 전치사를 들 수 있는데, 하나하나의 전치사는 모두 여러 가지의 뜻을 가지고 있다. 이것은 사전을 찾아보면 쉽게 확인할 수 있다. 영어 동사도 마찬가지로, 하나하나의 동사는 여러 가지의 뜻을 가지고 있다. 특히 자주 쓰이는 동사일수록 더 많은 뜻을 갖는다. 그런데 사전에 실린 뜻을 찾아보면, 한 낱말 아래에 실린 하나의 뜻은 다른 뜻과 별 관련성이 없는 별개의 의미로 보인다. 동사 Run의 의미를 사전에서 찾아보면 다음과 같다.

The Randon House Dictionary (1980): run (run)

vi. 1. to go quickly by moving the legs more rapidly than at a walk. 2. to move or act quickly. 3. to flee or escape. 4. to make a quickly trip or informal visit. 5. to go around without restraint. 6. to take part in a race or contest. 7. to be a candidate for election. 8. migrate, as fish. 9. to ply between places, as a ship. 10. to move or pass freely or smoothly. 11. to creep or climb, as growing vines. 12. to unravel, as stitches or a fabric. 13. to flow, as a liquid. 14. to vary within a certain range. 15. to melt and flow. 16. to undergo a spreading of color. materials that run when washed. 17. to operate or function. 18. to pass into or meet with a certain state or condition. 19. to amount or total. 20. to be stated or worded in a certain manner. 21. to extend in space or time. 22. to return persistently. 23. to be of a certain size, number, et.

v. t. 24. to move along (a route, path, etc.). 25. to perform or compete in by or as by running. 26. to bring into a specified state by running. 27. to drive (an animal) by pursuing. 28. to get past or through: to run a blockade. 29. to smuggle (contraband goods). 30. to publish, print, or make copies of. 31. to manage or conduct, as a business. 32. to be exposed to (a chance, risk, etc). 33. to cause (a liquid) to flow. 34. to draw or trace, as a line. 35. to suffer from, as a fever.

Run의 의미는 자동사와 타동사로 나누어져 있고, 이들 각각에는 여러 가지의 의미가 담겨 있다. 그런데 의미 사이에는 아무런 관련성을 찾아볼 수가 없다. 한 낱말을 그릇에 그리고 그 의미는 그릇에 담기는 내용물로 생각해 볼 수 있다. Run의 의미를 보면 이 그릇에 전혀 닮은 점이 없는 내용물이 담겨 있는 것으로 보인다.

언어의 경우, 한 낱말에 담기는 의미의 관련성은 그림 3에서 보여줄 것이다.

이 책의 목적은 동사가 갖는 여러 뜻에는 관련성이 있음을 전제로 하고 이 관련성을 어떻게 하면 가장 잘 나타낼 수 있는가를 살펴보는 데 있다. 이 연구의 바탕이 되는 것은 Langacker의 인지 문법인데, 이 문법에서는 의미를 다음과 같이 다루고 있다.[1]

---

1) 인지 문법은 Ronald W. Langacker가 지난 20여년 동안 계속 개발해오고 있는 문법인데, 이것은 아직 완전한 것은 아니지만, 그래도 언어에 가장 많은 통찰력을 줄 수 있는 것으로 판단된다. 이 문법에 관련된 많은 논문을 Langacker가 발표해오고 있는데, 그의 문법을 총정리하여 1987년에 Foundations of Cognitive Grammar를 출간했다.

(1) A. 자주 쓰이는 표현은 서로 관련된 의미의 망을 갖는다.

B. 의미구조는 인지영역과 관련을 지어서 설명이 된다.

C. 의미구조는 배경에 모습을 부과하므로 구조의 값을 끌어낸다.

D. 의미구조는 관습적 영상을 포함한다. 즉, 의미구조는 특정한 방식으로 상황을 해석한다.

1.1. 의미의 망

먼저 (1A)를 명사 ring을 예로 들어서 생각해보자. ring의 가장 원형적인 의미는 손가락에 끼는 반지이다. 이 의미는 원형적이어서 제일 먼저 생각나고, 또 사전에도 통상 제일 먼저 실린다. 그런데 이 낱말은 코걸이를 가리키는 데에도 쓰인다. 반지와 코걸이는 같은 점도 있고 다른 점도 있다. 같은 점은 둘 다 둥근 개체이고, 장식품으로 쓰이는 점이다. 그러나 이들은 크기가 서로 다르다. 서로 다르지만 같은 낱말로 표현되는 것은 한 의미가 다른 의미에서 확장된 것으로 볼 수 있다. 그러므로 코걸이는 반지의 의미가 확장된 것으로 볼 수 있다.

(2) 반지 ---------> 코걸이

반지와 코걸이에서 다시 공통점을 추출할 수 있는데, 이 공통점은 둥근 모양의 장식물이다. 또 여기서 둥근 모양만 추출하고 장식 기능을 빼놓으면, 둥근 물체라는 개념이 추출될 수 있다. 또 둥근 물체에서 둥근 개념만 포착이 되고, 물체의 개념을 빼면 둥근 흔적같이 되는데 이것도 ring으로 표현될 수 있다. 둥근 물체와 둥근 흔적에서 더 추상적인 둥근 개체와 같은 도식이 나올 수 있다. 이것을 그림으로 나타내면 다음과 같다.

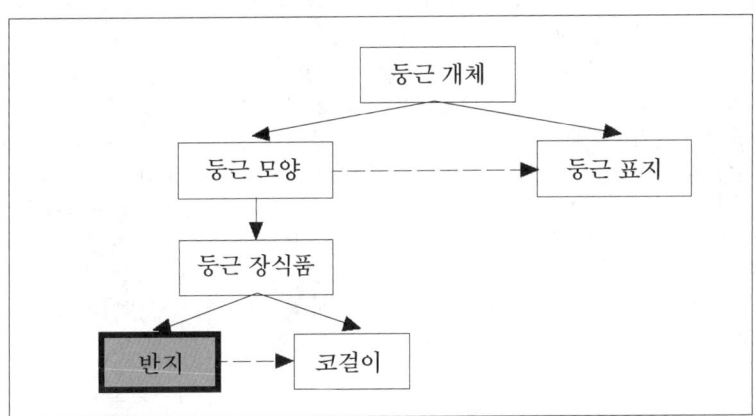

〈그림 1. ring의 의미망〉

이 그림이 보여주는 것은 ring이 나타내는 여러 의미는 별개가 아니라 서로 관련이 되어서 망 조직을 이룬다는 점이다. 그러면 이 망 가운데서 어느 것이 ring의 의미가 되는가? ring의 의미는 그림 1에서 가장 높은 추상적인 도식도 아니고, 망 속의 어느 하나의 의미에만 국한되는 것도 아니다. ring의 의미는 그림 1과 같은 전체 망 조직과 동일시되어야 한다. 물론 이 가운데서 '반지'의 의미가 가장 원형적일 것이다. 그러나 원형적인 의미만이 ring의 의미가 아니다.[2]

---

[2] George Lakoff은 over가 갖는 여러 의미는 이미지 스키마의 변형, 은유적 연관, 환유적 연관, 프레임의 첨가와 같은 방법으로 서로 연관이 되어서 over의 여러 의미가 방사상을 이룸을 보여주고 있다.

위에서 우리는 한 낱말이 여러 개의 의미를 가지고 있을 때, 이들 의미는 서로 관련된 의미의 망을 이룸을 살펴보았다. 이것은 우리가 가지고 있는 인지능력의 하나인 범주화와 관계가 깊다. 위에서 살펴본 몇 개의 망 모형에서 각 마디는 주어진 낱말의 기성의미를 나타내며, 두 마디를 연결하는 선은 마디 사이의 연결성질을 나타낸다. 마디들은 범주화 관계에 의해서 연관이 지어진다. 범주화 관계에는 두 개의 기본 유형이 있는데, 이들은 도식관계와 확장관계이다. 도식관계는 실선 화살표로 표시되고, 확장관계는 점선 화살표로 표시되어 있다. 표기법 [A]———▶[B]는 [A]가 [B]의 도식임을 나타낸다. 그림 1에서 [둥근 장식]은 [반지]의 도식이 되고, [반지]는 [둥근 장식]의 실례가 된다. 바꾸어 말하면 [B]는 [A]의 실례가 됨을 나타낸다. [B]는 [A]와 양립이 가능하지만 [A]보다 더 상세하고 정교하다. 그래서 [B]에서 [A]로 볼 때에는 추상화의 과정이다. 이와는 대조적으로, 의미확장관계는 값에 있어서 어느 정도의 충돌을 내포한다. [A]----▶[B]의 관계에서 [A]의 어떤 점은 억제되거나 변형이 되어서 [B]는 범주 [A]의 구성원으로 받아들여진다.

또 다른 한 예로, 전치사적 부사도 많은 의미를 가지고 있는 낱말 가운데 하나이다. 예로서, 부사로 쓰이는 out은 많은 의미를 가지고 있다. 이 낱말 의미에 큰 관심을 가지고 있는 학자는 Lindner인데, 그분 (1983)은 out의 많은 예를 수집하여 이를 망 모형으로 분석하였다. 그 중 일부는 다음 예문을 포함하고 있다.

(3) a. She went out. (그녀는 나갔다.)

b. She picked out two pieces of candy from the jar. (그녀는 항아리에서 사탕 두개를 꺼냈다.)

c. Please smooth out the wrinkle. (주름을 펴서 없애주세요.)

(3a)에서 out은 주어가 화맥에서 알려진 어떤 영역을 벗어나는 과정과 그 결과를 나타낸다. (3b)에서는 주어가 한 어떤 동작의 결과로 사탕 두 개가 어떤 영역 (예로서, 사탕이 들어 있는 항아리)을 벗어나 있는 관계를 나타낸다. 이 두 문장에 쓰인 out은 엄격히 따지면 서로 다르다. (3a)에서 영역은 집, 학교, 나라와 같은 것이고, (3b)에서 영역은 사탕과 같은 개체가 여러 개 들어 있는 항아리이다.

그러나 영역의 성질이야 어떠하든 어느 개체가 주어진 영역을 벗어나는 점에만 초점을 맞추면 같은 과정으로 볼 수 있겠다. 또 (3c)에서는 어떤 영역을 벗어나는 개체가 (3a-b)의 것과는 다르다. 즉, 주름은 옷과 분리될 수 있는 것이 아니다. 그렇지만 우리는 옷에 주름이 져 있다고 말할 수 있고, 또 펴지면 없어졌다고 말할 수 있다. 즉, 주름이 옷에 있다가 옷에서 떠나는 것으로 개념화된다. 그래서 이 경우도 out으로 표현될 수 있다. 위에서 살펴본 세 가지의 경우는 다음과 같이 도식적으로 나타낼 수 있다.

그림 2의 (a) (b) (c)는 여러 가지 실례에서 뽑아낸 도식이다. 또 (a) (b) (c)에서 상위도식인 (d)를 만들 수 있고, 또 이 (d)는 다른 도식과 결합하여 또 하나의 도식이 생겨날 수 있다. 이 그림에서 볼 수 있는 바와 같이, out은 여러 가지의 뜻을 가지고 있으나, 아무렇게나 흩어져 있는 것이 아니라 정연한 체계성을 가지고 있음을 알 수 있다.

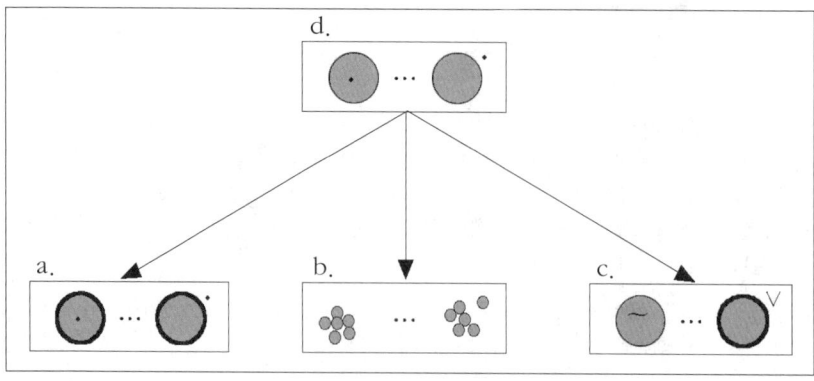

〈그림 2. out의 의미망〉

명사 ring을 통해 앞에서 살펴본 의미망이 어떻게 이루어지는지 간단히 살펴보았다. 다음으로 동사의 의미가 어떻게 망상을 이루는지 동사 run을 예로 들어서 분석해보자. run의 가장 원형적인 의미는 사람이 두 발을 가지고 빠른 속도로 움직이는 과정이다. 이 의미가 아마 가장 최초에 습득되는 의미일 것이고 중립적 맥락에서 활성화될 가능성이 가장 높은 의미이다. 동물의 경우는 두 발이 아니라 네 발을 가지고 있다. 동물은 네 발을 써서도 빠른 동작으로 움직일 수 있다. 그러므로 이 경우에는 동사 run의 의미가 확장되어 쓰이는 예이다. 나아가서 run은 발이 아니라 바퀴를 써서 움직이는 데에도 확장되어 적용된다.

> (4) a. The car ran down the hill. (그 차는 언덕 아래로 달려갔다.)
>   b. The bicycle ran up the hill. (그 자전거는 언덕 위로 달려갔다.)
>   c. The train ran on. (그 기차는 계속해서 달렸다.)

다시 run은 다리나 바퀴가 없이 어떤 개체가 빨리 한 장소에서 다른 장소로 움직이는 데에도 적용된다. 이 의미는 다리나 바퀴의 차이는 무시하고 빠른 움직임만을 나타낸다.

> (5) a. The ship ran very fast. (그 배는 매우 빠르게 달렸다.)
>   b. The tears ran down his face. (눈물이 그의 얼굴을 타고 내려갔다.)
>   c. The oil runs out of the pipe into the water. (그 기름은 파이프에서 나와 물속으로 흘러간다.)

(5)의 예가 보여주는 run의 과정은 이동성을 가지고 있으나, 다음 (6)의 과정에는 빠른 움직임은 있으나 이동이 없다.

> (6) a. Don't touch the engine while it is running. (엔진이 움직일 때 손을 대지 마시오.)
>   b. The machine is run by electricity. (그 기계는 전기의 힘으로 움직인다.)

위에서 살펴본 run의 의미는 다음과 같이 도식적으로 나타낼 수 있다.

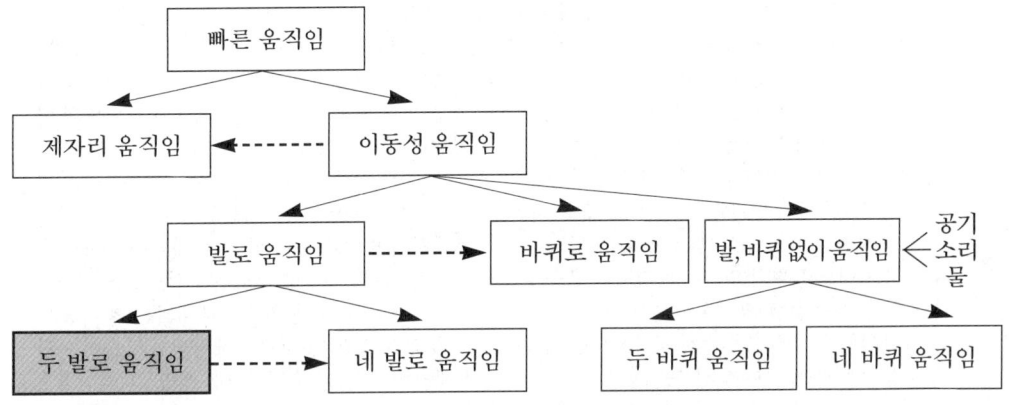

〈그림 3. run의 의미망〉

간추리면, 그림 3에서 [두 발로의 빠른 움직임]은 [네 발로의 움직임]으로 확장되고, 이 둘은 다시 [발로의 움직임]의 도식의 바탕이 된다. 이것은 다시 [바퀴로의 움직임]으로 확장된다. [발로의 움직임]과 [바퀴로의 움직임]은 다시 [이동 움직임]의 도식을 낳고, 이것은 [비이동 움직임]으로 확장된다. 이 두 움직임이 추상화되어 [빠른 움직임]의 개념을 낳는다.

1.2. 인지영역

(1B)에 의하면, 낱말의 의미는 인지영역에 비추어서 특징 지어진다. 어느 한 개념은 다른 개념을 전제로 한다. 그래서 이 전제된 개념이 주어진 개념의 출현과 특징화의 기초를 제공해 준다. 예로서, 직각삼각형의 빗변 (hypotenuse)은 직각삼각형을 전제로 하고, 이것이 없이는 직각삼각형의 빗변이 존재할 수 없다. 또 어느 낱말의 의미기술에는 인지영역이 한 가지만 관련되는 것이 아니라 몇 개의 영역이 관련될 수 있다. 예로서, beep를 들 수 있다. 이것은 어느 정도 순수한 음조에 가까운 소리다. 그러므로 이 개념을 특징짓기 위해서는 시간과 공간 영역이 모두 포함된다. 또 flash는 짧고, 강력하게 발하는 빛 감각이다. 이 개념을 묘사하기 위해서는 시간, 색채, 공간 그리고 시간 영역 내의 확장범위를 고려해야 한다. 위에서 예로 든 run의 경우는 어느 개체가 시간을 따라 장소를 바꾸는 과정을 나타내므로, 이 과정에는 시간과 공간 영역이 포함되며, 움직임의 방법도 고려되어야 한다.

여기서는 낱말의 뜻은 낱말 자체만으로 정의될 수 있는 것이 아니라 우리의 인지 영역과 밀접하게 관련되어 있고, 그래서 이 인지영역과 관련을 지어야만 낱말이 제대로 풀이가 될 수 있음을 살펴보았다. 이것은 어느 낱말의 관습적 의미값과 언어기술은 백과사전적 지식과 분리시킬 수 없음을 시사한다. 형식 언어이론에서는 언어지식과 백과사전적 지식을 구별하려고 하지만, 이를 뒷받침할 근거는 미약하다. 이 두 가지의 지식을 구별해야 한다는 주장은 사실에 바탕을 둔 것이 아니라 방법론적인 고려에 바탕을 두고 있는 것으로 보인다. 형식이론에서 언어의미는 백과사전식 의미와 분명히 구별되는 것으로 취급되고, 어떤 낱말의 의미는 이 낱말이 가리키는 물체나 과정에 대해서 화자들이 가지고 있는 방대하고 개방적인 지식이 아니라, 이 지식의 극히 제한된 일부를 가리키는 것으로 취급된다. 그래서 언어지식과 언어외적 지식 사이에 분명한 경계가 그어질 수 있다고 생각된다. 이러한 견해의 문제점은 언어사실이 위와 같은 주장의 타당성을 뒷받침해 주지 않는다는 점이다. 언어지식과 언어외적 지식 사이에 경계가 있다면, 이것은 방법론적인 필요에 의한 것이지 사실의 뒷받침을 받을 수 있는 것이 아니다. 이 연구에서도 언어지식과 백과사전식 지식은 구별할 수 없으며, 또 구별해서는 안 되는 것으로 나타났다 (Haiman, Langacker).

1.3. 배경과 모습

(1C)가 주장하는 것은 어떤 바탕에 모습을 부과하는 것이 낱말의 의미분석에 중요하다는 점이다. 한 낱말의 바탕은 여러 인지영역의 집합체일 수 있다. 예로서 칼의 경우, 이의 바탕에는 칼의 기능, 모양, 다른 식기류에서 이것이 차지하는 위치 등이 포함될 수 있다. 이 바탕의 어느 부분이 특이한 수준의 현저성으로 높혀져서 초점으로 쓰이게 되면, 이 부분이 모습이 된다. 모습은 낱말이 지시하는 바탕의 어떤 부분이라고 할 수가 있다. 앞에서 언급된 직각삼각형의 빗변을 생각해 보자. 이 개념의 바탕은 직각삼각형이고, 이 바탕 위에 현저하게 부각된 부분이 모습이며, '직각삼각형의 빗변' 은 이 부분을 가리킨다. 다음 그림 4에서 빗변은 굵은 선으로 표시되어 있고, 그 외의 바탕은 가는 선으로 표시되어 있다.

어느 서술은 배경으로부터 특정한 모습의 부여를 통해서 구별이 가능한 더 상위 개념을 유도한다. 그렇지만 어느 표현의 의미는 배경이나 모습에만 있는 것은 아니다. 이 양면 모두가 서술의 의미값에 중요하다. 예를 들면, 그림 4에서처럼 직각삼각형의 빗변에 주어진 모습을 억제하면 결과는 더 이상 빗변의 개념이 되지 않고 단순히 직각삼각형 개념만 된다. 우리가 그림 4에서처럼 배경에서 모습이 아닌 부분을 억제하면, 나머지 선분을 직각삼각형의 빗변으로 식별할 근거가 없다. 왜냐하면, 직각삼각형의 빗변은 직각삼각형의 맥락에서만 존재하기 때문이다. 그래서 서술의 배경은 의도한 지시물의 성질과 정체를 확립하는 데 필요한 "틀 (frame)"로 생각될 수 있다.

또한 예로 '지름'을 생각해 보자. 지름은 직선이다. 그러나 직선만으로 지름이 될 수 없다. 이 직선이 원의 중심을 지나는 것이라야 지름이 될 수 있다.

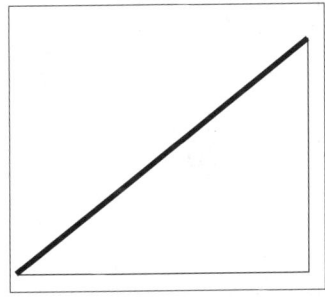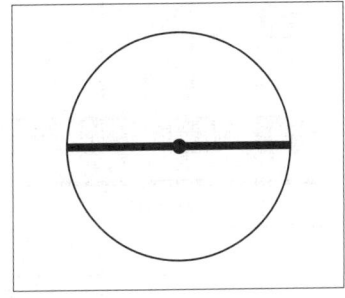

〈그림 4. 직각삼각형의 빗변과 원의 지름의 모습과 바탕〉

어떤 사람이 친족관계에서 다른 어떤 사람과 특정한 방법으로 연관될 때 **삼촌**이 된다. 어떤 쉬는 시간은 어떤 공연과 관련지어 쓰일 때에만 **막간**이 된다. 그리고 긴 물체의 끝만이 **꼭지**가 된다.[3]

낱말 가운데는 같은 바탕을 갖지만, 모습이 다른 데서 서로 다른 의미를 갖는 낱말이 되는 것이 있다. 다음 예를 살펴보자.

(7) a. You've been here long enough - please **go** now. (너는 여기 충분히 오래 있었다. 자 이제 가거라.)
　　 b. California is very far **away**. (캘리포니아는 매우 멀리 떨어져 있다.)
　　 c. By the time I arrived, she was already **gone**. (내가 도착했을 때는 그녀는 이미 가고 없었다.)

이 굵은 활자체의 낱말들 모두가 다의어이다. 그러나 각각의 경우 우리는 예시된 하나의 의미에만 주의를 국한해 보자. 동사로써 go는 "과정"을 지시한다. 즉, 이 동사는 일정한 기간 내에 연속적으로 일어나는 일련의 관계형상을 나타낸다 (그림 5a 참조).

따라서 그림 5a에 있는 화살표가 보여주듯이, 시간은 go의 바탕에 있는 하나의 영역이며 공간은 또 다른 하나의 영역이다. 그림 5a는 이 과정이 이루는—최초와 최후가 포함된—연속적인 일련의 상태에서 네 개의 구성요소 상태만 명시적으로 보여준다. 두 개의 중요한 참여자가 간단하게 원으로 표시되어 있다. 그 중 하나는 "이동체 (trajector=tr)"로, 다른 하나는 "지표 (landmark=lm)"로 불린다. 점선은 대응 (correspondence)을 나타낸다. 대응이란 한 상태에서 다른 상태로 변하더라도 이동체는 동일함을 나타내며, 지표의 경우에도 마찬가지이다. 각 상태 안의 이동체와 지표를 연결하는 굵은 점선은 go의 관계적 특징을 이루는 모습으로 드러난 상호관계를 나타낸다. 다시 말하면, 이 관계 특징은 지표 영역 내에서 이동체의 위치를 결정하는 인지적 작용이다. go의 최초 상태에서 이동체는 타원으로 나타낸 지표의 영역 안에 있다. 이동체의 위치는 시간의 경과와 함께 상태마다 변하여 최종 상태에서는 이동체가 지표의 영역 밖에 있다.

다음으로 away를 살펴보자. 이 낱말은 동사가 아니다. 그러므로 시간은 이 낱말의 의미 묘사에 활성 영역이 아니다. (7b)에서 away는 그림 5b에서 그려진 것과 같이 하나의 공간 형상을 모습으로 하고 있다. 이 형상은 go가 그리는 과정의 최종상태를 이루는 형상과 같다는 점에 주목하자. go는 이동체를 지표의 밖에 위치시킨다. 그래서 go에 의해서 지시되는 과정은 away가 적절하게 묘사하는 위치관계로 끝난다. 그러나 우리는 (7b)와 같은 예로부터 이 관계는 이동체의 이동에 의해서 생기는 것으로 해석될 필요가 없다는 것을 알 수 있다 (아마 California는 고려되고 있는 기간 내에서도 정지 상태에 있을 것이다).

---

3) 다음 예와 그림 5는 Langacker (1988: 62)에서 인용한 것

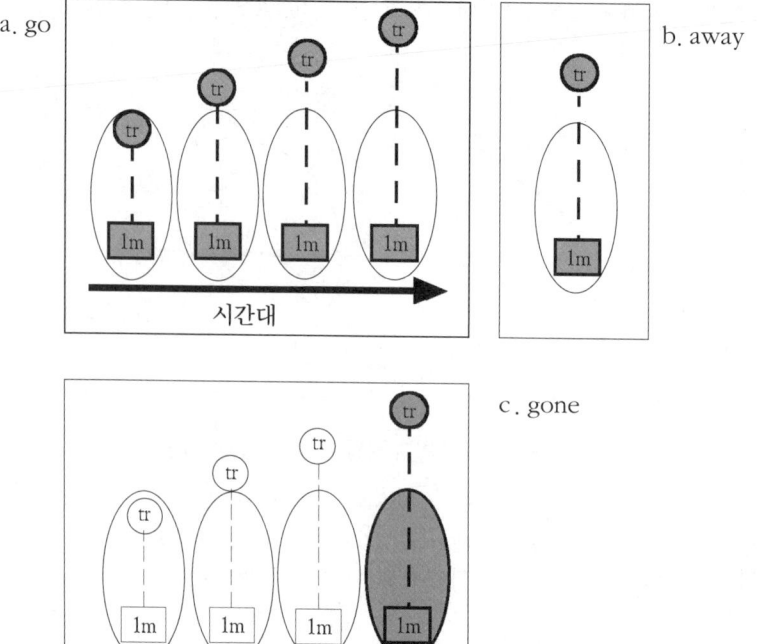

〈그림 5. go, away, gone〉

gone은 어떻게 설명할 수 있는가? 그림 5a, 5b를 검토해 보면 go와 away는 서로 다르지만 어떤 점에서 비슷하다는 것이 드러난다. 그림 5b, 5c를 살펴보면, gone과 away는 이동체가 지표의 안에 있지 않는 하나의 위치관계를 모습으로 갖는 점에서는 같다는 점을 알 수 있다. 그러나 이 두 서술의 배경은 공간 영역의 어떤 부분에 불과하지만 gone의 배경은 정확하게 말하자면 go의 모습인 과정이다. 다시 말하면 어떤 개체는 그 위치가 가는 (go) 과정의 한 실례에서 나와야만, 간 것 (being gone)으로 정확하게 묘사될 수 있다. 그러므로 이 과정의 개념이 gone의 배경이 된다. go와 gone의 개념 내용에 있어서의 차이는 과거분사 서술의 의미에서 온다. 과거분사 형태소는 도식적으로 나타낸 과정을 배경으로 취하고 이 과정의 최종상태를 모습으로 한다.

이러한 바탕/모습의 대조와 모습의 부여는 다의어 동사의 의미기술에도 매우 중요한 것으로 드러난다. 동사 shoot을 예로 들어보자. 이 동사가 가리키는 과정에는 쏘는 사람, 쏘는 도구, 쏘이는 물건, 쏘이는 물건의 이동 등이 바탕에 깔려있다. 이것을 도식적으로 나타내면 다음과 같다.

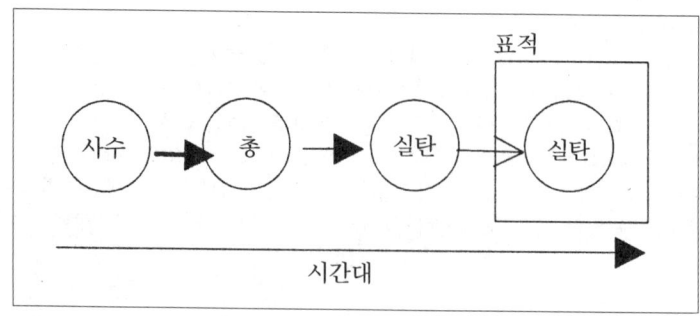

〈그림 6. 동사 shoot의 개념바탕〉

그림 6이 나타내는 동사 shoot의 과정은 다음과 같다. 쏘는 이가 쏘는 도구에 힘을 가하고, 이것은 다시 쏘이는 물건에 힘을 가하여, 이 물건이 빠른 속도로 움직여서 P1이라는 장소에서 어떤 경로를 통해서 P2라는 장소에 이르는 과정이다.

동사 shoot은 여러 가지의 뜻을 나타내는데, 이 가운데는 그림 6의 여러 개체 가운데 어느 부분이 모습으로 드러나느냐에 달려있다. 대표적인 경우 몇 가지를 살펴보면 다음과 같다. 먼저 다음에서는 shoot의 바탕 가운데 쏘는 이와 도구만이 모습으로 드러나 있다 (그림 7a 참조).

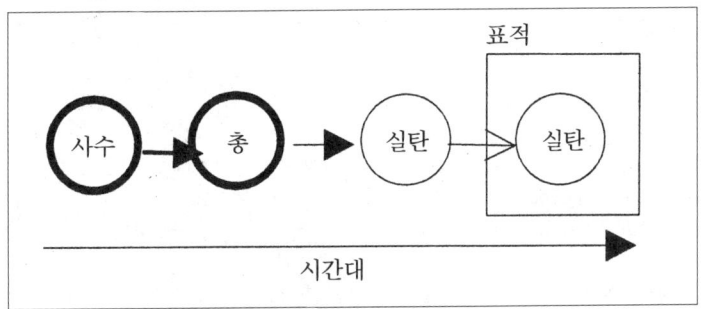

〈그림 7a. 사수와 총의 부각〉

(8) a. He shot the gun / the pistol / the rifle.
     (그는 총/권총/소총을 쏘았다.)

다음에서는 쏘는 이와 쏘이는 물건만이 모습으로 드러난 과정이다 (그림 7b 참조).

(9) a. The man shot an arrow.
        (그 사람은 화살을 쏘았다.)
     b. They shot away our ammunition.
        (그들은 우리의 실탄을 쏘아댔다.)

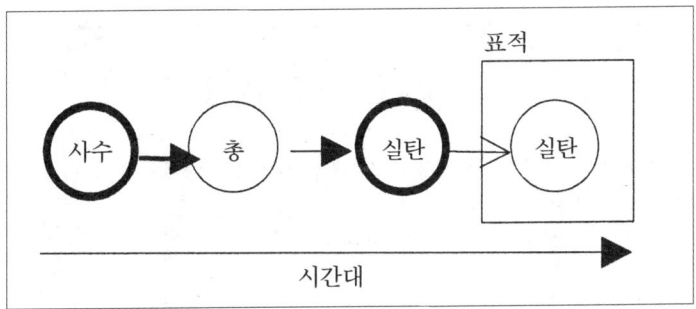

〈그림 7b. 사수와 실탄 부각〉

다음에서는 쏘는 이와 쏘이는 물건이 닿는 목표가 모습으로 드러나는 과정이다 (그림 7c 참조).

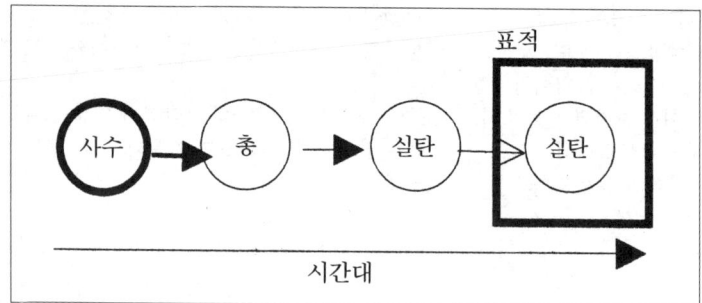

〈그림 7c.사수와 표적 부각〉

(10) a. They shot down the enemy planes. (그들은 적기를 쏘아내렸다.)
     b. He shot the robber dead. (그는 강도를 쏘아서 넘어뜨렸다.)
     c. He shot the woods behind the farm. (그는 농장 뒤에 있는 숲을 쏘았다.)

다음에서는 쏘는 이와 쏘이는 물건이 동일한 개체로 풀이되는 경우이다. 즉, 쏘는 이와 쏘이는 물건
이 주어로 표현되는 경우이다 (그림 7d 참조). 그리고 이동 경로가 목적어로 표현되어 있다.

(11) a. He shot the rapids. (그는 급류를 타고 갔다.)
     b. He shot the bridge. (그는 그 다리를 쏜살같이 지나갔다.)

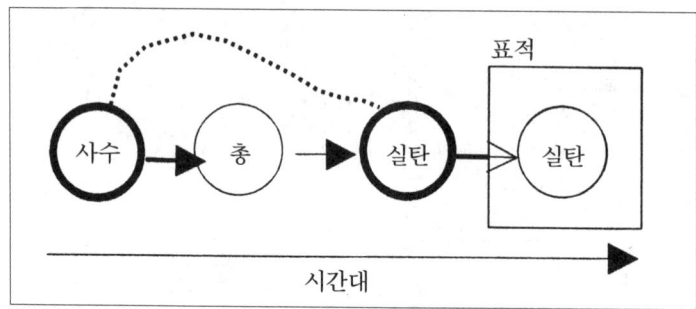

〈그림 7d. 사수와 실탄. 동일체〉

위 문장에서 주어 He는 움직이려는 생각을 하고 동시에 행동을 하는 주체이고, the rapids와 the bridge
는 주어가 움직이는 경로이다.
다음에서는 장소이동을 하는 쏘이는 물건과 경로만이 모습으로 드러난 과정이다.

(12) a. A star shot across the sky.
        (어느 별이 하늘을 빠르게 가로질러 갔다.)
     b. Tom began to shot out.
        (톰은 쏜살같이 뛰어나가기 시작했다.)
     c. Buds shoot fort in spring.
        (싹들이 봄에 쑥쑥 솟아난다.)

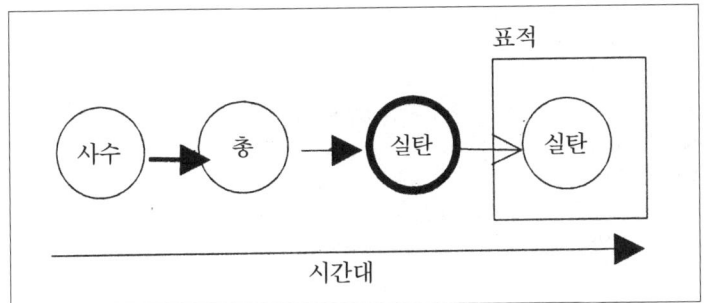

〈그림 7e. 실탄 부각〉

위에서 우리는 같은 바탕에서 모습으로 드러나는 개체에 따라서 여러 가지의 뜻과 쓰임이 나타남을 살펴보았다. 이것은 한 형태 shoot에 여러 가지의 관련된 뜻이 있음을 나타낸다.[4]

shoot와는 좀 다른 현상으로, 같은 바탕을 가지고 있으나 모습으로 드러나는 부분이 다르면서, 다른 형태의 낱말이 쓰이는 예가 있다. hub, spoke, rim이 이의 예가 되겠다. hub는 바퀴의 중심을 가리키고, spoke이 중심에서 바퀴테로 뻗쳐있는 살을 가리키고, rim은 바퀴테를 가리킨다. 그림 8에서 볼 수 있는 바와 같이 이 세 낱말은 같은 바탕을 가지고 있으나, 이 바탕 가운데 다른 부분이 모습이 되면서 서로 다른 낱말이 된다.

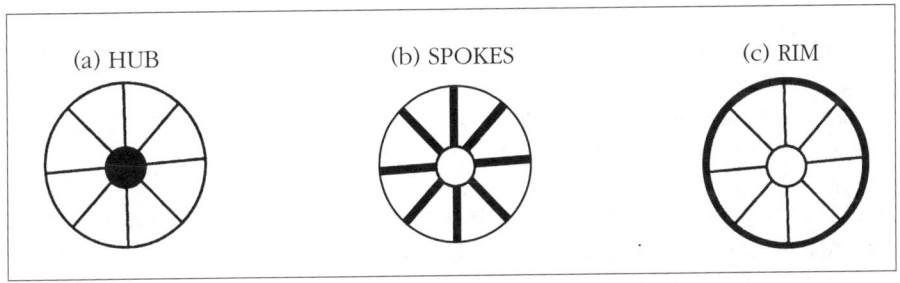

〈그림 8 모습과 바탕〉

위에서 살펴본 바와 같이 바탕/모습의 대조는 거의 모든 낱말의 의미분석에 매우 중요한 역할을 한다.

1.4. 관습적 영상 (image)

인지 문법에서 '영상'이란 용어는 특정한 방법으로 쓰인다. 이 문법에서 영상은 주어진 상황을 여러 가지 각도에서 개념화할 수 있는 우리의 능력을 말한다. 영상에는 여러 가지 차원이 포함되는데, 넓게 보면 1.3.에서 다룬 바탕/모습의 대조도 영상의 문제이다. 이 외에 영상의 차원에 드는 것으로는 어느 상황이 해석되는 구체성의 수준, 낱말이 가리키는 대상의 규모 및 상황을 관찰하는 원근법 등이다. 먼저 구체성과 관련되는 영상을 살펴보자. 우리는 어떤 개체를 가리킬 때, 이것을 여러 가지 수준에서 개념화할 수 있다. 어느 날짐승을 가리킬 때 우리는 이것을 다음 (13a)와 같이 개념화할 수 있고, 어느 포유동물은 다음 (13b)와 같이 개념화할 수 있다.

---

4) 주어진 바탕은 같으나, 이 바탕에서 모습으로 뽑히는 부분이 다르면, 다른 동사로 표현되는 경우도 있다. 물건을 사고파는 경우를 예로 들어보자. 여기에는 파는 사람, 사는 사람, 팔리는 물건, 지불하는 돈 등이 바탕에 깔려있다. 여기서 파는 이와 물건이 모습으로 드러나면 sell이 쓰이고, 사는 이와 물건이 드러나면 buy가 쓰인다.

(13) a. 생명체 - 동물 - 날짐승 - 제비
    b. 생명체 - 동물 - 젖먹이 짐승 - 개 - 진돗개

또 낱말이 가리키는 대상의 규모와 관련된 영상으로 bay와 cove가 있는데, 이들이 가리키는 지형은 거의 같으나, bay는 cove보다 규모가 더 크다. 동사의 경우 bite와 nibble을 비교할 수 있다. 두 가지 다 입으로 무엇을 물어서 뜯는 과정을 나타내지만 bite가 nibble보다 규모가 훨씬 더 크다.

원근법과 관계되는 것으로는 다음과 같은 예가 있다. 어느 소년 Bob이 다른 소년 Tom의 옆에 앉아 있는 관계를 생각하여 보자.

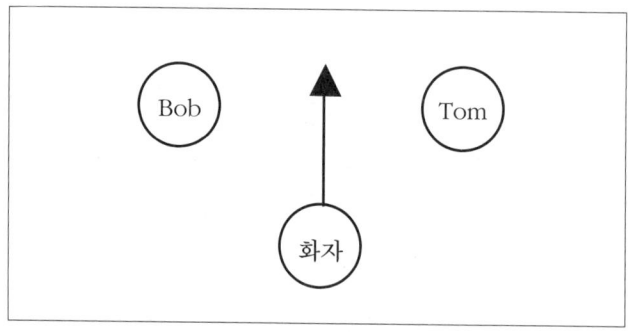

〈그림 9. 관정〉

이 관계를 우리는 다음과 같이 두 가지 방법으로 나타낼 수 있다.

(14) a. Bob is sitting to the left of Tom. (봅은 톰의 왼쪽에 앉아있다.)
    b. Bob is sitting to the right of Tom. (봅은 톰의 오른쪽에 앉아있다.)

화자가 그림 9에 표시된 자리에 있다고 가정하고 이 위치에서 Bob과 Tom을 보면서 Tom에 대한 Bob의 위치를 묘사하려면, 문장 (14a)가 쓰일 것이다. 그러나 화자는 자기의 실제 위치가 아닌 가상의 위치에서도 주어진 사건을 묘사할 수가 있다. 이러한 가상의 위치 가운데 하나는 화자가 Tom과 Bob의 위치에서 이들과 같은 방향을 보고 있다고 가정하는 것인데, 이 때에는 Bob과 Tom의 주어진 관계는 문장 (14b)로 묘사될 것이다.

동사의 경우에도 원근법이 적용되는 경우가 많다. lend/borrow, give/take, buy/sell 등의 짝진 동사는 같은 개념 상황을 묘사하지만 이들 짝진 동사는 관습적으로 정해진 원근법이 다르다. buy/sell의 경우를 간단히 살펴보자. 이들 동사는 다음과 같은 상황을 그린다. 어떤 물체 (O)가 A라는 사람에게 있다가 A가 다른 사람 B로부터 돈 (M)을 받고 O를 B에게 주는 과정이다.

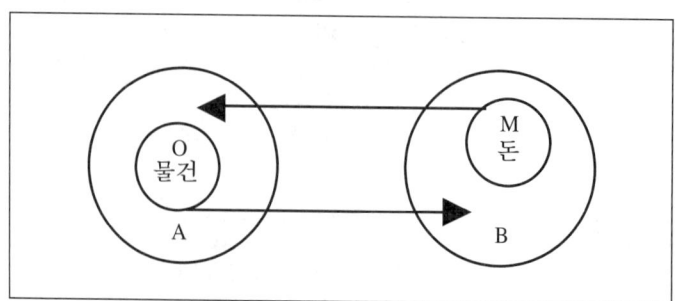

〈그림 10 물건 사고 팔기〉

이 과정은 A의 관점에서는 (15a)와 같이 묘사될 수 있고, B의 관점에서는 (15b)와 같이 묘사될 수 있다.

    (15) a. A is selling O to B. (A는 O를 B에게 팔고 있다.)
        b. B is buying O from A. (B는 O를 A에게 사고 있다.)

위에서 간단하게 세 가지의 영상 차원을 고려해 보았지만, 그 외의 차원도 있을 것이다.

1.5. 행동과 사건의 개념[5]

동사는 행동이나 사건과 관계되는데, 행동이나 사건을 개념화함에 있어서, 우리는 두 가지 모형을 생각할 수 있다. 하나는 당구공 모형이다. 이 모형에 의하면 세계는 개체로 구성되어 있고, 이들 중 어떤 개체는 이리저리 움직이다가 다른 것과 상호작용을 할 수 있다. 이렇게 움직이는 개체는 외부의 힘에 의한 것일 수도 있고, 내부의 힘에 의할 수도 있다. 한 개체가 다른 개체에 접촉하여 힘을 가하면, 접촉된 개체는 움직여서 또 다른 개체에 영향을 줄 수도 있다. 이것이 당구공 모형이다. 또 다른 하나의 모형은 무대 모형이다. 우리의 주위에는 끊임없이 많은 일이 일어나지만, 어느 주어진 순간에 우리의 주의는 어떤 제한된 영역에 한정된다. 즉, 몇몇의 참가자가 제한된 영역 안에서 상호작용을 하면서 일으키는 사건을 관객이 구경을 하는 모형이다. 이 두 모형을 도식화하면 다음과 같다.

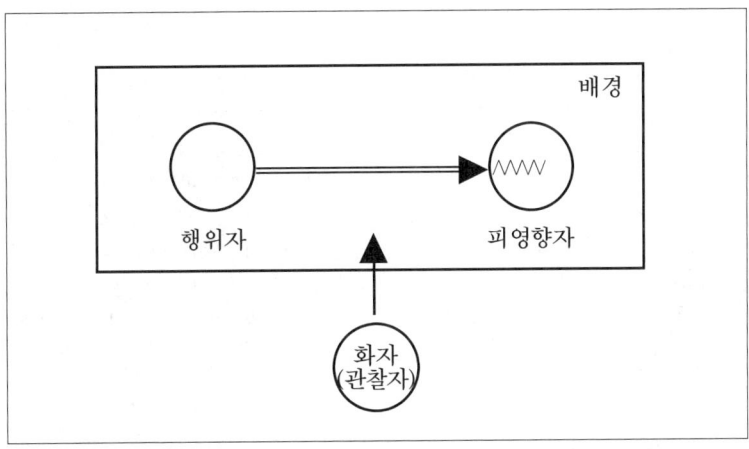

〈그림 11 무대모형〉

이중 화살표는 에너지의 전달을 나타내고 둥근 원 안의 파형 선은 내부변화를 나타낸다. 사각형은 무대/배경이고, 이 무대 위에서 참가자들이 상호작용을 하면서 사건이 전개되는 것으로 본다. 이것을 무대 밖에 있는 관찰자가 보는 관계이다. 이와 같은 사건에 참가하는 참가자의 역할은 크게 다음과 같이 나누어 볼 수 있다. 그러나 다음 목록은 절대적인 것이 아니다.[6]

---

5) 이 부분의 내용은 Langacker (1986)의 논문에 바탕을 두고 있음.
6) 의미역할의 개념은 언어개념에 매우 중요하다. 그러나 주어진 언어에 몇 개의 의미역할을 설정해야 하며, 또 한 문장에 쓰인 어느 명사구에 어떤 의미역할을 할당해야 하는지는 분명하지 않은 경우가 많다.

1.5.1. 의미역할

행 위 자:
　의도적으로 물리적 행동을 수행하면서 다른 물체와 접촉하게 되고, 또 이 접촉을 통해서
　에너지가 전달된다.
피영향자:
　외부에서 시작된 물리적 접촉으로 전달되는 에너지를 받고, 내적 변화를 겪는 참가자
도   구:
　행위자가 쓰는 통상 무정 개체로서 이 개체를 통해서 에너지가 행위자에게서 피영향자에
　게 전달된다.
경 험 자:
　정신활동에 참가하는 개체

위에서 간단하게 살펴본 것은 사건이나 행동의 개념이다. 그러나 이것은 언어에 어떻게 표현되
는가는 별개의 문제이다. 다음에서는 표현과 관계되는 문법역할, 즉 주어와 목적어의 개념을 살펴
보겠다.

1.5.2. 문법역할: 주어와 목적어

주어와 목적어는 의미상으로 어떻게 정의될 수 있는가? 전통문법에서 이 두 범주에 대한 의미상의
정의가 있었다. 그러나 완전하지 못하므로 쓸모 없는 것으로 생각되어, 구조주의 문법에서는 아예 그
러한 개념조차 쓰기를 꺼렸다. 변형생성문법에서는 주어와 목적어를 구조와 관련된 개념으로 보고 있
다. 즉, 이 두 개념은 구조만으로 파악될 수 있다는 주장이다. 그런데 이 두 개념이 기계적으로 구조에
서 파악될 수 있겠느냐는 의문은 제쳐 두고라도, 이렇게 구조적으로 정의된 개념이 언어의 이해에 실
제 얼마만한 도움이 되느냐는 문제를 제기할 수 있다. 이 두 개념을 의미상으로 정의하기 위해서는 행
동고리와 에너지의 흐름이라는 개념이 필요하다. 어느 사건에는 참가자가 있고, 이 참가자들 사이의
상호작용은 어느 참가자에게서 시작된 에너지가 전달되면서 시작된다. 다음 경우를 살펴보자. 어느
사건에 행위자 (A), 도구 (I), 피영향자 (P)가 참여한다고 생각해 보자. 이때 에너지의 흐름은 그림 12a와
같이 나타낼 수 있다. 즉, 에너지가 행위자에게서 시작되어 도구로 가고, 도구에서 피영향자로 간다. 이
것이 에너지의 흐름을 나타낸다. 그런데 어느 사건의 묘사에 이 참가자 모두가 나타나는 경우도 있지
만, 일부만 나타나는 경우도 있다.[7]

그림 12b에는 행위자, 도구, 피영향자가 모두 모습으로 드러나 있는데 이것은 다음 (16a)의 문장으로
예시된다. 그림 12c에는 도구와 피영향자가 나타나 있는데, 이것은 문장 (16b)로 예시된다. 그림 12d에
서는 피영향자만 나타나 있는데 이것은 예문 (16c)로 예시되어 있다. 그림 12e에서는 행위자와 도구가
모습으로 들어 있는데 이것은 예문 (16d)로 예시되어 있다.

(16) a. John broke the glass with a hammer. (존은 유리를 망치로 깼다.)
　　 b. The hammar broke the glass. (그 망치가 유리를 깼다.)
　　 c. The glass easily broke. (그 유리는 쉽게 깨졌다.)
　　 d. John hit the hammar. (존은 망치로 때렸다.)

---

7) 그림 12는 그림 7을 일반화시킨 것으로 볼 수가 있다.

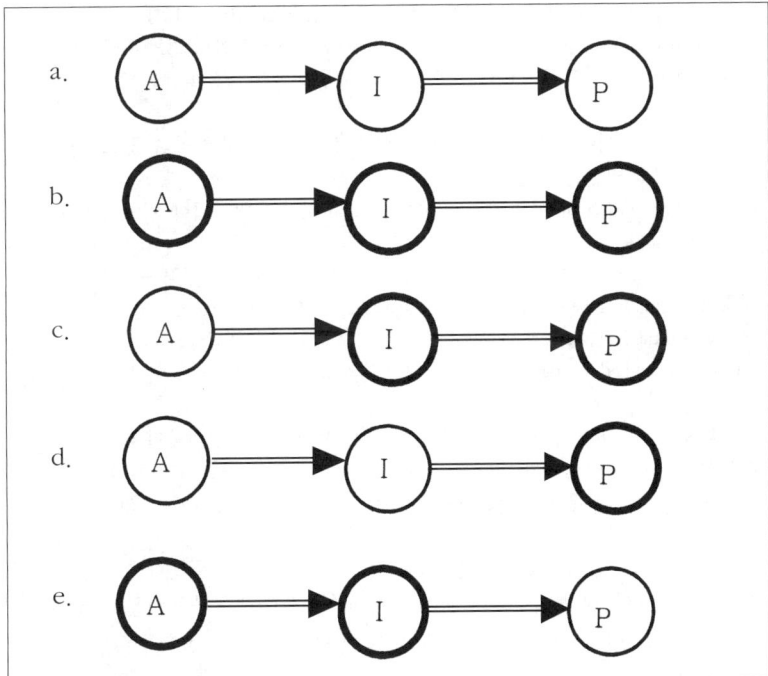

〈그림 12. 에너지의 흐름〉

그림 12를 보면 주어와 목적어 선택에 대한 어떤 규칙성을 찾아볼 수가 있다. 에너지가 행위자→도구→피영향자로 전달된다고 생각할 때, 흐름의 머리 쪽에 있는 것이 주어로 나타나고, 꼬리 쪽에 있는 것이 목적어로 나타난다. 그리고 또 우리가 알 수 있는 점은 주어나 목적어는 특정한 의미격과 일치시킬 수 없다는 점이다. 예로서, 주어는 행위자, 도구, 또는 피영향자가 될 수 있고, 목적어는 도구, 피영향자가 될 수 있기 때문이다.

1.6. 복잡한 현상

위에서 간단한 방법으로 에너지의 흐름과 주어와 목적어의 선택에 대한 관계를 살펴보았다. 그러나 실제에 있어서 이 문제는 좀 더 복잡한데, 이것을 아래에서 살펴보기로 하겠다. 먼저 이 에너지의 흐름에 나타나는 의미역할을 좀 더 자세하게 살펴보자. 앞에서 행동연쇄의 꼬리부분을 살펴보면서, 1.5.2.에서 우리는 행동연쇄의 꼬리부분이 피영향자인 경우만을 살펴보았다. 그러나 이 부분은 피영향자 이외의 다른 의미역할로 채워질 수 있다.

(16) a. John threw **a rock**. (존은 돌멩이 하나를 던졌다.)
  b. Peter tickled **his little sister**. (피터는 그의 누이동생을 간지럽혔다.)
  c. Henry severely injured **his opponent**. (헨리는 그의 상대자를 심하게 상처 입혔다.)
  d. Foreman knocked **his opponent** against the rope. (포어먼은 그의 상대자를 쳐서 로프에 넘어지게 했다.)

위에 쓰인 목적어는 다음과 같은 점에서 서로 다르다.

(17) a. a rock: 내부 변화는 없고 장소이동만 받는다. (MOVER)

b. his little sister: 감각이나 정서적인 영향을 받는다. (EXPERIENCER)

c. his opponent: 피영향자이면서 동시에 경험자이다. (PATIENT, EXPERIENCER)

d. his opponent: 피영향자이면서, 동시에 장소이동을 한다. (PATIENT, MOVER)

(17)의 a와 b에서는 움직이는 개체와 경험자의 역할이 추가되어야 함을 알 수 있고, c와 d에서 문장의 어느 요소는 하나 이상의 역할을 맡는 경우도 있음을 알 수 있다.

다음으로, 행동연쇄 고리의 하나 혹은 둘 이상의 부분이 하나의 참가자에 의해서 표현되는 예가 있다. 다음 문장을 살펴보자.

(18) a. George scratched the elephant's back with a rake. (죠오지는 그 코끼리의 등을 갈퀴로 긁었다.)

b. George scratched Sheila's back. (죠오지는 쉴러의 등을 긁었다.)

c. George scratched (his back). (죠오지는 (자신의 등을) 긁었다.)

(18a)에는 행위자, 도구, 피영향자가 별개의 개체이나, (18b)에서는 행위자와 도구가 하나의 개체이고, (18c)에서는 행위자와 피영향자가 동일한 개체이다.

또 다음과 같이 전체가 부분을 대신하는 경우도 있다.

(19) a. Susan switched off the TV. (수잔은 TV를 껐다.)

b. The frightened bird flew wildly about the room. (그 놀란 새가 미친듯이 방 주위를 이리저리 마구 날아다녔다.)

(19a)의 경우 수잔의 손가락이나 TV의 스위치 이 둘은 어느 것이나 도구로 풀이될 수 있으나, (19a)에서는 이것을 이렇게 분할하지 않고 전체로서 행위자와 도구로 나타난다. (19b)에서는 주어진 새는 행위자, 움직이는 자, 도구의 개념을 포함하고 있다. 이것은 언어상으로 하나의 개체로 표현되어 있으나 여러 개의 역할이 함께 포함될 수 있음을 보여준다. 여기서 볼 수 있는 바와 같이, 어느 상호 과정에서 어느 역할이 매우 현저하게 작용하지만 실제는 개별적으로 언급이 안 되는 경우도 있다 (2.4. 참고).

다음으로, 타동사절로 모습이 나타난 모든 과정이 물리적 공간에서 전개되거나 에너지의 전이를 나타내지 않는 경우도 있다. 즉, 타동사절은 비물리적 영역에도 확대적용된다. 다음 (20)의 문장들은 사회적 상호작용을 나타낸다.

(20) a. They forced him to resign. (그들은 그를 사임하게 강요했다.)

b. Ernest persuaded her to clean the window. (어네스트는 그녀로 하여금 창문을 닦게 했다.)

c. I urged her to give up that crazy idea. (나는 그녀로 하여금 그 미친 생각을 버리도록 촉구했다.)

(21) a. Judith sent a package to her niece. (쥬디스는 소포를 그녀의 조카딸에게 보냈다.)

b. I gave that information to all his neighbors. (나는 그 정보를 그의 이웃에게 주었다.)

c. The bank transferred the deed to the new owners. (그 은행은 증서를 새 소유자에게 주었다.)

(21)에서 주어는 실제적인 물리적 에너지를 방출하지 않지만, 각 경우 주어는 목적어가 이동되게 하므로 추상적인 에너지의 출처로 간주될 수 있다.

다음 경우는 추상적인 의미로도 에너지의 전이가 포함되지 않는 경우이다.

(22) a. Serveral witnesses saw the accident. (몇몇 증인이 그 사고를 보았다.)

b. I noticed a rip in the fabric. (나는 그 천에 찢어진 데를 보았다.)

c. She remembered her childhood. (그녀는 어린 시절을 기억했다.)

d. I have carefully considered your offer. (나는 너의 제안을 신중히 고려해 보았다.)

(22)에 쓰인 동사는 지각동사이다. 지각의 경우 지각대상의 감각이 우리의 감각기관에 와닿는 것으로 생각된다. 그러나 (22)에서 모든 동사는 타동사 구조에 쓰였다. 이것은 경험자인 주어가 정신적으로 목적어로 가서 이와 "접촉하는" 것으로 생각된다. 또 (22)와 같이 마음속에서의 움직임도 타동사로 표현된다.

> (23) a. The boy climbed up to the top of the tree. (그 소년은 그 나무 꼭대기까지 기어올라갔다.)
>   b. From this point on, the path climbed very steeply. (이 지점에서부터, 그 길은 매우 가파르게 올라갔다.)

(23a)의 climb은 주어가 수직으로 위로 움직이는 과정을 나타낸다. 즉, 오름은 객관적으로 풀이되며 개념화의 내용에 내재한다. (23b)는 상태를 묘사한다. 실제 이 상황 안에 움직이는 것은 아무것도 없다. 이 경우 화자는 주어진 상황의 개념을 이루어 나가기 위해서 마음 속으로 길의 아래쪽에서 위쪽으로 움직인다. 이러한 것을 주관적 이동이라 한다.

지금까지 우리는 인지 문법에서 의미를 어떻게 다루는가를 살펴보는 가운데, 이것이 또 영어동사의 의미분석에 어떻게 적용되는지도 살펴보았다. 다음 소절에서는 실제 영어동사와 관련된 의미와 용법 확장의 종류를 살펴보겠다.

2. 의미와 용법 확장

한 형태의 동사가 갖는 여러 의미와 용법 사이에서 찾아볼 수 있는 의미 관계를 150여 개의 동사를 통하여 정밀 조사하여 보았는데, 이 조사에서 얻은 결과가 아래에 정리되어 있다.

1. **타동사 ⟹ 자동사**: 대부분의 타동사는 이에 상응하는 자동사가 있고, 대부분의 자동사에도 이에 상응하는 타동사가 있다. 그런데 여기서 문제로 생각되는 것은, 타동사와 자동사 가운데서 어느 것을 더 기본적인 것으로 삼느냐 하는 것으로 이는 쉬운 문제가 아니었다. 그런데 여러 사전을 조사해 보면 어느 정도의 일관성을 찾아볼 수 있는데, 좀 더 기본적인 쪽이 먼저 풀이되고 덜 기본적인 것이 다음으로 풀이된다. 동사 run의 경우 자동사의 풀이가 먼저 되고, 그 다음 타동사의 풀이가 되어있다. 이 책에서는 사전의 풀이 순서를 참고하여 방향성을 결정하였다.

2. **장소표현 ⟹ 상태표현**: 장소나 장소이동을 나타내는 표현은 상태나 상태변화를 나타내는 데 확대되어 쓰임을 볼 수 있다. 이것은 [상태는 장소이다.]와 같은 개념적 은유에 의한 것으로 볼 수가 있다. 이러한 은유는 개념적인 유사성에 바탕을 두는 것으로 나타났다.

3. **완전동사 ⟹ 불완전동사**: 완전동사는 어느 과정이 시간에 따라서 일어나면서 동시에 변화가 있는 과정을 가리킨다. 반면에, 불완전동사는 어느 과정이 시간 속에는 존재하지만 변화가 없는 과정을 가리킨다. 대부분의 동사는 아무런 형태의 변화 없이 이 두 가지로 모두 다 쓰일 수 있다.

4. **사역화**: 동사 가운데는 타동사 용법이 있고, 이에 상응하는 자동사 용법이 있으며 이 자동사에 상응하는 타동사 (사역동사)가 있다.
다음에서는 위에서 열거된 과정을 좀 더 자세하게 살펴보기로 하겠다.

2.1. 타동사 ⟺ 자동사

대부분의 경우, 타동사에는 이에 맞서는 자동사가 있다. 그런데 이러한 자동사에는 세 가지 유형이 있는 것으로 분석될 수 있다. 동사 open을 예로 들어보자. Fillmore의 격문법에서 이 동사는 다음과 같은 격틀을 갖는 것으로 풀이된다.

(24) a. John opened the door with a key.[A:행위자, I:도구, O:대상] (존은 그 문을 열쇠로 열었다.)
     b. The key opened the door.[_____I,O,] (그 열쇠가 그 문을 열었다.)
     c. The door opened.[_____O] (그 문이 열렸다.)

(24a, b)에서 쓰인 open은 타동사이고, (24c)에서 쓰인 open은 자동사로 볼 수 있다. 그런데 자동사로 쓰이는 open은 적어도 세 가지로 나누어 볼 수가 있는데 (24c)에 쓰인 것은 단 한가지의 예에 지나지 않는다. 다음 두 문장을 비교하면 그 차이가 분명히 드러난다.

(25) a. The door opens easily. (그 문은 쉽게 열린다.)
     b. The door opened by itself. (그 문은 저절로 열렸다.)

(25a)에 쓰인 open의 경우 행위자가 암시되어 있으나 (25b)의 경우에는 행위자가 암시되어 있지 않다. (25)의 두 문장의 주어는 모두 피영향자라는 점은 같으나, 행위자의 영향이 있느냐와 없느냐에 차이가 난다. 이것은 1.3.에서 보여준 바탕/모습의 조직으로 설명이 가능하다. 행위자가 암시된 자동사를 중간형 자동사라고 하고, 행위자가 암시되지 않는 자동사는 능격형 자동사라고 하겠다. (25)의 두 과정은 다음과 같이 나타낼 수 있다.

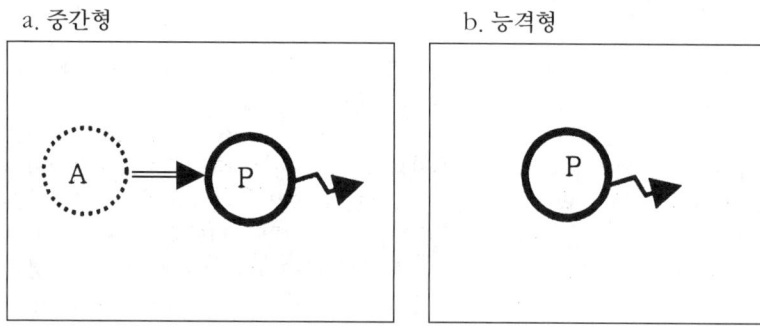

a. 중간형   b. 능격형

〈그림 13 자동사〉

그림 13a에서는 행위자가 완전히 드러나 있지는 않으나, 이것은 open의 중간형 과정에 포함이 된다. 이러한 관계는 다음과 같은 예에서 더 확실하게 찾아볼 수 있다.

(26) The icecream scoops easily. (그 아이스크림은 스쿱으로 쉽게 뜨인다.)

(26)의 경우 행위자가 없이 아이스크림이 스쿱에 담기는 것을 상상할 수가 없다. 그런데 위와 같은 중간 자동사에 행위자가 드러나지 않는 이유는 이들 동사의 개념 바탕에는 행위자가 있긴 있으나 특정한 행위자를 가리키는 것이 아니라 '어느 누구라도' 행위자가 될 수 있기 때문이다. 즉, 중간 자동사의 경우 주어는 동사가 가리키는 과정이 일어나게 하는 특성을 가지고 있기 때문에 어느 누구에 의해서도 주어진 과정이 일어날 수 있음을 전제하는 동사이다.
     중간 자동사의 구문에는 부사가 반드시 쓰여야 하는 경우도 있고, 그렇지 않은 경우도 있다. 이러한 부사의 선택은 임의적이 아니라 의미에 의해서 결정된다. 다음을 살펴보자.

(27) a. The seat folds. (의자가 접힌다.)
     b. ??The car drives. (그 차는 움직인다.)

(27a)에는 부사가 쓰이지 않아도 되지만, (27b)에는 부사가 쓰여야 자연스러운 문장이 될 수 있다. 그 이유는 의자 가운데는 접히는 것도 있고, 그렇지 않은 것도 있기 때문에 (27a)는 아무런 부사가 없어도 필요한 정보를 전달한다. 그러나 (27b)의 경우에는 모든 자동차는 움직이기 때문에 적절한 부사 없이는 의미 있는 정보를 전달할 수가 없다. 그러므로 다음과 같이 drive의 과정이 전제되지 않는 때에는 부사가 없이도 쓰일 수 있다.

(28) I thought we were out of gas, but the car drives. (나는 우리가 기름이 떨어진 줄 알았는데, 그 차는 움직인다.)

(28)에서는 차에 기름이 없으면 차가 가지 않는다는 것이 전제되어 있기 때문에 위의 문장은 부사 없이 drive만 쓰여도 좋은 문장이 될 수 있다.

중간 자동사에 쓰이는 부사에는 제약이 따르는데 이 자동사가 나타내는 과정에는 행위자가 암시되어 있기는 하지만, 이 과정을 가리키는 데는 행위자의 힘에 크게 좌우되지 않으므로 행위자와 관련된 부사는 잘 쓰이지 않는다.

(29) a. ?This flashlight plugs in expertly. (이[사진기 부품인] 플래시 라이트는 능숙하게 꽂힌다.)
    b. ?Red wine spots wash out carefully. (붉은 포도주 얼룩은 조심스럽게 씻긴다.)
    c. ?Cotton irons cautiously. (면은 조심스럽게 다려진다.)

(29)에 쓰인 부사는 행위자를 묘사하는 부사이므로 중간 자동사와 양립되지 않는다. 중간 자동사와 쓰일 수 있는 부사는 자동사가 가리키는 과정이 일어나는 동안이나 후에 나타나는 상태를 가리키는 것이 많다.

(30) a. The dog food cuts and chews **like meat**. (그 개먹이는 고기같이 잘리고 씹힌다.)
    b. Our 4-wheel drive handles **smoothly**. (우리의 4륜구동차는 부드럽게 운전된다.)

또 과정의 수행성이나 용이성을 나타내는 부사도 중간 자동사와 잘 쓰인다.

(31) a. The truck drives **well**. (이 트럭은 운전이 잘 된다.)
    b. The salt pours **easily**. (그 소금은 쉽게 부어진다.)

거의 모든 타동사가 자동사로 쓰일 수 있으나, 지각, 이해, 감정과 관련이 있는 동사는 이 문형에 잘 쓰이지 않는다.

(32) a. ?Swallows (see/watch/hear) in summer.
    b. ?Her papers (explain/understand/grasp/comprehend) well.

지각, 이해, 감정을 나타내는 동사는 특정한 정신능력을 가지고 있는 사람을 전제로 하는데, 중간 자동사는 비특정적이고, 일반적인 행위자를 전제로 한다.

그러므로 지각, 이해, 감정을 나타내는 동사는 중간형에 쓰이지 못하는 것으로 생각된다.

앞의 (25b)에 쓰인 opened는 능력 자동사인데, 이것은 중간 자동사와 다음과 같은 점에서 구별된다. 첫째, 능력 자동사는 특정한 사건을 묘사한다. 그러나 중간 자동사는 주어의 특징상 누가 해도 동사가 가리키는 과정이 일어날 수 있는 경향을 나타낸다. 둘째, 중간 자동사에는 숨은 행위자가 있으나, 능력 자동사에는 이런 행위자가 전제되지 않는다. 다음 두 문장이 위에서 기술한 차이를 예시해 준다.

(33) a. Suddenly, the window broke. (갑자기 그 창문이 깨졌다.)
    b. Be careful! That window breaks easily. (조심해라! 저 창문은 쉽게 깨진다.)

(33a)에서는 주어진 창문이 어느 행위자와는 관계없이 일어난 과정을 나타내고, (33b)에서는 숨은 행위자가 있어서 그 창문을 건드리면, 이것이 쉽게 깨지는 성질을 가지고 있음을 나타낸다.

위에서 중간 자동사와 능격 자동사를 살펴보았다. 아래에서는 또 한 가지의 자동사를 살펴보겠다. 동사 가운데는 타동사이면서 목적어가 생략되는 경우가 있다. 다음을 비교하여 보자.

(34) a. Bob fell. (봅이 넘어졌다.)
    b. Bob ate. (봅이 먹었다.)
    c. Bob ate a big lunch. (봅이 점심을 많이 먹었다.)

(34a)의 fell은 순수한 자동사로서 주어만 있으면 완전한 문장이 된다. 그러나 (34b)의 ate는 먹는 사람과 그가 먹는 물건이 필요하다. 그러나 이 먹는 물건은 (34c)와는 달리 명시가 되지 않았다. 그러면 어떤 경우에 목적어가 생략되는가? 첫째, 어느 동사가 선택할 수 있는 목적어의 영역이 한정되어 있고, 그 가운데서도 전형적인 것이 있을 수 있는데, 전형적인 것일수록 생략될 가능성이 높다.

(35) a. Bob smokes (cigarettes / *cigars / *a pipe). (봅은 (시가렛/여송연/파이프)를 피운다.)
    b. Bob drinks (alcohol / *water / *milk). (봅은 (술/물/우유)를 마신다.)

그러므로, 동사가 너무 넓은 영역의 목적어를 허용하는 것이면, 목적어의 생략은 잘 허용되지 않는다. 즉, 목적어가 명시되지 않으면 다음 (36)에서와 같이 무엇이 생략된 것인지 알 수 없기 때문이다.

(36) ? a. Someone opened / shut / closed. (누가 열었다/닫았다/닫았다.)
    ? b. She took / carried / gave / held. (그녀는 집었다/운반했다/주었다/잡았다.)
    ? c. He made / built / fabricated. (그는 만들었다/지었다/조립했다.)

많은 경우에 목적어의 생략은 동사에 좌우된다. 아래에서는 비슷한 뜻을 가진 동사가 쓰였으나 (a)에서는 목적어 생략이 허용되고 (b)에서는 허용되지 않는다.

(37) a. Bill smoked. (빌은 (담배를) 피웠다.)
    b. *Bill puffed.

(38) a. Hemingway drank. (헤밍웨이는 (술을) 마셨다.)
    b. Hemingway *sipped /*guzzled.

(39) a. Tome wrote daily. (톰은 매일 (편지를/일기를/글을) 썼다.)
    b. Tom *composed/*drafted.

(37-39)에서 기본수준의 동사이고 그 목적어를 쉽게 식별할 수 있는 경우이다. 그래서 목적어가 생략된다. 생략된 목적어도 어느 개체의 전체를 가리키는 경우가 부분을 가리키는 경우보다 더 쉽게 생략이 허용된다. (40)에서 생략될 수 있는 것은 자동차 전체이다. 그러나 (41)에서는 자동차의 부분이 목적어가 되어 있어서 이들이 생략되면 거의 비문이 된다.

(40) a. Tim let Bill drive (the car). (팀은 빌이 그 차를 운전하게 했다.)
    b. Tim let Bill steer (the car). (팀은 빌이 그 차를 조종하게 했다.)
    c. Tim let Bill brake (the car). (팀은 빌이 그 차의 제동을 밟게 했다.)

(41) a. I'll let Bill turn * (the wheel). (나는 빌로 하여금 운전대를 돌리게 허용했다.)
     b. I'll let Bill rev * (his engine). (나는 빌로 하여금 회전속도를 올리게 했다.)
     c. I'll let Bill floor * (the gas pedal). (나는 빌로 하여금 가속 페달을 밟게 했다.)

동사 가운데는 이들이 갖는 목적어가 한정되어 있으나, 경우에 따라서 목적어가 생략될 수 있는 것이 있고 그렇지 않은 것이 있다.

(42) a. John stubbed * (his toe). (존은 그의 발가락을 채었다.)
     b. John barked * (his skin). (존은 껍질을 벗겼다.)
     c. John pursed * (his lips). (존은 입술을 오므렸다.)

(42)에 쓰인 동사는 목적어의 생략을 허용하지 않으나, (43)에 쓰인 동사는 목적어 생략을 허용한다.

(43) a. Bill blinked / winked (his eye). (빌은 눈을 껌벅였다.)
     b. John shrugged (his shoulders). (존은 어깨를 으쓱했다.)
     c. Tom waved (his hand). (탐은 손을 흔들었다.)

목적어가 생략된 자동사는 목적어보다는 과정 자체에 관심이 갈 때 쓰이는 문형이다.

2.2. 장소표현과 상태표현

언어에서 장소의 표현은 상태와 시간 표현의 형판 구실을 하는 것으로 나타난다. 즉, 장소표현은 상태와 시간표현에 확대되어 쓰인다. 예로서 타동사 keep의 의미가 어떻게 확대되어 쓰이는가를 보자.[8]

(44) a. If your hands are cold, keep them in your pockets. (너의 손이 차면, 손을 호주머니에 넣어두어라.)
     b. They keep the lions at the zoo. (그들은 그 사자들을 동물원에 가두어 놓고 있다.)

(44)에서 keep이 나타내는 과정은 다음과 같다. 행위자인 주어가 피영향자인 목적어에 영향을 주어서, 이 목적어가 시간이 지나도 (t1…t2) 같은 장소(P1)에 있는 관계를 나타낸다.

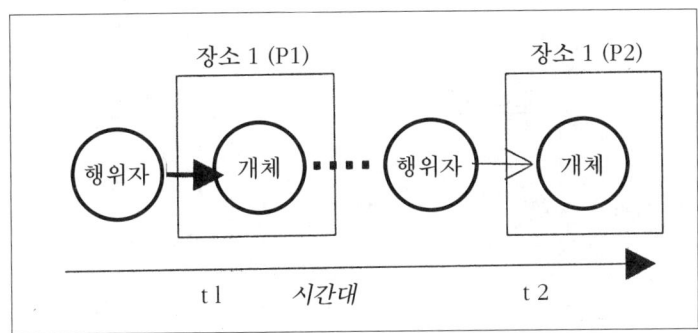

〈그림 14. 동사 keep〉

다음에서는 keep이 상태 변화를 나타내는 예를 살펴 보겠다. 이것은 [상태는 장소이고, 상태변화는 장소이동이다.]의 한 예이다.

---

8) 동사의 의미가 확대되는 방법의 한 가지는 이 영역의 확대이다. 장소영역에 쓰이는 어느 동사가 소유영역이나 상태영역에 확대적용되면서 그 뜻이 전이되는 예가 흔하다.

(45) He keeps himself in good health. (그는 자신을 좋은 건강상태에 유지한다.)

(44a)의 in your pockets는 장소인데, (45)의 in good health는 상태이다. 장소와 상태는 엄격하게 보면 다르지만, 상태도 한 개체가 놓여있을 수 있는 장소로 개념화되어 서로 다른 언어자원으로 표현되지 않고 장소표현을 빌려서 표현되는 것으로 볼 수 있다. 그래서 그림 14의 장소, 장소1 대신에 상태 S1으로 대치되면 상태표현이 된다.

현재분사와 과거분사도 상태를 가리키므로 상태표현에 흔히 쓰인다.

(46) a. Please keep the fire burning. (그 불이 계속 타고 있게 해 주세요.)
    b. He has kept me waiting. (그는 나를 계속해서 기다리게 했다.)
    c. They kept the motor running. (그들은 엔진이 계속 돌아가게 했다.)

(46)에서는 주어가 목적어에 힘을 가하여 이들이 진행중인 어떤 상태에 있게 함을 나타낸다. (46a)에서 주어가 불에 영향을 주어서 이것이 계속 타고 있는 상태에 있게 함을 keep이 나타낸다. (46b)에서도 주어는 me에게 영향을 주어서 계속 기다리는 상태에 있게 함을 keep이 나타낸다. 다음에는 상태가 과거분사로 표현되어 있는데, 이것은 목적어가 어떤 과정의 마지막 부분에 와 있음을 나타낸다.

(47) a. They kept the door closed. (그들은 그 문이 닫혀있게 했다.)
    b. They keep their shoes cleaned. (그들은 그들의 신발이 깨끗하게 된 상태를 유지한다.)

(47a)에서 주어가 문에 힘을 가하여 이 문이 어떤 과정의 마지막 상태 (여기서는 닫힌 상태)에 있게 하는 과정을 keep이 나타낸다. (47b)에서는 주어가 신발이 닦인 상태에 있게 하는 과정을 keep이 나타낸다.

다음 (48a)에서는 주어가 목적어로 하여금 불에 가지 못하도록 하는 상태를 유지시키는 뜻인데, (48b)에서도 주어는 목적어로 하여금 어느 과정에서 떨어져 있게 하는, 즉 어떤 과정이 일어나지 못하도록 하는 힘을 가하는 관계를 나타낸다.

(48) a. He kept the baby from the fire. (그는 아기가 불에서 떨어져 있게 했다.)
    b. We kept the baby from going out. (우리는 아기가 밖을 나가지 못하게 했다.)

위에서 살펴본 현상은 동사 keep에만 국한되는 것이 아니라 거의 모든 동사에도 적용된다.

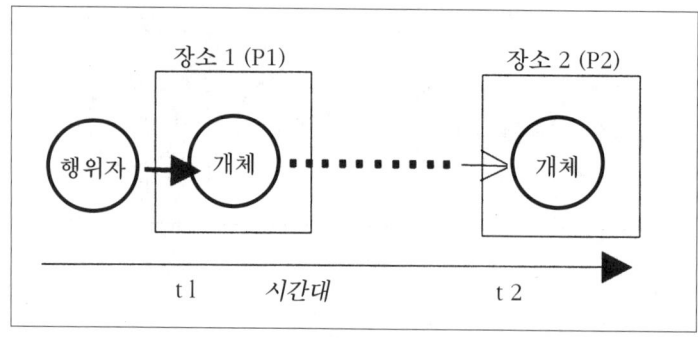

〈그림 15 drive〉

위의 그림은 주어가 목적어에 힘을 가하여 시간이 지나면서 (…t2) 목적어가 장소이동을 해 (P1…P2)에 이르는 관계를 나타낸다.

(49) He drove the sheep to the shed. (그는 양들을 헛간으로 몰고 갔다.)

(49)에서는 양들이 주어의 영향을 받고 헛간이 아닌 장소에서 헛간으로 장소를 이동하는 과정을 나타낸다. 그림 15와 같은 형판은 그대로 상태의 변화를 나타내는 데에 쓰인다. 이 그림에서 원래의 장소 P1은 원래의 상태 S1을 나타내고, 목적지인 P2는 마지막 상태 S2를 나타내는 데 쓰인다. 상태변화의 경우 주어가 목적어에 힘을 가하여 목적어가 한 상태에서 다른 상태로 움직이게 되는데, 상태 가운데 한 가지는 다음 (50)에서와 같이 동작이다. 즉, to V는 목적어가 움직여서 이르게 되는 상태가 동작임을 나타낸다. 다음의 to complete the job이 이러한 상태변화를 예시한다.

(50) His pride drove him to complete the job. (그의 자존심이 그로 하여금 그 일을 끝마치게 했다.)

(50)에서 주어진 his pride가 him에게 어떤 추진력을 가하여, him이 이르게 되는 것은 complete the job의 과정이다.

(49)와 (50)에서는 한 상태에서 다른 상태로 이르는 과정이 전치사 to로 표현되었다. 다음에서는 마지막 상태가 형용사로 표현되어 있다.

(51) a. He will drive me home. (그는 나를 집으로 태워다 줄 것이다.)
     b. He will drive me mad. (그는 나를 미치게 만들 것이다.)

(51a)에서 home은 목적어가 도착해 있는 장소를 나타내고, (51b)에서 mad는 목적어가 변해 있는 마지막 상태를 나타낸다.

위에서 우리는 장소이동을 나타내는 동사 drive가 상태변화에 확대되어 쓰이는 경우를 살펴보았다. 이러한 확대는 drive에만 국한된 것이 아니라, 장소이동을 나타내는 거의 모든 동사에 해당되는 사실이다. 아래에 추가적인 예가 제시되어 있다.

(52) a. He came to realize that he was mistaken. (그는 자신이 잘못했음을 깨닫게 되었다.)
     b. I can't get the car to move. (나는 그 차를 움직이게 할 수가 없다.)
     c. What led you to believe that I was ill? (무엇이 당신으로 하여금 내가 아프다는 것을 믿게 했느냐?)
     d. They couldn't bring themselves to speak about the matter. (그들은 그 문제에 대해서 말할 용기를 낼 수가 없었다.)
     e. Something moved him to offer his help. (그들은 그 문제에 대해서 얘기할 생각을 가질 수가 없었다.)

(52)에서는 전치사 to에 의해서 변화의 도착지가 부각되어 있다. 그러나 다음에서는 결과를 나타내는 형용사가 마지막 상태를 나타낸다.

(53) a. Your dream will come true. (너의 꿈은 실현될 것이다.)
     b. His horse fell lame. (그의 말은 넘어져서 절름발이가 되었다.)
     c. His hair is going gray. (그의 머리는 희어지고 있다.)
     d. He got his arm sore. (그는 그의 팔을 아프게 했다.)
     e. The insult left me speechless. (그 모욕은 나로 하여금 말을 잃게 했다.)

위에서 우리는 장소와 장소이동의 표현이 상태와 상태변화의 표현에 확대되어 쓰임을 살펴보았다.

2.3. 객관적 묘사 ⟵⟶ 주관적 묘사[9]

화자가 어느 상황을 개념화하는 방법은 크게 두 가지로 나누어 볼 수 있다. 한 가지는 그가 묘사하는 상황과 자신을 완전히 분리하는 방법이다. 또 한 가지는 화자가 그가 개념화하는 상황에 자신을 위치시키는 방법이다. 이것을 시각적 지각에 비유하면 다음과 같다. 첫째 방법은 어느 관찰자 (S)가 어느 대상 (O)을 떨어져서 보는 관계이다. 이것을 그림으로 나타내면 다음 그림 16a와 같다.

그림 16a에서 O는 관찰자가 가장 잘 볼 수 있는 영역에 들어와 있다. 관찰의 또 한 가지 방법은 S가 O를 보는 관계를 S가 관찰하는 방법이다. 이것은 그림 16b와 같이 나타낼 수 있다. 그림 16b에서는 S는 서술의 범위 안에 든다. 이것은 S가 관찰하는 것은 O가 아니라 S 자신이 O를 보는 것을 관찰하는 관계이다. 이 경우 O는 주관적이 되고 S는 객관적이 된다.

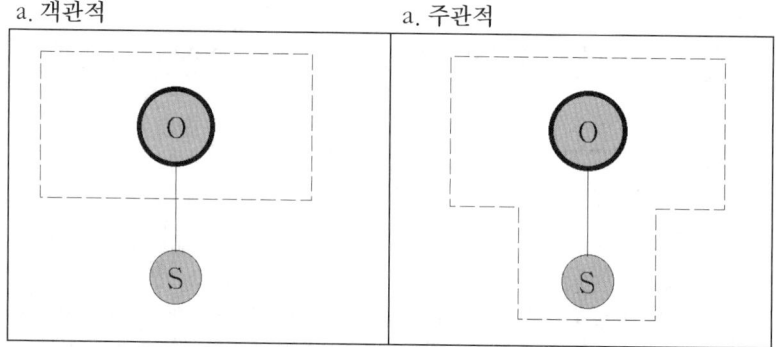

<그림 16. 관찰의 두 종류>

위에서 살펴본 시각의 관계는 개념화로 쉽게 바꾸어서 생각할 수 있다. 그림 16의 관계에서 O는 상황이고 S는 화자에 비유된다. 이렇게 보면, 그림 16a에서 화자는 자신이 표현하는 상황에 자신을 포함하지 않고 있다. 이 경우 표현하는 상황은 객관적이고, 화자는 주관적이다. 그림 16b는 다르다. 이것은 화자가 묘사하는 상황에 화자가 자신을 포함하는 관계로서, 이 때 주어진 상황은 주관적이 되고, 화자 자신은 객관적이 된다. 이러한 주/객관적 상황은 언어의 여러 면에서 나타나는데, 아래에서 객관적 묘사와 주관적 묘사의 차이를 살펴보자.

(54) a. A big wolf walked across the field through the woods, and over the hill. (큰 늑대 한 마리가 밭을 가로지르고 숲을 지나 산 너머로 걸어갔다.)

   b. The music hall is across the square, through the alley, and over the bridge. (그 음악당은 광장을 지나고 또 골목길을 지나 다리 너머에 있다.)

   c. There was a fire last night across the river, through the canyon, and over the mountain. (지난밤 강 건너 계곡을 지나서 산 너머에 화재가 있었다.)

(54a)는 객관적인 상황의 묘사이다. 어느 늑대가 어느 밭을 가로질러서 숲을 지나 산을 넘어가는 과정의 묘사이다. 이 묘사에 화자는 포함되지 않는다. 그러나 (54b-c)에는 이러한 객관적 움직임이 포함되어 있지 않다. 즉, 주어나 그 밖의 문장 안의 명사구가 가리키는 개체가 실제로 움직이지 않는다. 그러나 이 두 문장에는 경로를 나타내는 전치사가 쓰인 것으로 보아서 어떤 움직임이 포함된 것을 직감

---

9) 주/객관성의 논의는 Langacker (1985)에 제시되어 있다. 그에 의하면 이 주/객관성의 문제는 영어의 여러 부문에 중요하게 나타난다.

적으로 느낄 수가 있다. 한 가지 설명은 화자가 주어진 상황에 자신을 투영시켜서, 주어의 위치를 계산
하기 위해서 자신이 주어진 길을 마음 속으로 지나가는 것으로 생각할 수 있다. (54a)와 (54b)와 같은 문
장의 차이점은 다음과 같은 공식으로 나타낼 수 있겠다. 먼저 (54a)와 같은 객관적 움직임은 다음 (54'
a)와 같이 나타낼 수 있다. 다음에서 L은 장소 (location), t는 시간 (tinic)을 나타낸다.

(54) a

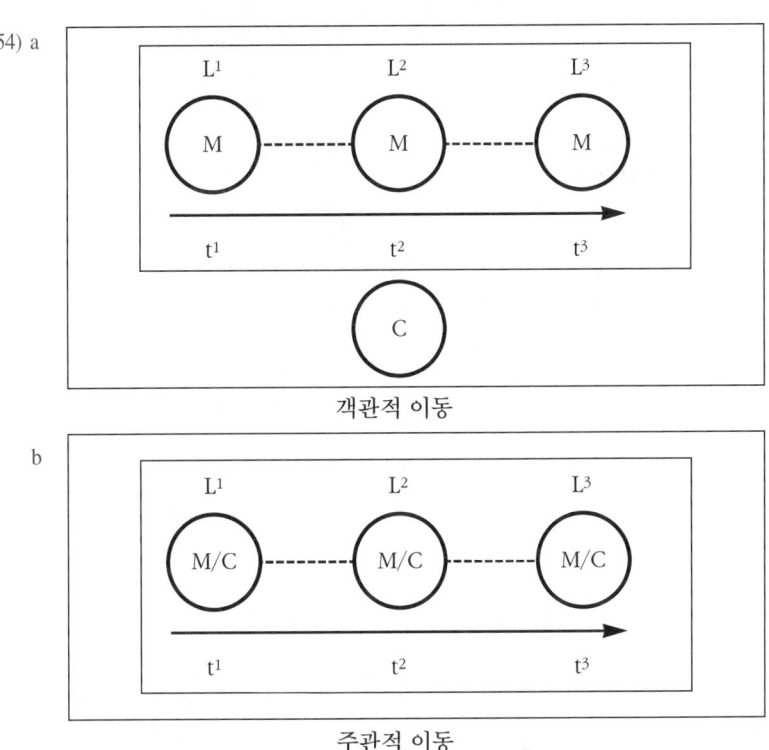

m은 움직이는 객체이고 L^0, L^1, L^2 ....는 연속선상에 있는 지점을 가리키고, t^0, t^1, t^2는 객관적 상황이 일
어나는 시간을 가리킨다. C는 개념자로 나타내고, T^0, T^1, T^2는 개념화하는 시간을 나타낸다. 그러므로
공식 (54' a)가 말해주는 것은 어느 개체가 시간을 따라서 장소이동을 하는 것을 어느 개념자가 개념화
하는 과정을 나타낸다. 공식 (54' a)에서는 m와 C가 별개이고, 객관적 상황의 시간과 개념화의 시간이
다르다. 공식 (54' b)의 경우 m은 C와 동일하다. 즉, 개념자가 객관적 상황에 들어와 있는 예이다. 그러
므로 상황의 전개시간과 개념화의 시간은 분리되어 있지 않고 같다. 이렇게 보면 보고되는 상황은 주
관화되어 있다고 볼 수 있겠다. 공식 (54' b)가 말해주는 것은 개념자가 L^0, L^1, L^2....가 나타내는 경로를
마음 속에서 훑어보는 과정을 나타낸다. 이것은 주관화 현상으로 볼 수 있는데, 그 이유는 개념자와 주
어진 경로가 상호작용하는 것으로 볼 수 있기 때문이다.

위 (54)에서는 전치사에 의해서 주/객관적 움직임이 표현되었다. 그런데 다음에서는 주/객관적 움직
임이 동사로 표현되어 있다.

(55) a. The tower **rises** steeply from the ground. (그 탑은 땅으로부터 가파르게 올라간다.)
b. The hills **roll** to the sea. (그 산은 바다로 굴러간다.)
c. The land **reaches** the river. (그 땅은 강에 이른다.)
d. The cape **pushes** out into the sea. (그 만은 바다 안으로 뻗쳐 들어간다.)
e. The river **bends** several times before reaching the sea. (그 상은 그 바다에 이르기 전에 몇 번 굽
이친다.)

f. The pillars **carry** the whole roof. (그 기둥이 전체 지붕을 떠받친다.)
g. The water **comes** to the neck. (물이 목까지 온다.)

(55)에 쓰인 동사는 원형적인 쓰임에 있어서 주어의 움직임을 나타내는 동사들이다. 그러나 위 문장의 주어는 움직이는 개체가 아니다. 그런데도 움직임 동사가 쓰인 것은 어떤 움직임이 위의 동사가 나타내는 과정에 관련된 것으로 볼 수 있기 때문이다. 여기서 관련된 움직임은 화자의 시선이다. (55a)에서는 화자가 그의 시선을 탑의 낮은 곳에서 높은 곳으로 움직이고, (55b)에서는 그의 시선이 산에서 바다로 움직인다. 이러한 움직임이 있기 때문에 움직임 동사가 쓰였다.

2.4. 완전동사와 불완전동사

위와 같은 방법으로 (55)에 쓰인 동사는 또 주관성 외에 동사의 완전성/불완전성과 관계가 된다.[10]
동사의 쓰임은 크게 두 가지로 나누어 볼 수 있다. 하나는 완전동사로서, 이것은 동사가 가리키는 과정이 시간과 함께 변화가 있는 과정을 가리킨다. 또 하나는 불완전동사로서, 그것은 동사가 가리키는 과정이 시간과 함께 변하지 않는 과정을 가리킨다. 즉, 처음의 상태가 그대로 유지되는 과정을 가리킨다. 이 두 과정은 그림 (17)과 같이 도식적으로 나타낼 수 있다. 그림 (17)의 곡선은 변화를 나타내고, 직선은 무변화를 나타낸다. 완전동사의 경우, 과정의 한계가 분명하나 불완전동사의 경우 그 한계가 분명하지 않다.

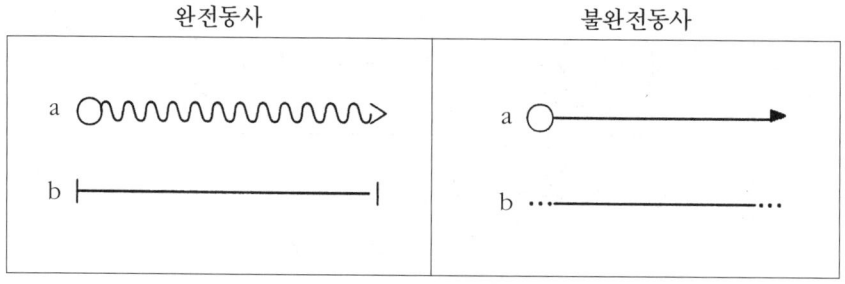

〈그림 17 동사의 두 종류〉

다음 두 문장을 살펴보면서 동사의 완전성과 불완전성을 좀 더 자세하게 검토하여 보자.

(56) a. The sun rose at 6:30 in the morning. (태양은 아침 6:30에 떴다.)
b. The mountain rises to the height of 29,000m. (그 산은 29,000m의 높이까지 오른다.)

(56a)에서 rose는 태양이 수평선 아래에 있다가 시간이 지나면서 수평선 위로 올라오는 과정을 나타낸다. 태양의 위치는 시간이 지나면서 변한다. 그러나 (56b)에서 rises는 산의 위치나 높이가 시간이 지나면서 변하는 것이 아니다. 처음의 높이가 시간이 지나도 변하지 않고 그대로 유지되는 관계이다. 그러므로 (56)에서 같은 동사 rise가 쓰였지만, 그 쓰임은 같지 않음을 알 수 있다. (56a)에서 rise는 완전동사로 쓰였고, (56b)에서는 불완전동사로 쓰였다. rise가 완전동사로 쓰이면 이것은 현재형에 자유롭게 쓰이지 못한다. 현재형에 쓰일 때에는 '습관'이나 '규칙성'과 같은 특별한 뜻으로만 쓰인다. 이와는 달리 rise가 불완전동사로 쓰이면, 현재형에 쓰이는 데 아무런 제약이 없다.

---

10) 인지 문법의 틀 안에서 영어상에 대한 논의는 Langacker (1982)에 상세하게 제시되어 있다.

2.5. 사역화

영어 사역화 과정은 형태로 나누면 크게 세 가지로 나누어 볼 수 있다. 첫째, 사역동사 make, have, get 등을 써서 사역을 나타내는 사역화가 있다. 예로서 다음을 살펴보자.

(57) a. His sister left. (그의 누이가 떠났다.)
　　　b. He made his sister leave. (그는 그의 누이가 떠나게 했다.)

(57a)의 left는 자동사이다. 이것의 주어는 자의적으로 떠난 것으로 풀이된다. (57b)에서는 사역동사 make가 쓰여 his sister가 억지로 떠난 관계를 나타낸다.

둘째, 자동사와 사역동사의 형태가 다른 경우이다. 다음이 그 예가 되겠다.

(58) a. The glass fell on the floor. (그 유리잔이 바닥에 떨어졌다.)
　　　b. He dropped the glass on the floor. (그는 유리잔을 바닥에 떨어뜨렸다.)

(58a)에서 the glass는 저절로 떨어진 것으로 묘사된다. 그러나 (58b)에서 주어의 영향 때문에 유리잔이 떨어지는 과정을 drop이 나타낸다.

셋째, 아무런 동사의 형태 변화 없이 자동사, 타동사, 사역동사로 쓰이는 예이다. 동사 walk가 한 예가 되겠다.

(59) a. The dog walked across the field. (그 개가 밭을 가로질러 걸어갔다.)
　　　b. The boy walked the dog across the field. (그 소년이 그 개를 그 밭을 가로질러 걸어가게 했다.)

(59a)에서는 개가 스스로 걸은 과정을 나타내고, (59b)에서는 소년이 개를 걸어가게하는 과정을 나타낸다. (59a)의 주어는 행위자이다. (59b)에서는 (59a)의 주어가 목적어로 나타난다. 목적어이지만 스스로 움직일 수 있는 힘을 갖는 개체이다. 또 (59b)의 주어는 행위자이다. 다시 말하면, (59b)에서 행위자가 둘이다. 이것은 다음과 같이 나타낼 수 있다.

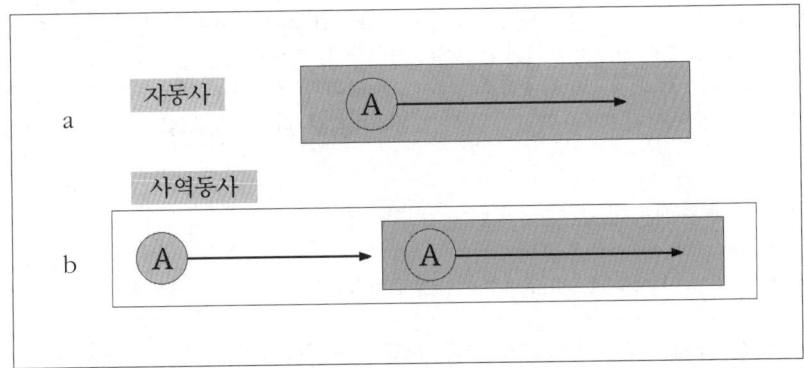

〈그림 18. 행위자 자동사의 사역화〉

(60)과 같은 경우, 자동사의 주어는 행위자가 아니다. 즉, 주어에는 스스로 움직일 수 있는 힘이 없다.

(60) His shirt caught on a nail. (그의 셔츠가 못에 걸렸다.)

이러한 자동사는 다음과 같은 사역형에 쓰일 수 있다.

(61) a. He caught his shirt on a nail. (그는 그의 셔츠가 못에 걸리게 했다.)

(61)에서는 주어 he가 하는 행동에 의해 his shirt에 힘이 미쳐서 shirt가 못에 걸리게 하는 과정을 나타 낸다. 이 때의 주어는 행위자가 아니고 경험자로 분류될 수 있다. 이러한 관계가 그림 19에 나타나 있 다. 자동사의 주어는 피영향자이고, 사역동사의 주어는 경험자로 볼 수 있다.
catch의 타동사 용법과 사역동사 용법을 다음과 같이 비교하여 보자.

(61) b. He caught his coat. (그는 그의 저고리를 잡았다.)
　　 c. He caught his coat on a nail. (그는 그의 저고리가 못에 걸리게 했다.)

(1.5.1 참조)

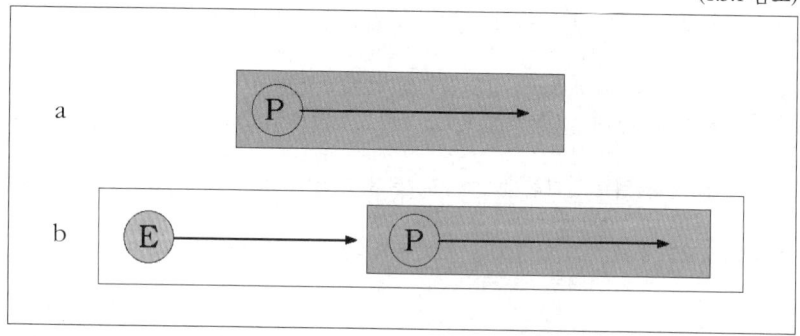

〈그림 19. 피영향자 자동사의 사역화〉

(61b)는 떨어지거나 날아가는 저고리를 그 (he)가 잡았다는 뜻이고, (61c)에서는 주어가 저고리를 직 접 잡은 것이 아니라, 저고리가 못에 걸리게 하는 원인이다.

2.6. 활성지역 (active zone)

관계술어는 두 개체를 포함하는데 이 두 개체는 통상 모습과 바탕의 관계를 갖는다. 모습은 바탕에 비해 적고 더 뚜렷하며, 또 이것은 바탕에 비해서 더 동적이다. 이 모습/바탕의 대조는 언어의 여러 국 면에 나타나는데 그 중의 하나가 주어와 목적어에 반영된다. 주어는 모습에 그리고 목적어는 바탕에 비유될 수 있다. 이동체와 지표가 상호작용하는 관계술어에서, 주어진 관계에 직접 참여하는 이동체 와 지표의 하위부분이 명시적으로 표현이 안 되는 경우가 많다. 다음 예문을 살펴보면 이 점이 분명해 진다.

(62) a. We all heard the piano. (우리는 모두 그 피아노를 들었다.)
　　 b. Don't believe John. (존을 믿지 말아라.)
　　 c. She finally blinked. (그녀가 마침내 눈을 껌벅였다.)

(62a)에서 우리가 들은 것은 피아노 자체가 될 수 없다. 즉, 우리가 들은 것은 피아노에서 나오는 소 리이다. 마찬가지로, (62b)에서 우리가 믿을 수 있는 것은 어느 사람 자체가 아니라, 어느 사람에서 나 오는 명제이다. (62c)에서 blink하는 과정에 직접적으로 포함되는 부분은 눈꺼풀과 그 주위의 힘줄, 신 경 등이다. 그러나 blink의 주어로 표현된 것은 눈이 아니라 사람 전체이다. 이와 같이 어떤 관계에 직접 적으로 참가하는 부분이 명시될 수도 있고, 그렇지 않을 수도 있다. 예로서, 다음 표현에서 볼 수 있는 바와 같이 blink의 과정에 직접 참여하는 눈이 직접 명시될 수 있는 경우도 있고, 그렇지 않은 경우도 있 다. 다음에서 보면, blink가 자동사로 쓰이면, 눈이 직접 명시될 수 없으나, 타동사로 쓰이면 눈이 명시 될 수 있다.

(63) a. *My eyelid blinked.

     b. ?His left eye blinked.

     c. He kept blinking his eyes.

     d. ??He kept blinking his eyelid.

어느 한 개체는 여러 국면을 가지고 있으나 특정한 과정에는 특정한 국면만이 상호작용을 하거나 특정한 관계에서 직접적인 역할을 한다. 개체의 이러한 국면은 문제된 영역이나 관계에 대한 그 개체의 활성영역 (active zone)이라고 불린다. 그러므로 (62a)와 같은 과정에서 피아노의 활성영역은 피아노에서 나오는 소리이다. 피아노 자체는 소리가 아니라 물체이다. 이것은 활성영역과 모습이 일치하지 않는 예이다. 또 (62b)와 같은 경우에 John이 아니라 그가 하는 말이 활성영역이다. 그러나 이 문장에서 활성영역은 명시되지 않고 존의 이름만 명시되어 있다. 여기서도 활성영역과 모습은 일치가 되지 않는다. 이 활성화 문제는 영상의 문제와 관계가 있다. 우리의 인지능력 가운데는 주어진 어느 상황을 여러 가지의 각도에서 볼 수 있는 능력이 있다. 한 가지의 예로, 어느 과정의 바탕에는 여러 개의 개체가 상호작용을 할 수 있는데, 이 가운데 서로 다른 개체를 뽑아서 서로 다른 의미를 전달할 수가 있다. 다시 (62a)의 경우를 생각해보자. ((62a)는 (64a)에 반복되어 있다.) 이의 바탕에는 듣는 사람, 듣는 사람의 활성영역 (예로서, 귀), 피아노, 피아노에서 나오는 소리 등이 있다.

     (64) a. He heard the piano. (62a) (그는 피아노를 들었다.)

         b. He heard the sound of the piano. (그는 피아노 소리를 들었다.)

(64)에 쓰인 두 hear의 차이는 영상의 문제로 귀결된다. 구체적으로 말하면 주어진 같은 바탕에서 무엇을 주어나 목적으로 부각시키느냐에 따라서 위와 같은 두 가지의 표현이 나온다. (64a)에서는 소리를 내는 바이올린이 모습으로 드러나 있으나, (64b)에서는 바이올린에서 나는 소리가 모습으로 드러나 있다.

위에서 살펴본 바와 같이 모습과 활성영역이 일치되지 않은 경우가 많은데, 이것은 전체가 부분보다 더 현저하기 때문에 이 현저성을 부각시키기 위해서 생기는 결과로 볼 수가 있을 것이다. 그리고 위에서 살펴본 현상은 고립된 현상이 아니라, 이 연구에서 살펴본 거의 모든 동사에 적용되는 현상이다. 다음을 살펴보자.

     (65) a. He kicked the ball. (그는 그 공을 찼다.)

         b. He threw the ball. (그는 그 공을 던졌다.)

         c. He looked at the ball. (그는 그 공을 보았다.)

         d. He solved the problem. (그는 그 문제를 풀었다.)

(65)에 쓰인 각 문장에서 주어의 활성영역은 다르다. (65a)에서는 발이, (65b)에서는 손이, (65c)에서는 눈이, 그리고 (65d)에서는 머리가 동사가 나타내는 과정에 직접 관여된다. 그러나 여러 개의 동사를 살펴보면 한 동사의 경우에도 맥락에 따라서 활성영역이 다름을 알 수 있다. 다음 (66)의 문장에서 주어가 가리키는 개체의 활성영역이 (a)문장에서는 신체이고, (b-d)문장에서는 머리 또는 감정이다.

     (66) a. The doctor felt my pulse. (그 의사는 나의 맥박을 짚었다.)

         b. The doctor felt a rain on his cheek. (그 의사는 뺨에 빗방울을 느꼈다.)

         c. The doctor felt the truth of her words. (그 의사는 그녀가 한 말의 진실을 느꼈다.)

         d. The doctor feels that we should go. (그 의사는 우리가 가야 한다고 느끼고 있다.)

(66a)의 주어는 신체의 일부인 손으로 무엇을 만지는 것이고, (b-d)에서는 주어의 마음이 관여된다. 다음 (67a-b)에서는 주어의 신체가 동사의 과정에 직접 관여되나, (67c-f)에서는 마음이 동사의 과정에

직접 관여된다.

> (67) a. He is holding a book in his hand. (그는 그의 손에 책 한 권을 가지고 있다.)
> b. He is holding a pipe between his teeth. (그는 그의 이 사이에 파이프를 물고 있다.)
> c. He holds a strange view on this question. (그는 이 문제에 이상한 견해를 가지고 있다.)
> d. He holds that she is foolish. (그는 그녀가 바보스럽다고 생각한다.)
> e. The man holds the accused man to be guilty. (그 사람은 그 피고인이 죄가 있다고 생각한다.)
> f. He holds it his duty to pay the tax. (그는 세금을 내는 것이 그의 의무라고 생각한다.)

손으로 무엇을 쥐고 있을 수 있듯이, 마음으로 어떤 생각을 담아둘 수 있다. 손과 마음은 어느 사람의 서로 다른 활성영역이나 (67)에서 구별이 되어있지 않다.

다음 (68)에는 동사 make가 쓰였다. 우리가 무엇을 만들 때는, 신체의 일부를 써서 만들 수도 있지만 마음으로도 만들 수 있다. 그러나 다음에서는 신체와 마음은 명시적으로 구분이 되어있지 않다.

> (68) a. He made a house out of stone. (그는 돌로 집을 지었다.)
> b. He made a boat out of wood. (그는 나무로 배를 만들었다.)
> c. He made nothing out of her words. (그는 그녀의 말에서 아무것도 이해하지 못했다.)
> d. He made the distance about 20 miles. (그는 그 거리를 약 20마일로 보았다.)
> e. How large does he make the audience? (그는 그 청중을 얼마나 큰 것으로 생각하느냐?)

(68a-b)에서는 주어가 신체의 일부를 써서 구체적인 물건이 생겨나게 하는 과정이고, (68c-e)에서는 주어가 그의 마음을 써서 추상적인 것이 생겨나게 하는 과정을 그린다.

3. 간추림

이 서설은 동사의 의미분석에 유용한 분석의 틀과 이 틀에 쓰이는 기본과정을 살펴본 다음, 이를 바탕으로 한 동사의 여러 의미 사이에 찾아볼 수 있는 구체적인 실례를 제시했다. 분석의 틀은 R.W. Langacker가 개발해오고 있는 인지 문법이며, 이 문법은 다음을 전제한다. (1)자주 쓰이는 표현은 관련된 의미의 망을 갖는다, (2)의미구조는 인지영역과 관련을 지어서 설명이 된다, (3)의미구조는 배경에 모습을 부과함으로써 구조의 값을 끌어낸다, (4)의미구조는 관습적 영상을 포함한다. 이 책에서 살펴본 의미 사이의 관계는 다음이다. (1)자동사 $\Longleftrightarrow$ 타동사, (2)장소표현 $\Longrightarrow$ 상태표현, (3)완전동사 $\Longleftrightarrow$ 불완전동사, (4)사역화, (5)활성지역.

이 들어가는 말에 제시된 틀, 가정, 관계 등은 실제동사의 의미분석에 중요한 지침이 되었다.

동사의미와 교체현상

이 장에서는 앞에서 살펴본 배경 모습, 행동 연쇄를 바탕으로 몇개의 영어 동사 교체현상을 살펴보 겠다. 교체현상이란 동사가 갖는 참여자 가운데 어느것이 부각되고 되지 않는가의 문제이다.

1. clear: 제거동사

1.1. 개념바탕

이 동사의 개념바탕에는 제거하는 사람 (A), 제거되는 장소 (P), 제거되는 개체가 있는 개체 (L)가 있 다. 제거하는 사람이 힘을 가하여 한 개체 (P)가 다른 개체 (L)에서 제거된다. 이것을 그림으로 나타내 면 다음과 같다.

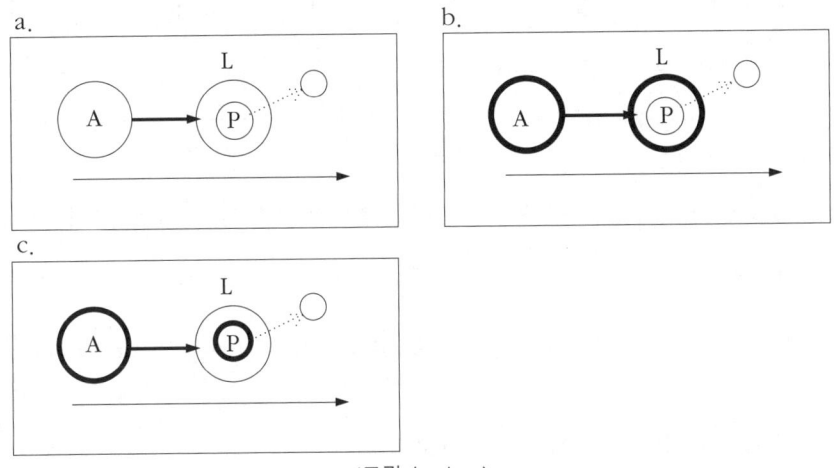

〈그림 1. clear〉

그림 1a에서 행위자 (A)가 어느 개체 (P)에 힘을 가하고 힘을 받은 개체는 그것이 있던 장소 (L)에서 떨어져 나간다.

1.2. 교체현상

1. 그림 1b에는 힘을 가하는 사람과 개체 전체가 부각된다. 제거되는 개체는 부차적으로 부각된다.
   (1) He cleared **the street** *of snow.*

2. 그림 1c에는 제거하는 이와 제거되는 개체가 일차적으로 부각된다. 개체 전체는 부차적으로 부각된다.
   (2) He cleared **the snow** *from the street.*

2. hit: 접촉동사

2.1. 개념바탕

이 동사의 개념바탕에는 치는 사람 (A), 맞는 사람 전체 (W), 맞는 사람의 부위 (P)가 있다. 치는 사람이 치면, 맞는 이의 특정부위가 영향을 받고 이로서 맞는 이 전체가 영향을 받을 수도 있다.

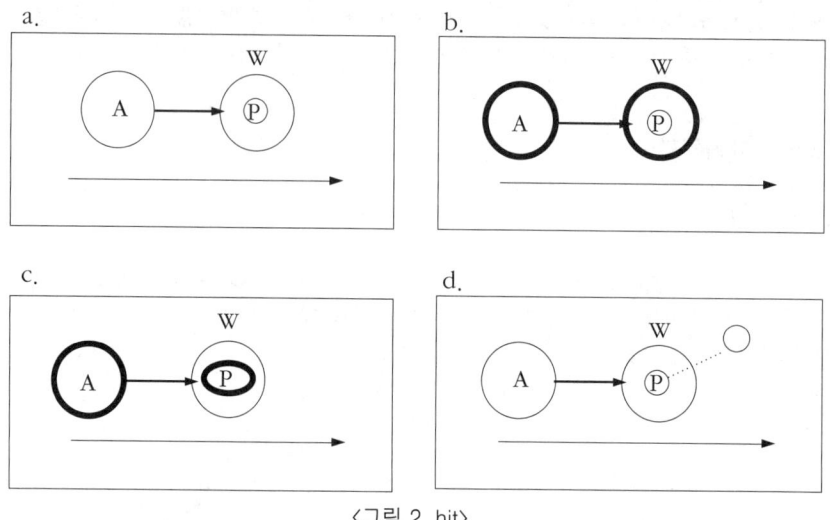

〈그림 2. hit〉

위의 그림 2a에는 치는 사람, 맞는 사람, 그리고 맞는 사람의 부위가 개념바탕에 표시되어 있다.

2.2. 교체현상

1. 그림 2b에는 치는 사람과 맞는 사람이 일차적으로 부각되고, 맞는 부위는 부차적으로 부각되어 있다.
   (1) I hit him on the head.

2. 그림 2c에는 치는 이와 맞는 부위가 부각되어 있다.
   (2) I hit his head.

3. load: 싣는 동사

3.1. 개념바탕

이 동사의 개념바탕에는 싣는 사람 (A), 실리는 개체 (P), 싣는 장소 (L)가 있다. 싣는 사람은 싣는 개체를 싣는 장소에 얹는다.

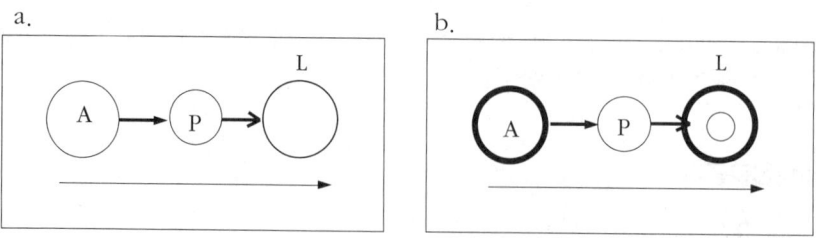

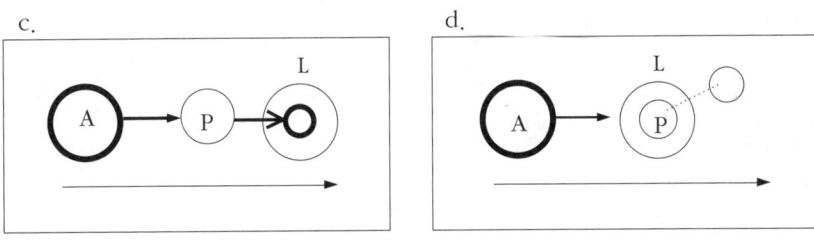

〈그림 3. load〉

그림 3a에서 싣는 사람 (A)은 싣는 개체 (P)에 힘을 가하여 이것이 어떤 장소 (L)에 얹히게 한다.

3.2. 교체현상

1. 그림 3b에는 싣는 사람과 실리는 장소가 일차적으로 부각되고, 실리는 개체는 부차적으로 부각되어 있다.

   (1) She loaded **the bike** *with* *her groceries.*

2. 그림 3c에는 싣는 사람과 실리는 개체가 일차적으로 부각되고, 실리는 장소는 부차적으로 부각된다.

   (2) She loaded **her groceries** *on* **her bike.**

4. overflow: 넘침동사

4.1. 개념바탕

이 동사의 개념바탕에는 액체 (C)와 그릇 (L)이 있다. 액체가 담긴 그릇에서 넘친다. 이것을 그림으로 나타내면 다음과 같다.

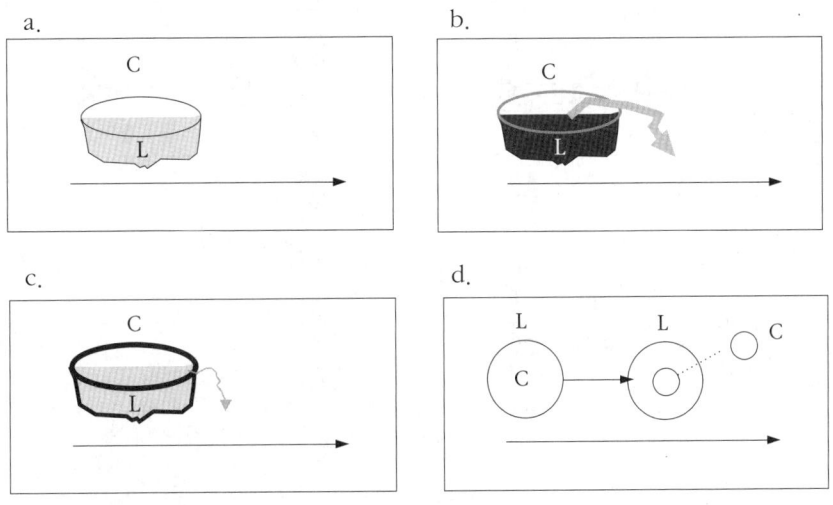

〈그림 4. overflow〉

그림 4b에는 넘치는 물이 부각되고 있다.

4.2. 교체현상

1. 그림 4b에는 넘치는 개체가 부각되어 있다.
    (1) a. **The milk** is overflowing.
        b. **The water** is overflowing.

2. 그림 4c에는 그릇이 부각되어 있다.
    (2) a. **The sink** is overflowing.
        b. **The cup** is overflowing.

5. mix: 섞음동사

5.1. 개념바탕

이 동사의 개념바탕에는 섞는 사람 (A), 섞이는 개체들 (P_1, P_2)이 있다. 개체들이 섞여서 새 개체 (P_3)가 만들어질 수 있다. 다음 그림에서 섞는 사람은 개체에 힘을 가하여 개체들이 섞인다.

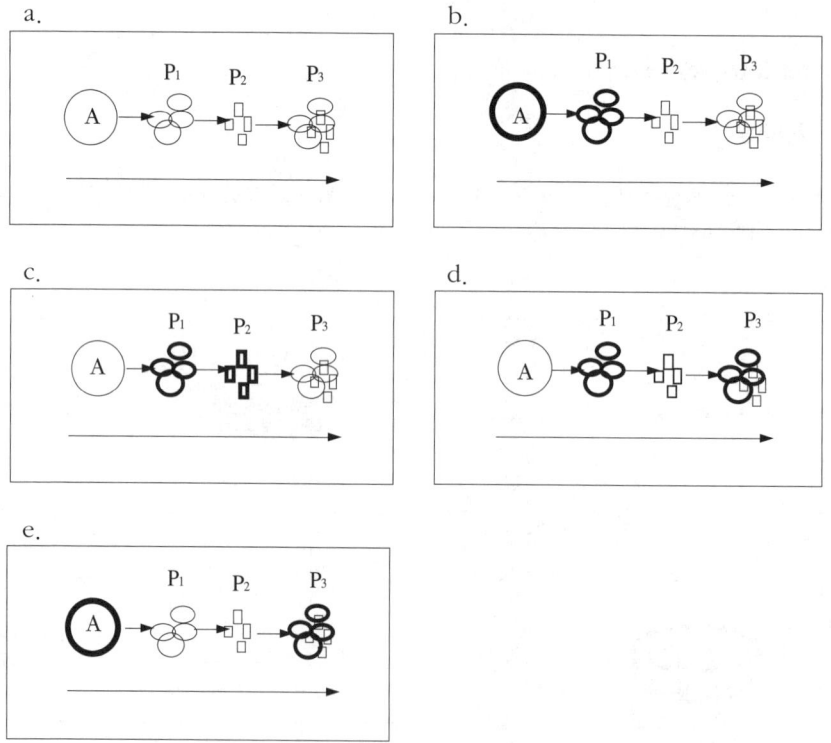

〈그림 5. mix〉

그림 5b는 섞는 사람 (A)이 개체 (P_1)에 힘을 가하여 개체 (P_2)과 섞이게 한다. 그림 5c에는 섞는 이가 두 개체에 동시에 힘을 가하여 섞이게 한다. 그림 5d에는 섞는 사람과 섞여서 만들어지는 개체가 부각된다

5.2. 교체현상

1. 그림 5b에는 섞는 사람이 한 개체를 다른 개체에 가져다 섞는다.
   (1) He mixed **sand** *with* pebbles.

2. 그림 5c에는 섞는 사람이 섞이는 두 개체를 함께 섞는다.
   (2) Mix **flours** *and* **milk** together.

3. 그림 5d에는 섞는 사람이 한 개체를 다른 개체에 부어서 섞는다.
   (3) Mix some **flour** *into* **the soup** to thicken it.

4. 그림 5e에는 섞는 사람 (A)과 섞여서 만들어지는 개체 (P₃)가 부각되어 있다.
   (4) **Mother** mixed **some salad**.

6. clatter: 의성동사

6.1. 개념바탕

이 동사의 개념바탕에는 소리를 내는 개체 (P)와 소리가 나는 장소 (L)가 있다. 어느 개체가 어느 장소에서 소리를 낼 수 있다.

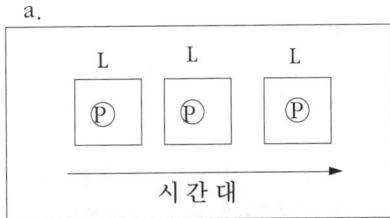
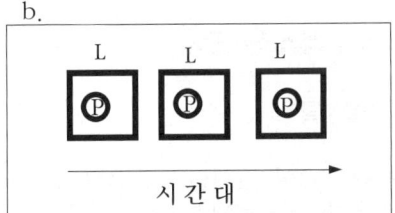
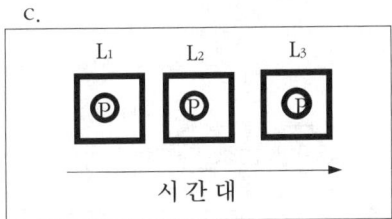

〈그림 6. clatter〉

그림 6b에서는 어느 개체가 같은 장소에서 소리를 낸다. 그러나 그림 6c에서는 주어진 개체는 시간이 지나면서 장소를 옮긴다.

6.2. 교체현상

그림 6b와 6c에서 본 바와 같이, 의성동사는 비이동동사이나 이동동사로 쓰일 수 있다. 이동동사로 쓰일 때에는 출발지, 경로, 목적지를 나타내는 전치사나 부사가 쓰인다.

(1) a. **Toys** clattered in **the box**.

    b. The pots and the pans clattered when she banged them together.

(2) a. The cart clattered **along**.

    b. The trucks clattered **away**.

7. totter: 의태동사

7.1. 개념바탕

동사 가운데는 움직임의 방법을 나타내는 동사가 있다. 이 동사의 개념바탕에는 움직이는 사람 (M)과 장소 (L)가 있다. 움직이는 사람은 시간이 지나도 같은 장소에서 움직일 수 있다. 의태동사는 출발지, 경로, 목적지를 나타내는 낱말과 쓰이면, 방법과 함께 이동을 나타낸다.

7.2. 교체현상

(1) a. The baby tottered.

    b. She swayed a little and tottered and fell.

(2) a. The old lady tottered **down** the stairs.

    b. She tottered back **to** her feet.

8. bash: 사역 접촉동사

8.1. 개념바탕

접촉동사의 개념바탕에는 치는 사람 (A), 맞는 사람 (P)이 있다. 치는 사람은 맞는 사람에게 힘을 가한다. 힘을 받은 사람은 내면적인 충격을 받거나 충격에 의해 상태변화를 받거나 장소이동을 하게 된다. 이것은 다음과 같이 나타낼 수 있다.

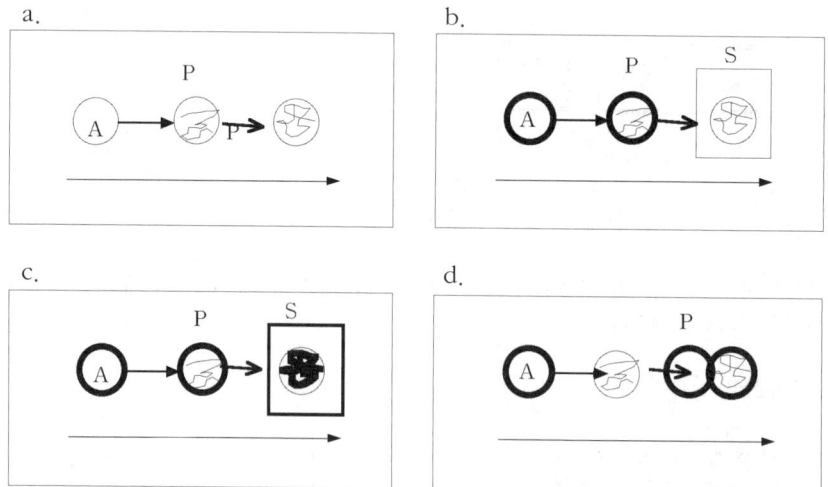

〈그림 7. bash〉

8.2. 교체현상

1. 그림 7b에서는 치는 사람과 맞는 사람이 부각되어 있다.

   (1) He bashed me on the head with a club.

2. 그림 7c에서는 치는 사람, 맞는 사람, 그리고 맞는 사람의 맞고 난 후의 상태가 부각된다.

   (2) a. He bashed **his vase** *to pieces.*

3. 그림 7d에서는 치는 사람, 맞는 사람, 그리고 맞는 사람이 장소이동을 한 다음 다른 개체에 가 닿는 장소가 부각되어 있다.

   (3) He bashed **his head** *against the shelf.*

9. shout: 외침동사

9.1. 개념바탕

이 동사의 개념바탕에는 외치는 사람 (A), 외치는 내용 (C), 외침을 받는 사람 (R)이 있다. 이것을 그림으로 나타내면 다음과 같다.

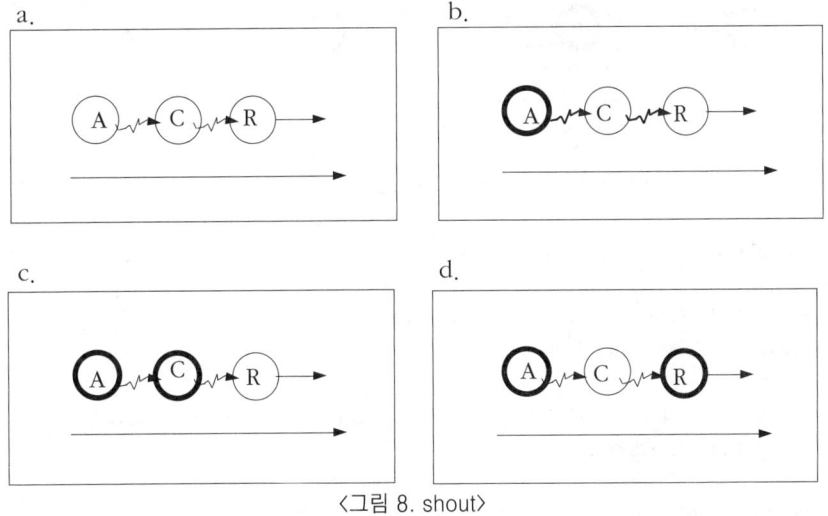

〈그림 8. shout〉

9.2. 교체현상

1. 그림 8b에서는 외치는 사람이 일차적으로 부각되고 외침을 받는 사람이 부차적으로 부각된다

   (1) **The sergeant** roared **at the soldiers.**

2. 그림 8c에서는 외치는 사람과 내용이 부각된다.

   (2) **The crowd** roared **their disapproval.**

3. 그림 8d에서는 외치는 사람과 외침을 받는 사람이 부각된다.

   (3) **The crowd** roared **the speaker** down.

10. merge: 합침동사

10.1. 개념바탕

이 동사의 개념바탕에는 합쳐지는 개체들이 있다. 이들 개체가 합쳐지는 방법에는 몇 가지가 있다. 첫째, 두 개체가 동시에 작용하여 합쳐지는 방법이 있고, 둘째, 한 개체가 다른 개체에 작용하여 합쳐지는 방법이 있다. 둘째 방법은 다시 결과에 따라서 두 가지가 있다. 하나는 합쳐진 두 개체가 독자성을 유지하는 과정과 한 개체가 다른 개체에 완전히 흡수되는 과정이 있다.

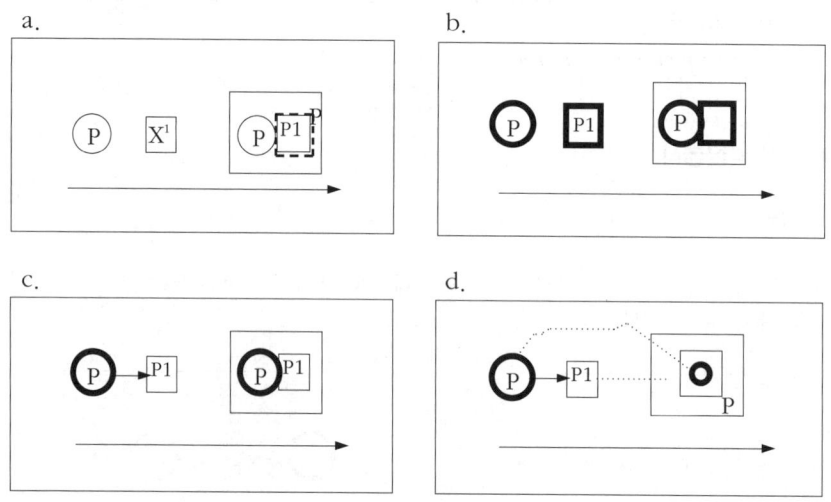

〈그림 9. clear〉

10.2. 교체현상

1. 그림 9b에는 합쳐지는 두 개체가 다 같이 부각된다.
   (1) The two roads merged a mile ahead.

2. 그림 9c에서는 합쳐지는 한 개체가 일차적으로 부각되고 다른 개체는 부차적으로 부각된다.
   (2) The path merges *with* the road.

3. 그림 9d에서는 한 개체가 다른 개체에 들어가서 두 개체가 합쳐진다.
   (3) He merged *into* the crowd.

11. comprise: 구성동사

11.1. 개념바탕

이 동사의 개념바탕에는 전체 (1)와 구성성분 (2)이 있다.

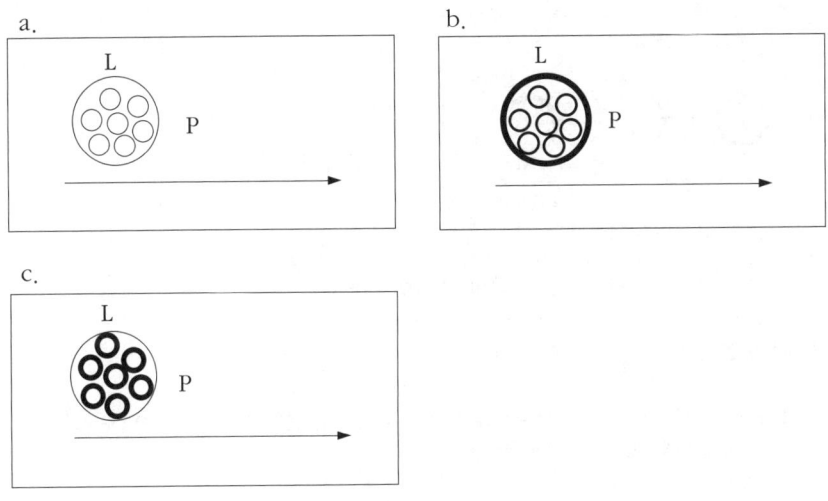

〈그림 10. comprise〉

이 전체와 부분의 관계는 두 가지의 다른 각도에서 볼 수 있다. 전체에서 부분을 보는 관계와 부분에서 전체를 보는 관계가 있다.

11.2. 교체현상

1. 그림 10b에서는 전체에서 부분을 본다.
   (1) The committee comprises ten members.

2. 그림 10c에서는 부분에서 전체를 본다.
   (2) Ten members comprise the committee.

12. compose: 만듦동사

12.1. 개념바탕

이 동사의 개념바탕에는 만드는 사람 (A), 만드는 재료 (I), 그리고 만들어지는 개체 (P)가 있다. 만드는 사람은 재료에 힘을 가하여 새 물건을 만든다. 이것은 다음과 같이 나타낼 수 있다.

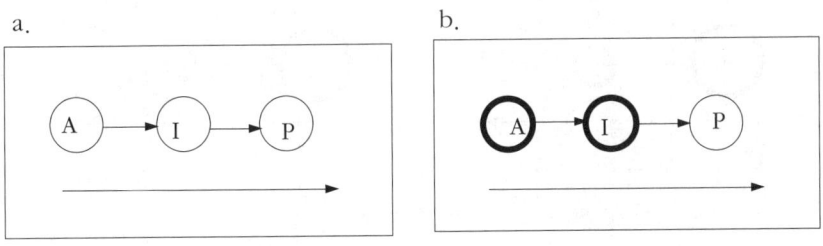

c.

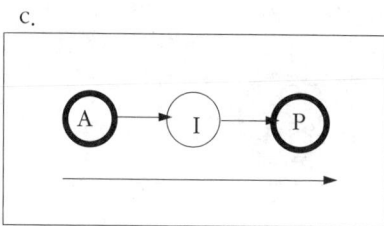

〈그림 11. compose〉

12.2. 교체현상

1. 그림 11b에서는 만드는 사람과 재료가 부각되고, 새 개체는 전치사 into의 목적어로 표현된다.
  (1) a. He composed the arguments **into** a paper.

2. 그림 11c에서는 만드는 사람과 새 개체가 부각되고, 재료는 전치사 out of의 목적어로 표현된다.
  (2) a. He composed a paper **out of** the arguments.

13. hit at: 시도동사

13.1. 개념바탕

접촉동사는 시도동사로도 쓰인다. 접촉동사의 개념바탕에는 그림 12a에서 보여주는 것처럼 치는 사람 (A), 맞는 사람 (P), 맞는 사람의 접촉부위 (L)가 있다. 접촉동사가 전치사 at와 같이 쓰이면 시도동사가 된다.

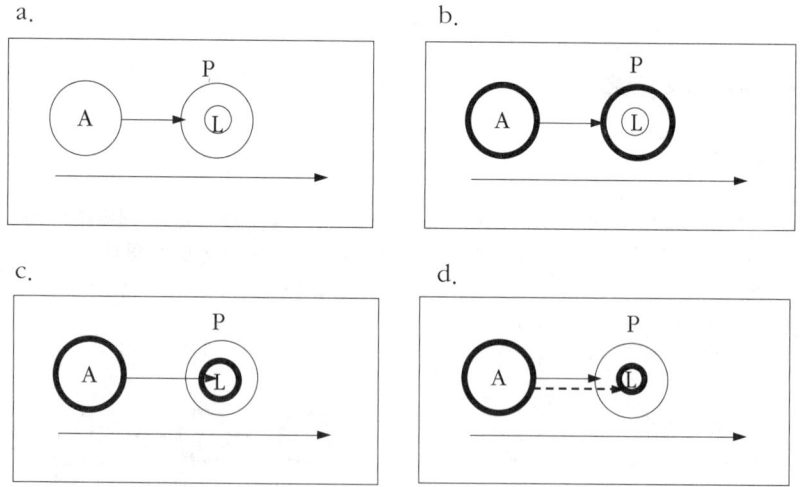

〈그림 12. hit at〉

13.2. 교체현상

1. 그림 12b는 치는 사람과 맞는 사람이 부각되어 있다. 다음 (1)에서 주어는 목적어에 전체적이고, 직접적으로 영향을 준다.

    (1) He hit **me**.

2. 그림 12c은 치는 사람과 맞는 사람의 부위가 부각되어 있다.

    (2) He hit **my head**.

3. 그림 12d에는 치는 사람은 일차적으로 부각되고 맞는 사람의 부위는 부차적으로 부각되어 있다. (3)에서 주어는 목적어에 부분적으로 그리고 간접적으로 영향을 준다.

    (3) He hit **at me**.

14. drip: 흘림동사

14.1. 개념바탕

흘림동사의 대표적인 예로는 **drip**이 있다. 이 동사의 개념바탕에는 그림 13a에서 보여주는 것처럼 액체 (L)와 이것을 담고 있는 그릇 (C)이 있다.

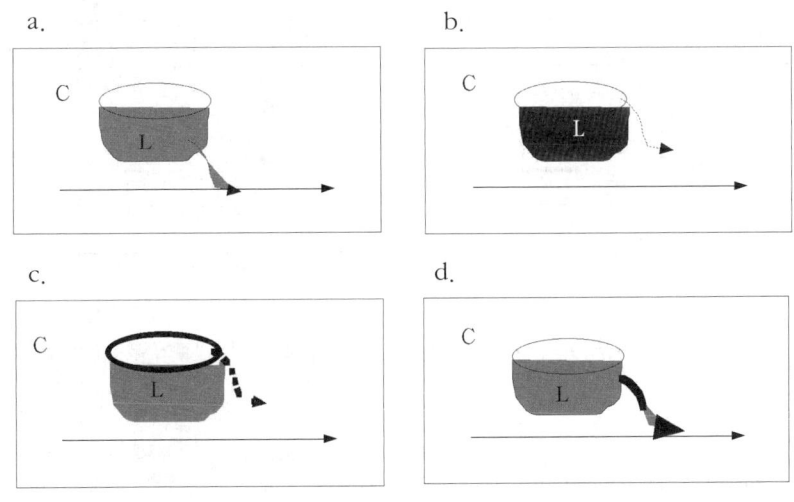

〈그림 13. drip〉

14.2. 교체현상

1. 그림 13b에는 액체가 일차적으로 부각되어 있고 그릇은 부차적으로 부각되어 있다.

    (1) **Blood** is dripping from the wound.

2. 그림 13c에는 그릇이 부각되어 있다.

(2) **The tap** is dripping.

3. 그림 13c에는 액체가 일차적으로 부각되고 그릇에서 넘쳐서 흘러 들어가는 곳이 부차적으로 부각되어있다.

   (3) Water is dripping **into the gutter**.

15. soak: 적심동사

15.1. 개념바탕

이 동사의 개념바탕에는 액체 (L)과 액체가 들어가는 개체 (P)가 있다. 이 관계는 에너지의 근원이 어디에 있느냐에 따라서 두 가지로 풀이된다. 첫째, 액체가 개체에 들어가는 것으로도 볼 수 있고, 둘째, 개체가 액체를 흡수하는 과정으로도 볼 수 있다.

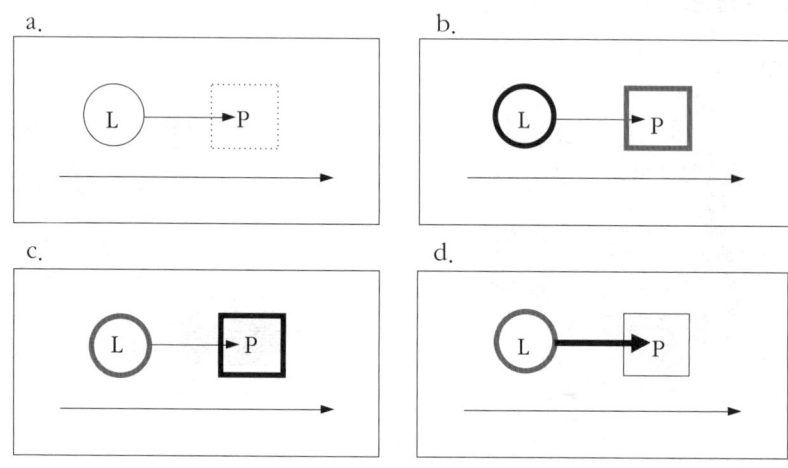

〈그림 14. soak〉

이 때 개체가 더 능동적이다. 그림 14b에서는 액체가 개체에 들어가는 경로가 부각되어 있다.

15.2. 교체현상

1. 그림 14b에서는 액체와 이것이 들어가는 개체가 부각되어 있다.
   (1)   a. **The rain** soaked us.
           b. **The water** soaked the earth.

2. 그림 14c에서는 개체가 액체를 흡수한다.
   (2)   a. **The soft earth** soaked the water.
           b. **The sponge** soaked the milk.

3. (그림 14b)에서는 주어가 지나가는 길이 명시되어 있다.
   (3)   a. **Rain** soaked *into* the sand.
           b. **Blood** soaked ***through*** the bandanges.

16. share: 나눔동사

16.1. 개념바탕

이 동사의 개념바탕에는 나누는 (함께 갖는) 사람들 (A1, A2)과 이들이 공유하는 개체 (P)가 있다. 이 관계는 두 가지로 크게 나누어 볼 수 있다. 나누어 갖는 사람이 동등한 자격인 경우와 한 사람이 다른 사람보다 더 능동적인 경우이다. 이것은 다음과 같이 나타낼 수 있다.

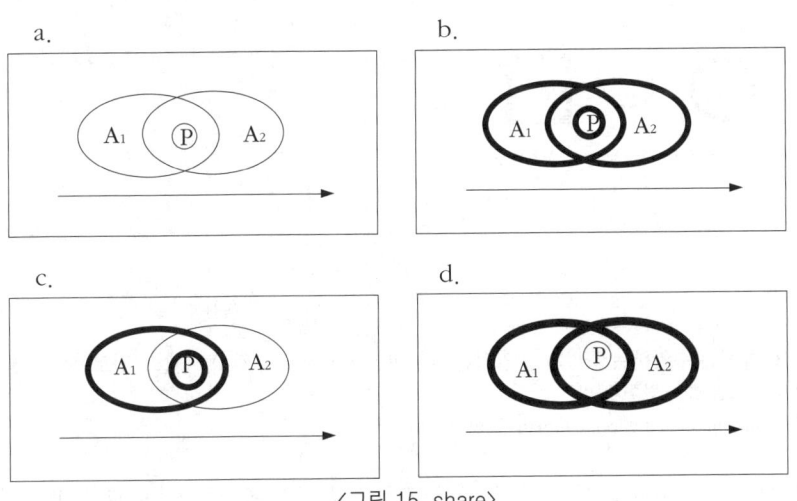

⟨그림 15. share⟩

16.2. 교체현상

1. 그림 15b에서는 두 사람이 동등한 자격에서 어느 개체를 함께 나눈다.
    (1)   a. They shared **the driving**.
           b. We shared **the preparation** for the meeting.

2. 그림 15c에서는 나누는 한 사람이 일차적으로 부각되고, 다른 사람은 부차적으로 부각된다. 즉, 그림 15c에서는 한 사람이 다른 사람보다 더 능동적이다.
    (2)   a. I shared **the driving** *with my son*.
           b. I shared **the preparation** *with my wife*.

3. 그림 15d에서는 나누는 두 개체가 일차적으로 부각되고 공유영역은 부차적으로 부각된다.
    (3)   a. We shared *in the preparation*.
           b. They shared *in profits*.

17. inject: 주입동사

17.1. 개념바탕

이 동사의 개념바탕에는 주입하는 사람 (A), 주입되는 물질 (I), 주입을 받는 개체 (P)가 있다. 주입하는 사람은 주입되는 물질을 주입되는 개체에 넣는다.

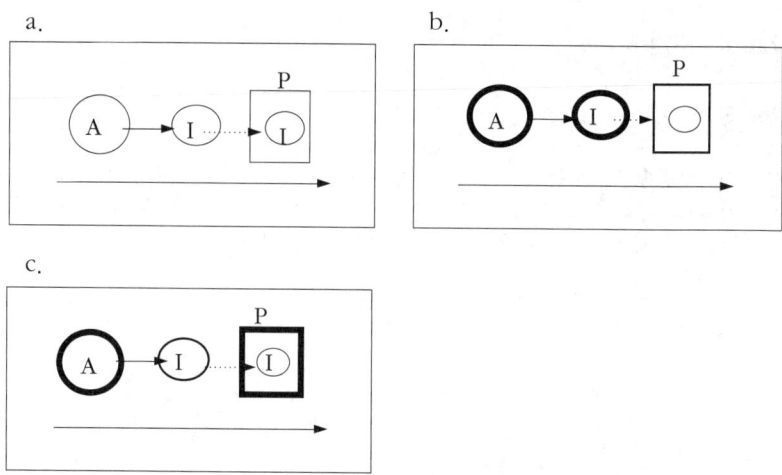

〈그림 16. inject〉

17.2. 교체현상

1. 그림 16b에서는 주입하는 사람과 주입되는 물질이 일차적으로 부각되어 있고, 경로는 전치사 into 로 부차적으로 표현되어 있다.

   (1) The nurse injected **a vaccine** *into* the baby's arm.

2. 그림 16c에서는 주입하는 사람과 주입을 받는 개체가 일차적으로 부각되어 있고, 주입되는 물질 은 전치사 with로 부차적으로 표현되어 있다.

   (2) The nurse injected **the baby's arm** *with* a vaccine.

18. urge: 재촉동사

18.1. 개념바탕

이 동사의 개념바탕에는 재촉을 하는 사람 (A)과 재촉을 받는 사람 (P)이 있다. 재촉을 하는 사람은 재촉을 받는 이를 재촉하여 어떤 일 (W)을 하게 한다. 이 과정은 다시 두 가지로 풀이된다. 첫째, 재촉을 받는 사람이 재촉을 받지만 어느 정도 통제력을 발휘해서 재촉받은 일을 할 것인가 말 것인가를 스스로 결정하는 과정이 있다. 둘째, 재촉을 받는 사람이 통제력을 발휘할 수 없는 과정이다.

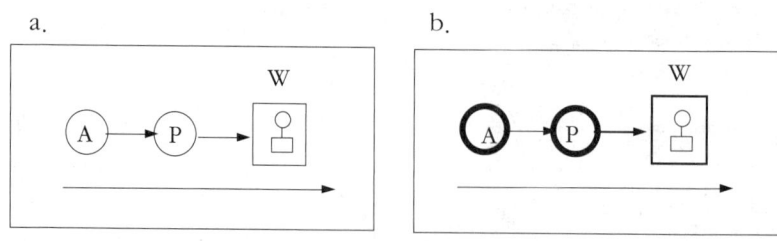

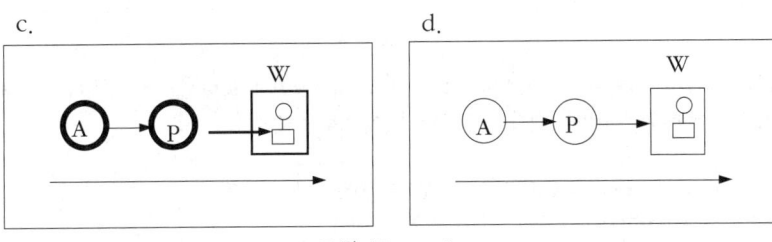

〈그림 17. urge〉

18.2. 교체현상

1. 그림 17b에서는 재촉을 하는 사람과 재촉을 받는 사람이 일차적으로 부각되고, P가 과정에 이르는 경로가 부차적으로 부각되어 있다.

 (1) a. He urged me **to** obey the rules.

   b. He urged me **to** stay overnight.

2. 그림 17c에서는 재촉을 하는 사람과 재촉을 받는 사람이 일차적으로 부각되고, 과정에 이미 들어간 경로와 목표가 부차적으로 부각되어 있다.

 (2) a. He urged me **into** buying the old car.

   b. He urged her **into** quitting her job.

19. recover: 회수동사

19.1. 개념바탕

이 동사의 개념바탕에는 소유자 (A), 소유물 (P)이 있다. 어느 시점 1에서 소유자는 소유물을 가지고 있다가 잃게 되고 (시점 2) 다음 시점 3에서 이것을 다시 갖게 되는 과정이다.

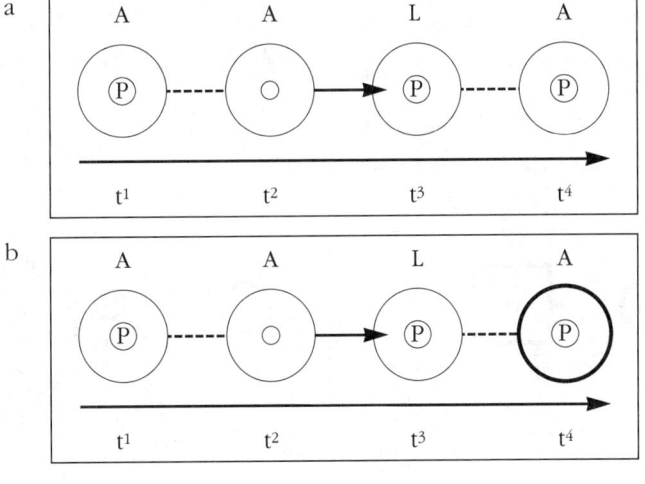

〈그림 18. recover〉

19.2. 교체현상

그림 b에는 마지막 부분만 부각이 되어있다. 그러나 회수동사의 의미에는 이 마지막 부분뿐 아니라 전 단계가 있어야 회수의 의미가 된다. 다음 문장이 이것을 예시한다.

> He recovered his voice. (그는 (잃어버렸던) 목소리를 다시 찾았다.)
> He recovered his eyesight. (그는 시력을 회복했다.)

어느 시점 t^1에서 소유자인 주어는 목소리를 가지고 있다가 다음 시점에서 이것을 잃고 그 다음 시점에서 목소리를 다시 찾게 된다.

다음에서와 같이 P가 A로 떠나가있던 곳은 전치사 from과 함께 쓰일 수 있다.

> He recovered the sunken ship from the bottom of the ocean. (그는 가라앉은 배를 바다에서 건져 올렸다.)
> The rescue team recovered more bodies from the sea. (그 구조대원들은 더 많은 시체들을 바다에서 건져 내었다.)

동사 Recover는 자동사로도 쓰인다.

> He recovered from his cold. (그는 감기로부터 회복했다.)

위 문장은 다음을 암시하고 있다. 건강한 상태 - 감기가 든 상태 - 건강한 상태

20. lock: 잠금동사

20.1. 개념바탕

이 동사의 개념바탕에는 잠그는 사람 (A), 잠금 개체 (I), 잠금 장치가 달린 개체 (P), 그리고 이 안이나 밖에 있는 개체들 (O)이 있다.

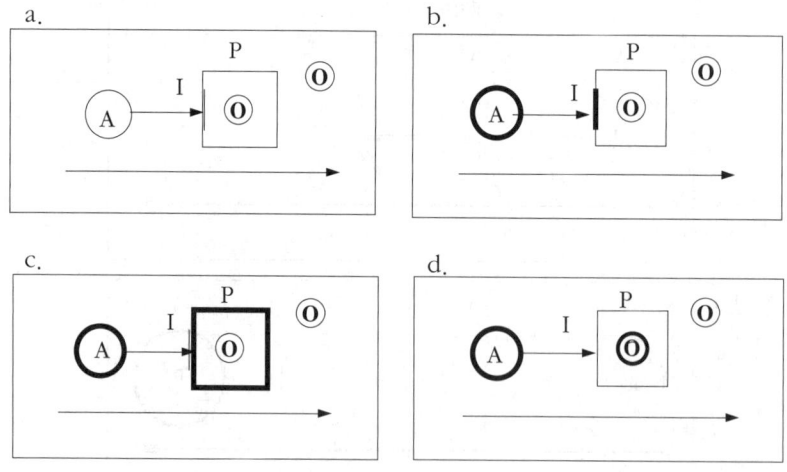

〈그림 19. lock〉

20.2. 교체현상

1. 그림 19b에는 잠그는 사람과 잠금 장치가 붙는 개체가 부각되어 있다.
   (1) He locked **the door**.

2. 그림 19c에서는 잠그는 사람과 잠금 장치가 붙어있는 개체를 포함하는 전체 (집)가 부각되어 있다.
   (2) He locked **the house**.

3. 그림 19d에서는 잠그는 사람과 어떤 장소에 갇히거나 들어가지 못하는 개체가 부각되어 있다.
   (3) He locked **the dog** in a cage.
   (4) He locked **the cat** out.

21. save: 구함동사

21.1. 개념바탕

이 동사는 개념바탕에는 소유자와 소유물이 있다. 소유자는 소유물이 소유영역에서 벗어나지 않게 한다.

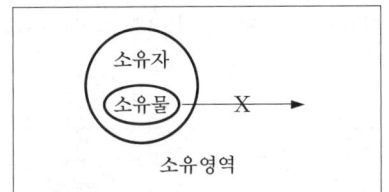

He Saves cardboard

이 동사의 사역동사의 쓰임도 있다. 행위자로 하여금 소유물을 잃지 않게 하는 과정이다.

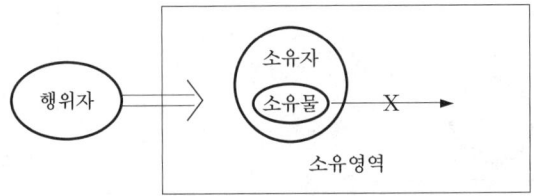

He Saves her time

또 한가지 save 용법은 행위자가 피영향자를 위험에서 떨어져 있게 하는, 즉 사역 과정이다.

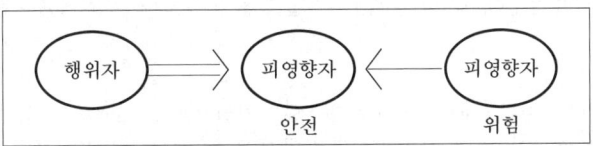

He Saves the dog from the fire

〈그림 20. save〉

21.2. 교체현상

1. 그림 20b에서 구하는 사람과 구해지는 개체가 부각되어 있다.
   (1) He saved all **the cardboard**.

2. 그림 20c에는 구하는 사람, 구해지는 개체, 이 개체를 소유하는 사람이 부각되어 있다. (2)에서 주어는 첫째 목적어가 둘째 목적어를 쓰게 되어있으나 쓰지 않게 한다. 그림 20c에서는 구하는 사람과 구해지는 개체가 있는 장소가 다르다.
   (2) He saved **her** *the time*.

3. 그림 20d에서 구하는 사람과 버려진 상태에 있는 개체가 부각되어 있다.
   (3) He saved **the dog** *from the fire*.

22. risk: 위험감수동사

22.1. 개념바탕

이 동사의 개념바탕에는 위험을 감수하는 사람 (A)과 위험 (D)이 있다. 이 위험은 두 가지로 나누어 볼 수 있다. 첫째, 위험을 감수하는 사람이 중요하게 여기는 개체 (P)가 있는데 이것을 잃어버릴 수 있다. 둘째, 위험을 감수하는 사람이 어떤 과정을 겪게 되는데 이 과정은 위험할 수 있다.

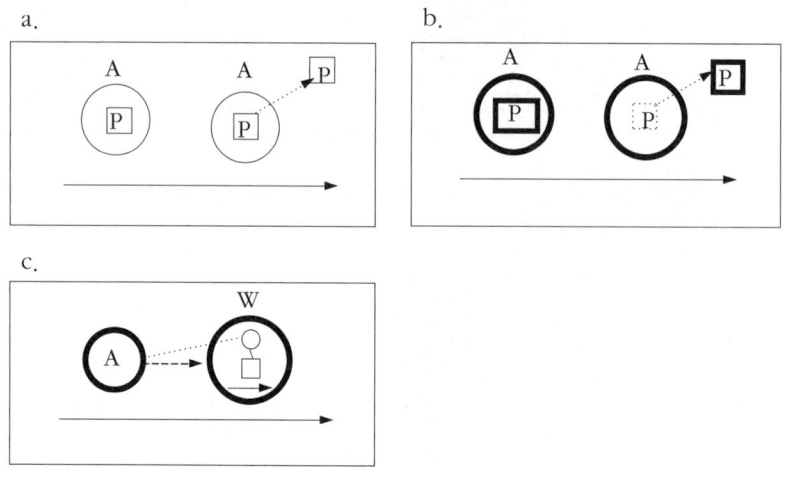

〈그림 21. risk〉

그림 21c에서 위험을 감수하는 사람은 어떤 과정을 겪게 될 수 있다. 이 과정은 위험이 될 수 있다.

22.2. 교체현상

1. 그림 21b에서 어느 시점 (t_1)에서 위험을 감수하는 사람은 어느 개체를 지니고 있다. 어느 다른 시점 (t_2)에서 위험을 감수하는 사람은 이것을 잃게 될 수 있다. 다음 (1)에서 주어는 목적어를 잃게 될 수 있다.
   (1) He risked **his health/life.**

2. 그림 21c에서 주어는 목적어를 경험할 수 있는데 이것은 주어에게 해가 될 수 있다. (3)에서 목적
어는 동명사로 표현되어 있는데 동명사가 나타내는 과정은 주어에게 해가 된다. 그림 21c에서 점
선 화살표는 정신적 작용, 경험을 나타낸다.

(2) They will risk **a serious defeat.**

(3) a. He risked **losing his house** when his company went bankrupt.

    b. He risked **being caught** in a storm.

23. argue: 논쟁동사

23.1. 개념바탕

이 동사의 개념바탕에는 논쟁을 하는 사람들 (A₁, A₂)과 쟁점 (i)이슈가 있다. (그림 a참조)

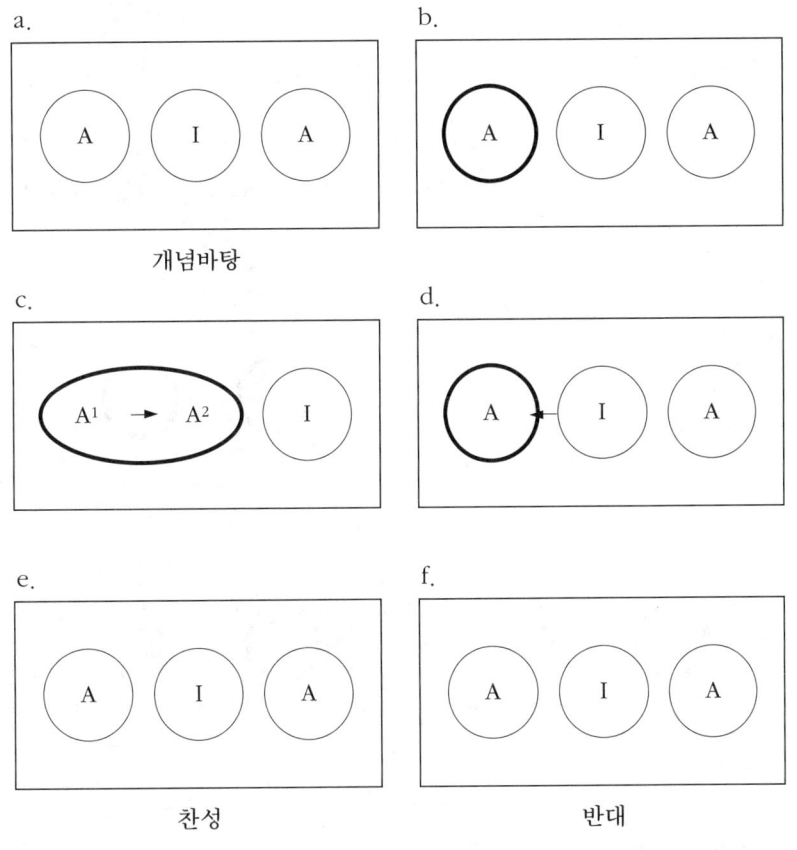

〈그림 22. argue〉

23.2. 교체현상

1. 그림 22b에서는 논쟁에는 두 사람이나 두 편이 있어야 한다. 이 논쟁하는 사람은 다음에서와 같이
한 사람은 주어로 다른 사람은 전치사 with와 같이 나타낼 수 있다.

(1) He argued with his wife. (그는 아내와 다투었다.)

2. 그림 22c에서는 또 논쟁하는 사람은 복수 형태를 주어로 쓸 수 있다.
   (2) He and his wife argued last night. (그와 그의 아내는 지난 밤에 다투었다.)

3. 그림 22d에서는 논쟁의 쟁점은 전치사 about나 over로 도입된다.

   They argued about. (그들은 그 쟁점에 대해 이것저것 논의했다.)
   They argued over the bill. (그들은 그 법안 전반에 걸쳐 논의했다.)

4. 그림 22e에서는 주어는 어느 쟁점에 대해 반대하거나 찬성하는 입장을 취할 수 있다.

   We argued against abortion. (우리는 낙태 반대하는 논쟁을 했다.)
   They argued for abortion. (그들은 낙태를 찬성하는 말을 했다.)
   He argued in favor of capital punishment. (그는 사형제도를 찬성하는 논의를 했다.)

24. entreat: 간청동사

24.1. 개념바탕

이 동사의 개념바탕에는 간청을 하는 사람 (A)와 간청 받는 사람 (R), 그리고 간청의 대상 (P)가 있다. 간청하는 사람은 간청의 대상을 얻기 위해서 간청을 한다.

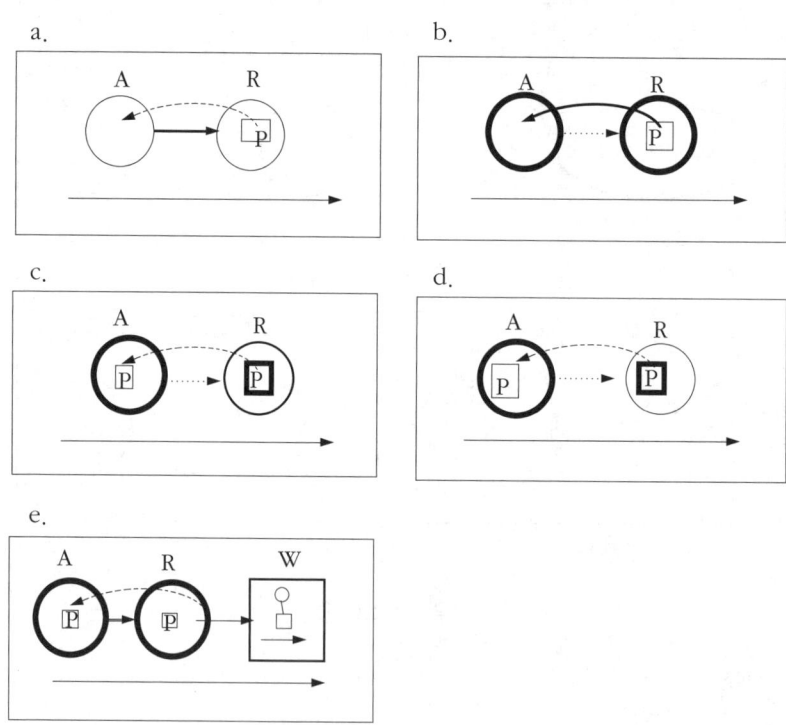

〈그림 23. entreat〉

24.2 교체현상

1. 그림 23b에서 간청하는 사람과 받는 사람이 부각된다. 간청의 대상은 부차적으로 부각된다.

   (1) They entreated **us** *for* financial help.

2. 그림 23c에서 간청하는 사람과 간청의 대상이 일차적으로 부각되고, 간청을 받는 사람은 부차적으로 부각된다.

   (2) He entreated **permission** *of* his father.

3. 그림 23d에서는 간청을 하는 사람과 간청의 대상이 부각되어 있다.

   (3) I must entreat **your patience** in this matter.

4. 그림 23e에서 간청을 하는 사람과 간청을 받는 사람이 일차적으로 부각되어 있고, 간청을 받고 들어가는 상태나 과정은 부차적으로 부각된다.

   (4) We entreated **her to** stay longer.

25. scrub: 문지름동사

25.1. 개념바탕

이 동사의 개념바탕에는 문지르는 사람 (A), 문지르는 도구 (I), 때 (P), 그리고 때가 묻어있는 개체 (L)가 있다. 문지르는 사람은 문지르는 동작으로 때를 제거한다. 때가 제거되면 개체는 새 상태에 이른다.

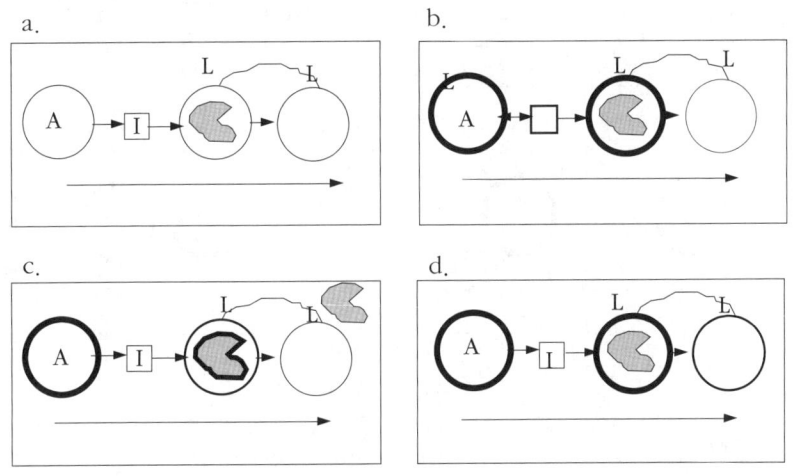

〈그림 24. scrub〉

그림 24d에서는 문지르는 사람, 문질러지는 개체, 그리고 이 개체의 마지막 상태가 부각되어 있다.

23.2. 교체현상

1. 그림 24b에서는 문지르는 사람, 문질러지는 개체가 일차적으로 부각되고 도구가 부자석으로 부각되어 있다.

(1) He scrubbed **the wall** *with a brush.*

2. 그림 24c에는 문지르는 사람과 떼가 일차적으로 부각되어 있고, 떼가 있던 장소는 부차적으로 부각된다.

    (2) a. He scrubbed **the dirt** *from his hands.*

       b. He scrubbed **the cream** *off his hand.*

       c. He scrubbed **the stain** *out of the carpet.*

3. 그림 24d에는 문지르는 사람, 떼가 벗겨지는 장소가 일차적으로 부각되고, 장소의 상태도 부각되어 있다.

    (3) The children scrubbed **the wall** *clean.*

26. stab: 찌름동사

26.1. 개념바탕

이 동사의 개념바탕에는 찌른 사람 (A), 찌르는 도구 (I), 찔리는 개체 (P)가 있다. 찔리는 개체는 찔림을 받고 난 후 새 상태에 들어갈 수 있다.

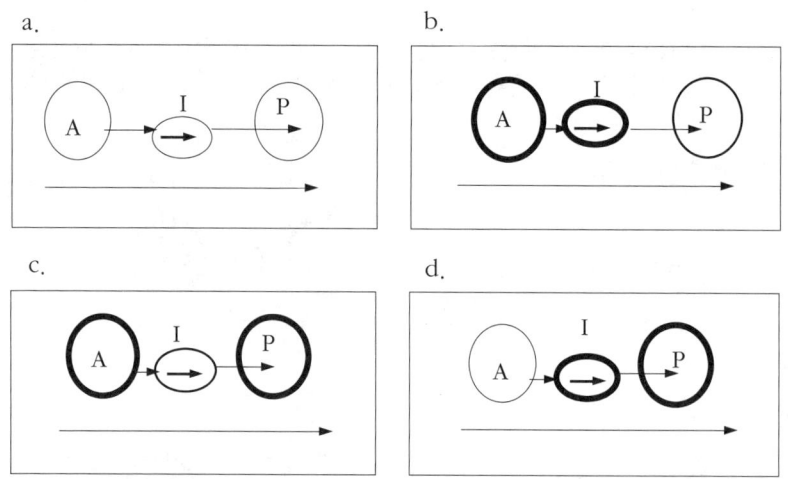

〈그림 25. stab〉

26.2. 교체현상

1. 그림 25b에서는 찌르는 사람과 도구가 일차적으로 부각되고, 부차적으로 찔리는 개체가 부각된다.

    (1) He stabbed **the skewers** *into the meat.*

2. 그림 25c에서는 찌르는 사람과 찔리는 개체가 일차적으로 부각되고, 이차적으로 도구가 부각된다.

    (2) He stabbed **the fish** *with a spear.*

3. 그림 25d에서는 도구와 찔리는 개체가 부각된다.

(3) **A sharp pain** stabbed my right side.

27. swarm: 들끓음동사

27.1. 개념바탕

이 동사의 개념바탕에는 어느 장소 (L)과 이 장소 안에서 들끓는 개체들 (P)가 있다. 이 관계는 두 가지의 관점에서 볼 수 있다. 장소에서 이 관계에 접근할 수도 있고, 이 장소 안의 개체에서 이 관계에 접근할 수 있다.

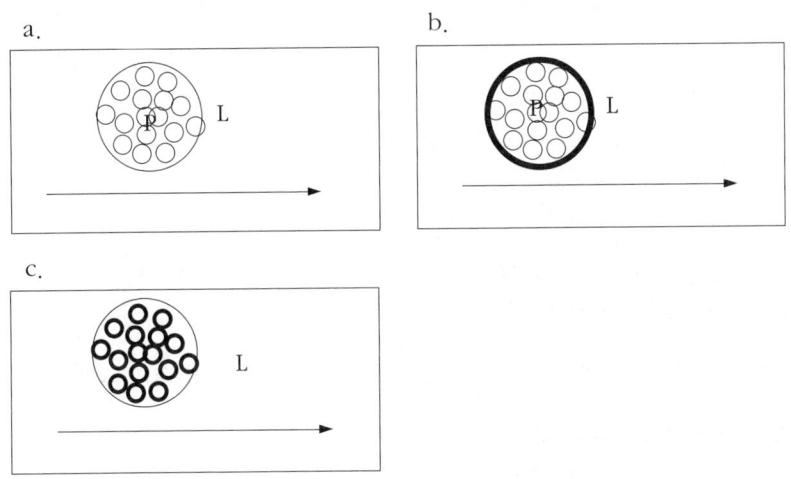

〈그림 26. swarm〉

27.2. 교체현상

1. 그림 26b에서는 장소가 일차적으로 부각이 되고 개체는 부차적으로 부각되어 있다.
   (1) The garden is swarming **with** *bees*.

2. 그림 26c에서는 장소 안에 들끓는 개체가 일차적으로 부각이 되고, 장소는 부차적으로 부각되어 있다.
   (2) Bees swarmed **in** *the garden*.

28. warn: 경고동사

28.1. 개념바탕

이 동사의 개념바탕에는 경고하는 사람 (A), 경고내용 (P), 경고를 받는 사람 (R)이 있다. 경고를 받는 사람은 경고를 받은 다음 어떤 일 (W)을 할 수 있다.

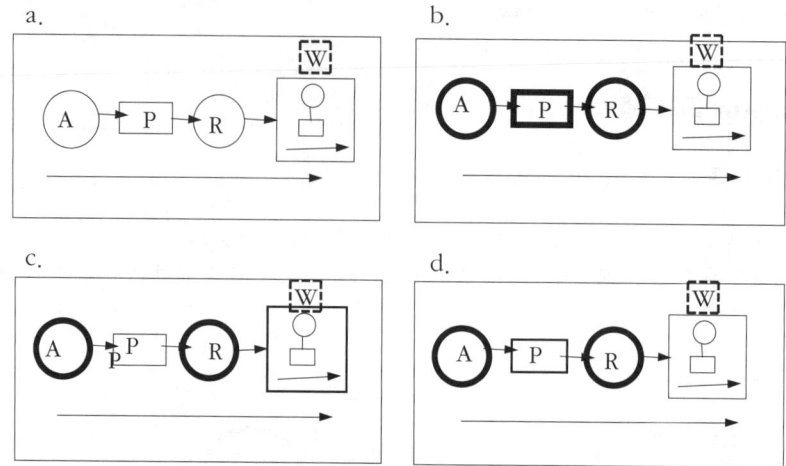

<그림 27. warn>

28.2. 교체현상

1. 그림 27b에는 경고하는 사람, 경고의 내용 그리고 경고를 받는 사람이 부각되어 있다.
   (1) He told **his mother** *that he would be late.*

2. 그림 27c에는 경고하는 사람과 경고를 받는 사람이 일차적으로 부각되고, 경고의 내용이 부차적으로 부각되어 있다.
   (2) a. He warned **her** *of possible failure.*
       b. I warned **him** *about those stairs.*

3. 그림 27d에는 경고하는 사람과 경고를 받는 사람이 일차적으로 부각되고, 경고를 받는 사람이 하게 되는 과정이 부차적으로 부각된다.
   (3) He warned **us** *to book early.*

29. wipe: 닦음동사

29.1. 개념바탕

이 동사의 개념바탕에는 닦는 사람 (A), 닦여 나오는 물질 (P) 그리고 닦이는 개체 (L)가 있다. 닦는 사람은 닦아서 때 같은 물질을 제거한다. 닦이는 개체는 닦인 후 새 상태에 들어간다.

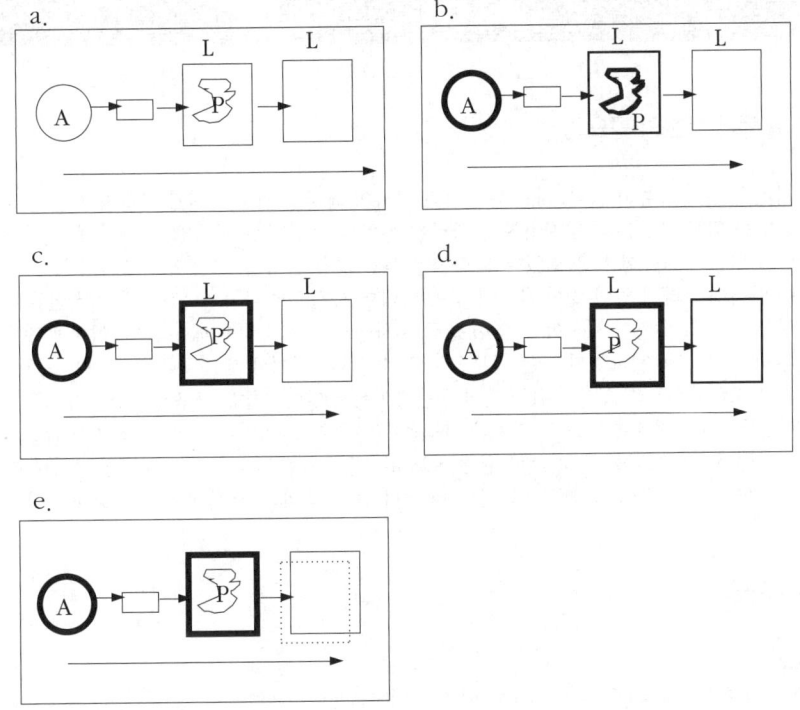

〈그림 28. wipe〉

29.2. 교체현상

1. 그림 28b에는 닦는 사람과 닦여 나오는 개체가 일차적으로 부각되고, 때가 묻어있던 장소는 부차적으로 부각된다.
   (1) He wiped the dust off the shelf.

2. 그림 28c에는 닦는 사람과 닦이는 장소가 부각되어 있다.
   (2) He wiped the table.

3. 그림 28d에는 닦인 다음의 새 상태가 부각되어 있다.
   (3) He wiped the table clean.

4. 그림 28e에는 닦는 사람과 닦이는 개체가 일차적으로 부각된다. 닦이는 개체는 다른 개체에 접촉하여 닦인다.
   (4) She wiped her hands on the towel.

영어 동사 사전의 특징

1. 영어 동사 사전의 필요성

영어 사전은 수와 종류가 많다. 사용자에 따라 모국어 화자를 위한 사전과 학습자용 사전이 있다. 모국어 화자를 위한 사전은 다시 사용자에 따라서 유치원, 초등학생, 중학생, 고등학생, 대학생 그리고 일반인을 위한 사전들이 층층이 있다. 학습자용 사전도 초급, 중급, 고급으로 나뉘어 있다. 또 정의에 쓰이는 언어에 따라서 영어-영어 사전과 영어-한국어 사전으로 나눌 수 있다. 위에서 언급한 두 종류의 사전은 모두 영어-영어 사전이다. 영어-한국어 사전도 종류와 수가 매우 많다. 이렇게 많은 사전이 있는데 왜 또 사전이 필요한가 하는 의문을 가질 수 있다. 여기에 새로 기획된 사전은 일차적으로 영어를 외국어로 배우는 학습자를 위한 것이지만 나아가서 언어이론을 연구하는 분들에게도 도움이 될 것이다. 학습자의 견지에서 보면, 기존의 사전들은 부족한 점이 많다고 본다. 특히 학습자가 어느 낱말을 사전에서 찾아보았을 때, 사전에 실린 정보로부터 주어진 낱말을 바로 사용할 수 있는가 하는 관점에서 보면 부족한 점이 그대로 드러난다. 이러한 점을 몇 개의 사전에서 동사 ooze를 살펴 보면 알 수 있다.

1.1. Webster

ooze

vi. 1. to flow or leak out slowly, as through very small holes; seep
2. to give forth moisture, as through pores.
3. to escape or disappear gradually/*Hope oozed away.*

vt. 1. to give forth, or exude (a fluid)
2. to seem to radiate/*to ooze confidence*

위 정의가 갖는 문제점은 다음과 같다. 첫째, 정의되는 낱말보다 정의하는 낱말이 더 어렵다. 예로서 seep, pores, exude, radiate 등은 ooze보다 더 어렵게 생각될 수 있다. 둘째, 주어진 뜻이 어떻게 쓰이는지를 알기가 어렵다. 두 개의 경우에 예문이 실려 있으나, 나머지의 뜻에는 해당 예문이 실려 있지 않다.

1.2. Oxford Advanced Learner's Dictionary (OALD)

영영 학습자 사전은 위에서 지적된 사항들이 보완되어 있다. OALD에 ooze는 다음과 같이 제시되어 있다.

verb 1 --from/out of/through something/--out/--with something
If a thick liquid oozes from a place, or if something oozes a thick liquid, the liquid flows from the place slowly.
[vi] *Blood oozed out of the wound.*
An ugly swelling is oozing with pus.
[Vt] *The wound was oozing blood.*
2 -- (with) something if somebody/something oozes a particular characteristic, quality, etc., they show it strongly.
[V] *His voice oozed with sexual appeal.*

위의 학습자 사전은 2,000개의 낱말로 사전에 실린 모든 낱말을 정의한다. 그러므로 정의하는 낱말이 정의되는 낱말보다 어려운 경우는 드물다. 다음으로 각 뜻에 해당되는 예문이 주어져서 주어진 동사가 문장 속에 쓰이는 방법을 알 수가 있다. 나아가서 이 학습자 사전은 주어진 동사가 어떤 전치사나 전치사적 부사와 쓰이는지를 알려주는 문법 정보가 있다. 이러한 뜻풀이와 예문 제시는 학습자들에게 큰 도움을 줄 수가 있다. 그러나 좀 더 유익한 사전이 되기 위해서는 뜻과 뜻 사이의 관련성이 명시적으로 주어지는 것이 좋겠다. 위에서 예로 제시된 문장에 쓰인 주어가 서로 어떤 관계에 있는가가 명시적으로 주어지면 주어진 동사의 뜻을 이해하는 데 크게 도움이 될 것이다.

(1) a. **Blood** oozed out of the wound.
     b. **A wound** was oozing blood.
     c. **An ugly swelling** is oozing with pus.

(1a)의 주어 blood와 (1b)의 주어 wound 사이의 관계는 무엇이며, 또 (1a)의 blood와 (1c)의 pus 사이의 관계는 무엇인가? 이들 관계가 명시적으로 주어지면 동사 ooze를 정확하고 깊이 있게 이해하고 쓰는 데 도움이 될 것이다. 이러한 점이 분명하게 드러나도록 하는 것이 이 사전의 목표이다.

1.3. 슈프림 영한 사전

다음은 중형 한영 사전에 실린 ooze이다. 비교적 많은 예가 실려있다.

(**ooze**)

vi. 1. (수분이) 스며 나오다; 졸졸 흘러나오다 (exude)
     Blood was oozing from the wound.
     2. (공기, 바람, 빛 등이) 새어나오다.
     No gleam of light oozed from the windows.
     3. (물체에서 액체가) 나오다.
     My shoes are oozing with water.
     The horse was oozing with sweat.
     4. (비밀 등이) 새다.
     The secret oozed out.
     5. (용기 등이) 없어지다.
     I felt my courage oozing away.

vt. 1. (찔끔찔끔) 내다.
     My shoes are oozing water.
     The wound oozed blood.
     2. [one's way를 목적어로] 줄줄 흘러가다.
     Water oozed its way through the crevice.

이 사전은 ooze의 은유적인 뜻까지 포함시켜서 위에서 살펴본 영영 사전보다 훨씬 친절하다. 그러나 여러 주어 사이의 관계를 명시적으로 밝혀주지 않은 점은 다른 사전이나 마찬가지다.
예로서, 자동사 용법의 주어 1과 2, 그리고 4와 5의 차이는 무엇이며, 3의 주어와 나머지 주어는 어떻게 구별되는지 등이 명시되지 않았다.

1.4. 영어 동사 사전

이 사전에서는 위에서 지적한 주어 사이의 관계와 문장 사이의 관계를 명시적으로 보여준다. 이러한 관계를 보여주기 위해서 각 동사마다 개념바탕을 찾아서 설정한다. 위에서 살펴본 ooze의 경우, 이의 개념바탕에는 그릇과 같은 개체가 있고, 그 속에서 스며나오는 물질이 있다. 이 그릇에 있는 물질이가는 구멍을 통해 나오는 과정이 ooze이다. 이것을 그림으로 나타내면 다음 그림 1a와 같다.

이 개념바탕에 있는 참여자 (그릇, 물질) 가운데 어느 것이 부각되느냐에 따라서 주어가 달라진다. 예로서, 그림 1a의 그릇과 물질이 부각되면 다음과 같은 문장이 된다. (그림 1b참조)

    (b) a. The wound is oozing blood/pus.
          b. The shoes are oozing water.

다음 문장은 그릇이 부각된 예이다.

    (c) a. My shoes are oozing with water.
          b. The horse is oozing with sweat.

그릇이 아니라 그릇 속에 담긴 액체가 주어가 되면 다음과 같은 문장이 된다. (그림 1d참조)

    (d) a. **Blood** was oozing from the wound.
          b. **The secret** oozed out.

a. 개념바탕

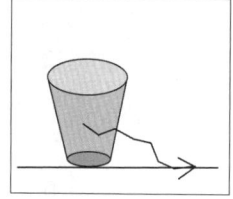

b. 그릇과 액체 부각

c. 그릇 부각

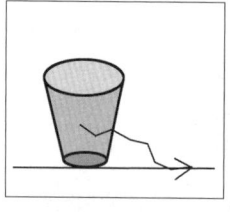

d. 액체 부각

〈그림 1. ooze〉

이렇게 보면, 주어와 목적어 사이 그리고 주어 자리에 오는 참여자의 성질을 파악할 수 있다. 이 사전에서는 위와 같은 그림은 사용하지 않았지만 이러한 차이를 드러내는 데 주안점을 두었다.
아래에서 동사 leave도 살펴보겠다.

2. 이론적 바탕

이 사전의 이론적 바탕은 인지 문법이다. 이 문법은 1970년대부터 R. W. Langacker 교수가 개발해 오고 있는 문법이다. 비록 역사는 짧지만 이 문법은 여러 언어에 적용이 되어서 그 유효성이 널리 입증되고 있다. 인지 문법은 낱말과 관련하여 다음과 같은 주장을 하고 있다.

(5) a. 자주 쓰이는 표현은 서로 관련된 의미망을 갖는다.
 b. 의미구조는 인지영역과 관련을 지어서 기술된다.
 c. 의미구조는 배경에 모습을 부과함으로써 구조의 값을 끌어낸다.
 d. 의미구조는 관습적 영상을 포함한다. 즉, 의미구조는 특정한 방식으로 상황을 해석한다.

위의 주장을 차례대로 살펴보자. (5a)에서 자주 쓰이는 표현이라고 했지만 자주 쓰이지 않는 표현도 서로 관련된 의미망을 갖는다. 위에서 살펴본 ooze는 자주 쓰이지 않지만 서로 관련된 의미를 가지며, 이 의미들은 별개의 것이 아니라 개념바탕을 통해서 관련이 된다. (5b)에서 의미는 인지영역과 관련을 지어서 기술될 수 있다고 한다. 이 인지영역은 우리의 모든 경험을 포괄한다. 이 영역에는 물리적 영역과 정신적 영역이 포함되고, 이들은 다시 세분화 될 수 있다. 물리영역에는 빛, 소리, 움직임과 같은 영역이 있고, 정신영역에는 사고, 감정영역이 포함된다.

(5c)에서 의미구조는 바탕에 모습을 부과함으로써 구조의 값을 끌어낸다. 손가락을 예로 들면, 이 표현이 가리키는 것은 손이란 바탕에서 제한된 부분을 모습으로 드러내면서 그 값이 주어진다. 손바닥은 또 손의 다른 부분을 모습으로 드러내어 이 부분을 가리킨다. 동사 ooze의 경우, 같은 개념바탕에서 다른 개체나 참여자가 부각되면서 서로 관련이 있으나 다른 의미를 가지게 된다. (5d)는 어느 낱말이 갖는 개념바탕에서 어느 것이 부각되느냐가 관습적으로 결정되는 경우를 말한다. sell과 buy는 같은 개념바탕을 가지나 sell은 파는 이를 모습으로 드러내고, buy는 사는 이를 모습으로 드러낸다. 이것은 관습적으로 결정되는 예이다.

Langacker의 주장을 살펴보기 위해서 사용 빈도수가 높은 동사 leave를 한 예로 살펴보자. 이 동사는 Webster 사전에 다음과 같이 풀이되어 있다.

2.1. Webster

이 사전에는 동사 leave가 다음과 같이 정의되어 있다.

leave
vt. 1. to cause or allow to remain; not take away / *to leave some of the food for late comers*
 2. to make, place, deposit, etc., and cause to remain behind one / *to leave one's calling card*
 3. to have remaining after one /*the deceased leaves a widow*
 4. to bequeath / *They leave a fortune to charity.*
 5. to let be in the care of; entrust (with to or upto) / *leave a decision to another*
 6. to give as a remainder by substraction / *Ten minus two leaves eight.*
 7. to reject / *take it of leave it*
 8. to go away / *to leave the house*
 9. to stay or cause to be in a certain condition / *The flood left them homeless.*
 10. to give up; abandon; forsake
 11. to stop living in, working for, or belonging to
 12. [Dialect or slang] to let or allow / *leave us go now*

vi. 1. to go away, depart, or set out

위 사전에는 leave의 타동사 뜻이 12개, 그리고 자동사의 뜻이 하나 제시되어 있다. 또 13개의 풀이 가운데 9개의 풀이에는 예문이 제시되어 있다. 예문이 있는 풀이는 예문의 도움으로 풀이를 이해하고 주어진 풀이가 어떻게 쓰이는지를 알 수 있다. 그러나 예문이 없는 풀이는 주어진 풀이가 어떻게 쓰이는지 알 수 없다. 게다가 위의 풀이는 왜 leave라는 동사가 제시된 여러 가지의 뜻을 가지게 되며, 뜻과 뜻 사이에는 어떤 관련성이 있는지 전혀 감이 잡히지 않는다. 예로서 위의 풀이 4번과 5번을 비교해 보면 이 두 뜻 사이에는 아무런 관련성이 보이지 않는다. 마치 to bequeath와 to entrust는 전혀 다른 뜻을 전하는 것처럼 보인다. 이상적인 사전에서는 한 동사가 갖는 뜻과 뜻 사이의 관련성을 보여주는 것이 매우 중요하다.

2.2. Oxford Advanced Learner's Dictionary

다음으로 학습 사전(OALD)에 실린 동사 leave를 살펴보자.

 verb

PLACE/PERSON

1. to go away from a person or a place
   [V] Come on, it's time we left.
       The plane leaves for Dallas at 12:35.
   [VN] I hate leaving home.
        The plane leaves Heathrow at 12:35.

HOME/JOB/SCHOOL

2. to stop living at a place, belonging to a group, working for an employer, etc.
   [V] My secretary has threatened to leave.
   [VN] Some children leave school at 16.

WIFE/HUSBAND

3. [VN] ~sb (for sb) to leave your wife, husband or a partner permanently: She is leaving him for another man.

SOMETHING TO DO LATER

4. [VN] not to do something or deal with something immediately: Leave the dishes-I'll wash them up later. Why do you leave everything until the last minute?

something/someone IN CONDITION/PLACE

5. [VN-ADJ] Leave the open. The bomb blast 20 people dead.
   [VN-ING] Don't leave her waiting outside in the rain.
   [VN-to INF] Leave the rice to cook for 20 minutes.

6. to make something happen or remain as a result.
   [VN] Red wine leaves a stain. The puppy left a trace of destruction behind it. She left me with the impression that she was unhappy with her job.
   [VNN] I'm afraid you leave me no choice.

7. (be left) to remain to be used or sold, etc.
   [VN] Is there any coffee left? How many have you left? (figurative) They are fighting to save what is left of their business. The only course of action left to me was to notify her employer.

8. ~something/someone (behind) to go away from a place without taking something/someone with you.
   [VN] I've left my bag on the bus. Don't leave any of your belongings behind. He wasn't well -- so we left him behind.

MATHEMATICS

9. to have a particular amount remaining: [VN] Seven minus three leaves four.

AFTER DEATH

10. to have family remaining after death: [VN] He leaves a wife and two children.

11. to give something to somebody after your death: [VN, VNN] She left $1 million to her daughter. She left her daughter.

RESPONSIBILITY TO SB

12. to allow sb to take of st

[VN+adv./pp] You can leave the cooking to me. She left her assistant in charge. Leave it with me.

I' ll leave the decision to you.

They left me all the clearing up.

[VN to INF] I was left to cope on my own.

DELIVER

13. SOMETHING (FOR SOMEBODY) ~SOMEBODY SOMETHING [VN, VNN] Someone left the note for you. Someone left you this note.

OALD는 독자들이 편하게 쓰도록 편집되어 있다. 먼저 13개의 뜻은 목적어나 목적어에 유사한 것의 특성에 따라서 PLACE/PERSON, HOME/JOB/SCHOOL 등으로 나뉘어 있고, 이들은 필요에 따라 다시 하위 분류되어 있어서 그 쓰임을 짐작하게 해 준다. 다음으로 각 풀이에 대한 예문이 제시되어 있어서 어떠한 뜻이 어떻게 쓰이는가를 보여준다. 그러나 이러한 모든 장점에도 불구하고 제시된 풀이로는 뜻과 뜻 사이의 관계를 알 수 없고, 나아가서 leave라는 동사가 어떻게 이러한 뜻을 수용할 수 있는지도 알 수 없다. 이러한 뜻 사이의 관계나 leave의 여러 뜻을 수용하는 잠재성은 개념바탕을 설정하고, 이 개념바탕의 모습이 어떻게 교체되는지를 살펴봄으로 포착될 수 있다.

2.3. 인지 문법에서 본 동사 leave

동사 leave의 개념바탕에는 어떤 개체/사람 (A), 다른 개체/사람 (B), 그리고 이들이 있는 장소 (L)가 있다. 이것을 간략하게 도식화하면 다음 그림 2a와 같다. A와 B는 어떤 관계에 있다.

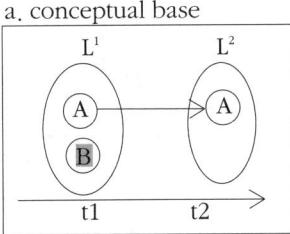
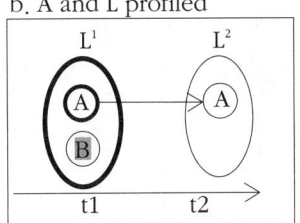
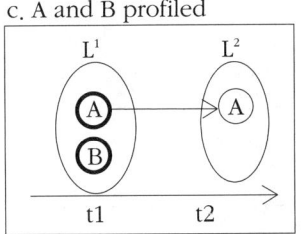
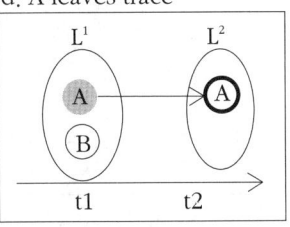

〈그림 2. leave〉

2.3.1. 타동사 용법

그림 2a의 시점 t1에서 A와 B는 어느 장소에 함께 있다. 다음 시점 t2에서 A는 L^1을 벗어나 있다. 이 상황에서 A나 B, 그리고 L^1이 부각됨으로써 다음 두 표현을 낳는다. 다음 예에서는 한 개체와 장소가 부각된다.

(6)   a. The plane left Heathrow at 13:00.
         b. Some children leave school at 16:00.

위 (6a)에서 Heathrow는 구체적 장소이고 (6b)에서 school은 추상적 장소이다. 주어 (plane, children)는 이러한 장소를 떠난다. 이 상황은 leave의 개념바탕에서 A와 L이 부각되는 것으로 나타난다. (그림 2b 참조)
다음 (7)에서 주어 A는 목적어 B를 어떤 장소에 두고 떠난다. 이 상황은 leave의 개념바탕에서 A와 B가 부각된다. (그림 2c 참조)

(7)   a. I've left my bag on the bus.
         b. I left my brother at the bank.
         c. She's leaving him for another man.
         d. He left a wife and two children.
         e. He left most of his food.

(7a)에서 주어가 목적어를 두고 떠난 장소 (on the bus)가 명시되어 있다. 그러나 (7c)에서는 장소가 명시되지 않았다. 그러나 세상일의 지식으로부터 이 장소는 가정임을 추리할 수 있다. 이러한 장소는 상황에 따라 (7d)에서와 같이 가정보다 더 큰 이 세상이 될 수도 있다.
다음 (8)에서 주어는 어떤 자리를 떠나거나 지나면서 자취를 남긴다.

(8)   a. Red wine leaves a stain.
         b. The puppy left a trace of destruction behind it.
         c. His shoes left muddy marks on the floor.
         d. The glass left a mark on the table.
         e. The bear left tracks in the snow.
         f. Tankers left a trail of oil and debris behind.
         g. The hurricane left a trail of destruction behind.
         h. The romans left a network of roads behind.

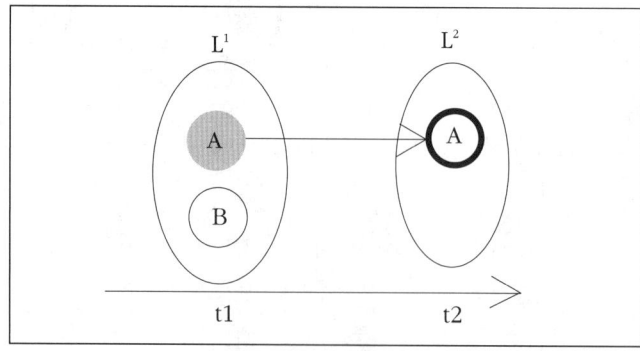

〈그림 3. A leaves trace (그림 2d)〉

(8a)에서 적포도주가 어디에 떨어져서 마르면 물기가 없어지면서 흔적이 남는다. 물기가 없어지는 것이 떠나는 것으로, 흔적은 뒤에 남는 것으로 간주된다. (8b)에서 강아지가 어디를 지나가면서 뒤에 흔적을 남긴다 (그림 3 참조).

위에서 살펴본 A와 B는 A가 B를 소유하거나 A가 B와 어떤 사회적 관계에 있다. 이 밖에 A는 B와 사건 관계에 있을 수 있다.

개념바탕의 B는 과정이 될 수 있다. A의 과정에 같이 있다는 것은 이 과정을 이행하는 뜻이고 A가 과정을 떠나면 과정이 중단된다. 다음 문장을 살펴 보자.

He left booking the ticket.

위 문장에서 He는 A에 해당되고 booking ...은 과정이다. 이것은 다음과 같이 나타낼 수 있다.

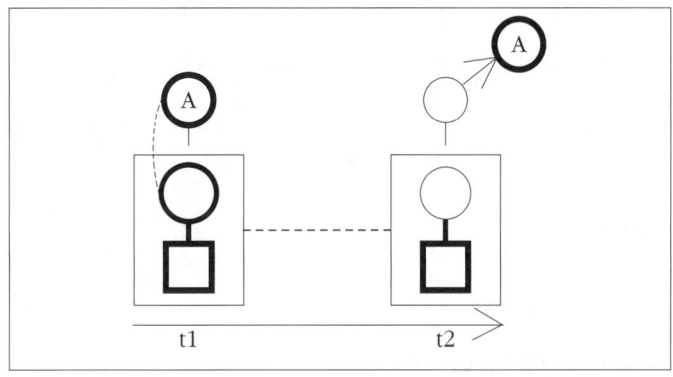

〈그림 4.〉

Don't leave doing your homework
He left fixing his car
I can leave the ironing untill tomorrow.

경우에 따라서 과정의 참여자가 과정을 대신할 수 있다. 다음 문장에서 dish는 접시 자체를 가리키는 것이 아니라 접시를 닦는 과정을 가리킨다.

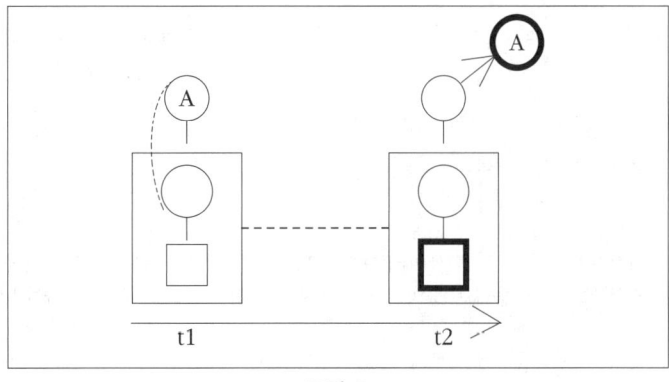

〈그림 5.〉

a, leave the dishes - I will wash them up later.

b. Don't live the letter untill tomorrow.

위에서 A와 과정의 A가 동일한 경우였다. 점선으로 동일함을 표시했다.

다음에서는 A와 과정의 행위자가 다른 경우이다.

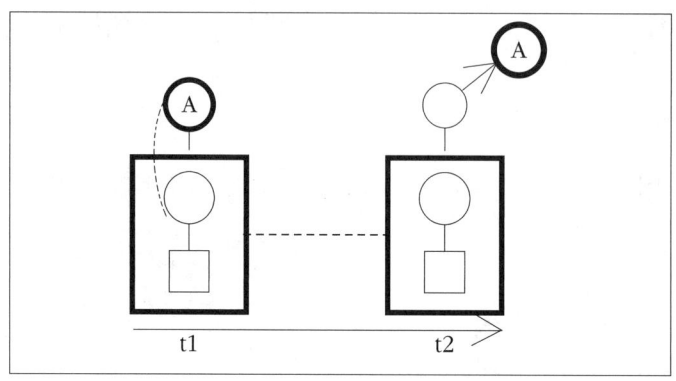

〈그림 6.〉

다음 예를 살펴보자.

He left me watching the baseball game.

위 문장에서 he는 A이고 me wathcing이 과정이다.

He는 행위자이고 me는 과정 속의 참여자이다.

그래서 "그"는 내가 야구게임을 보고 있게 내버려 두었다.

다음에 몇 개의 예가 추가 되어 있다.

He left me holding the bag.

Don't leave the waste papter lying about

Leaver the baby sleeping.

위 과정에서 현재분사 (V-ing)가 쓰였다. 그러나 다음에서와 같이 현재분사 대신 to 부정사가 쓰일 수 있다.

I left him to do as he liked.

I will leaver you to solve the provlem.

I will leaver you to take care of the child.

현재분사와 to 부정사로 표현된 과정 사이의 차이는 다음과 같다. 현재분사가 쓰이면 현재 진행되고 있는 일을 방해하지 않고 내버려둔다는 뜻이고 to 부정사가 쓰이면 앞으로 할 일을 하게 방임한다는 뜻이다.

마지막으로 leave의 다음 용법을 살펴보자.

The father left his daughter a fortune in his will.

My grandmother left my mother aring.

He left me no choice.

위 문장은 소위 말하는 수여동사구문이다. 주어가 직접목적어가 간접목적어를 갖게 하는 뜻이다. 다음에서는 A와 과정의 행위자가 다른 경우이다.

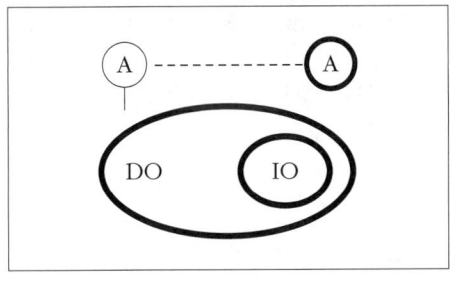

DO : Direct Object
IO : indirect Object

〈그림 7.〉

위 그림에서 DO와 IO가 모두 부각되어 있으나 다음에서와 같이 IO만 부각되고 DO는 전치사구로 표현될 수 있다.

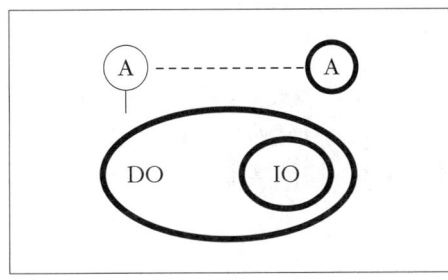

〈그림 8.〉

to 전치사구

You can leave the preparation to me.

We left him to his work.

He left his money to charity.

with 전치사구

They left the baby with a baby-sitter.

Please leave the pack with my neighbor.

Leaver you message with my brother.

3. 은유

낱말의 뜻이 확대되는 한 가지 방법은 은유이다. 은유는 두 개체를 비교할 때 차이점은 숨기고 같은 점은 드러내는 수사법이다.

그 녀석은 원숭이이다.

어떤 사람이 동물인 원숭이일 수는 없다. 그런데 [그 사람=원숭이]라고 한 것은 차이점은 숨기고 같은 점만 부각시키기 때문이다. 같은 점은 무엇인가? 이것은 정해진 것이 아니고 상황에 따라 다를 수 있다. 경우에 따라서는 생김새를 두고 하는 말일 수 있고, 또 다른 경우에는 행동을 두고 하는 말일 수도 있다.

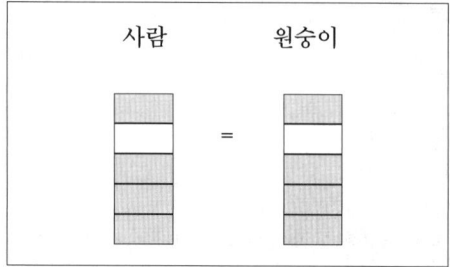

위 그림에서 실제에서는 사람과 원숭이가 같지 않으나, 은유에서는 다른 점은 숨기고, 같은 점을 보고 같다고 한다.

동사와 은유도 밀접한 관계가 있다. 아래에서 이들 몇 가지를 살펴보겠다. 첫째, 장소에 관한 은유이다. 장소는 상태를 표현하는 데 많이 쓰인다. 그래서 [상태는 장소이다], 그리고 [상태 변화는 장소 이동이다.]

자동사
He lives in Seoul. (장소)
They live in peace. (상태)
He went there. (장소)
He went crazy. (상태)

타동사
He got the children away. (장소)
He got the children ready. (상태)

장소와 상태 사이의 관계는 다음과 같다. 동사 come을 예로 들어보자. 이 동사는 이동체 (mover)가 어떤 장소1에서 화자가 있는 장소2로 옮기는 과정이다. 이것을 도식화하면 다음과 같다.

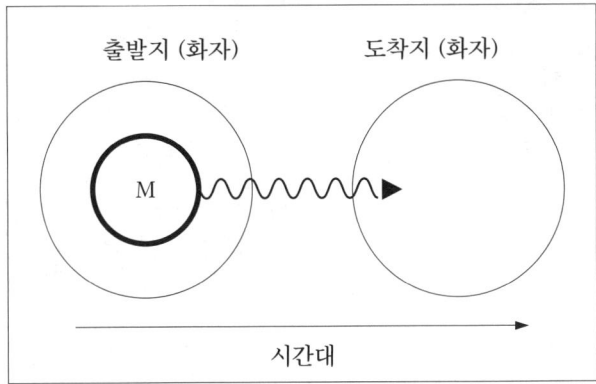

<동사 come의 도식>

위 그림은 come의 장소 이동의 도식이다. 이 도식의 장소1과 장소2를 상태1과 상태2로 바꾸면 상태 변화의 도식이 된다. 즉, 이동체가 어떤 상태1에서 다른 상태2로 옮기는 변화이다.

He came here. (장소)
His dream came true. (상태)
It comes easy with practice.
It come cheaper if you buy things in bulk.

장소를 나타내는 come은 상태를 나타내는 데도 쓰인다. 마찬가지로 장소이동의 뜻을 갖는 동사 모두 상태변화를 나타내는 데 쓰인다.

다음으로 화 (분노)에 관한 은유를 살펴보자. 영어에서 화는 뱃속에 끓는 액체로 개념화된다. 그래서 [화는 뱃속에 끓는 물이다] 라는 은유가 있다. 액체가 처음에는 뱃속에서 끓다가, 그 다음 끓어오르고, 마지막으로 끓어 넘친다.

a. The water is seething.
b. He is seething with anger.
c. He is simmering with rage.

a. The water is boiling.
b. The water is boiling up 또는 The water is bubbling up.

a. The water is boiling over.
b. He is boiling over.

a. The gushing water flipped the lid.
b. He slipped the lid.
c. He blew his top.
d. He fumed at the children.
e. He foamed over the ruling.

화의 또 한 가지 은유는 화를 불로 보는 것이다. 즉, [화는 불이다]의 은유가 있다. 그래서 불에 관한 동사가 화를 나타내는 데도 쓰인다.

a. The house burned up.
b. He burned up.

a. The match flared up.
b. His temper flared up.

마음에 관한 은유도 자주 쓰인다. 그 가운데 대표적인 것이 마음을 기계로 보는 은유이다. 즉, [마음은 기계이다]의 은유이다.

a. The knife is getting rusty.
b. My mind is getting rusty.

a. I turned off the TV.
b. I turned off my brain.

a. I switched off the light.
b. I switched off.

a. I wound up/down the clock.
b. I am wound up/down.

동사에 관련된 은유로는 [과정은 그릇이다]가 있다. 과정에는 시작이 있고 끝이 있으므로 이것은 하나의 그릇으로 은유되어 전치사 in이나 into와 같이 쓰인다. 다음 예를 살펴보자.

The dictionary is in the marking.
He is in the know about the accident.
In opening a can, he cut a finger.
In washing the window, he fell down.
She persuaded me into taking the course.
He coaxed me buying his used computer.
He led me out of going to the country.

개정판

English Verb Dictionary

A Cognitive Grammar View

인지 문법에서 본

영어 동사 사전

Contents

a

abbreviate

이 동사의 개념 바탕에는 짧게 하는 과정이 있다.

1. 타동사 용법
1.1. 다음의 주어는 목적어의 길이를 짧게 한다.
(1) a. He **abbreviated** "mile" to "mi". (그는 "mile"을 "mi"로 약기했다.)
  b. To save space, I **abbreviated** as many words as possible. (칸을 절약하기 위해 나는 가능한 한 많은 단어를 줄여서 썼다.)
1.2. 다음은 수동태 문장으로 주어는 짧아지는 개체이다.
(2) a. "Information Technology" is **abbreviated** to "IT". ("정보 산업"은 "IT"로 약기된다.)
  b. "United Nations" is **abbreviated** to "UN". (United Nations는 UN으로 약기된다.)
1.3. 다음의 목적어는 시간과 관계 있는 개체이다. 주어는 목적어를 짧게 한다.
(3) a. He **abbreviated** his speech. (그는 연설을 예정보다 빨리 마쳤다.)
  b. He **abbreviated** his visit. (그는 방문기간을 줄였다.)

abdicate

이 동사의 개념 바탕에는 포기하거나 퇴관하는 과정이 있다.

1. 자동사 용법
1.1. 다음의 주어는 퇴관하는 사람이다.
(1) a. He **abdicated** from the throne/the crown. (그는 왕위에서 물러났다.)
  b. He decided to **abdicate**. (그는 퇴위하기로 결심했다.)
  c. The queen **abdicated** after her divorce. (그 여왕은 이혼 후에 왕위에서 물러났다.)

2. 타동사 용법
2.1. 다음의 주어는 목적어를 포기한다.
(2) a. The government **abdicated** its responsibility. (그 정부는 책임을 포기했다.)
  b. The chairman **abdicated** his leadership. (그 의장은 지도권을 포기했다.)

abet

이 동사의 개념 바탕에는 부추김의 과정이 있다.

1. 타동사 용법
1.1. 다음의 주어는 부추기는 사람이고 목적어는 부추김을 받는 사람이다.
(1) a. He **abetted** the man in crime. (그는 그 남자가 범죄를 저지르도록 부추겼다.)
  b. He **abetted** the servant against his master. (그는 그 하인이 그의 주인에 대항하도록 부추겼다.)

1.2. 다음은 수동태 문장으로 주어는 부추김을 받는 사람이다.
(2) a. He was **abetted** in the deception by his friend. (그는 그의 친구에 의해 사기를 치도록 부추김을 당했다.)
  b. The criminal was **abetted** by his boss. (그 범죄자는 그의 두목에 의해 부추김을 당했다.)
1.3. 다음의 목적어는 사람이 아닌 개체이다.
(3) a. He **abetted** the crime. (그는 그 범죄를 교사했다.)
  b. They have **abetted** our efforts to build a new gym. (그들은 새로운 체육관을 지으려는 우리의 노력을 지원했다.)

abjure

이 동사의 개념 바탕에는 공개적으로 버리는 과정이 있다.

1. 타동사 용법
(1) a. He **abjured** religion. (그는 맹세코 종교를 버렸다.)
  b. He **abjured** the realm. (그는 고국을 영원히 버릴 것을 맹세했다.)
  c. She **abjured** allegiance to her homeland. (그녀는 그녀의 조국에 대한 충성을 포기할 것을 맹세했다.)

abrade

이 동사의 개념 바탕에는 비비거나 문질러서 닳게 하는 과정이 있다.

1. 타동사 용법
1.1. 다음의 주어는 목적어를 비벼서 닳거나 상하게 한다.
(1) a. The harsh leather **abraded** his skin. (그 거친 가죽이 그의 피부를 스쳐 벗겨지게 했다.)
  b. The top of my shoe **abraded** my ankle. (내 신발의 윗부분이 나의 무릎을 스쳐 벗겨지게 했다.)
(2) a. Many feet **abraded** the threads of the worn carpet. (많은 발자국이 그 낡은 카페트의 실을 마모시켰다.)
  b. Flowing water **abrades** rocks in a stream. (흐르는 물이 시내의 돌들을 마모시킨다.)

abridge

이 동사의 개념 바탕에는 줄임의 과정이 있다.

1. 타동사 용법
1.1. 다음에서 주어는 목적어를 줄인다.
(1) a. He **abridged** a long story. (그는 긴 이야기를 짧게 했다.)
  b. He **abridged** his speech from an hour to twenty minutes. (그는 그의 연설을 한 시간에서 20분으로 단축했다.)
1.2. 다음은 수동태 문장으로 주어는 줄여지는 개체이다.

(2) The book is abridged from the original work.(그 책은 원문을 요약한 것이다.)

(3) They abridged him of his rights.(그들은 그에게서 권리를 빼앗았다.)

absolve

이 동사의 개념 바탕에는 면죄, 사죄의 과정이 있다.

1. 타동사 용법

1.1. 다음에서 주어는 목적어를 from의 목적어에서 면제한다.

(1) a. He absolved her from her obligation.(그는 그녀의 의무를 면제했다.)

　　 b. That absolves us from the contract.(그것은 우리를 그 계약으로부터 면제시킨다.)

　　 c. I absolve you from all your sins.(나는 너의 모든 죄를 사면한다.)

　　 d. The teacher absolved Ron from guilt in the theft.(그 선생님은 론의 도둑질을 용서 해 주었다.)

1.2. 다음은 수동태 문장으로 주어는 면제되는 사람이다.

(2) a. He is absolved from his oath.(그는 그의 맹세로부터 면제된다.)

　　 b. She is absolved from her promises.(그녀는 그녀의 약속으로부터 면제된다.)

　　 c. You are absolved from any more responsibility in this matter.(너는 이 문제에 대한 더 이상의 책임으로부터 면제된다.)

1.3. 다음의 주어는 목적 of에서 전치사 of의 목적어를 면제한다.

(3) a. The church absolved him of his sin.(교회는 그의 죄를 사하여 주었다.)

　　 b. The court absolved him of all responsibility for the accident.(그 재판은 그에게서 그 사건에 대한 모든 책임을 면제해 주었다.)

　　 c. The police absolved Bob of any blame in the matter.(경찰은 밥에게서 그 문제에 대한 어떠한 책임이든 면제해 주었다.)

1.4. 다음은 수동태 문장으로 주어는 죄나 책임이 면제되는 사람이다.

(4) a. The accused captain is absolved of wrongdoing.(그 고소된 선장은 죄를 사면받았다.)

　　 b. They were absolved of all responsibility for the accident.(그들은 그 사건에 대한 모든 책임을 면제받았다.)

abstain

이 동사의 개념 바탕에는 삼가는 과정이 있다.

1. 타동사 용법

1.1. 다음의 주어는 from의 목적어가 가리키는 과정을 삼간다.

(1) a. He is abstaining from drinking/smoking.(그는 음주/흡연을 삼가고 있다.)

　　 b. He is abstaining from eating meat/fat.(그는 고기/지방을 먹는 것을 삼가고 있다.)

1.2. 다음에서 주어는 목적어가 가리키는 개체와 관련된 과정을 삼간다.

(2) a. He is abstaining from food/alcohol.(그는 금식/금주하고 있다.)

　　 b. She is abstaining from drink.(그녀는 금주하고 있다.)

2. 자동사 용법

자동사 용법은 특수한 뜻으로 투표를 하지 않는다는 뜻이다.

(3) a. Because Bob abstained, the vote was tied 2-2.(밥이 기권했기 때문에 표결은 2대2로 동수가 되었다.)

　　 b. Ten people voted in favor, five against, and two abstained.(10명은 찬성했고, 5명은 반대했으며, 2명은 기권했다.)

abuse

이 동사의 개념 바탕에는 남용, 악용, 학대와 같은 바르지 못한 쓰임이 있다.

1. 타동사 용법

1.1. 다음의 주어는 목적어를 혹사한다.

(1) a. He abused his body with heroine.(그는 헤로인을 남용했다.)

　　 b. He is abusing his eyesight.(그는 눈을 혹사하고 있다.)

1.2. 다음은 수동태 문장으로 주어는 학대나 혹평을 받는다.

(2) a. All the children were physically and emotionally abused.(모든 아이들이 육체적으로나 감정적으로나 학대를 받았다.)

　　 b. He was abused in the press.(그는 언론에 의해 모욕을 당했다.)

1.3. 다음에서 주어는 목적어를 학대하거나 혹사한다.

(3) a. He is abusing his opponent.(그는 그의 반대자를 학대하고 있다.)

　　 b. He is always abusing and offending people.(그는 항상 사람들을 학대하거나 화나게 한다.)

1.4. 다음의 주어는 목적어를 남용한다.

(4) a. If you abuse your privileges, we will take them away.(만약 네가 특권을 남용한다면 우리가 그것을 빼앗을 것이다.)

　　 b. She abused her position as a director by giving jobs to her friends.(그녀는 일자리들을 자신의 친구들에게 주면서 사장으로서의 지위를 남용했다.)

　　 c. He abused his power and rode overshot over the people.(그는 권력을 남용했고 사람들을 지나치게 짓밟았다.)

accede

이 동사의 개념 바탕에는 어느 사람이 목표지점에 접근하는 의미가 깔려있다. 이것은 동의나 취임의 뜻으로 확대된다.

1. 자동사 용법
1.1. 다음의 주어는 전치사 to의 목적어에 동의한다.
(1) a. He acceded to the proposal.(그는 그 제안에 동의했다.)
   b. He acceded to the demand for his resignation.(그는 자신의 사임에 대한 요구에 응했다.)
   c. The government would not accede to public pressure.(그 정부는 공적인 압력에 응하지 않을 것이다.)
1.2. 다음의 주어는 어떤 지위에 온다.
(2) a. He acceded to the governorship/the throne.(그가 장관직/왕좌에 올랐다.)
   b. He acceded to the presidency.(그가 대통령직에 올랐다.)

accent
이 동사의 개념 바탕에는 강하게 발음하는 과정이 있다.

1. 타동사 용법
1.1. 다음의 주어는 목적어를 강하게 발음한다.
(1) a. He accented the word to indicate its pronunciation.(그는 발음을 지적하기 위하여 그 단어를 강하게 발음했다.)
   b. Accent the second syllable in the word "absorb".(단어 "absorb"의 두 번째 음절을 강하게 발음해라.)
   c. The teacher accented the last word in each line of the poem.(그 선생님은 그 시의 각 행의 마지막 단어를 강하게 발음했다.)
1.2. 청각적 강조는 시각적 강조에도 확대된다.
(2) a. The woman accented her eyes with make-up.(그 여자는 화장으로 눈을 강조했다.)
   b. She accented her hat with flowers.(그녀는 꽃들로 그녀의 모자를 두드러지게 했다.)
   c. Skillful use of make-up can accentuate your cheek bones.(능숙한 화장술은 당신의 광대뼈를 두드러지게 할 수 있다.)

accept
이 동사의 개념 바탕에는 제공되는 것을 받아들이기로 동의하는 과정이 있다.

1. 타동사 용법
1.1. 다음 주어는 목적어를 받아들인다.
(1) a. He accepted the invitation/the apology.(그는 그 초대를/사과를 받아들였다.)
   b. They accepted the battle.(그들은 그 전투를 받아들였다.)
   c. The police did not accept the rewards.(경찰은 그 사례를 받지 않았다.)
   d. She accepted our gifts.(그녀는 우리의 선물을 받아들였다.)

1.2. 다음 주어는 목적어를 마음으로 받아들인다.
(2) a. They accepted the responsibility for the accident.(그들은 그 사고에 대한 책임을 받아들였다.)
   b. He will accept your account of what happened.(그는 일어난 일에 대한 너의 이야기를 받아들일 것이다.)
   c. The company did not accept the report's criticisms.(그 회사는 보고서의 비평을 받아들이지 않았다.)
   d. Did he accept your reasons for being late?(그는 늦은 데 대한 너의 이유를 받아들였느냐?)
   e. The work force has reluctantly agreed to accept a cut in pay.(그 노동자들은 임금 삭감을 받아들이는 데 마지못해 동의했다.)
1.2. 다음의 목적어는 추상적인 개체이다, 주어는 목적어를 마음속에 받아들인다.
(2) a. Will he accept the situation?(그가 그 상황을 받아들일까?)
   b. Will they accept things as they are?(그들은 그것들을 있는 그대로 받아들일까?)
   c. She will accept the inevitable.(그녀는 그 불가피한 일을 받아들일 것이다.)
1.3. 다음 주어는 목적어를 받아들인다. 목적어는 환유적으로 쓰여서 목적어가 원하는 것을 가리킨다.
(3) a. She will accept the suitor.(그녀는 구혼자를 받아들일 것이다.)
   b. He asked her to marry him and she accepted him.(그는 그녀에게 그와 결혼할 것을 부탁했고, 그녀는 그를 받아들였다.)
   c. We asked her to go with us and she accepted us.(우리는 그녀에게 우리와 함께 가자고 부탁했고, 그녀는 우리를 받아들였다.)
1.4. 주어는 that-절의 내용을 받아들인다.
(4) a. For a long time, she could not accept the fact that her husband died.(오랫동안 그녀는 남편이 죽었다는 사실을 받아들일 수 없었다.)
   b. He didn't accept that smoking causes bad health.(그는 흡연이 건강에 해를 초래한다는 것을 받아들이지 않았다.)
   c. He accepted that we would vote tomorrow.(그는 우리가 내일 투표할 것이라는 것을 받아들였다.)
1.5. 다음 주어는 목적어를 받아들인다. 목적어는 책임이나 임무이다.
(5) a. He accepted the office of treasurer.(그는 재무직을 받아들였다.)
   b. She accepted a position as a cashier.(그녀는 현금출납계원의 자리를 받아들였다.)

acclaim
이 동사의 개념 바탕에 칭찬이나 환호의 의미가 깔려있다.

1. 타동사 용법
1.1. 다음에서 주어는 목적어를 환호한다.

(1) a. They acclaimed the hero.(그들은 영웅을 환호하며 맞이했다.)

b. People acclaimed the fire fighters.(사람들은 소방관들에게 갈채를 보냈다.)

c. The crowd acclaimed the winner.(군중들은 그 우승자를 환호하며 맞이했다.)

1.2. 다음에서 주어는 목적어를 환호하여 어떤 자격을 가지게 한다.

(2) a. They acclaimed him (as) president.(그들은 환호하며 그를 대통령으로 맞이했다.)

b. People acclaimed him king.(사람들은 환호하며 그를 왕으로 맞이했다.)

c. Critics acclaimed him as a great actor. (비평가들은 그를 위대한 배우로 환호하며 인정했다.)

1.3. 다음의 목적어는 개체이다.

(3) a. The audience acclaimed the good performance.(그 관중은 그 훌륭한 공연에 갈채를 보냈다.)

b. The critics acclaimed his book.(비평가들은 그의 저서에 갈채를 보냈다.)

1.4. 다음은 수동태 문장으로 주어는 칭찬을 받는 개체이다.

(4) a. The work was acclaimed as a masterpiece.(그 작품은 명작으로 찬양을 받았다.)

b. She is acclaimed as the most promising novelist.(그녀는 가장 유망한 소설가로 찬양을 받는다.)

accord

이 동사의 개념 바탕에는 일치, 조화의 과정이 있다.

1. 자동사 용법

1.1. 다음의 주어는 목적어와 일치한다.

(1) We accorded against the dictator.(우리는 그 독재자에 반대하는 것에 일치했다.)

(2) a. The two sets of data accord well/ill.(그 두 자료는 일치한다/일치하지 않는다.)

b. The views of the Liberals and Labor parties accorded on the tax bill.(자유당과 노동당의 시각은 그 세금 법안에 대해서 일치했다.)

(3) a. Accorded with his friends.(그의 친구들과 조화로웠다.)

(4) a. These results accord with our predictions.(이 결과들은 우리의 예측과 일치한다.)

b. The observations accorded with his theory.(그 관찰 기록은 그의 이론과 일치하였다.)

2. 타동사 용법

2.1. 다음의 주어는 목적어를 전치사 to의 목적어에게 준다.

(5) a. He accorded due praise to the winner.(그는 그 우승자에게 마땅한 칭찬을 해 주었다.)

b. Our society accords great importance to the family.(우리 사회는 가족에게 큰 중요성을 부여한다.)

c. The Japanese accord a special reverence to trees and rivers.(일본인들은 나무들과 강들에게 특별한 숭배를 준다.)

2.2. 다음의 주어는 첫째 목적어에 둘째 목적어를 준다.

(6) a. Our society accords the family great importance.(우리 사회는 가족에게 큰 중요성을 부여한다.)

b. They accorded the president great honor.(그들은 대통령에게 큰 명예를 주었다.)

c. Our host accorded us a warm welcome.(접대자는 우리에게 따뜻한 환대를 주었다.)

account

이 동사의 개념 바탕에는 평가하고 설명하는 과정이 있다.

1. 타동사 용법

1.1. 주어는 목적어를 특정한 개체나 상태에 있는 것으로 생각한다.

(1) a. They accounted themselves giants in the field.(그들은 자신들을 그 분야에서의 장인들로 생각했다.)

b. He accounted himself lucky to be alive.(그는 자신이 살아남아 운이 좋다고 생각했다.)

c. He accounted it a piece of luck. (그는 그것을 행운의 하나라고 생각했다.)

1.2. 다음은 수동태 문장으로 주어는 간주되는 사람이나 개체이다.

(2) a. He is accounted (to be) guilty of the crime.(그는 유죄라고 여겨진다.)

b. In English law a person is accounted innocent until he or she is proved guilty.(영국법에서는 유죄임이 입증되기 전까지는 죄가 없는 것으로 간주된다.)

c. The event was accounted a success.(그 행사는 성공으로 간주되었다.)

d. He is accounted a promising politician.(그는 유망한 정치가로 여겨진다.)

2. 자동사 용법

2.1. 다음의 주어는 전치사 for의 목적어에 대해 설명을 한다.

(3) a. Can you account for the fingerprint on the gun? (너는 총에 찍힌 지문의 이유를 설명할 수 있니?)

b. He has to account for the deficit/the failure.(그는 그 적자/실패에 대해 설명을 해야 한다.)

c. How do you account for your absence?(너는 너의 결석에 대해 어떻게 설명을 할 것이냐?)

d. I will account for the incident.(내가 그 사고를 설명할 것이다.)

e. The New York market accounts for a lot of our sales.(뉴욕 시장은 우리의 판매액의 많은 부분을 설명해 준다.)

2.2. 다음의 주어는 for의 목적어만큼 차지한다.

(4) a. He accounted for 5 the attackers.(그는 공격자들 중 다섯 명을 맡았다.)

b. The missile accounted for only the enemy planes. (그 미사일은 단지 적기만을 맡고 있다.)

(5) a. The value of the land accounted for 35% of the house price.(그 토지의 가치는 집값의 35%를 차지했다.)

b. Imports from Japan accounted for 40% of the

total. (일본으로부터의 수입이 전체 수입의 40%를 차지했다.)

c. Human errors **account** for 80% of failure. (인간의 실수는 실패의 80%를 차지한다.)

accrue

이 동사의 개념 바탕에는 커지거나 증가하는 과정이 있다.

1. 자동사 용법
1.1. 다음의 증가하는 개체이다.
(1) a. The interest **accrues** at 6% a year. (이자가 일 년에 6%만큼 생긴다.)

b. Interest **accrued** to the company from loans. (이자가 빌려준 돈으로부터 그 회사에 생겼다.)

c. How much of a penalty has **accrued** on this bill? (이 청구서에 얼마나 많은 벌금이 붙었느냐?)

2. 타동사 용법
2.1. 다음의 주어는 목적어를 주어 자체에 증가시킨다.
(2) a. The television screen **accrued** dust. (텔레비전 화면에 먼지가 쌓였다.)

b. The firm has **accrued** debts of over two-million dollars. (그 회사는 부채가 이백만 달러 이상 축적되었다.)

c. Will this deposit **accrue** any interest this month? (이 계좌에 이번 달 이자가 생기나요?)

d. She **accrued** some fine paintings. (그녀는 훌륭한 그림 몇 점을 축적했다.)

accuse

이 동사의 개념 바탕에는 비난이나 고소를 하는 사람과 받는 사람이 있다.

1. 타동사 용법
1.1. 다음의 주어는 목적어를 비난한다.
(1) a. They **accused** him for his selfishness. (그들은 그의 이기주의를 나무랐다.)

1.2. 다음에서 주어는 목적어를 as의 목적어로 규정하여 비난한다.
(2) a. He **accused** her as a murderer. (그는 그녀를 살인자로 고소했다.)

b. She **accused** Jim as an accomplice. (그녀는 짐을 공범자로 고소했다.)

1.3. 다음에서 주어는 목적어를 of의 목적어가 가리키는 일을 했다고 비난한다.
(3) a. They **accused** him of lying/stealing. (그들은 그가 거짓말을 했다고/도둑질을 했다고 비난했다.)

b. They **accused** him of theft/murder. (그들은 그를 절도죄/살인죄로 고소했다.)

c. They **accused** him of taking bribes. (그들은 그를 뇌물 수뢰 혐의로 고소했다.)

1.4. 다음에서 accuse의 내용은 that절로 표현되어 있다.
(4) a. They **accused** the man that he had taken bribes.

(그들은 그가 뇌물을 받아 왔다고 비난했다.)

(5) a. He **accused** me with eating more than my share. (그는 나의 몫보다 더 많이 먹었다고 나를 나무랐다.)

b. She **accused** her little brother with messing up her room. (그녀는 그녀의 방을 어질러 놨다고 어린 남동생을 나무랐다.)

achieve

이 동사의 개념 바탕에는 목표를 이루는 과정이 있다.

1. 타동사 용법
1.1. 다음 주어는 목적어를 성취한다.
(1) a. You won't **achieve much**, sitting around and looking miserable. (너는 비참해 보이면서 빈둥거리기만 해서는 많은 것을 이룰 수 없다.)

b. I haven't **achieved** very **much** today. (나는 오늘 많은 것을 성취하지 못했다.)

c. I've been working all day, but I've **achieved** nothing. (나는 하루 종일 일해왔지만 아무것도 성취해내지 못했다.)

d. He **achieved** very little while he was a mayor. (그는 시장에 역임했던 동안 성취한 일이 거의 없다.)

1.2. 다음은 수동태 문장으로 주어는 성취된다.
(2) a. **All** this cannot be **achieved** in a day. (이 모든 것은 하루에 이루어질 수 없다.)

b. Proficiency in English will be **achieved** only through practice. (능숙한 영어는 오직 연습을 통해서만 성취될 수 있다.)

1.3. 다음 주어는 목적어를 노력하여 성취한다. 목적어는 목표, 상태 등이다.
(3) a. The training is **achieving** its objectives. (그 훈련은 그것의 목표를 달성하고 있다.)

b. The country **achieved** independence. (그 나라는 독립을 쟁취해냈다.)

c. The company has **achieved** a 100% increase in profitability. (그 회사는 이익에서 100% 신장률을 성취했다.)

d. Einstein **achieved** a great fame as a scientist. (아인슈타인은 과학자로서 위대한 명성을 성취했다.)

e. It's a relief to have **achieved** agreement on a few points at least. (적어도 몇 가지 점에서 합의를 성취했다는 것이 위안이다.)

f. He **achieved** his ambition/his purpose/all his aims. (그는 그의 야망/목표/모든 목적을 성취했다.)

g. I've **achieved** a few of the goals I set myself. (나는 내가 세운 목표 중 몇 개를 성취했다.)

h. He has **achieved** his goals in life by having a good job and raising a family. (그는 좋은 직장을 갖고 가족을 부양함으로써 그의 삶의 목표들을 성취했다.)

i. She achieved her goal of earning a law degree. (그녀는 법률 학위를 취득하는 그녀의 목표를 이루었다.)

j. Women have yet to **achieve** full equality in the workplace. (여자는 아직도 직장에서 완전한 평등을 성취해야 한다.)

k. The team **achieved** victory after lots of hard

work.(그 팀은 많은 고생끝에 승리를 쟁취해냈다.)

l. The movie star **achieved** success and wealth.(그 영화배우는 부와 성공을 성취했다.)

m. He **achieved** distinction in math.(그는 수학에서 탁월함을 성취했다.)

n. He **achieved** high grades in math.(그는 수학에서 우수한 점수를 얻었다.)

o. Democracy is very hard to **achieve**.(민주주의는 성취하기 매우 힘들다.)

p. We have **achieved** what we set out to do.(우리는 우리가 착수한 일을 달성했다.)

2. 자동사 용법
2.1 다음의 주어는 노력하여 성과를 올리는 사람이다.

(4) a. Max is not the kind of child who wanted to **achieve**.(맥스는 노력하여 성취하려는 부류의 아이가 아니다.)

b. As hard as Bill tried he could not **achieve** in school.(빌은 최선을 다해 노력을 했지만 그는 학교에서 좋은 성적을 올리지 못했다.)

c. Some smart children still do not **achieve** in school.(몇몇 똑똑한 아이들은 아직도 학교에서 좋은 성적을 올리지 못한다.)

d. We want all our students to **achieve** in their chosen fields.(우리는 우리의 학생들이 그들의 선택 분야에서 성취하기를 바란다.)

acknowledge

이 동사의 개념 바탕에는 한/어떤 사람이 무엇을 인정하거나, 받아들이는 과정이 있다.

1. 타동사 용법
1.1. 다음에서 주어는 목적어를 사실로 받아들인다.

(1) a. He **acknowledges** the truth of the statement.(그는 그 진술을 사실이라고 인정한다.)

b. He **acknowledged** the truth of the accusations against him.(그는 그에 대한 고소가 사실이라고 인정했다.)

c. They **acknowledged** the authority of the court.(그들은 그 법정의 권위를 인정했다.)

d. He **acknowledges** belief in God.(그는 신앙심이 있음을 인정한다.)

e. The country **acknowledged** his claim to the throne.(그 국가는 왕위에 대한 그의 요구를 인정했다.)

1.2. 다음 주어는 목적어를 as가 한정하는 것으로 받아들인다.

(2) a. He **acknowledges** it as true.(그는 그것을 진실이라고 인정한다.)

b. I **acknowledge** the agreement as binding.(나는 그 동의가 결속임을 인정한다.)

1.3. 다음은 수동태 문장으로 주어는 as가 한정한 것으로 인정되는 사람이다.

(3) He is widely **acknowledged** as the best player.(그는 최고의 선수로 널리 인정받고 있다.)

(4) a. He is widely **acknowledged** to be the best player.

(그는 최고의 선수로 널리 인정받고 있다.)

b. It is generally **acknowledged** to be true.(그것은 일반적으로 사실이라고 인정받고 있다.)

c. She is **acknowledged** to be an expert in the field.(그녀는 그 분야에서 전문가로 인정받고 있다.)

1.4. 다음에서 주어는 목적어를 의식 또는 인식함을 표시한다.

(5) a. The speaker **acknowledged** my presence with a smile.(그 연설자는 나의 참석에 대해 미소로 답례했다.)

b. She **acknowledged** the applause/the gift.(그녀는 박수 갈채/선물에 대해 답례했다.)

c. Please **acknowledge the** receipt of this document by signing the enclosed form.(동봉된 양식에 서명을 하여 이 서류를 받았음을 표시해 주시오..)

d. The author wishes to **acknowledge** the assistance of the Defense Department.(그 작가는 국방부의 도움에 대해 고마움을 표하고 싶어한다.)

(6) Applications will be **acknowledged**.(모든 신청은 승인될 것이다.)

1.5. 다음에서 주어가 인정하는 내용이 that절로 표현되어 있다.

(7) a. He **acknowledges** that he is wrong.(그는 그가 잘못했음을 인정한다.)

b. She **acknowledged** that it was too late to help Bob.(그녀는 너무 늦어 밥을 도와줄 수 없음을 인정했다.)

c. He **acknowledged** that he had been acknowledged.(그는 그가 인정받아 왔음을 인정했다.)

1.6. 다음에서 주어가 인정하는 내용이 동명사로 표현되어 있다.

(8) a. She **acknowledged** saying it.(그녀는 그것을 말했음을 인정했다.)

b. He **acknowledged** receiving the message.(그는 그 전갈을 받았음을 인정했다.)

acquaint

이 동사의 개념 바탕에는 한 사람이 다른 사람에게 무엇을 알게 하는 과정이 있다.

1. 타동사 용법
1.1. 다음의 주어는 목적어에게 with의 목적어를 알린다.

(1) a. We **acquainted** him with our plan.(우리는 그에게 우리의 계획을 알렸다.)

b. **Acquaint** your friend with what you have done.(너의 친구에게 네가 해왔던 것을 알려라.)

c. He is **acquainting** himself with Korean grammar.(그는 한국어 문법을 함양하고 있다.)

d. She **acquainted** herself thoroughly with the procedure.(그녀는 철저하게 그 절차를 알고 있었다.)

1.2. 다음은 수동태 문장으로 주어는 정보를 가지게 되는 사람이다.

(2) a. She is **acquainted** with him.(그녀는 그를 알고 있다.)

b. I am **acquainted** with the facts.(나는 그 사실들을 알고 있다.)

c. He is well **acquainted** with Korean history.(그는 한국 역사에 정통하다.)

1.3. 다음에서 정보의 내용이 that절로 표현되어 있다.

(4) She **acquainted** me that she would come to Korea next year.(그녀는 내년에 한국을 방문할 것이라고 내게 알려왔다.)

acquire

이 동사의 개념 바탕에는 소유물을 가지게 되는 과정이 있다.

1. 타동사 용법

1.1. 다음 주어는 목적어를 취득한다.

(1) a. He **acquired** the firm in 1997.(그는 그 회사를 1977년에 인수했다.)

b. I **acquired** two copies of the dictionary.(나는 그 사전 두 부를 얻었다.)

c. I **acquired** two tickets for the concert.(나는 그 공연 표 2장을 구했다.)

d. The company has recently **acquired** new offices in central Seoul.(그 회사는 최근 서울 중심부에 새 사무실들을 구했다.)

e. He **acquired** land by purchase.(그는 땅을 구매로 취득했다.)

f. At the age of 30 he **acquired** a store of his own.(그는 30세에 자신의 가게를 갖게 되었다.)

g. The museum **acquired** an Egyptian mummy for its collection.(그 박물관은 소장품으로 이집트 미라를 구했다.)

h. He **acquired** the famous painting from an art dealer.(그는 미술 거래상으로부터 그 유명한 그림을 구했다.)

i. She **acquired** shares in the company.(그녀는 그 회사의 지분을 획득했다.)

j. He **acquired** the book after a long search.(그는 그 책을 오래 찾은 후 구했다.)

1.2. 다음 주어는 목적어를 갖게 된다. 목적어는 습관, 지식, 기호 등이다.

(2) a. Bad habits are **acquired** easily.(나쁜 버릇은 쉽게 얻어진다.)

b. She's **acquired** some unpleasant habits recently.(그녀는 최근 들어 몇몇 불쾌한 습관을 갖게 되었다.)

c. He **acquired** the habits of snacking.(그는 군것질하는 습관을 갖게 되었다.)

d. I **acquired** some Korean while being in Korea.(나는 한국에 있는 동안 약간의 한국어를 습득했다.)

e. I **acquired** a reading knowledge of Japanese.(나는 일본어의 독서 지식을 습득했다.)

f. He **acquired** fluency in English.(그는 영어를 유창하게 습득했다.)

g. He **acquired** a liking for shellfish.(그는 조개에 대한 선호를 갖게 되었다.)

h. He **acquired** a taste for green tea.(그는 녹차에 대한 선호를 갖게 되었다.)

i. She **acquired** an appreciation of classical music.(그녀는 고전 음악의 감상력을 가지게 되었다.)

j. He **acquired** new skills.(그는 새로운 기술을 습득했다.)

k. He **acquired** a good reputation.(그는 명성을 얻었다.)

1.3. 다음 주어는 첫째 목적어에 둘째 목적어를 구해다 준다.

(3) His manners **acquired** him universal odium.(그의 태도는 그에게 만인의 반감을 얻어다 주었다.)

acquit

이 동사의 개념 바탕에는 죄를 사하는 과정이 있다.

1. 타동사 용법

1.1. 다음 주어는 목적어를 사하여 전치사 of의 목적어를 없앤다.

(1) a. The jury **acquitted** the suspect of the crime.(그 배심원단은 그 용의자를 그 범죄에서 사면해 주었다.)

b. The court **acquitted** him of murder/theft.(그 법정은 그를 살인죄/절도죄에서 사했다.)

c. They **acquitted** him of the responsibility/his duties. (그들은 그를 책임/의무에서 면제해 주었다.)

d. She **acquitted** herself of distrust.(그녀는 자신을 불신에서 벗어나게 했다.)

e. The jury **acquitted** the accused man after a short trial.(그 배심원단은 약식 재판이 끝난 후 피고를 사면해 주었다.)

1.2. 다음은 수동태 문장으로 주어는 죄의 사함을 받는 사람이다.

(2) a. She was **acquitted** of all charges.(그녀는 모든 고소가 취하되었다.)

b. He was **acquitted** of the charge.(그는 그 고소가 취하되었다.)

1.3. 다음 목적어는 재귀대명사이다. 재귀대명사는 주어의 의무나 책임을 가리킨다.

(3) a. You **acquitted** yourself well in the debate.(당신은 그 토론에서 훌륭히 해냈다.)

b. She lost the game to a better player, but **acquitted** herself well.(그녀는 그 게임을 더 나은 선수에게 졌지만 그래도 잘 싸웠다.)

c. She **acquits** herself well/poorly.(그녀는 잘/서툴게 한다.)

d. The firefighters **acquitted** themselves bravely during the crisis.(그 소방관들은 그 위기 동안 용감하게 대처했다.)

e. The team **acquitted** itself well in its first game.(그 팀은 첫 번째 경기에서 잘 싸웠다.)

f. The players **acquitted** themselves well in spite of being fooled.(그 선수들은 놀림을 받으면서도 잘 했다.)

act

이 동사의 개념 바탕에는 사람이나 개체가 활동하는 과정이 있다.

1. 자동사 용법

1.1. 다음 주어는 사람이다.
(1) a. John's been **acting** very strangely.(존은 매우 이
      상하게 행동해 오고 있다.)
    b. He **acted** promptly.(그는 신속하게 행동했다.)
    c. He **acted** in self-defence.(그는 정당 방위로 행동
      했다.)
    d. She is **acting** all upset.(그녀는 화가난 듯이 행동하
      고 있다.)

1.2. 다음에서는 주어가 행동할 때의 자격이 as로 명시
되어 있다.
(2) a. She **acts** as a hostess at the party.(그녀는 그 모임
      에서 접대자의 역할을 한다.)
    b. He **acted** as chairman.(그가 의장일을 보았다.)
    c. Can you **act** as interpreter?(네가 통역관 역할을 할
      수 있니?)

1.3. 다음에서는 주어가 행동할 때의 상태가 표현되어
있다.
(3) a. He decided to **act** dumb.(그는 벙어리처럼 행동하
      기로 결심했다.)
    b. He **acts** old.(그는 늙은 것처럼 행동한다.)

1.4. 다음의 주어는 개체이다. 개체의 경우 활동은 작
용이다.
(4) a. The medicine **acts** well.(그 약은 잘 듣는다.)
    b. The medicine failed to **act**.(그 약은 듣지 않았다.)
    c. The brake did not **act**.(브레이크가 작동하지 않았다.)

1.5. 다음을 개체인 주어가 작용하는 대상이 전치사
on으로 명시되어 있다.
(5) a. The drug **acted** on his nerves.(그 약은 그의 신경
      에 작용했다.)
    b. Alcohol **acts** quickly on his brain.(알코올이 그의
      뇌에 빠르게 작용한다.)
    c. The aspirin **acted** on the pain.(아스피린은 통증에
      작용했다.)

1.6. 다음의 주어는 배우이고, 배우와 관련된 활동은
연기이다.
(6) a. She will **act** on the stage.(그녀는 무대에 설 것이다.)
    b. Most of the cast **act** well.(대부분의 출연자들이 연
      기를 잘 했다.)
    c. Congress failed to **act** on the tax bill.(의회는 세금
      법안을 의결하지 못했다.)

1.7. 다음 주어는 연극이다.
(7) His play does not **act** well.(그의 희곡은 무대 상연에
    적합하지 않다.)

1.8. 다음에서 주어는 배우처럼 행동한다.
(8) He was just **acting** and wasn't really sorry.(그는 단
    지 그렇게 시늉을 했을 뿐 정말로는 미안해 하지는 않
    았다.)

1.9. 다음의 주어는 개체이다.
(9) a. The photocopier has started to **act** up again.(그
      복사기가 다시 작동하기 시작했다.)
    b. His legs started **acting** up again.(그의 다리가 다시
      움직이기 시작했다.)

2. 타동사 용법

2.1. 다음의 주어는 연기자이고 목적어는 역할이다.

(10) a. He **acts** his part well.(그는 자신의 역할을 잘 한
      다.)
    b. He is **acting** the fool.(그는 바보 역할을 하고 있다.)
    c. He **acts** the part of Romeo.(그는 로미오 역을 한다.)
    d. He **acted** his age.(그는 나이에 걸맞게 처신했다.)
    e. He's been **acting** the devoted husband all day.(그
      는 하루 종일 헌신적인 남편역할을 잘 해내고 있다.)

2.2. 다음은 수동태 문장으로 주어는 연기되는 작품이다.
(11) The play was well **acted**.(그 연극은 훌륭히 상연되
    었다.)

2.3. 다음 주어는 마음속에 있는 것을 행동으로 표출한다.
(12) a. Teenagers can **act** out their anxieties in various
      ways.(십대들은 그들의 열망을 다양한 방법으로 행
      동에 옮길 수 있다.)
    b. Let's **act** out the story of three bears once more.
      (세 마리 곰 이야기를 다시 한 번 연극해 봅시다.)
    c. Children often **act** out their troubled feelings in
      their games.(아이들은 종종 게임에서 그들의 당황
      스러운 감정들을 행동으로 옮긴다.)

adapt
이 동사의 개념 바탕에는 필요에 맞게 고치는 과정
이 있다.

1. 타동사 용법

1.1. 다음 주어는 목적어를 고친다.
(1) a. He **adapted** a play from her novel.(그는 그녀의 소
      설을 희곡으로 각색했다.)
    b. He **adapted** the story for broadcasting.(그는 그 이
      야기를 방송용으로 각색했다.)
    c. They **adapted** the movie for a TV miniseries.(그
      들은 그 영화를 TV 미니 시리즈용으로 각색했다.)

1.2. 다음 주어는 목적어를 to의 목적어에 맞게 고친다.
(2) a. Sue **adapted** the room to her needs.(수는 방을 자
      신의 필요에 맞게 고쳤다.)
    b. This isn't what I need; but I can **adapt** it.(이것은
      내가 필요로 하는 것이 아니지만, 나는 그것을 고칠
      수 있다.)

1.3. 다음은 수동태 문장으로 주어는 고쳐지는 개체이다.
(3) a. Most of these tools have been **adapted** for use by
      disabled people.(이 도구의 대부분은 장애인들이사
      용할 수 있도록 맞게 고쳐진 것이다.)
    b. Most of her novels were **adapted** for television.
      (그녀의 소설 대부분은 TV용으로 각색되었다.)
    c. The car's fuel system was **adapted** to take
      unleaded gas.(그 자동차의 연료 시스템은 무연 휘
      발유를 넣도록 고쳐졌다.)
    d. Alpine flowers are well **adapted** to the harsh
      Swiss winter.(알프스 산맥의 꽃들은 스위스의 거
      친 겨울에 잘 적응한다.)

1.4. 다음 목적어는 재귀대명사이다. 주어는 자신을 적
응시킨다.
(4) a. The children **adapted** themselves to life abroad
      quite smoothly.(아이들은 외국 생활에 꽤 순조롭게
      적응했다.)

b. He is **adapting** himself to the new environment. (그는 새로운 환경에 적응하고 있다.)

2.자동사 용법
2.1. 다음 주어는 적응하는 사람이나 개체이다.
(5) a. They have had to **adapt** quickly to the new system.(그들은 새로운 시스템에 빨리 적응해야만 했다.)

b. A large organization can be slow to **adapt** to change.(큰 조직은 변화에 적응하는데 느릴 수 있다.)

add
이 동사의 개념 바탕에는 더하는 과정이 있다.

1. 타동사 용법
1.1. 다음 주어는 목적어를 to의 목적어에 더한다.
(1) a. He **added** sugar **to** his coffee.(그는 커피에 설탕을 더했다.)

b. We **added** this amount **to** the bill.(우리는 이 액수를 계산서에 더했다.)

c. He **added** the wood **to** the fire.(그는 그 나무를 불에 더 넣었다.)

d. He **added** a tree **to** the picture.(그는 나무 하나를 그 그림에 더 넣었다.)

1.2. 다음에서는 더해지는 두 개체가 and로 연결되어 있다.
(2) a. When you **add** 5 **and** 2, the total is 7.(5와 2를 더하면 합은 7이다.)

b. If you **add** 5 **and** 5, you will get 10.(5와 5를 합하면 10이 된다.)

1.3. 다음 주어는 목적어(that절)의 내용을 앞말에 더한다.
(3) a. She **added that** she was sorry.(그녀는 미안하다고 덧붙였다.)

b. She **added that** she would not bring the children. (그녀는 아이들을 데리고 오지 않겠다고 덧붙였다.)

c. He **added that** he was pleased with the result.(그는 그 결과에 만족한다고 덧붙였다.)

2. 자동사 용법
2.1. 다음 주어는 그 자체가 to의 목적어에 더해진다.
(4) a. The new baby **adds to** the size of the family.(그 아기는 그 가족의 크기를 증대시킨다.)

b. This will **add to** our pleasure.(이것은 우리의 즐거움을 더할 것이다.)

c. The novel **added to** his reputation.(그 소설은 그의 명성을 더해 주었다.)

d. These changes **added to** the confusion.(이 변화는 그 혼란을 가중시켰다.)

2.2. 다음 주어는 산수에서 더하기를 한다.
(5) a. The children do not know how to **add**.(그 아이들은 더하기를 할 줄 모른다.)

b. I am very slow at **adding** and subtracting.(나는 더하기와 빼기가 매우 느리다.)

c. He learned to **add** when he was five.(그는 다섯 살

때 더하기를 배웠다.)

2.3. 다음 주어는 더해져서 큰 수가 된다.
(6) a. These figures don't **add up** right.(이 숫자는 바로 더해지지 않는다.)

b. The money he spent **added up to** $100.(그가 쓴 돈은 합해서 100불이 되었다.)

2.4. 다음 주어는 잘 들어맞아서 큰 수가 된다.
(7) a. The few facts just don't **add up**.(그 몇 개의 사실은 맞지가 않는다.)

b. Now that I know where he was last night, everything is **adding up**.(내가 그가 엊저녁에 어디에 있었는지 알게 되니, 모든 것이 맞아 들어가고 있다.)

addict
이 동사의 개념 바탕에는 어느 사람이 중독되는 과정이 있다.

1. 타동사 용법
1.1. 다음에서는 주어가 자신을 to의 목적어에 중독되게 한다.
(1) a. He **addicted** himself **to** gambling.(그는 도박에 빠졌다.)

b. Try not to **addict** yourself to these stupid computer games.(이 바보같은 컴퓨터 게임에 빠지지 않도록 해라.)

1.2. 다음은 수동태 문장으로 주어는 중독되는 사람이다.
(2) a. The boy was **addicted to** computer games.(그 소년은 컴퓨터 게임에 빠졌다.)

b. He is **addicted to** cocaine/nicotine/ opium.(그는 코카인/니코틴/아편에 중독되었다.)

c. He is **addicted to** jogging.(그는 조깅에 중독되어 있다.)

d. He is **addicted to** swearing foul language.(그는 상스러운 말로 욕하는 것에 빠져 있다.)

1.3. 다음의 주어는 중독의 매체이다.
(3) a. Alcohol may **addict** you.(알코올은 너를 중독시킬 수도 있다.)

b. Smoking **addicts** many people.(담배는 많은 사람들을 중독시킨다.)

address
이 동사의 개념 바탕에게 보내는 과정이 있다.

1. 타동사 용법
1.1. 다음 주어는 목적어에 말을 건다.
(1) a. I am **addressing** Susan, not you.(나는 네가 아니라 수잔에게 말을 걸고 있다.)

b. I will **address** the boys about it.(나는 그것에 대해 소년들에게 말을 걸어볼 것이다.)

c. I was surprised when he **addressed** me in English.(그가 나에게 영어로 말을 걸었을 때 나는 깜짝 놀랐다.)

1.2. 다음 주어는 목적어를 as의 목적어로 부른다.
(2) a. He **addresses** him **as** Doc.(그는 그를 박사님이라

고 부른다.)

　b. She **addresses** her boss as "Sir." (그녀는 사장을 "Sir"라고 부른다.)

　c. There are different ways in which to **address** a member of the royal family. (그 왕가 구성원을 부르는 방법에는 여러 가지가 있다.)

1.3. 다음 주어는 공식적으로 목적어에게 연설을 한다.

(3) a. He **addressed** the English teacher for an hour. (그는 그 영어 선생에게 한 시간 동안이나 연설했다.)

　b. The president **addressed** the nation. (그 대통령이 국민을 향해 연설했다.)

　c. He **addressed** the meeting/rally/conference. (그는 그 모임에서/그 집회에서/그 회의에서 연설했다.)

　d. The meeting was **addressed** by Senator Hove. (그 모임에서 호브 상원의원이 연설했다.)

1.4. 다음은 수동태 문장으로 주어는 호칭되는 사람이다.

(4) The judge should be **addressed** as 'Your Honor.' (판사는 'your honor'로 불려야 한다.)

1.5. 다음 주어는 목적어를 말로 to의 목적어에 전달한다.

(5) a. She **addressed** her remarks to the group. (그녀는 그녀의 진술을 그 모임에 전했다.)

　b. He **addressed** a warning to us. (그는 우리에게 경고를 보냈다.)

1.6. 다음 주어는 목적어를 to의 목적어로 보낸다.

(6) a. **Address** your application to the personnel manager. (당신의 지원서를 인사부장께 보내시오.)

　b. He **addressed** the letter to Ron. (그는 편지를 론에게 보냈다.)

　c. You have to **address** your complaints to the Head Office. (너는 불평을 본부에 진정해야 한다.)

1.7. 다음 주어는 목적어에 주소를 쓴다.

(7) a. I have to **address** all these envelopes. (나는 이 모든 봉투에 주소를 써야 한다.)

　b. The letter is correctly **addressed**, but addressed to the wrong house. (그 편지는 주소가 맞게 쓰여졌지만 엉뚱한 집으로 보내졌다.)

1.8. 다음 주어는 개체이며 목적어를 다루고 처리한다.

(8) a. Your essay does not **address** the real issue. (당신의 논평은 그 현안을 다루고 있지 않다.)

　b. The new law doesn't **address** the issue of ownership. (그 새로운 법은 소유권 문제를 다루고 있지 않다.)

1.9. 다음 목적어는 재귀대명사이다. 주어는 자신을 어떤 일에 전념시킨다.

(9) a. We must **address** ourselves to the problem of traffic pollution. (우리는 자동차 오염 문제에 주의를 기울여야 한다.)

　b. He **addressed** himself to the task. (그는 그 일에 주의를 기울였다.)

adhere

이 동사의 개념 바탕에는 달라붙는 과정이 있다.

1. 자동사 용법

1.1. 다음의 주어는 to의 목적어에 달라붙는다.

(1) a. The sticker **adhered** to the windshield. (그 스티커가 자동차 방풍 유리에 붙어 있었다.)

　b. Once in the blood stream, the bacteria **adhere** to the surface of the red cells. (일단 혈류 속에 들어가면 그 박테리아는 적혈구의 표면에 달라붙는다.)

　c. Mud **adhered** to my boots. (진흙이 나의 부츠에 달라붙었다.)

　d. Wax **adhered** to the finger. (왁스가 손가락에 달라붙었다.)

1.2. 다음 목적어는 추상적이지만 구체적 개체로 개념화되어 이들에 무엇이 달라붙을 수 있는 것으로 표현된다.

(2) a. She **adheres** to the teaching method she learned over 30 years ago. (그녀는 30여 년 전에 배운 교수법에 집착하고 있다.)

　b. You have to **adhere** to the regulations. (너는 규칙에 충실해야 한다.)

　c. For ten months, she **adhered** to a strict no-fat, low-salt diet. (열 달 동안 그녀는 엄격한 저지방, 저염분 다이어트에 충실했다.)

　d. They **adhered** to the original plan. (그들은 원래 계획을 고수했다.)

adjourn

이 동사의 개념 바탕에는 시간상의 이동, 즉 연기가 깔려있다.

1. 타동사 용법

1.1. 다음의 목적어는 시간상에 일어나는 과정이다. 주어는 이 과정을 휴회하여 연기시킨다.

(1) a. The chairman may **adjourn** the meeting at any time. (그 의장은 언제든지 그 모임을 연기할 수 있다.)

　b. The judge **adjourned** the trial for the holiday. (그 재판관은 휴일 때문에 그 공판을 연기시켰다.)

　c. They **adjourned** the court. (그들은 재판을 휴정했다.)

　d. They **adjourned** the hearing until tomorrow. (그들은 내일까지 청문회를 연기했다.)

　e. The court **adjourned** the consideration of the question. (그 재판은 질문 검토를 연기했다.)

1.2. 다음은 수동태 문장으로 주어는 연기되는 개체이다.

(2) a. The trial has been **adjourned** until next week. (그 공판은 다음 주까지 연기되었다.)

　b. The meeting was **adjourned** for a week. (그 모임은 일주일 동안 연기되었다.)

2. 자동사 용법

2.1. 다음의 주어는 연기되는 개체이다.

(3) a. The meeting **adjourned** for lunch. (그 모임은 점심으로 인해 연기 되었다.)

　b. The court **adjourned** until the end of the holiday. (재판은 휴일의 마지막까지 연기되었다.)

2.2. 시간상의 이동은 공간이동 확대된다. 다음 주어는 한 장소에서 다른 장소로 옮긴다.

(4) a. After the match, we **adjourned** to the pub.(경기 후, 우리는 선술집으로 자리를 옮겼다.)

　　b. I suggest we **adjourn** to the bar for a drink.(나는 한 잔 하러 바로 자리를 옮길 것을 제안합니다.)

　　c. The Senate hearing **adjourned** after the last speaker finished.(마지막 연설자가 연설을 마친 후에 상원의회 청문회는 산회되었다.)

adjudge

이 동사의 개념 바탕에는 판결하는 과정이 있다.

1. 타동사 용법
1.1. 주어가 목적어를 판결한다.
(1) The judge **adjudged** the case.(그 판사가 재판의 판결을 내렸다.)

1.2. 주어는 목적어가 부정사가 가리키는 상태에 있음을 판결한다.
(2) a. They **adjudged** her (to be) a liar.(그들은 그녀를 거짓말쟁이라고 판단했다.)

　　b. The judge **adjudged** her to be insane.(그 판사는 그녀가 제정신이 아니라고 판단했다.)

1.3. 다음은 수동태 문장으로 주어는 판결을 받는 개체이다.
(3) a. It was **adjudged** wise to take small risks.(작은 위험을 무릅쓰는 것은 현명하다고 판단되었다.)

　　b. The company was **adjudged** bankrupt.(그 회사는 파산이라고 선고받았다.)

1.4. 다음 수동태 문장으로 주어는 부정사가 가리키는 과정이나 상태와 관계가 있는 것으로 판결된다.
(4) a. The kidnapper was **adjudged** to die.(그 유괴범은 사형이 선고되었다.)

　　b. The reforms were generally **adjudged** to have failed.(그 개혁은 일반적으로 실패했다고 판단되었다.)

　　c. The will is **adjudged** to be valid/void.(그 유언은 유효/무효 결정을 받았다.)

1.5. 다음은 수동태 문장으로 주어는 as의 목적어와 같은 것으로 판정된다.
(5) a. The tour was **adjudged** a great success.(그 여행은 대단한 성공으로 판단되었다.)

　　b. We **adjudged** the drama a great success.(우리는 그 드라마가 대단한 성공이라고 보았다.)

1.6. 다음은 수동태 문장으로 주어는 심판에 의해 to의 목적어에 주어진다.
(6) a. The prize was **adjudged** to him.(상이 그에게 수여되었다.)

　　b. The estate was **adjudged** to the eldest son.(그 토지는 맏아들에게 주어졌다.)

1.7. 다음 that-절은 주어가 판단하는 내용이다.
(7) a. They **adjudged** that the will was valid/void.(그들은 그 유언이 유효/무효하다고 판결을 내렸다.)

　　b. The court **adjudged** that the criminal was guilty.(그 법정은 죄인에게 유죄라고 판결을 내렸다.)

adjust

이 동사의 개념 바탕에는 조정하는 과정이 있다.

1. 타동사 용법
1.1. 다음 주어는 목적어를 전치사 to의 목적어에 조정한다.
(1) a. You can **adjust** the temperature in the room to your taste.(너는 실내 온도를 네 취향에 맞게 조절할 수 있다.)

　　b. The teacher **adjusted** the seat to the height of the child.(그 선생님은 의자를 그 아이의 키에 맞춰주었다.)

　　c. You have to **adjust** your expenses to your income.(너 지출을 너의 소득에 맞추어야 한다.)

　　d. He **adjusted** the telescope to his eyes.(그는 그 망원경을 눈에 맞췄다.)

1.2. 다음 주어는 목적어를 전치사 to의 목적어에 맞춘다.
(2) a. You must **adjust** your approach to the problem.(당신은 그 문제에 당신의 접근법을 조정해야 한다.)

　　b. As a teacher you have to **adjust** your methods to suit the needs of slower students.(선생님으로서 당신은 당신의 교수법을 부진 학생들의 눈높이에 맞게 조정해야 한다.)

1.3. 다음 주어는 목적어를 조정한다.
(3) a. Please **adjust** the TV so that the picture doesn't jump.(그 화면이 튀지 않도록 텔레비전을 조정해 보십시오.)

　　b. Please **adjust** the picture on the TV set/the microphone.(TV 화면/마이크를 조정해 보세요.)

　　c. My watch needs **adjusting**.(내 시계는 맞춰져야 한다.)

　　d. I **adjusted** the seat belts in the car for the child.(나는 그 차 안의 안전벨트를 그 아이에게 맞도록 조절했다.)

　　e. **Adjust** the belt so that it is two inches shorter.(그 벨트를 조절해서 2인치 더 짧게 하세요.)

　　f. The mechanic **adjusted** my carburetor on the car/the brakes.(그 정비사는 내 차의 기화기/브레이크를 조정했다.)

　　g. You can **adjust** the piano stool to suit your height.(너는 그 피아노 의자를 키에 맞게 조절할 수 있다.)

　　h. He **adjusted** his tie/his clothes in a mirror before the speech.(그는 그 연설을 하기 전에 그의 넥타이/옷을 거울을 보고 바로 했다.)

　　i. You can **adjust** the air-conditioner with a remote control.(너는 그 에어콘을 리모콘으로 조절할 수 있다.)

　　j. You have to **adjust** your schedule.(당신은 당신의 일정을 조정해야 한다.)

　　k. The left knob **adjusts** the brightness of the picture/the volume.(그 왼쪽 손잡이가 그 화면의 밝기/음량을 조절한다.)

　　l. Watch out for the sharp bends and **adjust** your speed accordingly.(그 급한 커브에 주의하고 속도를 적절히 조절하시오.)

1.4. 다음 주어는 목적어의 차이를 조정한다.
(4) a. He **adjusted** the difference of opinion.(그는 의견 차이를 조정했다.)

b. We adjusted our accounts at the end of the month.(우리는 월말에 장부를 정리했다.)

1.5. 다음 목적어는 재귀대명사이다. 주어는 자신을 to 의 목적어에 적응한다.

(5) a. The body adjusts itself to changes of temperature.(신체는 스스로를 온도 변화에 적응한다.)

b. Some animals do not adjust themselves to living in a cage.(어떤 동물들은 자신을 우리 생활에 적응하지 않는다.)

c. He has adjusted himself to his circumstances.(그는 그의 주위 환경에 적응했다.)

d. She quickly adjusted herself to the new life.(그녀는 자신을 그 새 삶에 곧 적응시켰다.)

e. They are adjusting themselves to life in the tropics.(그들은 그 열대 지방의 삶에 적응하고 있다.)

1.6. 다음 주어는 자신의 옷을 조정한다.

(6) He adjusted himself.(그는 옷차림을 바로 했다.)

2. 자동사 용법

2.1. 다음 주어는 전치사 to의 목적어에 조정한다.

(7) a. We can adjust to living in a smaller apartment.(우리는 더 작은 아파트에서의 생활에 적응할 수 있다.)

b. He can't adjust to living on his own.(그는 혼자 힘으로 사는 것에 적응할 수 없다.)

c. Some animals never adjust to captivity.(어떤 동물은 절대 감금상태에 적응하지 못한다.)

d. The diplomat quickly adjusted to the cold of the country.(그 외교관은 그 나라의 추위에 곧 적응했다.)

e. It took several minutes for his eyes to adjust to the dark.(그의 눈이 어둠에 익숙해지는 데에 몇 분이 걸렸다.)

f. I had to adjust to the increased workload when my coworker went on vacation.(내 동료가 휴가를 떠났을 때 나는 늘어난 업무량에 적응해야 했다.)

g. They could not adjust to life on the farm.(그들은 농장 생활에 적응할 수 없었다.)

2.2. 다음 주어는 적응한다.

(8) They'll soon settle in; kids are very good at adjusting.(그들은 곧 정착할 것이다. 더구나 아이들은 적응이 빠르다.)

2.3. 다음 주어는 조절된다.

(9) This camera has a lens that automatically adjusts. (이 카메라는 자동 조절하는 렌즈가 들어있다.)

admire

이 동사의 개념 바탕에는 감탄하는 과정이 있다.

1. 타동사 용법

1.1. 다음의 주어는 목적어를 감탄한다.

(1) a. The boy admired his father.(그 소년은 아버지를 감탄했다.)

b. I admire him for what he's achieved.(나는 그가

달성한 것을 찬탄한다.)

c. I've been admiring your car.(나는 네 차를 감탄해 오고 있다.)

d. I am admiring your clever dog.(나는 너의 똑똑한 개에 감탄하고 있다.)

1.2. 다음의 목적어는 추상적인 개체이다.

(2) a. I am admiring your audacity/enthusiasm/courage. (나는 너의 대담함/열성/용기에 감탄하고 있다.)

b. They admired the scenery/the view.(그들은 경관을 찬탄하였다.)

c. They admired his remark as the response of a free spirit.(그들은 그의 말을 자유로운 영혼의 응답이라고 감탄하였다.)

(3) Sandy is admired for her work.(샌디는 업적으로 찬탄을 받는다.)

(4) She would admire to go there.(그녀는 그곳에 가고 싶어할 것이다.)

admit

이 동사의 개념 바탕에는 들여보내는 과정이 있다.

1. 타동사용법

1.1. 다음 주어는 목적어를 전치사 to의 목적어에 가게 한다.

(1) a. I can admit you to the theater.(나는 너를 그 극장에 들여보낼 수 있다.)

b. We admitted him to a hospital.(우리는 그를 입원시켰다.)

c. He admitted them to a college.(그는 그들을 대학에 입학시켰다.)

d. They admitted us to the club.(그들은 우리를 그 모임에 입회시켰다.)

1.2. 다음 주어는 그 자체가 목적어를 들어가게 한다.

(2) a. The window admits enough light and wind.(그 창문은 충분한 빛과 바람을 들어가게 한다.)

b. This ticket will admit us to the movie.(이 표는 우리를 그 극장에 들어가게 해 줄 것이다.)

1.3. 다음 주어는 장소이고, 주어는 목적어를 받아들인다.

(3) a. The church admits 200 people.(그 교회는 200명을 수용한다.)

b. The harbor admits large cargo boats.(그 항구는 큰 화물선을 수용한다.)

c. The theater admits 500 people.(그 극장은 500명을 수용한다.)

d. The hall admits 2,000 people.(그 강당은 2,000명을 수용한다.)

1.4. 다음 주어는 환유적으로 쓰여서 마음을 나타낸다. [마음은 그릇]의 은유가 적용되면 마음은 목적어를 받아들일 수 있다. 주어는 목적어를 시인한다.

(4) a. The thief admitted his crime/guilt/mistake.(그 도둑은 자신의 범죄/죄/실수를 인정했다.)

b. He admitted the claim/assumption.(그는 그 주장/가정을 받아들였다.)

c. They admitted having stolen the goods.(그들은 그 물건을 훔친 것을 인정했다.)

d. They **admitted** taking bribes.(그들은 뇌물을 받은 것을 인정했다.)

1.5. 다음 주어는 that-절의 내용을 시인한다.

(5) a. I **admit that** it was difficult.(나는 그것이 어려웠음을 인정한다.)
 b. He **admitted that** he was mistaken.(그는 자신이 실수를 했음을 인정했다.)
 c. She **admits that** she was guilty.(그녀는 자신이 유죄임을 인정한다.)

1.6. 다음 주어는 목적어를 시인한다. 목적어는 동명사이다.

(6) a. He **admits having** done it.(그는 그것을 했음을 인정한다.)
 b. He **admitted knowing** who broke the vase.(그는 누가 그 화분을 깼는지 알고 있음을 인정했다.)

1.7. 다음 주어가 시인하는 내용이 목적보어와 부정사로 표현되어 있다.

(7) a. I must **admit** the task **to be** too difficult.(나는 그 일이 지나치게 어려운 것으로 인정해야 한다.)
 b. He **admitted** her not **to be** his sister.(그는 그녀가 자기 누이가 아닌 것으로 인정했다.)
 c. He **admits** the charges **to be** groundless.(그는 그 비난이 근거가 없는 것으로 인정한다.)

1.8. 다음 주어는 목적어를 시인한다.

(8) He **admitted** himself beaten.(그는 자신이 패배했음을 자인했다.)

2. 자동사 용법

2.1. 다음 주어는 전치사 to의 목적어에 들어가게 한다.

(9) a. The key **admits to** the room.(그 열쇠는 그 방에 들어가게 한다.)
 b. The gate **admits to** the ground.(그 대문은 그 운동장으로 통한다.)
 c. The way **admits to** the park.(그 길은 그 공원으로 통한다.)

2.2. 다음 주어는 전치사 to의 목적어까지 시인한다.

(10) a. He **admitted to** his crime/the murder.(그는 그 범죄/살인까지 시인했다.)
 b. She **admitted to** stealing the apples.(그녀는 사과를 훔친 일까지 자인했다.)
 c. They **admitted to** breaking the window.(그들은 그 창문을 깨뜨린 것까지 자인했다.)

2.3. 다음 주어는 추상적인 장소이고, 이 장소에 들어올 수 있는 개체는 of의 목적어로 표현된다.

(11) a. The situation **admits of** no delay.(그 상황은 지연을 허용하지 않는다.)
 b. The words **admit of** no other meaning.(그 낱말들은 다른 의미를 허용하지 않는다.)
 c. It **admits of** no excuse.(그것은 변명을 허용하지 않는다.)

admonish

이 동사의 개념 바탕에는 가볍게 꾸짖거나 타이르는 과정이 있다.

1. 타동사 용법

1.1. 다음에서 주어는 목적어를 가볍게 꾸짖는다.

(1) a. He **admonished** the children for careless work.(그는 그 어린이들을 부주의한 일로 인해 타일렀다.)
 b. Mother gently **admonished** me for putting my elbow on the dinner table.(엄마는 내가 식탁 위에 팔꿈치를 올려놓았다고 나를 가볍게 꾸짖으셨다.)

1.2. 다음에서 주어는 목적어가 특정하게 행동하도록 훈계한다.

(2) a. Dad **admonished** the children to be home on time.(아버지는 아이들을 늦지 않게 집에 들어오도록 타일렀다.)
 b. A warning voice **admonished** him not to let this happen.(경고의 목소리가 그를 이러한 일을 하지 않도록 타일렀다.)
 c. She **admonished** the children not to talk to strangers.(그녀는 그 아이들을 낯선 사람들과 이야기하지 않도록 타일렀다.)
 d. We all **admonished** him to drive more carefully.(우리는 모두 그를 좀 더 조심스럽게 운전하라고 타일렀다.)

1.3. 다음은 수동태 문장으로 주어는 훈계를 받는다.

(3) a. She was **admonished** for chewing gum in class.(그녀는 교실에서 껌을 씹어서 꾸중을 들었다.)
 b. The witness was **admonished** for failing to answer the question.(그 목격자는 그 질문에 답변하지 못해 경고를 받았다.)

1.4. 다음에서 주어는 목적어에게 부드럽게 정보를 제공한다.

(4) a. He **admonished** us of the danger.(그는 우리에게 그 위험에 대해 알려줬다.)
 b. He **admonished** me of the need for discretion.(그는 나에게 신중할 필요가 있다며 충고했다.)

adopt

이 동사의 개념 바탕에는 자기 것으로 받아들이는 과정이 있다.

1. 타동사 용법

1.1. 다음 주어는 목적어를 입양한다.

(1) a. The Browns **adopted** the baby when she was just two years old.(브라운 부부는 그 여자 아기가 겨우 두 살이었을 때 그녀를 입양했다.)
 b. They **adopted** the child as their heir.(그들은 그 아이를 상속자로서 입양했다.)

1.2. 다음 주어는 목적을 채택하여 쓴다.

(2) a. The company **adopted** new policies regarding maternity leave.(그 회사는 출산휴가에 관한 새로운 정책들을 채택했다.)
 b. All three teams **adopted** different approaches to the problem.(세 팀 모두는 그 문제에 대해 각기 다른 접근 방법을 채택했다.)
 c. The courts now **adopt** more flexible approach to young offenders.(그 법원들은 요즘 청소년 범법자들에 대해 좀 더 융통성 있는 대처 방법을 채택한다.)

d. We **adopted** their production method.(우리는 그들의 생산방법을 채택했다.)

e. She **adopted** a strict diet when she learned she was sick.(그녀는 자신이 아프다는 것을 알았을 때 엄격한 식이요법을 채택했다.)

f. Early Christians in Europe **adopted** many of the practices of the old pagan religions.(유럽의 초기 기독교인들은 고대 이교도의 많은 종교 관습을 받아들였다.)

g. The committee **adopted** my suggestions.(그 위원회는 내 제안을 채택했다.)

h. He **adopted** a wait-and-see attitude.(그는 관망 태도를 취했다.)

1.3. 다음 주어는 이름, 태도, 생활방식 등을 채택한다.

(3) a. He **adopted** a nickname.(그는 별명을 선택했다.)

b. He **adopted** an air of indifference.(그는 무관심한 태도를 취했다.)

c. He **adopted** the French way of life.(그는 프랑스식 생활 방식을 채택했다.)

d. She had **adopted** funny manners.(그녀는 재미있는 말투를 사용했다.)

1.4. 다음 주어는 조직체이다. 주어는 목적어를 채택한다.

(4) a. The committee **adopted** the report.(그 위원회는 그 보고서를 채택했다.)

b. The party **adopted** him as Liberal candidate.(그 정당은 그를 자유당 후보자로 지명했다.)

c. The committee **adopted** the resolution by a vote of 20 to 5.(그 위원회는 그 결의안을 20대 5의 투표로 채택했다.)

adorn

이 동사의 개념 바탕에는 더 아름답게 장식하는 과정이 있다.

1. 타동사 용법

1.1. 다음 주어는 자신을 with의 목적어를 써서 장식한다.

(1) a. The children **adorned** themselves with flowers. (그 아이들이 자신들을 꽃으로 치장했다.)

b. She **adorned** herself with jewels.(그녀는 자신을 보석으로 치장했다.)

c. She **adorned** her hair with flowers.(그녀는 머리를 꽃으로 장식했다.)

1.2. 다음 주어는 목적어를 with의 목적어를 써서 장식한다.

(2) a. The seamstress **adorns** the bridal gown with lace and pearls.(그 재봉사는 신부 드레스를 레이스와 진주로 장식한다.)

b. He **adorned** the room with pictures.(그는 그 방을 그림으로 장식했다.)

1.3. 다음 주어는 장식을 할 때 쓰이는 개체이다.

(3) a. Gold ring **adorned** his finger.(금반지가 그의 손가락을 한층 돋보이게 했다.)

b. Garlands of flowers **adorned** their hair.(꽃으로 만든 화관이 그들의 머리를 매력적으로 보이게 했다.)

c. Carvings **adorned** the legs of the chair.(조각들이 그 의자의 다리를 장식했다.)

d. Celebrities **adorned** the play's audience.(저명 인사들이 그 연극의 관객을 돋보이게 했다.)

1.4. 이야기는 추상적이지만 구체적인 것으로 개념화되어 장식되는 것으로 표현된다.

(4) He **adorned** his story with all sorts of adventures that never happened.(그는 그의 이야기를 결코 일어난 적이 없는 온갖 종류의 모험들로 꾸몄다.)

advance

이 동사의 개념 바탕에는 앞으로 나아가는 과정이 있다.

1. 자동사 용법

1.1. 다음 주어는 앞으로 나아간다.

(1) a. The mob **advanced** on us.(그 폭도들은 우리를 향해 전진했다.)

b. The army **advanced** 20 miles by nightfall.(그 군대는 해질 무렵까지 20마일을 진격했다.)

c. The sun **advanced** across the sky.(태양이 하늘을 가로질러 앞으로 움직였다.)

d. The armies **advanced** to the border.(그 군대는 그 경계까지 전진했다.)

1.2. 앞으로 나아감은 진보나 발전과 관계된다.

(2) a. Our knowledge of the disease has **advanced** considerably over the past few years.(그 질병에 대한 우리의 지식은 과거 몇 년 동안에 걸쳐 상당히 발전했다.)

b. As hard as I tried, I was not able to **advance** in my company.(나는 열심히 노력했지만, 회사에서 승진할 수 없었다.)

c. Our understanding of human genetics has **advanced** considerably.(인간 유전학에 관한 우리의 이해는 상당히 진보했다.)

1.3. 어느 지점을 기준으로 앞으로 나아가는 것은 양이나 수의 증가를, 뒤로 가는 것은 양이나 수의 감소를 나타낸다.

(3) a. Oil shares **advanced** today in heavy trading.(석유 주가 오늘 대량 거래에서 상승했다.)

b. Prices **advanced** in the last quarter.(가격이 지난 분기에 올랐다.)

c. As costs advance, prices go up.(비용이 증가함에 따라 물가가 오른다.)

2. 타동사 용법

2.1. 다음에서 주어는 목적어를 앞으로 나아가게 한다.

(4) a. The teacher **advanced** Joan to the intermediate class.(그 선생님은 조앤을 중급반으로 진급시켰다.)

b. He **advanced** the chess piece one space.(그는 그 체스 말을 한 걸음 앞으로 보냈다.)

c. Studying for new qualifications is one way of **advancing** your career.(새로운 자격증을 위한 공부는 네 경력을 진전시키는 하나의 방법이다.)

d. The general **advanced** his armies to the border. (그 장군은 그의 군대를 그 국경으로 진격시켰다.)

2.2. 다음에서 주어는 돈인 목적어를 앞당겨서 준다.
(5) a. We are willing to advance the money on you.(우리는 기꺼이 그 돈을 네게 선물로 줄 것이다.)
   b. The publisher advanced us a portion of our royalties.(그 출판사는 우리에게 우리의 인세 할당을 선물로 주었다.)

2.3. 다음은 두 개의 목적어를 갖는다. 첫째 목적어는 돈을 받는 사람이고, 둘째 목적어는 주어지는 돈이다.
(6) a. We will advance you the money.(우리는 네게 그 돈을 빌려 줄 것이다.)
   b. Mom advanced me $10.(엄마는 내게 10달러를 미리 주셨다.)

2.4. 시간이 미래에서 과거로 흐른다고 보면, 마감시간을 앞으로 가게 하는 것은 기준점에 가까워지게 만든다.
(7) a. They advanced the deadline.(그들은 그 마감 시간을 앞당겼다.)
   b. Advance your watch one hour in the spring.(봄에는 네 시계를 1시간 앞당겨 놓아라.)

2.5. 다음은 수동태 문장으로 주어는 당겨지는 시간이다.
(8) a. The time of the meeting had been advanced to 9 o'clock.(그 회의 시간이 9시로 앞당겨졌었다.)
   b. The date of the trial has been advanced by one week.(그 재판일자가 1주일 앞당겨졌다.)
   c. The test date is advanced from July to June.(그 시험 날짜가 7월에서 6월로 앞당겨진다.)

2.6. 다음에서 주어는 목적어를 증가시킨다.
(9) a. The company advanced prices by 10%.(그 회사는 가격을 10% 인상했다.)
   b. The central bank advanced interest rates.(그 중앙 은행은 이자율을 인상했다.)
   c. She is trying to advance her own interests.(그녀는 자신의 이익을 높이려고 애쓰고 있다.)

2.7. 다음에서 주어는 목적어를 내어놓는다.
(10) a. The article advances a new theory to explain changes in the climate.(그 사실은 기후의 변화를 설명하는 새 이론을 내어놓는다.)
   b. His comments will do nothing to advance the cause of world peace.(그의 논평은 세계 평화의 대의를 발전시킬 아무 것도 하지 못할 것이다.)
   c. A new plan had been advanced.(새로운 계획이 제출되었다.)

advertise

이 동사의 개념 바탕에는 광고하는 과정이 있다.

1. 타동사 용법
1.1. 다음 주어는 목적어를 광고한다.
(1) a. You can advertise your product/business/service.(당신은 당신의 상품/사업/서비스를 광고할 수 있다.)
   b. We advertised our sale in the local paper.(우리는 우리의 판매를 그 지역 신문에 광고하였다.)
   c. They are advertising a new brand of toothpaste.(그들은 새 상표의 치약을 광고하고 있다.)
   d. They advertised the rock star's upcoming appearance.(그들은 그 락스타의 다가올 출연을 광고했다.)
   e. She advertised her tutoring service at the local school.(그녀는 자기의 개별지도 일을 그 지방학교에 광고했다.)
   f. We should have advertised the concert much more widely.(우리는 그 연주회를 훨씬 더 폭넓게 홍보했어야 했다.)
   g. I advertised my car in the Daily News.(나는 차를 데일리뉴스지에 광고했다.)

2. 자동사 용법
2.1. 다음 주어는 전치사 for의 목적어를 구하기 위해서 광고를 한다.
(2) a. We are advertising for a new sales manager.(우리는 새 영업부장의 구직광고를 내고 있다.)
   b. The charity advertised for weeks before the benefit.(그 자선단체는 자선행위를 하기 전에 여러 주동안 홍보했다.)
   c. If you want to attract more customers, try advertising in the local paper.(더 많은 고객을 끌고 싶다면, 지역신문에 광고를 내보내도록 해 봐.)

advise

이 동사의 개념 바탕에는 충고를 하거나 중요한 사항을 알려주는 과정이 있다.

1. 타동사 용법
1.1. 다음 주어는 목적어를 충고한다.
(1) a. The markers advise extreme caution when handling this material.(그 표지는 이 물건을 다룰 때 극도의 주의를 충고한다.)
   b. He advised patience/secrecy.(그는 인내/비밀을 충고했다.)
   c. He advised a change of air/a long vacation.(그는 환기/긴 휴가를 충고했다.)
   d. The mechanic advised a complete overhaul of the engine.(그 정비사는 그 엔진의 철저한 정밀 검진을 충고했다.)

1.2. 다음 주어는 목적어를 충고하여, to부정사가 가리키는 일을 하게 한다.
(2) a. He advised his daughter not to marry in a hurry.(그는 그의 딸을 충고하여 결혼을 서두르지 않게 했다.)
   b. John advised Bill to get a new job before quitting the one he had.(존은 빌에게 지금의 직업을 그만두기 전에 새 직업을 구하라고 충고했다.)
   c. He advised me to study abroad.(그는 나에게 유학을 가라고 충고했다.)
   d. His doctor advised him not to take the medicine with alcohol.(그의 주치의는 그에게 술과 함께 그 약을 먹지 말라고 충고했다.)
   e. I advised him to start early/to wait/to take a rest.(나는 그에게 일찍 시작하게/기다리게/휴식을 취하게 충고했다.)

1.3. 다음은 수동태 문장으로 주어는 충고를 받는다.

(3) a. You'll be well-**advised to** stay at home/to stay in bed and rest today.(충고를 받아들여 집에 있으면/침대에서 오늘 하루 누워서 쉬면 너는 좋아질 것이다.)

b. You are strongly **advised to** take medical insurance.(여러분은 의료보험을 들 것을 강하게 권고 받습니다.)

c There was no one to **advise** him.(그에게 충고해 주는 사람이 하나도 없었다.)

1.4. 다음 주어는 목적어를 충고한다. 목적어는 동명사로 표현되어 있다.

(4) a. I **advised** his taking a rest.(나는 그가 휴식을 취할 것을 권고했다.)

b. I **advised** reading the letter carefully before answering it.(나는 대답하기 전에 그 편지를 주의해서 읽을 것을 충고했다.)

c. I wouldn't **advise** flying in the circumstances.(나는 이러한 상황에서 비행을 권장하지 않았을 것이다.)

d. The weather report **advised** carrying an umbrella.(그 일기 예보에서는 우산을 지참할 것을 권고했다.)

e. I **advised** leaving early.(나는 일찍 떠나기를 권고했다.)

1.5. 다음 주어는 첫째 목적어를 둘째 목적어에 알린다. 둘째 목적어는 [의문사 + to부정사] 의 구조이다.

(5) a. She **advised** us **where** to wait.(그녀는 우리에게 어디서 기다릴지를 충고했다.)

b. Please **advise** me **which** to buy.(내게 어느 것을 사야 할지 충고해 주십시오.)

c. Mother **advised** me **what** to do.(어머니는 내게 무엇을 해야 하는지를 충고해 주셨다.)

d. Please **advise** me **whether** I should adopt the plan.(제게 그 계획을 채택해야 할지의 여부를 충고해 주십시오.)

e. Please **advise** me **when** the book was sent.(제게 그 책이 언제 보내졌는지 알려주십시오.)

1.6. 다음 주어는 전치사 on의 목적어에 대해서 충고한다.

(6) a. Our staff can **advise** you **on** the type of career you could consider.(우리 직원은 당신에게 당신이 고려할 수 있는 직업의 종류에 대해 충고해 줄 수 있습니다.)

b. Let me **advise** you **on** technical matters.(제가 당신에게 기술적인 문제에 대해 충고해 드리겠습니다.)

c. I **advised** him **on** the choice of his career.(나는 그에게 그의 직업 선택에 관해 충고했다.)

d. She **advises** the government **on** environmental issues.(그녀는 환경논제에 관해 정부에 충고한다.)

e. She **advises** the president **on** foreign affairs.(그녀는 대통령께 국제관계에 대해 충고한다.)

f. He will **advise** you **on** your pronunciation.(그는 너에게 네 발음에 대해 충고할 것이다.)

g. She has been asked to **advise on** training the team.(그녀는 그 팀을 훈련시키는 데 조언해 줄 것을 요청 받아왔다.)

h. We employ an expert to **advise on** new technology.(우리는 새로운 기술에 대해 조언을 해 줄 전문가를 고용할 것이다.)

i. He **advised** us **on** the matter of the investment of the funds.(그는 우리에게 그 자금의 투자에 대해서 조언했다.)

1.7. 다음 주어는 목적어에게 전치사 of의 목적어가 가리키는 정보를 알려준다.

(7) a. The police **advised** the suspect **of** his rights.(경찰은 그 용의자에게 그의 권리에 관해 알려주었다.)

b. We wish to **advise** you **of** the following price reductions.(우리는 귀하께 아래의 가격 할인에 대해 알려드리고자 합니다.)

c. We will **advise** you **of** any changes in the delivery dates.(우리는 당신에게 배달 날짜의 어떤 변경사항이라도 알려드리겠습니다.)

d. I **advised** him **of** the dispatch of the goods.(나는 그에게 그 상품의 발송을 알렸다.)

e. I **advised** them **of** my decision to return.(나는 그들에게 돌아가기로 한 내 결정을 알렸다.)

f. Please **advise** us **of** your intentions in this matter.(우리에게 이 문제에 대한 당신의 의향을 알려주십시오.)

g. The letter **advised** me **of** the time of the meeting/the date.(그 편지는 나에게 그 모임의 시간/날짜를 알려주었다.)

h. The radio **advised** us **of** the coming storm.(그 라디오는 우리에게 다가오는 폭풍우에 대해 경고했다.)

1.8. 다음은 수동태 문장으로 주어는 알림을 받는다.

(8) a. The company keeps its salesman **advised of** new products.(그 회사는 판매원들에게 신상품에 대해 계속해서 알린다.)

b. We were **advised of** the danger.(우리는 그 위험에 대한 경고를 받았다.)

1.9. 다음에서 쓰인 주어는 목적어에게 that-절의 정보를 제공한다.

(9) a. I **advised that** he (should) take a rest/leave early/wait longer.(나는 그가 휴식을 취해야/일찍 떠나야/더 오래 기다려야 한다고 충고했다.)

b. He **advised** me **that** it was illegal.(그는 그것이 불법이었다고 내게 알려주었다.)

c. I regret to **advise** you **that** the course is now full.(나는 그 강의가 지금 만원임을 알리게 됨을 유감스럽게 생각한다.)

d. The travel agent **advised** us **that** our trip would be expensive.(그 여행사 직원은 우리 여행에 돈이 많이 들 것이라고 알려주었다.)

e. They **advised** him **that** he might face imprisonment.(그들은 그에게 감금될 수도 있다고 알려주었다.)

f. I was **advised that** the fee would be $100.(나는 요금이 백 달러가 될 것이라고 충고 받았다.)

1.10. 다음 주어는 목적어에게 전치사 against 의 목적어에 대해서 충고를 한다.

(10) a. I **advised** him **against** smoking.(나는 그에게 담배를 피우지 말라고 충고했다.)

b. He **advised against** taking too many courses.(그는

너무 많은 과목을 수강하지 말라고 충고했다.)

  c. The lawyer **advised against** signing the contract. (변호사는 그 계약서에 서명하지 말라고 충고했다.)

  d. I would **advise against** going out on your own. (나는 너 혼자서 나가지 말라고 충고할 것이다.)

2. 자동사 용법

2.1. 다음 주어는 전치사 with의 목적어와 의논한다.
(11) a. He is **advising with** his pillow. (그는 밤새 잘 생각해 보고 있다.)

  b. I **advised with** my teacher about the university. (나는 선생님과 그 대학에 관해 상의했다.)

  c. I **advised with** him about the matter. (나는 그와 그 문제에 대해 의논했다.)

2.2. 다음에서 advise의 내용은 명시가 안되어 있다.
(12) a. I shall act as you **advise**. (나는 네가 충고한 대로 행동할 것이다.)

  b. I will do as you **advise**. (나는 네가 충고하는 대로 하겠다.)

advocate

이 동사의 개념 바탕에는 창도하는 과정이 있다.

1.타동사 용법

1.1. 다음 주어는 목적어를 주창한다.
(1) a. The activist **advocated** change. (그 운동가는 변화를 주창했다.)

  b. The group does not **advocate** the use of violence. (그 단체는 폭력 사용을 옹호하지 않는다.)

  c. Extremists openly **advocate** violence. (극단주의자들은 공공연히 폭력을 주창한다.)

  d. They are **advocating** higher salaries for teacher. (그들은 교사에 대한 더 높은 봉급을 주장하고 있다.)

  e. He **advocates** reduction in military spending. (그는 군사비 지출의 감축을 주창한다.)

1.2 다음 주어는 목적어를 주창한다. 목적어는 동명사로 표현되어 있다.
(2) a. The school board **advocated** purchasing new books. (그 학교 위원회는 새로운 책들의 구매를 주창했다.)

  b. Many experts **advocate** rewarding the children for good behavior. (많은 전문가들은 어린이들의 선행에 대해 보상하기를 주창한다.)

  c. He **advocates** reducing military spending. (그는 군사비 지출을 줄이는 것을 주창한다.)

  d. He **advocates** abolishing racial discrimination. (그는 인종차별을 폐지하는 것을 주창한다.)

1.3 다음 주어는 that-절의 내용을 주창한다.
(3) a. The report **advocates** that all buildings should be fitted with smoke detectors. (그 보고서는 모든 건물들에 매연탐지기가 설치되어야 함을 주창한다.)

  b. He **advocates** that more schools should be built. (그는 더 많은 학교가 건설돼야 한다고 주창한다.)

affect

이 동사의 개념 바탕에는 영향을 주는 과정이 있다.

1. 타동사 용법

1.1. 다음 주어는 목적어에 영향을 준다.
(1) a. The tragedy **affected** him deeply. (그 비극은 그에게 깊은 감동을 주었다.)

  b. How will the tax **affect** people on low incomes? (그 세금은 저소득층의 사람들에게 어떻게 영향을 줄까?)

  c. The condition **affects** one in five women. (그 병은 다섯 여성 중 한 명을 감염시킨다.)

  d. Cold weather **affected** the crops. (추운 날씨가 그 작물에 영향을 미쳤다.)

  e. How will these changes **affect** us? (이러한 변화들은 어떻게 우리에게 영향을 미칠까?)

1.2. 다음은 수동태 문장으로 주어는 영향을 받는다.
(2) a. They were deeply **affected** by the news. (그들은 그 소식에 깊은 감명을 받았다.)

  b. He was much **affected** at the news. (그는 그 소식을 듣고 매우 감명을 받았다.)

1.3. 다음 주어는 목적어에 영향을 준다. 주어는 개체이다.
(3) a. Did the blunder **affect** your promotion? (그 실수가 너의 승진에 영향을 주었니?)

  b. Smoking **affects** health. (흡연은 건강에 영향을 미친다.)

  c. The strike will **affect** the price of coal. (그 파업은 그 석탄가격에 영향을 미칠 것이다.)

  d. Your opinion will not **affect** my decision. (너의 의견은 나의 결정에 영향을 줄 수 없을 것이다.)

affect[2]

이 동사의 개념 바탕에는 어떤 효과를 위해서 체하는 과정이 있다.

1. 타동사 용법

1.1. 주어는 목적어인 체한다.
(1) a. Bill **affected** a silly accent to entertain us. (빌은 우리를 즐겁게 하려고 바보스런 억양을 썼다.)

  b. Joan **affected** a ridiculous manner to impress her friends. (조앤은 그녀의 친구들을 감동시키기 위해 우스꽝스런 태도를 취했다.)

  c. She **affected** a calmness she did not feel. (그녀는 느끼지 않았던 평온함을 느끼는 척 했다.)

affiliate

이 동사의 개념 바탕에는 부자 관계와 같은 관계를 맺는 과정이 있다.

1. 자동사 용법

1.1. 다음 주어는 합병한다.
(1) a. The two schools will **affiliate** next year. (그 두 학

교는 내년에 합병할 것이다.)

b. The two unions voted to **affiliate**.(그 두 조합들이 합병하기로 투표를 했다.)

c. The two societies decided to **affiliate**.(그 두 학회는 합병하기로 결정했다.)

1.2. 다음 주어는 전치사 with의 목적어와 제휴하거나 합병한다.

(2) a. I don't want to **affiliate** with any of the political groups.(나는 어떤 정치 단체와도 제휴하고 싶지 않다.)

b. He **affiliated** with the Republican Party.(그는 공화당에 입당했다.)

2. 타동사 용법

2.1. 다음 목적어는 재귀대명사이다. 주어는 with의 목적어와 관계를 맺는다.

(3) He **affiliated** himself **with** the Conservative Party.(그는 그 보수당에 입당했다.)

2.2. 다음 주어는 목적어를 합병시킨다.

(4) The merger **affiliated** two large manufactures.(그 합병자가 두 개의 큰 제조사를 합병했다.)

2.3. 다음은 수동태 문장으로 주어는 with의 목적어에 가입이나 제휴되어 있다.

(5) a. They are **affiliated with** the labor union.(그들은 그 노동조합에 가입되어 있다.)

b. Our club is **affiliated with** a national organization.(우리 클럽은 전국 조직과 제휴되어 있다.)

c. The research center is **affiliated with** the university.(그 연구기관은 그 대학과 제휴되어 있다.)

d. The hospital is **affiliated with** the local university.(그 병원은 그 지방 대학과 제휴되어 있다.)

e. I'm not **affiliated with** any political party.(나는 어떠한 정당과도 관계가 없다.)

f. The group is not **affiliated to** any political party.(그 집단은 어떠한 정당에도 가입되어 있지 않다.)

affirm

이 동사의 개념 바탕에는 가능한 반대를 생각하고 확인을 하는 과정이 있다.

1. 타동사 용법

1.1. 다음 주어는 목적어를 확인한다.

(1) a. Both sides **affirmed** their commitment to the cease fire.(양측은 그 정전 협정에 대한 약속을 확인했다.)

b. They **affirm** male superiority.(그들은 남성의 우월성을 단언한다.)

c. The general **affirmed** rumors of an attack.(그 장군은 공격에 관한 소문들을 확인했다.)

d. I **affirmed** my client's claim.(나는 내 고객의 요구를 확인했다.)

e. The man's testimony **affirmed** the innocence of the suspect.(그 남자의 증언은 그 용의자의 무죄를 확인해 주었다.)

1.2. 다음 주어는 that-절의 내용을 확인한다.

(2) a. He **affirmed that** he would not reveal my secret.(그는 그가 나의 비밀을 밝히지 않을 것을 확인했다.)

b. She **affirmed that** she was telling the truth.(그녀는 그녀가 진실을 말하고 있다고 확인했다.)

c. I can **affirm that** no one will lose their job.(나는 그 누구도 직장을 잃지 않을 것이라고 확인할 수 있다.)

2. 자동사 용법

2.1. 다음 주어는 전치사 to의 목적어를 확인하는 말을 한다.

(3) The witness **affirmed to** the fact.(그 목격자는 그 사실을 확인하는 말을 했다.)

affix

이 동사의 개념 바탕에는 붙이는 과정이 있다.

1. 타동사 용법

1.1. 다음 주어는 목적어를 전치사 to의 목적어에 붙인다.

(1) a. He **affixed** his signature to the contract.(그는 자신의 서명을 그 계약서에 붙였다.)

b. The king **affixed** his seal to the parchment.(그 왕은 그의 인장을 그 문서에 덧붙였다.)

c. You must **affix** a stamp to your letter.(너는 우표를 너의 편지에 붙여야 한다.)

1.2. 다음은 수동태 문장으로 주어는 붙여진다.

(2) a. A stamp should be **affixed**.(우표가 붙여져야 한다.)

b. The label should be firmly **affixed** to the package.(상표가 소포에 단단히 붙여져야 한다.)

afflict

이 동사의 개념 바탕에는 고통을 주는 과정이 있다.

1. 타동사 용법

1.1. 다음 주어는 목적어를 괴롭힌다.

(1) a. A disease broke out and **afflicted** the campers.(병이 발생해서 그 야영객들을 괴롭혔다.)

b. Financial difficulties **afflicted** the Browns.(재정적 어려움이 브라운씨 가족을 힘들게 했다.)

1.2. 다음은 수동태 문장으로 주어는 괴로움을 당한다.

(2) a. About 20% of the population is **afflicted with** the disease.(대략 인구의 20퍼센트가 그 병으로 고생하고 있다.)

b. He is **afflicted with** arthritis/headache.(그는 관절염/두통으로 고생하고 있다.)

c. The country is **afflicted by** famine.(그 나라는 기근으로 고생하고 있다.)

d. He was much **afflicted by** the failure.(그는 실패로 인해 매우 정신적 고통을 받았다.)

afford

이 동사의 개념 바탕에는 무엇을 가질 수 있는 여유가 있는 과정이 있다.

1. 타동사
1.1. 다음 주어는 목적어를 갖는다.
(1) a. He can **afford** the money.(그는 그 돈을 가질 수 있다.)
b. They cannot **afford** a big car.(그들은 큰 차를 가질 여유가 없다.)
c. I can't **afford** three weeks away from work.(나는 삼 주일을 일에서 떨어져 있을 여유가 없다.)
d. I can **afford** two days for painting the room.(나는 그 방을 칠하는데 이틀을 쓸 수 있다.)

1.2. 다음 문장의 목적어는 부정사이다. 주어는 부정사가 가리키는 일을 할 수 있다.
(2) a. We can **afford** to buy a new car.(우리는 새 차를 살 여유가 있다.)
b. She can't **afford** to miss another day at school. (그녀는 학교에 하루 더 결석을 할 수가 없다.)
c. He cannot **afford** to waste so much time.(그는 그처럼 많은 시간을 허비할 여유가 없다.)

2. 사역동사
2.1. 다음 주어는 첫째 목적어에게 둘째 목적어를 가지거나 쓸 수 있게 한다.
(3) a. Walking **affords** me moderate exercise.(산책은 나에게 적당한 운동을 준다.)
b. The tree **afforded** us shelter from the rain.(그 나무는 우리에게 그 비를 피할 보호처를 제공해 주었다.)
c. That will **afford** him little pleasure.(그것은 그에게 별다른 즐거움을 주지 못할 것이다.)

2.2. 다음 주어는 개체이고, 주어는 목적어를 제공한다.
(4) a. Reading **affords** pleasure.(독서는 기쁨을 준다.)
b. Some trees **afford** resin.(몇몇 나무는 진을 내놓는다.)
c. The sun **affords** light and heat.(태양은 빛과 열을 준다.)
d. The lookout **affords** a fine view to sightseers.(그 전망대는 좋은 전망을 관광객들에게 제공한다.)

aggravate
이 동사의 개념 바탕에는 더 나쁘게 만드는 과정이 있다.

1. 타동사 용법
1.1. 다음 주어는 목적어를 더 나쁘게 만든다.
(1) a. Road repair work **aggravated** the problem of traffic congestion.(도로 복구 작업이 그 교통 혼잡 문제를 더 나쁘게 만들었다.)
b. He **aggravated** his financial difficulties by spending too much.(그는 과소비를 함으로써 그의 재정 어려움을 더 악화시켰다.)
c. The speech only **aggravated** tensions within the community.(그 연설은 그 지역사회 공동체 내의 긴장을 더 심하게 만들었을 뿐이다.)
d. His remarks **aggravated** the tense situation.(그의 말은 그 긴장된 상황을 더 악화시켰다.)
e. The lack of rain **aggravated** the already serious shortage of food.(그 가뭄이 이미 심각한 식량 부족을 더 악화시켰다.)
f. She **aggravated** her injuries by refusing treatment.(그녀는 치료를 거절해서 상처를 더 악화시켰다.)
g. Pollution can **aggravate** asthma.(오염이 천식을 더 악화시킬 수 있다.)

1.2. 다음 주어는 오래되거나 반복적인 일로 목적어의 불쾌감이나 화를 자아낸다.
(2) a. It really **aggravates** me when the car won't start, after all the money we put into it.(우리가 그 차에 모든 돈을 쏟아 부은 후에도 그 차가 시동이 안 걸려서 나를 정말 화나게 했다.)
b. The constant noise **aggravated** the readers.(그 지속적인 소음이 그 독자들을 불쾌하게 했다.)

1.3. 다음은 수동태 문장으로 주어는 악화된다.
(3) a. Her condition is **aggravated** by anxiety.(그녀의 병세는 근심 때문에 악화되었다.)
b. His debt problem is **aggravated** by a rise in interest rates.(그의 빚 문제는 이자율의 상승으로 악화되었다.)

agitate
이 동사의 개념 바탕에는 세차게 흔드는 과정이 있다.

1. 타동사 용법
1.1. 다음 주어는 목적어를 흔든다.
(1) a. **Agitate** the mixture to dissolve the powder.(가루를 용해하기 위해서 혼합물을 휘저어라.)
b. Jim **agitated** the dog by poking it with a stick.(짐은 그 개를 막대기로 쿡쿡 쑤셔서 흥분시켰다.)
c. The washing machine **agitates** the laundry to get it clean.(세탁기는 세탁물을 흔들어서 깨끗하게 한다.)
d. The strong winds **agitated** the plane.(강한 바람이 비행기를 흔들었다.)
e. The wind is **agitating** the curtains.(그 바람이 그 커튼을 움직인다.)

1.2. 다음 주어는 목적어를 자극한다.
(2) a. The demands **agitated** my mother.(그 요구는 내 어머니를 걱정하게 했다.)
b. Don't **agitate** the patient.(그 환자를 흥분시키지 마세요.)
c. His presence **agitated** her.(그의 출현은 그녀를 동요시켰다.)

2. 자동사 용법
2.1. 다음 주어는 선동을 하거나 부추긴다.
(3) a. They are **agitating against** reform.(그들은 개혁에 반대하는 선동을 하고 있다.)
b. Protesters **agitated against** the killing in Vietnam. (항의자들은 베트남에서의 살인 행위를 반대하는 운동을 펼쳤다.)
c. They are **agitating for** cheaper school meals.(그들

은 보다 싼 학교 급식을 위한 운동을 벌이고 있다.)

  d. They are **agitating for** repeal of a tax.(그들은 세금 폐지를 위한 운동을 하고 있다.)

  e. The parents are **agitating for** more teachers and smaller classes.(그 학부모들은 더 많은 교사와 학생수가 적은 교실을 얻기 위해 운동을 벌이고 있다.)

  f. The students **agitated in favor of** more dorms on campus.(그 학생들은 대학 내 더 많은 기숙사를 위해서 운동을 벌였다.)

  g. Her family are **agitating to** have her transferred to a UK prison.(그녀의 가족은 그녀가 영국 형무소로 옮겨지도록 운동을 하고 있다.)

agree

이 동사의 개념에는 합의하는 과정이 있다.

1. 타동사용법

1.1. 다음 주어는 목적어를 합의한다.

(1) a. The workers **agreed** the company's pay agreement.(그 노동자들은 그 회사의 임금 계약서에 동의했다.)

  b. Can we **agree** a price?(우리가 가격을 합의할 수 있을까?)

  c. I think the committee will **agree** the changes soon.(나는 그 위원회가 곧 그 변화들에 동의할 것이라 생각한다.)

  d. We never **agreed** a date.(우리는 결코 날짜에 합의하지 못했다.)

  e. We **agreed** new wages **with** the employer at last.(우리는 마침내 새 임금에 관해 그 고용주와 합의를 보았다.)

1.2. 다음은 수동태 문장으로 주어는 합의된다.

(2) a. The terms have been **agreed**.(그 조건들은 합의되었다.)

  b. Next year's budget has been **agreed**.(내년도 예산이 합의되었다.)

2. 자동사용법

2.1. 다음 주어는 to부정사로 표현된 일을 하기로 합의한다.

(3) a. He **agreed to** buy a smaller car/to undertake the job.(그는 좀 더 작은 차를 살 것에/그 일을 맡기로 합의했다.)

  b. He **agreed to** pay more for the drawings.(그는 그 그림들에 더 많은 돈을 지불하는데 동의했다.)

  c. She **agreed to** move her mother to a nursing home.(그녀는 엄마를 요양소에 보내는 것에 동의했다.)

  d. Why don't we **agree** right now **to** use recycled paper?(재활용지를 사용하는 것에 지금 당장 동의하는 게 어때?)

  e. I **agreed to** clean the room/to start early.(나는 그 방을 청소할 것에/일찍 출발하는 것에 동의했다.)

  f. He **agreed** not **to** mention it.(그는 그것을 언급하지 않기로 합의했다.)

2.2. 다음 주어는 전치사 to의 목적어에 합의한다.

(4) a. He **agreed to** the proposal/the offer/the conditions.(그는 그 제안을/제의/조건에 동의했다.)

  b. We voted to **agree to** the latest pay raise.(우리는 최근 인금 인상에 합의하는 투표를 했다.)

  c. He **agreed to** the use of force.(그는 그 무력의 사용에 동의하였다.)

  d. His father **agreed to** her becoming a dancer.(그의 아버지는 그녀가 무용수가 되는 것에 동의하였다.)

  e. I **agreed to** John's marrying Julie.(나는 존이 줄리와 결혼하는 것에 동의했다.)

  f. We could not **agree** as **to** how the work should be done.(우리는 어떻게 그 일이 행해져야 하는지에 대해 합의할 수 없었다.)

  g. We could not **agree** as **to** where we should go.(우리는 우리가 어디로 가야 하는지에 대해 합의할 수 없었다.)

  h. The terms have been **agreed to**.(그 조건은 합의되었다.)

2.3. 다음 주어는 전치사 on의 목적어에 합의한다. on은 사람들의 의견이 접촉되는/닿는 점을 나타낸다.

(5) a. We have not **agreed on** the price/the terms/the plan.(우리는 그 가격/조건/계획에 대해 의견의 일치를 보지 않았다.)

  b. We **agreed on** a date for our next holiday.(우리는 다음 휴일로 날짜에 대해 의견이 일치했다.)

  c. She and I **agreed on** most major issues/the point.(그녀와 나는 대부분의 주된 쟁점/그 주안점에 대해 일치했다.)

  d. The jury could not **agree on** the verdict.(그 배심원단은 그 평결에 대해 합의를 볼 수 없었다.)

  e. We **agreed on** making an early start.(우리는 일찍 출발하는 것에 대해 의견이 일치했다.)

  f. They will never **agree** among themselves.(그들은 자기들 사이에 결코 의견의 일치를 보지 못할 것이다.)

2.4. 다음의 주어는 음식, 기후 등이고, with의 목적어는 사람이다. 주어와 목적어가 일치나 조화가 된다.

(6) a. Oysters/milk/crab/cheese/onions do not **agree with** me.(굴/유유/게/치즈/양파는 나에게 맞지 않는다.)

  b. The food here does not **agree with** me.(여기의 음식은 나에게 맞지 않는다.)

  c. Humid air/the climate here/the sea air does not **agree with** me.(이곳의 습한 공기/여기 기후/그 바다 공기는 나에게 맞지 않는다.)

  d. Paris does not **agree with** me.(파리는 나에게 맞지 않다.)

2.5. 다음 주어는 about의 목적어에 합의한다.

(7) a. We could not **agree about** how we should help them.(우리는 어떻게 우리가 그들을 도와야 할 것인가에 대해 합의할 수 없었다.)

  b. I suggested that we should go on holiday, and she **agreed**.(나는 우리가 휴가를 떠날 것을 제안했고, 그녀는 동의했다.)

  c. They **agree**.(그들은 사이가 좋다.)

2.6. 다음 주어는 전치사 with의 목적어와 합의한다.

(8) a. He **agreed with** them **about** the need for

change.(그는 그들과 그 변화의 필요성에 관해 생각이 일치했다.)

b. I agree with you about his latest book--it's awful.(나는 너와 그의 최근 저서에 대해 의견을 같이 한다- 그 책은 형편없다.)

c. Do you agree with me about this?(당신은 이것에 관해 나에게 동의하십니까?)

d. I cannot agree with you on this point.(나는 너와 이 점에 대해서는 동의할 수 없다.)

2.7. 다음 주어는 with의 목적어와 that-절의 내용에 대해 합의한다.

(9) a. I agree with you that he is not a proper man for the job.(나는 그가 이 직업에 적당한 사람이 아니라는 점에 대해 당신과 동감이다.)

b. I agree with you that he is untrustworthy.(나는 그가 신뢰할 만하지 못하다는 점에 너와 같은 의견이다.)

c. I agree with you that he is bright.(나는 그가 똑똑하다는 것에 너와 동감이다.)

2.8. 다음 주어는 서로 사이좋게 지낸다.

(10) a. They cannot agree with each other.(그들은 서로 사이좋게 지낼 수 없다.)

b. He agrees with everybody.(그는 모든 사람과 잘 지낸다.)

c. I agree with you in your opinion.(나는 너의 의견에 동의한다.)

2.9. 다음 주어는 with의 목적어와 일치한다.

(11) a. He agreed with what I said.(그는 내가 한 말에 동의했다.)

b. I agree with what they are doing.(나는 그들이 하는 일에 찬성한다.)

c. In his heart he knew they'd agree with his stand.(마음속으로 그는 그들이 자신의 입장에 동의할 것임을 알았다.)

d. I agree with letting children learn at their own pace.(나는 아이들이 그들 자신의 속도에 맞게 배우도록 해야 한다는 것에 동의한다.)

2.10. 다음의 주어는 전치사 with의 목적어와 일치된다.

(12) a. The verb agrees with the subject in number and person.(동사는 수와 인칭에 있어서 주어와 일치한다.)

b. Your account hardly agrees with the facts.(당신의 해명은 그 사실들과 거의 일치하지 않는다.)

c. The price does not agree with her pocket.(그 가격은 그녀의 주머니 사정과 맞지 않는다.)

d. Her story agrees with mine.(그녀의 이야기는 나의 것과 일치한다.)

e. The copy does not agree with the original.(그 사본은 원본과 일치하지 않는다.)

f. These two accounts do not agree with each other.(이 두 계좌는 서로 일치하지 않는다.)

2.11. 다음 주어는 that-절의 내용을 합의한다.

(13) a. We all agree that you need a vacation.(우리는 모두 당신이 휴가가 필요하다는 것에 동의한다.)

b. All the members of the jury agreed that he is guilty.(그 배심원단의 모든 구성원들은 그가 유죄라는 것에 동의했다.)

d. We both agree that there is a problem.(우리 둘 다 어떤 문제가 있다는 것을 동의한다.)

e. Most scientists agree that global warming is a serious problem.(대부분의 과학자들은 지구 온난화가 심각한 문제라는 것을 동의한다.)

f. He agreed that my plan was better.(그는 나의 계획이 낫다는 것을 동의했다.)

g. Experts do not seem to agree whether the drug is safe or not.(전문가들은 그 약물이 안전한지 아닌지에 대해 합의를 본 것처럼 보이지는 않는다.)

2.12. 다음은 수동태 문장이다. 주어 it은 that-절을 대신한다.

(14) a. It was agreed that money should be available for the project.(이 연구계획을 위해 돈이 마련되어야 한다고 합의되었다.)

b. It is generally agreed that eating too much fat is bad for you.(일반적으로 너무 많은 지방을 섭취하는 것은 해롭다고 여겨진다.)

d. It was agreed that we should hold another meeting.(우리가 또 다른 모임을 가져야 한다고 합의되었다.)

c. The members agreed that the proposal should be rejected.(그 구성원들은 그 제안이 거절되어야 함에 동의했다.)

2.13. 다음 주어는 복수로서 합의한다.

(15) a. The two parties agreed about what to do.(그 양당은 무엇을 해야할 것인가에 대해 의견이 일치했다.)

b. Both the House and Senate agreed on the need for the money.(하원과 상원 모두 그 자금의 필요성에 대해 의견이 일치했다.)

2.14. 다음 주어는 일치한다.

(16) a. Our tastes/the two colors do not agree.(우리들의 기호/그 두 색깔은 조화롭지 않다.)

b. The figures do not agree.(그 숫자들은 일치하지 않는다.)

c. Their statements don't agree with each other.(그들의 진술은 서로 맞지 않는다.)

d. The warring sides agreed on an unconditional cease fire.(서로 대립하는 양측은 무조건 휴전에 대해 합의했다.)

e. My checkbook and my bank account agree.(나의 수표장과 은행계좌는 일치한다.)

aid

이 동사의 개념 바탕에는 구제하기 위해 돕는 과정이 있다.

1. 타동사 용법

1.1. 다음 주어는 목적어를 돕는다. 목적어는 사람이다.

(1) a. The politicians promised to aid the refugees.(그 정치가들은 그 피난민들을 돕겠다고 약속했다.)

b. The government aided the flood victims by providing loans to rebuild their homes.(정부는 그 수재민들이 그들의 집을 세울 수 있도록 대출을 제공함으로써 지원했다.)

1.2. 다음 주어는 목적어를 돕는다. 목적어는 과정이다.
(2) a. They aided his escape.(그들은 그의 탈출을 조력했다.)
   b. The pill will aid your sleep.(그 알약은 당신이 잠들도록 도와줄 것이다.)
   c. We were greatly aided in our investigation by the cooperation of the police.(우리는 그 경찰의 협조로 조사에 큰 도움을 받았다.)
   d. The doctor did all her power to aid my recovery.(그 의사는 나의 회복을 돕기 위해서 그녀의 능력 안에 있는 모든 일을 했다.)

2. 자동사 용법
2.1. 다음 주어는 돕는다.
(3) a. The new test will aid in the early detection of the disease.(그 새 검사법은 그 병의 조기 발견에 도움이 될 것이다.)
   b. He aided in the development of the country.(그는 국가의 발전에 조력했다.)

aim
이 동사의 개념 바탕에는 조준하는 과정이 있다.

1. 타동사 용법
1.1. 다음 주어는 목적어를 전치사 at의 목적어에 조준한다. at의 목적어는 구체적 개체이다.
(1) a. He aimed a stone at her.(그는 돌을 그녀에게 조준했다.)
   b. He aimed the blow at me.(그는 그 주먹을 나에게 조준했다.)
   c. He aimed a kick at my shin.(그는 발길을 내 정강이에 조준했다.)
   d. The fire fighter aimed the hose at the fire.(그 소방수는 그 호스를 그 불에 향하게 했다.)
   e. He aimed his rifle at the target.(그는 소총을 그 표적에 겨눴다.)
   f. He aimed the basketball at the net.(그는 그 농구공을 그물을 향해 던졌다.)
   d. He aimed a blow at her head.(그는 일격을 그녀의 머리에 조준했다.)
   c. He aimed the gun.(그는 그 총을 겨눴다.)

1.2. 다음 주어는 목적어를 전치사 at의 목적어에 겨눈다. 목적어는 추상적 개체이다.
(2) a. The lawyer aimed his remarks at the jury.(그 변호사의 그의 발언을 그 배심원에 겨냥하여 말했다.)
   b. He aimed his question at the speaker.(그는 그의 질문을 그 연사에 빗대어 말했다.)
   c. We're aiming this campaign at parents.(우리는 이 운동을 부모님들을 상대로 하고 있다.)
   d. They aimed the protest against the martial law.(그들은 그 항의를 그 계엄령에 반대하는 것으로 겨냥했다.)

1.3. 다음은 수동태 문장으로 주어는 전치사 at의 명사 목적어에 겨누어진다.
(3) a. The book is not aimed at the serious reader.(그 책은 신중한 독자를 겨냥하지 않았다.)
   b. The boss' comments were aimed at you.(그 사장의 논평은 당신에게 겨냥되었다.)
   c. A gun was aimed at his head.(총이 그의 머리에 겨눠졌다.)
   d. My criticism wasn't aimed at you.(내 비평은 당신에게 겨냥되지 않았다.)
   e. The campaign is aimed at young people.(그 운동은 젊은이들에게 겨냥되었다.)
   f. The program is aimed at teenage audience.(그 프로그램은 10대 관객을 겨냥하고 있다.)

1.4. 다음은 수동태 문장으로 주어는 전치사 at의 동명사 목적어에 겨냥된다.
(4) a. The measures are aimed at preserving family life.(그 대책들은 가정 생활을 보호하는데 목적이 있다.)
   b. This project is aimed at increasing production.(이 계획은 생산 증가에 목적이 있다.)
   c. The government's campaign is aimed at influencing public opinion.(정부의 운동은 여론 몰이를 하기 위함이다.)
   d. These measures are aimed at preventing crime.(이 대책은 범죄 예방을 목적으로 한다.)

1.5. 다음 주어는 목적어를 조준한다. 목적어는 표적이다.
(5) He aimed the mark with his revolver.(그는 그 표적을 그의 권총으로 겨눴다.)

2. 자동사 용법
2.1. 다음 주어는 전치사 at의 목적어를 겨냥한다.
(6) a. He aimed at the target/the tree.(그는 그 과녁/나무를 겨눴다.)
   b. I aimed at the door, but hit the window.(나는 그 문을 겨눴지만 그 창문을 맞추었다.)
   c. He aimed at the boy with a gun.(그는 그 소년을 총으로 겨눴다.)

2.2. 다음 주어는 전치사 at의 목적어를 겨냥한다. at의 목적어는 추상적 개체이다.
(7) a. The company is aiming at a 10% increase in profit.(그 회사는 10%의 이윤 증가를 꾀하고 있다.)
   b. He is aiming at success.(그는 성공을 꿈꾸고 있다.)
   c. We aim at pleasing everyone/gaining a prize.(우리는 모든 사람을 만족시키려고/상을 타려고 한다.)
   d. He aims at improving his inventions.(그는 발명품들을 개선하려고 한다.)
   e. I aim at being friendly.(나는 친절하게 되는 것을 목표로 삼는다.)
   f. The satire aims at modern greed.(그 풍자는 현대인의 탐욕을 꼬집는다.)

2.3. 다음 주어는 전치사 for의 목적어를 얻으려고 한다.
(8) a. He aimed for presidency.(그는 대통령을 꿈꿨다.)
   b. You should always aim for perfection in your work.(일에 있어서 항상 완벽을 기해야 한다.)
   c. We're aiming for a 10% increase in sale.(우리는 10%의 판매 증가를 목표로 하고 있다.)
   d. He is aiming for the top of his profession.(그는 자

신의 전문직에서 최고를 꿈꾸고 있다.)

　　e. We were **aiming** for Seoul.(우리는 서울로 향하고 있었다.)

2.4. 다음 주어는 부정사가 가리키는 일을 하려고 한다.

(9) a. I'm **aiming to** lose 5kg before the summer holidays.(나는 그 여름 휴가 전에 5kg을 뺄 계획이다.)

　　b. We **aim to** please our customers/go tomorrow.(우리는 손님들을 만족시켜 드리려고 한다./우리는 내일 떠날 예정이다.)

　　c. He **aims to** improve his inventions.(그는 자신의 발명품들을 개선하고자 한다.)

　　d. He **aims to** be a successful writer/be friendly. (그는 성공한 작가가 되기를 꿈꾼다/그는 다정한 사람이 되고 싶어한다.)

　　e. She **aims to** earn her college tuition during the summer.(그녀는 그 여름 동안 그녀의 등록금을 마련하려고 애쓴다.)

　　f. We're **aiming to** qualify for the summer Olympics.(우리는 하계 올림픽 출전권을 따내려고 노력하고 있다.)

2.5. 다음 주어는 조준한다.

(10) a. He has always **aimed** high.(그는 항상 큰 꿈을 품어왔다.)

　　b. He **aimed** and fired.(그는 조준 사격을 했다.)

air

이 동사의 개념 바탕에는 air의 명사 '공기'가 있다.

1. 타동사 용법

1.1. 다음 주어는 목적어를 바람에 쐰다.

(1) a. **Air** the sleeping bags out before putting them away.(그 침낭들을 치우기 전에 바람에 쏘여라.)

　　b. Let us **air** the room out.(그 방을 환기시키자.)

　　c. Mother always **airs** the sheets. (어머니는 언제나 그 시트를 바람에 말리신다.)

1.2. 다음 주어는 목적어에게 바람을 쏘인다.

(2) He **aired** himself.(그는 바람을 쐰다.)

1.3. 다음은 수동태 문장으로 주어는 바람에 쐬어진다.

(3) a. The room has freshly been **aired**.(그 방은 상쾌하게 환기되었다.)

　　b. The dormitory is **aired** in the morning.(그 기숙사는 아침에 환기된다.)

1.4. 다음 주어는 목적어를 발표한다.

(4) a. I tried to **air** my opinions at family meetings.(나는 나의 견해들을 가족모임에서 말씀드리려 했다.)

　　b. The employee **aired** her grievances.(그 노동자는 그녀의 불만을 공공연히 말하였다.)

　　c. He's always **airing** his views about politics.(그는 항상 정치에 관한 자신의 견해를 공공연히 떠벌린다.)

1.5. 다음 주어는 목적어를 방송한다.

(5) The TV news **aired** graphic footage of the war.(그 TV 뉴스는 그 전쟁의 생생한 장면을 방송했다.)

1.6. 다음은 수동태 문장으로 주어는 방송된다.

(6) a. The show will be **aired** next Sunday night.(그 쇼는 다음 주 일요일 저녁에 방송될 것이다.)

　　b. The television interview will be **aired** tomorrow evening.(그 텔레비전 인터뷰는 내일 저녁에 방송될 것이다.)

　　c. The game will be **aired** live on NBC.(그 경기는 NBC방송국을 통해 생방송으로 방영될 것이다.)

2. 자동사 용법

2.1. 다음 주어는 방송된다.

(7) a. The program **airs** in prime time.(그 프로는 주요 시간대에 방송된다.)

　　b. The program **aired** last month.(그 프로는 지난 달 방송됐다.)

　　c. The interview with the president will **air** tomorrow.(대통령과의 인터뷰는 내일 방송될 것이다.)

alarm

이 동사의 개념 바탕에는 위험을 알리는 과정이 있다.

1. 타동사 용법

1.1. 다음 주어는 목적어를 놀라게 한다.

(1) a. Her test results **alarmed** her doctors.(그녀의 테스트 결과는 그녀의 의사들을 놀라게 했다.)

　　b. The captain knew there was an engine fault, but didn't want to **alarm** the passengers.(그 선장은 엔진에 결함이 있다는 것을 알았지만 승객들을 불안하게 만들고 싶지 않았다.)

　　c. The news of invasion **alarmed** the neighboring countries.(그 침략 소식은 그 인근 국가들을 놀라게 했다.)

　　d. Her high temperature **alarmed** the doctors.(그녀의 높은 체온은 그 의사들을 놀라게 했다.)

1.2. 다음은 수동태 문장으로 주어는 놀라게 된다.

(2) a. The government is **alarmed** by the dramatic increase in violence.(그 정부는 폭력의 극적인 증가에 놀라고 있다.)

　　b. He was **alarmed** at the news.(그는 그 소식에 놀랐다.)

　　c. They were **alarmed** by the sudden rumbling in the earth.(그들은 땅 속이 갑작스레 덜커덩거림에 놀랐다.)

alert

이 동사의 개념 바탕에는 경계를 하게 하는 과정이 있다.

1. 타동사 용법

1.1. 다음 주어는 목적어가 경계태세를 가지게 한다.

(1) a. He **alerted** the air squadron.(그는 그 비행중대가 대기태세를 취하게 했다.)

　　b. Neighbors quickly **alerted** the emergency service.(이웃 사람들은 신속하게 그 긴급봉사대에 경보를 발했다.)

　　c. **Alert** the air traffic control and tell them one engine isn't working.(그 항공 교통 통제국에 경보해서 그들에게 한쪽 엔진이 작동되지 않는다고 말하라.)

1.2. 다음은 수동태 문장으로 주어는 경보를 받는다.

(2) Make sure that your neighbors have been **alerted** about the tornado warning.(너의 이웃 사람들이 그 대폭풍우 예보에 관하여 경보를 받는 것을 확실히 해 둬라.)

1.3. 다음 주어는 목적어를 전치사 to의 목적어에 경각 시킨다.

(3) a. They **alerted** the towns people to the danger.(그들은 그 마을 사람들에게 그 위험에 대해 경각심을 가지게 했다.)

    b. He **alerted** teachers to the importance of observing children at play.(그는 교사들에게 놀고 있는 아이들을 관찰하는 중요성에 관심을 가지게 했다.)

    c. Somebody **alerted** the police to the possibility of a terrorist attack.(누군가가 경찰에게 테러 공격의 가능성을 일깨웠다.)

    d. The organization **alerted** the public to the need for pollution control.(그 기구는 대중에게 오염통제의 필요성에 대해 환기시켰다.)

    e. They were **alerted** to the possibility of further price rises.(그들은 더 많은 가격 상승의 가능성에 대해 경보를 받았다.)

    f. The doctors **alert** people to the dangers of cigarette smoking.(그 의사들은 사람들에게 흡연의 그 위험들을 경각시킨다.)

1.4. 다음 주어는 목적어를 부정사가 가리키는 일을 하게 경각시킨다.

(4) a. We will **alert** people not to drink the spring water. (우리는 사람들에게 그 샘물을 못 마시게 경각시키겠다.)

    b. We **alerted** the police to watch for the missing child.(우리는 그 경찰에게 그 미아를 찾으라고 일깨웠다.)

    c. We **alerted** the residents to prepare for the typhoon.(우리는 그 주민들에게 그 태풍에 대비하라고 경보했다.)

1.5. 다음은 수동태 문장으로 주어는 that-절의 내용을 경고받는다.

(5) a. They **alerted that** the convict had escaped.(그들은 그 기결수가 탈출했다고 경보했다.)

    b. The police **alerted** the town that a tiger had escaped from the zoo.(경찰은 호랑이 한 마리가 그 동물원에서 도망갔다고 경보했다.)

    c. Police have been **alerted that** a second prisoner has escaped.(경찰은 두 번째 죄수가 탈출했다는 경보를 받았다.)

alienate

이 동사의 개념 바탕에는 애정, 관심, 지지들을 잃는 과정이 있다.

1. 타동사 용법

1.1. 다음 주어는 목적어를 소원하게 한다.

(1) a. By adopting the policy, they risk **alienating** many of their supporters.(그 정책을 받아들임으로써, 그들은 많은 지지자들을 소원하게 할 위험이 있다.)

    b. He has **alienated** most of his friends.(그는 그의 친구들의 대부분을 멀리했다.)

    c. The comedian **alienated** his audience by making mean jokes.(그 코메디언이 천박한 농담을 해서 그의 관객을 소원하게 했다.)

    d. The club president **alienated** the new member by ignoring her.(그 동아리 대표는 그녀를 무시함으로써 그 신입 회원을 소외시켰다.)

1.2. 다음 주어는 사람이 아닌 개체이다. 주어는 목적어를 소외시킨다.

(2) a. His comments have **alienated** many voters.(그의 논평이 많은 유권자들의 지지를 잃게 했다.)

    b. His conduct **alienated** the whole family.(그의 행실은 전 가족의 마음을 잃게 했다.)

    c. All these changes to the newspaper have **alienated** its old readers.(그 신문(사)의 이런 모든 변화는 그 기존 구독자들의 지지를 잃게 했다.)

    d. The policy will **alienate** voters.(그 정책은 유권자들의 지지를 잃게 할 것이다.)

    e. His thoughtless remarks **alienated** her.(그의 생각 없는 말은 그녀의 지지를 잃게 했다.)

1.3. 다음 주어는 목적어를 격리시킨다.

(3) a. War and poverty **alienated** him from society.(전쟁과 빈곤이 그를 사회로부터 격리시켰다.)

    b. Her lifestyle as a journalist **alienated** her from her working class background.(신문기자로서의 그녀의 생활양식은 그녀를 노동자 계급에서 격리시켰다.)

1.4. 다음은 수동태 문장으로 주어는 고립된다.

(4) a. She is **alienated from** her friends.(그녀는 그의 친구들에게서 고립되었다.)

    b. Colonies were **alienated from** England by disputes over trade and taxation.(식민지들은 무역과 관세에 대한 다툼으로 영국에서 고립되었다.)

align

이 동사의 개념 바탕에는 정렬을 하는 과정이 있다.

1. 타동사 용법

1.1. 다음 주어는 목적어를 전치사 with의 목적어와 정렬한다.

(1) a. Keep the rough edge of the fabric **aligned with** the raw edge of the pipings.(그 직물의 거친 가장자리를 그 옷테두리 장식의 가공 안된 가장자리에 맞춰 정렬시켜라.)

    b. You have to **align** the notch on the gun **with** the target.(너는 그 총의 새김눈을 그 과녁과 일직선으로 맞추어야 한다.)

    c. He **aligned** the picture **with** one directly opposite it.(그는 그 그림을 정 반대편에 있는 것과 맞추어 정렬시켰다.)

    e. He has attempted to **align** the Socialists **with** the environmental movement.(그는 그 사회주의자들

을 그 환경운동과 동조시키려고 시도해 왔다.)

1.2. 다음 주어는 목적어를 전치사 with의 목적어와 정렬한다. 목적어는 재귀대명사이다.

(2) a. The workers **aligned** themselves with the union leaders.(그 노동자들은 그 노동 조합 지도자들과 동조했다.)

b. Two small political parties **aligned** themselves so that together they would have more power.(두 작은 정당은 더 큰 권력을 갖기 위해서 제휴했다.)

c. The allies usually **aligned** themselves behind the same position in foreign policy.(그 동맹국들은 외교정책에서 같은 입장을 따라서 정렬을 했다.)

d. The party is under pressure to **align** itself more closely with industry.(그 정당은 산업과 좀 더 긴밀히 동조하도록 압력을 받고 있다.)

e. The senators **aligned** themselves with the tax opponents.(그 상원위원들은 그 세금 반대자들과 동조했다.)

f. The prime minister is **aligning** himself with the Liberals.(그 국무총리는 그 자유당원들과 동조하고 있다.)

g. He **aligned** himself with the rebels.(그는 그 반군들과 동조했다.)

1.3. 다음 주어는 목적어를 정렬한다.

(3) a. The mechanic **aligned** the front wheels of my car.(그 수리공은 내 차의 앞바퀴를 정렬했다.)

b. The students **aligned** the chairs in straight rows in the meeting hall.(그 학생들은 강당의 의자들을 똑바른 줄로 정렬해 놓았다.)

c. **Align** the chairs along the wall.(그 의자들을 그 벽을 따라서 일렬로 놓아라.)

d. **Align** the beams in the ceiling.(그 대들보들을 천장에 정렬시켜라.)

e. **Align** the patterns on the pieces of wallpaper to hide the seam.(그 이음매를 숨기도록 그 문양들을 그 벽지들 위에 정렬을 하라.)

f. **Align** the sights of a rifle.(그 소총의 조준경을 정렬하여라.)

g. A tripod will be useful to **align** and steady the camera.(삼각대는 그 카메라를 정렬하고 흔들리지 않도록 하는데 유용하다.)

h. Please **align** the words on this page with each other.(이 페이지에 있는 단어들을 서로 정렬시켜라.)

1.4. 다음은 수동태 문장으로 주어는 정렬된다.

(4) a. Ensure that the panels are **aligned** squarely to each other.(그 판벽들이 서로 직각으로 정렬되도록 하라.)

b. Make sure that the chairs are carefully **aligned**.(그 의자들이 잘 정렬되도록하라.)

c. The chairs were **aligned** in two rows.(그 의자들은 두 줄로 정렬되어 있었다.)

d. He was **aligned** with the majority party.(그는 다수당에 동조했다.)

1.5. 다음 주어는 목적어를 정렬한다. 목적어는 접속사 and로 연결되어 있다.

(5) **Align** the ruler and the middle of the paper and cut it straight.(그 자와 그 종이의 중심을 잘 맞추고 곧게 잘라라.)

2.자동사 용법

2.1. 다음 주어는 정렬한다.

(6) The troops **aligned**.(그 군대는 정렬했다.)

2.2. 다음 주어는 전치사 with의 목적어와 제휴한다.

(7) a. John **aligned with** Tom in the issue.(존은 그 쟁점에 있어서 톰과 의견을 같이했다.)

b. During family arguments, Bill always **aligns with** his father.(가족 논쟁에서 빌은 항상 자신의 아버지와 뜻을 같이한다.)

allege

이 동사의 개념 바탕에는 확실한 증거가 없이 주장하는 과정이 있다.

1. 타동사 용법

1.1. 다음 주어는 that-절의 내용을 주장한다.

(1) a. The policeman **alleged that** she was driving carelessly.(경찰은 그녀가 부주의하게 운전하고 있었다고 주장했다.)

b. The report **alleged that** the prominent lawyer was caught shoplifting.(그 보고서는 그 저명한 변호사가 가게 물건을 훔치다가 붙잡혔다고 주장하고 있다.)

c. The company **alleged that** the employee tampered with the computer.(그 회사는 그 고용인이 그 컴퓨터에 함부로 손을 댔다고 주장했다.)

1.2. 다음은 수동태 문장으로 주어는 주장이 된다.

(2) a. The new missiles are **alleged** to be capable of travelling enormous distances.(그 새 미사일은 엄청난 거리를 날아갈 수 있다고 주장된다.)

b. My client was only **alleged** to have been there.(내 고객은 거기 있었다고 단지 주장될 뿐이다.)

c. He is **alleged** to have passed on secret information to a newspaper.(그는 비밀정보를 어떤 신문사에 건네주었다고 주장되고 있다.)

allocate

이 동사의 개념 바탕에는 할당하는 과정이 있다.

1. 타동사 용법

1.1. 다음 주어는 목적어를 할당한다.

(1) a. The teacher **allocated** time during class to answer questions.(그 선생님은 수업시간에 질문에 답변할 시간을 할당하셨다.)

b. You need to decide how much time to **allocate** to each exam question.(당신은 얼마만큼의 시간을 각각의 시험 문항에 배분할지를 결정할 필요가 있다.)

c. They **allocated** the money for purchasing computers.(그들은 그 돈을 컴퓨터를 구입하는데 할당했다.)

1.2. 다음 주어는 목적어를 전치사 to의 목적어에 할당한다.

(2) a. He **allocated** a room **to** each student.(그는 각각의 학생들에게 방 하나씩을 할당했다.)

b. The army **allocated** a ration box **to** each refugee. (군대는 각각의 피난민에게 식량상자를 할당했다.)

c. The government **allocated** funds **to** aid the flood victims.(정부는 수해민을 돕기 위해 기금을 할당했다.)

d. The government has **allocated** over $100,000 dollars **to** the job creation program.(정부는 십만 달러 이상을 그 일자리 창출 계획에 할당했다.)

1.3. 다음은 수동태 문장으로 주어는 할당된다.

(2) a. More resources are being **allocated to** the project.(더 많은 자원들이 그 계획에 할당되고 있다.)

b. One million dollars has been **allocated for** disaster relief.(백만 달러가 재난 구호를 위해 할당되어 있다.)

c. A large sum has been **allocated for** buying new books for the library.(엄청난 돈이 그 도서관에 새 책을 구입하기 위하여 할당됐다.)

d. The space has been **allocated for** building a hospital.(그 공간은 병원을 건립하기 위하여 할당되어 있다.)

1.4. 다음 주어는 첫째 목적어에 둘째 목적어를 할당한다.

(3) a. The duty officer **allocated** us a cabin for the night.(그 당직 장교는 우리에게 하룻밤 기거할 수 있는 오두막집을 할당했다.)

b. They **allocated** him a small room.(그들은 그에게 조그만 방을 할당했다.)

1.5. 다음은 수동태 문장으로 주어는 할당된다.

(4) a. The project is being **allocated** more resources.(그 계획은 더 많은 자원들이 할당되고 있다.)

b. Our group were **allocated** rooms in this hotel.(우리 단체는 이 호텔에 방들이 할당되었다.)

allot

이 동사의 개념 바탕에는 나누어주는 과정이 있다.

1. 타동사 용법

1.1. 다음 주어는 목적어를 나누어준다.

(1) a. The old man **allotted** the farmland **among** the heirs.(그 노인은 그 농장을 그 상속인들에게 나누어 주었다.)

b. You have to **allot** at least one hour each day **to** this task.(너는 이 일에 적어도 하루에 한 시간을 할당해야 한다.)

c. They **allotted** the land equally **to** the settlers.(그들은 그 땅을 그 정착자들에게 골고루 나누어주었다.)

1.2. 다음 주어는 첫째 목적어에게 둘째 목적어를 나누어준다.

(2) a. The refugee camp **allotted** each family a small living space and a weekly food ration.(그 난민수용소는 가족마다 조그만 생활 공간과 일주일치 식량을 나누어주었다.)

b. Mom **allotted** us three cookies each.(어머니는 우리에게 쿠키 3조각씩을 나눠주셨다.)

c. The school **allotted** every student a new desk.(그 학교는 모든 학생에게 새 책상을 나누어주었다.)

d. They **allotted** us three weeks to finish the work.(그들은 우리에게 그 일을 끝내는데 3주의 시간을 할당했다.)

1.3. 다음 주어는 목적어를 할당한다.

(3) a. They **allotted** the money **for** a park.(그들은 공원 조성을 위한 돈을 할당했다.)

b. We **allotted** money **for** a new car.(우리는 새 차를 마련하기 위한 돈을 할당했다.)

c. We **allotted** 20 minutes **for** each speaker. (우리는 각각의 연사에게 20분을 할당했다.)

1.4. 다음은 수동태 문장으로 주어는 나누어진다.

(4) a. How much money have we been **allotted**?(얼마나 많은 돈을 우리는 할당받았죠?)

b. The boys were **allotted** a room each for studying. (그 소년들은 공부하기 위한 방을 각각 할당받았다.)

c. The ministry will be **allotted** 6 million dollars.(그 부서에는 6백만 달러가 할당될 것이다.)

allow

이 동사의 개념 바탕에는 허용하는 과정이 있다.

1. 타동사 용법

1.1. 다음 주어는 목적어를 허락하여 하려는 대로 둔다.

(1) a. Please **allow** me **to** carry the bag.(내가 그 가방을 운반하게 허락하여 주세요.)

b. I can't **allow** you **to** behave like that(나는 네가 그렇게 행동하도록 허용할 수 없다.)

c. My parents don't **allow** me **to** go to the park.(내 부모님은 내가 그 공원에 가는 것을 허락하지 않는다.)

d. Don't **allow** yourself **to** be upset.(스스로 기분이 나빠지게 하지 마세요.)

e. Your gift **allows** me **to** buy a car.(너의 선물이 나를 자동차 한 대를 살 수 있게 해준다.)

1.2. 다음 주어는 목적어를 어떤 일이 일어나게 그대로 둔다.

(2) a. He **allowed** the door **to** stand open.(그는 그 문을 열려 있도록 내버려 두었다.)

b. She **allowed** herself **to** be fat.(그녀는 자신을 살이 찌게 내버려 두었다.)

1.3. 다음 주어는 목적어를 to 부정사의 과정을 겪게 허용한다.

(3) a. I can't **allow** such things **to** be practiced.(나는 이러한 일이 시행되도록 내버려 둘 수 없다.)

b. I can't **allow** the flag **to** be dragged.(나는 그 국기가 끌리도록 내버려 둘 수 없다.)

c. I will not **allow** you **to** be ill-treated.(나는 너를 학대 받도록 내버려 두지 않겠다.)

1.4. 다음 주어는 첫째 목적어에게 둘째 목적어를 허용한다.

(4) a. He **allows** himself no luxuries.(그는 자신에게 사치
       품을 허용하지 않는다.)
    b. She **allows** herself no rest.(그녀는 자신에게 휴식
       을 허용하지 않는다.)
    c. The monks **allow** themselves no meat.(그 수도승
       들은 자신들에게 고기를 허용하지 않는다.)
    d. We **allowed** him $100 a month.(우리는 그에게 한
       달에 $100를 주었다.)
    e. We **allowed** them $10 for pocket money.(우리는
       그들에게 용돈으로 10불을 주었다.)

1.5. 다음 주어는 목적어를 허용한다. 목적어는 동명사
     이다.
(5) a. They **allowed** smoking.(그들은 담배 피우는 것을
       허용했다.)
    b. They **allowed** singing.(그들은 노래 부르는 것을 허
       용했다.)
    c. They **allowed** taking photographs.(그들은 사진 찍
       는 것을 허용했다.)

1.6. 다음 목적어는 다른 사람이 주장하는 내용이다.
     주어는 이 주장을 막지 않는다.
(6) a. I **allowed** his argument.(나는 그의 논증을 인정했
       다.)
    b. I **allowed** his claim.(나는 그의 주장을 인정했다.)
    c. The tax agent **allowed** the deduction.(그 세금 관
       리는 그 공제를 허용했다.)
    d. They **allowed** no such conduct.(그들은 그러한 행
       동을 허용하지 않았다.)

1.7. 다음 주어는 목적어의 움직임을 허용한다.
(7) a. They **allowed** no dogs in the park.(그들은 어떤 개
       도 공원에 허용하지 않았다.)
    b. They did not **allow** the children across the pond.
       (그들은 그 아이들을 그 연못을 건너게 허락하지 않
       았다.)

1.8. 다음 주어는 that-절의 내용을 받아들인다.
(8) a. I **allow that** I was a bit hasty.(나는 내가 조금 성급
       했음을 인정한다.)
    b. I **allow that** I was wrong.(나는 내가 잘못한 것을 인
       정한다.)
    c. I **allow that** he is a genius.(나는 그가 천재임을 인
       정한다.)
    d. I **allow that** he is a brave man.(나는 그가 용감한
       사람임을 인정한다.)
    e. I **allow that** there has been a mistake.(나는 실수가
       있었음을 인정한다.)

2. 자동사 용법
2.1. 다음 주어는 of의 목적어를 허용한다.
(9) a. The problem **allows** of only one solution.(그 문제
       는 단 한 가지의 해결을 허용한다.)
    b. The situation **allowed** of no delay.(그 상황은 지체
       를 허용하지 않았다.)

2.2. 다음 주어는 for의 목적어를 참작한다.
(10) a. Our plan **allows for** changes in weather.(우리 계획
        은 기후의 변화를 참작한다.)
     b. He **allowed for** difference in their ages.(그는 그들
        의 나이 차이를 참작했다.)

allude

이 동사의 개념 바탕에는 넌지시 비추는 과정이 있다.

1. 자동사 용법
1.1. 다음 주어는 전치사 to의 목적어를 넌지시 비춘다.
(1) a. Jane **alluded** to her birthday, hoping I would buy
       her a present.(제인은 내가 그녀에게 선물을 사줄
       것을 바라며, 자기 생일을 넌지시 말했다.)
    b. She didn't mention Dr. Brown, but it was clear
       that she was **alluding** to him.(그녀는 Dr. Brown을
       언급하지는 않았지만 그를 암시했던 것은 확실했
       다.)
    c. Who are you **alluding** to?(너는 누구를 암시하는 거
       니?)
    d. He **alluded** to the secrets that he could not reveal.
       (그는 누설할 수 없는 그 비밀들을 넌지시 비추어 말했
       다.)

1.2. 다음 주어는 전치사 to의 목적어를 암시한다. 목
     적어는 동명사이다.
(2) a. Jane **alluded** to leaving the party early.(제인은 그
       파티를 일찍 떠날 것임을 암시했다.)
    b. Ron **alluded** to getting the job.(론은 그 일자리를
       얻은 것을 암시했다.)

1.3. 다음은 수동태 문장으로 주어는 암시된다.
(3) a. The problem was **alluded** to briefly in an earlier
       discussion.(그 문제는 앞선 토론에서 간략하게 언
       급되었다.)
    b. His evil character is constrantly **alluded** to in the
       play.(그의 나쁜 성격은 끊임없이 그 연극에서 암시되
       어 있다.)

allure

이 동사의 개념 바탕에는 유인하는 과정이 있다.

1. 타동사용법
1.1. 다음 주어는 목적어를 꾀어내어 매료시킨다.
(1) Her beauty **allured** him.(그녀의 아름다움은 그를 매료
    했다.)

ally

이 동사의 개념 바탕에는 연합하는 과정이 있다.

1. 타동사 용법
1.1. 다음 주어는 목적어를 연합시킨다.
(1) a. Tom and Jerry **allied** themselves against Bob.
       (Tom과 Jerry는 연합하여 Bob에 맞섰다.)
    b. They **allied** themselves to the other western
       states after the war.(그들은 전쟁 후 다른 서부 주
       들에 맞서 동맹했다.)

1.2. 다음 주어는 목적어를 전치사 with의 목적어와 연
     합시킨다.
(2) a. Russia **allied** itself with France.(러시아는 프랑스와
       동맹했다.)

b. The small country **allied** itself with/to the stronger power.(그 약소국은 그 강대국과 연합했다.)

c. The prince **allied** himself with the Scots.(그 왕자는 자신을 스코틀랜드와 연합시켰다.)

d. Russia **allied** itself with the United States during World War Ⅱ.(러시아는 2차 세계대전 동안 미국과 연합했다.)

2. 자동사 용법
2.1. 다음 주어는 연합한다. 주어는 복수이다.
(4) They **allied** against their common enemy.(그들은 그 공동의 적에 대항하여 연합했다.)

alter
이 동사의 개념 바탕에는 세부적인 것을 고치거나 바꾸는 과정이 있다.

1. 타동사 용법
1.1. 다음 주어는 목적어를 고친다.
(1) a. We can **alter** your trousers to fit you.(우리는 너의 바지를 너에게 맞게 고칠 수 있다.)

b. He has **altered** his jacket.(그는 상의를 고쳤다.)

c. The editor **altered** the manuscript.(그 편집자는 그 원고를 고쳤다.)

d. That **alters** the case.(그것은 그 사례를 변경한다.)

1.2. 다음 주어는 목적어를 고쳐서 into의 목적어가 되게 한다.
(2) a. He **altered** the house into a store.(그는 그 집을 가게로 개조했다.)

b. He **altered** the garage into a bedroom.(그는 그 차고를 침실로 개조했다.)

1.3. 다음 목적어는 추상적 개체이나 구체적인 것으로 개념화되어 있다.
(3) a. Nothing can **alter** the fact that we are to blame.(어떤 것도 우리가 비난받아 마땅하다는 사실을 바꿀 수 없다.)

b. He **altered** the course to the northerly direction.(그는 북쪽 방향으로 진로를 바꾸었다.)

1.4. 다음은 수동태 문장으로 주어는 고쳐지는 개체이다.
(4) a. The schedule has been **altered**.(그 계획은 바뀌었다.)

b. The coat can be **altered** to fit you.(그 코트는 네게 맞게 고쳐질 수 있다.)

2. 자동사
2.1. 다음 주어는 바뀌는 개체이다.
(5) a. He has **altered** a great deal.(그는 매우 많이 바뀌었다.)

b. Weather patterns are **altering** rapidly.(기상 상태가 빠르게 변하고 있다.)

c. The highways of Seoul have **altered** a great deal.(서울의 고속도로들이 매우 많이 바뀌었다.)

d. Her face has **altered** much over the years.(그녀의 얼굴이 오랜 시간에 걸쳐 많이 바뀌었다.)

e. The conditions have **altered** for the better.(그 상태가 호전되었다.)

f. Property prices did not significantly **alter** during 1990.(부동산 가격은 1990년 동안 현저하게 변하지 않았다.)

g. The animal's hair color can **after** with the seasons.(그 동물의 털 색은 계절과 함께 바뀐다.)

alternate
이 동사의 개념 바탕에는 번갈아 일어나는 과정이 있다.

1. 자동사 용법
1.1. 다음 주어는 교체를 한다.
(1) a. The children **alternate** in doing chores.(그 아이들은 허드렛일을 번갈아한다.)

b. We **alternate** in setting the table.(우리는 식탁을 차리는 일을 교대로 한다.)

1.2. 다음 주어는 with의 목적어와 교대한다.
(2) a. Dark stripes **alternate** with pale ones.(짙은 줄무늬가 옅은 줄무늬와 번갈아 나타난다.)

b. Day **alternates** with night.(낮이 밤과 번갈아 가며 온다.)

c. Good luck **alternates** with misfortune.(행운이 불행과 번갈아 가며 온다.)

d. Showers **alternate** with sunshine.(소나기가 햇빛과 번갈아 가며 온다.)

1.3. 다음 주어는 교체한다. 주어는 추상적 개체이나 실체가 있는 것으로 개념화되어 있다.
(3) a. Anger and shame **alternated** in my mind.(분노와 부끄러움이 내 마음속에서 엇갈렸다.)

b. Joy and despair **alternated** in his mind.(기쁨과 절망이 그의 마음 속에 교체했다.)

c. The flood and ebb tides **alternate** with each other.(만조와 간조는 교대로 일어난다.)

d. Mary and Ron **alternate** with each other, each watching the children for a few hours a week.(메리와 론은 서로 교대를 해서, 각각은 아이들을 일주일에 몇 시간 돌보고 있다.)

1.4. 다음 주어는 양쪽을 왔다갔다한다.
(4) a. Her emotions **alternated between** outrage and sympathy.(그녀의 감정은 격분과 동정 사이를 오락가락 했다.)

b. He **alternated between** hope and despair.(그는 희망과 절망 사이를 오락가락했다.)

c. His mood **alternates between** joy and despair.(그의 기분은 기쁨과 절망 사이를 오간다.)

2. 타동사 용법
2.1. 다음 주어는 목적어를 with의 목적어와 교체시킨다.
(5) a. He **alternated** encouragement with caution.(그는 격려를 하거나 주의를 주거나 했다.)

b. He **alternated** black lines with red ones.(그는 까만 줄과 빨간 줄을 번갈아 바꾸었다.)

c. We tried to **alternate** periods of work with sleep.(우리는 일과 잠을 번갈아 하려고 노력했다.)

2.2. 다음 주어는 and로 연결된 목적어를 교체시킨다.

(6) a. He alternated black and red lines.(그는 까만 줄과 빨간 줄을 번갈아 바꾸었다.)

b. Alternate cubes of meat and slices of red pepper. (네모로 자른 고기와 빨간 후추 조각을 번갈아 놓아라.)

c. He alternates teaching and writing.(그는 가르치기와 글쓰기를 번갈아가며 한다.)

d. She alternated chocolate and vanilla layers on the cake.(그녀는 쵸코렛과 바닐라 켜를 그 케이크 위에 교체시켰다.)

amalgamate

이 동사의 개념 바탕에는 합병되는 과정이 있다.

1. 타동사 용법

1.1. 다음 주어는 목적어를 합병시킨다,

(1) a. They amalgamated two companies.(그들은 두 회사를 합병시켰다.)

b. They decided to amalgamate the two schools.(그들은 그 두 학교를 합병시키기로 결정했다.)

c. The city amalgamated several school districts into one.(그 시는 몇 개의 학군을 하나로 합병했다.)

1.2. 다음은 수동태 문장으로 주어는 합병된다.

(2) a. The two companies were amalgamated into one. (그 두 기업은 하나의 기업으로 합병되었다.)

b. Several firms were amalgamated.(여러 회사가 합병되었다.)

c. This information will be amalgamated with information obtained earlier.(이 정보는 먼저 입수된 정보와 융합될 것이다.)

1.3. 다음 주어는 그 자체가 목적어를 합병한다.

(3) Lead easily amalgamates gold.(납은 금과 쉽게 융합한다.)

1.4. 다음 주어는 목적어를 with의 목적어와 합병시킨다.

(4) a. They amalgamated the bank with another one.(그들은 그 은행을 다른 은행과 합병시켰다.)

b. The analyst amalgamated his data with mine.(그 분석가는 그의 데이터와 나의 데이터를 융합시켰다.)

2. 자동사 용법

2.1. 다음 주어는 with의 목적어와 화합하거나 합병한다.

(5) a. Copper amalgamated with mercury.(구리는 수은과 융합한다.)

b. Our school amalgamated with another school in the same district.(우리 학교는 같은 지역 내의 다른 학교와 합병했다.)

c. The company has amalgamated with another local firm.(그 회사는 다른 지방 회사와 합병했다.)

2.2. 다음 주어는 합병한다.

(6) a. The three schools amalgamated.(그 세 학교가 합병했다.)

b. The two steel companies amalgamated.(그 두 철강 회사가 합병했다.)

c. A number of colleges have amalgamated to form the new university.(많은 대학들이 새 대학을 구성하기 위해 합병해왔다.)

amble

이 동사의 개념 바탕에는 여유있게 천천히 걷는 과정이 있다.

1. 자동사 용법

1.1. 다음 주어는 천천히 걷는다.

(1) a. The elderly couple ambled arm in arm.(그 나이 많은 부부는 팔짱을 끼고 천천히 걸었다.)

b. The old man ambled along with a dog.(그 노인은 개와 함께 천천히 걸어갔다.)

c. We ambled down to the beach.(우리는 그 해변가에 한가롭게 걸어 내려갔다.)

d. We ambled through the fields yesterday.(우리는 어제 그 밭을 지나서 천천히 걸어갔다.)

amend

이 동사의 개념 바탕에는 고쳐서 바로잡는 과정이 있다.

1. 타동사 용법

1.1. 다음 주어는 목적어를 고쳐서 좋게 한다.

(1) a. He amended his ways.(그는 그의 방법을 개선했다.)

b. She needs to amend her behavior.(그녀는 행실을 바르게 할 필요가 있다.)

c. They are making efforts to amend the conditions in the overcrowded city.(그들은 그 과밀된 도시의 생활 조건들을 개선하기 위해서 노력을 하고 있다.)

c. The Congress will amend a section of the crime bill that many people think is unfair.(의회는 많은 사람들이 불공평하다고 생각하는 형사법의 한 조항을 수정할 것이다.)

1.2. 다음 주어는 목적어를 수정한다.

(2) a. The grandmother amended her will twice.(그 할머니는 유언장을 두 번 수정했다.)

b. The publisher amended the contract to accomodate the author's demands.(그 출판사는 그 작가의 요구를 수용하기 위해 그 계약서를 수정했다.)

c. The Congress will amend the proposed tax bill.(그 의회는 제출된 세금 법안을 수정할 것이다.)

amount

이 동사의 개념 바탕에는 수치가 어느 액수에 달하는 과정이 있다.

1. 자동사 용법

(1) a. Total sales for the day amounted to $100.(그 날 총 판매액은 100달러에 달했다.)

b. His debts amount to more than $100,000.(그의 빚은 모두 십만 달러가 넘는다.)

c. The cost of the repairs amounted to $500.(수리

비가 총 500달러가 나왔다.)

 d. The bill **amounted to** more than I could pay.(그 청구서는 내가 지불할 수 있는 한도를 넘었다.)

 e. The annual net profit **amounted to** one million.(그 연간 순이익은 백만 달러에 달했다.)

1.2. 다음 주어는 그 수가 전치사 to의 목적어에 이른다.
(2) a. The combined membership **amounted to** 10,000.(그 결합된 총 회원수가 만 명에 달했다.)

 b. Time lost through illness **amounted to** 100 days.(앓아 누워있던 시간이 백일이나 됐다.)

 c. The three projects **amounted to** a lot of work.(세 개의 연구과제는 많은 일이 됐다.)

1.3. 다음 주어는 전치사 to의 목적어와 같은 것이 된다.
(3) a. He gave what **amounted to** an apology.(그는 사과나 다름없는 말을 했다.)

 b. His advice **amounts to** an order.(그의 충고는 명령이나 다름없다.)

 c. Your warning **amounts to** a threat.(당신의 경고는 협박에 가깝다.)

 d. All those fine words **amounted to** nothing.(그 좋은 말들도 모두 무의미해졌다.)

 e. Her academic achievements don't **amount to** much.(그녀의 학문적 업적은 그리 대단한 것이 아니다.)

 f. His failure to apply **amounted to** a refusal.(그가 신청하지 않은 것은 거절이나 다름없었다.)

 g. His behavior **amounted to** serious professional misconduct.(그의 행동은 심각한 전문 범행에 해당했다.)

 h. Disobeying in this case **amounts to** treason.(이 경우 불복종은 곧 반역이다.)

 i. Not punishing these hooligans **amounts to** condoning their behavior.(이 난폭자들을 처벌하지 않는 것은 그들의 행동을 묵과하는 것이나 마찬가지다.)

 j. Their actions **amount to** a breach of contract.(그들의 행동은 계약 위반이나 마찬가지다.)

1.4. 다음 주어는 전치사 to의 목적어가 된다.
(4) a. With his intelligence, he should **amount to** something.(그의 지능으로 그는 훌륭한 사람이 될 것이다.)

 b. The unruly teenager **amounted to** nothing.(그 버릇없는 그 십대 아이는 아무 것도 되지 못했다.)

 c. He is lazy and he will never **amount to** anything.(그는 그 게으름 때문에 아무 것도 되지 못할 것이다.)

 d. I hope my son **amounts to** something when he grows up.(나는 내 아들이 커서 훌륭한 사람이 되기를 바란다.)

amuse

이 동사의 개념 바탕에는 주의를 끌어서 즐겁게 하는 과정이 있다.

1. 타동사 용법

1.1. 다음 주어는 목적어를 with의 목적어로 즐겁게 한다.
(1) a. He **amused** the children with his jokes.(그는 그 아이들을 농담으로 즐겁게 했다.)

 b. The explorer **amused** us with adventure stories.(그 모험가는 우리들을 모험 이야기들로 즐겁게 했다.)

1.2. 다음 주어는 목적어를 즐겁게 한다.
(2) a. The funny drawings **amuse** the kids.(그 재미있는 그림들은 그 꼬마들을 즐겁게 한다.)

 b. The playful kitten **amuses** grandma.(그 장난치는 고양이는 할머니를 즐겁게 한다.)

 c. Doing jigsaw **amused** Sue for hours.(끼워 맞추기용 퍼즐은 수를 몇 시간동안 즐겁게 했다.)

1.3. 다음 목적어는 재귀대명사이다. 주어는 자신을 즐겁게 한다.
(3) a. The kids **amused** themselves playing hide-and-seek.(그 꼬마들은 술래잡기 놀이를 하면서 즐거워 했다.)

 b. The boy **amused** himself with his toys.(그 소년은 장난감들을 가지고 즐겁게 놀았다.)

 c. We **amused** ourselves with games.(우리는 게임을 하면서 즐겼다.)

1.4. 다음 it의 내용은 that-절이나 부정사이다.
(4) a. It **amused** him to think that they were probably talking about him.(그들이 아마도 그에 대해서 이야기하고 있을 것이라고 생각하는 것은 그를 즐겁게 했다.)

 b. It **amused** him **to** see people make fools of themselves.(사람들이 바보같은 짓을 하는 것을 보는 것은 그를 즐겁게 했다.)

1.5. 다음은 수동태 문장으로 주어는 즐겁게 되는 사람이다.
(5) a. He always keeps the table **amused by** his jokes.(그는 항상 농담으로 그 식사하는 사람들을 즐겁게 만들었다.)

 b. We were **amused by** the music.(우리는 그 음악에 즐거웠다.)

 c. We were much **amused by/with** his jokes.(우리는 그의 농담에 즐거웠다.)

analyse

이 동사의 개념 바탕에는 성분을 가르는 과정이 있다.

1. 타동사 용법

1.1. 다음 주어는 목적어의 성분을 가른다.
(1) a. He **analysed** the compound **into** its elements.(그는 그 합성물을 성분들로 분해했다.)

 b. He **analysed** water **into** oxygen and hydrogen.(그는 물을 산소와 수소로 분해했다.)

1.2. 다음은 수동태 문장으로 주어는 성분으로 갈라진다.
(2) Water can be analysed **into** oxygen and hydrogen.(물은 산소와 수소로 분해될 수 있다.)

1.3. 다음 주어는 목적어를 분석한다.
(3) a. He tried to **analyse** his feelings.(그는 그의 감정을 분석하고자 노력했다.)

 b. Let us **analyse** the cause of the victory.(그 승리의 원인을 분석해보자.)

1.4. 다음 주어는 목적어를 분석한다.
(4) a. The technician **analysed** the blood on the murder weapon.(그 기술자는 그 살인 무기에 묻은 피를 분석했다.)
  b. The lab technician **analysed** the blood samples. (그 실험실 기술자는 그 혈액 샘플들을 분석했다.)
  c. The linguist **analysed** the text in detail.(그 언어학자는 그 텍스트를 세밀하게 분석했다.)
  d. He **analysed** the poem.(그는 그 시를 분석했다.)
  e. The consultant **analysed** the budget.(그 고문은 그 예산안을 분석했다.)

anchor

이 동사의 개념 바탕에는 anchor의 명사 '닻'이 있다. 동사의 의미는 닻의 용도와 관계가 있다.

1. 타동사 용법
1.1. 다음 주어는 닻으로 목적어를 고정시킨다.
(1) a. John **anchored** the boat just offshore.(존은 그 보트를 앞 바다에 정박시켰다.)
  b. The captain **anchored** the boat at dusk.(그 선장은 그 보트를 어스름해질 무렵에 정박시켰다.)

1.2. 다음 주어는 목적어를 고정시킨다.
(2) a. She **anchored** the bracket to the wall with strong glue.(그녀는 그 선반받이를 그 벽에 강한 딱풀로 고정시켰다.)
  b. He **anchored** the tent to the ground. (그는 그 천막을 땅에 단단히 고정시켰다.)
  c. I **anchored** the flowerpot on the porch step with glue.(나는 그 화분을 그 현관 계단에 풀로 단단히 고정시켰다.)
  d. The best plan is to **anchor** everything in one proposal.(가장 좋은 계획은 모든 것들을 하나의 계획 안에 묶는 것이다.)

1.3. 다음 목적어는 추상적 개체이나 구체적인 것으로 개념화되어 있다.
(3) He **anchored** his hopes on his ships.(그는 그의 희망을 그의 배에 걸었다.)

1.4. 다음은 수동태 문장으로 주어는 고정된다.
(4) a. The panel was **anchored** by two large bolt.(그 널빤지는 두 개의 큰 나사에 의해 고정되었다.)
  b. Make sure that the desk is securely **anchored**.(그 책상이 안전하게 고정되도록 확실히 하여라.)

1.5. 다음은 수동태 문장으로 주어는 전치사가 가리키는 영역이나 힘에 고정된다.
(5) a. Her novels are **anchored** in everyday experience. (그녀의 소설들은 일상 경험에 바탕을 두고 있다.)
  b. Her life is **anchored** by her religion.(그녀의 삶은 그녀의 종교에 의지하고 있다.)

2. 자동사 용법
2.1. 다음 주어는 정박한다.
(6) a. He **anchored** along the pier.
    (그는 부둣가에 정박했다.)
  b. We **anchored** in the bay.(우리는 그 만에 정박했다.)

  c. The clipper **anchored** out in the bay.(그 쾌속 범선이 그 만에 정박했다.)
  d. We **anchored** off the coast of Pusan.(우리는 부산 해안가에 정박했다.)
  e. The ship **anchored** in the harbor.(그 배가 항구에 정박했다.)

2.2. 다음 주어는 to나 on의 목적어에 고정시킨다.
(7) a. The suckfish **anchored** to the shark.(그 빨판상어가 상어에 단단히 들러붙었다.)
  b. The detective **anchored** on the suspect.(그 형사는 그 용의자를 단단히 감시했다.)

2.3. 다음 주어는 뉴스담당자이다.
(8) He **anchors** the nine-o'clock news.(그는 9시 뉴스를 진행한다.)

anger

이 동사의 개념 바탕에는 anger의 명사 '화'가 있다. 동사의 의미는 화의 상태와 관련된다.

1. 타동사 용법
1.1. 다음 주어는 목적어를 화나게 한다.
(1) a. His remark **angered** us.(그의 말은 우리를 화나게 했다.)
  b. The question **angered** him.(그 질문은 그를 화나게 했다.)
  c. The stain on the carpet **angered** mom.(그 카페트에 묻은 그 얼룩은 어머니를 화나게 했다.)

1.2. 다음은 수동태 문장으로 주어는 화가 나게 되는 사람이다.
(2) a. He was **angered** by her remark.(그는 그녀의 진술에 화가 났다.)
  b. He was **angered** by his insult.(그는 그의 무례에 화가 났다.)

2. 자동사 용법
2.1. 다음 주어는 화를 내는 사람이다.
(3) She **angers** slowly.(그녀는 느리게 화를 낸다.)

annex

이 동사의 개념 바탕에는 덧붙이는 과정이 있다.

1. 타동사 용법
1.1. 다음 주어는 목적어를 합병시킨다.
(1) a. Germany **annexed** Czechoslovakia.(독일은 체코슬로바키아를 합병했다.)
  b. The powerful nation **annexed** small islands near its coast.(그 강력한 국가는 그 해안 가까이에 있는 작은 섬들을 합병했다.)
  c. Germany **annexed** Australia in 1938.(독일은 1938년에 오스트리아를 합병했다.)
  d. The dictator tried to **annex** the neighboring country.(그 독재자는 그 이웃 국가를 합병하려고 했다.)
  e. The city **annexed** the villages.(그 도시는 그 마을들을 합병했다.)

1.2. 다음은 수동태 문장으로 주어는 병합된다.
(2) a. The island was **annexed** to France in 1896.(그 섬은 1896년 프랑스에 합병되었다.)
  b. The new gym is **annexed** to the school.(그 새 체육관은 그 학교에 병합된다.)
  c. Some clauses were **annexed** to the will.(몇몇 조항들이 그 유언장에 추가되었다.)

1.3. 다음 주어는 목적어를 to의 목적어에 첨가시킨다.
(3) a. He **annexed** his signature to the recommendation letter.(그는 그의 서명을 그 추천장에 첨가했다.)
  b. He **annexed** the notes to the paper.(그는 그 주석을 그 보고서에 첨가했다.)

annihilate
이 동사의 개념 바탕에는 완전히 없애는 과정이 있다.

1. 타동사 용법
1.1. 다음 주어는 목적어를 전멸시키다.
(1) a. The mad scientist wants to **annihilate** the world.(그 미친 과학자는 세계를 전멸시키길 원한다.)
  b. The chemicals **annihilated** bugs on the rosebush.(그 화학물질들은 그 장미 관목 위의 벌레들을 전멸시켰다.)
  c. He **annihilated** his opponent in the first round.(그는 그의 상대자를 첫 판에서 꺾었다.)
  d. The army **annihilated** the enemy.(그 군대는 그 적군을 전멸시켰다.)

1.2. 다음 주어는 목적어를 없앤다.
(2) a. The floods **annihilated** the villages.(그 홍수가 그 마을들을 없앴다.)
  b. The fire **annihilated** the church.(그 화재가 그 교회를 없앴다.)

1.3. 다음 주어는 목적어를 없앤다.
(3) a. The leaders of the country tried to **annihilate** poverty.(그 나라의 지도자들은 빈곤을 소멸하려고 노력했다.)
  b. They **annihilated** the law.(그들은 그 법을 폐지했다.)

announce
이 동사의 개념 바탕에는 전에 알려지지 않은 것을 공식적으로 알리는 과정이 있다.

1. 타동사 용법
1.1. 다음 주어는 목적어를 공표한다.
(1) a. He **announced** his candidacy for the presidency.(그는 대통령 선거에 입후보를 표명했다.)
  b. The butler **announced** guests as they arrived.(그 집사는 손님들이 도착하자 그들을 주인에게 알렸다.)
  c. She **announced** her marriage to her friends.(그녀는 자신의 결혼을 친구들에게 발표했다.)
  d. He **announced** guests/dinner.(그는 손님들을/식사의 준비를 알렸다.)
  e. The government **announced** to the media plans to create a million new jobs.(그 정부는 언론에 백만

개의 새 일자리를 창출하려는 계획들을 발표했다.)

1.2. 다음 주어는 개체이다. 주어는 목적어를 알린다.
(2) a. An occasional shot **announced** the presence of the enemy.(이따금 들리는 총소리가 그 적의 존재를 알렸다.)
  b. The black clouds **announced** the coming thunder storm.(그 먹구름은 그 다가오는 폭풍우를 알렸다.)
  c. The crowing of cocks **announces** the coming of day.(수탉의 그 울음소리가 날이 밝아옴을 알린다.)

1.3. 다음 목적어는 재귀대명사이다.
(3) a. He **announced** himself to me as my father.(그는 나의 아버지라고 자칭했다.)
  b. She **announced** herself to him as his mother.(그녀는 자신이 그의 어머니라고 그에게 밝혔다.)

1.4. 다음 주어는 목적어를 어떤 상태에 있음을 알린다.
(4) a. Her dress **announces** her to be a nurse.(그녀의 복장은 그녀가 간호사임을 나타낸다.)
  b He **announced** my statement to be a lie.(그는 나의 진술이 거짓임을 알렸다.)

1.5. 다음 that-절은 주어가 공표하는 말의 내용이다.
(5) a. We are pleased to **announce** that all five candidates were successful.(우리는 다섯 명의 후보자 모두 당선됐음을 발표하게 되어 기쁩니다.)
  b. He **announced** that my statement was a lie.(그는 나의 진술이 거짓이라고 발표하였다.)
  c. They just **announced** that our flight would be delayed.(그들은 우리 비행기가 지연될 것이라고 막 발표했다.)

1.6. 다음은 수동태 문장으로 it의 that-절을 대신한다.
(6) a. It was **announced that** new speed restrictions would be introduced.(새 속도 제한법이 도입될 것이라고 발표되었다.)
  b. It was **announced that** the government has agreed to create new jobs for the young.(정부가 젊은이들을 위하여 새 일자리를 창출할 것을 동의했다고 발표되었다.)

2. 자동사 용법
2.1. 다음 주어는 뉴스를 발표하는 사람이다.
(7) He **announces** for a private station.(그는 민간 방송국의 아나운서로 근무하고 있다.)

2.2. 다음 주어는 for의 목적어를 위해서 말로 나선다.
(8) a. He **announced** for presidency.(그는 대통령 선거에 입후보할 것을 선언했다.)
  b. He **announced** for governor.(그는 주지사 선거에 입후보할 것을 선언했다.)

annoy
이 동사의 개념 바탕에는 감성을 자극하는 과정이 있다.

1.1. 다음 주어는 목적어를 귀찮게 한다.
(1) a. He **annoys** me by asking too much.(그는 질문을 너무 많이 해서 나를 귀찮게 한다.)
  b. Jane's little sister **annoyed** her by changing the

TV channels.(제인의 어린 여동생은 TV 채널을 바꾸어서 제인을 귀찮게 했다.)

  c. The naughty boy **annoyed** me.(그 장난꾸러기 소년이 나를 귀찮게 했다.)

1.2. 다음 주어는 개체이다. 주어는 목적어를 성가시게 한다.

(2) a. My neighbor's loud TV **annoys** me.(내 이웃집의 커다란 TV 소리가 나를 괴롭힌다.)

  b. The constant noise from the street traffic **annoyed** me.(거리의 계속적인 자동차 소음이 나를 귀찮게 했다.)

1.3. 다음은 수동태 문장으로 주어는 성가심을 받는다.

(3) a. He is easily **annoyed** at trifles.(그는 사소한 일에 쉽게 화를 낸다.)

  b. He was **annoyed** at your saying that.(그는 네가 그것을 말한 것에 화가 났다.)

  c. He won't be **annoyed** by your questions.(그는 너의 질문에 귀찮아 하지 않을 것이다.)

  d. I am **annoyed** with him about that.(나는 그 일에 관해 그가 성가시다.)

  e. I was much **annoyed** with him.(나는 그 녀석으로 골치가 아프다.)

1.4. 다음 it의 내용은 that-절, 부정사, when-절이다.

(4) a. It **annoys** me that the neighbor played their TV late at night.(그 이웃이 늦은 밤까지 TV를 켜 놓아 나를 성가시게 한다.)

  b. It **annoys** me to see him getting ahead of me.(그가 나를 앞지르는 것을 보니 나는 화가 난다.)

  c. It really **annoys** me when people forget to say thank you.(사람들이 고맙다고 인사하는 것을 잊어 버리는 것은 정말 나를 화나게 한다.)

anoint

이 동사의 개념 바탕에는 기름을 바르는 과정이 있다.

1. 타동사 용법

1.1. 다음 주어는 목적어에 기름을 바른다.

(1) a. I **anointed** the burn with ointment.(나는 그 덴 상처에 연고를 발랐다.)

  b. They **anointed** his head with oil as was their custom.(그들은 관례대로 그의 머리에 기름을 발랐다.)

1.2. 다음 주어는 종유예를 목적어에 준다.

(2) a. The priest **anointed** her with oil.(그 신부는 그녀에게 기름을 발랐다.)

  b. The priest **anointed** the dying man and prayed for him.(그 신부는 그 사자의 머리에 기름을 바르고 그를 위해 기도했다.)

1.3. 다음 주어는 목적어를 as의 목적어로 임명한다.

(3) a. The president **anointed** his vice-president as his successor.(그 대통령은 그의 부통령을 그의 후임자로 임명했다.)

  b. The chairman **anointed** his son-in-law as his successor.(그 회장은 그의 사위를 그의 후임자로 임명했다.)

answer

이 동사의 개념 바탕에는 대답하는 과정이 있다.

1. 타동사 용법

1.1. 다음 주어는 따옴표 속의 말을 대답한다.

(1) a. "I prefer to work", she **answered**.(그녀는 "나는 일하는 것이 더 좋아"라고 대답했다.)

  b. She **answered** his proposal with a "yes".(그녀는 그의 제안을 "예스"로 대답했다.)

1.2. 다음의 목적어는 대답이 요구되는 개체이다. 주어는 이들에 대해서 대답을 한다.

(2) a. He **answers** all his mail personally.(그는 자신의 모든 편지에 직접 응답한다.)

  b. I cannot **answer** the riddle.(나는 그 수수께끼를 풀 수가 없다.)

  c. He **answered** the invitation.(그는 그 초대장에 대답했다.)

  d. She **answered** the knock on the door/the bell.(그녀는 그 노크/그 벨 소리에 응답했다.)

  e. The enemy **answered** our fire.(그 적은 우리의 사격을 응수했다.)

  f. I **answered** his letter/telephone/call.(나는 그의 편지/전화/전화에 대답했다.)

1.3. 다음은 수동태 문장으로 주어는 응답된다.

(3) a. Her prayer was **answered**.(그녀의 기도가 이루어졌다.)

  b. My wishes were **answered**.(나의 바램이 이루어졌다.)

1.4. 다음 주어는 첫째 목적어에 둘째 목적어를 대답한다.

(4) a. **Answer** me this question.(이 질문에 대해 내게 대답해 줘.)

  b. I'd like you to **answer** me a few questions.(당신이 나의 질문에 대답을 해주었으면 좋겠습니다.)

  c. He didn't **answer** me a word.(그는 나에게 한마디도 대답하지 않았다.)

1.5. 다음의 목적어는 대답을 받는 사람이다.

(5) He **answered** his father.(그는 그의 아버지께 대답했다.)

1.6. 다음의 목적어는 대답의 내용이다.

(6) a. He didn't **answer** a word to me.(그는 나에게 한마디도 대답하지 않았다.)

  b. He **answered** "yes" to my question.(그는 나의 질문에 "그렇다"고 대답했다.)

1.7. 다음 주어는 that-절의 내용을 대답한다.

(7) a. He **answered** that he knew no Korean.(그는 그가 한국말을 모른다고 대답했다.)

  b. He **answered** that he was ill.(그는 그가 아팠다고 대답했다.)

  c. He **answered** that he would be happy to come.(그는 그가 올 수 있다면 매우 기쁠 것이라고 대답했다.)

1.8. 다음 주어는 목적어를 대응한다.

(8) a. He managed to **answer** his debt.(그는 그럭저럭 빚을 갚을 수 있었다.)

  b. The government **answered** the unemployment crisis with prompt actions.(정부에서는 실업 위기

c. They **answered** the attack with a full-scale assault.(그들은 공격에 총공세로 응수했다.)

d. I **answered** his blow with mine.(나는 그의 구타에 똑같이 응수했다.)

1.9. 다음 목적어는 필요, 목적, 묘사 등을 나타낸다. 주어는 목적어를 충족시킨다.

(9) a. This will **answer** my requirements.(이것이 나의 요구들을 충족시킬 것이다.)

b. His little hat **answered** the note of the dress.(그의 작은 모자가 그 드레스의 분위기를 맞추었다.)

c. A good rest **answered** the weary traveller's needs.(충분한 휴식이 그 지친 여행자의 욕구를 충족시켰다.)

d. This room **answers** all my needs.(이 방은 나의 모든 욕구들을 충족한다.)

e. Will this tool **answer** your purpose?(이 도구가 당신의 목적을 충족시킬까요?)

f. The new government just didn't **answer** our hopes.(그 새 정부는 우리의 희망들에 단지 부응하지 못했다.)

g. A small nail will **answer** my purpose.(작은 못이 나의 목적을 충족시킬 것이다.)

h. That dog **answers** the description of the one you're looking for.(그 개는 바로 네가 찾고 있던 그 개의 모습을 충족한다.)

i. The suspect **answers** the police description.(그 용의자가 그 경찰의 인상서와 일치한다.)

2. 자동사 용법

2.1. 다음에서는 answer가 for와 같이 쓰였다.

(10) a. You must **answer for** the children's conduct.(너는 그 아이의 행동에 대해 책임을 져야 한다.)

b. You'll soon have to **answer for** your idleness.(너는 곧 너의 태만함에 대한 대가를 치러야만 할 것이다.)

c. You'll have to **answer for** this mess.(너는 이 혼란에 대한 책임을 져야만 할 것이다.)

d. I cannot **answer for** his honesty.(나는 그의 정직을 보장하지는 못한다.)

e. I'll **answer for** my mistakes.(나는 나의 실수에 대해 책임을 질 것이다.)

f. This jar will **answer for** a vase.(이 항아리는 꽃병으로 쓰일 것이다.)

g. On the picnic, a newspaper **answered for** a tablecloth.(그 소풍에서 신문지 한 장이 식탁보를 대신했다.)

2.2. 다음 주어는 전치사 to의 목적어에 반응한다.

(11) a. He didn't **answer to** my query.(그는 나의 질문에 대답하지 않았다.)

b. The ship failed to **answer to** the helm.(그 배는 그 키의 말을 듣지 않았다.)

c. **Answer to** your name when it is called.(너의 이름이 불리면, 대답해라.)

d. I'll **answer to** you for her honesty.(나는 너에게 그녀의 정직을 보장할 것이다.)

e. These features **answer to** the description.(이 얼굴 특징들은 그 인상서와 일치한다.)

f. The man **answers to** the description.(그 남자가 그 인상서에 일치한다.)

2.2. 다음에 쓰인 answer는 말로, 행동으로, 효과로 반응을 보이는 경우이다.

(12) a. The US **answered** by bombing Hanoi.(미국은 하노이를 폭격함으로서 반응했다.)

b. Please **answer** loudly.(크게 대답해 주세요.)

c. He knocked and knocked, but nobody **answered**.(그는 문을 두드리고 또 두드렸지만, 아무도 응답하지 않았다.)

2.3. 다음 주어는 어떤 요구나 필요에 반응을 보인다.

(13) a. His method has not **answered**.(그의 방법은 성공하지 못했다.)

b. Our experiment has **answered**.(우리의 실험은 성공 했다.)

c. Such a poor excuse will not **answer**.(그런 구차한 변명은 통하지 않을 것이다.)

anticipate

이 동사의 개념 바탕에는 미리 예상하여 조처를 취하는 과정이 있다.

1. 타동사 용법

1.1. 다음 주어는 목적어를 예상한다.

(1) a. I **anticipate** happy holidays at the seaside this summer.(나는 이번 여름 해변가에서 즐거운 휴가를 예상한다.)

b. We eagerly **anticipate** the day we will leave school.(우리는 학교를 떠날 그 날을 몹시 고대한다.)

c. We **anticipate** a victory/trouble.(우리는 승리/말썽을 예상한다.)

d. I was **anticipating** my promotion.(나는 내 승진을 예상하고 있었다.)

1.2. 다음 주어는 목적어를 미리 예상한다.

(2) a. We **anticipated** the enemy's strategy.(우리는 그 적의 작전을 미리 예상했다.)

b. We **anticipated** the storm and brought rain coats.(우리는 그 폭풍을 예상하여 우비를 사 두었다.)

c. I did not **anticipate** the expense of buying a new car.(나는 새 차를 구입하는 비용을 예상하여 준비하지 못했다.)

1.3. 다음 주어는 목적어를 미리 예상하여 준비를 한다. 준비는 전치사 by로 표현되어 있다.

(3) a. He **anticipated** their visit **by** preparing food and drink.(그는 음식과 음료를 준비함으로써 그들의 방문을 미리 준비했다.)

b. He **anticipated** the surgeon **by** handing him the scalpel before he asked for it.(그는 요청하기도 전에 그 칼을 건네서 그 외과 의사를 미리 도왔다.)

c. We **anticipated** their attack **by** stationing our bombers to the south.(우리는 남쪽에 폭격기를 배치함으로써 그들의 공격을 선수쳤다.)

1.4. 다음에서 예상되는 일이 동명사로 표현된다.

(4) a. I was **anticipating** getting a promotion.(나는 승진할 것을 예상하고 있었다.)

   b. We **anticipate** running into problems.(우리는 곤경에 처할 것을 예상한다.)

   c. They **anticipate** moving to a bigger apartment.(그들은 더 큰 아파트로 이사갈 것을 기대한다.)

   d. He **anticipates** getting a letter from his uncle in Australia.(그는 오스트레일리아에 게시는 삼촌으로부터 편지를 받으리라 기대한다.)

   e. I didn't **anticipate** having to cook myself.(나는 스스로 요리해야 할 줄은 예상 못 했다.)

1.5. 다음 주어는 첫째 목적어가 둘째 목적어가 될 것을 예상한다.

(5) I don't **anticipate** it being a problem.(나는 그것이 문제가 되리라고 예상하지 않는다.)

1.6. 다음 의문사가 이끄는 절은 주어가 예상하는 내용이다.

(6) a. Try and **anticipate what** the interviewer will ask.(그 면접관이 무엇을 질문할지 예상해 보아라.)

   b. As a businessman, you must try to **anticipate what** your customers want.(사업가로써 당신은 고객이 무엇을 원하는지 예상하려고 노력해야 한다.)

1.7. 다음 that-절은 주어가 예상하는 내용이다.

(7) a. I **anticipate that** she will come.(나는 그녀가 올 것을 예상한다.)

   b. We **anticipate that** there will be trouble.(우리는 말썽이 생길 것이라고 예상한다.)

   c. I **anticipated that** the economy would improve next year.(나는 내년에는 경제가 좋아질 것이라고 예상했다.)

1.8. 다음은 수동태 문장으로 it의 내용은 that-절이다.

(8) a. It is **anticipated that** the inflation rate will stabilize at 4%.(그 물가 상승률이 4%에서 고정될 것이라고 예상된다.)

   b. It is **anticipated that** working with him will be a pleasure.(그와 함께 일하는 것은 기쁨이 될 것으로 예상된다.)

1.9. 다음 주어는 목적어를 시간상 앞선다.

(9) a. The Vikings are reputed to have **anticipated** Columbus in the discovery of America.(바이킹족은 콜롬부스의 미국 발견보다 앞선 것으로 생각된다.)

   b. The Chinese **anticipated** the European discovery of gunpowder.(중국인들은 유럽인들의 화약 발견보다 앞섰다.)

apologize

이 동사의 개념 바탕에는 사과하는 과정이 있다.

1.1. 주어는 사과한다. 사과의 대상이 to로 표현된다.

(1) a. The US **apologized to** China for the accident.(미국은 그 사건에 대해 중국에 사과했다.)

   b. I must **apologize** to you for not writing for such a long time.(나는 오랫동안 편지를 쓰지 못한 것에 대해 너에게 사과해야 한다.)

1.2. 다음에서는 사과의 이유가 for로 표현되어 있다.

(2) a. Mark **apologized for** hurting our feelings.(마크는 우리의 기분을 상하게 한 것에 대해 사과했다.)

   b. We **apologize for** the late departure of the flight.(우리는 비행기의 늦은 출발에 대해 사과합니다.)

1.3. 주어는 사과한다.

(3) a. If I have offended you, I **apologize**.(만약 언짢게 해드렸다면 사과하겠습니다.)

   b. Did he **apologize**?(그가 사과했니?)

appeal

이 동사의 개념 바탕에는 호소하는 과정이 있다.

1. 자동사 용법

1.1. 다음 주어는 to의 목적어에 호소한다.

(1) a. I **appealed to** him in vain for help.(나는 그에게 헛되이 도움을 간청했다.)

   b. Bob **appealed to** his mother for a larger allowance.(밥은 그의 어머니에게 더 많은 용돈을 간청했다.)

   c. They **appealed to** the public.(그들은 그 대중에 호소했다.)

1.2. 다음 주어는 to의 목적어에 호소한다. 목적어는 도움을 줄 수 있는 것으로 생각되는 추상적 개체이다.

(2) a. I **appeal to** your better judgement.(나는 당신의 훌륭한 판결에 호소하는 바입니다.)

   b. We need to **appeal to** his sense of justice.(우리는 그의 정의감에 호소할 필요가 있다.)

   c. The chairman **appealed to** reason.(그 의장은 이성에 호소했다.)

1.3. 다음 주어는 법원에 호소한다.

(3) a. He **appealed to** the Supreme Court.(그는 대법원에 항소했다.)

   b. The condemned man **appealed to** the court for mercy.(그 사형수는 자비를 얻기위해 법원에 상소했다.)

1.4. 다음 주어는 무엇을 반대하는 호소를 한다.

(4) a. He **appealed against** the decision. (그는 그 판결에 불복하여 상소했다.)

   b. In a higher court, he successfully **appealed against** the judgement.(고등 법원에서 그는 성공적으로 그 판결에 항소했다.)

1.5. 다음 주어는 무엇을 얻기 위하여 호소한다.

(5) a. The government **appealed for** help.(정부는 원조를 요청했다.)

   b. The Red Cross **appealed for** money to help people after the flood.(적십자는 그 홍수 후에 사람들을 원조하기 위해 성금을 요청했다.)

1.6. 다음 주어는 for의 목적어가 어떤 일을 하기를 호소한다.

(6) Police **appealed for** witnesses to come forward. (경찰은 목격자가 나와 줄 것을 간청했다.)

1.7. 다음 목적어는 to의 목적어가 어떤 일을 하기를 호소한다.

(7) a. I **appealed to** him not **to** make a rash decision.(나

는 그에게 조급한 결정을 하지 말도록 부탁했다.)

    b. I appeal to you to help us. (나는 너에게 우리를 도와줄 것을 부탁한다.)

    c. The Organizers appealed to the crowd not to panic. (그 주최자들은 그 군중들에게 허둥대지 말 것을 간청했다.)

1.8. 다음 주어는 개체이다. 주어는 목적어에 호소력을 갖는다.

(8) a. The design has to appeal to all ages and social groups. (그 디자인은 모든 연령층과 모든 사회집단의 마음에 들어야 한다.)

    b. The red hat appeals to me. (그 빨간 모자는 나의 마음에 든다.)

    c. The magazine is intended to appeal to working women in their 20s. (그 잡지는 20대의 직장 여성의 마음에 들도록 의도되었다.)

    d. Does the idea appeal to you? (그 생각이 너의 마음에 드니?)

    e. Fast cars appealed to Mark, but he couldn't afford it. (빠른 차들이 마크의 마음에 들었지만 그는 그것을 살 여유가 없었다.)

2. 타동사 용법

2.1 다음 주어는 목적어에 호소한다.

(9) a. The innocent woman appealed the verdict and won. (무죄인 그 여성은 그 평결에 상소하여 마침내 승소했다.)

    b. The lawyer appealed the case to a higher court. (그 변호사는 그 사건을 고등 법원에 상소했다.)

    c. He was found guilty but appealed the decision to a higher court. (그는 유죄로 밝혀졌지만, 그 판결을 고등 법원에 항소했다.)

2.2. 다음 주어는 목적어에 직접적으로 호소한다.

(10) The police are appealing the public for information. (경찰은 대중들에게 제보를 달라고 요청하고 있다.)

appease

이 동사의 개념 바탕에는 달래는 과정이 있다.

1. 타동사 용법

1.1. 다음 주어는 목적어를 달랜다.

(1) a. A cookie will appease the crying child. (과자가 그 우는 아이를 달랠 것이다.)

    b. The move was widely seen as an attempt to appease critics of the regime. (그 움직임은 그 정권의 비판자들을 달래려는 시도로써 널리 인식되었다.)

    c. Nothing could console and appease her. (어떤 것도 그녀를 위로하고 달래줄 수 없었다.)

    d. He appeased her by kindness/with a present. (그는 그녀를 친절로/선물로 달랬다.)

1.2. 다음 목적어는 추상적 개체이나 구체적인 것으로 개념화되어 있다.

(2) a. He appeased his hunger/appetite. (그는 그의 배고픔/식욕을 달랬다.)

    b. She appeased her curiosity by seeing the picture. (그녀는 그 그림을 봄으로써 그녀의 호기심을 채웠다.)

1.3. 다음 주어는 자체가 목적어를 진정시킨다.

(3) a. The fruit appeased his hunger. (그 과일은 그의 배고픔을 달래 주었다.)

    b. Several glasses of water appeased his thirst. (여러 잔의 물이 그의 갈증을 달랬다.)

append

이 동사의 개념 바탕에는 보조적인 것을 덧붙이는 과정이 있다.

1. 타동사 용법

1.1. 주어는 목적어를 덧붙인다.

(1) a. He appended notes to his book. (그는 그의 책에 주를 달았다.)

    b. He appended his signature to the document. (그는 그 문서에 서명을 했다.)

    c. We appended some more data to the report. (우리는 그 보고서에 약간의 자료를 덧붙였다.)

    d. When you send the application, please append a list of references. (그 지원서를 보내실 때에는 신원 보증인의 목록을 첨가해 주십시오.)

    e. I append Mr. Kim's letter herewith. (나는 김씨의 편지를 여기에 동봉하여 첨가합니다.)

1.2. 다음은 수동태 문장으로 주어는 덧붙여진다.

(2) a. Footnotes are appended to the document. (각주가 그 문서에 덧붙여진다.)

    b. Labels are appended to the trunk. (꼬리표가 그 트렁크에 붙여진다.)

apply

이 동사의 개념 바탕에는 한 개체를 다른 개체에 갖다 대는 과정이 있다.

1. 타동사 용법

1.1. 다음 주어는 목적어를 to의 목적어에 갖다 댄다.

(1) a. Apply an ointment to a cut. (연고를 상처에 펴 발라라.)

    b. Apply the suntan cream liberally to the exposed areas. (그 썬탠 크림을 그 노출 부위에 충분히 발라라.)

    c. He applied ice to his swollen leg. (그는 얼음을 그의 부은 다리에 대었다.)

    d. Apply direct pressure to the wound. (직접적인 압박을 그 상처에 가해라.)

    e. The nurse applied bandage to the wound. (그 간호사는 그 붕대를 그 상처에 댔다.)

    f. Apply the moisturizer evenly over the face. (그 보습제를 얼굴에 골고루 펴 발라라.)

    g. Apply the cream evenly over the skin. (그 크림을 피부 위에 고르게 발라라.)

1.2. 다음 주어는 목적어(돈)를 to의 목적어에 쓴다.

(2) a. Apply the money to the relief of the poor. (그 돈을 그 가난한 사람들의 구제에 써라.)

b. **Apply** a sum of money **to** charity. (돈의 일정액을 자선 기금으로 써라.)

c. He **applied** his savings **to** the purchase of a house. (그는 그의 저축을 주택 구입에 썼다.)

d. The Red Cross **applied** all its money **to** medical supplies. (적십자는 그의 모든 돈을 의료품에 썼다.)

1.3. 다음 주어는 목적어를 to의 목적어에 갖다 붙이거나 댄다.

(3) a. She **applied** the paint/the wallpaper **to** the wall. (그녀는 그 페인트/벽지를 그 벽에 발랐다.)

b. He **applied** a match **to** the gunpowder. (그는 성냥을 그 화약에 댔다.)

c. He **applied** a match **to** kindling. (그는 성냥을 불 쏘시개에 댔다.)

d. He **applied** part of his salary **to** savings. (그는 월급의 일부를 저축에 돌렸다.)

e. **Apply** the stain remover **to** the spot. (그 얼룩 제거제를 그 얼룩에 발라라.)

f. He **applied** glue **to** the surface. (그는 풀을 그 표면에 발랐다.)

1.4. 다음은 수동태 문장으로 주어는 적용된다.

(4) The term 'insect' cannot be **applied to** a spider. ('곤충'이라는 용어는 거미에게는 적용될 수 없다.)

1.5. 다음 주어는 목적어(정신이나 정신과 관련된 힘)을 to의 목적어에 쓴다.

(5) a. It is difficult **to apply** much creative thought **to** this question. (많은 창조적 생각을 이 문제에 적용하기는 어렵다.)

b. He **applied** his knowledge of chemistry/ the theory **to** the problem. (그는 그의 화학 지식/그 이론을 그 문제에 적용했다.)

c. He **applied** his brains/his skill **to** planning their escape. (그는 그의 두뇌/기술을 그들의 탈출을 계획하는 데 이용했다.)

d. He **applied** his mind **to** the problem. (그는 그 문제에 마음을 썼다.)

e. You have to **apply** all your strength **to** lift the crate. (너는 그 상자를 들어올리는 데 네 모든 힘을 쏟아야 한다.)

f. He tries to **apply** the technology **to** practical business problems. (그는 그 기술을 실제적인 사업 문제들에 적용하려고 애쓴다.)

1.6. 다음은 수동태 문장으로 주어는 적용된다.

(6) a. New technology is being **applied to** almost every industrial process. (새 기술은 거의 모든 산업 과정에 적용되고 있다.)

b. Nowadays computing skills can be **applied to** a large variety of academic tasks. (요즘 전산 기술은 여러 다양한 학문적 업무에 적용될 수 있다.)

c. This rule cannot be **applied to** every case. (이 규칙은 모든 경우에 다 적용될 수 있는 것은 아니다.)

1.7. 다음 주어는 목적어(힘)를 to의 목적어에 가져다 쓴다.

(7) a. You must **apply** force **to** the door that will not open. (너는 잘 열리지 않는 그 문에 힘을 써야 한다.)

b. He **applied** heat/pressure **to** the plate. (그는 열/압력을 그 접시에 가했다.)

c. He **applied** his energies **to** finding a solution. (그는 해결책을 찾는데 온 정력을 기울였다.)

1.8. 다음의 목적어는 재귀대명사이다. 이 대명사는 주어의 주의나 노력을 가리킨다.

(8) a. He **applied** himself **to** this task with considerable energy. (그는 이 일에 상당한 정열을 가지고 자신을 몰두시켰다.)

b. I tried to **apply** myself **to** the job. (나는 자신을 그 일에 몰두시키려고 애썼다.)

c. He **applied** himself **to** his studies. (그는 자신을 그의 공부에 몰두시켰다.)

d. If you **apply** yourself you'll get good grades. (자네가 몰두하면 좋은 점수를 얻을 것이다.)

e. He has a lot of talent, but he won't **apply** himself. (그는 많은 재능을 가지고 있지만, 그것을 쓰려고 하지 않는다.)

1.9. 다음 주어는 목적어를 어디에 쓰려고 한다. 그러나 to를 써서 표현한 적용 개체는 명시되지 않았다.

(9) a. In the job he can **apply** his foreign languages/his new findings. (그 일에서 그는 그의 외국어들/그의 새 연구 결과들을 이용할 수 있다.)

b. They intend to **apply** economic sanctions/the rule. (그들은 경제 재제/그 규칙을 적용하려 한다.)

c. They still **apply** the death penalty for murder. (그들은 여전히 살인죄에 사형을 적용한다.)

d. Jane **applied** his knowledge of geometry in determining the area of the circle. (제인은 그 원의 넓이를 결정하는 데 그녀의 기하 지식을 이용했다.)

e. The driver forgot to **apply** the handbrake and the car rolled into the river. (그 운전자는 핸드 브레이크를 사용하는 것을 잊어서 그 차는 강으로 굴러 들어갔다.)

2. 자동사 용법

2.1. 다음 주어는 to의 목적어에 간다.

(10) a. You could **apply to** the manager/the office **for** the job. (너는 그 일자리를 위해 그 지배인/그 사무실에 지원할 수 있었다.)

b. He **applied to** the government **for** financial help. (그는 정부에 재정지원을 신청했다.)

c. You can **apply to** the government **for** a grant to repair your house. (너는 정부에 집수리에 필요한 보조금을 신청할 수 있다.)

d. He has **applied to** the bank **for** a loan. (그는 그 은행에 대출을 신청했다.)

e. We **applied to** a charitable organization **for** a grant for the project. (우리는 한 자선 단체에 그 기획사업의 보조금을 신청했다.)

f. He **applied to** several colleges/three universities. (그는 여러 대학/세 대학교에 지원했다.)

g. **Apply to** his headmaster **for** the post of art teacher. (그 미술 교사의 자리를 위해 그의 교장선생님에게 지원해라.)

h. I **applied to** the consul **for** visa. (나는 그 영사에게 비자를 신청했다.)

i. Please **apply** in writing **to** the address below.(서면 으로 다음 주소로 신청하세요.)

2.2. 다음 주어는 to의 목적어에 적용된다.

(11) a. What I have said does not **apply to** you.(내가 말한 것은 네게 적용되지 않는다.)

b. The answer does not **apply to** the test question. (그 답은 그 시험 문제에 들어맞지 않는다.)

c. This rule does not **apply to** him.(이 규칙은 그에게 적용되지 않는다.)

d. The convention does not **apply to** foreigners.(그 관례는 외국인들에게는 적용되지 않는다.)

e. This does not **apply to** beginners.(이것은 초보자들에게는 적용되지 않는다.)

f. The questions on this part **apply** only **to** married men.(이 부분에 있는 질문들은 오직 기혼남에게만 적용된다.)

g. Each of these remarks **applies to** everyone in this room.(이 각각의 말은 이 방 안의 모두에게 적용된다.)

2.3. 다음 주어는 for의 목적어를 얻기 위해서 신청한다.

(12) a. He **applied for** a loan/a scholarship.(그는 대출/장학금을 신청했다.)

b. He **applied for** permission to leave early.(그는 일찍 떠나는 허가를 신청했다.)

c. **Apply for** a patent for the cleaner.(그 세제에 대해 특허를 신청해라.)

d. He **applied for** a visa to travel abroad.(그는 외국 여행을 위해서 비자를 신청했다.)

2.4. 다음 주어는 어디에 적용된다.

(13) a. That argument does not **apply** in this case.(그 주장은 이 경우에는 적용되지 않는다.)

b. The rule for being quiet in the library does not **apply** during a fire drill.(도서관 내에서의 정숙에 관한 그 규칙은 소방 훈련 시에는 적용되지 않는다.)

c. This rule no longer **applies**.(이 규칙은 더 이상 적용되지 않는다.)

2.5. 다음 주어는 어디에 칠해진다.

(14) The paint does not **apply** easily.(그 페인트는 잘 칠해지지 않는다.)

2.6. 다음 주어는 신청을 한다.

(15) I've **applied** to join a skiing course.(나는 스키 수업에 참가하기 위해 신청했었다.)

appoint

이 동사의 개념 바탕에는 임명하는 과정이 있다.

1. 타동사 용법

1.1. 다음 주어는 목적어를 임명한다.

(1) a. They **appointed** a new teacher at the school.(그들은 새 선생님을 그 학교에 임명했다.)

b. Who will **appoint** the committee?(누가 그 위원회를 임명할 것인가?)

c. The company **appointed** a new manager.(그 회사는 새 매니저를 임명했다.)

d. They **appointed** a new police chief.(그들은 새로운 경찰서장을 임명했다.)

1.2. 다음 주어는 목적어를 to의 목적어가 가리키는 자리에 임명한다.

(2) a. I **appointed** Bob **to** my assistant.(나는 밥을 내 조수로 임명했다.)

b. They **appointed** him **to** a high office.(그들은 그를 높은 직책에 임명했다.)

c. They **appointed** him **to** the position of chairman.(그들은 그를 그 회장의 자리에 임명했다.)

1.3. 다음은 수동태 문장으로 주어는 임명된다.

(3) a. He was just **appointed** chairman.(그는 막 회장에 임명되었다.)

b. Federal judges are **appointed** by the president.(연방 판사들은 대통령에 의해 임명된다.)

c. He was **appointed to** be one of the committee.(그는 그 위원회의 한 위원으로 임명되었다.)

d. He has been **appointed to** the Supreme Court.(그는 대법관에 임명되었다.)

1.4. 다음 주어는 첫째 목적어를 둘째 목적어 자리에 임명한다.

(4) a. The board of education **appointed** her the principal of the new school.(그 교육위원회는 그녀를 그 새 학교의 교장으로 임명했다.)

b. They **appointed** Nelson admiral.(그들은 넬슨을 해군 제독에 임명했다.)

1.5. 다음은 수동태 문장으로, 주어는 as의 목적어가 가리키는 자리에 임명된다.

(5) a. He was **appointed as** chairman of the council.(그는 그 위원회의 의장으로 임명되었다.)

b. He was **appointed as** a member of the committee.(그는 그 위원회의 회원으로 임명되었다.)

c. May 7 was **appointed as** the day for the meeting.(5월 7일은 그 회합의 날로 정해졌다.)

1.6. 다음 주어는 목적어를 임명하여 어떤 일을 하게 한다.

(6) a. He **appointed** me to keep the accounts.(그는 나를 그 회계를 맡도록 임명했다.)

b. She **appointed** me to do the difficult job. (그녀는 나를 그 어려운 일을 하도록 임명했다.)

1.7. 다음은 수동태 문장으로 주어는 어떤 일을 하도록 임명된다.

(7) He was **appointed** to catalog the new books in the library.(그는 도서관에 새로 들어온 책들의 목록을 작성하도록 임명되었다.)

1.8. 다음 주어는 목적어를 지정한다.

(8) a. The committee **appointed** a day in June for celebrations.(그 위원회는 6월의 어느 하루를 축제를 위해 정했다.)

b. He **appointed** the place for the meeting.(그는 그 장소를 그 모임을 위하여 정했다.)

c. They **appointed** June 9 as the day of the meeting.(그들은 6월 9일을 그 모임의 날로 정했다.)

d. The judge **appointed** a trial date.(그 판사는 그 재판 일을 정했다.)

1.9. 다음 주어는 목적어를 장식한다.

(9) a. They **appointed** the house luxuriously.(그들은 그 집을 화려하게 장식했다.)

b. They **appointed** the ship beautifully.(그들은 그 배를 아름답게 장식했다.)

c. The playroom is **appointed** with sturdy furniture.(그 놀이방은 튼튼한 가구로 장식되었다.)

1.10. 다음 주어는 that-절의 내용을 정한다.
(10) God **appoints** that this shall be done.(하느님은 그것이 이루어져야 한다고 정해 놓고 있다.)

appraise

이 동사의 개념 바탕에는 전문가가 평가하는 과정이 있다.

1. 타동사 용법
1.1. 다음 주어는 목적어를 평가한다. 목적어는 개체이다.
(1) a. An expert **appraised** the house.(어느 전문가가 그 집을 감정했다.)

b. A dealer came to **appraise** the furniture.(중개업자가 그 가구를 감정하기 위해 왔다.)

c. The art collector **appraised** the painting.(그 예술품 수집가는 그 그림을 감정했다.)

d. The museum curator **appraised** the old painting.(그 박물관 관리자는 그 오래된 그림을 감정했다.)

1.2. 다음 주어는 목적어를 평가하여 어느 수치에 둔다.
(2) a. He **appraised** the land at $60,000.(그는 그 토지를 6만 달러로 평가했다.)

b. They **appraised** the house at $100,000.(그들은 그 집을 10만 달러로 평가했다.)

1.3. 다음 주어는 목적어를 평가한다.
(3) a. Manager must **appraise** all staff.(매니저는 모든 직원들을 평가해야 한다.)

b. She stepped back to **appraise** her workmanship.(그녀는 그녀의 작품을 평가하기 위해 뒤로 물러섰다.)

c. Trainee teachers were asked to **appraise** their own performance.(훈련 선생님들은 그들 자신의 실적을 평가하도록 요청 받았다.)

d. He cooly **appraised** the situation, deciding which person would be most likely to succeed.(그는 어떤 사람이 가장 성공할 것 같은지 결정을 하기 위해서 그 상황을 냉정하게 평가했다.)

e. He **appraised** the scuba gear and found it excellent. (그는 그 수중 호흡 장치의 기어를 평가했고, 그것이 훌륭하다는 것을 알았다.)

f. His eyes cooly **appraised** the young woman before him.(그의 눈은 그 앞에 있는 그 젊은 여인을 냉정하게 평가했다.)

appreciate

이 동사의 개념 바탕에는 동정심, 감식력, 감사하는 마음 등으로 평가하는 과정이 있다.

1. 타동사 용법
1.1. 다음 주어는 목적어를 인지한다.
(1) a. He **appreciated** her distress.(그는 그녀의 슬픔을 인지했다.)

b. She **appreciates** the danger of the situation.(그녀는 그 상황의 위험성을 인지한다.)

1.2. 다음 주어는 목적어를 감식한다.
(2) a. He **appreciates** fine art.(그는 좋은 예술작품을 감상한다.)

b. He **appreciates** good food.(그는 좋은 음식을 음미한다.)

c. You can't **appreciate** English poetry without a complete mastery of the English language.(당신은 영어의 완전한 이해 없이는 영시를 음미할 수 없습니다.)

d. He can **appreciate** the shades of meaning.(그는 그 미묘한 의미의 차이를 인지할 수 있다.)

1.3. 다음 주어는 목적어를 고맙게 여긴다.
(3) a. I would **appreciate** it if you turned music down.(음악 소리를 낮춰주시면 그것을 고맙게 여기겠습니다.)

b. I don't **appreciate** being treated like a second-rate citizen.(나는 이류 시민처럼 대접받는 것을 고맙게 여기지 않습니다.)

c. I deeply **appreciate** your kindness.(나는 당신의 친절에 진심으로 감사를 드립니다.)

d. I **appreciated** his help when we moved.(나는 우리가 이사할 때 그의 도움을 고맙게 여겼다.)

e. I would **appreciate** receiving a copy of your book.(나는 당신의 책 한 권을 받아 볼 수 있으면 감사하겠습니다.)

f. I would **appreciate** your finding time to see me.(나를 만나는 시간을 내주시면, 그것을 고맙게 여기겠습니다.)

1.4. 다음은 수동태 문장으로 주어는 평가된다.
(4) a. His talent is not fully **appreciated** in the company.(그의 재능은 그 회사에서 충분히 평가되지 않는다.)

b. His abilities are not fully **appreciated**.(그의 능력은 충분히 평가되지 않는다.)

1.5. 다음 주어는 목적어의 값을 오르게 한다.
(5) New buildings **appreciate** the value of land.(새 빌딩들은 그 토지의 가치를 올린다.)

1.6. 다음 주어는 that-절의 내용을 인지한다.
(6) a. We didn't **appreciate** that he was seriously ill.(우리는 그가 심각하게 아프다는 것을 알지 못했다.)

b. I can **appreciate** that you can't leave the work now. (나는 네가 지금 그 일을 떠날 수 없다는 것을 알 수 있다.)

2. 자동사 용법
2.1. 다음 주어는 값이 오른다.
(7) a. Our house **appreciated** and we made a profit when we sold it.(우리 집은 값이 올라서 우리가 그 집을 팔았을 때 이익을 남겼다.)

b. Our house **appreciated** in value by 50%.(우리 집은 시세 가치가 50% 올랐다.)

c. Their investments have **appreciated** over the years.(그들의 투자는 여러 해에 걸쳐 시세가 올랐다.)

d. The property **appreciated** rapidly.(그 자산은 시세가 급격하게 올랐다.)

apprehend

이 동사의 개념 바탕에는 붙잡는 과정이 있다.

1. 타동사 용법
1.1. 다음 주어는 목적어를 붙잡는다.
(1) a. The police **apprehended** the thief.(경찰은 그 도둑을 체포했다.)
　　b. The FBI **apprehended** the suspect at the Mexican border.(FBI는 그 피의자를 멕시코 국경지대에서 체포했다.)

1.2. 다음은 「이해는 접촉」은유가 적용된 예이다. 주어는 목적어를 부분적으로 이해한다.
(2) a. I could not **apprehend** the difference between the two words.(나는 그 두 단어 사이의 차이점을 이해할 수 없었다.)
　　b. He readily **apprehended** the meaning.(그는 그 의미를 쉽사리 이해했다.)

1.3. 다음 주어는 의문사나 that-이 이끄는 절의 내용을 이해한다.
(3) I completely fail to **apprehend** why you behave like this.(나는 왜 네가 그와 같이 행동하는지 완전히 이해하지 못한다.)

1.4. 다음 주어는 목적어를 두려워한다.
(4) a. He **apprehended** that the road would be washed away in the flood.(그는 그 도로가 홍수에 쓸려 나갈까 걱정했다.)
　　b. It was **apprehended** that the bridge would be washed away.(그 다리가 휩쓸려 없어질 것으로 걱정되었다.)
　　c. He **apprehended** her disapproval.(그는 그녀의 거절을 두려워했다.)

approach

이 동사의 개념 바탕에는 접근하는 과정이 있다.

1. 타동사 용법
1.1. 다음 주어는 목적어에 접근한다.
(1) a. We are now **approaching** the Tower of London.(우리는 지금 런던 탑에 다가가고 있다.)
　　b. The speaker **approached** the microphone.(그 연사는 그 마이크에 다가섰다.)
　　c. He **approached** his home/his end.(그는 그의 집/생의 마지막에 다가왔다.)
　　d. Someone was **approaching** the village.(누군가가 그 마을에 다가가고 있었다.)

1.2. 다음 주어는 목적어에 접근한다.
(2) a. Our train **approached** the town.(우리가 탄 기차는 그 고장에 다가갔다.)
　　b. The car **approached** the traffic lights at top speed.(그 차는 그 신호등에 최고속력으로 다가섰다.)
　　c. The plane **approached** the runway.(그 비행기는 그 활주로에 다가갔다.)

1.3. 다음 주어는 목적어를 접근한다. 목적어는 시간상의 어떤 시점이다.

(3) a. He is **approaching** manhood.(그는 성년기에 다가가고 있다.)
　　b. He's **approaching** his final examination.(그는 그의 기말고사에 다가가고 있다.)

1.4. 다음 주어는 목적어에게 접근을 한다.
(4) a. He **approached** the queen/the girl at the party.(그는 그 파티에서 그 여왕/소녀에게 접근했다.)
　　b. When is the best time to **approach** him on the matter?(그 문제에 관해 그를 접근할 가장 좋은 시간은 언제입니까?)
　　c. I'd like to get his opinion, but I find it difficult to **approach** him.(나는 그의 의견을 듣고 싶으나, 나는 그에게 접근하기가 어렵다는 것을 안다.)
　　d. She **approached** several builders and was fortunate to come across Bill.(그녀는 몇몇 건축업자를 접촉했고, 운 좋게도 빌을 우연히 만나게 되었다.)
　　e. We have been **approached** by a number of companies that are interested in our project.(우리는 우리의 기획사업에 관심 있는 수많은 회사들의 접촉을 받아왔다.)

1.5. 다음 주어는 목적어를 about의 목적어에 대해 접근한다.
(5) a. Shall I **approach** the manager **about** the holiday?(제가 그 휴일에 대해 그 지배인을 접촉할까요?)
　　b. He **approached** me **about** the job.(그는 그 일자리에 대해 나를 접촉했다.)
　　c. They **approached** us **about** working with their party.(그들은 그들의 당과 같이 일하는 문제에 대해서 우리들을 접촉했다.)
　　d. Have you **approached** your father **about** the money?(그 돈 문제에 대해 아버지를 접촉하신 적이 있나요?)
　　e. The charity **approached** several stores **about** giving food aid.(그 자선단체는 음식조달에 대해서 여러 상점들을 접촉했다.)

1.6. 다음에 쓰인 전치사 for는 주어가 목적어에 접근하는 목적을 가리킨다.
(6) a. A music publisher **approached** her with a suggestion **for** a biography of the musician.(한 음악 출판담당자는 그 음악가의 전기 출간의 제안을 가지고 그녀를 접촉했다.)
　　b. He **approached** him **for** information/advice.(그는 정보/조언을 얻기 위해 그와 접촉하였다.)
　　c. Will you **approach** the bank **for** the loan/a job?(당신은 대출/일자리를 위해 그 은행과 접촉할 것입니까?)
　　d. They **approached** the manager **for** the money.(그들은 그 돈을 구하기 위해 그 지배인을 접촉했다.)
　　e. I'm going to **approach** my uncle to see if he will give me a loan.(나에게 삼촌이 돈을 빌려줄 것인지 아닌지 알아보기 위해 삼촌과 접촉할 예정이다.)

1.7. 다음 주어는 목적어에게 with의 목적어를 가지고 접근한다.
(7) a. We **approached** the company **with** an offer.(우리는 한 제의를 가지고 그 회사와 접촉했다.)
　　b. He **approached** the officials **with** bribes.(그는 뇌물

을 가지고 그 공무원들을 접근했다.)

c. We **approached** the task **with** eagerness.(우리는 열성을 가지고 그 임무에 접근했다.)

d. She **approached** the matter of discipline **with** her usual determination.(그녀는 규율의 문제에 그녀의 평상시 결단력으로 접근했다.)

1.8. 다음 주어는 목적어를 접근한다.

(8) a. How should I **approach** this new task?(나는 어떻게 이 새 업무를 접근해야 하는가?)

b. What's the best way of **approaching** this problem?(무엇이 이 문제에 접근하는 가장 최선의 방법인가?)

c. You have to think of some better way to **approach** the problem.(당신은 그 문제를 접근하는 보다 나은 방법을 생각해내야 한다.)

d. We **approached** the problem of reducing costs by making a list of them.(우리는 그것들의 목록을 작성함으로써 비용 축소의 문제에 접근했다.)

e. We **approached** the problem with a new angle/in a practical way/in a new way.(우리는 새 각도에서/실질적인 방법으로/새 방법으로 그 문제를 접근하였다.)

1.9. 다음 주어는 목적어를 접근한다. 목적어는 시점이다.

(9) a. It's **approaching** lunchtime, so let's take a break now.(점심시간이 다가오고 있으니, 이제 휴식시간을 갖자)

b. We are **approaching** the end of our vacation.(우리는 방학의 말기를 맞고 있다.)

c. He is in his fifties and **approaching** retirement.(그는 50대이며 퇴직할 시기를 맞고 있다.)

1.10. 다음 주어는 목적어에 접근한다. 상태는 장소이다.

(10) a. The fruit is **approaching** ripeness.(그 과일은 숙성기를 맞고 있다.)

b. His picture is **approaching** perfection/excellence/completion.(그의 그림은 완벽/탁월함/완성에 접근하고 있다.)

c. Oil prices has **approached** their highest level.(유가는 그 최고치를 접근하였다.)

d. The wind was **approaching** gale.(그 바람은 강풍에 접근하고 있었다.)

e. The reply **approaches** a denial.(그 회답은 거부나 다름없다.)

1.11. 다음 주어는 목적어를 접근한다. 속도, 정도, 양 등도 장소로 개념화된다.

(11) a. By the 1960s, rocket planes **approached** speeds of 4000 mph.(1960년대에 와서, 로케트는 시속 4000마일을 접근했다.)

b. The temperature **approached** 35 degrees.(그 기온은 35도에 근접했다.)

c. The total amount raised so far **approaches** $100,000.(지금까지 모은 돈의 총액은 10만달러를 접근한다.)

d. That green painting **approaches** what we want.(그 녹색의 그림은 우리가 원하는 것과 거의 같다.)

e. His work **approaches** Shakespeare's work.(그의 작품은 셰익스피어의 작품에 필적한다.)

f. Their speeds on the bends **approached** 150 mph.(그 모퉁이 길에서의 그들의 속력은 시속 150마일에 접근했다.)

1.12. 다음 주어는 목적어에 필적한다.

(12) a. No other composer can **approach** Mozart.(그 어떤 작곡가도 모차르트에 필적할 수 없다.)

b. As a poet, he cannot **approach** Keats.(시인으로써, 그는 키츠에 필적할 수 없다.)

c. As a novelist he hardly **approaches** Hardy.(소설가로써 그는 하디에 필적하지 못한다.)

d. What could **approach** the beauty of this lake?(무엇이 이 호수의 아름다움을 필적할 수 있겠는가?)

1.13. 다음의 주어는 목적어를 전치사 to의 목적어에 가져다 댄다.

(13) a. **Approach** the magnet to the heap of filings.(그 자석을 그 쇠가루 더미에 접근시켜라.)

b. **Approach** the chair to the fire.(그 의자를 그 불가에 접근시켜라.)

2. 자동사 용법

2.1. 다음 주어는 접근한다.

(14) a. The deer **approached**.(그 사슴은 다가왔다.)

b. A storm/a footstep is **approaching**.(폭풍/발소리가 다가오고 있다.)

2.2. 다음 주어는 시간이나 시간과 관계되는 개체이다. 시간은 움직이는 개체로 은유화된다. 다음 주어는 어떤 기준점에 접근한다.

(15) a. As spring/Sunday **approached**, our work neared completion.(봄/일요일이 다가오면서 우리의 작업은 완성에 가까워졌다.)

b. The time/our vacation/the exam week **approached**.(그 시간/우리의 방학/그 시험주간이 다가왔다.)

c. His end is **approaching**.(그의 최후가 다가오고 있다.)

d. Christmas is **approaching**.(크리스마스가 다가오고 있다.)

appropriate

이 동사의 개념 바탕에는 어떤 목적을 위해서 돈을 따로 떼어놓는 과정이 있다.

1. 타동사 용법

1.1. 다음 주어는 목적어를 to의 목적어에 배정한다.

(1) a. He **appropriated** the money to payment.(그는 그 돈을 지불을 위해서 배정했다.)

b. The city **appropriated** funds to fix the roads.(그 도시는 그 길을 보수하기 위하여 자금을 책정했다.)

1.2. 다음 주어는 목적어를 for의 목적어를 위해 배정한다.

(2) a. Congress **appropriated** $6 million for the children's fund.(의회는 6백만 달러를 그 아동 기금을 위해 배정했다.)

b. He **appropriated** all his money for the enterprise.

(그는 모든 돈을 그 기업을 위해 책정했다.)

c. He **appropriated** public money for his own use. (그는 공금을 그 자신의 사용 목적을 위해 사용했다.)

d. The Browns **appropriated** money for their son's education. (브라운씨 부부는 돈을 그들의 아들 교육을 위해 따로 떼어놓았다.)

e. The legislature **appropriated** the funds for the construction of the university library. (그 입법부는 그 기금을 그 대학 도서관 건립을 위해 책정했다.)

1.3. 다음 주어는 목적어를 자신을 위해 쓴다.

(3) a. He is suspected of having **appropriated** government funds. (그는 정부 기금을 자신을 위해 유용했다고 의심을 받고 있다.)

b. Let no one **appropriate** a common benefit. (아무도 공동 이익금을 유용하지 마시오.)

c. He **appropriated** my seat when I got up for a drink of water. (그는 내가 물을 마시기 위해 자리를 비웠을 때 내 자리를 차지했다.)

1.4. 다음은 수동태 문장으로 주어는 배정된다.

(4) a. 2 million dollars have been **appropriated** for research into the disease. (2백만 달러가 그 병을 연구하기 위해 책정되었다.)

b. Some money was **appropriated** for a new road into the town. (얼마간의 돈이 그 읍내로 들어오는 새 길을 위해 책정되었다.)

1.5. 다음은 「생각은 돈」의 은유가 적용된 예이다.

(5) a. Don't **appropriate** others' ideas. (남의 아이디어를 도용하지 마라.)

b. They **appropriated** my ideas as their own. (그들은 나의 아이디어를 그들 자신들의 것처럼 도용했다.)

approve

이 동사의 개념 바탕에는 좋다고 평가하여 승인하는 과정이 있다.

1. 타동사 용법

1.1. 다음 주어는 목적어를 승인한다.

(1) a. The Senate **approved** a plan for federal funding of local housing programs. (상원은 지방 주택 프로그램의 연방 기금 지원을 위한 계획을 승인했다.)

b. The Senate **approved** the treaty. (상원은 그 조약을 승인했다.)

c. Congress **approved** the budget. (의회는 그 예산을 승인했다.)

d. The court **approved** the sale of the property. (그 법정은 그 자산의 매각을 승인했다.)

1.2. 다음 주어는 목적어를 좋다고 인정한다.

(2) a. The author **approved** the editor's changes. (그 작가는 편집자의 수정을 찬성했다.)

b. I **approve** your plan. (나는 너의 계획을 찬성한다.)

c. I can't **approve** rude behavior. (나는 무례한 행동을 찬성할 수 없다.)

1.3. 다음은 수동태 문장으로 주어는 승인된다.

(3) a. The motion was unanimously **approved**. (그 제안은 만장일치로 승인되었다.)

b. The treaty was **approved** by votes 50 to 25. (그 조약은 50 대 25의 투표 결과에 의해 승인되었다.)

1.4. 다음 주어는 그 자체가 목적어를 보여준다.

(4) a. The result **approved** his righteousness. (그 결과는 그의 정당함을 입증했다.)

b. The action **approved** his courage. (그 행동은 그의 용기를 입증했다.)

1.5. 다음 목적어는 재귀대명사이다. 주어는 자신을 좋게 평가될 수 있음을 보여준다.

(5) a. The idea **approved** itself to me. (그 생각은 그 자체를 나에게 입증했다.)

b. He has **approved** himself worthy of confidence. (그는 자신을 믿어도 되는 사람으로 입증했다.)

c. He **approved** himself a good student. (그는 자신을 좋은 학생으로 입증했다.)

2. 자동사 용법

2.1. 다음 주어는 of의 목적어가 좋다고 생각한다.

(6) a. Do you **approve** of my idea? (당신은 내 아이디어에 찬성합니까?)

b. He doesn't **approve** of my leaving school this year. (그는 내가 올해 학교를 떠나는 것을 찬성하지 않는다.)

c. My parents didn't **approve** of my friends. (나의 부모님은 내 친구들을 인정하지 않았다.)

d. The parents did not **approve** of her marriage. (그 부모님은 그녀의 결혼을 인정하지 않았다.)

approximate

이 동사의 개념 바탕에는 가까이 가는 과정이 있다.

1. 타동사 용법

1.1. 다음 주어는 목적어에 가까이 간다.

(1) a. He **approximated** the idea of a perfect leader. (그는 완벽한 지도자의 그 이상에 접근했다.)

b. The number **approximates** three thousands. (그 수는 3,000에 접근한다.)

c. The gas **approximates** air. (그 가스는 공기와 비슷하다.)

d. The total cost will **approximate** five million dollars. (그 총 비용은 5백만 달러에 접근한다.)

e. The picture frame **approximates** the size of the picture. (그 그림 액자는 그 그림의 크기에 접근한다.)

f. The costume **approximates** authentic 17th century dress. (그 의상은 실제 17세기 옷에 접근한다.)

1.2. 다음 주어는 목적어를 to의 목적어에 접근시킨다.

(2) a. He **approximated** it to perfection. (그는 그것을 완벽에 가깝게 했다.)

b. He **approximated** the two surfaces. (그는 그 두 개의 표면을 접근시켰다.)

1.3. 다음 주어는 목적어를 개략적으로 계산한다.

(3) a. He **approximated** the distance two miles. (그는 그 거리를 대략 2마일로 어림했다.)

b. Can you **approximate** the distance from here to

Seoul?(당신은 여기부터 서울까지의 거리를 어림잡을 수 있습니까?)

c. **Approximate** the time that will take to finish. (끝내는 데 걸리는 그 시간을 어림잡아 보세요.)

2. 자동사 용법

2.1. 다음 주어는 to의 목적어에 가깝다.

(4) a. His account **approximated** to the truth. (그의 설명은 진실과 거의 같았다.)

b. Your story only **approximates** to the real facts. (네 이야기는 그 실제 사실과 비슷할 뿐이다.)

c. Rainfall during the period **approximated** to the yearly average. (그 기간 동안의 강우량은 연평균 강우량에 가까웠다.)

d. His notions didn't **approximate** to reality. (그의 생각은 현실에 가깝지 않았다.)

arch

이 동사의 개념 바탕에는 arch의 명사 '궁형'이 있다. 동사의 의미는 이 명사의 모양과 관계가 있다.

1. 타동사 용법

1.1. 다음 주어는 목적어를 활 모양으로 만든다.

(1) a. She stretched her arm and **arched** her back. (그녀는 그녀의 팔을 쭉 뻗고 그녀의 등을 활처럼 구부렸다.)

b. The horse **arched** its back. (그 말은 그의 등을 활처럼 구부렸다.)

1.2. 다음 주어는 목적어를 궁형으로 그린다.

(2) a. The rainbow **arched** the sky.
(그 무지개는 그 하늘을 호로 그렸다.)

b. The bridge **arched** the river.
(그 다리는 그 강 위를 호로 그리듯 놓여 있었다.)

2. 자동사 용법

2.1. 다음 주어는 over의 목적어 위에 걸친다.

(3) a. The row of trees **arched** over the driveway. (그 줄지어 서 있는 나무들은 그 진입로를 아치처럼 덮었다.)

b. The bird's wings **arched** over the chicks. (그 새의 날개가 그 어린 새끼를 아치모양으로 덮었다.)

c. The sky **arched** overhead. (그 하늘이 머리 위에 아치처럼 드리워져 있었다.)

argue

이 동사의 개념 바탕에는 논의하는 과정이 있다.

1. 타동사 용법

1.1. 다음 주어는 목적어를 논의한다. 목적어는 논의되는 쟁점이다.

(1) a. I can't **argue** the point because I don't know anything about it. (나는 그 문제에 대해서 아는 것이 없기 때문에 그 점을 논의할 수 없다.)

b. She **argued** her case very clearly. (그녀는 그녀의 사건을 매우 확실하게 주장했다.)

c. He **argued** his position. (그는 그의 입장을 주장했다.)

d. It is no use **arguing** the question further. (그 문제를 더 이상 논의해 봤자 소용없다.)

e. They are **arguing** the question. (그들은 그 문제에 대해 논의하고 있다.)

f. It is difficult to **argue** the matter without hurting her feelings. (그녀의 맘을 상하게 하지 않고서 그 문제를 논의하기란 힘들다.)

g. We **argued** politics. (우리는 정치를 토론했다.)

1.2. 다음 주어는 that-절의 내용을 주장한다.

(2) a. I **argued** that the vacant lot should be turned into a park. (나는 그 공지가 공원이 되어야 한다고 주장했다.)

b. He **argued** that the earth is round. (그는 지구가 둥글다고 주장했다.)

1.3. 다음에서 주어는 논의를 해서 목적어를 제거한다.

(3) a. If there's a dispute, we'll **argue** it out. (만약 다툼이 있으면, 우리는 그것을 논의하여 없앨 것이다.)

b. He **argued** the whole matter out. (그는 그 모든 문제를 끝까지 논의했다.)

c. He tried to **argue away** her misunderstanding/ his mistake. (그는 그녀의 오해/그의 실수를 논의해서 없애려고 했다.)

1.4. 다음 주어는 목적어를 설득시켜서 into의 목적어(동명사)가 가리키는 일을 하게 한다.

(4) a. She **argued** me into complying with her wish. (그녀는 나를 설득하여 그녀의 소망에 따르도록 했다.)

b. I'll try to **argue** him into going/leaving. (나는 그를 설득하여 가도록/떠나도록 할 것이다.)

c. I **argued** him into joining the club/attending the party. (나는 그를 설득하여 그 모임에 참가/그 파티에 참석하도록 했다.)

d. You can't **argue** me into believing what you say. (너는 나를 설득하여 네가 말한 것을 내가 믿게 할 수 없다.)

e. They **argued** him into withdrawing their complaint. (그들은 그를 설득하여 그들의 불만을 거두도록 했다.)

f. He **argued** his son into sweater. (그는 그의 아들에게 스웨터를 입도록 했다.)

1.5. 다음 주어는 목적어를 설득시켜서 어떤 일을 하지 않게 한다.

(5) a. I had **argued** him out of smoking. (나는 그를 설득하여 금연을 하도록 했다.)

b. I **argued** him out of leaving his job. (나는 그를 설득하여 그의 일을 그만두지 않도록 했다.)

c. I **argued** her out of going skiing. (나는 그녀를 설득하여 스키를 타러 가지 않도록 했다.)

d. He **argued** me out of the plan. (그는 나를 설득하여 그 계획을 하지 않도록 했다.)

e. I **argued** him out of his opinions. (나는 그를 설득하여 그의 의견을 버리게 했다.)

1.6. 다음 주어는 목적어는 that-절을 입증한다.

(6) a. Her clothes **argue** that she is rich. (그녀의 옷은 그녀가 부자라는 사실을 입증해준다.)

b. His behavior **argues** that he is selfish. (그의 행동은 그가 이기적이라는 사실을 입증한다.)

c. His essay **argues that** death penalty should be abolished.(그의 논문은 사형 제도가 폐지되어야 한다고 주장한다.)

d. His house **argues that** he is poor.(그의 집은 그가 가난하다는 사실을 입증한다.)

e. Her accent **argues that** she was born abroad.(그녀의 억양은 그녀가 외국에서 태어났음을 입증한다.)

1.7. 다음 주어는 목적어를 뒷받침한다.

(7) a. His accent **argues** him to be a foreigner.(그의 억양은 그가 외국인임을 보여준다.)

b. Her clothes **argue** her to be rich.(그녀의 옷은 그녀가 부유함을 입증한다.)

c. The very act **argues** him to be a rogue.(바로 그 행동이 그가 사기꾼임을 입증한다.)

1.8. 주어는 목적어에 대한 증거가 된다.

(8) a. Her clothes **argue** richness.(그녀의 옷이 부유함을 입증한다.)

b. These buried ruins **argue** the existence of an earlier civilization.(이들 폐허는 이전의 문명이 존재했음을 입증한다.)

c. His behavior **argues** selfishness in him.(그의 행동은 그 속의 이기심을 입증한다.)

d. His statement **argues** a high level of police involvement.(그의 말은 고위층의 경찰 개입을 입증한다.)

e. His unshaven face **argues** his indolence.(그의 수염 깎지 않은 얼굴은 그의 게으름을 입증한다.)

f. Her manners **argue** good upbringing.(그녀의 예의범절은 훌륭한 가정교육을 입증한다.)

2. 자동사 용법

2.1. 다음 주어는 전치사 about의 목적어에 대해서 다툰다.

(9) a. They are **arguing about** who should sit in front.(그들은 누가 앞에 앉을 것인지에 대해 다투고 있다.)

b. Will you children stop **arguing about** whose toy it is?(얘들아, 장난감이 누구 것인지 싸우는 것 좀 그만할 수 없겠니?)

2.2.1. 다음의 주어는 복수이거나 단수이다. 복수일 때는 논쟁하는 사람들을 동시에 표현하고, 단수일 때는 논쟁의 상대가 전치사 with로 표현되어 있다.

(10) a. His parents always **argue with** each other.(그의 부모님은 언제나 서로 논쟁을 한다.)

b. We **argued with** each other about the best place for a holiday.(우리는 서로 휴일에 가장 좋은 장소에 대해 말싸움했다.)

c. He **argued with** his father about/on the matter.(그는 그의 아버지와 그 문제에 대해 논쟁을 했다.)

d. He **argued with** his friends about the best method.(그는 그의 친구들과 최선의 방법에 대해서 논쟁했다.)

e. I hate **arguing with** my friends over money.(나는 나의 친구들과 돈에 대해서 말싸움하기를 싫어한다.)

f. She is very stubborn; she is not to be **argued with**.(그녀는 매우 고집이 세다. 그래서 논쟁을 할 수 없는 대상이다.)

2.2.2. 다음 주어는 전치사 with의 목적어에 대해서 논의한다.

(11) a. I can't **argue with** that.(나는 그것에 대해 논의할 수 없다.)

b. He's a really successful man--you can't **argue with** that.(그는 정말 성공한 사람이다--그에 대해 아무도 이의를 제기할 수 없을 것이다.)

2.3. 다음 주어는 어떤 주제에 대해서 찬성이나 반대를 한다.

(12) a. He **argued in favor of** capital punishment.(그는 사형 제도에 찬성하는 논의를 했다.)

b. I **argued on** her behalf.(나는 그녀 편을 들어 논의했다.)

c. They **argued for/against** the passage of the bill.(그들은 그 법안 통과에 찬성하여/반대하여 논의했다.)

d. The villagers **argued for/against** a new road.(그 마을 사람들은 새 길에 대해 찬성하여/반대하여 논의했다.)

e. The next speaker **argued for/against** the plan.(그 다음 연사는 그 계획에 찬성/반대하는 논의를 했다.)

f. They **argued for** the right to strike.(그들은 파업을 할 그 권리를 찬성하는 논의를 했다.)

g. He **argued for/against** the proposal.(그는 그 제안에 찬성/반대를 하는 논의를 했다.)

h. Some politicians **argued against** giving women the vote.(몇몇 정치인들이 여성에게 투표권을 주는 것에 반대하는 논의를 했다.)

i. We **argued against** building a new dam.(우리는 새로운 댐을 만들 것에 반대하는 논의를 했다.)

arise

이 동사의 개념 바탕에는 일어나는 과정이 있다.

1. 자동사 용법

1.1. 다음 주어는 자리에서 일어난다.

(1) a. He **arose from** the chair.(그는 그 의자에서 일어났다.)

b. The audience **arose** and applauded.(그 청중은 자리에서 일어나 박수갈채를 보냈다.)

c. Smoke **arose from** the chimney.(연기가 그 굴뚝에서 일었다.)

d. We **arose** at seven in the morning.(우리는 아침 7시에 일어났다.)

1.2. 다음 주어는 일어나거나 생긴다.

(2) a. As we sped down the highway, the lights of the city **arose** before us.(우리가 그 고속도로 아래로 달려 내려갈 때, 그 도시의 불빛이 우리 앞에 펼쳐졌다.)

b. A heavy storm **arose**.(거센 폭풍이 일었다.)

c. Something unexpected **arose** at the office.(예기치 않았던 어떤 일이 그 사무실에 생겼다.)

d. Several new industries **arose** in the city.(몇 개의 새 산업들이 그 도시에서 일어났다.)

e. Accidents **arise from** carelessness.(사고는 부주의로부터 생긴다.)

f. What consequence will **arise from** this?(이것으로

부터 어떤 결과가 일어날 것인가?)

1.3. 다음 주어는 추상적이나 구체적으로 개념화되어 일어나는 것으로 표현되어 있다.

(3) a. Emotional problems can **arise** from a physical cause.(정서적인 문제들이 신체적인 한 원인에서 일어날 수 있다.)

　b. Should the opportunity **arise**, I'd love to go to Hawaii.(만약 그 기회가 생긴다면, 나는 하와이에 가고 싶다.)

　c. Could you work on Sunday, should the need **arise**?(만약 필요가 생기면, 당신은 일요일에도 일할 수 있습니까?)

　d. A crisis has **arisen** in the office.(위기 상황이 그 사무실에 일어났다.)

　e. Can we begin by discussing matters **arising** from the last meeting?(지난번 회의에서 일어났던 문제들을 토론하면서 시작할 수 있을까요?)

arm

이 동사의 개념 바탕에는 arm의 명사 '무기'가 있다. 동사의 의미는 이 명사의 쓰임과 관계가 있다.

1. 타동사 용법

1.1. 다음 주어는 목적어를 무장시킨다.

(1) a. They **armed** their troops.(그들은 그들의 군대를 무장시켰다.)

　b. The knight **armed** himself for battle.(그 기사는 전투를 위해 자신을 무장했다.)

　c. The gun manufacturer **armed** the rebels.(그 총기 제조자는 그 반란군을 무장시켰다.)

1.2. 다음 주어는 목적어를 with의 목적어로 무장시킨다.

(2) a. The crowd **armed** themselves **with** sticks and stones.(그 군중은 막대와 돌로 무장했다.)

　b. I **armed** myself **with** a shotgun.(나는 엽총으로 무장했다.)

　c. He **armed** himself **with** a baseball bat before going out.(그는 밖으로 나가기 전에 야구 방망이로 무장했다.)

　d. She **armed** herself for the meeting **with** all the latest statistics.(그녀는 그 회의를 위해 최신 통계로 무장했다.)

1.3. 다음 주어는 목적어에 with의 목적어를 장착한다.

(3) a. They **armed** the torpedo **with** a warhead.(그들은 그 수뢰에 탄두를 장착했다.)

　b. They **armed** the missile **with** a nuclear warhead.(그들은 그 미사일을 핵탄두로 장착했다.)

2. 자동사 용법

2.1. 다음 주어는 싸울 준비를 한다.

(4) a. The country is **arming** for war.(그 국가는 전쟁에 대비하여 무장하고 있다.)

　b. The soldiers **armed** for battle.(그 군인들은 전투를 위해 무장했다.)

　c. The country is **arming** against its neighbor.(그 국가는 그의 이웃나라에 맞서 싸울 태세를 하고 있다.)

　d. Let's **arm against** injustice.(부정에 맞서 싸울 태세를 취하자.)

arrange

이 동사의 개념 바탕에는 정렬하는 과정이 있다.

1. 타동사 용법

1.1. 다음 주어는 목적어를 정렬한다.

(1) a. She **arranged** the cards along the shelf.(그녀는 그 선반을 따라 카드들을 정렬하였다.)

　b. The artist **arranged** his paintings for the exhibit.(그 예술가는 그의 그림들을 그 전시회를 위해 정렬하였다.)

　c. He **arranged** the boxes to be stored.(그는 보관될 상자들을 정렬했다.)

　d. She **arranged** her papers on the desk.(그녀는 그녀의 논문들을 책상 위에 정렬했다.)

　e. They've asked me to **arrange** the flowers for the wedding/in a vase.(그들은 나에게 결혼식을 위한/꽃병에 꽃을 꽃꽂이 해달라고 부탁했다.)

　f. She **arranged** the flowers attractively/in neat rows.(그녀는 꽃들을 매력적으로/깔끔한 열로 정렬했다.)

　g. I've **arranged** my CDs in alphabetical order.(나는 나의 CD들을 알파벳 순서로 정렬했다.)

　h. She **arranged** the furniture in the room.(그녀는 그 방에 있는 가구들을 정렬했다.)

1.2. 다음은 수동태 문장으로 주어는 정렬된다.

(2) a. A number of seats have been **arranged** before the painting.(많은 의자들은 페인트칠 전에 정렬되었다)

　b. The books are **arranged** on the shelves in alphabetical order.(그 책들은 그 선반 위에 알파벳 순으로 정렬되어 있다.)

1.3. 다음 목적어는 추상적 개체이지만, 이들도 구체적 개체나 마찬가지로 정렬될 수 있는 것으로 개념화된다. 주어는 목적어를 정렬한다.

(3) a. Before going away, he **arranged** his business affairs.(떠나기 전에, 그는 그의 사업 일들을 정렬했다.)

　b. The dealer **arranged** prices for the items.(그 상인은 그 상품들의 가격을 정했다.)

　c. He **arranged** the details of the talk.(그는 그 회담의 세부 사항들을 정리했다.)

　d. I am trying to **arrange** my work so that I can have a few days' holiday next week.(나는 다음 주에 며칠간 휴일을 가질 수 있도록 나의 일을 정리하고자 노력한다.)

　e. Don't worry; I've **arranged** everything with the management.(걱정마라. 나는 경영진과 모든 것을 조정했어.)

1.4. 다음 목적어는 개체가 정렬이나 정돈되는 장소이다. 주어는 목적어를 정돈한다.

(4) She **arranged** the dining room for supper.(그녀는 저녁을 위해 그 식당을 정렬했다.)

1.5. 다음 주어는 목적어를 정렬하여 만든다.

(5) a. He **arranged** a reconciliation. (그는 화해를 마련했다.)

b. Bob **arranged** a party for Tom's birthday. (밥은 탐의 생일을 위해 파티를 준비했다.)

c. What time is the meeting **arranged**? (그 모임은 몇 시에 잡혔나요?)

d. Please **arrange** a meeting with the director for next week. (다음 주 감독과 만나는 모임을 마련해 주세요.)

e. He **arranged** an appointment for Saturday. (그는 토요일 약속을 잡았다.)

f. They **arranged** a fishing trip to Vancouver. (그들은 벤쿠버로 가는 낚시 여행을 마련했다.)

g. The travel agent **arranges** transportation for the tourists. (그 여행사 직원은 그 관광객들을 위해 교통을 마련한다.)

h. Can you **arrange** a ride to the airport? (당신이 그 공항까지 승차를 마련해 주겠소?)

i. The lawyers **arranged** a purchase agreement between the two businessmen. (그 변호사들은 그 두 사업가 사이에 매매 계약을 마련했다.)

j. I **arranged** the airline reservation for my trip. (나는 나의 여행을 위한 항공 예약을 했다.)

1.6. 다음은 수동태 문장으로 주어는 생겨난다.

(6) a. I believe a bank loan can be **arranged**. (나는 은행 대출이 마련될 수 있다고 믿는다.)

b. A marriage has been **arranged** between Mr. Kim and the old spinster. (김씨와 그 노처녀 사이에 결혼이 주선되었다.)

c. The meeting has been **arranged** for Tuesday. (모임은 화요일로 잡혔다.)

1.7. 다음 주어는 목적어를 조정한다.

(7) She often **arranges** disputes/differences between the two boys. (그녀는 종종 그 두 소년 사이의 다툼/불화들을 조정한다.)

1.8. 다음 주어는 that-절의 내용을 마련한다.

(8) a. I'd deliberately **arrange that** they all arrive at the same time. (난 그들이 모두 같은 시간에 도착하도록 고의적으로 조정하겠다.)

b. She **arranged that** we would all meet them there. (그녀는 우리가 모두 거기에서 그들을 만나도록 준비했다.)

c. I've **arranged that** one of our representatives will meet you at the airport. (나는 우리의 대표 중 한 명이 공항에서 당신을 만나도록 준비했다.)

d. It was **arranged that** the members would meet for lunch. (그 회원들이 점심 때 만나기로 마련되어 있었다.)

e. We still have to **arrange where** to meet. (우리는 여전히 어디서 만날 것인지 정해야 한다.)

f. We still have to **arrange how** to get home. (우리는 여전히 어떻게 집에 가는지 정해야 한다.)

1.9. 다음은 수동태 문장으로 주어는 마련된다.

(9) a. It was suddenly **arranged that** he should come back. (갑자기 그가 돌아오도록 정해졌다.)

b. It is **arranged that** he will come back next week. (그가 다음주에 돌아올것으로 계획되어 있다.)

1.10. 다음 주어는 목적어를 만든다. 목적어는 곡이다.

(10) a. The composer **arranged** the music score for piano and violin. (그 작곡가는 그 악보를 피아노와 바이올린 용으로 각색했다.)

b. The conductor **arranged** the music for a duet. (그 지휘자는 그 음악을 듀엣으로 설정했다.)

c. He **arranged** the piano music for orchestra. (그는 그 피아노 음악을 오케스트라용으로 각색했다.)

d. He **arranged** the novel for the stage. (그는 그 소설을 무대용으로 각색했다.)

1.11. 다음은 수동태 문장으로 주어는 편곡된다.

(11) a. The violin solo has been **arranged for** the guitar. (그 바이올린 독주는 기타를 위해 편곡되었다.)

b. The symphony was **arranged for** the piano. (그 교향곡은 피아노를 위해 편곡되었다.)

2. 자동사 용법

2.1. 다음 주어는 전치사 for의 목적어가 어떤 일을 하도록 한다.

(12) a. We **arranged for** them to deliver the newspaper. (우리는 그들이 그 신문 배달을 하도록 했다.)

b. I **arranged for** a doctor to see him. (나는 의사가 그를 진찰하도록 주선했다.)

c. We **arranged for** a cab to pick us up here. (우리는 택시가 여기에서 우리를 태워가도록 했다.)

d. She **arranged for** her son to have swimming lessons. (그녀는 자기 아들이 수영 교습을 받도록 했다.)

e. We've **arranged for** the bus to pick us up. (우리는 그 버스가 우리를 태워가도록 주선했다.)

f. I will **arrange for** some to take you around. (나는 누군가 너를 이곳저곳 구경시키게 준비하겠다.)

g. I will **arrange for** a car to meet you at the station. (나는 차가 당신을 역에서 맞이하도록 하겠다.)

2.2. 다음 주어는 부정사가 가리키는 과정이 일어나도록 준비를 한다.

(13) a. We **arranged** to be there at 6:30. (우리는 6시 30분에 거기에 있기로 했다.)

b. We **arranged** to meet at the theater. (우리는 그 극장에서 만나기로 했다.)

c. They **arranged** to have dinner on Thursday. (그들은 목요일에 저녁식사를 하기로 했다.)

d. We **arranged** to meet them at the station. (우리는 그들을 그 역에서 만나기로 했다.)

2.3. 다음 주어는 전치사 with의 목적어와 같이 준비를 한다.

(14) a. We **arranged with** them to meet at the store. (우리는 그들과 그 가게에서 만나기로 했다.)

b. We **arranged with** our friends to visit them next week. (우리는 우리 친구들과 다음 주에 그들을 방문하기로 했다.)

c. I've **arranged with** the electrician to call tomorrow. (나는 그 전기 기사와 내일 연락하기로 했다.)

d. He **arranged with** the grocer for regular

deliveries.(그는 그 식품 가게 주인과 정기 배달을 하기로 했다.)

    e. The company **arranged with** the union to grant more holidays.(그 회사는 그 노동조합과 더 많은 휴일을 허용하기로 했다.)

2.4. 다음 주어는 전치사 for의 목적어가 일어나도록 준비를 한다.

(15) a. We **arranged for** the delivery of the newspaper. (우리는 그 신문 배달을 위한 조치를 취했다.)

    b. We **arranged for** starting early/hiking.(우리는 일찍 출발하기로/하이킹하기로 했다.)

2.5. 다음 주어는 for의 목적어를 마련한다.

(16) a. I've **arranged for** a taxi/a baby-sitter.(나는 택시/애기보는 이를 마련했다.)

    b. Let's **arrange for** a conference.(회의를 준비합시다.)

array

이 동사의 개념 바탕에는 정렬해서 꾸미는 과정이 있다.

1. 타동사 용법

1.1. 다음 주어는 목적어를 꾸민다.

(1) a. He **arrayed** him in all his finery.(그는 그를 온갖 아름다운 장식품으로 치장했다.)

    b. The bride **arrayed** the bridemaid in lace and ribbons.(그 신부는 그 신부 들러리를 레이스와 리본으로 치장했다.)

1.2. 다음은 수동태 문장으로 주어는 치장된다.

(2) The king and queen were **arrayed** in elegant robes.(그 왕과 왕비는 우아한 예복으로 차려입었다.)

1.3. 다음 주어는 목적어를 정렬한다.

(3) a. **Array** the flowers so that the colors are mixed together.(색깔이 서로 잘 섞이도록 그 꽃들을 배열해라.)

    b. He **arrayed** the troops for battle.(그는 전투를 위해 그 군대를 정렬시켰다.)

1.4. 다음은 수동태 문장으로 주어는 정렬된다.

(4) a. The gifts were **arrayed** on the table so that everyone could see them.(모든 사람들이 잘 볼 수 있도록 그 선물들은 그 탁자 위에 정렬되어 있었다.)

    b. Jars of all shapes were **arrayed** on the shelves. (온갖 모양의 병들이 그 선반 위에 정렬되어 있었다.)

    c. A large number of magazines were **arrayed** on the shelf in the shop.(많은 잡지들이 그 가게 그 선반 위에 정렬되어 있었다.)

    d. **Arrayed** before him were 20 school children in purple and green.(그 앞에는 20명의 학생들이 보라색과 초록색 옷을 입고 정렬되어 있었다.)

arrest

이 동사의 개념 바탕에는 움직임을 막거나 막아서 잡는 과정이 있다.

1. 타동사 용법

1.1. 다음 주어는 목적어를 체포한다.

(1) a. He **arrested** the man for murder.(그는 그 남자를 살인죄로 체포했다.)

    b. Police **arrested** 10 demonstrators.(경찰은 10명의 시위자들을 체포했다.)

1.2. 다음은 수동태 문장으로 주어는 체포된다.

(2) a. He was **arrested** for dangerous driving.(그는 난폭한 운전으로 체포되었다.)

    b. They were wrongly **arrested**.(그들은 부당하게 체포되었다.)

1.3. 다음 주어는 목적어의 흐름이나 진전을 막는다.

(3) a. The dam **arrested** the current of the river.(그 댐은 그 강의 물살을 막았다.)

    b. The loss of funding **arrested** the scientist's progress.(그 자금 손실은 그 과학자의 연구 진행을 막았다.)

    c. The drug **arrested** the progress of the disease.(그 약은 그 병의 진행을 막았다.)

    d. The new drug **arrests** tuberculosis.(그 신약은 결핵을 저지한다.)

1.4. 다음 주어는 목적어를 끌어 잡는다.

(4) a. Her warning tone **arrested** my attention.(그녀의 경고 띤 어조가 내 주의를 끌었다.)

    b. A beautiful bird **arrested** my eyes.(한 아름다운 새가 나의 시선을 끌었다.)

2. 자동사 용법

(5) He **arrested** in the ambulance on the way to the hospital.(그는 그 병원으로 가는 길에 그 앰블런스 안에 꼼짝없이 있었다.)

arrive

이 동사의 개념 바탕에는 목적지에 도착하는 과정이 있다.

1. 자동사 용법

1.1. 다음 주어는 전치사 at의 목적어에 도착한다.

(1) a. We **arrived at** the hotel after midnight.(우리는 그 호텔에 자정이 넘어서 도착했다.)

    b. He **arrived at** the platform at seven.(그는 그 플랫폼에 일곱시에 도착했다.)

    c. The train **arrived at** the station.(그 기차가 그 역에 도착했다.)

    d. We **arrived at** the village.(우리는 그 마을에 도착했다.)

    e. They have just **arrived** from their trip.(그들은 그들의 여행에서 방금 도착했다.)

    f. The package hasn't **arrived** yet.(그 짐은 아직 도착하지 않았다.)

    g. What time does the mail usually **arrive**?(보통 몇 시에 그 우편물은 도착합니까?)

1.2. 다음 주어는 전치사 in이나 on의 목적어에 이른다.

(2) a. We **arrived in** Boston.(우리는 보스톤에 도착했다.)

    b. Early humans **arrived in** this area over 25,000

years ago.(초기의 인류는 이 지역에 2,5000년 보다 더 전에 도착했다.)

c. What time does the plane **arrive in** New York?(몇 시에 그 비행기는 뉴욕에 도착합니까?)

d. A detective **arrived on** the scene of the crime.(형사가 그 범죄 현장에 도착했다.)

e. The police **arrived on** the scene too late.(그 경찰은 현장에 너무 늦게 도착했다.)

1.3. 다음 주어는 어떤 시점에 이른다.

(3) a. He has **arrived at** the age of 60.(그는 60세에 이르렀다.)

b. He has **arrived at** the age of discretion.(그는 분별의 나이에 이르렀다.)

c. He **arrived at** man's estate.(그는 성년기에 도달했다.)

d. The pianist **arrived at** the age of 25.(그 피아니스트는 25세에 이르렀다.)

e. His son **arrived at** school age.(그의 아들은 학교에 입학할 나이에 이르렀다.)

1.4. 다음 주어는 전치사 at의 목적어에 이른다. 목적어는 상태이다.

(4) a. Have you **arrived at** a decision?(어떤 결정에 도달했습니까?)

b. They **arrived at** a compromise.(그들은 타협에 이르렀다.)

c. He **arrived at** perfection.(그들은 완성에 이르렀다.)

d. At last they **arrived at** a conclusion/a conviction.(마침내 그들은 결론/확신에 도달했다.)

e. They eventually **arrived at** a satisfactory compromise.(그들은 마침내 만족스런 타협에 이르렀다.)

f. He **arrived at** an interesting idea.(그는 흥미로운 생각에 이르렀다.)

1.5. 시간은 움직이는 개체로 은유화된다. 다음 주어는 움직여서 어떤 시점에 이른다.

(5) a. The time will **arrive** when we will travel to the moon.(우리가 달로 여행갈 때가 올 것이다.)

b. The time for action has **arrived**.(행동할 시간이 도래했다.)

c. The moment of truth has **arrived**.(진실의 순간이 왔다.)

d. The day of our examination **arrived** too soon.(우리의 시험 날짜가 너무 빨리 도래했다.)

e. Autumn has **arrived** early this year.(가을은 금년에 일찍 왔다.)

f. The day has **arrived**.(그 날이 왔다.)

g. Turtles come out when warm weather **arrives**.(거북이들은 따뜻한 날씨가 오면 밖으로 나온다.)

1.6. 다음 주어는 as의 목적어가 가리키는 상태로 등장한다.

He has **arrived** as a novelist/as a writer/as an artist.(그는 소설가/작가/미술가로 명성을 얻었다.)

1.7. 다음은 「인생은 여행이다」의 은유로 생겨난 표현이다. 다음 주어는 세상에 태어난다.

(7) a. The twins **arrived** early this year.(그 쌍둥이는 금년 초에 태어났다.)

b. The baby **arrived** near dawn.(그 아기는 새벽녘이 다 되어서 태어났다.)

c. Women's tights didn't **arrive** on the market as everyday wear till the 1960s.(여성들의 타이츠는 1960년대까지는 일상복장으로 시장에 나타나지 않았다.)

d. Since computer games **arrived**, children don't play outside.(컴퓨터 게임이 나온 이후, 아이들은 밖에서 놀지 않는다.)

ascend

이 동사의 개념 바탕에는 오르는 과정이 있다.

1. 타동사 용법

1.1. 다음 주어는 목적어를 오른다.

(1) a. Jane **ascended** the mountain.(제인은 산에 올라갔다.)

b. He **ascended** a steep hill/slope.(그는 가파른 언덕/산비탈을 올라갔다.)

c. He **ascended** the stairs.(그는 층계를 올라갔다.)

d. The queen **ascended** the throne after the death of her father. (그 여왕은 그녀의 아버지가 죽은 후 왕위에 올랐다.)

2. 자동사 용법

2.1. 다음 주어는 위로 오른다.

(2) a. A current of warm air **ascended** from the street.(따뜻한 기류가 거리로부터 올라왔다.)

b. The balloon **ascended** high up in the sky.(그 풍선이 하늘로 높이 올라갔다.)

c. The elevator **ascended** slowly.(그 엘리베이터가 천천히 올라갔다.)

d. The divers **ascended** to the surface of the water. (그 잠수부들은 그 물의 표면으로 올라왔다.)

1.3. 다음 주어는 강물을 거슬러 올라간다.

(3) He **ascended** against the stream.(그는 그 강물을 거슬러 올라갔다.)

1.4. 다음은 「업적은 산이다」의 은유가 적용된 표현이다.

(4) He **ascended** to the peak of sporting achievement.(그는 스포츠 업적의 정상까지 올랐다.)

1.5. 다음 주어는 움직이지 않는다. 전체의 형상을 눈으로 따라가면 올라간다.

(5) The path **ascends** here.(그 길은 여기서 오른다.)

1.6. 다음 주어는 조직체 속에서 위로 올라간다.

(6) He **ascended** rapidly in the company hierarchy.(그는 그 회사 조직에서 빠르게 승진했다.)

ascertain

이 동사의 개념 바탕에는 연구, 조사, 실험 등과 같은 절차를 통해서 확실하게 알아내는 과정이 있다.

1. 타동사 용법

1.1. 다음 주어는 목적어를 확실하게 밝힌다.

(1) a. I want to **ascertain** your wishes.(나는 너의 소원을

확실히 밝히고 싶다.)

b. The police never **ascertained** the true facts.(경찰은 그 진실들을 전혀 확인하지 않았다.)

c. We tried hard to **ascertain** the facts in this case.(우리는 이번 경우에 그 사실들을 확인하기 위해 열심히 노력했다.)

d. Did the doctor **ascertain** the cause of your pain?(그 의사는 너의 아픔의 원인을 밝혀 냈느냐?)

1.2. 다음 의문사가 이끄는 절은 주어가 확인하는 내용이다.

(2) a. The police are trying to **ascertain what** really happened.(경찰은 무엇이 정말 일어났는지 확인하기 위해 노력중이다.)

b. Could you **ascertain whether** she's coming to the meeting?(그녀가 모임에 올 것인지 확인해 주시겠습니까?)

1.3. 다음 that-절은 주어가 확인하는 내용이다.

(3) a. The students **ascertained that** the professor was not so knowledgeable.(학생들은 그 교수가 썩 박식하지 않음을 확인했다.)

b. I **ascertained that** she was among them.(나는 그녀가 그들 사이에 있음을 확인했다.)

c. We **ascertained that** she told the truth.(우리는 그녀가 그 사실을 말했음을 확인했다.)

ascribe

이 동사의 개념 바탕에는 짐작이나 추측으로 돌리는 과정이 있다.

1. 타동사 용법

1.1. 다음 주어는 목적어를 to의 목적어와 관계가 있는 것으로 생각한다.

(1) a. I **ascribe** his bad humor to his illness.(나는 그의 나쁜 기분을 그의 병 탓으로 돌린다.)

b. He **ascribed** the painting to Picasso.(그는 그 그림을 피카소의 작품으로 생각했다.)

c. The Koreans **ascribe** healing properties to this fruit.(한국인들은 치료의 속성을 이 과일에 있다고 생각한다.)

d. He **ascribed** his success to good luck.(그는 그의 성공을 행운으로 돌렸다.)

1.2. 다음은 수동태 문장으로 주어는 to의 목적어와 관계가 있는 것으로 짐작된다.

(2) a. The monument is **ascribed** to an ancient civilization.(그 기념비는 고대 문명과 관계가 있다고 짐작된다.)

b. The melody is **ascribed** to Bach.(그 선율은 바흐의 것으로 짐작된다.)

c. The poem is **ascribed** to Frost.(그 시는 프로스트의 것으로 짐작된다.)

ask

이 동사의 개념 바탕에는 어떤 일을 부탁하는 과정이 있다.

1. 타동사 용법

1.1. 다음 주어는 목적어에게 부탁하여 부정사가 가리키는 일을 하게 한다.

(1) a. They **asked** me to come soon.(그들은 나에게 곧 오라고 요청했다.)

b. I **asked** him to work hard.(나는 그에게 열심히 일하라고 부탁했다.)

c. We **asked** them to be quiet.(우리는 그들에게 조용히 하라고 요청했다.)

1.2. 다음 주어는 목적어에게 요청해서 부정사가 가리키는 일을 하게 한다.

(2) a. We **asked** him to help the boy.(우리는 그에게 그 소년을 도와주도록 요청했다.)

b. They **asked** me to finish the work soon.(그들은 나에게 그 일을 곧 끝내도록 요청했다.)

1.3. 다음에서 주어는 첫째 목적어에게 둘째 목적어를 묻는다.

(3) a. We **asked** him a question.
We **asked** him to answer a question.(우리는 그에게 질문을 했다.)

b. We **asked** her the way.
We **asked** her to show us the way.(우리는 그녀에게 길을 물었다.)

c. We **asked** them the price of the sweater.
We **asked** them to tell us the price of the sweater.(우리는 그들에게 그 스웨터 값을 물었다.)

1.4. 다음 주어는 첫째 목적어에게 둘째 목적어(if나 의문사가 이끄는 절)의 내용을 묻는다.

(4) a. I **asked** him **if** he wanted it.(나는 그가 그것을 원하는지 물었다.)

b. I **asked** her **how** he came back.(나는 그녀에게 그가 어떻게 돌아왔는지 물었다.)

c. They **asked** us **why** we shouted.(그들은 우리에게 왜 우리가 고함을 쳤는지 물었다.)

1.5. 다음 주어는 목적어를 요청하여 움직이게 한다.

(5) a. We **asked** us **out.** (cf. They **asked** us to go out.)(그들은 우리를 밖에 나가자고 했다.)

b. He **asked** them **in.** (cf. He **asked** them to come in.)(그는 그들을 들어오라고 했다.)

c. We **asked** him **to** our house for dinner.(우리는 그를 저녁을 위해 우리 집에 오도록 부탁했다.)

1.6. 다음 주어는 목적어를 요청한다.

(6) a. The students **asked** that they should not be bored.(그 학생들은 그들이 싫증이 나서는 안됨을 요구했다.)

b. He **asks** that he may be allowed to go home.(그는 자신이 집에 가게 허용되어야 한다고 요청한다.)

1.7. 다음 주어는 첫째 목적어에게 둘째 목적어를 요청한다.

(7) a. They **asked** me (to pay) 200 dollars for the computer.(그들은 나에게 그 컴퓨터의 대가로 200달러를 내라고 했다.)

b. How much do you **ask** me (to pay) for the service?(나에게 그 봉사의 대가로 얼마를 지불하게 요청하는 것입니까?)

c. I **asked** him (to do) a favor.(나는 그에게 부탁을 요청했다.)

1.8. 다음 주어는 목적어를 전치사 of의 목적어에게 요청한다.

(8) a. They **asked** 200 dollars of me.(그들은 200달러를 내게 요구했다.)

b. I **asked** a favor of him.(나는 부탁을 그에게 요청했다.)

1.9. 다음 주어는 목적어를 요청한다.

(9) a. They are **asking** $30 for the used bike.(그들은 그 중고 자전거에 대해 30 달러를 요구하고 있다.)

b. He **asked** $50,000 for his house.(그는 5만 달러를 그의 집 값으로 요구했다.)

1.10. 다음 주어는 목적어에게 요청하여 전치사 for의 목적어를 얻으려고 한다.

(10) a. We **asked** him for help.(우리는 그에게 도움을 얻기 위해서 요청했다.)

b. I **asked** them for attention.(나는 그들에게 주의를 기울이도록 요청했다.)

2. 자동사 용법

2.1. 다음 주어는 about의 목적어에 대해서 묻는다.

(11) a. We **asked** about the bus schedule.(우리는 그 버스 시간표에 대해서 물었다.)

b. I **asked** about his family.(나는 그의 가족에 대해서 물어봤다.)

assail

이 동사의 개념 바탕에는 연속적인 강타로 공격하는 과정이 있다.

1. 타동사 용법

1.1. 다음 주어는 연속적인 강타로 목적어를 공격한다.

(1) a. The troops **assailed** the fortress.(그 부대는 그 요새를 끈질기게 공격했다.)

b. The angry crowd **assailed** the police with stones and bottles.(그 화난 군중들은 경찰을 돌과 병으로 끈질기게 공격했다.)

c. Bees **assailed** the hikers.(벌들이 그 등산객들을 연속적으로 공격했다.)

1.2. 다음은 [할 일은 공격 대상] 은유가 쓰인 표현이다.

(2) He **assailed** the task.(그는 그 일을 과감히 공격했다.)

1.3. 다음은 [질문이나 비판은 무기] 은유가 쓰인 예이다. 주어는 목적어를 with의 목적어로 반복적으로 공격한다.

(3) a. He **assailed** me with questions.(그는 나를 질문으로 공격했다.)

b. The press **assailed** the candidates.(언론은 그 후보자들을 추궁했다.)

c. Angry voices **assailed** the mayor for her lack of honesty.(화난 여론은 그 시장을 정직성 부족으로 비난했다.)

d. The public **assailed** the newspaper editor for his editorial on smoking.(대중은 그 신문 편집장을 그의 흡연에 관한 사설로 비난했다.)

1.4. 다음 주어는 목적어를 공격한다.

(4) a. A vile smell **assailed** my nostrils.(지독한 냄새가 나의 콧구멍을 괴롭혔다.)

b. A loud noise **assailed** my ears.(큰 소리가 내 귀를 강타했다.)

1.5. 다음은 수동태 문장으로 주어는 공격을 받는다.

(5) a. The proposal was **assailed** by the opposition party.(그 제안은 반대 정당에 의해 공박당했다.)

b. The ship was **assailed** by a storm.(그 배는 폭풍에 의해 습격당했다.)

c. After her disappointing exam results, Kathy was **assailed** by worries about her career.(실망스러운 시험 결과 후에, 케티는 자신의 경력에 대한 걱정들로 시달림을 당했다.)

d. The congressman was **assailed** with awkward questions about the interview.(그 국회의원은 그 인터뷰의 거북한 질문들로 공박당했다.)

e. He was **assailed** by doubts/fears/problems.(그는 의혹/두려움/문제에 시달렸다.)

assassinate

이 동사의 개념 바탕에는 암살하는 과정이 있다.

1. 타동사 용법

1.1. 다음 주어는 목적어를 암살하다.

(1) a. He **assassinated** her character.(그는 그녀의 명성을 죽였다.)

b. He tried to **assassinate** the president.(그는 대통령을 암살하려고 했다.)

1.2. 다음은 수동태 무장으로 주어는 암살당한다.

(2) John F. Kennedy was **assassinated** in 1963.(케네디는 1963년에 암살되었다.)

assault

이 동사의 개념 바탕에는 공격을 하는 과정이 있다.

1. 타동사 용법

1.1. 다음 주어는 목적어를 공격한다.

(1) a. The troops **assaulted** the hilltop.(그 부대는 그 정상을 공격했다.)

b. The mugger **assaulted** the victims as they waited for the bus.(그 강도는 그의 희생자들이 그 버스를 기다릴 때 그들을 폭행했다.)

c. Loud rock music **assaulted** our ears.(시끄러운 록 음악이 우리의 귀를 공격했다.)

1.2. 다음은 수동태 문장으로 주어는 공격을 받는다.

(2) a. The congressman was **assaulted** with barrage of abuse from angry strikers.(그 국회의원은 성난 파업자들이 하는 욕설의 연속 공격을 받았다.)

b. Four women were sexually **assaulted** in the area.(네 여인들이 그 지역에서 성폭행을 당했다.)

c. Policemen were **assaulted** by young demonstrators.

(경찰들이 젊은 시위자들에 의해 폭행을 당했다.)

assay

이 동사의 개념 바탕에는 시금하는 과정이 있다. 이러한 의미는 분석, 평가에 까지 확대된다.

1. 타동사 용법

(1) The technician assayed the metal and gave the results to the prospector.(그 기사는 그 금속을 시금하여 그 결과들을 그 시굴자에게 주었다.)

2. 자동사 용법

(2) a. The ore assays high in gold.(이 광석은 금 함유가 높다.)

b. The ore sample assayed low in uranium.(그 광석 표본은 우라늄 함유가 낮았다.)

assemble

이 동사의 개념 바탕에는 한 곳에 모으는 과정이 있다.

1. 타동사 용법

1.1. 다음 주어는 목적어를 한 곳에 모은다.

(1) a. The guide assembled the tourists together.(그 안내원은 그 관광객들을 집합시켰다.)

b. He assembled his advisors.(그는 자기의 고문들을 모이게 했다.)

c. Crowds of people assembled themselves in the park.(많은 군중들이 그 공원에 스스로 모여들었다.)

d. Many distinguished persons were assembled in the garden.(많은 뛰어난 사람들이 그 정원에 모였다.)

1.2. 다음 주어는 목적어를 한 곳에 모은다. 목적어는 개체이다.

(2) a. We're leaving soon; assemble all your luggage. (우리들은 곧 떠날 것이다. 여러분의 모든 짐들을 모아라.)

b. I assembled all the ingredients for the cake.(나는 그 케이크를 만들기 위한 모든 재료들을 모았다.)

1.3. 다음 주어는 목적어를 모아서 전치사 into의 목적어로 만든다.

(3) He assembled the parts into a model boat.(그는 부품들을 모아 모형 보트를 만들었다.)

1.4. 다음 주어는 목적어를 조립해서 만든다.

(4) a. The clerk assembled the bicycle for a 25-dollar charge.(그 점원은 그 자전거를 25달러의 보수를 받고 조립했다.)

b. He assembled a computer/a radio/a watch/a model ship.(그는 컴퓨터/라디오/시계/모형 배를 조립하여 만들었다.)

c. The factory assembles motor cars/trucks/buses. (그 공장은 자동차/트럭/버스를 조립해서 만든다.)

d. He assembled the engine.(그는 그 엔진을 조립했다.)

e. He assembled a piece of furniture from a kit.(그는 부품 한 세트에서 가구 하나를 조립했다.)

f. It took me less than an hour to assemble the bookcase.(그 책장을 조립하는데는 한 시간도 채 안 걸렸다.)

g. The shelves are easy to assemble.(그 책장들은 조립하기 쉽다.)

h. The manager has assembled a world-class team. (그 매니저는 세계적 수준의 팀을 짰다.)

1.5. 다음 목적어는 추상적인 개체이다. 이들은 구체적으로 개념화되어 있다. 주어는 목적어를 모은다.

(5) a. He assembled the facts for his paper.(그는 자기의 논문을 위해 그 사실들을 수집했다.)

b. The police assembled a lot of evidence.(그 경찰 측은 많은 증거들을 수집했다.)

2. 자동사 용법

2.1. 다음 주어는 모인다.

(6) a. A group of people assembled at the corner.(한 무리의 사람들이 그 모퉁이에 모였다.)

b. A large crowd assembled in front of the embassy. (수많은 군중들이 그 대사관 앞에 모였다.)

c. All the students were asked to assemble in the hall.(모든 학생들은 그 강당에 모이도록 요청을 받았다.)

d. Delegates were assembling in Geneva for the conference.(대의원들은 그 회의를 위해 제네바에서 모이고 있었다.)

e. The members of the family assembled for a reunion.(그 가족 구성원들이 재회를 위해 모였다.)

assent

이 동사의 개념 바탕에는 동의하는 과정이 있다.

1. 자동사 용법

1.1. 다음 주어는 전치사 to의 목적어에 동의한다.

(1) a. They assented to the statement/the proposal.(그들은 그 진술/제안에 동의했다.)

b. He assented to my opinion.(그는 내 의견에 동의했다.)

2. 타동사 용법

2.1. 다음 주어는 that-절의 내용을 동의한다.

(2) The lawyer assented that his client was innocent. (그 변호사는 그의 의뢰인이 무죄임에 동의했다.)

assert

이 동사의 개념 바탕에는 다른 사람의 주장에 대해 자신의 주장을 내세우는 과정이 있다.

1. 타동사 용법

1.1. 다음 주어는 that-절의 내용을 주장한다.

(1) a. He asserts that it is true.(그는 그것이 진실이라고 주장한다.)

b. The government has repeatedly asserted that it will not change its policy.(정부는 계속해서 정부의 정책을 바꾸지 않을 것이라고 주장해 왔다.)

c. She asserted that she would not go.(그녀는 가지 않을 것이라고 주장했다.)

d. She asserts that she will go whether we do or not.(그녀는 우리가 가건 안가건 자신은 갈 것이라고 주장한다.)

1.2. 다음 주어는 목적어를 to부정사임을 주장한다.
(2) a. She asserts it to be true.(그녀는 그것이 사실이라고 주장한다.)

b. He asserted her to be innocent.(그는 자신이 무죄라고 주장했다.)

1.3. 다음에서 주장되는 것이 명사로 표현되어 있다. 주어는 목적어를 주장한다.
(3) a. He asserts his power.(그는 자신의 권력을 주장한다.)

b. She asserted her opinions.(그녀는 자신의 의견을 주장했다.)

c. Although he was found guilty, he continued to assert his innocence.(비록 그가 죄가 있음이 밝혀졌지만, 그는 자신의 결백을 계속 주장했다.)

d. They asserted their right to disagree.(그들은 동의하지 않을 수 있는 자신들의 권리를 주장했다.)

e. He asserts his independence.(그는 자신의 독립을 주장한다.)

1.4. 다음에서는 목적어가 재귀대명사이다.
(4) a. He never forgets to assert himself.(그는 결코 자신을 내세우는 것을 잊지 않는다.)

b. If you feel you've been treated unfairly, you should assert yourself.(만약 네가 불공평한 대우를 받아왔다고 느낀다면 너는 너 자신의 권리를 주장해야 한다.)

c. Justice asserts itself.(정의는 밝혀진다.)

d. The firmness of his nature began to assert itself.(그의 기질의 단호함이 드러나기 시작했다.)

assess

이 동사의 개념 바탕에는 살펴보고 액수를 사정하는 과정이 있다.

1. 타동사 용법
1.1. 다음 주어는 목적어를 사정한다.
(1) a. The city assessed each home owner for the cost of the new sidewalks.(그 도시는 각 세대주를 보도의 비용을 위해 사정했다.)

b. The college assesses a student ability based on grades.(대학은 성적에 근거하여 학생의 능력을 사정한다.)

c. It took a while to assess the damage done by the hurricane.(그 폭풍에 의한 피해를 사정하기는 한 동안의 시간이 걸렸다.)

d. It is difficult to assess the effects of these changes.(이러한 변화의 효과를 사정하는 것은 어려운 일이다.)

e. Government officials assessed the flood damage in the millions of dollars.(정부 관료들은 그 홍수 피해액을 수백만 달러로 사정했다.)

1.2. 다음은 수동태 문장으로 주어는 평가를 받는다.
(2) a. Staffs are assessed each year on their work.(직원들은 매년 자신들의 일에 대해서 평가 받는다.)

b. The house is assessed at two million dollars.(그 가옥은 2백만 달러로 평가된다.)

c. The apartment building was assessed at several million dollars.(그 아파트 건물은 수백만 달러로 평가되었다.)

d. Damages were assessed at $50,000.(피해는 5만 달러로 집계되었다.)

1.3. 다음 주어는 목적어를 평가하여 at의 목적어에 놓는다.
(3) a. They assessed the house at $1,000,000.(그들은 그 집을 백만 달러로 감정하였다.)

b. The insurance adjuster assessed the damage at $5,000.(그 보험 사정인은 그 피해액을 5천 달러로 평가하였다.)

1.4. 다음에서 주어는 목적어를 as가 가리키는 대로 평가한다.
(4) a. I'd assess your chances as low.(나는 너의 기회를 낮게 평가하겠다.)

b. The young man was assessed as an unsafe driver.(그 젊은 남성은 위험한 운전자로 평가되었다.)

1.5. 다음 주어는 목적어를 조사한다.
(5) a. They met to assess the crisis.(그들은 그 위기를 조사하기 위해서 만났다.)

b. The committee met to assess the idea of establishing a new school.(그 위원회는 새 학교 설립에 대한 의견을 조사하기 위해서 만났다.)

1.6. 다음 주어는 첫째 목적어에 둘째 목적어를 부과한다.
(6) a. The club assessed each member $200 for dues.(그 클럽은 각 회원들에게 2백 달러를 회비로 부과했다.)

b. In order to complete the club house, all members will be assessed an additional $200 a year.(그 클럽 건물을 완성하기 위하여, 모든 회원에게 매년 2백 달러의 추가 회비가 부과될 것이다.)

1.7. 다음 의문사가 이끄는 절은 평가의 내용이다.
(7) a. We are trying to assess how well the system works.(우리는 그 체제가 얼마나 잘 작동하고 있는가를 평가하려고 하고 있다.)

b. The committee assesses whether the building is worth preserving.(그 위원회는 그 건물이 보존할 가치가 있는지를 조사한다.)

assign

이 동사의 개념 바탕에는 배정을 하는 과정이 있다.

1. 타동사 용법
1.1. 다음 주어는 목적어를 전치사 to의 목적어에 배정한다.
(1) a. He assigned John to the work.(그는 존을 그 일에 배정했다.)

b. The boss assigned three men to the job.(그 사장은 세 남자를 그 일에 배정했다.)

c. The leader **assigned** one soldier **to** the guard duty.(그 지도자는 한 군인을 그 경호 임무에 배정했다.)

d. The manager **assigned** Bill **to** the project.(그 매니저는 빌을 그 프로젝트에 배정했다.)

1.2. 다음은 수동태 문장으로 주어는 전치사 to의 목적어에 배정된다.

(2) a. I was **assigned to** company A of the battalion.(나는 그 대대의 A 중대에 배정되었다.)

b. Two cops are **assigned to** each squad car.(두 명의 경찰관이 각 순찰차에 배정된다.)

c. We were **assigned to** three cars.(우리는 차 세 대에 배정되었다.)

1.3. 다음 주어는 목적어를 전치사 to의 목적어에 부여한다.

(3) a. The court **assigned** the window's assets **to** her grandchildren.(법원은 그 미망인의 재산을 그녀의 손자들에게 주었다.)

b. She **assigned** her whole estate **to** a charitable organization.(그녀는 그녀의 부동산 전체를 자선 단체에 주었다.)

c. The publisher cannot **assign** the book's copyright **to** anyone else.(그 출판가는 그 책의 저작권을 어느 다른 사람에게도 양도할 수 없다.)

d. The teacher **assigned** a lot of homework **to** the students.(그 선생님은 많은 숙제를 학생들에게 내주었다.)

e. He **assigned** the duty **to** the oldest boy.(그는 그 임무를 가장 나이 많은 소년에게 부여했다.)

f. He **assigned** the work **to** John.(그는 그 일을 존에게 부여했다.)

g. I **assigned** the ownership **to** my son.(나는 그 소유권을 내 아들에게 주었다.)

1.4. 다음은 수동태 문장으로 주어는 to의 목적어에 배정된다.

(4) a. A social worker is **assigned to** each family.(한 명의 사회 활동가가 각 가정에 배정된다.)

b. Certain household chores were **assigned to** each child.(어떤 집안 일들이 각각의 아이에게 배정되었다.)

c. The room was **assigned to** the girls.(그 방은 그 소녀들에게 배정되었다.)

1.5. 다음 주어는 목적어를 배정한다.

(5) a. He **assigned** the best room of the hotel.(그는 그 호텔의 가장 좋은 방을 배정했다.)

b. They **assigned** the rooms at the hotel.(그들은 그 호텔에서 방들을 배정했다.)

c. When teachers **assign** homework, students feel an obligation to do it.(선생님들이 숙제를 내줄 때, 학생들은 그것을 할 의무를 느낀다.)

1.6. 다음 주어는 첫째 목적어를 둘째 목적어에 배정한다.

(6) a. My boss **assigned** me the task of finding a new office to rent.(내 사장은 내게 임대할 새 사무실을 찾으라는 임무를 내렸다.)

b. He **assigned** her all his land in Korea.(그는 그녀에게 한국에 있는 그의 모든 토지를 양도했다.)

c. Later in the year, she **assigns** them research

papers.(그 해 늦게 그녀는 그들에게 조사 연구서를 배정했다.)

1.7. 다음은 수동태 문장으로 주어는 목적어를 배정받는다.

(7) a. The most important people were **assigned** the most comfortable chairs.(그 주요 인사들은 가장 편안한 의자에 배정되었다.)

b. We were **assigned** three pages.(우리에게 세 페이지를 배정받았다.)

c. I was **assigned** a desk by the window.(나는 그 창가에 책상을 배정받았다.)

d. I've been **assigned** the job of looking after the new students.(나에게 그 새로운 학생들을 돌보는 일이 주어졌다.)

1.8. 다음 주어는 목적어를 부정사가 가리키는 일을 하도록 배정한다.

(8) a. He **assigned** me to watch the house.(그는 나를 임명하여 그 집을 지키도록 했다.)

b. He **assigned** three boys to do the work.(그는 세 명의 소년들을 임명하여 그 일을 하도록 했다.)

1.9. 다음은 수동태 문장으로 주어는 배정된다.

(9) a. I've been **assigned** to take notes.(나는 노트 필기를 하도록 지명되었다.)

b. Ten policemen were **assigned** to patrol there.(열 명의 경찰관들이 그 곳을 순찰하도록 지정되었다.)

c. Two pupils were **assigned** to sweep the room.(두 명의 학생이 그 방을 청소하도록 배정되었다.)

1.10. 다음 주어는 목적어를 배정한다. 목적어는 날짜이다.

(10) a. He **assigned** the day for the test/for the meeting.(그는 그 시험 날짜를/모임 날짜를 정했다.)

b. The judge **assigned** a day for the trial.(그 판사는 그 재판을 위한 날을 정했다.)

c. The school **assigned** Wednesday to meeting parents.(그 학교는 수요일을 학부형 면담에 배정했다.)

d. Has a day been **assigned** for the trial?(그 재판을 위한 날짜가 정해졌나?)

1.11. 다음 주어는 목적어를 전치사 to의 목적에 돌린다. 동사의 목적어는 결과이고 to의 목적어는 원인이다.

(11) a. He **assigned** the delay to engine trouble.(그는 그 지체의 원인을 엔진 문제로 돌렸다.)

b. He **assigned** a cause to the unexpected event.(그는 한 원인을 그 예상치 못한 사건에 돌렸다.)

c. He **assigned** the event to a cause.(그는 그 사건을 어떤 원인의 탓으로 돌렸다.)

d. He **assigned** the event to Dark Age.(그는 그 사건을 암흑기의 것으로 단정했다.)

e. He **assigned** the event to last Sunday.(그는 그 사건을 지난 일요일에 일어난 것으로 단정했다.)

1.12. 다음 주어는 목적어를 설정한다.

(12) a. He **assigned** a limit to something.(그는 어떤 일에 한계를 설정했다.)

b. He **assigned** jealousy as the motive(그는 질투를 그 동기로 단정했다.)

assimilate

이 동사의 개념 바탕에는 흡수하여 제 것으로 만드는 과정이 있다.

1. 타동사 용법

1.1. 다음 주어는 목적어를 받아들여서 제 것으로 만든다.

(1) a. The body assimilates food.(몸은 음식을 소화 흡수한다.)

b. The human body cannot assimilate sawdust.(인간의 몸은 톱밥을 소화할 수 없다.)

1.2. 다음 주어는 목적어를 받아들여서 제것으로 만든다. [생각은 음식] 은유가 쓰인 표현이다.

(2) a. He tried to assimilate the new ideas.(그는 새로운 견해를 소화하려고 노력했다.)

b. I cannot assimilate all this news information so quickly.(나는 이 모든 뉴스 정보를 그렇게 빨리 소화할 수 없다.)

c. You have to assimilate the facts.(너는 그 사실들을 소화해야 한다.)

d. Did you assimilate what you read?(너는 읽은 것을 소화했나?)

1.3. 다음 주어는 목적어를 흡수한다.

(3) a. The friendly community readily assimilated the new immigrants.(그 우호적인 공동체는 그 새 이민자들을 쉽게 동화시켰다.)

b. The company quickly assimilated the new employees.(그 회사는 그 새 고용자들을 빠르게 동화시켰다.)

c. The Koreans are trying to assimilate themselves and become Americans.(그 한국인들은 자신들을 동화시켜 미국인이 되려고 노력하고 있다.)

d. America has assimilated many people from Europe.(미국은 유럽에서 온 많은 사람들을 동화시켜왔다.)

1.4. 다음은 수동태 문장으로 주어는 흡수된다.

(4) a. Guest workers need to be assimilated into that country.(외국인 노동자들은 그 나라에 동화될 필요가 있다.)

b. The changes were gradually assimilated into everybody's life.(그 변화들을 모든 이들의 삶에 점차 흡수되어 갔다.)

c. Food is assimilated in the small intestines.(음식은 작은 창자에서 흡수된다.)

1.5. 다음 주어는 목적어를 to의 목적어에 동화시킨다.

(5) He assimilated himself to the changing environment.(그는 자신을 그 변화하는 환경에 동화시켰다.)

2. 자동사 용법

2.1. 다음 주어는 흡수된다.

(6) a. They assimilated easily into the new community.(그들은 그 새 공동체에 쉽게 동화되었다.)

b. His family tried to assimilate into the white communities.(그의 가족은 그 백인 공동체에 동화되려고 노력했다.)

c. The immigrants assimilated rapidly.(그 이민자들은 빠르게 동화되어 갔다.)

assist

이 동사의 개념 바탕에는 곁에서 돕는 조력하는 과정이 있다.

1. 타동사 용법

1.1. 다음 주어는 목적어를 조력한다.

(1) a. The public must assist the police in tracing the escaped prisoner.(국민들은 경찰이 탈옥수를 추적하는 데에 조력해야 한다.)

b. A team of nurses assisted the doctor in performing the operation.(간호원 한 팀이 그 의사가 수술을 하는 것을 도와주었다.)

c. The nurse assisted the surgeon during the operation.(그 간호원은 그 외과 의사가 그 수술을 하는 동안 보조하였다.)

1.2. 다음 주어는 목적어를 보조한다.

(2) a. He assisted me with my homework.(그는 내가 숙제하는 것을 도와주었다.)

b. I will assist you with your next project.(나는 너의 차기 계획사업에 너를 도와줄 것이다.)

c. You will have to assist the editor with the selection of illustrations for the book.(너는 그 편집자가 그 책의 삽화를 선택하는 것을 도와 주어야만 할 것이다.)

1.3. 다음 주어는 목적어를 보조하여 to부정사가 가리키는 일을 하게 한다.

(3) a. He assisted me to tide over the financial difficulties.(그는 내가 그 재정상의 위기에서 벗어나도록 도와주었다.)

b. Jane is assisting him to prepare his speech.(제인은 그가 연설을 준비하도록 도와주고 있다.)

1.4. 다음 주어는 목적어를 보조하여 움직이게 한다.

(4) a. He assisted the lady from the car.(그는 그 숙녀가 그 차에서 내리는 것을 거들었다.)

b. He assisted the old man to the door.(그는 그 노인을 그 문까지 모셔 드렸다.)

1.5. 다음 주어는 목적어(과정)를 돕는다.

(5) a. They agreed to assist the investigation.(그들은 그 조사를 돕기로 합의했다.)

b. The new method will assist quick identification.(그 새 방법은 빠른 식별을 도울 것이다.)

c. These tablets assist digestion.(이들 알약은 소화를 돕는다.)

2. 자동사 용법

2.1. 다음 주어는 보조한다.

(6) The nurse assisted at the operation.(그 간호원이 그 수술에서 거들었다.)

2.2. 다음 주어는 참석한다.

(7) She assisted at the banquet.(그녀는 그 연회에 참석했다.)

associate

이 동사의 개념 바탕에는 (마음 속에) 연결하는 과정이 있다.

1. 타동사 용법

1.1. 다음 주어는 목적어를 with의 목적어와 친구가 되게 한다.
(1) a. The press associates itself with the green movement.(그 신문은 그 녹색 환경 운동에 협동하고 있다.)
   b. He refused to associate himself with cheats.(그는 사기꾼들과 어울리는 것을 거절했다.)

1.2. 다음 주어는 목적어를 with의 목적어와 결합시킨다.
(2) a. I associated myself with the prime minister's remarks.(나는 수상의 견해에 찬동했다.)
   b. Democrats associated themselves with spreading cuts.(민주당은 예산 삭감 확장안에 협력하였다.)
   c. The military regime dealt ruthlessly with anyone who was associated with the former government.(그 군사 정권은 전 정권에 협력한 사람이라면 누구든지 무자비하게 다루었다.)

1.3. 다음 주어는 마음 속에서 목적어를 with의 목적어와 결합시킨다.
(3) a. I always associate orange juice with breakfast.(나는 항상 오렌지 주스를 아침 식사와 연결을 지어 생각한다.)
   b. Tom associates the sound of the sea with swimming.(톰은 그 바다 소리를 수영과 연결지어 생각한다.)
   c. I associate rainy days with spring.(나는 비 오는 날들을 봄과 연결지어 생각한다.)
   d. People associated rap groups with vandalism.(사람들은 랩 그룹들을 예술 파괴 행위와 관련시켜 생각한다.)

1.4. 다음은 수동태 문장으로 주어는 with의 목적어와 연관된다.
(4) a. Coal was associated with shale.(석탄은 혈암과 관련이 있다.)
   b. The scientist did not want to be associated with the project and left.(그 과학자는 그 계획에 가담하는 것을 원치 않아 떠났다.)
   c. Misery is always associated with poverty.(비참함은 항상 가난과 연결된다.)

1.5. 다음 주어는 목적어를 with의 목적어와 결합시킨다.
(5) We associated him with us in the attempt.(우리는 그를 우리와 함께 그 시도에 연관시켰다.)

2. 자동사 용법

2.1. 다음 주어는 with의 목적어와 사귄다.
(6) a. I do not associate with people who use vulgar language.(나는 천한 말을 쓰는 사람들과는 사귀지 않는다.)
   b. He does not associate with anyone who smokes or drinks.(그는 담배 피거나 술을 마시는 누구와도 사귀지 않는다.)

2.2. 다음 주어는 with의 목적어와 결합한다.
(7) Hydrogen associates with oxygen.(수소는 산소와 결합한다.)

2.3. 다음 주어는 결합한다.
(8) The two groups associated to form a political party.(그 두 모임이 정당을 만들기 위해 결합했다.)

assort

이 동사의 개념 바탕에는 분류하는 과정이 있다.

1. 타동사 용법

1.1. 다음 주어는 목적어를 분류한다.
(1) a. He assorted the books by author.(그는 그 책들을 작가별로 분류했다.)
   b. Please assort these cards into three piles.(이 카드들을 세 묶음으로 분류해 주십시오.)

2. 자동사 용법

2.1. 다음 주어는 with의 목적어와 잘 어울린다.
(2) a. The article assorts well with the rest.(이 물품은 나머지와 잘 조화된다.)
   b. This does not assort with the earlier statement.(이것은 먼저 번 진술과 어울리지 않는다.)
   c. It well/ill assorts with my character.(그것은 나의 성격과 조화된다/조화되지 않는다.)

2.2. 다음 주어는 with의 목적어와 사귄다.
(3) a. He is known to assort with criminal types.(그는 범죄자들과 교제하는 것으로 알려졌다.)
   b. He assorts with men of his age.(그는 자기 나이대의 남자들과 사귄다.)

assume

이 동사의 개념 바탕에는 받아들이는 과정이 있다.

1. 타동사 용법

1.1. 다음 주어는 목적어를 취한다.
(1) a. Although the danger made him afraid, he assumed an air of bravery.(그 위험이 그를 두렵게 만들었지만, 짐짓 용감한 척을 했다.)
   b. He assumed an air of cheerfulness/indifference.(그는 기분이 좋은/무관심한 척을 했다.)
   c. I assumed a look of horror/innocence.(나는 겁에 질린/천진난만한 표정을 지었다.)
   d. He assumed the accustomed attitude.(그는 그 익숙한 태도를 취했다.)
   e. He assumed an expression of saintly resignation.(그는 성인처럼 단념하는 표정을 지었다.)
   f. He assumed a humble/a well-informed manner.(그는 겸손한/박식한 태도를 취했다.)
   g. John assumed a local/a new name.(존은 지방특유의 이름/새로운 이름을 가졌다.)
   h. In a Greek myth, Zeus assumes the form of a bull.(그리스 신화에서 제우스는 황소의 모습을 취한다.)

i. During the investigation, the two detectives **assumed** the identities of art dealers.(그 조사가 진행되는 동안, 그 두 형사는 미술 상인의 신분을 취했다.)

j. His face **assumed** an expression of disdain.(그의 얼굴은 경멸의 표정을 취했다.)

1.2. 다음 주어는 목적어를 마음에 받아들인다.

(2) a. You **assumed** his innocence.(너는 그의 결백을 받아들였다.)

b. We can't just **assume** her guilt.(우리는 그녀의 유죄를 받아들일 수 없다.)

c. A pessimist usually **assumes** the worst.(염세주의자는 보통 최악을 가정한다.)

d. He **assumed** interest and stifled a yawn.(그는 관심있는 척하면서 하품을 참았다.)

e. He **assumed** ignorance.(그는 모르는 척했다.)

f. He **assumed** to be ignorant.(그는 무식한 체 했다.)

1.3. 다음 주어는 목적어를 갖는다. 목적어는 주어가 가질 수 있는 의의, 중요성, 특성, 비중 등이다.

(3) a. The dome **assumes** great architectural significance.(그 돔은 건축학적으로 중요한 의미를 갖는다.)

b. His illness **assumed** a very grave character.(그의 병은 매우 심각한 성격을 띄게 했다.)

c. Don't let the matter **assume** so much importance for you.(그 문제가 너무 많은 중요성을 네게 띄지 않도록 해라.)

d. The issue of starvation could **assume** frightening proportions.(기아 문제는 두려울 정도의 비율을 차지할 수 있다.)

e. The problem is beginning to **assume** massive proportions.(그 문제는 막대한 비율을 차지하기 시작하고 있다.)

1.4. 다음 주어는 목적어를 갖는다. 목적어는 사람이 가질 수 있는 직책, 책임, 역할 등이다.

(4) a. He **assumed** the chair.(그는 의장의 지위를 맡았다.)

b. In 1933 he **assumed** command of the eighth army/of a ten-men team.(1933년에 그는 제 8군단/10명으로 구성된 팀의 지휘를 맡았다.)

c. The army **assumed** control of the government during the crisis.(그 군대는 위기 동안 그 정부의 통제를 떠맡았다.)

d. Joe **assumed** the control of the business when her mother died.(조는 자신의 어머니가 죽었을 때 그 사업의 관리를 떠맡았다.)

e. He **assumed** the direction of the business.(그는 그 일의 지휘를 떠맡았다.)

f. He **assumed** leadership.(그가 지휘를 맡았다.)

g. He **assumed** the obligation last week.(그가 지난 주 그 책임을 졌다.)

h. He **assumed** the offensive.(그는 그 공세를 취했다.)

i. The winner of the election **assumed** the office of senator.(그 선거의 승자가 상원의원 직을 맡았다.)

j. The vice president **assumed** the presidency after the assassination.(그 부통령은 그 암살 사건 후에 대통령직을 맡았다.)

k. He will **assume** his new responsibility tomorrow.(그가 내일 새 책임을 맡을 것이다.)

l. He **assumed** the full responsibility for the loss.(그가 그 손실에 대한 모든 책임을 졌다.)

m. We have **assumed** the responsibility for keeping the playground clean.(우리는 그 운동장을 깨끗하게 관리하는 책임을 맡아왔다.)

n. He **assumed** the right to himself.(그는 그 권리를 자신이 맡았다.)

o. He **assumed** the role of leader in the emergency.(그는 그 긴박한 상황에서 지도자의 역할을 떠맡았다.)

p. The prince **assumed** the throne after the king's death.(그 왕자는 그 왕이 죽은 후에 왕좌를 물려받았다.)

1.5. 다음 주어는 목적어를 마음 속에 받아들인다. 받아들일 때의 생각이 부정사로 표현되어 있다.

(5) a. They **assumed** him **to** be a complete stranger.(그들은 그를 완전히 모르는 사람으로 받아들였다.)

b. He **assumed** the old woman **to** be my mother.(그는 그 늙은 여자를 나의 어머니로 가정했다.)

c. They **assumed** him **to** be deaf.(그들은 그를 귀가 먼 것으로 생각했다.)

d. You **assumed** him **to** be innocent.(너는 그를 결백하다고 생각했다.)

e. I **assumed** it **to** be true.(나는 그것을 사실일 것으로 생각했다.)

f. We can't **assume** the suspect **to** be guilty.(우리는 그 용의자를 유죄라고 생각할 수 없다.)

1.6. 다음은 수동태 문장으로 주어는 가정된다.

(6) He is **assumed to** be wealthy.(그는 부유한 것으로 생각된다.)

1.7. 다음 주어는 that-절이 가리키는 사실을 마음 속에 받아들인다.

(7) a. I **assumed** you would agree with what I've said now.(나는 내가 지금 말한 것에 대해 네가 동의한다고 생각했다.)

b. I **assumed that** you'd like to have time to decide.(나는 네가 결정할 시간을 가지고 싶어 한다고 생각했다.)

c. I didn't see your car, so I **assumed that** you had gone out.(너의 차를 못봤기 때문에, 나는 네가 가버렸을 것이라고 생각했다.)

d. I **assumed that** it was true.(나는 그것이 사실이었다고 생각했다.)

e. I think I can safely **assume that** interest rates will go up again soon.(나는 이율이 곧 다시 상승하리라는 것을 확실히 가정할 수 있다고 생각한다.)

f. We **assume that** everyone wants peace.(우리는 모두가 평화를 원한다고 생각한다.)

g. We must **assume that** the suspect is guilty.(우리는 그 용의자가 유죄라는 것을 받아들여야만 한다.)

h. If he is not here in ten minutes, we will **assume that** he's not coming.(그가 10분 안에 여기에 오지 않는다면, 우리는 그가 오지 않는다고 간주할 것이다.)

i. He **assumed that** we would give money, so he put down our names on the guests' list.(그는 우리가

돈을 줄 것으로 가정하고 그 명단에 우리의 이름을 적었다.)

j. He **assumed that** he would get the job.(그는 그가 일을 가질 수 있을 것이라고 생각했다.)

k. He **assumed that** he was innocent.(그는 그가 결백하다고 생각했다.)

l. **Assuming that** it is true, what should we do now? (그것이 사실이라면, 우리는 지금 무엇을 해야 하는가?)

1.8. 다음 주어는 목적어를 마음 속에 받아들인다.

(8) a. Let's **assume that** our guests will be on time.(손님들이 정시에 올 것이라고 생각하자.)

b. Let's **assume that** he will catch the 5:30 train and be here at 7:00.(그가 5시 30분 기차를 타서 여기에 7시에 도착할 것이라고 가정하자.)

c. Let's **assume that** there is an election this month. (이번 달에 투표가 있을 것이라고 생각하자.)

assure

이 동사의 개념 바탕에는 의심, 불확실성, 걱정 등을 없애는 과정이 있다.

1. 타동사 용법

1.1. 다음 주어는 첫째 목적어에 둘째 목적어를 확신시켜 안심을 시킨다.

(1) a. I **assure** you **that** you will be all right.(나는 네가 잘 될 것을 네게 확신시킨다.)

b. He **assures** me **that** there was nothing to report. (그는 보고할 것이 없었음을 나를 확신시켜 안심하게 한다.)

c. I **assure** you **that** there is no danger.(나는 아무런 위험도 없음을 네게 확신시킨다.)

d. He **assured** us **that** everything would be all right. (그는 모든 것이 다 잘 될 것이라고 우리를 확신시켰다.)

e. He **assured that** the car would be ready the next day.(그는 다음 날이면 차가 준비될 것이라고 확언했다.)

f. We tried to **assure** the old lady **that** flying is safe. (우리는 비행은 안전하다고 그 노부인을 안심시키려고 노력했다.)

g. Bill **assured** me **that** he would pay me back the loan.(빌은 내게 그 빌린 돈을 갚겠다고 보증했다.)

h. He **assured** me **that** no harm would come to me. (그는 아무 해도 없을 것이라고 나를 안심시켰다.)

i. The doctor **assured** me **that** I would recover quickly.(그 의사는 내가 속히 회복될 것이라고 안심시켰다.)

j. I **assure** you this is very important.(나는 이것은 매우 중요함을 네게 확인시킨다.)

k. He **assured** them he was able to work.(그는 그들에게 그가 해낼 수 있음을 확신시켰다.)

1.2 다음 목적어는 재귀대명사이다. 주어는 스스로 확신한다.

(2) a. I **assured** myself **that** he was safe.(나는 그가 안전하다고 나 스스로를 안심시켰다.)

b. I **assured** myself **that** everything would go well. (나는 모든 것이 잘 될 것이라고 나 스스로를 안심시켰다.)

1.3. 다음 주어는 목적어를 전치사 of의 목적어에 대해서 확신을 시킨다.

(3) a. The union **assured** the new owner **of** its loyalty to the company.(그 조합은 새 소유주에게 회사에 대한 충성심을 확신시켰다.)

b. We would like to **assure** our customers **of** the best possible service/its quality.(우리는 우리의 고객들에게 최상의 서비스/품질을 확신시키기를 원한다.)

c. She **assured** me **of** her good intentions/her undying affection.(그녀는 내게 그녀의 선의/그녀의 꺼지지 않는 애정을 확신시켰다.)

d. I can **assure** you **of** his honesty/his hearty assistance/his friendship.(나는 네게 그의 정직/진심 어린 원조/우정을 보장할 수 있다.)

e. He **assured** her **of** his faith in her.(그는 그녀에게 그녀에 대한 자신의 믿음을 확신시켰다.)

f. He **assured** us **of** his ability to solve the problem. (그는 우리에게 그 문제를 풀 수 있는 자기의 능력을 확신시켰다.)

1.4. 다음은 수동태 문장으로 주어는 확신을 받는다.

(4) a. Liberal democrats are **assured of** success in the local elections.(자유당은 그 지방 선거에서 승리를 보장받는다.)

b. Our clients are **assured of** an enjoyable holiday. (우리의 고객들은 유쾌한 휴일을 보장받는다.)

c. Full religious freedom must be **assured** for all persons.(완전한 종교의 자유가 모든 사람에게 보장되어야 한다.)

d. Will you be **assured of** a career and adequate salary if you go there?(당신이 그곳으로 가면 경력과 적절한 임금을 보장받을 수 있을까요?)

e. We are **assured of** your innocence/his faith.(우리는 당신의 결백/그의 성실함을 확신한다.)

1.5. 다음 주어는 목적어를 확실하게 한다.

(5) a. The bank lent us the money to **assure** the success of the business/the campaign.(그 은행은 그 사업/캠페인의 성공을 확실하게 하기 위해 우리에게 돈을 빌려주었다.)

b. The warm weather **assured** the success of our trip to the seashore.(그 따뜻한 날씨는 해변으로 가는 우리 여행의 성공을 보장했다.)

c. This **assured** the success of our work.(이것이 우리 일의 성공을 보장했다.)

d. His help **assured** our success.(그의 도움은 우리의 성공을 보장했다.)

e. The excellent reviews given to the film **assured** its success.(그 영화에 주어진 그 훌륭한 비평들은 그 영화의 성공을 보장했다.)

f. Nothing can **assure** permanent happiness.(아무 것도 영원한 행복을 보장할 수 없다.)

g. The contract **assures** that company's profit this month.(그 계약은 이번 달 그 회사의 이윤을 보장한다.)

1.6. 다음 주어는 첫째 목적어에게 둘째 목적어를 보장한다.
(6) Ways must be found to **assure** our children a decent start in life.(우리의 아이들에게 인생의 남부럽지 않은 출발을 보장하는 방법들이 발견되어야 한다.)

1.7. 다음 목적어는 재귀대명사이다. 주어는 자신을 전치사 of의 목적어에 대해서 확신한다.
(7) a. Before letting the children use the machine, I **assured** myself of its safety.(그 아이들이 기계를 사용하도록 허락하기 전에, 나는 스스로에게 그 것의 안전성을 확신시켰다.)
   b. Before deciding, I must **assure** myself of all circumstances.(결정을 내리기 전에, 나는 스스로에게 모든 사정을 확신시켜야만 한다.)
   c. I **assured** myself of success from the start.(나는 시작부터 스스로에게 성공을 확신시켰다.)
   d. We should reserve early to **assure** ourselves of the best tickets.(우리는 자신들에게 최고의 표를 보장받기 위해 일찍 예매해야 한다.)
   e. He must **assure** himself of broad-based black support.(그는 스스로에게 저변의 흑인의 지원을 확신해야 한다.)

1.8. 다음 주어는 against의 목적어에 대해서 보호한다.
(8) Does this insurance **assure** you against the accident?(이 보험은 당신에게 그 사고에 대해 보장하는가?)

astonish

이 동사의 개념 바탕에는 예상하지 않은 일로 크게 놀라는 과정이 있다.

1. 타동사 용법
1.1. 다음 주어는 목적어를 놀라게 한다.
(1) a. He **astonished** his family by winning three competitions in a row.(그는 연속적으로 세 경주에서 우승해서 그의 가족을 깜짝 놀라게 했다.)
   b. She **astonished** us by saying she was leaving.(그녀는 곧 떠날 것이라고 말해 우리를 놀라게 했다.)

1.2. 다음 주어는 그 자체가 목적어를 놀라게 한다.
(2) a. The sudden victory **astonished** everybody.(그 갑작스러운 승리는 모든 사람을 놀라게 했다.)
   b. Her education constantly **astonishes** me.(그녀의 교육은 나를 계속 놀라게 한다.)
   c. My news will **astonish** you.(나의 소식은 너를 놀라게 할 것이다.)
   d. It **astonishes** me that they are getting divorced.(그들이 이혼한다는 사실은 나를 놀라게 한다.)
   e. The magician **astonished** the children.(그 마술사는 그 아이들을 깜짝 놀라게 했다.)

1.3. 다음은 수동태 문장으로 주어는 크게 놀란다.
(3) a. He was **astonished** at his brother's courage.(그는 그의 형의 용기에 놀랐다.)
   b. We were **astonished** by the changes.(우리는 그 변화들에 놀랐다.)
   c. They were **astonished that** she had failed.(그들은 그녀가 실패했다는 소식을 듣고 놀랐다.)
   d. I was **astonished to** see so many people there.(나는 그 곳에 그 많은 사람들이 있는 것을 보고 놀랐다.)
   e. We were **astonished to** hear that he had passed the driving test.(우리는 그가 운전 면허 시험에 합격했다는 말을 듣고 깜짝 놀랐다.)

astound

이 동사의 개념 바탕에는 큰 정신적 충격을 가져오는 놀라움을 주는 과정이 있다.

1. 타동사 용법
1.1. 다음 주어는 목적어를 아연실색하게 만든다.
(1) a. The scientist **astounded** his colleagues with the experiment.(그 과학자는 그 실험으로 그의 동료들을 아연실색하게 만들었다.)
   b. He used to **astound** his friends with feats of physical endurance.(그는 육체적 지구력의 곡예들로 그의 친구들을 아연실색하게 만들곤 했다.)

1.2. 다음은 수동태 문장으로 주어는 아연실색한다.
(2) a. We were **astounded by** his success.(우리는 그의 성공에 크게 놀랐다.)
   b. We were **astounded by** his amazing feat.(우리는 그의 굉장한 묘기에 크게 놀랐다.)
   c. He was **astounded by** her praise.(그는 그녀의 칭찬에 크게 놀랐다.)

1.3. 다음 주어는 그 자체가 목적어를 놀라게 한다.
(3) a. The judge's decision **astounded** everyone.(그 판사의 판결은 모두를 크게 놀라게 했다.)
   b. His ignorance **astounded** us.(그의 무지는 우리를 크게 놀라게 했다.)
   c. The enormous changes in share prices continue to **astound** the experts.(주가의 엄청난 그 변화는 그 전문가들을 계속 아연실색하게 만든다.)
   d. The news of their divorce **astounded** us.(그들의 이혼 소식은 우리를 크게 놀라게 했다.)
   e. The sight of the tornado **astounded** us.(그 회오리 바람의 모습은 우리를 놀라게 했다.)

atone

이 동사의 개념 바탕에는 속죄, 보상의 과정이 있다.

1. 자동사 용법
1.1. 다음 주어는 속죄한다.
(1) a. He **atoned** by apologizing.(그는 사과함으로써 속죄했다.)
   b. He **atoned** for the crime by paying a fine.(그는 벌금을 냄으로써 속죄했다.)

1.2. 다음 주어는 for의 목적어에 대해서 속죄한다.
(2) a. He **atoned** for what he had done for his son.(그는 아들에게 자신이 했던 일을 속죄했다.)
   b. Jane felt the need to **atone for** her misdeeds/

thoughtlessness.(제인은 그녀의 악행/무분별함에 대해 속죄할 필요를 느꼈다.)

c. He **atoned for** his rudeness by sending her some flowers.(그는 그녀에게 꽃을 보냄으로써 자신의 무례함에 대해 속죄했다.)

1.3. 다음 주어는 전치사 for의 목적어에 대해 속죄한다.

(3) Nothing can **atone for** the murder.(아무 것도 그 살인에 대해 속죄할 수 없다.)

attach

이 동사의 개념 바탕에는 붙이는 과정이 있다.

1. 타동사 용법

1.1. 다음 주어는 목적어를 to의 목적어에 붙인다.

(1) a. He **attached** a label **to** a parcel.(그는 꼬리표를 소포에 붙였다.)

b. We **attached** a handle **to** the cup.(우리는 손잡이를 그 컵에 붙였다.)

c. The boy **attached** a rope **to** his sled.(그 소년은 끈을 그의 썰매에 달았다.)

d. She **attached** a check **to** the order form.(그녀는 수표를 그 주문서에 붙였다.)

1.2. 서류나 그밖의 종류의 형식에 이름을 쓰는 것도 이름을 붙이는 것으로 표현된다.

(2) a. He **attached** his name **to** the document.(그는 자기 이름을 그 문서에 부착했다.)

b. They **attached** one proviso **to** the legacy.(그들은 하나의 조건을 그 유산증서에 붙였다.)

c. The signers **attached** their names **to** the constitution.(그 서명자들은 자신들의 이름을 그 헌법에 썼다.)

1.3. 다음 주어는 목적어를 to의 목적어에 배속시킨다.

(3) a. He **attached** an officer **to** the regiment.(그는 장교를 그 연대에 배속시켰다.)

b. The commander **attached** soldiers **to** the expeditionary forces.(그 사령관은 병사들을 그 원정군에 배속했다.)

c. The company **attached** him **to** the sales department.(그 회사는 그를 그 판매부에 배속했다.)

1.4. 다음 목적어는 재귀대명사이다. 주어는 자신을 몸이나 마음을 to의 목적어에 붙인다.

(4) a. The abalone **attaches** itself **to** rocks.(전복은 자신을 바위에 붙인다.)

b. He **attached** himself **to** a publishing company.(그는 출판사에 다닌다.)

c. The monkey **attached** itself **to** him.(그 원숭이는 자신을 그에게 애착하게 했다.)

d. He has **attached** himself **to** us.(그는 자신을 우리에게 애착하도록 했다.)

1.5. 다음은 수동태 문장으로 주어는 to의 목적어에 배속된다.

(5) a. He is **attached to** a new party.(그는 새 당에 소속되어 있다.)

b. He is **attached to** the headquarters.(그는 본부에

배속되어 있다.)

1.6. 다음 주어는 환유적으로 쓰여서 마음을 가리킨다. 주어의 마음이 to의 목적어에 붙어 있다.

(6) a. She is deeply **attached to** him.(그녀는 그를 매우 좋아 한다.)

b. They are **attached to** one another.(그들은 서로 좋아한다.)

c. Mary is much **attached to** her cousin.(메어리는 사촌을 매우 좋아한다.)

1.7. 중요성, 비난, 의의, 의심과 같은 추상적인 개체도 구체적인 개체로 개념화되어서 어느 개체에 붙을 수 있는 것으로 표현된다. 주어는 목적어를 붙인다.

(7) a. Koreans **attach** much importance **to** education.(한국 사람들은 교육에 많은 중요성을 둔다.)

b. We **attach** significance **to** a gesture.(우리는 몸짓에 의의를 붙인다.)

c. No suspicion can be **attached to** the accountant.(그 회계사에게 어떤 혐의도 둘 수가 없다.)

2. 자동사 용법

2.1. 다음 주어는 스스로 to의 목적어에 가서 붙는다.

(8) a. No blame **attaches to** him for the accident.(그 사고에 대해서 아무런 책임도 그에게 붙지 않는다.)

b. Responsibilities **attach to** liberty.(책임은 자유가 따른다.)

c. A moral obligation **attaches to** rank.(도덕적 책임이 고관에게 따른다.)

attack

이 동사의 개념 바탕에는 공격하는 과정이 있다.

1. 타동사 용법

1.1. 다음 주어는 목적어를 공격한다. 목적어는 생명체이다.

(1) a. Our dog **attacked** the neighbor's cat.(우리 개가 옆집 고양이를 공격했다.)

b. The gang brutally **attacked** the man.(그 폭력단은 그 남자를 무자비하게 공격했다.)

c. He **attacked** the burglar.(그는 강도를 공격했다.)

1.2. 다음 주어는 목적어를 공격한다. 목적어는 장소이다.

(2) a. At dawn, the army **attacked** the town.(새벽에 그 군대는 그 읍내를 공격했다.)

b. The troops **attacked** the enemy position.(그 부대는 그 적진지를 공격했다.)

1.3. 다음 주어는 질병이다. 「질병은 적」 은유가 적용된 표현이다.

(3) a. The disease **attacks** cereal crops.(그 질병이 곡물을 엄습한다.)

b. That disease **attacks** brain cells.(그 질병이 뇌 세포를 침범한다.)

c. AIDS **attacks** the body's immune system.(에이즈는 몸의 면역 체계를 침범한다.)

1.4. 다음은 수동태 문장으로 주어는 공격을 받는다.

(4) a. The crops were **attacked** by pests.(그 농작물들이 해충들에 의해 공격당했다.)

b. The government was harshly **attacked**.(정부가 거세게 공격당했다.)

1.5. 다음 주어는 말로써 목적어를 공격한다.

(5) a. The newspaper **attacked** him for being a showman.(그 신문은 그를 흥행사라고 비난했다.)

b. The journalist **attacked** the politician with questions.(그 기자는 그 정치인을 질문들로 공격했다.)

1.6. 다음 주어는 목적어를 공격한다. 목적어는 개체이다.

(6) a. The senator **attacked** Clinton's healthcare program.(그 상원의원은 클린턴의 의료제도를 비난했다.)

b. He **attacked** the proposed bill with strong words.(그는 그 제안된 법을 강한 말로 공격했다.)

c. The politician **attacked** his opponent's ideas.(그 정치인은 그의 반대자의 견해를 공격했다.)

d. The report **attacks** the idea of exam for 7 and 8 years old.(그 보고서는 7~8살 아이들의 시험에 대한 그 견해를 강하게 공격했다.)

1.7. 다음 주어는 목적어를 정력적으로 시작한다. 목적어는 일이다.

(7) a. They are **attacking** the budget problem.(그들은 그 예산 문제에 달려들고 있다.)

b. The children **attacked** their homework after dinner.(그 아이들은 저녁 식사 후 그들의 숙제에 달려들었다.)

c. The house guests **attacked** the puzzle with enthusiasm.(그 손님들은 그 퍼즐에 열정적으로 달려들었다.)

1.8. 다음 주어는 목적어를 정력적으로 시작한다. 목적어는 음식이다.

(8) a. The starving man **attacked** his meal.(그 굶주린 남자가 그의 음식에 달려들었다.)

b. He **attacked** the food as if he had not eaten for a week.(그는 마치 일주일은 굶은 것처럼 그 음식에 달려들었다.)

2. 자동사 용법

2.1. 다음 주어는 공격한다.

(9) a. The mugger **attacked** and ran away.(그 노상 강도는 습격하고 달아났다.)

b. The enemy **attacked** at daybreak.(그 적은 동틀 녘에 공격했다.)

attain

이 동사의 개념 바탕에는 끈덕진 노력 및 야망과 포부로써 목표를 달성하는 과정이 있다.

1. 타동사 용법

1.1. 다음 주어는 끈덕진 노력으로 목적어를 달성한다.

(1) a. They finally **attained** the summit of the dangerous mountain.(그들은 마침내 그 위험한 산의 정상에 도달했다.)

b. He **attained** the opposite shore by swimming across the rapids.(그는 그 급류를 헤엄쳐 건너 반대

쪽 기슭에 도달했다.)

1.2. 다음은 「목표, 지위, 상태는 장소이다」라는 은유가 적용된 표현이다.

(2) a. The museum **attained** its goal for restoration.(그 박물관은 복원을 위한 그의 목표를 달성했다.)

b. We **attained** our objectives on schedule.(우리는 우리의 목표를 계획대로 달성했다.)

c. He **attained** the rank of deputy director.(그는 부사장의 지위를 달성했다.)

d. More women are **attaining** positions of power in public life.(더 많은 여성들이 권력의 지위를 공직 생활에서 달성하고 있다.)

e. He finally **attained** a state of calmness and confidence.(그는 마침내 침착과 자신감의 상태를 달성했다.)

f. John is halfway to **attaining** his pilot's license.(존은 조종사 자격증을 획득하는데 반정도 했다.)

1.3. 주어는 목적어를 달성한다. 목적어는 연속 변차선상의 한 지점이다.

(3) a. The cheetah can **attain** speeds of up to 97 kph.(치타는 시속 97킬로에 이를 수 있다.)

b. She **attained** the age of 80.(그녀는 80세의 나이에 이르렀다.)

2. 자동사 용법

2.1. 다음 주어는 전치사 to의 목적어에 이른다.

(4) a. He **attained** to a great power.(그는 큰 권력에 이르렀다.)

b. She **attained** to a position of great influence.(그녀는 큰 영향력의 지위에 이르렀다.)

c. The tree **attained** to a great height.(그 나무는 크게 자랐다.)

attempt

이 동사의 개념 바탕에는 시도해 보는 과정이 있다. 시도는 실패로 끝날 수 있다.

1. 타동사 용법

1.1. 다음 주어는 목적어를 시도한다.

(1) a. I **attempted** a reply.(나는 답변을 시도했다.)

b. The paramedics **attempted** the resuscitation of the body.(그 위생병들은 그 몸에 인공 호흡을 시도했다.)

c. I **attempted** a second try, being more careful this time.(나는 이번에는 더 조심스럽게 두 번째 시도를 꾀했다.)

d. He **attempted** the jump/an escape.(그는 그 도약/탈출을 시도했다.)

e. They are **attempting** a very difficult climb.(그들은 매우 어려운 등반을 시도하고 있다.)

1.2. 다음 주어는 부정사가 가리키는 일을 시도하려고 한다.

(2) a. Max **attempted** to resuscitate the boy/to convince the girl.(맥스는 그 소년의 의식을 회복시키려고/그 소녀를 납득시키려고 했다.)

b. Do not **attempt** to repair this.(이것을 고치려고 하

지 마시오.)

c. She is **attempting** to swim across the river.(그녀는 그 강을 헤엄쳐 건너려고 시도하고 있다.)

d. He **attempted** to leave but was stopped.(그는 떠나려고 시도했지만 저지당했다.)

1.3. 다음 주어는 동명사가 가리키는 일을 시도한다.

(3) a. She **attempted** walking the tightrope.(그녀는 그 줄타기를 하려고 시도했다.)

b. I **attempted** walking along the rope.(나는 그 줄을 따라 걸으려고 시도했다.)

c. He **attempted** climbing a very high peak. (그는 매우 높은 정상을 오르려고 시도했다.)

attend

이 동사의 개념 바탕에는 몸이나 마음을 보내서 보살피는 과정이 있다.

1. 타동사 용법

1.1. 다음 주어는 목적어를 보살핀다.

(1) a. Two maids **attend** the queen.(두 하녀가 여왕의 시중을 든다.)

b. At least ten people **attended** the bride.(적어도 열 명이 그 신부의 시중을 들었다.)

c. I will **attend** you to the place.(내가 너를 그 곳까지 수행하겠다.)

1.2. 다음 주어는 목적어를 돌본다.

(2) a. The doctor **attended** the sick man.(그 의사가 그 환자를 돌보았다.)

b. The nurse **attended** the patient.(그 간호원이 그 환자를 돌보았다.)

c. Which doctor is **attending** you?(어느 의사가 너를 돌보고 있느냐?)

1.3. 다음 주어는 목적어에 참석한다.

(3) a. He **attended** the ceremony.(그는 그 행사에 참석했다.)

b. He **attended** the meeting yesterday.(그는 그 회의에 어제 참석했다.)

c. He **attends** evening classes.(그는 야간 강의를 받는다.)

1.4. 다음 주어는 목적어를 따른다.

(4) a. Much difficulty **attended** the work.(많은 어려움이 그 일을 따랐다.)

b. Success **attended** his efforts.(성공이 그의 노력을 따랐다.)

c. Fever **attends** many diseases.(열은 많은 질병을 수반한다.)

2. 자동사 용법

2.1. 다음 주어는 주의를 기울여야 할 곳에 참석한다.

(5) Many people **attended** regularly, but others only occasionally.(많은 사람들은 규칙적으로 참석했으나, 다른 사람들은 가끔씩만 참석했다.)

2.2. 다음 주어는 전치사 to의 목적어에 주의를 기울인다.

(6) a. She **attended** to her business.(그녀는 자기 일에 주의를 기울였다.)

b. You should **attend** to your driving.(너는 자신의 운전에 주의를 기울여야 한다.)

c. They **attended** to national interests.(그들은 국익에 주의를 기울였다.)

2.3. 다음 주어는 on의 목적어에 붙어서 시중을 든다.

(7) a. Three nurses are **attending** on him.(세 명의 간호사들이 그를 돌보고 있다.)

b. She is **attending** on the princess.(그녀는 그 공주의 시중을 들고 있다.)

2.4. 다음 주어는 on의 목적어에 뒤따른다.

(8) Success **attends** on hard work.(성공은 열심히 하는 일에 뒤따른다.)

attest

이 동사의 개념 바탕에는 전문가가 선서를 하고 입증하는 과정이 있다.

1. 타동사 용법

1.1. 다음 주어는 목적어를 입증한다. 주어는 사람이다.

(1) a. Witnesses **attested** his account of the attack.(목격자들은 그 공격에 대한 그의 진술을 입증했다.)

b. I can **attest** the truth of his statement.(나는 그의 진술이 진실임을 증명할 수 있다.)

1.2. 다음 주어는 목적어를 입증한다. 목적어는 개체이다.

(2) a. This essay **attests** your writing ability.(이 보고서는 너의 작문 능력을 입증해 준다.)

b. The child's good health **attests** his mother's care.(그 아이의 건강은 그 엄마의 보살핌을 입증한다.)

1.3. 다음은 수동태 문장으로 주어는 인증된다.

(3) a. The signature was **attested** by two witnesses.(그 서명은 두 명의 입회인에 의해 인증되었다.)

b. His ability was **attested** by his rapid promotion.(그의 능력은 빠른 승진에 의해 입증되었다.)

1.4. 다음 that-절은 주어가 인증하는 내용이다.

(4) a. I can **attest** that the flu season is here.(나는 독감의 계절이 왔다는 것을 증명할 수 있다.)

b. I can **attest** that she arrived at noon.(나는 그녀가 정오에 도착했음을 입증할 수 있다.)

2. 자동사 용법

2.1. 다음 주어는 to의 목적어의 증명이 된다.

(5) a. The luxurious house **attests** (to) the family's wealth.(그 호화스러운 주택은 그 가족의 부유함을 증명해 준다.)

b. Police records **attest** to a long history violence.(경찰 기록은 긴 폭행의 역사를 증명한다.)

c. This **attests** to his honesty.(이 일은 그의 정직함의 증명이 된다.)

2.2. 다음 주어는 증인이 된다.

(6) a. He **attained** to the genuineness of the signature.(그는 그 서명이 진짜임을 입증했다.)

b. I can **attest** to his reliability.(나는 그의 신뢰성을 입증할 수 있다.)

attract

이 동사의 개념 바탕에는 끌어당기는 과정이 있다.

1. 타동사 용법

1.1. 다음 주어는 목적어를 끌어당긴다.

(1) Magnets attract metal objects.(자석은 금속 물질을 끌어당긴다.)

1.2. 다음 주어는 목적어를 끈다. 주어는 음악회, 전람회, 자연 경관 등이고 목적어는 사람이다.

(2) a. The exhibition has attracted a lot of visitors.(그 전시회는 많은 사람들을 끌었다.)

b. His concert attracted many people.(그의 연주회는 많은 사람들을 끌었다.)

c. What attracted me most to the job was the chance to travel.(나를 그 직업에 가장 크게 끈 것은 여행할 기회였다.)

d. The high mountains attracted the climbers.(그 높은 산들은 많은 등반객들을 끌었다.)

e. San Francisco attracts million of tourists every year.(샌프란시스코는 해마다 많은 관광객들을 끈다.)

f. Her eyes attracted me.(그녀의 눈이 나를 끌었다.)

g. Bright colors attract children.(밝은 색은 아이들을 끈다.)

1.3. 다음 주어는 목적어를 전치사 to의 목적어에 끈다.

(3) The singer attracted more than 100 people to his concert.(그 가수는 100명도 넘는 사람을 그의 연주회에 끌었다.)

1.4. 다음은 수동태 문장으로 주어는 끌린다.

(4) I am attracted by the idea of working abroad.(나는 외국에서 일하는 생각에 끌렸다.)

1.5. 다음 주어는 목적어를 끈다. 목적어는 주의, 관심, 동정, 비평 등이다.

(5) a. He wanted to attract my attention.(그는 나의 주의를 끌기를 원했다.)

b. He attracted a lot of sympathy.(그는 많은 동정심을 불러 일으켰다.)

c. The hearing attracted a lot of publicity.(그 청문회는 많은 세평을 불러 일으켰다.)

d. His comments attracted criticism.(그의 논평은 비판을 끌었다.)

e. The story has attracted a lot of interest in the media.(그 이야기는 언론계에서 많은 관심을 끌었다.)

f. The proposal attracted a lot of interest.(그 제안은 많은 관심을 불러 일으켰다.)

1.6. 다음 주어는 목적어를 끈다. 목적어는 곤충이나 그 밖의 생명체이다.

(6) a. Leftover food attracts flies.(남은 음식이 파리를 끈다.)

b. The brightly lit windows attracted a quantity of moths.(그 밝게 켜진 창문들은 많은 나방을 꾀였다.)

c. The warm and damp air attracts a lot of mosquitoes.(그 따뜻하고 습한 공기는 많은 모기들을 끈다.)

d. Flowers attract bees.(꽃들은 벌들을 끈다.)

2. 자동사 용법

2.1. 다음 주어는 서로 끈다.

(7) a. They say that the opposites attract.(그들은 반대의 것들은 서로 끈다고 말한다.)

b. All masses attract each other.(모든 덩어리들은 서로 당긴다.)

attribute

이 동사의 개념 바탕에는 자연적인 속성이나 권리로 돌리는 과정이 있다.

1. 타동사 용법

1.1. 다음 주어는 목적어를 to의 목적어의 속성(탓)으로 돌린다.

(1) a. He attributes his bad temper to his illness.(그는 자기의 나쁜 기질을 질병 탓으로 돌린다.)

b. Joan attributed her laziness to the heavy traffic.(조앤은 자신의 지각을 교통 정체 탓으로 돌렸다.)

c. Women tend to attribute their success to external causes such as luck.(여성들은 자신들의 성공을 행운과 같은 외부의 요인 덕분으로 돌리는 경향이 있다.)

d. He attributes his success to hard work.(그는 자기의 성공을 노력에 돌린다.)

e. We attribute our success to being in the right place at the right time.(우리는 우리의 성공을 적시 적소에 있었던 덕분으로 돌린다.)

f. The doctor attributed the cause of the disease to a virus.(그 의사는 질병의 원인을 바이러스에 돌렸다.)

1.2. 다음 주어는 목적어를 to의 목적어의 속성으로 본다.

(2) a. People attribute superhuman qualities to him.(사람들은 초인적인 능력이 그에게 있다고 본다.)

b. We attribute prudence to him.(우리는 신중함이 그에게 있다고 생각한다.)

1.3. 다음 주어는 목적어를 전치사 to의 것으로 본다.

(3) a. He attributed the remarks to me.(그는 그 말을 내가 한 것으로 보았다.)

b. He attributed the painting to Picasso.(그는 그 그림을 피카소의 것으로 보았다.)

1.4. 다음은 수동태 문장으로 주어는 to의 목적어의 것으로 간주된다.

(4) a. This song is usually attributed to Mozart.(이 노래는 보통 모차르트의 작품으로 추정된다.)

b. The discovery of electricity is attributed to Benjamin Franklin.(전기의 발견은 벤자민 프랭클린 덕분이다.)

auction

이 동사의 개념 바탕에는 auction의 명사 '경매'가 있다. 동사의 의미는 경매의 과정과 관계가 있다.

1. 타동사 용법

1.1. 다음 주어는 목적어를 경매에 부친다.

(1) a. The bank auctioned the house.(그 은행은 그 집을 경매에 부쳤다.)

    b. She auctioned her diamond ring.(그녀는 자신의 다이아몬드 반지를 경매에 부쳤다.)

1.2. 다음 주어는 목적어를 경매에 부쳐서 판다.

(2) a. He auctioned off the old furniture.(그는 그 오래된 가구를 경매로 팔았다.)

    b. They finally auctioned (off) the house $20,000. (그들은 마침내 그 집을 20,000달러로 경매로 팔았다.)

    c. The artist auctioned off his work.(그 예술가는 그의 작품을 경매로 팔았다.)

audition

이 동사의 개념 바탕에는 음성, 무용, 연기를 시험하는 과정이 있다.

1. 타동사 용법

1.1. 다음 주어는 목적어의 음성을 검사한다.

(1) a. They auditioned 20 dancers before choosing 3. (그들은 세 명을 뽑기 전에 스무 명의 댄서를 검사했다.)

    b. The director auditioned many actors.(그 감독은 많은 배우를 검사했다.)

2. 자동사 용법

2.1. 다음 주어는 음성 검사를 받는다.

(2) a. You will have to audition for the role.(당신은 그 역할을 위해 오디션을 받아야 할 것이다.)

    b. Lily is auditioning for a part in the musical.(릴리는 그 뮤지컬에서 어느 역할을 위해 오디션을 받고 있다.)

authorize

이 동사의 개념 바탕에는 권한으로 인가하거나 권한을 주는 관계가 있다.

1. 타동사 용법

1.1. 다음 주어는 목적어를 인가한다.

(1) a. Who authorized the payment of this bill?(누가 이 계산서의 지불을 인가했는가?)

    b. I can authorize payment up to $10,000.(나는 만 달러까지 지불을 인가할 수 있다.)

    c. He authorized increased spending on medical research.(그는 의학 연구에 대한 인상된 지출을 인가했다.)

    d. He authorized the police raid.(그는 그 경찰의 불시 단속을 인가했다.)

1.2. 다음은 수동태 문장으로 주어는 인가된다.

(2) a. The invasion was authorized by the president.(그 침략은 대통령에 의해 인가되었다.)

    b. One million dollars is authorized for the project. (백만 달러가 그 계획 사업을 위해 인가된다.)

1.3. 다음 주어는 목적어에 권한을 주어서 목적어는 to

부정사가 가리키는 일을 한다.

(3) a. A visa authorizes a person to enter and leave a country.(비자는 어느 사람에게 입국하고 출국할 권한을 부여한다.)

    b. I have authorized him to act for me.(나는 그에게 나 대신 행동하게 권한을 위임했다.)

    c. The teacher authorized the assistant to grade papers.(그 선생은 그 조수에게 보고서에 등급을 매기게 권한을 주었다.)

    d. We are willing to authorize the president to use force if necessary.(우리는 필요하다면 대통령에게 군대를 사용할 권한을 기꺼이 부여한다.)

1.4. 다음은 수동태 문장으로 주어에게 어떤 일을 할 수 있는 권한이 주어진다.

(4) a. I am authorized to pay you now.(나는 너에게 지금 지급할 것을 인가 받는다.)

    b. I have been authorized by the court to repossess the property.(나는 그 재산을 회수할 것을 그 법원에 의해 인가 받았다.)

    c. I am not authorized to answer your questions.(나는 너의 질문에 대답할 권한이 없다.)

avail

이 동사의 개념 바탕에는 쓰임새 또는 도움이 되는 과정이 있다.

1. 타동사 용법

1.1. 다음 주어는 목적어로 하여금 of의 목적어를 쓰게 한다.

(1) a. We availed ourselves of Tom's goodwill.(우리는 톰의 호의를 이용했다.)

    b. The campers availed themselves of the first chance in a week to take a shower.(그 야영자들은 일주일 사이에 샤워할 수 있는 첫 기회를 이용했다.)

    c. You should avail yourself of every opportunity for financial aid.(너는 재정적인 도움을 위한 모든 기회를 이용해야만 한다.)

    d. Guests availed themselves of the facilities.(방문객들은 그 시설들을 이용했다.)

1.2. 다음 주어는 목적어에 쓸모가 있다.

(2) a. All our efforts availed us little.(우리의 모든 노력은 거의 쓸모가 없었다.)

    b. Will force alone avail us?(폭력만이 우리에게 소용이 있을까?)

    c. My presence will not avail you now.(나의 출석은 지금 너에게 소용이 없을 것이다.)

    d. Nothing can avail us now.(아무 것도 우리에게 지금 도움을 줄 수 없다.)

    e. Money will not avail you after you are dead.(돈은 네가 죽은 후에 네게 아무 쓸모도 없을 것이다.)

2. 자동사 용법

다음 주어는 쓸모가 있다.

(3) a. It avails nothing to complain about your troubles. (불평해 봤자 아무 쓸모 없다.)

b. It **avails** nothing to cry.(울어 봤자 아무 쓸모 없다.)

c. The calculator **avails** little if you don't understand the problem.(그 계산기도 네가 그 문제를 이해하지 못한다면 거의 쓸모 없다.)

avenge

이 동사의 개념 바탕에는 정당하게 앙갚음하는 과정이 있다.

1. 타동사 용법
1.1. 다음 주어는 목적어에 대한 앙갚음을 한다.
(1) a. They **avenged** his death by burning the village.(그들은 그 마을을 불태움으로써 그의 죽음을 앙갚음했다.)

b. The girl **avenged** her father's death by poisoning his murderer.(그 소녀는 아버지의 죽음에 대해 그 살인자를 독살함으로써 앙갚음했다.)

c. They fought to **avenge** the enemy's invasion.(그들은 그 적들의 침략을 앙갚음하기 위해 싸웠다.)

d. He **avenged** the insult.(그는 그 모욕을 앙갚음했다.)

1.2. 다음 목적어는 환유적으로 쓰여서 목적어에 가해진 잘못을 가리킨다. 주어는 잘못을 앙갚음한다.
(2) a. He swore to **avenge** his brother.(그는 형제의 원수를 갚을 것을 맹세했다.)

b. He **avenged** his father.(그는 아버지의 원수를 갚았다.)

1.3. 다음 목적어는 재귀대명사이다. 이것은 환유적으로 쓰여서 주어에게 가해진 잘못을 가리킨다.
(3) a. She decided to **avenge** herself and all the other women he had abused.(그녀는 그가 학대했던 그녀 자신과 모든 다른 여성을 위해 복수하기로 결심했다.)

b. I was too quick to **avenge** myself and was satisfied with having escaped with my life.(나는 복수를 하기엔 너무 급했으며 목숨을 부지한 것만으로도 만족한다.)

c. They **avenged** themselves on the enemy.(그들은 그 적에게 복수했다.)

average

이 동사의 개념 바탕에는 average의 명사 '평균'이 있다.

1. 타동사 용법
1.1. 다음 주어는 목적어를 평균적으로 한다.
(1) a. He **averaged** seven hours of sleep a night.(그는 하루 평균 7시간을 잔다.)

b. I **average** eight hours' work a day.(나는 하루 평균 8시간을 일한다.)

c. I suppose I **average** about five cups of coffee everyday.(나는 내가 매일 평균적으로 약 5잔의 커피를 마신다고 생각한다.)

d. We **averaged** 24 miles per hour.(우리는 한 시간에 평균 24마일을 갔다.)

e. Many doctors **average** 70 hours a week.(많은 의사들은 일주일에 평균 70시간을 일한다.)

1.2. 다음 주어는 in의 목적어가 가리키는 영역에서 목적어가 평균이 된다.
(2) a. The fish **averages** two inches in length.(그 물고기의 평균 길이는 2인치다.)

b. The children **averaged** five feet in height. (그 아이들의 신장이 평균 5피트 였다.)

1.3. 다음 주어는 목적어가 평균이 된다.
(3) a. The cost should **average** out about $10 per person.(그 비용은 한 사람 당 약 평균 10달러가 될 것이다.)

b. Inquiries to our office **average** 500 calls a week.(우리 사무실로 문의 전화가 일주일에 평균 500건이 온다.)

1.4. 다음 주어는 목적어의 평균을 계산한다.
(4) a. She **averaged** her scores of her last three tests.(그녀는 마지막 세 시험 점수들의 평균을 계산했다.)

b. I have to **average** up these numbers for the boss.(나는 그 사장님을 위해 이 숫자들의 평균을 계산해 내야 한다.)

c. Please **average** the figures and report back to me.(그 수치들의 평균을 내서 나에게 다시 보고하시오.)

d. **Average** out the column of figures.(그 열의 수치를 평균하시오.)

e. I **averaged** out the total increase at about 10%.(나는 총 증가가 평균 약 10%가 됨을 계산해 내었다.)

2. 자동사 용법
2.1. 다음 주어는 어느 기간에 걸쳐서 보면 at의 목적어에 평균이 있다.
(5) a. The weekly profits **average** out at about $300.(그 매주 이익분은 평균 약 300달러에 이른다.)

b. The weekly profits **averaged** out at 20%.(그 매주 이익분은 평균 20%에 이른다.)

c. My annual holiday varies, but it **averages** out at 5 weeks a year.(나의 연간 휴일은 변하지만, 일년에 평균 5주일에 이른다.)

2.2. 다음 주어는 어느 기간에 걸쳐서 보면 평균으로 to의 목적어에 이른다.
(6) a. My taxes **averaged** out to a third of my income.(나의 세금은 내 수입의 평균 1/3에 달한다.)

b. There are six glasses of wine in one bottle which **averages** out to 50p a glass.(포도주 한 병에서 한 잔당 평균 50p에 이르는 6잔이 나온다.)

c. Sometimes I, sometimes he pays--it seems to **average** out.(때로는 내가 지불하고 때로는 그가 지불하여 결국 평균값이 되는 것 같다.)

d. I earn different amounts each month, but it usually **averages** out.(나는 매달 다른 액수를 벌지만 대개 평균에 달한다.)

e. Months of high and low sales **average** out over the year.(매출액이 높은 달들과 낮은 달들은 일 년에 걸쳐 평균이 된다.)

avert

이 동사의 개념 바탕에는 접촉을 피하는 과정이 있다.

1. 타동사 용법

1.1. 다음 주어는 목적어의 방향을 돌린다. 목적어는 시선이나 생각이다.

(1) a. He averted his eyes as she undressed.(그녀가 옷을 벗었을 때 그는 자신의 시선을 돌렸다.)

b. When we were stared at, we averted our eyes.(우리가 사람들의 시선을 받았을 때, 우리는 시선을 피했다.)

c. Bill averted his gaze when she passed.(그녀가 지나갈 때 빌은 시선을 돌렸다.)

d. She averted her glance from the corpse/the sad sight.(그녀는 그 시체에서/그 슬픈 광경에서 눈길을 돌렸다.)

e. Avert your mind from the dreadful event.(그 무시무시한 사건으로부터 너의 생각을 돌려라.)

f. We tried to avert our thoughts from our massive financial problems.(우리는 그 막대한 재정 문제로부터 우리의 생각을 피하려고 애썼다.)

1.2. 위험이나 사고를 당하는 것은 이들과 접촉되는 것으로 개념화된다. 이들과 접촉을 피하는 것은 사고를 면하는 것으로 개념화된다. 주어는 목적어를 피한다.

(2) a. As hard as he tried, the driver could not avert having an accident.(할 수 있는 한 노력을 했지만 그 운전자는 사고를 피할 수 없었다.)

b. We averted a loss in the stock market by selling our shares early.(우리는 주식을 일찍 팔아서 그 증권 시장에서의 손실을 피했다.)

c. The government averted a tragic end by prompt action.(정부는 즉각적인 대책을 취해 비참한 결과를 피했다.)

d. She averted an accident by staying well behind the truck.(그녀는 그 트럭 뒤에 안전하게 떨어져 있은 덕택에 사고를 피했다.)

e. He averted an automobile accident by stopping quickly.(그는 재빨리 멈춤으로써 차 사고를 피했다.)

f. Tom was able to avert the disaster/the danger/the trouble.(탐은 그 재난/위험/문제를 피할 수 있었다.)

g. They tried to avert a crisis/war/conflict/confrontation/strike/famine.(그들은 위기/전쟁/갈등/대결/파업/기근을 피하려 했다.)

h. You have to avert suspicion.(당신은 혐의를 피해야 한다.)

i. His quick thinking averted the accident.(그의 재빠른 판단이 그 사고를 막았다.)

1.3. 다음은 수동태 문장으로 주어는 피해진다.

(3) a. Thanks to her timely intervention, catastrophe was averted.(그녀의 적시의 개입 덕분에 파국은 피해졌다.)

b. A war was averted by careful negotiation.(전쟁은 조심스러운 협상으로 인해 피해졌다.)

c. The failure might have been averted by careful preparations.(그 실패는 신중한 준비들이 있었다면 피해질 수 있었을지 모른다.)

d. Starvation can be averted with only massive food aid from the West.(기아는 서구국가로부터의 막대한 식량 원조에 의해서만 피할 수 있다.)

avoid

이 동사의 개념 바탕에는 피하는 과정이 있다.

1. 타동사 용법

1.1. 다음 주어는 목적어를 피한다.

(1) a. He avoids the elevator.(그는 그 엘리베이터를 피한다.)

b. The thief avoided capture by the police.(그 도둑은 경찰의 체포를 피했다.)

c. He drove carefully to avoid the holes in the road.(그는 그 길에 난 그 구멍들을 피하기 위해 조심스럽게 운전했다.)

d. We avoided large cities on our trip.(우리는 우리의 여행에서 대도시들을 피했다.)

e. We avoided the traffic jam on the highway.(우리는 그 고속도로에서의 그 교통 정체를 피했다.)

f. He avoided sweets.(그는 단 것을 피한다.)

g. I try to avoid supermarkets on Saturdays.(나는 토요일에는 슈퍼마켓을 피하려고 노력한다.)

1.2. 다음 주어는 목적어를 피한다. 목적어는 사람이다.

(2) a. Mary avoided John at school after they stopped dating.(메리는 존과 데이트를 그만둔 이후 학교에서 그를 피했다.)

b. Try to avoid bad company.(나쁜 친구들을 피하려고 노력해라.)

c. We tried to avoid the crowds at the mall.(우리는 그 상점가에서 그 군중들을 피하려고 노력했다.)

d. I had to swerve to avoid the cat.(나는 그 고양이를 피하기 위해 방향을 꺾어야 했다.)

e. You should really avoid him.(너는 정말로 그를 피해야 한다.)

1.3. 다음은 수동태 문장으로 주어는 피해진다.

(3) a. Unnecessary paperwork should be avoided.(불필요한 서류작업은 피해야 한다.)

b. Nuclear war should be avoided at all costs.(핵전쟁은 어떤 값을 치르더라도 피해야 한다.)

1.4. 다음 주어는 목적어를 피한다. 목적어는 과정이다.

(4) a. He avoided a quarrel/a collision/a fight/an accident.(그는 싸움/충돌/싸움/사고를 피했다.)

b. The report studiously avoided any mention of the controversial plan.(그 보고서는 그 논쟁의 여지가 있는 그 계획의 언급을 애써 피했다.)

c. The plane narrowly avoided disaster when one of the engines cut out on takeoff.(그 비행기는 이륙 시 그 엔진 가운데 하나가 고장이 났을 때 가까스로 참사를 면했다.)

d. They narrowly avoided defeat in the semifinal.(그들은 그 준결승에서 가까스로 패배를 면했다.)

e. No one can avoid his destiny.(누구도 자신의 운명

을 피할 수 없다.)

  f. He avoided danger.(그는 위험을 피했다.)

1.5. 다음 주어는 목적어를 피한다. 목적어는 상태나 과정이다.

(5) a. The name was changed to avoid confusion with another company.(그 이름은 다른 회사와의 혼란을 피하기 위해 바뀌었다.)

  b. A low-fat diet can help you avoid a heart attack. (저지방 식이요법은 당신이 심장 마비를 피할 수 있게 도와 준다.)

  c. We set off early to avoid the rush hour.(우리는 그 출퇴근 시간을 피하기 위해 일찍 출발했다.)

1.6. 다음 주어는 목적어(동명사)를 피한다.

(6) a. You should avoid staring at them.
(너는 그들을 노려보는 것을 피해야 한다.)

  b. Whatever we say to her, we cannot avoid hurting her feelings.(우리가 그녀에게 무엇을 말하건 간에, 우리는 그녀의 기분을 상하게 하는 것은 피할 수 없다.)

  c. Take off your shoes to avoid dirtying the floor. (그 마루를 더럽히지 않게 너의 신발을 벗어라.)

  d. We avoided driving through the city.(우리는 그 도시를 통과해서 운전하는 것을 피했다.)

  e. He somehow avoided paying his income tax.(그는 아무든 그의 소득세 내기를 피했다.)

  f. She wore those shoes to avoid slipping.(그녀는 미끄러지지 않기 위해서 그 신발을 신었다.)

  g. We avoided going out in the rain.(우리는 빗속에 나가는 것을 피했다.)

  h. Organic gardeners try to avoid using pesticides. (유기농법 농부들은 살충제를 쓰기를 피한다.)

  i. Avoid crossing the street at rush hours.(출퇴근 시간에 그 길을 건너는 것을 피해라.)

  j. Avoid getting your feet wet.(너의 발을 젖지 않게 해라.)

  k. I've been avoiding getting down to work all day. (나는 하루종일 자리를 잡고 일을 하는 것을 피해 왔다.)

  l. Nobody can avoid getting old.(누구도 늙는 것을 피할 수 없다.)

  m. I cannot avoid saying/hearing it.(나는 그것을 말하는/듣는 것을 피할 수 없다.)

  n. Try to avoid getting soap in your eyes.(비누가 너의 눈에 들어가지 않게 해라.)

  o. He avoids making any promise.(그는 약속을 하는 것을 피한다.)

  p. We should avoid eating fattening foods.(우리는 살찌는 음식을 먹는 것을 피해야 한다.)

  q. They built a wall to avoid soil being washed away. (그들은 흙이 씻겨 내려가지 않도록 방벽을 세웠다.)

avow

이 동사의 개념 바탕에는 공개적으로 인정하는 과정이 있다.

1. 타동사 용법

1.1. 다음 주어는 목적어를 공개적으로 인정한다.

(1) a. He avowed interest in the issue.(그는 그 쟁점에 관심이 있음을 공개적으로 인정했다.)

  b. The prisoner avowed his guilt.(그 죄인은 그의 죄를 공개적으로 인정했다.)

  c. He avowed his commitment to the ideals.(그는 그 이상들에 대한 그의 서약을 공개적으로 인정했다.

1.2. 다음 주어는 that-절의 내용을 공개적으로 인정한다.

(2) a. He avowed that he wasn't guilty.(그는 자신은 죄가 없다고 공언했다.)

  b. He avowed that he had indeed made those remarks.(그는 자신이 정말로 그런 발언들을 했었다고 공개적으로 인정했다.)

  c. The aide avowed that the president had known nothing about the deal.(그 보좌관은 대통령이 그 밀약에 대하여 아무 것도 알지 못했다고 공언했다.)

  d. The terrorists avowed that they regretted what they had done.(그 테러분자들은 자신들이 저질렀던 일들을 후회한다고 인정했다.)

  e. The prime minister avowed that he saw no need to change his country's policies.(그 수상은 국가의 정책을 바꿔야 할 필요를 느끼지 못한다고 언명했다.)

award

이 동사의 개념 바탕에는 법적 판결이나 심판에 의해 주는 과정이 있다.

1. 타동사 용법

1.1. 다음 주어는 목적어를 판결에 의해 to의 목적어에 준다.

(1) a. The judge awarded $20,000 to the plaintiff.(그 판사는 20,000달러를 그 원고에게 지급하라고 판결을 내렸다.)

  b. The jury awarded damages to the plaintiff.(그 배심원단은 그 원고에게 손해 배상 평결을 내렸다.)

  c. The judge awarded a gold medal to the gymnast. (그 심사위원은 금메달을 그 체조선수에게 수여하였다.)

  d. The jury awarded libel damages of 2,000 dollars. (그 배심원단은 명예훼손 보상금으로 2,000달러의 평결을 내렸다.)

1.2. 다음 주어는 심사나 심판에 의해 목적어를 to의 목적어에 준다.

(2) a. The college awarded a $600 travel grant to John. (대학 당국은 600달러의 여행 경비를 존에게 제공했다.)

  b. The judges awarded equal points to the finalists. (그 심판들은 동점을 결승 진출자들에게 주었다.)

  c. The committee awarded the literature prize to her.(그 위원회는 그 문학상을 그녀에게 수여했다.)

  d. We have awarded the contract to a Korean shipyard.(우리는 그 계약을 어느 한국 조선소에 주었다.)

1.3. 다음은 수동태 문장으로 주어는 주어진다.

(3) a. She has been **awarded** a scholarship to study at Cambridge.(그녀는 케임브리지에서 공부할 수 있는 장학금이 주어졌다.)

　　b. He was **awarded** $7,000 compensation.(그는 7,000달러의 보상금이 주어졌다.)

1.4. 다음 주어는 첫째 목적어에게 둘째 목적어를 준다.

(4) a. Management **awarded** all factory employees a 5% pay rise.(경영진은 모든 공장 고용자들에게 5% 인상된 임금을 주었다.)

　　b. The Nobel Committee **awarded** him the prize.(그 노벨상 위원회는 그에게 그 상을 수여하였다.)

　　c. The judges **awarded** the finalists the equal points.(그 심판들은 그 결승전 진출자들에게 동점을 주었다.)

　　d. The jury **awarded** the grandparents a custody of the child.(그 배심원단은 조부모들에게 그 아이의 양육권을 주었다.)

　　e. The university **awarded** her a scholarship.(대학 당국은 그녀에게 장학금을 주었다.)

ℬ b

back

이 동사의 개념 바탕에 '뒤', '등'의 개념이 깔려있다. 동사의 뜻은 뒤와 관련된 움직임이나 행동이 있다.

1. 타동사 용법

1.1. 다음 주어는 목적어의 뒤를 밀어준다.
(1) a. The wealthy banker **backed** the opera. (그 부유한 은행가는 그 오페라를 후원했다.)
 b. Local businesses have promised to **back** the project. (지역 사업체들이 그 기획 사업을 후원하기로 약속했다.)
 c. Jane **backed** my idea of moving the meeting time to 5:00. (제인은 그 모임 시간을 5시로 바꾸자는 나의 생각을 밀어주었다.)

1.2. 다음 주어는 목적어를 with나 by의 목적어로 밀어준다.
(2) a.. He **backed** his plan **with** action. (그는 그의 계획을 행동으로 뒷받침했다.)
 b. He **backed** his theory **with** facts. (그는 그의 이론을 사실로 뒷받침했다.)
 c. He **backed** up his claim **with** a sheaf of documents. (그는 그의 요구를 한 뭉치의 서류로 뒷받침했다.)

1.3. 다음은 수동태 문장으로 주어는 뒷받침된다.
(3) a. The program of economic reform is **backed by** foreign aid. (그 경제 개혁 프로그램은 외국의 원조로 뒷받침되고 있다.)
 b. The bill is **backed by** environmentalists. (그 법안은 환경 보호주의자들에 의해 뒷받침되어진다.)
 c. The government policy was **backed by** the whole nation. (그 정부 정책은 국민 전체에 의해 뒷받침되었다.)
 d. The language text was **backed** up **by** a recorded tape. (그 언어 텍스트는 녹음된 테이프에 의해 보충되었다.)
 e. She was **backed by** many important people. (그녀는 많은 중요한 사람들에게 도움을 받았다.)

1.4. 다음 주어는 목적어를 떠받쳐준다.
(4) a. His friends **backed** him strongly in his candidacy. (그의 친구들은 그의 입후보를 강력하게 도와주었다.)
 b. I always **back** my boss on departmental policy. (나는 언제나 부서 정책에 대해 나의 상사를 돕는다.)
 c. Her parents **backed** her in her choice of career. (그녀의 부모들은 그녀가 직업을 선택하는 면에서 도왔다.)

1.5. 다음 주어는 목적어를 떠받쳐서 서 있게 한다.
(5) a. I will **back** you **up** because I think you are right. (나는 당신이 옳다고 생각하므로 도와주겠다.)
 b. Two police officers **backed up** another one who was arresting a criminal. (두 명의 경찰관이 범인을 체포하고 있는 또 다른 경찰 한 명을 도왔다.)
 c. Will you **back** me **up** if I say that I never saw him? (만약 내가 그를 한번도 본 적이 없다고 말한다면 나를 지지해 주겠소?)
 d. Will you **back** me **up** against others? (당신은 다른 사람들에 반대하며 나를 도와주겠소?)
 e. They **backed** him **up** financially. (그들은 그를 경제적으로 도왔다.)

1.6. 경마에서 어떤 말을 지지한다는 것은 그 말에 돈을 건다는 뜻이다. 다음 주어는 목적어를 지지한다.
(6) a. I **backed** your horse to win, but it lost. (나는 네 말이 이기도록 돈을 걸었으나 졌다.)
 b. He **backed** the wrong horse. (그는 잘못된 말에 돈을 걸었다.)
 c. I **backed** the winner and won fifty dollars. (나는 그 승자에 돈을 걸었고 50달러를 벌었다.)

1.7. 다음 주어는 목적어를 복사한다.
(7) Does he **back** his files every day? (그는 매일 그의 파일들을 복사해 놓습니까?)

1.8. 다음 주어는 목적어를 뒤로 움직인다.
(8) a. He **backed** his truck/his car out of the parking lot. (그는 그의 트럭/차를 그 주차장에서 뒤로 뺐다.)
 b. He **backed** his car along the path. (그는 그 소로를 따라 그의 차를 후진시켰다.)
 c. The driver **backed** up his car and stopped. (그 운전사는 그의 차를 후진시키고 멈췄다.)
 d. The police **backed** the crowd away from the fire. (경찰은 그 군중들을 그 화재 장면에서 물러가게 했다.)
 e. He **backed** oars. (그는 노를 뒤로 저었다.)

1.9. 다음 주어는 목적어의 뒤를 다른 개체로 붙인다.
(9) a. She **backed** the poster/the picture **with** cardboard. (그녀는 그 포스터/그림 뒤를 판지로 붙였다.)
 b. She **backed** the photo **with** a piece of cardboard. (그녀는 그 사진 뒤를 판지 한 장으로 붙였다.)
 c. He **backed** the curtain **with** limp material. (그는 그 커튼 뒤를 부드러운 안감 재료로 대었다.)

1.10. 다음은 수동태 문장으로 주어는 뒤가 대어진다.
(10) The carpet is **backed with** rug. (카펫 뒤에는 융단을 대었다.)

1.11. 다음 주어는 목적어의 뒤쪽을 쌓이게 한다.
(11) a. Waste **backed up** the sewage. (쓰레기는 그 하수구를 막히게 했다.)
 b. The accident **backed up** traffic. (그 사고는 교통을 막히게 했다.)
 c. The garbage **backs up** your septic tank. (그 쓰레기는 당신의 정화조를 막히게 한다.)
 d. Traffic is **backed up** to the bridge. (교통체증은 그 다리까지 막혀있다.)

1.12. 다음은 수동태 문장으로 주어는 뒤가 둘러 쌓인다.
(12) a. The beach is **backed by** a hill. (그 해변 뒷편은 언덕으로 싸여있다.)
 b. Our little farm is **backed by** woods. (우리의 작은 농장 뒤에는 숲이 있다.)
 c. The vocalist was **backed by** piano. (그 성악가는 피

아노로 반주를 받았다.)

2. 자동사 용법

2.1. 다음 주어는 뒤로 움직인다.

(13) a. The horse **backed**.(그 말은 뒤로 주춤했다.)

b. During the night, the wind **backed away** to northeast.(밤 동안 그 바람은 북동쪽으로 물러났다.)

c. The dog **backed away** as the man raised his stick. (그 개는 그 남자가 막대기를 들자 뒤로 물러났다.)

d. He **backed away** from the snake.(그는 그 뱀으로 부터 뒤로 물러났다.)

2.2. 다음에서 back은 down과 같이 쓰였다. down은 (14a)에서 공간적으로, (14b-e)에서는 비유적으로 물러서는 관계를 나타낸다.

(14) a. A truck was **backing down** the lane.(트럭 한 대가 그 길 아래로 후진하고 있었다.)

b. He **backed down** on what he said.(그는 그가 말한 입장에서 물러났다.)

c. Robert **backed down** and apologized.(로버트는 물러서서 사과했다.)

d. She demanded a bigger salary, but she **backed down** when her boss said "no."(그녀는 더 높은 보수를 요구했으나, 사장이 "안 된다"고 했을 때 주춤했다.)

e. The child **backed down** from her stubborn refusal. (그 아이는 그녀의 고집스런 거절에서 물러났다.)

2.3. 다음 주어는 뒤로 어떤 기준점에 접근한다.

(15) a. The truck **backed up** to the platform.(그 트럭은 후진해서 그 승강장에 다가갔다.)

b. He **backed up** a few paces.(그는 몇 발자국 뒤로 물러났다.)

2.4. off는 분리를 나타낸다. 다음 주어 어디에 붙어있다가 뒤로 물러서면서 떨어진다.

(16) a. We decided to **back off** before someone got hurt. (우리는 어떤 사람이 다치기 전에 물러나기로 결심했다.)

b. He was ready for a fight, but he **backed off**.(그는 싸울 준비를 했으나 물러났다.)

c. The dog barked at the man and he **backed off**.(그 개가 그 남자에게 짖어서 그는 물러났다.)

d. She started to criticize me, but suddenly **backed off**.(그녀는 나를 비판하기 시작했으나 갑자기 물러났다.)

2.5. 다음 주어는 out of의 목적어에서 물러서서 빠져 나온다.

(17) a. They **backed out** of the deal the day before they were due to sign the contract.(그들은 그들이 그 계약을 서명하기로 된 전 날 그 거래를 파기했다.)

b. After you have made a promise, I think you must not **back out** of it.(당신이 약속을 한 후에, 나는 당신이 그것을 파기해서는 안 된다고 생각한다.)

c. He **backed out** of his engagement.(그는 약혼을 파기했다.)

d. He was to go with us, but he **backed out** at the last moment.(그는 우리와 같이 가기로 되어있었으나, 마지막 순간 빠졌다.)

2.6. 다음 주어는 뒤로 쌓인다.

(18) a. Traffic **backed up** quickly because of the accident. (교통은 그 사고 때문에 빨리 막혔다.)

c. The sink **backs up** every week.(그 씽크대는 매주 막힌다.)

2.7. 다음 주어는 건물이나 영역이고, 이들의 뒤쪽이 전치사 onto의 목적어와 접한다.

(19) a. The hotel **backs onto** the road.(그 호텔 뒤편은 그 도로와 접한다.)

b. This house **backs onto** ours.(이 집 뒷편은 우리 집과 접한다.)

c. His garden **backs onto** a school yard.(그의 정원 뒷 편은 학교 마당과 접한다.)

d. The house **backs on** the river.(그 집 뒷편은 그 강과 접한다.)

badger

이 동사의 개념 바탕에는 조르거나 괴롭히는 과정이 있다.

1. 타동사 용법

1.1. 다음 주어는 목적어를 괴롭힌다.

(1) a. Reporters seemed to enjoy **badgering** the president.(신문 기자들은 그 대통령을 괴롭히는 것을 즐기는 것 같았다.)

b. Reporters constantly **badgered** her about her private life.(신문기자들은 끊임없이 그녀를 그녀의 사생활에 대해 괴롭혔다.)

c. The kids have been **badgering** me all day to take them to swimming.(그 아이들은 그들을 수영장에 데려가 달라고 하루종일 나를 졸랐다.)

1.2. 다음 주어는 목적어를 졸라서 into의 목적어가 가리키는 일을 하게 한다.

(2) a. I finally **badgered** him **into** coming with us.(나는 그를 졸라 마침내 우리와 함께 오게 했다.)

b. She **badgered** me **into** going.(그녀는 나를 졸라 밖으로 나가게 했다.)

1.3. 다음 주어는 목적어를 졸라서 to 부정사가 가리키는 일을 하도록 한다.

(3) a. His daughter is always **badgering** him **to** let her join the club.(그의 딸은 항상 자신을 그 클럽에 가입하게 해달라고 그를 조르고 있다.)

b. He **badgered** officials at the American Embassy **to** help.(그는 미 대사관 관리들에게 도와달라고 졸랐다.)

1.4. 다음 주어는 전치사 for의 목적어를 얻기 위해 조른다.

(4) a. He **badgered** his father **for** a raise in his allowance.(그는 아버지에게 용돈을 인상해 달라고 졸랐다.)

b. He **badgered** his mother **for** a new car.(그는 어머니에게 새차를 사달라고 졸랐다.)

bag

이 동사의 개념 바탕에는 bag의 명사 '자루'가 있다.

동사의 의미는 이 명사의 쓰임이나 모양과 관계가 있다.

1. 타동사 용법

1.1. 다음 주어는 목적어를 자루에 넣는다.
(1) a. We bagged up the money before we closed the shop.(우리는 그 가게를 닫기 전에 그 돈을 자루에 넣었다.)
b. I have bagged some apples.(나는 사과 몇 개를 자루에 넣었다.)
c. He bagged the groceries.(그는 그 식료품을 봉투에 넣었다.)

1.2. 다음은 수동태 문장으로 주어는 자루에 넣어진다.
(2) The sugar was bagged and shipped.(그 설탕이 자루에 넣어져서 배로 수송되었다.)

1.3. 다음 주어는 목적어를 잡아서 자루에 넣는다.
(3) a. The hunter bagged two ducks.(그 사냥꾼은 오리 두 마리를 잡아 자루에 넣었다.)
b. We bagged ten fish in 10 minutes.(우리는 10분 안에 물고기 10 마리를 잡았다.)
c. She bagged the top song writer's award.(그녀는 최고 작곡가 상을 획득했다.)

1.4. 다음 주어는 목적어를 차지한다.
(4) a. Could you get there early and bag a place for us?(일찍 그 곳에 도착하여 우리를 위해 자리를 잡아 주시겠습니까?)
b. I've bagged us a couple of seats at the front.(나는 우리 자리로 앞쪽 좌석 몇 개를 잡았다.)
c. Could you bag some decent seats for us?(좋은 자리 몇 개를 차지해 주시겠습니까?)

1.5. 다음 주어는 목적어를 불룩하게 만든다.
(5) The air bagged the parachute.(그 공기가 그 낙하산을 불룩하게 만들었다.)

2. 자동사 용법

2.1. 다음 주어는 불룩하게 된다.
(6) a. Her dress bagged shapelessly.(그녀의 옷은 볼품 없이 불룩했다.)
b. His trousers bag at the knees.(그의 바지가 무릎이 나왔다.)
c. The wind blew so hard that the entire tent bagged outward.(그 바람이 너무 심하게 불어서 그 텐트 전체가 바깥쪽으로 불룩하게 되었다.)

bail

이 동사의 개념 바탕에는 bail의 명사 '배에서 물을 퍼내는 파래박'이 있다. 동사의 의미는 이 명사의 쓰임과 관계가 있다.

1. 타동사 용법

1.1. 다음 주어는 목적어를 퍼낸다.
(1) a. They bailed gallons of water from the basement.(그들은 그 지하실로부터 몇 갤런의 물을 퍼내었다.)
b. He bailed water with a coffee can.(그는 물을 커피 캔을 가지고 퍼내었다.)

c. He bailed water out of the boat.(그는 물을 그 보트에서 퍼내었다.)

1.2. 다음 목적어는 물을 담고 있는 개체이다. 주어는 목적어에서 물을 퍼낸다.
(2) a. He bailed out a leaking boat.(그는 구멍이 뚫린 보트의 물을 퍼냈다.)
b. He bailed out an old boat.(그는 어느 낡은 배(의 물)을 퍼내었다.)

1.3. 다음 주어는 목적어를 구속에서 풀려나게 한다.
(3) a. His goal is to bail his team out.(그의 목표는 그의 팀을 보석으로 풀려나게 하는 것이었다.)
b. Her lawyer bailed her out of jail.(그녀의 변호사는 그녀를 보석으로 교도소에서 풀려나게 했다.)
c. My friends bailed me out when I couldn't pay.(내 친구들이 내가 지불할 수 없을 때 보석으로 풀려나게 해 주었다.)
d. We had to pay $10,000 to bail him out.(우리는 그를 보석으로 풀려나게 하기 위해 만 달러를 지불해야만 했다.)

1.4. 다음에서 [회사는 개체이고 어려움은 수송체] 은유가 적용된 표현이다.
(4) a. The government had to bail the company out of financial difficulty.(정부는 그 회사를 재정상의 어려움으로부터 구제해 주어야만 했다.)
b. The loan bailed out her business when sales dropped.(매출액이 떨어졌을 때, 그 대출금이 그녀의 사업을 구제해 주었다.)

2. 자동사 용법

2.1. 다음 주어는 뛰어나온다.
(5) a. They bailed out of the fiery jet.(그들은 그 불타는 비행기에서 탈출하였다.)
b. The pilot told the crew to bail out.(그 조종사는 그 승무원들에게 탈출하라고 말했다.)

2.2. 다음 주어는 하던 일에서 뛰어나온다. [상거래는 배] 은유가 적용된 표현이다.
(6) a. I had to bail out of the deal before I lost all my money.(나는 그 거래에서 내 돈을 모두 잃기 전에 뛰쳐 나와야만 했다.)
b. We bailed out of the failed investment just in time.(우리는 그 실패한 투자에서 제 때에 벗어났다.)
c. The company was in such a bad shape that many employees bailed out.(그 회사는 어려운 상태에 처하여서 많은 고용자들이 회사를 떠났다.)

bait

이 동사의 개념 바탕에는 bait의 명사 '미끼'가 있다. 동사의 의미는 이 명사의 쓰임과 관계가 있다.

1. 타동사 용법

1.1. 다음 주어는 목적어를 미끼로 단다.
(1) a. He baited the mousetrap with cheese.(그는 그 쥐덫에 치즈를 미끼로 달았다.)
b. He baited his fishing hook with a fly.(그는 낚시 바늘에 파리를 낚싯밥으로 달았다.)

c. He **baited** the hook **with** a worm.(그는 그 낚시 바늘에 지렁이를 미끼로 달았다.)

1.2. 다음 주어는 목적어를 with의 목적어로 유인한다.

(2) a. The hunters **baited** the bear **with** dogs.(그 사냥꾼들은 그 곰을 개로 꾀어 내었다.)

b. We **baited** him **with** his favorite desert.(우리는 그가 좋아하는 후식으로 그를 유혹했다.)

1.3. 다음 주어는 미끼처럼 행동해서 목적어가 덤비도록 하여 괴롭힌다.

(3) a. The dogs **baited** the big bear.(그 개는 그 큰 곰을 괴롭혔다.)

b. People used to **bait** chained bears for amusement.(사람들이 그 사슬에 묶인 곰들을 재미를 위해 괴롭히곤 했다.)

c. They **baited** me by calling me names.(그들은 욕을 하면서 나를 괴롭혔다.)

d. Hecklers **baited** the speaker.(야유하는 사람들이 그 연사를 괴롭혔다.)

e. The guards was fired for **baiting** the prisoners.(그 간수들은 그 죄수들을 괴롭혀서 해고되었다.)

1.4. 다음 주어는 목적어를 유인하여 어떤 일을 자기도 모르게 한다.

(4) a. He refused to be **baited** into saying bad about his mate.(그는 자기의 동료를 험담하도록 유인당하기를 거절했다.)

b. She **baited** me into going with her.(그녀는 나를 유혹하여 그녀와 함께 가게 했다.)

bake

이 동사의 개념 바탕에는 빵을 굽는 과정이 있다.

1. 타동사 용법

1.1. 다음 주어는 구워서 목적어를 만든다.

(1) a. We **baked** several loaves of bread.(우리는 빵 몇 덩어리를 구웠다.)

b. They **bake** pottery in this furnace.(그들은 도기를 이 아궁이 안에서 굽는다.)

c. He **baked** bricks in a kiln.(그는 벽돌을 가마 안에서 구웠다.)

1.2. 다음 주어는 목적어를 빵 껍질 같이 만든다.

(2) a. The sun **baked** the ground hard.(그 햇볕이 그 지면을 단단하게 구웠다.)

b. The ground was **baked** by the sun.(그 지면은 태양에 의해 타서 단단해졌다.)

1.3. 다음 주어는 첫째 목적어에게 둘째 목적어를 구워서 준다.

(3) a. He **baked** us some cake.(그는 우리에게 케이크를 구워주었다.)

b. She **baked** us some potatoes.(그녀는 우리에게 몇 개의 감자를 구워주었다.)

2. 자동사 용법

2.1. 다음 주어는 빵을 굽는다.

(4) a. Mother often **bakes**.(어머니는 자주 빵을 구우신다.)

b. She learned to **bake** when young.(그녀는 어릴 때 빵 굽는 법을 배웠다.)

2.2. 다음 주어는 구워진다.

(5) a. The potatoes are **baking** in the oven.(그 감자는 오븐 안에서 구워지고 있다.)

b. Cookies **bake** quickly.(쿠키는 재빨리 구워진다.)

c. The ground **baked** in the hot sun.(그 지면은 그 뜨거운 일광으로 단단하게 구워졌다.)

2.3. 다음 주어는 햇볕에 탄다.

(6) a. Let's go to the beach and **bake**.(그 해변으로 가서 살을 태웁시다.)

b. They are **baking** in the sun.(그들은 태양 아래서 살을 태우고 있다.)

2.4. 다음 주어는 공간으로 화끈화끈하게 된다.

(7) a. Our apartment on the top floor **bakes** in the summer.(맨 위층에 있는 우리 아파트는 여름이면 뜨끈뜨끈해진다.)

b. Open the windows; it's **baking** in here.(그 창문을 열어라. 이 안이 뜨끈뜨끈 해진다.)

balance

이 동사의 개념 바탕에는 balance의 명사 '균형'이 있다. 동사의 의미는 이 명사의 상태와 관계가 있다.

1. 타동사 용법

1.1. 다음 주어는 목적어를 균형 잡는다.

(1) a. He **balanced** a pail on his head.(그는 균형을 잡아 머리에 들통을 얹었다.)

b. Can you **balance** a coin on its edge?(너는 동전을 균형 잡아 세울 수 있니?)

c. The seal **balanced** the ball on its nose.(그 바다표범이 그 공을 균형 잡아 자기 코 위에 얹었다.)

d. If you sit in the front, and I in the back, we can **balance** the boat.(만약 네가 앞 쪽에 앉고 내가 뒤쪽에 앉는다면, 우리는 그 보트를 균형잡을 수 있다.)

e. She **balanced** the glass of wine on the arm of her chair.(그녀는 그 포도주 잔을 자기 의자의 팔걸이 위에 균형 잡아 올려놓았다.)

f. He **balanced** himself.(그는 몸의 균형을 잡았다.)

1.2. 다음 주어는 목적어를 결산한다.

(2) a. He **balanced** his accounts.(그는 자기 장부를 결산했다.)

b. He is **balancing** his checking account.(그는 수표 계좌를 결산하고 있다.)

c. He **balanced** the book.(그는 그 장부를 결산했다.)

1.3. 다음 주어는 목적어를 저울질한다.

(3) a. We tried to **balance** the pros and the cons before deciding.(우리는 결정하기 전에 이해득실을 가늠해 보려 노력했다.)

b. He **balanced** probabilities.(그는 확률을 가늠해 보았다.)

1.4. 다음 주어는 목적어를 상쇄한다.

(4) a. This year's profits will **balance** our previous losses.(올해의 이익은 전년도의 손실을 상쇄시켜 줄 것이다.)

b. Your skill in languages **balances** your lack of

experiences.(너의 어학 기술은 경험 부족을 상쇄시켜준다.)

1.5. 다음은 수동태 문장으로 주어는 상쇄된다.

(5) a. His rough words are **balanced** by his many kind acts.(그의 거친 말들은 그의 친절한 행동들로 상쇄된다.)

b. Fatigue was **balanced** by excitement.(피로는 여흥으로 상쇄되었다.)

1.6. 다음 주어는 목적어를 against의 목적어와 견주어 본다.

(6) a. I **balanced** a camping trip **against** the chance of a summer job.(나는 캠핑 여행을 여름 아르바이트의 기회에 비교하여 보았다.)

b. He **balanced** the advantages **against** the disadvantages.(그는 그 이익을 그 불이익에 견주어 보았다.)

c. You'll have to **balance** working more hours **against** making more money.(너는 몇 시간 더 일하는 것을 돈을 더 버는 것에 견주어 보아야 할 것이다.)

d. The need for a new road must be **balanced against** the inevitable damage to the environment.(새로운 도로의 필요성은 그 불가피한 환경 파괴에 견주어 보아야 한다.)

1.7. 다음 주어는 목적어를 with의 목적어와 균형이 잡히게 한다.

(7) a. **Balance** your exercise **with** rest.(너의 운동을 휴식과 균형 잡히게 하시오.)

b. She tries to **balance** home life **with** career.(그녀는 집안 일을 직장 생활과 균형 있게 하려고 노력한다.)

c. He **balanced** this **with** that.(그는 이것을 저것과 균형이 잡히게 했다.)

d. She learned to **balance** working efficiency **with** good human relationships.(그녀는 능률적으로 일을 하는 것을 좋은 대인 관계와 균형 잡히게 하는 것을 배웠다.)

2. 자동사 용법

2.1. 다음 주어는 균형이 잡힌다.

(8) a. Sometimes I do the homework--sometimes she does. It all **balances** out.(때때로 내가 집안 일을 하고, 때때로 그녀가 집안 일을 한다. 모든 것이 균형이 맞다.)

b. The good and bad effects of any decision **balance** out.(어떤 결정이라도 좋은 영향과 나쁜 영향은 서로 균형이 잡힌다.)

c. These scales **balance**.(이 저울은 균형이 맞는다.)

2.2. 다음 주어는 일치한다.

(9) a. The checkbook **balances**.(그 수표장의 계산이 맞다.)

b. The account doesn't **balance**.(그 장부는 계산이 맞아 떨어지지 않는다.)

2.3. 다음 주어는 주저한다.

(10) He is **balancing** in his choice.(그는 선택에 있어서 망설이고 있다.)

2.4. 다음 주어는 균형을 잡고 선다.

(11) a. He can **balance** on one foot.(그는 한 쪽 발로 균형

을 잡고 설 수 있다.)

b. The girl **balanced** on her toes.(그 소녀는 발 끝으로 균형을 잡고 섰다.)

2.5. 다음 주어는 with의 목적어와 일치한다.

(12) a. The rewards don't **balance** with the risks.(그 보상은 위험과 걸맞지 않는다.)

b. The penalty does not **balance** with the offence.(그 형벌은 그 지은 죄와 걸맞지 않는다.)

c. He **balanced** on the top of the wall.(그는 그 담장 위에서 균형을 잡고 섰다.)

balk

이 동사의 개념 바탕에는 갑자기 멈추어 서서 앞으로 나가지 않는 과정이 있다.

1. 자동사 용법

1.1. 다음 주어는 갑자기 멈추어 서서 움직이지 않는다.

(1) a. He **balked** in his speech.(그는 연설하다 갑자기 멈추었다.)

b. My horse **balked** at the fence.(나의 말이 그 담장에서 갑자기 뒷걸음쳤다.)

1.2. 다음 주어는 갑자기 주저한다.

(2) a. My brother **balked** at the price of the car.(나의 형은 그 차의 가격에 갑자기 주저했다.)

b. They **balked** at payment of indemnity.(그들은 보상금의 지불에 갑자기 주저했다.)

c. She **balked** at the thought of lying.(그녀는 거짓말 한다는 생각에 갑자기 주저했다.)

d. The workers **balked** at the low terms of the wage settlement.(그 노동자들은 그 임금 협상의 낮은 조건들에 갑자기 주저했다.)

1.3. 다음 주어는 동명사가 가리키는 일을 하기를 주저한다.

(3) a. He **balked** at paying for dinner.(그는 저녁 식사 값을 지불하길 주저했다.)

b. Several managers **balked** at enforcing the decision.(몇몇 매니저들은 그 결정을 시행하길 주저했다.)

c. Employees **balked** at working on Sunday.(고용자들은 일요일에 일하는 것을 주저했다.)

d. He went along with the robbery but **balked** at committing murder.(그는 그 강도 짓에는 협력했으나 살인을 저지르는 일에는 주저했다.)

e. I **balked** at spending all that money on a dress.(나는 그 돈을 모두 옷에 쓰는 것에 주저했다.)

1.4. 다음 주어는 공을 던지는 과정을 중간에서 멈춘다.

(4) This pitcher **balks** in every game.(이 투수는 모든 경기에서 보크볼을 던진다.)

1.5. 다음 주어는 목적어가 of의 목적어를 가지려는 과정을 방해한다.

(5) a. The hunter **balked** the lion of its prey.(그 사냥꾼은 그 사자를 방해하여 먹이를 빼앗았다.)

b. He **balked** us of hope.(그는 우리를 방해하여 희망을 좌절시켰다.)

c. He **balked** her of all her hopes.(그는 그녀를 방해하여 모든 희망을 좌절시켰다.)

1.6. 다음 주어는 목적어를 방해한다.

(6) a. The police **balked** the robber's plan.(그 경찰은 강도들의 계획을 방해했다.)

b. An injury **balked** the racer's hope of winning.(부상이 그 경기자의 승리에 대한 희망을 꺾었다.)

1.7. 다음 주어는 목적어를 놓친다.

(7) He **balked** an opportunity.(그는 기회를 놓쳤다.)

1.8. 다음은 수동태 문장으로 주어는 방해를 받는다.

(8) a. The project was **balked** by a lack of funds.(그 계획은 자금 부족으로 방해 받았다.)

b. He was **balked** in his purpose.(그는 목적 달성에 방해를 받았다.)

balloon

이 동사의 개념 바탕에는 balloon의 명사 '풍선'이 있다. 동사의 의미는 이 명사의 기능과 모양과 관련된다.

1. 자동사 용법

1.1. 다음 주어는 부피가 커진다.

(1) a. My broken ankle **ballooned**.(나의 부러진 발목이 풍선처럼 부어 올랐다.)

b. The tire **ballooned** as it was inflated with air.(그 타이어는 공기가 주입되면서 부풀어 올랐다.)

c. His stomach **ballooned** from eating all these apples.(그의 위는 이 모든 사과를 먹어서 부풀어 올랐다.)

d. Her skirt **ballooned** out in the wind.(그녀의 치마가 바람에 부풀어 올랐다.)

1.2. 다음 주어는 양이 커진다.

(2) a. His debts **ballooned** to $3,000 in one year.(그의 부채는 일 년에 삼천 달러로 급등했다.)

b. The budget deficit has **ballooned** to $10 billion.(그 예산 적자는 100억 달러로 급증해왔다.)

c. The scandal **ballooned** out of control.(그 풍문은 수습할 수 없이 부풀었다.)

d. His weight **ballooned** when he quit smoking.(그의 몸무게는 담배를 끊자 급증했다.)

2. 타동사 용법

2.1. 다음 주어는 목적어를 부풀게 한다.

(3) He **ballooned** his cheeks.(그는 볼을 부풀렸다.)

ban

이 동사의 개념 바탕에는 ban의 명사 '금지령'이 있다. 동사의 의미는 금지와 관계가 있다.

1. 타동사 용법

1.1. 다음 주어는 목적어를 금지시킨다.

(1) a. The two countries agreed to **ban** the testing of nuclear weapons.(그 두 나라는 핵무기 실험을 금지할 것에 동의했다.)

b. The school **banned** the meeting.(그 학교는 그 모임을 금지했다.)

c. The city **banned** pornography.(그 도시는 포르노를 금지했다.)

d. The city council **banned** billboards on most streets.(그 도시 의회는 대부분의 거리에 게시판을 놓아두는 것을 금지했다.)

e. The school **bans** alcohol on campus.(그 학교는 교정 안에서 술을 금지한다.)

f. Mom **banned** television in our house on week nights.(어머니는 집에서 평일 밤에 텔레비전 보는 것을 금지했다.)

g. The government **banned** strikes and demonstrations.(정부는 파업과 데모를 금지했다.)

1.2. 다음은 수동태 문장으로 주어는 금지된다.

(2) a. Smoking is now **banned** in most public places.(흡연은 이제 대부분의 공공장소에서 금지된다.)

b. Swimming is **banned** in this lake.(수영은 이 호수에서 금지된다.)

1.3. 다음 주어는 목적어를 from의 목적어에서 금지시킨다.

(3) a. The umpire **banned** the pitcher from the ball park.(그 심판은 그 투수가 그 야구장 출입하는 것을 금하였다.)

b. The police **banned** him from driving the car.(경찰은 그가 그 차를 운전하는 것을 금지시켰다.)

1.4. 다음은 수동태 문장으로 주어는 금지된다.

(4) a. He was **banned** from competition.(그는 시합을 금지당했다.)

b. He was **banned** from entering the school grounds.(그는 그 학교 운동장에 들어가는 것이 금지되었다.)

c. She's been **banned** from leaving Korea.(그녀는 한국으로부터의 출국이 금지된 상태이다.)

d. He's been **banned** from driving for six months.(그는 6개월 동안 운전이 금지된 상태이다.)

band¹

이 동사의 개념 바탕에는 band의 명사 '무리'가 있다.

1. 자동사 용법

1.1. 다음 주어는 모여서 한 단위를 만든다.

(1) a. The cattle **banded** together for protection from the wind.(그 소들은 그 바람으로부터 보호하기 위해 한 곳에 모였다.)

b. The troops **banded** together for the attack.(그 부대원들은 그 공격을 위해서 한 자리에 모였다.)

1.2. 다음 주어는 단결한다.

(2) a. The tragedy causes the family to **band** together.(그 비극은 그 가족을 결속하게 한다.)

b. The two parties **banded** together to form an alliance.(그 두 정당은 동맹을 형성하기 위해 단합했다.)

c. The community **banded** together after the flood.(그 공동체는 그 홍수를 겪은 후 단결했다.)

1.3. 다음 주어는 목적어를 묶는다.

(3) a. He **banded** the box before mailing.(그는 그 상자를 우편으로 보내기 전에 묶었다.)

b. He banded the skirt with red ribbons.(그는 그 치마를 빨간 리본으로 묶었다.)

1.4. 다음은 수동태 문장으로 주어는 단결된다.
(4) The men were banded together to chase the outlaws out of town.(그 남자들은 그 무법자들을 마을에서 쫓아내기 위해 단결되었다.)

band²
이 동사의 개념 바탕에는 band의 명사 '띠'가 있다. 동사의 의미는 이 명사의 쓰임과 관계가 있다.

1. 타동사 용법
1.1. 다음 주어는 목적어를 띠로 묶는다.
(1) a. The girl banded the wounded leg of the bird.(그 소녀는 그 새의 다친 다리를 매었다.)
   b. He banded the box before taking it to the post office(그는 그 상자를 그 우체국으로 가져가기 전에 끈으로 묶었다.)

1.2. 다음은 수동태 문장으로 주어는 띠 모양이 있다.
(2) a. Many insects are banded black and yellow.(많은 벌레가 검고 노란 줄무늬를 가지고 있다.)
   b. Many birds are banded so that we can track their movements.(많은 새들은 우리가 움직임을 추적하기 위해서 띠가 매어져 있다.)

bang
이 동사의 개념 바탕에는 한 개체가 다른 개체에 세차게 부딪치면서, 콩, 쾅, 탕 등으로 묘사될 수 있는 소리나는 과정이 있다.

1. 자동사 용법
1.1. 다음 주어는 다른 물체와 부딪치거나 자체가 터지면서 큰 소리를 낸다.
(1) a. The garage door was banging in the wind.(그 차고 문은 바람에 탕탕거리고 있었다.)
   b. The door banged after him.(그가 나가자 그 문이 쾅 하고 닫혔다.)
   c. The door banged shut behind her.(그 문은 그녀의 뒤에서 쾅 하고 닫혔다.)
   d. The engine spat and banged.(그 엔진은 탁탁 쾅쾅 소리를 냈다.)
   e. The drums were banging.(그 북들이 퉁퉁거리고 있었다.)
   f. Firecrackers banged in the distance.(폭죽들이 멀리서 쾅쾅 터졌다.)

1.2. 다음 주어는 충격에 영향을 받는다.
(2) a. His car banged up.(그의 차가 부딪혀 엉망이 되었다.)
   b. The door banged shut.(그 문은 쿵 하고 닫혔다.)
   c. My trunk was banged in the accident.(내 트렁크는 그 사고에 쾅 부서졌다.)

1.3. 다음 주어는 against의 목적어에 가서 부딪치면서 소리를 낸다.
(3) a. A handcart banged against the wall.(손수레가 그 벽에 쾅 부딪쳤다.)

b. The shutters banged against the house.(그 덧문들이 그 집에 쾅 부딪쳤다.)

1.4. 다음 주어는 연속적으로 소리를 낸다. away는 연속을 나타내는 말이다.
(4) a. Their guns were banging away.(그들의 총은 계속해서 펑펑 발사되고 있었다.)
   b. The firework is banging away in the distance.(그 불꽃들은 멀리서 계속 쾅쾅 터지고 있다.)
   c. The hunters banged away at the deer.(그 사냥꾼들은 그 사슴을 향해 계속 총을 쏘아댔다.)
   d. The police banged away at the prisoner.(그 경찰관은 그 죄수에게 총을 계속 쏘아댔다.)
   e. At the weekend he's always banging away on his homework.(주말에 그는 항상 숙제를 열심히 하고 있다.)
   f. He is banging away at his project.(그는 그의 기획 사업을 열심히 하고 있다.)

1.5. 다음 주어는 소리를 내면서 이동한다.
(5) a. Who is banging around in the kitchen?(누가 그 부엌에서 소음을 내고 다니는가?)
   b. They banged about upstairs.(그들은 위층에서 쿵쿵거리며 걸어다녔다.)

1.6. 다음에서 주어는 무의식적으로나 비의도적으로 into의 목적어와 크게 소리를 내면서 접촉한다.
(6) a. I banged into a chair and hurt my knee.(나는 의자에 쿵 부딪쳐서 무릎을 다쳤다.)
   b. Who banged into my car?(누가 내 차에 부딪쳤지?)
   c. I don't mean to bang into you.(나는 너에게 부딪치려고 한 게 아니었어.)
   d. He banged into a wall.(그는 벽에 쾅 하고 부딪쳤다.)
   e. My head banged into the wall.(내 머리가 그 벽에 쾅 하고 부딪쳤다.)

1.7. 다음에 쓰인 on은 주어의 힘이 목적어에 부분적으로 미침을 나타낸다.
(7) a. We could bang on the door and shout until they let us out.(그들이 우리를 내보낼 때까지 우리는 그 문을 쾅쾅 두드리며 소리칠 수 있었다.)
   b. The baby was banging on the table with a tin cup.(그 아기는 그 양철 컵으로 탁자를 퉁퉁거리고 있었다.)
   c. She banged on the door angrily.(그녀는 그 문을 화가 나서 쾅쾅 두드렸다.)
   d. He banged at the door.(그는 그 문을 쾅쾅 두드렸다.)

1.8. 다음 주어는 on의 목적어에 대해서 크게 떠든다.
(8) a. We are tired of politicians banging on about family values.(우리는 가정의 가치들에 대해 떠드는 정치가들에 신물이 난다.)
   b. He keeps on banging on about his new job.(그는 계속해서 그의 새 일자리에 대해서 떠들고 있다.)

2. 타동사 용법
2.1 다음 주어는 목적어를 소리나게 친다.
(9) a. Tom banged the door with his fist as he went through.(탐은 지나가면서 그 문을 주먹으로 쾅 하고 쳤다.)

b. She **banged** the door and went up the stairs.(그녀는 그 문을 세게 치고는 그 계단 위로 올라갔다.)

c. The baby was **banging** the table with a spoon.(그 아기는 그 식탁을 수저로 쾅쾅 두드리고 있었다.)

d. Bill **banged** the TV with his fist, and the picture cleared.(빌이 TV를 주먹으로 치자 화면이 깨끗해졌다.)

e. The cook **banged** the pots and pans together.(그 요리사는 그 냄비와 팬을 소리나게 부딪혔다.)

f. He **banged** a drum.(그는 그 북을 둥둥 쳤다.)

g. He blew into the paper bag and then **banged** it.(그는 그 종이 자루에 입김을 분 다음 그것을 펑 터뜨렸다.)

2.2. 다음에서 주어는 목적어를 세차게 놓는다.

(10) a. He **banged** a book **down** back on the shelf.(그는 책을 그 선반 위에 쾅 하고 다시 놓았다.)

b. He **banged** the lid of the jar on the counter.(그는 그 항아리 뚜껑을 그 계산대 위에 쿵 하고 내려놓았다.)

b. Don't **bang** the lid **down**.(그 뚜껑을 쾅 하고 놓지 말아라.)

c. He **banged** the money **down** on the counter.(그는 그 돈을 그 계산대에 탁 하고 놓았다.)

2.3. 다음 주어는 목적어를 against의 목적어에 세차게 접촉이나 충돌하게 한다.

(11) a. She **banged** the chair **against** the wall.(그녀는 그 의자를 그 벽에 세게 쿵하고 부딪혔다.)

b. I slipped and **banged** the guitar **against** the wall.(나는 미끄러지면서 그 기타를 그 벽에 세게 쿵하고 부딪혔다.)

c. I **banged** my knee/my leg **against** the chair.(나는 무릎/다리를 그 의자에 세게 툭하고 부딪혔다.)

d. He **banged** himself **against** the door.(그 자신을 그 문에 세게 툭하고 부딪혔다.)

2.4. 다음 주어는 목적어가 on의 목적어에 닿게 한다.

(12) a. He **banged** his head **on** the edge of the table.(그는 머리를 그 테이블 모서리에 세게 부딪혔다.)

b. He **banged** his fist **on** the table.(그는 그의 주먹을 그 탁자에 세게 쿵하고 쳤다.)

2.5. 다음 주어는 그 자체가 목적어를 친다.

(13) The car **banged** me **on** the leg.(그 차는 내 다리를 들이받았다.)

2.6. 다음 주어는 목적어에 힘을 가하여 이것이 into의 목적어에 들어가게 한다.

(14) a. The teacher **banged** grammar **into** the students' heads.(그 교사는 문법을 학생들의 머리에 억지로 두드려 넣었다.)

b. The teacher **banged** the formula **into** the pupils' heads.(그 선생님은 그 공식을 그 학생들의 머리에 두드려 넣었다.)

c. Who **banged** their car **into** my car?(누가 그들의 차를 내 차에 박았느냐?)

d. Tom **banged** his shopping cart **into** the stack of boxes.(탐은 그의 쇼핑 수레를 그 상자 더미에 세게 부딪혔다.)

2.7. 다음에서 주어는 악기나 타자기를 쳐서 음악이나 글자가 나타나게 한다.

(15) a. The clock **banged** out a time.(그 시계는 시간을 쳐

서 알렸다.)

b. She **banged** out a few letters this morning.(그녀는 오늘 아침 타이프로 몇 개의 편지를 급히 쳐냈다.)

c. The clock **banged** out ten.(그 시계는 10시를 쳤다.)

2.8. 다음 주어는 목적어를 쏜다.

(16) He **banged** off his gun.(그는 총을 탕 쏘았다.)

2.9. 다음 주어는 목적어를 소리를 내면서 쳐넣는다.

(17) He **banged** in the nail.(그는 그 못을 때려 박아넣었다.)

banish

이 동사의 개념 바탕에는 추방하는 과정이 있다.

1. 타동사 용법

1.1. 다음 주어는 목적어를 내쫓는다.

(1) a. The king **banished** his nephew to France.(그 왕은 자기 조카를 프랑스로 추방했다.)

b. The king **banished** the outlaws.(그 왕은 그 범법자를 추방했다.)

1.2. 다음은 수동태 문장으로 주어는 내쫓긴다.

(2) a. The naughty child was **banished** to his room.(그 개구쟁이 아이들은 그 방으로 쫓겨났다.)

b. The children were **banished** from the dining room.(그 아이들은 그 주방에서 쫓겨났다.)

c. Many Soviets dissidents were **banished** to Siberia.(소련 정부를 반대하는 많은 사람들이 시베리아로 추방당했다.)

d. He was **banished** to the island.(그는 그 섬으로 유배되었다.)

e. They were **banished** from the library for making a noise.(그들은 시끄럽게 했기 때문에 그 도서관에서 쫓겨났다.)

1.3. 다음에서 생각, 빈곤, 슬픔 등도 개체화되어 있다.

(3) a. The sight of food **banished** all other thoughts from my mind.(음식에 대한 광경이 다른 모든 생각을 내 마음속으로부터 몰아내었다.)

b. The president promised to **banish** poverty from the land.(대통령은 빈곤을 그 나라에서 퇴치할 것을 약속했다.)

c. Bob made a resolution to **banish** sorrow from his life.(봅은 슬픔을 자신의 삶에서 몰아내기로 결심했다.)

bank¹

이 동사의 개념 바탕에는 bank의 명사 '은행'이 있다.

1. 타동사 용법

1.1. 다음 주어는 목적어를 예금한다.

(1) a. I could **bank** half my salary each month.(나는 내 봉급의 절반을 매달 은행에 예금할 수 있었다.)

b. I **banked** $30 this week.(나는 30달러를 이번 주에 예금했다.)

1.2. 다음 주어는 목적어를 현금으로 바꾼다.

(2) a. Did you **bank** that check?(당신은 그 수표를 현금으로 바꿀 수 있었습니까?)

    b. She **banks** her paycheck every Friday.(그녀는 급료 수표를 매주 금요일마다 현금으로 바꾼다.)

2. 자동사 용법

2.1. 다음 주어는 with의 목적어와 은행 거래를 한다.

(3) a. The family has **banked** with Hanaro for years.(그 가족은 몇 년 동안 하나로 은행과 거래하고 있다.)

    b. Who do you **bank** with?(당신은 어느 은행과 거래하고 계십니까?)

bank²

이 동사의 개념 바탕에는 bank의 명사 '더미'가 있다.

1. 타동사 용법

1.1. 다음 주어는 목적어를 쌓아 더미가 되게 한다.

(1) a. The plow **banked** the snow into my driveway.(그 제설기가 그 눈을 내 차도 안에 쌓았다.)

    b. They **banked** the earth up in a mound.(그들은 그 흙을 무더기로 쌓아올렸다.)

    c. He **banked** up the fire to last till morning.(그는 그 불을 다음 아침까지 타도록 묻었다.)

    d. They **banked** up the cut logs.(그들은 그 잘라진 통나무를 쌓았다.)

1.2. 다음은 수동태 문장으로 주어는 더미로 쌓인다.

(2) a. The fire was **banked** up as high as if it were midwinter.(그 불은 한겨울이나 되는 것처럼 높게 쌓여있었다.)

    b. The snow **banked** up about 30 feet during the blizzard.(그 눈은 그 눈보라 동안에 약 30피트 정도 쌓였다.)

1.3. 다음 주어는 목적어를 기울인다. 이것은 더미의 모양과 관계가 있다.

(3) a. The pilot **banked** the plane as we made a turn.(그 비행사는 우리가 회전하는 것처럼 비행기를 선회했다.)

    b. He **banked** the plane steeply.(그는 그 비행기를 가파르게 선회했다.)

    c. They **banked** the curb.(그들은 그 커브를 선회했다.)

    d. The engineers **banked** the highway.(그 기사들은 그 고속도로를 선회했다.)

2. 자동사 용법

2.1. 다음 주어는 기운다.

(4) a. The plane **banked** to the left.(그 비행기는 왼쪽으로 회전했다.)

    b. The plane **banked** steeply as it changed direction.(그 비행기는 방향을 바꾸는 것처럼 급히 회전했다.)

    c. The road **banks** at a sharp angle.(그 길은 급경사로 기울어져 있다.)

2.2. 다음 주어는 쌓인다.

(5) a. The snow **banked** along the road.(그 눈은 그 길을 따라 둑 모양으로 쌓였다.)

    b. Clouds are **banking** along the horizon.(구름이 그 수평선을 따라 둑 모양을 이루고 있다.)

2.3. 다음 주어는 on의 목적어에 기댄다.

(6) a. The weather station says it will rain but I don't **bank** on it.(그 기상청은 비가 내릴 것이라고 예보하지만 나는 그것을 믿지 않는다.)

    b. I am banking **on** you to help me with arrangements.(나는 당신이 내가 준비를 하는 것을 도와줄 것이라고 믿고 있습니다.)

bankrupt

이 동사의 개념 바탕에는 파산시키는 과정이 있다.

1. 타동사 용법

1.1. 다음 주어는 목적어를 파산시킨다.

(1) a. The senator said that the president's plan would **bankrupt** the country.(그 상원의원은 그 대통령의 계획이 국가를 파산시킬 것이라고 말했다.)

    b. The loss-making products will **bankrupt** the company.(그 손실을 가져오는 상품들은 그 회사를 파산시킬 것이다.)

    c. Widespread corruption **bankrupted** the country rich in oil.(광범위한 부패가 기름이 풍부한 그 나라를 파산시켰다.)

baptize

이 동사의 개념 바탕에는 세례를 주는 과정이 있다.

1. 타동사 용법

1.1. 다음 주어는 목적어에게 세례를 준다.

(1) a. The priest **baptized** three adults on Sunday.(그 신부가 세 명의 어른에게 주일날 세례를 주었다.)

    b. The priest **baptized** her children.(그 신부가 그녀의 자녀들에게 세례를 주었다.)

1.2. 다음은 수동태 문장으로 주어는 세례를 받는다.

(2) a. Our baby daughter was **baptized** last Sunday.(우리 딸 아이는 지난 주일에 세례를 받았다.)

    b. The son was **baptized** at the church.(그 아들은 그 교회에서 세례를 받았다.)

1.3. 다음은 수동태 문장으로 주어는 세례를 받고 세례명이 주어진다.

(3) a. She was **baptized** Mary.(그녀는 메리라는 세례명을 받았다.)

    b. He was **baptized** Roberto.(그는 로베르도라는 세례명을 받았다.)

1.4. 다음은 수동태 문장으로 주어는 세례를 받고 카톨릭 교인이 된다.

(4)   He was **baptized** a Catholic.(그는 세례를 받고 천주교인이 되었다.)

bar

이 동사의 개념 바탕에는 문을 잠그는 과정이 있다.

1. 타동사 용법

1.1. 다음 주어는 목적어를 잠근다.

(1) a. The frightened family **barred** the door against the intruder.(그 공포에 질린 가족은 그 침입자들을 막아 그 문을 걸었다.)

b. He **barred** the door and locked it.(그는 그 문에 빗장을 걸고 잠궜다.)

c. The police **barred** the exits.(경찰은 그 비상구들을 막았다.)

d. He **bars** the gate every night.(그는 매일 밤 그 문을 닫는다.)

e. We **barred** the windows with some old piece of wood.(우리는 그 창문들을 몇 개의 낡은 나무 조각으로 걸었다.)

1.2. 다음은 수동태 문장으로 주어는 잠긴다.

(2) The empty house was **barred** up for the winter. (그 빈 집은 겨울 동안 잠겨있었다.)

1.3. 다음 주어는 그 자체가 목적어를 막는다.

(3) a. Fallen branches **bar** the way.(쓰러진 나뭇 가지들이 그 길을 막는다.)

b. A fallen tree **bars** the path.(쓰러진 나무 하나가 그 소로를 막는다.)

c. The police **barred** the way into the building.(경찰은 그 건물로 들어가는 길을 막았다.)

d. Soldiers are **barring** the way.(군인들은 그 길을 막고 있다.)

e. He stepped in front of her, **barring** her way.(그는 그녀의 길을 막으면서 그녀 앞에서 걸었다.)

1.4. 다음은 수동태 문장으로 주어는 잠긴다.

(4) a. After the bombing, the whole area was **barred** to the public.(그 폭격 이후, 전 지역의 통행이 국민들에게 금지되었다.)

b. The road ahead was **barred** by a solid line of soldiers.(그 길의 전방은 군인들의 삼엄한 경비로 막혀 있다.)

1.5. 「과정은 장소 이동이다」라는 은유가 있다. 주어는 목적어가 어떤 과정에 이르지 못하게 막는다.

(5) a. The lack of money **barred** me from going on holiday.(그 돈의 부족은 나를 막아서 휴가를 가지 못하게 했다.)

b. Mary **barred** the dog from entering into the living room.(메리는 그 개를 막아서 그 거실에 들어가지 못하게 했다.)

c. State laws **barred** the convicts from voting.(주 법률들은 죄수들이 투표하는 것을 금지했다.)

1.6. 다음은 수동태 문장으로 주어는 금지된다.

(6) a. He has been **barred** from playing for two weeks.(그는 2주 동안 경기 출전이 금지되어 왔다.)

b. The national team would be **banned** from the 1994 World Cup final.(그 국가 대표팀은 1994년 월드컵 결승에 진출하지 못했을 것이다.)

1.7. 다음 주어는 목적어를 전치사 from의 목적어에 접근하지 못하게 막는다.

(7) a. They **barred** her from the school.(그들은 그녀를 그 학교에서 떨어져 있게 했다.)

b. The members voted to **bar** women from the club.(그 회원들은 여자들을 그 클럽에 가입을 못 하도록 투표했다.)

c. They **barred** her from the competition.(그들은 그녀를 그 시합에 못 나가게 했다.)

d. They **barred** him from the contest.(그들은 그를 그 경연대회에 못 나가게 했다.)

e. I would **bar** tourists.(나는 관광객들이 못 오게 막곤 했다.)

1.8. 다음은 수동태 문장으로 주어는 막힌다.

(8) a. Traffic has been **barred** from the city center.(교통은 그 도시 중심으로 접근하는 것이 금지되어 왔다.)

b. The dog was **barred** from the house.(그 개는 그 집에 접근 못하도록 되어 있었다.)

c. Hunters were **barred from** wildlife sanctuaries.(사냥꾼들이 야생 동물 보호 구역에 들어가는 것은 금지되어 있었다.)

d. He has been **barred** from the club for his bad behavior.(그는 그의 나쁜 행동 때문에 그 클럽에서 제외되어 왔다.)

1.9. 다음 주어는 목적어를 막는다. 목적어는 과정이다.

(9) a. We **barred** playing cards for money.(우리는 돈을 걸고 하는 카드놀이를 금했다.)

b. She **bars** smoking in the building.(그녀는 건물 내에서 흡연을 용납하지 않는다.)

c. The religion **bars** divorce.(그 종교는 이혼을 금한다.)

1.10. 다음은 수동태 문장으로 주어는 막힌다.

(10) a. His escape was **barred** by the shop's automatic locking system.(그의 탈출은 그 가게의 자동 잠김 장치에 의해 저지되었다.)

b. Many jobs were **barred** to them.(많은 직업들이 그들에겐 금지되어 있었다.)

c. All talking is **barred** during the study hours.(일체의 잡담이 공부 시간에는 금지된다.)

1.11. 다음 주어는 목적어를 장소 안에 가둔다.

(11) a. They **barred** the prisoner in his cell.(그들은 그 죄수를 독방에 가두었다.)

b. They **barred** themselves in.(그들은 자신들을 안에다 가두었다.)

c. She **barred** them out of her room.(그녀는 그들을 그녀의 방 밖에 있게 했다.)

1.12. 빗장은 막대 모양이고 이것이 확장되면 띠 모양이 된다. 다음 주어는 띠 모양을 한다.

(12) a. The east was **barred** with light.(동쪽은 불빛으로 띠가 져 있었다.)

b. The eastern sky was **barred** with gray clouds.(동쪽 하늘은 회색 빛 구름으로 띠가 져 있었다.)

c. The uniforms is **barred** in black.(그 제복들에는 검정색 띠가 둘러져 있다.)

bare

이 동사의 개념 바탕에는 벗겨서 드러내는 과정이 있다.

1. 타동사 용법

1.1. 다음 주어는 목적어를 드러낸다.

(1) a. The dog **bared** its teeth and growled.(그 개가 이 빨을 드러내고 으르렁거렸다.)

    b. The men **bared** their heads.(그 남자들은 모자를 벗어서 머리가 드러나게 했다.)

    c. I **bared** the mattress of the bed by removing the blankets and sheets.(나는 그 담요와 시트를 제거하여 그 침대 매트레스를 드러나게 했다.)

1.2. 다음에서 사실, 이야기, 마음 등이 개체화되어 있다. 주어는 목적어를 드러낸다.

(2) a. He **bared** damaging new facts.(그는 치명적인 새 사실들을 폭로했다.)

    b. She **bared** her embarrassing story to her friend.(그녀는 자신의 황당한 이야기를 자신의 친구에게 털어놓았다.)

    c. He **bared** his true feelings.(그는 그의 진실한 마음을 털어놓았다.)

    d. Mary **bared** her soul to her friend.(메리는 마음을 친구에게 털어놓았다.)

1.3. 다음 주어는 목적어에서 of의 목적어를 벗겨낸다.

(3) a. He **bared** the tree of its bark.(그는 그 나무에서 껍질을 떼어냈다.)

    b. She **bared** the child of his clothes.(그녀는 그 아이의 옷을 벗겼다.)

---

bargain

이 동사의 개념 바탕에는 bargain의 명사 '흥정' 또 는 '예약된 물건'이 있다.

1. 자동사 용법

1.1. 다음 주어는 for의 목적어를 위해 흥정을 한다.

(1) a. She may **bargain for** the custody of the child.(그 녀는 그 아이의 양육을 위해 흥정할 것이다.)

    b. The cook **bargained for** vegetables in the market.(그 요리사는 그 시장에서 채소 값을 흥정했다.)

1.2. 다음 주어는 for의 목적어를 예상한다. (부정문에 쓰임)

(2) a. The car repairs were an expense that I hadn't **bargained for**.(그 차 수리비는 내가 예상하지 못했던 가격이었다.)

    b. We hadn't **bargained for** this sudden change in the weather.(우리는 그 날씨의 이 갑작스런 변화를 예상하지 못했다.)

    c. His wife's angry reaction was more than he **bargained for**.(그의 아내의 화내는 반응은 그가 예상한 것 이상이었다.)

1.3. 다음 주어는 with의 목적어와 흥정을 한다.

(3) a. The antique collector **bargained with** the shopkeeper.(그 골동품 수집가는 그 가게 주인과 가격을 흥정했다.)

    b. If you **bargain with** the manager, he might reduce the price.(만일 당신이 그 지배인과 흥정한다면, 그 는 그 가격을 깎아 줄 것이다.)

1.4. 다음 주어는 on의 목적어를 기대한다 (부정문에 쓰임).

(4) a. We can't **bargain on** finding the right house straight away.(우리는 곧 적당한 집을 찾을 것이라고 믿을 수 없다.)

    b. He hadn't **bargained on** her anger.(그는 그녀의 화를 예상하지 않았다.)

    c. We didn't **bargain on** spending so much money on hotels.(우리는 그렇게 많은 돈을 호텔 비용에 쓸 것이라고 예상하지 않았다.)

2. 타동사 용법

2.1. 다음 주어는 목적어와 흥정을 한다.

(5) Jim **bargained** the salesman over the price of his car.(짐은 그 판매원과 그의 차 가격에 대해 흥정했다.)

2.2. 다음 주어는 목적어를 싸게 팔아치운다.

(6) a. She **bargained away** her best dishes.(그녀는 그녀의 가장 좋은 접시들을 싸게 팔아버렸다.)

    b. Their leader **bargained away** their freedom.(그들의 지도자는 그들의 자유를 쉽게 포기했다.)

    c. The unions **bargained away** their rights.(그 노동조합은 그들의 권리를 쉽게 포기했다.)

---

barge

이 동사의 개념 바탕에는 barge의 명사 '짐배'가 있 다. 동사의 의미는 이 명사의 움직임과 관계가 있다.

1. 자동사 용법

1.1. 다음 주어는 짐배와 같이 거칠게 움직인다.

(1) a. I hope you don't mind my **barging in** like this.(나 는 당신이 내가 이런 식으로 밀치고 들어가는 것을 개의하지 않기를 바랍니다.)

    b. They **barged in** without knocking.(그들은 노크도 하지 않고 밀치고 들어왔다.)

    c. He **barged past** me without looking.(그는 내 곁을 보지도 않고 나를 밀치고 지나갔다.)

1.2. 다음 주어는 무례하게 들어와서 on의 목적어에 영향을 끼친다.

(2) a. He **barged in on** us while we were having a meeting.(그는 우리가 회의하고 있는 동안 밀치고 들어와서 우리를 기분이 나쁘게 했다.)

    b. He **barged in on** our conversation.(그는 우리의 대화에 멋대로 끼어들었다.)

    c. Her mother **barged in on** her and Max when they were in bed together.(그녀의 어머니는 그녀와 맥스가 함께 잠자리에 들었을 때 갑자기 쳐 들어왔다.)

1.3. 다음 주어는 무리하게 움직인다.

(3) a. They **barged through** the crowd.(그들은 그 군중 속을 밀치고 지나갔다.)

    b. He **barged onto** the bus before anyone else.(그는 다른 사람이 타기 전에 그 버스를 밀치고 탔다.)

    c. He **barged into** her and ran on without spopping.(그는 그녀를 밀치고 서지도 않고 계속 뛰었다.)

    d. The rude man **barged into** me in the shop.(그 무례한 남자가 나를 그 상점에서 들이받았다.)

2. 타동사 용법

2.1. 다음 주어는 무리하게 길을 터 나간다.
(4) a. They **barged** their way **through** the crowds.(그들은 그 군중들을 밀치고 나아갔다.)
 b. When the door opened, she **barged** her way **to** the front of the queue.(그 문이 열렸을 때, 그녀는 줄 앞으로 억지로 밀치고 나아갔다.)

bark
이 동사의 개념 바탕에는 개 짖는 소리가 나는 과정이 있다.

1. 자동사 용법
1.1. 다음 주어는 짖는다.
(1) a. The dog **barks** constantly.(그 개가 계속 짖는다.)
 b. The dog **barked** at us.(그 개는 우리를 향해 짖었다.)
1.2. 다음 주어는 날카롭고 큰 소리로 말한다.
(2) a. He **barks** at his subordinates.(그는 그의 부하들에게 호통친다.)
 b. The teacher **barked** at the children.(그 선생님은 그 아이들에게 호통쳤다.)
1.3. 다음 주어는 개 짖는 소리를 낸다.
(3) a. The big gun **barked**.(그 큰 대포가 꽝하고 울렸다.)
 b. The rifle **barked**. (그 소총이 꽝하고 울렸다.)

2. 타동사 용법
2.1. 다음 주어는 목적어를 큰 소리로 말한다.
(4) a. He **barked** questions at her.(그는 그녀에게 질문들을 큰 소리로 했다.)
 b. The street vendor **barked** his wares.(그 거리의 행상인이 그의 물건을 큰소리로 알렸다.)
2.2. 다음 주어는 목적어를 큰 소리로 들리게 한다.
(4) a. She **barked out** an order.(그녀는 고함을 질러 주문을 했다.)
 b. The policeman **barked out** a warning as the gunman appeared.(경찰은 그 총잡이가 나타났을 때, 큰소리로 고함 질러 경고했다.)

barricade
이 동사의 개념 바탕에는 barricade의 명사 '장애물'이 있다. 동사의 의미는 이 명사의 성질과 관계가 있다.

1. 타동사 용법
1.1. 다음 주어는 목적어를 장애물로 설치한다.
(1) a. The police **barricaded** the crime scene/the street to keep people out.(경찰은 그 범행 현장/거리를 사람들이 들어오지 못하도록 바리케이드로 쳤다.)
 b. They **barricaded** all the doors and windows.(그들은 모든 문과 창문을 바리케이드로 쳤다.)
 c. The workers **barricaded** the driveway after they poured cement.(그 인부들은 시멘트를 쏟아 부은 뒤 그 진입로를 바리케이드로 쳤다.)
1.2. 다음 목적어는 재귀대명사이다. 주어는 주위에 장애물을 설치한다.
(2) a. Terrorists **barricaded** themselves inside the embassy.(테러리스트들은 자신들을 그 대사관 내에 방벽으로 막았다.)
 b. Prisoners **barricaded** themselves in their cells.(죄수들은 자신들을 그 감옥 안에 방벽으로 보호했다.)
 c. Terrified villagers **barricaded** themselves into their houses.(겁에 질린 마을주민들은 자신들을 그들의 집안에 방벽으로 보호했다.)
 d. He **barricaded** himself behind a folding screen.(그는 자신을 접이 스크린 뒤에 방벽으로 보호했다.)

base
이 동사의 개념 바탕에는 base의 명사 '바탕'이 있다.

1. 타동사 용법
1.1. 다음 주어는 목적어를 on의 목적어에 바탕을 둔다.
(1) a. I **based** my opinion about Bob **on** what I had heard.(내가 들었던 것이 밥에 대한 나의 의견의 근거였다.)
 b. He **based** the book **on** his own life.(그 책은 그의 삶의 근거였다.)
1.2. 다음은 수동태 문장으로 주어는 on의 목적어에 바탕을 두고 있다.
(2) a. The film is **based on** a novel by Ernest Hemingway.(그 영화는 어니스트 헤밍웨이의 소설에 바탕을 두고 있다.)
 b. The success of the business is **based on** providing good service.(그 사업의 성공은 양질의 서비스를 공급하는 것에 바탕을 두고 있다.)
1.3. 다음 주어는 목적어를 in의 목적어에 기반을 둔다.
(3) a. We are going to **base** ourselves in Seoul, and make trips from there.(우리는 우리의 기지를 서울에 두고, 거기서 여행을 할 것이다.)
 b. They chose to **base** their company in Seoul.(그들은 회사의 본사를 서울에 두기로 선택했다.)
 c. The general **based** his troops in Europe.(그 장군은 그의 부대를 유럽에 기지를 두었다.)
1.4. 다음은 수동태 문장으로 주어는 in의 목적어에 기반을 둔다.
(4) a. Where is your company **based** in?(당신 회사의 본사는 어디에 있습니까?)
 b. The firm is **based** in New York.(그 회사는 뉴욕에 근거지를 두고 있다.)

bash
이 동사의 개념 바탕에는 세게 부딪치는 과정이 있다.

1. 타동사 용법
1.1. 다음 주어는 목적어를 against 목적어에 닿게 한다.
(1) He **bashed** his arm against a shelf.(그는 그의 팔을 선반에 세게 부딪쳤다.)
1.2. 다음 주어는 그 자체가 목적어를 친다.
(2) The car skidded off the road and **bashed** the fence.(그 차는 미끄러져서 그 길을 벗어나 그 울타리

1.3. 다음 주어는 목적어를 쳐서 목적어가 안으로 들어가게 한다.
(3) The police bashed in the door.(그 경찰은 그 문을 쳐서 안으로 들어가게 했다.)

1.4. 다음 주어는 목적어를 공격한다.
(4) Some of the countries have been bashing America. (그 국가들 중 몇몇은 미국을 공격해 왔다.)

bask

이 동사의 개념 바탕에는 햇빛을 쬐는 과정이 있다.

1. 자동사 용법

1.1. 다음 주어는 햇빛을 쬔다.
(1) a. We sat basking in the warm sunshine.(우리는 따뜻한 태양 아래에서 햇볕을 쬐면서 앉아있었다.)
   b. The tourists are basking in the sun.(그 관광객들은 일광욕을 하고 있다.)
   c. On the top of the wall, a cat basked happily in the sun.(그 담벽 위에서 고양이 한 마리가 행복하게 햇볕을 쬐고 있다.)

1.2. 다음 주어는 햇빛과 같은 성공, 영광 등의 빛을 받는다.
(2) a. He is basking in the glory of his recent success. (그는 최근 성공의 영예를 누리고 있다.)
   b. He always basked in his parents' attention.(그는 항상 부모의 관심 아래 총애를 받았다.)
   c. The actor basked in appreciative applause.(그 배우는 감사의 갈채를 받는 영광을 안았다.)
   d. She basked in the crowd's admiration.(그녀는 그 군중의 찬양을 받았다.)

bat

이 동사의 개념 바탕에는 bat의 명사 '야구 방망이'가 있다. 동사의 의미는 이 명사의 쓰임과 관계가 있다.

1. 타동사 용법

1.1. 다음 주어는 목적어를 방망이로 친다.
(1) a. Mark batted the ball as hard as he could.(마크는 그 공을 할 수 있는 한 세게 방망이로 쳤다.)
   b. He batted the ball high into the air.(그는 그 공을 공중으로 높게 쳐올렸다.)
   c. Tom batted the flies away from him.(탐은 그 파리들을 쳐서 그에게서 떨어지게 했다.)

1.2. 다음 주어는 목적어를 방망이로 친다.
(2) a. My older sister playfully batted me on the head. (나의 언니는 장난 삼아 방망이로 내 머리를 때렸다.)
   b. He batted her on the shoulder.(그는 그녀의 어깨를 방망이로 때렸다.)

1.3. 다음 목적어는 타율이다.
(3) He is batting .276 this season.(그는 이번 시즌 타율이 2할 7푼 6리이다.)

2. 자동사 용법

2.1. 다음 주어는 타수로 친다.
(4) a. Who's batting first for the Giants?(누가 자이언트 팀의 첫 타자입니까?)
   b. Mark batted first in the second inning.(마크는 2회 첫 타자였다.)
   c. When Ron batted, he struck out.(론이 공을 쳤을 때, 그는 삼진 당했다.)
   d. John will be the first to bat.(존은 공을 치는 첫 타자가 될 것이다.)
   e. He bats well.(그는 잘 때린다.)

bathe

이 동사의 개념 바탕에는 목욕을 시키는 과정이 있다.

1. 타동사 용법

1.1. 다음 주어는 목적어를 목욕시킨다.
(1) a. She bathed the children and tucked them into bed. (그녀는 그 아이들을 목욕시키고 침대에 눕혀서 담요를 덮어 주었다.)
   b. He bathed the baby in warm water.(그는 그 아기를 따뜻한 물로 목욕시켰다.)
   c. After leaving the smoky bar, Jane wanted to bathe her eyes with warm water.(담배 연기가 가득한 그 술집을 떠난 후, 제인은 눈을 따뜻한 물로 씻고 싶어했다.)

1.2. 다음 주어는 목욕을 할 때 물이 몸을 덮듯 목적어를 덮는다.
(2) a. A soft pink light bathed the dancers on the stage. (부드러운 핑크 빛 조명이 그 무대 위에서 그 댄서들을 둘러쌌다.)
   b. Sunlight was bathing the room.(햇빛이 그 방을 가득 채웠다.)
   c. A full moon bathed the countryside in a silver light.(보름달이 그 지방을 은빛 속에 잠기게 했다.)
   d. The sun bathed the city in shades of pink and gold.(그 태양이 그 도시를 핑크와 금빛의 그림자로 드리웠다.)
   e. Sweat bathed his brow.(땀이 그의 이마를 적셨다.)

1.3. 다음 주어는 목적어를 씻는다.
(3) a. The nurse bathed the wound with antiseptic.(그 간호사는 그 상처를 소독약으로 씻었다.)
   b. He bathed his feet in warm water.(그는 그의 발을 따뜻한 물로 씻었다.)

1.4. 다음은 수동태 문장으로 주어는 씻긴다.
(4) a. We were bathed in the steamy air once we left the plane.(우리는 그 비행기를 떠나자 그 자욱한 공기에 둘러 쌓였다.)
   b. He returned home and was bathed in the glory of success.(그는 집에 돌아온 뒤 성공의 영광에 휩싸였다.)

2. 자동사 용법

2.1. 다음 주어는 목욕이나 수영을 한다.
(5) a. They went bathing, but the water was too cold. (그들은 목욕하러 갔지만, 그 물이 너무 차가웠다.)

b. She bathes in the sea every day.(그녀는 매일 바다에서 목욕한다.)

c. He bathed for an hour before the dinner to soothe the nerves.(그는 신경을 편안하게 하기 위해 저녁 식사 전 한 시간 동안 목욕했다.)

batter

이 동사의 개념 바탕에는 멍이 들도록 심하게 반복적으로 두들기는 과정이 있다.

1. 타동사 용법
1.1. 다음 주어는 목적어를 구타한다.
(1) a. He battered his wife.(그는 아내를 구타했다.)
    b. Somebody battered the woman to death.(누군가가 그 여성을 죽도록 구타했다.)

1.2. 다음은 수동태 문장으로 주어는 구타를 당한다.
(2) a. He had been badly battered about the head and face.(그는 머리와 얼굴 주위에 치명적으로 구타당했다.)
    b. The dented old car was badly battered.(그 찌그러진 구형차가 심하게 난타당했다.)

1.3. 다음 주어는 목적어를 강타하여 목적어가 떨어진다.
(3) a. The police battered the door down.(경찰관은 그 문을 때려 부수어 떨어지게 했다.)
    b. The burglars battered down the door of the house.(그 강도들은 그 집의 문을 때려 부수어 떨어지게 했다.)

1.4. 다음 주어는 그 자체가 목적어를 강타한다.
(4) a. The heavy waters battered the ship.(그 큰 파도가 그 배를 강타했다.)
    b. Heavy wind waves battered the window.(심한 바람이 그 창문을 강타했다.)
    c. Violent storms battered the coast for days.(심한 폭풍우가 그 해안을 며칠 동안 강타했다.)

1.5. 다음 주어는 목적어를 against의 목적어에 부딪히게 한다.
(5) The wind battered the flag against the wall.(그 바람이 그 깃발을 그 벽에 부딪히게 했다.)

2. 자동사 용법
2.1. 다음 주어는 at의 목적어를 치려고 한다.
(6) a. She battered at the door with her fist.(그녀는 그 문을 주먹으로 때리려고 했다.)
    b. The police battered on the door.(경찰은 그 문을 마구 두들겼다.)

2.2. 다음은 against의 목적어에 부딪힌다.
(7) a. The waves battered against the shoreline.(그 파도가 그 해안선에 부딪혔다.)
    b. The waves battered against the rocks at the bottom of the cliff.(그 파도는 그 절벽의 바닥에 있는 그 바위에 부딪혔다.)

battle

이 동사의 개념 바탕에는 battle의 명사 '전투'가 있다.

1. 타동사 용법
1.1. 다음 주어는 목적어와 싸운다.
(1) a. They battled the Germans for control of the sea.(그들은 독일 사람들과 그 바다의 통제권을 위해 싸웠다.)
    b. He is battling the big companies to lower their prices.(그는 가격을 낮추기 위해 그 큰 회사들과 싸우고 있다.)
    c. The sailors battled the storm for hours.(그 선원들은 그 폭우와 몇 시간 동안 싸웠다.)

1.2. 다음 주어는 끝까지 싸운다.
(2) a. The two sides will battle it out.(양 팀은 끝까지 싸울 것이다.)
    b. I left Anne and Susan battling it out for the trophy.(나는 그 트로피를 차지하기 위해 앤과 수잔을 끝까지 싸우게 내버려 두었다.)

2. 자동사 용법
2.1. 다음 주어는 against의 목적어에 대항해서 싸운다.
(3) a. The government is battling against inflation.(정부는 인플레이션과 싸우고 있다.)
    b. After the son's accident, the parents battled against drunk driving.(그 아들의 사고 후, 그 부모들은 음주 운전에 대항하여 싸웠다.)
    c. She battled bravely against cancer for many years.(그녀는 암에 맞서 몇 년 동안 용감하게 싸웠다.)

2.2. 다음 주어는 for의 목적어를 얻기 위해서 싸운다.
(4) a. The lawyer battled for the client's freedom.(그 변호사는 의뢰인의 자유를 위해 싸웠다.)
    b. Women are battling for equal rights. (여성들은 평등한 권리를 위해 싸우고 있다.)

2.3. 다음 주어는 with의 목적어 때문에 고생을 한다.
(5) a. She's still battling with a knee injury.(그녀는 무릎 부상과 여전히 싸우고 있다.)
    b. They battled with the Germans for control of the sea.(그들은 그 바다의 통제권을 위해 독일 사람들과 싸웠다.)
    c. All night she battled with her conscience.(밤새 그녀는 자신의 양심과 싸웠다.)

2.4. 다음 주어는 애를 쓴다.
(6) a. Both teams battled hard.(양 팀 모두 열심히 싸웠다.)
    b. Doctors battled to save his life.(의사들은 그의 생명을 지키려고 싸웠다.)

2.4. 다음 주어는 부정사가 가리키는 일을 하려고 애쓴다.
(7) He is battling to reduce our taxes.(그는 세금 삭감을 위해 싸우고 있다.)

bawl

이 동사의 개념 바탕에는 지속적으로 큰 소리로 울거나 외치는 과정이 있다.

1. 자동사 용법
1.1. 다음 주어는 큰 소리로 운다.

(1) a. Jim **bawled** when his mother left the house.(짐은 어머니가 집을 떠났을 때 소리쳐 울었다.)

   b. When her doll broke, she **bawled** for an hour.(그녀의 인형이 고장났을 때, 그녀는 한시간 동안 소리쳐 울었다.)

1.2. 다음 주어는 at의 목적어에 호통을 친다.

(2) a. She **bawled** at him in front of everyone.(그녀는 모든 사람들 앞에서 그에게 고함쳤다.)

   b. She **bawled** down the hallway at me.(그녀는 그 복도 아래로 나에게 고함쳤다.)

2. 타동사 용법

2.1. 다음 주어는 목적어를 호통 친다.

(3) a. The parents **bawled** him **out** for breaking their bike.(그 부모는 그를 그들의 자전거를 고장낸 것에 대해서 호통쳤다.)

   b. The dean **bawled** the student **out** for cheating.(그 학장은 그 학생을 부정 행위에 대하여 호통쳤다.)

   c. The teacher **bawled** Jim **out** for talking during class.(그 선생님은 짐을 수업 도중에 이야기한 것에 대하여 호통쳤다.)

2.2. 다음 주어는 큰 소리로 목적어를 나타낸다.

(4) a. The drunk was **bawling** a song all night.(그 취객은 노래를 밤새 큰소리로 불러댔다.)

   b. He **bawled** orders at his secretary.(그는 그의 비서에게 큰소리로 명령을 했다.)

2.3. 다음 주어는 울어서 눈이 빠지게 한다.

(5) He is **bawling** his eyes out.(그는 너무 울어서 눈이 빠지려고 한다.)

bay

이 동사의 개념 바탕에는 bay의 명사 '굵고 길게 짖는 소리'가 있다. 동사의 의미는 이 소리와 관계가 있다.

1. 자동사 용법

1.1. 다음 주어는 짖는다.

(1) a. The wolves **bayed** at the moon all night.(그 늑대들은 달을 보고 밤새 짖었다.)

   b. Your dog was **baying** while you were out.(너의 개는 네가 나가 있는 동안 짖고 있었다.)

   c. The hounds were **baying** as they drew closer to the fox.(그 사냥개는 그들이 여우에 가까이 가는 동안 짖고 있었다.)

2. 타동사 용법

2.1. 다음 주어는 목적어를 굵고 긴 소리로 나타낸다.

(2) The dog **bayed** its anger.(그 개는 그의 분노를 짖는 소리로 내었다.)

bead

이 동사의 개념 바탕에는 bead의 명사 '염주알' 또는 '구슬'이 있다. 동사의 의미는 이 명사의 모양과 관계가 있다.

1. 타동사 용법

1.1. 다음 주어는 목적어를 구슬로 끼운다.

(1) a. The craftsman **beaded** the headpiece with great skill.(그 장인은 그 모자에 숙련된 솜씨로 구슬 장식을 했다.)

   b. He **beaded** the handbag on the top.(그는 그 핸드백 윗 부분을 구슬로 장식했다.)

2. 자동사 용법

2.1. 다음 주어는 구슬같이 된다.

(2) a. Water **beaded** up on the newly waxed car.(물이 새로 왁스칠 해 닦은 그 차 위에서 물방울이 되었다.)

   b. The moisture **beaded** on the glass.(그 수증기가 그 유리 위에서 물방울이 되었다.)

   c. Sweat began to **bead** on his forehead.(땀이 그의 이마에 맺히기 시작했다.)

   d. The perspiration **beaded** his face.(그 땀이 그의 얼굴에 방울져 있다.)

beam

이 동사의 개념 바탕에는 빛을 발하는 과정이 있다.

1. 자동사 용법

1.1. 다음 주어는 빛을 발한다.

(1) a. The sun was **beaming** brightly.(그 태양은 환하게 빛을 비추고 있었다.)

   b. The front porch light **beamed** in the dark of the night.(그 앞 현관 불이 그 밤의 어둠 속에서 비추었다.)

1.2. 다음 주어는 한 장소에서 다른 장소로 움직인다.

(2) a. A light **beamed from** the window.(한 불빛이 그 창문에서 나왔다.)

   b. The sun **beamed down** on us.(그 햇빛이 우리에게 내리 비쳤다.)

   c. A sharp white spotlight **beamed upon** the stage.(하나의 흰 조명이 그 무대 위에 비쳤다.)

   d. The sun **beamed through** the dreary clouds.(그 햇빛은 그 음산한 구름을 뚫고 비쳤다.)

   e. The sunlight **beamed through** the cracks in the roof.(그 햇빛은 그 지붕의 갈라진 틈들을 통해 비쳤다.)

   f. The first broadcast **beamed across** the Atlantic.(그 첫 방송은 대서양을 건너 방송되었다.)

1.3. 빛은 환하다. 환함은 밝은 표정을 나타낸다.

(3) a. His face **beamed** with joy.(그의 얼굴이 기쁨으로 환해졌다.)

   b. He **beamed** with happiness/pride/satisfaction.(그는 행복/자랑/만족으로 얼굴이 환해졌다.)

   c. The child **beamed** from ear to ear when school was cancelled.(그 아이는 수업이 취소되자 입이 귀에 걸리도록 환하게 웃었다.)

1.4. 다음에서 주어가 환한 표정을 짓는 상대가 명시되어 있다.

(4) a. He **beamed** at us.(그는 우리에게 환하게 웃었다.)

   b. The child **beamed** at his teacher as he received the award.(그 아이는 그 상을 받을 때, 그 선생님께 환하게 웃었다.)

c. He beamed upon us.(그는 우리에게 환하게 웃었다.)

d. Fortune beamed on him.(운명이 그에게 미소를 지었다.)

2. 타동사 용법
2.1. 다음 주어는 목적어(빛)를 비춘다.
(5) a. The spotlight beamed light on to the stage.(그 조명은 빛을 그 무대 위에 비췄다.)

b. The sun beamed bright light down on our picnic.(그 태양은 밝은 빛을 우리의 소풍에 내려 비췄다.)

c. Jim beamed the flashlight into the closet looking for monsters.(짐은 그 전등을 그 옷장 속에 비추어서 괴물들을 찾았다.)

d. They beamed the X-rays through the material.(그들은 X-선을 그 물질 속으로 비추었다.)

2.2. 다음은 수동태 문장으로 주어는 비추어진다.
(6) X-rays are beamed through the patient's body.(X-선들은 그 환자의 몸 속으로 비추어 진다.)

2.3. 다음 주어는 목적어를 전파로 전달한다.
(7) a. Radio stations beam their programs to listeners.(라디오 방송국은 그들의 프로그램을 청취자들에게 보낸다.)

b. A tall antenna beamed the television signal to the suburbs.(높은 안테나가 그 텔레비전 신호를 교외로 보낸다.)

c. They beamed the message to the world.(그들은 그 전언을 세계에 전파했다.)

d. The transmitter beams radio waves all over Britain.(그 전송기는 전파를 영국 전역에 보낸다.)

e. He was able to beam pictures of the riots out to America.(그는 그 폭동의 사진들을 미국에 보낼 수 있었다.)

f. We beamed the signal to the satellite.(우리는 그 신호를 그 위성에 보냈다.)

2.4. 다음은 수동태 문장으로 주어는 전파로 보내진다.
(8) a. The news is beamed to Far East by satellite(그 뉴스는 극동에 위성으로 보내진다.)

b. The interview was beamed live across the country.(그 면담은 생방송으로 그 나라의 전역에 전파되었다.)

c. Live pictures of the ceremony were beamed around the world.(그 의식의 생생한 사진이 전 세계로 전파되었다.)

d. The program is beamed across America.(그 프로그램은 미국 전역에 보내진다.)

2.5. 다음 주어는 목적어를 환한 표정으로 표시한다.
(9) a. He beamed a cheerful welcome as he opened the door.(그는 그 문을 열면서 환한 얼굴 표정을 지었다.)

b. The barman beamed a warm smile at her.(그 술집 주인은 따뜻한 미소를 그녀에게 비추었다.)

c. The minister beamed his thanks.(그 장관은 감사를 환한 얼굴 표정으로 표현했다.)

bear
이 동사의 개념 바탕에는 한 개체가 다른 개체를 떠받치는 과정이 있다.

1. 타동사 용법
1.1. 다음 주어는 목적어를 떠받친다.
(1) a. The beams bear the roof.(그 대들보들이 그 지붕을 떠받친다.)

b. That chair won't bear your weight.(저 의자는 너의 무게를 지탱할 수 없을 것이다.)

c. The board cannot bear his weight.(그 판자는 그의 무게를 지탱할 수 없다.)

d. The ice won't bear us.(그 얼음은 우리를 지탱할 수 없을 것이다.)

1.2. 책임, 고통, 어려움 등은 사람에게 부담을 주는 개체로 개념화 된다. 다음 주어는 목적어를 지니거나 견딘다.
(2) a. The captain bears all the responsibility.(그 선장은 그 모든 책임을 진다.)

b. He bore the pain with great courage.(그는 큰 용기를 가지고 그 고통을 참았다.)

c. They bore all hardships.(그들은 모든 어려움을 견디었다.)

1.3. 다음 주어는 목적어를 몸에 지닌다.
(3) a. He bore a sword.(그는 칼 한 자루를 가지고 있었다.)

b. They bore arms.(그들은 무기를 가지고 있었다.)

c. He bore gifts for all the family.(그는 모든 가족들의 선물을 가지고 있었다.)

1.4. 다음 주어는 환유적으로 쓰여서 사람의 마음을 가리킨다. 주어가 목적어를 마음 속에 갖는다.
(4) a. They bear a grudge against us.(그들은 우리들에게 원한을 품는다.)

b. Bear in mind what I say.(마음 속에 내가 말하는 것을 유념해라.)

c. She bears ill will against us.(그녀는 우리들에게 악의를 품는다.)

1.5. 주어는 목적어를 몸에 갖는다.
(5) a. She had born five children.(그녀는 아이 다섯 명을 낳았다.)

b. The tree is bearing a lot of apples this year.(그 나무는 올해 많은 사과를 달고 있다.)

1.6. 다음 주어는 비생명체이다. 주어는 목적어를 지닌다.
(6) a. The letter bears no address.(그 편지는 주소가 없다.)

b. His leg bears the scars.(그의 다리는 그 상처들을 지닌다.)

c. The bed bore traces of having been slept in.(그 침대는 누가 그 속에서 잔 흔적을 지녔다.)

d. The ship bears the American colors.(그 배는 미국 기를 달고 있다.)

e. The can bears the label "poisonous."(그 캔은 "독성"이라 적힌 딱지를 달고 있다.)

f. The boy bears the name of John.(그 소년은 John이라는 이름을 가지고 있다.)

1.7. 다음 주어는 목적어를 지닌다. 목적어는 추상적이나 구체적인 개체로 개념화되어 있다.
(7) a. What he says bears no relation to truth.(그가 말하는 것은 진실과 관계가 없다.)

b. He bears no resemblance to his brother.(그는 그의 형과 닮은 점을 안 지닌다.)

c. The word bears several meanings.(그 낱말은 몇 개의 의미를 갖는다.)

d. The accident bears two explanations.(그 사건은 두 가지의 설명을 갖는다.)

1.8. 다음 주어는 목적어를 참는다. 즉 주어는 목적어의 압력을 받지만 견딘다.

(8) a. There's no bearing that fellow.(저 친구는 견딜 수가 없다.)

b. He can't bear her idleness.(그는 그녀의 게으름을 참을 수 없다.)

c. She can't bear the pain.(그녀는 그 고통을 견딜 수 없다.)

d. I cannot bear to be ignored.(나는 무시당하는 것을 참을 수가 없다.)

1.9. 다음 주어는 목적어를 참고 견딘다. 참고 견디는 일은 동명사로 표현되어 있다.

(9) a. He couldn't bear living alone.(그는 혼자 사는 것을 견딜 수가 없었다.)

b. She can't bear travelling by sea.(그녀는 배로 여행하는 것을 견디지 못한다.)

c. I cannot bear being looked down upon.(나는 멸시되는 것을 참을 수가 없다.)

1.10. 다음 주어는 비생명체이지만 목적어의 압력을 견딘다.

(10) a. This cloth will bear washing.(그 천은 세탁을 견딘다.)

b. His answer will bear examination.(그의 대답은 조사도 견딜 것이다. (즉 조사를 해도 맞는 것으로 나타날 것이다.))

c. Such weak argument won't bear serious examination.(이렇게 약한 논거는 신중한 조사를 견디지 못할 것이다.)

1.11. 다음 주어는 첫째 목적어가 둘째 목적어를 가지게 한다.

(11) a. She doesn't bear them a grudge. (cf. She doesn't bear a grudge against them.)(그녀는 그들에게 원한을 품지 않는다.)

b. She bore him a son. (cf. She bore a son for him.)(그녀는 그에게 아들을 낳아주었다.)

1.12. 다음 목적어는 재귀대명사이다. 주어는 육체적으로나 정신적으로 어떤 자세를 유지한다.

(12) a. He bore himself erectly.(그는 똑바로 몸을 유지했다.)

b. She bore herself with grace.(그녀는 우아하게 행동했다.)

c. He bears himself with dignity.(그는 위엄있게 처신한다.)

1.13. 다음 주어는 목적어를 떠받치면서 움직인다.

(13) a. The rapids bore down the boat.(그 급류가 그 배를 함께 끌고 내려갔다.)

b. Crowds bore us along.(군중들이 우리를 떠밀고 갔다.)

c. The demonstrators were borne back.(그 시위자는 뒤로 밀려갔다.)

d. His voice was borne upon the wind.(그의 목소리는 그 바람에 실려 갔다.)

2. 자동사

2.1. 다음 동사는 목적어가 없이 쓰였다. 그러나 목적어는 세상일의 지식에서 알 수 있다.

(14) a. The trees bear well.(그 나무들은 열매를 잘 맺는다.)

b. The tree is too young to bear.(그 나무는 열매를 맺기에는 너무 어리다.)

2.2. 다음 주어는 자체를 움직인다.

(15) a. The road bears north here(그 길은 여기서 북쪽으로 향한다.)

b. Cross the field, and bear north.(그 밭을 가로질러서 북쪽으로 가거라.)

c. You must bear right at the next junction.(다음 교차점에서 오른쪽으로 가야 한다.)

d. The ship bore south.(그 배는 남쪽으로 갔다.)

2.3. 다음 주어는 전치사 on의 목적어에 힘을 가한다.

(16) a. He was bearing down on the crutches.(그는 그 목발에 의지하고 있었다.)

b. The packed ice bore down on the ship.(차곡차곡 쌓인 그 얼음이 배에 압력을 가했다.)

c. The weight of taxation bears down on the people.(그 조세의 부담이 그 국민들에게 압력을 가한다.)

d. The rise in the cost of living bears hard on old people.(그 생활비의 상승은 노인들에게 큰 부담이 된다.)

2.4. 다음 주어는 전치사 on의 목적어와 접촉된다. 물체 사이의 접촉은 관계가 있음을 나타낸다.

(17) a. The paper bears on the subject.(그 논문은 그 주제와 관련이 있다.)

b. His story doesn't bear upon this question.(그의 이야기는 이 문제와 관계가 없다.)

2.4. 다음 주어는 누르는 힘에 대항해서 버틴다.

(18) a. Alice bore up well under the news of her husband's death.(앨리스는 남편 죽음의 그 소식을 듣고도 잘 견디었다.)

b. The floor will bear up under the weight of the machine.(그 마루는 그 기계의 무게를 견디어 낼 것이다.)

beat

이 동사의 개념 바탕에는 두드리는 과정이 있다.

1. 타동사 용법

1.1. 다음 주어는 목적어를 친다. 목적어는 개체이다.

(1) a. He beats the table with his fist.(그는 그 식탁을 주먹으로 친다.)

b. He was beating the carpet.(그는 그 카페트를 치고 있었다.)

c. He beat a drum.(그는 북을 쳤다.)

d. He was beating eggs and flour.(그는 달걀과 밀가루를 휘저어 치고 있었다.)

e. The bird beat its wings rapidly as it flew on.(그

새는 계속 날아가면서 날개를 재빨리 쳤다.)

1.2. 다음 주어는 목적어를 친다. 목적어는 사람이다.

(2) a. His father **beat** the disobedient boy.(그의 아버지는 그 말 안 듣는 아이를 때렸다.)
b. I am sorry to say he **beats** his wife.(말씀드리기는 미안하지만 그는 자신의 아내를 때립니다.)
c. He was **beaten** until he was black and blue.(그는 시퍼렇게 멍이 들 때까지 맞았다.)

1.3. 다음에서 주어는 시합에서 목적어를 친다. 즉 이긴다.

(3) a. The boxer **beat** his rival.(그 권투선수는 경쟁자를 이겼다.)
b. He **beat** his wife at tennis.(그는 아내를 정구에서 이겼다.)
c. He **beat** me at chess.(그는 나를 체스에서 꺾었다.)

1.4. 다음 주어는 사람이 아닌 개체이다.

(4) a. The problem has **beaten** me.(그 문제는 나를 이겼다. 즉 나는 그 문제를 풀 수가 없다.)
b. The difficulty has **beaten** her.(그 어려움은 그녀를 어쩔 줄 모르게 했다.)

1.5. 다음 주어는 목적어를 쳐서 만든다.

(5) a. The hunters had to **beat** a way through the bush.(그 사냥꾼들은 그 덤불을 쳐내어 통과하는 길을 만들어야 했다.)
b. He **beat** his way through a thick forest.(그는 빽빽한 수풀을 쳐내고 통과하는 길을 만들었다.)

1.6. 다음 주어는 목적어를 쳐서 상태변화를 받게 한다.

(6) a. He **beat** the gold **out**.(그는 그 금을 두들겨서 폈다.)
b. He **beat** the iron **out**.(그는 그 쇠를 두들겨서 폈다.)

1.7. 다음에서 주어는 목적어를 두들겨서 끈다.

(7) a. He **beat out** the fire with his jacket.(그는 그 불을 저고리를 쳐서 껐다.)
b. He **beat out** the flames.(그는 그 불꽃을 쳐서 껐다.)

1.8. 다음 주어는 목적어를 두들겨서 떨어지게 한다.

(8) a. The police **beat** the door **down**.(경찰이 그 문을 두들겨서 떨어뜨렸다.)
b. We **beat** the dirt **down**.(우리는 그 흙을 털어내렸다.)

2. 자동사 용법

2.1. 다음 주어는 at이나 on의 목적어에 부분적이고 간접적인 힘을 가한다.

(9) a. The rain was **beating against** the window.(그 빗줄기가 그 창문을 두드리고 있었다.)
b. Somebody was **beating at/on** the door.(누군가 그 문을 두드리고 있었다.)
c. Waves **beat upon** rocks.(파도가 바위에 부딪혔다.)

2.2. 다음 주어는 심장이다. 심장은 뛴다.

(10) a. His heart was still **beating**.(그의 심장은 아직도 뛰고 있었다.)
b. His heart **beat** with joy.(그의 심장은 기쁨으로 뛰었다.)
c. Our heart **beats** about 70 times a minute.(우리의 심장은 일분에 70번 정도 뛴다.)

2.3. 다음 주어는 내려 쪼인다.

(11) a. The sun **beat down** from a clear sky.(햇빛은 맑은 하늘에서 내려쪼였다.)
b. The rain was **beating down** on them.(그 비는 그들을 내려치고 있었다.)

become

이 동사의 개념 바탕에는 어떤 개체나 상태에 이르는 과정이 있다.

1. 자동사 용법

1.1. 다음 주어는 보어가 된다. 보어는 명사이다.

(1) a. The ugly duckling **became** a beautiful swan.(그 미운 오리 새끼가 아름다운 백조가 되었다.)
b. He **became** a musician.(그는 음악가가 되었다.)
c. The tadpole **became** a frog.(그 올챙이가 개구리가 되었다.)

1.2. 다음 보어는 형용사이다.

(2) a. He **became** confused.(그는 혼란스럽게 되었다.)
b. The tired child **became** cranky.(그 피곤한 아이는 신경질적이 되었다.)

1.3. 다음 주어는 보어에 어울린다.

(3) a. The fancy style really **becames** you.(그 장식 스타일은 너에게 정말 어울린다.)
b. A blue sweater **becomes** your brother.(파란색 스웨터는 너의 오빠에게 잘 어울린다.)
c. The ugly clothes do not **become** you.(그 추한 옷은 너에게 어울리지 않는다.)
d. Impatience does not **become** him.(성급함은 그와 어울리지 않는다.)
e. It **becomes** a judge to act with dignity.(위엄있는 행동은 판사와 어울린다.)

1.4. 다음 주어는 마지막 상태이다.

(4) a. What has **become** of my umbrella?(내 우산은 어떻게 되었지?)
b. Whatever has **become** of your friend who moved already?(이미 이사 간 너의 친구는 어떻게 되었니?)

bed

이 동사의 개념 바탕에는 bed의 명사 '침대'가 있다. 이 동사의 의미는 이 명사의 쓰임과 관계가 있다.

1. 타동사 용법

1.1. 다음 주어는 목적어에 잠자리를 제공한다.

(1) a. We **bedded** them for a week.(우리는 그들에게 한 주 동안 잠자리를 제공했다.)
b. The host **bedded** the guests.(그 주인은 그 손님들에게 잠자리를 제공했다.)

1.2. 다음 주어는 목적어와 동침한다.

(2) He claims he has **bedded** more than 10,000 women.(그는 10,000명 이상의 여자와 잠자리를 가졌다고 주장한다.)

1.3. 다음 주어는 목적어를 자리잡게 한다.

(3) a. Make sure that you **bed** the roots firmly in the soil.(너는 그 뿌리들이 그 토양에 굳게 자리잡게 해야함을 명심해라.)

b. She **bedded** her rose bushes.(그녀는 자신의 장미 덤불을 화단에 심었다.)

c. They **bedded** the coble stone in mortar.(그들은 그 조약돌을 회반죽에 놓았다.)

1.4. 다음은 수동태 문장으로 주어는 자리를 잡는다.

(4) a. The foundation is **bedded** in cement.(그 기초는 시멘트에 놓여있다.)

b. The bricks were **bedded** in sand to improve drainage.(그 벽돌들은 배수를 원활히 하기 위해 모래 안에 놓여있었다.)

2. 자동사 용법

2.1. 다음 주어는 잠자리에 든다.

(5) a. Can I **bed** down on your sofa?(내가 당신의 소파에 자도 되겠습니까?)

b. I will **bed** down on the chairs.(나는 그 의자들 위에서 자겠다.)

2.2. 다음 주어는 정착하여 기능을 하기 시작한다.

(6) a. It did not take the procedure long to **bed** down.(그 절차가 기능을 하기에는 오랜 시간이 걸리지 않았다.)

b. It will take a while for the new system to **bed** down.(그 새 체계가 정착되는 데에 얼마 간의 시간이 걸릴 것이다.)

beep

이 동사의 개념 바탕에는 짧고 높은 의성어 '삑, 삑'이 있다.

1. 자동사

1.1. 다음 주어는 소리를 낸다.

(1) a. The answering machine **beeped** and played back the message.(그 자동응답기가 삐 소리를 낸 후 그 메시지를 틀었다.)

b. Why does the computer keep **beeping**?(그 컴퓨터에서 왜 계속 삑삑 소리가 나지?)

c. The transmitter **beeped** steadily.(그 송신기는 계속해서 삑삑하고 울렸다.)

d. The microwave **beeps** when it has finished.(그 전자 렌지는 그것이 끝나면 삑 소리를 낸다.)

e. The oven timer **beeped** after ten minutes.(그 오븐 시간 조절 장치는 10분 후에 삐 소리를 내었다.)

1.2. 다음 주어는 전치사 at의 목적어에 소리를 낸다.

(2) a. The car **beeped** at me until I fastened my seatbelt.(내가 안전벨트를 맬 때까지 그 차는 삐삐 울려댔다.)

b. The driver **beeped** at the cyclist.(그 운전자는 자전거를 타고 가는 그 사람을 향해 경적을 울려댔다.)

2. 타동사 용법

2.1. 다음 주어는 목적어를 삑 소리로 나타낸다.

(3) **Beep** out a warning.(경적으로 경고를 표시해라.)

2.2. 다음 주어는 목적어를 울린다.

(4) a. I **beeped** the car horn at the slow driver.(나는 차 경적을 그 천천히 달리는 운전자를 향해 울렸다.)

b. The hospital **beeped** Mary's pager.(그 병원에서는 메리의 호출기를 쳤다.)

2.3. 다음 주어는 목적어를 호출기로 연락한다.

(5) a. David **beeped** me.(데이비드는 나를 호출기로 불렀다.)

b. The nurse **beeped** the doctor.(그 간호사는 그 의사를 호출기로 불렀다.)

beg

이 동사의 개념 바탕에는 구걸하는 과정이 있다.

1. 타동사 용법

1.1. 다음 주어는 목적어를 구걸한다. 목적어는 구걸하는 개체이다.

(1) a. He **begged** a meal.(그는 식사를 구걸했다.)

b. I **begged** my life.(나는 목숨을 구걸했다.)

1.2. 다음 주어는 목적어를 전치사 from, of, off의 목적어로부터 구걸한다.

(2) a. Can I **beg** a cigarette off/from you?(담배 한 대 얻을 수 있을까요?)

b. He **begged** a favor of me.(그는 나에게 호의를 간청했다.)

c. I **beg** money of charitable people.(나는 관대한 이들에게 돈을 구걸한다.)

d. He used to **beg** bread from the baker.(그는 그 제빵 업자에게 빵을 구걸하곤 했다.)

1.3. 다음 주어는 목적어를 전치사 for의 목적어를 얻기 위해 구걸한다.

(3) a. He **begged** the king for his life.(그는 그 왕에게 자기 목숨을 구걸했다.)

b. I might try **begging** the colleague for financial help.(나는 그 동료에게 금전적 도움을 간청해 볼지도 모른다.)

1.4. 다음 주어는 목적어를 간청하여 to부정사의 일을 하게 한다.

(4) a. I **beg** you to sit down.(저는 당신에게 앉으시라고 부탁합니다.)

b. Anne **begged** her friend to forgive her.(앤은 자기 친구에게 용서를 해달라고 빌었다.)

c. He **begged** Helen to go, but she refused.(그는 헬렌에게 가 달라고 간청했으나, 그녀는 거절했다.)

d. He **begged** me not to tell her parents.(그는 내게 그녀의 부모에게 말하지 말아 달라고 애원했다.)

e. He **begged** us not to punish them.(그는 우리에게 그들을 벌하지 말라고 빌었다.)

f. I **beg** you to stop that nonsense.(나는 당신에게 그런 허튼 소리를 하는 것을 그만두라고 부탁합니다.)

g. The children **begged** their parents to let them to stay up.(그 아이들은 부모님께 자지 않고 있게 해달라고 애원했다.)

1.5. 다음 주어는 that-절의 내용을 간청한다.

(5) a. I **beg** you that you will tell the truth.(나는 당신께 진실을 말해 달라고 간청합니다.)

b. She **begged that** her name not be printed in the newspaper.(그녀는 자기 이름이 신문에 나지 않게 해 달라고 간청했다.)

c. I **begged** of him that he should stay on.(나는 그에게 계속 머물러 달라고 애원했다.)

1.6. 다음에서는 beg의 내용이 인용문으로 표현되어 있다.

(6) a. "Please, please forgive me," she **begged** him.("제발, 제발 저를 용서하세요." 그녀는 그에게 빌었다.)

b. "Please, tell me, what"s wrong?" she **begged**.("제발 말해 주세요, 무엇이 잘못 되었나요?" 그녀가 간청했다.)

c. Stop it! I **beg** you.(그만둬요! 당신에게 애원합니다.)

2. 자동사 용법

2.1. 다음 주어는 전치사 from의 목적어로부터 구걸한다.

(7) a. A ragged child was **begging** from passing shoppers.(누더기를 걸친 아이가 지나가는 손님들에게 구걸하고 있었다.)

b. He made a living by **begging** from the rich.(그는 부자들에게 구걸하여 생계를 이었다.)

2.2. 다음 주어는 전치사 for의 목적어를 얻기 위해 구걸한다.

(8) a. She had to **beg for** money and food **for** her children.(그녀는 자신의 아이들을 위해 돈과 음식을 구걸해야 했다.)

b. She **begged for** mercy/forgiveness.(그녀는 자비/용서를 간청했다.)

c. He is so poor that he has to **beg for** his bread.(그는 너무나 가난하여 자기의 양식을 구걸해야 한다.)

d. The homeless people **begged for** small change from the shoppers.(그 집 없는 사람들은 그 손님들에게 잔돈푼을 구걸했다.)

e. The woman **begged for** spare change to feed her family.(그 여자는 가족을 먹이려고 잔돈을 구걸했다.)

f. We are not going to **beg for** help any more.(우리는 더 이상의 도움을 간청하지 않겠다.)

2.3. 다음 주어는 전치사 of의 목적어에게 부탁을 한다.

(9) a. I **beg** of you not to punish the child.(나는 당신께 아이를 벌주지 말라고 간청합니다.)

b. I **beg** of you to go there for me.(나는 당신에게 나 대신 그곳에 가 주기를 간청합니다.)

c. I **begged** of him not to make any risks.(나는 그에게 제발 좀 위험을 무릅쓰지 말라고 애원했다.)

d. I **begged** of him to stay.(나는 그에게 머물러 달라고 애원했다.)

e. I **begged** of Mary to stay on for another week.(나는 메리에게 1주일 더 머물러 달라고 애원했다.)

2.4. 다음 주어는 간청한다.

(10) a. He **begged** to be allowed to go.(그는 가도록 허락해 달라고 애원했다.)

b. I **beg** to differ.(나는 감히 다르다고 말합니다.)

c. The child **begged** to come with us.(그 아이는 우리와 함께 오겠다고 애원했다.)

d. The child **begged** to stay up late.(그 아이는 늦도록

깨어 있겠다고 간청했다.)

begin

이 동사의 개념 바탕에는 행동이나 과정의 시작 부분을 나타낸다.

1. 자동사 용법

1.1. 다음 주어는 시작된다.

(1) a. School **begins** at nine.(학교 수업은 9시에 시작된다.)

b. Work on the new bridge will **begin** next month.(그 새 다리의 공사는 다음 달에 시작될 것이다.)

c. The meeting/the lecture **begins** at 8 o'clock.(그 모임/그 강의는 8시에 시작된다.)

d. The war **began** in 1939.(그 전쟁은 1939년에 시작되었다.)

1.2. 다음 주어는 그 존재가 시작된다.

(2) a. The club **began** two years ago.(그 클럽은 2년 전에 시작되었다.)

b. The dynasty **began** in 1900's.(그 왕조는 1900년대에 시작되었다.)

c. The reform movement **began** a few years ago.(그 개혁운동은 몇 년 전에 시작되었다.)

1.3. 다음 주어는 과정을 시작하는 사람이다.

(3) a. We will **begin** at the beginning.(우리는 첫 부분에서 시작하겠다.)

b. Let us **begin** at the third chapter.(제 3장에서 시작합니다.)

c. We **began** at page 10.(우리는 10쪽에서 시작했다.)

d. **Where** shall we **begin**?(우리는 어디에서 시작할까요?)

1.4. 다음 주어는 by V-ing로 시작한다.

(4) a. We **began** by dancing.(우리는 춤을 추면서 시작했다.)

b. He **began** by giving us a list of books to read.(그는 우리가 읽어야 할 책들의 목록을 주면서 시작했다.)

c. He **began** by saying we should work harder.(그는 우리가 더욱 열심히 일해야 한다고 말하면서 시작했다.)

d. He **began** by praising us.(그는 우리를 칭찬하면서 시작했다.)

1.5. 다음 주어는 전치사 with의 목적어로 일을 시작한다.

(5) a. We **begin** with soup.(우리는 국으로 식사를 시작한다.)

b. They **began** with a prayer.(그들은 기도로 시작했다.)

1.6. 다음 주어는 개체나 과정이다. 주어는 전치사 with의 목적어로 시작된다.

(6) a. Education **begins** with a man's birth.(교육은 출생과 함께 시작된다.)

b. The day **begans** with bad news.(그 날은 나쁜 소식과 함께 시작되었다.)

c. His name **begins** with an E.(그의 이름은 E자로 시

작된다.)

d. The book **begins with** the marriage of the daughter.(그 책은 그 딸의 결혼과 함께 시작한다.)

1.7. 다음 begin with는 화자가 언급하고자 하는 첫 항목을 가리키는 데 쓰인다.

(7) a. To **begin with**, you have to realize that I have little money.(우선, 너는 내가 돈이 거의 없다는 것을 인식해야 한다.)

b. We can't possibly go; to **begin with**, it's too cold, and besides, we have no money.(우리는 도저히 갈 수가 없다. 우선, 날씨가 너무 춥고, 게다가 우리는 돈도 없으니까.)

1.8. 다음 주어는 on의 목적어를 부분적으로 시작한다.

(8) a. He **began on** his work.(그는 그의 일을 시작했다.)

b. They **began on** another bottle.(그들은 또 한 병을 마시기 시작했다.)

c. He **began** on a new book.(그는 새 책을 시작했다.)

2. 타동사 용법

2.1. 다음 주어는 목적어를 시작한다. 목적어는 시간 속에 일어나는 과정이다.

(9) a. We **begin** breakfast at seven.(우리는 7시에 아침 식사를 시작한다.)

b. He **began** a dynasty.(그는 왕국을 시작했다.)

c. The doctor **began** an examination of the child.(그 의사는 그 아이의 진찰을 시작했다.)

d. We shall **begin** the meeting at 10.(우리는 그 회의를 10시에 시작하겠다.)

e. He **began** the reform movement after the war.(그는 그 전쟁 후에 그 개혁운동을 시작했다.)

f. She **began** a club for bird-watchers.(그녀는 새 관찰자를 위한 클럽을 시작했다.)

2.2. 다음 주어는 그 자체가 목적어의 시작 부분을 이룬다.

(10) a. The letter A **begins** the alphabet.(A자가 알파벳을 시작한다.)

b. A letter **begins** his licence number.(문자가 그의 면허증을 시작한다.)

2.3. 다음에서 begin이 to 부정사와 같이 쓰였다. 주어는 어느 한 과정의 첫 부분에 있다.

(11) a. I **began to** feel hungry.(나는 배가 고프기 시작했다.)

b. They **began to** wonder if he is too old for the job.(그들은 그가 그 일을 하기에 나이가 너무 많지 않을까 생각하기 시작했다.)

c. The snow **began to** melt.(그 눈은 녹기 시작했다.)

d. I am **beginning to** see what he means.(나는 그의 진심이 무엇인지 알기 시작하고 있다.)

2.4. 다음에서 begin은 동명사와 같이 쓰였다. 동명사가 나타내는 과정은 어느 기간에 걸쳐서 반복적으로 일어난다.

(12) a. She **began** cutting pictures out of the magazines.(그녀는 그 잡지에서 그림을 잘라내기 시작했다.)

b. She **began** beating the child every night.(그녀는 매일 저녁 그 아이를 때리기 시작했다.)

c. He **began** talking.(그는 말하기 시작했다.)

begrudge

이 동사의 개념 바탕에는 아까워하는 과정이 있다.

1. 타동사 용법

1.1. 다음 주어는 목적어를 아까워한다.

(1) a. I **begrudge** every second I spent trying to help him.(나는 그를 돕는데 쓰는 매 초가 아깝다.)

b. They did not **begrudge** the money they spent on education.(그들은 교육에 쓰는 돈을 아까워하지 않았다.)

1.2. 다음 주어는 동명사가 가리키는 일을 하기를 꺼린다.

(2) a. Many people **begrudge** paying so much money for a second-rate service.(많은 사람들은 변변치 않은 서비스에 그 많은 돈을 지불하기를 꺼린다.)

b. I **begrudge** spending so much money on train fares.(나는 열차 운임에 그렇게 많은 돈을 쓰는 것을 꺼린다.)

c. She **begrudged** paying so much money for an icecream cone.(그녀는 아이스크림 콘에 그 많은 돈을 쓰는 것을 아까워했다.)

d. I don't **begrudge** her being so successful.(나는 그녀가 그렇게 성공하는 것을 꺼리지 않는다.)

1.3. 다음 주어는 첫째 목적어가 둘째 목적어를 갖는 것을 시기한다.

(3) a. I don't **begrudge** him the freedom.(나는 그가 그 자유를 갖는 것을 시샘하지 않는다.)

b. He **begrudged** his friend the scholarship.(그는 그의 친구가 그 장학금을 받는 것을 시샘하였다.)

1.4. 다음 주어는 첫째 목적어에게 둘째 목적어를 주기를 꺼린다.

(4) a. Surely you don't **begrudge** him the money for his education.(당신은 분명히 그에게 그 교육비를 주기를 아까워하지 않는다.)

b. He **begrudged** the beggar a few pennies.(그는 그 거지에게 몇 푼 주기를 아까워했다.)

1.5. 다음 주어는 목적어를 전치사 to의 목적어에 주기를 꺼린다.

(5) I don't **begrudge** his freedom to him.(나는 그에게 자유를 주기를 꺼리지 않는다.)

1.6. 다음 주어는 동명사나 부정사가 가리키는 일을 하기를 꺼린다.

(6) a. He **begrudged** helping me.(그는 나를 돕는 것을 꺼렸다.)

b. He **begrudged** going with me.(그는 나와 함께 가기를 꺼렸다.)

beguile

이 동사의 개념 바탕에는 어떤 사람을 속이고 현혹시키는 과정이 있다.

1. 타동사 용법

1.1. 다음에서 주어는 목적어를 현혹시킨다.

(1) a. He **beguiles** the voters with his good looks and

grand talk.(그는 그 유권자들을 용모와 멋진 애기로 속인다.)

b. She **beguiled** him with a lot of promises.(그녀는 그를 많은 약속으로 속였다.)

1.2. 다음은 수동태 문장으로 주어는 속는다.

(2) She was **beguiled** by his sweet words.(그녀는 그의 달콤한 말에 속았다.)

1.3. 다음 주어는 목적어를 속여서 out of의 목적어를 빼앗는다.

(3) The swindler **beguiled** the old woman of his property.(그 사기꾼은 그 늙은 여자를 속여서 돈을 빼앗았다.)

1.4. 다음은 수동태 문장으로 주어는 속아서 빼앗긴다.

(4) He was **beguiled** out of money.(그는 속아서 돈을 빼앗겼다.)

1.5. 다음 주어는 목적어를 전치사 out of의 목적어에서 빼앗는다.

(5) The swindler **beguiled** the money out of the old woman.(그 사기꾼은 그 돈을 그 늙은 여자로부터 빼앗았다.)

1.6. 다음 주어는 목적어를 속이거나 현혹시켜서 어떤 일을 하게 한다.

(6) a. He **beguiled** me into parting with my money.(그는 나를 속여서 돈을 내놓게 했다.)

b. He **beguiled** her into agreeing to his proposal.(그는 그녀를 속여서 그의 제안에 동의하게 했다.)

c. The salesman **beguiled** her into buying a car she didn't need.(그 판매인은 그녀를 속여서 필요 없는 차를 사게 했다.)

d. She **beguiled** them into believing her version of events.(그녀는 그들을 속여서 그녀의 사건 경위를 믿게 했다.)

e. He **beguiled** his students into thinking that they would pass the test.(그는 학생들을 속여서 그들이 시험에 통과할 것으로 믿게 했다.)

f. He **beguiled** the enemy into a trap.(그는 그 적을 속여서 함정에 넣었다.)

1.7. 다음은 수동태 문장으로 주어는 속아서 어떤 일을 하게 된다.

(7) a. I was **beguiled** by his flattery into trusting him.(나는 그의 아첨에 속아서 그를 믿게 되었다.)

b. He was **beguiled** into confessing.(그는 속아서 고백을 하게 되었다.)

1.8. 다음 주어는 목적어를 즐겁게 만든다.

(8) a. The old man **beguiled** the long weary day with cards.(그 노인은 그 길고 지루한 날을 카드로 즐겼다.)

b. They **beguiled** their long journey with talk.(그들은 그들의 긴 여행을 애기로 즐겼다.)

c. He **beguiled** an evening with a book/a pleasant conversation.(그는 저녁을 책/유쾌한 대화로 즐겼다.)

d. He **beguiled** the time by gardening.(그는 그 시간을 정원 일로 즐겼다.)

e. They **beguiled** the hours away.(그들은 그 시간들을 즐겁게 보냈다.)

f. They sang songs to **beguile** the long winter hours.(그들은 그 긴 겨울 시간을 보내기 위해서 노래를 불렀다.)

1.9. 다음 주어는 목적어를 즐겁게 한다.

(9) a. He **beguiled** the children with stories.(그는 그 아이들을 이야기로 즐겁게 해주었다.)

b. She **beguiled** us with song.(그녀는 우리를 노래로 즐겁게 해주었다.)

behave

이 동사의 개념 바탕에는 행동하는 과정이 있다.

1. 자동사 용법

1.1. 다음 주어는 올바로 행동한다.

(1) a. When will your children learn to **behave**?(언제 당신의 아이가 예절바르게 행동하는 것을 배울까요?)

b. She doesn't know how to **behave** in public.(그녀는 대중 앞에서 어떻게 행동해야 하는지 모른다.)

1.2. 다음 주어는 수식어가 가리키는 대로 행동한다.

(2) a. The unruly student **behaved** badly in class.(그 규칙을 따르지 않는 학생은 수업시간에 버릇없이 행동했다.)

b. She **behaved** as if nothing had happened.(그녀는 아무 일도 없었던 것처럼 행동했다.)

1.3. 다음 주어는 개체이다. 주어는 작용한다.

(3) a. Quantum mechanics is the study of the way atoms **behave**.(양자역학은 원자들이 작용하는 방법에 대한 학문이다.)

b. The car **behaves** well in traffic.(그 차는 차의 흐름 속에서 잘 작동한다.)

c. The bike **behaves** well on rough roads.(그 자전거는 거친 길에서 잘 굴러간다.)

2. 타동사 용법

2.1. 다음 목적어는 재귀대명사이다. 주어는 자신을 바르게 행동하게 한다.

(4) a. He **behaved** himself at the party.(그는 그 파티에서 얌전하게 굴었다.)

b. "Behave yourself!" the mother warned her child.("얌전히 해"라고 엄마가 아이에게 경고했다.)

behold

이 동사의 개념 바탕에는 보는 과정이 있다.

1. 타동사 용법

1.1. 다음 주어는 목적어를 바라본다.

(1) He looked up and **beheld** a stranger sitting across the table.(그는 윗쪽을 쳐다보고서 그 테이블의 맞은 편에 앉아 있는 낯선 사람을 주시했다.)

believe

이 동사의 개념 바탕에는 사실이라고 믿는 과정이 있다.

1. 타동사 용법
1.1. 다음 주어는 목적어를 사실로 믿는다.
(1) a. The judge **believed** the witness's story.(그 판사는 목격자의 이야기를 믿었다.)

   b. The judge did not **believe** our story.(그 판사는 우리 이야기를 믿지 않았다.)

1.2. 다음 that-절은 주어가 믿는 내용이다.
(2) a. The coach **believes that** we can win the game.(그 코치는 우리가 그 경기를 이길 수 있다고 믿는다.)

   b. I **believe that** they are out of town.(나는 그들이 그 도시에 없다고 믿는다.)

   c. I **believe that** you are correct.(나는 당신이 옳다고 믿습니다.)

1.3. 다음 주어는 목적어를 to 부정사의 의미상의 주어로 믿는다.
(3) a. I **believe** him to be innocent.(나는 그를 죄가 없다고 믿는다.)

   b. I **believe** him to have done it.(나는 그가 그것을 했다고 믿는다.)

2. 자동사 용법
2.1. 다음 주어는 in의 목적어가 있다고 믿는다.
(4) a. John **believes in** Santa Claus.(나는 산타클로스의 존재를 믿는다.)

   b. Do you **believe in** ghost?(당신은 유령의 존재를 믿습니까?)

   c. My parents **believe in** me.(부모님은 나를 믿는다.)

2.2. 다음 주어는 in의 목적어가 좋다고 믿는다.
(5) a. She doesn't **believe in** running the risks.(그녀는 그 모험들을 하는 것은 좋지 않다고 생각한다.)

   b. I've always **believe in** giving people a second chance.(나는 항상 사람들에게 두 번의 기회를 주는 것이 좋다고 생각한다.)

2.3. 다음 주어는 in의 목적어에 자신감을 갖는다.
(6) a. He **believes in** his ability to succeed.(그는 성공할 수 있는 자신의 능력을 믿는다.)

   b. He **believes in** the fairness of the legal system.(그는 그 법률 체계의 공정성을 믿는다.)

belittle
이 동사의 개념 바탕에는 과소평가하는 과정이 있다.

1. 타동사 용법
1.1. 다음 주어는 목적어를 얕잡아 본다.
(1) a. He **belittled** the opinions of the women in the family.(그는 가정에서 여자들의 의견을 경시했다.)

   b. Her husband **belittled** her achievements.(그녀의 남편은 그녀의 성공을 과소평가했다.)

   c. The reporter's comments **belittled** the candidate.(그 기자의 논평은 그 후보자를 헐뜯었다.)

belong
이 동사의 개념 바탕에는 어떤 개체가 어느 장소에 속하는 과정이 있다.

1. 자동사 용법
1.1. 다음 주어는 어느 장소 또는 범주에 속한다.
(1) a. He doesn't **belong** here.(그는 여기 소속이 아니다.)

   b. I don't **belong** here; I am just visiting.(나는 여기 소속이 아니다. 나는 단지 방문 중이다.)

   c. Many immigrants feel as if they don't **belong** here.(많은 이민자들은 그들이 여기에 소속하지 않는 것처럼 느낀다.)

   d. Whales **belong** among mammals.(고래들은 포유류에 속한다.)

1.2. 다음에서 장소는 where로 표현되어 있다.
(2) a. Go back **where** you **belong**.(당신이 속한 곳으로 돌아가시오.)

   b. I am so glad to see you back **where** you **belong**.(나는 네가 속한 곳으로 돌아온 것을 봐서 기쁘다.)

   c. **Where** do these plants **belong**?(이 식물들은 어디에 속하는가?)

   d. I don't really **belong** anywhere.(나는 정말로 어디에도 속하지 않는다.)

   e. Put that chair back **where** it **belongs**.(그 의자를 원래 있던 곳에 갖다 놓아라.)

1.3. 다음 주어는 전치사 in의 목적어에 속한다.
(3) a. The tool **belongs in** the box.(그 연장은 이 상자에 들어간다.)

   b. The dictionary **belongs in** every home.(그 사전은 어느 가정에나 있다.)

   c. These shoes **belong in** the cupboard.(이 신발들은 벽장에 들어간다.)

   d. The suit **belongs in** the closet.(그 정장은 그 옷장에 들어간다.)

   e. That chair/the table **belongs in** the kitchen.(저 의자/그 식탁은 부엌에 간다.)

1.4. 다음 주어는 전치사 in의 목적어에 속한다. in의 목적어는 추상적인 개체이다.
(4) a. He **belongs in** the movie.(그는 그 영화에 어울린다.)

   b. It **belongs in** the same category.(그것은 같은 부류에 속한다.)

   c. I don't really **belong in** her small world of small talks and recipes.(나는 솔직히 그녀의 잡담과 요리 방법의 작은 세계에 속하지 않는다.)

   d. She felt as if she didn't **belong in** her job any more.(그녀는 그녀가 더 이상 자신의 일에 속하지 않는 것처럼 느꼈다.)

   e. Wild animals like this do not **belong in** a zoo.(이와 같은 야생 동물은 동물원에 속하지 않는다.)

   f. You are feverish; you **belong in** bed.(넌 열이 있어. 넌 침대에 있어야 해.)

   g. His ability **belongs in** business.(그의 능력은 사업에 제격이다.)

   h. The artist doesn't **belong in** uniform.(그 예술가는 제복에 어울리지 않는다.)

1.5. 다음 주어는 전치사 on의 목적어에 속한다.
(5) a. These cups **belong on** the shelf.(이 컵들은 선반에 있어야 한다.)

   b. The books **belong on** the shelf.(그 책들은 선반에 있어야 한다.)

1.6. 다음 주어는 전치사 to의 목적어와 부분−전체의 관계를 이룬다.

(6) a. That part **belongs to** the engine.(그 부분은 그 엔진에 속한다.)

b. The cover **belongs to** the jar.(그 덮개는 그 병에 속한다.)

c. The button **belongs to** my coat.(그 단추는 내 코트에 속한다.)

d. The belt **belongs to** these pants.(그 벨트는 이 바지에 속한다.)

e. The fork **belongs to** the left of the knife.(포크는 나이프의 왼쪽에 놓인다.)

1.7. 다음 주어는 to의 목적어와 구성원−전체의 관계를 이룬다.

(7) a. Do you **belong to** the tennis club?(당신은 그 테니스 클럽 소속인가요?)

b. What party do you **belong to**?(어느 정당에 당신은 소속되는가?)

c. Have you ever **belonged to** a political party?(당신은 정치 정당에 소속된 적이 있었소?)

d. Many of the workers **belong to** the labor union.(그 근로자의 대부분은 그 노동 조합에 속한다.)

e. He **belongs to** a different generation.(그는 다른 세대에 속한다.)

f. Harry and I **belong to** different generations.(해리와 나는 다른 세대 소속이다.)

1.8. 다음 주어는 전치사 to의 목적어에 속한다.

(8) a. The book/the camera/the car **belongs to** me.(그 책/카메라/차는 나의 것이다.)

b. The land **belongs to** the big family.(그 땅은 그 대가족 소유이다.)

c. The house **belongs to** my grandfather.(그 집은 나의 할아버지 소유이다.)

d. The island **belongs to** Korea.(그 섬은 한국 소유이다.)

e. Grey hair **belong to** old age.(회색 머리는 노년의 것이다.)

f. The handwriting **belongs to** a girl.(그 필체는 소녀의 것이다.)

g. You don't seem to **belong to** me any more.(너는 더 이상 나와 어울리는 것처럼 보이지 않는다.)

1.9. 다음 주어는 예의 관계에서 전치사 to의 목적어에 맞는다.

(9) a. It does not **belong to** a child to criticize his parents.(자기 부모를 비판하는 것은 아이에게 어울리지 않는다.)

b. It does not **belong to** me to dictate to my colleagues.(나의 동료들에게 지시하는 것은 나에게 어울리지 않는다.)

1.10. 다음 주어는 분류상 전치사 to의 목적어에 속한다.

(10) a. Bacteria **belong to** the vegetable kingdom.(박테리아는 식물군에 속한다.)

b. The rattlesnake **belongs to** the viper family.(그 방울뱀은 독사계에 속한다.)

c. Do tigers and lions **belong to** the same family?(호랑이와 사자는 같은 과에 속하나?)

1.11 다음 주어는 전치사 to의 목적어와 관련이 있다.

(11) a. The future **belongs to** automation.(미래는 자동화와 관계된다.)

b. The future **belongs to** democracy.(미래는 민주주의와 관계된다.)

c. His option does not **belong to** the discussion.(그의 선택은 그 토론과 관련이 없다.)

d. Space **belongs to** the astronauts.(우주는 우주 비행사들과 관련이 있다.)

1.12. 다음 주어는 복수이다. 주어는 짝이나 무리를 이룬다.

(12) a. The couple **belongs together**: they really get along well.(그 부부는 어울린다. 그들은 정말로 잘 지낸다.)

b. Our past and future **belong together** like two sides of the same coin.(우리의 과거와 미래는 같은 동전의 양면처럼 같이 있다.)

c. I really think we **belong together**.(나는 정말로 우리가 어울린다고 생각한다.)

d. Are you sure these documents **belong together**?(당신은 이 문서들이 같이 있는 것이라고 확신합니까?)

1.13. 다음 주어는 분류상 전치사 under의 목적어의 아래에 들어온다.

(13) a. The treatise **belongs under** the heading of literary criticism.(그 논문은 문학 비평이라는 제목 하에 들어온다.)

b. They **belong under** this category.(그들은 이 범주에 속한다.)

1.14. 다음 주어는 전치사 with의 목적어와 무리를 이룬다.

(14) a. He **belongs with** me.(그는 나와 함께이다.)

b. Children **belong with** their parents.(아이들은 그들의 부모와 함께이다.)

c. They **belong with** each other.(그들은 서로 같이 있다.)

1.15. 다음 주어는 전치사 with의 목적어와 짝이나 무리를 이룬다.

(15) a. The shoe **belongs with** that one.(그 신발은 저것과 짝이 된다.)

b. The shirt doesn't **belong with** that jacket.(그 셔츠는 그 자켓과 어울리지 않는다.)

c. This book **belongs with** the dictionaries on the shelf.(이 책은 선반에서 그 사전들과 같이 꽂힌다.)

d. Cheese **belongs with** sandwiches as much as it does with coffee.(치즈는 커피와 어울리는 만큼 샌드위치와도 어울린다.)

e. Poetry **belongs with** music and dance.(시는 음악과 춤과 어울린다.)

1.16. 다음 주어는 주위 사람들과 같은 부류에 속한다.

(16) She doesn't **belong**.(그녀는 여기 사람이 아니다.)

belt

이 동사의 개념 바탕에는 belt의 명사 '띠'가 있다.

1. 타동사 용법

1.1. 다음 주어는 목적어를 띠로 맨다.
(1) a. I **belted** my coat tightly.(나는 내 코트를 단단하게 띠로 매었다.)

    b. She **belted** her raincoat.(그녀는 그의 우비를 띠로 매었다.)

1.2. 다음 주어는 목적어를 띠로 차다.
(2) The knight **belted** a sword on.(그 기사는 칼을 띠에 찼다.)

1.3. 다음의 명사는 띠모양으로 둘러 싸인다.
(3) My grandmother has a garden **belted** with trees. (나의 할머니는 나무들로 띠가 둘러진 정원을 가지고 있다.)

1.4. 다음 주어는 목적어를 끈으로 호되게 치고 때린다.
(4) a. He **belted** him on the jaw.(그는 그의 턱을 세게 쳤다.)

    b. The guard **belted** the prisoner.(그 경호원은 그 감옥수를 세게 쳤다.)

    c. If he says one more word, I'll **belt** him in the mouth.(그가 한마디만 더 하면, 나는 그의 입을 칠 것이다.)

    d. The tennis player **belted** the ball right out of the court.(그 테니스 선수는 그 공을 세게 쳐서 그 경기장 바깥으로 나가게 했다.)

    e. Furious, he **belted** the ball down the fairway and stormed after it.(화가 나서, 그는 그 공을 그 페어웨이 아래로 세게 날렸고 뒤따라 사납게 따라갔다.)

2. 자동사 용법

2.1. 다음 주어는 질주한다.
(5) a. The car was **belting** along the road, we were sure it was going to crash.(그 차는 그 길을 따라 질주하고 있어서, 우리들은 그것이 충돌할 것이라고 확신했다.)

    b. We were **belting** along the motorway at 80 miles per hour.(우리는 그 고속도로를 따라 80마일의 속도로 질주하고 있었다.)

2.2. 다음 주어는 띠를 맨다.
(6) a. If you kids don't **belt** up, I won't take you to the match.(너희 꼬마들이 안전띠를 매지 않으면, 너희들을 그 시합에 데려가지 않을 것이다.)

    b. Don't forget, **belt** up before you drive off.(잊지 말아라, 네가 운전해서 나가기 전에 안전띠를 착용해라.)

2.3. 다음 주어는 힘차게 노래한다.
(7) The choir **belted** out the big tune.(그 합창단은 우렁차게 노래를 불렀다.)

---

bend

이 동사의 개념 바탕에는 구부러지는 과정이 있다.

1. 타동사 용법

1.1. 다음 주어는 목적어를 구부린다.
(1) a. He **bent** the iron as if it had been made of rubber. (그는 그 쇠를 마치 고무로 만들어져 있는 것처럼 구부렸다.)

    b. He heated the iron and **bent** it at a right angle.(그

는 그 쇠를 달구어서 90도로 구부렸다.)

    c. **Bend** the end of the wire up/down/back.(그 줄의 끝을 위로/아래로/뒤로 구부려라.)

    d. Be careful or you will **bend** that spoon.(조심해라, 그렇지 않으면 너는 그 숟가락을 구부리게 될 것이다.)

1.2. 다음 주어는 목적어를 구부린다. 목적어는 신체부위이다.
(2) a. Rheumatism prevents him from **bending** his back.(관절염이 그의 등을 굽힐 수 없게 한다.)

    b. The acrobat **bent** himself in a loop.(그 곡예사는 몸을 구부려서 고리 모양을 만들었다.)

    c. She **bent** her head in prayer.(그녀는 기도를 하면서 머리를 숙였다.)

    d. He **bent** the knee to the old man.(그는 무릎을 그 노인에게 굽혔다.)

    e. He **bent** his head over the book.(그는 그의 머리를 그 책 위로 굽혔다.)

    f. Her head was **bent** over the needle work.(그녀는 그 바느질에 머리가 숙여져 있었다.)

1.3. 의지나 정신은 구체적인 개체로 개념화된다. 다음 주어는 목적어를 전치사 to의 목적어에 구부린다.
(3) a. He **bent** his mind to the job.(그는 마음을 그 일에 돌렸다.)

    b. He couldn't **bend** his mind to his studies.(그는 그의 마음을 그의 연구에 돌릴 수 없었다.)

    c. She **bent** her mind to the new work.(그녀는 자신의 마음을 새 일에 돌렸다.)

1.4. 다음 주어는 목적어의 방향을 꺾는다.
(4) He **bent** his steps toward home now.(그는 이제 그의 발길을 집으로 돌렸다.)

1.5. 다음 목적어는 환유적으로 쓰여서 사람의 마음이나 의지를 가리킨다.
(5) a. He is very firm about it; I cannot **bend** him.(그는 그 일에 대해서 매우 확고하다. 나는 그의 마음을 돌릴 수 없다.)

    b. No tyrant can **bend** us to his will.(어느 폭군도 우리의 마음을 그의 뜻으로 돌릴 수 없다.)

1.6. 다음은 수동태 문장으로 주어는 구부러져서 전치사 on의 목적어에 접촉된다.
(6) a. He is **bent** on mastering English.(그는 영어공부에 전념하고 있다.)

    b. He is **bent** on mischief.(그는 장난에 열중하고 있다.)

    c. All eyes are **bent** on me.(모든 시선이 내게 집중되어 있다.)

2. 자동사 용법

2.1. 다음 주어는 구부러진다.
(7) a. The branch began to **bend** as I climbed along it. (그 가지는 내가 그것을 따라 기어 올라가자 구부러지기 시작했다.)

    b. The branch was **bending** with the weight of the fruit.(그 가지는 그 과일의 무게로 구부러지고 있었다.)

    c. The branch **bent** but didn't break when the boy climbed on it.(그 소년이 그 가지에 오르자, 그 가지는 구부러졌으나 부러지지는 않았다.)

2.2. 다음 주어는 구부린다.

(8) a. Bend at the knee.(무릎을 굽혀라.)

b. She bent to the ground and picked up a stone.(그 녀는 땅으로 (허리를) 굽혀서 돌 하나를 집어 올렸 다.)

c. Can you bend down and touch your toes without bending your knees?(당신은 밑으로 구부려서 무 릎을 굽히지 않고 당신의 발가락을 만질 수 있습니 까?)

d. Sit up straight; don't bend over your desk.(똑바 로 앉아라. 책상 위에 허리를 굽히지 말아라.)

2.3. 다음 주어는 환유적으로 쓰여서 의지를 나타낸다.

(9) a. He bent before the enemy.(그는 그 적 앞에서 꺾 이었다.)

b. I bent to his will.(나는 그의 뜻에 꺾이었다.)

c. He will not bend to the will of a tyrant.(그는 폭군 의 뜻에 마음을 굽히지 않을 것이다.)

2.4. 다음 주어는 움직이지 않으나 전체 형상을 눈으로 따라가면 구부러지게 나타난다.

(10) a. The river bends several times before reaching the sea.(그 강은 그 바다에 이르기 전에 여러 번 굽 이친다.)

b. The river bends to the right there.(그 강은 거기에 서 오른쪽으로 굽는다.)

c. The mountain road bends treacherously.(그 산길 은 위험하게 구부러진다.)

benefit

이 동사의 개념 바탕에는 혜택을 주거나 받는 과정 이 있다.

1. 타동사 용법

1.1. 다음 주어는 목적어에 혜택을 준다.

(1) a. Volunteer workers benefit society.(자원자들은 사 회에 혜택을 준다.)

b. How can we benefit those who need our help?(어 떻게 우리가 도움을 필요로 하는 사람들에게 혜택을 줄 수 있을까?)

c. These tax laws will benefit only those in the upper-income bracket.(이 세법은 오직 고소득 계 층에게만 혜택을 줄 것이다.)

d. The new tax laws benefit large businesses.(그 세 금 법은 큰 사업체에 혜택을 준다.)

e. The laws will benefit the poor.(그 법은 가난한 사 람들에게 혜택을 줄 것이다.)

1.2. 다음의 주어는 자연현상, 시설이고, 목적어는 환 경이나 사람이다. 주어는 목적어에 혜택을 준다.

(2) a. The clean air program will benefit the environment.(그 깨끗한 공기 만들기 프로그램은 환경에 혜택을 줄 것이다.)

b. The fresh air will benefit you.(그 신선한 공기는 너에게 혜택을 줄 것이다.)

c. Warm dry weather benefits people with weak chest.(따뜻하고 건조한 기후는 폐가 안 좋은 사람 들에게 혜택을 준다.)

d. The new bridge benefitted the village people.(그 새 다리는 그 마을 사람들에게 혜택을 주었다.)

e. The new library will benefit all the people.(그 새 도서관은 모든 사람들에게 혜택을 줄 것이다.)

f. The trade agreement will benefit the developing countries.(그 무역 협정은 그 개발 도상국들에게 혜택 을 줄 것이다.)

g. A healthy economy benefits everyone.(건전한 경 제는 모든 사람에게 혜택을 준다.)

h. A vacation will benefit the whole family.(휴가는 모든 가족에게 혜택을 줄 것이다.)

2. 자동사 용법

2.1. 다음의 주어는 전치사 by의 목적어에 의해 혜택 을 받는다.

(3) a. You will benefit by a holiday.(너는 휴일에 의해 혜 택을 받을 것이다.)

b. He has benefitted by the labors of others.(그는 다 른 사람들의 노동에 의해 혜택을 받아왔다.)

c. She has benefitted by the experience.(그녀는 그 경험에 의해 혜택을 받아왔다.)

2.2. 다음의 주어는 전치사 from의 목적어로부터 혜택을 받는다.

(4) a. Many students have benefitted from the new loan system.(많은 학생들이 그 새 대출 시스템으로부터 혜택을 받아왔다.)

b. The students would benefit from better instruction.(그 학생들은 더 나은 지도로부터 혜택을 받을 것이다.)

c. The community will benefit from the new power station.(그 지역공동체는 그 새 발전소로부터 혜택 을 받을 것이다.)

d. You can benefit from the example put up on the board.(너는 그 게시판에 올라 온 예로부터 혜택을 받을 수 있다.)

e. The firm benefitted from ingenuity.(그 회사는 독 창성으로 혜택을 받았다.)

f. Who exactly stands to benefit from these changes?(정확히 누가 이런 변화들로부터 혜택을 받게 되어 있는가?)

g. Both sides benefitted from the talks.(양쪽 다 그 대 화로부터 혜택을 받았다.)

h. The company benefitted from selling the new product.(그 회사는 새 생산품을 팔아서 혜택을 받 았다.)

i. You will benefit from exercise.(너는 운동으로부터 혜택을 받을 것이다.)

j. I feel that I have benefitted greatly from her wisdom/her advice.(나는 내가 그녀의 지혜/그녀의 조언으로부터 크게 혜택을 받아왔다고 느낀다.)

k. Heavy industry always benefits from the war.(중 공업은 언제나 전쟁으로부터 혜택을 받는다.)

bequeath

이 동사의 개념 바탕에는 유언으로 무엇을 물려주는

과정이 있다.

1. 타동사 용법
1.1. 다음 주어는 목적어를 to의 목적어에 준다.
(1) a. He **bequeathed** his fortune to his wife.(그는 재산을 그의 아내에게 유산으로 남겼다.)
   b. One age **bequeaths** its civilization to the next.(한 세대는 그 문명을 다음 대에 물려준다.)
   c. She **bequeathed** her estate to the church.(그녀는 그녀의 토지를 그 교회에 유증했다.)
   d. She **bequeathed** no small amount of money to him.(그녀는 적지 않은 돈을 그에게 유산으로 남겼다.)
   e. He **bequeathed** his collection of paintings to the National Gallery.(그는 자기의 그림들의 수집품을 국립 미술관에 전하였다.)
   f. What kind of environment will we **bequeath** to our children?(어떤 환경을 우리는 아이들에게 물려줄 것인가?)

1.2. 다음에서 주어는 주는 이, 첫째 목적어는 받는 이, 둘째 목적어는 주어지는 개체이다.
(2) a. His father **bequeathed** him a fortune.(그의 아버지는 그에게 재산을 유증했다.)
   b. She **bequeathed** him no small amount of money. (그녀는 그에게 적지 않은 돈을 유산으로 남겼다.)
   c. Father didn't **bequeath** the sons his estate.(아버지는 그의 아들들에게 토지를 물려주지 않았다.)

bereave

이 동사의 개념 바탕에는 빼앗는 과정이 있다.

1. 타동사 용법
1.1. 다음 주어는 목적어에서 전치사 of의 목적어를 앗는다.
(1) a. The war **bereaved** her of all her sons.(그 전쟁이 그녀에게서 아들을 모두 앗아갔다.)
   b. The accident **bereaved** Sue of her parents.(그 사고는 수에게서 부모님을 앗아갔다.)
   c. War **bereft** us of our home.(전쟁이 우리에게서 가정을 앗아갔다.)
   d. Death **bereaved** her of her husband.(죽음이 그녀에게서 남편을 앗아갔다.)
   e. An accident **bereaved** him of his leg.(사고가 그에게서 한쪽 다리를 앗아갔다.)

1.2. 다음은 수동태 문장으로 주어는 빼앗김을 당하는 사람이다.
(2) a. John found himself **bereft** of his beloved wife at a young age.(존은 젊은 나이에 그의 사랑하는 아내를 잃게 된 자신을 발견했다.)
   b. He was **bereaved** of his son by the plane crash. (그는 그 비행기 추락으로 아들을 잃었다.)
   c. Sue was **bereaved** of her husband.(수는 남편을 잃었다.)
   d. The children were **bereft** of their favorite pet.(그 아이들은 아끼는 애완 동물을 잃었다.)
   e. She was **bereft** of hearing.(그녀는 청력을 잃었다.)

f. He was **bereft** of all hope.(그는 모든 희망을 빼앗겼다.)
   g. He is **bereft** of all happiness.(그는 모든 행복을 상실했다.)

1.3. 다음은 수동태 문장으로 주어는 가족이나 친구의 죽음으로 홀로 남게 된다.
(3) a. Our neighbor has recently been **bereaved**.(이웃 사람이 최근에 상을 당했다.)
   b. I was **bereaved** by my friend's death.(나는 친구의 죽음으로 혼자 남게 되었다.)
   c. Our family was **bereaved** by the death of the father.(우리 가족은 아버지의 죽음으로 사별하게 되었다.)
   d. The woman was **bereaved** by the death of her husband.(남편의 죽음으로 그 여자는 혼자 남게 되었다.)

beseech

이 동사의 개념 바탕에는 간청하는 과정이 있다.

1. 타동사 용법
1.1. 다음 주어는 목적어를 간청하여 부정사가 가리키는 일을 하게 한다.
(1) a. The woman **besought** the thief not to steal her purse.(그 여자는 그 도둑을 간청하여 그녀의 지갑을 훔쳐가지 말아달라고 했다.)
   b. I **besought** her to marry him.(나는 그녀를 간청하여 그와 결혼해 달라고 했다.)
   c. I **beseech** you to forgive me.(나는 당신을 간청하여 나를 용서해 주기 바랍니다.)
   d. We **besought** him to stay.(우리는 그를 간청하여 머물러 주기를 바랐다.)
   e. They **besought** us to leave at once.(그들은 우리를 간청하여 곧 떠나 달라고 부탁했다.)
   f. I **beseech** you to tell me the truth.(나는 당신을 간청하여 나에게 진실을 말해주기 바랍니다.)

1.2. 다음 주어는 목적어를 전치사 for의 목적어를 위해 간청한다.
(2) a. The journalist **besought** the president for an interview.(그 기자는 그 사장을 인터뷰하도록 간청했다.)
   b. I **besought** him for help.(나는 그에게 간청하여 도와달라고 했다.)
   c. He **besought** her for mercy.(그는 그녀에게 자비를 베풀어 달라고 간청했다.)
   d. He **besought** the judge for mercy.(그는 그 판사에게 선처해 달라고 간청했다.)

1.3. 다음 주어는 that-절의 내용을 간청한다.
(3) a. She **besought** the king that the prisoner's life is saved.(그녀는 그 왕에게 간청하여 그 죄수의 목숨을 살려달라고 했다.)
   b. He **besought** them that he might know the secret. (그는 그들에게 간청하여 그가 그 비밀을 알도록 해 달라고 했다.)

1.4. 다음에서 인용문은 간청의 내용이다.

(4) a. "Let me go", I **beseech** you.("가게 해 주세요." 간청합니다.)

b. "Tell me", I **beseech** you, "what became of him?" ("말해줘요." 간청합니다. "그 사람에게 무슨 일이 있는 겁니까?")

c. "Don't kill him." I **beseech** you.("그를 죽이지 마세요." 당신에게 간청합니다.)

1.5. 다음 주어는 목적어를 전치사 of의 목적어에서 간청하여 얻는다.

(5) a. I **beseech** a favor of you.(나는 호의를 당신에게 간청합니다.)

b. I **beseech** your favor.(나는 당신의 호의를 간청합니다.)

beset

이 동사의 개념 바탕에는 '사방에서 공격하다'의 뜻이 있다.

1. 타동사 용법
1.1. 다음 주어는 사방에서 목적어를 공격한다.

(1) a. The enemy troops **beset** the fort.(그 적군은 그 요새를 공격한다.)

b. Rising flood waters **beset** the town.(수위가 올라가는 홍수가 그 읍내를 덮치고 있다.)

c. The wolves **beset** the mouse.(그 늑대들이 그 쥐를 공격했다.)

1.2. 다음 수동태 문장으로 주어는 공격을 받는 사람이다.

(2) a. The citizens were **beset** by attackers.(그 시민들이 침입자들에게 포위 공격을 당했다.)

b. The expedition party was **beset** by savages.(그 원정대는 야만인들에게 포위 공격을 당했다.)

1.3. 다음은 수동태 문장으로 주어는 공격을 받는 장소이다.

(3) a. The small town was **beset** by the enemy troops. (그 작은 마을이 적군에게 포위 당했다.)

b. The pass is **beset** by guerrillas.(그 통로는 게릴라에 의해 막혀 버렸다.)

1.4. 다음은 수동태 문장이다. 주어는 추상적 개체이지만 사람이나 장소나 마찬가지로 어려움을 겪는 것으로 개념화된다.

(4) a. The business has been **beset** with financial difficulties.(그 사업은 재정적인 어려움에 시달려 왔다.)

b. The task was **beset** with difficulties.(그 작업은 어려움에 봉착했다.)

c. His story is **beset** with contradictions.(그의 이야기는 반박 공세에 시달린다.)

1.5. 주어가 어느 장소를 공격하여 그것을 차지할 수 있다. 차지한다는 것은 주어가 그곳에 있음을 함축한다.

(5) a. Her necklace was **beset** with gems.(그녀의 목걸이는 보석들로 박혀 있었다.)

b. The crown is **beset** with pearls.(그 왕관은 진주로 박혀 있다.)

besiege

이 동사의 개념 바탕에는 사방에서 공격하는 과정이 있다.

1. 타동사 용법
1.1. 다음의 주어는 공격자이고 목적어는 공격을 받는 장소이다.

(1) a. The troops **besieged** the tiny town.(그 군대는 그 작은 마을을 포위했다.)

b. For years the Greeks **besieged** the city of Troy. (수 년 동안 그리스인들은 트로이시를 포위하였다.)

c. Vacationers **besieged** the travel office.(피서객들이 그 여행사를 포위하듯 몰려들었다.)

1.2. 다음의 목적어는 사람이나, 다른 생명체이다. 주어는 목적어를 공격하거나 귀찮은 일을 가지고 괴롭힌다.

(2) a. Thousands of people **besieged** the three astronauts.(수천 명의 사람들이 그 세 명의 우주 비행사를 에워쌌다.)

b. The hungry cats **besieged** the mouse.(그 배고픈 고양이들이 그 쥐를 둘러쌌다.)

c. They **besieged** him with requests.(그들은 그를 요청으로 괴롭혔다.)

1.3. 다음은 수동태 문장으로 주어는 공격을 받듯 괴로움을 당한다.

(3) a. The actor was **besieged** with reporters and photographers.(그 배우는 기자들과 사진사들에게 둘러싸여 공세를 받았다.)

b. The speaker was **besieged** with questions.(그 연사는 질문 공세를 받았다.)

c. The actress is **besieged** with inquiries.(그 여배우는 질문 공세를 받는다.)

1.4. 다음의 주어는 생명체가 아닌 개체이다. 그러나 이들도 어떤 장소를 공략하는 것으로 개념화된다.

(4) Piles of paperwork **besieged** the tiny office. (서류 더미들이 그 작은 사무실을 포위했다.)

bestow

이 동사의 개념 바탕에는 수여하는 과정이 있다.

1. 타동사 용법
1.1. 다음 주어는 수여하는 사람, 목적어는 주어지는 개체, 그리고 on의 목적어는 수여받는 사람이다.

(1) a. He **bestowed** a gift on her.(그는 선물을 그녀에게 주었다.)

b. The committee **bestowed** an engrave plaque on the winner.(그 위원회는 새겨진 뱃치를 그 우승자에게 수여했다.)

c. The committee **bestowed** a great honor on him. (그 위원회는 대단한 명예를 그에게 수여했다.)

betray

이 동사의 개념 바탕에는 배신하는 과정이 있다.

1. 타동사 용법

1.1. 다음 주어는 목적어를 배신한다.
(1) a. He **betrayed** his country to the enemy.(그는 조국을 그 적에게 팔았다.)

b. He **betrayed** his own sister to the police.(그는 자신의 누이를 경찰에 밀고했다.)

1.2. 다음은 수동태 문장으로 주어는 배신된다.
(2) a. The fort was **betrayed** by its commander.(그 요새는 그 지휘관에 의해 배신되었다.)

b. I was **betrayed** by my own enthusiasm.(나는 스스로의 열정에 무너졌다.)

1.3. 다음 주어는 목적어를 배신한다.
(3) a. He vowed never to **betray** his wife again.(그는 다시는 아내를 배신하지 않겠다고 맹세했다.)

b. The wife **betrayed** her husband by sleeping with another man.(그 아내는 다른 남자와 동침하므로써 남편을 배신했다.)

c. He **betrayed** his own parents.(그는 자신의 부모님을 배반했다.)

d. The soldier **betrayed** his friends by telling the enemy where they are hiding.(그 병사는 전우들의 은신처를 적에게 밀고하여 배신했다.)

1.4. 다음 주어는 목적어를 은연중에 드러나게 한다.
(4) a. His accent **betrays** him to be a Texan.(그의 말투는 그가 텍사스 사람이란 것을 은연중에 드러낸다.)

b. His dress **betrayed** him to be a Chinese.(그가 입은 옷이 그가 중국 사람이란 것을 은연중에 드러냈다.)

1.5. 다음 주어는 목적어를 전치사 to의 목적어에 몰래 넘긴다.
(5) a. The man **betrayed** our plans to the enemy.(그 남자는 우리의 계획을 그 적에게 누설했다.)

b. She **betrayed** her identity to the police.(그녀는 자신의 정체를 경찰에 밝혔다.)

c. He **betrayed** military secrets to the enemy.(그는 군사 기밀을 적군에게 누설했다.)

d. For years he had been **betraying** state secret to Russia.(그는 수년동안 국가 기밀을 러시아에 누설해 왔다.)

e. Never **betray** a confidence.(절대 비밀을 누설하지 마시오.)

f. She wouldn't **betray** his hiding place to me.(그녀는 그의 은신처를 나에게 밝히려 하지 않았다.)

1.6. 다음 주어는 목적어(믿음, 약속 등)를 저버린다.
(6) a. John **betrayed** my trust when he told my secret.(존은 내 비밀을 말했을 때, 나의 신뢰를 저버렸다.)

b. My cousin **betrayed** my trust by wasting my money.(내 사촌은 내 돈을 허비하여 나의 신뢰를 저버렸다.)

c. The general **betrayed** the king's trust.(그 장군은 그 왕의 신임을 저버렸다.)

d. He **betrayed** her confidence.(그는 그녀의 신뢰를 저버렸다.)

e. She **betrayed** her promises.(그녀는 자신의 약속을 저버렸다.)

f. He **betrayed** his beliefs/principles/ideas.(그는 자신의 믿음/원칙/이념을 저버렸다.)

1.7. 다음 주어는 목적어를 남에게 드러낸다.
(7) a. He determined not to **betray** his pain.(그는 자신의 고통을 드러내지 않기로 결심했다.)

b. His voice **betrayed** the worry he was trying to hide.(그의 목소리는 애써 감추려고 하는 근심을 드러냈다.)

c. Her pale face **betrayed** her fear.(그녀의 창백한 얼굴은 그녀의 공포를 드러냈다.)

d. The look on her face **betrayed** her real feelings.(그녀의 얼굴 표정은 그녀의 진짜 감정을 드러냈다.)

e. The redness of her face **betrayed** her embarrassment over the mistake.(그녀의 얼굴이 빨개짐은 그 실수에 대한 그녀의 당황을 드러내었다.)

f. She tried not to **betray** any anxiety.(그녀는 근심을 드러내지 않으려고 애썼다.)

g. The tremor in his voice **betrayed** his nervousness.(그의 목소리의 떨림은 초조함을 드러내었다.)

h. His words **betrayed** his character.(그의 말은 성격을 드러냈다.)

i. John's prying questions **betrayed** his motives.(존의 캐묻는 듯한 질문은 그의 동기를 드러내었다.)

j. Her expression **betrayed** her fear of dogs.(그녀의 표정은 개에 대한 그녀의 두려움을 드러내었다.)

k. The house **betrays** its age.(그 집이 그것의 나이를 드러낸다.)

l. His voice **betrayed** the fact he was drunk.(그의 목소리는 그가 취했다는 사실을 드러내었다.)

m. His white hair **betrays** his age.(그의 흰머리는 그의 나이를 나타낸다.)

n. Her confusion **betrayed** the feeling she was trying to hide.(그녀의 당황은 그녀가 감추려고 애쓰는 감정을 드러냈다.)

1.8. 다음 주어는 목적어를 돕지 못한다.
(8) a. My strength **betrayed** me.(나의 힘이 나를 돕지 못했다.)

b. He tried to seem angry, but his smile **betrayed** him.(그는 화난 것처럼 보이고 싶었지만, 그의 미소가 그를 돕지 못했다.)

1.9. 다음 주어는 that-절이나 wh-절의 내용을 드러나게 한다.
(9) a. Her expression **betrayed** how angry she really was.(그녀의 표정은 그녀가 실제로 얼마나 화가 나 있었는지 드러내었다.)

b. His red eyes **betrayed** that he had not slept well.(그의 충혈된 눈은 그가 잠을 잘 못 잤다는 것을 드러낸다.)

c. His face **betrayed** that he was happy.(그의 얼굴은 그가 행복하다는 것을 드러낸다.)

1.10. 다음은 수동태 문장으로 주어는 배신을 당해 전치사 into의 목적어가 나타내는 일을 하게 된다.
(10) a. I was **betrayed** into a folly.(나는 속아서 어리석은 행동을 하고 말았다.)

b. He was **betrayed** into a hasty resignation.(그는 속아서 성급하게 사표를 냈다.)

1.11. 다음 주어는 자신을 무심코 드러낸다.

(11) a. He **betrayed** himself easily by saying such nonsense.(그런 터무니없는 말을 해서 그는 쉽게 자신을 드러냈다.)

b. He tried to look angry, but he **betrayed** himself by smiling.(그는 성난 얼굴을 보이고 싶었으나, 웃어서 자신을 드러나게 했다.)

bicker

이 동사의 개념 바탕에는 사소한 일로 말다툼하는 과정이 있다.

1. 자동사 용법
1.1. 다음 주어는 다투는 사람들이다.
(1) a. They are **bickering** and biting.(그들은 말다툼을 하고 물고 싸웠다.)

b. The parents were annoyed when the children began to **bicker**.(그 부모들은 그 아이들이 말다툼하기 시작하자 성이 났다.)

c. I wish you two would stop **bickering**.(너희 둘이 말다툼하는 것을 멈췄으면 좋겠다.)

1.2. 다음에서는 다투는 사람이 주어와 전치사 with의 목적어로 표현되어 있다.
(2) a. He always **bickers with** his little sister. (그는 항상 어린 여동생과 말다툼한다.)

b. The children are **bickering with** each other.(그 아이들은 서로 말다툼을 하고 있다.)

1.3. 다음에서는 다툼의 대상이 about이나 over로 표현되어 있다.
(3) a. The children are always **bickering about** something or other.(그 아이들은 항상 이것 아니면 저것을 가지고 말다툼을 한다.)

b. The couple always **bickers about** which road to take to go on to places.(그 부부는 어떤 장소에 갈 때 어느 길을 택할까를 두고 늘 다툰다.)

c. The couple **bickers over** little things. (그 부부는 사소한 일들을 놓고 말다툼한다.)

d. We **bickered over** whose turn it was to wash the dishes.(우리는 설것이가 누구 차례이냐를 놓고 다투었다.)

bill

이 동사의 개념 바탕에는 bill의 명서 '청구서'가 있다. 동사의 뜻은 이 명사의 기능과 관련된다.

1. 타동사 용법
1.1. 다음 주어는 목적어를 계산한다.
(1) Let's go and eat. I'll **bill** the bill.(가서 먹자. 내가 그 계산서를 계산하겠다.)

1.2. 다음 주어는 목적어를 계산서로 청구한다.
(2) a. "Please **bill** me," I told the mechanic.("저에게 청구하세요."라고 나는 그 정비공에게 말했다.)

b. **Bill** mc for thc amount due. (나에게 그 지불액에 대해 청구하시오.)

c. **Bill** me for any expense you incur.(나에게 네가 초

래한 지출에 대해 청구하시오.)

d. The store will **bill** us on the first of the month. (그 가게는 나에게 매 달의 첫째 날에 청구서로 청구할 것이다.)

e. We will **bill** you next month for your purchase. (우리는 다음 달에 당신에게 구입품에 대한 청구서로 청구할 것입니다.)

1.3. 다음 주어는 목적어의 대금을 청구한다.
(3) a. He **billed** the goods.(그는 그 상품들의 대금을 청구했다.)

b. He **billed** the purchase to my father. (그는 그 구입품의 대금을 나의 아버지께 청구했다.)

1.4. 다음은 수동태 문장으로 주어는 청구서를 받는다.
(4) Clients will be **billed** monthly.(고객들은 매달 청구서를 받을 것입니다.)

1.5. 다음 주어는 첫째 목적어에 둘째 목적어를 청구한다.
(5) a. He **billed** me $200 to fix the car.(그는 나에게 200달러를 그 자동차 수리비용으로 청구했다.)

b. He **billed** me $30 for the service. (그는 나에게 그 서비스 비용으로 30달러를 청구했다.)

1.6. 명사 bill의 한 가지 뜻은 '광고 전단'이다. 다음 주어는 목적어를 as의 목적어로 광고한다.
(6) a. They **billed** her **as** "the main attraction." (그들은 그녀를 "주 인기연예인"으로 선전했다.)

b. They **billed** the play **as** a comedy.(그들은 그 연극을 희극으로 광고했다.)

1.7. 다음은 수동태 문장으로 주어는 광고된다.
(7) a. The economic summit meeting was **billed as** a historic moment in time.(그 경제 정상 회담은 역사적인 순간이라고 선전되었다.)

b. The election was **billed as** the make-or-break point. (그 선거는 운명을 좌우하는 기점이라고 선전되었다.)

c. He was **billed as** the racer of the year.(그는 그 해의 최고 경주자로 선전되었다.)

d. Electric cars are **billed as** the automobiles of the future. (전기차는 미래의 자동차로 선전된다.)

1.8. 명사 bill의 한가지 뜻은 '흥행 프로그램',이다. 다음은 수동태 문장으로 주어는 프로그램에 짜여있다.
(8) a. He is **billed to** play three successive concerts. (그는 세 개의 연속 연주회를 한다고 프로그램에 나와 있다.)

b. The actor is **billed to** appear as Hamlet.(그 배우가 햄릿 역으로 출연한다고 프로그램에 나와 있다.)

2. 자동사 용법
2.1. 다음 주어는 청구한다.
(9) The doctor **billed** for the medical tests.(그 의사가 의료 검사를 청구했다.)

bind

이 동사는 개념 바탕에는 띠로 묶는 과정이 있다.

1. 타동사 용법
1.1. 다음 주어는 목적어를 묶는다.

(1) a. He **bound** up the wound **with** bandages.(그는 그 상처를 붕대로 완전히 묶었다.)

b. They **bound** the packing case **with** metal tape.(그들은 그 소포상자를 금속 테이프로 감았다.)

c. The robber **bound** up the manager **with** rope.(그 강도가 그 지배인을 밧줄로 꽁꽁 묶었다.)

1.2. 다음 문장의 목적어는 단수이다. 그러나 목적어는 여러 개의 작은 개체로 되어 있다. 주어는 목적어를 묶는다.

(2) a. She **bound** up her hair.(그녀는 머리를 묶었다.)

b. The rain will help to **bind** the earth.(비는 그 흙이 굳어지게 도울 것이다.)

c. He **bound** the book in leather.(그는 그 책을 가죽으로 제본했다.)

1.3. 다음 목적어는 복수이다. 주어는 목적어를 묶는다.

(3) a. Tar will **bind** gravel and cement.(타르는 자갈과 시멘트를 서로 붙게 한다.)

b. She **bound** old letters **into** a bundle.(그녀는 오래된 편지를 묶어서 뭉치로 만들었다.)

c. He **bound** up two books **into** one.(그는 두 책을 묶어서 하나로 제본했다.)

1.4. 다음 주어는 목적어를 띠로 두른다.

(4) a. They **bound** the cuffs with leather.(그들은 그 소매의 가장자리를 가죽으로 달았다.)

b. She **bound** (the edge of) a carpet.(그녀는 양탄자의 그 가장자리를 달았다.)

1.5. 다음 주어는 목적어를 감는다. 다음 목적어는 매는 데 쓰이는 개체이다.

(5) a. He **bound** a wreath **about** her head.(그는 화환을 그녀의 머리에 감았다.)

b. He **bound** a belt **round** his waist.(그는 띠를 허리에 감았다.)

1.6. 다음 주어는 목적어를 with의 목적어로 감는다.

(5) a. He **bound** her head **with** a wreath.(그는 그녀의 머리를 화환으로 감았다.)

b. He **bound** his waist **with** a belt.(그는 그의 허리를 띠로 감았다.)

1.7. 다음 주어는 목적어를 to의 목적에 묶는다.

(7) a. They **bound** him **to** the chair.(그들은 그를 그 의자에 묶었다.)

b. What **binds** you **to** your job?(무엇이 너를 그 일에 묶어두느냐?)

c. The guards **bound** the prisoner **to** his bed.(그 경비들은 그 죄인을 침대에 묶었다.)

1.8. 다음은 수동태 문장으로 주어는 묶이거나 맺어진다.

(8) a. We are all **bound** in gratitude.(우리는 모두 감사하는 데 한마음이다.)

b. We are **bound** to each other **by** a close friendship.(우리는 모두 친밀한 우정으로 서로 묶여 있다.)

c. We feel **bound** together **by** our past experiences.(우리는 과거의 공동 경험으로 함께 묶여 있다고 느낀다.)

1.9. 다음 주어는 목적어를 to부정사가 가리키는 일을 하게 속박한다.

(9) a. The court **bound** him **to** pay the debt.(그 법원은 그가 그 빚을 갚도록 했다.)

b. They **bound** him **to** remain silent.(그들은 그를 조용히 있게 강요했다.)

c. The doctor is **bound** to help the sick.(의사는 병든 사람을 도울 의무가 있다.)

d. All are **bound** to obey the laws.(모든 사람들은 법률을 지킬 의무가 있다.)

2. 자동사 용법

2.1. 다음 주어는 묶인다.

(10) The book is **binding**.(그 책은 제본 중이다.)

2.2. 다음 주어는 굳어진다.

(11) a. The gears will **bind** without oil.(그 기어는 기름이 없으면 엉겨 붙는다.)

b. Clay **binds** when it is baked.(점토는 구우면 굳어서 붙는다.)

c. Cement will not **bind** without water.(시멘트는 물이 없으면 붙지 않는다.)

2.2. 다음 주어는 to의 목적어에 붙는다.

(12) a. Will that glue **bind** **to** glass?(저 풀은 유리에 붙을까요?)

b. Will this element **bind** **to** that element?(이 원소는 저 원소에 붙습니까?)

2.3. 다음 주어는 결속력이 있다.

(13) We have family ties that **bind**.(우리는 결속되는 가족 유대가 있다.)

bite

이 동사의 개념 바탕에는 무는 과정이 있다.

1. 타동사 용법

1.1. 다음 주어는 목적어를 문다.

(1) a. The dog **bit** me on the leg.(그 개가 나의 다리를 물었다.)

b. The child **bites** his fingernails.(그 아이는 손톱을 깨문다.)

c. She **bit** the apple.(그녀는 그 사과를 베어 물었다.)

1.2. 다음 주어는 도구로써 목적어를 문다. 즉 양쪽에서 힘을 가한다.

(2) a. The clamp **bites** the wood well.(그 꺾쇠는 그 나무를 잘 문다.)

b. The jaws of a vise **bite** the wood they hold.(바이스의 턱은 그것이 잡고 있는 나무를 죄어 문다.)

1.3. 다음 주어는 동물이다.

(3) a. Mosquitoes **bit** him badly.(모기가 그를 심하게 물었다.)

b. A snake **bit** the man.(뱀이 그 남자를 물었다.)

1.4. 다음 주어는 목적어를 이와 같이 파고 든다.

(4) a. The sword **bit** him fatally.(그 칼은 그를 치명적으로 파고들었다.)

b. The handcuff **bit** his flesh.(그 수갑이 그의 살을 파고들었다.)

c. Mustard and pepper **bite** the tongue.(겨자와 후추는 혀를 따갑게 한다.)

d. An icy wind **bit** our faces.(차가운 바람이 우리 얼굴을 에었다.)

e. The frost **bit** my ears.(그 서리가 내 귀를 에었다.)

1.5. 다음 주어는 목적어를 물어서 떨어지게 한다.

(5) a. The tiger **bit** his finger **off**.(그 호랑이는 그의 손가락을 물어뜯었다.)

b. The dog seized the meat and **bit** a piece **off**.(그 개는 그 고기를 차지하고서 한 조각 물어 뜯어냈다.)

1.6. 다음 주어는 목적어를 물어서 전치사 into의 목적어의 상태로 만든다.

(6) a. He **bit** the thread **into** two.(그는 그 실을 물어서 둘로 끊었다.)

b. She **bit** the chocolate **into** two.(그녀는 그 초코렛을 물어서 두 조각을 내었다.)

2. 자동사 용법

2.1. 다음 주어는 문다.

(7) a. The fish just aren't **biting** today.(그 물고기들이 오늘은 입질을 하지 않는다.)

b. My dog never **bites**.(내 개는 물지 않는다.)

c. The mosquitoes are really **biting** tonight.(오늘밤 모기가 정말 많이 문다.)

d. The drill won't **bite**(into this wood) very well.(이 드릴은 (이 나무를) 잘 뚫고 들어가지 않는다.)

2.2. 이로 무엇을 물면, 이는 물리는 개체와 접촉되거나 파고든다. 다음 주어는 걸리거나 물린다.

(8) a. The ice on the road was so hard that the tires wouldn't **bite**.(그 길의 얼음이 매우 단단해서, 그 바퀴들은 땅에 잘 접지 되지 않았다.)

b. On the grass, my shoes failed to **bite**.(그 풀에서는 내 신이 접지가 되지 않았다.)

2.3. 다음 주어는 아픔을 준다. 생명체가 무엇에 물리면 고통이 따른다.

(9) a. The new higher taxes are really beginning to **bite**.(그 새 더 높아진 세금은 고통을 주기 시작한다.)

b. The mustard doesn't **bite** much.(그 겨자는 별로 맵지 않다.)

2.4. 다음 주어는 전치사 at의 목적어에 부분적인 힘을 가한다.

(10) a. The dog **bit** at my foot.(그 개가 내 발을 물려고 했다.)

b. The fish **bit** at the bait.(그 물고기가 그 미끼에 입질을 했다.)

2.5. 또 이빨로 무엇을 물면 이가 물리는 물건 속으로 들어간다. 다음 주어는 전치사 into의 목적어에 물거나 파고 든다.

(11) a. He **bit** into the apple.(그는 그 사과를 깨물었다.)

b. He **bit** into a large muffin.(그는 큰 머핀을 물었다.)

c. Acids **bite** into metals.(산은 금속으로 파고 들어간다.)

d. The collar **bit** into her neck.(그 칼라는 그녀의 목을 파고 든다.)

e. The wheels have **bitten** into snow.(그 바퀴들이 눈 속을 파고 들어갔다.)

black

이 동사의 개념 바탕에는 어두워지는 과정이 있다.

1. 자동사 용법

1.1. 다음 주어는 목적어를 어둡게 한다.

(1) a. The network **blacked** out the New York City area.(그 네트웍은 뉴욕 시 지역을 어둡게 하였다.)

b. The power failure **blacked** out all of Northern Illinois.(그 정전은 북 일리노이의 모든 지역을 어둡게 만들었다.)

1.2. 다음은 수동태 문장으로 주어는 어두워진다.

(2) Large parts of the city were **blacked** out by the storm.(그 도시의 많은 부분이 그 폭풍에 의하여 정전되었다.)

1.3. 다음 주어는 목적어를 검게 해서 안보이게 한다.

(3) a. They **blacked** all the names out, so I couldn't read them.(그들이 모든 이름들을 검게 칠해서, 나는 그것을 읽을 수 없었다.)

b. The storm **blacked** out the street lights.(그 폭풍은 그 거리들의 등불을 나가게 하였다.)

1.4. 다음은 수동태 문장으로 주어는 지워진다.

(4) Some lines of the document have been **blacked** out for security reasons.(그 서류의 몇 줄은 기밀의 이유로 지워졌다.)

1.5. 다음 주어는 목적어를 멍이 들게 한다.

(5) She **blacked** his eye with one punch.(그녀는 그의 눈을 한 대로 멍이 들게 했다.)

2. 자동사 용법

2.1. 다음 주어는 의식을 잃는다.

(6) a. I **blacked** out after he hit me on the head.(나는 그가 내 머리를 때린 후 의식을 잃었다.)

b. He **blacked** out right after the accident.(그는 그 사고 후 바로 의식을 잃었다.)

blame

이 동사의 개념 바탕에는 비난하는 과정이 있다.

1. 타동사 용법

1.1. 다음 주어는 목적어를 비난한다.

(1) a. I'm thinking of resigning in protest. I don't **blame** you.(저는 항의하는 의미에서 사임할 것을 고려하고 있습니다. 당신을 탓하지 않습니다.)

b. If their forces were not involved, who is to **blame**?(만약 그들의 군대가 개입되지 않았다면, 누구의 탓인가?)

c. It's a disgrace that children should behave like that. I **blame** the parents.(아이들이 그런 식으로 처신한다는 것은 망신입니다. 저는 그 부모를 탓합니다.)

d. She left her husband, but I don't **blame** her.(그녀가 자기 남편을 떠났지만, 나는 그녀를 탓하지 않는다.)

e. I'm in no way to **blame**.(어떤 식으로든 내 탓이 아니다.)

f. It's not fair to **blame** me. It's not my fault we lost.(나를 비난하는 것은 공평치 않다. 우리가 진 것은 내 잘못이 아니다.)

1.2. 다음 주어는 목적어를 전치사 for의 목적어 때문에 비난한다.

(2) a. They **blamed** the Russians **for** the failure of the talks. (그들은 러시아인들을 그 회담 결렬로 비난했다.)

b. Don't **blame** me **for** the delay. (지연에 대해서 나를 탓하지 마시오.)

c. He **blamed** the fog **for** the accident. (그는 그 안개를 그 사고의 탓으로 돌렸다.)

d. Mother **blamed** Tim **for** the mud on the carpet. (어머니는 팀을 그 양탄자에 묻은 진흙 때문에 탓했다.)

e. The committee is expected to **blame** the army **for** the atrocities. (그 위원회는 그 군을 그 만행에 대해 책임을 물을 것으로 기대된다.)

f. Who is to **blame for** his death? (누가 그의 죽음에 대해 책임이 있나?)

g. Who is to **blame for** starting the fire? (누가 그 불이 난 것에 대해서 책임을 지나?)

h. I don't **blame** you **for** wanting to leave. (나는 당신을 떠나고 싶어한다는 것 때문에 나무라지 않습니다.)

1.3. 다음에서 목적어는 재귀대명사로 표현되어 있다.

(3) a. Mom **blames** herself **for** Dan's problem. (엄마는 댄의 문제로 자책한다.)

b. He **blamed** himself **for** having been a dull company. (그는 지루한 친구였다고 자책했다.)

c. He **blames** himself **for** the lack of foresight. (그는 선견지명의 부족 때문에 자책한다.)

d. The hot weather is partly **blamed for** the water shortage. (그 더운 날씨는 부분적으로 그 물 부족의 원인이 된다.)

1.4. 다음에서 주어는 목적어에 힘을 가하여 목적어가 전치사 on의 목적어에 닿게 된다. 이것은 어떤 잘못을 전치사의 목적어에 관련시키는 관계를 나타낸다.

(4) a. Bad workmen often **blame** their tools. (서투른 장인(匠人)이 연장을 탓한다.)

b. Don't go trying to **blame** it **on** me. (그것을 제 탓으로 돌리지 마십시오.)

c. He always **blames** his mistakes **on** me. (그는 항상 자기 실수를 내 탓으로 돌린다.)

d. The police **blamed** the explosion **on** terrorists. (경찰은 그 폭발을 테러리스트 탓이라 했다.)

e. They **blamed** the failure of the talks **on** the Russians. (그들은 그 회담의 실패를 러시아인들에게 돌렸다.)

f. You can't **blame** the accident **on** him/the fog. (당신은 그 사고의 원인을 그에게/안개에 돌릴 수 없다.)

g. Hugh **blames** his lack of confidence **on** his mother. (휴는 자신의 자신감 부족을 어머니 탓으로 돌린다.)

h. The poor sales figures can be **blamed on** the recession. (그 저조한 판매액은 불경기 탓으로 돌려질 수도 있다.)

blanket

이 동사의 개념 바탕에는 blanket의 명사 '담요'가 있다.

1. 타동사 용법

1.1. 다음 주어는 목적어를 (담요로) 덮는다.

(1) a. Jane **blanketed** the bed. (제인은 그 침대를 담요로 덮었다.)

b. **Blanket** the garden with leaves. (그 정원을 잎으로 덮어라.)

1.2. 다음 주어는 그 자체가 목적어를 덮는다.

(2) a. A massive snowfall has in recent days **blanketed** south-eastern Turkey. (엄청난 양의 눈이 최근에 터키의 남동부를 덮어버렸다.)

b. Snow soon **blanketed** the frozen ground. (눈은 곧 그 언 땅을 덮어씌웠다.)

c. The fine ash deposits **blanket** the lower slopes of west Mount Kenya. (그 미세한 화산재 퇴적물은 서 케냐 산의 그 낮은 경사면들을 덮는다.)

d. Leaves **blanketed** the lawn. (잎들이 그 잔디밭을 덮었다.)

e. His notes **blanket** the sheet of paper. (그의 메모는 그 종이를 가득 채운다.)

1.3. 다음은 수동태 문장으로 주어는 덮힌다.

(3) a. The hillside was **blanketed** with wild flowers. (그 언덕은 야생화로 덮여있었다.)

b. The helicopter started down, and immediately they were **blanketed** in fog. (그 헬리콥터가 내려오기 시작했는데 갑자기 안개 속에 묻혔다.)

1.4. 다음 주어는 목적어를 덮어서 끈다.

(4) a. There are bags of sand to **blanket** the flame. (불꽃을 끄는데 사용하는 모래주머니들이 있다.)

b. They **blanketed** the radio signal by powerful interference. (그들은 라디오 신호를 강력한 혼신으로 차단시켰다.)

1.5. 다음 주어는 목적어를 포함한다.

(5) The fare increase **blankets** the subways. (요금 인상은 지하철을 포괄한다.)

blare

이 동사의 개념 바탕에는 크고 또 귀에 거슬리게 소리가 나는 과정이 있다.

1. 자동사 용법

1.1. 다음 주어는 소리이다.

(1) Music **blared** from the radio. (음악이 그 라디오에서 크게 흘러나왔다.)

1.2. 다음 주어는 소리를 낸다.

(2) a. Your radio is **blaring**; please turn it down. (당신의 라디오가 크게 울리고 있습니다. 소리를 줄여주세요.)

b. The sirens are **blaring**. (그 경적들이 크게 울리고 있다.)

c. They drove with the car stereo **blaring**. (그들은 차 스테레오를 크게 틀어놓은 채 운전했다.)

d. The trumpet **blared** as the new couple left the church. (그 트럼펫은 그 새 부부가 그 교회를 떠날 때 크게 울려 퍼졌다.)

2. 타동사 용법

2.1. 다음 주어는 목적어를 큰 소리로 내 보낸다.
(3) a. The radio **blared** the news about the blizzard.(그 라디오는 그 폭설에 대한 뉴스를 크게 다루었다.)
  b. The radio is **blaring** out rock music.(그 라디오는 락 음악을 크게 틀고 있다.)
  c. A brass band **blared** the national anthem.(금관 악기가 그 국가를 크게 불었다.)

blast
이 동사의 개념 바탕에는 폭파하는 과정이 있다.

1. 타동사 용법
1.1. 다음 주어는 목적어를 폭파시켜서 만든다.
(1) a. We had to **blast** our way through 10 meters of solid rock.(우리는 10미터의 암석을 폭파시키면서 우리의 길을 만들어야 했다.)
  b. The police **blasted** their way into the house.(경찰은 그 집을 폭파시키면서 안으로 들어갔다.)
  c. They **blasted** a hole in the rock.(그들은 폭파로 바위에 구멍을 뚫었다.)
  d. A bomb **blasted** a hole in the road.(폭탄 한 발이 그 길에 구멍을 만들었다.)
  e. Slowly they **blasted** a path through the mountain.(그들은 천천히 그 산을 폭파시키며 길을 만들었다.)
  f. They were **blasting** a tunnel through the mountain.(그들은 그 산을 폭파시켜 터널을 만들고 있었다.)
  g. The workers **blasted** the mine entrance.(노동자들은 그 광산 입구를 폭파로 만들었다.)

1.2. 다음은 수동태 문장으로 주어는 폭파로 만들어 진다.
(2) A tunnel has been **blasted** through the solid rock.(터널 하나가 폭파로 그 단단한 암석을 뚫고 만들어졌다.)

1.3. 다음 주어는 목적어를 폭파한다.
(3) a. The army **blasted** the enemy communication center.(그 군대는 적의 그 통신센터를 폭파시켰다.)
  b. The robbers **blasted** the bank vault open.(그 강도들은 그 은행 금고를 폭파시켜서 열었다.)
  c. Nuclear weapons will **blast** the whole world some day.(핵무기는 언젠가 전 세계를 폭파시킬 것이다.)

1.4. 다음은 수동태 문장으로 주어는 폭파된다.
(4) a. The rock has been **blasted** to make a new course for the stream.(그 바위는 그 시내의 새 물길을 만들기 위해 폭파되었다.)
  b. The town was **blasted** out of existence.(그 마을은 폭파되어 흔적 없이 사라졌다.)

1.5. 희망이나 명성도 구체적인 개체로서 깨어질 수 있는 것으로 개념화된다.
(5) a. He failed the examination and **blasted** his hopes of becoming a doctor.(그는 그 시험에 떨어져서, 의사가 되겠다는 그의 희망을 날렸다.)
  b. His conviction for fraud **blasted** his reputation.(그의 사기죄 판결은 그의 명성을 날려버렸다.)
  c. The news **blasted** all his hopes.(그 소식은 그의 모든 희망을 날려버렸다.)

1.6. 다음 주어는 목적어를 분다. 목적어는 공기나 공기가 이용되는 악기이다.
(6) a. Buglers **blasted** their horns.(나팔수들이 그들의 나팔을 불었다.)
  b. **Blasting** cold air over it makes water evaporate.(그 위에 차가운 바람을 보내면 물을 증발시킨다.)

1.7. 다음 주어는 목적어를 크게 내보낸다.
(7) a. The radio **blasted** out rock music at full volume.(그 라디오는 록음악을 가장 큰 소리로 흘려보냈다.)
  b. The radio **blasted** music out of the window.(그 라디오는 음악을 창문 밖으로 크게 내보냈다.)

1.8. 다음 주어는 목적어를 폭파의 힘으로 떨어지게 한다.
(8) The dynamite **blasted** the face of the cliff.(그 다이너마이트가 그 절벽의 표면을 폭파시켜서 떨어지게 했다.)

1.9. 다음은 수동태 문장으로 주어는 폭파로 떨어진다.
(9) a. The door was **blasted** off its hinges.(그 문은 폭파되어 그 경첩에서 떨어졌다.)
  b. The rocks were **blasted** out of the side of the mountain.(그 바위들은 폭파되어 그 산의 사면에서 떨어졌다.)

1.10. 다음 주어는 목적어를 망친다.
(10) a. A disease has **blasted** our grapes.(병이 우리의 포도를 고사시켰다.)
  b. The frost **blasted** chrysanthemums.(그 서리가 국화를 고사시켰다.)

1.11. 다음은 수동태 문장으로 주어는 망쳐진다.
(11) a. The crops were **blasted** by the severe winter.(그 수확은 그 혹독한 겨울로 인해 망쳐졌다.)
  b. The crops were **blasted** by the storm.(그 작황은 그 폭우로 망쳐졌다.)

1.12. 다음 주어는 목적어를 호통친다.
(12) a. Mother **blasted** me for staying out late.(어머니는 나를 밖에 늦게까지 있는다고 호통을 쳤다.)
  b. The teacher **blasted** the students for their careless work.(그 선생님은 그 학생들을 그들의 성의 없는 공부 때문에 호통을 쳤다.)

1.13. 다음 주어는 목적어를 친다.
(13) a. He **blasted** the policeman right between the two eyes.(그는 경찰관의 시야를 정면으로 가렸다.)
  b. Ramsay **blasted** the ball into the back of the net.(람제이는 그 공을 강타하여 그 그물 뒤로 넣었다.)
  c. The reviewer **blasted** the movie.(그 검열자가 그 영화를 혹평했다.)

2. 자동사 용법
2.1. 다음 주어는 폭음을 내면서 이동한다.
(14) a. The missile **blasted** off.(그 미사일은 폭음을 내면서 발사되었다.)
  b. The rocket **blasted** off the launch pad.(그 로켓은 폭음을 내면서 그 발사대를 떠났다.)
  c. The space shuttle **blasted** off on schedule.(그 우주선은 계획대로 폭음을 내면서 발사되었다.)
  d. The jumbo jet **blasted** out of the sky.(그 대형 제트기는 폭음을 내면서 하늘에서 사라졌다.)
  e. A rocket **blasted** into space.(로켓이 폭음을 내면서

우주로 발사되었다.)

2.2. 다음 주어는 큰 소리로 나온다.

(15) a. Music suddenly **blasted out** from the speakers.(음악이 그 확성기에서 갑자기 크게 터져 나왔다.)

b. Music **blasted from** the radio.(음악이 그 라디오에서 크게 흘러나왔다.)

c. His voice **blasted** in the tunnel.(그의 목소리가 그 터널에서 크게 울렸다.)

2.3. 다음 주어는 총이나 말을 큰 소리로 쏜다.

(16) a. They **blasted** away at the president's decision.(그들은 대통령의 그 결정을 공공연히 비난했다.)

b. He pulled out his pistol and **blasted** away at nothing.(그는 그의 권총을 뽑아들고 아무데나 쐈다.)

c. The drivers were **blasting** on their horns.(그 운전사들은 그들의 경적을 울리고 있었다.)

blaze

명사로서 blaze는 확 타오르는 불길을 가리킨다. 이러한 불길은 열과 빛을 수반한다.

1. 자동사 용법

1.1. 다음 주어는 활활 탄다.

(1) a. A wood fire was **blazing** away in the hearth.(나무불이 그 화덕에서 계속 활활 타고 있었다.)

b. Within minutes the whole building was **blazing**.(수분 내에 그 빌딩 전체가 활활 타고 있었다.)

c. The logs in the fireplace **blazed** brightly.(그 난로속의 그 통나무들은 활활 탔다.)

d. A fire **blazed** in the fireplace.(불이 그 난로에서 활활 탔다.)

e. The bonfire **blazed** for hours.(그 횃불은 몇 시간째 활활 탔다.)

f. The fire **blazed** day and night.(그 불은 밤낮으로 활활 탔다.)

g. The sun **blazed** in the sky.(태양이 하늘에서 밝게 빛났다.)

1.2. 다음 주어는 전치사 with의 목적어로 환하게 빛난다.

(2) a. The sky **blazed with** stars.(하늘은 별들로 빛났다.)

b. The house was **blazing with** lights.(그 집은 불빛으로 환하게 빛나고 있었다.)

c. The streets were **blazing with** light.(그 길들은 불빛으로 환하게 빛나고 있었다.)

d. At night the carnival **blazed with** lights.(밤에 그 축제는 불빛으로 빛났다.)

e. The garden was **blazing with** color.(그 정원은 색색으로 환하게 빛나고 있었다.)

f. The garden was **blazing with** colorful flowers.(그 정원은 색색의 꽃들로 빛나고 있었다.)

g. The cannons **blazed** forth.(그 대포들은 번쩍하면서 튀어나왔다.)

1.3. 다음 주어는 화로 붉어진다.

(3) a. He **blazed** up with/in anger.(그는 격노로 얼굴이 빨갛게 되었다.)

b. Her face **blazed with** excitement.(그녀의 얼굴은 흥분으로 상기되었다.)

c. Her eyes **blazed with** anger.(그녀의 눈은 분노에 탔다.)

d. My heart **blazes with** love for you.(나의 마음은 당신에 대한 사랑으로 타오른다.)

e. He **blazed** when he heard the news.(그는 그 소식을 듣고 얼굴이 빨갛게 되었다.)

f. Her eyes **blazed** at me angrily.(그녀는 화가 나서 나를 바라보았다.)

1.4. 다음 주어는 화이다. 화는 용기에 압력을 받로 갇혀있는 액체나 공기로 개념화된다.

(4) a. Tom's anger **blazed out** suddenly.(톰의 분노가 갑자기 타올랐다.)

b. My temper **blazed out** at the insulting remarks.(나의 성이 그 모욕적인 비판에 터져 나왔다.)

1.5. 다음 주어는 목적어를 태워서 만든다.

(5) a. The pioneers **blazed** a trail across the United States.(그 개척자들은 미국 전역을 가로지르는 길을 개척했다.)

b. The kid **blazed** a path through the forest preserve.(그 꼬마는 그 산림보호지구를 통과하는 길을 태워서 만들었다.)

c. The company has **blazed** a trail with its innovative use of robots.(그 회사는 로봇의 혁신적인 사용으로 새로운 길을 개척했다.)

d. One day he will **blaze** a trail in finding a cure for cancer.(어느 날 그는 암 치료제를 찾아내는 데 길을 개척할 것이다.)

1.6. 다음은 수동태 문장으로 주어는 눈에 잘 뜨이게 보도된다.

(6) a. The story was **blazed across all over** the daily papers.(그 이야기는 모든 일간 신문에 크게 났다.)

b. The announcement was **blazed** on posters **all over** town.(그 발표는 온 도시 전체에 있는 광고지에 났다.)

2. 자동사 용법

2.1. 다음 주어는 총을 쏜다. 이 때 열, 빛 그리고 소리가 난다.

(7) a. An enemy plane roared overhead, its gun **blazing**.(적 비행기 한 대가 머리 위에서 굉음을 내면서, 총을 갈기고 있었다.)

b. In the distance, machine guns were **blazing**.(먼 데서 기관총들이 불을 내뿜고 있었다.)

c. They **blazed away** at the enemy.(그들은 그 적들을 향해 연이어 발사했다.)

d. They are **blazing away** with their machine guns.(그들은 그들의 기관총으로 계속 발사하고 있다.)

2.2. 다음 주어는 내려 쪼인다. sun은 환유적 표현으로 햇빛을 가리킨다.

(8) a. The sun **blazed down** on us.(햇빛이 우리에게 내리쬐고 있다.)

b. The sun **blazed down** from the clear sky.(햇빛이 그 맑은 하늘에서 내리쬐고 있다.)

2.3. 다음 주어는 눈에 잘 띄게 나타난다.

(9) News of their divorce **blazed** across all the

newspapers.(그들의 이혼 소식은 모든 신문들에 크게 보도되었다.)

bleach

이 동사의 개념 바탕에는 희게 만들거나 색을 여리게 하는 과정이 있다.

1. 타동사 용법

1.1. 다음의 주어는 목적어를 표백한다.
(1) a. Don't bleach this red sweater when you do the laundry.(세탁을 할 때 이 빨간 스웨터를 표백하지 마십시오.)
  b. The hairdresser bleached my hair.(그 미용사는 나의 머리를 탈색했다.)
  c. He bleached the cotton.(그는 그 면을 표백했다.)

1.2. 다음 주어는 목적어의 색깔을 여리게 한다.
(2) a. The sun bleached the curtains.(햇빛이 그 커튼들을 바래게 했다.)
  b. The sun bleached the end of her hair. (햇빛이 그녀의 머리카락 끝 부분을 바래게 했다.)

1.3. 다음은 수동태 문장으로 주어는 색이 빠진다.
(3) a. The driftwood was bleached by the sun.(그 유목이 햇빛으로 바래었다.)
  b. Her hair was bleached by the sun.(그녀의 머리가 햇빛으로 바래었다.)
  c. The bones were bleached in the desert sun.(그 뼈들은 사막의 태양으로 바래었다.)

1.4 다음 주어는 목적어를 표백해서 out of의 목적어에서 제거한다.
(4) a. I bleached the stain out of my white shirt.(나는 그 얼룩을 내 흰 셔츠에서 표백하여 빼내있다.)
  b. She bleached out the old color.(그녀는 그 오래된 색을 표백하여 빼내었다.)

2. 자동사 용법

2.1. 다음 주어는 색이 여리게 된다.
(5) a. His hair bleached in the sun.(그의 머리가 햇빛으로 바래었다.)
  b. The bone bleached in the sun.(그 뼈가 햇빛으로 바래져 있었다.)
  c. The dark pants bleached in the wash.(그 짙은 색의 바지가 세탁으로 바래었다.)

2.2. 다음 주어는 색이 여리게 되어 안보이게 된다.
(6) Will this stain bleach away?(이 얼룩이 빠질까요?)

bleed

이 동사의 개념 바탕에는 피가 흐르는 과정이 있다.

1. 자동사 용법

1.1. 다음의 주어는 피를 흘리는 사람이다.
(1) a. He bled at least 3 pints of blood.(그는 적어도 3 파인트의 피를 흘렸다.)
  b. He is bleeding badly from a cut.(그는 베인 상처에서 피를 몹시 흘리고 있다.)
  c. He bled for freedom.(그는 자유를 위해 피를 흘렸다.)
  d. He is bleeding from a gash on his wrist.(그는 손목에 난 깊은 상처에서 피를 흘리고 있었다.)
  e. He was bleeding at the nose.(그는 코에서 피를 흘리고 있었다.)

1.2. 다음의 주어는 피가 흘러나오는 부위나 상처이다. 잉크나 수액도 피와 같이 흐르는 것으로 취급된다.
(2) a. His nose was bleeding.(그의 코는 피를 흘리고 있었다.)
  b. The cut is bleeding.(그 상처는 피를 흘리고 있다.)
  c. My heart bleeds for the children.(나의 마음이 그 아이들을 생각하면 몹시 아프다.)
  d. The ink from the pen bled into my pocket.(그 펜의 잉크가 나의 내 주머니로 배어 나왔다.)
  e. The plant is bleeding sap.(그 식물에서 수액이 나오고 있다.)

1.3. 색깔이나 염료도 피와 같이 흘러서 퍼진다.
(3) a. Colors bled into each other.(색깔들이 서로로 번져들어 갔다.)
  b. Wash it in cold water so that the colors don't bleed.(색깔들이 번지지 않도록 그것을 차가운 물로 씻으십시오.)
  c. The dyes in this shirt bled when I washed it.(이 셔츠의 색들이 빨래를 하자 흘러나왔다.)

2. 타동사 용법

2.1. 자동차 냉각장치에 들어있는 것도 물이다. 몸에서 피를 빼듯 냉각장치에서 물을 뺀다.
(4) a. We bled off the car radiator by opening the valve. (우리는 그 차 냉각장치를 그 밸브를 열어 뺐다.)
  b. We need to bleed the radiator.(우리는 그 냉각장치를 빼낼 필요가 있다.)
  c. He bled the brakes.(그는 그 제동기에 기름을 뺐다.)

2.2. 다음 주어는 목적어를 뺀다.
(5) a. He bled the patient as a cure.(그는 그 환자를 치료로서 피를 빼냈다.)
  b. He bled all the oil from the engine before starting work.(그는 작업을 시작하기 전에 기름을 그 엔진에서 뺐다.)

2.3. 몸에서 피를 뽑듯, 주어는 목적어를 뽑는다. [돈은 피] 은유가 쓰인 표현이다.
(6) a. My ex-wife is bleeding every penny I have.(나의 전 처는 내가 가지고 있는 모든 돈을 짜내고 있다.)
  b. He will try to bleed them for every penny he can get.(그는 얻을 수 있는 모든 돈을 위해 그들을 우릴 것이다.)

2.4. 다음 주어는 목적어를 뺀다. 목적어는 돈을 빼앗기는 사람이다.
(7) a. She bled him every last cent.(그녀는 그를 마지막 한 푼까지 짜내었다.)
  b. The car repair dealer was bleeding us with their high prices.(그 자동차 수리공은 우리를 매우 높은 가격으로 우려내고 있었다.)
  c. They bled him freely for the fund.(그들은 그 자금을 얻기위해 마음대로 돈을 짜내었다.)

2.5. 공기나 액체도 피와 같이 뺄 수 있다. 다음 주어는 목적어를 뺀다.

(8) a. He bled air from the tire that was overly inflated. (그는 공기를 그 과도하게 부풀려진 타이어에서 빼냈다.)

b. He is bleeding the tire of air.(그는 그 타이어의 공기를 빼고 있다.)

c. The region is bled of water by coal development. (그 지방은 석탄 개발로 지하수가 고갈되었다.)

2.6. 다음은 수동태 문장으로 주어는 빠진다.

(9) The colors were bled when the dress was washed in hot water.(그 옷을 뜨거운 물에서 빨래하자 색깔이 빠져 나왔다.)

blend

이 동사의 개념 바탕에는 몇 가지의 개체를 섞어서 조화를 이루게 하는 과정이 있다.

1. 타동사 용법

1.1. 다음 주어는 목적어를 섞는다. 섞이는 개체는 접속사 and로 연결되어 있다.

(1) a. The cook blended milk and flour.(그 요리사는 우유와 밀가루를 섞었다.)

b. Blend together the eggs, sugar and flour. (달걀, 설탕, 밀가루를 같이 섞어라.)

1.2. 다음 주어는 목적어를 섞는다. 목적어는 추상적인 개체이다.

(2) a. Their music blends traditional and modern styles.(그들의 음악은 전통과 현대 양식을 섞었다.)

b. The narrative blends fact and legend.(그 이야기는 사실과 전설을 섞는다.)

1.3. 다음 주어는 목적어를 전치사 with의 목적어와 섞는다.

(3) a. Blend the flour with the milk.(그 밀가루를 그 우유와 섞어라.)

b. Blend the cream with the melted chocolate.(그 크림을 녹인 쵸코렛과 섞어라.)

c. The decor blends traditional furniture with modern pieces.(그 실내장식은 전통 가구와 현대식 가구를 잘 조화시킨다.)

d. He blended the house with its surroundings.(그는 그 집을 주변 환경과 잘 조화시켰다.)

e. The artist blended painting with etching.(그 예술가는 유화를 에칭과 혼합했다.)

1.4. 다음 주어는 목적어를 섞어서 전치사 into의 목적어로 만든다.

(4) Blend the ingredients into a smooth paste.(그 재료들을 섞어 부드러운 풀로 만드시오.)

1.5. 다음 목적어는 복수형으로 표현되어 있다.

(5) a. We usually blend various kinds of coffee.(우리는 보통 여러 종류의 커피를 섞는다.)

b. We blended the two teas.(우리는 그 두 종류의 차를 섞었다.)

c. The two rivers blend their water here.(그 두 강은 여기서 그들의 물을 섞는다.)

1.6. 다음 주어는 목적어를 섞어서 만든다. 즉, 목적어는 만들어지는 개체이다.

(6) a. I blend this tea by mixing camomile with pekoe.(나는 이 차를 카모마일과 홍차를 섞어 만든다.)

b. I blend tea so as to obtain a nice flavor.(나는 좋은 맛을 얻기 위해 차를 섞는다.)

c. He blended whisky.(그는 위스키를 섞었다.)

2. 자동사 용법

2.1. 다음의 주어는 접속사 and로 연결되어 있고, 이들은 섞인다.

(7) a. Purple and dark blue do not blend well.(보라와 진파랑은 잘 어울리지 않는다.)

b. Yellow and blue blend to make green.(노랑과 파랑은 섞여서 초록이 된다.)

c. The blue sea and the blue sky seem to blend.(그 파란 바다와 그 파란 하늘은 섞이는 것처럼 보인다.)

d. The old and new buildings blend together perfectly.(그 오랜 건물과 새 건물들은 완벽하게 서로 조화를 이룬다.)

e. Oil and water do not blend.(기름과 물은 섞이지 않는다.)

2.2. 다음 주어는 복수형으로 표현되어 있다. 주어는 섞인다.

(8) a. The colors blend nicely.(그 색깔들은 예쁘게 섞인다.)

b. A choir needs people whose voices blend well. (성가대는 목소리가 잘 조화되는 사람들이 필요하다.)

2.3. 다음 주어는 전치사 with의 목적어와 섞인다.

(9) a. Tom can blend with just about any group of people.(톰은 어떠한 부류의 사람들과도 잘 어울린다.)

b. The sky seemed to blend with the sea.(그 하늘은 바다와 함께 조화를 이루는 것처럼 보였다.)

c. Oil does not blend with water.(기름은 물과 섞이지 않는다.)

d. Your red hat blends with your white sweater.(당신의 빨간 모자는 흰 스웨터와 어울린다.)

e. Your tie blends with your jacket.(당신의 넥타이는 당신의 윗옷과 어울린다.)

f. The draperies blend well with the rest of the room.(그 긴 커튼들은 그 방의 나머지 부분과 잘 어울린다.)

g. The new curtains do not blend with the grey wall. (그 새 커튼들은 그 회색 벽과 잘 어울리지 않는다.)

h. The houses were designed to blend with the foliage.(그 집들은 그 잎들과 잘 조화를 이루도록 설계되었다.)

i. Their voices blend well with each other.(그들의 목소리는 서로 잘 조화를 이룬다.)

j. The aroma of woodsmoke blends with the smell of cooking.(나무 타는 그 향기는 그 요리 냄새와 잘 어울린다.)

2.4. 다음 in은 어떤 영역을, with는 다른 사람들과 어울리는 관계를 나타낸다.

(10) a. Joe blends in well with the new group.(죠는 그 새

사람들과 잘 어울린다.)

b. She **blended in with** the crowd at the art exhibition.(그녀는 그 미술 전시회에서 군중들과 어울렸다.)

c. She **blended** right **in with** her new department.(그녀는 바로 그녀의 새 부서 사람들과 어울렸다.)

2.5. 다음 주어는 사람이 아닌 개체이다. 주어는 어떤 영역에서 전치사 with의 목적어와 잘 어울린다.

(11) a. The children's voices **blended in** song.(그 아이들의 목소리는 노래 속에 잘 어울렸다.)

b. The old house **blends in** perfectly **with** the gentle countryside.(그 오래된 집은 그 고요한 시골과 완벽하게 어울린다.)

c. Choose curtains that **blend in** well **with** your decor.(너의 실내장식과 잘 어울리는 커튼을 골라라.)

d. The toad changes its color so as to **blend in with** its surroundings.(두꺼비는 그의 주변 환경과 잘 어울리기 위해 그의 색깔을 바꾼다.)

2.6. 다음 주어는 전치사 into의 목적어로 섞여 들어가는, 즉 어우러지는 관계를 나타낸다.

(12) a. He **blended into** the crowd.(그는 그 군중들 속에 섞여들었다.)

b. Tree snakes are bright green, but they **blend** well **into** foliage.(나무 뱀들은 밝은 녹색이나, 그들은 잎들 속으로 색깔이 잘 조화된다.)

c. At the horizon, the sea **blended into** the sky.(수평선에서, 그 바다는 하늘 속에 섞여들었다.)

d. The blue **blends into** the green in this painting.(파랑은 이 그림에서 초록 속으로 섞여든다.)

e. The colors of the rainbow **blend into** each other.(무지개의 색깔은 서로 섞여든다.)

f. There are colors that do not blend into one another.(서로 잘 섞이지 않는 색깔이 있다.)

g. The turtle's shell **blends into** the mud, making it almost invisible.(그 거북이의 등은 진흙색 속으로 섞여 들어서 거의 안보이게 만든다.)

bless

이 동사의 개념 바탕에는 축복하는 과정이 있다.

1. 타동사 용법
1.1. 다음 주어는 목적을 축복한다.
(1) a. The priest **blessed** the congregation/the people in church.(그 사제는 신도들/교회 안에 있는 사람들을 축복했다.)

b. At the baptism, the priest **blessed** the baby.(그 세례식에서, 그 사제는 그 아기에게 축복을 내렸다.)

c. We **bless** thy holy name/the Lord.(우리는 당신의 신성한 이름/주님을 찬미합니다.)

d. May God **bless** you and keep you from harm.(하느님께서 당신을 축복하여 모든 악에서 지켜주시기를 빕니다.)

e. "**Bless** you," she said when I dropped a few coins in her basket.("신의 축복이 있기를," 내가 그녀의 바구니에 몇 개의 동전을 떨어뜨렸을 때 그녀가 말했다.)

f. He **blessed** himself.(그는 성호를 그어서 신의 축복을 기원했다.)

1.2. 다음은 수동태 문장으로 주어는 축복을 받는다.
(2) a. I'm **blessed** if I knew.(내가 안다면 축복을 받을텐데.)

b. I am **blessed** if I do so.(내가 그렇게 한다면 축복을 받을텐데.)

1.3. 다음 주어는 목적어를 축복한다.
(3) a. God **blessed** the seventh day.(하느님은 일곱번 째 날을 거룩하게 하셨다.)

b. I **bless** the day I met her.(나는 그녀를 만났던 날을 기린다.)

c. The preacher **blessed** the meal and everyone started eating.(그 설교자는 그 식사를 축성했고, 모든 사람은 먹기 시작했다.)

d. Dad **blessed** the food at the dinner table.(아버지는 그 저녁 식탁에서 그 음식을 축성했다.)

e. The priest **blessed** the bread and wine at the alter/the offering.(그 사제는 그 제단/예배에서 그 빵과 포도주를 축성했다.)

f. The minister **blessed** the water for baptism.(그 목사는 그 세례수를 축성했다.)

g. The queen **blessed** the ship.(그 여왕은 그 배를 송축하였다.)

h. **Bless** this house.(이 집을 축복하소서.)

1.4. 다음 주어는 목적어를 칭찬한다.
(4) a. She **blessed** him for foresight.(그녀는 그를 선견지명에 대해서 칭찬했다.)

b. I **blessed** him for his kindness.(나는 그를 친절에 대해서 칭찬했다.)

1.5. 다음 주어는 목적어를 from의 목적어로부터 막는다.
(5) a. **Bless** me from all evils.(나를 모든 악에서 지켜주소서.)

b. **Bless** me from marrying the usurer.(나를 그 고리대금업자와 결혼하지 않아도 되도록 지켜주소서.)

1.6. 다음 주어는 목적어를 with의 목적어로 축복한다.
(6) a. Nature **blessed** me **with** strong teeth.(자연은 나를 강한 치아로 축복했다.)

b. Fortune **blessed** her **with** beauty.(행운의 여신은 그녀를 미모로 축복했다.)

c. God **blessed** me **with** good health.(신은 나를 건강으로 축복했다.)

d. God **blessed** the couple **with** three children.(신은 그 부부를 세 자식들로 축복했다.)

1.7. 다음은 수동태 문장으로 with의 목적어로 축복된다.
(7) a. She was **blessed with** a healthy long life/good children.(그녀는 장수/훌륭한 자녀들로 복을 누렸다.)

b. I was **blessed with** a bad memory/brains.(나는 나쁜 기억력/나쁜 머리를 타고났다.)

c. She was **blessed with** a sense of humor/immense talent.(그녀는 유머감각/대단한 재능으로 축복을 받았다.)

d. I was **blessed with** good health.(나는 건강으로 축복을 받았다.)

e. The artist was **blessed with** unusual talent.(그 예술가는 비범한 재능을 타고났다.)

f. This district was **blessed with** natural resources. (이 지역은 천연자원으로 축복을 받았다.)

g. May this country always be **blessed with** prosperity.(이 나라가 번영으로 축복을 받게 하소서.)

1.8. 다음 주어는 in의 목적어 영역에서 축복된다.

(8) a. She was **blessed in** having such a husband.(그녀가 그런 남편을 만난 점에 축복을 받았다.)

b. I was **blessed in** my children.(나는 아이들로 인해 축복을 받았다.)

blind

이 동사의 개념 바탕에는 blind의 형용사 '눈이 멀다'가 있다. 동사의 뜻은 이 상태와 관계가 있다.

1. 타동사 용법

1.1. 다음 주어는 목적어를 볼 수 없게 한다.

(1) a. The explosion **blinded** him.(그 폭발로 그는 장님이 되었다.)

b. The bright sun **blinded** him for a moment.(그 눈부신 햇빛이 그를 잠시 동안 볼 수 없게 했다.)

c. The oncoming headlights **blinded** the driver.(앞에서 다가오는 차의 전조등은 그 운전자를 볼 수 없게 만들었다.)

1.2. 다음은 수동태 문장으로 주어는 눈이 멀게 되는 사람이다.

(2) a. He is **blinded** of one eye.(그는 애꾸눈이다.)

b. He was **blinded** by the blow.(그는 그 구타에 장님이 되었다.)

c. Dan was **blinded** by a childhood illness.(댄은 어린 시절 앓았던 질병으로 장님이 되었다.)

d. He was **blinded** by an accident. (그는 사고로 장님이 되었다.)

e. Opening the door, I was **blinded** by the glare.(그 문을 열자, 나는 그 눈부신 빛으로 앞을 볼 수 없게 되었다.)

1.3. 다음 주어는 목적어를 볼 수 없게 만든다.

(3) a. The clouds **blinded** the moon.(그 구름이 달을 가렸다.)

b. Her beauty **blinds** all the rest.(그녀의 아름다움은 다른 사람들을 가려버렸다.)

1.4. 눈으로 보는 과정은 마음으로 인식하는 과정에 확대된다. 눈으로 볼 수 없음은 마음으로 볼 수 없는 뜻으로 풀이된다.

(4) a. His sense of loyalty **blinded** him **to** the truth.(그의 충성심은 그가 그 진실을 보지 못하게 했다.)

b. He had tremendous charm, which **blinded** us **to** his dishonesty.(그는 엄청난 매력을 갖고 있었고, 그것은 우리가 그의 부정직함을 보지 못하게 했다.)

c. Pride sometimes **blinds** us **to** our own failings. (자만심은 때때로 우리가 우리 자신의 결점을 보지 못하게 한다.)

d. Love **blinds** us **to** all imperfections.(사랑은 우리를 모든 결점을 보지 못하게 한다.)

blink

이 동사의 개념 바탕에는 깜박거리는 과정이 있다.

1. 자동사 용법

1.1. 다음 주어는 사람이다.

(1) a. We **blink** at every few seconds.(우리는 몇 초마다 눈을 깜박인다.)

b. She **blinked** at the sudden light.(그녀는 그 갑작스런 빛에 눈을 깜박거렸다.)

c. The flashing lights made me **blink**.(그 섬광들은 내가 눈을 깜박이게 만들었다.)

1.2. 놀라움의 한 표현으로 사람들은 눈을 깜박거린다.

(2) a. He **blinked at** responsibility.(그는 책임을 모른 체 했다.)

b. He **blinked at** our mistakes.(그는 우리의 실수를 눈감아주었다.)

c. You cannot **blink at** the terrible mistake.(너는 그 끔찍한 실수를 모른 체 할 수 없다.)

1.3. 다음의 주어는 껌뻑거린다. 주어는 불빛이다.

(3) a. The lights in the theater **blinked** at the end of the intermission.(그 극장의 불들이 휴식 시간의 끝에 깜박거렸다.)

b. A power surge made the lights **blink** a couple of minutes.(급격한 전압의 변화가 그 전등들을 몇 분 동안 깜박거리게 했다.)

c. The light on your answering machine is **blinking**. (너의 자동 응답기의 그 불빛이 깜박거리고 있다.)

1.4. 다음에 주어는 깜박거리며 시야에 들어온다.

(4) The stars **blinked** into view.(그 별들이 깜박이면서 시야에 들어왔다.)

2. 타동사 용법

2.1. 다음에서 주어는 눈을 깜박거린다.

(5) a. **Blink** your eyes when you hear me.(네가 나의 말을 들으면 눈을 깜박거려라.)

b. The cat **blinked** its eyes in the bright light.(그 고양이는 그 밝은 불빛 속에서 눈을 깜박거렸다.)

2.2. 다음에서 주어는 불빛을 깜박거리게 한다.

(6) a. **Blink** the lights in the yard to tell the children it's time to come in.(아이들에게 집에 들어올 시간임을 알려 주기 위해 마당에 있는 그 불들을 깜박거려라.)

b. He **blinked** his lights as a warning to other motorists.(그는 다른 오토바이 운전자에게 하는 경고로써 그의 전등을 깜박거렸다.)

2.3. 다음 주어는 눈을 깜박여서 목적어를 억제하거나 없어지게 할 수 있다.

(7) a. She **blinked back** her tears.(그녀는 눈을 깜박여 눈물을 참았다.)

b. She **blinked away** her tears.(그녀는 눈을 깜박여 눈물을 지웠다.)

blister

이 동사의 개념 바탕에는 blister의 명사 '물집'이 있다. 동사의 의미는 이 명사의 모양이나 상태와 관계가 있다.

1. 자동사 용법

(1) a. My skin **blistered** from the sunburn/the poison ivy.(내 피부가 햇볕에 타서/옻이 올라 물집이 생겼다.)

b. Before long, my hands **blistered**.(오래되지 않아, 나의 손들은 물집이 생겼다.)

c. After playing tennis for an hour, my hand began to **blister**.(한 시간 동안 테니스를 친 후, 나의 손은 물집이 생기기 시작했다.)

1.2. 칠해 놓은 페인트도 물집 같은 것이 생긴다.

(2) The paint will **blister** in the heat.(그 페인트는 그 열로 인하여 기포가 생길 것이다.)

2. 타동사 용법

2.1. 다음에서 주어는 목적어에 물집이 생기게 한다.

(3) a. The tennis racket **blistered** my palm.(그 테니스 라켓이 나의 손바닥에 물집이 생기게 했다.)

b. The sun **blistered** the swimmer's skin.(그 햇볕은 그 수영 선수의 피부에 물집이 생기게 했다.)

c. The tight shoes **blistered** the hiker's feet.(그 꽉 끼는 신발은 그 등산객의 발에 물집이 생기게 했다.)

d. The heat **blistered** the paint.(그 열은 그 페인트에 기포가 생기게 했다.)

2.2. 물집을 터뜨리면 아프듯이, 주어는 목적어를 아프게 꾸짖는다.

(4) He **blistered** his aides.(그는 그의 보좌관들을 따갑게 비난했다.)

bloat

이 동사의 개념 바탕에는 어느 개체가 물이나 공기로 부피가 불룩 커지는 과정이 있다.

1. 자동사 용법

1.1. 다음 주어는 부피가 늘어난다.

(1) a. The child's stomach **bloated** from too much food.(그 아이의 배는 너무 많이 먹어 불룩해졌다.)

b. The salty food made me **bloat**.(그 짠 음식이 나를 붓게 만들었다.)

2. 타동사 용법

2.1. 다음에서 주어는 목적어의 부피가 늘어나게 한다.

(2) a. Overeating **bloated** their stomach.(과식은 그들의 배를 뽈룩하게 했다.)

b. He **bloated** out the book with long lists of words.(그는 그 책의 긴 단어목록을 실어서 분량을 늘렸다.)

2.2. 다음은 수동태 문장으로 주어는 부피가 늘어나는 개체이다.

(3) a. His face is **bloated** with disease.(그의 얼굴은 질병으로 부풀어 오른다.)

b. He feels **bloated** with all X-mas food.(그는 크리스마스 음식으로 포식을 한 것 같이 느낀다.)

c. He is **bloated** with pride.(그는 자만심으로 오만해져 있다.)

block

이 동사의 개념 바탕에는 block의 명사 '큰 덩이,' '큰 토막' 이 있다. 동사의 명사의 쓰임과 관계가 있다.

1. 타동사 용법

1.1. 큰 덩이는 방해나 차단하는 데 쓰인다. 다음 주어는 목적어를 차단한다.

(1) a. Can you move? You are **blocking** my light.(비켜 주시겠어요? 당신이 나의 빛을 가리고 있어서요.)

b. The heavy curtain **blocks** out the light.(그 두꺼운 커튼이 그 빛을 차단한다.)

c. A tree near the window **blocks** out the sun.(창문 옆의 나무가 햇빛을 차단한다.)

d. An ugly building **blocked** the view from the window.(흉한 건물이 그 창문으로부터 전망을 가리고 있었다.)

1.2. 다음에서 주어는 길을 방해한다.

(2) a. The gate **blocked** the entrance to the driveway.(그 대문은 그 진입로의 입구를 막았다.)

b. Your truck is **blocking** the road.(당신의 트럭이 그 길을 막고 있습니다.)

c. The guard **blocked** her path.(그 경호원이 그녀의 길을 막았다.)

1.3. 다음에서 주어는 차량의 흐름을 방해한다.

(3) a. They **blocked** the car on the ramp.(그들은 그 차를 그 경사 진입로에서 차단했다.)

b. The road work **blocked** traffic.(그 도로 공사가 교통을 방해했다.)

c. A fallen tree is **blocking** the road.(넘어진 나무 하나가 그 도로를 막고 있다.)

1.4. 다음은 수동태 문장으로 주어는 막히는 장소이다.

(4) a. The street is **blocked** to traffic.(그 거리는 교통이 차단되어 있다.)

b. The country road is **blocked** with snow.(그 시골 길은 폭설로 봉쇄되었다.)

1.5. 다음에서 주어는 목적어의 진행을 막는다.

(5) a. The Senate **blocked** publication of the report.(그 상원 의원은 그 보고서의 출판을 저지했다.)

b. The lobbyists **blocked** the passage of the bill.(그 로비스트들은 그 법안의 통과를 방해했다.)

c. A group of politicians **blocked** the proposal.(일단의 정치인들이 그 제안을 저지했다.)

d. The plans for expansion were **blocked** by a drop in the stock market.(그 확장안은 주식 시장의 폭락으로 저지되었다.)

e. They tried to **block** his election.(그들은 그의 선출을 막으려고 노력했다.)

1.6. 다음의 목적어는 공기, 액체나 그 외의 개체가 지나가는 물건이다. 주어는 이것을 막는다.

(6) a. **Block** up the holes in the wall.(그 벽에 난 모든 구멍들을 막아라.)

b. Every autumn, dead leaves **block up** the drains.(매년 가을이면 낙엽들이 그 하수구들을 막는다.)

c. The coffee grounds **blocked up** the sink.(그 커피 찌꺼기가 그 수채를 막았다.)

1.7. 다음은 수동태 문장으로 주어는 막힌다. 주어는 다른 개체가 지나가는 통로이다.
(7) a. My nose is **blocked** up **with** this cold.(내 코가 이 감기로 막혔다.)
　　 b. The alley is **blocked with** crowds.(그 골목길은 군중들로 막혔다.)

1.8. 다음 주어는 목적어를 개략적으로 나타낸다.
(8) He **blocked** out the ideas of the room arrangement.(그는 그 방의 배치에 관한 생각을 대충 계획을 세웠다.)

1.9. 다음주어는 목적어를 지운다.
(9) a. He tried to **block** the incident out of his mind.(그는 그 사건을 그의 기억에서 지우려고 노력했다.)
　　 b. **Block** out the bottom of this picture.(이 그림의 밑부분을 지워라.)

1.10. 다음에서 주어는 목적어를 사각형으로 구획한다.
(10) Hit the F3 key and **block** the text you want to copy.(F3 버튼을 눌러 네가 복사하고자 하는 본문을 구획해라.)

bloom

이 동사의 개념 바탕에는 꽃이 피는 과정이 있다.

1. 자동사 용법
1.1. 다음의 주어는 꽃이 핀다.
(1) a. The roses **bloomed** early this year.(그 장미들이 올 해는 일찍 개화했다.)
　　 b. These flowers **bloom** all the year round.(이 꽃들은 일년 내내 핀다.)
　　 c. Our apple trees **bloomed** this week.(우리 사과나무가 이번 주에 꽃을 피웠다.)

1.2. 꽃은 아름다움과 건강을 나타낸다. 다음의 주어는 꽃과 같이 아름답거나 건강하게 된다.
(2) a. She has **bloomed** since she got a new job.(그녀는 새 일자리를 얻은 이후로 건강미가 넘쳤다.)
　　 b. He began to **bloom** with good health.(그는 건강함으로 한창 꽃피기 시작했다.)
　　 c. The children **bloomed** during their stay on the farm.(그 아이들은 그 농장에 머무는 동안 건강하게 되었다.)
　　 d. The sickly girl began to **bloom**.(그 병약한 소녀가 건강해지기 시작했다.)

1.3. 능력은 잠재 상태에서 피어나는 것으로 개념화된다.
(3) a. His talent for languages **bloomed**.(그의 언어에 대한 재능이 빛나기 시작했다.)
　　 b. Her true self has just begun to **bloom**.(그녀의 참된 자아가 나타나기 시작했다.)

1.4. 주어는 into의 목적어가 가리키는 좋은 상태로 변한다.
(4) a. The experiment **bloomed into** a 10-million dollar business.(그 실험은 천만 달러의 사업으로 번영했다.)
　　 b. He **bloomed into** a promising player.(그는 유망한 연주자로 성장했다.)
　　 c. She **bloomed into** a beautiful woman.(그녀는 미인으로 성장했다.)
　　 d. The rosebuds **bloomed into** huge fluffy flowers.(그 장미 봉오리들이 솜털이 덮인 큰 꽃들로 피어났다.)

blot

이 동사의 개념 바탕에는 blot의 명사 '얼룩,' '오점'이 있다. 동사의 의미는 명사와 연관된 과정이다.

1. 타동사 용법
1.1. 다음 주어는 목적어를 얼룩이 지게한다.
(1) a. My pen slipped and **blotted** the page.(내 펜이 미끄러져서 그 쪽을 얼룩이 지게 했다.)
　　 b. He **blotted** the paper with a drop of ink.(그는 그 종이를 잉크 방울로 더럽혔다.)

1.2. 다음 주어는 목적어의 물기를 지운다.
(2) a. She **blotted** the letter before folding it.(그녀는 그 편지를 접기 전에 물기를 제거했다.)
　　 b. She **blotted** out the page.(그녀는 그 페이지에서 물기를 제거했다.)
　　 c. **Blot** the signature before you fold it.(그것을 접기 전에 그 서명의 물기를 지우시오.)

1.3. 다음에서 주어는 어떤 개체에 묻어 있는 얼룩 같은 것을 지운다.
(3) a. She **blotted** her fresh lipstick.(그녀는 갓 바른 립스틱을 지워버렸다.)
　　 b. He **blotted** out the water off the table with a towel.(그는 그 식탁에서 수건으로 그 물기를 없앴다.)
　　 c. He **blotted** the spill with paper towel.(그는 그 엎질러진 것을 종이 수건으로 닦아냈다.)

1.4. 다음의 주어는 목적어를 안보이게 하거나 없앤다.
(4) a. Clouds **blotted** out the sun.(구름이 태양을 가리었다.)
　　 b. The fog **blotted** out the view of the road.(그 안개가 도로의 전망을 가렸다.)
　　 c. Thick, white smoke completely **blotted** out the sun.(두껍고 하얀 연기가 태양을 완전히 가렸다.)
　　 d. The noise of the river **blotted** out their words.(그 강물 그 시끄러운 소리는 그들의 말소리를 들리지 않게 했다.)
　　 e. The frost **blotted** out the tomatoes.(그 서리가 그 토마토를 전멸시켰다.)

1.5. 다음에서 기억이나 표정은 글씨와 같은 것으로 지워지는 것으로 개념화되어 있다.
(5) a. He tried to **blot** out the memory of the day.(그는 그 날의 기억을 완전히 지워버리려고 노력했다.)
　　 b. He tried to **blot** out her sad face.(그는 그녀의 슬픈 얼굴을 완전히 지우려고 노력했다.)

1.6. 다음은 수동태 문장으로 주어는 지워지는 개체이다.
(6) a. The sky is **blotted** out by clouds.(하늘이 구름으로 가려져 있다.)
　　 b. His sins were **blotted** out.(그의 죄는 지워졌다.)

2. 자동사 용법
2.1. 다음 주어는 얼룩이 진다.
(7) a. The ink **blots** easily.(그 잉크는 쉽게 얼룩이 진다.)

b. Water colors **blot** easily.(수채는 쉽게 얼룩이 진다.)

2.2. 다음 주어는 잘 번진다.

(8) This paper **blots** easily.(이 종이는 얼룩이 잘 진다.)

blow

이 동사의 개념 바탕에는 바람이 부는 과정이 있다.

1. 자동사 용법

1.1. 다음 주어는 공기이고 움직인다.

(1) a. The wind **blew** all day.(그 바람은 온 종일 불었다.)

b. The wind was **blowing** round the street corners.(그 바람은 그 길모퉁이를 돌아 불고 있었다.)

c. It is **blowing** very hard.(바람이 몹시 세게 불고 있다.)

1.2. 다음 주어는 바람에 날리는 개체이다.

(2) a. The curtain **blew** in the wind.(그 커텐은 바람에 날렸다.)

b. The flags **blew** in the wind.(그 국기들이 바람에 펄럭이었다.)

1.3. 다음 주어는 날려서 이동한다.

(3) a. My papers are **blowing** about.(내 서류가 이리저리 날리고 있다.)

b. The dust **blew** across the field.(그 먼지가 그 밭을 가로질러 날리었다.)

c. The dust **blew** into the house.(그 먼지는 그 집 속으로 날아들었다.)

d. The door **blew** open.(그 문은 바람에 확 열리었다.)

1.3. 다음 주어는 on의 목적어에 바람이 가게 한다.

(3) a. He **blew** on his food to make it cool.(그는 그 음식을 식히기 위해서 그것에 입김을 불었다.)

b. He **blew** on his fingers to make them warm.(그는 손가락을 따스하게 하기 위해서 손가락에 입김을 불었다.)

c. **Blow** on the fire or it will go out.(그 불에 바람을 불어라. 그렇지 않으면 꺼질 것이다.)

1.4. 다음 주어는 숨을 내쉰다.

(4) a. He took a deep breath and **blew**.(그는 숨을 깊게 들이쉬었다가 불었다.)

b. The running made him **blow**.(그 뜀이 그를 숨이 차게 했다.)

1.5. 다음 주어는 바람으로 소리를 낸다.

(5) a. Whales **blow**.(고래가 물을 뿜는다.)

b. The bugle **blows**.(나팔은 불어서 소리가 난다.)

c. The whistle **blows** at noon.(그 경적이 정오에 울린다.)

1.6. 다음 주어는 바람에 날려서 떨어진다.

(6) a. My cap **blew** off.(내 모자가 날려서 벗겨졌다.)

b. The door **blew** off in the explosion.(그 문이 그 폭발에 떨어졌다.)

1.7. 다음 주어는 폭파된다.

(7) a. The car **blew** up.(그 차는 폭파했다.)

b. The bomb **blew** up.(그 폭탄은 터졌다.)

2. 타동사 용법

2.1. 다음 주어는 목적어를 분다. 목적어는 바람이다.

(8) a. He **blew** his breath on my face.(그는 숨을 내 얼굴에 불었다.)

b. He **blew** his cigar smoke in my face.(그는 여송연 연기를 내 얼굴에 불었다.)

2.2. 다음 주어는 바람의 힘으로 목적어를 이동하게 한다.

(9) a. The wind **blew** a ship ashore.(그 바람은 그 배를 해안으로 밀었다.)

b. The storm **blew** the roof off.(그 폭풍은 그 지붕을 날아가게 했다.)

c. He **blew** the dust off my book.(그는 먼지를 내 책에서 불어 내었다.)

d. The wind **blew** my hat off.(그 바람은 내 모자를 날아가게 했다.)

e. The wind **blew** the papers out of my hand.(그 바람은 그 서류를 내 손에서 날아가게 했다.)

2.3. 다음은 수동태 문장으로 주어는 바람으로 움직여진다.

(10) a. I was almost **blown** over by the wind.(나는 그 바람 때문에 거의 넘어질 뻔 했다.)

b. The ship was **blown** out of its course.(그 배는 바람 때문에 그의 항로를 벗어났다.)

2.4. 다음 주어는 목적어에 바람을 불어 넣는다.

(11) a. He **blew** the trumpet/an organ/a whistle.(그는 그 트럼펫/풍금/호루라기 소리를 불어 내었다.)

b. He **blew** the bellows/a balloon.(그는 그 풀무/풍선을 불었다.)

c. He **blew** his nose.(그는 코를 풀었다.)

2.5. 다음 주어는 목적어를 생겨나게 한다.

(12) a. He **blew** a hole in the wall.(그는 폭파해서 그 벽에 구멍을 내었다.)

b. He **blew** bubbles/glasses.(그는 바람을 불어서 거품/유리잔을 만들었다.)

2.6. 다음 주어는 첫째 목적어에 둘째 목적어를 만들어서 준다.

(13) a. He **blew** me a glass animal.(그는 나에게 유리동물을 하나 불어 주었다.)

b. He **blew** a glass animal for me.(그는 나에게 유리동물을 하나 불어 주었다.)

2.7. 또 바람의 힘으로 이미 있는 물건의 상태가 바뀔 수 있다. 다음 주어는 목적어를 전치사 into의 목적어 상태로 바꾼다.

(14) a. The dynamite **blew** the wall into bits.(그 다이너마이트는 그 벽을 폭파하여 산산조각으로 만들었다.)

b. The wind **blew** the fire into flames.(그 바람은 그 불을 불어서 활활 타는 불꽃으로 만들었다.)

2.8. 다음 주어는 목적어를 날려서 없앤다.

(15) a. He **blew** $10 on a dinner with a girl friend.(그는 10불을 여자 친구와 저녁을 먹는데 날렸다.)

b. He **blew** $10 at cards last night.(그는 10불을 어젯밤 노름에 날렸다.)

c. He **blew** his chance to win.(그는 이길 수 있는 기회를 날렸다.)

blunder

이 동사의 개념 바탕에는 무턱대고 움직이는 과정이 있다.

1. 자동사 용법
1.1. 다음 주어는 우물쭈물하며 움직인다.
(1) a. He blundered on about.(그는 어슬렁어슬렁 여기저기 돌아다녔다.)
   b. They blundered against each other.(그들은 실수로 서로 부딪쳤다.)
   c. Someone blundered around downstairs.(누군가가 아래층에서 어슬렁어슬렁 돌아다녔다.)
   d. Columbus wanted to reach India, but blundered into North America.(콜롬버스는 인도에 도착하길 바랐지만, 북아메리카로 잘못 이르게 되었다.)
   e. He blundered into a trap/the wrong room.(그는 실수로 덫에/그 엉뚱한 방에 들어갔다.)
   f. She blundered through the dark hall.(그녀는 우물쭈물하며 어두운 홀을 지나갔다.)

1.2. 어정비정한 움직임은 '실수하다'는 뜻으로 확대된다.
(2) a. The best workman sometimes blunders.(최고의 기술자도 때때로 실수한다.)
   b. I really blundered when I forgot to introduce my friend.(나는 내 친구를 소개하는 것을 잊어버렸을 때 나는 정말로 실수했다.)
   c. He blundered badly when he appointed her the minister of law.(그는 그녀를 법무장관으로 임명했을 때 큰 실수를 했다.)

1.3. 다음 주어는 실수로나 비의도적으로 어떤 상태에 들어간다.
(3) a. The scientist blundered into the discovery while trying to solve another problem.(그 과학자는 다른 문제를 풀려고 노력하는 동안 우연히 그 발견을 하게 되었다.)
   b. He blundered into debts.(그는 잘못하여 부채를 지게 되었다.)

1.4. 다음 주어는 우연히 on의 목적어를 발견한다.
(4) a. He blundered upon the solution to his problem.(그는 그 문제의 해결책을 우연히 발견하게 되었다.)
   b. He blundered on an old letter from my old friend.(그는 내 옛 친구로부터 온 오래된 편지를 우연히 발견했다.)

2. 타동사 용법
2.1. 다음에서 주어는 목적어를 실수로 없앤다.
(5) a. He blundered away his fortune.(그는 잘못하여 그의 재산을 탕진해 버렸다.)
   b. The director blundered away most of the profits.(그 부장은 잘못하여 그 이익의 대부분을 잃었다.)

2.2. 다음 주어는 실수로 목적어를 실수로 털어낸다.
(6) a. He blundered out his secret.(그는 얼떨결에 그의 비밀을 털어놓았다.)
   b. The minister blundered out government secrets.(그 장관은 정부의 비밀들을 입밖에 내었다.)

blunt

이 동사의 개념 바탕에는 날카로운 것을 무디게 하는 과정이 있다.

1. 타동사 용법
1.1. 다음 주어는 목적어를 무디게 한다.
(1) a. Constant use blunted my knife.(계속된 사용은 나의 칼을 무디게 만들었다.)
   b. The action of the waves blunted the sharp pieces of glass on the beach.(그 파도의 작용은 그 해변가의 날카로운 유리 조각을 무디게 만들었다.)
   c. You will blunt your scissors on the cardboard.(너는 너의 가위를 그 판지로 무디게 만들 것이다.)

1.2. 감정이나 감각도 날카로운 면을 가지고 있는 개체로 개념화된다.
(2) a. He blunted the edge of her grief.(그는 그녀의 슬픔의 날카로움을 무디게 했다.)
   b. Wine can blunt the senses.(포도주는 감각을 무디게 할 수 있다.)
   c. Age has not blunted his passion for adventure.(나이가 모험에 대한 그의 열정을 무디게 하지는 못했다.)
   d. The bad weather blunted our enthusiasm for camping.(그 나쁜 날씨는 캠핑에 대한 우리의 열정을 무디게 했다.)

blur

이 동사의 개념 바탕에는 흐리게 되어서 잘 안보이게 되는 과정이 있다.

1. 자동사 용법
1.1. 다음은 주어로 흐려서 잘 안 보인다.
(1) a. The ships on the horizon seem to blur before my eyes.(그 수평선의 배들이 내 눈앞에서 희미해지는 것 같다.)
   b. The television picture blurred every time a plane went over.(그 TV 화면은 비행기가 위로 지나갈 때마다 흐려졌다.)
   c. The differences between the two political parties have slowly blurred.(그 두 정당 사이의 차이점들이 점차 희미해져 갔다.)
   d. The mountain blurred in the snowstorm.(그 산이 그 눈보라 속에 희미해졌다.)

1.2. 다음 주어는 시각 기관인데 잘 안 보인다.
(2) a. Her eyes blurred with tears.(그녀의 눈은 눈물로 흐려졌다.)
   b. His vision blurred with tears.(그의 시야가 눈물로 흐려졌다.)

2. 타동사 용법
2.1. 다음 주어는 목적어가 잘 안 보이게 만드는 개체이다.
(3) a. Mist blurred the hills.(안개가 그 언덕을 희미하게 만들었다.)
   b. The mist blurred the edges of the buildings.(그 안개로 그 빌딩들의 윤곽을 흐릿하게 보이게 했다.)
   c. The fog blurred the outline of the car.(그 안개가 그 차의 윤곽을 흐리게 만들었다.)
   d. Tears blurred her vision.(눈물이 그녀의 시야를 흐리게 했다.)

e. Clouds **blurred** the mountains. (구름들이 그 산들을 흐리게 했다.)

2.2. 다음 주어는 목적어로 하여금 on의 목적어를 흐리게 한다.

(4) a. She **blurred** the ink on the letter with her tears. (그녀의 눈물로 편지 위의 잉크를 번지게 했다.)

b. My wet hands **blurred** the watercolors. (나의 젖은 손들이 그 물감이 번지게 했다.)

2.3. 다음 주어는 목적어를 with의 목적어를 써서 흐리게 한다.

(5) a. He **blurred** a page with ink. (그는 한 페이지를 잉크로 얼룩이 지게 했다.)

b. The children's greasy hands **blurred** the window panes. (그 아이들의 기름 묻은 손들이 그 유리창을 더럽혔다.)

c. He **blurred** the distinction between true reform and total destruction. (그는 진정한 개혁과 완전한 파괴 사이의 구분을 희미하게 했다.)

2.4. 다음은 수동태 문장으로 주어는 흐려지게 되는 개체이다.

(6) a. The man's reputation was **blurred**. (그 남자의 명성이 더럽혀졌다.)

b. The issue was **blurred** by lack of information. (그 쟁점은 정보의 부족으로 흐려졌다.)

blush

이 동사의 개념 바탕에는 얼굴이 붉어지는 과정이 있다.

1. 자동사 용법

1.1. 다음의 주어는 얼굴을 붉힌다.

(1) a. He **blushed** for/with shame. (그는 수치로 얼굴을 붉혔다.)

b. He **blushed** with embarrassment. (그는 당황하여 얼굴을 붉혔다.)

c. I **blushed** at my ignorance. (나는 무지를 부끄럽게 여겨 얼굴을 붉혔다.)

d. He **blushed** at her critical remarks. (그는 그녀의 비판적인 말에 얼굴을 붉혔다.)

1.2. 다음에서는 얼굴이 붉어진 상태가 형용사로 표현되어 있다.

(2) a. He **blushed** scarlet/crimson. (그는 진홍색/심홍색으로 얼굴이 붉어졌다.)

b. She **blushed** scarlet at the thought. (그녀는 그 생각에 진홍색으로 붉어졌다.)

(3) a. Lisa **blushes** easily. (리사는 쉽게 얼굴이 빨개진다.)

b. The boy **blushes** when girls smile at him. (그 소년은 소녀들이 그에게 미소를 지으면 얼굴이 빨개진다.)

1.3. 다음에서 주어는 부정사가 가리키는 일을 하는 것을 부끄러워한다.

(4) a. I **blush** to think of the things I did when I was younger. (내가 더 젊었을 때 한 일들을 생각하면 부끄럽다.)

b. I **blush** to own that I am afraid of girls. (나는 여자

가 무섭다고 고백하는 것을 부끄러워한다.)

2. 타동사 용법

2.1. 다음 주어는 목적어를 얼굴 표정으로 나타낸다.

(5) She **blushed** the truth. (그녀는 그 진실을 얼굴을 붉혀 나타내었다.)

bluster

이 동사의 개념 바탕에는 바람이나 파도가 거세게 몰아치는 과정이 있다.

1. 자동사 용법

1.1. 다음에서 주어는 at의 목적어에 거세게 반응한다.

(1) a. The wind **blustered** outside. (바람이 바깥에서 거세게 몰아쳤다.)

b. A typhoon **blustered** over the land. (태풍이 그 지역 위를 휩쓸었다.)

1.2. 다음 주어는 시끄럽게, 크게 소리를 친다.

(2) a. He **blustered** at her. (그는 그녀에게 호통을 쳤다.)

b. The angry customer **blustered** at the salesperson. (그 성난 손님이 그 점원에게 호통을 쳤다.)

c. He is inclined to **bluster** when his authority is challenged. (그는 그의 권위가 도전 받을 때 호통을 치는 경향이 있다.)

1.3. 다음 주어는 거칠게 행동하면서 움직인다.

(3) a. The cowboy **blustered** into the tavern. (그 카우보이는 거칠게 행동하면서 그 선술집에 들어갔다.)

b. He **blustered** about, trying to look important. (그는 이리저리 날뛰면서, 젠 체하게 보이려 애쓰며 고함쳤다.)

2. 타동사 용법

2.1. 다음 주어는 목적어를 크게 말한다.

(4) a. "I don't know what you are talking about," he **blustered**. ("네가 무슨 말을 하는지 난 잘 모른다"라고 그는 고함쳐 말했다.)

b. "You have no right to do it," she **blustered**. ("넌 그렇게 할 권리가 없어"라고 그녀는 고함쳐 말했다.)

2.2. 다음 주어는 목적어를 거센 목소리로 낸다.

(5) He **blustered** out a threat. (그는 위협을 고함치며 말했다.)

2.3. 다음에서 주어는 거칠게 나아간다.

(6) a. He **blustered** his way through the crowd. (그는 그 군중 속을 거세게 나아갔다.)

b. They **blustered** their way into the house. (그들은 그 집으로 거세게 들어갔다.)

2.4. 다음에서 주어는 거칠게 고함을 쳐서 목적어가 어떤 행동을 하거나 상태에 들어가게 한다.

(7) a. He **blustered** us into believing. (그는 우리를 으름장을 놓아서 믿게 했다.)

b. He **blustered** us into silence. (그는 고함쳐 우리를 침묵하게 했다.)

c. He **blustered** himself into anger. (그는 고함을 치면서 발끈 화를 냈다.)

board

이 동사의 개념 바탕에는 board의 명사 '판자', '식탁'이 있다. 동사의 뜻은 이 명사의 용도와 관계가 있다.

1. 타동사 용법

1.1. 다음 주어는 목적어를 하숙을 친다.
(1) a. The retired couple boarded several college students.(그 은퇴한 부부는 대학생 몇몇을 하숙시켰다.)
 b. How much will you board me for?(얼마로 저를 하숙키겠습니까?)
 c. The family boarded him cheaply, for $30 a week.(그 가정은 그를 일주일에 30달러로 싸게 하숙시켰다.)
 d. He boarded the lodger.(그는 그 셋방 사람을 하숙시켰다.)
 e. He boarded himself.(그는 자취했다.)

1.2. 다음 주어는 목적어를 탄다.
(2) a. He boarded the plane/the train at 10:00.(그는 그 비행기/기차를 10시에 탔다.)
 b. The passengers stood in line to board the bus.(그 승객들은 그 버스를 타기 위해서 줄을 섰다.)

1.3. 다음에서 주어는 목적어를 판자를 대어서 친다.
(3) a. He boarded up the door/the house.(그는 그 문/집을 판자로 댔다.)
 b. He boards up the windows while he is away.(그는 그가 떠나 있는 동안 그 창들을 판자로 댄다.)

1.4. 다음은 수동태 문장으로 주어는 판자를 대어서 쳐지는 개체이다.
(4) a. The outside entrance to the basement has been boarded up for years.(지하실로 가는 바깥 출입구는 몇 년 동안 판자로 막혀 있어왔다.)
 b. The church was boarded over.(그 교회는 판자로 둘러졌다.)

2. 자동사 용법

2.1. 다음의 주어는 타는 사람이다.
(5) a. Passengers are asked to board now.(승객들은 지금 탑승해 줄 것을 요청받는다.)
 b. Please board to the rear of aircraft.(그 비행기의 뒤쪽에 탑승해 주십시오.)

2.2. 다음 주어는 하/기숙 한다.
(6) a. I board at a hotel/at the Browns.(나는 호텔에서/브라운씨 댁에서 기숙한다.)
 b. He boarded in a farmhouse for the vacation.(그는 어느 농가에서 방학동안 기숙했다.)
 c. The college student boarded with our family.(그 대학생은 우리 가족과 함께 지냈다.)
 d. The students board during the week, and go home at weekends.(그 학생들은 주중에는 하숙하고, 주말에는 집으로 내려간다.)

2.3. 다음의 주어는 사람이 타는 비행기이다.
(7) a. Flight 502 for Vancouver is boarding now.(뱅쿠버행 502번 비행기는 지금 탑승 중이다.)
 b. When I arrived at the airport, my flight was already borading.(내가 그 비행장에 도착했을 때, 내 비행기는 이미 탑승 중이었다.)

boast

이 동사의 개념 바탕에는 자랑하는 과정이 있다.

1. 자동사 용법

1.1 다음 주어는 자랑을 한다.
(1) a. Don't believe her: she's just boasting(그녀를 믿지 마라. 그녀는 단지 허풍을 떠는 것이다.)
 b. It is not polite to boast.(뽐내는 것은 정중하지 못한 것이다.)

1.2. 다음 주어는 전치사 about의 목적어에 대해 자랑을 한다.
(2) a. He boasts about his law school.(그는 그의 법률 학교를 자랑한다.)
 b. He boasts about his garden.(그는 그의 정원을 자랑한다.)
 c. John boasts about his new job.(존은 그의 새로운 직업에 대해 자랑한다.)
 d. He always boasts about how wonderful his children are.(그는 그의 자식들이 얼마나 대단한지에 대해 항상 자랑한다.)

1.3. 다음 주어는 목적어를 자랑거리로 갖는다.
(3) a. Few teams can boast such a good record.(거의 어떤 팀도 그런 좋은 기록을 자랑거리로 가질 수 없다.)
 b. The car boasts cruise control and automatic seats.(그 자동차는 자동 속도 조절 장치와 전자동 좌석을 자랑거리로 갖춘다.)
 c. The new hotel boasts a casino, a swimming seats.(그 새로운 호텔은 카지노와 수영용 의자를 자랑으로 갖추고 있다.)
 d. The city boasts two good universities.(그 도시는 두 개의 훌륭한 대학을 자랑으로 갖는다.)
 e. The new computer boasts a number of new features.(그 새로운 컴퓨터는 수많은 새 기능을 자랑으로 갖추고 있다.)

1.4. 다음 목적어는 재귀대명사이다. 주어는 자신이 무엇이라고 자랑한다.
(4) a. Jim boasts himself (to be) an artist.(짐은 자기를 예술가라고 뽐내고 있다.)
 b. she boasts herself (to be) a star.(그녀는 자신을 스타라고 뽐내고 있다.)

1.5. 다음 that-절은 주어가 하는 자랑의 내용이다.
(5) a. He boasts that he can swim well.(그는 수영을 잘 한다고 큰소리 친다.)
 b. She is boasting that she can speak three languages.(그녀는 세 개의 언어를 구사할 수 있다고 큰소리치고 있다.)

bob¹

이 동사의 개념 바탕에는 까딱까딱하는 과정이 있다.

1. 타동사 용법

1.1. 다음 주어는 머리를 끄떡인다.
(1) a. She **bobbed** her head respectfully.(그녀는 정중하게 고개를 숙여 인사했다.)
 b. The little bird **bobbed** head up and down.(그 작은 새는 머리를 위 아래로 까딱 까딱 움직였다.)

1.2. 다음 주어는 머리를 끄덕여서 목적어를 표시한다.
(2) He **bobbed** a greeting without looking up from her work.(그는 그녀의 일에서 눈을 떼지도 않은 채 고개를 끄덕여서 인사를 했다.)

2. 자동사 용법
2.1. 다음 주어는 위아래로 끄덕인다.
(3) a. Suddenly a head **bobbed** up.(갑자기 머리 하나가 불쑥 나타났다.)
 b. The dark head of a seal **bobbed** a few yards away.(그 바다표범의 짙은 머리가 몇 야드 떨어진 곳에서 끄덕끄덕 움직였다.)
 c. The ball **bobbed** up and down in the pool.(그 공이 그 수영장에서 위 아래로 움직였다.)
 d. She **bobbed** down behind the wall to avoid being seen.(그녀는 숨기 위해 벽 뒤로 머리를 숙였다.)
 e. The boat was **bobbing** up and down on the waves.(그 보트는 그 파도를 타고 위아래로 움직이고 있었다.)
 f. The log **bobbed** as it washed down the stream.(그 통나무는 그 강물에 휩쓸려 내려갈 때 위아래로 움직였다.)
 g. Tiny boats **bobbed** up and down in the harbor.(작은 보트들이 그 만에서 위아래로 까딱까딱 움직였다.)

bob²
이 동사의 개념 바탕에는 bob의 명사 '단발'이 있다. 이 동사는 명사의 모양과 관계가 있다.

1. 타동사 용법
1.1. 다음 주어는 목적어를 단발로 자른다.
(1) The hairdresser **bobbed** the girl's hair.(그 미용사가 소녀의 머리카락을 핵핵 잘라당겼다.)

bog
이 동사의 개념 바탕에는 bog의 명사 '수렁'이 있다. 동사의 의미는 이 명사의 특성과 관계가 있다.

1. 자동사 용법
1.1. 다음 주어는 수렁 같은 곳에 빠진다.
(1) a. The hikers **bogged down** in the mud.(그 도보여행자들은 그 진흙에 빠졌다.)
 b. The tank **bogged down** in the mud.(그 탱크가 그 진흙에 빠졌다.)
 c. The truck **bogged down** in the snow.(그 트럭이 그 눈 속에 빠졌다.)

1.2. 다음 주어는 일과 같은 것으로, 사람이 수렁에 빠져 꼼짝할 수 없듯, 일도 난관 속에 움직이지 못하게 된다.

(2) a. The project **bogged down** because of poor management.(그 계획 사업은 서투른 경영 때문에 수렁에 빠졌다.)
 b. The bill **bogged** down after being passed by Congress.(그 법안은 의회를 통과한 후에 수렁에 빠졌다.)

2. 타동사 용법
2.1. 다음 주어는 목적어를 꼼짝 못하게 한다.
(3) a. The slow computer **bogged us down**.(그 속도가 느린 컴퓨터가 우리를 꼼짝 못하게 하였다.)
 b. The accusations **bogged** the senator **down** until the courts decided the issue.(그 고소들은 그 상원의원을 그 법원이 그 문제를 판결할 때까지 꼼짝 못하게 하였다.)
 c. Special problems **bogged down** the legislative process.(특별한 문제들이 그 입법 과정을 난항을 겪게 하였다.)

2.2. 다음은 수동태 문장으로 주어는 꼼짝 못하게 된다.
(4) a. Let's not get **bogged down** with individual complaints.(개개인의 불평들로 지체되지 맙시다.)
 b. We must not get **bogged down** in details.(우리는 세부사항들 속에 빠지지 말아야 한다.)

boil
이 동사의 개념 바탕에는 끓이는 과정이 있다.

1. 자동사 용법
1.1. 다음 주어는 끓는다.
(1) a. Water **boils** when heated.(물은 가열되면 끓는다.)
 b. The water's **boiling**.(그 물은 끓고 있다.)
 c. Liquids **boil** when they bubble up.(액체에 거품이 일면 그것은 끓는 것이다.)

1.2. 다음 주어는 물이 끓듯 뜨겁다. [분노는 가열된 액체이다]의 은유가 쓰인 표현이다.
(2) a. I am **boiling** in this thick coat.(나는 이 두꺼운 코트 속에서 거의 익혀질 지경이다.)
 b. He was **boiling** with rage.(그는 분노로 격앙하고 있었다.)
 c. He felt the fury **boiling** within him.(그는 그 분노가 그 속에서 끓고 있는 것을 느꼈다.)

1.3. 물이 끓으면 물이 세차게 움직인다. 다음 주어는 거칠게 움직인다.
(3) a. The stormy sea is **boiling**.(그 폭풍우 날뛰는 바다가 뒤끓듯이 파도치고 있다.)
 b. The art market is **boiling** with an activity never known before.(그 미술 시장이 전에 없던 활기로 달아오르고 있다.)

1.4. 다음 주어는 환유적으로 쓰여서 주어가 담긴 액체를 가리킨다.
(4) a. The potatoes have **boiled**.(그 감자는 다 익었다.)
 b. The potatoes have been **boiling** for twenty minutes.(그 감자는 20분 동안 끓고 있다.)
 c. The eggs are **boiling**.(그 계란은 삶기고 있다.)

1.5. 다음 주어는 환유적으로 쓰여서 그릇 속에 든 물

을 가리킨다.

(5) a. Is the kettle **boiling**?(그 솥은 끓고 있니?)

　　b. The pot is **boiling**.(그 냄비는 끓고 있다.)

　　c. A watched pot never **boils**.(기다리는 시간은 긴 법이다. 서두르지 마라 (속담:지키고 있는 솥은 절대 끓지 않는다.))

1.6. 액체를 끓이면, 액체는 움직이거나 없어진다.

(6) a. The water had all **boiled away** and the pan was burned.(그 물은 다 끓어서 증발해 버렸고 팬은 타버렸다.)

　　b. The political frenzy was now **boiling over**.(그 정치적 격분이 이제 위기에 이르고 있었다.)

　　c. The milk is **boiling over**.(그 우유가 끓어 넘치고 있다.)

1.7. 다음 주어는 전치사 to의 목적어에 범위가 좁아진다.

(7) a. The problem **boils down** to one thing—lack of money.(그 문제는 한 가지 일로 귀착된다—즉 돈 부족이다.)

　　b. It **boiled down** to a question of money.(그것은 결국 돈의 문제로 요약되었다.)

1.8. 다음 [격한 감정은 끓는 액체이다]의 은유가 적용된 표현이다.

(8) a. Trouble is **boiling** up in the Middle East.(분쟁이 중동에서 끓어오르고 있다.)

　　b. A wave of resent is **boiling** up inside him.(분개의 물결이 그 속에 끓어오르고 있다.)

　　c. My blood **boiled** at the sight.(그 광경을 보자 내 피가 끓었다.)

1.9. 다음 주어는 끓는 소리를 내면서 움직인다.

(9) The water **boiled through** the rapids.(그 물은 끓는 소리를 내면서 그 급류를 지나갔다.)

2. 타동사 용법

2.1. 다음 주어는 목적어를 끓인다.

(10) a. I am **boiling** water.(나는 물을 끓이고 있다.)

　　b. She is **boiling** the baby's milk.(그녀는 그 아기 우유를 끓이고 있다.)

　　c. **Boil** some water for tea.(찻물을 좀 끓여라.)

2.2. 다음 목적어는 물이 아니라 물속에 담기는 음식이다.

(11) a. I have **boiled** the potatoes.(나는 그 감자를 삶았다.)

　　b. **Boil** the potatoes for 10 minutes.(그 감자를 10분 동안 삶아라.)

2.3. 다음 문장의 목적어는 물을 끓이는 도구이다.

(12) a. Peter **boiled** the kettle.(피터가 그 솥을 끓였다.)

　　b. Don't let the pan **boil** dry.(그 팬을 끓여서 말라붙지 않도록 해라.)

2.4. 다음 주어는 목적어를 끓여서 생겨나게 한다.

(13) They **boiled** salt out of the sea-water.(그들은 소금을 바닷물을 졸여서 만들었다.)

2.5. 다음 주어는 첫째 목적어에게 둘째 목적어를 끓여서 준다.

(14) a. She **boiled** me an egg.(그녀는 나에게 계란을 삶아 주었다.)

　　b. Shall I **boil** you an egg?(계란 하나 삶아 드릴까요?)

bolt¹

이 동사의 개념 바탕에는 '나사 못', '빗장', '화살'이 있다. 동사의 의미는 명사의 쓰임이나 속성과 관계가 있다.

1. 타동사 용법

1.1. 주어는 목적어를 나사로 전치사 to의 목적어에 붙인다.

(1) a. We **bolted** the safe **to** the wall.(우리는 그 금고를 벽에다가 볼트로 고정시켰다.)

　　b. He **bolted** the rack **to** the wall.(우리는 그 선반을 그 벽에다가 볼트로 고정시켰다.)

　　c. He **bolted** the muffler back **to** the car.(우리는 그 소음기를 그 차에 다시 볼트로 고정시켰다.)

1.2. 다음은 수동태 문장으로 주어는 나사로 조여지는 개체이다.

(2) a. The walls of the shed were **bolted together**.(그 오두막집의 벽들은 서로 나사로 조여졌다.)

　　b. The vice is **bolted to** the work bench.(그 바이스는 그 작업대에 나사로 고정되어 있다.)

2. 자동사 용법

2.1. 주어는 잠기는 개체이다.

(3) The gate **bolts** on the inside.(그 대문은 안에서 빗장을 걸어 잠긴다.)

bolt²

이 동사의 개념 바탕에는 '번개', '화살'이 있다. 동사의 의미는 명사의 쓰임이나 속성과 관계가 있다.

1. 자동사 용법

1.1. 다음 주어는 번갯불같이 빠르게 움직인다.

(1) a. She **bolted down** the platform as the train was about to leave.(그녀는 그 기차가 막 떠나려고 할 때 그 승강장 아래로 내달았다.)

　　b. The thief **bolted down** the alley.(그 도둑은 그 뒷골목 아래로 재빨리 달아났다.)

　　c. He **bolted from** the room.(그는 그 방에서 잽싸게 뛰쳐나왔다.)

　　d. He **bolted through** the open window.(그는 그 열려진 창문을 통해 재빨리 달아났다.)

　　e. He **bolted to** the phone to call an ambulance.(그는 구급차를 부르기 위해 그 전화기로 빨리 달려갔다.)

　　f. The cat **bolted** when it saw the dog coming.(그 고양이는 그 개가 오는 것을 보자 잽싸게 달아났다.)

1.2. 다음 주어는 갑자기 뛰어오른다.

(2) a. The horse reared up and **bolted**.(그 말은 뒷발로 곤추섰다가 내달았다.)

　　b. My horse **bolted** and threw me in the mud.(나의 말이 갑자기 내달아서 나를 그 진흙에 내던졌다.)

1.3.다음 주어는 목적어를 빗장으로 잡는다.

(3) a. Please **bolt** the door before you go to bed.(잠자러 가기 전에 그 문을 빗장으로 걸어주세요.)

　　b. He **bolted** the gate.(그는 그 대문을 빗장으로 걸어

잠갔다.)

1.4. 다음 주어는 목적어를 가두어 넣는다.

(4) He **bolted** the suspect in/out.(그는 그 용의자를 가두었다/몰아냈다.)

2. 타동사 용법

2.1. 다음 주어는 급하게 목적어를 먹는다.

(5) a. He **bolted** his breakfast and ran to catch his bus. (그는 아침을 급히 먹고 그 버스를 잡기 위해 뛰었다.)

b. He **bolted** down his lunch.(그는 그 점심을 급히 먹었다.)

2.2 다음 주어는 목적어를 떠난다.

(6) He **bolted** the Democratic Party and voted the Republican.(그는 민주당을 탈퇴하여 공화당에 투표했다.)

---

bombard

이 동사의 개념 바탕에는 포탄을 퍼붓는 과정이 있다.

1. 타동사 용법

1.1. 다음 주어는 목적어를 포탄으로 퍼붓는다.

(1) a. Tanks **bombarded** the enemy position all morning. (탱크들이 그 적진에 포탄을 아침 내내 퍼부었다.)

b. Aircraft **bombarded** the hydro-electric plant and destroyed it.(항공기들이 그 수력발전소를 포탄으로 퍼부어서 그것을 파괴했다.)

c. The audience **bombarded** the stage with rotten fruit.(그 관객들은 그 무대에 썩은 과일로 던졌다.)

d. Protesters **bombarded** the building with paint and bottles.(항의자들은 그 건물을 페인트와 병으로 공격했다.)

1.2. 다음은 [질문은 포탄이다]를 보여준다. 주어는 목적어를 퍼붓는다.

(2) a. The lawyer **bombarded** the witness with question after question.(그 변호사는 그 증인에게 쉴 새 없이 질문을 퍼부었다.)

b. The reporters **bombarded** the mayor with questions.(그 기자들은 그 시장을 질문으로 공세했다.)

1.3. 다음은 주어 자체가 목적어를 공격한다.

(3) The hurricane **bombarded** the coastline.(그 폭풍이 그 해안선을 강타했다.)

1.4. 다음은 수동태 문장으로 주어는 공격을 받는 개체이다.

(4) a. I was **bombarded with** phone calls/questions.(나는 전화공세/질문공세를 받았다.)

b. The speaker was **bombarded with** questions.(그 연사는 질문공세를 받았다.)

c. We have been **bombarded with** letters of complaint.(우리는 불평의 편지공세를 받았다.)

---

bond

이 동사의 개념 바탕에는 붙는 과정이 있다.

1. 자동사 용법

1.1. 다음 주어는 붙는다.

(1) a. These materials do not **bond** well.(이 물질들은 잘 붙지 않는다.)

b. The atoms **bond** together to form a molecule.(원자들은 분자를 형성하기 위해 결합한다.)

c. The two materials will **bond** if you heat them.(그 두 물질은 그것을 열을 가하면 붙을 것이다.)

d. The pieces will **bond** in ten minutes.(그 조각들은 10분 안에 붙을 것이다.)

e. This plastic does not **bond** well.(이 플라스틱은 잘 붙지 않는다.)

1.2. 다음 주어는 서로 결합한다.

(2) a. The two recruits **bonded** immediately.(그 두 신병들은 곧 가까워졌다.)

b. The college roommates quickly **bonded** and were lifelong friends.(그 대학의 룸메이트는 빠르게 가까워졌고 일생 동안의 친구가 되었다.)

1.3. 다음 주어는 붙이는데 쓰이는 개체이다.

(3) The adhesive **bonded** quickly.(그 접착제는 빨리 붙는다.)

1.4. 다음 주어는 전치사 to의 목적어에 붙는다.

(4) a. The paint **bonded to** the wall very well.(그 페인트가 그 벽에 잘 붙었다.)

b. It cannot be used to **bond** metal **to** wood.(그것은 금속을 나무에 붙이는 데 사용될 수 없다.)

c. Oxygen **bonds to** hydrogen to form water.(산소는 수소와 결합하여 물을 만든다.)

1.5. 다음 주어는 with의 목적어와 유대를 맺는다.

(5) a. The child has difficulties **bonding with** others.(그 아이는 다른 사람과 유대를 맺기 어렵다.)

b. Mothers who are depressed fail to **bond with** their children.(우울한 어머니들은 그들의 자녀와 유대를 맺는데 실패한다.)

2. 타동사 용법

2.1. 다음 주어는 목적어를 붙인다.

(6) a. The new glue **bonds** a variety of surfaces in seconds.(그 새로운 접착제는 다양한 표면들을 몇 초만에 붙인다.)

b. Use this glue to **bond** the two materials.(그 두 가지 물질을 붙이는데 이 접착제를 사용하시오.)

2.2. 다음 주어는 목적어의 보증인이 된다.

(7) a. The company **bonds** its employees.(그 회사는 종업원을 보증한다.)

b. The messenger was **bonded** against loss.(그 배달부는 손실에 대해 보증되어 있었다.)

---

book

이 동사의 개념 바탕에는 book의 명사 '장부', '명부'가 있다.

1. 타동사 용법

1.1. 다음 주어는 범죄자 명단에 올린다.

(1) a. "Book him", the officer said.("그를 경찰 기록에 올

려라"라고 그 경관이 말했다.)

b. The police officer **booked** the criminal. (그 경관은 그 죄수를 입건했다.)

c. The police **booked** him for speeding. (그 경찰은 그를 속도 위반으로 입건했다.)

1.2. 다음 주어는 목적어를 예약시킨다.

(2) a. Can you **book** me in at Hilton? (나를 위하여 힐튼에 방을 예약해 주시겠습니까?)

b. I've **booked** you on the 10 o'clock flight. (나는 너를 그 10시 비행기에 예약해 놓았다.)

c. They **booked** us on the next cruise. (그들은 우리를 다음 유람선에 예약했다.)

1.3. 다음 주어는 목적어를 예약한다.

(3) a. They **booked** a singer for the wedding. (그들은 가수 한 명을 그 결혼식에 출연 계약을 맺었다.)

b. They **booked** an entire orchestra for the reception. (그들은 그 오케스트라 전체가 그 환영회를 위해 출연계약을 맺었다.)

c. We **booked** the rock group. (우리는 그 락 그룹과 출연계약을 맺었다.)

1.4. 다음 주어는 목적어를 예약한다. 목적어는 자리이다.

(4) a. He **booked** up the hotels for the World Series. (그는 그 호텔들을 월드 시리즈를 위해 예약했다.)

b. I've **booked** a table for two at the restaurant. (나는 두 사람을 위한 식탁을 하나 그 식당에 예약했다.)

c. They **booked** their flight to Korea three months before their trip. (그들은 여행 석 달 전에 한국행 비행기를 예약했다.)

1.5. 다음은 수동태 문장으로 주어는 예약된 개체이다.

(5) a. The seats are already **booked**. (그 좌석들은 이미 예약되었다.)

b. The hotel is fully **booked** up. (그 호텔은 완전히 예약이 꽉 찼다.)

c. The performance is **booked** up. (그 공연은 예약이 찼다.)

d. We're **booked** up right through the summer season. (우리는 여름 시즌에는 모두 예약이 꽉 차 있습니다.)

2. 자동사 용법

2.1. 다음 주어는 예약한다.

(6) a. **Book** early to avoid disappointment. (실망하지 않으려면 일찍 예약해라.)

b. Can we **book** in advance? (미리 예약할 수 있습니까?)

2.2. 다음 주어는 예약해서 들어간다.

(7) a. We **booked** in at Savoy. (우리는 사보이 호텔에 들었다.)

b. He **booked** in at the same hotel. (그는 같은 호텔에 들었다.)

2.3. 다음 주어는 예약된다.

(8) The shows **booked** solid for months to come. (그 쇼는 앞으로 몇 달 동안 완전히 예약되었다.)

boom

이 동사의 개념 바탕에는 소리가 크게 울리는 과정

이 있다.

1. 자동사 용법

1.1. 다음 주어는 큰소리를 낸다.

(1) a. The cannon **boomed** in the distance. (그 대포가 멀리서 쾅하고 울렸다.)

b. Guns are **booming**. (총성이 울리고 있다.)

1.2. 다음 주어는 큰소리를 내면서 움직인다.

(2) a. The waterfall **boomed down** the canyon and hit the rocks. (그 폭포가 그 협곡 아래로 굉음을 내며 떨어져 그 바위들에 부딪혔다.)

b. His voice **boomed out** from the office (그의 목소리가 그 사무실 밖으로 울려퍼져 나왔다.)

c. His voice **boomed over** the loudspeaker. (그의 목소리가 확성기를 통해 울려퍼져 넘어왔다.)

1.3. 큰 소리는 힘참을 나타낸다. 다음 주어는 갑자기 좋아진다.

(3) a. The computer industry is **booming**. (컴퓨터 산업이 급속히 발전하고 있다.)

b. The steel industry is **booming**. (철강 산업이 급속히 발전하고 있다.)

c. He is just **booming** as a singer. (그는 가수로써 갑자기 유명해지고 있다.)

d. Interest in linguistics is **booming**. (언어학에 대한 관심이 갑자기 일고 있다.)

2. 타동사 용법

2.1. 다음 주어는 목적어를 큰소리로 낸다.

(4) a. The cannon **boomed** a deafening roar. (그 대포가 귀청이 찢어질 정도의 큰 소리를 냈다.)

b. The guns **boomed** out an answer to the attack. (그 대포들이 그 공격에 대항하여 쿵쿵 반응을 울렸다.)

c. The fog horn **boomed** out its warning. (그 무적이 경고를 큰 소리로 내었다.)

d. The rescuer **boomed** a message over the loudspeaker. (그 구조자가 메시지를 확성기를 통해 큰 소리로 알렸다.)

2.2. 다음 따옴표 속의 표현은 주어가 큰 소리로 말하는 것이다.

(5) a. "Get out of my way," he **boomed**. ("저리 비켜"라고 그는 큰 소리로 말했다.)

b. "Back inside," he **boomed**. ("안으로 돌아가"라고 그는 큰 소리로 말했다.)

boost

이 동사의 개념 바탕에는 뒤에서 밀어 올리는 과정이 있다.

1. 타동사 용법

1.1. 다음 주어는 목적어를 밑에서 밀어 올린다.

(1) a. He **boosted** the youngster to the top of bunk bed. (그는 어린이를 2층 침대 위로 밀어 올렸다.)

b. **Boost** the baby into the chair. (그 아기를 그 의자에 밀어 올려라.)

c. The cowboy **boosted** Bob onto the horse. (그 카우

보이는 밥을 그 말 위로 밀어 올려 태웠다.)

1.2. 위는 양이나 수의 증가를 의미이다. 주어는 목적
어를 올린다. [많음은 위] 은유가 쓰인 표현이다.

(2) a. The landlord **boosted** our rent.(그 집 주인은 우리
의 집세를 올렸다.)

b. The advertising campaign is intended to **boost**
sales.(그 광고 운동은 매출액을 올리기 위해 의도
되었다.)

c. Her plans are to **boost** production by 30%.(그녀
의 계획들은 생산량을 30% 올리는 것이다.)

d. Inflation has **boosted** the cost of living.(통화 팽창
이 생계비를 올려놓았다.)

1.3. 주어는 목적어의 기분을 좋게 한다. [좋음은 위] 은
유가 쓰인 표현이다.

(3) a. Getting the job did a lot to **boost** his ego.(그 직업
을 갖는 것은 그의 자아를 높이는 데에 많은 효과가
있었다.)

b. We need a holiday to **boost** our spirits.(우리는 우
리의 정신을 높이기 위해 휴일이 필요하다.)

border

이 동사의 개념 바탕에는 border의 명사 '경계'가 있
다.

1. 타동사 용법

1.1. 다음 주어는 목적어와 국경이나 경계를 접한다.

(1) a. The United States **borders** Mexico and Canada.
(미국은 멕시코 그리고 캐나다와 국경을 접하고 있
다.)

b. Sweden **borders** Norway and Finland.(스웨덴은
노르웨이 그리고 핀란드와 국경을 접하고 있다.)

c. France **borders** Germany along parts of the
Rhein.(프랑스는 독일과 라인강의 지류를 따라 군데
군데에서 국경을 접하고 있다.)

d. Meadows **border** the path to the woods.(초원들이
그 숲으로 향하는 그 길과 경계를 접하고 있다.)

1.2. 다음 주어는 목적어의 가장자리를 두른다.

(2) a. The tall trees **border** the street.(그 높은 나무들이
그 거리의 가장자리를 둘러싸고 있다.)

b. The shrubs **border** our yard.(그 관목들이 우리 집
뒤뜰의 가장자리를 둘러싸고 있다.)

c. Large trees **border** the river.(큰 나무들이 그 강변
을 둘러싸고 있다.)

1.3. 다음은 수동태 문장으로 주어는 가장자리가 둘러
싸여 있다.

(3) a. The valley is **bordered** on both sides by high
limestone cliffs.(그 골짜기는 양 옆이 높은 석회석
절벽으로 둘러싸여 있다.)

b. The park is **bordered** by modern buildings(그 공
원은 현대식 건물들로 둘러싸여 있다.)

2. 자동사 용법

2.1. 다음 주어는 on의 목적어와 부분적으로 접한다.

(4) a. Sweden **borders** on Norway and Finland.(스웨덴
은 노르웨이와 핀란드에 국경을 접하고 있다.)

b. Spain **borders** on France on the east.(스페인은 동
쪽에서 프랑스와 국경을 접하고 있다.)

2.2. 다음 주어는 on의 목적어의 상태에 이른다.

(5) a. His behavior **borders** on madness.(그의 행동은 미
친 짓에 가깝다.)

b. His excitement **bordered** on hysteria.(그의 흥분
은 히스테리에 가까웠다.)

bore¹

이 동사의 개념 바탕에는 지루하게 하는 과정이 있다.

1. 타동사 용법

1.2. 다음 주어는 목적어를 지루하게 한다.

(1) a. The lecture **bored** me very much.(그 강의는 나를
매우 지루하게 했다.)

b. The professor's voice will **bore** anyone.(그 교수
님의 목소리는 누구든지 지루하게 만들 것이다.)

c. Am I **boring** you?(내가 너를 지루하게 하니?)

1.2. 다음 수동태 문장으로 주어는 지루해지는 사람이다.

(2) a. He was **bored** with hearing about it.(그는 그것을
듣는 데에는 싫증이 났다.)

b. The old man is alone and **bored** to tears.(그 노인
은 혼자이고 심심해서 눈물이 날 지경이었다.)

bore²

이 동사의 개념 바탕에는 구멍을 뚫는 과정이 있다.

1. 타동사 용법

1.1. 주어는 뚫어서 목적어를 만든다.

(1) a. The electrician **bored** an opening in the wall for
the wires.(그 전기공은 그 전선들을 넣기 위해 구멍
하나를 그 벽에 뚫었다.)

b. He **bored** a hole in the tabletop.(그는 구멍 하나를
그 테이블의 윗면에 뚫었다.)

c. They **bored** a tunnel under the English Channel.
(그들은 터널을 영국의 해협 아래에 뚫었다.)

d. He **bored** his way through the crowd.(그는 그 군
중 속을 뚫고 나갔다.)

2. 자동사 용법

2.1. 다음 주어는 전치사의 목적어에 구멍을 뚫으면서
지나간다.

(2) a. Worms **bored into** the wood.(벌레들이 그 나무에
구멍을 파고 들어갔다.)

b. Her eyes **bored** straight **into** mine.(그녀의 눈이 나
의 눈을 꿰뚫어 보았다.)

c. To build the tunnel they had to **bore through** solid
rock.(그 터널을 짓기 위해서는 그들은 단단한 바위
를 뚫고 나가야만 한다.)

d. The special drill can **bore through** solid rock.(그
특수한 드릴은 단단한 바위도 뚫을 수 있다.)

e. He **bored through** the crowd of people.(그는 그 군
중을 뚫고 나갔다.)

2.2. 다음 주어는 구멍이 뚫린다.

(3) a. The wood **bores** easily.(그 나무는 쉽게 구멍이 뚫린다.)

　　b. The rock **bored** easily.(그 바위는 쉽게 구멍이 뚫렸다.)

borrow

이 동사의 개념 바탕에는 빌리는 과정이 있다.

1. 타동사 용법

1.1. 다음 주어는 목적어를 빌린다.

(1) a. Can I **borrow** your bike until next week?(내가 네 자전거를 다음 주까지 빌려도 되니?)

　　b. Can I **borrow** your pen for a moment?(펜을 잠깐 빌릴 수 있을까요?)

　　c. He wouldn't let me **borrow** his clothes.(그는 내가 그의 옷을 빌려가도록 허락하지 않을 것이다.)

　　d. I **borrowed** his words for my book's title.(나는 그의 말을 내 책의 제목으로 빌렸다.)

　　e. She **borrowed** my dress to wear to the party.(그녀는 파티에 입고 가려고 내 옷을 빌렸다.)

1.2. 다음 주어는 목적어를 전치사 from의 목적어로부터 빌린다.

(2) a. He **borrowed** a book **from** the library.(그는 책 한 권을 그 도서관에서 빌렸다.)

　　b. He **borrowed** a car **from** his mother for a few days.(그는 차를 어머니에게 며칠 간 빌렸다.)

　　c. He **borrowed** one dollar **from** his friend.(그는 1달러를 그의 친구에게 빌렸다.)

　　d. She **borrowed** $200 **from** the bank.(그녀는 200달러를 그 은행에서 빌렸다.)

　　e. She **borrowed** a cup of sugar **from** her neighbor.(그녀는 설탕 한 컵을 이웃에게 빌렸다.)

1.3. 빌릴 수 있는 것에는 구체적인 물건 뿐만 아니라 다음에서와 같이 추상적인 개체도 될 수 있다.

(3) a. 24 minus 9. **Borrow** one ten and add it to the four to get 14, then subtract 9 from 14. That's five.(24 빼기 9입니다. 십의 자리에서 하나를 빌려서 4에 더하면 14가 되고, 그 다음에 14에서 9를 빼세요. 그것이 5입니다.)

　　b. English has **borrowed** many French words.(영어는 많은 프랑스어 단어를 차용했다.)

　　c. English has **borrowed** words **from** many languages.(영어는 많은 언어로부터 단어를 차용했다.)

　　d. The tribe **borrowed** the rituals of a neighboring tribe.(그 부족은 이웃 부족의 그 의식을 빌렸다.)

　　e. Their engineers are happier **borrowing** other people's ideas than developing their own.(그들의 기술자들은 자신들의 생각을 발전시키기보다는 다른 이들의 것을 빌리는 것에 더 만족한다.)

1.4. 다음은 수동태 문장으로 주어는 빌려진다.

(4) a. It is obvious that many ideas in the book have been **borrowed**.(그 책에 있는 많은 생각들이 빌려 온 것이 확실하다.)

　　b. The melody in this piece of music is **borrowed** from a folk song.(이 악곡의 멜로디는 민요에서 빌

려왔다.)

2. 자동사 용법

2.1. 다음에서는 목적어가 표현되지 않았다. 그러나 이것은 문맥이나 화맥으로부터 예측이 가능하다.

(5) a. Brazil has had to **borrow** heavily in order to survive.(브라질은 살아남기 위해서 많은 돈을 차용해야 했었다.)

　　b. Consumers should avoid **borrowing**.(소비자들은 빌려쓰는 것을 피해야 한다.)

　　c. Did you learn how to **borrow** in school?(너는 학교에서 빌리는 법을 배웠니?)

　　d. Some people are good at **borrowing**, but bad at giving back.(몇몇 사람들은 빌려쓰기에는 능숙하지만 되돌려 주는 것에는 서투르다.)

2.2. 다음에서는 빌려주는 사람이 전치사 from으로 표현되어 있다.

(6) a. It is very expensive to **borrow from** finance companies.(금융회사에서 (돈을) 빌려쓰는 것은 매우 비싸다.)

　　b. They **borrowed** heavily **from** the bank to start their new business.(그들은 새 사업을 시작하기 위해서 은행에서 (돈을) 많이 빌렸다.)

bother

이 동사의 개념 바탕에는 귀찮게 하는 과정이 있다.

1. 타동사 용법

1.1. 다음 주어는 목적어를 귀찮게 한다.

(1) a. Don't **bother** your dad. He is sleeping.(너의 아버지를 귀찮게 하지 말아라. 주무시고 계신다.)

　　b. He **bothers** his friend to lend him money.(그는 돈을 빌려달라고 친구를 성가시게 한다.)

　　c. I'm sorry to **bother** you, but could you direct me to the station?(귀찮게 해서 죄송합니다만, 그 역까지 가는 길을 가르쳐 주시겠습니까?)

　　d. I'm trying to read. Please don't **bother** me right now.(저는 독서를 좀 하려는 중입니다. 지금 저를 당장은 귀찮게 하지 말아 주세요.)

　　e. One more question, we won't **bother** you any more.(질문 하나만 더 하겠습니다, 더 이상 당신을 귀찮게 하지 않겠습니다.)

　　f. She told him to stop **bothering** her.(그녀는 그에게 자기를 귀찮게 구는 것을 그만두라고 말했다.)

　　g. Sorry to **bother** you at this time of night.(이런 밤 시간에 당신을 성가시게 해서 미안해요.)

　　h. My daughter **bothered** me for the toys.(내 딸은 장난감을 사달라고 나를 성가시게 했다.)

1.2. 다음은 수동태 문장으로 주어는 성가심을 받는다.

(2) The villagers don't seem to be **bothered** by all the tourists.(그 마을 사람들은 모든 관광객 때문에 골치를 앓는 것 같지는 않다.)

1.3. 다음 주어는 목적어를 전치사 with의 목적어로 귀찮게 한다.

(3) a. He didn't want to **bother** her **with** financial

problems on their honeymoon.(그는 그녀를 금전 문제로 신혼여행에서 괴롭히고 싶지 않았다.)

b. I won't **bother** you **with** details now.(나는 당신을 지금 세부사항으로 괴롭히지 않을 것이다.)

c. He always **bothers** his brother **with** questions.(그는 항상 형을 질문으로 괴롭힌다.)

1.4. 다음 주어는 it이고, 이것은 뒤에 오는 that-절의 내용을 가리킨다. 주어는 목적어를 괴롭힌다.

(4) a. Jane hates walking home at night alone, but it doesn't **bother** me.(제인은 밤에 혼자서 집까지 걸어가는 것을 싫어하지만, 그런 건 나로서는 상관없다.)

b. It **bothered** me that the boys were not interested in me.(그 소년들이 나에게 관심이 없다는 것이 나를 괴롭혔다.)

c. It **bothers** me that he's left no message.(그가 아무런 전언도 남기지 않았다는 것이 나를 괴롭힌다.)

d. It **bothers** me that this situation can arise.(이런 상황이 일어날 수도 있다는 것이 나를 신경쓰이게 한다.)

e. It doesn't **bother** if he doesn't show up.(그가 나타나지 않아도 신경을 쓰지 않는다.)

f. Will it **bother** you if I turn on the radio?(제가 라디오를 켜면 당신에게 방해가 될까요?)

g. What **bothers** me most is that he doesn't seem to take no interest in his work.(나를 가장 괴롭히는 것은 그가 자신의 일에 아무 관심도 없는 듯이 보이는 점이다.)

h. The fact needs not **bother** us.(그 사실이 우리를 괴롭힐 필요는 없다.)

1.5. 다음 주어는 책임, 신체상의 불편, 정서적 상태이다. 주어는 목적어를 괴롭힌다.

(5) a. The variety of his responsibilities **bothered** him greatly.(책임의 다양함이 그를 대단히 성가시게 했다.)

b. My back/ liver/ throat is **bothering** me today.(오늘은 내 등이/ 간이/ 목이 나를 괴롭히고 있다.)

c. His old injury still **bothers** him.(그의 오래된 상처가 아직도 그를 괴롭힌다.)

d. What's **bothering** you?(무엇이 당신을 괴롭히고 있습니까?)

e. That kind of jealousy doesn't **bother** her.(그런 종류의 질투는 그녀를 괴롭히지는 않는다.)

f. The heat does not seem to **bother** her.(그 더위가 그녀를 괴롭히는 것 같지는 않다.)

g. The heat was beginning to **bother** him, so he went inside.(그 더위가 그를 괴롭히기 시작하고 있었으므로, 그는 안으로 들어갔다.)

1.6. 다음에서 bother는 부정형으로 쓰였고, 그 다음에 부정사가 온다. 이 때 bother는 일부러 노력을 한다는 뜻이다.

(6) a. Don't **bother** to come back.(되돌아 오려고 애쓰지 마세요.)

b. 25% of the electorate didn't **bother** to vote.(그 유권자의 25%는 굳이 투표하려 하지 않는다.)

c. Don't **bother** to write. It wasn't necessary.(쓰려고 애쓰지 마세요. 그럴 필요가 없었습니다.)

d. He failed because he did not **bother** to take obvious precautions.(그는 확실한 주의를 하지 않았기 때문에 실패했다.)

e. He walked out of the office without **bothering** to say good-bye.(그는 인사를 하려고도 하지 않고 그 사무실에서 걸어나갔다.)

f. How are you going to learn if you don't **bother** to listen?(당신이 들으려고 하지 않는다면 어떻게 배우겠다는 겁니까?)

g. She didn't **bother** to reply.(그녀는 굳이 대답하려 들지 않았다.)

h. Why did nobody **bother** to tell me something was wrong?(어째서 아무도 나에게 뭔가 잘못되었다는 것을 말해주려고 하지 않았습니까?)

i. Don't **bother** to call.(일부러 전화하지는 마십시오.)

1.7. 다음 목적어는 동명사이다. 다음 주어는 애를 써서 목적어를 행한다.

(7) a. Don't **bother** getting dinner for me.(저를 위해서 일부러 저녁식사 준비를 하는 수고는 하지 마세요..)

b. He doesn't **bother** cooking.(그는 요리하려고 애쓰지 않는다.)

c. Most of the papers didn't **bother** reporting the event.(그 신문들의 대다수는 굳이 그 사건을 보고하려고 애쓰지는 않았다.)

d. Should I **bother** finishing the book?(제가 그 책을 끝내려고 일부러 애를 써야 합니까?)

e. Some days she didn't even **bother** getting dressed.(어떤 날에는 그녀는 옷을 입으려고 신경조차 쓰지 않았다.)

f. You needn't **bother** locking the door.(당신은 그 문을 잠그는 것에 신경 쓸 필요 없다.)

g. You'd have found it if you had **bothered** looking.(당신이 보려고 했으면 그것을 찾았을 것이다.)

h. Don't **bother** fixing a lunch for me.(저를 위해서 일부러 점심식사 준비하려고 신경쓰지 마세요.)

1.8. 다음 목적어는 머리에 관련된 것이다. 주어는 목적어를 성가시게 한다. 이것은 억지로 머리를 쓴다는 뜻이다.

(8) a. You need not **bother** your head about it.(너는 그것에 대해 일부러 골치를 썩일 필요 없다.)

b. He **bothers** his brains about questions.(그는 질문에 대해 신경을 쓴다.)

c. He refused to **bother** himself with day-to-day things.(그는 일상적인 것에 신경을 쓰는 것을 거절했다.)

2. 자동사 용법

2.1. 다음에는 목적어가 표현되어 있지 않다.

(9) a. I mended the cup. Thanks, but you needn't have **bothered**.(내가 그 컵을 고쳤다. 고마워, 하지만 네가 일부러 애쓸 필요는 없었는데.)

b. Maybe I should learn French properly, but then again, why **bother**?(아마 나는 프랑스어를 제대로 배워야 하겠지만, 다시 생각하건데 왜 굳이 귀찮게 배워야 하는지?)

c. She should have phoned them, but she just didn't

bother.(그녀가 그들에게 전화를 했어야 하는 거였
지만, 그녀는 일부러 애를 쓰지 않았다.)

  d. Thanks for coming. It was good of you to bother.
(와 주셔서 감사합니다. 당신이 일부러 이렇게 수고
를 해 주시다니 친절하시군요.)

  e. He let things slide and doesn't bother.(그는 일
되는 대로 내버려두고 신경을 쓰지 않는다.)

**2.2. 다음 주어는 전치사 about의 목적어가 가리키는
일에 신경을 쓴다.**

(10) a. Do they bother about punctuality in your job?(그
들은 당신의 일터에서 시간 엄수에 신경을 써 줍니까?)

  b. Don't bother about /with doing the laundry.(그 빨
래에 대해서 일부러 신경쓰실 것 없습니다.)

  c. He didn't bother about political arguments.(그는
정치 논쟁에 대해 신경쓰지 않았다.)

  d. He is always bothering about things that don't
matter.(그는 항상 중요하지 않은 것에 신경을 쓰고
있다.)

  e. He is too wrapped in his work to bother about his
wife.(그는 자기의 일에 너무 폭 빠져서 부인에 대해
신경쓰지 않는다.)

  f. He viewed the incident as too small to bother
about.(그는 그 사건을 너무 사소하여 신경 쓸 필요
가 없는 것으로 여겼다.)

  g. Don't bother about expenses.(비용에 대해서는 신
경쓰지 마세요.)

2.3. 다음에서 bother는 전치사 with와 같이 쓰였다.

(11) a. Ray never usually bothered with Christmas.(레이는
보통 크리스마스에 대해서는 신경쓰는 법이 없다.)

  b. The president does not bother with small details.
(그 대통령은 사소한 일에는 신경쓰지 않는다.)

2.4. 다음 주어는 성가시게 한다.

(12) Mosquitoes really bothers.(모기는 정말 귀찮다.)

2.5. 다음 주어는 목적어에 신경을 쓴다.

(13) Georgia is untidy, but she never seems to bother
how she looked.(조지아는 단정치 못하지만, 자기가
어떻게 비치는지를 결코 신경쓰지 않는 것 같다.)

bottle

이 동사의 개념 바탕에는 bottle의 명사 '병'이 있다.
동사의 의미는 병의 쓰임과 관계가 있다.

1. 타동사 용법

1.1. 다음 주어는 목적어를 병에 넣는다.

(1) The company bottles all sorts of juices.(그 회사는
모든 종류의 주스를 병에 넣는다.)

**1.2. 다음 주어는 목적어를 담아둔다. [감정은 액체이
다]와 [몸은 그릇] 은유가 사용된 표현이다.**

(2) a. His problem is that he bottles up everything.(그의
문제는 그는 모든 것을 억누르는 데 있다.)

  b. Try not to bottle your emotions.(당신의 감정을 억
누르려고 애쓰지 마시오.)

  c. Don't bottle up your anger; let it out.(당신의 분노
를 억누르지 마시오; 그것을 배출하시오.)

1.3. 다음은 수동태 문장으로 주어는 병에 들어가는 개

체이다.

(3) a. The wines are bottled after three years.(그 포도
주들은 3년 후에 병에 담아진다.)

  b. The wine was bottled in Spain.(그 포도주는 스페
인에서 병에 담아졌다.)

  c. The feelings have been bottled for years.(그 감정
들은 몇 년 동안 억눌려 있었다.)

bottom

이 동사의 개념 바탕에는 bottom의 명사 '밑바닥'이
있다. 동사의 의미는 이 명사의 위치와 관계가 있다.

1. 자동사 용법

**1.1. 다음 주어는 밑바닥으로 가서 더 이상 움직일 수
없다.**

(1) a. The housing market bottomed out in this part of
the country.(그 주택시장은 그 나라의 이 지역에서
바닥까지 떨어졌다.)

  b. The recession is finally beginning to show signs
of bottoming out.(그 불경기는 마침내 바닥까지 떨
어지는 징후를 보이기 시작하였다.)

  c. The sagging economy has finally bottomed out.
(그 하락하는 경제는 마침내 바닥까지 떨어지게 되
었다.)

bounce

이 동사의 기본 개념 바탕에는 튕기는 과정이 있다.

1. 자동사 용법

1.1. 다음 주어는 튕긴다.

(1) a. The ball bounced twice before he could reach
it.(그 공은 그가 그것을 잡기 전에 두 번 튕겨졌다.)

  b. The rubber ball bounced on the floor many times
before it stopped bouncing.(그 고무공은 멈추기 전
에 여러 번 그 마룻바닥에서 튕겼다.)

  c. She was bouncing up and down with excitement.
(그녀는 흥분해서 위아래로 뛰었다.)

  d. Don't bounce on the bed/sofa.(그 침대/소파 위에
서 뛰지 마시오.)

  e. Bill was bouncing on the trampoline.(빌은 그 텀블
링 위에서 뛰고 있었다.)

  f. Her hair bounced from side to side(그녀의 머리칼
이 이리저리 흔들렸다.)

**1.2. 다음 주어는 전치사 off의 목적어를 맞고 튕겨져
나온다.**

(2) a. The basketball bounced off the rim of the basket.
(그 농구공은 그 골대 가장자리를 맞고 튕겨 나왔다.)

  b. Enormous hailstones bounced off the pavement.
(엄청난 우박이 그 인도(人道)에 떨어져 튀어 올랐다.)

  c. The ball hit the wall and bounced off it.(그 공은 그
벽을 치고 튕겨져 나왔다.)

  d. The ball bounced off the wall and hit her on the
nose.(그 공은 그 벽을 치고 튕겨져 나와 그녀의 코를
때렸다.)

e. The ball **bounced off** the wall, and I caught it.(그 공은 그 벽을 치고 통겨져 나와, 내가 그것을 잡았다.)

f. The ball **bounced off** the crossbar and into the net.(그 공은 그 가로대에 맞고 튕겨 나와서 그 네트 속에 들어갔다.)

g. The ball **bounced off** the sidewalk.(그 공은 그 인도에 부딪혀 튕겨져 나왔다.)

h. She **bounced out of** the chair.(그녀는 그 의자에서 튕기듯 일어났다.)

i. Tim **bounced into/out of** the room.(팀은 그 방으로 뛰어들었다/나왔다.)

1.3. 다음 주어는 튕기면서 움직인다.

(3) a. Bill **bounced about** filling up every glass.(빌은 모든 잔을 채우느라 이리저리 뛰어 다녔다.)

b. Cars **bounced along** the dirt road.(자동차들이 그 흙길을 따라 덜컹덜컹 흔들리며 달렸다.)

c. He **bounced** across the room to greet her.(그는 그녀에게 인사하기 위해 그 방을 가로질러 신나게 뛰었다.)

d. The sound waves hit an obstacle and **bounced back** as an echo.(그 음파는 그 장애물에 부딪치고 메아리로 되돌아온다.)

e. The car **bounced down** the hill.(그 자동차는 그 언덕 아래로 튀면서 굴러갔다.)

f. The ball went **bouncing down** the stairs.(그 공은 그 계단을 따라 튀면서 내려왔다.)

g. The kids came **bouncing down** the stairs.(아이들이 그 계단 아래로 뛰면서 내려왔다.)

h. The ball **bounced from** the wall.(그 공은 벽에서부터 튕겨져 나왔다.)

i. He **bounced up** from the chair.(그는 그 의자에서 벌떡 일어났다.)

1.4. 다음 주어는 상태 변화를 겪는다. 위는 좋은 상태로 풀이된다.

(4) a. I **bounced back** pretty quickly after my operation.(나는 그 수술 후에 매우 빠르게 회복했다.)

b. Although she was disappointed about not getting the job, Sybil soon **bounced back**.(비록 그 일자리를 얻지 못해서 낙심했지만, 시빌은 곧 회복했다.)

c. She **bounced back** from his illness.(그녀는 그의 병에서 회복했다.)

d. In spite of the difficulties we always **bounced back**.(그 어려움들에도 불구하고 우리는 언제나 회복했다.)

e. She was pretty ill with flue, but she **bounced back** nicely.(그녀는 독감으로 매우 아팠지만, 거뜬하게 건강을 회복했다.)

f. After losing the game, they **bounced back** to win the tournament.(그 경기를 진 후에 그들은 회복을 해서 그 토너먼트를 이겼다.)

g. Becker **bounced back** in the second set.(벡커는 두 번째 세트에서 다시 이겼다.)

1.5. 다음 주어가 튕겨져 올라오는 높이가 명시되어 있다.

(5) a. The ball hit the ground and **bounced high** into the air.(그 공은 땅을 치고 하늘 높이 튀어 올랐다.)

b. How **high** did the ball **bounce**?(그 공은 얼마나 높이 튀어 오를 수 있습니까?)

c. The rucksack **bounced** and jingled on my shoulders.(그 배낭은 내 어깨 위에서 흔들리고 짤랑거렸다.)

1.6. 빛이나 소리도 어떤 물체에 닿았다가 튕겨져 나온다.

(6) a. The sunlight **bounced off** the water into my eyes.(그 햇빛은 그 수면에 반사되어 내 눈에 들어왔다.)

b. The light **bounced off** the river and dazzled her.(그 빛은 그 강을 치고 나와 그녀를 눈부시게 했다.)

c. Its flickering light **bounced off** the wall.(그것의 가물거리는 빛은 벽에 반사되어 나왔다.)

d. Sound waves **bounced off** even small objects.(음파(音波)는 작은 물체에도 반사되었다.)

1.7. 다음 주어는 수표이고, 주어는 다른 사람에게 준 수표가 되어 돌아온다.

(7) a. My check never **bounced** because I always checked my checkbook.(나는 항상 내 수표책을 확인하기 때문에 내 수표는 절대 부도가 나지 않았다.)

b. The check **bounced** because of insufficient funds.(그 수표는 자금 부족으로 부도가 났다.)

c. My rent check **bounded** because I had forgotten to deposit my paycheck in my account.(내 방세 수표가 내가 계좌에 월급수표를 예금하는 것을 잊었기 때문에 부도가 났다.)

2. 타동사 용법

2.1. 다음 주어는 목적어는 튕긴다.

(8) a. He **bounced** the ball **against** the wall.(그는 그 공을 그 벽에 튕겼다.)

b. He **bounced** the door.(그는 그 문을 탕하고 닫았다.)

c. He **bounced** the ball to me.(그는 그 공을 나에게 튕겼다.)

d. Television pictures from all over the world are **bounced** off the satellite.(전 세계에서 오는 TV 영상은 그 위성에서 반사되어 수신된다.)

e. The message is sent across the Atlantic by **bouncing** the radio waves off a satellite.(그 메시지는 라디오 전파를 그 위성에 쏘아 반사시켜서 대서양 건너로 보내진다.)

2.2. 다음 목적어는 생각이다. 주어는 목적어를 다른 사람에게 던져서 어떤 반응이 오는가를 살핀다.

(9) a. He **bounced** ideas off colleagues everywhere he went.(그는 가는 곳마다 그의 생각을 동료들에게 튕겨보았다.)

b. Could I **bounce** a few ideas off you?(제가 몇 가지 의견을 당신에게 여쭤봐도 될까요?)

2.3. 다음 주어는 목적어를 들어올렸다 내린다.

(10) a. He is **bouncing** the ball.(그는 그 공을 튕기고 있다.)

b. The girl **bounced** the rubber ball.(그 소녀는 그 고무공을 튕겼다.)

c. The passengers were **bounced** from side to side.(그 승객들은 이리저리 흔들렸다.)

d. She is **bouncing** the baby up and down.(그녀는 그 아기를 위아래로 흔들고 있다.)

e. The mother **bounced** the baby on her knee/her lap.(그 어머니는 그 아기를 무릎에 올려놓고 위아래로 흔들어 주었다.)

2.4. 다음의 목적어는 수표이다. 주어는 목적어가 돌아오게 한다. 즉 부도가 나게 한다.

(11) a. I forgot to deposit my paycheck, so I **bounced** four checks in a week.(나는 내 급료 수표를 예금하는 것을 잊어서, 나는 한 주에 네 개의 수표를 부도나게 했다.)

b. He's **bounced** a few checks.(그는 몇 장의 수표를 부도냈다.)

2.5. 다음 주어는 목적어를 전치사 from의 목적어에서 튕겨낸다.

(12) They **bounced** him **from** the club for making trouble.(그들은 말썽을 일으켰다는 이유로 그를 클럽에서 쫓아냈다.)

2.6. 다음은 수동태 문장으로 주어는 from이나 out of의 목적어에서 쫓겨난다.

(13) a. He was **bounced from** his job.(그는 일자리에서 쫓겨났다.)

b. The disorderly group was **bounced from** the cinema.(그 무질서한 무리는 그 영화관에서 쫓겨났다.)

c. The 20-year olds were **bounced from/out of** the bar for underage drinking.(그 20세 미성년자들은 미성년자 음주 금지의 이유로 그 술집에서 쫓겨났다.)

2.7. 다음 주어는 목적어를 부추겨서 전치사 into의 목적어가 가리키는 일을 하게 한다.

(14) a. He **bounced** me **into** going.(그는 나를 부추겨서 가게 했다.)

b. They **bounced** him **out of** his right.(그들은 그의 권리를 빼앗았다.)

2.8. 다음은 수동태 문장으로 주어는 out of의 목적어를 빼앗긴다.

(15) a. He was **bounced out of** his money.(그는 돈을 빼앗겼다.)

b. I was well **bounced** for my carelessness.(나는 부주의로 해서 쫓겨났다.)

c. Party members were **bounced into** choosing him as leader.(당원들은 그를 부추겨 당수로 선출되게 하였다.)

bow

이 동사의 개념 바탕에는 절을 하는 과정이 있다. 그리고 절은 복종, 순종, 존경의 표시가 된다.

1. 자동사 용법

1.1. 다음 주어는 절을 한다.

(1) a. He **bowed** before the shrine.(그는 그 사당 앞에서 절했다.)

b. The singer **bowed** before the audience.(그 가수는 그 청중 앞에서 절을 했다.)

c. He **bowed** down to the ground.(그는 머리가 땅에 닿도록 절을 했다.)

d. He **bowed** from his waist.(그는 허리를 굽혀서 절

을 했다.)

e. I raised my hat to her, and she **bowed** in return.(나는 그녀에게 모자를 들어올렸고, 그녀는 답례로 절을 했다.)

1.2. 다음 주어는 전치사 to의 목적어에 절을 한다.

(2) a. He **bowed** low **to** his boss.(그는 상사에게 깊이 숙여 절을 했다.)

b. He **bows to** nobody in music.(그는 음악에 있어서는 누구에게도 굽히지 않는다.)

c. I am not going to **bow** down **to** people of this sort.(나는 이런 류의 인간들에게 고개를 숙이지는 않을 것이다.)

d. They **bowed** down **to** the idol.(그들은 그 우상에게 머리를 조아렸다.)

e. They **bowed** down **to/before** the Queen.(그들은 여왕에게/ 여왕 앞에서 머리를 숙여 인사했다.)

f. We **bowed to** each other upon meeting.(우리는 만나자 마자 서로에게 머리를 숙였다.)

g. We shall never **bow** down **to** our enemies.(우리는 우리의 적에게 결코 머리 숙이지/굴복하지 않을 것이다.)

1.3. 다음에서 to의 목적어는 사람이 아니고 추상적 개체이다. 이러한 것에 절을 한다는 것은 이러한 것에 굴복/순종하는 것으로 풀이된다.

(3) a. Bill **bowed to** his parents' wish that he should go to law school.(빌은 법률 학교에 가야 한다는 부모의 희망에 굴복했다.)

b. I **bowed to** his wishes, and did as I was asked.(나는 그의 바람에 굴복하여, 부탁을 받은 대로 했다.)

c. He **bowed** down **to** necessity/the decision.(그는 필요에/그 결정에 굴복했다.)

d. He **bowed to** the inevitable fate.(그는 피할 수 없는 운명에 굴복했다.)

e. I **bow to** your greater wisdom/your supreme knowledge.(저는 보다 더 뛰어난 당신의 지혜/지식에 절을 올립니다.)

f. Some stores are **bowing to** consumer pressure and stocking organically-grown vegetables.(몇몇 가게들은 소비자 압력에 굴복하여 유기농법으로 재배한 야채만을 들여놓고 있다.)

g. Parliament may **bow to** public pressure and lift the arms embargo.(의회는 여론의 압력에 굴복하여 그 무기 금지를 해제할지도 모른다.)

1.4. 절을 하면 상체가 앞으로 구부러지면서 휘어진다. 다음 주어는 구부러진다.

(4) a. The branches **bowed** down with fruit.(그 가지들은 열매 때문에 휘어져 내렸다.)

b. The old man's legs **bowed** slightly.(그 노인의 다리는 살짝 휘었다.)

c. The walls of the wooden shed **bowed** because they were not strong enough to support the roof.(그 나무 곳간 벽은 그 지붕을 지탱할 만큼 튼튼하지는 못했기 때문에 휘어졌다.)

1.5. 어떤 자리에서 떠날 때 절을 하는 관습이 있다. 다음 주어는 절을 하고 나간다.

(5) a. The chairman will be **bowing out** next year.(그 의

box   199

장은 내년에 그만 둘 것이다.)
  b. I'm **bowing out** of this scheme.(나는 이 계획안에
    서 빠져나가려고 한다.)

2. 타동사 용법

2.1. 절을 할 때 몸의 허리 부분에서 몸이 꺾인다. 그
  러나 다음에서와 같이 목 부분에서 꺾인다. 다음
  주어는 목을 꺾어서 인사를 한다.
(6) a. He **bowed** down his head in shame.(그는 수치로
    머리를 숙였다.)
  b. He **bowed** his neck to the teacher(그는 (존경 등
    의 표시로) 목을 선생님께 숙였다.)
  c. They **bowed** their heads in prayer.(그들은 기도하
    면서 머리를 숙였다.)

2.2. 다음에서 주어는 사람이 아닌 무게나 바람이다.
  주어는 목적어를 휘게 한다.
(7) a. The weight of the books **bowed** the shelf.(그 책의
    무게가 그 선반을 휘게 했다.)
  b. The wind has **bowed** down all the trees toward
    the east.(그 바람이 모든 나무들을 동쪽 방향으로
    휘게 했다.)
  c. The heavy roof **bowed** the walls of the wooden
    shack.(그 무거운 지붕이 그 통나무집의 벽을 휘게
    했다.)

2.3. 절의 마지막 단계에서 사람의 몸은 앞으로 굽어져
  있다. down이 쓰이면 마지막 모습이 부각된다.
  이러한 모습은 일시적이거나 영구적일 수 있다.
(8) a. His father is **bowed** with age.(그의 아버지는 나이
    가 들어 몸이 굽었다.)
  b. The man is **bowed** with/by old age.(그 사람은 나이
    가 들어서 몸이 굽었다.)
  c. The branches were **bowed** with the weight of the
    snow.(그 가지들은 그 눈의 무게로 휘어 있었다.)
  d. Professor Kim sat at his desk, **bowed** over a
    book.(김 교수는 책 위로 몸을 구부린 채 책상에 앉
    아 있었다.)

2.4. 다음은 수동태 문장으로 주어는 눌린다.
(9) a. Bush refused to be **bowed** down by the bad
    news.(부시는 그 좋지 않은 소식에 굴복하기를 거
    절했다.)
  b. He struggled along the path, **bowed** down under
    the weight of the heavy bags he was carrying.(그
    는 그가 지고 있는 무거운 가방들의 무게에 짓눌려
    서 그 길을 힘들게 갔다.)
  c. She was **bowed** down with/by anguish.(그녀는 큰
    괴로움에 짓눌려 있다.)
  d. The poor folk were **bowed** down by the calamity.
    (그 불행한 사람들은 그 재난에 짓눌려 있다.)

2.5. 다음 목적어는 재귀대명사이다. 다음 주어는 절
  을 하고 어떤 장소에서 나온다.
(10) a. He **bowed** himself out of/into the hall.(그는 절을 하
    고 그 장내에서 나왔다/장내로 들어갔다.)
  b. I **bowed** myself out.(나는 절을 하고 나왔다.)

2.6. 다음 주어는 절을 해서 목적어를 표현한다.
(11) They **bowed** their thanks.(그들은 몸을 굽혀 감사를
    표시했다.)

2.7. 다음 주어는 절을 하면서 목적어를 안내한다.
(12) a. She **bowed** me into/out of the office.(그녀는 (몸을
    굽혀) 인사함으로써 나를 사무실 안으로 맞았다/ 사
    무실 밖으로 전송했다.)
  b. The butler **bowed** me in/out.(그 집사는 (몸을 굽
    혀) 인사함으로써 나를 맞았다/전송했다.)

bowl

이 동사의 개념 바탕에는 볼링 공을 치는 과정이 있다.

1. 자동사 용법

1.1. 다음 주어는 볼링을 한다.
(1) a. They **bowl** every Friday night.(그들은 매주 금요
    일 밤에 볼링을 한다.)
  b. Do you like to **bowl**?(볼링을 좋아하세요?)

1.2. 다음 주어는 공이 미끄러져 가듯 빨리 움직인다.
(2) a. We were really **bowling along** when suddenly the
    back wheel fell off.(우리는 갑자기 뒷바퀴가 떨어
    져 나갔을 때 정말로 미끄러지듯 달리고 있었다.)
  b. Our car **bowled** on the new highway.(우리 차가 그
    새 고속도로 위를 미끄러지듯 달렸다.)
  c. He **bowled** over the fence and flowers.(그는 그 담
    장과 꽃들을 미끄러지듯 넘어갔다.)

2. 타동사 용법

2.1. 다음 주어는 목적어를 굴린다.
(3) a. He **bowled** the ball smoothly down the road.(그는
    그 공을 그 길 아래쪽으로 부드럽게 굴렸다.)

2.2. 다음 주어는 목적어를 넘어뜨린다.
(4) a. Some kids running past **bowled** the old lady
    over.(그 옆을 달리던 몇몇 아이들이 그 노부인을 쓰
    러지게 했다.)
  b. A careless cyclist **bowled** the child over.(부주의
    한 자전거 운전자가 그 아이를 부딪혀 넘어뜨렸다.)

2.3. 다음 주어는 정신적으로 목적어를 넘어뜨린다.
(5) a. The news really **bowled** us over.(그 소식은 정말로
    우리를 깜짝 놀라 자빠지게 했다.)
  b. David **bowled** his parents over with his report
    card.(데이빗은 부모님들을 성적 통지표로 깜짝 놀
    라 자빠지게 했다.)

2.4. 다음은 수동태 문장으로 주어는 넘어지는 사람이다.
(6) a. We were **bowled over** by the expensive wedding
    gift.(우리는 그 값비싼 결혼 선물에 깜짝 놀랐다.)
  b. They were **bowled over** by the good news.(그들
    은 그 좋은 소식에 깜짝 놀랐다.)

box

이 동사의 개념 바탕에는 box의 명사 '상자'가 있다.
동사의 의미는 이 명사의 기능이나 모양과 관계가
있다.

1. 타동사 용법

1.1. 다음에서 주어는 목적어를 상자 속에 넣는다.
(1) a. I **boxed** up the dishes for move.(나는 그 접시들을

운반하기 위해 상자에 담았다.)

    b. The salesperson **boxed** the gift I had purchased. (그 점원은 내가 구입한 선물을 상자에 넣어 포장했다.)

1.2. 다음은 수동태 문장으로 주어는 상자에 담긴다.

(2) a. The apples were **boxed** and shipped. (그 사과들이 상자에 넣어져서 배로 수송되었다.)

    b. The books were **boxed** and mailed home. (그 책들은 상자에 넣어져 집으로 배달되었다.)

1.3. 다음에서 주어는 목적어를 상자 같이 비좁은 자리에 끼이게 한다.

(3) a. Someone had parked behind us, and **boxed** us in. (어떤 사람이 우리 뒤에 주차를 해놓아서 우리를 가두었다.)

    b. They **boxed** her in. (그들은 그녀를 가두었다.)

    c. The small office **boxes** in the workers. (그 작은 사무실에 노동자들이 갇혀 있다.)

1.4. 상자는 사방이 막혀 있어서 그 곳에 들어가 있으면 답답하다. 다음 주어는 상자 안에 있는 것처럼 답답하게 느낀다.

(4) a. Married for two years, Kathy already felt **boxed** in. (2년 동안의 결혼 생활에 캐티는 이미 답답함을 느꼈다.)

    b. She felt **boxed** in by all their petty rules. (그녀는 그들의 하찮은 규칙에 답답함을 느꼈다.)

1.5. 다음에서 주어는 목적어를 전체에서 분리시킨다.

(5) a. We're going to **box** off that corner to get extra storage space. (우리는 여분의 저장 공간을 만들기 위해 저 모퉁이를 칸막이 할 것이다.)

    b. We **boxed** off the play area. (우리는 그 놀이터를 칸막이를 쳐서 분리시켰다.)

1.6. 다음에서 주어는 목적어를 친다.

(6) a. The old man **boxed** the boy's ears. (그 노인은 그 소년의 귀싸대기를 때렸다.)

    b. I will **box** your ears if you yell at me agains. (네가 내게 다시 고함을 지르면 너의 귀싸대기를 때리겠다.)

2. 자동사 용법

2.1. '치다'는 권투의 한 동작이다. 이것이 권투 전체를 나타낸다.

(7) a. The two fighters **boxed** in the ring. (그 두 권투 선수는 그 링에서 권투했다.)

    b. The heavy weight champ was injured and no longer **boxes**. (그 헤비급 챔피언은 부상 당했고 더 이상 권투를 하지 않는다.)

brace

이 동사의 개념 바탕에는 brace의 명사 '꺾쇠', '지지대'가 있다. 동사의 뜻은 이 명사들의 기능과 관계가 있다.

1. 타동사 용법

1.1. 다음의 주어는 목적어를 전치사 with의 목적어로 꺾쇠를 써서 떠받친다.

(1) a. He **braced** the sagging wall with a piece of

wood. (그는 그 기울고 있는 벽을 나무 조각 하나로 떠받쳤다.)

    b. Wait until we've **braced** the ladder. (우리가 그 사다리를 고정시킬 때까지 기다려라.)

    c. We **braced** the roof with your poles. (우리는 너의 막대들로 지붕을 떠받쳤다.)

1.2. 다음에서 주어는 꺾쇠로 개체를 줄이듯 다리에 힘을 준다.

(2) a. She **braced** her foot against the wall and pulled herself up. (그녀는 자신의 발을 그 벽에 힘껏 버텨서 일어섰다.)

    b. He **braced** his feet and stood ready for the attack. (그는 발을 힘껏 버티고 서서 그 공격에 대비해 서 있었다.)

1.3. 다음 주어는 자신을 조인다.

(3) a. He couldn't brake in time and **braced** himself for the crash. (그는 제때에 브레이크를 걸 수 없어서 그 충돌에 대비해 정신을 바짝 차렸다.)

    b. The candidates **braced** themselves for the coming election. (그 입후보자들은 다가오는 그 선거에 대비해 정신을 바짝 차렸다.)

    c. I **braced** myself when the test scores were announced. (나는 그 시험 점수가 발표되었을 때 긴장했다.)

    d. They are **bracing** themselves for a long legal battle. (그들은 장기간의 법정 싸움에 대비해서 긴장하고 있다.)

    e. **Brace** yourself. We are going around a curve. (정신 바짝 차려라. 우리는 커브를 돌아간다.)

    f. We **braced** ourselves for the worst. (우리는 최악의 사태에 대비해 마음을 다잡았다.)

1.4. 다음은 수동태 문장으로 주어는 조이거나 버티어진다.

(4) a. The entire town was **braced** for the attack. (그 마을 전체가 공격에 대비하여 마음이 긴장되었다.)

    b. The side wall of the old house was **braced** with a wooden support. (그 낡은 가옥의 그 벽면은 나무 지지대로 떠받쳐졌다.)

1.5. 다음에서 주어는 목적어를 조인다.

(5) a. Steve **braced** his muscles and heaved the TV. (스티브는 그의 근육을 긴장시켜 TV를 들어 올렸다.)

    b. He **braced** his bow. (그는 활 시위를 잔뜩 당겼다.)

1.6. 다음 주어는 목적어를 돋군다.

(6) a. The cold air of the mountains **braced** the hikers. (그 산들의 차가운 공기가 그 등산객들을 활기차게 했다.)

    b. A brandy will **brace** you up a bit. (브랜디 한 모금은 너의 기분을 좀 상쾌하게 만들 것이다.)

brag

이 동사의 개념 바탕에는 뽐내는 과정이 있다.

1. 자동사 용법

1.1. 다음의 주어는 about의 목적어에 대해서 뽐내거나 자랑한다.

(1) a. She always **brags about** her wonderful children. (그녀는 항상 자기의 대단한 아이들에 대해 자랑했다.)

b. The boss **bragged about** himself.(그 사장은 허풍 떨었다.)

c. He **brags about** his own strength and good looks. (그는 자신의 힘과 용모에 대해 뽐낸다.)

2. 타동사 용법

2.1 다음 주어는 that-절의 내용을 뽐낸다.

(2) a. He **brags that** he has caught a lion.(그는 사자를 잡은 적이 있다고 뽐낸다.)

b. John always **brags that** he is rich. (존은 항상 부자라고 뽐낸다.)

c. Sue **bragged that** she could eat an entire hamburger in two minutes.(수는 그 햄버거 하나를 2분 안에 먹을 수 있다고 뽐냈다.)

braid

이 동사의 개념 바탕에는 braid의 명사 '노끈', '꼰 끈'이 있다.

1. 타동사 용법

1.1. 다음 주어는 목적어를 땋거나 꼰다.

(1) a. Jane **braids** her long hair every morning.(제인은 매일 아침 그녀의 긴 머리를 땋는다.)

b. The native woman **braided** the grass to make a basket.(그 원주민 여자는 그 풀을 꼬아 바구니 하나를 만들었다.)

1.2. 다음 주어는 목적어를 땋아서 전치사 into의 목적어 상태로 만든다.

(2) a. She **braided** her hair **into** a pigtail.(그녀는 머리를 땋아서 땋은 머리로 만들었다.)

b. He **braided** the grass **into** a rug.(그는 그 풀을 꼬아 깔개를 만들었다.)

1.3. 다음 주어는 목적어를 꼬아서 만든다.

(3) a. They were able to **braid** a rope.(그들은 새끼 한 줄을 꼴 수 있었다.)

b. He **braided** rugs.(그는 깔개들을 꼬아 만들었다.)

brake

이 동사의 개념 바탕에는 명사 brake '제동 장치'가 있다. 동사의 뜻은 이 명사의 기능과 관련된다.

1. 자동사 용법

1.1. 다음의 주어는 제동을 건다.

(1) a. The cyclist **braked** at every stop.(그 자전거 타는 이는 모든 정류장에서 멈춰 섰다.)

b. The driver didn't bother to **brake** for pedestrians. (그 운전사는 보행자를 위해 수고스럽게 멈춰 서지 않았다.)

c. He **braked** carefully in the snow.(그는 그 눈 위에서 조심스럽게 브레이크를 걸었다.)

d. He **braked** sharply to avoid the dog.(그는 그 개를 피하기 위해 급제동을 했다.)

1.2. 다음 주어는 제동을 건다.

(2) a. The car **braked** and swerved.(그 차는 브레이크를 걸어서 길에서 빗나갔다.)

b. The truck **braked** to a halt.(그 트럭은 브레이크를 걸어 멈추어 섰다.)

2. 타동사 용법

2.1. 다음 주어는 목적어를 제동을 건다.

(3) a. **Brake** the car to slow down.(그 차를 제동을 걸어 속도를 줄여라.)

b. The engineer **braked** the train to bring it to a stop. (그 기사는 그 기차를 제동을 걸어 멈춰 서게 했다.)

branch

이 동사의 개념 바탕에는 branch의 명사 '가지'가 있다. 동사의 뜻은 이 명사의 특성과 관계가 있다.

1. 자동사 용법

1.1. 다음의 주어는 가지처럼 뻗는다.

(1) a. The tree **branched** out.(그 나무는 가지를 뻗었다.)

b. The young tree is beginning to **branch** out.(그 어린 나무는 가지를 뻗기 시작하고 있다.)

1.2. 나뭇가지는 어느 지점에서 줄기에서 갈라진다. 강이나 길도 어느 지점에서 갈라진다.

(2) a. When we reached Maple Street, the road **branched into** two.(우리가 메이플 가에 도착했을 때, 그 길은 두 갈래로 갈라져 있었다.)

b. The river **branches into** two smaller rivers. (그 강은 두 갈래의 작은 강들로 갈라진다.)

c. The passage **branches off** from the main road.(그 도로는 그 대로에서 갈라진다.)

d. The road **branches off** to the left.(그 길은 왼쪽으로 갈라진다.)

1.3. 사람이나 조직체도 나무로 개념화되어 나뭇가지로 어디로 뻗어가듯 특정영역으로 들어간다.

(3) a. The publisher **branched** out into electronic products.(그 출판사는 전자 상품으로 사업을 확장했다.)

b. The painter **branched into** sculpting in his later life. (그 화가는 말년에는 조각 분야에도 손을 댔다.)

c. Our company has **branched** from making shoes **to** making suits as well.(우리 회사는 신발 제조에서 의류 제조에까지 진출해 왔습니다.)

1.4. 대화는 방향을 가지고 움직이는 것으로 개념화된다. 가지가 줄기에서 벗어나듯, 대화도 주어진 주제에서 벗어날 수 있다.

(4) The conversation **branched off into** a discussion about movies.(그 대화는 영화에 관한 토론으로 뻗어 갔다.)

brand

이 동사의 개념 바탕에는 brand의 명사 '소인'이 있다. 동사의 의미는 이 명사의 역할과 관계가 있다.

1. 타동사 용법
1.1. 다음 주어는 목적어를 소인으로 찍는다.
(1) a. The ranchers **brand** their calves each spring.(그 농장주는 그의 송아지에 매년 여름 소인을 찍는다.)
    b. The cowboys roped the calf and **branded** it.(그 목동들은 그 송아지를 밧줄로 잡아서 소인을 찍었다.)

1.2. 다음은 수동태 문장으로 주어는 소인이 찍힌다.
(2) a. The cattle were **branded** with a hot iron.(그 소들은 달구어진 쇠로 소인이 찍혀졌다.)
    b. He was **branded** a traitor/a coward.(그는 반역자/겁쟁이로 찍혔다.)

1.3. 다음 주어는 소인을 찍듯 목적어를 낙인으로 찍는다.
(3) a. The government **branded** the company as corrupt.(그 정부는 그 회사를 부패 기업으로 낙인 찍었다.)
    b. They tend to **brand** all young people as hooligans.(그들은 모든 젊은이를 무뢰한으로 낙인 찍는 경향이 있다.)
    c. They called Nixon "Tricky Dicky" and **branded** him as a man without moral convictions.(그들은 닉슨을 "Tricky Dicky"(교활한 딕키)라 부르며 그를 도덕성 없는 사람으로 낙인 찍었다.)
    d. The court **branded** the spies as traitors.(그 법원은 그 스파이를 반역자로 낙인찍었다.)

1.4. 다음은 수동태 문장으로 주어는 낙인된다.
(4) a. The scene is **branded** in my memory.(그 광경은 내 기억 속에 낙인되어 있다.)
    b. The events are **branded** on our memories.(그 사건은 우리의 기억에 낙인되었다.)
    c. The frightful experiences are **branded** on her memory.(그 무서운 경험들은 그녀의 기억 속에 낙인되어 있다.)

brave

이 동사의 개념 바탕에는 brave의 형용사 '용감하다'가 있다. 동사는 '용감하게 행동하다'는 뜻을 갖는다.

1. 타동사 용법
1.1. 다음 주어는 목적어에 용감하게 맞선다.
(1) a. She **braved** the storm in order to attend the wedding.(그녀는 그 결혼식에 참석하기 위해 그 폭풍우에 용감하게 맞섰다.)
    b. Over a thousand people **braved** the elements to brave the march.(천 명 이상의 사람들이 그 행진을 감행하기 위해 그 악천후에 용감하게 맞섰다.)

1.2. 다음 주어는 목적어를 용기를 내어 맞선다.
(2) a. We **braved** Ken's temper and told him about the broken vase.(우리는 켄의 성질을 무릅쓰고 깨진 화병에 대해 그에게 얘기했다.)
    b. He defiantly **braved** the boss's anger.(그는 사장의 분노를 대담하게 맞섰다.)
    c. **Braving** their parents' displeasure, they announced their engagement.(부모님들의 못마땅함을 무릅쓰고, 그들은 약혼을 발표했다.)

breach

이 동사의 개념 바탕에는 깨뜨리거나 무너뜨려서 구멍을 내는 과정이 있다.

1. 타동사 용법
1.1. 다음의 주어는 목적어에 구멍을 낸다.
(1) a. The commandos **breached** our defenses.(그 특별 기습 부대는 우리 적의 방어를 깨뜨렸다.)
    b. The enemy **breached** the wall of the fortress.(그 적군은 그 요새의 벽을 깨뜨렸다.)
    c. Demonstrators **breached** police lines around the embassy.(시위자들은 그 대사관 주위에 둘러 선 경찰선들을 돌파했다.)
    d. The force of the water **breached** the dam.(그 물의 힘이 그 댐을 터지게 했다.)
    e. The storm **breached** the sea wall in two places.(그 폭풍이 그 방파제를 두 곳 깨뜨렸다.)

1.2. 다음은 수동태 문장으로 주어는 구멍이 나는 개체이다.
(2) a. The dam was **breached**.(그 댐이 터졌다.)
    b. The dyke was **breached**.(그 제방이 터졌다.)
    c. The wall has been **breached** in several places.(그 벽이 몇 군데 터졌다.)

1.3. 계약이나 합의 등은 추상적이지만 구체적인 것으로 개념화되어 깨어질 수 있는 것으로 표현된다.
(3) a. The government **breached** the terms of the treaty.(그 정부는 그 조약의 조항을 파기했다.)
    b. Tim **breached** his contract with the company.(팀은 그 회사와의 계약을 어겼다.)
    c. The real estate agent **breached** the agreement.(그 부동산 중개인은 그 협약을 파기했다.)

break

이 동사의 개념 바탕에는 온전한 상태가 깨어지는 과정이 있다.

1. 타동사 용법
1.1. 다음 주어는 목적어를 깬다.
(1) a. John **broke** a doll.(존은 인형을 깨뜨렸다.)
    b. She **broke** a box into pieces.(그녀는 상자를 부수어서 조각조각으로 내었다.)

1.2. 다음 주어는 목적어를 자르거나 끊어서 떨어지게 한다.
(2) a. He **broke** the door handle off.(그는 그 문의 손잡이를 부수어서 떼어내었다.)
    b. She **broke** a piece of chocolate off.(그녀는 초코렛 한 조각을 부수어 내었다.)
    c. He **broke** a branch **from** a tree.(그는 가지 하나를 나무에서 꺾어 내었다.)

1.3. 다음 주어는 목적어를 무너뜨린다.
(3) a. The police **broke** the door **down**.(경찰은 그 문을 부수어서 떨어지게 했다.)
    b. They **broke down** the barrier.(그들은 그 장벽을 헐어내었다.)

1.4. 다음 주어는 목적어를 부러뜨린다. 목적어는 신체 부위이다.

(4) a. John **broke** his leg/back/nose.(존은 그의 다리/허리/코를 부러뜨렸다.)

 b. She **broke** her neck.(그녀는 목을 부러뜨렸다.)

1.5. 다음 주어는 목적어의 표면에 금이 가게 한다.

(5) a. He **broke** the skin on his elbow.(그는 팔꿈치에 있는 피부를 벗어지게 했다.)

 b. He **broke** the soil.(그는 그 땅을 갈았다.)

 c. He **broke** fresh/new ground.(그는 새 땅을 갈았다.)

1.6. 다음 주어는 목적어를 깨거나 끊는다. 목적어는 상태나 과정을 나타낸다.

(6) a. He **broke** his fast/sleep/silence/journey/habit.(그는 단식/잠/침묵/여행/습관을 중단했다.)

 b. They **broke** the strike.(그들은 파업을 중단했다.)

 c. The red flowers **broke** the green of the picture.(그 붉은 꽃은 그 그림의 녹색을 깨뜨렸다.)

 d. The cushion **broke**/the force.(그 방석이 그 힘을 꺾었다.)

 e. He **broke** the electric current.(그는 그 전류를 끊었다.)

1.7. 다음 목적어는 정렬된 개체이다. 주어는 목적어를 깨뜨린다.

(7) a. He **broke** a set of books.(그는 한 질의 책을 헐었다.)

 b. He **broke** ranks.(그는 대열을 흩어지게 했다.)

1.8. 다음 주어는 목적어를 깬다. 목적어는 추상적인 개체이나 구체적인 것으로 개념화되어 있다.

(8) a. He **broke** his promise/words/appointment/agreement.(그는 약속/말/만날 약속/합의 사항을 어겼다.)

 b. He **broke** rules/a regulation/a contract.(그는 규칙/규정/계약을 위반했다.)

1.9. 다음 주어는 목적어를 터뜨려서 나오게 한다. 목적어는 그릇 속에 담겨져 있는 것으로 개념화된다.

(9) a. He **broke** the news/wind.(그는 뉴스를/방귀를 터뜨렸다.)

 b. He **broke** the code.(그는 암호를 풀었다.)

1.10. 다음 주어는 목적어를 만든다.

(10) a. He **broke** a path thought the forest.(그는 그 숲을 관통하는 소로를 만들었다.)

 b. They **broke** a way.(그들은 길을 만들었다.)

1.11. 다음은 [의지나 정신은 부러지는 개체]은유가 적용된 표현이다.

(11) a. It **broke** his spirit/will/resolve.(그것은 그의 정신/의지/결의를 꺾었다.)

 b. The torture **broke** his resistance.(그 고문은 그의 저항을 꺾었다.)

1.12. 다음 주어는 환유적으로 쓰여서 기질, 의지 등을 가리킨다.

(12) a. He **broke** the horse.(그는 그 말을 길 들였다.)

 b. They **broke** the man.(그들은 그 사람을 길들였다.)

2. 자동사 용법

2.1. 다음 주어는 깨어지거나 부수어진다.

(13) a. The sea was **breaking** over the rock.(그 바닷물이 그 바위에 부딪혀 부서지고 있었다.)

 b. The rope **broke** when they were climbing.(그 밧줄은 그들이 기어오를 때 끊어졌다.)

 c. The clouds **broke** and the sun came out.(그 구름은 흩어져서 해가 났다.)

2.2. 다음 주어는 깨어지거나 부수어져서 새 상태에 들어간다.

(14) a. The window/The plate **broke** into pieces.(그 창문/그 접시는 여러 조각으로 깨어졌다.)

 b. When I hit the ball, my bat **broke** into two.(내가 그 공을 쳤을 때, 내 방망이가 둘로 부러졌다.)

2.2. 다음 주어는 구속하는 개체에서 풀려난다.

(15) a. A large part of it **broke** away.(그것의 큰 부분이 떨어져 나갔다.)

 b. The prisoner **broke** free/loose.(그 수감자는 도망쳤다.)

 c. The dog **broke** loose.(그 개가 (매어 놓은 끈을 끊고) 마음대로 다녔다.)

 d. The box **broke** open when it fell.(그 상자는 떨어졌을 때 부서져서 열렸다.)

2.3. 다음 주어는 상태이고, 계속되던 상태가 끝긴다.

(16) a. Darkness **broke**.(어둠이 깨어졌다/밝아졌다.)

 b. His health **broke**.(그의 건강이 나빠졌다.)

 c. His voice is beginning to **break**.(그의 목소리가 갈라지기 시작하고 있다.)

 d. The fine weather **broke**.(그 좋은 날씨가 끝났다.)

 e. Let's **break** for a meal and begin again afterwards.(식사를 위해 잠깐 쉬었다 그 후에 다시 시작합시다.)

 f. At 11, they **broke** for coffee.(11시에 그들은 커피를 마시기 위해 일을 중단했다.)

2.4. 다음 주어는 표면을 가진 개체이다. 주어는 표면이 터진다.

(17) a. The bubble **broke**.(그 거품이 터졌다.)

 b. The blister **broke**.(그 물집이 터졌다.)

2.5. 다음 주어는 그릇 속에 담겨 있다 나오는 것으로 개념화된다.

(18) a. The storm **broke**.(그 폭풍이 일었다.)

 b. War **broke** out.(전쟁이 터졌다.)

 c. Day was beginning to **break**.(날이 새기 시작하고 있었다.)

2.6. 다음 주어는 환유적으로 쓰여서 몸 안에서 나오는 개체를 가리킨다.

(19) a. He **broke** out in cold sweat.(그는 식은 땀이 돋았다.)

 b. My skin **broke** out in an itch rash.(내 피부는 가려운 발진이 돋았다.)

2.7. 다음 주어는 환유적으로 쓰여서 정신이나 의지를 가리킨다.

(20) a. He may **break** under continuous questioning.(그는 계속 심문을 받으면 꺾일 것이다.)

 b. The dog's heart **broke** when his master died.(그 개는 주인이 죽었을 때 가슴이 아팠다.)

2.8. 다음 주어는 부수고 들어간다.

(21) a. The thief **broke** into her house.(그 도둑은 그녀의 집을 부수고 들어갔다.)

b. The boy **broke into** a car in a few seconds.(그 소년은 몇 초 안에 차를 부수고 들어갔다.)

2.9. 다음 주어는 갑작스럽게 into의 목적어가 나타내는 과정으로 들어간다.

(22) a. She **broke into** smile.(그녀는 갑자기 미소를 지었다.)

b. They **broke into** laughter.(그들은 갑자기 웃기 시작했다.)

2.10. 다음 주어는 산산조각이 난다.

(23) a. The ship **broke up** on the rocks.(그 배는 그 암초에 걸려서 산산조각이 났다.)

b. Their marriage **broke up**.(그들의 결혼은 파산이 되었다.)

c. The conference **broke up**.(그 회의는 무산되었다.)

breathe

이 동사의 개념 바탕에는 숨쉬는 과정이 있다.

1. 자동사 용법

1.1. 다음 주어는 숨을 쉰다. 숨을 들여 마시고 내쉬는 과정이 모두 포함된다.

(1) a. He is still **breathing**.(그는 여전히 숨을 쉬고 있다.)

b. As we climbed higher, it got harder to **breathe**.(우리가 더 높이 올라감에 따라, 숨쉬는 것이 더 힘들어졌다.)

c. They made me work so hard that I hardly had time to **breathe**.(그들이 나에게 일을 너무 많이 시켜서 나는 숨돌릴 틈도 없었다.)

d. Give me a chance to **breathe**.(잠시 숨돌릴 틈을 주시오.)

e. I can hardly **breathe** when the weather becomes hot and humid.(날씨가 덥고 습해지면 나는 숨도 제대로 쉴 수가 없다.)

f. The athlete **breathed** hard after the strenuous workout.(그 운동 선수는 그 격렬한 연습 후 가쁜 숨을 쉬었다.)

g. The horse is **breathing** hard after its gallop.(그 말은 전속력으로 달린 후 가쁜 숨을 내쉬고 있다.)

1.2. 숨을 쉬는 것은 환유적으로 살아있음을 의미한다.

(2) a. As long as it **breathes**, the dog is loyal to its master.(숨이 붙어있는 한, 개는 그의 주인에게 충성을 다한다.)

b. I will remember this day as long as I **breathe**.(내가 숨을 쉬는 한, 오늘을 기억할 것이다.)

c. As long as I **breathe**, I will not forget you.(내가 숨을 쉬는 한, 너를 잊지 않겠다.)

d. While I **breathe**, you are safe.(내가 살아있는 한, 너는 안전하다.)

e. The ruined economy is barely **breathing**.(그 파산한 경제는 겨우 숨이 붙어 있다.)

1.3. 다음의 주어는 적포도주이다. 포도주 병을 열어서 공기가 들어가게 하는 과정을 나타낸다.

(3) a. Open the wine, so that it can **breathe** before we drink.(그 포도주 병을 열어두면 우리가 마시기 전에 공기가 들어갈 수 있을 것이다.)

b. Red wines should be allowed to **breathe** if possible before drinking.(적포도주는 가능한 한 마시기 전에 공기를 쐬어주어야만 한다.)

1.4. 공기가 드나드는 것은 숨을 쉬는 것으로 개념화된다.

(4) a. Cotton clothes allow your skin to **breathe**.(솜옷은 피부가 숨을 쉴 수 있게 해준다.)

b. The polyester shirt doesn't **breathe**.(그 폴리에스테르 셔츠는 공기가 통하지 않는다.)

1.5. 다음 주어는 공기와 꽃이다. 공기가 숨을 쉰다는 것은 공기의 움직임이 있다는 뜻이다

(5) a. The air is **breathing** softly.(대기가 부드럽게 산들거리고 있다.)

b. The roses are **breathing** fragrantly.(그 장미는 향기가 향긋하게 풍기고 있다.)

1.6. 다음에서 out, forth, down은 숨을 내쉬는 과정을, in은 숨을 들여마시는 부분이 부각된다.

(6) a. He **breathed out** deeply.(그는 깊게 숨을 내쉬었다.)

b. **Breathe in** deeply and breathe **out** slowly.(숨을 깊게 들이마시고 천천히 내뱉어라.)

c. The flowers were **breathing forth** perfume.(그 꽃들이 향기를 뿜어내고 있었다.)

d. The doctor made me to **breathe in**.(그 의사가 나에게 숨을 들이쉬도록 했다.)

e. They **breathed in** the scent of pines.(그들은 소나무 향을 들이 맡았다.)

f. They **breathed in** asbestos dust.(그들은 석면 먼지를 들이 맡았다.)

1.7. 어느 사람이 자신의 목에 다른 사람의 숨결을 느낀다는 것은 다른 사람이 바로 그 뒤에 있다는 뜻이다.

(7) a. I hate working here because the boss is **breathing down** my neck.(그 사장이 나를 감시하고 있기 때문에, 나는 이 곳에서 일하는 것이 싫다.)

b. I have to finish my taxes now; the tax collector is **breathing down** my neck.(그 세금 징수원이 나를 감시하고 있기 때문에, 나는 지금 세금을 내야 끝난다.)

1.8. 다음에 쓰인 on은 주어가 내쉬는 숨결이 목적어에 부분적으로 미침을 나타낸다.

(8) a. Roy **breathed on** his hands and rubbed them together.(로이는 그의 손바닥에 숨을 내쉬면서 같이 비비기 시작했다.)

b. He **breathed on** his name.(그는 이름을 더럽혔다.)

1.9. 다음 주어는 숨을 into의 목적어에 불어넣는다.

(9) a. He **breathed into** a balloon.(그는 풍선을 불었다.)

b. He **breathed into** the boy's mouth.(그는 그 소년의 입에 숨을 불어넣었다.)

1.10. 다음 주어는 of의 목적어의 냄새를 풍긴다.

(10) The big lawn **breathes of** newly-mown grass.(그 넓은 잔디밭은 새로 벤 풀 냄새가 난다.)

2. 타동사 용법

2.1. 다음 주어는 목적어를 숨쉰다.

(11) He **breathed** his last breath last night.(그는 어젯밤에 마지막 숨을 거두었다.)

2.2. 다음 주어는 목적어를 숨을 쉰다.

(12) a. People are concerned about the quality of the air they **breathe**.(사람들은 그들이 호흡하는 공기의 질에 대해 염려한다.)

　　b. You should go out and **breathe** the fresh air.(너는 밖에 나가서 그 신선한 공기를 쐬어야 한다.)

　　c. To **breathe** fresh country air is good for the health.(신선한 시골 공기를 쐬는 것은 건강에 좋다.)

2.2. 다음 주어는 목적어의 냄새를 맡는다.

(13) a. I **breathed** the smell of flowers.(나는 꽃 향기를 맡았다.)

　　b. He **breathed** the fragrance of the flowers.(그는 그 꽃들의 향기를 맡았다.)

　　c. The label on the can of paint warns that **breathing** paint fumes may be dangerous.(그 페인트 통 위의 라벨에서 페인트 가스를 마시는 것은 위험할 수 있다고 경고한다.)

2.3. 다음 주어는 목적어를 내쉰다.

(14) a. Don't **breathe** garlic over me.(마늘 냄새를 내게 풍기지 마.)

　　b. He **breathed** tobacco smoke onto my face.(그는 담배 연기를 내 얼굴에다 뿜었다.)

　　c. He **breathed** whisky fumes all over my face.(그는 위스키 냄새를 내 얼굴에다 풍겼다.)

　　d. He came up close, **breathing** alcoholic fumes all over me.(그는 가까이 다가와서 나에게 알코올 기운을 내뿜었다.)

　　e. Green plants **breathe** out oxygen in sunlight.(녹색 식물들은 햇빛 아래에서 산소를 뿜어낸다.)

　　f. She **breathes** fire when she get really angry.(화가 많이 나면 그녀는 불을 내뿜는다.)

2.4. 다음 주어는 목적어를 숨을 내쉬면서 만든다.

(15) a. He **breathed** a sigh of relief.(그는 안도의 한숨을 내쉬었다.)

　　b. He **breathed** a blessing.(그는 축복의 말을 했다.)

　　c. "Wait," he **breathed**.("기다려,"그가 말했다.)

　　d. It's a secret; Don't **breathe** a word of it to anybody. (이건 비밀이니까, 어느 누구에게도 한 마디도 해서는 안 돼.)

　　e. Don't **breathe** a word; it is supposed to be a surprise.(한 마디도 하지 말 것. 아마 깜짝 놀라게 할 일이다.)

　　f. The dragons **breathed** fire.(그 용들은 불을 내뿜었다.)

　　g. He **breathed** a prayer.(그는 기도를 나지막이 드렸다.)

　　h. He **breathed** words of love.(그는 사랑의 말을 속삭였다.)

　　i. You must not **breathe** a syllable of the secret.(너는 그 비밀에 관해서 한 마디도 해서는 안 된다.)

　　j. He **breathed** out threats.(그는 위협했다.)

2.5. 다음 주어는 생명체가 아니다. 그러나 이들은 생명체와 같이 무엇을 내뿜을 수 있는 것으로 개념화된다.

(16) a. Her performance **breathed** wit and charm.(그녀의 연기는 재치와 매력을 뿜어내었다.)

　　b. The book **breathes** an ardent love of the country.

(그 책은 열렬한 애국심을 고취시킨다.)

　　c. The memoir **breathes** deepest respect for his father.(그 자서전은 그의 아버지에 대한 깊은 존경심을 풍긴다.)

　　d. These words **breathe** the true spirit of his religion. (이 말들은 그의 신앙의 진실한 정신을 풍긴다.)

2.6. 다음의 목적어는 생명, 생기, 자극, 열성 등이다. 이러한 것은 공기와 같이 불어넣을 수 있는 것으로 개념화된다.

(17) a. The artist **breathed** life **into** the paintings of the children.(그 예술가는 그 아이들의 그림에 생명을 불어넣었다.)

　　b. The captain **breathed** new life **into** the tired soldiers.(그 지휘관은 그 지친 병사들에게 새 활력을 불어넣어 주었다.)

　　c. The new leader **breathed** new life **into** the team. (그 새 주장이 새 활력을 그 팀에 불어넣었다.)

　　d. He **breathed** life/excitement/enthusiasm **into** the meeting.(그는 활기/자극/열성을 그 회의에 불어넣었다.)

3. 사역동사 용법

3.1. 다음에서 주어는 목적어로 하여금 숨을 쉬게 한다.

(18) He **breathed** his horse after the long run.(그는 오랫동안 달린 후, 그 말이 숨을 고르도록 했다.)

3.2. 숨을 쉬게 하는 것은 쉬게(휴식하게) 하는 뜻으로 확대된다.

(19) a. He was so **breathed** that he could not walk.(그는 너무 쉬어서 걸을 수가 없었다.)

　　b. Now you are **breathed**, we will push on.(이제 쉬었으니까, 계속합시다.)

breed

이 동사의 개념 바탕에는 번식하는 과정이 있다.

1. 타동사 용법

(1) a. He **breeds** race horses.(그는 경주용 말을 기른다.)

　　b He is trying to **breed** cattle with lean meat.(그는 기름이 없는 고기를 가진 소를 기르려고 한다.)

　　c. He is **breeding** pigs for the market.(그는 시장용 돼지를 기르고 있다.)

　　d. We hope to **breed** the dogs and sell the puppies. (우리는 그 개들을 길러서 그 강아지를 팔기를 바란다.)

　　e. They **breed** livestock.(그들은 가축을 기른다.)

　　f. Father **breeds** alpine plants.(아버지는 고산 식물을 기른다.)

　　g. He has **bred** a variety of roses.(그는 여러 종류의 장미를 길렀다.)

1.2. 다음은 수동태 문장으로 주어는 길러진다.

(2) a. American pet bull terriers are **bred** for their fighting instinct.(미국 애완용 테리어는 싸우는 본능을 위해서 길러진다.)

　　b. Those cattle are **bred** to produce high yields of milk.(그 소들은 우유를 많이 생산하도록 길러진다.)

　　c. The winning horse was **bred** in Ireland.(그 우승마

는 아일랜드에서 길러졌다.)

d. He was **bred** to the law/the church.(그는 변호사/목사가 되도록 길러졌다.)

e. He was **bred** to be a gentleman.(그는 신사로 길러졌다.)

f. She was well **bred**.(그녀는 잘 길러졌다.)

g. Fear of failure was **bred** into him.(실패의 두려움이 그에게 길러져 들어갔다.)

1.3. 다음 주어는 목적어를 길러서 부정사의 상태가 되게 한다.

(3) She **bred** her daughter to be a pianist.(그녀는 딸을 길러서 피아노 연주가가 되게 했다.)

1.4. 다음 주어는 목적어를 길러서 만든다.

(4) a. Ignorance **breeds** prejudice.(무지는 편견을 낳는다.)

b. Dirt **breeds** disease.(더러움이 병을 낳는다.)

c. This kind of thinking **breeds** intolerance.(이런 종류의 생각은 비관용을 낳는다.)

d. Violence **breeds** violence.(폭력이 폭력을 낳는다.)

e. Familiarity **breeds** contempt.(친밀은 경멸을 낳는다.)

f. The living conditions **bred** violence.(그 생활 조건들이 폭력을 낳았다.)

g. All this uncertainty **breeds** insecurity.(이 모든 불확실성은 불안정을 낳는다.)

2. 자동사 용법

2.1. 다음 주어는 낳는다.

(5) a. Many animals won't **breed** in the zoos.(많은 동물은 동물원에서는 새끼를 낳지 않는다.)

b. Rabbits **breed** frequently.(토끼는 자주 번식한다.)

c. Mosquitoes **breed** in this pond.(모기는 이 연못에서 번식한다.)

d. Eagles **breed** in the cooler months of the year.(독수리는 일년의 시원한 달에 번식한다.)

e. Rats can **breed** every six weeks.(쥐는 매 육 주마다 번식한다.)

2.2. 다음 주어는 번식한다.

(6) Discontent breeds in hunger and injustice.(불만은 기아와 불공평 속에 생긴다.)

brew

이 동사의 개념 바탕에는 물에 넣어서 끓이거나 발효시켜서 만드는 과정이 있다.

1. 자동사 용법

1.1. 다음 주어는 끓는다.

(1) a. I will let the tea **brew** a few minutes.(나는 그 차를 몇 분간 끓게 두었다.)

b. The tea **brewed** quickly.(그 차는 빨리 끓었다.)

c. The beer is **brewing**.(그 맥주가 양조되고 있다.)

d. Don't pour the tea yet; it's still **brewing**.(그 차를 아직 따르지 말아라. 아직 끓고 있다.)

1.2. 다음 주어는 끓여지는 찻물같이 인다.

(2) a. A storm has been **brewing** outside.(폭우가 밖에서

일고 있다.)

b. There is a gale **brewing** in the west.(질풍이 서부에 일고 있다.)

1.3. 다음 주어는 끓어서 인다.

(3) a. Mischief is **brewing**.(곤란한 일이 생기고 있다.)

b. Some trouble is **brewing**.(어려운 문제가 일고 있다.)

c. Trouble **brewed** throughout much of Latin America.(골치 거리가 라틴 아메리카의 많은 곳에서 일었다.)

1.4. 다음 주어는 끓인다.

(4) Whose turn is it to **brew** up?(누가 차를 끓일 차례냐?)

2. 타동사 용법

2.1. 다음 주어는 목적어를 끓여서 만든다.

(5) a. He **brewed** a pot of tea for us.(그는 한 주전자의 차를 우리를 위해 끓였다.)

b. He **brews** beer.(그는 맥주를 만든다.)

2.2. 다음은 수동태 문장으로 주어는 끓여진다.

(6) a. Tea is **brewed** in boiling water.(차는 끓는 물에 끓여진다.)

b. This beer has been **brewed** using traditional methods.(이 맥주는 전통적인 방법을 써서 만들어졌다.)

2.3. 다음 주어는 첫째 목적어에게 둘째 목적어를 끓여서 준다.

(7) a. He **brewed** us some coffee.(그는 우리에게 커피를 끓여 주었다.)

b. She **brewed** a pot of tea for us.(그녀는 한 주전자의 차를 우리를 위해 끓여 주었다.)

c. He **brewed** some coffee for us.(그는 커피를 우리를 위해 끓였다.)

2.4. 다음 주어는 목적어를 만든다.

(8) a. I'm sure he's **brewing** trouble.(나는 그가 문제를 일으키고 있다고 확신한다.)

b. They just want to **brew** a mischief.(그들은 골치 거리를 일으키려고 한다.)

c. Members of the opposition party **brew** a plot to disgrace the president.(그 반대당 당원들은 그 대통령을 모욕할 모략을 꾸미고 있다.)

bribe

이 동사의 개념 바탕에는 bribe의 명사 '뇌물'이 있다. 동사의 의미는 이 명사의 쓰임과 관계가 있다.

1. 타동사 용법

1.1. 다음 주어는 목적어에게 뇌물을 준다.

(1) a. He **bribed** the building inspector.(그는 그 건축 검사관에게 뇌물을 주었다.)

b. He **bribed** the reporters.(그는 그 기자들에게 뇌물을 주었다.)

c. He was **bribed** into handing over secret information.(그는 뇌물을 받고 그 기밀을 넘겨주었다.)

1.2. 다음 주어는 목적어를 뇌물로 어떤 일을 하도록
한다.
(2) a. We **bribed** him **to** let us go through.(우리는 그에게
뇌물을 주어서 우리를 통과되게 하였다.)
b. They **bribed** the guard **to** let them out.(그들은 그
교도관에게 뇌물을 주어서 그들을 밖으로 나갈 수 있
게 하였다.)
1.3. 다음 목적어는 재귀대명사이다. 주어는 뇌물을
써서 자신이 어디에 들어가게 한다.
(3) a. He **bribed** himself **into** office.(그는 뇌물로 그 직책
에 들어갔다.)
b. He **bribed** his way **onto** the ship.(그는 뇌물을 주
고 그 배에 올라탔다.)
1.4. 다음 주어는 목적어에게 뇌물을 주어 전치사 into
의 목적어가 가리키는 일을 하게 한다.
(4) a. He **bribed** the officials **into** awarding him the
contract.(그는 그 관리들에게 뇌물을 주어서 그에
게 그 계약을 주게 했다.)
b. He **bribed** the employee **into** giving him the
secret information.(그는 그 종업원에게 뇌물을 주
어서 그에게 그 기밀을 주게 했다.)

bridle

이 동사의 개념 바탕에는 bridle의 명사 '굴레'가 있
다. 동사의 의미는 이 명사의 쓰임과 관계가 있다.

1. 타동사 용법
1.1. 다음 주어는 목적어를 굴레로 씌운다.
(1) a. Jane **bridled** her horse before leaving the stable.
(제인은 그 마구간을 떠나기 전에 그녀의 말을 굴레
로 씌웠다.)
b. Paul **bridled** his horse.(폴은 그의 말을 굴레로 씌웠
다.)
1.2. 다음은 [격한 감정은 야생마] 은유가 적용된 주제
이다.
(2) a. Sue **bridled** her anger/resentment.(그녀는 그녀의
화/분노를 억제했다.)
b. **Bridle** your tongue.(말을 함부로 하지 말거라.)
1.3. 다음 주어는 따옴표 속의 표현을 반항을 하면서
하는 말이다.
(3) She **bridled**, "I refuse to go along with such an
outrageous scheme." (그녀는 고개를 쳐들고 말했다,
"나는 그런 부당한 계획에 가담하기 싫어요.")

2. 자동사 용법
2.1. 다음 주어는 머리를 곧추 세우며 싫어한다.
(4) a. He **bridled up**.(그는 고개를 쳐들며 싫어했다.)
b. Sue **bridled up** when someone said something
unkind about her sister.(수는 누군가가 그녀의 동
생에 대하여 불친절한 말을 할 때 고개를 쳐들고 싫
어했다.)
2.2. 다음 주어는 전치사 at의 목적어에 거부반응을 보
인다.
(5) a. I asked her to do it, but she **bridled at** the
suggestion.(나는 그녀에게 그것을 해달라고 부탁했

지만 그녀는 그 제안에 거부반응을 보였다.)
b. He **bridled at** my advice.(그는 나의 충고를 거역했
다.)

brief

이 동사의 개념 바탕에는 공식적으로 간단하게 요점
을 알려주는 과정이 있다.

1. 타동사 용법
1.1. 다음 주어는 목적어에게 전치사 on의 목적어에
대해 간단하게 알려주거나 지시한다.
(1) a. He **briefed** me **on** the project.(그는 나에게 그 프로
젝트에 대해 간단하게 요점을 말해 주었다.)
b. Our manager **briefed** us **on** company sales for the
year.(우리의 지점장은 우리에게 그 해 회사 판매에
대해 요점을 간단하게 알려 주었다.)
c. The spokesman **briefed** the reporters **on** the new
legislation.(그 대변인은 그 기자들에게 그 새 입법
에 대해 간단하게 요점을 알려 주었다.)
d. The general **briefed** the troops **about** their mission.
(그 장군은 그 부대원들에게 그 임무에 관해 간단하
게 요점을 알려 주었다.)
e. I **briefed** the new teacher.(나는 그 새 선생님에게
간단하게 요점을 말했다.)
1.2. 다음은 수동태 문장으로 주어는 요점이 말해진다.
(2) a. The president is **briefed** by his advisors before
the interview.(대통령은 그 면담 전에 그의 자문들
로부터 요점을 들었다.)
b. The pilot was **briefed on** weather conditions
before takeoff.(그 조종사는 이륙 전에 기상 상태에
대해 요점을 들었다.)

brim

이 동사의 개념 바탕에는 brim의 명사 '그릇의 가장
자리'가 있다.

1. 자동사 용법
1.1. 다음 주어는 가장자리까지 찬다.
(1) a. Tears **brimmed** in his eyes.(눈물이 그의 눈에 가
장자리까지 (넘치도록) 찼다.)
b. Cool cider is **brimming** in the glass.(시원한 사이다
가 그 잔에 넘치도록 채워져 있다.)
1.2. 다음 주어는 그릇이다. 주어는 with의 목적어로
가장자리까지 찬다.
(2) a. Her eyes **brimmed** over **with** tears.(그녀의 눈은
눈물로 가득 차서 넘쳤다.)
b. The glass is **brimming with** milk.(그 잔은 우유로
넘치도록 가득 차 있다.)
c. The barrel is **brimming** over **with** water.(그 통은
물로 가득 차서 넘치고 있다.)
d. Turn off the tap--the sink is **brimming** over.(수
도꼭지를 잠그시오. 싱크대가 넘쳐 흐르고 있다.)
1.3. 다음은 「사람은 그릇이다」의 은유가 적용된 예이
다. 주어는 with의 목적어로 넘친다.

(3) a. He **brimmed** over with health and spirits.(그는 건
　　강과 원기로 넘쳐 흘렀다.)
　b. The volunteer worker is **brimming with** goodwill.
　　(그 자원 봉사자는 선한 의지로 가득 차 넘치고 있다.)
　c. He is **brimming** over with self-confidence/
　　happiness/excitement.(그는 자신감/행복/흥분으로
　　가득 차 넘치고 있다.)

2. 타동사 용법
2.1. 주어는 목적어를 with의 목적어로 가장자리까지
채운다.
(4) a. He **brimmed** the glass with wine.(그는 그 잔을 포
　　도주로 꽉 채웠다.)
　b. He **brimmed** the cup with coffee.(그는 그 컵을 커
　　피로 가득 채웠다.)

bring

이 동사의 개념 바탕에는 화자의 위치로 가져오는
과정이 있다.

1. 타동사 용법
1.1. 다음 주어는 목적어를 데리고 화자가 있는 곳으로
움직인다.
(1) a. **Bring** him here with you!(그를 여기에 데리고 와
　　라!)
　b. **Bring** your friend to the party!(너의 친구를 그 파
　　티에 데리고 와라!)
　c. The soldiers came back **bringing** 10 prisoners.(그
　　군인들은 10명의 포로를 데리고 돌아왔다.)
　d. **Bring** Mary to the party with you!(메리를 그 파티
　　에 데리고 와라!)
1.2. 다음 주어는 첫째 목적어에게 둘째 목적어를 가져
다 준다.
(2) a. The pill **brought** me a relief from pain.(그 약은 나
　　에게 고통에서 해방을 가져다 주었다.)
　b. His book **brings** him $1,000 a year.(그의 책은 그
　　에게 일년에 1천불을 벌어다 준다.)
1.3. 다음 주어는 자연현상이나, 의인화되어 목적어를
화자가 있는 곳으로 가져온다.
(3) a. The winter **brought** heavy snowfalls.(그 겨울이 거
　　대한 폭설을 몰고왔다.)
　b. Spring **brings** warm weather and flowers.(봄은 따
　　뜻한 날씨와 꽃을 가져온다.)
　c. The wind **brought** several trees down.(그 바람이
　　몇 그루의 나무를 쓰러뜨렸다.)
　d. The flood **brought** much property damage.(그 홍
　　수는 많은 재산피해를 가져왔다.)
1.4. 다음 주어는 활동이나 그밖의 개체이다. 주어는
목적어를 가져온다.
(4) a. This song **brings** memories back.(이 음악은 추억
　　들을 더 불러온다.)
　b. The photos **brought** some wonderful memories
　　back.(그 사진들은 훌륭한 추억들을 불러왔다.)
　c. The radio **brings** music and the latest news **into**
　　almost every home.(그 라디오는 음악과 최근 뉴스

를 거의 모든 가정에 가져온다.)
　d. The beauty of the music **brought** tears **into** her
　　eyes.(그 음악의 아름다움이 그녀의 눈에 눈물을 가
　　져왔다.)
　e. The bad news **brought** tears **to** her eyes.(그 나쁜
　　소식이 그녀의 눈에 눈물을 가져왔다.)
　f. The brisk walk had **brought** color **into** her face.(그
　　활기찬 산보가 그녀의 얼굴에 화색을 가져왔다.)
　g. The path **brings** you **to** the lake.(그 소로는 당신을
　　호수로 데리고 간다.)
1.5. 주어는 목적어를 어떤 상태로 가져온다. 목적어
는 움직이는 개체나 진행되는 과정이다.
(5) a. He **brought** the car **to** a stop.(그는 그 자동차를 정
　　지상태로 가져왔다/정지시켰다.)
　b. They **brought** the strike **to** an end.(그들은 그 파업
　　을 끝냈다.)
　c. He **brought** the matter **to** an end.(그는 그 사건을
　　마무리 지었다.)
　d. **Bring** the potatoes **to** a boil.(그 그 감자를 끓여라.)
1.6. 다음 주어는 목적어를 to 부정사가 가리키는 과정
으로 가게 한다.
(6) a. He could never **bring** himself **to** kill even a bird.
　　(그는 새조차 죽일 수 있는 용기를 내지 못했다.)
　b. They couldn't **bring** themselves **to** speak about
　　the matter.(그들은 그 문제에 대해서 말을 할 용기
　　를 낼 수가 없었다.)
　c. I wish I could **bring** you **to** see the situation from
　　my point of view.(나는 네가 그 상황을 나의 관점에
　　서 볼 수 있게 할 수 있으면 좋겠다.)
　d. What **brought** you **to** do it?(무엇이 너로 하여금 그
　　것을 하게 했느냐?)
1.7. 다음 주어는 목적어를 V-ing가 가리키는 행동을
하게 한다.
(7) a. Her cries **brought** her neighbors running.(그녀의
　　울부짖음이 이웃 사람들을 뛰게 만들었다.)
　b. A phone call **brought** him hurrying to the office.
　　(전화 한 통이 그를 그 사무실로 급히 뛰어가게 했다.)
　c. A shower **brought** the players scurrying to the
　　pavilion.(소나기가 선수들을 천막으로 급히 뛰어가
　　게 했다.)

bristle

이 동사의 개념 바탕에는 bristle의 명사 '돼지의 목
과 등의 빳빳한 털'이 있다.

1. 자동사 용법
1.1. 다음 주어는 곤두선다.
(1) a. The cat's fur **bristled** when it saw the chipmunk.
　　(그 고양이의 털은 그 얼룩 다람쥐를 보았을 때 곤두
　　섰다.)
　b. The hair on the dog's neck **bristled** as we
　　approached.(그 개의 목의 털은 우리가 가까이 갔을
　　때에 곤두섰다.)
1.2. 다음 주어는 with의 목적어로 가득 차 있다. with
의 목적어는 돼지의 털과 같이 위협이나 어려움을

알려준다.
(2) a. The streets bristled with armed guards after the latest terrorist attack.(그 도시는 최근의 테러 공격 이후에 무장한 수비대로 가득 차 있었다.)
　　b. Our path bristles with thorns/difficulties.(우리의 길은 가시들/어려움으로 가득 차 있다.)
　　c. The whole subject bristles with problems.(그 전체 주제는 문제점으로 가득 차 있다.)
1.3. 다음 주어는 with의 목적어로 화를 낸다.
(3) a. He bristled with rage.(그는 격분하여 화를 냈다.)
　　b. She is bristling with rage.(그녀는 격분하여 화를 내고 있다.)
　　c. The whole country bristled with indignation.(그 나라 전체가 분개하여 화를 냈다.)
1.4. 다음 주어는 돼지가 털을 곤두세워서 성을 내듯 화를 낸다.
(4) a. He bristled at the mere suggestion.(그가 그 단순한 제안에 화를 냈다.)
　　b. Dave bristled when he heard about his demotion.(데이브는 강등에 대해 들었을 때 화를 냈다.)
　　c. Mary bristled when she discovered that Jane lied to her.(메리는 제인이 자신에게 거짓말을 했다는 것을 깨달았을 때 화를 냈다.)

2. 타동사 용법
2.1. 다음 주어는 목적어를 곤두세운다.
(5) The porcupine bristles its quills when frightened.(고슴도치는 놀라면 가시들을 곤두세운다.)

broach
이 동사의 개념 바탕에는 broach의 명사 '송곳'이 있다. 동사의 의미는 이 명사의 쓰임과 관계가 있다.

1. 타동사 용법
1.1. 다음 주어는 목적어를 구멍을 낸다.
(1) a. Shall we broach another casket of wine?(우리가 다른 포도주 상자에 구멍을 내도 됩니까?)
　　b. He broached a keg of cider.(그는 사이다 한 통에 구멍을 냈다.)
1.2. 다음 주어는 목적어를 뽑는다.
(2) a. He broached beer from the keg.(그는 맥주를 통으로부터 뽑았다.)
　　b. He broached wine from the keg.(그는 포도주를 그 통에서 뽑았다.)
1.3. 다음은 「화제나 주제는 개체이고, 사람은 그릇」 은유가 적용된 예이다. 주어는 목적어를 꺼낸다.
(3) a. I did not broach the subject of my raise.(나는 나의 승급에 대한 주제를 꺼내지 않았다.)
　　b. He broached the subject tactfully.(그는 재치있게 그 화제를 꺼냈다.)
　　c. It is often difficult to broach the subject of sex.(성에 관한 화제를 꺼내는 것은 종종 어렵다.)
　　d. I hesitated to broach the topic.(나는 그 주제를 꺼내는 것을 망설였다.)

2. 자동사 용법
2.1. 다음 주어는 표면을 뚫고 나온다.
(4) The submarine broached and this quickly sank.(그 잠수함은 수면을 뚫고 나왔다가 재빨리 다시 가라앉았다.)

broadcast
이 동사의 개념 바탕에는 널리 퍼뜨리는 과정이 있다.

1. 타동사 용법
1.1. 다음 주어는 목적어를 방송한다.
(1) a. The president will broadcast his appeal for help.(그 대통령은 도움을 위한 호소를 방송할 것이다.)
　　b. The station would not broadcast the comedian's foul language.(그 방송국은 그 코메디언의 불쾌한 말을 방송하지 않으려고 했다.)
　　c. All the network will broadcast the president's speech.(모든 방송망은 대통령의 연설을 방송할 것이다.)
1.2. 다음 주어는 목적어를 퍼뜨린다.
(2) a. Bob broadcasted the news of Jane's promotion to the entire office.(밥은 제인의 승진 뉴스를 그 전체 사무실에 퍼뜨렸다.)
　　b. Sue broadcasted her marriage plan to all her friends.(수는 그녀의 결혼 계획을 모든 친구들에게 퍼뜨렸다.)
　　c. He broadcasts his views to everyone in the office.(그는 자신의 견해를 그 사무실의 모든 사람에게 퍼뜨린다.)
　　d. He broadcasted the fact that he lost his job.(그는 직업을 잃었다는 사실을 퍼뜨렸다.)
1.3. 다음은 수동태 문장으로 주어는 방송된다.
(3) a. The English language program is broadcasted on this channel.(그 영어 프로그램은 이 채널에서 방송된다.)
　　b. The baseball game was broadcasted on the radio.(그 야구 경기는 라디오로 방송되었다.)
　　c. The concert/ the interview is broadcast live.(그 음악회/인터뷰는 생방송된다.)
　　d. Rumors were broadcast all over the town.(소문들은 도시 전체로 방송되었다.)

2. 자동사 용법
2.1. 다음 주어는 방송한다.
(4) a. The BBC broadcasts to all parts of the world.(BBC는 세계 모든 지역으로 방송된다.)
　　b. The new station will start broadcasting tomorrow.(그 새로운 방송국은 내일 방송을 시작할 것이다.)
2.2. 다음 주어는 방송으로 연설한다.
(5) The president will broadcast over a national network.(대통령은 어느 전국 방송망을 통해 연설할 것이다.)

broil

이 동사의 개념 바탕에는 뜨거운 불에 직접 굽는 과정이 있다.

1. 타동사 용법
1.1. 다음 주어는 불에 굽는다.
(1) a. I will **broil** the pork chop.(나는 그 돼지고기 토막을 불에 굽겠다.)
b. He **broiled** a couple of steaks.(그는 스테이크 두 개를 불에 구웠다.)
c. Mary **broiled** salmon steaks for her dinner party.(메리는 연어 스테이크를 그녀의 저녁 파티를 위해 구웠다.)

1.2. 다음 주어는 목적어를 타게 한다.
(2) a. Don't stay out too long in this August sun; it'll **broil** you.(이 8월의 태양에 너무 오래 나가있지 말아라; 그 햇빛은 너를 태울 것이다.)
b. The desert sun **broiled** everyone in the tent.(그 사막의 태양은 텐트 안의 모든 사람들을 태웠다.)
c. The desert sun **broiled** everyone in the caravan. (그 사막의 태양은 그 대상의 모든 사람을 태웠다.)

2. 타동사 용법
2.1. 다음 주어는 구워다.
(3) a. The meat is **broiling** on the grill.(그 고기는 그 석쇠 위에서 구워지고 있다.)
b. The meat **broiled** slowly.(그 고기는 천천히 구워졌다.)
c. Fish **broils** well over a hot fire.(생선은 뜨거운 불에 잘 구워진다.)
d. The fish **broiled** for ten minutes.(그 생선은 10분 동안 구워졌다.)

2.2. 다음 주어는 탄다.
(4) a. The tourist **broiled** under the tropical sun.(그 여행자는 그 열대의 태양 아래서 탔다.)
b. You will **broil** if you don't get out of this hot sun. (너는 이 뜨거운 태양으로부터 벗어나지 않으면 탈 것이다.)
c. The swimmer **broiled** in the sun.(그 수영 선수는 태양에 탔다.)

2.3. 다음 주어는 뜨겁다.
(5) a. The oven is **broiling**.(그 오븐은 매우 뜨겁다.)
b. The sun is simply **broiling**.(그 해는 몹시 뜨겁다.)

2.4. 날씨가 이글거린다.
(6) a. It's **broiling** out there; stay inside.(바깥의 날씨가 이글거리고 있다; 안에 머물러라.)
b. It was already **broiling** by breakfast time.(날씨가 아침 시간에 벌써 이글거리고 있었다.)

brood

이 동사의 개념 바탕에는 알을 품는 과정이 있다.

1. 타동사 용법
1.1. 다음 주어는 목적어를 품는다.

(1) a. The bird is **brooding** its eggs.(그 새는 알들을 품고 있다.)
b. The hens were **brooding** their eggs.(그 암탉들은 알을 품고 있었다.)

2. 자동사 용법
2.1. 다음 주어는 알을 품는다.
(2) The hen is **brooding**.(그 암탉은 알을 품고 있다.)

2.2. 다음 주어는 on이나 over의 목적어를 근심으로 가지고 생각한다.
(3) a. He is **brooding** on/over his failure.(그는 자신의 실패를 곰곰이 생각하고 있다.)
b. The jury **brooded** over the verdict for three days.(그 배심원은 3일 동안 그 평결에 대해 곰곰이 생각했다.)
c. The manager **brooded** over the problem for days.(그 관리인은 그 문제에 대해 여러날 곰곰이 생각했다.)
d. Don't **brood** over such trifles.(그런 사소한 것들에 대해 곰곰이 생각하지 말아라.)

2.3. 다음 주어는 over의 목적어 아래에 덮여 있다.
(4) a. Dark clouds were **brooding** over the city.(짙은 구름들이 그 도시 위를 덮고 있었다.)
b. Dark clouds **brooded** over the horizon.(짙은 구름들이 그 수평선을 뒤덮었다.)

brown

이 동사의 개념 바탕에는 brown의 명사 '갈색'이 있다. 동사의 의미는 이 명사의 상태와 관계가 있다.

1. 자동사 용법
1.1. 다음 주어는 갈색이 된다.
(1) a. The grass was **browning** in patches.(그 잔디가 부분 부분 갈색이 되고 있었다.)
b. The potatoes are **browning** in the oven.(그 감자가 그 오븐에서 갈색으로 구워지고 있다.)
c. Heat the butter until it **browns**.(그 버터가 갈색으로 변할 때까지 가열하여라.)
d. His skin **browned** through the summer.(그의 피부는 여름 동안에 갈색으로 그을렸다.)

2. 타동사 용법
2.1. 다음 주어는 목적어를 갈색으로 만든다.
(2) a. The sun **browned** his skin.(태양이 그의 피부를 갈색으로 태웠다.)
b. The cook **browned** the potatoes in the oven.(그 요리사는 그 감자를 오븐에서 갈색으로 태웠다.)
c. Silt **browned** the stream after the heavy rain.(미사는 그 폭우 후에 그 개울을 갈색으로 만들었다.)
d. **Brown** the meat in a frying pan.(그 고기를 프라이팬에서 갈색이 될 정도로 구우시오.)
e. **Brown** the pieces of chicken.(그 닭 조각들을 갈색이 될 정도로 구우시오.)

2.2. 다음은 수동태 문장으로 주어는 갈색이 된다.
(3) a. The children's faces were **browned** by the sun.

(그 아이들의 얼굴은 햇볕에 그을렸다.)

    b. She was **browned** in the sun.(그녀는 태양 아래서 그을렸다.)

2.3. 다음은 수동태 문장으로 주어는 지치고 불쾌해 진다.

(4) a. By now the passengers were **browned** off with the delay.(지금 그 승객들은 지연으로 인하여 불쾌해졌다.)

    b. I was really **browned** off by his unfairness.(나는 정말로 그의 불공정함 때문에 불쾌해졌다.)

browse

이 동사의 개념 바탕에는 새 싹을 먹는 과정이 있다.

1. 타동사 용법

1.1. 다음 주어는 동물이고, 목적어는 장소이다. 주어는 목적어를 뜯는다.

(1) a. The deer are **browsing** the hillside.(그 사슴들은 그 산 허리에서 풀을 뜯고 있다.)

    b. Cattle **browsed** the pasture.(소들이 그 목장의 풀을 뜯었다.)

1.2. 다음 목적어는 주어가 뜯어먹는 잎이다.

(2) The goats are **browsing** the leaves away/off.(그 염소들이 그 풀잎을 뜯어먹고 있다.)

1.3. 다음에서 browse는 컴퓨터 용어로 쓰였다.

(3) a. He is **browsing** the headlines for the news.(그는 그 뉴스 제목들을 훑어보고 있다.)

    b. He **browsed** the morning paper.(그는 아침 신문을 훑어보았다.)

    c. She **browsed** the shelves for something interesting to read.(그는 그 선반들을 읽을 거리를 찾기 위해 훑어보았다.)

    d. I found this recipe while I was **browsing** the Internet.(나는 그 인터넷을 훑어보다가 이 요리법을 발견했다.)

1.4. 다음 주어는 간단히 살피면서 간다.

(4) He **browsed** his way.(그는 훑어보면서 나아갔다.)

1.5. 다음에서 browse는 사역동사로 쓰였다. 주어는 목적어로 하여금 잔가지를 먹게 한다.

(5) The farmer **browsed** the cattle on twigs.(그 농부는 그 소들을 잔가지를 뜯게 했다.)

2. 자동사 용법

2.1. 다음의 주어는 풀을 뜯는 동물이다.

(6) a. Cattle were **browsing** in the fields.(소들이 들판에서 풀을 뜯고 있었다.)

    b. The deer are **browsing** on the hillside.(그 사슴들이 언덕에서 풀을 뜯고 있다.)

2.2. 다음 주어는 on의 목적어를 먹는다.

(7) a. The deer are **browsing** on shoots.(그 사슴들은 새 순을 먹고 있다.)

    b. The deer **browsed** on the grass near the woods.(그 사슴들은 그 숲가에서 풀을 뜯었다.)

2.3. 다음의 주어는 사람이고, 사람이 이곳저곳을 살핀다.

(8) a. He **browsed** in the shop, while waiting.(그는 기다리는 동안 그 상점 안에서 이것저것 살펴보았다.)

    b. He **browsed** about/around the second-hand bookstores.(그는 그 중고 서점들을 이리저리 둘러보았다.)

    c. He spent the afternoon **browsing** in the museum.(그는 그 오후를 그 박물관에 이리저리 다니면서 보냈다.)

2.4. 다음 주어는 살피면서 다닌다.

(9) a. We **browsed** among the racks of clothes but didn't intend to buy anything.(우리는 그 옷걸이 사이를 둘러보았지만, 어느 것도 살 생각은 없었다.)

    b. He **browsed** through the department store.(그는 그 백화점 안을 이리저리 살펴보았다.)

    c. I **browsed** through your homepage.(나는 너의 홈페이지를 살펴보았다.)

    d. He **browsed** through the magazines before choosing one to buy.(그는 살 것을 결정하기 전에 그 잡지들을 훑어보았다.)

bruise

이 동사의 개념 바탕에는 bruise의 명사 '멍'이 있다.

1. 자동사 용법

1.1. 다음 주어는 멍이 든다.

(1) a. His skin **bruises** easily.(그의 피부는 쉽게 멍이 든다.)

    b. With that disease, the patient **bruises** easily.(그 병으로 그 환자는 멍이 쉽게 든다.)

1.2. 다음 주어는 그 껍질이 상한다.

(2) a. Strawberries **bruise** easily.(딸기는 쉽게 껍질이 상한다.)

    b. Tomatoes **bruise** easily.(토마토는 쉽게 껍질이 상한다.)

1.3. 다음은 「감정은 개체」은유가 적용된 예이다.

(3) a. His feelings **bruise** easily.그의 감정은 쉽게 상처가 난다.

    b. We both **bruise** too easily.(우리 둘 다 쉽게 마음이 상한다.)

2. 타동사 용법

2.1. 다음 주어는 목적어를 멍들게 한다.

(4) a. She **bruised** her knees against the chair.(그녀는 무릎을 그 의자에 닿게 해서 멍들게 했다.)

    b. The injuries **bruised** Joan's legs.(그 부상은 조앤의 다리를 멍들게 했다.)

    c. The tennis ball **bruised** Bill's arm when it struck him.(그 테니스 공이 그를 때렸을 때, 그것은 빌의 팔을 멍들게 했다.)

    d. She had slipped and badly **bruised** her face.(그녀는 미끄러 넘어져서 자신의 얼굴을 심하게 멍들게 했다.)

2.2. 다음 주어는 목적어의 감정을 상하게 한다.

(5) a. Those sharp insults **bruised** her feelings.(저 날카로운 모욕들은 그녀의 감정을 상하게 했다.)

    b. The criticism **bruised** the actor's pride.(그 비평은 그 배우의 자존심을 상하게 했다.)

c. His harsh words **bruised** my feelings.(그의 가혹한 말은 나의 감정을 상하게 했다.)

2.3. 다음은 수동태 문장으로 주어는 상처를 받는다.

(6) a. She was **bruised** by his remark.(그녀는 그의 말에 의해 상처를 받았다.)

b. They were badly **bruised** by the defeat.(그들은 패배로 인해 심하게 상처를 받았다.)

brush

이 동사의 개념 바탕에는 brush의 명사 '솔'이 깔려 있다. 이 동사는 솔의 기능과 관련이 된다.

1. 타동사 용법

1.1. 다음 주어는 목적어를 솔질한다. 목적어는 먼지 같은 것이 묻어 있는 개체의 표면이다.

(1) a. He **brushes** his hair/teeth every morning.(그는 매일 아침 그의 머리를 빗는다/이를 닦는다.)

b. She **brushed** the carpet.(그녀는 그 카페트를 솔질했다.)

c. A tiled floor is easy to **brush** clean.(타일 마루는 깨끗이 솔질하는 것이 쉽다.)

d. He **brushed** a coat/a horse **down**.(그는 코트의/말의 먼지를 털어내렸다.)

e. She **brushed down** her skirt.(그녀는 그녀의 치마를 솔질해 내렸다.)

1.2. 걱정이나 생각과 같은 추상적인 개체도 구체적인 개체로 개념화된다. 주어는 목적어를 털어서 떨어지게 한다.

(2) a. He **brushed aside** my fears.(그는 내 두려움을 털어 없앴다.)

b. He **brushed** all my objections **aside**.(그는 나의 모든 반대 의견들을 일축하였다.)

c. He **brushed** her protest **aside**.(그는 그녀의 항의를 무시하였다.)

d. **Brush** the flies **away** from the cake.(그 케이크에 붙은 그 파리들을 털어내어라.)

e. He **brushed** the thought **away**.(그는 그 생각을 털어버렸다.)

1.3. 다음 주어는 목적어를 솔질하여 깨끗하게 한다.

(3) a. He **brushed** his teeth **clean**.(그는 치아를 솔질하여 깨끗하게 했다.)

b. He **brushed** his shoes **clean**.(그는 신발을 솔질하여 깨끗하게 했다.)

1.4. 다음 주어는 목적어를 솔질하여 떨어지게 한다.

(4) a. He **brushed** the dirt **off** his hat/his coat.(그는 그 먼지를 그의 모자/코트에서 털어냈다.)

b. Would you **brush** the hairs **off** the back of my coat for me?(그 머리카락을 내 코트 뒤에서 털어 줄래?)

c. **Brush** the bread crumbs **off** your jacket.(그 빵 부스러기를 너의 재킷에서 털어 내라.)

d. The president **brushed off** their pleas for an investigation.(그 사장은 조사를 위한 그들의 호소를 거부했다.)

e. He tried to start a conversation, but she **brushed** him **off**.(그는 대화를 시작하려 했으나, 그녀는 그를 무시했다.)

1.5. 다음 주어는 목적어를 털어서 낸다.

(5) a. He **brushed** his hair **out of** his eyes.(그는 머리카락을 눈에서 털어 내었다.)

b. She **brushed out** the wrinkles in her dress nervously.(그녀는 그 옷의 주름을 신경질적으로 폈다.)

c. She **brushed** the tears **from** her eyes.(그녀는 그 눈물을 눈에서 닦아내었다.)

d. **Brush up** the dust.(그 먼지를 다 털어라.)

1.6. 다음은 수동태 문장으로 주어는 솔질된다.

(6) The room needs to be **brushed up**.(그 방은 먼지를 털어 내야 해.)

1.7. 다음 주어는 솔을 써서 목적어를 칠한다. 목적어는 페인트나 잉크이다.

(7) a. He **brushed** the varnish **on** carefully.(그는 그 유약을 조심스럽게 칠했다.)

b. The painters **brushed** the second coat of paint **on** this morning.(그 화가는 오늘 아침 두 번째 페인트 덧칠을 했다.)

c. **Brush** the paint **on** evenly.(그 페인트를 고르게 발라라.)

d. **Brush** the beaten egg **over** the pastry.(그 푼 계란을 그 밀반죽에 펴 발라라.)

e. **Brush** the paint **onto** the surface evenly.(그 페인트를 그 표면에 골고루 칠해라.)

f. **Brush** the paint carefully **to** the porous surface.(그 페인트를 그 흡수력이 큰 표면에 조심스럽게 칠해라.)

1.8. 다음 주어는 목적어를 with의 목적어로 바른다.

(8) **Brush** the pastry **with** beaten egg.(그 반죽을 푼 계란으로 펴 발라라.)

1.9. 다음 주어는 목적어를 스친다. 솔을 쓰면 솔은 어떤 개체의 표면을 스치고 지나간다.

(9) a. The bullet **brushed** the officer's arm.(그 탄알은 그 장교의 팔을 가볍게 스쳤다.)

b. The car **brushed** the fence, and got scratched.(그 차는 그 울타리를 스치고 지나가면서 긁힌 자국이 생겼다.)

c. The plane just **brushed** the surface of the water.(그 비행기는 방금 물의 표면을 가볍게 스쳤다.)

d. My left hand **brushed** the wall and found the switch.(나의 왼쪽 손이 그 벽을 스치면서 그 스위치를 찾았다.)

e. The leaves/the foliage **brushed** her cheeks.(그 낙엽/잎이 그녀의 뺨을 가볍게 스쳤다.)

f. The light wind gently **brushed** his face.(그 가벼운 바람이 그의 얼굴을 부드럽게 스쳤다.)

g. Her dress **brushed** his arm as she passed.(그녀가 지나갈 때, 그녀의 옷이 그의 팔을 가볍게 스쳤다.)

1.10. 먼지가 쌓인 물건을 솔질하여 먼지를 털면 깨끗하게 된다. 지식도 쓰지 않으면 먼지가 쌓인다. 쓰기 위해서는 먼지를 털어야 한다. 다음 주어는 목적어를 솔질한다.

(10) I must **brush up** my English.(나는 영어를 다시 공부해야겠다.)

1.11. 다음 주어는 목적어를 with의 목적어와 스치게

한다.

(11) He **brushed** his lips **with** hers.(그는 입술을 그녀의 입술에 가볍게 스쳤다.)

2. 자동사 용법
2.1. 다음의 주어는 against의 목적어와 스친다.
(12) a. The tire of the car **brushed against** the curb.(그 차의 타이어는 그 연석에 스쳤다.)

b. I felt her hair **brushing against** my arm.(나는 그녀의 머리카락이 나의 팔에 스치면서 지나가는 것을 느꼈다.)

c. He **brushed against** me in the passage.(그는 그 통로에서 나를 가볍게 스치며 지나갔다.)

d. He **brushed by** me.(그는 내 옆을 스쳐 지나갔다.)

e. The girl **brushed past** me.(그 소녀는 내 옆을 스치고 지나갔다.)

f. Their arms **brushed** in the crowded hall.(사람들로 붐비는 그 집회장에서 그들의 팔은 서로 스쳤다.)

2.2. 다음의 주어는 솔질로 떨어 나가는 개체이다.
(13) The mud will **brush off** when it dries.(그 진흙이 마르면 털어 낼 수 있을 것이다.)

2.3. 다음에서 생략된 목적어는 이(teeth)이다.
(14) **Brush** after each meal.(매 식사 후에 이를 닦아라.)

2.4. 다음 주어는 지식에 솔질을 한다.
(15) I'll have to **brush up** on my math before taking the exam.(시험을 치르기 전에 수학을 다시 복습해야 할 것이다.)

bubble
이 동사의 개념 바탕에는 bubble의 명사 '거품'이 있다.

1. 자동사 용법
1.1. 다음 주어는 거품을 낸다.
(1) a. The water **bubbled** in the pot on the stove.(그 물은 그 난로 위의 냄비 안에서 거품을 내며 부글부글 끓었다.)

b. The boiling water was **bubbling**.(그 끓고 있는 물은 거품을 내고 있었다.)

c. The champaign **bubbled** in the glass.(그 샴페인은 그 잔 안에서 거품을 냈다.)

1.2. 다음 주어는 부글부글하면서 움직인다.
(2) a. The brook **bubbled** merrily **along** its way.(그 시내는 그 길을 따라 즐겁게 거품을 내며 흘렀다.)

b. The gas **bubbled to** the surface of the water.(가스가 물 표면에 거품을 냈다.)

c. The coke **bubbled up** when I unscrewed the lid.(그 콜라는 내가 그 뚜껑을 열었을 때 부글부글 솟아있었다.)

d. The thermal spring **bubbles up** from the core of the earth.(그 온천 샘은 지구의 중심으로부터 부글부글 솟아오른다.)

e. Laughter **bubbled up** inside him.(웃음이 그의 속에서 솟아올랐다.)

1.3. 다음 주어는 끓는 액체를 담는 그릇이다.
(3) a. The pot is **bubbling** on the stove.(그 냄비는 난로 위에서 끓고 있다.)

b. The pan of milk is **bubbling** over. (그 우유가 들어 있는 냄비가 거품을 내며 끓고 있다.)

c. A stream came **bubbling** between the stones.(시냇물이 돌 사이에서 거품을 냈다.)

1.4. 다음 주어는 끓어서 없어진다.
(4) The water is **bubbling** away on the stove.(그 물은 난로 위에서 끓어서 없어지고 있다.)

1.5. 다음은 「사람은 그릇」과 「감정은 개체」 은유가 쓰인 예이다. 주어는 with의 목적어로 가득 차 있다.
(5) a. She **bubbled** with excitement when she received the final grade.(그녀는 최종 성적을 받았을 때, 흥분으로 벅차 올랐다.)

b. Susan is **bubbling** over with joy.(수잔은 기쁨으로 벅차 올랐다.)

1.6. 다음 주어도 그릇으로 개념화되어 있다.
(6) The play **bubbled** with fun.(그 연극은 재미로 가득 차 있었다.)

buck
이 동사의 개념 바탕에는 말이 갑자기 등을 굽히고 뛰어오르거나 머리를 숙이고 돌진하는 과정이 있다.

1. 자동사 용법
1.1. 다음 주어는 날뛴다.
(1) a. When he tried to saddle the horse, the horse **bucked** wildly.(그가 그 말에 안장을 얹으려 할 때, 그 말이 사납게 뛰어 올랐다.)

b. The horse **bucked** when it saw a car.(그 말은 차를 볼 때 뛰었다.)

1.2. 다음 주어는 짐승이 뛰는 것 같이 갑자기 움직인다.
(2) a. The boat **bucked** and heaved beneath them.(그 배는 갑자기 위로 움직여서 그들 아래에 흔들렸다.)

b. When he put the car in rear, the car **bucked** wildly.(그가 그 차를 뒤로 움직였을 때, 그 차가 갑자기 거칠게 움직였다.)

2. 타동사 용법
2.1. 다음 주어는 뛰면서 목적어를 떨어뜨린다.
(3) a. The wild horse **bucked** its rider in a few seconds. (그 거친 말은 순식간에 기수를 떨어뜨렸다.)

b. He **bucked** off a man.(그는 한 남자를 떨어뜨렸다.)

c. The horse was trained to **buck** the rider.(그 말은 기수를 떨어뜨리게 훈련받았다.)

1.4. 다음 주어는 목적어를 저항한다.
(4) a. The swimmer **bucked** the current with strong strokes.(그 수영 선수는 그 물살을 센 영법으로 저항했다.)

b. The growth of the company has **bucked** the current recessionary trend in the industry.(그 회사의 성장은 그 산업의 현 경기 후퇴의 경향에 저항해 왔다.)

c. He **bucked** the odds against him and succeeded. (그는 그에 대한 불리한 점들에 저항해서 성공했다.)

d. He enjoys **bucking** the system.(그는 그 체제에 저

항하는 것을 즐긴다.)

 e. The children **bucked** the new rule.(그 아이들은 새로운 규칙에 저항했다.)

1.5. 다음 주어는 목적어를 개선한다.

(5) You'd **buck up** your ideas.(너는 생각을 개선해야 한다. 즉 더 노력을 해야한다.)

2. 자동사 용법

2.1. 다음 주어는 반항한다.

(6) a. He **bucked against** the strong wind.(그는 센 바람에 대항했다.)

 b. She **bucked against** the trend in fashion.(그녀는 패션의 유행에 대항했다.)

 c. Initially he **bucked against** her restraints, but later came to accept them.(처음에는 그는 그녀의 속박에 대해 반항했지만, 후에 그것을 수용하게 되었다.)

2.2. 다음 주어는 at의 목적어에 저항한다.

(7) a. The frightened goat **bucked at** us.(그 놀란 염소는 우리들에게 저항했다.)

 b. He **bucked at** the suggestion to reduce his staff.(그는 직원을 줄이자는 제안에 저항했다.)

2.3. 용기를 내라는 표현이다.

(8) a. **Buck up**! Lots of people fail their first driving test.(용기를 내! 많은 사람들이 첫 운전 시험에 실패해.)

 b. **Buck up**! At least your insurance company will pay to fix your car.(용기를 내! 최소한 너의 보험회사는 너의 차를 고치는 비용을 낼 것이다.)

buckle¹

이 동사의 개념 바탕에는 buckle의 명사 '죔쇠'가 있다. 동사의 의미는 이 동사의 쓰임과 관계가 있다.

1. 타동사 용법

1.1. 다음 주어는 목적어를 죔쇠로 채운다.

(1) a. **Buckle** your seat belt before the car starts.(차가 출발하기 전에 너의 안전 벨트를 채워라.)

 b. The child could not **buckle** his shoes.(그 아이는 신발의 죔쇠를 채울 수 없었다.)

1.2. 다음 주어는 목적어를 죔쇠가 달린 띠로 묶는다.

(2) a. She **buckled** herself into the seat.(그녀는 자신을 그 자리에 묶었다.)

 b. He **buckled** his rain coat tightly.(그는 우비를 꽉 조이게 묶었다.)

1.3. 다음 주어는 목적어를 찬다.

(3) The officer **buckled** on his pistol.(그 장교는 권총을 찼다.)

2. 자동사 용법

2.1. 다음 주어는 죔쇠가 채워진다.

(4) a. The two ends **buckle** at the back.(그 두 끝이 등에서 채워진다.)

 b. The strap **buckles** at the side.(그 가죽끈이 옆 부분에서 묶어진다.)

 c. The belt is old, and it won't **buckle** any more.(그 벨트는 오래 되어서, 더 이상 채워지지 않을 것이다.)

 d. The belt won't **buckle**.(그 벨트는 채워지지 않을 것이다.)

2.2. 다음 주어는 죔쇠가 달린 띠를 채운다.

(5) a. Please **buckle up** now; we're about to land.(지금 벨트를 채워주세요. 곧 육지에 도착하려 합니다.)

 b. **Buckle up** for safety.(안전을 위해 벨트를 채워라.)

2.3. 다음 주어는 띠를 매 듯 전치사 to의 목적어에 고정시킨다.

(6) a. He **buckled down** to writing the book.(그는 그 책을 쓰는 일에 열중했다.)

 b. I'd better **buckle down** to the report.(나는 그 보고서에 열중하는 것이 나을 것이다.)

 c. Just **buckle down** and work.(마음을 잡고 앉아서 일 해라.)

buckle²

이 동사의 개념 바탕에는 구부리고 휘게 하는 과정이 있다.

1. 타동사 용법

1.1. 다음 주어는 목적어를 휘게 한다.

(1) a. The summer heat **buckled** the road.(그 여름의 열은 그 도로를 휘게 했다.)

 b. The earthquake **buckled** several stretches of highway along the California coast.(그 지진은 캘리포니아 해안을 따라 난 몇몇 군데의 고가 도로를 휘게 했다.)

 c. The crash **buckled** the front of my car.(그 충돌은 내 차의 앞부분을 휘게 했다.)

 d. The accident **buckled** the wheel of my bike.(그 사고는 내 자전거의 바퀴를 휘게 했다.)

2. 자동사 용법

2.1. 다음 주어는 휘어진다.

(2) a. The rails **buckled** under the intense heat of the fire.(그 철로는 불의 격렬한 열 아래에서 휘어졌다.)

 b. The wheel **buckled**.(그 바퀴는 휘어졌다.)

 c. The highway **buckled** during the earthquake.(그 고가도로는 그 지진 동안 휘어졌다.)

 d. The wall **buckled** in the earthquake.(그 벽은 그 지진에 휘어졌다.)

2.2. 다음 주어는 주저앉는다.

(3) a. Bob's knees almost **buckled** under the weight of the bricks he was carrying.(밥의 무릎은 그가 지고 다니는 벽돌의 무게에 의해 거의 주저앉았다.)

 b. Her knees **bucked** when she fainted.(그녀의 무릎은 기절했을 때 주저앉았다.)

2.3. 다음 주어는 환유적으로 쓰여서 사람의 정신을 가리킨다. 「정신은 개체」 은유가 적용된 예이다.

(4) a. The stubborn worker finally **buckled** under.(그 고집센 일꾼은 결국 굴복했다.)

 b. The thief finally **buckled** under pressure from the police.(그 도둑은 마침내 경찰의 압력에 굴복했다.)

bud

이 동사의 개념 바탕에는 bud의 명사 '싹'이 있다. 동사의 의미는 이 명사의 과정과 관계가 있다.

1. 자동사 용법
1.1. 다음 주어는 싹을 틔운다.
(1) a. The plants begin to bud in spring.(그 식물들은 봄에 싹트기 시작한다.)
　　 b. The trees budded in early April.(그 나무들은 4월 초에 싹을 틔웠다.)

1.2. 다음에는 [천재성이나 사업은 식물] 은유가 쓰였다.
(2) a. His genius began to bud at an early age.(그의 천재성은 어린 나이에 싹트기 시작하였다.)
　　 b. Businesses using new research are budding near university.(새 연구방법을 사용하는 사업체들이 대학가에서 싹트기 시작하고 있다.)

budget

이 동사의 개념 바탕에는 budget의 명사 '예산'이 있다. 동사의 의미는 예산을 짜는 일과 관계가 있다.

1. 타동사 용법
1.1. 다음 주어는 목적어를 예산에 책정한다.
(1) a. We budgeted $100 for advertisement.(우리는 100달러를 광고 예산으로 책정하였다.)
　　 b. We have not budgeted anything for emergencies.(우리는 어떤 예산도 비상 사태를 대비하여 책정하지 않았다.)

1.2. 이 표현에는 [시간은 돈] 은유가 쓰였다. 돈을 예산을 세우듯, 시간도 예산을 세운다.
(2) We budget our time carefully.(우리는 시간을 주의 깊게 배당한다.)

1.3. 다음은 수동태 문장으로 주어는 예산에 책정된 액수이다.
(3) a. Ten million dollars has been budgeted for the project.(천만 달러가 그 계획 사업에 책정되었다.)
　　 b. The project has been budgeted at 2 million dollars.(그 계획 사업에는 200만 달러가 책정되었다.)

2. 자동사 용법
2.1. 다음 주어는 예산을 세운다.
(4) a. If we budget carefully, we'll be able to afford the trip.(우리가 신중히 예산을 짠다면, 우리는 그 여행을 할 수 있을 것이다.)
　　 b. We have to budget more sensibly in the future.(우리는 미래에 더 현명하게 예산을 짜야만 한다.)
　　 c. We can't budget for every emergency.(우리는 모든 긴급 상황에 대비하여 예산을 짤 수 없다.)
　　 d. He budgets for all his expenses.(그는 모든 지출에 대해 예산을 짠다.)

buffet

이 동사의 개념 바탕에는 손바닥이나 주먹으로 연속적으로 철썩 때리는 과정이 있다.

1 타동사 용법
1.1 다음 주어는 목적어를 친다.
(1) a. The wind buffeted the window.(그 바람이 그 창문을 때렸다.)
　　 b. The strong wind buffeted the old oak tree.(그 강력한 바람이 그 오래된 떡갈나무를 때렸다.)
　　 c. The wind buffeted the traveller as he struggled to walk along the shore.(바람이 가까스로 해변을 따라 걸어가는 여행객을 때렸다.)
　　 d. The waves buffeted me.(그 파도가 나를 쳤다.)

1.2 다음은 수동태 문장으로 주어는 맞는다.
(2) a. Seoul was buffeted by a storm last night.(서울은 어제 밤 폭풍의 강타를 받았다.)
　　 b. The seacoast was buffeted by high winds and rain from the storm.(그 해안가는 그 폭풍에서 오는 강풍과 폭우로 강타 당했다.)
　　 c. The company was buffeted by a series of financial difficulties.(그 회사는 일련의 연속된 재정 곤란으로 타격을 받았다.)
　　 d. The nation has been buffeted by a wave of strikes.(그 나라는 연이은 파업들로 인해 타격을 입었다.)

1.3 다음 주어는 목적어를 대항한다.
(3) a. The boats buffeted the heavy waves caused by the storm.(그 배들이 그 폭우에 의해 생성된 거대한 파도에 대항했다.)
　　 b. The ship buffeted the waves.(그 배는 그 파도에 대항했다.)

1.4 다음 주어는 쳐서 길을 만들어 간다.
(4) The ship buffeted its way through the waves.(그 배가 그 파도를 헤치고 나아갔다.)

bug

이 동사의 개념 바탕에는 bug의 명사 '벌레'가 있다. 동사의 의미는 이 명사의 성질과 관계가 있다.

1. 타동사 용법
1.1. 다음 주어는 목적어를 귀찮게 한다.
(1) a. His persistent moaning bugs me.(그의 계속적인 신음은 나를 귀찮게 했다.)
　　 b. The dripping faucet bugged me, but not enough to fix it.(물이 뚝뚝 떨어지는 그 수도꼭지는 나를 귀찮게 하지만, 아직 고칠만큼은 아니다.)
　　 c. TV commercials bug me.(TV 광고는 나를 귀찮게 한다.)
　　 d. Quit bugging me.(나를 귀찮게 하는 것을 그만해라.)

1.2. 다음 주어는 목적어를 성가시게 해서 to부정사가 가리키는 일을 하게 한다.
(2) a. Susan bugged her brother to take her to the

park.(수잔은 그녀의 오빠를 성가시게 해서 그녀를 그 공원에 데려다 주게 했다.)

b. The boss keeps **bugging** me to work faster.(그 사장은 나를 계속 귀찮게 하여 일을 더 빨리 하게 했다.)

1.3. 다음 주어는 눈을 휘둥그레 뜬다.
(3) He **bugged** his eyes out in horror.(그는 눈을 휘둥그레 뜨고 겁에 질려 바깥을 봤다.)

1.4. 다음 주어는 목적어에 도청 장치를 설치한다.
(4) a. The detective **bugged** the suspect's office.(그 탐정은 그 용의자의 사무실에 도청 장치를 설치했다.)

b. Police **bugged** the criminal's phone.(경찰은 그 범죄자의 전화에 도청 장치를 설치했다.)

1.5. 다음은 수동태 문장으로 주어는 도청 장치가 설치된다.
(5) a. The room is **bugged**.(그 방은 도청 장치가 설치되어 있다.)

b. The suspect knew that her room had been **bugged**.(그 용의자는 그녀의 방이 도청되어 왔음을 알았다.)

c. The phone is **bugged**. (그 전화는 도청 장치가 설치되어있다.)

2. 자동사 용법
2.1. 다음 주어는 크게 튀어나온다.
(6) a. Her eyes **bugged** when she heard the news.(그녀의 눈이 그 뉴스를 들었을 때 크게 휘둥그레 졌다.)

b. His eyes **bugged** at the suggestion of a good bath.(그의 눈은 좋은 목욕의 제안에 크게 휘둥그레 졌다.)

c. Their eyes **bugged** out with surprise.(그들의 눈은 놀라서 크게 휘둥그레 졌다.)

d. His eyes **bugged** out of his head in amazement.(그의 눈은 놀라움으로 머리에서 크게 휘둥그레 졌다.)

build

이 동사의 개념 바탕에는 부분을 결합시켜 새 개체를 만드는 과정이 있다.

1. 타동사 용법
1.1. 다음 주어는 목적어를 만든다.
(1) a. She has **built** a house facing the river.(그녀는 그 강을 향한 집을 지었다.)

b. They were **building** a bridge.(그들은 다리를 놓고 있었다.)

c. The birds **built** their nests in the tree.(그 새들은 둥지를 그 나무에 틀었다.)

d. We **built** the house on our own land.(우리는 그 집을 우리의 땅에 지었다.)

1.2. 다음 주어는 목적어를 짓는다. [조직체는 건축물이다]의 은유가 쓰인 예이다.
(2) a. They began to **build** an independent organization.(그들은 독립적인 조직을 만들기 시작했다.)

b. They struggled to **build** a more democratic society.(그들은 보다 민주적인 사회를 건설하기 위해 분투했다.)

c. We aim to **build** a new social order.(우리는 새로운 사회 질서를 세울 작정이다.)

d. He intends to **build** an empire.(그는 제국을 건설하려고 한다.)

1.3. 다음은 [논쟁, 미래의 꿈, 계획, 희망은 구조물이다]의 은유가 적용된 예이다.
(3) a. He **built** an argument on solid facts.(그는 확실한 사실에 의거해서 논의를 세웠다.)

b. Don't **build** your future on dreams.(너의 미래를 환상 위에 설계하지 마라.)

c. Don't **build** too many hopes on his promises.(너무 많은 희망을 그의 약속에 세우지 마라.)

d. Our economy is **built** upon manufacturing industry.(우리 경제는 제조 산업 위에 세워져 있다.)

1.4. 다음 주어는 목적어를 쌓아올린다.
(4) a. They **built** the wall up.(그들은 그 벽을 쌓아 올렸다.)

b. He is going to **build** up a collection of herbs and spices.(그는 약초와 향신의 수집을 쌓아갈 계획이다.)

c. You can **build** up a fortune by regularly saving money.(너는 규칙적으로 저축함으로써 재산을 모을 수 있다.)

d. He has **built** up a good business over the years.(그는 훌륭한 사업을 수년에 걸쳐 이룩했다.)

e. He has **built up** a good reputation of his goods.(그는 상품에 대한 좋은 명성을 쌓아 올렸다.)

f. They are **building up** their military forces.(그들은 군대를 증강하고 있다.)

g. You must **build up** your strength after your illness.(너는 병이 다 나으면 힘을 쌓아야 한다.)

1.5. 다음 주어는 목적어를 다른 구조물에 짜넣는다.
(5) a. The carpenter **built** some cupboards into the walls.(그 목수는 찬장 몇 개를 그 벽에 짜넣었다.)

b. He **built** bookshelves into the wall.(그는 책꽂이를 그 벽에 짜넣었다.)

c. The rate of pay was **built** into her contract.(그 월급 비율은 그녀의 계약에 짜넣어졌다.)

1.6. 다음 주어는 목적어를 전치사 out of의 목적어에서 만든다.
(6) a. We are **building** a house out of bricks.(우리는 집을 벽돌로 짓고 있다.)

b. They **build** the school of wood.(그들은 그 학교를 나무로 지었다.)

1.7. 다음 주어는 목적어를 전치사 into의 목적어로 만든다.
(7) a. He has **built** these scraps of metal into a strange sculpture.(그는 이 금속 조각들을 이상한 조각품으로 만들었다.)

b. He took some nails and bits of wood, and **built** them into a cupboard.(그는 몇 개의 못과 나무 조각들을 가지고 그것을 찬장으로 만들었다.)

c. Time **built** the boy into a fine young man.(시간은 그 소년을 훌륭한 젊은 남자로 만들었다.)

d. She **built up** a girl into a leading actress.(그녀는 한 소녀를 유명 배우로 만들었다.)

2. 자동사 용법

2.1. 다음 주어는 지어진다.

(8) a. The railroad is building.(그 철도는 건설되고 있다.)

  b. The house is building.(그 집은 지어지고 있다.)

2.2. 다음 주어는 짓는다.

(9) He builds for a living.(그는 생계를 위해 건축한다.)

2.3. 다음 주어는 on의 목적어 위에 계획을 세운다.

(10) a. We can build on that man's honesty.(우리는 그 남자의 정직성을 믿고 계획을 세울 수 있다.)

  b. He built on going to Hawaii with his savings.(그는 저금으로 하와이에 갈 계획을 세웠다.)

  c. In her new job she will be able to build on her previous experience in marketing.(새로운 일자리에서, 그녀는 마케팅에 관한 앞선 경험을 이용할 수 있을 것이다.)

2.4. 다음 주어는 양이나 정도가 커진다.

(11) a. Traffic is building up along the roads to the coast. (차량들이 그 해안까지 가는 그 길들을 따라 밀리고 있다.)

  b. Their pressure on the enemy is building up.(그 적에 대한 그들의 압력이 증가하고 있다.)

  c. Some day your books will build up into a library. (언젠가는 너의 책들은 쌓여서 서재가 될 것이다.)

  d. Mud builds up in the lake.(진흙이 호수에 쌓인다.)

  e. The clouds are building up.(그 구름이 많이 끼고 있다.)

  f. Enemy forces have now built up to a dangerous strength.(적의 군대가 지금 위험스러울 정도로 힘을 쌓았다.)

  h. My savings are building up nicely.(내 저축액이 기분 좋게 늘어가고 있다.)

---

bulk

이 동사의 개념 바탕에는 bulk의 명사 '크기'가 있다. 동사의 의미는 이 명사의 커지는 과정과 관계가 있다.

1. 타동사 용법

1.1. 다음 주어는 크기가 커 보인다.

(1) a. The problem bulks large in his mind.(그 문제는 그의 마음에 크게 나타난다.)

  b. The question bulks large with the committee.(그 의문은 그 위원들에게 크게 보인다.)

2. 타동사 용법

2.1. 다음 주어는 목적어의 크기를 늘린다.

(2) a. We can bulk out the reports with lots of diagrams. (우리는 그 보고서를 많은 도표로 늘릴 수 있다.)

  b. You can always bulk out a meal with bread or rice.(너는 언제나 식사를 빵이나 밥으로 늘릴 수 있다.)

2.2. 다음 주어는 목적어의 크기를 늘린다.

(3) The country bulked up the defenses.(그 국가는 그 국방비 지출을 늘렸다.)

---

bull

이 동사의 개념 바탕에는 bull의 명사가 있다. 동사의 의미는 명사의 성실과 관계가 있다.

1 타동사 용법

1.1 다음 주어는 목적어에 허튼소리를 한다.

(1) Don't bull me; just tell me.(허풍떨지 말고 말하시오.)

---

bulldoze

이 동사의 개념 바탕에는 불도저로 땅을 고르는 과정이 있다.

1. 타동사 용법

1.1. 다음 주어는 목적어를 고른다. 목적어는 땅이다.

(1) a. They bulldozed the area and started construction. (그들은 그 지역 땅을 고르고는 건설을 시작했다.)

  b. The construction crew bulldozed the site until it was flat.(그 건설 인부들은 그 부지를 땅이 평평해질 때까지 고르는 작업을 했다.)

1.2. 다음 주어는 목적어를 불도저로 치운다.

(2) a. They bulldozed the trees from the area.(그들은 그 나무들을 그 지역에서 밀었다.)

  b. The city bulldozed the old building.(그 도시는 그 낡은 건물들을 밀어버렸다.)

1.3. 다음은 수동태 문장으로 주어는 고르게 된다.

(3) a. The trees are being bulldozed to make a way for a building.(그 나무들은 어느 건물을 위한 길을 만들기 위해 불도저로 뽑혔다.)

  b. The whole village is bulldozed flat.(그 마을 전체는 평평하게 밀어졌다.)

1.4. 다음 주어는 목적어에게 우격다짐으로 into의 목적어가 지시하는 일을 하게 한다.

(4) a. We bulldozed him into buying the car.(우리는 그를 밀어부쳐서 그 차를 사도록 했다.)

  b. The president bulldozed Congress into passing the bill.(대통령은 의회를 밀어부쳐서 그 법안을 통과시키도록 했다.)

1.5. 다음 주어는 불도저로 밀어붙이듯 목적어를 밀어붙인다.

(5) a. He bulldozed the tax through Parliament.(그는 그 세금이 국회를 통과하도록 밀어 부쳤다.)

  b. They bulldozed the bill through Congress.(그들은 그 법안을 의회에 밀어 부쳤다.)

1.6. 다음 목적어는 주어가 만드는 개체이다.

(6) a. She bulldozed her way to the top of the business. (그녀는 밀어부쳐서 그 사업의 최고 자리에 올랐다.)

  b. They bulldozed a new road.(그들은 불도저로 새 길을 닦았다.)

2 자동사 용법

2.1. 다음 주어는 밀어붙이면서 나간다.

(7) He bulldozed through to score.(그는 밀어붙이며 나아가서 득점을 했다.)

bully

이 동사의 개념 바탕에는 윽박지르는 과정이 있다.

1. 타동사 용법
1.1. 다음 주어는 목적어를 윽박지른다.
(1) a. He used to **bully** his classmates.(그는 급우들을 윽박지르곤 했다.)
　　b. The older students **bullied** the younger ones.(그 나이 많은 학생들은 그 나이가 적은 아이들을 윽박질렀다.)

1.2. 다음은 수동태 문장으로 주어는 윽박지름을 받는다.
(2) My son was badly **bullied** at school.(내 아들은 학교에서 윽박지름을 많이 받았다.)

1.3. 다음 주어는 목적어를 윽박질러서 into의 목적어가 나타내는 과정을 하게 한다.
(3) a. I managed to **bully** him into helping us with the cleaning.(나는 그를 윽박질러서 우리를 도와서 청소를 돕게 했다.)
　　b. She **bullied** her sister into letting her sit by the window.(그녀는 동생을 윽박질러서 그 창가에 앉게 했다.)
　　c. I wanted to stay at home, but they **bullied** me into going.(나는 집에 있고 싶었으나, 그들은 나를 윽박질러서 가게 했다.)
　　d. He **bullies** small boys into giving him money and food.(그는 작은 아이들을 윽박질러서 그에게 돈과 음식을 주게 한다.)
　　e. She used to **bully** me into doing my homework.(그녀는 나를 윽박질러서 내 숙제를 하게 했다.)

1.4. 다음 주어는 목적어를 윽박질러서 into의 목적어의 상태에 들어가게 한다.
(4) a. He **bullied** them into submission/obedience/silence.(그는 그들을 윽박질러서 순종/복종/침묵하게 했다.)
　　b. Don't let anyone **bully** you into something you don't want to do.(어느 누구든 윽박질러서 너가 하기 싫은 일을 하게 하지 말아라.)

1.5. 다음은 수동태 문장으로 주어는 into 의 목적어가 나타내는 과정에 들어간다.
(5) a. He must be **bullied** into working.(그는 윽박을 받고 일을 하게 되었음에 틀림이 없다.)
　　b. He was **bullied** into driving her to her home.(그는 윽박을 받고 그녀를 집에다 태워다 주었다.)
　　c. We were **bullied** into going along with the plan.(우리는 윽박을 받고 그 계획에 따라갔다.)
　　d. I won't be **bullied** into signing anything.(나는 윽박을 받고는 아무 것도 사인하지 않겠다.)

1.6. 다음 주어는 목적어를 윽박질러서 돈을 빼앗는다.
(6) They **bullied** him out of his lunch money.(그들은 그를 윽박질러서 그의 점심 돈을 빼앗았다.)

1.7. 다음 주어는 윽박질러서 목적어를 out of의 목적어에서 빼앗는다.
(7) He **bullied** the money out of us.(그는 윽박질러서 그 돈을 우리에게서 빼앗았다.)

1.8. 다음주어는 목적어를 윽박질러서 out of 의 목적

어 과정에서 빠져나오게 한다.
(8) She wanted to go, but she was **bullied** out of it.(그녀는 가고 싶었으나, 윽박을 받고 그만 두게 되었다.)

bum

이 동사의 개념 바탕에는 거저 얻거나 빼앗는 과정이 있다.

1. 타동사 용법
1.1. 다음 주어는 목적어를 공짜로 얻는다.
(1) a. I was out of cigarettes so I **bummed** one of my best friend.(나는 담배가 없어서 한 개비를 나의 가장 친한 친구 중 한 명에게서 공짜로 얻었다.)
　　b. She **bummed** some quarters to do her laundry.(그녀는 빨래를 하기 위해 25전 동전 몇 개를 공짜로 얻었다.)
　　c. He **bummed** a cigarette off a stranger.(그는 담배 한 개비를 낯선이에게서 얻었다.)
　　d. Can I **bum** a ride?(공짜로 차를 태워주시겠습니까?)

2. 자동사 용법
2.1. 다음 주어는 남의 차를 얻어 타고 돌아다닌다.
(2) a. All vacation long, we just **bummed** around.(방학 내내 우리는 남의 차를 얻어 타고 돌아다녔다.)
　　b. He spent last summer **bumming** around Korea.(그는 지난 여름 남의 차를 얻어 타고 한국을 돌아다니는데 시간을 보냈다.)

bump

이 동사의 개념 바탕에는 한 개체가 다른 개체에 심하게 부딪치는 과정이 있다.

1. 타동사 용법
1.1. 다음 주어는 목적어(신체 부위)를 다른 개체에 부딪친다.
(1) a. They **bumped** their heads as they tried to pick up the dime.(그들이 그 10센트 동전을 주우려고 했을 때, 그들의 머리를 부딪쳤다.)
　　b. Don't **bump** your head.(너의 머리를 부딪치지 말아라.)
　　c. I **bumped** my head **on** the edge.(나는 내 머리를 그 모서리에 부딪쳤다.)
　　d. He **bumped** his head **on** the low ceiling.(그는 머리를 그 낮은 천장에 부딪쳤다.)
　　e. He **bumped** his knee **on** the wall.(그는 무릎을 그 벽에 부딪쳤다.)

1.2. 다음 주어는 목적어를 전치사 against의 목적어에 부딪친다.
(2) a. I **bumped** my head **against** the ceiling.(나는 내 머리를 그 천정에 부딪쳤다.)
　　b. He **bumped** his car **against** the curb.(그는 그의 차를 그 연석에 박았다.)
　　c. He **bumped** the bat **against** every lamp post.(그는

그 방망이를 모든 램프 기둥에다 대고 쳤다.)

  d. I **bumped** the vacuum cleaner **against** the table. (나는 그 진공 청소기를 그 탁자에 부딪쳤다.)

1.3. 다음 주어는 그 자체가 목적어를 부딪친다.

(3) a. The bus **bumped** the fender of my car.(그 버스가 내 차의 완충장치를 박았다.)

  b. The car **bumped** the tree.(그 차가 그 나무를 들이받았다.)

  c. He **bumped** the car in front of him.(그는 앞에 있던 그 차를 박았다.)

  d. He **bumped** the skates in front of him.(그는 앞에 있던 스케이트를 박았다.)

  e. The truck **bumped** our car.(그 트럭이 우리 차를 들이받았다.)

1.4. 다음 주어는 목적어를 전치사 with의 목적어로 들이받는다.

(4) I **bumped** the wall with my car.(나는 내 차로 벽을 들이받았다.)

1.5. 다음 주어는 목적어를 쳐서 죽인다.

(5) a. They told the killer to **bump** their boss off.(그들은 그 살인자에게 자기들의 두목을 죽이라고 명령했다.)

  b. They tried to have him **bumped** off by the thugs. (그들은 그를 그 살인청부업자들에 의해 죽게 하려 했다.)

  c. They say the mob **bumped** him off.(그들은 그 폭도들이 그를 죽였다고 말한다.)

1.6. 다음 주어는 목적어를 충격에 의해 이동한다.

(6) a. He **bumped** the price of rice.(그는 쌀값을 폭등시켰다.)

  b. All this publicity will **bump up** sales of our new product.(이 모든 선전은 우리의 새 상품 판매를 급증시킬 것이다.)

  c. Add pasta to your salad to **bump up** your fiber intake.(너의 섬유소 섭취를 늘리기 위해서 파스타를 너의 샐러드에 넣어라.)

  d. The extra cost will **bump up** the price.(그 부대 비용이 그 가격을 폭등시킬 것이다.)

  e. In the summer, they **bumped up** the prices by 10 percent.(여름에 그들은 그 가격을 10퍼센트 인상했다.)

  f. You need a good result to **bump up** your average. (평균을 급등시키려면 너는 너의 성적을 올려야 한다.)

1.7. 다음 주어는 목적어를 충격을 주어서 떨어지게 한다.

(7) a. The cat **bumped** the vase **off** the shelf.(그 고양이는 그 꽃병을 들이받아 그 선반에서 떨어지게 했다.)

  b. The cat **bumped** the kettle **off** the table.(그 고양이가 그 주전자를 들이받아 그 탁자에서 떨어지게 했다.)

1.8. 다음에서 주어는 목적어를 어떤 자리에서 밀쳐낸다.

(8) a. Do airlines **bump** passengers often?(항공회사들이 자주 승객들의 탑승을 거부합니까?)

  b. They **bumped** the corrupt politicians.(그들은 부정한 정치인들을 내쫓았다.)

1.9. 다음은 수동태 문장으로 주어는 밀려난다.

(9) a. He was **bumped** from his job.(그는 그의 직장에서 내쫓겼다.)

  b. I was **bumped** from my flight because of overbooking.(나는 초과예약 때문에 비행기 탑승을 거부당했다.)

1.10. 다음 주어는 목적어를 만든다.

(10) The car **bumped** its way slowly down the road.(그 차는 덜컹거리며 천천히 그 길 아래쪽으로 달려왔다.)

2. 자동사 용법

2.1. 다음 주어는 전치사 into의 목적어에 충돌한다.

(11) a. Two cars **bumped into** each other.(두 대의 차가 서로 부딪쳤다.)

  b. She **bumped into** the table and hurt her leg.(그녀는 그 탁자에 부딪쳐서 그녀의 다리를 다쳤다.)

  c. It was so dark that I **bumped into** a tree/a lamp post.(너무 어두워서 나는 나무/가로등에 부딪쳤다.)

  d. I **bumped into** the wall by mistake.(나는 실수로 그 벽에 부딪쳤다.)

  e. They **bumped against** each other.(그들은 서로 부딪쳤다.)

2.2. 다음 주어는 전치사 into의 목적어와 우연히 만난다.

(12) a. Two friends **bumped into** each other on the street.(두 친구들이 거리에서 마주쳤다.)

  b. I **bumped into** her on my home.(나는 집에 가는 길에 그녀와 마주쳤다.)

  c. I **bumped into** an old friend on the bus today.(나는 오늘 옛친구와 버스에서 우연히 마주쳤다.)

2.3. 다음 주어는 덜커덩거리면서 움직인다.

(13) a. The car **bumped along** the track to the farm.(그 차는 그 소로를 따라 덜커덩거리며 그 농장에 갔다.)

  b. We **bumped along** the dirt road.(우리는 덜커덩거리며 그 흙길을 따라갔다.)

  c. The bus **bumped along** the rutted road.(그 버스는 덜커덩거리며 바퀴 자국이 난 그 길을 따라갔다.)

  d. The ball **bumped down** the stairs.(그 공은 덜커덩거리며 그 계단 아래로 내려갔다.)

  e. An old car **bumped down** the dirt road.(오래된 차 한 대가 그 흙길을 따라 덜커덩거리며 내려갔다.)

  f. The jeep **bumped over** the stony ground.(그 지프 차는 그 돌이 많은 땅을 덜커덩거리며 넘어갔다.)

  g. The car **bumped over** the railroad tracks.(그 차는 그 철로를 덜커덩거리며 넘었다.)

  h. We left the road and again **bumped over** the mountain side.(우리는 그 길을 떠나 또 다시 덜커덩거리며 그 산자락을 넘었다.)

2.4. 다음 주어는 전치사 against의 목적어에 부딪친다.

(14) a. The canoe **bumped against** the bank.(그 카누는 그 둑에 가서 부딪쳤다.)

  b. The car **bumped against** the tree.(그 차는 그 나무에 가서 부딪쳤다.)

bunch

이 동사의 개념 바탕에는 bunch의 명사 '다발', '송이'가 있다. 동사의 의미는 이 명사의 모양과 관계가 있다.

1. 자동사 용법

1.1. 다음 주어는 모인다.

(1) a. All bunched together in a crowded elevator.(사람
들 모두가 그 복잡한 엘리베이터 안에 좁게 모여들
었다.)

b. Don't bunch up; spread out.(모이지 마라; 흩어져라.)

c. The sheep bunched together when they saw the
dog.(그 양들은 그 개를 보자 서로서로 함께 모여들
었다.)

d. The students bunched up in the hallway.(그 학생
들은 그 복도에서 모였다.)

e. We bunched up to make room for another person
to sit down.(우리는 다른 사람이 앉을 공간을 만들
고자 서로 간격을 좁혀 모였다.)

1.2. 다음 주어는 구겨진다.

(2) a. Your clothes will bunch up if you keep them in
the suitcase.(너의 옷들은 그 가방 안에 넣어두면
구겨질 것이다.)

b. Her skirt bunched up under the waist.(그녀의 치
마의 허리 아래 부분이 구겨졌다.)

c. His muscles bunched under his shirt.(그의 근육들
이 셔츠 아래서 불룩하게 되었다.)

2. 타동사 용법

2.1. 다음은 수동태 문장으로, 주어는 구겨지거나 주름
이 진다.

(3) a. My clothes are all bunched up in the suitcase.(내
옷이 그 가방 안에서 모두 구겨져 버렸다.)

b. His forehead was bunched in a frown.(그의 이마
는 주름이 잡혀서 찡그림이 되었다.)

bungle

이 동사의 개념 바탕에는 서투른 솜씨로 망치는 과
정이 있다.

1. 타동사 용법

1.1. 다음 주어는 목적어를 서툴게 다루어서 망친다.

(1) a. He bungled the wiring job.(그는 서툰 솜씨로 그 배
선 공사를 망쳤다.)

b. He would bungle the whole matter.(그는 그 일 전
부를 망칠 것이다.)

c. He bungled the reports; it had too many mistakes.
(그는 그 보고서를 망쳤다; 실수가 너무 많았다.)

d. The police bungled the investigation.(경찰은 그
조사를 망쳤다.)

1.2. 다음은 수동태 문장으로 주어는 망쳐진다.

(2) a. The whole police operation was bungled.(그 경찰
작전 전부가 망쳐버렸다.)

b. The mixing of the ingredients was bungled.(그 성
분들의 혼합은 실패였다.)

bunk

이 동사의 개념 바탕에는 bunk의 명사 '선실의 침
대'가 있다. 동사의 의미는 이 명사의 쓰임과 관계

가 있다.

1 자동사 용법

1.1 다음 주어는 침대를 쓴다.

(1) a. They bunked together in the navy.(그들은 해군에
서 같은 선실침대를 사용했다.)

b. He bunked on the sofa tonight.(그는 오늘 그 소파
에서 잤다.)

c. We bunked in a barn.(우리는 어느 헛간에서 잤다.)

1.2. 다음 주어는 with의 목적어와 침대를 같이 쓴다.

(2) Tom bunked with Ron on his camping trip.(톰은 캠
프 여행 동안 론과 같은 방에서 잤다.)

2 타동사 용법

2.1 다음 주어는 목적어를 재운다.

(1) They bunked us in cots.(그들은 우리를 간이 침대에
재웠다.)

buoy

이 동사의 개념 바탕에는 buoy의 명사 '부표'가 있
다. 동사의 의미는 이 명사의 성질과 관계가 있다.

1. 타동사 용법

1.1. 다음 주어는 목적어를 떠 있게 한다.

(1) a. The floating board buoyed the swimmer up.(그 떠
있는 널빤지는 그 수영하는 사람을 떠 있게 했다.)

b. A life jacket buoyed the child up who fell from the
boat.(구명 조끼는 그 보트에서 떨어진 그 아이를 떠 있
게 했다.)

c. The salty water buoyed her.(소금물은 그녀를 떠
있게 했다.)

1.2. 다음은 [사기나 기분은 풍선]과 [좋음은 위] 은유
가 적용된 예이다.

(2) a. The victory buoyed the soldiers' morale.(그 승리
는 군인들의 사기를 들뜨게 했다.)

b. The good news buoyed our spirits.(그 좋은 뉴스
는 우리의 기분을 떠 있게 (좋게) 했다.)

1.3. 다음 주어는 목적어를 뜨게 한다. 목적어는 환유
적으로 쓰여서 사람의 기분을 나타낸다.

(3) a. The smiling baby buoyed up grandma.(그 웃는 아
기는 할머니의 기분을 북돋우었다.)

b. The good news buoyed Jane through another day.
(그 좋은 뉴스는 제인의 기분을 또 하루 더 좋게 했
다.)

1.4. 다음 수동태 문장으로 주어는 북돋우어진다.

(4) a. They were buoyed by hopes of success.(그들은
성공의 희망으로 북돋워졌다.)

b. She was buoyed by the warm reception.(그녀는
따뜻한 접대로 북돋워졌다.)

c. Her courage was buoyed by the doctor's
assurance.(그녀의 용기는 그 의사의 확신으로 북돋
워졌다.)

d. House prices were buoyed in that area.(집 가격은
그 지역에서 올라 있었다.)

2. 자동사 용법
2.1. 다음 주어는 뜬다.
(5) The company's profits buoyed by a successful publishing venture.(그 회사의 이익은 성공적인 출판 모험에 의해 떴다.)

burden

이 동사의 개념 바탕에는 burden의 명사 '짐'이 깔려있다. 동사의 의미는 짐을 지우는 과정이다.

1. 타동사 용법
1.1. 다음 주어는 목적어에게 전치사 with의 목적어로 짐을 지운다.
(1) a. The farmer burdened his horse with a heavy load. (그 농부는 말에게 그 무거운 짐을 지웠다.)
   b. He burdened himself with many packages.(그는 자신을 많은 꾸러미로 짐을 지웠다.)
   c. He burdened me with the parcel.(그는 나를 그 소포로 짐을 지웠다.)
   d. We burdened each of the campers with loads of the same weight.(우리는 캠프하는 사람들 각자를 동일한 무게의 짐으로 지웠다.)
   e. He burdened the horse with firewood.(그는 그 말을 장작으로 지웠다.)
1.2. 다음은 수동태 문장으로 주어는 짐이 지워진다.
(2) a. He was burdened with two big suitcases.(그는 두 개의 커다란 트렁크로 짐이 지워졌다.)
   b. The mule was burdened with too big a load.(그 노새는 너무 큰 짐이 지워졌다.)
   c. They are burdened with an endless routine of house work and child care.(그들은 끝없는 집안 일과 양육의 일과로 짐이 지워져 있다.)
   d. Mary was burdened by a death in her family.(메리는 그녀 가족 내의 죽음에 의해 괴로워했다.)
1.3. 다음과 같이 짐으로 생각되는 것에는 세금, 저당, 일과 등이 있다.
(3) a. The king burdened the people with heavy taxes. (그 왕은 무거운 세금으로 국민들을 부담지웠다.)
   b. He burdened his memory with useless facts.(그는 기억을 필요없는 사실들로 부담을 주었다.)
   c. They burdened themselves with a high mortgage. (그들은 자신을 높은 이율의 저당으로 부담을 안았다.)
   d. She was burdened with cares/worries/debts/money troubles.(그녀는 양육/걱정 거리들/빚/돈 문제로 고민하고 있었다.)
   e. He was burdened with duties/sad memories.(그는 의무/슬픈 기억으로 마음이 무거웠다.)
   f. The leader was burdened down with all the decision making responsibilities.(그 지도자는 결정을 내리는 모든 책임으로 부담을 지고 있었다.)
1.4. 다음과 같이 문제, 지루한 이야기, 걱정, 의무 등도 짐으로 개념화된다.
(4) a. We decided not to burden him with all the news. (우리는 그에게 모든 뉴스로 부담시키지 않도록 결정

했다.)
   b. I felt it unfair to burden them with my decision.(나는 나의 결정으로 그들에게 부담시키는 것은 불공평하다고 느꼈다.)
   c. I won't burden you with my troubles/my problems. (나는 당신을 나의 고민으로 부담을 주지 않겠다.)
   d. I will not burden you with a lengthy account.(나는 당신을 긴 설명으로 부담을 주지 않겠다.)
1.5. 다음 주어는 그 자체가 목적어에 부담을 지운다.
(5) a. A lack of money burdens many people.(돈의 부족은 많은 사람들에게 부담을 지운다.)
   b. Heavy snow burdened the branches of the tree. (폭설은 나뭇가지를 부담 지웠다.)

burn

이 동사의 개념 바탕에는 타는 과정이 있다.

1. 자동사 용법
1.1. 다음 주어는 탄다.
(1) a. Wood burns easily.(나무는 쉽게 탄다.)
   b. The house is burning.(그 집은 불타고 있다.)
   c. Paper burns easily.(종이는 쉽게 탄다.)
   d. Stone won't burn.(돌은 타지 않는다.)
   e. The whisky he had drunk burned in his chest.(그가 마신 위스키가 가슴 속에서 탔다.)
1.2. 다음 주어는 실제 타는 것이 아니라, 빛이나 열을 낸다.
(2) a. All the lamps are burning in every room.(모든 램프가 모든 방에서 빛을 내고 있었다.)
   b. The heater is burning in the corner.(그 히터는 그 구석에서 열을 내고 있다.)
1.3. 다음 주어는 타서 시커멓게 된다.
(3) a. The milk has burned.(그 우유가 탔다.)
   b. The potatoes burned and we cannot eat them.(그 감자가 타서 우리는 그것을 먹을 수 없다.)
1.4. 다음 주어는 빨갛게 되거나 열이 난다.
(4) a. His cheeks were burning with shame.(그의 뺨은 수치심으로 빨갛게 달고 있었다.)
   b. His forehead burned with fever.(그의 이마는 열로 뜨거웠다.)
1.5. 다음 주어는 덴 것 같이 따갑다.
(5) a. The ears burn after being in a strong wind.(그의 귀는 강한 바람 속에 있다 들어와서 따갑다.)
   b. Her skin burns easily.(그녀의 피부는 쉽게 탄다.)
   c. My eyes are burning from the smoke.(내 눈은 그 연기로 따갑다.)
   d. He was burning with anger.(그는 분노로 타고 있었다.)
1.6. 다음 주어는 불꽃같이 열의가 있다.
(6) a. She is burning to tell the news.(그녀는 그 소식을 전하려고 열이 올라있다.)
   b. They were burning to avenge the death of their leader.(그들은 그들 지도자의 죽음에 복수하기 위해서 흥분하고 있었다.)

2. 타동사 용법

2.1. 다음 주어는 목적어를 태운다.
(7) a. People used to **burn** candles to get light.(사람들은 빛을 얻기 위해서 초를 태우곤 했다.)

b. The lamp **burns** oil.(그 램프는 기름을 땐다.)

c. Many large ships **burn** oil.(많은 큰 배들이 기름을 땐다.)

2.2. 다음 주어는 목적어를 태운다.
(8) a. Be careful not to **burn** the meat.(그 고기를 태우지 않도록 조심하라.)

b. She **burned** the fish and we could not eat it.(그녀는 그 생선을 태워서 우리가 그것을 먹을 수 없었다.)

2.3. 다음 주어는 목적어를 덴다.
(9) a. The coffee is very hot; don't **burn** your mouth. (그 커피가 매우 뜨겁다. 너의 입을 데지 말아라.)

b. The child **burned** its fingers while playing with matches.(그 아이는 성냥을 가지고 놀다가 손가락을 데었다.)

c. He **burned** his hand on the hot iron.(그는 손을 그 뜨거운 다리미에 데었다.)

d. Some highly seasoned food **burned** my mouth.(어떤 양념이 많이 된 음식이 내 입을 데었다.)

2.4. 다음 주어는 목적어의 마음을 격분시킨다. [강한 생각이나 마음은 불이다]의 은유가 사용된 표현
(10) a. The very thought of it **burned** him like fire.(그것에 대한 그 생각만도 그를 불과 같이 격분시켰다.)

b. Their nasty remarks **burned** him up.(그들의 짓궂은 말이 그를 격분시켰다.)

2.5. 다음 목적어는 무엇을 태운 결과로 생겨나는 개체이다.
(11) a. He **burned** a hole in the carpet/in his coat.(그는 불구멍을 그 양탄자/저고리에 내었다.)

b. His cigar **burned** a hole in the rug.(그의 여송연이 불구멍을 그 양탄자에 내었다.)

c. She **burned** her name into the wood.(그녀는 자신의 이름을 그 나무에 불로 새겼다.)

d. Her words **burned** her way into his heart.(그녀의 말이 그의 가슴 속으로 타 들어갔다.)

e. He **burns** bricks/lime/charcoal.(그는 벽돌/석회/숯을 굽는다.)

burp

이 동사의 개념 바탕에는 트림하는 과정이 있다.

1. 자동사 용법

1.1. 다음 주어는 트림을 한다.
(1) a. The baby **burped**.(그 아기는 트림을 했다.)

b. He said, "Excuse me," after he **burped**.(그는 트림을 한 다음 "미안해요" 하고 말했다.)

2. 타동사 용법

2.1. 다음 주어는 목적어를 트림시킨다.
(2) a. Mother **burped** the baby after feeding.(엄마가 그 아기에게 우유를 먹인 뒤 트림을 시켰다.)

b. She **burped** the baby by patting its back.(그녀는 그 애기의 등을 토닥거려서 트림을 시켰다.)

burrow

이 동사의 개념 바탕에는 burrow의 명사 '짐승의 굴'이 있다. 동사의 의미는 굴을 만들거나 굴속에서 움직이는 과정과 관계가 있다.

1. 자동사 용법

1.1. 다음 주어는 굴을 파거나 파고 들어간다.
(1) a. The mole **burrowed** in the soil.(그 두더지는 흙 속에 굴을 파고 들어갔다.)

b. The rabbits **burrowed** into the leaves to try to keep warm.(그 토끼들은 그 잎들 사이로 파고 들어가서 온도를 유지하려 했다.)

c. The rabbits **burrowed** into the hillside/under the wall.(그 토끼들은 그 언덕 기슭으로/그 벽 아래로 굴을 파고 들어갔다.)

d. Earth worms **burrow** deep into the soil.(지렁이들은 흙 속으로 깊게 굴을 파고 들어간다.)

e. She **burrowed** under the covers.(그녀는 그 덮개 아래로 파고 들어갔다.)

1.2. 다음 주어는 굴속에 산다.
(2) Some animals **burrow** under the ground in the winter.(몇몇 동물들은 겨울에 땅 아래 굴속에 산다.)

1.3. 다음 주어는 around나 through의 목적어를 파헤쳐 들어간다.
(3) a. John **burrowed** through the objects in the desk drawer to look for a paper.(존은 서류를 찾기 위해 그 책상 서랍에 있는 그 물건들을 파헤쳐 갔다.)

b. What are you **burrowing** around in my drawer for? (너는 내 서랍에서 무엇 때문에 파헤치고 있니?)

1.4. 다음 주어는 into의 목적어에 손을 집어넣는다.
(4) a. She **burrowed** into her pocket for a handkerchief. (그녀는 손수건을 꺼내려 그녀의 주머니에 손을 집어넣었다.)

b. He **burrowed** into the subject.(그는 그 주제로 들어갔다.)

2. 타동사 용법

2.1. 다음 주어는 목적어를 파고 들면서 만든다.
(5) a. The rabbit **burrowed** its way down through the ground.(그 토끼는 그 땅 속에 길을 파고 내려갔다.)

b. The rodent **burrowed** its way into the sand.(그 설치류는 그 모래에 길을 파고 들어갔다.)

2.2. 다음 주어는 목적어를 파묻는다.
(6) She **burrowed** her head into my shoulder.(그녀는 머리를 내 어깨에 파묻었다.)

2.3. 다음 주어는 목적어를 파묻는다.
(7) Rabbits have **burrowed** the ground.(토끼들은 땅 속을 파왔다.)

burst

이 동사의 개념 바탕에는 터지는 과정이 있다.

1. 자동사 용법

1.1. 다음 주어는 터진다.

(1) a. The balloon will burst.(그 풍선은 터질 것이다.)
  b. The bomb burst in front of the building.(그 폭탄은 그 건물의 앞에서 터졌다.)
  c. As he braked, the tire burst.(그가 급정거를 했을 때 그 타이어가 터졌다.)
  d. The boiler had burst.(그 보일러가 터졌다.)

1.2. 다음 주어는 터져서 새 상태에 이른다.

(2) a. The door burst open.(그 문이 확 열렸다.)
  b. The wing burst apart.(그 날개가 갑자기 부서졌다.)

1.3. 다음 주어는 전치사 with의 목적어로 넘친다.

(3) a. The barns were bursting with grain.(그 창고들은 터질 듯이 곡물로 터질 듯 했다.)
  b. The hall is bursting with children.(그 강당은 아이들로 터질 듯 차 있다.)

1.4. 다음은 [마음은 그릇] 은유가 적용된 표현이다.

(4) a. I could have burst with pride.(나는 자부심으로 가슴이 터졌을 것이다.)
  b. At the suggestion of the picnic the class was bursting with enthusiasm/happiness/excitement. (그 소풍에 대한 제안에, 그 반은 열광/행복/흥분으로 가득 차 있었다.)

1.5. 다음 주어는 그릇에 담겨 있다가 터져 나온다.

(5) a. The oil burst out of the ground.(그 기름은 그 땅에서 터져 나왔다.)
  b. The sun burst through the ground.(태양이 대지를 뚫고 터져 나왔다.)
  c. The computer burst upon the scene around 1950. (컴퓨터는 1950년경 모습을 갑자기 나타냈다.)
  d. The view burst upon our sight.(그 광경이 갑자기 우리의 시야에 나타났다.)
  e. The cries of the mob burst upon our ears.(그 군중들의 고함소리가 우리의 귀에 갑작스레 들려왔다.)

1.6. 그릇에서 나온 개체는 다른 곳으로 갈 수 있다. 다음 주어는 빠르고 갑작스럽게 움직인다.

(6) a. The car burst away.(그 차는 급히 떠났다.)
  b. She burst in through the opposite door.(그녀는 그 반대편 문을 통해서 갑자기 들어왔다.)
  c. He burst into the room.(그는 갑자기 그 방으로 뛰어 들어갔다.)
  d. The blazing sun burst through the clouds.(작열하는 태양이 그 구름을 뚫고 갑자기 터져 나왔다.)

1.7. 다음 주어는 갑자기 끼어든다.

(7) a. He'll be bursting in on us at any moment.(그는 언제라도 우리에게 뛰어 들어올 것이다.)
  b. He burst in on our conversation.(그는 우리 대화에 끼어들었다.)

1.8. 다음 주어는 갑자기 into의 목적어가 가리키는 상태로 들어간다.

(8) a. The trees had burst into bloom.(그 나무들은 갑자기 꽃을 활짝 피었다.)
  b. The oil stove burst into flames.(그 석유난로는 확 타올랐다.)

c. He burst into speech.(그는 갑자기 말을 했다.)
  d. The whole room burst into laughter.(그 방 전체가 갑자기 웃었다.)
  e. He burst out crying.(그는 갑자기 큰 소리로 울기 시작했다.)

2. 타동사 용법

2.1. 다음 주어는 목적어를 터뜨린다.

(9) a. She burst the balloon.(그녀는 그 풍선을 터뜨렸다.)
  b. He burst a blood vessel.(그는 혈관을 파열시켰다; 그는 몹시 흥분했다).)
  c. The prisoner burst his chains.(그 죄수는 사슬을 부수어 버렸다.)
  d. He burst the lock with a hammer.(그는 그 자물쇠를 망치로 부수었다.)
  e. After ten days of rain, the river burst its banks and flooded the valley.(열흘간의 비가 뒤에, 그 강은 강둑을 터뜨리고 그 계곡을 범람시켰다.)

2.2. 다음 문장에 쓰인 목적어는 추상적인 개체를 가리킨다. 주어는 목적어를 깨뜨린다.

(10) a. With hoggish whine, they burst my prayer.(칭얼대는 소리로 그들은 내 기도를 방해했다.)
  b. The loss will make him burst his lead.(그 손실은 그에게 선두를 빼앗기게 할 것이다.)
  c. The prisoner will burst his bonds.(그 죄수는 속박을 부수어 버릴 것이다.)

bury

이 동사의 기본 개념 바탕에는 묻는 과정이 있다.

1. 타동사 용법

1.1. 다음 주어는 목적어를 묻는다. 필요한 경우 묻히는 장소와 묻히는 사람의 상태를 나타낼 수 있다.

(1) a. He has buried his only daughter.(그는 외동 딸을 묻었다.)
  b. The family buried their father in the cemetery.(그 가족은 아버지를 그 묘지에 안장했다.)

1.2. 다음은 수동태 문장으로 주어는 묻힌다.

(2) a. He is buried alive.(그는 생매장되었다.)
  b. The miners were buried alive when the tunnel collapsed.(그 광부들은 그 갱도가 무너졌을 때 산채로 묻혔다.)
  c. He is dead and buried now.(그는 이제 죽어서 묻혀 있다.)
  d. She will be buried here in the church.(그녀는 여기 교회에 묻힐 것이다.)
  e. The sailor was buried at sea.(그 선원은 바다에 묻혔다.)

1.3. 다음 주어는 목적어를 다른 물건의 속이나 밑에 묻어서 보이지 않게 한다.

(3) a. He buried the card in the deck.(그는 그 카드를 카드 속에 숨겼다.)
  b. Jane buried her birthday present in the back of the closet.(제인은 그녀의 생일 선물을 그 옷장 뒤

쪽에 숨겼다.)

c. The pirates buried the treasure on an island.(그 해적들은 그 보물을 어떤 섬에 숨겼다.)

d. She buried the money under some leaves.(그녀는 그 돈을 잎 밑에 숨겼다.)

e. She buried the gun under the pile of leaves.(그녀는 그 총을 낙엽 더미 밑에 숨겼다.)

f. They buried his discovery because they didn't want to believe it.(그들은 믿고 싶지 않았기 때문에, 그의 발견을 숨겼다.)

1.4. 다음 주어는 목적어를 다른 개체 안에 들어가게 해서 안 보이게 한다.

(4) a. He buried his hands in his pockets.(그는 양손을 주머니에 넣었다.)

b. He buried his head in his hands.(그는 머리를 양손에 묻었다.)

1.5. 다음 목적어를 다른 개체의 안이나 밑에 들어가게 하여 안 보이게 만든다.

(5) a. The dog buried its bone in the garden.(그 개는 그의 뼈를 그 정원에 파묻었다.)

b. Squirrels bury nuts and seeds.(다람쥐는 견과와 씨앗을 파묻는다.)

c. Reptiles bury their eggs in holes or under stones.(파충류는 그들의 알을 구멍 안이나 바위 밑에 파묻는다.)

d. Mud slide buried the entire village.(진흙 사태가 그 마을 전체를 파묻었다.)

1.6. 다음 주어는 목적어를 매장한다.

(6) They buried the legislative bill.(그들은 그 법률안을 매장했다.)

1.7. 다음은 수동태 문장으로 주어는 묻히는 사람이고, 주어는 어떤 물건의 더미 밑에 깔린다.

(7) a. He was buried in the rubble of the building.(그는 그 건물의 깨진 조각들 속에 묻혔다.)

b. The climbers were buried under a pile of rocks.(그 등반가들은 그 바위 더미 밑에 묻혔다.)

c. He was buried under the debris for several hours.(그는 여러 시간 동안 그 잔해 밑에 묻혀 있었다.)

1.8. 다음은 수동태 문장으로 주어는 전치사 in의 목적어에 묻혀 있다.

(8) a. He is buried in thought/oblivion.(그는 생각/망각에 묻혀 있다.)

b. She is buried in grief.(그녀는 슬픔에 묻혀 있다.)

1.9. 다음 주어는 전부나 일부가 땅 속이나 어떤 더미 속에 묻히거나 깔린다.

(9) a. The pot was buried deep in the ground.(그 항아리는 그 땅 속에 깊이 묻혔다.)

b. The end of the post was buried in the ground.(그 기둥의 끝은 땅 속에 묻혔다.)

c. The treasure was buried in six feet of earth.(그 보물은 6피트 깊이의 흙에 묻혔다.)

d. The letter was buried in the ground.(그 편지는 땅 속에 묻혔다.)

e. Their house was buried under a landslide.(그들의 집이 산사태 밑에 묻혔다.)

f. The house was buried under 10 feet of snow.(그 집은 10피트의 눈 밑에 묻혔다.)

1.10. 어떤 공간의 깊숙한 밑이나 끝에 들어 있는 상태도 이 동사로 표현한다.

(10) a. My letters are buried somewhere in the drawer.(내 편지는 그 서랍 속 어딘가에 묻혀 있다.)

b. She found some coffee buried in the depths of the cupboard.(그녀는 그 찬장 깊숙한 곳에 들어 있는 약간의 커피를 찾아냈다.)

c. The true facts are buried in a secret government paper.(그 참된 사실들은 비밀 정부 문서 안에 묻혀 있다.)

d. My passport was buried at the bottom of the drawer.(내 여권은 그 서랍의 바닥에 묻혀 있었다.)

e. The whole thing would be buried in the past.(그 모든 것은 과거 속에 묻혀질 것이다.)

1.11. 불쾌한 감정, 모욕, 적의, 오해 등은 구체적인 개체로 개념화되어 묻히는 것으로 표현된다. 묻히면 잊어버리게 된다.

(11) a. She has learned to bury her feelings.(그녀는 그녀의 감정을 묻는 것을 배워왔다.)

b. He buried the injury.(그는 그 상처를 파묻었다.)

c. They buried a long history of hostility.(그들은 오래된 적의의 역사를 묻어 버렸다.)

d. They buried their past misunderstanding.(그들은 지난 오해를 묻어 버렸다.)

e. They buried their differences and shook hands.(그들은 불화를 묻어 버리고 악수했다.)

f. Let's bury our feud.(우리의 반목을 묻어 버리자.)

g. Let's shake hands and bury our quarrel.(악수를 하고 다툼을 묻어 버리자.)

1.12. 다음의 목적어는 재귀대명사이다. 주어는 자신을 땅속에 묻혀 있는 것과 같이 눈에 뜨이지 않는 곳에 있다. 주어는 목적어를 묻는다.

(12) a. The child constantly buried herself in a corner with a book.(그 아이는 끊임없이 책을 들고 구석으로 들어갔다.)

b. The kids buried themselves under the covers to hide from their parents.(그 아이들은 부모들로부터 숨기 위해 덮개 밑에 들어갔다.)

c. He buried himself in a remote temple.(그는 외딴 사원에 은거했다.)

d. She buried herself in the country to write a book.(그녀는 책을 쓰기 위해 시골에서 은거했다.)

1.13. 다음에서 목적어는 재귀대명사이고, 묻히는 곳은 일이나 과정이다.

(13) a. He buried himself in his work.(그는 자신을 그의 일에 파묻었다.)

b. She buried herself in her reading.(그녀는 자신을 독서에 파묻었다.)

c. He buried himself in his studies.(그는 자신을 그의 연구에 파묻었다.)

1.14. 다음에서 주어는 목적어가 다른 물체의 속에 들어가게 한다.

(14) a. The dog buried its teeth in the steak/in my leg.(그 개는 이빨을 그 스테이크/내 다리에 박았다.)

b. He buried a dagger in the man's heart.(그는 단도

를 그 사람의 심장에 박았다.)

c. The knife **buried** itself in the wall a few inches from my head.(그 칼은 내 머리에서 몇 인치 떨어진 그 벽에 박혔다.)

d. The bullet **buried** itself in the tree.(그 총알은 그 나무에 박혔다.)

e. The missile **buried** itself deep in the grassy hillside.(그 미사일은 풀이 우거진 그 산 허리에 깊이 박혔다.)

bust

이 동사의 개념 바탕에는 깨트리는 과정이 있다.

1. 타동사 용법
1.1. 다음 주어는 목적어를 깬다.
(1) a. I **busted** my camera/lighter.(나는 내 카메라/라이터를 깼다.)

b. Did you **bust** the balloons?(너는 그 풍선들을 터뜨렸니?)

c. He **busted** the ice with a hatchet.(그는 그 얼음을 손도끼로 깼다.)

d. He **busted** a vending machine by putting a foreign coin.(그는 그 자동 판매기를 외국 동전을 넣음으로써 고장을 냈다.)

e. I **bust** a gut trying to finish that work on time.(나는 정시에 그 일을 끝내려다 내장을 다쳤다.)

1.2. 다음 목적어는 신체부위이다.
(2) a. I fell and **busted** my arm.(나는 넘어져서 팔이 부러졌다.)

b. I thought I'd **bust** a gut when I fell off the wall.(나는 그 벽에서 떨어질 때 내장이 파괴되었다고 생각했다.)

1.3. 다음 주어는 목적어를 수색한다.
(3) The police **busted** his house.(그 경찰은 그의 집을 수색했다.)

1.4. 다음 주어는 목적어를 부순다.
(4) a. They **busted** the door down.(그들은 그 문을 쳐부수어 떨어뜨렸다.)

b. The baseball **busted** a window.(그 야구공은 창문을 부수었다.)

1.5. 다음 주어는 목적어를 체포한다.
(5) a. The police **busted** Mark for drug possession.(그 경찰은 마크를 마약 소지죄로 체포했다.)

b. After years of trying, the detective finally **busted** the smugglers.(몇 년의 시도 후, 그 탐정은 결국 그 밀수업자들을 체포했다.)

c. The police **busted** the gang members.(경찰관은 그 조직 폭력단을 체포했다.)

1.6. 다음 주어는 목적어를 급습하여 해체시킨다.
(6) a. Angry protest **busted** up the meeting.(성난 항의가 그 모임을 해체시켰다.)

b. The police **busted** up the party.(그 경찰은 그 파티를 급습하여 해체시켰다.)

1.7. 다음은 수동태 문장으로 주어는 해체된다.
(7) The party was **busted** by the police.(그 파티는 경찰에 의해 해체되었다.)

1.8. 다음은 수동태 문장으로 주어는 체포된다.
(8) a. He was **busted** for possession of cocaine.(그는 코카인 소지로 체포되었다.)

b. The drug user was **busted** by the police.(그 마약 복용자는 경찰에 의해 체포되었다.)

c. "Freeze, you're **busted**," shouted the cop.("꼼짝마, 너는 체포되었다." 경관이 소리쳤다.)

1.9. 다음 주어는 목적어를 길들인다.
(9) a. The cowboy **busted** a mustang. (그 카우보이는 무스탕 차를 길들였다.)

b. He **busted** a bronco.(그는 야생마 한 마리를 길들였다.)

2. 자동사 용법
2.1. 다음 주어는 터진다.
(10) a. The fuel pump **busted**.(그 연료 펌프가 터졌다.)

b. The pipe will **bust** under that pressure.(그 파이프는 그 압력 하에서 터질 것이다.)

c. The bicycle chain **busted** as I went up the hill.(그 자전거 체인은 내가 그 언덕에 올라갔을 때 터졌다.)

d. The television **busted** again.(그 TV가 또 터졌다.)

2.2. 다음 주어는 뛰쳐나온다.
(11) They **busted** out of prison.(그들은 감옥으로부터 뛰쳐나왔다.)

2.3. 다음 주어는 헤어진다.
(12) a. He and his wife **busted** up a month ago.(그와 아내는 한 달 전에 완전히 깨어졌다/헤어졌다.)

b. He and his girlfriend **busted** up last week.(그와 여자친구는 지난 주에 완전히 깨어졌다/헤어졌다.)

bustle

이 동사의 개념 바탕에는 부산을 떠는 과정이 있다.

1. 자동사 용법
1.1. 다음 주어는 전치사 about의 목적어에 부산을 떤다.
(1) a. The mechanics **bustled about** the car.(그 기계공들은 그 자동차 주위에서 부산을 떨었다.)

b. She **bustled about** the house, getting everything ready.(그녀는 모든 걸 준비하면서 그 집 주위를 부산히 돌아다녔다.)

c. He is **bustling about** to get the mess removed.(그는 그 쓰레기를 치우느라 부산을 떨고 있다.)

d. The children **bustled** to get the party ready.(그 아이들은 그 파티를 준비하느라 분주했다.)

1.2. 다음 전치사 about의 목적어는 동명사이다.
(2) a. We **bustled about** getting ready for guests.(우리는 손님 맞을 준비에 분주했다.)

b. He is **bustling about** cooking breakfast.(그는 아침식사를 준비하느라 법석을 떨고 있다.)

c. All people seem to **bustle about** at the end of the year.(모든 사람들이 연말에 분주하게 움직이는 것 같이 보인다.)

1.3. 다음 주어는 부산을 떨며 움직인다.
(3) a. Aunt **bustled in** with the shopping in one arm, and

the baby in the other.(아주머니는 한 손엔 그 장 본 물건을 들고 다른 손엔 그 아기를 안고서 부산하게 들어 오셨다.)

  b. They are **bustling in** and **out** of the house.(그들은 그 집을 부산하게 들락날락 거리고 있다.)

1.4. 다음 주어는 전치사 with의 목적어로 부산하다.

(4) a. The quiet town/the office **bustled with** activity.(그 조용한 마을/사무실은 활기로 북적거렸다.)

  b. The promenade **bustled with** colorful activity.(그 산책로는 다채로운 행사로 북적거렸다.)

  c. The town is **bustling with** life.(그 마을은 생기로 넘치고 있다.)

  d. The sidewalks are **bustling with** people.(그 인도는 사람들로 북적거리고 있다.)

  e. The street was **bustling with** shoppers.(그 거리는 쇼핑객들로 붐비고 있었다.)

2. 타동사 용법

2.1. 다음 주어는 목적어를 서둘러 움직이게 한다.

(5) a. She **bustled** me **out** of the room.(그녀는 나를 그 방에서 바삐 내쫓았다.)

  b. He **bustled** the maid **off** on an errand.(그는 그 하녀를 급히 심부름 보냈다.)

  c. He **bustled** her **upstairs**.(그는 그녀를 위층으로 급히 내몰았다.)

butcher

이 동사의 개념 바탕에는 butcher의 명사 '도살업자'가 있다. 동사의 의미는 이 명사의 역할과 관계가 있다.

1. 타동사 용법

1.1. 다음 주어는 목적어를 도살한다.

(1) a. The farmer **butchered** several hogs.(그 농부는 몇 마리의 돼지를 도살했다.)

  b. The maniac **butchered** its victims.(그 광증 환자는 희생자들을 도살했다.)

1.2. 다음 주어는 목적어를 망친다.

(2) a. That hairdresser really **butchered** my hair.(그 헤어 드레서는 정말 나의 머리를 망쳤다.)

  b. The actor **butchered** the part.(그 배우는 그 부분을 망쳤다.)

  c. Don't **butcher** that song by singing off-key.(키에 맞지 않게 불러서 그 노래를 망치지 말아라.)

butt

이 동사의 개념 바탕에는 머리나 뿔로 받는 과정이 있다.

1. 타동사 용법

1.1. 다음 주어는 머리로 목적어를 받는다.

(1) a. If the sheep **butts** you, you will suffer several injuries.(양들이 너는 받는다면, 너는 몇 군데 상처를 입을 것이다.)

  b. The goat **butted** the dog and forced it out of the barnyard.(그 염소는 그 개를 받아서, 그것을 헛간에서 나가게 했다.)

1.2. 다음 주어는 머리로 목적어를 받는다.

(2) a. The thug **butted** him on the head.(그 흉한은 그의 머리를 받았다.)

  b. The man **butted** him in the stomach.(그 남자는 그의 배를 받았다.)

1.3. 다음 주어는 머리를 다른 개체에 받는다.

(3) He **butted** his head against the wall.(그는 머리를 그 벽에 받았다.)

2. 자동사 용법

2.1. 다음 주어는 뿔로 받는다.

(4) a. The rams were **butting** and pushing.(그 숫양들은 뿔로 받고 밀고 있었다.)

  b. The goats **butted** each other.(그 염소들은 서로 뿔로 받았다.)

2.2. 다음 주어는 머리를 들이민다. 즉, 참견을 한다.

(5) a. She **butted in** on our conversation.(그녀는 우리의 대화에 참견했다.)

  b. Excuse me **butting in** on you, but I need and answer now.(당신에게 참견하는 것에 대해 죄송합니다만, 나는 당장 답이 필요합니다.)

  c. Please stop **butting in**.(참견을 멈춰 주세요.)

  d. His mother-in-law **butted in**.(그의 장모는 참견했다.)

2.3. 다음 주어는 into의 목적어와 충돌한다.

(6) In the dark I **butted into** a man.(어둠 속에서 나는 한 남자와 충돌했다.)

2.4. 다음 주어는 머리를 뺀다. 즉 참견을 그만둔다.

(7) a. It's not your business, so just **butt out**.(당신이랑 상관이 없는 일이니까, 그냥 참견하지 마시오.)

  b. "**Butt out**, and leave us alone," she snapped.("참견하지 말고 우릴 내버려 둬" 그녀가 갑자기 말했다.)

butter

이 동사의 개념 바탕에는 butter의 명사가 있다. 동사의 의미는 이 명사의 쓰임과 관계가 있다.

1 타동사 용법

1.1 다음 주어는 목적어에 버터를 바른다.

(1) a. She **buttered** the slices of bread.(그녀는 그 빵 조각에 버터를 발랐다.)

  b. He **buttered** the toast.(그는 그 토스트에 버터를 발랐다.)

1.2. 다음 주어는 목적어를 아첨한다.

(2) a. He **buttered** her **up** by telling her what a great boss she is.(그는 참으로 멋진 상사라며 그녀에게 아첨했다.)

  b. Bob **buttered up** his boss before asking for a raise.(밥은 월급 인상을 청하기에 앞서 상사에게 아첨했다.)

  c. Don't think you can **butter** me **up** that easily.(그렇게 쉽게 나에게 아첨할 수 있으리라 생각하지 마라.)

button

이 동사의 개념 바탕에는 button의 명사 '단추'가 있다. 동사의 의미는 이 명사의 쓰임과 관계가 있다.

1. 타동사 용법
1.1. 다음 주어는 목적어에 단추를 잠근다.
(1) a. John **buttoned** his jacket against the wind.(존은 바람을 막기 위해 저고리 단추를 잠갔다.)
 b. He **buttoned** his gloves.(그는 장갑의 단추를 잠갔다.)

1.2. 입은 단추는 없지만 잠글 수는 있다.
(2) a. **Button** it; I'm trying to think.(입을 다물어라; 생각할 게 있어.)
 b. **Button** up your lips/mouth.(입술/입을 다물어라.)
 c. **Button** up, will you? I'm trying to get on with some work!(입을 다물어 줄래? 나는 일을 하려고 해!)

2. 자동사 용법
2.1. 다음 주어는 특정한 방법으로 단추가 잠겨진다.
(3) a. The coats **buttons** in front.(그 코트는 단추가 앞에서 잠겨진다.)
 b. The dress **buttons** down the front.(그 드레스는 앞쪽에 밑으로 단추가 잠겨진다.)
 c. The pants **button** at the side.(그 바지는 옆쪽으로 단추가 잠겨진다.)

buttress

이 동사의 개념 바탕에는 buttress의 명사 '버팀 벽'이 있다. 동사의 의미는 이 명사의 쓰임과 관계가 있다.

1. 타동사 용법
1.1. 다음 주어는 버팀목으로 목적어를 받친다.
(1) a. The builders **buttressed** the wall with stone structures.(그 건설자들이 그 벽을 돌 구조물로 받쳤다.)
 b. Workers **buttressed** the weak wall with steel beams.(일꾼들이 그 약한 벽을 강철 빔으로 받쳤다.)

1.2. 다음은 [논쟁은 건축] 은유가 쓰인 표현이다. 주어는 목적어를 보강한다.
(2) a. Try to **buttress** your points you make in this paper with some details.(이 논문에서 네가 하려는 주장들을 세부 사항으로 보강하도록 애쓰시오.)
 b. The sharp increase in crime seems to **buttress** the arguments for more police officers on the street.(범죄의 그 급격한 증가가 더 많은 경찰들을 거리에 순찰시켜야 한다는 주장을 뒷받침 해주는것 같다.)

buy

이 동사의 개념 바탕에는 사는 과정이 있다.

1. 타동사 용법

1.1. 다음 주어는 목적어를 산다.
(1) a. I **bought** it for cash/for two dollars/on credit.(나는 그것을 현금으로/2달러에/외상으로 샀다.)
 b. I **bought** it cheap.(나는 그것을 싸게 샀다.)
 c. She **bought** them at a dollar a piece.(그녀는 그것들을 1개에 1달러로 샀다.)
 d. I **bought** the computer from a friend of mine.(나는 그 컴퓨터를 내 친구에게서 샀다.)
 e. She **bought** a few essentials at the supermarket.(그녀는 필수품 몇 개를 그 수퍼마켓에서 샀다.)
 f. Paint is cheap when **bought** in quantity.(페인트는 대량으로 사면 싸다.)
 g. We cannot **buy** the tickets in advance.(우리는 그 표를 미리 살 수 없다.)
 h. He **bought** every acre in sight.(그는 시야에 들어오는 땅 모두를 샀다.)
 i. She is **buying** new curtains for the bedrooms.(그녀는 그 침실에 달 새로운 커튼을 사는 중이다.)
 j. Did you **buy** your car new or secondhand?(당신은 차를 새 차로 아니면 중고로 샀습니까?)

1.2. 다음 주어는 첫째 목적어에게 둘째 목적어를 사준다.
(2) a. I **bought** her a new hat.(나는 그녀에게 새 모자를 사주었다.)
 b. I **bought** a new hat for her.(나는 그녀를 위해 새 모자를 샀다.)
 c. She **bought** her mother some flowers.(그녀는 자기 어머니에게 꽃 몇 송이를 사드렸다.)
 d. What did he **buy you** for your birthday?(그는 당신 생일에 무엇을 당신에게 사주었습니까?)
 e. Let me **buy you** a drink.(당신께 술 한잔 사드리게 해주세요..)
 f. She **bought him** a new computer.(그녀는 그에게 새 컴퓨터를 사주었다.)

1.3. 다음 주어는 행위자가 아니고 수단이다.
(3) a. A dollar doesn't **buy** much these days.(요즘엔 1달러로 많은 것을 살 수 없다.)
 b. He gave his children the best education that money can **buy**.(그는 자신의 아이들에게 돈으로 살 수 있는 최고의 교육을 해주었다.)
 c. A pound these days **buys** much less than it did a year ago.(요즘 1파운드는 1년 전보다 구매력이 훨씬 적다.)
 d. Gold cannot **buy** health.(금은 건강을 살 수 없다.)
 e. Money cannot **buy** happiness.(돈은 행복을 살 수 없다.)

1.4. 생각이나 주장 등도 소유물로 개념화되어 사거나 팔 수 있는 것으로 개념화된다. 다음 주어는 목적어를 산다, 즉 받아들인다.
(4) a. That's a good idea. I will **buy** it.(그거 좋은 생각이군요. 그걸 받아들이겠소.)
 b. He will not **buy** your advice.(그는 당신의 충고를 받아들이지 않을 것이다.)
 c. We could say it was an accident, but he'd never **buy** it.(우리는 그것이 사고라고 말할 수 있었지만, 그는 그것을 인정하지 않으려 했다.)
 d. No one will **buy** that excuse.(아무도 그 핑계를 믿

지 않을 것이다.)

e. I don't **buy** that explanation.(나는 그런 설명을 인정할 수 없다.)

f. The teacher didn't **buy** the student's excuse.(선생님은 그 학생의 변명을 인정하지 않았다.)

g. I won't **buy** that nonsense.(나는 그런 허튼 소리는 인정하지 않겠다.)

1.5. 다음은 수동태 문장으로 주어는 매수된다.

(5) a. The senator claimed that he couldn't be **bought**.(그 상원의원은 자기가 매수될 수 없다고 주장했다.)

b. It was charged that two members of the jury had been **bought**.(배심원 중 두 명이 매수되었다고 고소되었다.)

c. I won't be **bought** that easily.(나는 그렇게 호락호락하게 넘어가지 않을 것이다.)

d. They say the judge was **bought**.(그들은 그 판사가 매수되었다고 말한다.)

1.6. 시간은 추상적인 개체이지만 구체적인 것으로 개념화되어 사거나 팔 수 있는 것으로 취급된다. 주어는 목적어를 산다.

(6) a. They tried to **buy** time by saying that it would be ready next week.(그들은 그것이 다음 주에 준비될 것이라고 말함으로써 시간을 벌려고 노력했다.)

b. Tell them we've got problems with the software. It might **buy** us more time.(그 소프트웨어상의 문제가 생겼다고 그들에게 말해라. 우리에게 시간이 더 생길지도 모른다.)

c. By coming into work early, he **bought** himself time to finish the project.(일찍 일을 시작함으로써, 그는 그 기획 안을 마칠 시간을 벌었다.)

d. The supervisor's absence **bought** us another day to finish the work.(그 감독관의 부재가 우리에게 그 일을 마칠 여유시간을 하루 더 벌어주었다.)

1.7. 다음 목적어는 추상적인 개체이다. 주어는 목적어를 대가를 치르고 얻는다.

(7) a. He **bought** favor with flattery.(그는 아첨으로써 호감을 샀다.)

b. What will we have to do to **buy** her silence?(그녀의 침묵을 얻으려면 우리가 무엇을 해야 할까?)

c. You cannot **buy** freedom.(너는 자유를 살 수 없다.)

1.8. 다음은 수동태 문장으로 주어는 구해진다.

(8) a. His fame was **bought** at the expense of health and happiness.(그의 명성은 건강과 행복의 값을 치르고 얻어졌다.)

b. The victory was dearly **bought** with bloodshed.(그 승리는 출혈이라는 대가를 비싸게 치르고 얻어졌다.)

c. Peace was dearly **bought**.(평화는 대가를 치르고 얻어졌다.)

2. 구절 동사

2.1. 주어는 목적어를 사서 들인다.

(9) a. We **bought in** a lot of canned foods in case of snow.(우리는 눈이 올 것에 대비하여 통조림을 많이 사들였다.)

b. Have you **bought in** enough food for the

weekend?(당신은 그 주말에 쓸 음식을 충분히 사들였습니까?)

2.3. 다음 주어는 목적어를 돈을 써서 분리한다.

(10) a. He tried to **buy** the guard at the bank **off**.(그는 그 은행 경비를 매수해 내려고 노력했다.)

b. The gangster **bought off** the police witness.(그 폭력단 일당은 그 경찰 증인을 매수해 내었다.)

2.4. 다음 주어는 목적어를 돈을 써서 영역의 밖으로 나가거나 없어지게 한다.

(11) a. The company tried to **buy out** the competitor's shares.(그 회사는 경쟁자의 주식을 사내려고 노력했다.)

b. The company was expanded by **buying out** smaller ones.(그 회사는 더 작은 회사를 사서 확장되었다.)

c. He borrowed a lot of money to **buy out** his partners.(그는 동업자들을 매수해서 제거하려고 많은 돈을 빌렸다.)

d. He **bought** himself **out** of the army.(그는 돈을 주고 군대에서 빠져 나왔다.)

2.5. 다음 주어는 목적어를 모두 산다. 불변사 up은 어떤 과정이 끝까지 완전히 이루어짐을 나타낸다.

(12) He **bought up** all the land in sight.(그는 시야에 들어오는 땅 모두를 매점했다.)

3. 자동사 용법

3.1. 다음 주어는 사서 into의 목적어로 들어간다.

(13) a. The company is trying to **buy into** the newspaper business.(그 회사는 신문업계에 주식을 사서 들어가려고 노력하고 있다.)

b. He has been trying for years to **buy into** the printing business.(그는 인쇄업계에 주식을 사서 들어가려고 수년간 노력했다.)

buzz

이 동사의 개념 바탕에는 벌과 같은 곤충들이 내는 의성어가 있다.

1. 자동사 용법

1.1. 다음 주어는 윙윙 소리를 낸다.

(1) a. Bees were **buzzing** in flight.(벌들이 날아다니며 윙윙거리고 있었다.)

b. The bees **buzzed** angrily in the hive.(그 벌들은 벌통에서 화가 나 윙윙거렸다.)

c. The swarm of the insects **buzzed** all night.(그 곤충 떼는 밤새 윙윙거렸다.)

d. Bees **buzzed** busily among the flowers.(벌은 꽃들 사이에서 바쁘게 윙윙 소리를 내며 날아다녔다.)

1.2. 다음 주어는 개체로서 buzz의 소리를 낸다.

(2) a. The doorbell **buzzed** loudly.(그 초인종은 크게 울렸다.)

b. The phone is **buzzing** in the next room.(그 전화는 그 옆방에서 울리고 있다.)

c. The plane engine **buzzed** overhead.(그 비행기 엔진이 머리 위에서 소리를 냈다.)

d. The machine is busily **buzzing** on the job.(그 기계가 일을 하면서 바쁘게 소리를 내며 돌아가고 있다.)

1.3. 다음에서 문제도 벌과 같이 머리 속에서 소리를 내는 것으로 개념화되어 있다.

(3) a. Many problems **buzzed** around my head.(많은 문제들이 내 머리 속에서 윙윙거리며 돌아다녔다.)

b. My head is still **buzzing** after the day's events.(내 머리는 그 날의 사건 이후에 여전히 윙윙거리고 있다.)

1.4. about, along, around 와 같이 이동을 나타내는 전치사나 부사와 같이 쓰이면 buzz는 이동 동사가 된다.

(4) a. The bees **buzzed along**.(그 벌들은 웅웅거리며 갔다.)

b. A wasp is **buzzing about** her ear.(말벌 한 마리가 그녀의 귀 주위를 윙윙거리고 있다.)

c. A bee is **buzzing about** me/**around** the room.(벌한 마리가 내 주위를/그 방 주위를 윙윙거리며 날아다닌다.)

d. Bees are **buzzing around** the flowers.(벌들은 그 꽃 주변을 윙윙거리며 날아다니고 있다.)

e. The bee **buzzed from** flower to flower.(그 벌은 꽃에서 꽃으로 윙윙거리며 날아다녔다.)

f. Flies **buzzed near** the cherries.(파리들이 그 체리 근처에서 윙윙거렸다.)

1.5. 다음 주어는 사람이다. 사람도 벌과 같이 소리를 내면서 부지런히 움직이는 것으로 개념화된다.

(5) a. She's always **buzzing around** the office.(그녀는 항상 그 사무실 여기저기를 바쁘게 돌아다니고 있다.)

b. We **buzzed around** town trying to get our errands done.(우리는 너의 심부름을 끝내기 위해 시내를 바쁘게 돌아다녔다.)

c. Reporters **buzzed around** to get the full story.(기자들은 그 전체 기사를 얻기 위해 바쁘게 돌아다녔다.)

1.6. 다음 주어는 벌들이 소리내며 움직이듯 움직인다.

(6) a. I've finished everything, so I'll **buzz off** now.(나는 모든 것을 마쳤다. 그래서 지금 떠나겠다.)

b. **Buzz off** and stop bothering me.(떠나버려라, 그리고 나를 그만 괴롭혀라.)

c. You can easily **buzz into** town for sightseeing.(관광을 위해 시내에 쉽게 들어갈 갈 수 있다.)

1.7. 소문이나 머리 속에 든 생각이나 질문도 소리내며 움직이는 것으로 개념화된다.

(7) a. Rumors **buzzed about** the village.(소문이 그 마을에 자자하게 퍼졌다.)

b. Thoughts **buzzed around** my head.(생각들이 내 머리 주위를 맴돌았다.)

c. Many more questions were **buzzing around** my head.(더 많은 질문들이 내 머리에 분주하게 돌아다니고 있었다.)

1.8. 다음 주어는 시끄러운 소리가 난다.

(8) a. New York **buzzes** from dawn to dusk.(뉴욕은 새벽부터 해질 때까지 소란스럽게 북적거린다.)

b. My cars were still **buzzing** when I stepped off the plane.(내가 그 비행기에서 내렸을 때, 내 귀가 여전히 윙윙거리고 있었다.)

c. The airport **buzzed with** activity.(그 공항은 활기로 와글거렸다.)

d. The room was **buzzing with** excitement.(그 방은 흥분으로 떠들썩하고 있었다.)

e. The whole school **buzzed with** the news.(그 학교 전체는 그 소식으로 떠들썩했다.)

f. The place was **buzzing with** journalists.(그 장소는 신문기자들로 와글거리고 있었다.)

1.9. 다음 주어는 사람이다. 벌들이 윙윙거리는 소리를 내듯, 사람들도 그러한 소리를 낼 수 있다.

(9) a. The town is **buzzing** about the scandal.(그 읍내는 그 소문에 대해서 웅성대고 있다.)

b. The audience **buzzed** in anticipation of the show.(그 청중들은 그 공연의 기대감 속에서 웅성거렸다.)

c. The audience **buzzed** throughout the performance.(그 청중은 그 공연 내내 소란스러웠다.)

d. The crowd was **buzzing** with excitement.(그 군중들은 흥분으로 와글거리고 있었다.)

e. The children could not stop **buzzing** during class.(그 아이들은 수업 중 웅성거리는 것을 멈출 수가 없었다.)

1.10. 다음 주어는 buzz 소리가 나게 하는 기구를 작동시킨다.

(10) a. The doctor **buzzed** for the next patient to come in.(그 의사는 다음 환자가 들어오도록 버저를 울렸다.)

b. She **buzzed** for her secretary.(그녀는 버저를 울려 비서를 불렀다.)

1.11. 다음 주어는 떠난다.

(11) We'll **buzz off** at noon.(우리는 정오에 떠날 것이다.)

2. 타동사 용법

2.1. 다음 주어는 목적어를 움직여서 소리가 나게 한다.

(12) The fly **buzzed** its wings.(그 파리는 날개를 윙윙거렸다.)

2.2. 다음 주어는 소리는 내면서 목적어를 비행한다. 목적어는 장소이다.

(13) a. The plane **buzzed** the wood.(그 비행기는 그 숲 상공을 저공 비행했다.)

b. The helicopter **buzzed** the stadium.(그 헬리콥터는 그 경기장 위를 저공 비행했다.)

c. A pilot was fine for **buzzing** the tower.(비행사는 그 탑 위를 저공 비행하기에 적합했다.)

d. A plane was seen **buzzing** a field.(비행기가 그 들위를 저공 비행하는 것이 보였다.)

e. Planes **buzzed** the crowd as a warning.(비행기들은 경고의 표시로서 그 군중들에게 접근하여 날았다.)

f. Everyone scattered, screaming, as the plane **buzzed** them repeatedly.(비행기가 반복적으로 그 군중들을 저공비행하자, 모든 사람들이 소리를 지르며 흩어졌다.)

2.3. 다음 주어는 buzz 소리를 내어서 목적어를 연락을 한다.

(14) a. **Buzz** me before you come over.(오기 전에 나에게

전화해라.)

   b. Bob **buzzed** Bill to see if who could go golfing.(밥은 누가 골프하러 오는지 알기 위해 빌에게 전화 걸었다.)

   c. The boss **buzzed** his secretary.(그 사장은 비서를 오도록 버저로 불렀다.)

   d. The patient **buzzed** the nurse.(그 환자는 그 간호사를 부저로 불렀다.)

   e. Is it okay if I **buzz** you tonight?(오늘밤 전화해도 괜찮겠습니까?)

2.4. 다음 주어는 목적어를 buzz 소리로 연락한다. 목적어는 장소이다.

(15) a. When you get to the lobby, **buzz** my place.(로비에 도착하면 부저로 내 방에 알려라.)

   b. The guests **buzzed** her apartment.(그 손님들은 그녀의 아파트를 부저로 연락했다.)

bypass

이 동사의 개념 바탕에는 bypass의 명사 '우회로'가 있다.

1. 타동사 용법

1.1. 다음 주어는 목적어를 돌아간다.

(1) a. Let's **bypass** the city by taking this old road.(이 오래된 길을 통해 그 도시를 돌아가자.)

   b. We **bypassed** the city.(우리는 그 도시를 돌아갔다.)

1.2. 다음 주어는 움직이지 않지만, 전체 형상을 눈으로 따라가면 목적어를 돌아간다.

(2) a. A new road now **bypasses** the town.(새 길이 지금 그 마을을 돌아간다.)

   b. The highway **bypasses** the downtown area.(그 고가 도로는 그 시내 중심을 돌아간다.)

1.3. 다음은 「절차는 길」 은유가 적용된 예이다.

(3) a. I **bypassed** the usual complaints procedure by writing directly to the manager.(나는 그 통상적인 불만 절차 과정을 그 관리자에게 직접 글을 써서 무시했다.)

   b. I **bypassed** the manager and went straight to the owner.(나는 그 관리인을 무시하고 곧 바로 그 주인에게 갔다.)

   c. He **bypassed** the boss and made the decision himself.(그는 그 사장을 거치지 않고 그 결정을 했다.)

   d. They decided to **bypass** the major problem area.(그들은 그 주요 문제 지역을 우회하기로 결정했다.)

C c

cable

이 동사의 개념 바탕에는 cable의 명사 '(해저)전선'이 있다. 동사의 의미는 이 명사의 쓰임과 관계가 있다.

1. 타동사 용법
1.1. 다음 주어는 목적어를 전신으로 보낸다. 목적어는 보내어지는 개체이다.
(1) He cabled the message.(그는 그 메시지를 전신으로 보냈다.)

1.2. 다음 주어는 목적어를 전치사 to의 목적어에 전신으로 보낸다.
(2) a. He cabled his condolence to his friend.(그는 조의를 그의 친구에게 전신으로 보냈다.)
    b. She cabled $200 to us.(그녀는 200달러를 우리에게 전신으로 보냈다.)

1.3. 다음 주어는 목적어에게 전신을 보낸다.
(3) a. We cabled him last week.(우리는 그에게 지난 주에 전신을 보냈다.)
    b. They cabled me from Seoul yesterday.(그들은 어제 서울로부터 나에게 전신을 보냈다.)

1.4. 다음 주어는 첫째 목적어에게 둘째 목적어를 전신으로 보낸다.
(4) a. He cabled Mary the good news.(그는 메리에게 그 좋은 소식을 전신으로 보냈다.)
    b. I cabled him some money.(나는 그에게 얼마간의 돈을 전신으로 보냈다.)

cage

이 동사의 개념 바탕에는 cage의 명사 '장'이 있다. 동사의 의미는 이 명사의 쓰임과 관계가 있다.

1. 타동사 용법
1.1. 다음 주어는 목적어를 우리에 넣는다.
(1) a. They caged the tiger.(그들은 그 호랑이를 우리 안에 넣었다.)
    b. They caged the animals in a zoo.(그들은 그 동물들을 동물원에 넣었다.)

1.2. 다음은 수동태 문장으로 주어는 완전히 갇힌다.
(2) a. The dogs are caged up at night.(그 개들은 밤에는 우리 안에 완전히 갇힌다.)
    b. The tiger are safely caged up.(그 호랑이는 우리 안에 안전하게 완전히 갇혀있다.)

1.3. 다음은 수동태 문장으로 주어는 우리 안에 갇힌다.
(3) a. He felt caged in.(그는 우리 안에 갇혀있는 듯한 느낌이 들었다.)
    b. Mothers of young children feel caged in staying at home all day.(어린 아이를 가진 어머니들은 하루 종일 집에서 지내면서 우리 속에 갇힌 느낌을 갖는다.)

cajole

이 동사의 개념 바탕에는 감언이설로 구슬리거나 속이는 과정이 있다.

1. 타동사 용법
1.1 다음 주어는 목적어를 구슬러서 into의 목적어가 나타내는 과정을 하게 한다.
(1) a. We cajoled the ticket taker into letting us in free.(우리는 그 표받는 사람을 구슬러서 우리를 무료로 들어가게 했다.)
    b. He cajoled his friends into doing what he wanted.(그는 친구들을 구슬러서 그가 원하는 것을 하게 했다.)
    c. The little girl cajoled her father into buying her a new dress.(그 작은 소녀는 아버지를 구슬러서 그녀에게 새 옷을 사주게 했다.)
    d. She's always cajoling people into doing things for her.(그녀는 언제나 사람들을 구슬러서 그녀를 위해서 일을 하게 한다.)
    e. She cajoled the baby into eating the vegetables.(그녀는 그 애기를 구슬러서 그 야채를 먹게 했다.)
    f. He cajoled me into agreeing to do the work.(그는 나를 구슬러서 그 일을 하기로 동의하게 했다.)

1.2. 다음은 수동태 문장으로 주어는 전치사 into의 목적어가 나타내는 과정을 하게 된다.
(2) a. She was cajoled into finishing the job.(그녀는 구슬림을 받고 그 일을 끝냈다.)
    b. Bill was cajoled into volunteering his time.(빌은 구슬림을 받고 그의 시간을 자원하게 되었다.)
    c. Immigrants were cajoled into going west by promises of great wealth and land.(이민자들은 큰 부와 땅을 약속받고 서부로 가도록 꼬임을 받았다.)

1.3. 다음 주어는 목적어를 구슬러서 into의 목적어의 과정에 들어가게 한다.
(3) a. Oliver cajoled Teresa into the tennis club.(올리버는 테레사를 구슬러서 그 테니스 동아리에 들게 했다.)
    b. He cajoled her into consent/agreement.(그는 그녀를 구슬러서 동의/합의하게 했다.)

1.4. 다음 주어는 목적어를 구슬러서 out of 의 목적어 과정에서 빠져나오게 한다.
(4) a. I cajoled her out of leaving too early.(나는 그녀를 구슬러서 일찍 떠나지 않게 했다.)
    b. He cajoled me out of agreeing to do the work.(그는 나를 구슬러서 그 일을 하는 데 동의하지 않게 했다.)

1.5. 다음 주어는 목적어를 out of 의 목적어에서 벗어나게 한다.
(5) a. He tried to cajole his daughter out of matrimony.(그는 딸을 혼인에서 벗어나게 구슬렸다.)
    b. He cajoled his father out of money.(그는 아버지를 구슬러서 돈을 얻었다.)

1.6. 다음 주어는 목적어를 out of 의 목적어에서 구슬

러서 빼낸다.

(6) a. He cajoled her address out of her friends.(그는 그녀의 주소를 그녀의 친구들을 구슬러서 얻었다.)

b. He cajoled the knife out of the child.(그는 구슬러서 그 칼을 그 아이에게서 빼앗았다.)

c. He cajoled some money out of his father.(그는 약간의 돈을 그의 아버지를 구슬러서 얻었다.)

1.7. 다음 주어는 목적어를 구슬러서 부정사가 가리키는 일을 하게 한다.

(7) a. He cajoled the minister to accept the peace plan.(그는 그 장관을 구슬러서 그 평화안을 받아들이게 했다.)

b. He cajoled them to support him.(그는 그들을 구슬러서 그를 지지하게 했다.)

cake

이 동사의 개념 바탕에는 cake의 명사 '과자'가 있다. 동사의 의미는 이 명사의 성질과 관계가 있다.

1. 타동사 용법
1.1. 다음 주어는 목적어를 단단하게 만든다.
(1) a. Water caked the powder as hard as a stone.(물은 그 가루를 돌처럼 딱딱하게 만들었다.)

b. Water caked the cement.(물이 그 시멘트를 딱딱하게 만들었다.)

1.2. 다음은 수동태 문장으로 주어는 표면에 다른 개체가 묻어서 굳는다.
(2) a. The windshield is caked with dirt.(그 바람막이 유리창은 먼지가 묻어 굳어있다.)

b. The shoes are caked with mud.(그 구두는 진흙으로 굳어있다.)

2. 자동사 용법
2.1. 다음 주어는 굳는다.
(3) a. Cheap lipstick always cakes.(싸구려 립스틱은 언제나 굳는다.)

b. The mud caked on his shoes as it dried.(그 진흙은 마르면서 그의 구두 위에서 굳었다.)

c. The wax caked. (그 밀랍이 굳었다.)

d. The old paint caked in the can.(그 오래된 페인트가 그 깡통 안에서 굳었다.)

e. The melted cheese caked as it cooked.(그 녹은 치즈는 요리되면서 굳었다.)

calculate

이 동사의 개념 바탕에는 복잡하고 정교한 과정을 거쳐서 계산하는 과정이 있다.

1. 타동사 용법
1.1. 다음 주어는 목적어를 계산한다.
(1) a. Calculate the effects of firing your workers.(당신의 노동자들을 해고한 그 결과를 계산해 보라.)

b. Use the formula to calculate the volume of the container.(그 용기의 용적을 계산하기 위해서 그 공

식을 사용해라.)

c. He calculated a solar/lunar eclipse.(그는 일식/월식을 계산했다.)

d. He calculated the speed of light.(그는 빛의 속도를 계산했다.)

e. We haven't really calculated the cost of the vacation yet.(우리는 실제 그 휴가 비용을 아직 계산하지 못했다.)

1.2. 다음은 수동태 문장으로 주어는 계산된다.
(2) a. The population of the city is calculated at 12,000.(그 도시의 인구는 12,000명으로 계산된다.)

b. Oil prices are calculated in dollars.(유가가 달러화로 계산된다.)

1.3. 다음은 수동태 문장으로 주어는 의도된다.
(3) a. This machine is not calculated for such purposes.(이 기계는 그러한 목적으로 의도되지 않았다.)

b. The new system is hardly calculated to make life easier.(그 새로운 체제는 삶을 편안하게 하기 위해 의도된 것이라고 보기 어렵다.)

c. The remark is calculated to hurt her feelings.(그 발언은 그녀의 감정을 다치게 하려고 의도되었다.)

1.4. 다음 주어는 의문사가 이끄는 절의 내용을 계산한다.
(4) a. You'll need to calculate how much time the assignment will take.(너는 그 숙제가 시간이 얼마나 걸릴지 계산해 볼 필요가 있다.)

b. The scientists calculated when the spacecraft would reach the moon.(그 과학자들은 언제 그 우주선이 달에 착륙할지를 계산하였다.)

1.5. 다음 주어는 목적어(that-절)의 내용을 계산해서 생각한다.
(5) a. I calculate you can't find him there.(나는 네가 그를 거기에서 찾을 수 없을 거라고 생각한따.)

b. They calculated that five shelves would fill the room.(그들은 다섯 개의 선반이면 그 방을 채울 것으로 생각했다.)

2. 자동사 용법
2.1. 다음 주어는 on의 목적어를 바탕으로 계획을 한다.
(6) a. You can calculate on fine weather/our aid/success.(너는 좋은 날씨/우리의 도움/성공을 바탕으로 계획을 할 수 있다.)

b. We are calculating on an early start.(우리는 조기 착수를 바탕으로 계획 중이다.)

calibrate

이 동사의 개념 바탕에는 재는 도구의 눈금을 만들거나 조정하는 과정이 있다.

1 타동사 용법
1.1 다음 주어는 목적어의 눈금을 조정한다.
(1) a. The astronomer calibrated the telescope.(그 천문학자가 그 망원경의 눈금을 조정했다.)

b. The worker calibrated the cutting tool.(그 인부는 그 절단기의 눈금을 조정했다.)

1.2. 다음은 수동태 문장으로 주어는 눈금이 조정되거나 만들어진다.

(2) a. Scales must be **calibrated** regularly.(저울은 눈금이 정기적으로 조정되어야 한다.)

b. The thermometer was **calibrated** at the factory.(온도계는 공장에서 눈금이 만들어졌다.)

c. This thermometer is **calibrated** with Celsius and Fahrenheit markings.(이 온도계는 섭씨와 화씨 눈금이 모두 표기되어 있다.)

---

call

이 동사의 개념 바탕에는 소리를 내어 부르는 과정이 있다.

1. 타동사 용법

1.1. 다음 주어는 따옴표 속의 표현을 큰 소리로 외친다.

(1) a. "Good morning" **called** Mrs. Brown from the door.("안녕하세요"라고 브라운 여사가 그 문 쪽에서 외쳤다.)

b. He **called** out, "Sit down and listen to me." (그는 "앉아서 내 말을 들어"라고 큰소리로 외쳤다.)

c. He **called** "Jack." (그는 "잭"하고 불렀다.)

1.2. 다음 주어는 목적어를 부른다.

(2) a. He **called** the students.(그는 그 학생들을 불렀다.)

b. She **called** her son, but he did not hear her.(그녀는 아들을 불렀으나 그는 그녀의 목소리를 듣지 못했다.)

c. Please **call** me for breakfast at 7.(나를 아침을 위해서 7시에 불러주세요.)

d. He **called** me from the airport when he got there.(그가 비행장에서 도착했을 때, 거기에서 나를 전화로 불렀다.)

e. He **called** a taxi.(그는 택시를 불렀다.)

1.3. 다음 주어는 목적어를 불러서 전치사 into나 to의 목적어로 움직이게 한다.

(3) a. The boss **called** him into the office.(사장이 그를 그 집무실로 불렀다.)

b. We **called** the family to dinner.(우리는 그 가족을 저녁식사에 불렀다.)

c. He **called** the union leaders to a meeting.(그는 그 노동조합 지도자들을 회의에 불렀다.)

d. He **called** her attention to the fact.(그는 그녀의 주의를 그 사실에 환기시켰다.)

1.4. 다음 주어는 목적어를 불러서 생겨나게 한다.

(4) a. He **called** a halt/a strike.(그는 정지/파업을 선포했다.)

b. He **called** a meeting/Parliament.(그는 회의/의회를 소집했다.)

1.5. 다음 주어는 목적어를 전치사 by의 목적어로 부른다.

(5) a. I **called** her by the name of Cathy.(나는 그녀를 캐시라는 이름으로 불렀다.)

b. We **called** our friend by his nickname.(우리는 우리 친구를 별명으로 불렀다.)

1.6. 다음 주어는 첫째 목적어를 둘째 목적어로 부른다.

(6) a. We **called** him Jack, but his mother called him Jesse.(우리는 그를 잭이라고 불렀지만 그의 엄마는 그를 제시라 불렀다.)

b. What do you **call** this flower?(여러분은 이 꽃을 무엇으로 부릅니까?)

1.7. 다음 주어는 첫째 목적어를 둘째 목적어로 생각한다.

(7) a. He **calls** himself an English teacher.(그는 자신을 영어교사라고 생각한다.)

b. She **calls** herself a doctor.(그녀는 자신을 의사라고 생각한다.)

c. I **call** English a hard language.(나는 영어가 어려운 언어라고 생각한다.)

d. He **calls** the plan a success.(그는 그 계획이 성공이라고 생각한다.)

e. I **call** that a shame.(나는 저것을 수치라고 여긴다.)

f. I **call** him fat.(나는 그가 뚱뚱하다고 생각한다.)

1.8. 다음 주어는 목적어를 부른다. 목적어는 환유적으로 쓰여서 목적어 속에 적힌 이름을 가리킨다.

(8) a. He **called** the roll.(그는 그 출석부를 불렀다.)

b. He **called** the list.(그는 그 명단을 불렀다.)

1.9. 다음 주어는 목적어를 불러서 부정사가 가리키는 일을 하게 한다.

(9) a. The bugle **called** the troops to assemble.(그 나팔은 그 병사들을 모이게 했다.)

b. He **called** us to help him.(그는 우리를 불러서 그를 돕게 했다.)

2. 자동사 용법

2.1. 다음 주어는 전치사 for의 목적어를 얻기 위해 외친다.

(10) a. She **called** for help.(그녀는 도움을 청하기 위해서 외쳤다.)

b. The man **called** for more water.(그 남자는 더 많은 물을 달라고 소리를 쳤다.)

2.2. 다음 주어는 큰 소리로 외친다.

(11) a. He **called** out to the man on the boat.(그는 그 배위에 있는 그 남자에게 소리를 쳤다.)

b. I **called** to him for help.(나는 도움을 청하기 위해 그에게 소리를 질렀다.)

---

calm

이 동사의 개념 바탕에는 고요해지는 과정이 있다.

1. 타동사 용법

1.1. 다음 주어는 목적어를 고요하게 한다.

(1) a. Jesus **calmed** the sea.(예수님이 그 바다를 고요하게 하셨다.)

b. Have some brandy, it'll **calm** your nerves.(브랜디를 좀 마셔라. 그것은 네 신경을 가라앉혀 줄 것이다.)

1.2. 다음 주어는 목적어를 진정시킨다.

(2) a. Can't you **calm** down the children?(그 어린애들을 진정시킬 수 없겠니?)

b. This drink will **calm** you down.(이 음료가 당신을 진정시킬 것이다.)

c. He took a few breaths to **calm** himself **down**. (그 는 자신을 진정시키기 위해 숨을 몇 번 골랐다.)

2. 자동사 용법

2.1. 다음 주어는 진정한다.
(3) a. **Calm down** and tell me what happened. (진정하고 무슨 일이 일어났었는지 나에게 말해 보아라.)

b. The crying baby soon **calmed down**. (그 울던 아기 가 곧 잠잠해졌다.)

2.2. 다음 주어는 고요해진다.
(4) a. The storm **calmed down** and the sun came out. (그 폭풍이 잦아들고 태양이 떠올랐다.)

b. The sea **calmed down**. (그 바다는 고요해졌다.)

camouflage

이 동사의 개념 바탕에는 위장하는 과정이 있다.

1. 타동사 용법

1.1. 다음 주어는 목적어를 위장한다.
(1) a. We **camouflaged** our tanks. (우리는 탱크를 위장했 다.)

b. The army **camouflaged** the tanks with green paint. (그 군대는 그 탱크들을 초록 페인트로 위장했 다.)

1.2. 다음 주어 자체가 목적어를 위장한다.
(2) a. Tan uniforms **camouflaged** the soldiers in the desert. (황갈색 군복은 사막의 군인들을 위장했다.)

b. She used some make up to **camouflage** her rash. (그녀는 발진을 숨기기 위해 화장을 사용했다.)

1.3. 다음은 수동태 문장으로 주어는 위장된다.
(3) a. The soldiers were **camouflaged** in the jungle. (그 군인들은 그 정글에서 위장되었다.)

b. The trucks were well **camouflaged** with leaves. (그 트럭들은 잎으로 교묘히 위장되었다.)

1.4. 다음 목적어는 재귀대명사이다. 주어는 자신을 위 장한다.
(4) Soldiers **camouflaged** themselves to blend in with the jungle. (군인들은 정글과 잘 섞이려고 자신들을 위장했다.)

1.5 감정은 개체로 은유화되어 있다.
(5) She **camouflaged** her hurt feelings with laughter. (그녀는 자신의 아픈 감정을 웃음으로 감추었다.)

camp

이 동사의 개념 바탕에는 camp의 명사 '야영'이 있 다.

1. 자동사 용법

1.1. 다음 주어는 야영을 한다.
(1) a. They go **camping** every year. (그들은 해마다 야영 을 간다.)

b. We **camped** for a week at a large national park. (우리는 일주일간 어느 넓은 국립공원에서 야영을 했다.)

c. We will **camp** by the river for the night. (우리는 그 강가에서 그 날 밤 야영을 할 것이다.)

d. We **camped** overnight in a field. (우리는 밤새 어느 들판에서 야영을 했다.)

1.2. 다음 주어는 천막 속이나 남의 집에서 잠깐 지낸다.
(2) a. Dozens of reporters **camped out** on her doorstep. (수십 명의 기자들이 그녀의 집 현관 앞에서 지내고 있었다.)

b. I'm **camping out** at a friend's house at the moment. (나는 잠시 친구 집에서 지내는 중이다.)

campaign

이 동사의 개념 바탕에는 campaign의 명사 '특정한 목적을 위한 운동'이 있다.

1. 자동사 용법

1.1. 다음 주어는 운동을 벌인다.
(1) a. We have **campaigned against** whaling for the last ten years. (우리는 지난 십 년간 고래 잡이를 반대하 는 운동을 해왔다.)

b. They are **campaigning against** smoking. (그들은 흡연을 반대하는 운동을 하고 있다.)

1.2. 다음 주어는 for의 목적어를 위한 운동을 벌인다.
(2) a. Our office manager **campaigned for** a new computer system. (우리 회사 부장은 새로운 컴퓨 터 시스템을 위한 운동을 벌였다.)

b. Joan is **campaigning for** women's rights to equal pay. (조앤은 동등한 급여에 대한 여성들의 권리를 위한 운동을 벌이고 있다.)

c. He was **campaigning for** a governor. (그는 지사를 위한 선거 운동을 벌였다.)

1.3. 다음 주어는 부정사가 가리키는 일을 하기 위하여 운동을 벌인다.
(3) a. They are **campaigning to** save the area from building development. (그들은 그 땅을 건축 개발로 부터 지키는 운동을 벌이고 있다.)

b. They **campaigned to** get tough laws. (그들은 엄한 법을 얻기 위해 운동을 벌였다.)

cancel

이 동사의 개념 바탕에는 지우는 과정이 있다.

1. 타동사 용법

1.1. 다음 주어는 목적어를 취소한다.
(1) a. It is too late to **cancel** your order. (당신의 주문을 취소하기에는 너무 늦었다.)

b. He **canceled** his airline reservation. (그는 그의 항 공편 예약을 취소했다.)

c. The boss has **canceled** the meeting/the picnic. (그 상관은 모임/소풍을 취소했다.)

d. I've **canceled** my subscription to the magazine. (나는 잡지 구독을 취소했다.)

e. Don't forget to **cancel** the newspaper. (신문을 취 소하는 것을 잊지 마라.)

f. The general **canceled** all military leaves.(그 장군은 모든 군의 휴가를 취소했다.)

1.2. 다음은 수동태 문장으로 주어는 취소되는 개체이다.

(2) a. All flights have been **canceled** because of bad weather.(안 좋은 날씨 때문에 모든 항공편들이 취소되었다.)

b. The check had been **canceled**.(그 검사는 취소되었다.)

c. The football game was **canceled** due to rain.(축구게임이 비 때문에 취소되었다.)

1.3. 다음 주어는 그 자체가 목적어를 지운다.

(3) a. His sincere apology **canceled** his rude remark.(그의 진심 어린 사과가 그 무례한 표현을 지웠다.)

b. One effect of the force **cancels** out the other.(힘의 한 가지 영향이 다른 것을 지운다.)

1.4. 다음 주어는 목적어를 지워서 없어지게 한다.

(4) a. The music coming over my headphones **canceled** out the sound of the plane's engine.(내 헤드폰 위로 나오는 음악이 비행기의 엔진 소리를 지워 없어지게 했다.)

b. The antacid **cancels** out the extra acid in your stomach.(그 산중화제가 당신 위 속에 남은 산들을 지워 없애 버린다.)

c. The losses in our overseas division **canceled** out this year's profits.(우리의 해외 부서에서의 손해가 올해의 이익을 지워 없애 버렸다.)

1.5. 다음 주어는 서로를 지운다.

(5) a. The two opposing forces **canceled** out.(그 두 개의 적대적인 힘은 서로를 지웠다.)

b. The two armies **canceled** each other out.(두 군대는 서로를 지웠다.)

c. The advantages and disadvantages would appear to **cancel** each other out.(잇점들과 단점들은 서로를 지우는 모습으로 나타날 것이다.)

canvass

이 동사의 개념 바탕에는 표나 지지를 구하러 다니는 과정이 있다.

1. 타동사 용법

1.1. 다음 주어는 목적어를 찾아가서 표를 구한다. 목적어는 사람이다.

(1) a. The politician **canvassed** voters.(그 정치가는 유권자들을 찾아다니며 표를 호소했다.)

b. She **canvassed** her friends on the block.(그녀는 그 구역에 사는 친구들을 찾아다니며 표를 호소했다.)

c. Party workers are busy **canvassing** local residents.(정당인들은 지역 거주자들을 찾아다니며 유세하느라 바빴다.)

d. The company **canvassed** 500 people who used their product.(그 회사는 자사 제품을 사용하는 500명의 사람들을 찾아 표를 구했다.)

e. They **canvassed** 10,000 people by telephone to get their opinion of the president's performance.(그들은 10,000명의 사람들에게 전화로 그 대통령의 직무 수행에 대한 그들의 의견을 수집했다.)

1.2. 다음 목적어는 구역이다. 주어는 목적어의 구역에 사는 사람들에게 표를 구한다.

(2) a. The campaign workers **canvassed** the neighborhood.(그 운동을 하는 이들은 그 이웃을 찾아가 표를 구했다.)

b. Let's **canvass** the town with a petition.(그 읍내를 호소문을 가지고 찾아가 표를 호소하자.)

c. We have to **canvass** the whole area before the referendum.(우리는 그 전체 지역 사람들을 그 국민 투표 전에 찾아가 표를 구해야 한다.)

d. She **canvassed** the district.(그녀는 그 구역을 찾아가 표를 구했다.)

1.3. 다음 주어는 목적어를 점검하거나 토의를 한다.

(3) a. He has been **canvassing** the opinion on this issue.(그는 이 문제에 대한 의견을 점검해 오고 있다.)

b. He **canvassed** the newspapers for a job.(그는 일자리를 구하고자 신문들을 점검했다.)

c. The club will **canvass** ways of raising money.(그 클럽은 돈을 모금할 방도를 점검할 것이다.)

d. She **canvassed** the ad columns for a house for rent.(그녀는 빌릴 집을 찾기 위해서 그 광고란들을 훑었다.)

1.4. 다음 주어는 목적어를 토의한다.

(4) a. I **canvassed** the matter with all possible diligence.(나는 그 문제를 가능한 한 열심히 토의했다.)

b. The proposal is currently being **canvassed**.(그 제안은 현재 검토되고 있다.)

c. The suggestion is being widely **canvassed** as a possible solution to the dispute.(그 제안은 그 논쟁에 대한 가능한 해결책으로 폭 넓게 토의되고 있다.)

2 자동사 용법

2.1. 다음 주어는 구하러 다닌다.

(5) a. He is **canvassing** for a newspaper.(그는 신문 주문을 받으러 다니고 있다.)

b. They are **canvassing** for insurance.(그들은 보험 계약을 구하러 다니고 있다.)

c. The candidate **canvassed** up and down the street for votes.(그 후보자는 표를 호소하기 위해 그 길을 오르락내리락 했다.)

d. He is **canvassing** for a candidate/for the liberal party.(그는 어느 후보자/자유당을 위해서 운동을 하고 있다.)

e. He **canvassed** for votes.(그는 표를 구하러 다녔다.)

cap

이 동사의 개념 바탕에는 cap의 명사 '모자'가 깔려 있다. 모자는 신체의 맨 위에 놓이게 된다. 이것은 여러 가지의 의미로 확대되어 마개, 꼭지 등의 뜻으로 쓰인다.

1. 타동사 용법

1.1. 다음 주어는 목적어를 꼭지나 마개로 닫는다.

(1) a. I **capped** the water bottle and put it back in the refrigerator.(나는 그 물병을 마개로 닫아서 냉장고에 다시 넣어 두었다.)

b. He **capped** the bottle.(그는 그 병 마개를 닫았다.)

c. **Cap** the glue tightly, or it will dry out.(그 풀 뚜껑을 꽉 닫아라, 그렇지 않으면 마른다.)

1.2. 다음 주어는 목적어에 모자를 씌운다.

(2) The nursing school **capped** the nurse.(그 간호 학교는 그 간호사에게 학위를 수여했다.)

1.3. 다음 주어는 그 자체가 목적어를 덮는다.

(3) a. The snow **capped** the peaks of the Rocky Mountains.(그 눈은 록키산맥의 봉우리들을 덮었다.)

b. Clouds **capped** the hills.(구름이 그 언덕 위를 덮었다.)

c. The rock **capped** the high cliff.(그 바위가 높은 절벽을 덮었다.)

d. Whipped cream **capped** the dessert.(거품 크림이 그 후식을 덮었다.)

1.4. 다음은 수동태 문장으로 주어는 덮힌다.

(4) a. The mountains are **capped** with snow.(그 산들은 눈으로 덮여 있다.)

b. The trees were **capped** with snow.(그 나무들은 눈으로 덮였다.)

c. All her front teeth are **capped**.(그녀의 앞니 모두가 덮어 씌워있다.)

d. The hills were **capped** with mist.(그 산들은 안개로 덮여 있었다.)

1.5. 다음 주어는 목적어의 위에 간다. 즉 주어가 목적어를 능가한다.

(5) a. He **capped** my story by telling a better one.(그는 더 나은 이야기를 해서 내 이야기를 능가했다.)

b. She was able to **cap** every story that was told.(그녀는 이미 얘기된 모든 얘기들보다 나은 얘기를 할 수 있었다.)

c. He **capped** one pun with another.(그는 어느 말장난을 다른 것으로 이겼다.)

d. Each joke **capped** the one before.(각각의 농담은 이전 것을 능가했다.)

e. His singing **capped** the other's.(그의 노래는 다른 사람의 노래를 능가했다.)

1.6. 마개의 쓰임 가운데 하나는 그릇 속에 든 것이 올라오는 것을 막는 데에 있다. 주어는 목적어를 막는다.

(6) a. We need to **cap** spending.(우리는 지출을 억제할 필요가 있다.)

b. We're trying to **cap** costs by keeping salary increase low.(우리는 임금 인상을 낮게 유지함으로써 비용을 억제하려 애쓰고 있다.)

c. The law **capped** the amount rents could be increased in one year.(그 법은 1년 동안 증가할 수 있는 집세의 양을 제한했다.)

d. They promised to **cap** wages, but not prices.(그들은 임금 인상을 억제할 것을 약속했으나 가격 인상 억제는 약속하지 않았다.)

1.7. 다음은 수동태 문장으로 주어는 억제된다.

(7) Our mortgage was **capped** for 4 years.(우리의 저당물은 4년 동안 잡혀 있었다.)

1.8. cap이 과정에 확대되어 쓰이면 과정의 절정부분을 나타낸다. 주어는 목적어를 유종의 미를 갖게한다.

(8) a. The businessman **capped** his career by starting another company just before he retired.(그 사업가는 은퇴 바로 직전에 또 다른 회사를 시작함으로 해서 그의 경력을 마지막 장식을 했다.)

b. The pianist **capped** off his performance with three encores.(그 피아니스트는 세 번의 앙콜 연주로 그의 공연을 성황리에 끝냈다.)

c. To **cap** off a really hard work, I lost my wallet.(정말 힘든 일의 마지막 장식을 하듯, 나는 내 지갑을 잃어버렸다.)

1.9. 다음은 수동태 문장으로 주어는 마지막 부분이 장식된다.

(9) a. The concert was **capped** by the surprise appearance of their favorite singers.(그 콘서트는 좋아하는 가수들의 깜짝 출현으로 절정에 달했다.)

b. Bill **capped** a perfect season by winning the 100-meter sprint.(빌은 육상 100m에서 우승해서 완벽한 시즌으로 마지막 장식을 했다.)

c. He **capped** his performance by telling the funniest stories I have ever heard.(그는 내가 들어 본 중 가장 재미있는 이야기를 함으로써 그의 공연을 절정에 달하게 했다.)

1.10. 다음에 쓰인 관용적 표현은 '모든 것의 위에 있다'는 뜻이다.

(10) I had a row with my boss; my bike was stolen, and now to **cap** it all, I've lost my keys.(나는 상사와 말다툼을 했다; 내 자전거를 도둑 맞았고, 이제 급기야는 열쇠도 잃어버렸다.)

1.11. 다음 주어는 목적어에게 모자로 인사를 한다.

(11) I was **capped** by a stranger.(나는 낯선 사람에게서 모자로 인사를 받았다.)

1.12. 다음 주어는 목적어를 선수로 뽑는다.

(12) He's been **capped** three times for Korea.(그는 한국 선수로 지금까지 세 번 뽑혔다.)

capitalize

이 동사의 개념 바탕에는 자본을 대는 과정이 있다.

1. 타동사 용법

1.1. 다음 주어는 목적어를 자본으로 댄다.

(1) a. The bank promised to **capitalize** our new business.(그 은행은 우리의 새 사업에 자본을 대주기로 약속했다.)

b. He **capitalized** the corporation.(그는 그 회사에 자본을 댔다.)

1.2. 다음 주어는 목적어를 원금으로 환산한다.

(2) The company **capitalized** its dividend and paid it to the stock holders in more stock.(그 회사는 자사의 배당금을 원금으로 환산하고, 그것을 주주들에게 더 많은 주식으로 지불했다.)

1.3. 다음 주어는 목적어를 최대한 이용한다.
(3) He capitalized the vanity of women.(그는 여자들의 허영심을 최대한으로 이용한다.)

1.4. 다음 주어는 목적어의 첫 글자를 대문자로 쓴다.
(4) a. In the German language, all nouns are capitalized. (독일어에서는 모든 명사가 대문자로 쓰여진다.)
    b. He capitalized the title of his report.(그는 자신의 보고서의 제목을 대문자로 썼다.)

2. 자동사 용법

2.1. 다음 주어는 그 자본이 어느 수준에서 산정된다.
(5) The company capitalized at $10 million.(그 회사는 자본이 천만 달러로 산정되었다.)

2.2. 다음 주어는 on의 목적어를 이용한다.
(6) a. Let's capitalize on the good weather and go to the beach.(그 좋은 날씨를 이용해서 그 해변으로 가자.)
    b. He capitalized on her mistake.(그는 그녀의 실수를 이용했다.)
    c. He capitalizes on the opportunities.(그는 그 기회들을 이용한다.)

capsize

이 동사의 개념 바탕에는 뒤집히는 과정이 있다.

1. 타동사 용법

1.1 다음 주어는 목적어를 뒤집는다.
(1) a. He capsized the raft in the lake.(그는 그 뗏목을 그 호수에서 뒤집었다.)
    b. The rough waves capsized the boat.(그 거친 파도가 그 배를 뒤집었다.)
    c. The storm capsized the small boat.(그 폭풍은 그 작은 배를 뒤집었다.)

2. 자동사 용법

2.1 다음 주어는 뒤집힌다.
(1) a. The lifeboat capsized in the stormy sea.(그 구명보트가 그 폭풍 치는 바다에서 뒤집혔다.)
    b. Our boat capsized in the middle of the lake.(우리가 탄 보트가 그 호수 한 가운데서 뒤집혔다.)

capture

이 동사의 개념 바탕에는 힘이나 재간으로 손에 넣는 과정이 있다.

1. 타동사 용법

1.1. 다음 주어는 목적어를 붙잡는다.
(1) a. The government troops captured the rebel leader.(정부군이 그 반란 지도자를 붙잡았다.)
    b. Allied troops captured over 300 enemy soldiers. (동맹한 군대들이 300명 이상의 적군들을 붙잡았다.)
    c. The police captured the robber.(경찰이 그 도둑을 붙잡았다.)

1.2. 다음은 수동태 문장으로 주어는 잡히는 개체이다.
(2) a. The city was captured in 1941.(그 도시는 1941년에 점령되었다.)
    b. The animals are captured in nets and sold to local zoos.(그 동물들은 그물에 잡혀 지역 동물원에 팔린다.)

1.3. 다음 표현은 [상상이나 주의는 움직이는 개체] 은유가 적용된 예이다.
(3) a. The thought of going to the moon captured her imagination.(달로 가는 그 생각이 그녀의 상상력을 사로잡았다.)
    b. He captured my attention immediately.(그는 내 관심을 즉시 사로잡았다.)
    c. The daring escape captured the imagination of the whole country.(그 대담한 탈출은 전 국민의 상상력을 사로잡았다.)

1.4. 다음 목적어는 추상적이나 구상적인 것으로 개념화되어 있다.
(4) a. These photographs captures the essence of the working class.(이 사진들은 노동자 계층의 그 진수를 포착한다.)
    b. Her photo captured John's cheerful personality. (그녀의 사진은 존의 쾌활한 성격을 포착했다.)
    c. The movie captures life in the 1940s in Seoul.(그 영화는 1940년대 서울의 삶을 포착한다.)
    d. The article captured the mood of the nation.(그 기사는 그 국가의 분위기를 포착했다.)

1.5. 다음은 수동태 문장으로 주어는 잡힌다.
(5) a. The city was nicely captured in his painting.(그 시는 그의 그림속에 잘 포착되어 있다.)
    b. The attack was captured on film by security cameras.(그 공격은 보안 카메라들에 의해 찍혔다.)
    c. The sound of a howling wolf is captured on tape. (짖는 늑대의 소리가 테이프에 잡힌다.)
    d. The data is captured by an optical scanner.(그 데이터는 광학식 주사기에 의해 포착된다.)

1.6. 다음은 [시장이나 표는 생명체이다」의 은유가 적용된 표현이다.
(6) a. The company now captures almost 80% of the market.(그 회사는 지금 거의 80%의 시장을 점유한다.)
    b. They captured over 60% of the votes.(그들은 60% 이상의 표를 포획했다.)

care

이 동사의 개념 바탕에는 마음을 쓰는 과정이 있다. 이 때 마음은 관심이나 걱정일 수 있다.

1. 자동사 용법

1.1. 다음 주어는 전치사 about의 목적어에 대해서 관심이나 걱정을 갖는다.
(1) a. He failed the exam, but he didn't seem to care. (그는 시험에 실패했지만 개의치 않는 것처럼 보였다.)
    b. He rarely cares about her dress.(그는 그녀의 드

레스에 별로 신경 쓰지 않는다.)

  c. I **care about** him and hate to see him hurt like this.(나는 그에게 관심이 있어서 그가 이렇게 다치는 것을 보기가 싫다.)

  d. I don't much **care about** what he said.(나는 그가 말한 것에 많은 관심이 없다.)

  e. She couldn't **care** less **about** her exams.(그는 그녀의 시험에 더 이상 무관심할 수 없다.)

  f. She doesn't **care about** what has happened to her children.(그녀는 아이들에게 일어난 일에 개의치 않는다.)

  g. The company **cares about** the environment.(그 회사는 환경에 관심을 갖는다.)

  h. The only thing he **cares about** is money.(그가 관심을 가지는 유일한 것은 돈이다.)

1.2. 다음 주어는 전치사 for의 목적어의 안녕이나 건강을 위해서 마음을 쓴다.

(2) a. Do you still **care for** them?(너는 여전히 그에게 관심이 있니?)

  b. I don't much **care for** his parents.(나는 그의 부모에게 그다지 관심이 없다.)

  c. I should **care for** that man to be my daughter's husband.(나는 내 사위가 될 그 남자를 좋아해야만 한다.)

  d. Nurses **care for** the sick.(간호사들은 병자들을 간호한다.)

  e. She **cared for** her father through his long illness.(그녀는 아버지의 긴 병 내내 그를 간호했다.)

  f. She has to **care for** her elderly mother.(그녀는 나이가 지긋한 엄마를 돌보아야만 한다.)

  g. Who will **care for** him if his wife dies?(그의 부인이 죽으면 누가 그를 돌보아 줄 것인가?)

  h. You don't much **care for** Tom, do you?(너는 톰을 그다지 좋아하지 않지?)

  i. You should learn how to **care for** children.(너는 아이들을 돌보는 방법을 배워야만 한다.)

1.3. 다음은 수동태 문장으로 주어는 보살펴진다.

(3) It is good to know that the dog will be well **cared for** while we are away.(우리가 없는 동안에 그 개가 잘 돌보아질 것을 아는 것은 좋다.)

1.4. 다음 전치사 for의 목적어는 사물이다. 이 때 주어는 전치사의 목적어를 얻으려고 마음을 쓴다.

(4) a. He **cares for** your education.(그는 너의 교육의 학자금을 대준다.)

  b. I don't **care for** fame.(나는 명예를 얻고 싶은 마음이 없다.)

  d. Would you **care for** some orange juice?(오렌지 쥬스를 좀 드시겠어요?)

  e. She seemed to **care for** nothing.(그녀는 어떤 것에도 관심이 없는 것처럼 보였다.)

  f. I don't **care for** his taste in ties.(나는 그의 넥타이에 대한 기호를 좋아하지 않는다.)

1.5. 다음에서 동사는 부정형으로 쓰였고, 그 뒤에 if 의문사가 이끄는 절이 온다.

(5) a. He **doesn't care** if you go or not.(그는 네가 가든지 안 가든지 개의치 않는다.)

  b. I **don't care** if I fail.(만약에 내가 실패하더라도 나는 개의치 않는다.)

  c. He **doesn't care how** he dresses.(그는 옷 입는 방식에 관심이 없다.)

  d. I **don't care what** you think.(나는 네 생각에 관심이 없다.)

  e. Most people don't seem to **care what** they eat.(대부분의 사람들은 그들이 무엇을 먹는지에 관심이 없어 보인다.)

  f. I **don't care whether** we win or lose.(나는 우리가 이기든 지든 개의치 않는다.)

1.6. 다음 주어는 부정사가 가리키는 일에 관심을 갖는다.

(6) a. It's not a problem I'd **care to** face myself.(그것은 내가 직면하고 싶은 문제가 아니다.)

  b. Would you **care to** go for a walk?(산책을 하지 않겠습니까?)

  c. Would you **care to** join me for dinner?(저녁을 함께 하지 않으시겠습니까?)

caress

이 동사의 개념 바탕에는 쓰다듬는 과정이 있다.

1. 타동사 용법
1.1. 다음 주어는 목적어를 쓰다듬는다.

(1) a. The child **caressed** the cat's fur.(그 아이는 고양이의 털을 쓰다듬었다.)

  b. She lovingly **caressed** the boy's cheeks.(그녀는 그 소년의 빰을 사랑스럽게 쓰다듬었다.)

  c. She **caressed** the child's hot forehead.(그녀는 아이의 뜨거운 이마를 쓰다듬었다.)

  d. His fingers **caressed** the back of her neck.(그의 손가락들이 그녀의 목 뒤를 쓰다듬었다.)

1.2. 다음 주어는 쓰다듬듯 목적어를 스친다.

(2) a. Waves **caressed** the shore.(물결이 그 해변을 쓰다듬듯 스치었다.)

  b. The light breeze **caressed** her long hair.(그 가벼운 바람은 그녀의 긴 머리를 쓰다듬듯이 스치었다.)

caricature

이 동사의 개념 바탕에는 caricature의 명사 '풍자만화'가 있다.

1. 타동사 용법
1.1. 다음 주어는 목적어를 풍자한다.

(1) a. The cartoonist **caricatured** the politician's mouth.(그 만화가는 정치인의 입을 풍자했다.)

  b. The sidewalk artist **caricatured** the politician, emphasizing his nose.(그 거리 예술가는 그 정치가의 코를 강조하면서 그를 풍자했다.)

1.2. 다음은 수동태 문장으로 주어는 풍자된다.

(2) a. They are always **caricatured** as hardworking bores.(그들은 항상 근면한 따분한 사람들로 풍자된다.)

  b. The president is **caricatured** by the catoonist.(그

대통령은 그 화가에 의해 풍자되었다.)

carpet

이 동사의 개념 바탕에는 carpet의 명사 '양탄자'가 있다. 동사의 의미는 이 명사의 쓰임과 관계가 있다.

1. 타동사 용법

1.1. 다음 주어는 목적어를 양탄자로 깐다.

(1) a. They **carpeted** the hallway.(그들은 그 복도를 양탄자로 깔았다.)
   b. He **carpeted** his bedroom with a cream-colored carpet.(그는 침실을 크림색 양탄자로 깔았다.)

1.2. 다음은 수동태 문장으로 주어는 양탄자나 그와 같은 것으로 깔린다.

(2) a. The forest floor is **carpeted** with small flowers.(그 숲 바닥은 작은 꽃들로 깔려 있다.)
   b. The stone is **carpeted** with moss.(그 돌은 이끼로 깔려 있다.)
   c. The garden is **carpeted** with flowers.(그 정원은 꽃들로 깔려 있다.)
   d. The hall was **carpeted** in blue.(그 복도는 푸른색 양탄자로 깔렸다.)

1.3. 다음은 수동태 문장으로 주어는 꾸중을 듣는다.

(3) a. Senior officials were **carpeted** for leaking information to the press.(상급 공무원들이 언론에 정보를 유출시킨 것에 대해 꾸중을 들었다.)
   b. He was **carpeted** by the boss for failing to win the contract.(그는 상관에게 그 계약을 따내는 것에 실패한 것으로 꾸중을 들었다.)

carry

이 동사의 개념 바탕에는 한 개체가 다른 개체를 떠받치는 과정이 있다.

1. 타동사 용법

1.1. 다음 주어는 목적어를 떠받친다.

(1) a. He **carries** a stick in his hand.(그는 지팡이를 손에 지닌다.)
   b. She was **carrying** her baby in her arms.(그녀는 아기를 팔에 안고 있었다.)
   c. He was **carrying** a box on his shoulder.(그는 상자를 어깨에 메고 있었다.)
   d. In Britain police do not usually **carry** guns.(영국에서는 경찰이 보통 총을 휴대하지 않는다.)
   e. He **carried** an umbrella/money.(그는 우산/돈을 지니고 다녔다.)

1.2. 다음 주어는 목적어를 몸이나 마음에 갖는다.

(2) a. She is **carrying** twins.(그녀는 쌍둥이를 임신하고 있다.)
   b. She is **carrying** all the figures in her head.(그녀는 모든 수치를 머리에 담고 다닌다.)

1.3. 다음 주어는 목적어를 치거나 깐다. 울타리를 놓을 때 울타리와 사람이 붙어서 간다.

(3) a. He **carried** a fence round a field.(그는 울타리를 밭

주위에 쳤다.)
   b. He **carried** pipes under a street.(그는 파이프를 길 밑에 깔았다.)

1.4. 다음 주어는 목적어를 지닌다. 목적어는 신체 부위나 표정이다.

(4) a. He **carries** his head high.(그는 머리를 높이 든다.)
   b. He **carried** an ugly frown upon his face.(그는 얼굴에 흉한 찡그린 인상을 가졌다.)

1.5. 다음 주어는 구조물인 목적어를 지탱한다.

(5) a. The pillar **carries** the whole roof.(그 기둥은 그 전체 지붕을 떠받친다.)
   b. The columns **carry** the roof.(그 원주들이 그 지붕을 떠받친다.)
   c. The timbers **carry** the whole weight of the roof.(그 대들보들이 그 지붕의 전 무게를 떠받친다.)

1.6. 다음 주어는 목적어를 감당한다.

(6) a. The shop **carries** a wide variety of goods.(그 상점은 여러 종류의 상품을 가지고 있다.)
   b. The store does not **carry** goods made with child labor.(그 가게는 아동 노동으로 만들어진 물건을 취급하지 않는다.)

1.7. 다음 주어는 목적어를 지탱한다.

(7) a. The field can **carry** up to 10 cows.(그 들판은 10마리까지의 젖소를 먹일 수 있다.)
   b. He can't **carry** more than four glasses of beer without getting drunk.(그는 맥주 넉 잔만 마시면 취한다.)
   c. The land cannot **carry** corn.(그 땅은 옥수수가 안 된다.)

1.8. 다음 주어는 목적어를 함께 지니고 나른다.

(8) a. Ocean current **carried** the raft.(해류가 그 뗏목을 운반했다.)
   b. The wind **carried** the seed for great distances.(바람이 그 씨앗을 아주 먼 거리까지 운반했다.)
   c. Swift-flowing rivers **carried** out good soil.(빨리 흐르는 강물은 좋은 흙을 실어냈다.)
   d. Wires **carry** sound.(전선은 소리를 나른다.)
   e. Copper **carries** electricity.(구리는 전기를 나른다.)

1.9. 다음 주어는 목적어를 가지고 있는 것으로 개념화 된다.

(9) a. The loan **carries** 3% interest.(그 대출은 3% 이자를 갖는다.)
   b. The bond **carries** 5% interest.(그 공채는 5%의 이자를 갖는다.)
   c. The argument does not **carry** conviction.(그 논의는 설득력을 갖지 못한다.)

1.10. 다음 주어는 목적어를 지닌다.

(10) a. Power **carries** responsibility with it.(권력은 이와 함께 책임을 지닌다.)
   b. His judgement **carries** great weight.(그의 판단은 큰 무게를 갖는다.)
   c. His voice **carries** great authority.(그의 목소리는 큰 위엄을 갖는다.)
   d. This privilege **carries** great responsibility.(이 특권은 큰 책임을 수반한다.)
   e. His words **carried** conviction to the audience.(그

의 말은 확신을 그 청중에게 전했다.)

  f. The report **carries** a serious warning. (그 보고서는 심각한 경고를 포함한다.)

  g. Such a crime **carries** a serious punishment. (그러한 범죄는 심한 벌을 갖는다.)

1.11. 다음 주어는 목적어를 싣고 움직인다.
(11) a. A taxi **carried** me **to** the station. (택시가 나를 정거장까지 실어다 주었다.)

  b. The bicycle **carried** me 500 miles. (그 자전거는 나를 500마일을 실어다 주었다.)

  c. Railroads **carry** coal **from** the mines. (철로는 석탄을 그 탄광에서 실어 나른다.)

  d. The wind **carried** the ball **over** the fence. (그 바람은 그 공을 그 울타리 너머로 불어갔다.)

1.12. 다음 주어는 의인화되어 목적어를 떠받쳐서 움직인다.
(12) a. His ability **carried** him **to** the top of his profession. (그의 능력이 그를 그 전문직의 정상까지 실어다 주었다.)

  b. Business **carried** him **to** London. (업무가 그를 런던까지 데리고 왔다.)

  c. His diligence **carried** him **to** the head of his class. (그의 부지런함이 그를 그 반의 수석으로 이끌었다.)

1.13. 다음 주어는 목적어를 싣고 시간상 움직인다.
(13) a. The company will **carry** you **until** your illness is over. (그 회사는 당신의 병이 나을 때까지 당신을 책임질 것입니다.)

  b. This story will **carry** you **back** to your boyhood. (이 이야기는 당신을 소년시절로 다시 되돌아가게 할 것입니다.)

  c. Don't **carry** modesty too far. (겸손을 지나치게 끌고 가지 마십시오.)

  d. He **carried** the joke too far. (그는 그 농담을 지나치게 끌고 갔다.)

1.14. 다음 주어는 목적어를 지탱한다.
(14) a. How far will $2 **carry** me? (2달러가 나를 얼마나 멀리 가게 할까요?)

  b. How far will 5 gallons of gasoline **carry** you? (5 갤런의 휘발유는 당신을 얼마나 멀리 갈 수 있게 할까요?)

  c. The food can **carry** you through the winter. (이 식량은 당신이 그 겨울을 나게 할 것입니다.)

  d. You have to **carry** your work to success. (너는 일을 성공할 때까지 추진해야 한다.)

2. 자동사 용법

2.1. 다음 주어는 새끼를 갖는다.
(15) a. Our cows are **carrying** again. (우리 젖소가 또 새끼를 배고 있다.)

  b. The horse **carries** well. (그 말은 새끼를 잘 밴다.)

2.2. 다음 주어는 전달된다.
(16) a. A public speaker must have a voice that **carries** well. (연사는 잘 들리는 목소리를 가져야 한다.)

  b. His voice will **carry** to the back of the room. (그의 목소리는 그 방의 뒤까지 전달될 것이다.)

  c. How far does this gun **carry**? (이 총은 얼마까지 나

갑니까? ; 사정거리가 얼마입니까?)

  d. The shot **carried** 200 meters. (그 포환은 200미터까지 갔다.)

  e. The sound of the gun **carried** many miles. (그 총소리는 수 마일까지 갔다.)

2.3. 다음 주어는 펼쳐진다.
(17) The war **carried** into Asia. (그 전쟁은 아시아까지 퍼졌다.)

carve

이 동사의 개념 바탕에는 조금씩 새기거나 자르는 과정이 있다.

1. 타동사 용법

1.1. 다음 주어는 목적어를 새긴다.
(1) a. He **carved** his name **on** his desk. (그는 자신의 이름을 그 책상 위에 새겼다.)

  b. They **carved** their initials **on** the tree. (그들은 자신들의 머릿글자를 그 나무에 새겼다.)

1.2. 다음 주어는 목적어를 조각해서 into의 목적어를 만든다.
(2) a. The sculptor **carved** the tree **into** a statue of Buddha. (그 조각가는 그 나무를 깎아서 부처상을 만들었다.)

  b. They **carved** the logs **into** totem poles. (그들은 그 통나무들을 깎아서 토템 막대를 만들었다.)

  c. The children **carved** the pumpkin **into** a mask. (그 아이들은 그 호박을 다듬어서 가면으로 만들었다.)

  d. He **carved** the wood **into** the shape of a horse. (그는 그 나무를 다듬어 말 모양으로 만들었다.)

  e. He **carved** wood **into** a statue. (그는 조각상을 만들기 위하여 나무를 깎았다.)

1.3. 다음 주어는 목적어를 깎아서 만든다.
(3) a. He **carved** a lot of statues **out** of wood. (그는 나무를 다듬어 조각상들을 만들었다.)

  b. The settlers **carved** beams **out** of logs. (그 정착민들은 통나무를 다듬어 대들보를 만들었다.)

  c. He **carved** a figure **in** wood. (그는 사람 모양을 나무에 새겼다.)

1.4. 다음은 수동태 문장으로 주어는 다듬어서 만들어진다.
(4) a. The totem pole is **carved from/out** of a single tree trunk. (그 토템 막대는 한 그루 나무의 둥치로 만들어진다.)

  b. Statues are often **carved from** marble, stone or wood. (조상들은 종종 대리석이나 돌 또는 나무를 재료로 만들어진다.)

1.5. 다음 주어는 목적어를 잘게 썬다.
(5) a. He **carved** a piece of meat for me. (그는 나를 위하여 고기 한 조각을 썰어 주었다.)

  b. She **carved** the turkey. (그녀는 그 칠면조 고기를 썰었다.)

  c. Mom **carved** the chicken for us. (어머니가 그 닭고기를 우리에게 썰어 주었다.)

  d. Father usually **carves** meat for us at dinner. (아버

지는 보통 고기를 저녁 식사 때 우리에게 썰어 주신다.)

e. The host usually **carves** the roast at the table.(그 집 주인이 보통 그 구운 고기를 식사 때 썬다.)

1.6. 다음 주어는 첫째 목적어에게 둘째 목적어를 베어 준다.

(6) a. Will you **carve** me another slice?(내게 한 조각 더 베어 주시겠어요?)

b. Please **carve** me a piece of meat.(내게 고기 한 조각 베어주세요.)

c. Mom **carved** us the chicken.(어머니가 우리에게 그 닭고기를 베어 주었다.)

d. He ruthlessly **carved** himself a financial empire.(그는 무자비하게 금융 제국을 만들었다.)

e. He **carved** me a wooden doll.(그는 나에게 나무 인형을 깎아 주었다.)

1.7. 다음 주어는 목적어를 새겨서 장식한다.

(7) The craftsman **carved** the top and the sides of the chest.(그 장인은 그 서랍장의 윗면과 옆면을 새겨서 장식했다.)

1.8. 다음은 수동태 문장으로 주어는 새겨진다. 주어는 새겨지는 자리이다.

(8) a. The oak chest is **carved** with flowers.(그 떡갈나무 상자는 꽃 문양으로 새겨져 있다.)

b. The pot was **carved** with unusual designs.(그 항아리는 낯선 도안들로 새겨져 있었다.)

1.9. 다음 주어는 애를 써서 목적어를 만들어낸다.

(9) a. He **carved out** a reputation as a linguist.(그는 언어학자로서의 명성을 애를 써서 만들어냈다.)

b. The army **carved out** a way through the enemy.(그 군대는 그 적 사이를 뚫고 진로를 만들어냈다.)

c. He is **carving out** his career.(그는 자신의 경력을 만들고 있다.)

d. My brother has **carved out** a successful career in business.(나의 형은 사업에서 성공적인 이력을 만들어냈다.)

e. He **carved** his way to fortune.(그는 애써서 부에 이르렀다.)

1.10. 다음은 수동태 문장으로 주어는 조금씩 파여서 만들어진다.

(10) Some of the tunnels are natural and some are **carved** out by soldiers for defensive purposes.(그 갱도들의 몇 개는 천연적인 것이고, 몇몇은 군인들에 의해 방어를 위해 파서 만들어졌다.)

1.11. 다음 주어는 목적어를 만든다.

(11) a. France **carved** an empire in the new world.(프랑스는 하나의 제국을 그 신 세계에서 만들었다.)

b. He hopes to **carve** a niche for himself as a leading researcher in linguistics.(그는 언어학 분야에서 선도적인 연구가로서의 한 자리를 만들기를 원한다.)

c. She **carved** a place for herself in the fashion world.(그녀는 그 패션계에서 자신을 위한 한 자리를 마련하였다.)

1.12. 다음 주어는 목적어를 완전히 잘라서 가른다.

(12) a. They have begun **carving up** the country like a

pie.(그들은 그 나라를 파이처럼 완전히 자르기 시작했다.)

b. The Nazi–Soviet pact **carved up** the Baltic states in 1939.(나치–소비에트 조약은 1939년에 발트 연안국들을 완전히 갈라 버렸다.)

c. After their father died, the children **carved up** the family business.(아버지가 죽은 후, 그 자식들은 그 가업을 완전히 갈랐다.)

d. The two countries are **carving up** the world between them.(그 두 국가들은 그들 사이의 세계를 잘라 가르고 있다.)

2. 자동사 용법

2.1. 다음 주어는 깎인다.

(13) This marble **carves** well.(이 대리석은 잘 깎인다.)

2.2. 다음 주어는 고기를 자른다.

(14) The host **carved** for all the guests.(그 집주인은 그 모든 손님들을 위해 고기를 잘랐다.)

case

이 동사의 개념 바탕에는 case의 명사 '상자'가 있다. 동사의 의미는 이 명사의 쓰임과 관계가 있다.

1. 타동사 용법

1.1 다음 주어는 목적어를 상자 속에 넣는다.

(1) a. He **cased** his books for shipping.(그는 자신의 책을 선편으로 보내기 위해 상자에 넣었다.)

b. He **cased** his wall with stone.(그는 벽을 돌로 둘러 쌌다.)

1.2. 다음은 수동태 문장으로 주어는 상자 속에 넣어진다.

(2) a. The ring was **cased** in glass.(그 반지는 유리 상자에 보관되어 있었다.)

b. The jewelry were **cased** in glass.(그 보석들은 유리 상자 속에 보관되어 있다.)

cash

이 동사의 개념 바탕에는 cash의 명사 '현금'이 있다. 동사의 의미는 이 명사의 쓰임과 관계가 있다.

1. 타동사 용법

1.1. 다음 주어는 목적어를 현금으로 바꾼다.

(1) a. Can you **cash** my traveller's check here?(내 여행자 수표를 여기서 현금으로 바꿀 수 있습니까?)

b. He **cashed** his cheok.(그는 자신의 수표를 현금으로 바꾸었다.)

2. 자동사 용법

2.1. 다음 주어는 on의 목적어와 관련하여 이득을 본다.

(2) a. The studio **cashed** in on the singer's death.(그 촬영소는 그 가수의 죽음을 이용해서 많은 돈을 벌었다.)

b. The company **cashed** in on its rival's difficulties by doubling production.(그 회사는 생산을 두 배로

함으로써 그 경쟁사의 어려움을 이용하여 많은 돈을 벌었다.)

c. He cashed in on the deal his partner made.(그는 동료가 한 거래를 이용해서 많은 돈을 벌었다.)

cast

이 동사의 개념 바탕에는 던지는 과정이 있다.

1. 타동사 용법

1.1. 다음 주어는 목적어를 던진다.

(1) a. I cast down my line from the shore.(나는 줄을 그 해안에 던졌다.)

b. They cast anchor at nightfall.(그들은 닻을 해질 녘에 내렸다.)

c. The soldiers cast lots to see who would draw guard duty.(그 군인들은 누가 보초 임무를 뽑을 것인가를 보기 위해 제비를 던졌다.)

d. He cast a horoscope.(그는 별점을 쳤다.)

1.2. 다음 주어는 목적어를 전치사 at의 목적어에 던진다.

(2) a. He cast a stone at me.(그는 돌 하나를 나에게 던졌다.)

b. He cast glances at me.(그는 시선을 나에게 던졌다.)

1.3. 다음 목적어는 빛이나 빛과 비슷한 것이다.

(3) a. The candle cast a flickering light.(그 양초는 깜박이는 빛을 냈다.)

b. The special light bulb cast a soft light.(그 특수 전구는 부드러운 빛을 발산했다.)

c. The setting sun cast an orange glow over the mountains.(그 지는 해가 오렌지 빛을 그 산들 위에 던졌다.)

d. Could you cast an eye over the figures before I show them to the bank?(내가 그것들을 그 은행에 보여주기 전에 그 숫자들을 한 번 보시겠습니까?)

e. She cast a welcoming smile.(그녀는 환영의 미소를 던졌다.)

f. The tree cast a shadow on his face.(그 나무는 그 림자를 얼굴에 던졌다.)

1.4. 다음 목적어는 추상적이지만 구체적인 것으로 개념화되어 있다.

(4) a. He cast a slur on her reputation.(그는 자신의 명성에 오점을 가하였다.)

b. She'll cast a spell on you if she sees you in the wood.(만약 그녀가 너를 숲에서 보면 그녀는 주문을 너에게 던질 것이다.)

c. This latest evidence cast serious doubt on his version of events.(이 최근의 증거는 그의 사건 설명에 심각한 의문을 던졌다.)

d. My father's illness cast a shadow over the wedding celebration.(나의 아버지의 병은 그 결혼식에 그림자를 던졌다.)

1.5. 다음 주어는 목적어를 벗어 던진다.

(5) a. The horse cast its shoe.(그 말은 편자를 벗어 던졌다.)

b. The snake cast its skin.(그 뱀은 허물을 벗었다.)

1.6. 다음 주어는 목적어를 던져 버린다. 목적어는 추상적인 개체이다.

(6) a. We cast off our doubts.(우리는 의심을 던져 버렸다.)

b. They cast aside our objections.(그들은 우리의 반대를 옆으로 던져 버렸다.)

1.7. 다음 주어는 목적어를 into의 목적어로 만든다.

(7) a. He cast metal into coins.(그는 금속을 동전으로 만들었다.)

b. He cast his speech in more military terms.(그는 연설을 보다 군사적인 용어들로 했다.)

c. He cast his novel in a diary form.(그는 그의 소설을 일기 형식으로 썼다.)

1.8. 다음 주어는 목적어를 as의 목적어로 연기시킨다.

(8) a. He has cast her as an ambitious lawyer in his latest movie.(그는 자신을 최근 영화에서 야심 찬 변호사로 연기시켰다.)

b. He cast himself as the innocent victim of a hate campaign.(그는 증오 운동의 무고한 희생자로 연기했다.)

1.9. 다음 주어는 목적어를 배역한다.

(9) a. He cast an actor for the play.(그는 남자 배우를 그 연극에 배역했다.)

b. He cast her in the leading role.(그는 그녀를 주연에 배역했다.)

c. They cast him in the role Caesar.(그들은 그를 시저 역으로 배역했다.)

d. The director cast him as Hamlet in the production.(그 감독은 그를 햄릿으로 그 공연에 배역했다.)

1.10. 다음 주어는 목적어를 전치사 to의 목적어에 준다.

(10) a. He cast a role to the new actor.(그는 배역을 그 새 배우에게 주었다.)

b. The director cast the part to Oliver.(그 감독은 그 역을 올리버에게 주었다.)

1.11. 다음은 수동태 문장으로 주어는 배역이 주어진다.

(11) a. He was cast the part of Hamlet.(그는 햄릿 역할을 하도록 배역되었다.)

b. She was cast the role of Juliet.(그녀는 쥴리엣의 역할이 주어졌다.)

c. He was often cast as an angry old man.(그는 종종 성난 노인으로 역할이 주어졌다.)

1.12. 다음 주어는 목적어를 공연한다.

(12) a. They are casting the musical in Seoul.(그들은 그 음악극을 서울에서 공연하고 있다.)

b. The play is being cast in both US and Britain.(그 연극은 미국과 영국에서 같이 만들어지고 있다.)

1.13. 다음은 수동태 문장으로 주어는 던져진다.

(13) a. The villain was cast into prison.(그 악당은 감옥에 던져졌다.)

b. He was cast in a law suit.(그는 소송사건에 던져졌다.)

1.14. 다음은 수동태 문장으로 주어는 만들어진다.

(14) a. The statue is cast in bronze.(그 조상은 청동으로 만들어졌다.)

b. A statue of the dictator is being cast now.(그 독재

자의 상이 지금 주조되고 있다.)

1.15. 다음 주어는 목적어를 내보낸다(봉분한다).
(15) The farmer cast a swarm of bees.(그 농부는 벌떼를 내보냈다.)

1.16. 다음 주어는 목적어를 던진다.
(16) a. He cast down his line from the shore.(그는 낚시줄을 그 해안에 던졌다.)
b. He cast the line to the middle of the river.(그는 낚시줄을 그 강의 중간으로 던졌다.)

1.17. 다음 주어는 목적어를 낚시줄로 던진다.
(17) a. He used to cast the stream.(그는 그 시내를 낚시줄로 던지곤 했다.)
b. He cast the brook.(그는 그 개울을 낚시줄로 던졌다.)

catapult

이 동사의 개념 바탕에는 catapult의 명사 '투석기'가 있다. 동사의 의미는 이 명사의 작동과 관계가 있다.

1. 타동사 용법
1.1 다음 주어는 목적어를 쏜다.
(1) The army catapulted a boulder into the castle.(그 군대는 그 돌을 그 성 안쪽으로 쐈다.)

1.2. 다음은 수동태 문장으로 주어는 던져진다.
(2) a. She was catapulted out of the car as it hit the wall.(그녀는 그 차가 벽을 부딪힐 때 그 차 밖으로 내던져졌다.)
b. Sam was catapulted into the air by the force of the blast.(샘은 그 폭발의 힘에 의해 공중으로 내던져졌다.)
c. The stone was catapulted against the wall.(그 돌은 그 벽에 던져졌다.)

1.3. 다음 주어는 투석기로 돌을 던지듯 목적어를 던진다.
(3) The crash catapulted her right through the windshield.(그 충돌은 그녀를 그 차 앞 유리 밖으로 내던졌다.)

1.4. 다음에서 to의 목적어는 추상적이지만 구체적 장소로 은유화되어 있다.
(4) a. Her role in the movie catapulted her to fame.(그 영화에서의 그녀의 역할은 그녀를 명성에 이르게 했다.)
b. The movie catapulted him to an international stardom.(그 영화는 그를 국제적인 스타덤에 오르도록 했다.)

2. 자동사 용법
2.1. 다음 주어는 투석기를 떠나는 돌과 같이 움직인다.
(5) a. She catapulted into first place in figure skating.(그녀는 피겨 스케이팅에서 일위에 등극했다.)
b. The plane catapulted off the deck and into the air.(그 비행기가 그 갑판을 떠나 곧장 대기로 날아올랐다.)

catch

이 동사의 개념 바탕에는 쫓아가서 잡는 과정이 있다.

1. 타동사 용법
1.1. 다음 주어는 목적어를 잡는다.
(1) a. The cat caught the mouse.(그 고양이가 그 쥐를 잡았다.)
b. The bear caught a fish.(그 곰은 물고기 한 마리를 잡았다.)
c. The dog caught the ball in its mouth.(그 개는 공을 입에 물었다.)
d. He caught the ball in both hands.(그는 그 공을 양손에 잡았다.)

1.2. 다음은 수동태 문장으로 주어는 잡힌다.
(2) a. The rat was caught in a trap.(그 쥐는 덫에 잡혔다.)
b. My bicycle was caught between two cars.(내 자전거는 두 자동차 사이에 끼어서 움직이지 못했다.)
c. We were caught in a shower.(우리는 소나기를 만났다.)

1.3. 다음 주어는 목적어를 잡는다.
(3) a. He caught me by the collar.(그는 나를 목덜미로 붙잡았다.)
b. The police caught the thief.(경찰이 그 도둑을 잡았다.)
c. The police caught a criminal.(경찰이 범인을 잡았다.)

1.4. 다음 목적어는 움직이거나 움직이려고 한다. 주어는 목적어를 쫓아가서 잡는다.
(4) a. I caught the boat/the bus/the mail.(나는 그 여객선/버스/우편차를 잡았다.)
b. I want to catch him before he goes out.(나는 그가 나가기 전에 그를 붙잡고 싶다.)
c. I caught him at the corner of the street.(나는 그를 그 길모퉁이에서 잡았다.)

1.5. 다음 주어는 목적어를 접촉된다. 주어는 움직이는 개체이다.
(5) a. A stone caught me on the nose/on the head.(돌 하나가 내 코/머리에 맞았다.)
b. A snow ball caught the passer-by in the shoulder.(눈뭉치 하나가 그 지나가는 사람의 어깨에 맞추었다.)
c. The first rays of sunshine caught the tree tops.(햇빛의 첫 햇살이 그 나무 꼭대기를 비추었다.)
d. The closing door caught his arm.(그 닫히는 문이 그의 팔을 끼었다.)

1.6. 다음 주어는 목적어를 제자리에서 잡는다.
(6) a. The barrel caught some rain.(그 통은 약간의 비를 받았다.)
b. High trees catch much wind.(높은 나무는 바람을 많이 받는다.)

1.7. 다음 주어는 목적어를 on의 목적어에 닿게 한다.
(7) a. He caught the blow on the arm.(그는 그 일격을 팔에 받았다.)
b. He caught it right on the chin.(그는 그것을 턱에 바로 받았다.)

1.8. 다음 주어는 목적어를 걸리게 한다.
(8) a. The rail caught my coat.(그 난간은 내 외투를 걸었

다.)

b. My coat **caught** a rail.(그 외투가 난간을 걸었다.)

1.9. 다음 주어는 몸이 아니라 마음으로 목적어를 잡는다. [이해는 잡음] 은유가 적용된 예이다.

(9) a. I didn't **catch** the end of the sentence.(나는 그 문장의 마지막을 포착하지 못했다.)

b. I don't quite **catch** the idea.(나는 그 생각을 완전히 포착하지 못했다.)

c. I didn't **catch** the meaning of what he said.(나는 그가 말한 것의 의미를 파악하지 못했다.)

d. I **caught** something of his sadness from the tremor in his voice.(나는 그의 목소리의 떨림에서 슬픔 같은 것을 포착했다.)

e. I **caught** the spirit of the occasion.(나는 그 행사의 정신을 포착했다.)

1.10. 다음은 [주의나 시선은 개체] 은유가 적용된 예이다.

(10) a. The boy knocked on the wood to **catch** my attention.(그는 나의 주의를 끌기 위해서 그 나무를 두들겼다.)

b. The charming child **caught** the group's attention.(그 매력있는 아이는 그 모임의 주의를 사로잡았다.)

c. The poem **caught** my fancy.(그 시는 나의 생각을 사로잡았다.)

d. The strange thing **caught** the eye of the passers-by.(그 이상한 물건은 지나가는 그 사람들의 눈을 사로잡았다.)

e. The brightly colored coat **caught** my eye.(그 화려한 색깔의 외투가 내 시선을 사로잡았다.)

f. Beauty **catches** the eye.(아름다움은 시선을 잡는다.)

1.11. 다음 주어는 목적어를 잡는다. 잡으면 갖는다. 목적어는 병이나 감정이다.

(11) a. He **caught** a cold/a disease/a fever.(그는 감기/병/열병에 걸렸다.)

b. He began to **catch** her fear.(그는 그녀의 두려움을 갖기 시작했다.)

1.12. 다음 주어는 시선으로 목적어를 잡는다.

(12) a. Mother **caught** me just as I was hiding her present.(어머니는 내가 그녀의 선물을 막 숨기고 있을 때 나를 보셨다.)

b. Father **caught** me just as I was drinking a glass of beer.(아버지는 내가 맥주 한 잔을 마시고 있을 때 나를 보셨다.)

1.13. 다음 주어는 목적어가 어떤 일을 하고 있는 것을 시선이나 마음으로 포착한다.

(13) a. I **caught** the boy stealing apples from my garden.(나는 그 소년이 내 정원에서 사과를 훔치는 것을 발견했다.)

b. **Catch** me doing that.(내가 그것을 하는 것을 발견해라.)

c. I **caught** her napping.(나는 그녀가 낮잠을 자는 것을 발견했다.)

d. He **caught** himself brooding about his life.(그는 자신이 삶에 대해서 숙고했다.)

1.14. 다음에서 목적어가 하는 일은 전치사 at이나 in

으로 표현되어 있다.

(14) a. **Catch** me at it.(그것을 할 때 나를 잡아라.)

b. The police **caught** him in the act.(경찰은 범행중인 그를 잡았다.)

c. He was **caught** in the act.(그는 범행 중에 잡혔다.)

1.15. 다음 주어는 목적어가 on이나 in의 목적어에 걸리거나 잡히게 한다.

(15) a. He **caught** his foot on a root and stumbled.(그는 발을 뿌리에 걸리게 해서 비틀거렸다.)

b. She **caught** her coat on a hook.(그녀는 외투를 갈고리에 걸리게 했다.)

c. I **caught** my leg on a leg of a table.(나는 내 발을 식탁의 다리에 걸리게 했다.)

d. He **caught** his fingers in the door.(그는 손가락을 문에 끼이게 했다.)

2. 자동사 용법

2.1. 다음 주어는 전치사 at의 목적어를 잡으려고 한다.

(16) a. A drowning man will **catch** at a straw.(물에 빠진 사람은 지푸라기 하나라도 잡으려고 한다.)

b. He will **catch** at any chance of going abroad.(그는 해외에 갈 어떤 기회도 잡으려고 할 것이다.)

2.2. 다음 주어는 전치사 on의 목적어에 걸린다.

(17) a. Your sleeve has **caught** on a nail.(소매가 못에 걸렸다.)

b. My caot **caught** on a nail and tore.(내 외투가 못에 걸려 찢어졌다.)

2.3. 다음 주어는 불을 당긴다.

(18) a. Tinder **catches** easily.(부싯깃은 (불을) 잘 당긴다.)

b. The wood soon **caught**.(그 나무는 곧 (불을) 당겼다.)

c. The wind was so strong that the fire **caught** quickly.(바람이 몹시 강해서 불이 빨리 (번졌다.)

2.4. 다음 주어는 공을 잡는다.

(19) a. John **catches** for our school team.(존은 우리의 팀을 위해 공을 잡는다(포수이다).)

b. Tom **catches** well.(톰은 공을 잘 잡는다.)

2.5. 다음 주어는 걸리거나 접촉된다.

(20) a. His voice **caught**.(그의 목소리가 메었다.)

b. The kite **caught** in a tree.(그 연이 나무에 걸렸다.)

c. My shirt **caught** in the door.(내 셔츠가 문에 걸렸다.)

d. The lock will not **catch**.(그 자물쇠가 잠기지 않는다.)

e. The latch has **caught**.(그 걸쇠가 걸렸다.)

categorize

이 동사의 개념 바탕에는 범주로 나누는 과정이 있다.

1. 타동사 용법

1.1. 다음 주어는 목적어를 범주화한다.

(1) a. How would you **categorize** this piece of art?(너는 이 예술품을 어떻게 범주화할 것이냐?)

b. It is hard to **categorize** this kind of book.(이 종류의 책을 범주화하기가 어렵다.)

1.2. 다음 주어는 목적어를 as의 목적어로 분류한다.

(2) a. Would you **categorize** the company's problems as financial?(너는 그 회사의 문제를 재정적인 문제로 분류할 것이냐?)

　　b. The teacher **categorized** the boy as a bully.(그 교사는 그 소년을 골목대장으로 분류했다.)

1.3. 다음 수동태 문장으로, 주어는 범주화되는 개체이다.

(3) a. The painting is **categorized** as abstract art.(그 그림은 추상 예술로 범주화되었다.)

　　b. The child is **categorized** as a bully.(그 아이는 난폭한 아이로 분류된다.)

　　c. The population is **categorized** according to age, sex, and socio-economic group.(그 인구는 나이, 성별, 사회-경제적 그룹에 따라 범주화된다.)

1.4 다음 주어는 목적어를 into의 목적어로 분류한다.

(4) a. We **categorized** the snowflakes into several shapes.(우리는 그 눈송이들을 여러 모양으로 분류했다.)

　　b. He **categorized** the news into five groups.(그는 그 소식들을 5개 그룹으로 분류했다.)

caulk

이 동사의 개념 바탕에는 caulk의 명사 '뱃밥'이 있다. 동사의 의미는 이 명사의 용도와 관계가 있다.

1. 타동사 용법

1.1. 다음 주어는 목적어의 틈을 메운다.

(1) a. He **caulked** the gaps in the window frame.(그는 그 창틀의 그 틈을 메웠다.)

　　b. The boat builder **caulked** the seams of the hull.(그 선박 제조공은 그 선체의 접합선들을 메웠다.)

　　c. Plumbers **caulk** joints in pipe with lead.(연관공들이 관의 이음매들을 납으로 메운다.)

　　d. **Caulk** the cracks around the windows.(그 창들 주위에 있는 그 틈들을 메워라.)

1.2. 다음은 수동태 문장으로 주어는 메워진다.

(2) a. Boats are **caulked** to make them watertight.(배들이 방수되도록 틈들이 메워졌다.)

　　b. His boat is **caulked** every spring before putting it into the sea.(그의 배는 매년 봄 바다에 넣기 전에 뱃밥으로 메워진다.)

cause

이 동사의 개념 바탕에는 cause의 명사 '원인'이 깔려 있다.

1. 타동사 용법

1.1. 다음 주어는 목적어가 어떤 일을 겪거나 하게 한다.

(1) a. He **caused** me to lose my job.(그 남자는 내가 일자리를 잃게 했다.)

　　b. He **caused** her to protest.(그 남자가 그녀를 항의하게 했다.)

　　c. He **caused** me to drop my dishes.(그 사람은 내가 접시를 떨어뜨리게 했다.)

1.2. 다음 주어는 사람이 아닌 개체이다. 이러한 주어가 목적어로 하여금 어떤 일을 하거나 겪게 한다.

(2) a. This **caused** her to change her mind.(이것이 그녀를 마음을 바꾸게 했다.)

　　b. The bright light **caused** her to blink.(그 밝은 빛이 그녀를 눈을 깜박이게 했다.)

　　c. The noise **caused** him to startle.(그 소음이 그를 깜짝 놀라게 했다.)

　　d. A dog ran into the road, **causing** the cyclist to swerve.(개 한 마리가 그 도로에 뛰어 들어서 그 자전거 타는 사람이 방향을 틀게 했다.)

　　e. His illness **caused** him to miss the game.(그의 병이 그가 경기를 놓치게 했다.)

　　f. What **caused** him to get so excited/to be so late/to act like that?(무엇이 그를 그렇게도 흥분하게/그렇게 늦게/그렇게 행동하게 했느냐?)

1.3. 다음 목적어는 사람이 아닌 개체이다. 다음 주어는 목적어가 어떤 일을 겪게 한다.

(3) a. The high wind **caused** many trees to fall during the night.(그 센 바람이 많은 나무들을 밤새 쓰러지게 했다.)

　　b. The cold weather **caused** the plants to die.(그 차가운 날씨는 그 식물들을 죽게 했다.)

　　c. The rain **caused** the river to overflow.(그 비는 그 강을 넘치게 했다.)

　　d. A half-moon **caused** the rippling sea to glitter.(반달이 그 물결치는 바다를 반짝이게 했다.)

　　e. Smog **causes** plants to die.(매연이 식물들을 죽게 한다.)

　　f. We still don't know what **caused** the computer to crash.(우리는 여전히 무엇이 그 컴퓨터를 고장나게 했는지 모른다.)

　　g. What **causes** the apple to fall to the ground?(무엇이 그 사과를 땅에 떨어지게 하는가?)

1.4. 다음 목적어는 시간 속에 일어나는 과정이나 사건이다. 주어는 목적어가 일어나게 한다.

(4) a. What **caused** the accident/the explosion?(무엇이 그 사고/폭발을 일어나게 했는가?)

　　b. What **caused** his ruin/death?(무엇이 그의 파산/죽음을 야기했는가?)

　　c. His carelessness **caused** the car accident.(그의 부주의가 차 사고를 일으켰다.)

　　d. Negligence/speeding **causes** many accidents.(부주의/과속이 많은 사고를 일으킨다.)

　　e. Jane's angry word **caused** a fight.(제인의 화난 말투가 싸움을 일으켰다.)

　　f. Smoking can **cause** lung cancer.(흡연은 폐암을 유발할 수 있다.)

1.5. 다음 주어는 자연현상이다. 주어는 목적어를 야기시킨다.

(5) a. Rainstorm **causes** damage every year.(폭풍우는 매년 피해를 낸다.)

　　b. The wind and rain **caused** several accidents.(그 바람과 비는 여러 사고를 일으켰다.)

　　c. The earthquake **caused** the mud slide.(그 지진은 진흙의 붕괴를 야기했다.)

d. Many bacteria **cause** disease.(많은 박테리아가 병을 일으킨다.)

e. Heavy traffic is **causing** long delays in the highway.(많은 교통량이 고속 도로에서 긴 시간 지체를 야기한다.)

f. The traffic jam **caused** his being late.(그 교통 체증이 그의 지각을 야기했다.)

1.6. 다음은 수동태 문장으로 주어는 야기된다.
(6) a. Inflation is **caused** by big wage increases.(인플레이션은 큰 임금 상승에 의해 일어난다.)

b. The disaster was **caused** by poor planning.(그 재난은 부실한 계획 때문에 일어났다.)

c. The fire was **caused** by careless smoking/an electrical fault.(그 화재는 부주의한 흡연/누전 때문에 일어났다.)

d. His death was **caused** by a fever.(그의 죽음은 열병 때문이었다.)

1.7. 다음에서 주어는 목적어를 야기시킨다.
(7) a. I am sorry: I didn't mean to **cause** offence.(미안합니다. 화를 끼치려고 한 건 아닙니다.)

b. The change **caused** a great deal of inconvenience.(그 변화는 엄청난 불편함을 초래했다.)

c. His irresponsible behavior has **caused** a great deal of anxiety **to/for** his family.(그의 책임 없는 행동은 가족에게 많은 염려를 깨쳤다.)

d. Please don't **cause** any trouble **for** me.(제발 나에게 어떤 문제도 일으키지 말아줘요.)

e. Will this new deadline **cause** any trouble **for** you?(이 새 마감일이 당신에게 어떤 문제라도 일으킬까요?)

f. He never **causes** pain **to** others.(그는 결코 고통을 다른 사람들에게 끼치지 않는다.)

1.8. 다음 주어는 첫째 목적어에 둘째 목적어가 생기게 한다.
(8) a. What's **causing** you so much concern?(무엇이 당신에게 그렇게 많이 염려를 끼칩니까?)

b. The car/my error **caused** me a lot of headache.(그 차/나의 잘못이 내게 많은 두통을 가져왔다.)

c. Her son's illness **caused** her a lot of worry.(아들의 병이 그녀가 많은 걱정을 하게 했다.)

d. Will this deadline **cause** you any trouble?(이 마감 일이 당신에게 어떤 문제라도 일으킬까요?)

e. Is your leg **causing** you any pain?(다리가 당신에게 아픔을 줍니까?)

f. He **caused** his parents much unhappiness.(그는 부모들에게 많은 불행을 끼쳤다.)

caution
이 동사의 개념 바탕에는 미리 조심을 시키는 과정이 있다.

1. 타동사 용법
1.1. 다음 주어는 목적어를 조심시킨다.
(1) a. The father **cautioned** his son about using dirty

language.(그 아버지는 아들이 상스러운 말을 사용하는 것에 대해 조심시켰다.)

b. She **cautioned** the boys about talking to strangers.(그녀는 그 소년들에게 낯선 사람에게 말하는 것에 대해 조심시켰다.)

1.2. 다음은 수동태 문장으로 주어는 주의를 받는다.
(2) a. I was **cautioned against** being late.(나는 늦은 것에 대해 주의를 받았다.)

b. The public is **cautioned against** pickpockets.(대중은 소매치기에 대해 주의를 받는다.)

c. He wasn't sent to the juvenile court, instead he was **cautioned**.(그는 그 소년 법원에 보내지지 않았다. 대신 그는 주의를 받았다.)

d. Suspects must be **cautioned** before any questions are asked.(용의자들은 어떤 질문을 받기 전에 주의를 받아야만 한다.)

e. She got **cautioned** for speeding.(그녀는 과속 때문에 주의를 받았다.)

1.3. 다음 주어는 목적어를 충고하여 부정사가 가리키는 일을 하게 한다.
(3) a. I **caution** you not to over-exercise.(나는 네가 지나치게 운동을 하지 말기를 충고한다.)

b. The sign **cautions** drivers to go slowly.(그 표지는 운전수들을 천천히 운전하도록 주의를 시킨다.)

c. I was **cautioned** not to be late.(나는 늦지 말라고 주의를 받았다.)

1.4. 다음 that-절은 주어가 하는 주의의 내용이다.
(4) a. They **cautioned** her **that** she would lose her teeth.(그들은 그녀에게 이를 잃게 될 것이라고 주의를 줬다.)

b. The government **cautioned that** pay increases would lead to job losses.(정부는 임금 상승은 일자리의 감소를 이끌 것이라 주의를 주었다.)

2. 자동사 용법
2.1. 다음 주어는 전치사 against의 목적어에 주의를 한다.
(5) I would **caution against** optimism.(나는 낙관주의에 대해 주의를 한다.)

cave
이 동사의 개념 바탕에는 cave의 명사 '동굴'이 있다.

1. 타동사 용법
1.1. 다음 주어는 목적어를 무너지게 한다.
(1) a. The flood **caved** in the banks of the river, destroying many new homes.(그 홍수가 그 강의 둑을 무너지게 해서 많은 새 집들을 파괴했다.)

b. He **caved** in my hat.(그는 내 모자를 우그러뜨렸다.)

1.2. 다음은 수동태 문장으로 주어는 함몰되듯 피곤을 느낀다.
(2) I'm all **caved** in.(나는 녹초가 된다.)

2. 자동사 용법
2.1. 다음 주어는 함몰된다.
(3) a. The roof **caved** in because of the heavy snow.(그

지붕이 그 심한 눈으로 꺼졌다.)
- b. The wall **caved in**. (그 벽이 꺼졌다.)
- c. The ground above the mine **caved in**. (그 탄광 위의 땅이 꺼졌다.)
- d. After the long rain, the road **caved in**. (그 오랜 비가 온 다음, 그 길이 꺼졌다.)
- e. The roof of the tunnel **caved in** and we could go no further. (그 터널의 위 쪽이 꺼져서 우리는 더 이상 갈 수 없었다.)
- f. The tunnel **caved in** on the workers. (그 터널이 그 인부들 위에 꺼졌다.)

2.2. 다음 주어는 굴복한다.
(4) a. Germany **caved in** due to lack of goods. (독일은 물품 부족으로 항복했다.)
- b. He finally **caved in** and agreed to the plan. (그는 마침내 굴복해서 그 안에 동의했다.)
- c. After three day without talking to each other, he finally **caved in** and phoned her. (삼일 동안 말을 하지 않고 지내다가, 그는 마침내 굴복해서 그녀를 전화로 불렀다.)
- d. Now is not the time to **cave in** to their demands. (지금은 그들의 요구에 항복할 때가 아니다.)

cease

이 동사의 개념 바탕에는 상태나 조건이 점차로 그치는 과정이 있다.

1. 자동사 용법

1.1. 다음 주어는 그친다.
(1) a. The music **ceased**, and the audience broke into applause. (그 음악이 그치고, 청중들은 박수를 치기 시작했다.)
- b. The publication of the magazine **ceased** with the May issue. (그 잡지의 발행은 그 5월호로 끝났다.)
- c. Welfare payments **cease** as soon as an individual starts a job. (생활 보조금은 개인이 일을 시작하자 마자 끝난다.)
- d. His influence **ceased** with his death. (그의 영향력은 죽음과 함께 끝났다.)
- e. He has **ceased** from wickedness. (그는 나쁜 짓을 그만두었다.)
- f. Hostilities must **cease**. (적대 행위들은 그쳐야 한다.)

1.2. 다음 주어는 부정사가 가리키는 일을 그친다.
(2) a. Her good fortune never **ceases** to amaze me. (그녀의 행운은 결코 나를 놀라게 하는 것을 멈추지 않는다.)
- b. His behavior never **ceased** to amaze me. (그의 행동은 결코 나를 놀라게 하는 것을 멈추지 않았다.)
- c. It has **ceased** to rain. (비가 오는 것이 그쳤다.)
- d. The story has **ceased** to be novel. (그 이야기는 신기하지 않게 되었다.)
- e. His help **ceased** to be necessary. (그의 도움은 필요하지 않게 되었다.)

1.3. 다음 주어는 부정사가 가리키는 일을 그친다. 더

이상 to 부정사가 가리키는 일은 일어나지 않는다.
(3) a. He soon **ceased** to breathe. (그는 곧 호흡을 멈추었다.)
- b. Most people **ceased** to obey the curfew. (대부분의 사람들은 통행 금지를 따르지 않았다.)
- c. He has never **ceased** to be regretful. (그는 결코 후회하는 것을 멈추는 적이 없었다.)
- d. The town/the bird has **ceased** to exist. (그 마을/그 새는 존재하지 않는다.)
- e. The custom/the empire **ceased** to exist years ago. (그 관습/제국은 수 년 전에 사라졌다.)
- f. They **ceased** to be boys long ago. (그들은 오래 전부터 소년이 아니다.)
- g. He **ceased** to talk. (그는 말하는 것을 그만두었다.)

1.4. 다음 목적어는 동명사이다. 주어는 목적어가 가리키는 일을 그만둔다. 주어는 동명사가 가리키는 일을 그만둘 때까지 했다. 그러나 앞으로 다시 할 수 있다.
(4) a. The company **ceased** selling the bad medicine. (그 회사는 그 좋지 않은 약 판매를 그만두었다.)
- b. Jimmy **ceased** tormenting Jane as she became more mature. (지미는 제인이 더 성숙해지자 그녀를 괴롭히는 것을 그만두었다.)
- c. She never **ceased** regretting her decision. (그녀는 결코 자신의 결정을 후회하기를 멈추지 않았다.)
- d. People have **ceased** caring about what's happening in their neighborhood. (사람들은 자신들의 이웃에 무슨 일이 일어났는지에 대해 관심을 갖는 것을 멈추었다.)
- e. They **ceased** fighting temporarily/firing. (그들은 임시적으로 싸움을 멈추었다.)
- f. He has **ceased** writing/reading/firing/painting. (그는 작문/독서/발포/페인트칠하기를 멈추었다.)
- g. It has **ceased** raining. (비가 그쳤다.)

1.5. 다음 주어는 목적어를 그만둔다.
(5) a. He ordered his men to **cease** fire. (그는 부하들에게 발포를 멈추라고 명령했다.)
- b. The baby **ceased** its tantrum. (그 아기는 짜증을 멈추었다.)
- c. They **ceased** work/production/payment. (그들은 일/생산/지불을 멈추었다.)
- d. They voted to **cease** strike action immediately. (그들은 투표를 하여 즉시 파업을 멈추기로 했다.)

celebrate

이 동사의 개념 바탕에는 의식을 거행하거나 의식을 통해 축하하는 과정이 있다.

1. 타동사 용법

1.1. 다음 주어는 목적어를 축하한다.
(1) People **celebrate** him for his glorious success. (사람들은 그의 영광스러운 성공에 대해 그를 기린다.)

1.2. 다음 주어는 목적어를 거행한다. 목적어는 기념일이다.
(2) a. We **celebrated** our 30th anniversary. (우리는 30번

째 기념일을 거행했다.)

b. They celebrated X-mas.(그들은 크리스마스를 축하했다.)

c. I celebrated my birthday with friends in a restaurant.(나는 내 생일을 한 식당에서 친구들과 함께 축하했다.)

d. Let's celebrate your promotion.(당신의 승진을 축하합시다.)

1.3. 다음 주어는 의식을 거행한다.

(3) a. The pope celebrated Communion on Easter.(그 교황은 부활절에 성찬식을 거행했다.)

b. The priest celebrates Mass every day.(그 신부는 미사를 매일 거행한다.)

1.4. 다음 주어는 목적어를 널리 알린다.

(4) a. His book celebrates the joys of growing up in Ohio.(그의 책은 오하이오주에서 성장하는 기쁨을 널리 알린다.)

b. The critics celebrated the performer's talents.(그 비평가들은 그 연주자의 재능을 널리 알렸다.)

c. The newspapers celebrated his courage.(그 신문들을 그의 용기를 널리 알렸다.)

2. 자동사 용법

2.1. 다음 주어는 축하 의식을 갖다.

(5) a. We celebrated with champagne.(우리는 샴페인으로 축배를 들었다.)

b. It's Dad's birthday, and we are going out to celebrate.(오늘이 아빠의 생일이고, 우리는 축하하려고 외식할 것이다.)

censure

이 동사의 개념 바탕에는 권위자가 견책하는 과정이 있다.

1. 타동사 용법

1.1. 다음 주어는 목적어를 견책한다. 목적어는 사람이다.

(1) a. Congress censured him for neglecting his duty.(의회는 그가 의무를 게을리 했기 때문에 그를 견책했다.)

b. Congress censured the senator who had accepted the bribe.(의회는 그 뇌물을 받은 그 상원의원을 견책했다.)

c. The warden censured the guard for letting the prisoner escape.(그 교도소장은 그 죄수가 탈출하도록 방치한 데 대해 그 간수를 견책했다.)

1.2. 다음 주어는 목적어를 나무란다. 목적어는 일이다.

(2) a. She censured his careless work.(그녀는 그의 부주의한 일을 비난했다.)

b. The committee censured his irresponsible remarks.(그 위원회는 그의 무책임한 발언을 비난했다.)

center

이 동사의 개념 바탕에는 center의 명사 '중심'이 있다.

1. 타동사 용법

1.1. 다음 주어는 목적어를 중간에 둔다.

(1) a. Center all the headings in the documents.(모든 표제들을 그 서류 중간에 두어라.)

b. He centered the subject in the camera's viewfinder.(그는 그 피사체를 그 카메라의 뷰파인더 가운데에 두었다.)

c. He centered a vase on the table.(그는 꽃병을 그 탁상 가운데에 두었다.)

d. The decorator centered the picture on the wall.(그 장식가는 그 그림을 그 벽의 중간에 걸었다.)

1.2. 다음은 수동태 문장으로 주어는 중심에 있다.

(2) The family was centered in the photograph.(그 가족은 사진의 중심에 있다.)

1.3. 다음 주어는 목적어를 on의 목적어에 중심을 모은다.

(3) a. He centered his report on education in Korea.(그는 자신의 보고서를 한국에서의 교육에 중심을 두었다.)

b. He centered his novel on the Civil War.(그는 자신의 소설을 남북 전쟁에 중심을 두었다.)

1.4. 다음은 수동태 문장으로 주어는 around/round의 목적어의 주위에 있다.

(4) a. All his concerns were centered around himself.(그의 모든 관심은 그 자신 주위에 중심이 두어졌다.)

b. His interests are centered around his family.(그의 관심은 가족 주위에 중심이 주어졌다.)

2. 자동사 용법

2.1. 다음 주어는 around와 about의 목적어 주위에 중심이 있다.

(5) a. The discussion centered around student life.(그 토의는 학생들의 삶 주위에 중심이 있었다.)

b. In the 16th century, village life centered around religions.(16세기에 시골의 삶은 종교 위주에 중심이 있었다.)

c. The topic centered about the crisis in the Middle East.(그 주제는 중동의 위기 주위에 중심이 있었다.)

2.2. 다음 주어는 on의 목적어에 중심이 있다.

(6) a. The debate centered on the morality of hunting.(그 논쟁은 사냥의 도덕성에 중심이 있었다.)

b. She spoke about her travels, centering on the time she had spent in Korea.(그녀는 자신의 여행에 관해 이야기했는데, 주로 한국에서 보낸 시간이 중심이었다.)

c. His novel centers on the Civil War.(그의 소설은 남북 전쟁에 중심이 있다.)

certify

이 동사의 개념 바탕에는 서명을 하여 공인하는 과정이 있다.

1. 타동사 용법

1.1. 다음 주어는 목적어를 증명한다.

(1) a. He **certified** the truth of the report.(그는 그 보고서
의 사실을 공인했다.)

   b. My accountant **certified** last year's tax figures.(내
회계사는 작년의 세금액을 공인했다.)

   c. The council is supposed to **certify** the results of
the elections.(그 의회는 그 선거의 결과를 공인해
야 한다.)

   d. The bank **certified** the check.(그 은행이 수표를 보
증했다.)

1.2. 다음 주어는 목적어가 어떤 상태에 있음을 공인한다.

(2) a. The board **certified** Tom **as** qualified.(그 위원회는
톰이 자격이 있음을 공인했다.)

   b. The inspector **certified** the elevator **as** safe.(그 점
검인은 승강기가 안전하다고 공인했다.)

   c. The doctor **certified** the patient insane.(그 의사는
환자가 미쳤음을 공인했다.)

1.3. 다음은 수동태 문장으로 주어는 공인된다.

(3) a. All the three doctors are **certified as** addictions
specialists.(그 세 명의 의사 모두 중독 전문가로 공
인이 되어 있다.)

   b. They wanted to get **certified as** divers.(그들은 잠
수부로 공인되기를 원했다.)

   c. She was **certified as** a teacher in 1964.(그녀는
1964년에 선생님으로 공인되었다.)

   d. The meat has been **certified as** fit for human
consumption.(그 고기는 사람들이 소비하기에 적합
한 것으로 공인되었다.)

   e. His report was **certified as** correct.(그의 보고가
맞는 것으로 공인되었다.)

1.4. 다음은 수동태 문장으로 주어는 어떤 상태에 있음
이 공인된다.

(4) a. She was **certified** dead.(그녀는 죽었음이 공인되었
다.)

   b. In his later years, he was **certified** insane.(말년에
그는 미친 것으로 공인되었다.)

1.5. 다음 that-절은 주어가 증명하는 내용이다.

(5) a. I can **certify that** she is one of our best teachers.
(나는 그녀가 뛰어난 선생님들 중 한명이라고 증명
할 수 있다.)

   b. The card **certified that** the owner had car
insurance.(그 카드는 그 소유주가 자동차 보험을
들었음을 증명했다.)

   c. I hereby **certify that** the above information is true
and accurate.(나는 이로써 위의 정보가 사실이고
정확함을 증명한다.)

1.6. 다음 주어는 목적어에게 전치사 of의 목적어를 확
인시킨다.

(6) a. I **certified** him of the fact. (나는 그에게 그 사실을
확인시켰다.)

   b. He **certified** me of his good intention.(그는 나에게
그의 좋은 의도를 확인시켰다.)

2. 자동사 용법

2.1. 다음 주어는 to의 목적어를 증언한다.

(7) a. He **certified** to her good character.(그는 그녀의 좋
은 성격을 증언했다.)

   b. Their fine work **certifies to** their ability.(그들의 멋
진 작품은 그들의 능력을 증명한다.)

chafe

이 동사의 개념 바탕에는 한 개체가 다른 개체에 닿
아서 스치는 과정이 있다.

1. 타동사 용법

1.1. 다음 주어는 목적어에 닿아서 목적어를 따끔거리
게 한다.

(1) a. The bracelet **chafed** my wrist.(그 팔찌가 내 손목
을 벗겼다.)

   b. She turned him in the bed so that the sheets
wouldn't **chafe** his skin into sores.(그녀는 그 침대
시트가 그의 피부를 벗겨서 상처가 되지 않도록 그
를 침대에서 돌려 눕혔다.)

   c. The shorts were **chafing** my thighs.(그 반바지가
내 허벅지를 까고 있었다.)

   d. The new shoes **chafed** her heels.(그 새 신발은 그
녀의 뒤꿈치를 깠다.)

   e. The stiff collar **chafed** my neck.(그 빳빳한 깃이
내 목을 스쳐서 따갑게 했다.)

   f. Put a soft pad under the saddle to avoid **chafing**
the horse's back.(그 말 등이 벗겨지지 않도록 그
안장 아래 부드러운 안장 받침을 대시오.)

1.2. 다음 주어는 목적어를 비빈다.

(2) a. She **chafed** her cold hands.(그녀는 자신의 차가운
두 손을 비볐다.)

   b. He **chafed** my hands for me when I finished
building the snowman.(내가 그 눈사람을 완성시켰
을 때, 그는 내 손을 비벼 주었다.)

   c. Anne **chafed** her arms, trying to get them warm
again.(앤은 두 팔을 비벼서 다시 따뜻하게 하려고
했다.)

1.3. 다음 목적어는 환유적으로 쓰여서 사람의 마음이
나 감정을 가리킨다.

(3) a. The unkind remarks really **chafed** him.(그 몰인정
한 말이 그를 정말 화나게 했다.)

   b. The slow traffic **chafed** her as she hurried to
work.(그녀는 서둘러 출근해야 했기 때문에, 그 교
통 체증이 그녀를 속이 상하게 했다.)

   c. The delay **chafed** her.(그 지연이 그녀를 애가 타게
했다.)

   d. The fans' taunts **chafed** the pitcher.(그 팬들의 야
유가 그 투수를 괴롭혔다.)

1.4. 다음 주어는 목적어를 전치사 against의 목적어에
가서 닿게 한다.

(4) He **chafed** his skin against the ground.(그는 자신의
살갗을 그 땅에 갈았다.)

2. 자동사 용법

2.1. 다음의 주어는 따갑게 한다.

(5) a. Does this garment chafe?(이 옷이 따갑게 합니까?)

b. The light diapers are chafing.(그 가벼운 기저귀들이 따갑게 한다.)

2.2. 다음의 주어는 쓸려서 따끔거려지는 개체이다.

(6) a. His neck chafed from the stiff collar.(그의 목이 그 빳빳한 깃 때문에 벗겨졌다.)

b. Her fair skin chafed badly in cold weather.(그녀의 흰 피부가 추운 날씨에 많이 거칠어졌다.)

c. Her wrists chafed where the rope had been.(그 밧줄이 있었던 곳에 그녀의 손목은 많이 따끔거렸다.)

d. My hands chafed from washing them with harsh soap.(내 손은 거친 비누로 빨래를 해서 따끔거렸다.)

2.3. 다음의 주어는 환유적으로 사람의 감정을 나타낸다.

(7) a. He chafed at the insult/injustice.(그는 그 모욕/불의에 화가 났다.)

b. He chafed at the delay at the airport.(그는 그 비행장에서 있었던 연착으로 애가 탔다.)

c. He chafed at/under the rebuke.(그는 그 비난을 받고 화가 났다.)

d. The teacher chafes at grammatical mistakes.(그 선생님은 문법 오류에 짜증을 낸다.)

e. He had chafed at having to take orders from another.(그는 다른 사람의 지시를 받아야 한다는 것에 화가 났다.)

2.4. 다음 주어는 불만을 품는다.

(8) a. Some hunters are chafing under the new system.(일부 사냥꾼들은 새 제도에 불만을 품고 있다.)

b. He chafed under her teasing.(그는 그녀의 놀림에 화가 났다.)

c. He was chafing under the company's new ownership.(그는 회사의 새로운 소유자에 대해서 불만을 품고 있었다.)

2.5. 다음 주어는 전치사 against의 목적어에 비빈다.

(9) a. The horse chafed against his stall.(그 말이 마굿간에 몸을 비벼댔다.)

b. The cable chafed against the rocks.(그 전깃줄은 그 바위에 마찰되었다.)

c. His wrists began to chafe against the cloth strips binding them.(그의 손목은 그것을 묶은 천 조각들로 살갗이 벗겨지기 시작했다.)

d. The river chafes against the rocks.(그 강물은 그 바위에 부딪친다.)

chain

이 동사의 개념 바탕에는 chain의 명사 '쇠사슬'이 있다. 동사의 의미는 이 명사의 용도와 관계가 있다.

1. 타동사 용법

1.1. 다음 주어는 목적어를 쇠사슬로 묶는다.

(1) a. The kidnappers chained the boy's hand together.

(그 유괴범은 그 소년의 손을 쇠사슬로 묶었다.)

b. She chained up her dog at night.(그녀는 자기의 개를 밤에 사슬로 매었다.)

c. The sheriff chained the criminal to keep him from escaping.(그 보안관은 그 범인을 도망치지 못하도록 쇠사슬로 묶었다.)

1.2. 다음 주어는 쇠사슬로 목적어를 to의 목적어에 묶는다.

(2) a. The clerk chained the pen to the counter.(그 점원은 그 펜을 그 카운터에 쇠사슬로 묶었다.)

b. She chained her bike to the railings.(그녀는 그녀의 자전거를 그 난간에 사슬로 묶었다.)

1.3. 다음은 수동태 문장으로 주어는 쇠사슬에 묶인다.

(3) a. The convicts were chained together.(그 범인들은 쇠사슬에 함께 묶였다.)

b. With a sick husband, she's chained down to the house all day.(아픈 남편 때문에 그녀는 하루 종일 집에 묶여 있었다.)

c. I don't want a job. I'm chained to a desk for eight hours a day.(나는 일을 원하지 않는다. 나는 하루에 8시간을 책상에 묶여 있다.)

d. The prisoner was chained to the wall.(그 죄수는 벽에 쇠사슬로 매어져 있었다.)

chalk

이 동사의 개념 바탕에는 chalk의 명사 '분필'이 깔려 있다.

1. 타동사 용법

1.1. 다음 주어는 목적어를 분필로 나타낸다.

(1) a. The teacher chalked the date on the board.(그 선생님은 그 날짜를 칠판 위에 분필로 적으셨다.)

b. He chalked the message on the blackboard.(그는 그 전할 내용을 칠판 위에 분필로 적었다.)

c. The teacher chalked a math problem on the blackboard.(그 선생님은 수학 문제 하나를 칠판 위에 적으셨다.)

d. The kids chalked pictures on the sidewalk.(그 아이들은 그림들을 인도 위에 분필로 그렸다.)

1.2. 다음 주어는 목적어를 분필로 써서 잘 보이게 한다.

(2) a. He chalked up the day's menu on the board.(그는 그 날의 메뉴를 차림표에 분필로 적었다.)

b. The teacher chalked up the answers on the blackboard.(그 선생님은 정답들을 칠판 위에 쓰셨다.)

c. They chalked up political slogans on walls.(그들은 정치 표어를 벽에 분필로 적었다.)

1.3. 다음 주어는 목적어를 기록한다. 목적어는 경기에서 이긴 득점이나 승리이다.

(3) a. They chalked up two runs in the first innings.(그들은 1회에 2점을 기록했다.)

b. The team chalked up their tenth win this season.(그 팀은 이번 시즌에 열 번째 승리를 기록했다.)

c. For almost 11 months, the Bosnian army **chalked up** on victory after another.(보스니아군은 거의 11개월 동안 연승을 기록했다.)

d. His team **chalked up** ten points.(그의 팀은 10점을 기록했다.)

e. He **chalked one up** on his opponent during their first television debate.(그는 첫 번째 TV 토론에서 그의 상대방에 대해 한 승리를 기록했다.)

f. They **chalked up** several victories.(그들은 몇 차례 승리를 기록했다.)

g. He will **chalk** up more than ten points.(그는 10점 이상을 기록할 것이다.)

1.4. 다음 주어는 목적어를 백묵으로 묻히거나 뿌린다.

(4) a. He **chalked** the pool cue.(그는 그 당구 큐에 초크를 칠했다.)

b. The farmer **chalked** the field to neutralize its acid soil.(그 농부는 산성 토양을 중화시키려고 그 밭에 석회를 뿌렸다.)

1.5. 다음은 수동태 문장으로 주어는 석회가 뿌려진다.

(5) Land poor in lime is regularly **chalked**.(석회가 부족한 땅에는 정기적으로 석회가 뿌려진다.)

1.6. 다음 주어는 목적어를 전치사 to의 목적어에 기록한다.

(6) a. **Chalk** up all these drinks **to** me/to my account.(이 모든 술값은 나에게/내 계좌로 달아두시오.)

b. He failed in his new store, but his friends told him to **chalk** it up **to** experience and try something else.(그가 새로 연 가게는 실패했지만, 그의 친구들은 그것을 경험 삼아서 다른 일을 시도해 보라고 말해 주었다.)

c. Could you **chalk** it up as I haven't got any money?(내가 가진 돈이 없는데 그것을 외상으로 해주실 수 있겠습니까?)

d. **Chalk** up that bad episode **to** lack of experience.(그 불쾌한 일을 경험 부족으로 돌리자.)

e. You learned your lesson hard way and you can **chalk** it up **to** experience.(당신은 힘들여 그 교훈을 얻었으니 그것을 경험으로 간직해 둘 수 있을 것이다.)

1.7. 다음 주어는 목적어를 전치사 to의 목적어의 탓으로 돌린다.

(7) a. We can **chalk** that win **up to** a lot of luck.(우리는 그 승리를 많은 운의 덕으로 돌릴 수 있다.)

b. He **chalked** his success **to** experience.(그는 자신의 성공을 경험 때문이라고 했다.)

c. He **chalked** up his success **to** pure luck.(그는 자신의 성공을 순전히 운이라고 했다.)

1.8. 다음은 수동태 문장으로 주어는 전치사 to의 목적어로 돌려진다.

(8) a. Anything you do wrong will be **chalked up** against you.(당신이 잘못 한 건 모두 당신에게 불리하게 될 것이다.)

b. It was a poor performance, but may be **chalked up** to lack of practice.(그것은 볼품이 없는 공연이었지만, 연습 부족 탓으로 돌려질 수 있다.)

1.9. 다음 주어는 목적어를 분필로 표시해 낸다.

(9) a. The general **chalked out** his plan of attack.(그 장군은 자신의 공격 계획을 개략적으로 세웠다.)

b. We have now **chalked out** all the principal outlines of this law.(우리는 현재 이 방대한 법률의 주요 윤곽을 개략적으로 모두 잡아 두었다.)

c. He pursued the course which he had from the first **chalked out** for himself.(그는 그 처음부터 계획해 둔 그 과정을 밟았다.)

1.10. 백묵의 색은 흰 색이다. 다음에서 주어는 목적어를 창백하게 한다.

(10) Terror **chalked** her face.(두려움은 그녀의 얼굴을 창백하게 했다.)

2. 자동사 용법

2.1. 다음 주어는 분필로 쓴다.

(11) I wish the children would stop **chalking** on the classroom walls.(그 아이들이 교실 벽에 낙서를 그만했으면 좋겠다.)

chance

이 동사의 개념 바탕에는 chance의 명사 '우연'이 있다.

1. 자동사 용법

1.1. 다음 주어는 우연히 부정사가 가리키는 일을 한다.

(1) a. I **chanced** to be out.(나는 우연히 밖에 있게 되었다.)

b. I **chanced** to look around.(나는 우연히 이리 저리 둘러보게 되었다.)

c. They **chanced** to be staying at the same hotel.(그들은 우연히 같은 호텔에 묵게 되었다.)

d. I **chanced** to overhear their conversation.(나는 우연히 그들의 대화를 엿듣게 되었다.)

1.2. 다음 주어는 우연히 on/over의 목적어와 접하게 된다.

(2) a. I **chanced** upon a good book.(나는 우연히 양서를 접하게 되었다.)

b. He **chanced** upon an old friend at the station.(그는 우연히 옛 친구를 역에서 만나게 되었다.)

2. 타동사 용법

2.1. 다음 주어는 목적어를 운에 맡긴다.

(3) a. She was **chancing** her luck driving without a license.(그녀는 면허 없이 운전하면서 자신의 운을 위험에 맡겼다.)

b. You may lose all you money but you'll just have to **chance** your luck like everyone else.(너는 모든 돈을 잃을 수 있다. 그러나 다른 사람처럼 너는 운을 단지 위험에 맡겨야 할 것이다.)

c. You'd be a fool to **chance** your life savings on a single investment.(너는 평생 저축을 단 한 번의 투자에 맡기는 것은 바보다.)

d. The police may catch us, but we'll just have to **chance** it.(경찰이 우리를 잡을지 모르지만, 그러나

그것을 단지 운에 맡겨야 할 것이다.)
  e. Let's leave the umbrella at home, and chance it.
     It won't rain.(그 우산은 집에 두고 가보자. 운에 맡
     겨보자. 비가 안 올지도 모른다.)
  f. I stayed; I couldn't chance coming out.(나는 머물
     렀다. 나는 드러나는 것을 운에 맡길 수 없었다.)

2.2. 다음 주어는 우연히 일어난다.
(4) a. It chanced that we were both working in Seoul
       this summer.(우리 둘 다 우연히 서울에서 이번 여
       름에 일하게 되었다.)
    b. It chanced that our arrivals coincided.(우리의 도
       착이 우연하게 일치했다.)

change

이 동사의 개념 바탕에는 변화하는 과정이 있다.

1. 자동사 용법
1.1. 다음 주어는 상태가 바뀐다.
(1) a. The weather will change.(그 날씨는 바뀔 것이다.)
    b. Times change.(시대는 변한다.)
    c. Prices are changing recently.(물가가 최근에 변하
       고 있다.)
    d. Don't start to move until the traffic lights change.
       (그 신호등이 바뀔 때까지 움직이지 말아라.)
    e. She's changed a lot since I saw her last.(내가 그
       녀를 마지막 본 이래로 그녀는 많이 변했다.)
    f. His attitudes have changed little despite the
       events of the last few weeks.(그의 태도가 지난 몇
       주간의 그 사건들에도 불구하고 조금도 변하지 않았
       다.)

1.2. 다음에서는 첫 상태와 마지막 상태가 명시되어 있다.
(2) a. The wind changed from east to south.(그 바람이
       동쪽에서 남쪽으로 변했다.)
    b. We changed from a station wagon to a sedan.(우
       리는 웨건 차에서 세단으로 바꿨다.)

1.3. 다음에서는 마지막 상태만 표시되어 있다.
(3) a. He's changed into a fine young man.(그는 훌륭한
       청년으로 변했다.)
    b. The cat changed into a beautiful princess.(그 고
       양이가 예쁜 공주로 변했다.)
    c. The pumpkin changed into a face.(그 호박은 얼굴
       로 바뀌었다.)

**1.4. 다음에서는 문맥이나 화맥으로부터 무엇을 바꾸
는지 알 수 있는 경우이다.**
(4) a. After swimming we went to the cabin and
       changed.(수영을 한 후에 우리는 탈의실에 가서 옷
       을 갈아입었다.)
    b. We had just time to change before dinner.(우리는
       저녁 식사 전에 갈아입을 시간만 있을 뿐이다.)
    c. I am going to change out of this suit.(나는 이 양복
       을 벗고 갈아입겠다.)
    d. He has to change out of the wet clothes.(그는 젖
       은 옷을 갈아입어야 한다.)

1.5. 다음 주어는 into의 목적어로 갈아입는다.
(5) a. They changed into work clothes.(그들은 작업복

으로 갈아입었다.)
    b. He changed into a dinner jacket.(그는 정찬 자켓
       으로 갈아입었다.)
    c. I am going to change into something more
       comfortable.(나는 더 편한 옷으로 갈아입었다.)

1.6. 다음 주어는 차를 갈아탄다.
(6) a. Change here for Oxford.(여기서 옥스퍼드 행으로
       갈아타시오.)
    b. We changed in Chicago on our way to San
       Francisco.(우리는 샌프란시스코로 가는 길에 시카
       고에서 갈아탔다.)

2. 타동사 용법
2.1. 다음 주어는 목적어를 바꾼다.
(7) a. The witch changed herself into a lion.(그 마녀는
       자신을 사자로 변신시켰다.)
    b. We changed the yen into dollars.(우리는 엔화를
       달러로 바꿨다.)
    c. He changed francs into dollars.(그는 프랑을 달러
       로 바꿨다.)
    d. You can't change iron into gold.(당신은 철을 금으
       로 바꿀 수 없다.)

**2.2. 다음 주어는 목적어와 전형적으로 관련된 것을 바
꾼다.**
(8) a. Have you changed the bed yet?(그 침대보를 벌써
       갈았습니까?)
    b. She changed the room by painting the walls
       green.(그녀는 그 벽들을 녹색으로 칠함으로써 그
       방을 바꾸었다.)
    c. It's time to change the baby.(그 애기의 기저귀를
       갈 시간이다.)

2.3. 다음 주어는 목적어를 바꾼다.
(9) a. The company changed its name.(그 회사는 이름
       을 바꾸었다.)
    b. The company changed its logo.(그 회사는 로고를
       바꾸었다.)

2.4. 다음 주어는 목적어를 서로 바꾼다.
(10) a. Let's change seats.(의자를 바꿉시다.)
     b. The twins changed places to fool people.(그 쌍둥
        이들은 사람들을 골려주려고 자리를 바꾸었다.)
     c. He changed sides during the argument.(그는 편을
        그 논쟁 중에 바꾸었다.)

2.5. 다음 주어는 목적어를 for의 목적어와 바꾼다.
(11) a. He changed the dollar bill for four quarters.(그는
        1 달러 지폐를 네 개의 25전으로 바꾸었다.)
     b. He changed the five dollar bill for five singles.(그
        는 그 5달러 지폐를 다섯 장의 1달러 지폐로 바꾸었
        다.)

channel

이 동사의 개념 바탕에는 channel의 명사 '수로'가
있다.

1. 타동사 용법
1.1. 다음 주어는 목적어를 만든다.

(1) a. The river had **channeled** its way through the rocks.(그 강은 물길을 그 바위들 사이에 내었다.)

b. The strongman and the waterfall **channeled** their own path.(실력자와 폭포는 스스로 길을 만든다.)

c. Water had **channeled** grooves into the rock.(물이 그 바위에 홈을 만들었다.)

1.2. 다음 주어는 목적어를 흐르게 한다.

(2) a. **Channel** your questions **through** the principal's office.(너의 질문들을 그 교장실을 통하도록 하여라.)

b. We dug a ditch to **channel** the water **away** from the house.(우리는 도랑 하나를 파서 그 물이 그 집에서 밖으로 흐르도록 했다.)

c. He **channeled** a stream **into** the neighboring field.(그는 개울을 그 이웃한 들판으로 흐르도록 물고를 틀었다.)

1.3. 다음 주어는 목적어에 홈을 만든다.

(3) The stream **channeled** the limestone.(그 개울은 그 석회석에 홈을 냈다.)

1.4. 다음은 [힘이나 시간은 물] 은유가 쓰인 예이다. 주어는 목적어를 into의 목적어로 흐르게 한다.

(4) a. He **channeled** all of his energy **into** fixing the house.(그는 자신의 모든 힘을 집을 수리하는데 흘러들게 하였다.)

b. Stephen is **channelling** his energies **into** a novel called Blue.(스테판은 정력을 블루라는 이름의 소설에 쏟고 있다.)

c. He **channeled** his abundant time **into** volunteer activities.(그는 많은 시간을 자원 봉사 활동에 쏟았다.)

d. He **channels** his power **into** sports.(그는 힘을 운동에 돌린다.)

e. Nancy **channels** her creativity **into** her home life.(낸시는 자신의 창의력을 가정 생활에 들어가게 한다.)

1.5. 다음은 [정보와 돈은 물] 은유가 쓰인 표현이다.

(5) a. He **channeled** his thought toward making a movie.(그는 생각을 한 편의 영화를 만드는 쪽으로 돌렸다.)

b. He **channeled** the information to us.(그는 그 정보를 우리에게 보냈다.)

c. He wants a system setup to **channel** fund to the poor countries.(그는 기금을 가난한 나라들에 돌릴 수 있는 체제구조를 원하고 있다.)

d. The government is **channeling** more money into welfare.(정부는 보다 많은 돈을 복지에 돌리고 있다.)

1.6. 다음 주어는 목적어에 물을 넣는다.

(6) They are going to **channel** (water into) the desert.(그들은 그 사막에 수로를 통해 물을 넣으려고 하고 있다.)

1.7. 다음은 수동태 문장으로 주어는 넣어진다.

(7) a. A lot of money is **channeled** into research in that particular field.(많은 돈이 그 특정한 분야의 연구에 돌려지고 있다.)

b. The water will be **channeled** into the pond.(그 물은 연못으로 흘러 들어가게 될 것이다.)

2. 자동사 용법

2.1. 다음 주어는 수로가 생긴다.

(8) Soft earth has a tendency to **channel** during a heavy rain.(부드러운 흙은 심하게 비가 내릴 때 수로가 생기는 경향이 있다.)

chant

이 동사의 개념 바탕에는 chant의 명사 '영창' '노래' 가 있다. 동사의 의미는 이 명사의 양상과 관계가 있다.

1. 타동사 용법

1.1. 다음 주어는 영창하듯이 따옴표 속의 말을 되풀이 한다.

(1) a. They **chanted**, "No justice, no peace".(그들은 "정의가 없으면 평화도 없다"를 되풀이해 말했다.)

b. The crowd **chanted**, "We are with you".(그 군중들은 "우리는 당신과 함께 있습니다"를 되풀이해 말했다.)

1.2. 다음 주어는 영창하듯이 목적어를 표현한다.

(2) The cheerleaders **chanted** their support for the team.(그 응원단장들은 그 팀을 위한 자신들의 지지를 영창하듯이 표현했다.)

1.3. 다음 주어는 목적어를 되풀이한다.

(3) a. The priest is **chanting** the liturgy/the psalms.(그 신부는 그 전례문/시편들을 되풀이하고 있다.)

b. The demonstrators **chanted** the anti-government slogans.(그 시위자들은 그 반정부 표어를 되풀이해서 말했다.)

c. The crowd **chanted** the name of their football team.(그 군중들은 자신들의 축구팀 이름을 되풀이하여 말했다.)

2. 자동사 용법

2.1. 다음 주어는 영창하거나 영창하듯 말한다.

(4) a. We had to **chant** over and over to let people know how we hated war.(우리는 전쟁을 얼마나 증오하는지 사람들이 알게 하기 위해 반복해서 말했다.)

b. The monks are **chanting**.(그 수도승들이 영창하고 있다.)

c. They are **chanting** for the president.(그들은 그 대통령을 위해 영창을 하고 있다.)

char

이 동사의 개념 바탕에는 숯이 되는 과정이 있다.

1. 타동사 용법

1.1. 다음 주어는 목적어를 숯으로 만든다.

(1) He **charred** wood.(그는 나무를 숯으로 만들었다.)

1.2. 다음 주어는 목적어를 시커멓게 태운다.

(2) a. She **charred** the marshmallow in the fire.(그녀는 그 머쉬멜로우를 그 불에 시커멓게 태웠다.)

b. The chef **charred** the meat accidentally.(그 요리사가 그 고기를 실수로 태웠다.)

c. The flames **charred** the corpses.(그 불길들이 그 시체를 까맣게 태웠다.)

d. The fire **charred** the walls/papers.(그 화재가 그 벽들을/신문들을 시커멓게 태웠다.)

2. 자동사 용법

2.1 다음 주어는 시커멓게 된다.

(3) a. The corpses **charred** in the fire.(그 시체들이 그 화재에서 시커멓게 됐다.)

b. The waffles **charred**.(그 와플이 탔다.)

---

charge

이 동사의 개념 바탕에는 힘껏 집어넣는 과정이 있다.

1. 타동사 용법

1.1 다음 주어는 목적어를 with의 목적어로 가득 담는다.

(1) a. He **charged** my glass with wine.(그는 내 잔을 포도주로 채웠다.)

b. They **charged** the car battery with electricity.(그들은 그 자동차 배터리를 충전했다.)

c. He **charged** his pipe with tobacco.(그는 파이프를 담배로 채워 넣었다.)

1.2 다음 주어는 목적어를 채운다.

(2) a. He **charged** his gun.(그는 그 총을 장전했다.)

b. He **charged** his camera.(그는 카메라를 (필름으로) 채웠다.)

c. She **charged** her fountain pen.(그녀는 만년필을 잉크로 채워 넣었다.)

1.3 다음은 [마음이나 사람은 그릇이다]의 은유가 적용된 표현이다. 주어는 목적어를 채운다.

(3) a. He **charged** his mind with useless information.(그는 마음을 쓸데없는 정보로 채웠다.)

b. They **charged** him with an important mission.(그들은 그에게 중요한 임무를 지웠다.)

c. They **charged** her with theft.(그들은 그녀를 절도죄로 씌웠다.)

d. They **charged** him with negligence.(그들은 그를 근무태만 죄로 씌웠다.)

1.4 다음 주어는 목적어를 집어 넣는다. 목적어는 채우는 데 쓰이는 개체이다.

(4) a. They **charge** a tax on imported wines.(그들은 세금을 수입 포도주에 부과한다.)

b. Please **charge** these purchases to my account.(이 물건 값을 내 계좌에 달아주세요.)

c. He **charged** her failure to thoughtlessness.(그는 그녀의 잘못을 부주의에 돌렸다.)

d. Don't **charge** the money to my account.(그 돈을 내 계좌에 달지 마세요.)

1.5 다음 주어는 목적어에 전치사 for의 목적어에 대한 돈을 청구를 한다.

(5) a. They **charged** him for the broken window.(그들은 그에게 그 깨어진 창문에 대해 돈을 청구했다.)

b. The store will **charge** you for wrapping the gifts.(그 상점은 당신에게 그 선물을 포장하는 데 돈을 청구할 것이다.)

1.6 다음 주어는 목적어를 청구한다.

(6) a. He **charged** $10 for the haircut.(그는 10불을 그 이발료로 청구했다.)

b. He **charged** $13 for the sharpening.(그는 13불을 그 칼갈이 대가로 청구했다.)

1.7 다음 주어는 첫째 목적어에 둘째 목적어를 지운다.

(7) a. The hotel **charge** me $20 for a room for the night.(그 호텔은 나에게 20불을 그날 밤 방 하나에 대해 청구했다.)

b. How much did you **charge** them for your service?(네가 해준 일에 대해서 그들에게 얼마를 청구했나?)

1.8 다음 주어는 목적어에 임무나 책임을 주어서 어떤 일을 하게 한다.

(8) a. They **charged** me to be silent.(그들은 나를 조용히 하라고 명령했다.)

b. He **charged** me to look after his sister.(그는 나에게 자신의 누이를 돌보라고 명령했다.)

c. I **charged** you not to forget what I have said.(나는 내가 말한 것을 잊어버리지 말 것을 너에게 명령한다.)

1.9 다음은 수동태 문장으로 주어는 with의 목적어로 채워지거나 씌워져 있다.

(9) a. The air was **charged** with vapor.(그 공기는 수증기로 차 있었다.)

b. The last scene of the movie was **charged with** excitement.(그 영화의 마지막 장면은 흥분으로 차 있었다.)

c. The nurse is **charged with** the care of the children.(그 간호원은 그 아이들을 돌보는 일이 맡겨져 있다.)

d. Her reply was **charged with** emotion.(그녀의 답은 감정으로 차 있었다.)

e. He was **charged with** theft.(그는 절도죄가 씌워져 있었다.)

1.10 다음 주어는 목적어로 돌진한다.

(10) a. The soldiers **charged** the enemy.(그 군인들은 그 적을 공격했다.)

b. The bull **charged** the horse.(그 황소는 그 말을 공격했다.)

c. The troops **charged** the fortress.(그 군대는 그 요새를 공격했다.)

2. 자동사 용법

2.1 다음 주어는 청구를 한다.

(11) a. They always **charge for** that service.(그들은 그 봉사에 대해서 늘 청구한다.)

b. They didn't **charge for** the repair.(그들은 그 수리비를 청구 하지 않았다.)

2.2 다음 주어는 공격을 하듯 움직인다.

(12) a. He **charged** off to look for her.(그는 그녀를 찾기 위해 돌진해 나갔다.)

b. He **charged** up the stairs.(그는 계단 위로 돌진해 올라갔다.)

2.3 다음 주어는 at의 목적어를 공격하려는 시도를 한다.

(13) a. The elephant **charged** at the hunter.(그 코끼리는 그 사냥꾼을 공격하려 했다.)

b. The bear **charged** at the dog.(그 곰은 그 개를 공격하려 했다.)

charm

이 동사의 개념 바탕에는 charm의 명사 '마력' '매력'이 있다. 동사의 의미는 이 명사의 힘과 관계가 있다.

1. 타동사 용법
1.1. 다음 주어는 목적어를 매혹시킨다.
(1) a. The speaker **charmed** the audience.(그 연설자는 청중을 매혹시켰다.)
   b. He **charmed** her asleep.(그는 그녀를 매혹시켜서 잠들게 했다.)
   c. The story teller **charmed** us with his stories of adventures.(그 이야기꾼은 우리를 모험담으로 매혹시켰다.)
1.2. 다음은 수동태 문장으로 주어는 매혹된다.
(2) a. He was **charmed** by the movie star.(그는 그 영화배우에게 매혹되었다.)
   b. He was **charmed** with/by the music.(그는 그 음악에 매혹되었다.)
1.3. 다음 주어는 마력으로 목적어가 어떤 일을 하게 만든다.
(3) a. He can **charm** you into doing what he wants.(그는 너를 매혹하여 그가 원하는 것을 하게 할 수 있다.)
   b. The children's laughter **charmed** us into playing the game again.(그 아이들의 웃음은 우리를 매혹하여 그 게임을 다시 하도록 했다.)
1.4. 다음 주어는 목적어를 마력으로 빼앗아낸다.
(4) a. He is good at **charming** money out of people.(그는 마력으로 돈을 사람들에게서 빼앗아가는 것에 능하다.)
   b. He **charmed** a secret out of her.(그는 마력으로 그녀에게서 비밀을 빼앗아갔다.)
1.5. 다음 주어는 마력으로 헤쳐나간다.
(5) He **charmed** his way out of trouble.(그는 마력으로 난관을 헤쳐나갔다.)

chart

이 동사의 개념 바탕에는 chart의 명사 '도표'가 있다. 동사의 의미는 표로 표시하는 것과 관계가 있다.

1. 타동사 용법
1.1. 다음 주어는 목적어를 표로 나타낸다.
(1) a. The business owner **charted** the growth of the economy.(그 사업 소유주는 경제의 성장을 표로 나타냈다.)
   b. He **charted** his progress on a graph.(그는 자신의 발전을 그래프로 나타냈다.)
   c. He **charted** our economic development.(그는 우리의 경제 성장을 표로 나타냈다.)
   d. The economist **charted** several predictions for the stock market.(그 경제학자는 그 주식 시장에 대한 몇 가지 예측을 표로 나타내 보였다.)
   e. The exhibition **charts** the history of the palace.(그 박람회는 그 궁궐의 역사를 표로 나타낸다.)
   f. He **charted** a course of action.(그는 행로를 표로 나타내었다.)
1.2. 다음 주어는 길을 표로 표시한다.
(2) a. The captain **charted** a course to Brazil.(그 선장은 브라질로 가는 경로를 입안했다.)
   b. The pilot **charted** the plane's course.(그 조종사가 그 비행 행로를 입안했다.)

chase

이 동사의 개념 바탕에는 쫓아가서 잡는 과정이 있다.

1. 타동사 용법
1.1. 다음 주어는 목적어를 추적한다.
(1) a. The dog **chased** rabbits.(그 개는 토끼들을 추적하였다.)
   b. The hound **chased** the fawn for an hour.(그 사냥개는 그 새끼 사슴을 한 시간 동안 추적하였다.)
   c. He **chased** a thief.(그는 강도를 추격하였다.)
   d. During the hunt, the dogs **chased** the raccoon up a tree.(그 사냥을 하는 동안, 그 개들은 그 너구리를 추격하여 나무 위로 몰았다.)
1.2. 다음 주어는 목적어를 쫓아간다.
(2) a. The fox **chased** the rabbit **across** the field.(그 여우는 그 토끼를 그 들판을 가로질러 쫓았다.)
   b. He **chased** the flies **away**.(그는 그 파리들을 쫓아버렸다.)
   c. The guards **chased** the boys **off/away**.(그 경비들은 그 소년들을 쫓아버렸다.)
   d. They **chased** the thief **down** the road.(그들은 그 도둑을 길 아래로 쫓았다.)
   e. The dog **chased down** the game.(그 개는 그 사냥감을 쫓아 내려가서 잡았다.)
   f. The baby sitter **chased** the kids **round** the house.(그 보모는 그 아이들을 그 집 주위를 돌며 쫓아다녔다.)
1.3. 다음 주어는 목적어를 전치사 from의 목적어에서 쫓아버린다.
(3) a. The dog **chased** the rabbits **from** the garden.(그 개는 그 토끼들을 그 정원에서 쫓아버렸다.)
   b. The old man **chased** the cattle **from** the field.(그 노인은 그 소떼를 그 들판에서 쫓아버렸다.)
   c. They **chased** her **from** power.(그들은 그녀를 권좌에서 쫓아버렸다.)
   d. He **chased** fear **from** his mind.(그는 두려움을 마음으로부터 쫓아버렸다.)
1.4. 다음 주어는 목적어를 전치사 out of의 목적어에서 쫓아낸다.
(4) a. He **chased** a fox **out** of its burrow.(그는 여우 한 마리를 굴에서 쫓아냈다.)
   b. Please **chase** the bee **out** of the room.(벌을 방 밖으로 쫓아주세요.)
   c. He **chased** the cat **out** of the garden.(그는 고양이

를 정원 밖으로 쫓아냈다.)

d. The farmer **chased off** the trespassers.(농부는 침
입자들을 쫓아냈다.)

e. The farmers **chased** the workers **off** their
lands.(그 농부들은 일꾼들을 농지에서 쫓아냈다.)

1.5. 다음 주어는 추적해서 목적어를 찾아낸다.

(5) a. My job was to **chase up** late replies.(내 일은 늦은
답변들을 찾아내는 것이었다.)

b. Can you **chase up** those photos for me by this
afternoon?(오늘 오후까지 나를 위해 그 사진들을
찾아주실 수 있습니까?)

c. I had to **chase** Bill **up** to get the papers I asked for
last week.(나는 내가 지난 주에 요청한 그 문서들
을 받기 위해서 빌을 찾아야 했다.)

d. It's three weeks since you applied for the job;
you'd better **chase** it **up**.(당신이 그 일에 지원한지
삼 주가 되었소. 당신은 추적해서 알아보는 것이 좋
을 것 같다.)

1.6. 다음 주어는 목적어를 추적해서 찾는다. 목적어는
사람이다.

(6) a. I **chased up** the plumber to repair the drain
pipe.(나는 그 배수관을 수리하기 위하여 그 배관공
을 찾았다.)

b. We have to **chase up** all members who have not
paid yet.(우리는 아직 납부하지 않은 모든 회원을
찾아내야 한다.)

c. The police have been **chasing up** the dead man's
sister, but they have no idea where she lives.(경
찰은 그 죽은 남자의 누이를 찾고 있지만, 그들은 그
녀가 어디에서 사는지 알지 못한다.)

d. I need to **chase** him about organizing the meeting.
(나는 그 모임을 구성하는 문제에 대해서 그를 찾을
필요가 있다.)

1.7. 다음 주어는 목적어를 with의 목적어로 가신다.

(7) He **chased** the Johnny Walker **down** with a little
beer.(그는 조니워커 술을 약간의 맥주로 내려가게 했
다.)

1.8. 다음 주어는 목적어를 잡으려고 애쓴다.

(8) a. We had 100 applicants **chasing** 3 jobs.(세 개의 일
자리를 잡으려는 백 명의 지원자가 있었다.)

b. He is **chasing** wild dreams.(그는 헛된 꿈들을 쫓고
있다.)

c. If you don't hear from them this week, you should
chase them.(만약 네가 이번 주에 그들로부터 소식
을 듣지 못하면, 너는 그들을 추적해야 한다.)

d. He's been **chasing** the contract.(그는 계약을 성사
시키려고 애쓰고 있다.)

2. 자동사 용법

2.1. 다음 주어는 찾아다닌다.

(9) a. He **chased about** town doing last-minute
shopping.(그는 마지막 순간의 구매를 하면서 시내
이곳저곳을 돌아다녔다.)

b. He was **chasing around** looking for a phone
booth.(그는 공중전화를 찾아 이곳 저곳 다니고 있
었다.)

c. She couldn't study with her children **chasing
around/about** the house.(그녀는 아이들이 그 집을
주위를 돌아다니고 있어서 공부를 할 수가 없었다.)

d. They **chased down** the stairs into the narrow
street.(그들은 그 계단 아래를 내려가 그 좁은 길로
찾아 들어갔다.)

e. She's been **chasing round** the shops all day.(그녀
는 그 가게들을 하루 종일 찾아다녔다.)

f. I've **chased** all **round** the building looking for you.
(나는 너를 찾아 그 건물 주위를 온통 돌아다녔다.)

2.2 다음 주어는 after의 목적어 뒤를 쫓는다.

(10) a. He **chased after** the murderer.(그는 그 살인자를
찾아 쫓아다녔다.)

b. He's always **chasing after** women.(그는 항상 여
자들을 쫓아다닌다.)

c. The fans **chased after** the singer.(그 팬들은 그 가
수의 뒤를 쫓았다.)

d. The boys **chased off after** the parade.(그 소년들
은 그 행진의 뒤를 쫓아 따라갔다.)

2.3. 다음 주어는 추적한다.

(11) He **chased** by car for ten miles.(그는 차로 십 마일
을 쫓아갔다.)

chat

이 동사의 개념 바탕에는 친한 사람끼리 한가하게
얘기하는 과정이 있다.

1. 자동사 용법

1.1. 다음 주어는 한담을 한다.

(1) a. They **chatted** away like old friends.(그들은 오래된
친구처럼 한담을 오래 나누었다.)

b. We are **chatting** now over a cup of coffee.(우리는
지금 커피 한 잔 하면서 잡담을 하는 중이다.)

c. What are you **chatting** about?(너는 지금 무엇에 관
해 한담을 하고 있느냐?)

d. We **chatted** about old times.(우리는 옛날에 관해
한담을 했다.)

e. Let's **chat** over a cup of coffee.(커피 한 잔하면서
잡담이나 하자.)

f. He **chatted** on the phone all day.(우리는 전화로 하
루 종일 잡담했다.)

g. I was **chatting** to him the other day.(나는 며칠전
에 그에게 한담을 하고 있었다.)

h. He **chatted** with a friend.(그는 친구와 잡담을 했
다.)

2. 타동사 용법

2.1. 다음 주어는 한담을 하면서 목적어(시간)를 보낸다.

(2) a. They **chatted** away their time.(그들은 한담하면서
시간을 보냈다.)

b. We **chatted** the afternoon away.(우리는 그 오후를
한담하면서 보냈다.)

2.2. 다음 주어는 다정스럽게 말을 하여 목적어의 환심
을 산다.

(3) a. He was trying to **chat up** a waitress.(그는 그 여급

사의 환심을 사려고 다정스럽게 말하려고 애쓰고 있었다.)

b. The local boys **chatted** up all the foreign girls in the tourist season.(그 지역의 소년들은 그 관광 시즌에 온 모든 외국 소녀들의 환심을 사려고 다정스럽게 말했다.)

c. He was **chatting** up every girl who walked into the pub.(그는 그 술집에 들어오는 모든 여자들의 환심을 사려고 다정스럽게 말하고 있었다.)

chatter

이 동사의 개념 바탕에는 짧고 빠른 소리가 나는 과정이 있다.

1. 자동사 용법
1.1. 다음 주어는 재잘거린다.
(1) a. Everyone is **chattering** away in different languages.(모든 사람들이 다른 언어로 재잘거리고 있다.)

b. The bored audience began to **chatter** during the performance.(그 지루해진 청중들이 그 연주 동안에 재잘거리기 시작했다.)

c. Birds were **chattering**.(새들이 지저귀고 있다.)

d. Monkeys **chattered** in the trees.(원숭이들이 나무에서 끽끽거리고 있었다.)

1.2. 다음 주어는 개체이다. 주어가 소리를 낸다.
(2) a. The telex **chattered** all day and night with news.(그 텔렉스는 밤낮으로 뉴스 때문에 달각달각 소리를 냈다.)

b. It was so cold that her teeth **chattered**.(너무 추워서 그녀의 이들이 딱딱거리는 소리를 냈다.)

2. 타동사 용법
2.1. 다음 주어는 목적어를 재잘거리며 말한다.
(3) She is **chattering** nonsense. (그녀는 무의미한 말을 재잘거리고 있다.)

cheat

이 동사의 개념 바탕에는 속이는 과정이 있다.

1. 타동사 용법
1.1. 다음 주어는 목적어를 속여서 out of의 목적어를 빼앗는다. 다음 표현은 소유자가 소유물 안에 있는 것으로 개념화되어 있다.
(1) a. He **cheated** Mary **out of** all her savings.(그는 메리를 속여서 저축한 돈 전부를 빼앗았다.)

b. The grain dealer **cheated** farmers **out of** their profits.(그 곡물 판매상은 농부들을 속여 그들의 이익을 빼앗았다.)

c. That store **cheated** me **out of** $10 on that sweater by charging me too much.(그 상점은 그 스웨터에 너무 비싼 값을 매겨서 나에게서 10달러를 속여 빼앗았다.)

d. She **cheated** me **out of** my inheritance/my

possession.(그녀는 나를 속여 내 유산/재산을 가로챘다.)

e. The company is trying to **cheat** them **out of** their pension.(그 회사는 그들을 속여 그들의 연금을 가로채려 하고 있다)

1.2. 다음은 수동태 문장으로 주어는 빼앗긴다.
(2) a. The man was **cheated out of** his money.(그 남자는 돈을 사기 당했다.)

b. He thinks that he was **cheated out of** that job by office politics.(그는 그 일에 관해서 사무 정책에 의해 사기 당했다고 생각한다.)

1.3. 다음 주어는 목적어를 속여서 어떤 과정에 빠져들게 한다.
(3) a. He **cheated** me **into** buying his old car.(그는 나를 속여서 자신의 낡은 차를 사게 했다.)

b. He **cheated** her **into** accepting the story.(그는 그녀를 속여서 그 이야기를 받아들이게 했다.)

1.4. 다음 주어는 목적어를 속인다.
(4) a. Kim **cheated** his friend while playing cards.(김은 카드놀이를 하는 동안 친구를 속였다.)

b. The grocer **cheated** customers by selling old stale bread at full prices.(그 식료품 상인은 오래되고 상한 빵을 정가에 팔면서 고객을 속였다.)

c. The auto dealer **cheats** his customers.(그 자동차 판매원은 고객을 속인다.)

1.5. 다음 주어는 목적어를 속인다. 목적어는 교수대, 죽음, 운명 등이다.
(5) a He **cheated** the gallows.(그는 용케 교수형을 면했다.)

b. The swimmer **cheated** death in the stormy seas.(그 수영자는 그 폭풍우 바다에서 용케 죽음을 면했다.)

c. The daring mountain climber **cheated** death.(그 용감한 등산가는 죽음을 용케 면했다.)

d. He **cheated** the fate.(그는 운명을 피했다.)

1.6. 다음 주어는 속여서 나아간다.
(6) He **cheated** his way to eminence.(그는 속여서 유명해졌다.)

2. 자동사 용법
2.1. 다음 주어는 속인다. 카드놀이나 시험에서 속이는 일이 무엇인지 추측할 수 있다.
(7) a. He **cheats** at cards.(그는 카드놀이에서 속였다.)

b. He **cheated** in the test.(그는 시험에서 부정행위를 했다.)

2.2. 다음 주어는 속여서 전치사 on의 목적어에 영향을 미친다.
(8) a. He was **cheating on** his wife.(그는 아내 몰래 바람을 피우고 있었다.)

b. They've only just got married, and she started **cheating on** her husband.(그들은 결혼한지 얼마 안 되었는데, 그녀는 그녀의 남편 몰래 바람을 피우기 시작했다.)

c. His wife is **cheating on** him.(ㄱ의 아내는 ㄱ 몰래 바람을 피우고 있다.)

2.3. 다음 주어는 전치사 on의 목적어와 관련하여 속

인다.

(9) a. Many people **cheat on** their taxes.(많은 사람들이 세금을 속인다.)

b. The students **cheated on** the test, but were soon caught.(그 학생들은 시험에서 부정행위를 했으나, 곧 탄로났다.)

c. None of the countries are **cheating on** the agreement.(어느 나라도 그 협약을 깨지는 않을 것이다.)

check

이 동사의 개념 바탕에는 이동을 막는 과정이 있다.

1. 타동사 용법

1.1. 다음 주어는 목적어의 이동을 막는다.

(1) a. He **checked** his steps.(그는 발걸음을 저지했다.)

b. He **checked** his horse.(그는 자신의 말을 저지했다.)

c. They tried to **check** the current of the river.(그들은 그 강물의 흐름을 저지하려고 노력했다.)

d. A change of wind **checked** the fire.(바람의 변화가 그 불을 저지했다.)

e. Speed bumps will be installed to **check** the neighborhood traffic.(감속용 아스팔트 둔턱이 그 지역의 교통을 저지하기 위해 설치될 것이다.)

f. The police tried to **check** the demonstration parade.(경찰들은 그 데모 행렬을 저지하기 위해 노력했다.)

g. They **checked** the advance of the enemy.(그들은 그 적의 진군을 저지했다.)

h. The government is determined to **check** the growth of public spending.(정부는 공공의 소비 성장을 억제하기로 결정 되었다.)

i. The tug on the leash **checked** the dog as it wandered about.(그 짧은 끈의 당김이 그 개가 이리저리 돌아다닐 때 그것을 막았다.)

j. Measures are being taken to **check** the speed of the infection.(그 오염의 속도를 억제하기 위한 조처들이 취해지고 있다.)

k. Farmers **checked** erosion by building terrace across their sloping fields.(농부들은 경사진 들판을 가로질러 단을 만들어서 침식을 저지했다.)

1.2. 다음은 수동태 문장으로 주어는 저지된다.

(2) a. The advance was **checked** by a river.(그 진군은 강에 의해 저지되었다.)

b. The advance of the rebel forces towards the capital has been **checked** by a government air bombardment.(수도를 향한 그 반군 세력들의 전진은 정부의 공중 폭격에 의해 저지되었다.)

1.3. 충동이나 화도 일어나거나 치밀어 오를 수 있는 개체로 개념화된다. 그러므로 이러한 것의 움직임도 견제될 수 있다. 주어는 목적어를 견제한다.

(3) a. She had to **check** an impulse to run after the boy.(그녀는 그 소년을 따라가고 싶은 충동을 억제해야만 했다.)

b. She **checked** an urge to laugh out loud.(그녀는 크게 웃고 싶은 충동을 억제했다.)

c. I could not **check** my indignation/my anger.(나는 내 분노/내 화를 억제할 수 없었다.)

1.4. 다음 목적어는 재귀대명사이다. 주어는 자신을 억제한다.

(4) a. He began to saunter off, then **checked** himself and turned back.(그는 산보하기 시작했지만, 자신을 억누르고 다시 돌아왔다.)

b. He was about to explode, but he **checked** himself.(그는 막 폭발하려고 했으나, 자신을 억제했다.)

c. He was about to lose his temper, but **checked** himself in time.(그는 막 화를 내려 했으나, 제 때에 자신을 억제했다.)

1.5. 다음 목적어는 사람을 가리키는 대명사나 명사이다. 목적어는 환유적으로 쓰여서 어느 사람의 일이나 활동을 가리킨다. 일이나 활동은 시간 속에 움직이므로 중단시킬 수 있다.

(5) a. He **checked** me in my work.(그는 내가 일을 하는 데 방해했다.)

b. I **checked** him in his talking.(나는 그가 이야기하는 중에 그를 방해했다.)

c. The policy **checked** politicians from abusing their power.(그 정책은 정치가들이 힘을 남용하는 것을 견제했다.)

d. He **checked** the opponent king.(그는 그 상대 왕을 견제했다.)

1.6. 다음은 수동태 문장으로 주어는 견제된다.

(6) He was going to run away but was **checked** by the sight of the policeman.(그는 도망가려고 했지만, 그 경찰의 모습에 정지되었다.)

1.7. 검문소에서 차량을 정지시킨다. 이때 특정한 목적이 있다 차에 실린 사람이나 물건을 점검한다. 이러한 과정에서 정지의 뜻은 환유적으로 점검의 뜻이 된다.

(7) a. He **checked** the temperature.(그는 체온을 점검했다.)

b. **Check** your answer after finishing your math problems.(수학 문제들을 끝낸 후에 답을 점검해라.)

c. I will **check** the number in the telephone directory.(나는 전화 주소록에서 그 번호를 점검하겠다.)

d. I'll **check** my calendar and get back to you.(나는 내 달력을 점검하고 나서 너에게 다시 오겠다.)

e. **Check** each item on the list that is missing on the shelf.(그 선반 위에 없지만 그 목록에 있는 각각의 물품을 점검해라.)

f. An engineer **checked** the system, but found no malfunction.(기술자가 그 시스템을 점검했지만, 어떤 고장도 발견하지 못했다.)

g. Will you **check** my addition/these figures/the correct answer?(너는 내 덧셈/이 숫자/정확한 답을 점검해 보겠니?)

h. **Check** the accuracy of the report.(그 보고서의 정확성을 점검해 보아라.)

i. You must **check** his statement/the direction on the

compass.(너는 그의 진술/나침반의 방향을 점검해 보아야 한다.)

j. She gave me the minutes of the meeting to read and check.(그녀는 나에게 읽고 점검할 그 회의의 회의록을 주었다.)

k. Please check this work over and correct any mistakes.(부디 이 일을 전반적으로 점검하고, 실수를 고쳐주시오.)

l. He checked the translation against the original.(그는 그 번역을 원본과 대조했다.)

m. You must check the spelling of this word.(너는 이 단어의 철자를 점검해야 한다.)

n. Check this quotation.(이 인용을 점검해라.)

1.8. 다음 주어는 목적어를 조사나 검사한다.

(8) a. It's routine; they check members before letting them in.(그것은 관례이다. 그들은 회원들을 들여보내기 전에 점검한다.)

b. Check the oil and water before setting off.(출발하기 전에 기름과 물을 점검해라.)

c. He checked the used car before buying it.(그는 중고차를 사기 전에 그것을 점검했다.)

d. Check your work before handing it in.(제출하기 전에 너의 작업을 점검해라.)

e. Check the tires and the engine.(타이어와 엔진을 점검해라.)

f. The bags were checked by security guard.(그 가방은 안전요원에 의해서 점검되었다.)

1.9. 다음 주어는 목적어를 전치사 for의 목적어를 찾기 위해 조사한다.

(9) a. You have to check the files for the letter.(너는 그 그 편지를 찾기 위해 파일들을 점검해야만 한다.)

b. I checked my report for any errors.(나는 오류를 찾기 위해 내 보고서를 점검했다.)

c. Check the bowls for cracks or leaks.(갈라진 틈이나 새는 구멍이 있는지 그 사발들을 점검해라.)

d. He checked the records for the information.(그는 정보를 얻기 위해 그 기록들을 점검했다.)

1.10. 다음 주어는 전치사 with의 목적어와 상의한다.

(10) a. Check this with a native speaker.(이것을 원어민과 대조해라.)

b. Check your answer with mine.(너의 답을 내 것과 대조해라.)

1.11. 다음에 쓰인 that-절이나 의문사절은 확인해야 할 내용이다.

(11) a. Check that all the doors are shut.(모든 문이 닫혔는지 점검해라.)

b. You'd better check that these are the right pills.(너는 이것이 맞는 알약인지 점검하는 게 낫다.)

c. I must check that the potatoes are cooked.(나는 그 감자가 요리되었는지 점검해야만 한다.)

d. I was just checking how you are feeling.(나는 단지 네가 어떻게 느끼고 있는지를 확인하고 있었다.)

e. I rang them yesterday to check when the party was.(나는 그 파티가 언제 있는지 확인하기 위해 어제 그들에게 전화했다.)

f. Let me just check whether the potatoes are cooked.(감자가 요리되었는지 그냥 확인하게 해 주세요.)

g. Check whether all the windows are secured before you go out.(네가 나가기 전에 모든 창문이 잠겼는지 점검해라.)

h. If you're near the garage, could you check to see if the car is ready?(만약 네가 그 정비소 근처에 있으면, 그 차가 준비되었는지 확인해 줄 수 있니?)

1.12. off는 분리나 제거를 나타낸다. 주어는 목적어를 점검해서 지우거나 떼어낸다.

(12) a. Check off the names as people arrive.(사람들이 도착하는 대로 그 이름을 점검해서 표시해라.)

b. Checked off the items you ordered.(네가 주문한 그 물품들을 점검해서 표시해라.)

c. Did you check the numbers off?(너는 그 숫자들을 점검해 봤니?)

d. He checked off all the items on the shelf.(그는 선반에 있는 모든 물품들을 점검해서 표시했다.)

e. He checked off the names of the students.(그는 학생들의 이름을 점검해서 표시했다.)

f. I checked off the items on the shopping list.(나는 쇼핑 목록에서 물품을 점검해서 표시했다.)

g. She checked off the completed chores of the list.(그녀는 목록에서 완료된 일들을 점검해서 표시했다.)

1.13. out은 어떤 개체를 그릇의 안에서 밖으로 집어내는 관계를 나타낸다. 「안에서 밖으로」는 조사나 점검의 경우「철저하게」의 뜻으로 확대된다.

(13) a. Check out the boiler and see if there's an overload.(보일러는 철저히 점검하고 과부하 되었는지 봐라.)

b. They stripped down the aircraft and checked them out.(그들은 그 항공기를 분해해서 철저하게 조사했다.)

c. I'll check out your version of the accident.(나는 너의 사건 경위를 철저하게 조사하겠다.)

d. The building was checked out for a bomb.(그 건물은 폭탄을 찾기 위해 철저히 조사되었다.)

e. You'd better check him out again; I'm not sure he is innocent.(너는 그를 다시 철저하게 조사하는 것이 낫겠다. 나는 그가 결백하다는 것을 확신하지 못한다.)

f. She phoned the council to check out the procedure for applying for an education grant.(그녀는 교육 보조금을 지원하는 절차를 알아내기 위해 그 위원회에 전화를 걸었다.)

g. The police are checking out his alibi.(경찰은 그의 알리바이를 철저하게 조사하고 있다.)

h. Why don't you check out the bar and see if it's okay?(너 그 술집을 철저하게 조사해서 괜찮은지 보는 게 어때?)

i. Let's go and check out the disco on Friday night.(금요일 밤에 가서 디스코 클럽을 점검해 보자.)

1.14. 다음에서 주어는 어디에 들어가기 전에 걸음을 멈추고 목적어(모자, 저고리 등)를 맡긴다.

(14) a. Have you **checked** your hat?(너는 네 모자를 맡겼니?)

    b. Please **check** your coat at the cloakroom.(부디 외투를 의류 보관소에 맡기세요.)

    c. He **checked** his coat during the concert.(그는 그 콘서트가 열리는 동안 외투를 맡겼다.)

    d. Please **check** your books at the counter.(부디 카운터에 당신의 책들을 맡기세요.)

1.15. 다음에서 주어는 비행기를 타기 전에 목적어를 점검 받고 맡긴다.

(15) a. You can **check** your baggage right through to its final destination.(너는 수화물을 맡겨서 마지막 도착지까지 보낼 수 있다.)

    b. Bill **checked** the luggage before boarding the plane.(빌은 그 비행기를 타기 전에 그 짐을 맡겼다.)

    c. Customs stopped us and **checked** our baggage for alcohol and cigarettes.(세관이 우리를 세워서 술과 담배가 있는지 짐을 점검했다.)

    d. His baggage was **checked** through to Hongkong.(그의 수하물은 점검을 받고 홍콩까지 쭉 보내졌다.)

    e. Any baggage over 20 kilos will be **checked**.(20킬로그램이 넘는 수하물은 모두 점검을 받고 맡겨질 것이다.)

    f. He **checked** his trunks.(그는 가방을 맡겼다.)

1.16. 다음 주어는 목적어에 바둑무늬를 그린다.

(16) A pattern of blue and white squares **checked** the floor.(파란색과 흰색의 네모 문양이 마룻바닥에 바둑판 무늬를 놓았다.)

1.17. 주어는 목적어를 점검한 다음 밖으로 내보낸다.

(17) a. He **checks out** groceries at the supermarket.(그는 그 슈퍼마켓에서 식료품들을 점검해서 내보낸다.)

    b. I'd like to **check** him **out** of here the day after tomorrow.(나는 그를 여기에서 모레 내보내고 싶다.)

    c. The library allows you to **check out** six books at a time.(그 도서관은 네가 한 번에 책 6권을 대출할 수 있도록 해 준다.)

2. 자동사 용법

2.1. 다음에서 주어는 on의 목적어의 능률, 사실, 유무 등을 확인한다.

(18) a. The waitress **checked on** our order.(그 여종업원은 우리의 주문을 확인했다.)

    b. The doctor will **check on** your progress next week.(그 의사는 너의 경과를 다음 주에 확인할 것이다.)

    d. I **checked on** my facts before going to the meeting.(나는 회의에 가기 전에 사실들을 확인했다.)

    e. **Check on** the departure times.(그 출발 시간을 확인해라.)

    f. He **checked on** the things in the warehouse.(그는 그 창고에 있는 물건들을 확인했다.)

2.2. 다음 주어는 철저하게 확인한다.

(19) When the owner saw that items were missing from the store shelves, he **checked up**. (그 주인이 물품들이 가게 선반에서 사라진 것을 알았을 때, 그는 철저하게 확인을 했다.)

2.3. 다음에서 on의 목적어는 사람이고, 주어는 목적어의 안전 등을 확인한다. (20d-g)에 쓰인 up은 「계속해서」의 뜻이다.

(20) a. My wife **checks on** our elderly neighbor every few days.(나의 아내는 나이 많은 이웃을 며칠마다 확인한다.)

    b. Please **check on** the kids upstairs.(부디 위층에 있는 그 아이들을 확인해 주세요.)

    c. When I **checked on** the children, they were fast asleep.(내가 그 아이들을 확인했을 때, 그들은 깊이 잠들어 있었다.)

    d. Have you been **checking up on** him?(너는 그를 계속해서 확인하고 있었니?)

    e. The police are **checking up on** what the man had told them.(경찰들은 그 남자가 그들에게 말한 것을 계속해서 확인하고 있다.)

    f. Are you trying to **check up on** me, or what?(너는 나를 계속 감시하려고 하는 거니, 아님 뭐야?)

    g. The baby-sitter **checked up on** the sleeping children.(그 보모는 잠자는 그 아이들을 확인했다.)

2.4. 다음에서 주어는 전치사 with의 목적어와 점검 결과가 일치됨을 나타낸다.

(21) a. Our two lists **checked** exactly.(우리의 두 목록은 정확히 일치했다.)

    b. The statement **checks with** most of the eye-witness reports.(그 진술은 대부분의 목격자 보고서와 일치한다.)

    c. The report **checked out with** the facts in every detail.(그 보고서는 모든 세부사항에서 그 사실들과 일치했다.)

    d. The printed list of items **checks with** what were received.(그 인쇄된 물품 목록은 받은 것과 일치한다.)

    e. These totals **check with** mine.(이 합계는 나의 것과 일치한다.)

2.5. 다음에서 with의 목적어는 사람이고, 이 사람은 조사나 점검을 할 때 무엇을 물어보는 사람이다.

(22) a. You'd better **check with** Jane what time she's expected to come.(너는 제인이 언제 오기로 되어 있는지 그녀에게 확인하는 게 낫다.)

    b. If you're unsure of your legal right, I would **check with** a lawyer.(만약 네가 너의 법적인 권리를 확실히 모르면, 나는 변호사에게 확인하겠다.)

    c. **Check with** the teacher before leaving.(떠나기 전에 그 선생님에게 확인해라.)

2.6. 다음에 쓰인 in(to)은 '안으로'의 뜻이다. check in 은 점검을 받고 안으로 들어가는 과정을 나타낸다.

(23) a. He **checked in** a hotel yesterday.(그는 어제 호텔에 투숙했다.)

    b. You need to **check in** an hour before the flight.(너

는 비행 한 시간 전에 수속을 밟을 필요가 있다.)

c. She checked into the hotel.(그녀는 그 호텔에 투숙
했다.)

2.7. 다음 주어는 into의 목적어를 조사한다.

(24) a. The company checked into the worker's
background before hiring him.(그 회사는 그 직원
을 고용하기 전에 그의 배경을 조사했다.)

b. He checked into the matter.(그는 그 문제를 조사
했다.)

2.8. 다음 주어는 점검을 받고 호텔이나 모임에서 나온
다.

(25) a. He checked out of the hotel this morning.(그는 오
늘 아침 그 호텔에서 나왔다.)

b. He checked out of the party.(그는 그 파티에서 나
왔다.)

2.9. 다음 주어는 점검을 하면서 움직인다.

(26) a. She checked through the letter before sending it.
(그녀는 편지를 보내기 전에 그것을 철저하게 점검
했다.)

b. He checked over the spelling in this paper.(그는
이 논문에 있는 철자를 모두 점검했다.)

c. Will you check over my essay before I hand it in?
(내가 나의 수필을 제출하기 전에 점검해 주겠니?)

d. He checked in the guests.(그는 손님들을 점검했
다.)

cheer

이 동사의 개념 바탕에는 갈채를 보내는 과정이 있
다.

1. 타동사 용법

1.1. 다음 주어는 목적어를 응원한다.

(1) a. The boys cheered their football team loudly.(그
소년들이 축구팀을 큰 소리로 응원했다.)

b. A thousand supporters packed into the stadium to
cheer them on.(천 명의 지지자들이 그들을 응원하
기 위해 그 경기장으로 꽉 들어갔다.)

c. We cheered our victorious team.(우리는 우리의
승리팀에게 박수를 보냈다.)

d. They cheered the winners wildly.(그들은 그 승자
들에게 열렬히 박수를 보냈다.)

1.2. 다음 주어는 목적어를 기운이 나게 한다.

(2) a. He took her to the ballet to cheer her up.(그는 그
녀를 기운나게 해주기 위해서 그 발레 공연에 데리
고 갔다.)

b. Why don't you cheer him up?(그를 격려해 주는
게 어때요?)

1.3. 다음 주어는 목적어를 격려하여 움직인다.

(3) a. We cheered the runners across the finish line.(우
리의 그 주자들은 응원하여 그 결승선을 통과하게
하였다.)

b. They cheered the team to victory.(그들은 그 팀을
응원히여 승리로 이끌었다.)

c. The fans cheered the runner on.(그 팬들은 그 주
자를 응원하여 계속 달리게 했다.)

d. My fans cheered me on just when I was getting
tired.(내가 지쳐가고 있을 때, 나의 팬들은 나를 응
원하여 계속 달리게 했다.)

e. The large crowd cheered him on.(그 많은 군중이
그를 성원하여 계속 달리게 했다.)

1.4. 다음 주어는 목적어에 갈채를 보낸다. 목적어는
업적이다.

(4) a. They cheered his success.(그들은 그의 성공을 갈
채로 축하했다.)

b. We cheered the news that he was elected mayor.
(우리는 그가 시장으로 당선되었다는 소식을 박수
로 환영했다.)

c. The parents cheered their children's efforts.(그
부모님은 아이들의 노력을 박수로 응원했다.)

d. They cheered his remarks about tax cuts.(그들은
세금 감면에 관한 그의 말을 박수로 환영했다.)

1.5. 다음은 수동태 문장으로 주어는 갈채를 받는다.

(5) He was cheered by the good news.(그는 좋은 소식
에 기운이 났다.)

1.6. 다음 주어는 목적어를 북돋운다.

(6) a. One glance at her cheered him up.(그녀를 한 번
보자 그는 다시 기운이 났다.)

b. The good news cheered them up.(그 좋은 소식은
그들의 기운을 북돋우었다.)

c. A letter from home cheered the homesick
camper.(집에서 온 편지 한 통이 고향을 그리워하
는 야영자의 기분을 북돋우어 주었다.)

1.7. 다음은 수동태 문장으로 주어는 기분이 북돋우어
진다.

(7) The workers were cheered by the 5% pay raise.
(그 근로자들은 5% 임금 상승으로 기분이 좋아졌다.)

2. 자동사 용법

2.1. 다음 주어는 기분이나 기운이 좋아진다.

(8) a. He cheered up at the good news.(그는 그 좋은 소
식에 기운이 났다.)

b. As the rain stopped, we began to cheer up.(그 비
가 그쳤을 때, 우리는 기분이 좋아지기 시작했다.)

c. Things are getting better; so cheer up.(사정이 좋
아지고 있으니까 기운을 내라.)

d. He'll cheer up if you get him a beer.(당신이 그에
게 맥주를 한 잔 사주면, 그는 기분이 좋아질 것이
다.)

2.2. 다음의 주어는 사람이다. 주어는 환호를 한다.

(9) a. The audience cheered and clapped.(그 관중들은
환호성을 지르며 박수를 쳤다.)

b. We all cheered as he hit a home run.(그가 홈런을
쳤을 때, 우리 모두 환호성을 질렀다.)

cherish

이 동사의 개념 바탕에는 어느 사람이 무엇을 소중
히 여기는 과정이 있다.

1. 타동사 용법

1.1. 다음에서 주어는 목적어를 소중하게 여긴다.

(1) a. The old sisters **cherished** the child as one of their own.(그 노년의 자매들은 그 아이를 자식처럼 소중히 생각했다.)

b. The landscapes and habitats we now **cherish** will deteriorate.(현재 우리가 소중하게 여기는 그 풍경과 서식지들이 황폐화될 것이다.)

c. He **cherishes** his family/his rights.(그는 자신의 가족/권리를 소중히 생각한다.)

d. That's what I **cherish** most about football.(그것이 축구에 있어서 내가 가장 아끼는 것이다.)

e. He **cherishes** his native country.(그는 자신의 모국을 소중하게 생각한다.)

f. The previous owner **cherished** the house.(이전 주인은 집을 몹시 아꼈다.)

1.2. 다음은 수동태 문장으로 주어는 아껴진다.

(2) Children need to be **cherished**.(아이들은 소중하게 길러져야 한다.)

1.3. 다음에서 목적어는 추억이다. 주어는 목적어를 소중히 여긴다.

(3) a. She **cherishes** the precious memories of her childhood.(그녀는 어린 시절의 그 소중한 기억들을 고이 간직한다.)

b. He **cherishes** the memory of his boyhood days.(그는 자신의 소년기의 그 추억을 고이 간직한다.)

c. We **cherish** the many memories we have of our dear mother.(우리는 그리운 어머니의 수많은 추억들을 고스란히 간직한다.)

d. **Cherish** the memory of those days in Paris.(파리에서 보낸 그 당시의 추억들을 소중히 간직하세요.)

e. The old man **cherishes** the memories of his younger days.(그 노인은 젊은 시절의 추억들을 고스란히 간직한다.)

1.4. 다음의 목적어를 자유, 독립, 사실과 같은 추상적인 개체이다. 주어는 목적어를 소중히 여긴다.

(4) a. The early settlers **cherished** freedom.(그 초기 정착민들은 자유를 소중히 여겼다.)

b. He **cherishes** the idea of returning to Florida someday.(그는 언젠가 플로리다로 되돌아갈 꿈을 간직한다.)

c. Korean people **cherish** their independence.(한국인들은 독립을 소중히 여긴다.)

d. We **cherish** the time we could spend together.(우리는 함께 보낼 수 있었던 시간들을 소중하게 생각한다.)

e. **Cherish** small victories and learn from them.(작은 승리를 소중히 여기고 그로부터 교훈을 얻어라.)

f. It is the fact that people suddenly start to **cherish** life.(그것은 바로 사람들이 갑자기 삶을 소중히 여기기 시작한다는 사실이다.)

g. The parliamentary democracy which we **cherish** is safe.(우리가 소중히 지켜온 그 의회 민주주의는 안전하다.)

h. She **cherished** the hope of her son's return.(그녀는 아들이 돌아올 거라는 그 희망을 간직했다.)

(5) a. Bob **cherishes** the thought of owning his own home.(밥은 자기 집을 갖는다는 생각을 늘 간직하고 있다.)

b. He **cherishes** the dreams.(그는 꿈들을 소중히 간직한다.)

c. He **cherishes** the hope that his mother might be alive.(그는 어머니가 살아 계실 수도 있다는 그 희망을 가진다.)

d. In our country, we may always **cherish** the heritage of freedom.(우리 나라에서는 자유 유산을 항상 소중히 지켜나갈 수 있을 것이다.)

e. **Cherish** the past, live the moment.(과거를 소중히 하되 현재를 살아라.)

f. Let's **cherish** every moment we have been given.(우리에게 주어진 매 순간을 소중히 여기자.)

(6) a. He **cherished** his religion in the heart.(그는 자신의 종교를 마음 속 깊이 믿었다.)

b. She **cherished** a resentment against those cruel people.(그녀는 저 잔혹한 사람들에 대한 분노를 간직했다.)

c. Do not **cherish** the unworthy desire.(그 무가치한 욕망을 품지 말라.)

chew

이 동사의 개념 바탕에는 음식을 입안에서 씹는 과정이 있다.

1. 타동사 용법

1.1. 다음 주어는 목적어를 씹는다.

(1) a. **Chew** your food well.(음식을 꼭꼭 씹어라.)

b. I cannot **chew** rough meat.(나는 질긴 고기를 씹을 수가 없다.)

1.2. 다음은 비유적인 표현이다.

(2) a. He **chewed** the cud/the fat.(그는 재잘거렸다.)

b. She **chewed** the scenery.(그녀는 과장되게 연기를 했다.)

1.3. 다음 주어는 목적어를 씹는다.

(3) a. He **chewed** his pen.(그는 그의 펜을 씹었다.)

b. He **chewed** tobacco constantly.(그는 계속해서 담배를 씹었다.)

c. He is **chewing** gum/his fingernails.(그는 껌을/손톱을 씹고 있다.)

1.4. 다음의 주어는 목적어를 씹는다. up은 씹는 과정이 완전하게 이루어짐을 나타낸다.

(4) a. The dog **chewed** the carpet **up** again.(그 개는 그 카펫을 또 다 물어뜯어 놓았다.)

b. The dog **chewed up** the papers.(그 개는 그 서류들을 다 물어뜯었다.)

c. My dog **chewed up** my shoe and ruined it.(나의 개가 신발을 물어뜯어서 망쳐놓았다.)

d. The sorting machine **chewed up** the letters.(그 분류기가 그 편지를 씹어서 망가뜨렸다.)

e. The tape recorder **chewed up** my favorite cassette.(그 테이프 녹음기가 내가 제일 좋아하는 카세트를 씹어 버렸다.)

1.5. 다음 주어는 목적어를 씹어서 없앤다.

(5) That project **chewed up** too much time and money before it was finished.(그 프로젝트는 완성되기 전에 너무 많은 시간과 돈을 소모해 버렸다.)

1.6. 다음 주어는 씹어서 목적어를 만든다.

(6) a. The dog **chewed** a hole in my curtains.(그 개는 내 커튼에 구멍 하나를 물어뜯어서 내었다.)

b. The puppy **chewed** a hole in the rug.(그 강아지가 그 깔개에 구멍 하나를 물어뜯어 내놓았다.)

c. A beetle pauses over the hole he has just **chewed** in a lily leaf.(딱정벌레 한 마리가 자기가 물어뜯어서 만든 백합 잎의 구멍에서 잠시 멈춰 있었다.)

1.7. 다음은 수동태 문장으로 주어는 씹힌다.

(7) a. Every spring the ozone is **chewed up** and the hole appears.(매 봄마다 그 오존층이 삼켜져서 그 구멍이 보인다.)

1.8. 다음 표현은 [생각은 음식] 은유가 쓰였다. 음식을 잘 씹으면 음식은 잘게 부수어진다. 생각을 씹는다는 것은 어떤 문제를 숙고한다는 뜻이다.

(8) a. The judge **chewed** the matter **over** before making a decision.(그 판사는 판결을 내리기 전에 그 문제에 관해 숙고했다.)

b. **Chew** it **over** for a while and let me know what you think.(잠시 동안 그것을 잘 생각해보고 내게 생각한 걸 말해 줘.)

c. You must **chew on/over** your future.(너는 너의 미래에 관해 심사숙고해야만 한다.)

d. The more you **chew over** the problem, the worse it will seem.(그 문제에 대해 생각하면 생각할수록, 그것은 더욱 악화되어 보일 것이다.)

e. Let's **chew over** the idea.(그 의견에 대해 생각해 보자.)

1.9. 다음 주어는 목적어를 씹는다. 목적어는 사람이다.

(9) a. The boss **chewed out** the sales manager.(그 사장은 판매 부장을 호되게 씹었다.)

b. Peter **chewed** Bob **out**.(피터는 밥을 호되게 씹었다.)

c. He **chewed out** his secretary for being late for work.(그는 지각한 것에 대해 비서를 호되게 씹었다.)

d. I know I am late, but you don't have to **chew** me **out**.(내가 늦었다는 건 알지만, 너는 나를 씹을 것까지는 없다.)

e. He **chewed** the woman's ear **off**.(그는 그 여자의 귀가 떨어지도록 장황하게 지껄였다.)

2. 자동사 용법

2.1. 다음 주어는 씹는다.

(10) a. He cannot **chew** without his false teeth.(그는 틀니가 없이는 씹을 수 없다.)

b. His broken jaw made it impossible for him to **chew**.(부러진 턱이 그가 씹을 수 없게 했다.)

c. I wish he didn't **chew** so loudly.(나는 그가 너무 큰 소리를 내며 씹지 않았으면 좋겠다.)

d. Bob's teeth hurt, so he couldn't **chew**.(봅은 이가 아파서 씹을 수가 없었다.)

e. You must **chew** well before you swallow it.(삼키기 전에 꼭꼭 씹어야만 한다.)

f. Don't **chew** with your mouth open.(입을 벌리고 음식을 씹지 말아라.)

2.2. 다음 주어는 어떤 개체를 씹어서 통로를 내어 지나간다.

(11) a. A mouse **chewed** through the carpet.(쥐가 그 카펫을 씹어서 뚫고 지나갔다.)

b. The missile can **chew** through the world's toughest armor by brute force.(그 미사일은 야만적인 힘으로 세계에서 가장 중무장된 철갑도 뚫고 지나갈 수 있다.)

2.3. 다음에서 chew는 전치사 at이나 on과 같이 쓰였다. 이 전치사들은 주어의 씹는 동작이 씹히는 개체에 부분적으로 미침을 나타낸다.

(12) a. He broke another piece of bread and **chewed** at it.(그는 빵 또 한 조각을 뜯어서 씹으려고 했다.)

b. Rosa **chewed** on her lip and stared at the floor.(로사는 입술을 깨물더니 바닥을 응시했다.)

c. He **chewed** on his lower lip nervously.(그는 아랫입술을 초조하게 씹었다.)

d. He is still **chewing** on his cake.(그는 아직도 그 케이크를 씹고 있다.)

e. Dan is still **chewing** on his apple.(댄은 아직도 사과를 씹고 있다.)

f. The dog was **chewing** on a bone.(그 개는 뼈를 씹고 있었다.)

2.4. 다음 주어는 on의 목적어를 씹는다.

(13) Stop **chewing** on an old shoe.(낡은 구두에 대해서는 그만 생각해라.)

chill

이 동사의 개념 바탕에는 어느 개체의 온도가 차게 되는 과정이 있다.

1. 타동사 용법

1.1. 다음 주어는 목적어를 차게 한다.

(1) a. Melons taste better when **chilled**.(멜론은 차게 되면 맛이 더 좋다.)

b. The cold wind **chilled** me to the bone.(그 찬 바람이 나를 뼛속까지 시리게 했다.)

c. The cold wind **chilled** the traveller.(그 찬 바람이 그 여행자를 추위에 떨게 했다.)

d. The icy wind **chilled** our faces.(그 싸늘한 바람이 우리의 얼굴을 얼얼하게 했다.)

e. The marble floor begins to **chill** me.(그 대리석 바닥이 나를 차게 만들기 시작한다.)

f. A draft **chilled** the room.(틈새 바람이 그 방안을 차갑게 했다.)

g. **Chill** the fruit salad until serving time.(먹을 때까지 그 과일 샐러드를 차게 하시오.)

1.2. 다음 주어는 목적어를 정신적으로 얼게 한다.

(2) a. The horror story **chilled** us.(그 무서운 이야기가 우리를 오싹하게 했다.)

b. The look in her eyes **chilled** me.(그녀의 눈빛이 나를 오싹하게 했다.)

    c. Some films **chill** you to the marrow of your bones.(어떤 영화들은 너를 골수까지 오싹하게 만든다.)

1.3. 다음은 수동태의 문장으로 주어는 몸이나 마음이 차진다.

(3) a. He was **chilled** to the bone.(그는 뼈까지 오싹해졌다.)

    b. We were **chilled** by our midnight swim on the lake.(우리는 한밤 중 호수에서의 수영으로 추워졌다.)

    c. We were **chilled** at the prospect of war.(우리는 그 전쟁에 대한 전망에 오싹해졌다.)

    d. The guard was **chilled** with fear.(그 경비원은 두려움에 오싹했다.)

1.4. 다음의 목적어는 사기, 희망, 열성, 관심 등이다. 주어는 목적어를 차게 한다. 차게 하는 것은 정도를 약하게 한다는 뜻이다.

(4) a. The news **chilled** the morale of the soldiers.(그 소식은 그 병사들의 사기를 꺾었다.)

    b. Failure **chilled** his hopes.(실패가 그의 희망을 식혔다.)

    c. The leader's sudden death **chilled** their spirits.(그 지도자의 갑작스러운 죽음이 그들의 의지를 꺾어놓았다.)

    d. The sight **chilled** my blood.(그 광경은 나의 피를 서늘하게 했다.)

    e. The threat of rain **chilled** my enthusiasm for a swim.(그 비의 위협이 수영하고 싶은 나의 마음을 사라지게 했다.)

    f. The failure **chilled** his interest.(그 실패가 그의 관심을 시들게 했다.)

    g. The defeat **chilled** his zeal.(그 패배가 그의 열성을 식혔다.)

2. 자동사 용법

2.1. 다음 주어는 식는다.

(5) a. My blood **chills** at the thought of it.(내 피는 그 생각만 하면 식는다.)

    b. Let the wine **chill** a while.(포도주를 잠깐 식게 하세요.)

    c. After the tea **chilled**, I drank it.(나는 그 차가 식은 뒤에 그것을 마셨다.)

2.2. 다음 주어는 육체적으로 체온이 내려가거나 정신적으로 오싹해진다.

(6) a. She **chilled** suddenly at seeing the ghost.(그녀는 그 귀신을 본 순간 몸이 갑자기 얼어붙었다.)

    b. The skaters **chilled** in harsh wind.(그 스케이트를 타는 사람들은 매서운 바람에 몸이 얼어붙었다.)

chime

이 동사의 개념 바탕에는 chime의 명사 '한 무리의 종'이 깔려있다.

1. 자동사 용법

1.1. 다음의 주어는 소리를 낸다.

(1) a. The bell will **chime** at noon/every half-hour.(그 종은 정오에/30분마다 울려 퍼질 것이다.)

    b. The doorbell **chimed**.(현관벨이 울렸다.)

    c. The clock **chimed** seven.(그 시계가 종을 울려 7시를 알렸다.)

    d. The bell **chimes** on the hour.(그 종은 시간마다 울린다.)

1.2. 여러 개의 종이 조화를 이루어 소리를 내듯 한 개체가 다른 개체와 조화를 이룰 수 있다.

(2) a. Her views on art **chimes** completely with mine.(예술에 대한 그녀의 견해는 나의 견해와 전적으로 일치한다.)

    b. His opinions **chimed** in with the mood of the nation.(그의 의견은 그 민족의 정서와 일치됐다.)

    c. His theory does not **chime** in with external circumstances.(그의 이론은 외부 사정과 일치되지 않는다.)

    d. This **chimes** in with what he said before about foreign students.(이것은 그가 지난 번 외국학생들에 대해 말한 바와 일치된다.)

1.3. 다음 주어는 소리나 말로서 어떤 영역 (노래나 말)에 들어간다.

(3) a. He began to sing, and the rest **chimed** in.(그가 선창하자 나머지 사람들도 함께 노래를 불렀다.)

    b. They **chimed** in, "Let's try it."(그들은 "시도해 보자"라고 맞장구치며 뛰어들었다.)

2. 타동사 용법

2.1. 한 무리의 종이 가락을 만들듯, 한 무리의 사람들이 어떤 뜻을 전한다.

(4) a. The boys **chimed** a greeting to their teacher.(그 소년들은 인사를 그의 선생님께 장단을 맞춰 했다.)

    b. The girls **chimed** a welcome to us.(그 소녀들은 일제히 환영의 인사를 우리에게 했다.)

2.2. 다음의 주어는 목적어를 알린다.

(5) a. The bells **chimed** the hour.(그 종소리가 시간을 알렸다.)

    b. The bell **chimed** the break of the day.(그 종소리가 새벽을 알렸다.)

2.3. 다음의 주어는 목적어를 움직이게 한다.

(6) a. The bell **chimed** him home.(그 종이 그를 집으로 향하게 했다.)

    b. The bell **chimed** the boys to meals.(그 종이 울려서 그 소년들은 식사를 하러 갔다.)

chip

이 동사의 개념 바탕에는 조금씩 자르거나 깎는 과정이 있다.

1. 타동사 용법

1.1. 다음 주어는 목적어를 전치사 off의 목적어에서 자르거나 깎아낸다.

(1) a. He **chipped** bits **off** the rock.(그는 조각들을 그 바위에서 깎아냈다.)

    b. The hunter **chipped** pieces of wood **off** a branch

to use in a fire.(그 사냥꾼은 땔감으로 사용하려고 나무 조각들을 가지에서 잘라냈다.)

d. Beth chipped the paint off the front door.(베스는 그 페인트를 그 현관에서 조금씩 벗겨냈다.)

d. They chipped the ice off the sidewalk.(그들은 그 얼음을 그 보도에서 조금씩 제거했다.)

1.2. 다음 주어는 목적어를 어떤 개체에서 조금씩 떼어 낸다.

(2) a. He chipped old paint from the wall.(그는 오래된 페인트를 벽에서 벗겨냈다.)

b. I chipped away the damaged brick and replaced it with a new one.(나는 파손된 벽돌을 깎아내고 그 것을 새 벽돌로 교체했다.)

c. Sandy chipped away the plaster covering the tiles.(샌디는 그 타일 위에 발라진 회반죽을 조금씩 떼어냈다.)

d. Chip away the damaged area.(그 손상된 부분을 깎 아내시오.)

1.3. 다음 주어는 목적어를 전치사 out of의 목적어에 서 조금씩 떼어낸다.

(3) a. I've chipped a piece out of/off the saucer.(나는 한 조각을 그 밑받침에서 조금 떼어내었다.)

b. I've chipped a piece out of your glass.(나는 한 조 각을 당신의 유리잔에서 깨뜨렸다.)

1.4. 다음은 수동태 문장으로 주어는 떼어진다.

(4) a. The fossils had been chipped out of the rock.(그 화석들은 그 바위에서 깎아내어졌다.)

b. The paint of the wall was chipped off by the weather.(그 벽의 페인트칠은 날씨에 의해 벗겨졌 다.)

1.5. 다음 주어는 목적어를 상하게 한다.

(5) a. The blow chipped the woman's tooth.(그 타격은 그 여자의 이를 조금 깨뜨렸다.)

b. I've chipped a tooth on a olive stone.(나는 내 이 를 올리브 돌에 부딪쳐서 깼다.)

c. Someone's chipped my best glass.(누군가가 내가 가장 아끼는 유리잔에 금을 내었다.)

d. Who chipped the cup?(누가 컵을 깨뜨렸니?)

e. The chair chipped the table edge.(그 의자는 그 탁 자의 모서리를 찍어 냈다.)

f. The sculptor chipped the marble with a chisel.(그 조각가는 그 대리석을 정으로 깎아냈다.)

1.6. 다음의 목적어는 자르거나 깎아서 생겨나는 개체 이다.

(6) a. He chipped a figure out of an ice block.(그는 얼음 덩어리를 깎아서 인물 상을 만들었다.)

b. He chipped a toy out of wood.(그는 장난감 하나를 나무를 깎아서 만들었다.)

c. He chipped a hole in the ice.(그는 구멍 하나를 그 얼음 안에 팠다.)

d. He chipped his name in stone.(그는 자신의 이름을 돌에 새겼다.)

1.7. 다음 주어는 목적어를 보태어 넣는다.

(7) a. They all chipped in (50 pounds) and bought their mother a trip to Florida.(그들 모두 돈을 얼마씩 보 태서 (50파운드) 어머니에게 플로리다 행 표를 사

드렸다.)

b. The brothers chip in a certain amount of money each month to hire a home health aide.(그 형제들 은 가정 보건사를 고용하기 위해서 매달 일정액의 돈을 보탠다.)

c. Maria wanted to chip in 450 dollars each year.(마 리아는 매년 450달러를 기부하고자 했다.)

1.8. 다음 주어는 that-절의 내용을 보탠다.

(8) a. He chipped in that he was hungry.(그는 배가 고프 다며 우리의 말에 끼어 들었다.)

b. She chipped in that her daughter was going to law school at Yale.(그녀는 자신의 딸이 예일 법과 대학에 갈 것이라며 우리의 말에 끼어들었다.)

2. 자동사 용법

2.1. 다음의 주어는 훼손된다.

(9) a. These plates chip if you are not careful.(이 접시 들은 조심하지 않으면 깨진다.)

b. Her tooth chipped when she fell.(그녀의 넘어졌을 때, 그녀의 이에 금이 갔다.)

c. This glass/this china chips easily.(이 유리잔/도자 기는 쉽게 깨진다.)

d. The old paint is chipping off here and there.(그 오 래된 페인트칠이 여기 저기서 벗겨지고 있다.)

e. This toughened glass never cracks or chips.(이 강화된 유리는 절대로 금이 가거나 깨지지 않는다.)

2.2. 다음 주어는 조금씩 떨어져 나온다.

(10) a. Use a good varnish that does not chip off.(벗겨지 지 않는 좋은 니스를 사용하시오.)

2.3. 다음에서 주어는 어떤 생각을 가지고 대화에 끼어 든다.

(11) a. They chipped in with suggestions.(그들은 제안을 가지고 대화에 끼어 들었다.)

b. They kept chipping in with facts and figures.(그들 은 사실과 수치를 가지고 우리의 대화에 끼어 들었 다.)

c. John chipped in with a remark that it was time to go home.(존은 집에 갈 시간이라며 대화에 끼어 들 었다.)

d. She chipped in with a couple of useful comments. (그녀는 두어마디 유용한 평을 하려고 우리의 말에 끼어 들었다.)

e. We all chipped in with our suggestions for the reunion.(우리 모두는 그 동창회에 대한 제안을 가 지고 대화에 끼어 들었다.)

f. Right in the middle of my talk, someone chipped in.(내가 말하는 도중에 누가 끼어 들었다.)

2.4. 다음 주어는 조금씩 보태어 넣는다.

(12) a. Let's all chip in and buy them something nice for their wedding anniversary.(모두 돈을 조금씩 모아 서 그분들의 결혼 기념일을 위해 좋은 것을 사드리자.)

b. They chip in for the petrol and food.(그들은 그 기 름과 음식을 사려고 돈을 조금씩 모은다.)

c. If everyone chips in, we could get her something really nice.(모두가 돈을 조금씩 보탠다면, 정말 좋 은 걸 그녀에게 사줄 수 있을 것이다.)

d. We all **chipped in** for champagne.(우리 모두는 그 샴페인을 사려고 돈을 모았다.)

2.5. 다음에 쓰인 at은 주어가 하는 행위가 부분적임을 나타내고, away는 반복을 나타낸다.

(13) a. Instead of an outright coup attempt, the rebels want to **chip away at** her authority.(그 반군들은 직접적인 혁명 대신 그녀의 권위를 조금씩 깎아내리고 싶어한다.)

b. Archaeologists were carefully **chipping away at** the rock.(고고학자들이 조심스럽게 그 바위를 조금씩 깎아내고 있었다.)

c. He was **chipping away at** the rock with a hammer. (그는 망치로 그 바위를 조금씩 깨뜨리고 있었다.)

2.6. 다음 주어는 전치사 at의 목적어를 조금씩 깎아낸다. 목적어는 추상적인 개체이다.

(14) a. His criticism **chipped away at** my self-esteem. (그의 비난이 내 자존심을 계속 깎아내렸다.)

b. Government policies were **chipping away at** the rights of workers.(정부의 정책들은 근로자들의 권리를 조금씩 깎아내고 있었다.)

c. He is **chipping away at** the problem.(그는 그 문제를 조금씩 처리하고 있다.)

d. The emphasis on testing has **chipped away at** teachers' autonomy.(시험의 그 강조는 선생님들의 자율권을 조금씩 침해해왔다.)

e. She **chipped away at** the man's authority until he had none left.(그녀는 남아있는 것이 없을 때까지 그 남자의 권위를 조금씩 깎아내었다.)

chirp

이 동사의 개념 바탕에는 새소리가 깔려 있다.

1. 자동사 용법

1.1. 다음의 주어는 작은 새나 벌레 같은 생명체이다. 이들이 소리를 낸다.

(1) a. The baby birds **chirped** from their nest.(그 새끼 새들이 둥지에서 짹짹 울었다.)

b. The injured bird could not **chirp**.(그 상처 입은 새는 울 수가 없었다.)

c. Birds **chirped** outside my window.(새들이 내 창문 밖에서 울어댔다.)

d. The crickets **chirped** noisily.(그 귀뚜라미들이 시끄럽게 울어댔다.)

1.2. 다음의 주어는 사람이지만 새들과 같이 짧고 높은 소리를 낼 수 있다.

(2) a. "Good morning" she **chirped** happily.("안녕" 그녀는 즐겁게 고음으로 말했다.)

b. "Hello!" the children **chirped** in unison.("안녕!" 그 소년들은 일제히 인사했다.)

chisel

이 동사의 개념 바탕에는 chisel의 명사 '끌'이 있다. 동사의 의미는 끌의 용도와 관계가 있다.

1. 타동사 용법

1.1. 다음 주어는 목적어에 끌질을 한다.

(1) a. The kids **chiseled** ice to make a statue.(그 아이들은 얼음을 끌질해서 조각상을 만들었다.)

b. She's **chiseling** some marble.(그녀는 대리석을 끌질을 하고 있다.)

c. The artist **chiseled** the marble with great skill.(그 예술가는 그 대리석을 훌륭한 솜씨로 끌질했다.)

1.2. 다음 주어는 목적어를 끌질하여 전치사 into의 목적어 상태로 만든다.

(2) a. He **chiseled** the wood into the shape of a horse.(그는 그 나무를 끌질하여 말의 모양을 만들었다.)

b. He **chiseled** the wood into a statue.(그는 그 나무를 끌질하여 상으로 만들었다.)

1.3. 다음 주어는 목적어를 끌질을 하여 만든다.

(3) a. He **chiseled** a figure of rock.(그는 바위로 형상을 조각했다.)

b. He **chiseled** a statue out of marble.(그는 대리석에 조상을 조각했다.)

c. He **chiseled** a hole in the wood.(그는 구멍 하나를 그 나무에 뚫었다.)

1.4. 다음은 수동태 문장으로 주어는 끌질로 새겨진다.

(4) His name was **chiseled** into the stone.(그의 이름이 그 돌에 새겨졌다.)

1.5. 다음 주어는 목적어를 속인다.

(5) a. He **chiseled** her out of money.(그는 그녀를 속여서 돈을 가로챘다.)

b. He **chiseled** us out of $200.(그는 우리를 속여서 200달러를 빼앗았다.)

c. He was **chiseled** out $300.(그는 300 달러를 사취 당했다.)

1.6. 다음 주어는 목적어를 속여서 얻는다.

(6) a. He **chiseled** some money out of her.(그는 약간의 돈을 그녀를 속여서 우렸다.)

b. She **chiseled** the money out of the elderly couple.(그녀는 그 돈을 그 나이든 부부를 속여서 우렸다.)

choke

이 동사의 개념 바탕에는 질식시키는 과정이 있다.

1. 타동사 용법

1.1. 다음 주어는 목적어를 질식시킨다.

(1) a. The murderer **choked** his victim.(그 살인자는 희생자를 질식시켰다.)

b. Let go off my neck; you're **choking** me.(내 목을 놓아라. 너는 나를 숨을 막히게 하고 있다.)

c. I **choked** myself by swallowing a bone.(나는 뼈를 삼켜서 숨이 막혔다.)

1.2. 다음 주어는 목적어를 질식시킨다. 목적어는 개체이다.

(2) a. He **choked** the fire.(그가 그 불을 껐다.)

b. The climbing plant grew too quickly and was **choking** the other plants.(그 담쟁이가 너무 빨리

자라서 다른 식물을 질식시키고 있었다.)

c. She **choked** a garden with flowers.(그녀가 정원을 꽃으로 가득 채웠다.)

1.3. 다음 주어는 그 자체가 목적어를 막히게 한다. 목적어는 장소이다.

(3) a. Grease/sand **choked** the drain/the stream.(기름/모래가 그 하수구/개울을 막히게 한다.)

b. Weeds were **choking** the garden.(잡초가 그 정원을 메우고 있었다.)

c. Cars **choked** the road.(차들이 그 도로를 메웠다.)

d. Leaves **choked** up the pipe.(나뭇잎들이 그 파이프를 메웠다.)

1.4. 다음은 수동태 문장으로 주어는 막힌다.

(4) a. At lunchtime, the streets were **choked** with traffic.(점심 시간에 그 거리는 차량으로 메워졌다.)

b. His pond has been **choked** with fast-growing weed.(그의 연못이 빠르게 자라는 잡초로 메워졌다.)

c. The drain/the pipe is **choked** up with dirt/rubbish.(그 하수구/파이프는 흙/쓰레기로 메워졌다.)

d. The chimney is **choked** up with soot.(그 굴뚝은 검댕으로 막혀 있다.)

e. The river has become **choked** with sand.(그 강이 모래로 메워졌다.)

f. The cave was **choked** with the landslide.(그 동굴은 산사태로 메워졌다.)

g. His house is **choked** up with useless pieces of furniture.(그의 집은 쓸모없는 가구들로 메워져 있다.)

h. The closet is **choked** with toys.(그 옷장은 장난감으로 메워져 있다.)

i. The field was **choked** with briars.(그 들판은 찔레나무 덤불로 메워졌다.)

j. Our conversation was **choked** with the buzzing of planes.(우리의 대화는 비행기 소리로 방해 받았다.)

1.5. 다음 주어는 목적어를 질식시킨다. 주어는 개체이다.

(5) a. The gas/the smoke/the fume **choked** the fireman.(그 가스/연기/불길이 그 소방수를 질식시켰다.)

b. The stench of the decay **choked** him and he had to turn away.(그 부패한 것의 악취가 그를 질식시켜서 그는 떠나야만 했다.)

c. The food nearly **choked** him.(그 음식은 그를 거의 질식시켰다.)

1.6. 다음은 수동태 문장으로 주어는 가슴이 막혀서 표현을 못한다.

(6) a. Carol was **choked** with anger at Jane's ruthlessness.(캐롤은 제인의 무자비함에 분노로 목이 메어서 말을 할 수 없었다.)

b. I was too much **choked** with emotion/laughter to read further.(나는 감동으로/웃음으로 격해져서 더 이상 읽을 수가 없었다.)

c. She was **choked** with tears.(그녀는 눈물로 목이 메었다.)

d. He was **choked** with smoke.(그는 연기로 질식되었다.)

e. He has been **choked** to death.(그는 질식해서 죽어 있었다.)

f. She was **choked about** not getting the job.(그녀는 일자리를 얻지 못해서 좌절했다.)

g. The surprise party left him all **choked up**.(그는 깜짝 파티로 어안이 벙벙해졌다.)

1.7. 다음 주어는 목적어를 막아서 나오지 못하게 한다.

(7) a. **Choking back** my tears, I tried to speak in a calm voice.(눈물을 참으면서, 나는 침착한 목소리로 말하려고 애썼다.)

b. He **choked back** a sharp reply.(그는 신랄한 응수를 참았다.)

c. He **choked back** his passion/his chagrin.(그는 자신의 격정을/분함을 억눌렀다.

d. He **choked down** his sobs.(그는 흐느낌을 참았다.)

1.8. 다음 주어는 목적어의 흐름을 막는다.

(8) a. I **choked off** the fuel supply.(나는 그 연료 공급을 중단시켰다.)

b. They've ruthlessly **choked off** all opposition to their plans.(그들은 자신들의 계획에 대한 반대를 잔인하게 차단시켰다.)

c. He **choked off** discussion.(그는 토론을 중단시켰다.)

d. Raising taxes will **choke off** the economic recovery.(세금 인상은 그 경제 회복을 차단할 것이다.)

2. 자동사 용법

2.1. 다음 주어는 질식된다.

(9) a. He **choked on** beer/a piece of food/a piece of meat.(그는 맥주/음식물 조각/고기 조각에 질식했다.)

b. The baby is **choking on** the hard candy.(그 아기는 딱딱한 사탕이 목에 걸려 질식하고 있다.)

c. I **choked on** a bone in my throat.(나는 목에 뼈다귀가 걸려 질식했다.)

d. He **choked over** his food.(그는 음식이 목에 걸려 질식했다.)

2.2. 다음 주어는 말문이 막힌다.

(10) a. He **choked up** but did not cry.(그는 감정이 격하여 말을 못했지만 울지는 않았다.)

b. I don't know why I forgot my speech; I just **choked up** and couldn't go on.(나는 강연할 것을 잊어버린 까닭을 알 수 없었다. 나는 당황하였고 더 이상 계속 할 수 없었다.)

c. In the final game, the tennis player **choked up** and lost by repeatedly missing the ball.(마지막 경기에서, 그 테니스 선수는 흥분하여서 연달아 공을 놓침으로써 패했다.)

d. I just **choked up** and couldn't say a thing.(나는 감정이 격해져서 아무런 말도 할 수 없었다.)

e. He **choked** with rage.(그는 분노로 말문이 막혔다.)

f. She **choked on** her tears at her mother's funeral.(그녀는 어머니 장례식에서 눈물에 목이 메었다.)

g. I'm choking.(나는 (감동으로) 목이 메인다.)

2.3. 다음 주어는 질식한다.

(11) a. He's choking. Quick, get a doctor.(그는 질식하고 있다. 빨리, 의사를 불러와라.)

b. He choked from the smoke.(그는 연기로 숨이 막혔다.)

c. We choked in the thin air.(우리는 희박한 공기 속에서 숨이 막혔다.)

chomp

이 동사의 개념 바탕에는 어적어적 소리내어 깨무는 과정이 있다.

1. 타동사 용법

1.1. 다음 주어는 목적어를 소리내어 깨문다.

(1) a. The horse is chomping oats.(그 말이 귀리를 소리내어 깨물어 먹고 있다.)

b. The racehorse chomped its bit.(그 경주마가 그의 재갈을 소리내어 깨물었다.)

c. He chomped down the food.(그는 그 음식을 소리내어서 깨물었다.)

1.2. 다음 주어는 깨물면서 나아간다.

(2) He chomped his way through two hotdogs.(그는 두 개의 핫도그를 깨물면서 나아갔다.)

2. 자동사 용법

2.1. 다음 주어는 on의 목적어를 부분적으로 깨문다.

(3) a. The dog chomped on its rawhide bone.(그 강아지는 생가죽 뼈의 일부분을 깨물었다.)

b. The kids chomped on the carrots.(그 아이들이 당근 조금을 깨물어 먹었다.)

c. He chomped away on the apple.(그는 그 사과를 조금씩 깨물어 먹었다.)

choose

이 동사의 개념 바탕에는 여러 가지의 선택사항 가운데 잘 생각해서 좋아하는 것을 가려내는 과정이 있다.

1. 타동사 용법

1.1. 다음 주어는 목적어를 가려서 뽑는다.

(1) a. Choose only one among these cakes.(이 케이크 중에서 하나만 골라라.)

b. Choose the correct one from the following.(다음 중 옳은 것을 가려 뽑아라.)

c. He chose one among many.(그는 많은 것 가운데 하나를 뽑았다.)

1.2. 다음 주어는 목적어를 고른다.

(2) a. Have you chosen a new car yet?(벌써 새 차를 골랐습니까?)

b. He chose his words carefully.(그는 그의 말을 조심스럽게 골랐다.)

c. Have you chosen a hat yet?(벌써 모자를 골랐니?)

d. He deliberately chooses a friend/a book.(그는 친구/책을 신중하게 고른다.)

e. I chose potatoes over rice with chicken.(나는 닭고기를 먹을 때 감자를 밥보다 더 좋아해서 골랐다.)

f. In the end, we chose the red carpet.(결국 우리는 그 붉은 양탄자를 골랐다.)

g. She chose the largest apple in the basket.(그녀는 가장 큰 사과를 그 바구니에서 골랐다.)

h. He chose up the team members.(그는 팀 구성원들을 골랐다.)

1.3. 다음은 수동태 문장으로 주어는 골라진다.

(3) a. He was chosen out of a number of applicants.(그는 많은 지원자 중에서 선택되었다.)

b. She's been chosen as the club president.(그녀는 그 클럽 회장으로 선출되었다.)

c. He was chosen to play for Korea.(그는 한국을 대표해서 출전하도록 선택되었다.)

1.4. 다음 주어는 목적어를 골라서 to부정사의 주어가 되게 한다.

(4) a. They chose Ron to be their leader.(그들은 론을 선택하여 그들의 지도자가 되게 했다.)

b. We chose Paul to be their chairperson. (우리는 폴을 선택하여 그들의 의장이 되게 했다.)

1.5. 다음 주어는 목적어를 특정한 목적을 위해 고른다.

(5) a. He chose Sunday for his departure.(그는 일요일을 출발일로 골랐다.)

b. She chose May for her wedding.(그녀는 5월을 자신의 결혼식 달로 정했다.)

c. The club finally chose a woman for their president.(그 클럽은 마침내 한 여성을 그들의 회장으로 골랐다.)

d. They chose her as/for their leader.(그들은 그녀를 자신들의 지도자로 뽑았다.)

e. We chose him as chairman.(우리는 그를 의장으로 뽑았다.)

1.6. 다음 주어는 첫째 목적어에게 둘째 목적어를 뽑아준다.

(6) a. I've chosen Bill a teddy bear for his birthday.(나는 빌에게 인형 곰을 그의 생일 선물로 골랐다.)

b. Father chose me a good book.(아버지께서 나에게 좋은 책 한 권을 골라 주셨다.)

1.7. 다음 주어는 목적어를 고른다.

(7) a. I chose her for her kindness.(나는 그녀의 친절함 때문에 그녀를 선택했다.)

b. She chose her husband for money only.(그녀는 남편을 단지 돈 때문에 선택했다.)

1.8. 다음은 수동태 문장으로 주어는 선택된다.

(8) This site has been chosen for a new school.(이 부지는 새 학교 부지로 선택되었다.)

1.9. 다음 주어는 to부정사가 가리키는 일을 하기로 선택한다.

(9) a. He chose to run for election.(그는 선거에 출마하기로 선택하였다.)

b. I chose to go to the movie alone.(나는 혼자 그 영화 보러 가기로 했다.)

c. If he choose to resign, let him do.(만약 그가 사임

하기를 선택한다면, 하게 그냥 두어라.)

d. She **chose** to stay at home.(그녀는 집에 머물기로 선택하였다.)

e. She **chose** to stay away from work that day.(그녀는 그 날은 일을 가지 않기로 선택하였다.)

f. They **chose** to ignore her warning.(그들은 그녀의 경고를 무시하기로 선택하였다.)

g. We **chose** to walk to work.(우리는 걸어서 일하러 가기로 선택하였다.)

h. He **chose** to report to the police.(그는 경찰에 알리기로 선택하였다.)

i. He **chose** to learn German rather than Japanese in school.(그는 학교에서 일본어보다는 독일어를 배우기로 선택하였다.)

1.10. 다음 부정사는 부정이다.

(10) a. He **chose** not to go home till later.(그는 더 늦게까지 집에 가지 않기로 선택하였다.)

b. He **chose** not to know.(그는 알지 않기로 선택했다.)

c. She did not **choose** to accept my present.(그녀는 나의 선물을 받는것을 선택하지 않았다.)

d. He did not **choose** to go.(그는 가는 것을 선택하지 않았다.)

1.11. 다음 의문사가 이끄는 절은 주어가 고르는 내용이다.

(11) a. I'll let you **choose** where we should go to eat.(나는 우리가 어디로 가서 먹을지를 네가 선택하도록 하겠다.)

b. You should **choose** where we go.(너는 우리가 어디로 가야할지 골라야 한다.)

c. You have to **choose** whether to buy it or not.(너는 그것을 살지 말지를 선택해야 한다.)

d. Take **whichever** you choose.(네가 선택하는 어느 것이든 마음대로 가져라.)

e. You may **choose** what to eat from this list.(너는 무엇을 먹을지를 이 목록으로부터 고를 수 있다.)

f. Have you **chosen** what you want on the menu?(그 메뉴에서 무엇을 원하는지 선택했습니까?)

1.12. 다음 주어는 that-절의 내용을 선택한다.

(12) a. He **chose that** we should stay longer.(그는 우리가 더 머물러야 한다고 정했다.)

b. I **chose that** we should stay.(나는 머무르기로 정했다.)

2. 자동사 용법

2.1. 다음 주어는 전치사 between 의 목적어 사이에서 고른다.

(13) a. **Choose between** the two.(그 둘 중에서 골라라.)

b. She had to **choose between** the two men.(그녀는 그 두 남자 중에서 선택을 해야만 했다.)

c. She has to **choose between** giving up her job and hiring a nanny.(그녀는 일을 그만두든가 유모를 고용하든가 둘 중에서 선택을 해야 한다.)

d. We have to **choose between** curtains and blinds for the bathroom.(우리는 그 화장실용으로 커튼과 블라인드 둘 중에서 선택을 해야 한다.)

2.2. 다음 주어는 고른다.

(14) a. The kids **chose**, and we did what they wanted.(그 아이들은 선택을 했고, 우리는 그들이 원하는 대로 했다.)

b. You can have your own room, if you **choose**.(네가 원하면 네 자신의 방을 가질 수 있다.)

c. You may go with him, if you **choose**.(네가 원하면 그와 함께 가도 좋다.)

2.2. 다음 주어는 from의 목적어에서 골라낸다.

(15) a. You may **choose from** what you see in the show window.(너는 그 진열장에서 보는 것 들 중에서 고를 수 있다.)

b. There is a large range of **colors** to **choose from**.(다양하게 고를 수 있는 많은 범위의 색들이 있다.)

chop

이 동사의 개념 바탕에는 토막으로 자르는 과정이 있다.

1. 타동사 용법

1.1. 다음 주어는 목적어를 자른다.

(1) a. He is **chopping** wood.(그는 나무를 자르고 있다.)

b. She **chopped** garlic.(그녀는 마늘을 썰었다.)

c. He **chopped** the vegetables for the Chinese dish.(그는 그 야채를 그 중국 요리를 위해 잘랐다.)

1.2. 다음 주어는 목적어를 잘라서 서있던 개체가 넘어지게 한다.

(2) a. He **chopped down** the tree.(그는 그 나무를 베어 넘어뜨렸다.)

b. They are **chopping down** thousands of trees every year.(해마다 그들은 수천 그루의 나무를 베어 넘긴다.)

1.3. 다음은 수동태 문장으로 주어는 잘려서 넘어진다.

(3) a. Most of the diseased trees were **chopped down** last year.(그 병든 나무 대부분은 작년에 잘렸다.)

b. The trees were all **chopped down**.(그 나무들은 모두 잘려졌다.)

1.4. 다음은 수동태 문장으로 주어는 잘려서 떨어진다.

(4) a. Two of his fingers were **chopped off** in the accident.(그의 손가락 두 개가 사고로 잘려나갔다.)

b. He had his head **chopped off**.(그는 (누군가에게) 자신의 머리를 잘리게 되었다.)

1.5. 다음 주어는 목적어를 잘라서 분리되게 한다.

(5) a. Will you **chop** a branch **off** the tree?(당신은 가지 하나를 그 나무에서 잘라낼 겁니까?)

b. She **chopped off** her golden waist-length hair.(그녀는 허리까지 오는 금발을 잘라버렸다.)

1.6. 다음 주어는 목적어를 특정한 목적에 충분히 맞을 정도로 충분히 자른다.

(6) a. **Chop up** three firm tomatoes.(단단한 토마토 세 개를 토막을 쳐라.)

b. He **chopped** the onions **up**.(그는 그 양파를 저몄다.)

c. He **chopped up** the carrots for the stew.(그는 그 당근을 스튜용으로 저몄다.)

d. He chopped up the wood into smaller sticks.(그는 그 나무를 잘라서 더 작은 막대기로 만들었다.)

1.6. 다음 주어는 목적어를 자르거나 썰어서 전치사 into의 목적어의 상태가 되게 한다.

(6) a. She chopped an onion into pieces.(그녀는 양파를 잘라서 조각을 내었다.)

b. He chopped the logs into two with an axe.(그는 도끼를 갖고 그 통나무를 둘로 잘랐다.)

c. She chopped meat into small pieces.(그녀는 고기를 작은 조각으로 다졌다.)

d. He chopped the end of the a stick into a point.(그는 그 막대의 잘라서 뾰족하게 다듬었다.)

1.7. 다음은 수동태 문장으로 주어는 잘려서 전치사 into의 목적어의 상태가 된다.

(7) a. The original piece was chopped into three small pieces.(그 원래의 조각이 3개의 작은 조각으로 잘렸다.)

b. The country was chopped up into small administrative areas.(그 나라는 작은 행정구역으로 나뉘어졌다.)

1.8. 다음 주어는 목적어를 잘라서 만든다.

(8) a. We chopped our way through the underbrush.(우리는 그 덤불을 통과하는 길을 잘라 내면서 갔다.)

b. He chopped a path through the woods.(그는 그 숲을 관통하는 길을 잘라서 내었다.)

c. The leader chopped a rough trail through the jungle.(그 지도자는 그 밀림을 통과하는 거친 오솔길을 잘라 내어 만들었다.)

1.9. 다음 주어는 목적어를 자른다. 목적어는 액수이다.

(9) a. We have chopped more than 10% off the budget.(우리는 10퍼센트 이상을 그 예산에서 삭감했다.)

b. The company has chopped another 200 workers.(그 회사는 또 다시 200명의 노동자를 잘랐다.)

c. Save energy and chop your fuel bills.(에너지를 절약하고 여러분의 연료비를 절감하세요.)

d. The government has chopped funding for arts.(정부는 예술에 대한 재정 지원을 삭감했다.)

1.10. 다음은 수동태 문장으로 주어는 잘린다.

(10) a. Next year's budget has been chopped by 3%.(내년 예산이 3퍼센트 잘렸다.)

b. The budget has been chopped by half.(그 예산은 반으로 잘렸다.)

c. The share price was chopped from $20 to $5.(그 주가가 20달러에서 5달러로 떨어졌다.)

d. Because of lack of funding, many long-term research projects are being chopped.(자금 부족으로 인해 많은 장기 연구 기획이 잘리고 있다.)

1.11. 다음 목적어는 보고서이고, 이것은 환유적으로 길이를 나타낸다. 주어는 목적어의 길이를 짧게 한다.

(11) He chopped the report that is too long.(그는 지나치게 긴 그 보고서를 줄였다.)

1.12. 다음은 은유적 표현이다. 손은 칼에 대응된다. 손으로 무엇을 치는 것은 칼질과 비슷하다.

(12) a. He chopped the guard on the neck.(그는 그 파수군의 목을 쳤다;그는 그 파수꾼을 해고했다.)

b. I chopped his wrist and he dropped his knife.(나는 그의 손목을 쳤고, 그는 칼을 떨어뜨렸다.)

1.13. 다음 주어는 목적어를 끊어서 말한다.

(13) She chopped her words in grief.(그녀는 슬픔에 잠겨 띄엄띄엄 말했다.)

1.14. 다음 주어는 목적어를 깎아서 친다.

(14) The batter chopped a ground through the infield.(그 타자는 땅볼을 내야를 지나게 짧게 쳤다.)

2. 자동사 용법

2.1. 다음에 쓰인 전치사 at은 주어의 동작이 목적어에 부분적으로, away는 연속적으로 지속됨을 나타낸다.

(15) a. I have been chopping away at this tree for an hour, but it's still standing.(나는 한 시간 동안이나 이 나무를 계속 찍고 있었으나, 이것은 아직도 서 있다.)

b. He chopped away at the tree, but couldn't make a dent on it.(그는 나무를 찍으려고 했으나, 그것에 상처도 내지 못했다.)

chuck

이 동사의 개념 바탕에는 휙 던지는 과정이 있다.

1 타동사 용법

1.1 다음 주어는 목적어를 휙 던진다.

(1) a. I chucked the pen into the trash.(나는 그 펜을 쓰레기통으로 휙 던졌다.)

b. I chucked the ball to him.(나는 그 공을 그에게 휙 던졌다.)

c. He chucked his suitcase on the floor.(그는 짐 가방을 바닥에 휙 던졌다.)

1.2 다음 주어는 목적어를 몰아낸다.

(2) a. They chucked out the protestors.(그들은 그 항의자들을 쫓아냈다.)

b. The manager chucked the drunken man out of the pub.(그 지배인은 그 술에 만취한 남자를 술집 밖으로 쫓아냈다.)

c. Why don't you chuck him?(그를 쫓아내 버리지 그래?)

1.3 다음 주어는 목적어를 던져서 버린다.

(3) a. He's chucked his job and gone to live in the mountains.(그는 직장을 그만두고 산으로 살러 들어갔다.)

b. Let's chuck this old table.(이제 이 낡은 탁자들은 버리자.)

c. We had to chuck out lots of stuff when we moved.(우리는 이사갈 때 많은 것을 버려야 했다.)

1.4. 다음 주어는 첫째 목적어에게 둘째 목적어를 던져 준다.

(4) Chuck me down the magazine.(나에게 그 잡지를 던져 줘.)

1.5. 다음 주어는 목적어의 턱 밑을 가볍게 친다.

(5) He chucked the baby under the chin.(그는 그 아이의

턱을 가볍게 쳤다.)

2. 자동사 용법
2.1. 다음에서 이 동사는 자동사로 쓰였다.
(6) He was **chucking** up all night.(그는 밤새 턱 밑을 어루만지고 있었다.)

chuckle

이 동사의 개념 바탕에는 낄낄거리며 웃는 과정이 있다.

1. 자동사 용법
1.1. 다음 주어는 낄낄거리며 웃는다.
(1) a. The children **chuckled** at the clown's antics.(그 어린이들은 그 광대의 익살맞은 행동에 낄낄거리며 웃었다.)
b. What are you **chuckling** about?(무엇 때문에 너는 키득키득 웃고 있니?)
c. He **chuckled** while reading a comic.(그는 만화를 보며 낄낄거리며 웃었다.)

circle

이 동사의 개념 바탕에는 circle의 명사 '원'이 있다.

1. 타동사 용법
1.1. 다음의 주어는 목적어를 둘러싼다.
(1) a. The enemy **circled** the hill.(그 적은 그 산을 에워쌌다.)
b. The bystanders **circled** the flag pole.(그 구경꾼들이 그 깃대를 에워쌌다.)
1.2. 다음의 주어는 움직이는 개체로서, 목적어의 주위를 돈다.
(2) a. The moon **circles** the earth.(달은 지구의 주위를 돈다.)
b. The planets **circle** the sun.(그 행성들은 태양의 주위를 돈다.)
1.3. 다음 주어는 목적어 주위를 돈다.
(3) a. Magellan's expedition **circled** the globe.(마젤란의 탐험대는 세계를 일주했다.)
b. He **circled** the house cautiously.(그는 집 주위를 조심스럽게 돌았다.)
c. The ship **circled** the iceberg.(그 배는 그 빙산을 우회했다.)
d. Security staffs **circled** the building with the guard dogs every hour.(경호원들은 그 건물을 그 경비견들을 데리고 매 시간 한 바퀴 돌았다.)
e. The silent wolves would **circle** the carcass.(그 말 없는 늑대들은 그 시체 주변을 어슬렁거리곤 했다.)
f. Drake **circled** the globe.(드레이크는 지구를 한 바퀴 돌았다.)
g. The soldiers **circled** the enemy to avoid them.(그 병사들은 그 적을 피하려고 그들을 우회했다.)
1.4. 다음의 주어는 목적어의 평면 위에서 원을 그리며 움직인다.

(4) a. I **circled** my living room half a dozen times.(나는 그 거실을 여섯 번 빙빙 돌았다.)
b. A hawk **circled** overhead.(매 한 마리가 머리 위에서 빙빙 돌았다.)
c. The dancers were **circling** the floor energetically.(그 무용수들은 그 마루를 활기차게 돌고 있었다.)
d. The plane **circled** the airport to burn up excess fuel.(그 비행기는 여분의 연료를 연소시키기 위해서 그 공항 주위를 선회했다.)
1.5. 다음은 수동태 문장으로 주어는 둘러싸인다.
(5) The wide-brimmed straw hat was **circled** with flowers.(그 테가 넓은 밀짚 모자는 꽃으로 둘러싸여 있었다.)
1.6. 다음 주어는 목적어를 원으로 표시한다.
(6) a. **Circle** the correct answer on the exam paper.(그 시험지의 정답에 동그라미를 치시오.)
b. She **circled** the initials at the top of the page.(그녀는 그 페이지 상단의 머리글자에 동그라미를 쳤다.)
1.7. 다음은 수동태 문장으로 주어는 동그라미가 쳐진다.
(7) Spelling mistakes are **circled** in red ink.(잘못된 철자는 빨간색 잉크로 동그라미가 쳐져 있다.)

2. 자동사 용법
2.1. 다음의 주어는 새나 나는 개체이다. 이들은 공중에서 원을 그리면서 움직인다.
(8) a. The kite **circled around** and around.(그 연이 하늘에서 빙빙 돌았다.)
b. Emily kept **circling around** her mother.(에밀리는 엄마 주위를 계속 돌고 있었다.)
c. Seagulls **circled around** above his head.(갈매기들이 그의 머리 위로 원을 그리며 날고 있었다.)
d. The news **circled round**.(그 소식이 주위에 돌았다.)
e. The cows **circled round** the farmer who was bringing their food.(그 암소들이 사료를 가져오는 그 농부의 주위를 맴돌았다.)
f. Birds were **circling over** head.(새들이 머리 위에서 빙빙 돌고 있었다.)
2.2. 다음 주어는 선회한다.
(9) a. The plane **circled** for half an hour.(그 비행기가 30분간 선회했다.)
b. The plane **circled**, awaiting permission to land.(그 비행기는 착륙 허가를 기다리며 주위를 선회했다.)
c. The airplane **circled** before it landed.(그 비행기가 착륙 전에 주위를 선회했다.)

circulate

이 동사의 개념 바탕에는 돌아가는 과정이 있다.

1. 타동사 용법
1.1. 다음 주어는 목적어를 돌린다.
(1) a. His agent **circulated** several copies of his book.(그의 대리인은 그의 책 몇 권을 배포했다.)
b. The company **circulated** its brochures to its clients.(그 회사는 그 팜플렛을 고객들에게 배포했다.)

c. The blood stream will **circulate** the medicine throughout the body.(그 혈류는 그 약을 체내 전체에 순환시킬 것이다.)

d. He **circulated** his magazine article among his friends.(그는 그 잡지 기사를 친구들 사이에 회람했다.)

e. They **circulated** the wine.(그들은 포도주를 한 잔씩 차례로 돌렸다.)

1.2. 다음은 수동태 문장으로 주어는 돌려지는 개체이다

(2) a. The poison was **circulated** by the victim's blood. (그 독약은 그 희생자의 피를 따라 온 몸에 퍼졌다.)

b. Cooled air is **circulated** throughout the building. (시원해진 공기가 그 건물 전체에 순환된다.)

2. 자동사 용법

2.1. 다음 주어는 돈다.

(3) a. Blood **circulates** around the body.(피는 체내를 순환한다.)

b. Fresh air **circulated** down to our cabin in the ship. (신선한 공기가 그 배 안에 있는 우리의 객실까지 순환되어 내려왔다.)

c. I **circulated** among the guests during the party.(나는 그 파티가 열리는 동안 손님들 사이를 돌아다녔다.)

d. The book doesn't **circulate** because it is a reference book.(그 책은 참고 서적이므로 대출되지 않는다.)

e. The magazine will **circulate** to all employees.(그 잡지는 모든 종업원들에게 회람될 것이다.)

f. The medicine **circulates** throughout the body through the bloodstream.(그 약은 체내에 혈류를 통해 순환한다.)

g. The report of his death **circulated** quickly through the town.(그의 사망 소식은 온 시내에 빠르게 퍼졌다.)

h. The rumor **circulated** through the office.(그 소문은 그 사무실 전체에 퍼졌다.)

circumcise

이 동사의 개념 바탕에는 할례를 베푸는 과정이 있다.

1. 타동사 용법

1.1. 다음 주어는 목적어에 할례를 한다.

(1) The doctor **circumcised** the boy.(그 의사가 그 소년을 할례를 했다.)

circumscribe

이 동사의 개념 바탕에는 둘레를 치는 과정이 있다.

1. 타동사 용법

1.1. 다음 주어는 목적어를 다른 표시로 두른다.

(1) a. He **circumscribed** the area on a map.(그는 그 지역을 지도 위에 원으로 표시했다.)

b. He **circumscribed** a circle with a pentagon.(그는

한 원을 육각형으로 외접시켰다.)

1.2. 다음 주어는 자체가 목적어를 둘러싼다.

(2) a. A circle **circumscribes** the pentagon.(한 원이 그 육각형을 외접한다.)

b. A circle **circumscribes** a square.(한 원이 사각형을 외접한다.)

c. The atmosphere **circumscribes** the earth.(대기가 지구를 둘러싼다.)

1.3. 다음 주어는 목적어를 제한한다.

(3) a. The rules **circumscribed** his activities.(그 규칙들은 그의 행동을 제한했다.)

b. Poor health **circumscribed** his activities.(나쁜 건강이 그의 활동을 제한했다.)

1.4. 다음은 수동태 문장으로 주어는 제한된다.

(4) a. His power was carefully **circumscribed**.(그의 권력은 세심하게 제한되어 있다.)

b. His activities are **circumscribed** on his parents' orders.(그의 활동은 부모의 명령에 따라 제한되어 있다.)

c. All our minds are heavily **circumscribed** by habit. (우리 모두의 마음은 습관에 의해 엄격하게 한정되어 있다.)

d. The moves you can make in a chess game are **circumscribed** by the rules of the game.(체스 게임에서 네가 만들 수 있는 움직임은 그 게임 규칙에 의해 한정된다.)

circumvent

이 동사의 개념 바탕에는 둘러가는 과정이 있다.

1. 타동사 용법

1.1. 다음 주어는 목적어를 둘러 간다.

(1) a. We went north in order to **circumvent** the mountains.(우리는 그 산을 우회하기 위해 북쪽으로 갔다.)

b. He **circumvented** the traffic jam by taking another route.(그는 다른 길로 접어들어 그 교통 체증을 우회했다.)

1.2. 다음 주어는 움직이지 않는다. 그러나 전체적인 형상을 눈으로 따라가면 목적어를 둘러간다.

(2) The detour **circumvents** the construction site.(그 우회로는 그 건설 현장을 우회한다.)

1.3. 규정이나 법도 장애물로 간주된다.

(3) a. She **circumvented** the rule against bribes by demanding high "consultant fee."(그녀는 비싼 자문료를 요구함으로써 뇌물에 대한 그 법규를 피해갔다.)

b. They found a way to **circumvent** the law.(그들은 그 법규를 우회하는 방법 하나를 찾았다.)

c. The corrupt politician found a way to **circumvent** paying taxes.(그 부패한 정치가는 세금을 내지 않고 피해 가는 방법을 알아냈다.)

cite

이 동사의 개념 바탕에는 끌어내는 과정이 있다.

1. 타동사 용법

1.1. 다음 주어는 목적어를 끌어내어 예로 든다.

(1) a. He **cited** his heavy work load as his reason for his breakdown.(그는 막중한 업무 과다를 건강 쇠약의 이유로 들었다.)

b. He **cited** instances of abuse in the nursing home. (그는 그 양로원에서 있었던 학대 사례들을 들었다.)

c. The boss **cited** Bill's excessive drinking when he fired him.(그 상사는 빌을 해고할 때 그의 지나친 음주를 이유로 들었다.)

d. He **cited** a passage from the president's speech. (그는 그 대통령의 연설에서 한 구절을 인용했다.)

e. The newspaper article **cited** the doctor's good work.(그 신문 사설은 그 의사의 선행을 인용했다.)

1.2. 다음은 수동태 문장으로 주어는 예로 들어지는 개체이다.

(2) Several factors have been **cited** as the cause of the student unrest.(여러 요인들이 그 학생 불안의 원인으로 언급되었다.)

1.3. 다음 주어는 목적어를 끌어내어 상이나 벌로 준다

(3) a. The commanding officer **cited** the troops for their extraordinary bravery.(그 지휘관은 그들의 두드러진 용맹성을 치하하기 위해 그 부대에게 감사장을 주었다.)

b. The police officer **cited** me for speeding.(그 경찰관은 나를 과속으로 딱지를 떼었다.)

c. The critics **cited** Anne's performance.(그 비평가들은 앤의 공연을 칭찬했다.)

1.4. 다음은 수동태 문장으로 주어는 상이나 벌을 받는 사람이다.

(4) a. He was **cited** for bravery in Korea.(그는 용감성으로 한국에서 감사장을 받았다.)

b. He was **cited** for his aid to the flood victims.(그는 홍수 피해자들에게 도움을 준 것에 대해 표창장을 받았다.)

c. He was **cited** for contempt of court.(그는 법정 모욕죄로 벌금을 물었다.)

d. The pedestrian was **cited** for jaywalking.(그 보행자는 무단 횡단으로 벌금을 물었다.)

1.5. 다음 주어는 법정으로 소환된다.

(5) a. She was **cited** in the divorce proceedings.(그녀는 이혼 절차 중에 법정에 소환되었다.)

b. She was **cited** as co-respondent.(그녀는 공동 피공소인으로서 소환되었다.)

civilize

이 동사의 개념 바탕에는 문명화하는 과정이 있다.

1. 타동사 용법

(1) a. It may take a decade to **civilize** the tribe.(그 부족을 문명화시키는데 10년이 걸릴 것이다.)

b. A good education **civilizes** people.(양질 교육은 사람들을 개화시킨다.)

claim

이 동사의 개념 바탕에는 어떤 개체에 대해서 권리가 있다고 주장하는 과정이 있다.

1. 타동사 용법

1.1. 다음 주어는 목적어를 가질 권리가 있다고 생각하고 이 개체를 가져간다.

(1) a. After the plane landed, I **claimed** my luggage.(그 비행기가 착륙한 후에, 나는 내 짐을 되찾았다.)

b. Does anyone **claim** this package?(이 짐의 주인이 없습니까?)

c. If no one **claims** the watch, you can keep it.(아무도 그 시계를 찾지 않으면, 너는 그것을 가져도 좋다.)

d. The prospector **claimed** the land where he found the gold nugget.(그 시굴자는 그 금 덩어리를 발견한 그 땅에 대해 권리를 주장했다.)

e. He **claims** the estate by inheritance.(그는 상속으로 그 부동산에 대해 권리를 주장한다.)

f. He has **claimed** $1,000 for his travel expenses.(그는 여행 경비로 1000달러를 요구했다.)

g. Bill **claimed** the last brownie for himself.(빌은 마지막 쵸코릿빵을 자기의 것이라고 주장했다.)

h. You can **claim** your money back if the goods are damaged.(그 상품이 손상되었으면 너는 돈을 돌려받을 주장을 할 수 있다.)

1.2. 다음 주어는 목적어를 주장한다. 목적어는 추상적이다.

(2) a. He **claimed** a reward/damages.(그는 보상/피해 보상을 요구했다.)

b. The injured man **claimed** compensation.(그 부상 당한 사람은 보상을 요구했다.)

c. The number of people **claiming** unemployment benefit has increased sharply.(실업 혜택을 요구하는 사람들의 수가 급격히 증가했다.)

d. He **claims** respect.(그는 존경받을 가치가 있다.)

e. He **claimed** the new invention as his own.(그는 그 새로운 발명을 자신의 것으로 주장했다.)

f. He **claims** innocence/allowance.(그는 결백/수당을 주장한다.)

g. He **claims** no knowledge of what has happened. (그는 무엇이 일어났는지 모른다고 주장한다.)

h. He did not **claim** the right to see his child.(그는 아이를 볼 권리를 주장하지 않았다.)

i. It was she who wrote the report, but her manager will **claim** the credit for it.(그 보고서를 쓴 것은 그녀였지만, 그 매니저는 그 영예를 자신의 것으로 주장할 것이다.)

j. The Baptists **claim** 29 million members worldwide.(침례교인들은 전 세계 2천 9백만 신도가 있다고 공언한다.)

k. The National Union of Teacher **claimed** a pay raise worth four times of the inflation rate.(전국 교사 조합은 인플레이션 비율의 네 배가 되는 봉급 인상을 주장했다.)

1.3. 다음에서 주어는 목적어에 대한 권리가 있다고 주

장은 하지만 목적어를 실제 가져가지 않는다.

(3) a. All parties claimed success in last week's elections.(모든 정당들은 지난 주에 있었던 선거에서 성공을 주장했다.)

b. Both teams claimed victory.(양쪽 팀 모두 승리를 주장했다.)

c. Staff Graff claimed a fourth Winbledon title in 1992.(스태프 그라프는 1992년에 네 번째 윈블던 우승을 얻었다.)

d. An underground organization has claimed responsibility for the bomb explosion.(한 지하 조직은 그 폭탄 폭파에 책임이 있다고 주장했다.)

e. A separatist terrorist claimed responsibility for the bombing.(한 분리주의 테러리스트는 그 폭파에 대한 책임을 주장했다.)

f. Every citizen in a democratic country can claim the protection of the law.(민주국가의 모든 시민은 법의 보호를 주장할 수 있다.)

g. People on the state pension can claim reduction of the council tax.(주 연금으로 사는 사람들은 그 의회세의 감면을 주장할 수 있다.)

1.4. 다음 목적어는 전쟁, 재앙, 모험 등에 관련된 것이다. 이러한 것이 의인화되어 사람의 목숨을 가져갈 수 있는 것으로 개념화된다.

(4) a. Adventure/death claimed him.(모험/죽음이 그를 앗아갔다.)

b. Death claimed half of the party.(죽음이 그 모임의 반을 앗아갔다.)

c. Heart disease is the biggest killer, claiming 100,000 lives a year.(심장병은 일년에 10만 명의 목숨을 앗아가는 가장 거대한 살인자이다.)

d. The war in Bosnia claimed the life of a UN interpreter.(보스니아 전쟁은 한 국제연합 통역관의 생명을 앗아갔다.)

e. The war claimed the lives of thousands of civilians.(그 전쟁은 수 천명의 민간인의 생명을 앗아갔다.)

f. The Kobe earthquake has so far claimed 3,000 lives.(고베 지진은 지금까지 3천명의 인명을 앗아갔다.)

1.5. 문제나 사건도 의인화되어 우리의 주의를 끌 수 있는 것으로 개념화된다. 주어는 목적어를 앗아간다.

(5) a. The issue of a united Ireland still continues to claim our attention.(통일된 아일랜드의 쟁점은 여전히 우리의 관심을 끈다.)

b. The problems claim our attention.(그 문제들은 우리의 관심을 끈다.)

c. There are several matters that claimed my attention.(내 주의를 끄는 여러 문제들이 있다.)

d. There is a long list of people who are claiming our attention.(우리의 주의를 끌고 있는 사람들의 긴 명단이 있다.)

e. The work claimed most of his waking hours.(그 일은 그가 깨어 있는 시간의 대부분을 빼앗았다.)

f. The work claimed too much of his time.(그 일은 그의 시간을 너무 많이 빼앗았다.)

1.6. 다음 주어는 that절의 내용을 주장한다.

(6) a. He claimed that he had not exceeded the speed limit.(그는 제한 속도를 초과하지 않았다고 주장했다.)

b. He claimed that he was innocent.(그는 결백하다고 주장했다.)

c. He claimed that she was telling the truth.(그는 그녀가 진실을 얘기하고 있었다고 주장했다.)

d. He claims that he has a college degree.(그는 그 학사 학위가 있다고 주장한다.)

e. He claims that he was at home alone.(그는 집에 혼자 있었다고 주장한다.)

f. The company claims that it is not responsible for the pollution of the river.(그 회사는 그 강의 오염에 대해 책임이 없다고 주장한다.)

g. The scientist claimed that his findings were revolutionary.(그 과학자는 자신의 발견이 혁명적이라고 주장했다.)

1.7. 다음 주어는 부정사의 내용을 주장한다.

(7) a. He claimed to be innocent.(그는 결백하다고 주장했다.)

b. He claimed to be telling the truth.(그는 그 사실을 말하고 있다고 주장했다.)

c. He claimed to be the best speaker of the class.(그는 그 반에서 가장 우수한 연사라고 주장했다.)

d. He claims to be a descendant of Charles Darwin.(그는 챨스 다윈의 후손임을 주장한다.)

e. He claims to be the rightful heir.(그는 정당한 상속인이라고 주장한다.)

f. He claims to have been the first person to see it.(그는 그것을 본 첫 번째 사람이었다고 주장한다.)

g. He claims to have met the president.(그는 대통령을 만났었다고 주장한다.)

h. The moisturizer claims to contain anti-aging agents.(그 보습제는 노화 방지 성분을 함유하고 있다고 주장한다.)

2. 자동사 용법

2.1. 다음 주어는 전치사 against와 on의 목적어에 보상 청구를 한다.

(8) a. He claimed against a person.(그는 어느 사람에게 배상을 요구했다.)

b. He claimed against his insurance for the damage to his car.(그는 그의 차의 손해에 대해 그의 보험사에 배상을 요구했다.)

c. This is the first time we've claimed on our insurance.(이것이 우리가 우리 보험사에 배상을 요구한 첫째 번이다.)

d. When my bike was stolen, I claimed on the insurance company.(내 자전거를 도둑맞았을 때, 나는 그 보험 회사에 배상을 요구했다.)

clamor

이 동사의 개념 바탕에는 큰 소리로 외치는 과정이

있다.

1. 자동사 용법

1.1. 다음 주어는 전치사 for의 목적어를 얻기 위해 소리를 지른다.

(1) a. The people **clamored** for a change in government. (그 국민들은 정권 교체를 위해 목소리를 높였다.)

b. All of them are **clamoring** for food/better treatment. (그들 모두 식량/처우 개선을 강력히 요구하고 있다.)

c. We **clamored** for admission/action. (우리는 입장/조처를 강력히 요구했다.)

d. The bar was still packed with customers **clamoring** for a table. (그 술집은 테이블을 요구하는 손님들로 여전히 꽉 차있었다.)

e. The residents **clamor** for smaller government. (그 주민들은 더 작은 정부를 외친다.)

f. He could feel that she was **clamoring** for an emotional scene. (그는 그녀가 감동적인 장면을 요구하고 있다는 것을 느낄 수 있었다.)

g. They are all **clamoring** for their money back. (그들 모두 자신의 돈의 반환을 소리를 높여 요구하고 있다.)

h. They **clamored** for a voice in the decision-making. (그들은 결정 과정에서 발언권을 요구했다.)

i. The children **clamored** for their mother's attention. (그 아이들은 어머니의 주의를 얻고 싶어서 마구 떼를 썼다.)

j. The audience **clamored** for more songs. (그 관객들은 노래를 더 들려달라고 크게 소리쳤다.)

1.2. 다음 주어는 전치사 against의 목적어에 반대하며 소리친다.

(2) a. The newspaper **clamored** against the government's policy. (그 신문은 그 정부의 정책에 강하게 반대했다.)

b. The newspapers **clamored** against indirect taxation. (그 신문들은 간접세에 대해 강한 반발을 했다.)

c. The residents are **clamoring** against the dumping of chemical wastes near their houses. (그 주민들은 그들의 거주지 인근에 화학 폐기물 투하에 맞서서 목소리를 높이고 있다.)

1.3. 다음의 주어는 부정사가 가리키는 행동을 하겠다고 외친다.

(3) a. Eager parents **clamored** to ask questions. (열성적인 부모님들은 질문을 하려고 야단이었다.)

b. The soldiers **clamored** to go home. (그 병사들은 귀환하겠다고 소리쳤다.)

c. At breakfast next morning my two grandsons were **clamoring** to go swimming. (다음날 아침식사 때 내 두 손자들은 수영하러 가자고 야단이었다.)

d. His sensibilities **clamored** to believe in this dclusion. (그의 감성은 이 망상을 믿으라고 소리쳤다.)

1.4. 다음 부정사는 수동형이다.

(4) a. The children are **clamoring** to be fed. (그 아이들은 음식을 받아먹겠다고 야단이다.)

b. We **clamored** to be heard. (우리는 얘기를 들어달라고 소리쳤다.)

c. They **clamored** to be provided with food. (그들은 식량을 공급해 달라고 소리쳤다.)

1.5. 다음 주어는 큰소리를 내면서 움직인다.

(5) a. A crowd of reporters **clamored** around the car. (많은 기자들이 아우성을 치면서 그 차를 둘러쌌다.)

b. They **clamored** out. (그들은 목청껏 소리질렀다.)

2. 타동사 용법

2.1. 다음에서 주어는 큰 소리로 목적어를 외친다.

(6) a. He **clamored** his demands. (그는 자신의 요구 사항을 외쳤다.)

b. They **clamored** a raise. (그들은 임금 인상을 강력히 요구했다.)

2.2. 다음에서 주어는 큰 소리로 외쳐서 목적어에게 전치사 into의 목적어가 가리키는 일을 하게한다.

(7) a. They **clamored** us **into** doing the work. (그들은 큰 소리를 질러서 우리에게 그 일을 하게 했다.)

b. The country **clamored** him **into** resigning. (온 나라가 몰아붙여 그를 사임을 하게 했다.)

c. The public was **clamored into** believing it. (그 대중들은 큰 소리에 호도되어 그것을 믿게 됐다.)

2.3. 다음 주어는 목적어를 큰 소리로 내려오게 한다.

(8) a. They **clamored down** the speaker. (그들은 야유를 보내어 그를 내려오게 했다.)

b. The speaker was **clamored down**. (그 연사는 야유를 받고 내려갔다.)

c. The conservatives **clamored** the radicals out of office. (그 보수파들은 그 급진론자들을 몰아붙여 관직에서 물러나게 했다.)

2.4. 다음 주어는 that-절의 내용을 큰 소리로 전달한다.

(9) a. They **clamored that** the accident was caused by carelessness. (그들은 그 사고가 부주의 탓에 났다고 떠들어댔다.)

b. They **clamored that** their demands were not being listened to. (그들은 자신들의 요구사항을 들어주지 않고 있는 것에 대해 불만을 외쳤다.)

c. The audience **clamored that** he should stop speaking. (그 청중들은 그가 연설을 멈춰야 한다고 소리쳤다.)

2.5. 다음 주어는 따옴표 속의 말을 큰 소리로 말한다.

(10) "Play with us." the children **clamored**. (아이들이 "같이 놀자"고 아우성을 쳤다.)

clamp

이 동사의 개념 바탕에는 꺾쇠가 있다. 동사의 의미는 꺾쇠의 쓰임과 관련된다.

1. 타동사 용법

1.1. 다음 주어는 꺾쇠로 목적어를 죈다

(1) a. Clamp the two parts together until the glue dries.
(그 접착제가 마를 때까지 그 두 부분을 붙여서 꼭
눌러라.)

b. He clamped two sheets of steel together.(그는 강
철판 두 장을 꺾쇠로 고정시켰다.)

c. I glued and clamped the broken plate.(나는 접착
제로 그 부서진 접시를 꼭 붙였다.)

1.2. 다음 주어는 꺾쇠로 목적어를 to의 목적어에 붙인
다.

(2) a. The carpenter clamped the board to the bench.
(그 목수는 나무판을 그 의자에 꽉 죄었다.)

b. Clamp one end of the plank to the edge of the
table.(그 널빤지 한 쪽을 그 식탁의 모서리에 쬠쇠
로 이어라.)

1.3. 다음 주어는 목적어를 다른 개체에 갖다 댄다.

(3) a. He clamped a hand over my mouth.(그는 손을 내
입 전체에 꼭 막았다.)

b. She clamped a pair of headphones on his ears.(그
녀는 헤드폰을 그의 귀에 꼭 대었다.)

c. He had a cigar clamped between his teeth.(그는
시가를 그의 이 사이에 꽉 물었다.)

1.4. 다음 주어는 목적어를 꼭 닫는다.

(4) I clamped my mouth shut and said no more.(나는
입을 꽉 다물고 더이상 말하지 않았다.)

1.5. 다음 주어는 목적어를 on의 목적어에 건다. 목적
어는 추상적 개체이다.

(5) a. The army clamped a curfew on the town.(그 군대
는 야간 통행 금지령을 그 마을에 내렸다.)

b. The government clamped down a curfew on the
refugee camps.(정부는 야간 통행 금지를 그 피난
민 수용소에 내렸다.)

clang

이 동사의 개념 바탕에는 땡그랑거리는 과정이 있다.

1. 자동사 용법

1.1. 다음 주어는 땡그랑 소리를 낸다.

(1) a. The school bell clanged at the end of recess.(그
학교 종은 그 휴식시간의 끝에 땡그랑 울렸다.)

b. The lid on the pot clanged, revealing that
someone was checking on dinner.(그 주전자 뚜껑
이 땡그랑거렸고, 누군가가 저녁 준비를 하고 있었
다는 것을 알렸다.)

c. He clanged to announce a new year.(그는 새해를
알리는 종을 땡그랑 쳤다.)

1.2. 다음 주어는 땡그랑 소리를 내면서 움직인다.

(2) The trolley clanged down the street.(그 전차가 소
리를 내면서 거리 아래로 달려 내려갔다.)

2. 타동사 용법

2.1. 다음 주어는 목적어를 소리나게 한다.

(3) a. They clanged the bell on the fire truck.(그들은 그
소방차의 종을 땡그랑 쳤다.)

b. He clanged the fireball.(그는 소이탄을 울렸다.)

c. He clanged the metal gate shut.(그는 금속문을 철

거덕 소리를 내며 닫았다.)

2.2. 다음 주어는 땡그랑 소리를 내면서 나아간다.

(4) The trams clanged their way along the streets.(그
시가 전차들은 그 거리를 따라 땡그랑거리며 지나갔
다.)

clank

이 동사의 개념 바탕에는 쇠붙이가 부딪는 철거덕
소리가 나는 과정이 있다.

1. 자동사 용법

1.1. 다음 주어는 철거덕 소리를 낸다.

(1) a. The door of the cell clanked as Mark was locked
in jail.(그 독방의 문은 마크가 감옥에 갇힐 때 철거
덕 소리를 냈다.)

b. The tire chain clanked on bare highway.(그 타이
어 체인이 그 노면에서 철거덕 소리를 냈다.)

c. The pipes clanked all night, so I couldn't fall
asleep.(그 관들이 밤새도록 철컥거리는 통에 잠을
잘 수 없었다.)

d. A hammer clanked as it dropped on the floor.(망
치 하나가 그 마루에 떨어지면서 탕 소리가 났다.)

e. The prisoner's chains clanked as he walked.(그
죄수를 사슬이 그가 걸을 때마다 철거덕 철거덕 소
리가 내었다.)

1.2 다음 주어는 철커덩 소리를 내며 움직인다.

(2) The huge tank clanked down the streets(그 큰 탱크
가 떨거덩거리면서 그 길들을 따라 내려갔다.)

2 타동사 용법

2.1 다음 주어는 목적어를 흔들어서 소리를 낸다.

(3) a. The guard clanked his heavy ring of keys.(그 경
비원이 무거운 열쇠 꾸러미를 흔들며 소리를 냈다.)

b. He clanked the chains.(그는 그 사슬의 소리를 내
었다.)

c. They clanked their beer cans together. (그들은
그들의 맥주통을 부딪혀서 소리를 내었다.)

clap

이 동사의 개념 바탕에는 손뼉을 치는 과정이 있다.

1. 타동사 용법

1.1. 다음 주어는 목적어를 친다. 목적어는 손이나 날
개이다.

(1) a. The pub owner clapped hands on a customer
drinking after hours.(그 술집 주인은 마감 시간 후
에 마시고 있는 한 손님에게 손뼉을 쳤다.)

b. She clapped her hands in delight.(그녀는 기쁨에
들떠 박수를 쳤다.)

c. He clapped his hands calling them back to order.
(그는 손뼉을 쳐서 그들을 다시 질서를 되찾게 했
다.)

d. The bird clapped its wings.(그 새들은 날개를 파닥
였다.)

1.2. 다음 주어는 목적어를 소리내면서 닫는다.
(2) a. She **clapped** the book **shut**.(그녀는 책을 확 덮었다.)
　b. He **clapped** the door **shut**.(그는 문을 쾅 닫았다.)
1.3. 다음 주어는 목적어에게 박수를 친다. 목적어는 사람이다.
(3) a. Everyone **clapped** us when we went up to get our prizes.(그 상을 받기 위해 올라섰을 때, 모든 사람이 우리에게 박수를 보냈다.)
　b. They **clapped** him enthusiastically.(그들은 그에게 열렬하게 박수를 쳤다.)
1.4. 다음 주어는 목적어에 박수를 친다. 목적어는 행위이다.
(4) a. They **clapped** the speech enthusiastically.(그들은 그 연설을 열렬하게 박수로 환영했다.)
　b. The audience **clapped** his performance enthusiastically.(그 청중은 그의 연기를 열광적으로 박수로 반응을 했다.)
　c. She was **clapped** and cheered as she went up on to the platform.(그 강단 위에 올라섰을 때, 그녀는 박수를 받고 고무되었다.)
1.5. 다음 주어는 목적어를 on의 목적어에 소리내어 놓는다.
(5) a. He **clapped** his working cap **on** his head.(그는 작업용 모자를 머리에 확 썼다.)
　b. He **clapped** his hand **on** his head in despair.(그는 절망하여 손을 머리에 탁 쳤다.)
　c. The boy **clapped** the spoon/his hand **on** the table.(그 소년은 숟가락/손을 그 테이블 위에 쾅하고 놓았다.)
　d. She **clapped** the lid **on** the box before the cricket jumped out.(그녀는 그 귀뚜라미가 뛰어오르기 전에 그 뚜껑을 그 상자에 확 닫았다.)
　e. The customs **clapped** duty **on** the imported goods.(그 세관은 그 수입 상품에 관세를 때렸다.)
1.6. 다음은 수동태 문장으로 주어는 무엇에 얹힌다.
(6) A preservation order was **clapped on** the building.(보존 주문이 그 빌딩에 내려졌다.)
1.7. 다음 주어는 목적어를 over의 목적어 위에 소리내어 놓는다.
(7) a. He **clapped** his hand **over** his mouth as soon as she realized what she had said.(그녀가 말한 것을 깨닫자마자 그는 손을 입에다 갖다 대었다.)
　b. He **clapped** a board **over** a pit.(그는 널빤지 하나를 구덩이 위에 덮었다.)
1.8. 다음 주어는 목적어를 into의 목적어에 넣거나 갖다 댄다.
(8) a. She **clapped** the child **in(to)** bed.(그녀는 그 아이를 침대에 급히 누였다.)
　b. He **clapped** a cigarette **into** his mouth.(그는 갑자기 그 담배를 콱 입에 물었다.)
　c. He **clapped** spurs **to** a horse.(그는 박차를 말에 갑자기 가했다.)
　d. She **clapped** her hand **to** her forehead as a gesture of exasperation.(그녀는 격분의 몸짓으로 손을 이마에 탁 쳤다.)

1.9. 다음 주어는 손뼉을 쳐서 목적어를 만들어 낸다.
(9) Try to **clap out** rhythm as you listen to this music.(이 음악에 귀를 귀울이면서 손뼉을 쳐서 리듬을 만들어 보세요.)
1.10. 다음 주어는 목적어를 쳐넣는다.
(10) a. The judge **clapped** her in prison before she had time to explain.(그 판사는 그녀가 해명할 기회를 갖기 전에 그녀를 감옥에 쳐넣었다.)
　b. The police **clapped** the thief in jail.(그 경찰은 그 도둑을 감옥에 쳐넣었다.)
1.11. 다음은 수동태 문장으로 주어는 쳐넣어진다.
(11) a. The thief was **clapped** into jail.(그 도둑은 감옥에 쳐넣어졌다.)
　b. She was **clapped** in prison.(그녀는 감옥에 쳐넣어졌다.)
1.12. 다음 주어는 목적어를 친다.
(12) a. They **clapped** each other **on** the backs.(그들은 서로의 등을 토닥였다.)
　b. She **clapped** him **on** the shoulder.(그녀는 그의 어깨를 툭 쳤다.)
　c. He **clapped** his friend **on** the back.(그는 친구의 등을 툭 쳤다.)

2. 자동사 용법
2.1. 다음 주어는 박수를 친다.
(13) a. The audience **clapped** at the end of the play.(그 청중은 그 연극 끝에 박수를 쳤다.)
　b. The noise of conversation rose again and again and she **clapped** for silence.(그 대화의 소리가 계속 일자 그녀는 조용히 하라며 손뼉을 쳤다.)
　c. They **clapped** as the chairman went into the room.(그들은 그 의장이 방으로 들어오자 박수를 쳤다.)
　d. Please do not **clap** until the end of the concert.(그 연주가 끝날 때까지 박수를 치지 말아 주세요.)
　e. She **clapped** politely.(그녀는 정중하게 박수를 쳤다.)
2.2. 다음 주어는 소리를 낸다.
(14) The window shutters **clapped** in the wind.(그 창 덧문들이 바람에 덜컹거렸다.)
2.3. 다음 주어는 소리를 내면서 간다.
(15) The thunder **clapped** across the sky.(그 천둥이 쾅 소리를 내면서 지나갔다.)

clarify

이 동사의 개념 바탕에는 맑게 하는 과정이 있다.

1. 타동사 용법
1.1. 다음 주어는 목적어를 맑게 한다.
(1) a. The cook **clarified** the fat by heating it with water, and straining through a cloth.(그 요리사가 그 지방을 물로 열을 가하고, 천에 거르는 작업을 통해 맑게 했다.)
　b. Strain the liquid to **clarify** it.(그 액체를 걸러서 맑게 해라.)

c. She **clarified** the butter.(그녀는 그 버터를 맑게 했다.)

1.2. 다음 주어는 목적어를 명료하게 한다.

(2) a. The explanation **clarified** the details of the plan.(그 설명은 그 계획의 세부 사항들을 명료하게 했다.)

b. The teacher **clarified** the idea/issue.(그 선생님은 그 개념/쟁점을 명료하게 했다.)

c. Can you **clarify** that statement/your main point? (너는 그 진술/너의 논점을 명료하게 할 수 있느냐?)

d. He **clarified** his thoughts.(그는 자신의 생각을 분명히 했다.)

1.3. 다음 주어는 의문사가 이끄는 절의 내용을 명료하게 한다.

(3) a. The report aims to **clarify how** these conclusions were made.(그 보고서는 이러한 결론이 나게 된 경위를 분명히 할 목적이다.)

b. He **clarified what** he meant.(그는 자신이 의미하는 바를 분명히 했다.)

2. 자동사 용법

2.1. 다음 주어는 명료하게 된다.

(1) My mind suddenly **clarified**.(내 마음이 갑자기 분명해졌다.)

---

clash

이 동사의 개념 바탕에는 개체가 다른 물체와 부딪치면서 소리를 내는 과정이 있다.

1. 자동사 용법

1.1. 다음 주어는 물체에 부딪치면서 소리를 낸다.

(1) a. He had his head **clashed against** the wall.(그는 머리를 벽에 쾅 부딪혔다.)

1.2. 다음 주어는 복수이다. 복수의 개체가 서로 부딪치면서 소리를 낸다.

(2) a. Their swords/blades **clashed** loudly.(그들의 칼이/칼날이 부딪치며 큰 소리를 냈다.)

b. The two cymbals **clashed**.(그 두 개의 심벌즈가 부딪치며 울렸다.)

c. Dishes **clashed** in the kitchen.(접시들이 그 부엌에서 쨍그랑 소리를 내며 부딪쳤다.)

d. Bright orange and red **clash** terribly.(밝은 오렌지와 빨간 색은 정말 어울리지 않는다.)

1.3. 다음 주어는 사람이고, 복수이며, 접속사 and로 연결되어 있다. 주어는 서로 충돌한다.

(3) a. The two party leaders **clashed** in parliament today.(그 두 정당의 당수는 오늘 의회에서 서로 의견이 충돌했다.)

b. The leaders and members **clashed** on the issue. (그 지도자들과 그 구성원들은 그 안건에 관해 의견이 상충했다.)

c. The two sets of supporters **clashed** outside the stadium.(그 두 그룹의 지지자들은 그 경기장 밖에서 충돌했다.)

d. The two men **clash** in tomorrow's final.(그 두 남자는 내일 결승전에서 맞닥뜨리게 된다.)

e. The two armies **clashed** several times that day. (그 두 군대는 그 날 여러번 서로 맞닥뜨렸다.)

f. Shield **clashed against** shield when two warriors fought.(두 전사가 싸울 때 방패와 방패가 부딪혔다.)

1.4. 다음 주어는 with의 목적어와 충돌한다.

(4) a. The red chair **clashed with** the orange drapes.(그 빨간 의자는 그 오렌지 천과 어울리지 않았다.)

b. The vertical pattern of the shirt **clashes with** his plaid pants.(그 셔츠의 수직무늬는 격자무늬 바지와 어울리지 않는다.)

c. These colors **clash with** the dress.(이 색깔들은 그 옷과 어울리지 않는다.)

d. That purple tie **clashes with** your red shirt.(그 보라색 넥타이는 너의 빨간 셔츠와 어울리지 않는다.)

e. The picture **clashed with** the decor of the room. (그 그림은 그 방의 장식과 맞지 않았다.)

1.5. 다음 주어는 with의 목적어와 충돌한다.

(5) a. Principles often **clash with** interests.(원칙은 종종 이익과 상충된다.)

b. The plan **clashed with** his interests.(그 계획은 그의 이익과 상충되었다.)

c. The conclusions **clash with** the evidence.(그 결론은 그 증거와 상충된다.)

1.6. 다음 주어와 with의 목적어는 시간 속에 일어나는 행사이다. 이들이 겹치는 것을 충돌의 개념으로 표현하고 있다.

(6) a. His birthday party **clashed with** the championship ball game.(그의 생일파티는 미식축구 선수권 대회와 날짜가 겹쳤다.)

b. A religious meeting **clashed with** a flower show.(종교 모임은 꽃 박람회와 날짜가 겹쳤다.)

c. Your party **clashes with** a wedding.(당신의 파티는 결혼식과 날짜가 겹친다.)

d. The two meetings **clashed**.(그 두 개의 모임은 날짜가 겹쳤다.)

e. Two meetings **clash** on Saturday.(두 개의 모임이 토요일에 겹친다.)

f. His family responsibilities and his professional career **clashed**.(그의 가족에 대한 책임과 전문직이 서로 상충했다.)

1.7. 다음 주어는 토의, 시위, 싸움 등에서 목적어와 충돌한다.

(7) a. Democrats **clashed with** Republicans in a heated debate.(민주당원들은 공화당원들과 열띤 논쟁에서 충돌했다.)

b. Police have **clashed with** demonstrators again.(경찰은 시위대와 다시 격돌했다.)

c. His left-wing views **clashed with** his father's.(그의 좌파적인 관점은 아버지의 관점과 상충했다.)

d. The company guards **clashed with** the strikers. (그 회사 수위들은 파업 참가자들과 격렬하게 충돌했다.)

e. Mary **clashed with** her parents over her curfew. (메리는 그녀의 통행 금지 결정에 대해 부모님과 의

견이 충돌했다.)

 f. He **clashed with** her over what to do.(그는 무엇을 할 것인지에 대해 그녀와 의견이 부딪혔다.)

1.8. 다음 주어는 부딪치면서 이동한다.
(8) a. The avalanche **clashed down** the mountain.(그 눈사태는 격렬한 소리를 내며 그 산 아래로 내려왔다.)

 b. He **clashed into** the room.(그는 소리를 내며 방으로 박차고 들어왔다.)

 c. I **clashed into** her when I entered the room.(내가 그 방으로 들어갈 때 그녀와 세차게 부딪혔다.)

 d. The brick wall **clashed down**.(그 벽돌벽은 소리를 내며 부서져 내렸다.)

 e. Applause began to **clash** all **around** me.(박수 소리가 내 주변에서 큰 소리를 내며 터져 나오기 시작했다.)

1.9. 다음 주어는 소리를 내면서 상태가 변한다.
(9) The door **clashed open**.(그 문은 쾅하고 부딪히는 소리를 내며 열렸다.)

2. 타동사 용법
2.1. 다음 주어는 목적어를 서로 부딪치게 한다.
(10) a. They **clashed** their swords.(그들은 칼을 짤그랑하고 부딪쳤다.)

 b. I **clashed** the cymbals together.(나는 그 심벌즈들을 울렸다.)

clasp
이 동사의 개념 바탕에는 clasp의 명사 '걸쇠'가 있다. 동사의 의미는 걸쇠의 쓰임과 관계가 있다.

1. 타동사 용법
1.1. 다음 주어는 목적어를 힘 있게 쥔다.
(1) a. **Clasp** your knees and pull them toward your chest.(두 무릎을 꽉 쥐고 가슴으로 당겨라.)

 b. He **clasped** his hands tightly.(그는 양손을 굳게 깍지졌다.)

 c. She **clasped** her necklace around her neck.(그녀는 목걸이를 목에 걸었다.)

1.2. 다음 주어는 목적어를 껴안거나 잡는다.
(2) a. The baby monkey **clasped** its mother.(그 새끼 원숭이는 어미 원숭이를 꼭 껴안았다.)

 b. She **clasped** the photo in her hands.(그녀는 그 사진을 손에 꼭 쥐었다.)

 c. She **clasped** the child in her arms.(그녀는 아이를 꼭 껴안았다.)

 d. I **clasped** the steering wheel.(나는 운전대를 꽉 잡았다.)

 e. The baby **clasped** my hand.(그 아기는 내 손을 꼭 쥐었다.)

1.3. 다음 주어는 목적어를 끌어당긴다.
(3) a. He **clasped** the child to him.(그는 아이를 자기쪽으로 끌어안았다.)

 b. She **clasped** the baby to her breast.(그녀는 그 아기를 가슴에 꼭 껴안았다.)

 c. The baby **clasped** the dog to his chest.(그 아기는

강아지를 가슴에 끌어안았다.)

1.4. 다음 주어는 목적어를 붙잡는다.
(4) a. He **clasped** me by the arm.(그는 나를 팔로 붙잡았다.)

 b. He **clasped** her by the hand.(그는 그녀를 손으로 잡았다.)

1.5. 다음 목적어는 상호 대명사이다.
(5) They **clasped** each other after a long separation.(그들은 긴 이별 후에 서로 포옹했다.)

clatter
이 동사의 개념 바탕에는 딸그락거리는 소리를 내는 과정이 있다.

1. 자동사 용법
1.1. 다음 주어는 딸그락거리는 소리를 낸다.
(1) a. Toys **clattered** in the box.(장난감들이 그 상자 안에서 달가닥거렸다.)

 b. The pots and pans **clattered** when Sue banged them together.(수가 단지와 냄비들을 서로 쳤을 때 그것들이 딸그락거렸다.)

 c. The plates **clattered** when they hit the floor.(그들이 그 바닥을 쳤을 때 접시들은 덜거덕거렸다.)

 d. The shutters **clattered** as the storm approached.(그 폭풍이 닥쳤을 때 그 덧문들은 덜거덕거렸다.)

 e. The dishwasher **clattered** until it stopped.(그 식기세척기는 그칠 때까지 덜거덕거렸다.)

 f. The dishes were **clattering** in the dishwasher.(그 접시들은 그 식기세척기 속에서 덜거덕거렸다.)

 g. The pencils **clattered** in the case.(그 연필들은 그 필통 속에서 덜거덕거렸다.)

 h. The cup **clattered** in the sauce.(그 컵은 받침 접시 안에서 덜거덕거렸다.)

1.2. 다음 주어는 딸그락거리는 소리를 내면서 움직인다.
(2) a. She heard him **clattering about** downstairs.(그녀는 그가 아래층에서 덜거덕거리는 소리를 내며 이리저리 다니는 소리를 들었다.)

 b. The horses **clattered along** the stony road.(그 말들은 달가닥거리며 돌길을 따라 달렸다.)

 c. The cart **clattered along**.(그 수레는 덜거덕거리며 따라 갔다.)

 d. A truck **clattered away**.(트럭 한 대가 덜그럭거리며 멀어졌다.)

 e. She **clattered away** down the hill.(그녀는 덜거덕거리며 언덕 아래로 내려갔다.)

 f. She dropped the bucket and it went **clattering down** the stairs.(그녀가 양동이를 떨어뜨리자, 그것은 계단 아래로 덜거덕거리며 떨어졌다.)

 g. The train **clattered down** the tracks.(그 기차는 철로를 따라 아래쪽으로 철거덕거리며 갔다.)

 h. The horse went **clattering over** the cobbles.(그 말은 자갈 위를 덜거덕거리며 달려 지나갔다.)

 i. The tray fell **clattering to** the ground.(그 쟁반은 덜거덕거리며 땅으로 떨어졌다.)

j. Someone was **clattering up** the stairs behind me and I turned to see who it was.(누군가 내 뒤에서 계단 위로 덜거덕거리며 올라오고 있어서 나는 그것이 누구인지 보기 위해 몸을 돌렸다.)

1.3. 다음 주어는 재잘거린다.

(3) The party guests **clattered over** the lunch.(그 파티 손님들은 재잘거리며 점심을 먹었다.)

1.4. 다음 주어는 소리를 내면서 계속적으로 작동한다.

(4) The typewriter was **clattering away**.(그 타자기는 계속 딱딱 소리를 내고 있었다.)

1.5. 다음 주어는 전치사 against의 목적어에 부딪쳐서 소리를 낸다.

(5) She set the cup down and it **clattered** against the saucer.(그녀가 컵을 놓자 그것은 받침접시에 부딪쳐 덜거덕거렸다.)

2. 타동사 용법

2.1 다음 주어는 목적어를 소리나게 한다.

(6) a. She **clattered** the dishes when she washed them up.(그녀는 그릇을 씻을 때 딸그락거렸다.)

   b. You must not **clatter** your knives and forks.(당신은 포크와 나이프를 덜거덕거려서는 안됩니다.)

   c. She **clattered** the dishes in the sink.(그녀는 접시들을 싱크대 속에서 덜거덕거렸다.)

claw

이 동사의 개념 바탕에는 claw의 명사 '짐승의 발톱'이 있다. 동사의 의미는 이 명사의 쓰임과 관계가 있다.

1 타동사 용법

1.1 다음 주어는 목적어를 발톱으로 할퀸다.

(1) a. The assailant **clawed** the police officer.(그 범죄자는 경찰관을 손톱으로 할퀴었다.)

   b. The cat **clawed** me on the head.(그 고양이가 내 머리를 발톱으로 할퀴었다.)

   c. She **clawed** him across the face.(그녀가 그의 얼굴을 손톱으로 할퀴었다.)

1.2. 다음 주어는 기듯이 나아간다.

(2) He **clawed** his way to the top and lost many friends in the process.(그는 기면서 정상까지 갔는데, 이 과정에서 많은 친구들을 잃었다.)

1.3. 다음 주어는 발톱으로 끌어당기듯 목적어를 끌어온다.

(3) The company managed to **claw** back its share of the market.(회사가 가까스로 시장에서의 몫을 끌어왔다.)

2. 자동사 용법

2.1. 다음 주어는 할퀴려고 노력한다.

(1) a. The cat **clawed** a hole in the couch.(그 고양이는 그 소파를 할퀴어서 구멍 하나를 냈다.)

   b. The cat **clawed** at the door.(그 고양이는 문을 할퀴었다.)

   c. The cat **clawed** at the rug.(그 고양이가 양탄자를

조금씩 할퀴었다.)

clean

이 동사의 개념 바탕에는 깨끗이 하는 과정이 있다.

1. 타동사 용법

1.1. 다음 주어는 목적어를 깨끗하게 한다.

(1) a. He **cleaned** his plate/his hands/his clothes.(그는 접시/손/옷을 깨끗이 했다.)

   b. He **cleaned** his shoes.(그는 신발을 닦았다.)

   c. We will have to **clean** the fish before we cook it.(우리는 요리하기 전에 생선을 깨끗이 씻어야만 할 것이다.)

   d. He will **clean** the land.(그는 땅을 치울 것이다.)

   e. I am going to **clean** the car this morning.(나는 오전에 차를 세차할 예정이다.)

   f. It's about time I **cleaned** these windows.(내가 이 창문들을 닦아야 할 시간이다.)

   g. The cat sat **cleaning** itself.(그 고양이는 자신을 닦으면서 앉아 있었다.)

   h. We **cleaned** the house from top to bottom.(우리는 집을 철두철미하게 청소하였다.)

1.2. 다음은 수동태 문장으로 주어는 깨끗이 청소된다.

(2) The wound should be thoroughly **cleaned**.(그 부상은 완전하게 소독되어야 한다.)

1.3. 다음 주어는 목적어를 깨끗이 하여 전치사 of의 목적어를 제거한다.

(3) He **cleaned** his shirt of dirt.(그는 셔츠에서 먼지를 제거하였다.)

1.4. 주어가 목적어를 청소할 때, 행동이 위에서 밑으로 이루어 질 때에는 down이 쓰인다.

(4) a. He **cleaned down** the wall.(그는 벽을 깨끗이 쓸어내렸다.)

   b. It is a good idea to **clean down** the woodwork before you paint it.(네가 그 목공품을 페인트칠하기 전에 깨끗이 닦아 내리는 것은 좋은 생각이다.)

1.5. 다음 주어는 목적어를 깨끗이 한다. 목적어는 그릇과 같은 공간이다.

(5) a. We will **clean out** the study.(우리는 서재를 치워내겠다.)

   b. We'd better **clean out** the attic.(우리는 다락방을 치우는 게 낫다.)

   c. He asked her to help him to **clean out** the stable.(그는 그녀에게 마구간 치우는 일을 도와달라고 부탁하였다.)

   d. I wish I could find time to **clean out** these cupboards.(내가 이 찬장들을 청소할 시간이 있었으면 좋겠다.)

   e. I will **clean out** the wardrobe and make some space for it.(나는 옷장을 치워내어서 약간의 공간을 만들겠다.)

1.6. 다음 주어는 목적어를 털어서 전치사 out of의 목적어를 빼앗는다.

(6) a. The burglars **cleaned** her **out** of all her jewellery.(그 강도들은 그녀를 털어서 모든 보석들을 빼앗았

다.)

b. The trip **cleaned** us **out**.(그 여행은 우리를 빈털털이로 만들었다.)

c. He was **cleaned out** by the huge expenses of moving house.(그는 이사하는데 드는 비싼 비용 때문에 빈털털이가 되었다.)

1.7. 다음 주어가 목적어를 완전히 치운다.

(7) a. Many regional governments **cleaned up** their beaches.(많은 지방 정부들이 해변을 깨끗이 청소하였다.)

b. The workmen **cleaned up** the mess before they left.(일하는 사람들은 떠나기 전에 엉망진창이 된 것을 정리하였다.)

c. The mayor is determined to **clean up** the city.(그 시장은 도시를 깨끗이 청소하기로 마음먹는다.)

d. We spent all morning **cleaning up** the streets.(우리는 거리를 청소하느라고 오전을 다 보냈다.)

e. My hands are filthy; I'd better go and **clean** myself **up**.(내 손은 더럽다; 나는 가서 잘 씻는 게 낫겠다.)

f. **Clean** yourself **up** before you have your dinner.(저녁 먹기 전에 잘 씻어라.)

1.8. 다음 주어는 목적어를 전치사 off나 from의 목적어로부터 제거한다.

(8) a. She **cleaned** the dirt **from/off** her fingernails.(그녀는 그 먼지를 손톱에서 제거하였다.)

b. We **cleaned** the marks **off** the table.(우리는 그 자국을 식탁에서 제거하였다.)

c. Would you please **clean** the finger marks **from/off** the door?(너는 그 손자국을 문에서 지워주겠니?

2. 자동사 용법

2.1. 다음 주어는 오물이 제거되는 장소이다. 주어의 성질에 따라서 clean의 과정이 좌우된다.

(9) a. The carpet doesn't **clean** well.(그 카펫은 깨끗하게 빨리지 않는다.)

b. The dress **cleans** well.(그 드레스는 깨끗하게 빨린다.)

c. This kind of fabric **cleans** easily.(이런 종류의 직물은 쉽게 빨린다.)

d. The room **cleans** easily because it doesn't have much furniture in it.(그 방은 그 안에 많은 가구가 없기 때문에 쉽게 치워질 수 있다.)

e. This room **cleans** more easily than the next-door one.(이 방은 옆방보다 더 잘 치워졌다.)

f. Wood flooring not only **cleans** easily but it is environmentally friendly.(나무 바닥은 쉽게 청소될 뿐만 아니라 환경 친화적이다.)

2.2. 다음에서 주어는 제거되는 오물이다.

(10) I hope these bloodstains **clean** off my shirt.(나는 이 핏자국이 내 셔츠에서 완전히 빠졌으면 좋겠다.)

2.3. 다음 주어는 몸을 씻는다.

(11) a. I need to **clean up** before we go out.(나는 우리가 외출하기 전에 잘 씻을 필요가 있다.)

b. We'll have to **clean up** before your mom comes to pick you up.(너희 엄마가 너를 데리러 오기 전에

우리는 잘 씻어야만 한다.)

2.4. 다음 주어는 청소한다.

(12) a. I am going to **clean** this morning.(나는 오늘 아침에 청소할 것이다.)

b. I am tired of **cleaning up** after you.(나는 너를 따라다니며 청소하느라고 지쳤다.)

c. She comes in to **clean** once a week.(그녀는 일주일에 한 번 청소하러 온다.)

d. The council will find someone to **clean** for you if you apply to them.(만일 네가 신청하면, 그 위원회는 너를 위해서 청소해 줄 사람을 찾을 것이다.)

cleanse

이 동사의 개념 바탕에는 특별한 물질이나 방법으로 불순물을 제거하는 과정이 있다.

1. 타동사 용법

1.1. 다음 주어는 목적어를 깨끗하게 한다. 주어는 개체이다.

(1) a. This cream will **cleanse** your skin.(이 크림은 당신의 피부를 깨끗하게 할 것입니다.)

b. Confessions **cleanse** the soul.(고백은 영혼을 깨끗하게 한다.)

1.2. 다음 주어는 목적어를 깨끗이 한다. 주어는 사람이다.

(2) a. The priest asked the congregation to **cleanse** their thoughts.(그 신부는 그 교인들에게 생각들을 정화하라고 부탁했다.)

b. The nurse **cleansed** the wound before stitching.(그 간호원은 꿰매기 전에 상처를 깨끗이 했다.)

1.3. 다음 주어는 목적어를 깨끗하게 하여 전치사 of의 목적어를 제거한다.

(3) a. Your body has to **cleanse** itself **of** tobacco toxins.(당신의 몸은 자체를 정화하여 담배 독을 제거해야 한다.)

b. He **cleansed** the soul **of** sin.(그는 영혼을 깨끗이 하여 죄를 없앴다.)

c. He tried to **cleanse** the mind **of** vice/wicked thoughts.(그는 마음을 깨끗이 하여 악/사악한 생각을 없애려고 했다.)

d. He **cleansed** his heart **of** rancor.(그는 마음을 깨끗이 하여 원한을 없앴다.)

e. The mayor promised to **cleanse** the city **of** drug dealers.(그 시장은 그 시를 정화하여 마약 밀매업자를 없애겠다고 약속했다.)

1.4. 다음은 수동태 문장으로 주어는 깨끗하게 된다.

(4) a. He felt **cleansed of** sin.(그는 깨끗해져서 죄가 없어진 것으로 느꼈다.)

b. He felt he had been **cleansed of** guilt.(그는 자신이 깨끗해져서 죄가 없어진 것으로 느꼈다.)

1.5. 다음 주어는 목적어를 전치사 from의 목적어에서 제거한다.

(5) a. He tried to **cleanse** sin **from** the soul.(그는 죄를 영혼에서 제거하려고 했다.)

b. He **cleansed** rancor **from** his heart.(그는 원한을

마음에서 제거했다.)

clear

이 동사의 개념 바탕에는 치우는 과정이 있다.

1. 타동사 용법

1.1. 다음 주어는 목적어를 치운다. 목적어는 치워지는 장소이다.

(1) a. They cleared the way for him to leave the country safely.(그들은 그가 나라를 안전하게 떠나도록 길을 치웠다.)

b. It took several hours to clear the road after the accident.(그 사고 후에 길을 치우는데 몇 시간이 걸렸다.)

c. She was trying to clear a path for the stretcher.(그녀는 들 것을 위하여 길을 치우려고 노력하고 있었다.)

d. The rain has helped clear the air.(그 비가 공기를 깨끗하게 하는데 도움을 주었다.)

e. The settlers cleared the land for farming.(그 정착자들은 농사를 위하여 땅을 개간하였다.)

f. Will you clear the table? (그 탁자를 치워주겠니?)

g. He cleared his throat.(그는 목을 맑게 하였다/가래를 없앴다.)

h. They cleared their plates.(그들은 접시들을 비웠다.)

1.2. 다음 주어는 목적어를 치워서 만든다.

(2) I cleared a space on my desk to put down the printer.(나는 그 프린터를 두기 위하여 책상 위에 공간을 만들었다.)

1.3. 다음 주어는 그 자체가 목적어를 치운다.

(3) a. The nasal spray will clear the blocked nose.(그 코분무가 그 막힌 코를 트이게 할 것이다.)

b. The huge snow plows cleared the road.(그 거대한 제설기가 그 길을 치웠다.)

c. The bomb-disposal people insisted that the building should be cleared.(그 폭탄 제거하는 사람들은 그 빌딩은 비워져야 한다고 주장하였다.)

1.4. 다음 주어는 목적어를 치워서 전치사 of의 목적어를 제거한다.

(4) a. They could not clear the tunnel of smoke.(그들은 그 터널에서 연기를 제거할 수 없었다.)

b. Paul cleared the path of snow.(폴은 그 길에서 눈을 제거했다.)

c. They cleared the streets of snow.(그들은 그 거리들을 치워서 눈을 제거했다.)

d. Police cleared the area of the crowd. (경찰은 그 지역에서 그 군중들을 쫓아내었다.)

e. She cleared the table of dishes and plates.(그녀는 그 탁자에서 음식들과 접시들을 제거했다.)

f. They cleared the canal of obstructions.(그들은 그 운하에서 방해물들을 제거하였다.)

g. They cleared the land of trees.(그들은 그 땅에서 나무들을 없앴다.)

h. They cleared the road of the fallen trees.(그들은

그 길에서 그 넘어진 나무들을 제거했다.)

i. The soap will help clear your skin of spots.(그 비누는 너의 피부를 깨끗하게 해서 점들을 없애 줄 것이다.)

1.5. 마음은 장소로서 그곳에 걱정, 근심 등이 있는 것으로 개념화된다. 주어는 목적어를 치운다.

(5) a. Our therapists will show you how to clear your mind of worries.(우리의 치료사는 너에게 어떻게 마음을 비워서 걱정을 없애는지 보여줄 것이다.)

b. A walk by the sea would clear your head/mind. (바닷가를 걷는 것은 너의 머리/마음을 맑게 해줄 것이다.)

c. He walked up the avenue to clear his mind.(그는 마음을 맑게 하기 위하여 큰 길을 따라 걸어 올라갔다.)

1.6. 죄과나 혐의는 깨끗하지 못한 것으로 개념화되고, 이 것은 다른 때와 같이 제거될 수 있는 것으로 개념화된다.

(6) a. The jury cleared the defendant of the charge.(그 배심원단은 그 피고인의 혐의를 벗겨주었다.)

b. He cleared himself of all charges.(그는 모든 혐의를 벗었다.)

1.7. 다음은 수동태 문장으로 주어는 혐의가 벗겨진다.

(7) a. She was cleared after the new evidence has been produced.(그녀는 새 증거가 발견된 후에 혐의가 벗겨졌다.)

b. She was cleared of all charges.(그녀는 모든 혐의가 벗겨졌다.)

c. She was cleared of murder.(그녀는 살인 혐의가 벗겨졌다.)

1.8. 다음 목적어는 환유적으로 쓰여서 치워지는 개체를 가리킨다. 주어는 목적어를 치운다.

(8) a. He cleared out the drain/the cupboard.(그는 배수로/찬장을 치웠다.)

b. You should clear out your drawers.(너는 서랍을 치워야 한다.)

c. They cleared out the attic.(그들은 다락방을 청소하였다.)

1.9. 다음 주어는 목적어를 치운다. 목적어는 치워지는 개체나 물질이다.

(9) a. Once the guests have finished eating, clear the plates.(그 손님들이 먹는 것을 끝내면, 그 접시들을 치워라.)

b. Shops are holding sales to clear their summer stock.(가게들은 여름 재고품을 치우기 위하여 세일을 하고 있다.)

c. There will be more room if you clear these chairs to one side.(네가 이 의자들을 한쪽으로 치우면 더 많은 공간이 생길 것이다.)

1.10. 다음 목적어는 혼란스러운 상태이다.

(10) Her reply cleared the confusion.(그녀의 대답은 그 혼란을 해결하였다.)

1.11. 다음 주어는 목적어를 전치사 from이나 off로부터 치운다.

(11) a. Could you clear your things from/off the sofa so that I can sit down.(내가 앉을 수 있게 네 물건들을

그 소파에서 치워주겠니?)

b. Firemen were still **clearing** rubble **from** the collapsed apartment.(소방수들은 아직까지도 조각을 그 붕괴된 아파트에서 치우고 있었다.)

c. Police **cleared** the crowd **from** the area.(경찰은 군중들을 그 지역에서 쫓아내었다.)

d. The lotion will **clear** the blemishes **from** your skin.(그 로션은 그 흠들을 너의 피부로부터 없애줄 것이다.)

e. They **cleared** the fallen trees **from** the road.(그들은 그 쓰러진 나무들을 길에서 치웠다.)

f. They **cleared** the obstructions **from** the canal.(그들은 방해물들을 그 운하에서 치웠다.)

g. They could not **clear** the smoke **from** the tunnel.(그들은 그 연기를 그 터널에서 제거할 수 없었다.)

1.12. 다음 주어는 목적어를 off의 목적어에서 제거한다.

(12) a. The police used dogs to **clear** campers **off** the village green.(경찰은 캠핑하는 사람들을 그 마을의 녹지에서 쫓아내기 위하여 개들을 사용하였다.)

b. I will just **clear** all my papers **off** the table.(나는 내 모든 서류들을 그 탁자에서 치우겠다.)

1.13. 다음 주어는 목적어를 긁어들인다.

(13) He **cleared** $100 on the deal.(그는 100달러를 그 거래에서 싹쓸이했다.)

1.14. 치워지는 개체가 완전하게 치워진 상태를 나타내기 위해서 up이 쓰인다.

(14) a. I want you to **clear up** all the toys before dinner.(나는 네가 저녁식사 전에 모든 장난감들을 다 치우길 바란다.)

b. Who is going to **clear up** the mess?(누가 그 어질러진 것들을 다 치울 것이니?)

c. It is time we **cleared out** the old magazines.(지금은 우리가 오래된 잡지들을 치울 시간이다.)

d. Will you **clear** the plates **away**?(네가 접시들을 치울 것이니?)

1.15. 어떤 장소에서 물체를 치우면, 이 물체는 주어진 장소에서 떨어지면서 공간이 생긴다. 다음 주어는 목적어를 접촉되지 않고 지나간다.

(15) a. Can your horse **clear** the hedge/fence/wall/hurdle?(너의 말이 그 장벽/울타리/벽/장애물을 넘을 수 있니?)

b. Jack the wheel until it **clears** the ground.(바퀴가 땅을 벗어날 때까지 그것을 들어올려라.)

c. Our car just **cleared** the gate post.(우리 차가 간신히 그 문기둥을 비켜나갔다.)

d. The ship **cleared** the reef.(그 배는 암초를 피하였다.)

e. He **cleared** six feet in the high jump.(그는 높이 뛰기에서 육 피트를 성공적으로 뛰어넘었다.)

f. He is the only athlete who **cleared** the height.(그는 그 높이를 뛸 수 있는 유일한 선수이다.)

g. He **cleared** the jump easily.(그는 그 점프를 쉽게 했다.)

1.16. 물품 통관이나 법안 통과는 세관 검사나 입법 절차를 거친다. 주어는 이러한 검사나 절차에 걸리

지 않고 지나간다.

(16) a. She **cleared** the customs at the airport.(그녀는 공항에서 통과했다.)

b. The car **cleared** the customs.(그 차는 세관을 통과하였다.)

1.17. 다음 주어는 목적어가 어떤 장애물을 통과하도록 돕는다.

(17) a. He **cleared** the goods through the customs.(그는 그 상품들을 세관을 통과시켰다.)

b. Customs **cleared** the ship, and allowed it to unload.(세관은 그 배를 통과시켜서 하역을 허락했다.)

c. The bank still takes two or three weeks to **clear** a check.(그 은행은 아직도 수표를 결재하는데 이 주에서 삼 주를 잡는다.)

d. The cargo has been **cleared** by the customs.(그 화물은 세관에 통과되었다.)

1.18. 법안은 국회를 통과해야 한다. 주어는 목적어를 통과한다.

(18) The bill **cleared** the senate.(그 법안은 상원을 통과하였다.)

1.19. 다음 목적어는 허가를 받아야 진행될 수 있는 것이다. 주어는 목적어를 통과하게 한다.

(19) a. He **cleared** the plan with the headquarters.(그는 그 계획을 본부에서 승인을 받았다.)

b. He **cleared** the project with his boss.(그는 그 기획 사업을 사장에게 승인을 받았다.)

c. I don't know if I can use the car tonight. I have to **clear** it with my mom.(나는 내가 그 차를 오늘 사용할 수 있을지 모르겠다. 나는 그것을 엄마에게 허락을 받아야 한다.)

d. We must **clear** it first with the head office.(우리는 그것을 우선 본부로부터 허락을 받아야만 한다.)

1.20. 다음은 수동태 문장으로 주어는 통과된다.

(20) a. The plans for the new building has not been **cleared** yet.(그 새 건물을 위한 계획은 아직 승인을 받지 못했다.)

b. The plans have not been **cleared** by the council.(그 계획은 아직 그 위원회로부터 승인을 받지 못했다.)

1.21. 다음 주어는 목적어의 통과를 허락한다.

(21) a. The tower **cleared** the plane for take-off.(그 관제탑은 비행기 이륙을 허가하였다.)

b. The helicopter was **cleared** for take-off.(그 헬리콥터는 이륙이 허가되었다.)

1.22. 다음 주어는 목적어를 청산한다.

(22) a. He **cleared up** his debt.(그는 빚을 다 갚았다.)

b. He **cleared up** the misunderstanding.(그는 오해를 풀었다.)

c. She fought to **clear** her name.(그녀는 이름을 깨끗하게 하기 위하여 싸웠다.)

2. 자동사 용법

2.1. 다음 주어는 치워지는 장소이다.

(23) a. After the storm, the sky **cleared**.(그 폭풍 후에, 하늘이 맑아졌다.)

b. **The sky cleared**, leaving no cloud.(하늘이 맑아져서 구름이 한 점도 없었다.)

c. **The sky** is **clearing up**.(하늘이 개이고 있다.)

d. **Your skin** will **clear** if you stop eating so many sweets.(네가 그렇게 많은 단것들을 그만 먹으면, 너의 피부는 깨끗해질 것이다.)

e. **The water** slowly **cleared**.(그 물은 천천히 맑아졌다.)

f. **Her brow cleared** and she smiled.(그녀는 얼굴이 밝아지면서 미소지었다.)

g. **Her mind cleared** and she knew what she had to do.(그녀의 마음이 맑아지면서 무엇을 해야만 하는지 알았다.)

h. I hope **the weather** will **clear** up by mid-day.(나는 정오까지 날씨가 맑아지기를 희망한다.)

i. If you hit this key on the computer, **the screen** will **clear**.(네가 컴퓨터의 이 키를 친다면, 화면이 밝아질 것이다.)

j. Slowly **my vision cleared**.(천천히 나의 시야가 밝아졌다.)

2.2. 다음 주어는 치워지는 개체이다.
(24) **The clouds** have **cleared** away.(그 구름들은 걷히었다.)

2.3. 다음 주어는 치워진다.
(25) a. **The confusion cleared**, and we knew what we had to do.(그 혼란이 해소되자 우리는 무엇을 해야만 할지 알았다.)

b. **These problems** will **clear** shortly.(이 문제들은 곧 해결될 것이다.)

c. We waited for **the mist** to **clear** before climbing further.(우리는 더 오르기 전에 그 안개가 걷히기를 기다렸다.)

d. **The fog** is **clearing** away.(그 안개는 걷히고 있다.)

2.4. 다음 주어는 치우는 사람이다.
(26) a. Don't expect me to **clear** up after you all the time.(내가 항상 네 뒤를 따라 다니며 치워줄 거라고 기대하지 말아라.)

b. It's Peter's turn to **clear** away.(이제 피터가 치울 차례이다.)

c. Tania cooked, served, and **cleared** away.(타니아는 요리를 하고, 시중을 들고 치웠다.)

2.5. 다음 주어는 어떤 장소에서 떠난다.
(27) a. **Clear off**, and leave me alone.(물러가, 그리고 나를 혼자 내버려둬.)

b. The farmer shouted at the boys to **clear off** his land.(그 농부는 소년들에게 고함쳐서 그의 땅에서 나가라고 했다.)

c. They told me to **clear off**.(그들은 나에게 꺼지라고 말했다.)

2.6. 다음 주어는 어떤 장소에서 나간다.
(28) a. "**Clear out!**" he bawled.("나가 버려"라고 그가 고함쳤다.)

b. My landlord has given me a week to **clear out** of the apartment.(나의 주인은 내가 그 아파트를 비우는데 일주일을 주었다.)

c. The police are after you, you'd better **clear out**.(경찰이 너를 뒤따르고 있으니, 너는 나가버리는 게 낫겠다.)

d. When a fire started, people **cleared out** of the building.(불이 나기 시작했을 때, 사람들은 그 건물을 빠져나왔다.)

cleave[1]

이 동사의 개념 바탕에는 어느 개체가 쪼개지는 과정이 있다.

1. 타동사 용법
1.1. 다음 주어는 목적어를 전치사 with의 목적어로 쪼갠다.
(1) a. He **cleft** the log **with** a single blow of an axe.(그는 도끼질 한 번으로 통나무를 조각냈다.)

b. He **clove** the pumpkin open **with** the kitchen knife.(그는 부엌칼로 호박을 갈랐다.)

1.2. 다음 주어는 그 자체가 목적어를 가른다.
(2) a. Class divisions have **cleft** the society.(계층 분류가 사회를 분열시켜 왔다.)

b. The axe **cleft** the piece of wood.(그 도끼는 그 나무 토막을 갈랐다.)

1.3. 다음 주어는 목적어를 갈라서 상태 변화를 받게 한다.
(3) a. He **clove** the branch in two.(그는 그 나뭇가지를 둘로 쪼갰다.)

b. He **clove** the tree in two.(그는 그 나무를 둘로 쪼갰다.)

c. She **cleaved** the log **into** three sections.(그녀는 그 통나무를 세 토막으로 쪼갰다.)

d. He **cleaved** it asunder/open.(그는 그것을 갈기갈기 찢었다/베어 갈랐다.)

e. She **cleaved** a tree **down**.(그녀는 나무를 베어 넘어뜨렸다.)

f. I **cleaved** it in two.(나는 그것을 두 조각 냈다.)

g. The pain of it seemed almost to **cleave** her in two.(그 고통이 그녀를 둘로 갈라놓는 것 같았다.)

1.4. 다음은 수동태 문장으로 주어는 쪼개어진다.
(4) a. The wooden door was **cleft** in two.(그 나무 문이 둘로 쪼개졌다.)

b. The board was **cleft** by a sharp blow of the athlete's hand.(그 판자는 그 운동선수의 날카로운 일격에 쪼개졌다.)

1.5. 다음 주어는 목적어를 전치사 from의 목적어에서 가른다.
(5) The teacher **cleaved** those boys from the others.(그 선생님은 저 소년들을 다른 학생들로부터 분리시켰다.)

1.6. 다음 주어는 목적어를 가른다.
(6) a. His fist **cleft** the air.(그의 주먹이 공중을 갈랐다.)

b. The huge boat **cleaved** the darkness.(그 거대한 배가 그 어둠을 갈랐다.)

c. The airplane **cleft** the clouds.(그 비행기가 구름을 갈랐다.)

d. The lightning **cleft** the tree.(그 번개가 그 나무를

갈랐다.)

   e. The ship's prow **cleaved** the choppy waters.(그 배의 이물은 파도가 일렁이는 바다를 갈랐다.)

1.7. 다음은 수동태 문장으로 주어는 갈라진다.

(7) His skin was **cleft** with deep lines.(그의 피부는 깊은 주름살로 갈라져 있었다.)

1.8. 다음 주어는 목적어 (path와 way)를 만든다..

(8) a. They **cleft** a path through the wilderness.(그들은 그 황야를 가르는 길을 만들며 나아갔다.)

   b. We **clove** a path through the jungle.(우리는 그 밀림을 헤치며 나아갔다.)

   c. They had to **cleave** their way through the forest. (그들은 그 숲을 헤치며 길을 만들어 나아가야 했다.)

   d. They are **cleaving** a way through the jungle.(그들은 밀림을 헤치며 길을 만들어 나아가는 중이다.)

   e. They **cleaved** a trail through the forest.(그들은 숲을 헤치며 나아갔다.)

   e. The ship **cleaved** its way through the ice.(그 배는 얼음을 헤치며 나갔다.)

2. 자동사 용법

2.1. 다음의 주어는 움직이는 개체이다. 움직이면서 선을 긋는다.

(9) a. The ship was **cleaving** through the water.(그 배는 물을 가르며 나아가고 있었다.)

   b. The boy **cleaved** through the crowd.(그 소년은 군중을 헤치고 나아갔다.)

2.2. 다음의 주어는 쪼개어지는 개체이다.

(10) a. Certain brittle woods **cleave** easily.(어떤 약한 나무들은 쉽게 갈라진다.)

   b. The beam **cleaved** during the earthquake.(그 대들보가 지진 중에 갈라졌다.)

   c. With one blow of the axe, the rock **clove** into two pieces.(도끼질 한 번으로 바위가 두 조각 났다.)

   d. The earth **cleaved**, leaving a deep and dangerous gorge.(땅이 갈라지면서 깊고 위험한 협곡을 남겼다.)

cleave²

이 동사의 개념 바탕에는 붙는 과정이 있다.

1. 자동사 용법

1.1. 다음의 주어는 to의 목적어에 달라붙는다.

(1) a. Her tongue **clove** to the roof of her mouth.(그녀의 혀가 입천장에 달라붙었다.)

   b. Her wet dress **cleaved** to her body.(그녀의 젖은 옷이 몸에 달라붙었다.)

   c. John still **cleaves** to his romantic ideals.(존은 아직도 낭만적 이상에 매달린다.)

   d. You **cleave** to the money's worth.(당신은 돈의 가치를 고수한다.)

   e. John still **cleaves** to his principle.(존은 아직도 자신의 원칙을 고수한다.)

clench

이 동사의 개념 바탕에는 꼭 쥐는 과정이 있다.

1 타동사 용법

1.1. 다음 주어는 목적어를 꼭 쥔다. 목적어는 조이는 개체이다.

(1) a. The baby **clenched** its fist and began to cry.(그 아기는 주먹을 꼭 쥐고 울기 시작했다.)

   b. He **clenched** his teeth and tried to control his rage.(그는 이를 꽉 물고 분노를 삭히려 했다.)

1.2 다음 주어는 목적어를 꼭 쥔다.

(2) a. She **clenched** the letter in her hand as she read it aloud.(그녀는 그 편지를 소리내 읽으며 그것을 자기 손 안에 움켜쥐었다.)

   b. The baby **clenched** my hand in fright.(그 아기는 무서움에 내 손을 꼭 잡았다.)

   c. He **clenched** his cigar in his teeth.(그는 담배를 이빨에 꽉 물었다.)

2. 자동사 용법

2.1. 다음 주어는 조여진다.

(1) a. His fist **clenched** slowly.(그의 주먹이 천천히 움켜졌다.)

   b. The muscles in his jaw **clenched**.(그의 턱의 근육이 조여졌다.)

click

이 동사의 개념 바탕에는 찰칵/딸깍 소리가 나는 과정이 있다.

1. 타동사 용법

1.1. 다음 주어는 찰칵 소리를 내면서 목적어를 만진다.

(1) a. He **clicked** the light switch on.(그는 전등을 찰칵 켰다.)

   b. The photographer **clicked** the shutter on the camera.(그 사진사는 카메라 셔터를 찰칵 눌렀다.)

   c. He **clicked** his ball-pointpen.(그는 볼펜을 찰칵 눌렀다.)

   d. The dancer **clicked** the castanets to the music.(그 무용수는 캐스터네츠를 음악에 맞춰 짝짝 했다.)

1.2. 다음 주어는 목적어를 찰칵 소리가 나게 한다.

(2) a. He **clicked** his fingers at the waiter.(그는 손가락을 그 웨이터에게 딱딱 소리를 냈다.)

   b. He **clicked** his tongue.(그는 그의 혀를 딱딱 소리나게 했다.)

   c. He **clicked** his heels and saluted.(그는 구두 뒤축을 딱 소리를 내며 인사를 했다.)

1.3. 다음 주어는 목적어를 다른 개체에 대면서 소리가 나게 한다.

(3) He **clicked** his glass against the table.(그는 유리잔을 그 테이블에 딱 소리를 내며 내려놓았다.)

2. 자동사 용법

2.1. 다음 주어는 짧은 소리를 낸다.

(4) a. The door clicked shut.(그 문은 철거덕 소리를 내며 닫혔다.)

b. The camera clicked as the button was pressed. (그 카메라는 버튼이 눌러지면서 찰칵 소리가 났다.)

c. The camera clicked away.(그 카메라가 계속 찰칵 거렸다.)

d. The castanets clicked in time to the music.(그 캐스터네츠가 음악에 맞춰 제때 딱딱 소리를 냈다.)

2.2. 다음 주어는 아이콘을 갖다댄다.

(5) a. I clicked on the link to the next page of the web site.(나는 그 웹사이트의 다음 페이지로 연결하는 링크에 클릭했다.)

b. Click on the icon to erase the file.(그 문서 화일을 지우기 위해 그 아이콘을 짤깍 눌러라.)

2.3. 다음 두 사람은 손이나 마음이 잘 맞는다.

(6) a. We met at a party and clicked immediately.(우리는 파티에서 만나 즉시 의기 투합했다.)

b. They clicked each other the first time they met. (그들은 처음 만났을 때 서로 사랑하게 되었다.)

c. Their personalities don't click.(그들의 성격은 서로 맞지 않는다.)

2.4. 다음 주어는 with의 목적어와 마음이나 손이 잘 맞는다.

(7) a. He's never clicked with his students.(그는 결코 학생들과 호흡이 맞지 않았다.)

b. The singer clicked with teenagers.(그 가수는 10 대의 아이들에게 인기가 있었다.)

c. His career click with that hit record.(그의 경력은 음반을 성공시키기에 잘 맞는다.)

2.5. 「마음은 기계」 은유가 쓰인 표현이다. 주어는 딸깍 소리를 내면서 움직인다.

(8) a. His mind clicked, and he figured a way out.(그의 마음 속에 무언가 순간 떠오르면서 그는 방법을 생각해 냈다.)

b. The name clicked when I saw the actor's picture. (내가 그 배우의 사진을 보았을 때, 그의 이름이 딱 떠올랐다.)

climb

이 동사의 개념 바탕에는 기어오르는 과정이 있다.

1. 타동사 용법

1.1. 다음 주어는 목적어를 기어오른다.

(1) a. He climbed a tree/mast/ladder.(그는 나무/돛대/사다리를 기어 올라갔다.)

b. He climbed a steep wall of rock.(그는 가파른 암벽을 기어 올라갔다.)

c. The train climbed the mountainside slowly.(그 기차는 산 옆을 천천히 기어 올라갔다.)

d. The sun has climbed the sky.(태양이 하늘을 기어 올랐다.)

e. The ivy climbs the wall of the house.(그 덩굴은 집의 벽을 기어 오른다.)

2. 자동사 용법

2.1. 다음 주어는 기어서 down, up이나 over의 목적어를 따라 긴다.

(2) a. He climbed down the rope.(그는 로프를 타고 천천히 기어 내려왔다.)

b. The child climbed down the ladder.(그 아이는 사다리를 기어 내려왔다.)

c. We climbed down the side of the cliff.(우리는 절벽의 벽을 따라 기어 내려왔다.)

(3) a. He climbed up a ladder.(그는 사다리 위로 기어 올라갔다.)

b. The old lady climbed up the stairs with difficulty. (그 나이든 여자는 힘들게 계단 위로 올라갔다.)

(4) a. The cat climbed over the fence.(그 고양이는 울타리를 기어 넘었다.)

b. He climbed over the high wall.(그는 높은 벽을 기어 넘었다.)

2.2. 다음 주어는 기어서 들어간다.

(5) a. He climbed into a jeep.(그는 기어서 지프차에 들어갔다.)

b. He climbed into his clothes.(그는 옷 속으로 들어갔다. 즉 옷을 입었다.)

c. She climbed into the lifeboat.(그녀는 구명보트로 기어 들어갔다.)

2.3. 다음 주어는 기어서 나온다.

(6) a. She climbed out of the window.(그녀는 창문에서 기어 나왔다.)

b. He climbed out of his clothes.(그는 손발을 써서 옷을 벗었다.)

2.4. 다음 주어는 기어서 to의 목적어에 이른다.

(7) a. The balloon climbed to a very great height.(그 풍선은 아주 높이 올라갔다.)

b. They climbed to the top of the mountain.(그들은 산의 정상에 기어 올라갔다.)

c. The airplane climbed to 3000 feet.(그 비행기는 3,000 피트까지 올라갔다.)

d. He climbed to power slowly but surely.(그는 천천히 그러나 확실히 권력에 부상했다.)

e. He climbed to the top of his department.(그는 꼭대기에 올랐다.)

2.5. 다음에는 방향이 명시되지 않았지만, 주어는 위로 기어 오른다.

(8) a. The smoke was climbing in the windless sky.(그 연기는 바람 없는 하늘에 기어 오르고 있었다.)

b. The sun climbed steadily in the sky.(해가 하늘에 꾸준히 올라갔다.)

2.6. 다음 주어는 움직이지 않으나 전체 형상을 눈으로 따라가면 올라간다.

(9) a. The road climbed steeply.(그 길은 가파르게 올라갔다.)

b. The mountains climbed steeply from the floor of the valley.(그 산들은 계곡의 바닥에서부터 가파르게 올랐다.)

c. The trail climbed to the top of the cliff.(그 소로는 절벽의 꼭지까지 올라갔다.)

2.7. 다음 주어는 추상적이지만 구체적인 개체로 개념

화되어 있다. [많음은 위] 은유가 쓰인 표현이다.

(10) a. Prices **climbed** last week.(가격이 지난 주 올랐다.)

　b. The patient's fever began to **climb**.(그 환자의 열이 오르기 시작했다.)

clinch

이 동사의 개념 바탕에는 clinch의 명사 '맞붙기'와 '구부린 못 끝'이 있다. 동사의 의미는 이 명사의 상태와 관련된다.

1. 타동사 용법

1.1. 다음 주어는 목적어를 구부려서 고정한다.

(1)　He **clinched** the nail.(그는 박은 못의 끝을 구부려서 마무리 지었다.)

1.2. 다음 주어는 목적어를 죈다.

(2) a. He **clinched** two boards together.(그는 널빤지 두 장을 못박아 붙였다.)

　b. He **clinched** rafters in place.(그는 서까래를 제 자리에 못질을 해서 붙였다.)

1.3. 다음 주어는 목적어를 부둥켜안는다.

(3)　He **clinched** his opponent.(그는 상대방을 껴안았다.)

1.4. 다음 주어는 목적어를 마무리 짓는다.

(4) a. Germany scored in the last ten minutes to **clinch** the championship.(독일팀은 그 우승을 굳히기 위해 마지막 10분 동안에 득점을 했다.)

　b. That **clinches** the deal.(그것은 그 거래를 성립시켰다.)

　c. We have **clinched** an agreement/bargain.(우리는 계약/거래를 성립시켰다.)

　d. "I'll pay your airfare." "Okay, that **clinches** it. – I will come with you." ("내가 네 항공료를 지불하겠다." "좋아, 그것으로 됐어. 너와 함께 가겠다.")

　e. He **clinched** the contract with the company.(그는 회사와 계약을 성사시켰다.)

2. 자동사 용법

2.1. 다음 주어는 부둥켜안는다.

(5) a. The lovers **clinched**.(그 연인은 서로 포옹했다.)

　b. The boxers **clinched** each other.(그 권투 선수들은 서로 끌어안았다.)

cling

이 동사의 개념 바탕에는 매달리는 과정이 있다.

1. 타동사 용법

1.1. 다음의 주어는 전치사 to의 목적어에 매달린다.

(1) a. The survivors **clung** to a raft.(그 생존자들은 뗏목에 매달렸다.)

　b. He **clung** onto the branch, and hoped that it would support his weight.(그는 그 가지를 잡고 매달려 그것이 그의 무게를 지탱할 수 있기를 소망했다.)

　c. He **clung** to the riverbank and survived.(그는 강둑에 매달려 살아남았다.)

　d. I **clung** to the door to support myself.(나는 스스로를 지탱하기 위해 문에 매달렸다.)

　e. The climbers had to **cling** to the ropes.(그 등산가들은 밧줄에 매달려야만 했다.)

1.2. 다음에서 주어는 사람에게 매달린다.

(2) a. They **clung** to one another for comforts.(그들은 위안을 받기 위해 서로에게 매달렸다.)

　b. The children **clung** to each other in the dark.(그 아이들은 어둠 속에서 서로 끌어안았다.)

　c. She **clung** onto him in the water because she could not swim.(그녀는 헤엄을 칠 수 없었기 때문에 물 속에서 그에게 매달렸다.)

　d. She **clung** to her husband as he said goodby.(그녀는 남편이 작별인사를 할 때 그에게 매달렸다.)

　e. The child **clung** to his mother's skirt.(그 아이는 엄마의 치맛자락에 매달렸다.)

1.3. 다음에서 주어는 정신적으로 목적어에 매달린다.

(3) a. The child **clung** to her mother, begging not to leave.(그 아이는 엄마에게 매달려서 떠나지 말라고 애원하였다.)

　b. I **clung** onto Bill for comfort.(나는 위안을 받기 위해 빌에 매달렸다.)

　c. After her mother's death, she **clung** to her aunt more than ever.(엄마가 죽은 후에 그녀는 숙모에게 그 언제보다 더 매달렸다.)

　d. She **clings** to his mother even though she's an adult.(어른이 되었음에도 그녀는 엄마에게 매달린다.)

　e. He **clings** to his mother for support and affection.(그는 후원과 애정을 얻기 위해 어머니에게 매달린다.)

1.4. 믿음, 희망, 생각 등은 구체적 개체로 개념화된다. 주어는 이러한 개체에 매달린다.

(4) a. They are **clinging** to the old method/an old custom.(그들은 낡은 방법/구습에 집착하고 있다.)

　b. He **clung** to the memories of home.(그는 집 생각에 집착했다.)

　c. He **clings** to his faith/his opinion.(그는 그의 신념/의견에 집착한다.)

　d. She managed to **cling** on to life for another couple of years.(그녀는 2년 더 가까스로 목숨을 부지했다.)

　e. She's **clinging** to the past; she has to go forward and forget him.(그녀는 과거에 집착하고 있다; 그녀는 앞으로 나아가 그를 잊어야 한다.)

　f. The dictator **clung** to power.(그 독재자는 권력에 집착했다.)

　g. The sick woman **clung** to the idea that she would be well again.(그 아픈 여인은 다시 회복되리라는 생각에 집착했다.)

　h. Her supporter is still **clinging** to the belief that she is innocent.(그녀의 지지자는 아직도 그녀가 결백하다는 믿음에 집착하고 있다.)

　i. She **clung** to the hope that she might see her son again.(그녀는 아들을 다시 볼 수 있으리란 희망에 집착했다.)

1.5. 다음 주어는 냄새이고 냄새도 다른 개체에 매달리

는 것으로 개념화된다.

(5) a. The smell of manure still **clung** to him. (그 퇴비 냄새가 아직도 그에게 붙어있었다.)

b. The smell of smoke still **clung** to her clothes. (그 연기 냄새가 그녀의 옷에 아직도 붙어있었다.)

c. The smell of cigarette tends to **cling**. (그 담배 냄새는 달라붙는 경향이 있다.)

1.6. 다음의 주어는 복수이다. 복수의 주어가 서로 껴안는다.

(6) a. We **clung** together, and wouldn't let go. (우리는 서로 껴안고 놓아주지 않았다.)

b. We **clung** together during the storm. (우리는 그 폭풍이 부는 동안 서로 껴안았다.)

c. He hold me in his arms like a child and we **clung** desperately together. (그는 나를 아이같이 그의 팔에 안았고 우리는 절박하게 서로를 껴안았다.)

d. They **clung** together, shivering with cold. (그들은 서로를 껴안고 추위에 떨었다.)

e. They **clung** together in terror. (그들은 두려움 속에서 서로를 껴안았다.)

1.7. 다음의 주어는 개체이고, 주어는 다른 개체에 붙는다.

(7) a. His sodden trousers were **clinging** to his shins. (흠뻑 젖은 그의 바지가 정강이에 찰싹 붙고 있었다.)

b. The ship **clung** to the coast. (그 배는 해안 가까이에 있었다.)

c. The dress **clings** tight to her waist. (그 치마는 그녀의 허리에 찰싹 달라붙는다.)

d. Bits of oranges are **clinging** to the brim of the glass. (오렌지 조각들이 잔의 가장자리에 달라붙어 있다.)

e. Her curls **clung** to her moist forehead. (그녀의 곱슬머리가 젖은 이마에 달라붙었다.)

f. The vine **clings** to the wall. (덩굴은 벽에 달라붙는다.)

g. Wet clothes **cling** to the body/my skin. (젖은 옷은 몸/내 피부에 찰싹 붙는다.)

h. Wet paper **clings** to glass. (젖은 종이는 유리에 달라붙는다.)

1.8. 다음의 주어는 이동하지 않는다. 그러나 관찰자가 시선으로 길을 따라가면 길은 해안에 붙어있다.

(8) The road **clings** to the coastline for several miles. (그 길은 몇 마일 정도 그 해안에 붙는다.)

clip

이 동사의 개념 바탕에는 짧게 그리고 고르게 자르는 과정이 있다.

1. 타동사 용법

1.1. 다음 주어는 목적어를 자른다.

(1) a. She **clipped** the rose bushes. (그녀는 장미나무 관목을 깎아 다듬었다.)

b. He **clipped** off a length of a wire. (그는 철사를 한 발을 잘랐다.)

c. The hairdresser **clipped** her hair with scissors. (그 미용사는 그녀의 머리를 가위로 깎았다.)

1.2. 다음 주어는 목적어를 잘라낸다.

(2) a. He **clipped** pictures from a magazine. (그는 사진을 잡지에서 오려내었다.)

b. He **clipped** wool from a sheep. (그는 털을 양에서 깎았다.)

1.3. 다음 주어는 목적어를 오려낸다.

(3) He **clipped** a coupon out of a newspaper. (그는 쿠폰을 신문에서 오려내었다.)

1.4. 다음은 수동태 문장으로 주어는 오려진다.

(4) a. The article is **clipped** out of the newspaper. (그 기사는 신문에서 오려졌다.)

b. A sheep's fleece is **clipped** off to get wool. (털을 얻기 위해서 양털이 깎인다.)

1.5. 다음 주어는 목적어를 잘라낸다.

(5) a. He **clipped** my hair close. (그는 머리를 바싹 잘랐다.)

b. He **clipped** off wool. (그는 양모를 깎았다.)

c. He **clipped** off a sheet of paper. (그는 종이 한 장을 오렸다.)

d. Mary **clipped** a few roses off from the bushes. (메리는 장미 몇 송이를 장미 덩굴에서 잘랐다.)

e. The barber **clipped** off Mark's hair. (그 이발사는 마크의 머리를 잘랐다.)

1.6. 다음 주어는 목적어의 시간이나 길이를 줄인다.

(6) a. We **clipped** our visit by a week. (우리는 방문 기간을 1주일 단축하였다.)

b. He **clipped** 40 seconds from his own record. (그는 자신의 기록에서 40초를 단축시켰다.)

c. Gene **clipped** two seconds off the world record. (진은 2초를 세계기록에서 단축했다.)

1.7. 다음 목적어는 말이다. 주어는 목적어를 자른다.

(7) a. Don't **clip** your words. (말꼬리를 자르지 마시오.)

b. He **clipped** his words when speaking excitedly. (그는 흥분해서 말할 때 말꼬리를 잘라 먹었다.)

1.8. 다음은 수동태 문장으로 주어는 잘리거나 짧아진다.

(8) a. Our discussion was **clipped** by our need to go home. (우리의 토론은 집에 가야 하는 필요에 의해 잘렸다.)

b. The word "omnibus" is **clipped** to "bus". ("omnibus"란 단어는 "bus"로 축약된다.)

c. The sheep is **clipped** too short. (그 양은 털이 너무 짧게 깎여졌다.)

1.9. 다음은 수동태 문장으로 주어는 빼앗긴다.

(9) I got **clipped** for $100 in the store. (나는 가게에서 터무니없이 100달러를 바가지 썼다.)

1.10. 다음 주어는 목적어를 자른다. 목적어는 환유적으로 쓰여서 부분을 가리킨다.

(10) a. He **clipped** a hedge/a lawn. (그는 울타리를/잔디를 깎아 다듬었다.)

b. We **clipped** 50 sheep today. (우리는 오늘 50마리의 양털을 깎았다.)

c. We **clip** our dog every summer. (우리는 매 여름마다 개털을 깎아준다.)

1.11. 다음 주어는 목적어를 친다.

(12) a. I'll **clip** you if you don't keep quiet.(조용히 하지 않으면 한 대 칠거야.)

b. He **clipped** me on the jaw.(그는 나의 턱을 갈겼 다.)

c. Bob's punch **clipped** Mark in the chin.(밥의 펀치 가 마크의 턱을 날렸다.)

d. She **clipped** him round the ear.(그녀는 그를 뺨을 올려붙였다.)

1.13. 다음은 수동태 문장으로 주어는 맞는다.

(13) He was **clipped** on the jaw.(그는 턱을 맞았다.)

1.14. 다음 주어는 목적어의 일부를 자른다.

(14) The guard on the train **clipped** our tickets.(그 열차 승무원이 우리 기차표에 구멍을 내었다.)

1.15. 다음 주어는 목적어를 들이 받아서 자국을 낸다.

(15) a. The careless driver **clipped** our bumper.(그 조심 성 없는 운전자가 우리 범퍼를 살짝 들이받았다.)

b. I just **clipped** the wall with the bumper.(나는 그 벽 을 그 범퍼로 살짝 받았다.)

c. The car **clipped** ours in the front fender.(그 차가 우리 차 앞 완충장치를 살짝 들이받았다.)

d. The car **clipped** the guard rail.(그 차가 그 난간을 살짝 들이받았다.)

e. The bullet **clipped** the car's side mirror.(그 총탄 이 차의 측경을 살짝 스쳤다.)

2. 자동사 용법

2.1. 다음 주어는 질주한다.

(16) a. The motorcycle **clipped along** the highway.(그 오 토바이가 그 고속도로를 따라 질주했다.)

b. The sail boat **clipped along** in the strong wind.(그 돛단배가 그 강한 바람을 타고 미끄러져 갔다.)

---

cloak

이 동사의 개념 바탕에는 cloak의 명사 '외투' 가 있 다. 동사의 의미는 이 명사의 쓰임과 관계가 있다.

1 타동사 용법

1.1. 다음 주어는 목적어를 덮어서 숨긴다.

(1) a. She **cloaked** her true feelings and smiled bravely. (그녀는 본심을 숨기고는 용감하게 웃어 보였다.)

b. She **cloaked** her anger by joking.(그녀는 우스갯 소리를 하면서 자신의 화를 숨겼다.)

c. The spies **cloaked** their intentions in sincere talk.(그 스파이들은 의도를 성실한 이야기 속에서 은폐했다.)

d. They **cloaked** their fear with jokes.(그들은 공포 를 농담으로 덮어 숨겼다.)

1.2. 다음은 수동태 문장으로 주어는 안개나 연무에 둘 러싸인다.

(2) a. The airport is **cloaked** in fog.(그 공항이 안개에 둘 러싸였다.)

b. The hills were **cloaked** in thick mist.(그 언덕이 안 개에 자욱하게 둘러싸였다.)

1.3. 다음은 수동태 문장으로 주어는 비밀, 신비 등에 둘러싸여 있다.

(3) a. The woman is **cloaked** in mystery.(그녀는 신비에 싸여있다.)

b. The early stages of the talks have been **cloaked** in secrecy.(그 회담의 초기 단계는 비밀에 싸여있 다.)

c. The meeting was **cloaked** in mystery.(그 만남은 의문에 둘러싸여 있다.)

1.4. 다음은 수동태 문장으로 주어는 어떤 옷을 입고 있다.

(4) a. The elegant model was **cloaked** in velvet.(그 우아 한 모델은 벨벳 옷을 입고 있었다.)

---

clock

이 동사의 개념 바탕에는 clock의 명사 '시계' 가 있 다. 동사의 의미는 이 명사의 쓰임과 관계가 있다.

1. 타동사 용법

1.1. 다음 주어는 목적어의 시간을 잰다.

(1) a. The police **clocked** the speeding car at 70 mph. (경찰은 과속 차량의 속도를 시속 70마일로 쟀다.)

b. Mike **clocked** his run at ten minutes.(마이크는 그 의 달리기를 10분으로 측정했다.)

c. The police **clocked** him at 90 mph.(경찰은 그가 시 속 90마일로 달린 것으로 쟀다.)

d. The police **clocked** him doing 100 mph in a 50–mile area.(경찰은 그를 제한 속도가 50마일인 지역 에서 100마일로 쟀다.)

1.2. 다음은 수동태 문장으로 주어는 시간이 확인된다.

(2) a. She was **clocked** at 60 seconds for the first lap. (그녀는 첫 번째 트랙 일주에서 60초로 재어졌다.)

b. The race horse was **clocked** at two minutes forty seconds.(그 경주마는 2분 40초로 기록이 재어졌다.)

c. Wind gusts at 90 mph were **clocked** at Rapid City. (래피드 시에서 90 마일의 강풍이 재어졌다.)

1.3. 다음 주어는 목적어의 기록을 잰다.

(3) a. He **clocked** 13 seconds in the 100 meters final. (그는 그 100미터 결승전에서 13초를 냈다.)

b. I **clocked** up 100,000 miles on my Ford.(나는 10 만 마일을 내 포드차로 달성했다.)

c. On the trip we **clocked** up over 1500 miles.(우리 가 여행하는 동안 1,500 마일 이상을 기록했다.)

d. The car **clocked** 40,000 miles in less than a year.(그 차는 4만 마일을 1년도 채 안 되어 기록했 다.)

1.4. 다음 주어는 목적어를 기록으로 세운다.

(4) He **clocked** up a new world record for 100 meters.(그는 세계 신기록을 100미터 달리기에서 세 웠다.)

1.5. 다음 주어는 목적어를 때린다.

(5) a. I **clocked** him in the eye.(나는 그의 눈을 쳤다.)

b. Dad **clocked** him for being so rude.(아버지는 그를 무례함 때문에 때렸다.)

2. 자동사 용법

2.1. 다음 주어는 들어올 때 시간이 재어진다.

(6) a. At the end of the marathon, the winner runner clocked in at 3 hours.(그 마라톤의 결승점에서 그 우승 선수는 3시간의 기록으로 들어왔다.)

b. I clocked in as soon as I arrived at work.(나는 출근하자마자 출근기를 찍었다.)

2.2. 다음 주어는 시간을 확인시키고 나간다.

(7) a. I am clocking off early today.(나는 오늘 일찍 퇴근할 것이다.)

b. OK, I'm clocking out.(좋아, 나는 퇴근할 것이다.)

clog

이 동사의 개념 바탕에는 메우는 과정이 있다.

1. 타동사 용법

1.1. 다음의 주어는 목적어를 메운다. 목적어는 도관이다.

(1) a. Tears clogged her throat.(눈물이 그녀의 목을 메웠다.)

b. That slime has clogged up the drain.(그 진흙이 배수관을 완전히 막았다.)

c. All that hair clogged the drain.(그 모든 머리카락이 배수관을 막았다.)

d. Greasy water clogged the drain.(기름물이 배수관을 막았다.)

e. That will clog up his mailbox.(그것은 그의 우편함을 꽉 메울 것이다.)

f. Don't use these products that might clog the pores.(모공을 막히게 할 수도 있는 이 상품을 사용하지 마십시오.)

g. Meningitis can clog up blood vessels.(뇌막염은 혈관을 막히게 할 수 있다.)

1.2. 다음은 수동태 문장으로 주어는 속이 막힌다.

(2) a. My nose was so clogged up that I could hardly breathe.(내 코가 너무 막혀서 나는 거의 숨을 쉴 수가 없었다.)

b. My pen is clogged with ink.(내 펜은 잉크로 막혀 있다.)

c. The drain is clogged with hair/leaves.(배수관은 머리카락/나뭇잎으로 막혀 있다.)

d. The waste pipe is clogged up with mud and the water can't get through.(그 배수관이 진흙으로 막혀서 물이 지나갈 수가 없다.)

1.3. 다음 주어는 목적어를 메운다. 목적어는 장소이다.

(3) a. The large crowd clogged the entrance to the ball park.(그 대 군중이 야구장의 입구를 가득 메웠다.)

b. Last night people clogged the streets.(어젯밤 사람들이 거리들을 가득 메웠다.)

c. Cars heading for the beach clogged the road.(그 해변으로 향하는 차들이 길을 가득 메웠다.)

d. The traffic clogged the Thames bridge.(그 차들이 템즈강 다리를 가득 메웠다.)

e. The accident clogged the highway and caused a traffic jam.(그 사고가 고속도로를 막히게 해서 교

통 체증을 유발했다.)

1.4. 다음은 수동태 문장으로 주어는 막힌다.

(4) a. The roads are clogged with holiday traffic.(그 길들은 휴일 차량들로 가득 메워졌다.)

b. The narrow streets were clogged with traffic.(그 좁은 길들은 차들로 가득 메워졌다.)

1.5. 다음 주어는 그 자체가 목적어를 메운다.

(5) a. Mud clogs up the wheels of a car.(진흙이 차바퀴를 메워 돌아가지 못하게 만든다.)

b. Such fine dust would very quickly clog the machine.(그러한 미세한 먼지는 금세 그 기계를 빡빡하게 메울 수 있다.)

c. Thick liquids may eventually clog the gun.(진한 액체들이 결국은 총을 막히게 할 수 있다.)

d. The heavy snow clogged traffic for days.(그 폭설은 여러 날 동안 교통 소통을 막았다.)

1.6. 다음 주어는 목적어를 막아서 움직이지 못하게 한다.

(6) a. He clogged my movements.(그는 나의 움직임을 방해했다.)

b. Too many laws can clog the running of a country.(너무 많은 법은 국가의 운영을 방해할 수 있다.)

c. Heavy clothes clogged the swimmer's progress.(무거운 옷이 그 수영 선수의 진행을 방해했다.)

1.7. 다음은 수동태 문장으로 주어는 움직임을 방해받는다.

(7) a. The machine got clogged with thick oil and dirt.(그 기계는 빡빡한 기름과 먼지로 막혀 잘 돌아가지 않았다.)

b. The trade is clogged with restriction.(그 무역은 제재로 막혀 있다.)

1.8. 다음 주어는 목적어를 전치사 with의 목적어로 메운다.

(8) a. Don't clog up your memory with useless information.(당신의 기억을 무익한 정보로 메우지 마시오.)

b. Don't clog your mind with cares.(당신의 마음을 걱정들로 메우지 마시오.)

c. Fear clogged his mind.(두려움이 그의 마음을 꽉 메웠다.)

2. 자동사 용법

2.1. 다음 주어는 막힌다.

(9) a. The drain has clogged up again.(그 배수관이 또 꽉 막혔다.)

b. The pipes all clogged up.(그 파이프들이 모두 꽉 막혔다.)

c. The pipe clogs very easily.(그 파이프는 아주 쉽게 막힌다.)

d. The sink clogged again.(그 싱크대가 또 막혔다.)

e. If you eat too much fat, your arteries will clog up.(너가 너무 많은 지방을 섭취하면, 너 동맥이 경화될 것이다.)

f. My ears clogged up when I had a cold.(내가 감기에 걸렸을 때, 귀가 막혔다.)

h. The lungs clogged up with a thick mucus.(그 폐가

진한 점액으로 꽉 메워졌다.)

2.2. 다음 주어는 엉긴다.

(10) This oil **clogs** in cold weather.(추운 날씨에 이 기름은 엉긴다.)

2.3. 다음의 주어는 기계나 도구이다.

(11) a. The heater **clogs** with dust.(그 가열기가 먼지로 작동이 안 된다.)

b. The saw **clogs** soon with damp wood.(그 톱은 축축한 나무로 금새 엉긴다.)

close

이 동사의 개념 바탕에는 닫는 과정이 있다.

1. 타동사 용법

1.1. 다음 주어는 목적어를 닫는다.

(1) a. He **closed** all the doors/windows.(그는 모든 문/창문을 닫았다.)

b. He **closed** all the gates.(그는 모든 대문을 닫았다.)

1.2. 다음 주어는 목적어를 닫는다. 목적어는 열려진 개체이다.

a. He **closed** his eyes/mouth.(그는 눈/입을 닫았다.)

b. He **closed** a book/a knife.(그는 책/칼을 닫았다.)

c. He **closed** a hole/a gap.(그는 구멍/틈을 막았다.)

1.3. 다음 목적어는 출입이 가능한 개체이다. 주어는 목적어를 막는다.

(3) a. **Close** the woods to picnickers.(그 숲을 소풍객들에게 닫아라.)

b. They **closed** the border to tourists.(그들은 국경선을 관광객들에게 폐쇄했다.)

1.4. 다음은 수동태 문장으로 주어는 닫힌다.

(4) a. The old bridge is **closed** to traffic.(그 낡은 다리는 차량에 닫혀 있다.)

b. The road is **closed** to heavy auto traffic.(그 길은 무거운 자동차에는 폐쇄되어 있다.)

1.5. 다음 목적어를 이루는 사람이나 개체 사이의 간격을 줄인다.

(5) a. He **closed** the ranks.(그는 횡렬의 간격을 좁혔다.)

b. He **closed** the files.(그는 종렬의 간격을 좁혔다.)

1.6. 다음 주어는 그 자체가 목적어를 접근하여 둘려싼다.

(6) a. Dark clouds **closed** the climbers round.(검은 구름들이 등산객들을 둘러 쌌다.)

c. Darkness **closed** her round.(어둠이 그녀의 주위로 몰려왔다.)

1.7. 다음 주어는 목적어를 닫는다.

(7) a. He **closed** the account/debate.(그는 그 계좌/논의를 끝냈다.)

b. He **closed** the discussion/meeting.(그는 토의/모임을 끝냈다.)

c. He **closed** a bargain.(그는 매매 계약을 끝냈다.)

2. 자동사 용법

2.1. 다음 주어는 닫힌다

(8) a. The lid of the box doesn't **close** properly.(그 상자의 뚜껑이 제대로 닫히지 않는다.)

b. Many flowers open in the morning and **close** at night.(많은 꽃들은 아침에 열리고 밤에 닫힌다.)

c. The door **closed** with a bang.(그 문이 광하고 닫혔다.)

2.2. 다음 주어는 가까워진다.

(9) a. The enemy **closed** rapidly.(그 적은 빨리 접근했다.)

b. The enemy **closed** on him.(그 적은 그에게 접근했다.)

c. He was leading, but the other runners are **closing** up on him fast.(그는 선두를 달리고 있지만, 다른 주자들이 그에게 빠르게 다가서고 있다.)

2.3. 다음 주어는 전치사 with의 목적어에 다가가서 싸운다.

(10) a. He **closed** with his opponent.(그는 상대방에 다가가서 맞붙었다.)

b. We **closed** with the invaders shortly before sundown.(우리는 해지기 바로 전에 침입자들과 교전했다.)

2.4. 다음 주어는 시간 속에 진행되는 개체이다.

(11) a. The school **closed** for the summer.(그 학교는 여름 동안 문을 닫았다.)

b. The theater has **closed** for the winter.(그 극장은 겨울 동안 닫혀 있다.)

c. The school **closes** at 2 o'clock.(그 학교는 2시에 끝난다.)

d. The play **closed** yesterday.(그 연극은 어제 끝났다.)

2.5. 다음 주어는 전치사 with의 목적어로 끝난다.

(12) a. The service **closed** with a hymn.(그 예배는 찬송가로 끝났다.)

b. The meeting **closed with** a speech by the president.(그 모임은 대통령의 연설로 끝났다.)

c. The letter **closed with** an appeal for money.(그 편지는 돈을 구하는 호소로 끝났다.)

clot

이 동사의 개념 바탕에는 엉기는 과정이 있다.

1. 타동사 용법

1.1. 다음 주어는 목적어를 엉기게 한다.

(1) a. The herb **clotted** the blood.(그 약초가 그 피를 응고시켰다.)

b. The substance **clots** blood.(그 물질은 피를 엉기게 한다.)

2. 자동사 용법

2.1. 다음 주어는 엉긴다.

(1) a. The medicine caused the blood to **clot**.(그 약은 피를 엉기도록 했다.)

b. The blood began to **clot** around the wound.(그 피가 그 상처 주위에서 엉기기 시작했다.)

clothe

이 동사의 기본 개념 바탕에는 옷을 입히는 과정이 있다.

1. 타동사 용법
1.1. 다음 주어는 목적어를 옷으로 입힌다.
(1) a. The child can clothe himself.(그 아이는 스스로 옷을 입을 수 있다.)

    b. They can hardly clothe their children.(그들은 아이들에게 거의 옷을 입히지 못한다.)

    c. He fed and clothed his brother's family.(그는 동생 가족을 입히고 먹여 살렸다.)

1.2. 다음 주어는 목적어를 전치사 in의 목적어에 넣는다.
(2) a. He clothed himself in his best/in his new suit.(그는 자신을 가장 좋은 옷으로/새 정장으로 차려 입혔다.)

    b. Susan clothed the doll in frilly dresses.(수잔은 그 인형을 프릴이 달린 드레스로 입혔다.)

1.3. 다음은 수동태 문장으로 주어는 옷을 입게 된다.
(3) a. They were fed and clothed at the state expense.(그들은 주 경비로 먹이고 입혔다.)

    b. The man was elegantly clothed.(그 남자는 품위있게 차려 입었다.)

    c. Volunteers ensure that the children are adequately clothed.(자원 봉사자들은 그 아이들이 제대로 옷을 입혀지도록 확실히 한다.)

    d. The children lay on the floor, fully clothed and fast asleep.(그 아이들은 바닥에 누워 옷을 다 입고 깊이 잠든 채로 있었다.)

    e. He is clothed with authority.(그는 권위를 부여받는다.)

1.4. 다음 주어는 목적어를 with의 목적어를 입힌다. 다음에서 권력이나 권위는 옷으로 개념화되어 있다.
(4) a. They clothed him with power.(그들은 그에게 권력을 부여했다.)

    b. Spring clothes the land with green leaves.(봄은 그 대지를 푸른 잎으로 뒤덮는다.)

1.5. 다음 주어는 목적어를 in의 목적어로 입힌다.
(5) a. He struggled to clothe his face in a smile.(그는 얼굴을 미소 속에 감추려고 애썼다.)

    b. He clothed his disappointment in smiles.(그는 그의 실망감을 웃음으로 가렸다.)

    c. He clothed his thoughts in suitable language.(그는 자신의 생각들을 적절한 말로 표현했다.)

    d. He clothed the idea in beautiful words.(그는 자신의 생각을 아름다운 말로 표현했다.)

1.6. 다음은 수동태 문장으로 주어는 전치사 in이나 with으로 덮힌다.
(6) a. The mountains are clothed in clouds.(그 산들은 구름에 뒤덮여 있다.)

    b. The trees are clothed in green leaves/snow.(그 나무들은 초록 잎/눈으로 뒤덮여 있다.)

    c. The hills/fields were clothed in snow.(그 산들/들판들은 눈으로 뒤덮여 있었다.)

    d. He was clothed in glory.(그는 영광에 싸여 있었다.)

    e. She arrived early, clothed in the usual tweed suit.(그녀는 으레 입는 트위드 정장을 입고 일찍 도착했다.)

    f. The land is clothed with woods/coconut trees.(그 땅은 숲으로/코코넛 나무로 뒤덮여 있다.)

1.7. 다음 주어는 자체가 목적어를 덮는다.
(7) a. Snow clothed the top of the mountain.(눈이 그 산 꼭대기를 뒤덮었다.)

    b. Mist clothed the hills.(안개가 그 언덕을 뒤덮었다.)

    c. Climbing plants clothed the courtyard walls.(기어오르는 식물들이 그 안뜰 벽을 뒤덮었다.)

    d. Leaves clothes the trees.(나뭇잎들이 나무를 뒤덮는다.)

    e. Warm yellow stone now clothes the building.(따뜻하고 노란 돌이 지금 그 건물을 덮는다.)

2. 자동사 용법
2.1. 다음 주어는 옷을 입는다.
(8) a. Trees clothed in their full colors.(나무들은 알록달록한 색으로 옷을 입었다.)

    b. She clothed in green/wool.(그녀는 녹색 옷/모직 옷을 입었다.)

cloud

이 동사의 개념 바탕에는 cloud의 명사 '구름'이 있다. 동사의 의미는 이 명사의 성질과 관계가 있다.

1. 타동사 용법
1.1. 다음 주어는 목적어를 구름과 같이 덮는다.
(1) a. Thick mist clouded the mountain tops.(짙은 안개가 산꼭대기를 덮었다.)

    b. Moisture clouded the window.(수증기가 그 유리창을 흐리게 했다.)

    c. Steam clouded the windows up.(수증기가 그 유리창들을 김에 서리게 했다.)

1.2. 다음 주어는 목적어를 흐리게 한다. 목적어는 액체이다.
(2) Don't shake the barrel; you'll cloud the beer.(그 맥주통을 젓지 말아라. 너는 그 맥주를 탁하게 만들 것이다.)

1.3. 다음 주어는 목적어를 흐리게 한다. 목적어는 추상적인 개체이다.
(3) a. Bringing in unnecessary details will cloud the issue.(불필요한 세부사항들을 끌어들이는 것은 그 사안을 흐리게 할 것이다.)

    b. Alcohol clouded Bill's judgement.(술은 빌의 판단력을 흐리게 했다.)

    c. Don't let your personal feelings cloud your judgement.(네 사적인 감정들로 인해 너의 판단력을 흐리게 하지 마라.)

    d. Doubts were beginning to cloud my mind.(의심들이 내 마음을 혼란시키기 시작하고 있었다.)

1.4. 다음 주어는 추상적 개체이나 구름과 같은 것으로 은유화되어 있다.
(4) Worry clouded his brow.(걱정이 그의 얼굴을 어둡게 했다.)

1.5. 다음 주어는 목적어를 더럽힌다. 목적어는 추상적이나 구체적인 것으로 은유화되어 있다.

(5) a. A charge of corruption **clouded** his reputation. (부패의 죄가 그의 명성을 더럽혔다.)

b. The death of her dog **clouded** her happiness. (그녀 강아지의 죽음은 그녀의 행복을 얼룩지게 했다.)

2. 자동사 용법

2.1. 다음 주어는 흐려지는 개체이다.

(6) a. The sky is **clouding** over. (하늘이 온통 흐려지고 있다.)

b. The mirror **clouded** with steam. (그 거울은 김에 흐려졌다.)

c. Her face **clouded** over. (그녀의 얼굴은 온통 어두워졌다.)

2.2. 다음 주어는 추상적인 것으로 구름이 끼는 개체이다.

(7) a. Her brow **clouded** over with worry. (그녀의 이마는 걱정으로 어두워졌다.)

b. His face **clouded** with anxiety. (그의 얼굴은 불안으로 흐려졌다.)

c. Her face **clouded** when he saw her. (그가 그녀를 보았을 때 그녀의 얼굴은 흐려졌다.)

club

이 동사의 개념 바탕에는 club의 명사 '곤봉'과 '사교 모임'이 있다. 동사의 의미는 명사의 쓰임과 관계가 있다.

1. 타동사 용법

1.1. 다음 주어는 곤봉으로 목적어를 친다.

(1) a. The mail carrier **clubbed** the attacking dog. (그 우체부는 그 공격하는 개를 곤봉으로 내려쳤다.)

b. The riot police **clubbed** the demonstrators. (그 진압 경찰들은 그 시위자들을 곤봉으로 때렸다.)

c. The police officer **clubbed** the thief. (그 경찰관은 그 도둑을 곤봉으로 쳤다.)

1.2. 다음은 수동태 문장으로 주어는 맞는 사람이다.

(2) a. The victim was **clubbed** to death. (그 희생자는 곤봉에 맞아 죽었다.)

b. A number of demonstrates were **clubbed** to the ground and tramped on. (수많은 시위자들은 곤봉에 맞아 땅바닥에 쓰러지고 짓밟혔다.)

2. 자동사 용법

2.1. 다음 주어는 모임을 만든다.

(3) a. We **clubbed** together to buy her a present. (우리는 그녀에게 줄 선물을 사기 위해 함께 비용을 부담했다.)

b. All the tenants **clubbed** together to clean up the apartment building. (모든 거주민들이 함께 협력하여 그 아파트 건물을 깨끗이 청소했다.)

2.2. 다음 주어는 with의 목적어와 협력한다.

(4) a. He **clubbed** with the man. (그는 그 남자와 협력했다.)

b. He **clubbed** with his sister for the present. (그는 누이와 그 선물에 대해 협력했다.)

clump¹

이 동사의 개념 바탕에는 clump의 명사 '작은 개체의 덩어리'가 있다. 동사의 의미는 이 명사의 모양과 관계가 있다.

1. 자동사 용법

1.1. 다음 주어는 떼를 짓는다.

(1) a. The mice **clumped** together at one end of the cage. (그 쥐들은 우리 한 켠에서 서로 떼를 지었다.)

b. The buffalo **clumped** together to keep warm. (그 물소들은 체온을 유지하기 위해 서로 모여들었다.)

c. The settlers **clumped** into little villages. (그 정착민들은 자그마한 마을들로 우르르 몰려갔다.)

1.2. 다음은 수동태 문장으로 주어는 아무렇게나 덩어리를 이룬다.

(2) a. The child's toys are **clumped** together in a box. (그 아이 장난감들이 박스 안에 아무렇게나 모여 있다.)

b. The towns were **clumped** together in little pockets. (그 도시들이 자그마한 지역들 안에 몰려있었다.)

clump²

이 동사의 개념 바탕에는 쿵쿵거리는 소리를 내는 과정이 있다.

1. 자동사 용법

1.1. 다음 주어는 쿵쿵거리는 소리를 낸다.

(1) His heavy boots **clumped** on the stairs. (그의 무거운 장화는 계단에 쿵쿵거리는 소리를 내었다.)

1.2. 다음 주어는 쿵쿵거리는 소리를 내면서 움직인다.

(2) a. The elephant **clumped** heavily **along** the path. (그 코끼리가 소로를 따라 육중하게 걸어갔다.)

b. He **clumped down** the stairs in his heavy boots. (그는 계단 아래로 무거운 부츠를 신고서 쿵쾅거리며 내려왔다.)

c. He **clumped** loudly **up** the stairs. (그는 쿵쿵거리는 소리를 내며 시끄럽게 계단 위로 올라갔다.)

2. 타동사 용법

2.1. 다음 주어는 쿵쿵 소리가 나게 목적어를 던진다.

(3) He **clumped** down the books on my desk. (그는 그 책들을 내 책상에 쿵 소리나게 내어던졌다.)

cluster

이 동사의 개념 바탕에는 cluster의 명사 '송이'가 있다. 동사의 의미는 이 명사와 모양과 관련된다.

1. 타동사 용법

1.1. 다음 주어는 목적어를 한 곳에 모은다.

(1) a. She **clustered** the chairs near the table. (그녀는 자들을 식탁 근처로 모았다.)

b. The mourners **clustered** themselves around the

grave.(그 조문객들은 묘 주위에 모여들었다.)

2. 자동사 용법
2.1. 다음 주어는 어떤 장소에 모인다.
(2) a. The mourners clustered around the grave.(조문객들이 무덤 주위로 모여들었다.)

b. Wild flowers clustered near the trunk of the tree.(야생화들이 그 나무 줄기 근처에 모여 피어 있었다.)

c. The doctors clustered anxiously around his bed.(그 의사들이 그의 침대 곁으로 걱정스런 얼굴로 모여들었다.)

clutch

이 동사의 개념 바탕에는 단단히 부여잡는 과정이 있다.

1. 타동사 용법
1.1. 다음 주어는 목적어를 붙잡는다.
(1) a. He clutched her arm firmly.(그는 그녀의 팔을 꽉 잡았다.)

b. He clutched the rope we threw to him.(그는 우리가 던져준 밧줄을 꽉 잡았다.)

c. He gasped and clutched his stomach.(그는 숨을 헐떡거리고 배를 움켜쥐었다.)

d. He is clutching a microphone.(그는 확성기를 쥐어 잡고 있다.)

e. Mom clutched the baby tightly in her arms.(엄마가 아기를 팔에 꼭 안았다.)

f. The bird swooped down and clutched its prey with its claws.(그 새는 급습하여 먹이를 발톱으로 낚아챘다.)

1.2. 다음에서 주어는 목적어를 꼭 잡아서 to의 목적어로 가져간다.
(2) a. She clutched her daughter to her breast.(그녀는 딸을 품안에 꼭 껴안았다.)

b. She clutched the album to her breast.(그녀는 앨범을 품안에 꼭 껴안았다.)

c. Mary was clutching her doll to her chest.(메리는 인형을 품에 꼭 껴안고 있었다.)

1.3. 다음 주어는 목적어를 전치사 in의 목적어에 잡는다.
(3) a. The boy clutched his wallet in his hand.(그 소년은 지갑을 그 손에 꽉 잡았다.)

b. The eagle clutched the rabbit in its claw.(그 독수리는 토끼를 발톱으로 낚아챘다.)

c. The girl clutched the coin in her hand.(그 소녀는 동전을 손에 낚아챘다.)

1.4. 다음 주어는 목적어를 꼭 쥔다.
(4) a. The boy's mother is clutching a handkerchief.(그 소년의 어머니는 손수건을 꼭 쥐고 있다.)

b. The child clutched his father around his neck.(그 아이는 아버지를 목을 꼭 안았다.)

c. The child clutched the blanket.(그 아이는 담요를 꼭 붙들었다.)

d. The old man was clutching her hand as they crossed the street.(길을 건널 때 그 노인은 그녀의 손을 꼭 붙들고 있었다.)

e. Garbo movies really clutch me.(가보의 영화들은 정말 내 마음을 사로잡는다.)

2. 자동사 용법
2.1. 다음 주어는 전치사 at의 목적어를 잡으려 한다.
(5) a. A drowning man will clutch at a straw.(물에 빠진 사람은 지푸라기라도 잡으려고 할 것이다.)

b. As she stumbled, she clutched at the railings.(그녀는 넘어지려는 순간, 난간을 붙잡으려고 했다.)

c. Fear clutched at her heart.(근심이 그녀의 마음을 사로 잡았다.)

d. He clutched at the fleeing child.(그는 도망치는 아이를 잡으려고 했다.)

e. She clutched at the branch of the tree to stop herself falling.(그녀는 자신이 떨어지는 것을 막으려고 나뭇가지를 붙잡으려고 했다.)

f. She reached out one hand to clutch at the trunk of a flowering cherry.(그녀는 꽃이 만발한 벚나무 줄기를 잡으려고 한 손을 쭉 내밀었다.)

g. Sue clutched at the muddy bank.(수는 진흙 강둑을 잡으려고 했다.)

h. The boy clutched at my arm and asked me not to go.(그 소년은 내 팔을 붙잡고 가지 말라고 애원했다.)

i. The man clutched at a rope to save himself.(그 남자는 자신을 구하려고 밧줄을 붙잡았다.)

j. I clutched at the chair as I started to fall.(나는 넘어지는 순간 의자를 잡으려고 했다.)

2.2. 다음에서 at의 목적어는 추상적인 개체이다.
(6) a. I clutched at any excuse I could think of.(나는 생각해 낼 수 있는 핑계를 잡으려고 했다.)

b. Mrs. Longhill clutched at the idea.(롱힐 부인은 그 생각을 고수하려고 했다.)

c. People clutch at the remnants of their self-esteem.(사람들은 나머지 자존심에 매달리려 한다.)

2.3. 다음 주어는 전치사 onto의 목적어에 매달린다.
(7) a. I clutched onto a chair for support.(나는 넘어지지 않으려고 의자를 꽉 잡았다.)

b. She clutched onto her mother's arm.(그녀는 어머니의 팔을 꼭 잡았다.)

2.4. 다음 주어는 자동차의 클러치를 쓴다.
(8) He clutched carefully and pulled out smoothly.(그는 클러치를 조심스럽게 떼고 부드럽게 앞으로 나아갔다.)

clutter

이 동사의 개념 바탕에는 어수선하게 하는 과정이 있다.

1. 타동사 용법
1.1. 다음 주어는 그 자체가 목적어를 흩트린다.

(1) a. Papers and junk **cluttered** the office.(신문과 잡동 사니들이 사무실을 어지럽혔다.)

b. Old furniture **cluttered** the attic.(옛 가구들이 다락은 어지럽혔다.)

c. Newspapers **cluttered** up the living room.(신문들이 거실을 온통 흐트러뜨렸다.)

d. People have **cluttered** the street with papers and cans.(사람들이 버린 종이컵과 캔으로 거리를 어지럽혔다.)

1.2. 다음은 수동태 문장으로 주어는 흩뜨려진다.

(2) a. Her mind is **cluttered** with strange ideas.(그녀의 마음은 이상스런 생각들로 어지러웠다.)

b. Our living room is **cluttered** up with newspapers.(우리 집 거실은 신문들로 완전히 어질러져 있다.)

c. The front room was **cluttered** up with ornaments and antique furniture.(그 앞방은 장식품과 오랜 가구들로 어질러져 있었다.)

1.3. 다음 표현에는 「마음은 장소이다」라는 은유가 쓰였다. 주어는 마음을 흩트린다.

(3) a. Don't **clutter** up your mind with useless details.(너의 마음을 쓸데없는 잔 생각으로 어지럽게 하지 말아라.)

b. Don't **clutter** the page with too many diagrams.(그 페이지를 너무 많은 도표로 어지럽게 하지 말아라.)

coach

이 동사의 개념 바탕에는 coach의 명사 '감독 보조원'이 있다. 동사의 의미는 이 명사의 역할과 관계가 있다.

1. 타동사 용법

1.1. 다음 주어는 목적어를 운동 면에서 지도한다.

(1) a. He **coaches** a basketball team in his spare time.(그는 농구팀을 여가 시간에 지도한다.)

b. Her father **coached** her for the Olympics.(그녀의 아버지는 그녀를 올림픽 경기를 위해 지도했다.)

c. He is **coaching** golfers.(그는 골프 선수들을 지도하고 있다.)

d. At night he **coached** boxing.(밤에 그는 권투를 지도했다.)

1.2. 다음 주어는 목적어를 지도한다.

(2) a. Bill **coached** Bob on his public speaking skills/on table manners.(빌은 밥에게 대중 연설 기법/식사 예법을 가르쳤다.)

b. He **coached** me in chemistry.(그는 나에게 화학을 가르쳤다.)

1.3. 다음은 수동태 문장으로 주어는 지도를 받는다.

(3) a. The girl must be **coached** in the story she will tell in court.(그 소녀는 법정에서 말할 내용에 대해서 지도 받아야 한다.)

b. The witness was **coached** on what to say.(그 목격자는 무엇을 말할지 지도 받았다.)

2. 자동사 용법

2.1. 다음 주어는 직업이 코치이다.

(4) a. He wanted to **coach** but never got the chance.(그는 코치가 되고 싶었으나 결코 기회를 얻지 못했다.)

b. He **coaches** for a living.(그는 생계를 위해 코치한다.)

coast

이 동사의 개념 바탕에는 coast의 명사 '활강용 비탈'이 있다. 동사의 의미는 이 명사의 특성과 관계가 있다.

1. 자동사 용법

1.1. 다음 주어는 힘들이지 않고 움직인다.

(1) a. The kids **coasted** on their bikes down the hill.(그 아이들은 자전거를 타고 언덕 아래로 손쉽게 내려왔다.)

b. The car ran out of gas, and **coasted** down to a stop.(그 차는 기름이 다 떨어져서 멈춤 지점까지 미끄러져 내려갔다.)

c. The sled **coasted** down the hill.(그 썰매는 언덕 아래로 미끄러져 내려갔다.)

d. The plane **coasted** down the runway.(그 비행기는 활주로를 따라 활주했다.)

e. We cut off the motor and **coasted** into town.(우리는 엔진을 끄고 시내로 활주했다.)

1.2. 다음은 「과정은 움직임」 은유가 사용된 예이다.

(2) a. He worked day and night for a year, then **coasted** for several months.(그는 일년간 밤낮으로 일한 후, 몇 달간 그냥 살아갔다.)

b. The party will **coast** to victory in the next election.(그 정당은 다음 선거에서 손쉽게 승리할 것이다.)

c. In senior year, many students want to **coast** through to graduation.(4학년이 되면 많은 학생들은 졸업까지 무사 통과하기를 바란다.)

coat

이 동사의 개념 바탕에는 coat의 명사 '저고리'가 있다. 동사의 뜻은 이 동사의 용도와 관계가 있다.

1. 타동사 용법

1.1. 다음 주어는 목적어에 with의 목적어를 입힌다.

(1) a. He **coated** the iron with tin.(그는 철을 주석으로 입혔다.)

b. The workers **coated** the roof with tar.(그 노동자들은 지붕을 타르로 칠했다.)

c. She **coated** the biscuits with chocolate.(그녀는 비스킷을 초콜릿으로 입혔다.)

1.2. 다음은 수동태 문장으로 주어는 입혀진다.

(2) a. The mask was **coated** in gold leaf.(그 가면은 금박으로 덮여 있었다.)

b. The beach was **coated** with oil from the shipwreck.(그 해변은 난파선으로부터 흘러나오는 기름으로 덮였다.)

c. All the books are **coated** with dust.(모든 책들이

먼지로 덮여 있다.)

1.3. 다음 주어는 그 자체가 목적어에 입혀진다.

(3) a. Dust coated the furniture.(먼지가 그 가구를 덮었다.)

    b. A film of dust coated the table.(얇은 먼지 막이 그 탁자 위를 덮었다.)

coax

이 동사의 개념 바탕에는 달래거나 꾀어내는 과정이 있다.

1. 타동사 용법

1.1. 다음 주어는 목적어를 달래거나 꾄다.

(1) a. I've tried to coax him, but he says he's not coming.(나는 그를 달래서 오게 하려고 하였으나, 그는 오지 않겠다고 했다.)

    b. You have to coax the machine to work.(너는 그 기계를 잘 다루어 작동하도록 해야 한다.)

1.2. 다음 목적어는 사람이 아닌 기계나 불이다. 주어는 사람을 달래듯 목적어를 달래어 움직이거나 타게 한다.

(2) a. She had to coax the car along.(그녀는 그 차를 달래서 가게 해야 했다.)

    b. We coaxed the pennies out of the piggy bank with the blade of a knife.(우리는 동전들을 그 칼날로 돼지 저금통에서 살살 꺼내었다.)

    c. He coaxed the large desk through the door.(그는 큰 책상을 문을 통해 살살 옮기었다.)

    d. He coaxed a button through a hole.(그는 단추를 구멍에 살살 끼웠다.)

    e. He coaxed the monoplane to 333 m.p.h.(그는 단엽기를 333 m.p.h.로 날도록 다루었다.)

1.3. 다음 주어는 목적어를 달래거나 꾀어서 to부정사가 가리키는 일이나 행동을 하게 한다.

(3) a. We coaxed her to come with us. (우리는 그녀를 달래서 우리와 같이 오도록 했다.)

    b. Maybe you can coax her to sing.(아마도 당신은 그녀를 달래서 노래하도록 할 수 있을 것이다.)

    c. The government coaxed them to give up their strike.(정부가 그들을 달래서 파업을 중지하도록 했다.)

    d. She coaxed her parents to let her go swimming.(그녀는 부모를 설득하여 그녀가 수영하러 가게 하도록 했다.)

    e. The bear coaxed its cubs to enter the water.(그 곰은 새끼들을 달래서 물 속으로 들어가도록 했다.)

    f. She coaxed the child to take the medicine.(그녀는 아이를 달래서 약을 먹도록 했다.)

    g. He coaxed the fire to burn.(그는 불을 달래어 잘 타게 했다.)

1.4. 다음 주어는 목적어를 꾀어서 동명사가 가리키는 일을 잘 생각해보지도 않고 한다.

(4) a. We coaxed dad into giving us money for the movie.(우리는 아버지를 설득하여 우리에게 그 영화를 위한 돈을 주도록 했다.)

    b. We coaxed our parents into letting us go to the movies.(우리는 부모님들을 설득하여 우리가 그 영화를 보러 가게 해달라고 했다.)

    c. We had to coax him into going to school/talking.(우리는 그를 달래서 학교에 가도록/말을 하도록 했다.)

    d. He coaxed the fire into burning.(그는 불을 달래서 잘 타게 했다.)

    e. I had to coax Jim into eating his vegetables.(나는 짐을 달래서 야채를 먹도록 해야 했다.)

    f. She was able to coax him into agreeing to lend her the money.(그녀는 그를 꼬셔서 그녀에게 돈을 빌려주도록 동의하게 할 수 있었다.)

1.5. 다음 주어는 목적어를 달래듯 해서 into의 목적어로 들어가게 한다.

(5) a. He coaxed the dog into the kennel.(그는 그 개를 달래서 개집 안으로 들어가도록 했다.)

    b. He coaxed the key into the hole.(그는 그 열쇠를 살살 달래서 구멍 안에 들어가게 했다.)

    c. He coaxed the child into a good temper.(그는 아이를 좋은 기분이 되게 했다.)

1.6. 다음에서 주어는 목적어를 달래거나 꾀어서 어떤 장소에서 벗어나게 한다.

(6) a. He coaxed the girl away from home.(그는 소녀를 꼬셔서 집에서 나오게 했다.)

    b. He coaxed the child away from the game.(그는 아이를 달래서 그 게임을 못하도록 했다.)

    c. He coaxed the fox out of the barn.(그는 여우를 달래서 곳간에서 나가도록 했다.)

1.7. 다음에서 목적어가 벗어나는 장소는 추상적 장소로서 상태이다.

(7) a. I coaxed her out of her bad temper.(나는 그녀를 달래서 나쁜 기분에서 벗어나게 했다.)

    b. We coaxed him out of his rash plans.(우리는 그를 설득하여 경솔한 계획을 그만두도록 했다.)

    c. He was coaxed out of retirement to help the failing company.(그는 망해가는 회사를 돕기 위해 퇴직하지 않도록 설득되었다.)

1.8. 다음 주어는 목적어를 out of의 목적어에서 꾀어서 얻어낸다.

(8) a. He coaxed the secret out of his wife.(그는 그 비밀을 아내를 달래서 알아냈다.)

    b. The director coaxed a brilliant performance out of the cast.(그 감독은 훌륭한 연기를 그 배역으로부터 얻어내었다.)

    c. He coaxed out of me what I really felt about the film.(그는 나로부터 내가 영화에 대해 진정으로 느낀 바를 알아냈다.)

    d. He coaxed extra money from/out of his mother.(그는 여분의 돈을 어머니로부터 꼬셔내었다.)

1.9. 다음 주어는 목적어를 from의 목적어에서 꾀어낸다.

(9) a. He coaxed a day off from his master.(그는 하루 휴무를 사장을 설득하여 받아냈다.)

    b. He tried to coax music from the old instrument.(그는 음악을 오래된 악기에서 얻어내려고 노력했다.)

c. She **coaxed** a smile **from** the baby.(그녀는 웃음을 아이를 얼러 얻어냈다.)

d. He finally **coaxed** some applause **from** the audience.(그는 마침내 약간의 박수를 관중으로부터 얻어냈다.)

1.10. 다음 주어는 따옴표 속의 말로 달래거나 꾄다.

(10) a. "Come on," he **coaxed**, "you can do it." ("자, 해봐," 그가 달래었다, "너는 할 수 있어.")

b. I **coaxed** her round to my point of view.(나는 그녀를 구슬려 내 관점에 찬성하게 했다.)

cock

이 동사의 개념 바탕에는 cock의 명사 '공이치기'가 있다.

1. 타동사 용법

1.1. 다음 주어는 목적어의 공이를 치켜올린다.

(1) a. He **cocked** the gun in preparation for firing.(그는 총을 쏘기 위해 총의 공이치기를 올렸다.)

b. He **cocked** his hat over his ears.(그는 그의 모자의 챙을 귀 위로 치켜올렸다.)

1.2. 다음 주어는 자신의 신체 부위인 목적어를 치켜든다.

(2) a. He **cocked** his head as he attentively listened to the lecture.(그는 그 강의에 집중하면서 머리를 곤추세웠다.)

b. She **cocked** her head one side and looked at me.(그녀는 한 쪽으로 머리를 치켜들고서 날 쳐다봤다.)

c. The puppy **cocked** its head and whined for food.(그 강아지는 머리를 치켜들고 먹이를 달라고 낑낑거렸다.)

d. The dog **cocked** a leg against the lamppost and urinated.(그 강아지는 한 다리를 그 가로등에 치켜올리고는 오줌을 쌌다.)

e. He **cocked** his arm as if to throw the ball.(그는 팔을 공을 던지듯이 치켜들었다.)

f. The little bird **cocked** its eye at me.(그 작은 새는 눈을 들어 나를 쳐다봤다.)

1.3. 다음은 수동태 문장으로 주어는 치켜진다.

(3) The gun was **cocked** and ready.(그 총은 공이가 당겨지고 발사 준비가 되었다.)

coerce

이 동사의 개념 바탕에는 강압적으로 억지로 어떤 일을 하게 하는 과정이 있다.

1. 타동사 용법

1.1. 다음에서 주어는 목적어로 하여금 동명사가 가리키는 일을 하게 한다.

(1) a. The king **coerced** other nations **into** abolishing the law.(그 왕이 다른 나라에게 압력을 가하여 그 법을 폐지하게 했다.)

b. The rebels **coerced** the villagers **into** hiding them from the army.(그 반군들은 마을 사람들을 위협하여 그 자신들을 그 정부군에서 피하게 했다.)

c. The son **coerced** his elderly mother **into** selling her house.(그 아들은 노모를 위협해서 그녀의 집을 팔게 했다.)

d. Walsh has tried to **coerce** him **into** falsely implicating Ronald.(월시는 그를 위협하여 로날드를 거짓으로 연루시키게 했다.)

e. I can't **coerce** one person **into** flirting with me.(나는 어떤 사람을 위협하여 나를 유혹하게 할 수는 없다.)

f. They **coerced** him **into** signing the document.(그들은 그를 강요하여 그 서류에 사인하게 했다.)

g. Government agencies will **coerce** applicants **into** signing up for a contract.(정부 기관들은 신청자들에게 계약서에 서명하도록 압력을 행사할 것이다.)

1.2. 다음은 수동태 문장으로 주어는 억지로 어떤 일을 하게 된다.

(2) a. They were **coerced into** negotiating a settlement.(그들은 강요에 의해 타협점을 찾게 됐다.)

b. He was **coerced** by threats **into** helping them.(그는 협박에 의해 그들을 돕게 되었다.)

c. The defendant claimed he had been **coerced into** making a confession.(그 피고는 자백을 하도록 강요받았다고 주장했다.)

1.3. 다음에서는 into의 목적어가 명사로 표현되어 있다.

(3) a. He **coerced** us **into** silence.(그는 우리를 강압하여 침묵을 강요했다.)

b. He **coerced** us **into** submission.(그는 우리를 위협하여 복종을 강요했다.)

c. He was **coerced into** compliance.(그는 복종을 강요받았다.)

1.4. 다음에서 주어는 목적어로 하여금 어떤 일을 하게 한다. 이 때 목적어는 자신의 의사에 따라서 시키는 일을 할 수도 있고 안 할 수도 있다.

(4) a. My visitor **coerced** me to leave Vista Del Mar.(나의 방문객은 나에게 Vista Del Mar를 떠나라고 강요했다.)

b. Jane **coerced** him to cause his own fatal accident.(제인은 그를 협박하여 그 자신의 치명적인 사고를 내게 했다.)

c. We can **coerce** MTV to stop playing it!(우리는 MTV를 협박하여 그 곡의 방송 중단을 강요할 수 있다.)

d. The bully **coerced** Billy to give him his allowance.(그 불량배는 빌리를 협박하여 용돈을 내놓으라고 했다.)

1.5. 다음에서 주어는 목적어를 to의 목적어에 가져간다.

(5) a. You don't have to **coerce** reality to his emotional demands.(너는 현실을 그의 감정적인 요구에 억지로 끼워 맞출 필요는 없다.)

b. You cannot **coerce** people to the conference table.(너는 사람들을 억지로 그 회의석상에 데려올 수는 없다.)

1.6. 다음 주어는 목적어를 강요한다. 목적어는 사람이다.

(6) a. You mean, you will **coerce** him?(그를 강압할 것입니까?)

b. The state is based on successfully **coercing** the individual.(그 나라는 개개인을 성공적으로 강압하는 데 기반을 두고 있다.)

c. You should **coerce** people if necessary to make them sign up.(필요하다면 사람들을 강요하여 서명을 하도록 해야 한다.)

1.7. 다음 주어는 목적어를 강요한다. 목적어는 추상적인 개체이다.

(7) a. The tyrant **coerced** obedience.(그 폭군은 복종을 강요했다.)

b. Her boss tried to **coerce** false testimony.(그녀의 상사는 위증을 강요하려고 했다.)

cohere

이 동사의 개념 바탕에는 물질이나 물체의 구성요소들이 붙는 과정이 있다.

1. 자동사 용법

1.1. 다음 주어는 붙는다. 주어는 접속사 and로 연결되어 있다.

(1) a. The plastic **and** wood don't **cohere** without special glue.(플라스틱과 나무는 특별한 풀이 없이는 붙지 않는다.)

b. Brick **and** mortar **cohere**.(벽돌과 회반죽은 붙는다.)

1.2. 다음 주어는 전치사 to의 목적어에 붙는다.

(2) The handle will **cohere to** the cup if the glue is almost dry.(그 접착제가 거의 다 마르면, 손잡이는 컵에 붙을 것이다.)

1.3. 다음 주어는 붙는 개체들로 복수로 표현되어 있다.

(3) a. The two surfaces **cohere** together well.(그 두 표면은 함께 잘 붙는다.)

b. The parts of this mass **cohere** readily.(이 덩어리의 그 부분들은 쉽게 붙는다.)

c. The members do not **cohere** as a group.(그 회원들은 그룹으로 뭉치지 않는다.)

d. It will be difficult to get the group of people to **cohere**.(그 무리의 사람들을 뭉치게 하는 것은 어려울 것이다.)

1.4. 어느 벽의 벽돌이 서로 잘 맞물리거나 그렇지 않을 수 있듯이 논의의 논점들도 맞물리거나 어긋날 수 있다.

(4) a. I don't think the points in his argument **cohered** very well.(나는 그의 논의의 요지들이 앞뒤 조리가 잘 맞다고 생각하지 않는다.)

b. Do the points in her report **cohere** well?(그녀의 보고서의 요지들이 서로 잘 맞습니까?)

c. The ideas in this report don't **cohere**.(이 보고서 내의 요지들은 맞지 않다.)

1.5. 다음 주어는 연결되어 전치사 into의 목적어의 상태가 된다.

(5) There are many interesting ideas in the play which unfortunately don't **cohere into** anything meaningful.(이 연극에는 불행하게도 의미 있는 어떤 것으로 결합되지 못하는 재미있는 많은 생각들이 존재한다.)

1.6. 다음 주어는 부분으로 이루어진 전체이다. 이들 주어는 환유적으로 쓰여서 부분을 가리킨다. 그러므로 전체를 이루는 부분이 잘 짜여진다는 뜻이다.

(6) a. The argument/his story simply fails to **cohere**.(그 주장/그의 이야기는 조리가 맞지 않는다.)

b. The society **coheres** by the moral principles.(그 사회는 도덕적 원칙들에 의해 집결한다.)

c. A sentence which does not **cohere** is hard to comprehend.(조리가 맞지 않는 문장은 이해되기 어렵다.)

d. It failed to **cohere as** a single work.(이것은 하나의 작품으로 결합하지 못했다.)

1.7. 다음 주어는 전치사 with의 목적어와 연결된다.

(7) a. We make sense of particular beliefs only as they **cohere with** other beliefs.(우리는 믿음들이 다른 믿음들과 모순되지 않을 때에만 특정한 믿음으로 이해한다.)

b. In this argument one point **coheres** neatly **with** another.(이 논쟁에서 한 요지가 다른 요지와 잘 들어맞는다.)

c. This view does not **cohere with** their other beliefs.(이 관점은 그들의 다른 신념들과 들어맞지 않는다.)

coil

이 동사의 개념 바탕에는 coil의 명사 '사리'가 깔려있다.

1. 타동사 용법

1.1. 다음의 주어는 목적어를 사리 모양으로 감는다.

(1) a. He **coiled** the rope up.(그는 밧줄을 똘똘 감았다.)

b. She **coiled** the garden hose and hung it on the hook.(그녀는 정원 호스를 똘똘 감아서 고리 위에 걸었다.)

c. Please **coil** the cords neatly before you put them away.(그 끈을 제자리에 갖다 놓기 전에 깔끔하게 똘똘 감아 주십시오.)

d. The vines **coiled** the tree trunk.(그 포도덩굴이 나무줄기를 휘감았다.)

1.2. 다음은 수동태 문장으로 주어는 감긴다.

(2) Her hair was **coiled** on top of her hand.(그녀의 머리카락이 손 위에 똘똘 감겼다.)

1.3. 다음 주어는 목적어를 around의 목적어의 주위에 감는다.

(3) a. He **coiled** up the hose **around** himself.(그는 호스를 자신에게 똘똘 감았다.)

b. I **coiled** a wire **around** a pencil.(나는 철사줄을 연필에 똘똘 감았다.)

1.4. 다음의 주어는 자체를 사리 모양으로 만들거나, 다른 물체의 주위에 감는다.

(4) a. The snake **coiled itself** around its prey.(그 뱀은 자신을 먹이에 휘감았다.)

b. The snake coiled up itself.(그 뱀이 또아리를 틀었
다.)

**1.5. 다음 주어는 목적어를 감거나 또아리를 틀어서 전
치사 into의 목적어가 되게 한다.**

(5) a. The snake coiled itself into a ball.(그 뱀은 스스로
또아리를 틀어서 공으로 만들었다.)

b. He coiled a rope into a loop.(그는 밧줄을 똘똘 감
아서 고리를 만들었다.)

c. She coiled her hair into a neat bun on the top of
her head.(그녀는 머리를 말아서 단정한 타래 머리
를 머리 위에 만들었다.)

2. 자동사 용법

2.1. 다음 주어는 스스로 감거나 또아리를 튼다.

(6) The snake coiled, ready to strike.(그 뱀은 또아리를
틀고 물려는 자세를 취했다.)

2.2. 다음 주어는 전치사 around의 목적어를 감는다.

(7) a. The caterpillar coiled around a twig.(그 쐐기벌레
가 작은 가지를 휘감았다.)

b. The vine coiled around the tree.(그 덩굴이 나무를
휘감았다.)

c. The colorful garland coiled around the post.(그 화
려한 화환이 기둥을 감쌌다.)

d. Mist coiled around the tops of the hills.(안개가 산
들의 꼭대기를 휩쌌다.)

e. Black smoke coiled skywards and oil drums
exploded.(검은 연기가 하늘 위로 휘감겨 올랐고 석
유통들이 폭발했다.)

f. A black rattlesnake coiled up and still on the top of
a rock.(검은 방울뱀이 또아리를 틀고 여전히 바위
위에 있었다.)

**2.3. 다음은 주관적 표현으로, 화자가 강의 모습을 마
음 속이나 눈으로 따라 가면서 하는 표현이다.**

(8) a. The canyon coils across the plain.(그 큰 협곡은
평원을 가로지르며 구불구불 휘어있다.)

b. The river coiled through the valley.(그 강은 계곡
을 따라 굽이쳐 흘렀다.)

c. The road coiled up toward the peak.(그 길은 정상
을 향해 휘돌았다.)

**2.4. 다음 주어는 또아리를 틀어서 전치사 into의 목적
어의 모양이 된다.**

(9) The snake coiled up into a ball.(그 뱀이 또아리를 틀
어서 공 모양이 되었다.)

coin

이 동사의 개념 바탕에는 돈을 만드는 과정이 있다.

1. 타동사 용법

1.1. 다음 주어는 돈을 만든다.

(1) They coin nickels and dimes at the mint.(조폐소에
서는 5센트와 10센트 동전을 만든다.)

**1.2. 새 낱말을 만드는 일은 돈을 만드는 일에 비유되
어 있다.**

(2) a. The advertising company coined a new word.(그
광고회사는 새 단어를 주조했다.)

b. The computer industry has to coin many new
terms.(컴퓨터산업은 많은 새 용어들을 만들어야
한다.)

**1.3. 다음은 수동태 문장으로 주어는 만들어지는 개체
이다.**

(3) a. The term 'information highway' was coined a
few years ago.('정보고속도로'라는 용어는 몇 년
전에 만들어졌다.)

b. Many new scientific words are coined every
year.(많은 새 과학용어들이 매년 만들어 진다.)

coincide

이 동사의 개념 바탕에는 같은 장소나 시간을 차지
하는 과정이 있다.

1. 자동사 용법

1.1. 다음 주어는 동재동소 한다.

(1) a. At this point, the paths coincide briefly.(이 지점에
서 길들이 잠깐 합쳐진다.)

b. The two triangles coincide.(두 삼각형은 합동이
다.)

1.2. 다음 주어는 같은 시간을 차지한다.

(2) a. Our vacations coincided, so we traveled together.
(우리의 휴가들이 시간이 일치되어서, 우리는 여행
을 함께 했다.)

b. It's pity our trips to Honolulu don't coincide.(호
놀룰루 여행 시간이 같지 않아 유감이다.)

c. The park coincides with the site of an old
building.(그 공원은 옛 건물의 부지와 일치한다.)

**1.3. 다음 주어는 추상적 개체이다. 그러나 구체적인
개체로 개념화된다.**

(3) a. Two different people saw the accident, and their
stories coincided about what had happened.(두 사
람이 그 사건을 목격했고, 그 사건 정황에 대한 그들
의 이야기는 일치했다.)

b. Our interests do not coincide.(우리의 관심사는 서
로 일치하지 않는다.)

1.4. 다음 주어는 with의 목적어와 일치한다.

(4) a. My vacation coincided with hers, so we took a trip
together.(나의 휴가는 그녀의 휴가와 일치되어서,
우리는 함께 여행을 했다.)

b. My trip to Seoul coincided with X-mas holidays.
(나의 서울 여행이 크리스마스 휴가 기간과 겹쳤다.)

c. The Suez crisis coincided with the uprising in
Hungary.(수에즈 위기는 헝가리에서의 봉기 기간
과 일치했다.)

d. The strike was timed to coincide with the party
conference.(그 파업은 당 회담과 일치되도록 시간
이 맞추어졌다.)

e. Her story coincided exactly with her brother's.
(그녀의 이야기는 그녀 남동생의 이야기와 일치했다.)

collapse

이 동사의 개념 바탕에는 서 있는 개체가 갑자기 무

너지는 과정이 있다.

1. 자동사 용법
1.1. 다음 주어는 내려앉는다.
(1) a. The bed collapsed as soon as we got in.(우리가 눕자마자 그 침대가 꺼졌다.)
  b. The bridge collapsed into the raging river.(그 다리는 포효하는 강물 속으로 무너졌다.)
  c. The roof collapsed under the weight of the snow.(그 지붕은 눈의 하중에 무너졌다.)
  d. Part of the roof collapsed after the fire.(그 지붕의 일부가 화재 이후 무너졌다.)
  e. The roof collapsed when the beams gave way.(그 지붕은 그 대들보들이 무너지자 내려앉았다.)
  f. The tires collapsed and we couldn't drive the car.(그 타이어가 펑크나서, 우리는 그 차를 몰 수 없었다.)
  g. The ballon collapsed in the mid-air.(그 풍선은 공중에서 터져 버렸다.)
  h. The fence collapsed during the storm.(그 울타리가 폭풍이 치는 동안 무너졌다.)
  i. The beach chair collapses for easy carrying.(그 해변용 의자는 들고 다니기 편하게 접힌다.)
  j. The table collapses for easy storage.(그 탁자는 쉽게 저장하게 접힌다.)
  k. This ladder collapses into a portable unit.(이 사다리는 접혀서 휴대용이 된다.)

1.2. 다음 주어는 쓰러지거나 주저앉는다.
(2) a. The wounded soldier collapsed from loss of blood.(그 부상병은 출혈로 쓰러졌다.)
  b. He collapsed from overwork.(그는 과로로 쓰러졌다.)
  c. Several prisoners collapsed in the heat.(여러 죄수들은 그 더위에 쓰러졌다.)
  d. He collapsed in the street.(그는 길에서 쓰러졌다.)
  e. He just collapsed on the sofa when he got home from work.(그는 퇴근해서 집에 오자마자 소파에 막 쓰러졌다.)
  f. He dropped his bags of shopping, and collapsed into a chair.(그는 쇼핑백을 떨어뜨리곤 의자 안으로 쓰러졌다.)
  g. He collapsed with a heart attack while he was dancing.(그는 춤추는 동안 심장 마비로 쓰러졌다.)
  h. He collapsed to his knees.(그는 무릎으로 주저앉았다.)

1.3. 다음 주어는 무너진다. 주어는 건강, 주식 등이다.
(3) a. His health is collapsing day by day.(그의 건강은 날로 악화되고 있다.)
  b. Both his health and his business collapsed within a year.(그의 건강과 사업이 일년 내에 모두 무너졌다.)
  c. Share prices collapsed after news of poor trading figures.(빈약한 무역 거래 수치의 공개 이후에 주가가 무너졌다.)
  d. The market collapsed and investors lost money.(그 시장은 무너졌고, 투자자들은 돈을 잃었다.)

1.4. 제도, 관습, 회사는 건물로 개념화된다. 그러므로 이들은 무너질 수 있다.
(4) a. His business empire collapsed under a massive burden of debt.(그의 경영 제국은 막대한 양의 채무 아래 무너지고 말았다.)
  b. His company collapsed when the price of oil rose.(그의 회사는 유가가 상승되었을 때 무너졌다.)
  c. The company collapsed due to the shortage of funds.(그 회사는 자금 부족으로 무너졌다.)
  d. His marriage collapsed after only three years.(그의 결혼은 삼 년만에 무너졌다.)
  e. The dictator died and his military government collapsed.(그 독재자는 죽고, 군사 정부도 무너졌다.)
  f. After all his efforts, the project collapsed.(그의 노력에도 불구하고 계획은 무산됐다.)
  g. His hopes collapsed to nothing.(그의 희망은 무너져서 아무 것도 없게 되었다.)

1.5. 회담과 같이 시간 속에 일어나는 과정도 건물로 개념화된다.
(5) a. The negotiation collapsed in disagreement.(그 협상은 의견의 불일치로 회담은 무너졌다.)
  b. When negotiations collapsed, the union called a strike.(협상들이 무산되자 노조는 파업을 선포했다.)
  c. The talks collapsed because neither side would compromise.(그 회담은 어느 쪽도 타협하려고 하지 않았기 때문에 무산됐다.)
  d. His plan collapsed.(그의 계획은 무산됐다.)
  e. The accused's defence collapsed under the careful questioning of the lawyer.(그 피고의 항변은 변호사의 용의주도한 질문에 무너졌다.)

2. 타동사 용법
2.1. 다음 주어는 목적어를 무너뜨린다.
(6) a. The earthquake collapsed the buildings.(그 지진이 건물들을 무너뜨렸다.)
  b. The weight of the books collapsed the flimsy shelf.(그 책의 무게가 연약한 선반을 무너뜨렸다.)
  c. They collapsed the building with dynamite.(그들은 다이너마이트로 건물을 무너뜨렸다.)
  d. She collapsed the balloon with her hair pin.(그녀는 풍선을 머리핀으로 터트렸다.)

2.2. 다음 주어는 목적어를 접는다.
(7) a. Bill collapsed the lawn chairs and put them in the garage.(빌은 그 잔디밭 용 의자를 접어서 차고 안에 모두 넣었다.)
  b. I collapsed the box that the present was packed in.(나는 그 선물이 담겼던 그 상자를 찌그려뜨렸다.)
  c. We collapsed the play pan and stowed in the garage.(우리는 그 장난감 냄비를 찌그러뜨려서 차고 안에 넣었다.)
  d. He collapsed the telescope/the umbrella/the tent.(그는 망원경/우산/천막을 접었다.)
  e. The bed can be collapsed by lifting it up and

bending it in the middle.(그 침대는 들어서 가운데를 굽히면 접힐 수 있다.)

2.3. 다음의 주어는 목적어가 가리키는 과정이 중단되게 한다.

(8) a. He collapsed the deal.(그는 거래를 무산시켰다.)
  b. He collapsed the talk between management and union.(그는 경영진과 노사 사이의 회담을 결렬시켰다.)

collect

이 동사의 개념 바탕에는 모으는 과정이 있다.

1. 타동사 용법

1.1. 다음 주어는 목적어를 모은다.

(1) a. He collects taxes.(그는 세금을 징수한다.)
  b. He is collecting contributions for a church. (그는 교회를 위해 기부금을 모으고 있다.)
  c. They collected donations for a fund to help military families.(그들은 군인 가족을 돕기 위한 기금 마련을 위한 기부금을 모았다.)
  d. We collected a dollar from each student for the gift.(우리는 선물을 사기 위해 1달러씩 각각의 학생들로부터 모았다.)
  e. He went around the room collecting up all the empty glasses.(그는 모든 빈 잔을 모으면서 방을 돌아다녔다.)

1.2. 다음 주어는 목적어를 한자리에 모은다.

(2) a. I collected the dirty dishes from around the house.(나는 더러운 접시들을 집안 여기저기로부터 한 자리에 모았다.)
  b. Would you somebody collect up all the dirty glasses?(너희들 중 누군가가 모든 더러운 잔들을 한 자리에 모아주겠니?)
  c. Could you collect some branches for a fire?(불을 피우게 나뭇가지들을 한 자리에 모아주겠니?)
  d. They collected firewood/garbage.(그들은 땔감을/쓰레기를 모았다.)
  e. The city collects rubbish on Mondays.(그 도시는 쓰레기를 월요일에 모아간다.)

1.3. 다음 주어는 목적어를 받는다.

(3) a. She collected $10,000 on her husband's life insurance policies.(그녀는 10,000달러를 그녀의 남편 생명 보험에서 받았다.)
  b. He collects the laundry/his suit from the cleaner's.(그는 그 빨래를/그의 옷을 그 세탁소에서 가져왔다.)
  c. We're collecting signatures for a petition.(우리는 청원을 위한 서명을 받고 있다.)
  d. We seemed to have collected an enormous number of matches.(우리는 매우 많은 성냥들을 모은 것 같았다.)
  e. The teacher collected our papers.(그 선생님은 우리의 숙제를 모았다.)

1.4. 다음은 수동태 문장으로 주어는 모아진다.

(4) a. Enough evidence has been collected.(충분한 증거가 수집되었다.)
  b. Samples were collected from over 100 patients.(표본들이 100명 이상의 환자들로부터 수집되었다.)
  c. A lot of dust was collected on the computer screen.(많은 먼지가 그 컴퓨터 스크린 위에 쌓였다.)

1.5. 다음 주어는 목적어를 한데 데리고 온다.

(5) a. I collect kids in my car.(나는 아이들을 내 차에 모아 데리고 온다.)
  b. She collects the kids from school every day.(그녀는 아이들을 학교에서 매일 데리고 온다.)
  c. I'll collect you from the station.(네가 너를 역에서 데리고 올께.)

1.6. 다음은 [생각, 용기 또는 힘은 개체이다]의 은유가 적용된 표현이다. 개체는 흩어졌다가 모일 수 있다. 주어는 목적어를 모은다.

(6) a. He is collecting his thoughts.(그는 자신의 생각을 모으고 있다.)
  b. He collected his courage.(그는 그의 용기를 모았다.)
  c. They finally collected themselves after the accident.(그들은 마침 사고 후 기력을 회복했다.)
  d. He collected himself.(그는 기력을 회복했다.)

1.7. 다음 주어는 자체가 목적어를 모은다.

(7) a. These china ornaments collect dust.(이 사기 장식품들은 먼지가 잘 쌓인다.)
  b. The computer screens collected a lot of dust.(극 컴퓨터 스크린은 많은 먼지가 쌓였다.)

2. 자동사 용법

2.1. 다음 주어는 모금을 한다.

(8) a. We are collecting (money) for the homeless.(우리는 집 없는 사람들을 위해 모금을 하고 있다.)
  b. We're collecting door to door.(우리는 집집을 다니며 모금을 하고 있다.)
  c. We're collecting for the famine victims.(우리는 기근 피해자들을 위해 모금을 하고 있다.)
  d. The band collected for new uniforms.(그 밴드는 새로운 유니폼을 장만하기 위해 모금을 했다.)
  e. We're collecting for local charities.(우리는 지역 자선 단체들을 위해 모금을 하고 있다.)
  f. The newspaper carrier collects on Mondays.(그 신문 배달원은 월요일에 수금한다.)
  g. We're collecting for 'Save for the Children'.(우리는 '아이들을 위한 저축'을 위해 모금을 하고 있다.)

2.2. 다음 주어는 수금을 한다.

(9) We finally collected from the insurance company on the damage to our house.(우리는 마침내 보험 회사로부터 우리 집에 대한 손해 보상비를 받았다.)

2.3. 다음 주어는 모인다.

(10) a. The teachers collected together in the staff room.(그 선생님들은 교무실에 함께 모였다.)
  b. A few people collected round the man's body.(몇 사람이 그 남자의 시체 주위에 모였다.)
  c. The mourners collected around the graveyard.(그 조객들은 무덤 주위에 모였다.)
  d. The youth group collected in the parking lot.(그

청년 단체는 주차장에 모였다.)

e. A group of bystanders collected on the sidewalk. (한 무리의 구경꾼들이 인도에 모였다.)

f. A crowd of students collected in front of the dean.(일군의 학생들이 학장 앞에 모였다.)

2.4. 다음 주어는 개체이다. 주어는 모이거나 쌓인다.

(11) a. Water collected around the drain.(물이 하수구 주위에 모였다.)

b. A pile of snow collected by the door.(눈 더미가 문 옆에 쌓였다.)

c. Dust and rubbish collected on the desk.(먼지와 쓰레기가 책상 위에 모였다.)

d. Rain collected in pools on the uneven road.(빗물이 평탄하지 않은 도로 위의 웅덩이에 모였다.)

collide

이 동사의 개념 바탕에는 충돌하는 과정이 있다.

1. 자동사 용법

1.1. 다음 주어는 복수형이고 주어는 충돌한다.

(1) a. The two trains collided at a speed of over 100 mph.(그 두 기차는 100마일 이상의 속도로 충돌했다.)

b. When galaxies collide, what happens?(은하계가 충돌하면 무슨 일이 벌어질까?)

c. Occasionally minor planets collide.(가끔씩 소행성들이 충돌한다.)

d. Anything can happen when big men collide.(덩치 큰 남자들이 충돌하면 무슨 일이 날 수도 있다.)

e. Mix them together and talents may collide.(그들을 함께 뒤섞이게 하면 서로의 재능이 충돌할 것이다.)

f. Two bicycles collided at the corner.(두 대의 자전거가 그 모퉁이에서 충돌했다.)

g. Molecules in the gaseous state collide.(기체 상태의 분자들은 충돌한다.)

h. Two planes collided in midair.(두 대의 비행기가 공중에서 충돌했다.)

i. The best ultimate fighters collide in this battle.(끝까지 남은 최고의 전사들이 이 전투에서 맞붙는다.)

1.2. 의견이나 견해에도 방향과 힘이 있는 것으로 개념화된다.

(2) a. The opinions of the two political parties collided. (두 정당의 의견들이 맞붙었다.)

b. Our views often collided, but we respected each other.(우리의 견해는 종종 충돌했지만, 우리는 서로를 존중했다.)

c. His and my views collided on the matter and we could not agree.(그 문제에 대한 그와 나의 견해들이 달라서 우리는 합의에 이를 수 없었다.)

d. The interests of the two countries collided over fishing rights in coastal waters.(연안 어업권에 대한 그 두 나라의 이해관계가 상충되었다.)

e. Sometimes one's principles collide with one's interests.(때때로 우리의 원칙은 우리의 실리와 상충된다.)

1.3. 다음에서는 충돌하는 두 개체가 주어와 전치사 with의 목적어로 표현되어 있다

(3) a. As he fell, his head collided with the table.(그가 넘어질 때, 머리가 그 탁자와 부딪쳤다.)

b. The car collided head-on with a bus.(그 차는 정면으로 어느 버스와 충돌했다.)

c. The car swerved to avoid a dog and collided with a lamp post. (그 차는 개를 피하려다 가로등과 충돌했다.)

d. The boat collided with a rock.(그 배가 바위와 충돌했다.)

e. These neutrons collide with other uranium atoms. (이 중성자들은 다른 우라늄 원자들과 충돌한다.)

f. They will collide with other protons.(그것들은 다른 양자들과 충돌할 것이다.)

g. It was lucky the car did not collide with any others.(그 차가 다른 차들과 충돌하지 않은 것은 천만 다행이었다.)

h. The president has again collided with Congress over his budget plans.(대통령은 자신의 예산안에 대해 또 다시 국회와 부딪쳤다.)

i. The committee collided with the government over the plan.(그 위원회는 그 계획을 두고 정부와 부딪쳤다.)

j. They regularly collided over policy decisions.(그들은 정책 결정 과정에서 정기적으로 부딪쳤다.)

1.4. 다음 주어는 전치사 into의 목적어에 충돌한다.

(4) The bike collided into a tree.(그 자전거는 나무에 부딪쳤다.)

2. 타동사 용법

2.1. 다음 주어는 목적어를 충돌시킨다.

(5) The stunt drivers collided their cars.(곡예 운전수들이 차를 서로 충돌시켰다.)

colonize

이 동사의 개념 바탕에는 어느 지역에 정착해서 사는 과정이 있다.

1. 타동사 용법

1.1. 다음 주어는 목적어에 정착한다.

(1) a. They colonized India.(그들은 인도를 식민지로 만들었다.)

b. Our forefathers colonized this country.(우리 선조들은 이 나라를 식민지로 만들었다.)

c. Several European countries colonized the African continent.(몇몇 유럽국가들은 아프리카 대륙을 식민지로 만들었다.)

d. Thousands of bats colonized the ruins.(수천의 박쥐들이 그 폐허를 차지했다.)

1.2. 다음은 수동태 문장으로 주어는 정착된다.

(2) a. The area was colonized by the Vikings.(그 지역은 바이킹들의 정착지가 되었다.)

b. The lower slopes were colonized by flowering

plants.(그 더 낮은 비탈지는 꽃을 피우는 식물(현화식물)들에 의해 서식되었다.)

c. Peru was **colonized** by the Spanish in the 16th century.(페루는 16세기에 스페인 사람들에 의해 식민지가 되었다.)

1.3. 다음 주어는 목적어를 어느 지역에 정착시킨다.

(3) They **colonized** the laborers in a mining camp. (그들은 노동자들을 광산 캠프에 정착시켰다.)

color

이 동사의 개념 바탕에는 color의 명사 '색'이 있다. 동사의 뜻은 색과 관련된 과정을 나타낸다.

1. 타동사 용법

1.1. 다음 주어는 목적어를 칠한다.

(1) a. He **colored** the picture with crayons.(그는 그림을 크레파스로 색칠했다.)

b. Do you **color** your hair?(너는 머리를 염색하니?)

c. Sunset came and **colored** the sky.(일몰이 와서 하늘을 물들였다.)

1.2. 다음 주어는 목적어를 칠하여 목적어가 특정한 색채를 띠게 한다.

(2) a. She **colored** her hair blonde.(그녀는 자신의 머리를 금발로 염색했다.)

b. John **colored** the drawing of the house green.(존은 집의 그림을 초록으로 색칠했다.)

1.3. 다음 주어는 목적어를 물들인다.

(3) a. The accident **colored** his judgement/opinions/attitudes.(그 사건은 그의 결정/의견/태도를 바꾸었다.)

b. He **colored** his account of the accident.(그는 그 사고의 묘사를 다르게 했다.)

c. She **colored** her remarks with clever allusions.(그녀는 자신의 견해를 재치있는 암시로 채색했다.)

d. The incident **colored** her whole life.(그 사건은 그녀의 전 생애를 변화시켰다.)

1.4. 다음 주어는 목적어의 특징이 된다.

(4) a. The tinge of regret **colored** her tone.(후회의 기미가 그녀의 목소리를 특징지었다.)

b. Love of nature **colored** all of his writing.(자연의 사랑이 그의 모든 글의 특징이었다.)

1.5. 다음은 수동태 문장으로 주어는 채색이 된다.

(5) a. The event was **colored** by the loud arguments.(그 사건은 시끄러운 논쟁으로 특징이 지워졌다.)

b. His opinion is **colored** by prejudice.(그의 의견은 편견으로 채색되어 있다.)

2. 자동사 용법

2.1. 다음 주어는 색깔이 든다.

(6) a. Their faces **colored** when they talked about sex.(그들의 얼굴은 그들이 성에 관한 얘기를 나눌 때 붉어졌다.)

b. She **colored** at his remark.(그녀는 그의 이야기에 얼굴을 붉혔다.)

c. Ron's face **colored** in the fresh air.(론의 얼굴은 신선한 공기로 홍조를 띠었다.)

d. Jane **colored** when he said something embarrassing to her.(제인은 그가 그녀에게 당황케 하는 말을 했을 때 얼굴이 붉어졌다.)

e. The leaves haven't begun to **color** yet.(그 잎사귀들은 아직 물들기 시작하지 않았다.)

2.2. 다음 주어는 색칠을 한다.

(7) The children **colored** all afternoon.(그 아이들은 오후 내내 색칠을 했다.)

comb

이 동사의 개념 바탕에는 comb의 명사 '빗'이 깔려있다. 동사의 뜻은 빗의 기능과 밀접하게 관련되어 있다.

1. 타동사 용법

1.1. 다음 주어는 목적어를 빗는다.

(1) a. She **combed** her hair before leaving.(그녀는 떠나기 전에 머리를 빗었다.)

b. She **combed** out her hair.(그녀는 머리카락을 빗질했다.)

c. She **combed** her head.(그녀는 머리를 빗었다.)

1.2. 다음은 수동태 문장으로 주어는 빗질이 된다.

(2) Her hair was neatly **combed** back.(그녀의 머리는 말끔하게 뒤로 빗겨졌다.)

1.3. 다음 주어는 목적어를 빗질하여 엉킨 머리카락을 풀거나, 머리 속에 끼어있는 물질을 빼낸다.

(3) a. She **combed** the tangles out of her hair.(그녀는 엉킨것을 머리카락에서 빗질해 펴냈다.)

b. She **combed** the knots out in the cat's fur.(그녀는 매듭을 고양이의 털에서 빗질해 펴냈다.)

c. He is **combing** out lice.(그는 이를 빗질해서 잡아내고 있다.)

1.4. 빗질을 하여 머리 속의 이를 잡아내듯이, 주어는 수색을 하여 목적어를 잡아내거나 추려낸다.

(4) a. They **combed** the dissidents out of the group.(그들은 그 반체제자들을 그룹에서 추려냈다.)

b. The **company** is to comb **out** 100 unnecessary employees.(그 회사는 100명의 불필요한 고용자들을 추려낼 예정이다.)

c. They **combed** out loafers.(그들은 건달들을 추려냈다.)

d. He **combed** out facts.(그는 사실들을 추려냈다.)

1.5. 다음은 수동태 문장으로 주어는 추려진다.

(5) The coward was **combed** from the group.(그 겁쟁이는 모임에서 추려내어졌다.)

1.6. 다음 주어는 목적어를 빗질하듯이 찾는다. 목적어는 장소이다.

(6) a. They **combed** the office.(그들은 사무실을 수색했다.)

b. The police **combed** our neighborhood **for** a thief who was hiding.(경찰들은 숨어있는 죄수를 찾기 위해 우리 이웃을 수색했다.)

c. They **combed** the village **for** the girl.(그들은 그 소녀를 찾기 위해 마을을 수색했다.)

d. She is **combing** the town **for** antiques.(그녀는 골

동품을 찾기 위해 읍내를 샅샅이 뒤지고 있다.)

  e. He combed the house for the wallet/the key.(그는 지갑/열쇠를 찾기 위해 집을 샅샅이 뒤졌다.)

  f. The police combed the mall for the suspect.(경찰들은 용의자를 찾기 위해 상점가를 샅샅이 뒤졌다.)

  g. The police combed the hills for the missing climber.(경찰들은 실종된 등반가를 찾기 위해 산들을 수색했다.)

  h. He combed the files for the missing letter.(그는 잃어버린 편지를 찾기 위해 파일들을 샅샅이 뒤졌다.)

  i. We combed many books for the information.(우리는 정보를 얻기 위해 많은 책들을 뒤졌다.)

  j. The police are combing the areas for the escaped prisoner/clues.(경찰들은 도망친 죄수/단서를 찾기 위해 그 지역을 샅샅이 뒤지고 있다.)

1.7. 다음 주어는 목적어를 빗과 같은 역할을 하게 한다.

(7) He combed his fingers through his hair.(그는 손가락 머리카락 속으로 지나게 했다/훑었다.)

2. 자동사 용법

2.1. 다음 주어는 through의 목적어를 뒤지면서 지나간다.

(8) a. Mary combed through a box of old photographs for the baby portrait.(메리는 아기 초상화를 위해 옛 사진 상자를 세밀히 뒤져나갔다.)

  b. They combed through the files for evidence of fraud.(그들은 사기 행위의 증거를 잡기 위해 서류들을 세밀히 뒤져나갔다.)

  c. He combed through the records for a mention of the incident.(그는 사건의 진술을 찾기 위해 기록들을 세밀히 뒤졌다.)

  d. She combed through the report.(그녀는 보고서를 세밀히 조사했다.)

  e. It will take months to comb through all the material.(그 모든 자료를 세밀히 조사하는 데에는 수 개월이 걸릴 것이다.)

combat

이 동사의 개념 바탕에는 격퇴하기 위해서 싸우는 과정이 있다.

1. 타동사 용법

1.1. 다음 주어는 목적어를 격퇴한다.

(1) a. He used a club to combat the intruder.(그는 침입자를 격퇴하기 위해 곤봉을 사용했다.)

  b. The nation will combat the invaders.(그 나라는 침입자들을 격퇴할 것이다.)

1.2. 질병, 범죄, 통화 팽창 등도 사람으로 개념화되어 있다.

(2) a. The doctors are combating cancer with new drugs.(그 의사들이 암을 신약들로 격퇴하고 있다.)

  b. The vaccine did much to combat polio.(그 백신은 소아마비를 격퇴하는 데 상당한 효력을 발휘했다.)

  c. Police combat the crime.(경찰은 범죄를 격퇴한다.)

  d. The measure are taken to combat inflation/unemployment/disease.(그 조처는 통화 팽창/실업/질병을 격퇴하기 위해 취해졌다.)

combine

이 동사의 개념 바탕에는 여러 가지 개체를 결합시키는 과정이 있다.

1. 타동사 용법

1.1. 다음 주어는 목적어들을 결합시킨다.

(1) a. The mechanic combined the nuts and the bolts by putting them in one box.(그 기계공은 한 박스에 너트와 볼트를 넣어서 그것들을 결합시켰다.)

  b. His bold new plan combines practicality and originality.(그의 대담한 새 계획은 실용성과 독창성을 겸비한다.)

  c. It is not easy to combine family responsibilities and a full-time job.(가족 책무와 전임으로 일하는 직업을 결합시키기는 쉽지 않다.)

1.2. 다음 주어는 목적어를 결합시킨다. 주어는 복수형이다.

(2) a. We are still looking for someone who combines all the necessary qualities.(우리는 아직 필요한 모든 자질을 겸비한 사람을 찾고 있다.)

  b. Combine all the ingredients in a salad bowl.(모든 재료들을 샐러드 그릇 안에 섞어라.)

1.3. 다음 주어는 목적어들을 결합시켜서 새로운 개체를 만든다.

(3) a. He combined the factions into a party.(그는 파벌들을 연합하여 정당을 만들었다.)

  b. They combined the two companies into one.(그들은 두 회사를 병합하여 하나의 회사로 만들었다.)

1.4. 다음 주어는 목적어를 전치사 with의 목적어와 결합시킨다.

(4) a. I combined the eggs with the flour mixture.(나는 그 계란을 밀가루 혼합물과 섞었다.)

  b. Steel is produced by combining iron with carbon.(강철은 철을 탄소와 결합시켜 생성된다.)

  c. He combines work with pleasure.(그는 일을 즐거움과 결합시킨다.)

  d. The hotel combines comfort with convenience.(그 호텔은 안락함과 편리함을 겸비한다.)

  e. He combines stupidity with cunning.(그는 어리석음을 간교와 결합한다.)

2. 자동사 용법

2.1. 다음 주어는 결합하여 against의 목적어에 대항한다.

(5) a. The gangs combined against their common enemy.(그 무리들은 연합하여 공동의 적과 대항하였다.)

  b. Everything combined against him.(모든 것들이 결합되어 그와 맞섰다.)

2.2. 다음 주어는 결합된다. 주어는 접속사 and로 연

결되어 있다.

(6) a. The army and navy units combined to fight the war.(육군과 해군은 연합하여 전쟁에 임하였다.)

b. Hydrogen and oxygen combine to form water. (수소와 산소가 결합하여 물을 형성한다.)

c. Oil and water do not readily combine.(기름과 물은 서로 쉽게 결합되지 않는다.)

2.3. 다음 주어는 결합된다. 주어는 복수형이다.

(7) a. Different amino acids combine to form proteins.(여러 아미노산이 결합하여 단백질을 형성한다.)

b. Several factors combined to harm our friendship.(몇 개의 요인들이 서로 결합되어 우리의 우정에 금이 가게 했다.)

c. The two companies combined to form a new company.(그 두 회사는 합병하여 새 회사를 이루었다.)

d. Two smaller groups combined to form one large group.(두 소규모의 단체는 연합하여 하나의 큰 단체를 이루었다.)

e. Two factions combined to defeat the proposal.(두 파벌은 연합하여 그 제안을 기각시켰다.)

2.4. 다음 주어는 with의 목적어와 결합한다.

(8) a. Hydrogen combines with oxygen to form water. (수소는 산소와 결합하여 물을 형성한다.)

b. The company combined with a manufacturer in Seoul.(그 회사는 서울에 있는 어느 제조회사와 결합했다.)

come

이 동사의 개념 바탕에는 개체가 기준점으로 움직이는 과정이 있다.

1. 자동사 용법

1.1. 다음 주어는 기준점(화자의 위치)으로 움직인다.

(1) a. The children came running to meet us.(그 아이들은 우리를 만나기 위해서 달려왔다.)

b. Are you coming to my party this evening?(오늘 저녁 내 파티에 올 작정입니까?)

c. Come here.(이리 오세요.)

1.2. 다음 문장에서는 출발지나 목적지 또는 둘 다가 명시되어 있다.

(2) a. He has just come from China.(그는 중국에서 막 돌아왔다.)

b. They came into the hallway out of the rain.(그들은 현관으로 비를 피해 들어왔다.)

1.3. 다음에서 기준점은 청자의 위치이다.

(3) a. I will come to you tomorrow.(나는 내일 너에게 가겠다.)

b. He will come to see you tomorrow.(그는 내일 너를 만나러 갈 것이다.)

1.4. 다음 주어는 움직이는 개체이다.

(4) a. The train came puffing into the station.(그 기차가 흑흑거리면서 역으로 들어왔다.)

b. The flood came to my garden.(그 홍수는 나의 정

원까지 왔다.)

c. The sunshine came streaming through the window.(햇빛이 창문을 통해 흘러 들어왔다.)

1.5. 다음 주어는 상품으로 생산자에서 소비자쪽으로 나온다.

(5) a. The soup comes in a can.(그 국은 캔으로 나온다.)

b. The hat comes in three colors.(그 모자는 세 가지 색깔로 만들어져 나온다.)

1.6. 다음 주어는 움직여서 화자의 위로 온다. [시간은 움직이는 개체] 은유가 적용된 예이다.

(6) a. Uncle's birthday is coming.(아저씨의 생일이 다가온다.)

b. May comes between April and June.(5월은 4월과 6월 사이에 온다.)

c. Monday comes after Sunday.(월요일은 일요일 다음에 온다.)

d. The time will come when you repent.(네가 후회할 때가 올 것이다.)

1.7. [명성, 재산, 생각도 움직이는 개체] 개념화된다.

(7) a. The farm came to him on his father's death.(그 농장은 아버지가 죽고 나서 그에게 돌아왔다.)

b. He has a lot of money coming to him.(그는 자신에게 돌아올 많은 돈이 있다.)

c. No harm will come to you if you are careful.(조심하면, 어떠한 해도 미치지 않을 것이다.)

d. The idea came to him in his bath.(그 생각은 목욕을 할 때 그에게 생각났다.)

1.8. 다음에서 사고, 성품, 감정 등이 움직이는 개체로 개념화되어 있다.

(8) a. Dislike and hatred usually come from ignorance. (싫음과 미움은 보통 무지에서 온다.)

b. Nothing will come out of all this talk.(아무것도 이 회담에서 나오지 않을 것이다.)

c. The accident came out of carelessness.(그 사고는 부주의에서 왔다.)

d. Success comes when you work hard.(네가 열심히 일하면 성공은 온다.)

1.9. 다음 주어는 순서상 어느 위치에 온다.

(9) a. Your family should come before your job.(너의 가족이 너의 일보다 앞서야 한다.)

b. My wife comes first, my children second.(나의 아내가 먼저고, 나의 자식은 둘째다.)

c. 6 comes after 5.(6은 5의 뒤에 온다.)

d. R comes before W.(R자는 W자 앞에 온다.)

1.10. 다음 목적지는 추상적 위치이다.

(10) a. His earnings came to more than $500.(그의 수입은 500달러 이상이 이르렀다.)

b. His plans came to nothing.(그의 계획은 수포로 돌아갔다.)

c. He will never come to much.(그는 아무것도 안될 것이다. 즉 쓸모가 없을 것이다.)

1.11. 다음 목적지는 추상적 장소이다. 주어는 목적지에 이른다.

(11) a. They came to an agreement/a decision/a conclusion.(그들은 의견일치/결정/결론에 이르렀다.)

b. The matter came to his notice/her attention/his

senses.(그 문제가 그의 주목/주의/느낌에 이르렀
다.)

1.12. 다음 주어가 이르는 곳은 부정사가 가리키는 과
정이다.

(12) a. He has **come to** realize that he was mistaken.(그
는 자신이 실수했음을 깨닫게 되었다.)

b. He had **come to** see the problem in a new light.
(그는 그 문제를 새로운 각도에서 보게 되었다.)

c. I have **come to** believe that you are not right.(나
는 네가 옳지 않다고 믿게 되었다.)

d. How did you **come to** find out that she was lying?
(그녀가 거짓말을 한다는 것을 어떻게 알게 되었느
냐?)

e. How did you **come to** be so foolish?(너는 어떻게
그렇게 어리석은 짓을 하게 되었느냐?)

1.13. 다음은 [상태변화는 장소이동] 은유가 적용된
예이다. 다음 주어는 형용사가 가리키는 상태가
된다.

(13) a. Your dream will **come true** one day.(너의 꿈은 언
젠가 실현될 것이다.)

b. It **comes easy** with practice.(그것은 연습하면 쉬워
진다.)

c. It **comes cheaper** if you buy things in bulk.(물건
을 대량으로 사면 값이 싸진다.)

d. Everything will **come all right** in the end.(모든 것
은 마지막에 잘 될 것이다.)

e. The sort of thing **comes natural** to her.(그러한 종
류의 일은 그녀에게 자연스럽다.)

1.14. 다음에 쓰인 형용사는 un+과거분사이다.

(14) a. The handle came **unscrewed**.(그 손잡이의 나사가
풀렸다.)

b. My shoe laces have come **undone**.(나의 구두끈이
풀렸다.)

c. The seam came **unstitched**.(그 봉합선의 실이 풀렸
다.)

d. The half of the envelope came **unstuck**.(그 봉투의
반이 뜯어졌다.)

e. The button on my coat came **unfastened**.(내 저고
리의 단추가 풀렸다.)

1.15. 다음 주어는 움직이지 않으나, 전체 형상을 눈으
로 따라가면 to의 목적어에 이른다.

(15) a. The water **comes** to the neck.(그 물은 목까지 찬
다.)

b. The dress **comes** to her ankle.(그 옷은 그녀의 발
목까지 온다.)

c. Her hair **comes** to her knees.(그녀의 머리가 무릎
까지 온다.)

2. 타동사 용법

2.1. 다음 주어는 목적어와 같이 행동한다.

(16) a. Don't **come** the bully/the high and mighty.(난폭자
로/거만한 자로 행동하지 말아라.)

b. He tried to **come** the artful/the virtuous over me.
(그는 나에게 교활한 자/미덕가인 체 했다.)

c. He **came** the moralist/the swell.(그는 도덕가/명사
인 체 했다.)

comfort

이 동사의 개념 바탕에는 위안하는 과정이 있다.

1. 타동사 용법

1.1. 다음 주어는 목적어를 위안시킨다.

(1) a. Joan **comforted** her crying child.(조앤은 우는 아이
를 달랬다.)

b. The preacher **comforted** the mourners.(그 설교자
는 조문객들을 위로했다.)

c. Nothing could **comfort** her when her daughter
died.(그 무엇도 그녀의 딸이 죽었을 때 그녀를 위로
할 수 없었다.)

command

이 동사의 개념 바탕에는 마음대로 하는 과정이 있
다.

1. 타동사 용법

1.1. 다음 주어는 목적어를 지휘한다.

(1) a. The captain **commands** the ship.(그 선장은 그 배
를 지휘한다.)

b. He **commanded** an army base of thousands of
soldiers.(그는 수천 명의 병사들이 있는 육군기지를
지휘했다.)

c. He **commands** the 3rd battalion of the regiment.
(그는 그 연대의 제 3대대를 지휘한다.)

d. The colonel **commands** the 8th regiment.(그 대령
은 8연대를 지휘한다.)

1.2. 다음 주어는 목적어를 지배한다.

(2) a. The U. S. **commands** the sea/the air.(미국은 그
바다/하늘을 지배한다.)

b. Almost every day the word 'detente' **commands**
the headlines.(거의 매일 'detente' 라는 낱말이 신
문제목을 지배한다.)

c. He **commanded** himself/his passion/his temper.
(그는 자신을/격정/화를 억제했다.)

1.3. 다음 주어는 목적어를 명령하여 부정사가 가리키
는 일을 하게 한다.

(3) a. The policeman **commanded** him to move on.(그
경찰은 그를 계속 가게 명령했다.)

b. He **commanded** his men to march.(그는 병사들을
행군하게 명령했다.)

c. The tower control **commanded** the pilot to land
somewhere else.(그 관제탑은 그 조종사가 다른 곳
에 착륙하게 명령했다.)

d. The soldier **commanded** us to stop and show our
papers.(그 군인은 우리가 서서 신분증을 보이게 명
령했다.)

e. The general **commanded** the officer to report to
the headquarters.(그 장군은 그 장교가 본부에 보
고하게 명령했다.)

f. The general **commanded** the troops to retreat.(그
장군은 그 부대가 물러나게 명령했다.)

1.4. 다음 주어는 that-절의 내용을 명령한다.

(4) a. He **commanded that** the hostages should be freed.(그는 인질들이 석방되게 명령했다.)

b. He **commanded that** a message should be dispatched at once.(그는 전언이 곧 보내지게 명령했다.)

c. The policeman **commanded that** we should follow him.(그 경찰은 우리가 그를 뒤따르게 명령했다.)

d. He **commanded that** the reply should be faxed at once.(그는 대답이 곧 전송되게 명령했다.)

1.5. 지휘자는 보통 지휘를 받는 사람의 위에 있다. 다음 주어는 높은 산이나 높은 위치에서 목적어를 내려다 본다.

(5) a. The fort **commands** the entrance to the bay.(그 요새만의 입구를 내려다 본다.)

b. The fort **commands** the approaches to the town.(그 요새는 읍내의 접근로들을 내려다 본다.)

c. The hill **commands** a fine view.(그 산은 좋은 경치를 내려다 본다.)

d. That mountain **commands** the valley below.(저 산은 아래의 계곡을 내려다 본다.)

e. The house **commands** the whole town.(그 집은 읍내 전체를 내려다 본다.)

1.6. 다음 주어는 목적어를 마음대로 한다.

(6) a. He **commands** an enormous amount of money.(그는 엄청난 액수의 돈을 마음대로 쓴다.)

b. The company **commands** considerable resources.(그 회사는 상당한 자원을 마음대로 한다.)

c. I cannot **command** the sum.(나는 그 액수를 마음대로 할 수 없다.)

d. He **commands** French.(그는 불어를 구사한다.)

e. He **commands** six languages.(그는 육 개 국어를 구사한다.)

f. He **commands** a broad knowledge of history.(그는 역사의 광범위한 지식을 구사한다.)

g. He **commands** a large vocabulary.(그는 많은 어휘를 구사한다.)

1.7. 지배의 개념은 강요의 개념으로 확대된다. 다음 주어는 목적어를 강요한다.

(7) a. He **commands** blind obedience.(그는 맹목적 순종을 강요한다.)

b. He **commanded** silence.(그는 침묵을 강요했다.)

c. The speaker **commanded** our attention.(그 연사는 주의를 강요했다.)

1.8. 다음 주어는 목적어를 쉽게 받는다.

(8) a. As a top lawyer, he **commands** a six-figure salary.(일급 변호사로서 그는 여섯 자리 수의 월급을 쉽게 받는다.)

b. The radio **commands** a good price.(그 라디오는 좋은 값을 쉽게 받는다.)

1.9. 다음 주어는 목적어를 마음대로 끌어들인다.

(9) a. As a leader, he doesn't **command** any support.(지도자로서 그는 어떠한 지지도 얻지 못한다.)

b. His fine speech **commands** everyone's admiration.(그의 훌륭한 연설은 모든 이의 찬사를 받는다.)

c. His bravery **commands** respect.(그의 용감성은 존

경을 받는다.)

d. The headlines **commanded** her attention.(그 제목이 그녀의 주의를 끌었다.)

e. The party **commands** a majority of seats.(그 당은 다수 의석을 받는다.)

f. The proposals **commanded** wide support in Congress.(그 제안들은 의회에서 폭넓은 지지를 받았다.)

g. The artist **commands** our admiration.(그 예술가는 우리의 찬사를 받는다.)

h. He **commands** our sympathy.(그는 우리의 동정을 받는다.)

1.10. 다음의 목적어는 가격이다. 주어가 목적어를 마음대로 받을 수 있다.

(10) a. He **commands** a high fee for his service.(그는 자신의 일에 대해서 높은 요금을 받는다.)

b. Things **command** higher prices when they are scarce.(물건이 희소하면 더 높은 값을 받는다.)

c. His paintings **command** high prices these days.(그의 그림들은 요즈음 높은 값을 받는다.)

d. The car is so well built that it **commands** a high price.(그 자동차는 잘 만들어져서 높은 값을 받는다.)

2. 자동사 용법

2.1. 다음 주어는 명령을 한다.

(11) a. The coach **commanded** in a loud voice.(그 감독은 높은 소리로 명령했다.)

b. He **commands** with authority.(그는 권위있게 지휘한다.)

c. He **commanded** and we obeyed.(그는 명령을 했고, 우리는 따랐다.)

d. God **commands** and man obeys.(하느님은 명령을 하고 인간은 복종한다.)

commemorate

이 동사의 개념 바탕에는 기념을 하는 과정이 있다.

1. 타동사 용법

1.1. 다음 주어는 목적어를 기념한다.

(1) a. The celebration **commemorated** the founding of the town.(그 축하식은 읍내의 설립을 기념한 것이었다.)

b. We will **commemorate** our anniversary tomorrow.(우리는 우리의 기념일을 내일 기념하겠다.)

c. A series of movies will be shown to **commemorate** the 50th anniversary of independence.(일련의 영화들이 독립 50주년을 기념하기 위해 상영될 것이다.)

d. In USA they **commemorate** the Independence Day on July 4.(미국에서 독립 기념일을 7월 4일에 기념한다.)

e. The parade **commemorates** the town's bicentenary.(그 퍼레이드가 그 도시 200주년을 기념한다.)

f. Many of the people and the places in the book have been **commemorated** in the names of streets.(그 책에 등장하는 사람들과 장소들이 거리들의 이름으로 기념되고 있다.)

1.2 다음 주어는 목적어를 기념한다.

(2) a. The monument **commemorates** a naval victory.(그 기념물은 해군의 승리를 기념한다.)

b. Independence Day **commemorates** the adoption of the Declaration of Independence.(독립기념일은 독립의 선언문 채택을 기념한다.)

commence

이 동사의 개념 바탕에는 시작하는 과정이 있다.

1 타동사 용법

1.1. 다음 주어는 목적어를 시작한다.

(1) a. We can **commence** the meeting now.(지금부터 회의를 시작할 수 있다.)

b. The company **commenced** business last week.(그 회사가 사업을 지난 주에 착수했다.)

c. The professor **commenced** the lecture ten minutes late.(그 교수님이 강의를 10분 늦게 시작했다.)

d. She **commenced** her medical career in 1999.(그녀는 1999년에 의사 일을 시작했다.)

1.2. 다음 목적어는 부정사이다.

(2) a. He **commenced** to speak.(그는 말하기 시작했다.)

b. Shortly after their marriage, they **commenced** to have disagreements.(결혼 후 얼마 지나지 않아, 그들은 싸우기 시작했다.)

1.3 다음 목적어는 동명사이다.

(3) a. The orchestra **commenced** playing when the conductor raised its baton.(그 오케스트라는 지휘자가 지휘봉을 들자 연주를 시작했다.)

b. You may **commence** reading now.(너는 이제 책을 읽어도 좋다.)

c. **Commence** firing.(사격 시작.)

2. 자동사 용법

2.1. 다음 주어는 시작된다.

(4) a. The day **commenced** with a welcome from the chief.(그 날은 사장의 환영사로 시작했다.)

b. The meeting **commenced** at noon.(그 회의는 정오에 시작했다.)

c. The ceremony is about to **commence**.(그 의식은 막 시작하려 한다.)

d. The lecture **commenced** exactly at 10.(그 강의는 정각 10시에 시작했다.)

commend

이 동사의 개념 바탕에는 칭찬하는 과정이 있다.

1. 타동사 용법

1.1. 다음 주어는 목적어를 on의 목적어와 관련하여 칭찬을 한다.

(1) The teacher **commended** her on her essay.(그 선생님은 그녀를 논문과 관련하여 칭찬했다.)

1.2. 다음은 수동태 문장으로 주어는 칭찬 받는 개체이다.

(2) a. She was **commended** on her handling of the situation.(그녀는 그 상황 처리에 대해 칭찬을 받았다.)

b. His ability was highly **commended**.(그의 능력은 높게 칭송 받았다.)

1.3. 다음에는 주어가 목적어를 칭찬하는 이유가 전치사 for로 제시되어 있다.

(3) a. The general **commended** the soldier for bravery.(그 장군은 그 병사의 용기에 대해 칭찬했다.)

b. He **commended** her for her good conduct.(그는 그녀의 선행에 대하여 칭찬했다.)

1.4. 다음은 수동태 문장으로 주어는 칭찬 받는다.

(4) a. The man was **commended** for his public-spirited action.(그는 공공정신에 기반한 행동으로 칭찬을 받았다.)

b. His work ought to be highly **commended**. (그의 일은 높게 칭찬 받아 마땅하다.)

c. The employees were **commended** with a bonus. (그 노동자들은 보너스로 칭찬을 받았다.)

1.5. 다음 목적어는 재귀대명사이다.

(5) The book doesn't **commend** itself.(그 책은 자체를 추천하지 못한다/마음에 들지 않는다.)

1.6. 다음 주어는 목적어를 to의 목적어에 추천하거나 맡긴다.

(6) a. I can **commend** her to you without reservation.(나는 그녀를 너에게 주저없이 추천할 수 있다.)

b. I **commend** the book to your attention.(나는 그 책을 당신이 주의를 갖도록 추천한다.)

c. I **commend** my child to your care.(나는 내 자식을 당신의 보살핌에 맡긴다.)

d. I put down my gun and **commended** myself to bed.(나는 총을 내려놓고 나 자신을 침대에 맡겼다.)

comment

이 동사의 개념 바탕에는 논평하는 과정이 있다.

1. 타동사 용법

1.1. 다음 주어는 따옴표 속의 표현을 논평한다.

(1) a. "I never dress like that," she **commented**.("나는 저런 식으로 결코 옷을 입지 않아요"라고 그녀는 논평했다.)

b. "I didn't like the movie very much," Ron **commented**.("나는 그 영화를 그다지 좋아하지 않아"라고 론이 논평했다.)

1.2. 다음 that-절은 논평의 내용을 담고 있다.

(2) a. She **commented** that she wanted to eat hamburger for lunch.(그녀는 점심으로 햄버거를 먹고 싶다고 말했다.)

b. Some critics **commented** that the film is

unnecessarily violent.(몇몇 비평가들은 그 영화가 불필요하게 폭력적이라고 논평했다.)

c. A spokesman **commented** that the carbon dioxide level was very high.(한 대변인은 이산화탄소 수치가 매우 높다고 논평했다.)

2. 자동사 용법
2.1. 다음에서 주어는 on의 목적어와 관련하여 평을 한다.
(3) a. The professor **commented** on my writing style.(그 교수는 나의 문체에 관하여 논평했다.)

b. I cannot **comment** on your decision.(나는 당신의 결정에 관하여 왈가왈부할 수 없다.)

c. The president refused to **comment** on the issue.(대통령은 그 쟁점에 관하여 논평하기를 거부했다.)

d. Bill **commented** favorably on my haircut.(빌은 나의 깎은 머리에 관하여 좋게 말하였다.)

commingle
이 동사의 개념 바탕에는 뒤섞이는 과정이 있다.

1. 타동사 용법
1.1. 다음 주어는 목적어를 with의 목적어와 뒤섞는다.
(1) The lawyer advised us not to **commingle** our business with personal accounts.(그 변호사는 우리에게 우리 사업과 개인적 계정을 뒤섞지 말라고 충고했다.)
1.2. 다음은 수동태 문장으로 주어는 뒤섞인다.
(2) These amounts should not have been **commingled**.(이 금액은 섞여서는 안 되는 것이었다.)

2. 자동사 용법
2.1 다음 주어는 뒤섞인다.
(3) a. The scents of the flowers **commingled** in the fresh breeze.(그 꽃향기들은 상쾌한 산들바람에 뒤섞였다.)

b. In the city, people of many nationalities **comingle**.(그 도시에는 수많은 국적의 사람들이 뒤섞인다.)

commiserate
이 동사의 개념 바탕에는 불쌍하게 여기는 과정이 있다.

1. 자동사 용법
1.1. 다음 주어는 with의 목적어를 불쌍히 여긴다.
(1) a. After losing their jobs, they **commiserated** with each other.(일자리를 잃은 후, 그들은 서로를 동정했다.)

b. When her mother died, I **commiserated** with her.(그녀의 어머니가 돌아갔을 때, 나는 그녀를 불쌍히 여겼다.)

c. I **commiserated** with her over the loss of her mother.(나는 그녀의 어머니가 돌아가셔서 그녀를 불쌍하게 여겼다.)

d. We **commiserated** with the victims of the flood.(우리는 그 수해 희생자들을 불쌍히 여겼다.)

e. John had flu and we **commiserated** because I also had it.(존이 독감에 걸렸는데, 나 역시 걸려서 우리는 서로를 불쌍히 여겼다.)

2. 타동사 용법
2.1. 다음 주어는 목적어를 불쌍히 여긴다.
(2) a. We **commiserated** her on her misfortune.(우리는 그녀의 불행에 대해 그녀를 불쌍히 여겼다.)

b. She **commiserated** the losers on their defeat.(그녀는 그 패자들의 패배에 대해서 그들을 동정했다.)

commit
이 동사의 개념 바탕의 개념 바탕에는 보내는 과정이 있다.

1. 타동사 용법
1.1. 다음 주어는 목적어를 전치사 to의 목적어에 보낸다.
(1) a. They **committed** the body to the grave.(그들은 그 시체를 무덤에 보냈다.)

b. The commander **committed** his troops to battle.(그 지휘관은 자신의 부대를 전투에 투입했다.)

c. They **committed** the patient to a state hospital.(그들은 환자를 주립 병원으로 옮겼다.)

d. The judge **committed** the criminal to prison for two years.(그 판사는 범인을 2년 동안 감옥에 보냈다.)

e. He **committed** his soul to God.(그는 영혼을 신에게 맡겼다.)

f. They **committed** the relevant letters to the incinerator.(그들은 관련 문서를 소각기로 보냈다.)

g. They **committed** the body to fire flame.(그들은 시신을 화장했다.)

h. He **committed** his idea to paper.(그는 자신의 생각을 종이에 옮겼다.)
1.2. 다음 주어는 목적어를 전치사 to의 목적어에 보낸다. 목적어는 추상적 개체이다.
(2) a. I **committed** the estate to the custody of my agent.(나는 재산을 대리인의 관리에 맡겼다.)

b. He **committed** his safety to providence.(그는 자신의 안전을 신의 뜻에 맡겼다.)

c. He **committed** his troubles to oblivion.(그는 괴로운 일들을 잊기로 했다.)

d. He **committed** himself to the care of a doctor.(그는 자신을 의사의 치료에 맡겼다.)

e. He **committed** the story to memory.(그는 그 이야기를 외웠다.)
1.3. 다음은 수동태 문장으로 주어는 전치사 to의 목적어에 보내진다.
(3) a. The man was **committed** to prison.(그 남자는 투옥되었다.)

b. She was **committed** to a psychiatric hospital.(그녀는 정신 병원에 수용되었다.)

c. He was **committed** to an institution for the insane.

(그는 정신 이상자들을 위한 시설에 수용되었다.)

  d. Bob finally got so mentally disturbed that he was committed.(밥은 끝내 정신 이상이 너무 심해져서 수용되었다.)

  e. The troops were committed to the front line.(그 부대는 일선으로 배치되었다.)

  f. The boy was committed to the care of his uncle.(그 소년은 삼촌의 보살핌에 맡겨졌다.)

1.4. 다음 주어는 목적어를 보낸다.

(4)   The judge committed the senile man to protect him from harm.(그 판사는 그 노인이 위험으로부터 보호하기 위해 기관에 맡겼다.)

1.5. 다음은 수동태 문장으로 주어는 보내진다.

(5)   a. The murderer was committed for trial.(그 살인자는 재판에 회부되었다.)

  b. A large amount of money has been committed to this project.(막대한 양의 돈이 이 사업에 투입되었다.)

1.6. 다음 주어는 목적어를 부정사가 가리키는 일을 하게 묶는다.

(6)   a. I commit an hour to studying Japanese.(나는 한 시간을 일본어 공부에 쓴다.)

  b. The council has committed a large amount of money to housing projects.(그 의회는 막대한 돈을 공동 주택 단지 사업에 쏟아 부었다.)

1.7. 다음 목적어는 재귀대명사이다. 주어는 자신의 마음을 전치사 to의 목적어에 둔다.

(7)   a. I have committed myself to sitting on two committees.(나는 두 개 위원회에서 일하기로 마음을 먹었다.)

  b. He committed himself to going.(그는 가겠다고 마음을 먹었다.)

  c. He committed himself to helping the poor.(그는 가난한 사람들을 돕기로 마음을 먹었다.)

  d. If you join that club, you commit yourself to buying four books.(그 클럽에 가입하면, 너는 네 권의 책을 구입하기로 마음을 먹는 것이다.)

  e. The contract commits him to playing for the team for the next two years.(그 계약은 그를 향후 2년간 그 팀의 선수로 뛰게 만든다.)

1.8. 다음 주어는 자신을 부정사가 가리키는 일을 하기로 약속을 한다.

(8)   a. She has committed herself to go.(그녀는 가겠다고 약속했다.)

  b. He committed himself to make a fresh start in life.(그는 삶의 새 출발을 시작하겠다고 맹세했다.)

  c. Both sides committed themselves to settle the dispute peacefully.(양측은 그 분쟁을 평화적으로 해결하기로 약속을 했다.)

  d. He committed himself to go/going.(그는 가겠다고 약속했다.)

1.9. 다음 주어는 약속을 한다.

(9)   a. I think I can come tonight but I won't commit myself till I know for sure.(오늘 밤에 갈 수 있어도 확실히 알기 전까진 확답하지 않겠다.)

  b. The senator has not committed himself on the upcoming election.(그 상원의원은 다가오는 선거에 대해 일체 자신의 입장을 밝히지 않았다.)

  c. The president refused to commit himself on the subject.(대통령은 그 주제에 대해 자신의 입장을 밝히기를 거부했다.)

  d. You don't have to commit yourself now.(지금 너는 분명한 입장을 밝힐 필요는 없다.)

1.10. 다음 주어는 자신을 전치사 to의 목적어에 몸과 마음을 맡긴다.

(10)   a. He deeply committed himself to social welfare.(그는 자신을 사회 복지 사업에 전념시켰다.)

  b. We can't commit ourselves to any concrete proposals.(우리는 어떤 구체적인 계획에 투신을 할 수 없다.)

  c. The priest committed himself to a life of poverty.(그 신부는 가난한 삶에 투신했다.)

1.11. 다음은 수동태 문장으로 주어는 부정사가 가리키는 일을 하기로 약속을 한다.

(11)   a. He is committed to follow my advice.(그는 내 충고를 따르겠다고 약속했다.)

  b. My aunt is committed to go to my wedding but she does not want to.(이모님은 내 결혼식에 가신다고 약속을 하셨지만 그리 탐탁치 않아 하신다.)

1.12. 다음은 수동태 문장으로 주어는 마음을 전치사 to의 목적어에 두고있다.

(12)   a. He was committed to the cause of the world peace.(그는 세계 평화라는 대의에 전념했다.)

  b. The president is committed to tax cuts.(대통령은 세금 감면에 전념한다.)

  c. She is too deeply committed to the project to draw back.(그녀가 그 사업에 너무 깊이 빠져서 뒤로 물러설 수 없다.)

  d. He is committed to his work.(그는 일에 전념한다.)

1.13. 다음은 수동태 문장으로 주어는 전치사 to의 목적어에 마음이 주어진다.

(13)   a. This government is committed to reducing industrial pollution.(현 정부는 산업 공해를 줄이는데 전념이다.)

  b. The president is committed to reforming health care.(그 대통령은 의료 개혁에 전념한다.)

1.14. 다음 주어는 목적어를 저지른다.

(14)   a. He committed a larceny/a blunder/adultery.(그는 절도/큰 실수/간통을 저질렀다.)

  b. He committed murder.(그는 살인을 저질렀다.)

  c. He committed a crime/an error/suicide/ nuisance.(그는 범죄/잘못/자살/노상방뇨를 저질렀다.)

  d. She committed several offences.(그녀는 여러개의 경범죄를 저질렀다.)

1.15. 다음 주어는 목적어에게 누를 끼치며 목적어의 영성을 위태롭게 한다.

(15)   That will commit us.(그것은 우리를 난처하게 할 것이다.)

communicate

이 동사의 개념 바탕에는 의사소통을 하는 과정이

있다.

1. 타동사 용법

1.1. 다음 주어는 목적어를 전달한다. 목적어는 생각이다.

(1) a. He was eager to communicate his ideas to the group. (그는 자신의 생각들을 그 모임에 전달하는데 열성적이었다.)

b. A baby communicates its needs by crying. (아기는 자신의 욕구를 울음으로 전달한다.)

c. He communicated his secret to me. (그는 그의 비밀을 내게 알렸다.)

d. He asked me to communicate his wishes/his troubles to me. (그는 나에게 부탁하여 소원들/고민들을 내게 전달하게 했다.)

e. He communicated his opinions to me via e-mail. (그는 자신의 의견을 나에게 전자우편으로 전달했다.)

f. They communicate opinions with each other. (그들은 의견을 서로 교환한다.)

1.2. 다음 주어는 목적어를 전달한다. 목적어는 감정이다.

(2) a. As an actor, he could communicate a whole range of emotions. (배우로서 그는 넓은 영역의 감정들을 전달할 수 있었다.)

b. People must communicate their feelings. (사람들은 감정들을 전달해야 한다.)

c. Tears can communicate joy or sorrow. (눈물은 기쁨이나 슬픔을 전달할 수 있다.)

d. Without meaning to, she communicated her anxiety to her child. (뜻하지 않게 그녀는 자신의 걱정을 아이에게 전달했다.)

e. The man communicated his displease to the secretary. (그 남자는 불쾌감을 그 비서에게 전달했다.)

1.3. 다음 주어는 목적어를 전달한다.

(3) a. The stove communicates heat to the room. (그 난로는 열을 방에 전달한다.)

b. Rats communicate the disease. (쥐들은 병을 전염시킨다.)

1.4. 다음 주어는 that-절의 내용을 전달한다.

(4) Through songs, she communicated that she wanted a drink. (노래를 통해 그녀는 술을 원한다는 것을 전달했다.)

1.5. 다음은 수동태 문장으로 주어는 전달된다.

(5) a. The disease is communicated through dirty drinking water. (그 병은 더러운 식용수를 통해 전염된다.)

b. The results will be communicated to the parents. (그 결과는 부모님께 전달될 것이다.)

1.6. 다음 목적어는 재귀대명사이다. 주어는 자체를 전달한다.

(6) a. The restlessness communicated itself in all levels of society. (그 불안감은 사회의 모든 계층에 전달되었다.)

b. Her enthusiasm communicated itself to us. (그녀의

열성은 우리에게 전달되었다.)

c. Her nervousness communicated itself to her children. (그녀의 초조감은 아이들에게 전달되었다.)

d. Dissatisfaction with working conditions communicated itself throughout the workforce. (작업 환경에 대한 불만이 노동자들 전체에 퍼졌다.)

2. 자동사 용법

2.1. 다음 주어는 전치사 with의 목적어와 서로 의사소통을 한다.

(7) a. People communicate with each other by means of words. (사람들은 서로 말로써 의사를 소통한다.)

b. Bats communicate with each other by making high-pitched noises. (박쥐들은 서로 높은 소리를 내어서 의사소통을 한다.)

2.2. 다음 주어는 전치사 with의 목적어와 의사소통을 한다.

(8) a. He communicated with his parents by mail/telephone. (그는 부모님과 우편으로/전화로 의사소통을 했다.)

b. Parents sometimes find it difficult to communicate with their children. (부모은 자식들과 의사소통을 하는 것이 때때로 어렵다는 것을 알게 된다.)

c. He learnt how to use sign language to communicate with deaf customers. (그는 몸짓 말을 배워서 귀가 안들리는 고객들과 의사소통을 했다.)

d. The bank at once communicated with the police. (그 은행은 곧 경찰과 연락을 했다.)

e. I have communicated with his family for years. (나는 그의 가족과 여러해 동안 연락을 해오고 있다.)

f. Dolphins use sounds to communicate with each other. (돌고래는 소리를 사용하여 서로 의사를 소통한다.)

2.3. 다음 주어는 서로 통한다.

(9) a. The three rooms communicate by a corridor. (그 세 방은 복도로 통한다.)

b. The two rooms communicate by this door. (그 두 방은 이 문으로 통한다.)

2.4. 다음 주어는 전치사 with의 목적어와 통한다.

(10) a. The repair shop communicates with the showroom. (그 수선 가게는 그 진열실과 통한다.)

b. My study communicates with the living room. (내 서재는 그 거실과 통한다.)

c. The hall communicates with the living room. (그 홀은 거실과 통한다.)

d. The lake communicate with the sea by a canal. (그 호수는 바다와 운하로 통한다.)

2.5. 다음 주어는 서로 의사소통을 한다.

(11) a. They are divorced and never communicate. (그들은 이혼을 해서 서로 말을 하지 않는다.)

b. I'm afraid we just don't communicate. (유감스럽게 우리는 의사소통을 못합니다.)

c. The telephone makes it possible to communicate

over a long distance. (전화는 장거리에 걸쳐 의사소통을 가능하게 한다.)
d. We communicate often over the telephone. (우리는 종종 전화로 의사소통을 한다.)
e. We talk about lots of things but never really communicate. (우리는 말을 많이 하지만, 결코 실제적인 의사소통은 못한다.)

2.6. 다음 주어는 잘 의사소통을 한다.
(12) a. Before her first cup of coffee she communicates poorly. (첫 잔의 커피를 마시기 전에 그녀는 의사소통이 서툴다.)
b. Candidates must be able to communicate effectively. (후보자들은 효과적으로 의사소통을 할 수 있어야 한다.)

commute

이 동사의 개념 바탕에는 바꾸는 과정이 있다.

1. 타동사 용법

1.1. 다음 주어는 목적어를 바꿔서 경감한다.
(1) a. The governor commuted Tom's sentence when new evidence proved he was innocent. (그 주지사는 새로운 증거가 그가 결백하다는 것을 톰의 판결을 낮추었다.)
b. The judge commuted his death sentence into life imprisonment. (그 판사는 그의 사형선고를 종신형으로 대체했다.)

1.2. 다음 주어는 목적어를 바꿔서 새 상태가 되게 한다.
(2) a. He commuted an annuity into a lump sum. (그는 연금을 뭉칫돈(일시불)으로 바꾸었다.)
b. He commuted the base metal into gold. (그는 비금속을 금으로 바꾸었다.)

1.3. 다음은 수동태 문장으로 주어는 바뀌진다.
(3) The sentence was commuted from death to life imprisonment. (그 판결은 사형에서 종신형으로 바뀌었다.)

2. 자동사 용법

2.1. 다음에서 주어는 통근한다.
(4) a. She commutes from upstate to the city every day. (그녀는 주의 북부 지방에서 그 도시로 매일 통근한다.)
b. She commutes to school rather than living on campus. (그녀는 교내에서 살기보다는 학교에 통학한다.)
c. Many people commute each day by train. (많은 사람들이 매일 기차로 통근한다.)

compact

이 동사의 개념 바탕에는 압축시키는 과정이 있다.

1. 타동사 용법

1.1. 주어는 목적어를 압축시킨다.

(1) a. Someone compacted the ice cream so tightly that I could not get it out of the container. (누군가가 그 아이스크림을 너무 꾹꾹 눌러놓아서 나는 용기에서 그것을 들어낼 수 없었다.)
b. He compacted the trash so that it would fit in the bin. (그는 쓰레기가 통에 들어가도록 꾹꾹 눌렀다.)
c. He compacted rubbish. (그는 쓰레기를 압축했다.)
d. The machine compacts trash into neat bundles. (그 기계는 쓰레기를 압축하여 깔끔한 꾸러미로 만든다.)

1.2. 다음은 수동태 문장으로 주어는 다져지는 개체이다.
(2) a. The dirt was compacted by the heavy trucks running over it. (그 흙은 그 위를 지나는 무거운 트럭들로 인해 다져졌다.)
b. The dirt trail has been compacted from years of use. (그 흙길은 여러 해 쓰여서 단단히 다져졌다.)

2. 자동사 용법

2.1. 다음 주어는 다져진다.
(3) Snow compacts and forms a solid layer. (눈이 다져져서 단단한 층을 형성한다.)

compare

이 동사의 개념 바탕에는 비교하는 과정이 있다.

1. 타동사 용법

1.1. 다음의 주어는 목적어를 to의 주어와 비유한다.
(1) a. Bill compared Tom's messy hair to a bird's nest. (빌은 톰의 지저분한 머리를 새 둥지에 비유했다.)
b. The poet compared the building's beauty to a bright summer day. (그 시인은 그 건물의 아름다움을 화창한 여름날로 비유했다.)

1.2. 다음 주어는 목적어를 with의 목적어와 비교한다.
(2) a. The teacher compared Tom with Bob to see who is taller. (그 선생님은 누가 키가 더 큰지 보시려고 톰을 밥과 비교하셨다.)
b. Compare the Seoul of today with that of 1950s. (오늘의 서울을 50년대의 서울과 비교하라.)
c. He compared his report with mine. (그는 자기 보고서를 나의 것과 비교했다.)
d. I compared the copy with the original. (나는 사본을 원본과 비교했다.)

1.3. 주어는 목적어들을 비교한다. 목적어는 and로 연결되어 있다.
(3) a. We compared their situations and ours. (우리는 그들의 상황과 우리의 상황을 비교했다.)
b. He compared Seoul and Pusan. (그는 서울과 부산을 비교했다.)

1.4. 다음 목적어는 복수형이다. 주어는 복수 목적어를 비교한다.
(4) a. Bill compared the two socks to see if one is longer than the other. (빌은 한 쪽이 더 긴지 알아보려고 그 양말 두 짝을 비교했다.)
b. The teacher compared the two historical

events.(그 선생님은 두 역사적인 사건을 비교하셨다.)

  c. We compared the two reports carefully.(우리는 면밀하게 두 보고서를 비교했다.)

  d. He compared the two cities.(그는 두 도시를 비교했다.)

2. 자동사 용법
2.1. 다음 주어는 with의 목적어와 비교가 된다.
(5) a. This house doesn't compare with the previous one.(이 집은 이전 집과 비교가 되지 않는다.)

  b. Whose play can compare with Shakespeare's? (누구의 희곡이 셰익스피어의 희곡과 비교되겠습니까?)

  c. The school compares with the best in the country.(그 학교는 그 지역의 최고의 학교와 비교된다.)

  d. The development compares poorly with that of neighboring nations.(그 개발은 인접국의 개발과 불완전하게 비교된다.)

  e. No one can compare with you; you are the best. (아무도 너와 비교될 수 없다. 네가 최고니까.)

compel

이 동사의 개념 바탕에는 억지로 강요하는 과정이 있다.

1. 타동사 용법
1.1. 다음에서 주어는 목적어를 억지로 요구한다.
(1) a. He spoke with an authority that compelled the attention of the whole crowd.(그는 전체 군중의 주의를 강요하는 권위를 가지고 연설했다.)

  b. She manages to compel obedience/admiration from her staff.(그녀는 복종/존경을 자신의 직원들로부터 그럭저럭 강제로 받고 있다.)

  c. Lack of funds compelled his withdrawal.(자금 부족은 그의 철수를 강요했다.)

  d. His illness compelled his retirement.(그의 병은 그 퇴임을 강요했다.)

1.2. 다음 주어는 목적어로 하여금 억지로 어떤 일을 하게 한다.
(2) a. The boss compelled us to work over the weekend.(그 사장은 우리를 주말 동안 억지로 일하게 했다.)

  b. He compelled me to admit my errors.(그는 억지로 나에게 과오를 인정하게 했다.)

1.3. 다음은 수동태 문장으로 주어는 강요를 받는 사람이다.
(3) a. He felt compelled to resign because of the allegation in the press.(그는 그 언론의 난 주장 때문에 사임을 강요받는 느낌이 들었다.)

  b. I was compelled to go back.(나는 돌아가지 않을 수 없었다.)

1.4. 다음에서 주어는 목적어를 into가 가리키는 상태로 들어가게 만든다.

(4) He compelled us into submission.(그는 우리를 억지로 굴복시켰다.)

compensate

이 동사의 개념 바탕에는 보상하는 과정이 있다.

1. 타동사 용법
1.1. 다음 주어는 목적어에게 보상한다. 보상의 근거는 전치사 for로 표현되어 있다.
(1) a. Let me compensate you for your trouble.(당신의 노고에 대해 제가 보답하도록 해 주십시오.)

  b. I compensated Mary for the cup of sugar I borrowed.(나는 빌린 설탕 한 컵에 대해 메리에게 보상했다.)

  c. The company compensated its employees for working overtime by giving them longer vacations. (그 회사는 근로자들을 시간외 근무에 대해 더 긴 휴가를 제공함으로써 보상했다.)

  d. The firm agreed to compensate its workers for their loss of earnings.(그 회사는 근로자들에게 소득 손실에 대해 보상하기를 동의했다.)

  e. The company compensates its officers quite well. (그 회사는 직원들을 매우 잘 대우한다.)

1.2. 다음은 수동태 문장으로 주어는 보상되는 개체이다.
(2) a. The volunteers are not compensated for their work.(그 지원자들은 자신들의 수고를 보상받지 못한다.)

  b. Bill was compensated by the insurance company for his medical costs.(빌은 그 보험회사로부터 자신의 의료 경비에 대해 보상 받았다.)

2. 자동사 용법
2.1. 다음 주어는 보상을 한다.
(3) a. Because my left eye is so weak, my right eye has to work harder to compensate.(왼쪽 눈의 시력이 매우 약해서, 오른쪽 눈이 보충하기 위해서 더 열심히 움직여야만 한다.)

  b. Your apology will not compensate for this damage.(너의 사과가 이 손해를 보상할 수는 없을 것이다.)

  c. Nothing can compensate for losing my husband. (아무것도 남편을 잃은 것을 보상할 수도 없다.)

  d. Her intelligence more than compensates for her lack of experience.(그녀의 예지는 경험의 부족을 보강한다.)

compete

이 동사의 개념 바탕에는 경쟁하는 과정이 있다.

1. 자동사 용법
1.1. 다음 주어는 전치사 against의 목적어에 대항한다.
(1) a. We are competing against them next round.(우리는 다음 라운드에서 그들과 맞선다.)

b. Turn the music down--I'm not **competing against** that noise.(음악 소리를 낮추어라--나는 그 소음과 겨루고 있지 않다.)

1.2. 다음 주어는 전치사 with의 목적어와 경쟁한다.
(2) a. They are **competing with** each other in business.(그들은 사업에서 서로 경쟁하고 있다.)

b. Korea is **competing with** other countries in trade.(한국은 다른 나라들과 무역에서 경쟁하고 있다.)

c. His picture cannot **compete in** force **with** those of Henry.(그의 그림은 힘에 있어서 헨리의 그림과 경쟁할 수 없다.)

d. We can't **compete with** them **on** price.(우리는 그들과 가격 면에서 경쟁할 수 없다.)

1.3. 다음 주어는 전치사 with의 목적어와 전치사 for의 목적어를 얻기 위해 경쟁한다.
(3) a. John is **competing with** the other students **for** the scholarship.(존은 다른 학생들과 그 장학금을 얻기 위해 경쟁하고 있다.)

b. The boys **competed with** each other **for** the prize.(그 소년들은 서로 그 상을 얻기 위해 경쟁했다.)

c. The new company has to **compete with** many others **for** orders.(그 새로운 회사는 많은 다른 회사들과 주문을 따기 위해 경쟁해야 한다.)

d. Birds **compete for** food **with** squirrels.(새들은 먹이를 위해 다람쥐들과 경쟁한다.)

1.4. 다음 주어는 생명체가 아니다. 그러나 이들에게도 생명체가 있는 것처럼 개념화되어 있다.
(4) a. The smell of cooking **competed with** turpentine and tobacco.(요리 냄새가 테레빈유 그리고 담배와 맞섰다.)

b. No wine can **compete with** this.(어떤 와인도 이것과 경쟁할 수 없다.)

c. No painting can **compete with** this.(어떤 그림도 이것과 경쟁할 수 없다.)

1.5. 다음 주어는 전치사 in이나 at으로 표현된 영역에서 경쟁한다.
(5) a. He is hoping to **compete in** the Seoul marathon.(그는 서울 마라톤에 출전하기를 바라고 있다.)

b. Shall you **compete in** the running race? (너 그 달리기 경기에 출전해 볼래?)

c. Small traders cannot **compete in** the face of cheap foreign imports.(작은 무역상들은 값싼 외국 수입품에 경쟁할 수 없다.)

d. She has never **competed at** international level before.(그녀는 전에 한 번도 국제 수준에서 경쟁해 본 적이 없다.)

e. The computer company is large enough to **compete at** home and abroad.(그 컴퓨터 회사는 국내와 국외에서 경쟁할 수 있을 만큼 충분히 크다.)

1.6. 다음 주어는 전치사 for의 목적어를 얻기 위해서 서로 경쟁한다.
(6) a. More than 3000 candidates are **competing for** 270 seats.(3000명 이상의 후보자들이 270석을 얻기 위해 경쟁하고 있다.)

b. She and her sister are always **competing for** attention.(그녀와 여동생은 언제나 주목을 끌기 위해 경쟁하고 있다.)

c. Young children usually **compete for** their mother's attention.(어린아이들은 보통 엄마의 주목을 끌기 위해 경쟁한다.)

d. Several companies are **competing for** the contract.(여러개의 회사가 그 계약을 따기 위해 경쟁하고 있다.)

e. There are ten teams **competing for** the cup.(그 우승 컵을 차지하기 위해 경쟁하는 열 개의 팀이 있다.)

compile

이 동사의 개념 바탕에는 한데 모아서 짜 맞추는 과정이 있다.

1. 타동사 용법
1.1. 다음 주어는 목적어를 짜맞추어 낸다.
(1) a. I **compiled** the favorite recipes of all my friends.(나는 모든 친구들의 가장 좋아하는 요리법을 모아서 정리했다.)

b. We are **compiling** a list of people suitable for the job.(우리는 그 일에 적격인 사람들의 명단을 모아서 짜고 있다.)

c. He **compiled** an anthology of poems.(그는 시선집을 편찬했다.)

d. He finished **compiling** a dictionary.(그는 사전 하나 편찬하는 일을 끝마쳤다.)

1.2. 다음에서 주어는 목적어를 수집한다.
(2) a. The scientist **compiled** a large amount of data to help develop his theory.(그 과학자는 자신의 이론을 발전시키는데 도움이 될 방대한 자료를 수집했다.)

b. He has **compiled** enough information to write a book.(그는 책을 쓸 만큼의 충분한 자료를 수집했다.)

1.3. 다음은 수동태 문장으로 주어는 짜맞추어지는 개체이다.
(3) a. The document was **compiled** by the Ministry of Education.(그 문서는 교육부에서 편찬되었다.)

b. The dictionary was **compiled** by a Korean linguist.(그 사전은 한국 언어학자에 의해 편찬되었다.)

complain

이 동사의 개념 바탕에는 불평하는 과정이 있다.

1. 자동사 용법
1.1. 다음 that-절은 불평의 내용을 담고 있다.
(1) a. She **complained that** no one was treating her fairly.(그녀는 아무도 그녀를 공평하게 대우하지 않는다고 투덜댔다.)

b. People **complain that** they don't get enough information.(사람들은 충분한 자료를 보유하지 못하고 있다고 불평한다.)

c. We **complained** to the manager **that** our food was cold.(우리는 그 지배인에게 우리의 음식이 차다고

불평했다.)

1.2. 다음은 about으로 불평의 대상을 표현한다.

(2) a. They **complained about** the injustice of the system.(그들은 그 제도의 불공평성에 대해 불평했다.)

b. He **complains about** the weather.(그는 날씨를 불평한다.)

1.3. 다음에서 of는 불평과 불가분의 관계에 있는 개체를 도입한다.

(3) a. David has been **complaining** of severe headaches.(데이빗은 심한 두통에 대하여 호소해 왔다.)

b. He **complains** of head pains.(그는 두통에 대해 호소한다.)

1.4. 다음에서 주어는 불편사항을 호소한다.

(4) a. I am going to **complain** to the manager about this.(나는 그 지배인에게 이것에 대해 하소연할 것이다.)

b. You must **complain** to the police.(당신은 경찰에 호소해야 한다.)

1.5. 다음 주어는 불평을 한다.

(5) a. I taught my children not to **complain** too much.(나는 아이들한테 너무 투덜대지 말라고 가르쳤다.)

b. Some people are always **complaining**.(어떤 사람들은 늘 불평을 하고 있다.)

complement

이 동사의 개념 바탕에는 서로 보완하는 과정이 있다.

1. 타동사 용법

1.1. 다음 주어는 목적어를 보완한다.

(1) a. Bob's green sweater **complemented** his dark green trousers.(밥의 녹색 스웨터는 진한 녹색 바지를 보완했다.)

b. The team needs players who **complement** each other.(그 팀은 서로를 보완하는 선수들이 필요하다.)

c. The wine **complements** the food perfectly.(그 포도주는 그 음식을 완벽하게 보완한다.)

d. Tall white candles **complemented** the formal table setting nicely.(긴 하얀 촛불들이 그 공식 상차림을 훌륭하게 보완했다.)

1.2. 다음은 수동태 문장으로 주어는 보완되어 있다.

(2) a. The excellent menu is **complemented** by a good wine list.(그 탁월한 식단은 훌륭한 포도주 목록에 의해 보완된다.)

b. The fish is perfectly **complemented** by the sauce.(그 생선요리는 그 양념에 의해 완벽하게 보완된다.)

1.3. 다음 주어는 복수로서, 서로 보완하는 개체이다.

(3) a. Our local bus and train services **complement** each other very well.(우리의 지역 버스와 기차 서비스는 서로 잘 보완한다.)

b. Strawberries and cream **complement** each other.(딸기와 크림은 서로 잘 보완한다.)

complete

이 동사의 개념 바탕에는 완전하게 하는 과정이 있다.

1. 타동사 용법

1.1. 다음 주어는 목적어를 완성한다.

(1) a. When I **complete** this book, I'll start another one.(이 책을 완성하면 나는 다른 책을 시작할 거야.)

b. She always **completes** her task.(그녀는 항상 임무를 완수한다.)

c. Please **complete** the application form.(그 신청 양식을 작성하세요.)

d. She has **completed** her course work.(그녀는 교과 과정을 끝마쳤다.)

e. She's just **completed** a master's degree.(그녀는 막 석사 학위를 끝마쳤다.)

1.2. 다음은 수동태 문장으로 주어는 완성되는 개체이다.

(2) The project should be **completed** within a year.(그 계획은 일년 내에 완성되어야 한다.)

1.3. 다음 주어는 목적어를 완성시키는 개체이다.

(3) a. Seeing all her family again **completed** her happiness.(모든 가족을 다시 만나는 일은 그녀의 행복을 완전하게 했다.)

b. I need one more card to **complete** the set.(나는 그 세트를 다 구비하기 위해서 카드 한 장이 더 필요하다.)

c. Hiking boots **complete** the outdoor look.(하이킹 장화는 그 야외용 차림을 완전하게 한다.)

compliment

이 동사의 개념 바탕에는 찬사를 보내는 과정이 있다.

1. 타동사 용법

1.1. 다음 주어는 목적어를 on의 목적어와 관련하여 찬사를 보낸다.

(1) a. The conductor **complimented** Ron **on** his piano solo.(그 지휘자는 론의 피아노 독주에 대해 그를 칭찬을 했다.)

b. We wanted to **compliment** the chef **on** our delicious meal.(우리는 그 주방장을 우리의 맛있는 식사와 관련하여 칭찬하고 싶었다.)

c. He **complimented** the hostess **on** the dinner.(그는 그 여주인에게 만찬에 대해 찬사를 보냈다.)

d. I must **compliment** you **on** the way you handled the meeting.(나는 너를 네가 그 모임을 다루는 방식에 대해서 찬사를 네게 보내야만 한다.)

comply

이 동사의 개념 바탕에는 따르는 과정이 있다.

1. 자동사 용법

1.1. 다음 주어는 with의 목적어에 따른다.

(1) a. A good citizen complies with the laws of the country.(선량한 시민은 국가의 법에 따른다.)

b. We cannot comply with your demands.(우리는 당신의 요구에 응할 수 없다.)

c. They refused to comply with the UN resolution.(그들은 그 UN 결의를 따르는 것을 거부했다.)

d. You have to comply with the regulations.(당신은 규율에 따라야 한다.)

e. He reluctantly complied with her wishes.(그는 마지못해 그녀의 소원에 응했다.)

compose

이 동사의 개념 바탕에는 짜 맞추는 과정이 있다.

1. 타동사 용법

1.1. 다음 주어는 목적어를 짜맞춘다. 목적어는 글이나 말이다.

(1) a. He composed an article.(그는 기사를 썼다.)

b. He composed a letter to his solicitor.(그는 편지를 변호사에게 썼다.)

c. Compose an essay of 10,000 words.(10,000 낱말의 논문을 써라.)

d. He composed a poem last night.(그는 시 한 편을 어제 저녁에 썼다.)

1.2. 다음 주어는 목적어를 짜맞춘다. 목적어는 음악이나 조각이다.

(2) a. He composed a piece of music.(그는 음악 한 곡을 작곡했다.)

b. He composed a beautiful song.(그는 아름다운 곡을 썼다.)

c. Symphonies are difficult to compose.(교향곡은 작곡하기가 어렵다.)

d. At the age of seven, the boy began to compose music.(일곱 살에 그 소년은 작곡을 시작했다.)

e. The sculptor composed his pieces with precision and beauty.(그 조각가는 자신의 작품을 정확하고 아름답게 만들었다.)

1.3. 다음 주어는 목적어를 짜맞추어서 into의 목적어가 되게 한다.

(3) He composed their arguments into a coherent essay.(그는 그들의 논거들을 일관성 있는 논문으로 짜맞추었다.)

1.4. 다음 주어는 그 자체가 목적어를 만든다.

(4) Facts alone do not compose a book.(사실만으로는 책을 만들지 않는다.)

1.5. 다음은 수동태 문장으로 주어는 of의 목적어로 짜여진다.

(5) a. Mortar is composed of lime, sand and water.(퇴반죽은 석회, 모래 그리고 물로 구성된다.)

b. Water is composed of hydrogen and oxygen.(물을 수소와 산소로 구성된다.)

c. The spaghetti sauce is composed of many ingredients.(그 스파게티 소스는 여러 가지 양념으로 구성된다.)

d. The troop is composed entirely of American soldiers.(그 부대는 전적으로 미군 병사들로 구성되어 있다.)

e. The board is composed of three directors and two outside consultants.(그 위원회는 세 명의 이사와 두 명의 외부 자문가로 구성되어 있다.)

f. The committee is composed of students and faculty.(그 위원회는 학생들과 교수로 구성되어 있다.)

1.6. 다음 주어는 목적어를 조정한다.

(6) a. He composed the dispute between them.(그는 그들 사이의 그 분쟁을 조정했다.)

b. He composed the quarrel/the differences.(그는 그 싸움/차이를 조정했다.)

1.7. 다음 주어는 목적어를 제 자리에 가라앉힌다.

(7) a. He composed his emotions.(그는 자신의 감정을 가라앉혔다.)

b. He composed his mind.(그는 자신의 마음을 가라앉혔다.)

c. He composed his figures.(그는 자신의 자태를 정리했다.)

d. He composed his thoughts for the action.(그는 그 행위에 대한 자신의 생각을 정리했다.)

1.8. 다음 목적어는 재귀대명사이다. 주어는 자신을 가라앉힌다.

(8) a. Try to compose yourself before the doctor gets here.(그 의사가 여기에 도착하기 전에 진정하려고 노력하세요.)

b. After forgetting his line, the actor composed himself and continued.(대사를 잊은 다음에, 그 배우는 자신을 진정시키고 계속했다.)

c. It took him a long time to compose himself after hearing the bad news.(그 나쁜 소식을 들은 다음 그 자신을 진정하는 데는 긴 시간이 걸렸다.)

d. He composed himself for sleep.(그는 잠을 자기 위해서 마음을 가라앉혔다.)

e. He composed himself to speak.(그는 말을 하기 위해서 마음을 가다듬었다.)

f. John was nervous at first, but he composed himself.(존은 처음에는 초조했으나, 마음을 가라앉혔다.)

compound

이 동사의 개념 바탕에는 여러 요소를 섞어서 복합체로 만드는 과정이 있다.

1. 타동사 용법

1.1. 다음 주어는 목적어를 섞어서 복합체로 만든다.

(1) a. He compounded the drugs to make a new medicine.(그는 새 약품을 만들려고 그 약들을 혼합했다.)

b. He compounded water, sand, soil and formed brick.(그는 물, 모래, 흙을 섞어서 벽돌을 만들었다.)

1.2. 다음은 수동태 문장으로 주어는 복합되어진 개체이다.

(2) The molecule is **compounded** from many smaller molecules.(그 분자는 더 작은 많은 분자들로부터 합성되었다.)

1.3. 다음 주어는 목적어를 복잡하거나 심각하게 만든다.

(3) a. Tim **compounded** our problems by being absent from the meeting.(팀은 그 모임에 결석하여 우리의 문제를 복잡하게 만들었다.)

b. She **compounded** the insult by walking away as he was about to speak.(그녀는 그가 막 말하려고 할 때 나가버림으로써 그 모욕을 심각하게 했다.)

c. I **compounded** my trouble by arguing with the teacher.(나는 그 선생님과 논쟁하여 내 문제를 복잡하게 만들었다.)

d. Running out of gas **compounded** the problem of being lost.(바닥난 것은 길을 잃은 상황을 더욱 심각하게 만들었다.)

1.4. 다음은 수동태 문장으로 주어는 복잡하게 되거나 심각하게 되는 개체이다.

(4) a. The problem was **compounded** by severe food shortage.(그 사태는 심각한 식량 부족으로 더 심각해졌다.)

b. Our difficulties were **compounded** by the language barrier.(우리의 난관들은 언어장벽에 의해 더 심각해졌다.)

1.5. 다음 주어는 현금과 이자를 포함하여 복리로 이자를 계산한다.

(5) a. The bank **compounds** interest quarterly.(그 은행은 분기마다 이자를 복리로 계산한다.)

b. The bank **compounds** interest on a savings account.(그 은행은 저축성 예금에 대해 이자를 복리로 계산한다.)

1.6. 다음은 수동태 문장으로 주어는 증가된다.

(6) The world's scientific knowledge is **compounded** year after year.(세계의 과학 지식은 해마다 증가된다.)

2. 자동사 용법

2.1. 다음 주어는 복리로 계산된다.

(7) Interest **compounds** monthly in my savings account.(이자는 나의 저축성 예금에 매달 복리로 계산된다.)

comprehend

이 동사의 개념 바탕에는 포함하는 과정이 있다.

1. 타동사 용법

1.1. 다음 주어는 목적어를 포함한다.

(1) a. The park **comprehends** all the land on the other side of the river.(그 공원은 그 강의 다른 편의 전 지역을 차지한다.)

b. Her report **comprehends** all the facts.(그녀의 보고서는 모든 사실을 포함한다.)

c. The city **comprehends** the suburban area.(그 도시는 교외 지역을 포함한다.)

d. Her lecture **comprehended** several aspects of the topic.(그녀의 강의는 그 주제의 여러 측면을 포함했다.)

1.2. 다음 주어는 환유적으로 쓰여서 마음을 가리킨다. 마음이 목적어를 이해하여 포함하는 의미이다. [마음은 그릇] 은유가 적용된 표현이다.

(2) a. The test determined if the students **comprehended** the material.(그 시험은 학생들이 그 자료를 이해했는지 여부를 결정한다.)

b. They do not **comprehend** these phenomena.(그들은 이런 현상들을 이해하지 못한다.)

c. The child read the story, but did not **comprehend** its full meaning.(그 아이는 그 이야기를 읽었지만, 그것의 완전한 의미는 이해하지 못했다.)

d. I could not **comprehend** the instructions for operating the computer.(나는 컴퓨터 운용을 위한 지시사항들을 이해할 수 없었다.)

1.3. 다음 주어는 의문사가 이끄는 절의 내용을 이해한다.

(3) a. I fail to **comprehend how** this was allowed to happen.(나는 어떻게 이것이 발생하도록 허용되었는지 이해할 수 없다.)

b. She could not **comprehend how** someone would risk people's lives in that way.(그녀는 누군가 어떻게 그런 식으로 사람들의 목숨을 위험하게 하는지 이해할 수 없었다.)

c. I'll never **comprehend why** he did what he did.(나는 왜 그가 그 짓을 했는지 결코 이해할 수 없을 것이다.)

compress

이 동사의 개념 바탕에는 압착시키는 과정이 있다.

1. 타동사 용법

1.1. 다음 주어는 목적어를 압착시킨다.

(1) a. The machine **compresses** old cars into blocks of metal scraps.(그 기계는 오래된 차를 압착시켜 고철 덩어리로 만든다.)

b. The big truck **compresses** cartons until they are flat.(그 대형 트럭은 판지 상자가 납작해질 때까지 압축한다.)

c. He **compressed** the cotton in bales.(그는 면을 베일 단위(약 500파운드)로 압축했다.)

1.2. 다음 주어는 목적어의 길이를 줄인다.

(2) a. She **compressed** one-hour lecture into a 20-minute talk.(그녀는 한 시간 강의를 20분 분량의 대담으로 요약했다.)

b. He **compressed** his report into three pages.(그는 자신의 보고서를 3쪽 분량으로 요약했다.)

1.3. 다음은 수동태 문장으로 주어는 압축되는 개체이다.

(3) a. The main arguments were **compressed** into one chapter.(그 주요 논의사항들은 하나의 장으로 압축

되었다.)

b. The fuel mixture is **compressed** in the chamber by the piston.(그 혼합 연료는 피스톤에 의해 실린더 안에서 압축된다.)

c. The three-year course is **compressed** into 15-month course.(그 3년 과정은 15개월 과정으로 압축된다.)

1.4. 다음 주어는 기계로서 목적어를 압축시킨다.

(4) a. The program **compresses** my computer files.(그 프로그램은 내 컴퓨터 화일을 압축시킨다.)

b. A transmitter **compresses** the digital signal as it is sent.(송신기는 그 디지털 신호를 전송할 때 압축한다.)

2. 자동사 용법

2.1. 다음 주어는 압축된다.

(5) Her lips **compressed** into a thin smile.(그녀의 입술은 다물어 엷은 미소를 지었다.)

comprise

이 동사의 개념 바탕에는 구성되는 과정이 있다.

1. 타동사 용법

1.1. 다음 주어는 목적어를 구성성분으로 가진다.

(1) a. The course **comprises** a class book, a workbook, and an audio tape.(그 강의는 교재, 연습장 그리고 듣기 테이프로 구성된다.)

b. The committee **comprises** ten members.(그 위원회는 열 명의 회원으로 구성된다.)

c. The exhibition **comprises** 50 oils and watercolors.(그 전시는 50 점의 유화와 수채화로 구성된다.)

d. The company's product line **comprises** 100 different items.(그 회사의 생산 품목은 100 개의 상이한 품목으로 구성된다.)

e. His library **comprises** 2,000 books.(그의 서재는 2000 권의 책으로 구성된다.)

f. The apartment **comprises** a hall, a kitchen, two bedrooms, and a bathroom.(그 아파트는 홀, 부엌, 침실 둘, 그리고 욕실로 되어 있다.)

g. The city project **comprises** a plan to build an airport. (그 도시 계획은 공항 건설 계획으로 구성된다.)

1.2. 다음 주어는 그 자체가 목적어를 구성한다.

(2) a. Four young men **comprised** the TV crew.(네 명의 젊은이들이 그 텔레비전 요원을 이루었다.)

b. Seven members **comprise** the committee.(일곱 명의 회원이 그 위원회를 구성한다.)

c. Three chapters **comprise** part 1.(삼 장이 제 일 부를 구성한다.)

d. Milk, butter, and cheese **comprise** the bulk of dairy products.(우유, 버터, 그리고 치즈가 낙농품의 대부분을 이룬다.)

e. Black sand **comprises** the beaches near Kalapama.(검은 모래가 칼라파마 근처의 해안을 이

룬다.)

f. Seminars and lectures **comprised** the day's activities.(세미나와 강의가 그 날의 활동을 구성한다.)

g. Women **comprise** a high proportion of part-time workers.(여성이 시간제 노동자들의 높은 비율을 이룬다.)

1.3. 다음은 수동태 문장으로 주어는 of의 목적어로 구성된다.

(3) a. The first part is **comprised** of three chapters.(제일 부는 삼 장으로 구성되어 있다.)

c. The United States is **comprised** of 50 states.(미국은 50 주로 구성되어 있다.)

d. The committee is **comprised** of ten members.(그 위원회는 열 명의 회원으로 구성되어 있다.)

compromise

이 동사의 개념 바탕에는 타협하는 과정이 있다. 이 과정에는 수준을 낮추거나 양보하는 일이 포함된다.

1. 타동사 용법

1.1. 다음 주어는 목적어를 양보한다.

(1) a. They **compromised** their principles/ideas.(그들은 자신들의 원칙/생각을 양보했다.)

b. He **compromised** his beliefs when he supported her.(그가 그녀를 지지했을 때 그는 자신의 믿음을 양보했다.)

1.2. 다음 주어는 목적어를 위태롭게 한다.

(2) a. Faulty building construction **compromises** our safety.(불완전한 건물 건축은 우리의 안전을 위협한다.)

b. Lying would **compromise** my morals.(거짓말은 나의 도덕을 위태롭게 할 것이다.)

c. The rumor **compromised** the mayor's standing in the community.(그 소문은 그 지역 사회에서의 그 시장의 입지를 손상시켰다.)

d. That kind of behavior will **compromise** your chances of promotion.(그런 류의 행동은 당신의 승진기회를 위태롭게 할 것이다.)

1.3. 다음은 수동태 문장으로 주어는 손상된다.

(3) a. The minister was **compromised** by his association with the prostitute.(그 장관은 그 매춘부와의 관계로 인해 명성에 오점이 갔다.)

b. His position was **compromised** by the discovery of the new evidence.(그의 입지는 새로운 증거의 발견으로 위태롭게 되었다.)

2. 자동사 용법

2.1. 다음 주어는 타협한다.

(4) a. After arguing for hours, we finally **compromised** on the issue.(수시간 동안 다툰 끝에 우리는 결국 그 쟁점에 대해 타협했다.)

b. Both sides **compromised** to settle the strike.(양측은 파업을 해결하기 위하여 타협했다.)

2.2. 다음 주어는 with의 목적어와 타협한다.

(5) a. How could he **compromise** with his principles like that?(어떻게 그가 자신의 원칙들과 그렇게 타협할 수 있었지?)

b. He **compromised** with them on the matter.(그는 그 문제에 대해 그들과 타협했다.)

compute

이 동사의 개념 바탕에는 계산하는 과정이 있다.

1. 타동사 용법

1.1. 다음 주어는 목적어를 계산한다.

(1) a. The cashier **computed** the bill on the calculator. (그 현금출납원은 그 청구액을 그 계산기로 계산했다.)

b. Let's **compute** the cost of taking a vacation.(휴가 비용을 계산해 보자.)

c. He **computed** the interest.(그는 이자를 계산했다.)

d. He **computed** the distance from the earth to the moon.(그는 지구에서 달까지의 거리를 계산했다.)

1.2. 다음에서는 주어가 목적어를 계산한 수치가 표현되어 있다.

(2) a. He **computed** the loss at $5,000.(그는 손실을 오천 달러로 계산했다.)

b. They **computed** the expenses at $10,000.(그들은 그 비용을 만 달러로 계산했다.)

1.3. 다음은 수동태 문장으로 주어는 계산되는 개체이다.

(3) a. The losses were **computed** at $100,000.(그 손실은 십만 달러로 계산됐다.)

b. The area is **computed** to be 30,000 square miles. (그 지역은 삼만 평방 마일로 계산된다.)

1.4. 다음 that−절은 주어가 계산한 내용이다.

(4) He **computed that** the project would take three years to complete.(그는 그 사업을 완수하는데 3년이 걸릴 것이라고 계산했다.)

conceal

이 동사의 개념 바탕에는 숨기는 과정이 있다.

1. 타동사 용법

1.1. 다음 주어는 목적어를 숨긴다.

(1) a. Mary **concealed** her husband's passport.(메리는 남편의 여권을 숨겼다.)

b. The criminal **concealed** the knife in his boot.(그 범죄자는 그 칼을 장화에 숨겼다.)

1.2. 다음은 수동태 문장으로 주어는 숨겨진다.

(2) a. The path was **concealed** by long grass.(그 오솔길은 우거진 풀에 의해 가려졌다.)

b. For a long time, his death was **concealed** from her. (오랫동안 그의 죽음은 그녀에게 감춰졌다.)

1.3. 다음 주어는 그 자체가 목적어를 가린다.

(3) a. A high wall **concealed** the house.(높은 담이 그 집을 가렸다.)

b. A bank of clouds **concealed** the setting sun.(층운

이 일몰하는 태양을 가렸다.)

c. The tree **concealed** her from view.(그 나무가 시야에서 그녀를 가렸다.)

1.4. 다음 목적어는 추상적 개체이다.

(4) a. He could barely **conceal** his disappointment.(그는 실망을 간신히 감출 수 있었다.)

b. He **concealed** his feeling/debts from his wife.(그는 감정을/빚을 아내에게 숨겼다.)

c. He **concealed** his true motive. (그는 자신의 진짜 동기를 숨겼다.)

concede

이 동사의 개념 바탕에는 강한 주장에 마지못해 내어놓는 과정이 있다.

1. 타동사 용법

1.1. 다음 주어는 목적어를 마지못해 내어 놓는다.

(1) a. He **conceded** a privilege to the man.(그는 특권을 그 남자에게 용인했다.)

b. We **conceded** five points to him.(우리는 5점을 그에게 용인했다.)

c. They **conceded** victory to the opponent.(그들은 승리를 상대 팀에게 용인했다.)

d. After the first World War Germany **conceded** a lot of land to her neighbors.(제1차 세계대전 이후에 독일은 많은 땅을 인접국에게 양여했다.)

1.2. 다음 주어는 목적어를 인정한다.

(2) a. They **conceded** raise in his wages.(그들은 그의 임금 인상을 인정했다.)

b. We **conceded** defeat as soon as the election results were known.(우리는 선거결과가 알려지자마자 패배를 인정했다.)

c. He **conceded** the right of way across his land.(그는 자신의 땅을 가로 질러가는 권리를 인정했다.)

1.3. 다음 주어는 that−절이 가리키는 사실을 인정하고 싶지 않으나 상대방의 요청이나 이보다 강한 강요에 의해서 인정한다.

(3) a. He **conceded that** the witness was true.(그는 그 목격자가 맞다고 인정했다.)

b. He **conceded that** my proposal might be better. (그는 내 제안이 더 좋을 수도 있다고 인정했다.)

c. I am willing to **concede that** he is a good runner, but I still think I can beat him.(나는 기꺼이 그가 훌륭한 달리기 선수임을 인정한다. 그러나 나는 여전히 내가 그를 이길 수 있다고 생각한다.)

d. He **conceded that** he had been wrong.(그는 자신이 잘못했었다고 인정했다.)

e. Everyone **concedes that** two and two make four. (모든 사람들은 2 더하기 2는 4라고 인정한다.)

1.4. 다음 주어는 첫째 목적어에게 둘째 목적어를 인정한다.

(4) a. He **conceded** us the right to enter.(그는 우리에게 들어갈 권리를 인정했다.)

b. The farmer **conceded** us the right to walk through his field.(그 농부는 우리에게 그의 밭을 가로

로질러 걸을 수 있는 권리를 용인했다.)

conceive

이 동사의 개념 바탕은 잉태하는 과정이다.

1. 타동사 용법

1.1. 다음 주어는 목적어를 잉태한다.

(1) a. The pregnancy test indicated that she had conceived a child.(그 임신 테스트는 그녀가 임신했다는 사실을 알려주었다.)

b. She conceived her first child at 21.(그녀는 첫 아이를 21세에 잉태했다.)

1.2. 다음은 수동태 문장으로 주어는 잉태된다.

(2) a. The boy was conceived on their honeymoon in Spain.(그 소년은 스페인에서 신혼여행을 할 때 임신이 되었다.)

b. The child was conceived while they were in Russia.(그 아이는 그들이 러시아에 있는 동안 잉태되었다.)

c. The baby was conceived in March, so he will be born in December.(그 아기는 3월에 잉태되었으므로 12월 달에 출생하게 될 것이다.)

1.3. 뱃속에 아기를 잉태하는 과정은 가슴 속에 어떤 감정을 갖는 과정으로 확대된다.

(3) a. He conceived an affection for the orphan.(그는 그 고아에 대한 애정을 품게 되었다.)

b. He conceived hatred for him.(그는 그 남자에게 증오를 품게 되었다.)

c. In his student days, he conceived a great love for painting.(학창시절에 그는 그림 그리는 것에 대한 굉장한 애착을 가졌다.)

d. He conceived a prejudice against us.(그는 우리에 대해 편견을 품었다.)

1.4. 잉태하는 과정은 마음 속에 어떤 생각을 갖는 과정에도 확대된다.

(4) a. He conceived the project while on vacation.(그는 휴가 기간 동안에 그 프로젝트를 구상했다.)

b. Who first conceived the idea of using atomic energy?(누가 원자력을 쓸 생각을 품었나?)

c. The criminal conceived a plan for stealing the car.(그 범인은 그 차를 훔칠 계획을 품었다.)

d. Can you conceive life without electricity?(넌 전기가 없는 생활에 대해 생각해 볼 수 있나?)

e. I couldn't conceive living without a television.(TV없이 산다는 건 생각조차 할 수 없어.)

1.5. 다음 주어는 목적어를 as의 목적어로 동일시하는 생각을 갖는다.

(5) a. We can conceive the third dimension as a right angle to a flat two-dimensional surface.(우리는 3차원을 평평한 2차원의 표면에 직각인 것으로 생각할 수 있다.)

b. The ancients conceived the earth as floating in the water.(그 고대인들은 땅을 물위를 떠돌고 있는 것으로 생각했다.)

1.6. 다음은 수동태 문장으로 주어는 품어진다.

(6) a. God is often conceived as male.(신은 때때로 남성으로 여겨진다.)

b. In ancient time, the world was conceived as flat.(고대에는 세계가 평평한 것으로 여겨졌다.)

1.7. 다음 목적어는 의문사가 이끄는 절이고, 주어는 이 절의 내용을 머리 속에 가진다.

(7) a. I can't conceive how anyone could behave so cruelly.(나는 누군가가 어떻게 그렇게 잔인하게 행동할 수 있다고 생각할 수 없다.)

b. I cannot conceive how he did such a foolish thing.(나는 그가 어떻게 그렇게 바보 같은 짓을 했는지 상상을 못하겠다.)

c. I cannot conceive how that can be.(나는 그것이 어떻게 그렇게 될 수 있는지 상상할 수 없다.)

d. We can hardly conceive what this rice revolution means to them.(우리는 그 쌀 혁명이 그들에게 어떠한 의미를 부여하는지 거의 상상할 수 없다.)

e. I cannot conceive what it must be like.(나는 그것이 어떠해야 하는지 생각할 수 없다.)

f. I can't conceive why you told her.(나는 네가 그녀에게 왜 말했는지 상상을 못하겠다.)

1.8. 다음 목적어는 접속사 that이 이끄는 절이고, 주어는 that-절의 내용을 머리 속에 가진다.

(8) a. I conceive that it is possible.(나는 그것이 가능하다고 생각한다.)

b. I can't conceive that it would be of any value.(나는 그것이 가치가 있을 것이라고 생각할 수 없다.)

c. I conceive that it is the best way.(나는 그것이 최선의 방법이라 생각한다.)

d. I conceive that there must be some difficulties.(나는 어려움이 있을 것이라고 생각한다.)

1.9. 다음 주어는 목적어가 to부정사의 주어가 되는 관계를 머릿속에 가진다.

(9) a. I conceive that to be possible.(나는 그것이 가능하다고 생각한다.)

b. They conceived the sea to be full of monsters.(그들은 바다가 괴물로 가득 찼다고 생각했다.)

c. We must do what we conceive to be the right thing.(우리는 우리가 정당하다고 생각하는 것을 해야한다.)

d. Whatever may occur, do what you conceive to be your duty.(무슨 일이 일어나든, 너의 의무라고 생각되는 일을 하라.)

2. 자동사 용법

2.1. 다음에 쓰인 전치사 of의 선행사가 명시가 안 되어 있다.

(10) a. I cannot conceive of your allowing her to go alone at night.(나는 네가 그녀 혼자서 밤에 가는 것을 허락하는 것을 생각할 수 없다.)

b. I cannot conceive of his killing himself.(나는 그가 자살하는 것을 생각할 수 없다.)

c. I can't conceive of his doing such a thing.(나는 그가 그런 일을 한다는 것을 생각할 수 없다.)

d. He could never conceive of such a thing happening to him.(그는 자신에게 그런 일이 일어날 거라고 상상하지 못했을 것이다.)

e. I would never **conceive of** treating someone the way Helen treats John.(나는 헬렌이 존을 대하는 방법으로 누구를 대하는 것은 상상할 수조차 없다.)

2.2. 다음 주어는 of의 목적어를 as의 목적어로 생각한다.

(11) a. He **conceived of** society **as** a jungle where only the fittest can survive.(그는 사회를 가장 적합한 자만 살아 남을 수 있는 정글로 생각했다.)

b. We **conceive of** a family **as** being in a constant state of change.(우리는 가족을 꾸준한 변화가 있는 상태로 생각한다.)

c. Elvis **conceived of** himself **as** a ballad dancer.(엘비스는 자신을 발라드 댄서로 생각한다.)

d. People **conceived of** him **as** a genius.(사람들은 그를 천재로 생각했다.)

2.3. 다음 주어는 of의 목적어를 마음 속에 갖는다.

(12) a. I **conceived of** the idea as I was falling asleep one night.(나는 어느 날 밤 곯아 떨어질때 그 생각을 가졌다.)

b. He **conceived of** the plot for this film while he was a student.(그는 학생이었을 때 이 영화에 대한 줄거리를 구상했다.)

c. He **conceived of** the first truly portable computer.(그는 최초의 진정한 노트북을 생각해냈다.)

d. It is impossible to **conceive of** anything better.(더 좋은 것을 생각해 내기란 불가능하다.)

e. It is hard to **conceive of** such cruelty.(그런 잔인함을 품기란 어렵다.)

f. I could not **conceive of** his failure.(나는 그의 실패를 생각할 수 없었다.)

g. He couldn't **conceive of** a time when he would have no job.(그는 직장이 없을 때를 상상할 수 없었다.)

h. I can't **conceive of** why he did such a stupid thing.(나는 왜 그가 그런 바보짓을 했는지 이해할 수 없다.)

i. I can't **conceive of** any reason why he can't come.(나는 왜 그가 올 수 없는지 이유를 생각해낼 수 없다.)

2.4. 다음에서 conceive의 목적어는 표현되어 있지 않다. 그러나 표현이 안된 목적어는 아기임을 알 수 있다.

(13) a. About one in six couples has trouble **conceiving**.(여섯 쌍 중 한 쌍 정도는 임신에 문제가 있다.)

b. Do you know exactly when you **conceived**?(네가 정확히 언제 임신했는지 아느냐?)

c. She **conceived** and had a son.(그녀는 임신하여 아들을 낳았다.)

d. She **conceived** at last.(그녀는 결국 임신했다.)

concentrate

이 동사의 개념 바탕에는 한 곳으로 모이는 과정이 있다.

1. 타동사 용법
1.1. 다음에서 주어는 활동, 주의, 노력을 on의 목적어에 집중한다.

(1) a. Chipmunks **concentrated** their food in underground burrows.(줄무늬 다람쥐는 먹이를 지하 굴 안에 모았다.)

b. The commander **concentrated** his troops at a strategic point.(그 사령관은 병력을 전략 지점에 집결시켰다.)

c. They **concentrated** their activities on the main supply lines.(그들은 활동들을 주요 공급선에 집중시켰다.)

d. He **concentrated** his attention on the problem.(그는 주의를 그 문제에 기울였다.)

e. I decided to **concentrate** all my efforts on finding somewhere to live.(나는 모든 노력을 거주할 장소를 발견하는데 집중시키기로 결심했다.)

1.2. 다음은 수동태 문장으로 주어는 집중된다.

(2) a. Fighting was **concentrated** around the towns.(전투는 그 도시 인근에 집중되었다.)

b. Power is **concentrated** in the hands of a small elite.(권력은 소수의 엘리트들의 손아귀에 집중되어 있다.)

1.3. 바닷물을 끓이면 물기는 날아가고 소금이 남는다. 즉 흩어져 있던 소금이 한자리에 모인다.

(3) a. I **concentrated** the solution of cleaner to make it stronger.(나는 세제 용액을 더 강력하게 하려고 그것을 응축시켰다.)

b. They **concentrated** the sea water by boiling off some of its water.(그들은 그 바닷물을 끓여 증발시킴으로써 응축시켰다.)

1.4. 다음은 수동태 문장으로 주어는 응축된다.

(4) a. The bottled juice was **concentrated** to save on shipping costs.(그 병 쥬스는 수송비를 절약하기 위해서 응축되었다.)

b. The orange juice is **concentrated** and can be stored in the freezer.(그 오렌지 쥬스는 응축되어서 냉동고에서 저장될 수 있다.)

2. 자동사 용법
2.1. 다음 주어는 자신의 주의를 on의 목적어에 기울인다.

(5) a. I couldn't **concentrate on** my homework because of the loud music.(나는 그 소란스런 음악소리 때문에 그 숙제에 집중할 수 없었다.)

b. Bill **concentrated on** overcoming the obstacles to getting a job.(빌은 일자리를 구하는 데의 장애를 극복하는 데 전념했다.)

c. This year the company **concentrated on** improving its efficiency.(올해 그 회사는 효율성을 향상시키는 데 올렸다.)

2.2. 다음 주어는 어느 장소에 몰리는 사람이다.

(6) a. The population **concentrated** in the city.(그 인구가 그 도시에 집중했다.)

b. The crowds **concentrated** round the palace.(그 군중이 궁궐 주위에 모여들었다.)

2.3. 다음 주어는 응축되는 개체이다.

(7) The gravy thickened and **concentrated** in the

microwave.(그 육즙이 전자레인지 안에서 걸쭉하게 응축되었다.)

concern

이 동사의 개념 바탕에는 포함하거나 같이 참여하는 과정이 있다.

1. 타동사 용법

1.1.다음 주어는 목적어를 포함한다.

(1) a. Chapter 3 concerns methodological difficulties.(3 장은 방법론적 어려움과 관련이 있다.)
 b. The book concerns wild flowers.(그 책은 야생꽃에 관한 것이다.)
 c. The bulk of the book concerns his two middle-aged children.(그 책의 대부분은 그의 두 중년 자녀에 관련된다.)
 d. My questions concern the bank charges.(나의 질문은 그 은행의 수수료와 관련된다.)
 e. Our conversation concerned our plan for the future.(우리의 대화는 우리의 미래 계획을 포함했다.)
 f. The letter concerns payment for my new TV set.(그 편지는 나의 새 TV 세트의 지불에 관련된다.)
 g. The next episode concerns our hero trying to rescue the heroines.(그 다음 에피소드는 그 여자 영웅을 구하려고 노력하는 남자 영웅을 주제로 삼는다.)
 h. The story concerns a woman who went to China as a missionary.(그 이야기는 선교사로 중국에 간 한 여성에 관한 것이다.)
 i. The tax changes will concern large corporations.(그 세금 변화는 큰 법인들을 포함할 것이다.)
 j. This is a private matter that doesn't concern the company.(이것은 그 회사를 포함하지 않는 사적인 문제이다.)

1.2. 다음 주어는 목적어를 관련시킨다. 목적어는 사람이다.

(2) a. Drug abuse concern us all.(약물 남용은 우리 모두를 관련시킨다.)
 b. The fact concerns us all.(그 사실은 우리 모두를 관련시킨다.)
 c. The order doesn't concern us.(그 명령/주문은 우리를 관련시키지 않는다.)
 d. This regulation doesn't concern you. Don't worry about it.(이 규정은 너를 관련시키지 않는다. 그것에 대해 걱정하지 마라.)
 e. What I have to say to Sue doesn't concern you.(내가 수에게 말해야 하는 것은 너를 관련시키지 않는다.)
 f. So far as I am concerned, you can do what you like.(나에 관한 한, 너는 네가 원하는 대로 해도 좋아.)

1.3. 다음 주어는 목적어의 마음을 관련시킨다.

(3) a. Crime concerns the mayor very much.(범죄는 그 시장을 매우 걱정시킨다.)

 b. Don't let my illness concern you.(내 병이 너를 걱정시키지 않도록 하게.)
 c. Don't trouble about things that don't concern you.(너와 관련 없는 일로 걱정하지 마.)
 d. The state of my father's health concerns us.(우리 아버지의 건강 상태는 우리를 걱정시킨다.)
 e. These problems concern all of us.(이 문제들은 우리 모두를 걱정시킨다.)
 f. Your headaches concern me.(너의 두통은 나를 걱정시킨다.)

1.4. 다음은 수동태 문장으로 주어는 for의 목적어에 대해서 걱정을 한다.

(4) a. I am concerned for his happiness.(나는 그의 행복을 걱정한다.)
 b. We were concerned for her safety.(우리는 그녀의 안전을 걱정했다.)

1.5. 다음은 수동태 문장으로 주어는 about의 목적어에 대해서 걱정을 한다.

(5) a. Business people are concerned about the increase in imports.(사업가들은 수입의 증가를 걱정한다.)
 b. He is concerned about his mother's sickness.(그는 어머니의 병을 걱정한다.)
 c. He is very much concerned about his son.(그는 그의 아들에 대해 매우 걱정한다.)
 d. I am concerned about the rash on my arm.(나는 팔의 발진에 대해 걱정한다.)
 e. I'm concerned about your school work.(나는 너의 학교 공부에 대해 걱정한다.)
 f. Please don't be concerned about me.(제발 나에 대해 걱정하지 마라.)

1.6. 다음 주어는 in의 목적어에 관계되어 있다.

(6) a. He was concerned in all those business.(그는 그 모든 사업에 관련이 되어 있었다.)
 b. He was concerned in the crime.(그는 그 범죄에 관련이 되어 있었다.)
 c. I will speak individually to all the people concerned in this project.(나는 이 계획과 관련되어 있는 모든 사람에게 개인적으로 말할 것이다.)

1.7. 다음 주어는 with의 목적어와 관련되어 있다.

(7) a. I am chiefly concerned with proving my case.(나는 주로 나의 소송을 증명하는 데 열중한다.)
 b. Mary is concerned with finishing her work before 5:00.(메리는 일을 5시 이전에 끝내는 것에 열중한다.)
 c. Police investigations are concerned only with the crime, but not with its punishment.(경찰 조사는 범죄와만 관련 있을 뿐, 그 처벌에 대해서는 관련이 없다.)
 d. The lecture was concerned with the revolution.(그 강의는 그 혁명과 관련이 있었다.)
 e. The story is concerned with a Korean family in America.(그 이야기는 미국에 사는 어느 한국 가정과 관련 있다.)

1.8. 다음 주어는 자신을 전치사 in의 목적어에 관련시킨다.

(8) a. You must not concern yourself in other people's

affairs.(너는 다른 사람들의 일에 네 자신을 연관시켜서는 안 된다.)

b. Don't concern yourself. I'm sure she'll be home soon.(걱정하지 마라. 나는 그녀가 곧 집에 오리라 확신해.)

c. Don't concern yourself about his future.(그의 미래에 대해 걱정하지 마라.)

1.9. 다음 주어는 자신을 with의 목적어와 관련시킨다.

(9) a. Don't concern yourself with what happened.(일어난 일에 대해 너를 관련짓지 마라.)

b. I don't concern myself with politics.(나는 정치에 관련하지 않는다.)

c. More and more people are concerning themselves with the environmental policies.(점점 더 많은 사람들이 환경 정책에 자신들을 연관시키고 있다.)

d. She concerns herself with her business and nothing else.(그녀는 일에만 자신을 연관시키고 다른 일에는 전혀 상관하지 않는다.)

e. He concerns himself with every aspect of the business.(그는 자신을 그 사업의 모든 국면에 연관시킨다.)

f. He doesn't concern himself with unimportant details.(그는 자신을 중요하지 않은 세부사항에 대해서는 연관시키지 않는다.)

conciliate

이 동사의 개념 바탕에는 달래는 과정이 있다.

1. 타동사 용법

1.1. 다음 주어는 목적어를 달랜다.

(1) a. She tried to conciliate the angry guests, but it did no good.(그녀는 그 성난 손님들을 달래려 했지만, 아무 소용이 없었다.)

b. He conciliated the hostile boy with a candy bar.(그는 그 적의가 찬 소년을 막대 사탕 과자로 달랬다.)

1.2. 다음 목적어는 사람들 사이에 일어나는 분쟁이나 사람들이 갖는 감정이다.

(2) a. The mediator conciliated the dispute between the two sides.(그 중재자는 그 양측 사이의 분쟁을 조정했다.)

b. The owner conciliated the anger of the employees.(그 소유주는 그 종업원들의 노여움을 달랬다.)

2. 자동사 용법

2.1. 다음 주어는 화해시키는 일을 한다.

(3) a. She offered to conciliate in the matter.(그녀는 그 문제에 있어 중재하겠다고 제안했다.)

b. Negotiators were called to conciliate between the warring factions.(협상자들이 그 적대적인 파벌을 중재하기 위해 소환됐다.)

conclude

이 동사의 개념 바탕에는 마치는 과정이 있다.

1. 타동사 용법

1.1. 다음 주어는 목적어를 마친다.

(1) a. We concluded the meeting at 11.(우리는 그 모임을 11시에 마쳤다.)

b. The commission concluded its investigation last month.(그 위원회는 조사를 지난 달에 마쳤다.)

c. The traveler concluded his fishing trip.(그 여행자는 낚시 여행을 마쳤다.)

d. Monday's lecture concluded the course on the introduction of linguistics.(월요일의 강의는 언어학 개론의 강의를 종결했다.)

1.2. 다음 주어는 목적어를 전치사 with의 목적어로 끝낸다.

(2) a. I will conclude this chapter with a quotation from Shakespeare.(나는 이 장을 셰익스피어의 인용문으로 마치겠다.)

b. The minister concluded the religious service with a prayer.(그 목사는 예배를 기도로 마쳤다.)

c. The pianist concluded the piano concert with a Chopin waltz.(그 피아노 연주가는 피아노 연주회를 쇼팽의 왈츠로 끝냈다.)

1.3. 다음 주어는 목적어를 만들어 낸다.

(3) a. Alice was able to conclude a historic compromise between the two parties.(앨리스는 그 두 당사자들 사이에 역사적 타협을 타결 지을 수 있었다.)

b. He concluded an alliance with France.(그는 프랑스와 동맹관계를 타결했다.)

c. They concluded a treaty/an agreement/a peace with China.(그들은 조약/합의/평화를 중국과 타결했다.)

d. After months of negotiation, they concluded the sale.(몇 달간의 협상 끝에, 그들은 그 판매를 타결했다.)

e. He concluded a business deal in Seoul yesterday.(그는 사업계약을 서울에서 어제 타결했다.)

1.4. 다음은 수동태 문장으로 주어는 타결되거나 마쳐진다.

(4) a. A trade agreement was concluded between the two countries.(무역협정이 그 두 나라 사이에 타결되었다.)

b. The service was concluded with a hymn.(그 예배는 찬송가로 끝났다.)

1.5. 다음 주어는 that-절의 내용을 추정한다.

(5) a. From what you say I conclude that.(너가 말하는 것으로부터 나는 그것을 추정한다.)

b. What can we conclude from the debate?(우리는 그 토론에서 무엇을 결정할 수 있는가?)

c. We might conclude it from the premises.(우리는 그것을 그 전제들에서 결론지을 수 있을지도 모른다.)

d. What do you conclude from all that?(당신은 그 모든 것으로부터 무엇을 결론 짓습니까?)

e. He concluded from their remarks that they were not in favor of the plan.(그는 그들의 말에서 그들은 그 계획을 찬성하지 않는다는 것을 결론 지었다.)

1.6. 다음 주어는 that-절의 내용을 결론내린다.

(6) a. The scientist concluded that the bones were those of a dinosaur.(그 과학자는 그 뼈들은 공룡의 것이라는 결론을 내렸다.)

b. The inquiry concluded that the accident was caused by human error.(그 조사는 그 사고가 인간 실수로 야기되었다는 결론을 내렸다.)

c. They concluded that this drug is not safe for young children.(그들은 이 약이 아이들에게 안전하지 않다는 결론을 내렸다.)

d. The jury concluded from the evidence that the defendant was innocent.(그 배심원단은 그 증거로부터 그 피고는 무죄임을 결론내렸다.)

e. He concluded from the analysis of traffic accidents that the speed limit should be lowered.(그는 교통사고의 그 분석으로부터 그 속도 제한은 더 낮추어져야 한다고 결론을 내렸다.)

1.7. 다음은 수동태 문장으로 주어는 결론이 내려진다.

(7) It was concluded that the level of change necessary would be low.(필요한 변화의 수준은 낮을 것이라는 결론이 내려졌다.)

1.8. 다음 주어는 목적어가 어떤 것이라고 주관적으로 결론을 내린다.

(8) a. We concluded the animal to be a deer.(우리는 그 동물이 사슴이라고 결론을 내렸다.)

b. I conclude the plan to be the best.(나는 그 계획이 최선이라고 결론을 내렸다.)

c. We concluded him to be insane.(우리는 그를 정신 이상이라고 결론을 내렸다.)

1.9. 다음 주어는 따옴표 속의 말을 결론으로 말한다.

(9) a. "The situation is bad and getting worse", she concluded.("그 상황은 나쁘고 더 나빠지고 있다," 그녀는 결론을 내렸다.)

b. "That," he concluded, "is why we are so poor."("그것은 왜 우리가 그렇게 가난한 이유이다." 라고 그가 결론을 내렸다.)

c. "Well," he concluded, " we have enjoyed doing business with you."("저," "우리는 당신과 사업거래를 즐겁게 했습니다."라고 그는 결론지었다.)

1.10. 다음 주어는 부정사가 가리키는 일을 하기로 결정한다.

(10) a. The jury concluded to set the accused free.(그 배심원단은 그 피고인을 석방하기로 결정했다.)

b. I concluded not to go.(나는 안가기로 결정했다.)

c. The judge concluded to give the thief another chance.(그 판사는 그 도둑에게 또다른 한번의 기회를 주기로 결정했다.)

2. 자동사 용법

2.1. 다음 주어는 결말을 짓는다.

(11) a. I would like to conclude by saying that I enjoyed the dinner.(나는 저녁을 즐겁게 먹었다고 말함으로써 끝맺음을 지으려고 합니다.)

b. He concluded by wishing everyone a safe trip home.(그는 모든 사람에게 안전한 귀국 여행을 빌면서 끝을 맺었다.)

c. He concluded by quoting a passage form Milton.(그는 밀턴의 한 구절을 인용하면서 끝을 맺었다.)

e. He concluded by thanking everyone.(그는 모든 사람에게 감사를 하면서 끝을 맺었다.)

2.2. 다음 주어는 전치사 with의 목적어로 끝난다.

(12) a. The meeting concluded with a few of thanks to the guest speaker.(그 모임은 초청 연사에게 몇 마디의 감사 인사로 끝났다.)

b. The program concluded with the chairman's farewell speech.(그 모임은 그 의장의 고별사로 끝났다.)

c. The play/the film concludes with the death of the hero.(그 연극/영화는 그 주인공의 죽음으로 끝났다.)

d. The concert/the party concluded with an exciting song.(그 음악회/파티는 신나는 노래로 끝났다.)

e. The session usually concludes with an informal discussion.(그 회의는 비공식적 토의로 보통 끝난다.)

2.3. 다음 주어는 끝난다.

(13) a. Finally the professor concluded and we left the concert hall.(마침내 그 교수는 끝을 내고 우리는 그 연주실을 떠났다.)

b. The letter concludes as follows.(그 편지는 다음과 같이 끝난다.)

c. The season concludes on July 12.(그 활동기는 7월 12일에 끝난다.)

concoct

이 동사의 개념 바탕에는 혼합하여 만드는 과정이 있다.

1. 타동사 용법

1.1. 다음에서 주어는 목적어를 만든다.

(1) a. The scientist concocted a new medication for warts.(그 과학자들은 사마귀를 치료하는 새로운 약을 조합했다.)

b. He concocted a meal from leftovers.(그는 남은 음식물을 섞어 한 끼의 식사를 마련했다.)

c. Bill concocted a dessert made of oranges and icecream.(빌은 오렌지와 아이스크림을 혼합하여 후식을 만들었다.)

1.2. 다음 주어는 목적어를 꾸며낸다.

(2) a. The children concocted a fantastic story to explain the broken window.(그 소년들은 그 깨진 유리창을 해명하기 위해 터무니 없는 이야기를 꾸며냈다.)

b. He concocted an excuse.(그는 변명을 꾸며냈다.)

c. The suspect concocted an alibi.(그 용의자는 알리바이를 꾸며냈다.)

concur

이 동사의 개념 바탕에는 장소와 시간이 일치되는 과정이 있다.

1. 자동사 용법

1.1. 다음 주어의 의견이나 생각이 with의 목적어와 일치한다.

(1) a. The coroner **concurred with** this assessment.(그 검시관은 이 사정에 동의했다.)

b. The lawyer made a statement, and the judge **concurred with** it.(그 변호사는 진술을 했고, 그 판사는 그것에 동의했다.)

c. Do you **concur with** the statement?(당신은 그 진술에 동의합니까?)

d. The judge stated that he **concurred with** the ruling.(그 판사는 자신이 그 판결에 동의했다고 진술했다.)

e. After hearing my story, he **concurred with** me.(내 애기를 듣고는 그는 나의 말에 동의했다.)

1.2. 다음 주어는 복수로서 의견이 일치되는 사람을 가리킨다.

(2) a. Historians **concurred** with each other in this view.(역가사들은 이 견해에 있어 서로 일치했다.)

b. The two judges **concurred** with each other.(그 두 판사는 서로 의견이 같았다.)

1.3. 다음에는 주어가 일치하는 영역이 전치사 in으로 표현되어 있다.

(3) a. Both parties **concurred in** urging settlement of the dispute.(양당은 그 논쟁의 해결을 촉구하는 데 일치했다.)

b. The judges **concurred in** giving him the first prize.(그 심판들은 그에게 일등상을 주는 데 일치했다.)

1.4. 다음 주어는 협력하거나 같이 작용하여 부정사가 가리키는 과정이 일어나게 한다.

(4) a. Everything **concurred** to produce the right effect.(모든 일들이 함께 작용하여 옳은 결과를 이끌어냈다.)

b. Circumstances **concurred** to make the conference a great success.(여건들이 협력하여 그 회담이 크게 성공하게 했다.)

c. Everything **concurred** to make him happy. (모든 일들이 조화되어 그를 행복하게 만들었다.)

1.5. 다음 주어는 that-절의 내용을 갖는데 일치한다.

(5) a. The soldiers **concurred that** the casualties had been light.(그 군인들은 그 사상자들이 가벼웠다는 것에 의견이 일치했다.)

b. We **concurred that** he should put the plan into effect.(우리는 그가 그 계획을 실행해야 한다는 것에 동의했다.)

condemn

이 동사의 개념 바탕에는 비난하는 과정이 있다.

1.1. 다음 주어는 목적어를 나무란다.

(1) a. We **condemn** cruelty and cruel people.(우리는 잔혹성과 잔인한 사람들을 비난한다.)

b. All the countries **condemned** the bombing.(모든 나라들이 그 폭탄 투하를 비난했다.)

c. We **condemn** him for his conduct.(우리는 그의 행실을 비난한다.)

d. The principal **condemned** smoking by students in school.(그 교장 선생님은 학생들이 학교에서 담배 피우는 것을 나무라셨다.)

e. The newspaper editorial **condemned** the court's decision.(그 신문의 편집가는 법원의 판결을 바난했다.)

1.2. 다음 주어는 목적어를 유죄를 선고한다.

(2) a. The judge **condemned** him to death.(그 판사는 그를 사형선고 했다.)

b. The judge **condemned** him of treason.(그 판사는 그를 반역죄로 선고했다.)

c. They were **condemned** of treason.(그들은 반역죄를 선고받았다.)

d. They **condemned** him to be hanged.(그들은 그를 교수형에 처하도록 선고했다.)

1.3. 다음 주어는 목적어를 전치사 to의 목적어에 가도록 한다.

(3) a. His lack of educations may **condemn** him to a life of poverty.(교육 부족이 그를 가난의 삶에 운명을 지을 수도 있다.)

b. God **condemned** Adam to lead a life of hardship.(신은 아담을 고난의 삶을 살도록 운명지었다.)

c. Society **condemned** her to a life of shame.(사회는 그녀를 치욕의 삶에 운명을 지었다.)

1.4. 다음은 수동태 문장으로 주어는 운명이 지어진다.

(4) a. He were **condemned** to poverty.(그는 궁핍에 운명이 지어졌다.)

b. They were **condemned** to a life of hardship.(그들은 고난의 삶을 살도록 운명지어졌다.)

c. He was **condemned** to spend the rest of the football season on the beach. (그는 남은 축구시즌을 그 해변가에서 보내게 되었다.)

1.5. 다음 주어는 목적어를 안전하지 않은 것으로 판정한다.

(5) a. The city **condemned** the abandoned building.(그 도시는 그 버려진 건물을 철거하기로 결정했다.)

b. The government **condemned** the office building and put a parking lot in its place.(정부는 그 사무실 건물을 철거하고 주차장을 그 곳에 건설했다.)

c. The city **condemned** the building and it was to be torn down.(그 시는 그 건물을 안전하기 않은 것으로 판정했으며, 그것은 헐릴 예정이다.)

d. The town **condemned** the warehouse after the fire.(그 읍내는 그 창고를 화재 이후에 안전하지 않은 것으로 판정했다.)

1.6. 다음 주어는 목적어를 수용한다.

(6) a. The county **condemned** 80 acres of land when it built a new highway interchange.(그 지방은 새로운 고속도로 교차로를 건설했을 때, 80 에이커의 대지를 수용했다.)

b. The city **condemned** farms in the path of the new highway.(그 시는 그 새 고속도로의 길에 있는 농장들을 수용했다.)

c. The land was **condemned** for use as a school. (그

땅은 학교로 쓰이도록 수용되었다.)

1.7. 다음은 수동태 문장으로 주어는 나쁘게 판정이 된다.

(7) a. The meat is condemned as unfit to eat.(그 고기는 먹기에 부적합하다고 판정된다.)

　　 b. The editor was condemned as lacking integrity. (그 편집자는 성실성이 결여되어 있다고 판정되었다.)

1.8. 다음 주어는 목적어를 나쁜 것으로 입증한다.

(8) a. His acts condemn him.(그의 행동은 그를 나쁜 사람으로 입증한다.)

　　 b. His looks condemn him.(그의 외관은 그를 나쁜 사람으로 입증한다.)

condense

이 동사의 개념 바탕에는 응축시키는 과정이 있다.

1. 타동사 용법

1.1. 다음 주어는 목적어를 응축시킨다.

(1) a. Condense the soup by boiling it for several minutes.(그 국을 여러 분 동안 끓여서 걸죽하게 만들어라.)

　　 b. The cook condensed the sauce.(그 요리사는 그 소스를 진하게 만들었다.)

　　 c. Extreme cold will condense helium gas.(극한의 추위는 헬륨가스를 응축시킨다.)

1.2. 다음 주어는 목적어를 응축시켜서 새 상태가 되게 한다.

(2) a. The chemistry condensed the gas into liquid.(그 화학 작용은 그 가스를 액체로 응축시켰다.)

　　 b. The cold condensed the water vapor into droplets.(냉기가 그 수증기를 작은 물방울로 액화시켰다.)

1.3. 다음은 [맑은 개체] 은유가 적용된 표현이다.

(3) a. He condensed his speech/his story because it was too long.(그는 그의 연설을/이야기를 그것이 너무 길어서 단축시켰다.)

　　 b. The magazine condensed the novel for its readers.(그 잡지는 그 소설을 독자들을 위해서 단축했다.)

　　 c. He condensed his statement into a few words.(그는 진술을 몇 마디 말로 요약했다.)

　　 d. The author has condensed a great deal of material into just 10 pages.(그 저자는 방대한 자료를 단지 10페이지로 요약했다.)

　　 e. She condensed her half-an-hour speech to a five-minute version.(그녀는 30분짜리 연설을 5분짜리 형식으로 단축시켰다.)

2. 자동사 용법

2.1. 다음 주어는 응축한다.

(4) a. The gas condensed in the test tube.(그 가스는 시험관 안에서 응축됐다.)

　　 b. The water vapor condensed into droplets.(수증기는 작은 물방울로 액화됐다.)

　　 c. Steam condenses into water when it cools.(수증기는 추워지면 물로 응결된다.)

　　 d. The steam condensed into water drops.(그 수증기는 응결되어 물방울이 되었다.)

condescend

이 동사의 개념 바탕에는 자신을 낮추는 과정이 있다.

1. 자동사 용법

1.1. 다음 주어는 자신을 낮추어서 부정사가 가리키는 일을 한다.

(1) a. The haughty lawyer would condescend to take public transportation.(그 거만한 변호사는 몸을 낮춰 대중교통을 이용하곤 했다.)

　　 b. He condescended to see us.(그가 겸손하게 우리를 보러왔다.)

　　 c. He condescended to accept the bribe.(그는 창피를 무릅쓰고 뇌물을 받았다.)

　　 d. The king condescended to eat with the beggars.(그 임금은 자신을 낮추어서 그 걸인들과 식사를 함께 했다.)

1.2. 다음 주어는 자신을 낮추어서 전치사 to의 목적어가 가리키는 일을 한다.

(2) a. He condescended to trickery.(그는 영락하여 사기를 쳤다.)

　　 b. He never condescended to bribery. (그는 결코 뇌물을 받을 만큼 타락하지는 않았다.)

1.3. 다음 전치사 to의 목적어는 사람이다.

(3) a. Be careful not to condescend to your audience. (그 관중들에게 우월감을 느끼면서 친절한 체 하지 말도록 주의해라.)

　　 b. He condescends to the workers. (그는 그 노동자들에게 (우월감을 느끼면서) 겸손하게 대하였다.)

　　 c. He condescends to every woman he meets.(그는 만나는 모든 여성들에게 굽신거린다.)

1.4. 다음에는 전치사가 쓰이지 않았다.

(4) He seems to be condescending all the time. (그는 항상 겸손한 척 하고 있는 듯 하다.)

condition

이 동사의 개념 바탕에는 조절하는 기능이 있다.

1. 타동사 용법

1.1. 다음 주어는 목적어를 조절한다.

(1) a. The machine conditions the air of the office.(그 기계는 그 사무실 공기를 조절한다.)

　　 b. Exercise conditions the muscle.(운동은 그 근육의 상태를 조절한다.)

　　 c. This shampoo conditions your hair.(이 샴푸는 당신의 머리 상태를 조절한다.)

　　 d. Ability and effort condition success.(능력과 노력이 성공을 좌우한다.)

1.2. 다음은 수동태 문장으로 주어는 전치사 on의 목

적어에 조건이 주어진다.

(2) a. The gift to the boy was **conditioned** on his good behavior.(그 소년에게 주는 선물은 그의 바른 행실에 좌우되었다.)

b. Gender roles are often **conditioned** by cultural factors.(성 역할은 종종 문화적 요인들에 따라 좌우된다.)

c. The success of the project was **conditioned** on his diligence.(그 기획 사업의 성공은 그의 근면에 좌우되었다.)

1.3. 다음 주어는 목적어를 전치사 for의 목적어를 위해 단련시킨다.

(3) a. Running everyday **conditioned** me for the race.(매일 달리기가 나를 그 경주를 위해 단련을 시켰다.)

b. He is **conditioning** his horse for the race.(그는 말을 그 경주를 위해 조절하고 있다.)

c. He has **conditioned** himself for mountain climbing.(그는 자신을 산악 등반을 대비해 조절해 왔다.)

1.4. 다음 주어는 목적어를 전치사 to의 목적어에 조절한다.

(4) a. He has **conditioned** himself to the cold.(그는 자신을 그 추위에 조절해 왔다.)

b. He **conditioned** himself to long hours of hard work.(그는 자신을 고된 일의 긴 시간에 조절했다.)

c. The long winter **conditioned** the soldiers to the cold.(그 긴 겨울이 그 병사들을 추위에 조절시켰다.)

1.5. 다음 주어는 목적어를 부정사가 가리키는 일을 하게 단련시킨다.

(5) a. We **conditioned** our dog to fetch newspaper.(우리는 개가 신문을 가져오도록 습관화시켰다.)

b. Fear **conditioned** the boy to behave in this way.(두려움이 그 소년을 이런 식으로 행동하도록 습관화시켰다.)

c. The hypnotist **conditioned** her to twitch his hands whenever she had feelings of inadequacy.(그 최면술사는 그녀가 자신이 불완전하다고 느낄 때마다 손에 경련을 일으키도록 그녀를 조건 반사를 하게 했다.)

1.6. 다음은 수동태 문장으로 주어는 부정사가 가리키는 일을 하도록 조건화되어 있다.

(6) a. The rat has been **conditioned** to ring a bell when it wanted food.(그 쥐는 먹이를 원할 때마다 종을 울리도록 조절되었다.)

b. The dog was **conditioned** to expect food when he heard the bell.(그 개는 종소리를 들었을 때 음식을 기대하도록 조절되었다.)

condole

이 동사의 개념 바탕에는 함께 슬퍼하는 과정이 있다.

1. 타동사 용법

1.1. 다음 주어는 목적어에게 조의를 표한다.

(1) a. Sri Lankan president **condoles** India earthquake victims.(스리랑카 대통령은 인도 지진 희생자들에게 조의를 표한다.)

b. He sometimes would lamentably **condole** her, being slain.(그는 때때로 살해당한 그녀에게 구슬프게 조의를 표한다.)

c. They are sending hither ambassadors to **condole** the death of the late king.(그들은 이쪽으로 고인이 된 왕의 죽음을 조문하기 위해 특사들을 보내고 있다.)

1.2. 다음 주어는 목적어를 조상한다.

(2) a. The president **condoles** deaths of two former army commanders.(그 대통령은 두 명의 전임 군 지휘관의 죽음을 조상한다.)

b. Elizabeth **condoled** the death of Frederick the Second.(엘리자베스는 프레드릭 2세의 죽음을 조상했다.)

1.3. 다음 주어는 목적어를 위로한다.

(3) a. They **condoled** me on my misfortune.(그들은 나의 불행에 대해 위로했다.)

b. Should I fail in the attempt, I must **condole** myself with a line of my friend Horatius.(내가 그 시도에 실패하면, 나 자신을 내 친구 호라티우스의 시로 위로해야 한다.)

2. 자동사 용법

2.1. 다음 주어는 전치사 with의 목적어를 위로한다.

(4) a. I sat by him, and **condole with** him in silence.(나는 그의 옆에 앉아서 침묵 속에서 그를 위로했다.)

b. He **condoled with** Mrs. Emerson on the loss of her beloved husband.(그는 에머슨 부인을 그녀의 사랑하는 남편의 죽음에 대해 위로했다.)

c. Tom **condoled with** the widow on her bereavement.(톰은 그 미망인을 그녀의 사별에 대해 위로했다.)

d. He **condoled with** his father over the death of his mother.(그는 아버지를 어머니의 죽음에 대해 위로했다.)

2.2. 다음 주어는 전치사 with의 목적어를 위로한다. 위로하는 원인은 in의 목적어에 해당한다.

(5) a. She **condoled with** a friend in his suffering.(그녀는 고통 속에 있는 친구를 위로했다.)

b. I **condoled with** him in his loss.(나는 손실에 대해 그를 위로했다.)

conduct

이 동사의 개념 바탕에는 함께 이끄는 과정이 있다.

1.1. 다음 주어는 목적어를 안내한다.

(1) a. The guide **conducted** us **around** the ruins of the ancient city.(그 안내인은 그 고대도시 유적지들 여기저기로 우리를 안내했다.)

b. We were **conducted down** a narrow path by a guide.(우리는 좁은 길 아래로 가이드의 안내를 받았다.)

c. He **conducted** her **in**.(그는 그녀를 안내해 들어왔다.)

d. The guide **conducted** us **through** the city.(그 안내

인은 우리를 그 도시를 통해 안내했다.)
  e. He **conducted** us to our table.(그는 우리를 식탁으로 안내했다.)
  f. He **conducted** the party up the mountain.(그는 일단의 사람들을 그 산 위로 안내했다.)

1.2. 다음 주어는 목적어를 지휘한다. [과정은 개체] 은유가 적용된 표현이다.
(2) a. He **conducted** a market research.(그는 시장조사를 실시했다.)
  b. The psychologist **conducted** a seminar on self-esteem.(그 심리학자는 자존심에 관한 학술회의를 이끌었다.)
  c. The company **conducted** a survey to find out consumer's reaction to the new product.(그 회사는 그 신상품에 대한 소비자의 반응을 알아보기 위해서 조사를 실시했다.)
  d. He **conducts** an orchestra.(그는 오케스트라를 지휘한다.)
  e. He decided to **conduct** an experiment.(그는 실험을 하기로 결심했다.)

1.3. 다음 주어는 목적어를 전달한다.
(3) a. Metal **conducts** heat very well.(금속은 열을 매우 잘 전도한다.)
  b. Copper **conducts** electricity.(구리는 전기를 전도한다.)
  c. Water **conducts** heat faster than air.(물은 열을 공기보다 더 빨리 전도한다.)

1.4. 다음 목적어는 재귀대명사이다. 주어는 처신을 한다.
(4) a. He **conducted** himself well at the ceremonies.(그는 그 의식에서 점잖게 행동했다.)
  b. She **conducted** herself nobly.(그녀는 품위있게 처신했다.)
  c. He **conducted** himself far better than expected.(그는 기대했던 것보다 훨씬 잘 처신했다.)
  d. Please **conduct** yourself properly.(알맞게 행동해 주십시오.)

1.5. 다음 주어는 삶을 이끌어 간다.
(5) a. The way you choose to **conduct** your private life is your own business.(너 자신의 사생활을 이끌기로 선택한 방법은 너 자신의 일이다.)
  b. He **conducts** his private life in accordance wtih Christian morality.(그는 자신의 개인 생활을 기독교 도덕관에 일치시킨다.)

2. 자동사 용법
2.1. 다음 주어는 연주회를 지휘한다.
(6) a. A famous maestro is **conducting** in tonight's concert.(유명한 거장이 오늘밤 연주회에서 지휘하고 있다.)
  b. Who's **conducting** at tonight's concert?(누가 오늘 밤 연주회에서 지휘하나?)

confer
이 동사의 개념 바탕에는 명예나 호의로 주는 과정

이 있다.

1. 타동사 용법
1.1. 다음 주어는 목적어를 on의 목적어에 준다.
(1) a. He **conferred** a great favor on her.(그는 그녀에게 큰 호의를 베풀었다.)
  b. The school **conferred** an award on the student.(그 학교는 상을 그 학생에게 수여했다.)
  c. The mayor **conferred** a medal on the fire fighter.(그 시장이 훈장을 그 소방관에게 수여했다.)
  d. The university **conferred** a highest degree on the statesman.(그 대학은 최고의 학위를 그 정치가에게 수여했다.)

1.2. 다음은 수동태 문장으로 주어는 수여된다.
(2) An honorary degree was **conferred** on him by Yonsei University.(명예 학위가 그에게 연세대학교에 의해 수여되었다.)

2. 자동사 용법
2.1. 다음 주어는 with의 목적어와 함께 상의한다.
(3) a. I **conferred** with my friend about what to do next.(나는 내 친구와 다음에 무엇을 할지를 함께 상의했다.)
  b. The president **conferred** with the cabinet members.(그 대통령은 그 내각 구성원들과 상의를 했다.)
  c. He **conferred** with her about the matter.(그는 그녀와 그 문제를 두고 함께 상의했다.)

2.2. 다음 주어는 함께 상의하는 사람들이다.
(4) The tourists **conferred** among themselves about what sights to see.(그 여행객들은 그들 사이에서 무슨 명승지를 구경할 것인가에 대해 함께 상의했다.)

confess
이 동사의 개념 바탕에는 고백하는 과정이 있다.

1. 타동사 용법
1.1. 다음 주어는 목적어를 고백한다.
(1) a. He **confessed** his guilt to the police.(그는 자신의 죄를 경찰에 자백했다.)
  b. He **confessed** her secret to her friend.(그는 그녀의 비밀을 그녀의 친구에게 고백했다.)
  c. He **confessed** his crime/his ignorance.(그는 자신의 죄를/무지를 인정했다.)

1.2. 다음 주어는 that-절의 내용을 고백한다.
(2) a. He **confessed** that he had stolen the watch.(그는 그 시계를 훔쳤다고 자백했다.)
  b. I must **confess** that I haven't read the book.(나는 그 책을 읽지 않았다고 털어놓아야 한다.)
  c. I must **confess** that I haven't done it.(나는 내가 그것을 하지 않았다고 고백해야 한다.)

1.3. 다음 목적어는 재귀대명사 이다.
(3) a. I **confess** myself bewildered.(나는 솔직히 자신이 어리둥절했음을 고백한다.)
  b. The man **confessed** himself to be guilty.(그는 자

신이 죄를 지었다고 자백했다.)

c. The director **confessed** himself to be puzzled by the company's losses.(그 이사는 자신을 그 회사의 손실로 인해 당황했음을 실토했다.)

d. He **confessed** himself totally ignorant of the crime.(그는 자신이 그 범죄를 전혀 모른다고 자백했다.)

1.4. 다음 주어는 목적어를 고백하게 하여 고백을 듣는다.

(4) The priest **confessed** her.(그 사제는 그녀의 고백을 들었다.)

2. 자동사 용법

2.1. 다음 주어는 전치사 to의 목적어까지 고백을 한다.

(5) a. The driver would not **confess** to being the cause of the accident.(그 운전수는 그 사고의 원인이었음을 인정하는 말을 하지 않으려 했다.)

b. John **confessed** to breaking the window.(존은 그 창문을 깼음까지 인정했다.)

c. He **confessed** to being a spy for KGB.(그는 KGB의 첩자임까지 자백했다.)

d. He **confesses** to having weakness for wine.(그는 포도주를 매우 좋아함까지 인정했다.)

e. She **confessed** to having stolen the money.(그녀는 그 돈을 훔쳤음까지 자백했다.)

f. He **confessed** to the crime.(그는 그 죄까지 인정했다.)

g. She **confessed** to a dread of snakes.(그녀는 뱀을 두려워한다고까지 자백했다.)

2.2. 다음 주어는 자백한다.

(6) After hours of questioning, the suspect **confessed**. (몇 시간에 걸친 심리 끝에, 그 용의자는 자백했다.)

2.3. 다음 주어는 고해성사를 한다.

(7) a. Mary **confessed** before mass.(그는 미사 전에 고해성사를 했다.)

b. The catholic school children **confess** regularly.(그 천주교 학교의 어린이들은 정기적으로 고해성사를 한다.)

confide

이 동사의 개념 바탕에는 누설하지 않을 것을 믿고 비밀을 털어놓는 과정이 있다.

1. 자동사 용법

1.1. 다음 주어는 in의 목적어를 믿고서 비밀을 말한다.

(1) a. She **confides** in her friend.(그녀는 자신의 친구를 믿고 비밀을 털어놓는다.)

b. The girl always **confides** in her mother.(소녀는 항상 어머니를 믿고 비밀을 털어놓는다.)

1.2. 다음 주어는 in의 목적어를 믿는다. 목적어는 개체이다.

(2) a. You can **confide** in his good health.(너는 그의 건강을 믿을 수 있다.)

b. We **confide** in his ability.(우리는 그의 능력을 믿는다.)

c. I **confide** in your good judgement.(나는 너의 훌륭한 판단을 믿는다.)

2. 타동사 용법

2.1. 다음 주어는 믿고서 목적어를 털어놓는다.

(3) a. John **confides** his secrets to me.(존은 나를 믿고서 비밀을 내게 털어놓는다.)

b. She **confided** her fears to me.(그녀는 나를 믿고서 자신의 두려움을 내게 털어놓았다.)

c. He **confided** her plans to me.(그는 나를 믿고서 그녀의 계획을 내게 털어놓았다.)

2.2. 다음 주어는 믿고서 목적어를 to의 목적어에 맡긴다.

(4) a. He **confided** his money to his brother's safe-keeping.(그는 형을 믿고서 그의 돈을 형에게 보관시켰다.)

b. He **confided** the task to her charge.(그는 그녀를 믿고서 그 일을 그녀에게 맡겼다.)

c. He **confided** himself to God.(그는 자신을 신에게 맡겼다.)

2.3. 다음 that—절은 주어가 믿고서 한 말의 내용이다.

(5) a. The paratrooper **confided** that he closed his eyes whenever he jumped out of planes.(그 낙하산병은 그가 비행기에서 뛰어내릴 때마다 눈을 감는다고 믿고서 얘기했다.)

b. She **confided** to me that she loved my brother. (그녀는 나를 믿고서 내게 자신이 내 동생을 사랑한다고 털어놓았다.)

c. John **confided** in Susan that he had lost his job. (존은 수잔을 믿고서 자신이 일자리를 잃었다고 얘기했다.)

confine

이 동사의 개념 바탕에는 특정한 범위에 한정시키는 과정이 있다.

1. 타동사 용법

1.1. 다음 주어는 목적어를 전치사 to의 목적어에 한정시킨다.

(1) a. Keep the dog **confined** in a suitable travelling cage.(그 개를 적당한 이동 우리에 가둬두시오.)

b. Firefighters **confined** the blaze to the factory/the roof.(소방수들은 그 불길을 그 공장/그 지붕에 국한시켰다.)

c. He **confined** his reading to biography.(그는 독서를 전기에 국한시켰다.)

1.2. 다음 주어는 자연 현상이고, 목적어를 전치사 to의 목적어에 한정시킨다.

(2) a. The heavy snow **confined** the children to the cottage.(그 폭설은 그 아이들을 그 오두막에 가두었다.)

b. The heavy rain **confined** him to his house.(그 심한 폭우는 그를 집안에 갇히게 했다.)

c. A cold **confined** him to his house.(감기가 그를 집에 가두었다.)

1.3. 다음 주어는 목적어를 전치사 to의 목적어에 가둔다.
(3) a. The police **confined** the criminal **to** a jail cell.(그 경찰은 그 범인을 독방에 가뒀다.)
b. Health officials managed to **confine** the epidemic to the area.(검역관들은 가까스로 그 전염병을 그 지역에 국한시켰다.)
c. Bill **confined** the dog **to** the house all day.(빌은 그 개를 하루 종일 집에 묶어 두었다.)

1.4. 다음은 수동태 문장으로 주어는 to의 목적어에 한정된다.
(4) a. He is **confined to** bed with a cold.(그는 감기로 앓아 누워 있다.)

1.5. 다음은 수동태 문장으로 주어는 to의 목적어에 국한된다.
(5) a. The disease is not **confined to** old people.(그 질병은 나이든 사람에게만 국한되지 않는다.)
b. He is **confined to** a small cell.(그는 조그만 독방에 갇힌다.)
c. The soldier is **confined to** quarters.(그 병사는 막사에 갇히어 있다.)
d. The soldiers concerned were **confined to** barracks.(그 관련 병사들은 병영에 갇혀서 외출이 금지되었다.)
e. The dogs are **confined to** the backyard pen.(그 개들은 뒤뜰 우리에 갇혀 있다.)

1.6. 다음은 수동태 문장으로 주어는 전치사 to의 목적어에 국한된다.
(6) a. His genius is not **confined to** the decoration of the buildings.(그의 천재성은 그 건물들의 장식에 국한되지 않는다.)
b. He is **confined to** a wheelchair after the accident.(그는 그 사고 이후 휠체어 신세를 지고 있다.)
c. His interest is not **confined to** linguistics.(그의 관심은 언어학에 국한되지 않는다.)
d. The attitude is **confined to** the upper class.(그러한 태도는 상류층에게 국한된다.)

1.7. 다음 주어는 출산 예정이다.
(7) She expects to be **confined** on Sunday.(그녀는 일요일에 출산 예정이다.)

1.8. 다음 주어는 목적어를 전치사 to의 목적어에 국한한다. 목적어는 주의, 말, 노력 등이다.
(8) a. You'd better **confine** your attention **to** what the teacher is saying.(너는 주의를 그 선생님이 말씀하시는 것에 집중해라.)
b. **Confine** your attention **to** your own affairs.(당신의 주의를 당신 자신의 일에 집중하시오.)
c. Please **confine** your comments **to** the matter under considerations.(당신의 논평을 고려 중인 문제에만 국한 시키세요.)
d. The politician **confined** his remarks **to** the matter of local interest.(그 정치가는 자신의 발언을 국부적인 문제에만 국한시켰다.)
e. She **confined** her remarks **to** errors in the report.(그녀는 자신의 발언을 그 보고서의 실수들에 국한시켰다.)

f. You are asked to **confine** your use of the telephone **to** business calls only.(당신은 전화 사용을 사업상의 통화에만 제한하기를 요청받는다.)
g. **Confine** your efforts **to** your work.(당신의 노력을 일에만 국한시키세요.)
h. They **confined** each talk **to** 10 minutes.(그들은 각 발언을 10분으로 제한했다.)

1.9. 다음의 목적어는 재귀대명사이다. 주어는 자신의 활동을 to의 목적어에 국한시킨다.
(9) a. He **confined** himself **to** his room.(그는 방안에만 틀어박혀 있었다.)
b. He had to **confine** himself indoors during the winter.(그는 겨울 동안 집안에만 틀어박혀 있어야 했다.)
c. So I will **confine** myself **to** a few points.(그래서 몇 가지 점에만 국한할 것이다.)
d. He does not **confine** himself **to** a single methodology.(그는 한 가지 방법론에만 국한하지는 않는다.)

1.10. 다음 주어는 자신을 전치사 to의 목적어에 국한시킨다. to의 목적어는 동명사이다.
(10) a. I will **confine** myself **to** making a few remarks.(나는 자신을 몇 마디만 하는 데 국한하겠습니다.)
b. He **confined** himself **to** answering the questions.(그는 자신을 그 질문들에 대답하는 것에 국한시켰다.)

1.11. 다음은 수동태 문장으로 주어는 어떤 장소에 갇힌다.
(11) a. The princes were **confined** in a tower for three hours.(그 왕자들은 어느 탑 안에 세 시간 동안 갇혀 있었다.)
b. She was **confined** in a stuffy office because of her work.(그녀는 일 때문에 무더운 사무실 안에 갇혀 있었다.)
c. Have you been **confined** in a hospital or other institution?(당신은 병원이나 다른 시설에 입원한 적이 있습니까?)

confirm

이 동사의 개념 바탕에는 의심이 되는 일을 확증하는 과정이 있다.

1. 타동사 용법
1.1. 다음 주어는 목적어를 확증한다.
(1) a. The secretary would not **confirm** the report.(그 비서는 그 보도를 확증하려 하지 않았다.)
b. We must **confirm** the information.(우리는 그 정보를 확인해야 한다.)
c. You have to **confirm** your acceptance in writing.(당신은 수락을 서면으로 확인하셔야 합니다.)
d. Could you **confirm** the dates we discussed?(우리가 상의했던 그 날짜들을 승인할 수 있습니까?)

1.2. 다음 주어는 목적어를 확인한다. 목적어는 예약 등이다.
(2) a. Don't **confirm** the tickets until I tell you.(내가 일

러줄 때까지 그 표들을 확인하지 말아라.)

b. She phoned to **confirm** the booking.(그녀는 그 예약을 확인하기 위해 전화했다.)

c. I'd like to **confirm** a reservation for a double room on the first of July.(7월 1일 2인용 방에 대한 예약을 확인하고 싶은데요.)

d. You must **confirm** your hotel reservation.(당신은 호텔 예약을 확인하셔야 합니다.)

e. The police came to my house and **confirmed** my worst fear that my son was injured.(경찰이 집에 와서 내 아들이 다쳤다는 가장 끔찍한 두려움을 확인시켜 주었다.)

1.3. 다음 주어는 목적어를 확증한다. 주어는 개체이다.

(3) a. The new evidence **confirmed** the witness's story.(그 새 증거는 그 증인의 이야기를 확증했다.)

b. Experimental study fails to **confirm** this claim.(실험 연구는 이 주장을 확증해 주지 못한다.)

c. The expression on his face **confirmed** my worst fear.(그의 얼굴 표정은 나의 가장 큰 두려움을 확인시켰다.)

1.4. 다음은 수동태 문장으로 주어는 확증된다.

(4) a. The accident was **confirmed** by the TV broadcast.(그 사고는 TV 방송에 의해 확증되었다.)

b. The girl has been **confirmed** dead.(그 소녀는 사망한 것으로 확인되었다.)

c. The rumor that the president is resigning is **confirmed**.(대통령이 사임할 것이라는 소문이 확증된다.)

1.5. 다음 주어는 목적어를 전치사 in의 영역에서 굳힌다.

(5) a. Her remarks **confirmed** me in my opinion that she was rather immature.(그녀의 말은 그녀가 좀 미숙하다는 내 의견을 굳혔다.)

b. The expression on his face **confirm** me in my suspicion.(그의 얼굴 표정은 나의 의심을 더욱 굳게 했다.)

c. The accident **confirmed** him in his fear of driving.(그 사고는 그를 운전 공포증에 굳게 했다.)

1.6. 다음은 수동태 문장으로 주어는 굳어진다.

(6) a. He was **confirmed** in his suspicions by the words.(그는 그 말로 인해 의심이 더 굳어졌다.)

b. She was **confirmed** in her opinion by subsequent events.(그녀는 잇따른 사건들로 자신의 의견이 더 굳어졌다.)

1.7. 다음 주어는 목적어를 굳힌다. 목적어는 생각이나 느낌이다.

(7) a. His behavior **confirms** my opinion of him.(그의 행동은 그에 대한 내 판단을 확고하게 한다.)

b. His guilty expression **confirmed** my suspicions.(그의 죄진 듯한 표정이 나의 의심을 굳혔다.)

c. The walk in the mountains **confirmed** his fear of heights.(그 산에서의 등산은 그의 고소 공포증을 굳혔다.)

d. His support **confirmed** my determination to study

abroad.(그의 뒷받침은 유학 가겠다는 나의 결심을 굳혔다.)

e. His advice **confirmed** my decision to go abroad.(그의 조언은 해외로 나갈 나의 결심을 굳혔다.)

f. Reading about scientists **confirmed** her intention to study biology.(과학자들에 대한 독서가 생물학을 공부하겠다는 그녀의 뜻을 굳혔다.)

g. A sudden storm **confirmed** my decision not to leave.(갑작스러운 폭풍우가 떠나지 말아야겠다는 내 결심을 굳혔다.)

1.8. 다음 주어는 공식적인 절차를 밟아서 목적어를 비준하거나 인증한다.

(8) a. This letter is to **confirm** your appointment.(이 편지는 당신의 약속을 승인하는 것이다.)

b. The Senate **confirmed** the agreement.(상원은 그 협정을 추인했다.)

c. They **confirmed** his nomination.(그들은 그의 임명을 승인했다.)

d. When do you think the president will **confirm** you?(언제 그 대통령이 당신을 승인할 것이라고 생각하십니까?)

e. The Senate **confirmed** the judge as the new member of the Supreme Court.(상원은 그 판사를 대법원의 새 일원으로 승인했다.)

1.9. 다음은 수동태 문장으로 주어는 승인된다.

(9) a. The treaty was **confirmed** by the king.(그 조약은 그 왕에 의해 추인되었다.)

b. His appointment as ambassador has been **confirmed**.(그의 대사 임명이 승인되었다.)

c. Mathew, a successful lawyer was **confirmed** as a Supreme Court Justice last week.(성공한 변호사인 매튜는 대법원 판사로 지난 주에 승인되었다.)

d. He was **confirmed** as captain for the rest of the season.(그는 나머지 시즌 동안 팀의 주장으로 승인되었다.)

1.10. 다음 주어는 목적어 (의문사절이나 that-절)를 확증이나 확인을 한다.

(10) a. Will you **confirm that** the amount on the bill is correct?(그 청구서의 총액이 맞는지 확인해주실 수 있습니까?)

b. The minister **confirmed that** the election will be on the 7th of June.(그 장관은 선거가 6월 7일에 있을 것이라고 확인했다.)

c. Can you **confirm what** happened?(일어난 일을 확증하시겠습니까?)

d. I sent a note **confirming that** I would arrive on the 8 o'clock train.(나는 8시 기차로 도착할 것을 확인하는 쪽지를 보냈다.)

e. Research has **confirmed that** the risk is higher for women.(연구는 그 위험이 여성에게 더 높다는 것을 확증했다.)

f. The new results **confirm what** most of us already know.(그 새 결과는 이미 우리 대부분이 알고 있는 내용을 확증한다.)

1.11. 다음 주어는 첫째 목적어에게 둘째 목적어를 확인시켜준다.

(11) These words **confirm** us **that** we are right in our estimates.(이 말들은 우리에게 우리의 추산이 맞다는 것을 확인한다.)

1.12. 다음은 수동태 문장으로 주어는 견진성사를 받는다.

(12) a. She goes to church, but she has not yet been **confirmed**.(그녀는 교회에 다니지만, 아직 견신례를 받지 못했다.)

　　 b. She was **confirmed** when she was 13.(그녀는 13 살 때 견신례를 받았다.)

conflict

이 동사의 개념 바탕에는 맞부딪히는 과정이 있다.

1. 자동사 용법

1.1. 다음 주어는 with의 목적어와 충돌한다.

(1) a. My ideas on language teaching **conflict with** yours. (언어 교육에 관한 내 생각은 네 것과 충돌한다.)

　　 b. Does a two o'clock meeting **conflict with** your schedule?(2시 약속이 네 스케줄과 겹치니?)

　　 c. His testimony **conflicts with** yours.(그의 증언이 네 것과 대립된다.)

　　 d. These results **conflict with** earlier findings.(이러한 결과는 이전의 발견들과 대립된다.)

1.2. 다음 주어는 서로 맞부딪힌다.

(2) a. Our views **conflict**.(우리의 관점은 서로 충돌한다.)

　　 b. The ideas in these statements **conflict**.(이러한 진술들 속의 그 생각들은 서로 충돌한다.)

　　 c. Reports **conflicted** on how much of the aid was reaching the famine victims.(보고서들이 그 원조의 얼마만큼이 그 기근 희생자들에게 도달하고 있는 에 대해 상충했다.)

conform

이 동사의 개념 바탕에는 기준에 맞추는 과정이 있다.

1. 자동사 용법

1.1. 다음 주어는 전치사 to의 목적어에 일치시킨다.

(1) a. You must **conform** to the rules of the club.(당신은 그 클럽의 규정에 따라야 한다.)

　　 b.Drivers must **conform** to the traffic rules.(운전자들은 교통 규칙을 따라야 한다.)

　　 c. You must either **conform** to the rules or leave the school.(너는 교칙을 따르거나 아니면 학교를 떠나야한다.)

　　 d. We must **conform** to the laws/the customs.(우리는 법/관습에 따라야 한다.)

　　 e. Our company **conforms** to government regulations on worker safety.(우리 회사는 근로자의 안전에 관한 정부의 규정을 따르고 있다.)

　　 f. She is a woman who **conforms** to the current fashion.(그녀는 그 최신 유행을 따르는 여자이다.)

　　 g. Many young people do not like to **conform** to the way other people dress.(많은 젊은이들은 다른 사람의 옷 입는 스타일을 따라하고 싶어하지 않는다.)

　　 h. We do not need to **conform** to the new local government.(우리는 새 지방 자치 단체에 순응할 필요가 없다.)

　　 i. The children **conformed** reluctantly to their parents' wishes.(그 아이들은 마지못해 부모님의 바람에 따랐다.)

　　 j. The foreign students soon **conformed** to their new surroundings.(그 외국 학생들은 새로운 환경에 금새 적응했다.)

1.2. 다음 주어는 무엇을 따른다. 그러나 to가 표현되어 있지 않다.

(2) a. If they don't **conform**, they can't become members.(만일 그들이 순응하지 않으면, 그들은 회원이 될 수 없다.)

　　 b. You'll have to **conform** if you don't want to feel isolated from others.(다른 사람들에게 따돌림받고 싶지 않다면 따라야 할 것이다.)

1.3. 다음 주어는 사람이 아닌 개체이다. 주어는 전치사 with의 목적어에 일치한다.

(3) a. This picture **conforms** to our notion of a good painting.(이 그림은 좋은 그림에 대한 우리의 생각과 일치한다.)

　　 b. Experience does not **conform** to/with the rule.(경험이 그 규칙과 부합하지 않는다.)

　　 c. The building does not **conform with** safety regulations.(그 건물은 안전 규정을 지키지 않고 있다.)

　　 d. This sketch **conforms with** his wishes.(이 스케치는 그의 소망과 일치한다.)

1.4. 다음 주어는 전치사 to의 목적어에 일치된다.

(4) a. The case **conformed** to their expectation.(그 사건은 그들의 예상과 일치했다.)

　　 b. A coat must **conform** to the figure of the wearer.(코트는 입는 사람의 몸에 맞아야 한다.)

　　 c. My feet will never **conform** to these tight shoes. (내 발은 이 꽉 끼는 신발에 절대 맞지 않을 것이다.)

　　 d. The computer **conforms** to the advertiser's claims.(그 컴퓨터는 광고주의 요구사항과 일치한다.)

　　 e. The wax **conforms** perfectly to the mold.(그 밀랍은 그 주물에 완벽하게 일치한다.)

　　 f. Love as an experience will never **conform** to our fantasies.(체험으로써 사랑은 우리의 환상에 절대로 일치하지 않을 것이다.)

　　 g. The toys **conform** to the official safety standards. (그 장난감들은 공인 안전 기준과 일치한다.)

　　 h. The novel **conformed** to our notion of a good story.(그 소설은 좋은 소설에 대해 우리가 가지고 있는 생각과 일치한다.)

1.5. 다음 주어는 조화되거나 일치된다. 주어는 복수이다.

(5) a. The measurements **conform** properly.(그 치수는 적절히 맞다.)

　　 b. The two scientists stopped working together

because their theories did not **conform**.(그 두 과학자는 자신들의 이론이 일치하지 않아 공동 연구를 중단했다.)

2. 타동사 용법
2.1. 다음 주어는 목적어를 전치사 to의 목적어에 일치시킨다.
(6) a. She doesn't often **conform** her thinking **to** the rest of the group.(그녀는 종종 자신의 생각을 그 집단의 다른 사람들과 일치시키지 않는다.)

b. He had to **conform** the plan **to** the new specifications.(그는 그 계획을 새 명세서에 맞춰야 했다.)

c. She tried to **conform** her habits and tastes **to** those of her husband.(그녀는 자신의 습관과 취향을 남편의 것에 맞추려고 애썼다.)

d. He **conforms** his taste **to** his wife's taste.(그는 자신의 입맛을 부인에게 맞춘다.)

e. He **conformed** his idea **to** ours.(그는 자신의 생각을 우리의 것에 맞췄다.)

2.2. 다음의 목적어는 재귀 대명사이다. 주어는 자신을 to의 목적어에 일치시킨다.
(7) a. He **conformed** himself **to** the prevailing social customs.(그는 우세한 사회적 관습에 따랐다.)

b. He **conformed** himself **to** the fashion.(그는 그 유행에 따랐다.)

c. He **conformed** himself **to** the way of the world.(그는 세상사에 순응했다.)

d. We should **conform** ourselves **to** the customs of society.(우리는 그 사회 관습에 따라야 한다.)

confound

이 동사의 개념 바탕에는 뒤섞는 과정이 있다.

1. 타동사 용법
1.1. 다음 주어는 목적어를 with의 목적어와 혼동한다.
(1) a. He **confounded** means **with** end.(그는 수단을 목적과 혼동했다.)

b. This analysis **confounded** truth **with** errors and lies.(이 분석은 진실을 오류와 거짓과 혼동했다.)

c. He **confounded** public affairs **with** private ones.(그는 공과 사를 혼동했다.)

d. It is impossible to **confound** pain **and** pleasure.(고통과 즐거움을 혼동하기는 불가능하다.)

e. The witness **confounded** fact **and** fiction.(그 증인은 사실과 허구를 혼동했다.)

f. He **confounded** the two species together.(그는 그 두 종을 혼동했다.)

1.2. 다음 주어는 목적어의 마음을 혼란스럽게 한다.
(2) a. The sudden rise in stock prices **confounded** economists.(그 주가의 갑작스런 그 상승이 경제학자들을 혼란스럽게 했다.)

b. She **confounded** her critics and proved she could do it.(그녀는 비판가들을 혼란스럽게 해서 그녀가 그것을 할 수 있다는 것을 증명했다.)

c. The confusing plot of the story **confounds** Bill.(그 이야기의 혼란스러운 구성이 빌을 혼란시킨다.)

d. The army's lightning attack **confounded** the enemy.(그 군대의 전격적인 공격이 적들을 혼란시켰다.)

e. His amazing discovery **confounded** medical specialists.(그의 놀라운 발견이 의료 전문가들을 혼란스럽게 했다.)

1.3. 다음 주어는 목적어를 헝클어 놓는다.
(3) a. The result **confounded** expectations.(그 결과들은 예상을 헝클어 놓았다.)

b. He **confounded** my endeavors.(그는 내 노력을 헝클어 놓았다.)

c. He **confounded** my reasoning.(그는 내 추론을 혼란스럽게 했다.)

1.4. 다음은 수동태 문장으로 주어는 어리둥절하게 되는 사람이다.
(4) a. He was **confounded** at/by the sight.(그는 그 광경을 보고 어리둥절했다.)

b. I am **confounded** and ashamed.(나는 당혹스럽고 고 수치스럽다.)

c. He is **confounded** by the incessant noise.(그는 끊임없는 소음에 혼란스럽다.)

2. 자동사 용법
2.1. 다음 주어는 혼란스럽다.
(5) Her question completely **confounds**.(그녀의 질문은 완전 혼란스럽다.)

confront

이 동사의 개념 바탕에는 서로 맞서는 과정이 있다.

1. 타동사 용법
1.1. 다음 주어는 목적어를 직면한다.
(1) a. Two police officers **confronted** me and demanded identification.(두 명의 경관이 나를 직면하고서 신분증을 요구했다.)

b. For the first time she **confronted** an armed robber.(처음으로 그녀는 무장 강도를 직면했다.)

c. She finally **confronted** her rival on the tennis court.(그녀는 마침내 경쟁자와 그 테니스장에서 대항했다.)

d. I had to **confront** the reporters.(나는 그 기자들을 직면해야 했다.)

1.2. 다음 주어는 목적어를 전치사 with의 목적어와 맞서게 한다.
(2) a. I decided to **confront** her **with** charges of racism.(나는 그녀를 인종 차별 죄목으로 들이댈 결심을 했다.)

b. The policeman **confronted** him **with** a summons.(그 경찰관은 그를 소환장으로 들이댔다.)

c. He **confronted** her **with** a choice between a career and their relationship.(그는 직업과 그들의 관계 사이 중 선택하라고 그녀와 맞섰다.)

d. He **confronted** her **with** the evidence of her

crime.(그는 그녀를 그녀의 죄의 증거로 들이댔다.)

1.3. 다음 주어는 목적어에 대항한다.
(3) a. We try to help people to confront their problems.(우리는 사람들을 자신들의 문제에 대항할 수 있도록 도우려 한다.)

b. She had to confront the enemy.(그녀는 그 적에 대항해야 했다.)

1.4. 다음 주어는 개체이다. 주어는 목적어 앞에 나타난다.
(4) Many difficulties confronted him.(많은 어려움들이 그를 직면했다.)

1.5. 다음 주어는 목적어를 with의 목적어와 맞서게 한다.
(5) a. He confronted the accused with the accuser.(그는 그 피고를 그 원고와 대질시켰다.)

b. He confronted the account with another.(그는 그 설명을 다른 것과 비교했다.)

1.6. 다음은 수동태 문장으로 주어는 무엇에 맞서게 되는 사람이다.
(6) a. They were confronted by a line of guardsmen.(그들은 한 줄의 경비들에 직면되었다.)

b. He was confronted by a lady at the gate.(그는 어떤 여자와 그 대문에서 직면했다.)

1.7. 다음은 수동태 문장으로 주어는 무엇에 직면한다. 직면하는 대상은 with의 목적어로 표현된다.
(7) a. The government was confronted with massive opposition.(정부는 엄청난 반대에 맞닥뜨렸다.)

b. On my first day at work I was confronted with the task of chairing a meeting.(출근 첫날에 나는 그 회의의 사회를 보는 일에 직면하게 되었다.)

c. The jury was confronted with conflicting testimonies.(그 배심원들은 서로 상충되는 증언에 맞서게 되었다.)

d. He is confronted by/with a difficulty.(그는 어려움에 직면했다.)

e. The defendant was confronted with all the evidence. (그 피고가 모든 증거에 맞서게 되었다.)

confuse

이 동사의 개념 바탕에는 헷갈리게 하는 과정이 있다.

1. 타동사 용법
1.1. 다음 주어는 목적어의 마음을 혼란시킨다.
(1) a. You're confusing me.(당신은 나를 혼란시키고 있다.)

b. You will confuse us with so many questions.(당신은 그렇게 많은 질문 공세로 우리를 혼란시킬 것이다.)

c. They confused me with conflicting accounts of what happened.(그들은 일어난 일을 두고 서로 다른 이야기로 나를 혼란시켰다.)

d. The chess player confused the computer by making some irrational move halfway through the game.(그 체스 선수가 경기 도중 상식 밖의 수를 두

어서 컴퓨터를 혼란시켰다.)

1.2. 다음은 수동태 문장으로 주어는 혼란을 겪는다. 혼란의 원인은 at나 by로 표현된다.
(2) a. Joni was confused and disoriented.(조니는 당황하여 갈피를 잡지 못했다.)

b. She was confused at her blunder.(그녀는 자신의 큰 실수에 당황하게 되었다.)

c. We were confused by his silence.(우리는 그의 침묵에 당황하게 되었다.)

d. My parents were confused by my behavior.(부모님은 내 행동에 당황하셨다.)

e. I was confused by my blunder.(나는 나 자신의 큰 실수로 당황하게 됐다.)

1.3. 다음 주어는 사람이 아닌 개체이다. 주어는 목적어의 마음을 혼란시킨다.
(3) a. So many people talking to me at once confused me.(그 많은 사람들이 동시에 내게 말을 걸어와서 나는 어리둥절했다.)

b. The new rules confuse the drivers.(그 새 법규들은 그 운전자를 혼란스럽게 한다.)

c. These questions confuse even the experts.(이 질문들은 그 전문가들조차도 당황하게 한다.)

d. The loud noises and bright lights confused me.(그 시끄러운 소리와 밝은 조명들이 나를 당황하게 했다.)

e. The constant attention of the young man confused her.(그 젊은이의 끊임없는 관심이 그녀를 당황스럽게 했다.)

f. The lecture confused the students.(그 강의는 그 학생들을 혼란시켰다.)

g. Too many labels will just confuse consumers.(너무 많은 상표는 소비자들을 혼란시킬 것이다.)

h. Waking up in strange surroundings confused her.(낯선 곳에서 잠이 깬 것이 그녀를 혼란시켰다.)

1.4. 다음 주어는 목적어를 혼란스럽게 만든다. 목적어는 쟁점, 문제, 토의 등이다.
(4) a. The chairman confused the issue.(그 의장은 그 쟁점을 혼란시켰다.)

b. Her irrelevant objections merely confused the issue.(그녀의 무의미한 반대는 쟁점을 흐트려뜨릴 뿐이었다.)

c. He confused the issue with unnecessary details.(그는 그 쟁점을 불필요한 세부설명으로 흐트려 놓았다.)

d. Her remarks confused the debate.(그녀의 발언이 그 토론을 혼란에 빠뜨렸다.)

e. The dense fog utterly confused traffic on the highway.(그 짙은 안개가 그 고속도로의 차량들을 혼란스럽게 했다.)

1.5. 다음은 수동태 문장으로 주어는 혼란스럽게 된다.
(5) Matters were further confused by my sister's refusal to come out of the bathroom.(여동생이 그 욕실에서 나오지 않겠다고 버텨서 일이 더 복잡해졌다.)

1.6. 다음에서는 혼동되는 개체가 전치사 with로 표현되어 있다.

(6) a. Don't confuse [r] with [l]. ([r] 발음을 [l] 발음과 혼동하지 마시오.)

b. You are **confusing** me with my twin. (당신은 나를 내 쌍둥이 형제와 혼동하고 있다.)

c. It is a mistake to **confuse** 'compliment' with 'complement'. ('compliment'를 'complement'와 혼동한 것은 실수이다.)

d. He **confuses** money with comfort. (그는 돈을 안락함과 혼동하고 있다.)

e. Don't **confuse** quality with quantity. (질을 양과 혼동하지 마시오.)

f. You are **confusing** me with the other candidates. (당신은 나를 다른 후보자와 혼동하고 있다.)

1.7. 다음 주어는 목적어를 혼동한다.

(7) a. My friend **confuses** verse and poetry. (내 친구는 운문과 시를 혼동한다.)

b. Tom **confused** the name Austria and Australia. (탐은 오스트리아와 오스트레일리아의 국명을 혼동했다.)

c. I'm always **confusing** John and Paul. (나는 존과 폴을 항상 혼란시키고 있다.)

1.8. 다음에서 혼동되는 개체가 복수형으로 표현되어 있다.

(8) I often **confuse** my twin nephews. (나는 종종 내 쌍둥이 조카들을 구분 못 한다.)

2. 자동사 용법

2.1. 다음의 주어는 혼동을 일으키는 개체이다. 그러나 혼동을 당하는 사람은 표현되지 않았다.

(9) a. The new tax return forms only **confuse**. (그 새 납세 신고서는 혼란스럽기만 하다.)

b. It makes conversation very **confusing**. (그것은 대화를 아주 혼란스럽게 한다.)

c. A new tax code only further **confuses**. (새로운 세법은 혼란만 가중시키고 있다.)

congeal

이 동사의 개념 바탕에는 엉기는 과정이 있다.

1. 타동사 용법

1.1. 다음 주어는 목적어를 엉기게 한다.

(1) a. The coldness of the refrigerator **congealed** the fat in the soup. (그 냉장고의 냉기가 그 국의 지방을 엉기게 했다.)

b. Horror **congealed** his blood. (공포가 그의 피를 엉기게 했다.)

c. The cold **congealed** the gelatin. (그 추위가 그 젤라틴을 굳게 했다.)

2. 자동사 용법

2.1. 다음 주어는 엉긴다.

(2) a. The fat in the soup **congealed** in the refrigerator. (그 국 기름이 냉장고에서 엉겼다.)

b. The gelatin will **congeal** in the refrigerator. (그 젤라틴은 그 냉장고에서 엉길 것이다.)

c. Pressure on the wound will help the blood **congeal**. (그 상처에 미치는 압박은 그 혈액을 응고시키는 데 도움을 줄 것이다.)

d. The cold remains of supper **congealed** on the plate. (저녁식사의 잔여물은 그 접시에 엉겨있었다.)

e. When water freezes, it **congeals** into ice. (물이 얼면, 그것은 얼음으로 엉긴다.)

f. Melted fat **congeals** as it cools. (녹은 지방은 그것이 식으면서 엉긴다.)

2.2. 다음 주어는 추상적 개체이나 엉기는 개체로 개념화되어 있다.

(3) The bitterness and tears **congealed** into hatred. (괴로움과 눈물은 엉겨서 증오로 되었다.)

congest

이 동사의 개념 바탕에는 지나치게 많아서 넘치는 과정이 있다.

1. 타동사 용법

1.1. 다음 주어는 목적어를 붐비게 한다.

(1) a. Heavy traffic **congested** the highway. (심한 교통이 그 고속도로를 막히게 했다.)

b. The cars **congest** all the roads in the city. (그 차들이 그 시내 모든 도로를 막히게 한다.)

1.2. 다음은 수동태 문장으로 주어는 막혀지거나 꽉 차진다.

(2) a. The swimming pool is much **congested**. (그 수영장이 아주 꽉 찼다.)

b. The parking lot is **congested**. (그 주차장이 찼다.)

c. His liver is **congested**. (그의 간이 울혈이 되어있다.)

d. His nose is **congested** with his cold. (그의 코가 감기로 막혔다.)

2. 자동사 용법

2.1. 다음 주어는 with의 목적어로 채워진다.

(3) Pneumonia causes the lungs to **congest** with fluid. (폐렴은 폐를 액체로 차게 한다.)

conglomerate

이 동사의 개념 바탕에는 둥글게 뭉치는 과정이 있다.

1. 자동사 용법

1.1. 다음 주어는 둥글게 모인다.

(1) a. Everyone **conglomerated** around my desk to hear the gossip. (모두가 뜬소문을 들으려고 내 책상 주변에 둥글게 모였다.)

b. At the party, people always **conglomerate** in the kitchen. (그 파티에서 사람들은 항상 그 주방에 둥글게 모인다.)

congratulate

이 동사의 개념 바탕에는 축하하는 과정이 있다.

1. 타동사 용법

1.1. 주어는 목적어를 on의 목적어와 관련하여 축하한다.

(1) a. I congratulate you on your success/engagement.
(나는 너의 성공/약혼에 대해 축하한다.)

b. I congratulate myself on finding a good job.(난 좋은 일자리를 구한 것에 대해 자축한다.)

c. You can congratulate yourself on having done an excellent job.(너는 그렇게 훌륭한 일을 해낸 것에 대해 축하할 수 있다.)

d. He congratulated himself on his narrow escape. (그는 자신을 간발의 차로 위기를 모면한 것에 대해 축하했다.)

conjure

이 동사의 개념 바탕에는 마력으로 움직이는 과정이 있다.

1. 타동사 용법

1.1. 다음 주어는 목적어를 마술로 만들어 낸다.

(1) a. He conjured up a dove.(그는 비둘기 한 마리를 만들었다.)

b. She conjured up a pretty paper doll in a few minutes.(그녀는 예쁜 종이 인형을 몇 분 안에 만들었다.)

c. He conjured up a rabbit out of a hat.(그는 토끼를 모자에서 만들어 내었다.)

1.2. 다음 주어는 목적어를 떠오르게 한다.

(2) a. His imagination conjured up a scene of horror(그의 상상력은 무서운 공포의 장면을 떠오르게 했다.)

b. The smell always conjures up memories of holidays in Italy.(그 냄새는 항상 이태리에서의 휴일에 대한 기억을 상기시킨다.)

c. The island conjured up images of yellow-flowered fields.(그 섬은 노란 꽃 들판 이미지들을 불러일으킨다.)

d. The smell of polish conjured up memories of school days.(그 광택 냄새는 학교시절의 추억을 불러일으킨다.)

1.3. 다음 주어는 목적어를 마술로 움직인다.

(3) a. He conjured a devil away.(그는 악마를 마법으로 내쫓았다.)

b. Her gay laughter conjured her troubles away.(그녀의 유쾌한 웃음이 그녀의 골치거리를 마력으로 내쫓았다.)

c. He conjured the money out of my pocket.(그는 그 돈을 내 호주머니에서 마력으로 꺼냈다.)

d. He could conjure coins from behind his ears.(그는 동전들을 귀 뒤에서 마법으로 꺼낼 수 있었다.)

e. I don't know how I'll conjure up the money, but I'll pay rent tomorrow.(나는 어떻게 그 돈을 모을

지 잘 모르겠지만, 내일 임대료를 지불하겠다.)

1.4. 다음 주어는 목적어를 만든다.

(4) a. He conjured a delicious meal out of a few leftovers.(그는 몇 개 남은 것에서 맛난 음식을 만들어 줬다.)

1.5. 다음 주어는 목적어를 간청한다.

(5) a. I conjure you to help us.(나는 너를 우리를 도와달라고 탄원한다.)

b. I conjure you to take care of my family.(나는 네가 내 가족을 돌봐 달라고 탄원한다.)

c. I conjure you to take care of my family when I am gone.(나는 내가 없을 때 네가 내 가족을 돌봐주기를 탄원한다.)

connect[1]

이 동사의 개념 바탕에는 연결하는 과정이 있다.

1. 타동사 용법

1.1. 다음 주어는 목적어를 연결한다.

(1) a. The technician connected the two wires.(그 기술자는 그 두 전선을 연결했다.)

b. We will have to connect these wires to make the radio work.(우리는 그 라디오를 작동시키기 위해 이 전선들을 연결해야만 할 것이다.)

c. She connected up the two computers.(그녀는 그 두 컴퓨터를 연결시켰다.)

d. The plumber connected up all the pipes and turned on the tap.(그 배관공은 모든 파이프를 연결하고 꼭지를 틀었다.)

1.2. 다음 주어는 목적어를 with의 목적어로 연결한다.

(2) They connected the two islands with a bridge.(그들은 두 섬을 다리로 연결했다.)

1.3. 다음 주어는 목적어를 마음 속에 연결한다.

(3) a. Do you connect these two events?(당신은 이 두 사건을 연관시키나요?)

b. Oh! He's your son. I didn't connect you two.(오! 그가 당신의 아들이었군요. 저는 두 분을 연결해서 생각하지 못했어요.)

1.4. 다음 주어는 두 지역을 연결한다.

(4) a. A bus line connects the two villages.(버스 노선 하나가 그 두 마을을 연결한다.)

b. A new road connects the two towns. (새 도로가 그 두 도시를 연결한다.)

1.5. 다음은 수동태 문장으로 주어는 연결된다.

(5) a. The two towns are connected by train and bus services.(그 두 마을은 기차와 버스 서비스로 연결되다.)

b. They are connected by marriage.(그들은 결혼에 의해 연결된다.)

c. The two ideas are connected and should be dealt with together. (그 두 가지 개념들은 연결되어 같이 다루어져야만 한다.)

1.6. 다음 주어는 그 자체가 목적어를 연결한다. 목적어는 접속사 and로 연결되어 있다.

(6) a. Several bridges connect Ohio and Kentucky.(여

러개의 다리가 오하이오와 켄터키를 연결한다.)

b. This highway **connects** Seoul and Pusan.(이 고속
도로는 서울과 부산을 연결한다.)

**1.7. 다음 주어는 목적어를 전치사 to의 목적어에 연결
한다.**

(7) a. I **connected** the TV **to** an outlet.(나는 TV를 콘센
트에 연결했다.)

b. I **connected** the antenna **to** the TV.(나는 안테나를
TV에 연결했다.)

c. I **connected** the trailer **to** the car.(나는 트레일러를
자동차에 연결했다.)

d. He **connected** the hose **to** the faucet.(그는 호스를
수도 꼭지에 연결했다.)

e. Please **connect** the keyboard **to** the computer.(그
키보드를 그 컴퓨터에 연결해주세요.)

**1.8. 다음 주어는 그 자체가 목적어를 전치사 to의 목
적어에 연결한다.**

(8) A short hallway **connects** my bedroom **to** the
bathroom.(짧은 복도가 내 침실을 욕실에 연결한다.)

**1.9. 다음 목적어는 사람이다. 주어는 목적어를 to의
목적어에 연결시킨다.**

(9) a. What commands will **connect** me **to** your
website?(무슨 명령어가 나를 당신의 웹사이트에
연결할까요?)

b. Just a minute, I will **connect** you **to** the director.
(잠시만요, 내가 당신을 그 부장에게 연결시켜 드리
겠습니다.)

c. The police **connected** that man **to** the robbery.(경
찰은 그 남자를 그 강도 사건에 연관시켰다.)

d. **Connect** the speaker **to** the record player and
plug it in.(그 스피커를 그 레코드 플레이어에 연결
하고 끼워라.)

e. Could you **connect** me **to** 3485-3634?(나를
3485-3634에 연결시켜 주시겠어요?)

f. He **connected** the printer **to** the computer.(그는
그 프린터를 그 컴퓨터에 연결시켰다.)

**1.10. 다음은 수동형 문장으로 주어는 to의 목적어에
연결된다.**

(10) a. The house is not yet **connected to** the main
water supply.(그 집은 주된 물 공급원 아직 연결되
지 않는다.)

b. The wire is **connected to** an electrode.(그 전선은
전극에 연결되어 있다.)

c. These terminals are **connected to** our mainframe
computer.(이 단말기는 우리의 컴퓨터 본체에 연결
되어 있다.)

**1.11. 다음 주어는 목적어를 전치사 with의 목적어와
연관을 짓는다.**

(11) a. Do you **connect** Bill's silence **with** Ann's arrival?
(당신은 빌의 침묵을 앤의 도착과 연관시키나요?)

b. We **connect** summer **with** picnics and swimming.
(우리는 여름을 소풍과 수영과 연관시킨다.)

c. Doctors **connect** crimes **with** insanity.(의사들은
범죄를 정신 이상과 연관시킨다.)

d. The police are **connecting** this incident **with** last
week's terrorists' bombing.(경찰은 이 사건을 저

번 주 테러리스트들의 폭탄 사건과 연관시키고 있
다.)

e. I cannot **connect** the names **with** the faces.(나는
그 이름들을 그 얼굴들과 연관시키지 못한다.)

f. The Eustachian tube **connects** the ear **with** the
throat.(유스타키관은 귀를 목에 연결시킨다.)

**1.12. 다음 주어는 목적어를 with의 목적어와 연관을
짓는다.**

(12) a. There was nothing to **connect** him **with** the
crime/the murder.(그를 그 범죄/살인과 연관시킬
아무 것도 없었다.)

b. Could you **connect** me **with** Mr. Kim/Seoul?(나를
김씨/서울에 연결해주시겠어요?)

c. I've never **connected** you **with** Mr. Park I used to
know.(나는 내가 알고 지냈던 박씨와 당신을 연관
시켜본 적이 한번도 없다.)

d. The woman's face was familiar, but I didn't
immediately **connect** her **with** the girl who used
to live next door to me.(그 여자의 얼굴은 익숙했
지만, 나는 그녀를 옆집에 살았었던 그 소녀와 즉시
연관지어 생각하지는 않았다.)

e. He **connected** himself **with** the organization.(그는
자신을 그 기관과 연관시켰다.)

f. He **connected** himself **with** the new project.(그는
자신을 그 새 프로젝트와 연관시켰다.)

**1.13. 다음은 수동태 문장으로 주어는 with의 목적어
와 연관된다.**

(13) a. I do not want to be **connected with** him in any
way.(나는 그와 어떤 식으로든 연관되길 원하지 않
는다.)

b. The color black is **connected with** death.(검은색
은 죽음과 연관이 있다.)

c. He is **connected with** the company.(그는 그 회사
와 연관이 있다.)

**1.14. 다음은 수동태 문장으로 주어는 전치사 with의
목적어와 연관된다.**

(14) a. I am distantly **connected with** the family.(나는 그
가족과 촌수가 멀다.)

b. I was **connected with** my boss.(나는 사장과 연관
되어 있었다.)

**1.15. 다음 주어는 목적어를 어디에 연결시킨다. 그러
나 연결되는 개체는 명시가 안 되어 있다. 그러
나 이것은 세상 일의 지식으로 추리가 가능하다.**

(15) a. They will come to **connect** your phone.(그들은 당
신의 전화를 연결시키러 올 것이다.)

b. I **connected** the telephone set.(나는 그 전화기를
연결시켰다.)

c. We **connected** the X-mas tree lights.(우리는 그
크리스마스 트리의 불들을 연결시켰다.)

d. Can you **connect** up the stove?(그 난로를 연결시
킬 수 있나요?)

e. Please hold the line; I'm trying to **connect**
you.(끊지 말고 기다리세요. 나는 당신을 연결시켜
드리려고 합니다.)

**1.16. 다음은 수동태 문장으로 주어는 연결되는 개체
이다.**

(16) a. We're waiting for the telephone to be **connected**. (우리는 그 전화가 연결되는 것을 기다리고 있다.)

    b. Has the phone been **connected** yet?(이제 전화는 연결되었나요?)

    c. Make sure it's **connected** up properly before you turn on at the mains.(그 본관에서 물을 틀기 전에 그것이 적절히 연결되었는지 확인하시오.)

    d. Is the washing machine **connected** up yet?(이제 그 세탁기는 다 연결되었나요?)

    e. Has the electricity/the gas been **connected**?(전기/가스가 연결되었습니까?)

1.17. 다음은 수동태 문장으로 주어는 사회적으로 연결이 되어 있다.

(17) a. He is well **connected**.(그는 안면이 넓다.)

    b. She is well **connected** socially.(그녀는 사회적으로 안면이 넓다.)

2. 자동사 용법

2.1. 다음 주어는 연결한다. 목적어가 명시되어 있지 않다. 그러나 목적어의 정체는 추리가 가능하다.

(18) a. After my plane landed, I had only a few minutes to **connect**.(내 비행기가 착륙한 후, 나는 다른 비행기로 연결해서 탈 시간이 겨우 몇 분 밖에 없었다.)

    b. I fly to Chicago, and I **connect** on another flight to San Diego.(나는 시카고까지 비행기를 타고 가서, 샌디에고까지는 다른 비행기를 연결해서 타고 간다.)

    c. Do the buses **connect**?(그 버스들은 연결되나요?)

    d. Flying from Chicago to London, I had to **connect** at Cleverland.(시카고에서 런던까지 비행기를 타고 가는 중에 나는 클레버랜드에서 연결해서 타야 했다.)

2.2. 다음 주어는 서로 연결된다.

(19) a. The rooms on this floor **connect**.(이 층의 방들은 연결되어 있다.)

    b. These two wires can't **connect** because they are in the wrong length.(이 두 전기선은 길이가 맞지 않아 연결될 수 없다.)

    c. The two streams **connected** to form a river.(그 두 물줄기는 연결되어 하나의 강을 이루었다.)

2.3. 다음 주어는 전치사 to의 목적어에 연결된다.

(20) The knee bone **connects** to the leg bone.(무릎뼈는 다리뼈에 연결된다.)

2.4. 다음 주어는 with의 목적어와 연결된다.

(21) a. The flight will arrive at 10:00 in the morning, and it **connects with** a coach service to your hotel(그 비행기는 아침 10시에 도착하고, 그것은 당신의 호텔까지 가는 버스에 연결된다.)

    b. His flight to Amsterdam **connects with** an afternoon flight to Seoul.(그의 암스테르담 행 비행기는 서울행 오후 비행기로 연결된다.)

    c. This train **connects with** an express train/the bus for the airport.(이 기차는 공항행 급행 열차/버스와 연결된다.)

    d. The bus line **connects with** the trains at the station.(그 버스 노선은 역에서 기차들과 연결된다.)

    e. This telephone line **connects with** the president's. (이 전화선은 대통령의 전화선과 연결된다.)

    f. This paragraph doesn't **connect with** the other paragraphs.(이 단락은 다른 단락들과 연결되지 않는다.)

    g. I finally **connected with** Sue after leaving several messages.(여러 개의 메시지를 남긴 후에, 나는 마침내 수와 연결되었다.)

    h. The road **connects with** the main road to Seoul. (그 길은 서울로 가는 주 도로와 연결된다.)

    i. His room **connects with** mine by means of a hallway.(그의 방은 복도에 의해 내 방과 연결된다.)

2.5. 다음 주어는 연결된다.

(22) a. He swung at the ball, but didn't **connect**.(그는 공을 향해 휘둘렀지만, 맞추지는 못했다.)

    b. The batter **connected** for a home run.(그 타자는 홈런을 쳤다.)

    c. He **connected with** a left blow on the chin.(그는 왼쪽 주먹으로 그 턱을 가격했다.)

    d. The blow **connected** and she felt a surge of pain. (그 일격이 가해졌고, 그녀는 고통이 밀려옴을 느꼈다.)

2.6. 다음 주어는 연결된다. 또는 통한다.

(23) a. I'm sorry we didn't **connect**.(우리가 통하지 않았다는 점이 유감이네요.)

    b. They met a couple of times, but they didn't really **connect**.(그들은 두어번 만났지만 정말 통하지는 않았다.)

    c. We talked and talked, and finally **connected with** the guy.(우리는 여러 번 이야기를 해서, 마침내 그 남자와 마음이 통하게 되었다.)

connive

이 동사의 개념 바탕에는 눈을 감아주는 과정이 있다.

1. 자동사 용법

1.1. 다음 주어는 전치사 at의 목적어를 눈감아 준다.

(1) a. He **connived at** gambling/embezzlement.(그는 도박/횡령을 묵인했다.)

    b. The jailer **connived at** the escape.(그 교도관이 탈출을 묵인했다.)

    c. He **connived at** the attack on the security guard. (그는 그 안전 요원에 대한 그 공격을 묵인했다.)

    d. He **connived at** the cheating of his classmates.(그는 학급 친구들의 부정 행위를 눈감았다.)

    e. We **connived at** the violation of law.(우리는 그 위법을 묵인했다.)

1.2. 다음 주어는 전치사 in의 목적어에서 눈을 감는다.

(2) She knew that if she said nothing she'd be **conniving in** an injustice.(그녀는 자신이 아무 말도 하지 않으면 부정을 묵인하게 됨을 알았다.)

1.3. 다음 주어는 부정사가 가리키는 일에 눈을 감는다.

(3) Mary was always **conniving** to make extra

money.(메리는 항상 여분의 돈을 챙기기 위해 묵인
하고 있었다.)

1.4. 다음 주어는 전치사 with의 목적어와 공모한다.

(4) a. The government **connived with** the security
forces to permit murder.(그 정부가 그 보안 공권
력과 결탁해 살인을 허용했다.)

b. He **connived with** his friend to get the job.(그는 그
친구와 공모해 그 일을 구했다.)

c. They **connived with** their friends to deceive me.
(그들은 친구들과 공모해 날 기만했다.)

d. He **connived with** a criminal. (그는 범죄자와 공모
했다.)

1.5. 다음 주어는 복수로서 공모자들이다.

(5) a. Bill and his friend **connived** to trap me.(빌과 그의
친구는 나를 함정에 빠뜨리려고 모함했다.)

b. John and Mary **connived** to cheat in the
examination.(존과 메리는 그 시험에 부정 행위를
하려고 공모했다.)

c. The two **connived** to drive them apart.(그 둘은 그
들을 갈라놓으려고 공모했다.)

1.6. 다음 주어는 목적어를 묵인한다.

(6) She **connived** her way into power.(그녀는 권력으로
가는 길을 묵인했다.)

connote

이 동사의 개념 바탕에는 암시하는 과정이 있다.

1. 타동사 용법

1.1. 다음 주어는 목적어를 암시한다.

(1) a. The word 'home' usually **connotes** comfort and
security.('집'이란 말은 대개 편안과 안전을 암시
한다.)

b. 'The Third World' came to **connote** poverty.('제
3세계'는 가난을 암시하게 하게 되었다.)

c. A fireplace **connotes** comfort and hospitality.(벽
난로는 편안과 환대를 암시한다.)

d. The word 'white' denotes a color, but it
connotes purity.('희다'라는 말은 색깔을 지시하지
만 순수를 암시한다.)

e. Smoke **connotes** fire.(연기는 불을 암시한다.)

conquer

이 동사의 개념 바탕에는 정복하는 과정이 있다.

1. 타동사 용법

1.1. 다음 주어는 목적어를 정복한다.

(1) a. The army **conquered** the enemy.(그 군대는 적을
정복했다.)

b. A huge army **conquered** the country.(대규모의 병
력이 그 나라를 정복했다.)

c. The Spaniards **conquered** Mexico.(스페인이 멕시
코를 정복했다.)

d. Scientists **conquered** manay diseases.(과학자들
은 많은 질병들을 정복했다.)

**1.2. 다음 주어는 목적어를 정복한다. 목적어는 추상
적 개체이다.**

(2) a. He **conquered** his bad habits.(그는 나쁜 버릇을 극
복했다.)

b. You must **conquer** your fear of the dark.(너는 어
둠의 공포를 이겨내야 한다.)

conscript

이 동사의 개념 바탕에는 정부에서 강제로 쓰는 과
정이 있다.

1. 타동사 용법

1.1. 다음 주어는 목적어를 강제로 쓴다.

(1) a. The army **conscripted** thousands from the city.
(그 군대는 수 천 명을 그 도시에서 징집해 갔다.)

b. The government **conscripted** civilians into the
army.(정부는 민간인들을 그 군에 징용했다.)

c. The dictator proposed to **conscript** both capital
and labor.(독재자가 자본과 노동 모두를 징발하기
를 제안했다.)

**1.2. 다음은 수동태 문장으로, 주어는 징집되는 개체이
다.**

(2) a. During the war, the physicians were **conscripted**
to treat the wounded.(그 전쟁 중에 그 내과 의사들
은 그 부상자 치료를 위해 징집되었다.)

b. He was **conscripted** against his will by the army.
(그는 자신의 의사와는 반대로 그 군에 징집되었
다.)

consecrate

이 동사의 개념 바탕에는 신성하게 만드는 과정이
있다.

1. 타동사 용법

1.1. 다음 주어는 목적어를 신성하게 만든다.

(1) a. The pope will **consecrate** the new parish
church.(그 교황은 그 새 교구 교회를 봉헌할 것이
다.)

b. The priest **consecrated** the shrine.(그 성직자는
그 사당을 봉헌했다.)

1.2. 다음 주어는 목적어를 신성하게 만든다.

(2) a. The priest **consecrated** the water in the baptismal
fountain.(그 사제는 그 세례샘의 물을 축성했다.)

b. The priest **consecrated** the bread and the
wine.(그 사제는 그 빵과 포도주를 축성했다.)

1.3. 다음 주어는 목적어를 신에게 바친다.

(3) a. She **consecrated** her whole life to spreading the
word of God.(그녀는 그녀의 삶 전체를 주님의 말
씀을 전파하는데 바쳤다.)

b. The doctor **consecrated** his work to the saving of
human life.(그 의사는 그의 일을 인간의 생명을 구
하는데 바쳤다.)

1.4. 다음은 수동태 문장으로 주어는 봉헌한다.

(4) a. The cathedral was completed and **consecrated** in

1962.(그 성당은 1962년에 완공되어 봉헌되었다.)

b. The church was **consecrated** in 1944.(그 교회는 1944년에 봉헌되었다.)

c. The day was **consecrated** to the memory of Dr. Martin Luther King.(그 날은 마틴 루터 킹 박사의 추모에 봉헌되었다.)

consent

이 동사의 개념 바탕에는 아래 사람의 요구나 요청에 동의하는 과정이 있다.

1. 자동사 용법

1.1. 다음 주어는 to의 목적어에 동의한다.

(1) a. His father reluctantly **consented** to his marriage.(그의 아버지는 그의 결혼에 마지못해 동의했다.)

b. She **consented** to the plan/the request.(그녀는 그 계획/요청에 동의했다.)

1.2. 다음 주어는 부정사가 가리키는 일을 하기를 동의한다.

(2) a. He finally **consented** to go.(그는 결국 가기로 동의했다.)

b. I've **consented** to lend her my car.(나는 그녀에게 내 차를 빌려주기로 동의했다.)

conserve

이 동사의 개념 바탕에는 좋은 상태를 보존하는 과정이 있다.

1. 타동사 용법

1.1. 다음 주어는 목적어를 보존한다. 목적어는 고갈될 수 있는 물질이다.

(1) a. We must **conserve** energy.(우리는 에너지를 보존해야 한다.)

b. You must **conserve** your strength.(너는 체력을 보존해야 한다.)

c. Everyone needs to make efforts to **conserve** water.(모두가 물을 보존하려는 노력을 할 필요가 있다.)

d. We must **conserve** wild life in this area.(우리는 이 지역의 야생 동물을 보존해야 한다.)

e. **Conserve** the vegetable for tomorrow.(내일을 위해 그 야채를 보존해라.)

1.2. 다음 주어는 목적어를 보존한다 목적어는 변화될 수 있는 개체이다.

(2) a. The agency **conserves** historic buildings.(그 기관은 역사적인 건물들을 보존한다.)

b. **Conserve** the environment.(환경을 보존하라.)

c. We must **conserve** our woodlands for future generations.(우리는 산림지대를 다음 세대를 위하여 보존해야 한다.)

d. They are very keen to **conserve** their customs and language.(그들은 관습과 언어를 보존하는데 매우 열성적이다.)

consider

이 동사의 개념 바탕에는 고려하는 과정이 있다.

1. 타동사 용법

1.1. 다음 주어는 목적어를 고려한다.

(1) a. You should **consider** his youth.(당신은 그의 젊음을 헤아려 주어야 합니다.)

b. When you **consider** her age, she's an amazing phenomenon.(그녀의 나이를 생각해 볼 때, 그녀는 놀라운 사람이다.)

c. I just can't **consider** myself; there are three children to consider.(나는 자신만 생각할 수 없다; 생각해야 할 세 명의 아이들이 있다.)

d. Don't forget to **consider** your brother when you plan your holiday.(휴일을 계획할 때 남동생을 고려하는 것을 잊지 말아라.)

e. She **considers** others before herself.(그녀는 다른 사람들을 자신보다 먼저 배려한다.)

f. Always **consider** other people's feelings/the rights of others.(항상 다른 사람들의 기분/다른 사람들의 권리를 생각해라.)

g. Before you take a trip, **consider** your budget.(여행을 하기 전에 예산을 고려해라.)

h. When you **consider** that she's only 13, it's a remarkable achievement.(그녀가 13살 밖에 안되었다는 것을 감안했을 때, 그것은 놀라운 업적이다.)

i. She sings well if you **consider** the fact that she has never had any lesson.(그녀가 어떤 레슨도 전혀 받은 적이 없다는 사실을 감안한다면, 그녀는 노래를 잘 부르는 것이다.)

j. Her behavior is justified if you **consider** her reason.(그녀의 사정을 고려한다면, 그녀의 행동은 정당화된다.)

1.2. 다음 주어는 목적어를 고려의 대상에 넣고 있다.

(2) a. He is **considering** an apartment.(그는 아파트를 살 것을 고려하고 있다.)

b. Have you **considered** Canada for a camping trip?(캠핑 여행으로 캐나다를 생각해 본 적이 있나요?)

c. He is **considering** a post in Canada.(그는 캐나다의 일자리를 고려 중이다.)

1.3. 다음 주어는 목적어를 심사숙고한다.

(3) a. Please **consider** the matter fully before you decide.(결정하기 전에 그 문제를 충분히 고려해주십시오.)

b. They began to **consider** the problem in all aspects.(그들은 그 문제를 모든 면에서 고찰하기 시작했다.)

c. We **considered** his proposal.(우리는 그의 제안을 고려했다.)

d. She hardly ever **considers** other points of view when coming to a decision.(그녀는 결단을 내릴 때, 다른 관점들을 거의 고려하지 않는다.)

e. He **considers** other people's points of view.(그는 다른 사람들의 관점을 고려한다.)

f. The editors are **considering** my poems for

publication.(그 편집자들은 나의 시의 출판을 고려 중이다.)

g. Congress **considered** the new tax law and voted down.(의회는 그 새 세법을 숙고한 다음 부결했다.)

h. He paused to **consider** his options.(그는 선택 사항들을 고려해보기 위해서 잠시 멈췄다.)

i. **Consider** the costs before you decide what you should do next.(다음에 무엇을 해야하는지 결정하기 전에 비용을 고려해라.)

j. Has she **considered** the damaging effect this might have on the child?(그녀는 이것이 아이들에게 미칠 파괴적 영향에 대해 생각해 보았습니까?)

k. You could **consider** the possibility of working abroad?(당신은 외국에서 일할 가능성에 대해 생각할 수 있었습니까?)

l. He **considered** our comments/our report carefully.(그는 우리의 논평/보고서를 주의깊게 검토했다.)

m. Have you **considered** the fact that the pension will be inadequate?(당신은 그 연금이 충분하지 않을 것이라는 사실을 고려해 봤습니까?)

n. I **considered** the reasons why she might be in a bad mood.(나는 왜 그녀가 기분이 나빴는지 그 이유들을 생각했다.)

o. Before you resign, you should **consider** the effect that it will have on your family.(사임하기 전에, 그것이 가족에게 미칠 영향을 생각해야만 한다.)

1.4. 다음은 수동태 문장으로 주어는 고려된다.

(4) a. Any reasonable offer will be **considered**.(어떠한 합리적인 제의도 고려될 것입니다.)

b. Your suggestions will be carefully **considered**.(당신의 제안들은 신중히 고려될 것입니다.)

c. She is being **considered** for the job.(그녀는 그 자리를 위해 고려되어지고 있다.)

d. All things **considered**, our old car is still good.(모든 사항이 고려되면, 우리 오래된 차는 아직 괜찮습니다.)

1.5. 다음 주어는 의문사가 이끄는 절의 내용을 고려한다.

(5) a. I will **consider** what you said.(나는 네가 말한 것을 참작할 것이다.)

b. We've decided to move, but are still **considering** where to go.(우리는 이사하기로 결정했다. 그러나 어디로 가야할지 여전히 고려 중이다.)

c. We must **consider** whether it is worthwhile.(우리는 그것이 그럴만한 가치가 있는지의 여부를 잘 생각해 보아야만 한다.)

d. You must **consider** whether it is true or not.(당신은 그것이 사실인지 아닌지를 잘 생각해 보아야만 합니다.)

e. He is **considering** whether he should go to America or not.(그는 미국에 가야할지 아닐지의 여부를 숙고 중이다.)

1.6. 다음 주어는 목적어가 부정사가 나타내는 상태의 주체라고 주관적으로 생각한다.

(6) a. Bill **considers** chocolate cakes **to** be the best desert.(빌은 쵸콜릿 케이크를 최고의 후식으로 여긴

다.)

b. She likes her job so well that she doesn't **consider** it to be work.(그녀는 일을 너무 좋아해서 그것을 일이라고 생각하지 않는다.)

c. I **consider** myself to be lucky.(나는 나 자신을 운이 좋다고 생각한다.)

d. I **consider** him to be a coward/a hero.(나는 그를 겁쟁이/영웅이라고 생각한다.)

e. I **considered** him to have behaved badly.(나는 그가 나쁘게 행동했다고 생각했다.)

f. I **consider** that to be true.(나는 그것이 사실이라 생각한다.)

1.7. 다음 주어는 목적어가 as로 특징지어지는 것으로 본다.

(7) a. I **consider** such activities as jogging and weight-lifting **as** unnatural.(나는 조깅이나 역도 같은 활동을 부자연스럽다고 생각한다.)

b. He is **considered as** a hero.(그는 영웅으로 여겨진다.)

1.8. 다음의 목적보어는 형용사이다.

(8) a. I **consider** the matter **settled**.(나는 그 문제가 해결되었다고 생각한다.)

b. We **consider** ourselves very **privileged** to be included.(우리는 우리 자신들이 포함되는 것에 대해 특권을 받았다고 생각한다.)

c. They **consider** themselves **important**.(그들은 자신이 중요하다고 여긴다.)

d. We **consider** him very **foolish**.(우리는 그가 매우 바보같다고 생각한다.)

e. They **consider** him **unfit** for the job.(그들은 그를 그 일에 부적합하다고 생각한다.)

f. Do you **consider** it **wise** to interfere?(간섭하는 것이 현명하다고 생각하나요?)

1.9. 다음은 수동태 문장으로 주어는 고려된다.

(9) a. He is greatly **considered** by his friends.(그는 친구들에게 위대하게 여겨진다.)

b. A further increase in interest rates is **considered** unlikely.(이자율에 대한 더 이상의 상승은 가망이 없는 것으로 생각된다.)

1.10. 다음 주어는 동명사가 가리키는 일을 하려고 생각 중이다.

(10) a. I am **considering** going to Spain.(나는 스페인에 갈까 생각하고 있다.)

b. I'm **considering** applying for that job.(나는 그 일자리에 지원해볼까 생각하고 있다.)

c. We **considered** going tomorrow, but finally decided against it.(우리는 내일 갈 것을 생각했지만, 마지막엔 그러지 않기로 결정했다.)

d. I **consider** taking a trip to the east coast.(나는 동해안으로 여행갈 것을 생각한다.)

e. We **considered** selling the house.(우리는 그 집을 팔려고 생각했다.)

f. I first **considered** writing to her, but then decided to see her.(나는 처음에는 그녀에게 편지를 쓸까 생각했지만, 후에는 그녀를 만나기로 결정했다.)

g. He **considered** taking a new job.(그는 새 일자리를

가질까 생각했다.)

1.11. 다음 주어는 첫째 목적어를 둘째 목적어로 생각한다.

(11) a. I consider this the most important book on the subject.(나는 이것을 그 과목에 대한 가장 중요한 책이라고 여긴다.)

b. I consider it a great honor to be present here this evening.(나는 오늘 저녁 여기에 참석하는 것을 대단한 영광으로 생각합니다.)

c. They consider him a good teacher.(그들은 그를 좋은 선생님이라고 여긴다.)

d. I consider you an expert on the subject.(나는 너를 그 주제에 대한 전문가로 여긴다.)

e. I consider him the first rate mechanic.(나는 그가 일급 기사라고 생각한다.)

1.12. 다음은 수동태 문장으로 주어는 고려된다.

(12) a. She was considered the most suitable applicant of the three.(그녀는 세명 중 가장 적절한 지원자라고 여겨졌다.)

b. He was considered a good teacher.(그는 좋은 선생님이라 여겨졌다.)

1.13. 다음 주어는 목적어를 살펴본다.

(13) Henry considered the sculpture with an expert eye.(헨리는 그 조각을 전문가의 눈으로 보았다.)

1.14. 다음 주어는 that-절은 내용을 생각한다.

(14) a. We consider (that) he should help us.(우리는 그가 우리를 도와야 한다고 생각한다.)

b. We consider that you are not to blame.(우리는 당신이 책임이 없다고 생각한다.)

c. I consider that he ought to help us.(나는 그가 우리를 도와야 한다고 생각한다.)

d. We consider that he was a hero.(우리는 그가 영웅이었다고 생각한다.)

2. 자동사 용법

2.1. 다음 주어는 생각한다.

(15) a. Let me consider a moment.(잠시 생각하게 해주세요.)

b. Give me time to consider.(생각해 볼 시간을 주세요.)

consign

이 동사의 개념 바탕에는 넘겨서 통제 영역을 벗어나는 과정이 있다.

1. 타동사 용법

1.1. 다음 주어는 목적어를 to나 in 의 목적어에 맡긴다.

(1) a. He consigned the goods to a warehouse.(그는 그 상품들을 창고에 위탁했다.)

b. The company consigned 400 copies of the book to the distributor.(그 회사는 그 책 400부를 배부업자에게 맡겼다.)

c. He consigned the letter to the post.(그는 편지를 우편으로 보냈다.)

d. He consigns his money in the bank.(그는 돈을 그 은행에 예금한다.)

1.2. 다음 주어는 목적어를 to의 목적어로 보낸다.

(2) a. They consigned the body to the watery grave/the flames.(그들은 시체를 수장/화장시켰다.)

b. He consigned the letter to the dustbin.(그들은 편지를 쓰레기통에 버렸다.)

c. I've consigned all the oat bran and vitamins to the back of the pantry.(나는 그 모든 귀리 밀기울과 비타민을 식료품 저장소 뒤로 보냈다.)

1.3. 다음 주어는 목적어를 to의 목적어에 맡긴다.

(3) a. The court consigned the child to his aunt's care.(그 법정은 그 아이를 그의 고모의 보호에 맡겼다.)

b. He consigned his soul to God.(그는 영혼을 하느님에게 맡겼다.)

c. A car accident consigned him to the wheelchair for the rest of his life.(자동차 사고가 그를 휠체어에 여생 동안 의존하게 했다.)

1.4. 다음은 수동태 문장으로 주어는 to의 목적어에 맡겨진다.

(4) a. He was consigned to the care of a foster home.(그는 입양 가정의 보살핌에 맡겨졌다.)

b. She was consigned to institutional care.(그녀는 양육원의 보살핌에 맡겨졌다.)

c. The Cold War was consigned to history with a joint peace declaration.(그 냉전은 공동 평화 선언과 함께 역사에 넘겨졌다.)

d. Marxism was consigned to the rubbish heap of history.(마르크스주의는 역사의 그 쓰레기 더미에 넘겨졌다.)

e. After being voted out of office, he seemed consigned to political obscurity.(투표로 직책에서 쫓겨난 후, 그는 정치적 은둔에 넘겨진 것처럼 보인다.)

f. The goods have been consigned to you by air.(그 상품들은 당신에게 항공편으로 보내졌다.)

consist

이 동사의 개념 바탕에는 존재하는 과정이 있다.

1.1. 다음 주어는 in의 목적어에 존재한다. 목적어는 동명사이다.

(1) a. Wisdom does not consist only in knowing facts.(지혜는 사실을 아는 데에만 존재하지 않는다.)

b. Happiness consists in working towards one's goals.(행복의 자신을 목표를 향해 일하는 데 있다.)

c. Courage consists in overcoming one's fear.(용기는 자신의 두려움을 극복하는 데 있다.)

d. True education does not consist in simply being taught facts.(참된 교육은 단순히 사실을 배우는 데 존재하지 않는다.)

f. Their duties consisted in walking up and down the streets.(그들의 의무는 길을 따라 위아래로 걷는 데 있었다.)

1.2. 다음 주어는 목적어에 존재한다.

(2) a. Her charm consists in her beauty.(그녀의 매력은 그녀의 미에 있다.)

b. The beauty of air travel consists in its speed and ease.(비행기 여행의 미는 속도와 편안함에 있다.)

d. The beauty of the author's style consists in its simplicity.(그 작가의 문체의 미는 단순함에 있다.)

d. Happiness consists in contentment.(행복은 만족에 있다.)

1.3. 다음 주어는 of의 목적어로 이루어져 있다.

(3) a. The farm consists of sixty acres.(그 농장은 60 에 이커로 되어 있다.)

b. The house consists of seven rooms.(그 집은 일곱 개의 방으로 구성되어 있다.)

c. The United States consists of fifty states.(미국은 오십개의 주로 되어 있다.)

d. The story consists of two parts.(그 이야기는 두 부분으로 되어 있다.)

e. Most of the fieldwork consists of making tape recordings.(그 현장 조사의 대부분은 테이프 녹음 으로 이루어져 있다.)

1.4. 다음 주어는 of의 목적어가 구성성분으로 존재한다.

(4) a. Coal consists mainly of carbon.(석탄은 탄소로 주 로 되어 있다.)

b. Bronze consists of copper and tin.(청동은 구리와 주석으로 되어 있다.)

c. Water consists of oxygen and hydrogen.(물은 산 소와 수소로 되어 있다.)

d. The cake consists mainly of sugar, flour, and butter.(그 케익은 주로 설탕, 밀가루 그리고 버터로 되어 있다.)

e. A week consists of seven days.(일 주일은 칠 일로 구성된다.)

f. The cargo of supplies consists of food and medicines.(그 보급품 화물은 식량과 의약품들로 구 성된다.)

g. The dish consists of rice and vegetables.(그 음식 은 밥과 야채로 되어 있다.)

1.5. 다음 주어는 of의 목적어를 구성원으로 존재한다.

(5) a. The committee consists of 5 members.(그 위원회 는 다섯 명의 구성원으로 되어 있다.)

b. Parliament consists of two houses.(의회는 두 원 으로 구성된다.)

c. The jury consists of eight men and four women.(그 배심원단은 8 명의 남자와 4 명의 여자 로 구성되어 있다.)

d. This class consists of 20 boys and 5 girls.(이 반 은 20 명의 소년과 5 명의 소녀로 되어 있다.)

1.6. 다음 주어는 with의 목적어와 양립한다.

(6) a. Health consists with temperance only.(건강은 절 제와만 공존한다.)

b. The testimony consisted with all known facts.(그 증언은 모든 알려진 사실과 일치했다.)

c. Learning does not consist with sociability.(배움은 사회성과 공존하지 않는다.)

console

이 동사의 개념 바탕에는 슬픔을 줄이게 위로하는 과정이 있다.

1. 타동사 용법

1.1. 다음 주어는 목적어를 위로한다.

(1) a. Nothing could console her when her husband died.(그녀의 남편이 죽었을 때 어떤 것도 그녀를 위로할 수 없었다.)

b. I wanted to console my mother, but I didn't know how.(나는 어머니를 위로하고 싶었지만, 어떻게 해 야 할지를 몰랐다.)

c. I was just consoling Mary on having broken up with her boyfriend.(나는 메어리를 남자 친구와 헤 어진 것에 대하여 막 위로하고 있었다.)

1.2. 다음 목적어는 재귀대명사이다. 주어는 자신을 위 로시킨다.

(2) a. He consoled himself.(그는 자신을 위로했다.)

b. I didn't like lying but I consoled myself that it was for a good cause.(나는 거짓말 하기를 좋아하 지 않았지만, 나는 그것은 좋은 대의를 위해서였다 고 자신을 위로했다.)

c. Console yourself with the thought that no one was injured.(아무도 다치지 않았다는 생각을 가지 고 네 스스로를 위로해라.)

d. Console yourself with the thought that you did your best.(네 스스로를 네가 최선을 다했다는 생각 을 가지고 위로해라.)

1.3. 다음 주어는 목적어를 위로한다.

(3) Nothing could console her grief.(아무 것도 그녀의 슬픔을 달랠 수 없었다.)

consolidate

이 동사의 개념 바탕에는 단단하게 결합시키는 과정 이 있다.

1. 타동사 용법

1.1. 다음 주어는 목적어를 결합시켜 하나로 만든다.

(1) a. I consolidated all the supplies into one box.(나는 모든 공급품들을 결합시켜 하나의 상자로 만들었다.)

b. He had so many different bank accounts that he consolidated them into one.(그는 서로 다른 은행 계좌가 너무 많아서 그것들을 모두 합쳐 하나로 만 들었다.)

c. The company consolidated several divisions.(그 회사는 여러 지국을 통합해 하나로 만들었다.)

1.2. 다음은 수동태 문장으로 주어는 결합되는 개체이다.

(2) a. The two schools were consolidated to reduce costs.(그 두 학교는 비용 절감을 위해 하나로 통합 되었다.)

b. The ranch was farmed when four small farms were consolidated.(그 농장은 네 개의 작은 농장이 하나로 결합되면서 경작되었다.)

c. All the debts have been consolidated.(모든 빚이

합쳐졌다.)

1.3. 다음 주어는 목적어를 굳힌다.

(3) a. His recent success consolidated his position.(그의 최근 성공은 입지를 굳혔다.)

b. He consolidated his power during her first year in office.(그는 자신의 힘을 집권 첫 해 동안에 굳혔다.)

c. The company consolidated its hold on the European market.(그 회사는 유럽 시장에서의 장악력을 굳혔다.)

d. The candidate moved to consolidate the gains he'd made in the primaries.(그 후보는 예비 선거에서 얻은 표를 굳히려고 움직였다.)

2. 자동사 용법

2.1. 다음 주어는 합체한다.

(4) a. The two businesses consolidated into one large firm.(그 두 회사는 합체하여 거대한 상사가 되었다.)

b. The three banks consolidated and formed a large single bank.(그 세 은행은 합병하여 하나의 큰 단일 은행이 되었다.)

c. The companies consolidated for greater efficiency.(그 기업들은 보다 더 큰 효율성을 위해 합병했다.)

consort

이 동사의 개념 바탕에는 consort의 명사 '배우자'가 있다. 동사의 의미는 이 명사의 역할과 관계가 있다.

1. 자동사 용법

1.1. 다음 주어는 with의 목적어와 지낸다.

(1) a. Do not consort with thieves.(도둑들과 같이 지내지 말아라.)

b. He consorted with prostitutes/drug dealers/criminals.(그는 창녀/마약 판매상/범죄자들과 같이 지냈다.)

1.2. 다음 주어는 with의 목적어와 어울린다.

(2) Pride does not well consort with poverty.(자만심은 가난과 걸맞지 않는다.)

conspire

이 동사의 개념 바탕에는 함께 작용하는 과정이 있다.

1. 자동사 용법

1.1. 다음 주어는 against의 목적어에 대항하여 함께 작용한다.

(1) a. Fateful forces conspired against them.(운명적인 힘들이 그들에게 불리하게 작용하였다.)

b. Circumstances had conspired against them.(주변 환경들이 그들에게 불리하게 작용하였다.)

c. They conspired against the government.(그들은 그 정부에 대항하여 공모하였다.)

1.2. 다음 주어는 with의 목적어와 공모한다.

(2) a. She admitted conspiring with her lover to murder her husband.(그녀는 정부와 공모하여 남편을 살해했음을 시인했다.)

b. He conspired with an accomplice to rob the bank.(그는 어떤 공범과 그 은행을 털기로 공모하였다.)

c. The sisters conspired with each other against their hated brother.(그 자매들은 미워하는 오빠에게 대항하기로 공모하였다.)

1.3. 다음 주어는 공모하여 to부정사가 가리키는 일을 일으킨다.

(3) a. They are conspiring together to smuggle drugs.(그들은 마약을 밀수하기로 공모하고 있다.)

b. They conspired to overthrow the government.(그들은 그 정부를 전복시키기로 공모하였다.)

c. The company conspired to fix prices.(그 회사는 가격을 조작하기로 공모하였다.)

1.4. 다음 주어는 동시에 작용하여 to부정사가 가리키는 일이 일어나게 한다.

(4) a. Technological failure and atmospheric conditions conspired to make take-of fimpossible.(기술적인 실패와 기상 조건들이 동시에 작용하여 이륙을 불가능하게 만들었다.)

b. A number of events conspired to keep me from finishing the assignment.(많은 사건들이 동시에 작용하여 내가 그 맡은 일을 못 마치도록 만들었다.)

c. All things conspired to make him rich.(모든 일들이 함께 작용하여 그를 부유하게 만들었다.)

d. The weather conspired to ruin their day out.(그 날씨가 함께 작용하여 그들의 그 날 외출을 망쳤다.)

e. Circumstances conspired to make her thoroughly miserable.(주변 상황들이 동시에 작용하여 그녀를 완전히 비참하게 만들었다.)

f. Events conspired to produce great difficulties for the government.(사건들이 함께 작용하여 정부에 대단히 큰 어려움들을 만들어냈다.)

constitute

이 동사의 개념 바탕에는 구성하는 과정이 있다.

1. 타동사 용법

1.1. 다음 주어는 목적어를 이루는 요소이다.

(1) a. Reading, writing, and math do not in themselves constitute an education.(읽기, 쓰기, 산수가 그 자체로 교육을 이루지 않는다.)

b. Carbohydrates and fats do not constitute a balanced diet.(탄수화물과 지방은 균형이 잡힌 식단을 이루지 않는다.)

c. 5 chapters constitute the book.(다섯 장이 그 책을 구성한다.)

d. What are the qualities that constitute her charm?(무엇이 그녀의 매력을 이루는 요소입니까?)

e. The farm and the cattle constitute his entire fortune.(그 농장과 소가 그의 전 재산을 이룬다.)

f. Crime and illegal drugs constitute the city's major

problems.(범죄와 불법 마약이 그 시의 주요 문제점들을 이룬다.)

g. Organic matter, sand, and clay constitute the soil.(유기 물질, 모래와 진흙이 그 토양을 이룬다.)

h. Those policies constitute a threat to Korea.(이들 정책들은 한국에 위협이 된다.)

1.2. 다음 주어는 목적어를 구성한다.

(2) a. Female workers constitute the majority of the work force.(여성 노동자들이 그 노동력의 대부분을 이룬다.)

b. These people constituted the upper class of the city.(이 사람들이 그 시의 상층을 구성했다.)

c. The 50 states constitutes the U. S..(그 50주가 미국을 구성한다.)

d. Students constitute the majority of the people in the bar.(학생들이 그 술집에 있는 사람들의 대부분을 이루었다.)

e. Four quarters constitute a dollar.(네 개의 25전 동전이 일 달러를 이룬다.)

f. Twelve months constitute a year.(열두 달이 일 년을 이룬다.)

g. Seven days constitute a week.(칠 일이 일 주일을 이룬다.)

1.3. 다음 주어는 목적어를 구성한다.

(3) a. The presence of the troops constitutes a threat to peace.(그 부대의 존재가 평화에 위협이 된다.)

b. Her explanation of why she did it constitutes a full confession.(왜 그녀가 그것을 했느냐에 대한 그녀의 설명은 완전한 자백을 이룬다.)

c. This constitutes an important breakthrough in medical knowledge.(이것은 의학 지식에 중요한 발전을 이룬다.)

d. His remarks constitute a challenge to us.(그의 말은 우리에게 하나의 도전을 이룬다.)

e. Nuclear waste constitutes a serious danger.(핵 폐기물은 심각한 위험을 이룬다.)

f. Not telling the whole truth constitutes lying.(그 전체 진실을 말하지 않는 것은 거짓말 하기가 된다.)

g. Modesty constitutes her great charm.(겸손이 그녀의 큰 매력을 이룬다.)

1.4. 다음은 수동태 문장으로 주어는 전치사 of의 목적어로 구성된다.

(4) a. The jury is constituted of seven persons.(그 배심원단은 일곱 명으로 구성된다.)

b. The book is constituted of 5 chapters.(그 책은 다섯개의 장으로 되어 있다.)

c. The operation team was constituted of three surgeons.(그 수술팀은 세 명의 외과의사로 구성되었다.)

1.5. 다음 주어는 목적어를 만든다.

(5) a. The city constituted new traffic regulations.(그 시는 새 교통 규정을 만들었다.)

b. The city constituted a school for the handicapped.(그 시는 그 장애자들을 위한 학교를 만들었다.)

c. The mayor constituted a committee to study the city's problems.(그 시장은 시의 문제를 연구하기

위하여 위원회를 구성했다.)

1.6. 다음은 수동태 문장으로 주어는 구성된다.

(6) a. These rules were constituted by lawful authority.(이 규칙들은 합법적인 권위자에 의해 만들어졌다.)

b. Courts are constituted by law to dispense justice.(법원은 정의를 실천하기 위해서 법으로 만들어진다.)

c. Police departments are constituted to maintain law and order.(경찰서는 법과 질서를 유지하기 위해서 만들어진다.)

d. Governments are constituted by the people.(정부는 국민에 의해서 만들어진다.)

e. The committee was constituted in 1999 by an act of Parliament.(그 위원회는 1999년 의회의 법에 의해서 만들어졌다.)

f. That school was constituted as a religious school.(저 학교는 종교 학교로 만들어졌다.)

1.7. 다음은 수동태 문장으로 주어는 짜여있다.

(7) a. He is so constituted that he does not have to each much.(그는 체질이 많이 먹지 않아도 된다.)

b. He is not so constituted that he can accept insults lying down.(그는 체질이 누워서 욕을 먹게 되어 있지 않다.)

c. He is so constituted that he needs very little sleep.(그는 체질이 거의 잠을 필요로 하지 않는다.)

d. She is delicately constituted.(그녀는 체질이 약하다.)

1.8. 다음 주어는 첫째 목적어를 둘째 목적어로 만든다.

(8) a. The court constituted him the legal guardian of the child.(그 법원은 그를 그 아이의 합법적 보호자로 만들었다.)

b. He constituted himself their guide.(그는 자신을 그들의 안내자로 만들었다.)

c. We constituted him our spokesman.(우리는 그를 우리의 대변자로 만들었다.)

d. We constituted him arbitrator.(우리는 그를 중재자로 만들었다.)

1.9. 다음은 수동태 문장으로 주어는 된다.

(9) a. He was constituted chairman for the committee.(그는 그 위원회의 의장이 되었다.)

b. He was constituted spokesman for the committee.(그는 그 위원회의 대변인이 되었다.)

constrain

이 동사의 개념 바탕에는 묶어서 힘을 가하는 과정이 있다.

1. 타동사 용법

1.1. 다음 주어는 목적어를 구속한다.

(1) a. His clothes constrained him.(그의 옷이 그를 속박했다.)

b. The painful duty constrains me.(그 고통스러운 의무가 나를 속박한다.)

c. Poverty constantly was constraining him.(가난이

끊임없이 그를 속박하고 있었다.)

d. They wanted to **constrain** the manager in different ways.(그들은 그 경영자를 다른 방법으로 압박하기를 원했다.)

e. She **constrained** herself in spite of the offense.(그녀는 그 모욕을 당하고도 자신을 억제했다.)

1.2. 다음은 수동태 문장으로 주어는 속박된다.

(2) a. He is **constrained** in prison.(그는 감옥에 수감되어 있다.)

b. The dog is **constrained** by a leash.(그 개는 가죽끈으로 묶여 있다.)

1.3. 다음 주어는 목적어를 속박하여 부정사가 가리키는 일을 하게 만든다.

(3) a. No one shall **constrain** me against my conscience to reveal my beliefs.(그 누구도 내 양심에 어긋나게 나를 속박하여 나의 믿음을 밝히게 할 수는 없게 하겠다.)

b. My duty **constrained** my mind not to wander from the task.(나의 의무가 내 마음을 속박하여 그 일에서 벗어나지 못하게 했다.)

1.4. 다음 주어는 목적어를 속박한다.

(4) a. Education sometimes **constrains** one's imagination.(교육이 때로는 우리의 상상력을 속박한다.)

b. They may act to **constrain** the actions of their own host government.(그들은 자신의 주최 정부의 조치를 제한시키는 역할을 할 수도 있을 것이다.)

c. He **constrained** the impulse to tell her the secret.(그는 그녀에게 비밀을 말하고 싶은 그 충동을 억눌렀다.)

d. I **constrained** my desire to tell Sue what I thought of her idea.(나는 수에게 내가 그녀의 생각을 어떻게 생각하는지 말해주고 싶은 마음을 꾹 참았다.)

e. Tom **constrained** his sense of humor at the funeral.(톰은 자신의 유머 감각을 그 장례식에서 자제했다.)

f. That threat may **constrain** the Fed's willingness to fight inflation too keenly.(그 위협은 인플레이션과 악전고투하려는 프레드의 의향을 꺾을 수도 있다.)

g. The evidence **constrained** the belief in his guilt.(그 증거는 그의 유죄에 대한 확신을 강요했다.)

h. These constructs **constrain** the individual's view of the world.(이러한 구성은 개인의 세계관을 제한한다.)

1.5. 다음 수동태 문장으로 주어는 억제된다.

(5) a. The passion was **constrained** by the social codes of the time.(그 열정은 그 당시의 사회 규범에 제약을 받았다.)

b. The country's progress was **constrained** by the leader who refused to look forward.(그 나라의 발전은 앞을 내다보기를 거부하는 그 지도자에 억제되었다.)

c. The company's growth has been **constrained** by high taxes.(그 회사의 성장은 높은 세금으로 억제되었다.)

d. Our opportunities are **constrained** by lack of money.(우리의 기회는 자금 부족으로 제한되고 있다.)

e. Research has been **constrained** by lack of funds.(연구가 자금부족으로 억제되어 왔다.)

1.6. 다음 주어는 목적어를 속박하여 to부정사가 가리키는 일을 하게 한다.

(6) a. The fate was **constraining** him to follow Cleopatra.(그 운명은 그를 속박하여 클레오파트라를 따라가게 하고 있었다.)

b. This principle does not **constrain** the courts to invent an ambiguity.(이 원칙은 그 법원을 속박하여 중의적인 표현을 만들게 하지 않는다.)

1.7. 다음은 수동태 문장으로 주어는 속박을 받고 부정사가 가리키는 일을 하게 된다.

(7) a. They are **constrained** to work within the strict laws.(그들은 그 엄격한 규정 안에서 일하도록 제한받는다.)

b. He felt **constrained** to apologize.(그는 사과해야한다는 강박감을 느꼈다.)

c. We felt **constrained** to go along with her plan.(우리는 그녀의 계획에 따라야 하는 속박감을 느꼈다.)

d. He was **constrained** to admit what he had done.(그는 자신이 한 일을 부득이 하게 인정해야만 했다.)

e. I am **constrained** by the need to care for my mother.(나는 어머니를 돌봐드려야 하는 그 필요에 속박감을 느낀다.)

f. He was **constrained** to answer the questions.(그는 할 수 없이 질문에 답해야 했다.)

g. I feel **constrained** to express my opposition to the plan.(나는 그 계획에 반대라고 말하는 것에 부담을 느낀다.)

h. A wheel is **constrained** to rotate on its axle.(바퀴는 그 축을 중심으로 회전해야 한다.)

1.8. 다음은 수동태 문장으로 주어는 약해진다.

(8) The winds were **constrained** by magic.(그 바람은 마술에 의해 약해졌다.)

1.9. 다음 주어는 목적어를 속박하여 from의 목적어가 가리키는 일을 못하게 한다.

(9) a. A law **constrains** the government from spending more money than it takes in.(법은 정부가 받은 돈보다 더 많은 돈을 쓰는 것을 제한한다.)

b. She felt **constrained** from continuing by the threat of losing her job.(그녀는 일자리를 잃을 위협에 위협을 느껴서 계속하는 것을 자제했다.)

c. He was **constrained** from speaking out in public.(그는 압박을 받고 대중 앞에서 솔직히 말을 못하게 되었다.)

construct

이 동사의 개념 바탕에는 머리를 써서 구성하는 과정이 있다.

1. 타동사 용법

1.1. 다음 주어는 목적어를 만든다.

(1) a. The crow **constructs** its nest out of sticks.(까마귀

는 둥지를 나무 막대기로 만든다.)

b. They **constructed** a shelter out of fallen branches.
(그들은 대피소 하나를 떨어진 나뭇가지들로 만들
었다.)

c. He **constructed** a house from prefabricated
parts.(그는 집 한 채를 조립 부품들로 집을 지었다.)

1.2. 다음은 수동태 문장으로 주어는 만들어진다.

(2) a. When was this bridge **constructed**?(언제 이 다리
가 만들어졌습니까?)

b. The mansion was **constructed** of wood.(그 집은
나무로 지어졌다.)

c. The Golden Gate Bridge was **constructed** in
1933–37.(금문교는 1933년부터 37년까지 지어졌
다.)

d. The wall was **constructed** of concrete.(그 벽은 콘
크리트로 지어졌다.)

**1.3. 다음은 [소설, 이론, 논쟁은 건축물이다]의 은유
가 적용된 표현이다.**

(3) a. He is **constructing** a plot of a novel.(그는 소설의
줄거리를 구성 중이다.)

b. You have to learn how to **construct** a logical
argument.(너는 논리적 논의를 구성하는 방법을 배
워야 한다.)

c. He has **constructed** a new theory of management.
(그는 새 경영 이론을 구성하였다.)

d. He **constructed** an interesting theory.(그는 재미있
는 이론을 만들었다.)

1.4. 다음 주어는 목적어를 만든다.

(4) a. **Construct** a square with a two–inch–long sides.
(2인치 길이의 변을 가진 정사각형을 만들어라.)

b. He **constructed** a triangle.(그는 삼각형을 만들었
다.)

construe

이 동사의 개념 바탕에는 중의나 모호성을 풀이하는
과정이 있다.

1. 타동사 용법

1.1. 다음 주어는 목적어를 as의 목적어로 풀이한다.

(1) a. He **construe** her blank stare as boredom and
stopped talking.(그는 그녀의 멍한 시선을 지루함으
로 해석하고 말을 그쳤다.)

b. They **construed** her silence as meaning that she
agreed to their plan.(그들은 그녀의 침묵을 그들의
계획에 동의한다는 뜻으로 받아들였다.)

**1.2. 다음은 수동태 문장으로 주어는 as의 목적어로 풀
이된다.**

(2) a. His comments could be **construed** as racist.(그의
발언은 인종차별 주의자로 해석될 수 있었다.)

b. My comment was **construed** as criticism.(내 발언
들은 비판으로 해석되었다.)

c. Such an action would be **construed** as political
persecution.(이러한 행동은 정치적인 박해로 해석
될 것이다.)

d. Any change in the plan would be **construed** as

indecision.(그 계획의 어떠한 변경도 우유부단함으
로 해석될 것이다.)

1.3. 다음 주어는 목적어를 부정사의 과정으로 풀이한다.

(3) a. The offended customer **construed** my words to
mean something I had not meant at all.(그 화난 고
객은 내 말을 전혀 뜻하지 않았던 것을 의미하는 것
으로 풀이하였다.)

b. I **construed** her remark to mean she is happy to
work here.(나는 그녀의 말을 그녀가 여기에서 일
하게 되어 행복하다는 뜻으로 받아들였다.)

1.4. 다음 주어는 목적어를 풀이한다.

(4) a. Different lawyers may **construe** the same law
differently.(다른 법률가들은 같은 법률을 다르게
풀이할 수 있다.)

b. She does not **construe** the meaning of his words.
(그녀는 그의 말을 그 뜻을 이해하지 못한다.)

1.5. 다음은 수동태 문장으로 주어는 풀이된다.

(5) a. My remark was wrongly **construed**.(내 말은 잘못
해석되었다.)

b. The verb "rely" is often **construed** with the
preposition "on" or "upon".(동사 "rely"는 종종 전
치사 "on"이나 "upon"과 함께 풀이된다.)

c. He considered how his remark was to be
construed.(그는 자신의 말이 어떻게 받아들여져야
하는지를 생각해 보았다.)

2. 자동사 용법

2.1. 다음 주어는 풀이된다.

(6) This sentence does not **construe**.(이 문장은 해석되
지 않는다.)

consult

이 동사의 개념 바탕에는 어떤 문제에 대해서 어느
사람이 전문가와 상의하는 과정이 있다.

1. 타동사 용법

1.1. 다음 주어는 목적어의 조언을 구한다.

(1) a. I **consulted** a doctor about my health.(나는 건강 문
제에 대해 의사의 조언을 구했다.)

b. Have you **consulted** a doctor about your rash?(당
신은 그 발진 때문에 의사의 진찰을 받은 적이 있습
니까?)

c. **Consult** your solicitor about making a will.(유언장
작성에 대해서 변호사의 의견을 구하세요.)

d. He **consulted** an expert about/on the matter.(그는
그 문제에 대해 전문가의 조언을 구했다.)

e. If you are in any doubt, **consult** a financial adviser.
(미심쩍은 부분이 있으시면, 재정 자문 위원의 조언
을 구하세요.)

**1.2. 다음은 수동태 문장으로 주어는 그의 조언이 구해
진다.**

(2) Why was I not **consulted** before you made the
decision?(당신이 결정을 내리기 전에 저의 의견을 왜
묻지 않았나요?)

1.3. 다음 목적어는 사전, 도표, 보도서와 같이 정보를

주는 개체이다. 주어는 목적어를 참조한다

(3) a. Consult your dictionary if you do not know the meaning of a word.(단어의 의미를 모르면 사전을 찾아보시오.)

b. Consult the chart on page 44 for the correct cooking times.(정확한 요리 시간을 알려면 44페이지 도표를 참조하세요.)

c. He consulted consult a watch/a mirror/a map/a calendar.(그는 시계/거울/지도/달력을 보았다.)

d. I consulted the phone directory for his phone number.(나는 그의 전화번호를 알아보려고 전화번호부를 찾았다.)

e. He consulted the weather report before planning the picnic.(그는 그 소풍 계획을 세우기 전에 일기예보를 알아봤다.)

f. He consulted the manual.(그는 그 편람을 살펴봤다.)

g. He consulted his own pillow last night.(그는 조언을 어젯밤 잠자리에서 구했다.)

h. I'm not sure if I'm free. I must consult my diary.(시간을 낼 수 있는지 확실치 않다. 내 일지를 확인해 봐야겠다.)

1.4. 다음의 목적어는 양심, 소원, 감정, 의지 등이다. 주어는 목적어를 살핀다.

(4) a. Consult your own convenience in this matter.(이 문제에 있어 당신 자신의 편의를 생각하시오.)

b. Please consult the feelings of others before going ahead.(일을 진행시키기 전에 다른 사람의 감정을 고려해 보시오.)

c. He is always consulting his own interests/the will of the people.(그는 항상 자신의 이해 관계/사람들의 뜻을 고려하고 있다.)

2. 자동사 용법

2.1. 다음에서 주어는 with의 목적어와 대등한 입장에서 상의한다.

(5) a. After consulting with her daughter, she decided to take on the part.(딸과 상의 후, 그녀는 그 역을 맡기로 결정했다.)

b. I consulted with my parents about our marriage.(나는 부모님과 결혼에 대해서 상의했다.)

c. The president consulted with the other leaders before taking action.(그 대통령은 조치를 내리기 전에 다른 지도자들과 상의했다.)

d. My doctor consulted with another bone specialist before making the decision.(주치의는 그 결정을 내리기 전 또 다른 뼈 전문의와 상의를 했다.)

e. Be sure to consult with your lawyer before you do anything.(무슨 일을 하기 전에 당신의 변호사와 꼭 먼저 상의하도록 하시오.)

f. Mary consulted with a doctor on this problem last month.(메리는 지난 달 의사와 이 문제에 대해 상의했다.)

g. I need to consult with my colleagues on the proposals.(나는 동료들과 그 제안들에 대해서 상의해 볼 필요가 있다.)

h. Before we accept the management's offer, we must consult with the workers again.(우리가 경영진의 그 제안을 받아들이기 전에, 그 노동자들과 다시 상의를 해 봐야 한다.)

2.2. 다음의 주어는 상담하는 두 편을 나타낸다.

(6) a. We consulted as to what should be done.(우리는 할 일에 대해서 의견을 나눴다.)

b. China and the Soviet Union consult each other regularly these days.(요즘 중국과 소련은 정기적으로 의견을 교환하고 있다.)

2.3. 다음의 주어는 전문적으로 상담을 하는 사람이다.

(7) a. I used to work for a company, but now I consult for a living.(나는 예전엔 회사원이었지만, 지금은 컨설턴트로 일하고 있다.)

b. He consults on Mondays.(그는 월요일마다 상담을 한다.)

c. She consults for several companies.(그녀는 여러 회사의 컨설턴트를 맡고 있다.)

consume

이 동사의 개념 바탕에는 써서 없애는 과정이 있다.

1. 타동사 용법

1.1. 다음 주어는 목적어를 소모한다.

(1) a. Before he died, he had consumed a large quantity of alcohol.(죽기 전에 그는 많은 양의 술을 마셨다.)

b. He consumed several six-packs of beer.(그는 여러개의 맥주 여섯 팩을 마셨다.)

c. The family consumed an entire turkey.(그 가족은 칠면조 한 마리를 통째로 먹어치웠다.)

d. He consumed nearly one pound of cheese today.(그는 오늘 거의 일 파운드의 치즈를 먹었다.)

1.2. 다음 주어는 돈이나 시간을 써서 없앤다.

(2) a. This year, health care costs will consume one fourth of the average family's income.(올해 건강 관리 비용이 평균 가정 수입의 25%를 쓸 것이다.)

b. He consumed his fortune.(그는 재산을 탕진했다.)

c. Arguing about the details consumed many hours of the committee meeting.(그 세부 사항에 대하여 입씨름하는 것이 그 위원회 모임의 여러 시간을 소진시켰다.)

d. The plans will consume hours of time.(그 계획들은 많은 시간을 소모시킬 것이다.)

1.3. 다음 주어는 목적어를 소모한다.

(3) a. The van consumes a lot of gas.(그 밴은 휘발유를 많이 소모한다.)

b. The electricity industry consumes a large amount of fossil fuels.(그 전기 산업은 막대한 양의 화석 연료를 소모한다.)

c. The machine consumes 10% of the power we use.(그 기계는 우리가 쓰는 동력의 10 퍼센트를 쓴다.)

1.4. 다음은 [기억이나 분노는 불이다]의 은유가 적용된 표현이다. 주어는 자체가 목적어를 태워 없앤다.

(4) a. The memories consumed him.(그 기억은 그를 소모했다.)

b. Rage consumed him.(분노가 그를 소모했다.)

1.5. 다음 주어는 목적어를 소모시킨다.

(5) a. He consumed himself with envy.(그는 자신을 질투로 소모시켰다.)

b. She consumed herself with resentment.(그녀는 자신을 분개로 소모시켰다.)

1.6. 다음은 수동태 문장으로 주어는 타서 없어진다.

(6) a. She was consumed with guilt.(그녀는 죄책감으로 마음이 소모되었다.)

b. She was consumed with grief/envy/rage.(그녀는 슬픔/질투/분노로 마음이 소모되었다.)

c. I was consumed with curiosity.(나는 호기심에 사로잡혔다.)

d. The student was consumed by his study.(그 학생은 공부에 마음을 빼앗겨 버렸다.)

2. 자동사 용법

2.1. 다음 주어는 소모한다.

(7) a. They produce more than they consume.(그들은 생산을 소비보다 더 많이 한다.)

b. If consumers don't consume, then workers won't work.(소비자가 소비하지 않으면, 노동자들은 일을 못 할 것이다.)

contact

이 동사의 개념 바탕에는 접촉하는 과정이 있다.

1. 타동사 용법

1.1. 다음 주어는 목적어를 접촉한다.

(1) a. I've been trying to contact you all day.(나는 너에게 하루 종일 연락하려고 노력하였다.)

b. I tried to contact him at his office.(나는 그의 사무실에서 그에게 연락하려고 노력하였다.)

c. School officials immediately contacted the police.(학교 관계자는 즉시 경찰에게 연락했다.)

d. We'll contact you by phone.(우리는 너에게 전화로 연락을 할 것이다.)

e. Have you contacted the child's parents?(그 아이의 부모님에게 연락했니?)

f. For further information, contact your local agent.(더 자세한 정보를 얻으시려면 지역 대리점에게 연락하십시오.)

g. The furniture company contacted us when the furniture arrived.(가구가 도착했을 때 그 가구 회사는 우리에게 연락을 하였다.)

1.2. 다음 주어는 목적어를 접촉한다. 목적어는 기관이다.

(2) Contact the tourist information bureau for further details.(보다 자세한 사항을 얻기 위해서 그 관광 정보국을 접촉하십시오.)

1.3. 다음은 수동태 문장으로 주어는 접촉된다.

(3) Give the names of two people who can be contacted in case of emergency.(긴급 상황 시에 연락될 수 있는 두 사람의 이름을 알려주시오.)

contain

이 동사의 개념 바탕에는 담는 과정이 있다.

1. 타동사 용법

1.1. 다음 주어는 목적어를 담고 있다.

(1) a. This book contains much information.(이 책은 많은 정보를 담고 있다.)

b. The building contains six rooms.(그 건물에는 여섯 개의 방이 있다.)

c. That box contains old letters.(저 상자는 오래된 편지를 담고 있다.)

d. A pound contains 16 ounces.(1 파운드에는 16 온스가 된다.)

e. That pitch will contain a quart of milk.(그 물통은 우유 한 쿼트를 담을 수 있을 것이다.)

1.2. 다음 주어는 목적어를 나오지 못하게 억제한다. [사람의 몸은 그릇] 은유가 사용된 표현이다.

(2) a. He cannot contain laughter.(그는 웃음을 참을 수가 없다.)

b. I cannot contain myself for joy.(나는 좋아서 자제할 수가 없다.)

c. Try to contain your anger.(너의 화를 억제하도록 노력해라.)

d. He could hardly contain his excitement.(그는 흥분을 거의 자제할 수가 없었다.)

1.3. 다음 목적어도 추상적이지만 구체적 개체로 개념화되어 있다.

(3) a. They have succeeded in containing the inflation.(그들은 그 통화 팽창을 억제하는데 성공했다.)

b. They contained the epidemic.(그들은 그 전염병을 억제했다.)

contaminate

이 동사의 개념 바탕에는 더럽히는 과정이 있다.

1. 타동사 용법

1.1. 다음 주어는 목적어를 더럽힌다.

(1) a. Bill contaminated the food leaving it where flies could get on it.(빌은 그 음식을 파리가 닿을 수 있는 곳에 방치하여 오염시켰다.)

b. She has typhoid--she may have contaminated the food.(그녀는 장티푸스에 걸렸다. 그녀는 그 음식물을 전염시켰을지도 모른다.)

c. The dumped wastes may contaminate water supplies.(그 버려진 폐기물들은 물 공급원을 오염시킬 수 있다.)

1.2. 다음은 수동태 문장으로 주어는 더럽혀지는 개체이다.

(2) a. The stream was contaminated with pollutants.(그 개울은 오염 물질로 오염되었다.)

b. The drinking water was contaminated with lead.(그 식수는 납으로 오염되었다.)

c. The water was **contaminated with** nuclear waste.(그 물은 핵폐기물에 의해 오염됐다.)

d. Much of the coast has been **contaminated by** oil from a leaking tanker.(그 해변의 많은 부분이 유조선에서 흘러나온 기름에 의해 오염됐다.)

1.3. 다음 주어는 목적어를 물로 탄다.

(3) Don't **contaminate** whisky **with** water.(위스키를 물로 타서 순도를 떨어뜨리지 말라.)

contend

이 동사의 개념 바탕에는 싸우는 과정이 있다.

1. 자동사 용법

1.1. 다음 주어는 전치사 for의 목적어를 얻기 위해 다툰다.

(1) a. They are **contending for** freedom.(그들은 자유를 위해 싸우고 있다.)

b. The boxer is **contending for** the heavy weight title.(그 권투 선수는 헤비급 타이틀을 거머쥐기 위해서 싸우고 있다.)

c. The armed groups were **contending for** power.(그 무장 단체들은 권력을 획득하기 위해 싸우고 있었다.)

1.2. 다음의 주어는 with의 목적어와 싸운다

(2) a. He **contended with** the malfunctioning of the machine.(그는 그 기계의 고장과 씨름했다.)

b. He is **contending with** difficulties.(그는 역경과 싸우고 있다.)

c. After a hard day of work, she had to **contend with** traffic.(일을 열심히 한 하루 후에, 그녀는 교통체증과 싸워야 한다.)

d. He had to **contend with** a lot of shouting and jeering from the audience.(그는 관중들의 빗발치는 고함소리와 조소에 맞서 싸워야 했다.)

e. Nurses often **contend with** violent patients.(간호사들은 종종 난폭한 환자들과 실랑이를 벌였다.)

1.3. 다음의 주어는 that-절에 담긴 내용을 주장한다. 그러나 그는 확실한 증거가 없이 주장만 한다.

(3) a. He is **contending that** gambling is a far worse evil than drinking.(그는 도박이 음주보다 훨씬 나쁜 죄악이라고 주장하고 있다.)

b. She **contended that** her theory was correct.(그녀는 자신의 이론이 옳다고 주장했다.)

contest

이 동사의 개념 바탕에는 겨루는 과정이 있다.

1. 타동사 용법

1.1. 다음 주어는 목적어를 겨룬다.

(1) a. He's **contesting** your ability to complete the book.(그는 그 책을 완성하려는 당신의 능력을 의심하고 있다.)

b. They **contested** his right to speak.(그들은 그의 발언권에 이의를 제기했다.)

c. We shall be **contesting** your claim to ownership of the property.(우리는 그 재산의 소유권에 대한 당신의 주장을 의심할 것이다.)

d. No one **contested** the decision.(누구도 그 결정을 의문시하지 않았다.)

e. The lawyer **contested** the judge's ruling.(그 변호사는 그 판사의 판결을 의문시했다.)

f. He **contested** the parking ticket.(그는 그 주차 위반 통지서를 의문시했다.)

g. Sue **contested** her mother's will in court.(수는 법정에서 어머니의 유언장을 의문시했다.)

h. Ken **contested** the termination at an administrative hearing.(켄은 행정 청문회에서 그 폐지에 대해 이의를 제기했다.)

i. President Bill Clinton will **contest** a nearly $500,000 reimbursement request.(빌 클린턴 대통령은 약 오십만 달러의 상환 청구에 이의를 제기할 것이다.)

1.2. 다음은 수동태 문장으로 주어는 의문시된다.

(2) a. The divorce was not **contested**.(그 이혼은 이의가 제기되지 않았다.)

b. These facts were not **contested** until we mentioned this sort of thing.(이 사실들은 우리가 이러한 종류의 일을 언급할 때까지 이의가 제기되지 않았다.)

1.3. 다음 주어는 목적어를 문제로 다룬다.

(3) a. The parties **contested** the point.(그 정당들은 그 점을 논의로 다루었다.)

b. Attorneys are willing to **contest** two articles of impeachment.(변호사들은 탄핵의 두 개 조항에 대해 논쟁하고자 한다.)

1.4. 다음 주어는 경쟁을 통해서 목적어를 얻는다.

(4) a. They were **contesting** the 10th district Congressional seat.(그들은 열 번째 선거구의 국회 의석을 겨루고 있었다.)

b. The black birds **contested** the nesting territory with one another.(그 찌르레기는 둥지의 영역을 두고 서로 싸웠다.)

c. The two armies **contested** every inch of the ground.(그 양측 군대는 그 땅의 한치를 겨루었다.)

d. They **contested** a victory with him.(그들은 승리를 놓고 그와 싸웠다.)

e. They **contested** a suit.(그들은 소송을 겨뤘다.)

1.5. 주어는 경쟁을 해서 목적어를 얻는다. 목적어는 승리, 선수권, 의식, 선거 등이 있다.

(5) Three candidates **contested** the leadership/a seat in Congress.(세 명의 후보가 국회 의장직/한 의석을 두고 겨루었다.)

1.6. 다음은 수동태 문장으로 주어는 겨루어진다.

(6) The championship was hotly **contested** by 30 teams.(그 결승전은 30개 팀이 뜨거운 경쟁을 벌였다.)

1.7. 다음 주어는 that-절의 내용을 의문시한다.

(7) No one **contested that** he played a role.(그가 한 몫 했다는 사실에 누구도 이의를 제기하지 않았다.)

2. 자동사 용법

2.1. 다음 주어는 전치사 with의 목적어와 겨룬다.

(8) They contested with us.(그들은 우리와 경쟁했다.)

2.2. 다음 주어는 전치사 for의 목적어를 위해 겨룬다.

(9) Rival teams contested for first place.(경쟁팀들은 일등 자리를 위해 경쟁했다.)

continue

이 동사의 개념 바탕에는 계속되는 과정이 있다.

1. 자동사 용법

1.1. 다음 주어는 시간 속에 존재하는 개체이다. 주어는 중단 없이 계속된다.

(1) a. The fighting continued for a week.(그 전투는 일주일간 계속되었다.)

b. The king's reign continued for 20 years.(그 왕의 통치는 20년간 계속되었다.)

c. The noise continued for several hours.(그 소음은 여러 시간 계속되었다.)

d. The rain continued all day.(그 비는 온 종일 계속 왔다.)

1.2. 다음 주어는 중단이 있는 다음 계속된다.

(2) a. After a short break the game continued.(짧은 휴식 다음에, 그 경기는 계속되었다.)

b. After a sip of water, the speaker continued.(물을 한 모음 마신 후에, 그 연사는 계속했다.)

c. Our program continues after these commercials.(우리 프로그램은 이 상업 광고 후에 계속됩니다.)

d. The meeting will continue after the lunch.(그 회의는 점심 후에 계속될 것이다.)

1.3. 다음 주어는 환유적으로 쓰여서 상태를 나타낸다. 주어는 계속해서 형용사가 가리키는 상태에 있다.

(3) a. Jack continued sullen.(잭은 계속 시무룩하게 있었다.)

b. He continues obdurate.(그는 계속해서 완강하다.)

c. The weather continued foul.(날씨가 계속해서 나빴다.)

d. He continued single.(그는 독신으로 계속 남아 있었다.)

1.4. 다음 주어의 자격이나 직업이 명시되어 있다.

(4) a. She will continue as spokeswoman for the organization.(그녀는 그 조직의 대변자로서 계속 일할 것이다.)

b. She continued as a nurse.(그녀는 간호사로 일을 계속했다.)

1.5. 다음 주어는 in이나 at의 목적어 상태 속에 계속된다.

(5) a. Sales will continue at their present rate.(할인판매는 현재의 시세로 계속 될 것이다.)

b. He continued at her foot.(그는 그녀에게 복종한 채 계속 있었다.)

c. The children must continue in school till June.(그 아이들은 유월까지 학교에 계속 있어야 한다.)

1.6. 다음 주어는 움직이는 개체는 아니다. 그러나 눈으로 따라가면 계속된다.

(6) a. This road continues for miles.(이 길은 몇 마일 계속된다.)

b. The road continues a hundred and fifty kilometers.(그 길은 150km 계속된다.)

c. The desert continued as far as the eye could reach.(그 사막은 눈으로 닿을 수 있는 데까지 계속되었다.)

2. 타동사 용법

2.1. 다음 주어는 목적어를 중단없이 계속한다.

(7) a. He continued his walk for several miles.(그는 산보를 여러 마일 계속 했다.)

b. We continued our efforts to raise the money for the hospital.(우리는 그 병원을 위해서 모금하는 노력을 계속 했다.)

c. She continued the family tradition.(그녀는 그 가정의 전통을 계속 이었다.)

d. The voters continued the president in office for another term.(그 유권자들은 그 대통령을 또 한 임기동안 계속 있게 했다.)

e. He continued the boy at school.(그는 그 소년을 학교에 계속 보냈다.)

2.2. 다음 주어는 중단 후 목적어를 계속한다.

(8) a. He continued his talk after the interval.(그는 그 휴식 시간 다음에 이야기를 계속 했다.)

b. I had lunch and then continued my work.(나는 점심을 먹고 나서 일을 계속 했다.)

c. We will continue our discussion tomorrow.(우리는 토의를 내일 계속 할 것입니다.)

2.3. 다음 목적어는 동명사로 표현되어 있다. 주어는 중단없이 계속한다.

(9) a. He continued reading the story even when his mother called.(그는 어머니가 불렀는데도 계속해서 이야기 책을 읽었다.)

b. Are you going to continue gardening after dinner?(저녁 먹고도 계속 정원 일을 하실 것입니까?)

c. They continued running even when it began to rain.(비가 오기 시작했는데도 그들은 계속해서 뛰었다.)

2.4. 다음 목적어는 to 부정사이다. 주어는 중단 후 계속이나 끊임이 있는 간헐적이나 규칙적인 일을 한다.

(10) a. Despite having a new owner, the company will continue to be run by the present management.(새 주인이 들어와도 그 회사는 현재의 경영진에 의해서 계속 운영이 될 것이다.)

b. We continued to rehearse the chorus after the break.(우리는 그 휴식을 한 다음 합창을 계속해서 연습했다.)

2.5. 다음 주어는 전치사 with의 목적어를 계속한다.

(11) a. The children continued with their work.(그 아이들은 공부를 계속 했다.)

b. I don't want to continue with chemistry.(나는 화학을 계속하고 싶지 않다.)

contract

이 동사의 개념 바탕에는 한 개체의 크기가 줄어들

거나, 여러 개체가 한 곳으로 모이는 과정이 포함된다.

1. 타동사 용법

1.1. 다음의 주어는 생명체이고, 목적어는 부분이다. 주어는 목적어의 크기를 줄인다.

(1) a. He contracted the muscle/his brows.(그는 그 근육을 수축시켰다/그의 이마를 찡그렸다.)

b. The worm contracted its body.(그 벌레는 몸통을 수축시켰다.)

1.2. 다음은 수동태 문장으로 주어는 축약된다.

(2) a. "I will" is often contracted to "I'll." ("I will"은 종종 "I'll"로 축약된다.)

b. We often contract "is not" to "isn't." (우리는 종종 "is not"을 "isn't"로 축약한다.)

1.3. 다음 주어는 목적어를 한데 뭉쳐서 형성한다.

(3) They contracted an alliance/a friendship.(그들은 동맹관계/우정을 맺었다.)

1.4. 다음 주어는 목적어를 계약으로 밖으로 내보낸다.

(4) a. The government contracts out the job of cleaning to private companies.(정부는 그 청소 업무를 민간 기업들에 계약으로 밖으로 내보낸다.)

b. The company has contracted out the catering to an outside firm.(그 기업은 그 조달 업무를 외부 기업에 계약으로 내보냈다.)

1.5. 다음은 수동태 문장으로 주어는 계약에서 제외된다.

(5) a. Many employees are contracted out of the pension plan.(많은 종업원들이 연금 계획안에서 제외되었다.)

b. The player is contracted to play until September. (그 선수는 9월달까지 뛰기로 계약된 상태다.)

1.6. 다음 주어는 목적어를 자신에게 끌어들인다. 목적어는 병이다.

(6) a. He contracted pneumonia.(그는 폐렴을 끌어들였다.)

b. He contracted an awful stomach complaints while traveling.(그는 지독한 위장병을 여행 중 얻었다.)

c. He contracted a good habit.(그는 좋은 습관을 붙였다.)

2. 자동사 용법

2.1. 다음 주어는 줄어든다.

(7) a. The heart muscles contracted to expel blood.(그 심장의 근육은 피를 내뿜기 위해서 수축했다.)

b. Metal contracts as it becomes cool.(금속은 식으면 수축한다.)

c. Wool fibers contracts in hot water.(양모는 뜨거운 물에 수축한다.)

2.2. 다음 주어는 축약된다.

(8) "Do not" often contracts to "don't." ("Do not"은 종종 "don't"로 축약된다.)

2.3. 다음 주어는 계약을 하여 어떤 일을 한다.

(9) a. They contracted to work fixed hours a week.(그들은 주당 정해진 시간을 일하기로 계약했다.)

b. The company has just contracted to build houses

for the homeless.(그 기업은 무주택자들을 위해 집을 건설키로 막 계약했다.)

2.4. 다음 주어는 전치사 with의 목적어와 계약한다.

(10) a. We've contracted with a catering firm for the event.(우리는 한 조달업체와 그 행사를 위해 계약했다.)

b. They've contracted with a firm for 100 tons of cement.(그들은 어떤 회사와 100톤의 시멘트를 위해 계약했다.)

2.5. 다음 주어는 계약으로 들어온다.

(11) a. They contracted in to the share's deal.(그들은 그 주식 거래에 계약을 하고 들어왔다.)

b. Have you contracted in to the scheme?(너는 그 계획에 계약을 하고 그 계획에 들어왔나?)

contradict

이 동사의 개념 바탕에는 누가 어떤 말을 하고 이 말을 반박하는 사람이 있다.

1. 타동사 용법

1.1. 다음 주어는 목적어를 반박한다.

(1) a. Don't contradict your father.(아버지를 반박하지 마라.)

b. He contradicted himself.(그는 모순된 말을 했다.)

c. He contradicted me softly.(그는 나를 부드럽게 반박했다.)

d. Joan often contradicts her roommate just to annoy her.(조앤은 룸메이트를 종종 단지 그녀를 성가시게 하려고 반박한다.)

1.2. 다음의 목적어는 반박되는 말이나 내용이다.

(2) a. He contradicted my statement.(그는 나의 진술을 반박했다.)

b. The witness contradicted his earlier statement. (그 목격자는 앞선 진술을 반박했다.)

c. Mark didn't contradict Mary's version of the accident.(마크는 그 사건에 대한 메리 묘사를 반박하지 않았다.)

1.3. 다음은 수동태 문장으로 주어는 반박된다.

(3) The statement has been contradicted.(그 진술은 반박되었다.)

1.4. 다음 주어는 목적어를 반박한다. 주어는 의인화되어있다.

(4) a. The article flatly contradicts what the biologist has said.(그 기사는 그 생물학자가 말한 것을 단호하게 반박한다.)

b. The facts contradict the theory.(그 사실들은 그 이론을 반박한다.)

c. The two stories contradict each other.(그 두 이야기는 서로 모순된다.)

d. The witnesses' statements contradict each other. (그 목격자들의 진술들은 서로 모순된다.)

contrast

이 동사의 개념 바탕에는 두 개체를 대조하는 과정

이 있다.

1. 타동사 용법
1.1. 다음에서 주어는 목적어를 전치사 with의 목적어와 대조시킨다.
(1) a. He contrasted A with B.(그는 A를 B와 대조했다.)
   b. He contrasted birds with fishes.(그는 새를 물고기와 대조했다.)

1.2. 다음은 수동태 문장으로 주어는 with의 목적어와 대조된다.
(2) a. In the film, the peaceful life of a farmer is contrasted with the violent life of a gangster.(그 영화에서 농부의 평화로운 삶이 폭력배의 난폭한 삶과 대조가 되어 있다.)
   b. They may be contrasted with the Eskimos.(그들은 에스키모인들과 대조될 수 있다.)

1.3. 다음에서는 주어가 목적어를 대조시킨다.
(3) a. The essay contrasts the two characters in the play.(그 평론은 그 극의 두 등장 인물을 대조시킨다.)
   b. He contrasted our careers.(그는 우리의 경력을 대조했다.)
   c. He contrasted fresh and frozen vegetables.(그는 신선한 과일과 언 과일을 대조시켰다.)
   d. The teacher contrasted England and America.(그 교사는 영국과 미국을 대조했다.)

2. 자동사 용법
2.1. 다음의 주어는 대조된다.
(4) a. Her actions and her promises contrasted sharply.(그녀의 행동과 약속은 극명하게 대조된다.)
   b. His smooth voice and his wild appearance contrasted.(그의 부드러운 목소리와 거친 모습은 대조가 되었다.)

2.2. 다음의 주어는 전치사 with의 목적어와 대조된다.
(5) a. These results contrast sharply with other medical tests carried out in America.(이 결과들은 미국에서 수행된 다른 의학 실험과 뚜렷하게 대조된다.)
   b. Her actions contrasted sharply with her promises.(그녀의 행동은 자신의 약속과 명백히 대조됐다.)
   c. The snow was icy and white, contrasting with the blue sky.(그 눈은 차갑고 하얀색이었는데 그 파란 하늘과 대조를 이루고 있었다.)
   d. His black jacket contrasted with his white pants.(그의 검은 자켓은 그의 하얀 바지와 대조를 이루었다.)
   e. This color contrasts well with green.(이 색상은 녹색과 잘 대조된다.)

contribute
이 동사의 개념 바탕에는 공동의 목적을 위해서 주는 과정이 있다.

1. 타동사 용법
1.1. 다음의 주어는 목적어 (돈)를 기부한다.
(1) a. He contributes money to the same charity every year.(그는 돈을 같은 자선 단체에 매년 기부한다.)
   b. He contributed some money to relieving the poor.(그는 돈을 가난한 이들을 구제하는데 기부했다.)
   c. We contributed a million dollar to the fund.(우리는 백만 달러를 그 기금에 기부했다.)

1.2. 다음 주어는 목적어를 기부한다.
(2) a. The company contributed food for the sufferers.(그 회사는 식량을 그 고통을 받는 사람들에게 주었다.)
   b. Bob contributes his old clothes to the needy.(밥은 그의 오래된 옷을 가난한 이들에게 기부한다.)
   c. He contributed a few suggestions for the project.(그는 사업을 위해 몇 가지 조언을 했다.)
   d. I will contribute some ideas toward the completion of the work.(나는 여러가지의 생각을 그 일이 끝날 즈음에 내어 놓겠다.)

1.3. 다음의 주어는 기사나 논문을 신문이나 잡지에 기고한다.
(3) a. He contributed an article to the journal.(그는 기사를 그 잡지에 기고했다.)
   b. The professor often contributes his papers to the linguistic journals.(그 교수는 종종 자신의 논문을 그 언어학 학술지들에 기고한다.)
   c. The novelist contributed a story to the monthly.(그 소설가는 단편을 그 월간지에 기고했다.)

2. 자동사 용법
2.1. 다음의 주어는 전치사 to의 목적어에 기여한다.
(4) a. His effort contributed to his present success. (그의 노력은 그의 현재의 성공에 기여했다.)
   b. Various factors contribute to the success.(다양한 요인들이 성공에 기여한다.)
   c. The soldiers contributed largely to the victory.(그 병사들이 크게 그 승리에 이바지했다.)
   d. The subway contributes to the convenience of the public.(그 지하철은 대중의 편의에 기여한다.)
   e. The medical reform will contribute to public welfare.(그 의료개혁은 대중의 복지에 기여할 것이다.)

2.2. 다음의 주어는 전치사 to의 목적어의 원인이 된다.
(5) a. Food additives may contribute to cancer.(음식첨가제가 암의 원인이 될 수 있다.)
   b. His gambling contributed to his downfall.(그의 도박은 파멸의 원인이 되었다.)
   c. Too much alcoholic drink will contributes to your ruin.(너무 많은 술은 너의 멸망의 원인이 될 것이다.)

2.3. 다음 주어는 무엇을 전치사 to의 목적어에 준다.. 목적어는 명시되지 않았으나, 이것은 맥락이나 화맥에서 추리될 수 있다.
(6) a. He contributed to the community chest.(그는 그 공동 기금에 기부했다.)
   b. We need your financial support. Please contribute.(우리는 당신의 재정적 도움이 필요합니다. 제발 기부하십시오.)
   c. Are you going to contribute to the Red Cross?(당

신은 적십자사에 기부를 하실 것인가요?)

2.4. 다음에서 생략된 목적어는 기고되는 글이다.

(7) a. Several authors **contributed to** the book.(몇몇 작
가들이 그 책에 기고했다.)

b. He is **contributing to** this newspaper.(그는 이 신문
에 기고하고 있다.)

2.5. 다음 주어는 toward의 목적어에 기여한다.

(8) a. Most people **contributes** something **towards** the
new church buildings.(대부분의 사람들이 뭔가를
그 새 교회 건물들을 짓는 데 기여한다.)

b. He **contributed towards** the achievement of the
results.(그는 그 결과를 달성하는 데 기여했다.)

control

이 동사의 개념 바탕에는 통제하는 과정이 담겨 있
다.

1. 타동사 용법

1.1. 다음 주어는 목적어를 통제한다.

(1) a. I cannot **control** the car on the icy road.(나는 그
차를 그 빙판 도로에서 통제할 수 없다.)

b. The captain **controls** the ship and the crew.(그 선
장은 배와 선원을 관리 감독한다.)

c. Fire fighters are still **controling** the blaze.(소방관
들은 아직 화염을 제어하고 있다.)

d. No one can **control** the weather.(누구도 날씨를 통
제할 수 없다.)

**1.2. 다음 주어는 목적어를 관리하거나 통제한다. 목
적어는 조직체이다.**

(2) a. The Democrats **controled** the House until
2000.(민주당은 하원을 2000년까지 장악했다.)

b. The teacher cannot **control** the class.(그 선생님은
학급을 통제할 수 없다.)

c. By the age of 20, he **controled** the company.(20
살에 그는 그 회사를 관리했다.)

**1.3. 다음 목적어는 재귀대명사이다. 주어는 자신을 통
제한다.**

(3) He **controled** himself.(그는 감정을 억제했다.)

**1.4. 다음의 목적어는 감정이다. 주어는 자신의 감정을
통제 또는 억제한다.**

(4) a. He **controled** his emotions/his temper/his
anger.(그는 감정/성미/노여움을 억제했다.)

b. He **controled** his voice.(그는 목소리를 통제했다.)

1.5. 다음에서 주어는 목적어를 통제 또는 확인한다.

(5) a. The company strictly **controls** the quality of its
products.(그 기업은 그 제품의 품질을 엄격히 통제
한다.)

b. The company **controls** half the world's coffee
trade.(그 회사는 세계 커피 유통의 반을 통제한다.)

c. The valve **controls** the flow of water.(그 밸브는
물의 흐름을 통제한다.)

d. The valves in the heart **control** how quickly the
blood is pumped through the body.(심장의 판막들
은 몸에 피가 얼마나 빨리 순환해야 할지를 통제한
다.)

e. This button **controls** the temperature in the
building.(이 단추는 그 건물의 온도를 통제한다.)

1.6. 다음은 수동태 문장으로 주어는 통제된다.

(6) a. Many biological processes are **controlled** by
hormones.(많은 생물학적 과정들이 호르몬에 의해
통제된다.)

b. Development in areas of outstanding natural
beauty is strictly **controlled**.(뛰어난 자연경관의 아
름다움을 간직한 지역의 개발은 엄격히 통제된다.)

converge

이 동사의 개념 바탕에는 한 곳에 모이는 과정이 있다.

1. 자동사 용법

1.1. 다음 주어는 한 곳에 모인다.

(1) a. As they flow south, the five rivers **converge**.(그
다섯 개의 강이 남으로 흐르면서 합쳐진다.)

b. All these roads **converge** on the city.(이 모든 도
로들은 그 도시에서 모인다.)

c. Railroad tracks **converge** as they extend in the
distance.(철도 선로들은 멀리 뻗히면서 한 점에 모
인다.)

d. All the radiuses of the circle **converge** at the
center of the circle.(모든 원의 반지름은 원의 중앙
에 모인다.)

e. Thousand competitors **converge** on Sheffield for
the game.(천 명의 경쟁자들이 쉐필드에 그 시합을
위해 모두 모인다.)

f. 10,000 people are expected to **converge** on the
town for the concert this weekend.(만 명의 사람
들이 그 음악회를 위해 이번 주말 그 도시에 운집할
것으로 예상된다.)

1.2. 다음 주어는 한 자리에 모인다.

(2) a. Ambulances, police cars, and fire engines all
converged on the scene of the explosion.(구급차,
경찰차, 소방차들이 모두 그 폭발 현장으로 모여들
었다.)

b. Crowds **converged** on the stadium.(군중들이 그
경기장에 모였다.)

c. Light rays **converged** on the focal point of the
lens.(광선은 그 렌즈의 초점 위로 모였다.)

d. The two armies **converged** on the enemy's
capital.(그 두 부대는 그 적군의 수도에 모였다.)

**1.3. 견해나 생각도 방향과 움직임이 있어서 한 자리에
모이는 것으로 개념화된다.**

(3) a. Their views/ideas are **converging**.(그들의 의견/생
각이 모아지고 있다.)

b. After a long discussion, our thoughts began to
converge.(긴 토론 후, 우리의 생각이 모아지기 시
작했다.)

c. Our interests **converge** on that point.(우리의 이해
관계는 그 점에서 합치된다.)

1.4. 증거도 방향과 움직임이 있는 것으로 개념화된다.

(4) We find much evidence **converging** to support the
hypothesis.(우리는 많은 증거가 그 가설을 뒷받침하

는 쪽으로 모이는 것을 본다.)

2. 타동사 용법
2.1. 다음의 주어는 목적어를 한 자리에 모이게 한다.
(5) a. The lens **converges** the light rays to this one point.(그 렌즈는 그 광선을 이 한 점으로 모이게 한다.)

   b. A magnifying glass **converges** rays of light.(돋보기는 광선을 모이게 한다.)

convert
이 동사의 개념 바탕에는 성질이나 구조를 바꾸는 과정이 있다.

1. 타동사 용법
1.1. 다음 주어는 목적어를 to의 목적어로 바꾼다.
(1) a. I used a calculator to **convert** miles to kilometers.
   (나는 계산기를 사용하여 마일을 킬로미터로 환산했다.)

   b. He **converted** the temperature readings from Farenheit to Celcius.(그는 그 온도를 화씨에서 섭씨로 바꾸었다.)

1.2. 다음 주어는 목적어를 전치사 to의 목적어로 바꾼다. 동사의 목적어는 환유적으로 쓰여서 사람의 마음이나 생각을 나타낸다.
(2) a. My son has **converted** me to "Guns n' Roses".(내 아들 녀석은 나를 "Guns n' Roses"로 전향시켰다.)

   b. You've **converted** me to your way of thinking.(너는 나를 너의 사고 방식으로 바꿔 놓았다.)

   c. I didn't like music, but my friend **converted** me.
   (나는 음악을 좋아하지 않았으나, 내 친구는 날 바꾸어 놓았다.)

1.3. 다음의 주어는 목적어를 into의 목적어의 상태나 사람으로 바꾼다.
(3) a. He **converted** the bank notes into gold.(그는 은행수표를 금으로 바꾸었다.)

   b. The machine **converts** cotton into cloth.(그 기계는 면화를 옷감으로 변화시킨다.)

   c. He **converted** sugar into alcohol.(그는 설탕을 알코올로 바꾸었다.)

   d. The minister **converted** a savage into a civilized man.(그 목사는 야만인을 문명인으로 개화시켰다.)

   e. He **converted** a Roman catholic into a Protestant.
   (그는 로마카톨릭교도를 개신교도로 개종시켰다.)

1.4. 다음은 수동태 문장으로 주어는 바뀌어진다.
(4) a. The hotel is going to be **converted into** a nursing home.(그 호텔은 요양소로 바뀌게 되어 있다.)

   b. My dollars were **converted** into Euros.(나의 달러는 유로화로 환전되었다.)

1.5. 다음에서 주어는 목적어 (화폐)를 명시하지 않은 화폐로 바꾼다.
(5) a. The bank **converts** foreign currencies for its customers.(그 은행은 외국돈을 고객에게 환전한다.)

   b. We forgot to **convert** our dollars before the trip.(우리는 여행하기 전 달러를 환전하는 것을 잊었다.)

1.6. 다음 주어는 목적어를 전치사 into의 목적어로 들어가게 한다.
(6) He tried to **convert** us into thinking that his essay was the best.(그는 자신의 논문이 가장 좋은 것으로 우리가 생각하게 바꾸려고 했다.)

2. 자동사 용법
2.1. 다음 주어는 바꾼다.
(7) a. The evangelist urged people on the street to **convert**.(그 선교사들은 거리의 사람들에게 개종하기를 촉구했다.)

   b. She has **converted** to Buddhism/Islam.(그녀는 불교/이슬람교로 개종했다.)

   c. She's **converted** to organic food/decaffeinated coffee.(그녀는 유기 음식/카페인 없는 커피로 바꾸었다.)

   d. The whole office **converted** to a new computer system last year.(그 사무실 전체가 새로운 컴퓨터 체제로 작년에 바뀌었다.)

2.2. 다음 주어는 바뀐다.
(8) a. This sofa **converts** to a bed.(이 소파는 침대로 바뀐다.)

   b. This couch easily **converts** into a bed.(이 긴 의자는 쉽게 침대로 바뀐다.)

convey
이 동사의 개념 바탕에는 옮기는 과정이 있다.

1. 타동사 용법
1.1. 다음 주어는 목적어를 옮긴다.
(1) a. He **conveyed** the goods by express.(그는 그 상품들을 특급으로 보냈다.)

   b. It **conveys** a disease to a person.(그것은 병을 사람에게 옮긴다.)

1.2. 다음은 수동태 문장으로 주어는 옮겨진다.
(2) a. The wheat is **conveyed** by train to the market.(그 밀은 기차로 그 시장에 운송된다.)

   b. Your luggage will be **conveyed** by helicopter from the airport to your hotel.(당신의 짐은 헬리콥터로 그 공항에서 호텔까지 운반될 것이다.)

   c. The cattle were **conveyed** in trucks to the market.(그 소들은 트럭으로 그 시장까지 운반되었다.)

   d. The goods are usually **conveyed** by sea.(그 상품들은 보통 배로 운송된다.)

   e. The boxes are **conveyed** to the factory along the belt.(그 상자들은 그 공장에 그 벨트를 따라서 옮겨진다.)

   f. Sound is **conveyed** by air.(소리는 공기에 의해 전달된다.)

   g. The cargo is **conveyed** to the other end of the tunnel on rollers.(그 화물은 터널의 다른 쪽 끝으로 롤러로 운반된다.)

h. Our government's anger was **conveyed** to the ambassador.(우리 정부의 분노가 그 대사에게 전달되었다.)

1.3. 다음 주어는 목적어를 소유 면에서 to의 목적어로 옮긴다.

(3) a. The old farmer **conveyed** his farm to his children.(그 나이든 농부는 자신의 농장을 자녀들에게 물려주었다.)

b. He **conveyed** his estate to his son.(그는 자신의 재산을 아들에게 물려주었다.)

1.4. 다음 주어는 목적어를 옮긴다. 주어는 운반에 쓰이는 개체이다.

(4) a. Cables **conveyed** electrical power.(전선은 전력을 전달했다.)

b. The moving belt **conveyed** the product down the assembly line.(그 이동 벨트가 그 생산품을 그 조립선 아래로 전달했다.)

c. The pipe **conveys** hot water from the boiler to the toilet.(그 파이프가 온수를 그 보일러에서 그 화장실로 전달한다.)

d. Trucks **conveyed** the goods from the distributor to the buyer.(트럭들이 그 상품들을 판매자에서 구매자로 상품을 전달했다.)

e. Trucks are **conveying** the load to the boat.(트럭들이 짐을 보트로 옮기고 있다.)

f. This tanker **conveys** oil from the Middle East to Korea.(이 유조선은 기름을 중동에서 한국으로 운반한다.)

g. A bus **conveys** passengers.(버스는 승객을 옮긴다.)

h. Air **conveys** sound.(공기는 소리를 전달한다.)

1.5. 다음 주어는 목적어를 전치사 to의 목적어에 전달한다. 목적어는 소원이나 감정 같은 추상적 개체이다.

(5) a. Please **convey** my best wishes to them.(내 안부를 그들에게 전해 주세요.)

b. I couldn't **convey** my feelings to her.(나는 내 감정을 그녀에게 전할 수 없었다.)

c. **Convey** my regards to your parents.(내 안부를 당신의 부모님께 전해 주세요.)

d. I **conveyed** my displeasure to the editor.(나는 불쾌감을 그 편집자에게 전했다.)

1.6. 다음 주어는 목적어를 전달한다. 주어는 말이다.

(6) a. His words **conveyed** nothing to me.(그의 말은 아무 것도 내게 전하지 않았다.)

b. Words can't **convey** my true feelings.(말은 내 감정을 전할 수 없다.)

c. The speaker's words **convey** no meaning to me.(그 연설자의 말은 나에게 아무런 의미도 전하지 않는다.)

d. Words cannot **convey** what is in my heart.(말은 내 마음 속에 있는 것을 전할 수 없다.)

e. His comments **conveyed** the impression that he had actually visited the place.(그의 논평은 그가 실제로 그 곳을 방문했다는 인상을 주었다.)

1.7. 다음 주어는 목적어를 전달한다. 주어는 내용을

담고 있는 개체이다.

(7) a. This book **conveys** his ideas rather well.(이 책은 그의 생각을 다소 잘 전하고 있다.)

b. The film **conveys** a powerful picture of what it must be like to be deaf.(그 영화는 듣지 못하는 것이 어떤 것인가에 대한 강력한 영상을 전달한다.)

c. The deed **conveyed** the land to a close relative.(그 증서는 그 땅을 가까운 친척에게 양도했다.)

d. His smile **conveyed** his pleasure.(그의 미소는 자신의 기쁨을 전했다.)

e. This award **conveys** our congratulation on your achievement.(이 상은 우리의 축하를 당신의 업적에 전달한다.)

f. Colors like red **convey** a sense of energy and strength.(빨간색과 같은 색들은 에너지와 힘의 의미를 전달한다.)

1.8. 다음은 수동태 문장으로 주어는 전달된다.

(8) All this information can be **conveyed** in a simple diagram.(이 모든 정보가 간단한 그림으로 전달될 수 있다.)

1.9. 다음 주어는 의문사절이나 that-절의 내용을 전달한다.

(9) a. He tried to **convey how** he felt.(그는 어떻게 자신이 느꼈는가를 전하려고 애썼다.)

b. Some newspapers **convey that** the general election is near at hand.(일부 신문들은 그 총선이 임박했음을 전한다.)

c. She did not wish to **convey that** they were at fault.(그녀는 그들이 잘못했다는 것을 전하고 싶어 하지 않았다.)

convict

이 동사의 개념 바탕에는 유죄를 판결하는 과정이 있다.

1. 타동사 용법

1.1. 다음 주어는 목적어를 전치사 of의 목적어에 대해서 유죄 판결을 한다.

(1) a. The judge **convicted** the polluter of endangering public health.(그 판사는 그 환경 오염자에게 공중보건을 파괴한 혐의로 유죄 판결을 내렸다.)

b. The minister **convicted** him of a sin.(그 목사는 그에게 죄가 있다고 판결했다.)

c. The jury **convicted** the accused of stealing.(그 배심원단은 그 피고를 절도죄로 유죄 판결했다.)

d. The court **convicted** him of forgery.(그 법원은 그에게 위조 혐의로 유죄 판결을 내렸다.)

1.2. 다음은 수동태 문장으로 주어가 유죄를 받는다.

(2) a. He was **convicted** of murder/rape.(그는 살인/강간 혐의로 유죄 판결을 받았다.)

b. They were **convicted** of fraud/arson.(그들은 사기/방화 혐의로 유죄 판결을 받았다.)

c. She was **convicted** of spying.(그녀는 간첩 행위로 유죄 판결을 받았다.)

d. He was **convicted** of armed robbery/theft.(그는

무장 강도/절도 혐의로 유죄 판결을 받았다.)

1.3. 다음 주어는 목적어를 유죄가 있는 것으로 입증한다.

(3) a. The evidence overwhelmingly convicted him.(그 증거는 압도적으로 입증했다.)

b. His embarrassment convicted him. The jury convicted the man, and he was sentenced to twenty years in prison.(그의 당황하는 모습은 그가 유죄임을 입증했다. 그 배심원단은 그에게 유죄 판결을 내렸고, 그 결과 그는 20년 형을 선고받았다.)

1.4. 다음에서 주어는 목적어에 유죄가 있음이 아니라 잘못이 있음을 깨닫게 한다.

(4) a. He convicted her of her own mistake.(그는 그녀에게 자신의 잘못을 깨우치게 했다.)

b. She is convicted of her mistake.(그녀는 자신의 잘못을 깨달았다.)

1.5. 다음은 수동태 문장으로 주어는 각성된다.

(5) He was convicted by his own conscience.(그는 양심의 가책을 느꼈다.)

convince

이 동사의 개념 바탕에는 의심을 없애주고 확신을 가지게 하는 과정이 있다.

1. 타동사 용법

1.1. 다음 주어는 목적어에게 that-절의 내용을 확신시킨다.

(1) a. I convinced my son that we cannot afford a car.(나는 우리가 차를 살 수 없음을 아들에게 확신시켰다.)

b. You have convinced me that you can do it.(너는 그것을 할 수 있음을 나에게 확신시켰다.)

1.2. 다음은 수동태 문장으로 주어는 확신을 갖게 된다.

(2) a. You will be convinced that he is right.(너는 그가 옳다는 것을 믿게 될 것이다.)

b. I am convinced that he is right.(나는 그가 옳다는 것을 확신하게 되었다.)

1.3. 다음 주어는 목적어를 확신시켜서 to부정사가 가리키는 일을 하게 한다.

(3) a. We convinced Mary to go by plane.(우리는 메리를 비행기로 가도록 납득시켰다.)

b. We convinced him to stay.(우리는 그를 머물도록 납득시켰다.)

1.4. 다음 주어는 목적어에게 of의 목적어를 확신시킨다.

(4) a. We convinced him of his mistake.(우리는 그에게 잘못을 확신시켰다.)

b. They convinced me of her honesty.(그들은 나에게 그녀의 정직을 확신시켰다.)

convoy

이 동사의 개념 바탕에는 호송하는 과정이 있다.

1. 타동사 용법

1.1. 다음 주어는 목적어를 호송한다.

(1) a. A couple of tanks convoyed the truck across the border.(한 쌍의 전차가 그 트럭이 그 국경을 넘어 가는 것을 호송했다.)

b. A warship convoyed a merchant ship across the ocean.(한 척의 군함은 상선 한 대가 그 대양을 건너는 것을 호송했다.)

c. Battle ships helped convoy much needed supplies to Britain in 1917.(전함들은 필요로 하는 공급물자를 영국으로 호송하는 것을 1917년에 도왔다.)

1.2. 다음은 수동태 문장으로 주어는 호송된다.

(2) a. The merchant ship was convoyed by a destroyer.(그 상선은 구축함에 의해 호송됐다.)

b. The tanker was convoyed by two destroyers.(그 유조선은 두 척의 구축함에 의해 호송됐다.)

convulse

이 동사의 개념 바탕에는 크게 흔드는 과정이 있다.

1. 타동사 용법

1.1. 다음의 주어는 목적어를 진동시킨다.

(1) a. An eruption convulsed the island.(분화가 그 섬을 진동시켰다.)

b. An explosion convulsed the area.(폭발이 그 지역을 진동시켰다.)

1.2. 다음의 목적어는 사람이나 신체의 일부이다.

(2) a. A violent shiver convulsed him.(격렬한 오한이 경련을 일으켰다.)

b. A twinge convulsed his mouth muscles.(심한 고통이 그의 입 근육을 경련을 일으켰다.)

c. A racking cough convulsed his whole body.(심한 기침이 그의 몸 전체에 경련을 일으켰다.)

1.3. 다음은 수동태 문장으로 주어는 뒤흔들린다.

(3) a. He was convulsed with laughter/anger.(그는 웃음/분노로 몸을 떨었다.)

b. She was convulsed with a high fever.(그녀는 고열로 몸을 떨었다.)

1.4. 다음은 수동태 문장으로 주어는 흔들린다.

(4) a. The island was convulsed by the eruption.(그 섬은 그 분화로 뒤흔들렸다.)

b. The country was convulsed with civil war.(그 나라는 내전으로 격동했다.)

2. 자동사 용법

2.1. 다음의 주어는 흔들림을 받는 개체이다.

(5) His shoulders convulsed with sobs.(그의 어깨는 흐느낌으로 흔들렸다.)

3. 사역 동사

3.1. 다음 주어는 목적어의 마음을 흔들리게 한다.

(6) He convulsed the audience with his jokes.(그는 그 관중들을 농담으로 포복절도하게 했다.)

coo

이 동사의 개념 바탕에는 비둘기가 구구 우는 과정

이 있다.

1. 자동사 용법
1.1. 다음 주어는 비둘기가 우는 소리와 비슷한 소리를 낸다.
(1) a. We hear the pigeons coo outside our window.(우리는 그 비둘기들이 유리 창 밖에서 구구 우는 소리를 듣는다.)

   b. Jane cooed to his tiny puppy.(제인은 그의 새끼 강아지를 부드럽게 불렀다.)

cook

이 동사의 개념 바탕에는 열을 가하여 음식을 만드는 과정이 있다.

1. 타동사 용법
1.1. 다음 주어는 목적어를 요리한다. 목적어는 재료이다.
(1) a. He cooked the chicken.(그는 닭을 요리했다.)

   b. She cooked the meat/poultry/lamb/steak.(그녀는 그 고기를/닭고기를/양고기를/스테이크를 요리했다.)

   c. She cooked the turkey the way mother cooked.(그녀는 그 칠면조를 어머니의 방식대로 요리했다.)

   d. The clams should be cooked over low heat.(그 대합조개는 약한 불에서 요리되어야 한다.)

1.2. 다음 주어는 목적어를 요리한다. 목적어는 요리를 해서 생기는 결과물이다.
(2) a. She cooked the pie in the oven.(그녀는 파이를 오븐에서 구웠다.)

   b. Tom cooked the special dinner for his friends.(톰은 특별 식사를 자신의 친구들을 위해 요리했다.)

   c. Mary was cooking the lunch while we were playing chess.(메리는 점심을 우리가 체스를 하는 동안 만들고 있었다.)

   d. She cooked up an omelette.(그녀는 오믈렛을 만들었다.)

1.3. 다음 주어는 첫째 목적어에게 둘째 목적어를 요리해서 준다.
(3) a. She cooked her husband a delicious meal.(그녀는 남편에게 맛있는 식사를 만들어 주었다.)

   b. Jim cooked Mary her lunch.(짐은 메리에게 점심을 요리해 주었다.)

   c. He cooks himself dinner.(그는 자신이 직접 저녁을 요리한다.)

   d. Come on downstairs and cook us a bit of supper.(밑으로 내려와서 우리에게 저녁을 좀 지어 주렴.)

1.4. 다음 주어는 요리를 하듯 목적어를 만들어낸다.
(4) a. He cooked up an excuse about the accident.(그는 그 사건에 대한 변명을 지어냈다.)

   b. The thief cooked a story at the police office.(그 도둑은 그 경찰서에서 이야기를 꾸며댔다.)

1.5. 다음 주어는 목적어를 재료를 써서 요리를 하듯, 손을 댄다.
(5) a. The little boy cooked the documents for his brother.(그 꼬마는 그 서류를 자신의 형을 위해 거

짓으로 꾸몄다.)

   b. They cooked the account books.(그들은 그 회계장부를 조작했다.)

1.6. 다음 주어는 목적어를 구워삶아서 to 부정사가 가리키는 일을 하게 만든다.
(6) The prosecutor has cooked the accused to get information.(그 검사는 정보를 얻을 수 있도록 피고를 구워삶았다.)

2. 자동사 용법
2.1. 다음 주어는 재료이고 요리된다.
(7) a. Early beans cooked well.(햇콩이 요리가 잘 되었다.)

   b. These apples cook well.(이 사과들은 요리가 잘 된다.)

   c. The rice is cooking now.(지금 그 밥이 되고 있다.)

   d. Turn them over so they cook evenly all over.(전체적으로 골고루 잘 익도록 그것들을 뒤집어라.)

   e. The meat cooked slowly.(그 고기는 천천히 요리되었다.)

2.2. 다음 주어는 더워진다.
(8) a. They are cooking in the heat.(그들은 더위속에 요리하고 있었다.)

   b. We were cooking in an overcrowded bus.(우리는 어느 지나치게 복잡한 버스에서 찌고 있었다.)

2.3. 다음에서 사건은 요리로 개념화되어 있다.
(9) a. What's cooking?(무엇이 만들어지고 있느냐? 즉 무슨 일이 일어나고 있느냐?)

   b. They found out what is cooking in the committee.(그들은 무슨 일이 그 위원회에서 꾸며지고 있는지 알아냈다.)

   c. The band was really cooking at the party last night.(그 악단은 그 파티에서 어제 저녁 연주를 정말 잘 하고 있었다.)

2.4. 다음 주어는 요리한다.
(10) a. A short-order cook must cook quickly.(즉석 요리주문을 받는 요리사는 빨리 요리를 해야 한다.)

   b. He cooked in the army for four years.(그는 군에서 4년 간 요리했다.)

cool

이 동사의 개념 바탕에는 시원하게 되는 과정이 있다.

1. 자동사 용법
1.1. 다음의 주어는 공기, 온도, 음식 등이다. 주어는 뜨거운 상태에서 시원하게 된다.
(1) a. The air cooled as evening approached.(저녁이 다가오면서 공기가 시원해졌다.)

   b. As we approached the lake, the temperature cooled.(우리가 그 호수에 다가갈수록, 온도는 낮아졌다.)

   c. The cake cooled on the plate.(그 케이크는 그 접시 위에서 식었다.)

   d. The jelly will cool better in the refrigerator.(그 젤

리는 그 냉장고 안에서 더 잘 식을 것이다.)

e. The soup has cooled.(그 수프가 식었다.)

f. The beer is cooling in the refrigerator.(그 맥주는 그 냉장고 안에서 차가워지고 있다.)

1.2. 다음 주어는 식어서 처음 온도와 격차가 난다.

(2) a. Wait till the rice cools off.(그 밥이 식을 때까지 기다리시오.)

b. Desert sand cools off rapidly at night.(사막의 모래는 밤에 급속도로 식는다.)

c. Toward evening it began to cool off.(저녁이 되면서 서늘해지기 시작했다.)

d. We sat in the shade of a tree to cool off.(우리는 더위를 식히기 위해 그 나무 그늘에 앉았다.)

e. We cooled off from the heat with a refreshing swim.(우리는 상쾌한 수영으로 그 무더위를 식혔다.)

f. Let's go for a swim, and cool off.(수영하러 가서 더위 좀 식히자.)

g. We cooled off with a quick swim.(우리는 짧은 수영으로 더위를 식혔다.)

1.3. 화, 열성, 애정 등에도 온도가 있어서, 이들은 뜨거운 상태에서 식은 상태로 변할 수 있다.

(3) a. His temper hasn't cooled yet.(그의 성질은 아직 누그러지지 않았다.)

b. My anger cooled as time went by.(나의 화는 시간이 지나면서 가라앉았다.)

c. Their initial enthusiasm soon cooled.(그들의 초기의 열정은 곧 식어졌다.)

d. His affection for her is cooling.(그녀에 대한 그의 애정은 식어가고 있다.)

e. She cooled visibly when I invited her to my house.(내가 그녀를 집에 초대했을 때 그녀는 눈에 보이게 냉담했다.)

f. Since we talked last week, he cooled toward the idea of joining us.(우리가 지난 주에 이야기한 이후로 그는 우리에게 동참하는 생각에 대해 냉담해졌다.)

g. Relations between the two countries cooled.(두 국가의 관계가 냉각되었다.)

1.4. 다음 표현에 쓰인 down은 [적음은 아래] 은유가 반영되어 있다.

(4) a. The feverish child just couldn't cool down.(열이 나는 그 아이는 열이 그냥 내려가지 않았다.)

b. The engine will take half an hour to cool down.(그 엔진이 식으려면 30분이 걸릴 것이다.)

1.5. 다음 주어는 추상적이나 구체적인 것으로 개념화되어 있다.

(5) a. My anger cooled down.(나의 화는 누그러졌다.)

b. His excitement is cooling down.(그의 흥분은 가라앉고 있다.)

c. My enthusiasm for the plan gradually cooled down.(그 계획에 대한 나의 열정은 점차 식어갔다.)

d. Their love is beginning to cool off now.(그들의 사랑은 이제 식기 시작하고 있다.)

e. After the row, their relations cooled off considerably.(말다툼 후에 그들의 관계는 상당히 냉랭해졌다.)

1.6. 다음 주어는 환유적으로 쓰였다.

(6) a. Has your mother cooled down yet?(너희 어머니 아직도 가라앉지 않으셨니?)

b. She finally cooled down enough to talk about the fight.(그녀는 마침내 진정해서 그 싸움에 대해 말할 수 있었다.)

2. 타동사 용법

2.1. 다음 주어는 목적어를 식힌다. 목적어는 몸이나 마음이다.

(7) a. I am going to cool myself off in a cold shower.(나는 차가운 물로 샤워하면서 몸을 좀 식히겠다.)

b. Drink plenty of water to cool yourself down.(몸을 식히기 위해 많은 물을 마셔라.)

c. Cool yourself.(진정하세요.)

2.2. 다음 주어는 목적어를 식힌다.

(8) a. He kept them to cool their heels an hour outside his door.(그는 그들을 문 밖에서 30분 동안 기다리게 했다.)

b. He cooled the milk in the refrigerator.(그는 그 우유를 냉장고에서 식혔다.)

c. He cooled the tea with ice.(그는 그 차를 얼음으로 식혔다.)

d. She blew on the soup to cool it.(그녀는 수프를 식히려고 입으로 그것을 후후 불었다.)

e. He has to cool the soup before eating it.(그는 그 수프를 먹기 전에 식혀야만 한다.)

f. He is cooling the engine.(그는 그 엔진을 식히고 있다.)

g. She cooled her hands in the stream.(그녀는 그 개울에서 손을 식혔다.)

h. Let the bath cool before you step in.(들어가기 전에 그 욕조를 식게 해라.)

i. He took off his shoes to cool off his sweaty shoes.(그는 땀에 젖은 신발을 식히기 위해 그것을 벗었다.)

2.3. 다음 주어는 그 자체가 목적어를 식힌다.

(9) a. The air conditioner cooled the room adequately.(그 에어컨은 그 방을 충분하게 식혔다.)

b. The rain has cooled the air.(그 비는 공기를 식혔다.)

c. The breeze cooled the steamy room.(그 산들바람은 그 후끈후끈한 방을 식혔다.)

2.4. 다음 주어는 목적어의 열을 식힌다.

(10) a. They tried washcloths to cooled her down.(그들은 그녀를 식히기 위해서 목욕 수건을 썼다.)

b. The swim in the river cooled us off.(그 강에서 한 수영은 우리를 식혔다.)

c. They cooled the horse off by pouring water on its back.(그들은 등에 물을 부어서 그 말을 식혔다.)

2.5. 다음 대명사 목적어는 환유적으로 쓰여서 어느 사람의 화를 가리킨다. 다음 주어는 목적어를 식힌다.

(11) a. You must cool your temper.(너는 성미를 누그러뜨려야 한다.)

b. I took him aside and cooled him down before he

did anything crazy.(나는 그가 무슨 정신 나간 짓을 하기 전에 그를 옆으로 데리고 나와서 진정시켰다.)

c. It took some time to cool him down after the argument.(그 논쟁 후에 그를 진정시키는 데는 시간이 좀 걸렸다.)

d. I had greatest difficulty to cool him down.(나는 그를 진정시키기가 정말 어려웠다.)

e. I tried to cool her down, but she was too angry.(나는 그녀를 진정시키려고 했지만, 그녀는 너무 화가 나 있었다.)

2.6. 다음 주어는 사람이 아닌 추상적인 개체이다. 주어는 목적어를 식힌다.

(12) a. Disappointment cooled whatever enthusiasm she might have had.(실망은 그녀가 가졌을지도 모를 모든 열정을 식게 했다.)

b. His tears cooled my anger.(그의 눈물은 나의 화를 누그러뜨렸다.)

c. That will cool your eagerness.(그것이 너의 열망을 식힐 것이다.)

d. His attitude is enough to cool our ardor.(그의 태도는 우리의 열성을 식히기에 충분했다.)

2.7. 다음 주어는 목적어를 진정시킨다.

(13) a. Cool it before you say anything you'll be sorry for.(미안해 할 말을 하기 전에 진정해.)

b. Cool it! Stop shouting for a second while I explain.(진정해! 내가 설명할 동안 잠깐 소리 좀 지르지 마.)

coop

이 동사의 개념 바탕에는 coop의 명사 '닭장'이 깔려 있다.

1. 타동사 용법
1.1. 다음 주어는 목적어를 좁은 공간에 가두어 둔다.

(1) a. I think it's wrong to coop animals up in these tiny cages.(짐승들을 이 작은 우리 안에 가두는 것은 옳지 않다고 생각한다.)

b. They cooped the chicken in the barn.(그들은 병아리를 헛간에 가뒀다.)

1.2. 다음 주어는 목적어를 가두어 둔다.

(2) a. If you coop children up, they become naughty.(아이들을 비좁은 곳에 놔두면 장난꾸러기가 된다.)

b. The parents cooped the children in the attic all day.(그 부모는 그 아이들을 그 다락방에 하루종일 가둬 놓았다.)

c. They cooped me up in this tiny cell.(그들은 나를 이 작은 방에 가두어 놓았다.)

d. There's no need to coop ourselves up any longer.(더 이상 우리 자신을 구속할 필요는 없다.)

e. Why should I coop him up in that?(왜 내가 그를 그 비좁은 곳에 가두어 놓아야 하나요?)

f. The bad snowstorm had us cooped up in a small apartment for three days.(그 혹독한 눈보라가 우리를 3일 동안 작은 아파트 안에 갇혀있게 했다.)

1.3. 다음은 수동태 문장으로 주어는 갇힌다.

(3) a. All day the children were cooped up in the house.(하루종일 그 아이들은 그 집 안에 갇혀 있었다.)

b. His family are cooped up in a small house.(그의 가족은 작은 집에 갇혀 있다.)

c. I'm tired of being cooped up.(나는 갇혀 사는 것이 지긋지긋하다.)

d. Prisoners are cooped up for up to 70 days because there was no room in jails.(감방이 모자라서 죄수들은 70일 동안 비좁은 곳에 갇혀 있다.)

e. Airline passengers were kept cooped up inside a jet for 90 minutes.(비행기 승객들이 90분 동안 기내에 갇혀 있었다.)

f. I felt in need of a holiday in the sun after being cooped up inside all winter.(겨울 내 실내에 갇혀 있은 다음, 난 햇빛 속의 휴가의 필요성을 느꼈다.)

cooperate

이 동사의 개념 바탕에는 협조하는 과정이 있다.

1. 자동사 용법
1.1. 다음에서 주어는 전치사 with의 목적어와 협조한다.

(1) a. I will advise my client to fully cooperate with the police.(나는 나의 의뢰인에게 전적으로 경찰에게 협력하라고 충고할 것이다.)

b. Leopards cooperate with each other when hunting game.(표범들은 사냥감을 추격할 때 서로 협력한다.)

c. The art department cooperated with the editorial department to produce the book.(그 미술부는 그 편집부와 그 책을 출판하기 위해서 협력했다.)

d. All of them cooperated with him in the work.(그들 모두가 그와 그 일에 있어서 협력했다.)

1.2. 다음의 주어는 협조한다.

(2) a. Everything cooperated to make our plan a success.(모든 것들이 협조하여 우리의 계획을 성공적인 것으로 만들었다.)

b. All things cooperated for the best.(모든 것들이 최선의 상태를 위하여 협력했다.)

c. If we all coopertate, we can finish sooner.(우리 모두가 협조하면, 우리는 더 빨리 끝낼 수 있다.)

d. Aid agencies and UN are cooperating to deliver supplies to the area.(원조 기관과 유엔은 그 지역에 필수품을 수송하기 위해 협력하고 있다.)

e. Russia and US are cooperating in joint space ventures.(러시아와 미국은 공동 우주 탐사에 협력하고 있다.)

coordinate

이 동사의 개념 바탕에는 통합된 행동을 위해서 조정하는 과정이 있다.

1. 타동사 용법
1.1. 다음 주어는 목적어를 통합 조정한다.

(1) a. He is coordinating a campaign to make people

aware of the importance of exercise.(그는 사람들에게 운동의 중요성을 일깨우기 위하여 조직적 운동을 조정하고 있다.)

b. The office manager **coordinates** the new project.(그 사무소 관리인은 새 계획 사업을 조정한다.)

c. The new manager **coordinates** the work of the team.(그 새 관리인은 그 팀의 업무를 조정한다.)

1.2. 다음은 수동태 문장으로 주어는 통합조정된다.

(2) a. The literature seminar was **coordinated** by the head of the English department.(그 문학 연구회는 그 영어과 과장 의해 조정된다.)

1.3. 다음 주어는 목적어를 통합조정한다.

(3) a. He **coordinated** his ideas.(그는 그의 생각을 정리했다.)

b. We **coordinated** the colors of wall paper and furniture in our living room.(우리는 우리 거실의 벽지와 가구 색깔들을 조정했다.)

c. The nervous system **coordinates** activities of the body. (그 신경 체계는 신체의 활동을 조정한다.)

2. 자동사 용법

2.1. 다음 주어는 잘 조정된다.

(4) a. The nursing staff of the hospital **coordinates** well.(그 병원의 간호 직원은 조화롭게 일한다.)

b. The volunteers **coordinarted** well.(그 지원자들은 조화롭게 일했다.)

2.2. 다음 주어는 with의 목적어와 조화를 이룬다.

(5) This shade **coordinates** with a wide range of colors.(이 색조는 넓은 영역의 색깔들과 조화를 이룬다.)

cope

이 동사의 개념 바탕에는 대처하는 과정이 있다.

1. 자동사 용법

1.1. 다음 주어는 대처한다.

(1) a. The teacher cannot **cope**. The ill behaved children is too much.(그 선생님은 대처할 수가 없다. 행실이 바르지 못한 학생들이 너무 많다.)

b. I've never driven a big van, but I'm sure I can **cope**.(나는 결코 큰 승합차를 몰아본 적은 없지만, 처리할 수 있을 거라고 확신한다.)

1.2. 다음 주어는 전치사 with의 목적어에 성공적으로 대처한다.

(2) a. He is trying to **cope** with his disappointments.(그는 그의 실망에 대처하려고 애쓰고 있다.)

b. Desert plants are adapted to **cope** with extreme heat.(사막 식물들은 극도의 열기에 대처하기 위해서 적응되어 있다.)

c. He **coped** with a difficult task/difficulties.(그는 어려운 업무/어려움들에 대처했다.)

copy

이 동사의 개념 바탕에는 복사하는 과정이 있다.

1. 타동사 용법

1.1. 다음 주어는 목적어를 베낀다.

(1) a. Bob **copied** the original article for his personal use.(밥은 그 원문 기사를 개인 용도로 복사했다.)

b. It is illegal to **copy** an book without permission.(허가 없이 책을 복사하는 것은 불법이다.)

c. She **copied** the phone number into her address book.(그녀는 그 전화번호를 그녀의 주소록에 베껴 넣었다.)

d. I **copied** out several poems/pictures.(나는 몇 편의 시/그림을 복사했다.)

1.2. 다음은 수동태 문장으로 주어는 복사된다.

(2) Everything in the computer memory can be **copied** into diskettes.(컴퓨터 기억장치의 모든 것들이 디스켓 속에 복사될 수 있다.)

1.3. 다음 주어는 목적어를 모방한다.

(3) a. Jim **copies** everything his older brother says.(짐은 형이 말하는 모든 것을 흉내낸다.)

b. He **copied** often a good precedent.(그는 종종 훌륭한 선례를 모방했다.)

c. He **copies** his brothers virtues.(그는 형제들의 미덕을 모방한다.)

d. The builder **copies** the house next door. (그 건축업자는 이웃집을 모방한다.)

2. 자동사 용법

2.1. 다음 주어는 전치사 off나 from의 목적어에서 베낀다.

(4) a. If I catch anyone **copying** off their neighbor, they will be punished.(내가 옆 사람 것을 베끼는 자를 보게 된다면 그들은 벌을 받을 것이다.)

b. Jim **copied** from the boy next to him.(짐은 옆에 있는 소년의 것을 컨닝했다.)

c. He **copied** from nature/life.(그는 자연을/삶을 모사했다.)

2.2. 다음 주어는 옆 사람의 것을 베껴서 쓴다.

(5) a. The teacher caught him **copying** during the exam.(그 선생님은 그가 그 시험기간 중에 컨닝하고 있는 것을 잡아냈다.)

b. Good authors don't **copy** from others.(훌륭한 작가는 다른 작가들의 작품을 베끼지 않는다.)

2.3. 다음 주어는 복사된다.

(6) The pale writing doesn't **copy** well.(그 흐린 서체는 잘 복사되지 않는다.)

cork

이 동사의 개념 바탕에는 cork의 명사 '코르크 마개'가 있다. 동사는 명사의 기능과 관련이 있다.

1. 타동사 용법

1.1. 다음 주어는 목적어에 마개를 끼운다.

(1) a. The machine **corks** the wine bottles.(그 기계는 코르크 마개를 포도주 병에 끼운다.)

b. Please **cork** the bottle after you have poured your drink.(너의 음료수를 따른 다음에 그 병마개

를 끼워주세요.)

corner

이 동사의 개념 바탕에는 corner의 명사 '모퉁이'가 있다.

1. 타동사 용법

1.1. 다음 주어는 목적어를 모퉁이에 몰아 넣는다.

(1) a. He cornered me at the party and told me all about himself.(그는 그 파티에서 나를 구석에 몰아넣고 그 자신에 대한 모든 얘기를 했다.)

b. After a chase, the police cornered him in a hallway.(경찰은 추격 끝에 그를 복도 끝으로 몰아 넣었다.)

c. She has cornered him and trapped him.(그녀는 그를 구석으로 몰아서 함정에 걸리게 했다.)

d. The walkers had cornered someone against the pillar and were asking questions.(그 길을 걷던 사람들이 누군가를 그 기둥으로 몰고 가서는 질문들을 하고 있었다.)

e. The policeman cornered the thief in a dead-end street.(그 경찰관은 도둑을 막다른 길로 몰아넣었다.)

f. The dogs cornered the bear in the valley.(그 개들은 곰을 그 계곡에 몰아 넣었다.)

g. They cornered him in the argument.(그들은 그를 논쟁에서 궁지에 몰리게 했다.)

1.2. 다음은 수동태 문장으로 주어는 궁지에 몰린다.

(2) a. I found myself cornered by her on the stairs.(나는 그 계단 위에서 그녀에 의해 궁지에 몰렸다.)

b. The thief was finally cornered.(그 도둑은 끝내 궁지에 몰렸다.)

1.3. 다음은 수동태 문장으로 주어는 모서리가 만들어진다.

(3) The walls are cornered with brick.(그 벽은 벽돌로 모서리를 냈다.)

1.4. 다음에서 주어는 목적어를 독점한다. 목적어는 시장이다.

(4) a. That company has cornered the market on oil.(그 회사가 그 석유 시장을 독점해왔다.)

b. They have more or less cornered the fast-food market.(그들이 얼마간 패스트푸드 시장을 독점해 왔다.)

c. The company plans to corner a third of the world market.(그 회사는 세계 시장의 삼분의 일을 독점할 계획이다.)

1.5. 다음 주어는 목적어를 독점한다. 목적어는 상품이다.

(5) a. Mr. Buchanan has cornered the sizeable conservative vote.(부캐넌씨가 보수파들의 상당한 표를 독점해 왔다.)

b. Some speculators have tried to corner silver.(일부 투기꾼들이 은을 독점하려고 노력해 왔다.)

c. They tried to corner all the beef in the market.(그들은 시장의 쇠고기를 모두 독점하고자 했다.)

1.6. 다음 주어는 목적어를 궁지에 몰아서 전치사 into 의 목적어가 가리키는 일을 하게 한다.

(6) She cornered me into serving on the finance committee.(그녀는 나를 궁지에 몰아 재정 위원회에서 일하게 했다.)

2. 자동사 용법

2.1. 다음 주어는 모퉁이에서 만난다.

(7) a. This is the spot where the three states corner.(이 곳이 세 개 주의 모퉁이가 만나는 곳이다.)

b. Do you know the drug store that corners on 20th?(20가 모퉁이에 있는 약국 아세요?)

2.2. 다음의 주어는 모퉁이를 돈다.

(8) a. The car skidded when he cornered at 50 miles an hour.(그가 시속 50마일로 코너를 돌았을 때 차가 미끄러졌다.)

b. His sport car corners beautifully.(그의 스포츠 카는 멋지게 모퉁이를 돈다.)

correct

이 동사의 개념 바탕에는 잘못을 바로잡는 과정이 있다.

1. 타동사 용법

1.1. 다음 주어는 목적어를 나무란다.

(1) a. He corrected the speaker.(그는 연사를 나무랐다.)

b. He corrected the child with a rod.(그는 아이를 회초리로 꾸짖었다.)

c. She corrected the man for taking liberties with her.(무례하게 구는 것에 대해 그녀는 그 남자를 나무랐다.)

1.2. 다음 주어는 목적어를 고친다.

(2) a. He's correcting his habits.(그는 습관을 교정하고 있다.)

b. Please correct my pronunciation if it's wrong.(잘못이 있다면 나의 발음을 교정해 주세요.)

c. He corrected his mistakes.(그는 자신의 잘못을 고쳤다.)

d. Some eyesight problems are relatively easy to correct.(몇 개의 시력 문제들은 상대적으로 고치기 쉽다.)

1.3. 다음 주어는 목적어를 검토해서 고친다.

(3) a. She spent the whole evening correcting exam papers.(그녀는 온 저녁을 시험지를 교정하면서 보냈다.)

b. Correct your paper before you hand it in. (제출하기 전에 보고서를 교정해라.)

1.4. 다음 주어는 목적어를 고친다.

(4) a. The new glasses will correct your eyesight.(그 새 안경은 너의 시력을 고칠 것이다.)

b. The mechanic corrected the timing belt.(그 기계공은 그 타이밍 벨트를 고쳤다.)

c. The chair will correct bad posture.(그 의자는 나쁜 자세를 고칠 것이다.)

correlate

이 동사의 개념 바탕에는 연관을 짓는 과정이 있다.

1. 타동사 용법
1.1. 다음 주어는 목적어를 전치사 with의 목적어와 연관을 짓는다.
(1) a. He could not **correlate** the data **with** his hypothesis.(그는 그 자료를 자신의 가설에 접목시킬 수 없었다.)
　　b. Try to **correlate** your knowledge of biology **with** that of linguistics.(너의 생물학에 대한 지식을 언어학에 대한 것과 관련시키도록 노력해봐.)

1.2. 다음 주어는 목적어를 전치사 to의 목적어에 연관시킨다.
(2) a. We can **correlate** the increase in profits **to** the increase in our sales.(우리는 수익 증가를 판매 증가에 연관시킬 수 있다.)
　　b. The response to the questions does not **correspond to** age or gender.(그 질문의 대답은 나이나 성에 연관이 되지 않는다.)

1.3. 다음 주어는 목적어를 연관시킨다.
(3) a. They are trying to **correlate** the two sets of figures.(그들은 두 집단의 숫자들을 연관시키려 하고 있다.)
　　b. We tried to **correlate** the results of our experiments.(우리는 실험의 결과들을 연관시키려고 노력했다.)

2. 자동사 용법
2.1. 다음 주어는 연관된다.
(4) a. Chemistry and physics **correlate**.(화학과 물리는 서로 연관되어 있다.)
　　b. The radius and circumference **correlate**.(반지름과 원주는 서로 연관되어 있다.)
　　c. The data seem to **correlate**.(그 자료들은 연관되는 것 같다.)
　　d. Form and meaning **correlate** to each other.(형태와 의미는 서로 연관된다.)

2.2. 다음 주어는 전치사 with의 목적어와 연관된다.
(5) a. Geography **correlates with** many other studies.(지리학은 많은 다른 연구들과 연관된다.)
　　b. A high-fat diet **correlates with** a greater risk of heart disease.(고지방 음식은 심장 질환의 더 큰 위험과 연관된다.)
　　c. The graph **correlates with** the description in the text.(그 그래프는 글의 설명과 연관된다.)

correspond

이 동사의 개념 바탕에는 본질적으로 상응하는 과정이 있다.

1. 자동사 용법
1.1. 다음 주어는 서신을 교환한다.
(1) a. The poets **corresponded** for many years.(그 시인들은 수년 동안 편지를 주고 받았다.)
　　b. We **correspond** regularly.(우리는 정기적으로 교류한다.)

1.2. 다음 주어는 전치사 with의 목적어와 서신을 교환한다.
(2) a. He wishes to **correspond with** her.(그는 그녀와 편지를 주고 받기를 원한다.)
　　b. Bob **corresponded with** Tom by post-card while they were out of the country.(밥은 그들이 외국에 있을 때 톰과 엽서로 소식을 주고 받았다.)

1.3. 다음 주어는 일치한다.
(3) a. His words and actions do not **correspond**.(그의 말과 행동은 일치되지 않는다.)
　　b. The two halves of the document do not **correspond**.(그 서류의 두 부분들은 서로 일치하지 않는다.)

1.4. 다음 주어는 전치사 with의 목적어와 어울린다.
(4) a. Her hat does not **correspond with** her dress.(그녀의 모자는 옷과 어울리지 않는다.)
　　b. His shirt **corresponds** well **with** his suit.(그의 셔츠는 양복과 잘 어울린다.)

1.5. 다음 주어는 전치사 to의 목적어에 상응한다.
(5) a. The broad lines on the map **corresponds to** roads.(그 지도 위의 넓은 선들은 길에 해당한다.)
　　b. The written record does not **correspond to** what was said actually.(그 문자 기록은 실제로 말해진 것과 일치하지 않는다.)
　　c. The rank of a English earl **corresponds to** that of a European count.(영국 후작의 지위는 유럽의 백작의 지위와 일치한다.)
　　d. The numbers **correspond to** distinct points on the map.(그 숫자들은 지도 위의 두드러진 지점들과 일치한다.)
　　e. Her deeds always **correspond to** action.(그녀의 행동들은 항상 활동과 일치한다.)

corrode

이 동사의 개념 바탕에는 부식하는 과정이 있다.

1. 타동사 용법
1.1. 다음 주어는 목적어를 부식시킨다.
(1) a. Acids **corrode** metals.(산성 물질이 금속을 부식시킨다.)
　　b. Rust **corroded** the metal railings.(녹이 그 철제 난간을 부식시켰다.)
　　c. The rain **corroded** the metal gutter.(그 비가 철제 배수구를 부식시켰다.)

1.2. 다음 주어는 목적어를 부식시킨다.
(2) a. Anxiety **corroded** her heart.(근심이 그녀의 마음을 파고 들었다.)
　　b. Greed **corroded** him.(탐욕이 그를 좀 먹게 했다.)
　　c. Failure **corroded** her self-confidence.(실패가 그녀의 자만심을 부식했다.)
(3) a. All the electrical components have **corroded**.(모든 전기 부품들이 부식되었다.)

b. If the tools are left outside, they will **corrode**.(실외에 연장을 방치하면, 그것들은 썩게 된다.)

c. The metal case of the old battery began to **corrode**.(오래된 전지의 금속 케이스가 부식되기 시작했다.)

corrupt

이 동사의 개념 바탕에는 나쁘게 만드는 과정이 있다.

1. 타동사 용법

1.1. 다음 주어는 목적어를 나쁘게 만든다.
(1) a. He **corrupted** his younger brother by teaching him to smoke.(그는 남동생에게 담배 피는 법을 가르쳐서 타락시켰다.)

b. Greed **corrupted** the younger generations.(탐욕이 젊은 세대를 타락시켰다.)

c. He tried to **corrupt** the electorate.(그는 유권자들을 타락시키려고 했다.)

1.2. 다음 주어는 목적어를 훼손시킨다.
(2) a. The artist **corrupted** the original artwork by trying to improve it.(그 예술가는 원작을 개선하려다가 도리어 훼손시켰다.)

b. He **corrupted** public morals.(그는 공중 도덕을 훼손시켰다.)

c. Easy living **corrupted** his warrior spirit.(안일한 삶이 그의 군인 기상을 타락시켰다.)

1.3. 다음은 수동태 문장으로 주어는 나쁘게 된다.
(3) a. The computer file was **corrupted** during the transfer.(그 컴퓨터 화일은 이동 중 훼손되었다.)

b. He was **corrupted** by power and ambition.(그는 권력과 야망에 부패하게 되었다.)

2. 자동사 용법

2.1. 다음 주어는 부패한다.
(4) They say power **corrupt**. (권력은 부패하기 마련이라고 한다.)

2.2. 다음 주어는 못쓰게 된다.
(5) The disk will **corrupt** if it is overloaded.(그 디스크는 과부하가 걸리면 못쓰게 된다.)

cost

이 동사 cost에는 cost의 명사 '비용'이 있다. 동사의 의미는 비용이 나가는 과정이 있다.

1. 타동사 용법

1.1. 다음 주어는 첫째 목적어에서 둘째 목적어를 나가게 한다.
(1) a. The house **cost** him a great deal of money.(그는 집에 많은 돈을 들였다.)

b. The shirt **cost** her 20 dollars at a small shop.(그 셔츠는 조그만 상점에서 그녀가 20달러를 쓰게 했다.)

c. Lodgings and food **cost** us around 300 dollars.(숙

식으로 우리는 약 300달러를 사용했다.)

d. It was a mistake and **cost** the company several million pounds.(그것은 실수였고, 그 회사가 몇 백만 파운드를 잃게 했다.)

e. It will **cost** you 50 dollars to fly to London.(런던까지 비행기로 가려면 너는 50달러를 써야 할 것이다.)

1.2. 다음 주어는 첫째 목적어가 둘째 목적어를 잃게 만든다.
(2) a. The boy's bad behavior **cost** his mother many sleepless nights.(그 소년의 나쁜 행동은 어머니가 많은 잠 못 자는 밤을 겪게 했다.)

b. The king's violence **cost** him the support of the clergy.(그 왕의 폭력은 그가 성직자들의 지지를 잃게 만들었다.)

c. The accident has **cost** her a broken leg.(그 사고는 그녀가 부러진 다리를 가지게 했다.)

d. His carelessness **cost** him his job.(그의 부주의함이 그에게 직업을 잃게 했다.)

1.3. 다음 주어는 첫째 목적어에서 둘째 목적어를 잃게 한다. 둘째 목적어는 시간이다.
(3) a. It **cost** me a month to shape up.(건강을 회복하는 데 내게 한 달이 걸렸다.)

b. Writing the book **cost** him much time.(그 책을 쓰는 것은 그에게 많은 시간이 소요되었다.)

c. That request **cost** us two weeks' extra work.(그 요청은 우리에게 2주간의 과외의 일을 하게 했다.)

d. The school play **cost** us much time and effort.(그 학교 연극은 우리에게 많은 시간과 노력을 쓰게 했다.)

1.4. 다음 주어는 첫째 목적어가 둘째 목적어를 잃게 한다. 둘째 목적어는 생명이다.
(4) a. It may **cost** him his life.(그것은 그에게서 생명을 앗아갈 수도 있다.)

b. A single error could **cost** you your life.(하나의 실수가 너에게서 생명을 앗아갈 수도 있다.)

c. A thoughtless word **cost** me a friend.(생각 없는 말이 나에게서 친구 한 명을 잃게 했다.)

d. His eagerness to witness the spectacles **cost** him his life.(그 광경을 보고자 했던 그의 열정이 목숨을 앗아갔다.)

1.5. 다음 주어는 목적어를 쓰거나 잃게 한다.
(5) a. It will **cost** too much.(그것은 비용이 너무 많이 들 것이다.)

d. The best goods usually **cost** much.(최고급 상품은 대개 값이 비싸다.)

b. These eggs **cost** 5 pence each.(이 계란은 각각 5펜스이다.)

e. The camera **cost** $200.(그 카메라는 200달러였다.)

c. Careless driving may **cost** your life.(부주의한 운전이 너의 목숨을 빼앗을 수도 있다.)

f. Riots between natives and foreigners **cost** some lives.(모국인과 외국인 사이의 폭동은 몇몇 생명을 앗아갔다.)

1.6. 다음 주어는 목적어를 돈을 쓰게 한다.
(6) a. It will **cost** you to go by train.(기차로 가는 것은 너

로 하여금 많은 돈을 쓰게 만들 것이다.)
b. To own the house will **cost** you.(그 집을 소유하는 것은 네게서 돈을 쓰게 할 것이다.)

1.7. 다음 주어는 비용을 요한다.
(7) I like them, but my god, they **cost**.(나는 그것들을 좋아하지만 비용이 많이 든다.)

1.8. 다음 주어는 목적어의 비용을 계산한다.
(8) a. It will take some complicated calculations to **cost** this project.(이 계획의 소용경비를 견적하는 데는 복잡한 계산이 필요할 것이다.)
b. The builder **cost** the job at $1,000.(그 건축업자는 그 일의 견적비를 1,000달러로 했다.)

couch

이 동사의 개념 바탕에는 말로 표현하는 과정이 있다.

1. 타동사 용법
1.1. 다음 주어는 자신을 표현한다.
(1) He **couched** himself.(그는 자기 자신을 표현했다.)
1.2. 다음 주어는 목적어를 말로 표현한다.
(2) a. The boss **couched** her order in pleasant words.(그 사장은 명령을 상냥한 말로 표현했다.)
b. She **couched** her complaint in a pleasant way.(그녀는 불평을 상냥하게 표현했다.)
1.3. 다음은 수동태 문장으로 주어는 표현된다.
(3) a. The offer was **couched** in obscure legal jargon.(그 제안은 애매한 법률 용어로 표현됐다.)
b. The letter was deliberately **couched** in very vague terms.(그 편지는 고의로 매우 모호한 말들로 표현됐다.)

cough

이 동사의 개념 바탕에는 기침하는 과정이 있다.

1. 자동사 용법
1.1. 다음 주어는 기침을 한다.
(1) a. Ned is **coughing** a lot.(네드는 기침을 많이 하고 있다.)
b. Don't **cough** in the middle of a concert.(음악회가 진행되는 동안 기침 소리를 내지 마시오.)
c. He **coughed** once or twice to attract her attention.(그는 그녀의 주의를 끌기 위해 한 두 번 헛기침을 했다.)
d. He **coughed** to clear his throat.(그는 목의 가래를 없애기 위해 기침을 했다.).
e. He's **coughing** badly because he has a cold.(그는 감기에 걸렸기 때문에 심하게 기침을 한다.)
1.2. 다음 주어는 기침 소리를 낸다.
(2) a. The car engine **coughed** a few times.(그 차 엔진은 몇 번 불연소음을 냈다.)
b. The engine **coughed** into life.(그 엔진은 푸드덕 하더니 살아났다.)

2. 타동사 용법

2.1. 다음 주어는 기침을 하여 목적어에 영향을 미친다.
(3) a. The audience **coughed** the speaker down.(그 청중이 기침 소리를 내어 연사를 중단시켰다.)
b. He **coughed** himself hoarse.(그는 기침을 해서 목이 쉬었다.)
2.2. 다음 주어는 기침을 하여 목적어를 뱉어낸다.
(4) a. He **coughed up** phlegm/mucus.(그는 기침해서 담(痰)을/점액을 내뱉었다.)
b. He's **coughing up** blood.(그가 피를 토하고 있다.)
c. The car is **coughing** smoke all over the place.(그 차는 매연을 도처에 내뿜고 있다.)
2.3. 다음 주어는 목적어를 뱉어낸다. 목적어는 돈이다.
(5) a. He **coughed up** 10 dollars to repair the damage/for a parking fine.(그는 마지못해 10달러를 그 손해 배상비로/주차 과태료로 뱉어내었다.)
b. I'll have **cough up** $100 for the tuition.(나는 100달러를 수업료로 뱉어낼 것이다.)
c. With a bit of persuasion, he will **cough up** a few dollars for the cause.(약간의 설득만 하면, 그는 목적을 위하여 몇 달러를 내놓을 것이다.)
2.4. 다음 주어는 목적어를 뱉어낸다. 목적어는 말이다.
(6) a. He **coughed out** his gratitude.(그는 감사의 마음을 뱉어 내었다.)
b. He **coughed** out his story.(그는 이야기를 뱉어 내었다.)

counsel

이 동사의 개념 바탕에는 전문적인 지식으로 조언하는 과정이 있다.

1. 타동사 용법
1.1. 다음 주어는 목적어에게 조언한다.
(1) a. She **counseled** her daughter about good study habits.(그녀는 딸에게 좋은 학습 습관에 관하여 조언했다.)
b. The rabbi **counseled** the couple on their marriage.(그 랍비는 그 부부에게 결혼과 관련하여 조언을 했다.)
1.2. 다음 주어는 목적어에게 조언하여 부정사가 가리키는 일을 하게 한다.
(2) a. He **counseled** me to quit smoking.(그는 나에게 금연하라고 조언했다.)
b. He **counseled** them to give up the plan.(그는 그들에게 계획을 포기하라고 충고했다.)
c. He **counseled** me to go to university.(그는 나에게 대학에 갈 것을 조언했다.)
1.3. 다음 주어는 목적어를 조언한다.
(3) a. The minister **counseled** prudence.(그 목사는 신중할 것을 조언했다.)
b. He **counseled** acting at once.(그는 즉시 행동할 것을 조언했다.)
c. The lawyer **counseled** suing to the company.(그 변호사는 그 회사를 고소할 것을 조언했다.)

count

이 동사의 기본 개념은 개체의 수를 헤아리는 과정
이다.

1. 타동사 용법

1.1. 다음 주어는 목적어를 헤아린다.

(1) a. Remember to count the people outside. (밖의 사람
    수를 세는 것을 잊지 말라.)
   b. The child counted the blocks/his fingers. (그 아이
    는 블록/손가락을 세었다.)
   c. Have you counted the passengers/the receipts?
    (너는 승객들/영수증을 세었나?)
   d. The teacher counted the children after the
    avalanche. (그 선생님은 눈 사태 이후 그 아이들 숫
    자를 셌다.)
   e. Count your change before you leave the store.
    (당신이 상점을 떠나기 전에 거스름돈을 세어라.)
   f. You will count the cost someday. (당신은 언젠가
    비용을 계산하게 될 것이다.)

1.2. 다음은 수동태 문장으로 주어는 헤아려 진다.

(2) The votes have not been counted yet. (투표수는 아
    직 세어지지 않았다.)

1.3. 다음에 쓰인 up은 '위로' 의 뜻을 갖는다. 이 뜻은
    작은 수에서 큰 수로 헤아리는 방향이나 수들을
    모아서 크게 만드는, 즉 합산하는 뜻으로 쓰인다.

(3) a. He can count the numbers up to fifty in
    English. (그는 영어로 숫자 50까지 셀 수 있다.)
   b. I counted up all of the employees in the office. (나
    는 사무실 안의 모든 고용자들의 숫자를 세었다.)
   c. He counted up his years of teaching
    experience. (그는 교수 경험 연수를 합산했다.)
   d. Count today's hours up and add them to the total.
    (오늘의 시간 수를 합산해서 그것을 총합에 더하라.)
   e. She began to count up how many guests they
    had to invite. (그녀는 손님들을 얼마나 많은 수까지
    그들이 초대해야 하는지 합산하기 시작했다.)

1.4. '헤아리다' 는 '헤아려넣다' 또는 고려하다' 의 뜻
    으로 확대된다.

(4) a. He had an income of $1,000 a week, counting
    extra fees. (그는 시간 외 수당을 포함하여 1주일에
    $1000 수입을 가졌다.)
   b. There were 40 people, counting the children. (아
    이들을 포함하여 40명이 있었다.)
   c. There are 6 people in my family, counting the
    parents. (우리 가족에는 부모를 포함하여 6명이 있
    다.)
   d. When we get to the mountains, there'll be six of
    us not counting the babies. (우리가 산에 도착하면,
    아기들을 제외하고 우리는 6명일 것이다.)
   e. We have invited 30 people, not counting the
    children. (우리는 아이들을 제외하고 30명을 초대했
    다.)
   f. There I found fourteen plates, not counting the
    cracked ones. (나는 거기에서 깨진 것을 제외하고
    접시 14개를 찾았다.)

1.5. 다음 목적어는 수이다. 주어는 목적어를 센다.

(5) a. Count three and jump. (3까지 세고 뛰어라.)
   b. When you get angry, count ten before you do
    anything. (화가 나면, 어떤 것을 하기 전에 10까지
    세어라.)
   c. He counted the number of seconds down: 5, 4, 3,
    2, 1. (그는 거꾸로 초를 세었다; 5, 4, 3, 2, 1.)
   d. We counted the number of the new words in the
    lesson. (우리는 이 과에 나오는 새 단어의 수를 세었
    다.)

1.6. 다음 주어는 수를 헤아린다.

(6) a. Count how many people there are in the
    garden. (정원에 몇 명의 사람이 있는지 세어라.)
   b. Can you count how many apples are left for me?
    (나를 위해 남겨진 사과가 몇 개인지 세어 주겠나?)

1.7. '헤아리다' 는 '생각하다' 의 뜻으로 확대되어 쓰
    인다. 다음 주어는 목적어를 전치사 as의 목적어
    의 주어로 간주한다.

(7) a. Everyone counted her as/for lost. (모든 사람은 그
    녀를 실종되었다고 간주했다.)
   b. Sue counts her dog as one of her family. (수는 그
    녀의 강아지를 가족 중 한 명으로 간주한다.)
   c. I count you as my dearest friend. (나는 당신을 아
    끼는 친구로 생각한다.)

1.8. 다음은 수동태 문장으로 주어는 간주된다.

(8) Surviving the hurricane was counted as a miracle.
    (그 태풍에서 살아남는 것은 기적으로 간주되었다.)

1.9. 전치사 among의 목적어는 여러 개체로 이루어진
    무리를 나타낸다. 주어는 목적어를 전치사 among
    이 가리키는 부류 속에 계산해 넣는다.

(9) a. He counts her among the chosen. (그는 그녀를 선
    택받은 이들 중 하나로 생각한다.)
   b. I no longer count him among my friends. (나는 더
    이상 그를 친구들 중 하나로 생각하지 않는다.)
   c. She no longer counts us among her friends. (그녀
    는 더 이상 우리를 친구들 중 하나로 생각하지 않는
    다.)

1.10. 다음 주어는 목적어를 전치사 against의 목적어
    에 불리하게 계산한다.

(10) You must not count her inexperience against him.
    (너는 그녀의 경험 부족을 그에게 불리하게 대해서는
    안 된다.)

1.11. '계산하다' 는 '생각하다' 의 뜻으로 확대된다.

(11) I count that she will come. (나는 그녀가 올 것으로 믿
    는다.)

1.12. 다음에서 count는 '생각하다', '고려하다' 의 뜻
    으로 [동사+목적어+목적보어]의 구조에 쓰였
    다. 목적보어는 형용사이다.

(12) a. I count myself fortunate in having good health. (나
    는 자신이 건강하므로 행운이라고 생각한다.)
   b. We counted ourselves lucky to be alive/to be
    here. (우리는 자신들이 살아있어서/여기에 있어서
    행운이라고 생각했다.)
   c. He counted his life meaningless. (그는 삶을 무의미
    하다고 생각했다.)
   d. I counted it dangerous/folly to go there alone at

night.(나는 저녁에 혼자서 거기에 가는 것을 위험하다고/어리석다고 생각했다.)

e. I count it stupid to follow his advice.(나는 그의 충고를 따르는 것을 어리석다고 생각한다.)

1.13. 다음 주어는 첫째 목적어를 둘째 목적어로 간주한다.

(13) I count him one of my closest friends.(나는 그를 가장 절친한 친구 중 하나로 생각한다.)

1.14. 다음은 수동태 문장으로 주어는 간주된다.

(14) a. He was counted a good parish man.(그는 훌륭한 교구주로 간주되었다.)

b. She was counted a success.(그녀는 성공한 사람으로 생각되었다.)

1.15. 다음 주어는 목적어를 헤아려 넣는다.

(15) a. The concert sounds like fun; so count me in.(그 음악회는 재미있게 들린다. 그러니 나도 껴줘.)

b. Mark, can we count you in for the tennis match?(마크야, 우리가 너를 그 테니스 경기에 넣어도 되니?)

c. Please count me in for the party.(제발 나를 그 파티에 껴줘.)

1.16. 다음 주어는 목적어를 헤아려서 제외한다.

(16) a. Count me out of your plans.(나를 당신의 계획에서 제외시키세요.)

b. She counted out two 10-dollar notes.(그녀는 2장의 $10 지폐를 세어서 꺼냈다.)

c. If you're playing football in this weather, you can count me out.(이 날씨에 축구를 한다면, 나를 제외시키세요.)

1.17. 다음은 수동태 문장으로 주어는 제외된다.

(17) Fraser was counted out in the tenth round.(프레이저는 10라운드에서 일어나지 못했다.)

1.18. 다음 주어는 전치사 for의 목적어로 헤아려진다.

(18) a. Mere cleverness without sound principles does not count for anything.(건전한 원리가 없는 단순한 영리함은 아무 소용이 없다.)

b. His twenty-year service should count for something.(그의 20년 봉사는 어느 정도 평가되어야 한다.)

c. I felt that all my years there counted for nothing.(나는 거기서의 모든 생활이 아무 평가를 받지 못하는 것으로 느꼈다.)

e. A touchdown counts for 6 points.(터치다운은 6점으로 쳐진다.)

f. The data counted for much.(그 자료는 매우 중요하게 간주되었다.)

1.19. 다음 주어는 towards의 목적어에 헤아려진다.

(19) a. All these essays count towards my exam results.(이 모든 수필들은 나의 시험 성적에 헤아려진다.)

b. Any contributions you have made counts towards your pension.(네가 세운 모든 공헌이 네 연금을 책정하는데 헤아려진다.)

2. 자동사 용법

2.1. 다음 주어는 헤아려진다. 헤아려진다는 것은 고려의 대상이 되거나 중요하다.

(20) a. What counts is what you believe.(중요한 것은 당신이 믿는 것이다.)

b. What counts is the quality of our life.(중요한 것은 우리의 삶의 질이다.)

c. What counts is how you feel about yourself.(중요한 것은 네가 너에 대해 어떻게 느끼는가이다.)

d. He used to be very important, but nowadays what he says doesn't count.(그는 매우 중요한 사람이었으나, 요즘에 그가 말하는 것들은 중요하게 취급되지 않는다.)

e. The game is only for practice; it won't count.(그 게임은 오로지 연습용이다. 계산되지 않을 것이다.)

f. Forget about him; his opinion doesn't count.(그에 대해 잊으시오. 그의 견해는 중요하지 않습니다.)

g. Every bit of help counts.(도움 하나 하나가 중요하다.)

h. Everything we do count.(우리가 하는 모든 것은 중요하다.)

i. Every minute/every customer counts.(매 분/모든 손님은 중요하다.)

j. The amount is so small that it hardly counts.(그 양은 너무 작아서 거의 중요하지 않다.)

k. It is thinking, not reading that counts.(중요한 것은 생각하는 것이지 읽기가 아니다.)

l. You've been honest with yourself, and that's what counts.(너는 자신에 대해 정직했고, 그것이 중요한 것이다.)

m. The work counts a lot/something/nothing/little to him.(그 일은 그에게 매우/조금 중요하다/조금도/거의 중요하지 않다.)

2.2. 다음 주어는 전치사 against의 목적어로 헤아려진다.

(21) a. If I revealed my true feelings, it would count against me.(만약 내가 진실된 감정을 드러내면, 그것은 나에게 불리하게 작용할 것이다.)

b. His bad grades counted against him when he applied for college.(그의 나쁜 성적은 대학에 지원할 때 불리하게 작용했다.)

2.3. 다음 주어는 전치사 among의 목적어로 간주된다.

(22) a. The book counted among the best of his work.(그 책은 그의 최고 작품으로 간주된다.)

b. She counts among the top ten marathon runners in the country.(그녀는 그 나라에서 10명의 최상의 마라톤 선수에 속한다.)

2.4. 다음 주어는 전치사 as의 목적어로 간주된다.

(23) a. The novel counts as a classic.(그 소설은 고전으로 간주된다.)

b. The book counts as a masterpiece.(그 책은 걸작으로 간주된다.)

c. For tax purposes this counts as unearned income.(세금 목적상 이것은 불로소득으로 간주된다.)

d. The computer doesn't count as office furniture.(컴퓨터는 사무실 가구로 간주되지 않는다.)

2.5. 다음 주어는 전치사 on의 목적어 바탕 위에 계산을 한다.

(24) a. We are counting on winning the contract.(우리는

그 계약을 딸 것을 기대한다.)

  b. We count on the weather being fine. (우리는 날씨가 맑기를 기대한다.)

  c. Don't count on Bill being too excited about the news. (빌이 그 뉴스에 대해 너무 흥분하리라고 기대하지 말라.)

  d. He counts on his inheriting the fortune. (그는 재산을 상속받을 것이라고 기대한다.)

  e. We count on her being rich. (우리는 그녀가 부자라고 믿는다.)

  f. We count on him for $400. (우리는 그에게 $400을 건다.)

2.6. 다음 주어는 on의 목적어에 의존한다.

(25) a. You can count on my support. (넌 나의 후원을 믿어도 돼.)

  b. We count on your help. (우리는 너의 도움에 의존한다.)

2.7. 다음에서 전치사 on의 목적어는 그 뒤에 부정사가 쓰였다.

(26) a. You can count on her to do a good job. (넌 그녀가 훌륭한 일을 할 것이라고 믿어도 된다.)

  b. You can count on us to help. (넌 우리가 도와 주는 것을 믿어도 된다.)

  c. Can I count on this car to start every morning of the year? (나 1년 내내 아침마다 이 차가 시동이 걸릴 것으로 기대해도 되지?)

  d. You can count on him to come. (넌 그가 오리라고 믿어도 된다.)

2.8. 다음 주어는 수를 헤아린다. 수를 헤아릴 때 시작하는 수, 끝나는 수, 헤아리는 방향이나 방법이 있다.

(27) a. He's only five, and cannot count yet. (그는 5살이라 아직 셀 줄 모른다.)

  b. There are twelve weeks to go, counting from today. (오늘부터 계산해서 12주가 남았다.)

  c. Count from ten to twenty. (10에서 20까지 세어라.)

  d. He counted by tens to two hundreds. (그는 10씩 200까지 세었다.)

  e. We are counting down to our holiday. (우리는 휴일까지 날짜를 내리 세고 있다.)

  f. The crowd in the square counted down to midnight. (광장에 있는 그 군중은 자정까지 초를 내리 세었다.)

  g. At the launch pad, they counted down from a number to zero. (그 발사대에서 그들은 어느 숫자에서 0까지 숫자를 내리 세었다.)

2.9. 다음 주어는 목적어를 헤아린다. 목적어는 헤아려진 숫자이다.

(28) a. The staff counts 90. (그 스태프의 수는 90이다.)

  b. The people present counted about 100. (참석한 사람은 100명 정도 되었다.)

  c. The bull's eye counts 5. (과녁의 정곡은 5 점으로 계산된다.)

2.10. 다음 주어는 헤아려서 분리된다.

(29) a. The students counted off by three to form groups of three people. (학생들은 3명인 그룹을 만들기 위해 3명씩 나뉘었다.)

  b. Count off by groups of 4. (4명씩 모이세요.)

counter

이 동사의 개념 바탕에는 되받아 치는 과정이 있다.

1. 타동사 용법

1.1. 다음 주어는 목적어를 되받아 친다.

(1) a. He countered all my moves in the chess game. (그는 체스게임에서 모든 나의 수를 받아쳤다.)

  b. The politician countered the attacks on his character. (그 정치가는 성격에 관한 그 공격을 받아쳤다.)

  c. He counted all attempts to defeat him. (그는 자신을 패배시키려는 모든 시도를 반격했다.)

  d. He countered the champion's blow. (그는 그 챔피온의 주먹을 되받아 쳤다.)

1.2. 다음 주어는 목적어를 전치사 with의 목적어로 되받아친다.

(2) a. Bob countered my question with another of his own. (밥은 내 질문을 자신의 질문으로 되받았다.)

  b. They countered our plan with one of their own. (그들은 우리의 계획을 그들 계획들의 하나로 되받았다.)

1.3. 다음 주어는 따옴표의 표현으로 반박한다.

(3) "That's not what Mark told me," he countered. ("그것은 마크가 나에게 말한 것이 아니다"고 반박했다.)

1.4. 다음 주어는 that-절의 내용을 반박한다. [논쟁은 싸움이다]의 은유가 적용된 표현이다.

(4) a. She countered that the work was not finished yet. (그녀는 그 일이 아직 끝난 것이 아니라고 되받아 쳤다.)

  b. She countered that she was too busy to write the report. (그녀는 너무 바빠서 그 보고서를 쓸 수 없었다고 반박했다.)

2. 자동사 용법

2.1. 다음 주어는 전치사 with의 목적어를 가지고 반박한다. [논쟁은 싸움] 은유가 적용된 표현이다.

(5) a. They countered with a weak argument. (그들은 빈약한 논거를 가지고 반박했다.)

  b. The debater countered with another argument. (그 토론자는 다른 논거로 반격했다.)

2.2. 다음 주어는 반격한다.

(6) He countered with a left to the jaw. (그는 왼쪽 주먹으로 턱에 반격을 가했다.)

couple

이 동사의 개념 바탕에는 연결하는 과정이 있다.

1. 타동사 용법

1.1. 다음 주어는 목적어를 연결한다.

(1) a. Couple these two parts together. (이 두 부품들을

연결해라.)

b. He **coupled** the railway cars together.(그는 철도
차량들을 연결시켰다.)

**1.2. 다음 주어는 목적어를 전치사 to의 목적어에 연결
한다.**

(2) a. He **coupled** the train cars **to** the train engine.(그는
차량들을 기관차에 연결했다.)

b. He **coupled** the trailer **to** the tractor.(그는 트레일
러를 트랙터에 연결했다.)

**1.3. 다음은 수동태 문장으로 주어는 전치사 with의 목
적어와 연결되어 있다.**

(3) a. Lack of rain **coupled with** high temperatures
caused the crops to fail.(고온과 함께 강우량 부족
은 작물들을 시들게 만들었다.)

b. Overproduction **coupled with** falling sales, has led
to huge losses for the company.(판매 하락과 함께
과잉 생산은 그 회사에 막대한 손실을 가져왔다.)

2. 자동사 용법

2.1. 다음 주어는 짝짓기를 한다.

(4) a. Lions **couple** frequently during the breeding
season.(사자는 번식기에 자주 짝짓기를 한다.)

b. When the birds are fluttering close together, they
are **coupling**.(새들이 가까이서 함께 펄럭이고 있을
때, 그들은 짝짓기를 하고 있다.)

cover

이 동사의 개념 바탕에는 덮는 과정이 있다.

1. 타동사 용법

1.1. 다음 주어는 목적어를 with의 목적어로 덮는다.

(1) a. We **covered** the body **with** a sheet.(우리는 시체를
시트로 덮었다.)

b. **Cover** the food **with** a cloth.(그 음식을 천으로 덮어
라.)

c. We **covered** the hole **with** a board.(우리는 구멍을
판으로 덮었다.)

d. She **covered** the sleeping child **with** a coat.(그녀는
자고 있는 아이를 외투로 덮었다.)

e. The noise was so loud that she **covered** her ears
with her hands.(그 소음이 너무 커서 그녀는 귀를
손으로 덮었다.)

1.2. 다음은 수동태 문장으로 주어는 덮인다.

(2) a. The table was **covered** in/with dust.(그 탁자는 먼
지로 덮여 있다.)

b. The table was **covered** with food.(그 탁자는 음식
으로 덮여 있다.)

1.3. 다음은 주어 자체가 목적어를 덮는다.

(3) a. The city **covers** 25 square miles.(그 도시는 25평
방 마일을 차지한다.)

b. Snow **covered** the ground.(눈이 그 땅을 덮었다.)

c. Dust **covered** her shoes.(먼지가 그녀의 신발을 덮
었다.)

d. The water kept rising till it **covered** our hands.
(그 물은 우리의 손을 덮을 때까지 계속 올라왔다.)

**1.4. 다음은 [학문은 영역]과 [기간은 영역] 은유가 적
용된 예이다.**

(4) a. The book **covers** the period from 1870 to 1914.
(그 책은 19870년부터 1914년까지의 시기를 다룬
다.)

b. His diary **covered** three years.(그의 일기는 3년을
기록했다.)

c. The review **covers** everything we learned last
semester.(그 복습과제는 우리가 지난 학기에 배웠
던 모든 것을 다룬다.)

d. The 25 lessons **cover** half the course.(그 25과는
그 과정의 절반을 다룬다.)

**1.5. 주어는 목적어를 감당한다. 주어는 돈이고, 목적
어는 경비나 이와 관련이 있는 개체이다.**

(5) a. Will $10 **cover** the cost of the damage?(10달러가
그 손해비용을 감당할까?)

b. The allowance **covers** my lunch at school.(그 용
돈은 학교에서 내 점심식사비를 감당한다.)

c. Will five dollars **cover** your expenses?(5달러가 네
비용으로 충분할까?)

**1.6. 다음 주어는 규정이나 정의이다. 주어는 목적어를
포함한다.**

(6) a. These regulations **cover** the rights of part-time
workers.(이 규칙들은 시간제 노동자들의 권리를
포함한다.)

b. Does this definition **cover** the figurative meaning?
(이 정의는 비유적 의미를 포함하느냐?)

1.7. 다음 주어가 목적어를 덮어서 보호하거나 숨긴다.

(7) a. The cave **covered** him from the snow.(그 동굴이
그를 눈으로부터 보호했다.)

b. The thick woods **covered** the fugitive.(그 빽빽한
숲이 도망자를 가려주었다.)

c. The guns of the fort on the hill **covered** the
territory around it.(그 언덕 위에 있는 요새의 대포
들은 주변지역을 보호했다.)

d. The police have **covered** all the roads out of
town.(경찰은 그 읍내로부터 나가는 모든 길을 보호
했다.)

e. The deputy **covered** him from an upstairs
window.(그 부관은 윗 층 창문으로부터 그를 보호
사격했다.)

1.8. 다음 주어는 목적어를 덮어서 숨긴다.

(8) a. They **covered** up the mistake.(그들은 실수를 완전
히 덮어 가렸다.)

b. They **covered** up the scandal.(그들은 추문을 완전
히 덮어 가렸다.)

1.9. 다음 주어는 목적어를 취재하여 보도한다.

(9) a. She **covered** the Ethiopian famine for CBS.(그녀
는 CBS를 위해 이디오피아 기근을 보도했다.)

b. This paper **covers** sports thoroughly.(이 신문은
스포츠를 철저하게 다룬다.)

c. She **covered** a fire for the local paper.(그녀는 화
재사건을 지방지에 보도했다.)

1.10. 다음 주어는 목적어를 지니간다.

(10) a. We aimed to **cover** 400 miles before nightfall.(우
리는 밤이 되기 전에 400 마일을 주행할 목표를 세

b. He covered 300 miles a day.(그는 300 마일을 하루에 달렸다.)

c. The car covered 200 miles a day.(그 차는 200 마일을 하루에 달렸다.)

d. The salesman covers Ohio(그 판매원은 오하이오를 활동영역에 포함시킨다.)

2. 자동사 용법

2.1. 다음 주어는 비밀을 덮는다.

(11) a. He covered up for a friend.(그는 친구를 위해 비밀을 덮었다.)

b. He is always covering up for her.(그는 언제나 그녀를 위해 비밀을 숨긴다.)

crack

이 동사의 개념 바탕에는 깨어지거나 찢어져서 금이 가는 과정이 있다. 이 과정은 날카로운 소리를 수반하기도 한다.

1. 자동사 용법

1.1. 다음의 주어는 소리를 내면서 깨어지거나 벗겨진다.

(1) a. The plaster may crack when it has dried.(그 회반죽은 마르면 금이 갈 수도 있다.)

b. The plate cracked on the floor when she dropped it.(그녀가 접시를 떨어뜨렸을 때, 그 바닥에 쨍그랑 소리를 내면서 깨졌다.)

c. The ice cracked as I stepped onto it.(내가 얼음 위를 딛자, 그것은 찍하며 으스러졌다.)

d. The tree cracked loudly and fell.(그 나무는 큰 소리를 내며 쓰러졌다.)

e. The car spun out of control and cracked up.(그 차는 중심을 잃고 회전하다가 와장창 박살이 났다.)

f. The egg cracked when it hit the floor.(그 달걀은 바닥에 떨어져 와지끈 깨졌다.)

g. The tree limb cracked in the storm.(그 나뭇가지는 폭풍에 우지끈 꺾였다.)

h. The branch cracked loudly and broke off.(그 가지는 큰 소리를 내며 꺾여져 나갔다.)

i. The pitcher cracked, and it could not hold water.(그 물주전자는 금이 가서 물을 담을 수 없었다.)

j. The glass cracked when she put hot water in it.(그녀가 뜨거운 물을 유리잔에 넣자 와지끈 금이 갔다.)

k. A gas main cracked under my neighbor's garage, and gas seeped into our homes.(이웃집 차고 밑에 가스관이 깨어져서, 가스가 우리 집에 스며들었다.)

1.2. 다음 주어는 깨어지거나 부서지는 것이 아니라 사용되면서 소리를 낸다.

(2) a. The gun/the rifle cracked.(그 총/소총이 탕하고 소리를 냈다.)

b. The wood in the fireplace cracked suddenly.(난로 속의 나무가 갑자기 탁탁 소리를 내었다.)

c. My knees cracked when I kneeled down.(내가 무릎을 꿇었을 때 무릎이 꺾이는 소리가 났다.)

d. The whip cracked threateningly and the lions roared.(그 채찍은 팩 위협적으로 소리가 나더니 그 사자가 포효했다.)

1.3. 다음 주어는 사람을 가리키나 실제는 사람의 정신이나 기운을 가리키는 환유 표현이다. 정신이나 기운은 구체적인 개체로 개념화되어 꺾이거나 부서진다.

(3) a. The prisoner cracked under investigation.(그 죄수는 수사에 꺾였다.)

b. The young doctor cracked under the strain of long hours.(젊은 의사는 오랜 시간 과로로 지쳐버렸다.)

c. She cracked under the pressures of her jobs.(그녀는 직무의 압박감에 시달려 지쳤다.)

d. The prisoner is refusing to give information, but he may crack under torture.(그 죄수는 정보를 주기를 거부하고 있지만 고문에 꺾일 것이다.)

e. I thought I was going to crack under such a barrage of questions.(나는 그 같은 질문 공세에 나가 떨어질 것이라고 생각했었다.)

f. He finally cracked down from all the stress.(그는 마침내 모든 스트레스로 인해 녹초가 되어버렸다.)

g. At last moment, he cracked.(마지막 순간에 그는 굴복했다.)

h. I haven't had cigarettes for 15 days although I nearly cracked once or twice last week.(나는 지난 주에 한 두 번 굴복할 뻔했지만 보름동안 담배를 피우지 않았다.)

i. She's calm and strong, and she is not going to crack.(그녀는 침착하고 강하다, 그러므로 무너지지 않을 것이다.)

j. The pressure at work cracked her.(일의 압박감이 그녀를 지치게 했다.)

1.4. 다음 주어는 사람이다. 그러나 이들은 환유적으로 쓰여서 정신이나 마음을 나타낸다. 이들이 완전히 깨어지는 것은 정신적으로 병이 드는 뜻이다.

(4) a. He cracked up and his wife left him.(그는 완전히 미쳐서 아내가 그를 떠났다.)

b. Many of the soldiers cracked up on returning from the war.(많은 수의 병사들이 그 전쟁에서 돌아오는 중에 미쳐 버렸다.)

c. You'll crack up if you keep working so hard.(네가 그렇게 열심히 공부하다가는 미쳐버리고 말 거야.)

1.5. 다음 주어는 파안대소한다.

(5) a. He cracked up when he saw her in her funny hat.(그는 그녀가 괴상한 모자를 쓴 것을 보자 파안대소했다.)

b. I cracked up when I heard the joke.(그 농담을 들었을 때 나는 뒤집어졌다.)

c. The joke cracked up the audience.(그 농담에 청중은 파안대소했다.)

1.6. 다음의 주어는 제도나 기관이다. 이러한 것도 깨어지는 것으로 개념화된다.

(6) a. The whole political system is going to crack up.(그 모든 정치 체계는 무너지고 말 것이다.)

b. The old institutions are cracking.(낡은 제도들은 무너지고 있다.)

c. The airplane cracked up.(그 비행기는 와장창 박살 났다.)

d. Their relationship began to crack (up) under the strain of looking after their handicapped child.(장애자인 자녀를 찾느라 과로로 지쳐버린 그들의 관계는 금가기 시작했다.)

1.7. 다음의 목적어는 목소리이다. 주어는 목소리가 갈라지는 일을 경험한다.

(7) a. The reporter's voice cracked with emotion.(그 기자의 목소리는 감정에 북받쳐 갈라졌다.)

b. His voice cracked when he sang the high note.(그의 목소리는 높은 음정으로 노래할 때 갈라졌다.)

c. The teenager's voice cracked as he spoke.(그 십대 소년이 말을 할 때에 그의 목소리가 갈라졌다.)

d. The tenor's voice cracked on the high note.(그 테너의 목소리는 그 높은 음에서 갈라졌다.)

1.8. 다음 주어는 목적어를 깬다.

(8) a. The police are trying to crack the drug smuggling ring.(경찰은 그 마약 밀수 도당들을 분쇄하려 하고 있다.)

b. I have cracked the cup but not broken it.(나는 그 컵을 금이 가게 했지만 깨지는 않았다.)

c. The window was cracked, but not broken.(그 창문은 금이 갔지만 부서지지는 않았다.)

d. Crack the eggs into a bowl.(그 달걀들을 깨뜨려 그릇에 넣어라.)

e. The hot tea cracked the cup.(그 뜨거운 차가 그 컵에 금이 가게 했다.)

1.9. 다음에서 주어는 목적어를 망가뜨린다.

(9) He cracked up his father's car.(그는 아버지의 차를 망가뜨렸다.)

1.10. 다음 주어는 목적어를 깬다.

(10) a. He cracked the nuts/the chestnuts.(그는 그 견과/밤을 깼다.)

b. Thieves cracked the woman's house/home.(도둑들은 그 여인의 집을 망가뜨렸다.)

c. The thief was unable to crack the safe.(그 도둑은 그 금고를 열 수 없었다.)

1.11. 다음 주어는 병을 연다. 이것은 마시는 뜻으로 환유적으로 확대된다.

(11) a. They cracked the bottle of whisky together.(그들은 그 위스키 병을 열어 함께 마셨다.)

b. Let's crack a bottle of champaign and celebrate.(샴페인 병을 따서 축배를 들자구.)

1.12. 다음 주어는 창문과 창들 사이에 금(공간)이 생기게 한다.

(12) a. Crack the window and get some fresh air.(그 창문을 조금 열어서 신선한 공기를 들여라.)

b. He cracked the door.(그는 그 문을 조금 열었다.)

1.13. 비밀이나 암호는 호두껍질과 같은 단단한 개체속에 들어있는 것으로 개념화된다. 비밀이나 암호를 푸는 것은 껍질을 깨서 드러내는 것으로 표현된다.

(13) a. The detective could not crack the mystery.(그 형

사는 비밀을 풀 수가 없었다.)

b. They finally cracked the deal with the chinese.(그들은 마침내 중국과의 협상을 성사시켰다.)

c. He cracked the code/the problem of nuclear fusion.(그는 그 암호/핵분열에 대한 그 문제를 풀었다.)

d. They were employed to crack the enemy codes.(그들은 적들의 암호를 풀기 위해 고용되었다.)

e. He has finally cracked the system after years.(여러 해가 지난 후에 그는 마침내 그 체계를 붕괴시켰다.)

1.14. 다음에서 주어는 아래로 내리친다. 이것은 단속의 뜻으로 확대된다.

(14) a. The police are cracking down on illegal parking.(그 경찰은 불법 주차를 단속하고 있는 중이다.)

b. The new leadership cracked down harder and harder on the writers.(그 새 정권은 더욱더 엄하게 그 작가들을 탄압했다.)

1.15. 다음 주어는 목적어를 큰 소리로 선전한다.

(15) a. Honolulu is not all that it was cracked up to be.(호놀룰루는 항간에 나도는 소문과 같은 도시는 아니다.)

b. The film wasn't all it's cracked up to be--I was bored in parts.(그 영화는 사람들의 평가와 같은 영화는 아니었다. 나는 부분부분 지루했다.)

c. The pubs isn't all that cracked up to be--the beer's terrible.(그 술집은 소문대로는 아니다. 맥주는 끔찍하다.)

2. 타동사 용법

2.1. 주어는 목적어에 힘을 가하여 금이 가게 한다.

(16) a. Crack the coconut/the nuts/the chestnuts open.(그 코코넛/땅콩/밤을 쪼개어 열어라.)

b. Twisting the lid too tight will crack the jar.(그 뚜껑을 너무 꽉 비틀어 돌리면 단지에 금이 갈 것이다.)

c. The foxes crack eggs, and suck out the yolk.(그 여우들이 알을 깨뜨려 노른자를 빨아먹는다.)

d. He cracked the cup across the bottom.(그는 컵에 바닥을 가로지르는 금이 가게 했다.)

e. The movers cracked the vase when they moved it in.(그 이삿짐 사람들은 화병을 안으로 들일 때 그것에 금이 가게 했다.)

f. I cracked a few pieces of wood and added them to the fire.(나는 몇 조각의 나무를 쪼개어 불에 던졌다.)

g. Remove the dish from the oven, and crack the salt crust.(그 접시를 오븐에서 꺼내어 소금 덩어리를 부숴라.)

h. The rock cracked the glass.(그 바위가 유리를 깨뜨렸다.)

i. The safe was cracked open.(그 금고가 부서져 열렸다.)

2.2. 다음 주어는 목적어를 전치사 on이나 over의 목적어에 친다.

(17) a. He cracked me on the head with a ruler.(그는 내 머리를 자로 쳤다.)

b. I cracked the robber over the head with an empty bottle.(나는 강도의 머리를 빈 병으로 쳤다.)

c. She cracked him on the nose.(그녀는 그의 코를 쳤다.)

2.3. 다음의 목적어는 손가락이고, 주어는 손가락에 힘을 가하여 꺾으면서 소리가 나게 한다.

(18) a. He cracked his fingers.(그는 손가락을 우두둑 꺾었다.)

b. He cracks his knuckles. (그는 손 마디를 우두둑 꺾었다.)

2.4. 다음 주어는 목적어를 부러뜨린다.

(19) a. She fell off a bike and cracked a bone in her leg. (그녀는 자전거 타다 넘어져 다리뼈가 부러졌다.)

b. He has cracked a bone in his arm.(그는 팔뼈가 부러졌다.)

2.5. 다음 주어는 목적어를 다른 개체에 부딪치게 한다.

(20) a. I cracked my knee against the desk.(나는 무릎을 그 책상에 부딪쳤다.)

b. The boy fell, and cracked his head against the wall.(그 소년은 떨어져 머리를 그 벽에 부딪쳤다.)

c. I cracked my head against the railing.(나는 내 머리를 그 난간에 부딪쳤다.)

2.6. 다음 주어는 목적어를 터뜨린다.

(21) a. He cracks jokes constantly.(그는 끊임없이 농담을 한다.)

b. The plane cracked the sound barrier.(그 비행기는 몸속을 돌파했다.)

c. She finally cracked a smile.(그녀는 마침내 생긋 웃었다.)

d. I'm hoping to crack on with that translation this weekend.(나는 이번 주말에 번역 작업이 계속되기를 바라고 있다.)

e. They cracked his composure by telling him that his friend had died.(그들은 그에게 친구가 죽었다고 말하여 그의 평정을 깨뜨렸다.)

f. He cracked a triple in the ninth inning.(그는 9회에서 트리플을 범했다.)

2.7. 다음 주어는 목적어를 분해해서 뽑아낸다.

(22) The company cracks oil into gasoline.(그 회사는 석유를 휘발유로 가공한다.)

2.8. 다음 주어는 목적어를 찰싹때린다.

(23) The cowboy cracked a whip.(그 카우보이는 채찍을 철썩 휘둘렀다.)

crackle

이 동사의 개념 바탕에는 딱딱 소리나는 과정이 있다.

1. 자동사 용법

1.1. 다음 주어는 딱딱 소리를 낸다.

(1) a. The fire crackled softly.(그 불은 딱딱 소리를 내며 부드럽게 타 들어갔다.)

b. The oil crackles in the hot frying pan.(그 기름은 뜨거운 프라이팬에서 딱딱 소리를 낸다.)

c. The dry sticks crackled as they caught fire.(그 마른 막대기들은 불이 붙으면서 탁탁 소리를 내었다.)

d. The radio crackled into life.(그 라디오가 톡톡 소리를 내면서 살아났다.)

1.2. 다음 주어는 뛴다.

(2) a. The atmosphere crackled with tension.(그 분위기는 긴장감으로 뛰었다.)

b. The play crackled with wit.(그 연극은 재치로 뛰었다.)

cradle

이 동사의 개념 바탕에는 cradle의 명사 '요람'이 있다. 동사는 명사의 기능과 관련이 있다.

1. 타동사 용법

1.1. 다음 주어는 목적어를 안는다.

(1) a. The new father cradled the baby in his arm.(그 새 아빠가 아기를 팔에 안고 흔들었다.)

b. She cradled the antique vase as she carried it to the house.(그녀는 골동품 병을 집으로 옮길 때 그것을 안았다.)

cram

이 동사의 개념 바탕에는 좁은 공간에 억지로 밀어 넣는 과정이 있다.

1. 타동사 용법

1.1. 다음 주어는 목적어를 전치사 with의 목적어로 채운다.

(1) a. The decorator crammed the room with antique furniture.(그 장식가는 그 공간을 고가구로 채워 넣었다.)

b. He crammed the hall with people.(그는 강당을 사람들로 쑤셔 넣었다.)

c. He crammed his mouth with rice.(그는 입을 밥으로 채워넣었다.)

1.2. 다음 주어는 목적어를 채운다. 주어는 그릇 속에 들어가는 사람이나 개체이다.

(2) a. Supporters crammed the streets.(지지자들이 그 거리들을 가득 메웠다.)

b. The students crammed the auditorium.(그 학생들은 강당을 가득 채웠다.)

c. Cars crammed the streets.(자동차들이 거리들을 가득 채웠다.)

1.3. 다음 주어는 목적어를 전치사 into의 목적어에 넣는다.

(3) a. He crammed the books into a small bag.(그는 책들을 작은 가방에 쑤셔 넣었다.)

b. He crammed eight people into his car.(그는 8명을 자신의 차에 밀어 넣었다.)

c. He crammed his hands into his pockets.(그는 손을 호주머니에 밀어넣었다.)

d. She crammed herself onto the crowded bus.(그녀는 자신을 만원버스 안으로 억지로 밀어 넣었다.)

1.4. 다음 주어는 목적어를 집어넣는다. [사람은 그릇]

은유가 적용된 표현이다. 주어는 목적어 속에 지식을 쳐 넣는다.

(4) a. The school is **cramming** the students for the entrance exam.(그 학교는 학생들에게 입학시험을 대비하여 지식을 주입시키고 있다.)
b. He **crammed** the boy for the exam.(그는 그 소년에게 시험을 대비해 주입식 공부를 시켰다.)
c. The students are **crammed** for the final examination.(그 학생들은 기말고사에 대비해 주입식 교육을 받는다.)

1.5. 다음 주어는 목적어를 전치사 with의 목적어로 꽉 채운다. [사람은 그릇] 은유가 적용된 표현이다.

(5) a. He **crammed** himself with food.(그는 입 안에 음식을 쑤셔 넣었다.)
b. He **crammed** his mouth full of food.(그는 입을 음식으로 가득 머금었다.)
c. He **crammed** me with Latin and Greek.(그는 나에게 라틴어와 희랍어를 주입시켰다.)

1.6. 다음 주어는 목적어를 쳐넣는다. 목적어는 음식이다. down은 밀어 넣어진 개체가 아래로 내려가는 결과를 나타낸다.

(6) a. I **crammed down** a few mouthfuls of food.(그는 음식 몇 입을 밀어 넣었다.)
b. She **crammed down** a sandwich.(그녀는 샌드위치 하나를 밀어 넣었다.)

2. 자동사 용법
2.1. 다음 주어는 좁은 공간 속으로 들어간다.
(7) a. We all managed to **cram into** his car.(우리 모두가 가까스로 차 안으로 비집고 들어갔다.)
b. A mob **crammed into** the hall.(한 폭도의 무리가 강당으로 밀고 들어왔다.)

2.2. 다음 주어는 주입식 공부를 한다.
(8) a. He's been **cramming** for his exams all week.(그는 한 주 내내 시험에 대비해 벼락치기를 해오고 있다.)
b. She is **cramming** for her midterm exams.(그녀는 중간 시험을 위해서 벼락치기 공부를 하고 있다.)

cramp¹

이 동사의 개념 바탕에는 경련이 일어나는 과정이 있다.

1. 자동사 용법
1.1. 다음 주어는 쥐가 난다.
(1) a. In the middle of the night, my leg suddenly **cramped**.(한밤 중에 갑자기 다리에 쥐가 났다.)
b. The runner's leg **cramped** in the cold.(추위로 인해 달리기 선수는 다리에 쥐가 났다.)
c. I can be very painful when a muscle **cramps**.(근육에 쥐가 난다면 아주 고통스러울 것 같다.)

2. 타동사 용법
2.1. 다음 주어는 목적어에 쥐가 나게 한다.
(2) a. The cold **cramped** my leg muscles.(추운 날씨로

인해 다리 근육에 쥐가 났다.)
b. Swimming so many laps eventually **cramped** his legs.(수영으로 너무 여러 바퀴를 돌아 그는 결국 다리에 쥐가 났다.)

2.2. 다음은 수동태 문장으로 주어는 쥐가 나는 개체이다.
(3) Her education was **cramped** by lack of money.(그녀는 돈이 없어서 학업에 어려움을 겪었다.)

cramp²

이 동사의 개념 바탕에는 cramp의 명사 '꺾쇠'가 있다. 동사의 의미는 이 명사의 쓰임과 관계가 있다.

1. 타동사 용법
1.1. 다음 주어는 목적어를 움직이지 못하게 한다.
(1) a. Tighter trade restrictions may **cramp** economic growth.(더 강경해진 무역 제한들은 경제 성장을 저해할 것이다.)
b. A tight suit **cramped** his movements.(꽉 끼는 옷이 그의 움직임을 제한했다.)

1.2. 다음 주어는 목적어의 방향을 갑자기 꺾는다.
(2) a. He **cramped** the wheel into the curb when parking on a hill.(그는 언덕에 주차할 때 그 바퀴를 그 연석으로 꺾었다.)
b. He had to **cramp** the wheel to get out of the tight parking space.(그는 좁은 주차 공간에서 빠져 나오기 위해 그 바퀴를 꺾어야 했다.)

1.3. 다음은 수동태 문장으로 주어는 제한된다.
(3) a. I was **cramped** in a small room with a desk나 and a computer.(나는 책상 하나와 컴퓨터 한 대가 있는 좁은 방에서 갑갑했다.)
b. We were **cramped** on a crowded bus.(우리는 복잡한 버스에서 꼼짝을 할 수 없었다.)

crane

이 동사의 개념 바탕에는 crane의 명사 '기중기'가 있다. 동사의 뜻은 기중기가 움직일 때의 모습과 관계가 있다.

1. 자동사 용법
1.1. 다음에서 주어는 (목을) 앞으로 내뻗는다.
(1) a. The children **craned** forward to see what was happening.(어린이들은 무슨 일이 일어나고 있는지 보려고 얼굴을 앞으로 내밀었다.)
b. People were **craning** out of the windows and waving.(사람들은 창문들 밖으로 얼굴을 내밀고서는 손을 흔들고 있었다.)
c. I **craned** to see the movie over the tall man in front of me.(나는 앞의 키 큰 사람 너머로 영화를 보기 위해서 목을 쭉 내밀었다.)

2. 타동사 용법
2.1. 다음에서 주어는 목을 앞으로 내뻗는다.
(2) a. She **craned** her neck to get a better view of the

stage.(그녀는 무대를 더 잘 보기 위해서 목을 쭉 내뻗었다.)

b. Mark craned his neck to get the first glimpse of the car.(마크는 차의 첫 모습을 힐끗 보기 위해서 목을 내뻗었다.)

crank

이 동사의 개념 바탕에는 crank의 명사 '크랭크'(도구)가 있다. 동사의 뜻은 이 명사의 기능과 관련된다.

1. 타동사 용법

1.1. 다음 주어는 목적어를 크랭크로 돌린다.

(1) a. He cranked the hand mixer to beat the eggs.(그는 손 혼합기기를 계란을 으깨기 위해서 돌렸다.)

b. He cranked the engine.(그는 엔진을 크랭크를 돌려서 시동을 걸었다.)

1.2. 다음 주어는 목적어를 돌려서 어떤 상태에 이르게 한다.

(2) a. He cranked the window open.(그는 창문을 크랭크를 돌려 열었다.)

b. He cranked up the engine/the antique car.(그는 엔진을/오래된 차를 크랭크를 돌려 시동을 걸었다.)

1.3. 다음 주어는 크랭크를 돌려서 물건을 만들듯 목적어를 만들어낸다.

(3) a. She cranks out detective stories at the rate of three a year.(그녀는 탐정소설을 일년에 3편씩 써낸다.)

b. He cranked out two best sellers in a year.(그는 2권의 베스트셀러를 1년 안에 써냈다.)

c. She cranked out cakes for the party.(그녀는 파티를 위한 케익을 많이 만들어 냈다.)

1.4. 다음 주어는 목적어의 정도를 높인다.

(4) a. He will crank up enthusiasm for the new product.(그는 새 상품에 대한 열의를 올릴것이다.)

b. He cranked up the volume on the car radio.(그는 자동차 라디오의 볼륨을 높였다.)

crash

이 동사의 개념 바탕에는 어느 개체가 갑작스럽게 큰 소리를 내며 떨어지거나 무너지는 과정이 있다.

1. 자동사 용법

1.1. 다음 주어는 무너진다.

(1) a. The stock market crashed in 1929.(증권시장은 1929년에 무너졌다.)

b. Waves crashed against the rocks.(파도가 바위에 부서졌다.)

1.2. 다음 주어는 모임에 초대를 받지 않고 가거나 남의 집에서 공짜로 지낸다.

(2) a. The students who were not invited to the party crashed it anyway.(그 파티에 초대받지 않은 학생들도 상관없이 밀고 들어가 참석했다.)

b. She crashes parties all the time even though she always gets thrown out.(비록 그녀는 항상 쫓겨남

에도 불구하고 항상 파티에 불청객으로 참석한다.)

c. Can I crash here tonight?(여기서 하룻밤 자고 갈 수 있을까?)

d. Jane crashed at Anne's when her own apartment was sprayed for bugs.(제인은 아파트에 살충제가 뿌려졌을 때 그녀는 앤의 집에서 묵었다.)

1.3. 다음 주어는 소리를 내면서 깨어진다.

(3) a. The vase fell from the shelf and crashed to pieces.(그 꽃병은 선반에서 떨어져 산산조각이 났다.)

b. The DC10 crashed on landing.(DC10은 착륙 시에 추락하였다.)

c. The plane crashed a few minutes after take-off.(그 비행기는 이륙 몇 분 후 추락했다.)

d. The roof crashed in.(그 지붕이 꽝하고 무너져 들었다.)

e. Something crashed in the middle of the night and woke me up.(무엇인가 한밤 중 박살이 나서 그 소리가 나를 깨웠다.)

f. The building suddenly crashed to the ground.(그 건물은 갑자기 땅으로 부서져 내렸다.)

g. The pane of glass crashed when it hit the floor.(그 유리판이 바닥에 떨어질 때 부서졌다.)

h. Share prices crashed to an all-time low.(주가가 최저가로 폭락했다.)

1.4. 다음 주어는 큰 소리를 내면서 깨진다.

(4) a. I heard the pot crash on the floor.(나는 냄비가 마루에 부딪혀 큰 소리를 내는 것을 들었다.)

b. The thunder crashed.(그 천둥이 울렸다.)

c. The windows crashed from the explosion.(그 창문은 폭발로 인해 박살났다.)

1.5. 다음 경로 전치사 through와 목적 전치사 into는 crash를 이동 동사로 만든다. 즉, 주어는 소리를 내거나 어디를 지나간다.

(5) a. The post fell down; crashing through the windows.(그 기둥이 넘어져서 창문들을 박살내면서 지나갔다.)

b. He crashed through the undergrowth/the jungle.(그는 덤불 속/정글 속으로 바삭바삭 소리를 내며 헤치고 나아갔다.)

c. The dump truck crashed into a freight train.(그 쓰레기차는 어느 화물 운송용 기차를 들이받았다.)

d. He lost balance on the ice and crashed into the crowd.(그는 얼음판 위에서 균형을 잃고 사람들을 들이받았다.)

e. The bus skidded and crashed into a lamp post/a guard rail.(그 버스가 미끄러지면서 램프 기둥/보호대 하나를 들이받았다.)

f. He crashed out of prison.(그는 탈옥했다.)

1.6. 사람이 힘이 없으면 서 있지 못하고 폭삭 주저앉거나 눕게 된다.

(6) a. After the long drive, Bill crashed on the couch.(그 긴 운전 후 빌은 소파에 털썩 주저앉았다.)

b. I got to crash.(나는 무너져 내렸다.)

c. I was so tired last night, and I got home and just crashed out in the sofa.(나는 지난 밤 너무 피곤해

서 집에 돌아와 소파에 쿵 하고 들어 누웠다.)

1.7. 회사나 기계도 생명체에 비유되어 무너지는 것으로 개념화된다.

(7) a. The firm **crashed** soon after his death.(그 회사는 그의 죽음 후 곧 도산했다.)

b. The firm **crashed** leaving a lot of debt.(그 회사는 많은 빚을 남기고 도산했다.)

c. The computer **crashed** as the lights went out.(그 컴퓨터는 전기가 나가자 기능을 멈췄다.)

d. The team **crashed** to their worst defeat this season.(그 팀은 이번 시즌에서 최악의 패배로까지 무너졌다.)

e. Another travel agency has **crashed**, leaving hundreds of tourists stranded.(또 다른 여행사가 오도가도 못하게 된 수많은 여행객들을 남겨두고 도산했다.)

f. The system **crashed** at 10 this morning.(그 시스템은 오늘 오전 10시에 갑자기 기능을 멈췄다.)

g. Files can be lost if the system **crashes** suddenly.(만일 그 시스템이 갑자기 기능을 멈춰버린다면 파일들을 잃게 될 수 있다.)

2. 타동사 용법

2.1. 다음의 주어는 목적어를 어디에 부딪쳐서 깨어지게 한다.

(8) a. Rick **crashed** his bike before he'd finished paying for it.(릭은 지불을 다 끝내기도 전에 자전거를 부수었다.)

b. He **crashed** his car yesterday.(그는 어제 차를 부수었다.)

c. The drivers **crashed** their demolition cars.(그 운전자들은 차를 폭파시켰다.)

2.2. 다음 주어는 목적어를 against의 목적어에 부딪히게 한다.

(9) a. He **crashed** a glass against the wall.(그는 유리잔을 벽에 부딪혀 박살냈다.)

b. The boy **crashed** his bike **against** the wall.(그 소년은 자전거를 벽에 들이받았다.)

c. He crashed his car **into** a wall.(그는 차를 어느벽에 들이받았다.)

d. He **crashed** his fist down **on** the table.(그는 주먹을 탁자에 쾅하고 내리쳤다.)

e. He **crashed** the plates angrily down **on** the table.(그는 성이 나서 접시들을 탁자 위에 쾅 하고 내려놓았다.)

2.3. 다음 주어는 목적어를 만들어 간다.

(9) He **crashed** his **way through** the crowd.(그는 사람들 속을 마구 밀고 나아갔다.)

crate

이 동사의 개념 바탕에는 crate의 명사 '큰 나무 상자'가 있다. 동사의 의미는 이 명사의 쓰임과 관계가 있다.

1. 타동사 용법

1.1. 다음 주어는 목적어를 큰 상자에 넣는다.

(1) a. The store will **crate** up your purchase and ship it for you.(그 상점은 네 구매품을 박스에 담아서 너에게 운송할 것이다.)

b. The farmers **crated** lettuce and tomatoes.(그 농부는 양상치와 토마토를 큰 상자에 넣었다.)

1.2 다음은 수동태 문장으로 주어는 상자에 넣어지는 개체이다.

(2) a. The goods were **crated** up in the warehouse.(그 상품들은 창고에서 상자 안에 넣어졌다.)

b. The oranges were **crated** for shipping.(그 오렌지들은 선적을 위해 상자에 담겨졌다.)

crave

이 동사의 개념 바탕에는 갈구하는 과정이 있다.

1. 타동사 용법

1.1. 다음의 주어는 목적어를 갈구한다.

(1) a. She **craved** unusual foods when she was pregnant.(그녀는 임신했을 때 유별난 음식을 원했다.)

b. He **craves** a cigarette.(그는 담배 한 대를 갈구한다.)

1.2. 다음의 목적어는 추상적 개체이다.

(2) a. He **craves** her pardon.(그는 그녀의 용서를 바란다.)

b. He **craves** mercy of/from her.(그는 자비를 그녀에게서 갈구한다.)

c. She always **craves** excitement/water.(그녀는 항상 자극/물을 갈구한다.)

d. He **craves** the freedom to travel abroad. (그는 해외로 여행하는 자유를 갈망한다.)

1.3. 다음의 주어와 목적어는 모두 추상적 개체이다

(3) a. The problem **craves** your prompt attention.(그 문제는 당신의 신속한 주의를 갈구한다.)

b. The problem **craves** solution.(그 문제는 해결을 갈구한다.)

1.4. 다음에서 갈구의 내용이 that-절로 표현되어 있다.

(4) He **craves that** she should come.(그는 그녀가 오기를 갈망한다.)

2. 자동사 용법

2.1. 다음 주어는 전치사 for의 목적어를 갈구한다.

(5) a. She **craves** for pardon.(그녀는 용서를 갈구한다.)

b. The thirsty man **craved** for water.(그 목마른 사람은 물을 갈구했다.)

crawl

이 동사의 개념 바탕에는 기는 과정이 있다.

1. 자동사 용법

1.1. 다음 주어는 기거나 기듯 움직인다.

(1) a. Worms and snakes **crawl**.(지렁이와 뱀은 긴다.)

b. The baby is just starting to **crawl**.(그 아기는 막 기

c. The heavy traffic **crawled**.(그 차량들은 기었다.)

d. The work **crawled**.(그 일은 진척이 더뎠다.)

1.2. 다음 주어는 기면서 움직인다. 주어는 사람이다.

(2) a. The baby **crawls about** on hands and knees.(그 아기는 손과 무릎으로 여기저기 기어다닌다.)

b. The child **crawled across** the floor.(그 아이는 바닥을 가로질러 기어서 갔다.)

c. She suddenly got down and **crawled along** behind the wall.(그녀는 갑자기 내려서 벽 뒤를 따라 천천히 기어갔다.)

d. We could only **crawl along** at 10 miles an hour.(우리는 시속 10마일로 기어갈 수밖에 없었다.)

e. The boy **crawled out of** the hole.(그 소년은 구멍에서 기어 나왔다.)

f. He **crawled through** the gap in the fence.(그는 울타리의 틈새 속으로 기어 들어갔다.)

1.3. 다음 주어는 긴다. 주어는 동물이다.

(3) a. The injured dog **crawled away**.(그 다친 개가 기어 지나갔다.)

b. The alligator **crawled toward** the river.(그 악어가 강 쪽으로 기어갔다.)

c. A caterpillar is **crawling up** the tree.(쐐기벌레 한 마리가 나무 위로 기어 올라가고 있다.)

d. There's a spider **crawling up** your leg.(당신의 다리 위로 기어 올라가고 있는 거미가 있다.)

1.4. 다음 주어는 기듯이 느리게 움직인다.

(4) a. The train **crawled along**.(그 기차는 기어갔다.)

b. The cars **crawled along** the street.(그 차들은 길을 따라 기어갔다.)

c. The hours **crawled by**.(그 시간들은 더디게 지나갔다.)

d. The Korean economy is **crawling out of** the mess.(한국 경제는 혼란으로부터 기어나오고 있다.)

e. The train **crawled over** the bridge.(그 기차는 다리 위를 기어 지나갔다.)

f. The train **crawled up** the long slope.(그 기차는 긴 비탈로 기어 올라갔다.)

g. The truck **crawled** noisily **up** the hill.(그 트럭이 소음을 내며 그 언덕 위로 기어 올라갔다.)

1.5. 기는 행위는 비굴한 행위와 연관된다. 다음 주어는 비굴하게 행동한다.

(5) a. I don't like people who **crawl**.(나는 굽실거리는 사람이 싫다.)

b. He came **crawling** to ask my pardon.(그는 용서를 구하려고 나에게 굽실거리며 찾아왔다.)

c. He **crawls** before the boss.(그는 사장 앞에서 굽실댄다.)

d. The way he **crawls to** the manager is so disgusting.(그가 지배인에게 굽실거리는 방법은 아주 역겹다.)

e. He **crawls to** his boss.(그는 사장에게 굽실댄다.)

f. He made his girlfriend angry but he **crawled** back to her.(그는 여자친구를 화나게 했지만 다시 그녀에게 기어 들어갔다.)

1.6. 다음 주어는 장소이고 with의 목적어는 그 속에

있는 개체이다.

(6) a. The cupboard **crawls with** insects.(그 찬장은 벌레들로 득실댄다.)

b. Her hair is **crawling with** lice.(그녀의 머리는 이로 들끓고 있다.)

c. On rainy days, the ground is **crawling with** earthworms.(비오는 날이면 땅은 지렁이로 득실거리고 있다.)

d. The kitchen is **crawling with** cockroaches.(그 부엌은 바퀴벌레로 득실거리고 있다.)

e. The rotten log was **crawling with** worms.(그 썩은 통나무는 벌레들로 득실대고 있었다.)

f. The garden is **crawling with** insects.(그 정원은 벌레로 들끓고 있다.)

1.7. 다음 주어는 장소이고, 주어는 with의 목적어로 득실거린다.

(7) a. The scene was **crawling with** the police.(그 현장은 경찰들로 득실거리고 있었다.)

b. The square was **crawling with** young people.(그 광장은 젊은 사람들로 득실거리고 있었다.)

c. The airport is **crawling with** reporters.(그 공항은 기자들로 득실거리고 있다.)

1.8. 다음의 주어는 어떤 곤충이 지나갈 때 느끼는 감정을 받는 개체이다.

(8) a. It made my skin **crawl**.(그것이 내 피부에 소름이 돋게 했다.)

b. My flesh **crawled** at the thought.(그 생각에 내 살에 소름이 돋았다.)

creak

이 동사의 개념 바탕에는 어떤 개체가 내는 삐걱거리는 소리가 깔려 있다.

1. 자동사 용법

1.1. 다음 주어는 삐걱거리는 소리를 낸다.

(1) a. The hinges on the door **creak** when they need oil.(그 문의 경첩들은 기름이 필요할 때면, 삐걱거린다.)

b. That old wooden floor **creaks** when we walk on it.(그 오래된 나무 바닥은 우리가 지날 때면 삐걱거린다.)

c. The floorboards in the old house **creaked** noisily.(그 오래된 집의 바닥이 시끄러울 정도로 삐걱거렸다.)

d. The stairs **creaked** as I went up them.(그 계단은 우리가 오를 때 삐걱거리는 소리가 났다.)

e. The rocking chair **creaked** as I rocked in it.(그 흔들의자에 앉아서 몸을 흔들면 삐걱거리는 소리가 났다.)

f. The chair is **creaking** beneath your weight.(당신의 체중 때문에 그 의자가 삐걱거리고 있다.)

g. The autumn branches **creak** with fright.(그 가을의 나뭇가지들이 겁이 나서 삐걱거린다.)

h. Trees would sway and **creak**, becoming tangled in each other's branches.(나무들이 흔들려서 삐걱

거리고 가지들이 서로 얽히곤 했다.)

i. The old house **creaked** with the wind.(그 오래된 집이 바람에 삐걱거렸다.)

j. The table **creaked** and groaned under the weight.(그 탁자가 무게를 견디느라 몹시 삐걱거렸다.)

k. A sudden darkness descended outside and the shutters began to **creak**.(어둠이 갑자기 몰려왔고, 덧문이 삐걱거리기 시작했다.)

1.2. 다음 주어는 사람의 신체부위이다. 이들도 소리를 낸다.

(2) a. We find our bones **creak** when we stretch.(우리가 몸을 쭉 뻗으면 우리의 뼈마디에서 삐걱거리는 소리가 나는 걸 알 수 있다.)

b. His knees **creaked** as he stood up.(그의 무릎이 일어서려고 할 때 삐끗했다.)

c. It is **creaking** with age.(그것은 노후해서 삐걱거리고 있다.)

1.3. 다음에 쓰인 형용사 open은 주어가 삐걱거리며 움직인 다음의 결과를 나타낸다.

(3) a. The door **creaked** open.(그 문이 삐걱거리며 열렸다.)

b. The door **creaked** open of itself.(그 문이 삐걱거리며 저절로 열렸다.)

1.4. 다음 주어는 삐걱거리는 소리를 내면서 움직인다.

(4) a. The car **creaked along** slowly.(그 차가 삐걱거리며 천천히 갔다.)

b. The cart **creaked along** the dirt road.(그 짐마차가 삐걱거리며 비포장도로를 따라 갔다.)

c. It took a long time for the authorities to **creak into** action.(당국이 실행에 옮기는 데는 오랜 시간이 걸렸다.)

1.5. 어떤 체제가 삐걱거린다는 것은 체제가 제대로 움직이지 않는다는 뜻이다.

(5) a. The tax system is **creaking** under its increasingly heavy workload.(그 조세 제도가 점점 더 과중한 업무량으로 삐걱거리고 있다.)

b. If a system or service **creaks** under the strain, it cannot deal effectively with all things it is expected to do or provide.(제도나 업무가 그것이 수행하거나 제공하리라고 기대되는 일들을 모두 효과적으로 처리할 수 없으면 부담으로 삐걱거린다.)

2. 타동사 용법

2.1. 다음 주어는 목적어를 삐걱거리는 소리를 내게 한다.

(6) a. I was **creaking** my shoes on the plain masonry.(나는 신발을 평평한 석조물 위에서 삐걱거리는 소리가 나게 하고 있었다.)

b. It is so quiet that I can not even **creak** my chair without feeling as if everybody in the room can hear it.(너무 조용해서 방 안에 있는 사람들의 주목을 끌지 않고는 내 의자를 삐걱거리게 할 수 없었다.)

c. He **creaked** the door when he opened it.(그는 문을 열 때 문을 삐걱거리게 했다.)

cream

이 동사의 개념 바탕에는 cream의 명사 '크림'이 있다. 동사의 의미는 이 명사의 상태나 기능과 연관된다.

1. 타동사 용법

1.1. 다음의 주어는 목적어를 쳐서 크림 상태로 만든다.

(1) a. **Cream** the butter and sugar together.(버터와 설탕을 함께 크림 상태로 만들어라.)

b. **Cream** the mixture thoroughly.(그 혼합물을 완전히 크림 상태로 만들어라.)

c. **Cream** the eggs, butter and sugar together to form a smooth paste.(계란과 버터, 그리고 설탕을 함께 크림 상태로 만들어 매끈한 반죽이 되게 해라.)

d. The cook **creamed** the shortening with other ingredients.(그 요리사는 그 쇼트닝을 다른 재료를 가지고 크림상태로 만들었다.)

1.2. 다음 주어는 목적어를 크림으로 더한다.

(2) a. She **creamed** and sugared his coffee.(그녀는 그의 커피에 크림과 설탕을 넣었다.)

b. She **creamed** the potatoes.(그녀는 감자를 크림으로 발랐다.)

1.3. 다음에서 주어는 목적어를 걷는다.

(3) a. They **creamed** off the best athletes and put them into a special team.(그들은 최고의 운동 선수들을 골라내어 특별팀에 소속시켰다.)

b. The new school **creamed** off the best students in the district.(그 신설 학교는 그 지역의 최고의 학생들만 엄선했다.)

c. The company **creamed** off the best engineers.(그 회사는 최고의 기술자들만 뽑았다.)

1.4. 다음은 수동태 문장으로 주어는 걷는다.

(4) The best students were **creamed** off by the grammar schools.(최고의 학생들은 문법 학교에 의해 선발되었다.)

1.5. 다음 주어는 목적어를 꺾는다. cream의 과정에는 치는 과정이 필수적이다.

(5) a. The gang **creamed** a few victims.(그 폭력배는 때려서 몇 명의 희생자를 만들었다.)

b. We **creamed** the Giants by a score of 50-5.(우리는 자이언트 팀을 50대 5로 이겼다.)

1.6. 다음은 수동태 문장으로 주어는 꺾인다.

(6) a. We got **creamed** in the first round.(우리는 일 회전에서 졌다.)

b. Our basketball team got **creamed** 100 to 60.(우리 농구팀은 100대 60으로 졌다.)

crease

이 동사의 개념 바탕에는 crease의 명사 '깊은 주름살'이 있다.

1. 타동사 용법

1.1. 다음에서 주어는 목적어를 주름살이 지게 한다.

(1) a. You've **creased** my newspaper very badly.(너는

내 신문을 매우 심하게 구겼다.)

b. The dry cleaner **creased** my pleated skirt.(그 세탁업자는 내 주름치마를 구겨놨다.)

c. **Crease** the paper, and it will be easy to tear.(신문지를 구겨라, 그러면 그것은 찢기 편할 것이다.)

1.2. 다음 주어는 목적어를 주름이 지게 한다.

(2) a. A frown **creased** her face.(찡그림이 그녀의 얼굴을 주름지게 했다.)

b. Years of worry **creased** his forehead.(수년 간의 걱정이 그의 이마에 주름살이 생기게 했다.)

1.3. 다음 주어는 목적어를 찰과상을 입힌다

(3) The bullet **creased** his shoulder.(탄환이 그의 어깨에 찰과상을 입혔다.)

1.4. 다음 주어는 목적어를 포복절도 시킨다.

(4) a. That guy really **creases** me up.(그 청년은 정말로 나를 배꼽을 쥐고 웃게 한다.)

b. Her jokes really **creased** me up.(그녀의 농담은 정말 나를 배꼽을 쥐고 웃게 했다.)

2. 자동사 용법

2.1. 다음의 주어는 구겨진다.

(5) a. Hang your clothes up so that they don't **crease**.(주름지지 않도록 옷을 걸어라.)

b. Linen **creases** easily.(린넨은 쉽게 주름진다.)

c. Your dress will **crease** unless you hang it in the wardrobe.(옷을 옷장에 걸지 않으면 그것은 구겨질 것이게.)

2.2. 크게 웃으면 얼굴에 주름이 간다.

(6) a. Her face **creased** into a smile.(그는 얼굴에 주름살을 지으며 웃었다.)

b. Ed **creased** up laughing.(에드는 배꼽을 쥐도록 웃었다.)

c. He **creased** up at the sight of the clown.(그는 광대를 보고는 배꼽을 쥐도록 웃었다.)

create

이 동사의 개념 바탕에는 만드는 과정이 있다.

1. 타동사 용법

1.1. 다음의 주어는 목적어를 만들어 낸다.

(1) a. God **created** man.(하느님은 인간을 창조했다.)

b. In the beginning God **created** the heaven and the earth.(태초에 하느님은 하늘과 땅을 창조했다.)

c. God **created** the universe literally in six of our days.(하느님은 6일 내에 우주를 창조했다.)

1.2. 다음은 수동태 문장으로 주어는 만들어진다.

(2) a. How was the earth **created**?(지구는 어떻게 창조되었나?)

b. All men are **created** equal.(모든 인간은 평등하게 창조된다.)

1.3. 다음 목적어는 예술 작품이나 작품 속의 인물이다. 주어는 목적어를 만든다.

(3) a. He **created** wonderful characters in his novels.(그는 훌륭한 등장 인물들을 소설에서 창조해 내었다.)

b. Shakespeare **created** Shylock/Hamlet.(셰익스피어는 샤일록/햄릿이라는 등장 인물을 창조해 내었다.)

c. The artist **created** great paintings.(그 예술가는 훌륭한 그림들을 그려 내었다.)

d. The sculptor **created** a good likeness of his model.(그 조각가는 모델의 근사한 초상을 조각해 내었다.)

e. He **created** a drama.(그는 희곡을 썼다.)

1.4. 다음 주어는 목적어를 만든다.

(4) a. The reaction **creates** hydrogen gas.(그 반응은 수소 가스를 만든다.)

b. The bomb striking the center of the city would **create** a crater over 300 feet deep.(그 도시의 중심부를 강타하는 폭탄은 300피트 이상의 깊이의 폭탄 구멍을 만들 것이다.)

1.5. 다음 주어는 목적어를 만든다.

(5) a. She managed to **create** marvellous meal out of a leftover.(그녀는 남은 음식으로부터 놀랄만한 식사를 힘들게 만들어 내었다.)

b. The industry responded by **creating** a new textile/a new product.(그 산업은 새로운 직물/새로운 생산품을 만들어냄으로써 반응했다.)

c. The main purpose of industry is to **create** wealth/new jobs.(산업의 주된 목적은 부/새 일자리를 창출해 내는 것이다.)

d. The government **created** employment in rural areas.(그 정부는 농촌 지역에서 고용을 창출하였다.)

1.6. 다음 목적어는 기관, 조직체 또는 부서이다. 주어는 목적어를 만든다.

(6) a. She **created** the school to teach practical skills to girls.(그녀는 소녀들에게 실질적인 기술을 가르치는 그 학교를 창설하였다.)

b. He **created** an empire.(그는 제국을 일으켰다.)

c. He **created** a new investigation bureau/a new section.(그는 새 조사국/새 부서를 신설하였다.)

d. The government **created** several new agencies.(그 정부는 몇 개의 새 기관을 신설하였다.)

e. He **created** a new directory and put all the files into it.(그는 새 자료방을 만들어서 모든 파일들을 그곳에 넣었다.)

f. The inventor **created** a new time-saving device.(그 발명가는 새 시간 절약 장치를 만들었다.)

g. A new committee is **created** to study the problem.(새 위원회가 그 문제를 연구하기 위해 만들어진다.)

1.7. 다음 목적어는 언어나 이론 등이다. 주어는 목적어를 만든다.

(7) a. The writer **created** his own special language.(그 작가는 자신만의 특별한 언어를 창조해 내었다.)

b. Can computers really **create** language?(컴퓨터가 정말 언어를 만들어낼 수 있는가?)

c. He **created** a system of philosophy.(그는 철학 체계를 만들어 내었다.)

d. He **created** a new theory of the universe.(그는 우주에 관한 새 이론을 창시하였다.)

1.8. 다음 목적어는 영상, 분위기 등이다. 주어는 목적

어를 만든다.

(8) a. The company is trying to **create** a new image.(그 회사는 새 이미지를 창조하려고 노력하고 있다.)

b. Your words **created** the most beautiful images. (당신의 말은 가장 아름다운 이미지들을 불러일으켰다.)

c. Light-colored walls and furnishings **created** an impression of space.(밝은 빛깔의 벽과 비품들은 공간의 느낌을 조성했다.)

d. It is important to **create** a good impression when you meet a client.(당신이 고객과 만날 때 좋은 인상을 만드는 것은 중요하다.)

e. Soft violin music helped to **created** a romantic atmosphere.(부드러운 바이올린 선율이 낭만적인 분위기를 조성하는데 일조를 했다.)

1.9. 다음 목적어는 마음 속의 느낌이다.

(9) a. They painted it red to **create** a feeling of warmth. (그들은 따뜻한 느낌을 만들기 위해 그것을 붉게 칠했다.)

b. The circus **created** great excitement.(그 서커스는 대단한 흥분을 불러 일으켰다.)

c. The announcement only **created** confusion.(그 성명은 단지 혼란만을 일으켰다.)

d. His work **created** enormous interest in Korea.(그의 작품은 한국에 관한 엄청난 관심을 일으켰다.)

e. Criticism will only **create** a feeling of failure.(비평은 단지 실패감을 조성할 뿐일 것이다.)

f. The policy **created** a favorable public opinion.(그 정책은 우호적인 여론을 창출해냈다.)

g. He **created** a new fashion.(그는 새 유행을 창출해냈다.)

1.10. 다음 주어는 사람이 아닌 개체이다. 주어는 목적어를 야기한다.

(10) a. His arrival **created** a stir in the normally quiet village.(그의 도착은 평소에 조용한 그 마을에 동요를 일으켰다.)

b. More cars on the road **create** more traffic problems.(도로에 더 많은 차들이 더 많은 교통 문제를 일으킨다.)

c. Her behavior **created** a lot of problem.(그녀의 행동은 많은 문제를 일으켰다.)

d. The fight **created** a rift in the family.(그 싸움은 그 가족에 불화를 일으켰다.)

e. The decision **creates** a dangerous precedent.(그 결정은 위험한 선례를 만든다.)

1.11. 다음 목적어는 소요, 동요, 싸움과 관련된다. 주어는 목적어를 만든다.

(11) a. She **created** a fuss when the manager refused to see her.(그녀는 지배인 만나기를 거절했을 때 공연한 법석을 떨었다.)

b. He **created** a controversy/a commotion.(그는 논쟁/동요를 일으켰다.)

c. He could **create** a fight out of nothing.(그는 아무 것도 아닌 것으로 싸움을 일으킬 수 있었다.)

d. The visitors **created** a lot of difficulties.(그 방문객들은 많은 문제를 일으켰다.)

1.12. 다음 주어는 첫째 목적어를 둘째 목적어로 만든다.

(12) a. He **created** her a peer.(그는 그녀를 동료로 만들었다.)

b. The king **created** him a knight.(그 왕은 그를 기사로 만들었다.)

1.13. 다음은 수동태 문장으로 주어는 자격이 주어진다.

(13) a. He was **created** a baron.(그는 남작의 칭호를 수여받았다.)

b. He was **created** Duke of Buckingham.(.그는 버킹검 공작 작위를 수여받았다.)

2. 자동사 용법

2.1. 다음 create의 목적어는 명시되지 않았다. 그러나 대부분의 경우 암시된 목적어는 소동과 관련된 것이다.

(14) a. He really **created** when he found that I had broken the window.(내가 그 유리창을 깼다는 것을 알아내었을 때 그는 정말 야단스럽게 굴었다.)

b. She **created** until all the rubbish was cleared away.(그녀는 쓰레기가 모두 치워질 때까지 화를 내며 야단법석을 떨었다.)

c. Stop **creating** all over the place; it won't get you anywhere.(제발 거기 돌아다니면서 법석을 떨지 좀 말아라. 그렇게 하는 것이 너에게 도움이 되지 않는다.)

d. I never eat breakfast, although my dad **create** like anything.(비록 나의 아버지가 화를 내며 안달하시지만 나는 결코 아침식사를 하지 않는다.)

e. You needn't **create** about such a thing.(그런 일로 야단스럽게 굴 필요는 없다.)

f. Don't tell Granddad--he'll only **create**.(할아버지께 말하지 말아라. 할아버지는 단지 야단스럽게 구실 거야)

2.2. 다음 주어는 창조한다.

(15) They are quick to imitate but powerless to **create**.(그들은 금방 흉내는 내지만 독창력을 없다.)

credit

이 동사의 개념 바탕에는 credit의 명사 '신용'이 있다.

1. 타동사 용법

1.1. 다음 주어는 목적어를 믿는다.

(1) a. They **credited** my explanation for what happened. (그들은 무슨 일이 있었는지에 대한 내 설명을 믿었다.)

b. Well, would you **credit** it--he's actually arrived on time.(자, 넌 믿겠니? 그가 실제로 제 시간에 맞춰 도착했어.)

c. He even tried to pretend that he was a film star's son--can you **credit** it?(그는 어느 영화 배우의 아들인 척 하려고 노력하기도 했다--너라면 믿겠어?)

d. He told me he just won first prize--would you credit that?(그는 나에게 막 1등을 했다고 말했다 -- 넌 믿겠니?)

e. These reports of official corruption are difficult to credit.(공공 부패에 대한 이 보고서들은 믿기 어렵다.)

f. Can you credit the governor's press release?(넌 주지사의 신문 발표를 믿을 수 있니?)

g. It was hard to credit some of the stories we heard about her.(그녀에 대한 몇몇 이야기들은 믿기 어려웠다.)

h. I find that statement hard to credit.(나는 그 진술을 믿기 어렵다고 본다.)

i. I do not credit the news/story.(나는 그 뉴스/이야기를 믿지 않는다.)

j. I could hardly credit what he said.(나는 그가 말한 것을 거의 믿을 수 없었다.)

1.2. 다음 주어는 목적어를 전치사 with의 목적어가 가리키는 액수를 적는다.

(2) a. The bank credited my account with $1,000.(그 은행은 내 계좌를 1000달러로 기입했다.)

b. Credit him with $1000.(그(의 계좌)를 1000달러로 기입하라.)

1.3. 다음 주어는 목적어가 전치사 with의 목적어를 가지고 있는 것으로 생각한다.

(3) a. He credited me with more sense than to accept his bribe.(그는 내가 그의 뇌물을 수용할 그 이상의 머리를 가지고 있다고 믿었다.)

b. I credited him with more intelligence than that.(나는 그가 그것보다 더 많은 지능을 가지고 있다고 믿었다.)

c. I have always credited you with honesty/kindness.(나는 항상 네가 정직/친절을 가지고 있다고 생각해 왔다.)

d. They are crediting science with power it does not possess.(그들은 과학이 갖고 있지도 않은 힘을 가지고 있다고 믿고 있다.)

e. The newspaper credited the mayor with the drop in unemployment in the city.(그 신문은 시장이 그 도시의 실업률 하락에 공헌한 것으로 믿었다.)

f. I would hardly credit him with having said so.(나는 그가 그렇게 이야기했다고 거의 믿을 수 없다.)

1.4. 다음 수동태 문장으로 주어는 전치사 with를 가지고 있는 것으로 간주된다.

(4) a. He is credited with the invention.(그는 그 발명의 발명가로 간주된다.)

b. Two Canadian scientists are credited with the discovery of insulin.(두 명의 캐나다인 과학자들이 인슐린을 발견한 것으로 간주된다.)

c. The symbol is credited with magical powers.(그 상징은 마술력을 가진 것으로 간주된다.)

1.5. 다음은 수동태 문장으로 주어는 with의 목적어를 가진 것으로 간주된다.

(5) a. He has always been credited with understanding and sympathy for the patients.(그는 항상 환자에 대한 이해심과 동정이 많다고 간주되었다.)

b. She is credited with having saved the company from bankruptcy.(그녀는 회사를 도산 상태에서 살렸다고 간주된다.)

c. The company is credited with inventing the industrial robot.(그 회사는 산업 로봇을 발명했다고 간주된다.)

d. Columbus has been credited with discovering the New World.(콜럼버스는 신세계를 발견했다고 간주되어 왔다.)

e. Those herbs are credited with having supernatural healing powers.(저 약초들은 초자연적 치료 효과를 갖고 있다고 간주된다.)

f. Your account is credited with $400.(너의 계좌는 400달러가 불입되어 있다.)

1.6. 다음 주어는 목적어를 전치사 to의 목적어 탓이나 공으로 돌린다.

(6) a. They credit his queerness to his solitude.(그들은 그의 별난 행동을 고독 탓으로 돌린다.)

b. The old man credited his long life to his regular habits.(그 노인은 장수를 규칙적인 습관 덕으로 돌렸다.)

c. Some credit the song to Mozart.(몇몇 사람들은 그 노래를 모차르트 것으로 돌린다.)

d. The bank credited the deposit to his account.(그 은행은 그 예금을 그의 계좌로 돌렸다.)

e. They credit the success to him.(그들은 성공을 그의 공으로 돌렸다.)

1.7. 다음은 수동태 문장으로 주어는 전치사 to의 목적어 탓으로 돌려진다.

(7) a. $400 is credited to your account.(400달러가 네 계좌로 기입되었다.)

b. The invention of the industrial robot is credited to the company.(그 산업 로봇의 발명은 그 회사의 공으로 돌려져 있다.)

c. The victory is credited to him.(그 승리는 그의 덕분으로 돌려진다.)

d. Much of their success can be credited to Tom.(그들 성공의 많은 부분은 톰 덕분이다.)

1.8. 다음 주어는 목적어를 계좌에 기록을 한다.

(8) a. The store credited $100,000 to his account.(그 상점은 100,000달러를 그의 계좌로 넣었다.)

b. When I sent $300, Visa credited my account for that amount.(내가 300달러를 보냈을 때, 비자회사는 그 액수만큼 나의 계좌에 불입했다.)

1.9. 다음은 수동태 문장으로 주어는 기입된다.

(9) a. All the contributors are credited on this page.(모든 공헌자들이 이 페이지에 기입된다.)

b. The check was credited to her account.(수표는 그녀의 계좌로 기록되었다.)

1.10. 다음에서 credit는 학점과 관계가 있다. 주어는 목적어에 특정수의 시간을 인정해준다.

(10) The professor credited the student with three hours in English.(그 교수는 그 학생에게 영어에서 3시간 학점을 주었다.)

creep

이 동사의 개념 바탕에는 천천히 몰래 기는 과정이 있다.

1. 자동사 용법

1.1. 다음 주어는 기어서 이동한다.

(1) a. The worm crept along the table.(그 벌레가 탁자를 따라 기어갔다.)

　b. The lion crept toward the prey.(그 사자는 먹이 쪽으로 살금살금 다가갔다.)

　c. The snake crept toward the frog.(그 뱀은 개구리 쪽으로 살살 기어갔다.)

　d. The cat is creeping silently toward the mouse.(그 고양이가 그 쥐 쪽으로 가만히 다가가고 있다.)

　e. The dog crept under the car to hide.(그 개는 숨으려고 차 밑으로 기어갔다.)

1.2. 다음 주어는 사람이다. 주어는 기는 동작으로 어떤 경로를 따라 움직인다.

(2) a. The baby crept across the room.(그 아기가 방을 가로질러 기어갔다.)

　b. He crept into bed.(그는 침대 속으로 기어 들어갔다.)

　c. A thief crept in through the window.(도둑 한 명이 그 창문을 통해 살살 기어 들어왔다.)

　d. Four prisoners trying to escape crept through the open field.(탈옥하려는 네 명의 죄수들이 공동 경작지를 가로질러 기어갔다.)

　e. He crept up the stairs, not to wake up his parents.(그는 부모님을 깨우지 않도록 계단 위로 살금살금 걸어갔다.)

　f. Sue crept up behind me and scared me.(수는 내 뒤로 살금살금 기어와서는 나를 깜짝 놀라게 했다.)

1.3. 다음의 주어는 차량이다. 주어는 느릿느릿 움직인다.

(3) a. The cars crept along in a heavy traffic.(그 차들은 교통 혼잡 속에서 느릿느릿 기어갔다.)

　b. The traffic is creeping down the highway.(그 차들은 고속도로 아래로 기어가고 있다.)

　c. Cars crept through a traffic jam.(차들이 교통 혼잡 속을 느리게 기었다.)

1.4. 다음 주어는 덩굴이다. 덩굴 손이 뻗힌 모습은 기어가는 모습과 흡사하다.

(4) a. Ivy has crept up the wall/the poles.(덩굴이 벽/기둥 위로 기어 올라갔다.)

　b. Ivy crept over the wall until it covered the whole house.(덩굴이 집 전체를 덮을 때까지 벽을 타고 기어 올라갔다.)

　c. Grass had crept over the new grave by the end of the year.(풀이 그 해 연말에는 새 무덤 위를 기어 올라가서 덮었다.)

1.5. 다음 주어는 사람이다. 주어는 굽실굽실 기어서 어느 사람이나 개체에 접근한다.

(5) a. Don't creep up on me like that.(그렇게 나에게 기어 붙지마.)

　b. Don't yell, let's creep up on them and scare them.(소리치지마. 그들에게 몰래 기어가서 깜짝 놀라게 해주자.)

　c. They'll creep up on you while you're asleep.(당신이 잠자는 동안 그들은 당신에게 몰래 기어서 다가갈 것이다.)

　d. Others will creep up on us in slower, more subtle ways.(다른 사람들은 더 천천히 더 교묘한 방법으로 우리에게 기어 붙을 것이다.)

1.6. 다음의 주어는 시간이나 시간과 관계되는 개체이다. 시간도 움직이는 개체로 개념화되고 더 나아가서 살금살금 움직이는 것으로 개념화된다.

(6) a. Time crept on.(시간이 천천히 흘러갔다.)

　b. Age creeps up on us.(나이는 살며시 우리에게 기어온다.)

　c. Old age crept up on him, but he still acts as if he was a young man.(노년이 그에게 기어왔는데도 그는 여전히 청년처럼 행동한다.)

　d. The inflation rate has been creeping up to 9.5 percent.(통화 팽창은 9.5%까지 천천히 기어오르고 있다.)

1.7. 다음 주어도 시간과 관련이 되는 개체이다.

(7) a. The dawn must creep at its own pace as we wait.(우리가 기다릴 때, 새벽은 원래의 발걸음으로 느릿느릿 걸어옴에 틀림이 없다.)

　b. As each day continued, so did the darkness creep upon and overtake the light.(하루 하루가 계속될수록 어둠이 슬며시 다가와서는 빛을 삼켜버렸다.)

　c. The morning sun was boldly creeping towards the edge of Hartley's sleeping mat when he woke.(하트리가 깨었을 때, 아침 햇살이 그의 잠자리 멍석의 가장자리로 대담하게 기어오고 있었다.)

　d. A small smile crept over the auctioneer's face.(미소가 경매인의 얼굴 위에 살며시 퍼졌다.)

1.8. 다음의 주어는 느낌이나 감정이다. 이러한 추상적인 개체도 움직여서 어느 사람에게 기어 올라가는 것으로 개념화된다.

(8) a. Insecurity might creep in.(불안정이 살금살금 기어 들어올 것이다.)

　b. Sometimes, when you're not looking, despair can creep slowly in.(가끔씩 당신이 보지 못하는 사이에 절망이 천천히 다가올 수 있다.)

　c. The writer's bias creeps into his story.(그 작가의 편견이 은연중에 그 이야기에 스며든다.)

　d. Mistakes are creeping into his work.(실수들이 은연중 그의 일에 기어들고 있다.)

　e. A feeling of uneasiness crept over him.(불안감이 그에게 천천히 퍼졌다.)

　f. An icy coldness crept all over me.(얼음장같은 추위가 내 몸 전체를 천천히 감쌌다.)

　g. Sleepiness crept over me.(졸음이 나에게 퍼졌다.)

　h. Tiredness can creep up on you while you are driving.(운전하는 동안, 피로가 당신도 모르게 덮칠 수 있다.)

　i. The feeling crept up on her and took her by surprise.(그 느낌이 그녀에게 천천히 다가와서는 불시에 그녀를 사로잡았다.)

j. Prices have crept up.(물가가 살금살금 올랐다.)

1.9. 다음 주어는 소름을 끼친다.

(9) The sight made my flesh creep all over.(그 광경은 내 온 몸에 소름이 돋게 했다.)

crimp

이 동사의 개념 바탕에는 물결 무늬를 만드는 과정이 있다.

1. 타동사 용법

1.1. 다음 주어는 목적어에 물결 모양을 만든다.

(1) a. The hairdresser crimped my hair.(미용사가 내 머리를 곱슬곱슬하게 만들었다.)

b. The children crimped tissue paper to make paper flowers.(아이들이 종이꽃을 만들려고 화장지를 물결 모양으로 만들었다.)

c. The worker crimped the metal edge to make it decorative.(그 노동자은 금속 자장자리를 물결 모양으로 하여 장식 효과를 갖게 했다.)

d. He crimped the pie crust.(그는 파이 껍질을 물결 모양으로 만들었다.)

1.2. 다음 주어는 목적어를 방해한다.

(2) a. You crimp him when you keep interrupting him.(너는 그를 계속 중단시키면 방해한다.)

b. The regulations crimped imports.(그 규정들은 수입을 방해했다.)

1.3. 다음은 수동태 문장으로 주어는 물결 모양이 만들어진다.

(3) The lace ruffles were crimped.(그 레이스 소매는 물결 모양으로 만들어졌다.)

cripple

이 동사의 개념 바탕에는 cripple의 명사 '절름발이'가 있다.

1. 타동사 용법

1.1. 다음 주어는 목적어를 절름거리게 만든다.

(1) a.The blow to his legs crippled the football player for a few months.(그 다리의 타박상이 축구 선수를 몇 개월간 다리를 절뚝거리게 만들었다.)

b. The strike crippled the company.(그 파업이 회사를 절뚝거리게 했다.)

c. The cost of the war crippled the country's economy.(그 전쟁 비용이 나라의 경제를 절뚝거리게 했다.)

1.2. 다음은 수동태 문장으로 주어는 절름거린다.

(2) a. He is crippled with polio/arthritis.(그는 소아마비/관절염으로 절뚝거린다.)

b. The man was crippled in the battle.(그 남자는 전투에서 절름발이가 됐다.)

c. The ship was crippled by the storm.(그 배는 폭풍우에 못쓰게 되었다.)

d. The country was crippled by the war.(그 나라는 전쟁으로 휘청거렸다.)

1.3. 다음 주어는 목적어를 힘없게 만든다.

(3) a. The new tax increases have crippled all businesses.(추가 세금 인상이 재계를 얼어붙게 했다.)

b. A lengthy steel strike crippled exports.(그 장기 철강 파업은 수출을 휘청거리게 했다.)

c. The incident could cripple the peace talks.(그 사건은 평화 회담을 무산시킬 수도 있다.)

1.4. 다음 주어는 목적어를 절름발이가 되게 한다.

(4) The bullet in his spine has crippled him permanently.(척추의 탄환이 영영 그를 불구로 만들었다.)

1.5. 다음 목적어는 신체와 같이 체계를 갖춘다. 주어는 목적어를 제대로 움직이지 못하게 만든다.

(5) a. Snowstorm crippled the bus service in the town.(눈보라가 마을의 버스 운행을 중단시켰다.)

b. The snowstorm has crippled the railway system.(그 눈보라가 철도망을 무력하게 만들었다.)

1.6. 다음은 수동태 문장으로 주어는 그 기능이 제대로 되지 않는다.

(6) a. The railway service was crippled by the rain.(그 철도 운행이 비로 중단되었다.)

b. The city was crippled by the heavy snowstorm.(그 도시는 심한 폭설로 마비되었다.)

c. Traffic was crippled by the strike.(교통이 파업으로 마비되었다.)

crook

이 동사의 개념 바탕에는 구부러짐이 있다.

1. 타동사 용법

1.1. 다음에서 주어는 목적어를 구부린다.

(1) a. He crooked his arm/elbow to hold the baby.(그는 아이를 잡기 위해 팔/팔꿈치를 구부렸다.)

b. He crooked his neck.(그는 목을 구부렸다.)

c. She beckoned me, crooking her finger.(그녀는 손가락을 구부리며 내게 신호했다.)

1.2. 다음 주어는 목적어를 속인다.

(2) He crooked his friend.(그는 친구를 속였다.)

1.3. 다음 주어는 목적어를 속여서 앗는다.

(3) He crooked the money from her.(그는 돈을 그녀에게서 사취했다.)

1.4. 다음 주어는 목적어를 어느 개체에 감는다.

(4) a. He crooked his leg around the branch to keep from falling.(그는 떨어지지 않으려고 나뭇가지 둘레에 다리를 감았다.)

b. He crooked his arm around the package.(그는 팔을 꾸러미 주위로 돌렸다.)

2. 자동사 용법

2.1. 다음 주어는 형상을 이룬다.

(5) a. The stream crooks to the left and then to the right.(그 개울은 좌로 굽은 후 다시 우로 굽이친다.)

b. The river crooks through the valley.(그 강은 계곡을 따라 굽이쳐 흐른다.)

c. The top of the tree crooks towards the house.(그 나무의 꼭대기는 집 쪽으로 구부러진다.)

croon

이 동사의 개념 바탕에는 낮은 소리로 말을 하거나 노래를 부르는 과정이 있다.

1. 자동사 용법
1.1. 다음의 주어는 사람이다.
(1) a. She is crooning to her baby.(그녀는 아기에게 낮은 목소리로 노래를 불러주고 있다.)
  b. The baby is crooning to herself.(그 아기는 낮은 소리로 혼잣말을 하고 있다.)

1.2. 다음의 주어는 생명체가 아닌 바람이다.
(2) a. The wind is crooning.(그 바람은 낮은 소리를 내고 있다.)
  b. The singer crooned about love.(그 가수는 사랑에 관한 노래를 부드럽게 불렀다.)

2. 타동사 용법
2.1. 다음 주어는 목적어를 목소리로 낸다.
(3) a. The star crooned her song and the audience loved it.(그 스타는 노래를 낮은 목소리로 불렀고, 청중들은 그것을 매우 좋아했다.)
  b. She crooned a lullaby to her baby.(그녀는 자장가를 아기에게 조용히 불렀다.)
  c. Sinatra crooned mellow tunes.(시나트라는 달콤한 곡조들을 부드럽게 노래했다.)
  d. Bing Crosby used to croon romantic songs.(빙 크로스비는 낭만적인 노래를 조용하고 부드럽게 부르곤 했다.)

2.2. 다음 주어는 따옴표 속의 말을 낮게 말한다.
(4) a. "Are you lonesome tonight?" crooned Elvis from the radio.("오늘 밤 외로운가요?" 라디오에서 엘비스가 감미롭게 노래했다.)
  b. "Honey, you are the only one I love," he crooned.("자기, 내가 사랑하는 유일한 그대"라고 그는 낮고 부드럽게 노래했다.)

2.3. 다음에서 주어는 목적어를 어떤 상태나 과정에 들어가게 한다.
(5) She is crooning the baby to sleep.(그녀는 조용히 노래 불러 아기를 재우고 있다.)

crop

이 동사의 개념 바탕에는 crop의 명사 '농작물' '수확'이 깔려 있다. 동사의 의미는 이 명사와 관련된 과정이다.

1. 타동사 용법
1.1. 주어는 심는 사람이고 목적어는 밭이다. 주어는 목적어에 곡물을 심는다.
(1) a. He cropped the field with barley.(그는 밭에 보리를 심었다.)
  b. They cropped the field with wheat.(그들은 밭에 밀을 심었다.)

1.2. 다음은 수동태 문장으로 주어는 곡물이 심어진다.
(2) The river valley is intensely cropped.(그 강 골짜기에 집중적으로 작물이 심어진다.)

1.3. 다음 주어는 목적어는 자르거나 뜯는다.
(3) a. The horses are cropping the grass.(그 말들이 풀을 뜯어먹고 있다.)
  b. Sheep are cropping the grass.(양들이 풀을 뜯어먹고 있다.)

1.4. 다음 주어가 목적어를 잘라서 목적어는 새 상태에 이른다.
(4) a. He cropped his hair close.(그는 머리를 짧게 깎았다.)
  b. The sheep cropped the grass short.(그 양들이 풀을 뜯어서 짧게 되었다.)

1.5. 다음에서 주어는 목적어의 가장자리 등을 자른다.
(5) a. He cropped the ears of the dog.(그는 그 개의 귀 끝을 잘랐다.)
  b. He cropped his hair.(그의 머리를 잘랐다.)
  c. He cropped the photo to fit in the frame.(그는 사진을 그 액자에 맞도록 잘랐다.)

2. 자동사 용법
2.1. 다음의 주어는 곡물로서 된다.
(6) a. The potatoes cropped well this year.(그 감자농사는 올해에는 잘 되었다.)
  b. The apple trees cropped well that year.(사과 나무는 그 해에는 열매가 많이 열렸다.)
  c. The lettuce cropped well last year.(상추가 작년에는 잘 자랐다.)

2.2. 다음 주어는 돋아나거나 나타난다.
(7) a. Weeds always crop up in the flower bed.(잡초는 언제나 화단에 자라난다.)
  b. A bed of coal cropped up there.(석탄층이 갑자기 거기서 나타났다.)

2.3. 문제, 일 등도 생겨나는 것으로 개념화된다.
(8) a. I'll be late--something's cropped up at the office.(늦을 것 같네요. 사무실에 무슨 일이 생겨서요.)
  b. Please let me know if anything crops up while I am away.(내가 떠나있는 동안 무슨 일이 생기면 알려줘.)
  c. Some difficult questions cropped up at that point.(몇 가지의 어려운 문제들이 그 시점에서 발생했다.)

cross

이 동사의 개념 바탕에는 서로 가로지르는 과정이 있다.

1. 타동사 용법
1.1. 다음 주어는 서로 교차한다.
(1) a. The paths of our lives crossed again.(우리 삶의 길은 다시 교차했다.)
  b. We crossed each other on the street.(우리는 길에서 서로 엇갈렸다.)
  c. Our letters crossed in the mail.(우리 편지는 우편

에서 서로 엇갈렸다.)

　　d. The two roads cross each other.(그 두 도로는 서
　　　로 교차한다.)

**1.2. 다음 주어는 움직이는 개체가 아니다. 그러나 이
들 개체를 시선으로 따라가면 만난다.**

(2)　a. The railway crosses the country from coast to
　　　coast.(그 철도는 그 나라를 한쪽 해안에서 다른 한
　　　쪽 해안까지를 가로지른다.)

　　b. For one hundred miles, the railway crosses a
　　　bare empty plain.(100마일이나 그 철로는 빈 평원
　　　을 가로지른다.)

　　c. Fifth Avenue crosses Oak Street a mile down the
　　　road.(5번가는 1마일 아래에서 오우크가와 교차한
　　　다.)

　　d. The bridge crosses the river down there.(그 다리
　　　는 강을 저 아래에서 가로지른다.)

1.3. 다음은 수동태 문장으로 주어는 횡단된다.

(3)　The town is crossed by a number of canals.(그 마
　　을은 많은 수로에 의해 가로질러진다.)

1.4. 다음 주어는 목적어를 가로지른다.

(4)　a. The two runners crossed the finish line
　　　together.(그 두 주자는 결승선을 함께 넘었다.)

　　b. I crossed the street to catch the bus.(나는 버스를
　　　잡기 위해서 길을 건넜다.)

　　c. We crossed the stream on stepping stones.(우리
　　　는 시냇물을 징검돌을 밟으며 건넜다.)

　　d. The horses easily crossed the stream.(그 말들은
　　　쉽게 개울을 건넜다.)

　　e. We crossed the river in a small boat.(우리는 강을
　　　작은 배로 건넜다.)

　　f. We crossed the border yesterday.(우리는 어제 국
　　　경을 넘었다.)

　　g. The ball crossed the line.(그 공이 그 경계선을 넘
　　　었다.)

　　h. Never let such words cross your lip.(그런 말이 네
　　　입 밖으로 나오지 못하게 해라.)

　　i. Your letter crossed mine so you will have had my
　　　opinion already.(네 편지는 내 것과 엇갈렸으므로
　　　너는 곧 내 의견을 받게 될 것이다.)

**1.5. 다음 주어는 목적어를 건넌다. 목적어는 어느 개
체를 가로지르는 개체이다.**

(5)　a. Cross the bridge and turn left.(그 다리를 건너고
　　　나서 왼쪽으로 돌아라.)

　　b. They crossed the Pacific Ocean by boat.(그들은
　　　태평양을 배로 횡단했다.)

1.6. 다음 주어는 목적어에 가로선을 긋는다.

(6)　Cross a check.(수표에 횡선을 그어라.)

**1.7. 다음 주어는 목적어를 가로질러 나타난다. 미소,
두려움의 모습, 생각 등은 움직이는 개체로, 사람
의 얼굴이나 마음은 평면으로 개념화된다.**

(7)　a. A faint smile crossed him.(엷은 미소가 그를 스쳤
　　　다.)

　　b. A look of fear crossed her face.(공포에 질린 모습
　　　이 그녀의 얼굴을 스쳤다.)

　　c. It crossed my mind that you must be a bit short of
　　　staff.(네가 직원들이 약간 모자랄 것이라는 생각이

내 마음을 스쳤다.)

**1.8. 다음의 목적어는 선형적 개체이다. 주어는 이들
목적어를 교차시킨다.**

(8)　a. I'm going to cross my fingers and hope for the
　　　best.(나는 행운을 빌며 최상의 결과를 바랄 것이
　　　다.)

　　b. He sat down and crossed his legs.(그는 앉아서 다
　　　리를 꼬았다.)

　　c. He crossed his arms.(그는 팔장을 끼었다.)

　　d. Please cross your t's.(t자에 가로선을 그어 주세
　　　요.)

1.9. 다음 주어는 목적어에 X표를 하여 제거한다.

(9)　a. I made a list of things to do, and crossed off the
　　　ones that are done.(나는 할 일의 목록을 만들었고,
　　　이미 한 일들은 선을 그어 지웠다.)

　　b. As you do each job, cross it off the list.(일을 하나
　　　씩 할 때마다 그것을 그 목록에서 지워라.)

　　c. I had to cross off most of the schools because
　　　they are too far away.(나는 대부분의 학교들을 목
　　　록에서 지워야만 했었는데, 학교들이 너무 멀기 때
　　　문이다.)

　　d. If you don't want to play in the game, cross your
　　　name off.(게임에 참여하길 원치 않는다면 이름을
　　　지워라.)

1.10. 다음 주어는 목적어에 X표를 하여 뺀다.

(10)　a. Please cross out the spelling mistakes.(잘못된 철
　　　자를 빼 주세요.)

　　b. I went through my essay and crossed out all
　　　unnecessary adjectives.(나는 논문을 다시 훑어보
　　　고 모든 불필요한 형용사들을 뺐다.)

　　c. If you think that's wrong, cross it out and write it
　　　again.(그것이 잘못되었다고 생각하면, 삭제하고 다
　　　시 써라.)

1.11. 다음은 수동태 문장으로 주어는 빼진다.

(11)　Two of the words had been crossed out.(그 단어들
　　　중 둘은 삭제되었다.)

**1.12. 한 선이 다른 선을 만나는 것은 한 사람의 일이
다른 사람의 일을 방해하는 뜻으로 확대된다.
Up이 나타내는 의미 가운데 하나는 정지이다.
다음 주어는 목적어를 방해하여 정지시킨다.**

(12)　a. If you cross us up, you'll regret it.(우리를 배신하
　　　면, 후회하게 될 것이다.)

　　b. Our team tried to cross up the opposition by
　　　switching our plays.(우리 팀은 경기 태도를 바꾸어
　　　서 상대팀을 속이려고 했다.)

1.13. 다음 주어는 목적어를 방해한다.

(13)　a. Don't cross Dan when he is in a bad mood.(댄의
　　　기분이 안 좋을 때 그를 방해하지 마라.)

　　b. I do know that anyone who crossed me after
　　　such a day had better be careful.(이런 날 이후 나
　　　를 방해하면 누구든지 조심하는 게 좋을 거라는 것
　　　을 나는 안다.)

　　c. She can be nice and charming as long as you
　　　don't cross her.(방해하지 않는 한 그녀는 친절하
　　　고 매력적이다.)

　　d. The employee who crossed the owner was soon

fired.(그 소유주에게 반대했던 그 고용자는 곧 해고 되었다.)

e. All he does is **cross** me at every opportunity.(그 가 하는 모든 것이라고는 모든 기회에서 나를 방해 하는 것이다.)

f. Anyone who dares to **cross** me will find himself in serious trouble.(나를 감히 방해하는 어느 누구든지 심각한 곤경에 빠질 것이다.)

g. He **crossed** his friend by not paying back the money he had borrowed.(그는 빌려간 돈을 갚지 않아서 그의 친구를 배신했다.)

1.14. 다음은 수동태 문장으로 주어는 방해를 받는다.

(14) a. Their happiness was sadly **crossed**.(그들의 행복 은 슬프게도 방해를 받았다.)

b. He was **crossed** in his plan.(그의 계획은 방해 받았 다.)

1.15. 다음 주어는 목적어를 교배한다. 목적어는 복수 형이다.

(15) a. The trainee tried to **cross** the two **breeds** of horses.(그 훈련생은 말의 두 품종을 교배시키려 했 다.)

b. This flower has been produced by **crossing** several different **varieties**.(이 꽃은 여러 다른 종들 을 교배시켜서 나왔다.)

c. He's **crossed** two **varieties** of rose.(그는 장미 두 종을 교배시켰다.)

1.16. 다음 주어는 목적어를 교배한다. 목적어는 접속 사 and로 연결되어 있다.

(16) a. Mendel **crossed** green **and** yellow peas to see what would result.(멘델은 결과가 어떤지를 보기 위해서 파란 콩과 노란 콩을 교배시켰다.)

b. A mule is the result of **crossing** a donkey **and** a horse.(노새는 당나귀와 말을 교배시켜 나온 결과 이다.)

1.17. 다음 주어는 목적어를 with의 목적어와 교배한 다.

(17) He **crossed** this rose **with** that, and got a new rose with a different color.(그는 이 장미를 저것과 교배시 켜서 다른 색깔을 가진 새로운 장미를 얻었다.)

1.18. 다음의 목적어는 재귀대명사이다. 주어는 가슴 에 십자가를 긋는다는 뜻이다.

(18) a. As the priest gave the blessing, the parishioners **crossed** themselves.(그 신부님이 축복의 기도를 할 때, 교구민들은 가슴에 십자가를 그었다)

b. She **crossed** herself when she left the church.(그 녀는 교회를 떠날 때 가슴에 십자가를 그었다.)

c. He prayed and **crossed** himself.(그는 기도를 하고 가슴에 십자가를 그었다.)

d. I **crossed** my heart that I will not tell the secret to anyone.(나는 어느 누구에게도 비밀을 말하지 않을 것을 십자가를 그어서 맹세했다.)

1.19. 다음 주어는 목적어를 선형적 개체를 가로 건너 게 한다.

(19) a. The general **crossed** the army at the ford.(장군은 군대를 개울에서 건너게 했다.)

b. The **crossing** guard is at the corner, to cross the

children in the morning.(그 교통 안전 유도원은 아 침에 아이들을 길을 건너게 하려고 모퉁이에 있다.)

2. 자동사 용법

2.2. 다음 주어는 가로질러 간다.

(20) a. We can **cross** now as the traffic lights are green. (신호등이 파란불이니 우리는 이제 건너도 된다.)

b. Look both ways before you **cross**.(건너기 전에 양 쪽 길을 다 살펴라.)

c. We **crossed** further **into** the country.(우리는 그 시 골을 더 깊이 가로질러 갔다.)

d. They **crossed** from Dover to Calais.(그들은 도버 에서 칼레까지 건넜다.)

e. I **crossed over** the bridge.(나는 다리 위로 건넜다.)

f. She **crossed to** the other side of the room.(그녀는 방의 다른 쪽으로 가로질러 갔다.)

2.2. 다음 주어는 교차한다.

(21) a. The two paths **cross** near the wood.(그 두 길은 숲 근처에서 교차한다.)

b. The roads **cross** in the center of the city.(그 도로 들은 도시 한 가운데에서 교차한다.)

c. Parallel lines never **cross**.(평행선은 절대 교차하지 않는다.)

d. A and B **cross** in downtown Los Angeles.(A와 B 는 LA 시내에서 교차한다.)

2.3. 다음 주어는 한 영역에서 다른 영역으로 넘어간 다.

(22) She was able to **cross over** from jazz to pop music.(그녀는 재즈에서 팝으로 음악 스타일을 바꿀 수 있었다.)

crouch

이 동사의 개념 바탕에는 쭈그리거나 움츠리는 과정 이 있다.

1. 자동사 용법

1.1. 다음의 주어는 사람이나 동물이다.

(1) a. I **crouched** down so that the ball wouldn't hit me. (나는 공이 나를 치지 않도록 몸을 아래로 웅크렸 다.)

b. He **crouched** down to fix his sandals.(그는 샌달끈 을 묶으려고 아래로 몸을 숙였다.)

c. She **crouched** in order to look for her shoes under the bed.(그녀는 침대 밑의 자기 신발을 찾으 려고 몸을 웅크렸다.)

d. The cat **crouched** for a spring.(그 고양이는 덤벼 들 자세로 몸을 웅크렸다.)

e. The lion **crouched**, nearly to attack.(그 사자는 거 의 공격하려는 듯 몸을 웅크렸다.)

1.2. 이 웅크림은 굽실거림과 연관된다.

(2) He **crouched** to his master.(그는 주인에게 굽실거렸 다.)

1.3. 다음에서 주어는 몸을 구부려서 상체가 over의 목적어 위에 있게 한다.

(3) He **crouched** over the papers on his desk.(그는 책

상 위에 있는 서류 위로 몸을 숙였다.)

2. 타동사 용법

2.1. 다음에서 주어는 목적어를 숙이거나 구부린다.

(4) He crouched his head/knees.(그는 머리를 숙였다/무릎을 구부렸다.)

crow

이 동사의 개념 바탕에는 수탉이 우는 소리가 깔려 있다.

1. 다음의 주어는 수탉이나 아기이다.

(1) a. The rooster crowed at sunrise.(그 수탉이 해뜨는 시간에 울었다.)

b. The baby crowed with delight at the toy.(그 아기는 장난감을 보고 기뻐서 까르르 웃었다.)

1.2. 다음 주어는 수탉이 울듯 의기양양하거나 자랑스럽게 말을 한다.

(2) a. John crowed endlessly about his success at gambling.(존은 도박에서의 성공에 관하여 끊임없이 자랑했다.)

b. He won't stop crowing about his victory.(그는 자신의 승리에 관하여 자랑하기를 멈추려 하지 않았다.)

c. He crowed over his enemy.(그는 적에 대한 승리에 의기양양했다.)

crowd

이 동사의 개념 바탕은 crowd의 명사 '무리', '군중'이다. 동사의 의미는 무리를 지어 움직이거나 다른 사람에게 영향을 주는 과정이 있다.

1. 타동사 용법

1.1. 다음 주어는 목적어를 무리를 지어 들어가서 복잡하게 한다.

(1) a. People crowded the small room.(사람들은 작은 방을 붐비게 했다.)

b. Demonstrators crowded the building.(시위자들이 빌딩을 붐비게 했다.)

c. Shoppers crowded the store/the streets.(쇼핑하는 사람들은 상점/거리들을 빽빽하게 했다.)

d. Groups of tourists crowded the main streets.(여행단들이 주요 도로들을 붐비게 했다.)

e. Thousands of demonstrators crowded the streets.(수천의 시위자들이 거리를 붐비게 했다.)

f. Street vendors crowded the sidewalks.(거리 행상인들이 인도를 꽉 메웠다.)

g. Swimmers crowded the beaches.(수영하는 사람들은 해변을 붐비게 했다.)

1.2. 다음은 수동태 문장으로 주어는 전치사 with의 목적어로 복잡해진다.

(2) a. The seaside town is crowded with visitors.(해변 도시는 방문객들로 붐빈다.)

b. The store was crowded with shoppers.(상점은 쇼핑하는 사람들로 붐볐다.)

c. The small room was crowded with people.(그 작은 방은 사람들로 붐볐다.)

d. The bus is crowded.(그 버스는 붐빈다.)

1.3. 다음 주어는 목적어를 전치사 with의 목적어로 복잡하게 채운다.

(3) a. He crowded the box with books.(그는 상자를 책들로 메웠다.)

b. she crowded her bag with clothes.(그녀는 가방을 옷으로 채웠다.)

c. She tends to crowd her room with furniture.(그녀는 방을 가구로 채우는 경향이 있다.)

1.4. 다음 주어는 목적어를 전치사 into의 목적어로 복잡하게 집어넣는다.

(4) a. She crowds too much details into her paintings.(그녀는 너무나 많은 세부사항들을 그림에 채워 넣는다.)

b. The police crowded everyone into a corner of the square.(경찰은 모든 사람을 광장의 한 구석에 몰았다.)

c. He crowded everything into the trunk, and he could not close it.(그는 모든 것을 트렁크에 넣어서, 닫을 수 없었다.)

d. He crowded his old magazines into a cabinet.(그는 오래된 잡지를 사물함 안에 쑤셔 넣었다.)

e. He crowded the books into a box.(그는 상자에 책을 넣었다.)

f. I crowded as many clothes into the suitcase as I could.(나는 내가 할 수 있는 한 많은 옷들을 옷 가방에 쑤셔 넣었다.)

g. She crowded three brownies into her mouth.(그녀는 3개의 초콜릿 과자를 입 안으로 쑤셔 넣었다.)

1.5. 다음 주어는 목적어를 몬다. 목적어는 생명체이다.

(5) a. Don't crowd me.(나를 몰지 말아라.)

b. Please move away a little, and don't crowd me.(제발 조금만 움직여서 나를 몰지 말아라.)

c. Don't crowd her; give her some space.(그녀를 몰지 말아라. 그녀에게 여유를 주라.)

d. She likes freedom, and her boy friend crowded her so much that she left him.(그녀는 자유를 좋아하는데, 남자친구가 그녀를 너무 몰아서 그녀는 그를 떠났다.)

e. I need some time to do this work; so please don't crowd me.(나는 이 일을 하는데 시간이 필요하다. 그러니 제발 날 몰지 마시오.)

f. Don't crowd me! I'll make up my mind when I'm ready.(나를 몰지 말아라. 내가 준비되었을 때 결정을 하마.)

g. They're crowding me with unreasonable demands.(그들은 불합리한 요구들로 나를 몰고 있다.)

h. He helped his father crowd the animals into a truck.(그는 아버지가 동물들을 트럭으로 모으는 것을 도왔다.)

i. The soldiers crowded the demonstrators into a small hall.(그 군인들은 시위자들을 작은 홀에다 몰

j. He crowded the children in.(그는 아이들을 안으로 몰았다.)

1.6. 다음 주어는 목적어를 for의 목적어를 얻기 위해 몰아부친다.

(6) a. He crowded a person for an answer.(그는 대답을 얻기 위해 한 사람을 다그쳤다.)

b. The gangsters crowded the shop keepers for money.(그 갱들은 그 가게 주인들을 강요하여 돈을 뜯어냈다.)

c. He crowded a debtor for immediate payment.(그는 채무자를 강요하여 즉시 지불을 촉구했다.)

1.7. 다음 주어는 힘으로 목적어를 몰아낸다.

(7) a. By late summer rampant ivy had crowded out the climbing roses.(늦은 여름에 무성한 덩굴이 덩굴장미를 몰아내었다.)

b. The big supermarkets have been crowding out small grocery stores for years.(그 대형 슈퍼마켓들은 작은 식료품 가게들을 수년간 몰아내고 있다.)

c. Weed crowded out the flowers.(잡초는 꽃을 밀어냈다.)

d. In 1980s American exports crowded out European films.(1980년대에 미국 수출은 유럽 영화를 밀어내었다.)

1.8. 다음은 수동태 문장으로 주어는 밀린다.

(8) a. The regular customers are crowded out by tourists.(일반 고객들은 여행객들에 의해 밀려난다.)

b. The price of oil is being crowded up higher.(유가는 밀려서 더 높게 되고 있다.)

c. His contribution to the magazine was crowded out.(그 잡지사에 보낸 그의 원고는 밀려났다.)

d. We tried to get in, but were crowded out.(우리는 들어가려고 했으나 밀려 나오게 되었다.)

e. Many people were crowded out of the hall.(많은 사람들이 홀 밖으로 밀려났다.)

1.9. 다음 주어는 무리를 지어서 목적어를 어떤 장소에서 벗어나게 만든다.

(9) a. We crowded him off the platform.(우리는 그를 연대에서 밀어냈다.)

b. The teacher crowded the students out of the classroom.(그 선생님은 학생들을 교실 밖으로 내몰았다.)

d. The big man crowded the little boy out of his way.(그 큰 사람은 작은 소년을 길에서 내쫓았다.)

e. The big firms are crowding our small businesses out of the market.(큰 회사들은 우리의 작은 사업들을 시장에서 내몰고 있다.)

f. His horse crowded him over onto the sidewalk.(그의 말은 그를 인도 위로 밀어냈다.)

g. Subway riders crowded each other.(지하철 이용객들은 서로 몰렸다.)

1.10. 다음 주어는 사건이다. 그러나 이것은 구체적인 개체로 개념화되어 목적어를 복잡하게 만든다.

(10) a. Extraordinary events crowded the year.(대단한 사건들이 그 해를 복잡하게 했다.)

2. 자동사 용법

2.1. 다음 주어는 어떤 장소에 무리를 짓는다.

(11) a. People crowded to see the show.(사람들은 공연을 보기 위해 몰렸다.)

b. They crowded around the table to get food.(그들은 음식을 얻기 위해 테이블 주위를 둘러쌌다.)

c. They crowded around to watch the police give first aid.(그들은 경찰이 응급 처치를 하는 것을 보기 위해 주위를 둘러쌌다.)

d. People crowded around the scene of the accident.(사람들은 사고 현장 주변에 몰려들었다.)

e. They crowded around the woman.(그들은 여자 주위에 몰렸다.)

f. They crowded round the pop star.(그들은 인기 가수를 둘러쌌다.)

g. The reporters crowded close to the president.(그 기자들은 대통령 가까이로 몰렸다.)

h. The people crowded together in the square.(그 사람들은 광장에 함께 모였다.)

2.2 다음 주어는 무리를 지어서 들어 간다.

(12) a. They crowded in for seats.(그들은 자리에 앉기 위해 몰려 들었다.)

b. Passengers are crowded into a train in the rush hour.(승객들은 혼잡 시간에 기차로 몰린다.)

c. Can we all crowd into one car?(우리는 모두 한 차에 탈 수 있나?)

d. Commuters crowded into the train.(통근자들은 기차로 몰렸다.)

e. Everybody crowded into the cafeteria.(모든 사람들이 카페테리아로 몰렸다.)

2.3. 다음 주어는 추상적 개체이나, 구체적인 것으로 개념화되어 있다.

(13) a. Thoughts crowded in and images flashed into my mind.(생각은 모여들어 영상이 나의 머리 속을 스쳤다.)

b. Social problems are crowding in on the country.(사회 문제들이 그 나라에 몰려들고 있다.)

c. Scenes from the past crowded in upon him.(과거의 장면들이 그에게 몰려들었다.)

2.4. 다음 주어는 무리를 지어서 전치사 through의 목적어를 지나간다.

(14) a. People crowded through the gate.(사람들은 무리를 지어 대문을 통과했다.)

b. They crowded through the turnstile.(그들은 무리 지어 개찰구를 통과했다.)

2.5. 다음 주어는 무리를 지어서 onto의 목적어로 간다.

(15) Spectators crowded onto the terrace.(구경꾼들은 테라스로 모였다.)

---

crown

이 동사의 개념 바탕에는 crown의 명사 '왕관'이 있다. 동사의 뜻은 이 명사의 상징이나 모양, 위치 등과 관련된다.

1. 타동사 용법

1.1. 다음 주어는 목적어를 왕관으로 씌운다.

(1) a. The arch bishop **crowned** the woman queen.(그 대주교는 그 여자에게 왕관을 씌워서 여왕으로 만들었다.)

　　b. People **crowned** him king.(국민들은 그를 왕으로 추대했다.)

1.2. 다음은 수동태 문장으로 주어는 왕관을 쓰게 된다.

(2) a. George Ⅳ was **crowned** in 1936.(죠지 4세는 1936년 왕으로 즉위했다.)

　　b. Victoria was **crowned** queen in 1838.(빅토리아는 1838년 여왕에 즉위했다.)

1.3. 다음 주어는 목적어를 왕관으로 씌운다.

(3) a. They **crowned** the poet with a laurel.(그들은 그 시인을 월계관으로 씌웠다.)

　　b. He **crowned** his great career with the Nobel Prize.(그는 위대한 경력을 노벨상으로 장식했다.)

1.4. 다음 주어는 목적어 위를 전치사 with의 목적어로 덮거나 없는다.

(4) a. The dentist **crowned** his teeth with gold.(치과의사는 그의 이를 금으로 씌웠다.)

　　b. She **crowned** the dessert with whipped cream.(그녀는 후식을 거품 크림으로 씌웠다.)

1.5. 다음 주어는 자체가 목적어를 장식한다.

(5) a. Success **crowned** his hard work/efforts.(성공이 그의 노고/노력을 장식했다.)

　　b. The award of the Nobel Prize has **crowned** his glorious career in chemistry.(그 노벨상 수상은 화학 분야에 있어서 영광스런 경력의 마지막을 장식했다.)

1.6. 다음은 수동태 문장으로 주어는 그 윗 부분에 with의 목적어가 얹혀진다.

(6) a. The peaks were **crowned** with snow.(그 정상은 눈으로 덮여 있었다.)

　　b. His head is **crowned** with a mop of brown curls.(그의 머리는 곱슬거리는 갈색 더벅머리로 덮여 있다.)

　　c. His work has been **crowned** with success.(그의 노고는 성공으로 장식됐다.)

　　d. The church was **crowned** with a golden dome.(그 교회는 금빛 둥근 지붕으로 덮여 있었다.)

1.7. 다음 주어는 목적어의 윗 부분을 차지한다.

(7) a. A fort **crowns** the hill(요새 하나가 언덕 윗 부분을 차지한다.)

　　b. A gold star **crowned** the X-mas tree.(금 별이 크리스마스 나무 꼭대기를 장식했다.)

cruise

이 동사의 개념 바탕에는 일정하게 편안하게 가는 움직임이 있다.

1. 자동사 용법

1.1. 다음의 주어는 배, 자동차, 비행기 등이다.

(1) a. The cutter **cruised** along the coast.(그 소형 감시선이 해변을 따라 순항했다.)

　　b. My car can **cruise** along at 80 miles per hour on the highway.(내 차는 시속 80마일로 그 고속도로를 쾌적하게 달릴 수 있다.)

　　c. The plane **cruised** at 40,000 feet.(비행기는 고도 4만 피트에서 순항했다.)

　　d. She **cruised** around the block looking for a parking space.(그녀는 주차 공간을 찾기 위해 구획 주위를 여기저기 알맞은 속도로 달렸다.)

　　e. The ship **cruised** comfortably at 80 miles an hour.(그 배는 편안하게 시속 80마일의 속도로 순항했다.)

1.2. 다음의 주어는 목적지에 편안하게 이른다.

(2) a. The team **cruised** to victory.(그 팀은 성공을 향해 순항했다.)

　　b. With such a powerful serve, she will **cruise** into the final.(그러한 강력한 서브로 그녀는 결승까지 순항할 수 있을 것이다.)

2. 타동사 용법

2.1. 다음 주어는 목적어를 돌아다닌다. 목적어는 지역이다.

(3) a. The destroyer **cruised** the area of the wreckage.(그 구축함은 난파 지역을 조사하며 돌아다녔다.)

　　b. Taxis **cruised** the streets.(택시들이 손님을 찾아 거리를 돌아다녔다.)

　　c. The police are **cruising** the red-light district.(경찰은 홍등가를 순찰 중이다.)

　　d. They are **cruising** bars.(그들은 술집을 돌아다니고 있다.)

　　e. We **cruised** the Bahamas.(우리는 바하마를 돌아다녔다.)

crumble

이 동사의 개념 바탕에는 부서지는 과정이 있다.

1. 자동사 용법

1.1. 다음 주어는 무너지고 부서진다.

(1) a. The ancient empire was **crumbling**.(그 고대 제국은 무너지고 있다.)

　　b. The empire finally **crumbled** into dust.(그 제국은 마침내 무너져 먼지가 되었다.)

　　c. The temples **crumbled** into ruin.(그 사원들은 무너져 폐허가 되었다.)

　　d. The old wall is **crumbling** away at the edges.(오래된 담은 무너져 내리고 있다.)

　　e. The walls of the castle were **crumbling**.(성의 벽들은 무너지고 있었다.)

1.2. 다음은 수동태 문장으로 다음 주어는 부수어진다.

(2) a. 1 My cookie **crumbled** when he dropped it.(그가 과자를 떨어뜨렸을 때, 내 과자는 부수어 졌다.)

　　b. 1 The pie crust **crumbled** when it was sliced.(파이가 잘렸을 때, 파이 껍질은 부수어 졌다.)

1.3. 다음 주어는 무너진다. 이 때 주어는 희망, 세력 등이다.

(3) a. My hopes have **crumbled** to nothing.(내 희망들은

무너져 없어졌다.)

b His resolve crumbled and he reached for the whisky bottle.(그의 결심은 무너졌고, 그는 위스키 병에 손을 댔다.)

c. The communist system began to crumble.(공산주의 체제는 무너지기 시작했다.)

2. 타동사 용법

2.1. 다음 주어는 목적어를 부스러뜨린다.

(4) a. I crumbled the dead leaves in my fingers.(나는 손가락으로 죽은 잎사귀들을 부스러뜨렸다.)

b. She crumbled the biscuits.(그녀는 비스킷들을 부스러뜨렸다.)

c. Bill crumbled crackers into his soup.(빌은 크래커를 부수어서 수프 안에 넣었다.)

d. The cook crumbled chocolate over the top of the cake.(그 요리사는 초콜릿을 부수어서 케익위에 뿌렸다.)

e. Crumble the cheese over the salad.(치즈를 샐러드 위에 부수어 뿌려라.)

crumple

이 동사의 개념 바탕에는 구기는 과정이 있다.

1. 타동사 용법

1.1. 다음 주어는 목적어를 구긴다.

(1) a. She crumpled the letter and threw it into the wastebasket.(그녀는 편지를 구겨서 쓰레기통에 던졌다.)

b. He crumpled his clothes while packing the suitcase.(그는 옷들을 짐 가방을 싸면서 구겼다.)

1.2. 다음 주어는 목적어를 종이를 구기듯 찌그러뜨린다.

(2) a. The explosion crumpled the building in seconds.(그 폭발은 건물을 수 초 안에 휴지 조각처럼 구겼다.)

b. The bomb crumpled the wall.(그 폭탄은 벽을 찌그러뜨렸다.)

2 자동사 용법

2.1. 다음 주어는 구겨진다.

(3) This fabric crumples easily.(그 천은 쉽게 구겨진다.)

2.2. 다음 주어는 무너지거나 찌그러진다.

(4) a. The building crumpled when the dynamite exploded.(그 건물은 다이너마이트가 터지자 무너졌다.)

b. The stairway crumpled under his weight.(그 계단은 그의 무게 때문에 무너져 버렸다.)

c. The front of the car crumpled from the impact.(그 차 앞부분은 충격으로 찌그러졌다.)

2.3. 다음 주어는 쓰러진다.

(5) a. The boxer crumpled in a heap and the referee stopped the fight.(그 권투 선수가 웅크리며 쓰러지자 심판은 싸움을 중단시켰다.)

b. He crumpled to the floor in a faint.(그는 바닥에 기절해서 쓰러졌다.)

c. He crumpled up in agony.(그는 고뇌로 웅크렸다.)

2.4. 다음 주어는 일그러진다.

(6) a. His face crumpled with laughter.(그의 얼굴은 웃음으로 일그러졌다.)

b. His face crumpled and he began to cry.(그의 얼굴은 일그러지고 울기 시작했다.)

crunch

이 동사의 개념 바탕에는 바스락 소리를 내면서 씹는 과정이 있다.

1. 타동사 용법

1.1. 다음 주어는 목적어를 오독오독 깨물어 씹는다.

(1) a. He is crunching his breakfast cereal.(그는 아침 시리얼을 아삭아삭 씹어먹고 있다.)

b. She crunched her apple noisily.(그녀는 사과를 시끄럽게 우직우직 베어 먹었다.)

c. The dog crunched the bone.(그 개는 뼈를 우지끈 씹었다.)

1.2. 다음 주어는 목적어를 소리를 내면서 밟는다.

(2) a. He crunched the deep snow.(그는 깊이 쌓인 눈을 바스락 소리가 나게 밟았다.)

b. He crunched the nut under his heel.(그는 견과를 발 뒤축으로 우지끈 밟았다.)

c. The wheels crunched the pebbles in the driveway.(그 바퀴들은 진입로의 자갈을 소리나게 눌렀다.)

2. 자동사 용법

2.1. 다음 주어는 바스락거리는 소리를 낸다.

(3) a. The gravel in the road crunched under the car.(길의 자갈은 자동차 아래에서 어스러지는 소리를 냈다.)

b. The hard snow crunched under their feet.(그 단단한 눈은 그의 발 아래에서 어스러지는 소리가 났다.)

2.2. 다음 주어는 바스락거리는 소리를 내면서 이동한다.

(4) a. I crunched across the gravel to the front door.(나는 조약돌을 지나 현관으로 바스락거리며 갔다.)

b. The car was crunching along the gravel road.(그 차는 그 자갈길을 바스락거리는 소리를 내며 가고 있었다.)

d. They crunched through the snow.(그들은 눈 속을 바스락거리는 소리를 내면서 갔다.)

2.3. 다음 주어는 전치사 on의 목적어를 소리를 내면서 씹는다.

(5) The dog was crunching on a bone.(그 개는 뼈를 우지끈 씹고 있었다.)

crush

이 동사의 개념 바탕에는 짓이겨서 으깨는 과정이

있다.

1. 타동사 용법

1.1. 다음 주어는 목적어를 빻거나 구긴다.

(1) a. He is crushing aspirin.(그는 아스피린을 빻고 있다.)

   b. Crush three cloves of garlic.(마늘 세 개를 찧어라.)

   c. He crushed a beetle under the foot.(그는 발 밑의 갑충 한 마리를 짓이겼다.)

   d. He crushed up the letter in his hand.(그는 편지를 손에서 완전히 구겼다.)

1.2. 다음 주어는 목적어를 빻는다. 주어는 도구이다.

(2) a. The huge machine crushed the rocks into small stones.(그 큰 기계가 바위들을 작은 돌로 부수었다.)

   b. This machine crushes wheat grain to make flour.(이 기계는 밀가루를 만들기 위해서 밀을 빻는다.)

   c. The roof fell in and crushed the people in the building.(지붕이 무너져 내려서 그 건물 안의 사람들을 압사시켰다.)

1.3. 다음 주어는 목적어를 짓이겨서 짜낸다.

(3) a. He crushed juice from the grapes.(그는 쥬스를 포도에서 짓이겨서 짰다.)

   b. The machine crushes oil from seeds.(그 기계는 기름을 씨에서 짠다.)

   c. The wine press crushed fresh juice.(포도주 압축기는 신선한 쥬스를 짰다.)

1.4. 다음 주어는 목적어를 으스러지게 밀거나 당긴다.

(4) a. The surging crowd crushed us against the wall.(밀려오는 군중들이 우리를 벽에 밀쳤다.)

   b. He crushed a cup against the wall.(그는 컵 하나를 벽에 쳐서 깨었다.)

   c. We can't crush any more people into the hall; it's crowded already.(우리는 더 많은 사람을 강당에 쳐넣을 수 없다. 그것은 이미 꽉 찼다.)

   d. She crushed her child to her breast.(그녀는 자기 아이를 그녀의 가슴에 꼭 껴안았다.)

1.5. 다음은 수동태 문장으로 주어는 쳐넣어진다.

(5) a. We were crushed into the bus.(우리는 버스 안으로 쳐넣어졌다.)

   b. We were crushed into the crowded train.(우리는 복잡한 기차 안으로 쳐넣어졌다.)

1.6. 다음은 「정신은 개체」 은유가 적용된 예이다. 주어는 목적어를 정신적으로 충격을 준다.

(6) a. The news of his death crushed me.(그의 죽음에 대한 소식이 나에게 큰 충격을 주었다.)

   b. The insult crushed her.(그 모욕은 그녀에게 큰 충격을 주었다.)

   c. He smiled at her, bur she crushed him with a haughty look.(그는 그녀에게 미소를 던졌으나, 그녀는 그를 거만한 표정으로 기를 꺾었다.)

1.7. 다음은 수동태 문장으로 주어는 눌리어 찌그러지거나 부수어진다.

(7) a. The car was crushed by the falling tree.(그 차는 넘어지는 나무에 깔려 부수어졌다.)

   b. His foot was crushed in the door.(그의 발은 문에 으깨졌다.)

   c. Sugar can be crushed into fine powder.(설탕은 미세한 분발로 빻아질 수 있다.)

   d. He was crushed to death.(그는 깔려서 죽었다.)

1.8. 다음은 「정신은 개체」 은유가 적용된 예이다. 주어는 부수어진다.

(8) a. My hopes were crushed.(나의 희망들은 무산되었다.)

   b. When her business failed, she was crushed.(그녀의 남편이 죽었을 때, 크게 충격을 받았다.)

   c. He was crushed with grief.(그는 슬픔으로 짓눌렀다.)

   d. Listen to the criticism, but don't be crushed by it.(비판을 들어라. 그러나 그것에 꺾이지는 말아라.)

1.9. 다음 목적어는 과정이다. 주어는 목적어를 짓누른다.

(9) a. The military government crushed all opposition.(군사정부는 모든 반대를 분쇄했다.)

   b. The military operation crushed the uprising.(그 군사 작전은 그 봉기를 분쇄했다.)

   c. The president crushed the rebellion(그 대통령은 그 반란을 분쇄했다.)

1.10. 다음 목적어는 사람이다. 주어는 목적어를 부순다.

(10) a. The army crushed the attackers.(그 군대는 침입자를 격파했다.)

   b. They crushed all their enemies out of existence.(그들은 적들을 부수어 없앴다.)

   c. He crushed his opponent in chess.(그는 적수를 체스에서 격파했다.)

   d. Our basketball team crushed the other team with a score of 100 to 70.(우리 농구팀은 다른 팀을 100 대 70으로 격파했다.)

1.11. 다음은 수동태 문장으로 주어는 분쇄된다.

(11) a. The revolution was crushed within days.(그 혁명은 며칠 안에 분쇄되었다.)

   b. Bolshevism was crushed out.(과격주의가 분쇄되어서 없어졌다.)

1.12. 다음 주어는 짓밟으면서 나아간다.

(12) He crushed his way through the crowd.(그는 군중 속을 밀치고 나아갔다.)

2. 자동사 용법

2.1. 다음 주어는 부수어진다.

(13) a. Cotton crushes very easily.(목화는 쉽게 부수어진다.)

   b. The material crushes too easily to be of any use.(그 물질은 너무 쉽게 부수어져서 별 소용이 없다.)

   c. These cans do not crush easily.(이들 깡통은 쉽게 쭈그러지지 않는다.)

2.2. 다음의 주어는 부수듯 밀고 들어간다.

(14) a. The reporters crushed into his office.(그 기자들은 사무실로 밀고 들어왔다.)

   b. They crushed into the train.(그들은 기차 안으로 밀치고 들어갔다.)

c. The prisoner **crushed out**.(그 죄인이 탈옥을 했다.)

d. They **crushed through** the gate.(그들은 대문을 세차게 밀고 갔다.)

e. The tank **crushed through** the jungle.(그 탱크들은 밀림을 밀치면서 나아갔다.)

cry

이 동사의 개념 바탕에는 큰 소리를 내는 과정이 있다.

1. 자동사 용법

1.1. 다음 주어는 운다.

(1) a. Don't **cry**.(울지 말아라.)

b. She always **cries** at wedding.(그녀는 언제나 결혼식에서 운다.)

c. He **cried** for mercy.(그는 자비를 애원하여 울었다.)

d. He **cried** over his mother's remains.(그는 어머니의 시체 위에 엎드려 울었다.)

e. She **cried** with pain/for joy.(그녀는 고통으로/즐거움에 울었다.)

1.2. 다음 주어는 큰 소리로 외친다.

(2) a. He **cried out** to me for help.(그는 나에게 도움을 달라고 소리쳤다.)

b. The situation **cries out** for attention.(그 상황은 주의를 요한다.)

1.3. 다음 주어는 소리를 질러 물러난다.

(3) a. I intended to go, but **cried off** before the day.(나는 가기로 결정했으나, 전날 물러섰다.)

b. He had arranged to play in the game, but **cried off** at the last minute.(그는 그 게임에 참가하기로 예정했으나 마지막 순간에 물러났다.)

2. 타동사 용법

2.1. 다음 주어는 목적어를 외쳐서 알린다.

(4) a. He **cried out** a good night.(그는 큰 소리로 밤 인사를 했다.)

b. He **cried** the news all over the town.(그는 소식을 온 읍내에 외쳤다.)

c. He **cried** his wares to sell.(그는 팔 물건을 큰 소리로 외쳤다.)

2.2. 다음 주어는 목적어를 울려서 상태변화가 오게 한다.

(5) a. The girl **cried** herself **to sleep**.(그 소녀는 울다가 잠이 들게 되었다.)

b. She **cried out** to us **to be** careful.(그녀는 우리에게 소리를 질러서 조심하게 했다.)

c. He **cried** himself **blind**.(그는 너무 울어서 볼 수가 없게 되었다.)

d. The baby **cried** himself **asleep**.(아기는 울어서 잠이 들었다.)

2.3. 다음 주어는 that-절의 내용을 큰 소리로 알린다.

(6) a. He **cried** that he needed help.(그는 도움이 필요하다고 외쳤다.)

b. He **cried** that his foot was caught in the door.(그는 발이 문에 끼었다고 외쳤다.)

2.4. 다음 주어는 따옴표 속의 말을 외친다.

(7) a. "That's wonderful," she **cried**.("그것은 신기하다," 라고 그녀가 외쳤다.)

b. The umpire **cried**, "Strike." (그 심판은 큰 소리로 외쳤다. "스트라이크.")

c. "Help," she **cried out**.("도와 주세요." 그녀가 외쳤다.)

2.5. 다음 주어는 목적어를 흘린다.

(8) a. He **cried** tears of disappointment.(그는 실망의 눈물을 흘렸다.)

b. She **cried** tears of happiness.(그녀는 행복의 눈물을 흘렸다.)

cuddle

이 동사의 개념 바탕에는 꼭 껴안는 과정이 있다.

1. 타동사 용법

1.1. 다음 주어는 목적어를 껴안는다.

(1) a. The mother **cuddled** the baby in her arms.(엄마가 아기를 품안에 꼭 껴안았다.)

b. The little girl **cuddled** the teddy bear close.(그 소녀는 장난감 곰을 꼭 껴안았다.)

2. 자동사 용법

2.1. 다음 주어는 서로 껴안는다.

(1) a. The young lovers **cuddled** on the couch.(젊은 연인들은 소파에 앉은 서로를 껴안았다.)

b. We **cuddled** up by the fire and got warm.(우리는 불 근처에서 서로를 껴안아 온기를 얻었다.)

c. The two lovers **cuddled** up in the bed.(그 두 연인이 침대에서 서로를 껴안았다.)

d. We were **cuddling** in the back seat of the car.(우리는 차 뒷좌석에서 껴안고 있었다.)

e. The two cats **cuddled** up near the fire.(그 고양이 두 마리가 불가에서 서로 바짝 달라붙어 있었다.)

2.2. 다음 주어는 바싹 달라붙는다.

(3) a. The baby **cuddled** up to her mother.(그 아기는 엄마에게 바싹 달라붙었다.)

b. She **cuddled** up against him.(그녀는 그에게 바싹 달라붙었다.)

cue

이 동사의 개념 바탕에는 cue의 명사 '실마리', '단서'가 있다. 동사의 뜻은 명사의 기능과 관련이 있다.

1. 타동사 용법

1.1. 다음 주어는 목적어에게 실마리를 준다.

(1) a. Can you **cue** me when you want me to begin speaking?(너는 나에게 연설을 시작하길 원하는 시점에 신호를 줄 수 있나요?)

b. The stage manager **cued** the actors backstage to enter.(무대 감독은 그 무대 뒤의 배우들에게 들어

가라고 신호했다.)

c. The producer **cued** the orchestra conductor to begin.(그 연출자는 관현악단 지휘자에게 시작하라고 신호했다.)

d. She **cued** me with a wink and we left the hall.(그녀는 나에게 윙크로 신호했고 우리는 집회장을 떠났다.)

e. The studio manager will **cue** you when it is your turn to come on.(그 스튜디오 연출자는 너에게 네 들어올 차례가 되면 신호할 것이다.)

1.2. 다음 주어는 목적어를 신호한다.

(2) a. The dick jockey **cued** the next song.(그 디제이는 다음 곡을 신호했다.)

b. He **cued** the next slide.(그는 다음 슬라이드를 지시했다.)

cull

이 동사의 개념 바탕에는 가리는 과정이 있다.

1. 타동사 용법

1.1. 다음 주어는 목적어를 전체에서 가린다.

(1) a. We **culled** the weak animals from the herd.(우리는 그 약한 동물들을 무리에서 골라냈다.)

b. He **culled** the choicest lines from poems.(그는 가장 우수한 구절을 시들 중에서 발췌했다.)

c. He **culled** the best ideas from the magazines.(그는 가장 훌륭한 아이디어는 잡지에서 가려냈다.)

d. The judges of the contest **culled** the worst entries immediately.(그 대회의 심판관들은 최악의 참가자를 골랐다.)

1.2. 다음 주어는 목적어를 가린다. 목적어는 부분이 선택되어지는 전체이다.

(2) a. They are **culling** the seal.(그들은 물개들을 고르고 있다.)

b. Farmers **cull** herds of cattle by killing sick cows and leaving the healthy ones.(농부들은 병든 소를 죽이고 건강한 소는 남김으로써 가축의 무리를 가려낸다.)

c. She is **culling** a basket of strawberries.(그녀는 딸기 한 바구니를 고르고 있다.)

d. The farmer is **culling** a herd of sheep.(그 농부는 한 떼의 양을 고르고 있다.)

culminate

이 동사의 개념 바탕에는 맨 꼭대기에 오르는 과정이 있다.

1. 타동사 용법

1.1. 다음 주어는 목적어를 최고점에 이르게 한다.

(1) a. The signing of the treaty **culminated** the peace talk.(그 조약의 체결은 그 평화 회담을 최고점에 이르게 했다.)

b. The firework **culminated** the celebration.(그 폭죽놀이는 축하식을 절정에 이르게 했다.)

c. An appearance by the president **culminated** the political convention.(대통령의 출석이 그 정당 대회를 절정에 이르게 했다.)

d. This is the painting that **culminated** the artist's long career.(이 작품은 그 화가의 긴 이력을 절정에 이르게 한 그림이다.)

2. 자동사 용법

2.1. 다음 주어는 그 정점이 in의 목적어에서 이루어진다.

(2) a. All our hard work **culminated** in a good year for our business.(그간의 우리의 고된 작업들은 우리 사업의 좋은 한 해에 끝났다.)

b. The gun battle **culminated** in the death of two police officers.(그 총격전은 두 경관의 죽음으로 끝났다.)

c. His career **culminated** in the winning of the Nobel Prize.(그의 경력은 노벨상 수상으로 정점을 이루었다.)

d. Their disagreement **culminated** in a quarrel.(그들의 이견(異見)은 논쟁으로 끝났다.)

cultivate

이 동사의 개념 바탕에는 경작하는 과정이 있다.

1. 타동사 용법

1.1. 다음 주어는 목적어를 경작한다. 목적어는 경작되는 땅이다.

(1) a. The city is trying to **cultivate** the wasteland just outside the city.(그 도시는 도시 밖에 있는 황무지를 개간하려고 한다.)

b. The settlers **cultivated** the wilderness.(그 정착자들은 황야를 개간했다.)

c. He is **cultivating** a small garden of her own.(그는 그녀만의 작은 정원을 가꾸고 있다.)

d. They are **cultivating** land to grow vegetables/rice.(그들은 채소/쌀을 키우기 위해 땅을 갈고 있다.)

e. Most of the land there is too poor to **cultivate**.(그 땅의 대부분은 너무 척박해서 경작할 수 없다.)

f. He is **cultivating** fields/soil.(그는 들판/흙을 갈고 있다.)

g. We **cultivate** over 500 acres in the northern part of the island.(우리는 섬 북부의 500에이커 이상을 경작한다.)

1.2. 다음은 수동태 문장으로 주어는 경작된다.

(2) a. The land around here has never been **cultivated**.(이 주변의 땅은 한번도 개간되지 않았다.)

b. The soil was carefully **cultivated**.(그 땅은 조심스레 개간되었다.)

1.3. 다음 목적어는 땅에서 재배되는 농작물이다. 다음 주어는 목적어를 경작한다.

(3) a. From ancient times, people have **cultivated** crops, like wheat for food.(고대부터 사람들은 밀과 같은 곡물을 재배했다.)

b. He **cultivates** roses/corn/oysters.(그는 장미/옥수수/굴을 키운다.)

c. He is **cultivating** mushrooms in the cellar.(그는 버섯을 지하실에서 재배하고 있다.)

d. The researcher **cultivates** a strain of bacteria.(그 과학자는 인공 변종 박테리아를 배양한다.)

e. The people here **cultivate** mainly rice, barley, and tomatoes.(이곳 사람들은 주로 쌀과 보리, 토마토를 재배한다.)

f. The botanist **cultivates** tropical flowers.(그 식물학자는 열대성 꽃을 키운다.)

g. Barley has been **cultivated** here for centuries.(보리는 몇 세기동안 이 곳에서 재배되어 왔다.)

1.4. 다음 주어는 목적어를 기른다.

(4) a. He is **cultivating** moustache.(그는 콧수염을 기른다.)

1.5. 다음은 [마음은 경작지] 은유가 적용된 표현이다. (5c)의 wild savages는 이들의 마음을 가리키는 환유적 표현이다.

(5) a. At this school we aim to **cultivate** the minds of all the children we teach.(이 학교에서 우리는 우리가 가르치는 모든 아이들의 품성을 배양시키는 것을 목표로 한다.)

b. He is **cultivating** his moral sense.(그는 도의심을 함양하고 있다.)

c. They are **cultivating** wild savages.(그들은 야만인들을 도야시키고 있다.)

1.6. 다음에서 마음의 일부인 기술, 재능, 태도 등은 농작물로 개념화되어 있다. 주어는 목적어를 키운다.

(6) a. He is **cultivating** a skill/a talent.(그는 기술/재능을 연마하고 있다.)

b. He is **cultivating** a positive mental attitude/good manners.(그는 긍정적인 정신 상태/바른 예절을 익히고 있다.)

c. She has **cultivated** her knowledge of art.(그녀는 예술 지식을 쌓았다.)

d. He is trying to **cultivate** her son's interest in arts.(그는 아들의 예술에 대한 흥미를 계발하려고 노력하고 있다.)

e. He is **cultivating** an easy-going attitude toward others.(그는 다른 사람들에 대한 너그러운 마음을 기르고 있다.)

f. She tries to **cultivate** an air of sophistication.(그녀는 세련된 분위기를 기르려고 노력한다.)

g. She has **cultivated** a taste for fine wines.(그녀는 좋은 와인에 대한 미각을 길렀다.)

h. The company has been successful in **cultivating** a very professional image.(그 회사는 매우 전문적인 이미지를 만드는 데에 성공했다.)

i. He is **cultivating** a taste for/a love of/an appreciation of music among the students.(그는 학생들 사이에 음악에 대한 취미/사랑/이해를 길러주고 있다.)

1.7. 다음의 주어와 목적어는 사람이다. 주어는 목적어와의 관계를 농작물을 가꾸듯 가꾼다.

(7) a. She has **cultivated** people who could help her.(그녀는 자신을 도울 수 있는 사람들을 길렀다.)

b. He spends his time **cultivating** the boss in the hope of getting a better job.(그는 더 나은 일자리를 가지려는 생각에서 상사와의 관계를 돈독히 하는 데 시간을 보낸다.)

c. He began to **cultivate** the student who sat behind him.(그는 뒤에 앉은 그 학생과 친하게 사귀기 시작했다.)

d. She tries to **cultivate** important people.(그녀는 중요한 사람들과 돈독히 지내려고 노력한다.)

e. She **cultivated** her next-door neighbor because they know important people.(그녀는 옆집 사람들과 친하게 지내려고 노력했는데, 그것은 그들이 중요한 사람들을 알고 있기 때문이다.)

1.8. 다음의 목적어는 사람과 사람 사이의 관계이다.

(8) a. Dave tries to **cultivate** her acquaintance.(데이브는 그녀와 친교를 배양하려고 노력한다.)

b. He tries to **cultivate** good relations with the press.(그는 언론과 좋은 관계를 배양하려고 노력한다.)

c. The prime minister is **cultivating** relationships with Asian countries.(국무총리는 아시아 국가들과의 관계를 배양하려고 노력하고 있다.)

cup

이 동사의 개념 바탕에는 명사 '컵'이 있다. 동사의 뜻은 이 명사의 모양과 관계가 있다.

1. 타동사 용법

1.1. 다음에서 주어는 양손을 컵 모양으로 만들어서 물을 마신다.

(1) He **cupped** water from a brook.(그는 물을 개울에서 손으로 떠 마셨다.)

1.2. 다음에서 주어는 양손을 컵 모양으로 만든다.

(2) a. He **cupped** his hands behind the ears.(그는 양손을 귀 뒤에 갖다 댔다.)

b. **Cup** your hands to drink from the stream(그 개울에서 물을 마시려면 손을 동그랗게 감싸라.)

c. He **cupped** his hands to catch the ball.(그는 공을 잡기 위해서 손을 동그랗게 감쌌다.)

1.3. 다음에서 주어는 양손으로 컵을 잡듯, 무엇을 감싼다.

(3) a. He **cupped** her face in her hands and kissed her.(그는 그녀의 얼굴을 그녀의 손으로 감싸고서 그녀에게 키스했다.)

b. I **cupped** my ear with hand to show that I couldn't hear her.(나는 내가 그녀의 말을 들을 수 없다는 것을 보여주기 위해서 내 귀를 손으로 감쌌다.)

c. He **cupped** the mug of hot tea in his hand to warm them.(그는 내 손을 따뜻하게 하려고 뜨거운 홍차 머그잔을 자신의 손으로 감쌌다.)

d. The potter **cupped** the clay to form the base of a vessel.(그 도공은 찰흙을 둥글게 오므려서는 그릇의 토대를 만들었다.)

curb

이 동사의 개념 바탕에는 억제하는 과정이 있다.

1. 타동사 용법

1.1. 다음 주어는 목적어를 억제한다.

(1) a. He curbed his desire/his temper/his anger.(그는 욕망/성질/화를 억제했다.)

b. He is trying to curb his enthusiasm/extravagance. (그는 열의/낭비를 억제하려고 하고 있다.)

c. We have to curb the inflation.(우리는 통화 팽창을 억제해야 한다.)

d. We all have to curb spending this year.(우리 모두는 금년에 지출을 억제해야 한다.)

e. Curb your tongue and don't speak to me like that. (너의 혀를 억제해서 내게 그렇게 말을 하지 말아라.)

f. I have to curb my appetite for food and drink.(나는 음식과 술에 대한 식욕을 억제해야 한다.)

g. The new law curbs the power of the local councils.(그 새 법은 지방 의회의 권력을 억제한다.)

cure

이 동사의 개념 바탕에는 고치는 과정이 있다.

1. 타동사 용법

1.1. 다음 주어는 목적어를 고친다. 목적어는 환자이다.

(1) a. The doctor cured the patient.(그 의사는 환자를 치료했다.)

b. The doctor cured the sick person.(그 의사는 아픈 사람을 치료했다.)

1.2. 다음 목적어는 병이다. 주어는 목적어를 고친다.

(2) a. At one time the doctors could not cure TB.(한 때는 의사들은 폐결핵을 치료할 수 없었다.)

b. We must cure his illness.(우리는 그의 병을 치료해야 한다.)

c. That pill cured my headache/sore throat.(그 알약은 나의 투통/염증난 목을 치료하였다.)

d. The ointment quickly cured the burn on the arm. (그 연고는 팔의 화상을 재빨리 치료하였다.)

e. Physiotherapy cured my back trouble.(물리 치료가 나의 등 통증을 고쳤다.)

1.3. 다음은 수동태 문장으로 주어는 고쳐진다.

(3) a. What can't be cured must be endured.(치료될 수 없는 것은 인내되어야 한다.)

b. Only a great determination can cure a bad habit like smoking.(큰 결단만이 흡연과 같은 나쁜 버릇을 고칠 수 있다.)

1.4. 다음 주어는 목적어를 고쳐서 전치사 of의 목적어가 없어지게 한다.

(4) a. A few aspirins will cure you of your headache.(아스피린 몇 알이 너의 두통을 없애줄 것이다.)

b. The treatment cured him of his cold.(그 치료가 그의 감기를 없앴다.)

c. The teacher cured her of bad habits.(그 선생님이 그녀의 나쁜 버릇을 없앴다.)

d. This medicine will cure you of your stomachache. (이 약은 너의 복통을 없앨 것이다.)

1.5. 다음 주어는 목적어를 전치사 of의 목적어를 없앤다.

(5) a. He couldn't cure himself of the bad habit of biting his nails.(그는 손톱을 깨무는 나쁜 버릇을 없애지 못했다.)

b. A service in the army will cure him of his laziness.(군 복무가 그의 게으름을 없앨 것이다.)

c. Low grade cured me of neglecting my homework. (낮은 점수가 나의 숙제를 게을리 하는 버릇을 없애주었다.)

d. We must cure him of lying.(우리는 그의 거짓말하는 버릇을 없애야해.)

e. Even whiskies could not cure him of his anxieties.(위스키조차도 그의 걱정을 없애주지 못했다.)

1.6. 다음은 수동태 문장으로 주어는 고쳐진다.

(6) a. He was cured of heavy drinking.(그는 치료를 받고 폭음하는 버릇을 없앴다.)

b. He is cured of bad habits.(그는 치료를 받고 나쁜 버릇을 없앴다.)

c. He was cured of fever.(그는 치료를 받고 열을 없앴다.)

1.7. 다음에서 [경제는 생명체이다]와 [실업, 빈곤, 문제는 병이다]의 은유가 적용된 표현이다.

(7) a. The minister has done nothing to cure Korean economy.(그 장관은 한국의 경제를 치유하기 위해 아무것도 하지 않았다.)

b. We need to cure unemployment.(우리는 실업 문제를 고쳐야 한다.)

c. The government cured poverty by giving jobs to the poor people.(정부는 일자리를 빈곤층에 주는 방법으로 가난을 치유했다.)

d. The president cured the social problem.(대통령은 사회 문제를 해결했다.)

e. Better public transport would cure the inner-city pollution problems.(더 나은 대중 교통이 도심 오염 문제를 고칠 것이다.)

f. I finally managed to cure the rattling noise in my car.(나는 마침내 차의 덜거덕거리는 소음을 고쳐 없앴다.)

1.8. 다음 주어는 목적어를 처리한다.

(8) a. Cure the ham in the smokehouse.(그 햄을 훈제소에서 처리해라.)

b. The fisherman cured the fish in a smokehouse. (그 어부는 생선을 훈제소에서 처리하였다.)

c. He cured fish by smoking them over a fire.(그는 물고기를 불 위에서 훈제하는 방법으로 처리하였다.)

d. He cures tobacco/animal skins.(그는 담배/동물 가죽을 처리한다.)

1.9. 다음은 수동태 문장으로 주어는 열처리된다.

(9) a. Salted meat was further cured by smoking it.(염장 고기는 훈제에 의하여 더 처리되었다.)

b. Fish can be cured using salt or vinegar.(물고기는 소금이나 식초를 사용하여 처리될 수 있다.)

c. Legs of pork were cured and smoked over the fire.(돼지 다리는 불 위에서 처리되고 훈제되었다.)

2. 자동사 용법

2.1. 다음 주어는 치료된다.

(10) The wound cured completely after a few days.(그

상처는 며칠 후 완전히 치료되었다.)

2.2. 다음 주어는 보존되도록 처리된다.
(11) a. The fish **cured** in the sun.(그 물고기는 햇빛에서 처리되었다.)
b. The meat **cures** for several months in the warehouse.(그 고기는 창고에서 몇 개월 간 처리된다.)

curl

이 동사의 개념 바탕에는 curl의 명사 '곱슬머리' 가 깔려 있고, 동사의 의미는 곱슬머리의 모양과 관계가 있다.

1. 자동사 용법
1.1. 다음 주어는 뒤틀리거나 오그라든다.
(1) a. Paper **curls** when it burns.(종이가 탈 때 오그라든다.)
b. Leaves **curl** up in the field.(잎사귀들이 들판에서 말라 오그라든다.)
c. Her lip **curled** in contempt.(그녀의 입술은 경멸감에 삐죽거렸다.)
d. The letter is yellow and begins to **curl** up.(그 편지는 누렇게 변색되고 돌돌 말리기 시작한다.)

1.2. 다음 주어는 사람이다. 종이가 오그라지듯, 사람도 웅크릴 수 있다.
(2) a. The cat **curled** into a ball.(그 고양이는 공같이 웅크렸다.)
b. The child **curled** up on the sofa.(그 아이는 소파 위에서 웅크렸다.)
c. I just wanted to **curl** up and go to sleep.(나는 웅크려서 자고 싶었다.)

1.3. 다음 주어는 물결모양이나 나선형으로 움직인다.
(3) a. Smoke **curled** out of the chimney.(연기가 굴뚝에서 원을 그리며 피어올랐다.)
b. Ivy **curled** round the trunk of the tree.(담쟁이덩굴은 나무의 줄기를 나선모양으로 감았다.)
c. Morning mists **curled** across the surface of the river.(아침 안개는 강의 표면을 가로질러 휘돌았다.)

2. 타동사 용법
2.1. 다음 주어는 자신을 웅크린다.
(4) a. He **curled** himself up.(그는 웅크렸다.)
b. The cat **curled** itself around my ankle.(그 고양이는 내 발목 주위에 웅크렸다.)

2.2. 다음의 목적어는 신체의 일부이다.
(5) a. She **curled** her legs under the table.(그녀는 다리를 탁자 아래서 꼬았다.)
b. The baby **curled** its fingers round any object it touches.(그 아기는 닿는 어떤 물체든지 그것 주위에 손가락을 감았다.)
c. I **curled** the string round the pencil.(나는 실을 연필 주위에 돌돌 감았다.)

2.3. 다음에서 주어는 목적어가 곱슬곱슬하게 또는 그와 비슷한 모양이 되게 한다.
(6) a. It is hard to **curl** my straight hair.(나의 직모를 곱슬머리로 만드는 것은 어렵다.)

b. She **curled** her lips.(그녀는 입술을 비죽거렸다.)
c. A light breeze **curled** the waves.(미풍이 파도를 일으켰다.)

2.4. 다음 주어의 펼쳐진 모습이 구불구불하다.
(7) The narrow river **curled** through the valley.(그 좁은 강은 계곡을 따라 굽이쳤다.)

curse

이 동사의 개념 바탕에는 저주하는 과정이 있다.

1. 타동사 용법
1.1. 다음의 주어는 자신을 저주하거나 욕한다.
(1) a. He **cursed** himself for his stupidity.(그는 자신을 어리석음에 대해 저주했다.)
b. I **cursed** myself for not buying a dictionary.(나는 사전을 사지 않은 것에 대해서 자신을 저주했다.)

1.2. 다음에서 주어가 목적어를 저주한다.
(2) a. He **cursed** his enemies.(그는 적을 저주했다.)
b. Jane **cursed** me for spilling her milk.(제인은 내가 그녀의 우유를 엎지른 것에 대해서 욕했다.)

1.3. 다음의 목적어는 도구나 동물이다. 주어는 목적어를 욕하거나 저주한다.
(3) a. He **cursed** his pen when it ran out of ink.(그는 잉크가 떨어지자 자신의 펜을 저주했다.)
b. The rider **cursed** his unwilling horse.(그 기수는 자신의 고집센 말을 욕했다.)

1.4. 다음은 수동태 문장으로 주어는 저주를 받는다.
(4) The man had been **cursed** by a witch and was in despair.(그 남자는 마녀에게 저주를 받아서 절망했다.)

1.5. 다음은 수동태 문장으로 주어는 전치사 with의 목적어로 저주를 받는다.
(5) a. The city is **cursed with** heavy smog.(그 도시는 짙은 안개로 고통받는다.)
b. He is **cursed with** a bad temper/seasickness.(그는 나쁜 성미로/배멀미로 시달린다.)
c. The farmer were **cursed with** bad weather.(그 농부는 궂은 날씨로 고통받았다.)

2. 자동사 용법
2.1. 다음 주어는 저주하거나 욕을 한다.
(6) a. They **cursed** loudly at the outfielder for dropping the ball.(그들은 외야수에게 공을 떨어뜨린 것에 대해서 큰 소리로 욕했다.)
b. He **cursed** at his own stupidity when he dropped the hammer on his toe.(그 망치를 발가락에 떨어뜨렸을 때, 그는 자신의 우둔함에 대해서 저주했다.)
c. He smashed his fingers with the hammer and began to **curse**.(그는 손가락을 망치로 내리치더니 욕지거리를 하기 시작했다.)

curtall

이 동사의 개념 바탕에는 완전성을 해칠 정도로 줄

이는 과정이 있다.

1. 타동사 용법
1.1. 다음 주어는 목적어를 줄인다.
(1) a. Our new budget curtailed spending.(우리 새 예산은 지출을 삭감했다.)

　　b. We had to curtail our spending on the rest of the trip.(우리는 여행의 남은 기간 동안 지출을 줄여야 했다.)

　　c. He curtailed all his activities and worked only a few hours a day.(그는 모든 활동을 줄이고 하루에 단 몇 시간만 일했다.)

1.2. 다음은 수동태 문장으로 주어는 줄여진다.
(2) a. The discussion was curtailed when the fire alarm went off.(그 토론은 화재 경보가 울려서 단축되었다.)

　　b. Our evening's enjoyment was curtailed when Wendy became ill.(우리의 저녁 즐거움은 웬디가 아파서 줄어들었다.)

　　c. Spending on books has been severely curtailed.(책에 대한 지출이 심하게 줄어들었다.)

　　d. The trip was curtailed because of bad weather.(여행은 날씨가 좋지 않아서 일정이 단축되었다.)

curve
이 동사의 개념 바탕에는 curve의 명사 '곡선'이 있다. 동사의 뜻은 모양과 관계가 있다.

1. 자동사 용법
1.1. 다음 주어는 곡선을 짓거나 곡선을 그리며 움직인다.
(1) a. His lips curved in a smile.(그의 입술은 구부려 미소 지었다.)

　　b. The ball curved through the air.(그 공이 공중을 휘어 갔다.)

　　c. The ball curved to the right.(그 공이 오른쪽으로 휘었다.)

1.2. 다음 주어의 펼쳐진 모습이 곡선을 그린다
(2) a. The road curves around the bay.(그 길은 그 만 주위를 굽이친다.)

　　b. The track curved into the woods.(그 길은 숲으로 굽어져 들어 갔다.)

　　c. The highway curved to the right.(그 고속도로는 오른쪽으로 굽어졌다.)

2. 타동사 용법
2.1. 다음 주어는 목적어를 곡선을 그리면서 움직이게 한다.
(3) a. The howler curved the ball to the right.(그 소리치는 사람은 공을 오른쪽으로 휘게 던졌다.)

　　b. He curved the wood to form an arrow.(그는 나무를 구부려 화살을 만들었다.)

cut
이 동사의 개념 바탕에는 자르는 과정이 있다.

1. 타동사 용법
1.1. 다음 주어는 목적어를 벤다.
(1) a. He cut his face while shaving.(그는 면도를 하다 얼굴을 베었다.)

　　b. Don't cut your fingers on the broken glass.(너의 손을 깨진 유리에 베지 말아라.)

　　c. I cut my arm on the jagged glass.(나는 내 팔을 뾰족한 유리에 베었다.)

1.2. 다음 주어는 목적어를 자른다.
(2) a. Don't pluck the flowers; it's better to cut them.(꽃들을 뽑지 말아라. 그들은 자르는 것이 낫다.)

　　b. He had his hair cut.(그는 그의 머리를 깎았다.)

　　c. Don't cut the string; untie the knots.(실을 자르지 말고, 매듭을 풀어라.)

　　d. The minister cut the tape to open a new building.(장관은 테이프를 새 건물을 오픈하기 위해서 끊었다.)

　　e. The censor cut that scene from her film.(검열관은 그 장면을 그녀의 영화에서 잘랐다.)

1.3. 다음 주어는 목적어를 잘라서 전치사 into의 목적어의 상태가 되게 한다.
(3) a. The boy cut the cake into two.(그 소년은 케이크를 둘로 잘랐다.)

　　b. She cut the pineapple into in four.(그녀는 파인애플을 네 조각으로 잘랐다.)

1.4. 다음 주어는 첫째 목적어에게 둘째 목적어를 잘라서 준다.
(4) a. The old lady cut the priest a piece of cake.(그 나이든 여자는 신부에게 케이크 한쪽을 잘라 주었다.)

　　b. She cut me a slice of bread.(그녀는 내게 빵 한 조각을 잘라 주었다.)

　　c. Cut your sister some pineapple.(너의 누나에게 파인애플을 좀 잘라서 주어라.)

1.5. 다음 주어는 목적어를 자른다. 자르면 줄어든다.
(5) a. He cut his nails.(그는 손톱을 잘랐다.)

　　b. The new jet service cut the traveling time by half.(그 새 젯트 여객기는 여행시간을 반으로 줄였다.)

　　c. They cut the expenses/prices/pay.(그들은 경비/값/월급을 줄였다.)

　　d. Where I live, they are cutting train services and postal deliveries.(내가 살고 있는 곳에는 기차 편과 우편물 배달 수를 줄이고 있다.)

1.6. 줄이는 뜻은 약하게 만드는 뜻으로도 쓰인다. 다음 주어는 목적어를 약하게 만든다.
(6) a. The waiter cut the strong tea by adding water.(그 웨이터는 강한 차를 물을 타서 약하게 했다.)

　　b. He cut the whisky with water.(그는 위스키를 물로 약하게 했다.)

1.7. 다음은 수동태 문장으로 주어는 잘린다.
(7) a. Has the wheat been cut?(그 밀은 베어졌는가요?)

　　b. Was your salary cut?(너의 봉급은 깎였나?)

1.8. 다음 주어는 목적어를 잘라 먹는다.
(8) a. John cut a class today.(존은 오늘 수업을 받지 않았다.)

　　b. John cut a meeting.(존은 모임에 가지 않았다.)

c. Mary **cut** a service in the church.(메리는 교회의 예배에 가지 않았다.)

d. Susan **cut** school.(수잔은 학교에 가지 않았다.)

1.9. 다음 주어는 목적어의 흐름이나 움직임을 끊는다.

(9) a. A big storm **cut** our electric power for two hours. (큰 폭우가 전기를 두 시간 동안 끊었다.)

b. He **cut** the engine and removed the key.(그는 엔진을 끄고 열쇠를 뺐다.)

1.10. 다음 목적어는 잘라서 생기는 개체이다.

(10) a. The hunters **cut** their way through the forest with axes.(그 사냥꾼들은 수풀 속을 도끼로 쳐내어 지나가는 길을 만들었다.)

b. He **cut** a hole in his pants.(그는 구멍을 바지에 뚫었다.)

c. They **cut** steps in the ice.(그들은 계단을 얼음에 새겨 만들었다.)

d. They **cut** a tunnel through a hill.(그들은 굴 하나를 산을 뚫고 잘라 만들었다.)

e. They **cut** a road up a hillside.(그들은 길을 산비탈을 따라올라가며 깎아 만들었다.)

1.11. 잘리면 아프다. 주어는 목적어를 아프게 한다.

(11) a. The icy wind **cut** me to the bone.(찬 바람은 나를 뼈까지 에이게 했다.)

b. His cruel remarks **cut** me deeply.(그의 잔인한 말은 나를 심하게 아프게 했다.)

c. His sarcasm **cut** me to the quick.(그의 빈정거림이 나를 골수까지 아프게 했다.)

1.12. 다음 주어는 움직이지 않는다. 그러나 그 형상을 눈으로 따라가면, 주어는 목적어를 자르는 모습이다.

(12) a. A path had been worn in the grass where people had **cut** the corner.(소로가 사람들이 모퉁이를 가로질러 다닌 풀 속에 생겼다.)

b. The path **cuts** the farmer's field.(그 소로는 농부의 밭을 가로지른다.)

c. Let the point where AB **cuts** CD be called E.(선분 AB가 CD를 교차하는 점을 E라고 부르자.)

d. The road **cuts** the river at two points.(그 길은 강을 두 지점에서 교차한다.)

1.13. 다음은 수동태 문장으로 주어는 가로질러진다.

(13) The line AC is **cut** by line PQ at point Z.(선분 AC는 PQ에 의해서 Z점에서 교차된다.)

1.14. 다음 주어는 목적어를 깎아서 방향을 꺾는다.

(14) The player **cut** the ball to the right.(그 선수는 그 공을 깎아서 오른쪽으로 보냈다.)

1.15. 다음 주어는 목적어를 자르듯 친다.

(15) He **cut** the horse with a switch.(그는 말을 채찍으로 아프게 때렸다.)

1.16. 다음 주어는 목적어를 드러낸다.

(16) a. The baby **cut** new teeth last week.(그 애기는 지난 주에 새 치아를 내놓았다.)

b. The baby **cut** his first tooth.(그 애기는 첫니를 내놓았다.)

1.17. 다음 주어는 목적어를 잘라서 형용사가 가리키는 상태에 들어가게 한다.

(17) a. He **cut** himself **free** from the responsibility with

which they had bound him.(그는 그들이 그를 묶어놓은 책임에서 자신을 해방시켰다.)

b. He **cut loose** a boat.(그는 (밧줄을 잘라서) 배를 풀었다.)

c. He fell and **cut** his head **open**.(그는 넘어져서 머리를 깨였다.)

d. He **cut short** her remarks.(그는 그녀의 말을 중단시켰다.)

e. He had a career **cut short** by illness.(그는 병 때문에 경력을 중단하게 되었다.)

2. 자동사 용법

2.1. 다음 주어는 자른다.

(18) a. The knife won't **cut**; perhaps it needs sharpening. (이 칼은 잘 자르지 못한다. 칼날을 세워야 할 필요가 있다.)

b. The wind **cuts** keenly.(그 바람은 예리하게 자른다/그 바람은 몹시 맵다.)

c. The saw **cuts** well.(그 톱은 잘 자른다.)

2.2. 다음 주어는 잘린다.

(19) a. A freshly baked cake doesn't **cut** easily.(막 구운 케이크는 쉽게 잘리지 않는다.)

b. Silk **cuts** easily.(명주는 쉽게 잘린다.)

c. The material seems to have **cut** very nicely.(그 재료는 멋있게 잘려진 것 같다.)

d. Your fingers need **cutting**.(너의 손톱은 잘라야 한다.)

e. Your story is too long; it needs **cutting**.(너 얘기는 너무 길다; 줄여야 할 필요가 있다.)

2.3. 다음 주어는 자르면서 움직인다.

(20) a. The knife **cuts** right **through** the rind.(그 칼은 껍질 속을 잘라 들어갔다.)

b. The tight belt **cut into** his flesh.(그 조이는 혁대가 그의 살을 뚫고 들어갔다.)

c. He **cut through** the playground.(그는 운동장을 가로질러 갔다.)

d. The tug boat **cut across** the harbor.(그 예인선은 그 항구를 가로질러 갔다.)

2.4. 다음 주어는 자른다.

(21) The barber **cut** with a debt hand.(그 이발사는 능숙한 솜씨로 깎는다.)

2.5. 다음 주어는 방향을 바꾼다.

(22) a. The driver suddenly **cut** to the right.(그 운전사는 갑자기 오른쪽으로 방향을 틀었다.)

b. He **cut** to the right to avoid hitting a dog.(그는 개를 치지 않으려고 오른쪽으로 틀었다.)

2.6. 다음 주어는 움직이지 않는다. 그러나 전체 형상을 눈으로 따라가면 움직이는 모습을 준다.

(23) a. The road **cut through** the mountain.(그 길은 산을 뚫고 지나갔다.)

b. The path **cuts across** the meadow.(그 소로는 목장을 가로 지른다.)

c. The tunnel **cuts through** the mountain.(그 터널은 산을 뚫고 지난다.)

d

dab

이 동사의 개념 바탕에는 가볍게 두드리는 과정이 있다.

1. 타동사 용법
1.1. 다음 주어는 목적어를 가볍게 댄다.
(1) a. He dabbed his eyes with a handkerchief.(그는 눈을 손수건으로 가볍게 두드렸다.)
  b. She dabbed her face with a puff.(그녀는 얼굴을 분첩으로 가볍게 두드렸다.)
  c. He dabbed the wound with cotton wool.(그는 상처를 탈지면으로 토닥거렸다.)

1.2. 다음 목적어는 표면에 칠해지는 개체이다.
(2) a. She dabbed some cream on her face.(그녀는 약간의 크림을 얼굴에 살짝 발랐다.)
  b. He dabbed some paint on the wall.(그는 페인트를 그 벽에 살살 칠했다.)
  c. He dabbed jam on the bread.(그는 잼을 빵에 살짝 발랐다.)
  d. She dabbed ointment on the burn.(그녀는 연고를 햇빛에 탄 부분에 살살 발랐다.)

2. 자동사 용법
2.1. 다음 주어는 목적어에 부분적으로 토닥거린다.
(3) a. She dabbed at the stain on her dress.(그녀는 옷에 묻은 얼룩을 살짝 닦아내려고 했다.)
  b. He dabbed at his cut with a handkerchief.(그는 베인 상처를 손수건으로 살짝 토닥거렸다.)
  c. She dabbed at her face with a puff.(그녀는 얼굴을 분첩으로 가볍게 두드렸다.)

dally

이 동사의 개념 바탕에는 아무런 목적없이 빈둥거리거나 만지는 과정이 있다.

1. 자동사 용법
1.1. 다음 주어는 빈둥거린다.
(1) a. Come straight home and don't dally.(빈둥거리지 말고 집으로 곧장 오너라.)
  b. Don't dally after the show.(그 쇼가 끝난 후 빈둥거리지 말아라.)
  c. Bill dallied lazily on his way to school.(빌은 학교 가는 길에 게으름을 피우며 여기저기 어슬렁거렸다.)
  d. Don't dally all the way.(내내 빈둥거리지 말거라.)
  e. He dallied over his work.(그는 일을 밍기적거렸다.)

1.2. 다음 주어는 with의 목적어를 확실한 목적이 없이 생각해 본다.
(2) a. They've dallied with the idea of going on a world tour.(그들은 세계 여행 가는 것을 그냥 한 번 생각해 보았다.)
  b. For a month he dallied with the idea of buying a new car.(한 달 동안 그는 새 차를 사는 생각을 할일 없이 했다.)

1.3. 다음 주어는 with의 목적어를 희롱한다.
(3) She dallied with every handsome man.(그녀는 멋진 모든 남자와 희롱했다.)

2. 타동사 용법
2.1. 다음 주어는 빈둥거리며 목적어의 시간을 허비한다.
(4) He dallied the morning away chatting.(그는 아침을 잡담으로 허비해 버렸다.)

dam

이 동사의 개념 바탕에는 dam의 명사 '둑'이 있다. 동사의 의미는 이 명사의 쓰임과 관계가 있다.

1. 타동사 용법
1.1. 다음 주어는 목적어를 막아서 둑을 쌓는다.
(1) a. They dammed up the river.(그들은 강을 막아 둑을 쌓았다.)
  b. The government is planning to dam the Dong River.(정부가 동강을 막아 둑을 쌓을 계획을 하고 있다.)
  c. Beavers dammed up the creek.(비버들이 샛강을 막아서 둑을 쌓았다.)

1.2. 다음은 수동태 문장으로 주어는 막힌다.
(2) The stream was dammed up.(그 새는 둑으로 막혔다.)

1.3. 다음 표현은 [감정은 물살이다]는 은유가 적용된 예이다.
(3) a. He dammed up his feelings.(그는 감정을 억제했다.)
  b. I tried to dam up my tears.(나는 눈물을 참으려 애썼다.)
  c. He dammed his emotions.(그는 감정을 억제했다.)

damage

이 동사의 개념 바탕에는 damage의 명사 '피해'가 있다.

1. 타동사 용법
1.1. 다음 주어는 목적어에 피해를 입힌다.
(1) a. The vandals damaged the building by breaking all the windows.(그 파괴자들은 빌딩의 모든 유리창을 깨뜨려서 피해를 입혔다.)
  b. I've damaged a knee ligament.(나는 무릎 인대를 다쳤다.)
  c. The fire damaged our house.(그 불이 우리 집에 피해를 입혔다.)

d. The truck collision **damaged** the cargo.(그 트럭의 충돌 사고는 화물에 피해를 주었다.)

1.2. 다음은 수동태 문장으로 주어는 피해를 입는다.

(2) a. Several vehicles were **damaged** in the crash.(몇 대의 차들이 충돌 사고로 손해를 입었다.)

b. The books were **damaged** in the post.(그 책들은 우편 배달 중에 파손됐다.)

c. The crops were **damaged** by frost.(그 농작물들은 서리에 의해 피해를 입었다.)

d. His reputation as a novelist was badly **damaged** by his third novel.(소설가로서 그의 명성은 세 번째 소설에 의해 심하게 훼손되었다.)

1.3. 다음 주어는 사람이 아닌 개체이다.

(3) a. Smoking seriously **damages** your health.(흡연은 네 건강을 심각하게 해친다.)

b. The allegations are likely to **damage** his political career.(증거 없는 주장들은 그의 정치적 경력을 손상시킬 것 같다.)

damn

이 동사의 개념 바탕에는 좋지 않다고 비난하거나 저주하는 과정이 있다.

1. 타동사 용법

1.1. 다음 주어는 목적어를 저주한다.

(1) a. Don't **damn** your father this way.(네 아버지를 이런 식으로 저주하지 마라.)

b. He **damned** us until his anger was spent.(그는 화가 다 풀릴 때까지 우리를 저주했다.)

c. He never ceased to **damn** the situation he was in.(그는 처한 상황을 저주하기를 그치지 않았다.)

d. She **damned** the rain that had ruined her new haircut.(그녀는 새로운 머리 스타일을 망친 비를 저주했다.)

e. Ron **damned** the traffic as he tried to get to office.(론은 사무실에 도착하려고 노력하면서 그 교통 체증을 저주했다.)

1.2. 다음 주어는 목적어를 혹평한다.

(2) a. The critics **damned** the new play.(그 비평가들은 새 연극을 혹평했다.)

b. He **damned** my suggestions.(그는 내 제안을 악평했다.)

1.3. 다음은 수동태 문장으로 주어는 혹평을 받는다.

(3) a. The book was **damned** for having a bad influence on the children.(그 책은 어린이에게 나쁜 영향을 끼친다고 비판을 받았다.)

b. The play was **damned** by critics.(그 연극은 비평가들에 의해 혹평을 받았다.)

1.4. 다음은 수동태 문장으로 주어는 저주를 받는다.

(4) a. They are **damned** to a life of poverty.(그들은 가난의 삶을 살도록 저주를 받는다.)

b. Sinners are **damned** to everlasting hellfire.(죄인들은 영원한 지옥불에 가라고 저주를 받는다.)

c. Without money, the project was **damned**.(돈이 없어서 계획은 수포로 돌아갔다.)

d. He was **damned** by his gambling habit.(그는 도박 습관 의해 파멸되었다.)

1.5. 다음은 목적어에 대한 분노와 실망을 나타내는 욕설로 쓰인다.

(5) a. **Damn** you! I am not going to let you bully me.(제기랄, 나는 네가 나를 괴롭히지 못하게 할거야!)

b. **Damn** you! If you think you can do this to me, you're wrong.(제기랄, 만약 네가 내게 이것을 할 수 있다고 생각한다면 그건 오산이야!)

damp

이 동사의 개념 바탕에는 축축해지는 과정이 있다.

1. 타동사 용법

1.1. 다음 주어는 목적어를 축축하게 한다.

(1) a. She **damped** a towel and wrapped it round his legs.(그녀는 타월을 적셔 다리 주위를 감쌌다.)

b. He **damped** the clothes before ironing them.(그는 옷을 다림질하기 전에 축축하게 물을 뿌렸다.)

1.2. 다음 주어는 목적어를 축축하게 한다. 불을 축축하게 하면 약해진다.

(2) a. The control is used to **damp** fire.(그 조절기는 불을 약하게 하는 데 사용된다.)

b. He **damped** down the furnace.(그는 용광로를 약하게 했다.)

1.3. 다음 주어는 목적어를 약하게 한다. 목적어는 소리이다. 다음은 [소리는 불꽃] 은유가 적용된 표현이다.

(3) **Damp** the sound with the pedal.(그 소리를 페달로 약하게 해라.)

1.4. 아래 표현은 [기쁨이나 원기는 불꽃] 은유가 적용된 예이다.

(4) a. He **damped** down the child's high spirits.(그는 아이의 양양된 기를 꺾었다.)

b. The loss didn't **damp** his enjoyment of living.(그 상실은 삶의 기쁨을 약화시키지는 못했다.)

c. Weariness **damped** our enthusiasm.(허약함은 우리의 열정을 약화시켰다.)

dance

이 동사의 개념 바탕에는 춤을 추는 과정이 있다.

1. 자동사 용법

1.1. 다음 주어는 춤을 춘다.

(1) a. They **danced** until midnight.(그들은 자정까지 춤췄다.)

b. She **danced** beautifully.(그녀는 아름답게 춤을 추었다.)

1.2. 다음 주어는 춤추는 사람과 같이 리듬있게 움직인다.

(2) a. The toy sailboat **danced** on the pond.(그 장난감 배는 연못에서 춤을 추듯 움직였다.)

b. The waves **danced** and sparkled.(파도가 일렁거리며 번쩍였다.)

c. The leaves are **dancing** in the wind.(그 나뭇잎들

은 그 바람에 춤을 추고 있다.)

1.3. 주어는 춤을 추는 동작으로 한 자리에서 다른 자리로 이동한다.

(3) a. Moths danced around the porch light.(나방들이 현관 등 주변을 춤을 추며 빙빙 돌았다.)

b. He danced about for joy.(그는 기뻐서 이러저리 날뛰었다.)

1.4. 다음에서 주어는 to의 목적어에 맞추어서 춤을 춘다.

(4) a. He danced with her to the piano.(그는 그녀와 함께 그 피아노 음악에 맞춰 춤을 추었다.)

b. They control all the funding, so we have to dance to their tune.(그들이 모든 자금을 관리하고 있어서 우리는 그들이 하라는 대로 해야 한다.)

c. From now on, we have to dance to the new director's tune.(지금부터 우리는 새로운 관리자의 장단에 맞춰야 한다.)

1.5. 마음도 몸과 같이 춤을 추듯 뛰는 것으로 개념화된다.

(5) My heart danced with happiness.(내 가슴은 행복에 겨워 춤을 추듯 뛰고 있었다.)

2. 타동사 용법

2.1. 다음에서 주어는 목적어와 같이 춤을 춘다.

(6) a. He danced her very beautifully.(그는 그녀와 아주 멋지게 춤을 추었다.)

b. He danced her out of breath.(그는 그녀와 함께 춤을 추어서 숨을 헐떡거리게 했다.)

c. He danced her weary.(그는 그녀를 계속 춤을 추게 해서 지치게 했다.)

d. He danced his partner around the room.(그는 파트너를 리드하여 방안을 돌며 춤을 추었다.)

2.2. 다음 주어는 춤을 추면서 목적어를 움직인다.

(7) a. He danced the new year in.(그는 춤을 추면서 새해를 맞았다.)

b. He danced himself into her favor.(그는 알랑거려 그녀에게 잘 보였다.)

2.3. 다음 주어는 목적어를 춘다. 목적어는 춤의 종류이다.

(8) a. He danced every dance with her.(그는 모든 종류의 춤을 그녀와 함께 추었다.)

b. We danced a waltz/a tango/a rhumba.(우리는 왈츠/탱고/룸바춤을 추었다.)

dangle

이 동사의 개념 바탕에는 매달리는 과정이 있다.

1. 자동사 용법

1.1. 다음 주어는 매달린다.

(1) a. There was a cigarette dangling from his mouth.(그의 입에 담배가 매달려 있었다.)

b. His legs dangled over the side of the boat.(그의 다리가 보트 옆으로 달랑 나와 있었다.)

c. A diamond pendant dangled from the necklace.(다이아몬드 펜던트가 목걸이에서 달랑거리며 매달

려 있었다.)

d. The monkeys love to dangle from tree branches.(원숭이들은 나무 가지에 매달리는 것을 좋아한다.)

2. 타동사 용법

2.1. 다음 주어는 목적어를 매단다.

(2) a. He dangled the rope out the window.(그는 밧줄을 창 밖으로 매달았다.)

b. Mary dangled a string in front of the playful kitten.(메어리는 줄 하나를 장난기 넘치는 새끼 고양이 앞에서 달랑거렸다.)

c. The fisherman dangled his legs off the pier.(그 어부는 다리를 선창 너머로 늘어뜨렸다.)

d. The child dangled the doll by one arm.(그 아이가 인형을 한 팔로 달랑거렸다.)

2.2. 다음 주어는 목적어를 자랑삼아 보인다.

(3) He dangled a salary increase before me.(그는 월급 인상을 나에게 제시했다.)

2.3. 다음은 수동태 문장으로 주어는 매달린다.

(4) a. The promise of an ice-cream was dangled in front of us.(아이스크림 약속이 우리 앞에 제시되었다.)

b. The possibility of promotion was dangled before him.(승진의 가능성이 그에게 제시되었다.)

darken

이 동사의 개념 바탕에는 어두워지게 되는 과정이 있다.

1 자동사 용법

1.1. 다음 주어는 어두워진다.

(1) a. The sky darkened and a huge storm rolled in.(하늘이 어두워지더니 거대한 폭풍이 밀려왔다.)

b. Bob's face darkened when he heard the bad news.(밥의 얼굴은 나쁜 소식을 듣자 어두워졌다.)

c. His mood steadily darkened.(그는 기분이 계속적으로 우울해져 갔다.)

2. 타동사 용법

2.1. 다음 주어는 목적어를 어둡게 한다.

(2) a. We darkened the house by blocking all the windows.(우리는 집안의 창문들을 모두 닫아 어둡게 했다.)

b. Thunder clouds darkened the sky.(천둥 구름은 하늘을 어둡게 했다.)

c. The artist darkened the sea in his painting.(그 화가는 바다를 자신의 그림에서 어둡게 했다.)

2.2. 다음 주어는 목적어를 어둡게 한다.

(3) a. The tragedy darkened his later life.(그 비극은 그의 후반부 삶을 어둡게 했다.)

b. The news darkened their view of the situation.(그 소식은 그 상황에 대한 그들의 전망을 어둡게 했다.)

dart

이 동사의 개념 바탕에는 dart의 명사 '짧은 투창'이 있다. 동사의 의미는 이 명사의 쓰임과 관계가 있다.

1. 타동사 용법

1.1. 다음 주어는 목적어를 빠르게 내민다.

(1) a. The bear darted a paw at the fish.(그 곰은 발톱을 물고기에 내밀었다.)

b. The lizard darted its tongue at the insect.(그 도마뱀은 혀를 곤충에게 잽싸게 내밀었다.)

1.2. 다음 주어는 목적어를 던진다. 목적어는 시선이지만 구체적인 개체로 개념화되어 있다.

(2) a. He darted an angry/impatient look at me.(그는 화난/짜증난 눈초리를 내게 던졌다.)

b. She darted a quick glance at me.(그녀는 잽싼 눈길을 내게 던졌다.)

c. Tim darted a terrified glance over his shoulder.(팀은 무시무시한 눈초리를 어깨 너머로 재빨리 던졌다.)

d. Bob darted his eyes around the room to make sure he was alone.(밥은 자신이 혼자라는 것을 확인하기 위해 방 주위에 눈길을 던졌다.)

2. 자동사 용법

2.1. 다음 주어는 빠르게 움직인다.

(3) a. The mice darted around.(그 쥐들이 쏜살같이 이리저리 날쌔게 돌아다녔다.)

b. The deer darted away.(그 사슴이 쏜살같이 달아났다.)

c. A bird darted through the air.(새 한 마리가 공중을 쏜살같이 날아갔다.)

dash

이 동사의 개념 바탕에는 갑자기 짧은 거리를 빠른 속도로 던지는 과정이 있다.

1. 타동사 용법

1.1. 다음 주어는 목적어를 던진다. 원래의 장소는 out of, 목적지는 against, to 또는 over 등으로 나타낸다.

(1) a. She dashed away tears.(그녀는 휙 눈물을 닦아냈다.)

b. He dashed the book out of his hand.(그는 책을 손에서 내던졌다.)

1.2. 다음 주어는 목적어를 전치사 against, in, over, to 의 목적어에 던진다.

(2) a. He dashed the bottle against the wall.(그는 병을 벽에다 휙 내던졌다.)

b. She dashed a plate against the water in a fit of fury.(그녀는 홧김에 접시 하나를 물에 휙 내던졌다.)

c. The waves dashed the boat against the rock.(파도가 그 배를 암초에 부딪히게 했다.)

d. The storm at sea dashed many boats against the

rocks.(바다의 폭풍이 많은 배들을 암초에 부딪히게 했다.)

e. He dashed water in his face.(그는 물을 얼굴에 끼얹었다.)

f. Dash a bucketful of water over this muddy floor.(물 한 양동이를 이 진흙 투성이 마루 위에 확 끼얹어라.)

g. In her fury, she dashed all the plates to the floor.(홧김에, 그녀는 모든 접시를 몽땅 그 마루에 집어던졌다.)

1.3. 다음 주어는 목적어를 던진다. 던지면 목적어는 상태의 변화를 받는다.

(3) He dashed a mirror to pieces.(그는 거울 하나를 확 던져서 산산조각을 냈다.)

1.4. 희망은 유리같은 개체로 은유화된다. 그래서 이것은 깨어질 수 있다. 주어는 목적어를 던져서 깬다.

(4) a. The jury dashed his hopes of running in the Olympics.(그 배심원단은 올림픽에서 뛰고자 하는 그의 희망을 깨어버렸다.)

b. Budget cuts dashed hopes for several plans proposed by NASA.(예산 삭감들이 미 항공우주국이 제안한 여러 기획의 희망을 무산시켰다.)

c. The rain dashed our hopes for a picnic.(그 비가 소풍을 가려는 우리의 희망을 깨어버렸다.)

1.5. 다음은 수동태 문장으로 주어는 깨어진다.

(5) a. The ship was dashed against the rock.(그 배는 암초에 부딪혔다.)

b. A boat was dashed to pieces.(배가 부딪혀서 산산조각이 났다.)

c. Her spirits were dashed by the accident.(그녀의 기분은 사고 때문에 망가졌다.)

d. Our hopes were dashed when she returned empty-handed.(그녀가 빈손으로 돌아왔을 때, 우리의 희망은 깨어졌다.)

1.6. 다음의 주어는 행위자가 아니고 경험자이다. 주어는 자신의 팔꿈치를 어디에 부딪치게 된다.

(6) He dashed his elbows against the door.(그는 팔꿈치를 문에다 부딪쳤다.)

1.7. 다음 주어는 목적어를 with 의 목적어로 친다.

(7) He dashed tea with brandy.(그는 차를 브랜디와 섞었다.)

1.8. 다음 주어는 목적어를 빨리 만든다.

(8) a. He dashed off a quick letter.(그는 편지 한 통을 단숨에 썼다.)

b. He dashed off a note and left it on the table.(그는 쪽지를 하나 적어서 그것을 책상 위에 놓았다.)

2. 자동사 용법

2.1. 타동사의 목적어는 한 장소에서 다른 장소로 빠르게 움직인다. 다음 주어는 빠르게 움직인다.

(9) a. Sorry, I have to dash now.(죄송하지만 지금 빨리 뛰어야 됩니다.)

b. He dashed about all day.(그는 하루종일 뛰어다녔다.)

c. He dashed across the street.(그는 길을 빨리 뛰어서 건넜다.)

d. He dashed along the street.(그는 거리를 따라서 빨리 뛰었다.)

e. He dashed around the corner.(그는 모퉁이를 돌아 빨리 뛰었다.)

f. He dashed down to the cellar.(그는 지하실로 빨리 뛰어 내려갔다.)

g. He dashed in from the garden.(그는 정원에서 빨리 뛰어 들어왔다.)

h. He dashed into a shop.(그는 가게 안으로 빨리 뛰어들어갔다.)

i. I have to dash off to catch the bus.(나는 버스를 잡으려면 빨리 떠나야 합니다.)

j. I must dash off to catch the train.(나는 기차를 잡으려면 빨리 떠나야 합니다.)

k. I dashed over to the neighbor's to borrow some sugar.(나는 설탕을 좀 빌리려고 이웃집으로 빨리 뛰어 건너갔다.)

l. Can you dash to the store to buy some milk?(너 우유 좀 사러 가게에 빨리 뛰어갈 수 있니?)

m. He dashed up.(그는 빨리 뛰어 올라갔다.)

n. I'll just dash upstairs and fetch my purse.(막 위층으로 빨리 뛰어가서 지갑을 가지고 올께.)

2.2. 다음 주어는 against의 목적어에 부딪친다.

(10) Waves dashed against the cliffs.(파도가 절벽에 부딪혔다.)

date

이 동사의 개념 바탕에는 시간을 추정하는 과정이 있다.

1. 타동사 용법
1.1. 다음 주어는 목적어의 연대를 추정한다.
(1) a. Archaeologists have dated the coin to the reign of Emperor Antonius Pius.(고고학자들은 동전의 연대를 안토니우스 황제 시대로 거슬러 갔다.)

b. The archeologists have dated the building to about 250 BC.(그 고고학자들은 그 건물의 연대를 대략 기원전 250년으로 거슬러 올라갔다.)

c. The specialists dated many rocks/the carving.(그 전문가들은 많은 암석/그 조각물의 연대를 추정했다.)

d. They dated the painting/the castle at around 1670.(그들은 그 그림/그 성의 연대를 1670년 경으로 추정했다.)

1.2. 다음은 수동태 문장으로 주어는 연대가 추정된다.
(2) a. The skeleton has been dated at about 200 BC.(그 해골은 대략 기원전 200년의 것으로 추정되었다.)

b. A tree can be dated by counting the rings in the trunk.(나무의 연대는 둥치의 나이테 수를 세서 추정할 수 있다.)

c. The rocks are dated by examining fossils found in the same layer.(그 암석들의 연대는 같은 지층에서 발견된 화석을 조사함으로써 추정된다.)

d. The Kennedy silver is dated 1964.(케네디 은화는 1964년으로 각인이 되어 있다.)

1.3. 다음 주어는 목적어를 날짜로 표시한다.
(3) a. He dated the letter August 13.(그는 편지에 8월 13일이라고 적었다.)

b. The word processor dates documents automatically.(그 워드 프로세서는 문서에 자동으로 날짜를 기록한다.)

c. The machine dated the tickets automatically.(그 기계는 입장권에 자동으로 날짜를 기록했다.)

d. Once the decision is reached, he can date and sign the sheet.(일단 결정이 내려지면, 그는 서류에 날짜를 적고 서명할 수 있다.)

1.4. 다음은 수동태 문장으로 주어는 날짜가 표시된다.
(4) a. The letter is dated August 13, 2000.(그 편지는 2000년 8월 13의 일자가 찍혀있다.)

b. The check isn't dated.(그 수표는 날짜가 적혀있지 않다.)

c. The letter is dated from New Orleans May the first.(그 편지는 뉴올리언스로부터 5월 1일의 날짜가 찍혀있다.)

1.5. 다음 주어는 목적어를 옛 사람으로 표시한다.
(5) a. It's going to date me now; I attended the school in 1964.(그것은 나를 늙은 사람으로 낙인찍는다; 나는 1964년에 학교를 다녔다.)

b. The wrinkles on his face date him.(그의 얼굴에 있는 그 주름이 그를 늙게 만든다.)

c. The old hat really dates you.(그 낡은 모자가 너를 늙은 사람으로 만든다.)

d. Using expressions like 'Great, man' date you.('좋았어, 친구'와 같은 표현은 당신을 나이가 많은 사람으로 만든다.)

e. He's got a big collection of Beatles records, so that dates him.(그는 비틀즈 음반을 매우 많이 갖고 있다. 그것이 그를 늙은 사람으로 만든다.)

f. I was at the Woodstock festival--that dates me, doesn't it?(나는 우드스탁 축제에 갔었어-내가 얼마나 나이 먹었는지 알겠지, 안 그래?)

2. 자동사 용법
2.1. 다음 주어는 기원을 거슬러간다.
(6) a. The church/the temple dates back to 1527.(그 교회/사원은 1527년까지 거슬러 올라간다.)

b. The present city hall dates back to only 1890s.(그 현재 시청은 겨우 1890년대로 거슬러 올라간다.)

c. The college dates back to the medieval times.(그 대학은 중세 시대까지 거슬러 올라간다.)

d. The custom dates back to the time when men wore swords.(그 관습은 남자들이 칼을 차고 다니던 시대로 거슬러 올라간다.)

e. This gun dates back to the Revolutionary War.(이 총은 그 독립전쟁 때로 거슬러 올라간다.)

f. This church dates back as far as the reign of Elisabeth.(이 교회는 엘리자베스 여왕 시대까지 거슬러 올라간다.)

g. The custom dates back hundreds of years.(그 관습의 기원은 몇 백년 전으로 거슬러 올라간다.)

2.2. 다음 주어는 그 기원이 과거에서 시작된다.

(7) a. These stones dated from the days of the dinosaurs.(이 돌들은 공룡시대부터 있었다.)

b. Our friendship dates from our meeting in Korea last year.(우리의 우정은 작년에 한국에서 만났을 때부터 시작되었다.)

c. The university dates from the early 17th century.(그 대학은 17세기 초부터 있었다.)

d. The letter dates from Seoul.(그 편지는 서울에서 온 것이다.)

1.3. 다음 주어는 시간과 함께 낡아진다.

(8) a. This album has hardly dated at all.(이 앨범은 거의 낡지 않았다.)

b. Though he was writing 40 years, the views he expressed have not dated.(비록 40년 동안 글을 써왔지만, 그가 보여준 견해들은 구식이 아니었다.)

c. He's a great fashion designer and his stuff doesn't date.(그는 위대한 패션 디자이너이고, 그의 작품들은 시대에 뒤떨어지지 않는다.)

d. His songs are so good that they have hardly dated at all.(그의 노래들은 아주 훌륭해서 거의 시대를 타지 않는다.)

e. His designs are so successful that they have hardly dated at all.(그의 디자인은 매우 성공적이어서 거의 시대를 타지 않는다.)

f. Most fashions soon date.(대부분의 패션은 곧 시대에 뒤떨어진다.)

g. She designs classic clothes which do not date.(그녀는 시대를 타지 않는 전형적인 옷을 디자인한다.)

h. This book has already begun to date.(이 책은 이미 구식이 되기 시작했다.)

i. After several years, a reference book begins to date.(몇 년이 지나면, 참고서는 시대에 뒤떨어지기 시작한다.)

j. Some James Bond movies dated more quickly than others.(몇 편의 007영화들은 다른 작품보다 더 빨리 시대에 뒤떨어졌다.)

k. I want to buy classical styles that won't date.(나는 시대를 타지 않는 고전 스타일을 사고 싶다.)

daub

이 동사의 개념 바탕에는 더덕더덕 아무렇게나 바르는 과정이 있다.

1. 타동사 용법

1.1. 다음 주어는 목적어를 더덕더덕 바른다.

(1) a. He daubed the canvas with paint.(그는 화포를 페인트로 서투르게 칠했다.)

b. He daubed his hands with paint.(그는 손을 페인트로 더럽혔다.)

c. He daubed the wall with plaster.(그는 그 벽을 회반죽으로 아무렇게나 발랐다.)

1.2. 다음은 수동태 문장으로 주어는 빌라진다.

(2) a. The walls of the building were daubed with red paint.(그 빌딩의 벽은 빨간색 페인트로 칠해졌다.)

b. The trousers were daubed with mud.(그 바지는 진흙으로 더럽혀졌다.)

1.3. 다음 주어는 목적어를 바른다. 목적어는 칠해지는 물질이다.

(3) a. He daubed paint on the canvas.(그는 페인트를 화포 위에 서툴게 칠했다.)

b. He daubed plaster on the wall.(그는 회반죽을 벽에 발랐다.)

daunt

이 동사의 개념 바탕에는 주춤하게 하는 과정이 있다.

1. 타동사 용법

1.1. 다음 주어는 목적어를 주춤하게 한다.

(1) a. The chance of failure did not daunt the inventor.(실패의 가능성도 그 발명가를 주춤하게 하지 못했다.)

b. The thought of starting a new business daunted him, but he tried anyway.(새 사업을 시작한다는 생각이 그의 기를 움츠리게 했지만, 그는 여하튼 시도를 했다.)

1.2. 다음은 수동태 문장으로 주어는 기가 꺾인다.

(2) a. Don't be daunted by the remaining work.(그 남아 있는 작업으로 인해 움츠러들지 마라.)

b. She felt daunted by the task ahead.(그녀는 앞으로 해야 할 임무를 생각하자 위축되었다.)

c. She was never daunted by misfortunes.(그녀는 불운에도 결코 기가 꺾이지 않았다.)

dawn

이 동사의 개념 바탕에는 dawn의 명사 '새벽'이 있다. 동사의 의미는 이 명사의 과정과 관계가 있다.

1. 자동사 용법

1.1. 다음 주어는 날이 밝아진다.

(1) a. The morning dawned.(아침이 밝아왔다.)

b. The morning dawned fresh and clear after the storm.(아침은 그 폭풍우 후 신선하고 맑게 밝았다.)

c. The day dawned without a cloud.(그 날은 구름 한 점 없이 밝아 왔다.)

1.2. 다음 주어는 추상적 개체이다. 다음 표현은 [앎은 빛] 은유가 적용된 예이다.

(2) a. The truth gradually dawned on me.(그 진실이 그에게 점차 밝아왔다.)

b. It suddenly dawned on me that I was wrong.(내가 틀렸다는 생각이 갑자기 떠올랐다.)

c. The idea suddenly dawned on her.(그 생각이 그녀에게 갑자기 떠올랐다.)

d. It dawned on me that Joan had been right all along.(조앤이 처음부터 옳았다는 생각이 나에게 떠올랐다.)

e. It slowly dawned on me that they couldn't

possibly have met before.(그들이 전에 만날 가능성이 없었다는 것이 서서히 나에게 떠올랐다.)

1.3. 다음에서 긴 시간이 하루에 비유되어 있다.
(3) a. A new era of peace is **dawning**.(새로운 평화의 시대가 시작되고 있다.)
b. A new technological age has **dawned**.(새로운 과학의 시대가 시작되었다.)

1.4. 다음 주어는 처음으로 나타난다.
(4) His genius for music **dawned**.(음악에 대한 그의 천재성이 처음으로 나타났다.)

daze

이 동사의 개념 바탕에는 놀라움이나 충격으로 정신을 아찔하게 하는 과정이 있다.

1. 타동사 용법
1.1. 다음 주어는 목적어를 아찔하게 한다.
(1) a. The beauty of the Grand Canyon **dazed** us.(그랜드 캐년의 아름다움은 우리를 눈부시게 했다.)
b. The news of his death **dazed** Bill.(그의 죽음에 대한 소식이 빌을 멍하게 했다.)

1.2. 다음은 수동태 문장으로 주어는 아찔하게 된다.
(2) a. He was **dazed** by a blow on his head.(그는 머리를 한 대 맞고 아찔해졌다.)
b. She was **dazed** by the news.(그녀는 그 소식으로 아찔하게 되었다.)

dazzle

이 동사의 개념 바탕에는 눈을 부시게 하는 과정이 있다.

1. 타동사 용법
1.1. 다음 주어는 목적어를 눈을 부시게 한다.
(1) a. The star **dazzled** his audience.(그 스타는 청중을 황홀하게 만들었다.)
b. The firework **dazzled** the crowd.(그 불꽃은 군중들을 눈부시게 했다.)
c. The headlight **dazzled** the deer.(그 전조등은 그 사슴을 눈부시게 했다.)

1.2. 다음은 수동태 문장으로 주어는 눈이 부시게 된다.
(2) a. He was momentarily **dazzled** by the strong sunlight.(그는 강한 햇빛에 잠시 눈이 부셨다.)
b. I was **dazzled** by the headlights of approaching cars.(나는 다가오는 차들의 전조등에 눈이 부셨다.)

1.3. 다음은 수동태 문장으로 주어는 마음이 어리둥절하거나 황홀하게 된다.
(3) a. I was **dazzled** by your outrageous remark.(나는 너의 터무니 없는 말에 매우 놀랐다.)
b. As children, we were **dazzled** by my uncle's looks and charm.(어렸을 때 우리는 아저씨의 외모와 매력에 매혹되었다.)
c. He was **dazzled** by the warmth of her smile.(그는 그녀의 따뜻한 미소에 황홀하게 되었다.)

deadlock

이 동사의 개념 바탕에는 힘이 맞서 움직이지 못하는 과정이 있다.

1. 자동사 용법
1.1. 다음 주어는 막힌다.
(1) a. Negotiations **deadlocked** after two hours.(협상은 2시간 후 교착 상태에 이르렀다.)
b. The peace talks **deadlocked** over the terms of the treaty.(그 평화 회담은 합의문의 용어에 대해 교착 상태에 이르렀다.)
c. The owner and the union have **deadlocked** over the pay increase.(그 고용자와 조합원은 급여 인상 문제를 놓고 교착 상태에 빠졌다.)

2. 타동사 용법
2.1. 다음 주어는 목적어를 움직이지 못하게 한다.
(2) a. A few stubborn people **deadlocked** the negotiations.(몇몇 고집스런 사람들이 그 협상을 교착 상태에 빠뜨렸다.)
b. A disagreement over prices **deadlocked** the negotiations.(가격에 대한 의견 차이가 그 협상을 교착 상태에 빠뜨렸다.)
c. A deadly attack **deadlocked** the peace talks.(격렬한 공격이 그 평화 회담을 교착 상태에 빠뜨렸다.)

deal

이 동사의 개념 바탕에는 나누어 주는 과정이 있다.

1. 타동사 용법
1.1. 다음 주어는 목적어를 전치사 to의 목적어에 나눈다.
(1) a. **Deal** five cards **to** each.(카드 다섯 장씩을 각자에게 나눠 주어라.)
b. He **dealt** out three cards **to** each player.(그는 세 장의 카드를 각각의 경기자에게 나눠 주었다.)
c. Will you **deal** the cards?(당신이 카드를 나눠 주시겠습니까?)
d. He **dealt** cards in an illegal gambling joint.(그는 카드를 불법적인 도박판에서 돌렸다.)
e. **Deal** him in/out.(그를 한패에 넣어라/빼라.)

1.2. 다음 주어는 목적어를 나누어서 준다. 목적어는 주어의 손에서 벗어난다.
(2) a. Would you like to **deal** out the cards?(당신이 그 카드를 돌리시겠습니까?)
b. She **dealt** out the cookies/crayons/soft drinks to the children.(그녀는 그 과자/크레용/탄산 음료들을 아이들에게 나눠 주었다.)
c. We have only a small amount of food to **deal** out to each refugee.(우리는 각 피난민들에게 줄 적은 양의 음식밖에 없다.)
d. I **dealt** out two biscuits to each child.(나는 두 개의 비스킷을 각각의 아이들에게 주었다.)
e. The church **dealt** out alms to the poor.(교회는 자

선물을 가난한 사람들에게 나눠 주었다.)

1.3. 다음 주어는 목적어를 준다. 목적어는 상벌이나 처벌이다.

(3) a. I **dealt out** the children's allowance one by one. (나는 아이들의 용돈을 한 명씩 차례로 주었다.)

b. A judge **deals out** justice. (재판관은 처벌을 준다.)

c. It is the duty of the judge to **deal out** justice. (처벌을 주는 것이 재판관의 의무이다.)

1.4. 다음 주어는 목적어를 to의 목적어에 준다. 목적어는 일격이다.

(4) a. The champion **dealt** a heavy blow **to** the opponent. (그 챔피온은 큰 일격을 상대에게 가했다.)

b. The scandal will **deal** a final blow **to** the candidate's campaign. (그 추문은 그 지원자의 선거전에 일격을 가할 것이다.)

c. The champion **dealt** a knock-out punch in the third round. (그 챔피온은 KO 펀치를 3 라운드에서 날렸다.)

1.5. 다음 주어는 첫째 목적어에게 둘째 목적어를 준다.

(5) a. You **dealt** me a good hand. (너는 나에게 좋은 카드를 주었다.)

b. He **dealt** each player a card face down. (그는 각각의 경기자들에게 카드 한 장씩 뒤집어 나눠 주었다.)

c. He **dealt** the boy a heavy blow on the ear. (그는 소년의 귀에다 대고 큰 일격을 가했다.)

d. His failure **dealt** him a severe blow. (실패는 그에게 심한 일격을 가했다.)

e. The recession **dealt** many small businesses a fatal blow. (그 경기 침체는 많은 중소기업들에게 치명적인 일격을 가했다.)

f. **Deal** them five cards. (그들에게 카드 다섯 장을 나누어 주어라.)

1.6. 다음은 수동형 문장으로 주어는 받는다.

(6) a. He has been **dealt** four aces. (그는 4개의 에이스가 주어졌다.)

b. He has been **dealt** seven trumps. (그는 일곱 개의 트럼프가 주어졌다.)

c. The prestige of the Western Powers has been **dealt** a severe blow. (서방 강대국의 권위는 심한 일격을 받았다.)

d. She has always been **dealt** well by him. (그녀는 항상 그에게 대접을 잘 받는다.)

2. 자동사 용법

2.1. 다음 주어는 카드 놀이에서 카드를 나눈다.

(7) Whose turn is it to **deal**? (나누어 주는 것이 누구의 차례이지?)

2.2. 다음 주어는 in의 목적어의 영역에서 물건을 주고 (돈을 받는) 일을 한다.

(8) a. They **deal** in antiques/antique books/used cars. (그들은 골동품/고서/중고차를 판다.)

b. As a scientist, I do not **deal** in speculation. (과학자로서, 나는 투기를 하지 않는다.)

c. He **dealt** in men's clothing. (그는 남성 의류를 장사했다.)

d. He **deals** in furniture/diamonds/leather/wool and cotton. (그는 가구/다이아몬드/가죽/모와 면을 판다.)

2.3. 다음 주어는 with의 목적어를 다룬다. 다음 주어는 어떠한 주제에 대해 논한다.

(9) a. The book **deals** with diseases in hot weather. (그 책은 더운 날씨에 생기는 질병을 다룬다.)

b. Do you have any book that **deals** with railway travel in Korea? (당신은 한국의 철도 여행을 다룬 책을 가지고 있습니까?)

c. The book **deals** with methods of teaching English. (그 책은 영어를 가르치는 방법을 다룬다.)

d. The book **deals** with tax laws. (그 책은 세법을 다룬다.)

e. His speech **dealt** with the problem of unemployment. (그의 연설은 실업문제를 다루었다.)

f. Botany **deals** with the study of plants. (식물학은 식물에 대한 연구를 다룬다.)

2.4. 다음 주어는 with의 목적어를 다룬다.

(10) a. He **dealt** with the emergency. (그는 응급 상황에 대처했다.)

b. He **dealt** single-handed with a tiger. (그는 한손으로 호랑이 한 마리를 다루었다.)

c. The police **dealt** with the noisy crowd. (그 경찰은 시끄러운 군중을 다루었다.)

d. We must learn to **deal** with our problems. (우리는 우리 자신의 문제를 처리하는 것을 배워야 한다.)

e. Can you **deal** with this matter while I am away? (너는 내가 없을 때 이 문제를 처리할 수 있니?)

f. He **dealt** with the question/the situation. (그는 그 질문/상황에 대처했다.)

g. The question is how to **deal** with increasing traffic in the streets. (그 문제는 도로에 증가하는 교통량을 다루는 방법이다.)

h. His job is **dealing** with customer complaints. (그의 일은 고객의 불만을 다루는 것이다.)

2.5. 다음은 수동태 문장으로 주어는 다루어진다.

(11) a. Inquiries are **dealt** with by our head office. (문의는 우리의 본사에서 다루어진다.)

b. These ideas are **dealt** with more fully in Chapter three. (이 아이디어들은 3장에서 더 자세히 다루어진다.)

c. Applicants will be **dealt** with by the manager. (지원자는 그 지배인에 의해 다루어질 것이다.)

2.6. 다음 주어는 with의 목적어와 거래를 한다.

(12) a. The lawyer **deals** honorably with everyone. (그 변호사는 모든 사람들과 신용있게 거래한다.)

b. I've **dealt** with them for a long time. (나는 오랜 시간 동안 그들과 거래해왔다.)

c. He refused to **deal** with me. (그는 나와 거래하기를 거절했다.)

d. We **deal** directly with the farmers for our vegetables. (우리는 야채를 사기위해 그 농부들과

직접적으로 거래한다.)
    e. He **dealt** with the shop.(그는 그 상점과 거래했다.)

debase

이 동사의 개념 바탕에는 질을 떨어뜨리는 과정이 있다.

1. 타동사 용법
1.1. 다음 주어는 목적어의 질을 떨어지게 한다.
(1) a. The manufacturer **debased** the products by using cheaper materials.(그 제작자는 상품들의 질을 값싼 원료를 사용함으로써 저하시켰다.)
    b. The government **debased** the money by printing too much of it.(정부는 돈을 너무 많이 찍어냄으로써 돈의 가치를 저하시켰다.)
    c. She **debased** the reputation of the company when she accused them of dishonesty.(그녀는 그들의 부정직함을 고발하여 그 회사의 명성을 떨어뜨렸다.)
1.2. 다음 목적어는 재귀대명사이다. 주어는 자신을 격하시킨다.
(2) a. You **debased** yourself by accepting a bribe.(너는 뇌물을 받음으로 인해 명예를 떨어뜨렸다.)
    b. They were forced to **debase** themselves by selling their bodies.(그들은 몸을 팔아 스스로의 품위를 떨어뜨리도록 강요받았다.)
    c. Don't **debase** yourself by feeling envious.(질투심을 가짐으로써 자신을 격하시키지 마라.)
1.3. 다음은 수동태 문장으로 주어는 가치가 떨어진다.
(3) Sport is **debased** by commercial sponsorship.(스포츠의 가치가 상업적인 지원으로 인해 저하되고 있다.)

debut

이 동사의 개념 바탕에는 debut의 명사 '첫 무대 출연' 이 있다.

1. 자동사 용법
1.1. 다음 주어는 처음으로 출연한다.
(1) a. He **debuted** in a nightclub in 1980.(그는 나이트클럽에 1980년에 첫 발을 내딛었다.)
    b. The musical production will **debut** in London.(그 뮤지컬 연출은 런던에서 데뷔할 것이다.)
    c. The actress **debuted** on Broadway last year.(그 여배우는 작년에 브로드웨이에서 데뷔했다.)

2. 타동사 용법
2.1. 다음 주어는 목적어를 처음으로 공연한다.
(2) a. The network will **debut** their new show in fall.(그 방송국은 그들의 쇼를 가을에 첫 선을 보일 것이다.)
    b. The band **debuted** a new song at the concert.(그 악단은 신곡을 그 음악회에서 처음으로 선보였다.)

decay

이 동사의 개념 바탕에는 점차적으로 썩는 과정이 있다.

1. 자동사 용법
1.1. 다음 주어는 점차적으로 썩는다.
(1) a. The hotel is **decaying** after years of neglect.(그 호텔은 여러해 동안의 소홀로 인해 점차 쇠퇴하고 있다.)
    b. The tree began to **decay** after it was cut down.(그 나무는 베어진 이후 썩기 시작했다.)
1.2. 다음 주어는 조직체이다. 다음은 [조직체, 권력, 건강은 개체] 은유가 적용된 표현이다.
(2) a. The transit system is rapidly **decaying**.(그 운송 체계는 급격히 쇠퇴하고 있다.)
    b. Our power **decayed** in old age.(우리의 권력은 노년에 타락했다.)
    c. Bill's health **decayed** as he grew older.(빌의 건강은 점차 나이가 들어가면서 쇠약해졌다.)

2. 타동사 용법
2.1. 다음 주어는 목적어를 썩게 한다.
(3) a. Too much candy **decayed** the child's teeth.(너무 많은 사탕을 먹는 것이 그 아이의 이를 썩게 했다.)
    b. Moisture **decayed** the wood frame of the porch.(수분이 현관의 나무틀을 썩게 했다.)
    c. Fungus will **decay** wood.(곰팡이가 나무를 썩게 할 것이다.)
    d. Pollution has **decayed** surface of the stonework.(오염이 그 석조물의 표면을 부식시켰다.)

decide

이 동사의 개념 바탕에는 결정하는 과정이 있다.

1. 타동사 용법
1.1. 다음의 목적어는 두 개의 가능성을 포함하고 있다. 법정 소송의 경우 승과 패가, 논쟁의 경우 찬과 반, 문제의 경우 옳고 그름이 있다. 주어는 목적어를 판가름한다.
(1) a. The general **decided** the battle by sending in fresh troops.(그 장군은 새 부대를 보냄으로 해서 그 전투를 판가름했다.)
    b. He **decided** the question by voting.(그는 투표로 그 문제를 결정했다.)
    c. They **decided** the argument.(그들은 그 논쟁을 결말 지었다.)
    d. The local government should **decide** the issue.(그 지방 정부는 그 문제를 결정해야만 한다.)
    e. The court/the judge **decided** the case.(그 법원/판사는 그 소송 사건을 판결했다.)
    f. Has a judge been appointed to **decide** the case?(그 소송 사건을 판결할 판사가 임명되었습니까?)
    g. It is now up to the Home Secretary to **decide** the convicted man's fate.(그 유죄 판결을 받은 자의 운명을 결정한 것은 이제 내무장관에게 달려 있다.)
    h. The case is to be **decided** by the court.(그 소송은 법원에 의해 판결될 것이다.)

1.2. 다음 주어는 목적어를 부정사가 가리키는 일을 하게 결정한다.

(2) a. The setback **decided** them **to** abandon their plan. (그 좌절은 그들이 계획을 포기하게 결정했다.)

b. His poor health **decided** him **to** live in the country. (그의 나쁜 건강이 그를 시골에서 살게 결정했다.)

c. What **decided** him **to** resign?(무엇이 그를 사퇴하게 결정했지?)

d. His advice **decided** me **to** carry out my plan.(그의 충고가 내가 계획을 실행하게 결정했다.)

e. His death **decided** me **to** leave school.(그의 죽음이 나를 학교를 떠나게 결정했다.)

f. What **decided** you **to** leave the company?(무엇이 너를 회사를 떠나게 결정했니?)

g. What was it that **decided** you **to** give up your job? (네가 네 일을 포기하게 결정한 것은 무엇인가?)

1.3. 사람도 어떤 기로에 놓일 수 있다. 다음 주어는 목적어의 길을 결정한다.

(3) a. Your words have **decided** me.(네 말이 나를 결심하게 했다.)

b. The new evidence **decided** him.(새 증거가 그를 결심하게 했다.)

c. That **decides** me.(그것이 나를 결심하게 한다.)

1.4. 다음 주어는 목적어를 against의 목적어에 반대하게 한다.

(4) a. What **decided** you **against** the job?(무엇이 너를 그 일에 반대하게 결정했나?)

b. What **decided** you **against** a career in journalism? (무엇이 너를 언론계에서 일하는 것을 반대하게 결정했나?)

1.5. 다음 목적어는 경기나 경쟁과 관련되어 있다. 이들에는 승과 패가 포함되어 있다. 주어는 이 둘 가운데 하나를 결정한다.

(5) a. One vote **decided** the election.(한 표가 그 선거를 판가름했다.)

b. His homer **decided** the game.(그의 홈런이 그 게임을 결정했다.)

c. The mistake **decided** the game.(그 실수가 그 게임을 결정지었다.)

d. It will be the fitness that **decide** the game.(그 경기를 결정하는 것은 건강일 것이다.)

e. A single home run **decided** the outcome of the baseball game.(홈런 한방이 그 야구 경기의 결과를 결정했다.)

f. One point **decided** the football game.(한 점이 그 축구경기를 결정했다.)

g. It was her superior stamina that **decided** the race today.(오늘 경주를 결정지은 것은 그녀의 우수한 체력이었다.)

h. The weather **decided** the outcome of the match. (그 날씨가 시합의 결과를 결정지었다.)

i. A goal in the last minute **decided** the match.(마지막 순간의 한 골이 그 시합을 결정지었다.)

j. They won the battle that **decided** the war.(그들은 그 전쟁을 결정지은 그 전투에서 이겼다.)

1.6. 다음 주어는 의문사 which, what, whether가 이

끄는 절의 내용을 결정한다.

(6) a. Please **decide which** one you want.(어떤 것을 원하는지 결정하십시오)

b. I can't **decide whether** I like or not.(내가 좋아하는지 아닌지를 결정할 수 없다.)

c. Women now have greater freedom to **decide whether** or not to get married.(여자들은 결혼을 할지 말지를 결정하는데 있어서 이제 더 큰 선택의 자유를 가지고 있다.)

1.7. 다음 주어는 의문사+부정사가 가리키는 일을 결정한다.

(7) a. He couldn't **decided what** to do.(그는 무엇을 할지를 결정할 수 없었다.)

b. He can't **decided what** to eat for breakfast.(그는 아침으로 무엇을 먹을지를 결정할 수 없다.)

c. The young couple could not **decide which** house to buy.(그 젊은 부부는 어떤 집을 살지를 결정할 수 없었다.)

d. We couldn't **decide which** one to take.(우리는 어떤 것을 가질지를 결정할 수 없었다.)

e. I don't know **which** one to take; I will let you **decide**.(어느 것을 택해야 할지 모르겠다. 네가 결정해라.)

1.8. 다음 주어는 that-절의 내용을 결정한다.

(8) a. He's **decided** at last **that** it's time for him to retire.(그는 마침내 퇴직할 것을 결심했다.)

b. She **decided that** she would say no.(그녀는 거절할 것을 결심했다.)

c. He **decided that** he would not smoke again.(그는 다시는 담배를 피지 않을 것을 결심했다.)

d. He **decided that** he would be a teacher.(그는 선생님이 될 것을 결심했다.)

e. He **decided that** he would go to the party(그는 파티에 갈 것을 결심했다.)

f. He **decided that** his son should become a musician.(그는 아들이 음악가가 될 것을 결정했다.)

1.9. 다음 주어는 that-절의 내용을 판단한다.

(9) a. He **decided that** Frank must be suffering from a cold.(그는 Frank가 감기로 고생하고 있는 것이 틀림없다고 결론내렸다.)

b. I **decided that** they were mistaken.(나는 그들이 잘못했다고 결론내렸다.)

1.10. 다음은 수동태 문장으로 주어는 결정된다.

(10) a. It was **decided that** the old building should be pulled down.(그 낡은 건물이 철거되어야 한다고 결정되었다.)

b. It has been **decided that** the departure should be postponed.(출발이 연기될 것이 결정되었다.)

c. I **decided that** she was without doubt a good looking girl.(나는 그녀가 의심의 여지없이 아름답다고 결론내렸다.)

d. She **decided that** she would stay longer.(그녀는 더 오래 머무를 것을 결심했다.)

1.11. 다음 주어는 부정사가 가리키는 일을 하기로 결정한다.

(11) a. Did you **decide** not **to** attend the meeting after all?

(결국 그 모임에 참석하지 않기로 결정했니?)

b. I've **decided to** go by air.(나는 비행기로 가기로 결정했다.)

c. We **decided to** go to the movies.(우리는 그 영화를 보러 가기로 결정했다.)

d. He **decided to** learn how to use the computer.(그는 컴퓨터 사용법을 배우려고 결심했다.)

e. He has **decided to** retire soon.(그는 곧 퇴직하기로 결심했다.)

f. We **decided to** leave the party.(우리는 파티를 떠나기로 했다.)

g. We **decided to** go on a holiday.(우리는 휴가를 떠나기로 결정했다.)

h. He **decided to** sell his automobile.(그는 차를 팔기로 결정했다.)

i. She **decided to** say no.(그는 거절하기로 결심했다.)

j. He **decided to** be a writer.(그는 작가가 되기로 결심했다.)

2. 자동사 용법

2.1. 다음 주어는 결정을 하여 on의 목적어를 선택한다.

(12) a. We **decided on** going abroad.(우리는 외국에 나가기로 결정했다.)

b. We have **decided on** selling our house.(우리는 집을 팔기로 결정했다.)

c. In the end, he **decided on** buying the green hat.(결국 그는 그 녹색 모자를 사기로 결정했다.)

2.2. 결정 과정에는 몇 개의 선택사항이 있다. 다음 전치사 between은 선택사항이 적어도 두 개가 있음을 가리킨다.

(13) a. I cannot **decide between** the two materials for my new curtains.(나는 새 커튼을 위해 두 원단 중 어느 것을 택할지 결정할 수 없다.)

b. He couldn't **decide between** A and B.(그는 A와 B 중 어느 것을 택할지 결정할 수 없었다.)

c. It is difficult to **decided between** the two options.(그 두 선택 중 어느 것을 택할지를 결정하기 어렵다.)

d. I am trying to **decide between** the green and the white for my bedroom.(나는 침실을 녹색으로 할지 흰색으로 할지를 결정하려 한다.)

e. He can't **decide between** the two alternatives.(그는 두 대안 중 어느 것을 택할지 결정할 수 없다.)

2.3. 다음 주어는 선택을 하여 그 선택이 전치사 about, upon, on의 목적어와 연결된다.

(14) a. I haven't **decided about** the book yet.(그 책에 대해 아직 결정을 내리지 않았다.)

b. After a long discussion, we **decided on** a younger candidate.(오랜 토론 끝에 우리는 더 젊은 후보자를 뽑기로 결정했다.)

c. After leaving university, Tom **decided on** a career in publishing.(대학을 졸업한 후, 톰은 출판계에서 직업을 갖기로 결정했다.)

d. They have not yet **decided on** a course of action.(그들은 아직 일련의 조치를 결정하지 않았다.)

e. She could not **decide upon** the words.(그녀는 그 낱말을 결정할 수 없었다.)

f. She **decided on** him to be the leader.(그녀는 그를 지도자로 결정했다.)

2.4. 다음 주어는 결정을 하여 on의 목적어를 택한다.

(15) a. We've **decided on** Greece rather than France for our holiday this year.(우리는 올해 휴가에는 프랑스 대신 그리스를 결정했다.)

b. They have not yet **decided on** the site for the new building.(그들은 새 건물을 지을 장소를 아직 결정하지 못했다.)

c. Have you **decided on** a date for your wedding?(너의 결혼 날짜를 정했니?)

d. We **decided on** a big carpet for the living room.(우리는 큰 카페트를 거실에 깔기로 결정했다.)

2.5. 다음 주어는 할 일을 결정한다.

(16) a. Have you **decided on** what dress to wear?(어떤 옷을 입을지 결정했니?)

b. I could not **decide on** what to order from the menu.(나는 메뉴에서 무엇을 주문할지 결정할 수 없었다.)

2.6. 다음 주어는 전치사 against의 목적어에 반대가 되는 결정을 한다.

(17) a. She's **decided against** a church wedding.(그녀는 교회에서 결혼하지 않을 것을 결정했다.)

b. We **decided against** a holiday in Hawaii.(우리는 하와이에서 휴가를 보내지 않기로 결정했다.)

c. We **decided against** the plan in the end.(우리는 결국 그 계획에 반대 결정을 내렸다.)

d. We **decided against** employing him.(우리는 그를 채용하지 않기로 결정했다.)

e. He **decided against** leaving.(그는 떠나지 않기로 결정했다.)

2.7. 다음 주어는 전치가 for의 목적어에 맞는 결정을 한다.

(18) a. I **decided for** going alone.(나는 혼자 갈 것을 결심했다.)

b. He **decided for** the plaintiff.(그는 그 원고에게 유리한 판결을 내렸다.)

2.8. 다음에는 찬성이 in favor of로 표현되어 있다.

(19) a. We hope you'll **decide in favor of** our proposal.(우리는 네가 우리의 제안에 유리하게 결정하길 바란다.)

b. The jury **decided in favor of** the defendant.(그 배심원은 그 피고에게 유리한 판결을 내렸다.)

2.9. 다음 주어는 결심이나 결정을 한다.

(20) He **decided** in his own mind.(그는 마음 속에 결심을 했다.)

deck

이 동사의 개념 바탕에는 덮는 과정이 있다.

1. 타동사 용법

1.1. 다음 주어는 목적어를 쓰러뜨린다.

(1) a. Gary turned and **decked** Bob.(게리는 돌아서서 밥

을 바닥 위에 쓰러뜨렸다.)

b. His opponent **decked** him in the third round.(그는 상대자를 세 번째 라운드에서 때려 눕혔다.)

1.2. 다음 주어는 목적어를 with의 목적어로 장식한다.

(2) a. They **decked** the streets **with** flags.(그들은 그 거리를 깃발로 장식했다.)

b. They **decked** the hall **with** flowers.(그들은 무도회장을 꽃으로 장식했다.)

c. He **decked** the room **with** balloons for the party.(그는 방을 파티를 위해 풍선으로 장식했다.)

1.3. 다음 목적어는 재귀대명사이다. 주어는 자신을 꾸민다.

(3) a. She **decked** herself **out** with her jewels.(그녀는 자신을 보석으로 아름답게 치장했다.)

b. They **decked** themselves for festivity.(그들은 축제를 위해 치장했다.)

1.4. 다음은 수동태 문장으로 주어는 치장이 된다.

(4) a. The ship was **decked** in all her canvas.(그 배는 그녀의 화포로 장식되었다.)

b. The room was **decked out** in flowers and balloons.(그 방은 꽃과 풍선으로 화려하게 장식되었다.)

c. The room was **decked** with flowers.(그 방은 꽃으로 장식되었다.)

declare

이 동사의 개념 바탕에는 공식적으로 그리고 널리 알리는 과정이 있다.

1. 타동사 용법

1.1. 다음 주어는 목적어를 선포한다. 주어는 기관이나 특정 권리를 갖는 사람이다.

(1) a. Our teacher **declared** the results of the examination.(우리 선생님께서는 시험 결과를 공표하셨다.)

b. The US **declared** its independence from England in the 1770s.(미국은 영국으로부터 1770년대에 독립을 선언했다.)

c. The government **declared** war on illiteracy/drugs in the area.(정부는 그 지역에 문맹/마약에 전쟁을 선포했다.)

d. The president **declared** a state of emergency.(대통령은 비상사태를 선포했다.)

1.2. 다음 주어는 목적어를 신고한다.

(2) a. You have to **declare** your earnings for the whole year.(너는 일년 전체 동안의 소득을 신고해야 한다.)

b. I have nothing to **declare**.(나는 신고할 것이 아무 것도 없다.)

1.3. 다음은 수동태 문장으로 주어는 신고된다.

(3) All investment income must be **declared**.(모든 투자 소득은 신고되어야 한다.)

1.4. 다음 주어는 목적어를 선언한다.

(4) a. Few people dared to **declare** their opposition to the regime.(거의 아무도 그 정권에 대한 반대를 감

히 선언하지 않았다.)

b. He **declared** his position/his innocence.(그는 입장/결백을 선언했다.)

1.5. 다음 주어는 첫째 목적어가 둘째 목적어임을 결정하여 선언한다.

(5) a. The official **declared** her the winner of the high jump.(그 심판원은 그녀가 높이 뛰기에서 우승자임을 선언했다.)

b. He **declared** himself king.(그는 자신이 왕임을 선포했다.)

c. The president **declared** May 7 a national holiday.(그 대통령은 5월 7일을 국경일로 선포했다.)

d. The government **declared** the area a national park.(정부는 그 지역을 국립 공원으로 선포했다.)

e. I **declare** this exhibition open.(나는 이 전시회가 시작됨을 선언합니다.)

1.6. 다음 목적어는 재귀대명사이다. 주어는 자신이 어떤 상태에 있음을 결정하여 선포한다.

(6) a. She **declared** herself extremely hurt by his lack of support.(그녀는 그의 지지 부족으로 치명적으로 자신이 손해를 보았다고 선언했다.)

b. He **declared** himself satisfied.(그는 자신이 만족되었다고 선언했다.)

1.7. 다음은 수동태 문장으로 주어는 결정되어 선포된다.

(7) a. He was **declared** the winner of the fight.(그는 경기의 승자라고 선포되었다.)

b. The area has been **declared** a national park.(그 지역은 국립공원으로 선포되었다.)

c. The use of certain chemicals have now been **declared** unsafe.(특정 화학약품들의 사용은 현재 불안전하다고 선포되었다.)

1.8. 다음은 수동태 문장으로 주어는 to 부정사가 가리키는 상태와 관계되는 것으로 선포된다.

(8) a. The accused was **declared** to be guilty.(그 피고는 유죄인 것으로 선고받았다.)

b. The painting is **declared** to be a forgery.(그 그림은 위조인 것으로 밝혀졌다.)

1.9. 다음 that-절은 주어가 선포하는 내용을 담고 있다.

(9) a. The court **declared that** the strike was illegal.(그 판사는 그 파업이 불법이라고 선고했다.)

b. He **declared that** he was in love with her.(그는 그녀를 사랑한다고 선언했다.)

c. He **declared that** the city was unsafe.(그는 그 도시가 안전하지 않다고 선언했다.)

d. The doctor **declared that** the girl was dead.(의사는 그 소녀가 죽었다고 단언했다.)

1.10. 다음 주어는 개체이다. 주어는 의인화되어 단언하는 것으로 표현되어 있다.

(10) a. Their appearance at the meeting **declared** their willingness to participate in the talk.(그 회의에 그들의 출현은 그들이 그 회의에 기꺼이 참석하고자 하는 의지를 나타내 보였다.)

b. These footprints **declare that** somebody was here.(이 발자국들은 누군가 여기에 있었던 것을 말해준다.)

2. 자동사 용법
2.1. 다음 주어는 자신의 입장을 선언한다.
(11) They declared against/for the war.(그들은 전쟁에 반대/찬성을 표명했다.)

---

decline
이 동사의 개념 바탕에는 기우는 과정과 빗나가는 과정이 있다.

1. 자동사 용법
1.1. 다음 주어는 아래로 기운다.
(1) a. The sun declines westward.(그 해는 서쪽으로 진다.)
    b. The day declines.(그 날이 저문다.)
    c. The summer is now declining.(그 여름은 이제 끝나가고 있다.)

1.2. 다음은 [적음은 아래] 은유가 적용된 표현이다. 다음 주어는 양, 정도가 줄어든다.
(2) a. The party's popularity declined.(그 정당의 인기가 떨어졌다.)
    b. His interest in the project declined.(그 연구에 대한 그의 관심이 줄었다.)
    c. His strength/his health/his reputation declined.(그의 힘/건강/명성이 나빠졌다.)
    d. His influence declined as he grew older.(그의 영향력은 나이를 먹어감에 따라 약해졌다.)
    e. Standards of education declined recently.(교육 수준이 최근에 와서 떨어졌다.)
    f. The quality of the restaurants food declines over the years.(그 식당 음식의 질이 해마다 떨어진다.)
    g. Business usually declines at this time of year.(사업은 한해 중 이때 쯤에 되지 않는 것이 보통이다.)
    h. His mind is declining.(그의 마음이 쇠퇴하고 있다.)

1.3. 다음은 [적음은 아래] 은유가 적용된 표현이다. 다음 주어는 수가 줄어든다.
(3) a. Prices began to decline.(물가가 떨어지기 시작했다.)
    b. The membership of the society has declined from 800 to 300.(그 학회의 구성원 수가 800에서 300으로 줄었다.)
    c. The number of tourists to the island declined by 10%.(그 섬의 관광객 숫자가 10퍼센트나 감소했다.)
    d. Wages declined to record lows.(임금이 최저 임금 기록으로 떨어졌다.)

1.4. 다음 주어는 in의 목적어가 가리키는 영역에서 약해진다.
(4) a. He declined in strength.(그는 체력이 약해졌다.)
    b. He declined in health.(그는 건강이 쇠약해졌다.)

1.5. 다음 주어는 움직이지 않으나 전체 형상은 눈으로 따라가면 기우는 모습이다.
(5) a. The sand dune declines gently to the sea.(그 모래 언덕은 바다까지 완만하게 내려간다.)
    b. The hill declines to a fertile valley.(그 언덕은 비옥한 계곡으로 내려간다.)
    c. The path declines to the lake.(소로는 그 호수로 내려간다.)

    d. The road declines gently to the creek.(그 길은 개울까지 완만하게 내려간다.)

1.6. 다음 주어는 거절한다.
(6) a. She was invited to the party, buts he declined.(그녀는 파티에 초대되었지만, 거절했다.)
    b. I'm sorry, I am not free this evening so I must decline.(죄송하지만, 제가 오늘 저녁에 바빠서 사양해야만 합니다.)
    c. I offered to give them a lift, but they declined.(나는 그들에게 차편을 제공했지만, 그들은 거절했다.)
    d. We asked them to come to the party, but they declined.(우리는 그들을 파티에 초대했지만, 그들은 거절하였다.)

2. 타동사 용법
2.1. 다음 주어는 목적어를 받아들이지 않는다.
(7) a. He declined the gift with thanks.(그는 선물을 정중히 거절했다.)
    b. I am sorry to decline your offer.(당신의 제의를 거절하게 되었음을 죄송하게 생각합니다.)
    c. He declined my offer of help.(그는 나의 도움 제의를 거절했다.)

2.2. 다음 주어는 to부정사가 가리키는 일을 하기를 거절한다.
(8) a. The senator declined to comment on the matter.(그 상원의원은 그 문제에 논평하기를 거절했다.)
    b. He declined to explain.(그는 설명하기를 거절했다.)
    c. She declined to do as she was told.(그녀는 지시받은 대로 하기를 거절했다.)

2.3. 다음 주어는 동명사가 가리키는 일을 거절한다.
(9) a. He declined explaining.(그는 설명하는 일을 거절했다.)
    b. We declined joining the party.(우리는 그 정당에 가입하는 것을 거절했다.)

---

decorate
이 동사의 개념 바탕에는 꾸미는 과정이 있다.

1. 타동사 용법
1.1. 다음 주어는 목적어를 꾸민다.
(1) a. She decorated the room with flowers.(그녀는 방을 꽃으로 장식했다.)
    b. We declared the Christmas tree with tinsel and lights.(우리는 크리스마스 트리를 번쩍거리는 금은 실과 전등으로 장식했다.)
    c. They decorated the streets with Christmas tree lights.(그들은 거리들을 크리스마스 트리 불빛으로 장식했다.)
    d. Bob decorated his office with awards and diplomas.(밥은 사무실을 상장과 졸업장으로 장식했다.)

1.2. 다음은 수동태 문장으로 주어는 꾸며진다.
(2) a. The auditorium was decorated with flowers.(그

강당은 꽃으로 꾸며졌다.)
b. The hall was **decorated for** the festival.(그 넓은 방은 축제를 위해 장식되었다.)

1.3. 다음 주어는 그 자체가 목적어를 꾸민다.
(3) a. These stamps will surely **decorate** the envelope. (이 우표들은 그 봉투를 틀림없이 장식할 것이다.)
b. Photographs of actors **decorated** the walls of the restaurant.(배우들의 사진들이 그 식당의 벽들을 장식했다.)

1.4. 다음 주어는 훈장으로 목적어를 꾸민다.
(4) a. The president **decorated** the soldier **for** bravery. (대통령은 그 군인에게 무훈에 대해 훈장을 수여했다.)
b. The Queen **decorated** the explorers **for** bravery. (그 여왕은 그 탐험가들에게 용맹성에 대해 훈장을 수여했다.)
c. The king **decorated** the general **with** a medal.(그 왕은 그 장군에게 메달로 훈장을 주었다.)

1.5. 다음은 수동태 문장으로 주어는 훈장으로 꾸며진다.
(5) a. He was **decorated for** heroism in action.(그는 영웅적인 행동으로 훈장을 받았다.)
b. He was **decorated with** the Order of the Bath.(그는 버스 훈장을 받았다.)
c. He was **decorated with** a medal for his distinguished service.(그는 현저한 공적으로 훈장을 받았다.)

2. 자동사 용법
2.1. 다음 주어는 꾸미는 일을 한다.
(6) Before we **decorate**, we must fix the roof.(우리는 장식하기 전에, 그 지붕을 고쳐야 한다.)

decree
이 동사의 개념 바탕에는 최고의 권력자가 포고하는 과정이 있다.

1. 타동사 용법
1.1. 다음 주어는 목적어를 포고한다.
(1) a. The government **decreed** a state of emergency. (정부는 비상상태를 포고했다.)
b. They **decreed** an end to discrimination on grounds of age.(그들은 나이에 의한 차별에 종결을 포고했다.)
c. The state **decreed** a state holiday.(주 정부는 주 공휴일을 선포했다.)

1.2. 다음 주어는 어느 주어진 영역의 최고 권력자로 풀이된다.
(2) a. Fate **decreed** that we should meet.(운명이 우리를 만나도록 했다.)
b. He **decreed** that his son should become a biologist.(그는 아들이 생물학자가 되도록 명했다.)
c. The court **decreed** that he should pay the fine in full.(그 법원은 그가 벌금을 전액 내도록 판결했다.)

1.3. 다음 주어는 목적어를 어떤 상태에 있다고 포고한다.

(3) They **decreed** the practice barbaric.(그들은 그 관습을 야만적이라고 선포했다.)

deduce
이 동사의 개념 바탕에는 알려진 사실이나 일반 원칙적인 것으로부터 다른 것을 알아내는 과정이 있다.

1. 타동사 용법
1.1. 다음 주어는 목적어를 추리한다.
(1) a. The inspector **deduced** the criminal's identity.(그 검사관은 그 범죄자의 신원을 추론해냈다.)
b. He **deduced** the path of the hurricane.(그는 그 태풍의 경로를 추정했다.)
c. From this, we **deduce** a method for the construction.(이것으로부터 우리는 그 건축 방법을 추론한다.)
d. What did she **deduce** from the facts?(그녀는 그 사실들로부터 무엇을 추론했느냐?)

1.2. 다음 that-절은 주어가 추리하는 내용이다.
(2) a. I **deduce** that she is married.(나는 그녀가 기혼자라는 것을 추론한다.)
b. From her conversation, I **deduced** that she had a large family.(그녀의 대화에서, 나는 그녀의 집안이 대가족인 것을 추론했다.)
c. Can we **deduce** from your silence that you do approve?(우리는 네가 인정한다는 것을 너의 침묵으로부터 추론해도 되겠느냐?)
d. From his remark, we **deduced** that he didn't agree with us.(그의 논평으로부터 우리는 그가 우리에게 동의하지 않는다는 것을 추론했다.)

deduct
이 동사의 개념 바탕에는 빼는 과정이 있다.

1. 타동사 용법
1.1. 다음 주어는 목적어를 뺀다.
(1) a. Bill **deducted** his business costs **from** his income. (빌은 그의 영업 비용을 소득에서 공제했다.)
b. The waitress **deducted** the cost of the cold coffee **from** our bill.(그 여종업원은 그 냉커피 값을 우리의 계산서에서 공제했다.)
c. The company **deducted** 5% **from** his salary.(회사는 그의 봉급에서 5%를 공제했다.)

1.2. 다음은 수동태 문장으로 주어는 빼어진다.
(2) a. The cost of your uniform will be **deducted from** your wages.(네 유니폼 비용은 너의 임금에서 공제될 것이다.)
b. The dues will be **deducted from** his weekly paycheck.(회비는 그의 주급료에서 공제될 것이다.)

deem
이 동사의 개념 바탕에는 여기는 과정이 있다.

1. 타동사 용법

1.1. 다음 주어는 목적어를 어떠하다고 여긴다.

(1) a. I deem it good to do so.(나는 그렇게 하는 것이 좋다고 생각한다.)

    b. Lisa deemed it necessary to go home early.(리사는 집에 일찍 가는 것이 필요하다고 여겼다.)

    c. She deemed it prudent not to say anything.(그녀는 아무 말도 하지 않는 것이 신중하다고 여겼다.)

    d. They were told to take whatever action they deemed necessary.(그들은 그들이 필요하다고 생각하는 어떠한 행동이든지 취하라고 명령을 받았다.)

1.2. 다음 주어는 목적어를 부정사가 가리키는 상태나 개체와 연관을 시킨다.

(2) a. I deem him (to be) honest.(나는 그를 정직하다고 생각한다.)

    b. The council deemed him (to be) a traitor.(그 위원회는 그를 반역자라고 여겼다.)

    c. I deem him (to be) a fool.(나는 그를 바보라고 생각한다.)

1.3. 다음 주어는 첫째 목적어를 둘째 목적어로 여긴다.

(3) a. Do you deem him an honest man?(너는 그를 정직한 사람이라고 생각하느냐?)

    b. I deemed it an honor to help you.(나는 당신을 돕는 것이 영광이라고 생각했다.)

    c. I will deem it a favor if you accept my invitation.(당신이 초대를 받아들이신다면 영광이라고 생각할 것입니다.)

1.4. 다음 that-절은 주어가 주관적으로 판단하는 내용이다.

(4) a. We deem that he is honest.(우리는 그가 정직하다고 생각한다.)

    b. They deemed that he was no longer capable of managing the business.(그들은 그가 더 이상 그 업무를 관리할 수 없다고 생각했다.)

2. 자동사 용법

2.1. 다음 주어는 of의 목적어에 대해서 판단한다.

(5) a. I deem highly/lightly of him.(나는 그를 존중한다/가볍게 본다.)

    b. I deem highly of his conduct.(나는 그의 품행을 높이 산다.)

deepen

이 동사의 개념 바탕에는 깊어지는 과정이 있다.

1. 자동사 용법

1.1. 다음 주어는 깊어진다.

(1) a. The water deepens at every step.(그 물은 걸음을 옮길 때마다 깊어진다.)

    b. Floodwaters deepened as the rain continued.(홍수는 비가 계속됨에 따라 심해졌다.)

1.2. 다음 주어는 추상적 개체이지만, 실체가 있는 것으로 개념화된다.

(2) a. Their friendship deepened into love.(그들의 우정은 사랑으로 깊어졌다..)

    b. Her sorrow deepened as she thought of the long years ahead without him.(그 사람 없이 살아야 할 앞으로 남아있는 오랜 세월을 생각했을 때, 그녀의 슬픔은 더해 갔다.)

    c. Our troubles are deepening the more we get into debt.(빚이 점점 더 늘어나면서 우리의 문제는 더 심각해지고 있다.)

    d. Warships were sent in as the crisis deepened.(그 위기가 심각해짐에 따라 전함들이 보내졌다.)

2. 타동사 용법

2.1. 다음 주어는 목적어를 깊게 한다.

(3) a. They deepened the shallow pool.(그들은 얕은 수영장을 더 깊게 했다.)

    b. They deepened the hole by digging more.(그들은 구멍을 더 파서 깊게 했다.)

2.2. 다음 주어는 목적어를 깊게한다. 목적어는 추상적 개체이다. 그러나 실체가 있는 것으로 개념화된다.

(4) a. You have to deepen your understanding of different cultures.(너는 다른 문화에 대한 너의 이해를 깊게 해야 한다.)

    b. He deepened his knowledge of Korean history.(그는 한국 역사에 대한 지식을 깊게 했다.)

default

이 동사의 개념 바탕에는 default의 명사 '의무 불이행'이 있다.

1. 자동사 용법

1.1. 다음 주어는 on의 목적어와 관련하여 의무를 이행하지 않는다.

(1) a. The man has defaulted on that loan.(그 남자는 그 대부금을 갚지 않았다.)

    b. He defaulted on debt.(그는 빚을 갚지 않았다.)

    c. They defaulted on our contract when they didn't deliver the materials they promised.(그들은 그들이 약속한 물건을 전달하지 않았을 때, 우리의 계약을 이행하지 않았다.)

    d. He defaulted on his child support payment.(그는 자녀 양육비 지불을 태만히 했다.)

1.2. 다음 주어는 출석을 하지 않아 의무를 불이행한다.

(2) a. He defaulted and left the tournament.(그는 선수권 쟁탈전에 기권하여 참가하지 않았다.)

    b. Illness caused the player to default in the match.(병은 그 선수를 시합에서 기권하게 했다.)

2. 타동사 용법

2.1. 다음 주어는 참가를 하지 않는다.

(3) a. He defaulted the match and left in disgust.(그는 그 시합에 불참하고 넌더리가 나서 떠났다.)

    b. The team defaulted the game.(그 팀은 그 경기를

부전패했다.)

defeat

이 동사의 개념 바탕에는 패배시키는 과정이 있다.

1. 타동사 용법

1.1. 다음 주어는 목적어를 패배시킨다.
(1) a. Wellington defeated Napoleon.(웰링톤은 나폴레옹을 패배시켰다.)
  b. He defeated the champion in three sets.(그는 우승자를 세 번째 세트에서 타파했다.)
  c. He defeated me at tennis.(그는 나를 정구에서 이겼다.)

1.2. 다음 주어는 개체이다. 목적어는 환유적으로 쓰여서 노력이나 시도를 가리킨다. 주어는 목적어를 좌절시킨다.
(2) a. This kind of problem always defeats me.(이런 종류의 문제가 항상 나를 좌절시킨다.)
  b. The manual completely defeats me.(그 안내서는 완전히 나를 좌절시킨다.)
  c. The last question on the paper defeated me.(그 마지막 시험문제가 나를 좌절시켰다.)

1.3. 목적, 계획, 희망 등은 생명체로 개념화된다. 주어는 목적어를 패배시킨다.
(3) a. He defeated his own object/purpose.(그는 자신의 목표/목적을 패배시켰다.)
  b. Staying late at the office to discuss shorter working hours rather defeats the object of the exercise.(더 짧은 근무 시간을 토론하기 위해 사무실에 늦게까지 있는 것은 그 운동의 목표를 패배시킨다.)
  c. A lack of money defeated their plan.(돈의 부족은 그들의 계획을 무효화시켰다.)
  d. He defeated her hopes.(그는 그녀의 희망을 꺾었다.)

1.4. 다음은 수동태 문장으로 주어는 패배한다.
(4) a. He was defeated in the last election.(그는 지난 선거에서 패배했다.)
  b. They were defeated in their attempt to reach the top.(그들은 정상에 도달하려는 그들의 시도가 실패되었다.)
  c. The motion was defeated by 10 votes.(그 제안은 10표 차이로 좌절되었다.)

defect

이 동사의 개념 바탕에는 벗어나는 과정이 있다.

1. 자동사 용법

1.1. 다음 주어는 변절하여 도망을 간다.
(1) a. A Russian actor defected to America.(한 러시아인 배우는 미국으로 망명했다.)
  b. Normally a Republican, John defected and voted for a Democratic candidate.(통상적으로 공화당이었던 존이 공화당을 버리고, 민주당 후보에게 투표하였다.)
  c. Would the spies want to defect to the West?(그 스파이들은 서방으로 망명을 원하는가?)

1.2. 다음 주어는 튕긴다.
(2) a. The ball defected off Ron's body into the goal.(공은 론의 몸으로부터 튕겨서 골로 들어갔다.)
  b. The government will not defect from its commitment.(정부는 약속에서 벗어나지 않을 것이다.)

2. 타동사 용법

2.1. 다음 주어는 목적어를 from의 목적어에서 벗어나게 한다.
(3) a. He raised his arm to defect the blow.(그는 팔을 들어서 그 타격을 물리쳤다.)
  b. All attempts to defect attention from his private life have failed.(주의를 그의 사생활에서 벗어나게 하려는 모든 시도가 실패했다.)
  c. She sought to defect criticism by blaming her family.(그녀의 가족들을 비난함으로써 그녀는 비판을 피하려고 했다.)

defend

이 동사의 개념 바탕에는 방어하는 과정이 있다.

1. 타동사 용법

1.1. 다음 주어는 목적어를 방어한다.
(1) a. The armed forces defend the country.(그 무장한 군대는 그 나라를 방어한다.)
  b. The soldiers defended the castle against the enemy.(그 군인들은 그 성을 적으로부터 지켰다.)
  c. The ants defended their colony against the predators.(그 개미들은 서식처를 그 약탈자로부터 지켜냈다.)
  d. I'll defend my home and family.(나는 집과 가족을 지킬 것이다.)
  e. The troops are defending the border.(그 군인들은 국경을 방어하고 있다.)
  f. It is impossible to defend an all-out attack.(전면 공격을 방어하기는 불가능하다.)
  g. The country cannot be defended against a nuclear attack.(그 나라는 핵공격으로부터 방어될 수 없다.)

1.2. 다음 목적어는 재귀대명사이다. 주어는 자신을 방어한다.
(2) a. I picked a stick up to defend myself.(나는 나 자신을 방어하기 위해 막대기를 집어들었다.)
  b. We instinctively defend ourselves from dangers.(우리는 본능적으로 우리 자신을 위험으로부터 방어한다.)
  c. Politicians are skilled in defending themselves against criticisms.(정치가들은 자신들을 비난으로부터 방어하는 데에 익숙해 있다.)
  d. He had to defend himself against their charges.(그는 비난으로부터 자신을 변호해야만 했다.)

e. He successfully **defended** himself.(그는 성공적으로 자신을 변호했다.)

f. As a politician, you have to be able to **defend** yourself when things are tough.(정치가로서 당신은 곤란한 상황에서 방어할 줄 알아야 한다.)

1.3. 다음 주어는 목적어를 전치사 against의 목적어 혹은 목적어에 대해 변호한다.

(3) a. He **defended** his client against the charge of conspiracy.(그는 음모의 고소에 대해 고객을 변호했다.)

b. She **defended** her client against the charge of robbery.(그녀의 그 강도죄에 대해 고객을 변호했다.)

c. He was unable to **defend** the murderer.(그는 그 살인자를 변호할 수 없었다.)

d. The lawyer **defended** the suit.(그 변호사는 그 소송을 변호했다.)

1.4. 행동, 신념, 의견 등은 구체적이 아니지만 이러한 것도 구체적인 개체로 개념화되어 공격을 받을 수 있는 것으로 표현되어 있다. 주어는 목적어를 방어한다.

(4) a. I cannot **defend** my actions; they are unexcusable.(나는 내 행동을 변호할 수가 없다: 그들은 용서받을 수 없다.)

b. Can you **defend** your rudeness/such behaviors?(당신은 무례함/그러한 행동을 변호할 수 있겠습니까?)

c. How can you **defend** the torture of animals for scientific research?(어떻게 실험을 위한 동물에 대한 고문을 옹호할 수 있습니까?)

d. We must **defend** our constitution.(우리는 헌법을 수호해야만 한다.)

e. He managed to **defend** his championship/his reputation.(그는 그럭저럭 선수권/명성을 방어할 수 있었다.)

f. They **defended** their goal with great skill.(그들은 숙련된 솜씨로 골을 방어했다.)

g. I will **defend** your right to say so/your beliefs.(나는 네가 그렇게 말할 권리/너의 믿음을 지켜주겠다.)

h. He **defended** the principle of freedom of the press.(그는 언론 자유의 원칙을 옹호했다.)

i. The union said that they would take action to **defend** their members's jobs.(그 노조는 노조원들의 일을 지키기 위해 조치를 취할 것이라고 말했다.)

j. Bill **defended** his little brother from the bully.(빌은 어린 동생을 그 깡패로부터 지켜냈다.)

k. She fiercely **defended** her opinions/views.(그녀는 맹렬하게 그녀의 의견/관점들을 옹호했다.)

l. The scientist **defended** the theory that the germ caused the disease.(그 과학자는 세균이 그 질병을 야기한다는 이론을 옹호했다.)

defer¹

이 동사의 개념 바탕에는 연기하는 과정이 있다.

1. 타동사 용법
1.1. 다음 주어는 목적어를 연기한다.

(1) a. He **deferred** his judgement until he heard more explanation.(그는 자신의 판단을 더 많은 설명을 들을 때까지 미루었다.)

b. Let's **defer** the decision for a week.(그 결정을 한 주 동안 미룹시다.)

c. He **deferred** payment.(그는 지불을 연기하였다.)

1.2. 다음은 수동태 문장으로 주어는 연기된다.

(2) a. He was **deferred** because he was in college.(그는 대학 재학 중이기 때문에 징병이 연기되었다.)

b. His military service was **deferred** until he finished college.(그의 군 복무는 그가 대학을 마칠 때까지 연기되었다.)

c. The pension is **deferred** until age 65.(그 연금은 65살까지 연기된다.)

1.3. 다음 주어는 동명사가 가리키는 일을 연기한다.

(3) a. He **deferred** going to the dentist.(그는 치과에 가는 것을 미루었다.)

b. Can we **defer** making a decision until next week?(우리가 결정을 다음 주까지 미룰 수 있습니까?)

defer²

이 동사의 개념 바탕에는 남의 의견, 결정 등을 따르는 과정이 있다.

1. 자동사 용법
1.1. 다음 주어는 to의 목적어에 따른다.

(1) a. A polite person **defers to** the person currently speaking.(예의바른 사람은 다른 사람이 말하는 것에 쉽게 양보한다.)

b. I'll **defer to** your wishes this time.(나는 이번에 너의 바람에 따를 것이다.)

c. I will be happy to **defer to** your advice.(나는 기꺼이 너의 충고를 따르겠다.)

d. I have to **defer to** my boss on important decisions.(나는 사장에게 중요할 결정에 관한 한 복종해야만 한다.)

define

이 동사의 개념 바탕에는 한계를 정하는 과정이 있다.

1. 타동사 용법
1.1. 다음 주어는 목적어의 한계를 정한다.

(1) a. They **defined** the borders of the two countries.(그들은 두 나라의 국경을 정했다.)

b. They **defined** the boundary.(그들은 그 경계를 정했다.)

1.2. 다음 주어는 목적어의 한계를 정한다. 목적어는 구체적인 것으로 개념화되어 한계가 정해진다.

(2) a. We have to **define** what our problems are.(우리는 문제가 무엇인지 정의해야만 한다.)

b. Can you **define** your problem?(당신은 자신의 문

제를 정의할 수 있습니까?)

c. He **defined** the word.(그는 그 단어의 뜻을 정의했다.)

d. We **defined** the concept of freedom differently.(우리는 자유의 개념을 다르게 정의했다.)

e. We need to **define** the task ahead very clearly.(우리는 앞에 놓인 일을 아주 분명하게 정의할 필요가 있다.)

f. He **defined** his duties/position.(그는 자신의 임무/입장을 분명하게 정의했다.)

1.3. 다음은 수동태 문장으로 주어는 against의 목적어를 배경으로 윤곽이 분명하게 드러난다.

(3) a. The black tree was clearly **defined** against a yellow background.(그 검은 나무는 노란색 배경에 뚜렷이 윤곽이 지어졌다.)

b. The mountain was sharply **defined** against the sky.(그 산은 하늘을 배경으로 뚜렷이 윤곽이 지어졌다.)

deflate

이 동사의 개념 바탕에는 공기가 빠지는 과정이 있다.

1. 타동사 용법

1.1. 다음 주어는 목적어의 공기를 빼낸다.

(1) a. A nail **deflated** the car tire.(못이 그 차 바퀴의 공기를 뺐다.)

b. They **deflated** the tire tubes.(그들은 그 타이어 튜브의 공기를 뺐다.)

c. He **deflated** the balloon.(그는 기구의 공기를 뺐다.)

1.2. 다음은 [자만, 희망, 자신감은 그릇] 은유가 적용된 표현이다. 주어는 목적어의 크기를 줄인다.

(2) a. Bill's ego is too big; I **deflated** it by ridiculing him.(빌의 이기심은 너무 크다. 따라서 나는 그를 조롱함으로써 그의 이기심을 꺾었다.)

b. The bad news really **deflated** our hopes for improvement.(나쁜 소식은 개선에 대한 우리의 희망들을 실제적으로 꺾었다.)

c. The crowd's jeers **deflated** the speaker's confidence.(군중의 야유는 그 연사의 자신감을 꺾었다.)

d. My low marks on the test **deflated** me.(시험에서의 낮은 점수는 나의 기를 꺾었다.)

1.3. 타이어에서 바람을 빼면 타이어의 크기가 줄어든다. 다음에서 주어는 목적어를 작게 한다.

(3) a. The store decided to **deflate** its high prices.(그 상점은 높은 물가를 낮추기로 결정했다.)

b. The economic recession **deflated** prices.(그 경제 침체가 값을 낮추었다.)

2. 자동사 용법

2.1. 다음 주어는 바람이 빠진다.

(4) a. The tire quickly **deflated** when it was punctured by the nail.(그 타이어는 그 못에 찔렸을 때, 즉시 바람이 빠졌다.)

b. The balloon **deflated**.(그 기구는 바람이 빠졌다.)

2.2. 다음 주어는 바람이 빠진 것처럼 수축된다.

(5) a. The economy was badly **deflated**.(그 경제가 심하게 위축되었다.)

b. The party's ambition has been **deflated**.(그 당의 야망은 위축되었다.)

c. I felt **deflated** when no one said "hello."(나는 아무도 인사를 하지 않았을 때 기가 위축됨을 느꼈다.)

d. He is completely **deflated** by his failure.(그는 실패로 인해 완전히 위축되었다.)

deflect

이 동사의 개념 바탕에는 빗나가는 과정이 있다.

1. 타동사 용법

1.1. 다음 주어는 목적어를 from의 목적어에서 빗나가게 한다.

(1) a. The mirror **deflected** the ray **from** its straight course.(그 거울은 광선을 직선 코스에서 편향시킨다.)

b. The wind **deflected** the arrow's flight.(그 바람이 화살의 비행을 빗나가게 했다.)

1.2. 다음에서 비판이나 주의는 구체적인 것으로 개념화되어 있다. 주어는 목적어의 방향을 튼다.

(2) a. He **deflected** the criticism to his employees.(그는 그 비판이 종업원에게 가게 했다.)

b. All attempts to **deflect** attention **from** his private life failed.(그의 관심을 사생활로부터 편향시키려는 모든 시도는 실패했다.)

1.3. 다음 목적어는 환유적으로 쓰여서 노력이나 의지를 나타낸다. 주어는 목적어의 방향을 튼다.

(3) a. Nothing could **deflect** him **from** his goal.(아무 것도 그를 자신의 목표로부터 벗어나게 할 수 없었다.)

b. No one could **deflect** him **from** his purpose.(누구도 그를 자신의 목적으로부터 벗어나게 할 수 없었다.)

c. Don't **deflect** me **from** my intention.(나를 나 자신의 의도에서 벗어나게 하지 말아라.)

1.4. 다음은 수동태 문장으로 주어는 방향이 틀어진다.

(4) a. The government will not be **deflected from** its commitment.(그 정부는 그 약속에서 벗어나지 않을 것이다.)

b. He will not be **deflected from** his goal.(그는 자신의 목표에서 벗어나게 되지 않을 것이다.)

2. 자동사 용법

2.1. 다음 주어는 가던 방향에서 벗어난다.

(5) a. The ball **deflected from** Ray's body into the goal.(그 공은 레이의 몸으로부터 벗어나서 골로 들어갔다.)

b. The shot **deflected into** the net.(찬 공은 튕겨서 네트로 들어갔다.)

c. The bullet **deflected** when it hit the tree.(그 총알은 그 나무를 맞혔을 때 튕겨났다.)

d. The bullet **deflected off** the wall and hit the table.(그 실탄은 벽을 튕겨나와 식탁을 쳤다.)

deform

이 동사의 개념 바탕에는 모양을 나쁘게 하는 과정이 있다.

1. 타동사 용법
1.1. 다음 주어는 목적어의 모양을 나쁘게 한다.
(1) a. The disease had deformed his spine.(그 병이 그의 척추를 기형으로 만들었다.)
   b. The intense heat from the fire deformed the metal chair.(불에서 나오는 강렬한 열기가 그 금속 의자의 모양을 변형시켰다.)
   c. The heat deformed the plastic.(열기는 그 플라스틱의 모양을 변질시켰다.)
   d. The earthquake deformed the steel beams in the bridge.(지진은 그 다리의 철제빔의 모양을 뒤틀었다.)

defraud

이 동사의 개념 바탕에는 거짓말로 속이는 과정이 있다.

1. 타동사 용법
1.1. 다음 주어는 목적어를 빼앗는다.
(1) a. Jane defrauded the employer by stealing money.(제인은 돈을 훔쳐서 그 고용주를 속였다.)
   b. The tax accountant defrauded the government.(그 세금 경리는 정부를 속였다.)
   c. He defrauded the government by cheating on his taxes.(그는 그의 세금을 사기쳐서 정부를 속였다.)
1.2. 다음 주어는 목적어를 속여서 전치사 of의 목적어를 뺏는다.
(2) a. He defrauded them of their savings.(그는 그들을 속여서 그들의 적금을 갈취했다.)
   b. They were accused of defrauding the company of $100,000.(그들은 그 회사를 속여서 100,000 달러를 갈취한 혐의로 고소되었다.)

defrost

이 동사의 개념 바탕에는 얼음을 없애는 과정이 있다.

1. 타동사 용법
1.1. 다음 주어는 목적어에서 얼음을 없앤다.
(1) a. We defrosted the refrigerator.(우리는 그 냉장고의 서리를 제거했다.)
   b. Defrost the chicken completely before cooking.(요리하기 전에 닭을 완전히 녹여야 한다.)
   c. The microwave oven can defrost food.(그 전자레인지는 음식을 해동시킬 수 있다.)

2. 자동사 용법
2.1. 다음 주어는 얼음이 없어져서 녹는다.
(2) a. The meat is defrosting.(그 고기가 녹고 있다.)

   b. How long will the frozen ham take to defrost?(그 언 햄을 녹이는데 시간이 얼마나 걸릴까?)

defy

이 동사의 개념 바탕에는 거역하거나 도전하는 과정이 있다.

1. 타동사 용법
1.1. 다음 주어는 목적어를 거역한다.
(1) a. Bill defied his superior and left work early.(빌은 상사를 거역하고 일찍 퇴근했다.)
   b. He dared to defy his mother.(그는 감히 어머니를 거역했다.)
   c. The child defied his parents and went to the cinema after school.(그 아이는 부모를 거역하고 방과 후에 영화관에 갔다.)
   d. The union defied management and went on strike.(그 노조는 경영진에 도전하며, 파업을 계속했다.)
   e. They defied their party leader and voted against the plan.(그들은 당수를 거역하고 그 계획에 반대 투표를 했다.)
   f. Tom defied his teacher and now he has to stay after school.(톰은 선생님을 거역하여 지금 방과 후에도 남아 있어야 한다.)
1.2. 권위, 법, 규정 등은 힘이 있고, 이 힘은 사람들이 거역할 수 있는 것으로 개념화된다. 다음 주어는 목적어를 거역한다.
(2) a. Are you defying my authority?(당신은 나의 권위를 도전하는 겁니까?)
   b. He was arrested for defying the ban on street vending.(그는 거리 행상 금지령을 무시한 것 때문에 체포되었다.)
   c. If you defy the law, you may find yourself in prison.(당신이 그 법을 무시한다면, 감옥에 있는 자신을 발견할지도 모릅니다.)
   d. You are defying the law if you keep a dog without a license.(허가 없이 개를 계속 키운다면 당신은 법에 도전하는 것이다.)
   e. The boy defied the rule.(그 소년은 규칙을 무시했다.)
   f. Few workers have defied the majority decision and gone to work despite the strike.(일부 노동자들은 다수결을 무시하고 파업에도 불구하고 일하러 갔다.)
1.3. 다음 목적어는 자연의 힘이다. 주어는 목적어를 거역한다.
(3) a. The teams defied the snow to play the semi-final match.(그 팀들은 눈을 무시하고 준결승 경기를 치루었다.)
   b. The acrobat seemed to defy the law of gravity.(그 곡예사는 중력의 법칙을 무시하는 것처럼 보였다.)
1.4. 다음 주어는 목적어로 하여금 부정사가 가리키는 일을 하게 도전한다.
(4) a. He looked as if he was defying me to argue.(그는

나에게 논의해 보라고 대들고 있는 것처럼 보였다.)

b. I **defy** you to answer the question.(나는 당신에게 그 문제에 답해 보라고 도전합니다.)

c. I **defy** you to find anything wrong with this plan.(나는 당신에게 이 기획에서 뭔가 잘못된 것이 있는지 찾아보라고 도전합니다.)

d. I **defy** you to produce any evidence that supports your claim.(나는 당신에게 자기 주장을 뒷받침할 만한 증거를 제시해 보라고 도전합니다.)

e. I **defy** you to prove me wrong.(당신에게 내가 잘못되었음을 입증해 보라고 도전합니다.)

f. I **defy** you to stop me.(나는 당신에게 나를 말려 보라고 도전합니다.)

g. I **defy** you to tell me the difference between the two brands.(나는 당신이 그 두 상표 사이의 차이점을 내게 말해 보라고 도전합니다.)

h. I **defy** you to think of any good reason why school blazers should not be abolished.(나는 당신에게 학교 운동복이 폐지되어서는 안될 합당한 이유를 생각해 보라고 도전합니다.)

i. We **defied** him to dive from the high cliff.(우리는 그에게 높은 절벽에서 (물 속으로) 뛰어들어 보라고 도전했다.)

1.5. 다음 주어와 목적어는 비생명체이다. 주어는 목적어를 거역한다.

(5) a. Her beauty/the fragrance **defies** description.(그녀의 아름다움은/그 향기는 묘사를 거부한다.)

b. His barbaric act **defies** all comprehension.(그의 야만적인 행위는 아무리 해도 이해할 수 없다.)

c. Hurricanes **defy** explanation within the framework of contemporary science.(태풍은 현대 과학의 틀에서는 설명을 불허한다.)

d. The disease has so far **defied** all attempts to find a cure.(그 병은 치유 방도를 찾으려는 모든 시도를 지금껏 거부했다.)

e. The door **defied** all attempts to open it.(그 문은 그것을 열려는 모든 시도를 거부했다.)

f. The fire **defied** all attempts to control.(그 불을 통제하려는 모든 시도를 거부했다.)

g. The lock **defied** all my efforts to open it.(그 자물쇠는 열려는 나의 모든 노력을 거부했다.)

h. The phenomenon **defies** analysis/imagination/solution.(그 현상은 분석/상상/해결을 거부한다.)

i. The plane seems to **defy** gravity.(그 비행기는 중력을 거부하는 것처럼 보인다.)

j. The singer **defies** her age by wearing a mini-skirt.(그 가수는 짧은 치마를 입으면서 나이를 거부한다.)

degenerate

이 동사의 개념 바탕에는 나빠지는 과정이 있다.

1. 자동사 용법
1.1. 다음 주어는 나빠진다.

(1) a. His health **degenerated** rapidly/quickly.(그의 건강

이 급속도로 악화되었다.)

b. As she grew old, her health **degenerated**.(나이가 들어감에 따라, 그녀는 건강이 쇠해졌다.)

c. Illness caused his character to **degenerate**.(병이 그의 성격을 나빠지게 했다.)

d. His morals **degenerated** due to his friend's corrupt influence.(그의 품행은 나쁜 친구의 영향으로 점점 타락해갔다.)

1.2. 다음 주어는 나빠져서 전치사 into의 목적어로 된다.

(2) a. The march **degenerated into** a riot.(그 행진은 변해 폭동이 되었다.)

b. He **degenerated into** drug addiction and crime.(그는 마약 중독과 범죄에 빠져버렸다.)

degrade

이 동사의 개념 바탕에는 정도가 낮아지는 과정이 있다.

1. 타동사 용법
1.1. 다음 주어는 목적어의 정도를 낮춘다.

(1) a. The army **degraded** the captain to the ranks.(그 군대는 그 대위를 병졸로 강등시켰다.)

b. They **degraded** the value of the house by letting it fall into ruin.(그들은 그 집을 폐허가 되게 함으로써 그 집의 가치를 떨어지게 했다.)

1.2. 다음은 주어는 자신을 천하게 만든다. [천함은 아래] 은유가 적용된 표현이다.

(2) a. She wouldn't **degrade** herself by cheating.(그녀는 부정 행위를 함으로써 자신의 품위를 떨어뜨리지 않을 것이다.)

b. How can you **degrade** yourself by writing such a trash?(어떻게 당신은 스스로 이렇게 품위 낮은 글을 써서 명성을 떨어뜨릴 수 있습니까?)

c. Don't **degrade** yourself by answering him.(당신 자신의 품위를 그에게 대꾸함으로써 떨어뜨리지 마시오.)

1.3. 다음 목적어는 환유적으로 쓰여서 사람의 가치를 가리킨다. 주어는 목적어의 가치를 떨어뜨린다.

(3) a. This poster is offensive and **degrades** women.(이 포스터는 저속해서 여성의 품위를 떨어뜨린다.)

b. Drinking **degrades** a man.(술은 사람을 타락시킨다.)

c. Stealing **degrades** a person.(도둑질하는 것은 사람을 타락시킨다.)

d. Pornography **degrades** women.(춘화는 여자들을 격하시킨다.)

1.4. 다음은 수동태 문장으로 주어는 낮아진다.

(4) a. He was **degraded** from priesthood for drunkenness.(그는 음주 때문에 성직에서 쫓겨났다.)

b. He was **degraded** by the church.(그는 교회에 의해 해임되었다.)

deign

이 동사의 개념 바탕에는 낮추어서 어떤 일을 하는

과정이 있다.

1. 타동사 용법

1.1. 다음 주어는 격에 맞지는 않으나 자신을 낮추어 to 부정사가 가리키는 일을 한다.

(1) a. She would **deign** to visit us.(그녀는 송구스럽게도 우리를 방문하곤 했다.)

b. He decided to **deign** to grace us with his presence.(그는 황송스럽게도 참석으로 우리를 빛내주기로 결정했다.)

c. She just grunted, not **deigning** to look up from the page.(그녀는 투덜거리기만 하고, 그 페이지에서 쳐다 보려고 하지 않았다.)

d. He would not **deign** to listen to us.(그는 우리의 말을 들으려고도 하지 않을 것이다.)

1.2. 다음 주어는 목적어를 준다. 목적어는 주어가 하고 싶은 일이 아니다.

(2) a. He **deigned** no reply.(그분은 답을 주시지 않았다.)

b. Will you **deign** no answer?(당신은 아무런 대답도 하지 않으실 겁니까?)

delay

이 동사의 개념 바탕에는 시간상 일어날 일이나 과정을 뒤로 미루는 과정이 있다.

1. 타동사 용법

1.1. 다음 주어는 목적어를 미룬다. 미루어지는 기간은 전치사 for의 목적어로 표현된다.

(1) a. We must **delay** our decision **for** a day.(우리는 결정을 하루 늦춰야만 한다.)

b. We **delayed** our holiday **for** a week.(우리는 휴일을 일주일 연기시켰다.)

c. He **delayed** his trip **for** another two weeks.(그는 여행을 2주 더 연기했다.)

d. He wants to **delay** the meeting **a few days**.(그는 그 모임을 며칠 연기하기를 원한다.)

e. They **delayed** dinner **an hour**.(그들은 저녁 식사를 한 시간 연기했다.)

1.2. 다음에서는 연기되는 시점이 until로 표현되어 있다,

(2) a. He **delayed** publication of the book **until** next year.(그는 책의 출판을 내년까지 미루었다.)

b. They have **delayed** the court hearing **until** next month.(그들은 법정 청문회를 다음 달까지 연기시켰다.)

c. We must **delay** our journey **until** the weather improves.(우리는 여행을 날씨가 더 좋아질 때까지 미루어야만 한다.)

d. I think we should **delay** deciding about this matter **until** next week.(나는 우리가 이 문제에 대한 결정을 다음 주까지 미루어야 한다고 생각한다.)

1.3. 다음 주어가 목적어를 미룬다. 그러나 미룬 기간이나 한계점은 표현되지 않았다.

(3) a. He **delayed** the meeting.(그는 그 모임을 연기시켰다.)

b. Persuade them to **delay** some of the changes.(그들을 설득하여 변경 사항들 중 몇 가지를 연기시켜라.)

c. The committee **delayed** action on the matter.(그 위원회는 그 문제에 대한 조처를 유보했다.)

d. The government has **delayed** the introduction of the tax cuts.(정부는 감세의 도입을 늦추어왔다.)

1.4. 다음 주어는 목적어를 지연시킨다. 주어는 개체이다.

(4) a. The bad weather **delayed** the army's advance.(그 악천후는 그 군대의 진군을 지연시켰다.)

b. The fog **delayed** the plane's landing.(그 안개는 비행기 착륙을 지연시켰다.)

c. Cold spring weather **delays** the blooming of flowers.(차가운 봄 날씨가 꽃들의 개화를 늦춘다.)

d. Engine trouble **delayed** our flight.(엔진 고장이 우리의 비행을 지연시켰다.)

e. The accident trouble **delayed** the train.(그 사고는 기차를 지연시켰다.)

f. Various setbacks and problems **delayed** production.(여러 가지 방해와 문제는 생산을 지연시켰다.)

g. Her late arrival **delayed** the start of the meeting.(그녀의 늦은 도착이 그 회의의 시작을 늦추었다.)

h. The bride's illness **delayed** the wedding.(그 신부의 병은 결혼을 늦추었다.)

i. A slight degree of deafness can **delay** a child's development.(가벼운 청각장애는 아이들의 성장을 지연시킬 수 있다.)

j. Ignorance **delayed** progress.(무지가 진보를 지연시켰다.)

1.5. 다음 목적어는 사람이다. 그러나 사람 자체로 가리키는 것이 아니라 사람과 관련된 과정을 가리킨다. 주어는 목적어를 지연시킨다.

(5) a. The work **delayed** me at the office.(그 일은 나를 사무실에 더 오래 있게 했다.)

b. A traffic jam **delayed** me in getting here.(교통 체증이 나를 여기 도착하는데 지연시켰다.)

1.6. 다음은 수동태 문장으로 주어는 지연된다.

(6) a. We were **delayed by** the storm.(우리는 폭풍 때문에 지연되었다.)

b. Our plane was **delayed by** fog.(우리의 비행기는 안개 때문에 지연되었다.)

c. The bus was **delayed by** the traffic.(그 버스는 교통량 때문에 지연되었다.)

d. The mails were **delayed by** the heavy snow.(그 편지들은 폭설 때문에 지체되었다.)

e. The train was **delayed** for twenty minutes **by** the heavy snow.(그 기차는 폭설 때문에 20분간 지체되었다.)

f. The start of the meeting was **delayed by** five minutes.(그 회의의 시작은 5분 늦춰졌다.)

1.7. 다음 주어는 목적어를 지연시킨다. 목적어는 동명사로 표현되어 있다.

(7) a. They **delayed** publishing the report until after the election.(그들은 선거 이후까지 그 보고서를 출판하

는 것을 연기했다.)

b. He **delayed** telling about his aunt's death.(그는 고모의 죽음에 대해 말하는 것을 연기했다.)

c. They **delayed** having children.(그들은 아이를 가지는 것을 늦추었다.)

d. Don't **delay** claiming, or you may lose benefit.(손해 배상 청구하는 것을 늦추지 마라. 그렇지 않으면 너는 혜택을 잃을 수도 있다.)

e. He **delayed** making a decision.(그는 결정하는 것을 늦추었다.)

f. We **delayed** answering the letter.(우리는 그 편지에 답장하는 것을 미루었다.)

g. Why have you **delayed** writing to him?(왜 너는 그에게 편지 쓰는 것을 미루어왔니?)

h. The principal **delayed** opening the school.(그 교장은 학교를 여는 것을 늦추었다.)

2. 자동사 용법
2.1. 다음 주어는 지연한다.

(8) a. If you **delay** now, you will just have to do more later.(네가 만약 지금 미룬다면, 나중에 더 많은 일을 해야만 할 것이다.)

b. He often **delays** on his errands.(그는 심부름을 종종 미룬다.)

c. Don't **delay**! Send off your application today.(미루지 마라! 오늘 신청서를 발송해라.)

d. If you **delay** now, the opportunity might be lost.(만약 지금 네가 지체한다면, 기회를 잃을 것이다.)

e. He **delayed** and the chance was lost.(그는 지체하여 기회를 잃었다.)

delegate

이 동사의 개념 바탕에는 대표로 보내거나 위임하는 과정이 있다.

1. 타동사 용법
1.1. 다음 주어는 목적어를 위임하여 to부정사가 가리키는 일을 하게 보낸다.

(1) a. We **delegated** her to represent our class.(우리는 그녀를 우리 반을 대표하도록 보냈다.)

b. The company **delegated** him to attend the conference.(그 회사는 그를 대표로써 회의에 참석하게 했다.)

1.2. 다음은 수동태 문장으로 주어는 위임을 받는다.

(2) a. I've been **delegated** to organize the weekly meetings.(나는 주간 회의를 조직하는 권한을 위임받았다.)

b. I was **delegated** to feed and walk the dog.(나는 개에게 먹이를 주고 산책시키는 권한을 위임받았다.)

1.3. 다음 주어는 목적어를 to의 목적어에 위임한다.

(3) a. John **delegated** the job of mowing the lawn to his son.(존은 잔디 깎는 일을 아들에게 위임했다.)

b. He **delegated** his authority to his secretary.(그는 권위를 비서에게 위임했다.)

c. He **delegated** his power to his agent.(그는 자신의 권한을 대리인에게 위임했다.)

1.4. 다음은 수동태 문장으로 주어는 to의 목적어에 위임된다.

(4) a. Minor tasks should be **delegated to** your assistant.(사소한 일은 너의 조교에게 위임되어야 한다.)

b. Authority to make financial decisions has been **delegated to** a special committee.(재무 결정을 하는 권위는 어느 특별 위원회에게 위임되어졌다.)

delete

이 동사의 개념 바탕에는 지우는 과정이 있다.

1. 타동사 용법
1.1. 다음 주어는 목적어를 지운다.

(1) a. This command **deletes** files from the directory.(이 명령어는 파일을 디렉토리로부터 지운다.)

b. The editor **deleted** the ungrammatical sentences.(이 편집자는 문법적으로 잘못된 문장들을 삭제했다.)

1.2 다음은 수동태 문장으로 주어는 지워진다.

(2) a. Your name was **deleted** from the list.(너의 이름이 그 명단에서 지워졌다.)

b. Your records have been **deleted** from our database.(너의 기록들은 우리의 자료집에서 지워졌다.)

deliberate

이 동사의 개념 바탕에는 마음속에 철저하게 저울질하는 과정이 있다.

1. 타동사 용법
1.1. 다음에서 주어는 목적어를 숙고한다.

(1) a. They are **deliberating** what he said.(그들은 그가 한 말을 곰곰이 생각하고 있다.)

b. The Congress **deliberated** the bill for hours before voting on it.(그 의회는 투표를 하기 전 몇 시간 동안 그 법안을 심사숙고했다.)

c. He **deliberated** the question.(그는 그 질문을 심사숙고했다.)

d. Anne **deliberated** her choices carefully.(앤은 자신의 선택들을 주의깊게 고려했다.)

1.2. 다음 주어는 의문사가 이끄는 절의 내용을 숙고한다.

(2) a. They **deliberated whether** to hire him or not.(그들은 그를 고용할지 말지를 곰곰이 생각했다.)

b. He's **deliberating how** the work should be done.(그는 그 일을 어떻게 해야할지를 곰곰이 생각하고 있다.)

2. 자동사 용법
2.1. 다음의 주어는 on이나 over의 목적어와 관련하여 숙고한다.

(3) a. They met to **deliberate on** possible solutions to the problem.(그들은 그 문제에 대한 가능한 해결책

에 대해 심의하기 위해 만났다.)

  b. They **deliberated on** whether to continue with talks.(그들은 회담을 계속해야 할지에 대해 심의했다.)

  c. The jury **deliberated** for three hours.(그 배심원들은 세 시간 동안 심의했다.)

  d. He is **deliberating on** what to do.(그는 무엇을 해야 할지에 대해 심사숙고하고 있다.)

  e. He **deliberated** with me **on/over** the result.(그는 나와 함께 그 결과에 대해 숙고했다.)

delight

이 동사의 개념 바탕에는 좋은 일로 즐거움을 느끼는 과정이 있다.

1. 자동사 용법
1.1. 다음 주어는 즐거움을 전치사 in의 목적어가 나타내는 영역에서 느낀다.
(1) a. Bill **delights in** watching birds early in the morning.(빌은 아침 일찍 새들을 지켜보는 것을 좋아한다.)

  b. He **delights in** gardening/walking.(그는 정원 손질/산책을 좋아한다.)

1.2. 다음의 주어는 부정사가 가리키는 일을 하기를 좋아한다.
(2) a. We **delight** to serve Jesus.(우리들은 예수님에게 봉헌하는 것을 즐거움으로 삼고 있다.)

  b. The dog **delights** to bark.(그 개는 짖는 일을 즐거움으로 삼고 있다.)

2. 타동사 용법
2.1. 주어는 목적어를 즐겁게 한다.
(3) a. The boss **delighted** Sue with a promotion.(그 사장님은 수를 승진으로 기쁘게 했다.)

  b. He **delighted** the children with his wit.(그는 아이들을 재치로 기쁘게 했다.)

  c. The circus will **delight** the young.(그 서커스는 젊은이들을 기쁘게 할 것이다.)

  d. This news will **delight** his fans all over the world.(이 소식은 세계 전역에 있는 팬들을 기쁘게 할 것이다.)

2.2. 다음은 수동태 문장으로 주어는 기쁘게 된다.
(4) a. We were **delighted** to see her again.(우리는 그녀를 다시 보게 되어 기뻤다.)

  b. I would be **delighted** to tell you more about my research.(나는 연구에 대해서 더 말씀을 드리면 기쁘겠습니다.)

  c. The company was **delighted** at the response to the new products.(그 회사는 새 상품들에 대한 반응에 기뻐했다.)

  d. He was **delighted** at the news.(그는 그 소식을 듣고 기뻤다.)

  e. They are **delighted** with their new grandson.(그들은 손자 때문에 기쁘다.)

  f. I am **delighted** with my presents.(나는 선물을 받고 기쁘다.)

  g. The family is **delighted that** the case is over.(그 가정은 소송이 끝나서 기쁘다.)

  h. I am **delighted that** you could stay.(나는 너가 머물 수 있어서 기쁘다.)

delineate

이 동사의 개념 바탕에는 선으로 비교적 상세한 세부 사항과 함께 윤곽을 그리는 과정이 있다.

1. 타동사 용법
1.1. 다음 주어는 목적어의 그림을 그린다.
(1) a. The map **delineated** the country boundaries.(이 지도에는 그 나라의 세세한 국경선들이 그려져 있다.)

  b. She **delineated** his profile in a few quick strokes.(그녀는 그의 옆 얼굴을 몇 번의 빠른 획으로 그렸다.)

1.2. 다음 주어는 목적어를 말로써 그린다.
(2) a. You must **delineate** what you want in a contract.(네가 원하는 사항을 계약서에 명시해야 한다.)

  b. He **delineated** some of his proposal.(그는 자신 제안의 일부를 상세히 말했다.)

1.3. 다음은 수동태 문장으로 주어는 그려진다.
(3) a. The hero in the novel is **delineated** as a rogue.(그 소설의 주인공은 불한당으로 그려져 있다.)

  b. Our objectives need to be precisely **delineated**.(우리의 목표들은 정확하게 기술되어야 한다.)

  c. The ships route is clearly **delineated** on the map.(그 배들의 항로는 명확하게 지도에 그려져 있다.)

deliver

이 동사의 개념 바탕에는 내보내는 과정이 있다.

1. 타동사 용법
1.1. 다음 주어는 목적어를 보내 전달한다.
(1) a. **Deliver** the groceries/the package to my house.(그 식료품을/소포를 우리 집에 배달해 주세요.)

  b. He **delivers** letters to us once a day.(그는 편지를 우리에게 하루에 한번씩 배달한다.)

  c. We'll **deliver** all our support to him.(우리는 모든 지지를 그에게 보낼 것이다.)

  d. The army **delivered** an attack to the enemy.(그 군대는 공격을 적에게 가했다.)

  e. Could you **deliver** my message to her?(나의 메시지를 그녀에게 전해줄 수 있겠니?)

  f. They **deliver** milk at the door.(그들은 우유를 문에 배달한다.)

1.2. 다음 주어는 목적어를 넘겨준다.
(2) a. They **delivered** the fort to the enemy.(그들은 그 요새를 적에게 넘겼다.)

  b. He **delivered** the castle to the enemy.(그는 성을 적에게 넘겼다.)

  c. They **delivered** up the town to the enemy.(그들은 읍내를 그 적에게 넘겨주었다.)

d. They **delivered** the criminal **to** the authorities.(그들은 범죄자를 당국에 넘겼다.)

e. He **delivered** himself **to** the police.(그는 자신을 경찰에 넘겼다.)

f. He **delivered** up the stolen goods.(그는 장물을 넘겼다.)

1.3. 다음 주어는 첫째 목적어에게 둘째 목적어를 넘긴다.

(3) a. Please **deliver** him the book.(그에게 그 책을 전해주세요.)

b. Please **deliver** the book to him.(그 책을 그에게 전해주세요.)

c. We'll **deliver** him all our support.(우리는 그에게 모든 지지를 줄 것이다.)

1.4. 다음은 수동태 문장으로 주어는 전달된다.

(4) a. The letter was **delivered to** the wrong address.(그 편지가 틀린 주소로 배달되었다.)

b. Your order will be **delivered** on Friday.(당신의 주문은 금요일에 배달될 것입니다.)

c. All documents must be **delivered** up **to** the trustees.(모든 서류들은 그 수탁자들에게 전달되어야 한다.)

1.5. 다음 주어는 목적어를 출산시킨다. 즉 목적어를 모체에서 내보낸다.

(5) a. The doctor **delivered** the twins.(그 의사는 쌍둥이를 출산시켰다.)

b. The midwife **delivered** the baby.(그 조산원이 그 아이를 출산시켰다.)

c. She **delivered** a son at midnight.(그녀는 자정에 아들을 출산했다.)

1.6. 다음 주어는 목적어를 출산시켜 전치사 of의 목적어를 낳는다.

(6) a. The midwife **delivered** her of a daughter.(그 조산원이 그녀를 출산시켜서 딸을 낳았다.)

b. He **delivered** himself of those thoughts.(그는 자신의 마음을 비워서 그 생각들을 없앴다.)

1.7. 다음 주어는 목적어를 낸다.

(7) The field **delivers** much oil.(그 들판은 많은 기름을 낸다.)

1.8. 다음은 수동태 문장으로 주어는 해산된다.

(8) a. She was **delivered** of a son.(그녀는 아들을 출산했다.)

b. The cow was **delivered** of a calf.(그 어미 소가 송아지를 낳았다.)

c. He was **delivered** of a sonnet.(그는 소네트를 한편 썼다.)

d. He was **delivered** of a poem.(그는 시를 한편 썼다.)

1.9. 다음 주어는 목적어를 내보낸다.

(9) a. The pitcher **delivered** a curve.(그 투수가 커브 볼을 던졌다.)

b. The pitcher **delivers** a good fast ball.(그 투수가 매우 빠른 공을 던진다.)

c. The logger **delivered** a blow of the ax that split the log completely.(그 벌목꾼이 그 통나무를 완전히 가른 도끼질 한번을 가했다.)

d. He **delivered** a blow to the jaw.(그는 강타를 턱에 가했다.)

e. I **delivered** a kick to his left knee.(나는 발길을 왼쪽 무릎에 가했다.)

1.10. 다음 주어는 목적어를 내보낸다. 목적어는 연설, 강의, 전언, 평결 등으로 이들은 주어가 밖으로 내보낸다.

(10) a. He **delivered** his speech in German.(그는 연설을 독일어로 했다.)

b. He **delivered** a speech at the conference.(그는 연설을 그 회의에서 했다.)

c. She **delivered** her lecture in Spanish.(그녀는 강의를 스페인어로 했다.)

d. The attorney **delivered** an impassioned appeal to the jury.(그 검사는 열렬한 호소를 배심원단에 했다.)

e. The jury **delivered** its verdict.(그 배심원단은 평결을 내렸다.)

f. I **delivered** your message by phone.(나는 너의 메시지를 전화로 전해주었다.)

1.11. 다음 주어는 목적어를 전치사 from의 목적어에서 구해낸다.

(11) a. She **delivered** him from death.(그녀는 그를 죽음으로부터 구했다.)

b. They **delivered** the hostage **from** captivity.(그들은 인질을 구금에서 구해냈다.)

c. He has **delivered** us **from** evil.(그는 우리를 악에서 구원했다.)

d. He **delivered** his people **from** bondage.(그는 국민을 속박으로부터 구해냈다.)

e. I **delivered** an animal **from** a trap.(나는 동물 한 마리를 덫에서 구해줬다.)

f. May God **deliver** me **from** the pain!(신께서 나를 고통에서 구해 주시길!)

g. His words **delivered** her **from** anxiety.(그의 말들은 그녀를 걱정으로부터 구해냈다.)

1.12. 다음 주어는 목적어를 전달한다. 목적어는 약속이다.

(12) Do you think they will **deliver** the promised tax cut?(너는 그들이 약속한 감세를 해줄 것이라고 생각하니?)

2. 자동사 용법

2.1. 다음 주어는 연설을 한다.

(13) He **delivered** beautifully, but his speech had little content.(그는 아름답게 말했으나, 연설의 내용은 거의 없었다.)

2.2. 다음 주어는 배달을 한다.

(14) a. The pizza house **delivers** at no extra charge.(그 피자집은 추가 요금을 받지 않고 배달한다.)

b. The grocer **delivers** free of charge.(그 식료품 가게는 무료로 배달을 한다.)

2.3. 다음 주어는 해산을 한다.

(15) She **delivered** two months prematurely.(그녀는 2달 조산했다.)

2.4. 다음 주어는 약속을 지킨다.

(16) a. His track record so far as prime minister shows that he can't deliver.(지금까지 수상으로서의 그의 업적은 그가 약속을 지킬 수 없음을 보여준다.)

b. Do you think they will deliver on their election promises?(너는 그들이 선거 공약을 지킬 것이라고 생각하나?)

c. We will be in trouble if they don't deliver on their promise.(그들이 약속을 지키지 않으면, 우리는 곤경에 처하게 될 것이다.)

d. He delivered on his election promise.(그는 선거 공약을 지켰다.)

delude

이 동사의 개념 바탕에 현혹을 시키는 과정이 있다.

1. 타동사 용법

1.1. 다음 주어는 목적어를 전치사 with의 목적어로 현혹시킨다.

(1) a. He deluded the girl with a false promise.(그는 그 소녀를 거짓 약속으로 현혹시켰다.)

b. They deluded themselves with dreams of glory.(그들은 자신들을 영광의 꿈으로 현혹시켰다.)

1.2. 다음 목적어는 재귀대명사이다. 주어는 자신을 속이거나 현혹시킨다.

(2) a. He's deluding himself if he thinks it's going to be easy.(일이 쉬워질 것이라고 생각한다면 그는 착각하고 있는 것이다.)

b. You're deluding yourself if you think she will help us.(네가 만약 그녀가 우리를 도와줄 것이라고 생각한다면 너는 착각하고 있다.)

c. You're deluding yourself if you think that she still loves you.(그녀가 아직도 당신을 사랑한다고 생각한다면 당신은 착각하고 있다.)

1.3. 다음은 수동태 문장으로 주어는 현혹된다.

(3) She was deluded by their flattery.(그녀는 그들의 아첨에 현혹되었다.)

1.4. 다음 주어는 착각으로 that-절을 잘못 알고 있다.

(4) a. We delude ourselves that we are in control.(우리가 통제를 하고 있다고 착각한다.)

b. I could no longer delude myself that there was any future for me in the company.(그 회사에 나를 위한 미래가 있다고 더 이상 착각할 수 없었다.)

1.5. 다음 주어는 자신을 착각시켜서 전치사 into의 목적어가 나타내는 일이나 행동을 하게 한다.

(5) a. He deluded himself into thinking that he's lost weight.(그는 자신을 현혹시켜서 체중이 줄었다고 착각했다.)

b. She deluded herself into thinking that he cared for her.(그녀는 자신을 현혹시켜서 그 남자가 자신을 좋아한다고 착각했다.)

c. She deluded herself into believing that she was rich.(그녀는 자신을 현혹시켜서 자신이 부자라고 착각했다.)

d. He deluded himself into thinking that he is an important man.(그는 자신을 현혹시켜서 자신이 중요한 사람이라고 착각했다.)

1.6. 다음 주어는 목적어를 현혹시켜서 동명사가 가리키는 어떤 일이나 행동을 하게 한다.

(6) a. Television deludes you into thinking you have experienced reality, when you have not.(텔레비전은 당신을 현혹하여 현실에서 경험하지 않은 것도 경험한 것처럼 생각하게 만든다.)

b. The fraudulent ads deluded people into buying worthless things.(그 사기 광고는 사람들을 속여서 무가치한 물건을 사게 했다.)

c. I deluded her into believing that I was on her side.(나는 그녀를 현혹시켜서 내가 그녀 편이라고 믿게 했다.)

d. You must not delude her into believing the story.(당신은 그녀를 현혹시켜 그 이야기를 믿게 해서는 안 된다.)

e. That new job title is a way of deluding her into thinking she's been promoted.(새 직함은 그녀를 현혹시켜 그녀가 승진되었다고 생각하게 만드는 한 방법이다.)

f. He deluded everyone into following him.(그는 모든 사람들을 현혹시켜 그를 따르게 했다.)

1.7. 다음은 수동태 문장으로 주어는 현혹되어 믿게된다.

(7) Don't be deluded into thinking that we're out of danger.(현혹되어서 우리가 위험에서 벗어났다고 생각하지 마라.)

deluge

이 동사의 개념 바탕에는 대 홍수가 있다.

1. 타동사 용법

1.1. 다음에서 주어는 목적어를 범람시킨다.

(1) a. The flooding river deluged the village.(넘치는 강물이 그 마을을 범람시켰다.)

b. The spring rain deluged the streets.(봄비가 그 거리들을 범람시켰다.)

1.2. 다음은 수동태 문장으로 주어는 범람된다.

(2) a. The campsite was deluged by a flash flood.(그 야영장이 갑작스러운 홍수에 잠겨버렸다.)

b. The fields were deluged by the spring rain.(그 밭들은 봄비로 범람되었다.)

1.3. 많은 책임이나 일은 홍수에 비유되어 있다. 다음 주어는 목적어를 많은 일로 잠기게 한다.

(3) a. Mary's new job deluged her with heavy responsibilities.(메어리의 새 직업은 그녀를 막중한 책임들로 잠기게 했다.)

b. We deluge our representative with requests.(우리는 요구들로 대변인을 잠기게 했다.)

1.4. 다음 주어는 목적어를 홍수와 같이 범람시킨다.

(4) a. Call for help deluged the police department.(도움을 위한 전화가 그 경찰서에 쇄도했다.)

b. Orders deluged the store.(주문들이 그 가게에 쇄도했다.)

1.5. 다음은 수동태 문장으로 주어는 범람된다.

(5) a. We have been **deluged with** applications for the job.(우리는 그 일자리에 대한 지원서들로 범람되었다.)

b. We've been **deluged with** orders.(우리는 주문들로 쇄도되었다.)

c. He was **deluged with** requests.(그는 요청들로 쇄도되었다.)

---

delve

이 동사의 개념 바탕에는 찾는 과정이 있다.

1. 자동사 용법

1.1. 다음의 주어는 찾는다.

(1) a. He **delved in** his pocket for some change.(그는 잔돈을 찾기 위해 주머니를 철저히 뒤졌다.)

b. I **delved** through many books in the library to find this information.(나는 이 정보를 찾기 위해 그 도서관의 많은 책들을 철저히 조사해 갔다.)

1.2. 다음 주어는 전치사 into의 목적어를 조사하여 파고든다.

(2) a. He **delved** deeply **into** things Korean.(그는 한국적인 것에 관한 것들을 깊게 파고 들었다.)

b. I wouldn't **delve** too deeply **into** his past if I were you.(내가 너라면 과거에 대해 너무 깊게 파고들지는 않을텐데.)

c. The Internal Revenue Service **delved into** our tax returns.(국세청이 우리의 세금 신고서를 철저히 조사했다.)

d. We **delved into** the files to find out when the event happened.(우리는 그 사건이 일어난 때를 알아내기 위해 서류철들을 철저히 조사했다.)

---

demand

이 동사의 개념 바탕에는 요구하는 과정이 있다.

1. 타동사 용법

1.1. 다음 주어는 목적어를 요구한다.

(1) a. The prisoner **demanded** a trial/an interview.(그 죄인은 재판/면담을 요구했다.)

b. The teacher **demanded** quiet during the exam.(그 교사는 시험 기간 동안 정숙을 요구했다.)

c. I **demanded** an answer.(나는 대답을 요구했다.)

d. The union **demands** a 7% pay raise.(그 노동조합은 7퍼센트 임금 인상을 요구한다.)

e. The policeman **demanded** my name and address.(그 경찰관은 나의 이름과 주소를 요구했다.)

f. A highway man **demanded** the traveller's money.(그 강도는 그 여행자의 돈을 요구했다.)

g. He **demands** your resignation.(그는 너의 사임을 요구한다.)

h. We must **demand** payment/justice/our rights.(우리는 지불/처벌/우리의 권리를 요구해야 한다.)

1.2. 다음 주어는 목적어를 전치사 of의 목적어에 요구한다.

(2) a. They **demanded** the reason from/of me.(그들은 이유를 나에게 요구했다.)

b. They **demanded** the cause of the delay of him.(그들은 지체의 원인을 그에게 요구했다.)

c. She **demanded** an apology from/of me.(그녀는 사과를 나에게 요구했다.)

d. She **demanded** too high a price of us.(그녀는 지나치게 높은 값을 우리에게 요구했다.)

e. He **demands** the highest standards of behavior from his children.(그는 최고의 행동 표준을 아이들에게 요구한다.)

1.3. 다음 주어는 사람이 아닌 개체이다. 주어는 목적어를 요구한다.

(3) a. This **demands** careful thought.(이것은 주의깊은 생각을 요구한다.)

b. The letter **demands** an immediate answer.(그 편지는 즉각적인 대답을 요구한다.)

c. The work **demands** great care/caution.(그 일은 큰 주의를/신중을 요구한다.)

d. The sport **demands** both speed and strength.(그 스포츠는 속도와 힘을 요구한다.)

e. The circumstance **demands** immediate action.(그 상황은 즉각적인 행동을 요구한다.)

f. The problem **demands** immediate attention.(그 문제는 즉각적인 주의를 요한다.)

g. The music **demands** a lot of concentration.(그 음악은 많은 집중을 요구한다.)

1.4. 다음 주어는 동명사이다. 주어는 목적어를 요구한다.

(4) a. Keeping a diary **demands** patience.(일기를 쓰는 것은 인내를 요구한다.)

b. Training a puppy **demands** patience.(강아지 길들이기는 인내를 요구한다.)

c. Teaching **demands** tact and patience.(가르침은 재치와 인내를 요구한다.)

1.5. 다음 주어가 부정사로 표현된 과정을 요구한다.

(5) a. The guard **demanded to** know why I was there.(그 경비는 왜 내가 그곳에 있는지를 알기를 원했다.)

b. I **demand to** see the person in charge.(나는 책임자를 보기를 요구한다.)

c. I **demand to** see my lawyer.(나는 나의 변호사를 보기를 원한다.)

d. He **demanded to** be paid.(그는 돈을 달라고 요구했다.)

e. We **demanded to** be told the whole truth.(우리는 진실 전체를 말해주기를 요구했다.)

1.6. 다음 주어는 목적어에게 부정사가 가리키는 일을 하도록 요구한다.

(6) He **demanded** us to include him.(그는 우리에게 자신을 포함시킬 것을 요구했다.)

1.7. 다음 주어는 that-절의 내용을 요구한다.

(7) a. She **demanded that** they resign.(그녀는 그들이 사임할 것을 요구했다.)

b. He **demanded that** we should include him.(그는

우리가 그를 포함시킬 것을 요구했다.)
  c. They **demanded that** the passage should be deleted.(그들은 그 구절이 삭제될 것을 요구했다.)
  d. The police **demanded that** I should produce some identification.(그 경찰은 내가 신분증을 제출할 것을 요구했다.)

1.8. 다음 주어는 따옴표 속의 표현으로 요구를 한다.
(8) a. "What have you been doing all this time?" I **demanded**.("너는 줄곧 무엇을 해오고 있나?" 나는 대답을 요구했다.)
  b. "When do you think you are going?" he **demanded**.("언제 너는 간다고 생각하느냐?" 그는 대답을 요구했다.)

demean

이 동사의 개념 바탕에는 신분이나 품위가 떨어지는 과정이 있다.

1. 타동사 용법

1.1. 다음 주어는 목적어의 품위를 떨어뜨린다.
(1) You **demean** the presidency by such conduct.(너는 대통령의 품위를 이러한 행동으로 손상시켰다.)

1.2. 다음 목적어는 재귀대명사이다. 주어는 자신을 천하게 만든다.
(2) a. I don't want to **demean** myself by asking for charity.(나는 자비를 구걸함으로써 품위를 떨어뜨리지는 않겠다.)
  b. Liars **demean** themselves.(거짓말쟁이들은 스스로를 천하게 만든다.)

1.3. 다음 주어는 목적어를 욕되게 만든다.
(3) a. Such images **demean** women.(그러한 이미지들은 여성을 욕되게 한다.)
  b. The soldiers **demeaned** the prisoners by giving them dirty jobs to do.(그 군인들은 죄수들을 지저분한 일들을 하게 함으로써 욕되게 했다.)

2. 자동사 용법

2.1. 주어는 스스로를 욕되게 한다.
(4) Don't **demean** by taking that job.(그런 직업을 가짐으로써 스스로를 욕되게 하지 마라.)

democratize

이 동사의 개념 바탕에는 민주화하는 과정이 있다.

1. 타동사 용법
(1) The union wants to **democratize** the voting procedures.(그 노조는 투표 절차를 민주화하기를 원한다.)

demolish

이 동사의 개념 바탕에는 허무는 과정이 있다.

1. 타동사 용법

1.1. 다음 주어는 목적어를 허문다.
(1) a. They're **demolishing** the old building.(그들은 낡은 건물을 허물고 있다.)
  b. People **demolished** the wall between the two sides.(사람들은 그 두 편 사이에 놓인 벽을 허물었다.)

1.2. 다음 주어는 목적어를 허문다. 주어는 개체이다.
(2) a. The fire **demolished** seven shops.(그 불이 가게 일곱 개를 파괴시켰다.)
  b. The hurricane **demolished** many coastal homes.(그 허리케인은 많은 해변가 집들을 파괴시켰다.)

1.3. 다음은 수동태 문장으로 주어는 허물어진다.
(3) a. Several houses were **demolished** to make way for the new road.(여러개의 주택이 새 길을 놓기 위해 허물어졌다.)
  b. The car was **demolished** in the accident.(그 차는 그 사고에의해 완전히 망가졌다.)

1.4. 다음 주어는 목적어를 헌다. [이론은 건물] 은유가 적용된 표현이다.
(4) a. A recent book **demolished** his theory.(최근의 어느 서적이 그의 학설을 허물었다.)
  b. He **demolished** my argument in minutes.(그는 나의 논거를 몇 분 안에 허물었다.)
  c. Those arguments will **demolish** anything his lawyer has to say.(그 논거들은 그의 변호사가 말하는 모든 것을 허물 것이다.)

1.5. 한 개체가 다른 개체를 허무는 과정은 한 팀이 다른 팀을 분쇄하는 과정에 확대된다.
(5) a. They **demolished** New Zealand 22-6 in the final.(그들은 뉴질랜드를 22대 6으로 결승전에서 타파했다.)
  b. They **demolished** the enemy.(그들은 적을 타파했다.)

1.6. 다음 주어는 목적어를 먹는다.
(6) a. The children **demolished** their burgers and chips.(그 아이들은 햄버거와 감자튀김을 게걸스럽게 먹어치웠다.)
  b. The children at the party **demolished** the food.(그 파티에서 아이들은 그 음식을 먹어치웠다.)

demonstrate

이 동사의 개념 바탕에는 보여주는 과정이 있다.

1. 타동사 용법

1.1. 다음 주어는 목적어의 사용을 보여준다.
(1) a. The salesman **demonstrated** the vacuum cleaner.(그 판매원은 진공 청소기의 사용법을 직접 보여주었다.)
  b. She is **demonstrating** a new kind of cooker.(그녀는 새 종류의 요리 기구를 보여주고 있다.)
  c. The guide **demonstrated** the sewing machine.(그 안내자는 그 재봉틀의 사용법을 직접 보여주었다.)
  d. The stewardess **demonstrated** the life jacket.(그 스튜어디스는 구명 조끼의 사용법을 직접 보여주었다.)

e. He **demonstrated** the new DVD player.(그는 그 신형 DVD player의 사용법을 직접 보여주었다.)

f. He **demonstrated** the proper method of fastening the parachute.(그는 낙하산을 고정시키는 바른 방법을 보여주었다.)

g. The salesman **demonstrated** the use of the machine.(판매원은 그 기계의 사용법을 보여주었다.)

1.2. 다음 주어는 목적어를 실험이나 실물 등으로 직접 보여준다. 목적어는 효과, 법칙, 원칙 등이다.

(2) a. He **demonstrated** the effect of the light on the plants.(그는 그 식물에 미치는 빛의 영향을 실험으로 보였다.)

b. We can **demonstrate** the laws of heredity by breeding fruit flies.(우리는 과일 파리를 번식하여 유전 법칙들을 실험해서 보일 수 있다.)

c. The first-aid instructor **demonstrated** the correct way to bandage a wound.(응급 조치 강사는 상처에 붕대를 감는 올바른 방법을 보여주었다.)

d. He **demonstrated** the need for tighter surveillance at the shopping center.(그는 그 쇼핑 센터에 더 빈틈없는 감시의 필요성을 보여주었다.)

e. The professor **demonstrated** a scientific principle.(그 교수는 한 과학적 원리를 실험으로 보였다.)

f. He **demonstrated** the difficulties he was facing.(그는 자신이 처한 어려움을 직접 보여주었다.)

1.3. 다음 주어는 그 자체가 목적어를 보여준다.

(3) This **demonstrates** my point.(이것이 내 논지를 보여준다.)

1.4. 다음 주어는 의문사나 that-절의 내용을 보여준다.

(4) a. She has been **demonstrating how** you make bread.(그녀는 네가 빵 만드는 법을 보여주고 있다.)

b. Her latest book **demonstrates how** important freedom is.(그녀의 최근 작품은 자유가 얼마나 중요한 것인지를 보여준다.)

c. I shall **demonstrate that** language learning is based on repetition.(나는 언어 학습은 반복에 기초한다는 것을 보여주겠다.)

d. How can you **demonstrate that** the earth is round?(당신은 지구가 둥글다는 것을 어떻게 보여줄 수 있습니까?)

1.5. 다음은 수동태 문장으로 주어는 증명이 된다.

(5) It is **demonstrated that** the drug is effective.(그 약의 효능이 입증되었다.)

1.6. 다음 주어는 목적어를 나타내 보인다. 목적어는 욕망, 재능, 분노, 승인 등이다.

(6) a. I **demonstrated** my desire for an education by working my way through college.(나는 혼자 힘으로 대학을 마침으로써 교육에 대한 나의 열망을 입증해 보였다.)

b. We want to **demonstrate** our commitment to human rights.(우리는 인권에 대한 의지를 보여주고 싶다.)

c. Susan **demonstrated** her love by bringing me flowers.(수잔은 내게 꽃을 가져와서 자신의 사랑을 보였다.)

d. Sue **demonstrated** her anger by stomping her feet.(수는 발을 쿵쿵거림으로써 화를 드러냈다.)

e. We **demonstrated** our approval by loud applause.(우리는 큰 박수로 찬성을 내 보였다.)

f. He **demonstrated** his musical talent/his skill as a gymnast.(그는 자신의 음악적 재능/체조 선수로서 솜씨를 보여주었다.)

g. She has not **demonstrated** much generosity/self-control.(그녀는 넓은 아량/자제력을 보여주지 못했다.)

h. Birds **demonstrate** considerable technical ingenuity in their efforts to get food.(새들은 먹이를 구하려는 노력 속에서 상당한 기술적 재주를 보여준다.)

1.7. 다음 주어는 목적어를 보여준다. 목적어는 어떤 일을 하는 방법이다.

(7) a. He **demonstrated how to** use the cleaner.(그는 그 청소기를 사용하는 법을 보여주었다.)

b. He **demonstrated how to** solve the problem.(그는 그 문제를 푸는 법을 보여주었다.)

2. 자동사 용법

2.1. 다음 주어는 시위를 한다. 시위를 할 때 무엇을 반대하거나 찬성한다.

(8) a. The people **demonstrated against** the new highway.(사람들은 새 고속도로의 건설에 반대하여 시위를 했다.)

b. They **demonstrated against** the racial prejudice.(그들은 인종 편견에 반대하는 시위를 했다.)

c. In the 1960s, students **demonstrated against** the Vietnam war.(1960년대에 학생들은 월남전에 반대하는 시위를 했다.)

d. They **demonstrated against** the rising cost of living.(그들은 물가 상승에 반대하는 시위를 했다.)

e. They **demonstrated against** the new government.(그들은 새 정부에 반대하는 시위를 했다.)

f. They **demonstrated against** the government's nuclear policy.(그들은 정부의 핵무기 정책에 반대하는 시위를 했다.)

2.2. 다음 주어는 전치사 for의 목적어를 얻기 위하여 시위를 한다.

(9) a. They are **demonstrating for** a 15% wage rise.(그들은 15% 임금 인상을 위하여 시위를 하고 있다.)

b. Thousands joined in the march to **demonstrate for** peace.(수천 명의 사람들이 평화를 위한 시위를 하는 행진에 동참했다.)

c. They **demonstrated in favor of** the reform.(그들은 개혁에 찬성하는 시위를 했다.)

demote

이 동사의 개념 바탕에는 등급을 낮추는 과정이 있다.

1. 타동사 용법

1.1. 다음 주어는 목적어의 등급을 낮춘다.

(1) a. The sergeant threatened to demote the corporal.
   (그 중사는 그 상등병을 강등시키겠다고 협박했다.)

   b. The manager demoted the editor to assistant
   editor.(그 지배인은 그 편집장을 부편집장으로 강
   등시켰다.)

1.2. 다음은 수동태 문장으로 주어는 강등된다.

(2) a. He was demoted to the rank of private.(그는 일등
   병으로 강등되었다.)

   b. The soldier was demoted from sergeant to
   private.(그 군인은 상사에서 사병으로 강등되었
   다.)

demur

이 동사의 개념 바탕에는 주저하거나 반대하는 행동
이 있다.

1. 자동사 용법

1.1. 다음에서 주어는 주저한다.

(1) a. At first, she demurred, but then finally agreed.(그
   녀는 처음에는 주저했지만 마침내 동의했다.)

   b. John demurred when he was asked to do
   something that he felt was wrong.(존은 잘못 되었
   다고 생각하는 일을 하도록 요구받았을 때 이의를
   제기했다.)

1.2. 주어는 at의 목적어가 요구하는 일에 주저한다.

(2) a. They demurred at the thought of cheating.(그들은
   속이는 생각에 주저했다.)

   b. He demurred at working overtime.(그는 과외로
   근무 하는 것에 반대했다.)

1.3. 다음에서 주어는 to의 목적어에 반대한다.

(3) a. He demurred to his suggestion.(그는 그의 제안에
   반대했다.)

   b. She demurred to the proposal.(그녀는 그 제안에
   반대했다.)

denote

이 동사의 개념 바탕에는 한 개체가 다른 개체를 표
시하는 과정이 있다.

1. 타동사 용법

1.1. 다음 주어는 목적어를 표시한다.

(1) a. A fever often denotes an infection.(열은 종종 감
   염을 뜻한다.)

   b. Crosses on the map denote villages and hamlets.
   (지도 위의 십자가들은 마을과 작은 마을을 표시한
   다.)

   c. A very high temperature denotes a serious
   illness.(매우 높은 체온은 심각한 병을 의미한다.)

   d. The red triangle denotes danger.(그 붉은 색 삼각
   형은 위험을 표시한다.)

   e. Here 'family' denotes mother, father and
   children.(여기에서 가족이란 어머니와 아버지, 그리
   고 자식들을 의미한다.)

denounce

이 동사의 개념 바탕에는 무엇이 나쁨을 분명히 그
리고 공공연히 말하는 과정이 있다.

1. 타동사 용법

**1.1. 다음에서 주어는 목적어를 비난한다. 비난의 이유
는 전치사 for로 표현된다,**

(1) a. He denounced her for neglect of duty.(그는 그녀
   를 의무 태만에 대해 비난했다.)

   b. Joan loudly denounces anyone who litters.(조앤
   은 어지르는 사람은 누구든지 큰 소리로 비난한다.)

   c. An editorial denounced the Supreme Court's
   decision.(한 사설은 그 대법원의 판결을 비난했다.)

**1.2. 다음에서 주어는 목적어를 as의 목적어로 생각하
여 비난한다.**

(2) a. They denounced the plan as a waste of money.
   (그들은 그 계획을 돈의 낭비라고 비난했다.)

   b. They denounced him as a traitor.(그들은 그를 반
   역자라고 비난했다.)

   c. He denounced the waste of the public money as
   'criminally negligent.' (그는 그 공공자금의 낭비를
   '형사상 퇴만한' 것으로 비난했다.)

1.3. 다음 주어는 목적어를 고소한다.

(3) a. They denounced him to the authorities.(그들은
   그를 당국에 고소했다.)

   b. His own brother denounced him to the secret
   police.(그 자신의 동생이 그를 비밀경찰에 고발했
   다.)

**1.4. 다음은 수동태 문장으로 주어는 비난을 받는 사람
이다.**

(4) a. He was denounced as a coward.(그는 겁쟁이라고
   비난받았다.)

   b. The project was denounced as a scandalous
   waste of public money.(그 계획은 공적 자금의 수
   치스러운 낭비라고 비난받았다.)

**1.5. 공공연히 나쁘다고 말하는 뜻은 어떤 사람이 나쁘
다고 당국에 고발하는 뜻으로 확대된다.**

(5) a. They denounced him to the police.(그들은 경찰
   에 그를 고발했다.)

   b. Many people denounced their friends to the
   secret police.(많은 사람들이 비밀경찰에 친구들을
   고발했다.)

   c. He denounced her to the authorities.(그는 당국에
   그녀를 고발했다.)

dent

이 동사의 개념 바탕에는 dent의 명사 '찌그러져 들
어간 곳'이 있다. 동사의 의미는 이 명사의 모양과
관계가 있다.

1. 타동사 용법

1.1. 다음 주어는 목적어를 찌그러져 들어가게 한다.

(1) a. A falling stone from the back of a truck dented
   the hood of my car.(어느 트럭 뒤편에서 떨어진 돌

이 내 차의 후드를 찌그러지게 했다.)

   b. The movers **dented** the furniture as they brought it through the narrow door.(이삿짐 인부들이 그 가구를 좁은 문을 통해 나르다가 찌그러뜨리고 말았다.)

   c. I am afraid I've **dented** the car.(내가 그 차를 찌그러뜨린 것 같습니다.)

   d. The impact **dented** the car's fender.(충격이 그 차의 완충기를 찌그러뜨렸다.)

1.2. 다음은 수동태 문장으로 주어는 찌그러져서 들어간다.

(2) a. The back of the car was badly **dented**.(차 뒤편이 심하게 찌그러져 들어갔다.)

   b. Sales have been badly **dented** by environmental concerns.(판매량이 환경 문제 때문에 굉장히 위축되었다.)

1.3. 다음 목적어는 추상적 개체이지만 구체적인 것으로 개념화되어 있다.

(3) a. The sarcastic remark **dented** my ego.(그 신랄한 언급은 내 자아를 위축시켰다.)

   b. Nothing could **dent** his confidence.(아무것도 그의 자신감을 위축시킬 수 없었다.)

   c. The rebuke **dented** her.(그 견책이 그녀를 위축시켰다.)

   d. The experience would not **dent** him.(경험이 그를 위축시키지 않을 것이다.)

2. 자동사 용법

2.1. 다음 주어는 찌그러진다.

(4) a. The car **dents** much too easily.(내 차는 너무 쉽게 찌그러진다.)

   b. Tin **dents** more easily than steel.(주석은 강철보다 더 쉽게 찌그러진다.)

denude

이 동사의 개념 바탕에는 발가벗기는 과정이 있다.

1. 타동사 용법

1.1. 다음 주어는 목적어를 벗겨서 전치사 of의 목적어를 제거한다.

(1) a. His father's death **denuded** him of all his hopes for the future.(아버지의 죽음은 그에게서 미래에 대한 모든 희망을 앗아갔다.)

   b. He **denuded** the boy of his clothing.(그는 그 소년의 옷을 벗겼다.)

1.2. 다음은 수동태 문장으로 주어는 전치사 of의 목적어를 빼앗긴다. 여기서 주어는 사람이다.

(2) a. He was **denuded** by the robber of every cent he had.(그는 그 강도에게 가진 돈을 모두 빼앗겼다.)

   b. He was **denuded** of human dignity.(그는 인간의 존엄성을 박탈당했다.)

1.3. 다음 주어는 목적어를 벗겨서 전치사 of의 목적어를 제거한다.

(3) a. The hurricane **denuded** the trees of their leaves.(그 태풍은 그 나무에서 잎을 떨어지게 했다.)

   b. Pollution is **denuding** the forest of its trees.(환경오염이 그 숲에서 나무들을 제거하고 있다.)

   c. The villagers **denuded** the hill of its trees.(마을사람들은 그 산에서 나무를 모조리 없앴다.)

   d. The November storms **denuded** the trees of their last remaining leaves.(그 11월의 폭풍우는 그 나무들에서 남아있던 나뭇잎들을 제거했다.)

   e. Wind and rain **denuded** the mountain of soil.(비바람이 그 산에서 토양을 쓸어갔다.)

1.4. 다음은 수동태 문장으로 주어는 전치사 of의 목적어를 빼앗긴다. 여기서 주어는 개체이다.

(4) a. The land was **denuded** of vegetation.(그 땅은 초목이 모두 없어졌다.)

   b. The land was **denuded** of trees.(그 땅은 나무들이 없어졌다.)

   c. The trees are now **denuded** of their leaves.(그 나무들은 이제 나뭇잎이 다 없어졌다.)

   d. The countryside has been **denuded** by war.(그 시골은 전쟁으로 황폐화되었다.)

1.5. 다음 주어는 목적어를 발가벗긴다.

(5) Cutting down the trees **denuded** the landscape. (그 나무들을 자르는 것이 풍경을 훼손시켰다.)

deny

이 동사의 개념 바탕에는 사실로 제시된 것을 강하게 부인하는 과정이 있다.

1. 타동사 용법

1.1. 다음에서 주어는 that-절의 사실을 부인한다.

(1) a. He **denies that** he broke the window, but I think he did.(그는 창문을 깬 것을 부인하나, 나는 그가 깼다고 생각한다.)

   b. He **denied that** he had ever met her. (그는 그가 그녀를 만났다는 사실을 부인했다.)

   c. He **denied that** he was involved and demanded an apology.(그는 그가 연루되었다는 것을 부인하였고 사과를 요구했다.)

   d. He **denied that** he made such a statement.(그는 그가 그런 진술을 했다는 사실을 부인했다.)

   e. She **denied that** the house was haunted.(그녀는 그 집에 귀신이 나온다는 사실을 부인했다.)

   f. He **denied that** he was intending to leave town.(그는 자신이 도시를 떠날 계획을 하고 있었다는 사실을 부인했다.)

   g. I don't **deny that** he may have thought so.(나는 그가 그렇게 생각했다고 부인하지 않는다.)

   h. There is no **denying that** this is a fatal blow.(이것이 치명타임을 부인할 수 없다.)

1.2. 다음은 수동태 문장으로 주어는 부인된다.

(2) It cannot be **denied that** he is guilty.(그가 유죄라는 사실은 부인될 수 없다.)

1.3. 다음 주어는 목적어가 가리키는 개체의 진실성을 부정한다.

(3) a. The minister **denied** the reports that she was about to resign.(그 장관은 그녀가 곧 사임할 거라

는 보도들을 부인했다.)

b. He **denied** the claim.(그는 그 주장을 부인했다.)

c. The defendant **denied** the witness's statement/the accusation against him.(그 피고인은 자신에 대한 증인의 진술/고소를 부인했다.)

d. The prisoner **denied** charges against him.(그 죄수는 자신에 대한 고소를 부인했다.)

e. He **denies** the charges of theft.(그는 도둑질했다는 비난을 부인한다.)

f. He **denied** any involvement in the robbery.(그는 강도짓의 연루를 부인했다.)

g. The department **denies** responsibility for what occurred.(그 담당 부서는 발생한 일에 대한 책임을 부인한다.)

h. She **denied** any knowledge of the incident.(그녀는 그 사건에 대한 어떠한 지식도 부인했다.)

1.4. 다음 주어는 자신의 감정을 부인하거나 다른 사람의 요청을 거절한다.

(4) a. He's been **denying** a lot of angry feelings towards his friends.(그는 친구들에 대한 많은 화난 감정을 부인했다/억제했다.)

b. You must not **deny** your true feelings.(너는 진실한 감정을 부인해서는 안 된다.)

c. You are **denying** the important nutrients that your body requires.(너는 몸이 요구하는 필요한 영양소를 거절하고 있다.)

d. The union **denied** my petition.(그 노조는 나의 청원을 거절했다.)

e. He **denied** my request to see him.(그는 그를 보겠다는 나의 요청을 부인했다.)

f. He **denied** the beggar.(그는 그 거지를 거절했다.)

1.5. 다음은 수동태 문장으로 주어는 거절된다. 다음 주어는 다른 사람의 요청이다.

(5) Her request for time off work was **denied**.(그녀의 휴가요청은 거절되었다.)

1.6. 다음 주어는 목적어와의 관계를 부인한다.

(6) a. He **denied** his own father.(그는 자신의 친아버지를 부인했다.)

b. Before the cock crows, you shall **deny** me three times.(수탉이 울기 전에, 너는 세 번 나를 부인할 것이다.)

c. Peter **denied** Christ three times.(베드로는 크리스도를 세 번 부인했다.)

d. She **denies** her family and refuses to have any contact with them.(그녀는 가족을 부인하고, 그들과 어떠한 연락도 갖기를 거부한다.)

e. She **denies** her friendship with him.(그녀는 그와의 우정을 부인한다.)

f. He **denied** his country and his principles/the political party.(그는 자신의 나라와 그의 원칙/그 정당을 부인했다.)

g. Even under torture, she refused to **deny** her faith.(비록 고문을 받으면서도, 그녀는 믿음을 부인하기를 거절했다.)

1.7. 다음 주어는 목적어를 전치사 to의 목적어로 가는 것을 막는다.

(7) a. The rules of the club **deny** lockers **to** all except members.(그 클럽의 규칙은 회원 이외에는 모두에게 사물함의 제공을 거절한다.)

b. We could not **deny** seed **to** the hungry bird.(우리는 배고파하는 새에게 씨를 주는 것을 막을 수 없었다.)

c. He gives to his daughter what he **denies to** his son.(그는 아들에게는 안 주는 것을 딸에게는 준다.)

d. I told to my wife to **deny** me **to** any caller.(나는 아내에게 나에게 전화를 거는 어떤 사람도 연결하지 말라고 말했다.)

e. The urgent business forced him to **deny** him **to** all callers.(그 급한 일은 그에게 전화를 거는 모든 사람과 연결하지 못하도록 만들었다.)

f. He told the maid to **deny** him **to** visitors.(그는 하녀에게 그에게 찾아오는 사람들을 거절하도록 말했다.)

1.8. 다음은 수동태 문장으로 주어가 전치사 to의 목적어로 가는 것이 부인된다.

(8) a. Absolute perfection is **denied to** human nature.(절대적 완벽은 인간성에서 거절된다.)

b. Access to the information was **denied to** him.(그 정보에의 접근은 그에게 거절되었다.)

c. The pleasure/the hope was **denied** (to) him.(그 기쁨/바람은 그에게 거절되었다.)

d. Nothing is **denied to** dogged perseverance.(어떠한 것도 끈질긴 인내 앞에선 거절되지 않는다.)

1.9. 다음 주어는 첫째 목적어에게 둘째 목적어를 거절한다.

(9) a. He **denied** me what I asked.(그는 내가 요구한 것을 거절했다.)

b. They **denied** him access to the information.(그들은 그 정보의 접근을 그에게 거절했다.)

c. His ex-partner **denies** him access to his children.(그의 예전 파트너는 그에게 아이들의 접근을 거절한다.)

d. The state **denied** the elderly man a driver's license.(그 주는 그 노인에게 운전 면허를 거절했다.)

e. He **denies** his child nothing.(그는 아이에게 아무것도 거절하지 않는다.)

f. Few would **deny** him genius.(거의 모든 사람이 그의 천재성을 부인하지 않을 것이다.)

g. He **denied** us the rightful place.(그는 우리에게 정당한 위치를 거절했다.)

h. The court **denied** him justice.(법정은 그에게 공평한 조처를 거절했다.)

i. They **denied** their sons permission to go.(그들은 아들들에게 가는 허가를 거절했다.)

1.10. 다음은 수동태 문장으로 주어는 거절된다. 다음 주어는 사람이다.

(10) a. He was **denied** access to the office/to the information she needs.(그는 그 사무실/그가 원하는 정보에의 접근이 거절되었다.)

b. The sloppily dressed people were **denied** entrance to the restaurant.(단정치 못하게 옷을 입

은 사람들은 그 음식점에 출입이 거절되었다.)

c. I was **denied** the satisfaction/the benefits.(나는 그 만족/이익이 거절되었다.)

d. No one should be **denied** a good education.(어떠한 사람도 좋은 교육이 거절되어서는 안 된다.)

e. I was **denied** the opportunity to learn Korean.(나는 한국어를 배울 기회가 거절되었다.)

f. I was **denied** the chance of going to college.(나는 대학에 갈 기회가 거절되었다.)

g. He was **denied** admission to the building.(그는 빌딩에의 출입이 거절되었다.)

1.11. 다음도 수동태 문장으로 주어는 거절된다.

(11) a. The benefits were **denied** us.(그 혜택은 우리에게 거절되었다.)

b. Permission to enter was **denied**.(들어가는 허가가 거절되었다.)

1.12. 다음의 목적어는 재귀대명사이다. 이 대명사는 주어의 욕구, 욕망, 필요 등을 나타낸다. 주어는 이러한 것을 자신에게 허락하지 않는다.

(12) a. They **denied** themselves for their children.(그들은 아이들을 위해 참았다.)

b. You must **deny** yourself sweet things if you are dieting.(너는 네가 식이요법 중이라면 단 것들을 먹지 말아야 한다.)

c. You must not **deny** yourself food when you are ill.(너는 네가 아플 때 음식을 거부해서는 안 된다.)

1.13. 다음 주어는 자신에게 둘째 목적어를 거절한다.

(13) a. I **denied** myself a rest, and bicycled all the way home.(나는 자신에게 휴식을 거부하고 집까지 자전거를 탔다.)

b. They decided to **deny** themselves the comforts of life.(그들은 자신들에게 삶의 편안함을 거절하기로 결심했다.)

c. He **denied** himself the pleasure of going to Hawaii.(그는 자신에게 하와이에 가는 기쁨을 거절했다.)

d. He **denied** himself every luxury.(그는 자신에게 모든 사치를 거절했다.)

1.14. 다음의 목적어는 동명사이다. 주어는 동명사가 가리키는 행위를 한 것을 부인한다.

(14) a. He **denies** taking money from the safe.(그는 돈을 금고에서 가져갔음을 부인한다.)

b. He **denied** ever having been there.(그는 거기에 있었던 사실을 부인했다.)

c. He **denied** doing anything illegal.(그는 불법한 어떠한 행동을 한 것을 부인했다.)

d. He **denied** making such a statement.(그는 그러한 진술을 한 것을 부인했다.)

e. He **denied** having ever met her.(그는 그녀를 만난 것을 부인했다.)

f. He **denied** having said so.(그는 그렇게 말했던 것을 부인했다.)

1.15. 다음에서 주어는 [목적어+to V]가 나타내는 관계를 부인한다.

(15) a. Do you **deny** this writing **to** be yours?(너는 이 글씨체가 네 것이란 것을 부인하니?)

b. He **denied** the accusation/the news/the rumor **to** be true.(그는 그 고발/뉴스/소문이 사실임을 부인했다.)

c. I **deny** this **to** be so.(난 이것이 그렇다는 것을 부인한다.)

d. He strongly **denied** himself **to** be a Jew.(그는 강하게 자신이 유대인임을 부인했다.)

depart

이 동사의 개념 바탕에는 떠나는 과정이 있다.

1. 타동사 용법

1.1. 다음 주어는 목적어를 떠난다.

(1) a. Your train **depart** seoul at 11:00.(당신이 탈 기차는 11시에 서울을 출발한다.)

b. The train **departs** the station at 7:00.(그 기차는 7시에 그 역을 떠난다.)

c. When we **depart** this life, we die.(우리가 이 세상을 떠날 때, 우리는 죽는다.)

d. He **departed** his job last December.(그는 일자리를 지난 12월에 그만 두었다.)

2. 자동사 용법

2.1. 다음 주어는 떠난다.

(2) a. The train for Busan will **depart** from platform 3.(그 부산 행 기차는 3번 플랫폼에서 출발할 것이다.)

b. The train **departs** on time.(그 기차는 제시간에 출발한다.)

2.2. 목적지는 전치사 for로 표현된다.

(3) a. He **departed for** home.(그는 집으로 떠났다.)

b. The soldiers **departed for** the front.(그 군인들은 전선으로 떠났다.)

2.3. 다음 주어는 이 세상을 떠난다. 다음은 [인생은 여행] 은유가 적용된 표현이다.

(4) a. He **departed from** this life at an early age.(그는 어린 나이에 이 세상을 떠났다.)

b. The old man **departed** in his sleep last night.(그 노인은 자면서 엊저녁에 세상을 떴다.)

2.4. 다음 주어는 전치사 from의 목적어와 다르다.

(5) a. Our method **departs from** theirs in several respects.(우리 방법은 그들의 것과 몇가지 점에서 다르다.)

b. **Departing from** her usual routine, he took the bus to work.(평상시와는 달리 그녀는 버스를 타고 일터에 갔다.)

2.5. 습관이나 방법은 장소로 개념화된다. 그러므로 depart와 같이 쓰일 수 있다.

(6) a. Today we **departed** from our normal practice of holding our meetings in public.(오늘 우리는 공개적으로 회의를 주최하는 일반적인 관행에서 벗어났다.)

b. Our methods **depart** from theirs in several respects.(우리의 방법은 여러 측면에서 그들의 방법과는 다르다.)

c. They **departed** from the announced order of

performance.(그들은 발표된 공연의 순서에서 벗어나서 진행했다.)

depend

이 동사의 개념 바탕에는 어느 개체가 다른 개체에 매달리는 과정이 있다.

1. 자동사 용법

1.1. 다음의 주어는 from의 목적어에서 매달린다.

(1) a. The vine is depending from a tall tree.(포도 덩굴이 높은 나무에 매달려 있다.)
   b. A lamp is depending from the ceiling.(램프 하나가 천장에 매달려 있다.)
   c. The chandelier depends from the ceiling. (그 샹들리에가 천장에 매달려 있다.)
   d. Icicles depended from the eaves.(고드름들이 그 처마에 매달렸다.)

1.2. 다음의 주어는 on의 목적어에 매달린다.

(2) a. Much depends upon you.(많은 것이 네게 달려 있다.)
   b. Our happiness depends on us.(우리 행복은 우리 자신에게 달려 있다.)

1.3. 다음은 수동태 문장으로 주어는 의존된다.

(3) a. Can they be depended on to keep to the schedule?(그들이 그 일정을 지키리라는 것을 믿을 수 있을까?)
   b. He can be safely depended upon.(그는 안전하게 믿을 수 있다.)

1.4. 다음의 주어는 전치사 upon의 목적어에 전치사 for의 목적어를 위해 의존한다.

(4) a. He depended upon his aunt for school expenses. (그는 숙모에게 학비를 의지했다.)
   b. We depended on him for advice.(우리는 그에게 조언을 의지했다.)
   c. He depends on his parents for money.(그는 부모님께 금전을 의지한다.)
   d. He depended on himself for success.(그는 성공을 얻기 위해 자신에게 의지했다.)

1.5. 다음 주어는 전치사 on의 목적어가 어떤 일을 하기를 기대한다.

(5) a. You can depend on us to vote for you.(너는 우리가 너를 위해 투표할 것임을 믿어도 된다.)
   b. I am depending on you to keep your promise.(나는 네가 약속을 지키리라는 것을 믿고 있다.)
   c. You can depend upon him to deal with the situation.(너는 그가 상황을 잘 처리할 것임을 믿어도 된다.)
   d. I depend on my alarm clock to wake me in time for school.(나는 내 알람 시계가 등교 시간에 맞춰 깨워줄 것임을 믿는다.)
   e. We depend on you to finish the job in time.(우리는 네가 일을 제 때에 끝낼 것임을 믿는다.)
   f. You can depend upon Bill to help you.(너는 빌의 도움을 믿어도 된다.)
   g. I depend on you to be punctual/to do it.(나는 네가 시간을 엄수하리라고/그것을 하리라고 믿는다.)

1.6. 다음에서 주어는 목적어가 어떤 일을 하기를 기대한다.

(6) a. We're depending on him finishing the work by Sunday.(우리는 그가 일요일까지 그 일을 끝낼 것임을 믿고 있다.)
   b. We depend on your helping us.(우리는 네가 우리를 도와주리라 믿는다.)
   c. We depend on you finishing the job in time.(우리는 네가 그 일을 제 때에 끝낼 것임을 믿는다.)
   d. He depends on my doing it.(그는 내가 그것을 하리라고 믿는다.)
   e. You can't depend on the trains arriving on time. (너는 기차들이 정각에 도착하리라고 믿을 수 없다.)

1.7. 다음 주어는 전치사 on의 목적어를 믿는다. 목적어는 의문사가 이끄는 절이다.

(7) a. Your success depends on how hard you work.(너의 성공은 네가 얼마나 열심히 일하느냐에 달려 있다.)
   b. Success depends on what you know, not who you know.(성공은 네가 누구를 아느냐에 달려있는 것이 아니라 네가 무엇을 알고 있느냐에 달려 있다.)

1.8. 다음에서는 대명사 it이 that-절과 같이 쓰였다.

(8) a. You may depend upon it that she will consent.(너는 그녀가 동의할 것이라고 믿어도 된다.)
   b. You may depend on it that it won't happen again. (너는 다시는 그런 일이 일어나지 않으리라고 믿어도 된다.)

1.9. 다음의 주어와 목적어는 사람이 아닌 개체이다. 주어는 목적어에 의존한다.

(9) a. Whether we go to Spain or not depends upon the cost.(우리가 스페인에 가느냐 안 가느냐는 비용에 달려 있다.)
   b. Prices depend on supply and demand.(가격은 수요와 공급에 따라 결정된다.)
   c. The attendance at the game depends on the weather.(그 게임에 대한 참여는 날씨에 따라 결정된다.)
   d. That depends upon circumstances.(그것은 형편에 달려 있다.)
   e. The length of the treatment depends on the severity of the illness.(그 치료의 기간은 그 병의 심한 정도에 달려 있다.)
   f. The island depends on tourism.(그 섬은 관광 산업에 의해 좌우된다.)
   g. Tomorrow's picnic depends on our having good weather.(내일 소풍은 날씨가 좋으냐에 달려 있다.)

1.10. 다음의 주어는 사람이고 목적어는 개체이다. 주어는 목적어에 의존한다.

(10) a. Many people depend on a pension when they retire.(많은 사람들이 은퇴했을 때, 연금에 의존한다.)
    b. You can't depend on the weather.(너는 날씨를 믿어서는 안 된다.)

c. I will **depend on** your word.(나는 너의 말을 믿을 것이다.)

d. The community **depends on** the shipping industry for survival.(그 사회는 생존을 위해 수송 산업에 의존하고 있다.)

e. You can't **depend on** a small dictionary like that. (너는 그와 같이 작은 사전에 의존할 수 없다.)

f. Where we go **depends on** the weather.(우리가 어디를 가느냐는 날씨에 달려 있다.)

g. He **depends on** writing for living.(그는 저술로 생계를 꾸려간다.)

h. They **depend upon** donations from the public.(그들은 대중으로부터의 기부금에 의존한다.)

i. The country **depends** heavily **upon** foreign aid.(그 나라는 외국의 원조에 크게 의존한다.)

j. His family **depends upon** his salary.(그의 가족은 그의 월급에 의존한다.)

1.11. 다음은 수동태 문장으로 주어는 의존된다.

(11) The schedule can be **depended upon.**(그 일정은 믿을 수 있다.)

1.12. 다음 주어는 소송, 의안 등이며, 주어는 미결로 남아 있다.

(13) The suit is still **depending** in court.(그 소송이 여전히 미결로 남아있다.)

depict

이 동사의 개념 바탕에는 그림이나 말로 그리는 과정이 있다.

1. 타동사 용법

1.1. 다음 주어는 목적어를 묘사한다. 주어는 목적어를 담고 있다.

(1) a. The painting **depicts** the Virgin and Child.(이 그림은 성모와 아기 예수를 그리고 있다.)

b. The novel **depicts the** French society in the 1940s. (그 소설은 1940년대의 프랑스 사회를 그린다.)

c. The ad **depicts** smoking as attractive.(이 광고는 흡연을 매력적인 것으로 그리고 있다.)

1.2. 다음 주어는 목적어를 그린다.

(2) a. The artist **depicted** her lying naked on a bed.(그 예술가는 그녀를 침대 위에 알몸으로 누워있는 것을 그렸다.)

b. She **depicted** a beautiful sunset in her painting. (그녀는 아름다운 일몰 풍경을 그림에 그렸다.)

c. He **depicted** the landscape in bright colors.(그는 그 풍경을 밝은 색상들 써서 그렸다.)

deplete

이 동사의 개념 바탕에는 다시 채울 수 없도록 다 쓰는 과정이 있다.

1. 타동사 용법

1.1. 다음 주어는 목적어를 고갈시킨다.

(1) a. The drought has **depleted** our water supply.(그 가뭄은 우리의 물 공급을 고갈시켰다.)

b. Our long trip **depleted** the gas tank.(우리의 오랜 여행은 연료 탱크를 고갈시켰다.)

c. The cold has **depleted** our oil supplies.(추위는 우리의 석유 공급을 고갈시켰다.)

d. That country has **depleted** its natural resources. (그 나라는 천연 자원을 고갈시켰다.)

1.2. 다음은 수동태 문장으로 주어는 고갈된다.

(2) a. Food supplies were severly **depleted.**(식량 공급이 완전히 바닥났다.)

b. Their natural resources were rather **depleted.**(그들의 자연 자원은 어느 정도 고갈되었다.)

deplore

이 동사의 개념 바탕에는 어떤 사람이 한 일이 나쁘다고 생각하여 이것을 표현하는 과정이 있다.

1. 타동사 용법

1.1. 다음 주어는 목적어를 한탄한다.

(1) a. We **deplored** the action taken by the police/ their violent behavior.(우리는 그 경찰들이 취한 조치/그들의 난폭한 행위를 한탄했다.)

b. The naturalist **deplored** the growth of cities.(그 자연주의자는 도시의 성장을 개탄했다.)

c. The teacher **deplored** the student's rude behavior.(그 선생님은 학생들의 버릇없는 행동을 한탄했다.)

d. I can only **deplore** the suffering I have caused.(나는 내가 야기한 고통을 한탄할 뿐이다.)

e. We **deplore** what our soldiers have done.(우리는 군인들이 한 일을 한탄한다.)

f. The UN **deplored** the invasion as a 'violation of international law.' (UN은 그 침입을 '국제법 위반'이라고 개탄했다.)

g. I **deplore** the decision.(나는 그 결정을 개탄한다.)

deploy

이 동사의 개념 바탕에는 분산 배치시키는 과정이 있다.

1. 타동사 용법

1.1. 다음 주어는 목적어를 배치한다.

(1) a. The army **deployed** missiles along the border.(그 군대는 미사일을 국경을 따라 배치시켰다.)

b. The platoon **deployed** a look out at the top of a hill.(그 소대는 경계병 한명을 산 꼭대기에 배치했다.)

c. The general **deployed** the forces along the battle front.(그 장군은 전투 병력을 최전방을 따라 배치했다.)

1.2. 다음은 수동태 문장으로 주어는 배치된다.

(2) a. 500 missiles are **deployed** along the border.(500개의 미사일이 국경선을 따라 배치된다.)

b. Troops have been **deployed** in the area to

counter a possible attack.(부대가 그 지역에 있을
지도 모를 공격에 대비하기 위해서 배치되었다.)

deport¹

이 동사의 개념 바탕에는 추방하는 과정이 있다.

1. 타동사 용법
1.1. 다음 주어는 목적어를 추방한다.
(1) a. They **deported** the criminal from the country.(그
들은 그 범죄자를 그 나라로부터 추방했다.)
b. The federal authorities **deported** him for illegal
entry.(연방 당국은 그를 불법 입국으로 추방했다.)

deport²

이 동사의 개념 바탕에는 행동하는 과정이 있다.

1. 타동사 용법
1.1. 주어는 자신을 특정한 방법으로 움직인다. 즉, 행
동한다.
(1) a. The young children **deported** themselves
perfectly.(그 어린 아이들은 잘 행동했다.)
b. He **deported** himself as a gentleman.(그는 신사적
으로 행동했다.)

depose¹

이 동사의 개념 바탕에는 자리에서 물러나게 하는
과정이 있다.

1. 타동사 용법
1.1. 다음 주어는 목적어를 어떤 자리에서 물러나게 한
다.
(1) a. The nobles **deposed** the king.(그 귀족들은 그 왕
을 물러나게 했다.)
b. The army was threatening to **depose** him.(군대는
그를 해임할 것이라고 위협하고 있었다.)
c. Parliament **deposed** Charles II from the throne.
(의회는 찰스 2세를 왕위에서 폐위시켰다.)
1.2. 다음은 수동태 문장으로 주어는 면직된다.
(2) a. The president was **deposed** in a military coup.(대
통령은 군사 쿠데타로 면직되었다.)
b. The head of state was **deposed** by the army.(그
국가의 우두머리는 군대에 의해 해임되었다.)
c. He was **deposed** as party secretary.(그는 당 비서
에서 면직되었다.)

depose²

이 동사의 개념 바탕에는 진술하는 과정이 있다.

1. 타동사 용법
1.1. 다음 주어는 목적어를 진술한다. 다음 that-절은
진술 내용을 담고 있다.
(1) a. He **deposed** that he had seen the accused before.

(그는 그가 피고를 보았다고 증언했다.)
b. He **deposed** that he had seen the boy on the day
of the fire.(그는 그가 그 소년을 화재가 있었던 날
에 보았다고 증언했다.)
c. He **deposed** that he had looked at the safe.(그는
그가 그 금고를 보았다고 진술했다.)
1.2. 다음 주어는 목적어를 진술시킨다.
(2) The lawyer **deposed** the witness in his office.(그 변
호사는 자신의 사무실에서 목격자를 진술하도록 시켰
다.)

2. 자동사 용법
2.1. 다음 주어는 to의 목적어에 대하여 선서를 하고
진술한다.
(3) a. A witness must **depose** to such facts as are
within his own knowledge.(목격자는 자신이 알고
있는 사실을 진술해야만 한다.)
b. All of them **deposed** to having seen him enter the
house on the night.(그들 모두는 밤에 그가 그 집에
침입한 것을 목격했다고 진술했다.)
c. He **deposed** to having seen her.(그는 그녀를 본
것까지 증언했다.)

deposit

이 동사의 바탕 개념에는 내려놓는 과정이 있다.

1. 타동사 용법
1.1. 다음 주어는 목적어를 어떤 장소에 내려 놓는다.
(1) a. She **deposited** the baby in the crib.(그녀는 아이를
침대에 내려 놓았다.)
b. He **deposited** his suitcase in the locker.(그는 서류
가방을 보관함에 내려 놓았다.)
c. The female **deposits** her eggs directly into the
water.(그 암컷은 알을 직접 물 속에 낳는다.)
d. She **deposited** a pile of books on my desk.(그녀는
책 더미를 책상 위에 내려 놓았다.)
e. She **deposited** her shopping on the table.(그녀는
구매한 물건을 테이블 위에 내려 놓았다.)
f. Where can I **deposit** this load of sand?(어디에 내
가 이 모래더미를 내려 놓을 수 있습니까?)
1.2. 다음 목적어는 돈이다.
(2) a. He **deposited** fifty dollars in savings account.(그는
50달러를 은행 예금 계좌에 예금했다.)
b. He **deposited** money in/with the bank.(그는 돈을
은행에 예금했다.)
c. You are advised to **deposit** your valuables in the
hotel safe.(당신은 귀중품을 호텔 금고에 맡겨두시
기를 부탁드립니다.)
d. You need to **deposit** some cash before you write
checks.(우리는 현금을 수표 쓰기 전에 예금할 필요
가 있다.)
e. The company automatically **deposits** the
paychecks in the employee's bank accounts.(그
회사는 고용자들의 월급 수표를 자동적으로 은행 계
좌에 예치한다.)

1.3. 다음 주어는 목적어를 착수금으로 내놓는다.

(3) a. We deposited $1,000 on the new car.(우리는 천 달러를 새 차에 보증금으로 내놓았다.)

b. When we moved into our apartment, we had to deposit $100 with the landlord in case we broke any of his things.(우리가 아파트로 이사했을 때, 우리는 100달러를 주인에게 물건을 파손할 경우를 생각해서 예치해야 했다.)

c. If you deposit 20% now, you can pay the rest when the car is delivered.(만약 당신이 지금 20퍼센트를 보증금으로 내놓으시면, 나머지는 차가 배달될 때 지불해도 된다.)

1.4. 다음 주어는 자연 현상이다. 주어는 목적어를 어떤 장소에 내려 놓는다.

(4) a. A glacier deposited a lot of rocks here during the last Ice Age.(빙하가 마지막 빙하기에 많은 바위를 여기에 운반해 놓았다.)

b. The tornado deposited the car in the middle of the river.(그 회오리바람은 자동차를 강의 중류에 내려 놓았다.)

c. The river deposits soil at its mouth.(그 강은 강 입구에 토양을 퇴적시킨다.)

d. As the river slows down, it deposits a layer of soil.(강줄기가 느려지면 토양층이 퇴적된다.)

1.5. 다음은 수동태 문장으로 주어는 내려놓아지는 개체이다.

(5) a. Sand was deposited which hardened into sandstone.(모래는 가라앉아 사암으로 굳어졌다.)

b. Cholesterol gets deposited on the walls of the blood vessels.(콜레스테롤은 혈관 벽에 내려 앉는다.)

depreciate

이 동사의 개념 바탕에는 값이 떨어지는 과정이 있다.

1. 타동사 용법

1.1. 다음 주어는 목적어의 값을 떨어지게 한다.

(1) a. Inflation has depreciated the country's currency.(인플레이션은 국가의 통화 가치를 떨어뜨렸다.)

b. I had no intention of depreciating your contribution.(나는 당신의 공헌을 평가절하할 의도는 없었다.)

c. We must not depreciate the work she has done.(우리는 그녀가 한 일의 가치를 떨어뜨려서는 안 된다.)

d. He is depreciating my achievements.(그는 나의 업적을 평가절하하고 있다.)

2. 자동사 용법

2.1. 다음 주어는 값이다.

(2) a. The car's value depreciated by $2,000 in the first year.(그 차의 가치는 첫해에 2천 달러까지 떨어졌다.)

b. Property values often depreciate.(부동산의 가치는 종종 떨어진다.)

2.2. 다음 주어는 값이 떨어지는 개체이다.

(3) a. Computers depreciate quality.(컴퓨터들은 질을 떨어뜨린다.)

b. The car depreciated in value.(그 차는 가치가 떨어졌다.)

depress

이 동사의 개념 바탕에는 아래로 누르는 과정이 있다.

1. 타동사 용법.

1.1. 다음 주어는 목적어를 누른다.

(1) a. Depress the brake pedal.(그 제동 페달을 눌러라.)

b. She depressed the lid to close it.(그녀는 뚜껑을 닫기 위해 눌렀다.)

c. Depress this button to rewind the tape.(테이프를 되감으려면 이 버튼을 눌러라.)

d. Depress the clutch pedal.(그 클러치 페달을 눌러라.)

e. I depressed the button and waited for the elevator to arrive.(나는 버튼을 누르고 엘리베이터가 도착하기를 기다렸다.)

f. To operate this machine, depress this button.(이 기계를 작동시키려면, 이 버튼을 누르시오.)

1.2. 다음 목적어는 환유적으로 쓰여서 마음, 원기 등을 가리킨다. [약함은 아래] 은유가 적용된 표현이다.

(2) a. The sad news depressed Bill.(그 슬픈 소식은 빌을 우울하게 했다.)

b. The thought of having to take the exam depressed him.(시험을 봐야만 한다는 생각이 그를 우울하게 했다.)

c. Wet weather always depresses me.(비 내리는 날씨는 항상 나를 우울하게 한다.)

1.3. 다음 주어는 목적어를 떨어뜨린다. [적음은 아래] 은유가 적용된 표현이다.

(3) a. The recession has depressed the housing market.(그 경기 불황은 주택시장을 약화시켰다.)

b. The cold water depressed the snake's metabolism.(그 차가운 물은 뱀의 신진대사를 약하게 했다.)

c. The threat of war depressed business activity.(전쟁 위협은 기업 활동을 위축시켰다.)

d. Some drugs depress the function of the human body.(몇몇 약품은 인간의 신체의 기능을 약화시킨다.)

e. Competition between workers will depress wage levels.(근로자들간의 경쟁은 임금 수준을 낮출 것이다.)

f. Several factors combined to depress the Korean economy.(몇개의 요인들이 결합되어 한국의 경제를 불경기로 만들었다.)

deprive

이 동사의 개념 바탕에는 박탈하는 과정이 있다.

1. 타동사 용법

1.1. 다음 주어는 목적어를 박탈하여 전치사 of의 목적어를 앗아간다.

(1) a. He **deprived** the child of his playmates.(그는 아이에게 친구를 앗아갔다.)

b. The dictator **deprived** people of their peace of mind.(그 독재자는 사람들에게서 마음의 평화를 빼앗았다.)

c. Why do you **deprive** yourself of such simple pleasures?(왜 너는 자신에게서 이런 단순한 즐거움마저 빼앗는가?)

d. **Deprive** someone of air and they can only live a few minutes.(사람에게 공기를 빼앗으면, 그들은 단 몇 분만 살 수 있다.)

e. They **deprived** him of his rights/liberty.(그들은 그에게서 권리/자유를 빼앗았다.)

f. They **deprived** him of his title.(그들은 그에게서 권리를 빼앗았다.)

g. A plant will die if you **deprive** it of light.(식물은 네가 그것에서 빛을 앗아가면 죽는다.)

1.2. 다음은 수동태 문장으로 주어는 박탈을 당한다.

(2) a. We've been **deprived** of your company for far too long.(우리는 너무 오래 동안 너와 같이 지낼 수 없었다.)

b. The Indians were **deprived** of their lands.(그 인디언들은 자신들의 땅을 빼앗겼다.)

c. The criminal was **deprived** of his civil rights.(그 범인은 시민권을 빼앗겼다.)

d. The king was **deprived** of his power.(그 왕은 그의 권력을 빼앗겼다.)

e. They were **deprived** of their privileges.(그들은 자신들의 특권을 빼앗겼다.)

1.3. 다음 주어는 목적어에서 전치사 of의 목적어를 빼앗는다. 주어는 개체이다.

(3) a. The severe drought **deprived** the area of water for a year.(그 심한 가뭄은 그 지역에서 물을 일년간 앗아갔다.)

b. The accident **deprived** her of speech.(그 사고는 그녀에게서 말을 앗아갔다.)

c. The accident **deprived** them of their only daughter.(그 사고는 그들에게서 외동 딸을 앗아갔다.)

d. The high building **deprived** the house of sunlight.(그 높은 건물은 집에서 햇빛을 앗아갔다.)

e. Worrying **deprived** me of sleep.(걱정이 나에게서 잠을 앗아갔다.)

f. His troubles **deprived** him of his sleep.(그의 고민은 그에게서 그의 잠을 빼앗았다.)

g. The bad treatment **deprived** him of his dignity.(그 나쁜 처우가 그에게서 위신을 빼앗았다.)

h. Heavy snow **deprived** the deer of food.(심한 눈이 그 사슴들에게서 먹이를 앗아갔다.)

i. Her illness **deprived** her of a chance to go to college.(그녀의 병이 그녀가 대학을 갈 기회를 앗아갔다.)

j. This move **deprived** the prisoner of his means of escape.(이 조치는 그 죄인에게 도망칠 기회를 빼앗았다.)

1.4. 다음은 수동태 문장으로 주어는 빼앗긴다.

(4) a. The old man was suddenly **deprived** of his eyesight.(그 노인은 갑자기 시력을 빼앗겼다.)

b. He was **deprived** of his sights.(그는 시력을 빼앗겼다.)

c. The railroad has been **deprived** of the money it needed for modernization.(그 철도는 현대화에 필요한 돈을 빼앗겼다.)

deputize

이 동사의 개념 바탕에는 대리로 임명하는 과정이 있다.

1. 타동사 용법

1.1. 다음 주어는 목적어를 대리로 임명한다.

(1) a. The boss **deputized** me to speak in her behalf.(그 사장은 나에게 그녀를 대신하여 발언하도록 임명했다.)

b. The sheriff **deputized** five citizens to help search for the convict.(그 보안관이 시민 다섯 명을 그 죄수를 찾는 일을 대리하도록 임명했다.)

2. 자동사 용법

2.1. 주어는 대리로 행동한다.

(2) Who's going to **deputize** for Kim while he is away?(누가 김씨가 없는 동안 그를 대리할 것인가?)

derail

이 동사의 개념 바탕에는 길을 벗어나는 과정이 있다.

1. 타동사 용법

1.1. 다음 주어는 목적어를 탈선하게 한다.

(1) a. Rocks falling down the mountain **derailed** the train.(그 산에서 떨어진 바위가 기차를 탈선시켰다.)

b. The tourists **derailed** the train.(그 관광객들은 기차를 탈선시켰다.)

1.2. 다음은 수동태 문장으로 주어는 탈선된다.

(2) a. The train was **derailed** by rocks placed on the line.(그 기차는 기차 길에 놓인 바위 때문에 탈선되었다.)

b. The train was **derailed**, when it sped off the curve.(그 기차는 커브 길에서 벗어날 때 탈선되었다.)

1.3. 과정을 어떤 길을 따라 움직이는 것으로 개념화된다. 그러므로 이것은 길이나 궤도를 벗어날 수 있다.

(3) a. The latest incident could **derail** the peace process.(최근의 사고는 평화적인 과정을 탈선시킬 수 있었다.)

b. The dispute has temporarily **derailed** the arms

control agreement.(그 토론은 군비 제한 협상을 일시적으로 탈선시켰다.)

　c. A skiing accident **derailed** her dancing career.(스키 사고가 그녀의 무용수로서의 경력을 탈선시켰다.)

2. 자동사 용법

2.1. 다음 주어는 길이나 궤도를 벗어난다.

(4) a. The streetcar **derailed** during the earthquake.(그 시가전차는 지진 중에 탈선했다.)

　b. When the train **derailed**, it was going at 100 mph.(그 기차가 탈선했을 때 기차의 속도는 100 mph였다.)

　c. The train **derailed** outside of the town.(그 기차는 마을 밖으로 탈선했다.)

deride

이 동사의 개념 바탕에는 조소하는 과정이 있다.

1. 타동사 용법

1.1. 다음 주어는 목적어를 조소한다,

(1) a. Mary **derided** John for his horrid taste in furniture.(메리는 존의 가구에 대한 끔찍한 기호에 대해서 조롱했다.)

　b. The politician **derided** his opponent at every opportunity.(그 정치인은 자신의 반대자를 매 기회마다 조소했다.)

1.2. 다음은 수동태 문장으로 주어는 조롱된다.

(2) a. John is **derided** as a mere playboy.(존은 단순히 바람둥이라고 조롱을 받는다.)

　b. His ideas are **derived** as old-fashioned.(그의 생각들은 구식이라고 조롱을 받는다.)

1.3. 다음에서 조소를 받는 것은 사람이 아니라 개체이다.

(3) a. You shouldn't **deride** their efforts.(너는 그들의 노력을 조롱해서는 안 된다.)

　b. He **derided** my efforts to sing as pathetic.(그는 내가 노래하려고 애쓰는 것을 우스꽝스럽다고 조소했다.)

　c. They **derided** his plan.(그들은 그의 계획을 조롱했다.)

1.4. 다음은 수동태 문장으로 조소를 받는 개체이다.

(4) a. His view was **derided** as old-fashioned.(그의 의견은 구식이라고 조소를 받았다.)

　b. The theory was widely **derided** by conventional scientists.(그 이론은 전통적인 과학자들에 의해 광범위하게 조소를 받았다.)

derive

이 동사의 개념 바탕에는 끌어내는 과정이 있다.

1. 타동사 용법

1.1. 다음 주어는 목적어를 from의 목적어에서 끌어낸다.

(1) a. He **derived** great pleasure from painting.(그는 큰 즐거움을 그림에서 얻었다.)

　b. He **derived** some comfort from the fact that he was not the only one to fail the exam.(그는 그가 그 시험에서 떨어진 유일한 사람이 아니라는 사실에서 약간 얻었다.)

　c. She **derives** great satisfaction from her children.(그녀는 그녀의 아이들에게서 큰 만족감을얻는다.)

　d. What language does the word 'pathos' **derive** from?(어느 언어에서 pathos라는 단어는 유래되는가?)

1.2. 다음은 수동태 문장으로 주어는 끌어내어진다.

(2) a. The new drug is **derived** from fish oil.(그 새 약은 생선의 기름에서 얻어진다.)

　b. The belief is completely **derived** from the wish for safety.(그 믿음은 전적으로 안전에 대한 희망에서 파생된다.)

2. 자동사 용법

2.1. 다음 주어는 전치사 from의 목적어에서 온다.

(3) a. His power **derives** mainly from his popularity with the army.(그의 권력은 주로 군과의 인기에서 온다.)

　b. The word 'deduct' **derives** from Latin.(deduct라는 단어는 라틴어에서 파생된다.)

　c. The slang word **derives** from a foreign word.(그 속어는 외국어 낱말에서 파생된다.)

descend

이 동사의 개념 바탕에는 내려가는 과정이 있다.

1. 자동사 용법

1.1. 다음에서 주어는 아래로 내려간다.

(1) a. The elevator **descended** rapidly to the bottom floor.(그 엘리베이터는 1층으로 빠르게 내려갔다.)

　b. The sun **descended**.(태양이 졌다.)

　c. The plane started to **descend**.(그 비행기는 아래쪽으로 내려가기 시작했다.)

　d. He **descended** from the plane.(그는 비행기에서 내려왔다.)

1.2. 다음에서 주어는 아래로 내려가서 on의 목적어에 영향을 준다.

(2) a. Two bullies **descended** on Tom.(두 명의 불량배는 톰에게 달려들었다.)

　b. They **descended** upon the enemy.(그들은 적에게 달려들었다.)

1.3. 다음 주어는 내려온다. [시간은 움직이는 개체] 은유가 적용된 표현이다.

(3) a. The philosophy **descends** from the Dark Ages.(그 철학은 중세 암흑시대부터 전해져 내려온다.)

　b. The festival **descends** from a rite of my ancestors.(그 축제는 내 조상들의 의식에서 전해져 내려온다.)

　c. The estate **descended** from father to son.(그 저택은 아버지로부터 아들에게 물려 내려왔다.)

1.4. 어둠이나 침묵도 내려앉는 것으로 개념화된다.

(4) a. Night descends quickly in the tropics.(밤이 열대지역에 빨리 내려 앉았다.)

    b. Silence descended on the audience.(침묵이 관중들 위에 내려 앉았다.)

1.5. 다음 주어는 전치사 into의 목적어 상태가 된다. [좋지 않음은 아래] 은유가 적용된 표현이다.

(5) a. The country is descending into chaos.(그 나라는 대혼란 상태로 타락하고 있다.)

    b. They descended to the level of personal insults.(그들은 인신공격의 수준으로 악화되었다.)

    c. You must never descend to such bickering.(우리는 이런 사소한 말다툼을 할 정도로 타락해서는 안 된다.)

    d. He would never descend to such a fraud.(그는 이런 사기로 전락하지 않을 것이다.)

1.6. 다음 주어는 움직이지 않으나, 이들의 모양을 눈으로 따라가면 내려오는 모습을 이룬다.

(6) a. The hill gradually descends to the lake.(그 언덕은 점차로 그 호숫가까지 내려간다.)

    b. The path descends to the pond.(이 소로는 연못으로 내려간다.)

    c. The path descended steeply into the valley.(그 소로는 가파르게 계곡까지 내려갔다.)

2. 타동사 용법

2.1. 다음 주어는 움직이는 사람이고, 목적어는 움직일 때의 길이다.

(7) a. Bill descended the stairs to the basement.(빌은 계단을 내려가 지하실로 갔다.)

    b. We descended the hill before the sun set down.(우리는 해가 지기 전에 언덕을 내려갔다.)

    c. They descended the mountain yesterday.(그들은 어제 산을 내려갔다.)

    d. Mary is descended from Korean peasants.(메리는 한국인 농부를 조상으로 두고 있다.)

describe

이 동사의 개념 바탕에는 묘사하는 과정이 있다.

1. 타동사 용법

1.1. 다음 주어는 목적어를 묘사한다.

(1) a. He described the accident in detail.(그는 사건을 자세하게 묘사했다.)

    b. The poem describes moonlight on the lake.(그 시는 호수 위의 달빛을 묘사한다.)

    c. I described Jim's good qualities to Jane.(나는 짐의 좋은 면을 제인에게 묘사했다.)

1.2. 다음 주어는 목적어를 as 의 목적어로 묘사한다.

(2) a. I described his house as run-down.(나는 그의 집을 황폐한 것으로 묘사했다.)

    b. The seller described it as a vintage car, but I'd call it a wreck.(그 판매자는 그 차를 유서깊은 차라고 묘사했지만 나는 고물이라고 했다.)

    c. He described her as shy.(그는 그녀를 수줍음이 많

다고 묘사했다.)

    d. I would describe him as a greedy man.(나는 그를 욕심 많은 사람이라고 묘사할 것이다.)

1.3. 다음은 수동태 문장으로 주어는 묘사된다.

(3) a. The man was described as tall and dark.(그 사람은 키가 크고 까만 얼굴색을 가지고 있다고 묘사되었다.)

    b. The plan was described as preposterous.(그 계획은 터무니없는 것으로 묘사되었다.)

1.4. 다음 주어는 목적어를 묘사한다.

(4) a. Several people described seeing lights in the sky.(몇몇 사람들이 빛을 하늘에서 본 것을 묘사했다.)

    b. He described going downstairs and finding his friend lying on the floor.(그는 아래층으로 내려가 바닥에 누운 친구를 발견한 것을 묘사했다.)

1.5. 다음 주어는 목적어를 묘사한다. 목적어는 의문사가 이끄는 절이다.

(5) a. It is difficult to describe how I feel.(내가 어떻게 느끼는지를 묘사하는 것은 어렵다.)

    b. Describe exactly how it happened.(어떻게 그 일이 발생했는지 정확하게 묘사해라.)

    c. Describe how you did it.(당신이 그것을 어떻게 했는지 묘사해라.)

1.6. 다음 주어는 그의 움직임으로 목적어를 그린다.

(6) a. The falling star described a long curve in the sky.(그 유성은 긴 곡선을 하늘에 그렸다.)

    b. The missile described a curve across the sky.(그 미사일은 곡선을 하늘을 가로질러 그었다.)

    c. The shark described a circle around the school of fish.(그 상어는 물고기 떼 주위에 원을 그리며 돌아다녔다.)

    d. The sun described a circle.(해는 원을 그리며 회전했다.)

desecrate

이 동사의 개념 바탕에는 더럽히는 과정이 있다.

1. 타동사 용법

1.1. 다음 주어는 목적어를 더럽힌다.

(1) a. Vandal desecrated the graveyard.(예술품 파괴자는 그 묘지를 모독했다.)

    b. An angry mob desecrated the flag.(성난 폭도들은 그 깃발을 모독했다.)

    c. They desecrated the building by painting swastikas.(그들은 그 건물을 갈고리 십자를 그려서 모독했다.)

    d. He desecrated the church by using it as a stable.(그는 그 교회를 마굿간으로 써서 모독했다.)

desert

이 동사의 개념 바탕에는 버리고 떠나는 과정이 있다.

1. 타동사 용법

1.1. 다음 주어는 목적어를 버리고 떠난다.

(1) a. Mike deserted her when she got pregnant.(마이크는 그녀가 임신하자 그녀를 버리고 떠났다.)

b. The baby's mother deserted him soon after giving birth.(그 아이의 어머니는 그를 낳은 후 곧 버리고 떠났다.)

c. He deserted his wife and children.(그는 부인과 자식들을 버렸다.)

1.2. 다음 주어는 목적어를 버리고 떠난다. 목적어는 자리나 조직체이다.

(2) a. The soldiers deserted their posts.(그 군인들은 근무지를 탈주했다.)

b. They deserted their homes and fled to the hills.(그들은 집을 떠나 언덕으로 도망갔다.)

c. He deserted his platoon.(그는 소대를 탈주했다.)

d. Why did you desert teaching for politics?(왜 당신은 정치를 위해 가르치는 일을 그만두었죠?)

1.3. 다음은 수동태 문장으로 주어는 버려진다.

(3) a. The villages have been deserted.(그 마을들은 버려졌다.)

b. The street were deserted.(그 거리는 사람들이 떠나고 없다.)

1.4. 자신감이나 희망은 구체적인 개체로 개념화되어, 사람을 떠나는 것으로 표현되어 있다.

(4) a. Mike's confidence seems to have deserted him.(마이크의 신뢰감은 그에게서 떠난 듯하다.)

b. All hope deserted him.(모든 희망이 그에게서 멀어져 갔다.)

2. 자동사 용법

2.1. 다음에 암시된 목적어는 전투 같은 것이다.

(5) a. During the war, many soldiers on both sides deserted.(그 전쟁 동안 양쪽의 많은 군인들이 탈주했다.)

b. He deserted in the midst of battle.(그는 전투 도중에 도망을 갔다.)

deserve

이 동사의 개념 바탕에는 어떤 개체를 마땅히 받아야 하는 과정이 있다.

1. 타동사 용법

1.1. 다음 주어는 목적어를 마땅히 받아야 한다.

(1) a. His work deserves the prize.(그의 작품은 그 상을 받을 만하다.)

b. The problem/the proposal deserves consideration.(그 문제/그 제안은 숙고할 만하다.)

c. The question/the matter deserves your attention.(그 문제는 당신의 주목을 받을 만하다.)

1.2. 다음의 주어는 목적어를 마땅히 받아야 한다. 다음 목적어는 좋은 일이다.

(2) a. Christ deserves our special thanks for all his efforts.(예수는 자신의 모든 노력에 대해 우리의 특별한 감사를 받을 자격이 있다.)

b. He deserved sympathy/praise/first prize.(그는 동

정/칭찬/1 등상을 받을 만했다.)

c. He deserves recognition of his achievements.(그는 업적의 인정을 받을 만하다.)

d. These people deserve recognition for their work.(이 사람들은 자신들의 일에 대해서 인정을 받을 만하다.)

e. The charity deserves better support than it is currently receiving.(이 자선 사업은 현재 받고 있는 것보다 더 많은 지원을 받을 만하다.)

f. After six years in college, I think I deserve a good job.(대학에서의 6년을 마친 후에, 나는 좋은 직업을 얻을 만하다고 생각한다.)

g. They hardly deserve the name of human beings.(그들은 인간이라는 이름을 받을 가치가 거의 없다.)

h. The rescuers deserved a reward for their courageous act.(그 구조원들은 용감한 행동에 대해 보상을 받을 만했다.)

i. One player in particular deserves a mention.(특히 한 선수가 언급될 가치가 있다.)

j. He deserves a pay raise/good pay.(그는 임금 인상/좋은 급여를 마땅히 받을 만하다.)

k. After all that hard work, you deserve a rest/a holiday/a break.(그러한 힘든 작업을 모두 끝낸 후에, 너는 쉼/휴가/휴식의 자격이 있다.)

l. You deserve a medal for putting up with Bill for so long.(당신은 그렇게 오래 빌을 참은 것에 대해서는 훈장을 받아 마땅하다.)

1.3. 다음 주어는 목적어를 마땅히 받아야 한다. 목적어는 나쁜 일이다.

(3) a. He has done nothing to deserve death/punishment.(그는 죽음/벌을 받아 마땅한 것은 아무 것도 하지 않았다.)

b. The naughty children deserved their punishment.(그 장난꾸러기 애들은 벌을 받아 마땅했다.)

c. What have I done to deserve this?(내가 이것을 받을 만한 무언가를 했습니까?)

d. She deserves a scolding/all the criticism that she gets.(그녀는 자신이 받은 꾸지람/모든 비판을 받아 마땅하다.)

e. After all the harm you've done to other people, you deserve whatever you get.(당신이 다른 이들에게 끼친 해를 보면, 너는 너가 받는 것을 받아 마땅하다.)

f. He got what he deserved.(그는 당연히 얻을 것을 얻었다.)

g. I hit him but he deserved it.(나는 그를 때렸으나 그는 맞아 마땅했다.)

1.4. 다음에서는 주어가 받아야 하는 것이 부정사로 표현되어 있다.

(4) a. You've been working all morning, you deserve to rest.(당신은 아침 내내 일했으니 쉬는 것이 마땅합니다.)

b. These people deserve to make more than the minimum wage.(이 사람들은 최저 임금 이상을 받을 만하다.)

desiccate

c. They certainly **deserve to** win the match.(그들은 확실히 시합을 이길 만합니다.)

d. He **deserves to** be happy/to be praised/to be punished.(그는 행복할/칭찬을 받을/벌을 받을 만하다.)

e. He **deserves to** be much better known.(그는 훨씬 더 알려져야 마땅합니다.)

f. She **deserves** better than **to** be married to him.(그녀는 그와 결혼하기에는 아깝다.)

g. He **deserves** ill/well of his country.(그는 나라에서 냉대/우대해야 마땅하다.)

1.5. 다음에서 부정사는 수동태로 되어 있다.

(5) a. One of the two points about this report **deserves to** be discussed in detail.(이 보고서의 두 요점 중 하나는 더 자세히 논의될 가치가 있다.)

b. Your proposal **deserves to** be considered seriously.(당신의 제안은 신중하게 고려되어야 할 가치가 있다.)

c. The children's books **deserve to** be much better known.(그 어린이들의 책은 훨씬 더 잘 알려질 가치가 있다.)

desiccate

이 동사의 개념 바탕에는 마르는 과정이 있다.

1. 자동사 용법
1.1. 다음 주어는 마른다.

(1) a. The plants **desiccated** during the drought.(그 식물들은 가뭄 동안 말라 버렸다.)

b. The soil **desiccated** during the summer.(그 토양은 여름 동안 말랐다.)

2. 타동사 용법
2.1. 다음 주어는 목적어를 말린다.

(2) a. She **desiccates** plumbs every year.(그녀는 자두를 매년 말린다.)

b. The hot sun **desiccated** the plants.(작열하는 태양열이 식물들을 말려 버렸다.)

c. The long period of drought **desiccated** most of the farmland.(그 장기간의 가뭄이 농장의 대부분을 말려 버렸다.)

2.2 다음은 수동태 문장으로 주어는 말려진다.

(3) a. Prunes are plums that have been **desiccated**.(prune이란 말려진 자두이다.)

b. The coconuts were **desiccated**.(그 코코넛은 물기가 빠졌다.)

design

이 동사의 개념 바탕에는 모형이나 도안을 만드는 과정이 있다.

1. 타동사 용법
1.1. 다음 주어는 목적어를 도안이나 설계를 만든다.

(1) a. He **designed** a new dress.(그는 새 드레스를 디자인했다.)

b. The artist **designed** the mural and painted it.(그 예술가는 벽화를 도안하고 색칠했다.)

c. The engineer **designed** a new bridge/stadium.(그 기술자는 새로운 다리/경기장을 설계했다.)

d. Lisa **designed** the book cover for a new book.(리사는 그 새 책의 표지를 도안했다.)

1.2. 다음 주어는 목적어를 고안해서 만든다.

(2) a. We need to **design** a new syllabus for the course.(우리는 수업과정을 위한 새 교수 요목을 만들 필요가 있다.)

b. She **designed** the scholarship to help foreign students.(그녀는 그 장학금을 외국인 학생들을 돕기 위해 만들어 냈다.)

c. The prisoner **designed** an intricate escape.(그 죄수는 복잡한 탈출 계획을 고안해 냈다.)

1.3. 다음은 수동태 문장으로 주어는 고안된다.

(3) a. These exercises are **designed** to develop and strengthen muscles.(이 운동들은 근육을 발달시키고 강화하기 위해 고안되었다.)

b. This dictionary is **designed** for advanced learners of English.(이 사전은 영어 상급 학습자를 위해 고안되었다.)

c. These measures were **designed** to reduce pollution.(이러한 대책은 오염을 줄이기 위해 고안되었다.)

d. The scholarship was **designed** for foreign students.(이 장학금은 외국 학생을 위해 고안되었다.)

designate

이 동사의 개념 바탕에는 손으로 가리키는 과정이 있다.

1. 타동사 용법
1.1. 다음 주어는 손으로 목적어를 가리킨다.

(1) a. He **designated** the point where we would meet.(그는 우리가 만날 위치를 가리켰다.)

b. He **designated** our table with his hand.(그는 우리 식탁을 손으로 가리켰다.)

1.2. 지명이나 지정을 할 때, 통상 손으로 한다. 이러한 관계에서 가리킴은 지명이나 지정을 의미한다.

(2) a. We are going to **designate** this room as a no-smoking area.(우리는 이 방을 금연 구역으로 지정할 것이다.)

b. They officially **designated** the area around the nuclear power station as a disaster area.(그들은 핵발전소 주변 지역을 재해 지역으로서 공식적으로 지정했다.)

c. The president **designated** him as the next prime minister.(대통령은 그를 차기 수상으로 지명했다.)

1.3. 다음은 수동태 문장으로 주어는 지명이나 지정된다.

(3) a. The neighborhood was **designated** as a historic landmark area.(그 인근은 역사적 특별 구역으로 지정되었다.)

b. She was **designated** as a chairperson.(그녀는 의장으로 임명되었다.)

1.4. 다음 주어는 목적어를 지명하여 부정사가 가리키는 일을 하게 한다.

(4) a. She **designated** me to do the work.(그녀는 나를 일을 하도록 임명했다.)

b. He **designated** him to act for her.(그는 그를 그녀의 대리로 일을 하도록 임명했다.)

c. We **designated** two delegates to represent us at the meeting.(우리는 두 명의 대리인을 그 회의에서 우리를 대표하도록 지명했다.)

1.5. 다음 주어는 개체이다. 주어는 목적어를 가리킨다.

(5) a. A sign **designated** the room used for changing clothes.(표지판은 그 방을 옷을 갈아 입기 위해 사용되는 것으로 나타냈다.)

b. These crosses on the drawing **designate** all the possible entrance to the castle.(그 그림에 있는 이 십자표들을 그 성으로 들어가는 가능한 모든 입구를 보여준다.)

c. The fence **designated** the boundary of our property.(그 울타리는 우리 소유지의 경계를 표시했다.)

d. The sign X on the map **designates** the area of the battle.(지도상의 그 ×표는 전투 지역을 가리킨다.)

1.6. 다음 주어는 첫째 목적어를 둘째 목적어로 표시한다.

(6) a. The award **designated** the firefighter a hero.(그 상은 그 소방관이 영웅임을 보여줬다.)

b. He **designated** his son as his successor.(그는 아들을 후계자로 임명했다.)

1.7. 다음 주어는 목적어를 지명한다.

(7) a. The director can **designate** his/her successor.(그 관리인은 자신의 후계자를 지명할 수 있다.)

b. The chairman **designated** a new president to the command.(그 의장은 새 사장을 지휘대에 지명했다.)

1.8. 다음은 수동태 문장으로 주어는 지정이나 지명된다

(8) a. It was **designated** a conservation area.(그곳은 보호 구역으로 지정되었다.)

b. He was **designated** our next prime minister.(그는 우리의 차기 수상으로 지명되었다.)

1.9. 다음 주어는 지명되어 어떤 자리에 오른다.

(9) a. The officer was **designated** to the commander.(그 장교는 사령관으로 임명되었다.)

b. He was **designated** to the post of secretary of state.(그는 국무대신의 자리에 임명되었다.)

c. Tom has been **designated** (to be) captain of the team.(톰은 팀의 주장으로 임명되었다.)

1.10. 다음은 수동태 문장으로 주어는 불린다.

(10) a. The ruler of the country was **designated** king.(그 나라의 통치자는 왕이라고 일컬어졌다.)

b. Trees, mosses and ferns are **designated** plants.(나무, 이끼, 양치류는 식물이라고 불린다.)

desire

이 동사의 개념 바탕에는 간절히 원하는 상태가 있다.

1. 타동사 용법

1.1. 다음 주어는 목적어를 원한다.

(1) a. The chairman **desires** your presence at the meeting.(그 의장은 그 모임에 당신의 출석을 원한다.)

b. Bill **desires** a good job.(빌은 좋은 직업을 원한다.)

c. The politician **desires** power.(그 정치인은 권력을 열망한다.)

d. He still **desired** her, and she him.(그는 여전히 그녀를 원하고 그녀 역시 그를 원한다.)

1.2. 다음 주어는 목적어가 어떤 일을 하기를 바란다.

(2) a. What do you **desire** them to do?(너는 그들이 무엇을 하기를 바라니?)

b. The prince **desired** her to be his queen.(그 왕자는 그녀가 여왕이 되기를 바랐다.)

c. She **desires** you to come at once.(그녀는 네가 즉시 오기를 바란다.)

1.3. 다음 that-절은 주어가 원하는 내용이 담겨 있다.

(3) a. He **desires that** you (should) come at once.(그는 당신이 즉시 오기를 바란다.)

b. He **desires** of me that I should go at once.(그는 내가 즉시 가기를 바란다.)

2. 자동사 용법

2.1. 다음 주어는 부정사가 가리키는 일을 하기를 원한다.

(4) a. He **desires** to see you at once.(그는 당신을 즉시 보기를 원한다.)

b. Everyone **desires** to be happy.(모든 사람들이 행복하길 원한다.)

despair

이 동사의 개념 바탕에는 희망이 없어서 절망이나 단념하는 과정이 있다.

1. 자동사 용법

1.1. 다음 주어는 전치사 of의 목적어에 희망을 못 찾는다.

(1) a. Don't **despair** of your son.(당신 아들에 대해서 체념하지 마십시오..)

b. He **despaired** of humanity.(그는 인간성에 대해 체념했다.)

c. I **despaired** of him; he can't keep a job for more than a few months.(나는 그에게 절망을 했다; 그는 한 일자리를 여러 달 동안 지킬 수 없다.)

d. The nation **despaired over** the senseless bombing.(그 나라는 무분별한 폭탄 공격에 절망했다.)

e. Don't **despair**; things will get better soon.(체념하지 마라; 상황이 곧 나아질 것이다.)

1.2. 다음에서 전치사 of의 목적어는 동명사로 표현된
다.
(2) a. They **despaired of** finding the children alive.(그들
은 아이들이 살아서 찾는 일에 대해 절망했다.)
 b. They almost **despaired of** having children.(그들
은 아이를 갖는 것을 거의 단념했다.)
 c. Sam **despaired of** ever walking again.(샘은 다시
걷는 것을 단념했다.)
 d. I **despair of** ever passing my driving test.(나는 내
운전면허 시험에 통과하는 것을 단념했다.)

despoil

이 동사의 개념 바탕에는 약탈하는 과정이 있다.

1. 타동사 용법
1.1. 다음 주어는 목적어를 약탈한다.
(1) a. Barbarians **despoiled** the northern villages.(야만
인들이 그 북부 마을을 약탈했다.)
 b. The king's soldiers **despoiled** the monstery.(그
왕의 군대가 그 수도원을 약탈했다.)
1.2. 다음 주어는 목적어를 약탈하여 전치사 of의 목적
어를 앗아간다.
(2) a. The rebels **despoiled** him of his land.(그 반란인들
은 그에게서 땅을 약탈했다.)
 b. The invaders **despoiled** the museum of its
treasures.(그 침략자들은 박물관에서 보물을 약탈
했다.)

destine

이 동사의 개념 바탕에는 운명을 지우는 과정이 있
다,

1. 타동사 용법
1.1. 다음 주어는 목적어를 어떤 일을 하거나 상태에
있도록 운명 지운다.
(1) a. My leg injury **destined** me to be a spectator
rather than a player.(나의 다리 부상은 내가 운동
선수보다는 관람객이 되도록 운명지웠다.)
 b. Fate **destined** him to live a life of poverty.(운명은
그를 가난하게 살게 하였다.)
1.2. 다음은 수동태 문장으로 주어는 전치사 for의 목
적어를 받도록 운명지어진다.
(2) a. He was **destined for** greatness.(그는 훌륭한 사람
이 될 운명이었다.)
 b. Lisa is **destined for** the presidency.(리사는 대통령
이 될 운명이다.)
 c. She is **destined for** a long and successful career.
(그녀는 긴 성공적인 경력에 운명이 지어져 있다.)
 d. He is **destined for** a military career.(그는 군사 직
업에 운명이 지어져 있다.)
1.3. 다음은 수동태 문장으로 부사가 가리키는 일을
하도록 운명지어져 있다.
(3) a. His scheme was **destined** to fail.(그의 계획은 실패
할 것이 뻔했다.)

 b. He is **destined** to become president.(그는 대통령
이 될 운명이다.)
 c. We seem **destined** never to meet.(우리는 다시는
못 만날 운명인 듯하다.)

destroy

이 동사의 개념 바탕에는 부수는 과정이 있다.

1. 타동사 용법
1.1. 다음 주어는 목적어를 부순다.
(1) a. The child **destroyed** a toy in a fit of anger.(그 아이
는 화가 나 장난감 하나를 갑자기 부숴 버렸다.)
 b. The enemy **destroyed** the whole town.(그 적이 그
마을 전체를 파괴했다.)
 c. Heat **destroys** vitamin C.(열은 비타민 C를 파괴한
다.)
1.2. 다음은 수동태 문장으로 주어는 파괴된다.
(2) a. The school was completely **destroyed** by fire.(그
학교는 화재로 완전히 파괴되었다.)
 b. The church was **destroyed** by the bomb last
night.(그 교회는 폭탄에 의해 지난 밤에 파괴되었
다.)
1.3. 다음 주어는 목적어를 죽인다. 목적어는 생명체
이다.
(3) a. They had to **destroy** the injured animal.(그들은
상처 입은 동물을 죽여야만 했다.)
 b. Hunters **destroyed** most of Africa's vast herds of
elephants.(사냥꾼들은 아프리카의 거대한 코끼리
떼의 대부분을 죽였다.)
 c. The poison **destroyed** the rats.(그 독약이 쥐들을
죽였다.)
1.4. 다음 주어는 목적어를 죽인다. [감정은 생명체]
은유가 적용된 표현이다.
(4) a. The accident **destroyed** all his hopes of success.
(그 사고는 성공에 대한 그의 모든 희망을 죽였다.)
 b. The action **destroyed** any hope of ever reaching
an agreement.(그 조처는 합의에 이르는 모든 희망
을 죽여 버렸다.)
1.5. 다음은 수동태 문장으로 주어는 파괴된다. 다음
주어는 생명체이다.
(5) a. The injured horse had to be **destroyed**.(그 다친 말
은 죽여져야 했다.)
 b. I felt **destroyed** by the thought that he no longer
needed me.(나는 그가 나를 더 이상 필요로 하지
않는다는 생각에 파괴된 느낌을 가졌다.)
1.6. 다음의 목적어는 증거와 같은 것이다. 주어는 목
적어를 없앤다.
(6) a. They **destroyed** all the evidence.(그들은 모든 증
거를 말소시켰다.)
 b. Many of the documents have been **destroyed** for
purposes of confidentiality.(많은 서류들이 비밀 유
지를 위해 파기되었다.)
 c. He accidentally **destroyed** all his data.(그는 우연히
자신의 자료 모두를 없앴다.)
1.7. 희망은 추상적인 개체이다. 그러나 이러한 것은

구체적인 것으로 개념화된다.

(7) a. You **destroyed** my hope of happiness. (당신은 나의 행복에 대한 희망을 부수어 버렸다.)

b. All hopes of a peaceful settlement were **destroyed** by his speech. (평화롭게 정착하고 싶은 희망 모두가 그의 연설로 부숴져 버렸다.)

c. The accident **destroyed** all his hopes of success. (그 사고는 성공에 대한 그의 희망 모두를 부수어 버렸다.)

1.8. 다음 주어는 목적어를 파괴한다. [조직체나 관계는 건물] 은유가 적용된 표현이다.

(5) a. They **destroyed** communism from within. (그들은 내부에서 공산주의 사상을 파괴했다.)

b. His constant selfishness finally **destroyed** our relationship. (그의 끊임없는 이기심이 마침내 우리의 관계를 파괴했다.)

detach

이 동사의 개념 바탕에는 떼어내는 과정이 있다.

1. 타동사 용법

1.1. 다음 주어는 목적어를 from의 목적어에서 떼어놓는다.

(1) a. He **detached** the key **from** the ring and gave it to me. (그는 열쇠를 열쇠고리에서 떼어내 나에게 주었다.)

b. They **detached** the ship **from** the fleet. (그들은 그 배를 함대에서 떼어 놨다.)

c. He **detached** the trailer **from** the car. (그는 그 트레일러를 차에서 떼어 놨다.)

d. They **detached** the locomotive **from** the train. (그들은 기관차를 그 기차에서 떼어 놨다.)

e. She **detached** the spray nozzle **from** the hose. (그녀는 분무 주둥이를 호스에서 떼어 놨다.)

1.2. 다음 주어는 목적어를 떼어낸다.

(2) a. You can **detach** the handle by undoing the screw. (너는 그 나사를 풀면 그 손잡이를 떼어낼 수 있다.)

b. **Detach** and fill out the application form. (그 신청서를 기입해서 떼어내라.)

c. **Detach** the coupon and return it as soon as possible. (그 쿠폰을 떼어서 가능한 빨리 보내라.)

d. The mechanic **detached** the oil filter. (그 기계공은 오일 필터를 떼어냈다.)

e. The general **detached** a small force to go and guard the palace. (그 장군은 가서 궁전을 보호할 작은 병력을 분리해서 파견했다.)

1.3. 다음 주어는 자신을 어떤 상태나 조직에서 떼어낸다.

(3) a. She **detached** herself **from** his embrace/ the group. (그녀는 그의 포옹/그 단체에서 벗어났다.)

b. Some of them **detached** themselves **from** the party. (그들 몇몇은 자신들을 당에서 탈퇴시켰다.)

1.4. 다음은 수동태 문장으로 주어는 떼어진다.

(4) a. Soldiers were **detached** to guard the visiting queen. (군인들은 방문 중인 여왕을 보호하기 위해 파견되었다.)

b. The kitchen is **detached from** the main building. (그 주방은 본관에서 떨어져 있다.)

c. Five cars were **detached** from the train. (다섯 객량이 열차에서 떼어졌다.)

detail

이 동사의 개념 바탕에는 detail의 명사 '세부 사항', '선발대' 가 있다.

1 타동사 용법

1.1. 다음 주어는 목적어를 상세하게 열거하거나 설명한다.

(1) a. The employees were asked to **detail** their complaints. (그 고용자들이 자신들의 불평 사항을 자세히 열거하도록 요청 받았다.)

b. The brochure **details** all the hotels in the area. (그 소책자는 그 지역의 모든 호텔들을 상세하게 열거한다.)

c. The victim **detailed** the crime for the police officer. (그 피해자는 그 범죄를 경찰관에게 상세하게 설명했다.)

d. The reporter **detailed** the scandal in an exclusive story. (그 기자는 그 스캔들을 한 독점 기사에서 상술했다.)

e. The letter **detailed** the company's requirements for a new product. (그 문서는 신제품에 대한 회사의 필요 조건을 자세하게 열거했다.)

1.2. 다음 주어는 목적어를 보낸다.

(2) a. **Detail** someone for sentry duty. (누군가를 보초 임무를 위해 보내라.)

b. The highway department **detailed** more ploughs to clear the snow. (그 고속도로 부서는 더 많은 제설기를 눈을 치워내기 위해 보냈다.)

1.3 다음은 수동태 문장으로 주어서 뽑혀서 파견된다.

(3) a. A squad was **detailed** to find the desert. (한 분대가 사막을 찾기 위해 파견되었다.)

b. You are **detailed** to the night watch. (너는 야간 보초에 선발되어 파견된다.)

c. We were **detailed** to pick out a camp site. (우리는 캠프 사이트를 물색하는 일에 선발되어 파견되었다.)

detect

이 동사의 개념 바탕에는 잘 안 보이는 무엇을 찾아내는 과정이 있다.

1. 타동사 용법

1.1. 다음 주어는 목적어를 찾아낸다.

(1) a. The bird **detected** a worm in the grass and dived down to get it. (그 새는 벌레를 풀밭에서 찾아내어서 잡기 위해 아래로 날아내려 갔다.)

b. We **detected** a spy. (우리는 스파이를 찾아냈다.)

c. The tests are designed to **detect** the disease. (그

시험은 그 병을 찾아내기 위해 고안된 것이다.)

d. Many forms of diseases can be cured if **detected** early.(질병의 많은 형태는 조기에 찾아지면 고쳐질 수 있다.)

1.2. 다음 주어는 목적어를 어떤 행동을 하고 있음을 찾아낸다.

(2) a. I **detected** a young (in the act of) stealing an apple(나는 그 젊은이가 사과를 훔치고 있는 것을 포착했다.)

b. I **detected** him cheating.(나는 그가 속이고 있음을 찾아냈다.)

c. The child was **detected** hiding under the bed.(그 어린이는 침대 밑에 숨어 있는 것이 발각되었다.)

1.3. 다음 주어는 목적어를 찾아낸다.

(3) a. He can **detect** the difference in color/ taste.(그는 색깔/맛의 차이점을 찾아낼 수 있다.)

b. We **detected** his lie/ an error in the account.(우리는 거짓말/실수를 그 진술에서 찾아냈다.)

c. I **detected** a subtle change in her feelings.(나는 미묘한 변화를 그녀의 마음에서 찾아냈다.)

d. I **detected** a note of annoyance in her voice.(나는 짜증을 그녀의 목소리에서 찾아냈다.)

e Do I **detect** a note of sarcasm in your voice?(내가 빈정거림을 너의 목소리에서 찾아내는가요?)

f. I **detected** a strange odor.(나는 이상한 향기를 찾아냈다.)

g. He **detected** a slight flaw.(그는 사소한 실수를 찾아냈다.)

h. He couldn't **detect** the source of the electrical failure.(그는 전기 고장의 원인을 찾아낼 수 없었다.)

deter

이 동사의 개념 바탕에는 저지하거나 단념시키는 과정이 있다.

1. 타동사 용법

1.1. 다음 주어는 목적어를 from의 목적어로부터 단념시킨다.

(1) a. The sudden downpour **deterred** us from playing golf.(갑작스러운 비가 우리로 하여금 골프 치는것을 단념하게 했다.)

b. The threat of rain **deterred** us from picnicking.(그 비의 위협이 우리로 하여금 소풍을 가는 것을 단념시켰다.)

c. The light rain did not **deter** us from playing outside.(그 가랑비는 우리가 밖에 나가 노는 것을 단념시키지 않았다.)

d. Does the death penalty **deter** crime?(사형 제도가 범죄를 억제하는가?)

e. This circumstance **deterred** us from accepting his offer.(이 상황이 우리로 하여금 그의 제의를 받아들이는 것을 단념하게 했다.)

f. Road work will **deter** drivers from taking that route.(도로 작업은 운전자들이 그 길을 가는 것을 단념하게 할것이다.)

g. Nothing can **deter** me from my determination.(아무 것도 나를 나의 결정에서 단념시킬 수 없다.)

h. The new program will **deter** kids from experimenting with drugs.(그 새 프로그램은 아이들이 마약을 가지고 실험하는 것을 막을 것이다.)

i. We need severe punishments to **deter** people from dealing in drugs.(우리는 사람들이 마약을 거래하는 것을 막을 수 있도록 엄중한 처벌이 필요하다.)

j. The existence of such discrimination did not **deter** her from seeking work.(그러한 차별의 존재는 그녀를 일을 찾는 것으로 부터 막지는 못했다.)

l. Nothing can **deter** him from (doing) his duty.(아무 것도 그가 의무를 수행하는 것으로부터 막을 수 없을 것이다.)

m. The high price of the service should **deter** people from seeking advice.(그 서비스의 높은 단가는 사람들이 조언을 찾는 것을 단념시킬 것이다.)

n. High prices are **deterring** a lot of young couples from buying houses.(높은 값이 많은 젊은이들을 집을 사는 것으로부터 단념시킨다.)

o. The extreme cold **deterred** him from going downtown/going on a hike/starting.(극도의 추위가 그를 시내로 가는/하이킹을 가는/출발하는 것으로부터 단념시켰다.)

p. The large dog **deterred** trespassers from entering.(그 큰 개는 침입자를 들어가는 것으로부터 단념시켰다.)

1.2. 다음 주어는 목적어를 막아서 의도하는 일을 못하게 한다.

(2) a. A woman **deterred** a robber attacking her by yelling for the police.(여자가 경찰을 부르는 소리를 질러서 강도가 그녀를 공격하는 것을 단념시켰다.)

b. The punishment did not **deter** him.(그 처벌이 그를 단념시키지 못했다.)

1.3. 다음은 수동태 문장으로 주어는 방해를 받는다.

(3) a. I was going to be **deterred** by his threats.(나는 그의 협박에 주저하게 되었다.)

b. He was not **deterred** by the hostile reaction.(그는 적대적인 반응에 저지되지 않았다.)

c. Jane was not **deterred** by his criticism.(제인은 그의 비판에도 저지되지 않았다.)

d. These measures were designed to **deter** an enemy attack.(이들 조처는 적들의 공격을 방지하기 위해 고안되었다.)

1.4. 다음 목적어는 과정과 관계가 있다. 주어는 목적어(과정)가 일어나지 않게 한다.

(4) a. You have to treat the timber with creosote to **deter** rot.(너는 썩지 않도록 그 목재를 크레오소트로 칠해야 한다.)

b. Paint the timber to **deter** rot.(그 목재가 썩지 않도록 페인트 칠을 해라.)

deteriorate

이 동사의 개념 바탕에는 질, 가치, 상태 등이 나빠지는 과정이 있다.

1. 자동사 용법

1.1. 다음 주어는 상태가 나빠진다.
(1) a. The patient's condition **deteriorated** in the last few days.(그 환자의 상태가 지난 몇일 동안 악화되었다.)
    b. The neglected old house **deteriorated**.(버려진 낡은 집은 쇠락했다.)
    c. His health **deteriorated** and he died.(그의 건강이 악화되어 사망했다.)
    d. The railroad **deteriorated** as air travel grew.(철도는 항공 산업이 성장함에 따라 쇠락해 갔다.)
    e. The relations between the two countries have since **deteriorated**.(그 양국 간의 관계는 그 이후로 악화되었다.)

1.2. 다음 주어는 전치사 into의 목적어가 가리키는 나쁜 상태가 된다.
(2) a. The discussion quickly **deteriorated into** an angry argument.(그 토론은 곧 노기 띤 언쟁으로 바뀌어 버렸다.)
    b. The meeting soon **deteriorated into** a fight.(그 모임은 곧 싸움으로 변해 버렸다.)
    c. The economic situation can quickly **deteriorate into** social unrest.(그 경제 상황은 빠르게 사회 불안으로 퇴화될 수 있다.)

2. 타동사 용법

2.1. 다음 주어는 목적어의 상태가 나빠지게 만든다.
(3) a. The moisture **deteriorated** the cover of the book.(그 습기는 책 표지를 망가뜨렸다.)
    b. Rust **deteriorates** metals.(녹은 금속들을 나쁘게 만든다.)

determine

이 동사의 개념 바탕에는 확실하게 정하는 과정이다.

1. 타동사 용법

1.1. 다음의 주어는 경계를 정한다.
(1) a. These high mountains **determine** the natural boundary between the two countries.(이 높은 산들은 두 나라 사이의 자연 경계를 정한다.)
    b. The dispute has not yet been **determined**.(그 토론은 아직 결정되지 않았다.)

1.2. 다음의 주어는 목적어를 결정한다.
(2) a. He is trying to **determine** the cause of the accident.(그는 그 사건의 원인을 결정하려고 노력하고 있다.)
    b. Let's **determine** the date for the trip.(그 여행의 날짜를 결정하자.)
    c. I tried to **determine** the reasons for her actions.(나는 그녀의 행동의 원인이 무엇인지 결정하려고 노력했다.)
    d. The meaning of a word is **determined** by its use in a particular sentence.(한 단어의 의미는 특정 문장에서 사용된 용법에 의해 결정된다.)

1.3. 다음의 주어는 목적어가 어떤 일을 하도록 정한다.
(3) a. The rain **determined** us to take us the bus.(그 비가 우리를 그 버스를 타게 정했다.)
    b. Her encouragement **determined** me to go on with the experiment.(그녀의 격려는 나로 하여금 그 실험을 계속하게 했다.)
    c. The accident **determined** him to be more careful.(그 사고는 그를 더 조심하게 했다.)

1.4. 다음의 주어는 목적어가 against의 목적어를 반대하게 한다.
(4) a. The letter **determined** him against the plan.(그 편지는 그가 그 계획에 반대하게 했다.)
    b. What **determined** him against the picnic?(무엇이 그를 그 소풍에 반대하게 했느냐?)

1.5. 다음의 주어는 목적어를 정한다. 목적어는 의문사가 이끄는 절이다.
(5) a. The pilot **determined how** far he was from the airport.(그 비행사는 그가 공항에서 얼마나 멀리 떨어져 있을지 결정했다.)
    b. Time will **determine how** much we can do.(시간은 우리가 얼마나 많이 할 수 있는지 결정할 것이다.)
    c. Can we **determine how** long she has been dead?(우리는 얼마 동안 그녀가 죽어 있었는지 결정할 수 있을까?)
    d. We have not **determined** yet **what** to do.(우리는 무엇을 할지 아직 정하지 않았다.)
    e. The tests will help the doctors **determine what** treatment to use.(그 테스트들은 의사들에게 어떤 치료 방법을 사용할지 결정하는 데 도움을 줄 것이다.)
    f. Let's **determine when** we are to go.(우리가 언제 갈 것인지 결정하자.)
    g. Tomorrow's weather will **determine where** to go.(내일 날씨가 어디로 갈지 결정할 것이다.)
    h. Using sonar the navy **determined** exactly **where** the ship had sunk.(그 수중 음파 탐지기를 써서 해군은 어디에서 배가 침몰했는가를 결정했다.)
    i. **Determine which** is right.(어떤 것이 옳은지 결정해라.)

1.6. 다음 주어는 목적어를 결정한다. 주어는 사람이 아닌 개체이다.
(6) a. The amount of the available water **determines** the number of houses that can be built.(사용 가능한 물의 양은 세워질 수 있는 주택의 숫자를 결정한다.)
    b. Climate **determines how** people in different part of the world live.(날씨는 세계의 다른 지방 사람들이 어떻게 살아가는가를 결정한다.)
    c. The amount of rainfall **determines** the size of the crop.(그 강우량이 농작물의 양을 결정한다.)
    d. Rainfall often **determines how** well crops grow.(강우량은 종종 농작물이 얼마나 잘 자라는지를 결정짓는다.)
    e. Demand **determines** prices.(수요가 가격을 결정짓는다.)

1.7. 다음은 수동태 문장으로 주어는 결정되는 개체이다.

(7) a. Character is **determined** my early education.(성격은 내 어린 시절의 교육에 의해 결정된다.)

    b. It has not been **determined** who was responsible for the attack.(누가 그 공격에 책임을 지고 있었는지 아직 결정되지 않았다.)

1.8. 다음 that이 이끄는 절은 주어가 한 결심의 내용이다.

(8) a. She has **determined** that she will win the election.(그녀는 그 선거에서 승리할 것을 결심했다.)

    b. He **determined** that nobody should dissuade him from doing it.(그는 어떤 사람도 그가 그것을 하는 것을 막아서는 안 된다고 결심했다.)

    c. The court **determined** that the defendant should pay the legal cost.(법원은 피고가 법적 비용을 지불해야 한다고 결정했다.)

2. 자동사 용법

2.1. 다음에서 주어는 부정사가 가리키는 일을 하기로 결정하였다.

(9) a. He has **determined** to be a lawyer.(그는 변호사가 되기로 결정했다.)

    b. I haven't **determined** to go to college or not.(나는 대학에 갈지 안 갈지 아직 결정하지 않았다.)

    c. He **determined** to become the best player in the team.(그는 팀에서 최고의 선수가 될 것을 결심했다.)

    d. They **determined** to leave school at once.(그들은 즉시 학교를 떠날 것을 결정했다.)

    e. He **determined** to try again.(그는 다시 시도하기로 결심했다.)

    f. She **determined** to do the housework by herself.(그녀는 혼자서 집안 일을 하기로 결정했다.)

2.2. 다음에서 주어는 on의 목적어에 대해서 결정한다.

(10) a. They **determined** on their course of future.(그들은 미래의 행로를 결정했다.)

    b. We **determined** on going at once.(우리는 즉시 가기로 결정했다.)

detest

이 동사의 개념 바탕에는 심하게 싫어하는 과정이 있다.

1. 타동사 용법

1.1. 다음에서 주어는 목적어를 싫어한다.

(1) a. Mary **detests** snakes/onions.(메리는 뱀/양파를 싫어한다.)

    b. We **detest** war/violence.(우리는 전쟁/폭력을 싫어한다.)

    c. They **detested** each other on sight.(그들은 서로를 보자마자 싫어했다.)

    d. I **detest** dishonest people/bullies.(나는 부정직한 사람들/불량배들을 싫어한다.)

    e. The dictator **detested** the monument and had it

removed.(그 독재자는 그 기념비를 싫어해서 그것이 제거되도록 시켰다.)

1.2. 다음에는 주어가 싫어하는 일이 동명사로 표현되어 있다.

(2) a. He **detests** having to talk to people at parties.(그는 사람들과 파티에서 이야기하는 것을 싫어한다.)

    b. I **detest** killing animals in the name of sport.(나는 스포츠라는 명목으로 동물을 죽이는 것을 혐오한다.)

    c. I **detest** going on with this research.(나는 이 연구를 계속하는 것을 싫어한다.)

detonate

이 동사의 개념 바탕에는 큰 소리로 터지는 과정이 있다.

1. 자동사 용법

1.1. 다음 주어는 터진다.

(1) a. The warhead **detonated** against the hull of the submarine.(그 탄두가 잠수함의 선체에 터졌다.)

    b. The bomb failed to **detonate**.(그 폭탄은 폭발에 실패했다.)

2. 타동사 용법

2.1. 다음 주어는 목적어를 터지게 한다.

(2) a. The soldiers **detonated** the explosive.(그 군인들은 그 폭발물을 폭파시켰다.)

    b. The engineer **detonated** the charge that demolished the old building.(그 기술자는 그 낡은 건물을 해체시킨 폭약을 폭발시켰다.)

detour

이 동사의 개념 바탕에는 둘러 가는 과정이 있다.

1. 자동사 용법

1.1. 다음 주어는 돌아서 간다.

(1) a. We **detoured** to avoid the fallen tree.(우리는 넘어진 나무를 피하려고 우회해 갔다.)

    b. We **detoured** around the traffic jam by heading east.(우리는 교통 체증을 동쪽으로 가서 피해 돌아갔다.)

    c. The president **detoured** to Seoul for a special meeting.(그 대통령은 특별 회의를 위해 돌아서 서울로 갔다.)

    d. The construction is minor, and does not require anyone to **detour**.(그 공사는 소규모이니 사람들이 우회할 필요는 없다.)

2. 타동사 용법

2.1. 다음 주어는 목적어가 돌아서 가게 한다.

(2) a. The police **detoured** us around the scene of the accident.(경찰은 우리가 사건 발생지점 주위를 돌아가게 했다.)

    b. Police **detoured** traffic because of heavy

flooding.(경찰은 심한 홍수 때문에 차량을 우회시
켰다.)

2.2. 다음의 주어는 길이다. 길은 움직이지 않지만, 그
형상을 눈으로 보면 돌아가는 모습이 된다.

(3) a. The new road **detours** across the farm to the
main road.(새로 생긴 도로는 주요 도로 가는데 농
장을 우회해 간다.)

b. The new highway **detours** around the town.(새로
생긴 고속도로는 마을을 우회한다.)

detract

이 동사의 개념 바탕에는 좋은 것을 빼앗는 과정이
있다.

1. 자동사 용법

1.1. 다음 주어는 전치사 from의 목적어에서 아름다움
이나 가치를 뗀다.

(1) a. The ugly buildings **detract** from the beauty of the
village.(그 흉물스런 건물은 마을의 아름다움을 손
상시켰다.)

b. Drab curtains **detract** from the beauty of the
room.(충충한 갈색 커튼들은 방의 아름다움을 손상
시킨다.)

c. Weeds may **detract** from the beauty of a lawn.(잡
초는 잔디의 미를 손상시킬지도 모른다.)

d. The billboards lining the streets **detract** from the
beauty of the city.(그 길에 줄지어 선 게시판들은
도시의 미관을 해친다.)

e. One mistake is not to **detract** from your
achievement.(한번의 실수가 너의 성공을 손상시키
지 않는다.)

f. I don't want to **detract** from their achievement.(나
는 그들의 성취를 손상시키려고 원하지 않는다.)

g. Any cracks will **detract** from the value of the
plate.(어느 금이든지 그 접시의 가치를 손상시킬 것
이다.)

h. This **detracts** nothing from its value.(이것은 그것
의 가치를 전혀 손상시키지 않는다.)

i. Their argument **detracted** from the otherwise
pleasant conversation.(그들의 논쟁은 다를 경우라
면 즐거운 대화를 손상시켰다.)

j. A scratch **detracted** from the value of the cable.
(그 긁힌 자국은 케이블의 가치를 손상시켰다.)

k. Nothing should **detract** from his enjoyment of the
trip.(어떤 것도 그가 여행을 즐기는 것을 손상하지
않을 것이다.)

l. Bad weather **detracted** from the wedding. (나쁜 날
씨가 결혼식을 손상시켰다.)

m. This scandal will **detract** greatly from his honor.
(이 스캔들은 그의 명예를 크게 손상시킬 것이다.)

2. 타동사 용법

2.1. 다음 주어는 목적어를 전치사 from의 목적어에서
떼어내거나 빼앗는다.

(2) a. They **detracted** my attention from it.(그들은 나의

주의를 그것에서 빼앗았다.)

b. The ugly frame **detracts** something from the
beauty of the picture.(그 흉측한 액자는 그림의 아
름다움을 손상시킨다.)

devastate

이 동사의 개념 바탕에는 황폐화되는 과정이 있다.

1. 타동사 용법

1.1. 다음 주어는 목적어를 황폐화시킨다.

(1) a. The fire **devastated** the city.(그 화재는 도시를 황
폐화시켰다.)

b. The bomb **devastated** much of the city.(그 폭탄은
도시의 대부분을 황폐화시켰다.)

1.2. 다음 주어는 목적어를 크게 영향을 준다.

(2) a. The latest piece of bad news **devastated** us.(최신
나쁜 소식은 우리를 정신적으로 망연자실하게 했
다.)

b. The news of the fire **devastated** John.(그 화재 소
식은 존을 망연자실하게 했다.)

c. A malpractice case can **devastate** a doctor's
career.(의료 과실은 의사 경력에 치명적 영향을 줄
수 있다.)

1.3. 다음은 수동태 문장으로 주어는 크게 영향을 받는
다.

(3) a. Ron was **devastated** by the news of his girlfriend.
(론은 자기 여자 친구의 소식을 듣고 황폐해져 갔
다.)

b. Mary's sister was **devastated** by her disappe-
arance.(메리의 언니는 그녀의 실종에 큰 충격을 받
았다.)

b. West India was **devastated** by a huge earthquake.
(서인도는 큰 지진에 황폐화되었다.)

develop

이 동사의 개념 바탕에는 점차로 커지는 과정이 있
다.

1. 자동사 용법

1.1. 다음 주어는 자라서 into의 목적어의 상태가 된다.

(1) a. The seeds **developed into** plants.(그 씨들은 자라
서 식물이 되었다.)

b. An acorn **develops into** an oak.(도토리는 자라서
참나무가 된다.)

c. She has **developed into** a beautiful girl.(그녀는 아
름다운 소녀로 자랐다.)

d. He **developed into** a good citizen.(그는 자라서 선
량한 시민이 되었다.)

e. The city has **developed into** a large one.(그 시는
큰 시로 발전했다.)

f. Nervousness **develops into** a disease.(초조는 병이
된다.)

1.2. 다음 주어는 from의 목적어에서 시작된다.

(2) a. Plants **develop from** seeds.(식물은 씨가 커서 된다.)

b. Land animals are believed to have **developed from** sea animals. (육지 동물은 바다 동물에서 생겨난 것으로 믿어진다.)

c. A blossom **develops from** a bud. (만발한 꽃은 봉오리에서부터 자란다.)

1.3. 다음 주어는 추상적이지만 크기가 있는 개체로 개념화되어 있다.

(3) a. Our business **developed** very slowly. (우리 사업은 매우 느리게 발전했다.)

b. Day by day the plan **developed** in his mind. (매일매일 그 계획은 그의 마음 속에서 발전되었다.)

c. An interest in cooking **developed** in her when she was eleven. (요리에 대한 관심은 그녀가 11살이었을 때 그녀의 마음 속에서 자랐다.)

d. The child's mind **develops** with education and time. (아이의 마음은 교육과 시간과 함께 발달된다.)

1.4. 다음 주어는 없던 상태에서 생겨난다.

(4) a. Spots **developed** on her face. (점들이 그녀 얼굴에 나타났다.)

b. A fever **developed**. (열이 났다.)

c. Trouble is **developing** in the cities. (문제가 그 도시에서 발생하고 있다.)

d. These photographs haven't **developed** very well. (이 사진들은 현상이 잘 되지 않았다.)

2. 타동사 용법

2.1. 다음 주어는 목적어를 새로 생겨나게 한다.

(5) a. My trousers have **developed** a shine. (내 바지가 반질반질하게 되었다.)

b. That engine **develops** a lot of heat. (그 엔진은 많은 열을 낸다.)

c. They **developed** a mine in that area. (그들은 광산을 그 지역에 개발했다.)

d. Scientists have **developed** many new drugs. (과학자들은 많은 새 약들을 개발했다.)

e. They **developed** the water power of the area. (그들은 그 지역의 수력을 개발했다.)

f. They are **developing** their muscles. (그들은 자신들의 근육을 더 튼튼하게 만들고 있다.)

g. He **developed** a stammer/a wobble. (그는 말을 더듬게/비틀거리게 되었다.)

2.2. 다음 주어는 목적어를 생기게 한다. 목적어는 병이다.

(6) a. He seems to have **developed** tuberculosis. (그는 결핵을 일으킨 것 같다.)

b. He **developed** a strange disease. (그는 이상한 병이 생겼다.)

c. He **developed** a rash. (그는 발진이 생겼다.)

2.3. 다음 주어는 목적어를 마음 속에 전개시킨다.

(7) a. He is **developing** a habit of going to bed late. (그는 늦게 잠자리에 드는 습관을 기르고 있다.)

b. He is **developing** an interest in photography. (그는 사진술에 관심을 키우고 있다.)

c. The boy is gradually **developing** a tendency to obstinacy. (그 소년은 점차로 완고한 성향을 기르고

있다.)

d. I **developed** the idea a little more fully. (나는 그 생각을 좀 더 충실하게 발전시켰다.)

e. We **developed** a plan for the club. (우리는 그 모임의 계획을 만들었다.)

2.4. 다음 주어는 목적어를 개발한다. 목적어는 장소이다.

(8) a. He is **developing** his mind. (그는 마음을 개발하고 있다.)

b. The company is **developing** the area. (그 회사는 그 지역을 개발하고 있다.)

c. We **developed** the wasteland. (우리는 그 황무지를 개발했다.)

2.5. 다음 주어는 목적어를 보이게 한다.

(9) a. My brother **develops** all his own film. (내 동생은 자신의 모든 필름을 현상한다.)

b. The investigation did not **develop** any new facts. (그 조사는 아무런 새 사실을 밝혀내지 못했다.)

deviate

이 동사의 개념 바탕에는 정상에서 벗어나는 과정이 있다.

1. 자동사 용법

1.1. 다음 주어는 전치사 from의 목적어에서 벗어난다.

(1) a. The car **deviated from** the middle of the road. (그 차는 길의 중간에서 벗어났다.)

b. The bus had to **deviate from** its usual route because of the road closure. (그 버스는 도로 차단 때문에 평상시의 노선에서 벗어나야만 했다.)

c. The plane **deviated from** its usual flight path. (그 비행기는 평상시의 비행 노선에서 벗어났다.)

1.2. 다음 주어는 전치사 from의 목적어에서 벗어난다. 목적어는 추상적 개체이다.

(2) a. The witness **deviated from** the truth. (그 목격자는 진실에서 벗어났다.)

b. The story of the witness never **deviated from** the truth. (그 목격자의 이야기는 진실에서 벗어나지 않았다.)

c. Their plans **deviated from** what we agreed to do. (그들의 계획들은 자신들이 하기로 동의한 것에서 벗어났다.)

d. The screenplay does not **deviate** much **from** the book. (그 영화의 대본은 원작에서 많이 벗어나지 않는다.)

e. The teacher **deviated from** the lesson plan/ his original plan. (그 선생님은 수업 계획/원래 계획에서 벗어났다.)

f. She never **deviates from** her habits. (그녀는 습관에서 벗어나지 않는다.)

g. The statistics for April seem to **deviate from** the norm. (4월의 통계는 표준에서 벗어나는 것 같다.)

h. He has never **deviated from** the path of duty/the company's policy. (그는 의무의 길/그 회사의 정책

에서 결코 벗어난 적이 없다.)

devise

이 동사의 개념 바탕에는 고안하는 과정이 있다.

1. 타동사 용법
1.1. 다음 주어는 목적어를 고안한다.
(1) a. He **devised** a way to open the door with a remote control.(그는 문을 원격 조정 장치로 여는 방법을 고안했다.)

b. She **devised** a method for quicker communications between offices.(그녀는 사무실 사이에 더 빠른 연락 방법을 고안했다.)

c. The inventor **devised** a new gadget for squeezing orange.(그 발명가는 오렌지를 짜는 새 장치를 고안했다.)

d. The teacher **devised** the game as a way of making math fun.(그 선생님은 수학을 재미있게 하는 방법으로 그 게임을 고안했다.)

e. They **devised** a plan for getting the jewel out of the country.(그들은 나라 밖으로 그 보석을 내보내는 계획을 고안했다.)

f. We have to **devise** some means of getting the piano up the stairs.(우리는 그 피아노를 계단 위로 옮기는 수단을 고안해야만 한다.)

1.2. 다음은 수동태 문장으로 주어는 고안되는 개체이다.
(2) a. A new system has been **devised** to control traffic in the city.(새로운 체제가 그 도시에서 교통을 제어하기 위해 고안되었다.)

b. A gadget for squeezing orange is **devised**.(오렌지를 짜는 장치가 고안된다.)

devolve

이 동사의 개념 바탕에는 넘겨지는 과정이 있다.

1. 자동사 용법
1.1. 다음에서 주어는 그 책임이 전치사 on의 목적어에 옮겨진다. on의 목적어는 부담을 가지게 된다.
(1) a. It doesn't **devolve on** us to settle the matter.(그 문제의 해결은 우리에게 떨어지지 않는다.)

b. Most of the mayor's work **devolved on** his deputy.(그 시장 직무의 대부분은 부시장에게 맡겨졌다.)

c. These responsibilities will **devolve on** the next president.(이 책임들은 차기 대통령에게 맡겨질 것이다.)

d. During his illness, various duties **devolved on** me.(그가 아픈 동안, 여러 가지 일들이 내게 맡겨졌다.)

e. His estate **devolved upon** a distant relative.(그의 부동산은 한 먼 친척에게 양도되었다.)

1.2. 다음에는 전치사 to가 쓰여서 주어와 전치사 to의 목적어 사이에 소유물-소유자 관계가 성립된다.
(2) a. The house will **devolve** to his daughter.(그 집은 그의 딸에게 양도될 것이다.)

2. 타동사 용법
2.1. 다음에서 주어는 목적어를 전치사 to의 목적어로 옮긴다.
(3) a. The chairman will **devolve** his responsibilities **to** me when he goes on vacation.(그 의장은 휴가를 갈 때 나에게 책임을 넘길 것이다.)

b. The national government **devolved** all responsibility for education **to** local government.(그 중앙 정부는 교육에 대한 모든 책임을 지방 정부에 일임했다.)

c. The president **devolved** decision making **to** department managers.(그 사장은 결정권을 부장들에게 이임했다.)

d. The central government **devolved** most tax-raising powers **to** the regional authorities.(그 중앙 정부는 대부분의 세금 인상 권한을 지역 관계 당국에 일임했다.)

e. The judge **devolved** the property **to** the wife of the deceased.(그 판사는 그 재산을 고인의 아내에게 주었다.)

2.2. 다음에서 주어는 목적어를 전치사 on의 목적어로 옮긴다. on의 목적어는 부담을 갖는다.
(4) a. He **devolved** the duty **upon** his representative.(그는 임무를 자신의 대리인에게 맡겼다.)

b. The governor **devolved** the choice **upon** the committee.(그 주지사는 선택을 그 위원회에 맡겼다.)

2.3. 다음은 수동태 문장으로 주어는 넘겨진다.
(5) The duties have been **devolved on** us.(그 임무는 우리가 맡아서 해오고 있다.)

devote

이 동사의 개념 바탕에는 무엇을 바치는 과정이 있다.

1. 타동사 용법
1.1. 다음에서 주어는 삶을 어떤 일에 바친다.
(1) a. He **devoted** his life to music.(그는 삶을 음악에 바쳤다.)

b. He **devoted** his life to helping the blind.(그는 인생을 맹인들을 돕는 데 바쳤다.)

c. She wants to **devote** more of her time to her family and less to the business.(그녀는 그녀 시간의 더 많은 부분을 가족들에게, 그리고 더 적은 시간을 일에 바치길 원한다.)

d. He **devoted** his life to education.(그는 일생을 교육에 바쳤다.)

e. He should **devote** more of his time to study.(그는 더 많은 시간을 공부하는데 바쳐야 한다.)

1.2. 다음 주어는 목적어를 바친다. 목적어는 시간이다.
(2) a. He **devotes** a few hours to working on the plants.(그는 몇 시간을 식물을 기르는 데 바친다.)

b. Sue **devoted** an extra hour to completing the project.(수는 과외 한 시간을 그 기획 사업을 완성하는데 바쳤다.)

1.3. 다음에서 주어는 자신을 어떤 일에 바친다.
(3) a. She **devoted** herself to caring for the poor.(그녀는 가난한 사람들을 돌보는 데 헌신했다.)
b. He is **devoting** himself to study.(그는 공부하는 데 전념하고 있다.)
c. She **devoted** herself to her career.(그녀는 자신의 성공을 위해 전념했다.)
d. He **devotes** himself to charity work.(그는 자선 사업에 전념한다.)
e. The farmer was **devoted** to conservation.(그 농부는 환경 보호에 전념했다.)

1.4. 다음은 수동태 문장으로 주어는 어떤 일에 헌신하는 사람이다.
(4) a. He is **devoted** to study. (그는 공부에 헌신한다.)
b. They are deeply **devoted** to each other.(그들은 서로서로 깊이 헌신한다.)

1.5. 다음에서 주어는 목적어를 to의 목적에 할애 한다.
(5) a. The museum **devotes** one wing to modern art.(그 박물관은 한쪽 측면을 현대 예술에 할애하고 있다.)
b. He **devotes** a chapter to his personal philosophy.(그는 한 단원을 자신의 개인적인 철학을 논하는 데 할애한다.)

devour
이 동사의 개념 바탕에는 삼키는 과정이 있다.

1. 타동사 용법
1.1. 다음 주어는 목적어를 삼킨다.
(1) a. The animal **devoured** the food in the garbage can.(그 동물은 쓰레기통의 먹이를 게걸스럽게 먹었다.)
b. He **devoured** several helpings of stew.(그는 여러 차례 스튜를 게걸스레 먹었다.)
c. He **devoured** his lunch(그는 점심을 게걸스럽게 먹었다.)

1.2. 다음 주어는 목적어를 삼킨다. [생각은 음식] 은유가 적용된 표현이다.
(2) a. He **devours** all the books he can lay his hands on.(그는 손에 닿는 모든 책들을 탐독한다.)
b. The student **devoured** the text on chemistry.(그 학생은 화학에 관한 교재들을 탐독했다.)
c. Joseph **devoured** the contents of the book avidly.(조셉은 그 책의 내용들을 열심히 읽어 들였다.)
d. He **devoured** one book after another.(그는 차례차례로 책들을 탐독했다.)

1.3. 다음 주어는 목적어를 삼키듯 한다.
(3) a. The waves **devoured** the pier.(그 파도는 그 부두를 삼켜 버렸다.)
b. Fire **devoured** the building.(그 화재는 그 건물을 완전히 태워 버렸다.)

1.4. 다음은 수동태 문장으로 주어는 삼켜진다.
(4) a. He is **devoured** by anxiety.(그는 걱정에 정신이 빠져 있다.)

b. His mind is **devoured** by hatred.(그의 마음은 증오에 사로잡혀 있다.)
c. She was **devoured** by jealousy.(그녀는 질투심에 사로잡혀 있었다.)

diagnose
이 동사의 개념 바탕에는 증상을 조사하여 병을 진단하는 과정이 있다.

1. 타동사 용법
1.1. 다음 주어는 목적어를 진단한다.
(1) a. He **diagnosed** cancer after the examination of the tissues.(그는 암을 조직 검사 후에 찾아냈다.)
b. The pathologist **diagnosed** the fatal virus.(그 병리학자는 치명적인 바이러스를 찾아냈다.)
c. Doctors **diagnose** disease, and mechanics car trouble.(의사들은 병을 찾아내고, 기계공들은 차의 문제를 찾아낸다.)

1.2. 다음 주어는 목적어를 as의 목적어로 진단한다.
(2) a. She **diagnosed** the illness **as** cancer.(그녀는 그 병을 암으로 진단했다.)
b. The doctor **diagnosed** her case **as** tuberculosis/mumps.(그 의사는 그녀의 병을 결핵/유행성 이하선염으로 진단했다.)

1.3. 다음은 수동태 문장으로 주어는 as의 목적어로 진단된다.
(3) a. He was **diagnosed** (as) diabetic when he was 40.(그는 40세 때 당뇨로 진단되었다.)
b. Her conditions were **diagnosed** as some kind of blood disorder.(그녀의 상태는 어떤 종류의 혈액병으로 진단되었다.)
c. She was **diagnosed** **as** having diabetes/being diabetes.(그녀는 당뇨병을 가지고 있는 것으로 진단되었다.)

1.4. 다음 주어는 목적어를 찾아낸다.
(4) a. The mechanic **diagnosed** the cause of the engine's failure.(그 기계공은 엔진의 고장의 원인을 찾아냈다.)
b. The mechanic **diagnosed** a faulty gearbox.(그 기계공은 결함이 있는 기어 박스를 찾아냈다.)

1.5. 다음은 수동태 문장으로 주어는 진단된다.
(5) The tumor was **diagnosed** the fatal virus.(그 종양은 치명적인 바이러스로 진단되었다.)

die
이 동사의 개념 바탕에는 죽는 과정이 있다.

1. 자동사 용법
1.1. 다음 주어는 죽는다.
(1) a. She is very ill and I'm afraid she's **dying**.(그녀가 매우 아파서 나는 그녀가 죽을 것으로 생각된다.)
b. He **died** in his sleep.(그는 자면서 죽었다.)
c. Three hundred people **died** in the air crash.(삼백 명이 그 비행기 추락으로 죽었다.)

1.2. 다음에 쓰인 from은 죽음의 간접 원인을 나타낸다.

(2) a. He **died from** the wounds he received in the fight. (그는 그 싸움에서 받은 상처로 죽었다.)

b. He **died from** swallowing a fishbone.(그는 생선 가시를 삼켜서 죽었다.)

1.3. 죽음의 원인이 직접적이라고 판단될 때에는 전치사 of가 쓰인다.

(3) a. I shall **die of** boredom/hunger/thirst/sorrow.(나는 지루해서/배고파서/목말라서/슬퍼서 죽겠다.)

b. She just **died of** old age.(그녀는 노령으로 죽었다.)

1.4. 다음 주어는 추상적이나 구체적인, 생명이 있는 개체로 개념화되어 있다.

(4) a. This memory will never **die**.(이 기억은 결코 사라지지 않을 것이다.)

b. My anger **died**.(내 분노가 사그라졌다.)

c. His secret **died** with him.(그의 비밀은 그와 함께 사라졌다.)

d. My love for you will never **die**.(너에 대한 내 사랑은 결코 사라지지 않을 것이다.)

1.5. 시간이나 공간 속에 존재하는 과정도 생명이 있는 것으로 개념화된다.

(5) a. The music suddenly **died** as the radio was switched off.(그 라디오가 꺼지자 음악은 갑자기 꺼졌다.)

b. The sound of the bell is **dying** on the air.(그 종의 소리는 공중에서 점점 사라지고 있다.)

c. The motor has **died**.(그 모터가 꺼졌다.)

d. The engine spluttered a few times and then **died**. (그 엔진이 몇 번 퍼더덕 소리내더니 꺼졌다.)

e. The phone just **died** on me while I was in the middle of a conversation.(전화는 내가 한참 대화를 하고 있을 때 끊겼다.)

1.6. 다음은 [극단적인 감정은 죽음] 은유가 적용된 표현이다.

(6) a. He is **dying** for a drink.(그는 술을 마시고 싶어 죽는다.)

b. He is **dying** for a cigarette. (그는 담배를 피우고 싶어 죽는다.)

1.7. 다음에서 주어가 하고 싶은 일이 to부정사로 표현되어 있다.

(7) a. I'm **dying** to go to Alaska.(나는 알라스카에 가고 싶어 죽겠다.)

b. She's **dying** to go with you.(그녀는 너와 함께 가고 싶어 죽는다.)

c. He's **dying** to be a singer.(그는 가수가 되고 싶어 죽는다.)

d. We're all **dying** to hear what happened.(우리 모두는 무슨 일이 일어났는지 알고 싶어 죽겠다.)

1.8. 다음에는 주어가 죽을 때의 상태가 표현되어 있다.

(8) a. He **died** a rich man.(그는 부자로 죽었다.)

b. She **died** a beggar.(그녀는 거지로 죽었다.)

c. He **died** poor/rich.(그는 가난하게/부자로 죽었다.)

d. He **died** in peace/in agony.(그는 평화롭게/괴롭게 죽었다.)

2. 타동사 용법

2.1. 다음 주어는 목적어를 죽는다.

(9) a. The general **died** a hero's death.(그 장군은 영웅으로 죽었다.)

b. What kind of death **did** she **die**?(어떤 죽음으로 그녀는 죽었느냐?)

dibble

이 동사의 개념 바탕에는 구멍을 파는 과정이 있다.

1. 타동사 용법

1.1. 다음 주어는 목적어를 판다.

(1) **Dibble** the soil before planting.(심기 전에 먼저 그 땅을 파서 구멍을 내어라.)

dictate

이 동사의 개념 바탕에는 말로 지시하는 과정이 있다.

1. 타동사 용법

1.1. 다음 주어는 목적어를 지시한다.

(1) a. The victorious nations were able to **dictate** peace terms.(승전국들은 평화 조건들을 지시할 수 있었다.)

b. The victorious nation **dictated** the conditions of peace.(승전국은 평화의 조건들을 지시했다.)

1.2. 다음 주어는 지시를 받는다.

(2) a. I refuse to be **dictated by** a mindless bureaucrat. (나는 정신 없는 관료의 지시를 받기를 거절한다.)

b. His conduct is **dictated by** conscience.(그의 행동은 양심의 지시를 받는다.)

1.3. 다음 that-절을 주어가 명령하는 내용이다.

(3) a. The custom **dictates that** men should be clean-shaven.(그 관습은 남자들이 면도를 깨끗이 해야 한다고 지시한다.)

b. The tennis club rules **dictate that** suitable footwear must be worn on the courts.(그 테니스 클럽의 규칙은 코트에서 알맞은 신발을 신어야 한다고 지시한다.)

1.4. 다음 의문사가 이끄는 절은 주어가 명령하는 내용이다.

(4) a. Can they **dictate how** the money will be spent? (그들은 그 돈이 어떻게 쓰여질 것인지를 지시할 수 있는가?)

b. What right do they have to **dictate how** we live our lives?(그들은 우리가 삶을 어떻게 살아야 하는지를 지시하는 무슨 권리를 가지고 있는가?)

c. It's generally your job that **dictates where** you live now.(일반적으로 네가 지금 어디에 사는지를 지시하는 것은 너의 일이다.)

1.5. 다음은 「충동, 양심은 사람」 은유가 적용된 표현이다.

(5) Don't let your impulse **dictate** your actions.(너의 충동이 행동을 지시하게 하지 말아라.)

b. Hospital rules **dictate** visiting hours.(병원의 규칙

은 병 문안 시간을 지시한다.)

c. Do what your conscience **dictates**.(너의 양심이 지시하는 것을 해라.)

1.6. 다음 주어는 목적어를 불러서 받아쓰게 한다.

(6) a. He **dictated** a message into a tape recorder.(그는 메시지를 녹음기에 녹음했다.)

b. He **dictated** a letter to his secretary.(그는 편지를 비서에게 받아쓰게 했다.)

c. He **dictated** an order over his phone.(그는 주문을 전화로 불러주었다.)

2. 자동사 용법

2.1. 다음 주어는 받아쓰기를 시킨다.

(7) a. He is **dictating** to his secretary.(그는 자신의 비서에게 받아쓰기를 시키고 있다.)

b. Father always **dictates** to me.(아버지는 항상 나에게 받아쓰기를 시킨다.)

c. The teacher **dictated** in French **to** the class. (그 선생님은 프랑스어로 반 학생들에게 받아쓰기를 시켰다.)

d. The reporter **dictated into** his tape recorder.(그 리포터는 테이프 녹음기에 말을 녹음했다.)

differ

이 동사의 개념 바탕에는 차이가 나는 과정이 있다.

1. 자동사 용법

1.1. 다음 주어는 전치사 from의 목적어와 다르다.

(1) a. The second doctor **differed from** the first one on the reason for the patient's condition.(두 번째 의사는 첫 번째 의사와 환자의 상태에 대한 원인에 대해 의견이 달랐다.)

b. Our new model **differs from** the earlier ones in many ways.(우리의 새 모델은 먼저 것과는 여러 면에서 다르다.)

c. His view **differs** considerably **from** those of his parents.(그의 견해는 부모들의 의견과 상당히 다르다.)

d. The weather often **differs from** one part of the state to another.(그 날씨는 종종 한 주의 한 부분에서 다른 부분에서와도 다르다.)

e. The whale **differs from** the fish.(고래는 물고기와 다르다.)

f. The readers' interpretation may **differ from** the author's.(독자들의 해석은 작가와 다를 수도 있다.)

g. I beg to **differ from** you.(실례지만 나의 의견은 다르다.)

1.2. 개체를 비교할 때 두 개체가 비교되는 영역이 있다. 이 영역은 전치사 in으로 표현된다.

(2) a. French **differs from** English in many respects.(불어는 영어와 여러 면에서 다르다.)

b. His house **differs from** mine in having the staircase at the front.(그의 집은 나의 집과는 앞에 층계가 있는 점에서 다르다.)

c. High schools **differ from** grade schools in many ways.(고등학교는 초등학교와 많은 면에서 다르다.)

d. Humans **differ from** other animals in their ability to speak.(인간들은 다른 동물들과 말하는 능력에 다르다.)

e. She **differs from** her sister in character.(그녀는 자신의 자매와 성격 면에서 다르다.)

1.3. 다음에서는 비교되는 개체가 주어로 표현되어 있다. 주어는 복수형이다. 전치사 about은 이 전치사의 목적어에 관련된 여러 가지의 점을 나타낸다.

(3) a. Tastes **differ**.(취미들은 다르다.)

b. The temperature indoors and out **differed** by ten degrees.(내부 온도와 외부 온도는 10도 차이가 났다.)

c. Interpretations of what this picture represents **differ**.(이 그림이 나타내는 것이 무엇인가에 대한 해석들은 다르다.)

d. We **differed about** how to spend the money.(우리는 돈을 쓰는 방법에 대해 견해를 달리 했다.)

e. Their opinions **about** politics differ.(정치학에 대한 그들의 의견은 다르다.)

f. We **differ about** moral standards.(우리는 도덕 기준에 대해 생각이 다르다.)

g. They **differed among** themselves.(그들은 자신들 사이에서도 의견이 달랐다.)

1.4. 다음에 쓰인 전치사 in도 비교의 영역을 나타낸다.

(4) a. Our tastes in music **differ**.(음악에 대한 우리의 취향은 다르다.)

b. The two candidates **differ from** each other in style.(그 두 후보는 서로 스타일 면에서 다르다.)

c. The two reviews **differ in** length.(그 두 개의 서평은 길이에서 다르다.)

d. The hats **differ in** size/color.(그 모자들은 크기/색깔 면에서 다르다.)

e. Men **differ in** tastes/habits/temperament.(사람들은 취향/습관/기질 면에서 다르다.)

f. The houses **differ from** one another only **in** the color of the front door.(그 집들은 서로 단지 앞문의 색깔이 다르다.)

g. The two countries **differ in** culture.(그 두 나라는 문화면에서 다르다.)

h. The two sides **in** the dispute **differ** over the question of pay.(분쟁의 양쪽은 지불 문제에서 다르다.)

1.5. 다음 주어는 전치사 on나 over의 목적어와 관련하여 다르다.

(5) a. Opinions **on** the subject **differ** widely.(그 주제에 대한 의견은 폭넓게 다양하다.)

b. Ideas **on** child care may **differ** considerably between the parents.(육아에 대한 의견은 부모들 사이에서 상당히 다를 수 있다.)

c. The two lawyers **differed on** how to present the case.(그 두 명의 변호사들은 그 사건을 어떻게 제시해야 하는지에 대해 생각이 달랐다.)

d. Medical opinions **differ on** how to treat the disease.(그 병을 치료하는데 있어 의료적 견해는

다르다.)

e. We **differ over** issues like physical punishment. (우리는 체벌과 같은 쟁점에 대해 의견이 다르다.)

f. Members of the committee **differed over** what plan to accept.(그 위원회의 구성원들은 어떤 계획을 받아들여야 하는지에 대해 의견이 달랐다.)

1.6. 다음 주어는 전치사 with의 목적어에 대해 다르게 반응한다.

(6) a. She never **differed with** my plans.(그녀는 나의 계획과 결코 다르지 않았다.)

b. I **differed** from/**with** him in the solution he offered. (나는 그가 제공한 해결책과 의견을 달리했다.)

c. She **differed with** me over the choice of menu for dinner.(그녀는 저녁 메뉴에 대한 선택에 있어서 나와 생각이 달랐다.)

d. Children constantly **differ with** their parents.(아이들은 끊임없이 부모들과 의견을 달리한다.)

e. I **differ with** my partner, but we usually agree.(나는 파트너와 생각을 달리하지만, 보통 동의한다.)

f. I am sorry, I have to **differ with** you on that.(죄송하지만, 나는 그 문제에 대해 당신과 생각이 다르오.)

1.7. 다음 주어는 의견이 다르다.

(7) a. I think we will have to agree to **differ**.(나는 우리가 의견의 다른 것에 동의해야 할 것 같소.)

b. I am sorry, I must **differ**.(죄송하지만, 나는 생각이 다르오.)

diffuse

이 동사의 개념 바탕에는 흩어지는 과정이 있다.

1. 자동사 용법

1.1. 다음 주어는 퍼져 들어온다.

(1) The light **diffused** into the room.(그 빛은 방 안으로 퍼져 들어왔다.)

1.2. 다음 주어는 섞인다.

(2) Water and air **diffuse** to create fog.(물과 공기가 섞여서 안개가 된다.)

1.3. 다음 주어는 분산된다. [생각은 빛] 은유가 적용된 표현이다.

(3) The ideas **diffused** quickly across Europe.(그 아이디어는 즉시 유럽으로 퍼져 나갔다.)

2 타동사 용법

2.1. 다음 주어는 목적어를 퍼뜨린다.

(4) a. **Diffuse** the light in your room to avoid glare.(번쩍임을 피하게 방안의 빛을 분산시켜라.)

b. The winds **diffused** the smoke throughout the neighborhood.(바람은 그 연기를 이웃 전체에 퍼지게 했다.)

c. The air conditioner **diffused** the odor into all the rooms of the house.(그 에어컨은 냄새를 집의 모든 방에 퍼뜨렸다.)

d. The stove **diffused** its warmth all over the house. (그 난로는 온기를 집안 전체에 퍼뜨렸다.)

e. The printing press helped **diffuse** knowledge.(인

쇄기는 지식 보급을 도와주었다.)

2.2. 다음 주어는 목적어를 섞는다.

(5) a. He **diffused** the gases.(그는 그 기체들을 섞었다.)

b. They **diffused** the liquids.(그들은 그 액체들을 섞었다.)

2.3. 다음 주어는 목적어를 분산시킨다.

(6) His visits **diffused** the crisis over the nuclear weapons.(그의 방문은 핵무기에 관련된 위기를 분산시켰다.)

2.4. 다음 주어는 목적어를 방산한다.

(7) a. He **diffused** kindess.(그는 친절을 방산했다.)

b. She **diffused** a feeling of happiness.(그녀는 행복감을 방산했다.)

dig

이 동사의 개념 바탕에는 파는 과정이 있다.

1. 타동사 용법

1.1. 다음 주어는 목적어를 판다. 목적어는 파지는 땅이나 개체이다.

(1) a. He **dug** the ground/garden.(그는 땅/정원을 팠다.)

b. He **dug** the field for planting.(그는 그 밭을 파종을 하기 위해서 팠다.)

c. They are **digging** up the road.(그들은 그 길을 온통 파헤치고 있다.)

1.2. 다음 목적어는 파서 생겨나는 개체이다.

(2) a. He **dug** a deep hole/ditch/well.(그는 깊은 구멍/도랑/우물을 팠다.)

b. They **dug** a tunnel.(그들은 터널을 팠다.)

c. He is **digging** his own grave.(그는 자신의 무덤을 파고 있다.)

1.3. 다음 주어는 목적어를 전치사 with의 목적어로 찌른다.

(3) a. He is **digging** the horse **with** his spurs.(그는 말을 박차로 찌르고 있다.)

b. He **dug** the boy in the ribs **with** his elbow.(그는 그 소년을 팔꿈치로 옆구리를 찔렀다.)

1.4. 다음 주어는 목적어를 파서 꺼낸다.

(4) a. They are **digging** potatoes.(그들은 감자를 캐고 있다.)

b. They are **digging** clams.(그들은 대합 조개를 캐고 있다.)

c. He is **digging** the dirt to crawl under the fence.(그는 그 울타리 밑으로 기어가기 위해서 흙을 파고 있다.)

d. He **dug** a cigar out of his pocket.(그는 여송연을 호주머니에서 꺼내었다.)

e. He is **digging** facts from the book.(그는 사실을 그 책에서 캐내고 있다.)

1.5. 다음 목적어는 팔 때 쓰이는 도구이다.

(5) a. He **dug** his feet into the snow.(그는 발을 눈 속에 쑤셔 넣었다.)

b. He **dug** a spur into a horse.(그는 박차를 말에 가했다.)

c. She **dug** her spoon in the pudding. (그녀는 숟가락

d. He digged his elbow into her ribs.(그는 팔꿈치를 그녀의 갈비뼈에 찔렀다.)

2. 자동사 용법

2.1. 다음 주어는 판다.
(6) a. The dog has been digging in the corner. (그 개가 모퉁이에서 파오고 있었다.)
b. The children are digging in the sand.(그 아이들은 모래 속을 파고 있다.)
c. We shall have to dig under the river/through the mountain.(우리는 그 강 밑으로/그 산을 통과하여 파야 한다.)

2.2. 다음 주어는 파면서 움직인다.
(7) a. The miners are digging through the clay.(그 광부들은 진흙을 파들어 가고 있다.)
b. He dug through the dirt under the wall.(그는 벽 밑의 흙을 파들어 갔다.)

digest

이 동사의 기본 개념 바탕에는 음식을 소화하는 과정이 있다.

1. 타동사 용법

1.1. 다음 주어는 목적어를 소화한다.
(1) a. He can't digest milk/cheese.(그는 우유/치즈를 소화할 수 없다.)
b. She can't digest any wheat products.(그녀는 밀 종류의 식품은 전혀 소화하지 못한다.)
c. Your body digests some foods more easily than others.(너의 신체는 어떤 종류의 음식을 다른 것에 비해 더 쉽게 소화시킨다.)
d. I'm not going to go swimming until I've digested my lunch.(점심을 다 소화하기 전에는 수영하러 가지 않겠다.)
e. Most babies can digest a wide range of foods easily.(대부분의 아기들은 광범위한 종류의 음식을 쉽게 소화할 수 있다.)

1.2. 다음은 수동태 문장으로 주어는 소화된다.
(2) a. Sugar is digested in the stomach.(설탕은 위에서 소화된다.)
b. As carbohydrates are digested, the body digests them into sugar and starch.(탄수화물이 소화되면서, 신체는 그것을 소화하여 당분과 녹말로 만든다.)

1.3. 다음은 [이론이나 정보는 음식] 은유가 적용된 예이다.
(3) a. It took a while to digest the theory.(그 이론을 소화하는 데 시간이 약간 걸렸다.)
b. He paused, waiting for her to digest the information.(그는 그녀가 정보를 소화할 때까지 기다리면서 잠시 멈췄다.)
c. She read everything, digesting every fragment of news.(그녀는 모든 것을 읽고, 뉴스의 모든 부분을 소화했다.)

1.4. 말이나 말과 관련된 강의나 연설도 음식으로 개념화된다.
(4) a. I've heard her speech, but I haven't digested it yet.(나는 그녀의 연설을 들었지만, 아직 다 소화하지 못했다.)
b. The lecture was interesting, but too much to digest all at once.(그 강의는 흥미로웠지만, 한번에 모두 소화하기에는 양이 너무 많았다.)
c. It took me some time to digest what I have heard.(내가 들은 것을 소화해 내는 데에는 시간이 걸렸다.)

1.5. 글이나 글과 관련된 논문이나 책도 음식으로 개념화된다.
(5) a. He likes to digest what he read.(그는 읽은 것을 소화하기를 좋아한다.)
b. This chapter is difficult to digest.(이 장은 소화하기 어렵다.)
c. I tried to digest the article on nuclear energy.(나는 핵에너지에 관한 기사를 소화하려고 애썼다.)
d. Bob digested the different papers slowly.(밥은 서로 다른 논문들을 서서히 소화했다.)
e. He wanted to digest the report slowly before commenting on it.(그는 그 보고서에 대해서 논평하기 이전에 먼저 그것을 천천히 소화하기를 원했다.)
f. All this has upset me. I need time to digest it all.(이 모든 것들이 나를 당황하게 만들었다. 나는 그것을 소화시킬 시간이 필요하다.)
g. Reporters must digest facts quickly in order to write their stories.(기자들은 기사를 작성하기 위해 사실들을 재빨리 소화시켜야 한다.)
h. Before I form my opinion, let me digest your arguments.(내 의견을 정립하기 전에, 먼저 당신의 주장들을 소화할 수 있게 해주시오.)

1.6. 비판, 모욕 등도 음식으로 개념화되어, 이러한 것도 소화가 되거나 안될 수 있다.
(6) a. He digested the criticism.(그는 그 비판을 소화해 냈다.)
b. He managed to digest the insult.(그는 용케 모욕을 소화해 냈다.)
c. This conduct is more than I can digest.(이 행동은 내가 소화시킬 수 있는 것 이상이다.)

1.7. 소화는 씹어서 영양분을 뽑아낸다. 다음 주어는 목적어에서 골자를 뽑아낸다.
(7) a. He digested the laws.(그는 그 법률을 요약했다.)
b. She digested the plan.(그녀는 그 계획을 요약했다.)

2. 자동사 용법

2.1. 다음 주어는 소화된다.
(8) a. Do boiled eggs digest easily?(삶은 계란은 소화가 잘 됩니까?)
b. Some foods do not digest easily. (어떤 음식은 소화가 잘 되지 않는다.)
c. Cheese doesn't digest easily. (치즈는 소화가 잘 되지 않는다.)
d. This meat/this food does not digest easily.(이 고기/음식은 소화가 잘 되지 않는다.)

e. Fats **digest** slowly.(지방은 천천히 소화된다.)

f. These vegetables **digest** poorly.(이 채소들은 소화가 잘 되지 않는다.)

dignify

이 동사의 개념 바탕에는 위엄을 주는 과정이 있다.

1. 타동사 용법

1.1. 다음 주어는 목적어에게 위엄을 준다. 목적어는 사람이다.

(1) a. The president **dignified** the gathering by giving a short speech.(그 대통령은 짤막한 연설을 함으로써 그 모임을 위엄있게 만들었다.)

b. I cannot **dignify** him with the name, 'physician.' (나는 그를 '의사'라고 칭함으로써 위엄있게 만들어 줄 수 없다.)

1.2. 다음 주어는 목적어에 위엄을 준다. 목적어는 행사이다.

(2) a. The presence of the ambassador **dignified** the party.(그 대사의 배석은 그 파티를 위엄있게 했다.)

b. The mayor's presence **dignified** our school ceremony.(그 시장의 참석은 우리 학교 행사를 위엄있게 했다.)

1.3. 다음 주어는 목적어를 위엄을 준다. 목적어는 가치 없는 말이다.

(3) a. My parents would not **dignify** the gossip by answering it.(내 부모님은 그 소문에 응답하여 무게가 실리도록 하지 않을 것이다.)

b. Mary did not **dignify** the insult with a response.(메리는 그 모욕을 반응으로 무게가 실리게 하지 않았다.)

c. Don't **dignify** his silly scratchings by calling it scholarship.(그의 우스꽝스러운 긁적그림을 학문이라고 칭함으로써 그것을 가치 있게 보이게 하지 마라.)

digress

이 동사의 개념 바탕에는 주제에서 벗어나는 과정이 있다.

1. 자동사 용법

1.1 주어는 주제에서 벗어난다.

(1) a. Let me **digress** for a moment and tell you a short story.(주제에서 잠시 벗어나 여러분에게 짧은 이야기를 들려드리겠습니다.)

b. She **digressed** and forgot what she was speaking about.(그녀는 이야기의 주제에서 벗어나서 무엇을 이야기하고 있었는지를 잊어버렸다.)

c. He **digressed from** the sermon to tell his personal story.(그는 설교의 주제에서 벗어나서 자신의 개인적인 이야기를 했다.)

d. He keeps **digressing from** the main topic of his speech.(그는 연설의 주제에서 계속 벗어난다.)

dilate

이 동사의 개념 바탕에는 팽창하는 과정이 있다.

1. 자동사 용법

1.1. 다음 주어는 커진다.

(1) a. The birth canal **dilates** slowly during labor.(그 산도는 진통이 진행되는 동안 천천히 커진다.)

b. His eyes **dilated** when the medicine was applied.(그의 눈은 약이 발라졌을 때 커졌다.)

c. The pupils of the eye **dilate** when it gets dark.(그 눈의 동공은 어두워질 때 커진다.)

d. My heart **dilated** with inexpressible joy.(나의 심장은 표현할 수 없는 기쁨으로 커졌다.)

1.2. 다음 주어는 on/upon의 목적어를 상술한다.

(2) a. He **dilated** upon their piety and heroism.(그는 그들의 깊은 경건심과 영웅적 자질을 상술했다.)

b. He **dilated** upon his view.(그는 자신의 견해를 상술했다.)

2. 타동사 용법

2.1. 다음 주어는 목적어를 크게 한다.

(3) a. The medicine will **dilate** the blood vessels.(그 약은 혈관을 크게 할 것이다.)

b. Red wine can help **dilate** blood vessels.(적포도주는 혈관을 크게 할 수 있다.)

c. The ophthalmologist **dilated** Bob's eyes.(그 안과의사는 밥의 눈을 크게 했다.)

d. When you take a deep headache, you **dilate** your nostrils.(네가 심한 두통이 있을 때, 너는 콧구멍을 크게 한다.)

2.2. 다음 주어는 수동태 문장으로 주어는 커진다.

(4) The air is **dilated** by the heat.(그 공기는 열로 팽창된다.)

dilute

이 동사의 개념 바탕에는 물을 타서 묽게 하는 과정이 있다.

1. 타동사 용법

1.1. 다음 주어는 목적어를 with의 목적어로 묽게 한다.

(1) a. He **diluted** the paint with a little oil.(그는 그 물감을 약간의 기름으로 묽게 했다.)

b. **Dilute** the ammonia with water.(그 암모니아를 물로 묽게 해라.)

c. He **diluted** his whisky with water.(그는 위스키를 물로 묽게 했다.)

1.2. 다음 주어는 그 자체가 목적어를 묽게 한다.

(2) a. As the ice melt, it **diluted** my drink.(그 얼음이 녹음에 따라, 그것이 내 음료를 묽게 했다.)

b. Large classes **dilute** the quality of education that children receive.(큰 교실들은 아이들이 받는 교육의 질을 약하게 한다.)

1.3. 비판, 즐거움, 논쟁도 강도가 있어서 약하게 될 수

있다. 주어는 목적어를 약하게 한다.
(3) a. John's smile diluted his criticism.(존의 웃음은 비
판을 약하게 했다.)
  b. A bad cold diluted the enjoyment of the concert.
  (독감은 그 음악회의 즐거움을 약하게 했다.)
  c. A lack of facts diluted the argument.(사실의 결핍
  은 그 논거를 약하게 했다.)
1.4. 다음은 수동태 문장으로 주어는 약하게 된다.
(4) a. The proposal was diluted by the lack of support
  from the department.(그 제안은 그 부서로부터의
  지지의 결핍에 의해 약해졌다.)
  b. The dye must be diluted in a bowl of water.(그 물
  감은 한 대접의 물에서 희석되어야 한다.)

diminish
이 동사의 개념 바탕에는 조금씩 줄어드는 과정이
있다.

1. 자동사 용법
1.1. 다음 주어는 정도, 수, 양, 세기 등이 줄어든다.
(1) a. Suddenly the wind diminished.(갑자기 바람이 줄어
  들었다.)
  b. After the reorganization, his staff diminished just
  to people.(그 재조직화 후에 그의 직원은 단 2명으
  로 줄어들었다.)
  c. The food supply diminished gradually.(식량 공급
  은 점차적으로 감소되었다.)
  d. His influence has diminished with time.(그의 영향
  은 시간이 흐름에 따라 줄어들었다.)
1.2. 다음 주어가 줄어드는 영역이 in으로 명시되어 있
다.
(2) a. The country has diminished in population.(그 나라
  는 인구가 줄어들었다.)
  b. Gold never diminished in value.(금은 결코 가치가
  줄지 않았다.)

2. 타동사 용법
2.1. 다음 주어는 목적어를 줄인다.
(3) a. The war diminished the country's wealth.(그 전
  쟁은 그 나라의 부를 줄였다.)
  b. Unexpected expenses diminished the size of my
  bank account.(기대하지 않은 비용이 내 은행 계좌
  의 크기를 줄였다.)
  c. These drugs diminish blood flow in the brain.(이
  약들은 머리에서 피 흐름을 줄인다.)
  d. A drought diminished their water supply.(가뭄은
  그들의 물 공급을 줄였다.)
2.2. 다음 주어는 목적어의 가치를 떨어뜨린다.
(4) a It's not fair to diminish his efforts.(그의 노력을 과
  소평가하는 것은 공평하지 못하다.)
  b. Time will not diminish our friendship.(시간이 우리
  의 우정을 약화시키지 않을 것이다.)
  c. Don't let him diminish your achievements.(그가
  너의 성과를 과소평가하지 말아라.)
  d. I don't want to diminish the importance of their

contribution.(나는 그들의 공헌의 중요성을 과소평
가하기를 원하지 않는다.)

dimple
이 동사의 개념 바탕에는 dimple의 명사 '보조개'가
있다.

1. 타동사 용법
1.1. 다음 주어는 목적어에 보조개를 짓는다.
(1) a. A smile dimpled her face.(웃음이 그녀 얼굴에 보
  조개가 지게 했다.)
  b. Rain dimpled the surface of the road.(비가 길의
  표면에 웅덩이가 생기게 했다.)

2. 자동사 용법
2.1. 다음 주어는 보조개를 짓는다.
(2) a. The baby's cheeks dimple when she smiles.(그
  아기의 빰은 웃을 때 볼에 보조개가 생긴다.)
  b. She dimpled prettily at the compliment.(그녀는 그
  찬사에 보조개를 지었다.)

dine
이 동사의 개념 바탕에는 정찬을 먹는 과정이 있다.

1. 자동사 용법
1.1. 다음 주어는 정찬을 든다.
(1) a. The guest at the barbecue dined outdoors.(그 바
  베큐 파티에서 손님은 밖에서 정찬을 들었다.)
  b. He dined with us yesterday.(그는 우리와 함께 어
  제 정찬을 들었다.)
1.2. 다음 주어는 집이 아닌 식당에서 먹는다.
(2) a. They dined out once a week.(그들은 일주일에 한
  번 외식을 했다.)
  b. We dined out yesterday.(우리는 어제 외식을 했
  다.)
1.3. 다음 주어는 on의 목적어를 먹는다.
(3) a. We dined on lobster and strawberries.(우리는 바
  다 가재와 딸기를 먹었다.)
  b. They were dining on roast duck.(그들은 구운 오
  리를 먹고 있었다.)
1.4. 다음 주어는 목적어를 정찬으로 대접한다.
(4) a. We dined him handsomely.(우리는 그를 멋지게 정
  찬으로 대접했다.)
  b. We dined a famous linguist. (우리는 유명한 언어
  학자를 정찬으로 대접했다.)
  c. The hostess wined and dined them.(그 주인은 손
  님들을 포도주와 정찬으로 대접했다.)
1.5. 다음 주어는 정찬에 목적어를 식탁에 앉힌다.
(5) The table dines eight comfortably.(그 식탁은 정찬
  에 8명을 편안하게 앉힌다.)

ding
이 동사의 개념 바탕에는 종을 울리게 하는 과정이

있다.

1. 타동사 용법
1.1. 다음 주어는 목적어를 땡땡 울리게 한다.
(1) He dinged the bell. (그는 종을 땡땡 울렸다.)

2. 자동사 용법
2.1. 다음 주어는 땡땡 울린다.
(2) The bell is dinging in my ear. (그 종은 내 귀에서 땡땡 울리고 있다.)

dip
이 동사의 개념 바탕에는 살짝 물 속에 담그는 과정이 있다.

1. 타동사 용법
1.1. 다음 주어는 목적어를 살짝 전치사 in의 목적어에 담근다.
(1) a. He dipped the sponge in the water. (그는 스펀지를 물에 살짝 담갔다.)
b. Dip your finger in the batter and taste it. (너의 손가락을 그 반죽에 살짝 담그고 그것을 맛을 보아라.)
c. He dipped the bread in milk. (그는 빵을 우유에 살짝 담갔다.)
d. He dipped his hands into the water. (그는 손을 물에 살짝 담갔다.)
1.2. 다음 주어는 목적어를 내린다.
(2) a. Dip your headlights/lights. (너의 전조등/불을 아래로 내려라.)
b. He dipped the flag in salutation. (그는 인사로 그 기를 내렸다.)
c. The plane dipped its wing as it flew over. (그 비행기는 날개를 날아 오름에 따라 내렸다.)
1.3. 다음 주어는 목적어를 떠낸다.
(3) a. He dipped water out of the boat. (그는 물을 배에서 떠냈다.)
b. He dipped water from the bucket. (그는 물을 양동이에서 떠냈다.)
c. She dipped some ice sherbet from the container. (그녀는 약간의 얼음 샤벳을 그 용기로부터 떠냈다.)

2. 자동사 용법
2.1. 다음 주어는 내려간다.
(4) a. The sun dipped below the horizon. (태양은 수평선 아래로 내려갔다.)
b. The oars dipped in and out of the water. (그 노들은 물 속으로 들어갔다 나왔다 했다.)
2.2. 다음 주어는 움직이지 않으나, 눈으로 따라가면 전체의 형상이 내려간다.
(5) a. The road dips. (그 길은 내려간다.)
b. The driveway dips toward the garage. (그 진입로는 차고 쪽으로 내려간다.)
2.3. 다음 주어는 전치사 into의 목적어에 손을 넣는다.
(6) a. Parents had to dip into their pockets/savings for the new school books. (부모들은 새 학교 책을 사기 위해 저축을 써야 했다.)
b. They dipped into the pot and pulled out some lobsters. (그들은 항아리에 손을 넣어서 바다 가재 몇 마리를 빼냈다.)
2.4. 다음은 [적음은 아래이다]의 은유가 적용된 예이다.
(7) a. Stock market prices dipped on Friday. (주식 시장의 가격은 금요일에 내려갔다.)
b. The company's profits dipped last quarter. (그 회사의 이익은 지난 4분기에 내려갔다.)
c. The temperature dipped below freezing. (온도가 빙점 이하로 내려갔다.)
2.5. 다음은 「지식은 바다」 은유가 적용된 표현이다. 주어는 into의 목적어를 잠깐 들어가 본다.
(8) a. He dipped into astronomy. (그는 천문학에 잠깐 들어가 봤다.)
b. It's the kind of book you can dip into now and again. (그것은 네가 지금 잠깐 읽어 볼 수 있는 종류의 책이다.)

direct
이 동사의 개념 바탕에는 가리키는 과정이 있다.

1. 타동사 용법
1.1. 다음 주어는 목적어에게 to의 목적어로 가는 길을 가리킨다.
(1) a. Can you direct me to the museum? (내게 박물관으로 가는 길을 가리켜 주시겠습니까?)
b. He directed us to the hotel. (그는 우리에게 호텔로 가는 길을 가리켜 주었다.)
c. Can you direct me to the airport? (네게 공항으로 가는 길을 가리켜 주시겠습니까?)
1.2. 다음은 수동태 문장으로 주어는 안내된다.
(2) He was directed to my office for consultation. (그는 내 사무실로 상의를 위해 안내되었다.)
1.3. 다음 주어는 목적어를 to의 목적어로 보낸다.
(3) a. The government directs aid to the zone. (그 정부는 원조를 그 지역으로 보낸다.)
b. A computer directs the missile to its target. (컴퓨터가 그 미사일을 그 목표에 보낸다.)
c. Please direct these orders to the following addresses. (이 주문들을 다음 주소로 보내십시오.)
d. He directed the parcel to the department. (그는 소포를 그 과로 보냈다.)
1.4. 다음 목적어는 추상적인 개체이나 구체적인 것으로 개념화되어 있다 주어는 목적어를 to 의 목적어로 가게 한다.
(4) a. Please direct your complaints to your manager. (당신의 불평을 지배인에게 보내세요.)
b. He is directing his efforts to the completion of the work. (그는 노력을 그 일의 완성에 보내고 있다.)
c. The principal directed a few words of welcome to the new students. (그 교장은 몇 마디의 환영사를 새 학생들에게 보냈다.)

d. Direct your question to her.(당신의 질문을 그녀에 게 보내세요.)

e. He directed our attention to what I am going to say.(그는 내가 말하려고 하는 것에 우리의 주의를 돌렸다.)

g. He directed his eyes to the building.(그는 눈길을 그 건물에 보냈다.)

h. He directed his thoughts to the present situation. (그는 생각들을 현재 상황에 돌렸다.)

1.5. 다음은 수동태 문장으로 주어는 to 나 toward의 목적어로 보내진다.

(5) a. Their envy was directed against her beauty.(그들 의 질투는 그녀의 미에 돌려졌다.)

b. Strong criticism was directed against him.(강한 비 판이 그에게 돌려졌다.)

c. His remarks were directed at me.(그의 말은 네게 돌려졌다.)

d. The letter was directed to me.(그 편지는 내게 보 내졌다.)

e. The parcel is directed to me.(그 소포는 내게 보내 진다.)

f. Their efforts were directed towards helping the homeless.(그들의 노력은 집 없는 이들에게 돌려졌 다.)

g. Much effort has been directed toward the prevention of the disease.(많은 노력이 그 질병의 예방에 돌려졌다.)

1.6. 다음 주어는 목적어를 특정한 방향이나 경로를 따 라 가게 한다.

(6) a. They directed their attacks against our post.(그들 은 공격을 우리의 진지로 돌렸다.)

b. His words directed my thinking along this line.(그 의 말은 내 생각을 이 방면으로 돌렸다.)

c. They directed their course toward home.(그들은 방향을 집으로 돌렸다.)

1.7. 다음 주어는 목적어를 at의 목적어에 조준한다.

(7) a. The archer directed the arrow at the target.(그 궁 사는 화살을 그 목표로 조준했다.)

b. Direct the hose at the flames.(그 호스를 불꽃으로 돌려라.)

c. The machine directs the X-ray beam at the patient's body.(그 기계는 엑스 광선을 그 환자의 몸에 돌렸다.)

1.8. 다음 주어는 목적어를 지시하여 부정사가 가리키 는 일을 하게 한다.

(8) a. He directed barricades to be built.(그는 장애물이 설치되도록 지시했다.)

b. The governor directed the prisoner to be released.(그 주지사는 죄수가 석방되게 지시했다.)

c. The policeman directed me to stop my car.(그 순 경은 내가 차를 세우도록 지시했다.)

d. The cop directed us to leave at once.(그 순경은 우리가 곧 떠나게 지시했다.)

e. The general directed the soldier to free all the prisoners.(그 장군은 그 군인을 그 모든 포로들을 석방하도록 지시했다.)

f. She directed me to put the room in order.(그녀는 내가 그 방을 정돈하도록 지시했다.)

1.9. 다음은 수동태 문장으로 주어는 부정사가 가리키 는 일을 하도록 지시를 받는다.

(9) a. You were directed to appear in court.(너는 법정에 출두하도록 지시를 받았다.)

b. We were directed to sit down and wait.(우리는 앉 아서 기다리도록 지시를 받았다.)

c. We were directed to include return address on our applications.(우리는 지원서에 회신 주소를 적 어 넣도록 지시를 받았다.)

1.10. 다음 주어는 that-절의 내용을 지시한다.

(10) a. The general directed that his men should retreat. (그 장군은 병사들이 후퇴하게 지시했다.)

b. The judge directed that the custody of the children should be given to the wife.(그 판사는 아 이들의 보호가 아내에게 주어져야 한다고 지시했다.)

1.11. 다음 목적어는 과정이다. 주어는 목적어를 지시 한다.

(11) a. He directs my experiment in chemistry.(그는 나 의 화학 실험을 지시한다.)

b. Who directed the movie?(누가 그 영화를 감독했는 가?)

c. Who is directing the London Symphony orchestra?(누가 런던 교향악단을 지휘하고 있는 가?)

d. John directed the school play this year.(존이 올해 그 학교 연극을 지휘했다.)

e. He directs the building of the tunnel.(그는 그 터널 의 건축을 지휘한다.)

2. 자동사 용법

2.1. 다음 동사의 목적어는 명시되어 있지 않으나 추리 가 가능하다.

(12) a. She prefers to act rather than direct.(그녀는 지휘 보다 연극하기를 좋아한다.)

b. Who directs at tomorrow's concert?(누가 오늘의 음악회에서 지휘하는가?)

c. The police officers are directing at the intersection.(그 순경이 교차로에서 정리를 하고 있 다.)

d. The conductor is directing in front of the orchestra.(그 지휘자가 교향악단 앞에서 지휘를 하 고 있다.)

2.2. 다음 주어는 지시를 한다.

(13) We will do as you direct.(우리는 당신이 지시하는 대 로 하겠습니다.)

disagree

이 동사의 개념 바탕에는 서로 일치가 안 되는 과정 이 있다.

1. 자동사 용법

1.1. 다음 주어는 with의 목적어와 일치가 안 된다.

(1) a. She often disagrees with Ron on political issues.

(그녀는 종종 론과 정치적인 주제에서 의견 일치가 안 된다.)

b. He **disagreed** with his parents on most things.(그는 부모들과 거의 모든 일에 대해서 의견 일치가 안 됐다.)

c. He **disagrees with** her about the present.(그는 그녀와 선물에 관해 의견 일치가 안 된다.)

1.2. 다음 주어는 서로 about의 목적어에 대해 의견이 맞지 않는다.

(2) a. We **disagree** about politics.(우리는 정치에 관해 의견이 맞지 않는다.)

b. Even friends **disagree** sometimes.(심지어 친구들도 때때로 의견이 맞지 않는다.)

c. Rival countries often **disagree** about trade regulations.(경쟁 국가들은 종종 무역 규정들에 관해 의견이 맞지 않는다.)

1.3. 다음 주어는 목적어와 맞지 않는다.

(3) a. Your theory **disagrees with** the facts.(너의 이론은 사실과 맞지 않는다.)

b. Your answer **disagrees with** mine.(너의 대답은 나의 의견과 맞지 않는다.)

1.4. 다음 주어는 with의 목적어에 맞지 않는다.

(4) a. The oyster **disagrees with** me.(그 굴은 나와 맞지 않는다.)

b. The food **disagrees with** me.(그 음식은 나와 맞지 않는다.)

1.5. 다음 주어는 with의 목적어와 다툰다.

(5) a. I **disagree with** violent protests.(나는 폭력적 항의를 반대한다.)

b. Some people **disagree with** this argument.(어떤 사람은 이 논쟁을 싫어한다.)

disappear

이 동사의 개념 바탕에는 사라지는 과정이 있다.

1. 자동사 용법
1.1. 다음 주어는 사라진다.

(1) a. The food **disappeared** quickly from the hungry man's plate.(음식은 그 배고픈 사람의 접시로부터 빨리 사라졌다.)

b. The little boy **disappeared** down the road.(어린 소년이 그 길 아래로 사라졌다.)

c. The ship **disappeared** over the horizon.(그 배는 수평선 너머로 사라졌다.)

d. Warm weather **disappears** in the fall.(따뜻한 날씨는 가을에 사라진다.)

e. He **disappeared** in the crowd.(그는 군중 속에서 사라졌다.)

1.2. 사라지는 것은 없어지는 의미로 확대된다.

(2) a. When the funding was cut, the program **disappeared**.(그 기금이 중단되었을 때, 프로그램이 없어졌다.)

b. The rumor **disappeared** before the fact.(그 소문은 사실 앞에 사라졌다.)

disappoint

이 동사의 개념 바탕에는 실망을 시키는 과정이 있다.

1. 타동사 용법
1.1. 다음 주어는 목적어를 실망시킨다.

(1) a. The last job rejection **disappointed** me badly.(그 마지막 일자리 거절은 나를 몹시 실망시켰다.)

b. He **disappointed** his fans by cancelling the concert.(그는 콘서트를 취소해서 팬들을 실망시켰다.)

c. The movie **disappointed** us.(그 영화는 우리를 몹시 실망시켰다.)

d. He **disappointed** his parents repeatedly.(그는 부모를 반복해서 실망시켰다.)

e. The new government **disappointed** the hopes of many of its supporters.(그 새 정부는 지지자대다수의 바람을 실망시켰다.)

1.2. 다음은 수동태 문장으로 주어는 실망된다.

(2) a. He was **disappointed** at not getting the job.(그는 그 일자리를 얻지 못해 실망을 했다.)

b. She was **disappointed** by his attitude to work.(그녀는 그의 일에 대한 태도에 실망을 했다.)

c. He was **disappointed** that the tickets were sold out.(그는 표가 다 팔려서 실망을 했다.)

d. He was **disappointed** to see that she was not at the party.(그는 그녀가 그 파티에 오지 않아서 실망을 했다.)

e. I was **disappointed** with you.(나는 너에게 실망했다.)

disapprove

이 동사의 개념 바탕에는 혐오감을 가지고 있어서 받아들이려 하지 않는 과정이 있다.

1. 타동사 용법
1.1. 주어는 목적어를 비난한다.

(1) a. The court **disapproved** the verdict.(법정은 그 평결을 인가하지 않았다.)

b. They **disapproved** carelessness in him.(그들은 그의 부주의함을 비난했다.)

c. The state **disapproves** the zoning proposal.(그 주는 구역화 제안을 인가하지 않는다.)

d. The board of directors **disapproved** the sale.(그 이사회는 판매를 인가하지 않았다.)

2. 자동사 용법
2.1. 다음 주어는 of의 목적어를 찬성하지 않는다.

(2) a. The neighbors **disapproved of** the city's plans to build a landfill.(그 이웃들은 매립지를 만드는 시의 계획을 찬성하지 않았다.)

b. I strongly **disapprove of** couples living together before marriage.(나는 결혼 전 동거하는 커플들을 찬성하지 않는다.)

c. Her parents **disapproved of** her plan to go away to college.(그녀의 부모는 대학으로 가려는 그녀의 계획을 찬성하지 않았다.)

d. He strongly **disapproves of** the changes that have been made.(그는 지금까지 만들어진 변화들을 강력히 반대한다.)

e. The religion **disapproves of** suicide.(종교는 자살을 찬성하지 않는다.)

disarm

이 동사의 개념 바탕에는 무기를 거두는 과정이 있다.

1. 타동사 용법

1.1. 다음 주어는 목적어를 무장을 해제시킨다.

(1) a. The security guard **disarmed** the robber.(그 안전 요원은 그 강도의 무기를 거두었다.)

b. The police officer **disarmed** the robber.(그 경찰관은 그 강도의 무기를 거두었다.)

c. UN peacekeepers will **disarm** both sides.(유엔 평화 유지단은 양 쪽을 무장 해제 시킬 것이다.)

1.2. 다음 주어는 목적어에서 of의 목적어를 거둔다.

(2) a. They **disarmed** him of his weapon.(그들은 그에게서 그의 무기를 거두었다.)

b. The policeman **disarmed** the criminal of his gun.(그 경찰은 그 죄수에게서 그의 총을 거두었다.)

1.3. 다음 주어는 목적어의 적의를 없앤다.

(3) a. The best way to **disarm** your critics is to make them laugh.(너의 비판자들의 적의를 없애는 가장 좋은 길은 그들을 웃게 하는 것이다.)

b. Her pleasant manner **disarmed** the guests at the table.(그녀의 즐거운 매너는 그 식탁의 손님들의 적의를 없앴다.)

c. His smile **disarmed** her.(그의 웃음은 그녀의 적의를 없앴다.)

1.4. 다음 주어는 목적어의 뇌관을 없앤다.

(4) a. He **disarmed** the bomb.(그는 그 폭탄의 뇌관을 없앴다.)

b. They **disarmed** the mines.(그들은 그 지뢰들의 뇌관을 없앴다.)

1.5. 다음은 수동태 문장으로 주어는 무장을 거둔다.

(5) He was **disarmed** by her logic.(그는 그녀의 논리에 의해 무장이 거두어졌다.)

2. 자동사 용법

2.1. 다음 주어는 무장을 거둔다.

(6) a. Both sides must **disarm** before the peace talks.(양 측 모두 그 평화 회담 전에 무장을 거두어야 한다.)

b. The countries **disarmed** according to the treaty.(그 나라들은 그 조약에 따라 무장을 거두었다.)

disband

이 동사의 개념 바탕에는 해체하는 과정이 있다.

1. 자동사 용법

1.1. 다음 주어는 해체한다.

(1) a. The organization **disbanded** when its leader died.(그 조직은 그 지도자가 사망하자 해체되었다.)

b. The rock group **disbanded** after its first concert.(그 락 그룹은 첫 콘서트 후 해체되었다.)

c. The group **disbanded** and everyone went home.(그 모임은 해산되었고 모든 사람들은 집으로 돌아갔다.)

2. 타동사 용법

2.1. 다음 주어는 목적어를 해체한다.

(2) a. They set about **disbanding** the terrorist groups.(그들은 테러리스트 집단을 해체하는 작업에 착수했다.)

b. The leader **disbanded** the rock group.(그 리더가 그 락 그룹을 해산시켰다.)

disburden

이 동사의 개념 바탕에는 짐을 더는 과정이 있다.

1. 타동사 용법

1.1. 다음 주어는 목적어의 부담을 던다.

(1) a. He **disburdened** his mind by telling the truth.(그는 마음의 부담을 진실을 말함으로써 덜었다.)

b. He **disburdened** his mind by talking.(그는 마음의 부담을 얘기를 함으로써 덜었다.)

c. He **disburdened** his conscience by confession.(그는 양심의 부담을 고백으로 덜었다.)

1.2. 다음 주어는 목적어에서 전치사 of의 목적어를 던다.

(2) a. The conversation will **disburden** her mind of suspicion.(그 대화는 마음을 덜어서 의혹을 없앨 것이다.)

b. He **disburdened** her of care.(그는 마음을 덜어서 걱정을 없앴다.)

c. She **disburdened** herself/her heart of the secret.(그녀는 자신/그녀의 마음을 덜어서 그 비밀을 없앴다.)

1.3. 다음 주어는 목적어를 던다. 목적어는 덜어지는 개체이다.

(3) He **disburdened** his care.(그는 걱정을 덜었다.)

1.4. 다음 주어는 목적어를 덜어서 전치사 upon의 목적어에 던진다.

(4) a. He **disburdened** his anger **upon** his younger brother.(그는 자신의 화를 동생에게 던졌다.)

b. He **disburdened** his wrath **upon** her.(그는 분노를 그녀에게 던졌다.)

1.5. 다음 주어는 목적어를 전치사 to의 목적어에 털어 놓는다.

(5) a. He **disburdened** his mind to his brother.(그는 마음을 동생에게 털어 놓았다.)

disburse

이 동사의 개념 바탕에는 공적 자금에서 지불하는

과정이 있다.

discard

1. 타동사 용법
1.1. 다음 주어는 목적어를 지불한다.
(1) a. The government disbursed the tax refunds.(정부
　　는 세금 환급금을 지불하였다.)
　　b. The federal government disburses tax money to
　　the states.(연방 정부는 세액을 주 정부에 지불한
　　다.)
　　c. The state disbursed money to repair the
　　station.(그 주는 돈을 역을 보수하기 위해서 지불했
　　다.)
1.2. 다음은 수동태 문장으로 주어는 지불된다.
(2) a. Salaries are disbursed by the pay master's office.
　　(월급이 경리과에서 지불된다.)
　　b. Over $2 million was disbursed from the fund.(이
　　백만 달러 이상이 그 기금에서 지불되었다.)

discard

이 동사의 개념 바탕에는 더 이상 쓸모가 없어서 (카
드를) 버리는 과정이 있다.

1. 타동사 용법
1.1. 다음 주어는 목적어를 버린다.
(1) a. We discarded some old clothes.(우리는 낡은 옷가
　　지 몇 개를 버렸다.)
　　b. I discarded a couple of low cards.(나는 낮은 카드
　　패를 내놓았다.)
　　c. He discarded his jacket because of the heat.(그는
　　저고리를 열기 때문에 벗었다.)
1.2. 다음 주어는 목적어를 버린다. 목적어는 추상적
인 개체이다.
(2) a. We must discard these ideas.(우리는 이 아이디어
　　를 버려야 한다.)
　　b. He can now discard the thought of promotion.(그
　　는 이제 승진의 생각을 버려도 된다.)
　　c. He must discard his out-dated theory.(그는 자신
　　의 낡은 이론을 버려야 한다.)
1.3. 다음은 수동태 문장으로 주어는 버려진다.
(3) a. 20% of the data was discarded as unreliable.(그
　　자료의 20%가 신뢰성이 없는 것으로 폐기되었다.)
　　b. His proposal was discarded.(그의 제안은 버려졌
　　다.)

discern

이 동사의 개념 바탕에는 분별하거나 식별하는 과정
이 있다.

1. 타동사 용법
1.1. 다음 주어는 목적어를 식별한다.
(1) a. In the distance, I could just discern the hills.(그 거
　　리에서는 나는 단지 언덕들만 식별할 수 있었다.)
　　b. She could discern a faint light in the distant.(그녀
　　는 희미한 빛 하나를 먼 데서 식별할 수 있었다.)

　　c. We discerned a ship through the fog.(우리는 배 한
　　척을 안개 속을 통해 식별했다.)
　　d. I discerned her among the audience.(나는 그녀를
　　관중들 속에서 식별했다.)
1.2. 다음 주어는 목적어를 식별한다. 목적어는 추상적
이지만 구체적인 것으로 개념화되어 있다.
(2) a. He discerned a deep meaning of life.(그는 인생의
　　깊은 의미를 식별했다.)
　　b. He discerned a certain coldness in their welcome.
　　(그는 분명한 차가움을 그들의 환영 속에서 식별했다.)
　　c. I can't discern the difference between ice cream
　　and frozen yogurt.(나는 아이스크림과 언 요구르트
　　사이의 차이점을 식별할 수 없다.)
　　d. He can discern good from bad.(그는 좋은 점을 나
　　쁜 점에서 식별할 수 있다.)
1.3. 다음 의문사가 이끄는 절은 식별의 내용이다.
(3) a. It was difficult to discern which of them was
　　telling the truth.(그들 중 누가 그 진실을 말하는지
　　식별하기가 어려웠다.)
　　b. It is often difficult to discern how widespread
　　public support is.(대중의 후원이 얼마만큼 광범위
　　한지 식별하는 것은 가끔 어렵다.)
1.4. 다음 that-절이 이끄는 절은 주어가 식별하는 내
용이다.
(4) a. Can he discern that his enemies are doing harm to
　　him?(그는 적들이 그에게 해로운 짓을 하고 있다는
　　것을 식별할 수 있는가?)
　　b. I discerned that he was not telling the truth.(나는
　　그가 그 진실을 말하고 있지 않다는 것을 식별했다.)

2. 자동사 용법
2.1. 다음 주어는 식별한다.
(5) a. He can discern between good and bad.(그는 좋은
　　것과 나쁜 것 사이를 식별할 수 있다.)
　　b. He can discern between truth and falsehood.(그는
　　진실과 거짓 사이를 식별할 수 있다.)

discharge

이 동사의 개념 바탕에는 내보내는 과정이 있다.

1. 타동사 용법
1.1. 다음 주어가 어떤 조직체에서 내보낸다.
(1) a. The judge discharged the prisoner.(그 판사는 그
　　죄수를 석방했다.)
　　b. The company discharged 100 workers to cut
　　costs.(그 회사는 직원 100명을 비용 절감을 위해
　　해고했다.)
　　c. The chairman discharged the committee.(그 의장
　　은 그 위원회를 해산했다.)
　　d. The navy discharged the sailor.(해군은 그 수병을
　　제대시켰다.)
　　e. The boss discharged him because of his
　　absences.(그 사장은 결근을 이유로 그를 해고했
　　다.)
　　f. The Browns discharged the maid.(브라운 부부는

그 가정부를 해고했다.)

1.2. 다음은 수동태 문장으로 주어는 내보내진다.

(2) a. He was **discharged** on medical grounds.(그는 건강 문제로 제대되었다.)

b. The members of the jury were **discharged**.(그 배심원들은 해산되었다.)

c. Patients were **discharged** before they had recovered.(환자들이 회복되기도 전에 퇴원되었다.)

d. He was **discharged from** his post.(그는 자신의 자리에서 해고 당했다.)

e. He was **discharged from** office as incompetent.(그는 무능하다는 이유로 면직 당했다.)

1.3. 다음 주어는 목적어를 전치사 from의 목적어로부터 내보낸다. 다음에서 목적어는 사람이다.

(3) a. He **discharged** himself **from** the military/hospital.(그는 군을 제대했다/병원에서 퇴원했다.)

b. They **discharged** him **from** prison.(그들은 그를 감옥에서 석방했다.)

c. He **discharged** the man **from** all obligations.(그는 그 남자를 모든 의무로부터 해방시켰다.)

d. The doctor **discharged** him **from** the hospital.(그 의사는 그를 퇴원시켰다.)

1.4. 다음 주어는 목적어를 전치사 from의 목적어로부터 내보낸다.

(4) a. He **discharged** an arrow **from** the bow.(그는 화살 하나를 그 활에서 쏘았다.)

b. The mechanic **discharged** the air **from** the tire.(그 정비공은 바람을 그 타이어에서 뺐다.)

c. The bird **discharged** blood **from** its nostrils.(그 새는 피를 그의 콧구멍에서 흘렸다.)

d. The engine **discharged** a stream **of** oil onto the floor.(그 엔진은 기름 한 줄기를 그 바닥에 흘렸다.)

1.5. 다음 주어는 목적어를 내보낸다.

(5) a. The workers are **discharging** the cargo.(그 일꾼들이 그 짐을 내리고 있다.)

b. One female insect may **discharge** as many as 400 million eggs.(암컷 곤충 한 마리가 400만개나 되는 알을 낳을 수 있다.)

1.6. 다음 목적어는 환유적으로 쓰여서 실탄을 가리킨다. 주어는 목적어를 쏜다.

(6) a. The hunter accidentally **discharged** his gun while cleaning it.(그 사냥꾼은 총을 닦던 중 실수로 총을 발사했다.)

b. The **discharged** his gun at the policeman.(그는 총을 그 경찰관에게 발사했다.)

c. In crowded places, the police should not **discharge** their weapons.(복잡한 장소에서는, 경찰은 총기를 발사하지 말아야 한다.)

d. He was tried for unlawfully **discharging** a weapon.(그는 불법 총기 발사로 재판에 회부되었다.)

1.7. 다음 주어는 목적어를 비운다. 비워지는 개체는 전치사 of의 목적어로 표현된다.

(7) a. The workers are **discharging** the ship **of** her cargo.(그 일꾼들이 배에서 짐을 내리고 있다.)

b. He **discharges** himself **of** his duty well.(그는 임무

를 잘 수행한다.)

1.8. 다음 주어는 그릇이다. 주어는 목적어를 비운다.

(8) a. Where do the sewer **discharge** its contents?(그 하수구는 하수를 어디로 방류하나?)

b. The Nile **discharges** its wastes into the sea.(나일 강물은 폐수를 그 바다에 흘린다.)

c. The River Rhine **discharges** itself **into** the North Sea.(라인 강물이 북해로 흘러 들어간다.)

d. The ship **discharged** bananas.(그 배는 바나나를 내렸다.)

e. The wound is still **discharging** pus/blood.(그 상처는 아직도 고름/피를 내고 있다.)

f. The tanker was **discharging** thousands of gallons of oil.(그 유조선은 수천만 갤런의 기름을 방출하고 있었다.)

g. The volcano/chimney/fire **discharged** smoke.(그 화산/굴뚝/화재는 연기를 뿜어냈다.)

h. The chimney is **discharging** toxic fumes.(그 굴뚝은 유독성 연기를 내보내고 있다.)

i. The aircraft **discharged** its passengers.(그 비행기는 승객을 내렸다.)

1.9. 다음 목적어는 재귀대명사이다.

(9) a. The river **discharges** itself into the sea.(그 강물이 바다로 흘러 들어간다.)

b. The Nile **discharges** itself into the Mediterranean.(나일강은 지중해로 흘러 들어간다.)

1.10. 다음은 수동태 문장으로 주어는 내보내진다.

(10) a. Clouds of yellow smoke were being **discharged** into the air.(자욱한 노란 연기가 공기 중에 방출되고 있었다.)

b. Large amounts of dangerous waste were **discharged** daily from the factory.(거대한 양의 위험한 폐기물이 매일 그 공장으로부터 방출되었다.)

1.11. 사람이 지고 있는 빚도 어느 사람이 가지고 있는 개체로 개념화된다. 다음 주어는 목적어를 제거한다.

(11) a. The judge ordered Charles to **discharge** his debt.(판사는 찰스에게 빚을 갚을 것을 명령했다.)

b. He **discharged** all his debts.(그는 모든 빚을 갚았다.)

c. I must **discharge** my debt to him.(나는 그에게 빚을 갚아야 한다.)

d. He **discharged** all his debts before he died.(그는 죽기 전에 모든 빚을 갚았다.)

e. He **discharged** off his debts before committing suicide.(그는 자살하기 전에 모든 빚을 청산했다.)

1.12. 의무나 책임 등도 사람이 지고 있는 개체로 개념화된다. 다음 주어는 목적어를 수행한다.

(12) a. Today he **discharged** his last official act as a mayor.(오늘 그는 시장으로서의 마지막 임무를 수행했다.)

b. He is no longer able to **discharge** his duties faithfully.(그는 더 이상 임무를 성실하게 이행할 수 없다.)

c. Management **discharged** its obligation by reducing the workforce.(경영진은 노동력을 감축함으로써

임무를 이행했다.)

d. Teachers have certain responsibilities that they have to discharge.(교사들은 이행해야만 하는 일정한 의무가 있다.)

e. He is unable to discharge the powers and duties of his office.(그는 권력과 임무를 이행할 수 없다.)

f. He is too ill to discharge the task expected of him. (그는 너무 아파서 그에게 기대된 임무를 수행할 수 없다.)

2. 자동사 용법

2.1. 다음의 주어는 그릇에 해당된다. 이것은 환유적으로 쓰여서 그릇에 담긴 물질을 가리킨다.

(13) a. The drain discharged into the street.(그 하수가 거리로 흘러 나왔다.)

b. The river discharges into a bay.(그 강물은 어느 만으로 흘러 들어간다.)

c. The wound is still discharging.(그 상처는 아직도 (고름이/피가) 흘러 나오고 있다.)

d. The weakened battery was no longer discharging.(그 약해진 건전지는 더 이상 방전되지 않았다.)

e. A rifle discharged by accident.(총이 우발적으로 발사되었다.)

f. The weapon discharged when it hit the ground. (바닥에 부딪혔을 때 그 총기는 발사되었다.)

2.2. 다음의 주어는 그릇에서 나온다.

(14) The oil was discharging from the tanker.(기름이 유조선으로부터 유출되고 있었다.)

discipline

이 동사의 개념 바탕에는 질서와 복종을 얻기 위해서 정신적 또는 육체적 훈련이나 훈계를 쓰는 과정이 있다.

1. 타동사 용법

1.1 다음 주어는 목적어를 징계나 훈계를 한다.

(1) a. The teachers are not afraid to discipline their pupils.(그 교사들은 학생들을 징계하는 것을 두려워하지 않는다.)

b. The principal disciplined the unruly student.(그 교장 선생님은 품행이 단정치 못한 학생을 징계했다.)

c. The sergeant disciplined the recruits.(그 중사가 신병들을 훈련시켰다.)

1.2. 다음 목적어는 재귀대명사이다. 주어는 자신을 단련시킨다.

(2) a. He disciplined himself to write every day.(그는 매일 매일 글을 쓰도록 자신을 단련시켰다.)

b. He disciplined himself to keep a demanding work schedule.(그는 바쁜 일정을 고수하도록 스스로를 단련시켰다.)

c. He disciplined the boy to exercise at least three times a week.(그는 그 소년을 일주일에 최소한 3회 이상 운동하도록 단련시켰다.)

1.3. 다음은 수동태 문장으로 주어는 훈련이나 훈계를 받는다.

(3) a. The dog was disciplined by a professional trainer. (그 개는 전문 훈련사에게 훈련받았다.)

b. The officer was disciplined for using racist language.(그 장교는 인종 차별적 언어를 사용해서 징계되었다.)

disclose

이 동사의 개념 바탕에는 알려져 있지 않은 것이나 감추어져 있던 것을 드러내는 과정이 있다.

1. 타동사 용법

1.1. 다음 주어는 목적어를 드러낸다.

(1) a. The candidate refused to disclose his income.(그 후보자는 수입을 드러내는 것을 거절했다.)

b. He disclosed the secret to his friend.(그는 그 비밀을 친구에게 드러냈다.)

c. In spring the flowers disclose their colors.(봄에는 그 꽃들은 색을 드러낸다.)

d. She disclosed her intentions.(그녀는 자신의 의도를 드러냈다.)

1.2. 다음 주어는 사람이 아닌 개체이다. 개체의 상태가 바뀌면서 목적어가 드러난다.

(2) a. The curtains rose, disclosing a stage bathed in red light.(그 커튼이 올라가면서, 붉은 빛에 잠긴 무대를 드러내었다.)

b. The door swung open, disclosing a long dark passage.(그 문이 흔들려 열리면서 긴 어두운 통로를 드러냈다.)

c. The excavation disclosed the ruins of an ancient city.(그 발굴 작업은 어느 고대 도시의 폐허를 드러냈다.)

1.3. 다음 that—절은 주어가 드러내는 내용이다.

(3) a. The report disclosed that human error was to blame for the accident.(그 보고서는 인간의 실수가 그 사고에 책임이 있음을 드러냈다.)

b. The company disclosed that it had lost money on the deal.(그 회사는 그 거래에서 돈을 잃었다고 밝혔다.)

c. It has been disclosed that 30% of the donations were spent on publicity.(그 기부금의 30%가 광고에 쓰여졌다는 것이 드러났다.)

discolor

이 동사의 개념 바탕에는 색이 빠지거나 변하는 과정이 있다.

1. 자동사 용법

1.1. 다음 주어는 색이 변한다.

(1) a. The carpet discolored over the years.(그 카페트는 수년에 걸쳐 색이 변했다.)

b. Plastic tends to discolor with age.(플라스틱은 세월의 흐름에 따라 변색하는 성질이 있다.)

2. 타동사 용법
2.1. 다음 주어는 목적어의 색을 변하게 한다.
(2) a. Water discolored the carpet. (물이 그 카페트를 변색시켰다.)

b. The strong detergent discolored the jeans. (그 강력한 세제가 그 청바지를 탈색했다.)

c. Smoke and grime discolored the building. (매연과 검댕이 그 건물을 변색시켰다.)

disconcert

이 동사의 개념 바탕에는 쩔쩔 매게 하는 과정이 있다.

1. 타동사 용법
1.1. 다음 주어는 목적어를 쩔쩔 매게 한다.
(1) a. His constant shuffling of papers disconcerted me. (그의 끊임없는 서류의 뒤섞임은 나를 쩔쩔 매게 했다.)

b. His answer disconcerted us. (그의 대답은 우리를 쩔쩔매게 했다.)

c. The shouting citizens disconcerted the mayor. (그 시민들의 고함 소리는 그 시장을 쩔쩔매게 했다.)

d. His cold gaze disconcerted her. (그의 냉랭한 시선은 그녀를 어쩔 줄 모르게 만들었다.)

1.2. 다음은 수동태 문장으로 주어는 쩔쩔 매게 된다.
(2) a. We were disconcerted by the sudden change in plans. (우리는 계획의 갑작스런 변동으로 인해 쩔쩔 매게 되었다.)

b. I was disconcerted to find that I was wearing two different shoes. (나는 구두를 짝짝이로 신고 온 것을 발견하고는 당황해 어쩔 줄 몰랐다.)

disconnect

이 동사의 개념 바탕에는 분리하는 과정이 있다.

1. 타동사 용법
1.1. 다음 주어는 목적어의 전원을 끊는다.
(1) a. The electricity company disconnected his house. (그 전기 회사는 그의 집의 전력 공급을 끊었다.)

b. Disconnect the boiler from the water mains. (그 보일러를 수도 본관에서 차단하도록 해라.)

c. I pulled out the plug to disconnect the toaster. (나는 그 플러그를 그 토스터를 끄기 위해 뽑았다.)

1.2. 다음 주어는 목적어를 끊는다. 목적어는 어디에 연결되어서 들어가는 개체이다.
(2) a. If you don't pay, they disconnect your gas. (만약 네가 돈을 내지 않으면, 그들은 너의 가스를 끊어버릴 것이다.)

b. He disconnected the power from the computer. (그는 전력을 그 컴퓨터에서 차단했다.)

1.3. 다음 주어는 목적어를 끊는다.
(3) a. The operator accidentally disconnected our phone call. (교환수가 실수로 우리의 전화 연결을 끊어버렸다.)

1.4. 다음은 수동태 문장으로 주어는 끊어진다.
(4) a. The ski was disconnected from the boot. (그 스키는 부츠에서 분리되었다.)

b. We're disconnected during our conversation. (우리는 대화하던 중에 전화가 끊어졌다.)

c. You may be disconnected if you do not pay the bill. (요금을 체납한다면 아마도 당신 전화는 끊길 것이다.)

d. Our telephone call was disconnected during the storm. (우리 전화는 폭풍이 부는 동안 두절되었다.)

e. I was talking on the phone and suddenly disconnected. (나는 전화 통화 중이었는데 갑자기 통화가 끊겼다.)

2. 자동사 용법
2.1. 다음 주어는 from의 목적어로 부터 벗어난다.
(5) Click "Work Offline" to disconnect from the Internet. (인터넷에서 벗어나기 위해서 "Work Offline"을 클릭하세요.)

discount

이 동사의 개념 바탕에는 에누리하는 과정이 있다.

1. 타동사 용법
1.1. 다음 주어는 목적어를 할인한다
(1) a. They discount prices at 20%. (그들은 가격을 20% 할인한다.)

b. We had to discount our prices. (우리는 가격을 할인해야만 했다.)

c. The store discounts all its merchandise. (그 가게는 모든 상품을 할인한다.)

1.2. 다음 주어는 목적어의 값을 할인한다.
(2) a. Automakers never discount their overpriced cars. (자동차 제작자는 비싼 차 값을 결코 할인하지 않는다.)

b. The store discounts its coats each spring. (그 가게는 매 봄마다 코트를 할인한다.)

c. The store discounts the item by 10%. (그 가게는 그 항목을 10%까지 할인한다.)

1.3. 다음 주어는 목적어를 에누리한다.
(3) a. You have to discount a lot of what he says about himself. (너는 그가 자신에 대해 말하는 많은 것을 에누리하여 들어야 한다.)

b. Discount half of what he says. (그가 말하는 것을 반쯤 에누리하여 들어라.)

c. The dealer discounted 30% off the price. (그 거래상은 30%를 그 가격에서 할인했다.)

d. He discounted 15% off from the price of the car. (그는 15%를 차의 가격에서 할인했다.)

1.4. 암시, 소문, 말에는 가치가 있고, 이 가치는 에누리될 수 있는 것으로 개념화되어 있다.
(4) a. Ron tends to discount any suggestion that I make. (론은 내가 하는 어떤 제안도 에누리하여 듣는 경향이 있다.)

b. Scientists discounted the rumors of a new energy

source.(과학자들은 새 에너지원의 근원에 대한 소문들을 에누리하여 들었다.)

c. You have to discount what he says.(너는 그가 말하는 것을 에누리하여 들어야 한다.)

1.5. 다음 주어는 목적어를 계산에 넣지 않는다.

(5) In his plans, he discounted the expense.(그의 계획에서 그는 비용을 계산에 넣지 않았다.)

1.6. 다음은 수동태 문장으로 주어는 값이 할인된다.

(6) a. The news report was discounted as propaganda.(그 뉴스 리포트는 선전으로써 값이 할인되었다.)

b. Cash sales are discounted at 5%.(현금 판매는 5%가 할인된다.)

1.7. 다음 주어는 목적어의 가치를 떨어뜨린다.

(7) a. The police has discounted the possibility that this was a terrorist attack.(그 경찰은 이것이 테러 분자의 공격이라는 가능성을 과소평가했다.)

b. We cannot discount the possibility of further attacks.(우리는 추가적인 공격의 가능성을 과소평가할 수 없다.)

discourse

이 동사의 개념 바탕에는 논술하는 과정이 있다.

1. 자동사 용법

1.1. 다음 주어는 전치사 on의 목적어에 대해서 글을 쓰거나 강의를 한다.

(1) a. This paper discourses at length on how students from different language backgrounds make the same kinds of mistakes in the use of articles.(이 논문은 다른 언어 배경을 가진 학생들이 관사의 사용에 어떻게 같은 종류의 실수를 하게 되는지를 상세히 논술한다.)

b. He discoursed on the relationship between crime and environment.(그는 범죄와 환경 사이의 관계에 대해서 강연했다.)

discover

이 동사의 개념 바탕에는 발견하는 과정이 있다.

1. 타동사 용법

1.1. 다음 주어는 목적어를 발견한다.

(1) a. We searched all morning for the papers and finally discovered them in a drawer.(우리는 아침 내내 서류들을 찾아서 마침내 어느 서랍에서 그것을 발견했다.)

b. We discovered a new restaurant in the city.(우리는 새 식당을 그 도시에서 찾았다.)

c. Cook is credited with discovering Hawaii.(쿡은 하와이를 발견한 공로가 있다.)

d. They discovered the beach while they were sailing around the island.(그들은 그들이 그 섬 주위를 돌고 있을 때 그 해변을 발견했다.)

e. He's discovered a secret drawer in his old desk.(그는 비밀 서랍을 오래된 책상에서 발견했다.)

f. The puppy discovered my slippers and started chewing them.(그 강아지는 내 슬리퍼를 찾아서 씹기 시작했다.)

g. He discovered the treasure by accident.(그는 보물을 우연히 발견했다.)

1.2. 다음 주어는 목적어가 어떤 일을 하는 것을 발견한다.

(2) a. The boss discovered the clerk stealing money from the safe.(그 사장은 그 서기가 돈을 금고에서 훔치는 것을 발견했다.)

b. We discovered him stealing goods from the store.(우리는 그가 상품을 가게에서 훔치는 것을 발견했다.)

1.3. 다음 주어는 목적어의 존재를 알아낸다.

(3) a. He has discovered a new virus.(그는 새 바이러스를 발견했다.)

b. Newton discovered gravity.(뉴턴은 중력을 발견했다.)

1.4. 다음은 수동태 문장으로 주어는 발견된다.

(4) a. She was discovered dead at home.(그녀는 죽은 채로 발견되었다.)

b. He was later discovered to be seriously ill.(그는 후에 심각하게 병이 든 것으로 발견되었다.)

c. He was discovered to have a heart disease.(그는 심장병을 가지고 있는 것으로 발견되었다.)

1.5. 다음 주어는 의문사가 이끄는 절의 내용을 발견한다.

(5) a. We never did discover why she gave up her job.(우리는 왜 그녀가 자신의 일자리를 그만두었는지 알아내지 못했다.)

b. Did you ever discover who sent you the flowers?(너는 누가 네게 그 꽃을 보냈는지 알아내었느냐?)

c. Scientists have discovered how to predict an earthquake.(과학자들은 어떻게 지진을 예측하는지를 발견했다.)

1.6. 다음 주어는 that-절의 내용을 발견한다.

(6) a. He discovered that his son was dealing in drugs.(그는 아들이 마약을 거래하고 있다는 것을 알았다.)

b. He discovered that not all the prehistoric apes were the same.(그는 모든 선사 시대의 원숭이들이 같지 않음을 발견했다.)

discriminate

이 동사의 개념 바탕에는 구별하는 과정이 있다.

1. 타동사 용법

1.1. 다음 주어는 목적어를 구별한다.

(1) a. When do babies learn to discriminate voices?(아기들은 언제 말 소리를 구별하게 되는가?)

b. She can discriminate subtle variations in pitch.(그녀는 음조에서의 미묘한 변이들을 구별할 수 있다.)

1.2. 다음 주어는 목적어를 전치사 from의 목적어에서 구분시킨다.

(2) a. A number of features discriminate this species

from others.(많은 특징이 이 종을 다른 것들로부터 구별해 준다.)

b. It is difficult to **discriminate** one sound from another in a foreign language.(외국어의 한 소리를 다른 소리로부터 구별하기가 어렵다.)

1.3. 다음 주어는 전치사 against/in favor of의 목적어를 차별한다.

(3) a. The new law **discriminates** against/in favor of lower-paid workers.(그 새 법은 저임금 노동자들을 불리/유리하게 차별 대우 한다.)

b. Those employers **discriminated** against/in favor of women for higher-paying jobs.(그 고용주들이 여성들을 고임금 일에 불리/유리하게 차별 대우 한다.)

c. The law **discriminates** against/in favor of the disabled.(그 법은 장애인에게 불리/유리하게 차별 대우를 한다.)

1.4. 다음 주어는 전치사 between의 목적어를 구별한다.

(4) a. The antique dealer can **discriminate** between authentic pieces and fakes.(그 골동품 상인은 진짜 물건과 가짜를 구별할수 있다.)

b. He can **discriminate** between edible and poisonous mushrooms.(그는 식용과 독버섯을 구별할 수 있다.)

c. The color-blind person cannot **discriminate** between green and red.(그 색맹인 사람은 초록과 빨강을 구분 못 한다.)

d. You must learn to **discriminate between** facts and opinions.(너는 사실과 의견을 구분하는 것을 배워야 한다.)

e. The computer program cannot **discriminate** between letters and numbers.(컴퓨터 프로그램은 문자와 숫자를 구별할 수 없다.)

1.5. 다음 주어는 차별을 한다.

(5) a. Her company does not **discriminate**.(그녀의 회사는 차별 대우를 안 한다.)

b. It is illegal to **discriminate** on the ground of race, sex or religion.(인종, 성, 종교에 근거해 차별하는 것은 불법이다.)

discuss

이 동사의 개념 바탕에는 장단점을 고려하면서 토의하는 과정이 있다.

1. 타동사 용법

1.1. 다음 주어는 목적어를 토의한다.

(1) a. The employees like to **discuss** their work at lunch.(그 종업원들은 점심을 먹으면서 일을 토론하길 좋아한다.)

b. I am not prepared to **discuss** this on the phone.(난 이것을 전화 상으로 토론할 준비가 되어 있지 않다.)

c. The two friends **discussed** their summer vacations.(두 친구가 여름 방학을 토론했다.)

d. Sandy won't **discuss** money.(샌디는 돈 문제를 토론하지 않으려고 한다.)

e. We briefly **discussed** buying a new car.(우리는 새 차를 사는 것을 짧게 토론했다.)

f. The second chapter **discusses** different approaches to the problem.(두 번째 장은 그 문제에 다른 접근법을 토의한다.)

1.2. 다음은 수동태 문장으로 주어는 토의된다.

(2) a. This topic will be **discussed** at greater length in the next chapter.(이 주제는 더 길게 다음 장에서 논의될 것이다.)

b. The causes of stress have already been **discussed** in Chapter 5.(긴장의 원인들은 이미 제 5장에서 논의되었다.)

1.3. 다음 주어는 목적어를 전치사 with의 목적어와 토의한다.

(3) a. He was happy to **discuss** anything with her.(그는 무엇이든 그녀와 토론할 수 있어 행복했다.)

b. I'd like to **discuss** my contract with you.(난 내 계약을 너와 토론하고 싶다.)

c. I don't feel I can **discuss** anything important with my parents.(난 중요한 무언가를 부모님과 의논할 수 있다고는 느껴지지 않는다.)

d. Have you **discussed** the problem with anyone?(너는 그 문제를 누군가와 토론해 본 적 있니?)

1.4. 다음 주어는 의문사가 이끄는 표현의 내용을 토의한다.

(4) a. The booklet **discusses how** to run your own business.(그 소책자는 당신의 사업을 어떻게 경영할지를 토의한다.)

b. We **discussed what** to wear to the party.(우리는 파티에 무엇을 입고 갈지를 토의했다.)

disdain

이 동사의 개념 바탕에는 경멸하는 과정이 있다.

1. 타동사 용법

1.1. 다음 주어는 목적어를 경멸한다.

(1) a. She **disdained** his offer of help.(그녀는 그의 도움 제의를 경멸했다.)

b. He **disdains** worldly fame.(그는 세속적 명성을 경멸한다.)

c. We **disdain** him for his snobbishness.(우리는 그를 속물스러움에 대해 경멸한다.)

d. He **disdains** his co-worker and avoids speaking to him.(그는 동료를 경멸해서 그에게 말하는 것을 피한다.)

1.2. 다음 주어는 부정사가 가리키는 일을 경멸한다.

(2) a. They are **disdaining** to speak to us.(그들은 우리에게 이야기하는 것을 꺼리고 있다.)

b. He **disdained** to reply to such trivial questions.(그는 그처럼 사소한 질문에 답하기를 꺼렸다.)

c. He **disdained** to turn to his son for advice.(그는 아들에게 충고를 듣는 것을 꺼렸다.)

1.3. 다음 주어는 동명사가 가리키는 일을 경멸한다.

(3) a. She **disdained** replying to the insults.(그녀는 그 모욕에 응답하는 것을 가치가 없다고 생각했다.)

b. He **disdained** going to the office party.(그는 그 사무실 파티에 가는 것을 가치가 없다고 생각했다.)

disengage

이 동사의 개념 바탕에는 떼는 과정이 있다.

1. 타동사 용법
1.1. 다음 주어는 목적어를 분리시킨다.
(1) a. He **disengaged** the clutch.(그는 클러치를 뗐다.)
  b. **Disengage** the gears when you park the car.(그 차를 주차시킬 때는 기어를 풀어라.)
  c. **Disengage** the clutch and see what happens.(그 클러치를 풀고 무슨 일이 일어나는지 봐라.)
1.2. 다음 주어는 자신을 전치사 from의 목적어에서 뗀다.
(2) a. She gently **disengaged** herself from her sleeping son.(그녀는 몸을 자고 있는 아들로부터 부드럽게 뗐다.)
  b. They wished to **disengage** themselves from these policies.(그들은 자신들을 이 정책으로부터 빼기를 바랬다.)
  c. I tried to **disengage** myself from his grip.(나는 나 자신을 그의 손아귀에서 벗어나려고 했다.)
  d. The children **disengaged** themselves from the game and came to our side.(그 아이들은 그 게임으로부터 빠져 나와 우리 쪽으로 왔다.)

2. 자동사 용법
2.1. 다음 주어는 떨어져 나온다.
(3) a. We saw the boost rockets **disengage** and fall into the sea.(우리는 그 보조 로켓이 떨어져 나와 바다에 떨어지는 것을 봤다.)
  b. Suddenly the clutch just **disengaged**.(갑자기 클러치가 풀렸다.)

disentangle

이 동사의 개념 바탕에는 엉킨 것이 풀리는 과정이 있다.

1. 타동사 용법
1.1. 다음 주어는 엉킨 것을 푼다.
(1) a. They **disentangled** the ropes and heaved them on the ship.(그들은 밧줄을 풀어서 배 위로 던져 올렸다.)
  b. He is **disentangling** a coil of rope.(그는 밧줄 한 사리를 풀고 있다.)
1.2. 다음 주어는 목적어를 풀어낸다.
(2) a. It is not easy to **disentangle** the truth from the official statistics.(그 진실을 공식 통계에서 풀어내기란 쉬운 일이 아니다.)
  b. It is difficult to **disentangle** fact from fiction in what he's saying.(그가 하고 있는 말에서 진실을 허구에서 풀어내기가 어렵다.)
  c. He tried to **disentangle** his fingers from her hair.

(그는 손가락들을 머리에서 풀려고 노력했다.)
1.3. 다음 목적어는 재귀대명사이다. 주어는 자신을 전치사 from의 목적어에서 떼어낸다.
(3) She has just **disentangled** herself from a painful relationship.(그녀는 이제 막 고통스러운 관계에서 풀려났다.)

2. 자동사 용법
2.1. 다음 주어는 풀린다.
(4) The wires **disentangled** and came loose.(그 전선들은 풀려서 느슨해졌다.)

disgorge

이 동사의 개념 바탕에는 토해내는 과정이 있다.

1. 타동사 용법
1.1. 다음 주어는 목적어를 쏟아낸다.
(1) a. The pipe **disgorges** sewage into the sea.(그 파이프가 하수를 바다 속에 토해낸다.)
  b. The chimneys are **disgorging** radioactive waste into the atmosphere.(그 굴뚝은 방사성 폐기물을 대기에 토해내고 있다.)
  c. The river **disgorges** its waters into the Gulf of Mexico.(그 강은 물을 멕시코 만에 토해낸다.)
  d. The pipe is **disgorging** dangerous chemicals into the sea.(그 파이프가 유해 화학물을 그 바다에 토해내고 있다.)
  e. The bus **disgorged** a crowd of noisy children.(그 버스는 시끄러운 아이들 한 무리를 토해냈다.)
1.2. 다음 주어는 목적어를 토한다.
(2) a. The dog **disgorged** the bone it had swallowed.(그 개는 그가 삼켰던 뼈를 게워냈다.)
  b. A mother bird **disgorged** food for the young.(어미 새가 먹이를 새끼를 위해서 토해냈다.)

disgrace

이 동사의 개념 바탕에는 이름을 더럽히는 과정이 있다.

1. 타동사 용법
1.1. 다음 주어는 목적어를 망신을 시킨다.
(1) a. The prince's silly antics **disgraced** the whole royal family.(그 왕자의 바보 같은 광대 몸짓이 왕가 전체를 불명예스럽게 했다.)
  b. The scandal **disgraced** the government.(그 스캔들이 정부를 불명예롭게 했다.)
  c. He **disgraced** his name by taking the bribe.(그는 그 뇌물을 받아서 이름을 더럽혔다.)
1.2. 다음 주어는 목적어를 망신시킨다.
(2) a. He was publicly **disgraced** and sent into exile.(그는 공개적으로 망신을 당하고 추방당했다.)
  b. The corrupt official was publicly **disgraced**.(그 부패한 관리는 공개적으로 망신을 당했다.)
  c. The manager was **disgraced** and dismissed for

stealing.(그 매니저는 도둑질로 망신을 당하고서 해고됐다.)

1.3. 다음 주어는 자신을 망신시킨다.
(3) a. I **disgraced** myself by drinking far too much.(나는 나 자신을 술을 너무 많이 마심으로써 망신시켰다.)
　 b. She **disgraced** herself at passing out at the party.(그녀는 자신을 연회장에서 기절해서 망신시켰다.).

disguise
이 동사의 개념 바탕에는 변장하는 과정이 있다.

1. 타동사 용법
1.1. 다음 주어는 목적어를 변장한다.
(1) a. She **disguised** the gift so that Bill could not tell what it was.(그녀는 그 선물을 모양을 바꾸어 놔서 빌은 그것이 무엇인지를 알 수 없었다.)
　 b. She **disguised** her voice when she phoned the newspaper. (그녀는 자신의 목소리를 그 신문사에 전화할 때 변조했다.)

1.2. 다음 주어는 목적어를 숨긴다.
(2) a. She made no attempt to **disguise** her surprise(그녀는 자신의 놀람을 숨기려는 어떤 시도도 하지 않았다.)
　 b. He **disguised** his true intentions.(그는 자신의 진짜 의도를 숨겼다.)
　 c. Dan was not able to **disguise** his feelings for Kathy.(댄은 케시에 대한 감정을 감출 수 없었다.)
　 d. He was not able to **disguise** the fact he felt uncomfortable.(그는 자신이 불편을 느낀다는 사실을 숨길 수 없었다.)

1.3. 다음은 수동태 문장으로 주어는 숨겨진다.
(3) a. The differences of opinion cannot be **disguised**.(그 의견 차이는 숨겨질 수 없다.)
　 b. Her embarrassment could not be **disguised**.(그녀의 당황스러움은 숨겨질 수 없었다.)

1.4. 다음 주어는 목적어를 전치사 as의 목적어로 변장시킨다.
(4) a. He **disguised** himself as a security guard.(그는 자신을 안전 요원으로 가장했다.)
　 b. The army **disguised** the soldiers as ordinary villagers.(그 군대는 군인들을 일반 마을사람으로 위장시켰다.)
　 c. Bill **disguised** himself as a soldier.(빌은 자신을 군인으로 위장했다.)

1.5. 다음 주어는 자신을 변장시킨다.
(5) a. He **disguised** himself by wearing a false beard.(그는 자신을 가짜 턱수염을 붙여서 변장했다.)
　 b. He **disguised** himself with a false beard.(그는 자신을 가짜 수염으로 변장시켰다.)

2. 자동사 용법
2.1. 다음 주어는 변장한다.
(6) He **disguised** as a priest and crossed the border.(그는 성직자로 변장하고 국경을 건넜다.)

disgust
이 동사의 개념 바탕에는 역겹게 하는 과정이 있다.

1. 타동사 용법
1.1. 다음 주어는 목적어를 역겹게 한다.
(1) a. The candidate's dirty jokes **disgusted** many voters. (그 후보의 지저분한 농담들이 많은 투표자들을 역겹게 했다.)
　 b. The level of violence in the film really **disgusted** me.(그 영화의 폭력 수준이 나를 정말로 역겹게 만들었다.)
　 c. His terrible manner at the dinner table **disgusted** us.(식사 때 그의 엉망인 예의는 우리를 역겹게 했다.)
　 d. The awful food at the hotel **disgusted** us.(그 호텔의 끔찍한 음식이 우리를 역겹게 했다.)
　 e. The raw fish **disgusts** me.(그 날 생선은 나를 역겹게 한다.)
　 f. Your habits **disgust** me.(네 습관/버릇이 날 역겹게 한다.)
　 g. Doesn't all the violence on TV **disgust** you?(TV에 나오는 모든 폭력이 널 역겹게 하지 않니?)

1.2. 다음은 수동태 문장으로 주어는 역겹게 된다.
(2) a. I'm completely **disgusted** at/with the way his wife has treated him.(나는 그의 아내가 그를 다루는 방식에 완전히 넌더리가 났다.)
　 b. I'm **disgusted** at the way they treat their children.(나는 그들이 아이들을 다루는 방식에 넌더리가 났다.)
　 c. She was **disgusted** by the sex in the film.(그녀는 영화 속의 섹스 장면에 역겨웠다.)
　 d. I'm **disgusted** by that awful smell.(나는 그 역겨운 냄새로 속이 메스껍다.)

dish
이 동사의 개념 바탕에는 dish의 명사 '접시'가 있다.

1. 타동사 용법
1.1. 다음 주어는 목적어를 접시에 담아서 준다.
(1) a. He **dished** up meals for the homeless.(그는 음식을 노숙자들을 위해 음식을 접시에 담았다.)
　 b. Can you help me **dish** up dinner?(너는 내가 저녁식사를 접시에 담는것을 도와줄 수 있어?)

1.2. 다음 주어는 목적어를 나누어 준다. 목적어는 음식이다.
(2) a. Ken's **dishing** out sandwiches.(켄은 샌드위치를 나눠 주고 있다.)
　 b. Can you **dish** out the potatoes yet?(너는 그 감자를 나누어 줄 수 있나?)
　 c. He **dished** out some food at the waiting customers.(그는 약간의 음식을 기다리는 고객들에게 나눠 주었다.)
　 d. He **dished** out the soup.(그는 스프를 나누어 주었다.)

1.3. 다음 주어는 목적어를 나누어 준다.

(3) a. Students **dished out** leaflets to passers-by.(학생들이 광고 종이를 행인들에게 나눠 줬다.)

b. He **dished out** the papers as the students came in.(그는 학생들이 들어올 때 신문을 나눠 줬다.)

c. She **dishes out** money to anyone who asks.(그녀는 돈을 요구하는 누구에게나 나눠 준다.)

1.4. 다음 주어는 목적어를 나누어 준다. 목적어는 추상적이다.

(4) a. She's always **dishing out** advice.(그녀는 항상 충고를 준다.)

b. He's ready to **dish out** punishment/criticism.(그는 벌/비평을 줄 준비가 되어 있다.)

c. The young teacher **dishes out** rewards.(그 젊은 교사는 보상을 나눠 준다.)

d. He enjoys **dishing it out**, but he really can't take it.(그는 꾸짖길 즐기지만 받지는 못한다.)

---

disintegrate

이 동사의 개념 바탕에는 분해되는 과정이 있다.

1. 자동사 용법

1.1. 다음 주어는 허물어진다.

(1) a. At that speed, the plane **disintegrated**.(그 속도에서 그 비행기는 산산이 부서져 버렸다.)

b. The plane **disintegrated** as it fell into the sea.(그 비행기는 바다로 추락하면서 산산이 분해되어 버렸다.)

c. The ancient fabric from the tomb **disintegrate** when it was exposed to the air.(그 무덤에서 발굴된 고대 천 조각은 공기에 노출되자 허물어져 버렸다.)

1.2. 다음 주어는 추상적이지만 구체적인 것으로 개념화되어 있다.

(2) a. My anger **disintegrated** when I learned that nothing was wrong.(내 화는 아무 것도 잘못된 것이 없다는 사실을 알게 되자 풀렸다.)

b. The authority of the central government is rapidly **disintegrating**.(중앙 정부의 권위가 급속도로 해체되고 있다.)

c. Opposition to the plan **disintegrated** when it was shown that it would cost no money.(그 계획에 대한 반대가 그것을 실행하는 데 한 푼도 돈이 들지 않는다는 사실이 알려지자 사그러 들었다.)

2. 타동사 용법

2.1 다음 주어는 목적어를 허물어지게 한다.

(3) a. I **disintegrated** the soft rock between my fingers.(나는 무른 돌을 내 손가락 사이에 끼워 부수어 뜨렸다.)

b. The weight of the boulder **disintegrated** the stone wall.(그 옥석의 중량이 그 돌담을 무너지게 했다.)

c. The bullets tearing into the house **disintegrated** the flimsy walls.(그 집을 부수고 들어간 총알들이 얄팍한 벽을 무너뜨렸다.)

d. Water **disintegrated** the cement to pebble-sized pieces.(물이 그 시멘트를 조약돌 크기로 해체했다.)

---

dislike

이 동사의 개념 바탕에는 싫어하는 과정이 있다.

1. 타동사 용법

1.1. 다음 주어는 목적어를 싫어한다.

(1) a. Why do you **dislike** him so much?(너는 그를 왜 그토록 싫어하니?)

b The boy **dislikes** spinach and refuses to eat it.(그 소년은 시금치를 싫어해서 먹기를 거절했다.)

c. He **dislikes** her idea.(그는 그녀의 생각을 싫어한다.)

1.2. 다음 주어는 목적어를 싫어한다.

(2) a. He **dislikes** jogging early in the morning.(그는 아침 일찍 조깅하는 것을 싫어한다.)

b. He **disliked** her staying away from home.(그는 그녀가 집에서 나가 있는 것을 싫어했다.)

c. He **dislikes** going to the dentist.(그는 치과 가는 것을 싫어한다.)

d. I **dislike** getting up early.(나는 일찍 일어나는 게 싫다.)

e. He **dislikes** walking and hates the countryside.(그는 걷기를 싫어하고 시골을 싫어한다.)

1.3. 다음 주어는 목적어를 싫어한다.

(3) He **disliked** it when she behaved badly in front of her mother.(그는 그녀가 그녀 어머니 앞에서 나쁘게 행동할때 그것을 싫어했다.)

---

dislocate

이 동사의 개념 바탕에는 탈구되는 과정이 있다.

1. 타동사 용법

1.1. 다음 주어는 목적어를 탈구시킨다.

(1) a. A fast ball **dislocated** the player's middle finger.(속구가 그 선수의 가운데 손가락을 탈구시켰다.)

b. She **dislocated** her knee falling down some steps.(그녀는 계단 아래로 엎어지면서 무릎을 탈구시켰다.)

c. She **dislocated** her shoulder when she slipped on the ice.(그녀는 그 얼음에서 미끄러지면서 어깨 관절을 탈구시켰다.)

1.2. 다음 주어는 목적어를 뒤죽박죽 만든다.

(2) a. Frequent strikes **dislocated** the economy.(잦은 파업들은 경제를 뒤죽박죽되게 했다.)

b. The gas shortage **dislocated** our vacation plans.(가스 부족은 우리의 휴가 계획을 뒤죽박죽되게 했다.)

1.3. 다음은 수동태 문장으로 주어는 탈구된다.

(3) a. His shoulders were **dislocated**.(그의 어깨가 탈구되었다.)

b. The transportation system has been **dislocated** by the explosion.(그 교통 체계가 폭발에 의해 틀어졌다.)

dismay

이 동사의 개념 바탕에는 걱정을 하거나 당황하게 하는 과정이 있다.

1. 타동사 용법

1.1 다음 주어는 목적어를 낙담시킨다.

(1) a. The child's falling grades dismayed the parents. (그 아이의 성적이 자꾸 내려가자 부모님이 낙담했다.)

b. A grade on the exam dismayed the student. (그 시험 성적은 학생을 낙담시켰다.)

c. Their reaction dismayed him. (그들의 반응은 그를 낙담시켰다.)

d. The news dismayed Sue, and she began to worry. (그 소식은 수를 낙담시켜서 그녀는 걱정하기 시작했다.)

e. The fear of an epidemic dismayed the whole city. (전염병의 공포가 도시 전체를 걱정에 휩싸이게 했다.)

1.2. 다음은 수동태 문장으로 주어는 당황한다.

(2) a. The speaker was dismayed at the audience's lack of interest. (그 연사는 청중들의 무관심에 당황했다.)

b. They were dismayed by the violent reaction. (그들은 난폭한 반응에 당황했다.)

dismiss

이 동사의 개념 바탕에는 사람을 어떤 자리에서 내보내는 과정이 있다.

1. 타동사 용법

1.1. 다음 주어는 목적어를 내보낸다.

(1) a. At the end of the lecture, the professor dismissed the students. (강의가 끝나자, 그 교수는 학생들을 해산시켰다.)

b. The mayor finished the press conference, and dismissed the reporters. (그 시장은 기자 회견을 끝내고 신문기자들을 해산시켰다.)

c. The teacher dismissed the class when the bell rang. (그 선생님은 종이 울리자 반을 해산했다.)

1.2. 다음 주어는 목적어를 해고한다.

(2) a. He dismissed his clerk. (그는 사무원을 해고했다.)

b. I dismissed him with a wave of the hand. (나는 손을 흔들어서 그를 가도록 했다.)

c. The teacher dismissed the boy from school. (그 선생님은 그 아이를 학교에서 퇴학시켰다.)

1.3. 공간적 자리는 환유적으로 쓰이어서 '일자리'나 '직장'을 가리킬 수 있다.

(3) As sales declined, the manager dismissed several workers. (판매가 부진하자, 그 지배인은 여러명의 고용인을 해고했다.)

1.4. 다음은 수동태 문장으로 주어는 해고된다.

(4) a. You are dismissed. (당신은 해고되었다.)

b. The military commander has been dismissed. (그 육군 사령관은 해임되었다.)

c. The officer was dismissed for neglect of duty. (그 장교는 근무 태만으로 해임되었다.)

d. The servant was dismissed for being dishonest. (그 하인은 불성실해서 해고되었다.)

e. He was dismissed for drunkenness. (그는 술 때문에 해고되었다.)

1.5. 다음은 수동태 문장으로 주어는 내보내진다.

(5) a. The suspect was dismissed after questioning. (그 용의자는 그 심문이 끝나자 석방되었다.)

b. The class was dismissed ten minutes earlier. (그 반은 10분 일찍 끝났다.)

c. Two witnesses were called, heard, and then dismissed. (두 명의 증인이 불려와서, 그들의 이야기를 들은 후에 돌려 보내졌다.)

d. The case was dismissed owing to lack of evidence. (그 소송은 증거 불충분으로 기각되었다.)

1.6. 다음은 수동태 문장이고 주어는 전치사 from의 목적어로부터 내보내진다.

(6) a. If you are late again, you'll be dismissed from your job. (당신이 또 지각하면, 해고될 것입니다.)

b. He was dismissed from his post for being lazy. (그는 게을러서 직위에서 쫓겨났다.)

c. He was dismissed from the service for carelessness. (그는 부주의로 그 일에서 쫓겨났다.)

1.7. 다음은 [마음은 그릇] 은유가 적용된 예이다. 주어는 목적어를 비운다.

(7) a. He dismissed all thoughts of revenge. (그는 복수에 대한 생각을 모두 버렸다.)

b. He dismissed the idea from his head. (그는 그 생각을 머리 속에서 비웠다.)

c. I dismissed him from my mind. (나는 그를 마음에서부터 비웠다.)

d. I dismissed the thought from my mind. (나는 그 생각을 마음에서부터 비웠다.)

e. I dismissed the whole incident from my mind. (나는 그 전체 사건을 마음에서부터 비웠다.)

1.8. 다음 주어는 목적어를 받아들이지 않는다.

(8) a. The judge dismissed all the charges against Burns by saying "Case dismissed." (그 판사는 "소송은 기각되었습니다"라고 말함으로써 번즈에 대한 모든 죄과를 기각했다.)

b. The parents dismissed the child's constant requests. (그 부모는 아이의 끊임없는 요구를 거절했다.)

c. Let's not just dismiss the idea before we've even thought about it. (그것을 생각해 보기도 전에 그 생각을 버리지 맙시다.)

1.9. 다음은 수동태 문장으로 주어는 기각된다.

(9) a. The question is not so lightly dismissed. (그 문제는 그렇게 쉽게 사라지지 않는다.)

b. Her present suit should be dismissed. (그녀의 현재 소송은 기각되어야 한다.)

1.10. 다음 주어가 목적어를 전치사 as의 목적어를 이유로 받아들이지 않는다.

(10) a. He dismissed the plea/the proposal as trivial. (그는 그 탄원을/그 제안을 사소한 것으로 여겨 받아들이

지 않았다.)

b. At first, the editor **dismissed** the story **as** a rumor. (처음에, 그 편집자는 그 이야기를 헛소문으로 여기 서 받아들이지 않았다.)

c. He **dismissed** my suggestion **as** unrealistic.(그는 나의 제안을 실현 불가능한 것으로 여겨 받아들이지 않았다.)

d. He **dismissed** the report **as** speculation.(그는 그 보고서를 추측으로 여겨 받아들이지 않았다.)

e. He laughed and **dismissed** the idea **as** impossible. (그는 웃고 나서 그 발상을 불가능한 것으로 여겨 받아들이니 않았다.)

f. I **dismissed** Bill's constant complaining **as** childish. (나는 빌의 끊임없는 불평을 유치한 것으로 여겨 받 아들이지 않았다.)

g. She **dismissed** the accusation/the idea **as** not worth thinking about.(그녀는 그 고발/발상을 생각 할 가치도 없는 것으로 여겨 받아들이지 않았다.)

h. He would **dismiss** me **as** an idiot.(그는 나를 바보라 하여 해고했다.)

dismount

이 동사의 개념 바탕에는 내리는 과정이 있다.

1. 자동사 용법
1.1. 다음 주어는 내린다.
(1) a. The gymnast **dismounted** and bowed.(그 체조 선 수가 내려서 인사를 했다.)

b. He **dismounted** from the motorcycle. (그가 모터 싸이클에서 내렸다.)

2. 타동사 용법
2.1. 다음 주어는 목적어를 해체한다.
(2) a. The mechanic **dismounted** the motor to work on it.(그 기사는 기계를 뜯어서 작업하기 시작했다.)

b. They **dismounted** the cannon for storage.(그들은 포를 저장하기 위해서 해체했다.)

2.2. 다음 주어는 목적어를 떨어지게 한다.
(3) The wild horse **dismounted** its rider.(그 야생말은 탄 사람을 떨구었다.)

disobey

이 동사의 개념 바탕에는 불복하는 과정이 있다.

1. 타동사 용법
1.1. 다음 주어는 목적어를 따르지 않는다.
(1) a. He **disobeyed** his mother.(그는 엄마를 따르지 않 았다.)

b. He **disobeyed** his mother, and went fishing instead of cleaning his room.(그는 어머니 말을 듣 지 않고 방 청소를 하는 대신에 낚시를 갔다.)

1.2. 다음 주어는 목적어를 어긴다.
(2) a. The manager **disobeyed** the company rule and told the employees to go home early.(그 매니저는

회사 규율을 따르지 않고, 고용자들에게 집에 일찍 가라고 말했다.)

b. She **disobeyed** her parents' instructions.(그녀는 부모님의 지시를 따르지 않았다.)

c. Jim **disobeyed** his parents' order.(짐은 부모님의 명령을 따르지 않았다.)

disorient

이 동사의 개념 바탕에는 방향 감각을 잃게 하는 과 정이 있다.

1. 타동사 용법
1.1. 다음 주어는 목적어가 방향 감각을 잃게 한다.
(1) a. Walking around in an unfamiliar part of the city **disoriented** us.(그 도시의 익숙하지 않은 구획을 걷 던 우리는 방향 감각을 상실했다.)

b. The fall so **disoriented** the boy that he couldn't find his way home.(그 추락은 그 소년을 방향 감각 을 상실하게 하여, 그는 집으로 가는 길을 찾을 수 없었다.)

1.2. 다음은 수동태 문장으로 주어는 방향을 잃는다.
(2) a. When I came out of the subway, I was momentarily **disoriented**.(지하철에서 벗어나자, 나 는 잠시 방향을 잃었다.)

b. When she regained consciousness, she was **disoriented**.(다시 의식을 되찾았을 때, 그녀는 방향 감각을 잃었다.)

disparage

이 동사의 개념 바탕에는 깎아 내리는 과정이 있다.

1. 타동사 용법
1.1. 다음 주어는 목적어를 깎아 내린다.
(1) a. Don't **disparage** his attempts to become a pilot.(비행사가 되려는 그의 시도를 얕보지 말아라.)

b. I don't mean to **disparage** your achievement.(나 는 너의 업적을 얕볼 생각은 없다.)

c. He called his opponent a fool and **disparaged** his abilities.(그는 상대를 바보라고 부르고, 그의 능력 을 얕잡아 보았다.)

d. Her envious friends **disparaged** her high grades. (그녀의 질투하는 친구들은 그녀의 높은 성적을 얕 보았다.)

1.2. 다음은 수동태 문장으로 주어는 얕보인다.
(2) a. His architecture was widely **disparaged** by critics. (그의 건축은 많은 비평가들에 의해 비난을 받았 다.)

b. His work for charity has been **disparaged** in the press.(자선을 위한 그의 일은 신문에서 비평을 받 고 있다.)

dispatch

이 동사의 개념 바탕에는 급하게 보내는 과정이 있다.

1. 타동사 용법
1.1. 다음 주어는 목적어를 급하게 보낸다.
(1) a. He will dispatch the letter tomorrow.(그는 그 편지를 내일 급송할 것이다.)

     b. The teacher dispatched the unruly boy to the principal.(그 교사가 제멋대로 구는 아이를 교장에게 급히 보냈다.)

1.2. 다음은 수동태 문장으로 주어는 급파된다.
(2) a. A messenger was dispatched to him.(사자가 그에게 급파됐다.)

     b. A reporter was dispatched to Naples to cover the murder.(보도기자가 그 살인을 다루기 위해 나폴리로 급파됐다.)

     c. Troops have been dispatched to the area.(부대가 그 지역에 급파됐다.)

     d. Goods are dispatched within 24 hours of your order reaching us.(상품들은 우리에게 여러분의 주문이 들어온 24시간 안에 급송된다.)

1.3. 다음은 수동태 문장으로 주어는 죽임을 당한다.
(3) The injured horse was dispatched painlessly by its owner.(그 부상마는 주인에 의해 고통없이 죽임을 당했다.)

dispel
이 동사의 개념 바탕에는 쫓아서 흩어지게 하는 과정이 있다.

1. 타동사 용법
1.1. 다음 주어는 목적어를 흩어서 없어지게 한다.
(1) a. A warm sun quickly dispelled the morning fog.(따뜻한 햇빛이 아침 안개를 쫓아버렸다.)

     b. Light dispelled the fog.(빛이 안개를 쫓아버렸다.)

1.2. 다음 목적어는 추상적이지만 [의심이나 두려움은 안개] 은유가 적용되어 있다.
(2) a. Her fine performance dispelled any doubts about her ability.(그녀의 훌륭한 연주는 그녀의 능력에 대한 어떤 의심도 없앴다.)

     b. He dispelled all doubts about his health.(그는 건강에 대한 모든 의심을 없앴다.)

     c. His speech dispelled any fears about his health.(그의 연설은 건강에 대한 근심을 없앴다.)

dispense
이 동사의 개념 바탕에는 나누어 주는 과정이 있다.

1. 타동사 용법
1.1. 다음 주어는 목적어를 나누어 준다.
(1) a. The nursery teacher dispensed cookies at snack time.(그 육아 선생님이 쿠키를 간식 시간에 나눠 주었다.)

     b. The political candidate dispensed lots of leaflets.(그 정치 후보자는 많은 선거 광고지를 나눠 줬다.)

     c. The organization dispenses free health care to the poor.(그 조직은 무상 건강 보호를 가난한 자에게 베푼다.)

1.2. 다음 주어는 목적어를 내어준다.
(2) a. The doctor dispensed a prescription/medicine/advice.(그 의사는 처방전/약/충고를 주었다.)

     b. A judge dispenses justice.(판사가 재판을 한다.)

     c. He dispensed the law without bias.(그는 법을 치우침 없이 집행했다.)

2. 자동사 용법
2.1. 다음 주어는 전치사 with의 목적어를 없앤다.
(3) a. Bob and Mary dispensed with formality and called each other by their first names.(밥과 메리는 격식을 없애고 서로를 이름만으로 부른다.)

     b. We shall have to dispense with the car; we cannot afford it.(우리는 그 차 없이 지내야 한다; 그것을 가질 여유가 없다.)

     c. Susan dispensed with her typewriter when she bought a computer.(수잔은 컴퓨터를 샀을 때 타자기를 없앴다.)

disperse
이 동사의 개념 바탕에는 뿔뿔이 흩어지는 과정이 있다.

1. 타동사 용법
1.1. 다음 주어는 목적어를 해산시킨다.
(1) a. The police dispersed the crowd.(그 경찰은 군중을 해산시켰다.)

     b. The wind dispersed the clouds.(바람은 구름을 흩어지게 했다.)

     c. The rain dispersed the crowd.(비는 군중을 해산시켰다.)

     d. The fan dispersed the smoke.(그 선풍기가 연기를 흩어지게 했다.)

1.2. 다음은 수동태 문장으로 주어는 흩어진다.
(2) a. The seeds were dispersed on the plowed land.(그 씨들은 일구어진 땅에 흩어졌다.)

     b. The seeds of the tree were dispersed by the wind.(그 나무의 씨들은 바람에 의해 흩어졌다.)

1.3. 다음 주어는 목적어를 쫓아 버린다.
(3) He dispersed the phantoms.(그는 유령들을 쫓아 버렸다.)

2. 자동사 용법
2.1. 다음 주어는 흩어져 없어진다.
(4) a. The fog dispersed.(안개가 흩어져 없어졌다.)

     b. The mist dispersed with the morning sun.(그 연무가 아침 태양과 함께 흩어져 없어졌다.)

2.2. 다음 주어는 흩어진다.
(5) a. The crowd soon dispersed.(그 관중은 곧 흩어졌다.)

     b. The children dispersed in all directions.(그 아이들은 모든 방향으로 흩어졌다.)

display

이 동사의 개념 바탕에는 전시하는 과정이 있다.

1. 타동사 용법

1.1. 다음의 주어는 전시하는 사람이나 개체이고, 목적어는 전시되는 개체이다.

(1) a. The man **displayed** the text on the screen.(그 남자는 그 원문을 화면에 보여 주었다.)

b. Let's **display** the figures and see what we have.(그 숫자들을 진열해 놓고 우리가 무엇을 가지고 있는지 살펴 보자.)

c. Five artists will **display** their work at the gallery.(다섯 명의 화가들이 작품을 화랑에서 전시할 것이다.)

d. The vendor **displayed** fruit.(그 행상인은 과일을 펼쳐 놓았다.)

e. She **displayed** her wound to us.(그녀는 상처를 우리에게 내보여 주었다.)

f. Why don't you **display** your ad on the notice board?(당신의 광고를 게시판에 올리지 않습니까?)

1.2. 다음 주어는 목적어를 내보인다. 주어는 개체이다.

(2) a. The shop **displayed** the dresses in the window.(그 상점은 옷들을 진열창에 진열했다.)

b. The store is **displaying** new spring clothes.(그 상점은 새 봄 옷을 진열하고 있다.)

c. The column **displays** the title of the mail message.(그 난은 메일 내용의 제목을 제시한다.)

d. **Displaying** wealth is unseemly.(부를 드러내는 것은 보기 안 좋다.)

e. These statistics **display** a definite trend.(이 통계는 명확한 추세를 보여준다.)

1.3. 다음은 수동태 문장으로 주어는 전시된다.

(3) a. New books are **displayed** in the shop window.(새 책들이 그 상점 진열창에 전시되어 있다.)

b. Local train and bus times are **displayed** on the notice board.(지역 열차와 버스 시간이 그 게시판에 올라 있다.)

c. The permit should be clearly **displayed** in the front window.(그 허가증은 그 앞 유리창에 분명히 제시되어야 한다.)

d. The china is **displayed** in a special cabinet.(그 도자기는 특별 진열 상자에 전시되어 있다.)

1.4. 다음 주어는 목적어를 내보인다. 목적어는 어느 사람이 가지고 있는 특성이나 감정이다.

(4) a. He has **displayed** remarkable courage and bravery.(그는 놀랄만한 용기와 담력을 보여 주었다.)

b. He **displayed** his ignorance to everyone.(그는 모든 사람들에게 자신의 무지를 드러냈다.)

c. She **displayed** her feelings/fear/hatred when she learned the facts.(그녀가 그 사실을 알았을 때 그녀는 감정/공포/증오를 드러냈다.)

d. They tend not to **display** their emotion in public.(그들은 그들의 감정을 공공연하게 드러내지 않는

경향이 있다.)

e. He **displayed** his bad temper by shouting at me.(그는 나에게 소리치면서 나쁜 성미를 드러냈다.)

f. She **displayed** her good nature by answering all the questions.(그녀는 모든 질문에 답하면서 착한 성격을 드러냈다.)

g. He **displayed** his intelligence at the interview.(그는 자신의 지성을 그 인터뷰에서 발휘했다.)

h. She **displayed** great self-control when they told her news.(그들이 그녀에게 소식을 전했을 때, 그녀는 엄청난 자제력을 보여줬다.)

1.5. 다음 주어는 목적어를 내보인다. 목적어는 주어가 가지고 있는 지식이나 기술이다.

(5) a. She **displayed** a talent for mimicry(그녀는 흉내내는 재주를 내보였다.)

b. He **displayed** remarkable tact when his mother-in-law came to visit.(그는 장모님이 오셨을 때 놀랄만한 재주를 보여 주었다.)

c. She **displayed** her skating skills before the judges.(그녀는 심판관들 앞에서 스케이트 솜씨를 펼쳐 보였다.)

d. They **displayed** great skill in the game.(그들은 그 시합에서 엄청난 기술을 보여 줬다.)

e. She **displayed** her knowledge.(그녀는 자신의 지식을 내보였다.)

displease

이 동사의 개념 바탕에는 불쾌하게 만드는 과정이 있다.

1. 타동사 용법

1.1. 다음 주어는 목적어를 불쾌하게 만든다.

(1) a. Having to wait in line **displeased** us.(줄 서서 기다려야 하는 것은 우리를 불쾌하게 만들었다.)

b. His arrogant manner **displeased** me.(그의 거만한 태도가 나를 불쾌하게 만들었다.)

1.2. 다음은 수동태 문장으로, 주어는 전치사 with의 목적어로 불쾌하게 된다.

(2) a. Are you **displeased** with my work?(너는 내 일로 불쾌하니?)

b. He is **displeased** with me.(그는 나로 인해 불쾌해 한다.)

c. He is **displeased** with the lack of progress.(그는 진보의 부족으로 불쾌해 한다.)

1.3. 다음에서 전치사 at의 불쾌함을 가져오는 자극을 나타낸다.

(3) a. I'm **displeased** at his way of talking.(나는 그의 말하는 방식에 불쾌해 한다.)

b. He is **displeased** at the news.(그는 그 뉴스에 불쾌해 한다.)

c. I was **displeased** at her rudeness.(나는 그의 무례함에 불쾌했다.)

1.4. 다음은 수동태 문장으로 주어는 전치사 about의 목적어에 대해서 불쾌감을 느낀다.

(4) a. I'm **displeased** about the whole affair.(나는 그 모

든 업무에 관해 불쾌해 한다.)

b. He was apparently displeased about something. (그는 분명히 무엇에 대해서 불쾌해졌다.)

dispose

이 동사의 개념 바탕에는 배치하는 과정이 있다

1. 타동사 용법

1.1. 다음 주어는 목적어를 배열한다

(1) a. He disposed his troops along the northern border. (그는 군대를 북쪽 경계선을 따라 배치했다.)

b. She disposed the furniture artfully around the room.(그녀는 가구들을 방 주위에 교묘하게 배열했다.)

c. The gardener disposed the tulips in beds throughout the park.(그 정원사는 튤립들을 그 공원 전체의 화단에 배열했다.)

d. God disposes all things according to his will.(신은 모든 것들을 그의 의지에 따라 배열한다.)

e. He disposed the chains in a circle/a row.(그는 그 사슬을 원/줄로 배열했다.)

1.2. 다음 목적어는 환유적으로 쓰여서 마음을 가리키고, 마음은 다시 개체로 개념화된다. 주어는 목적어의 마음을 전치사 to의 목적어를 바라보게 만든다.

(2) a. He nursing training disposes her to help anyone who is hurt.(그의 간호 훈련은 다친 사람을 누구든지 돕게 만든다.)

b. His action disposed her to believe him.(그의 행동은 그녀가 그를 믿도록 만들었다.)

c. Her poverty disposed me to help her.(그녀의 가난은 내가 그녀를 돕게 만들었다.)

d. Getting overly tired disposes you to catch cold. (지나치게 피곤하게 되는 것은 네가 감기에 걸리게 만든다.)

e. A shorter work day disposed him to take the job. (더 짧은 노동 시간은 그가 그 일자리를 갖게 만들었다.)

1.3. 다음 주어는 목적어를 전치사 to의 목적어를 향하게 한다

(3) a. Overwork disposed her to sickness.(너무 많은 일은 그녀를 병에 걸리게 했다.)

b. The horrible nature of the crime did not dispose the jury to leniency.(그 범죄의 무서운 속성은 그 배심원들을 관대하게 만들지 않았다.)

c. A weak constitution disposes him to frequent illness.(약한 조직(체질)은 그를 잦은 병에 걸리게 한다.)

d. Hot weather disposes me to laziness.(더운 날씨는 나를 게으르게 만든다.)

1.4. 다음 주어는 목적어가 for의 목적어를 받아들일 자세를 취하게 만든다.

(4) a. Her encouragement disposed me for the job.(그녀의 격려는 내가 그 직업을 받아들일 자세를 취하게 만들었다.)

b. The nice weather disposed me for a walk.(그 좋은 날씨가 내가 산보를 할 마음을 가지게 만들었다.)

1.5. 다음은 수동태 문장으로 주어는 배열된다.

(5) a. The flags were disposed in a straight line.(그 깃발들은 직선으로 배열되었다.)

b. The chairs were disposed in a circle.(그 의자들은 원으로 배열되었다.)

1.6. 다음은 수동태 문장으로 주어는 어떤 경향이 있다.

(6) a. I am not disposed to agree.(나는 동의할 마음이 없었다.)

b. My brother is disposed to ear infections. (나의 오빠는 귀가 감염되는 경향이 있다.)

2. 자동사 용법

2.1. 다음 주어는 전치사 of의 목적어를 처분한다.

(7) a. He quickly disposed of his meal.(그는 재빨리 식사를 처분했다.)

b. Let's dispose of this matter once and for all.(이 문제를 즉시 전부 처분하자.)

c. He disposed of his property/his car.(그는 재산/차를 처분했다.)

d. He disposed of his daughter.(그는 딸을 처분했다.)

dispute

이 동사의 개념 바탕에는 상대방의 주장이나 결정이 잘못되었다고 생각하여 논박하는 과정이 있다.

1. 타동사 용법

1.1. 다음 주어는 목적어를 논박한다.

(1) a. They disputed the decision/the claim/the case.(그들은 그 결심/그 요구/그 사건을 논박했다.)

b. The family wanted to dispute the will.(그 가족은 그 유언을 의문시하고 싶어했다.)

c. My manager disputes every issue that arises.(나의 지배인은 생기는 모든 문제를 논박한다.)

d. The accountant disputes the figures you gave her.(그 회계사는 네가 그녀에게 주었던 수치들을 의문시한다.)

e. They strongly disputed her departure.(그들은 그녀의 출발을 강하게 논박했다.)

1.2. 다음 주어는 목적어를 잃지 않으려고 다툰다.

(2) a. The nations disputed the territory. (그 나라들은 광대한 토지를 잃지 않으려고 다투었다.)

b. The farmers disputed every inch of the ground. (그 농부들은 땅의 모든 인치를 잃지 않으려고 다투었다.)

c. The two countries disputed that stretch of land for years.(그 두 나라는 그 땅을 잃지 않으려고 몇 년 동안 다투었다.)

d. The losing team disputed the victory up to the last game.(그 진 팀은 마지막 게임가지 승리를 다투었다.)

1.3. 다음은 수동태 문장으로 주어는 논박된다.

(3) a. The fact cannot be disputed.(그 사실은 논박될 수

없다.)

b The ownership of the land has been **disputed** for centuries.(그 땅의 소유권은 여러세기 동안 논박되어 왔다.)

c. His honesty cannot be **disputed**.(그의 정직성은 논박될 수 없다.)

d. The issue was **disputed** at a council meeting.(그 주제는 회의에서 논박되었다.)

1.4. 다음 주어는 목적어를 논박하여 목적어가 어떤 상태에 들어가게 한다.

(4) a. He **disputed** us **into** agreement.(그는 우리를 논박하여 동의하게 했다.)

b. He **disputed** us **down**.(그는 우리를 논박하여 무너지게 했다.)

1.5. 다음 주어는 목적어를 with의 목적어와 다툰다.

(5) He **disputed** the prize **with** me.(그는 나와 그 상을 다투었다.)

1.6. 다음 의문사가 이끄는 절은 논박의 내용이다.

(6) a. We **disputed** whether we should adopt the proposal.(우리는 그 제안을 받아들여야 하는지를 논박했다.)

b. They **disputed** who to invite to the party.(그들은 누구를 그 파티에 초대할지 논의했다.)

1.7. 다음 주어는 that-절의 내용을 논박한다.

(7) a. The administration does not **dispute** that the cuts in personnel will hurt good service.(그 관리는 인력 감소가 좋은 서비스를 해칠 것이라고 논박하지 않는다.)

b. No one is **disputing** that there is a problem.(아무도 문제가 있음을 논박하고 있지 않다.)

2. 자동사 용법

2.1. 다음 주어는 서로 논박한다.

(8) a. We were **disputing with** the committee on how to proceed.(우리는 그 위원회와 어떻게 진행하는가에 대해 다투고 있었다.)

b. The politicians **disputed with** each other on various issues.(그 정치가들은 서로 다양한 주제에 대해 논박했다.)

---

disqualify

이 동사의 개념 바탕에는 자격을 잃게 하는 과정이 있다.

1. 타동사 용법

1.1. 다음 주어는 목적어를 실격시킨다.

(1) a. A heart condition **disqualified** him for military service.(심장 상태는 그를 군복무에 실격시켰다.)

b. The judge **disqualified** Max for tripping another runner.(그 판사는 막스를 다른 주자를 넘어뜨리는 것에 대해 실격시켰다.)

c. Bad grades **disqualified** him for the scholarship.(나쁜 학점은 그를 장학금 대상에서 실격시켰다.)

1.2. 다음은 수동태 문장으로 주어는 실격된다.

(2) a. She was **disqualified** for the election.(그녀는 선거

에서 실격되었다.)

b. He was **disqualified** by his age.(그는 나이로 인해 실격되었다.)

1.3. 다음은 수동태 문장으로 주어는 전치사 from의 목적어에서 실격된다.

(3) a. He was **disqualified from** serving in the army.(그는 군복무에서 실격되었다.)

b. He was **disqualified from** voting.(그는 투표하는 것에서 실격되었다.)

c. He's **disqualified from** the competition for using drugs.(그는 약물 사용으로 경기에서 실격되었다.)

d. You will be **disqualified from** driving for up to three years.(너는 최장 3년간 운전 면허가 취소될 것이다.)

---

disquiet

이 동사의 개념 바탕에는 불안하게 하는 과정이 있다.

1. 타동사 용법

1.1. 다음 주어는 목적어를 불안하게 한다.

(1) a. The news about the layoffs **disquieted** a lot of workers.(해고에 대한 소식이 많은 노동자들을 불안하게 했다.)

b. Strange noises **disquieted** the guard.(이상한 잡음들이 그 경비를 불안하게 했다.)

---

disrupt

이 동사의 개념 바탕에는 어떤 과정의 흐름을 방해하는 과정이 있다.

1. 타동사 용법

1.1. 다음 주어는 목적어를 혼란시킨다.

(1) a. The rumor threatened to **disrupt** the star's career.(그 소문은 그 스타의 경력을 중단시킬 위협을 했다.)

b. The war **disrupted** the lives of millions.(그 전쟁은 수백만 명의 삶을 혼란시켰다.)

c. The hurricane **disrupted** the broadcasting.(그 태풍은 그 방송을 혼란시켰다.)

d. We hope the move to Korea won't **disrupt** the kids' schooling.(우리는 한국으로 가는 이사가 그 아이들의 교육을 혼란시키지 않을 것으로 희망한다.)

e. The demonstrators **disrupted** the meeting.(그 시위자들은 회의를 혼란시켰다.)

1.2. 다음은 수동태 문장으로 주어는 혼란스러워 진다.

(2) a. Bus services will be **disrupted** because of the bridge closure.(버스 서비스는 그 다리 차단으로 중단될 것이다.)

b. Traffic was **disrupted** by floods.(교통은 홍수로 인해 중단되었다.)

dissect

이 동사의 개념 바탕에는 조사를 위해서 자르는 과정이 있다.

1. 타동사 용법

1.1. 다음 주어는 목적어를 해부한다.

(1) a. In biology class, we dissected a frog. (생물학 시간에 우리는 개구리를 해부했다.)

b. The anatomy class dissected an arm. (그 해부학 시간은 팔 하나를 해부했다.)

1.2. 다음 목적어는 [작품은 생명체] 은유가 적용된 예이다.

(2) a. Your assignment is to dissect a poem. (너의 숙제는 시 한편을 분석하는 일이다.)

b. We dissected the plan to see where it might go wrong. (우리는 그 안을 분석하여 어디서 잘못될 수 있는지 알아 보았다.)

c. The committee dissected the proposal. (그 위원회는 제안을 분석했다.)

1.3. 다음은 수동태 문장으로 주어는 해부된다.

(3) a. His latest novel was dissected by the critics. (그의 최근 작품은 비평가들에 의해서 분석되었다.)

b. The new president's speech was dissected. (그 새 대통령의 연설이 분석되었다.)

c. The city is dissected by a network of old canals. (그 시는 옛 운하망에 의해 분리되어 있다.)

disseminate

이 동사의 개념 바탕에는 널리 퍼트리는 과정이 있다.

1. 타동사 용법

1.1. 다음 목적어는 추상적이지만 [정보나 생각은 씨앗] 은유가 적용되었다.

(1) a. The embassy disseminated information about the new program. (그 대사관은 새 계획에 관한 정보를 보급했다.)

b. The TV newscast disseminated the report instantly. (그 텔레비전 뉴스는 그 보고서를 즉각적으로 퍼뜨렸다.)

c. Books disseminate ideas. (책은 사상을 보급한다.)

1.2. 다음은 수동태 문장으로 주어는 보급된다.

(2) a. Their findings have been widely disseminated. (그들의 발견들은 널리 보급되었다.)

b. News of the hurricane were disseminated by radio stations. (그 태풍 소식은 라디오 방송국들에 의해 전파되었다.)

dissent

이 동사의 개념 바탕에는 의견을 달리하는 과정이 있다.

1. 자동사 용법

1.1. 다음 주어는 from의 목적어와 의견을 달리 한다.

(1) a. He dissented from my opinion. (그는 나의 의견과 달리 한다.)

b. Only two members dissented from the view. (오직 두 사람이 그 견해에 의견을 달리 했다.)

1.2. 다음 주어는 from의 목적어를 따르지 않는다.

(2) a. He enjoys dissenting from us. (그는 우리를 따르지 않는 것을 즐긴다.)

b. He dissented from my leadership. (그는 나의 리더쉽을 따르지 않았다.)

c. Many angry citizens dissented from the government action. (많은 화난 시민들은 정부의 조처에 따르지 않았다.)

1.3. 다음 주어는 전치사 against의 목적어에 항의한다.

(3) The students dissented against the government. (그 학생들은 정부에 항의했다.)

dissipate

이 동사의 개념 바탕에는 흩어져서 완전히 없어지는 과정이 있다.

1. 자동사 용법

1.1. 다음 주어는 흩어져서 없어진다.

(1) The fog dissipated when the sun rose. (안개는 해가 오르자 흩어졌다.)

1.2. 다음은 [감정은 안개] 은유가 적용된 표현이다.

(2) a. Eventually his anger dissipated. (결국 그의 화는 사라졌다.)

b. Sorrow will dissipate over time. (슬픔은 시간이 지나면서 사라질 것이다.)

2. 타동사 용법

2.1. 다음 주어는 목적어를 흩어서 없어지게 한다.

(3) a. The police managed to dissipate the mob. (경찰은 폭도들을 해산시켰다.)

b. Wind will dissipate the fog. (바람이 안개를 흩어지게 할 것이다.)

c. The whirlpool dissipated my muscle pain. (그 소용돌이 탕은 나의 근육통을 없어지게 했다.)

d. The wind dissipated the smoke. (바람이 그 연기를 흩어지게 했다.)

e. A strong wind dissipated the clouds. (강한 바람은 그 구름들을 흩어지게 했다.)

2.2. 다음 목적어는 돈이다. 돈도 써서 없어지게 할 수 있다.

(4) a. He dissipated his large inheritance. (그는 많은 유산을 탕진했다.)

b. He dissipated his fortune by gambling. (그는 재산을 노름으로 탕진했다.)

c. He dissipated his wealth. (그는 부를 탕진했다.)

2.3. 다음 주어는 목적어를 흩는다. 다음은 [긴장은 안개] 은유가 적용된 표현이다.

(5) Her laughter dissipated the tension in the air. (그녀의 웃음은 긴장을 흩었다.)

dissolve

이 동사의 개념 바탕에는 녹이거나 푸는 과정이 있다.

1. 타동사 용법
1.1. 다음 주어는 목적어를 녹인다.
(1) a. She dissolved some sugar in water.(그녀는 약간의 설탕을 물에 녹였다.)
   b. The machine dissolved water into oxygen and hydrogen.(그 기계는 물을 산소와 수소로 분해했다.)
   c. Dissolve the tablet in water.(그 알약을 물에 녹여라.)
1.2. 다음 주어는 목적어를 해체한다.
(2) a. They dissolved their marriage.(그들은 결혼을 취소했다.)
   b. The president dissolved Parliament.(그 대통령은 의회를 해산했다.)
   c. Failure dissolved his confidence.(실패가 그의 자신감을 없어지게 했다.)
1.3. 다음은 수동태 문장으로 주어는 풀린다.
(3) Their marriage was officially dissolved.(그들의 결혼은 공식적으로 취소되었다.)

2. 자동사 용법
2.1. 다음 주어는 녹는다.
(4) a. All the calcium has dissolved away.(그 모든 칼슘은 녹아 없어졌다.)
   b. Sugar dissolves in water.(설탕은 물에 녹는다.)
   c. Snow dissolved into water.(눈은 물로 녹았다.)
2.2. 다음 주어는 조직체이다. 주어는 해체된다.
(5) a. The committee dissolved after the report was read.(그 위원회는 그 보고서가 읽혀진 후 해산되었다.)
   b. Their marriage dissolved.(그들의 결혼은 취소되었다.)
2.3. 다음은 추상적 개체이나 풀리는 구체적 개체로 개념화되어 있다.
(6) a. The problems won't dissolve.(그 문제들은 풀리지 않을 것이다.)
   b. Her objection to the plan began to dissolve.(그녀의 계획에 대한 반대는 풀리기 시작했다.)
   c. Our courage dissolved in the face of danger.(우리의 용기는 위험에 직면하여 없어졌다.)
2.4. 다음 주어는 전치사 into의 목적어의 상태로 된다.
(7) a. She dissolved into tears.(그녀는 눈물을 흘렸다.)
   b. The children dissolved into giggles.(그 아이들은 낄낄 웃었다.)

dissuade

이 동사의 개념 바탕에는 설득하여 못하게 하는 과정이 있다.

1. 타동사 용법
1.1. 다음 주어는 목적어를 단념시킨다.
(1) a. Nothing could dissuade him.(아무것도 그를 단념시킬 수 없었다.)
   b. Father dissuaded me from going into business.(아버지는 나를 단념시켜서 사업을 못하게 했다.)
   c. I tried to dissuade him from giving up his job.(나는 그를 단념시켜서 일자리를 그만두지 못하게 했다.)

distance

이 동사의 개념 바탕에는 distance의 명사 '거리'가 있다.

1. 타동사 용법
1.1. 다음 주어는 목적어를 떼어 놓는다. 즉 앞선다.
(1) a. He distanced his nearest competitor by almost 100 yards.(그는 가장 가까운 경쟁자를 거의 100야드 앞섰다.)
   b. The horse distanced the others.(그 말은 다른 말들을 앞섰다.)
1.2. 다음 목적어는 재귀대명사이다. 주어는 자신을 from의 목적어로부터 멀어지게 한다.
(2) a. He distanced himself from his coworkers.(그는 자신을 동료 인부들로부터 거리를 두었다.)
   b. When he retired, he distanced himself from politics.(은퇴했을 때, 그는 자신을 정치로부터 거리를 두었다.)
   c. The USSR distanced itself from the US position.(소련은 자신을 미국의 입장에서 거리를 두었다.)
   d. After he became rich, he distanced himself from his old friends.(부자가 된 후에, 그는 자신을 그의 옛 친구들로부터 거리를 두었다.)

distill

이 동사의 개념 바탕에는 (증류해서) 빼내는 과정이 있다.

1. 타동사 용법
1.1. 다음 주어는 목적어를 증류해서 빼낸다.
(1) a. The machine distilled fresh water from sea water.(그 기계는 연수를 바닷물로부터 증류해서 빼냈다.)
   b. The refinery distilled gasoline from crude oil.(그 정제기는 가솔린을 원유에서 증류해서 빼냈다.)
   c. He distills alcohol from grain.(그는 알콜을 곡물로부터 증류해서 빼낸다.)
   d. He distilled brandy from wine.(그는 브랜디를 포도주로부터 증류해서 빼냈다.)
1.2. 다음 주어와 목적어는 추상적이나 구체적인 것으로 개념화되어 있다. 주어는 목적어를 뽑아낸다.
(2) a. He distilled wisdom from experience.(그는 지혜를 경험에서 빼냈다.)
   b. He distills a moral from the story.(그는 교훈을 그 이야기에서 뽑아낸다.)
1.3. 다음 주어는 목적어를 증류해서 into의 목적어가 되게 한다.

(3) a. The machine **distilled** sea water into fresh water. (그 기계는 바닷물을 증류해서 연수가 되게 했다.)

b. He **distilled** the solution into a pure alcohol.(그는 그 용액을 증류해서 순수한 알콜이 되게 했다.)

1.4. 다음 주어는 증류해서 목적어를 빼낸다.

(4) a. The machine **distilled** out impurities.(그 기계는 증류해서 불순물을 빼냈다.)

b. They **distilled** out poison from the plant.(그들은 독을 식물에서 증류해서 빼냈다.)

1.5. 다음 주어는 목적어를 into의 목적어로 요약한다.

(5) a. The professor **distilled** the lecture into four key points.(그 교수는 그 강의를 4가지 주요 요점으로 요약했다.)

1.6. 다음 주어는 목적어를 뽑아낸다.

(6) a. He **distilled** the important points of the book in a report.(그는 그 책의 중요한 점들을 그 보고서에 뽑았다.)

b. He **distilled** the general ideas of the course into a few pages of the notes.(그는 그 강좌의 일반적인 개념들을 뽑아서 노트의 몇 장으로 만들었다.)

1.7. 다음은 수동태 문장으로 주어는 증류되어 into의 목적어가 된다.

(7) a. Crude oil is **distilled** into gasoline.(원유는 가솔린으로 증류된다.)

b. Whisky is **distilled** from grain.(위스키는 곡물로부터 증류된다.)

2. 자동사 용법

2.1. 다음 주어는 증류한다.

(8) The liquid **distills** when heated.(그 액체는 열 받으면 증류한다.)

distinguish

이 동사의 개념 바탕에는 가리는 과정이 있다.

1. 타동사 용법

1.1. 다음 주어는 목적어를 가려낸다. 목적어는 시각적이다.

(1) a. He **distinguished** her at a distance.(그는 그녀를 먼 곳에서 식별했다.)

b. Without my glasses, I can't **distinguish** some of the signs on the road.(안경 없이는 나는 도로의 표지들의 몇 개는 식별할 수 없다.)

1.2. 다음 주어는 목적어를 분명히 식별한다. 목적어는 소리와 관계된다.

(2) a. I could not **distinguish** her words, but she sounded agitated.(나는 그녀의 말을 분명히 식별할 수는 없었지만, 그녀는 흥분한 소리를 냈다.)

b. He can **distinguish** the sound of the trumpet in an orchestra.(그는 오케스트라에서 트럼펫의 소리를 식별할 수 있다.)

1.3. 다음 주어는 목적어를 from의 목적어로부터 가린다.

(3) a. It was hard to **distinguish** one twin from the other. (쌍둥이 한 명으로부터 또 한 명을 구별하는 것은 어

려웠다.)

b. He can **distinguish** right from wrong.(그는 옳은 것을 나쁜 것으로부터 가릴 수 있다.)

c. The male bird is **distinguished** from the female by its red beak.(그 수컷 새는 인해 암컷 새로부터 붉은 부리로 구별된다.)

1.4. 다음 주어는 목적어를 가린다.

(4) a. The teacher couldn't **distinguish** the twins.(그 선생님은 쌍둥이들을 가릴 수 없었다.)

b. I cannot **distinguish** the two figures.(나는 그 두 꼴을 구분할 수 없다.)

1.5. 다음 목적어는 재귀대명사이다. 주어는 다른 사람으로부터 가려지게 한다.

(5) a. He **distinguished** himself in literature.(그는 자신을 문학에서 다른 사람으로부터 눈에 띄게 했다.)

b. She has **distinguished** herself as an athlete.(그녀는 자신을 운동 선수로써 눈에 띄게 해 왔다.)

c. His height **distinguishes** him from other boys.(그의 키는 그를 다른 아이들로부터 가려지게 한다.)

1.6. 다음 주어는 개체이다. 주어는 목적어를 가려지게 한다.

(6) a. Her Korean accent **distinguishes** her.(그녀의 한국말 억양은 그녀를 가려지게 한다.)

b. His long beards **distinguish** him.(그의 긴 수염은 그를 가려지게 한다.)

c. His style is **distinguished** by verbiage.(그의 스타일은 말씨로써 가려진다.)

d. Zebras are **distinguished** from other animals by stripes.(얼룩말들은 다른 동물들로부터 줄무늬로써 가려진다.)

1.7. 다음 주어는 목적어를 전치사 into의 목적어로 분류한다.

(7) a. He **distinguished** mankind into races.(그는 사람을 인종으로 구분했다.)

b. He **distinguished** things into classes.(그는 사물들을 종류로 구분했다.)

2. 자동사 용법

2.1. 다음 주어는 가린다.

(8) a. I couldn't **distinguish between** some of the French vowels.(나는 프랑스 모음 중 몇 개를 구별할 수 없었다.)

b. I cannot **distinguish between** the two.(나는 그 두 개를 구별할 수 없다.)

distort

이 동사의 개념 바탕에는 일그러지는 과정이 있다.

1. 타동사 용법

1.1. 다음 주어는 목적어를 찡그리게 한다.

(1) a. Pain **distorted** his face.(고통이 그의 얼굴을 일그러지게 했다.)

b. The mirror **distorts** your face.(이 거울은 너의 얼굴을 찌그러져 보이게 한다.)

1.2. 다음 목적어는 추상적 개체이지만, 구체적인 것으

로 개념화되어 찡그릴 수 있는 것으로 표현되어 있다.

(2) a. The journalist **distorted** the candidate's remarks. (기자는 그 후보자의 발언을 왜곡했다.)

b. The newspaper **distorted** the truth. (그 신문은 진실을 왜곡했다.)

1.3. 다음은 수동태 문장으로 주어는 일그러진다.

(3) a. His voice over the loudspeaker was **distorted**. (그의 목소리가 스피커를 통해 일그러져 증폭되었다.)

b. Her face was **distorted** by pain. (그녀의 얼굴은 고통으로 일그러졌다.)

1.4. 다음 목적어는 소리이다. 주어는 목적어를 일그러지게 한다.

(4) a. Tall buildings can **distort** radio signals. (고층 건물들은 라디오 신호를 일그러뜨릴 수도 있다.)

b. The cheap radio **distorts** the sound of music. (그싸구려 라디오는 음악 소리를 일그러뜨린다.)

2. 자동사 용법

2.1. 다음 주어는 일그러진다.

(5) a. The image in the mirror will **distort** if the mirror is cracked. (그 거울의 상은 거울이 깨어지면 일그러져 보이게 된다.)

b. The patient's face **distorted** with pain. (그 환자의 얼굴은 고통으로 일그러졌다.)

distract

이 동사의 기본 개념에는 사람의 정신을 흐트러지는 과정이 있다.

1. 타동사 용법

1.1. 다음 주어는 목적어의 정신을 전치사 from의 목적어 (정신을 집중하는 곳)에서 흩어지게 한다.

(1) a. The television **distracts** me **from** my study. (TV는 나를 공부에서 정신이 흐트러지게 한다.)

b. The noise/the music **distracted** them **from** their work. (그 소음/음악은 그들을 일에서 흐트러지게 했다.)

c. Thunderstorms **distracted** Mike **from** his homework. (천둥은 마이크를 숙제에서 정신이 흐트러지게 했다.)

d. Could you stop talking? You're **distracting** me **from** my work. (그만 말할래? 나는 나를 일에서 정신이 흐트러지게 하고 있어.)

1.2. 다음에서는 정신이 있어야 할 곳이 명시되지 않았다. 그러나 문맥으로부터 추리될 수 있다.

(2) a. Fortunately a television cartoon **distracted** the children long enough for him to cook. (다행히도 TV 만화는 그가 요리하는 데 충분하도록 그 아이들을 그로부터 분리시켰다.)

b. The noise **distracted** the students in the library. (그 소음은 도서관서 있는 학생을 산만하게 했다.)

c. Noise **distracts** him, so he can't study for exams. (소음은 그를 산만하게 하여 그는 시험 공부를 하지 못한다.)

d. She likes to work with the radio playing and said that it did not **distract** her. (그녀는 라디오를 켠 채 일하기를 좋아하고 그것이 그녀를 산만하게 하지 않는다고 말했다.)

e. The loud stereo of Mary's neighbor **distracted** her. (메리 이웃집의 큰 스테레오는 그녀의 주의를 산만하게 했다.)

f. Worries about moving to a new city **distracted** the whole family. (새 도시로 이사하는 것에 대한 걱정은 식구 전체를 혼란시켰다.)

g. His sorrow **distracted** him. (슬픔이 그를 미치게 했다.)

1.3. 다음 주어는 목적어를 하고 있는 일에서 다른 것으로 정신을 돌린다.

(3) a. We took the children for the day to **distract** them. (우리는 그 날 아이들을 기분전환 하기 위해 데리고 다녔다.)

b. Don't **distract** the driver while the car is moving. (차가 움직이고 있을 때 운전사의 주의를 산만하게 하지 마라.)

c. One of the group **distracted** me by asking for help. (그룹 중 하나가 나에게 도움을 요청함으로써 나의 주의를 흐트렸다.)

1.4. 다음은 수동태 문장으로 주어는 정신이 흐트러진다. 경우에 따라서는 정상 상태에서 흐트러지는 의미도 갖는다.

(4) a. I was **distracted** for a while and forgot my troubles. (나는 잠시 흐트러져서 내 문제점들을 잊었다.)

b. I was almost **distracted**. (나는 거의 정신이 나갔다.)

c. I find studying difficult because I am so easily **distracted**. (나는 쉽게 산만해지므로 공부하는 데 어려움을 느낀다.)

d. He escaped while the guard's attention was **distracted**. (그는 경비원의 주의가 흐트러졌을 때 도망쳤다.)

1.5. 다음 주어는 with나 by의 목적어로 마음이 흐트러진다.

(5) a. She was **distracted** with doubts. (그녀는 의심으로 정신이 나갔다.)

b. He was **distracted** with grief. (그는 슬픔으로 미칠 지경이었다.)

c. She is **distracted** with cares. (그녀는 과도한 보호로 미칠 지경이다.)

d. Don't let yourself be **distracted by** fashionable theories. (화려한 이론에 현혹되지 마라.)

e. His mind is **distracted** by grief. (그는 슬픔으로 미칠 지경이다.)

1.6. 다음 주어는 between의 목적어 사이를 오간다.

(6) a. He was **distracted between** hope and fear. (그는 희망과 두려움 사이에서 흔들렸다.)

b. He was **distracted between** duty and humanity. (그는 의무와 인간애 사이에서 흔들렸다.)

1.7. 다음 목적어는 attention으로 명시가 되어있다. 주어는 목적어를 흐트러지게 한다.

(7) a. The royal scandal has **distracted** media attention

from the economic crisis.(그 왕실 스캔들은 매체의 주의를 경제 위기로부터 흐트지게 했다.)

b. The celebration distracted public attention from the government's problem.(그 축하식은 대중의 주의를 정부 문제에서 흐트지게 했다.)

c. The noise distract his attention from studying.(그 소음은 그의 주의를 공부하는 데서 흐트러지게 했다.)

d. It was another attempt to distract attention from the truth.(그것은 주의를 진실로부터 교란시키기 위한 또다른 시도였다.)

e. Worry distracts her attention.(걱정은 그녀의 주의를 혼란시킨다.)

1.8. 다음에서 목적어는 재귀 대명사나 mind로 표현되어 있다.

(8) a. Reading distracts the mind from grief.(독서는 마음을 슬픔에서 흐트져 나오게 한다.)

b. He distracts his mind from sorrow by working hard.(그는 열심히 일함으로써 마음을 슬픔에서 벗어나게 한다.)

c. He distracts his mind/himself by reading.(그는 책을 읽음으로써 기분을 전환한다.)

d. I distract my mind/myself with bowling.(나는 기분을 볼링으로 전환한다.)

distress

이 동사의 개념 바탕에는 긴장이나 압박이 고통, 근심, 슬픔 등을 일으키는 과정이 있다.

1. 타동사 용법

1.1. 다음 주어는 목적어를 슬프게 한다.

(1) a. The tragic news distressed us all.(비극적인 소식은 우리 모두를 슬프게 했다.)

b. Her father's sudden death distressed her greatly.(그녀의 아버지의 갑작스런 죽음은 그녀를 크게 슬프게 했다.)

1.2. 다음 주어는 목적어를 압박하여 목적어가 into의 목적어가 가리키는 일을 하게 한다.

(2) a. His poverty distressed him into committing theft.(그의 가난은 그를 압박하여 도둑질을 하게 했다.)

b. They distressed him into joining the army.(그들은 그를 압박하여 군에 입대하게 했다.)

c. He distressed us into submission.(그는 우리를 압박하여 복종하게 했다.)

1.3. 다음 목적어는 재귀대명사이다.

(3) a. Don't distress yourself.(너 자신을 괴롭히지 말아라.)

b. He distressed himself greatly.(그는 자신을 심하게 괴롭혔다.)

1.4. 다음은 수동태 문장으로 주어는 정신적으로 육체적으로 고통을 받는다.

(4) a. I am distressed at the news.(나는 그 뉴스에 고통받는다.)

b. He is distressed by excessive work.(그는 과도한 일에 의해 고통 받는다.)

c. She is distressed with debts.(그녀는 빚으로 고통

받는다.)

1.5. 다음 that-절과 to부정사는 고통의 원인이 된다.

(5) a. It distressed him that there was so much violence in the district.(그처럼 많은 폭력이 그 구역에 있다는 것은 그를 고통스럽게 했다.)

b. It distressed me to hear about the violence in the district.(그 지역의 폭력에 대해 듣는 것은 나를 고통스럽게 했다.)

c. It distresses him to think that there is no hope of changing things.(변화의 희망이 없다는 생각이 그를 괴롭힌다.)

distribute

이 동사의 개념 바탕에는 나누어 주는 과정이 있다.

1. 타동사 용법

1.1. 다음 주어는 목적어를 뿌린다.

(1) a. He distributed the ashes over the field.(그는 그 유골을 들판 위에 뿌렸다.)

b. They distributed paint over the wall.(그들은 물감을 벽 위에 뿌렸다.)

1.2. 다음 주어는 목적어를 나누어 준다.

(2) a. The relief agency will distribute the food among several villages.(그 구조 단체는 식량을 몇 개의 마을에 나누어 줄 것이다.)

b. He distributed the clothes among/to the flood victims.(그는 그 옷을 수재민에게 나누어 주었다.)

c. He distributed the textbooks among the students.(그는 교과서들을 그 학생들 사이에서 나누어 주었다.)

1.3. 다음 주어는 목적어를 to의 목적어에 나누어 준다.

(3) a. She distributed apples to the children.(그녀는 사과를 그 아이들에게 나누어 주었다.)

b. The company distributed fresh vegetable to other parts of the country.(그 회사는 신선한 채소를 그 나라의 다른 지역에 나누어 주었다.)

c. The Red Cross is distributing food and clothes to the refugees.(적십자는 음식과 옷을 피난민들에게 나누어 주고 있다.)

d. He distributes cars for the rental agency.(그는 차를 그 자동차 대여점에 나누어 준다.)

e. The firm distributes our produces in Canada.(그 상사는 우리 상품들을 캐나다에 배포한다.)

1.4. 다음 주어는 첫째 목적어에 둘째 목적어를 나누어 준다.

(4) a. She distributed the children apples.(그녀는 그 아이들에게 사과를 나누어 주었다.)

b. He distributed the refugees food.(그는 그 피난민들에게 식량을 나누어 주었다.)

1.5. 다음 주어는 목적어를 분류한다.

(5) Biologists distribute new plant specimens by their various characteristics.(생물학자들은 새 식물 표본들을 다양한 특성들을 통해 분류한다.)

1.6. 다음은 수동태 문장으로 주어는 분배된다.

(6) a. The newspaper is distributed free.(그 신문은 공짜

로 분배된다.)

  b. The tape is **distributed** by the Korean Video.(그 테이프는 코리안 비디오사에 의해 분배된다.)

1.7. 다음은 수동태 문장으로 주어는 분류된다.

(7) a. The plants are **distributed** into 30 classes.(그 식물들은 30 종류로 분포된다.)

  b. The nuts are **distributed** into 20 sizes.(그 견과는 20개의 크기로 분류된다.)

1.8. 다음은 수동태 문장으로 주어는 분포된다.

(8) a. The plant is **distributed** all over Asia.(그 식물은 아시아 지역 전체에 걸쳐 분포된다.)

  b. The population in this desert is **distributed** over a wide area.(이 사막의 인구는 넓은 지역에 분포되어 있다.)

distrust

이 동사의 개념 바탕에는 강하게 불신하는 과정이 있다.

1. 타동사 용법

1.1. 다음 주어는 목적어를 불신한다.

(1) a. The dog **distrusts** Jim and does not near him.(그 개는 짐을 불신해서 가까이도 가지 않는다.)

  b. I have **distrusted** him ever since he cheated me.(나는 그가 날 속인 이후로 계속 그를 불신해 왔다.)

  c. The citizens **distrusted** the mayor, and did not elect him.(그 시민들은 시장을 불신해서 그를 뽑지 않았다.)

1.2. 다음 목적어는 사람이 아닌 개체이다.

(2) a. He **distrusted** his own eyes.(그는 자신의 눈을 불신했다.)

  b. She **distrusted** his motive.(그녀는 그의 동기를 불신했다.)

  c. We **distrust** his intentions.(우리는 그의 의도를 불신한다.)

  d. I **distrust** the weather forecast.(나는 그 일기예보를 불신한다.)

disturb

이 동사의 개념 바탕에는 방해나 간섭으로 어지럽게 하는 과정이 있다.

1. 타동사 용법

1.1. 다음 주어는 목적어를 방해한다.

(1) a. Don't **disturb** the sleeping baby.(자고 있는 아이를 방해하지 말아라.)

  b. Don't **disturb** him in his work.(그가 일할 때 그를 방해하지 마라.)

  c. The question **disturbs** me.(그 질문은 나를 방해한다.)

1.2. 주어는 자신이 하던 일을 방해한다.

(2) a. Don't **disturb** yourself to see us off.(우리를 배웅하기 위해서 너 자신을 방해하지 마라.)

  b. Don't **disturb** yourself to open the door. (그 문을

열려고 자신을 귀찮게 하지 마라.)

1.3. 다음 주어는 목적어를 흐트러뜨린다.

(3) a. Don't **disturb** the papers on my desk.(내 책상 위의 서류들을 흐트러뜨리지 마라.)

  b. Every time she visits us, she **disturbs** our furniture.(그녀가 우리를 방문할 때마다, 그녀는 우리의 가구를 흐트러뜨린다.)

  c. The sudden gust of wind **disturbed** the pile of leaves.(그 갑작스런 돌풍은 그 잎 더미를 흐트러뜨렸다.)

  d. The wind **disturbed** the surface of the lake. (그 바람은 호수의 표면을 흐트러뜨렸다.)

1.4. 다음 목적어는 과정이나 상태이다. 주어는 목적어를 어지럽히거나 깨뜨린다.

(4) a. Don't **disturb** his sleep/conversation.(그의 잠/대화를 깨뜨리지 마라.)

  b. Only bad weather can **disturb** our plans for the picnic.(오직 나쁜 날씨가 소풍에 대한 우리의 계획을 방해할 수 있다.)

  c. He **disturbed** the peace.(그는 그 평화를 깨뜨렸다.)

  d. The noise **disturbs** my train of thoughts. (그 소음은 나의 생각의 흐름을 깨뜨렸다.)

  e. The visitors **disturbed** the musician's practice.(그 방문자들은 그 음악가의 연습을 어지럽혔다.)

ditch

이 동사의 개념 바탕에는 ditch의 명사 '도랑'이 있다. 동사의 의미는 이 명사와 관습적으로 관련된 과정이다.

1. 타동사 용법

1.1. 다음 주어는 목적어를 버린다.

(1) a. The pilot **ditched** the plane in the lake.(그 조종사가 비행기를 호수에 불시착 시켰다.)

  b. The careless driver **ditched** the car.(그 부주의한 운전수는 차를 도랑에 빠뜨렸다.)

  c. The robbers **ditched** the getaway car.(그 강도들은 도주 차량을 버렸다.)

  d. He **ditched** the gun in a bin.(그는 총을 통에 버렸다.)

1.2. 다음 목적어는 생명체이다. 주어는 목적어를 버린다.

(2) a. He **ditched** his girlfriend.(그는 여자 친구를 버렸다.)

  b. John **ditched** his brother and went to the carnival alone.(존은 동생을 남겨 두고 혼자서 그 카니발에 갔다.)

  c. The driver pulled over and **ditched** the unwanted dog.(그 운전사는 차를 옆으로 대고는 원치 않던 개를 내버렸다.)

1.3. 다음은 수동태 문장으로 주어는 버려진다.

(3) a. The road building plan has been **ditched**.(그 도로 건설 계획은 폐기되었다.)

  b. The show was **ditched** when the star of the show quit.(그 쇼는 주연배우가 그만 두자 폐기되었다.)

1.4. 다음 주어는 목적어를 도랑으로 판다.
(4) They ditched swamps to drain it.(그들은 늪지들을 배수하기 위해 도랑을 팠다.)

2. 자동사 용법
2.1. 다음 주어는 불시착한다.
(5) The helicopter pilot ditched in the harbor.(그 헬리콥터 조종사는 그 항구에 불시착했다.)

dive
이 동사의 개념 바탕에는 높은 위치에서 낮은 위치로 뛰어내리는 과정이 있다

1. 자동사 용법
1.1. 다음 주어는 물 속으로 전치사 from이나 off에서 뛰어든다.
(1) a. He dived from the bridge.(그는 다리에서 물로 뛰어 들었다.)
b. He dived from the highest diving board.(그는 가장 높은 다이빙대에서 뛰어 들었다.)
c. Diving off the cliff is very dangerous.(그 절벽에서 뛰어 드는 것은 매우 위험하다.)
d. He dived off a rock into the sea.(그는 바위에서 그 바다로 뛰어 들었다.)
e. He dived off the bridge into the river.(그는 그 다리에서 강으로 뛰어 들었다.)

1.2. 다음 주어는 전치사 into의 목적어로 뛰어든다.
(2) a. She dived expertly into the pool.(그녀는 능숙하게 풀 안으로 잠수했다.)
b. The bird dived into the water to catch the fish.(그 새는 물고기를 잡기 위해 물 속으로 잠수했다.)
c. The submarine dived toward the bottom of the sea.(그 잠수함은 바다의 바닥을 향해 잠수했다.)

1.3. 이 동작의 목적은 전치사 for로 표현된다.
(3) a. The submarine began to dive.(그 잠수함은 잠수하기 시작했다.)
b. They dive for corals.(그들은 산호를 위해서 잠수한다.)
c. They dived for oysters.(그들은 굴을 따기 위해서 잠수했다.)
d. The frog man dived for pearls.(그 잠수부는 진주를 따기 위해 잠수했다.)
e. They are diving for gold from the Spanish wreck.(그들은 스페인 난파선의 금을 위해서 잠수하고 있다.)
f. What depth can you dive to?(너는 얼마의 깊이까지 잠수할 수 있니?)

1.4. 다음에서 주어는 공중에서 땅으로나 땅위에서 좀 더 낮은 곳으로 움직인다.
(4) a. The eagle dived on a small bird.(그 독수리는 작은 새에게 날아 내려왔다.)
b. The fighter plane dived straight at the enemy plane.(그 전투기는 곧장 그 적기에 돌진했다.)
c. The acrobat dived into the nets.(그 곡예사는 그물로 뛰어 내렸다.)

d. The cashier dived for cover when the gunman opened fire.(그 출납원은 총을 가진 사람이 총을 발사했을 때 머리를 숙였다.)
e. He dived under the table so they wouldn't see him.(그가 테이블 밑으로 기어 들어가서 그들은 그를 볼 수가 없었다.)
f. At the sound of their parents' car in the driveway, the children dived for beds and pretended to sleep.(그 진입로에서 그들의 부모의 차 소리를 듣고, 아이들은 침대로 뛰어 들어가서 자는 척 했다.)

1.5. 다음 주어는 머리를 앞쪽에 두는 다이브할 때의 자세로 수평으로 움직여서 어떤 장소나 개체 속으로 들어간다.
(5) a. He dived down a back street and into a shop.(그는 뒷골목을 따라 내려가서 한 상점으로 뛰어들었다.)
b. He dived into a taxi.(그는 택시로 뛰어 들었다.)
c. The robber dived quickly into a doorway.(그 도둑은 재빨리 현관 안으로 뛰어 들었다.)
d. We dived into the cafe to avoid the rain.(우리는 비를 피하기 위해서 그 카페 안으로 뛰어 들었다.)
e. The rabbit dived into the hole.(그 토끼는 구멍으로 뛰어 들었다.)
f. She dived into the new book and read all night.(그녀는 새 책에 빠져 밤새도록 읽었다.)

1.6. 다음에서도 주어는 머리를 앞쪽으로 하고 움직인다.
(6) a. The goal keeper dived for the ball.(그 골키퍼는 그 공을 향해 달려 들었다.)
b. I saw her disappearing down a street, and dived after her.(나는 그녀가 길 아래로 사라지는 것을 보고, 그녀를 쫓아갔다.)
c. Jack dived after the ball.(잭은 공을 잡으려고 덤볐다.)

1.7. dive의 전형적인 움직임은 높은 곳에서 낮은 곳으로 움직인다. 이것은 양이나 수가 적어지는 과정에 비유적으로 확대된다.
(7) a. Profits dived from $7 million to $3 million.(수익이 7백만 달러에서 3백만 달러로 줄었다.)
b. The company's shares dived.(그 회사의 주식이 급락했다.)
c. The stock market dove suddenly.(그 주식 시장이 갑자기 폭락했다.)

1.8. 다음에서는 주어의 손이 어떤 장소로 들어간다.
(8) He dived into the pockets and pulled a handful of coins.(그는 호주머니에 손을 넣어 동전을 한 웅큼 꺼냈다.)

2. 타동사 용법
2.1. 다음 주어는 목적어를 밑으로 움직이게 한다.
(9) The captain dived the submarine quickly.(그 선장은 그 잠수함을 빠르게 잠수시켰다.)

diverge
이 동사의 개념 바탕에는 갈라지는 과정이 있다.

1. 자동사 용법

1.1. 다음 주어는 움직이지 않는다. 그러나 전체 형상을 눈으로 따라가면 갈라진다.

(1) a. The path diverges just after the cabin.(길은 그 오두막 바로 지나서 갈라진다.)

b. The parallel lines appear to diverge.(그 평행선들은 갈라지는 것처럼 보였다.)

c. The two paths diverged.(그 두 길은 갈라졌다.)

1.2. 다음 주어는 from의 목적어에서 갈라진다. 다음 주어는 개체이다.

(2) a. The coastal road diverges from the highway just north of Santa Monica.(그 해안 도로는 고속도로로부터 산타모니카 바로 북쪽에서 분기된다.)

b. The path diverged from the river bank soon.(그 소로는 강둑에서 곧 벗어났다.)

1.3. 다음 주어는 추상적이지만 구체적인 길로 개념화되어 있다.

(3) a. Our views on that matter diverge.(그 문제에 관한 우리의 관점들은 서로 갈라진다.)

b. Our interests diverged and we had to go our separate ways.(우리의 흥미는 각각 달라서 각자의 길을 가야 했다.)

1.4. 다음 주어는 from의 목적어에서 갈라진다. 다음 주어는 사람이나 사람의 생각이다.

(4) a. My position diverges from that of the department.(내 입장은 부서의 입장과는 다르다.)

b. He diverged from the established procedures.(그는 확립된 절차들에서 이탈했다.)

---

diversify

이 동사의 개념 바탕에는 다양화하는 과정이 있다.

1. 자동사 용법

1.1. 다음 주어는 다양화된다.

(1) a. The college has already diversified greatly by hiring people with wider interests.(그 대학은 보다 폭넓은 흥미를 가진 사람들을 고용함으로써 굉장히 다양화되었다.)

b. The overseas companies were diversifying more rapidly.(그 해외 기업들이 더욱 급속도로 다양화되고 있었다.)

c. Patterns of family life are diversifying and changing.(가족 생활의 형태가 다양화되고 있으며 또한 변화하고 있다.)

d. The company diversified into producing a line of perfumes.(그 회사는 다양화하여 일련의 향수를 생산했다.)

2. 타동사 용법

2.1. 다음 주어는 목적어를 다양화한다.

(2) a. He diversified his holdings.(그는 자신의 소유 재산의 형태를 다양화했다.)

b. He diversified the company.(그는 그 회사를 다각화했다.)

c. Farmers diversify crops to keep the soil healthy.(농부들은 그 토양을 기름지게 하기 위해 소작 작물을 다양화한다.)

2.2. 다음은 수동태 문장으로 주어는 다양화된다.

(3) The culture has been diversified with the arrival of immigrants.(그 문화는 이민자들의 도착으로 다양화되고 있다.)

---

divert

이 동사의 개념 바탕에는 방향을 돌리는 과정이 있다.

1. 타동사 용법

1.1. 다음 주어는 목적어의 방향을 돌린다.

(1) a. They diverted the river from its course.(그들은 그 강을 물길로부터 방향을 돌렸다.)

b. They diverted the course of the river.(그들은 강의 물길의 방향을 돌렸다.)

c. The traffic controller diverted the plane to another airport.(그 교통 통제사는 비행기를 다른 공항으로 돌렸다.)

1.2. 다음은 수동태 문장으로 주어는 방향이 바뀐다.

(2) a. North bound traffic will be diverted onto minor roads.(북쪽 행 차량들은 작은 도로로 돌려질 것이다.)

b. Traffic had to be diverted because of the accident.(차량들은 사고 때문에 우회되어야 했다.)

1.3. 다음 주어는 목적어를 전치사 to의 목적어로 돌린다.

(3) a. We diverted our funds to paying for college.(우리는 우리의 기금을 대학 등록금 지불에 돌렸다.)

b. The accountant diverted company funds into her own account.(그 회계사는 회사 기금을 그녀 자신의 계좌로 넣었다.)

c. The company should divert more resources into research.(그 회사는 더 많은 자원들을 연구에 돌려야 한다.)

1.4. 다음 동사의 목적어는 환유적으로 쓰여서 마음을 가리킨다. 주어는 목적어를 전치사 from의 목적어에서 돌린다.

(4) a. We tried to divert him from his worries.(우리는 그의 걱정으로부터 그를 돌리려고 했다.)

b. The war diverted people's attention away from the economic situation.(그 전쟁은 사람들의 주의를 그 경제적 상황으로부터 돌렸다.)

1.5. 다음 목적어는 재귀대명사이다. 주어는 자신을 어떤 딱딱한 일에서 주의를 돌린다.

(5) a. He diverted himself in walking.(그는 걸으면서 자신의 기분을 전환했다.)

b. She diverts herself with cycling.(그녀는 자전거를 타면서 자신의 기분을 전환했다.)

c. The child diverted the kitten with a piece of string.(그 아이는 그 새끼 고양이를 실로 즐겁게 했다.)

d. The jester diverted the children.(그 어릿광대는 그 아이들을 즐겁게 했다.)

e. She diverted the children with funny stories.(그녀는 아이들을 재미있는 이야기로 즐겁게 했다.)

1.6. 다음은 수동태 문장으로 주어는 기분이 바뀐다.

(6) a. Children are easily diverted.(아이들은 쉽게 마음이 풀린다.)

b. The children were diverted by the clown.(그 아이들은 그 광대에 의해 기분이 풀리었다.)

1.7. 다음은 수동태 문장으로 주어는 방향이 바뀐다.

(7) My attention was diverted for a moment by the accident.(나의 주의는 사고로 인해 잠시 산만해졌다.)

2. 자동사 용법

2.1. 다음 주어는 방향을 바꾼다.

(8) The pilot had to divert from the airport closed in by fog.(그 조종사는 안개에 싸인 그 공항으로부터 방향을 바꾸어야 했다.)

divest

이 동사의 개념 바탕에는 벗기는 과정이 있다.

1. 타동사 용법

1.1. 다음 주어는 목적어를 벗겨서 전치사 of의 목적어를 제거한다.

(1) a. The army divested him of his rank.(그 군대는 그에게서 계급을 박탈했다.)

b. He divested her of her right/title/responsibility.(그는 그녀에게서 권리/소유권/책임을 박탈했다.)

1.2. 다음 주어는 자신에게서 전치사 of의 목적어를 제거한다.

(2) a. He divested himself of all commitments.(그는 자신에게서 모든 책임을 벗기었다.)

b. She divested herself of her heavy winter coat before sitting down by the fire.(그녀는 화롯가에 앉기 전에 그녀의 무거운 겨울 코트를 벗었다.)

c. The traders quickly divested themselves of that stock.(그 상인들은 재빨리 그 재고품을 처분했다.)

d. The company is divesting itself of its assets.(그 회사는 자산을 처분하고 있다.)

e. He divested himself of his jacket.(그는 자신에게서 저고리를 벗었다.)

1.3. 다음은 수동태 문장으로 주어는 벗겨진다.

(3) a. The king was divested of all his wealth and power.(그 왕은 모든 부와 힘이 빼앗겼다.)

b. The family was divested of its home.(그 가족은 집이 박탈 당했다.)

divide

이 동사의 개념 바탕에는 부분으로 갈라지는 과정이 있다.

1. 자동사 용법

1.1. 다음 주어는 전치사 into의 목적어로 나뉘어지거나 갈라진다.

(1) a. It divided into separate parts.(그것은 별개의 부분들로 나뉘어졌다.)

b. The students divided up into smaller groups.(그 학생들은 보다 작은 그룹들로 갈리었다.)

c. 3 will not divides into 13.(3은 13에 나뉘어 떨어지지 않는다.)

d. 5 divides into 20 four times.(5는 20을 네 번 가른다.)

1.2. 다음 주어는 on의 목적어와 관련하여 의견이 갈라진다.

(2) a. The team divides on the choice of a new captain.(그 팀은 새 주장의 선출에 의견이 갈라진다.)

b. They divided on the question of salary.(그들은 봉급 문제로 의견이 갈라졌다.)

c. The court divided on the issue.(법정은 그 문제로 의견이 갈라졌다.)

d. Critics divided on this matter.(비평가들은 이 문제에 대해 의견이 갈라졌다.)

e. Americans are dividing into two camps over this issue.(미국인들은 이 문제에 대해 두 진영으로 나뉘어 지고 있다.)

1.3. 다음 주어는 갈라지지 않으나 전체 형상을 눈으로 따라가면 갈라지는 모습이 나타난다.

(3) a. The road divides 10 miles from here.(그 길은 이곳에서부터 10마일 지점에서 둘로 갈린다.)

b. The river divides into two at this point.(그 강은 이 지점에서 둘로 갈라진다.)

2. 타동사 용법

2.1. 다음 주어는 목적어를 부분으로 가른다.

(4) a. He divided the pie into two halves.(그는 파이를 두 쪽으로 갈랐다.)

b. Divide this apple into five.(이 사과를 다섯 쪽으로 쪼개어라.)

c. He divided his farm into equal portions.(그는 농장을 똑같은 몫으로 나누었다.)

2.2. 다음 주어는 목적어를 갈라서 가지게 한다.

(5) a. He divided the rest of his property among his children.(그는 재산의 나머지를 아이들에게 나누어 주었다.)

b. Divide the cake equally among the children.(그 케이크를 똑같이 잘라서 그 아이들에게 주어라.)

c. He divided the cake between his two sons.(그는 케이크를 두 아들에게 나누어 주었다.)

d. He divides his time between reading and writing.(그는 시간을 독서와 글쓰기로 할당한다.)

2.3. 다음 주어는 목적어를 갈라서 with의 목적어와 나눈다.

(6) a. Divide the cake with your brother.(그 케이크를 형과 나누어 먹어라.)

b. He divided the money later with her.(그는 돈을 후에 그녀와 나누어 가졌다.)

2.4. 다음에는 분류의 기준이 명시되어 있다.

(7) a. Divide the books according to subject.(주제별로 그 책들을 분류하라.)

b. Divide the books by subject.(주제별로 그 책들을

분류하라.)

c. He **divided** the student body **by** sex.(그는 성별로 전체 학생을 분류했다.)

2.5. 다음 주어는 목적어를 전치사 from의 목적어에서 갈라낸다.

(8) a. The teacher **divided** the younger children **from** the older children.(선생님은 어린 아이들을 더 나이를 먹은 어린이로부터 구분하셨다.)

b. They **divided** the sick **from** the rest.(그들은 병자를 나머지로부터 구분했다.)

2.6. 다음 주어는 목적어를 갈라 놓는다.

(9) a. The question is **dividing** the people.(그 질문은 그 사람들을 분열시키고 있다.)

b. The arguments **divided** the friends.(그 논쟁은 친구들을 갈라 놓았다.)

c. A difference of opinion **divided** the friends.(의견 차이가 친구들을 갈라 놓았다.)

2.7. 다음 주어는 목적어를 가른다.

(10) a. The new road will **divide** the farm.(새 길은 그 농장을 갈라 놓을 것이다.)

b. A line of rocks seemed to **divide** the cave into two.(한 줄로 쌓인 돌 더미가 그 동굴을 둘로 나누는 것으로 보였다.)

2.8. 다음 주어는 그 자체가 목적어를 전치사 from의 목적어에서 가른다.

(11) a. The fence **divides** our farm **from** theirs.(그 울타리가 우리의 농장을 그들의 농장과 구분지어 준다.)

b. This wall **divides** the bedroom **from** the parlor.(이 벽은 그 침실을 그 거실과 구분 짓는다.)

2.9. 다음 주어는 목적어를 나눈다.

(12) a. **Divide** 8 by 2.(8을 2로 나누어라.)

b. He **divided** 7 by 2.(그는 7을 2로 나누었다.)

c. I **divided** 24 by 4, and got 6.(나는 24를 4로 나누어서 6을 구했다.)

---

divine

이 동사의 개념 바탕에는 점을 치는 과정이 있다.

1. 타동사 용법

1.1. 다음 주어는 목적어를 점친다.

(1) a. The oracles were expected to **divine** the future.(그 사제들은 미래를 점치는 것으로 기대되었다.)

b. Ancient seers **divined** disasters from the flight of birds.(고대 예언자들은 재앙들을 새들의 비상으로부터 점쳤다.)

1.2. 다음 주어는 목적어를 점치듯 찾아낸다.

(2) a. The mechanic **divined** the cars problem just looking at the tires.(그 기사는 자동차 문제점들을 타이어를 보고 알아 내었다.)

b. He **divined** the purpose of her visit from the happy look she wore.(그는 그녀의 방문 목적을 그녀의 행복한 얼굴 표정에서 알아 내었다.)

1.3. 다음 의문사나 that이 이끄는 절은 예측의 내용이다.

(3) a. She could **divine** what he was thinking just by looking at him.(그녀는 그를 보기만 하고서도 무엇을 그가 생각하고 있는지 알 수 있었다.)

b. How could he have **divined that** we would wish to retire soon?(어떻게 그는 우리가 곧 은퇴하기를 원한다는 것을 알아낼 수 있었을까?)

---

divorce

이 동사의 개념 바탕에는 갈라놓는 과정이 있다.

1. 타동사 용법

1.1. 다음 주어는 목적어를 이혼한다.

(1) a. He **divorced** his wife.(그는 그의 아내를 이혼했다.)

b. She **divorced** him after 20 years of marriage.(그녀는 결혼 20년 후에 그와 이혼했다.)

1.2. 다음 목적어는 재귀대명사이다. 주어는 자신을 from의 목적어에서 갈라놓는다.

(2) a. He **divorced** himself from his wife.(그는 자신을 그의 아내에게서 결별했다.)

b. Bob **divorced** himself from office politics.(밥은 자신을 사무실 정치로부터 결별했다.)

c. As my troubles mounted, I **divorced** myself from reality.(나의 고민이 쌓임에 따라, 나는 자신을 현실에서 결별했다.)

1.3. 다음 주어는 목적어를 이혼시킨다.

(3) a. The decree officially **divorced** the couple.(그 포고는 공식적으로 그 부부를 이혼시켰다.)

b. The judge **divorced** the couple.(판사는 그 부부를 이혼시켰다.)

1.4. 다음은 수동태 문장으로 주어는 갈라지는 사람이나 개체이다.

(4) a. He is **divorced from** his wife.(그는 아내로부터 갈라졌다.)

b. Art should be **divorced from** politics.(예술은 정치와 갈라져야 한다.)

c. He felt utterly **divorced from** reality.(그는 현실에서 완전히 갈라짐을 느꼈다.)

1.5. 다음 주어는 목적어를 from의 목적어에서 갈라 놓는다.

(5) a. We should **divorce** education **from** religion.(우리는 교육을 종교에서 갈라 놓아야 한다.)

b. It is difficult to **divorce** sport **from** politics.(운동을 정치에서 갈라 놓는 것은 어렵다.)

c. Can you **divorce** life **from** art?(너는 삶을 예술에서 갈라 놓을 수 있니?)

d. We cannot **divorce** a good diet **from** fitness.(우리는 좋은 식단을 건강에서 갈라 놓을 수 없다.)

---

divulge

이 동사의 개념 바탕에는 약속을 어기고 비밀을 누설하는 과정이 있다.

1. 타동사 용법

1.1. 다음 주어는 목적어를 누설한다.

(1) a. He **divulged** the whereabouts of the hiding

place.(그는 은신처의 소재를 누설했다.)

b. Police refused to **divulge** the identity of the suspect.(경찰은 용의자의 신분을 폭로하기를 거절했다.)

c. He **divulged** her secret.(그는 그녀의 비밀을 누설했다.)

d. The president asked the managers not to **divulge** the news of the merger.(그 회장은 그 부장들에게 그 통합의 소식을 공표하지 않기를 요청했다.)

e. He **divulged** his feelings to his close friends.(그는 감정을 가까운 친구들에게 드러내었다.)

1.2. 다음 의문사나 that이 이끄는 절은 주어가 누설하는 내용이다.

(2) a. He refused to **divulge what** he had done with the money.(그는 그가 그 돈을 가지고 무엇을 했는지 밝히지 않았다.)

b. He wouldn't **divulge that** he knew the facts.(그는 그 사실들을 알았다는 것을 누설하려고 하지 않았다.)

do

이 동사의 개념 바탕에는 어떤 과정이 있음만을 알려준다.

1. 타동사 용법

1.1. 다음 목적어는 동명사이다. 동사 do는 목적어에 동사 성질을 부여한다.

(1) a. He **did** shopping/writing.(그는 물건 사기/쓰기를 했다.)

b. He **did** lecturing/reviewing.(그는 강의/검토를 했다.)

1.2. 다음에서도 do는 V-ing 형태에 동사 성질을 부여한다.

(2) a. Mary **did** the cooking.(메리는 요리를 했다.)

b. He **did** all the talking.(그가 그 모든 얘기를 했다.)

c. He **does** the teaching.(그는 가르치기를 했다.)

1.3. 다음 목적어는 명사구이다. 주어는 목적어에 관습적이거나 맥락에서 추리될 수 있는 일을 한다.

(3) a. She **did** the flowers/her hair/a room.(그녀는 꽃/머리/방을 손질했다.)

b. I **did** the equation/a problem.(나는 그 방정식/문제를 풀었다.)

c. He **did** a book/a suit.(그는 책/옷을 지었다.)

1.4. 다음에서 문맥으로부터 주어가 하는 일이 어느 정도 예측된다.

(4) a. He **did** Shakespeare into Korean.(그는 셰익스피어 작품을 한국어로 번역했다.)

b. They **did** fish very well at the restaurant.(그 식당은 생선을 잘 요리했다.)

c. Mother **does** beef very well.(어머니는 쇠고기를 잘 요리한다.)

d. He **did** the British museum yesterday.(그는 어제 대영 박물관을 방문했다.)

1.5. 다음 목적어는 사람이다. 주어의 성질이나 부사구로부터 주어가 하는 행동이 예측된다.

(5) a. The barber will **do** you next.(그 이발사가 너를 다음에 깎아줄 것이다.)

b. They **did** me well at the hotel.(그 호텔은 나를 잘 대해 주었다.)

c. They **did** us handsomely at the store.(그들은 우리를 후하게 대해 주었다.)

1.6. 다음 목적어는 작품, 작품 인물, 배우이다.

(6) a. He **did** "Othello" last night.(그는 어젯밤에 오델로 역을 했다.)

b. The actor **did** a new play.(그 배우는 새 연극을 했다.)

c. They **did** Hamlet.(그들은 햄릿을 상연했다.)

d. He **does** Harold Wilson very well.(그는 해롤드 윌슨의 역할을 잘 한다.)

1.7. 다음 목적어는 거리이다.

(7) a. He **did** 20 miles a day.(그는 하루 20마일을 갔다.)

b. We've **done** 80 miles since lunch.(우리는 점심 후 80마일을 갔다.)

c. We **did** the journey in 6 months.(우리는 그 여행을 6개월 안에 마쳤다.)

d. The car was **doing** 60 miles a hour.(그 자동차는 시간당 60마일을 달리고 있다.)

1.8. 다음 주어는 목적어를 to의 목적어에 준다.

(8) a. We **do** honor **to** the dead on the Memorial Day.(우리는 죽은 이들에게 현충일에 경의를 표한다.)

b. He **did** a favor **to** us.(그는 우리에게 호의를 베풀었다.)

1.9. 다음 목적어는 생겨나는 개체이다.

(9) a. Crying won't **do** any good.(울음은 아무런 덕도 안 될 것이다.)

b. The storm **did** a lot of damage.(그 폭우는 많은 피해를 끼쳤다.)

1.10. 다음 주어는 첫째 목적어가 둘째 목적어를 가지게 한다.

(10) a. That **does** you great credit.(그것은 너에게 명예가 된다.)

b. He **did** me a good turn.(그는 나에게 좋은 대접을 했다.)

c. That **does** you good/harm/justice/great honor.(그것은 너에게 이익/손해/정당한 평가/명예가 된다.)

1.11. 다음 주어는 목적어를 만족시킨다.

(11) a. This room will **do** us nicely.(이 방은 우리에게 잘 맞다.)

b. The money will **do** us for a while.(돈은 한동안 우리에게 충분하다.)

2. 자동사 용법

2.1. 다음 주어는 어떤 과정을 겪고 있다.

(12) a. Everything in the garden is **doing** well.(이 뜰에 있는 모든 것은 잘 자라고 있다.)

b. Roses **do** well in a clay soil.(장미는 진흙 토양에 잘 자란다.)

c. He is **doing** well at school.(그는 학교에서 잘 하고 있다.)

d. The patient is **doing** quite well.(그 환자는 매우 잘 회복하고 있다.)

e. He is **doing** well as a practicing physician. (그는 개
업의로 잘 하고 있다.)

2.2. 다음 주어는 행동을 한다.

(13) a. Don't talk. Only **do**. (말하지 말고, 행동만 하여라.)

b. Do in Rome as the Romans **do**. (로마에서 로마인
이 하는 것처럼 해라.)

c. You **did** well on the test. (너는 시험에서 잘 했다.)

d. The new student is **doing** well. (새 학생은 잘하고
있다.)

**2.3. 다음에서는 do는 상황에 따라 '편리하다' 또는
'만족스럽다' 는 뜻으로 풀이된다.**

(14) a. Any chair will **do**. (어떤 의자든지 될 것이다.)

b. A log **did for** a seat. (통나무 하나가 의자로 쓰였
다.)

c. Will this dress **do for** the party? (이 옷은 파티용으
로 좋을까요?)

d. These shoes won't **do for** mountain climbing. (이
신들은 산에 오르는 데 좋지 않다.)

document

이 동사의 개념 바탕에는 document의 명사 '서류',
'기록' 이 있다. 동사의 의미는 이 명사의 과정과 관
계가 있다.

1. 타동사 용법

1.1. 다음 주어는 목적어를 상세히 기록한다.

(1) a. The lawyers worked to **document** the case. (변호
사는 그 사건을 상세히 기록했다.)

b. She **documented** the destruction she observed
during the Gulf War. (그녀는 걸프전 당시 그녀가
목격했던 파괴를 상세히 기록했다.)

c. The manager **documented** the employee's errors
and deceptions. (그 경영자는 고용인들의 실수와 속
임수를 자세히 기록했다.)

1.2. 다음 주어는 목적어를 기록한다.

(2) a. Students must **document** their sources in their
reports. (학생들은 자료의 출처를 보고서에 기록해
야만 한다.)

b. The journalist **documented** his report with
photographs. (그 기자는 보고서를 사진으로 상세히
보도했다.)

1.3. 다음은 수동태 문장으로 주어는 기록된다.

(3) a. Causes of the disease have been well
documented. (그 질병의 원인들이 자세하게 기록되
었다.)

b. This theory is fully **documented**. (이 이론들은 완
벽하게 잘 기록되어 있다.)

dodge

이 동사의 개념 바탕에는 빨리 움직여서 피하는 과
정이 있다.

1. 자동사 용법

(1) a. He went **dodging** about. (그는 빨리 몸을 피해 갔
다.)

b. He **dodged behind** a tree. (그는 나무 뒤로 빨리 피
했다.)

c. He **dodged in and out of** the traffic. (그는 차량들
안팎으로 빨리 피하며 움직였다.)

d. He **dodged into** an alley. (그는 골목으로 빨리 피했
다.)

e. He **dodged round** the corner out of sight. (그는 그
모퉁이를 돌아 보이지 않게 빨리 피했다.)

f. She threw a chair at me, but I **dodged out of** the
way. (그녀가 의자를 내게 던졌지만, 나는 빨리 그것
으로부터 피했다.)

2. 타동사 용법

2.1. 다음 주어는 목적어를 피한다.

(2) a. He ran across the road, **dodging** the traffic. (그는
도로를 가로 질러 차량들을 피하면서 뛰어갔다.)

b. He **dodged** their pursuit. (그는 그들의 추적을 피했
다.)

c. He **dodged** a blow. (그는 강타를 피했다.)

d. He **dodged** most of the rocks thrown at him. (그는
그에게 던져 돌의 대부분을 피했다.)

2.2. 다음 주어는 해야할 일을 피한다.

(3) a. He **dodged** his military service. (그는 군복무를 피
했다.)

b. He **dodged** his taxes. (그는 세금을 피했다.)

2.3. 다음에서는 피하는 일이 동명사로 표현되어 있다.

(4) a. She tried to **dodge** paying her taxes. (그녀는 세금
을 내는 것을 피하려고 했다.)

b. He **dodged** making a full confession. (그는 완전히
고백하는 것을 피했다.)

2.4. 다음 주어는 자신이 감당해야 할 일을 피한다.

(5) a. She **dodged** the questions because she didn't
know the answers. (그녀는 그 답을 몰랐기 때문에
그 문제들을 피했다.)

b. He **dodged** the issue. (그는 그 쟁점을 피했다.)

dog

이 동사의 개념 바탕에는 dog의 명사 '개'가 있다.
동사의 의미는 이 명사의 성질과 관계가 있다.

1. 타동사 용법

1.1. 다음 주어는 목적어를 따라 다닌다.

(1) a. Her stuttering **dogged** her until she saw the
therapist. (그녀의 말 더듬는 버릇은 그녀가 치료자
를 만날 때까지 따라 다녔다.)

b. A mob of youth has been **dogging** us for some
time. (젊은이 무리가 우리를 한참 동안 따라 다녔
다.)

c. The spy **dogged** his steps. (그 간첩은 그의 발자국
을 따라 다녔다.)

**1.2. 다음은 수동태 문장으로 주어는 무엇이 따라 다녀
서 시달린다.**

(2) a. He has been **dogged** by injury all season. (그는 사
철 동안 상처에 시달렸다.)

b. He has been **dogged** by bad health.(그는 좋지 못한 건강 상태에 시달렸다.)

domesticate

이 동사의 개념 바탕에는 길들이는 과정이 있다.

1. 타동사 용법
1.1. 다음 주어는 목적어를 길들인다.
(1) a. He **domesticates** wild animals.(그는 야생 동물들을 길들인다.)
 b. He is trying to **domesticate** a wolf.(그는 늑대 한 마리를 길들이려고 하고 있다.)
1.2. 다음 주어는 목적어를 집안 일에 익숙하게 한다.
(2) a. Some men are very hard to **domesticate**.(어떤 남자들은 가정 일에 익숙하게 만들기가 매우 힘들다.)
 b. Marriage **domesticates** men.(결혼은 남자를 가정 일에 익숙하게 한다.)
 c. He was fully **domesticated** by then, taking out the garbage and washing the dishes.(그는 그 때까지 완전히 가정적이 되어서 쓰레기를 내다 버리고 설거지를 한다.)

dominate

이 동사의 개념 바탕에는 지배하는 과정이 있다.

1. 타동사 용법
1.1. 다음 주어는 목적어를 지배한다. 다음에서 주어는 개체이다.
(1) a. One very tall building **dominates** the skyline.(한개의 매우 높은 빌딩은 우뚝 솟아 지평선을 내려다 본다.)
 b. The lighthouse **dominates** the sea for several miles.(그 등대는 우뚝 솟아 바다를 몇 마일 내려다 본다.)
 c. The cathedral **dominates** the city.(그 성당은 우뚝 솟아 도시를 내려다 본다.)
 d. The church **dominates** the entire village.(그 교회는 우뚝 솟아 전 마을을 내려다 본다.)
1.2. 다음 주어는 목적어를 지배한다.
(2) a. As an opera singer, she **dominates** the field.(오페라 가수로서, 그녀는 그 분야를 지배한다.)
 b. The Dodgers **dominated** the first half of the game.(다저스가 경기의 전반부를 지배했다.)
 c. She completely **dominates** the family.(그녀는 전적으로 가족을 지배한다.)
 d. Two rival passions **dominated** his mind.(대등한 두 감정이 그의 마음을 지배했다.)
1.3. 다음은 수동태 문장으로 주어는 지배된다.
(3) As a child, he was **dominated** by his father.(아이일 때 그는 아버지에게 지배되었다.)
1.4. 다음 주어는 목적어를 억제한다.
(4) He **dominated** his passions.(그는 감정을 억제했다.)
1.5. 다음 주어는 목적어를 독차지한다.
(5) a. Education issues **dominated** the campaign.(교육 문제가 선거 운동을 독차지했다.)
 b. She **dominated** the conversation.(그녀가 그 대화를 독차지했다.)
 c. The issue of gun control will **dominate** the next election.(그 총기류 통제 문제가 다음 선거를 좌우할 것이다.)
 d. Violence **dominates** his writing.(폭력이 그의 작품을 지배한다.)
 e. A pair of dogs **dominated** the show. (한 쌍의 개들이 쇼를 독차지했다.)

2. 자동사 용법
2.1. 다음 주어는 지배한다.
(6) a. She always says a lot in meetings, but she doesn't **dominate**.(그녀는 항상 모임에서 말을 많이 하지만, 지배하지는 않는다.)
 b. New Orleans **dominated** throughout the game.(뉴올리언즈가 경기 내내 우위를 차지했다.)
 c. He **dominates** over the world today.(그는 오늘날 세계를 지배한다.)
2.2. 다음 주어는 두드러진다.
(7) Tall people **dominate** in a crowd.(키 큰 사람들은 대중 사이에서 두드러진다.)

donate

이 동사의 개념 바탕에는 공공이나 종교적 목적으로 기증하는 과정이 있다.

1. 타동사 용법
1.1. 다음 주어는 목적어를 기증한다.
(1) a. The millionaire **donated** money to charity.(그 백만장자는 돈을 자선 단체에 기부했다.)
 b. He **donated** a piano to the orphanage.(그는 피아노 한 대를 고아원에 기부했다.)
 c. She **donated** clothing to the Red Cross.(그녀는 옷가지를 적십자에 기부했다.)
 d. He **donated** his time.(그는 자신의 시간을 할애했다.)
 e. The employees **donated** their day's pays to the combined charities.(그 고용원들은 자신들의 하루치 급료를 공동 자선 사업에 기부했다.)
 f. I am going to **donate** the books to the library.(나는 그 책들을 도서관에 기증하려고 한다.)

2. 자동사 용법
2.1. 다음 주어는 기증을 한다.
(2) a. Most Koreans do not **donate** regularly.(대부분의 한국인은 정기적으로 기부하지 않는다.)
 b. I would be proud to **donate** to a fund of this kind.(나는 기꺼이 이러한 종류의 기금에 기부하겠다.)

doom

이 동사의 개념 바탕에는 doom의 명사 '운명'이 있다.

1. 타동사 용법

1.1. 다음 주어는 목적어의 운명을 짓는다.

(1) a. The factory's closing doomed the city's economy.(그 공장의 폐쇄는 도시의 경제를 운명지 었다.)

b. The invention of trains doomed the canals to extinction.(기차의 발명은 운하를 없어지게 운명을 지었다.)

1.2. 다음은 수동태 문장으로 주어는 운명이 지어진다.

(2) a. The marriage was doomed from the start.(그 결혼은 처음부터 운명이 지어졌었다.)

b. The marriage is doomed to failure.(그 결혼은 실 패하기로 운명이 지어져 있다.)

c. He was doomed to death.(그는 죽을 운명이었다.)

d. Our hopes were doomed to disappointment.(우리 의 희망은 깨어질 운명이었다.)

e. The species is doomed to extinction.(그 종족은 전멸할 운명이다.)

1.3. 다음은 수동태 문장으로 주어는 부정사가 가리키 는 일을 하기로 운명이 지어져 있다.

(3) a. We are doomed to make the same mistakes.(우 리는 똑같은 실수를 범할 운명에 놓여 있다.)

b. He was doomed to fail/die.(그는 실패할/죽을 운명 이었다.)

1.4. 다음 주어는 목적어를 운명 짓는다. 주어는 개체 이다.

(4) a. The prison sentence doomed the thief to many years in prison.(그 징역 선고는 그 도둑을 수년간 수감하도록 운명 지었다.)

b. The horrible disease doomed its victims to a painful death.(그 끔찍한 병은 그 희생자들을 운명 적으로 고통스런 죽음으로 내몰았다.)

c. Heavy rains and floods doomed the corn to failure.(폭우와 홍수는 그 옥수수를 필연적으로 실 패하게 만들었다.)

d. The criminal was doomed to life in prison.(그 범 인은 평생 수감 되어졌다.)

---

dope

이 동사의 개념 바탕에는 마취시키는 과정이 있다.

1. 타동사 용법

1.1. 다음 주어는 목적어를 마취시킨다.

(1) a. They doped the patient before the operation.(그 들은 그 환자를 수술 전에 마취시켰다.)

b. The thieves doped the guard dog.(그 도둑들은 그 경비견을 마취시켰다.)

c. They doped the elephant to tag it.(그들은 코끼리 를 꼬리표를 붙이기 위해 마취시켰다.)

d. They doped the horse, and it easily won the race. (그들은 그 말에게 흥분제를 먹여서 쉽게 그 경주에 서 우승했다.)

1.2. 다음은 수동태 문장으로 주어는 마취된다.

(2) a. He was obviously doped.(그는 분명히 마취되었다.)

b. She was all doped.(그녀는 완전히 마취되었다.)

c. The racing horse has been heavily doped.(그 말 은 심하게 흥분제가 투여되었다.)

1.3. 다음 주어는 목적어를 짜낸다.

(3) a. He doped out a full-year's schedule.(그는 일년 전체의 일정을 생각해 냈다.)

b. I doped out the most of the questions on the list. (내가 목록상의 대부분의 질문들을 생각해 냈다.)

c. I finally doped it out: we are a threat to him.(나는 마침내 그것을 알아냈다. 우리는 그에게 위협적인 존재인 것이다.)

d. He doped out their plan/solution.(그는 그들의 계 획/해결책을 생각해 냈다.)

1.4. 다음 주어는 that-절의 내용을 알아낸다.

(4) I finally doped out that I was being threatened.(나 는 마침내 내가 위협을 받고 있다는 것을 알았다.)

---

dose

이 동사의 개념 바탕에는 dose의 명사 '약의 일회 복 용량'이 있다.

1. 타동사 용법

1.1. 다음 주어는 목적어를 전치사 to의 목적어에 조제 한다.

(1) a. The doctor dosed pyridine to the patient.(그 의사 는 피리딘을 그 환자에게 조제했다.)

b. The doctor dosed out aspirin to the patients.(그 의사는 아스피린을 환자들에게 복용시켰다.)

c. The teacher dosed out his advice to the students. (그 선생님은 충고를 학생들에게 주었다.)

1.2. 다음 주어는 목적어를 전치사 with의 목적어로 복 용시킨다.

(2) a. He dosed himself with vitamin pills.(그는 자신을 비타민 알약으로 복용시켰다.)

b. The sick man dosed himself with cold medicine. (그 환자는 자신을 감기약으로 복용시켰다.)

c. The nurse dosed the patient as directed by the doctor.(그 간호사는 환자를 의사가 지시한대로 투 약했다.)

d. The doctor dosed the patient with pyridine.(그 의 사는 환자를 피리딘으로 복용시켰다.)

1.3. 다음은 수동태 문장으로 주어는 투여된다.

(3) a. He was heavily dosed with painkillers.(그는 심하 게 진통제로 투여되었다.)

b. The mental patients were all dosed with psychotrogsic drugs. (그 정신병 환자들 모두는 심 리치료 약물로 투여되었다.)

1.4. 다음 주어는 목적어를 전치사 with의 목적어로 섞 는다.

(4) He dosed champagne with sugar.(그는 샴페인을 설 탕으로 탔다.)

---

dot

이 동사의 개념 바탕에는 dot의 명사 '점'이 있다. 동 사의 의미는 이 명사의 모양이나 분포와 관계가 있다.

1. 타동사 용법

1.1. 다음 주어는 목적어에 점을 찍는다.

(1) a. Why do you never dot your 'i'?(왜 너는 항상 'i' 에 점을 찍지 않느냐?)

　　 b. Dot your 'i'.(너의 'i' 자에 점을 찍어라.)

1.2. 다음 주어는 그 자체가 목적어를 점철한다.

(2) a. From above we could see trees dotting the landscape.(위로부터 우리는 나무들이 풍경을 점철함을 볼 수 있었다.)

　　 b. We could see the sheep dotting the farm.(우리는 그 양들이 농장을 점철하는 것을 볼 수 있었다.)

　　 c. Farms dotted the landscape.(농장들이 그 풍경을 점철했다.)

　　 d. Islands dotted the bay.(섬들이 그 만을 점철했다.)

　　 e. Dandelions dotted the green field.(민들레들이 그 푸른 벌판을 점철했다.)

　　 f. Trees and bushes dotted the lawn.(나무와 수풀들이 그 잔디밭을 점철했다.)

1.3. 다음 목적어는 점이 찍히는 표면이다. 주어는 목적어에 점을 찍는다.

(3) Dot your face with the cream.(너의 얼굴을 크림으로 찍어 발라라.)

1.4. 다음은 수동태 문장으로 주어는 점 같은 것이 찍힌다.

(4) a. The countryside is dotted with small villages.(그 지방은 작은 마을들로 점철되어 있다.)

　　 b. The lake was dotted with sail boats.(그 호수는 돛배들로 점점이 흩어져 있었다.)

　　 c. The park is dotted with big trees.(그 공원은 큰 나무들로 점철되어 있다.)

　　 d. The regions is dotted with primitive buildings.(그 지역은 원시적인 건물로 점철되어 있다.)

1.5. 다음 주어는 그 자체가 목적어에 점을 찍는다.

(5) The light rain dotted the car's windshields with tiny drops.(그 가는 비가 차의 전면 유리를 작은 물방울로 쳤다.)

1.6. 다음 목적어는 점과 같이 찍히는 개체이다.

(6) a. Dot the cream all over your face.(그 크림을 얼굴 전체에 찍어 발라라.)

　　 b. Dot some rouge on your cheeks.(그 연지를 뺨에 찍어 발라라.)

1.7. 다음 주어는 목적어를 찌른다.

(7) He dotted me in the eye.(그는 나의 눈을 때렸다.)

2. 자동사 용법

2.1. 다음 주어는 어떤 장소에 점재한다.

(8) a. Pieces of sculpture dot around the streets.(조각품들이 거리들의 이곳 저곳에 점재한다.)

　　 b. Many Korean restaurants dot around Los Angeles.(많은 한국 식당들이 로스앤젤레스 주위에 점재한다.)

double

이 동사의 개념 바탕은 double의 명사 '두배'가 있다.

1. 타동사 용법

1.1. 다음 주어는 목적어를 (수, 양, 크기, 힘) 두 배로 한다.

(1) a. If you double five, you get ten.(네가 5를 두 배하면 10을 얻는다.)

　　 b. The government aims to double the number of students in higher education.(정부는 고등 교육에서 학생 숫자를 두 배 늘릴 목적이다.)

　　 c. For four people, just double the recipe.(4명을 위해, 요리 재료를 2배로 하라.)

　　 d. I doubled the cake recipe because I was making two cakes.(나는 두 개의 케이크를 만들고 있어서, 케이크 재료를 두 배로 했다.)

　　 e. Adding six new chapters doubled the size of the book.(6개의 새 장의 추가가 그 책의 크기를 두 배로 만들었다.)

　　 f. They doubled their output with the new machine.(그들은 새 기계로 출력을 두 배로 했다.)

　　 g. The price doubled itself.(그 가격이 두 배가 되었다.)

　　 h. I'll double whatever they offer to pay you.(나는 그들이 너에게 제공하는 것의 두 배를 제공하겠다.)

　　 i. He doubled his investment in a year.(그는 1년 안에 투자를 두 배로 늘렸다.)

　　 j. The new job will double your salary.(새 일은 너의 월급을 2배 올려 줄 것이다.)

　　 k. Double the t in hit when you spell hitting.(hitting을 쓸 때, hit에서 t를 한번 더 써라.)

1.2. '두 배로 하다'는 '둘씩 짝을 짓다'의 뜻으로도 쓰인다.

(2) a. He doubled up a passenger with another.(그는 한 승객을 다른 승객과 짝을 지어 주었다.)

　　 b. We doubled partners and began the country dance.(우리는 짝을 지어 컨츄리 댄스를 시작했다.)

1.3. 다음 주어는 연극에서 두 역할을 맡는다. 두 역할은 복수 명사구나 전치사 with를 써서 표현된다.

(3) a. In the play she doubled the part of a maid with that of a shopgirl.(그 연극에서 그녀는 하녀와 상점 소녀의 1인 2역을 했다.)

　　 b. In the play she doubled the parts of a maid and a salesgirl.(그 연극에서 그녀는 하녀와 판매 소녀의 1인 2역을 했다.)

　　 c. He doubled the parts of a doctor and a teacher.(그는 의사와 선생의 이중 역할을 했다.)

　　 d. She doubled the part of the mother.(그녀는 엄마로서의 역할도 했다.)

1.4. 다음 주어는 양이나 수에 있어서 목적어를 두 배로 능가한다.

(4) a. His fortune doubles mine.(그의 재산이 나의 2배이다.)

　　 b. Our force doubles that of the enemy.(우리의 병력은 적군의 2배이다.)

1.5. 다음 목적어는 평면적인 개체이고, 이에 '두 배'의 개념이 적용되면 '겹치다' 또는 '포개다'의 뜻이 된다.

(5) a. She doubled the blanket.(그녀는 담요를 두 겹으로

접었다.)

b. He **doubled** the paper in two.(그는 그 종이를 두 겹으로 접었다.)

c. **Double** the sheet and you'll stay warm.(그 홑이불을 겹치면 너는 따뜻할 것이다.)

d. She **doubled** her slice of bread to make a sandwich.(그녀는 샌드위치를 만들기 위해 그녀의 빵 조각을 겹쳤다.)

1.6. 다음 주어는 목적어를 접어서 겹친다.

(6) a. He is **doubling** over a leaf.(그는 잎을 겹치고 있다.)

b. Don't **double** over a leaf to mark a page.(페이지를 표시하기 위해 한 장을 겹치게 접지 말라.)

c. To fit the letter in the envelope, he **doubled** it over.(그는 편지를 봉투에 맞추기 위해, 그것을 접어 겹쳤다.)

d. The mail carrier **doubled** over the magazine to get it in the mailbox.(그 우편 배달원은 우편함에 잡지를 넣기 위해 그것을 접었다.)

1.7. 사람의 경우 허리를 깊게 굽히면 상체가 하체를 덮으면서 겹쳐지게 된다.

(7) a. A punch like that will **double over** anyone.(그와 같은 펀치는 누구든 꼬꾸라지게 할 것이다.)

b. A sudden sharp pain made him **double over**.(갑작스런 심한 고통이 그를 꼬꾸라지게 했다.)

c. The pain **doubled** him **up** and left him gasping on the floor.(고통은 그를 꼬꾸라지게 하여 바닥에서 가쁘게 숨을 몰아쉬게 했다.)

d. He **doubled up** his fist.(그는 주먹을 쥐었다.)

1.8. 배가 바다의 갑 따위를 회항하면, 배가 지나는 자취는 U자형을 이루고 이것은 포개지는 과정으로 볼 수 있다.

(8) The ship **doubled** the Cape of Good Hope.(그 배는 희망봉을 회항했다.)

2. 자동사 용법

2.1. 다음의 주어는 수나 양과 관련된 명사구이다. 주어는 수나 양이 배가 된다.

(9) a. Our rent **doubled** in ten years' time.(우리의 집세는 10년 동안 2배가 되었다.)

b. The price of the coal has **doubled** over the last 10 years.(석탄의 가격은 지난 10년에 걸쳐 2배로 뛰었다.)

c. The noise **doubled** when the rumor spread.(그 소음은 소문이 퍼짐에 따라 배가 되었다.)

d. Sales **doubled** in five years.(판매량은 5년 간 2배로 늘었다.)

e. Road accidents have **doubled** since 1960.(도로 사고는 1960년 이래 2배가 되었다.)

f. The company profits have **doubled** in the last ten years. 그 회사 이익은 지난 10년 사이 2배가 되었다.)

g. In summer the demand for electricity **doubles** because of air conditioners.(여름에 전기 수요는 에어컨 때문에 2배가 된다.)

h. The house has **doubled** in value since I bought it.

(그 집은 내가 산 이래로 가치 면에서 2배가 되었다.)

i. The world population is **doubling** every 35 years. (세계 인구는 매 35년마다 2배가 된다.)

2.2. 다음의 주어는 둘씩 조를 이룬다.

(10) a. Tom and Mary **doubled** for the game.(톰과 메리는 게임을 위해 한 조가 되었다.)

b. The drummer **doubles** on saxophone.(드럼 치는 사람은 색소폰도 연주한다.)

2.3. 다음의 주어는 개체를 가리키는 명사이지만, 환유적으로 쓰이어서 개체의 기능을 나타낸다. 주어의 기능이 as의 목적어의 기능으로도 쓰이므로 두 가지가 된다.

(11) a. My bed **doubles** as a couch.(내 침대는 소파로도 활용된다.)

b. The small room **doubles** as a study.(이 작은 방은 서재로도 활용된다.)

c. The sofa **doubles** as a bed.(그 소파는 침대로도 활용된다.)

d. The kitchen table **doubles** as my desk.(그 식탁은 책상으로도 활용된다.)

2.4. 다음에서 주어는 사람을 가리킨다. 그러나 환유적으로 쓰여서 역할을 나타낸다. 주어는 as의 목적어의 역할도 하므로, 역할이 두 배가 된다.

(12) a. In the play Mary is playing the part of the dancer, but she **doubles** as the mother.(연극에서 메리는 무희 역을 맡고 있으나 엄마 역도 한다.)

b. The chauffeur **doubles** as butler.(그 자가용 운전수는 집사 일도 겸한다.)

c. He **doubles** as the policeman in the first act and as the general in the fourth.(그는 첫 막에서는 경찰로, 네 번째 막에서는 육군 대장으로 이중 역할을 한다.)

d. She's the secretary really, but she **doubles** as a receptionist.(그녀는 원래 비서이나 접대원 역할도 한다.)

e. The kitchen staffs have to **double** as waiters.(그 부엌 직원들은 웨이터 역할도 해야 한다.)

2.5. 다음 주어는 전치사 for의 목적어의 역할을 대신한다. 주어는 두 역할을 맡는다.

(13) a. The stunt man **doubled for** the film star in dangerous scenes.(그 묘기 연기자는 위험한 장면에서 영화 배우를 대신했다.)

b. He **doubled for** the hero in the fencing match.(그는 펜싱 게임에서 주인공을 대신했다.)

c. I have to **double for** the director when he is away.(나는 감독이 떠나 있을 때, 그를 대신해야 한다.)

2.6. 다음 주어는 상체를 하체에 포갠다. 즉 구부린다.

(14) a. He **doubled over/up** with pain.(그는 고통으로 몸을 구부렸다.)

b. He **doubled over** with laughter at the joke.(그는 그 농담에 웃으며 구부렸다.)

c. Gene **doubled over** from a kick to his stomach.(진은 배에 가해진 발길에 몸을 구부렸다.)

2.7. 다음에서 double의 주어는 둘씩 짝을 이룬다.

(15) a. There aren't enough beds, so you have to **double**

up.(침대가 충분하지 못하므로 당신들은 둘씩 짝을 이루어야 한다.)

  b. He had to **double up** with another salesman at the hotel.(그는 호텔에서 또다른 판매원과 짝을 지어야 했다.)

  c. The two boys have to **double up** in the front bedroom.(그 두 소년은 앞 침실에서 같이 써야한 다.)

  d. We have to **double up** on books; there aren't enough to go around.(우리는 둘씩 책을 같이 봐야 한다; 다 돌리기에 충분하지 않다.)

2.8. 사람이나 짐승이 가던 길을 되돌아보면, 이들이 움직인 자취는 포개지는 모습을 이룬다.

(16) a. I **doubled back** and headed south to San Diego.(나는 뒤로 돌아 샌디에고를 향해 남쪽으로 갔다.)

  b. The fox **doubled back**.(그 여우는 뒤로 돌아 갔다.)

  c. The escaped prisoner led the police toward the airport, and then **doubled back** into the city.(그 탈출한 죄수는 공항으로 경찰들을 끌고 나서 다시 그 도시로 되돌아 왔다.)

2.9. 다음 주어는 지나온 길을 다시 밟는 과정이다. 이 과정도 포개지는 모습을 이룬다.

(17) a. He **doubled on** his steps.(그는 발자국을 다시 밟아 갔다.)

  b. The fox **doubled on** its tracks.(그 여우는 자신의 발자국을 도로 쫓아갔다.)

  c. The bear **doubled on** its trail.(그 곰은 온 길을 다시 밟아갔다.)

  d. They **doubled upon** the enemy.(그들은 방향을 바꾸어서 그 적을 공격했다.)

doubt

이 동사의 개념 바탕에는 확신을 가지지 못하고 의심하는 과정이 있다.

1. 타동사 용법

1.1. 다음 주어는 목적어 (that-절) 의 내용을 의심한다.

(1) a. I **doubt that** interest rates will come down soon.(나는 이자율이 내려갈 것을 의심한다.)

  b. Many people **doubted that** he would tell the truth.(많은 사람들이 그가 진실을 말할 것을 의심했다.)

  c. Do you **doubt that** he will succeed?(그가 성공할 것을 의심하는가?)

  d. I wouldn't **doubt that** she'd want to help.(나는 그녀가 돕고 싶어하는 것을 조금도 의심하지 않는다.)

  e. I **doubt that** she wrote the letter.(나는 그녀가 그 편지를 썼다는 것을 의심한다.)

  f. Do you **doubt that** he will keep his promise?(너는 그가 약속을 지킬 것이라는 것을 의심하는가?)

  g. I don't **doubt that** Tod loves her.(나는 토드가 그녀를 사랑한다는 것을 의심하지 않는다.)

  h. I don't **doubt that** he is a brilliant scholar.(나는 그가 훌륭한 학자라는 것을 의심하지 않는다.)

1.2. 다음의 목적어는 접속사 whether가 이끄는 절이다. 주어는 이 절의 내용의 진위를 모른다. 그러

나 그의 생각은 부정 쪽에 있다.

(2) a. I **doubt whether** he's telling the truth. (나는 그가 진실을 말하고 있는지에 대해 의심스럽다.)

  b. I **doubt whether** the new one will be any better.(나는 새 것이 더 좋을 것이라는 것에 대해 의심스러운 마음이 든다.)

  c. I **doubt whether** he is sane.(나는 그가 미쳤다는 것에 대해 의심스러운 마음이 든다.)

  d. The captain **doubted whether** the sinking ship would reach the land.(그 선장은 그 침몰하고 있는 배가 육지에 도달할 수 있을까에 대해 자신이 없었다.)

  e. We **doubt whether** he deserves the prize.(우리는 그가 그 상을 받을만한 지가 의심스럽다.)

  f. They **doubted whether** that would happen.(그들은 그것이 일어날 지에 대해서 의심했다.)

1.3. 다음에는 whether 대신 if가 접속사로 쓰였다.

(3) a. I **doubt if** he'll come now.(나는 그가 지금 올 것인지가 의심스럽다.)

  b. I **doubt if** he is honest.(나는 그가 정직한지가 의심스럽다.)

  c. I **doubt if** she will be present.(나는 그녀가 지금 출석해 있는지가 의심스럽다.)

  d. I **doubt if** his report is true.(나는 그의 보고가 사실인지에 대해 의심스러운 마음이 든다.)

  e. I **doubt if** we will make a profit out of it.(나는 우리가 그것에 대한 이익을 낼 것인가에 대해 의심스럽다.)

1.4. 다음의 목적어는 사람이다. 이 목적어는 환유적으로 쓰여서 이들이 한 말을 가리킨다. 말은 진위의 대상이 될 수 있다.

(4) a. I never **doubt** you; I am sure you would bring the money.(나는 너를 절대 의심하지 않는다; 나는 네가 돈을 가져올 것이라고 확신한다.)

  b. You never **doubted** you.(너는 네 자신을 절대 의심하지 않았다.)

  c. You never should **doubt** such a good friend.(너는 그토록 좋은 친구를 의심해서는 안 된다.)

1.5. 다음의 목적어는 동명사가 나타내는 사실이고, 이러한 사실은 진위의 대상이 될 수 있다.

(5) a. None of us **doubted** being able to arrive in time.(우리 가운데 누구도 제 시간에 도착할 수 있을 것을 의심하지 않았다.)

  b. We don't **doubt** its being true.(우리는 그것이 사실이라는 것을 전혀 의심하지 않는다.)

1.6. 다음의 목적어는 명사구이고, 이들이 가리키는 대상은 존재나 진위와 관계된다.

(6) a. I **doubt** his intelligence/ability/honesty.(나는 그의 지적능력/능력/정직을 의심한다.)

  b. Kim never **doubted** her story/the newspaper reports.(킴은 절대로 그녀의 이야기/그 신문 기사를 의심하지 않았다.)

  c. I have never **doubted** the existence of God.(나는 절대로 신의 존재를 의심한 적이 없다.)

  d. I **doubted** my ears/eyes.(나는 내 귀/눈을 의심했다.)

e. Never doubt her love.(그녀의 사랑을 의심하지 마라.)

f. I doubt the truth of his words.(나는 그의 말의 진위 여부가 의심스럽다.)

2. 자동사 용법
2.1. 주어는 전치사 about나 of의 목적어에 대해서 의심을 갖는다.
(7) a. He never doubted about victory.(그는 승리에 대해서 의심하지 않았다.)

b. He doubts about everything.(그는 모든 것에 대해서 의심을 한다.)

c. They have never doubted of success.(그들은 성공에 대해 의심을 한 적이 없다.)

d. Do you still doubt despite what you have seen? (그것을 직접 보고도 아직도 의심하는가?)

douse
이 동사의 개념 바탕에는 물을 끼얹는 과정이 있다.

1. 타동사 용법
1.1. 다음 주어는 목적어를 with의 목적어 (물이나 기름 같은 것)로 끼얹는다.
(1) a. She doused herself with perfume.(그녀는 자신을 향수로 흠뻑 뿌렸다.)

b. We doused the children with the hose.(우리는 그 아이들에게 호스 물로 끼얹었다.)

1.2. 다음 주어는 그 자체가 목적어에 물을 끼얹는다.
(2) The thunderstorm doused Bill as he ran from the car to the store.(빌이 그 차에서 나와 그 가게로 달려갈 때 폭우가 그를 덮어 씌웠다.)

1.3. 다음 주어는 목적어를 on의 목적어에 끼얹는다.
(3) I doused cold water on my face.(나는 찬물을 내 얼굴에 끼얹었다.)

1.4. 다음 주어는 목적어를 물이나 그 밖의 액체 속에 흠뻑 잠기게 한다.
(4) a. I doused the washcloth in hot water.(나는 그 수건을 뜨거운 물에 담구었다.)

b. She doused the clothes in the tub.(그녀는 그 옷을 그 통에 담구었다.)

c. Douse the shirts in clean water.(그 셔츠를 깨끗한 물에 담구어라.)

d. She doused the cloth in disinfectant.(그녀는 그 천을 살균제에 담구었다.)

e. The car was doused in gasoline and set alight.(그 차는 휘발유로 흠뻑 뿌려져서 불이 질러졌다.)

1.5. 다음에서 주어는 목적어인 불이나 불을 끈다.
(5) a. He doused the candle flame with his fingers.(그는 그 촛불을 손가락으로 껐다.)

b. He doused the flames with a fire extinguisher.(그는 그 불꽃들을 소화기로 껐다.)

c. He doused the fire with water.(그는 불을 물로 껐다.)

d. He doused the lamp/the light.(그는 등불/불을 껐다.)

1.6. 다음은 수동태 문장으로 주어는 물이 끼얹어져서 꺼진다.
(6) a. The campers made sure that the fire was completely doused.(그 야영자들은 불이 완전히 물로 꺼졌는지 확인했다.)

b. After burning most of the forest, the fire was finally doused.(그 숲의 대부분을 불태우고, 그 불은 결국 꺼졌다.)

dovetail
이 동사의 개념 바탕에는 장부가 꼭 들어맞는 과정이 있다.

1. 자동사 용법
1.1. 다음 주어는 with의 목적어와 잘 들어맞는다.
(1) a. My figures dovetailed nicely with theirs.(내 계산이 그들의 계산과 딱 들어맞았다.)

b. My plans dovetailed nicely with theirs.(내 계획은 그들의 계획과 멋지게 들어맞았다.)

1.2. 다음 주어는 잘 들어맞는다.
(2) a. The joints of wood in that cabinet dovetail nicely. (그 케비넷의 나무 연접 부분들은 아주 잘 들어맞는다.)

b. The various pieces of evidence dovetailed.(다양한 증거들이 서로 꼭 들어맞았다.)

2. 타동사 용법
2.1. 다음 주어는 목적어가 to의 목적어에 들어맞게 한다.
(3) The carpenter dovetailed the sides of the drawers to the fronts of the drawers.(그 목수가 서랍들의 옆 면들을 그 앞 면들에 들어 맞추었다.)

2.2. 다음 주어는 목적어를 잘 맞춘다.
(4) a. Let's dovetail our travel plans so that we can see each other.(우리의 여행 계획들을 서로 만날 수 있도록 맞추어 보자.)

b. I dovetailed the joint to form the strongest possible joint.(나는 그 잇장을 가장 강력한 이음매를 이루도록 들어 맞추었다.)

down
이 동사의 개념 바탕에는 down의 전치사 '~의 아래로'가 있다. 동사의 뜻은 아래로 움직이는 과정이다.

1. 타동사 용법
1.1. 다음 주어는 목적어를 쓰러뜨린다.
(1) a. Not looking where he was running, Billy downed the toddler.(그가 어디로 뛰고 있었는지를 보지 않았기 때문에, 빌리는 그 걸음마 아기를 넘어뜨렸다.)

b. The guard shot him in the leg and downed him. (그 경비원은 그를 다리에 총을 쏘아 쓰러뜨렸다.)

c. The police officer downed the burglar.(경찰관은 그 강도를 쓰러뜨렸다.)

d. He downed his opponent with a quick right to the jaw.(그는 상대방을 턱에 오른쪽 주먹을 빠르게 날

려 쓰러뜨렸다.)

e. The hunter **downed** the deer **with** one shot.(사냥
꾼은 그 사슴을 한방에 쓰러뜨렸다.)

f. They **downed** the enemy plane.(그들은 그 적기를
격추시켰다.)

1.2. down이 나타내는 '위에서 아래로'의 개념은 경
기에 적용되어, 주어가 목적어를 지게 하는 과정
에도 적용된다.

(2) a. The Rangers **downed** the Fliers 2–0 last night.
(레인저 팀은 지난 밤 프라이어 팀을 2–0으로 꺾었
다.)

b. The boxer **downed** his opponent in the third
round.(그 권투 선수는 그의 상대방을 제 3라운드에
서 쓰러뜨렸다.)

c. Our baseball team easily **downed** the opponent.
(우리 야구팀은 상대팀을 쉽게 쓰러뜨렸다.)

1.3. 사람이 먹는 음식은 위(입)에서 아래(밥통)로 내
려간다. 주어는 목적어를 내려보낸다.

(3) a. He **downed** his coffee and left.(그는 커피를 들이
키고는 떠났다.)

b. In the morning he **downs** a glass of juice and runs
off to school.(아침에 그는 주스 한 잔을 넘기고는
학교로 달려간다.)

c. I **downed** the vodka in one gulp.(나는 그 보드카를
단숨에 들이켰다.)

d. He can **down** several pints of beer in half an hour.
(그는 여러 파인트의 맥주를 30분만에 들이킬 수 있
다.)

e. The coyote **downed** the chicken and fled.(그 코요
테는 그 닭을 꿀꺽 하고는 도망쳤다.)

f. Mike **downed** a doughnut in one bite.(마이크는 도
넛 하나를 한 입에 삼켰다.)

1.4. 사람이 도구를 쓸 때에는 도구를 손에 들고, 일을
마치거나 그만두면 놓는다. 주어는 목적어를 놓는
다.

(4) The workers **downed** tools.(그 노동자들은 도구를
내려 놓았다. 파업을 했다.)

1.5. 다음에서 [슬픔은 치밀어 오르는 개체] 은유가 적
용된 표현이다.

(5) He is trying to **down** his sorrow.(그는 슬픔을 가라
앉히려 애쓰고 있다.)

downsize

이 동사의 개념 바탕에는 크기나 규모를 줄이는 과
정이 있다.

1. 타동사 용법
1.1. 다음 주어는 목적어를 작게 만든다.

(1) a. Car manufacturers began to **downsize** their cars.
(자동차 생산자들이 자동차 크기를 줄이기 시작했
다.)

b. The plant **downsized** its staff.(공장이 직원의 규모
를 줄였다.)

2. 자동사 용법

2.1. 다음 주어는 작아진다.

(2) The company will have to **downsize** to cut costs.
(그 회사는 비용 절감을 위해 규모를 줄여야만 할 것
이다.)

doze

이 동사의 개념 바탕에는 꾸벅 조는 과정이 있다.

1. 자동사 용법
1.1. 다음 주어는 꾸벅 존다.

(1) a. The students couldn't help but **doze** off during
my lecture.(학생들은 내 강의 도중 졸지 않을 수 없
었다.)

b. He **dozed** peacefully after a long day at work.(그
는 고된 하루 일과를 마친 후, 평화롭게 꾸벅꾸벅 졸
았다.)

2. 타동사 용법
2.1. 다음 주어는 졸면서 목적어를 다 보낸다.

(2) a. He **dozed** away the afternoon.(그는 졸면서 그 오
후 시간을 다 보내 버렸다.)

b. She **dozed** the afternoon hours away.(그녀는 그
오후 시간들을 졸며 보냈다.)

draft

이 동사의 개념 바탕에는 초안을 작성하는 과정이
있다.

1. 타동사 용법
1.1. 다음 주어는 목적어의 초안을 잡는다.

(1) a. She's **drafting** her speech for the conference.(그
녀는 연설문 초안을 그 회의를 위해 작성하고 있다.)

b. He **drafted** a speech/a plan/a letter.(그는 연설문/
계획/편지의 초안을 작성했다.)

1.2. 다음 주어는 목적어를 징집한다.

(2) a. The government **drafted** young men for war.(정
부는 젊은이들을 전쟁을 위해 징병했다.)

b. The manager will **draft** the strongest men to
move the furniture.(그 관리인은 그 가구를 옮기기
위해 가장 힘센 인부들을 선발할 것이다.)

c. The teacher **drafted** Bob and Ron as the leads for
the class play.(그 선생님은 밥과 론을 학급 연극의
주인공으로 뽑았다.)

1.3. 다음은 수동태 문장으로 주어는 뽑힌다.

(3) a. He was **drafted** and sent off early in the war.(그는
징병되어 일찌감치 그 전쟁에 파병되었다.)

b. He was **drafted** to fight in Vietnam.(그는 베트남
전투에 참전하기 위해 징병됐다.)

c. They were **drafted** into the army.(그들은 군대에
징병됐다.)

drag

이 동사의 개념 바탕에는 무겁게 그리고 힘들게 끄

는 과정이 있다.

1. 타동사 용법
1.1. 다음 주어는 목적어를 끈다.
(1) a. The boy dragged the heavy box.(그 소년은 그 무거운 상자를 질질 끌었다.)
  b. Don't drag your coat in the mud.(그 진흙 속에 네 코트를 질질 끌지 말아라.)
  c. She could not drag her feet another step.(그녀는 발을 한 발자국도 더 끌 수 없었다.)
  d. They are dragging their feet/leg over banning cigarette advertising.(그들은 담배 광고 금지에 대하여 발을 질질 끌고 있다/늦추고 있다.)
  e. The ship dragged its anchor all night(그 배는 닻을 밤새도록 끌었다/표류했다.)

1.2. 다음 주어는 목적어를 from의 목적어에서 끌어낸다.
(2) a. He dragged water from the well.(그는 물을 우물에서 끌어올렸다.)
  b. He dragged money from a bank.(그는 돈을 은행에서 인출했다.)
  c. He dragged information/news from her.(그는 정보/뉴스를 그녀로부터 끌어내었다.)
  d. He dragged a lesson from the fable.(그는 교훈을 그 우화에서 끌어내었다.)
  e. A number of men were dragging a big log out of the forest.(많은 사람들이 큰 통나무 하나를 숲에서 끌어내고 있었다.)
  f. He dragged a sword/a cork.(그는 칼을/코르크를 힘들게 당겼다.)

1.3. 다음 주어는 목적어를 끌어서 움직인다.
(3) a. I dragged the child across the snow in a sled.(나는 그 아이를 썰매에 태우고 눈밭을 가로질러 끌었다.)
  b. He dragged the heavy box along.(그는 무거운 상자를 질질 끌고 갔다.)
  c. The horse dragged the heavy cart along.(그 말은 무거운 마차를 질질 끌며 갔다.)
  d. Why do you drag him in? He has nothing to do with the scheme.(너는 왜 그를 끌어들이느냐? 그는 이 계획과 아무런 관계가 없다.)
  e. He managed to drag the table into the kitchen.(그는 가까스로 그 탁자를 부엌으로 끌고 들어갔다.)
  f. He dragged the chairs together.(그는 의자들을 모두 끌어당겼다.)
  g. She dragged the curtain over the window.(그녀는 커텐을 창문 위로 끌어당겼다.)
  h. I dragged the sled up the hill.(나는 그 썰매를 언덕 위로 끌고 올라갔다.)
  i. The newspaper dragged up her alleged love affair again.(그 신문은 그녀의 추정되는 연애 사건을 다시 끌어내었다.)
  j. The plants had been dragged out by the roots.(그 식물은 뿌리로 끌어 당겨져 나왔다.)

1.4. 다음 주어는 목적어를 자신 쪽으로 끈다.
(4) a. The old man drags a large crowd around him by his music.(그 노인은 자신의 음악으로 자신의 주위로 많은 군중들을 끌어당긴다.)

  b. He dragged a lot of attention/applause.(그는 많은 주의/박수를 끌어내었다.)
  c. The movie is dragging a full house night after night.(그 영화는 매일 밤 만원을 이끌어내고 있다.)
  d. He dragged ruin on himself.(그는 자신에게 파멸을 끌어들였다.)
  e. If he fails, he will drag all of us down with him.(만일 그가 실패하면, 그는 우리 모두를 자신과 함께 끌고 넘어질 것이다.)
  f. I feel myself dragged toward her.(나는 내 자신이 그녀에게 끌리는 것을 느낀다.)
  g. He dragged his salary/a supply.(그는 봉급/ 지급을 끌어내었다.)

1.5. 다음 목적어는 재귀대명사이다. 주어는 자신을 움직인다.
(5) a. She managed to drag herself to the phone and ring for help.(그녀는 자신의 몸을 질질 끌며 가까스로 전화로 다가가 도움을 요청하기 위해 전화를 걸었다.)
  b. I dragged myself out of bed.(나는 내 자신을 침대에서 억지로 끌어내었다.)
  c. Jane could hardly drag herself up the stairs.(제인은 자신을 그 계단 위로 끌고 올라갈 수가 없었다.)

1.6. 다음 주어는 목적어를 끌고 가듯 억지로 어디로 데리고 간다.
(6) a. I am sorry to drag you all the way in the heat.(너를 이 더위에 줄곧 끌고 와서 미안하다.)
  b. She wants to drag me off to a party.(그녀는 나를 억지로 파티에 끌고 가길 원한다.)
  c. I had to drag my sister to the beach.(나는 동생을 억지로 해변으로 끌고 가야 했다.)
  d. My parents had to drag me to the dentist when I was a child.(내가 어렸을 때, 부모님은 나를 억지로 치과 의사에게 끌고 가야 했다.)
  e. The daughter dragged her father to a disco.(그 딸은 아버지를 디스코텍에 끌고 갔다.)
  f. All the criticisms are dragging her down.(모든 비판은 그녀를 우울하게 만들고 있다.)

1.7. 다음 목적어는 시간 속에 일어나는 과정이다. 다음 주어는 이 과정을 당겨서 길게 한다.
(7) a. The preacher dragged his sermon out for two hours.(그 설교자는 설교를 2시간 동안이나 질질 끌었다.)
  b. His stubbornness dragged the discussion out for hours.(그의 완고함이 토론을 여러 시간 동안이나 질질 끌었다.)
  c. Please don't drag the meeting out too long.(제발 그 모임을 너무 길게 끌지 마라.)

1.8. 다음 목적어는 장소이다. 주어는 어떤 도구를 써서 목적어를 훑는다.
(8) a. They dragged the channel for the missing children.(그들은 그 실종된 아이들을 찾기 위해 그 수로를 샅샅이 훑었다.)
  b. They dragged the lake for the sunken ship.(그들

은 그 가라앉은 배를 찾기 위해 그 호수를 샅샅이 훑었다.)

c. The police **dragged** the pond *for* the missing man. (그 경찰은 그 연못을 그 실종된 남자를 찾기 위해 샅샅이 훑었다.)

d. They **dragged** the river *for* the sunken boat.(그들은 그 강을 그 가라앉은 보트를 찾아 훑었다.)

e. They **dragged** the pond *for* fish.(그들은 물고기를 잡기 위해 그 연못을 훑었다.)

f. The farmer **dragged** the field.(그 농부는 그 밭을 써레질했다.)

1.9. 다음에서 주어는 목적어를 into의 목적어가 가리키는 과정으로 끌어 들인다.

(9) a. Don't **drag** me *into* your argument.(나를 당신의 논쟁에 끌어 들이지 마세요)

b. He always **drags** his adventure *into* a discussion. (그는 항상 자신의 모험담을 논의에 끌어 들인다.)

c. He **dragged** me *into* joining the club.(그는 나를 클럽에 끌어 들여 가입시켰다.)

1.10. 다음은 수동태 문장으로 주어는 끌려 들어간다.

(10) a. Take care not to be **dragged** *into* making the promise.(그 약속을 하는 데 끌려 들어가지 않도록 주의해라.)

b. He was **dragged** *into* a quarrel/the conversation. (그는 싸움/그 대화에 끌려 들어갔다.)

1.11. 다음 주어는 목적어를 끌어낸다.

(11) a. The police **dragged** a confession *out of* the suspect.(경찰은 고백을 그 용의자로부터 끌어내었다.)

b. The man **dragged** the truth *out of* the woman.(그 사람은 진실을 그 여자에게서 끌어내었다.)

c. I **dragged** the story *out of* her.(나는 그 이야기를 그녀에게서 끌어내었다.)

d. He **dragged** a character in the novel/a deed.(그는 소설/행동에서 한 등장인물을 끌어내었다.)

2. 자동사 용법

2.1. 다음 주어는 무겁고 그리고 느리게 움직인다.

(12) a. The chain **dragged** *along behind* the truck.(그 사슬은 트럭 뒤에서 질질 끌려갔다.)

b. The cart **dragged** heavy *behind*.(이륜 짐마차는 뒤에서 힘겹게 굴러갔다.)

c. He's **dragging** *behind* in the race.(그는 경주에서 처지고 있다.)

d. He **dragged** *behind* others.(그는 다른 사람보다 꾸물대며 뒤쳐졌다.)

e. The parade **dragged** *by* endlessly.(그 행렬은 길게 끝없이 이어졌다.)

f. They **dragged** *near/toward* shore/(그들은 해안 쪽으로 늘쩡늘쩡 걸어갔다.)

g. They **dragged** *round* the table.(그들은 탁자 주변을 무거운 듯이 움직였다.)

h. The tired hikers **dragged** *back to* the camp.(그 피로에 지친 도보 여행자들은 무거운 걸음으로 힘들게 캠프로 되돌아왔다.)

i. They **dragged** *to* an end.(그들은 끝까지 힘들게 나

아갔다.)

2.2. 다음 주어는 끌린다.

(13) a. The cart **drags** easily.(그 이륜 마차는 쉽게 끌린다.)

b. The door **drags**.(그 문이 뻑뻑하게 끌린다.)

2.3. 다음 주어는 땅에 끌린다.

(14) a. The ship's anchor is **dragging**.(그 배의 닻은 끌리고 있다.)

b. His hem/the bottom of her long dress is **dragging** *on* the ground.(그의 바지 단/그녀의 긴 드레스의 끝 부분이 땅에 질질 끌리고 있다.)

c. Her skirt **dragged** *in* the mud.(그녀의 치마가 진흙탕 속에서 끌렸다.)

d. The flag **dragged** *on* the ground as Jane carried it carelessly.(제인이 기를 부주의하게 날라서 그것이 땅에 질질 끌렸다.)

2.4. 다음 주어는 빤다.

(15) He is **dragging** *on* the cigarette.(그는 담배를 한 모금 빨고 있다.)

2.5. 다음 주어는 시간이나 시간 속에 움직이는 과정이다. 주어는 시간을 끈다.

(16) a. Tom fell asleep while the movie **dragged** *on*.(그 영화가 질질 끄는 동안 탐은 잠이 들어 버렸다.)

b. The meeting/the sermon/his speech **dragged** *on* for hours.(그 모임/설교/연설은 여러 시간 동안이나 질질 끌었다.)

c. Friday afternoon always **drags**.(금요일 오후는 항상 느릿느릿 간다.)

d. The second half of the concert **dragged**.(그 콘서트의 제 이부는 느릿느릿 진행되었다.)

e. Time **drags** when you have nothing to do.(당신이 아무런 할 일도 없을 때 시간은 느릿느릿 간다.)

2.6. 다음 주어는 무엇을 자신에게로 끈다.

(17) The cinema **drags** well.(그 영화관은 관객을 많이 끈다.)

drain

이 동사의 개념 바탕에는 그릇 속에 담긴 액체를 빼내는 과정이 있다.

1. 타동사 용법

1.1. 다음 주어는 목적어를 전치사 from의 목적어에서 뺀다.

(1) a. He **drained** water *from* the bathtub.(그는 물을 그 욕조에서 뺐다.)

b. Bob **drained** all the oil *from* the engine.(밥은 모든 기름을 엔진에서 뺐다.)

c. The doctor **drained** fluid *from* the wound.(의사는 고름을 상처에서 뽑았다.)

d. **Drain** *off* the excess fat *from* the meat.(잉여 지방을 고기에서 빼라.)

1.2. 다음 주어는 목적어를 비운다.

(2) a. Bill **drained** the contents of a huge bottle of water.(빌은 큰 물병에 담긴 내용물을 뺐다.)

b. He **drained** a pint of wine.(그는 1 파인트의 포도주

를 뽑았다.)

c. She quickly **drained** the last of her drink.(그녀는 빨리 잔의 마지막을 비웠다.)

d. He **drained** what was left of his drink.(그는 잔에 남아있는 것을 다 비웠다.)

e. He **drained** the tension out of him.(그는 그에게서 긴장을 뺐다.)

1.3. 다음 문장은 수동태로서 주어는 빠져나간다.

(3) a. Her energy was **drained** away by overwork.(그녀의 힘은 과로로 다 빠졌다.)

b. The happiness had been **drained** completely from her voice.(행복은 그녀의 목소리에서 완전히 빠져나갔다.)

c. Our country is being **drained** of many of its best scientists.(우리 나라는 훌륭한 과학자들이 빠져나가고 있다.)

1.4. 다음 주어는 목적어를 뺀다. 주어는 액체를 빼내는 도구이다.

(4) a. These veins **drain** blood from the brains.(이 정맥들은 피를 뇌에서 빼낸다.)

b. The ditch **drains** water from the swamp.(그 수로는 물을 습지에서 빼낸다.)

c. An electric pump **drained** the water from the aquarium.(전기 펌프는 물을 그 수족관에서 빼냈다.)

1.5. 다음 주어는 목적어를 빼낸다. 목적어는 추상적이지만 그릇 속에 담겨 있어서 빠질 수 있는 것으로 개념화된다.

(5) a. The project is already **draining** the funds.(그 기획은 벌써 그 자금을 소진하고 있다.)

b. The effort/the heat **drained** all his energy.(그 노력/열은 모든 에너지를 소진했다.)

c. The constant disagreement between the two men **drained** all their energy.(두 남자 사이의 꾸준한 의견 불일치는 그들의 모든 힘을 소진시켰다.)

d. Defence expenditure is **draining** the country's resources.(국방 지출은 그 나라 자원을 다 소진시키고 있다.)

e. Little by little, the medical bills **drained** our bank account.(조금씩 조금씩, 의료비가 우리의 은행 구좌를 비웠다.)

1.6. 다음 목적어는 액체가 담기는 밭, 늪, 수영장, 연못 같은 그릇이다. 즉 목적어는 그릇을 가리키지만 환유적으로 쓰여서 그 속에 담긴 액체를 가리킨다. 주어는 목적어를 뺀다.

(6) a. Deep ditches were dug to **drain** the fields/the marsh.(깊은 수로는 들판/습지를 배수하기 위해 파졌다.)

b. We should **drain** the swamps to get more land for crops.(우리는 곡식을 위한 더 많은 땅을 얻기 위해 습지를 배수해야 한다.)

c. John **drained** his swimming pool at the end of the summer.(존은 그 여름 끝에 수영장을 배수했다.)

d. We **drained** the pond and filled it with fresh water.(우리는 그 연못을 배수하고 신선한 물로 채웠다.)

1.7. 다음 주어는 목적어를 비운다. 목적어는 비교적 작은 그릇이다.

(7) a. Henry **drained** his mug/the cup/the glass in one gulp.(헨리는 한 입에 머그잔/컵/유리잔을 비웠다.)

b. He **drained** the oil tank.(그는 그 기름 탱크를 비웠다.)

c. He **drained** the jug dry.(그는 그 주전자에서 물을 빼서 말렸다.)

d. They are **draining** the building.(그들은 그 빌딩의 물을 빼고 있다.)

e. Would you **drain** the potatoes/the beans?(그 감자/콩의 물을 빼겠습니까?)

1.8. 다음은 수동태 문장으로 주어는 물기가 빠진다.

(8) The clay was **drained** and much of it turned into bricks.(그 찰흙은 물이 빠져 그것의 대부분은 벽돌이 되었다.)

1.9. 다음은 수동태 문장으로 주어는 물이 빠진다.

(9) a. If this wetland was **drained**, it would be good farm land.(만약 이 습지가 물이 빠지면, 좋은 농장이 될 텐데.)

b. The wetland was **drained** of water so that houses could be built on it.(그 습지는 그 위에 집들이 지어질 수 있도록 배수가 되었다.)

c. This whole area needs **draining**.(이 전체 지역은 배수되어야 한다.)

1.10. 사람도 힘이 담겨있는 그릇으로 간주된다. 다음의 목적어는 사람을 가리키지만, 환유적으로 사람 속에 담긴 힘을 가리킨다.

(10) a. That **drained** him dry.(저것은 그에게서 힘을 다 뺐다.)

b. The performance **drained** the cast.(그 공연은 배우들의 힘을 다 뺐다.)

c. Working such a long hours **drained** him.(이렇게 길게 일을 하는 것은 그를 소진시켰다.)

d. The experience **drained** her emotionally.(그 경험은 그녀를 감정적으로 메마르게 했다.)

e. Working with the sick children every day really **drains** you.(그 아픈 아이들과 매일 일하는 것은 정말 너를 지치게 한다.)

1.11. 다음은 수동태 문장으로 주어는 소진된다.

(11) He is well **drained**.(그는 아무 것도 없다.)

1.12. 다음 주어는 목적어를 비운다. 목적어는 그릇이다. 그릇에서 빠져나가는 개체는 전치사 of의 목적어로 표현되어 있다.

(12) a. The marathon **drained** me of all my strength.(그 마라톤은 나에게서 모든 힘을 소진시켰다.)

b. The hard work **drained** him of his energy.(그 힘든 작업은 그에게서 에너지를 소진시켰다.)

c. The expense **drained** us of all the money we had.(그 지출은 우리에게서 가졌던 모든 돈을 소진시켰다.)

d. He **drained** the glass of its contents.(그는 유리잔에서 내용물을 비웠다.)

e. The war **drained** the country of his people and money.(전쟁은 그 나라에서 사람과 돈을 소진시켰다.)

f. The war is **draining** the country **of** its wealth.(전쟁은 그 나라에서 부를 소진시키고 있다.)

1.13. 다음은 수동태 문장으로 주어는 소진된다.

(13) a. He was **drained of** his strength.(그는 힘이 없었다./소진되었다.)

b. The country is being **drained of** its best doctors.(그 나라는 훌륭한 의사들을 잃고 있다.)

c. The river **drains** (the water **from**) the whole district.(그 강은 지역 전체에서 물을 빼낸다.)

2. 자동사 용법

2.1. 다음 주어는 액체나 액체가 담긴 그릇이 환유적으로 액체를 나타낸다. 다음 주어는 어떤 주어진 장소에서 빠져 나간다.

(14) a. The water slowly **drained away** down through the porous soil.(그 물은 서서히 구멍이 많은 땅을 통해 밑으로 빠져 나갔다.)

b. The sea **drained away**, and the sea bed became dry.(그 바닷물은 서서히 빠져 나가 그 해저가 말랐다.)

c. Water won't **drain from** a flat roof.(물은 편평한 지붕에서는 빠지지 않는다.)

d. The wound **drained into** the bandage.(그 상처는 반창고에 스며들었다.)

e. This river **drains into** the sea.(이 강은 바다로 빠진다.)

f. All the sewage **drains off into** the river.(모든 하수는 강으로 빠진다.)

g. Melted snow **drained off** the roof.(녹은 눈은 지붕에서 떨어졌다.)

h. The water **drains out of** the flower-pot through the holes in the bottom.(그 물은 아래의 구멍을 통해 화병 밖으로 빠진다.)

i. The water **drained through** a small hole.(그 물은 작은 구멍으로 빠졌다.)

2.2. 다음의 주어는 사람에게 담겨있는 것으로 생각되는 개체이다. 이 개체가 사람에서 빠져 나간다.

(15) a. The lady's strength is **draining away**.(그 여인의 힘은 빠져 나가고 있다.)

b. My anger slowly **drained away**.(내 화는 서서히 빠져 나갔다.)

c. His life is slowly **draining away** after a long illness.(그의 활력은 긴 투병 끝에 서서히 빠져 나가고 있다.)

2.3. 다음은 수동태 문장으로 주어는 빠진다.

(16) My energy is being **drained** as I climbed up the mountain.(내 힘은 내가 그 산 위를 오름에 따라 빠져 나갔다.)

2.4. 얼굴의 색, 홍조 등도 어떤 액체와 같이 빠져 나가는 것으로 개념화된다.

(17) a. Slowly all the color **drained away from** my face.(천천히 모든 화색은 나의 얼굴에서 빠졌다.)

b. The blood **drained from** her face when she heard the news.(그녀가 뉴스를 들었을 때, 혈색이 빠졌다.)

c. The red **drained from** Joe's cheeks.(조의 볼에서 화색이 빠졌다.)

2.5. 다음의 주어는 액체가 담기는 그릇이다. 이것은 환유적으로 그릇에 담긴 액체를 나타낸다.

(18) a. The street **drains into** the sewer.(그 도로에 고인 물은 하수구로 빠진다.)

b. This area **drains into** the bay.(이 지역의 물은 만으로 빠진다.)

c. These fields/open ditches **drain** very efficiently.(이 들판/열린 수로는 매우 효과적으로 배수가 된다.)

d. Eventually, the partially clogged sink **drained**.(결국에 부분적으로 막힌 개수대의 물은 빠졌다.)

e. The tub **drained** slowly.(그 수조의 물은 서서히 빠졌다.)

f. Put the dishes on the rack to **drain**.(그릇들이 물기가 빠지도록 선반에 올려 놓아라.)

drape

이 동사의 개념 바탕에는 장식으로 덮거나 걸치는 과정이 있다.

1. 타동사 용법

1.1. 다음 주어는 목적어를 어디에 걸치거나 덮는다.

(1) a. He **draped** a rope **around** his shoulders.(그는 로프를 어깨 둘레에 드리웠다.)

b. He **draped** his arm **around** the back of Vivian seat.(그는 팔을 비비안의 의자 등받이에 휘감았다.)

c. He **draped** his coat **over** the back of the chair.(그는 코트를 의자의 뒤에 걸쳤다.)

d. He carefully **draped** the fabric **over** the lectern.(그는 조심스럽게 그 천을 그 낭독대 위에 드리웠다.)

e. I **draped** a blanket **over** the child.(나는 담요를 아이 위에 덮었다.)

1.2. 다음은 수동태 문장으로 주어는 감긴다.

(2) a. His arm was **draped around** her shoulders.(그의 팔은 그녀의 어깨에 걸쳐졌다.)

b. The windows were **draped with** red curtains.(그 창문들은 빨간 커튼으로 드리워져 있었다.)

c. The soldier's coffin was **draped with** American flags.(그 군인의 관은 성조기들로 덮였다.)

1.3. 다음 주어는 목적어를 전치사 with의 목적어로 덮는다.

(3) a. **Drape** the coffin **with** a flag.(그 관을 국기로 드리워라.)

b. Mary **draped** the table **with** a tablecloth.(메리는 탁자를 식탁보로 덮었다.)

c. She **draped** the furniture **with** dust cloths.(그녀는 가구를 먼지막으로 걸쳤다.)

d. We are **draping** the sofa **in** red velvet.(우리는 소파를 빨간 벨벳으로 씌우고 있다.)

1.4. 다음 주어는 목적어를 덮는다. 목적어는 덮힌다.

(4) a. He **draped** himself **in** profound thought.(그는 자신을 심오한 사상에 잠기게 했다.)

b. He **draped** himself.(그는 옷을 걸쳤다.)

1.5. 다음 주어는 자체가 목적어를 덮는다.

(5) a. An American flag **draped** the casket.(성조기가 그 관을 덮었다.)

   b. A robe **draped** her figure.(그 로브는 그녀의 몸매를 덮었다.)

2. 자동사 용법
2.1. 다음 주어는 주름이 진다.
(6) a. This material **drapes** like silk.(이 옷감은 실크처럼 드리운다.)

   b. This silk **drapes** beautifully.(이 비단은 아름답게 드리운다.)

draw
이 동사 개념 바탕에는 끄는 과정이 있다.

1. 타동사 용법
1.1. 다음 주어는 목적어를 끈다.
(1) a. The two mules **drew** the wagon.(그 두 마리 나귀가 마차를 끌었다.)

   b. A small pony is **drawing** the cart.(작은 말이 마차를 끌고 있다.)

1.2. 다음 주어는 목적어를 끌어서 움직인다.
(2) a. He **drew** a curtain **across** a window.(그는 커튼을 창문을 가로질러 쳤다.)

   b. He **drew down** the blinds.(그는 차양을 끌어내렸다.)

   c. He **drew** his socks **on**.(그는 양말을 당겨서 신었다.)

   d. They **drew** a boat **out of** the water.(그들은 배 한 척을 바다에서 끌어내었다.)

   e. He **drew** his hat **over** his eyes.(그는 모자를 눈 위로 끌어내렸다.)

   f. He **drew** a book **toward** him.(그는 책 한 권을 자신에게로 끌어당겼다.)

   g. He **drew** his chair **up to** the table.(그는 의자를 식탁으로 끌어당겼다.)

1.3. 다음 주어는 목적어를 끌어낸다.
(3) a. He **drew** a cork **out of** a bottle.(그는 코르크를 병에서 뽑았다.)

   b. He **drew** nails **from** the plank.(그는 못을 판자에서 뽑았다.)

   c. He **drew** a sword **from** its scabbard.(그는 칼을 칼집에서 뽑았다.)

   d. He **drew** a handkerchief **from** his pocket.(그는 손수건을 호주머니에서 꺼냈다.)

   e. He **drew** a card **from** a pack.(그는 한 장을 카드 한 벌에서 끌어내었다.)

   f. He had a tooth **drawn**.(그는 이 하나를 뽑았다.)

   g. He **drew** his gun and fired.(그는 총을 꺼내서 쏘았다.)

1.4. 다음 목적어는 기체이다.
(4) a. He **drew** a deep breath.(그는 깊은 숨을 들이쉬었다.)

   b. He **drew** a long sigh.(그는 긴 한숨을 지었다.)

   c. He **drew** his first/last breath.(그는 첫/마지막 숨을 쉬었다.)

1.5. 다음 목적어는 액체이다.
(5) a. He **drew** water **from** the well.(그는 물을 우물로부터 길었다.)

   b. He **drew** cider **from** a can.(그는 사이다를 통에서 따랐다.)

1.6. 다음 목적어는 첫째 목적어에게 둘째 목적어를 따루어서 준다.
(6) a. He **drew** me a glass of beer **from** the barrel.(그는 나에게 맥주 한 잔을 통에서 따라 주었다.)

   b. He **drew** me a pail of water **from** the well.(그는 나에게 물 한 통을 우물로부터 퍼 주었다.)

1.7. 다음 목적어는 돈과 관련된다. 돈은 그릇 속에 담긴 액체로 개념화되어 있다.
(7) a. He **drew** his wages every Saturday.(그는 임금을 매 토요일마다 받는다.)

   b. He **drew** his money **from** the bank.(그는 그의 돈을 그 은행에서 찾았다.)

   c. He **drew** his money **from** the account.(그는 그의 돈을 그 구좌에서 꺼내었다.)

   d. He **drew** his rations.(그는 배급을 받았다.)

1.8. 다음 목적어는 추상적이지만, 끌어낼 수 있는 개체로 개념화되어 있다.
(8) a. He **drew** inspiration **from** nature.(그는 영감을 자연으로부터 끌어내었다.)

   b. He **drew** facts **from** witnesses.(그는 사실을 증인들로부터 끌어내었다.)

   c. What moral are we to **draw** from this story?(우리는 어떠한 교훈을 이 이야기에서 이끌어낼 수 있는가?)

   d. What conclusion can we **draw** from this?(무슨 결론을 우리는 이것으로부터 이끌어낼 수 있는가?)

1.9. 다음 주어는 사람의 주의이다. 이것도 끌릴 수 있는 구체적인 개체로 개념화되어 있다. 주어는 목적어를 끈다.
(9) a. Her shouts **drew** the attention of the police.(그녀의 고함 소리가 그 순경의 주의를 끌었다.)

   b. The boys **drew** the teacher **on** the subject of love.(소년들은 그 선생님의 관심을 사랑이라는 주제에 끌었다.)

   c. He **drew** my attention **to** a point I've overlooked.(그는 나의 주의를 내가 못 보았던 점에 끌었다.)

   d. I felt **drawn** to her.(나는 그녀에게 끌림을 느꼈다.)

1.10. 다음 주어는 사람이 아닌 개체이다.
(10) a. Her pitiful story **drew** tears **from** all who heard it.(그녀의 슬픈 이야기는 그것을 들은 모든 사람들로부터 눈물을 자아내었다.)

   b. The film **drew** large audiences.(그 영화는 많은 관객들을 끌었다.)

   c. The show **drew** a great many spectators.(그 쇼는 많은 관객들을 끌었다.)

1.11. 다음 목적어는 사람이 아닌 개체이다. 주어는 목적어를 끌어낸다.
(11) a. Her fine performance **drew** enthusiastic applause.(그녀의 훌륭한 연주는 열광적인 갈채를 끌어내

였다.)

b. Her singing **drew** long applause.(그녀의 노래는 긴 갈채를 끌어내었다.)

1.12. 다음 주어는 목적어를 끌어들인다.

(12) a. He **drew** ruin on himself.(그는 자신에게 파멸을 끌어들였다.)

b. He **drew** enemy by making a noise.(그는 소리를 내어서 적을 끌어들였다.)

1.13. 글을 쓰거나 그림을 그리기 위해서는 연필을 종이 위에 긋는다. 다음 목적어는 그려서 생기는 개체이다.

(13) a. He **drew** a straight line.(그는 직선을 그었다.)

b. He **drew** a diagram.(그는 도표를 그렸다.)

1.14. 다음 주어는 첫째 목적어에게 둘째 목적어를 쓰거나 그려서 준다.

(14) a. I've **drawn** you a rough map.(나는 네게 개략적인 지도를 그려주었다.)

b. I'll **draw** him a check.(나는 그에게 수표 한 장을 써주겠다.)

1.15. 다음 주어는 목적어를 써서 만든다.

(15) a. He **drew** a deed/a bill.(그는 서류/계산서를 썼다.)

b. He **drew** up a document.(그는 서류를 작성했다.)

1.16. 다음 주어는 목적어를 그려서 만든다.

(16) a. He **drew** a distinction between the two models.(그는 두 모형 사이의 구분을 지었다.)

b. He **drew** a comparison.(그는 비교를 했다.)

c. He **drew** a grim picture of conditions in the slums. (그는 빈민가 상태의 참상을 묘사했다.)

1.17. 다음 주어는 목적어를 당겨서 수축한다.

(17) Hot water **draws** wool.(뜨거운 물은 면을 수축한다.)

2. 자동사 용법

2.1. 다음 주어는 끌어들인다. 그러나 목적어는 명시되지 않았다.

(18) a. The new play at the theater is **drawing** well.(그 극장의 새 연극은 (관객을) 잘 끌고 있다.)

b. Hamlet at the theater is **drawing** well.(그 극장의 햄릿은 (관객을) 잘 끌고 있다.)

c. The pipe/the chimney **draws** badly.(파이프/굴뚝은 (연기를) 잘 빨아들이지 않는다.)

2.2. 다음 주어는 천천히 움직인다.

(19) a. Every one **drew** back in alarm.(모든 사람은 놀라서 뒤로 천천히 물러섰다.)

b. They **drew** around the fire.(그들은 불 주위에 모였다.)

c. The train **drew** into the station. (그 기차가 역으로 천천히 들어왔다.)

2.3. 다음은 [시간을 움직이는 개체] 은유가 적용된 예이다.

(20) a. X-mas is **drawing** near.(크리스마스가 천천히 가까이 오고 있다.)

b. The day **drew** to its close.(그 날은 그 끝에 천천히 다 왔다.)

2.4. 다음 주어는 당긴다.

(21) He **drew**, aimed and fired.(그는 당기고, 조준하고 쏘았다.)

2.5. 다음 주어는 한 곳으로 당겨진다.

(22) Her eyebrows **drew** together in a frown.(그녀의 이마가 당겨져서 찡그림이 되었다.)

2.6. 다음 주어는 그림을 그린다.

(23) She **draws** very well.(그녀는 그림을 잘 그린다.)

drawl

이 동사의 개념 바탕에는 느리게 말하는 과정이 있다.

1. 자동사 용법

1.1. 다음 주어는 느리게 말한다.

(1) She **drawled** in that slow, lazy style.(그녀는 그러한 천천한 스타일로 느리게 말했다.)

dread

이 동사의 개념 바탕에는 미래의 일을 두려워하는 과정이 있다.

1. 타동사 용법

1.1. 다음 주어는 목적어를 두려워 한다.

(1) a. Sally **dreads** appointments with dentists.(샐리는 치과 의사들과의 예약을 두려워한다.)

b. He **dreads** visits to the dentist.(그는 치과에 가는 것을 겁낸다.)

c. A burnt child **dreads** fire.(불에 덴 아이는 불을 무서워 한다.)

d. I **dreaded** the thought of arriving late/death.(나는 연착한다/죽는다는 생각만 해도 아찔했다.)

1.2. 다음 주어는 목적어를 두려워한다. 목적어는 일이다.

(2) a. John **dreads** calculating his taxes.(존은 세금을 계산하는 것을 싫어한다.)

b. I **dread** being sick.(나는 병에 걸리는 것이 두렵다.)

c. I'm **dreading** going back to work.(나는 직장에 복귀하는 것이 두렵다.)

d. She **dreads** going out at night.(그녀는 밤에 외출하는 것을 대단히 무서워한다.)

e. I **dreaded** coming in late to meetings.(나는 모임에 늦게 참석할까봐 크게 염려했다.)

1.3. 다음 주어는 부정사가 가리키는 일을 하기를 두려워한다.

(3) a. I **dread** to think what would happen.(나는 무슨 일이 생길지 생각만 해도 두렵다.)

b. I **dread** to think what the children will get up to when I am away.(내가 떠나 있을 때 그 아이들이 무엇을 할지 생각하기도 싫다.)

1.4. 다음 주어는 that-절의 내용을 두려워한다.

(4) a. They **dread** that the volcano may erupt again.(그들은 화산이 다시 폭발하지 않을까 걱정한다.)

b. I'm **dreading** that I'll be asked to work on Sunday.(나는 일요일에 일하라고 지시될까봐 두려워하고 있다.)

dream

이 동사의 개념 바탕에는 꿈을 꾸는 과정이 있다.

1. 타동사 용법
1.1. 다음 주어는 목적어를 꿈꾼다.
(1) I dreamed my parents last night.(나는 어젯밤 부모님 꿈을 꾸었다.)
1.2. 다음 주어는 꿈을 꾼다.
(2) a. We dream all sorts of dream.(우리는 온갖 종류의 꿈을 꾼다.)
b. I dreamed a funny dream.(나는 우스운 꿈을 꾸었다.)
1.3. 다음 주어는 목적어를 생각해 낸다.
(3) a. He dreamed up a new plan to save money.(그는 돈을 절약하는 새로운 안을 문득 생각해 냈다.)
b. I wonder who dreamed up the idea.(나는 누가 그 계획을 생각해 냈는지 궁금하다.)
c. Who on earth dreams up this plot for the soap opera?(도대체 누가 드라마 소재로 이런 줄거리를 상상해 냈죠?)
1.4. 다음 주어는 that-절의 내용을 꿈꾼다.
(4) a. Last night I dreamed that I was king of the world.(어젯밤 나는 내가 세계의 왕인 꿈을 꾸었다.)
b. It's quite common that we dream that we are falling.(우리가 떨어지는 꿈을 꾸는 것은 매우 흔한 일이다.)
c. He always dream that he'll be a businessman.(그는 항상 그가 사업가가 되는 꿈을 꾼다.)
1.5. 다음 주어는 목적어를 꿈을 꾸면서 허비한다.
(5) a. He's dreaming his life away.(그는 몽상하며 삶을 허비하고 있다.)
b. He dreamed away the afternoon in the sun.(그는 그 오후를 햇빛 아래서 몽상하며 보냈다.)

2. 자동사 용법
2.1. 다음 주어는 전치사 about의 목적어에 대해서 꿈을 꾼다.
(6) a. I dreamed about you last night.(나는 지난 밤 네 꿈을 꾸었다.)
b. I dreamed about my old home last night.(나는 어젯밤 내 옛 집을 꿈꿨다.)
2.2. 다음 주어는 전치사 of의 목적어의 존재에 대해서 생각을 한다.
(7) a. I never dreamed of meeting you here.(나는 여기서 너를 만나리라고는 꿈도 꾸지 못했다.)
b. I wouldn't dream of going without you.(나는 당신 없이 간다는 것을 꿈에도 생각하지 않겠다.)
c. I wouldn't dream of leaving this great job.(나는 이런 훌륭한 직업을 관둬야 한다는 것을 꿈에도 생각지 못했다.)
d. She dreams of running her own business.(그녀는 자신의 사업체를 운영하기를 꿈꾼다.)

dredge

이 동사의 개념 바탕에는 dredge의 명사 '준설기'가 있다. 동사의 의미는 이 명사의 기능과 관계가 있다.

1. 타동사 용법
1.1. 다음 주어는 목적어를 끌어 올린다.
(1) a. They dredged the sand from the river bottom.(그들은 모래를 강바닥에서 퍼 올렸다.)
b. They dredged up tons and tons of muddy sand.(그들은 수 톤의 이토를 준설했다.)
c. The police dredged up the murder weapon from the river.(경찰이 살인 무기를 그 강에서 건져 올렸다.)
1.2. 다음 목적어는 준설하는 장소이다. 주어는 목적어를 준설한다.
(2) a. They are dredging the harbor/the lake.(그들은 항만/강을 준설하고 있다.)
b. They dredged the bay for gravel.(그들은 그 만을 자갈을 얻기 위해 준설했다.)
c. The city dredged the Hudson.(그들은 허드슨 강을 준설했다.)
1.3. 기억은 그릇에 담기고, 오랜 기억 내용은 그릇의 밑에 쌓인다. 다음 주어는 목적어를 끌어 올린다.
(3) a. The media dredged up another scandal.(언론 매체는 또하나의 스캔들을 새삼스레 다시 끄집어 내었다.)
b. The papers are dredging up details of his past love life.(신문들은 그의 과거의 애정 행각의 세부 사항들을 새삼 들춰내고 있다.)
c. He is dredging up memories from the depths of his mind.(그는 기억들을 마음 깊은 곳에서 끄집어 내고 있다.)
d. He likes to dredge up old mistakes.(그는 이전 실수들을 다시 끄집어 내기를 좋아한다.)
1.4. 다음 표현에서 마음은 장소로 은유되어 있다.
(4) The stranger was trying to dredge her mind.(그 낯선 이는 그녀의 마음을 캐려고 노력하고 있었다.)

2. 자동사 용법
2.1. 다음 주어는 전치사 for의 목적어를 얻기 위해서 탐색을 한다.
(5) a. I dredge around for something laudatory to say.(나는 칭찬을 할만한 무엇을 이리저리 찾았다.)
b. They are looking for a system to dredge for water.(그들은 물을 탐색할 수 있는 장치를 찾고 있다.)

drench

이 동사의 개념 바탕에는 흠뻑 젖게 하는 과정이 있다.

1. 타동사 용법
1.1. 다음 주어는 목적어를 액체나 그와 비슷한 것으로 흠뻑 젖게 한다.
(1) a. Jane drenched her french fries with ketchup.(제인은 감자 튀김을 케찹으로 흠뻑 뿌렸다.)
b. The pipe burst and drenched everyone with cold

water.(그 관이 터져서 모든 사람을 찬물로 흠뻑 적셨다.)

1.2. 다음은 수동태 문장으로 주어는 젖는다.

(2) a. They turn fire hoses on the people and drenched them.(그들은 소방용 호스를 사람들에게 돌려서 흠뻑 젖게 했다.)

b. I was drenched after a walk in the rain.(나는 빗속에서 걸은 후에 흠뻑 젖었다.)

c. She drenched herself in perfume.(그녀는 자신을 향수로 흠뻑 뿌렸다.)

1.3. 다음 주어는 비, 폭우, 햇빛과 같은 것이다. 이것이 목적어를 젖게 한다.

(3) a. Sunlight drenched the trees.(햇빛이 그 나무를 흠뻑 내리 비추었다.)

b. A thunderstorm drenched everyone outside.(폭우가 밖에 있던 모든 사람을 흠뻑 적시었다.)

c. The rainstorm drenched the children who were playing outside.(그 폭우는 밖에서 놀던 그 아이들을 흠뻑 젖게 했다.)

d. The rain drenched our clothes.(그 비는 우리의 옷을 흠뻑 적셨다.)

e. A heavy rain drenched the campers.(심한 비가 그 야영자들을 흠뻑 젖게 했다.)

1.4. 다음은 수동태 문장으로 주어는 젖게 된다.

(4) a. My new suit was drenched by the rain.(나의 새로운 옷이 비에 흠뻑 젖었다.)

b. He was drenched in sweat.(그는 땀으로 흠뻑 젖었다.)

c. We were drenched in the storm. (우리는 폭풍 속에서 흠뻑 젖었다.)

d. The dog was drenched from the rain.(그 개는 비에 흠뻑 젖었다.)

e. His face was drenched with sweats.(그의 얼굴이 땀으로 흠뻑 젖었다.)

f. The flowers are drenched with dew.(그 꽃들은 이슬로 흠뻑 젖어 있다.)

g. We were drenched with rain.(우리는 비로 흠뻑 젖었다.)

h. We got drenched to the skin.(우리는 흠뻑 젖었다.)

dress

이 동사의 개념 바탕에는 입히는 과정이 있다.

1. 타동사 용법

1.1. 다음 주어는 목적어에 옷을 입힌다.

(1) a. She dressed the child in a snowsuit.(그녀는 아이를 눈옷을 입혔다.)

b. They dressed the man in his armors.(그들은 그 남자를 갑옷으로 입혔다.)

c. She came back to dress himself for a ball.(그녀는 무도회를 위해서 그를 정장시키려고 돌아왔다.)

1.2. 다음 주어는 목적어를 붕대로 감는다.

(2) a. The surgeon dressed the wound.(그 외과 의사는 상처를 붕대로 감았다.)

b. He had dressed his wound.(그는 상처를 붕대로 감았다.)

c. The nurse dressed the burn.(그 간호원은 화상을 붕대로 감았다.)

1.3. 다음 주어는 목적어를 꾸민다.

(3) a. She dressed her house gayly.(그녀는 자신의 집을 화려하게 꾸몄다.)

b. They dressed the store windows for Christmas.(그들은 크리스마스를 위해서 상점 창문을 장식했다.)

c. The chamber was richly dressed.(그 방들은 화려하게 꾸며졌다.)

1.4. 다음 주어는 목적어를 빗질하여 꾸민다.

(4) a. Her mother dresses her hair every week.(그녀의 어머니는 머리 손질을 매주 한다.)

b. We dress the horse to remove dirt.(우리는 먼지를 떨어내기 위하여 그 말의 털을 손질한다.)

1.5. 다음 주어는 목적어를 손질하여 꾸민다.

(5) a. They dressed the vineyard.(그들은 그 포도밭을 가지를 쳐서 손질했다.)

b. They dress the garden every month.(그들은 정원을 매달 손질한다.)

1.6. 다음 주어는 목적어를 정렬한다.

(6) a. The captain ordered the soldiers to dress their ranks.(그 대위는 그 병사들에게 횡렬을 정열을 하도록 명령했다.)

b. The commander dressed the line of tents.(지휘관은 그 천막의 열을 정렬했다.)

c. He dressed the course of bricks.(그는 벽돌의 열을 정렬했다.)

d. He dressed the soldiers for a parade.(그는 열병식을 위해 병사들을 정렬했다.)

1.7. 다음 주어는 목적어에 with의 목적어를 더한다.

(7) a. We dressed the salad with a cream dressing.(우리는 샐러드를 크림 드레싱으로 입혔다.)

b. The girls dressed the salad and cucumber.(그 소녀들이 샐러드와 오이에 드레싱을 쳤다.)

1.8. 다음 주어는 목적어를 어디에 내어 놓을 수 있도록 준비한다.

(8) a. He dressed a few chickens for the party.(그는 파티를 위해서 닭 몇 마리를 준비했다.)

b. She dressed a turkey.(그녀는 칠면조 한 마리를 조리했다.)

2. 자동사 용법

2.1. 다음 주어는 차려 입는다.

(9) a. He tends to dress in dark colors.(그는 어두운 색깔의 옷을 입는 경향이 있다.)

b. When he had shaved and dressed, he went down to the kitchen.(그는 면도하고 옷을 입은 다음 부엌으로 내려갔다.)

c. He still dresses like the bank manager he had been.(그는 아직도 은행장이었던 때와 같이 정장을 한다.)

d. He dresses well.(그는 옷을 잘 차려 입는다.)

2.2. 다음 주어는 전치사 for의 목적어를 위해서 차려

입는다.

(10) a. She **dressed for** the opera.(그녀는 오페라를 위해 정장을 했다.)

b. You should **dress for** the cold weather.(너는 추운 날씨에 대비해서 옷을 입어야 한다.)

2.3. 다음 주어는 분장한다.

(11) a. He **dressed up** as a pig.(그는 돼지로 변장을 했다.)

b. The prisoner **dressed up** as guards.(그 죄수는 경비로 변장했다.)

c. They **dressed up** for the wedding.(그들은 결혼식에 참석하기 위해서 정장을 했다.)

dribble

이 동사의 개념 바탕에는 물이 똑똑 떨어지는 과정이 있다.

1. 자동사 용법

1.1. 다음 주어는 똑똑 떨어진다.

(1) a. A little milk **dribbled onto** the floor.(작은 우유 방울이 마루 위로 똑똑 떨어졌다.)

b. Water **dribbled out of** the leaky faucet.(물이 새는 수도꼭지에서 물방울이 똑똑 떨어졌다.)

c. The heavy dew **dribbled off** the trees.(그 무거운 이슬 방울이 나무에서 떨어졌다.)

d. Saliva **dribbled off** the dogs' mouth.(침이 강아지들의 입에서 똑똑 떨어졌다.)

e. There is a tiny hole in the pipe and water is **dribbling out**.(그 파이프에 작은 구멍이 나 있어서 물이 똑똑 떨어져 나오고 있다.)

1.2. 다음 주어는 환유적으로 쓰여서 실제 떨어지는 것은 침이다.

(2) a. The dog **dribbled** as it lapped the water.(그 개는 침을 흘리며 물을 핥아 먹었다.)

b. The baby is **dribbling over** her new dress.(아기가 새 옷에 침을 흘리고 있다.)

c. The baby **dribbled onto** her bib.(아기는 턱받이에 침을 흘렸다.)

1.3. 다음 주어는 드리블을 하면서 움직인다.

(3) a. She **dribbled down** the court.(그녀는 코트 아래로 드리블하며 움직였다.)

b. He **dribbled past** two defenders and scored a goal.(그는 수비수 두 명을 드리블로 제치고 골을 넣었다.)

c. John **dribbled** as he ran **down** the court.(존은 코트 아래로 달려갈 때 드리블을 했다.)

d. The player **dribbled around** an opponent.(그 선수는 상대 주위에서 드리블을 했다.)

2. 타동사 용법

2.1. 다음 주어는 목적어를 똑똑 떨어뜨린다.

(4) a. He **dribbled** some milk **into** his cereal.(그는 약간의 우유를 시리얼에 똑똑 떨어뜨렸다.)

b. She **dribbled** dressing **on to** the salad.(그녀는 드레싱을 샐러드에 똑똑 떨어뜨렸다.)

2.2. 다음 주어는 목적어를 드리블하면서 움직인다.

(5) a. He **dribbled** the ball **down** the court.(그는 공을 그 코트 아래로 드리블하면서 움직였다.)

b. The forward **dribbled** ball right **past** the defender.(그 선봉자는 공으로 수비수를 제치고 드리블하며 움직였다.)

c. He **dribbled** the ball the length of the court.(그는 공을 코트의 길이만큼을 드리블했다.)

drift

이 동사의 개념 바탕에는 개체가 물의 흐름에 따라 움직인다.

1. 자동사 용법

1.1. 다음 주어는 자체의 힘이 아니라 물의 흐름에 따라 움직인다.

(1) a. The car **drifted** round the corner.(그 차는 모퉁이 주위를 빙 돌아 미끄러졌다.)

b. The bottle **drifted** north with a current.(그 병은 북쪽으로 조류와 함께 떠 갔다.)

c. The log **drifted** down the river.(그 통나무는 강 아래로 떠 내려갔다.)

d. The sail boat **drifted** toward shore/out to sea.(그 돛배는 해안가/바다로 떠 갔다.)

e. The ship **drifted** about in the sea.(그 배는 바다에서 여기 저기를 표류했다.)

f. The boat **drifted** away.(그 배는 둥둥 떠 가버렸다.)

g. The boat was **drifted** downstream by the current.(그 배는 하류로 물살에 쓸려 떠 갔다.)

h. He usually **drifts** with the tide.(그는 보통 세상 풍조의 흐름에 따라 흘러간다.)

i. The country and the economy alike are **drifting**.(그 나라와 경제가 다같이 표류하고 있다.)

1.2. 다음은 수동태 문장으로 주어는 떠밀린다.

(2) a. The snow was **drifted** by the strong wind.(그 눈은 강풍에 휘날렸다.)

b. The leaves are **drifted** by the strong wind.(잎들은 그 강풍에 휘날린다.)

1.3. 다음 주어는 공중에서 자체의 힘이 아니라 바람의 힘에 특정한 방향으로 이동한다.

(3) a. The rain ceased, and the clouds **drifted** away.(그 비는 멎었고 구름들은 흩어져 떠 갔다.)

b. The snow **drifted** along the wall.(눈은 벽을 따라 흩날려 쌓였다.)

c. The snow is **drifting** in great piles against the wall.(눈은 큰 더미로 그 벽에 날려 쌓이고 있다.)

d. The leaves **drifted** to the ground.(잎들이 땅으로 날려 떨어졌다.)

e. Early that morning, a mist **drifted** in from the sea.(그 날 아침 일찍이 안개가 바다로부터 떠밀려 왔다.)

f. A cool breeze **drifted** through the window.(시원한 미풍이 창문을 통해 날려 왔다.)

g. The balloon **drifted** silently over the mountain.(기구가 소리없이 산을 넘어 떠 갔다.)

h. Cool summer dance music is **drifting** from the radio inside.(멋진 여름용 댄스 음악이 안에 있는

라디오에서 흘러나오고 있다.)

1.4. 다음 주어는 시간 속에 일어나는 과정이다. 주어는 특별한 목적이 없이 흘러간다.

(4) a. The party has **drifted** for long enough.(파티는 오랫동안 흘러갔다.)

b. The talk **drifted** aimlessly from one subject to another.(대화는 목적이 없이 한 주제에서 다른 주제로 흘러갔다.)

c. The price is allowed to **drift**.(가격은 흘러가게 내버려 두었다.)

d. The conversation **drifted** onto the topic of baseball.(대화는 그 야구에 대한 주제로 흘러갔다.)

e. He couldn't let the matter/things **drift** for much longer.(그는 문제/사태를 흘러가도록 오랫동안 방치할 수 없었다.)

1.5. 다음 주어는 의도나 계획이 없이 정처 없이 떠돈다.

(5) a. He **drifted** among the guests at the party.(그는 파티에서 손님들 사이를 어슬렁거렸다.)

b. The couple are **drifting apart**.(그 부부는 서로 제 갈 길을 가고 있다.)

c. Jane spent the year **drifting around** Asia.(제인은 아시아를 떠돌며 그 해를 보냈다.)

d. He **drifted away** from the gang/his old friends.(그는 패거리/옛친구들을 떠나갔다.)

e. The crowd **drifted away** from the scene of the accident.(그 군중들은 그 사건 현장에서 떠나갔다.)

f. He **drifted** from job to job.(그는 이 직장에서 저 직장으로 떠돌았다.)

g. Tom **drifted** from place to place. looking for work.(톰은 일거리를 찾기 위해 이곳에서 저곳으로 떠돌았다.)

h. Look who has **drifted in** to town.(누가 읍내에 떠돌아 들어왔는지 보아라.)

i. He **drifts in** to see us now and again.(그는 때때로 떠돌아 와서 우리를 만난다.)

j. She was just **drifting into** sleep when the alarm went off.(그 괘종 시계가 소리를 낼 때 그녀는 막 잠에 빠져들고 있었다.)

k. He **drifted off** to sleep.(그는 슬그머니 잠들었다.)

l. Some people just **drift through** life.(어떤 사람들은 그저 일생을 허송세월 한다.)

m. The guests began to **drift toward** the food.(손님들은 음식을 향해 이동하기 시작했다.)

n. He **drifted on up** the river.(그는 계속해서 강 위로 떠났다.)

1.6. 다음 주어는 전치사의 목적어로 흘러들어 가거나 빠져 나온다.

(6) a. He is **drifting into** a bad habit.(그는 나쁜 습관에 빠져들고 있다.)

b. The country is **drifting toward** ruin.(그 나라는 부지 중에 파멸로 빠져들고 있다.)

c. He **drifted out of** politics.(그는 부지 중에 정치에서 빠져 나왔다.)

d. Before we know where we are, we'll be **drifting towards** war.(우리가 어디에 있는지 알기 전에 우리는 전쟁에 휘말려 가고 있을 것이다.)

1.7. 시선이나 주의도 이동하는 것으로 개념화된다. 주어는 움직인다.

(7) a. His gaze **drifted around** the room.(그의 시선은 방 주위를 살펴 보았다.)

b. My attention **drifted from** my assignment.(나의 주의는 내 숙제에서 떠나고 있었다.)

2. 타동사 용법

2.1. 다음 주어는 목적어를 흘러가게 한다.

(8) a. Waves **drifted** debris all along the shore.(파도가 파편들을 해안을 따라 떠가게 했다.)

b. The current **drifted** the boat out to sea.(그 조류는 배를 바다로 띄어 보냈다.)

c. They **drift** the logs down the river to the saw hills.(그들은 통나무들을 강 아래로 흘려 보내 그 목재소로 보낸다.)

d. The storm **drifted** snow onto the highway.(그 폭풍은 눈을 그 고속도로에 불어 쌓이게 했다.)

2.2. 다음 주어는 목적어를 떠밀어서 전치사 into의 목적어의 상태로 만든다.

(9) A strong wind **drifted** sand into a huge pile at the end of the beach.(강풍이 모래를 불어서 그 바닷가 끝에 큰 더미로 쌓았다.)

2.3. 다음 주어는 목적어를 불어서 만든다.

(10) The wind has **drifted** a mass of snow against the house.(그 바람은 눈 더미를 집 옆에 만들었다.)

drill

이 동사의 개념 바탕에는 구멍을 뚫는 과정이 있다.

1. 타동사 용법

1.1. 다음 주어는 목적어를 구멍으로 뚫는다.

(1) a. He **drilled** a tree.(그는 나무 하나에 구멍을 뚫었다.)

b. He is **drilling** wood.(그는 목재에 구멍을 뚫고 있다.)

c. The soldiers **drilled** the door with bullets.(그 병사들은 그 문에 탄환으로 구멍을 뚫었다.)

1.2. 다음 주어는 목적어를 뚫어서 만든다.

(2) a. The dentist **drilled** the cavity and filled it.(그 치과의사는 그 충치 부위에 구멍을 낸 후 그곳을 메웠다.)

b. He **drilled** a hole four feet deep.(그는 깊이가 사 피트인 구멍을 뚫었다.)

c. The engineer **drill** a hole in metal.(그 기사는 구멍 하나를 금속에 뚫었다.)

1.3. 다음 주어는 목적어를 박아 넣는다.

(3) a. He always **drills** his ideas into us.(그는 항상 자신의 생각들을 우리에게 주입시킨다.)

b. Mom **drilled** it into my head that I should never talk to strangers.(어머니는 절대로 낯선 사람들과 말하지 말라는 내용을 내 머리에 박히도록 되풀이하여 말씀하셨다.)

c. The idea was **drilled** into us at an early age.(그 생각은 어릴 적부터 우리에게 주입되었다.)

1.4. 다음 주어는 목적어를 훈련을 시킨다.

(4) a. He **drilled** a boy in French/math.(그는 한 소년을 불어/수학에 훈련을 시켰다.)

   b. The teacher **drilled** the pupils in manner.(그 교사는 그 아동들을 예절에 훈련을 시켰다.)

   c. The teacher **drilled** grammar and the multiplication tables every day.(그 선생님은 매일 문법과 구구단을 되풀이하여 주입시켰다.)

   d. He **drilled** the troops.(그는 부대를 훈련시켰다.)

   e. The police captain **drilled** the new recruits.(경찰 서장은 신입대원을 훈련시켰다.)

1.5. 다음은 수동태 문장으로 주어는 훈련된다.

(5) a. The soldiers were being **drilled** outside the barracks.(병사들은 막사 밖에서 훈련받고 있었다.)

   b. The children were **drilled** to leave the classroom quickly when the fire bell rang.(아이들은 화재 경보기가 울렸을 때 신속하게 교실을 떠나도록 훈련받았다.)

2. 자동사 용법

2.1. 다음 주어는 구멍을 판다.

(6) a. They are going to **drill** for water.(그들은 물을 얻기 위해 구멍을 뚫을 것이다.)

   b. They are **drilling** offshore for oil.(그들은 해안에서 떨어진 지점에 기름을 얻기 위해 구멍을 뚫을 것이다.)

2.2. 다음 주어는 구멍을 뚫으면서 움직인다.

(7) a. The dentist **drilled into** my tooth and cleaned out the cavity.(그 치과 의사는 내 이를 뚫고 들어가 충치를 제거했다.)

   b. He **drilled through** the wall.(그는 벽을 뚫고 들어갔다.)

2.3. 다음 주어는 훈련을 한다.

(8) a. Recruits **drill** regularly(신병들은 정기적으로 훈련한다.)

   b. Soldiers **drill** with their rifles.(병사들은 소총으로 훈련한다.)

   c. We **drilled** till about ten o'clock at night.(우리는 밤 11시까지 훈련을 했다.)

drink

이 동사의 개념 바탕에는 마시는 과정이 있다.

1. 타동사 용법

1.1. 다음 주어는 목적어를 마신다.

(1) a. He **drank** some water.(그는 물을 좀 마셨다.)

   b. **Drink** up your tea before it is too cold.(네 차를 식기 전에 모두 다 마셔라.)

   c. She **drank** a pint of water.(그녀는 1 파인트의 물을 마셨다.)

1.2. 다음 주어는 마시듯 목적어를 빨아들인다.

(2) a. The soil **drank** water like a sponge.(토양은 스펀지처럼 물을 마셨다.)

   b. The plants **drank up** the moisture.(그 식물들은 물기를 모두 빨아 마셨다.)

   c. The dry ground **drank up** the rain.(그 마른 땅은 비를 완전히 빨아들였다.)

   d. The sponge **drank up** the water.(그 스폰지가 물을 다 흡수했다.)

1.3. 다음 주어는 술을 마셔서 형용사와 전치사구가 가리키는 상태가 된다.

(3) a. He **drank** himself drunk.(그는 술을 마셔서 취했다.)

   b. He **drank** himself to death.(그는 과음으로 사망했다.)

   c. They **drank** him under the table.(그들은 그가 술을 너무 마시게 해서 곯아 떨어지게 했다.)

   d. He **drank** himself into unconsciousness.(그는 술을 마셔서 의식을 잃었다.)

1.4. 다음 주어는 술잔을 들어서 목적어를 기원한다.

(4) a. We **drank** success to him.(우리는 성공을 그에게 건배하였다.)

   b. We **drank** a toast to his health.(우리는 축배를 그의 건강을 위하여 들었다.)

   c. We **drank** a toast to the bride and groom.(우리는 축배를 신랑과 신부를 위하여 들었다.)

1.5. 다음 주어는 술을 마셔서 목적어를 없어지게 한다.

(5) a. She **drinks away** all she earns.(그녀는 자신이 번 것을 모두 술을 마셔 잃었다.)

   b. He **drank** his troubles **away**.(그는 술을 마셔 근심 걱정을 모두 털어버렸다.)

2. 자동사 용법

2.1. 다음 주어는 술을 마신다.

(6) a. He neither **drinks** nor smokes.(그는 술도 담배도 하지 않는다.)

   b. I am sure he **drank**.(나는 그가 술을 마셨다고 확신한다.)

   c. You shouldn't **drink** and drive.(당신은 술 마시고 운전하면 안 된다.)

   d. I only **drink** socially.(나는 사교적으로만 술을 마신다.)

2.2. 다음 주어는 to의 목적어에 건배를 한다.

(7) a. I **drank** to his health.(나는 그의 건강을 위하여 축배했다.)

   b. Let's **drink** to your success in your new job.(너의 새로운 일에서의 당신의 성공을 위하여 축배하자.)

   c. We **drink** to your continued success.(우리는 당신의 계속된 성공에 축배를 든다.)

2.3. 다음 주어는 물을 마신다.

(8) a. They **drank** from a fountain.(그들은 우물에서 물을 길러 마신다.)

   b. He **drank** thirstily from a green bottle.(그는 목이 타서 녹색 병으로 물을 마셨다.)

   c. He **drank** out of the hollow of his hand.(그는 손바닥에서 물을 마셨다.)

2.4. 다음 주어는 마셔진다.

(9) a. This wine **drinks** like juice.(그 와인은 쥬스처럼 마신다.)

   b. This beer **drinks** flat.(이 맥주는 맛이 없다.)

   c. This cocktail **drinks** sweet.(이 칵테일은 맛이 달콤하다.)

drip

이 동사의 개념 바탕에는 물방울이 똑똑 떨어지는 과정이 있다.

1. 자동사 용법

1.1. 다음의 주어는 전치사 from의 목적어로부터 방울로 떨어진다.

(1) a. Blood is **dripping from** the wound. (피가 상처에서 똑똑 떨어지고 있다.)

    b. Rain **dripped from** his umbrella. (비가 그의 우산에서 똑똑 떨어졌다.)

    c. Dew **dripped from** the trees. (이슬이 나무에서 방울져 떨어졌다.)

    d. Water **dripped from** the faucet. (물이 수도꼭지에서 똑똑 떨어졌다.)

    e. Oil was **dripping from** the engine. (기름이 그 엔진에서 똑똑 떨어지고 있었다.)

    f. Rain **drips off** the roof. (빗물이 지붕에서 방울져 떨어진다.)

    g. Sweat was **dripping off** his arms. (땀이 그의 팔에서 똑똑 떨어져 내리고 있었다.)

1.2. 다음 주어는 전치사 down의 목적어를 타고 떨어진다.

(2) a. Water was **dripping down** through the roof. (물이 지붕을 통해 아래로 방울져 떨어지고 있었다.)

    b. The rain is streaming **down** my cheeks and **dripping** off my chin. (비가 내 뺨을 흘러 내려 턱 끝에서 방울져 떨어지고 있다.)

    c. Her hair **dripped down** her neck. (그녀의 머리는 목을 타고 흘러 내렸다.)

    d. The milk **dripped** out of the bottle and **down** her shirt. (그 우유는 병에서 떨어져 그녀의 셔츠 아래로 똑똑 내렸다.)

    e. The sweat **dripped down** his nose and cheek. (그 땀은 코와 뺨 아래로 똑똑 떨어졌다.)

1.3. 다음 주어는 물방울로 떨어진다.

(3) a. Water is **dripping down**. (물이 아래로 방울져 떨어지고 있다.)

    b. The ice cream **dripped** as it melted. (아이스크림이 녹으면서 똑똑 떨어졌다.)

    c. The water was **dripping**. (물은 똑똑 떨어져 내리고 있었다.)

1.4. 주어는 떨어져서 어디로 들어간다.

(4) a. She was hot and sweat **dripped into** her eyes. (그녀는 더워서 땀이 눈 안으로 똑똑 떨어졌다.)

    b. A clear liquid is **dripping into** his body. (투명한 액체가 그의 몸으로 방울져 떨어지고 있다.)

    c. The faucet is **dripping onto** the ground. (수도꼭지의 물은 땅위로 똑똑 떨어졌다.)

1.5. 다음 주어는 액체가 담기거나 지나가는 그릇이다. 주어는 환유적으로 쓰였다.

(5) a. The faucet is **dripping**. (수도꼭지의 물이 똑똑 떨어지고 있다.)

    b. Your paint brush is **dripping**. (당신의 그림 붓이 물감을 똑똑 흘리고 있다.)

    c. The umbrella **dripped** all over the floor. (그 우산은 온 바닥에 물을 똑똑 흘렸다.)

    d. The garden hose **dripped**. (정원의 호스는 물을 똑똑 흘렸다.)

1.6. 다음 주어는 그릇으로 with의 목적어를 똑똑 흘린다.

(6) a. Her cheeks are **dripping with** cheers. (그녀의 뺨은 흥겨움이 똑똑 떨어지고 있다.)

    b. His forehead is **dripping with** sweat. (그의 이마는 땀이 똑똑 떨어지고 있다.)

    c. Your hat is **dripping with** rain. (당신의 모자는 비가 방울져 떨어지고 있다.)

    d. The dog was **dripping with** rain. (그 개는 빗방울을 똑똑 떨어뜨리고 있었다.)

    e. The toast is **dripping with** butter. (그 토스트는 버터가 똑똑 떨어지고 있다.)

    f. I'm **dripping with** sweat. (나는 땀이 줄줄 흐른다.)

1.7. 다음 주어는 전치사 with의 목적어로 방울처럼 치장되어 있다.

(7) a. The tree is **dripping with** fruit. (그 나무는 열매로 주렁주렁 하고 있다.)

    b. The woman is **dripping with** expensive jewels. (그 여인의 몸에는 값비싼 보석들이 주렁주렁 하고 있다.)

    c. The dress was **dripping with** jewelry. (그 옷은 보석 장식으로 주렁주렁 하였다.)

    d. His letter **dripped with** sarcasm/self-pity. (그의 편지는 빈정거림/자기연민이 뚝뚝 묻어났다.)

2. 타동사 용법

2.1. 다음 주어는 의도적이나 비의도적으로 목적어를 방울방울 떨어뜨린다.

(8) a. Please don't **drip** coffee. (커피방울을 떨어뜨리지 말아주십시오.)

    b. He **dripped** some water on her face. (그는 약간의 물을 그녀의 얼굴에 떨어뜨렸다.)

    c. I accidentally **dripped** paint on the floor. (나는 페인트를 우연히 바닥에 떨어뜨렸다.)

    d. **Drip** some hot wax in the holder to secure the candle. (양초를 고정하기 위해서 뜨거운 밀랍을 받침에다 똑똑 떨어뜨려라.)

2.2. 다음의 주어는 목적어를 가지거나 담는 그릇이다.

(9) a. The trees **dripped** rain. (나무들은 빗방울을 떨어뜨렸다.)

    b. The car **dripped** oil on the ground. (그 차는 기름을 땅에다 흘렸다.)

    c. The wound is **dripping** blood. (상처는 피를 방울방울 떨어뜨리고 있다.)

    d. The faucet has **dripped** water for a week. (수도꼭지는 일주일 동안 물방울을 떨어뜨렸다.)

    e. His coat **dripped** water. (그의 코트는 물을 뚝뚝 떨어뜨렸다.)

    f. The comb **drips** honey. (벌집은 꿀을 뚝뚝 떨어뜨린다.)

drone

이 동사의 개념 바탕에는 단조로운 윙윙 하는 소리가 나는 과정이 있다.

1. 자동사 용법

1.1. 다음 주어는 윙윙 소리를 낸다.

(1) a. We listened to the plane engine **drone** on until we fell asleep.(우리는 비행기 엔진의 윙윙거리는 소리를 잠들기 직전까지 들었다.)

b. A plane is **droning** in the distance.(비행기 한 대가 멀리서 윙윙거린다.)

1.2. 다음 주어는 소리를 내면서 이동한다.

(2) a. The airplane **droned** for hours and hours across Kansas.(그 비행기는 수 시간 동안 캔서스를 가로질러 윙윙거리며 갔다.)

b. Bees **droned** among the flowers.(벌들이 꽃들 사이로 날았다.)

1.2. 다음 주어는 시간 속에 진행된다. 진행 과정이 단조롭다.

(2) a. The meeting **droned** on for hours.(그 회의는 수 시간 동안 단조롭게 진행되었다.)

b. The speaker **droned** on for a very long time.(연설자는 수 시간 동안 단조롭게 연설을 했다.)

drive

이 동사의 개념 바탕에는 모는 과정이 있다.

1. 타동사 용법

1.1. 다음 주어는 목적어를 몬다.

(1) a. She **drives** a school bus.(그녀는 학교 버스를 운전한다.)

b. He **drives** a taxi.(그는 택시를 운전한다.)

1.2. 다음 주어는 목적어를 몰아서 움직인다.

(2) a. He **drove** the cows **along** the country lane.(그는 그 젖소들을 시골길을 따라 몰았다.)

b. He **drove** the dog **away**. (그는 개를 멀리 몰아내었다.)

c. He **drove** his car **round** the corner carefully.(그는 차를 모퉁이 주위로 조심스럽게 몰았다.)

d. He **drives** the sheep **to** the shed.(그는 그 양들을 우리로 몰고 간다.)

e. He **drove** the cattle **to** the market.(그는 그 소들을 시장으로 몰고 갔다.)

1.3. 다음 주어는 목적어를 몬다. 목적어는 사람이다.

(3) a. They **drove** the enemy **out of** the country.(그는 그 적을 그 나라 밖으로 몰아내었다.)

b. They **drove** them **into** dark rooms.(그는 그들을 어두운 방으로 몰아 넣었다.)

c. The fighting **drove** the people **from** of the village.(그 전투가 사람들을 그 마을에서 몰아내었다.)

1.4. 다음 주어는 목적어를 태워서 데려다 준다.

(4) a. I'll **drive** you home.(나는 너를 집에까지 태워 주겠다.)

b. He **drove** me **to** the station.(그는 나를 그 역까지 태워 주었다.)

c. He **drove** me **to** the market.(그는 나를 시장까지 차를 태워 주었다.)

1.5. 다음 주어는 자연 현상이다. 주어는 목적어를 몬다.

(5) a. The wind was **driving** the rain **against** the window.(그 바람이 비를 그 창문에 몰아 부치고 있었다.)

b. The gale **drove** the ships **on** the rocks.(질풍이 배들을 그 바위 위로 몰아붙였다.)

c. The ship was **driven** out of its course by the wind/by the current.(그 배는 바람으로/해류로 제 길을 벗어났다.)

1.6. 다음 주어는 목적어에 힘을 가해서 into의 목적어로 들어가게 한다.

(6) a. He **drove** the nail **into** the plank.(그는 못을 그 판자에 박았다.)

b. He **drove** the ball **into** the boundary.(그는 공을 경계 안으로 몰아 넣었다.)

c. He **drove** a lesson **into** her head.(그는 하나의 교훈을 그녀의 머리 속에 박아 넣었다.)

1.7. 다음 목적어는 결과로 생겨나는 개체이다.

(7) a. They **drove** a tunnel.(그들은 터널을 뚫었다.)

b. They **drove** a well.(그들은 우물을 팠다.)

c. They **drove** a railway across the desert.(그들은 사막을 가로질러 철도를 놓았다.)

1.8. 다음 주어는 목적어를 세차게 몰아 부친다.

(8) a. They **drove** a roaring trade.(그들은 장사를 잘 했다.)

b. He **drove** a hard bargain.(그는 어려운 거래를 성사시켰다.)

1.9. 다음 주어는 목적어를 몰아붙인다.

(9) a. He **drives** his employees night and day.(그는 고용인들을 밤낮으로 몰아붙인다.)

b. He has been **driving** himself lately.(최근에 그는 자신을 몰아붙여 오고 있다.)

1.10. 다음에서 주어는 목적어를 몰아서 부정사가 가리키는 일을 하게 한다.

(10) a. His pride **drove** him **to** complete the job.(그의 자부심이 그를 몰아서 일을 완성하게 했다.)

b. Hunger **drove** him **to** steal.(배고픔이 그를 몰아서 훔치게 했다.)

1.11. 다음 주어는 목적어를 to의 목적어로 몰아간다.

(11) a. Her constant complaint **drove** him **to** desperation.(그녀의 끊임없는 불평이 그를 자포자기로 몰았다.)

b. You'll **drive** me **to** my wit's end.(너는 나를 어찌할 바를 모르게 몰아붙였다.)

c. His wife's death **drove** him **to** despair.(그의 아내의 죽음이 그를 절망으로 몰아갔다.)

d. Failure **drove** him **to** despair.(실패가 그를 절망으로 몰아갔다.)

e. Oppression **drove** them **to** open rebellion.(억압이 그들을 몰아서 공공연한 반항을 하게 했다.)

1.12. 다음은 [상태 변화는 장소 이동] 은유가 적용된 표현이다.

(12) a. You'll **drive** me **mad**.(너는 나를 미치게 할 것이다.)

b. He **drive** her **crazy**.(그는 그녀를 미치게 했다.)

1.13. 다음 주어는 목적어를 움직이게 한다.

(13) a. What **drives** the successful businessman?(무엇이 그 성공한 사업가를 움직이게 하는가?)

b. What **drives** the engine?(무엇이 그 엔진을 움직이는가?)

c. The machine is **driven** by steam.(그 기계는 증기로 움직인다.)

2. 자동사 용법

2.1. 다음 주어는 자동차 운전을 한다.

(14) a. He **drives** to work with me.(그는 나와 함께 차를 타고 일을 나간다.)

b. We **drove** up to the front door.(우리는 정문까지 차를 타고 왔다.)

c. Shall we **drive** home or walk?(집에 차로 갈까요, 걸어갈까요?)

d. We are merely **driving** through.(우리는 단지 차를 타고 지나고 있다.)

e. Our troops are **driving** toward the enemy.(우리 군대는 적을 향해 세차게 전진하고 있다.)

2.2. 다음 주어는 움직인다.

(15) a. The clouds **drove across** the sky.(구름들은 하늘을 가로질러 지나갔다.)

b. The ship was **driving before** the wind.(배는 바람 앞에 나아가고 있었다.)

c. The rain was **driving in** my face.(그 비가 내 얼굴에 몰아치고 있었다.)

d. The ships **drove on** the rocks.(그 배는 바위 위에 좌초되었다.)

e. The truck **drove** slowly **up** the hill.(그 트럭은 천천히 언덕 위로 올라갔다.)

2.3. 다음 주어는 달리듯 열심히 일한다.

(16) The author **drove** hard to finish his book on time.(그 저자는 책을 제 시간에 마치기 위해서 열심히 일했다.)

2.4. 다음 주어는 전치사 at의 목적어에 이르려고 한다.

(17) a. I can see what you are **driving at**.(나는 당신이 무엇을 하려고 하는지 알겠다.)

b. The factory is **driving at** an increased production this month.(그 공장은 증가된 생산을 이 달에 목표로 하고 있다.)

droop

이 동사의 개념 바탕에는 축 늘어지는 과정이 있다.

1. 자동사 용법

1.1. 다음 주어는 늘어진다.

(1) a. Plants **drooped** from drought.(식물들은 가뭄으로 시들었다.)

b. The flowers **drooped** in the heat.(그 꽃은 열기 속에 늘어졌다.)

c. These drapes are meant to **droop** over the window.(이 휘장들은 창문 위에 늘어뜨리기 위한

것이다.)

1.2. 다음 주어는 내리 깔리거나 숙인다.

(2) a. His eyelids **drooped**.(그는 눈꺼풀을 내리 깔았다.)

b. His head **drooped**.(그는 고개를 숙였다.)

1.3. 다음 주어는 쳐진다. [약함은 아래] 은유가 적용된 표현이다.

(3) a. Our spirits **drooped** when we heard the news.(우리의 기분은 그 소식을 듣고 소침했다.)

b. My spirits **drooped at** the prospect of working on Sunday.(내 기분은 일요일날 일해야 한다는 예상에 소침했다.)

2. 타동사 용법

2.1. 다음 주어는 목적어를 늘어뜨린다.

(4) a. The eagle **drooped** its wings.(그 독수리는 날개를 늘어뜨렸다.)

b. The dog **drooped** its ears.(그 개는 귀를 늘어뜨렸다.)

drop

이 동사의 개념 바탕에는 drop의 명사 '방울'이 있다. 동사의 의미는 방울이 떨어지는 과정과 관계가 있다.

1. 자동사 용법

1.1. 다음 주어는 떨어진다.

(1) a. A pin **dropped**.(핀 하나가 떨어졌다.)

b. Sweat **dropped** down her face. (땀방울이 그녀의 얼굴을 타고 떨어졌다.)

1.2. 다음 주어는 전치사 from이나 off의 목적어에서 떨어진다.

(2) a. Tears **dropped from** her eyes. (눈물이 그녀의 눈에서 떨어졌다.)

b. The fruit **dropped from** the tree.(과일이 그 나무에서 떨어졌다.)

c. The man **dropped from** the top of the building.(그 남자는 건물의 꼭대기에서 떨어졌다.)

d. He **dropped off** a cliff.(그는 절벽에서 떨어졌다.)

1.3. 다음에는 주어가 떨어지는 경로가 표현되어 있다.

(3) a. The photograph **dropped behind** the piano.(그 사진은 피아노 뒤로 떨어졌다.)

b. The coin **dropped through** the hole.(그 동전이 구멍으로 떨어졌다.)

1.4. 다음 주어는 진행 방향에서 처진다.

(4) a. Our boat **dropped behind**.(우리 배가 뒤쳐졌다.)

b. I **dropped back** to speak to Bill.(나는 빌에게 이야기를 하기 위해서 뒤로 쳐졌다.)

c. He **dropped** to the rear.(그는 뒤로 쳐졌다.)

1.5. 다음 주어는 서 있던 자세에서 앉거나 눕는다. 자세가 낮아진다.

(5) a. They worked until they **dropped**.(그들은 쓰러질 때까지 일했다.)

b. All the people **dropped down** on their knees as the king passed by.(그 왕이 지나갈 때, 모든 사람들은 앉아서 무릎을 꿇었다.)

c. Tired after a heavy day's work, he **dropped** into a chair.(힘든 하루 일을 마치고 난 후에, 그는 의자에 털썩 앉았다.)

d. I think I'll **drop** into bed for an hour.(나는 한 시간 동안 잠자리에 들어 있을 생각이다.)

1.6. 땀방울이 이마에서 떨어지면, 이것은 이마에서 제거된다. 다음 주어는 탈퇴한다.

(6) a. There are only two of us going to the cinema. Mary has **dropped**.(그 영화관에 가는 것은 우리 둘 뿐이다. 메리가 떨어져 나갔다.)

b. Two club members **dropped** out.(두 클럽 회원이 떨어져 나갔다.)

c. He **dropped** from the match.(그는 경기에서 떨어졌다.)

d. He **dropped** out of high school at the age of sixteen.(그는 16살 때 고등학교를 그만 두었다.)

e. Many students **drop** out of college after only one year.(많은 학생들은 단 일년 후에 대학을 그만둔다.)

1.7. 다음은 [적음은 아래이다]의 은유가 적용된 표현이다. 주어는 양이나 수가 줄어든다

(7) a. The price of oil has **dropped** to $12 a barrel.(기름 값이 일 배럴당 12 달러로 떨어졌다.)

b. The temperature has **dropped** below zero.(기온이 영하로 떨어졌다.)

c. Her voice **dropped** to a whisper.(그녀의 목소리가 속삭임으로 낮아졌다.)

d. Sales have **dropped** off during the last three months.(판매가 지난 삼 개월 동안 뚝 떨어졌다.)

1.8. 다음은 [비활동은 아래] 은유가 적용된 표현이다.

(8) a. He **dropped** asleep.(그는 잠이 들었다.)

b. He **dropped** into silence.(그는 침묵에 빠졌다.)

c. He **dropped** into a deep sleep.(그는 깊은 잠에 빠졌다.)

d. I **dropped** off in front of the TV. (나는 텔레비전을 보다 깜빡 잠이 들었다.)

1.9. 개체가 떨어지면 움직임이 중단된다. 다음 주어는 중단된다.

(9) a. The matter **dropped**.(그 문제가 중단되었다.)

b. The quarrel **dropped**.(그 싸움이 중단되었다.)

1.10. 다음 주어는 물방울이 떨어지듯 계획없이 어디에 두른다.

(10) a. I'll **drop** by on my way home if I have time.(시간이 있으면 집에 가는 길에 들리겠다.)

b. Why don't you **drop** by for coffee some time?(언젠가 들려서 커피를 마시자.)

c. **Drop** in and see us when you are next in seoul.(다음 서울에 오거든 와서 우리를 들러 주세요.)

d. Joe **dropped** in on me.(죠가 나를 난데없이 찾아왔다.)

e. **Drop** round one evening this week.(금주 어느 저녁 들러 주세요.)

2. 타동사 용법

2.1. 다음 주어는 목적어를 떨어지게 한다.

(11) a. He **dropped** some lemon juice in his tea.(그는 레

몬 쥬스를 그의 차에 떨어뜨렸다.)

b. He **dropped** a dime in the vending machine.(그는 10센트 동전을 자동판매기 넣었다.)

c. They **dropped** the curtain.(그들은 커튼을 내렸다.)

d. She **dropped** her glasses and broke them.(그녀는 자신의 안경을 떨어뜨려서 깨뜨렸다.)

e. She **dropped** a whole box of pins all over the floor.(그녀는 핀 한 통을 전부 마루에 떨어뜨렸다.)

2.2. 다음 주어는 목적어를 내린다.

(12) a. **Drop** me at the next stop.(나를 다음 정거장에서 내려주세요.)

b. She **dropped** her passengers at Main Street.(그녀는 승객들을 메인가에서 내려주었다.)

c. The bus **dropped** me at the end of the road.(그 버스는 나를 길 끝에서 내려 주었다.)

d. The Taxi **dropped** us at the hotel.(택시는 우리를 그 호텔에 내려 주었다.)

2.3. 다음 주어는 목적어를 넘어지게 한다.

(13) a. He **dropped** a man with a blow.(그는 그 남자를 일격에 쓰러뜨렸다.)

b. He **dropped** his opponent in the first round.(그는 상대를 첫 라운드에서 넘어뜨렸다.)

c. He **dropped** the lion with one shot.(그는 사자를 한 방으로 쓰러뜨렸다.)

2.4. 다음 주어는 목적어를 떨어지게 한다 (줄인다).

(14) a. The driver **dropped** the speed.(그 운전수가 속도를 떨구었다.)

b. He **dropped** his voice to a whisper.(그가 목소리를 속삭임으로 떨구었다.)

2.5. 다음 주어는 목적어를 떨어지게 한다.

(15) a. We must **drop** the failing students.(우리는 낙제점수 받는 학생은 제명시켜야 한다.)

b. The boss **dropped** six men Saturday.(그 사장은 토요일에 여섯 명을 해고했다.)

c. Members who do not pay their dues will be **dropped** from the club.(회비를 내지 않은 회원은 클럽에서 제명될 것이다.)

d. He has been **dropped** from the football team.(그는 축구팀에서 탈락되었다.)

2.6. 다음 주어는 목적어를 빠뜨린다.

(16) a. He always **drops** his H's when he writes.(그는 언제나 글을 쓸 때 H자를 빠뜨린다.)

b. He **dropped** a stitch.(그는 한 코를 빠뜨렸다.)

c. **Drop** the 'e' in 'drive' before adding 'ing'.(ing을 더하기에 앞서 drive의 e자를 빼라.)

2.7. 다음 주어는 목적어를 흘린다. 다음은 [말은 개체] 은유가 적용된 표현이다.

(17) a. He **droped** a hint/a sign/a word.(그는 힌트/신호/단어를 흘렸다.)

b. He **dropped** one or two general remarks about the weather.(그는 그 날씨에 관한 일반적인 한두 마디를 흘렸다.)

2.8. 다음 주어는 목적어를 낳는다.

(18) The mare **dropped** a foal.(그 암말이 새끼를 낳았다.)

2.9. 다음 목적어는 추상적이나 구체적 개체로 개념화되어 있다. 주어는 목적어를 떨어뜨린다.

(19) a. He **dropped** the habit of smoking.(그는 담배 피우는 습관을 떨쳐버렸다.)

b. I'm going to **drop** history this semester.(나는 역사 과목을 이번 학기에 취소할 작정이다.)

c. They have **dropped** the idea of going to college.(그들은 대학에 갈 생각을 버렸다.)

d. The matter is not important. Let's **drop** it.(그 문제는 중요하지 않다. 그 문제를 그만 논의합시다.)

2.10. 다음 주어는 첫째 목적어에 둘째 목적어를 떨구어 준다.

(20) a. Please **drop** me a line.(내게 편지를 써 주게.)

b. **Drop** me a card. I'll drop a line to you.(내게 카드를 한 장 보내주게. 나는 네게 편지를 보내마.)

c. I'll just **drop** a note to my sister.(나는 짧은 편지를 누이에게 보내겠다.)

drown

이 동사의 개념 바탕에는 물에 빠지는 과정이 있다.

1. 타동사 용법

1.1. 다음 주어는 목적어를 익사시킨다.

(1) a. The flood **drowned** several hundred people.(홍수는 수 백명의 사람들을 익사시켰다.)

b. The powerful tide pulled the swimmer under, and **drowned** him.(강한 조수가 수영자를 물밑으로 끌고 가서 그를 익사시켰다.)

c. She tried to **drown** herself in the river.(그녀는 그 강에 빠져 죽으려고 했다.)

1.2. 다음은 수동태 문장으로 주어는 익사된다.

(2) a. He was **drowned** to death.(그는 물에 빠져 죽었다.)

b. Many animals were **drowned** by the tidal wave.(많은 동물들이 해일에 의해 물에 빠져 죽었다.)

1.3. 다음 주어는 목적어를 물에 잠기게 한다.

(3) a. Heavy rains **drowned** the newly planted fields.(폭우가 그 갓 파종한 밭을 물에 잠기게 했다.)

b. Flood waters **drowned** many villages.(홍수가 많은 마을들을 물에 잠기게 했다.)

1.4. 다음은 수동태 문장으로 주어는 물에 잠긴다.

(4) a. The village was **drowned** under the water of the new lake.(그 마을은 새 저수지의 물에 잠겼다.)

b. The town was **drowned** by a flood.(그 읍내는 홍수에 의해 물에 잠겼다.)

1.5. 다음 주어는 목적어를 전치사 in의 목적어에 빠지게 한다.

(5) a. He **drowned** himself in drink.(그는 자신을 술 속에 빠지게 했다.)

b. He **drowned** himself in a river.(그는 자신을 강에 던져 익사했다.)

1.6. 다음 주어는 목적어를 더 큰 소리로 안 들리게 한다.

(6) a. She turned up the radio, to **drown** the noise from next door.(그녀는 라디오 소리를 높여서 옆집에서 오는 소음을 들리지 않게 했다.)

b. The children's loud voices **drowned out** the caller on the telephone.(그 아이들의 떠드는 목소리가 전화 건 사람의 목소리를 들리지 않게 했다.)

c. The roar of the plane **drowned out** the pilot's announcement.(비행기의 굉음이 조종사의 방송을 안 들리게 했다.)

d. They **drowned** me **out** during my talk.(그들은 내가 말하는 도중 내 목소리를 들리지 않게 했다.)

e. The music **drowned out** our conversations.(음악 소리는 우리의 대화를 들리지 않게 했다.)

f. Their laughter **drowned out** the speaker's voice.(그 웃음 소리는 연사의 목소리를 들리지 않게 했다.)

1.7. 다음은 수동태 문장으로 주어는 더 큰 소리에 안 들리게 된다.

(7) a. The few boos were **drowned out** by the cheers.(약간의 '우' 하는 비난의 소리는 환호 소리에 의해 들리지 않았다.)

b. His voice was **drowned** by the applause of the audience.(그의 목소리는 청중의 박수 소리에 들리지 않았다.)

1.8. 다음 주어는 목적어를 전치사 in의 목적어에 잠기게 한다.

(8) a. She **drowned** his pancakes in syrup.(그녀는 그의 팬케이크를 시럽에 담궜다.)

b. He **drowned** the french fries with ketchup. (그는 프렌치 프라이를 케참에 담궜다.)

c. They **drowned** their meat in gravy.(그들은 고기를 그레이비 소스에 담궜다.)

d. She **drowned** her sorrow in drinking/work.(그녀는 슬픔을 술/일 속에 담그려고 했다.)

1.9. 다음 주어는 목적어를 전치사 with의 목적어로 잠기게 한다.

(9) a. She **drowned** her french fries with catsup.(그녀는 프렌치 프라이를 케참으로 듬뿍 쳤다.)

b. He **drowned** his food with mustard sauce.(그는 음식을 겨자 양념으로 듬뿍 쳤다.)

1.10. 다음은 수동태 문장으로 주어는 잠긴다.

(10) a. The fruit is **drowned** in cream.(그 과일은 크림에 잠긴다.)

b. She is **drowned** in love.(그는 사랑에 빠져 있다.)

c. We were **drowned** in sorrows.(우리는 슬픔에 빠져 있었다.)

2. 자동사 용법

2.1. 다음 주어는 물에 빠진다.

(11) a. After falling overboard, the dog **drowned**.(배 너머로 떨어져서 그 개는 익사했다.)

b. The child **drowned** after falling into the river.(그 아이는 강에 빠진 후 익사했다.)

c. The exhausted swimmer **drowned**.(지친 수영선수는 익사했다.)

2.2. 다음 주어는 전치사 in의 목적어에 빠져있다.

(12) a. I was **drowning** in work.(나는 일에 빠지고 있었다.)

b. The country is **drowning** in debts.(그 나라는 빚에 허우적대고 있다.)

drowse

이 동사의 개념 바탕에는 꾸뻑 꾸뻑 조는 과정이 있다.

1. 자동사 용법
1.1. 다음 주어는 존다.
(1) a. He is drowsing in his study.(그는 서재에서 꾸뻑꾸뻑 졸고 있다.)

b. She is drowsing in the sun.(그녀는 태양 아래서 꾸뻑 꾸뻑 졸고 있다.)

drug

이 동사의 개념 바탕에는 drug의 명사 '약'이 있다. 동사의 의미는 이 명사의 쓰임과 관계가 있다.

1. 타동사 용법
1.1. 다음 주어는 목적어에 (마취) 약을 주입한다.
(1) a. The hospital staff drugged him with sedative.(그 병원 직원들이 그를 안정제로 투약했다.)

b. They tied him, drugged him, and smuggled him across the border.(그들은 그를 묶고 약을 먹여 국경 너머로 그를 몰래 데리고 갔다.)

c. The nurse drugged him to ease his pain.(그 간호사가 그의 고통을 경감시키고자 그에게 약을 투약했다.)

1.2. 다음은 수동태 문장으로 주어는 약이 주입된다.
(2) a. The patient was drugged before surgery.(그 환자는 수술 전에 약이 주입되었다.)

b. He was drugged and put into the back of the car.(그는 마취되어서 차의 뒤 좌석에 던져 넣어졌다.)

1.3. 다음 주어는 목적어에 약을 섞는다.
(3) a. He drugged her drink while she wasn't looking.(그는 그녀의 음료에 그녀 모르게 약을 섞었다.)

b. Someone must have drugged my drink.(누군가가 내 음료수에 약을 탔음에 틀림이 없다.)

drum

이 동사의 개념 바탕에는 drum의 명사 '북'이 있다. 동사의 뜻은 명사의 기능과 관계가 있다.

1. 타동사 용법
1.1. 다음 주어는 목적어를 북을 치듯 친다.
(1) a. He drummed the desk with a pencil.(그는 책상을 연필로 북 치듯 두들겼다.)

b. She drummed the table with her fingers.(그녀는 식탁을 손가락으로 쳤다.)

1.2. 다음 주어는 목적어를 전치사 on의 목적어에 두들긴다.
(2) a. He drummed his fingers on the table.(그는 손가락을 그 탁자에 톡톡 두드렸다.)

b. He drummed his fingers on the disk a few times.(그는 손가락을 디스크에 몇 차례 튕겼다.)

1.3. 다음 주어는 목적어를 전치사 into의 목적어에 들겨 넣는다.

(3) a. He is trying to drum his idea into me.(그는 자신의 사상을 내게 되풀이하여 심으려 하고 있다.)

b. I will drum the idea into his head day and night.(나는 그 생각을 그의 머리 속에 밤낮으로 반복하여 주입시킬 것이다.)

c. He tried to drum into her head that success was important at all cost.(그는 어떤 일이 있어도 성공이 중요하다는 것을 그녀의 머리 속에 반복하여 가르치려 했다.)

1.4. 다음은 수동태 문장으로 주어는 주입된다.
(4) a. It was drummed into me never to borrow money.(절대 돈을 빌리지 말라는 말을 귀가 따갑도록 들었다.)

b. Lists of the names were drummed into my ears.(그 이름의 명단이 나의 귀에 반복적으로 주입되었다.)

1.5. 다음 주어는 목적어를 불러 일으킨다.
(5) a. He is trying to drum up new business.(그는 새 사업을 불러 일으키려고 노력하고 있다.)

b. He is trying to drum up support for the campaign.(그는 그 운동에 대한 지지를 불러 일으키려고 애쓰고 있다.)

c. They are drumming up recruits.(그들은 신병을 불러 모으고 있다.)

1.6. 다음은 수동태 문장으로 주어는 북소리로 쫓겨난다.
(6) a. The man was drummed out of the town.(그는 마을에서 쫓겨났다.)

b. He was drummed out of the army.(그는 군대에서 추방당했다.)

c. The chairman was drummed out of office for incompetence.(그 의장은 직책에서 무능력으로 쫓겨났다.)

d. The boy was drummed out of school.(그 소년은 학교에서 쫓겨났다.)

2. 자동사 용법
2.1. 다음 주어는 전치사 on의 목적어를 두들긴다.
(7) a. Rain drummed on the window.(빗방울이 창문을 두들겼다.)

b. He drummed impatiently on the table.(그는 초조해하며 탁자를 두들겼다.)

2.2. 다음 주어는 두들긴다.
(8) a. He was drumming with his fingers on the table.(그는 손가락으로 탁자를 두들기고 있었다.)

b. I drummed on the table with my pencil.(나는 탁자를 연필로 두들겼다.)

2.3. 다음 주어는 북소리를 내면서 움직인다.
(9) a. The train drummed through the tunnel.(기차는 시끄럽게 그 터널을 관통하면 지나갔다.)

b. A plane is drumming through the sky.(비행기 한 대가 하늘을 가로질러 큰 소리를 내면서 갔다.)

2.4. 다음 주어는 선전을 한다.
(10) a. The actors are drumming for a new film.(배우들은 새 영화를 선전하고 있다.)

b. The salesman was **drumming** for customers.(그 판매원은 고객을 불러 모으고 있었다.)

2.5. 다음 주어는 북소리를 낸다.

(11) The noise **drummed** in my ears.(소음이 내 귓가에 시끄럽게 울렸다.)

dry

이 동사의 개념 바탕에는 마르는 과정이 있다.

1. 타동사 용법

1.1. 다음 주어는 목적어를 말린다.

(1) a. **Dry** your hands/hair.(너의 손/머리카락을 말려라.)

b. He **dried** his eyes/tears.(그는 눈/눈물을 말렸다.)

c. Hot sun and cold winds can soon **dry** out your skin.(뜨거운 태양과 차가운 바람은 너의 피부를 곧 말릴 수 있다.)

1.2. 다음 주어는 그 자체가 목적어를 말린다.

(2) a. The sun **dried** the towels.(그 태양은 수건들을 말렸다.)

b. The heat of the kiln **dried** the pottery.(그 가마의 열은 도자기를 말렸다.)

c. We **dried** our boots off by the fire.(우리는 부츠를 불에 말렸다.)

1.3. 다음 주어는 목적어를 완전히 말린다.

(3) a. The heat **dried up** the lake.(그 열은 호수를 완전히 말렸다.)

b. Please **dry up** the dishes.(그 접시들을 완전히 말려 주세요.)

1.4. 다음 주어는 목적어를 음주나 마약에서 벗어나게 한다.

(4) a. If the doctor at the clinic can't **dry** him **out**, no one can.(그 병원의 의사가 그를 음주에서 벗어나게 하지 못한다면, 누구도 할 수 없다.)

b. Will the doctor be able to **dry out** the actor in time for his next film? (의사가 그 배우를 다음 영화를 위해 제때에 음주에서 벗어나도록 할 수 있을까?)

c. Joan needs to be **dried out**.(조앤은 음주에서 벗어나야 할 필요가 있다.)

2. 자동사 용법

2.1. 다음 주어는 마른다.

(5) a. The sheets **dried** on the cloths line.(그 시트들은 빨래 줄 위에서 말랐다.)

b. The paint will **dry** in two hours.(그 그림은 두 시간이 지나면 마를 것이다.)

c. Never let the soil **dry out**.(절대 그 흙이 마르도록 하지 말아라.)

2.2. 다음 주어는 완전히 마른다.

(6) a. During the drought, the river **dried up**.(그 가뭄 기간 동안, 그 강은 완전히 말랐다.)

b. We have no milk to sell; the cows have **dried up**.(우리는 팔 우유가 없다; 그 암소들의 젖이 완전히 말라 버렸다.)

2.3. 다음 주어는 말을 그친다.

(7) a. **Dry up**, and leave us alone.(말을 그쳐라. 우리를 그

냥 내버려 둬.)

b. The actor **dried up** in the middle of his speech.(그 배우는 말 중간에 말을 그쳤다.)

2.4. 다음 주어는 말린다.

(8) a. I'll wash, and you can **dry up**.(내가 씻을게, 너는 완전히 말릴 수 있다.)

b. He forgot what he was going to say, and **dried out**.(그는 말하려 했던 것을 잊고, 말을 못 했다.)

c. We went swimming and then lay in the sun to **dry off**.(우리는 수영하러 갔었고, 태양에 누워 말렸다.)

dub¹

이 동사의 개념 바탕에는 작위나 이름을 주는 과정이 있다.

1. 타동사 용법

1.1. 다음 주어는 목적어에 작위를 준다.

(1) a. The Queen will **dub** the man.(그 여왕이 그에게 작위를 수여할 것이다.)

b. The king **dubbed** his son a Knight.(그 왕은 자신의 아들에게 기사 작위를 수여했다.)

c. The Queen **dubbed** him Sir Oliver.(그 여왕은 그를 올리버 경으로 만들었다.)

1.2. 다음은 수동태 문장으로 주어는 이름이 주어진다.

(2) a. Robert was **dubbed** Bob by his friend.(로버트는 친구에 의해 밥이라고 불렸다.)

b. He was **dubbed** Pimple Tom.(그는 여드름쟁이 톰이라 불리었다.)

1.3. 다음 주어는 목적어에 별명을 준다.

(3) a. The children **dubbed** the cat "Mitten".(아이들은 그 고양이를 "미튼"이라고 불렀다.)

b. Tim's friends **dubbed** him "Slim".(팀의 친구들은 그를 "날씬이"라고 불렀다.)

1.4. 다음 주어는 첫째 목적어를 둘째 목적어로 부른다.

(4) a. They **dubbed** him a traitor.(그들은 그를 배신자라 불렀다.)

b. We **dubbed** him a sissy boy.(우리는 그를 여자 같은 소년이라고 불렀다.)

1.5. 다음은 수동태 문장으로 주어는 특정하게 이름이 붙여진다.

(5) a. He was **dubbed** a hero.(그는 영웅이라고 불려졌다.)

b. He was **dubbed** a traitor.(그는 배신자로 불렸다.)

dub²

이 동사의 개념 바탕에는 소리를 더하는 과정이 있다.

1. 타동사 용법

1.1. 다음 주어는 목적어를 소리로 입힌다.

(1) a. Jane **dubbed** the video tape of her brother's wedding.(제인은 오빠의 결혼 비디오를 소리로 입혔다.)

b. He **dubbed** the film in Korean.(그는 그 영화를 한

국어로 입혔다.)

1.2. 다음 수동태 문장으로 주어는 소리가 더해진다.

(2) a. The movie was poorly dubbed.(그 영화는 소리가 그다지 잘 덧입혀지지 못했다.)

b. The Italian movie was dubbed into Korea.(그 이탈리아 영화가 한국어로 더빙되었다.)

c. The actor dubbed in his own voice.(배우가 자신의 목소리로 더빙했다.)

d. All of the Korean dialogues were dubbed in.(모든 한국어 대화가 더빙되었다.)

e. It's a Swedish film dubbed into English.(그건 영어로 더빙된 스웨덴 영화이다.)

duck

이 동사의 개념 바탕에는 숙이는 과정이 있다.

1. 자동사 용법

1.1. 다음 주어는 머리나 몸을 숙인다.

(1) a. He had to duck as he came through the door.(그는 문을 통해 올 때 머리를 숙여야만 했다.)

b. We ducked down behind the wall.(우리는 벽 뒤에서 몸을 숙였다.)

c. I ducked under the hose and washed my face.(나는 호스 아래로 몸을 숙여 얼굴을 씻었다.)

d. Bill ducked behind the couch to hide from his parents.(빌은 부모로부터 숨기 위해서 긴 의자 뒤에 몸을 숙이고 있었다.)

e. We all ducked when we heard the shot.(우리는 총성을 들었을 때 모두 몸을 숙였다.)

1.2. 다음 주어는 몸을 숙이고 움직인다.

(2) a. He ducked around the corner.(그는 몸을 숙이고 모퉁이를 돌았다.)

b. He ducked into the adjoining room.(그는 몸을 숙이고 옆 방으로 들어갔다.)

c. He ducked out of sight.(그는 몸을 숙이고 움직여 시야 밖으로 벗어났다.)

1.3. 다음 주어는 전치사 out of의 목적어에서 벗어난다.

(3) a. It's his turn to cook but I bet he'll try to duck out of it.(그가 요리할 차례지만, 나는 그가 그것에서 피할 것이라고 생각한다.)

b. He ducked out of cleaning the dishes.(그는 설거지를 하는 것에서 피했다.)

2. 타동사 용법

2.1. 다음 주어는 목적어를 물에 잠근다.

(4) a. They ducked him twice in the pond.(그들은 그를 연못에 두 번 잠그게 했다.)

b. He ducked the girl in the pool.(그는 그 소녀를 물웅덩이에 잠갔다.)

2.2. 다음 주어는 목적어를 숙인다.

(5) a. He ducked his head to avoid being hit.(그는 머리를 맞는 것을 피하려고 숙였다.)

b. He ducked his head down as the shots rang out.(그는 머리를 발포 소리가 울려 퍼지자 숙여 낮추었

다.)

c. He had to duck his head when to get through the doorway.(그는 문을 나갈 때 머리를 숙여야만 했다.)

2.3. 다음 주어는 목적어를 피한다.

(6) a. He ducked the blows.(그는 주먹 세례를 피했다.)

b. He ducked the reporters by sneaking out the back door.(그는 그 뒷문으로 슬금슬금 빠져 나감으로써 그 기자들을 피했다.)

c. The government is ducking the issue.(정부는 그 쟁점을 피하고 있다.)

d. His speech ducked all the major issues.(그의 연설은 모든 주요 화제를 피했다.)

e. He's trying to duck responsibility.(그는 책임을 피하려고 하고 있다.)

f. He ducked the questions about his personal life.(그는 개인적인 삶에 관한 질문들을 피했다.)

g. I keep trying to make an appointment to see him, but he is ducking me.(나는 그를 보기 위한 약속을 하려 하고 있지만, 그는 나를 피하고 있다.)

h. She always ducks after-school chores.(그녀는 항상 방과 후의 잔일을 피한다.)

dull

이 동사의 개념 바탕에는 무디게 하는 과정이 있다.

1. 타동사 용법

1.1. 다음 주어는 목적어를 무디게 한다.

(1) a. The skinning dulled the knife.(그 가죽 벗기는 일이 칼을 무디게 했다.)

b. He dulled the edge of a razor.(그는 면도칼의 칼날을 무디게 했다.)

1.2. 고통, 식욕, 슬픔, 호기 등은 칼과 같이 날카로우면 영향이 크고, 무디면 약하다.

(2) a. He dulled the surface of the mirror.(그는 거울의 표면을 흐리게 했다.)

b. The medicine dulled his pain.(그 약은 그의 고통을 무디게 했다.)

c. The smell from the garbage dulled his appetite.(그 쓰레기로부터 나는 그 냄새는 그의 식욕을 무디게 했다.)

d. A lack of sleep dulled the driver's reflexes.(잠의 부족은 그 운전사의 반사 운동을 무디게 했다.)

e. The soft music dulled my sorrow.(부드러운 음악은 나의 슬픔을 무디게 했다.)

f. The endless rain seemed to dull all sound.(끝없는 비는 모든 소리를 무디게 하는 듯 했다.)

g. The carpet dulled the sound of his footsteps.(양탄자는 그의 발 자국 소리를 무디게 했다.)

1.3. 다음은 수동태 문장으로 주어는 약해진다.

(3) a. His sorrow is dulled by the passage of time.(그의 슬픔은 시간의 흐름에 따라 무뎌진다.)

b. His sight was dulled by overstrain.(그의 시각은 과로로 흐려졌다.)

2. 자동사 용법

2.1. 다음 주어는 무디어진다.
(4) a. The knife dulls quickly.(그 칼은 빨리 무디어진다.)

b. The saw blade dulled as it cut more wood.(그 톱의 날은 더 많은 나무를 자름에 따라 무디어졌다.)

2.2. 다음 주어는 흐려진다.
(5) His eyes dulled and he slumped to the ground.(그의 눈은 흐려지고 그는 땅에 쿵하고 주저 앉았다.)

2.3. 다음은 [정신은 칼] 은유가 적용된 예이다.
(6) a. Wit dulls when unused.(재치는 사용되지 않으면 무디어진다.)

b. His senses dulled as the drug swept through his body.(그의 감각은 약이 그의 몸을 휩쓸고 지나감에 따라 무디어졌다.)

dump

이 동사의 개념 바탕에는 쏟아버리는 과정이 있다.

1. 타동사 용법

1.1. 다음 주어는 목적어를 버린다.
(1) a. The company dumped toxic wastes into the canal.(그 회사는 독극 폐기물들을 운하에 버렸다.)

b. Where can I dump this trash?(어디에 이 쓰레기를 버릴까요?)

c. The government declared that it did not dump radioactive waste at sea.(그 정부는 방사선 폐기물을 바다에 버리지 않았다고 선언했다.)

d. The factory has been dumping its waste in the river.(그 공장은 폐지물을 그 강에 버려오고 있다.)

1.2. 다음 주어는 목적어를 부린다.
(2) a. We dumped our bags at the hotel.(우리는 가방들을 그 호텔에 부렸다.)

b. A big truck dumped the sand in the backyard.(큰 트럭 한 대가 그 모래를 뒷 뜰에 부렸다.)

c. She dumped the contents of her purse on the table.(그녀는 지갑의 내용물을 식탁 위에 던져 놓았다.)

d. Who dumped all those books on my desk?(누가 저 모든 책들을 내 책상 위에 던졌나?)

e. They dumped the coal outside the shed instead of putting it inside.(그들은 석탄을 그 헛간 안이 아니라 밖에 부렸다.)

1.3. 다음은 수동태 문장으로 주어는 버려진다.
(3) a. A million tons of wastes is dumped into the sea.(백만 톤의 폐기물들이 바다에 버려진다.)

b. The getaway car was dumped near the tunnel.(그 도주 차는 터널 근처에 버려졌다.)

1.4. 다음 주어는 목적어를 비운다. 목적어는 그릇이다.
(4) He dumped the garbage can and went back inside.(그는 쓰레기 통을 비우고 안으로 들어갔다.)

1.5. 다음 주어는 목적어를 버린다. 다음 목적어는 사람이다.
(5) a. The company dumped him after all those years.(그 회사는 그 모든 해가 지난 다음에 그를 버렸다.)

b. The company dumped 10% of its staff last week.(그 회사는 직원의 10 퍼센트를 지난 주에 해고했다.)

c. Jane finally dumped her boyfriend who had been cheating on her.(제인은 그녀를 속여온 남자 친구를 버렸다.)

d. He dumped her after 20 years of marriage.(그는 결혼생활 20년이 지난 다음에 그녀를 버렸다.)

e. I know he is going to dump me for another girl.(나는 그가 다른 소녀 때문에 나를 버릴 것을 안다.)

1.6. 다음 주어는 목적어를 버린다. 다음 목적어는 개체이거나 추상적인 것이다.
(6) a. Don't dump your troubles on me.(너의 고민들을 내게 털어놓지 말아라.)

b. It is vital to dump the poll tax before the elections.(인두세를 그 선거 전에 버리는 것이 매우 중요하다.)

1.7. 다음 주어는 목적어를 투매한다.
(7) a. They dumped their cars in the American market.(그들은 차를 미국 시장에 투매했다.)

b. The company is dumping their products there.(그 회사는 그들의 생산품을 그곳에 투매하고 있다.)

1.8. 다음은 수동태 문장으로 주어는 쏟아진다.
(8) All the data is then dumped into the main computer.(모든 그 자료는 주 컴퓨터에 저장된다.)

2. 자동사 용법

2.1. 다음 주어는 들어간다.
(9) The sewage dumps into the ocean.(그 하수는 대양으로 버려진다.)

2.2. 다음 주어는 전치사 on의 목적어에 불평을 털어 놓는다.
(10) a. They were always dumping on him.(그들은 언제나 그에게 불평을 털어 놓는다.)

b. Sorry to dump on you like that. I was feeling kind of low.(네게 이렇게 불평을 늘어놓아서 미안해. 나는 조금 기분이 안 좋았어.)

dunk

이 동사의 개념 바탕에는 물에 담그는 과정이 있다.

1. 타동사 용법

1.1. 다음 주어는 목적어를 액체에 담근다.
(1) a. She dunked the shirt in some detergent.(그는 셔츠를 세제 물에 담갔다.)

b. He dunked his head in the water.(그는 머리를 물에 담갔다.)

c. He often dunks his bread in his soup.(그는 종종 빵을 스프에 담근다.)

d. The children dunked each other in the swimming pool.(그 아이들이 서로를 그 수영장에서 담갔다.)

e. He dunked a doughnut into his coffee.(그는 도너츠를 커피에 담갔다.)

1.2. 다음 주어는 목적어를 위에서 집어넣는다.

(2) a. He leaped and **dunked** the ball through for the final score of the game.(그는 뛰어올라 그 경기의 마지막 득점을 위해 골을 집어넣었다.)

b. He is not tall, but he can jump high enough and **dunk** the ball.(그는 키는 크지 않지만, 충분히 높이 뛰어서 공을 집어넣을 수 있다.)

dupe¹

이 동사의 개념 바탕에는 속이는 과정이 있다.

1. 타동사 용법

1.1. 주어는 목적어를 속인다.

(1) a. The agency **duped** her.(그 회사는 그녀를 속였다.)

b. The dealer **duped** his customers.(그 거래상은 고객들을 속였다.)

1.2. 주어는 목적어를 속여서 어떤 일을 하게 한다.

(2) a. They **duped** me into the sale.(그는 나를 속여 그것을 팔게 했다.)

b. He **duped** me into buying worthless stock.(그는 나를 속여 가치 없는 주식을 사게 했다.)

c. The advertisement **duped** us into believing that the bikes were on sale.(그 광고는 우리를 속여서 마치 자전거들이 세일되는 것처럼 믿게 했다.)

1.3. 다음은 수동태 문장으로 주어는 속는다.

(3) a. He was **duped** into giving them his credit card.(그는 속아 넘어가서 그들에게 자신의 신용 카드를 넘겨주었다.)

b. Consumers are **duped** into buying faulty electronic goods.(소비자들이 속아서 결함있는 가전 제품들을 구매하게 된다.)

dupe²

이 동사의 개념 바탕에는 복사하는 과정이 있다.

1. 타동사 용법

1.1. 다음 주어는 목적어를 복사한다.

(1) a. The secretary will **dupe** the report and distribute it.(비서는 그 보고서를 복사하여 그것을 유포시켰다.)

b. The man **duped** my key.(그는 내 열쇠를 복사했다.)

duplicate

이 동사의 개념 바탕에는 복사하는 과정이 있다.

1. 타동사 용법

1.1. 다음 주어는 목적어를 모방한다. 목적어는 행동이다.

(1) a. He can **duplicate** the movements of the human hands.(그는 사람의 손의 움직임을 모방할 수 있다.)

b. He can **duplicate** the magician's trick.(그는 그 마술사의 묘기를 모방할 수 있다.)

1.2. 다음 주어는 목적어를 하나 더 만든다.

(2) a. The jeweler tried to **duplicate** the lost ring from a picture of it.(그 보석상은 잃어버린 반지를 사진을 통해 하나 더 만들려고 했다.)

b. He **duplicated** the key to the office.(그는 사무실 열쇠를 복제했다.)

1.3. 다음 주어는 목적어를 복사한다.

(3) a. The bank **duplicated** the title to the house and sent the copy to the new owner.(그 은행은 그 집에 대한 권리 증서를 복사해서 그 복사본을 새 주인에게 보냈다.)

b. He **duplicated** the document.(그는 그 문서를 복사했다.)

1.4. 다음 주어는 목적어를 되풀이한다.

(4) a. There is no point in **duplicating** the work already done.(이미 끝난 일을 되풀이하는 것은 의미가 없다.)

b. He **duplicated** the same failure.(그는 똑같은 실패를 되풀이했다.)

c. He **duplicated** the experiment.(그는 실험을 되풀이했다.)

1.5. 다음은 수동태 문장으로 주어는 복사된다.

(5) a. The video was **duplicated** illegally.(그 비디오는 불법으로 복사되었다.)

b. The article was **duplicated** illegally.(그 기사는 불법적으로 복사되었다.)

dust

이 동사의 개념 바탕에는 dust의 명사 '먼지'가 있다. 동사의 의미는 이 명사의 쓰임과 관계가 있다.

1. 타동사 용법

1.1. 다음 주어는 목적어의 먼지를 턴다.

(1) We **dusted** the bookshelves/the furniture.(우리는 그 책장/그 가구에서 먼지를 털었다.)

1.2. 다음 주어는 목적어에서 먼지를 털어낸다.

(2) a. He **dusted** off the table.(그는 식탁에서 먼지를 털어냈다.)

b. **Dust** off your pants before you sit on the sofa.(그 소파에 앉기 전에 네 바지의 먼지를 털어내라.)

1.3. 다음 주어는 목적어를 전치사 off의 목적어에서 털어낸다.

(3) a. He **dusted** the snow off his coat.(그는 코트에서 눈을 털어냈다.)

b. He **dusted** some ash **from** the shelf.(그는 재를 선반으로부터 털었다.)

1.4. 다음 주어는 목적어를 with의 목적어로 뿌린다.

(4) a. He **dusted** the plants **with** insecticide.(그는 그 식물들을 살충제로 뿌렸다.)

b. She **dusted** the sweets **with** icing sugar.(그녀는 그 과자를 가루 설탕으로 뿌렸다.)

c. **Dust** the cake **with** sugar.(그 케이크를 설탕으로 뿌려라.)

d. The plane **dusts** the corn **from** the sky.(그 비행기

는 하늘로부터 그 옥수수를 뿌린다.)

1.5. 다음 주어는 목적어를 다른 개체에 뿌린다.
(5) a. He dusted powder on the plants.(그는 가루를 그 식물들에 뿌렸다.)
   b. We dusted insecticide on the rosebush.(우리는 살충제를 장미 넝쿨에 뿌렸다.)

1.6. 다음 주어는 목적어에서 먼지를 털어내린다.
(6) a. Bob dusted down his overalls.(밥은 그의 작업 바지에서 먼지를 털어내렸다.)
   b. They dusted down the old ambulance, and put it into service again.(그들은 오래된 구급차에서 먼지를 털어내리고 그것을 다시 이용하였다.)

1.7. 다음 주어는 목적어에서 먼지를 털어낸다. 즉, 안 쓰던 물건을 손질하여 쓴다.
(7) a. I dusted off the old speech and got it ready.(나는 그 낡은 연설에서 먼지를 털어 내고 (다시 꺼내어) 그것을 준비했다.)
   b. For the concert, he dusted off some of his old hits.(그 음악회를 위해 그는 오래된 히트곡의 몇 곡에서 먼지를 털어 냈다(다시 노래를 불렀다).)

1.8. 다음 주어는 넘어졌다가 털고 일어난다.
(8) a. Mike stood up and dusted himself down.(마이크는 일어나서 먼지를 털어냈다.)
   b. After every disappointment, he just dust himself down and start again.(모든 실망 후에 그는 다시 털고 일어나 다시 시작했다.)

1.9. 다음은 수동태 문장으로 주어는 with의 목적어가 뿌려진다.
(9) The landscape below was barely dusted with snow.(그 아래의 경치는 겨우 눈이 뿌려져 있었다.)

2. 자동사 용법
2.1. 다음 주어는 먼지를 턴다.
(10) a. He dusted and cleaned.(그는 먼지를 털고 깨끗이 했다.)
   b. She dusts every day.(그녀는 매일 먼지를 턴다.)

dwarf
이 동사의 개념 바탕에는 dwarf의 명사 '난쟁이'가 있다. 동사의 의미는 이 명사의 크기와 관계가 있다.

1. 타동사 용법
1.1. 다음 주어는 목적어를 작아 보이게 한다. 다음 주어는 개체이다.
(1) a. The giant oak tree dwarfed the seedling.(그 거대한 참나무가 그 묘목을 작게 보이게 했다.)
   b. The building dwarfed all the other building in the town.(그 빌딩은 도시에 있는 다른 모든 빌딩들을 왜소해 보이게 했다.)

1.2. 다음 주어는 목적어를 작아 보이게 한다. 다음 주어는 추상적인 것이다.
(2) a. The current budget crisis dwarfs all other problem.(최근 예산 위기가 다른 모든 문제들을 작게 보이게 한다.)
   b. The brilliance of his paintings dwarfs all the other

contemporaries.(그의 그림의 뛰어남이 동시대의 다른 모든 작가들을 작게 보이게 한다.)

1.3. 다음은 수동태 문장으로 주어는 작아 보이게 된다.
(3) a. The cathedral is dwarfed by its surrounding skyscrapers.(대성당은 주위를 에워 싼 고층 건물들 때문에 작아 보인다.)
   b. The old house was dwarfed by a new tall building.(오래된 집은 새 큰 건물 때문에 작게 보였다.)

dwindle
이 동사의 개념 바탕에는 크기가 눈에 띄게 작아지는 과정이 있다.

1. 자동사 용법
1.1. 다음 주어는 양이 줄어진다.
(1) a. The stream will continue to dwindle if it doesn't rain.(그 시내는 비가 오지 않는다면 물의 양이 계속 줄어들 것이다.)
   b. Their supply of food dwindled to almost nothing.(그들의 양식 공급은 양이 줄어서 거의 없었다.)
   c. The sunlight dwindled as the sun set.(태양빛은 해가 짐에 따라 양이 줄어들었다.)
   d. Support for the party dwindled away to nothing.(그 정당의 후원은 점점 줄어서 아무것도 없었다.)

1.2. 다음 주어는 그 수가 줄어든다.
(2) a. The work force dwindled.(그 노동인구는 줄어들었다.)
   b. The population of the country dwindled.(그 나라의 인구는 줄어들었다.)
   c. Membership of the club has dwindled from 70 to 20.(클럽의 회원은 70명에서 20명으로 줄어들었다.)
   d. By the end of the boring game, the crowd dwindled to a few fans.(그 지겨운 게임이 끝났을 때, 그 관중은 몇몇 팬들로만 줄어들었다.)

1.3. 다음 주어는 크기가 줄어든다.
(3) a. The airplane dwindled to a speck.(그 비행기는 멀어져서 작은 조각으로 줄어들었다.)
   b. The boat gradually dwindled to a speck.(그 배는 점차적으로 작은 조각으로 줄어들었다.)

1.4. 다음 주어는 추상적이지만 양이 있는 개체로 개념화되어 있다.
(4) a. Hopes for their safety dwindled.(그들의 안전에 대한 희망이 줄어들었다.)
   b. His health dwindled slowly.(그의 건강은 조금씩 쇠하여졌다.)

2. 타동사 용법
2.1. 다음 주어는 목적어를 작아지게 한다.
(5) a. The failure dwindled his reputation.(그 실패는 그의 명성을 작아지게 했다.)
   b. Hot weather dwindled the corn crop.(뜨거운 날씨는 곡물 수확을 작아지게 했다.)

dye

이 동사의 개념 바탕에는 dye의 명사 '물감'이 있다. 동사의 의미는 이 명사의 쓰임과 관계가 있다.

1. 타동사 용법

1.1. 다음 주어는 목적어를 물감으로 들인다.

(1) a. He **dyed** the wool/fabric/clothes.(그는 모직/직물/옷을 물감으로 들였다.)

   b. He **dyed** his hair.(그는 머리카락을 염색했다.)

   c. Deep blushes **dyed** her cheeks.(심한 얼굴 붉힘은 그녀의 뺨을 붉게 물들였다.)

1.2. 다음 주어는 목적어를 물들여서 목적어가 특정한 색을 띄게 된다.

(2) a. She **dyed** her hair blonde.(그녀는 머리카락을 금발으로 물들였다.)

   b. She **dyed** the dress green.(그녀는 그 드레스를 녹색으로 물들였다.)

   c. The spilled grape juice **dyed** the table cloth purple. (쏟아진 포도 주스는 식탁보를 자줏빛으로 물들였다.)

1.3. 다음은 수동태 문장으로 주어는 물감이 들여진다.

(3) Her hair was **dyed** red.(그녀의 머리카락을 빨간 색으로 염색되었다.)

2. 자동사 용법

2.1. 다음 주어는 물이 들여진다.

(4) a. Silk **dyes** well with acid dyes.(비단은 산성 염색제로 잘 물들여진다.)

   b. This cloth **dyes** evenly.(이 옷은 고르게 물들여진다.)

   c. Some fabrics **dye** more easily than others.(어떤 직물은 다른 것들보다 더 쉽게 물들여진다.)

ε e

earn

이 동사의 개념 바탕에서 노력을 해서 얻는 과정이 있다.

1. 타동사 용법

1.1. 다음 주어는 목적어를 번다. 목적어는 생활, 생계, 돈 등이다.

(1) a. He **earns** his living by teaching.(그는 교습으로 생계를 번다.)

b. He **earns** his livelihood as a teacher.(그는 교사로서 생계를 번다.)

c. The doctor **earns** anything between $30 and $50 a session.(그 박사는 수업당 30$에서 50$를 번다.)

d. He **earns** 100 dollars a day.(그는 100$를 하루에 번다.)

e. He **earns** a good monthly income.(그는 충분한 월수입을 번다.)

f. He **earns** his daily bread by doing odd jobs.(그는 임시직으로 하루 하루 생활비를 번다.)

1.2. 다음의 목적어는 주어가 벌거나 받게 되는 상이나 벌이다.

(2) a. He **earned** rich awards/severe punishments.(그는 많은 상금/호된 벌칙을 받았다.)

b. She **earned** a gold medal for swimming.(그녀는 수영에서 금메달을 획득했다.)

c. Take a day off; you've **earned** it.(하루를 쉬어; 너는 그것을 받아 마땅해.)

1.3. 다음의 목적어는 주어가 얻거나 받게 되는 학위, 상, 벌, 평판 등이다.

(3) a. He **earned** a Ph.D. in chemistry.(그는 화학으로 박사 학위를 취득했다.)

b. The student **earned** the professor's praise.(그 학생은 교수의 칭찬을 받았다.)

c. She did not know what she did to **earn** praise.(그녀는 자신이 칭찬을 받도록 무슨 일을 했는지 몰랐다.)

d. He **earned** a reputation for honesty.(그는 정직으로 평판을 얻었다.)

e. He **earned** a reputation for being very thoughtful.(그는 아주 사려 깊다는 평판을 얻었다.)

f. His wasteful living **earned** him a reputation as a spendthrift.(그의 낭비스런 생활은 그가 낭비벽이라는 평판을 얻게 했다.)

g. He has **earned** a reputation as a good artist.(그는 훌륭한 예술가로서의 명성을 얻었다.)

h. She **earned** her promotion through years of hard work.(그녀는 몇 년간 힘든 일을 함으로써 승진을 얻었다.)

i. He **earned** fame/gratitude/high honors at school.(그는 학교에서 명성/감사/높은 명예를 얻었다.)

j. Honesty **earns** confidence.(솔직함은 자신감을 얻게 한다.)

1.4. 다음의 주어는 돈이고, 목적어는 주어가 얻게 되는 이자이다.

(4) a. My investments **earn** about 10% a year.(나의 투자는 연 10% 이자를 얻는다.)

b. The money **earns** 5% interest.(그 돈은 5%의 이자를 얻는다.)

c. His savings account **earns** 8% interest per year.(그의 저축 예금은 1년에 8%의 이자를 얻는다.)

d. His diligence **earned** success for him.(그의 부지런함은 그에게 성공을 가져다 주었다.)

e. The current account **earns** little or no interest.(그 계좌는 거의 이자를 얻지 않는다.)

f. Your savings **earn** 5% interest.(너의 예금은 5%의 이자를 번다.)

g. A savings account **earns** interest on your money.(저축 예금은 당신의 돈에 이자를 붙게 해준다.)

2. 사역동사 용법

2.1. 다음의 주어는 간접 목적어로 하여금 일정 양의 돈이나 추상적인 칭찬, 찬사 등을 받게 한다.

(5) a. Oil exports **earned** them millions of dollars.(석유 수출은 그들에게 수백만 달러를 벌어 주었다.)

b. His victory **earned** him $600.(그의 승리는 그에게 $600를 벌어 주었다.)

c. My quick action **earned** me his praise.(나의 빠른 행동은 나에게 그의 칭찬을 받게 했다.)

d. His painting **earned** him the praise of everyone.(그의 그림은 그에게 모두의 칭찬을 받게 했다.)

e. I think his discovery **earned** him high admiration.(나는 그의 발견이 그에게 많은 극찬을 받게 했다고 생각한다.)

f. Her latest book **earned** him worldwide acclaim.(그녀의 최근 책으로 그는 세계적인 갈채를 받게 했다.)

g. His outstanding ability **earned** him a place on the team.(그의 뛰어난 능력은 그에게 그 팀에서 한 자리를 차지하게 했다.)

h. Her success in the national examination **earned** her a place at university.(그녀의 국가 시험에서의 성공은 그녀에게 대학에서의 자리를 가져다 주었다.)

i. At 10% interest $10,000 in the bank will **earn** you $1,000 a year.(10%의 이자로 10,000불의 돈은 너에게 일년에 1,000불의 이득을 올려줄 것이다.)

j. Your untiring efforts will **earn** you the respect of yours colleagues.(너의 끈기있는 노력은 네게 동료들의 존경을 가져다 줄 것이다.)

k. His diligence **earned** him success.(그의 부지런함은 그에게 성공을 가져다 주었다.)

l. His action **earned** him praise from all over the world.(그의 행동은 그에게 전 세계로부터 칭찬을 받게 했다.)

ease

이 동사의 개념 바탕은 명사 ease의 '편안함'이 있다.

1. 타동사 용법

1.1. 다음 주어는 그 자체가 목적어를 편안하게 한다. 목적어는 고통을 받는 개체이다.

(1) a. Music/the news eased my mind.(음악/그 뉴스는 나의 마음을 편안하게 했다.)

b. It would ease my mind to know what happened to him.(그에게 무슨 일이 일어났는지 아는 것이 나의 마음을 편하게 해 줄 것이다.)

c. A hot bath eased his tired leg.(뜨거운 목욕이 그의 피곤한 다리를 풀어주었다.)

d. The pilot's calm voice eased the passengers.(조종사의 침착한 목소리는 승객들을 편안히 했다.)

1.2. 다음 주어는 목적어를 푼다.

(2) He eased his tired leg.(그는 피곤한 다리를 풀었다.)

1.3. 다음 주어는 목적어를 풀어준다. 목적어는 고통을 주는 개체이다.

(3) a. Talking eased his anxiety.(말하는 것은 그의 고뇌를 풀어주었다.)

b. The medication eased his earache/his headache.(그 약물 치료는 이통/두통을 완화시켰다.)

c. These pills will ease her pains/your cramps.(이 알약들은 그녀의 고통/당신의 경련을 완화시킬 것이다.)

d. The medicine eased stress.(그 약은 긴장을 풀어주었다.)

1.4. 다음 주어는 목적어를 느슨하게 한다. 목적어는 조이는 개체이다.

(4) a. You will have to ease the dress over the hips.(너는 그 드레스를 엉덩이 부분에 늘려야 한다.)

b. The belt is too tight; ease it a notch or two.(벨트가 너무 낀다; 그것을 한 칸이나 두 칸 늘려라.)

c. He eased the screw/steering.(그는 그 나사/조정 장치를 느슨하게 했다.)

d. Ease the dog's collar.(그 개 목걸이를 느슨하게 해라.)

e. You have to ease your grip.(너는 손잡이를 느슨히 해야한다.)

f. The coat needs to be eased under the armpits.(그 코트는 겨드랑이 밑을 느슨하게 할 필요가 있다.)

1.5. 다음 주어는 목적어를 완화시킨다. 목적어는 부담을 주는 개체이다.

(5) a. There was pressure to ease taxation.(세금을 낮추라는 압력이 있었다.)

b. Cooperation will ease the situation.(협조는 그 상황을 완화시킬 것이다.)

c. The talk eased the cold war.(그 회담은 냉전을 완화시켰다.)

d. The two leaders have been trying to ease tension.(두 명의 지도자들은 긴장을 완화시키려고 노력 중이었다.)

e. The joke eased the feeling of tension in the room.(그 농담은 방 안의 긴장감을 완화시켰다.)

f. The money will ease their financial problems a little.(그 돈이나마 그들의 경제적 문제를 완화시킬 것이다.)

g. We have to ease traffic congestions in the city center.(우리는 도심의 교통 체증을 완화시켜야 한다.)

h. The plan will ease housing shortages.(그 계획은 주택 부족 문제를 완화시킬 것이다.)

1.6. 다음 주어는 목적어의 속도를 늦춘다.

(6) a. He eased down the car.(그는 그 차의 속도를 낮췄다.)

b. He eased down the speed of the car to 20 miles an hour.(그는 차의 속도를 시속 20 마일로 줄였다.)

1.7. 다음 주어는 자신을 천천히 움직여서 이동한다.

(7) a. He eased himself out of the unpleasant conversation.(그는 자신을 불쾌한 대화에서 빠져 나오게 했다.)

b. He eased himself into a chair.(그는 천천히 자신을 의자에 앉혔다.)

c. She eased herself into a new job.(그녀는 천천히 새 직업에 적응했다.)

1.8. 다음 주어는 목적어를 이동한다. 이동 동사이므로 이동의 목적지가 표현되어 있다.

(8) a. They eased the wardrobe carefully in the narrow staircase.(그들은 옷장을 폭 좁은 계단에서 조심스레 옮겼다.)

b. The pilot eased the plane down the runaway and gradually took off.(그 조종사는 비행기를 활주로를 따라 천천히 움직이다가 서서히 이륙했다.)

c. He eased his truck into a narrow parking space.(그는 트럭을 폭 좁은 주차장으로 조심스럽게 옮겼다.)

d. He eased the key into the lock.(그는 열쇠를 그 자물쇠에다 조심스럽게 꽂았다.)

e. Ease the patient onto the bed.(그 환자를 침대에 조심스럽게 눕혀라.)

1.9. 다음 주어는 목적어를 조금씩 천천히 이동한다.

(9) a. He eased his foot off the accelerator.(그는 발을 가속기에서 천천히 뗐다.)

b. I managed to ease the injured hand out of the glove.(나는 다친 손을 장갑 밖으로 천천히 꺼냈다.)

c. She's been never a success in her job, and now they are trying to ease her out.(그녀는 일에서 결코 성공한 사람이 아니었다, 그래서 지금 그들은 그녀를 조심스럽게 퇴출시키려 한다.)

1.10. 다음은 수동태 문장으로 주어는 천천히 밀려난다.

(10) He was gradually eased out of his position as a chairman.(그는 서서히 회장 자리에서 밀려났다.)

1.11. 다음 주어는 목적어를 전치사 through의 경로를 통해 조심스럽게 움직인다.

(11) a. Ease the desk through the narrow door.(그 책상을 폭 좁은 문 사이로 옮겨라.)

b. They eased the box through the narrow door.(그

들은 상자를 폭 좁은 문 사이로 옮겼다.)

   c. He eased the car to a stop.(그는 차를 멈출 때까지 속도를 천천히 낮췄다.)

1.12. 다음 주어는 목적어를 움직여서 어떤 상태에 이르게 한다.

(12) a. I eased the door shut, so as not to wake her up.
(나는 그녀를 깨우지 않기 위해, 문을 조심스레 닫았다.)

   b. The drawer in my desk was stuck fast; but I eased it open with a knife.(내 책상의 서랍은 꽉 끼었다; 그러나 나는 칼로 그것을 조심스럽게 열었다.)

1.13. 다음 주어는 목적어에서 전치사 of의 목적어를 제거한다.

(13) a. He eased me of my burden.(그는 나에게서 나의 부담을 벗어나게 했다.)

   b. The boy eased her of her purse.(그 소년은 그녀에게서 그녀의 지갑을 빼앗았다.)

   c. The news eased her of care.(그 소식은 그녀를 걱정에서 벗어나게 했다.)

   d. The news eased me of the worry.(그 소식은 나를 걱정에서 벗어나게 했다.)

   e. Walking helped to ease him of his pain.(산보는 그를 고통에서 벗어나도록 도왔다.)

1.14. 다음은 수동태 문장으로 주어는 빼앗긴다.

(14) I was eased of my wallet.(나는 지갑을 빼앗겼다.)

1.15. 다음 주어는 천천히 조금씩 나아간다.

(15) He eased her way along the ledge. (그는 그 선반을 따라 나아갔다.)

2. 자동사 용법

2.1. 다음 주어는 움직인다.

(16) a. She eased slowly forward.(그녀는 천천히 앞으로 움직였다.)

   b. She eased into a comfortable bed.(그녀는 편안한 침대로 옮겼다.)

   c. He eased into a car/a seat.(그는 차/의자로 옮겼다.)

   d. The car eased out of the garage.(그 차는 차고 밖으로 천천히 나왔다.)

   e. I eased through the crowd to see the stage.(나는 무대를 보기 위해 군중 속을 천천히 들어갔다.)

2.2. 다음 주어는 긴장의 정도나 양이나 수가 줄어든다.

(17) a. The tension between the two countries eased.(두 나라 사이의 긴장은 완화되었다.)

   b. Tensions eased in the region when the UN team arrived.(긴장은 UN 팀이 도착했을 때 그 지역에서 완화되었다.)

   c. The tension eased when the angry customer left the store.(그 긴장은 화난 손님이 그 가게에서 나갔을 때 완화되었다.)

   d. His headache/the pain eased by the evening.(그의 두통/고통은 저녁 때 완화되었다.)

   e. Share prices eased back from afternoon levels.(주가는 오후 수준에서 완화되었다.)

   f. Interest rates have eased since December.(이자

율은 12월 이후 완화되었다.)

   g. Henry's work finally eased towards the end of the year.(헨리의 일은 결국 연말 경에 완화되었다.)

2.3. 다음 주어는 강한 정도가 완화된다. off는 어느 주어진 수준에서 떨어짐을 나타낸다.

(18) a. The pain will ease off/away.(그 고통은 완화될 것이다.)

   b. Why don't you wait until traffic ease off a little?(너는 교통량이 약간 완화될 때까지 기다리는 것이 어떠냐?)

   c. The noise didn't ease off for some time.(그 소음은 얼마간 누그러들지 않았다.)

   d. The rain began to ease off.(비는 서서히 완화되기 시작했다.)

2.4. 다음 주어는 속도를 줄인다.

(19) a. He eased off on the accelerator.(그는 가속기에서 발을 떼었다.)

   b. The driver has eased off as he approached the town.(그 운전사는 그 도시에 접어들자 속력을 늦췄다.)

2.5. 다음 주어는 정도가 줄어든다. up은 정도의 약화가 눈에 뜨일 정도로 현저함을 나타낸다.

(20) a. The car eased up before the bend.(그 차는 모퉁이에서 속도를 줄었다.)

   b. David have to ease up, or he will have nervous breakdown.(데이비드는 긴장을 풀어야 한다. 그렇지 않으면 그는 신경 쇠약에 걸릴 것이다.)

   c. Inflation has eased up the last few months.(통화 팽창은 최근 몇 달 동안 누그러들었다.)

   d. He told his supporters not to ease up even though he is leading the race.(그는 보조자들에게 비록 그가 경기를 주도하고 있어도 긴장을 늦추지 말라고 했다.)

   e. The manager does not intend to ease up on his players.(그 매니저는 선수들에 대한 엄한 태도를 누그러뜨리려고 의도하지 않는다.)

   f. Can you wait until things have eased up a little?(일들이 조금 누그러질 때까지 기다릴 수 있니?)

   g. The rain has eased up.(비가 많이 누그러졌다.)

2.6. 다음 주어는 압력을 줄인다. 전치사 on의 목적어는 압력을 받는 사람이다. up은 주는 정도가 현저함을 나타낸다.

(21) a. If the professor doesn't ease up on her, she will have a nervous breakdown.(만약 그 교수가 그녀에 대해 엄한 태도를 누그러뜨리지 않으면 그녀는 신경쇠약에 걸릴 것이다.)

   b. The boss has eased up on him now that he's doing good work.(그 상사는 지금 그가 일을 잘 해내므로 그에 대한 엄한 태도를 누그러뜨렸다.)

   c. Ease up on Ron, will you; he is doing all right.(론에게 엄한 태도를 늦추어라; 그는 잘 하고 있다.)

   d. She decided to ease up on her studies for a while; instead of taking five courses, she will take three.(그녀는 잠시 동안 공부의 여유를 갖고 하기로 결심했다; 5개 강의를 듣는 대신 3개를 들을 것이다.)

e. I think it's time you **eased up on** cigarettes.(나는 네가 담배를 줄일 시간이라 생각한다.)

f. The air force **eased up on** the continuous bombing.(공군은 계속적인 폭격을 줄였다.)

eat

이 동사의 개념 바탕에는 씹어서 먹는 과정이 있다.

1. 타동사 용법

1.1. 다음 주어는 목적어를 먹는다.

(1) a. We **eat** good food.(우리는 좋은 음식을 먹는다.)

b. We **eat** dinner at 7 o'clock.(우리는 정찬을 7시에 먹는다.)

c. Tigers **eat** meat.(호랑이는 고기를 먹는다.)

d. Cows **eat** grass and grain.(소는 풀과 곡물을 먹는다.)

1.2. 다음 주어는 목적어를 갉아 먹는다.

(2) a. Termites have **eaten** the posts and ruined the fence.(흰 개미들이 기둥들을 갉아 먹어서 그 울타리를 못 쓰게 만들었다.)

b. Acids **eat** metals.(산은 금속을 침식한다.)

c. Time **eats** the strongest walls.(시간은 가장 튼튼한 벽도 침식한다.)

1.3. 다음 주어는 목적어를 침식하여 없어지게 한다.

(3) a. The acid **ate away** the metal.(그 산은 금속을 조금씩 계속적으로 침식하여 없어지게 했다.)

b. Rust has **eaten away** the surface.(녹이 표면을 조금씩 계속 침식하여 없어지게 했다.)

c. The river has **eaten away** its banks.(그 강은 둑을 조금씩 계속 침식하여 없어지게 했다.)

1.4. 다음 주어는 목적어를 완전히 먹는다.

(4) a. They **ate up** the cakes as soon as they appeared.(그들은 케익들을 오자마자 다 먹어 치웠다.)

b. Extravagant spending **ate up** our savings.(과소비가 우리의 저축을 다 삼키어 버렸다.)

c. The flames **ate up** the wood.(그 불꽃이 그 나무를 다 삼키어 버렸다.)

1.5. 다음 주어는 목적어를 씹는다. 씹히면 괴롭다.

(5) a. She won't **eat** you.(그녀는 너를 괴롭히지 않을 것이다.)

b. All the papers **ate** him.(그 모든 논문들이 그를 괴롭혔다.)

c. He's been in a bad temper all day; I wonder what's **eating** him.(그는 온종일 기분이 좋지 않다; 무엇이 그를 괴롭히는지 궁금하다.)

1.6. 다음 목적어는 씹어서 생긴다.

(6) a. Termites **ate** holes in the pillar.(흰 개미들이 그 기둥에 구멍을 뚫었다.)

b. Moths **ate** holes in my wool coat.(좀들이 내 모직 코트에 구멍들을 뚫었다.)

1.7. 다음 주어는 목적어를 먹어서 어떤 상태에 이르게 만든다.

(7) a. Locusts **ate** the country bare.(메뚜기가 (풀을 다 뜯어먹고) 그 나라를 황폐하게 만들었다.)

b. He **ate** himself **sick**.(그는 너무 많이 먹어서 병이 났다.)

2. 자동사 용법

2.1. 다음 주어는 먹는 사람이다.

(8) a. I **eat** three times a day.(나는 하루에 세 번 먹는다.)

b. He **eats** well.(그는 잘 먹는다.)

c. What time do you usually **eat**?(몇 시에 보통 먹느냐?)

d. Where shall we **eat**?(어디서 먹을까요?)

2.2. 다음 주어는 전치사 at의 목적어에 부분적인 힘을 가한다.

(9) a. Jealousy is **eating** away at him.(질투가 그를 갉아 먹고 있다.)

b. Something is **eating** at him.(무엇이 그를 조금씩 괴롭히고 있다.)

c. The river is **eating** at the banks.(그 강은 둑을 조금씩 침식하고 있다.)

2.3. 다음 주어는 먹으면서 파들어간다.

(10) a. The acid **ate into** the metal.(그 산이 금속을 파먹어 들어갔다.)

b. All these bills are **eating into** our savings.(이 모든 청구서가 우리의 저금을 파먹어 들어가고 있다.)

c. Our holiday has **eaten into** the savings.(우리 휴가가 우리의 저축을 많이 축내었다.)

2.4. 다음 주어는 먹힌다.

(11) a. It **eats** like beef.(그것은 고기같이 먹힌다.)

b. The tofu **eats** like meat.(그 두부는 고기같이 먹힌다.)

c. These cakes **eat crisp**.(이 과자는 바삭바삭하게 씹힌다.)

d. This cereal **eats** chuncky.(이 시리얼은 덩어리로 씹힌다.)

e. Cheese **eats** well with apples.(치즈는 사과와 함께 잘 먹어진다.)

f. Potatoes **eat better** hot than cold.(감자는 차게 보다 뜨겁게 먹는 것이 낫다.)

ebb

이 동사의 개념 바탕에는 ebb의 명사 '썰물'이 있다. 동사의 의미는 이 명사가 나타내는 과정과 관계가 있다.

1. 자동사 용법

1.1. 다음 주어는 빠진다.

(1) a. The tide **ebbed**.(조류가 빠졌다.)

b. Water washed up on the shore, and then slowly **ebbed away**.(물이 해안으로 밀려 왔다가 천천히 빠져나갔다.)

c. As the waves **ebbed**, the children picked up shells on the sand.(파도가 물러가자, 아이들은 조개들을 모래 바닥에서 주웠다.)

1.2. 다음 표현은 [힘이나 감정은 물결] 은유가 적용된 예이다.

(2) a. His strength began to **ebb**.(그의 힘이 빠지기 시작났다.)

했다.)

b. As night fell, enthusiasm began to **ebb** away.(저 녁이 되자, 열정이 빠져나가기 시작했다.)

echo

이 동사의 개념 바탕에는 echo의 명사 '메아리'가 있다. 동사의 의미는 이 명사의 특성과 관계가 있다.

1. 자동사 용법

1.1. 다음 주어는 메아리친다.

(1) a. Cheers **echoed** in the hall.(갈채가 그 강당에서 메 아리쳤다.)

b. Her footsteps **echoed** in the hall.(그녀의 발자국 소리는 그 강당에서 메아리쳤다.)

1.2. 다음 주어는 메아리치며 움직인다.

(2) a. Our shouts **echoed** through silent streets.(우리의 외침은 조용한 거리를 통해 메아리치며 움직였다.)

b. His voice **echoed** through the hall.(그의 목소리는 강당을 통해 메아리치며 움직였다.)

c. The thunder **echoed** loudly through the valley/ over the mountain.(그 천둥은 골짜기를 통해/산 너 머로 크게 메아리치며 움직였다.)

d. The sound of the cannon **echoed** around.(그 대포 소리가 주위를 메아리치며 움직였다.)

1.3. 다음 주어는 메아리가 울리는 장소이다.

(3) a. The hall **echoed** with cheers.(그 강당은 갈채로 메 아리가 울렸다.)

b. The hills **echoed** with thunder.(그 언덕들은 천둥 으로 메아리가 울렸다.)

c. The street **echoed** with the cries of children.(그 거리는 아이들의 울음 소리로 메아리가 울렸다.)

2. 타동사 용법

2.1. 다음 주어는 목적어를 메아리친다.

(4) a. The hills **echoed** the shepherd's voice.(그 언덕들 은 양치기의 목소리를 메아리쳤다.)

b. The mountains **echoed** the thunder.(그 산들은 천 둥 소리를 메아리쳤다.)

c. The building **echoed** back the cry.(그 건물은 울음 소리를 되받아 메아리쳤다.)

2.2. 다음 주어는 목적어를 그대로 따라한다.

(5) a. Susan **echoed** everything her mother said.(수잔 은 엄마가 말하는 모든 것을 따라했다.)

b. He **echoed** my call for vigilance.(그는 경계를 위한 나의 외침을 메아리쳤다.)

c. He **echoes** his wife in everything.(그는 모든 것에 서 아내를 그대로 따라한다.)

d. The candidate **echoed** his opponent in calling for lower taxes.(그 후보자는 낮은 세금을 요구하는 상대를 그대로 따라했다.)

2.3. 다음 주어는 목적어를 반영한다.

(6) a. The editorial **echoed** the opinions of conservative politicians.(그 사설은 보수 정치인들의 의견들을 반 영했다.)

b. The article simply **echoed** the my arguments.(그

기사는 단순히 나의 논의를 반영했다.)

2.4. 다음 따옴표 속의 표현은 주어가 따라하는 말이 다.

(7) a. "He's gone," Vicky **echoed**.("그가 떠나버렸다" 비키가 따라했다.)

b. "Gorgeous," **echoed** Bob.("멋진데" 밥이 따라했 다.)

eclipse

이 동사의 개념 바탕에는 eclipse의 명사 '한 천체가 다른 천체를 가리는 식'이 있다.

1. 타동사 용법

1.1. 다음 주어는 목적어를 가린다.

(1) The moon **eclipsed** the sun.(달이 해를 가렸다.)

1.2. 다음에서 업적이나 소식은 보이는 개체로 개념화 되어 있다. 주어는 목적어를 가린다.

(2) a. This **eclipses** all his former achievements.(이것은 모든 그의 전 업적들을 가린다.)

b. Her beauty **eclipsed** that of her rivals.(그녀의 미 는 경쟁자들의 미를 가렸다.)

c. The war **eclipsed** all other news.(그 전쟁은 모든 다른 뉴스를 가렸다.)

1.3. 다음은 수동태 문장으로 주어는 가리어진다.

(3) a. The sun was partially **eclipsed** at 9 a.m.(해가 9시 에 부분적으로 가려졌다.)

b. The moon will be totally **eclipsed** at 12:10 p.m. (달은 12시 10분에 완전히 가려질 것이다.)

c. She felt totally **eclipsed** by her prettier sister.(그 녀는 그녀의 더 예쁜 여동생에 의해 거의 가려짐을 느꼈다.)

d. Though a talented player, he was completely **eclipsed** by his brother.(비록 재능 있는 선수지만, 그는 완전히 형에 의해 가리어졌다.)

2. 자동사 용법

2.1. 다음 주어는 가리어진다.

(4) a. His reputation slowly **eclipsed** with age.(그의 명성 은 점차 나이와 함께 가리어졌다.)

b. His performance was **eclipsed** by Frank winning home run.(그의 성취는 프랭크가 홈런을 쳐서 가리 워졌다.)

edge

이 동사의 개념 바탕에는 조금씩 움직이는 과정이 있다.

1. 타동사 용법

1.1. 다음 주어는 목적어를 조금씩 움직인다.

(1) a. He **edged** the large crate **across** the floor.(그는 큰 상자를 마루를 가로질러 조금씩 움직였다.)

b. She **edged** her chair closer **to** mine.(그녀는 의자 를 내 의자 가까이로 조금씩 당겼다.)

c. Ron **edged** his gun **toward** my hand.(론은 총을 내

손을 향해 조금씩 움직였다.)

d. She edged the car up the curb.(그녀는 차를 그 보
도의 연석 위로 올렸다.)

**1.2. 다음 주어는 자신을 조금씩 움직여서 into의 목적
어로 들어간다.**

(2) a. He edged himself into the conversation.(그는 자
신을 대화에 조금씩 끼어 넣었다.)

b. He edged himself into the society.(그는 자신을 그
사회 속에 비집어 넣었다.)

**1.3. 이 동사는 명사 edge '가장자리'와 관계가 있다.
주어는 목적어의 가장자리를 전치사 with의 목적
으로 두른다.**

(3) a. She edged the garden with flowers.(그녀는 정원을
꽃으로 둘렀다.)

b. She edged the pillow case with lace.(그녀는 베개
를 레이스로 둘렀다.)

c. He edged the sleeve with a lace.(그는 소매를 레이
스로 둘렀다.)

**1.4. 다음 주어는 그 자체가 목적어의 가장자리에 놓인
다.**

(4) a. Flowers edged the lawn.(꽃들이 잔디밭을 둘러쌌
다.)

b. Hills edged the plains.(언덕들이 평원들을 둘러쌌
다.)

c. Tulips edged his garden.(튜울립이 그의 정원을 둘
러쌌다.)

**1.5. 다음은 수동태 문장으로 주어는 with의 목적어로
둘러 쌓인다.**

(5) a. The cloth is edged with lace.(그 천은 레이스로 가
장자리가 둘러져 있다.)

b. The sleeves are edged with gold thread.(그 소매
가장자리는 금실로 둘러져 있다.)

c. The ceiling has been edged with wood.(그 천장은
나무로 테두리가 둘러졌다.)

d. The road is edged with rows of elms.(그 길은 가
장자리에 느릅나무들로 줄지어져 있다.)

e. The path was edged with flowers.(그 길 가장자리
에는 꽃들이 줄지어져 있다.)

**1.6. 다음의 목적어는 way이다. 주어는 조금씩 나아
간다.**

(6) a. We edged our way along the narrow path.(우리는
좁은 길을 따라서 조금씩 나아갔다.)

b. The burglar edged his way along the roof.(그 강
도가 지붕을 따라 천천히 움직였다.)

c. A long line of traffic edged its way forward.(긴 차
량 행렬이 조금씩 움직여 나갔다.)

d. She edged her way through the crowd.(그녀는
군중 속으로 비집고 나아갔다.)

1.7. 주어는 목적어를 어떤 영역에서 조금씩 밀어낸다.

(7) a. He has been running the company for years, but
they're trying to edge him out now.(그는 수년간
회사를 경영해 왔으나, 그들은 이제 그를 밀어내려
하고 있다.)

b. The new model has edged out all the competitors
out of the market.(새 모델은 모든 경쟁 상품들을
시장에서 몰아내고 있다.)

c. He edged out his rival.(그는 자신의 경쟁자를 밀어
내었다.)

d. He didn't let me edge in a word.(그는 내가 한마
디도 끼어 넣지 못하게 했다.)

1.8. 다음 주어는 목적어를 날카롭게 한다.

(8) a. He edged his ax.(그는 도끼 날을 갈았다.)

b. He edged the dull knife.(그는 무딘 칼을 날카롭게
갈았다.)

c. He edged his wits.(그는 재치를 부렸다.)

2. 자동사 용법

**2.1. 다음 주어는 전치사 from의 목적어로부터 조금씩
움직인다.**

(9) a. I edged away from him and towards the door.(나
는 그로부터 조금씩 물러나서 문 쪽으로 다가갔다.)

b. The toddler slowly edged away from her parents.
(그 걸음마 아기가 부모로부터 천천히 조금씩 멀어
져 갔다.)

c. He edged away from the fierce dog.(그는 그 성난
개로부터 천천히 물러섰다.)

d. Witnesses edged away from the scene.(목격자들
은 현장에서 멀어져 갔다.)

e. Christianity is edging away from oppressions.(기
독교는 압제에서 조금씩 벗어나고 있다.)

f. He edged away from the committment.(그는 그 약
속에서 조금씩 벗어났다.)

**2.2. 이 동사는 움직임을 나타내므로 움직임과 관련된
부사나 전치사와 같이 쓰일 수 있다.**

(10) a. The climber edged carefully along the narrow
rock ledge.(그 등반가는 좁은 바위 턱을 따라 조심
스럽게 움직였다.)

b. We edged closer to get a better view.(우리는 더
잘 보기 위해서 더 가까이 움직였다.)

c. The dog edged down upon his rival.(그 개는 적수
에게 한발 한발 다가 내려갔다.)

d. They edged forward gradually so as to avoid
being seen.(그들은 들키지 않으려고 조금씩 앞으
로 움직였다.)

e. He edged in on his opponent.(그는 적수에게 다가
갔다.)

f. He edged off.(그는 누그러들었다.)

g. The new driver edged out of the driveway
carefully.(새 운전자는 그 진입로에서 조심스럽게
나갔다.)

h. He edged out of the door.(그는 문 밖으로 천천히
나아갔다.)

i. He edged toward the door.(그는 문 쪽으로 조금씩
움직여 갔다.)

**1.11. 다음 주어는 추상적이지만 움직이는 것으로 개
념화된다.**

(11) a. The price of gasoline is edging up.(휘발유 가격이
조금씩 오르고 있다.)

b. Inflation has begun to edge up during the last six
months.(지난 6개월 간 통화 팽창이 조금씩 증가하
기 시작했다.)

c. Unemployment edged up by 2% last month.(실업

률이 2%까지 지난 달 조금씩 올랐다.)
d. Prices have been static for months, but are beginning to edge up.(가격이 몇 달 동안 안정세였으나, 조금씩 오르기 시작하고 있다.)

edify

이 동사의 개념 바탕에는 품성을 높이는 과정이 있다.

1. 타동사 용법
1.1. 다음 주어는 목적어의 품성을 높인다.
(1) a. They read the bible stories to edify their children.(그들은 아이들을 훈도하기 위해서 성경을 읽는다.)
b. The religious pageant will edify all those who watch it.(그 종교적 야외극은 그것을 보는 모든 이들을 훈도할 것이다.)

edit

이 동사의 개념 바탕에는 편집하는 과정이 있다.

1. 타동사 용법
1.1. 다음 주어는 목적어를 편집한다. 목적어는 글이다.
(1) a. Who edits the school paper?(누가 학교신문을 편집하나?)
b. She edited the president's speeches.(그녀는 그 회장의 연설들을 편집했다.)
c. He is editing a book of essays.(그는 수필집 한 권을 편집하고 있다.)
d. She edited a woman's magazine.(그녀는 여성 잡지를 편집했다.)
1.2. 다음 목적어는 필름이나 비디오이다.
(2) a. He edited the film for television.(그는 그 영화를 텔레비전을 위해서 편집했다.)
b. You must edit this video before it goes on television.(너는 이 비디오를 텔레비전에 방영되기 전에 편집해야 한다.)
1.3. 다음 주어는 목적어를 편집 과정에서 제거한다.
(3) a. The film maker edited out some of the violent scenes.(그 영화 제작자는 난폭한 장면들의 몇 개를 편집 중에 잘라내었다.)
b. He edited out anything repetitive or irrelevant.(그는 반복적이거나 부적절한 것은 무엇이나 잘라내었다.)
1.4. 다음은 수동태 문장으로 주어는 편집 과정에서 제거된다.
(4) a. All the swear words were edited out before the broadcast.(모든 욕설은 방송 전에 잘라내어졌다.)
b. Some offensive passages were edited out of the book.(몇 개의 저속한 구절들은 편집 중 책에서 제거되었다.)

educate

이 동사의 개념 바탕에는 개인의 능력이나 자질을

개발시키기 위해 교육하는 과정을 통해서 가르치는 과정이 있다.

1. 타동사 용법
1.1. 다음 주어는 목적어를 교육시킨다.
(1) a. They raised and educated their two children.(그들은 두 아이들을 양육하고 교육시켰다.)
b. He educated his son in art.(그는 아들을 예술 분야에 교육시켰다.)
c. He educated himself.(그는 자신을 교육시켰다.)
d. We educate the teenagers about the dangers of smoking.(우리는 십대들을 흡연의 위험에 대해 교육시킨다.)
1.2. 다음 주어는 목적어를 훈련시킨다.
(2) He educated the eye in painting.(그는 그림을 보는 안목을 교육시켰다.)
1.3. 다음 주어는 목적어를 가르친다. 목적어는 수업이다.
(3) Susan educated her mathematics class in subtraction.(수잔은 자신의 수학반을 빼기에 관해 교육시켰다.)
1.4. 다음 주어는 목적어를 교육시켜서 to부정사가 가리키는 일을 하게 한다.
(4) a. He educated his children to obey.(그는 아이들을 교육시켜 복종하게 했다.)
b. You should educate your children to behave well.(너는 아이들을 교육시켜 올바르게 행동하게 해야 한다.)
1.5. 다음은 수동태 문장으로 주어는 교육된다.
(5) a. He is educated in law/in classics/electronics.(그는 법/고전/전자 공학을 교육을 받는다.)
b. Children need to be educated on the dangers of drug-taking.(아이들은 마약 복용의 위험에 대해 교육을 받을 필요가 있다.)
c. He is educated for the priesthood.(그는 성직을 위해 교육을 받는다.)

effect

이 동사의 개념 바탕에는 effect의 명사 '결과'가 깔려 있다.

1. 타동사 용법
1.1. 다음 주어는 목적어를 결과로 갖는다.
(1) a. He effected an entrance. (그는 진입을 성취했다.)
b. We have tried our best to effect a reconciliation between the two parties.(우리는 두 당사자 사이에 화해를 이루기 위해 최선을 다했다.)
c. The once hostile countries effected a peace treaty.(과거의 적대국들은 평화 협정을 이루었다.)
d. We effected a change of production techniques last year.(우리는 생산 기법의 변화를 작년에 이루었다.)
e. The governor effected many new changes to improve the tax situation.(그 주지사는 조세 상황을 개선시키기 위해 많은 새 변화를 이루었다.)

f. The president will try to **effect** sweeping reforms in education during his tenure of office.(그 대통령은 임기 중에 교육에 전면적인 개혁을 단행하려고 노력할 것이다.)

g. The prisoners **effected** an escape out of the jail last night.(그 죄수들은 어젯 밤 탈옥을 했다.)

h. He **effected** a recovery/a sale.(그는 회복/판매를 이루었다.)

i. At last, they have **effected** their purpose through many difficulties.(마침내 그들은 목적을 많은 난관을 극복하고 달성했다.)

j. In part they are driven by the need to **effect** productivity improvements in the public sector.(부분적으로 그들은 공공 분야의 생산성 향상을 이룰 필요성에 몰리고 있다.)

k. He's trying to **effect** a generational shift in the country's political leadership.(그는 국가의 정치적 리더십에 세대 교체를 이루려고 있다.)

1.2. 다음은 수동태 문장으로 주어는 이루어진다.

(2) The required adjustments will be **effected** without delay.(그 필요한 조정들은 지체없이 이루어질 것이다.)

1.3. 다음의 주어는 사람이 아닌 개체이다. 그러나 이들은 목적어가 가리키는 과정이 일어나게 한다.

(3) a. People's enthusiasm for the new product **effected** an increase in sale.(신상품에 대한 사람들의 열광이 판매 증가를 초래했다.)

b. Computers have **effected** many new changes in the way people live.(컴퓨터가 사람들이 살아가는 방식에 많은 새 변화를 이루었다.)

c. All the doctors' efforts/treatment failed to **effect** a cure.(모든 의사들의 노력/치료는 완치를 이루지 못했다.)

d. His opinion **effected** a change in the plan.(그의 의견이 그 계획의 변화를 가져왔다.)

e. Temperate living will **effect** the recovery of his health.(절제하는 생활이 그의 건강의 회복을 가져올 것이다.)

f. The duty of the legislation is to **effect** the will of the citizens.(입법의 의무는 시민들의 뜻을 이루는 것이다.)

1.4. 다음의 주어는 사람이고, 목적어는 보험이다. 주어는 목적어를 사서 보험에 든다.

(4) He has **effected** a life insurance for uncertain future.(그는 불확실한 미래를 위해서 생명 보험을 들었다.)

egg

이 동사의 개념 바탕에는 부추기는 과정이 있다.

1. 타동사 용법
1.1. 다음 주어는 목적어를 부추긴다.

(1) a. We **egged** the team on when it was behind.(우리는 그 팀이 뒤쳐졌을 때 격려해서 계속하게 했다.)

b. He didn't want to jump, but his friends **egged** him on.(그는 뛰고 싶지 않았으나, 그의 친구들이 그를 부추겨서 뛰게 했다.)

1.2. 다음 주어는 목적어를 부추겨서 어떤 일을 하게 한다.

(1) a. He **egged** his opponent on to make the tennis match more exciting.(그는 상대를 부추겨서 정구 경기를 더 흥미롭게 만들었다.)

b. He hit the other boy again and again as his friends **egged** him on.(그는 그의 친구들이 그를 부추겨서 다른 아이를 치고 또 쳤다.)

c. The crowd **egged** on the wrestler to be more violent.(군중들은 그 레슬링 선수를 부추겨서 더 난폭하게 만들었다.)

ejaculate

이 동사의 개념 바탕에는 액체를 사출하는 과정이 있다.

1. 타동사 용법
1.1. 다음 주어는 목적어를 내보낸다.

(1) a. The bull **ejaculated** semen.(그 황소는 정액을 사출했다.)

b. The next step in fertilization is for the male to **ejaculate** sperm.(수정의 다음 단계는 수컷이 정액을 사출하는 것이다.)

1.2. 다음 주어는 갑자기 말을 내뱉는다.

(2) a. "Stop that!" he **ejaculated**.("그것 그만둬!" 그가 갑자기 외쳤다.)

b. "What's that?" he **ejaculated** in surprise.("저건 뭐야?" 그가 놀라서 갑자기 외쳤다.)

2. 자동사 용법
2.1. 다음 주어는 사정한다.

(3) a. The patient was unable to **ejaculate**.(그 환자는 사출할 수 없었다.)

b. The bull **ejaculated**.(그 황소가 사출했다.)

eject

이 동사의 개념 바탕에는 안에서 밖으로 힘차게 나가는 과정이 있다.

1. 자동사 용법
1.1. 다음 주어는 뛰어 나간다.

(1) a. The pilot managed to **eject** moments before the plane crashed.(그 조종사는 비행기가 추락하기 전에 뛰어 나왔다.)

b. The pilot had to **eject** when his plane caught fire.(그 조종사는 비행기가 불이 붙자 탈출해야 했다.)

2. 타동사 용법
2.1. 다음 주어는 목적어를 내보낸다.

(2) a. The police **ejected** the noisy demonstrators from the mayor's office.(그 경찰은 시끄러운 시위자들을 그 시장의 사무실에서 몰아내었다.)

b. The machine ejects finished parts.(그 기계는 완성된 부품들을 밀어낸다.)

c. The chimney ejects smoke.(굴뚝은 연기를 내뿜는다.)

d. Active volcanoes eject hot ash and lave.(활화산들은 뜨거운 재와 용암을 내뿜는다.)

2.2. 다음은 수동태 문장으로 주어는 밖으로 내보내진다.

(3) a. Used cartridges are ejected from the gun after firing.(사용한 탄창들은 총에서 발사 후에 튕겨나온다.)

b. The baseball manager was ejected from the game for arguing with the umpire.(그 야구 감독은 심판과 다툰 후에 경기에서 추출되었다.)

c. The noisy people were ejected from the theater.(시끄러운 사람들은 그 극장에서 쫓겨났다.)

d. The heckler was ejected from the meeting.(야유자는 그 모임에서 쫓겨났다.)

e. The troublemaker was ejected from the theater.(그 말썽꾸러기는 극장에서 쫓겨났다.)

elaborate

이 동사의 개념 바탕에는 상세하게 다듬는 과정이 있다.

1. 타동사 용법

1.1. 다음 주어는 목적어를 상세하게 만든다.

(1) a. He elaborated his idea/argument.(그는 생각/논의를 상세하게 다듬었다.)

b. It took the scientist years to elaborate his theory.(그 과학자가 자신의 이론을 상세하게 만드는 데는 몇 년이 걸렸다.)

c. He is elaborating his plan for the new addition to his house.(그는 집의 새 증축을 위한 계획을 상세하게 다듬고 있다.)

2. 자동사 용법

2.1. 다음 주어는 상세하게 말한다.

(2) a. He said he was resigning, but he didn't elaborate.(그는 사임하려고 한다고 말했지만 상세하게 말하지는 않았다.)

b. Could you elaborate, Mr. Kim?(상세하게 말 해줄 수 있나요, 김씨?)

2.2. 다음 주어는 on의 목적어를 상세하게 다듬는다.

(3) a. Later chapters simply elaborated on her original thesis.(뒷장들은 단순히 그녀의 원래 논제를 상세히 설명했다.)

b. He elaborated on his idea.(그는 생각을 상세히 다듬었다.)

elbow

이 동사의 개념 바탕에는 elbow의 명사 '팔꿈치'가 있다.

1. 타동사 용법

1.1. 다음 주어는 목적어를 팔꿈치로 움직인다.

(1) a. He elbowed her out of the way.(그는 그녀를 팔꿈치로 밀어서 길 밖으로 밀어내었다.)

b. He elbowed her aside.(그는 그녀를 팔꿈치로 옆으로 밀었다.)

1.2. 다음 목적어는 재귀대명사이다. 주어는 팔꿈치를 써서 움직인다.

(2) He elbowed himself into a crowded train.(그는 자신을 팔꿈치로 밀어서 붐비는 기차 안으로 들어갔다.)

1.3. 다음 주어는 팔꿈치를 써서 길을 터 나간다.

(3) a. He elbowed a path through the concert crowd.(그는 팔꿈치로 길을 터서 음악회 군중들 속을 지나갔다.)

b. He elbowed his way through the crowd.(그는 팔꿈치로 길을 터서 그 군중 속을 지나갔다.)

2. 자동사 용법

2.1. 다음 주어는 팔꿈치로 길을 헤쳐나간다.

(4) He elbowed through the crowed doorway.(그는 팔꿈치를 써서 복잡한 문을 헤쳐 나갔다.)

elect

이 동사의 개념 바탕에는 몇 가지의 대안 가운데 뽑아서 어떤 직위에 앉히는 과정이 있다.

1. 타동사 용법

1.1. 다음 주어는 목적어를 뽑는다. 다음에서 목적어는 직위이다.

(1) a. The voters elect a new mayor tomorrow.(유권자들은 새 시장을 내일 뽑는다.)

b. They elected a new governor.(그들은 새 주지사를 뽑았다.)

1.2. 다음 주어는 목적어를 뽑아서 직위에 앉힌다.

(2) a. They elected her (to be) president.(그들은 그녀를 뽑아서 대통령으로 뽑았다.)

b. We elected him to be chairman.(우리는 그를 의장으로 뽑았다.)

1.3. 다음 주어는 목적어를 as의 목적어로 뽑는다.

(3) a. The students elected David as junior class president.(학생들은 데이빗을 3학년 반장으로 뽑았다.)

b. They elected him as president.(그들은 그를 의장으로 뽑았다.)

1.4. 다음 주어는 목적어를 뽑아 어떤 일을 하게 한다.

(4) a. Our president elected Susan to represent us in the state senate.(우리 대통령은 수잔을 뽑아 주 상원에서 우리를 대표하게 했다.)

b. They elected him to represent them.(그들은 그를 뽑아서 그들을 대표하게 했다.)

1.5. 다음 주어는 목적어를 뽑는다.

(5) a. I elected an art course.(나는 예술 과목을 선택했다.)

b. He elected painting as his career.(그는 그림 그리는 것을 직업으로 선택했다.)

c. He elected Korean this semester.(그는 한국어를 이번 학기에 선택했다.)

d. He **elected** suicide as a preferable fate.(그는 자살을 선호하는 운명으로 선택했다.)

1.6. 다음은 수동태 문장으로 주어는 뽑힌다.

(6) a. He was **elected** for/to Congress in 1970.(그는 의회에 1970년에 뽑혔다.)

b. He was **elected** to the senate.(그는 상원에 뽑혔다.)

c. He was **elected** on to the committee.(그는 그 위원회에 뽑혔다.)

d. He was **elected** president.(그는 대통령으로 뽑혔다.)

1.7. 다음 주어는 to부정사가 가리키는 일을 택한다.

(7) a. Buyers can **elect** to pay in monthly installments. (구매자들을 매달 분할로 지불하는 것을 택할 수 있다.)

b. He **elected** to remain at home.(그는 집에 머물기를 택했다.)

c. I **elected** not to take the job.(나는 그 일자리를 택하지 않기를 택했다.)

d. I **elected** to take the bus home after work.(나는 일이 끝난 후 버스를 타고 집에 오기로 택했다.)

e. Increasing numbers of people **elect** to work from home nowadays.(증가하는 수의 사람들이 오늘날 집에서 일하는 것을 택한다.)

elevate

이 동사의 개념 바탕에는 높이는 과정이 있다.

1. 타동사 용법

1.1. 다음 주어는 목적어를 높인다.

(1) a. I **elevated** my arms over my head.(나는 내 팔들을 머리 위로 높였다.)

b. The nurse **elevated** the head of the bed.(그 간호사는 침대의 머리 부분을 높였다.)

1.2. 다음은 수동태 문장으로 주어는 높여진다.

(2) a. It is important that the injured leg should be **elevated**.(다친 다리가 높여지는 것은 매우 중요하다.)

b. The platform was **elevated** above the ground. (그 플랫폼은 땅 위로 높여져 있었다.)

1.3. 다음 주어는 목적어의 자리를 높인다.

(3) a. He **elevated** her to the section chief.(그는 그녀를 과장으로 높였다.)

b. He **elevated** many of friends to powerful positions within the government.(그는 많은 친구들을 정부 내의 힘 있는 자리들에 승진시켰다.)

1.4. 다음은 수동태 문장으로 주어는 자리가 높여진다.

(4) a. The clerk was **elevated** to a managerial position. (그 점원은 관리직에 승진되었다.)

b. Both were late **elevated** to positions of authority.(둘 다 권위의 자리에 승진되었다.)

c. The bishop was **elevated** to a cardinal. (그 주교는 추기경에 승진되었다.)

1.5. 다음 주어는 목적어의 정도를 높인다.

(5) a. He **elevated** his voice.(그는 목소리를 높였다.)

b. These drugs may **elevate** acid levels in the blood. (이 약들은 피 속에서 산성도를 높일지도 모른다.)

1.6. 다음 주어는 목적어를 높인다. 목적어는 환유적으로 쓰여서 사고, 기분, 정신을 나타낸다.

(6) a. His speech **elevated** the audience. (그의 연설은 관중의 기분을 높였다.)

b. We need to **elevate** the level of our thinking.(우리는 생각의 수준을 높이는 것이 필요하다.)

c. I **elevated** my uncle's spirits by visiting him in the hospital.(나는 병원에서 그를 방문함에 의해 삼촌의 기분을 좋게 했다.)

d. The beautiful countryside **elevated** her spirits.(그 아름다운 시골은 그녀의 정신을 높였다.)

e. He is trying to **elevate** his mind.(그는 마음을 고양하려고 노력하고 있다.)

elope

이 동사의 개념 바탕에는 남녀가 눈이 맞아 도망가는 과정이 있다.

1. 자동사 용법

1.1. 다음 주어는 눈이 맞아 도망간다.

(1) a. The young couple **eloped**.(두 젊은이들은 눈이 맞아서 도망갔다.)

b. The couple decided to **elope**.(그 둘은 도망가기로 결심했다.)

1.2. 다음 주어는 with의 목적어와 도망간다.

(2) a. She **eloped** with the young man.(그녀는 그 젊은 남자와 눈이 맞아서 도망을 갔다.)

b. He **eloped** with the minister's daughter.(그는 그 목사의 딸과 눈이 맞아 도망을 갔다.)

elude

이 동사의 개념 바탕에는 교묘히 피하는 과정이 있다.

1. 타동사 용법

1.1. 다음 주어는 목적어를 피한다.

(1) a. The criminal **eluded** the police by hiding in the woods.(그 범인은 숲 속에 숨어서 경찰을 피했다.)

b. He **eluded** the police for 13 years.(그는 경찰을 13년 동안 피했다.)

c. He **eluded** his pursuers.(그는 추적자들을 피했다.)

d. The fox **eluded** the dogs.(그 여우는 개들을 피했다.)

e. The fox **eluded** the hunters.(그 여우는 사냥꾼들을 피했다.)

1.2. 다음 주어는 목적어를 피한다.

(2) a. I knew her name, but it **eludes** me now.(나는 그녀의 이름을 알고 있었지만, 그것이 지금 나에게 생각나지 않는다.)

b. His name **eludes** me for the moment.(그의 이름이 당장 생각나지 않는다.)

c. The meaning of the poem **eludes** me.(그 시의 의

미는 나에게 발견되지 않는다.)

    d. A cure for this disease so far has **eluded** the scientists.(이 질병의 치료법은 지금까지 과학자들을 피했다.)

    e. Sleep **eluded** her.(잠이 그녀를 피했다.)

    f. Small details often **elude** us.(사소한 세부 사항들은 우리를 피한다.)

    g. The correct answer **eludes** me.(그 정답이 나를 피해간다.)

    h. Success has so far **eluded** him.(성공이 지금까지 그를 피해 갔다.)

    i. The exact terminology **eludes** me for the moment.(그 정확한 용어는 지금 당장 나를 피한다.)

1.3. 다음 주어는 목적어를 피한다.

(3) a. The problem **eluded** observation/our grasp.(그 문제는 관찰/우리의 이해를 피했다.)

    b. The word **eludes** definition.(낱말은 정의를 피한다.)

    c. Airplanes can **elude** radar detection by flying very low to the ground.(비행기는 지면에 저공 비행을 해서 레이다 망을 피할 수 있다.)

1.4. 다음의 주어는 피하는 사람이고, 목적어는 그가 처하게 될 상황이나 의무이다. 주어는 목적어를 피한다.

(4) a. He **eluded** capture.(그는 생포를 피했다.)

    b. He **eluded** his obligations.(그는 자신의 의무를 회피했다.)

embarrass

이 동사의 개념 바탕에는 쩔쩔 매게 하여 말, 생각, 행동을 방해하는 과정이 있다.

1. 타동사 용법

1.1. 다음 주어는 그 자체가 목적어를 당혹하게 한다.

(1) a. The child's crying **embarrassed** the parents.(그 아이의 울음은 부모를 당혹하게 했다.)

    b. The speech **embarrassed** the prime minister.(그 연설은 장관을 당혹하게 했다.)

    c. His questions about my private life **embarrassed** me.(나의 사생활에 대한 그의 질문은 나를 당혹하게 했다.)

1.2. 다음 주어는 목적어를 당혹하게 만든다.

(2) a. Please don't **embarrass** me in public.(공공 장소에서 날 당혹하게 만들지 마세요.)

    b. He **embarrassed** her with questions.(그는 그녀를 질문으로 당혹하게 만들었다.)

    c. She **embarrassed** me by asking whether I liked her.(그녀는 내가 그녀를 좋아하는지를 물음으로써 나를 당혹하게 만들었다.)

1.3. 다음은 수동태 문장으로 주어는 쩔쩔 매게 된다.

(3) a. He feels **embarrassed** in the presence of strangers.(그는 낯선 사람이 있으면 쩔쩔 매게 된다.)

    b. He is **embarrassed** with responsibilities.(그는 책임감으로 쩔쩔 맨다.)

1.4. 다음 주어는 목적어를 방해한다. 목적어는 움직임과 관계가 있다.

(4) a. He **embarrassed** her movements.(그는 그녀의 움직임을 방해했다.)

    b. The army **embarrassed** the advance of the enemy.(그 군대는 적군의 전진을 방해했다.)

    c. The group **embarrassed** the passage of legislation. (그 집단은 그 법안의 통과를 방해했다.)

    d. They **embarrassed** affairs.(그들은 업무를 방해했다.)

1.5. 다음은 수동태 문장으로 주어는 방해를 받는다.

(5) a. Affairs are **embarrassed**.(업무가 방해를 받는다.)

    b. His digestion was **embarrassed** by overeating.(그의 소화는 과식으로 인해 방해 받았다.)

embellish

이 동사의 개념 바탕에는 장식품을 써서 아름답게 꾸미는 과정이 있다.

1. 타동사 용법

1.1. 다음 주어는 목적어를 아름답게 꾸민다.

(1) a. She **embellished** her shirt collar with lace.(그녀는 셔츠 칼라를 레이스로 아름답게 꾸몄다.)

    b. He **embellished** the room with new rugs.(그는 방을 새 양탄자로 아름답게 꾸몄다.)

    c. He **embellished** his signature with a drawing.(그는 서명을 그림으로 아름답게 꾸몄다.)

1.2. 다음은 수동태 문장으로 주어는 꾸며진다.

(2) The ceiling was **embellished** with cherubs.(그 천장은 천동들 그림으로 꾸며져 있다.)

1.3. 다음은 [이야기는 건물] 은유가 적용된 표현이다. 주어는 목적어를 꾸민다.

(3) a. He **embellished** his version of the girl's rescue to the reporter.(그는 그 소녀의 구조에 대한 이야기를 재미있게 꾸몄다.)

    b. He **embellished** the old stories.(그는 오래된 이야기들을 재미있게 꾸몄다.)

    c. He **embellished** old stories with new details.(그는 오래된 이야기들을 새로운 세부 사항으로 재미있게 꾸몄다.)

embody

이 동사의 개념 바탕에는 몸 속에 담는 과정이 있다.

1. 타동사 용법

1.1. 다음 주어는 목적어를 담는다.

(1) a. The building **embodies** my ideas of beauty/ugliness.(그 건물을 미/추에 대한 나의 생각들을 담는다.)

    b. Her latest book **embodies** all her new ideas on education.(그녀의 최신 책은 교육에 대한 그녀의 모든 생각을 담는다.)

    c. The new car **embodies** many new safety features.(새 차는 많은 새 안전 장치를 담는다.)

d. The poem **embodies** the legends of King Arthur.(그 시는 아서 왕의 전설들을 담는다.)

1.2. 다음 주어는 목적어를 구현한다.

(2) a. The Constitution **embodies** Jefferson's ideas on government.(그 헌법은 정부에 대한 제퍼선의 생각을 구현한다.)

b. The statue of Liberty **embodies** the hope of a better life for all.(자유의 여신상은 좀 더 나은 삶의 희망을 모든 사람을 위해 담는다.)

c. The organization **embodies** equality and social justices.(그 조직은 평등과 사회 정의를 구현한다.)

d. His painting **embodied** the spirit of the age.(그의 그림은 그 시대의 정신을 담았다.)

e. For twenty-nine years, Checkpoint Charlie **embodied** the Cold War.(25년 간 찰리 검문소는 냉전을 구현했다.)

1.3. 다음 주어는 사람이다. 주어는 목적어를 체현한다.

(3) a. Ken **embodied** in one man an unusual range of science, music, and religion.(켄은 한 사람의 몸에 과학, 음악 그리고 종교에 범상한 영역을 담는다.)

b. Jack Kennedy **embodied** all the hopes of the 1960's.(잭 케네디는 1960년대의 모든 희망을 구현했다.)

c. Their national hero **embodied** the ideas of their nations.(그들의 민족 지도자는 민족의 아이디어를 구현했다.)

1.4. 다음은 수동태 문장으로 주어는 in의 목적어에 구현된다.

(4) a. His opinions are **embodied** in his essay.(그의 의견들은 그의 논문에 담긴다.)

b. The new engineers' suggestions are **embodied** in the revised plan of the building.(새 건축기사의 제안들은 그 건물의 개정안에 포함되어 있다.)

c. Some improvements are **embodied** in the new camera.(몇 가지 개선점들이 새 카메라에 포함된다.)

d. The proposal has been **embodied** in a draft resolution.(그 제안은 초안 결의안에 포함 되었다.)

e. The ideas are **embodied** in the constitution.(그 생각들은 헌법에 담긴다.)

1.5. 다음 주어는 목적어를 in의 목적어에 표현한다.

(5) a. She **embodies** her principles in her behavior.(그녀는 원칙들을 행동에 표현한다.)

b. He **embodied** his democratic ideas in his speech.(그는 민주주의 이상을 그의 연설에 표현했다.)

c. He **embodied** the idea in suitable words.(그는 그 생각을 적당한 말로 표현했다.)

emboss

이 동사의 개념 바탕에는 돋을 새김으로 꾸미는 과정이 있다.

1. 타동사 용법

1.1. 다음 주어는 목적어를 다른 개체에 돋을 새김을

한다.

(1) a. He **embossed** a design of roses on a silver vase.(그는 장미 디자인을 그 은색 꽃병에 돋을 새김을 했다.)

b. She **embossed** a design of flowers on a gold cup.(그녀는 꽃 디자인을 금 컵에 돋을 새김을 했다.)

1.2. 다음 주어는 목적어를 돋을 새김으로 장식한다.

(2) a. He **embossed** his sword with a design of a bull.(그는 칼을 황소 디자인으로 돋을 새김을 했다.)

b. He **embossed** his leather belt.(그는 가죽 벨트를 돋을 새김을 했다.)

1.3. 다음은 수동태 문장으로 주어 on의 목적어에 돋을 새김이 된다.

(3) a. A floral design was **embossed** on the letter case.(꽃 무늬가 그 편지 상자에 돋을 새김이 되었다.)

b. The book's title is **embossed** on the cover.(책의 제목은 그 겉 표지에 돋을 새김이 되어 있다.)

c. The hotel's name was **embossed** on the stationery.(그 호텔의 이름은 문구 용지에 돋을 새김이 되었다.)

1.4. 다음은 수동태 문장으로 주어는 with의 목적어로 돋을 새김이 된다.

(4) a. The gold cup is **embossed** with a design of flowers.(그 금 컵은 꽃 디자인으로 돋을 새김이 되어 있다.)

b. The firm's paper is **embossed** with its name and address.(그 회사의 용지는 그것의 이름과 주소로 돋을 새김이 되어 있다.)

c. Her stationery is **embossed** with her initials.(그녀의 문구는 그녀의 이니셜로 돋을 새김이 되어 있다.)

embrace

이 동사의 개념 바탕에는 껴안는 과정이 있다.

1. 타동사 용법

1.1. 다음 주어는 목적어를 껴안는다.

(1) a. He **embraced** his wife.(그는 아내를 껴안았다.)

b. Father **embraced** the son.(아버지가 아들을 껴안았다.)

c. The twins **embraced** at their reunion.(그 쌍둥이들은 재결합 때 껴안았다.)

1.2. 다음 목적어는 추상적인 개체이나 구체적인 것으로 개념화되어 있다. 주어는 목적어를 껴안는다.

(2) a. He has **embraced** a new life.(그는 새 삶을 기꺼이 받아들였다.)

b. Sue **embraces** vegetarianism because it is healthy.(수는 채식주의가 건강에 좋기 때문에 그것을 기꺼이 받아들인다.)

c. He **embraced** religion late in life.(그는 느지막히 종교를 받아들였다.)

d. The newcomers **embraced** the hectic life of the big city.(새로 이사온 이들은 대도시의 바쁜 생활을 기꺼이 받아들였다.)

1.3. 다음 주어는 눈이나 마음의 눈으로 목적어를 본다.

(3) a. He embraced the whole situation.(그는 전체 상황을 훑어 보았다.)

    b. He embraced the whole village.(그는 전체 마을을 보았다.)

1.4. 다음 주어는 목적어를 포함한다.

(4) a. The cat family embraces cats, leopards, and jaguars.(고양이 과는 고양이, 표범, 재규어를 포함한다.)

    b. His work embraces the whole fields of Ancient Roman history.(그의 연구는 고대 로마 역사의 모든 영역을 포함한다.)

    c. His report embraced all the main points.(그의 보고서는 모든 주안점을 포함한다.)

    d. The course embraces elements of physics, chemistry, and engineering.(그 강의는 물리, 화학 그리고 토목의 요소를 포함한다.)

    e. His analysis embraces a host of diverse factors.(그의 분석은 여러 가지의 상이한 요소를 포함한다.)

    f. Botany embraces the study of all plant life.(생물학은 모든 식물의 연구를 포함한다.)

1.5. 다음 주어는 그 자체가 목적어를 감싼다.

(5) a. Vines embrace the hut.(포도 덩굴이 오막집을 감싼다.)

    b. The hills embrace the town.(그 산들은 읍내를 둘러싼다.)

    c. Shadows embraced the house.(그늘이 집을 둘러쌌다.)

1.6. 다음은 수동태 문장으로 주어는 감싸인다.

(6) a. The valley is embraced by the bend of a river.(그 계곡은 어느 강의 굽이로 둘러싸여 있다.)

    b. The coral isle is embraced by the sea.(그 산호 섬은 바다로 둘러싸여 있다.)

embroider

이 동사의 개념 바탕에는 수를 놓는 과정이 있다.

1. 타동사 용법

1.1. 다음 주어는 목적어를 수로 놓는다.

(1) a. She embroidered the edges of all her pillows.(그녀는 그녀의 모든 베개의 끝을 수를 놓았다.)

    b. He embroidered her dress with flowers.(그는 그녀의 드레스를 꽃 무늬로 수를 놓았다.)

    c. She embroidered her bedspread with a map of England.(그녀는 그녀의 침대 덮개를 영국 지도로 수를 넣었다.)

    d. The dress were embroidered with flowers.(그 드레스는 꽃무늬로 수가 놓아져 있다.)

1.2. 다음 주어는 목적어를 전치사 on의 목적어에 수를 놓는다.

(2) a. He embroidered flowers on her dress.(그는 꽃 무늬를 드레스에 수 놓았다.)

    b. Sue embroidered her name on her handkerchief.(수는 그녀의 이름을 손수건에 수 놓았다.)

1.3. 다음은 [야기, 말, 사실 등은 개체] 은유가 적용된

표현이다. 주어는 목적어를 꾸민다. 즉 과장한다.

(3) a. She embroidered her story to hold her listeners' interest.(그녀는 이야기를 듣는 이의 흥미를 잡기 위해 이야기에 꾸몄다.)

    b. The witness embroidered her testimony with a few opinions.(그 목격자는 증언을 몇 개의 자기 의견으로 꾸몄다.)

    c. He is inclined to embroider the facts.(그는 사실을 과장하는 경향이 있다.)

1.4. 다음은 수동태 문장으로 주어는 과장된다.

(4) A number of war novels are more or less embroidered.(많은 전쟁 소설은 다소 과장된다.)

2. 자동사 용법

2.1. 다음 주어는 수를 놓는다.

(5) a. She embroiders as a way of relaxing.(그녀는 휴식의 방법으로써 수를 놓는다.)

    b. She embroiders well.(그녀는 수를 잘 놓는다.)

embroil

이 동사의 개념 바탕에는 끌어들이는 과정이 있다.

1. 타동사 용법

1.1. 다음 주어는 자신을 in의 목적어에 끌어들인다.

(1) a. I am reluctant to embroil myself in his problems.(나는 그의 문제에 나 자신을 끌고 들어가기가 싫다.)

    b. This is not my argument. Please don't embroil me.(이것은 내 논쟁이 아니다. 나를 끌어들이지 마세요.)

1.2. 다음은 수동태 문장으로 주어는 끌려든다.

(2) a. They were embroiled in a passionate debate about the budget.(그들은 예산에 대한 격정적인 논쟁에 휩쓸려 있었다.)

    b. He became embroiled in a scandal.(그는 추문에 휩쓸려 들게 되었다.)

emerge

이 동사의 개념 바탕에는 어떤 개체가 어떤 그릇에서 밖으로 나오는 과정이 있다.

1. 자동사 용법

1.1. 다음 주어는 전치사 from의 목적어에서 나온다.

(1) a. The divers emerged from the water.(그 잠수부들이 물 속에서 나왔다.)

    b. The moon emerged from behind the clouds.(달이 구름 뒤에서 나타났다.)

    c. The rabbits emerged from the bushes.(토끼가 그 덤불 속에서 나타났다.)

    d. A bear emerged from the woods.(곰 한 마리가 그 숲 속에서 나타났다.)

    e. The sun emerged from behind a cloud.(태양이 어느, 구름 뒤에서 모습을 드러냈다.)

    f. There was an eruption in the ocean and an island

emerged from the water.(바다에 화산 분출이 있었고, 섬 하나가 물 밖으로 나타났다.)

g. The economy is emerging from recession.(경제가 침체를 벗어나고 있다.)

1.2. 다음 주어는 나타난다.

(2) a. New leaders have emerged.(새 지도자들이 나타났다.)

b. The new republic emerged in 1950.(그 공화국은 1950년에 새로이 등장했다.)

c. As the cloud drifted away, the sun emerged.(그 구름이 흘러가면서 해가 나타났다.)

d. The submarine emerged.(그 잠수함이 떠올랐다.)

e. Sea mammals must emerge to breathe.(해양 포유류들은 숨을 쉬기 위해 물 밖으로 나와야 한다.)

f. We emerged into bright sunlight.(우리는 밝은 햇살로 나왔다.)

g. A strong breed emerged.(강한 종자가 나타났다.)

1.3. 다음 주어는 전치사 from의 목적어에서 나타난다. 전치사의 목적어는 상태이다.

(3) a. She emerged from the divorce a stronger person.(그녀는 이혼에서 더 강한 사람으로 나타났다.)

b. The president emerged from the incident with his reputation intact.(대통령은 그 사건에서 명성의 손상 없이 벗어났다.)

c. He emerged from obscurity.(그는 무명에서 벗어났다.)

d. The family emerged from poverty.(그 가족은 가난에서 벗어났다.)

1.4. 다음 주어는 전치사 as의 목적어로 나타난다.

(4) a. After the election, the Democrats emerged as the largest single party.(그 선거 후 민주당은 가장 큰 개별 정당으로 등극했다.)

b. The new nation soon emerged as an important power.(그 신생국이 곧 중요한 나라로 등극했다.)

c. She emerged as the winner.(그녀는 승자가 되어 나타났다.)

d. He emerged as a key figure in the campaign.(그는 선거전에서 중심 인물로 떠올랐다.)

e. He has emerged as a strong rival.(그는 막강한 경쟁자로 떠올랐다.)

f. They have emerged as one of the UK's most successful companies.(그들은 영국의 가장 성공한 회사 중 하나로 부상했다.)

1.5. 다음 주어는 나타난다. 주어는 that-절이 가리키는 사실이다.

(5) a. It emerged that Frank had been driving drunk last night.(프랭크가 어젯밤 음주 운전을 했다는 사실이 드러났다.)

b. It emerged from their conversation that he had never been to Seoul.(그들의 대화를 통해서 그가 서울에 가본 적이 없다는 사실이 드러났다.)

c. It emerged that he had accepted the bribe.(그가 뇌물을 수수했다는 사실이 드러났다.)

d. It emerged that she had made a false report.(그녀가 허위 보고를 했다는 사실이 드러났다.)

e. It later emerged that he was responsible for the crime.(그가 그 범행에 책임이 있다는 사실이 나중에 밝혀졌다.)

1.6. 다음 주어는 나타난다. 주어는 추상적 개체이다.

(6) a. New ideas emerged after the discussion.(새 생각들이 그 토론 후 나왔다.)

b. Several new facts emerged during the trial.(몇 가지 새로운 사실들이 재판 중에 드러났다.)

c. A conclusion began to emerge.(결론이 드러나기 시작했다.)

d. The truth emerged at the hearing.(그 진실이 청문회에서 드러났다.)

e. He was already thirty before his artistic talent emerged.(그는 이미 서른의 나이가 되어서야 예술적 재능이 나타났다.)

emigrate

이 동사의 개념 바탕에는 이민을 떠나는 과정이 있다.

1. 자동사 용법

1.1. 다음 주어는 이민을 떠난다.

(1) My grandmother emigrated from Korea 1960.(내 할머니는 한국으로부터 1960년에 이민을 떠났다.)

emit

이 동사의 개념 바탕에는 밖으로 내는 과정이 있다.

1. 타동사 용법

1.1. 다음 주어는 목적어를 낸다. 목적어는 소리이다.

(1) a. The patient emitted a groan.(그 환자는 신음 소리를 냈다.)

b. He emitted a scream.(그는 비명을 질렀다.)

c. She emitted a long whistle.(그녀는 긴 휘파람을 불었다.)

d. The baby emitted a cry.(그 아기가 울음을 울었다.)

e. The trapped lion emitted roars of rage.(그 덫에 걸린 사자가 맹렬한 포효를 질렀다.)

1.2. 다음 주어는 목적어를 낸다. 주어는 개체이다.

(2) a. The siren emitted a warning sound.(그 사이렌은 경고음을 울렸다.)

b. The alarm emitted a shrill sound.(그 경보기에서 날카로운 소리를 내었다.)

c. The metal container began to emit a clicking sound.(그 금속 용기는 딸깍 소리를 내기 시작했다.)

1.3. 다음 주어는 목적어를 낸다. 목적어는 연기이다.

(3) a. The factories are emitting clouds of smoke.(그 공장들은 연기 구름을 내뿜고 있다.)

b. The car is emitting noxious fumes.(그 차가 독한 매연을 내뿜고 있다.)

c. The ship was emitting black smoke from its funnels.(그 배는 검은 연기를 굴뚝에서 내뿜고 있었다.)

d. The chimney emitted clouds of smoke.(그 굴뚝은

연기 구름을 뿜었다.)

1.4. 다음 주어는 목적어를 낸다. 목적어는 빛이다.

(4) a. Plutonium **emits** harmful rays.(플루토늄은 유해 광선을 방출한다.)

b. The fireplace **emitted** a pleasant warmth.(그 벽난로는 포근한 온기를 내었다.)

c. The alarm **emits** infrared rays which are used to detect any intruder.(그 경보 장치는 침입자 감지를 하는 데 쓰이는 적외선을 발사한다.)

d. The sun **emits** light and volcanoes emit lava and hot gases.(태양은 빛을 보내고 화산은 용암과 고온의 기체를 내뿜는다.)

e. The fire **emitted** a great heat.(그 불은 대단한 열기를 내뿜었다.)

1.5. 다음 주어는 목적어를 낸다. 목적어는 냄새이다.

(5) The mixture **emitted** a curious smell.(그 혼합물은 이상한 냄새를 냈다.)

emphasize

이 동사의 개념 바탕에는 강조하는 과정이 있다.

1. 타동사 용법

1.1. 다음 주어는 목적어를 강조한다.

(1) a. The speaker **emphasized** the teamwork.(그 화자는 팀워크를 강조했다.)

b. He **emphasized** the need for more volunteers.(그는 더 많은 지원자의 필요성을 강조했다.)

c. I **emphasized** the importance of good grades.(나는 좋은 학점의 중요성을 강조했다.)

d. He **emphasized** the point.(그는 그 점을 강조했다.)

1.2. 다음 주어는 의문사가 이끄는 절의 내용을 강조한다.

(2) a. He **emphasized how** little was known about the disease.(그는 그 병에 관해 얼마나 적게 알려졌는지를 강조했다.)

b. Let me **emphasize what** a great help you have been to me.(네가 내게 얼마나 큰 도움을 주었는지 강조하겠다.)

1.3. 다음 주어는 that-절의 내용을 강조한다.

(3) a. Parents **emphasize that** children should be independent.(부모들은 아이들이 독립적이어야 한다고 강조한다.)

b. It should be **emphasized** that flying is a very safe way to travel.(비행이 여행하는데 매우 안전한 길이라는 것이 강조되어야 한다.)

employ

이 동사의 개념 바탕에는 공용하거나 쓰는 과정이 있다.

1. 타동사 용법

1.1. 다음 주어는 목적어를 쓴다. 목적어는 사람이다.

(1) a. We're **employing** a firm of architects to design a new extension.(우리는 새 증축을 설계하기 위하여

건축 회사를 고용할 것이다.)

b. We **employed** her to manage the store.(우리는 상점을 관리하기 위해 그녀를 고용했다.)

c. He has **employed** a new secretary.(그는 새 비서를 채용했다.)

d. The company **employed** 100 workers.(그 회사는 100명의 근로자를 고용했다.)

e. The city **employed** him to clean the park.(그 시는 그를 그 공원을 청소하기 위해서 채용했다.)

1.2. 다음 주어는 목적어를 고용한다. 주어는 개체이다.

(2) a. The task will **employ** 30 men.(그 일은 30명의 일손을 고용할 것이다.)

b. The work will **employ** 50 men.(그 일은 50명의 일손을 고용할 것이다.)

1.3. 다음은 수동태 문장으로 주어는 고용된다.

(3) a. I am **employed** in a bank.(나는 은행에 고용되어 있다.)

b. He is **employed** on the farm.(그는 그 농장에 고용되어 있다.)

c. She was **employed** as an advisor.(그녀는 고문으로 고용되어 있었다.)

d. 30 men were **employed** in loading the cargo.(그 짐을 싣는 데 30명의 일꾼이 고용되었다.)

e. Her days are **employed** in gardening.(그녀는 정원을 가꾸는 일에 쓰인다.)

1.4. 다음 주어는 목적어를 쓴다. 목적어는 시간이다.

(4) a. I sometimes **employ** my leisure in reading.(나는 이따금 독서에 나의 여가 시간을 쓴다.)

b. He **employs** his time for charity.(그는 자선을 위해 시간을 쓴다.)

c. Cleaning the room **employs** most of my time.(그 방 청소는 내 시간의 대부분을 쓴다.)

d. You should **employ** your time better.(당신은 시간을 더 잘 활용해야 한다.)

e. How do you **employ** your free time?(당신은 여가를 어떻게 보내십니까?)

f. I **employ** my free time with cycling and reading.(나는 자전거 타기와 독서로 여가를 보낸다.)

g. Idle people need something to **employ** their minds.(게으른 사람들은 마음을 쓸 무언가를 필요로 한다.)

1.5. 다음 주어는 목적어를 쓴다. 목적어는 자료이다.

(5) a. He **employed** gasoline to remove the spots.(그는 그 얼룩들을 지우려고 휘발유를 사용했다.)

b. He **employed** alcohol as a solvent.(그는 알콜을 용매제로 썼다.)

c. He **employs** a knife for cutting the cake.(그는 칼을 케이크를 자르는데 사용한다.)

1.6. 다음 주어는 목적어를 쓴다. 목적어는 방법, 수단, 기술, 지혜 등이다.

(6) a. He criticised the repressive methods **employed** by the government.(그는 정부가 쓴 그 억압적인 방법을 비난했다.)

b. Don't **employ** dishonest means.(부정한 방법을 쓰지 마시오.)

c. They **employ** all their skills for the work.(그들은 그 일을 위해서 모든 가진 기술들을 총동원한다.)

d. The police had to **employ** force to break up the crowd.(경찰은 군중을 해산시키기 폭력을 써야 했다.)

e. She had to **employ** all her powers of persuasion. (그녀는 모든 설득력을 총동원해야 했다.)

f. Please **employ** your wisdom to the fullest in this matter.(이 문제에 지혜를 마음껏 발휘해 주시오.)

g. She **employs** several different techniques in her painting.(그녀는 몇 가지 다른 화법을 그림에 사용한다.)

h. She **employed** all the resources available to her. (그녀는 쓸 수 있는 모든 자원을 썼다.)

i. They **employed** the new computer to produce the catalogue.(그들은 목록을 만드는데 새 컴퓨터를 사용했다.)

j. The two scientists **employ** different approaches to the same problem.(두 과학자는 서로 다른 접근법을 같은 문제에 사용한다.)

1.7. 다음의 목적어는 재귀대명사로 주어의 마음이나 정원이다.

(7) a. She **employed** herself in reading.(그녀는 자신을 독서에 썼다/그녀는 독서를 했다.)

b. She **employed** herself in cleaning the kitchen.(그녀는 자신을 부엌을 청소하는데 썼다/청소했다.)

1.8. 다음 문장은 수동태로 주어는 어떤 일에 종사한다.

(8) a. She was **employed** in making a list of all the jobs to be done.(그녀는 해야 할 모든 일들의 목록을 만드는 일에 종사했었다.)

b. He was **employed** in writing letters.(그는 편지들을 쓰는데 종사했었다.)

c. The children were **employed** in weeding the garden.(그 아이들은 정원의 잡초를 뽑는 데 종사했었다.)

1.9. 다음 주어는 목적어를 쓴다. 목적어는 장소이다.

(9) I. They decided to **employ** the vacant lot as a playground.(그들은 그 공터를 놀이터로 쓰기로 결정했다.)

empower

이 동사의 개념 바탕에는 힘, 권력을 주는 과정이 있다.

1. 타동사 용법

1.1. 다음 주어는 목적어에게 권력을 준다.

(1) The movement actively **empowered** women and gave them confidence in themselves.(그 운동은 여자들에게 권력을 주어 그들 자신에 대한 자신감을 주었다.)

1.2. 다음 주어는 목적어에게 어떤 일을 할 수 있는 권력을 준다.

(2) a. The owner **empowered** Susan to hire new employees for the store.(그 소유주는 수잔에게 그

상점의 새 교용인을 채용하는 권한을 주었다.)

b. Science **empowers** men to control natural forces. (과학은 인간에게 자연의 힘을 통제하는 힘을 준다.)

c. The warrant **empowers** the police to search the house.(그 영장은 경찰에게 그 집을 수색할 권한을 준다.)

1.3. 다음은 수동태 문장으로 주어는 권한이 주어진다.

(3) a. The police are **empowered** to arrest suspected criminals.(그 경찰은 용의선상의 범인들을 체포할 권한이 주어져 있다.)

b. The court is **empowered** to impose death sentence on certain crimes.(그 법원은 사형 선고를 특정 범죄에 부과할 수 있는 권한이 주어져 있다.)

c. The college is **empowered** to grant degrees.(그 대학은 학위를 줄 수 있는 권한이 주어져 있다.)

empty

이 동사의 개념 바탕에는 비우는 과정이 있다.

1. 타동사 용법

1.1. 다음 주어는 목적어를 비운다.

(1) a. He **emptied** his glass and asked for a refill.(그는 잔을 비운 후 리필을 요청했다.)

b. He **emptied** the bucket/the glass.(그는 양동이/잔을 비웠다.)

c. He **emptied** out his bag.(그는 가방 안에 든 것을 쏟아냈다.)

d. He **emptied** out his pockets.(그는 주머니에 든 것을 꺼냈다.)

e. The rain **emptied** the streets.(비 때문에 거리는 한산했다.)

1.2. 다음 주어는 목적어를 비워서 전치사 of의 목적어를 비운다.

(2) a. He **emptied** the box of its content.(그는 그 상자를 비워서 내용물을 꺼냈다.)

b. He **emptied** the drawers of their contents.(그는 그 서랍을 비워서 내용물을 꺼냈다.)

c. She **emptied** her mind of all thoughts of home. (그녀는 마음을 비워서 집에 대한 생각을 떨궈냈다.)

1.3. 다음 주어는 목적어를 전치사 into의 목적어에 흘러들게 한다.

(3) a. The factories **empty** their waste into the river.(그 공장은 쓰레기를 그 강으로 흘려 보낸다.)

b. He **emptied** the grain from a sack into a bucket. (그는 그 곡식을 자루에서 비워 양동이에 담았다.)

c. She **emptied** the milk into a pan. (그녀는 우유를 프라이팬에 부었다.)

d. The Mississippi **empties** itself into the Gulf of Mexico.(미시시피강은 멕시코만으로 흐른다.)

2. 자동사 용법

2.1. 다음 주어는 흘러든다.

(4) a. The Han River **empties** into the Yellow Sea.(한강은 서해로 흘러 들어간다.)

b. The Elbe **empties** into the North Sea.(엘베강은 북

해로 흘러 들어간다.)

c. Crowds emptied out onto the streets after the concert.(청중들은 그 연주가 끝난 후 그 거리들로 쏟아져 나왔다.)

2.2. 다음 주어는 빈다.

(5) a. The stadium emptied quickly after the game.(그 경기가 끝난 후 경기장은 곧 텅 비었다.)

b. The bathtub emptied slowly.(그 욕조는 천천히 비 었다.)

c. The stores were closing, and the streets began to empty.(그 상점들은 문을 닫고 있었고, 거리들은 텅 비기 시작했다.)

d. The tank empties out in ten minutes.(그 탱크는 10분 내에 빈다.)

emulate

이 동사의 개념 바탕에는 좋은 일을 위해 겨루는 과 정이 있다.

1. 타동사 용법

1.1. 다음 주어는 목적어를 필적하려고 한다.

(1) a. Tom emulated his boss at work, hoping for a raise.(탐은 봉급인상을 희망하면서 그 사장을 겨루 려고 했다.)

b. He could never emulate his brother at sport.(그는 형을 운동에서 결코 맞설 수 없었다.)

1.2. 다음 주어는 목적어를 이기려고 한다.

(2) a. I tried to emulate Mark's skills at playing tennis. (나는 마크의 기술을 테니스를 할 때 능가하려고 노 력했다.)

b. She hopes to emulate her brother's achievements. (그녀는 오빠의 업적을 능가하기를 희망한다.)

c. The company wants to emulate the successful overseas competition.(그 회사는 성공적인 해외 경 쟁을 능가하기를 원한다.)

enact

이 동사의 개념 바탕에는 법안을 법으로 만드는 과 정이 있다.

1. 타동사 용법

1.1. 다음 주어는 목적어(법안)을 법으로 만든다.

(1) a. Congress refused to enact the bill.(국회는 그 법안 을 입법화하기를 부결했다.)

b. Congress enacted the new crime bill.(국회는 새 형법을 제정했다.)

c. Congress enacted a bill raising tariffs.(국회는 관 세 인상 법안을 입법화했다.)

1.2. 다음 주어는 목적어를 입법화해서 만든다.

(2) a. The Congress enacted a new law.(국회는 새 법률 을 제정했다.)

b. The government enacted several new laws.(정부 는 몇 가지 새 법률을 제정했다.)

c. The county council enacted the curfew law for minors.(그 군 의회는 미성년자를 위한 야간 통행 금지법을 제정했다.)

1.3. 다음은 수동태 문장으로 주어는 입법화된다.

(2) a. The bill is expected to be enacted during this session.(그 법안은 이번 회기 중에 입법화될 것으 로 예상된다.)

b. Several bills were enacted at the end of this session of Parliament.(몇 가지 법안이 이번 의회 회기 말에 입법화되었다.)

1.4. 다음 주어는 목적어를 연기한다. 목적어는 배역이 다.

(4) a. He enacted Othello well.(그는 오셀로역을 잘 해냈 다.)

b. He enacted the part of an Indian well.(그는 인디 언 역할을 잘 해냈다.)

c. He enacted the role of the villain.(그는 그 악당의 역할을 맡았다.)

d. Scarlet was enacted by Vivien Leigh in 'Gone with the Wind.' ('바람과 함께 사라지다'에서 스칼 렛역은 비비언 리가 맡았다.)

1.5. 다음 주어는 목적어를 연기한다. 목적어는 작품이 다.

(5) a. She often enacted the stories told to her by her grandmother.(그녀는 종종 할머니께서 들려주신 이야기들을 연기했다.)

b. They enacted the final scene without any mistakes.(그들은 마지막 장면을 아무 실수 없이 연 기했다.)

c. Jane enacted the emotional scene from the play's second act.(제인은 연극의 2막의 감동적인 장면을 연기했다.)

d. The cast enacted the entire play in the church. (그 배역은 전체 희곡을 그 교회에서 연기했다.)

1.6. 다음은 수동태 문장으로 주어는 수행된다.

(6) a. The murder was enacted in public.(그 살인은 사 람들이 보는 앞에서 자행되었다.)

b. The crime was enacted in court.(그 범죄는 그 법 정에서 재현되었다.)

c. A strange scene was enacted before his eyes.(이 상한 장면이 그의 눈앞에서 벌어졌다.)

enclose

이 동사의 개념 바탕에는 둘러싸는 과정이 있다.

1. 타동사 용법

1.1. 다음 주어는 목적어를 둘러싼다.

(1) a. A high wall enclosed the courtyard.(높은 벽이 안 뜰을 에워쌌다.)

b. Low hedges enclosed the flower bed.(낮은 산울 타리들이 그 화원을 둘러쌌다.)

c. A tall concrete wall enclosed the prison.(높다란 콘크리트 벽이 교도소를 에워쌌다.)

1.2. 다음 주어는 목적어를 전치사 with의 목적어로 둘 러싼다.

(2) a. He **enclosed** the garden **with** a fence.(그는 정원을 담장으로 둘러쌌다.)

b. Workers **enclosed** the yard **with** a wood fence.(일꾼들은 정원을 나무 담장으로 에워쌌다.)

1.3. 다음은 수동태 문장으로 주어는 둘러싸인다.

(3) a. The castle was **enclosed** by tall mountains.(그 성은 높은 산들에 둘러싸여 있었다.)

b. The pool area is **enclosed** by a six-foot wall. (그 수영장 지역은 6피트 높이의 벽으로 둘러싸여 있다.)

c. The animals were **enclosed** by a high fence.(그 동물들은 높은 담장에 둘러 싸였다.)

1.4. 다음 주어는 목적어를 담는다.

(4) a. A scented envelope **enclosed** a love letter.(향기나는 봉투가 연애편지를 담고 있었다.)

b. The box **enclosed** my dissertation.(그 상자는 내 논문을 담고 있었다.)

c. Her letter **enclosed** several photographs.(그녀의 편지는 몇 장의 사진을 담고 있었다.)

1.5. 다음 주어는 목적어를 전치사 in의 목적어에 담는다.

(5) a. He **enclosed** the jewel **in** a casket.(그는 그 보석을 상자 안에 집어 넣었다.)

b. **Enclose** the pot **in** a clear plastic bag.(그 화분을 투명한 프라스틱 봉투에 담아라.)

1.6. 다음 주어는 목적어를 전치사 with의 목적어와 함께 넣는다.

(6) a. I am **enclosing** a check **with** this letter.(나는 수표 한 장을 이 편지와 함께 동봉한다.)

b. Please **enclose** a check **with** your order.(수표를 당신의 주문서와 함께 동봉하세요.)

1.7. 다음 주어는 목적어를 동그라미로 표시된다.

(7) a. He **enclosed** a dot **with** a circle. (그는 점을 원으로 에워쌌다.)

b. All translated words should be **enclosed** in brackets.(모든 번역된 어구는 괄호로 둘러싸여야 한다.)

encompass

이 동사의 개념 바탕에는 둘러싸는 과정이 있다.

1. 타동사 용법

1.1. 다음 주어는 목적어를 둘러싼다.

(1) a. High mountains **encompass** the lake.(높은 산들이 그 호수를 둘러싼다.)

b. The wall **encompasses** the entire college campus.(벽은 대학 구내 전체를 둘러싼다.)

c. The fog soon **encompassed** the whole valley.(그 안개가 전 계곡을 둘러쌌다.)

1.2. 다음 주어는 추상적 개체이다. 그러나 구체적 개체로 개념화되어 목적어를 포함한다.

(2) a. The reorganization plan **encompasses** all employees.(그 재조직안은 모든 고용인들을 포함한다.)

b. The job **encompasses** a wide range of responsibility.(그 일은 넓은 범위의 책임을 포함한다.)

c. The study **encompasses** social, political and economic aspects of the situation.(그 연구는 그 상황의 사회적, 정치적 그리고 경제적 국면을 포함한다.)

encounter

이 동사의 개념 바탕에는 우연히 마주치는 과정이 있다.

1. 타동사 용법

1.1. 다음 주어는 목적어를 마주친다. 목적어는 사람이다.

(1) a. I first **encountered** him at a summer camp.(나는 처음으로 여름 야영지에서 그를 만났다.)

b. He **encountered** an old friend.(나는 우연히도 옛 친구를 만났다.)

1.2. 다음 주어는 목적어를 마주친다. 목적어는 과정이다.

(2) a. We **encountered** a serious setback when two members of the expedition were injured.(우리는 심각한 좌절을 그 탐험대의 두 대원이 상처를 입었을 때 직면했다.)

b. I have never **encountered** such resistance.(나는 결코 이러한 저항을 직면한 적이 없다.)

c. I expect to **encounter** many difficulties in this job.(나는 많은 어려운 일들을 이 일에서 직면할 것으로 예상한다.)

2. 자동사 용법

2.1. 다음 주어는 전치사 with의 목적어를 마주친다.

(3) a. He **encountered with** a danger.(그는 한 위험에 직면했다.)

b. He **encountered with** an old friend.(그는 옛 친구와 우연히 만났다.)

c. They **encountered with** a bear in the woods.(그들은 곰과 숲에서 우연히 마주쳤다.)

encourage

이 동사의 개념 바탕에는 용기를 주는, 격려하는 과정이 있다.

1. 타동사 용법

1.1. 다음 주어는 목적어를 전치사 with의 목적어로 격려한다.

(1) a. She **encouraged** him **with** kind words throughout the ordeal.(그녀는 그를 친절한 말로 그 시련 기간 동안 격려를 했다.)

b. She **encouraged** him **with** friendly advice.(그녀는 그를 우정 어린 충고로 격려를 했다.)

1.2. 다음 주어는 목적어를 전치사 in의 목적어 영역에서 격려한다.

(2) a. You should not **encourage** him **in** his extravagance.(너는 그를 낭비 면에서 조장을 해서

는 안 된다.)

b. She encouraged him in his work.(그녀는 그의 일
에 격려를 했다.)

c. You should encourage him in his attempts to
become a doctor.(너는 의사가 되겠다는 그의 시도
에 격려를 해야 한다.)

d. They always encouraged me in everything I
wanted to do.(그들은 내가 하기를 원하는 모든 일
에 항상 나를 격려 했다.)

e. My parents always encourage me in my painting.
(나의 부모님들은 나의 그림 그리기에서 항상 나를
격려 했다.)

1.3. 다음 주어는 목적어를 격려한다.

(3) a. My uncle encouraged me when I was frustrated.
(삼촌은 내가 좌절을 느낄 때 나를 격려 했다.)

b. Your appreciation of my work encouraged me a
great deal.(내 작품에 대한 당신의 인정은 나를 많
이 격려해 주었다.)

1.4. 다음 주어는 목적어를 격려한다. 주어는 개체이다.

(4) a. Your faith encourages me.(너의 신념이 나를 격려
한다.)

b. The cheers of his classmates encouraged him.
(반 친구들의 응원이 그를 격려했다.)

1.5. 다음은 수동태 문장으로 주어는 격려된다.

(5) a. She was encouraged at/by her success.(그녀는
자신의 성공에 고무되었다.)

b. Investors were encouraged by the news.(투자가
들은 그 소식에 고무되었다.)

c. We were greatly encouraged by the positive
response of the public.(우리는 대중의 긍정적인 반
응에 크게 고무되었다.)

1.6. 다음 주어는 목적어를 조장한다.

(6) a. The school encourages all sorts of athletic sports.
(그 학교는 모든 종류의 운동을 장려한다.)

b. The government encouraged the campaign
against smoking.(정부는 금연 운동을 장려했다.)

c. Alfred encouraged learning throughout England.
(알프레드는 학문을 영국 전역에 장려했다.)

1.7. 다음은 수동태 문장으로 주어는 권장된다

(7) Participation is encouraged at all levels.(참여가 모
든 수준에서 권장된다.)

1.8. 다음 주어는 목적어를 격려하여 부정사가 지시하는 일을 하게 한다.

(8) a. We want to encourage people to go fishing(우리
는 사람들을 권장하여 낚시를 가게 하고 싶다.)

b. You must encourage him to try again.(너는 그를
권장하여 다시 시도하게 해야 한다.)

c. He encouraged her to make another attempt.(그
는 그녀를 격려하여 다시 시도하게 했다.)

d. Her teacher encouraged her to write short
stories.(선생님은 그녀를 권장하여 단편 소설을 쓰
게 했다.)

e. He encouraged me to apply for the job.(그는 나를
권장하여 그 일자리에 지원하게 했다.)

1.9. 다음 주어는 목적어를 격려하여 부정사가 가리키

는 일을 하게 한다. 주어는 개체이다.

(9) a. His success encouraged him to make greater
efforts.(그의 성공은 그를 더 노력하게 했다.)

b. Music and lighting are used to encourage people
to buy more.(음악과 조명이 사람들을 더 많이 사게
조장하는 데 쓰인다.)

c. Letters of support encouraged the mayor to run
again.(격려의 편지들이 사장을 재출마하게 격려했
다.)

d. Banks encourage people to borrow money.(은행
들은 사람들을 돈을 빌리게 조장한다.)

e. A good public transport encourages people to
leave their cars at home.(좋은 공공 운송 수단은
사람들이 차를 집에 두게 만든다.)

f. Praise encouraged the children to work harder.
(칭찬은 그 아이들을 격려하여 더 열심히 공부하게
했다.)

1.10. 다음은 수동태 문장으로 주어는 격려를 받고 부정사가 가리키는 일을 하게 된다.

(10) We were encouraged to learn foreign languages.
(우리는 격려를 받고 외국어를 공부하게 되었다.)

1.11. 다음 주어는 목적어를 조장한다.

(11) a. Corporal punishment encourages violence among
children.(체벌은 폭력을 아이들 사이에 조장한다.)

b. Warm weather/rain/fertilizer encourages the
growth of plants.(따뜻한 기후/비/비료는 식물의 성
장을 촉진한다.)

c. Sunlight encourages the growth of green plants.
(햇빛은 녹색 식물의 성장을 촉진한다.)

d. Warm weather encourages the sale of soft
drinks.(따뜻한 기후는 청량음료수의 판매를 촉진한
다.)

e. Democracy encourages freedom.(민주주의는 자
유를 조장한다.)

f. Such unkind remarks only encourages prejudice.
(그러한 불친절한 말은 편견을 조장한다.)

encroach

이 동사의 개념 바탕에는 몰래 침입하는 과정이 있
다.

1. 자동사 용법

1.1. 다음 주어는 전치사 on의 목적어를 침입한다.

(1) a. I'm afraid I've encroached on your time.(시간을
빼앗아 죄송합니다.)

b. He encroached on her right.(그는 그녀의 권리를
침해했다.)

c. Don't encroach on my property.(나의 소유권을
침해하지 마라.)

d. He encroached on another's land.(그는 다른 사람
의 토지에 침입했다.)

1.2. 다음 주어는 전치사 on/upon의 목적어를 침식한다.

(2) a. The ocean has encroached on the shore at many
points.(바다는 여러 지점에서 그 해안을 침식했다.)

b. The houses encroached upon the farmland.(그 집

들은 농장을 잠식했다.)

c. He never allows his work to encroach upon his family life.(그는 일이 가족의 삶에 침범하는 것을 결코 허락하지 않는다.)

d. Wiretapping encrhoaches on our right to privacy.(도청은 사생활의 권리를 침범한다.)

encumber

이 동사의 개념 바탕에는 거추장스럽게 하는 과정이 있다.

1. 타동사 용법
1.1. 다음 주어는 목적어를 거추장스럽게 한다.
(1) a. Heavy armor encumbered him in the water.(무거운 갑옷이 그를 물에서 거추장스럽게 했다.)

b. Heavy shoes will encumber you in running.(무거운 신발이 달릴 때는 너를 방해할 것이다.)

c. Discarded furniture encumbered the hallway.(버려진 가구들이 그 통로를 어지럽게 했다.)

1.2. 다음은 수동태 문장으로 주어는 방해를 받는다.
(2) a. The hiker was encumbered by a heavy backpack.(그 도보여행자는 무거운 등짐으로 거추장스럽게 되었다.)

b. She was encumbered by two suitcases.(그녀는 두 개의 가방으로 잘 움직일 수 없었다.)

c. The police operation was encumbered by crowds of reporters.(그 경찰 작전은 기자들의 무리로 인해 방해를 받았다.)

1.3. 다음은 수동태 문장으로 주어는 짐이 지워진다.
(3) a. He is encumbered with cares/doubts/debts.(그는 걱정/의심/빚을 짊어지고 있다.)

b. The business is encumbered with debt.(그 사업은 빚 때문에 지장을 받는다.)

c. The farm is encumbered with heavy mortgages.(그 농장은 과중한 융자금을 지고 있다.)

1.4. 다음 주어는 목적어를 전치사 with의 목적어로 잡힌다.
(4) a. He encumbered his estate with mortgages.(그는 그 토지를 저당으로 잡혔다.)

b. He encumbered the office with chairs.(그는 사무실을 의자들로 어수선하게 했다.)

end

이 동사의 개념 바탕에는 끝나는 과정이 있다.

1. 자동사 용법
1.1. 다음 주어는 어떤 장소에서 끝이 난다.
(1) a. The beach ends three miles north of here.(그 바닷가는 여기서 삼 마일 북쪽에서 끝난다.)

b. The road ends here.(그 길은 여기서 끝난다.)

c. The book ends on page 285.(그 책은 285쪽에서 끝난다.)

1.2. 다음 주어는 과정이다. 주어는 어떤 시점이나 상태에서 끝난다.

(2) a. The marriage ended in divorce.(그 결혼은 이혼으로 끝났다.)

b. The battle ended in a victory.(그 전투는 승리로 끝났다.)

c. The film ended with the heroine dying.(그 영화는 주인공의 죽음으로 끝났다.)

d. How does the story end?(그 이야기는 어떻게 끝나나?)

e. With death, his pain finally ended.(죽음과 함께 그의 고통도 마침내 끝났다.)

f. The concert ended at 11:00.(그 음악회는 11시에 끝났다.)

1.3. 다음 주어는 자신이 원하지 않은 곳이나 상황에 이르게 된다.
(3) a. He'll end up in prison if he's not careful.(그는 조심을 하지 않으면 결국 감옥에 갈 것이다.)

b. We ended up parking many blocks away.(우리는 여러 블록 떨어진 곳에 주차를 하게 되었다.)

c. She ended up owning the company.(그녀는 결국 그 회사를 소유하게 되었다.)

d. The speaker ended by suggesting some topics for discussion.(그 연사는 토의를 위한 몇 개의 주제를 제안하면서 끝냈다.)

2. 타동사 용법
2.1. 다음 주어는 목적어를 끝낸다.
(4) a. They ended the play with a song.(그들은 그 연극을 노래로 끝냈다.)

b. The chairman ended the meeting.(그 의장은 회의를 끝냈다.)

c. Let's end this discussion here.(이 토의를 여기서 끝내자.)

d. They ended their relationship.(그들은 자신들의 관계를 끝냈다.)

e. We ended our friendship over a silly argument.(우리는 우리의 우정을 시시한 논쟁 때문에 끝냈다.)

2.2. 다음 주어는 그 자체가 목적어의 마지막 부분이 된다.
(5) a. Those remarks ended her speech.(그 말이 그녀의 연설을 끝냈다.)

b. The scene ends the play.(그 장면이 그 연극을 끝낸다.)

endeavor

이 동사의 개념 바탕에는 높은 목적어를 위해 노력하는 과정이 있다.

1. 자동사 용법
1.1. 다음 주어는 노력을 한다.
(1) He is endeavoring.(그는 애쓰고 있다.)

1.2. 다음 주어는 전치사 after의 목적어를 얻으려고 노력을 한다.
(2) a. He is endeavoring after happiness.(그는 행복을 추구하려 노력하고 있다.)

b. They are **endeavoring after** wealth.(그들은 부를 추구하려 애쓰고 있다.)

1.3. 다음 주어는 부정사가 가리키는 과정을 하려고 노력을 한다.

(3) a. He **endeavors to** soothe her.(그는 그녀를 위로하려고 애쓴다.)

b. He **endeavors to** be on time/do his best/do his duty.(그는 정시에 도착하려고/최선을 다하려고/의무를 다하려고 노력한다.)

c. We always **endeavor to** give our customers excellent service.(우리는 항상 고객에게 최상의 서비스를 제공하기 위해 노력한다.)

d. Bob **endeavored to** get better grades in college.(밥은 대학교에서 더 좋은 성적을 얻기 위해 노력했다.)

endorse

이 동사의 개념 바탕에는 이서하여 보증이나 지지를 확인하는 과정이 있다.

1. 타동사 용법
1.1. 다음 주어는 목적어의 이면을 서명한다.

(1) a. **Endorse** the check on the other side.(그 수표를 다른 쪽에 이서해 주세요.)

b. He **endorsed** the check.(그는 그 수표를 이서했다.)

1.2. 다음 주어는 목적어를 지지한다.

(2) a. I don't want to **endorse** your choice of friends.(나는 너의 친구들의 선택을 보증하고 싶지 않다.)

b. The committee has **endorsed** our proposals.(그 위원회는 우리의 제안을 지지했다.)

c. Many people have **endorsed** the national health care.(많은 사람들이 그 국민 건강 보호안을 지지했다.)

d. The court **endorsed** the judge's decision.(그 법원은 판사의 판결을 지지했다.)

1.3. 다음 주어는 목적어를 찬성한다.

(3) a. The labor union **endorsed** a democratic candidate.(그 노동 조합은 민주당 후보를 찬성했다.)

b. The party **endorsed** the candidate.(그 정당은 그 후보자를 찬성했다.)

1.4. 다음은 수동태 문장으로 주어는 위반 사실이 기록된다.

(4) a. His license was **endorsed** for speeding.(그의 면허는 속도 위반이 기록되었다.)

b. You risk being fined and having your license **endorsed**.(너는 벌금을 물고, 또 너의 면허에 위반 사항이 기록되는 위험을 맞는다.)

endow

이 동사의 개념 바탕에는 사람이나 제도의 지지나 유지를 목적으로 주는 과정이 있다.

1. 타동사 용법
1.1. 다음 주어는 목적어를 기증을 한다.

(1) a. The alumnus **endowed** his college in the amount of $300,000.(그 동창생들은 대학에 300,000 달러를 기부했다.)

b. The alumni **endowed** her college with a million dollars.(그 동창생들은 그녀의 대학에 1억 달러를 기부했다.)

1.2. 다음 주어는 목적어를 전치사 with의 목적어를 준다.

(2) a. Nature **endowed** her **with** a beautiful voice/intelligence.(자연은 그녀에게 아름다운 목소리/지성을 베풀었다.)

b. Nature **endowed** him **with** a singing voice.(자연은 그에게 노래하는 목소리를 베풀었다.)

1.3. 다음은 수동태 문장으로 주어는 태생적으로 with의 목적어가 주어진다.

(3) a. He was **endowed with** courage.(그는 용기를 부여받았다.)

b. She was **endowed with** looks and brains.(그녀는 미모와 지성을 부여받았다.)

c. His daughter is **endowed with** beauty.(그의 딸은 아름다움을 타고 났다.)

endure

이 동사의 개념 바탕에는 견디는 과정이 있다.

1. 타동사 용법
1.1. 다음 주어는 목적어를 견딘다.

(1) a. I can hardly **endure** the noise.(나는 그 소음을 거의 참을 수가 없다.)

b. Parents cannot **endure** pop music.(부모들은 대중음악을 견딜 수 없다.)

c. The pioneers **endured** long and cold winters.(개척자들은 길고 추운 겨울들을 견뎌냈다.)

d. I could not **endure** such rudeness any longer.(나는 그러한 무례함을 더 이상 참을 수 없었다.)

e. He **endured** the pains/the insults/the trouble.(그는 그 고통/모욕/곤란을 견뎠다.)

f. People in the war-torn country **endured** months of fighting.(전쟁에 찢긴 나라의 사람들은 수개월의 싸움을 견뎠다.)

g. He **endured** three years in prison for his religious beliefs.(그는 감옥에서 3년을 자신의 종교적 신념을 위해 견뎠다.)

h. They have **endured** seven years of war/loneliness.(그들은 7년의 전쟁/외로움을 견뎌 왔다.)

i. The company **endured** the great financial losses.(그 회사는 막대한 경제적 손실을 견뎌 내었다.)

j. We had to **endure** a nine-hour delay at the airport.(우리는 공항에서 9시간의 연착을 참아야만 했다.)

k. She **endured** the strenuous hiking through the forest without complaint.(그녀는 그 숲을 지나가는 힘든 하이킹을 불평 없이 참아냈다.)

l. How did they **endure** such extreme poverty?(어떻게 그들은 그렇게 심한 가난을 견뎌냈지?)

m. I cannot **endure** your tasteless humor.(나는 너의

재미없는 유머를 참을 수 없다.)

1.2. 다음 목적어는 부정사나 동명사로 표현되어 있다. 주어는 목적어를 견딘다.

(2) a. The little boy found it hard to **endure** spending the long summer with the uncle.(작은 소년은 그 긴 여름을 삼촌과 보내는 것이 견디기 어렵다는 것을 알았다.)

b. I cannot **endure** to see/seeing animals suffer like that.(나는 동물들이 그처럼 고통 당하는 것을 차마 볼 수가 없다.)

c. I cannot **endure** to see/seeing her tortured.(나는 그녀가 괴롭힘 당하는 것을 차마 볼 수가 없다.)

d. I cannot **endure** to be disturbed/being disturbed. (나는 방해받는 것을 참을 수 없다.)

e. He cannot **endure** to be/being left alone.(그는 혼자 남겨지는 것을 참을 수 없다.)

1.3. 다음의 목적어 자체는 중립적이지만 사람에 따라서 어려움을 줄 수 있는 개체가 될 수 있다.

(3) a. He cannot **endure** the sight.(그는 그 광경을 차마 볼 수 없다.)

b. I cannot **endure** the woman any longer.(나는 그 여자를 더 이상 참을 수 없다.)

1.4. 다음 주어는 개체이고, 목적어는 주어에 부담을 줄 수 있는 개체이다. 주어는 목적어를 버티어 낸다.

(4) a. I hope my house will **endure** the coming hurricane.(나는 내 집이 지금 오고 있는 태풍을 버티어 내길 바란다.)

b. The dike will not **endure** the rising waters.(그 둑은 불어나는 물을 버티어 내지 못할 것이다.)

c. It was more than I could **endure**.(이것은 내가 감당할 수 있는 것 이상이었다.)

2. 자동사 용법

2.1. 다음의 주어는 사람이나 사람의 신체이다. 목적어는 표현이 안 되어 있으나 추리가 가능하다.

(5) a. We cannot **endure** much longer in this desert without water.(우리는 이 사막에서 물 없이 더 오래는 견딜 수 없다.)

b. The prisoners **endured** despite the terrible conditions.(그 죄수는 끔찍한 환경에도 불구하고 견뎌 내었다.)

c. He **endured** to the last.(그는 마지막까지 견뎠다.)

d. There are limits to what the human body can **endure**.(인간의 신체가 견뎌낼 수 있는 데는 한계가 있다.)

2.2. 다음의 주어는 개체이다. 주어는 시간 속에 버티거나 견디어 낸다.

(6) a. Metal and stone **endure** for a long time.(금속과 돌은 오랫동안 견딘다.)

b. I don't know how long this old car will **endure**.(나는 이 낡은 차가 얼마나 오래 견딜지 모른다.)

2.3. 다음의 주어는 추상적 개체이다. 그러나 이들도 시간 속에 견디어 나갈 수 있는 것으로 개념화된다.

(7) a. Somehow the language **endures**.(어떻게든지 그

언어는 지속된다.)

b. These traditions have **endured** for centuries.(이 전통들은 수세기 동안 지속되어 왔다.)

c. The memory of her great acting **endured** after her death.(그녀의 훌륭한 연기에 대한 기억은 죽음 후에도 지속되었다.)

d. The music of Bach has **endured** through the ages. (바흐의 음악은 시대를 통하여 지속되었다.)

e. Sinatra's popularity **endured** for decades.(시나트라의 인기는 수 십년 동안 지속되었다.)

f. His fame/name will **endure** for ages.(그의 인기/이름은 오랫동안 지속될 것이다.)

enforce

이 동사의 개념 바탕에는 행정적으로 강요나 집행하는 과정이 있다.

1. 타동사 용법

1.1. 다음 주어는 목적어를 on의 목적어에 강요한다.

(1) a. The army **enforced** peace on the defeated.(그 군은 평화를 패배자들에게 강요했다.)

b. The physician **enforced** a strict diet on the cardiac patient.(그 의사는 엄격한 식이요법을 그 심장병 환자에게 강요했다.)

c. He **enforces** his opinion on his children.(그는 자신의 의견을 아이들에게 강요한다.)

d. Patrol officers **enforce** a speed limit on the roads. (순찰관들은 속도 제한을 그 길에서 강요한다.)

1.2. 다음 주어는 목적어를 강요한다.

(2) a. He **enforces** obedience.(그는 복종을 강요한다.)

b. You can't **enforce** cooperation between the players.(당신은 선수들 사이에 협동을 강요할 수 없다.)

c. He **enforces** his authority.(그는 자신의 권위를 강요한다.)

1.3. 다음 주어는 목적어를 시행한다.

(3) a. The unions hope to **enforce** a closed shop.(그 조합들은 조합원만 고용하는 사업장을 시행하길 원한다.)

b. Government makes laws and the police **enforce** them.(정부는 법들을 만들고 경찰은 그것을 시행한다.)

c. United Nations troops **enforced** a cease fire in the area.(국제 연합 군대는 휴전을 그 지역에서 시행했다.)

d. The legislation will be difficult to **enforce**.(그 입법 조치는 시행하기가 어려울 것이다.)

engage

이 동사의 개념 바탕에는 연결하는 과정이 있다.

1. 타동사 용법

1.1. 다음 주어는 목적어를 다른 개체에 연결한다.

(1) a. She **engaged** the clutch and the car moved

forwards.(그녀가 그 클러치를 연결하자, 자동차가 앞으로 움직였다.)

  b. The driver **engaged** the second gear.(그 운전수는 이단 기어를 연결했다.)

1.2. 다음 주어는 자신을 사회적으로 전치사 to의 목적 어에 묶는다.

(2) a. He **engaged** himself as an apprentice to a printer.(그는 자신을 견습공으로 인쇄업자에게 고용시켰다.)

  b. I **engage** myself to nothing.(나는 자신을 아무 것에도 얽매지 않는다.)

  c. She **engaged** herself to him last week.(그녀는 그와 지난 주에 약혼시켰다.)

1.3. 다음 주어는 자신을 전치사 in의 목적어에 넣는다.

(3) a. He **engaged** himself in writing a letter.(그는 자신을 편지를 쓰는 일에 몰입시켰다.)

  b. She **engaged** herself in the election campaign.(그녀는 자신을 선거 운동에 몰입시켰다.)

1.4. 다음 주어는 목적어를 주어 자신에게 묶는다.

(4) a. We **engaged** him as an assistant.(우리는 그를 조수로 채용했다.)

  b. He **engaged** a Korean girl as his secretary.(그는 한국 소녀를 비서로 채용했다.)

  c. They **engaged** a cook for the summer.(그들은 요리사를 여름 동안 채용했다.)

  d. He has **engaged** an entertainer for the children's party.(그는 아이들의 파티를 위해서 오락전문가를 고용했다.)

  e. **Engage** somebody to stay with the sick man.(그 환자와 같이 있을 누구를 고용하시오.)

  f. I **engaged** a carpenter to repair the door.(나는 문을 고치기 위해서 목수를 고용했다.)

1.5. 다음 주어는 목적어를 끌어들인다. 목적어는 시간 이다. 다음은 [과정은 그릇], [시간은 개체] 은유가 적용된 표현이다.

(5) a. Assignments **engage** most of a student's time.(숙제가 학생 시간의 대부분을 차지한다.)

  b. House work **engages** much of her time.(집안 일이 그녀 시간의 대부분을 차지한다.)

  c. Studying **engages** much of his time.(연구가 그의 시간이 대부분을 차지한다.)

1.6. 다음 목적어는 주의이다. 주어는 목적어를 끈다.

(6) a. The new toy didn't **engage** the child.(새 장난감은 그 아기의 주의를 끌지 못했다.)

  b. Bright colors **engage** a baby's attention.(밝은 색깔은 애기의 주의를 끈다.)

  c. That book **engaged** his attention for hours.(그 책은 그의 주의를 몇 시간이고 끌었다.)

  d. His face **engaged** my attention.(그의 얼굴은 나의 주의를 끌었다.)

  e. The poor child **engaged** his sympathy.(그 불쌍한 아이는 그의 동정심을 끌었다.)

1.7. 다음 주어는 서로 맞물린다.

(7) a. The two cartwheels **engage** each other.(두 톱니 바퀴는 서로 물린다.)

  b. The teeth of geared wheels **engage** each other.(톱니 바퀴의 이들은 서로 물린다.)

1.8. 다음 주어는 목적어가 with의 목적어와 교전하게 한다.

(8) a. He **engaged** the troops with the enemy.(그는 그 군대를 적과 교전시켰다.)

  b. The general **engaged** the army with the enemy at dawn.(그 장군은 군대를 적과 새벽에 교전시켰다.)

1.9. 다음 주어는 목적어와 교전한다.

(9) a. The soldiers **engaged** the enemy.(그 군인들은 적과 교전했다.)

  b. The troops **engaged** their enemy.(그 군대는 적과 교전했다.)

1.10. 다음은 수동태 문장으로 주어는 묶인다.

(10) a. She is **engaged** to him/a rich man.(그녀는 그/부자와 약혼이 되어 있다.)

  b. I was **engaged** in proofreading/conversation.(나는 교정/대화에 몰두하고 있었다.)

  c. He is **engaged** on a biography of his life.(그는 그의 삶에 대한 전기를 쓰는 일에 몰두하고 있다.)

  d. He is **engaged** on the staff of the Times.(그는 타임즈 지의 직원이다.)

  e. She was **engaged** with her baby.(그녀는 애기를 돌보는 일에 매어 있었다.)

  f. He is **engaged** with the preparation.(그는 그 준비에 매어 있다.)

  g. John and Susan are **engaged**.(존과 수잔은 약혼한다.)

2. 자동사 용법

2.1. 다음 주어는 스스로 to부정사에 묶는다.

(11) a. They **engaged** to do what they could for us.(그들은 우리를 위해서 그들이 할 수 있는 것을 하기로 약속했다.)

  b. I will **engage** to be there on time.(나는 그곳에 정각에 도착하도록 하겠다.)

2.2. 다음 주어는 with의 목적어와 맞물린다.

(12) a. This wheel **engages** with that wheel, and turns it.(이 바퀴는 저 바퀴와 맞물려서 그것을 돌아가게 한다.)

  b. The teeth of one gear **engages** with the teeth of the other.(한 기어의 톱니들은 다른 기어의 톱니와 맞물린다.)

  c. That year I **engaged** with a trading company.(그 해 나는 무역 회사와 관계했다.)

2.3. 다음 주어는 교전한다.

(13) a. The two fleets **engaged** at dawn.(그 두 함대가 새벽에 접전했다.)

  b. The two sides **engaged** in the city.(두 편은 그 시에서 접전했다.)

2.4. 다음 주어는 전치사 in의 목적어에 들어간다.

(14) The teeth in one gear **engage** in another.(어느 기어의 톱니들은 다른 기어의 톱니들 속에 들어가서 맞물린다.)

2.5. 다음 주어는 전치사 in의 목적어에 들어가서 활동한다.

(15) a. She engages in politics. (그녀는 정치에 종사하고 있다.)

b. They engaged in conversation. (그들은 대화를 하고 있었다.)

c. He engaged in teaching there for three years. (그는 그곳에서 삼 년 동안 가르치는 일에 종사했다.)

engineer

이 동사의 개념 바탕에는 engineer의 명사 '공학자' '기사'가 있다.

1. 타동사 용법

1.1. 다음 주어는 목적어를 설계한다.

(1) a. He engineered an aqueduct. (그는 도관을 설계했다.)

b. The firm engineered the new highway. (그 회사는 새 고속도로를 설계했다.)

1.2. 다음은 수동태 문장으로 주어는 설계된다.

(2) a. This bridge was engineered for heavy traffic. (이 다리는 많은 교통량을 위해 설계되었다.)

b. This new jet engine was superbly engineered. (이 새 제트 엔진은 훌륭하게 설계되었다.)

1.3. 다음 주어는 목적어를 꾀한다.

(3) a. His enemies engineered his downfall. (그의 적들은 그의 몰락을 꾀했다.)

b. The board of directors engineered the director's downfall. (이사회는 그 감독의 몰락을 꾀했다.)

c. He engineered the election of his friend. (그는 친구의 선임을 꾀했다.)

d. She engineered a further meeting with him. (그녀는 그와의 차후 만남을 꾀했다.)

e. He engineered the drive to raise the money. (그는 돈을 모으기 위해 모금운동을 꾀했다.)

1.4. 다음 주어는 목적어가 통과되도록 처리한다.

(4) He engineered a bill through Congress. (그는 법안을 의회를 통과하도록 교묘히 처리했다.)

engrave

이 동사의 개념 바탕에는 새기는 과정이 있다.

1. 타동사 용법

1.1. 다음 주어는 목적어를 on의 목적어에 새긴다.

(1) a. He engraved a beautiful design on the ring. (그는 아름다운 문양을 그 반지에 새겼다.)

b. He engraved an inscription on the tablet. (그는 비문을 그 평판 위에 새겼다.)

c. He engraved his initials on the back of his watch. (그는 이름의 첫 글자를 시계 뒷면에 새겼다.)

d. Bill engraved a heart on the pine tree. (빌은 심장 모양을 그 소나무 위에 새겼다.)

1.2. 다음 주어는 목적어를 새긴다. 목적어는 새겨지는 자리이다.

(2) a. He engraved the tablet with an inscription. (그는 그 탁자를 비문으로 새겼다.)

b. She engraved the ring with his initials. (그녀는 그 반지 이름의 첫 글자를 새겼다.)

c. The silver cup is engraved with his name. (은 컵은 그의 이름으로 새겨졌다.)

1.3. 다음은 [마음은 개체이다]의 은유가 적용된 표현이다. 수동태 문장으로 주어는 새겨진다.

(3) a. That day will be engraved on my mind/memory/heart for ever. (그 날은 나의 마음/기억/가슴에 영원히 새겨질 것이다.)

b. His mother's face is engraved on his memory. (그의 엄마 얼굴은 그의 기억에 각인되어 있다.)

c. The name was engraved on his cup. (그 이름은 그의 컵에 새겨져 있었다.)

d. The beautiful scenery is engraved in my memory. (그 아름다운 풍경은 나의 마음에 새겨져 있다.)

engross

이 동사의 개념 바탕에는 독차지하는 과정이 있다.

1. 타동사 용법

1.1. 다음 주어는 목적어를 독차지한다. 목적어는 환유적으로 쓰여서 주의를 가리킨다.

(1) a. The football game engrossed Terry completely. (그 축구 게임은 테리의 마음을 완전히 독점했다/빼앗았다.)

b. As the business grew, it totally engrossed him. (그 사업이 일어날수록, 그것은 완전히 그의 마음을 차지했다/빼앗았다.)

c. Cross word puzzles engrossed him for hours. (가로 세로 퍼즐은 몇 시간 동안 그의 마음을 차지했다/빼앗았다.)

1.2. 다음 목적어는 시간이다.

(2) a. This business engrosses my whole time. (이 사업은 나의 전 시간을 차지한다.)

b. The assignment engrossed his whole time. (숙제는 그의 전 시간을 차지했다.)

1.3. 다음은 수동태 문장으로 주어는 주의가 in의 목적어에 사로잡혀 있다.

(3) a. I tried to attract her attention but she was engrossed in conversation with Terry. (나는 그녀의 관심을 끌어보려 했지만, 그녀는 테리와 대화에 사로잡혀 있었다.)

b. He was engrossed in the subject. (그는 그 과목에 열중하고 있었다.)

c. He is engrossed in an interesting book. (그는 재미있는 책에 몰두하고 있다.)

d. The scientist is engrossed in his work. (그 과학자는 연구에 몰두하고 있다.)

1.4. 다음 주어는 목적어를 전치사 in의 목적어에 몰입시킨다.

(4) a. He engrossed himself in his writing for many weeks. (그는 자신을 작품 활동에 여러 주 몰입시켰다.)

b. He engrossed himself in the solution of the

problem.(그는 자신을 그 문제의 해결에 몰입시켰다.)

enjoin

이 동사의 개념 바탕에는 촉구와 경고의 뜻으로 명령을 하는 과정이 있다.

1. 타동사 용법

1.1. 다음 주어는 목적어를 명령한다.

(1) a. The teacher enjoined silence on the pupils.(선생님은 학생들에게 침묵을 요구했다.)

b. They enjoined absolute secrecy on us.(그들은 절대적인 비밀을 우리에게 요구했다.)

1.2. 다음 주어는 목적어를 명령하여 부정사가 가리키는 일을 하게 한다.

(2) a. He enjoined his children to be diligent in their studies.(그는 아이들에게 공부할 때 부지런해야 한다고 지시했다.)

b. The doctor enjoined the patient to walk a mile a day.(의사는 그 환자를 하루 일 마일을 걷게 명령했다.)

1.3. 다음 주어는 목적어를 전치사 from의 목적어를 못 하게 한다.

(3) a. The court enjoined the union from picketing.(그 법원은 노동조합이 시위를 못하게 명령했다.)

b. The court enjoined the police from arresting the man.(그 법원은 그 경찰이 그 남자를 체포하지 못하게 명령했다.)

enjoy

이 동사의 개념 바탕에는 즐기는 과정이 있다.

1. 타동사 용법

1.1. 다음 주어는 목적어를 즐긴다. 목적어는 동명사로 표현되어 있다.

(1) a. I always enjoy taking a walk every morning.(나는 매일 아침 산보하는 것을 항상 즐긴다.)

b. I enjoyed talking with you.(나는 너와 이야기하는 것을 즐겼다.)

c. He enjoys playing tennis.(그는 테니스 치는 것을 즐긴다.)

d. He enjoys listening to music/reading books.(그는 음악 듣는 것/책 읽는 것을 즐긴다.)

e. He enjoys travelling by train.(그는 기차로 여행하는 것을 즐긴다.)

f. We enjoyed driving along the new highway.(우리는 새 고속도로를 따라 운전하는 것을 즐겼다.)

g. The children enjoyed helping with household tasks.(그 아이들은 가사 일을 돕는 것을 즐겼다.)

1.2. 다음 주어는 목적어를 즐긴다. 목적어는 것은 방문, 여행, 휴가, 산보, 영화 등이다.

(2) a. I have enjoyed a fulfilling career in law.(나는 법률가로서 만족스러운 경력을 즐겨왔다.)

The value of the house was enhanced by adding a garage.(그 집의 가치는 차고를 더함으로써 올라갔다.)

engulf

이 동사의 개념 바탕에는 삼키는 과정이 있다.

1. 타동사 용법

1.1. 다음 주어는 목적어를 삼킨다.

(1) a. The stormy sea engulfed the ship.(성난 바다가 그 배를 삼켰다.)

b. A wave engulfed the small boat.(파도 하나가 그 작은 배를 삼켰다.)

c. Huge waves engulfed the boat.(엄청나게 큰 파도가 그 배를 삼켰다.)

d. The flames engulfed the building.(불길이 그 건물을 삼켰다.)

e. Thick white smoke engulfed the yard.(진한 흰 연기가 그 정원을 감쌌다.)

f. The flood waters engulfed the town.(홍수가 그 읍내를 삼켰다.)

1.2. 다음은 [감정은 파도] 은유가 적용된 표현이다.

(2) a. Fear engulfed her.(공포가 그녀를 삼켰다.)

b. Sorrow engulfed him.(슬픔이 그를 삼켰다.)

1.3. 다음 주어는 목적어를 전치사 in의 목적어에 잠기게 한다.

(3) The orchestra engulfed him in glorious sound.(그 관현악단은 그를 영광스러운 소리에 잠기게 했다.)

1.4. 다음은 수동태 문장으로 주어는 삼켜진다.

(4) a. He was engulfed by a crowd of reporters.(그는 한 무리의 기자들에게 완전히 둘러싸였다.)

b. The vehicle was engulfed in flames.(그 차량은 불길에 삼켜졌다.)

enhance

이 동사의 개념 바탕에는 보태어져 표준보다 높이는 과정이 있다.

1. 타동사 용법

1.1. 다음 주어는 자체가 목적어의 질을 높인다.

(1) a. A fine wine will enhance a delicious meal.(좋은 포도주는 맛있는 식사의 질을 높일 것이다.)

b. The reviews of his book enhanced his reputation.(책에 대한 서평이 그의 명성을 높였다.)

c. Small improvements will enhance the value of the house.(작은 개선이 그 집의 가치를 높일 것이다.)

1.2. 다음 주어는 목적어를 높인다.

(2) a. You can enhance your appearance with make-up.(당신은 화장으로 외양을 향상시킬 수 있다.)

b. You have to enhance the reputation of your company.(당신은 회사의 명성을 높여야만 한다.)

1.3. 다음은 수동태 문장으로 주어는 높여진다.

(3) a. The flavor of most foods can be enhanced by good cooking.(대부분 음식의 맛은 훌륭한 조리에 의해 고양될 수 있다.)

b. I hope you will **enjoy** your visit to our country.(당신이 우리 나라의 방문을 즐기기를 바랍니다.)

c. Did you **enjoy** your trip/vacation/holiday?(당신은 당신의 여행/방학/휴일을 즐겁게 보냈나요?)

d. He **enjoys** a quiet and easy life in the country.(그는 시골에서 조용하고 편안한 생활을 즐긴다.)

e. How did you **enjoy** your walk this morning?(오늘 아침 산책은 얼마나 즐거웠니?)

f. He **enjoyed** the party/the film a great deal.(그는 파티/영화를 대단히 즐겼다.)

g. He **enjoyed** the game/the dinner very much.(그는 게임/저녁 식사를 대단히 즐겼다.)

h. The audience **enjoyed** the new opera.(청중은 새 오페라를 즐겼다.)

1.3. 다음 주어는 목적어가 주는 혜택을 누린다.

(3) a. The average German **enjoys** 40 days' paid holiday.(평균 독일인은 40일의 유급 휴가를 즐긴다.)

b. We still **enjoy** the benefit of a free education.(우리는 여전히 무료 교육의 혜택을 누리고 있다.)

c. They **enjoy** exceptional high living standards.(그들은 예외적으로 높은 수준의 생활을 누리고 있다.)

d. The workers **enjoy** a high level of job security.(그 노동자들은 높은 수준의 직업 안정성을 누린다.)

e. He **enjoys** a good income/a fortune.(그는 좋은 수입/재산을 지니고 있다.)

f. He **enjoys** the confidence of his friends.(그는 친구들의 신임을 누린다.)

g. He **enjoys** academic freedom.(그는 학문의 자유를 누린다.)

h. She has always **enjoyed** a lot of support/a good reputation/prosperity.(그녀는 항상 많은 지지/좋은 평판/번영을 누려왔다.)

i. Even though she is eighty, she still **enjoys** excellent health.(비록 그녀는 80세 이지만, 여전히 뛰어난 건강을 누린다.)

1.4. 다음은 주어가 좋지 못한 것을 누린다는 농담식의 표현이다.

(4) a. He **enjoys** widespread infamy.(그는 널리 퍼진 악명을 누린다.)

b. He **enjoys** the bad reputation of being a slanderer.(그는 중상자의 나쁜 평판을 누린다.)

1.5. 다음 목적어는 재귀 대명사이다. 주어는 즐긴다.

(5) a. The children really **enjoyed** themselves at the seaside.(그 아이들은 그 바닷가에서 정말로 즐겁게 지냈다.)

b. He is thoroughly **enjoying** himself.(그는 완전하게 즐겁게 지내고 있다.)

c. Did you **enjoy** yourself at the concert?(그 음악회에서 즐거운 시간 보냈니?)

d. He **enjoyed** himself watching TV.(그는 TV를 보며 즐거운 시간을 보냈다.)

e. How did you **enjoy** yourself at the party?(그 파티에서 얼마나 즐거웠니?)

1.6. 다음 주어는 장소이다. 주어는 목적어를 누린다.

(6) a. Hawaii **enjoys** good weather all the year round.(하와이는 일년 내내 좋은 날씨를 누린다.)

b. London **enjoys** one of the best underground systems in the world.(런던은 세계에서 가장 좋은 지하철 체계들 중의 하나를 누린다.)

enlarge

이 동사의 개념 바탕에는 확대하는 과정이 있다.

1. 타동사 용법

1.1. 다음 주어는 목적어를 확대한다.

(1) a. He **enlarged** the image 50 times its original size.(그는 그 영상을 원래 크기의 50배로 확대했다.)

b. He **enlarged** his house to the present size last year.(그는 집을 현재의 규모로 작년에 확장했다.)

c. **Enlarge** the size of the lettering so that it's easier to read.(글자 크기를 확대시켜서 읽기 쉽게 하라.)

d. We **enlarged** our garden.(우리는 정원을 늘렸다.)

1.2. 다음 주어는 목적어를 크게 한다.

(2) a. Reading will **enlarge** your vocabulary.(독서가 너의 어휘를 늘려 줄 것이다.)

b. Travel **enlarges** the mind.(여행이 정신을 넓혀준다.)

c. He **enlarged** his view by reading.(그는 생각을 독서를 통해서 넓혔다.)

2. 자동사 용법

2.1. 다음 주어는 커진다.

(3) a. The trunk of the tree will **enlarge** as it grows.(나무의 줄기가 자라면서 커질 것이다.)

b. The tumor **enlarged** since last month.(종양이 지난 달 이후로 커졌다.)

c. The balloon **enlarged** in size.(풍선은 크기가 커졌다.)

2.2. 다음 주어는 더 자세하게 진술한다.

(4) a. He **enlarged** on his favorite subject of fishing.(그는 자신이 좋아하는 낚시에 대해 상술했다.)

b. The lecture **enlarged** upon her topic.(강의는 그녀의 주제에 대해 상술했다.)

enlighten

이 동사의 개념 바탕에는 깨우치는 과정이 있다.

1. 타동사 용법

1.1. 다음 주어는 목적어를 깨우친다.

(1) a. Please **enlighten** me on this point.(나를 이 점에 대해 깨우쳐 주시오.)

b. Baldwin **enlightened** us as to the nature of the experiment.(볼드윈은 우리를 그 실험의 성격에 대해 깨우쳐 주었다.)

c. They didn't **enlighten** him about her background.(그들은 그에게 그녀의 배경에 대해 알려주지 않았다.)

d. The speaker **enlightened** the students about the

dangers of drinking.(연사는 학생들을 음주의 위험성에 대해 깨우쳐 주었다.)

d. His witty comments enlivened the discussion.(그의 재치있는 논평들은 그 토의를 활기있게 만들었다.)

enlist

이 동사의 개념 바탕에는 참가시키는 과정이 있다.

1. 타동사 용법
1.1. 다음 주어는 목적어를 참가시킨다.
(1) a. We enlisted him in the enterprise.(우리는 그를 그 기업에 가담시켰다.)
b. The army enlisted him in the army.(군대는 그를 입대시켰다.)
c. The army recruiter enlisted new soldiers.(군대 모집원은 신병들을 징집시켰다.)

1.2. 다음은 수동태 문장으로 주어는 징집된다.
(2) a. He was enlisted into the US Navy.(그는 미 해군에 입대되었다.)
b. We were enlisted as helpers.(우리는 조력자로 가담되었다.)

1.3. 다음 주어는 목적어를 구한다.
(3) a. I enlisted the help of the local artist to do the painting.(나는 그 지방 미술가의 도움을 청해서 그림을 그렸다.)
b. The city enlisted the help of the public to solve the crime.(그 시는 대중의 도움을 청해서 그 범죄를 해결했다.)
c. They enlisted our support.(그들은 우리의 지지를 구했다.)

1.4. 다음 주어는 목적어의 도움을 구한다.
(4) a. I enlisted Mary to help decorate the room.(나는 메리의 도움을 얻어서 방을 장식했다.)
b. We enlisted our parents to serve as umpires.(우리는 부모님들을 청해서 심판으로 봉사하게 했다.)

2. 자동사 용법
2.1. 다음 주어는 입영한다.
(5) a. In the first year of the war, a million men enlisted voluntarily.(전쟁의 첫 해에 백만 명의 남자가 자발적으로 입대했다.)
b. He enlisted in the army.(그는 군에 입대했다.)
c. He enlisted for a soldier.(그는 군인으로 입대했다.)

enliven

이 동사의 개념 바탕에는 활기를 주는 과정이 있다.

1. 타동사 용법
1.1. 다음 주어는 목적어를 활기차게 만든다.
(1) a. His jokes enlivened the party.(그의 농담은 파티를 활기있게 만들었다.)
b. My coworker always enlivens the office atmosphere.(내 동료 직원은 늘 사무실 분위기를 활기있게 만든다.)
c. Play some music, and enliven this dull party.(음악을 틀어서, 지루한 파티를 활기있게 만들자.)

enrage

이 동사의 개념 바탕에는 화나게 만드는 과정이 있다.

1. 타동사 용법
1.1. 다음 주어는 목적어를 화나게 만든다.
(1) a. Jim's insolence enraged his supervisor.(짐의 오만 방자함이 그의 감독관을 노하게 했다.)
b. The criminal enraged the judge.(범인은 그 재판관을 노하게 했다.)

1.2. 다음은 수동태 문장으로 주어는 화나게 된다.
(2) a. She was enraged by his sexist comments.(그녀는 그의 성적인 논평에 격분하게 되었다.)
b. He was enraged with her.(그는 그녀에게 격분했다.)
c. He was enraged at her words.(그는 그녀의 말에 격분했다.)

enrich

이 동사의 개념 바탕에는 풍부하게 만드는 과정이 있다.

1. 타동사 용법
1.1. 다음 주어는 목적어를 부하게 만든다.
(1) a. The development of the oil field enriched the country.(유전의 개발이 그 국가를 부유하게 했다.)
b. He enriched the soil with phosphate.(그는 그 토지를 인산염으로 비옥하게 했다.)
c. He enriched himself.(그는 재산을 모았다.)

1.2. 다음 주어는 목적어를 풍부하게 한다. 목적어는 추상적이다.
(2) a. Education can enrich your mind.(교육이 너의 정신을 풍부하게 할 수 있다.)
b. He enriched the book with illustrations.(그는 그 책을 삽화로 풍부하게 했다.)
c. They are enriching themselves.(그들은 자신들을 부자로 만들고 있다.)

1.3. 다음 주어는 목적어를 질을 높인다.
(3) a. I enriched my coffee with cream and sugar.(나는 커피를 크림과 설탕으로 더 맛있게 했다.)
b. He enriched the food with cream.(그는 그 음식을 크림으로 맛을 높였다.)
c. The orange juice was enriched with extra nutrients.(오렌지 주스는 여분의 영양소들로 질이 더 좋아졌다.)
d. The breakfast cereal was enriched with vitamins.(아침 식사용 씨리얼은 비타민으로 더 영양가가 높여졌다.)

enroll

이 동사의 개념 바탕에는 등록시키는 과정이 있다.

1. 타동사 용법
1.1. 다음 주어는 목적어를 등록시킨다.
(1) a. They **enrolled** the children in an elementary school.(그들은 아이들을 초등학교에 입학시켰다.)
   b. They **enrolled** us in the club.(그들은 우리를 그 동아리에 가입시켰다.)
   c. He **enrolled** her in a college.(그는 그녀를 대학에 등록시켰다.)
1.2. 다음 주어는 목적어를 명부에 올린다.
(2) a. He **enrolled** the students on the list.(그는 그 학생들을 명부에 올렸다.)
   b. He **enrolled** the young men for the army.(그는 그 젊은 남자들을 병적에 올렸다.)
1.3. 다음 주어는 목적어를 싼다.
(3) She **enrolled** an apple in paper.(그녀는 사과 하나를 종이에 쌌다.)

2. 자동사 용법
2.1. 다음 주어는 등록을 한다.
(4) a. He **enrolled** for the course.(그는 그 과목에 등록을 했다.)
   b. You need to **enroll** before August.(너는 팔월 이전에 등록을 해야 한다.)
   c. He **enrolled** in college this year.(그는 올해 대학에 등록을 했다.)
(5) a. You have to **enroll** before September.(너는 9월 이전에 등록해야 한다.)
   b. Twenty students **enrolled** in the art class.(20명의 학생이 미술반에 등록했다.)
   c. He **enrolled** in business school.(그는 경영 대학에 등록했다.)
   d. There are fifteen students **enrolled** in the linguistics class.(언어학 수업에는 등록한 15명의 학생들이 있다.)

enslave
이 동사의 개념 바탕에는 노예로 만드는 과정이 있다.

1. 타동사 용법
1.1. 다음 주어는 목적어를 노예로 만든다.
(1) a. The ruler **enslaved** the captured troops.(그 통치자가 붙잡은 군대를 노예로 삼았다.)
   b. The early settlers **enslaved** the native population.(초기 정착자들은 그 원주민을 노예로 삼았다.)
1.2. 다음은 수동태 문장으로 주어는 노예 상태에 있다.
(2) a. He was **enslaved** to superstition.(그는 미신의 노예가 되었다.)
   b. He was **enslaved** to bad habits.(그는 나쁜 습관의 노예가 되었다.)
   c. The addict was **enslaved** by drugs.(그 중독자는 마약의 노예가 되어 있었다.)
   d. He is **enslaved** by passions.(그는 열정의 노예가 되어 있다.)

ensue
이 동사의 개념 바탕에는 이어서 일어나는 과정이 있다.

1. 자동사 용법
1.1. 다음 주어는 이어서 일어난다.
(1) a. No applause **ensued**.(어떠한 박수갈채도 계속 일어나지 않았다.)
   b. Heated discussion **ensued**.(격론이 벌어졌다.)
   c. Serious problems will **ensue** if something is not done about gang rivalry now.(중대한 문제들이 만약 갱단 경쟁에 대해 어떤 조치가 행해지지 않는다면 계속 일어날 것이다.)
1.2. 다음 주어는 after 이하의 일에 이어서 일어난다.
(2) a. An argument **ensued** after the meeting.(그 회의가 끝난 뒤에 논쟁이 이어졌다.)
   b. A serious traffic jam **ensued** after the accident.(사고 후에 심각한 교통체증이 이어졌다.)
   c. What do you think will **ensue** after/on this?(무슨 일이 이 다음에 벌어질 것 같으냐?)

ensure
이 동사의 개념 바탕에는 확실히 하는 과정이 있다.

1. 타동사 용법
1.1. 다음 주어는 목적어를 확실하게 한다.
(1) a. The measures **ensured** the success of your business.(그 조치들은 너의 사업 성공을 보증해 주었다.)
   b. Prompt payment will **ensure** good service.(신속한 지불이 좋은 서비스를 보장할 것이다.)
   c. The book **ensured** his success.(그 책은 성공을 보장했다.)
1.2. 다음 주어는 목적어를 보장한다.
(2) a. The president will **ensure** the freedom of the press.(대통령은 언론의 자유를 보장할 것이다.)
   b. All the necessary measures have been taken to **ensure** their safety.(모든 필요한 조처들이 그들의 안전을 보장하기 위해서 취해졌다.)
1.3. 다음 주어는 첫째 목적어에 둘째 목적어를 보장한다.
(3) a. The letter **ensures** you an interview.(그 편지는 너에게 인터뷰를 보증한다.)
   b. The company **ensured** him a position.(그 회사는 그에게 한 자리를 보증했다.)
   c. The company **ensured** a position for him.(그 회사가 한 자리를 그에게 보장했다.)
1.4. 다음 주어는 목적어를 안전하게 지켜준다.
(4) a. This will **ensure** you **against** the disease.(이것은 너를 그 병으로부터 확실히 지켜줄 것이다.)
   b. He **ensured** himself **from** harm.(그는 자신을 해로부터 지켰다.)
1.5. 다음 주어는 that-절의 내용을 확실하게 한다.
(5) a. Please **ensure that** all lights are shut off.(모든 조

명이 꺼졌는지 확실히 해라.)

b. Come early to **ensure that** you get a seat.(일찍 와
서 네가 좌석을 얻었는지 확실히 해라.)

c. His wife **ensured that** he took all his pills every
day.(그의 아내는 그가 매일 모든 약을 복용했는지
를 확실히 했다.)

entail

이 동사의 개념 바탕에는 필요로 하거나 부과하는
과정이 있다.

1. 타동사 용법
1.1. 다음 주어는 목적어를 필요로 한다.

(1) a. The project/ job will **entail** a lot of work.(그 기획
은 많은 업무를 필요로 할 것이다.)

b. The project will **entail** many hours of overtime at
the office.(그 기획은 사무실에서 많은 시간의 과외
근무를 필요로 할 것이다.)

c. His way of living **entails** great expenses.(그의 삶
의 방식은 막대한 지출을 수반한다.)

d. The task **entailed** strict attention to procedure.(그
과제는 절차에 대한 엄격한 주의를 요구했다.)

e. Success **entails** hard work.(성공은 힘든 일을 필요
로 한다.)

f. The loss of your wallet **entails** getting all new
documents.(네가 지갑을 잃어버린 것은 모든 서류
를 얻는 일을 필요로 한다.)

g. The job **entails** driving a long distance every day.
(이 직업은 매일 장거리 운전을 필요로 한다.)

h. Building the airport **entails** reclaiming huge areas
of land from the sea.(공항을 건설하는 일은 바다로
부터 거대한 지역을 매립하는 것을 필요로 한다.)

i. My job **entails** being on call for 24 hours a day.(내
일은 하루 24시간을 대기하도록 요구한다.)

j. Reparing the roof will **ehntail** spending a lot of
moeny.(지붕을 고치는 것은 많은 돈을 필요로 할 것
이다.)

1.2. 다음 주어는 목적어를 결과로써 수반한다.

(2) The loss **entailed** no regret on him.(손실이 그에게
아무런 유감도 들게 하지 않았다.)

1.3. 다음 주어는 목적어를 양도/재산 상속한다.

(3) He **entailed** his property to his eldest son.(그는 큰
아들에게 재산을 남겼다.)

entangle

이 동사의 개념 바탕에는 얽히는 과정이 있다.

1. 타동사 용법
1.1. 다음 주어는 목적어를 얽히게 한다.

(1) a. He **entangled** his feet in creepers.(그는 발을 덩굴
에 얽히게 했다.)

b. He **entangled** the legs of the desk chairs in the
lamp cord.(그는 그 책상 의자 다리를 그 램프 줄에
얽히게 했다.)

1.2. 다음 주어는 목적어를 전치사 in의 목적어에 얽히
게 한다.

(2) a. John **entangled** us bold a difficult financial
situation. (존은 우리를 곤란한 재정 상황에 얽히게
했다.)

b. They **entangled** him in a conspiracy.(그들은 그를
공모에 말려들게 했다.)

1.3. 다음은 수동태 문장으로 주어는 얽힌다.

(3) a. The line is **entangled** in bushes.(그 줄은 덤불에 얽
힌다.)

b. A long thread is easily **entangled**.(긴 실은 쉽게 얽
힌다.)

c. Penguins have been found **entangled** in lengths of
fish net.(펭귄들은 긴 그물망에 얽혀 있는 채로 발
견되었다.)

1.4. 다음은 수동태 문장으로 주어는 말려든다.

(4) a. He was **entangled** in a serious problems.(그는 심
각한 문제에 말려들었다.)

b. He became **entangled** in a series of conflicts with
the management.(그는 일련의 대립 상황에 그 경영
진과 빠져들게 되었다.)

c. He **entangled** himself in debt.(그는 빚에 빠지게 되
었다.)

d. I don't want to get **entangled** in other people's
affairs.(나는 다른 사람들 일에 말리기 싫다.)

1.5. 다음은 수동태 문장으로 주어는 전치사 with의 목
적어와 휩쓸린다.

(5) a. He was **entangled** with a bad person.(그는 나쁜 사
람과 휩쓸리게 되었다.)

b. He was romantically **entangled** with a colleague.
(그는 동료와 낭만적으로 빠져들게 되었다.)

1.6. 다음은 수동태 문장으로 주어는 빠져든다.

(6) He is easily **entangled** by insincere praise.(그는 위
선적인 칭찬에 쉽게 꾀인다.)

enter

이 동사의 개념 바탕에는 들어가는 과정이 있다.

1. 타동사 용법
1.1. 다음 주어는 목적어를 들어간다.

(1) a. He **entered** a room/a house/a tunnel.(그는 방/집/
굴 속으로 들어갔다.)

b. They **entered** the building by the back door.(그들
은 뒷문을 통해서 그 건물에 들어갔다.)

c. The judge **entered** the court.(그 판사는 법정에 들
어갔다.)

1.2. 다음 주어는 개체이다. 주어는 목적어를 들어간다.

(2) a. The bullet **entered** his head.(실탄이 그의 머리를
뚫고 들어갔다.)

b. A strange idea **entered** his head.(이상한 생각이
그의 머리 속을 들어갔다.)

1.3. 다음은 [활동 영역, 학문 영역, 조직체는 그릇] 은
유가 적용된 표현이다. 주어는 목적어를 들어간
다.

(3) a. He **entered** business/politics in 1943.(그는 사업계

/정치계에 1943년에 발을 들여다 놓았다.)
- b. He **entered** the army/the club/the school.(그는 군대/모임/학교를 들어갔다.)
- c. Some finest runners **entered** the race/contest.(몇명의 최고로 좋은 선수들이 그 경기/시합에 참가했다.)
- d. After years of training, the doctor **entered** the practice of medicine.(몇 년의 훈련 끝에 그 의사는 개업에 들어갔다.)

1.4. 다음은 [기간은 그릇] 은유가 적용된 표현이다.
(4) a. The talks have now **entered** their third week.(그 회담은 삼 주째 접어들었다.)
- b. They are **entering** a new stage in their lives.(그들은 삶에 있어서 새로운 단계를 접어들고 있다.)
- c. I **entered** my second year at university.(나는 대학에서 2년째를 접어들었다.)

1.5. 다음 주어는 목적어를 다른 개체에 들어가게 한다.
(5) a. He **entered** a wedge into a log.(그는 쐐기를 통나무에 넣었다.)
- b. He **entered** a key in the door.(그는 열쇠를 문에 넣었다.)

1.6. 다음 주어는 목적어를 등록시킨다.
(6) a. We **entered** the boy in school.(우리는 그 소년을 입학시켰다.)
- b. He **entered** the horse in a race.(그는 그 말을 경주에 참가시켰다.)
- c. He **entered** roses in a flower show.(그는 장미를 꽃 전시회에 출품시켰다.)
- d. She **entered** her dog at the show.(그녀는 개를 전시회에 참가시켰다.)
- e. I **entered** my students for the examination.(나는 시험을 보도록 학생들의 이름을 적어 내었다.)

1.7. 다음 주어는 목적어를 기입한다.
(7) a. She **entered** my name on the list.(그녀는 내 이름을 명부에 기입했다.)
- b. She **entered** the event in her journal.(그녀는 그 사건을 그녀의 일기장에 기입했다.)
- c. He **entered** the sum in the ledger.(그는 합계를 장부에 기입했다.)
- d. You must **enter** $5 you spent in the account book.(너는 네가 쓴 5불을 그 장부에 기입해야 한다.)
- e. Is the word *kimchi* **entered** in this dictionary?(김치라는 낱말이 이 사전에 기재되어 있는가?)

1.8. 다음 주어는 목적어를 제출한다.
(8) a. I have **entered** a complaint against him with the authorities.(나는 그에 대한 고소장을 당국에 제출했다.)
- b. The prisoner **entered** a plea of "not guilty".(그 죄수는 "무죄" 탄원서를 제출했다.)

2. 자동사 용법
2.1. 다음 주어는 들어간다.
(9) a. He **entered** at the door.(그는 문으로 들어갔다.)
- b. No one knew where he had **entered**.(아무도 그가 어디에 들어갔는지 몰랐다.)

- c. Knock before you **enter**.(들어가기 전에 노크를 하시오.)
- d. You may **enter** now.(이제 들어가도 좋다.)

2.2. 다음 주어는 into의 목적어로 들어간다.
(10) a. They **entered** into conversation.(그들은 대화를 시작했다.)
- b. We shall **enter** into the subject later on.(우리는 그 문제를 나중에 취급하겠다.)
- c. The book does not **enter** into the details of the matter.(그 책은 그 문제의 세부 사항에 파고 들지 않는다.)
- d. Many factors **entered** into the decision.(많은 요소들이 그 결정에 들어간다.)

2.3. 다음 주어는 들어가서 on의 목적어와 접촉한다.
(11) a. They **entered** upon the task.(그들은 그 과제를 시작했다.)
- b. The chairman **entered** upon his new policy in the 1950s.(그 의장은 1950년대에 새 정책을 시작했다.)
- c. The scientific world **entered** upon a new age with the splitting of the atom.(과학 세계는 원자의 분리와 함께 새 시대에 들어섰다.)
- d. The economy **entered** on a period of sustained growth.(경제는 지속적 성장의 시기에 들어섰다.)

entertain
이 동사의 개념 바탕에는 대접을 하는 과정이 있다.

1. 타동사 용법
1.1. 다음 주어는 목적어를 전치사 with의 목적어로 대접한다.
(1) a. She **entertained** the guests with all kinds of delicacies.(그녀는 손님들을 갖가지 맛있는 음식으로 대접했다.)
- b. She **entertained** us with refreshments.(그녀는 우리를 다과로 대접했다.)
- c. He **entertained** us with his jokes and stories.(그는 우리를 농담과 이야기로 즐겁게 해 주었다.)
- d. The dogs **entertained** us with their tricks.(개들은 우리를 재주로 즐겁게 했다.)
- e. The Browns often **entertain** their friends over the weekend.(브라운씨 부부는 친구들을 주말에 종종 초대한다.)

1.2. 다음 주어는 목적어를 전치사 to의 목적어에 초대한다.
(2) They **entertained** us to dinner.(그들은 우리를 저녁 식사에 초대했다.)

1.3. 다음 주어는 목적어를 대접하여 즐겁게 한다.
(3) a. He **entertains** himself by singing songs.(그는 자신을 노래를 부르며 즐긴다.)
- b. She **entertained** ten guests at dinner.(그녀는 저녁 식사에 열 명의 손님을 초대하여 대접했다.)
- c. She is **entertaining** some important clients at the opera.(그녀는 몇몇 중요한 고객들을 그 오페라에 초대할 것이다.)

d. We entertained a group of students from Japan. (우리는 일본에서 온 학생들 한 무리를 초대하여 환대했다.)

1.4. 다음 주어는 목적어를 즐겁게 한다. 목적어는 환유적으로 쓰여서 마음을 가리킨다.

(4) a. His stories entertained us for hours.(그의 이야기는 우리를 몇 시간이고 즐겁게 했다.)

b. The play failed to entertain its audience.(그 연극은 관객을 즐겁게 해주지 못했다.)

c. The film entertained us most of the afternoon.(그 영화는 우리를 그 오후의 대부분 즐겁게 해주었다.)

d. The circus entertained the children.(그 서커스는 아이들을 즐겁게 해 주었다.)

e. His tales of life at sea entertained us all evening. (그의 바다 생활 이야기는 우리를 저녁 내내 즐겁게 했다.)

f. The country music entertained us.(그 컨트리 뮤직은 우리를 즐겁게 해 주었다.)

1.5. 다음은 수동태 문장으로 주어는 즐겁게 된다.

(5) a. They were entertained by top singers.(그들은 최고의 가수들에 의해 즐거웠다.)

b. The children were entertained by a conjurer.(그 아이들은 마술사의 공연에 즐거워했다.)

1.6. 다음 주어는 목적어를 마음 속에 갖는다.

(6) a. He entertained a belief that his wife would return one day.(그는 언젠가 아내가 돌아올 것이라는 믿음을 간직하고 있다.)

b. I refuse to entertain such a foolish idea.(나는 그런 어리석은 생각을 받아들이고 싶지 않다.)

c. The department won't entertain any unorthodox ideas.(그 부서는 정통이 아닌 생각은 어떤 것도 받아들이려 하지 않는다.)

d. He is entertaining thoughts of revenge.(그는 복수심을 품고 있다.)

e. She is entertaining a hope of success.(그녀는 성공의 희망을 간직하고 있다.)

f. He is entertaining hopes of reconciliation.(그는 화해의 희망을 품고 있다.)

g. I found it impossible to entertain any suspicion about him.(나는 그에 대해 어떠한 의심을 품는 것이 불가능하다는 것을 알았다.)

1.7. 다음 주어는 목적어를 마음 속에 품는다. 목적어는 동명사이다.

(7) I entertained going back to school for a degree in law.(나는 법학 학위를 받기 위해서 복학할 마음을 먹었다.)

1.8. 다음 주어는 목적어를 마음에 품는다. 목적어는 부정사이다.

(8) He refused to entertain my suggestion.(그는 내 제안을 수락하는 것을 거부했다.)

2. 자동사 용법

2.1. 다음 주어는 대접한다.

(9) She entertains a great deal.(그녀는 많이 대접한다.)

2.2. 다음 주어는 연예인으로 일한다.

(10) She entertains at a local night club.(그녀는 지역 나이트 클럽에서 일한다.)

entice

이 동사의 개념 바탕에는 꾀는 과정이 있다.

1. 타동사 용법

1.1. 다음 주어는 목적어를 전치사 from의 목적어에서 꾀어낸다.

(1) a. He enticed a girl away from home.(그는 소녀를 집에서 꾀어냈다.)

b. He tried to entice the dog from its post by the door.(그는 그 개를 문가 옆의 자리에서 유인하려고 노력했다.)

c. He enticed her away from her husband.(그는 그녀를 남편으로부터 꾀어냈다.)

d. The animal refused to be enticed from its hole.(그 동물은 그 구멍으로부터 꾀어 내지길 거부했다.)

1.2. 다음 주어는 목적어를 전치사 to의 목적어로 꾄다.

(2) a. The maternity arrangements will entice young mothers back to work.(그 출산 합의 사항은 젊은 엄마들을 다시 일터로 유인할 것이다.)

b. Can we entice him to the party?(우리가 그를 그 파티에 오게 꾀어낼 수 있을까?)

c. I enticed Mary to dinner by offering to pay for her meal.(나는 메리의 저녁 값을 지불하겠다고 하여서 저녁에 오도록 그녀를 유인했다.)

1.3. 다음은 수동태 문장으로 주어는 꾀어진다.

(3) He was enticed by dreams of success.(그는 성공의 꿈으로 유혹을 받았다.)

1.4. 다음 주어는 목적어를 전치사 into의 목적어를 유인한다.

(4) a. Lovely weather enticed me into the garden.(사랑스런 날씨가 나를 정원에 가도록 부추겼다.)

b. The smell of fish enticed the cat into the kitchen. (생선의 냄새가 그 고양이를 부엌으로 유인했다.)

c. The man enticed the girl into his cottage.(그는 그 소녀를 자기의 오두막으로 꾀어냈다.)

d. The smell of food enticed the hungry children into the hut.(음식 냄새는 배고픈 아이들을 그 오두막으로 유인했다.)

1.5. 다음 주어는 목적어를 전치사 into의 목적어로 유인한다.

(5) a. They enticed him into stealing the money.(그들은 그를 그 돈을 훔치도록 유인했다.)

b. We managed to entice him into coming to the party.(우리는 그가 그 파티에 오도록 꾀어낼 수 있었다.)

c. He enticed her into marrying him with promise of a house, car and money.(그는 그녀를 집, 차, 돈의 약속으로써 그와 결혼하도록 유혹했다.)

d. They enticed her into drinking.(그들은 그녀를 술을 마시도록 유인했다.)

1.6. 다음 주어는 목적어를 부정사가 가리키는 일을 하게 한다.

(6) a. She **enticed** the bird **to** eat from her hand.(그녀는 그 새가 자기의 손에서 먹이를 먹도록 꾀었다.)

　　b. Advertising **entices** people **to** buy.(광고는 사람들을 구매하도록 꾄다.)

　　c. A smell of coffee in the doorway **entices** people **to** enter the shop.(진입로의 커피 향이 사람들을 그 가게 안으로 들어오게 유인한다.)

　　d. Try and **entice** the child **to** eat by offering small portions of their favorite food.(그 아이를 그들이 좋아하는 음식을 조금씩 주면서 유인하도록 시도해 보라.)

　　e. Can I **entice** you **to** have another drink?(내가 너가 한 잔 더 마시도록 부추기도 되겠어?)

　　f. She **enticed** him **to** quit the work.(그녀는 그가 그 일을 그만두도록 부추겼다.)

1.7. 다음은 수동태 문장으로 주어는 유혹된다.

(7) a. He was **enticed to** steal the money.(그는 돈을 훔치도록 부추겨졌다.)

　　b. She was **enticed to** leave her parents.(그녀는 부모님들을 떠나도록 유인되었다.)

entitle

이 동사의 개념 바탕에는 권한이나 자격을 주는 과정이 있다.

1. 타동사 용법

1.1. 다음 주어는 목적어에 자격을 준다.

(1) a. The pass **entitles** you **to** enter the concert free.(이 증명서는 너에게 그 음악회에 들어갈 자격을 준다.)

　　b. This ticket doesn't **entitle** you **to** travel first class.(이 표는 너를 일등석에서 여행하는 자격을 주지 않는다.)

　　c. This paper **entitles** my lawyer **to** handle all my legal affairs.(이 서류는 내 변호사에게 모든 나의 법적 일을 처리하게 한다.)

1.2. 다음은 수동태 문장으로 주어는 전치사 to의 목적어에 자격이 주어진다.

(2) a. You will be **entitled to** your pension when you reach 65.(너는 65세가 되면, 너의 연금을 받을 자격이 주어질 것이다.)

　　b. Everyone's **entitled to** his/her opinions.(모든 사람들은 자신의 의견을 가질 자격이 있다.)

　　c. The position of vice president **entitles** her **to** a large office.(그 부사장의 지위는 그녀를 큰 사무실을 가지게 한다.)

1.3. 다음 주어는 목적어에 제목을 준다.

(3) a. The author **entitled** the book "My life story."(저자는 그 책을 "나의 인생 이야기"로 제목을 정했다.)

　　b. He **entitled** his song "My love."(그는 노래를 "나의 사랑"으로 제목을 붙였다.)

1.4 다음은 수동태 문장으로 주어는 제목이 붙여진다.

(4) a. Her book was **entitled** "Linguistics in Korea."(그녀의 책은 "한국에서의 언어학"이라 제목이 붙여졌다.)

b. Banyan's book is **entitled** "Pilgrim's progress."(반얀의 책은 "순례자의 여정"이라는 제목이 붙여져 있다.)

entrap

이 동사의 개념 바탕에는 trap '덫'이 있다. entrap은 이 명사의 기능과 관계가 있다.

1. 타동사 용법

1.1. 다음 주어는 목적어를 덫으로 잡는다.

(1) a. The hounds **entrapped** the fox.(사냥개들은 그 여우를 덫에 걸리게 했다.)

　　b. The police **entrapped** the criminal in the corner of a warehouse.(경찰은 그 범인을 창고 구석에서 잡았다.)

　　c. The net is used to **entrap** fish.(그 그물은 물 고기를 잡는데 사용된다.)

1.2. 다음은 수동태 문장으로 주어는 덫에 걸리다.

(2) Workers were **entrapped** when the roof fell in on them.(일꾼들은 그 지붕이 그들 위에 무너져 내렸을 때 갇혔다.)

1.3. 다음에 주어가 목적어를 덫에 걸 듯 계략을 써서 동명사가 가리키는 일이나 행동을 하게 한다.

(3) a. He **entrapped** the witness **into** telling a lie.(그는 그 증인을 함정에 빠트려서 거짓말을 하게 했다.)

　　b. By questioning, the lawyer **entrapped** the witness **into** contradicting himself.(질문으로 그 변호사는 증인을 함정에 빠트려서 자기모순에 빠지게 했다.)

　　c. They **entrapped** him **into** committing a crime.(그들은 그를 함정에 빠트려서 범죄를 저지르게 했다.)

1.4. 다음은 수동태 문장으로 주어는 함정에 빠진다.

(4) He was **entrapped** by a cunning trick into a confession.(그는 교묘한 속임수에 빠져서 자백을 하게 되었다.)

entreat

이 동사의 개념 바탕에는 간청하는 과정이 있다.

1. 타동사 용법

1.1. 다음 주어는 목적어를 전치사 for의 목적어를 얻기 위해서 간청한다.

(1) a. They **entreated** us **for** our financial help.(그들은 우리에게 재정적 도움을 주도록 간청했다.)

　　b. She **entreated** us **for** our help.(그녀는 우리에게 도움을 달라고 간청했다.)

　　c. We **entreated** the judge **for** mercy.(우리는 재판관에게 자비를 간청했다.)

1.2. 다음의 목적어는 간청의 대상이고, 간청을 받는 사람은 전치사 of나 from으로 표현되어 있다.

(2) a. He **entreated** a permission **of** his father.(그는 아버지에게 허락을 간청했다.)

　　b. We **entreated** mercy/assistance **of** them.(우리는 자비를/도움을 달라고 그들에게 애원했다.)

　　c. I **entreated** this favor **of** you.(나는 이 호의를 너에

게 간청했다.)

d. He entreated spiritual guidance from the priest.
(그는 영적 지도를 그 신부님께 간청했다.)

1.3. 다음의 목적어는 간청의 대상이다.

(3) a. I must entreat your patience in this matter.(나는 이 문제에 있어서 너의 참을성을 간청한다.)

b. He entreated help in his homework.(그는 숙제를 하는데 도움을 간청했다.)

1.4. 다음 주어는 목적어에게 간청하여 부정사가 가리키는 일을 하게 한다.

(4) a. The sick man entreated the doctor to ease his pain.(그 환자는 그 의사에게 고통을 줄여달라고 간청했다.)

b. The savage entreated the captain not to kill them.(그 미개인들은 선장에게 자신들을 죽이지 말라고 간청했다.)

c. We entreated her to stay longer/to help us.(우리는 그녀가 더 머물도록/우리를 돕도록 간청했다.)

d. The prisoners entreated their captors to let them go.(그 포로들은 인질범에게 그들을 놓아 달라고 간청했다.)

e. We entreated the old patient to eat vegetables.(우리는 늙은 환자에게 야채를 먹도록 간청했다.)

f. The children entreated their parents to leave them alone.(그 아이들은 부모님에게 자신들을 그냥 놔두라고 애원했다.)

g. We entreated him to leave the gun behind.(우리는 그에게 총을 뒤에 놔두도록 간청했다.)

h. We entreated the judge to show mercy.(우리는 그 재판관에게 자비를 베풀어달라고 애원했다.)

1.5. 다음 주어는 따옴표 속의 말로 간청한다.

(5) "Call me again," he entreated.("나를 다시 불러다오." 라고 그가 간청했다.)

entrench

이 동사의 개념 바탕에는 참호로 애워싸는 과정이 있다.

1. 타동사 용법
1.1. 다음 주어는 목적어를 굳힌다.

(1) a. The new policy entrenches the existing management.(새 정책은 기존의 경영책을 확립한다.)

b. The businessman has entrenched himself in the city's expanding service sector.(그 사업가는 도시의 확장하는 서비스 영역에서 지반을 굳혔다.)

1.2. 다음 주어는 목적어를 참호 속에 넣는다.

(2) a. The guerrillas entrenched themselves in the mountains.(유격대들은 그 산 속의 참호 속에 들어갔다.)

b. He entrenched himself behind the newspaper and refused to speak to her.(그는 자신을 그 신문 뒤에 파묻고 그녀에게 말하길 거부했다.)

1.3. 다음은 수동태 문장으로 주어는 참호 속에 넣어진다.

(3) a. The troops were entrenched on the battle field.(그 부대는 그 전장에서 참호에 들어 있었다.)

b. He is entrenched in the old-fashioned opinions.(그는 구시대적인 견해 속에 틀어 박혀 있다.)

c. Sexism is deeply entrenched in our society.(성차별이 우리 사회에 깊게 자리잡고 있다.)

d. The yearly marathon was firmly entrenched in the city.(매년마다 열리는 마라톤이 그 도시에서 굳건히 정착되었다.)

e. He is completely entrenched in his political views.(그는 자신의 정치적 견해에 완전히 틀어박혀 있다.)

entwine

이 동사의 개념 바탕에는 휘감는 과정이 있다.

1. 자동사 용법
1.1. 다음 주어는 서로 얽힌다.

(1) a. Their arms entwined and they skipped off to the park.(그들의 팔들은 서로 감겼고, 그들은 공원으로 가볍게 뛰어 갔다.)

b. A snake entwined around a tree.(뱀 한 마리가 나무 주위를 감았다.)

2. 타동사 용법
2.1. 다음 주어는 목적어를 휘감는다.

(2) a. She entwined her arm in mine and off we went.(그녀는 자신의 팔을 내 팔에 휘감고, 우리는 떠났다.)

b. Ivy entwined the pillars of the porch.(담쟁이 덩굴이 현관의 기둥들을 휘감았다.)

2.2. 다음은 수동태 문장으로 주어는 얽힌다.

(3) a. Her destiny was entwined with his.(그녀의 운명은 그의 운명과 휘감겼다.)

b. The meaning of art and the meaning of life are almost inextricably entwined.(예술과 삶의 의미는 거의 뗄 수 없을 정도로 얽혀져 있다.)

enumerate

이 동사의 개념 바탕에는 열거하는 과정이 있다.

1. 타동사 용법
1.1. 다음 주어는 목적어를 열거한다.

(1) a. He enumerated his reasons for his decision.(그는 자신의 결정에 대한 이유들을 일일이 열거했다.)

b. He enumerated the main points.(그는 요점들을 열거했다.)

c. He enumerated his friend's virtues.(그는 친구의 좋은 점을 열거했다.)

d. The sales representative enumerated the benefits of the insurance.(그 판매 대리인이 그 보험의 이익을 열거했다.)

e. I enumerate the works that will have to be done.(나는 해야 할 일을 열거한다.)

f. He enunciated his faults.(그는 자신의 결점을 열거했다.)

enunciate

이 동사의 개념 바탕에는 똑똑히 발음을 하거나 표명하는 과정이 있다.

1. 타동사 용법
1.1. 주어는 목적어를 분명히 발음한다.
(1) a. She enunciated her words clearly.(그녀는 낱말들을 분명하게 발음했다.)
   b. He enunciated every word clearly.(그는 낱말 하나하나를 분명하게 발음했다.)
1.2. 다음 주어는 목적어를 분명하게 제시한다.
(2) a. He enunciated his vision of the future.(그는 미래에 대한 비전을 발표했다.)
   b. The buyer enunciated her conditions for buying the house.(그 구매자는 집을 사는 데 대한 그녀의 조건을 분명히 말했다.)
   c. The speech enunciated a new program of education reforms.(그 연설은 교육 개혁의 새 안을 발표했다.)

2. 자동사 용법
2.1. 다음 주어는 분명히 발음한다.
(3) a. The actor enunciated well.(그 배우는 분명하게 발음했다.)
   b. The speaker enunciated clearly and loudly.(그 연사는 분명히 그리고 크게 발음했다.)

envelop

이 동사의 개념 바탕에는 둘러싸는 과정이 있다.

1. 타동사 용법
1.1. 다음 주어는 목적어를 둘러싼다.
(1) a. Swirling snow enveloped the hikers.(소용돌이치는 눈이 산행자들을 덮어 버렸다.)
   b. Clouds enveloped the mountain tops.(구름이 그 산꼭대기를 덮었다.)
   c. Darkness fell and enveloped the town.(어둠이 깔려 그 마을을 덮어 버렸다.)
   d. That lovely smell of the forest enveloped us.(저 숲 속의 사랑스런 향기가 우리를 감쌌다.)
   e. Groom enveloped her.(신랑이 그녀를 안았다.)
1.2. 다음은 수동태 문장으로 주어는 감싸인다.
(2) a. The mountains were enveloped in mist.(그 산들은 안개에 싸였다.)
   b. The building was soon enveloped in flames.(그 건물이 화염에 곧 휩싸였다.)
1.3. 다음 주어는 목적어를 감기게 한다.
(3) a. She enveloped herself in a thick coat.(그녀는 자신을 두꺼운 코트로 쌌다.)
   b. She enveloped herself in a big shawl.(그녀는 자신을 큰 숄에 감쌌다.)

1.4. 다음은 수동태 문장으로 주어는 감긴다.
(4) a. She was enveloped in a jacket which was two sizes too big for her.(그녀는 자신에게 2 사이즈가 큰 재킷에 감싸였다.)
   b. She was enveloped in a huge towel.(그녀는 커다란 타올에 감싸였다.)
1.5. 다음 주어는 목적어를 감싼다.
(5) She enveloped me in her arms.(그녀는 나를 자신의 팔에 감싸 안았다.)

envy

이 동사의 개념 바탕에는 부러워하는 과정이 있다.

1. 타동사 용법
1.1. 다음 주어는 목적어를 for의 목적어의 이유로 부러워 한다.
(1) a. We envied him for his success.(우리는 성공에 대해 그를 부러워한다.)
   b. He envied Rosaline for her youth.(그는 젊음에 대해 로잘린을 부러워한다.)
   c. I envy him (for) his freedom to travel.(나는 여행하는 자유에 대해 그를 부러워한다.)
   c. How I envy you.(내가 널 얼마나 부러워하는지!)
1.2. 다음 주어는 목적어를 부러워한다.
(2) a. I envy your ability to work so fast.(나는 일을 그렇게 빨리 하는 네 능력이 부럽다.)
   b. He always envies my success.(그는 항상 내 성공을 부러워한다.)
   c. We envy his success.(우리는 그의 성공을 부러워한다.)
   d. I envy you having such a close family.(나는 네가 그토록 다정한 가족을 가진 것을 부러워한다.)
1.3. 다음 주어는 첫째 목적어가 둘째 목적어를 갖는 것을 부러워한다.
(3) a. I don't envy Ed that job.(나는 에드가 그 일을 가진 것을 시기하지 않는다.)
   b. I envy Karl his peace.(나는 칼이 평화를 갖는 것을 부러워한다.)
   c. She envied him his money.(그녀는 그가 돈을 갖는 것을 부러워했다.)
   d. I don't envy you your journey in this bad weather.(나는 이 나쁜 날씨에 하는 너의 여행을 부러워하지 않는다.)
   e. We envied him his wealth.(우리는 그가 부를 갖는 것을 부러워했다.)

equal

이 동사의 개념 바탕에는 같게 되는 과정이 있다.

1. 타동사 용법
1.1. 다음 주어는 목적어와 같게 된다.
(1) a. Three plus one does not equal six.(3 더하기 1은 6과 같지 않다.)
   b. A meter equals 39.38 inches.(일 미터는 39.38인

치와 같다.)

  c. Six ounces **equal** one pound. (6온스는 1파운드와 같다.)

  d. With his last jump, he **equaled** the world record. (그의 마지막 점프로 그는 세계 기록과 같아졌다.)

  e. Two plus three **equals** five. (2 더하기 3은 5와 같다.)

  f. X **equals** Y. (x는 y와 같다.)

1.2. 다음 주어는 목적어를 필적한다.

(2) a. The younger sister tried hard to **equal** the older sister's achievements. (그 여동생은 언니의 업적에 도달하려고 열심히 노력했다.)

  b. None of us can **equal** her grace as a dancer. (우리들 중 아무도 댄서로서 그녀의 우아함을 필적할 수는 없다.)

  c. Trade should balance when supply **equals** demand. (매매가 수요와 공급이 같을 때 균형을 이룰 것이다.)

  d. A high-trained workforce **equals** high productivity. (잘 숙련된 노동력은 높은 생산성과 같다.)

  e. No amount of money can **equal** memories like that. (어떤 액수의 돈도 그러한 추억과 같을 수 없다.)

  f. I hope to **equal** him. (나는 그를 필적하고 싶다.)

1.3. 다음은 수동태 문장으로 주어는 필적된다.

(3) This achievement is unlikely to be **equaled**. (이 성취는 필적될 것 같지 않다.)

equate

이 동사의 개념 바탕에는 같게 보는 과정이 있다.

1. 타동사 용법

1.1. 다음 주어는 목적어를 같게 본다.

(1) a. The author doesn't **equate** liberalism and conservatism. (그 작가는 자유주의와 보수주의를 같다고 생각하지 않는다.)

  b. You can't **equate** profitability and investment. (너는 수익성과 투자를 같다고 여길 수는 없다.)

  c. You can't **equate** passing exams and being intelligent. (너는 시험에 통과하는 것과 똑똑하다는 것을 같다고 생각할 수 없다.)

1.2. 다음 주어는 목적어를 전치사 with의 목적어와 같게 본다

(2) a. Don't **equate** experience with wisdom. (경험을 지혜와 동일시하지 말아라.)

  b. Some people **equate** nationalism with fascism. (어떤 사람들은 국수주의를 파시즘과 동일시한다.)

  c. Do you **equate** money with happiness? (너는 돈을 행복과 동일시하느냐?)

  d. Some parents **equate** education with exam success. (어떤 부모들은 교육을 시험 성공과 같게 여긴다.)

2. 자동사 용법

2.1. 다음 주어는 전치사 to나 with의 목적어와 같게 본다.

(3) a. The price of such goods in those days **equate** to about $50 a kilo at current prices. (그 당시에 그 상품들의 가격은 현재 화폐 가치로 킬로 당 50달러에 필적한다.)

  b. A 400-dollar raise **equates** to 20%. (400 달러 인상은 20%와 같다.)

  c. Market rates don't always **equate** with reasonable prices. (시장률은 언제나 합리적인 가격과 같은 것은 아니다.)

equip

이 동사의 개념 바탕에는 갖추는 과정이 있다.

1. 타동사 용법

1.1. 다음 주어는 목적어를 전치사 with의 목적어로 갖춘다.

(1) a. Access courses **equip** students **with** whatever is necessary for the completion of a degree course. (입수 과목들은 학생들을 학위 과정의 완성에 필요한 모든 것들로 갖춘다.)

  b. **Equip** them **with** video camera. (그것을 비디오 카메라로 장치해라.)

  c. Local authorities must **equip** the road **with** effective speed-reducing measures. (지방 관계 당국은 그 도로를 속도 줄임 장치로 갖추어야 한다.)

  d. He **equipped** his son **with** the ability to persevere. (그는 아들을 인내하는 능력으로 갖추게 했다.)

  e. The course aims to **equip** people **with** the skills necessary for a job in this technological age. (그 과정은 사람들을 이 기술 시대의 직업에 필요한 기술로 갖추는 데 있다.)

1.2. 다음 주어는 목적어를 전치사 with의 목적어로 갖춘다. 목적어는 재귀대명사이다.

(2) a. You'll need to **equip** yourselves **with** some warm clothes and waterproof shoes to walk in this weather! (너는 이 날씨에 걸어다닐 수 있도록 자신을 몇 가지의 따뜻한 옷과 방수 신발로 옷채비를 할 필요가 있을 것이다.)

  b. You had better **equip** yourself **with** a fine needle, tweezers, and a strong light! (너는 가느다란 바늘, 집게, 그리고 강한 전등을 챙기는 것이 좋을 것이다.)

  c. They **equipped** themselves **with** special skills. (그들은 자신들을 특별한 기술로 갖추었다.)

  d. They **equip** themselves **with** good educational qualifications. (그들은 자신들을 훌륭한 교육 자격으로 갖춘다.)

  e. They should **equip** themselves **with** a knowledge and understanding of the products and strategy behind the IBM environment. (그들은 자신들을 생산품들에 대한 지식과 이해 그리고 IBM 환경의 이면에 있는 전략으로 갖추어야 한다.)

1.3. 다음 주어는 목적어를 장비로 갖춘다.

(3) a. He has one policy for the fourth Trident

submarine--to build it, **equip** it, and send it to sea armed for the nation's defence.(그는 네 번째 Trident 잠수함에 대한 하나의 원칙을 가지고 있는데, 그것을 만들고 갖추어서 국가 방어를 위해 무장되어 바다로 내보내는 것이다.)

b. They can't afford to **equip** their army properly.(그들은 군대의 적절한 장비를 갖출 여유가 없다.)

c. It's going to cost $4 million to **equip** the hospital.(그 병원을 필요한 장비로 갖추기 위해 4백만 달러가 소요될 것이다.)

d. There is enough money provided from central funds to staff and **equip** a school.(학교에 필요한 직원을 두고 필요한 설비를 갖추도록 중앙 기금에서 제공된 충분한 돈이 있다.)

14. 다음 주어는 목적어를 전치사 for에 합당한 장비를 갖춘다.

(4) a. Polar stocks are generally assumed to have accumulated, and still be accumulating, adaptations that **equip** them **for** the polar environment.(그 지방 군체들을 그들을 그 극지방 환경에 준비를 시키는 적응 능력들을 축적했고 또 축적하고 있는 것으로 일반적으로 생각된다.)

b. The main purpose of the teaching of English literature was not to impart knowledge, or to **equip** students **for** the conquest of the world.(영문학을 가르치는 주된 목적은 지식을 전달하거나 학생들을 세상 정복을 위해 소양을 갖추도록 하는 것이 아니었다.)

c. A degree in the history of art is very nice but it doesn't exactly **equip** you **for** many jobs.(미술사에 대한 학위를 갖는 것은 좋은 일이지만, 그것은 너를 많은 일자리에 필요한 기술을 갖추어 주지는 않는다.)

1.5. 다음 주어는 목적어를 전치사 for의 목적어를 대비하여 갖춘다.

(5) a. I have to **equip** myself fully **for** the task.(나는 나 자신을 그 일을 처리할 수 있도록 충분히 갖추어야 한다.)

b. **Equip** yourself **for** the better golf.(더 훌륭한 골프 실력을 위해 너 자신을 갖추어라.)

c. In short, learning can be fun--provided you **equip** yourself sensibly **for** the voyage of self-discovery.(요컨대, 배운다는 것은 재미있을 수 있다. 네가 네 자신을 자기 발견의 항해를 위해 지각 있게 준비를 하면.)

1.6. 다음 주어는 목적어를 갖추어서 부정사가 가리키는 일을 하게 한다.

(6) a. Your education will **equip** you **to** earn a good living.(너의 교육은 네가 좋은 삶을 살 수 있게 능력을 갖추게 해줄 것이다.)

b. Experience has **equipped** him **to** deal with the task.(경험은 그를 그 과업을 처리할 수 있는 능력을 갖추게 했다.)

c. The economists have insisted on technical emphasis in order to **equip** their graduates **to** compete better in the marketplace.(그 경제학자들은 자신들의 졸업생들을 시장에서 더 잘 경쟁할 수 있도록 기술면의 강조를 주장해왔다.)

1.7. 다음은 수동태 문장으로 주어는 갖추어진다.

(7) a. Our office is **equipped with** two powerful computers.(우리 사무실은 두 대의 매우 강력한 컴퓨터가 갖추어져 있다.)

b. This factory is **equipped with** the most modern machinery.(이 공장은 가장 현대적인 기계류로 갖추어져 있다.)

c. The soldiers are all **equipped with** full dress.(군인들은 모두 제복을 입고 있다.)

d. We aren't **equipped** to deal **with** large problems.(우리는 큰 문제들을 처리할 만한 능력을 갖추고 있지 않다.)

e. All the police officers were **equipped with** shields to defend themselves against the rioters.(모든 경찰관들은 그들 자신을 폭도들에 대항하여 방어할 수 있도록 보호물을 갖추고 있었다.)

2. 자동사 용법

2.1. 다음 주어는 전치사 for의 목적어를 위해 준비한다.

(8) a. A school like this one should **equip for** the realities of unforgiveness of the world outside.(이와 같은 학교는 바깥 세상의 가차없는 현실을 위해 준비를 시켜야 한다.)

b. This training will **equip for** a long climb.(이 훈련은 긴 등반을 준비시켜 줄 것이다.)

---

erase

이 동사의 개념 바탕에는 지우는 과정이 있다.

1. 타동사 용법

1.1. 다음 주어는 목적어를 지운다.

(1) a. Unfortunately he **erased** the message.(불행하게도 그는 그 메시지를 지웠다.)

b. Please **erase** the words on the chalkboard.(그 칠판에 말들을 지워주세요.)

c. Please **erase** the black board.(그 칠판을 지워주세요.)

d. The bank agreed to **erase** the debt.(은행은 그 빚을 청산하기로 합의했다.)

e. The city sold the property to **erase** a huge budget deficit.(그 시는 자산을 매각하여 거대한 예산 적자를 없애려고 팔았다.)

1.2. 다음은 수동태 문장으로 주어는 지워진다.

(2) a. Parts of the recording have been **erased**.(그 기록의 일부가 삭제되었다.)

b. All the phone numbers have been **erased**.(그 전화번호들은 모두 지워졌다.)

c. The names were **erased** from the computer disk.(그 이름들은 컴퓨터 디스크에서 지워졌다.)

1.3. 다음 주어는 목적어를 전치사 from의 목적어에서 지운다. 다음은 [마음은 개체] 은유가 적용된 표현이다.

(3) a. Nothing can **erase** from her mind the memory of that terrible day.(어떤 것도 그 끔찍했던 날에 대한 기억을 그녀 마음으로부터 지울 수는 없다.)

    b. John tried to **erase** the scary thoughts from his mind.(존은 그 무서운 생각들을 마음속에서부터 지워 버리려고 애썼다.)

    c. He couldn't **erase** the event from his memory.(그는 그 사건을 자기 기억에서 지울 수가 없었다.)

1.4. 다음은 수동태 문장으로 주어는 지워진다. 다음 주어는 추상적인 마음, 의심 등이다.

(4) All doubts were suddenly **erased** from his mind.(모든 의혹은 그의 마음 속으로부터 갑자기 지워졌다.)

erect

이 동사의 개념 바탕에는 세우는 과정이 있다.

1. 타동사 용법

1.1. 다음 주어는 목적어를 세운다.

(1) a. When the missing parts arrived, we **erected** the machine.(없는 부품들이 도착했을 때, 우리는 기계를 조립했다.)

    b. A construction company **erected** a building across the street. (한 건설 회사가 그 길 건너 편에 건물을 세웠다.)

    c. They **erected** a church/a monument/a telephone pole/a house.(그들은 교회/기념비/전봇대/집을 세웠다.)

    d. Workmen **erected** a ladder against the wall.(일꾼들이 사다리를 벽에 기대어 세웠다.)

    e. They **erected** a television antenna on the roof.(그들은 텔레비전 안테나를 지붕 위에 똑바로 세웠다/설치했다.).

    f. We will **erect** a tent over there.(우리는 텐트를 저 쪽에다가 세울 것이다.)

    g. The soldiers **erected** barricades to protect themselves from gunfire.(군인들은 바리케이트들을 자신들을 포화로부터 보호하려고 쳤다.)

1.2. 다음은 수동태 문장으로 주어는 세워진다.

(2) a. The war memorial was **erected** in 1950.(전쟁 기념비는 1950년에 세워졌다.)

    b. The Berlin Wall was **erected** in 1961.(베를린 장벽은 1961년에 세워졌다.)

    c. The statue was **erected** twenty years ago.(그 조각상은 20년 전에 세워졌다.)

1.4. 다음 주어는 목적어를 세운다. 목적어는 제도이다.

(3) a. He **erected** a college.(그는 대학을 설립했다.)

    b. The country **erected** a model legal system/an institution.(그 국가는 시범 법 체계/기관을 만들었다.)

    c. His plan is to **erect** a world wide network.(그의 계획은 전 세계적 네트워크를 구축하는 것이다.)

1.5. 다음 주어는 목적어를 전치사 into의 목적어 상태로 만든다.

(5) They **erected** the territory into a state.(그들은 나라 안에 자치령을 설정했다.)

erode

이 동사의 개념 바탕에는 침식하는 과정이 있다.

1. 타동사 용법

1.1. 다음 주어는 목적어를 침식한다.

(1) a. Wind **eroded** the loose topsoil.(바람이 그 약한 표토를 침식시켰다.)

    b. The sea **eroded** the rocks.(바다는 바위들을 침식시켰다.)

    c. Wind and rain **eroded** the statues into shapeless lumps of stone.(비와 바람은 그 조각상을 침식시켜서 무형의 돌덩어리로 만들었다.)

    d. Strong winds **eroded** the shoreline.(강풍은 해안선을 침식시켰다.).

1.2. 다음은 수동태 문장으로 주어는 침식된다.

(2) a. The cliff face has been steadily **eroded** by the sea.(그 절벽 면은 파도에 의해 꾸준히 침식되어 왔다.)

    b. The individual freedom is being **eroded**.(개인의 자유가 침식되고 있다.)

1.3. 다음 주어는 목적어를 침식한다. 다음은 [상태는 개체] 은유가 적용된 표현이다.

(3) a. Jealousy is **eroding** our friendship.(질투심이 우리의 우정을 갉아먹고 있다.)

    b. His behavior **eroded** my confidence in him.(그의 행동이 그에 대한 나의 신념을 좀먹었다.)

    c. Scandals **eroded** his reputation.(스캔들은 그의 명성을 깎아 먹었다.)

1.4. 다음은 수동태 문장으로 주어는 침식된다.

(4) a. Her personal authority has been **eroded**.(그녀의 개인적 권위가 깎였다.)

    b. Her confidence has been slowly **eroded** by repeated failures.(그녀의 신념이 계속된 실패로 서서히 침식되어 왔다.)

    c. The individual's right to privacy is being **eroded**.(사생활에 대한 개인의 권리가 침식되고 있다.)

2. 자동사 용법

2.1. 다음 주어는 침식된다.

(5) a. The bridge is **eroding** away from the salt water.(그 다리는 소금물에 의해 침식되고 있다.)

    b. The cliffs are **eroding** at/by several feet a year.(절벽들은 일년에 몇 피트씩 침식되고 있다.)

    c. The coastline **eroded** slowly.(해안선은 천천히 좁아지고 있다.)

    d. The rocks have **eroded** away over time.(바위들은 시간이 흐르면서 침식되어 없어진다.)

    e. Support for the candidate is **eroding**. (그 후보자에 대한 지지가 침식되고 있다.)

2.2. 다음 주어는 침식된다. 주어는 추상적 개체이다.

(6) a. The value of the dollar began to **erode** rapidly just around this time.(달러 가치가 이 시점에서 급속히 떨어지기 시작했다.)

b. Support for the candidate is eroding.(그 입후보자에 대한 지지도가 떨어지고 있다.)

err

이 동사의 개념 바탕에는 실수하는 과정이 있다.

1. 자동사 용법

1.1. 다음 주어는 실수를 한다.

(1) a. It is better to err on the side of caution.(주의 쪽에서 실수를 하는 것이 낫다.)

b. To err is human.(잘못은 인지상사다.)

c. Banks rarely err in computing your balance.(은행은 너의 차감 잔액을 계산하는 데 거의 오류가 없다.)

d. I erred in making the calculation.(나는 그 계산에서 잘못을 했다.)

e. Bill erred when he said Detroit is the capital of Michigan.(빌은 디트로이트가 미시간 주의 수도라고 말했을 때 실수를 했다.)

erupt

이 동사의 개념 바탕에는 터지는 과정이 있다.

1. 자동사 용법

1.1. 다음 주어는 터진다.

(1) a. Mt. Vesuvius hasn't erupted for many years.(베수비우스 화산은 수년간 분화하지 않았다.)

b. When did Mt. Etna last erup?(에트나 산이 언제 마지막으로 분출했느냐?)

c. Your wisdom teeth are starting to erupt.(너의 사랑니는 잇몸을 뚫고 나오기 시작한다.)

1.2. 다음 주어는 터져 나온다.

(2) Molten lava erupted from the volcano.(용해된 용암이 그 화산에서 분출했다.)

1.3. 다음 주어는 터져 나온다. 다음은 [상태는 개체] 은유가 적용된 표현이다.

(3) a. Words of anger erupted from her.(노여움의 말들이 그녀에게서 쏟아졌다.)

b. The unrest erupted into revolutions when Dan scored for the second.(댄이 2위를 기록했을 때 불안이 혁명으로 폭발했다.)

c. A fight erupted in the park.(싸움이 공원에서 발발했다.)

d. Violence erupted in the city after the football match.(축구 시합이 끝난 후에 시에서 폭동이 발발했다.)

1.4. 다음 주어는 발진 등이 터져나온다.

(4) a. His face erupted in pimples.(그의 얼굴에 여드름이 발진했다.)

b. Her back erupted in small red spots.(그녀의 등에 작은 붉은 반점들이 났다.)

c. My body erupts with hives if I eat chocolate.(내 몸은 쵸코렛을 먹으면 두드러기가 생긴다.)

d. Many young boys erupt with acne.(많은 어린 소년들은 여드름이 생긴다.)

1.5. 다음 주어는 터져나온다.

(5) a. A rash erupted all over his chest.(뾰루지가 그의 가슴 전체에 났다.)

b. The rash on her face erupted.(뾰루지는 그녀의 얼굴에 났다.)

c. A painful rash erupted on his neck.(고통스러운 뾰루지가 그의 목에 돋았다.)

1.6. 다음 주어는 전치사 into의 목적어 상태로 들어간다.

(6) a. Watts erupted into riots.(와트가 폭동으로 들어갔다.)

b. They erupted into laughter/shouting.(그들은 갑자기 마구 웃었다/소리쳤다.)

c. Their conversation erupted into a fierce argument.(그들의 대화는 격렬한 논쟁이 되었다.)

2. 타동사 용법

2.1. 다음 주어는 목적어를 분출한다.

(7) a. The volcano erupted lava and ash.(그 화산은 용암과 화산재를 분출했다.)

b. The volcano erupted clouds of ash high into the sky.(그 화산은 재 구름을 하늘 높이 분출했다.)

escape

이 동사의 개념 바탕에는 피하는 과정이 있다.

1. 타동사 용법

1.1. 다음 주어는 목적어를 피한다. 목적어는 주어에 닥쳐온다.

(1) a. He escaped punishment/pursuit/conscription.(그는 벌/추적/징용을 피했다.)

b. She escaped the infection/the measles/death/capture.(그녀는 전염병/홍역/죽음/생포를 피했다.)

1.2. 다음 목적어는 동명사로 표현되어 있다. 주어는 목적어를 피한다.

(2) a. He narrowly escaped being drowned.(그는 간신히 익사되는 것을 피했다.)

b. He escaped having to join the army.(그는 군에 입대하는 것을 피했다.)

c. She escaped being punished.(그녀는 벌 받는 것을 피했다.)

1.3. 다음 주어는 목적어를 피한다.

(3) a. The important matter escaped her notice.(그 중요한 문제는 그의 주의를 피했다.)

b. The object escaped him in his search.(그 물건은 수색에서 그의 눈을 벗어났다.)

c. I'm afraid your point escapes me.(유감스럽게도 너의 요점이 나의 주의를 벗어나는 것 같다.)

d. I'm afraid your name escapes me.(유감스럽게도 당신의 이름이 생각나지 않는데요.)

e. Nothing escapes his attention.(아무 것도 그의 주의를 벗어나지 않는다.)

2. 자동사 용법

2.1. 다음 주어는 from의 목적어에 있던 상태에서 벗어난다.
(4) a. He escaped from a lonely life.(그는 외로운 생활에서 벗어났다.)
   b. They managed to escape from the burning building.(그들은 불타고 있는 건물에서 간신히 피신했다.)
   c. You are just trying to escape from reality.(너는 현실에서 도피하고자 하고 있을 뿐이다.)
   d. He escaped from prison.(그는 감옥에서 도망갔다.)

2.2. 다음 주어는 전치사 from의 목적어에서 새어나온다.
(5) a. Water is escaping from the main.(물이 수도본관에서 빠져 나오고 있다.)
   b. Gas has been escaping from the pipe.(가스가 그 관으로부터 새어 나오고 있다.)
   c. Heat is escaping from the open door.(열기가 열린 문으로 빠져 나오고 있다.)

2.3. 다음 주어는 도망을 친다.
(6) a. He escaped with bare life.(그는 간신히 목숨만 건져 도망했다.)
   b. He escaped by the window.(그는 창문을 통해 도망했다.)
   c. He escaped to a foreign country.(그는 외국으로 도망갔다.)

escort

이 동사의 개념 바탕에는 보호하기 위하여 같이 다니는, 즉 호송하는 과정이 있다.

1. 타동사 용법
1.1. 다음 주어는 목적어를 보호하여 같이 다닌다.
(1) a. A body guard escorted the celebrity around the town.(경호원 한 명이 그 명사를 마을 주위로 호송했다.)
   b. He escorted her down the path.(그는 그녀를 그 소로 아래로 보호하며 같이 갔다.)
   c. He escorted her to the station.(그는 그녀를 역까지 보호하며 같이 갔다.)

1.2. 다음은 수동태 문장으로 주어는 경호된다.
(2) a. The minister was escorted round the factory by two of the managers.(그 장관은 공장 주위를 두 명의 관리인에 의해 경호되어 다녔다.)
   b. The visitors were escorted to the airport.(그 방문자들은 공항까지 경호되었다.)

establish

이 동사의 개념 바탕에는 굳건히 하거나 굳건히 세우는 과정이 있다.

1. 타동사 용법
1.1 다음 주어는 목적어를 확립한다.
(1) a. They established order.(그들은 질서를 확립했다.)
   b. The hospital has established new procedures for admission.(병원은 새 입원 절차를 확립해 왔다.)
   c. The college established a scholarship for poor students.(그 대학은 가난한 학생들을 위해 장학금을 설립했다.)
   d. He established his credit/his innocence.(그는 자신의 신용/결백을 확립했다.)
   e. Police established his guilt.(경찰은 그의 유죄를 확립했다.)
   f. The new parliament established laws to improve the economy.(새 의회는 경제를 개선시키기 위해 법률들을 제정했다.)

1.2. 다음 주어는 목적어를 확립한다.
(2) a. We decided to establish links with similar groups in the US.(우리는 미국의 비슷한 그룹과 자매결연을 확립하기로 결정했다.)
   b. Doctors have established a link between smoking and cancer.(의사들은 흡연과 암과의 연관성을 확립했다.)
   c. The school has established a successful relationship with the local community.(그 학교는 지역 공동체와 성공적인 관계를 확립했다.)

1.3. 다음 주어는 목적어를 세운다.
(3) a. He established a business/a university/a company.(그는 사업/대학/회사를 세웠다.)
   b. The new treaty established a free trade zone.(새 조약은 자유 무역 지역을 세웠다.)

1.4. 다음은 수동태 문장으로 주어는 세워진다.
(4) a. The committee was established in 1940.(그 위원회는 1940년에 세워졌다.)
   b. Traditions got established over time.(전통들은 시간에 지나면서 세워져 왔다.)

1.5. 다음 주어는 목적어를 어떤 영역에 자리를 잡게 한다.
(5) a. He established his eldest son in business.(그는 큰 아들을 사업에 자리잡게 했다.)
   b. He established himself as a programmer/a poet.(그는 자신을 프로그래머/시인으로써 자리를 잡게 했다.)
   c. They established him as governor.(그들은 그를 주지사로 자리를 잡게 했다.)
   d. The flight established Lindberg as a hero.(그 비행은 린버그를 영웅으로 자리잡게 했다.)

1.6. 다음은 수동태 문장으로 주어는 자리가 잡힌다.
(6) a. By then he was established as a star.(그때 그는 스타로서 자리가 잡혔다.)
   b. Are you established in your new environment?(너는 새 환경에서 자리가 잡혔니?)

1.7. 다음 주어는 목적어를 확증하려고 한다.
(7) a. Police are still trying to establish the cause of the accident.(경찰들은 여전히 그 사건의 원인을 확증하려 하고 있다.)
   b. He has established his theory.(그는 자신의 이론을 확증했다.)
   c. Attorneys are trying to establish the validity of his claim.(변호사들은 그의 주장의 유효성을 확증하려 하고 있다.)

d. The coroner **established** the time of death.(그 검시관은 죽음의 시간을 확증했다.)

1.8. 다음 의문사가 이끄는 절은 주어가 확증하려고 하는 내용이다.

(8) a. We need to **establish** where she was at the time of shooting.(우리는 총 쏜 시간에 그녀가 어디에 있었는지 확증할 필요가 있다.)

b. Can you **establish** what time she left?(너는 몇 시에 그녀가 떠났는지 확증할 수 있니?)

c. Can you **establish** whether she came back?(너는 그녀가 다시 돌아올 것인지를 확증할 수 있니?)

1.9. 다음 that-절은 주어가 확증하는 내용이다.

(9) a. They have **established** that the injury was caused by a fall.(그들은 그 상처가 낙하에 의해 생겼다고 확증해 왔다.)

b. It has been firmly **established** that she was not there at the time of the crime.(그녀가 범죄 시각에 그 곳에 없었다는 것은 확실히 확증되었다.)

c. It was **established** that he was innocent. (그가 결백하다는 것이 확증되었다.)

esteem

이 동사의 개념 바탕에는 높이 평가하는 과정이 있다.

1. 타동사 용법
1.1. 다음 주어는 목적어를 존경한다.

(1) a. I **esteem** him for his intelligence.(나는 그를 총명함 때문에 존경한다.)

b. We **esteemed** him for his bravery.(우리는 그를 용감함 때문에 존경했다.)

1.2. 다음 주어는 목적어를 존중한다.

(2) a. The committee **esteems** your work on the project.(그 위원회는 그 기획에 대한 너의 일을 존중한다.)

b. I **esteem** your advice highly.(나는 너의 충고를 높이 존경한다.)

1.3. 다음 주어는 목적어를 as의 목적어로 생각한다.

(3) a. I **esteem** it (as) a favor.(나는 그것을 호의로 생각한다.)

b. Joan **esteems** Jane above all others as her friends.(조앤은 제인을 다른 누구보다도 그녀의 친구로 생각한다.)

c. I will **esteem** it as a great favor if you give her my kind regards.(네가 그녀에게 나의 안부를 전해 준다면, 나는 그것을 큰 호의로 생각할 것이다.)

d. He **esteemed** the assistant trustworthy enough to look after the shop.(그는 그 보조자가 가게를 돌볼 만큼 충분히 신뢰할 만하다고 생각했다.)

1.4. 다음은 수동태 문장으로 주어는 평가된다.

(4) a. These qualities are **esteemed** by managers.(이러한 자질들은 관리자들에 의해 평가된다.)

b. He was highly **esteemed** for his scholarship.(그는 자신의 학문으로 높게 평가되었다.)

c. Judges are **esteemed** for their fairness and honesty.(판사들은 자신들의 공정성과 정직성으로 평가된다.)

evacuate

이 동사의 개념 바탕에는 비우는 과정이 있다.

1. 타동사 용법
1.1. 다음 주어는 목적어를 비운다. 목적어는 장소이다.

(1) a. Employees were urged to **evacuate** their offices immediately.(고용인들은 즉시 그들의 사무실을 비우도록 권유받았다.)

b. They **evacuated** the house.(그들은 그 집을 비웠다.)

c. We were asked to **evacuate** the area during the emergency.(우리는 그 지역을 긴급 상황동안 비우라는 요청을 받았다.)

d. The patient was asked to **evacuate** his bowels before coming to the hospital for tests.(환자는 장을 검사하기 위해 병원에 오기 전에 비우라는 요청을 받았다.)

e. The troops **evacuated** their position.(그 군대는 자신들의 진지를 비웠다.)

1.2. 다음은 수동태 문장으로 주어는 비워진다.

(2) a. The whole building was **evacuated**.(그 전체 빌딩은 비워졌다.)

b. The area was **evacuated** before the attack.(그 지역은 공격 전에 비워졌다.)

1.3. 다음은 [마음은 그릇] 은유가 적용된 표현이다. 주어는 목적어를 비운다.

(3) The rapture of love **evacuated** his mind of reason.(사랑의 환희는 그의 마음을 비워서 이성을 잃게 했다.)

1.4. 다음 목적어는 사람이다. 주어는 목적어가 어떤 장소를 떠나게 한다.

(4) a. They **evacuated** the wounded.(그들은 부상자를 철수시켰다.)

b. They **evacuated** the people from the flooded village.(그들은 사람들을 홍수가 난 마을로부터 철수시켰다.)

c. The police **evacuated** the citizens before the hurricane reached the coast.(그 경찰은 시민들을 그 태풍이 해안에 닿기 전에 떠나게 했다.)

d. The authorities ordered the soldiers to **evacuate** the townspeople.(당국은 군인들이 그 마을 사람들을 철수시키라고 명령했다.)

e. The soldiers **evacuated** the villagers. (그 군인들은 마을 사람들을 철수시켰다.)

1.5. 다음 주어는 목적어를 비운다.

(5) a. The authorities **evacuated** the poisonous gas from the railway tank car.(당국은 독가스를 그 철도 탱크차로부터 빠져 나가게 했다.)

b. He **evacuated** the villagers from the flood area.(그는 마을 사람들을 그 홍수 지역에서 철수시켰다.)

1.6. 다음은 수동태 문장으로 주어는 철수된다.
(6) a. Children were **evacuated** from London to escape the bombing.(아이들은 폭탄을 피하기 위해 런던에서 철수되었다.)
   b. Women and children were **evacuated** from the war zone.(여자들과 아이들은 그 전쟁 지역에서 철수되었다.)

2. 자동사 용법
2.1. 다음 주어는 철수한다.
(7) a. Fearing the worst, we **evacuated** immediately.(최악의 상황을 우려하여, 우리는 즉시 철수했다.)
   b. The neighborhood residents **evacuated** when they heard the news of the danger.(이웃 거주자들은 위험의 소식을 들었을 때 철수했다.)
   c. They **evacuated** into the countryside.(그들은 시골로 철수했다.)

evade
이 동사의 개념 바탕에는 피하는 과정이 있다.

1. 타동사 용법
1.1. 다음 주어는 목적어를 피한다.
(1) a. Criminals **evade** the law.(범죄자들이 법망을 피한다.)
   b. She managed to **evade** the attacker's grasp.(그녀는 공격자의 통제를 간신히 피했다.)
   c. He **evaded** the attacker's blow.(그는 그 공격자의 강타를 피했다.)
   d. The thief **evaded** the police and escaped.(그 도둑은 경찰을 피해 달아났다.)
   e. He **evaded** the tackler by dodging.(그는 살짝 비킴으로써 달려 붙는 이를 피했다.)
   f. She **evaded** her pursuers by hiding in a cave.(그녀는 동굴에 숨어서 추적자를 피했다.)
   g. She leaned forward to kiss him, but he **evaded** her by pretending to sneeze.(그녀는 그를 키스하기 위해 몸을 굽혔지만, 그는 재채기하는 척 하면서 그녀를 피했다.)
   h. He **evaded** capture/arrest for several days.(그는 며칠동안 생포/체포를 피했다.)
   i. They **evaded** confrontation.(그들은 대결을 피했다.)

1.2. 다음 주어는 목적어를 피한다.
(2) a. The mayor **evaded** the question by talking about something else.(그 시장은 다른 화제를 얘기하므로써 그 질문을 피했다.)
   b. Don't **evade** the issue.(논점을 피하지 마라.)
   c. He **evaded** the question by pretending not to hear.(그는 듣지 않는 척 함으로써 질문을 피했다.)
   d. By blaming the source of the information, the reporter **evaded** responsibility for the mistake.(그 정보의 출처를 비난함으로써 그 기자는 실수에 대한 책임을 피했다.)

1.3. 다음 주어는 목적어를 피한다. 목적어는 동명사이다.
(3) a. She **evaded** answering the reporter's question by changing the subject.(그녀는 주제를 바꿈으로써 기자의 질문을 회피했다.)
   b. Jane **evaded** doing her chores by pretending to be sick.(제인은 아픈 척 하면서 허드렛일 하는 것을 피했다.)
   c. He can't **evade** doing his military service forever.(그는 영원히 병역 의무 이행을 피할 수 없다.)
   d. The president is trying to **evade** paying taxes.(대통령은 세금을 내는 것을 피하려고 하고 있다.)

1.4. 다음 주어는 목적어를 피한다. 주어는 성공, 해답, 환심 사기 등이다.
(4) a. Success has so far **evaded** her.(성공은 지금까지 그녀를 피해왔다.)
   b. The answer **evaded** him.(그 답변이 그를 피했다.)
   c. Her insinuation **evaded** him.(그녀의 암시는 그를 피했다.)
   d. The solution of the problem has **evaded** me.(그 문제의 해결은 나를 피했다.)
   e. At the moment words **evaded** her.(그 순간 말이 그녀를 피했다.)
   f. The taste **evades** explanation.(그 맛은 설명을 피한다.)

evaporate
이 동사의 개념 바탕에는 증발하는 과정이 있다.

1. 타동사 용법
1.1 주어는 목적어를 증발시킨다.
(1) a. The hot sun **evaporated** the dew.(그 뜨거운 태양은 이슬을 증발시켰다.)
   b. The sun **evaporated** the water.(그 태양은 물을 증발시켰다.)

1.2. 다음 목적어는 물기가 담겨있는 개체이다.
(2) a. The extremely hot weather **evaporated** the shallow stream.(극도로 더운 날씨는 얕은 개울을 증발시켰다.)
   b. The heat **evaporated** the apples.(열은 사과의 물기를 증발시켰다.)

2. 자동사 용법
2.1. 다음 주어는 증발된다.
(3) a. The dew **evaporated** in the hot sun.(이슬은 뜨거운 태양에서 증발되었다.)
   b. Heat until all the water has **evaporated**.(모든 물이 증발될 때까지 가열해라.)

2.2. 다음은 [마음의 상태는 물]은유가 적용된 예이다.
(4) a. Hopes of reaching an agreement are beginning to **evaporate**.(동의에 도달하는 희망들은 증발되기 시작하고 있다.)
   b. Her confidence has completely **evaporated**.(그녀의 자신감은 완전히 증발되었다.)

even

이 동사의 개념 바탕에는 평평하게 되는 과정이 있다.

1. 타동사 용법
1.1. 다음 주어는 목적어를 평평하게 한다.
(1) a. The ground needs to be evened.(그 땅은 평평하게 할 필요가 있다.)
   b. The brick layer evened the cement with a trowel. (벽돌공은 그 시멘트를 흙손으로 평평하게 했다.)
   c. I'll even the surface by sanding it down.(나는 표면을 모래로 긁어서 평평하게 하겠다.)
   d. Their team has beaten our team, but we have a new star now, and that will even the odds.(그들의 팀이 우리 팀을 꺾었지만, 우리는 새 선수를 가졌으니, 그것이 차이를 없앨 것이다.)

1.2. 다음 주어는 목적어를 같게 한다.
(2) a. I evened up the length of the string.(나는 실의 길이를 같게 했다.)
   b. You bought the food, so if I buy the wine that will even things up (네가 그 음식을 샀다, 그래서 내가 그 포도주를 사면, 같게 될 것이다.)
   c. That will even up the accounts.(그것이 그 계산들을 같게 할 것이다.)
   d. Smith's goal evened the score.(스미스의 득점은 그 점수를 같게 했다.)

1.3. 다음 주어는 목적어를 평평하게 펼친다.
(3) a. He raked the soil and evened it out.(그는 흙을 긁어서 그것을 평평하게 펼쳐내었다.)
   b. If Jane do some of Mary's work, that would even the work out.(만약 제인이 메리의 일을 좀 하면, 그것은 그 일을 같이 나누게 될 것이다.)
   c. He tried to even out the distribution of work among his employees.(그는 일의 분배를 고용인들 사이에 골고루 나누게 하려고 했다.)
   d. They need two home runs to even out the score. (그들은 득점을 같게 하기 위해서 두 홈런이 필요하다.)
   e. The measure evened out an inflationary spiral.(그 조처는 통화 팽창의 악순환을 겪었다.)
   f. The loss of their best player has evened out the differences between them.(그들의 최고 선수의 그 상실은 그들 사이의 차이를 없앴다.)
   g. You've paid for the meal, so if I pay for the taxi, that will even things out.(네가 밥값을 내었고 그래서 내가 택시값을 내면, 그것이 계산을 같이 할 것이다.)
   h. John went to play for the weaker team in order to even out the teams.(존은 그 팀들 사이의 차이를 없애려고 그 약한 팀을 위해 뛰었다.)
   i. They evened out your payment over the whole year.(그들은 너의 지불을 그해내내 걸쳐서 내게 할 것이다.)

1.4. 다음 주어는 목적어를 같게 자른다.
(4) Even off the ends of the logs.(통나무들의 끝을 잘라서 고르게 해라.)

2. 자동사 용법
2.1. 다음 주어는 평평하게 된다.
(5) a. The wrinkles will even out when the suit dries. (그 구김들은 양복이 마르면, 평평하게 되어 없어질 것이다.)
   b. The road rose steeply and evened out.(그 길은 가파르게 올랐다가, 평평하게 뻗었다.)
   c. Land prices still show no sign of evening out.(땅값이 제 자리에 머물 기세를 보이지 않는다.)
   d. Prices have been rising recently, but they should even out soon.(가격은 최근에 상승하고 있지만, 곧 안정될 것이다.)
   e. After a while his breathing evened out and he became calmer.(잠시 후에 그의 숨결은 고르게 되었고, 그는 진정되었다.)

evict

이 동사의 개념 바탕에는 법적으로 내쫓는 과정이 있다.

1. 타동사 용법
1.1. 다음 주어는 목적어를 내쫓는다. 목적어는 사람이다.
(1) a. Police had to evict the demonstrators from the building.(경찰은 그 시위자들을 건물로부터 내쫓아야 했다.)
   b. The sheriff evicted the tenants.(보안관은 그 세입자들을 내쫓았다.)

1.2. 다음은 수동태 문장으로 주어는 내쫓긴다.
(2) a. They were evicted for non-payment of the rent. (그들은 집세의 미불로 내쫓겼다.)
   b. A number of tenants have been evicted for not paying the rent.(많은 세입자들은 월세를 내지 않아서 내쫓겨왔다.)

1.3. 다음 주어는 목적어를 from/of의 목적어에서 도로 찾는다.
(3) He evicted the property from/of her.(그는 재산을 그녀로부터 되찾았다.)

evoke

이 동사의 개념 바탕에는 불러 일으키는 과정이 있다.

1. 타동사 용법
1.1. 다음 주어는 목적어를 불러 일으킨다. 주어는 사람이다.
(1) a. The sorcerer evoked her ghost from the other world.(마법사는 그녀의 영혼을 다른 세계로부터 불러 일으켰다.)
   b. He evoked her image in his mind.(그는 그녀의 이미지를 마음에서 불러 일으켰다.)

1.2. 다음 주어는 목적어를 불러 일으킨다. 주어는 개체이다.

(2) a. The performance **evoked** admiration.(그 공연은 감탄을 불러 일으켰다.)

b. His case is unlikely to **evoke** public sympathy.(그의 경우는 대중의 동정을 불러 일으킬 것 같지 않다.)

c. Her soft voice **evoked** a feeling of peace and calmness.(그녀의 부드러운 목소리는 평화와 침착함의 느낌을 불러 일으켰다.)

d. The music **evoked** memories of his youth.(음악은 그의 어린 시절의 추억을 불러 일으켰다.)

e. The book **evokes** memories of his childhood.(그 책은 그의 어린 시절의 기억들을 불러 일으킨다.)

evolve

이 동사의 개념 바탕에는 천천히 펼쳐지는 과정이 있다.

1. 타동사 용법
1.1. 다음 주어는 목적어를 발전시킨다.
(1) a. Each school must **evolve** its own way of working.(각 학교는 그 자체의 일하는 방법을 발전시켜야 한다.)

b. He **evolved** the plan.(그는 계획을 발전시켰다.)

1.2. 다음 주어는 목적어를 발달시킨다.
(2) a. The dolphin has **evolved** a highly developed jaw.(돌고래는 고도로 발달된 턱을 발달시켜 왔다.)

b. Cats have **evolved** an extraordinary sense of balance.(고양이는 비범한 균형 감각을 발달시켜 왔다.)

2. 자동사 용법
2.1. 다음 주어는 진화된다.
(3) a. Darwin believed that we **evolved** from apes.(다윈은 우리가 원숭이과로부터 진화되었다고 믿었다.)

b. The three species **evolved** from a single ancestors.(그 3종들은 한 조상으로부터 진화되었다.)

c. The idea **evolved** from a drawings/a casual remark.(그 생각은 어느 그림/뜻밖의 관찰로부터 진화되었다.)

d. The airship **evolved** out of the balloons.(비행선은 기구들로부터 진화되었다.)

2.2. 다음 주어는 발달되어 into의 목적어의 상태가 된다.
(4) a. The company has **evolved** into a major chemical manufacturer.(그 회사는 주요 화학물 제조사로 발달되었다.)

b. The balloons **evolved** into the airship.(기구는 비행선으로 발달되었다.)

exaggerate

이 동사의 개념 바탕에는 크게 하는 과정이 있다.

1. 타동사 용법
1.1. 다음 주어는 목적어를 과장한다.
(1) a. He **exaggerated** the difficulties of the situation.(그는 그 상황의 어려움을 과장했다.)

b. He **exaggerates** every story he tells.(그는 자신이 하는 모든 이야기를 과장한다.)

1.2. 다음 주어는 목적어를 크게 한다.
(2) The high tides **exaggerated** the hurricanes.(높은 조류는 태풍을 크게 보이게 했다.)

1.3. 다음은 수동태 문장으로 주어는 과장된다.
(3) a. Demand for satellite television has been greatly **exaggerated**.(위성 텔레비전에 대한 수요가 크게 과장되어 왔다.)

b. His contribution to the discovery has been greatly **exaggerated**.(그 발견에 대한 그의 공헌은 크게 과장되어 있었다.)

exalt

이 동사의 개념 바탕에는 높이는 과정이 있다.

1. 타동사 용법
1.1. 다음 주어는 목적어를 칭찬한다.
(1) a. The general **exalted** the heroism of the slain soldiers.(그 장군은 죽은 병사들의 영웅심을 높이 칭찬했다.)

b. He **exalts** poetry above all other literary genres.(그는 시를 다른 모든 문학 장르보다 높이 친다.)

c. The campaign manager **exalted** the candidate's virtues.(선거 관리인은 그 후보자의 미덕들을 칭찬했다.)

d. He **exalted** the pain to get our attention.(그는 우리의 주의를 끌기 위해서 고통을 크게 보이게 했다.)

1.2. 다음 주어는 목적어를 전치사 to의 목적어에 높인다.
(2) a. The king **exalted** the faithful servant to a position among his trusted advisors.(왕은 그 충성스러운 하인을 그의 가장 신뢰하는 조언자 가운데의 자리에 격상시켰다.)

b. The manager **exalted** him to the highest position in the department.(그 지배인은 그를 부서에서 가장 높은 지위에 승진시켰다.)

1.3. 다음은 수동태 문장으로 주어는 높여진다.
(3) a. The hero's deeds were **exalted** in song.(그 영웅의 행위들은 노래로 칭송되었다.)

b. He was **exalted** to a very high position.(그는 높은 자리로 올려졌다.)

examine

이 동사의 개념 바탕에는 세밀하게 조사하는 과정이 있다.

1. 타동사 용법
1.1. 다음 주어는 목적어를 조사한다. 목적어는 사람이나 신체 부위이다.
(1) a. The doctor **examined** her, but could find nothing wrong.(의사는 그녀를 검사했지만, 잘못된 곳을 찾을 수 없었다.)

b. He **examined** himself.(그는 자신을 검사했다.)

c. The doctor **examined** the pregnant woman.(의사
는 그 임산부를 검진했다.)
d. The doctor **examined** my eyes.(그 의사는 내 눈을
검사했다.)
1.2. 다음 주어는 목적어를 검사한다.
(2) a. The police is **examining** the weapon for
fingerprints.(경찰은 지문을 찾으려고 무기를 검사
하고 있다.)
b. I **examined** the old coin with a magnifying glass.
(나는 오래된 동전을 돋보기로 조사했다.)
1.3. 다음 주어는 목적어를 검토한다.
(3) a. He **examined** the proposal.(그는 그 제안을 검토했
다.)
b. Joan **examined** every clause in the contract
before she signed it.(조앤은 계약서에 있는 모든
조항을 그것을 서명하기 전에 검토했다.)
1.4. 다음 주어는 목적어로 하여금 시험을 보게 한다.
(4) a. He **examined** the students in English.(그는 그 학
생들에게 영어 시험을 보게 했다.)
b. He **examined** the students on the knowledge of
linguistics.(그는 그 학생들을 언어학의 지식에 대해
시험 보게 했다.)
c. You will be **examined** on American history.(너는
미국사에 대한 시험을 보게 될 것이다.)
d. The students will be **examined** in all subjects at
the end of the term.(학생들은 모든 과목에서 기말
에 시험을 보게 될 것이다.)
**1.5. 다음에서 의문사가 이끄는 절은 주어가 조사하는
내용이다.**
(5) a. It is necessary to **examine** how the proposal can
be carried out.(그 제안이 어떻게 실행될 수 있을 것
인가를 조사하는 일이 필요하다.)
b. He **examined** by touch whether the kettle was
hot or not.(그는 주전가가 뜨거운지 아닌지를 만져
보고 조사했다.)
1.6. 다음은 수동태 문장으로 주어는 조사된다.
(6) a. These ideas will be **examined** in more detail in
Chapter 10.(이 생각은 더 자세히 10장에서 조사될
것이다.)
b. The goods are **examined** for damage on arrival.
(그 상품들은 손상여부를 도착하면 검사된다.)

exasperate
이 동사의 개념 바탕에는 참을 수 없을 정도로 화를
나게 하는 과정이 있다.

1. 타동사 용법
1.1 다음 주어는 목적어를 화나게 한다.
(1) a. The traffic jam **exasperated** the motorists.(교통
체증은 운전자들을 화나게 했다.)
b. The dog's constant barking **exasperated** us.(개의
계속되는 짖음은 우리를 화나게 했다.)
1.2. 다음은 수동태 문장으로 주어는 화가 나게 된다.
(2) a. He was **exasperated** against her.(그는 그녀에게
화가 났다.)

b. He was **exasperated** by her conduct.(그는 그녀의
행동에 화가 났다.)
c. He is **exasperated** with himself for careless.(그는
부주의한 자신에 대해 화가 난다.)
**1.3. 다음 주어는 목적어를 격노시켜서 to의 목적어가
가리키는 일을 하게 한다.**
(3) a. He **exasperated** her **to** theft.(그는 그녀를 격노시
켜서 도둑질을 하게 했다.)
b. He **exasperated** the workers **to** go on strike.(그는
근로자들을 격노시켜서 파업을 하도록 했다.)

excel
이 동사의 개념 바탕에는 뛰어나는 과정이 있다.

1. 자동사 용법
1.1. 다음 주어는 어떤 분야에서 뛰어나다.
(1) a. He **excels** in biology.(그는 생물학에서 뛰어나다.)
b. He **excels** as a painter.(그는 화가로서 뛰어나다.)
c. The team **excels** at turning defence into attack.(그
팀은 방어를 공격으로 돌리는 데 뛰어나다.)
d. Dinner was fantastic. Joan's really **excelled** this
time.(저녁 식사가 환상적이었다. 조안은 이번에 진
짜 뛰어났다.)

2. 타동사 용법
2.1. 다음 주어는 목적어를 능가한다.
(2) a. He **excels** others in character/sports/courage.(그
는 다른 이들을 성격/스포츠/용기에서 능가한다.)
b. He **excels** all other living writers.(그는 살아있는
다른 모든 작가들을 능가한다.)
2.2. 다음 주어는 자신의 먼저 기록을 능가한다.
(2) Ray's cooking was always good but this time, he
really **excelled** himself.(레이의 요리는 항상 좋지만,
이번에는 정말 최고였다.)

except
이 동사의 개념 바탕에는 빼놓는 과정이 있다.

1. 타동사 용법
1.1. 다음 주어는 목적어를 뺀다.
(1) a. The company's rules **except** no one, not even the
owner.(회사의 규칙은 아무도 빼놓지 않는다 (예외
가 없다), 심지어 사장조차도.)
b. The sanction bans the sale of any products
excepting medical supplies and foods.(그 제재는
어떠한 물건의 판매도, 의료 기구나 음식을 제외하
고는, 금지한다.)
**1.2. 다음에서 주어는 목적어를 from의 목적어에서 뺀
다.**
(2) a. I **excepted** him **from** the list.(나는 그를 목록에서
뺐다.)
b. They **excepted** him **from** the amnesty.(그들은 그
를 대사로부터 뺐다.)
1.3. 다음은 수동태 문장으로 주어는 제외된다.

(3) a. The A students were excepted from taking the exam.(A학점 학생들은 시험 보는 것에서 제외되었다.)

　　b. Children under five are excepted from the survey.(5세 이하 어린이들은 그 조사에서 제외된다.)

　　c. Certain people were excepted from the curfew.(특정 사람들은 야간 통금 시간에서 제외되었다.)

2. 자동사 용법

2.1. 다음 주어는 예외로서 against의 목적어에 반대한다.

(4) a. He excepted against the writers.(그는 예외적으로 작가들에게 반대했다.)

　　b. I excepted against the proposal. (나는 예외적으로 제안에 반대했다.)

exchange

이 동사의 개념 바탕에는 서로 바꾸는 과정이 있다.

1. 타동사 용법

1.1. 다음 주어는 목적어를 전치사 with의 목적어와 바꾼다.

(1) a. Mary exchanged seats with Sue. (메리는 자리를 수와 바꿨다.)

　　b. We exchanged houses with an American family for a month. (우리는 집들을 한 미국인 가정과 한달 동안 맞바꾸었다.)

　　c. He exchanged whispers with the lady. (그는 속삼임을 그 여자와 나누었다.)

　　d. She exchanged a few words with a foreigner. (그녀는 몇 마디의 말을 어느 외국인과 나누었다.)

　　e. I exchanged belts with Bill. Mine was too long. (나는 벨트를 빌과 바꾸었다. 내 것은 너무 길었다.)

　　f. He exchanged letters with his fans. (그는 편지들을 팬들과 주고 받았다.)

　　g. He exchanged quick smile with him(그는 짧은 미소를 그와 주고 받았다.)

1.2. 다음 주어는 목적어를 전치사 for의 목적어와 바꾼다.

(2) a. People exchange money for goods in stores. (사람들은 돈을 상점에서 물건과 교환한다.)

　　b. Where can I exchange my dollars for wons? (어디에서 내 달러를 한국 돈으로 바꿀 수 있니?)

　　c. He exchanged his horse for two sheep. (그는 말을 두 마리의 양과 교환해 주었다.)

　　d. I'd like to exchange this green sweater for a yellow one. (나는 이 녹색 스웨터를 노란색으로 교환하고 싶다.)

　　e. The store exchanged the tie for a belt. (그 가게는 그 넥타이를 벨트로 교환했다.)

　　f. He exchanged a plough for a sword. (그는 쟁기를 칼로 맞바꾸었다.)

　　g. He exchanged his old watch for a new one. (그는

낡은 시계를 새것으로 바꾸었다.)

　　h. She exchanged tea for sugar. (그녀는 차를 설탕으로 바꾸었다.)

　　i. She exchanged the jewels for money. (그녀는 보석들을 돈으로 교환했다.)

　　j. He exchanged five apples for five eggs. (그는 사과 다섯 개를 달걀 다섯 개로 교환했다.)

　　k. I exchanged the defective radio for another one. (나는 결함이 있는 라디오를 다른 것으로 교환했다.)

　　l. Can you exchange this one dollar bill for coins. (이 1달러 짜리 지폐를 동전으로 교환해 줄 수 있니?)

　　m. They exchanged cheap trinket for valuable furs. (그들은 값싼 장신구를 값비싼 모피와 교환했다.)

　　n. He exchanged honor for wealth. (그는 명예를 부로 바꾸었다.)

　　o. He exchanged Korean money into American. (그는 한화를 미화로 바꾸었다.)

1.3. 다음 주어는 목적어를 바꾼다. 교환될 개체는 표현되지 않았다.

(3) a. She exchanged this dress because her sister didn't like it. (그녀는 여동생이 마음에 들어하지 않아서 이 옷을 교환했다.)

　　b. The store will not exchange goods without a receipt. (가게는 영수증 없이는 물건을 교환해 주지 않을 것이다.)

　　c. We exchange no fruit. (우리는 과일은 교환해 주지 않는다.)

1.4. 다음의 주어는 복수형으로 양쪽의 소유자를, 그리고 목적어도 복수형으로 교환될 개체를 나타낸다.

(4) a. We exchanged ideas during the meeting. (우리는 생각들을 그 모임에서 주고 받았다.)

　　b. They exchanged their views during the weekly meeting. (그들은 자신들의 관점을 매주 열리는 모임에서 교환했다.)

　　c. The political leaders exchanged gifts. (그 정치 지도자들은 선물을 교환했다.)

　　d. They exchanged rings when they promised to marry with each other. (결혼할 것을 서로 약속할 때 그들은 반지를 교환했다.)

　　e. Did you exchange the phone numbers with the guy that hit you? (너는 그 전화번호들을 너를 친 남자와 교환했니?)

　　f. They exchanged addresses before parting with each other. (그들은 헤어지기 전에 서로 주소를 교환했다.)

　　g. At the end of the game, players traditionally exchange shirts with each other. (경기 끝에 선수들은 전통적으로 셔츠를 서로 교환한다.)

　　h. The boys exchanged caps. (그 소년들은 모자를 교환했다.)

　　i. The fighters exchanged blows. (싸우는 사람들은 서로 치고 받았다.)

　　j. From the moment we exchanged glances, I know I was in love. (우리가 눈길을 주고 받은 순간부터 난 내가 사랑에 빠졌다는 걸 안다.)

k. They **exchanged** their places.(그들은 장소를 맞바
꾸었다.)

l. The governments **exchanged** spies in secret on a
deserted road.(그 정부들은 스파이를 어느 황폐한
거리에서 몰래 교환했다.)

m. We **exchanged** letters at X-MAS.(우리는 크리스
마스에 편지를 주고 받았다.)

n. They have **exchanged** contracts.(그들은 계약서를
교환했다.)

o. They **exchanged** greetings/insults/blows/ideas
/information.(그들은 인사/욕설/구타/생각/정보를
주고 받았다.)

2. 자동사 용법

2.1. 다음 주어는 교환된다. 교환될 개체는 전치사 for 의 목적어로 표현되어 있다.

(5) a. A dollar **exchanges** for less than 1,000 won.(1달
러는 1,000원 이하로 환전된다.)

b. The honey **exchanged** for a bag of corn.(그 꿀은
옥수수 한 자루로 교환되었다.)

c. American dollars **exchanges** well.(미국 달러는 거
래가 많다.)

2.2. 교환의 개념에는 이동개념이 포함된다. 즉 개체 가 장소 이동을 한다. 다음 주어는 이동된다.

(6)   He **exchanged** from a regiment into another.(그는
한 연대에서 다른 연대로 옮겨 갔다.)

---

excise

이 동사의 개념 바탕에는 잘라내는 과정이 있다.

1. 타동사 용법

1.1. 다음 주어는 목적어를 잘라낸다.

(1) a. The surgeons **excised** the tumor.(외과의들은 종양
을 잘라내었다.)

b. The doctor **excised** the patient's appendix before
it ruptured.(의사는 그 환자의 맹장을 터지기 전에
잘랐다.)

c. The editor **excised** many poorly written
passages.(편집자는 많은 서툴게 쓰인 구절들을 잘
라내었다.)

1.2. 다음은 수동태 문장으로 주어는 잘린다.

(2) a. Certain passages were **excised** from the book.(어
떤 구절들은 그 책에서 잘렸다.)

b. The tumor was **excised**.(그 종양은 잘렸다.)

---

excite

이 동사의 개념 바탕에는 자극을 하는 과정이 있다.

1. 타동사 용법

1.1. 다음의 목적어는 사람이고, 주어는 목적어를 흥분 시킨다.

(1) a. Don't **excite** the dog; let him keep still.(개를 흥분
시키지 마라: 그냥 조용히 있게 놔둬라.)

b. His home run **excited** the crowd.(그의 홈런은 관

중들을 흥분시켰다.)

c. Don't **excite** your baby before bedtime.(잠자기 전
에 아기를 흥분시키지 마라.)

d. The news of war **excited** everybody.(그 전쟁의
소식은 모두를 흥분시켰다.)

e. The medicine **excites** the nerves.(그 약은 신경을
자극한다.)

f. Don't **excite** your heart too much.(너의 심장을 너
무 자극시키지 마라.)

g. Don't **excite** yourself.(너 자신을 흥분시키지 마
라.)

1.2. 주어는 목적어를 자극해서 흥분시킨다.

(2) a. The band played louder, and **excited** the audience.
(그 악단은 더 크게 연주했고, 청중을 흥분시켰다.)

b. Some medicines **excite** the heart and make it beat
faster.(어떤 약들은 심장을 흥분시켜 더 빨리 뛰게
만든다.)

1.3. 다음은 수동태 문장으로 주어는 흥분된다.

(3) a. They were all **excited** by the good news.(그들은
모두 좋은 소식에 모두 흥분되었다.)

b. They were **excited** to hear that.(그들은 그것을 듣
고 흥분되었다.)

c. The children were **excited** at the thought of the
party.(아이들은 그 파티 생각에 모두 흥분되었다.)

d. They got **excited** about going to the concert.(그들
은 그 음악회에 간다는 것에 대해서 흥분했다.)

1.4. 다음 주어는 목적어를 자극하여 전치사 to의 목적 어가 가리키는 일을 하게 한다.

(4) a. The news **excited** him to envy.(그 소식은 그를 자
극하여 질투를 하게 했다.)

b. The news **excited** them to action.(그 소식은 그들
을 자극하여 행동을 하게 했다.)

c. His rude words **excited** me to anger.(그의 무례한
언행은 나를 자극하여 분노하게 했다.)

d. The radicals **excited** the citizens to resistance.(급
진주의자들은 그 시민들을 자극하여 저항을 야기했
다.)

e. They **excited** the people to rebellion.(그들은 시민
들을 자극하여 반역을 야기했다.)

f. His speech **excited** the crowd to action/violence.
(그의 연설은 군중들을 자극하여 행동/폭력을 하게
했다.)

1.5. 다음 주어는 목적어를 자극하여 부정사가 가리키 는 과정을 하게 한다.

(5) a. She **excited** him to get angry.(그녀는 그를 자극하
여 화나게 만들었다.)

b. They **excited** the people to rebel.(그들은 사람들
을 자극하여 반역하게 만들었다.)

c. They **excited** the citizens to resist the oppression.
(그들은 시민들을 자극하여 억압을 저항하게 했다.)

1.6. 다음 주어는 목적어를 자극하여 전치사 into의 목 적어에 들어가게 한다.

(6)   The politician's speech to the crowd **excited** them
into a frenzy.(그 정치가의 연설은 군중들을 격분시
켰다.)

1.7. 다음 주어는 목적어를 자극하여 만든다.

(7) a. His success **excited** envy in me.(그의 성공은 질투심을 나에게 부추겼다.)

b. Her new dress **excited** envy.(그녀의 새 옷은 질투심을 불러 일으켰다.)

c. The news report **excited** our curiosity.(그 소식은 우리의 호기심을 불러 일으켰다.)

d. His sad story **excited** our pity.(그의 슬픈 이야기는 우리의 동정심을 일으켰다.)

e. The court case has **excited** a lot of public interest.(그 재판 사건은 많은 세인의 관심을 불러 일으켰다.)

f. His letter did not **excite** my interest.(그의 편지는 나의 관심을 일으키지 못했다.)

g. His skill in swimming **excited** our admiration.(그의 수영 실력은 우리의 감탄을 일으켰다.)

h. The news has **excited** comment.(그 소식은 풍문을 자아냈다.)

1.8. 다음 주어는 목적어를 자극하여 일어나게 한다.

(8) The radicals **excited** a riot.(급진주의자들은 폭동을 일으켰다.)

exclaim

이 동사의 개념 바탕에는 외치는 과정이 있다.

1. 타동사 용법

1.1. 다음 따옴표 속의 표현은 주어가 외친 말이다.

(1) a. "You fool!" he **exclaimed**.("너 바보!" 그가 외쳤다.)

b. "You are a liar!" she **exclaimed**.("넌 거짓말쟁이야!" 그녀가 외쳤다.)

c. "Look out!" he **exclaimed**.("봐!" 그가 외쳤다.)

1.2. 다음 that-절은 주어가 외친 말의 내용이다.

(2) a. Dan **exclaimed** that he wanted to be alone.(댄은 그가 홀로 있고 싶다고 외쳤다.)

b. He **exclaimed** that he would rather die.(그는 차라리 죽을 것이라고 외쳤다.)

2. 자동사 용법

2.1. 다음 주어는 큰 소리로 반대를 표현한다.

(3) a. He **exclaimed** against interference.(그는 간섭에 큰 소리로 반대했다.)

b. They **exclaimed** against poverty.(그들은 가난에 큰 소리로 반대했다.)

2.2. 다음 주어는 at의 목적어에 탄식한다.

(4) a. They all **exclaimed** at his ignorance.(그들은 그의 무지에 탄식했다.)

b. They **exclaimed** at the prices.(그들은 그 가격에 탄식했다.)

exclude

이 동사의 개념 바탕에는 제외하는 과정이 있다.

1. 타동사 용법

1.1. 다음 주어는 목적어를 전치사 from의 목적어에서 제외한다.

(1) a. Please don't **exclude** grains from your diet.(곡물을 식사에서 제외시키지 마십시오.)

b. The academy **excludes** women from its classes.(그 사관학교는 여자를 수업에서 제외시킨다.)

c. They **excluded** him from their club.(그들은 그를 클럽에서 제외시켰다.)

d. They **excluded** her from the meeting.(그들은 그녀를 모임에서 제외시켰다.)

e. They **excluded** foreign ships from the port.(그들은 외국 선박들을 항구에서 몰아냈다.)

f. They **excluded** him from the country.(그들은 그를 나라에서 추방시켰다.)

g. There is a rule that **excludes** young children from the big swimming pool.(어린 아이들을 큰 수영장에서 배제시키는 규칙이 있다.)

1.2. 다음 주어는 목적어를 from의 목적어를 하지 못하게 한다.

(2) The navigation laws **exclude** foreign vessels from trading in English ports.(항해법은 외국 선박들이 영국 항구에서 무역하는 것을 금지시킨다.)

1.3. 다음 주어는 목적어를 제외시킨다.

(3) a. I **excluded** hot peppers.(나는 고추를 안 먹었다.)

b The other students always **excluded** Tom.(나머지 학생들은 항상 탐을 배제시켰다.)

1.4. 다음은 수동문으로서 주어는 제외된다.

(4) a. No one was **excluded** from sentry duty.(아무도 보초 의무에서 제외되지 않았다.)

b. The army should be **excluded** from political life.(군대는 정치 활동에서 배제되어야 한다.)

c. He was **excluded** from the team.(그는 팀에서 제외되었다.)

d. Tom has been **excluded** from school for bad behavior.(탐은 나쁜 행동으로 학교에서 퇴학당했다.)

e. The immigrants were **excluded** from the country.(그 이주자들은 그 나라에서 추방되었다.)

f. Why was I **excluded** from the discussions?(왜 내가 그 토론에서 제외되었을까?)

g. These are some words that are **excluded** from polite society.(공손한 사회에서 배제되는 단어들이 있다.)

h. Microbes must, as far as possible, be **excluded** from the room during an operation.(가능한 한 미생물은 수술 중 수술실에서 배제되어야 한다.)

1.5. 다음은 수동태 문장으로 주어는 전치사 from의 목적어에서 제외된다.

(5) a. Children are **excluded** from becoming full members.(아이들은 정회원이 되는데 배제된다.)

b. People under 21 were **excluded** from joining the club.(21세 이하의 사람은 클럽 가입에 배제되었다.)

1.6. 다음 주어는 목적어를 제외한다. 주어는 개체이다.

(6) a. We are not trying to **exclude** her; it is just that we have nothing in common with her.(우리는 그녀를 제외시키려고 하지 않는다; 그저 우리가 그녀와 공통점이 아무 것도 없을 뿐이다.)

b. The provisions of the Act specifically **exclude**

minors.(법의 규정은 구체적으로 연소자를 배제한다.)

c. We cannot **exclude** the Smiths if we are inviting the Browns.(우리가 브라운 가족을 초대한다면 스미스 가족을 제외시킬 수 없다.)

d. The restaurant **excludes** anyone who is not properly dressed.(그 음식점은 제대로 옷을 입지 않은 사람들의 출입을 통제한다.)

e. The dining club still **excludes** women.(그 식도락 모임은 여전히 여자를 제외시킨다.)

1.7. 다음 주어는 목적어를 들어오지 못하게 한다.

(7) a. Fill in the bottle to the top so as to **exclude** all air. (공기를 모두 제외시키도록 병 꼭대기까지 채워라.)

b. Curtains **exclude** light.(커튼은 빛을 차단한다.)

c. This is intended to **exclude** the direct rays of the sun.(이것은 해의 직사 광선을 차단하도록 의도되었다.)

d. Shutters **exclude** light from a room.(셔터는 불빛을 방에서 차단시킨다.)

e. The price **excludes** local taxes.(그 가격은 지방세금을 제외한다.)

f. They built fences around the park to **exclude** pests.(그들은 해충을 막기 위해 공원 주변에 울타리를 만들었다.)

1.8. 다음 주어는 목적어를 배제한다. 배제되는 영역은 사고 영역이다.

(8) a. At this stage we cannot **exclude** the possibility of staff cuts.(이 단계에서 우리는 직원 삭감의 가능성을 배제할 수 없다.)

b. Let us not **exclude** the possibility of rain in making our plans.(우리가 계획을 짜는 데 비의 가능성을 제외시키지 않도록 해 주십시오.)

c. We cannot **exclude** the possibility of error.(우리는 실수의 가능성을 제외시킬 수 없다.)

d. We cannot **exclude** the possibility **that** there's been an accident.(우리는 사고가 있었다는 가능성을 배제시킬 수 없다.)

e. We cannot **exclude** the possibility **that** he was lying.(우리는 그가 거짓말 한다는 가능성을 배제시킬 수 없다.)

f. We cannot **exclude** the possibility **that** his wife killed him(우리는 그의 아내가 그를 죽였다는 가능성을 제외시킬 수 없다.)

g. We will **exclude** the special case of religious wars.(우리는 종교전의 특별한 경우를 제외시킬 것이다.)

h. Valid thinking must **exclude** alternatives at every step.(타당한 사고는 매 단계마다 반드시 대안들을 제외시켜야 한다.)

i. The doctor **excluded** food poisoning **as** the cause of illness.(그 의사는 식중독을 병의 원인에서 제외시켰다.)

j. Social workers have **excluded** sexual abuse **as** a reason for the child's disappearance.(사회 근로자들은 그 아이가 사라진 것에 대한 이유로 성적 학대를 배제시켰다.)

excrete

이 동사의 개념 바탕에는 배설되는 과정이 있다.

1. 타동사 용법

1.1. 다음 주어는 목적어를 배설한다.

(1) a. The baby **excreted** waste into a diaper.(아기는 배변을 기저귀에 했다.)

b. The cat **excreted** feces in its litter box.(그 고양이는 똥을 쓰레기통에 눴다.)

1.2. 다음은 수동태 문장으로 주어는 배설된다.

(2) Sweat is **excreted** through pores in his skin.(땀은 그의 피부의 땀구멍을 통해서 배설된다.)

excuse

이 동사의 개념 바탕에는 해방을 시키는 과정이 있다.

1. 타동사 용법

1.1. 다음 주어는 목적어를 전치사 from으로부터 해방시킨다.

(1) a. You must **excuse** me **from** the rest of the meeting.(너는 내가 그 나머지 모임에서 자리를 뜨게 해 주어야 한다.)

b. I **excused** myself **from** the dinner table to make a phone call.(나는 전화를 걸기 위해서 양해를 구하고 저녁 식사 도중에 자리를 떴다.)

1.2. 다음은 수동태 문장으로 주어는 면제된다.

(2) All seniors will be **excused** **from** school at 13:00. (모든 상급생들은 1시에 수업에서 면제될 것이다.)

1.3. 다음 주어는 목적어를 해방시킨다. 장소는 표현되어 있지 않으나 추리가 가능하다.

(3) a. The teacher **excused** the students, and they left class.(선생님은 학생들을 해산했고 그들은 교실을 떠났다.)

b. Mother **excused** Jane who had to leave the table to answer the phone.(어머니는 제인이 전화를 받기 위해 자리를 뜨는 것을 허락했다.)

c. We will **excuse** your presence.(우리는 네 출석을 면제하겠다.)

1.4. 다음 전치사 from의 목적어는 장소가 아니라 과정이다. 주어는 목적어를 전치사 from의 목적어에서 해방시킨다.

(4) a. Dad **excused** me **from** cutting the grass on Sunday.(아빠는 나를 일요일에 잔디 깎는 일에서 면제해 주었다.)

b. The teacher **excused** him **from** attending the lecture.(선생님은 그를 강의 출석에서 면제해 주었다.)

c. We will **excuse** you **from** the test.(우리는 너를 시험에서 면제하겠다.)

d. He **excused** the borrower **from** paying the loan.(그는 차용자에게 그 차용금을 갚는 것에서 면제해 주었다.)

1.5. 다음은 수동태 문장으로 주어는 면제된다.

(5) a. They may be **excused from** complying with the regulation.(그들은 그 규약을 따르는 것에서 면제될 수 있다.)

b. He begged to be **excused from** coming home.(그는 집에 와야만 하는 의무가 면제되기를 간청했다.)

c. May I be **excused from** the practice?(제가 연습에서 빠질 수 있나요?)

d. He was **excused from** attendance at the lecture. (그는 강의 출석이 면제되었다.)

e. You are **excused from** homework.(너는 숙제가 면제되다.)

f. Bill was **excused** guard duty that night.(빌은 그 날 밤 경비 임무가 면제되었다.)

1.6. 다음 주어는 목적어를 처벌이나 꾸지람 같은 추상적 영역에서 해방시킨다. 처벌이나 꾸지람을 받게 되는 이유가 전치사 for의 목적어로 표현되어 있다.

(6) a. She **excused** him for being late.(그녀는 그가 늦은 것에 대해 용서했다.)

b. I cannot **excuse** them for treating the animals so badly.(나는 그들의 동물을 그렇게 심하게 다루는 것에 대해 용서할 수 없다.)

c. **Excuse** me for taking your seat.(당신 자리에 앉은 것에 대해 용서하세요.)

d. **Excuse** me for not having answered your letter sooner.(나를 네 편지에 좀 더 일찍 답하지 않은 것에 대해 용서하세요.)

e. Please **excuse** me for interrupting you.(당신을 방해한 것에 대해 용서하세요.)

f. Please **excuse** me; I have an urgent call to make. (실례합니다; 급히 전화할 데가 있습니다.)

1.7. 다음 목적어는 재귀대명사이다.

(7) a. She **excused** herself for being late.(그녀는 늦은 것에 대해 사과했다.)

b. I would rather **excuse** myself rather than censure others.(다른 사람들을 책망하느니 나는 사과를 하겠다.)

c. He **excused** himself, and went up to this room.(그는 양해를 구하고 이 방으로 올라 왔다.)

1.8. 다음 주어는 목적어를 전치사 for의 목적어가 나타내는 잘못에 대해 용서한다.

(8) a. He **excused** the man for his fault.(그는 그 남자를 실수에 대해 용서했다.)

b. He **excused** the boy for his rude behavior.(그는 그 소년을 무례한 행동에 대해 용서했다.)

c. Please **excuse** me for what I said yesterday.(어제 제가 한 말에 대해 용서하세요.)

d. We cannot **excuse** him (for) these crimes.(우리는 그를 이들 범죄에 대해 용서할 수 없다.)

1.9. 다음 주어는 목적어를 용서한다. 목적어는 잘못이다. 이 잘못은 동명사로 표현되어 있다.

(9) a. Please **excuse** my being late.(제가 늦은 것을 용서해 주세요.)

b. Please **excuse** my interrupting you.(제가 당신을 방해한 것을 용서해 주세요.)

1.10. 다음 주어는 목적어를 용서한다. 목적어는 잘못이다.

(10) a. I cannot **excuse** your rude behavior/carelessness. (나는 너의 무례한 행동/부주의함을 용서할 수 없다.)

b. Please **excuse** my mother's manners/behavior.. (내 어머니의 태도/행동을 용서해 주세요)

c. She **excused** his fault/laziness.(그녀는 그의 잘못/게으름을 너그러이 봐 주었다.)

d. You cannot **excuse** a lack of interest in music.(너는 음악에 대한 관심 부족을 변명할 수 없다.)

e. He **excused** my interruption/my late arrival.(그는 나의 방해/나의 늦은 도착을 관대히 봐 주었다.)

f. He **excused** the course of action on the ground of necessity.(그는 필요성 때문이었다며 일련의 행동을 변명했다.)

g. Please **excuse** my bad hand-writing.(제 나쁜 필체를 너그러이 봐 주세요)

1.11. 다음 주어는 목적어를 용서한다. 주어는 개체이다.

(11) Ignorance of the law **excuses** no man.(그 법에 대한 무지는 아무도 용서하지 않는다.)

1.12. 다음 주어는 목적어를 변명한다.

(12) She **excused** her son's absence by saying that he was ill.(그녀는 아들이 아파서 결석했다고 변명을 했다.)

1.13. 다음은 수동태 문장으로 주어는 용서된다.

(13) a. Her rudeness cannot be **excused**.(그녀의 무례함은 용서될 수 없다.)

b. My presence has been **excused**.(내 출석은 면제되었다.)

1.14. 다음 주어는 의인화되어 사람과 같은 일을 하는 것으로 개념화되어 있다. 주어는 목적어를 변명한다.

(14) a. His lameness **excused** his slowness.(그의 절름거림이 느림을 변명했다.)

b. Nothing can **excuse** lying/such rudeness.(아무 것도 거짓말/이러한 무례함을 변명할 수 없다.)

c. Poverty does not **excuse** crime.(가난이 범죄에 대한 변명이 될 수는 없다.)

d. That was a selfish act that nothing **excuses**.(그것은 변명의 여지가 없는 이기적인 행동이었다.)

e. Apologizing does not **excuse** your awful behavior. (사과를 해도 너의 형편없는 행동은 용서되지 않는다.)

f. His being sick **excused** his absence from work.(그의 병은 결석의 변명이 되었다.)

execute

이 동사의 개념 바탕에는 주어진 안을 실천에 옮기는 과정이 있다.

1. 타동사 용법

1.1. 다음 주어는 목적어를 집행한다. 목적어는 어떤 일이 명시된 유서나 법 등이다.

(1) a. The lawyer **executed** my grandmother's will

faithfully.(그 변호사는 나의 할머니의 유언을 충실하게 집행했다.)

b. The president **executes** the laws passed by Congress.(대통령은 의회에서 통과된 법들을 집행한다.)

c. They didn't **execute** the warrant immediately.(그들은 영장을 즉각 집행하지 않았다.)

d. He **executed** his plan/his promise. (그는 자신의 계획을/ 약속을 이행했다.)

e. The directors make the decisions and the manager **executes** them.(이사들은 결정을 하고, 경영자는 그것을 실행한다.)

f. We have to **execute** the scheme as planned before.(우리는 전에 계획되었던 대로 그 계획을 집행해야 한다.)

g. A computer **executes** the commands given to it.(컴퓨터는 주어진 명령을 수행한다.)

h. Check that the computer has **executed** the commands.(컴퓨터가 주어진 명령을 수행했는지 확인하시오.)

1.2. 다음은 수동태 문장으로 주어는 집행된다.

(2) a. See that my orders are fully **executed**.(나의 명령들이 완전히 집행되었는지 보라.)

b. His will was **executed** duly by his lawyers.(그의 유언은 변호사에 의해 적절히 집행되었다.)

c. All orders will be promptly **executed**.(모든 명령이 즉시 집행될 것이다.)

d. The program is **executed** by running RUN at the prompt.(프로그램은 모니터에 커서가 나오면 RUN을 신속히 운영함으로써 실행된다.)

e. The plan was good, but it was badly **executed**.(그 계획은 좋았으나, 잘못 집행되었다.)

1.3. 다음 목적어는 행동이나 행위를 나타낸다. 주어는 목적어를 실행한다.

(3) a. **Executing** the stunt will require split-second timing.(그 묘기의 실행은 찰나의 시간 조절을 요구할 것이다.)

b. She **executed** a difficult U-turn on her ski.(그녀는 어려운 유턴을 스키로 해냈다.)

c. She **executed** a perfect somersault.(그녀는 완전한 공중제비를 해냈다.)

d. Who could have **executed** such a masterly crime?(누가 저런 능란한 범죄를 저지를 수 있었을까?)

e. The diver stood on the edge of the board and prepared to **execute** a difficult jump.(그 다이빙 선수는 판자의 가장자리에 서서 어려운 뜀뛰기를 할 준비를 했다.)

f. The ice skaters **executed** their routine with great skill.(그 빙상 선수들은 일상적 연기를 훌륭한 기술을 가지고 해냈다.)

g. The pilot **executed** a perfect landing.(비행사는 완벽한 착륙을 해냈다.)

h. The pilot began to **execute** a series of playful aerobatics.(그 비행사는 일련의 재미있는 곡예 비행을 하기 시작했다.)

i. The man **executed** the task/the purpose.(그 남자

는 임무/목적을 달성했다.)

1.4. 다음은 수동태 문장으로 주어는 실행되거나 집행된다.

(4) a. The house-to-house search was **executed** with military precision.(그 호별 조사는 군사적 정밀함으로 수행되었다.)

b. The landing was successfully **executed**.(착륙은 성공적으로 수행되었다.)

c. The crime was **executed** very cleverly.(범죄는 아주 영악하게 저질러졌다.)

d. The skater's routine was perfectly **executed**.(빙상선수의 연기는 완벽하게 수행되었다.)

1.5. 다음 주어는 목적어를 주어진 안이나 생각을 따라 만들거나 연출한다.

(5) a. He **executed** a statue in bronze.(그는 조상(彫像)을 청동으로 만들었다.)

b. Picasso **executed** several landscapes at Horta de San Juan.(피카소는 여러개의 풍경화를 산 후안의 호르타에서 그렸다.)

c. The dancers **executed** a series of complex twists.(그 무용수들은 일련의 복잡한 트위스트를 연출했다.)

d. He **executed** an ink painting.(그는 잉크 화법을 완성했다.)

e. He **executed** a suite of twelve drawings in 1978.(그는 열두 개가 한 벌인 그림을 1978년에 그렸다.)

1.6. 다음은 수동태 문장으로 주어는 만들어지거나 연출된다.

(6) a. The work was marvelously **executed**.(그 작품은 능란하게 연출되었다.)

b. The whole play was **executed** with great precision.(그 전체 연극은 대단히 정교하게 연출되었다.)

c. His pictures were **executed** with tremendous humor.(그의 그림은 굉장한 유머로 그려졌다.)

d. The solo part was poorly **executed**.(솔로 부분은 서툴게 연주되었다.)

1.7. 다음 주어는 목적어를 작성한다.

(7) a. The two parties **executed** the contract in the lawyer's office.(쌍방은 그 변호사 사무실에서 계약을 작성했다.)

b. We **executed** the contract by signing.(우리는 서명을 해서 계약을 작성했다.)

c. Bill **executed** the agreement in front of two witnesses.(빌은 두 명의 증인 앞에서 합의서를 서명했다.)

1.8. 다음의 주어는 목적어의 사형을 집행한다.

(8) a. The rebel army **executed** the general.(반군은 그 장군을 처형했다.)

b. They **executed** the man as a murderer.(그들은 그 남자를 살인자로 처형했다.)

c. They **executed** the murderer.(그들은 그 살인자를 처형했다.)

d. The mobster **executed** a rival gang member.(그 폭력 단원은 경쟁 폭력 단원을 처형했다.)

1.9. 다음은 수동태 문장으로 주어는 처형된다.

(9) a. The prisoner was executed in the electric chair. (그 죄수는 전기 의자에서 처형되었다.)

　　b. After the war, many traitors were executed. (전쟁이 끝난 후, 많은 매국노들이 처형되었다.)

exemplify

이 동사의 개념 바탕에는 좋은 예가 되는 과정이 있다.

1. 타동사 용법
1.1. 다음 주어는 목적어를 예시한다.
(1) a. His food exemplifies Korean cooking at its best. (그의 음식은 한국요리의 최고 수준을 예시한다.)

　　b. Your diligence exemplifies the characteristics of good workers. (너의 근면함은 성실한 노동자 특성들의 예가 된다.)

　　c. Her willingness to accept more responsibility exemplifies her desire to succeed. (더 많은 책임을 받아들이려 하는 그녀의 의향은 성공하고자 하는 욕구를 보여주는 예가 된다.)

1.2. 다음 주어는 목적어를 체현한다.
(2) a. The soldier exemplified courage in the line of duty. (그 군인은 직무 중의 용기를 체현했다.)

　　b. The judge exemplified fairness and honesty. (판사는 공평함과 정직성을 체현했다.)

　　c. Ballet dancers exemplify grace and skill. (발레리나들은 우아함과 기술을 체현한다.)

1.3. 다음 주어는 목적어를 예로 보여준다.
(3) a. She exemplified each of the points she was making with an amusing story. (그녀는 자신이 제시하는 요점들의 각각을 재미난 이야기로 예를 들었다.)

　　b. He exemplified the point with a true story. (그는 요점을 실화로 예를 들었다.)

exempt

이 동사의 개념 바탕에는 의무에서 빼는 과정이 있다.

1. 타동사 용법
1.1. 다음 목적어는 목적어를 뺀다.
(1) a. His bad eyesight exempted him from military service. (그의 나쁜 시력은 그를 군대 의무로부터 면제했다.)

　　b. The teacher exempted some students from taking the quiz. (선생님은 몇몇 학생들을 퀴즈를 치루는 것에서 빼주었다.)

1.2. 다음은 수동태 문장으로 주어는 면제된다.
(2) a. Charitable organizations are usually exempted from taxes. (자선 단체들은 보통 세금에서 면제된다.)

　　b. He was exempted from military service. (그는 군대 의무에서 면제되었다.)

exercise[1]

이 동사의 개념 바탕에는 움직이게 하는 과정이 있다.

1. 자동사 용법
1.1. 다음 주어는 운동을 한다.
(1) a. It is important to exercise regularly. (규칙적으로 운동하는 것은 중요하다.)

　　b. He is exercising by lifting weights and jogging. (그는 역기를 들고, 조깅함으로써 운동을 하고 있다.)

2. 타동사 용법
2.1. 다음 주어는 목적어를 훈련시킨다.
(2) a. He is exercising his troops. (그는 군대를 훈련시키고 있다.)

　　b. He is exercising the soldiers in marching. (그는 군인들을 행군 훈련시키고 있다.)

　　c. He is exercising himself in fencing. (그는 자신을 펜싱 훈련을 시키고 있다.)

2.2. 다음 주어는 목적어를 움직이게 한다.
(3) a. These movement will exercise your arms and shoulders. (이들 움직임은 너의 팔과 어깨를 운동시킬 것이다.)

　　b. They exercised their muscles. (그들은 근육을 운동시켰다.)

　　c. Swimming exercises all the major muscle groups. (수영은 모든 주요 근육 부위를 움직이게 한다.)

2.3. 다음 주어는 목적어를 작용시킨다. 즉 쓴다.
(4) a. She exercised her right to remain silent. (그녀는 침묵을 할 수 있는 그녀의 권리를 행사했다.)

　　b. He is exercising great influence on them. (그는 큰 영향력을 그들에게 쓰고 있다.)

　　c. He is exercising patience/caution/judgement. (그는 인내/경계/판단을 행사하고 있다.)

2.4. 다음은 수동태 문장으로 주어는 훈련된다.
(5) Horses need to be exercised regularly. (말은 규칙적으로 훈련될 필요가 있다.)

2.5. 다음 주어는 자신의 마음을 over의 목적에 쓴다.
(6) a. He is exercising himself greatly over the labor dispute. (그는 자신의 마음을 노동 쟁의에 쓰고 있다.)

　　b. Do not excercise yourself over the affair. (네 마음을 그 일에 쓰지 말아라.)

2.6. 다음은 수동태 문장으로 주어는 마음이 쓰인다.
(7) a. He is much exercised about his health. (그는 자신의 건강에 대해 매우 마음을 쓴다.)

　　b. She is much exercised about the son's future. (그녀는 아들의 미래에 대해 매우 마음을 쓴다.)

exercise[2]

이 동사의 개념 바탕에는 써서 연습이나 훈련을 하는 과정이 있다.

1. 타동사 용법

1.1. 다음 주어는 목적어를 운동시킨다.

(1) a. He **exercises** the soldiers every day.(그는 매일 병사들을 훈련시킨다.)

b. He **exercises** the boys in swimming.(그는 그 소년들에게 수영 연습을 시킨다.)

c. I am **exercising** my dog.(나는 개를 훈련시키고 있다.)

d. She was **exercising** her horse in the park.(그녀는 말을 공원에서 훈련시키고 있었다.)

1.2. 다음 주어는 목적어를 쓴다.

(2) a. He **exercised** his strength.(그는 자신의 힘을 사용했다.)

b. I **exercise** my fingers every day to strengthen them for playing the piano.(나는 피아노 연주를 위해 손가락 힘을 강화하려고 매일 움직인다.)

c. He **exercised** his arms and legs.(그는 팔다리를 놀렸다.)

d. At the gym, you **exercise** every part of your body.(체육관에서 너는 몸의 모든 부위를 움직인다.)

e. I **exercised** my leg muscles by riding a bike.(나는 자전거 타기로 내 다리 근육을 움직였다.)

f. Rowing **exercises** every major muscle group.(조정은 모든 주요 근육 군(群)을 움직인다.)

1.3. 다음 주어는 목적어를 행사한다.

(3) a. Britain warned the travellers to **exercise** prudence and care.(영국은 여행자들에게 신중과 주의를 기하라고 경고했다.)

b. Please **exercise** some judgment before you choose a new car.(새 차를 고르기 전에 판단력을 발휘하십시오.)

c. You must **exercise** caution/restraint/imagination/skill.(당신은 주의력/자제력/상상력/기술을 발휘해야 한다.)

d. The judge thought it necessary to **exercise** leniency in passing sentence.(판사는 판결을 내릴 때 자비심을 발휘하는 것이 필요하다고 생각했다.)

e. You must **exercise** the mind on a difficult problem.(당신은 머리를 어려운 문제에 닥치면 써야 한다.)

1.4. 다음 주어는 목적어를 행사한다. 목적어는 권리나 영향력이다.

(4) a. I can **exercise** my right to refuse/to vote.(나는 거절할/투표할 권리를 행사할 수 있다.)

b. They are merely **exercising** their right to free speech.(그들은 자유 언론의 권리를 행사하고 있을 뿐이다.)

c. By voting we **exercise** our rights as citizens.(투표함으로써 우리는 시민으로서의 의무를 행사한다.)

d. He **exercises** powerful influence on the matter.(그는 강력한 영향력을 그 문제에 대해 행사한다.)

1.5. 다음 주어는 개체이다. 주어는 목적어를 움직인다.

(5) a. The problem has been **exercising** us/our minds.(그 문제는 우리를 우리의 마음을 번민시켜 왔다.)

b. She was much **exercised** about his health.(그녀는 그의 건강에 대해 심히 염려했다.)

2. 자동사 용법
2.1. 다음 주어는 운동을 한다.

(6) a. She **exercises** two or three times a week.(그녀는 일주일에 두 세 번씩 운동한다.)

b. Bill **exercises** on a regular basis to lose weight.(빌은 몸무게를 줄이기 위해 규칙적으로 운동한다.)

c. We **exercised** for a full hour.(우리는 한 시간을 완전히 운동했다.)

d. You are getting fat; you should **exercise** more.(너는 살이 찌고 있다; 너는 더 운동해야 한다.)

e. Mary **exercises** at the health club.(메어리는 그 건강 클럽에서 운동한다.)

exert

이 동사의 개념 바탕에는 힘 등을 쓰는 과정이 있다.

1. 타동사 용법
1.1. 다음 주어는 목적어를 낸다.

(1) a. The nurse **exerted** pressure on the patient's wound.(간호사는 압력을 그 환자의 상처 부위에 주었다.)

b. The moon **exerts** a force on the earth that causes tides.(달은 지구에 조수를 일으키는 힘을 준다.)

c. The piano **exerts** a great deal of force on the floor.(피아노는 마루에 매우 큰 힘을 가한다.)

d. He **exerted** all his authority to make them accept the plan.(그는 권위를 그들이 그 계획을 수용하게 만들려고 행사했다.)

1.2. 다음 주어는 목적어를 내어서 쓴다.

(2) a. He is **exerting** intelligence.(그는 지성을 행사하고 있다.)

b. Photography has **exerted** a profound influence on art in this century.(사진은 매우 중요한 영향을 금세기에 예술 부문에서 행사했다.)

c. The mayor **exerted** his influence in order to halt the investigation.(그 시장은 그의 영향을 조사를 중단시키기 위해 행사했다.)

1.3. 다음 목적어는 재귀대명사이다. 주어는 자신의 힘을 낸다.

(3) a. He **exerted himself** to finish the work.(그는 힘을 써서 일을 끝냈다.)

b. If you **exert yourself**, you can finish the task on time.(네가 힘을 내면, 정시에 그 과업을 끝낼 수 있다.)

exhale

이 동사의 개념 바탕에는 숨을 내뿜는 과정이 있다.

1. 자동사 용법
1.1. 다음 주어는 숨을 내뿜는다.

(1) a. She sighed and **exhaled** slowly.(그녀는 한숨을 쉬고 천천히 내뿜었다.)

b. Take a deep breath and then **exhale** slowly.(깊은

숨을 들이마시고 천천히 내뿜어라.)

2. 타동사 용법

2.1. 다음 주어는 목적어를 내뿜는다.

(2) a. She **exhaled** smoke in his face.(그녀는 그의 얼굴에 연기를 내뿜었다.)

b. He **exhaled** the smoke through his nose.(그는 연기를 코를 통해 내뿜었다.)

c. He **exhaled** the cigar smoke.(그는 담배 연기를 내뿜었다.)

d. She **exhaled** her breath in the freezing air and her breath turned to fog.(그녀는 숨을 찬 공기에 내쉬었고 그녀의 숨은 안개가 되었다.)

e. The spring flowers **exhaled** a delicate perfume.(봄 꽃들은 정교한 향기를 내뿜었다.)

2.2. 다음 주어는 목적어를 숨을 내쉬면서 만든다.

(3)   He **exhaled** a sigh.(그는 한숨을 내쉬었다.)

exhaust

이 동사의 개념 바탕에는 고갈시키는 과정이 있다.

1. 타동사 용법

1.1. 다음 주어는 목적어의 체력을 다 쓴다.

(1) a. I have **exhausted** myself swimming.(나는 수영으로 체력을 다 썼다.)

b. He has **exhausted** himself working.(그는 일하면서 자신의 체력을 다 썼다.)

c. The children **exhausted** their baby-sitter.(그 아이들은 베이비 씨터의 체력을 다 썼다.)

1.2. 다음 주어는 일이나 운동이다. 주어는 목적어의 힘을 뺀다.

(2) a. Even the short walk **exhausted** her.(그 짧은 산책조차도 그녀의 힘을 뺐다.)

b. It **exhausted** him even to talk very long.(길게 얘기하는 것조차 그의 힘을 뺐다.)

c. A full day's teaching **exhausted** me.(종일 가르치는 것은 나의 힘을 뺐다.)

d. The tedious work **exhausted** the employees.(지루한 일은 고용자들의 힘을 뺐다.)

1.3. 다음 목적어는 추상적 개체이다. 그러나 이들은 자원으로 개념화되어 있다. 주어는 목적어를 다 쓴다.

(3) a. The war **exhausted** the resources of the country.(전쟁은 그 나라의 자원을 고갈시켰다.)

b. Within two days they **exhausted** the supply of food.(2일 안에 그들은 식량 공급을 다 썼다.)

c. He **exhausted** his patience.(그는 인내심을 다 썼다.)

d. Don't give up until you've **exhausted** all possibilities.(네가 모든 가능성을 다 쓸 때까지 포기하지 마라.)

e. I've **exhausted** every idea I have.(나는 가지고 있는 아이디어를 다 써왔다.)

f. They **exhausted** the subject.(그들은 그 주제를 완전히 검토했다.)

1.4. 다음은 수동태 문장으로 주어는 소모된다.

(4) a. He were **exhausted** from work/with toil.(그는 일/고생으로 인해 지쳤다.)

b. Her patience was **exhausted**.(그녀의 인내심은 다 고갈되었다.)

exhibit

이 동사의 개념 바탕에는 (주어를 끌기 위하여) 내보이는 과정이 있다.

1. 타동사 용법

1.1. 다음 주어는 목적어를 전시한다.

(1) a. Dan's going to **exhibit** his lilies at the flower exhibition.(댄은 그의 백합들을 꽃 전시회에서 전시할 것이다.)

b. They will be **exhibiting** their new model.(그들은 새 모델을 전시할 것이다.)

c. They are going to **exhibit** Van Gogh's paintings.(그들은 반 고흐의 그림들을 전시할 것이다.)

d. She **exhibited** her sculptures at the art museum.(그녀는 자신의 조각들을 그 미술 박물관에서 전시했다.)

1.2. 다음 주어는 목적어를 보인다. 주어는 개체나 사람이다.

(2) a. The building **exhibited** signs of decay.(그 빌딩은 노후의 흔적을 보였다.)

b. She **exhibited** signs of genius in her piano playing.(그녀는 천재의 흔적을 피아노 연주에서 보였다.)

c. He rolled up his sleeve to **exhibit** his wound.(그는 상처를 보이기 위해 그의 소매를 걷어 올렸다.)

d. She is **exhibiting** classic signs of depression/fatigue.(그녀는 우울함/피로의 전형적 표시를 보이고 있다.)

e. He **exhibited** anger.(그는 화를 보였다.)

exhort

이 동사의 개념 바탕에는 열정적으로 권고나 설득으로 촉구하는 과정이 있다.

1. 타동사 용법

1.1. 다음 주어는 목적어를 권고하며 부정사가 가리키는 일을 하게 한다.

(1) a. The party leader **exhorted** its members to start preparing for government.(정당의 지도자는 그 정당 회원들을 촉구하여 정부를 준비하기 시작하게 했다.)

b. He **exhorted** his troops to prepare for battle.(그는 군대를 촉구하여 전투를 준비하게 했다.)

c. He **exhorted** me to pay off all the debts.(그는 나를 촉구하여 모든 빚을 갚아 버리게 했다.)

d. He **exhorted** her to repent.(그는 그녀를 촉구하여 죄를 뉘우치게 했다.)

1.2. 다음 주어는 목적어를 to의 목적어의 행동을 하게 권고한다.

(2) a. He **exhorted** her to good deeds.(그는 그녀를 촉구하여 좋은 행동을 하게 했다.)
 b. They had been **exhorted** to action.(그들은 행동을 하도록 촉구되었다.)

exhume

이 동사의 개념 바탕에는 파내는 과정이 있다.

1. 타동사 용법

1.1. 다음 주어는 목적어를 파낸다.
(1) a. The police **exhumed** the body for further investigation. (경찰은 그 시체를 심도있는 수사를 위해 파냈다.)
 b. He **exhumed** an ancient theory.(그는 고대 이론을 파헤쳤다.)

1.2. 다음은 수동태 문장으로 주어는 파내어진다.
(2) a. The body was **exhumed** on the order of the judge.(시체는 판사의 명령으로 파내졌다.)
 b. The judge ordered the corpse to be **exhumed** and re-examined.(그 판사는 시체를 파내어 재검사를 하라고 명령했다.)

exist

이 동사의 개념 바탕에는 존재하는 과정이 있다.

1. 자동사 용법

1.1. 다음 주어는 존재한다. 주어는 생명체이다.
(1) a. Man cannot **exist** without air.(인간은 공기 없이 존재할 수 없다.)
 b. Human beings cannot **exist** without eater.(인간은 음식 없이 존재할 수 없다.)
 c. He **exists** on a meager salary.(그는 빈약한 봉급에 의존해 산다.)
 d. The turtle **exists** on very little food.(거북이는 극소량의 음식으로 존재한다.)
 e. The hostages **existed** on bread and water.(인질들은 빵과 물로 연명했다.)

1.2. 다음 주어는 존재한다. 주어는 개체이다.
(2) a. Salt **exists** in the sea.(소금은 바다에 있다.)
 b. Does life **exist** on the planets?(생명체가 그 행성에 존재하는가?)
 c. A temple **existed** here two hundred years ago.(사원 하나가 이 백년 전에 여기 있었다.)

1.3. 다음 주어는 추상적이지만, 구체적 개체로 개념화되어 있다.
(3) a. Do ghosts really **exist**?(유령이 진짜 존재하는가?)
 b. The problems do **exist**.(그 문제들은 분명히 존재한다.)
 c. Good and evil both **exist** in the real world.(선과 악 둘 다 현실 세계에 존재한다.)
 d. The custom of arranged marriage still **exists**.(그 중매 결혼 관습은 여전히 존재한다.)
 e. Our love will **exist** eternally.(우리의 사랑은 영원히 존재 할 것이다.)

exit

이 동사의 개념 바탕에는 나오는 과정이 있다.

1. 자동사 용법

1.1. 다음 주어는 나온다.
(1) a. We **exited** via a fire door.(우리는 화재 비상문으로 나갔다.)
 b. To **exit** from this page, press the return key.(이 페이지에서 나가려면 리턴 키를 눌러라.)
 c. The car **exited** off the freeway.(그 차는 그 고속도로에서 빠져 나갔다.)
 d. The bullet entered her back, and **exited** through her chest.(그 총알은 그녀의 등에 들어가서 그녀의 가슴을 뚫고 나갔다.)
 e. He **exited** through a side window.(그는 옆 창문으로 나갔다.)

2. 타동사 용법

2.1. 다음 주어는 목적어를 나온다.
(2) a. To **exit** the building, follow the directions.(건물을 나가려면 그 지시들을 따라라.)
 b. The actor **exited** the stage gracefully.(배우는 그 무대를 우아하게 퇴장했다.)
 c. We had to **exit** the freeway at the next exit.(우리는 고속도로를 다음 출구에서 나가야 한다.)
 d. I **exited** the data base and switched off the computer.(나는 데이터 베이스를 나와서 그 컴퓨터를 껐다.)
 e. You can **exit** the system by pressing the F3 button.(너는 그 시스템을 F3 버튼을 눌러서 나올 수 있다.)

exorcise

이 동사의 개념 바탕에는 몰아내는 과정이 있다.

1. 타동사 용법

1.1. 다음 주어는 목적어를 몰아낸다.
(1) a. She **exorcised** the unhappy memories from his mind.(그녀는 불행했던 기억을 그의 생각에서 몰아냈다.)
 b. The priest **exorcised** the devil from the young man.(그 신부는 악마를 그 젊은 남자로부터 몰아냈다.)

1.2. 다음 주어는 목적어를 쟁하게 하여 전치사 of의 목적어를 제거한다.
(2) a. The priest **exorcised** the young man of the devil.(그 신부가 그 젊은 남자를 쟁하게 하여 악마를 쫓아냈다.)
 b. They **exorcised** the house of a ghost.(그들은 집을 쟁하게 하여 유령을 쫓아냈다.)

1.3. 다음은 수동태 문장으로 주어는 쫓겨난다.
(3) The ghost was **exorcised** from the house.(유령은 그 집으로부터 쫓겨났다.)

expand

이 동사의 개념 바탕에는 크게 하는 과정이 있다.

1. 타동사

1.1. 다음 주어는 목적어를 크게 한다.

(1) a. We have to expand the size of the image. (우리는 그 영상의 크기를 확대해야 한다.)

b. The producer expanded the program from 30 to one hour. (프로듀서는 그 프로그램을 30분에서 1시간으로 늘렸다.)

1.2. 다음 주어는 목적어를 크게 하여 into의 목적어의 상태가 되게 한다.

(2) a. The writer expanded her story into a novel. (그 작가는 자신의 이야기를 발전시켜 소설로 만들었다.)

b. Expand your topic into an essay. (네 주제를 확장하여 논문을 써라.)

c. He expanded the jotting into a news story. (그는 메모를 확충하여 신문기사로 만들었다.)

d. Expand this one sentence into a paragraph. (이 한 문장을 한 단락으로 늘여라.)

1.3. 다음은 수동태 문장으로 주어는 확장된다.

(3) The small pocket dictionary was expanded into a larger dictionary. (이 작은 주머니용 사전이 더 큰 사전으로 발전되었다.)

1.4. 다음의 목적어는 손, 날개, 길, 돛 등이다. 주어는 목적어를 크게 하여 넓은 면적을 차지하게 한다.

(4) a. You expand your hand by stretching out the fingers. (너는 손가락을 뻗어서 네 손을 펼친다.)

b. The birds expanded its wings. (새들이 날개를 폈다.)

c. The highway construction workers expanded the intersection. (고속도로 공사 인부들은 그 교차점을 확장했다.)

d. We expanded the sails. (우리는 돛들을 폈다.)

e. He expanded 453 by writing as 400+50+3. (그는 400+50+3이라고 써서 453을 전개했다.)

1.5. 다음의 목적어는 근육, 생각, 금속 등이다. 주어는 목적어를 확장한다.

(5) a. The exercise was designed to expand the chest muscles. (그 운동은 가슴 근육을 확장시키려고 고안되었다.)

b. The article expanded the author's ideas. (그 기사는 그 작가의 생각을 전개했다.)

c. Heat expands metals. (열은 금속을 팽창시킨다.)

1.6. 다음 목적어는 마음, 지식, 추리력, 사업 등이다. 주어는 목적어를 확장한다.

(6) a. We have to expand the child's mind by education. (우리는 교육으로 그 아이의 마음을 넓혀야 한다.)

b. Try to expand your knowledge. (네 지식을 넓히려 애써라.)

c. You have to expand your reasoning if you want to persuade the panel. (네가 그 위원단을 설득하기를 원하면 네 추리력을 키워야만 한다.)

d. The interest is coming down and I can expand my business. (이자가 내리고 있으니 나는 사업을 확장할 수 있다.)

e. The bank is aiming to expand its share of the market. (은행은 시장의 점유율을 늘이려고 하고 있다.)

f. He expanded his business into a new area. (그는 사업을 새로운 영역으로 확대했다.)

1.7. 다음 주어는 목적어를 확장한다. 목적어는 조직이다.

(7) a. The company expanded its sales force from 10 to 20 representatives. (그 회사는 판매부의 직원을 10명에서 20명으로 늘렸다.)

b. Health officials are proposing to expand their services. (위생관들은 서비스를 늘릴 것을 제안하고 있다.)

c. They expanded their retail operations. (그들은 소매 경영을 확대했다.)

d. We expanded our programs to provide activities for children. (우리는 아이들을 위한 활동들을 제공하기 위해서 프로그램들을 늘렸다.)

e. The company has expanded its operations in Korea by building a new factory there. (그 회사는 새 공장을 한국에 지어서 그곳의 경영을 확대했다.)

f. She promised to expand her ideas in the next presentation. (그녀는 생각을 다음 발표에서 발전시킬 것을 약속했다.)

g. As children grow older,. they expand their interests. (아이들은 나이를 먹어가면서 관심 영역을 넓힌다.)

2. 자동사 용법

2.1. 다음 주어는 확장된다.

(8) a. Metals expand when heated. (가열될 때 금속은 팽창한다.)

b. The water expanded over the fields when flooded. (홍수가 졌을 때 물은 그 경지들 위로 범람했다.)

c. Water expands when frozen. (얼면 물은 팽창한다.)

d. A tire expands when you pump air into it. (공기를 펌프질 해 넣으면 타이어는 부푼다.)

e. The sofa expands into a bed. (그 소파는 펼치면 침대가 된다.)

f. He breathed deeply, and his lungs fully expanded. (그는 깊게 숨을 쉬어서 그의 폐는 완전히 팽창했다.)

g. In hot weather, the door expands so much that it is impossible to open it. (더운 날씨에 문은 너무 많이 팽창해서 열리지 않는다.)

2.2. 다음 주어는 확장이 되는 장소나 공간이다. 주어는 확장된다.

(9) a. The lungs expand and contract. (폐는 팽창과 수축을 한다.)

b. Gases expand when heated. (기체는 가열되면 팽창한다.)

c. The balloon expanded until it burst. (풍선은 터질

때까지 팽창했다.)

    d. The balloon **expanded**, and then exploded.(풍선
은 팽창했고 터졌다.)

    e. The large balloon **expanded** slowly.(큰 풍선은 천
천히 부풀어 올랐다.)

    f. The snake **expanded** to its fullest length.(그 뱀은
완전히 몸을 폈다.)

    g. The buds/roses **expanded** in the sun.(꽃 봉오리는
/장미는 햇살 아래 개화했다.)

2.3. 다음 주어는 확장되어 전치가 into의 목적어의 상태가 된다.

(10) a. Here the river **expands into** a big lake.(여기서 그
강은 큰 호수로 확장된다.)

    b. The small college **expanded into** a big university.
(작은 대학은 발전하여 큰 종합대학이 되었다.)

    c. The village **expanded into** a city.(그 마을은 발전
하여 도시가 되었다.)

2.4. 다음 주어는 양이나 수와 관계가 된다. 이러한 개체들도 확장될 수 있다.

(11) a. The money supply **expanded** by 4.6 percent.(그
자금 공급은 4.6% 늘었다.)

    b. The schools activities have **expanded** to include
climbing.(학교 활동은 확대되어 등산을 포함하게
되었다.)

    c. The city's population **expanded** rapidly.(그 도시
의 인구는 급속하게 늘어났다.)

    d. Our foreign trade **expanded** last year.(우리의 해
외 무역은 작년에 증가했다.)

    e. His business **expanded** rapidly.(그의 사업은 빠르
게 확장되었다.)

2.5. 다음 주어는 펼쳐진다.

(12) Petals of many flowers **expand** in the sunshine. (많
은 꽃들의 꽃잎이 햇살 아래 펼쳐진다.)

2.6. 다음 주어는 마음이다. 주어는 확장된다.

(13) a. The mind **expands** with knowledge and
experience.(마음은 지식과 경험으로 커진다.)

    b. His heart **expanded** in delight.(그의 마음은 기쁨으
로 부풀었다.)

    c. He **expanded** a little when he had had a drink.(그
가 술을 한 잔 했을 때 마음이 부풀었다.)

    d. His face **expanded** in a smile of welcome.(그의 얼
굴은 환영의 미소로 환해졌다.)

2.7. 다음 주어는 전치사 on은 목적어를 부분적으로 확장한다.

(14) a. I like your idea, but you need to **expand on** it.(나
는 너의 생각이 마음에 들지만, 너는 그것을 더 자세
하게 말할 필요가 있다.)

    b. The professor **expanded on** his experimental
methods.(그 교수는 실험 방법들을 부연 설명했
다.)

    c. Please **expand on** your comments.(당신 의견을
자세히 말해 주세요.)

    d. Please **expand on** your first point.(당신의 첫 번째
요지를 부연 설명해 주세요.)

    e. He will **expand on** the problem at the meeting.(그
는 그 문제에 관해 회의에서 상세히 말할 것이다.)

    f. He **expanded on** the remarks he made last week.
(그는 지난 주에 그가 했던 말에 대해 부연 설명을
했다.)

expect

이 동사의 개념 바탕에는 상당한 확실성을 가지고
예상이나 기대하는 과정이 있다.

1. 타동사 용법

1.1. 다음 주어는 목적어를 기대한다.

(1) a. What did you **expect** when he didn't do any
work?(그가 아무 일도 하지 않았는데 너는 무엇을
기대했느냐?)

    b. He **expected** a reward for finding her the watch.
(그는 그녀에게 시계를 찾아준 대가로 보상을 원했
다.)

    c. We are **expecting** a rise in food prices this month.
(우리는 식료품의 값 상승을 이달 예상하고 있다.)

    d. They **expect** high wages for skilled workers.(그
들은 숙련공들에게 높은 임금을 기대한다.)

    e. The scenery was not so fine as we **expected**.(그
전경은 우리가 예상했던 것보다 좋지 않았다.)

1.2. 다음 주어는 목적어를 기대한다. 목적어는 사람이다.

(2) a. I **expected** him yesterday.(나는 그를 어제 기다렸
다.)

    b. I am **expecting** him at any moment.(나는 그를 언
제든지 도착하리라 예상하고 있다.)

    c. I **expect** Mom at home at six.(나는 엄마가 집에 6
시에 오리라 기대한다.)

    d. When do you **expect** John back?(언제 존이 돌아오
리라 기대하느냐?)

    e. We **expect** sixty guests.(우리는 60 명의 손님들이
오리라 기대한다.)

    f. I **expect** him on tonight's train.(나는 그가 밤차를
타고 오리라 기대한다.)

1.3. 다음 주어는 목적어를 기다린다. 목적어는 태어날 아기이다.

(3) a. She is **expecting** a baby in May.(그녀는 아기를 오
월에 출산 예정이다.)

    b. Sylvia is **expecting** her second next week.(실비아
는 둘째를 다음 주에 출산 예정이다.)

    c. The doctor told her to **expect** triplets.(의사는 그
녀에게 세 쌍둥이를 예상하라고 말했다.)

1.4. 다음 주어는 목적어를 기다린다.

(4) a. I'm **expecting** a letter today.(나는 오늘 편지를 기
다리고 있다.)

    b. The ship arrived earlier than we had **expected**.
(그 배는 우리가 예상했던 것보다 빨리 왔다.)

    c. I am **expecting** several books today.(나는 오늘 여
러권의 책을 기다리고 있다.)

1.5. 다음 주어는 목적어를 예상한다.

(5) a. We **expect** hot days in summer.(우리는 여름에 더
운 날을 예상한다.)

    b. We **expect** mild days this fall.(우리는 온화한 날을

이 가을에 예상한다.)

c. We **expect** snow this evening from the look of the sky.(우리는 하늘을 봐서, 오늘 저녁 눈을 예상한다.)

d. Nobody **expected** the shower.(아무도 소나기를 예상하지 않았다.)

1.6. 다음은 수동태 문장으로 주어는 예상된다.

(6) a. Rain is **expected** for tonight.(오늘 저녁에 비가 예상된다.)

b. Snow is **expected** by the weekend.(눈이 주말에 예상된다.)

c. His weakness after the illness is **expected**.(그 병이후에 그의 허약이 예상된다.)

1.7. 다음 주어는 목적어를 예상한다. 목적어는 호의, 불친절, 고통 같은 것이다.

(7) a. I **expected** the worst.(나는 최악을 예상했다.)

b. He wasn't **expecting** our hospitality.(그는 우리의 친절을 예상하지 않고 있었다.)

c. I **expect** trouble if he comes late again.(나는 그가 늦게 오면, 문제를 예상한다.)

d. I **expect** your obedience.(나는 너의 순종을 기대한다.)

e. I didn't **expect** such unkindness.(나는 이러한 불친절을 예상하지 않았다.)

1.8. 다음 주어는 목적어를 부정사가 가리키는 일을 하기를 기대한다.

(8) a. You surely don't **expect** him to do all that work. (너는 그가 저 모든 일을 하기를 기대하지 않겠지?)

b. I **expect** you to be home before midnight.(나는 네가 밤 12시 이전에 집에 오기를 기대한다.)

c. I **expect** you to follow my rules.(나는 네가 내 규칙들을 따르기를 기대한다.)

d. No one **expects** you to achieve the impossible.(아무도 네가 그 불가능한 일을 성취하리라 기대하지 않는다.)

e. We **expect** you to behave responsibly while we are away.(우리는 너를 우리가 없을 동안 책임있게 행동할 것을 기대한다.)

f. I'm **expecting** her to arrive soon.(나는 그녀가 곧 도착하리라 기대한다.)

1.9. 다음은 수동태 문장으로 주어는 부정사가 가리키는 일을 할 것으로 기대된다.

(9) a. The talks are **expected** to continue until tomorrow.(그 회담은 내일까지 계속될 것으로 예상된다.)

b. A new edition is **expected** to come out next month.(새 교정판이 다음 달에 나올 것으로 예상된다.)

c. They are **expected** to make an announcement soon.(그들은 곧 성명서를 발표할 것으로 예상된다.)

d. Staffs are **expected** to work overtime as required.(직원들은 요구되는 대로 시간 외 작업을 하기로 예상된다.)

e. House prices are **expected** to rise sharply.(집 값이 가파르게 오를 것으로 예상된다.)

f. You're **expected** to tidy your own room.(너는 너자신의 방을 정돈할 것이 기대된다.)

1.10. 다음 주어는 목적어가 부정사가 가리키는 일을 기대한다.

(10) a. I **expect** the flying time to be an hour.(나는 비행시간을 한 시간으로 기대한다.)

b. I **expect** there to be a delay.(나는 지연이 있을 것으로 예상한다.)

c. No one **expected** the book to be such a success. (아무도 그 책이 그러한 성공을 이루리라 예상하지 않았다.)

d. We **expected** the letter to arrive yesterday.(우리는 편지가 어제 도착하리라 예상했다.)

1.11. 다음 주어는 목적어가 부정사가 가리키는 일을 경험하기를 기대한다.

(11) a. We **expected** John to be examined by the doctor. (우리는 존이 그 의사에 의해 진단을 받기를 기대했다.)

b. We **expect** the doctor to examine John.(우리는 사가 존을 진단하기를 기대한다.)

1.12. 다음 주어는 목적어를 전치사 of의 목적어에 기대한다.

(12) a. Don't **expect** too much of me.(너무 많은 것을 그에게서 기대하지 마세요.)

b. The school **expects** a lot of its students.(학교는 많은 것을 학생들에게 기대한다.)

c. With parents like that, what can you **expect** of the child?(그와 같은부모 밑에서, 무엇을 그 아이에게 기대할 수 있습니까?)

d. That's not the sort of behavior I **expect** of you. (그것은 내가 네게서 기대하는 행동의 종류가 아니다.)

1.13. 다음 주어는 목적어를 전치사 from의 목적어에서 기대한다.

(13) a. Don't **expect** too much from others.(너무 많은 것을 다른 사람들에게서 기대하지 마세요.)

b. Some parents **expect** too much from their son.(어떤 부모들은 지나치게 많은 것을 자신들의 아들에게 기대한다.)

c. I **expect** nothing from such people.(나는 아무 것도 그러한 사람들로부터 기대하지 않는다.)

1.14. 다음은 수동태 문장으로 주어는 전치사 of의 목적어에서 기대된다.

(14) a. I will do what is **expected** of me.(나는 내게서 기대되는 일을 하겠다.)

b. Such a thing is not to be **expected** of the boy.(그러한 일은 그 소년에게서 기대될 수 없다.)

1.15. 다음 주어는 목적어를 전치사 from의 목적어에서 기대한다.

(15) a. He's still getting over his illness, so don't **expect** too much from him.(그는 회복 중이다. 그래서 너무 많은 것을 그에게서 기대하지 말아라.)

b. Her parents **expect** high standards from her.(그녀의 부모님들은 높은 수준을 그녀에게서 기대한다.)

c. Don't **expect** sympathy from me.(동정을 내게서

기대하지 말아라.)

d. She was expecting a remittance from home. (그녀는 집에서 오는 송금을 기다리고 있었다.)

e. We didn't expect such kindness from him. (우리는 그러한 친절을 그에게서 기대하지 않았다.)

1.16. 다음 주어는 목적어 (that-절)의 내용을 기대한다.

(16) a. The troops expect that the attack will come at dawn. (군대는 공격이 새벽에 올 것으로 예상한다.)

b. I expect that he will come on Friday. (나는 그가 금요일에 올 것으로 기대한다.)

c. I expect that it will rain. (나는 비가 올 것으로 예상한다.)

d. We expect (that) sixty guests will come. (우리는 육십 명의 손님이 올 것으로 기대한다.)

e. I expect that you will succeed. (나는 네가 성공할 것으로 기대한다.)

f. They expected that the plan would be given instant approval. (그들은 그 계획이 즉시 승인될 것으로 기대했다.)

g. I expect that you have been to Europe. (나는 네가 유럽에 간 적이 있다고 생각한다.)

h. I expect that Dad is in his study. (나는 아빠가 그의 서재에 있다고 생각한다.)

i. I expect you're tired after your long trip. (나는 네가 긴 여행 후에 지쳐 있다고 생각한다.)

1.17. 다음 주어는 목적어를 기다린다. 주어는 사람이 아니라 개체이다.

(17) This letter expects an answer. (이 편지는 답을 기다린다.)

1.18. 다음 주어는 부정사가 가리키는 일을 기대한다.

(18) a. He expects to be home tomorrow. (그는 내일 집에 도착하기를 예상한다.)

b. She expects to win the contest. (그녀는 시합을 이길 것으로 기대한다.)

c. We expect to see you next week. (우리는 다음 주 너를 만나기를 기대한다.)

d. I expect to hear from John soon. (나는 존에게서 곧 소식을 들을 것으로 기대한다.)

e. I expect to pay you soon. (나는 곧 너에게 지불할 예정이다.)

f. I expect to find a good job. (나는 좋은 일자리를 찾을 것으로 기대한다.)

g. I expect to see Bill at the party. (나는 빌을 파티에서 볼 것으로 기대한다.)

h. We weren't expecting to meet you here. (우리는 너를 여기서 만나리라고 기대하지 못하고 있다.)

i. We must expect to endure a great deal. (우리는 많이 참기를 기대해야 한다.)

j. He expected to take a vacation in May. (우리는 5월에 휴가를 가리라고 기대했다.)

k. He expects to be promoted. (그는 승진되리라고 기대한다.)

l. Jim expects to receive a new video game. (짐은 새 비디오 게임을 받으리라고 기대한다.)

expedite

이 동사의 개념 바탕에는 신속하게 처리하는 과정이 있다.

1. 타동사 용법

1.1. 다음 주어는 목적어를 빨리 한다.

(1) a. He will expedite the shipment of the books I ordered. (그는 내가 주문했던 책들의 선적을 빨리 할 것이다.)

b. We expedited deliveries to customers. (우리는 고객에게 배달을 빨리 했다.)

c. The system expedites the decision making process. (그 체계는 결정 과정을 빠르게 한다.)

d. They expedited payment. (그들은 지불을 빨리 했다.)

expel

이 동사의 개념 바탕에는 밖으로 내보내는 과정이 있다.

1. 타동사 용법

1.1. 다음 주어는 목적어를 밖으로 내보낸다.

(1) a. When you sneeze, you expel air from your lungs. (네가 재채기할 때, 너는 공기를 폐로부터 내보낸다.)

b. The workers are expelling gas from the old well. (일꾼들은 가스를 오래된 우물에서 내보내고 있다.)

1.2. 다음 주어는 목적어를 몰아낸다.

(2) a. The army expelled the rebels from the region. (그 군대는 반군들을 그 지역에서 몰아냈다.)

b. The army expelled the invaders from the country. (그 군대는 침입자들을 그 나라에서 몰아냈다.)

c. The principal expelled several students for cheating. (교장은 몇몇 학생들을 부정 행위로 퇴학시켰다.)

1.3. 다음은 수동태 문장으로 주어는 밖으로 쫓긴다.

(3) a. Foreign journalists are being expelled. (외국 기자들이 밖으로 쫓겨나고 있다.)

b. He was expelled from school. (그는 학교에서 퇴학당했다.)

expend

이 동사의 개념 바탕에는 쓰는 과정이 있다.

1. 타동사 용법

1.1. 다음 주어는 목적어를 쓴다.

(1) a. He expends half his income on housing. (그는 수입의 절반을 주택에 쓴다.)

b. He decided to expend a large amount of money to repair the old car. (그는 큰 돈을 낡은 차를 수리하는 데 쓰기로 결정했다.)

1.2. 다음 목적어는 노력이나 정력이다. 이들은 물체로 개념화된다.

(2) a. She **expended** all her efforts on the care of home and children.(그녀는 모든 노력을 가정과 아이를 돌보는 데에 들였다.)

　　b. She **expended** a great deal of energy while exercising.(그녀는 많은 에너지를 운동하면서 소비했다.)

　　c. He **expended** a lot of energy in doing that.(그는 많은 힘을 그것을 하는 데 들였다.)

1.3. 다음은 수동태 문장으로 주어는 쓰여진다.

(3) A great deal of time has been **expended** on creating a pleasant office atmosphere.(방대한 양의 시간이 즐거운 사무실 분위기를 만들어 내는 데에 쓰여졌다.)

expire

이 동사의 개념 바탕에는 숨을 거두는 과정이 있다.

1. 자동사 용법

1.1. 다음 주어는 숨을 거둔다.

(1) a. Bill **expired** in his sleep after a long illness.(빌은 오랜 병고 후에 잠이 든 상태로 숨을 거뒀다.)

　　b. John **expired** gracefully at the age of 90.(존은 90의 나이에 우아하게 숨을 거뒀다.)

1.2. 다음 주어는 모두 기간과 관계가 있다. 주어는 기간이 끝난다.

(2) a. When does your driving license **expire**?(언제 네 운전면허가 유효기간이 끝나나?)

　　b. His term of office **expires** at the end of July.(그의 근무 기간은 7월 말에 끝난다.)

　　c. The contract **expires** next month.(그 계약은 다음 달이 만기다.)

　　d. My passport **expires** next week.(내 여권은 다음주에 유효기간이 끝난다.)

　　e. The coupon **expired** last Monday.(그 쿠폰은 지난 월요일에 기간이 끝났다.)

explain

이 동사의 개념 바탕에는 분명하게 밝히는 과정이 있다.

1. 타동사 용법

1.1. 다음 주어는 목적어를 설명한다.

(1) a. He **explained** the process of making paper.(그는 종이 만드는 과정을 설명했다.)

　　b. He **explained** the rules of the game/the plan.(그는 게임의 규칙/계획을 설명했다.)

　　c. How do you **explain** such a rude behavior?(너 그렇게 무례한 행동을 어떻게 설명할꺼니?)

　　d. He **explained** obscurities.(그는 불분명한 것들을 설명했다.)

　　e. He briefly **explained** the situation to him.(그는 상황을 그에게 간략히 설명했다.)

　　f. He tried to **explain** his false signature.(그는 가짜 사인을 설명하려 했다.)

1.2. 다음 주어는 목적어를 잘 설명하여 문제가 되지 않음을 밝힌다.

(2) a. She **explained away** her rude behavior as a joke.(그녀는 무례한 행동을 농담으로 설명하여 문제되지 않음을 밝혔다.)

　　b. How will you **explain away** the loss of the money?(너는 돈의 손실을 어떻게 설명하여 문제되지 않음을 밝힐래?)

1.3. 다음 목적어는 재귀대명사이다. 주어는 자신의 입장을 밝힌다.

(3) a. He **explained** himself to us.(그는 자신의 입장을 우리에게 설명했다.)

　　b. Can you **explain** yourself a little more?(네 입장을 조금 더 설명할 수 있니?)

1.4. 다음에서 의문사가 이끄는 절을 주어가 하는 설명의 내용이다.

(4) a. He **explained when** to begin and **how** to do something.(그는 무언가를 언제 시작하고 어떻게 할지를 설명했다.)

　　b. Perhaps genetic differences can **explain why** some women develop breast cancer, and others do not.(아마도 유전적 차이가 왜 어떤 여성들은 유방암이 생기고 어떤 이는 그렇지 않은가에 대한 이유를 설명해 줄 것이다.)

　　c. The guide **explained where** the temple was.(안내인은 어디에 절이 있었던가를 설명했다.)

1.5. 다음 that-절은 주어가 하는 설명의 내용이다.

(5) a. She **explained that** she had been ill.(그녀는 그녀가 아팠었던 것을 설명했다.)

　　b. He **explained that** an ambulance would come soon.(그는 앰뷸런스가 곧 올거라고 설명했다.)

　　c. He **explained that** his car had broken down.(그는 자신의 차가 고장이 났다고 설명했다.)

explicate

이 동사의 개념 바탕에는 해설하는 과정이 있다.

1. 타동사 용법

1.1. 다음 주어는 목적어를 상세하게 해설한다.

(1) a. Can you **explicate** the theory?(그 이론을 상세하게 해설해 줄 수 있습니까?)

　　b. How can we **explicate** King Lear?('리어왕'을 어떻게 해설할 수 있을까?)

explode

이 동사의 개념 바탕에는 폭발하는 과정이 있다

1. 자동사 용법

1.1. 다음 주어는 폭발한다.

(1) a. The gunpowder **exploded**.(그 화약은 폭발했다.)

　　b. The firework **exploded** high in the sky.(그 불꽃은 하늘 높이에서 폭발했다.)

　　c. The dynamite/the firecracker **exploded**.(그 폭약/폭죽이 폭발했다.)

d. Clear the harbor before the ship explodes.(그 배 가 폭발하기 전에 항구를 떠나라.)

1.2. 다음 주어는 폭파되거나 폭발음을 낸다.

(2) a. Thunder exploded overhead.(머리 위에서 천둥이 폭발했다.)

b. Suddenly the bottle of soda water exploded.(갑자 기 소다수병이 폭발했다.)

c. A branch exploded with a sharp crack.(가지 하나 가 날카로운 소리를 내면서 부서졌다.)

1.3. 다음은 화에 관련된 은유적 표현이다: [화는 가열 된 액체나 기체가 그릇 속에 담겨 있는 개체] 그러 므로 화는 폭발할 수 있다.

(3) a. At last his anger exploded.(결국 그의 화가 폭발했 다.)

b. The resentment that had been building up inside him finally exploded.(그의 마음 속에 쌓이고 있었 던 화가 마침내 폭발했다.)

1.4. 다음 주어는 화를 담고 있는 그릇이다.

(4) a. He exploded in anger.(그는 화가 나서 폭발했다.)

b. He exploded with laughter/with rage.(그는 웃음/ 분노로 폭발했다.)

c. He exploded when told the bad news.(그는 좋지 않은 소식을 들었을 때에 폭발했다.)

d. She exploded when she saw the damage to her new car.(그녀는 새 차에 난 상처를 보았을 때 폭발 했다.)

e. I exploded when I found another parking ticket on my car.(나는 차에서 또 다른 주차 위반 딱지를 발 견했을 때 폭발했다.)

1.5. 폭발할 때에는 큰 소리가 난다. 다음 주어는 폭발 하듯 대노하면서 말한다.

(5) a. "Of course there is something wrong," he exploded.("물론 뭔가 잘못된 게 있지"라며 그는 폭 발했다.)

b. "What happened?" I exploded.("무슨 일이 일어났 어?" 하고 나는 폭발했다.)

c. The judge exploded, "Who are you?"(재판관은 "당신은 누구십니까?"하며 폭발했다.)

1.6. 폭발은 순식간에 일어나서 상태의 변화를 가져온 다. 다음 주어는 폭발하듯 전치사 into의 목적어 상태가 된다.

(6) a. Her suspicion exploded into jealous accusations. (그녀의 의심은 질투심 어린 비난으로 돌변했다.)

b. London's parks have exploded into color last week.(런던의 공원들은 지난 주 색색으로 돌변했 다.)

c. The meeting began as a peaceful protest, but it exploded into a riot.(집회는 평화로운 항의로서 시 작했으나, 폭동으로 돌변했다.)

d. The discontent will explode into prison riots before long.(불만은 교도소 폭동으로 오래지 않아 돌변할 것이다.)

e. Tensions are running high and the situation might explode into a violence.(긴장은 고조되고 있어, 상 황은 폭력으로 폭발할 수도 있다.)

f. After ten minutes, the game exploded into life.(십

분 후에 게임은 갑자기 활기를 얻었다.)

g. The engine suddenly exploded into life.(엔진은 갑 자기 움직이기 시작했다.)

1.7. 다음 주어는 갑자기 전치사 into의 목적어 상태로 들어간다.

(7) a. The children exploded into laughter.(어린이들은 갑자기 웃음을 터뜨렸다.)

b. The children exploded into giggles.(어린이들은 갑 자기 낄낄대기 시작했다.)

c. Nancy exploded into action.(낸시는 곧 행동에 돌 입했다.)

1.8. 어떤 개체가 폭발하면 파편이 생기고 이 파편도 넓게 퍼진다. 다음 주어는 폭발하듯 늘어난다.

(8) a. The population exploded.(그 인구는 폭발했다/급 격히 증가했다.)

b. The population has exploded to 40,000 during the tourist season.(인구는 사만 명까지 여행 성수기동 안에 폭발적으로 증가했다.)

c. Investment by Japanese firms has exploded.(일본 회사에 의한 투자가 급격히 증가했다.)

d. The issue has exploded because a minister is involved.(그 문제는 장관이 연루되어 있기 때문에 불거졌다.)

2. 타동사 용법

2.1. 다음 주어는 목적어는 폭파한다.

(9) a. The terrorists exploded the bomb.(테러리스트들 은 폭탄을 폭발시켰다.)

b. The police exploded the bomb where it could cause no damage.(경찰은 해가 없을 만한 지역에서 그 폭탄을 폭파했다.)

c. The engineers exploded the dynamite to open a passage through the rock.(기술자들은 그 폭약을 바위를 뚫어 길을 만들기 위해 터뜨렸다.)

d. He exploded the box of gunpowder.(그는 화약 한 상자를 폭파시켰다.)

e. Bomb disposal experts exploded the device under controlled conditions.(폭탄 제거 전문가들이 그 장치를 통제된 조건 하에서 터뜨렸다.)

2.2. 다음은 [신화, 이론, 가설 등은 건물]은유가 적용 된 표현이다. 주어는 목적어를 폭파한다. 어떤 개 체가 폭파되면 없어진다.

(10) a. These statistics have exploded the myth that women are worse drivers than men.(이 통계는 여자가 남자보다 서툰 운전자라는 신화를 깨뜨렸 다.)

b. The book has exploded many myths about the hero.(그 책은 영웅에 대한 많은 신화를 뒤엎었다.)

c. His book will explode the assumption.(그의 책은 가정을 깨트릴 것이다.)

d. The new findings about the solar system explodes the present theories.(태양계에 대한 새 발견들은 기존 이론들을 깬다.)

e. He exploded the hypothesis.(그는 그 가설을 깨었 다.)

f. Science has helped to explode many

superstitions.(과학은 많은 미신을 타파하는 데에 일조를 했다.)

g. That **exploded** old traditions.(저것은 오랜 전통을 깼다.)

2.3. 다음은 수동태 문장으로 주어는 폭파된다.

(11) a. That idea was **exploded** ages ago.(그 생각은 여러 해 전에 깨졌다.)

b. Such rumors have only recently been **exploded**. (그러한 소문은 최근에야 깨졌다.)

c. The idea that babies should be fat was **exploded** years ago.(아기들이 뚱뚱해야 한다는 믿음은 여러 해 전에 깨졌다.)

2.4. 다음의 목적어는 소리에 관련된 것으로, 주어는 목적어인 폐쇄음을 파열시킨다.

(12) He usually **explodes** the t of the cat.(그는 cat의 t를 보통 파열시켜 발음한다.)

exploit

이 동사의 개념 바탕에는 이기적인 목적으로 쓰는 과정이 있다.

1. 타동사 용법

1.1. 다음 주어는 목적어를 착취한다.

(1) a. The housing developer **exploited** the farmer by paying him an extremely low price for his land. (주택 개발자는 그 농민을 땅값으로 심하게 낮은 가격을 지불함으로써 그를 착취했다.)

b. The company **exploits** its workers with low pay. (그 회사는 그 노동자들을 저임금으로 착취한다.)

c. The company **exploited** the workers by promising them pay raises.(회사는 그 노동자들에게 급료 인상을 약속하면서 착취했다.)

d. He **exploits** his subordinates.(그는 그의 부하들을 착취한다.)

1.2. 다음 주어는 목적어를 개발한다.

(2) a. The country is **exploiting** the rainforest for hardwood.(그 나라는 그 우림을 단단한 나무를 캐려고 개발하고 있다.)

b. They are **exploiting** the resources of the country.(그들은 그 나라의 자원을 개발하고 있다.)

c. We need to **exploit** our resources as fully as possible.(우리는 자원을 가능한 완전히 개발할 필요가 있다.)

1.3. 다음 주어는 목적어를 이용한다.

(3) a. He is **exploiting** an idea to make it a profit.(그는 이윤을 만들기 위해 생각을 이용한다.)

b. He is **exploiting** his rival's weakness.(그는 경쟁자의 약점을 이용하고 있다.)

c. She fully **exploits** the humor of her role in the play.(그녀는 역할의 익살을 그 연극에서 충분히 이용한다.)

1.4. 다음은 수동태 문장으로 주어는 이용 당한다.

(4) a. Her youth is being **exploited**.(그녀의 젊음이 이용 당하고 있다.)

b. Christmas has been **exploited** for commercial

purposes.(크리스마스가 상업적 목적들로 이용되어 오고 있다.)

explore

이 동사의 개념 바탕에는 탐사하는 과정이 있다.

1. 타동사 용법

1.1. 다음 주어는 목적어를 탐사한다.

(1) a. They **explored** the land to the south of the mountain.(그들은 그 땅을 산의 남쪽까지 탐사했다.)

b. He **explored** the source of the river.(그는 그 강의 근원을 탐사했다.)

c. The adventurer **explored** a dangerous underground cave.(그 모험가는 위험한 땅 밑 동굴을 탐사했다.)

1.2. 다음은 수동태 문장으로 주어는 탐사된다.

(2) The city is best **explored** on foot.(그 시내는 걸어서 가장 잘 탐사된다.)

1.3. 다음 주어는 목적어를 탐구한다.

(3) a. She **explored** the theme in her novels.(그녀는 그녀 소설에서 그 주제를 탐구했다.)

b. The doctor **explored** current theories of cancer treatment.(그 의사는 최근 암치료 이론은 연구했다.)

c. We have to **explore** the idea.(우리는 그 아이디어를 탐구해 봐야 한다.)

1.4. 다음은 수동태 문장으로 주어는 탐구된다.

(4) These ideas will be **explored** in more detail in Chapter 5.(이러한 견해들은 5장에서 더 자세하게 탐구될 것이다.)

2. 자동사 용법

2.1. 다음 주어는 for의 목적어를 찾기 위해 탐사한다.

(5) a. The companies are **exploring** for oil.(회사는 석유를 찾기 위해 탐사하고 있다.)

b. The geologists are **exploring** for oil.(지질학자들은 석유를 찾기 취해 탐사하고 있다.)

export

이 동사의 개념 바탕에는 밖으로 보내는 과정이 있다.

1. 타동사 용법

1.1. 다음 주어는 목적어를 수출한다.

(1) a. Korea **exports** automobiles to America.(한국은 자동차를 미국에 수출한다.)

b. The US **exports** wheat to many countries.(미국은 밀을 여러 나라에 수출한다.)

c. The company **exported** 200,000 cases of wine to Korea.(그 회사는 포도주 200,000 상자를 한국에 수출했다.)

d. The island **exports** sugar.(그 섬은 설탕을 수출한다.)

1.2. 다음은 수동태 문장으로 주어는 수출된다.

(2) a. African music has been **exported** to many parts of the Western World.(아프리카 음악은 서구 세계의 많은 지역에 수출되어 오고 있다.)
b. 80% of the computers are **exported**.(컴퓨터의 80%가 수출된다.)

expose

이 동사의 개념 바탕에는 노출시키는 과정이 있다.

1. 타동사 용법

1.1. 다음 주어는 목적어를 전치사 to의 목적어 (햇빛, 바람, 비, 방사선, 포화 등)에 노출시킨다.
(1) a. Don't **expose** the plants to direct sunlight.(그 식물을 직사광선에 쪼이지 마시오.)
b. Dont' **expose** your skin to the sunlight.(당신의 피부를 햇빛에 노출시키지 마세요.)
c. Don't **expose** the baby to the draft.(그 아기를 외풍에 쏘이지 마세요.)
d. He **exposed** his head to the rain.(그는 머리를 비에 맞추었다.)

1.2. 다음은 수동태 문장으로 주어는 노출된다.
(2) a. Paintings should not be **exposed to** direct sunlight.(그림들은 직사광선에 노출되면 안 된다.)
b. The workers have been **exposed to** high levels of radiation.(노동자들은 높은 수준의 방사선에 노출되어 왔다.)
c. They had to be **exposed to** the enemy gunfire.(그들은 적의 포화에 노출되어야만 했다.)
d. The temple is **exposed to** the wind from the sea.(그 신전은 바다에서 불어오는 바람에 노출되어 있다.)
e. Without the tree, the north side of the house would be **exposed to** severe winds.(나무가 없다면, 그 집의 북쪽 면은 심한 바람에 노출될 것이다.)

1.3. 다음 주어는 목적어를 책, 음악, 문화, 예술 등에 노출시킨다.
(3) a. We should **expose** the children to good books.(우리는 어린이들이 양서에 접하게 해야 한다.)
b. Travel abroad **exposes** children to different cultures.(해외 여행은 어린이들을 상이한 문화에 접하게 해 준다.)
c. They are keen to **expose** their children to all forms of art.(그들은 자녀들을 모든 종류의 예술에 접하게 할 만큼 열성적이다.)

1.4. 다음은 수동태 문장으로 주어는 노출된다.
(4) a. We were **exposed** to the latest theories on child care.(우리는 자녀 양육의 가장 최근의 이론들에 노출되었다.)
b. Children should be **exposed** to good music.(어린이들을 좋은 음악에 접해야 한다.)

1.5. 다음 주어는 목적어를 위험, 모욕, 비판, 비난과 같은 좋지 않은 일에 노출시킨다.
(5) a. We should not **expose** our children to such danger.(우리는 자녀들을 그러한 종류의 위험에 노출시켜서는 안 된다.)
b. Poverty **exposed** me to endless humiliation.(빈곤은 나를 끊임없는 굴욕을 접하게 하였다.)
c. The latest blunder has **exposed** the government to severe criticism.(최근의 실책은 정부를 극심한 비난을 접하게 했다.)
d. He **exposed** himself to the charge.(그는 자신을 그 비난에 노출시켰다.)
e. His foolish action **exposed** him to ridicule.(그의 어리석은 행동은 그 자신을 웃음거리에 노출되게 했다.)
f. You must not **expose** yourself to ridicule.(너는 자신을 웃음거리에 노출해서는 안 된다.)
g. He **exposed** rare treasures to public view.(그는 진귀한 보물을 대중에게 선보였다.)

1.6. 다음의 목적어는 재귀대명사로, to의 목적어에 노출시킨다.
(6) a. By swimming alone, he **exposed** himself to danger.(혼자 수영을 함으로써, 그는 자신을 위험에 노출시켰다.)
b. He **exposed** himself to misunderstanding.(그는 자신을 오해에 노출시켰다.)

1.7. 다음 주어는 자신의 몸을 노출시킨다.
(7) a. He **exposed** himself and got arrested.(그는 자신을 드러냈고 곧 체포되었다.)
b. He was sent to prison for **exposing** himself to women in the park.(그는 공원의 여자들에게 자기 자신을 노출시킨 죄로 감옥에 들어갔다.)
c. The ancient Greeks **exposed** the unwanted babies.(고대 그리스인들은 결함이 있는 아기들을 위험에 노출시켰다.)

1.8. 다음은 수동태 문장으로 주어는 어떤 방위에 노출된다.
(8) The house is **exposed** to the east.(그 집은 동쪽을 향하고 있다.)

1.9. 다음에서 주어는 목적어를 드러나게 하여 보인다.
(9) a. The wolf opened its mouth and **exposed** a row of sharp teeth.(그 늑대는 입을 벌려 날카로운 치열을 드러내 보였다.)
b. She removed the bandage and **exposed** the wound.(그녀는 그 붕대를 풀고 상처를 드러냈다.)
c. By taking off his shirt, he **exposed** the hair on his chest.(그의 셔츠를 벗음으로써, 그는 가슴 털을 드러냈다.)
d. The dry weather **exposed** the bottom of the lake.(건조한 날씨는 호수의 밑바닥을 드러냈다.)
e. He **exposed** wares in a window.(그는 제품을 창문에 진열했다.)
f. The plaster has fallen off, **exposing** the bare brick beneath.(그 회반죽이 떨어져서, 그 아래 맨 벽돌을 드러냈다.)
g. He **exposed** goods for sale.(그는 팔기 위해 물건을 내놓았다.)
h. The floods washed away the soil, **exposing** the rocks underneath.(그 홍수가 흙을 씻어가면서 아래 바위들을 드러냈다.)
i. He **exposed** the film.(그는 필름을 노출시켰다.)

1.10. 다음의 목적어는 음모, 비밀, 부패, 부정 공무원과 같이 숨겨져 있던 것이다. 주어는 이러한 목적어를 드러나게 한다.

(10) a. The police **exposed** their plot.(경찰이 그들의 음모를 드러나게 했다.)

b. He **exposed** a plot to overthrow the government.(그는 정부를 전복하려 했던 음모를 드러냈다.)

c. He **exposed** the plan to the newspaper.(그는 그 계획을 신문에 누설했다.)

d. He **exposed** a dishonest official.(그는 비리 공무원을 밝혀냈다.)

e. The reporter **exposed** the corruption in the city government.(그 기자는 시 정부의 부패를 드러나게 했다.)

f. He did not want to **expose** his fears.(그는 공포를 드러내기를 원치 않았다.)

g. The newspaper **exposed** the activities of the secret organization.(그 신문은 비밀 조직의 활동을 밝혀냈다.)

h. The newspaper **exposed** the murderer of the child.(신문은 그 어린이 살해범을 밝혀냈다.)

1.11. 다음은 수동태 문장으로 주어는 드러난다.

(11) His jewels lay **exposed** on the table.(그의 보석들은 탁자 위에 펼쳐져 있었다.)

1.12. 다음 주어는 목적어를 as의 목적어가 가리키는 사람으로 드러나게 한다.

(12) The report **exposed** the major as a crook.(그 보고는 그 시장을 악한으로 밝혔다.)

1.13. 다음은 수동태 문장으로 주어는 as의 목적어로 드러난다.

(13) a. He was **exposed** as an adulterer.(그는 간부(姦夫)로 밝혀졌다.)

b. He was **exposed** as a liar and a cheat.(그는 거짓말쟁이에 사기꾼으로 판명되었다.)

express

이 동사의 개념 바탕에는 압력을 받고 밖으로 나오는 과정이 있다.

1. 타동사 용법

1.1. 다음 주어는 목적어를 짜낸다.

(1) a. She **expressed** milk from her breast.(그녀는 젖을 가슴에서 짜냈다.)

b. Wine is made by **expressing** the juice from grapes.(포도주는 쥬스를 포도에서 짜냄으로써 만들어진다.)

c. The juice is **expressed from** the grapes and made into wine.(그 쥬스는 포도로부터 짜져서 포도주로 만들어진다.)

1.2. 다음은 [사람 몸은 그릇이다]의 은유가 적용된 표현이다. 주어는 목적어를 밖으로 낸다.

(2) a. She **expressed** her willingness by her look.(그녀는 의향을 표정으로 표현했다.)

b. She **expressed** surprise when I told her how much it was.(그녀는 내가 그녀에게 그것의 가격을

말하자 놀라움을 표현했다.)

c. We **expressed** our thanks.(우리는 감사를 표시했다.)

d. Try to **express** your ideas clearly.(너의 생각을 분명하게 표현하도록 노력하라.)

e. She smiled to **express** her agreement.(그녀는 미소를 지어서 동의를 표시했다.)

1.3. 다음 주어는 목적어를 나타낸다.

(3) a. Just **express** what you feel.(네가 느끼는 것을 표현해라.)

b. I can hardly **express** how grateful I feel.(나는 내가 얼마나 감사함을 느끼는지 거의 표현할 수 없다.)

1.4. 다음 목적어는 재귀대명사이다. 주어는 자신을 표현한다.

(4) a. He **expressed** himself very strongly on the subject.(그는 자신의 주장을 그 주제에 관해 강력하게 표현했다.)

b. He can **express** himself better in English.(그는 영어로 자신의 의사를 더 잘 표현할 수 있다.)

c. She **expressed** herself in good clear English.(그녀는 자신의 의사를 훌륭하고 명료한 영어로 표현했다.)

d. You haven't **expressed** yourself clearly.(너는 자신의 주장을 명확하게 표현하지 않았다.)

1.5. 다음 주어는 개체이다. 주어는 목적어를 나타낸다.

(5) a. The sign (+) **expresses** addition.(그 기호 (+)는 보태기를 나타낸다.)

b. Your smile **expresses** joy.(네 미소는 즐거움을 나타낸다.)

c. The sign X **expresses** multiplication.(기호 X는 곱하기를 나타낸다.)

expunge

이 동사의 개념 바탕에는 철저하게 지우는 과정이 있다.

1. 타동사 용법

1.1. 다음 주어는 목적어를 지운다.

(1) a. The judge **expunged** the statement from the police record.(판사는 그 진술을 경찰 기록에서 지웠다.)

b. The court **expunged** the charge from the juvenile's police record.(법정은 그 죄과를 소년의 경찰 기록으로부터 지웠다.)

c. He **expunged** a few lines from the script.(그는 몇 줄을 그 각본에서 지웠다.)

d. He **expunged** her name from the list.(그는 그녀의 이름을 그 명단에서 지웠다.)

1.2. 다음은 수동태 문장으로 주어는 지워진다.

(2) a. What had happened before the accident was **expunged** from the memory.(그 사건 이전에 일어났었던 일들은 기억으로부터 지워졌다.)

b. Details of his record were **expunged** from the file.(그의 기록의 세부 사항들이 파일로부터 지워졌다.)

expurgate

이 동사의 개념 바탕에는 좋지 않은 부분을 잘라내는 과정이 있다.

1. 타동사 용법

1.1. 다음 주어는 목적어를 삭제한다. 목적어는 전체이다.

(1) a. The censors **expurgated** the documentary.(그 검열관은 문서의 불온한 부분을 삭제했다.)

b. He is **expurgating** a book now.(그가 지금 어느 책의 일부를 삭제하고 있다.)

1.2. 다음 주어는 목적어를 삭제한다. 목적어는 잘리는 개체이다.

(2) a. The editor **expurgated** some words from the manuscript.(그 편집자는 몇 개의 낱말들을 원고에서 삭제해서 버렸다.)

b. He **expurgated** obscene passages from the novel.(그가 음란한 구절들을 소설에서 삭제했다.)

1.3. 다음은 수동태 문장으로 주어는 삭제된다.

(3) References to several living people in the play were **expurgated**.(극 중에서 살아있는 여러 사람들에 대한 언급들은 삭제되었다.)

extend

이 동사의 개념 바탕에는 길이나 너비를 늘리는 과정이 있다.

1. 타동사 용법

1.1. 다음 주어는 목적어를 길게 한다.

(1) a. He **extended** a rope from tree to tree.(그는 밧줄 하나를 나무에서 나무로 건너 쳤다.)

b. He **extended** the rope across the street.(그는 그 길을 가로질러서 밧줄을 뻗쳤다.)

c. He **extended** the wire between posts/from post to post.(그는 철사 줄을 기둥사이에/기둥에서 기둥으로 건너 쳤다.)

d. He **extended** the measuring tape as far as it could be stretched.(그는 줄자를 뻗칠 수 있는 만큼 멀리 뻗쳤다.)

e. He **extended** the fence/the wall.(그는 울타리/벽을 확장했다.)

f. I **extended** the antenna on my radio.(나는 라디오의 안테나를 길게 했다.)

g. Tom **extended** the telescope to its full extent.(톰은 망원경을 최대로 늘렸다.)

1.2. 다음의 목적어는 손, 팔, 발등의 신체부위이다. 주어는 이것을 바깥쪽으로 뻗는다.

(2) a. Extend your left arm.(네 왼팔을 뻗어라.)

b. Extend your arms fully as you breathe out.(숨을 내 쉴 때 네 팔을 완전히 뻗어라.)

c. He asked me to **extend** my fingers.(그는 내가 손가락을 펼 것을 요청했다.)

d. He **extended** his legs.(그는 다리를 뻗었다.)

1.3. 다음 주어는 목적어를 연장한다.

(3) a. They **extended** the path down to the river.(그들은 오솔길을 아래로 그 강가지 연장했다.)

b. They **extended** the road to the next city.(그들은 그 도로를 옆 도시까지 연장했다.)

1.4. 다음 주어는 목적어의 범위를 크게 한다.

(4) a. They **extended** the boundaries of the park.(그들은 그 공원의 경계를 확장했다.)

b. They **extended** the city boundaries.(그들은 그 도시의 범위를 확장했다.)

c. He **extended** the building.(그는 그 건물을 확장했다.)

d. Have you ever thought of **extending** your house?(네 집을 늘리는 것에 대해 생각해 본 적 있니?)

e. Extend the kitchen by six feet.(부엌을 6 피트 넓혀라.)

f. We've **extended** the kitchen to give us room for a dining area.(우리는 식당을 공간을 마련하려고 부엌을 넓혔다.)

1.5. 다음은 수동태 문장으로 주어는 연장된다.

(5) The highway was **extended** as far as our village.(그 고속도로는 우리 마을까지 연장되었다.)

1.6. 시간은 공간 개념으로 이해된다. 선형적인 개체를 더 길게 하듯, 시간도 더 길게 할 수 있다. 주어는 목적어를 늘린다.

(6) a. He **extended** his hotel reservation.(그는 호텔예약을 연장했다.)

b. He **extended** his tour to Boston.(그는 여행을 보스턴까지 연장했다.)

c. He **extended** his visit for two more days.(그는 방문을 이틀 더 연장했다.)

d. We're **extending** our vacation from two to three days.(우리는 휴가를 이틀에서 삼일 간 연장할 것이다.)

e. They **extended** their holiday for another week/by a few days.(그들은 휴가를 한 주 더/며칠 연장했다.)

f. The government **extended** the deadline for filing federal taxes.(정부는 연방세를 보고하는 마감기일을 연장했다.)

g. The embassy **extended** his visa.(그 대사는 비자를 연장했다.)

h. Better living conditions have **extended** the average life span.(더 나은 생활 조건이 평균 수명을 연장시켰다.)

i. The bank **extended** our loan for a few more days.(그 은행은 우리의 융자금을 며칠 더 연장해 주었다.)

1.7. 다음은 수동태 문장으로 주어는 연장된다.

(7) The film has been **extended** for another week.(그 영화는 한 주 더 연장 상영되었다.)

1.8. 힘이 미치는 영역도 공간 영역으로 개념화된다. 공간 영역이 확장될 수 있듯이 힘이나 활동 영역도 확장될 수 있는 것으로 표현된다. 다음 주어는 목적어를 확장한다.

(8) a. He **extended** his domain across the ocean/over the ocean.(그는 자신의 영역을 대양을 가로 질러/대양을 넘어 확장했다.)

b. He **extended** his influence/his power.(그는 세력/힘을 확장했다.)

c. The military powers **extended** their authority.(군대는 권한을 확장했다.)

d. We would like to **extend** our publishing of children's books.(우리는 아동 도서 출판을 늘리고 싶다.)

e. He **extended** his business.(그는 사업을 확장했다.)

f. The company plans to **extend** its activities to videos.(그 회사는 사업을 비디오 분야까지 늘릴 계획이다.)

g. The law should be **extended** to cover all cases of industrial injury.(그 법은 모든 산업 재해의 경우를 다 포함할 수 있도록 확장되어야 한다.)

1.9. 다음 목적어는 사람이나 동물이다. 이것은 몸을 가리키는 것이 아니라 환유적으로 쓰여서 몸 속에 담긴 힘을 가리킨다. 즉 주어는 힘을 발휘시킨다.

(9) a. The competition **extended** him.(그 시합은 힘을 발휘시켰다.)

b. The horse really had to **extend** itself to win the race.(그 말은 경주에서 이기기 위해서 정말로 온 힘을 다 해야 했다.)

c. He **extended** himself to meet the deadline.(그는 마감일을 맞추기 위해서 전력을 다 했다.)

1.10. 다음은 수동태 문장으로 주어는 힘을 발휘한다.

(10) I was fully **extended**, but I still came last.(나는 온 힘을 다 했지만, 꼴찌로 들어왔다.)

1.11. 연장의 개념은 한 장소에서 다른 장소로 개체를 옮기는 과정에도 확대된다. 다음의 목적어는 모두 추상적 개체이지만 구체적인 개체로 개념화된다. 다음 주어는 목적어를 to의 목적어에 뻗는다.

(11) a. He **extended** his sympathy to the bereaved.(그는 유감을 그 유족들에게 보냈다.)

b. He **extended** a warm/hearty welcome to us.(그는 따뜻한/친절한 환영을 우리에게 보였다.)

c. He **extended** congratulations to the winner.(그는 축하를 그 승자에게 보냈다.)

d. He **extended** his thanks to the guest speaker.(그는 감사를 초청 연사에게 전했다.)

e. Dan **extended** his good wishes to the newly married couple.(댄은 좋은 기원을 그 신혼 부부에게 보냈다.)

1.12. 다음 주어는 목적어를 뻗어서 준다.

(12) a The government **extended** a big loan to the developing country.(정부는 거액의 차관을 그 개발 도상국에 주었다.)

b. He **extended** his invitation to us.(그는 초대장을 우리에게 보냈다.)

c. He **extended** support to friends in trouble.(그는 도움을 어려움에 처한 친구들에게 보냈다.)

d. The rich man **extended** aid to needy students.(그 부자는 가난한 학생들에게 도움을 주었다.)

e. He **extended** a helping to the man in trouble.(그는 어려움에 처한 그 남자에게도움을 주었다.)

f. The bank agreed to **extend** money to us. (그 은행은 우리에게 돈을 줄 것에 동의했다.)

g. He **extended** the benefits to others.(그는 그 혜택을 다른 사람들에게 주었다.)

2. 자동사 용법

2.1. 다음 주어는 뻗치거나 늘어난다.

(13) a. The rubber band **extended** as far as it was stretched.(고무줄은 당겨지는 만큼 늘어났다.)

b. The turtle's neck **extended** so that it can reach the food.(그 거북이의 목은 그 음식에 닿을 수 있도록 늘어났다.)

2.2. 다음의 주어는 움직이는 개체가 아니다. 주어가 뻗쳐있는 영역을 화자의 시선이 옮아가면서 뻗치는 과정이 일어나는 것으로 개념화된다.

(14) a. The roof **extends** a foot beyond the wall of the house.(그 지붕이 그 집 벽 너머 1피트 나와 있다.)

b. The desert **extends** far and wide.(그 사막이 멀리 넓게 뻗는다.)

c. The Sahara desert **extends** from the Mediterranean to the Sudan.(사하라 사막은 지중해에서 수단까지 뻗는다.)

d. My vegetable garden **extends** as far as that fence. (나의 채소밭은 저 울타리까지 뻗는다.)

e. Our garden **extends** to that line of trees/as far as the river.(우리의 정원은 저 나무들까지/그 강까지 뻗는다.)

f. The farmer's property **extends** into the next county.(그 농부의 재산은 이웃 군까지 뻗는다.)

g. Our farmland **extends** well beyond the hill.(우리의 농지는 언덕 너머까지 뻗는다.)

h. The beach **extends** for miles.(그 해안이 수 마일에 걸쳐 뻗는다.)

i. Corn fields **extended** over the entire landscape.(옥수수밭이 그 전체 조망에 걸쳐 있었다.)

j. The river **extends** miles and miles.(그 강은 수 마일에 걸쳐 뻗는다.)

2.3. 다음 주어는 시간 속에 일어나는 과정이다. 과정의 지속은 시간 속의 움직임으로 개념화된다.

(15) a. The meeting **extended** for three days from Wednesday to Friday.(그 회의는 수요일에서 금요일까지 3일 동안 계속되었다.)

b. My cousin's stay **extended** longer than expected. (내 사촌의 체재는 예상보다 더 길었다.)

c. The conference **extended** into Sunday.(그 회의는 일요일까지 계속되었다.)

d. The hot weather **extended** into October.(무더운 날씨는 10월까지 계속되었다.)

e. His working day often **extends** well into the evening.(그의 근무 시간은 종종 저녁까지 연장된다.)

f. This tendency **extends** even into old age. (이러한 경향은 심지어 노년기까지 계속된다.)

g. His absence **extends** to five days.(그의 결석은 5일동안 계속되었다.)

h. The legends **extend** back over centuries.(그 전설은 수세기를 거슬러 올라간다.)

i. The president's term **extends** until March. (대통령

의 임기는 3월까지 계속된다.)

j. The party **extended throughout** the night.(파티는 밤새 계속 되었다.)

2.4. 다음 주어는 추상적 영역이다.

(16) a. The influence of our democracy **extends** around the world.(우리 민주주의의 영향력은 전 세계에 미친다.)

b. My duties at school **extend beyond** just teaching.(학교에서의 나의 임무는 단순히 가르치는 것을 넘는다.)

c. The authority **extended into** foreign countries.(그 권한은 외국에까지 미쳤다.)

2.5. 다음 주어는 관심이다. 주어는 to의 목적어에 미친다.

(17) a. The teacher's concern **extends to** all students.(그 선생님의 관심은 모든 학생들에게 미친다.)

b. The parking restrictions do not **extend to** disabled persons.(그 주차금지 사항은 장애인에게 미치지 않는다.)

c. The regulations do not **extend to** foreigners.(그 법규들은 외국인들에게는 미치지 않는다.)

extinguish

이 동사의 개념 바탕에는 불을 끄는 과정이 있다.

1. 타동사 용법

1.1. 다음 주어는 목적어를 끈다.

(1) a. Fire fighters **extinguished** the flames.(소방관들은 그 화염을 껐다.)

b. He **extinguished** the fire.(그는 불을 껐다.)

1.2. 다음은 수동태 문장으로 주어는 꺼진다.

(2) a. All the lights have been **extinguished**.(그 모든 불빛이 꺼졌다.)

b. The fire was **extinguished** completely.(그 불은 완전히 꺼졌다.)

1.3. 희망은 불로 은유화되어 꺼지는 것으로 표현되어 있다.

(3) a. News of bombing **extinguished** all hope of peace.(폭격 소식은 평화에 대한 모든 희망을 꺼뜨렸다.)

b. One failure after another **extinguished** her hope.(계속된 실패가 그녀의 희망을 꺼버렸다.)

c. All hope was almost **extinguished**.(모든 희망은 거의 다 꺼졌다.)

extirpate

이 동사의 개념 바탕에는 근절시키는 과정이 있다.

1. 타동사 용법

1.1. 다음 주어는 목적어를 완전히 제거한다.

(1) a. The doctor **extirpated** the tumor.(의사가 그 종양을 완전히 제거했다.)

b. He is trying to **extirpate** a social evil.(그는 사회악을 완전히 제거하려고 노력하고 있다.)

c. We are trying to **extirpate** the evils of prejudice.

(우리는 편견의 악을 완전히 제거하려 하고 있다.)

extort

이 동사의 개념 바탕에는 위협, 폭력, 권위 등을 써서 우려내는 과정이 있다.

1. 타동사 용법

1.1. 다음 주어는 목적어를 우려낸다.

(1) a. He **extorted** a confession/a promise from her.(그는 고백/약속을 그녀로부터 우려냈다.)

b. The gang **extorted** money from the local businesses.(그 갱은 돈을 지역 회사들로부터 우려냈다.)

c. The policeman **extorted** money from the small shops.(그 경찰은 돈을 작은 가게들에서 우려냈다.)

d. Landlords **extorted** high rents from tenants.(지주들은 높은 임대료를 소작인들로부터 우려냈다.)

e. A black mailer **extorted** thousands of dollars from the millionaire.(등치기가 수천만 달러를 그 백만장자에게서 우려냈다.)

extract

이 동사의 개념 바탕에는 뽑아내는 과정이 있다.

1. 타동사 용법

1.1. 다음 주어는 목적어를 뽑는다.

(1) a. The dentist **extracted** a tooth.(치과 의사는 이를 뽑았다.)

b. He **extracted** a cork from the bottle.(그는 코르크 마개를 병에서 뽑았다.)

c. The surgeon **extracted** bullets from the wounded soldier.(외과 의사는 총알들을 부상병에게서 뽑아냈다.)

1.2. 다음 주어는 목적어를 뽑아낸다. 목적어는 액이다.

(2) a. He **extracted** juice from the oranges.(그는 쥬스를 오렌지에서 뽑아냈다.)

b. The chemist **extracted** this substance from vanilla leaves.(그 화학자는 이 물질을 바닐라 잎에서 뽑아냈다.)

c. The doctor **extracted** the snakes poison from the bite.(그 의사는 뱀독을 물린 상처에서 뽑아냈다.)

d. I've **extracted** a 10 dollar bill from his wallet.(나는 10달러 지폐 한 장을 그의 지갑에서 끄집어 냈다.)

1.3. 다음 목적어는 추상적인 개체나 구체적인 것으로 개념화되어 있다.

(3) a. Journalists **extracted** all kinds of information about the minister's private life.(기자들이 그 장관의 사생활에 대해 모든 종류의 정보를 뽑아냈다.)

b. He **extracted** some moral lessons from religious formalities.(그는 몇몇의 도덕적 교훈을 그 종교적인 형식에서 뽑아냈다.)

c. He **extracted** a passage from her novel.(그는 한

구절을 그녀의 소설에서 뽑아냈다.)
d. I finally managed to **extract** the truth from her. (나는 마침내 진실을 그녀에게서 뽑아낼 수 있었다.)
e. He **extracts** pleasure from toil. (그는 기쁨을 일에서 뽑아낸다.)
f. I **extracted** a promise from him. (나는 약속을 그로부터 받아냈다.)

extrude

이 동사의 개념 바탕에는 밀어내는 과정이 있다.

1. 타동사 용법
1.1. 다음 주어는 목적어를 밀어낸다. 주어는 목적어가 담긴 그릇이다.
(1) a. The machine **extrudes** dough through the tiny holes. (그 기계는 가루 반죽을 조그마한 구멍으로 밀어낸다.)
b. The powerful machine **extruded** copper tubing with ease. (강력한 기계는 구리관을 손쉽게 밀어냈다.)
c. The machine **extrudes** pasta. (기계는 파스타를 밀어낸다.)
1.2. 다음 주어는 목적어를 전치사 from의 목적어에서 밀어낸다.
(2) a. He **extruded** toothpaste from the tube. (그는 치약을 그 튜브에서 밀어냈다.)
b. She **extrudes** happiness and confidence. (그녀는 행복과 자신감을 내보인다.)
1.3. 다음은 수동태 문장으로 주어는 밀려 나온다.
(3) Lava is **extruded** from the volcano. (용암이 화산으로부터 밀려 나온다.)

2. 자동사 용법
2.1. 다음 주어는 밀려나온다.
(4) a. Pus **extruded** from the wound. (고름이 상처로부터 밀려 나왔다.)
b. Lava **extruded** from the fissure. (용암이 그 갈라진 틈으로부터 밀려 나왔다.)
c. Sweats **extruded** from his skin. (땀은 피부에서 나왔다.)

exude

이 동사의 개념 바탕에는 스미는 과정이 있다.

1. 자동사 용법
1.1. 다음 주어는 스며나온다.
(1) a. A sweet-smelling chemical **exuded from** the container. (달콤한 냄새가 나는 화학 물질이 용기에서 스며 나왔다.)
b. An awful smell **exuded from** the animal's body. (지독한 냄새가 동물의 몸에서 스며 나왔다.)
c. Drops of sweat **exuded from** every pore. (땀 방울들이 모든 땀 구멍에서 스며 나왔다.)
d. Blood **exuded from** the wound. (피가 그 상처에서 스며 나왔다.)
e. Moisture **exuded from** his skin. (수분이 그의 피부에서 스며 나왔다.)

2. 타동사 용법
2.1. 다음 주어는 목적어를 스며낸다.
(2) a. The animal **exudes** musk from special glands. (그 동물은 사향을 특수샘에서 낸다.)
b. The runner **exuded** sweat. (그 주자는 땀을 내었다.)
c. Dogs' bodies do not **exude** sweat. (개의 몸은 땀을 내지 않는다.)
d. A perfume **exudes** an aroma. (향수는 향을 내보낸다.)
2.2. 다음 주어는 목적어를 스며낸다. 목적어는 추상적인 개체이다.
(3) a. She **exuded** confidence/happiness/pride. (그녀는 자신감/행복/자만을 스며냈다.)
b. The applicant **exuded** charm during the interview. (그 지원자는 그 면접을 하는 동안 매력을 발산했다.)
c. She **exuded** hopelessness. (그녀는 절망을 내보였다.)

exult

이 동사의 개념 바탕에는 기뻐 날뛰는 과정이 있다.

1. 자동사 용법
1.1. 다음 주어는 기뻐 날뛴다.
(1) a. He **exulted at** his victory/success. (그는 승리/성공에 기뻐 날뛰었다.)
b. He **exulted at** his good fortune. (그는 행운에 기뻐 날뛰었다.)
c. The players **exulted over** their victory. (선수들이 성공으로 기뻐 날뛰었다.)
d. He **exulted over** his rival. (그는 경쟁자를 이겨서 기뻐 날뛰었다.)
e. The entire village **exulted in** the team's victory. (마을 전체가 그 팀의 승리에 기뻐날뛰었다.)
f. He **exulted in** his success. (그는 성공에 기뻐날뛰었다.)

eye

이 동사의 개념 바탕에는 eye의 명사 '눈'이 있다. 동사의 의미는 눈의 기능과 관계가 있다.

1. 타동사 용법
1.1. 다음 주어는 목적어를 본다.
(1) a. He **eyed** the solution askance. (그는 해답을 곁눈으로 봤다.)
b. He **eyed** us jealously. (그는 우리를 질투의 눈으로 봤다.)
c. He couldn't help **eying** the cakes hungrily. (그는 그 케이크를 굶주린 눈으로 보지 않을 수 없었다.)
d. We **eyed** the stranger with suspicion. (우리는 그 이방인을 의혹의 눈으로 봤다.)
e. The child **eyed** me with curiosity. (그 아이는 나를 호기심을 가지고 봤다.)

ℱ f

face

이 동사의 개념 바탕에는 face의 명사 '얼굴'이 있다. 동사의 뜻은 이 명사의 특성과 관련된다.

1. 타동사 용법

1.1 다음 주어의 앞면이 목적어를 향한다.

(1) a. The Library faces the bank.(도서관은 그 은행을 향한다.)

b. The barn faces the field.(곳간은 밭을 향한다.)

c. The windows faces the street.(창문들은 거리를 향한다.)

d. The flower faces the light.(꽃은 빛을 향한다.)

e. She turned and faced the sea.(그녀는 돌아서서 바다를 향했다.)

1.2. 다음 주어는 목적어를 특정한 방향을 향하게 한다.

(2) a. He faced the chair toward the window.(그는 그 의자를 창문을 향하게 했다.)

b. Face the plants toward the light.(그 식물들을 불빛 쪽으로 향하게 하세요.)

1.3. 다음 주어는 목적어를 대한다.

(3) a. He turned around and faced me.(그는 돌아서서 나를 대면했다.)

b. She faced the newcomer.(그녀는 새로 온 사람을 대면했다.)

c. They sat facing each other.(그들은 서로 마주 보며 앉아있다.)

d. He couldn't face his mother after he'd crashed the car.(그는 그 차를 망가뜨린 다음 어머니를 대할 수 없었다.)

e. The mayor faced the angry citizens to explain the tax increase.(시장은 세금 인상을 설명하기 위해서 성난 시민들을 대면했다.)

f. Tom faced Susan directly while they ate dinner.(탐은 그들이 저녁을 먹는 동안 수잔을 대면했다.)

1.4. 다음 주어는 목적어를 대결한다.

(4) a. Mary will face Anne in the final.(메리는 앤을 결승전에서 대결할 것이다.)

b. He faced his opponent boldly.(그는 상대를 대담하게 대결했다.)

c. You're going to face her sooner or later.(너는 그녀를 조만간 대결하게 될 것이다.)

1.5. 다음 주어는 목적어를 with의 목적어를 가지고 직면한다.

(5) a. When we faced her with all the evidence, she admitted the crime.(우리가 그녀를 모든 증거를 가지고 직면하자, 그녀는 범죄를 시인했다.)

b. We had to face Henry with the truth: it was his son who broke the window.(우리는 헨리를 진실을 가지고 직면해야 했다: 창문을 깬 것은 그의 아들이었다.)

1.6. 다음에서 주어는 목적어를 직면하여 목적어가 영향을 입게 된다.

(6) a. The police chief faced down the reporters.(경찰서장은 그 기자들을 얼굴 표정으로 위압했다.)

b. She didn't argue with him; she just faced him down.(그녀는 그와 다투지 않았다; 그녀는 그를 얼굴 표정으로 제압했다.)

c. We faced out the storm bravely.(우리는 용감하게 그 폭풍을 끝까지 대처해야 했다.)

d. You must face out your opposition to the finish.(너는 상대를 결승까지 대결해야 한다.)

1.7. 사실은 추상적 개체이다. 그러나 구체적 개체로 개념화되어 주어는 이것을 직시한다.

(7) a. You have to face facts.(너는 사실을 직시해야 한다.)

b. He must face the possibility of defeat.(그는 패배의 가능성을 직시해야 한다.)

c. Let's face it; we're not going to win.(그것을 직시합시다; 우리는 이기지 못합니다.)

d. You have to face the fact that you've failed.(너는 네가 실패했다는 사실을 직시해야 한다.)

e. He has to face the awful truth that there's no cure for the disease.(그는 그 병에 대한 치료가 없다는 엄청난 진실을 직시해야 한다.)

f. Will you face the reality that we are not as rich as we used to be?(우리는 전과 같이 돈이 많지 않다는 사실을 직시할 수 있습니까?)

1.8. 위협, 두려움, 파멸 등도 구체적 개체로 개념화된다.

(8) a. He faced death with no fear.(그는 두려움 없이 죽음을 직면했다.)

b. He is facing danger.(그는 위험을 직면하고 있다.)

c. Manufacturing industry faces a grim future.(제조 산업은 힘든 미래를 직면한다.)

d. He faced financial ruin.(그는 재정 파산에 직면했다.)

e. The president faces difficult tasks.(대통령은 어려운 임무를 직면한다.)

1.9. 다음은 수동태 문장으로 주어는 어떤 일에 직면된다.

(9) a. He's faced with losing his home.(그는 집을 잃을 위험에 직면되고 있다.)

b. She's faced with a difficult decision.(그녀는 어려운 결정에 직면하고 있다.)

c. I am faced with the awful task of breaking the sad news to the girl.(나는 슬픈 소식을 그 소녀에게 알려야 하는 엄청난 일에 직면하고 있다.)

d. He's faced with some tough choices.(그는 힘든 선택에 직면해 있다.)

1.10. 다음 목적어는 동명사이다. 주어는 동명사가 가리키는 일을 직면한다.

(10) a. I can't face clearing out all the cupboard.(나는 찬장을 완전히 청소하는 일을 감당할 수 없다.)

b. He couldn't face driving all the way to Los

Angeles.(그는 로스 엔젤레스까지 죽 운전해야 하는 일을 감당할 수 없었다.)

c. I can't face climbing the stairs again.(나는 그 계단을 다시 오를 일을 감당할 수 없다.)

1.11. 다음에서는 개체가 사람을 직면한다.

(11) a. A difficult problem is facing us.(어려운 일이 우리를 직면하고 있다.)

b. Difficult problems faced us.(어려운 문제들이 우리를 직시했다.)

c. Several problems face the government.(여러가지의 문제가 그 정부를 직시한다.)

d. The company is facing heavy losses.(그 회사는 무거운 손실을 직면하고 있다.)

1.12. 다음 주어는 목적어의 면을 with의 목적어로 대거나 바른다.

(12) a. They faced the bathroom with tile.(그들은 욕실을 타일로 붙였다.)

b. He faced the walls with plaster.(그는 벽들을 석고로 붙였다.)

c. The tailor faced a uniform with a gold braid.(양복사는 제복을 금몰로 붙였다.)

1.13. 다음은 수동태 문장으로 주어는 다른 개체가 대어지거나 발라진다.

(13) a. The front of the brick house is faced with stone.(그 벽돌집의 전면은 돌로 붙여진다.)

b. The wall is faced with tiles.(그 벽은 타일로 붙여져 있다.)

2. 자동사 용법

2.1. 다음 주어의 앞면이 어떤 방향으로 향한다.

(14) Please face toward the camera.(카메라 쪽으로 보세요.)

2.2. 다음 주어는 건물의 일부이다. 주어의 앞면이 어떤 방향을 향한다.

(15) a. The terrace faces south.(테라스는 남쪽을 향한다.)

b. The bedroom windows face south.(침실 창문은 남쪽을 향한다.)

c. Which way does the house face?(어느 쪽으로 그 집은 향합니까?)

d. My house faces to the north.(내 집은 북쪽으로 향한다.)

e. The same side of the moon always faces toward the earth.(달의 같은 면은 언제나 지구를 향한다.)

2.3. 다음 주어는 바람을 맞으며 나아간다.

(16) I faced into the wind.(나는 바람을 맞고 나아갔다.)

2.4. 다음 주어는 어려운 문제에 감히 맞선다.

(17) a. We must face up to our responsibilities.(우리는 책임에 맞서야 한다.)

b. He tried to face up to his difficulties.(그는 어려움에 맞서려고 했다.)

2.5. 다음 주어는 얼굴을 맞대는 것을 시작으로 대결을 시작한다.

(18) a. The two candidates will face off in a televised debate.(후보자들은 텔레비전으로 방송되는 토론에서 대결할 것이다.)

b. The two teams are in position, ready to face off.(그 두 팀은 제 위치에서 대결할 준비가 되어 있다.)

c. The boxers faced off before the fight started.(권투 선수들은 그 싸움이 시작되기 전에 대결했다.)

factor

이 동사의 개념 바탕에는 factor의 명사 '인수', '요인'이 있다. 동사의 의미는 이 명사의 기능과 관계가 있다.

1. 타동사 용법

1.1. 다음 주어는 목적어를 인수분해 한다.

(1) a. If you factor 35, you get 7 and 5.(35를 인수분해 한다면, 7과 5를 인수로 갖는다.)

b. If you factor a prime number, you can only get that number and 1.(소인수를 인수분해하면, 그 숫자와 1을 갖는다.)

1.2. 다음 주어는 목적어를 고려해 넣는다.

(2) a. We have to factor in the effects of advertising.(우리는 광고의 효과를 고려해 넣어야만 한다.)

b. We factored in the possibility of getting stuck in the traffic.(우리는 교통 체증에 갇힐 그 가능성을 고려해 넣어야 한다.)

c. You must factor the insurance payments into the cost of maintaining a car.(우리는 차의 유지비에 보험금 지불을 고려해 넣어야 한다.)

fade

이 동사의 개념 바탕에는 약해지는 과정이 있다.

1. 자동사 용법

1.1. 다음 주어는 희미해진다.

(1) a. The light/the outline faded.(빛/윤곽은 희미해졌다.)

b. The mountains are fading in the evening light.(산들은 저녁 빛 속에 흐려지고 있다.)

c. The features of the landscape faded as night approached.(밤이 다가오면서 그 풍경의 특징들이 희미해졌다.)

1.2. 다음 주어는 희미해져서 사라진다.

(2) a. The last scene of the film faded out and the lights came on.(그 영화의 마지막 장면이 희미해지고 불들이 켜졌다.)

b. The scene faded out and the screen was blank for a moment.(그 장면은 희미해져서 사라졌고 그 화면은 잠시동안 비었다.)

c. The stars were fading out from the sky.(그 별들은 하늘에서 명멸하고 있었다.)

d. As the new image faded in, the old one faded out.(새 이미지가 또렷해지면서 이전의 이미지는 희미해져서 사라졌다.)

1.3. 다음 주어는 전치사 into의 목적어 속으로 사라진다.

(3) a. He sensed Peter fade back into the crowd.(그는

피터가 다시 군중 속으로 사라져 가는 것을 감지했다.)

b. The coastline faded into the morning mist.(해안선은 아침 안개 속으로 희미해져서 사라졌다.)

c. She had a way of fading into the background when things go rough.(그녀는 일이 어려워질 때 뒤로 빠지는 방법을 가지고 있었다.)

d. The horseman passed by me, and faded into the distance.(승마자는 내 옆을 지나쳐서 멀리 사라져 갔다.)

e. The colors faded into one another.(그 색깔들은 희미하게 서로 섞였다.)

1.4. 다음 주어는 점차로 희미해진다.

(4) a. Old soldiers never die; they just fade away.(노병은 죽지 않는다; 그들은 단지 사라져갈 뿐이다.)

b. After his girl friend left him, Tom faded from the picture/scene.(그의 여자 친구가 그를 떠난 후, 탐은 그 그림/장면에서 사라졌다.)

c. She will not fade away into quiet retirement.(그녀는 조용한 은퇴 속으로 사라져 가지 않을 것이다.)

d. The shapes faded away into the night.(형상들은 밤 속으로 사라져 갔다.)

e. Days slowly faded into night.(낮은 천천히 밤이 되었다.)

1.5. 다음은 [희망은 개체]은유가 적용된 표현이다. 주어는 희미하게 되어 사라진다.

(5) a. Hopes of finding the trapped miners are fading away fast.(그 갇힌 광부들을 찾으리라는 희망이 빠르게 사라지고 있다.)

b. Hopes of finding the child alive are fading away.(그 아이가 살아있는 상태로 찾는 희망이 사라지고 있다.)

c. Hopes of finding the climbers are fading.(그 등반자들을 찾는 희망이 희미해지고 있다.)

d. Our hope of winning the game faded when two of our players were injured.(우리 선수 둘이 다치자 경기를 이기려던 우리의 희망이 사라졌다.)

1.6. 다음 주어는 희미해진다. 색채도 진한 정도에서 점차로 희미해진다.

(6) a. All color faded from the sky.(모든 색이 하늘에서 흐려졌다.)

b. The color fades fast.(그 색은 빨리 희미해진다.)

1.7. 다음 주어는 환유적으로 쓰여서 색도를 가리킨다.

(7) a. The wallpaper has faded from red to pale pink.(벽지는 붉은 색에서 흐린 분홍색으로 바랬다.)

b. If you hang your clothes out in the bright sun, they will fade.(만약 당신이 옷을 밝은 태양에 노출시켜 널면, 탈색될 것이다.)

c. The dress faded when it was washed.(그 드레스는 세탁 시 탈색되었다.)

d. Over the years, the bright red carpet faded to pink.(여러 해가 흐르면서, 밝은 빨강의 양탄자는 분홍색으로 바랬다.)

e. The painting has faded with age.(그 그림은 시간이 지나면서 색이 바랬다.)

1.8. 다음 주어는 소리가 높은 정도에서 점차로 약해진다.

(8) a. The sound of the footsteps gradually faded away.(그 발자국 소리가 점차 사라져 갔다.)

b. The sound faded away little by little.(그 소리는 조금씩 사라져 갔다.)

c. Their voices faded away as they moved off.(그들의 목소리는 그들이 떠나가면서 희미해져 갔다.)

d. The music faded away.(그 음악은 희미해져 갔다.)

1.9. 다음 주어는 전치사 into의 목적어의 상태로 들어간다.

(9) a. The music gradually faded into the distance.(음악은 점차 멀리 사라져 갔다.)

b. The sound of the last bomber faded into the distance.(마지막 폭격기의 소리가 멀리 사라져갔다.)

c. The voice of the last cuckoo faded into a universal stillness.(마지막 뻐꾸기의 소리가 우주적 고요 속으로 사라져 갔다.)

1.10. 다음 주어는 사라진다.

(10) a. The sound of the chopper had faded out.(헬리콥터 소리는 사라졌다.)

b. The voice on the radio faded out.(그 라디오의 목소리가 사라졌다.)

c. His voice faded to a whisper.(그의 목소리가 속삭임으로 약해졌다.)

d. The applause gradually faded.(그 박수 소리가 점차 잦아들었다.)

1.11. 다음 주어는 환한 상태에서 점차로 어두워진다.

(11) a. The sunlight gradually faded.(그 태양 빛이 점차 희미해졌다.)

b. We reached the cottage as the light was fading.(빛이 사라져갈 때, 우리는 오두막에 도착했다.)

c. The light was beginning to fade.(그 빛이 사라지기 시작하고 있었다.)

d. The image of her face had faded from the memory.(그녀의 얼굴 이미지는 기억에서 사라졌다.)

1.12. 다음 주어는 감정이 강한 정도에서 점차로 약해질 수 있다.

(12) a. Love has faded from his heart.(사랑은 그의 마음에서 약해졌다.)

b. Your new-found enthusiasm for running will soon fade away.(당신이 달리기에 대해 새로 가지게 된 열정은 곧 사라질 것입니다.)

c. The joy has never faded.(기쁨은 결코 사라지지 않았다.)

d. Sympathy for the rebels is fading away.(반란군에 대한 동조는 사라져 가고 있다.)

1.13. 다음 주어는 환유적으로 쓰여서 건강을 가리킨다. 건강도 좋은 상태에서 점차로 나빠질 수 있다.

(13) a. Your son is fading fast.(당신의 아들은 빠르게 건강이 나빠지고 있습니다.)

b. What have you done to yourself? You're fading now.(당신은 그 동안 자신에게 무엇을 한 것입니까? 지금 건강이 나빠지고 있습니다.)

c. After a long illness, she faded away. (오랜 투병 끝에 그녀는 사그러 들었다.)

d. She became ill and slowly faded away. (그녀는 병들었고 천천히 건강이 나빠졌다.)

1.14. 다음 주어는 젊음, 아름다움, 용도 등이다. 주어는 시들어진다.

(14) a. Her youth soon faded when she became poor. (그녀의 젊음은 그녀가 가난하게 되었을 때 빠르게 퇴색하였다.)

b. Her looks had faded. (그녀의 외모가 시들었다.)

c. Over the years her beauty faded a little. (여러 해가 지나 그녀의 아름다움은 좀 퇴색했다.)

d. The president's popularity faded because of the proposed tax increase. (발의된 세금 인상 때문에 대통령의 인기는 사그러 들었다.)

1.15. 다음 주어는 생기가 있는 상태에서 시든 상태로 점차 변한다.

(15) a. The roses faded and their petals fell. (그 장미는 시들어서 꽃잎들이 떨어졌다.)

b. The flowers faded in the summer heat. (그 꽃들이 그 여름의 열기에 시들었다.)

c. All the other issues faded into insignificance. (다른 모든 쟁점은 무의미한 것으로 되었다.)

1.16. 다음 주어는 기억이나 생각이 생생한 상태에서 희미한 상태로 변한다.

(16) a. The idea has faded away from my memory. (그 생각은 나의 기억에서 희미해져 갔다.)

b. The incident had faded from her mind. (그 사고는 그녀의 마음에서 희미해졌다.)

c. All the memory of the past has faded. (과거에 대한 모든 기억이 희미해졌다.)

d. Memory fades with age. (기억은 나이를 먹으면 희미해진다.)

e. The children's memories of their father slowly faded away. (아이들의 아버지에 대한 기억들이 천천히 희미해졌다.)

1.17. 관습도 사라지는 것으로 개념화된다.

(17) These practices have faded out. (이런 관습은 사라져 버렸다.)

2. 타동사 용법

2.1. 다음 주어는 목적어의 색깔을 희미하게 만든다.

(18) a. The sun has faded (the color of) the curtain. (햇빛은 그 커튼(의 색)을 바랬다.)

b. The sun faded her green shirt. (햇빛은 그녀의 녹색 웃옷을 바랬다.)

c. The sun has faded the chairs near the windows. (햇빛이 그 창가에 있는 그 의자들을 바래게 했다.)

d. The sun faded the colors in the quilt. (햇빛이 덧이불의 색을 바랬다.)

e. The strong sunlight faded the new curtains. (강한 태양 광선은 새 커튼을 탈색시켰다.)

f. Constant washing had faded the fabric. (지속적인 세탁이 그 직물의 색을 바래게 했다.)

2.2. 다음 주어는 목적어의 색채를 희미하게 만든다.

(19) I faded the blue jeans with bleach. (나는 청바지의

물을 표백제로 뺐다.)

2.3. 다음 주어는 목적어를 점차로 들어오게(in) 하거나 나가게(out) 한다.

(20) a. We fade in the closing music as the hero rides off into the sunset. (우리는 그 주인공이 노을 속으로 말을 타고 달려갈 때 점차 높인다.)

b. Fade out the music at the end of the scene. (그 장면의 마지막에서 음악 소리를 점차 낮추어 사라지게 해라.)

c. The radio engineer faded out the sound too early. (라디오 엔지니어는 그 소리를 너무 빨리 낮추어 안 들리게 했다.)

d. The film maker faded out the last scene. (그 영화 제작자는 마지막 장면을 차차 어둡게 해서 안 보이게 했다.)

fag

이 동사의 개념 바탕에는 열심히 일을 해서 지치는 과정이 있다.

1. 타동사 용법

1.1. 다음 주어는 목적어를 지치게 한다.

(1) a. Hard training fagged me out. (힘든 훈련은 나를 지치게 했다.)

b. Three hours on the tennis court fagged us out. (정구장에서 세 시간은 우리를 완전히 지치게 했다.)

1.2. 다음은 수동태 문장으로 주어는 지친다.

(2) a. I was fagged out after cutting the grass. (나는 잔디를 깎고 난 다음에 녹초가 되었다.)

b. They were fagged out by a long march. (그들은 오랜 행군에 지쳤다.)

2. 자동사 용법

2.1. 다음 주어는 열심히 일을 한다.

(3) He is fagging away at his English grammar. (그는 영문법을 열심히 공부하고 있다.)

2.2. 다음 주어는 하급생이며 상급생을 위해서 심부름을 한다.

(4) Tom fagged for a senior. (톰은 상급생을 위해 심부름을 했다.)

fail

이 동사의 개념 바탕에는 예상과는 달리 목표에 이르지 못하고 중간에서 그치는 과정이 있다.

1. 자동사 용법

1.1. 다음 주어는 기계이고 이것이 움직이다 그친다.

(1) a. Suddenly the engine failed. (갑자기 엔진이 꺼졌다.)

b. The rocket's engine failed a few minuets after take-off. (그 로케트의 엔진은 이륙 후 몇 분 후에 고장났다.)

c. The brakes failed on the car when she tried to stop the car. (그녀가 차를 멈추려 할 때, 브레이

크는 고장났다.)

　　d. The experiment has failed.(그 실험은 실패했다.)

1.2. 다음의 주어는 공급, 사업, 계획, 활동 등이다. 이러한 것도 움직이는 것으로 개념화되어 그 흐름이 그칠 수 있다.

(2) a. Our water supply has failed many times.(우리의 물 공급이 여러 번 끊어졌다.)

　　b. The method of growing potatoes never failed.(그 감자를 기르는 방법은 절대 실패하지 않았다.)

　　c. The bank failed because of bad investments.(그 은행은 잘못된 투자로 파산하였다.)

　　d. A large number of small businesses failed during the recession.(많은 작은 회사들이 불경기 동안에 파산하였다.)

　　e. The military coup/the scheme failed.(군사 혁명은/계획은 실패하였다.)

　　f. The talks between the two groups failed.(두 그룹 사이의 회담들은 실패하였다.)

1.3. 농작물도 심어서 수확에 이르는 것이 자연적인 과정이다. 이것도 중간에서 그칠 수 있다.

(3)　The crops failed because of drought.(그 농작물이 가뭄 때문에 실패했다.)

1.4. 다음에서 주어는 자연 현상이다. 이러한 현상도 그 힘이 줄어들어서 그칠 수 있다.

(4) a. The wind failed.(바람은 약해졌다.)

　　b. The warm sun is failing.(그 따뜻한 햇빛이 약해지고 있다.)

　　c. Let us leave here before the light fails.(그 불빛이 약해지기 전에 여기를 떠납시다.)

　　d. The storm failed.(그 폭풍은 약해졌다.)

1.5. 다음 주어는 사람이다. 이것은 환유적으로 쓰이어서 사람의 힘이나 건강 상태를 나타낸다.

(5) a. The old man is failing rapidly, and may soon die.(노인은 갑자기 쇠약해져서 곧 죽을지도 모른다.)

　　b. He has been failing in health for the last two years.(그는 지난 2년 동안 건강이 나빠져오고 있다.)

1.6. 다음 주어는 사람의 힘이나 신체 부분의 기능을 나타낸다. 이들 힘이나 기능이 줄어들어서 제 기능을 못한다.

(6) a. The runner's strength failed.(그 주자의 힘이 약해졌다.)

　　b. His eyesight is failing.(그의 시력이 약해지고 있다.)

　　c. He was 80 years old, and his health was failing rapidly.(그는 80살이었고, 건강이 급속도로 나빠지고 있었다.)

　　d. Their courage failed, and they came back.(그들의 용기가 없어져서 돌아왔다.)

　　e. My memory is failing.(내 기억이 약해지고 있다.)

　　f. His heart was failing.(그의 심장이 약해지고 있었다.)

　　g. His voice suddenly failed.(그는 목소리가 갑자기 나오지 않았다.)

　　h. The old man's mind is failing.(그 노인의 정신이 약해지고 있다.)

　　I. At the last moment my nerve failed.(마지막 순간에 나는 용기가 나지 않았다.)

　　i. She was so frightened that her tongue failed.(그녀는 너무 놀라서 혀가 말을 듣지 않았다.)

1.7. 다음 주어는 어떤 목표 지점에 이르려고 한다. 그러나 목표에 이르지 못한다.

(7) a. If we do not report what has happened, we are failing in our duty.(만일 우리가 일어난 것을 보고하지 않으면, 우리는 의무에 실패하는 것이다.)

　　b. I persuaded him to come, but I failed.(나는 그를 오도록 설득시키려고 했으나, 그러지 못했다.)

　　c. I failed in persuading her.(나는 그녀를 설득시키는 데 실패했다.)

　　d. He failed miserably in his attempt to break the record.(그 기록을 깨려는 시도에서 그는 처참하게 실패했다.)

　　e. He failed in history.(그는 역사에서 낙제하였다.)

1.8. 다음 주어는 전치사 in이나 of의 목적어로 지시되는 영역에서 어떤 기준에 이르지 못한다.

(8) a. He is a clever man, but fails in perseverance.(그는 현명한 사람이지만 인내심이 모자란다.)

　　b. He fails in sincerity/courtesy/truthfulness.(그는 진지함/예의/진실성이 모자란다.)

　　c. This portrait fails in impressiveness.(이 초상화는 인상면에서 모자란다.)

1.9. 다음 주어는 전치사 of의 목적어가 모자란다.

(9) a. She/Her book never fails of being interesting.(그녀는/그녀의 책은 재미없던 적이 없다.)

　　b. Various measures were introduced, but failed of adoption.(다양한 대책들이 소개되었지만, 채택되지 못했다.)

2. 타동사 용법

2.1. 다음 주어는 목적어를 실망시킨다. 즉 주어가 목적어가 도움이 필요할 때 목적어에 가지 않거나 못 간다.

(10) a. She failed me when I most needed her help.(그녀는 내가 그녀의 도움을 가장 필요로 할 때 나를 저버렸다.)

　　b. She failed her parents by not going to the university.(그녀는 그 대학에 가지 않아서 부모를 실망시켰다.)

　　c. She failed me in my need.(그녀는 내가 필요로 할 때 나를 저버렸다.)

　　d. They did not fail him in their support.(그들은 후원에서 그를 저버리지 않았다.)

　　e. Have I ever failed you when you need my help?(내가 네가 도움이 필요할 때 너를 저버린 적이 있느냐?)

2.2. 다음 주어는 바람, 정치 체제, 시간 같은 것이다. 주어는 목적어를 실망시킨다.

(11) a. The wind failed us.(그 바람은 우리를 돕지 않았다.)

　　b. His heart failed him.(그의 심장이 그를 저버렸다.)

　　c. The political system failed the people.(그 정치 체제가 국민들을 실망시켰다.)

　　d. It is a dreadful thing for a poet when his imagination fails him.(상상력이 떨어진다는 것은 시

인에게는 끔찍한 일이다.)

e. The artist's imagination failed him.(그 예술가의 상 상력이 그를 돕지 못했다.)

f. Words failed me to describe the beautiful scene/to convey my feelings.(아름다운 광경을 묘사할/내 감 정을 전달할 말이 떠오르지 않았다.)

g. Time would fail me to tell of the accident.(그 사건 을 말할 시간이 내게 없을 것이다.)

h. Your courage/will fails you.(너의 용기/의지가 너를 실망시킨다.)

2.3. 다음 주어는 목적어를 어느 수준에 어느 수준에 이르지 못한 것으로 평가나 판단한다.

(12) a. The professor failed him in English.(그 교수는 그 를 영어에서 낙제시켰다.)

b. The teacher failed half the class.(그 선생님은 반 의 절반을 낙제시켰다.)

c. The examiner failed half the candidates.(그 시험 관은 후보자의 절반을 낙제시켰다.)

2.4. 다음 주어는 목적어를 수준에 이르지 못하는 것으 로 판단한다.

(13) a. He failed the test/history.(그는 그 시험/역사 과목 을 낙제했다.)

b. She failed the course/English.(그녀는 그 과목을/ 영어를 낙제했다.)

2.5. 다음 주어는 부정사가 가리키는 과정에 이르지 못 한다.

(14) a. He never fails to write to his son every week.(그 는 아들에게 매주 편지 쓰는 일을 빠뜨리지 않는다.)

b. He failed to pass the examination.(그는 그 시험에 합격하지 못했다.)

c. We failed to file tax returns for 1998.(우리는 1998년도 세금 신고를 제출하지 않았다.)

d. His parents failed to understand that there is a problem.(그의 부모는 문제가 있다는 것을 이해하 지 못했다.)

e. She failed to win the prize.(그녀는 그 상을 타지 못 했다.)

f. When they failed to return by sunset, the father sent out a search party.(그들이 해질 때까지 돌아 오지 못하자, 아버지는 수색대를 내보냈다.)

g. He failed to get the post he had sought.(그는 그가 찾던 자리를 찾지 못했다.)

h. Don't fail to let me know it.(나에게 알려주는 것을 잊지 말아라.)

faint

이 동사의 개념 바탕에는 기절하는 과정이 있다.

1. 자동사 용법

1.1. 주어는 기절하는 사람이다.

(1) a. The boy wobbled and fainted.(그 소년은 비틀거리 다가 기절했다.)

b. The summer sun was so strong that she fainted. (여름 햇빛은 너무 강해서 그녀는 기절시 켰다.)

c. Several fans fainted in the intense heat.(여러 팬들 이 그 강열한 더위에 기절했다.)

1.2. 다음에는 기절의 원인이 at으로 표현되어 있다.

(2) He used to faint at the sight of blood.(그는 피를 보 고 기절을 하곤 했다.)

1.3. 다음에서 기절의 간접적인 원인이 전치사 from으 로 표현되어 있다.

(3) a. She fainted from shock/hunger/lack of blood.(그녀 는 충격/기아/피 부족으로 기절했다.)

b. He fainted from the pain/the heat.(그는 고통/더위 에 기절했다.)

1.4. 다음에서 주어가 가지고 있는 기절의 원인이 전치 사 with로 표현되어 있다.

(4) a. He fainted with hunger.(그는 배고픔으로 기절했 다.)

b. She fainted with fatigue.(그녀는 피로로 기절했다.)

1.5. 다음 주어는 기절한다. 기절의 원인은 when으로 표현되어 있다.

(5) a. I almost fainted when they told me the price.(나 는 그들이 값을 말했을 때 거의 기절을 했다.)

b. He fainted when he heard the sad new.(그는 슬픈 소식을 들었을 때 기절했다.)

fake

이 동사의 개념 바탕에는 가짜를 만드는 과정이 있 다.

1. 타동사 용법

1.1. 다음 주어는 가짜로 목적어를 만든다.

(1) a. He faked a pass and then handed the ball off to Pike.(그는 패스를 하는 것처럼 하다가 공을 파이크 에게 건냈다.)

b. Mark faked a $50 bill with a high-quality color photo-copier.(마크는 50불 자리 지폐를 고성능 칼 라 복사기로 위조했다.)

c. He faked his father's signature on the check.(그 는 아버지의 사인을 수표에 위조했다.)

1.2. 다음은 수동태 문장으로 주어는 위조된다.

(2) The results of these experiments were faked.(이들 실험들의 결과들은 위조되었다.)

1.3. 다음에서 주어는 목적어를 꾸며낸다. 즉 사실이 아니다.

(3) a. She's not really sick: she's only faking it.(그녀는 실제 아프지 않다: 그녀는 체하고 있을 뿐이다.)

b. She faked a fainting attack.(그녀는 공격을 하는 척 을 했다.)

c. She faked illness so that she did not have to go to school.(그녀는 아픈 척하여 학교에 가지 않아도 되 었다.)

d. He faked blindness/ a nervous disorder.(그는 장 님인 척 했다/신경병인 척 했다.)

e. He faked a cold and stayed home.(그는 감기가 든 척하고 집에 있었다.)

1.4. 다음은 수동태 문장으로 주어는 위조된다.

(4) A lot of modern furniture is faked to look old.(많은

현대 가구는 오래 된 것처럼 보이기 위해서 위장된
다.

1.5. 다음 주어는 목적어를 꾸며서 만든다.
(5) a. They **faked** up the news.(그들은 그 소식을 꾸며내
었다.)
b. The embezzler **faked** the report.(사기꾼은 그 보
고서를 꾸몄다.)
c. He **faked** an alibi.(그는 그 알리바이를 꾸며 내었
다.)
d. They **faked** the picture by pasting two pictures
together.(그들은 두 사진을 함께 붙여서 사진을 위
조했다.)

fall

이 동사의 개념 바탕에는 떨어지는 과정이 있다.

1. 자동사 용법

1.1. 다음 주어는 떨어진다.
(1) a. The clock **fell** off the wall.(그 시계가 벽에서 떨어
졌다.)
b. The book **fell** from the table on the floor.(그 책이
식탁에서 마루로 떨어졌다.)
c. The rain was **falling** steadily.(그 비가 끊임없이 내
리고 있다.)
d. The leaves **fall** in autumn.(그 잎들은 가을에 떨어
진다.)
e. He slipped and **fell** 10 feet.(그는 미끄러져서 10피
트 떨어졌다.)

1.2. 다음 주어는 서 있던 상태에서 앉거나 눕는다.
(2) a. He **fell** on his knees and begged for mercy.(그는
무릎을 꿇고 앉아서 자비를 빌었다.)
b. Babies often **fall** when they are learning to walk.
(아기들은 걸음걸이를 배울 때 가끔 넘어진다.)
c. They **fell** in battles.(그들은 전투에서 쓰러졌다/죽
었다.)
d. The buildings **fell** during the earthquake.(건물들은
그 지진이 일어나는 동안 무너졌다.)

1.3. 다음 주어는 시각에 관련된 그림자, 불빛, 시선, 어
둠 등이다.이들도 아래로 떨어지는 것으로 개념화
된다.
(3) a. A shadow **fell** on the wall.(하나의 그림자가 벽에
떨어졌다.)
b. The lamplight **fell** on her face. (램프 불빛은 그녀
의 얼굴에 떨어졌다.)
c. His eyes **fell** on a curious object.(그의 시선은 이
상한 물체에 떨어졌다.)
d. Darkness **fell** upon the scene.(어둠이 그 배경 위
에 덮였다.)

1.4. 다음 주어는 청각과 관련된 개체이다.이들도 구체
적인 개체로 개념화된다.주어는 전치사 on의 목적
어에 떨어진다.
(4) a. A great stillness had **fallen upon** everything.(큰
정적이 만물에 엄습하였다.)
b. A strange sound **fell** on our ears.(이상한 소리가
우리 귀에 닿았다.)

c. Fear **fell upon** them.(두려움이 그들에게 떨어졌
다.)

1.5. 다음은 [적음은 아래]은유가 적용된 표현이다. 주
어는 양, 또는 정도가 적어진다.
(5) a. The barometer is **falling**.(기압은 떨어지고 있다.)
b. The temperature **fell** sharply.(기온은 급격히 떨어
졌다.)
c. His spirit **fell** at the bad news.(그 나쁜 소식을 듣
고, 그의 기가 떨어졌다.)
d. The wind **fell** during the night.(바람은 밤 사이 꺾
였다.)

1.6. 다음은 [나쁨은 아래]은유가 적용된 표현이다.
(6) a. He **fell** into a bad habit/disgrace/poverty.(그는 나
쁜 습관/불명예/가난 속에 떨어졌다.)
b. He **fell** in love with an actress.(그는 여배우와 사랑
에 빠졌다.)

1.7. 다음 주어는 형용사가 가리키는 상태에 들어간다.
다음은 [상태 변화는 장소 이동] 은유가 적용된
표현이다.
(7) a. His horse **fell** lame.(말은 절룩거리게 되었다.)
b. He **fell** silent.(그는 말이 없게 되었다.)
c. The old man **fell** asleep.(그 노인은 잠에 곯아 떨어
졌다.)
d. He has **fallen** ill.(그는 병이 났다.)

1.8. 유산은 위에서 아래로 떨어지는 것으로 개념화된
다.
(8) a. The property **fell** to his daughter.(그 재산은 딸에
게 갔다.)
b. The estate **falls** to the eldest son.(그 토지는 장남
에게 간다.)

1.9. 계획이나 예상이 되지 않은 일은 떨어지는 것으로
개념화된다.
(9) a. It **fell** to my lot **to** open the discussion.(그 토의를
여는 것이 나의 책임이 되었다.)
b. It **fell** to him **to** tell the bad news to his friend.(그
나쁜 소식을 그의 친구에게 말하는 일은 그에게 떨
어졌다.)
c. All expenses **fell** on me.(모든 경비가 내게 떨어졌
다.)
d. Most of the fighting **fell** on the second regiment.
(그 전투의 대부분은 제 2연대에 떨어졌다.)

1.10. 다음은 [시간은 움직이는 개체] 은유가 적용된
표현이다.
(10) a. X-mas **falls** on Monday this year.(X-마스는 금년
에는 월요일이다.)
b. Benjamin Franklin's birthday **falls** in that week.
(벤자민 프랭클린의 생일이 그 주에 있다.)

1.11. 다음 주어는 움직이는 않는다. 그러나 전체 형상
을 눈으로 따라가면 떨어지거나 내려간다.
(11) a. His hair **fell** over his shoulders.(그의 머리는 어깨
너머까지 내려갔다.)
b. The hill gently **falls** to the bank of the river.(그 산
은 강둑 쪽으로 완만히 낮아진다.)
c. His beard **fell** to his chest.(그는 수염이 가슴까지
내려갔다.)
d. The ground **fell towards** the river.(그 땅은 강쪽으

로 낮아졌다.)

2. 타동사 용법
2.1. 다음 주어는 목적어가 된다.
(12) He fell an easy prey/victim/sacrifice to them.(그는 그들에게 쉬운 먹이/희생물/제물이 되었다.)

falsify

이 동사의 개념 바탕에는 거짓으로 만드는 과정이 있다.

1. 타동사 용법
1.1. 다음 주어는 목적어를 위조한다.
(1) a. He falsified the birth date on his driver's license.(그는 운전 면허증에 생일을 위조했다.)
　　b. He falsified the data/accounts.(그는 그 자료/계산서를 위조했다.)
　　c. He falsified the bank balance.(그는 은행 잔고를 위조했다.)
　　d. The command falsified the report to trick the enemy.(그 지휘관은 그 보고서를 적을 속이기 위해서 위조했다.)
　　e. The teacher falsified the student's records.(그 교사는 그 학생의 성적을 위조했다.)

falter

이 동사의 개념 바탕에는 비틀거리거나 더듬거리는 과정이 있다.

1. 자동사 용법
1.1. 다음 주어는 비틀거린다.
(1) a. The man started to falter as he climbed the steps.(그 남자는 계단을 오를 때 비틀거리기 시작했다.)
　　b. He faltered as he stumbled out the door.(그는 문을 곤드러지면서 나올 때 비틀거렸다.)
1.2. 다음 주어는 말을 더듬는다.
(2) a. The boy faltered when the police demanded to know his name.(그 소년은 경찰이 이름을 요구했을 때 말을 더듬었다.)
　　b. During his speech, he got nervous and began to falter.(그가 연설하는 동안, 그는 긴장해서 말을 더듬었다.)
1.3. 다음 주어는 추상적 개체이지만, 의인화되어 있다.
(3) a. Her courage never falters.(그녀의 용기는 결코 비틀거리지 않는다.)
　　b. My determination faltered as the work became more difficult.(나의 결심은 그 일이 점점 더 어려워졌을 때 비틀거렸다.)
　　c. Mom's iron grip on the household never faltered.(어머니의 가정에 대한 강력한 지배력은 결코 꺾이지 않았다.)
1.4. 다음 주어는 환유적으로 쓰여서 결심이나 용기를 가리킨다.

(4) a. He never faltered in his committment to the party.(그는 결코 그 당에 대한 충성을 흔들리지 않았다.)
　　b. We must not falter in our resolve.(우리는 결심에 비틀거리지 말아야 한다.)
　　c. The enemy faltered under the heavy fire.(그 적은 심한 포화에 주춤거렸다.)
1.5. 다음 주어는 추상적이지만 구체적인 개체로 개념화되어 있다.
(5) a. The economy faltered last year but has now started to improve.(경제는 작년에는 주춤거렸지만, 지금은 호전되기 시작하였다.)
　　b. The engine faltered and died.(엔진은 주춤거리다 멈췄다.)
1.6. 다음 주어는 비틀거리면서 움직인다.
(6) a. He faltered along the slippery road.(그는 미끄러운 길을 비틀거리며 걸어갔다.)
　　b. The old car faltered down the road.(그 낡은 차는 길을 따라 비틀거리며 갔다.)
　　c. She faltered toward the door in the dark.(그녀는 문 쪽으로 그 어두움 속에서 비틀거리며 걸어갔다.)

2. 타동사 용법
2.1. 다음 주어는 더듬거리면서 목적어를 말한다.
(7) He faltered out his thanks.(그는 그에 대한 감사를 더듬거리며 말했다.)

fan

이 동사의 개념 바탕에는 fan의 명사 '부채'가 있다. 동사의 뜻은 이 명사의 용도나 모양과 관련된다.

1. 타동사 용법
1.1. 다음 주어는 목적어에 부채질을 한다.
(1) a. He fanned himself with a newspaper.(그는 자신을 신문지로 부채질을 했다.)
　　b. He fanned his face with a notebook.(그는 얼굴을 공책으로 부채질을 했다.)
　　c. When she fainted we fanned her face.(그녀가 기절을 했을 때, 우리는 그녀의 얼굴을 부채질을 했다.)
1.2. 다음 주어는 목적어를 부채질한다.
(2) A cold breeze fanned her face.(시원한 바람이 그녀의 얼굴을 부채질했다.)
1.3. 다음 주어는 부채질을 하여 목적어를 쫓는다.
(3) a. She fanned away a mosquito from the sleeping child.(그녀는 모기 한 마리를 그 자는 아이로부터 부채로 쫓았다.)
　　b. He fanned away the chaff.(그는 겨를 부채로 날렸다.)
1.4. 다음 주어는 부채를 펴듯 목적어를 편다.
(4) a. The bird fanned its tail.(그 새는 꼬리를 폈다.)
　　b. He fanned out the cards on the table.(그는 카드들을 그 탁자 위에 펼쳤다.)
1.5. 다음 주어는 목적어를 일으킨다.
(5) a. The wind fanned the flames./the blaze.(그 바람이 불꽃을 일게 했다.)

b. The fire was dying so I **fanned** it.(불이 죽어가고 있어서 나는 부채질을 했다.)

1.6. 감정은 불길로 개념화되어 부추겨지는 것으로 표현된다.

(6) a. The story **fanned** the emotions of the voters.(그 이야기는 유권자들의 감정을 부채질했다.)

b. Bad treatment **fanned** their dislike into hate.(그 나쁜 대우가 그들의 싫음을 부채질해서 미움으로 바꾸었다.)

c. His speech **fanned** the workers' anger.(그의 연설이 인부들의 분노를 부채질했다.)

d. The death of the child **fanned** public fury.(그 아이의 죽음은 대중의 분노를 부채질했다.)

2. 자동사 용법
2.1. 다음 주어는 부채 모양같이 펼친다.

(7) a. The soldiers **fanned** out around the enemy.(군인들은 적 주위로 부채 모양으로 펼쳐졌다.)

b. The villagers **fanned** out across the countryside in search of the lost child.(마을 사람들은 길을 잃은 아이를 찾기위해 그 시골을 가로질러 부채 모양으로 펼쳤다.)

c. The hunters **fanned** out through the woods to surround the deer.(사냥꾼들은 그 사슴을 포위하기 위해서 숲 속을 부채 모양으로 펼쳐졌다.)

d. The search party **fanned** out in different directions.(수색대는 다른 방향으로 펼쳤다.)

2.2. 다음 주어는 움직이지 않는다. 그러나 형상을 눈으로 따라가면 부채같이 펼쳐진다.

(8) a. The river **fanned** out over the valley when the dam broke.(강은 그 댐이 무너지자 계곡 전체 위에 펼쳐졌다.)

b. Five main roads **fan** out from the village.(다섯 개의 큰 길이 그 마을에서 펼쳐진다.)

fancy
이 동사의 개념 바탕에는 상상하는 과정이 있다.

1. 타동사 용법
1.1. 주어는 목적어를 좋아한다.

(1) a. After work, I **fancy** a nice hot bath.(일이 끝난 뒤, 나는 뜨거운 목욕을 좋아한다.)

b. He **fancies** big flashy cars.(그는 매우 빠른 차를 좋아한다.)

c. She **fancies** chocolate.(그녀는 초콜릿을 좋아한다.)

d. Would you **fancy** a movie tonight?(오늘 밤 영화 보러 가는 것 어때?)

e. She did not **fancy** the idea of going home in the dark.(그녀는 어두울 때 집에 가는 생각을 좋아하지 않았다.)

f. I **fancy** the idea of having a picnic.(나는 야유회를 갖는 생각을 좋아한다.)

g. **Fancy** a drink?(한 잔 마시겠어요?)

h. I **fancy** eating out tonight.(나는 오늘 밤 외식하는

것을 좋아한다.)

1.2. 다음 목적어는 재귀대명사이다. 주어는 자신이 as의 목적어로 자부한다.

(2) a. She **fancies** herself as a serious actor.(그녀는 자신을 진지한 연기자라고 자부한다.)

b. He **fancies** himself a great story teller.(그는 스스로를 위대한 이야기꾼이라 자부한다.)

c. He **fancies** himself attractive.(그는 자신이 매력적이라고 자부한다.)

1.3. 다음 주어는 목적어가 as의 목적어로 상상한다.

(3) a. I can't **fancy** you as a ballet dancer.(나는 당신을 발레 무용가라고 상상할 수 없다.)

b. Can you **fancy** him as an actor?(당신은 그를 배우라고 상상할 수 있습니까?)

1.4. 다음 목적어는 재귀대명사이다. 주어는 자신이 어느 곳에 있는 것을 상상한다.

(4) a. Can you **fancy** yourself on the moon?(당신은 당신이 달에 있다고 상상할 수 있습니까?)

b. Can you **fancy** yourself in a fairy land?(당신은 당신이 요정의 나라에 있다고 상상할 수 있습니까?)

1.5. 화자는 청자에게 동명사가 가리키는 일을 한다고 상상해 보라 한다.

(5) a. **Fancy** her living with him.(그녀를 그와 함께 살고 있다고 상상해 보라.)

b. **Fancy** spending a day in Seoul.(서울에서 하루를 보내고 있다고 상상해 보라.)

c. **Fancy** meeting you here.(당신이 이곳에서 만남을 가지고 있다고 상상해 보라.)

1.6. 다음 that-절은 주어가 생각하는 내용이다.

(6) a. I **fancy** my new neighbor is wealthy.(나는 내 이웃이 부자라고 생각한다.)

b. I **fancy** the movie will end soon.(나는 그 영화가 곧 끝날 것이라고 생각한다.)

fare
이 동사의 개념 바탕에는 '가다'의 과정이 있다. 이 동사는 인생이나 과정을 나타내는 은유 표현에 쓰인다.

1. 자동사 용법
1.1. 다음은 [삶은 장소 이동] 은유가 적용된 예이다.

(1) a. You may go farther and **fare** worse.(너는 너무 지나쳐 낭패 볼 것이다.)

b. How did you **fare** in your exams?(시험은 어떻게 되었느냐?)

c. He **fares** well in his new position.(그는 새 자리에서 잘 해나가고 있다.)

d. He didn't **fare** too well on his own.(그는 자력으로 여의치 않았다.)

e. The party **fared** very badly in the last election.(정당은 마지막 투표에서 일이 매우 잘못되어 갔다.)

f. Although Chicago **fared** better than some cities, unemployment poses a problem.(비록 시카고가 다른 도시보다 잘 해나가고 있지만, 실업률은 여전히

문제이다.)

1.2. 다음은 [과정이나 상황은 장소] 은유가 적용된 예이다.

(2) a. It will fare hard with you if you ignore the parking ticket.(만약 네가 주차표를 무시한다면 너에게 일이 잘못되어 갈 것이다.)

b. How did it fare with her?(그녀는 별고 없었습니까?)

c. How fares it with you?(별고 없으십니까?)

farm

이 동사의 개념 바탕에는 farm의 명사 '농장'이 있다. 동사의 의미는 이 명사의 의미와 관계가 있다.

1. 타동사 용법

1.1. 다음 주어는 목적어를 경작한다.

(1) a. My grandfather farmed 80 acres of land.(나의 조부는 80 에이커의 땅을 경작했다.)

b. Our food comes from thousands of Americans who farm the land.(우리의 양식은 땅을 경작하는 수 많은 미국인으로부터 나온다.)

1.2. 다음 주어는 목적어를 사육한다.

(2) a. They farm dairy cattle.(그들은 젖소를 사육한다.)

b. He farmed a baby.(그는 아기를 키웠다.)

1.3. 다음 주어는 목적어를 하청한다.

(3) a. The director farmed out the assignments to the committee members.(감독관은 그 과제를 그 위원 구성원에게 맡겼다.)

b. Magazines often farm out articles to freelance journalists.(잡지들은 종종 기사를 자유 기고인들에게 맡긴다.)

c. He farmed his children to his relatives.(그는 아이들을 친척들에게 위탁했다.)

d. The company farms out a lot of work to freelancers.(그 회사는 많은 작업을 자유 계약자들에게 하청한다.)

1.4. 다음은 수동태 문장으로 주어는 맡겨진다.

(4) a. While I was on vacation, my work was farmed out.(내가 휴가 기간에 있는 동안, 내 일은 맡겨졌다.)

b. When he was little, he was farmed out to family friends.(그가 어렸을 때, 그는 가족의 친구들에게 위탁되었다.)

2. 자동사 용법

2.1. 다음 주어는 농사를 짓는다.

(5) a. My family farms during the summer.(나의 가족은 여름 동안 농사 짓는다.)

b. The family farmed there for generations.(그 가족은 대대로 그곳에서 농사 지었다.)

c. The peasants have been farming on this land.(그 소작농들은 이 토지에서 농사를 지어 왔다.)

fascinate

이 동사의 개념 바탕에는 마력으로 사로잡아 움직이지 못하는 과정이 있다.

1. 타동사 용법

1.1. 다음 주어는 마력으로 사로잡는다.

(1) a. The snake fascinated its victim.(뱀은 희생물을 노려보아 움직이지 못하게 했다.)

1.2. 다음 목적어는 환유적으로 쓰여서 마음을 가리킨다. 주어는 목적어를 마력으로 사로잡는다.

(2) a. The idea of travelling through time fascinates me.(시간을 통해 여행하는 생각은 나를 사로잡는다.)

b. The puppet show fascinated the children.(그 꼭두각시 극은 어린이들을 사로잡았다.)

c. Ancient Egypt has always fascinated me.(고대 이집트는 항상 나를 사로잡았다.)

d. Her beauty fascinated everyone.(그녀의 미는 모든 사람들을 사로잡았다.)

1.3. 다음은 수동태 문장으로 주어는 마력으로 사로잡힌다.

(3) a. I was fascinated by the sight.(나는 그 경치에 사로잡혔다.)

b. I was fascinated with/by her stories.(나는 그녀의 이야기에 사로잡혔다.)

2. 자동사 용법

2.1. 다음 주어는 마력으로 사로잡는다.

(4) The private lives of movie stars never fail to fascinate.(영화배우의 사생활은 결코 관심을 사로잡기에 실패하지 않는다.)

fashion

이 동사의 개념 바탕에는 fashion의 명사 '양식' '형'이 있다. 동사의 의미는 형을 만드는 과정과 관계가 있다.

1. 타동사 용법

1.1. 다음 주어는 목적어를 만든다.

(1) a. He fashioned a box from a few old pieces of wood.(그는 상자 하나를 몇 개의 오래된 나무 조각으로 만들었다.)

b. He fashioned a necklace from paper clips.(그는 목걸이를 종이 클립으로 만들었다.)

c. He fashions a vase from clay.(그는 꽃병을 진흙으로 만들었다.)

d. I can fashion a swan by folding paper in certain ways.(나는 백조 한 마리를 특정 방법으로 종이를 접어서 만들 수 있다.)

1.2. 다음 주어는 목적어를 out of의 목적어를 재료로 만든다.

(2) a. He fashioned a whistle out of a piece of wood.(그는 피리를 나무 조각으로 만들었다.)

b. We fashioned cups out of clay.(우리는 컵들을 진흙으로 만들었다.)

1.3. 다음 주어는 목적어를 into의 목적어로 만든다. 목적어는 재료이다.

(3) a. He fashions clay into a vase.(그는 진흙을 꽃병으

로 만든다.)

b. He fashioned the cloth into various shapes.(그는 옷감을 다양한 모양을 만들었다.)

1.4. 다음 목적어는 추상적인 개체나 구체적인 것으로 개념화되어 있다. 주어는 목적어를 to의 목적어에 맞게 만든다.

(4) a. They are trying to fashion a new approach to teaching English.(그들은 새 접근법을 영어 교수법에 맞게 만들고자 한다.)

b. He fashioned the theory to general understanding.(그는 그 이론을 일반의 이해에 맞게 만들었다.)

1.5. 다음은 수동태 문장으로 주어는 만들어진다.

(5) Our attitudes to politics are fashioned by the media.(정치에 대한 우리의 태도는 매체에 의해 만들어진다.)

---

fasten

이 동사의 개념 바탕에는 움직이지 못하게 고정시키는 과정이 있다.

1. 타동사 용법

1.1. 다음의 주어는 목적어를 고정한다.

(1) a. He fastened his shoelaces.(그는 자신의 신발끈을 조였다.)

b. Fasten the doors before you go to bed.(잠자리에 들기 전에 문들을 잠그십시오.)

c. He fastened the gates securely so that they do not blow open.(그는 대문을 바람에 문이 열리지 않도록 단단히 잠구었다.)

d. He fastened a badge with a pin.(그는 견장을 핀으로 고정시켰다.)

e. He fastened the loose edge with some glue.(그는 느슨한 가장자리를 풀로 고정시켰다.)

f. He fastened the door with a bolt.(그는 문을 나사못으로 고정했다.)

1.2. 다음의 목적어는 여러 개의 개체이다. 주어는 여러 개의 개체를 묶어서 고정시킨다.

(2) a. We use pins to fasten things together.(우리는 물건들을 묶어서 고정시키기 위해 핀을 사용한다.)

b. Fasten all the pages together with a pin.(그 모든 쪽들을 핀 하나로 고정시키시오.)

c. He fastened the papers/the sticks together.(그는 종이/막대기를 모아서 고정시켰다.)

1.3. 다음 주어는 목적어를 고정시킨다. 목적어는 잠그는 도구이다.

(3) a. Fasten your seat belt when you drive.(운전할 때에는 안전띠를 매십시오.)

b. She could not fasten the zip of her dress.(그녀는 자신의 드레스의 지퍼를 올릴 수가 없었다.)

c. Can you fasten up my buttons at the back?(등 쪽에 있는 내 단추들을 좀 채워주실 수 있어요?)

1.4. 다음 주어는 목적어를 물어서 고정시킨다.

(4) a. She felt the dog fasten its teeth around her ankle.(그녀는 그 개가 이빨을 자신의 발목 주위에

단단히 무는 것을 느꼈다.)

b. He fastened his hands around the neck of the dog.(그는 손으로 그 개의 목 둘레에 단단히 조였다.)

c. The snake fastened its jaws onto his leg.(뱀은 턱을 그의 다리에 조였다.)

1.5. 다음 목적어는 전체가 부분을 나타내는 환유적 표현이다. 목적어가 실제 가리키는 것은 전체에 딸린 단추, 빗장 등이다.

(5) a. He fastened his gloves.(그는 장갑을 여몄다.)

b. Fasten your coat up.(코트를 여미세요.)

c. He fastened down the boat on deck.(그는 보트를 갑판 위에 고정시켰다.)

1.6. 다음은 수동태 문장으로 주어는 고정된다.

(6) a. Chains were fastened around his ankles.(쇠사슬이 그의 발목에 매어져 있었다.)

b. Our gate is fastened with a strong lock.(우리의 문은 튼튼한 자물쇠로 잠겨 있다.)

c. The chest was fastened up.(궤짝은 완전히 고정되었다.)

1.7. 다음 주어는 목적어를 전치사 to의 목적어에 고정시킨다.

(7) a. He fastened a rope to a post.(그는 밧줄을 기둥에 매었다.)

b. Someone fastened a notice to my door.(누군가 경고문을 내 문에 붙였다.)

c. He fastened the carrying strap to the box.(그는 손잡이 끈을 상자에 달았다.)

d. The fisherman fastened his boat to a tree by a rope.(낚시꾼은 배를 나무에 밧줄로 고정시켰다.)

e. She fastened a flower to her dress.(그녀는 꽃 한 송이를 자기 드레스에 달았다.)

f. I fastened a new handle to the oven door.(나는 새 손잡이를 오븐 문에 달았다.)

g. She fastened the button to a shirt.(그녀는 단추를 셔츠에 달았다.)

1.8 다음은 수동태 문장으로 주어는 to의 목적어에 고정된다.

(8) a. My bicycle was fastened to the railings with a chain.(내 자전거는 울타리에 사슬로 묶어졌다.)

b. He had an electrode fastened to the wrist.(그는 전극을 손목에 달게 했다.)

c. The collar is fastened to the shirt.(그 깃은 웃옷에 달렸다.)

1.9. 다음 주어는 목적어를 전치사 on의 목적어에 부착시킨다.

(9) a. She fastened the buttons on her blouse.(그녀는 단추들을 블라우스에 달았다.)

b. He fastened pictures on the wall with hooks.(그는 그림들을 벽에 고리를 써서 달았다.)

c. He fastened a light switch securely on the wall.(그는 전등 스위치를 벽에 안전하게 달았다.)

d. I fastened the sticker on the windscreen.(나는 그 스티커를 자동차 앞 유리에 붙였다.)

e. We are supposed to fasten tassels on our graduation caps.(우리는 장식술을 졸업 사각모에

달기로 되어 있다.)

  f. Who will go and **fasten** the bell **on** the cat?(누가 방울을 그 고양이 목에 달지?)

1.10. 다음 목적어는 습관, 주의, 시선 등으로 구체적 개체로 개념화된다. 주어는 목적어를 전치사 **on** 의 목적어에 고정시킨다.

(10) a. We **fasten** our habits **upon** ourselves while we are young.(우리는 어린 시절에 습관들을 몸에 붙인다.)

  b. The students **fastened** their attention **on** the new teacher/the game.(학생들은 주의를 새 선생님/그 놀이에 집중했다.)

  c. The discovery has **fastened** public attention **on** the possibilities of DNA analysis for resolving mysteries.(그 발견은 의혹을 풀 수 있을 DNA 분석의 가능성에 세간의 주목을 집중시켰다.)

  d. The child **fastened** his eyes **on** the stranger.(아이는 시선을 그 낯선 이에게 고정시켰다.)

  e. He **fastened** his gaze **on** her face.(그는 시선을 그녀의 얼굴에 집중했다.)

  f. He **fastened** a funny nickname **on** her.(그는 재미있는 별명을 그녀에게 붙였다.)

  g. He **fastened** the responsibilities/the blame **on** his friend.(그는 그 책임/탓을 친구에게 돌렸다.)

  h. He **fastened** himself **on** the girl.(그는 그 소녀에게 열중했다.)

1.11. 다음 주어는 목적어를 전치사 **in**의 목적어에 고정시킨다.

(11) a. He **fastened** the idea **in** his mind.(그는 그 생각을 마음 속에 고정시켰다.)

  b. He **fastened** his dog **in** a cage.(그는 개를 우리 안에 넣어 꼼짝 못하게 했다.)

2. 자동사 용법

2.1. 다음 주어는 전치사 **on**의 목적어에 고정된다.

(12) a. His gaze **fastened on** the jewels.(그의 시선이 보석들에 고정되었다.)

  b. His hand **fastened on** her arm.(그의 손은 그녀의 팔을 단단히 잡았다.)

  c. He's **fastening on** the girl like a leech.(그는 거머리처럼 그 소녀에게 달라붙고 있다.)

2.2. 다음 주어는 자신을 전치사 **on**의 목적어에 고정시킨다.

(13) a. The man **fastened on** the suggestion.(그 남자는 그 제안에 집착했다.)

  b. He **fastened on** her last remark.(그는 그녀의 마지막 말에 집착했다.)

  c. He **fastened on** my idea.(그는 나의 생각을 마음에 담았다.)

  d. The International Press **fastened on** the starvation in Ethiopia.(국제신문은 에티오피아에서의 기아에 초점을 두었다.)

  e. The newspaper began to **fasten on** popular psychology.(신문은 대중 심리에 집중하기 시작했다.)

  f. My eyes **fastened on** the approaching plane.(나의

시선은 접근 중인 비행기 한 대에 집중되었다.)

2.3. 다음 주어는 **onto**의 목적어에 고정된다.

(14) a. Once he had **fastened on** to a plan, he wouldn't let it go.(일단 그가 어떤 계획에 몰두하면, 그는 그것을 놓치지 않았을 것이다.)

  b. The doctor **fastened on** to the popular singer.(사는 그 대중가수에게 집착했다.)

2.4 다음 주어는 고정된다.

(15) a. The helmet **fastens** under the chin.(그 헬멧은 턱밑에 고정된다.)

  b. Her skirt **fastens** along one side.(그녀의 치마는 한쪽에 잠긴다.)

  c. The skirt **fastens** on the side.(그 치마는 옆에 잠긴다.)

  d. The window **fastened** with a clasp.(그 창문은 고리로 고정됐다.)

  e. The bag won't **fasten** properly.(그 가방은 잘 안닫힌다.)

  f. I was so fat that my pants won't **fasten**.(내가 너무 뚱뚱해서 바지가 잠기지 않았다.)

  g. The clasp won't **fasten**.(그 조임쇠가 잠기지 않는다.)

fatigue

이 동사의 개념 바탕에는 지치게 하는 과정이 있다.

1. 타동사 용법

1.1. 다음 주어는 목적어를 지치게 한다.

(1) a. Climbing the mountain **fatigued** the whole group.(산을 오르는 것은 그 전체 집단을 지치게 했다.)

  b. The long drive **fatigued** me.(장거리 운전은 나를 피곤하게 했다.)

  c. Playing baseball **fatigued** all the kids.(야구는 그 아이들을 모두 지치게 했다.)

  d. The child has so much energy that he **fatigues** his mother.(그 아이는 에너지가 많아서 엄마를 지치게 한다.)

fault

이 동사의 개념 바탕에는 fault의 명사 '과실', '허물'이 있다. 동사의 의미는 이 명사와 관련된다.

1. 타동사 용법

1.1. 다음 주어는 목적어를 잘못한 것으로 생각하여 비난한다.

(1) a. He has always been polite, you can't **fault** him on that.(그는 항상 예절바르게 행동하였기 때문에, 너는 그를 그러한 이유로 비난할 수 없다.)

  b. The boss can't **fault** you on inaccuracy.(사장은 너의 부정확함 때문에 비난할 수 없다.)

1.2. 다음 주어는 목적어를 전치사 **for**의 목적어 때문에 비난한다.

(2) a. Anne **faulted** Bob for crashing the car into the tree.(앤은 차를 그 나무에 박은 것 때문에 밥을 나

무랐다.)

b. Dave **faulted** Susan for leaving the cap off the toothpaste.(데이브는 치약 뚜껑을 닫지 않은 것에 대해 수잔을 나무랐다.)

c. I **fault** him for not delivering the products on time.(나는 제품들을 제시간에 배달하지 않은 것 때문에 그를 나무랐다.)

1.3. 다음 목적어는 사람이 아니라 개체이다.

(3) a. His cooking is superb; it's hard to **fault**.(그의 요리는 훌륭하기 때문에 흠을 잡기가 어렵다.)

b. Her colleagues could not **fault** her education to the job.(그녀의 동료는 일에 대한 그녀의 교육을 흠잡을 수 없다.)

c. His performance could not be **faulted**.(그의 행동은 비난받을 수 없었다.)

favor

이 동사의 개념 바탕에는 선호하는 과정이 있다.

1. 타동사 용법

1.1. 다음 주어는 목적어를 선호 선상에서 다른 개체보다 우위에 놓는다.

(1) a. The men seem to **favor** the green beret **over** the flat cap.(그 남자들은 녹색 베레모를 납작한 모자보다 좋아하는것 같다.)

b. The princess **favored** the good shepherd **over** the rich prince.(공주는 선량한 목동을 부유한 왕자보다 좋아한다.)

c. Parents should not **favor** one child of their children **more than** the others.(부모님은 한 아이를 다른 아이들보다 특별히 좋아해서는 안 된다.)

d. Which color do you **favor**?(무슨 색깔을 좋아하는가?)

e. Which side do you **favor**?(어느 편을 좋아해?)

f. The system tends to **favor** those who have studied English.(그 회사는 영어를 공부한 사람을 선호하는 경향이 있다.)

g. My mother tends to **favor** me, as the baby of the family.(엄마는 나를 가족의 아기로서 좋아하는 경향이 있다.)

h. A teacher should not **favor** any of her pupils.(선생님은 학생들 가운데 어느 한 아이를 특별히 좋아해서는 안 된다.)

i. The umpire seems to **favor** the other team.(그 심판은 다른 한 팀에 더 우호적이다.)

1.2. 다음의 목적어는 추상적 개체이다. 추상적 개체도 구체적 개체나 마찬가지로 선호의 대상이 될 수 있다. 주어는 목적어를 선호한다.

(2) a. How many **favor** your proposal?(얼마나 많은 사람들이 너의 제안에 호응하니?)

b. They **favored** their party's cause.(그들은 그 정당의 이념을 호응한다.)

c. I **favor** chocolate flavor, but I will eat any flavor happily(나는 초콜릿 맛을 좋아한다. 그러나 나는 어떤 맛도 먹겠다.)

d. The president is believed to **favor** further tax cuts.(대통령은 더 많은 세금 감면을 선호하는 것으로 생각된다.)

e. I **favor** a state income tax instead of raising the sales tax.(나는 판매세를 올리는 것보다 수입세의 인상을 선호한다.)

f. I **favor** equal opportunities for everyone.(나는 모든 사람들에게 동등한 기회를 선호한다.)

g. Most observers **favored** the second view.(대부분의 관찰자들은 두 번째 견해를 좋아했다.)

h. We **favor** any plan for lower taxes.(우리는 낮은 세금제를 어떤 계획보다도 더 선호한다.)

i. I **favor** longer vacation.(나는 더 긴 방학을 선호한다.)

1.3. 다음의 목적어는 동명사로 표현되어 있다. 주어는 동명사로 표현된 과정을 암시된 다른 과정보다 선호한다.

(3) a. Bob **favored** going home early.(밥은 일찍 집에 가는 것을 선호했다.)

b. I **favor** leaving today instead of tomorrow.(나는 내일 말고 오늘 떠나기를 좋아한다.)

c. I **favor** travelling by night when the road is quiet.(나는 길이 조용한 밤에 여행하기를 좋아한다.)

d. The weather **favored** attacking the army.(그 날씨는 군대를 공격을 하는데 도왔다.)

1.4. 다음의 주어는 목적어를 선호한다. 그런데 주어는 이러한 선택을 자의적으로 할 수가 없다. 주어는 목적어를 닮는다.

(4) a. The baby **favors** her father.(아기는 아빠를 더 닮았다.)

b. He tends to **favor** his mother's family.(그는 외가를 더 닮는 경향이 있다.)

1.5. 다음 주어는 목적어에 도움이나 혜택을 준다.

(5) a. The climate there **favors** fruit farming.(그곳 기후는 과일 농사를 돕는다.)

b. The good weather **favored** the harvesting of their crops.(좋은 날씨는 그들의 곡식 수확을 도왔다.)

c. The weather **favored** our voyage.(날씨는 우리의 항해를 도왔다.)

d. Darkness **favored** his escape.(어둠은 그의 탈출을 도왔다.)

e. The wind **favored** their journey.(바람은 그들의 여행을 도왔다.)

f. The state of economy does not **favor** the development of small business.(경제의 상태는 작은 사업을 돕지 않는다.)

g. A stronger wind will **favor** the bigger boats.(강한 바람은 더 큰 배를 도울 것이다.)

h. Fortune **favors** the brave.(행운은 용기있는 자를 돕는다.)

i. The tax cut **favors** the rich people.(세금 감면은 부자들을 돕는다.)

j. The situations **favored** our plan.(그 상황은 우리의 계획을 도왔다.)

k. War always **favors** the rise of prices.(전쟁은 항상

물가 상승을 돕는다.)

1.6. 다음 주어는 목적어를 호의를 보이듯 보살핀다.

(6) The boy walked as if **favoring** his sore foot.(그 소년은 마치 아픈 발을 돌보는 것처럼 걸었다.)

1.7. 다음은 수동태 문장으로 주어는 선호된다.

(7) The incumbent senator is **favored** to win the election.(그 현직 의원은 그 선거에 당선이 유력시된다.)

1.8. 다음 주어는 목적어를 전치사 with의 목적어로 호의를 배푼다.

(8) a. Kindly **favor** us **with** a reply.(친절하게 우리들에게 답변으로 호의를 베풀어 주세요.)

b. He **favored** them **with** a short visit.(그는 그들을 짧은 방문으로 호의를 베풀었다.)

c. The minister **favored** us **with** an interview.(그 장관은 우리에게 인터뷰로 호의를 베풀었다.)

d. The singer **favored** us **with** two more songs.(그 가수는 우리에게 두 개의 노래로 호의를 베풀었다.)

e. Alfred has not **favored** me **with** any explanation.(알프레드는 나를 어떤 설명으로 호의를 베풀지 않았다.)

f. Will you **favor** us **with** your company?(당신은 우리를 당신의 동반으로 호의를 베풀어주시겠습니까?)

g. The captain **favored** us **with** a salute.(선장은 우리를 거수 경례로 답했다.)

h. He **favored** us **with** his view.(그는 우리를 자신의 관점으로 호의를 베풀었다.)

fear

이 동사의 개념 바탕에는 위험, 고통 등이 예상되어 두려워하는 과정이 있다.

1. 타동사 용법

1.1. 다음 주어는 목적어를 두려워한다.

(1) a. I want to ask for a raise, but I **fear** my manager's temper.(나는 임금 인상을 요청하기를 원하지만, 내 지배인의 화가 두렵다.)

b. We **fear** death/persecution/the unknown.(우리는 죽음/학대/무지를 두려워한다.)

c. When Bill heard about the accident, he **feared** the worst.(빌이 그 사고에 대해 들었을 때, 그는 최악을 두려워했다.)

d. What do you **fear** most?(당신은 무엇이 가장 두렵습니까?)

e. She **fears** no one and nothing.(그녀는 누구도, 어떤 것도 두려워하지 않는다.)

1.2. 다음은 수동태 문장으로 주어는 두려움을 받는다.

(2) The general manager is greatly **feared** by all the employees.(총 지배인은 모든 종업에 의해 가장 두려움을 받는다.)

1.3. 다음 목적어는 동명사이다. 주어는 목적어를 두려워한다.

(3) a. Man **fears** dying.(인간은 죽는 것을 두려워한다.)

b. I **fear** walking the city at night.(나는 밤에 도시를 걷는 것을 두려워한다.)

c. He **fears** flying.(그는 비행을 두려워한다.)

1.4. 다음 that-절은 주어가 걱정하는 내용이다.

(4) a. Einstein **feared that** other German scientists might build a nuclear bomb first.(아인슈타인은 다른 독일 과학자들이 핵폭탄을 먼저 만들지도 모른다는 것을 두려워했다.)

b. I **fear that** he will not come.(나는 그가 오지 못할까 두렵다.)

c. I **fear that** you are mistaken.(나는 네가 실수할까 두렵다.)

d. I **fear** (that) your train has already left.(나는 너의 기차가 이미 떠난 것이 두렵다.)

1.5. 다음 주어는 목적어를 to이하의 내용으로 두려워한다.

(5) a. They **fear** some women **to** be among the victims.(그들은 몇몇 여성들이 그 희생자들 가운데 있을까 두렵게 생각한다.)

b. Women and children are **feared to** be among the victims.(여자들과 아이들이 희생자들 가운데 있는가 두렵게 생각된다.)

2. 자동사 용법

2.1. 다음 주어는 for의 목적어 때문에 걱정한다.

(6) a. He **feared for** his children.(그는 아이들이 걱정되었다.)

b. He **feared for** her safety.(그는 그녀의 안전이 걱정되었다.)

2.2. 다음 주어는 to 부정사가 가리키는 일을 하기를 두려워한다.

(7) a. Women **fear to** go out at night.(여성들은 밤에 나가는 것을 두려워한다.)

b. She **feared to** go by herself.(그녀는 혼자 나가는 것을 두려워했다.)

c. Man **fears to** die.(인간은 죽는 것을 두려워한다.)

feast

이 동사의 개념 바탕에는 feast의 명사 '축연', '진수성찬'이 있다. 동사의 의미는 이 명사의 성질과 관계가 있다.

1. 자동사 용법

1.1. 다음 주어는 축연에 참가한다.

(1) a. On Easter, we **feast** at our grandmother's house.(부활절에 우리는 할머니 댁의 잔치에 참가한다.)

b. They **feasted** for days when the war was over.(그들은 전쟁이 끝났을 때, 몇 일 동안 축연을 즐겼다.)

1.2. 다음 주어는 on의 목적어와 관련하여 마음껏 먹는다.

(2) a. We **feasted on** the turkey for many days.(우리는 칠면조 고기를 여러 날 동안 마음껏 먹었다.)

b. On my birthday I **feasted on** pizza.(내 생일에 나는 피자를 마음껏 먹었다.)

c. Flies are **feasting on** rotten fish.(파리들은 썩은 생선을 먹고 있다.)

1.3. 다음 주어는 on의 목적어를 마음이나 눈으로 즐 긴다.
(3) a. He is **feasting** on a novel.(그는 소설을 즐기고 있 다.)
　　b. The tourists **feasted** on the beautiful scene.(그 관 광객들은 아름다운 풍경을 감상했다.)

1.4. 다음 주어는 목적어를 마음껏 먹는다.
(4) We **feasted** off smoked salmon and champagne. (우 리는 훈제 연어와 샴페인을 마음껏 먹어치웠다.)

2. 타동사 용법

2.1. 다음 주어는 목적어로 하여금 on의 목적어를 마 음껏 즐기게 한다.
(5) a. Travellers come to **feast** their eyes on the natural beauty of the region.(여행자들은 눈을 그 지역의 자연미를 마음껏 즐기게 하기 위해 온 다.)
　　b. We **feasted** our eyes on the Van Goghs.(우리는 눈을 반 고흐의 작품에 즐기게 했다.)

feature

이 동사의 개념 바탕에는 명사 feature '특징' 이 깔려 있다.

1. 타동사 용법

1.1. 다음 주어는 목적어의 특징을 이룬다.
(1) a. Industrial expansion **featured** that period.(산업 팽 창이 그 시대를 특징지었다.)
　　b. Political radicalism **featured** the period.(정치적 급 진주의가 그 시대를 특징지었다.)

1.2. 다음은 수동태 문장으로 주어는 특징이 지어진다.
(2) a. Our era is **featured** by great technological progress.(우리 시대는 엄청난 기술 진보로 특징지 어진다.)
　　b. It was a festival **featured** by a big parade.(그것은 대규모의 퍼레이드로 특징이 지어진 축제였다.)

1.3. 다음 주어는 목적어를 영화 속에 가장 중요한 배 우로 등장시킨다.
(3) a. The film **features** Marlon Brando as the God father.(그 영화는 마론 브란도를 대부 역으로 주연 시켰다.)
　　b. The film **features** Sue as the head of the department.(그 영화는 수를 그 부서의 부장으로 출 연시킨다.)
　　c. The film **features** two of my favorite actors.(그 영 화는 내가 제일 좋아하는 두 배우를 주인공으로 등 장시킨다.)
　　d. The film **features** a new Korean actor.(그 영화는 한국 신인 배우를 등장시킨다.)
　　e. This movie version of Hamlet **features** Sir Lawrence Olivier.(햄릿의 영화는 로렌스 올리비에 경을 주연시킨다.)
　　f. The movie will **feature** a rock star.(그 영화는 록 스타를 주연으로 등장시킬 것이다.)

1.4. 다음 주어는 목적어를 신문에 가장 크게 눈에 뜨
이게 한다.
(4) a. The front page of the newspaper **featured** an air disaster.(그 신문의 첫 면은 항공 사고 소식을 크게 보도했다.)
　　b. The newspaper **featured** the accident.(신문은 그 사고를 대서특필했다.)
　　c. The newspapers **featured** the story of the earthquake.(신문은 그 지진 소식을 크게 보도했 다.)
　　d. The magazine **featured** a story about the hurricane.(그 잡지는 그 태풍에 관한 기사를 특필 했다.)
　　e. The magazine **features** sports.(그 잡지는 스포츠 소식을 크게 다룬다.)
　　f. This week's broadcast **features** a report on victims of domestic violence.(이번 주의 방송은 가 정 폭력의 희생자들을 특종으로 다룬다.)

1.5. 다음의 주어는 상품, 전시, 프로그램 등이고, 목적 어를 특징으로 갖는다.
(5) a. The car **features** an anti-lock system.(그 차는 잠 김 방지 시스템을 특징으로 갖는다.)
　　b. The car **features** air conditioning and air bags.(그 차는 에어컨과 에어백을 특징으로 갖는다.)
　　c. The latest model **features** alloy wheels and an electronic alarm.(가장 최근의 모델은 합금 바퀴와 전자 경보 장치를 특징으로 갖는다.)
　　d. The current exhibition **features** the work of several young artists.(현 전시회는 몇몇 젊은 예술 가의 작품을 특징으로 갖는다.)
　　e. The exhibition **featured** paintings by contemporary artists.(그 전시회는 당대 예술가들의 회화 작품을 특징으로 내세웠다.)
　　f. X-mas programs often **features** great opera stars.(크리스마스 프로그램들은 종종 대단한 오페 라 가수들을 내세운다.)

1.6. 다음 주어는 목적어를 크게 돋보이게 다룬다.
(6) a. The department **featured** lamps and rugs in its annual sale.(그 백화점은 연례 세일에서 램프와 바 닥 깔개를 중점적으로 다루었다.)
　　b. We're **featuring** bedroom furniture this week.(우 리는 이번 주에 침실 가구를 주 상품으로 다룬다.)
　　c. This week we're **featuring** a brand new range of frozen food.(이번 주에 우리는 아주 새로운 종류의 냉동 식품을 크게 다루고 있습니다.)
　　d. The theater **featured** a porno movie called "slaves of love." (그 극장은 "사랑의 노예"라는 제목 의 포르노 영화를 상영한다.)
　　e. The publisher **featured** the new software.(그 출판 사는 새로운 소프트웨어를 크게 선전했다.)

1.7. 다음 주어는 목적어의 특징을 갖는다.
(7) The baby **features** its mother.(그 아기는 엄마를 닮 았다.)

1.8. 다음의 feature는 '상상하다'의 뜻으로 쓰였다.
(8) I can't **feature** her doing that.(나는 그녀가 그런 일 을 했으리라고는 상상할 수가 없다.)

2. 자동사 용법

2.1. 다음 주어는 토의, 글, 사건에서 눈에 뜨이게 크게 부각된다.

(9) a. You feature in our discussion, but I can't remember what we said about you.(당신은 우리의 토론에서 크게 부각되었습니다만, 우리가 당신에 대해 무엇을 말했는지 나는 기억이 나지 않습니다.)

b. Who featured most at the meeting?(누가 그 모임에서 가장 부각되었습니까?)

c. Someone I know featured in an article in the Korea Times.(내가 아는 누군가가 Korea Times에 기고한 글을 통해 주목받았다.)

d. John featured in one of the shows's most thrilling episodes.(존은 그 쇼 중 가장 흥미로운 에피소드의 주인공이었다.)

e. The minister featured among the politicians who attended the meeting.(그 장관은 모임에 참석한 정치인들 가운데 단연 돋보였다.)

f. She featured in many of Agatha Christies' books, but certainly not all of the.(그녀는 많은 아가사 크리스티 작품에서 나오지만, 모든 작품에 나오지는 않는다.)

2.2. 다음 주어는 전치사 in이 가리키는 영역에서 가장 크게 부각된다.

(10) a. A really good salary features highest/lowest on her list of what she wants from a job.(그녀가 직업을 통해 얻고자 하는 것 중에서 높은 임금은 가장 중요한/가장 사소한 부분이다.)

b. Violence seems to feature in all of his books.(폭력은 그의 모든 책 중에서 가장 중요한 특징처럼 보인다.)

c. Fish features largely in our daily food.(생선은 우리가 매일 먹는 음식 중에서 큰 비중을 차지한다.)

d. Fish features very largely in the diet of the islanders.(생선은 섬사람들의 식단에서 매우 큰 비중을 차지한다.)

2.3. 다음 주어는 in이 가리키는 것의 특징을 그린다.

(11) Can you feature in a large lobster shell?(너는 어떤 큰 바닷가재의 껍질의 특징을 그릴 수 있니?)

feed

이 동사의 개념 바탕에는 먹이를 주는 과정이 있다.

1. 타동사 용법

1.1. 다음 주어는 목적어를 전치사 to의 목적어에 먹인다.

(1) a. She feeds corn to the cows.(그녀는 옥수수를 소들에게 먹인다.)

b. You'd better feed this old bread to the hens.(이 오래된 빵을 닭에게 주는 게 낫겠다.)

c. I couldn't feed that stinking meat to my dog.(나는 냄새 나는 고기를 나의 개에게 먹일 수 없었다.)

d. He feeds crusts of bread to chicks.(그는 빵 껍질을 병아리에게 먹인다.)

1.2. 다음 주어는 목적어를 with의 목적어로 먹인다.

(2) a. She fed him with tranquilizers.(그녀는 그에게 진정제를 먹였다.)

b. My uncle feeds plants with chemical fertilizers.(나의 아저씨는 식물을 화학 비료로 키운다.)

c. This moving belt feeds the machine with raw material.(이 이동 벨트는 그 기계에 정제되지 않은 원료를 공급한다.)

d. She feeds the lamp with oil.(그녀는 램프를 기름으로 채운다.)

1.3. 다음 주어는 목적어에 음식이나 먹이를 준다.

(3) a. I have fed the chickens.(나는 닭들에게 모이를 주었다.)

b. We have to feed 20 guests after the wedding.(우리는 결혼식 후에 20명의 손님을 대접해야 한다.)

c. She feeds the baby.(그녀는 아기에게 젖을 먹인다.)

d. The baby cannot feed itself yet.(그 아기는 아직은 스스로 먹을 수 없다.)

e. He feeds his family on 400 dollars a week.(그는 자신의 가족을 400달러의 주급으로 부양한다.)

1.4. 다음 주어는 목적어를 전치사 into의 목적어에 넣는다.

(4) a. They fed the wire into the hole.(그들은 전선을 그 구멍에 넣었다.)

b. They are feeding paper into the printing press.(그들은 종이를 인쇄 기계에 넣고 있다.)

c. We fed the lines to the actor.(우리는 그 대사를 배우에게 주었다.)

1.5. 다음 주어는 목적어를 with의 목적어로 넣는다.

(5) a. He feeds the printing press with paper.(그는 그 인쇄기에 종이를 넣는다.)

b. He feeds the furnace with coal.(그는 그 난로에 석탄을 넣는다.)

c. She is feeding the computer with data.(그녀는 컴퓨터에 자료를 입력하고 있다.)

1.6. 다음 주어는 그 자체가 목적어에 먹이가 된다.

(6) a. Two rivers feed the lake.(두 강이 그 호수에 물을 공급한다.)

b. These little streams feed the lake.(이 작은 시내들이 그 호수에 물을 공급한다.)

c. This medicine will feed the roots of your hair.(이 약이 당신의 모근에 영양을 줄 것입니다.)

d. The pasture fed a thousand head of cattle.(그 초원은 천 마리 소들을 먹였다.)

e. Plants feed many creatures.(식물은 많은 생물들을 먹인다.)

2. 자동사 용법

2.1. 다음 주어는 먹이를 먹는다.

(7) a. The baby feeds only once a night.(그 아기는 하루 밤에 한 번 젖을 먹는다.)

b. The cows were feeding in the meadows.(암소들은 그 목장에서 풀을 뜯고 있었다.)

2.2. 다음 주어는 전치사 on의 목적어를 먹는다.

(8) a. Cattle feed chiefly on grass.(소들은 주로 풀을 먹는다.)

b. The horses are **feeding on** the clover.(말들은 클로버를 먹고 있다.)

feel

이 동사의 개념 바탕에는 느끼는 과정이 있다.

1. 타동사 용법

1.1. 다음 주어는 손으로 만져서 목적어를 느낀다.

(1) a. The doctor **felt** my pulse.(의사는 나의 맥박을 짚었다.)

b. He **felt** the edge of the knife.(그는 칼의 날을 만져 보았다.)

c. He **felt** the weight of the box.(그는 그 상자의 무게를 손으로 느껴 보았다.)

d. He **felt** her forehead to see if he has a fever.(그는 열이 있는지 보기 위해서 그녀의 이마를 만져 보았다.)

e. Just **feel** the quality of this cloth.(이 천의 질을 단지 손으로 만져 보아라.)

1.2. 다음 주어는 목적어를 피부나 몸 전체로 느낀다.

(2) a. I **felt** a rain on my cheeks.(나는 뺨에서 빗방울을 느꼈다.)

b. I **felt** the wind on my face.(나는 바람을 내 얼굴에서 느꼈다.)

c. He **felt** the cool breeze.(그는 시원한 미풍을 느꼈다.)

d. He doesn't **feel** the heat.(그는 열을 느끼지 못한다.)

e. He **feels** the cold in winter.(그는 겨울에 추위를 느낀다.)

f. I can **feel** a nail in my shoes.(나는 신에 못을 느낄 수 있다.)

g. Did you **feel** the earthquake?(당신은 지진을 느꼈습니까?)

1.3. 다음 주어는 목적어를 마음 속에 느낀다.

(3) a. He **felt** the truth of her words.(그는 그녀 말의 진실을 느꼈다.)

b. I **felt** the insult.(나는 모욕을 느꼈다.)

c. He **felt** the force of his argument.(그는 논쟁의 힘을 느꼈다.)

d. Don't you **feel** the beauty of this landscape?(당신은 이 배경의 아름다움을 느끼지 않습니까?)

e. I **feel** deeply the truth of what was said.(나는 말해진 것의 진실을 깊이 느낀다.)

1.4. 다음 주어는 목적어를 느낀다.

(4) a. I **felt** anger/joy/pity/pain.(나는 노여움/즐거움/동정/고통을 느꼈다.)

b. I **felt** sorrow/fear.(나는 슬픔/두려움을 느꼈다.)

1.5. 다음 주어는 that-절의 내용을 느낀다.

(5) a. She **feels that** you should go.(그녀는 네가 가야 한다고 느낀다.)

b. She **felt that** he no longer loved her.(그녀는 그가 더 이상 그녀를 사랑하지 않는다고 느꼈다.)

c. He **felt that** the plan was unwise.(그는 그 계획이 좋지 않았다고 느꼈다.)

d. I **feel that** he will come.(나는 그가 올 것이라고 느낀다.)

e. I **feel that** you are right.(나는 네가 옳다고 느낀다.)

1.6. 다음 주어는 목적어를 to be의 주어로 느낀다.

(6) a. She **felt** herself **to be** unloved.(그녀는 자신이 사랑을 받지 못한다고 느꼈다.)

b. I **felt** the plan **to be** unwise.(나는 그 계획이 현명하지 않다고 느꼈다.)

1.7. 다음 주어는 더듬어서 길을 찾아간다.

(7) a. I **felt** my way to the door.(나는 더듬어서 문으로 갔다.)

b. They were **feeling** their way towards an agreement.(그들은 일치점으로 조금씩 더듬어 나아가고 있다.)

1.8. 다음 주어는 목적어가 어떤 과정 속에 있는 것을 느낀다.

(8) a. I **felt** something crawling up my arm.(나는 무엇이 팔 위로 기어오는 것을 느꼈다.)

b. I **felt** my heart beating.(나는 심장이 뛰는 것을 느꼈다.)

c. I **felt** something touching my foot.(나는 무엇이 발을 건드리는 것을 느꼈다.)

1.9. 다음 주어는 목적어가 어떤 과정을 거친 것을 느낀다.

(9) a. I **felt** the house shake.(나는 집이 흔들리는 것을 느꼈다.)

b. He **felt** the bee sting him.(그는 그 벌이 자신을 쏘는 것을 느꼈다.)

2. 자동사 용법

2.1. 다음 주어는 손으로 더듬어서 전치사 for의 목적어를 찾는다.

(10) a. I **felt** for a coin in my pocket.(나는 동전을 호주머니 속에서 찾기 위해 더듬었다.)

b. I **felt** along the wall for the door.(나는 그 벽을 따라 문을 찾아 더듬어 갔다.)

c. He was **feeling** in the darkness for the switch.(그는 어둠 속에서 스위치를 찾아 더듬고 있었다.)

2.2. 다음 주어는 느낌을 준다.

(11) a. The air **feels** cold.(공기는 차게 느껴진다.)

b. Your feet **feel** cold.(네 발은 차게 느껴진다.)

c. The new suit doesn't **feel** right.(그 새 옷은 제대로 안된 것 같다.)

d. The paper **feels** rough.(종이는 거칠게 느껴진다.)

e. My dress **feels** wet.(내 옷은 축축하게 느껴진다.)

2.3. 다음 주어는 느낀다.

(12) a. Stone does not **feel**.(돌은 느끼지 않는다.)

b. I **feel** with the poor people.(나는 가난한 자와 공감한다.)

2.4. 주어는 어떤 상태를 느낀다.

(13) a. I **felt** dizzy/ill/strong and well/strange/doubtful.(나는 현기증/병/건강함/이상함/의심을 느꼈다.)

b. **Feel** free to call on us any time.(언제든지 마음놓고 우리를 방문하세요.)

c. Don't **feel** bound to come.(꼭 와야 한다고 느끼지 마세요.)

d. He **felt** at home/at ease.(그는 편안하게 느꼈다.)

fence

이 동사의 개념 바탕에는 fence의 명사 '울타리'가 깔려 있다. 이 낱말의 동사의 뜻은 울타리의 기능과 밀접한 관계가 있다.

1. 타동사 용법

1.1. 다음 주어는 목적어에 울타리를 친다.
(1) a. He fenced the place.(그는 그 장소를 울타리로 쳤다.)
    b. He fenced his house from the north wind.(그는 집을 북풍으로부터 울타리를 쳤다.)
    c. He fenced the field with a row of trees.(그는 밭을 한 줄의 나무로 울타리를 쳤다.)

1.2. 다음은 수동태 문장으로 주어는 울타리가 쳐진다.
(2) a. The dogs are safely fenced and can't escape.(개들은 안전하게 울타리 안에 가둬져서 도망칠 수 없다.)
    b. The garden is fenced with stones.(그 정원은 돌로 담이 쳐져 있다.)
    c. His land is fenced with barbed wire.(그의 땅은 철조망으로 둘러싸여 있다.)

1.3. 다음 주어는 목적어를 울타리로 싼다.
(3) a. We fenced in the garden to keep the dog out.(우리는 그 개가 못 들어오도록 정원을 울타리로 둘러쌌다.)
    b. I fenced in the backyard to stop the rabbits escaping.(나는 토끼들이 달아나지 못하도록 뒷뜰을 울타리로 쌌다.)
    c. She fenced in the field to keep a horse there.(그녀는 그 곳에 말을 키우기 위해 그 들판을 울타리로 둘러쌌다.)
    d. The mountains fenced in the valley.(그 산들은 골짜기를 에워싸고 있었다.)

1.4. 다음 주어는 목적어를 울타리 안에 가둔다.
(4) a. He fenced the sheep in.(그는 양들을 울타리 안에 가두었다.)
    b. He fenced in the dog for the night.(그는 개를 그 날 밤 울타리 안에 두었다.)

1.5. 다음은 수동태 문장으로 주어는 둘러싸인다.
(5) a. The plot is fenced in/round.(그 땅은 울타리에 둘러싸여 있다.)
    b. I don't like to be fenced in.(나는 갇혀서 사는 것이 싫다.)

1.6. 다음에서 주어는 사람인 목적어를 울타리 속에 가두듯 한다.
(6) a. My boss fences me in so much that I couldn't do my job.(그 사장은 나를 너무 몰아쳐서 나는 일을 할 수가 없었다.)
    b. I feel a little fenced in because my boss won't let me apply for promotion.(사장은 내가 승진 신청하는 것을 허용하려고 하지 않아서 나는 좀 갑갑하다.)
    c. She felt fenced in by domestic routine.(그녀는 가사에 얽매여 있다고 느꼈다.)
    d. Mothers with children often feel fenced in at home.(아이 엄마들은 가끔 집에 갇혀 있다는 느낌

을 받는다.)

1.7. 다음 주어는 울타리를 쳐서 목적어를 따로 떨어지거나 분리되게 한다.
(7) a. The farmer fenced off his garden from the children.(그 농부는 정원을 그 아이들로부터 울타리로 분리했다.)
    b. We fenced off the lake in case the children should fall in.(우리는 아이들이 혹시라도 물에 빠질까 몰라서 그 호수를 울타리로 분리했다.)
    c. He fenced off a corner of the garden.(그는 정원의 한 모퉁이를 울타리로 갈랐다.)
    d. They fenced off part of the park as a children's play area.(그들은 아이들의 놀이터로 그 공원의 일부를 울타리로 분리했다.)
    e. We have to fence off the field if we want to prevent the cows from wandering in.(소가 들어오는 것을 막으려면 우리는 그 들판을 울타리로 갈라야 한다.)

1.8. 다음은 수동태 문장으로 주어가 분리되는 개체이다.
(8) a. The land is fenced off/in.(그 땅은 울타리가 쳐져서 분리되어 있다/그 안에 들어 있다.)
    b. The hill has been fenced off to stop animals grazing on it.(그 산은 동물들이 풀을 뜯어먹는 것을 막기 위해 울타리로 분리되어 있다.)
    c. The rest of the forest has been fenced off from the public.(그 삼림의 나머지는 울타리를 쳐서 일반인들의 출입을 금지하고 있다.)

1.9. 다음 주어는 목적어에 울타리를 친다.
(9) a. He fenced his fields around.(그는 밭들을 그 주위에 울타리 쳤다.)
    b. The tree was fenced round with wire.(그 나무는 주위에 철조망이 둘러져 있었다.)
    c. The building is fenced about with pine trees.(그 건물은 주위에 소나무로 둘러싸여 있다.)
    d. Stonehenge is fenced around to prevent damage by tourists.(거석주군은 관광객들에 의한 피해를 막기 위해 주위에 울타리가 쳐져 있다.)
    e. The garden was fenced up.(그 정원은 온통 울타리가 쳐져 있었다.)

1.10. 다음의 주어는 목적어를 불법적으로 판다.
(10) a. He fenced artwork before he was arrested.(그는 체포되기 전에 예술 작품을 매매했다.)
    b. The thieves weren't able to fence stolen jewels.(그 도둑들은 훔친 보석을 팔 수가 없었다.)
    c. She fenced the diamond in another town.(그녀는 그 다이아몬드를 다른 마을에서 팔았다.)

2. 자동사 용법

2.1. 다음에 쓰인 fence는 '검도를 하다'의 뜻이다.
(11) a. The two swordsmen were fencing.(그 두 검객은 펜싱을 하고 있었다.)
    b. Both actors fenced with skill.(두 배우는 칼싸움을 능숙하게 했다.)
    c. He likes to fence for exercise.(그는 운동으로 펜싱하는 것을 좋아한다.)

2.2. 다음의 주어는 펜싱을 하듯이 질문을 피하거나 받아넘긴다.

(12) a. She fenced with the question.(그녀는 그 질문을 받아넘겼다.)

   b. He cleverly fenced with the question.(그는 교묘하게 그 질문을 받아넘겼다.)

fend

이 동사의 개념 바탕에는 쳐서 물리치는 과정이 있다.

1. 타동사 용법

1.1. 주어는 목적어를 쳐 물리친다.

(1) a. He fended off the attacker with a stick.(그는 그 공격자를 막대기로 방어하였다.)

   b. The boy fended off the dog by poking his umbrella at the dog.(그 소년은 우산을 그 개에 찌르면서 물리쳤다.)

   c. He fended off the blows with the shield.(그는 강타를 방패로 막아냈다.)

1.2. 다음 목적어는 추상적 개체이나 구체적인 것으로 개념화되어 있다.

(2) a. He fended off the questions about new tax increases.(그는 새 세금 인상에 대한 질문을 받아넘겼다.)

   b. I did my best to fend off his critical remarks.(나는 그의 비판적인 비평을 받아넘기기 위해 최선을 다했다.)

1.3. 다음 목적어는 재귀대명사이다. 주어는 스스로 꾸려나간다.

(3) a. He fended himself after his father had died.(그는 스스로를 아버지가 돌아가신 뒤 꾸려나갔다.)

   b. I had to fend myself until my parents get home from work.(나는 부모님이 직장에서 돌아오실 때까지 스스로를 돌보아야 했다.)

ferment

이 동사의 개념 바탕에는 ferment의 명사 '효소'가 있다. 동사의 의미는 이 명사의 작용과 관계가 있다.

1. 자동사 용법

1.1. 다음 주어는 발효한다.

(1) a. When wine ferments, it changes sugar to alcohol.(포도주가 발효할 때, 그것은 설탕을 술로 변화시킨다.)

   b. Fruit juice ferments if they are left too long.(과일 주스는 너무 오래 두면 발효한다.)

   c. Has the grape fermented into wine yet?(그 포도는 벌써 포도주로 발효되었습니까?)

1.2. 다음 주어는 감정이나 생각이다. 이들도 발효한다.

(2) a. A blend of emotions fermented in her mind.(혼합된 감정이 그녀의 머리 속에서 발효되었다.)

   b. Ideas of freedom fermented in the minds of the people.(자유에 대한 생각은 국민들의 가슴 속에서

발효되었다.)

2. 타동사 용법

2.1. 다음 주어는 목적어를 발효시킨다.

(3) a. This enzyme ferments the wine faster.(이 효소는 포도주를 더욱 빨리 발효시킨다.)

   b. Yeast ferments starch and sugar.(이스트는 녹말과 설탕을 발효시킨다.)

   c. If you ferment grapes, you will make wine.(만일 당신이 포도를 발효시키면, 당신은 포도주를 만들 것이다.)

   d. The wine maker ferments grapes into wine.(포도주 제조자는 포도를 포도주로 발효시킨다.)

   e. They ferment milk into a alcoholic drink.(그들은 우유를 알코올 음료로 발효시킨다.)

ferret

이 동사의 개념 바탕에는 ferret의 명사 '족제비'가 있다. 동사의 의미는 이 명사와 관련된 관습적 과정과 관련된다.

1. 타동사 용법

1.1. 다음 주어는 목적어를 몰아낸다.

(1) a. He ferreted out the rabbits from their burrows.(그는 토끼들을 굴에서 몰아냈다.)

   b. He ferreted out the enemies.(그는 적을 몰아냈다.)

1.2. 다음 주어는 목적어를 찾아낸다. 목적어는 추상적 개체이다. 그러나 구체적인 것으로 개념화되어 있다.

(2) a. He ferreted out the facts/the clues.(그는 진실/단서를 찾아내었다.)

   b. They ferreted out the information.(그들은 정보를 찾아내었다.)

2. 자동사 용법

2.1. 다음 주어는 뒤진다.

(3) He opened the drawer and ferreted around for her keys.(그는 서랍을 열고 그녀의 열쇠를 찾기 위해 여기저기 뒤졌다.)

ferry

이 동사의 개념 바탕에는 ferry의 명사 '나루터/배'가 있다. 동사의 의미는 이 명사의 역할과 관계가 있다.

1. 자동사 용법

1.1. 다음 주어는 나룻배로 건넌다.

(1) a. They ferried across the river.(그들은 나룻배로 강을 건넜다.)

   b. We ferried across the bay.(우리는 그 만을 나룻배로 건넜다.)

1.2. 배가 아닌 차나 비행기로 운송을 할 때에도 이 동사가 쓰인다.

(2) a. A small bus **ferries** tourists from their hotels to the beach.(소형 버스 한 대가 여행객을 호텔에서 해변까지 나른다.)

b. We **ferried** the supplies by air.(우리는 공급품을 비행기로 날랐다.)

1.3. 다음은 수동태 문장으로 주어는 수송된다.

(3) a. The plane was **ferried** to a new airport.(그 비행기는 어느 신공항에 수송 되어졌다.)

b. The children need to be **ferried** to and from school.(아이들은 학교로 그리고 학교에서 수송될 필요가 있다.)

2. 타동사 용법

2.1. 다음 주어는 목적어를 나룻배로 건넌다.

(4) a. They **ferried** the passengers across the lake.(그들은 승객들을 호수 건너로 날랐다.)

b. The lifeboat **ferried** the crew to safety.(구명 보트는 그 선원들을 안전한 곳으로 날랐다.)

c. The boat **ferried** the soldiers from the ships to the island.(그 보트는 군인들을 배에서 섬까지 날랐다.)

fetch

이 동사의 개념 바탕에는 가서 가져오는 과정이 있다.

1. 타동사 용법

1.1. 다음 주어는 가서 목적어를 가져온다.

(1) a. He **fetched** a bucket of water **from** the pond.(그는 한 통의 물을 연못에서 퍼왔다.)

b. **Fetch** me some bread **from** the shop.(그 가게에서 빵을 사다 주시오.)

c. Everyday they have to **fetch** water **from** the well.(매일 그들은 물을 우물에서 퍼서 가져와야 한다.)

d. Shall I **fetch** your bags **for** you?(제가 당신을 위해 당신의 가방을 가져올까요?)

1.2. 다음 주어는 목적어를 가지고 움직인다.

(2) a. He **fetched** the box **along**.(그는 그 상자를 계속 끌고 왔다.)

b. He **fetched out** his best wine.(그는 자신의 가장 좋은 포도주를 꺼내왔다.)

c. The chair is in the terrace. Please **fetch** it **in**.(의자는 그 테라스에 있다. 가서 들여오게.)

d. The story **fetched** up the sad memory.(그 이야기는 슬픈 기억을 떠올렸다.)

1.3. 다음 주어는 목적어를 가서 데리고 온다.

(3) a. They **fetched** the police/the doctor.(그들은 경찰을/의사를 데리고 왔다.)

b. He went home to **fetch** his sister.(그는 여동생을 데려오기 위해 집으로 갔다.)

c. I'm going to **fetch** my mother **from** the station.(나는 어머니를 정거장에서 데리고 올 예정이다.)

d. She **fetched** her child home **from** school.(그녀는 아이를 학교에서 데려왔다.)

1.4. 다음 주어는 목적어의 마음을 사로잡는다.

(4) a. Her beauty **fetched** him completely.(그녀의 아름다움이 그를 완전히 매혹했다.)

b. The garden will **fetch** her imagination.(그 정원은 그녀의 상상을 사로잡을 것이다.)

c. His speech **fetched** the public/the audience.(그의 연설은 대중을/청중을 사로잡았다.)

1.5. 다음 주어는 첫째 목적어에게 둘째 목적어를 전달한다.

(5) a. He **fetched** the boy a stunning blow **on** the chin.(그는 그 소년에게 엄청난 일격을 턱에 가했다.)

b. He **fetched** the boy a clip **on** the ears.(그는 그 소년에게 따귀 한 대를 귀에 가했다.)

c. He **fetched** the boy one **on** the nose.(그는 그 소년에게 한 방을 코에 먹였다.)

d. He **fetched** the boy a blow **on** the head.(소년의 머리를 한 방 때렸다.)

e. He **fetched** me a slap **on** the face.(그는 나의 얼굴을 한 대 찰싹 때렸다.)

1.6. 다음 주어는 첫째 목적어에 둘째 목적어를 가져다 준다.

(6) a. Shall I **fetch** you your coat?(내가 당신의 코트를 가져올까요?)

b. **Fetch** me my umbrella.(나에게 우산을 갖다 주시오.)

c. Would you **fetch** me a glass of water from the kitchen?(내게 부엌에서 물 한잔을 갖다 주시겠요?)

d. Would you **fetch** me my glasses from the study?(내게 그 연구실에서 내 안경을 가져다 주시겠습니까?)

e. He **fetched** his grandma a cool drink.(그는 할머니에게 차가운 음료수를 한 잔 가져다 드렸다.)

f. Shall I **fetch** you your bags?(제가 당신의 가방들을 가져올까요?)

g. The work **fetched** us $400 a day.(우리는 그 일을 해서 하루에 400달러를 벌었다.)

1.7. 다음 주어는 목적어를 가져온다.

(7) a. He **fetched** an answer.(그는 해답을 추론하였다.)

b. He **ffetched** a leap.(그는 도약하였다.)

c. The dog bit me and **fetched** blood.(그 개가 나를 물어서 피를 내었다.)

d. The movie **fetched** tears from the viewer's eyes.(그 영화는 시청자의 눈에서 눈물이 나게 하였다.)

e. The gesture **fetched** a good laugh from the audience.(그 제스처는 큰 웃음을 청중에게 자아냈다.)

f. The news **fetched** a sigh/a groan/delight.(그 소식은 한숨/신음/기쁨을 자아냈다.)

1.8. 다음 주어는 목적어를 가져온다.

(8) a. The horse **fetched** more than it cost.(그 말은 지불된 것보다 값을 더 받았다.)

b. This won't **fetch** much.(이것은 대단한 값은 받지 못할 것이다.)

c. How much will your car **fetch**?(당신의 차는 얼마를 받을까?)

d. His pictures **fetch** high prices.(그의 그림은 높은 값을 받는다.)

e. The painting **fetched** $500 at the auction.(그 그림은 경매에서 500달러를 받았다.)

1.9. 다음 주어는 목적어에서 물을 푼다.

(9) He **fetched** the pump.(그는 펌프에서 마중물을 부어서 물이 나오게 했다.)

1.10. 다음 주어는 목적어에 이른다.

(10) a. The ship **fetched** a small harbor.(그 배는 조그마한 항구에 도착했다.)

b. The ship **fetched** the port last night.(그 배는 항구에 지난 밤에 도착했다.)

2. 자동사 용법

2.1. 다음 주어는 움직인다.

(11) a. The ship **fetched** headway/sternway.(그 배가 전진/후진했다.)

b. He **fetched** along/away/down/out.(그는 길을 따라/멀리/아래로/밖으로 갔다.)

c. They **fetched** around through the park.(그들은 그 공원을 둘러서 돌아갔다.)

2.2. 다음 주어는 가서 가져온다.

(12) She taught the dog to **fetch**.(그녀는 그 개가 물고 오는 것을 가르쳤다.)

2.3. 다음 주어는 토한다.

(13) He **fetched** up all over the blankets.(그는 담요 위에 온통 토했다.)

2.4. 다음 주어는 어디에 이른다.

(14) a. We **fetched** up at a small inn in the middle of nowhere.(우리는 어딘지 모르는 곳의 작은 여관에 닿았다.)

b. The train **fetched** up at the depot.(그 기차는 차고에 닿았다.)

c. We **fetched** up in Rome.(우리는 로마에 도착했다.)

2.5. 다음 주어는 어디에 이른다.

(15) I wonder where this thing will **fetch** up.(나는 이것이 결국 어떻게 될지 궁금하다.)

fiddle

이 동사의 개념 바탕에는 fiddle의 명사 '바이올린'이 있다. 동사의 의미는 이 악기를 켤 때의 손놀림과 관계가 있다.

1. 자동사 용법

1.1. 다음 주어는 바이올린을 켠다.

(1) a. She **fiddled** while we sang.(그녀는 우리가 노래하는 동안 바이올린을 켰다.)

b. He was **fiddling** while the city was burning.(그는 그 도시가 불타는 동안 바이올린을 켜고 있었다.)

1.2. 다음 주어는 with의 목적어를 가지고 만지작거린다.

(2) a. He's been **fiddling about** with the design for ages.(그는 그 디자인을 오래 동안 만지작거리고 있었다.)

b. Is it all right to **fiddle around** with these figures?(이 수치들을 조작하는 것이 옳은 것인가?)

c. She **fiddled** nervously with her handkerchief.(그녀는 초조하게 손수건을 만지작거렸다.)

d. Stop **fiddling with** the light switch.(불 스위치를 만지는 것을 그만 두어라.)

e. He **fiddled** with the wires and got the radio to work again.(그는 그 전기선을 만지작거리자, 그 라디오가 다시 작동하게 했다.)

1.3. 다음 주어는 빈둥거린다.

(3) a. We can't **fiddle around** here all day.(우리는 여기에서 하루종일 빈둥거릴 수 없다.)

b. He's **fiddling around** in the garage.(그는 차고에서 빈둥거리고 있다.)

2. 타동사 용법

2.1. 다음 주어는 목적어를 바이올린으로 연주한다.

(4) a. They **fiddled** a tune.(그들은 바이올린으로 곡을 연주했다.)

b. The musician **fiddled** a reel.(그 음악가는 춤곡을 바이올린으로 연주했다.)

2.2. 다음 주어는 목적어를 속인다.

(5) He has been **fiddling** his income tax for years.(그는 소득세를 몇년 동안 조작해오고 있다.)

2.3. 다음 주어는 목적어를 헛되게 보낸다.

(6) a. He **fiddled** the summer vacation **away**.(그는 그 여름 방학을 빈둥거리며 허비했다.)

b. He **fiddled** the whole day **away** doing absolutely nothing.(그는 그 하루 종일 아무 것도 안 하면서 헛되게 보냈다.)

fidget

이 동사의 개념 바탕에는 초조, 지루함, 불안정한 마음으로 인해 손발이나 몸을 가만두지 못하는 과정이 있다.

1. 자동사 용법

1.1. 다음 주어는 안절부절한다.

(1) a. He **fidgeted** anxiously before the interview.(그는 인터뷰 전에 걱정하며 안절부절 못했다.)

b. Children can't sit for long without **fidgeting**.(아이들은 안절부절 하지 않고 오랫동안 앉아 있을 수 없다.)

c. She is **fidgeting** with her pencil.(그녀는 안절부절 못해 연필을 만지작거리고 있다.)

d. Don't **fidget**.(불안해하지 마라.)

1.2. 다음 주어는 안절부절한 상태로 움직인다.

(2) She **fidgeted about** the room.(그녀는 방 주위를 안절부절 못하고 돌아다녔다.)

1.3. 다음 주어는 애를 많이 태워서 열병이 난다.

(3) He **fidgeted** himself **into** a fever.(그는 애태우다가 열이 났다.)

field

이 동사의 개념 바탕에는 field의 명사 '경기'가 있다. 동사의 의미는 이 경기장에서 일어나는 과정과 관계가 있다.

1. 타동사 용법

1.1. 다음 주어는 목적어를 경기에 참가시킨다.

(1) a. The college **fielded** several football teams.(그 대학은 몇 개의 축구팀을 경기에 참가시켰다.)

    b. We do not have enough players to **field** a team.(우리는 한 팀으로 경기에 참가시킬 만큼의 충분한 선수를 갖고 있지 않다.)

    c. The Ecology party **fielded** 109 candidates in the 1983 election.(그 생태 정당은 109명의 후보자를 1983년 선거에 참가시켰다.)

1.2. 다음 주어는 경기에서 목적어를 처리한다.

(2) a. The player **fielded** the ball expertly.(그 선수는 그 공을 능숙하게 처리했다.)

    b. He **fielded** several fly balls.(그는 몇 개의 뜬 공을 처리했다.)

1.3. 다음은 [질문은 공] 은유가 적용된 표현이다.

(3) a. The MBC had to **field** more than 200 phone calls after the program.(MBC는 200여 통의 전화를 그 프로그램 후에 받았다.)

    b. The president managed to **field** the question.(그 대통령은 그 질문을 가까스로 처리했다.)

    c. The senator **fielded** some tricky questions from reporters.(그 상원 의원은 기자로부터 다루기 힘든 질문들을 받았다.)

2. 자동사 용법

2.1. 다음 주어는 수비를 맡는다.

(4) The team **fielded** well, while the other team batted.(그 팀은 수비를 잘 했고, 상대 팀은 공격했다.)

fight

이 동사의 개념 바탕에는 싸우는 과정이 있다.

1. 타동사 용법

1.1 다음 주어는 목적어를 싸운다.

(1) a. Frazer **fought** and defeated Ali.(프레이저는 싸워서 알리를 패배시켰다.)

    b. He **fought** the opposition candidate in the election.(그는 그 반대 후보와 선거에서 싸웠다.)

    c. Gene started **fighting** his teachers.(진은 자기 선생님들과 싸우기 시작했다.)

    d. Why don't you **fight** someone your own size?(당신 정도의 사람과 싸우지 그래요?)

    e. They **fought** the invading army/the enemy.(그들은 그 침략군/적과 싸웠다.)

    f. Vietnam **fought** France.(베트남은 프랑스와 싸웠다.)

1.2. 다음 주어는 목적어를 전치사 for의 목적어를 얻기 위해 싸운다.

(2) a. William **fought** several rivals **for** the leadership of the party.(윌리엄은 여러 경쟁 상대와 그 당의 지도권을 놓고 싸웠다.)

    b. He **fought** his wife **for** custody of the children.(그는 자신의 부인과 아이들의 후견을 놓고 싸웠다.)

    c. Ali **fought** Foreman **for** the heavy weight title.(알리는 포먼과 헤비급 타이틀을 놓고 싸웠다.)

    d. Political parties **fight** each other **for** votes.(정당들은 서로 표 때문에 싸운다.)

    e. He was nominated by his party to **fight** Henry **for** the post of governor.(그는 주지사 자리를 놓고 헨리를 대결하도록 자신의 당에서 지명 받았다.)

1.3. 다음 목적어는 화재, 폭풍, 홍수 같은 것이다. 주어는 목적어를 싸운다.

(3) a. The firemen are **fighting** the fire.(그 소방관들은 불과 싸우고 있다.)

    b. We have to **fight** fire with fire.(우리는 불을 불로 싸워야 한다.)

    c. Firemen **fought** the blaze for hours.(소방관은 그 불꽃과 여러 시간 동안 싸웠다.)

    d. The ship **fought** the gale.(그 배는 그 강풍과 싸웠다.)

    e. They **fought** the storm.(그들은 폭풍우와 싸웠다.)

    f. They are **fighting** rising flood waters.(그들은 밀려드는 홍수와 싸우고 있었다.)

1.4. 다음 주어는 싸우듯 애를 써서 목적어를 물리치거나 억제한다.

(4) Mark **fought down** the desire to run away.(마크는 도망치고자 하는 그 욕망과 싸워서 가라앉혔다.)

1.5. 다음 주어는 싸워서 목적어를 떨어지게 한다.

(5) a. A fever is one way in which the body **fights off** germs.(열이란 몸이 세균을 싸워 물리쳐 내는 하나의 방식이다.)

    b. All day she had **fought off** the impulse to call up Harry.(하루종일 그녀는 해리에게 전화하려는 충동과 싸워 물리쳤다.)

    c. We can **fight off** most minor ailments.(우리는 대부분의 잔병은 싸워서 떨쳐낼 수 있다.)

    d. I managed to **fight off** the sore throat/feeling of depression.(나는 아픈 목을/우울한 기분을 싸워서 떨쳐내었다.)

    e. She took various medicines to **fight off** her cold.(그녀는 감기를 떨쳐내기 위해 다양한 약을 썼다.)

    f. The stars had to **fight off** the crowd to get out of the auditorium.(인기 배우들은 공연장에서 빠져나가기 위해 군중들을 떨쳐버려야 했다.)

1.6. 싸움에 시간이 정해진 것은 아니지만, 승패가 결정될 때까지 싸울 수 있다. 다음에 쓰인 out은 끝까지 싸우는 과정을 나타낸다.

(6) a. The two managers **fought** it **out** until one agreed with the other.(두 지배인은 한 사람이 다른 사람에게 동의할 때까지 싸웠다.)

    b. Both sides continued to **fight** it **out**.(양편은 결말이 날 때까지 계속 싸웠다.)

    c. They will have to **fight** it **out** between them. I am not going to interfere in their quarrel.(그들은 둘이 끝까지 싸워야 할 것이다. 나는 그들의 싸움에 끼어들지 않겠다.)

1.7. 다음은 수동태 문장으로 주어는 끝까지 싸워진다.

(7) The decisions were **fought out** between contending powers.(그 결정들은 다투는 세력 간에 끝까지 싸워서 결정이 났다.)

1.8. 질병도 사람이 대항해서 싸워야 하는 개체로 개념화된다. 주어는 목적어를 싸운다.

(8) a. He is **fighting** his increasing ill health.(그는 점점 나빠지는 건강과 싸우고 있다.)

b. He is **fighting** cancer.(그는 암과 싸우고 있다.)

c. He **fought** the disease for three years.(그는 그 병과 삼년 간 싸웠다.)

1.9. 결정사항, 범죄, 빈곤, 문맹 등도 사람이 대항하여 싸우는 개체로 개념화된다. 주어는 목적어를 싸운다.

(9) a. It is up to us to **fight** the proposed takeover.(예정된 회사 인계와 싸우는 것은 우리에게 달려 있다.)

b. We need the public's help to **fight** crime.(우리는 범죄와 싸우기 위하여 대중의 도움이 필요하다.)

c. She has been **fighting** poverty.(그녀는 가난과 싸워 왔다.)

d. They are **fighting** illiteracy.(그들은 문맹과 싸우고 있다.)

1.10. 다음의 목적어는 사람의 감정과 관계된 개체이다. 이들 개체에도 움직이는 힘이 있어서 주어에 대항하는 것으로 개념화된다. 주어는 목적어를 싸운다.

(10) a. He **fought** back his tears/a rude reply.(그는 눈물/무례한 대답을 싸워서 억눌렀다.)

b. He **fought** his desire/his impulse to see her.(그는 그녀를 보고 싶어하는 욕망/충동을 싸웠다.)

c. He **fought** the urge to cry/to giggle.(그는 울고 싶은/낄낄대고 싶은 충동을 싸웠다.)

d. She **fought** the temptation to say something cruel.(그녀는 뭔가 잔혹한 말을 하고 싶은 유혹과 싸웠다.)

e. He had to **fight** his despair.(그는 절망과 싸워야 했다.)

1.11. 다음의 목적어는 싸움이다. 주어는 싸움에 가담하여 싸운다.

(11) a. The boy **fought** a good fight.(그 소년은 잘 싸웠다.)

b. He **fought** the battle.(그는 그 전투에서 싸웠다.)

c. Police **fought** a gun battle with a gang.(경찰은 총격전을 폭력단과 벌였다.)

d. We **fought** two world wars within 30 years.(우리는 두 개의 세계 대전을 30년 내에 치뤘다.)

e. No country is capable of **fighting** a long war.(어떤 나라도 긴 전쟁을 할 수 없다.)

f. It takes a great deal of money to **fight** an election/a campaign.(선거전/유세를 하는 데에는 엄청난 돈이 든다.)

1.12. 다음은 수동태 문장으로 주어는 치루어 진다.

(12) The race was closely **fought**.(그 경주는 근접하게 치러졌다.)

1.13. 소송, 결정도 일종의 싸움이다. 주어는 목적어를 싸운다.

(13) a. He **fought** the case at a court.(그는 그 사건을 법정에서 싸웠다.)

b. They **fought** the case in court/through the law courts.(그들은 그 사건을 법정에서/법정들을 통해 싸웠다.)

c. We shall **fight** the government decision to build the dam.(우리는 그 댐을 건설하겠다는 정부의 결정과 싸울 것이다.)

d. He **fought** social injustice wherever he met it.(그는 사회적 불공평을 만나기만 하면 싸웠다.)

e. He is **fighting** a question.(그는 하나의 질문과 싸우고 있다.)

1.14. 다음의 목적어는 싸워서 얻는 개체이다.

(14) She successfully **fought** the seat at/in the last election.(그녀는 그 의석을 지난 선거에서 성공적으로 따냈다.)

1.15. 다음 주어는 싸우면서 나아간다.

(15) a. He **fought** his way in life/in the world.(그는 삶에서/세상에서 길을 싸워 개척했다.)

b. We **fought** our way through the thick underbrush.(우리는 두터운 덤불을 통과하는 길과 싸워서 개척했다.)

c. Peter **fought** his way through the blizzard to save some dogs.(피터는 개 몇 마리를 구하려고 눈보라가 싸우면서 뚫고 갔다.)

d. He **fought** his way through the crowd.(그는 그 군중을 통과해서 길을 싸워 나갔다.)

e. He **fought** his way to the top.(그는 정상에 이르는 길을 싸워서 갔다.)

1.16. 다음 주어는 목적어를 싸우게 한다.

(16) He **fought** the dogs/cocks.(그는 개들을/수탉들을 싸움을 시켰다.)

2. 자동사 용법

2.1. 다음 주어는 싸운다.

(17) a. He **fought** in Vietnam.(그는 베트남에서 싸웠다.)

b. She **fought** like a tiger to keep her job.(그녀는 자신의 일자리를 지키기 위해 호랑이처럼 싸웠다.)

2.2. 다음 주어는 계속해서 싸운다

(18) a. We vowed to **fight** on until our demands were met.(우리는 우리의 요구가 충족될 때까지 계속 싸워 나가기로 맹세했다.)

b. The soldier's companions were all killed, but he **fought** on alone.(그 군인의 동료들은 모두 살해당했지만, 그는 홀로 계속해서 싸웠다.)

2.3. 다음의 주어는 복수이고, 주어는 서로 싸운다.

(19) a. Why are the boys **fighting**?(왜 그 소년들은 싸우고 있는가?)

b. The two guys were **fighting** in the street.(두 청년이 길거리에서 싸우고 있었다.)

c. My little brothers are always **fighting**.(나의 어린 남동생들은 항상 싸운다.)

d. My roommate and I **fought** all through the night.(룸메이트와 나는 밤새도록 싸웠다.)

e. Britain and Argentina **fought** for control of the islands.(영국과 아르헨티나는 그 섬의 지배권을 놓고 싸웠다.)

f. The candidates **fought** hard in the election.(그 후보자들은 선거에서 힘들게 싸웠다.)

2.4. 다음 주어는 전치사 with의 목적어와 같이 싸운

다. 이 때 '같이 싸우는' 개념은 두 개체가 한편에 속할 수도 있고 적대 관계에 있을 수도 있다.

(20) a. The dog fought with a lion.(그 개는 사자와 싸웠다.)

    b. As a child she fought with her younger brother.(아이일 때 그녀는 남동생과 싸웠다.)

    c. The army fought with Germany.(그 군대는 독일과 싸웠다.)

    d. He fought with a strong opposition.(그는 강력한 적대자와 싸웠다.)

    e. She fought with her own feelings.(그녀는 자신의 감정과 싸웠다.)

    f. The troops fought with Grant against the Confederates.(그 군대는 남부 연방에 대항하여 그랜트와 싸웠다.)

    g. Great Britain fought with France against Germany.(대영제국은 프랑스와 함께 독일에 대항하여 싸웠다.)

2.5. 다음 주어는 전치사 against의 목적어에 대항해서 싸운다.

(21) a. You can't fight against progress.(당신이 진보에 대항해서 싸울 수는 없다.)

    b. The army fought against the German army.(그 군대는 독일군에 대항해서 싸웠다.)

    c. We should fight against further government interference in our lives.(우리는 삶에 대한 더 이상 정부의 관여에 대항해서 싸워야 한다.)

    d. The miners will fight against the decision to close the mine.(광부들은 광산을 폐광하려는 결정에 대해 투쟁할 것이다.)

2.6. 다음 주어는 전치사 for의 목적어를 얻기 위해서 싸운다.

(22) a. He is still fighting for compensation after the accident.(그는 아직도 그 사고 이후의 보상금에 대해 싸우고 있다.)

    b. They are fighting for fame/liberty/freedom.(그들은 명성/해방/자유를 얻기 위해 싸우고 있다.)

    c. What the disabled is fighting for is independence.(그 장애자들이 쟁취하고자 하는 것은 자립이다.)

    d. He fought for a place in the national team.(그는 국가대표팀의 자리 하나를 위해 싸웠다.)

    e. They will fight for their rights.(그들은 권리를 위해 싸울 것이다.)

    f. He is fighting desperately for survival.(그는 살아남기 위해 절망적으로 싸우고 있다.)

    g. They fought for the gold medal.(그들은 금메달을 얻으려 싸웠다.)

    h. Women fight for the right to vote.(여성들은 투표권을 얻기 위해서 싸운다.)

    i. He fought for the existence/a principle.(그는 생존/원칙을 위해서 싸웠다.)

    j. He fought for masses.(그는 대중을 위해서 싸웠다.)

    k. Liberty is a prize worth fighting for.(자유는 쟁취할 만한 상이다.)

    l. The little girl is fighting for her life after the car accident.(작은 소녀는 그 자동차 사고 이후에 생명을 위해 싸우고 있다.)

    m. He is fighting for justice.(그는 정의를 위해 싸우고 있다.)

2.7. 다음에 쓰인 전치사 about은 싸움의 원인을 나타낸다.

(23) a. What are you two fighting about now?(당신 둘은 지금 무엇 때문에 싸우고 있습니까?)

    b. They are fighting about whose turn it is to do the dishes.(그들은 누가 설거지를 할 차례인지에 대해 싸우고 있다.)

    c. They were fighting about money as usual.(그들은 여느 때처럼 돈 때문에 싸우고 있었다.)

2.8. 다음 주어는 목적어를 싸워서 물리친다.

(24) a. The rebels were fighting back desperately.(역도들은 필사적으로 반격하고 있었다.)

    b. The police fought back at the terrorists without endangering the hostages.(경찰은 인질들을 위험하지 않게 테러범을 반격했다.)

    c. When the company accused her of stealing, she fought back by hiring a lawyer.(그 회사가 그녀를 절도죄로 고발하자, 그녀는 변호사를 써서 반격했다.)

2.9. 다음 주어는 전치사 over의 목적어 때문에 싸운다.

(25) a. The neighbors fought for years over the boundary.(이웃들은 몇 해 동안 경계선을 놓고 싸웠다.)

    b. The two dogs fought over a bone.(개 두 마리는 뼈다귀 하나를 놓고 싸웠다.)

    c. The couple continually fought over money.(그 부부는 돈 때문에 계속 싸웠다.)

    d. People used to fight over religion.(사람들은 종교 때문에 싸우곤 했다.)

2.10. 다음 주어는 애를 쓴다.

(26) Doctors fought more than three hours to save the baby's life.(의사들은 그 아기의 목숨을 살리기 위해 세 시간 이상 애를 썼다.)

figure

이 동사의 개념 바탕에는 계산하는 과정이 있다.

1. 타동사 용법
1.1. 다음 주어는 목적어를 계산한다.

(1) a. Will you figure out my income tax?(내 소득세를 계산해 주시겠습니까?)

    b. The student figured out the solution to the math problem.(그 학생은 수학 문제의 답을 계산해 냈다.)

    c. She couldn't figure him out at all.(그녀는 그를 도저히 이해할 수 없었다.)

    d. He figured the cost of our trip.(그는 우리의 여행 비용을 계산했다.)

1.2. 다음 주어는 의문사나 that 이 이끄는 절을 내용을 알아낸다.

figure 607

(2) a. I can't **figure out** why she cut me on the street. (그녀가 길에서 나를 못 본 체한 이유를 모르겠다.)

b. We still haven't **figured out** how to do it. (우리는 어떻게 그것을 하는지 아직도 알아내지 못했다.)

c. I can't **figure out** why he's so lazy. (나는 그가 그렇게 게으른 이유를 알아낼 수 없다.)

d. She **figured out** that he would be leaving the next day. (그녀는 다음 날 그가 떠날거라고 생각했다.)

1.3. 다음 주어는 목적어를 합한다.

(3) a. He **figure up** the sum. (그는 그 액수의 총계를 냈다.)

b. Bill **figured up** the cost without a calculator. (빌은 비용을 계산기 없이 합산했다.)

c. He **figured up** the totals in his head. (그는 총액을 머리에서 합산해냈다.)

d. Will you **figure up** these sales slips? (이 매상 전표들을 합계해 주시겠습니까?)

1.4. 다음 주어는 자신을 특정한 방법으로 생각한다.

(4) a. He **figured** himself lucky. (그는 자신이 운이 좋았다고 생각했다.)

d. He **figured** himself (to be) a good candidate. (그는 자신이 적당한 후보라고 생각했다.)

c. He **figures** himself a hero. (그는 자신을 영웅이라고 생각한다.)

1.5. 다음 주어는 목적어를 부정사가 가리키는 상태나 과정을 한다고 생각한다.

(5) a. The teacher **figured** John to be asleep. (선생님은 존이 자고 있다고 생각했다.)

b. I **figured** it to last me a whole week. (나는 그것을 일주일 내내 쓸 수 있을 거라고 생각했다.)

c. I **figure** him to be about 50. (나는 그가 오십쯤 됐다고 생각한다.)

1.6. 다음 주어는 that-절의 내용을 생각한다.

(6) a. I **figured that** he would arrive soon. (나는 곧 그가 도착할거라고 생각했다.)

b. I **figure** she is jealous. (나는 그녀가 질투하고 있다고 생각한다.)

c. I **figured** she'd missed the train. (그녀가 그 기차를 놓쳤을 것 같았다.)

d. I **figure** it will take several hours. (나는 그것이 몇 시간 걸릴 것으로 생각한다.)

e. I **figured that** you want to see me. (네가 나를 보고 싶어할 거라고 생각했다.)

f. **Figure** how much I owe. (얼마인지 계산해 봐요.)

1.7. 다음은 수동태 문장으로 주어는 생각된다.

(7) Justice is **figured** as a blind goddess. (정의는 눈 먼 여신으로 생각된다.)

1.8. 다음 주어는 목적어를 상상한다.

(8) a. He **figured** x to himself. (그는 x를 마음속에 그렸다.)

b. **Figure** to yourself a happy family. (행복한 가정을 떠올려 보세요.)

c. He **figured** the scene to himself. (그는 그 장면을 마음에 떠올렸다.)

1.9. 다음 주어는 목적어를 전치사 with의 목적어로 그린다.

(9) He **figured** the wallpaper **with** roses. (그는 벽지를 장미 무늬로 그려 넣었다.)

1.10. 다음은 수동태 문장으로 주어는 그림이 그려 넣어진다.

(10) a. The walls are **figured with** arabesque patterns. (그 벽들은 아라베스크 문양이 새겨져 있다.)

b. The cloth is **figured with** beautiful designs. (그 천은 아름다운 무늬가 그려져 있다.)

c. The glass is **figured with** pictures. (그 유리잔은 그림이 그려져 있다.)

1.11. 다음 주어는 목적어를 계산에 넣는다.

(11) a. When you **figure in** the plane fare, it will be expensive trip. (비행기 요금을 합치면 여행 경비가 많이 들 것이다.)

b. I **figured in** an extra 10% in the budget. (예산에 10%를 추가했다.)

1.12. 다음 주어는 목적어의 행세를 한다.

(12) He **figured** a philanthropist. (그는 자선가처럼 행세했다.)

1.13. 다음 주어는 목적어를 상징한다.

(13) A dove **figures** peace. (비둘기는 평화를 상징한다.)

2. 자동사 용법

2.1. 다음 주어는 전치사 on의 목적어를 계산에 포함한다.

(14) a. I didn't **figure on** you arriving so early. (당신이 그렇게 일찍 도착할 줄 몰랐다.)

b. I **figured on** arriving at the party around seven o'clock. (7시쯤 파티에 도착할거라고 생각했다.)

c. He **figures on** marrying her. (그는 그녀와 결혼할 생각이다.)

d. I'm **figuring on** a $600 pay increase. (나는 600달러의 임금 인상을 기대하고 있다.)

e. I may be able to go with you, but don't **figure on** it. (당신과 함께 갈 수도 있지만, 기대는 하지 마라.)

2.2. 다음 주어는 전치사 in의 목적어에 나타난다.

(15) a. Your name **figures in** my report. (당신의 이름이 내 보고서에 돋보인다.)

b. The names of great leaders **figure in** the history of human progress. (위대한 지도자들의 이름들은 인류 진보의 역사에서 단연 돋보인다.)

c. Their names did not **figure in** the passenger list. (그들의 이름은 승객 명단에 올라 있지 않았다.)

2.3. 다음 주어는 전치사 in의 목적어에 실려있다.

(16) a. Madame Curie **figures in** the history of science. (퀴리 부인은 과학사에 돋보인다.)

b. Her dead husband **figured** all the time **in** her conversation. (그녀의 죽은 남편은 대화에 항상 주를 이뤘다.)

c. Do I still **figure in** your plan? (나는 여전히 당신의 계획에 참여하는 겁니까?)

d. The vice president **figured** prominently **in** the peace negotiation. (그 부통령은 평화 협상에 두각을 나타냈다.)

e. He **figures** largely **in** the story. (그가 이야기에서 단연 돋보인다.)

f. The general **figured** in the last war.(그 장군은 마지막 전투에 참가했다.)

2.4. 다음 주어는 전치사 in의 목적어에 부각된다.

(17) a. The opening of the store **figured** in the local newspapers.(그 상점의 개장 소식이 지역 신문에 게재됐다.)

b. He **figures** largely in her dreams for the future.(그녀의 미래 꿈속에는 그가 주로 등장한다.)

c. The decisive battle **figured** in the ending of the war.(전쟁 말기에 결전이 벌어졌다.)

d. My feelings about the situation didn't seem to **figure** at all.(그 상황에 대한 내 감정 같은 건 그리 중요하지 않아 보였다.)

e. Poor food **figured** in his ill health.(나쁜 음식이 그의 악화된 건강에 주원인이다.)

f. Your medical expenses will **figure** in the settlement amount.(당신의 치료비는 합의에 큰 몫을 차지한 것이다.)

g. Visiting Korea does not **figure** in my travel plans.(한국 방문은 내 여행 계획에 포함되어 있지 않다.)

2.5. 다음 주어는 역할을 한다.

(18) a. He **figured as** a king in the play.(그는 연극에서 왕으로 나왔다.)

b. He **figured as** a king in the peasant.(그는 농민의 우두머리로 통했다.)

c. He **figured as** a chairman in the conference.(그는 의장으로 회의를 맡았다.)

d. She **figured as** a guest star in the show.(그녀는 쇼의 초대 손님으로 나왔다.)

2.6. 다음 주어는 계산한다.

(19) He can **figure** quickly and accurately.(그는 빠르고 정확하게 계산할 수 있다.)

file¹

이 동사의 개념 바탕에는 file의 명사 '서류철'이 있다.

1. 타동사 용법

1.1. 다음 주어는 목적어를 철한다.

(1) a. **File** these letters according to the dates on which they were received.(이 편지들을 접수 날짜에 따라서 철해라.)

b. Please **file** these papers for me.(이 문서들을 철해 주세요.)

c. I **filed** the reports in alphabetical order.(나는 그 보고서들을 철자 순으로 철했다.)

1.2. 다음 주어는 목적어를 철한다. 목적어는 서류철에 삽입되는 개체이다.

(2) a. I have **filed** the report on the play under P.(나는 그 연극에 관한 보고를 P 아래 철했다.)

b. On which file did you **file** the sales figures?(어느 파일 아래에 당신은 그 판매 장부를 철했습니까?)

c. Please **file** this letter in Mr. Clinton's file.(이 편지를 클린턴씨의 파일에 철해주세요.)

d. There were no jobs open, but they **filed** my resume.(비어 있는 자리는 없었지만, 그래도 그들은 나의 이력서를 철했다.)

1.3. 다음은 수동태 문장으로 주어는 철해진다.

(3) a. They are all **filed** alphabetically **under** author.(그들은 작가 이름의 철자 순서대로 모두 철한다.)

b. Bills are not **filed** under B.(청구서는 B에 철해지지 않는다.)

1.4. 다음에 쓰인 away는 당장 쓰지 않을 곳에 두다는 뜻을 나타낸다. 즉 주어는 목적어를 철해서 당장 쓰지 않을 곳에 둔다.

(4) a. I **filed** the letters **away** in a drawer.(나는 편지들을 철해서 서랍 속에 치웠다.)

b. I mentally **filed away** his remark.(나는 그의 말을 머리 속에 철했다.)

c. Please **file away** these documents.(나는 이 서류들을 철해서 치우세요.)

1.5. 다음은 수동태 문장으로 주어는 철해진다.

(5) The exam papers will be **filed away** in my office.(그 시험지들은 철해진 후 내 사무실에 보관될 것이다.)

1.6. 청구서, 탄원서, 원서, 고소, 소송에는 서류를 만들어서 제출한다. 다음에서는 '서류를 만들다'가 '서류를 만들어서 제출하다'로 환유적으로 확대되어 쓰였다.

(6) a. He **filed** suit for divorce.(그는 이혼을 위한 서류를 만들어 제출했다.)

b. I **filed** a claim/a petition/a lawsuit.(나는 청구/청원/민사 소송을 위한 서류를 꾸며서 제출했다.)

c. He **filed** an application for admission to the university.(그는 입학 원서를 작성해서 그 대학에 제출했다.)

d. He **filed** a protest/a formal complaint **with** the bank.(그는 항의/정식 고소를 서류로 작성해 은행에 제출했다.)

e. He **filed** a suit **against** the bank.(그는 은행을 상대로 소송을 제기했다.)

f. She **filed** a complaint **against** the manufacturer of the product.(그녀는 고소를 그 상품의 제조회사를 상대로 제출했다.)

g. He **filed** charges **against** the drunken driver.(그는 그 음주 운전자에 대한 고소를 서류로 작성해 제출했다.)

1.7. 신문 기사의 경우, 기자가 '기사를 만들어서 보내다'의 뜻으로 쓰인다.

(7) a. I have **filed** two stories for my paper.(나는 내 신문을 위해 두 기사를 작성해 보냈다.)

b. Reporters **filed** stories daily.(기자들은 기사를 매일 작성해서 제출했다.)

c. He **files** the daily reports in the cabinet.(그는 매일의 기사를 그 캐비넷에 저장한다.)

2. 자동사 용법

2.1. 다음에서 목적어는 명시되어 있지 않았다. 주어는 어떤 서류를 누구에게 내어서 등록을 하거나 무엇을 신청한다.

(8) a. Candidates for election must **file with** the country clerk.(선거 출마 후보자들은 지역 사무원에게 서류를 제출해 등록해야 한다.)

    b. He **filed for** divorce.(그는 이혼 서류를 제출했다.)

    c. He **filed for** a civil service job.(그는 공무원직에 원서를 냈다.)

    d. He **filed for** divorce.(그는 이혼소송을 제출했다.)

file²

이 동사의 개념 바탕에는 줄지어 움직이는 과정이 있다.

1. 자동사 용법

1.1. 다음 주어는 줄을 지어서 움직인다.

(1) a. They **filed** into a bus.(그들은 줄을 지어 버스에 탔다.)

    b. He had **filed** through the bars and escaped.(그는 창살을 따라 나가서 탈출했다.)

    c. The mourners **filed** past the coffin.(그 조문객들은 관을 따라 열을 지어 걸었다.)

    d. They **filed** out of the building.(그들은 줄을 지어 건물을 빠져 나갔다.)

2. 타동사 용법

2.1. 다음 주어는 목적어를 줄을 지어서 보낸다.

(2) He **filed** the soldiers off.(그는 병사들을 일렬 종대로 행진시켰다.)

filibuster

이 동사의 개념 바탕에는 filibuster의 명사 '불법 침입자', '의사 활동 방해자'가 있다.

1. 자동사 용법

1.1. 다음 주어는 의사 활동을 방해한다.

(1) a. The senator was **filibustering**.(그 상원 의원은 의사 진행을 방해하고 있었다.)

    b. The senators **filibustered** for many hours.(그 상원 의원들은 오랜 시간동안 의사 진행을 방해했다.)

    c. He **filibustered** against the bill.(그는 그 법안에 대해서 통과를 방해했다.)

2. 타동사 용법

2.1. 다음 주어는 목적어의 통행을 방해한다.

(2) The senator promised to **filibuster** the bill.(그 상원 의원은 그 법안의 통과를 방해하기로 약속했다.)

fill

이 동사의 개념 바탕에는 채우는 과정이 있다.

1. 타동사 용법

1.1. 다음 주어는 목적어를 전치사 with의 목적어로 채운다. 목적어는 그릇이다.

(1) a. He **filled** a box **with** books.(그는 상자를 책으로 채웠다.)

    b. He **filled** the bottle **with** water.(그는 그 병을 물로 채웠다.)

    c. He **filled** his purse **with** bills.(그는 지갑을 지폐로 채웠다.)

    d. He **filled** the bath **with** water.(그는 목욕통을 물로 채웠다.)

    e. He **filled** the blank **with** his name.(그는 빈칸을 자신의 이름으로 채웠다.)

1.2. 다음 주어는 그 자체가 목적어를 채운다.

(2) a. Smoke **filled** the room.(연기가 그 방을 채웠다.)

    b. The children **filled** the room.(그 아이들이 그 방을 메웠다.)

    c. Laughter **filled** the room.(웃음이 그 방을 가득 채웠다.)

    d. Sorrow **filled** his heart.(슬픔이 그의 마음을 가득 채웠다.)

1.3. 다음 주어는 사람이다. 주어는 자체가 목적어를 채운다.

(3) a. Joe's the best person to **fill** the vacancy.(조는 그 빈자리를 채울 수 있는 최적임자다.)

    b. No one was found to **fill** that job.(그 자리를 채울 아무도 발견되지 않았다.)

    c. He was the right person to **fill** the post.(그는 그 자리를 메울 적임자였다.)

    d. His place will not be **filled** easily.(그의 자리는 쉽게 채워지지 않을 것이다.)

1.4. 다음은 [사람은 그릇] 은유가 적용된 표현이다.

(4) a. The thought **filled** me **with** pleasure.(그 생각은 나를 즐거움으로 채워 주었다.)

    b. The news **filled** me **with** dismay.(그 소식은 나를 당혹감으로 채웠다.)

1.5. 다음에서 주문이나 시간도 채워지는 그릇으로 개념화되어 있다. 주어는 목적어를 채운다.

(5) a. He **filled** the order/the prescription.(그는 그 주문서를/처방을 채워 받았다.)

    b. He **filled** the hour **with** reading.(그는 그 시간을 독서로 채웠다.)

1.6. 다음 주어는 첫째 목적어에 둘째 목적어를 채워서 준다.

(6) a. **Fill** me this cup **with** sugar.(내게 이 컵을 설탕으로 채워서 주시오.)

    b. **Fill** him a glass of wine.(그에게 포도주 한 잔을 채워 주어라.)

2. 자동사 용법

2.1. 다음 주어는 채워진다.

(7) a. The house soon **filled**.(그 집은 곧 가득 찼다.)

    b. The church **filled** rapidly.(그 교회는 빨리 가득 찼다.)

    c. The well **filled with** water.(그 우물은 물로 가득 찼다.)

    d. My heart **filled with** pleasure.(내 마음은 즐거움으로 가득 찼다.)

    e. The sails **filled with** wind.(그 돛은 바람으로 팽팽해졌다.)

f. The shops soon **filled with** customers.(그 상점은 곧 손님들로 가득 찼다.)

film

이 동사의 개념 바탕에는 film의 명사 '얇은 피막', '영화' 등이 있다.

1. 자동사 용법

1.1. 다음 주어는 얇은 막으로 덮인다.

(1) a. Her eyes **filmed with** tears.(그녀의 눈은 눈물로 덮었다.)

b. The windows **filmed over**.(그 창문들은 뿌옇게 덮혔다.)

c. The dog's eyes **filmed over**.(그 강아지의 눈이 흐려졌다.)

d. The water **filmed over** with ice.(그 수면이 살얼음으로 덮였다.)

e. My glasses **filmed over** when I came in from cold.(내 안경은 추운 데서 안으로 들어갔을 때 뿌옇게 되었다.)

1.2. 다음 주어는 촬영을 한다.

(2) a. They are **filming** in Seoul right now.(그들은 지금 서울에서 촬영 중이다.)

b. The cast and crew **filmed** until it began to rain.(그 배우와 촬영진은 비가 오기 시작 할 때까지 촬영을 했다.)

1.3. 다음 주어는 촬영된다.

(3) a. This show **films** in front of a live audience.(이 쇼는 생중계로 촬영된다.)

b. This story won't **film** well.(이야기는 잘 촬영되지 않을 것이다.)

c. Some plays do not **film** well.(몇몇 각본은 잘 촬영되지 않았다.)

2. 타동사 용법

2.1. 다음 주어는 목적어를 영화로 만든다.

(4) a. He **filmed** the novel.(그는 그 소설을 영화로 만들었다.)

b. He **filmed** the old folk story.(그는 오랜 민담을 영화화했다.)

2.2. 다음 주어는 목적어를 영화 촬영 카메라로 찍는다.

(5) a. They **filmed** the children's school play.(그들은 아이들의 학교 연극을 촬영했다.)

b. He **filmed** the football game.(그는 축구 시합을 촬영했다.)

c. We **filmed** the porpoises swimming along side our boat.(우리는 우리 보트를 따라 수영하는 돌고래들을 촬영했다.)

2.3. 다음 수동태 문장으로 주어는 촬영된다.

(6) a. The exotic movie was **filmed** in Korea.(그 이국적인 영화는 한국에서 촬영되었다.)

b. The explosion was **filmed** by an amateur cameraman.(그 폭발 장면은 아마추어 사진가에 의해 촬영되었다.)

c. The young boy was **filmed** stealing a CD on the security video.(그 어린 소년은 CD를 훔치는 것이 보안 비디오에 촬영되었다.)

2.4. 다음 주어는 목적어를 얇은 막이 끼게 한다.

(7) a. The steam **filmed** up the window.(수증기는 그 창문을 뿌옇게 했다.)

b. Tears **filmed** her eyes.(눈물이 그녀의 눈을 흐리게 했다.)

filter

이 동사의 개념 바탕에는 여과하는 과정이 있다.

1. 타동사 용법

1.1. 다음 주어는 목적어를 스미게 한다.

(1) a. The dehumidifier **filters** moisture out of the air.(제습기는 습기를 공기로부터 거른다.)

b. He **filtered out** the small fish with the net.(그는 작은 물고기를 그물로 걸러 내었다.)

c. The test is used to **filter out** candidates who may be unsuitable.(그 시험은 적절하지 않을지 모르는 후보들을 걸러 내는데 사용되었다.)

1.2. 다음 주어는 목적어를 거른다.

(2) a. He **filtered** the Kona coffee.(그는 코나 커피를 걸렀다.)

b. You must **filter** the drinking water.(너는 마실 물을 걸러야 한다.)

c. The dehumidifier **filters** the air.(제습기는 공기를 거른다.)

d. The secretary is very good at **filtering** my calls.(비서는 나의 전화들을 걸러내는 데 아주 익숙하다.)

e. She **filtered** the water through charcoal.(그녀는 그 물에 탄을 써서 여과시켰다.)

2. 자동사 용법

2.1. 다음 주어는 스며 나온다.

(3) a. Sunlight was **filtering through** the trees/the curtains.(태양 빛이 그 나무/커튼을 통하여 스며들고 있었다.)

b. Water **filtered through** the cracks in the dam.(물은 그 댐의 틈을 통해서 스며나왔다.)

c. Water **filtered** through the sandy soil.(물은 그 모래흙을 통해 빠졌다.)

2.2. 다음 주어는 사람이다. 주어는 물이 스며나듯 빠진다.

(4) a. The audience slowly **filtered into** the hall.(그 청중들은 강당으로 천천히 들어갔다.)

b. The door opened and people **filtered through**.(그 문은 열렸고 사람들은 문을 통해서 천천히 빠져나갔다.)

2.3. 뉴스는 구체적 개체로 은유화되어 물이 스미듯 스며든다.

(5) a. The news slowly **filtered through** to everyone in the office.(그 뉴스는 사무실 안의 모든 사람들에게 천천히 알려졌다.)

b. The news **filtered through** the town.(그 뉴스는 마

c. The secret filtered into the town.(그 비밀이 읍내
로 새어 들었다.)

finance

이 동사의 개념 바탕에는 finance의 명사 '재정'이
있다.

1. 타동사 용법

1.1. 다음 주어는 목적어를 자금으로 조달한다.

(1) a. How will we finance these expenses?(어떻게 우
리가 이 비용들을 댈까요?)

b. A substantial scholarship financed my college
tuition.(실질적인 장학금이 내 대학 수업료를 대었
다.)

1.2. 다음 목적어는 돈이 드는 개체이다. 주어는 목적
어로 돈으로 댄다.

(2) a. The government financed our construction.(정부
는 우리 건설업의 자금을 지원했다.)

b. He took a job to finance his stay in Korea.(그는
한국에서 머물 돈을 대기 위해 직업을 구했다.)

c. The local authority refused to finance the project.
(지방 당국은 그 기획 사업을 자금 지원하는 것을 거
부했다.)

d. His parents financed his college educations.(그의
부모는 그의 대학 교육 자금을 지원했다.)

e. We financed our new car with a bank loan.(우리
는 새 차를 은행 대출로 대었다.)

1.3. 다음은 수동태 문장으로 주어는 자금이 제공된다.

(3) a. The building project was financed by private
donations.(우리의 빌딩 계획은 개인 기부에 의해
지원되었다.)

b. This concert was financed by the Arts Council.
(이 공연은 예술위원회에 의해 자금이 제공되었다.)

c. The organization is skillfully financed.(그 조직은
기술적으로 자금을 제공 받았다.)

find¹

이 동사의 개념 바탕에는 찾는 과정이 있다. 찾는 이
는 의식적으로 찾는 행위자일 수도 있고, 의도를 갖
지 않는 경험자일 수 있다.

1.1. 다음 주어는 의도적인 노력이 없이 목적어를 찾는
다.

(1) a. What did you find in the book?(너는 무엇을 그 책
에서 발견하였니?)

b. He found a wallet on the sidewalk.(그는 지갑을 그
보도에서 발견하였다.)

c. He found his missing book.(그는 잃어버린 책을 찾
았다.)

d. He found a gold mine.(그는 금광을 발견하였다.)

e. I found holes in my socks.(나는 구멍을 내 양말에
서 발견하였다.)

1.2. 다음 목적어는 환유적으로 쓰여서 구체적인 개체

를 가리키는 것이 아니라 이들 개체의 기능을 가
리킨다. 주어는 목적어를 찾는다.

(2) a. He found his legs/feet/tongue/voice.(그는 다시 걸
을 수 있게/말할 수 있게 되었다.)

b. The bird found its wings again.(그 새는 다시 날 수
있게 되었다.)

1.3. 다음 주어는 목적어를 의도적으로 찾는다.

(3) a. Please find my hat/my raincoat for me.(나를 위해
내 모자/내 우비를 찾아줘.)

b. I can't find my knife anywhere.(나는 내 칼을 어디
에서도 찾을 수 없다.)

c. He could not find words to express his feeling.(그
는 감정을 나타낼 어떤 단어도 찾을 수 없었다.)

d. He found food/a room for the poor.(그는 음식/방
을 가난한 사람들에게 제공하였다.)

e. Will you find the money for the trip?(너는 그 여행
을 위한 그 돈을 마련할 거니?)

g. You will find the key in the kitchen drawer.(너는
그 열쇠를 부엌 서랍에서 발견할 것이다.)

f. He could not find the way out/in/back(그는 나갈/
들어올/돌아갈 길을 찾을 수 없었다.)

h. I looked everywhere for my book, and finally
found it under the bed.(나는 내 책을 찾으려고 여
러 곳을 뒤졌고, 마침내 그것을 침대 밑에서 발견하
였다.)

i. Have you found a replace for the waiter?(너는 그
웨이터의 후임자를 찾았니?)

1.4. 다음은 수동태 문장으로 주어는 찾아진다.

(4) The missing child has not been found yet.(그 미아
는 아직까지 발견되지 않고 있다.)

1.5. 다음 목적어는 추상적인 개체이다. 주어는 목적
어를 찾는다.

(5) a. He found a solution/an answer to the problem.(그
는 문제에 대한 해결/해답을 찾았다.)

b. We must find a diplomatic solution to the crisis.
(우리는 위기에 대한 외교적 해결책을 찾아야만 한
다.)

c. He found a job for me.(그는 나를 위한 일자리를
찾았다.)

d. Columbus found a warm support in the King.(콜
럼버스는 따뜻한 후원을 그 왕에게서 찾았다.)

e. He found a cure for the disease.(그는 그 병에 대
한 치료법을 찾았다.)

f. I managed to find the courage to ask for more
money.(나는 돈을 더 요구할 용기를 가까스로 불러
일으켰다.)

g. Finally she found the courage to leave him.(마침
내 그녀는 그를 두고 떠날 용기를 찾았다.)

h. She always finds time to read books to her
children.(그녀는 항상 아이들을 위해 책을 읽어줄
시간을 찾았다.)

1.6. 다음 주어는 목적어를 어느 장소에서 찾는다. 이
것은 목적어가 주어진 장소에 있다는 뜻이다.

(6) a. We can find water everywhere around here.(우리
는 물을 이 주위 어디서나 찾을 수 있다.)

b. You don't find much sunshine around here.(너는

햇빛을 이 주위에서 많이 보지 못할 것이다.)

c. You don't find much water in a desert.(너는 많은 물을 사막에서 발견하지는 못할 것이다.)

d. You can find pheasants in this wood.(너는 꿩을 이 숲 속에서 볼 수 있을 것이다.)

e. Vitamin A is found in carrots.(비타민 A는 당근 속에서 발견된다.)

1.7. 다음 주어는 의문사나 that-이 이끄는 절의 내용을 깨닫는다.

(7) a. The jury found that he was guilty.(배심원들은 그가 유죄라고 판결을 내렸다.)

b. The doctor found that the patient was very sick. (의사는 그 환자가 아주 아팠다는 것을 알아차렸다.)

c. I found that I had made a mistake.(나는 내가 실수를 했다는 것을 알았다.)

d. Will you find how to get there?(너는 거기에 어떻게 가는지 알아보겠습니까?)

e. You will find how easy it is to do the work.(너는 그 일을 하는 것이 얼마나 쉬운지를 알게 될 것이다.)

f. Can you find when he is likely to arrive?(너는 그가 언제쯤 도착할지 알아볼 수 있겠니?)

g. Did you find where I had left my key?(너는 내가 어디에다가 열쇠를 두었는지 아니?)

h. I find I can work better in the morning.(나는 아침에 일을 더 잘 할 수 있다는 것을 알았다.)

i. I found out what he did for a living.(나는 그가 생계를 위해 무엇을 했는지를 알아냈다.)

1.8. 다음 주어는 목적어가 어떤 일을 하고 있음을 발견한다.

(8) a. I found her reading a newspaper in her room.(나는 그녀가 방에서 신문을 읽고 있는 것을 발견하였다.)

b. I found him asleep.(나는 그가 자고 있는 것을 발견하였다.)

1.9. 다음 주어는 목적어가 어떠함을 실제 경험을 통해서 알게 된다.

(9) a. I find reading tedious.(나는 독서가 지루하다고 생각한다.)

b. I hope you will find the trip pleasant.(나는 여행이 즐겁기를 바란다.)

c. I find the lobster very delicious.(나는 가재가 매우 맛있음을 알게 되었다.)

d. You will find the night air pleasant.(너는 밤 공기가 기분 좋게 한다는 것을 알게 될 것이다.)

e. He found every attempt fruitless.(그는 모든 시도가 허사였다는 것을 알았다.)

f. How did you find your new house?(너는 새 집에 대해서 어떻게 생각하니?)

g. How did you find the accused?(너는 그 피고인들에 대해서 어떻게 생각하니?)

h. The jury found him guilty.(배심원들은 그가 유죄라고 생각했다.)

i. She was found guilty of manslaughter.(그녀는 과실치사로 유죄로 밝혀졌다.)

j. We found it difficult to solve the problem.(우리는

그 문제를 푸는 것이 어렵다는 것을 알았다.)

k. We found the bed quite comfortable.(우리는 침대가 아주 편안하다는 것을 알게 되었다.)

l. I found the weather very cold in Norway.(나는 노르웨이에서는 날씨가 아주 차다는 것을 알았다.)

1.10. 다음에서 목적어가 놓인 상태는 전치사구로 표현되어 있다:

(10) a. I found the house in a dirty state.(나는 그 집이 더러운 상태에 있는 것을 발견하였다.)

b. I found him with every thing necessary.(나는 그가 필요로 하는 모든 것을 가지고 있음을 알았다.)

1.11. 다음에서 목적어가 놓인 상태는 과거분사로 표현되어 있다.

(11) I found my purse gone.(나는 내 지갑이 없어진 것을 알았다.)

1.12. 다음에서 목적어가 놓인 상태는 현재분사로 표현되어 있다:

(12) a. I found her reading a newspaper in her room.(나는 그녀가 방에서 신문을 읽고 있다는 것을 알았다.)

b. He was found wanting in experience.(그가 경험이 부족하다는 사실이 알려졌다.)

c. I found myself lying in a strange room.(나는 내 자신이 이상한 방에 누워 있다는 것을 알게 되었다.)

1.13. 다음에서 목적어는 재귀대명사로 표현되어 있다. 주어는 자신이 어떤 상태에 있게 됨을 의식하게된다.

(13) a. We found ourselves back where we had been.(우리는 예전에 있었던 곳으로 다시 왔다는 것을 알아차렸다.)

b. I found myself without money.(나는 돈이 없다는 것을 알아차렸다.)

c. I found myself in a dark world.(나는 자신이 어두운 세상에 있다는 것을 알아차렸다.)

d. He found himself as a musician.(그는 자신이 음악가임을 발견하였다.)

1.14. 다음 주어는 목적어가 어떠함을 추리를 통해서 알게된다.

(14) I found the box to contain explosives.(나는 그 상자가 폭발물을 담고 있음을 알았다.)

1.15. 다음 주어는 첫째 목적어에 둘째 목적어를 찾아준다.

(15) a. Will you find me my tennis racket?(너는 나에게 내 테니스 라켓을 찾아다 주겠니?)

cf. Will you find a good tennis racket for me?

b. Will you find me a good shirt?(내게 좋은 셔츠를 찾아 주시겠습니까?)

cf. Will you find a good shirt for me?

1.16. 다음 주어는 개체이다.

(16) a. Water always finds its own level.(물은 항상 제 높이를 찾는다.)

b. Rivers find their way to the sea.(강들은 바다로 찾아간다.)

c. The bullet found its victim.(실탄은 그것의 희생자를 찾았다.)

d. The arrow found its mark.(그 화살은 표적을 찾았다.)

1.17. 다음 주어는 배경이다.

(17) a. That evening found us on a deserted side street. (그 날 저녁 우리는 한적한 옆길에 있었다.)

b The hotel does not find breakfast. (그 호텔에서는 아침을 주지 않는다.)

find²

이 동사의 개념 바탕에는 눈으로 찾는 과정이 있다.

1. 타동사 용법

1.1. 다음 주어는 목적어를 찾는다.

(1) a. I cannot find my key. (나는 열쇠를 찾을 수가 없다.)

b. She found a nice necktie for me. (그녀는 좋은 넥타이를 내게 찾아주었다.)

c. You will find the letter in the drawer. (너는 그 편지를 서랍 속에서 찾을 수 있을 것이다.)

d. We found a right person for the past. (우리는 그 자리에 맞는 적격자를 찾았다.)

1.2. 다음 주어는 첫째 목적어에게 둘째 목적어를 찾아준다.

(2) a. Will you find me my pen? (내 펜을 찾아주겠니?)

b. He found me a good car. (그는 내게 좋은 차를 찾아주었다.)

1.3. 다음 주어는 목적어를 어느 장소에서 찾는다/본다.

(3) a. You cannot find deer in these woods. (사슴을 이 숲에서는 찾아볼 수 없다.)

b. You cannot find elephants in Korea. (한국에서는 코끼리를 찾아볼 수 없다.)

1.4. 다음 주어는 의도가 없이 목적어를 찾는다.

(4) a. I found these in the street. (나는 이것을 길에서 발견했다.)

b. He found a dime in the road. (그는 10전 짜리 동전을 하나 길에서 발견했다.)

1.5. 다음 목적어는 재귀대명사이다. 주어는 자신이 자신도 모르게 어디에 있음을 알게 된다.

(5) a. When he woke up, he found himself in the office. (깨어나자 그는 자신이 사무실에 있음을 알게 되었다.)

b. She found herself sitting in the church. (그녀는 자신이 교회에 앉아 있음을 알게 되었다.)

c. We found ourselves without money. (우리는 자신들이 돈이 떨어졌음을 알게 되었다.)

d. They found themselves in a dark wood. (그들은 자신들을 어두운 숲 속에 있음을 알게 되었다.)

1.6. 다음 주어는 머리로 목적어를 찾는다.

(6) a. He found an answer to the problem. (그는 그 문제의 답을 하나 찾았다.)

b. Find the cube root of 71. (71의 세제곱근을 찾아라.)

1.7. 다음 목적어는 추상적 개체이다. 주어는 목적어를 찾는다.

(7) a. Can you manage to find the time to look over this proposal? (이 계획을 살펴볼 시간을 찾을 수 있습니까?)

b. I can't find the courage to say "No" to him. (나는 그에게 '아니' 라는 말을 할 용기를 찾을 수 없다.)

c. I must find a way to make both ends meet. (나는 수입과 지출을 맞출 방법을 찾아야 한다.)

1.8. 다음 주어는 목적어가 어떠함을 알게 된다.

(8) a. He found the safe to contain nothing. (그는 그 금고가 아무 것도 안 담고 있음을 알았다.)

b. I find the Chinese people to be happy. (나는 중국인이 행복함을 발견한다.)

c. We found the rumor to be true. (우리는 소문이 사실임을 알았다.)

1.9. 다음 주어는 첫째 목적어가 둘째 목적어임을 직접 경험을 통해서 안다.

(9) a. I found him a trustworthy boy. (나는 그를 믿음직한 소년임을 알았다.)

b. I find her an easy woman to work with. (나는 그녀를 같이 일하기가 쉽지 않은 여자임을 안다.)

1.10. 다음 목적어는 형용사와 같이 쓰였다. 주어는 목적어가 어떤 상태에 있음을 발견한다.

(10) a. They found life difficult in that climate. (그들은 그 기후에서 삶이 어려움을 알게 되었다.)

b. You won't find it easy to define these terms. (여러분은 이 용어들을 정의하기가 쉽지 않음을 알게 될 것이다.)

c. I found the weather very cold in Norway. (나는 노르웨이의 기후가 매우 춥다는 것을 알게 되었다.)

d. The jury found the defendant innocent/guilty. (그 배심원은 그 피고를 무죄/유죄라는 것을 알았다.)

e. The jury found the accused innocent of all charges. (배심원은 그 피고인을 모든 죄과에서 무죄임을 발견했다.)

1.11. 다음 주어는 목적어가 어떤 상태에 있음을 발견한다.

(11) a. We found the dog dying. (우리는 그 개가 죽어가는 것을 발견했다.)

b. She found a car abandoned by the roadside. (그녀는 차 한 대가 길 가에 버려진 것을 발견했다.)

c. I found the room in perfect order. (나는 그 방이 완전하게 정돈되어 있음을 발견했다.)

1.12. 다음 주어는 that-절의 사실을 알게 된다.

(12) a. We found that he could not swim. (우리는 그가 헤엄칠 줄 모른다는 것을 알았다.)

b. He found that he was growing sleepy. (그는 졸음이 온다는 것을 깨달았다.)

c. I found that I couldn't do the work. (나는 그 일을 할 수 없음을 깨달았다.)

d. I found that I had missed the train. (나는 그 기차를 놓쳤음을 알게 되었다.)

e. I find I have half an hour to spare, so we can have our talk now. (나는 30분의 한가한 시간이 있다고 생각한다. 그러니 우리는 지금 얘기를 할 수 있다.)

1.13. 다음 주어는 개체이다. 주어는 목적어를 찾아간다.

(13) a. The bullet found its mark. (실탄은 그의 표적을 맞추었다.)

b. The blow **found** my chin.(일격은 내 턱을 찾아왔다.)

c. Water **finds** its own level.(물은 그 자체의 수면을 찾는다.)

d. The government policy **found** few supporters.(그 정책은 지지자를 별로 찾지 못했다.)

1.14. 다음 목적어는 환유적으로 쓰여서 기능을 가리킨다.

(14) a. He **found** his tongue.(그는 말을 할 수 있게 되었다.)

b. She **found** her head.(그녀는 제 정신을 찾았다.)

2. 자동사 용법

2.1. 다음 주어는 찾는다.

(15) Seek, and you shall **find**.(구하라, 그러면 찾을 것이다.)

2.2. 다음 주어는 평결을 내린다.

(16) a. The jury **found** for the plaintiff.(배심원은 그 원고에 이로운 평결을 내렸다.)

b. The jury **found** against the plaintiff.(배심원은 그 원고에 불리한 평결을 내렸다.)

finger

이 동사의 개념 바탕에는 finger의 명사 '손가락'이 있다. 동사의 의미는 이 명사로 할 수 있는 과정이 있다.

1. 타동사 용법

1.1. 다음 주어는 목적어를 손가락으로 만진다.

(1) a. He **fingered** the beautiful cloth with envy.(그는 멋진 옷감을 부러워하며 만졌다.)

b. He sat **fingering** his beard.(그는 턱 수염을 손가락으로 만지며 앉았다.)

c. He **fingered** the trigger of the pistol.(그는 그 권총의 방아쇠를 손가락으로 만졌다.)

1.2. 다음 주어는 목적어를 손가락으로 켠다.

(2) How would you **finger** this cord?(당신은 이 코드를 어떻게 켜겠습니까?)

1.3. 다음 주어는 목적어를 받는다.

(3) He **fingered** a bribe.(그는 뇌물을 받았다.)

1.4. 다음 주어는 목적어를 지목한다/밀고한다.

(4) a. You don't really want me to **finger** my own sister to the police.(너는 내가 내 여동생을 경찰에 지목하기를 정말 원치 않는다.)

b. Who **fingered** him for the burglaries?(누가 그를 강도 사건에 지목했습니까?)

c. He **fingered** a thief for the police.(그는 도둑 한 명을 경찰에게 지목했다.)

d. The driver **fingered** the manager.(운전자는 그 지배인을 지목했다.)

1.5. 다음은 수동태 문장으로 주어는 지목된다.

(5) a. He was **fingered as** one of the assailants.(그는 그 공격자들 중 한 명으로 지목되었다.)

b. Air pollution has been **fingered as** the cause of the acid rain.(대기 오염은 산성비의 원인으로 지적되어 왔다.)

2. 자동사 용법

2.1. 다음 주어는 손가락으로 들춘다.

(6) a. He **fingered through** the documents.(그는 그 문서들을 손가락으로 들추어 나갔다.)

b. He **fingered through** the files.(그는 그 파일들을 손가락으로 들추어 나갔다.)

finish

이 동사의 개념 바탕에는 목표를 달성하여 끝내는 과정이 있다.

1. 타동사 용법

1.1. 다음 주어는 동명사가 가리키는 과정을 끝낸다.

(1) a. I **finished** reading the novel.(나는 그 소설을 다 읽었다.)

b. He has **finished** cleaning the room.(그는 그 방 청소를 끝마쳤다.)

c. She has **finished** knitting the sweater.(그녀는 스웨터 짜는 것을 끝 마쳤다.)

1.2. 적당한 화맥이나 문맥에서 동명사는 안 쓰일 수 있다.

(2) a. She has **finished** reading/writing the novel.(그녀는 소설 읽기/쓰기를 끝마쳤다.)

b. She has **finished** the novel.(그녀는 소설(쓰기/일기)를 끝마쳤다.)

1.3. 다음 목적어는 소모되는 개체이다. 주어는 목적어를 다 쓴다.

(3) a. He **finished up** a can of paint.(그는 페인트 한통을 다 썼다.)

b. The cat **finished up** the fish.(그 고양이가 그 생선을 다 먹어 치웠다.)

c. He **finished off** the rest of the water. (그는 그 물의 나머지를 다 썼다.)

d. Let's **finish off** the wine.(그 포도주를 다 마셔 버리자.)

e. Have you **finished** your tea?(너는 차를 다 마셨느냐?)

1.4. 다음 목적어는 주어가 만들거나 손질하는 개체이다. 주어는 목적어의 손질을 끝낸다.

(4) a. He **finished** the table with varnish.(그는 식탁을 와니스로 마무리했다.)

b. He **finished** the desk in red lacquer.(그는 책상을 빨강 옻으로 마무리했다.)

c. They **finished** the outside of the building in gray brick.(그들은 건물의 표면을 회색 벽돌로 마무리했다.)

d. We **finished** the room by putting up molding.(우리는 방을 장식 쇠사슬로 설치하는 것으로 마쳤다.)

e. He **finished** the meeting by reading a passage from the bible.(그는 그 모임을 성경 구절을 읽음으로써 마쳤다.)

1.5. 다음 주어는 한계가 있는 과정이다. 주어는 목적어를 끝낸다.

(5) a. When do you **finish** your college course?(너는 대학 과정을 언제 마치느냐?)

b. He **finished** his life in loneliness. (그는 그의 삶을 외로움 속에 마쳤다.)

c. He did not **finish** the race. (그는 그 경주를 마치지 못했다.)

d. He has **finished** his work. (그는 자신의 일을 다 마쳤다.)

1.6. 다음 주어는 그 자체가 목적어의 마지막 부분이 되어 끝낸다.

(6) a. The chorus **finished** the music. (그 합창은 그 음악을 마무리 지었다.)

b. A fine desert **finished** the meal. (맛있는 후식이 식사를 끝마무리 지었다.)

1.7. 다음 목적어는 생명체이다. 생명체의 끝은 죽음이다.

(7) a. The scandal will just about **finish** him off. (그 추문은 그를 거의 죽여 놓은 것이다.)

b. He **finished** off the snake with a stick. (그는 그 뱀을 막대기를 써서 완전히 죽였다.)

c. Climbing all the stairs has really **finished** me off. (그 모든 계단을 오르는 것이 나를 거의 죽여 놓았다.)

2. 자동사 용법

2.1. 다음 주어는 끝낸다.

(8) a. I can't come till I have **finished**. (나는 다 마칠 때까지 갈 수가 없다.)

b. She **finished** first in the piano contest. (그녀는 피아노 경연 대회에서 일등이 되었다.)

c. Where did you **finish** in the 100 meters? (100미터 경주에서 몇 등을 했느냐?)

d. She **finished** before the time. (그녀는 정해진 시간 전에 끝마쳤다.)

2.2. 다음 주어는 끝난다.

(9) a. The music **finished**. (음악이 끝났다.)

b. What time does the concert **finish**? (몇 시에 음악회가 끝나느냐?)

c. The wash machine **finished**. (세탁기는 끝났다.)

d. Term **finishes** next week. (학기가 다음 주에 끝난다.)

e. I thought the sermon would never **finish**. (나는 그 설교가 결코 끝나지 않으리라고 생각했다.)

2.3. 다음 주어는 한정된 양을 가진 개체로서, 쓰면 다 없어진다.

(10) My money has **finished** and my friends have gone. (내 돈은 다 떨어졌고, 내 친구들도 떠나버렸다.)

2.4. 다음 주어는 with의 목적어로 끝낸다.

(11) a. The pianist **finished** with a chopin polonaise. (그 피아니스트는 쇼팽의 폴로네이즈로 끝냈다.)

b. The party **finished** with a song. (그 모임은 노래로 끝났다.)

2.5. 다음 주어는 with의 목적어와 관계를 끝낸다.

(12) a. He has **finished** with her forever. (그는 그 여자와 영원히 관계를 끊었다.)

b. Alice has **finished** with the young man. (앨리스는 그 젊은이와 관계를 끊었다.)

c. Have you **finished** with the newspaper? (그 신문을 다 보셨습니까?)

2.6. 다음 주어는 by의 목적어가 가리키는 활동으로 끝낸다.

(13) a. I shall **finish** by reciting a poem. (나는 시를 한편 낭독함으로써 끝내겠습니다.)

b. He **finished** (his speech) by thanking everybody. (그는 모든 사람에게 감사를 드림으로써 (연설을) 끝냈다.)

fire

이 동사의 개념 바탕에는 fire의 명사 '불', '발표' 가 있다.

1. 타동사 용법

1.1. 다음 주어는 목적어에 불을 지핀다.

(1) a. He **fired** the furnace. (그는 아궁이에 불을 지폈다.)

b. It took several matches to **fire** the wood. (그 장작에 불을 지피는 데 여러 개의 성냥이 필요했다.)

c. The raiders **fired** the whole town. (침입자들은 온 마을에 불을 질렀다.)

d. The arsonist **fired** the school/the barn. (그 방화범이 그 학교/외양간에 불을 질렀다.)

1.2. 다음 주어는 목적어를 굽는다.

(2) a. He **fires** pottery/porcelain. (그는 도기/자기를 굽는다.)

b. He **fired** bricks. (그는 벽돌을 구웠다.)

1.3. 다음 목적어는 환유적으로 쓰여서 마음을 가리킨다. 마음은 다시 타는 개체로 개념화된다.

(3) a. The stories have **fired** her with the urge to travel more. (그 이야기들은 그녀를 더 여행하고자 하는 충동으로 불태웠다.)

b. The talk **fired** him with enthusiasm for the project. (그 대화는 그를 그 기획에 대한 열정으로 불태웠다.)

1.4. 다음 목적어도 타는 개체로 개념화되어 있다.

(4) a. The teacher **fired** my interest in linguistics. (그 선생님은 언어학에서의 내 흥미를 불붙였다.)

b. The book **fired** his imagination. (그 책은 그의 상상력을 불지폈다.)

1.5. 다음은 수동태 문장으로 주어는 고무된다.

(5) After reading Steinbeck, he was **fired** with the ambition to become a writer. (슈타인벡의 작품을 읽은 뒤, 그는 작가가 되고 싶은 열망으로 불탔다.)

1.6. 다음 주어는 목적어를 발사한다.

(6) a. The officer **fired** his pistol at the suspect. (경찰관은 총을 혐의자에게 발사했다.)

b. He **fired** the gun/the weapon. (그는 총/무기를 발사했다.)

1.7. 다음 목적어는 무기에서 발사되는 개체이다.

(7) a. He **fired** the shot/the bullet/the round. (그는 탄알/총알/탄환을 발사했다.)

b. She **fired** an arrow at the target. (그녀는 화살 하나를 표적에 발사했다.)

c. The fighter plane **fired** two missiles at the enemy plane. (그 전투기는 2개의 미사일을 적기에 발사했다.)

d. The hunter fired small shots at birds.(그 사냥꾼은 작은 탄알을 새들에게 발사했다.)

1.8. 다음은 「말은 개체」 은유가 적용된 표현이다.

(8) a. He fired back an angry response.(그는 화난 대답을 쏘아 주었다.)

b. They fired a salute.(그들은 갈채를 퍼부었다.)

c. I fired off a furious letter to the editor.(나는 화난 편지 한장을 편집자에게 보냈다.)

d. The journalists were firing questions at the minster.(그 기자들은 질문들을 장관에게 퍼붓고 있었다.)

1.9. 다음 주어는 목적어를 해고한다. 목적어는 총에서 나가는 실탄과 같다.

(9) a. My boss fired me.(내 상사가 나를 해고했다.)

b. The owned fired the drunkard.(그 주인이 그 술주정꾼을 해고했다.)

1.10. 다음은 수동태 문장으로 주어는 해고된다.

(10) a. He was fired from his job.(그는 직장으로부터 해고되었다.)

b. She got fired from her first job.(그녀는 최초의 일자리에서 해고되었다.)

2. 자동사 용법

2.1. 다음 주어는 발사된다.

(11) The gun fired.(그 총이 발사되었다.)

2.2. 다음 주어는 발사한다.

(12) a. He fired into the crowd.(그는 군중 속을 향해 발사했다.)

b. The soldiers fired at the fleeting enemy.(그 군인들은 빠르게 움직이는 적에게 발사했다.)

c. He took careful aim and fired.(그는 신중한 조준을 하고 발사했다.)

d. The hunter fired at what he thought was a deer.(그 사냥꾼은 그가 사슴이라고 생각한 것에 발사했다.)

firm

이 동사의 개념 바탕에는 단단하게 되는 과정이 있다.

1. 자동사 용법

1.1. 다음 주어는 단단해진다.

(1) a. The clay pottery firmed quickly.(그 토기는 빨리 굳어졌다.)

b. The jello firmed quickly.(젤리는 빨리 굳어졌다.)

1.2. 다음 주어는 완전하게 굳어진다.

(2) a. The mixture began to firm up.(그 혼합물은 완전히 굳어지기 시작했다.)

b. The pudding firmed up in the freezer.(푸딩은 냉동고에서 완전히 굳어졌다.)

c. The ice firmed up as it became colder.(얼음은 그것이 차가워짐에 따라 완전히 굳어졌다.)

2. 타동사 용법

2.1. 다음 주어는 목적어를 단단하게 한다.

(3) a. The volunteers firmed up the dike with sandbags.(지원자들은 그 제방을 모래주머니로 단단하게 했다.)

b. The product claims to firm your body in a month.(그 상품은 당신의 몸을 한달 안에 단단하게 해주겠다고 주장한다.)

c. A few weeks of aerobic will firm up that flabby stomach.(몇 주간의 에어로빅은 축 늘어진 그 위를 단단하게 할 것이다.)

d. Exercises firm muscles.(운동은 근육들을 단단하게 한다.)

2.2. 다음 목적어는 추상적인 개체나 구체적인 것으로 개념화되어 있다.

(4) a. We hope to firm up the deal later this week.(우리는 그 거래를 이번 주 후반에 구체화하기를 원한다.)

b. The company has not yet firmed up its plans for expansion.(그 회사는 확장을 위한 계획들을 아직 구체화하지 않았다.)

fish

이 동사의 개념 바탕에는 fish의 명사 '물고기'가 있다. 동사의 의미는 물고기를 낚는 과정과 관계된다.

1. 타동사 용법

1.1. 다음 주어는 목적어를 낚는다. 목적어는 물고기이다.

(1) a. He fishes coral/salmon.(그는 산호/연어를 낚는다.)

b. He is fishing eels.(그는 뱀장어를 낚는 중이다.)

1.2. 다음 주어는 목적어를 낚는다. 목적어는 낚시를 하는 장소이다.

(2) a. Other nations are forbidden to fish the waters within 200 miles of the coast.(다른 국가들은 해안 200 마일 내의 해역에서의 조업이 금지되어 있다.)

b. They fished the lock for salmon.(그들은 그 수문을 연어를 잡기 위해 낚았다.)

c. We fished the stream yesterday.(우리는 어제 개울에서 낚시를 했다.)

d. We fished the lake for several hours.(우리는 그 호수에서 몇 시간 동안 낚시를 했다.)

1.3. 다음은 수동태 문장으로 주어는 낚시된다.

(3) a. The sea here has been fished intensely over the last ten years.(이곳 바다는 지난 10년 간 심하게 낚시가 되었다.)

b. The branch of the river is pretty much fished out.(이 강의 지류는 많이 낚이어서 고기가 멸종이다.)

1.4. 다음 주어는 목적어를 물고기를 낚아 올리듯 끄집어낸다.

(4) a. She fished out a chewing gum.(그녀는 껌 하나를 끄집어냈다.)

b. He fished a dime out of his pocket. (그는 10 센트 동전 하나를 주머니에서 끄집어냈다.)

c. He fished a cigarette out of his pocket.(그는 담배 하나를 주머니에서 끄집어냈다.)

d. They fished up the dead man from the water.(그들은 그 죽은 남자를 그 물에서 끄집어 올려냈다.)

1.5. 다음은 수동태 문장으로 주어는 낚인다.

(5) The car was fished out of the river. (그 차는 강 밖으로 낚아 올려졌다.)

2. 자동사 용법

2.1. 다음 주어는 낚시를 한다.

(6) a. The traveler was fishing off the coast of Iceland. (그 여행자는 아이슬란드의 해안에서 낚시를 하고 있었다.)

b. He is fishing in the river. (그는 강에서 낚시 중이다.)

c. He fishes with a rod and line. (그는 낚시대와 줄을 갖고 낚시를 한다.)

2.2. 다음 주어는 for의 목적어를 찾는다.

(7) a. He is fishing for pearls. (그는 진주를 찾기 위해 낚고 있다.)

b. He is fishing for information/praise. (그는 정보/칭찬을 찾고 있는 중이다.)

c. The director is fishing for information about our project. (그 감독관은 우리의 계획에 대한 정보를 찾고 있다.)

2.3. 다음 주어는 뒤진다.

(8) a. I fished through my closet looking for my good shoes. (나는 좋은 신발을 찾기 위해 옷장을 뒤졌다.)

b. She fished around in her bag and pulled out a photo. (그녀는 가방 안을 뒤져서 사진 한 장을 끄집어냈다.)

2.4. 다음 주어는 낚시를 하는 곳이다.

(9) This stream fishes well. (이 시냇물은 낚시질이 잘 된다.)

fit

이 동사의 개념 바탕에는 맞는 과정이 있다.

1. 타동사 용법

1.1. 다음 주어는 목적어에 맞는다.

(1) a. This dress fits her perfectly. (이 옷은 여자에게 완전하게 맞는다.)

b. The coat fits you very well. (이 저고리는 너에게 잘 맞는다.)

c. That cover fits the armchair perfectly. (그 카바는 그 안락의자에 완전하게 맞는다.)

1.2. 다음 주어와 목적어는 추상적이지만 구체적인 것으로 개념화되어 있다.

(2) a. The punishment fits the crime. (그 벌은 죄에 맞다.)

b. The example does not fit the case. (그 예는 그 경우에 맞지 않다.)

c. His speech fitted the occasion. (그의 연설은 그 행사에 어울렸다.)

d. Your theory fits all the facts. (너의 이론은 모든 사실에 맞는다.)

1.3. 다음 주어는 목적어를 to의 목적어에 맞게 한다.

(3) a. They fit the ring to the finger. (그들은 반지를 그 손가락에 맞춘다.)

b. We must fit our policy to the new situation. (우리는 정책을 새 상황에 맞추어야 한다.)

c. He agreed to fit the plans to suit us. (그는 그 계획을 우리에게 적합하게 맞추기로 합의했다.)

1.4. 다음 주어는 목적어를 in이나 into의 목적어에 맞추어 넣는다.

(4) a. He fitted a key in the lock. (그는 열쇠를 자물쇠에 넣었다.)

b. She fitted a stopper into a bottle. (그녀는 마개를 병에 넣었다.)

c. He fitted a pistol into the holster. (그는 권총을 총집에 넣었다.)

1.5. 다음 주어는 목적어를 짜 맞춘다.

(5) a. We're fitting new locks on the door. (우리는 새 자물쇠를 문에 맞추어 넣고 있다.)

b. They fitted a cupboard under the stairs. (그들은 찬장을 그 계단 밑에 짜 맞추었다.)

c. They fitted the pieces of the machine together. (그들은 기계의 부품을 짜 맞추었다.)

1.6. 다음 주어는 목적어를 전치사 with의 목적어로 단다.

(6) a. They fitted the library with shelves. (그들은 새 도서관을 책장으로 설비했다.)

b. He fitted the house with furniture. (그는 그 집을 가구로 갖추었다.)

c. They are fitting the store with counters. (그들은 상점을 카운터로 설비하고 있다.)

d. They fitted the pistol with a silencer. (그들은 권총을 소음기로 달았다.)

e. I fitted her with new dresses. (나는 그녀를 새 옷으로 갖추어 주었다.)

1.7. 다음 주어는 목적어를 전치사 for의 목적어에 대비시킨다.

(7) a. The school fits students for college. (학교는 학생들이 대학에 들어갈 수 있게 준비시킨다.)

b. Hard training fitted him for the job. (힘든 훈련은 그가 그 일을 감당하게 해주었다.)

c. Her experience fits her for the job (그녀의 경험이 그녀가 그 일을 맡을 수 있게 한다.)

2. 자동사 용법

2.1. 다음 주어는 맞는다.

(8) a. Her dress fits beautifully. (그녀의 옷이 아름답게 맞는다.)

b. The lid fits badly. (그 뚜껑은 잘 맞지 않는다.)

c. Does this glove fit? (이 장갑은 맞느냐?)

d. If the key fits, open the door. (열쇠가 맞으면, 문을 열어라.)

fix

이 동사의 개념 바탕에는 고정시키는 과정이 있다.

1. 타동사 용법

1.1. 다음 주어는 목적어를 to의 목적어에 고정시킨다.

(1) a. He fixed the lamp to the wall. (그는 램프를 그 벽에

다 고정시켰다.)

  b. I fixed the picture to the wall.(나는 그 그림을 벽에
다 고정시켰다.)

1.2. 다음 주어는 목적어를 on의 목적어에 고정시킨다.

(2) a. He fixed a statue on the pedestal.(그는 조상을 대
좌에 고정시켰다.)

  b. She fixed a new handle on the door.(그녀는 새 손
잡이를 그 문에 달았다.)

  c. He fixed the lid on the box.(그는 뚜껑을 그 상자에
고정시켰다.)

1.3. 다음 주어는 목적어를 in의 목적어에 고정시킨다.

(3) a. He fixed a feather in his hat. (그는 깃털 하나를 그
의 모자에 꽂았다.)

  b. He fixed a post in the ground. (그는 말뚝을 땅에
박았다.)

  c. We fixed the dinning table in the middle of the
room.(우리는 식탁을 그 방 한 가운데 고정시켰다.)

  d. He fixed himself in Seoul.(그는 서울에 자신을 정
착시켰다.)

1.4. 다음 목적어는 추상적이나 구체적인 개체로 개념화되어 있다. 주어는 목적어를 전치사 on의 목적어에 고정시킨다.

(4) a. He fixed the blame on me.(그는 그 비난을 나에게
씌웠다.)

  b. We fixed our eyes on the screen.(우리는 시선을
스크린에 고정시켰다.)

  c. She fixed her affection on the poor girl.(그녀는 애
정을 그 가엾은 소녀에게 고정시켰다.)

1.5. 다음 주어는 목적어를 고정시킨다.

(5) a. The conductor fixed the attention of the audience.
(그 지휘자는 청중의 주의를 고정시켰다.)

  b. The sight fixed her attention.(그 광경은 그녀의 주
의를 그 곳에 붙어 있게 했다.)

  c. The address is fixed in my mind. (그 주소는 내 마
음에 확실히 기억되어 있다.)

1.6. 다음 주어는 마음속에 목적어를 고정시킨다.

(6) a. She fixed the spelling of the word in her mind.(그
녀는 그 낱말의 철자를 마음 속에 고정시켰다.)

  b. He tries to fix the dates in his mind.(그는 그 날짜
들을 마음 속에 기억하려고 한다.)

1.7. 다음 주어는 목적어를 고정시킨다.

(7) a. He fixed a loose plank.(그는 흔들흔들한 널빤지를
고정시켰다.)

  b. He fixed a bayonet.(그는 총검을 꽂았다.)

  c. He fixed the price at one dollar.(그는 가격을 1달
러로 정했다.)

1.8. 다음 주어는 목적어를 고정시킨다. 목적어는 날짜이다.

(8) a. They fixed the day for the meeting.(그들은 그 모
임을 위한 날짜를 정했다.)

  b. They have not fixed the date and place of the
wedding yet.(그들은 아직도 결혼의 날짜와 장소를
정하지 않았다.)

1.9. 다음 주어는 목적어를 정착시킨다.

(9) a. He fixed the photographic negative.(그는 그 사진
원판을 정착시켰다.)

  b. He fixed the color.(그는 그 색깔을 고착시켰다.)

  c. She fixed the dye with chemicals.(그녀는 그 염료
를 화학 물질로 고착시켰다.)

1.10. 조인 부분이 풀리면 고장이 난다. 고치기 위해서는 조여서 고정을 시킨다. 주어는 목적어를 고친다.

(10) a. He is fixing the machine.(그는 기계를 고치고 있
다.)

  b. She doesn't know how to fix the bike.(그녀는 자
전거를 고칠 줄 모른다.)

  c. I must get the radio fixed.(나는 라디오를 손질해야
한다.)

  d. He had his watch fixed.(그는 시계를 고쳤다.)

1.11. 다음 주어는 헝클어진 머리를 고정시킨다.

(11) a. She is fixing her hair.(그녀는 머리를 다듬고 있다.)

  b. I'll fix the room for you.(나는 방을 너를 위해 정리
하겠다.)

1.12. 다음 주어는 목적어의 결과를 미리 고정시킨다.

(12) a. They fixed the election/the vote.(그들은 그 선거/
투표를 조작했다.)

  b. They fixed the race.(그들은 경기를 사전 조작했
다.)

  c. He fixed the jury/the judge.(그는 그 배심원/그 판
사를 매수했다.)

  d. The jockey had been fixed to lose the game.(그
기수는 그 게임에 지도록 매수되었다.)

1.13. 다음 주어는 목적어를 만든다.

(13) a. She is fixing a salad.(그녀는 샐러드를 만들고 있
다.)

  b. She's fixing breakfast.(그녀는 아침을 만들고 있
다.)

1.14. 다음 주어는 첫째 목적어에게 둘째 목적어를 만들어 준다.

(14) a. Let me fix you a drink.(내가 술 한 잔을 타주게 해
주세요.)

  b. He fixed himself a meal.(그는 스스로 식사를 만들
었다.)

1.15. 다음 주어는 목적어를 조정해서 처리한다.

(15) If you want to meet them, I can fix it.(네가 그들을
만나기를 원하면, 나는 그것을 주선할 수 있다.)

2. 자동사 용법

2.1. 다음 주어는 할 일을 결정한다.

(16) a. I was just fixing to leave home.(나는 막상 집을 떠
나려고 결정하고 있었다.)

  b. She is fixing to be a singer.(그녀는 가수가 되기로
결정하고 있다.)

  c. They have fixed to go to Saipan.(그들은 사이판으
로 가기로 결정했다.)

  d. I'm fixing to go hunting.(나는 사냥을 가기로 결정
하고 있다.)

2.2. 다음 주어는 전치사 on의 목적어를 선택한다.

(17) a. They fixed on a little hut.(그들은 자그마한 오두막
집을 결정했다.)

  b. She has not fixed on the date of her wedding.(그
녀는 결혼식의 날짜를 결정하지 못했다.)

c. We fixed on you to break news to her.(우리는 그 소식을 그녀에게 전할 사람으로 너를 정했다.)

2.3. 다음 주어는 전치사 on의 목적어에 고정된다.

(18) a. Her thoughts fixed on her children.(그녀의 생각은 아이들에게 고정되었다.)

b. My eyes fixed on a hole in the ceiling.(내 눈은 천정에 있는 구멍에 고정되었다.)

2.4. 다음 주어는 굳는다.

(19) a. The plaster fixed in an hour.(그 석고는 한 시간 안에 굳었다.)

b. The stain fixes when you wash it in cold water.(그 얼룩은 찬물에 빨면 굳는다.)

fizzle

이 동사의 개념 바탕에는 '피시식' 하는 소리가 나는 과정이 있다.

1. 자동사 용법

1.1. 다음 주어는 피시식 소리를 낸다.

(1) a. The candle fizzled and then extinguished.(양초는 피시식 소리를 낸 다음 꺼졌다.)

b. The firecracker fizzled instead of exploding.(폭죽은 폭발되는 대신 피시식 소리를 내며 꺼졌다.)

c. The wet match fizzled for a moment before expiring.(그 젖은 성냥은 꺼지기 전에 잠시 동안 피시식 소리를 냈다.)

d. The soda fizzled when the bottle was opened.(그 탄산수는 병을 땄을 때 피시식 소리를 냈다.)

1.2. 다음 주어는 성냥에 비유되어 있다. 성냥이 피시식 꺼지듯, 다음 주어도 실패한다.

(2) a. The movie fizzled because the acting was bad.(그 영화는 연기가 나빴기 때문에 실패했다.)

b. His interest in going back to college fizzled.(대학으로 되돌아가려는 그의 관심은 사라졌다.)

c. The fighting fizzled out and both armies withdrew.(전투는 일찍 끝났고, 양측 군대는 철수하였다.)

d. Their romance just fizzled out.(그들의 연애 사건은 막 끝나버렸다.)

e. The enthusiasm soon fizzled out.(그들의 의욕은 곧 꺼졌다.)

f. The party fizzled out after all the food and drinks were gone.(그 파티는 음식과 음료 모두가 떨어져서 끝났다.)

flag¹

이 동사의 개념 바탕에는 flag의 명사 '기' 또는 '신호를 위한 사각형 천'이 있다. 동사의 의미는 이 명사의 쓰임과 관계가 있다.

1. 타동사 용법

1.1. 다음 주어는 목적어를 기로 단다.

(1) He flagged his house.(그는 자신의 집을 기로 달았다.)

1.2. 다음 주어는 신호기로 목적어를 나타낸다.

(2) a. He flagged an order to vessels at a distance.(그는 명령을 멀리 있는 배들에게 기로 보냈다.)

b. He flagged a message.(그는 메시지를 기로 보냈다.)

1.3. 다음 주어는 서표로 목적어를 표시한다.

(3) a. I flagged the section of the paper I thought you should read.(나는 생각하기에 네가 읽어야만 할 쪽 부분을 표시했다.)

b. We'll flag the records of interest in the database and then we can give you a printout.(우리는 흥미 있는 기록을 데이터베이스에 표시를 해 두어서 나중에 우리는 당신에게 출력을 해 줄 수 있다.)

c. I've flagged the parts I want to comment on.(나는 내가 논평하기를 원하는 부분들을 표시해 두었다.)

d. I've flagged the paragraphs that we need to look at in more detail.(나는 우리가 세부적으로 더 보기를 원하는 단락을 표시해 두었다.)

e. Flag any cards which might be useful later.(후에 유용할 것 같은 엽서에 표시해 두어라.)

1.4. 다음 주어는 신호기 같은 것을 써서 목적어를 세운다.

(4) a. I flagged down a taxi/a train.(나는 신호를 해 택시/기차를 세웠다.)

b. The police officer flagged down a speeding car.(경찰관은 신호를 보내서 과속 차량을 세웠다.)

c. He flagged a motorist to get help.(그는 도움을 얻기 위해 운전자를 세웠다.)

flag²

이 동사의 개념 바탕에는 원기가 빠져 축 처지는 과정이 있다.

1. 자동사 용법

1.1. 다음 주어는 힘이 빠져서 축 처진다.

(1) a. By ten o'clock, I flagged and went to bed.(10시 무렵에, 나는 힘이 빠져서 침대로 갔다.)

b. The runner began to flag in the last lap.(그 주자는 마지막 바퀴에서 힘이 빠지기 시작했다.)

1.2. 다음 주어는 추상적인 개체이다. 생명체로 개념화되어 있다.

(2) a. The conversation is flagging.(그 대화는 힘을 잃어가고 있는 중이다.)

b. Her confidence flagged.(그녀의 자신감은 힘을 잃었다.)

flame

이 동사의 개념 바탕에는 flame의 명사 '불꽃'이 있다. 동사의 의미는 이 명사의 타는 상태와 관계가 있다.

1. 자동사 용법

1.1. 다음 주어는 불꽃을 튀기며 탄다.

(1) a. A fire **flamed** brightly in the center of the circle of campers.(불이 그 야영자들의 원의 중심에서 밝게 타고 있었다.)

    b. The gasoline **flamed** suddenly.(휘발유는 갑자기 불꽃을 튀기며 탔다.)

    c. The coals **flamed** when she blew over them.(석탄은 그녀가 불었을 때 활활 탔다.)

    d. The logs **flamed** on the hearth.(통나무들은 그 난로에서 불꽃을 튀기며 탔다.)

1.2. 다음 주어는 불꽃처럼 빨갛게 된다.

(2) a. Her cheeks **flamed** with rage.(그녀의 볼이 분노로 벌겋게 달아올랐다.)

    b. My face **flamed** scarlet with embarrassment.(내 얼굴이 당황하여 주황빛으로 달아올랐다.)

    c. The hill **flames** with azaleas.(그 언덕이 진달래로 빨갛게 된다.)

    d. The western sky **flamed**.(그 서쪽 하늘은 불처럼 빨갛게 물들었다.)

    e. The garden **flamed** with azaleas.(그 정원은 진달래로 붉게 되었다.)

1.3. 다음은 [화는 불꽃]은유가 적용된 표현이다. 주어는 화를 발끈 낸다.

(3) a. His anger **flamed** out.(그의 화가 타올랐다.)

    b. She **flamed** with rage.(그녀는 분노로 타올랐다.)

2. 타동사 용법
2.1. 다음 주어는 목적어를 화가 나서 꾸짖는다.

(4) The boss **flamed** me for scheduling a meeting without checking with him.(그 상사는 나를 그에게 물어보지도 않고 회의를 계획한 것에 대해 분노했다.)

flank

이 동사의 개념 바탕에는 flank의 명사 '옆구리'가 있다. 이 명사의 위치와 관계가 있다.

1. 타동사 용법
1.1. 주어는 목적어의 옆에 선다.

(1) a. Two policemen **flanked** the mayor.(경찰관 두 명은 그 시장 옆을 보호했다.)

    b. The enemy **flanked** the army and cut them off.(그 적은 군대 측면을 공격하여 그들을 차단했다.)

    c. Our soldiers **flanked** the enemy on the right.(우리 군인들은 그 적을 오른쪽에서 공격했다.)

1.2. 다음 주어는 움직이지 않는다. 그러나 전체 형상을 보면 주어는 목적어 옆에 있다.

(2) a. They drove through the cotton fields that **flanked** the highway.(그들은 고속도로를 끼고 있는 그 목화농장을 통해 운전했다.)

    b. Fountains **flank** the statue on either side.(분수들이 상을 양 쪽에 끼고 있다.)

    c. Two chairs **flanked** the fire place.(의자 두 개가 벽난로를 끼고 있었다.)

    d. A garage **flanks** the house.(차고 하나가 집을 끼고 옆에 있다.)

1.3. 다음은 수동태 문장으로 주어는 옆에 둘러싸인다.

(3) a. She left the court room **flanked** by the guards.(그녀는 교도관들에 둘러싸여 그 법정을 떠났다.)

    b. The prisoner appeared **flanked** by two guards.(그 죄수는 두 감시관에 둘러싸여 나타났다.)

flap

이 동사의 개념 바탕에는 날개, 기, 호주머니 뚜껑과 같은 납작한 물건이 깔려 있다. 이 동사의 의미는 이러한 개체의 속성이나 기능과 관련된다.

1. 타동사 용법
1.1. 다음 주어는 목적어를 서로 친다.

(1) a. The bird **flapped** its wings.(그 새는 날개를 퍼덕였다.)

    b. He kept his ears **flapping**.(그는 귀를 퍼덕였다.)

    c. Please stop **flapping** your lips.(그만 너의 입술을 놀려라.)

1.2. 새가 날개를 치면 퍼덕거리면 소리가 난다. 다음 주어는 목적어를 퍼덕인다.

(2) a. The wind **flapped** the flags.(바람은 그 기들을 펄럭거렸다.)

    b. A brisk wind **flapped** the clothes on the line.(팔팔한 바람이 빨래줄에 걸린 옷들을 펄럭거렸다.)

    c. The wind was **flapping** the curtains/the shutters.(그 바람은 커튼들/덧문들을 펄럭거렸다.)

    d. A gust of wind **flapped** the tent.(돌풍 한줄기가 천막을 펄럭거렸다.)

1.3. 다음 주어는 파리채 같은 납작한 물건으로 목적어를 쳐서 어떤 결과를 가져온다.

(3) a. She **flapped** the insect off her arm.(그녀는 벌레를 쳐서 그녀의 팔에서 떨어지게 했다.)

    b. He **flapped** the fly away with a flyswatter.(그는 파리를 파리채로 쳐서 쫓았다.)

    c. He **flapped** out a light.(그는 그 불을 쳐서 껐다.)

1.4. 다음 주어는 목적어를 손바닥이나 부채 같은 납작한 물건으로 친다.

(4) a. He **flapped** the boy on the face/the head.(그는 그 소년의 얼굴/머리를 찰싹 때렸다.)

    b. Don't **flap** him on the head.(그를 머리를 때리지 마시오.)

1.5. 다음 주어는 목적어를 친다. 목적어는 치는데 쓰이는 도구이다.

(5) a. He **flapped** a cloth at a fly.(그는 천을 파리에 쳤다.)

    b. He **flapped** a fan at the fly.(그는 부채를 파리에 쳤다.)

    c. He **flapped** the towel at a fly.(그는 수건을 파리에 쳤다.)

    d. He **flapped** a flyswatter at a mosquito.(그는 파리채를 모기에 쳤다.)

2. 자동사 용법
2.1. 다음 주어는 날개를 펄럭이며 이동한다.

(6) a. The birds **flapped** away.(새들은 날개를 치며 날아갔다.)

b. Two large birds flapped across the lake.(두 마리 큰 새가 날갯짓을 하며 호수를 지나갔다.)

c. The cranes flapped over the lake.(학들은 날개 짓을 하며 그 호수 위를 날아 지나갔다.)

d. The geese flapped slowly out of sight.(거위들은 날개를 퍼덕이며 천천히 시야에서 사라졌다.)

e. The large bird flapped up the hill.(그 큰 새는 날개를 펄럭이며 언덕 위로 날아 올라갔다.)

2.2. 다음 주어는 펄럭거리거나 벌름거린다.

(7) a. Bill's mouth flapped a lot, but he never says anything important.(빌의 입은 벌렁거렸지만, 그는 중요한 말은 하나도 하지 않는다.)

b. The flag was flapping in the wind.(깃발은 바람에 펄럭이고 있었다.)

c. The shopkeeper ran forwards with his arms flapping.(그 가게 주인은 두 팔을 흔들며 앞으로 달려갔다.)

2.3. 다음에 쓰인 전치사 at은 시도의 뜻을 나타낸다.

(8) He flapped at a fly with a fan.(그는 파리를 부채로 잡으려고 했다.)

2.4. 다음 주어는 부산을 떤다.

(9) a. There's no need to flap; you'll be ready in time. (흥분할 필요 없다. 제 시간에 준비될 것이다.)

b. Don't flap; I'm sure I'll be back soon.(흥분하지 마시오. 내가 곧 돌아올 겁니다.)

flare

이 동사의 개념 바탕에는 flare의 명사 '너울거리는 불길'이 있다. 이러한 불길은 열은 물론 빛과도 관계가 있다.

1. 자동사 용법

1.1. 다음 주어는 불이 확 붙는다.

(1) a. The forest fire was flaring high up in the sky.(그 산불은 하늘 높이 치솟고 있었다.)

b. The fire flared when gasoline was poured on it.(그 불은 휘발유가 부었을 때 훨훨 타올랐다.)

c. A sudden wind made the fire flare up.(돌풍이 그 불길을 치솟게 했다.)

d. The fire flared into life.(그 불은 훨훨 타올라 살아났다.)

e. Firework flared in the darkened sky.(불꽃놀이가 어두워진 밤하늘에 확 탔다.)

1.2. 다음 주어는 불빛을 발한다.

(2) a. A lamp flares when it is turned too high.(램프는 너무 높이면 불꽃이 흔들린다.)

b. Hundreds of stars flared in the night sky.(수백 개의 별들이 밤하늘에 빛났다.)

c. The torch flared in the wind.(그 횃불은 바람에 너울거렸다.)

d. The match flared in the darkness.(그 성냥이 어둠 속에서 확 빛났다.)

e. The curtains flared up as they caught fire.(그 커튼은 불이 붙으면서 활활 타올랐다.)

f. The barbecue flared up.(그 바베큐가 확 타올랐다.)

g. The candle flared up in the breeze.(그 촛불은 미풍에 너울거렸다.)

1.3. 싸움이나 폭력은 불에 비유된다. 다음 주어는 확 일어난다.

(3) a. A quarrel flared up between them.(다툼이 그들 사이에 갑자기 일어났다.)

b. Dozens of people were injured as fighting flared up.(싸움이 일어났을 때 수십 명의 사람들이 다쳤다.)

c. Violence flared up again today.(폭력이 오늘 또 다시 터졌다.)

d. Violence flared and the police moved in.(폭력이 터졌고 경찰이 들어왔다.)

1.4. 사람들이 화가 나면 얼굴이 붉어진다. 여기서 이 동사는 화를 내는 일과 연관된다.

(4) a. Tempers flared during the tense meeting.(화들이 그 긴장된 회의 중에 터졌다.)

b. The argument grew heated, and tempers suddenly flared.(그 논쟁이 가열되자 화들이 갑자기 터졌다.)

1.5. 다음 주어는 성을 낸다. 주어는 환유적 표현이다.

(5) a. They flared up at the mere mention of their names.(그들은 자신들의 이름의 단순한 언급에 화를 냈다.)

b. She often flares up in arguments.(그녀는 논쟁시 자주 화를 낸다.)

c. The spots on his face flared up again.(그의 얼굴에 또 반점이 확 나타났다.)

d. Her asthma tends to flare up on smoggy days.(그녀의 천식은 매연이 심한 날에 심해지는 경향이 있다.)

e. "You should have told me," she flared at him.("나한테 말을 했어야 했어요."라며 그녀는 그에게 화를 냈다.)

1.6. 다음 주어는 그 모양이 나팔꽃 모양으로 벌어진다.

(6) a. A horn flares at the end.(호른 악기는 끝이 벌어진다.)

b. The skirt flares at the bottom.(그 치마는 밑이 벌어진다.)

c. The lower end of a clarinet flares out.(클라리넷의 낮은 끝은 나팔 모양으로 벌어진다.)

1.7. 다음 주어는 벌름댄다.

(7) Her nostrils flared with anger.(그녀의 코가 분노로 벌름댔다.)

2. 타동사 용법

2.1. 다음 주어는 목적어를 크게 벌린다.

(8) a. He stuck out his tongue and flared his nostrils.(그는 혀를 쑥 내밀고 코를 벌름댔다.)

b. The bull flared its nostrils and charged.(그 황소는 코를 벌름거리며 앞으로 돌진했다.)

2.2. 다음 주어는 불꽃으로 목적어를 나타낸다.

(9) The rocket flared a warning.(로켓의 불빛이 경고를 알렸다.)

flash
이 동사의 개념 바탕에는 번쩍 빛나는 과정이 있다.

1. 자동사 용법

1.1. 다음 주어는 불빛을 낸다.
(1) a. The sword flashed in the sun.(그 칼은 햇빛에 번쩍였다.)
  b. Flashlight flashed in the hall.(후레쉬 불빛이 그 강당에서 번쩍했다.)
  c. Lightning/bursts of firework flashed in the sky.(번개/폭죽이 하늘에서 번쩍였다.)
  d. The lights flashed twice and then the power went out.(전등들은 두 번 번쩍하더니 전기가 나갔다.)
  e. The light on the police car is flashing.(경찰 차의 불이 번쩍이고 있다.)
  f. Red warning lights flashed on and off.(빨간 경고등이 켜졌다 꺼졌다 했다.)

1.2. 다음 주어는 번쩍인다.
(2) a. A neon sign flashed on and above the door.(네온 사인이 문에서 그리고 그 위에서 번쩍였다.)
  b. A message was flashing on his pager.(하나의 전언이 그의 호출기에 번쩍이고 있었다.)
  c. The world "Good Luck" were flashed on the screen.("행운"이라는 말이 스크린에 비쳤다.)

1.3. 다음 주어는 번쩍이면서 이동한다.
(3) a. Images of war flashed across the screen.(전쟁의 영상들이 스크린을 획 지나갔다.)
  b. A look of terror flashed across her face.(공포의 표정이 얼굴을 획 지나갔다.)
  c. Lightning flashed across the sky.(번개불이 하늘을 획 지나갔다.)
  d. Color flashed into his cheeks. (혈색이 그의 뺨에 밀려왔다.)

1.4. 다음 주어는 빛을 내보낸다.
(4) a. A lighthouse flashed in the distance.(등대 하나가 멀리서 반짝였다.)
  b. Lighthouses flash at night. (등대는 밤에 비친다.)

1.5. 사람의 눈도 즐거울 때나 노여울 때는 빛을 발하는 것으로 개념화된다.
(5) a. Her dark eyes flashed and she spoke rapidly.(그녀의 검은 눈은 번득였고 그녀는 빠르게 말을 했다.)
  b. The cat's eyes flashed in the dark.(그 고양이의 눈이 어둠 속에 번득였다.)
  c. Her eyes flashed with joy/anger.(그녀의 즐거움/분노로 번득였다.)

1.6. 다음 주어는 빛과 같이 빠르게 움직인다.
(6) a. The ball flashed across the face of the goal.(그 공은 골대 앞을 획 지나갔다.)
  b. The express train flashed by the people waiting on the platform.(급행 열차는 그 승강대 폼에서 기다리는 사람들 곁을 획 지나갔다.)
  c. A red car flashed by, almost hitting me.(빨간 차 한 대가 지나가면서 나를 거의 칠 뻔했다.)
  d. A sport car flashed past.(스포츠 카가 획 지나갔다.)

  e. Our train flashed through the station.(우리의 기차가 획 역을 지나갔다.)
  f. A swallow flashed past.(제비 한 마리가 획 지나갔다.)
  g. The countryside flashed past the train windows.(그 시골풍경은 기차 창문을 획 지나갔다.)

1.7. 시간도 움직이는 개체로 개념화된다. 주어는 빠르게 지나간다.
(7) a. Our vacation seemed to just flash by.(우리의 방학이 획 지나간 것 같았다.)
  b. The morning flashed by.(그 아침이 획 지나갔다.)

1.8. 다음 주어는 빠르게 움직인다. 생각이나 마음은 구체적 개체로 개념화된다.
(8) a. A good idea flashed across his mind/on him.(좋은 생각이 그의 마음을/그를 획 스치고 지나갔다.)
  b. A splendid the answer flashed into his mind.(훌륭한 생각이 그의 마음 속에 획 들어왔다.)
  c. The idea flashed through my mind.(그 생각이 나의 마음 속을 획 지나갔다.)
  d. Her thoughts flashed back to the wedding.(그녀의 생각들은 결혼식으로 획 되 돌아갔다.)
  e. My mind flashed to our school days.(내 마음은 우리의 학창 시절로 돌아갔다.)

1.9. 다음의 주어는 발끈 화를 내거나 말을 한다.
(9) a. He flashed out like an angry god.(그는 성난 신과 같이 불끈했다.)
  b. He flashed out at her rudeness.(그는 그녀의 무례함에 불끈했다.)

1.10. 다음의 주어는 순간적으로 변화를 받는다.
(10) a. He flashed into consciousness.(그는 순간적으로 의식으로 돌아왔다.)
  b. He flashed forth as a statesman.(그는 갑자기 정치가로 등장했다.)

2. 타동사 용법

2.1. 다음 주어는 목적어를 불로 비춘다.
(11) a. The guard flashed the light in my eyes/my face.(그 경비는 불빛을 내 눈/얼굴에 비췄다.)
  b. He flashed a lantern in my face.(그는 전등을 내 얼굴에 비췄다.)
  c. He flashed a light into a cave.(그는 불을 동굴 속에 비췄다.)
  d. He flashed a beam of light on the chart.(그는 불빛을 차트에 비췄다.)
  e. They flashed a message up on the cinema screen.(그들은 전언을 영화 자막에 비췄다.)
  f. Why is the guy flashing his headlight at me?(왜 저 친구는 전조등을 내게 비추는가?)
  g. He flashed a glance at me.(그는 눈길을 내게 던졌다.)
  h. The lighthouse flashed its beams through the fog.(그 등대는 불빛을 안개를 통해 번쩍였다.)

2.2. 다음 주어는 빛을 내보낸다.
(12) a. The police car flashed its lights.(경찰 차는 불빛을 번쩍였다.)
  b. The lighthouse flashed signals twice a minute. (등

대는 신호를 일분에 두 번 번쩍였다.)

  c. The driver **flashed** the blinker to indicate a left turn.(그 운전사는 깜박이를 왼쪽 회전을 알리기 위해 깜박였다.)

2.3. 다음 주어는 목적어를 비추어 보인다.
(13) a. She **flashed** a look of warning in my direction.(그녀는 경고의 눈길을 내게 보냈다.)

  b. She **flashed** a dazzling smile.(그녀는 환한 미소를 던졌다.)

  c. Several people **flashed** glances of recognition.(몇몇 사람들이 인식의 눈길을 던졌다.)

2.4. 다음 주어는 목적어를 나타낸다.
(14) Her eyes **flashed** a fire.(그녀의 눈은 불기를 내뿜었다.)

2.5. 다음 주어는 첫째 목적어에 둘째 목적어를 보인다.
(15) a. She **flashed** him a quick glance.(그녀는 그에게 눈길을 살짝 보냈다.)

  b. She **flashed** Christie a grateful smile.(그녀는 크리스티에게 감사의 미소를 살짝 보냈다.)

  c. Red light **flashed** them a warning.(빨강 불이 그들에게 경고를 반짝였다.)

2.6. 다음에서 주어는 목적어를 자랑삼아 내보인다.
(16) a. He **flashed** her diamonds **around** to impress her friends.(그는 친구들에게 뽐내기 위해서 자신의 다이어몬드를 반짝이며 보였다.)

  b. He **flashes** his money **around** to show how rich he is.(그는 돈을 휘둘러 보이면서 그가 얼마나 부자인가를 보였다.)

2.7. 다음 주어는 목적어를 내 보인다.
(17) a. She **flashed** her engagement ring **at** us.(그녀는 약혼 반지를 우리에게 번쩍이면서 보였다.)

  b. He **flashed** his ID card **at** the security guard.(그는 신분증 카드를 경비에게 살짝 보였다.)

  c. He **flashed** his pass and was allowed to enter.(그는 통행증을 보이자 통과가 허락되었다.)

2.8. 다음 주어는 뉴스나 전원을 빛과 같이 보낸다.
(18) a. They **flashed** the news **abroad/to** the world capitals.(그들은 그 뉴스를 해외/세계 수도들에 보냈다.)

  b. The reporters **flashed** the story **to** the studios in New York.(기자들은 그 이야기를 뉴욕에 있는 방송실로 보냈다.)

  c. **Flash** a message **to** the ship.(전언을 그 배에 보내라.)

2.9. 다음은 수동태 문장으로 주어는 전달된다.
(19) a. News of the air crash was **flashed around** the world.(비행기 충돌 사건 뉴스는 전 세계로 전송되었다.)

  b. The news was **flashed over** Korea by TV.(그 뉴스는 한국 전역에 TV로 방송되었다.)

  c. News can be **flashed** all **over** the world within seconds of its happening.(뉴스는 전 세계에 사건이 일어난지 수초 안에 전송될 수 있다.)

flatten
이 동사의 개념 바탕에는 납작하게 하는 과정이 있다.

1. 타동사 용법
1.1. 다음 주어는 목적어를 납작하게 한다.
(1) a. The car ran over my football and **flattened** it.(그 차가 내 축구공 위로 달려가서 납작하게 만들었다.)

  b. He **flattened** the cardboard box before throwing it away.(그는 판자 박스를 버리기 전에 납작하게 했다.)

  c. He **flattened** the crumpled paper.(그는 구겨진 종이를 납작하게 했다.)

  d. These exercises will help to **flatten** your stomach.(이 운동들이 당신의 배를 평평하게 하는 데 도움이 될 것이다.)

  e. The bulldozer **flattened** the barn.(그 불도저는 그 헛간을 납작하게 했다.)

  f. **Flatten** the pizza dough with your hands.(피자 반죽을 너의 손으로 납작하게 해라.)

1.2. 다음은 수동태 문장으로 주어는 납작하게 된다.
(2) a. Most of the factories were **flattened** by the explosion.(그 공장들의 대부분은 폭발에 의해 파괴되었다.)

  b. Dresden was **flattened** in the war.(드레스덴은 전쟁에서 완전히 파괴되었다.)

1.3. 다음 주어는 목적어를 쓰러뜨린다.
(3) a. We **flattened** them 40-30.(우리는 그들을 40대 30으로 쓰러뜨렸다.)

  b. He **flattened** the intruder with a single punch.(그는 침입자를 한 방으로 쓰러뜨렸다.)

1.4. 다음 목적어는 재귀대명사이다. 주어는 자신을 납작하게 해서 기댄다.
(4) He **flattened** himself against the wall.(그는 자신을 벽에 납작하게 기대었다.)

2. 자동사 용법
2.1. 다음 주어는 굴곡이 없이 평평하게 전개된다.
(5) a. Export growth has started to **flatten out**.(수출 증가 추세는 단조로워지기 시작했다.)

  b. In time, the table cloth will **flatten out**.(그 때에, 그 탁자보가 평평하게 펼쳐질 것이다.)

  c. The land **flattened out** as we near the coast.(그 땅은 우리가 그 연안에 다다랐을 때 평평하게 펼쳐졌다.)

  d. The hills first rose steeply and then **flattened out** toward the sea.(그 언덕은 처음에는 가파르게 올라가다가 바다 가까이에서 평평하게 펼쳐졌다.)

flatter
이 동사의 개념 바탕에는 치켜 세우는 과정이 있다.

1. 타동사 용법
1.1. 다음 주어는 목적어를 치켜 세운다.

(1) a. He flattered her on her appearance.(그는 그녀를 그녀의 외모에 대해 치켜 세웠다.)

     b. Her husband flattered her on/about her housekeeping.(그녀의 남편은 그녀를 가사에 대해서 치켜 세웠다.)

     c. He flattered his employer in hopes of a raise.(그는 고용주를 봉급 인상을 기대하며 치켜 세웠다.)

     d. He flattered her with compliments.(그는 그녀를 찬사로 치켜 세웠다.)

1.2. 다음은 수동태 문장으로 치켜세움을 받는 사람이다. 우쭐함을 느끼게 하는 원인은 that, at, by등으로 표현된다.

(2) a. I'm flattered that you remember me.(나는 네가 날 기억한다니 기쁘다.)

     b. I am flattered that you have invited me.(나는 네가 날 초대하다니 기쁘다.)

     c. I felt flattered at being asked to give a speech.(나는 연설을 하라는 요청을 받아서 기분이 좋았다.)

     d. I was flattered to receive the prize.(나는 그 상을 받아 의기 양양해졌다.)

     e. I feel highly flattered by your invitation.(나는 당신이 초대해 주시니 상당히 기쁩니다.)

1.3. 다음 주어는 목적어를 (사람이나 사람의 얼굴)을 치켜세운다. 주어는 목적어를 실제보다 더 좋게 보이게 한다.

(3) a. The photo flatters her.(그 사진은 실물보다 낫게 나온다.)

     b. Those earrings flatter the shape of your face.(이 귀걸이들은 너의 얼굴을 더욱 돋보이게 한다.)

     c. Candlelight flatters the complexion.(촛불이 그 안색을 더욱 아름답게 보이게 한다.)

     d. Short skirts don't flatter me at all.(짧은 치마가 나를 더 예쁘게 보이게 하지 않는다.)

     e. The award flattered me.(그 상은 나를 의기양양하게 했다.)

1.4. 다음 주어는 목적어를 아첨하여 목적어가 동명사가 가리키는 일이나 행동을 하게 한다.

(4) a. They flattered him into contributing heavily to the charity.(그들은 그를 치켜세워 그 자선 단체에 기금을 많이 기부하게 했다.)

     b. They flattered her into singing.(그들은 그녀를 노래를 하도록 치켜 세웠다.)

1.5. 다음의 목적어는 재귀대명사이다. 주어는 자신을 치켜세워서 우쭐함을 느낀다.

(5) a. He flatters himself on his skill.(그는 자신의 기술에 우쭐함을 느낀다.)

     b. He flattered himself on his swimming.(그는 그의 수영 실력에 우쭐함을 느꼈다.)

     c. He flattered himself that he looked younger than he was.(그는 자신이 원래보다 젊어 보인다는 사실에 의기양양해 했다.)

     d. He flattered himself that the speech had gone well.(그는 그 연설이 잘 됐음에 의기양양해 했다.)

     e. She flatters herself that she is the best dresser in the class.(그녀는 학급에서 가장 옷을 잘 입는 사람이라는 점에 우쭐함을 느낀다.)

flaunt

이 동사의 개념 바탕에는 나부끼는 과정이 있다.

1. 자동사 용법

1.1. 다음 주어는 나부낀다.

(1) a. Banners are flaunting wildly.(깃발들이 거세게 나부끼고 있다.)

     b. Flags and pennants flaunted from the masts of the ship.(국기들과 신호기들이 그 배의 돛대에서 휘날렸다.)

2. 타동사 용법

2.1. 다음 주어는 목적어를 과시한다.

(2) a. She is flaunting her wealth by wearing flashy diamonds.(그녀는 부를 화려한 다이아몬드들을 착용해서 과시하고 있다.)

     b. She openly flaunted her affair with the senator.(그녀는 그 상원의원과의 관계를 공공연히 과시했다.)

     c. You shouldn't flaunt your money when you are out shopping.(당신은 쇼핑할 때 돈을 과시해서는 안 된다.)

     d. He always flaunts his knowledge/wealth.(그는 항상 지식/부를 자랑한다.)

fleck

이 동사의 개념 바탕에는 fleck의 명사 '주근깨', '얼룩'이 있다. 동사의 의미는 이 명사의 모양과 관계가 있다.

1. 타동사 용법

1.1. 다음 주어는 목적어를 얼룩지게 한다.

(1) a. The passing truck flecked my windshield with droplets of water.(지나가는 트럭이 나의 자동차 앞 유리를 물방울로 얼룩지게 했다.)

     b. The painter flecked the canvas with orange paint.(그 화가는 캔버스를 오렌지색 페인트로 얼룩지게 했다.)

     c. Spots of paint flecked the floor.(페인트의 얼룩들이 바닥을 얼룩지게 했다.)

     d. A carpenter flecked the coffee table with paint to give it an antique look.(목수는 커피 탁자를 고풍스럽게 보이게 하기 위해 그것을 페인트로 얼룩지게 했다.)

1.2. 다음은 수동태 문장으로 주어는 얼룩이 진다.

(2) a. The leaves were flecked with sunlight.(그 잎들은 태양빛에 의해 얼룩졌다.)

     b. Her hair was flecked with paint.(그녀의 머리는 페인트로 얼룩졌다.)

     c. The bird's breast is flecked with brown.(새의 가슴은 갈색으로 얼룩져 있다.)

     d. The brown cloth was flecked with green.(그 갈색 천은 녹색으로 얼룩졌다.)

flee

이 동사의 개념 바탕에는 급히 또 갑작스럽게 도망가는 과정이 있다.

1. 자동사 용법
1.1. 다음 주어는 도망을 간다.
(1) a. He fled to Tokyo after an argument with his family.(그는 동경으로 가족과 논쟁 후에 달아났다.)
   b. She fled to Korea.(그녀는 한국으로 도망갔다.)
   c. When they saw the police car, his attackers fled. (그들이 그 경찰차를 보았을 때, 그의 공격자들은 도망쳤다.)
1.2. 다음 주어는 의인화되어 도망가는 것으로 표현되어 있다.
(2) a. All our dreams have fled.(우리 모두의 꿈은 달아났다.)
   b. The mists fled before the rising sun. (안개는 뜨는 해 앞에서 사라졌다.)

2. 타동사 용법
2.1. 다음 주어는 목적어를 도망간다. 목적어는 장소이다.
(3) a. Everyone fled the building when the fire alarm sounded.(모든 사람은 그 화재 경보가 울렸을 때 그 빌딩을 탈출했다.)
   b. We were forced to flee the country/the city.(우리는 그 국가/그 도시를 탈출해야 했다.)

fleece

이 동사의 개념 바탕에는 fleece의 명사 '양털'이 있다. 동사의 의미는 명사를 얻는 과정과 관계가 있다.

1. 타동사 용법
1.1. 다음 주어는 목적어의 털을 깎는다.
(1) He fleeced the sheep every spring.(그는 양들의 털을 봄마다 깎는다.)
1.2. 다음 주어는 양털에서 털을 뜯어내듯 목적어를 뜯는다.
(2) a. Some local shops have been fleecing tourists.(몇몇의 지역 상점은 관광객들을 뜯어 왔었다.)
   b. The crooks fleeced tourists by selling them overpriced junk.(사기꾼들은 그 관광객들을 너무 비싸게 매겨진 쓰레기 같은 물건을 팔아서 뜯었다.)
1.3. 다음 주어는 목적어를 뜯어서 전치사 of의 목적어를 앗는다.
(3) a. The con artist fleeced the elderly couple of their savings.(사기 예술가는 그 늙은 부부에게서 그들의 저축을 뜯었다.)
   b. He fleeced $100 of the tourist.(그는 백 달러를 그 여행자에서 뜯었다.)

flesh

이 동사의 개념 바탕에는 flesh의 명사 '살'이 있다. 동사의 의미는 살의 속성과 관계가 있다.

1. 타동사 용법
1.1. 다음 주어는 목적어에 살을 붙이거나 떼어낸다.
(1) a. You have to flesh out the bones of your ideas.(당신은 생각의 뼈를 살로 풍부하게 해야 한다.)
   b. He fleshed the wire with clay.(그는 그 철사줄 점토로 살을 붙였다.)
   c. He fleshed the hide.(그는 그 가죽에서 살을 떼어내었다.)
1.2. 다음 주어는 목적어에 살을 붙여서 상세하게 한다.
(2) a. Flesh out your essay with more details.(당신의 글을 더욱 구체적 세부 사항으로 살을 붙여라.)
   b. You have to flesh out your plans with some details.(당신은 계획을 더 상세한 세부 사항으로 살을 붙여야 한다.)
1.3. 다음은 수동태 문장으로 주어는 살이 붙여진다.
(3) a. These points were fleshed out in a later chapter.(이들 요점들은 뒤 장에서 보충되었다.)

2. 자동사 용법
2.1. 다음 주어는 살이 쪄서 몸이 불어난다.
(4) He fleshed out considerably over the years.(그는 몇 해가 지나는 동안 상당히 살이 붙었다.)

flick

이 동사의 개념 바탕에는 살짝 치는 과정이 있다.

1. 타동사 용법
1.1. 다음 주어는 목적어를 살짝 가볍게 친다.
(1) a. Mark flicked the whip, and the horse went faster. (마크가 채찍을 가볍게 치자, 그 말이 더 빨리 갔다.)
   b. I flicked the switch to turn on the light.(나는 그 스위치를 불을 켜려고 살짝 움직였다.)
   c. The bird flicked its tail.(그 새가 꼬리를 휙 파닥였다.)
   d. Don't keep flicking channels.(채널들을 자꾸 바꾸지 마라.)
1.2. 다음 주어는 목적어를 전치사 with의 목적어로 가볍게 살짝 친다.
(2) a. He flicked the horse with a whip.(그는 말을 채찍으로 가볍게 쳤다.)
   b. He flicked me with a wet towel.(그는 나를 젖은 수건으로 가볍게 쳤다.)
1.3. 다음 주어는 목적어를 살짝 쳐서 없앤다.
(3) a. I flicked away the dandruff from his shoulders.(나는 비듬을 그의 어깨에서 톡톡 털어줬다.)
   b. The horse was flicking flies away with its tail.(말은 파리들을 꼬리로 탁탁 쳐서 쫓고 있었다.)
1.4. 다음 주어는 목적어를 살짝 쳐서 떨어지게 한다.
(4) a. He flicked his hair off his face.(그는 머리카락을 얼굴에서 살짝 떨어냈다.)
   b. She flicked the dust off her collar.(그녀는 먼지를 목깃에서 살짝 떨어냈다.)

c. He flicked the dust off the table.(그는 먼지를 테이블에서 가볍게 떨어냈다.)

d. Don't flick the ash on the carpet.(그 재를 카펫에 톡톡 털지 마라.)

1.5. 다음 주어는 목적어를 살짝 움직여서 어떤 상태에 들어가게 한다.

(5) a. He flicked his knife open.(그는 탁하고 칼을 열었다.)

b. He flicked open his lighter.(그는 라이터를 탁 켰다.)

1.6. 다음 주어는 목적어를 전치사 at의 목적어에 던진다.

(6) a. He flicked a nervous glance at her.(그는 긴장한 눈빛을 그녀에게 던졌다.)

b. He flicked a wet towel at me.(그는 젖은 수건으로 나에게 던졌다.)

1.7. 다음 주어는 목적어를 전치사 against의 목적어에 살짝 스친다.

(7) He flicked a match against the wall.(그는 성냥 한 알을 벽에 대고 살짝 그었다.)

1.8. 다음 주어는 첫째 목적어에 둘째 목적어를 던진다.

(8) She flicked him a slap on the face.(그녀는 그의 얼굴에 따귀를 한 대 찰싹 때렸다.)

2. 자동사 용법

2.1. 다음 주어는 훌훌 넘긴다.

(9) a. She flicked through an album.(그녀는 앨범을 휙휙 넘겼다.)

b. He flicked idly through the pages of a magazine.(그는 잡지 페이지를 할일 없이 넘겨댔다.)

2.2. 다음 주어는 널름 나온다.

(10) a. The snake's tongue flicked out.(그 뱀의 혀가 널름 나왔다.)

b. The lizard's tongue flicked out at a fly.(그 도마뱀의 혀가 파리에게로 널름 나왔다.)

flicker

이 동사의 개념 바탕에는 불꽃과 불꽃의 깜박거림이 있다.

1. 자동사 용법

1.1. 다음 주어는 깜박거린다.

(1) a. The flames of the campfire flickered in the wind.(그 모닥불의 불꽃이 바람에 나불거렸다.)

b. The light flickered for a moment and went out.(그 불은 한 순간 깜박거렸다가 꺼졌다.)

c. I could see the street lights flickering through the trees.(나는 가로등들이 그 나무 사이로 깜박거리고 있는 것을 볼 수 있었다.)

d. The city lights flickered in the distance.(그 도시의 불빛이 멀리서 깜박거렸다.)

e. A dying fire flickered on the hearth.(꺼져가고 있는 불이 화로에서 깜박거렸다.)

f. The candle flickered in the wind.(그 촛불이 바람에 나불거렸다.)

1.2. 불꽃의 깜박거림이나 나풀거림과 날개짓과 비슷한 점이 있다. 다음 주어는 나풀거린다.

(2) a. Shadows flickered on the wall.(그림자들이 벽에 나불거렸다.)

b. We heard birds flicker in the leaves.(우리는 새들이 나뭇잎에서 날개짓을 하는 소리를 들었다.)

c. The tongue of the snake flickered.(그 뱀의 혀가 나불거렸다.)

d. The leaves are flickering in the wind.(그 나뭇잎이 바람에 나불거리고 있다.)

e. Her eyelids flickered as she slept.(그녀가 잘 때 눈꺼풀이 껌뻑거렸다.)

f. His eyes flickered towards the knife.(그의 눈이 칼을 향해 껌뻑거렸다.)

1.3. 감정은 불꽃으로 개념화되어 훨훨 타오를 수도 있고, 깜박거릴 수도 있다. 다음 주어는 껌뻑거린다.

(3) a. Some affection for her still flickers in him.(그녀에 대한 애정의 불씨가 아직도 그의 마음에 남아 있다.)

b. The hope still flickered within her that her husband might be alive.(남편이 살아있을 거라는 일말의 희망이 아직도 그녀의 마음에 남아 있었다.)

c. A last faint hope flickered in his bosom.(마지막 실낱같은 희망이 그의 가슴에 남아 있었다.)

d. Anger flickered in his eyes.(분노가 그의 눈 속에서 탔다.)

1.4. 다음 주어는 껌뻑이며 움직인다.

(4) a. A puzzled smile flickered across the man's face.(당황한 듯한 미소가 그 남자의 얼굴을 살짝 지나갔다.)

b. A smile flickered across her face.(미소가 그녀의 얼굴을 나풀거리며 지나갔다.)

c. Anxiety flickered across her face.(근심의 빛이 그녀의 얼굴을 살짝 지나갔다.)

d. Her glance flickered at him.(그녀의 시선이 그에게 번쩍였다.)

e. His life is flickering out.(그의 생명이 꺼져가고 있다.)

2. 타동사 용법

2.1. 다음 주어는 목적어를 껌뻑인다.

(5) She was flickering her eyelids.(그녀는 눈꺼풀을 깜박거리고 있었다.)

fling

이 동사의 개념 바탕에는 세차게 던지는 과정이 있다.

1. 타동사 용법

1.1. 다음 주어는 목적어를 세차게 던진다.

(1) a. The woman flung the cup at him.(그 여자는 그 컵을 그에게 던졌다.)

b. He flung a stone at me.(그는 돌을 나에게 던졌다.)

c. The hunter flung the spear at the tiger.(그 사냥꾼은 그 창을 호랑이에게 던졌다.)

d. He **flung** harsh words **at** us.(그는 거친 말들을 우리에게 던졌다.)

e. She **flung** her shoes **at** the cat.(그녀는 신발을 고양이에게 던졌다.)

f. They were **flinging** insults **at** each other.(그들은 모욕들을 서로에게 던지고 있었다.)

g. He **flung** a greeting in passing.(그는 지나가면서 인사말을 던졌다.)

h. The criticism was **flung at** him.(비난이 그에게 던져졌다.)

1.2. 다음 주어는 목적어를 던진다.

(2) The horse **flung** its rider to the ground.(그 말은 그 기수를 땅에 내동댕이 쳤다.)

1.3. 다음 주어는 목적어를 세차게 움직여서 새 위치나 상태에 들어가게 한다.

(3) a. He **flung** his money **about**.(그는 돈을 여기저기 뿌렸다.)

b. The flower **flings** fragrance **around**.(그 꽃은 향기를 주위에 내뿜는다.)

c. He **flung away** his chances of promotion.(그는 승진의 기회를 날려 버렸다.)

d. Ken **flung back** his head and laughed.(켄은 머리를 뒤로 젖히며 웃었다.)

e. She **flung back** her hair.(그녀는 머리를 뒤로 획 넘겼다.)

f. He **flung** rocks **into** the pond.(그는 돌들을 그 연못 속에 던졌다.)

g. He **flung** himself **into** the water.(그는 자신을 그 물 속에 던졌다.)

h. He **flung** his sweater **on** the sofa.(그는 스웨터를 소파에 던졌다.)

i. He **flung** the door **open**.(그는 문을 세차게 열었다.)

j. He **flung out** lots of old books.(그는 많은 오래된 책들을 내던졌다.)

k. He **flung** himself **to** the floor.(그는 자신을 그 마루 바닥에 던졌다.)

l. She angrily **flung up** her head.(그녀는 성이 나서 머리를 획 들었다.)

m. The boys **flung up** their caps when their team won.(그 소년들은 자신들의 팀이 이겼을 때 모자를 던져 올렸다.)

1.4. 다음 주어는 첫째 목적어에게 둘째 목적어를 던졌다.

(4) a. She **flung** the man a scornful look.(그녀는 그 남자에게 경멸하는 눈빛을 던졌다.)

b. He **flung** her a stream of abuse.(그는 그녀에게 일련의 욕설을 퍼부었다.)

1.5. 다음 주어는 목적어를 전치사 into의 목적어에 집어넣는다.

(5) a. He **flung** a few clothes **into** the suitcase.(그는 몇 가지의 옷을 옷가방에 집어넣었다.)

b. The general **flung** lots of tanks **into** the battle.(그 장군은 많은 탱크를 전투에 투입했다.)

c. The general **flung** the enemy **into** confusion.(그 장군은 적들을 혼란 속에 빠뜨렸다.)

d. The news **flung** him **into** a rage.(그 소식은 그를 분노 속에 집어넣었다.)

e. She **flung** herself **into** the research.(그녀는 자신을 연구에 몰입시켰다.)

f. He **flung** a brick **through** the window.(그는 벽돌을 창문을 통해 던졌다.)

1.6. 다음은 수동태 문장으로 주어는 전치사 into의 목적어에 던져진다.

(6) a. The crowd was **flung into** a panic.(군중들은 공포 속에 던져졌다.)

b. He was **flung into** jail.(그는 감옥 속에 던져졌다.)

1.7. 다음 주어는 목적어를 뻗는다.

(7) a. He **flung** his arms in the air and shouted angrily.(그는 팔을 공중에 내뻗으며 사납게 소리쳤다.)

b. She **flung** her arms around my neck.(그녀는 팔을 내 목에 획 둘렀다.)

1.8. 다음 주어는 목적어를 세차게 벗긴다.

(8) a. Tom **flung** off his blanket in the middle of the night.(톰은 담요를 한밤중에 내팽개쳤다.)

b. She **flung** off all her restraint.(그녀는 모든 속박을 떨쳐버렸다.)

c. When he is angry, he **flings** his jacket off.(그가 화가 날 때, 그는 저고리를 획 벗어 던진다.)

1.9. 다음 주어는 목적어를 세차게 던진다.

(9) a. He **flung** the dish **against** the wall.(그는 접시를 벽에 획 던졌다.)

b. He **flung** it down **on** the desk.(그는 그것을 책상에 세차게 놓았다.)

c. He **flung** the books **on** the table.(그는 그 책들을 식탁 위에 던져놓았다.)

d. The sun **flings** it's warm rays **on** the soil.(태양은 그의 따뜻한 빛을 그 토양에 비춘다.)

1.10. 다음의 목적어는 재귀대명사이다.

(10) a. He **flung** himself **into** a saddle.(그는 자신을 말안장에 던졌다.)

b. She **flung** herself **into** a chair.(그녀는 자신을 의자 속에 던졌다.)

c. He **flung** himself **into** his clothes.(그는 자신을 옷 속에 던져 넣었다.)

d. He **flung** himself **into** his work.(그는 자신을 일에 던졌다.)

e. He **flung** himself **into** the job with enthusiasm.(그는 열정적으로 자신을 일 속에 던졌다.)

f. He **flung** himself **into** writing the book.(그는 자신을 그 책을 쓰는 데 던졌다.)

g. He **flung** himself **down** on his bed.(그는 자신을 침대 위에 던졌다.)

h. She **flung** herself **from** the room.(그녀는 방에서 뛰어나갔다.)

2. 자동사 용법

2.1. 다음 주어는 빠르게 움직인다.

(11) a. She **flung down** the street after the bus.(그녀는 버스를 따라 그 길 아래로 뛰어갔다.)

b. He **flung into** the room.(그는 방으로 뛰어들었다.)

c. He **flung off** without a word.(그는 말 없이 뛰어나

갔다.)

d. She flung off in anger.(그녀는 화를 내며 뛰어나갔다.)

e. The insulted guest flung out of the room without saying good-bye.(그 모욕을 당한 손님은 작별 인사도 없이 방을 뛰쳐나가 버렸다.)

f. The door flung open.(문은 획 열렸다.)

flip

이 동사의 개념 바탕에는 손가락으로 가볍게 치는 과정이 있다.

1. 타동사 용법

1.1. 다음 주어는 목적어를 퉁긴다.

(1) a. He flipped a coin into the air.(그는 동전을 공중으로 튕겨 올렸다.)

b. He flipped a coin to see who would go first.(누가 먼저 갈지 정하기 위해 그는 동전을 획 튕겨 올렸다.)

c. He flipped a coin to see which side it landed on. (동전이 어느 쪽에 착륙할지 정하기 위해 그는 그것을 획 튕겨 올렸다.)

d. He flipped a coin to decide who would pay for dinner.(누가 저녁식사 비용을 낼지 정하려고 그는 동전을 위로 튕겨 올렸다.)

1.2. 다음 주어는 목적어를 튕긴다.

(2) a. The man flipped the lighter on the counter.(그는 라이터를 계산대에서 획 던졌다.)

b. He flipped his lid when he heard the news.(그 소식을 들었을 때 그는 화를 벌컥 냈다.)

c. He flipped an insect from his face.(그는 곤충을 얼굴에서 튕겨 내었다.)

d. He flipped the dust from his shoes.(그는 먼지를 신발에서 튕겨 내었다.)

1.3. 다음 주어는 목적어를 살짝 친다.

(3) a. He flipped John's ear.(그는 존의 귀를 가볍게 쳤다.)

b. He flipped John on the ear.(그는 존을 가볍게 귀를 쳤다.)

1.4. 다음 주어는 목적어를 가볍게 던진다.

(4) a. He flipped the ball to second base.(그는 그 공을 2루로 던졌다.)

b. I flipped the keys across the room to Sue.(나는 그 방을 가로질러 수에게 열쇠를 가볍게 던졌다.)

c. He flipped the ball to me.(그는 공을 나에게 가볍게 던졌다.)

d. He flipped the butt into a waste basket.(그는 그 꽁초를 쓰레기통에 획 던졌다.)

1.5. 다음 주어는 첫째 목적어에게 둘째 목적어를 던져 준다.

(5) a. He flipped the dog a morsel.(그는 그 개에게 먹이 한 조각을 던져 주었다.)

b. He flipped the boy a coin.(그는 그 소년에게 동전 한 잎을 던져주었다.)

1.6. 다음 주어는 목적어를 off의 목적에서 턴다.

(6) He flipped the ash off a cigar.(그는 담배 재를 여송연에서 가볍게 털었다.)

1.7. 다음 주어는 목적어를 튕겨서 켠다. 그 결과 목적어는 새 상태에 이른다.

(7) a. He flipped on the engine/the switch.(그가 엔진/스위치를 톡 켰다.)

b. He didn't flip on the headlights.(그는 헤드라이트를 켜지 않았다.)

c. You flipped the switch on at the side.(당신은 그 옆에 있는 스위치를 켰다.)

d. He flipped the page open/closed.(그는 페이지를 톡 열었다/닫았다.)

e. He flipped open the lid of his notebook.(그는 공책 겉 표지를 톡 쳐서 열었다.)

f. I flipped over the pages of the book.(그는 책의 페이지를 톡톡 쳐서 넘겼다.)

1.8. 다음 주어는 목적어를 획 뒤집는다.

(8) a. She flipped the egg/the pancake over.(그녀는 달걀 후라이/팬케익을 획 뒤집었다.)

b. He flipped the record over: he wanted to listen to the other side.(그는 레코드 판을 뒤집었다; 그는 다른 면을 듣길 원했다.)

c. Mary flipped over the cushions on the couch.(메리는 소파에 있는 쿠션을 뒤집었다.)

d. The wind flipped over several cars.(바람은 몇 대의 차를 뒤집었다.)

e. Tom flipped his car upside down when he ran it off the road.(도로를 벗어나게 했을 때, 탐은 차를 뒤집었다.)

1.9. 다음 주어는 목적어를 획 집어던진다.

(9) a. He flipped a butt out of the window and drove on. (그는 꽁초를 창문 밖으로 던지고서 계속 운전을 했다.)

b. The news will flip out anybody.(그 소식은 모든 사람의 자제심을 잃게 할 것이다.)

1.10. 다음 주어는 화를 낸다.

(10) My father really flipped his lid when I failed the test.(내가 시험에 낙방했을 때, 나의 아버지는 정말 화를 크게 내었다.

2. 자동사 용법

2.1. 다음 주어는 뒤집힌다.

(11) a. She finally flipped under the pressure.(그녀는 압력 아래 마침내 정신이 나갔다.)

b. He flipped when the teacher told him he had failed the exam.(그 선생님이 그가 시험을 통과하지 못했다고 말하자 그는 발끈하였다.)

c. He completely flipped when he saw the mess in the kitchen.(부엌의 어질러진 것을 보자 그는 화가 크게 났다.)

d. He got so provoked that he flipped.(그는 너무 신경질이 나서 화를 내었다.)

2.2. 다음 주어는 화가 나서 정상상태를 벗어난다.

(12) a. The boss flipped out when he heard you lost your account.(네가 계정을 잃었다는 얘기를 사장이 들었을 때 그는 화를 냈다.)

b. He flipped out when he won the lottery.(그가 복권에 당첨되었을 때 너무 기뻐서 자제심을 잃을 정도였다.)

2.3. 다음 주어는 over의 목적어를 좋아한다.

(13) a. Kate really flipped over my kitten.(케이트는 정말로 내 새끼 고양이에 열을 올렸다.)

b. He really flipped over her.(그는 정말로 그녀에게 열중했다.)

2.4. 다음 주어는 뒤집힌다.

(14) a. The canoe flipped in the rapids.(그 카누는 급류에서 휙 뒤집혔다.)

b. The fish flipped in the net.(그 물고기는 그물에 걸려 파닥거렸다.)

c. The dog flips for treats.(그 개는 먹이를 얻기 위해 휙 돈다.)

2.5. 다음 주어는 빠르게 움직인다.

(15) a. He rolled over the bar and flipped onto the floor.(그는 그 장대를 넘어서 마루에 떨어졌다.)

b. The twig flipped back and scratched his face.(잔가지는 뒤로 쏠리며 그의 얼굴을 할퀴었다.)

c. Larry flipped over onto the side trying to get comfortable.(래리는 편안해지려 애쓰면서 옆구리로 돌아 누웠다.)

d. The pages flipped over in the wind.(그 책 페이지들은 바람에 획획 넘어갔다.)

e. The acrobat flipped over twice in the air.(그 곡예사는 공중에서 두 번 제비를 넘었다.)

f. The plane flipped over and burst into flames.(그 비행기는 뒤집어져서 곧 화염에 휩싸여 폭발했다.)

g. The truck flipped over on the icy road.(그 트럭은 얼음이 언 도로에서 뒤집어졌다.)

2.6. 다음 주어는 through의 목적어를 뒤집으면서 지나간다.

(16) a. He is flipping through the telephone book.(그는 전화번호부 페이지를 획획 넘기고 있다/훑어보고 있다.)

b. He flipped through a card-box.(그는 카드함을 훑어 갔다.)

c. He flipped through the magazine.(그는 그 잡지의 페이지를 획획 넘겨갔다.)

2.7. 다음 주어는 at의 목적어를 치려고 한다.

(17) a He flipped at the horse with a whip.(그는 말을 채찍으로 치려고 했다.)

b. He flipped at the pupil's ear.(그는 학생에게 따귀를 때렸다.)

c. She flipped at the fly with a swatter.(그녀는 파리를 파리채로 쳐서 잡으려고 했다.)

flirt

이 동사의 개념 바탕에는 잠시 관심을 갖는 과정이 있다.

1. 자동사 용법

1.1. 다음 주어는 전치사 with의 목적어와 시시덕거린다.

(1) a. Bob flirts with every woman in the office.(밥은 모든 여자들과 사무실에서 시시덕거린다.).

b. She is always flirting with men.(그녀는 남자들과 항상 시시덕거리고 있다.)

1.2. 다음 주어는 전치사 with의 목적어와 장난치다.

(2) a. He enjoys flirting with danger.(그는 위험과 장난하길 좋아한다.)

b. Bull fighters regularly flirt with death.(투우사들은 정기적으로 죽음과 장난한다.)

1.3. 다음 주어는 전치사 with의 목적어에 잠시 관심을 갖는다.

(3) a. She flirted with the idea of becoming an actress.(그녀는 여배우가 되는 생각에 잠시 관심을 가졌다.)

b. She is flirting with the idea of taking a year off and travelling round the world.(그녀는 일년동안 일을 안하고 세계를 여행할 생각에 잠시 관심을 가지고 있다.)

c. He flirted with the idea of singing professionally.(그는 전문적으로 노래한다는 생각에 잠시 관심을 가져 보았다.)

flit

이 동사의 개념 바탕에는 가볍게 움직이는 과정이 있다.

1. 자동사 용법

1.1. 다음 주어는 가볍게 움직인다

(1) a. Bats are flitting about/around in the garden.(박쥐들이 정원 여기저기를 막 날아 다닌다.)

b. Butterflies flit from flower to flower.(나비들이 꽃에서 꽃으로 날아 다닌다.)

1.2. 다음 주어는 가볍게 그리고 빠르게 움직인다.

(2) a. The manager flitted through the office, but never paid much attention to what was happening.(그 매니저는 사무실을 빠르게 지나갔지만, 많은 주의를 일어나는 일에 기울이지 않았다.)

b. He flitted around the room impatiently. (그는 그 방안 주위를 안절부절하며 돌아다녔다.)

1.3. 다음 주어는 빠르게 휙 지나간다.

(3) a. The thought flitted across/into/through my mind.(그 생각은 내 맘속을 휙 지나갔다.)

b. A smile flitted across his face.(웃음이 그의 얼굴을 휙 지나갔다.)

float

이 동사의 개념 바탕에는 뜨는 과정이 있다.

1. 자동사 용법

1.1. 다음 주어는 물 위에 뜬다.

(1) a. A cork floats on water.(코르크는 물 위에 뜬다.)

b. There was grease floating on the soup.(기름이 그 국 위에 떠 있었다.)

c. A piece of wood was floating in the stream.(나무 조각 하나가 그 개울에 둥둥 떠 있었다.)

d. He is **floating on** his back.(그는 등을 대고 떠 있다.)

e. The bar of soap won't **float**.(그 비누 덩이는 뜨지 않는다.)

1.2. 다음 주어는 공기 속에 뜬다.

(2) a. I saw three balloons **floating on** high.(나는 하늘에 세 개의 풍선이 떠 있는 것을 보았다.)

b. White clouds are **floating** above.(흰 구름이 머리 위에 떠 있다.)

1.3. 다음 주어는 떠서 움직인다.

(3) a. Logs were **floating down** the river.(통나무들이 강 아래로 떠내려 가고 있었다.)

b. The boat **floated out** to sea.(그 보트가 바다로 떠 밀려 나갔다.)

1.4. 다음 주어는 공기 속에서 떠서 이동한다.

(4) a. The clouds **floated across** the sky.(그 구름은 하늘을 가로질러 흘러갔다.)

b. Leaves **floated down** from the trees.(잎들이 나무들에서 아래로 흘러 내렸다.)

c. The sound of bells **floated on** the wind.(그 종소리가 바람을 타고 떠 다녔다.)

1.5. 다음 주어는 가볍게 우아하게 움직인다.

(5) a. She **floated down** the hill.(그녀는 언덕을 우아하게 내려갔다.)

b. Mr. Biggs **floated down** the stairs.(빅그 씨는 층계를 따라 가볍게 내려갔다.)

1.6. 다음 주어는 떠돌아다닌다.

(6) a. He **floated from** place **to** place.(그는 여기서 저기로 떠돌아 다녔다.)

b. He **floated from** job **to** job.(그는 이 직장에서 저 직장으로 떠돌아 다녔다.)

1.7. 다음 주어는 추상적 개체나 구체적인 것으로 개념화되어 있다.

(7) a. The rumor was **floating about**.(그 소문은 여기저기 흘러서 퍼지고 있었다.)

b. The vision **floated before** his eyes.(그 환영이 그의 눈앞에 떠올랐다.)

c. The sight **floated before** his eyes.(그 광경이 내 눈앞에 떠올랐다.)

2. 타동사 용법

2.1. 다음 주어는 목적어를 띄운다.

(8) a. The children often **float** their toys in the bath.(그 아이들은 그들의 장난감을 욕탕에 띄운다.)

b. You may **float** your boats in this pond.(여러분의 배를 이 연못에 띄울 수 있다.)

2.2. 다음 주어는 그 자체가 목적어를 띄운다.

(9) a. Coal gas will **float** a ballon.(석탄가스는 풍선을 띄울 것이다.)

b. We have enough water to **float** a ship.(우리는 배를 띄울 만큼 충분히 물이 있다.)

2.3. 다음 주어는 목적어를 띄워서 움직인다.

(10) a. They **floated** a raft of logs **down** a river. (그들은 통나무 뗏목을 강 아래로 띄워 보냈다.)

b. The tide **floated** us **into** the harbor.(조류가 우리를 항구로 떠 들어가게 했다.)

2.4. 다음 주어는 목적어를 유동적으로 만든다.

(11) We decided to **float** the pound because having a fixed value was damaging exports.(고정 가치가 수출에 타격을 주고 있었기 때문에, 우리는 파운드의 시세를 변동환 시세제로 하기로 결정했다.)

2.5. 다음 주어는 목적어를 새로 만든다.

(12) a. They **floated** a new company.(그들은 새 회사를 출범시켰다.)

b. She **floated** a new business.(그녀는 새 사업을 시작했다.)

2.6. 다음 주어는 목적어를 띄운다. 목적어는 생각이다.

(13) She **floated** the idea that we should think about our future now.(그녀는 우리가 이제 미래를 생각해야 한다는 생각을 내놓았다.)

flock

이 동사의 개념 바탕에는 모이는 과정이 있다.

1. 자동사 용법

1.1. 다음 주어는 모인다.

(1) a. The crowd **flocked** around the movie star.(그 군중들은 영화 배우 주위에 모였다.)

b. The swallow are **flocking** on the telephone wires.(그 제비는 전화선들 위에 모이고 있다.)

c. The students **flocked** to the gym for the assembly.(그 학생들은 집회를 위해 그 체육관에 모였다.)

d. Thousands of people **flocked** to the beach this weekend.(수천 명의 사람들이 이번 주말에 해변에 모였다.)

e. Crowds of people **flocked** to see the Picasso Exhibition.(수많은 군중들이 피카소 작품전을 보려고 모였다.)

f. Huge numbers of birds **flocked** together by the lake.(거대한 수의 새들이 호숫가에 서로 모여들었다.)

flog

이 동사의 개념 바탕에는 심하게 매질하는 과정이 있다.

1. 타동사 용법

1.1. 다음 주어는 목적어를 심하게 매질한다.

(1) a. They **flogged** the drunken sailor.(그들은 술 취한 선원을 때렸다.).

b. The cruel man **flogged** his horse.(그 잔인한 사람은 그의 말을 심하게 매질했다.)

1.2. 다음은 수동태 문장으로 주어는 매질을 당한다.

(2) a. The thief was **flogged** with a whip.(그 도둑은 채찍으로 맞았다.)

b. The soldier was **flogged** for disobedience.(그 군인은 불복종으로 매질 당했다.)

c. He was publicly **flogged** for breaking the country's alcohol laws.(그는 나라의 음주법을 위반한 것에

대해 남이 보는 앞에서 매질 당했다.)
  d. The man was **flogged** on the buttocks.(그 남자는
     엉덩이를 맞았다.)
1.3. 다음 주어는 목적어를 매질하여 움직이게 한다.
(3) a. He **flogged** the donkey along.(그는 나귀를 채찍질
       해서 나아가게 했다.)
    b. He is **flogging** his horse along.(그는 말을 때리면
       서 끌고 가고 있다.)
    c. A drunken driver is **flogging** his car on the
       freeway.(어느 술취한 운전수가 차를 고속도로에서
       세차게 몰고 있다.)
1.4. 다음 주어는 목적어를 쳐서 넣는다.
(4) a. The teacher **flogged** Latin into her head.(그 교사
       는 라틴어를 매질을 하여 그녀의 머리에 가르쳐 넣
       었다.)
    b. He **flogged** himself into a rage.(그는 자신을 매질
       하여 분노에 차게 했다.)
    c. Don't **flog** yourself into the ground.(자신을 땅에
       쳐박지 마라.)
    d. Father **flogged** the laziness out of his son.(아빠가
       게으름을 매질해서 아이에게 없앴다.)

2. 자동사 용법
1.5. 다음 주어는 그 자체가 목적어를 친다.
(5) The branches were **flogging** the ground in the
    wind. (그 가지들은 바람 속에서 그 땅을 때리고 있었
    다.)
1.6. 다음 주어는 목적어를 팔려고 선전한다.
(6) a. He tried to **flog** his old car, but no one would buy
       it.(그는 자신의 낡은 차를 팔려고 선전했으나, 아무
       도 사려하지 않았다.)
    b. We buy them cheap, and then **flog** them off at a
       profit.(우리는 그것들을 싸게 사서 이윤을 남기고
       판다.)
    c. She **flogged** her guitar to another student.(그녀는
       자신의 기타를 다른 학생에게 팔아치웠다.)
1.7. 다음 주어는 첫째 목적어에 둘째 목적어를 판다.
(7) I had a letter from the company trying to **flog** me
    insurance.(나는 내게 보험을 팔려는 회사로부터 편
    지 한 장을 받았다.)
1.8. 다음 주어는 목적어를 낚시줄로 던진다.
(8) a. He **flogged** the stream.(그는 개울에 낚시줄을 던졌
       다.)
    b. A fisherman is **flogging** the water to catch a
       salmon.(한 어부가 그 물에서 연어를 잡으려고 낚시
       로 던지고 있다.)
1.9. 다음 주어는 목적어를 움직여서 만든다.
(9) The peddler is **flogging** his way to the market.(그
    행상인은 뚜벅뚜벅 애쓰면서 그 시장으로 걸어가고
    있다.)

flood
이 동사의 개념 바탕에는 flood의 명사 '홍수'가 있다.

1. 타동사 용법

1.1. 다음 주어는 목적어를 침수시킨다.
(1) a. Our washing machine broke down and **flooded**
       the kitchen.(우리 집 세탁기가 고장 나서 부엌을 물
       로 침수시켰다.)
    b. Water poured in from the street and **flooded** the
       basement.(물은 그 거리에서부터 흘러 들어와 지하
       를 물에 잠기게 하였다.)
    c. Heavy rain **flooded** the land around the river.(심
       한 비가 강 주변의 지역을 침수시켰다.)
    d. Rushing waters **flooded** the streets.(닥쳐오는 물
       살이 거리들을 물에 잠기게 하였다.)
    e. The river ran over its banks and **flooded** the
       village.(그 강은 둑을 넘쳐 흘러 마을을 침수시켰
       다.)
    f. If the pipe bursts, it could **flood** the whole house.
       (만일 파이프가 터지면, 그것은 집 전체를 물에 잠기
       게 할 수 있다.)
**1.2. 액체뿐만 아니라 기체나 여러 개의 개체도 홍수같
이 어떤 장소를 덮칠 수 있다. 다음 주어는 목적어
를 덮친다.**
(2) a. Gas **flooded** the carburator.(가스가 기화기를 넘치
       게 했다.)
    b. Apples **flooded** the market.(사과는 시장을 범람시
       켰다.)
    c. The words **flooded** him with self-pity.(그 말은 그
       를 자기연민으로 채웠다.)
    d. German cameras with at knock-down prices are
       flooding the British market.(최저 가격의 독일제 사
       진기는 영국 시장을 범람시키고 있다.)
1.3. 다음은 수동태 문장으로 주어는 덮치는 장소이다.
(3) a. The rice field was **flooded**.(그 논은 침수되었다.)
    b. The room is **flooded** with moonlight.(그 방은 달빛
       으로 가득 찬다.)
    c. She was **flooded** with relief.(그녀는 안도감으로 가
       득 찼다.)
    d. The engine is **flooded** with gas and cannot
       operate properly.(그 엔진은 가스가 지나치게 주입
       되어서 원활히 작동할 수가 없다.)
    e. The room was **flooded** with evening sunlight.(그
       방은 저녁놀로 가득 채워졌다.)
**1.4. 빛, 소리, 느낌도 물과 같이 어떤 장소나 개체를 가
득 채울 수 있다.**
(4) a. The sunset **flooded** the canyon with rose-
       colored light.(일몰은 그 협곡을 장미빛으로 가득히
       비추었다.)
    b. Daylight **flooded** the room.(대낮의 햇빛은 그 방을
       가득히 비추었다.)
    c. The sound of music **flooded** the room.(음악은 그
       방을 가득히 채웠다.)
    d. A flush spread over, **flooding** her neck and face.
       (홍조가 퍼져서 그녀의 목과 얼굴을 빨갛게 물들였
       다.)
    e. A wave of happiness **flooded** me.(행복의 물결이
       나를 가득 채웠다.)
**1.5. 다음은 수동태 문장으로 주어는 홍수로 인해 어떤
장소에서 나오는 사람이나 있던 장소에서 없어지**

는 개체이다.

(5) a. Hundreds of people were **flooded out** of their homes.(수백 명의 사람들이 그들의 집에서 홍수로 밀려 나왔다.)

　　b. We were **flooded out** with applications for the job. (우리는 그 일자리에 대한 지원서로 쇄도되었다.)

　　c. Several families living on the river has been **flooded out**.(강 주위에 사는 몇몇의 가구들이 홍수로 퇴거되어 있다.)

　　d. Train lines were **flooded out**.(기차길이 홍수로 떠내려 갔다.)

1.6. 다음 주어는 목적어를 with 의 목적어로 넘치게 한다.

(6) a. Japanese companies are **flooding** the world market **with** cheap steel.(일본 회사들이 세계 시장을 저가의 강철로 범람시키고 있다.)

　　b. Several large manufacturers **flooded** the market **with** cheap goods.(몇몇의 대규모의 제조업자들이 시장을 저가의 상품으로 범람시켰다.)

　　c. Manufacturers have been **flooding** India **with** imports from Britain.(제조업자들은 인도를 영국에서 수입해 온 물건들로 범람시켜오고 있다.)

　　d. People **flooded** Congress **with** mail.(사람들은 국회를 우편물로 범람시켰다.)

　　e. They are going to **flood** the valley to form a reservoir.(그들은 저수지를 만들기 위해 계곡을 물로 채울 예정이다.)

1.7. 다음은 수동태 문장으로 주어는 많은 물건이 쏟아져 들어온다.

(7) a. The governor is **flooded with** applications for the few positions.(그 주지사는 몇 개의 자리에 대한 지원서로 쇄도되어 있다.)

　　b. He was **flooded with** pain, fear, and hatred.(그는 고통, 두려움, 증오로 넘쳐있다.)

　　c. The station is **flooded with** refugees.(역은 피난민들로 넘치고 있다.)

　　d. We've been **flooded with** offers of help.(우리는 도움의 제의로 넘치고 있다.)

2. 자동사 용법

2.1. 다음 주어는 물이 쏟아져 들어오는, 홍수가 지는 장소이다.

(8) a. The cellar **floods** whenever it rains heavily.(그 지하실은 큰 비가 내릴 때마다 침수된다.)

　　b. The whole town **flooded** when the river burst its banks.(마을 전체는 그 강이 둑이 터졌을 때 물에 잠겼다.)

　　c. The basement **flooded** with water.(그 지하는 물로 침수되었다.)

　　d. We had to evacuate when the town **flooded**.(그 마을이 침수되었을 때 우리는 철수해야 했다.)

　　e. Our streets **flood** whenever we have rain.(그 길들은 비가 내릴 때마다 침수된다.)

　　f. The river has **flooded** several times this summer.(그 강은 이번 여름에 몇 번 범람하였다.)

　　g. The river **floods** every spring.(그 강은 매년 봄 범람한다.)

2.2. 다음의 주어는 홍수와 같이 쏟아져 들어오는 개체이다.

(9) a. Telephone calls came **flooding from** all over the world.(전화가 세계 전역에서 몰려 들어오기 시작하였다.)

　　b. Letters came **flooding from** irate viewers.(편지들이 성난 시청자들로부터 쇄도하기 시작했다.)

　　c. Calls for assistance **flooded into** the emergency room.(도움 요청이 그 응급실에 물밀듯이 쇄도하였다.)

　　d. Requests for information are **flooding in** after the advertisement.(그 광고 후 정보에 대한 요청이 물밀 듯이 쇄도하고 있다.)

2.3. 다음의 주어는 사람들로서 이들은 홍수같이 쏟아지듯 움직인다.

(10) a. Tourists **flooded into** the town.(관광객들이 그 마을로 몰려 들었다.)

　　b. Crowds of supporters **flooded out of** the stadium.(지지하는 관중들이 그 경기장에서 물밀듯이 밀려 나왔다.)

　　c. Large numbers of immigrants **flooded into** the area.(수많은 이민자가 그 지역으로 밀려왔다.)

　　d. The memories **flooded back** as we passed the old school.(우리가 오래된 학교를 지날 때 그 기억들이 다시 밀려왔다.)

　　e. All her worries came **flooding back**.(그녀의 모든 걱정들이 되밀려 왔다.)

2.4. 다음의 주어는 빛이나 빛과 관계가 있는 개체이다.

(11) a. Sunlight **flooded into** the room.(햇살이 방으로 밀려 들어왔다.)

　　b. The color **flooded back into** her cheeks.(그 안색은 그녀의 볼에 밀려왔다.)

floor

이 동사의 개념 바탕에는 floor의 명사 '마루', '바닥'이 있다. 동사의 의미는 이 명사의 쓰임이나 이와 관련된 관습적 과정이다.

1. 타동사 용법

1.1. 다음 주어는 목적어를 바닥으로 깐다.

(1) a. The workers **floored** the kitchen with marble tile. (그 인부들은 부엌을 대리석 타일로 깔았다.)

　　b. He **floored** the bathroom with tile.(그는 화장실을 타일로 깔았다.)

1.2. 다음 주어는 목적어가 바닥에 자빠지게 한다.

(2) a. He **floored** the bully with one punch.(그는 그 불량배를 한방에 때려 눕혔다.)

　　b. He **floored** his opponent.(그는 적을 쓰러뜨렸다.)

　　c. His blow **floored** Bob.(그의 일격은 밥을 때려 눕혔다.)

　　d. He **floored** Ali with the left hook.(그는 알리를 왼손 돌려치기로 쓰러뜨렸다.)

1.3. 다음은 수동태 문장으로 주어는 넘어진다.

(3) a. He was **floored** by the first punch.(그는 첫 주먹에 쓰러졌다.)

b. He was **floored** with one punch.(그는 한 방에 쓰러졌다.)

1.4. 다음 주어는 목적어를 자빠지게 한다. 심하게 놀라면 자빠진다.

(4) a. Your revelation absolutely **floored** me.(너의 폭로는 완전히 날 어안이 벙벙하게 했다.)

b. His reply completely **floored** me.(그의 응답은 완전히 나를 어안이 벙벙하게 했다.)

c. She was **floored** with their generosity.(그녀는 관대함에 어안이 벙벙하게 했다.)

1.5. 다음은 수동태 문장으로 주어는 당황한다.

(5) a. You'll be **floored** by the oriental-style rugs.(너는 그 동양식 양탄자를 보면 말문이 막힐 것이다.)

b. Bill was **floored** by his own speech.(빌은 자신의 연설에 몹시 감동되어 벙벙했다.)

c. He was **floored** by the awkward questions.(그는 그 어색한 질문에 당황했다.)

1.5. 다음은 수동태 문장으로 주어는 마루가 깔린다.

(5) a. My living room is **floored** with hardwood.(나의 거실은 경재(硬材)가 깔려 있다.)

b. The passage was **floored** with stone slabs.(그 통로는 석판이 깔렸다.)

flop

이 동사의 개념 바탕에는 힘없이 털썩하면서 움직이는 과정이 있다.

1. 타동사 용법

1.1. 다음 주어는 목적어를 털썩 던진다.

(1) a. I **flopped** the hamburger onto the grill.(나는 그 햄버거를 그릴 위에 털썩 얹었다.)

b. He **flopped** the newspaper on my desk.(그는 신문을 내 책상에 털썩 던졌다.)

c. Bob **flopped** the magazine on the counter.(밥이 잡지를 그 카운터에 내려놨다.)

1.2. 다음 주어는 자신을 털썩 앉힌다.

(2) He **flopped** himself down on the grass.(그는 자신을 풀 위에 털썩 누였다.)

2. 자동사 용법

2.1. 다음 주어는 털썩털썩 움직인다.

(3) a. The fish was **flopping around** in the bottom of the boat.(물고기는 보트 밑에서 이러저리 퍼덕거리고 있었다.)

b. A bird with an injured wing **flopped along** the ground.(날개를 다친 새 한 마리가 땅을 따라 힘겹게 퍼덕거리며 갔다.)

2.2. 다음 주어는 털썩 움직인다.

(4) a. The young man **flopped back** unconscious.(그 젊은이는 뒤로 털썩 넘어져서 의식을 잃었다.)

b. She **flopped** down exhausted in an armchair.(그녀는 지쳐서 안락의자에 털썩 주저 앉았다.)

c. He **flopped into** a chair.(그는 의자에 털썩 앉았다.)

d. I **flopped into** bed and fell asleep immediately.(나는 침대에 털썩 누워서 즉시 잠들었다.)

e. He **flopped onto** the couch and turned on the TV.(그는 소파에 털썩 앉아서 TV를 켰다.)

2.3. 다음 주어는 푹 움직인다.

(5) a. My hair **flopped** over/into my eyes.(내 머리카락이 눈 속에 쏙 들어왔다.)

b. The dog's ears **flopped** as it ran.(그 개의 귀는 비가 오자 쏙 퍼덕였다.)

2.4. 다음 주어는 실패한다.

(6) a. The play **flopped** on Broadway.(그 연극은 브로드웨이에서 실패했다.)

b. The new play **flopped**, and was closed promptly.(그 새 연극은 실패해서 금방 끝나버렸다.)

c. The musical **flopped** after its first week on Broadway.(그 뮤지컬은 브로드웨이에서 첫 주 이후에 실패했다.)

flounce

이 동사의 개념 바탕에는 골이 나서 움직이는 과정이 있다.

1. 자동사 용법

1.1. 다음 주어는 골이 난 상태로 움직인다.

(1) a. She **flounced** out of the room in a rage.(그녀는 화가 나서 방에서 뛰어 나갔다.)

b. The customer angrily **flounced** out of the store.(그 고객은 화가 나서 상점에서 뛰어 나갔다.)

c. He **flounced** into the water.(그는 화가 나서 물 속에 뛰어 들었다.)

d. The children **flounced** about the room.(그 아이들은 방안에서 발버둥치고 있다.)

flounder

이 동사의 개념 바탕에는 허우적거리는 과정이 있다.

1. 자동사 용법

1.1. 다음 주어는 허우적거리며 움직인다.

(1) a. She was **floundering around** in the deep end of the pool.(그녀는 수영장의 깊은 곳에서 허우적거리고 있었다.)

b. The drunk **floundered** as he walked through the streets.(그 술 취한 사람들은 거리를 걸을 때 허우적거렸다.)

c. The soldier **floundered in** the mud.(그 군인은 진흙 속에서 버둥거렸다.)

d. The horses **floundered in** the deep snowdrifts.(그 말들은 깊은 눈 더미 속에서 발버둥 쳤다.)

1.2. 다음 주어는 허우적거리듯 당황하여 실수를 한다.

(2) a. The mayor **floundered** while answering the question.(그 시장은 질문에 답변하는 동안 허둥댔다.)

b. I was so nervous that I **floundered** during my speech.(나는 너무 초조해서 연설하는 동안 허둥댔다.)

c. When we asked him about his past, he **floundered** for a moment and then answered.(우리가 그에게 과거에 관하여 물었을 때, 그는 잠시 당황하다가 대답하였다.)

d. He forgot his lines and **floundered** as he spoke. (그는 대사를 잊어버리고, 말할 때 더듬거렸다.)

e. His abrupt change of subject left her **floundering** helplessly.(그의 갑작스런 주제의 변화는 그녀를 어쩔 수 없이 허둥대게 했다.)

flourish

이 동사의 개념 바탕에는 번창하는 과정이 있다.

1. 자동사 용법
1.1. 다음 주어는 번창한다.
(1) a. These plants **flourish** in the damp climate.(이 식물들은 축축한 기후에서 잘 자란다.)

b. Corn and wheat **flourished** in the fields.(옥수수와 밀은 밭에서 잘 자랐다.)

1.2. 다음 주어는 번창한다. 주어는 사업이다.
(2) a. The restaurant **flourished** in the new location.(그 식당은 새 위치에서 번창했다.)

b. The business is **flourishing**.(그 사업은 번창하고 있다.)

c. Jazz **flourished** in American in the early part of the century.(재즈가 미국에서 그 세기의 초반에 번창했다.)

d. The country's tourist industry is **flourishing**.(그 나라의 관광 산업은 번창하고 있다.)

2. 타동사 용법
2.1. 다음 주어는 목적어를 자랑삼아 휘둘러 보인다.
(3) a. She **flourished** her acceptance letter.(그녀는 수락 편지를 자랑삼아 보였다.)

b. The man **flourished** his handkerchief to indicate his presence.(그 남자는 손수건으로 그의 존재를 알리려고 휘둘렀다.)

c. He **flourished** the trophy.(그는 트로피를 휘둘러 보였다.)

flout

이 동사의 개념 바탕에는 비웃는 과정이 있다.

1. 타동사 용법
1.1. 다음 주어는 목적어를 비웃는다.
(1) a. Tom **flouted** his boss's orders all the time.(톰은 항상 자기 상사의 명령을 비웃었다.)

b. The soldier was executed for **flouting** the king's request.(그 군인은 왕의 청을 비웃어서 처형되었다.)

c. Motorists often **flout** the law/the rules. (운전자들이 종종 교통 법규를 비웃는다/지키지 않는다.).

d. He **flouts** authority/convention.(그는 권력/관례를 비웃었다.)

e. The orchestra decided to **flout** tradition, and wear their everyday clothes for the concert.(그 오케스트라는 전통을 무시하기로 결정해서 평상복을 연주회 때 입었다.)

flow

이 동사의 개념 바탕에는 흐르는 과정이 있다.

1. 자동사 용법
1.1. 다음 주어는 흐른다.
(1) a. The sea comes right up to the cliffs when the tide **flows**.(조류가 밀려오면 그 바다의 높이는 벼랑까지 오른다.)

b. Her tears began to **flow** more freely.(그녀의 눈물은 더 많이 흐르기 시작했다.)

1.2. 다음 주어는 흘러서 움직인다.
(2) a. Tears were **flowing down** her cheeks.(눈물이 그녀의 뺨을 타고 흘러 내리고 있었다.)

b. Blood was **flowing from** his wound.(피가 그의 상처에서 흐르고 있었다.)

c. The river **flows into** the pacific.(그 강은 태평양으로 흘러 들어간다.)

1.3. 많은 사람이나 개체는 물과 같이 움직인다.
(3) a. The cars **flowed** in a steady stream.(그 자동차들은 끊임없는 줄기를 이루면서 흘러갔다.)

b. Words **flowed** from her mouth.(말이 그녀의 입에서 줄줄 흘러나왔다.)

c. The crowd **flowed** along the road all day.(군중들은 온종일 그 길을 따라 물결을 이루며 지나갔다.)

1.4. 다음 주어는 흐른다. 주어는 돈, 전기 등이다.
(4) a. Money **flows** like water there.(돈이 그 곳에서는 물처럼 흐른다.)

b. Electricity **flows** in metals.(전기는 금속에서 흐른다.)

1.5. 다음 주어는 움직임의 형상이 물의 흐름과 같다.
(5) a. The willows are **flowing** in the wind.(그 버드나무는 바람에 물결을 이루고 있다.)

b. Her wavy hair is **flowing** over her shoulder.(그녀의 곱슬머리는 어깨 너머로 물결치고 있다.)

2. 타동사 용법
2.1. 다음 주어는 목적어를 흐르게 한다.
(6) a. He **flowed** the river by demolishing the banks.(그는 강둑을 허물어서 그 강을 흐르게 했다.)

b. He **flowed** some varnish along the road.(그는 그 길을 따라 왁스를 흘렸다.)

2.2. 다음 주어는 그릇이다. 주어는 목적어를 흐르게 한다.
(7) a. The bucket with a hole **flowed** most of the water on the floor.(구멍이 뚫린 양동이는 물의 대부분을 마루에 흘렸다.)

b. Ten-minutes' heating **flowed** the water in the kettle.(10분의 가열이 주전자 속의 물을 돌게 했다.)

flower

이 동사의 개념 바탕에는 flower의 명사 '꽃'이 있다.

1. 자동사 용법

1.1. 다음 주어는 꽃이 핀다.

(1) a. The roses flowered.(그 장미들은 꽃이 폈다.)
   b. The petunias flowered early this year.(그 페튜니어는 올해 꽃이 일찍 폈다.)
   c. These plants flower in the shade.(이 식물들은 응달에서 꽃이 핀다.)

1.2. 다음 주어는 꽃이 핀다/번창한다.

(2) a. Her talent for writing flowered.(그녀의 글 쓰는 재능이 꽃이 폈다.)
   b. English painting flowered briefly during Renaissance.(영국 그림은 르네상스 때 잠깐 번창했다.)

fluctuate

이 동사의 개념 바탕에는 위아래로 불규칙적으로 움직이는 과정이 있다.

1. 자동사 용법

1.1. 다음 주어는 그 수치가 움직인다.

(1) a. My weight fluctuates depending upon how much I ate.(내 체중은 먹는 양에 따라 수치가 등락한다.)
   b. Oil prices fluctuate between $25 and $30.(석유 값이 25불에서 30불 사이를 등락한다.)
   c. Temperature can fluctuate by as much as 10 degrees.(온도는 10도 정도는 오르내릴 수 있다.)
   d. The stock prices fluctuated wildly.(주가가 난폭하게 등락했다.)

1.2. 다음 주어는 추상적이지만 개체화되어 움직이는 것으로 개념화되어 있다.

(2) a. His mood seems to fluctuate from day today.(그의 기분은 날마다 등락하는 것처럼 보인다.)
   b. His feelings fluctuated between excitement and fear.(그의 강점이 흥분과 공포 사이를 오락가락 했다.)
   c. The citizens' opinion of the president fluctuated from week to week.(그 대통령에 대한 시민의 견해가 주마다 등락했다.)

fluff

이 동사의 개념 바탕에는 fluff의 명사 '보풀'이 있다.

1. 타동사 용법

1.1. 다음 주어는 목적어를 푹신하게 한다.

(1) a. She fluffed the cushion on the couch.(그녀는 그 소파 위의 쿠션을 푹신하게 했다.)
   b. Let me fluff up your pillow for you.(나는 너를 위하여 베개를 푹신하게 하마.)
   c. He fluffed up his thinning hair.(그는 숱이 적은 머리카락을 부풀렸다.)

1.2. 다음 주어는 목적어를 부풀린다.

(2) a. The female bird sat on the eggs, fluffing out her feathers.(그 암컷 새는 알 위에 앉아 깃털을 부풀렸다.)
   b. She fluffed out her pillows.(그녀는 베개를 부풀렸다.)

1.3. 다음 주어는 목적어를 틀리게 한다.

(3) a. Most actors fluff their lines occasionally.(많은 배우들은 종종 그들의 대사가 틀린다.)
   b. He fluffed his speech.(그는 연설을 틀렸다.)
   c. He fluffed an easy shot.(그는 쉬운 발사를 오발하였다.)

flunk

이 동사의 개념 바탕에는 낙제하는 과정이 있다.

1. 타동사 용법

1.1. 다음 주어는 목적어를 낙제시킨다.

(1) a. The teacher flunked me in history.(그 선생님은 나를 역사 과목에서 낙제시켰다.)
   b. If you miss three classes, I will flunk you.(네가 수업을 세 번 빠지면, 난 너를 낙제시킬 것이다.)
   c. The professor flunked nearly half the class.(그 교수는 학급의 거의 절반을 낙제시켰다.)

1.2. 다음 주어는 목적어를 낙제한다.

(2) a. I flunked the test.(나는 그 시험을 낙제했다.)
   b. He flunked a test in math.(그는 수학 시험을 낙제했다.)
   c. I flunked math in second grade.(나는 수학을 2학년에서 낙제했다.)

1.3. 다음 주어는 목적어를 낙제한다. 목적어는 학년이다.

(3) I flunked second grade.(나는 2학년을 낙제했다.)

2. 자동사 용법

2.1. 다음 주어는 낙제한다.

(4) a. You are in danger of flunking.(너는 낙제의 위험에 처해있다.)
   b. She studied hard for the exam, but she still flunked.(그녀는 그 시험 공부를 열심히 했지만, 낙제했다.)

2.2. 다음 주어는 낙제하여 학교를 떠난다.

(5) a. He flunked out of college.(그는 낙제해서 대학을 떠났다.)
   b. He flunked out of high school.(그는 낙제해서 고등학교를 떠났다.)

flush

이 동사의 개념 바탕에는 액체를 한꺼번에 세게 나가게 하는 과정이 있다.

1. 타동사 용법

1.1. 다음 주어는 목적어를 물과 함께 휩쓸려 나가게 한다.

(1) a. Flush clean water through the pipe.(깨끗한 물을 파이프 속으로 쏟아 보내시오.)

b. He flushed the drugs down the toilet.(그는 그 약을 변기에 버리고 물을 내렸다.)

c. Susan accidentally flushed a ring down the toilet.(수잔은 우연히 반지를 변기에 흘려 보냈다.)

1.2. 다음 주어는 물줄기를 써서 목적어가 빠져나오게 한다.

(2) a. Drinking lots of water helps to flush toxins out of the body.(물을 많이 마시는 것은 몸 속의 독소를 흘려 보내는 데 도움을 준다.)

b. Try flushing out the blockage with hot water.(막힌 것을 뜨거운 물로 흘려보내 보세요.)

c. Flush out all the sewage.(오물을 모두 흘려 보내시오.)

1.3. 다음 주어는 목적어를 물줄기로 씻는다. 목적어는 액체를 담고 있는 그릇이다.

(3) a. He flushed the toilet after using it.(그는 변기를 사용하고 물을 내렸다.)

b. He pulled the handle and flushed the lavatory.(그는 손잡이를 당겨서 화장실 물을 내렸다.)

c. He flushed the pipe clean.(그는 파이프를 씻어 내려 깨끗하게 했다.)

d. They flushed the street.(그들은 거리를 물로 씻어 내렸다.)

e. Water is ideal to flush the kidneys and the urinary tract.(물은 신장과 요도를 씻어 내리는 데 이상적이다.)

f. The doctor flushed the patient's eyes.(그 의사는 환자의 눈을 세척했다.)

1.4. 다음 주어는 목적어를 전치사 with의 목적어로 씻는다.

(4) a. The doctor flushed the eyes with clean cold water.(그 의사는 눈을 차고 깨끗한 눈을 씻었다.)

b. The gardener flushed his boots with the garden hose to remove the mud.(정원사는 진흙을 제거하기 위해서 장화를 호수로 씻어냈다.)

c. We flushed the pipe of debris with a hose.(우리는 그 파이프를 호스로 찌꺼기를 씻어 내렸다.)

1.5. 다음 목적어는 환유적으로 쓰여서 목적어 안에 있는 개체를 가리킨다.

(5) a. Try flushing out the pipe with hot water.(그 파이프를 뜨거운 물로 씻어 내려보시오.)

b. The farmer flushed out the stable/the garage.(그 농부는 마구간/창고를 물로 씻어 내렸다.)

1.6. 다음 주어는 어떤 장소에 숨어 있는 목적어 (짐승들)을 놀라게 하여 급하게 도망가게 한다.

(6) a. The dog flushed a pheasant in the tall grass.(그 개는 키 큰 풀 속에 있는 공작새를 날아오르게 했다.)

b. The dog flushed the birds from their hiding places.(그 개는 숨어 있는 새들을 날아오르게 했다.)

c. The hounds flushed out the fox from the woods.(그 사냥개는 여우를 숲 속에서 몰아냈다.)

d. The hunters flushed the quail out from the bushes.(그 사냥꾼들은 메추라기를 덤불에서 몰아냈다.)

1.7. 다음 주어는 목적어를 숨어 있던 장소에서 뛰쳐나오게 한다. 범죄자는 그릇 속에 담긴 액체로 은유되어 있다.

(7) a. The police managed to flush the gang from their hideout.(그 경찰은 일당을 은신처에서 가까스로 몰아냈다.)

b. The police flushed the criminals out of their lairs.(그 경찰은 그 범인들을 그들의 은신처에서 몰아냈다.)

c. They went out into the area to flush out guerrillas who were sheltering there.(그들은 그 지역에 침투해서 은신해있던 게릴라들을 몰아냈다.)

1.8. 다음은 수동태 문장으로 주어는 휩쓸려 나온다.

(8) The remaining rebels were being flushed out of the woods where they had taken refuge.(그 잔존한 반군들은 피난처로 삼았던 그 숲에서 내몰리고 있었다.)

1.9. 다음 주어는 목적어의 얼굴에 피가 몰리게 한다.

(9) a. The wine flushed her face and throat.(그 포도주는 그녀의 얼굴과 목을 상기시켰다.)

b. Exercise/shame/anger/happiness flushed his face.(운동/부끄러움/분노/행복이 그의 얼굴을 붉게 했다.)

c. Good running/excitement/fever flushed his cheeks.(많이 달려서/흥분/열이 그의 뺨을 붉게 물들였다.)

d. The setting sun flushed the high roof.(지는 해가 그 높은 지붕을 붉게 물들였다.)

1.10. 다음은 수동태 문장으로 주어는 사람을 가리키나, 실제에 있어서는 사람의 얼굴을 가리키는 환유적 표현이다.

(10) a. Our team was flushed with its great victory.(우리 팀은 멋지게 승리하여 우쭐해졌다.)

b. They are flushed with anger/shame.(그들은 분노/수치심에 붉게 상기된다.)

c. They were flushed with fever/wine.(그들은 열/와인 때문에 상기되었다.)

d. He was flushed by a minor victory.(그는 대수롭지 않은 승리에 우쭐해졌다.)

2. 자동사 용법

2.1. 다음 주어는 액체이고, 이 액체가 세차게 그리고 빠르게 움직인다.

(11) a. Blood flushed to the angry driver's face.(피가 화난 운전사의 얼굴에 끓어올랐다.)

b. I felt the blood flush into my face.(나는 피가 얼굴에 몰리는 것을 느꼈다.)

c. Water flushed through the pipe.(물이 그 관을 타고 세차게 흘렀다.)

d. Pull the string and the water flushes.(그 줄을 잡아 당기면 물이 쏟아져 나온다.)

2.2. 다음의 주어는 그릇이고, 이것은 환유적으로 쓰이어서 실제로는 그릇 속에 든 액체를 가리킨다.

(12) a. The toilet won't flush.(그 변기는 물이 안 내려간다.)

b. I can't get the toilet to flush.(나는 그 변기를 내려가게 할 수 없다.)

2.3. 다음 주어는 사람이나 얼굴을 가리킨다. 주어에 피가 몰려 붉어진다.

(13) a. He flushed with pride/success/excitement.(그는 자부심/성공/흥분으로 들떴다.)

b. She flushed up to her ears.(그녀는 귀까지 새빨개졌다.)

c. The boy flushed to hear it.(그 소년은 그 말을 듣고 상기되었다.)

d. Do you sweat a lot or flush a lot?(당신은 땀을 많이 흘리거나 많이 상기됩니까?)

e. His face flushed after working in the heat.(그의 얼굴은 열기 속에서 일한 후 상기되었다.)

2.4. 다음 주어는 상기되어 전치사 into의 목적어 상태로 들어간다.

(14) He flushed into a rage.(그는 분노로 상기되었다.)

2.5. 주어는 얼굴이 붉어진다.

(15) a. He flushed crimson at the compliment.(그는 칭찬을 받고 얼굴이 새빨개졌다.)

b. He flushed red as flame.(그는 불꽃처럼 상기되었다.)

c. Her cheeks flushed red.(그녀의 뺨이 붉게 물들었다.)

fluster

이 동사의 개념 바탕에는 갑작스런 요구나 상황에 당황하게 되는 과정이 있다.

1. 타동사 용법

1.1. 다음 주어는 목적어를 당황하게 만든다.

(1) a. The complicated map flustered the tourist.(복잡한 지도는 그 관광객을 당황하게 만들었다.)

b. My boss often flusters me with his confusing instructions.(나의 사장은 종종 나를 혼란스러운 지시로 당황하게 만든다.)

c. The teacher's question flustered the little boy.(교사의 질문은 그 어린 소년을 당황하게 만들었다.)

1.2. 다음은 수동태 문장으로 주어는 당황하게 된다.

(2) a. I was flustered by an unexpected visitor.(나는 불청객에 의하여 당황하게 되었다.)

b. She became flustered when the guests arrived. (그녀는 그 손님들이 도착하였을 때 당황하게 되었다.)

flutter

이 동사의 개념 바탕에는 펄럭이는 과정이 있다.

1. 자동사 용법

1.1. 다음 주어는 펄럭인다.

(1) a. Banners fluttered in the breeze.(깃발들이 산들바람에 나부꼈다.)

b. The curtains fluttered in the breeze.(그 커튼은 산들바람에 나부꼈다.)

c. The flag fluttered in the wind.(그 깃발은 바람에 펄럭였다.)

d. The sails fluttered in the wind.(그 돛들은 바람에 펄럭였다.)

e. Leaves fluttered down.(이파리들은 나부끼며 떨어졌다.)

f. His long robe fluttered in the wind.(그의 긴 예복이 바람에 펄럭였다.)

g. The washing fluttered on the line.(그 세탁물은 빨래줄에서 펄럭였다.)

h. Her eyelids fluttered but did not open.(그녀의 눈꺼풀이 떨렸으나 열리지는 않았다.)

1.2. 다음 주어는 펄럭인다.

(2) a. The bird fluttered on the roof.(그 새는 지붕에 앉아 날개쳤다.)

b. The birds' wings flutter in the tree.(그 새들의 날개가 그 나무에서 펄럭인다.)

1.3. 다음 주어는 펄럭인다. 주어는 심장이다.

(3) a. My heart fluttered as I was opening the envelope. (내 가슴은 그 봉투를 열 때 두근거렸다.)

b. My heart fluttered with excitement/new hope.(내 가슴은 흥분/새로운 희망으로 두근거렸다.)

c. Her heart began to flutter with fear.(그녀의 가슴은 두려움으로 펄떡이기 시작했다.)

d. When I was scared, my heart fluttered.(내가 겁에 질릴 때, 심장은 펄떡였다.)

e. Her heart fluttered for a moment.(그녀의 가슴은 잠시 펄떡였다.)

f. Everytime I think about the exams, my stomach flutters.(그 시험들에 대해 생각할 때는 언제나 불안하다.)

1.4. 다음 주어는 펄럭거리면서 움직인다.

(4) a. Unable to sit down, she fluttered about from one room to another.(앉을 수가 없어서 그녀는 이 방에서 저 방으로 서성거렸다.)

b. Bats were fluttering about in the twilight.(박쥐는 황혼녘에 펄럭거리며 날아다니고 있었다.)

c. The chicken fluttered across the yard.(그 닭은 마당을 가로질러 퍼덕거리며 지났다.)

d. He fluttered around the office looking for something to do.(그는 할 일을 찾으며 그 사무실 안을 이리저리 서성였다.)

e. I fluttered around, trying to get things ready before the party.(나는 파티 전에 모든 것을 준비시키려고 주위를 서성거렸다.)

f. The pigeons fluttered away.(그 비둘기들은 날개를 펄럭이며 날아갔다.)

g. He fluttered back and forth in the corridor.(그는 복도에서 앞뒤로 서성거렸다.)

h. The butterfly fluttered from flower to flower.(그 나비는 꽃에서 꽃으로 펄럭이며 날았다.)

i. The letter fluttered from his hand down the stairs. (그 편지는 그의 손으로부터 떨어져서 펄럭거리며 계단 아래로 내려갔다.)

j. He fluttered from room to room.(그는 방에서 방으로 서성였다.)

k. He fluttered in the room.(그는 방안에서 서성거렸다.)

l. Dragonflies fluttered over the flowers.(잠자리들이

그 꽃들 위로 펄럭거리며 날았다.)

m. The moth fluttered round the light.(나방은 그 불
빛 주위를 펄럭이며 날았다.)

n. Birds fluttered through the air.(새들은 그 공중을
통해 날개를 펄럭이며 지나갔다.)

o. Dead leaves fluttered slowly to the ground.(죽은
잎사귀들이 땅으로 천천히 나부끼며 떨어졌다.)

p. Hundreds of feathers fluttered to the ground after
the pillow fight.(수많은 깃털들이 그 베개 싸움 후
에 바닥으로 나부끼며 떨어졌다.)

q. A piece of paper fluttered to the ground.(한 장의
종이가 땅으로 펄럭이며 떨어졌다.)

2. 타동사 용법
2.1. 다음 주어는 목적어를 펄럭인다.
(5) a. A light breeze fluttered the curtain. (가벼운 산들바
람이 그 커튼을 펄럭였다.)

b. The breeze fluttered the banners.(그 산들바람은
깃발들을 펄럭였다.)

c. The bird fluttered its wings.(그 새는 날개를 펄럭
였다.)

d. She fluttered her eyelashes at him.(그녀는 그를
보고 속눈썹을 실룩거렸다.)

fly

이 동사의 개념 바탕에는 나는 과정이 있다.

1. 자동사 용법
1.1. 다음 주어는 난다.
(1) a. These birds fly long distances.(이 새들은 먼 거리
를 난다.)

b. The birds fly for days.(그 새들은 며칠 계속해서 난
다.)

1.2. 다음 주어는 비행기를 타고 난다.
(2) a. I fly from London to Paris.(나는 런던에서 파리로
비행기를 타고 간다.)

b. John flew to Boston and stayed there for a week.
(존은 비행기로 보스턴에 가서 그 곳에서 일주일을
머물렀다.)

c. The pilot has to fly long hours.(그 조종사는 장시간
비행해야 한다.)

1.3. 다음 주어는 날아가듯 빠르게 움직인다.
(3) a. They are flying down to Pusan.(그들은 비행기로
부산에 내려가고 있다.)

b. She flew for the doctor. (그녀는 의사를 데리러 급
히 뛰어갔다.)

c. The thief flew out of the door.(그 도둑은 그 문을
통해 단숨에 도망갔다.)

d. He flew up the road.(그는 나는 듯이 길을 따라 위
로 갔다.)

1.4. 다음 주어는 빠른 움직임으로 도망간다.
(4) a. He was forced to fly from the country.(그는 그 나
라에서 도망을 치지 않을 수 없었다.)

b. I saw the prisoner flying.(나는 그 죄인이 도망치는
것을 보았다.)

c. He was flying for his life.(그는 목숨을 건지려고 도
망가고 있었다.)

1.5. 다음 주어는 at의 목적어에 덤빈다.
(5) a. He flew at Bob.(그는 밥에게 잽싸게 덤볐다.)

b. She flies at me for nothing.(그녀는 아무 이유 없이
내게 덤빈다.)

1.6. 다음 주어는 날아서 흐트러진다.
(6) a. Leaves were flying about.(잎들이 휘날리고 있었
다.)

b. The engine flew apart.(그 엔진은 박살이 났다.)

c. Sparks flew in all directions.(불꽃이 모든 방향으로
튀었다.)

d. The bottle flew into a thousand pieces.(그 병은 깨
어져서 산산조각이 되어 날랐다.)

1.7. 다음 주어는 공중에서 나부끼거나 펄럭인다.
(7) a. He hair flew about her face.(그녀의 머리가 얼굴에
나부꼈다.)

b. His cloak flew behind him.(그의 망토가 그의 뒤에
서 펄럭이었다.)

c. The flag flies in the wind.(그 깃발은 바람에 펄럭인
다.)

2. 타동사 용법
2.1. 다음 주어는 목적어를 날린다.
(8) a. The boys are flying kites.(그 소년들은 연을 날리
고 있다.)

b. The ship flew the flag of its country.(그 배는 그 나
라의 국기를 날렸다.)

c. He flew the plane over the pacific.(그는 그 비행기
를 조종하여 태평양을 건넜다.)

2.2. 다음 주어는 목적어를 비행기로 수송한다.
(9) a. They flew supplies to the city.(그들은 보급품을 그
도시에 비행기로 날랐다.)

b. The pilot flew the passengers over the city.(그 조
종사는 그 승객을 태워서 그 도시의 위를 돌았다.)

2.3. 다음 주어는 목적어를 비행기로 지난다.
(10) a. The plane flew the ocean in one hour.(그 비행기는
대양을 한 시간 안에 날았다.)

b. He flew the continent.(그는 그 대륙을 날았다.)

2.4. 다음 주어는 목적어를 도망간다.
(11) They flew the country.(그들은 그 나라를 도망쳤다.)

2.5. 다음 주어는 목적어를 비행기로 수행한다.
(12) The pilot flew 10 missions.(그 조종사는 10번의 임
무를 비행했다.)

foam

이 동사의 개념 바탕에는 foam의 명사 '거품'이 있
다. 동사의 의미는 이 명사의 특성과 관계가 있다.

1. 자동사 용법
1.1. 다음 주어는 거품이 인다.
(1) a. The soft drink foamed as I poured it into the
glass.(그 탄산음료는 내가 그것을 유리잔에 따랐을
때 거품이 일었다.)

b. The toothpaste foamed in his mouth.(그 치약은

그의 입안에서 거품이 일었다.)

c. When he opened the can it foamed all over his hand.(그가 그 캔을 열었을 때, 그것은 거품을 내 손 위에 넘쳐 흐르게 했다.)

d. The torrent roared and foamed along.(그 급류가 굉음을 내고 거품을 내며 흘러갔다.)

1.2. 다음 주어는 거품을 낸다.

(2) a. He is foaming with rage.(그는 화가 나서 거품이 나고 있다.)

b. The dog foamed at the mouth.(그 개는 입에서 거품을 냈다.)

fob

이 동사의 개념 바탕에는 가짜를 안기는 과정이 있다.

1. 타동사 용법

1.1. 다음 주어는 목적어를 on의 목적어에 안긴다. 목적어는 물건이다.

(1) a. The car dealer fobbed off an inferior car on the buyer.(그 차 중개인은 좋지 않은 차를 사는 사람에게 속여서 팔았다.)

b. He fobbed off a copy as an original.(그는 복제품을 원본으로 속여 팔았다.)

1.2. 다음 주어는 목적어를 with의 목적어로 안긴다. 목적어는 사람이다.

(2) a. Don't let him fob you off with any more excuses.(그가 당신을 더 이상의 변명으로 속이게 하지 말아라.)

b. He tried to fob her off with some story about losing her keys.(그는 그녀가 열쇠를 잊어버렸다는 이야기로 속이려 하고 있다.)

c. Don't let them fob you off with cheap imported brand.(그들이 너를 값싼 수입 제품으로 속이게 하지 말아라.)

1.3. 다음은 수동태 문장으로 주어는 속아서 산다.

(3) She wouldn't be fobbed off this time.(그녀는 이번에는 속지 않을 것이다.)

focus

이 동사의 개념 바탕에는 focus의 명사 '초점'이 깔려 있다.

1. 자동사 용법

1.1. 다음 주어는 전치사 on의 목적어에 의식을 집중한다.

(1) a. Let's focus on the problem at hand.(지금 당장 우리가 안고 있는 문제에 초점을 맞추자.)

b. I tired to focus on the project.(나는 이 기획 사업에 집중하려 노력했다.)

c. Try and focus on something in the foreground.(그 전경에 있는 무언가에 초점을 맞추도록 노력해라.)

d. We didn't focus on any specific writer.(우리는 어떠한 특정 작가에게 주의를 집중시키지 않았다.)

e. Today we are going to focus on the question of homelessness.(오늘 우리는 집 없는 부랑자들의 문제에 집중을 할 것이다.)

1.2. 다음의 주어는 시선이나 빛이다. 주어는 on의 목적어에 집중한다.

(2) a. For a few moments my eyes could not focus.(잠깐동안, 내 눈은 초점을 맞출 수가 없었다.)

b. He was very tired, and couldn't focus.(그는 매우 피곤해서 집중할 수가 없었다.)

c. Her eyes finally focused on what looked like a small cat.(마침내 그의 눈은 작은 고양이처럼 보이는 것에 눈의 초점을 맞추었다.)

d. The spotlight focused on her as she moved away from the cable.(그녀가 그 전선에서 멀어짐에 따라 스포트라이트가 그녀에게 모아졌다.)

e. The beam of light focused on an aircraft.(그 광선은 어느 항공기에 초점을 맞추었다.)

1.3. 다음 주어는 주의이다. 이것은 어디에 집중될 수 있다.

(3) a. Public attention focused on the Olympics.(대중들의 관심은 올림픽에 집중되었다.)

b. Attention focused on Jim.(주의가 짐에게 집중되었다.)

c. The senator's speech focused on health care reform.(상원의원의 연설은 건강 관리 개혁에 집중되었다.)

2. 타동사 용법

2.1. 다음의 주어는 목적어를 on의 목적어에 집중시킨다.

(4) a. Glasses help him to focus his eyes on small print.(안경은 그가 눈의 초점을 작은 글자에 맞추게 한다.)

b. He was too tired to focus his eyes on the picture.(그는 너무 피곤해서 눈을 그 그림에 집중할 수가 없었다.)

c. He used a magnifying glass to focus light rays onto a piece of paper.(그는 광선의 초점을 한 장의 종이에 맞추기 위해 돋보기를 사용했다.)

d. Focus the lens of a microscope.(현미경의 렌즈의 초점을 맞추어라.)

e. The photographer focused the lens and took the picture.(그 사진기사는 렌즈의 초점을 맞추고 사진을 찍었다.)

f. All eyes were focus on him.(모든 시선이 그에게 집중되었다.)

2.2. 다음의 목적어는 초점이 조정될 수 있는 기구이다. 주어는 목적어의 초점을 맞춘다.

(5) a. He focused his binoculars on the building opposite.(그는 쌍안경의 초점을 반대편의 건물에 맞추었다.)

b. He focused his microscope on the bacterium.(그는 현미경의 초점을 그 박테리아균에 맞추었다.)

c. The astronomer focused the telescope on the moon.(그 천문학자는 그 망원경의 초점을 달에 맞추었다.)

1.3. 다음의 목적어는 주의, 노력, 정신이다. 주어는 이러한 목적어를 on의 목적어에 집중시킨다.

(6) a. Focus your attention on your work.(너의 주의를 일에 집중시켜라.)

b. When the TV is off, I can focus my attention on my work.(TV가 꺼져있을 때, 나는 주의를 일에 집중할 수 있다.)

c. I tried to focus my efforts/mind on my work.(나는 노력/정신을 일에 집중시키려 노력했다.)

d. Every night I focus my thoughts on the problem of the day.(매일 밤, 나는 생각을 그 날의 문제에 집중한다.)

e. Many of the papers focus their attention on the controversial statement.(그 신문들의 많은 수가 주의를 논쟁적인 진술에 집중시킨다.)

f. The disaster focused public attention on the problem of chemical waste.(그 재난은 대중의 주의를 화학 폐기물 문제에 집중시켰다.)

g. Recent wave of bombing has focused public attention on the region.(최근의 폭탄 투하는 대중의 주의를 그 지역에 집중시켰다.)

fog

이 동사의 개념 바탕에는 fog의 명사 '짙은 안개'가 있다. 동사의 의미는 이 명사의 특성과 관계가 있다.

1. 자동사 용법

1.1. 다음 주어는 안개로 흐리게 된다.

(1) a. My glasses have fogged up in the steamy room.(내 안경은 수증기가 가득한 방에서 흐려졌다.)

b. The car window fogged up in the rain.(그 차창은 빗속에서 흐려졌다.)

c. The harbor fogged up.(그 항구는 안개로 완전히 흐려졌다.)

d. The car window is fogged up, so I turned the fan high.(그 차 유리창이 안개로 완전히 흐려져서, 나는 환풍기를 강하게 틀었다.)

2. 타동사 용법

2.1. 다음 주어는 목적어를 흐리게 한다.

(2) a. The moist air fogged up my glasses.(습한 공기는 내 안경을 흐리게 했다.)

b. Steam fogged the bathroom mirror.(수증기가 욕실 거울을 흐리게 했다.)

2.2. 다음 목적어는 유리와 같이 흐려지는 개체로 개념화되어 있다.

(3) a. The government is fogging the real issues before the election.(정부는 실제적인 논제를 그 선거 전에 흐리게 하고 있다.)

b. I tried to clear the confusion that was fogging my brain.(나는 머리 속을 흐리게 하는 혼란을 분명히 하기 위해 애썼다.)

c. The strong medicine fogged the patient's mind.(그 강한 약은 환자의 정신을 흐리게 했다.)

2.3. 다음은 수동태 문장으로 주어는 흐려진다.

(4) The mirror is fogged up.(그 거울은 안개로 흐려졌다.)

foil

이 동사의 개념 바탕에는 꺾는 (좌절시키는) 과정이 있다.

1. 타동사 용법

1.1. 다음 주어는 목적어를 좌절시킨다.

(1) a. The royal troops foiled the revolt.(왕실의 군대는 그 반란을 저지하였다.)

b. He foiled the plan/the plot/the crime.(그는 그 계획/음모/범죄를 좌절시켰다.)

c. Customs officials foiled an attempt to smuggle priceless paintings out of the country.(세관원들은 귀중한 그림들을 나라 밖으로 밀반출하려는 시도를 좌절시켰다.)

d. The bank teller foiled the robbery by tricking the robber.(은행 출납원은 그 강도짓을 강도를 속임으로써 좌절시켰다.)

e. The alarm system foiled thieves.(그 경보 시스템은 도둑들을 좌절시켰다.)

1.2. 다음은 수동태 문장으로 주어는 좌절된다.

(2) a. The arms smuggling plan was foiled by the CIA.(무기 밀수 계획은 CIA에 의해 좌절되었다.)

b. He was foiled in his attempt to escape.(그는 탈출하려는 시도가 좌절되었다.)

foist

이 동사의 개념 바탕에는 속여서 넘기거나 넣는 과정이 있다.

1. 타동사 용법

1.1. 다음 주어는 목적어를 몰래 넣는다.

(1) a. He foisted a clause into the document.(그는 몰래 한 조항을 그 문서에 써 넣었다.)

b. He foisted his brother into the position.(그는 동생을 몰래 그 지위에 앉게 하였다.)

1.2. 다음 주어는 목적어를 몰래 넘긴다.

(2) Bill foisted the task of washing dishes off on his sister.(빌은 설거지 일을 여동생에게 몰래 넘겼다.)

1.3. 다음은 목적어를 억지로 부과한다.

(3) a. Don't trust the shopkeeper; he'll try to foist damaged goods (off) on you.(그 상점 주인을 믿지 말아라, 그는 너를 속여 파손품을 팔아 넘기려고 할 것이다.)

b. He foisted a forged ticket upon me.(그는 가짜 표를 나에게 속여 팔았다.)

c. The city council foisted the new garbage dump on the poorest neighborhood in the city.(그 시 의회는 새 쓰레기 처리장을 도시의 가장 가난한 지역에 몰래 속여 건설하였다.)

1.4. 다음은 수동태 문장으로 주어는 강요된다.

(4) The title for her novel was foisted upon her by the

publisher.(그녀 소설의 그 제목은 그 출판업자에 의해 그녀에게 강요되었다.)

1.5. 다음 목적어는 재귀대명사이다. 주어는 다른 사람에 부담을 지운다.

(5) They didn't invite him to go out with them, and he foisted himself/his company on them.(그들은 그에게 그들과 함께 나가자고 요청하지 않았지만 그는 자신/동반을 그들에게 강제로 지웠다.)

---

fold

이 동사의 개념 바탕에는 접는 과정이 있다.

1. 타동사 용법

1.1. 다음 주어는 목적어를 접는다.

(1) a. He folded a letter.(그는 편지를 접었다.)
 b. I always have trouble folding highway maps.(나는 항상 고속도로 지도를 잘 접지 못한다.)
 c. Fold the blanket/the bed cloth back.(그 담요/침대보를 개어라.)
 d. Fold the omelet/the letter in half.(그 오믈렛을/편지를 반으로 접으라.)
 e. Fold up the newspaper/the paper and put it away. (그 신문/종이를 접어서 치워라.)
 f. Could you fold up your clothes/the blanket?(네 옷/담요를 좀 접어줄래?)
 g. She folded up the map and put it in the bag.(그녀는 그 지도를 접어서 가방에 집어 넣었다.)

1.2. 다음은 수동태 문장으로 주어는 접힌다.

(2) The paper must be folded into half/into quarters. (그 종이는 반으로/4분의 1로 접혀져야 한다.)

1.3. 다음 주어는 목적어를 포갠다.

(3) a. The insect folded its wings.(곤충은 날개를 접었다.)
 b. She folded her hands in her lap.(그녀는 손을 포개 무릎에 놓았다.)
 c. She folded her arms over her chest.(그녀는 팔을 가슴 위에 포개었다.)

1.4. 다음 주어는 목적어를 in의 목적어에 넣어서 접는다.

(4) a. Fold the garbage in the newspaper.(그 쓰레기를 그 신문지에 싸라.)
 b. He folded the seeds in a piece of paper.(그는 씨앗을 신문 한 장에 쌌다.)
 c. Fold the vase in this newspaper.(그 꽃병을 이 신문에 싸라.)
 d. She folded the apple in paper.(그녀는 사과를 종이에 쌌다.)
 e. He folded his baby girl in his arms.(그는 어린 딸아이를 팔에 껴안았다.)

1.5. 다음의 목적어는 접히는 개체이다.

(5) a. He folded the chairs together and set them against the wall.(그는 의자들을 함께 접어서 벽에 세웠다.)
 b. The sunbathers folded their chairs and left.(그 일광욕을 즐기는 사람들은 자신들의 의자를 접고 떠났다.)

2. 자동사 용법

2.1. 다음의 주어는 접히는 개체이다.

(6) a. Cardboard does not fold easily.(판지는 쉽게 접히지 않는다.)
 b. My wallet folds in the middle.(내 지갑은 중간 부분에서 접힌다.)
 c. Does this bed/the table fold to save space?(이 침대/탁자는 공간을 절약하기 위해 접어지는가?)
 d. The couch folds out to a queen-size bed.(그 긴 의자는 퀸 사이즈의 침대만큼 펴진다.)
 e. These doors fold back against the walls.(이 문들은 뒤로 그 벽에 기대어 접어진다.)
 f. The window shutters fold back.(창문 덧문들은 뒤로 접힌다.)
 g. The back of the bench folds forward.(의자의 뒷부분은 앞으로 포개어진다.)
 h. The picnic table folds up flat.(그 소풍용 탁자는 평평하게 접어진다.)
 i. Fold the ironing board up so that it is flat.(다리미판을 접어서 평평하게 만들어라.)

2.2. 다음의 주어는 사업과 관계된다. 사업이 접힌다는 것은 망하거나 실패함을 뜻한다.

(7) a. Our Chicago operations have folded.(우리의 시카고 사업은 문을 닫았다.)
 b. The team folded under pressure.(그 팀은 압력 하에서 주저앉았다.)
 c. The business finally folded up last week/during the recession.(그 사업은 지난 주/침체기 동안 문을 닫았다.)
 d. Sorry, we cannot eat at that restaurant; it folded last year.(죄송합니다만 우리는 그 음식점에서 먹을 수가 없습니다. 지난해 이곳은 문을 닫았습니다.)
 e. The magazine folded after a few months.(그 잡지는 몇 달 후 문을 닫았다.)
 f. The company folded; she lost her job.(그 회사는 문을 닫았다. 그래서 그녀는 일자리를 잃었다.)
 g. She was so tired and folded and went home.(그녀는 너무 피곤해서 쓰러질 지경이 되어 일을 접고 집으로 갔다.)

---

follow

이 동사의 개념 바탕에는 뒤따르는 과정이 있다.

1. 타동사 용법

1.1. 다음 주어는 목적어를 따른다.

(1) a. You go first and I will follow you.(너 먼저 가거라, 그러면 내가 너의 뒤에 가겠다.)
 b. The police are following a murderer who is in hiding.(경찰은 숨어있는 살인자를 추적하고 있다.)
 c. He followed the children into the house.(그는 아이들을 따라 집으로 들어갔다.)
 d. The boy followed his father out.(그 소년은 아버지를 따라 나갔다.)
 e. The dog followed the man to the office.(개는 그 남자를 따라 사무실로 갔다.)

1.2. 다음은 수동태 문장으로 주어는 뒤에 다른 사람이 따른다.

(2) a. I think we are being followed.(우리가 추격을 받고 있다고 나는 생각한다.)

     b. The general was followed by many officers.(그 장군은 많은 장교들에게 수행되었다.)

1.3. 다음 주어는 눈으로 목적어를 추적한다.

(3) a. He followed with eager eyes the progress of the game.(그는 열의에 찬 눈으로 경기의 진행을 따랐다.)

     b. He followed her with his eyes.(그는 그녀를 눈으로 따랐다.)

     c. We can't follow (the flight of) a bullet.(우리는 총알의 비행을 눈으로 볼 수 없다.)

     d. The cat followed every movement of the mouse.(고양이는 쥐의 모든 행동을 눈으로 따랐다.)

1.4. 다음은 [말은 움직이는 개체]은유가 적용된 예이다.

(4) a. Do you follow my argument?(당신은 내 논의를 따라옵니까?)

     b. I didn't follow his line of reasoning.(나는 그의 추리 방법을 따라가지 못했다.)

     c. I couldn't follow what he said.(나는 그가 말한 것을 이해하지 못했다.)

     d. He followed the speaker's words with the greatest attention.(그는 그 연사의 말을 매우 주의를 기울여 이해했다.)

     e. He follows all the football news.(그는 그 모든 축구 뉴스를 따라간다.)

1.5. 다음 목적어는 시간 속에서 움직이는 것으로 개념화된다. 주어는 목적어를 따른다.

(5) a. The villagers still follow the customs of their grandfathers.(마을 사람들은 조상들의 관습을 아직 따른다.)

     b. He followed the fashion.(그는 유행을 따랐다.)

     c. He followed the example of his friend and went to the university(그는 친구의 본을 따라서 그 대학에 갔다.)

1.6. 다음 주어는 목적어를 시간상 뒤따른다.

(6) a. He followed his father in his business.(그는 사업에 있어서 아버지를 이어받았다.)

     b. He followed his senior in command of the army.(그는 군 지휘에 있어서 선임자 뒤를 이어받았다.)

1.7. 다음 주어는 순서상 목적어를 뒤따른다.

(7) a. The number 5 follows the number 4.(숫자 5는 4 다음에 온다.)

     b. Monday follows Sunday.(월요일은 일요일 뒤에 온다.)

     c. May follows April.(5월은 4월 다음에 온다.)

     d. The letter Z follows the letter Y.(Z자는 Y자 다음에 온다.)

1.8. 다음 주어와 목적어는 시간 속에 일어나는 개체이다. 주어는 목적어를 뒤따른다.

(8) a. One good fortune followed another.(하나의 행운이 다른 행운을 뒤따랐다.)

     b. One misfortune followed another.(한 불행이 다른 불행을 뒤따랐다.)

c. Disease often follows war.(질병은 전쟁 뒤를 따른다/전쟁이 끝나면 종종 질병이 발생한다.)

d. The storm was followed by a calm.(그 폭풍은 뒤에 고요가 따랐다.)

e. Dinner was followed by dancing.(저녁식사는 무도회로 이어졌다.)

1.9. 다음 주어는 목적어를 따른다. 목적어는 길이다.

(9) a. Follow the road until you come to the hotel.(그 길을 호텔에 도착할 때까지 따라가세요.)

     b. He followed a path.(그는 소로를 따라 갔다.)

     c. He followed a brook to its source.(그는 시냇물을 따라 그 근원지까지 갔다.)

     d. Follow this road to the corner.(이 길을 따라 모퉁이까지 가세요.)

     e. Bees follow the smell of flowers.(벌들은 꽃 냄새를 따라간다.)

     f. He followed her career as a poet.(그는 시인으로서 경력을 따라갔다.)

1.10. 다음은 [직업은 길] 은유가 적용된 표현이다.

(10) a. He followed the trade of a hatter/a grocer/a baker.(그는 모자상/식품품상/빵 제조업자의 길을 따라갔다.)

     b. He followed the sea/the plow/the stage.(그는 바다/쟁기/무대(의 길을) 따라갔다.)

     c. He followed a branch of science.(그는 과학의 한 분야를 따랐다.)

1.11. 다음 주어와 목적어는 움직이지 않는다. 그러나 이들의 형상을 눈으로 따라가면 주어가 목적어를 뒤따르는 것으로 보인다.

(11) a. The railway lines follow the river several miles.(그 철도는 강을 몇 마일 따른다.)

     b. The path follows the brook a few miles.(그 길은 시냇물을 몇 마일 따라간다.)

2. 자동사 용법

2.1. 다음 주어는 논리적으로 따라 나온다.

(12) a. Because he is at the bottom of the class, it does not follow that he has no brains.(단지 그가 학급에서 꼴찌라고 해서, 그가 머리가 나쁘다는 결론은 뒤따르지는 않는다.)

     b. Because he is good, it does not follow that he is wise.(그가 선하다고 해서, 그가 현명하다는 결론은 나지 않는다.)

     c. If a book does not interest us, it does not necessarily follow that the fault is in the book.(책이 우리의 흥미를 끌지 않을지라도, 반드시 그 책에 잘못이 있다는 결론이 따르는 것이 아니다.)

2.2. 다음 주어는 전치사 from의 목적어에서 나온다.

(13) a. It follows from what you said that I might be wrong.(네가 말한 것으로부터 내가 잘못을 했다는 결론이 따른다.)

     b. From this evidence, it follows that he's not the murderer.(이 증거로부터 그가 살인자가 아니라는 결론이 따른다.)

     c. From what you said, it follows that he was not

there.(네가 말한 것으로부터, 그가 그 곳에 없었다는 결론이 따른다.)

2.3. 다음에서 목적어는 문맥에 암시되어 있다.

(14) a. I am sending the letter today; the packet will follow.(나는 그 편지를 오늘 보낼 예정이다; 그 소포가 곧 뒤따를 것이다.)

b. King George the 6th died and Queen Elisabeth the 2nd followed.(죠지 왕 6세가 죽고 엘리자베드 여왕 2세가 뒤따랐다.)

c. I didn't quite follow. Could you explain it again?(저는 이해를 못하겠습니다. 그것을 다시 설명해 주시겠습니까?)

d. We followed close behind.(우리는 뒤에 바싹 따라갔다.)

fool

이 동사의 개념 바탕에는 속이는 사람과 속는 사람이 있다.

1. 타동사 용법

1.1. 다음 주어는 목적어를 속인다.

(1) a. He fooled his mother by pretending to be asleep.(그는 자는 척 하면서 어머니를 속였다.)

b. You can't fool me with that old excuse.(너는 오래된 변명을 가지고 나를 속일 수 없다.)

c. I thought the exam was difficult but it fooled me.(나는 그 시험이 어려울 것으로 생각했으나, 그것이 나를 속였다.)

d. He fooled himself.(그는 자신을 속였다.)

e. You're fooling yourself if you think that none of this will affect you.(이것의 어느 것도 너에게 영향을 주지않을 것으로 생각하면, 너는 자신을 속이고 있는 것이다.)

1.2. 다음은 수동태 문장으로 주어는 속는다.

(2) a.. Don't be fooled by his appearance.(그의 외모에 의해 속지 말아라.)

b. He was fooled by his good look.(그는 그의 좋은 용모에 속았다.)

1.3. 다음 주어는 목적어를 속여서 동명사가 나타내는 일이나 생각을 하게 한다.

(3) a. He fooled a lot of people into believing that he was a rich man.(그는 많은 사람들을 속여서 부자라고 믿게 했다.)

b. He fooled us into investing in his company.(그는 우리를 속여서 자신의 회사에 투자하게 했다.)

c. He fooled us into the belief.(그는 우리를 속여서 그것을 믿게 했다.)

d. She fooled me into doing the work/coming.(그녀는 나를 속여서 일을 하게 했다.)

e. He fooled me into believing his story.(그는 나를 속여서 그의 얘기를 믿게 했다.)

1.4. 다음은 수동태 문장으로 주어는 속아서 어떤 일을 하게 된다.

(4) a. He was fooled into believing that he had won a lot of money.(그는 속아서 많은 돈을 벌었다고 믿게 되

었다.)

b. Don't be fooled into thinking that you can change anything.(너가 어느 것이든지 바꿀 수 있다고 속아서 생각하지 말아라.)

c. Don't be fooled into believing their promises.(속아서 그들의 약속들을 믿지 말아라.)

1.5. 다음에서 주어는 목적어를 속여서 돈이나 재산을 잃게 한다.

(5) a. They fooled him out of all his fortune.(그들은 그를 속여서 재산을 빼앗았다.)

b. He was fooled out of all his money.(그는 속아서 모든 돈을 빼앗겼다.)

1.6. 다음에서 주어는 목적어를 헛되이 쓴다.

(6) Don't fool away your time.(너의 시간을 헛되이 쓰지 말아라.)

2. 자동사 용법

2.1. 다음의 주어는 농담이나 장난을 친다.

(7) a. If you continue fooling, you'll never finish your homework.(네가 계속 빈둥거리면, 너는 숙제를 마치지 못할 것이다.)

b. We spent the afternoon fooling around on the beach.(그는 해변에서 빈둥거리면서 오후를 보냈다.)

2.2. 다음 주어는 전치사 with의 목적을 가지고 만지작거린다.

(8) a. He fooled around with the knife, hurting himself.(그는 칼을 가지고 만지작 거리다가 다쳤다.)

b. Don't fool about with matches.(성냥을 가지고 놀지 마세요.)

2.3. 다음 주어는 전치사 with의 목적어와 놀아난다.

(9) a. He's fooling around with his friend on a summer afternoon.(그는 그의 친구와 여름 오후를 빈둥거리면서 보내고 있다.)

b. He was fooling around with his neighbor's wife.(그는 이웃집 아내와 놀아났다.)

c. She's been fooling around with a married man.(그녀는 결혼한 남자와 놀아나고 있다.)

2.4. 다음 주어는 전치사 with의 목적어와 장난을 한다.

(10) a. I was only fooling with you, and I don't really think you're ugly.(나는 단지 네게 농담을 하고 있다. 나는 네가 추하다고 정말 생각하지 않는다.)

b. Don't worry; he's only fooling.(걱정 마세요; 그는 단지 농담을 하고 있어요.)

foot

이 동사의 개념 바탕에는 foot의 명사 '발'이 깔려있고 동사의 뜻은 명사의 기능이나 모양과 관계가 있다.

1. 타동사 용법

1.1. 다음 주어는 목적어를 밟는다.

(1) Don't foot the grass.(그 잔디를 밟지 마라.)

1.2. 발로서 할 수 있는 과정의 한 가지는 어떤 거리를 걸어가는 일이다. 다음 주어는 목적어를 걷는다.

(2) a. The boys **footed** the whole 20 miles.(그 소년들은 20마일 전체를 걸었다.)

  b. The last bus has gone. Come on, we will have to **foot** it.(마지막 버스가 떠났다. 자, 우린 걸어가야만 한다.)

1.3. 더하기를 할 때 더해서 나오는 합계는 수의 맨 밑자리를 차지한다. 주어는 목적어를 합산한다.

(3) a. He **footed** up the account.(그는 계산서를 합계했다.)

  b. **Foot** this column of numbers.(이 숫자들의 열을 합계하라.)

1.4. 다음 주어는 목적어를 지불한다.

(4) a. My parents **footed** the bill for the wedding.(내 부모님들께서 결혼식 비용을 지불하셨다.)

  b. The insurance company should **foot** the bill for the damage.(보험 회사는 그 손해에 대한 청구액을 지불해야 한다.)

  c. They requested us to **foot** the cost of the wedding.(그들은 우리가 결혼식 비용을 지불해 줄 것을 요구했다.)

2. 자동사 용법

2.1. 다음의 주어는 전치사 to의 액수에 이른다.

(5) a. The bill will **foot** up to $3,000.(청구서는 합계 3천 달러에 이를 것이다.)

  b. The receipt will **foot** up to $20,000.(영수증은 합계 2만 달러에 이를 것이다.)

force

이 동사의 개념 바탕에는 강한 힘을 가하는 과정이 있다. 힘을 받는 개체는 장소 이동을 하거나 상태의 변화를 받는다.

1. 타동사 용법

1.1. 다음 주어는 강한 힘을 가하여 목적어를 움직인다.

(1) a. You could tell he was **forcing back** tears.(너는 그가 눈물을 억누르고 있음을 알 수 있다.)

  b. He **forced** the key **into** the lock.(그는 열쇠를 억지로 자물쇠에 끼어 넣었다.)

  c. Don't try to **force** the child's foot **into** the slipper that's too small for him.(그 아이의 발을 너무 작은 슬리퍼에 억지로 끼워 넣게 하지 말아라.)

  d. Strong winds **forced** boats **onto** the beaches.(강한 바람이 그 보트들을 바닷가로 밀었다.)

  e. The rider **forced** his horse on **through** the storm.(그 기수는 말을 그 폭풍을 뚫고 계속 가게 했다.)

  f. He tried to **force** his suitcase **through** a tiny hole in the fence.(그는 여행 가방을 그 울타리의 작은 구멍을 통하여 억지로 넣으려고 애썼다.)

1.2. 다음은 수동태 문장으로 주어는 뒤로 밀린다.

(2) They attempted to enter the building but were **forced back** by the flames.(그들은 그 건물 안으로 들어가려고 했으나, 불꽃에 의해서 어쩔 수 없이 뒤로 밀렸다.)

1.3. 다음 주어는 목적어에 강한 힘을 주어 목적어는 상태의 변화를 받는다.

(3) a. Robbers **forced open** the safe/the window/the door/the locks.(강도들은 그 금고/그 창문/그 문/그 자물쇠를 억지로 열려고 애썼다.)

  b. The thieves **forced** the window **open**.(그 도둑들은 창문을 억지로 열었다.)

1.4. 다음 목적어는 재귀대명사이다. 주어는 자신을 to부정사가 가리키는 일을 하게 한다.

(4) a. He **forced** himself to work hard.(그는 열심히 일하도록 억지로 애썼다.)

  b. I have to **force** myself to be pleasant to him.(나는 자신을 기분 좋게 해주려고 억지로 애써야 한다.)

  c. I **forced** myself to look grateful.(나는 감사한 마음을 보이려고 억지로 애썼다.)

  d. I **forced** myself to get out of bed.(나는 억지로 잠자리에서 일어났다.)

1.5. 다음 주어는 목적어에 힘을 가하여 부정사가 가리키는 일을 하게 한다. 목적어는 사람이다.

(5) a. They **forced** her to sign the agreement.(그들은 그녀가 그 계약에 강제로 사인하도록 만들었다.)

  b. The government forces **forced** the rebels to surrender.(정부군은 그 폭도들이 가제로 항복하게 하였다.)

  c. He **forced** me to give him money.(그는 나를 그에게 돈을 강제로 주도록 만들었다.)

  d. You cannot **force** her to make a decision.(너는 그녀가 억지로 결정을 하도록 만들 수 없다.)

1.6. 다음 주어는 목적어에 힘을 가하여 목적어가 부정사가 가리키는 과정을 겪게 한다.

(6) a. A back injury **forced** her to withdraw from the race.(등 부상이 그녀가 할 수 없이 그 경주에서 물러나게 했다.)

  b. The cost of borrowing money has **forced** many companies to close.(빌리는 돈의 비용은 많은 회사들이 문을 닫도록 만들었다.)

  c. His argument **forced** them to admit he was right.(그의 논쟁은 그들이 그가 옳다는 것을 인정하도록 만들었다.)

  d. They were **forced** to sell their houses.(그들은 어쩔 수 없이 집들을 팔게 되었다.)

1.7. 다음은 수동태 문장으로 주어는 전치사 to의 목적어에 이른다.

(7) a. They were **forced** to desperate measures.(그들은 어쩔 수 없이 필사적 조처를 취하게 되었다.)

  b. She was finally **forced** to reach the conclusion.(그녀는 결국 그 결론에 이르도록 강요되었다.)

1.8. 다음 주어는 목적어를 전치사 into의 목적어 (동명사)가 가리키는 과정으로 들어가게 한다.

(8) a. They **forced** her **into** making the decision.(그들은 그녀가 그 결정을 내리도록 강요하였다.)

  b. Poverty **forced** him **into** a crime.(가난이 그가 죄를 짓도록 만들었다.)

1.9. 다음 주어는 목적어를 힘으로 억지로 만들어낸다.

(9) a. He **forced** his way/a passage **through** the crowd.(그는 군중 사이로 억지로 길을/통로를 만들었다.

(군중을 헤치고 나아갔다.))

b. He **forced** his way out/in.(그는 억지로 밖으로/안으로 나갔다.)

c. He **forced** an entry into the building.(그는 억지로 그 건물 안으로 들어갔다.)

d. He **forced** a smile/a laugh.(그는 억지로 미소를/웃음을 지었다.)

e. The singer **forced** his voice, and now has a sore throat.(그 가수는 억지로 목소리를 내었고, 지금은 목이 아프다.)

f. We'll have to **force** a solution.(우리들은 억지로 해결을 찾아야 할 것이다.)

g. He **forced** his courage.(그는 억지로 용기를 내었다.)

h. He **forced** an action.(그는 억지로 행동을 하였다.)

1.10. 다음 주어는 목적어를 억지로 **빼앗는다.**

(10) a. I **forced** a gun from him.(나는 총을 그로부터 빼앗았다.)

b. I **forced** a promise/a fact/a confession from him.(나는 약속/사실/고백을 그로부터 억지로 받아내었다.)

c. I **forced** a surrender from them.(나는 항복을 그들로부터 강제로 받아내었다.)

1.11. 다음 주어는 목적어를 on의 목적어에게 부과한다.

(11) a. He **forced** his ideas **on** her.(그는 자신의 생각을 그녀에게 강요했다.)

b. The appointment was **forced upon** him.(그 약속은 그에게 강요되어졌다.)

1.12. 다음에서 목적어는 성장 과정이나 그 밖의 과정을 겪는 개체이다. 주어는 목적어에 힘을 가하여 억지로 과정을 촉진한다.

(12) a. He **forced** the pupil.(그는 그 학생을 억지로 밀어부쳤다.)

b. He **forced** the plants/the flowers/the fruit by keeping them in the dark.(그는 그 식물들을/그 꽃들/그 과일을 어두운 곳에 놓아 속성 재배시켰다.)

forecast

이 동사의 개념 바탕에는 미리 알리는 과정이 있다.

1. 타동사 용법

1.1. 다음 주어는 목적어를 예보한다.

(1) a. He **forecasted** the weather.(그는 날씨를 예보했다.)

b. She **forecast** snow for the weekend.(그녀는 눈을 주말에 예보했다.)

c. The weatherman **forecast** snow for northern Korea.(기상 예보관은 북한에 눈을 예보했다.)

1.2. 다음은 수동태 문장으로 주어는 예보된다.

(2) a. Snow is **forecast** for tomorrow.(눈이 내일 내릴 것이라 예보된다.)

b. The temperature is **forecast** to reach 40°c.(기온은 40도까지 올라갈 것으로 예보된다.)

c. Cooler weather is **forecast** for tomorrow.(더 시원

한 날씨가 내일 예보된다.)

d. Rain is **forecasted** for the entire week.(비가 주 내내 오리라고 예보된다.)

1.3. 다음 주어는 목적어를 예상한다.

(3) a. He **forecasted** the consequence.(그는 그 결과를 예상했다.)

b. The economic report **forecast** a sharp drop in unemployment for the next year.(그 경제 보고서는 내년에 실업자가 급감하리라 예보한다.)

c. Experts are **forecasting** a recovery in the economy.(전문가들은 경기 회복을 예상하고 있다.)

1.4. 다음 의문사가 이끄는 절은 주어가 예측하는 내용이다.

(4) I wouldn't like to **forecast whether** he will resign.(나는 그가 사임할지의 여부를 예측하고 싶지 않다.)

1.5. 다음 that-절은 주어가 예보하는 내용이다.

(5) a. The teacher **forecasts that** 157 of his students will pass the exam.(교사는 자신의 157명 학생들이 시험을 통과할 것이라고 예보한다.)

b. The Federal Reserve Bank has **forecast that** the economy will grow by 2% this year.(연방 준비 은행은 나라 경제가 올해에는 2%정도 성장할 것이라고 예보하였다.)

c. The report **forecasts that** prices will rise by 5% next month.(그 보고서는 물가가 다음 달에 5% 오를 것이라고 예보한다.)

foresee

이 동사의 개념 바탕에는 앞 일을 내다보는 과정이 있다.

1. 타동사 용법

1.1. 다음 주어는 목적어를 미리 내다본다.

(1) a. I don't **foresee** any problems.(나는 어떤 문제도 예견하지 않는다.)

b. As the mountain got deeper, the hiker **foresaw** a difficult climb.(그 산의 경사가 급격해질수록, 그 도보 여행자는 어려운 등반을 예견했다.)

c. We should have **foreseen** this trouble months ago.(우리는 이 어려움을 몇 달 전에 예견했어야 했다.)

1.2. 다음 의문사가 이끄는 절은 주어가 내다보는 사실이다.

(2) a. It is impossible to **foresee how** life will turn out.(삶이 어떻게 될지를 예견하는 것은 불가능한 일이다.)

b. He **foresaw how** happy we would be.(그는 우리가 얼마나 행복할 것인지 예견했다.)

1.3. 다음 주어는 that절의 내용을 예견한다.

(3) a. He **foresaw that** his journey would be delayed by bad weather.(그는 자신의 여행이 나쁜 날씨 때문에 연기될 것이라고 예견했다.)

b. No one could have **foreseen** things would turn out this way.(아무도 일이 이렇게 되리라고 예견할 수 없었을 텐데.)

c. He **foresaw that** there would be great famine.(그
는 엄청난 기근이 있을 것이라 예견했다.)

d. Few analysts **foresaw that** oil prices would rise so
steeply.(석유 가격이 그렇게 급속하게 오를 것이라
고 예견한 전문가는 거의 없었다.)

e. I **foresaw that** there would be trouble with my
neighbors shortly after they moved in.(나는 그들
이 이사온 후 얼마 지나지 않아서 내 이웃과 마찰이
있을 것이라고 예견했다.)

1.4. 다음은 수동태 문장으로 주어는 예견된다.

(4) The extent of the damage could not have been
foreseen.(그 피해의 정도는 예견될 수 없었다.)

forfeit

이 동사의 개념 바탕에는 잃게되는 과정이 있다.

1. 타동사 용법
1.1. 다음에서 주어는 목적어를 빼앗긴다.

(1) a. If you cancel your flight, you will **forfeit** your
deposit.(당신이 비행을 취소하면, 당신은 예치금을
상실할 것이다.)

b. A slothful employee will **forfeit** his place.(태만한
종업원은 일자리를 잃을 것이다.)

c. She **forfeited** her driver's license when she was
arrested for drunk driving.(그녀는 운전면허증을
음주 운전으로 체포되어 상실했다.)

d. The criminal **forfeited** his right to freedom.(그 범
죄자는 자유권을 상실했다.)

e. If you don't return the article to the shop within a
week, you **forfeit** your chance of getting your
money back.(너가 그 물품을 일주일 안에 상점으로
반환하지 않으면, 너는 돈을 돌려 받을 기회를 상실
한다.)

f. She **forfeited** the match by refusing to play.(그녀
는 경기하기를 거부함으로써 그 경기를 상실했다.)

g. He had done nothing to **forfeit** her love.(그는 그녀
의 사랑을 잃을 만한 아무 짓도 하지 않았다.)

2. 자동사 용법
**2.1. 다음에서 목적어는 명시되어 있지 않으나 맥락에
서 추리될 수 있다.**

(2) She had to **forfeit** because she couldn't continue the
match.(그녀는 경기를 계속할 수 없었기 때문에, 그 경
기를 상실했다.)

forge¹

이 동사의 개념 바탕에는 forge의 명사 '용광로'가
있다. 동사의 의미는 이 명사의 쓰임과 관계가 있다.

1. 타동사 용법
1.1. 다음 주어는 목적어를 만든다.

(1) a. He **forged** an anchor.(그는 닻을 만들었다.)

b. The blacksmith **forged** the horseshoe.(그 대장장
이는 편자를 만들었다.)

c. The two sides managed to **forge** a treaty.(그 양측
은 겨우 조약을 체결해 내었다.)

1.2. 다음 주어는 목적어를 위조한다.

(2) a. He **forged** a report/a design/lie.(그는 보고서/계획/
거짓말을 위조하였다.)

b. He **forged** a certificate/her signature.(그는 증명서
/그녀의 서명을 위조하였다.)

c. He **forged** his father's name on a check.(그는 수
표에 아버지의 이름을 위조하였다.)

d. The criminal **forged** a passport/a check.(그 범인
은 여권/수표를 위조하였다.)

forge²

이 동사의 개념 바탕에는 갑자기 힘차게 나아가거나
꾸준히 힘들게 나아가는 과정이 있다.

1. 자동사 용법
1.1. 다음 주어는 나아간다.

(1) a. Although the road was covered with snow, we
forged ahead.(비록 길이 눈으로 뒤덮였음에도 불구
하고, 우리는 앞으로 꾸준히 나아갔다.)

b. The troops **forged** onward.(군대는 서서히 전진하
였다.)

c. He **forged** through the crowd.(그는 군중 속을 꾸
준히 앞으로 나왔다.)

d. She **forged** into the lead.(그녀는 서서히 선두로 나
아갔다.)

forget

이 동사의 개념 바탕에는 잊는 과정이 있다.

1. 타동사 용법
1.1. 다음 주어는 목적어를 잊는다.

(1) a. I always **forget** dates.(나는 언제나 날짜를 잊어 버
린다.)

b. I quite **forget** your name.(나는 너의 이름을 잊어
버렸다.)

c. He **forgot** his old friends when he became rich.(그
는 부자가 되었을 때 옛 친구들을 잊어 버렸다.)

d. We might well **forget** the whole thing.(우리는 그
일을 모두 잊어 버리는 것도 당연하다.)

e. I wish I could **forget** him, but I can't.(내가 그를 잊
을 수 있기를 바라지만 나는 그럴 수 없다.)

f. Don't **forget** your friends when you are rich.(당신
이 부자일때 네 친구들을 잊지 말아라.)

g. I'll **forget** his wrong and affronts.(나는 그의 잘못
과 무례한 언동을 잊을 것이다.)

h. He **forgets** my name/his lines in the play.(그는 연
극에서 내이름/그의 대사를 잊어 버린다.)

i. Don't **forget** the wishes of the voters/your
duties.(그 유권자들의 바람들을/네 의무들을 잊지
말아라.)

j. Don't **forget** your appointment tomorrow/her
phone number.(내일 너의 약속을/그녀의 전화번호

를 잊지 말아라.)

k. I've **forgotten** all those poems I could recite.(나는 암송할 수 있던 모든 시들을 잊어 버렸다.)

l. You'd better not **forget** your mother's birthday.(너는 어머니의 생신을 잊지 않는 것이 낫다.)

m. I'll never **forget** your kindness.(나는 네 친절함을 절대 잊지 않을 것이다.)

1.2. 다음 주어는 목적어를 챙겨야 하는데 이것을 잊는다.

(2) a. He has **forgotten** his key.(그는 열쇠를 잊어버렸다.)

b. He **forgot** his umbrella.(그는 우산을 가져온다는 것을 잊어 버렸다.)

c. He **forgot** his suitcase.(그는 옷 가방을 들고 온다는 사실을 잊어 버렸다.)

d. I **forgot** my umbrella on the train/my keys.(나는 기차에서 내 우산을/내 열쇠들을 종종 잊어 버렸다.)

1.3. 다음 목적어는 재귀대명사이다. 주어는 자신을 잊는다.

(3) a. When a man is drunk, he often **forgets** himself.(사람이 술에 취하면, 제 정신을 잊어 버린다.)

b. I **forgot** myself and kissed her.(나는 나 자신을 잊어 버리고 그녀에게 키스를 했다.)

c. **Forget** yourself and think of someone else.(자신을 잊어 버리고 다른 사람을 생각해라.)

d. You are **forgetting** yourself.(너는 네 자신을 잊고 있다.)

e. He was so angry that he **forgot** himself and swore loudly.(그는 너무 화가 나서 자신을 잊고 큰 소리로 욕했다.)

f. They **forgot** themselves and ran to the president to shake hands with him.(그들은 자신들을 잊고 악수하기 위해 대통령에게 달려갔다.)

g. He generally follows a strict diet, but he **forgets** himself when he goes out to eat.(그는 일반적으로 엄격한 식이요법을 따르지만, 외식하러 갈 때 그는 자신을 잊는다.)

1.4. 다음 주어는 that-절의 내용을 잊는다.

(4) a. Did you **forget that** she was coming?(너는 그녀가 온다는 것을 잊었느냐?)

b. I **forgot that** you did not like rice.(나는 네가 밥을 좋아하지 않는다는 것을 잊었다.)

c. He **forgot that** we had already met.(그는 우리가 이미 만난 적이 있다는 사실을 잊었다.)

d. She **forgot that** she had a dental appointment.(그녀는 치과 약속이 있었다는 것을 잊어 버렸다.)

e. You'll **forget that** you are wearing contact lenses after a while.(얼마 지나면 너는 콘텍트렌즈를 끼고 있다는 것을 잊게 될 것이다.)

f. I **forget that** he was coming today.(나는 그가 오늘 오고 있다는 것을 잊는다.)

g. Let us just **forget that** we ever had this argument.(우리가 이 논쟁을 가졌다는 것을 잊게 해주오.)

h. We are **forgetting that** she doesn't come on Saturdays.(우리는 그녀가 토요일에 오지 않는다는

것을 잊고 있다.)

1.5. 다음 주어는 의문사절의 내용을 잊는다.

(5) a. I **forgot what** he said.(나는 그가 말한 것을 잊어버렸다.)

b. I **forgot when** he came back.(나는 언제 그가 돌아왔는지 잊었다.)

c. I **forget where** I should go.(나는 내가 어디에 가야 하는지 잊고 있다.)

d. I **forgot who** said it.(나는 누가 그것을 말했는지 잊어버렸다.)

d. I've **forgotten what** her name is.(나는 그녀의 이름이 무엇인지 잊었다.)

e. I've **forgotten what** I was going to say.(나는 내가 말하려 했던 것을 잊었다.)

f. I've **forgotten when** to start.(나는 언제 출발할 것인지 잊었다.)

g. I have **forgotten where** I have put my umbrella.(나는 어디에 우산을 놓아 두었는지 잊었다.)

h. I **forgot when** she last visited us.(나는 언제 그녀가 마지막으로 우리를 방문했는지 잊었다.)

i. I **forgot whether** she said August or October.(나는 그녀가 8월이라 했는지 10월이라 했는지 잊었다.)

j. I've **forgotten how** to do it.(나는 그것을 어떻게 하는지 잊었다.)

1.6. 다음 주어는 과거에 일어난 일을 잊는다.

(6) a. I shall never **forget** hearing her singing the song.(나는 그녀가 그 노래를 부른 것을 들은 것을 잊지 않을 것이다.)

b. I never **forget** finding the old coin in the garden.(나는 오래된 동전을 정원에서 찾은 것을 잊지 않고 있다.)

c. I shall never **forget** my father going to London.(나는 내 아버지가 런던에 간 것을 잊지 않을 것이다.)

d. He keeps **forgetting** to stop there.(그는 그곳에서 멈춰야 하는 것을 계속 잊는다.)

e. I'll never **forget** reading the book.(나는 책을 읽는 것을 절대 잊지 않을 것이다.)

f. I'll never **forget** visiting this museum.(나는 그 박물관을 방문했던 것을 절대 잊지 않을 것이다.)

g. I **forgot** seeing her at the party.(나는 그 파티에서 그녀를 본 것을 잊었다.)

1.7. 다음 주어는 어느 시점에서 앞으로 할 일을 잊는다.

(7) a. You **forgot to** lock the door.(너는 그 문을 잠궈야 하는 것을 잊었다.)

b. Don't **forget to** wake me up.(나를 깨우는 것을 잊지 말아라.)

c. You've **forgotten to** take your shoes off.(너는 신발을 벗는 것을 잊고 있다.)

d. I **forgot to** give you the message.(나는 네게 그 전언을 전하는 것을 잊었다.)

e. Don't **forget to** leave a space.(공간을 띄우는 것을 잊지 말아라.)

f. "Oh, don't **forget to** do your homework."("오, 네 숙제 하는 것을 잊지 말아라.")

g. Who **forgot to** turn off the lights?(누가 전등을 끄

는 것을 잊었니?)

h. I forgot to answer the letter.(나는 편지에 답하는
것을 잊었다.)

i. Don't forget to meet me at the station.(그 역에서
나를 만날 것을 잊지 말아라.)

2. 자동사 용법

2.1. 다음 주어는 전치사 about의 목적어에 관련된 일을 잊는다.

(8) a. I'd forgotten all about you coming tonight.(나는
오늘 저녁 네가 오는 것에 대해서 완전히 잊어 버렸
다.)

b. He seemed to have forgotten about the car.(그는
차에 대해서 잊어 버린 것 같았다.)

c. Let's forget about all the argument, and be
friends again.(우리 모든 논쟁에 대해 잊자, 그리고
다시 친구가 되자.)

d. He decided to forget about the party.(그는 그 파
티에 대해서 잊기로 결심했다.)

e. "Let's go to a movie tonight." "Forget about it--
I've got too much work to do."("오늘 밤 영화보러
가자." "그것에 대해서 잊자—나는 해야 할 일이 무
척 많다.)

f. Could you possibly forget about work for five
minutes?(가능하면 오분동안 일에 대해서 잊어 주
시겠습니까?)

g. Forget about your work and enjoy yourself.(당신
의 일에 대해서는 잊고 맘껏 즐겨라.)

j. I meant to see her on Friday, but I forgot all about
it.(나는 그녀를 금요일에 볼 작정이었다; 그러나 나
는 그것에 대해서 모두 잊었다.)

i. Try to forget about what has happened.(일어난 일
에 대해서 잊도록 노력해라.)

j. Don't go off to college and forget about your old
friends.(대학교로 떠나지 말고 옛 친구들을 잊지 말
아라.)

2.2. 다음에서는 about의 목적어가 동명사로 표현되어 있다.

(9) a. I forgot about promising him that.(그는 그와 그것
에 대해 약속하는 것을 잊었다.)

b. I forgot about mailing this letter.(나는 그 편지를
잊었다.)

c. I forgot about going to the bank.(나는 은행에 가는
것을 잊었다.)

d. You should forget about going to France--it
costs too much.(너는 프랑스에 가는 것에 대해서
잊어야 한다—그것은 비용이 너무 많이 든다.)

e. If you don't finish your homework, you can
forget about going skiing this weekend.(만약 네가
숙제를 끝마치지 않으면, 너는 이번주에 스키타러
가는 것을 잊어야 한다.)

f. I'm afraid we'll have to forget about going to the
beach--it's raining.(나는 우리가 해변으로 가는
것을 잊어야만 할까봐 걱정이다—비가 오고 있다.)

g. If I lose my job, we can forget about buying a
new car.(만약 내가 직업을 잃으면, 우리는 새 차 사

는 것을 잊을 수 있다.)

h. She forgot about booking the ticket.(그녀는 표를
예약하는 것을 잊었다.)

2.3. 다음에서는 목적어가 명시되어 있지 않으나 문맥이나 화맥으로부터 예측이 가능하다.

(10) She asked me to post the letter, but I forgot.(그녀
는 나에게 그 편지를 부치라고 부탁했으나 나는 잊었
다.)

forgive

이 동사의 개념 바탕에는 용서하는 과정이 있다.

1. 타동사 용법

1.1. 다음 주어는 목적어를 전치사 for의 목적어로 표현된 잘못에 대해 용서한다.

(1) a. I forgave the boy for his rudeness to me.(나는 그
소년이 내게 무례하게 했던 것에 대해 용서했다.)

b. I forgave him for being rude.(나는 그가 무례하게
굴었던 것에 대해 용서했다.)

c. He had never forgiven the newspaper for printing
his story.(그는 그 신문이 자신의 이야기를 실었던
것에 대해 절대로 용서하지 않았다.)

d. Forgive me for keeping you waiting/coming
late.(당신을 기다리게 한/늦게 온 것에 대해 저를 용
서하세요.)

e. Our friends forgave us for making them late.(우리
친구들은 그들이 지체하게 만든 것에 대해 우리를
용서했다.)

f. I forgave Bill for hitting me.(나는 빌이 나를 친 것
에 대해 용서했다.)

g. Forgive me for saying so.(제가 그렇게 말한 것에
대해 용서하세요.)

h. He never forgave me for what I said about her.
(그는 내가 그녀에 관해 말한 것에 대해 절대로 용
서하지 않았다.)

1.2. 다음은 수동태 문장으로 주어는 용서된다.

(2) He was forgiven for stealing the wallet.(그는 그 지갑
을 훔친 것을 용서받았다.)

1.3. 다음은 수동태 문장으로 주어는 용서받는다.

(3) a. The family could be forgiven for thinking that we
were still in Korea.(그 가족은 우리가 여전히 한국
에 있다고 생각한 것에 대해 용서받을 수 있었다.)

b. One could be forgiven for being hesitant about
putting Noam in charge.(노암을 책임을 지게 하는
데 망설인 것은 용서받을 수 있었다.)

c. A foreign visitor could be forgiven for thinking
football is a religion in this country.(외국 방문객이
축구가 이 나라에는 하나의 종교라고 생각한 것을
용서받을 수 있었다.)

d. Looking at the figures, you may be forgiven for
thinking that the recession is already over.(그 수
치들을 보면, 너는 경기 침체가 이미 끝났다고 생각
한 것을 용서받을지도 모른다.)

1.4. 다음 주어는 목적어를 용서한다.

(4) a. I do hope you forgive me, but I've got to leave.

(나는 네가 나를 용서하길 바래. 그렇지만 나는 떠나야 해.)

b. I forgave him and told him to repent. (나는 그를 용서하고, 그에게 회개하라고 말했다.)

c. He forgave his enemies. (그는 적들을 용서했다.)

d. He will forgive you if you apologize. (네가 사과한다면, 그는 너를 용서할 것이다.)

e. He forgot his wife's birthday but she forgave him. (그는 아내의 생일을 잊었지만, 그녀는 그를 용서했다.)

f. He will never forgive himself if he does so. (만일 그가 그렇게 한다면, 그는 절대 자신을 용서치 않을 것이다.)

g. If anything happened to the kids, I'd never forgive myself. (만일 아이들에게 무슨 일이 일어나면, 나는 내 자신을 절대 용서하지 않을 것이다.)

h. Can you ever forgive me? (너는 나를 용서할 수 있니?)

1.5. 다음은 수동태 문장으로 주어는 용서받는다.

(5) Am I forgiven? (저는 용서를 받은 건가요?)

1.6. 다음 주어는 목적어를 용서한다. 목적어는 잘못한 일이다.

(6) a. He forgave her angry words. (그는 그녀가 홧김에 한 말들을 용서했다.)

b. She could not forgive his insults. (그녀는 그의 모욕을 용서할 수 없었다.)

c. Please forgive my quoting this passage. (제가 이 구절을 인용한 것을 용서하십시오.)

d. Please forgive my medical jargon. (내가 당신이 모르는 의학 용어를 쓴 것을 용서하시오.)

e. Please forgive the intrusion, but there is a phone call for you. (방해해서 죄송합니다만, 당신을 찾는 전화가 왔습니다.)

f. Forgive my ignorance, but who is Fonda? (제가 몰라서 죄송합니다만, 폰다가 누구인가요?)

g. Please forgive my mistake. (제 실수를 용서하십시오.)

1.7. 다음 주어는 첫째 목적어에게 둘째 목적어를 면제한다.

(7) a. They had forgiven their host his delayed arrival. (그들은 주최자가 늦게 도착한 것을 용서해 왔었다.)

b. We forgave him his offences/his crime/sins. (우리는 그에게 위반/범죄/죄를 용서했다.)

c. Forgive us our trespasses. (우리에게 우리의 죄를 용서하소서.)

d. We forgave him (for) the unpleasantness/the foolishness. (우리는 그가 불쾌하게 군 것/어리석게 군 것을 용서했다.)

e. I forgave him everything. (나는 그에게 모든 것을 용서했다.)

1.8. 다음 주어는 첫째 목적어에게 둘째 목적어를 면제한다. 목적어는 빚이다. 빚을 용서하는 것은 면제하는 것으로 풀이된다.

(8) a. Will you forgive me the debt? (당신은 나에게 그 빚을 탕감해 주실 건가요?)

b. She still owed $20 to her father, but he forgave the debt. (그녀는 아직도 아버지에게 $20를 빚지고 있었지만, 아버지는 그 빚을 면제해 주셨다.)

c. The Congress has agreed to forgive Egypt's military debt. (의회는 이집트의 국방 부채를 면제할 것에 동의해왔다.)

d. The bank forgave the payment of principal on our debt for six months. (은행은 6달 동안 우리 빚의 원금 지불을 면제했다.)

1.9. 다음은 수동태 문장으로 주어는 용서된다.

(9) a. His offences were forgiven him. (그의 위반은 용서받았다.)

b. He was forgiven his offences. (그는 위반을 용서받았다.)

2. 자동사 용법

2.1. 다음 주어는 용서한다.

(10) a. A parent usually forgives easily. (부모는 보통 쉽게 용서한다.)

b. To err is human, to forgive divine. (죄 지은 것은 인간이며, 용서하는 것은 신이니라.)

c. Forgive and go forward. (용서하고서 앞으로 나아가라.)

fork

이 동사의 개념 바탕에는 fork의 명사 '쇠스랑'이 있다. 동사의 의미는 이 명사의 쓰임과 모임과 관련된다.

1. 타동사 용법

1.1. 다음 주어는 쇠스랑으로 따서 넘기듯 목적어를 넘긴다.

(1) a. Max forked over the money. (맥스는 그 돈을 지불했다.)

b. He forked over $50 to see the concert. (그는 연주회를 보기 위해 50달러를 지불하였다.)

1.2. 다음 주어는 쇠스랑으로 목적어를 뒤집는다.

(2) a. Fork over the garden before you plant the peas. (그 완두를 심기 전에 정원을 갈이하세요.)

b. He forked over the soil in the garden. (그는 그 정원의 흙을 갈이를 하였다.)

1.3. 다음 주어는 쇠스랑으로 하듯, 목적어를 던진다.

(3) a. Do you think I'm going to fork out $20 for the book? (당신은 내가 그 책값으로 20달러를 지불할 것이라고 생각합니까?)

b. He forked some bacon onto a piece of bread. (그는 베이컨을 빵 위에 포크로 찍어 올렸다.)

1.4. 다음 주어는 쇠스랑으로 목적어를 떠 넣는다.

(4) Clear the soil of weeds and fork in plenty of compost. (그 땅에서 잡초를 제거하고 퇴비를 충분히 퍼 넣으세요.)

2. 자동사 용법

2.1. 다음 주어는 갈라진다.

(5) a. When the road forks, you should go to the left. (그

길이 갈라지면, 당신은 왼쪽으로 가야만 합니다.)

b. The road **forks** 30 miles outside of the city.(그 도로는 그 도시의 외곽 30마일에서 갈라진다.)

c. The road **forks** at the bottom of the hill. (그 도로는 언덕 아래에서 갈라진다.)

form

이 동사의 개념 바탕에는 형성하는 과정이 있다.

1. 타동사 용법

1.1. 다음 주어는 목적어를 만든다.

(1) a. He **formed** a boat upon a modern design.(그는 보트 한 대를 현대적인 디자인을 따서 만들었다.)

b. He **formed** a bowl from clay.(그는 사발을 진흙으로 만들었다.)

c. He took three matches and **formed** a triangle on the table cloth.(그는 성냥 세 개비를 꺼내서 그 테이블보 위에 삼각형을 만들었다.)

d. God **formed** man of the dust of the ground.(하나님이 사람을 흙으로 빚어 만드셨다.)

e. We **form** the plural by adding s.(우리는 s를 더함으로써 복수를 만든다.)

f. We used branches and leaves to **form** a shelter.(우리는 피난처를 만들기 위하여 가지와 잎을 사용하였다.)

g. You can pull out the sofa to **form** a bed.(당신은 그 소파를 끌어 당겨서 침대를 만들 수 있다.)

h. The bitter cold **formed** ice on the window.(그 지독한 추위가 얼음을 창문에 만들었다.)

1.2. 다음 주어는 목적어를 만든다. 목적어는 추상적이다.

(2) a. He **formed** a good habit.(그는 좋은 습관을 형성했다.)

b. He **formed** the habit of taking long solitary walks.(그는 긴 고독한 산책을 하는 습관을 형성했다.)

c. He **formed** his mind.(그는 마음을 정했다.)

1.3. 다음 주어와 목적어 모두가 추상적이다. 주어는 목적어를 형성한다.

(3) a. Events in early childhood **form** our personalities in later life.(어렸을 때의 경험이 나중의 인격을 만든다.)

b. For some people, the military **forms** character.(어떤 사람들에게서, 군대는 인격을 형성한다.)

c. I suppose the experience with Bill **formed** me.(나는 빌과의 경험이 나를 만들었다고 생각한다.)

1.4. 다음 주어는 목적어를 형성한다. 목적어는 인위적인 조직체이다.

(4) a. The Labor leader was asked to **form** a government.(노동당 간부는 정부를 세우라는 부탁을 받았다.)

b. The leadership broke away and **formed** a separate organization.(지도부는 분리하여 별개의 조직을 하나 만들었다.)

c. They **formed** a drama club.(그들은 연극 클럽을 만들었다.)

1.5. 다음은 수동태 문장으로 주어는 형성된다.

(5) a. The islands are volcanic and were **formed** recently.(그 섬들은 화산지대이며 최근에 만들어졌다.)

b. The reservoir was **formed** by flooding the valley.(그 저수지는 그 계곡을 범람하여 만들어졌다.)

c. These mountains were **formed** millions of years ago.(이 산들은 몇 백년 전에 형성되었다.)

d. The substances are **formed** from a mixture of liquids solidifying under pressure.(물질들은 압력 하에 고체가 되는 액체의 혼합물들로 형성된다.)

e. The League was **formed** in 1969.(그 리그는 1969년에 형성되었다.)

f. The House was not **formed** yet.(그 의회는 아직 만들어지지 않았다.)

g. They were **formed** within this tradition.(그들은 이 전통 안에서 형성되었다.)

h. His character was **formed** at school.(그의 성격은 학교 다닐 때 만들어졌다.)

1.6. 다음의 목적어는 마음 속에 형성되는 추상적 개체이다. 주어는 목적어를 형성한다.

(6) a. They **formed** alliance/attachment.(그들은 동맹을/애착 관계를 형성했다.)

b. We **formed** a very good impression of the school on our first visit.(우리는 그 학교의 아주 좋은 인상을 처음 학교를 방문했을 때 형성했다.)

c. He **formed** the view that she did not really want to come back.(그는 그녀가 정말로 돌아오기를 원하지 않는다는 인상을 형성했다.)

d. He **formed** a plan/his conclusion.(그는 계획/결론을 세웠다.)

1.7. 다음 주어는 그 자체가 목적어를 형성한다.

(7) a. Water freezes and **forms** ice.(물은 얼어서 얼음이 된다.)

b. The rain **formed** a huge puddle on the road.(빗물은 커다란 웅덩이를 도로에 만들었다.)

c. The bookcase **formed** a right angle with the wall.(그 책꽂이는 그 벽과 직각을 형성하였다.)

d. Vegetables and bread **form** the normal diet.(야채들과 빵이 보통의 식사를 구성한다.)

e. The trucks **formed** a barricade across the road.(그 트럭들은 도로를 가로질러 장애물을 형성하였다.)

f. Her body and bare limbs **formed** a z.(그녀의 몸과 벌거벗은 사지가 z모양을 만들었다.)

g. The black leather chair folds back to **form** a couch.(그 검은 가죽 의자는 소파로 만들기 위해 뒤로 접힌다.)

1.8. 다음 주어는 어떤 변화를 겪는 것은 아니다. 개념자의 시선이 주어의 윤곽을 따라가면 목적어의 형태를 이룬다. 즉 주관적 이동이다.

(8) a. The rock ledge widened to **form** a kind of platform.(바위 턱은 넓어져서 일종의 승강장을 형성했다.)

b. There were some red rocks **forming** a kind of cave.(일종의 동굴을 만드는 몇 개의 빨간 바위들이

있었다.)

c. The river **forms** a natural boundary between the two countries.(그 강은 두 나라 사이에 자연스러운 경계를 형성한다.)

d. The steep hills **form** a backdrop to the city.(가파른 산들은 그 도시의 배경이 된다.)

e. This office block **forms** the center sections of the new building complex.(이 사무실의 블록은 새 건물 단지의 중심 부분을 형성한다.)

1.9. 다음 주어와 목적어 추상적이다. 주어는 목적어를 형성한다. 다음은 [이론은 건물]은유가 적용된 예이다.

(9) a. His research **formed** the basis of his new book.(그의 연구는 새 책의 기초가 되었다.)

b. Newton's theories **form** the basis of modern mathematics.(뉴튼의 이론은 현대 수학의 기초가 된다.)

c. The contents of the house will **form** the basis of the exhibition.(집의 내용물들은 전람회의 기초를 형성할 것이다.)

d. Information from our observers **formed** the basis of the report.(관찰자들로부터의 정보가 그 보고서의 기초를 형성한다.)

e. The story of their relationship **forms** the central theme of the novel.(그들 관계에 대한 이야기는 그 소설의 중심 주제를 형성한다.)

f. In his rage, his voice did not **form** words.(그는 격노하여, 그의 목소리는 말을 만들지 못했다.)

1.10. 다음에서 주어는 복수이다. 주어는 목적어의 형체를 이룬다.

(10) a. The police **formed** a circle around the house.(경찰관들은 그 집 주위에 원을 만들었다.)

b. The police **formed** a ring around the demonstrators.(경찰관들은 시위자들의 주위에 고리 모양을 만들었다.)

c. They **formed** a ring to keep her warm.(그들은 그녀를 따뜻하게 해주기 위하여 고리 모양을 만들었다.)

d. Three citizens **formed** a review board.(세 시민들은 검열 위원회를 형성하였다.)

1.11. 다음 복수의 주어가 목적어 (조직)를 이룬다.

(11) a. Men **forms** a society.(남자들이 사회를 만든다.)

b. Parents and children **form** a family.(부모와 아이들이 가족을 만든다.)

c. The families **form** part of a self-help network.(그 가족들은 스스로 돕는 네트워크의 일부를 이룬다.)

d. University students **formed** the core of the audience.(대학생들이 그 관중의 핵심부분을 형성했다.)

e. Seminars **form** the main part of the course.(세미나가 수업의 주된 부분을 형성하였다.)

f. The morning's lectures will **form** the basis of our discussion this afternoon.(아침의 강의는 오늘 오후 토론의 기본을 이룰 것이다.)

1.12. 다음 목적어는 재귀대명사이다.

(12) A plan was **forming** itself.(계획이 만들어지고 있었다.)

1.13. 다음 주어는 목적어가 into의 목적어의 형체로 바뀌게 한다.

(13) a. He **formed** the children **into** three lines.(그는 아이들을 세 줄로 서게 했다.)

b. He **formed** the soldiers **into** a line.(그는 군인들을 한 줄로 세웠다.)

c. He **formed** the dough **into** squares.(그는 그 반죽을 네모 모양으로 만들었다.)

d. The cook **formed** the dough **into** loaves.(요리사는 그 반죽을 빵으로 만들었다.)

e. The women **formed** (themselves) **into** three groups.(그 여인들은 자신들을 세 그룹으로 이루었다.)

f. The cloud **formed** itself **into** a camel.(구름은 낙타 모양을 이루었다.)

g. They **formed** themselves **into** a committee.(그들은 위원회를 구성하였다.)

h. The soldiers were **formed into** columns.(그 군인들은 종대로 세워졌다.)

2. 자동사 용법

2.1. 다음 주어는 형성된다.

(14) a. A crowd **formed** around the accident.(군중이 사고 주변에 모였다.)

b. A long queue **formed** in front of the store(긴 줄이 그 상점 앞에 생겼다.)

c. A scab **formed** on his leg.(딱지가 그의 다리에 생겼다.)

d. Buds **form** on the trees in the early spring.(싹들이 이른 봄에 그 나무들에 생긴다.)

e. Ice **formed** in the ponds.(얼음이 연못에 생겼다.)

f. A cloud of smoke **formed** over the burning sky.(구름 같은 연기가 하늘 위에 생겼다.)

g. Icicles **formed** on the edge of the roof.(고드름이 지붕의 가장자리에 생겼다.)

h. The procession **formed** up and moved off slowly.(그 행렬은 짜져서 천천히 떠났다.)

i. The yachts **formed** up in Hampton Roads.(그 요트들은 햄프턴로에서 행렬이 형성되었다.)

2.2. 다음 주어는 형체가 바뀐다.

(15) a. They **formed** into a line.(그들은 일렬을 만들었다.)

b. The children **formed** up into a square.(그 아이들은 네모 모양을 만들었다.)

2.3. 다음 주어는 마음 속에 형성된다.

(16) a. A way out of the difficulty **formed** in her mind as she listened.(어려움을 빠져나갈 길이 듣고 있는 동안에 그녀의 마음 속에 생겼다.)

b. Gradually an idea **formed** in her mind.(점차적으로 어떤 생각이 그녀의 마음 속에 생겼다.)

c. A friendship began to **form** between the two boys.(그 두 소년들 사이에 우정이 생기기 시작했다.)

fortify

이 동사의 개념 바탕에는 강하게 하는 과정이 있다.

1. 타동사 용법

1.1. 다음 주어는 목적어를 강화한다.

(1) a. The army **fortified** its headquarters.(그 군대는 사령부를 요새화했다.)

    b. They **fortified** their city against the enemy.(그들은 적에 대비하여 그 도시를 요새화했다.)

1.2. 다음 주어는 목적어를 강화한다.

(2) a. I **fortified** myself with a good breakfast.(나는 좋은 아침식사로 든든히 했다.)

    b. He **fortified** himself against illness.(그는 몸을 병에 걸리지 않도록 튼튼히 했다.)

    c. He **fortified** himself against the cold with a stiff brandy.(그는 감기에 걸리지 않도록 독한 브랜디로 자신을 강화했다.)

    d. We had some coffee to **fortify** ourselves for the journey.(우리는 그 여행에 대비하여 자신을 강화하기 위해 커피를 마셨다.)

1.3. 다음의 목적어는 결심, 정신과 같은 추상적인 개체이다. 이들은 추상적인 개체도 개념화되어 강하게 만들어지는 것으로 본다.

(3) a. The news merely **fortified** their determination.(그 소식은 단지 그들의 결심을 굳건히 했다.)

    b. He **fortified** his argument with statistics.(그는 자신의 주장을 통계로 뒷받침했다.)

    c. Recent success **fortified** the team's spirit.(최근의 성공이 그 팀의 사기를 튼튼히 했다.)

1.4. 다음은 수동태 문장으로 주어는 보강된다.

(4) a. The bread has been **fortified** with vitamins.(그 빵은 비타민으로 강화됐다.)

    b. The milk is **fortified** with iron and vitamin D.(그 우유는 철분과 비타민D로 강화되어 있다.)

foster

이 동사의 개념 바탕에는 육성하는 과정이 있다.

1. 타동사 용법

1.1. 다음의 주어와 목적어를 돌본다.

(1) a. We **fostered** the little girl several weeks while her mother was in hospital.(우리는 그 소녀의 어머니가 병원에 계신 동안 몇 주간 그녀를 돌봤다.)

    b. They have **fostered** 60 Children during the past eight years.(그들은 60명의 아이들을 지난 8년 동안 양육했다.)

    c. He is **fostering** children.(그는 아이들을 기르고 있다.)

1.2. 다음의 주어는 사람이나 개체이고, 목적어는 추상적인 개체이다. 주어는 목적어를 기른다.

(2) a. The captain did his best to **foster** a sense of unity among the new recruits. (지휘관은 신병들 사이에 단합을 증진시키기 위해서 최선을 다했다.)

    b. The teacher **fostered** the intellectual development of the students.(선생님은 학생들의 지적 발달을 촉진시켰다.)

    c. These sessions are designed to **foster** better working relationships.(이 회의들은 더 나은 작업관계를 증진시키기 위해서 계획된다.)

1.3. 다음은 수동태 문장으로 주어는 육성된다.

(3) My interest in science was **fostered** by my parents.(과학에 대한 나의 관심은 부모님들에 의해 조장되었다.)

2. 자동사 용법

2.1. 다음의 목적어는 명시되어 있지 않다. 그러나 암시된 목적어는 주어가 맡아서 기르는 아이이다.

(4) a. Would you consider **fostering** if you couldn't have children of your own?(네 자신의 아이들을 가질 수 없다면 양자를 들이는 것을 고려해 보겠습니까?)

    b. We could adopt a child, so we decided to **foster**.(우리는 양자를 삼을 수 있었다. 그래서 양자를 기르기로 결정했다.)

foul

이 동사의 개념 바탕에는 더럽히는 과정이 있다.

1. 타동사 용법

1.1. 다음 주어는 목적어를 더럽힌다.

(1) a. Don't let your dog **foul** the grass.(네 개가 잔디를 더럽히지 않도록 해라.)

    b. Smoke **fouled** the air.(매연이 대기를 오염시켰다.)

    c. Grease has **fouled** the drain.(기름이 배수로를 오염시켰다.).

    d. A thick column of smoke **fouled** the air.(두터운 매연 기둥이 대기를 오염시켰다.)

1.2. 다음 주어는 목적어를 더럽힌다. 이름도 더럽혀지는 개체로 개념화된다.

(2) a. He **fouled** his name.(그는 자신의 이름을 더럽혔다.)

    b. Scandal **fouled** his good name.(추문이 그의 명성을 실추시켰다.)

1.3. 다음의 목적어는 계획 같은 것이다. 주어는 목적어를 망친다.

(3) a. The bad weather completely **fouled** up our plan for the picnic.(궂은 날씨는 우리의 소풍 계획을 완전히 엉망으로 만들었다.)

    b. Who **fouled** up the plan for the picnic?(누가 그 소풍 계획을 망쳐놨니?)

    c. He always **fouls** things up.(그는 항상 일들을 엉망으로 만들어 놓는다.)

1.4. 다음 주어는 목적어를 반칙으로 방해한다.

(4) a. John **fouled** a player.(존은 한 선수를 반칙으로 방해했다.)

    b. He was **fouled** inside the penalty area.(그는 패널티 지역 안에서 파울을 당했다.)

1.5. 다음 주어는 목적어를 엉키게 한다.

(5) a. The rope **fouled** the propeller.(밧줄은 그 프로펠러를 엉키게 했다.)

    b. His fishing-line **fouled** the weeds.(그의 낚싯줄이 수초를 엉키게 했다.)

1.6. 다음은 수동태 문장으로 주어는 엉킨다.

(6) a. The propeller was **fouled** in a rope.(그 프로펠러는

밧줄에 엉켰다.)
b. The anchor is fouled.(닻은 엉켜 있다.)

1.7. 다음은 수동태 문장으로 주어는 오염되거나 막힌다.

(7) a. The river is fouled with pollution.(그 강은 오염물질로 더럽혀져 있다.)
b. The valves are fouled with the dirt.(그 밸브는 먼지로 막혀 있다.)

2. 자동사 용법

2.1. 다음 주어는 야구에서 파울을 친다.

(8) a. On average, most batters foul at least one ball in each at bat.(평균적으로 대부분의 타자들이 각각 타석에서 적어도 한번은 파울을 친다.)
b. The player was replaced because he fouled three times.(그 선수는 세 번 파울을 쳤기 때문에 대체되었다.)

2.2. 다음 주어는 어떤 일에 실수를 한다.

(9) a. He really fouled up during the interview.(그는 면접 동안 실수를 범해서 정말로 망쳐놨다.)
b. I am sorry I fouled up.(제가 실수를 저질러서 죄송합니다.)

2.3. 다음 주어는 밧줄 같이 엉킨다.

(10) a. A rope fouled up as we pulled the sail down.(우리가 그 돛을 끌어내릴 때 밧줄이 엉켰다.)
b. The rope fouled in the wind.(그 밧줄은 그 바람에 엉켰다.)
c. The anchor fouled on the rope.(그 닻은 밧줄에 엉켰다.)

2.4. 다음 주어는 똥을 눈다.

(11) The baby fouled in the diaper.(아기는 기저귀에 똥을 누었다.)

found

이 동사의 개념 바탕에는 세우는 과정이 있다.

1. 타동사 용법

1.1. 다음 주어는 목적어를 세운다.

(1) a. He founded the center for journalism studies.(그는 연구소를 언론학 연구를 위해 설립하였다.)
b. My grandfather founded this company.(나의 할아버지가 이 회사를 창립하였다.)
c. The rich man founded a hospital and a school.(그 부자는 병원과 학교를 설립하였다.)

1.2. 다음은 수동태 문장으로 주어는 세워진다.

(2) a. The castle is founded on a rock.(그 성은 바위 위에 지어진다.)
b. The company was founded more than one hundred years ago.(그 회사는 백년도 훨씬 전에 창립되었다.)
c. The company is well founded.(그 회사는 기초가 튼튼하다.)
d. A new sports club has been founded by the local council.(새 스포츠 클럽이 지방 의회에 의해 설립되었다.)
e. The town was founded in 1970.(읍내는 1970년에 지어졌다.)

1.3. 다음 목적어는 추상적인 개체이다. 그러나 구체적인 것으로 개념화되어 있다. 주어는 목적어를 on의 목적어 위에 세운다.

(3) a. Found your report on concrete facts.(너의 보고서를 구체적인 사실에 근거를 두어라.)
b. I found my hopes of success on my own hard work.(나는 성공의 희망을 근면에 둔다.)
c. He founded his career on honesty.(그는 자신의 경력을 정직에 두었다.)

1.4. 다음은 수동태 문장으로 주어는 on의 목적어 위에 세워진다.

(4) a. Most of his knowledge is founded on experience.(그의 지식의 대부분은 경험에 바탕을 두고 있다.)
b. Racism is not founded on rational thought, but on fear.(인종 차별은 이성적인 사고가 아니라 공포에 바탕을 두고 있다.)
c. The story is founded on fact.(그 이야기는 사실에 바탕을 두고 만들어진다.)
d. The argument is founded on facts.(그 논쟁은 사실에 기초하고 있다.)
e. Make sure your allegation are firmly founded before you make them.(당신의 주장을 내놓기 전에 먼저 주장이 확실히 기초를 가지게 하라.)

founder

이 동사의 개념 바탕에는 배에 물이 들어와서 배가 가라앉는 과정이 있다.

1. 자동사 용법

1.1. 다음 주어는 배이다.

(1) a. The ship foundered in a heavy seas.(그 배는 사나운 파도에 침몰했다.)
b. All the passengers got wet when the boat foundered.(그 배가 침수하자 모든 승객들이 물에 젖었다.)

1.2. 배가 가라앉는 과정은 어떤 과정이 실패하는 의미로 확대된다. 다음 주어는 실패한다.

(2) a. The peace talks foundered on a basic lack of trust.(평화 회담은 기본적인 신뢰 부족으로 결렬됐다.)
b. The marriage began to founder soon after the honeymoon.(그 결혼은 신혼 여행을 다녀온 직후 허물어지기 시작했다.)
c. The plan was a good one, but it foundered for lack of support.(그 계획은 좋은 것이긴 하나, 지원 부족으로 실패했다.)

fracture

이 동사의 개념 바탕에는 깨어지는 과정이 있다.

1. 타동사 용법

1.1. 다음 주어는 목적어를 깬다

(1) a. I fractured the ice with a heavy icepick.(나는 그

얼음을 무거운 얼음 곡괭이로 부쉈다.)

    b. I fell down the stairs and **fractured** my arm.(나는 계단 아래로 넘어져서 팔을 부러뜨렸다.)

    c. She fell and **fractured** her skull.(그녀는 떨어져서 그녀의 두개골을 깼다.)

1.2. 다음은 수동태 문장으로 주어는 깨어진다.

(2) a. The company was **fractured into** several smaller groups.(그 회사는 더 작은 몇 개의 회사로 나눠졌다.)

    b. The vase was **fractured into** a hundred pieces.(꽃병은 백 개의 조각으로 쪼개졌다.)

    c. Human bones are easily **fractured**.(인간의 뼈는 쉽게 부러진다.)

1.3. 평화 같은 추상적 상태도 깨어질 수 있는 것으로 개념화된다. 다음 주어는 그 자체가 목적어를 깬다.

(3) A scream **fractured** the peace of the night.(비명 소리가 그 밤의 고요함을 깼다.)

2. 자동사 용법

2.1. 다음 주어는 깨어진다.

(4) a. One of the chair legs **fractured** when I knocked it over.(의자 다리 중 하나가 내가 그것을 쳐서 넘어뜨리자 부러졌다.)

    b. His leg **fractured** in two places.(그의 다리는 두 곳에 골절상을 입었다.)

    c. The rock **fractured** under the tremendous pressure.(그 바위는 가공할 압력에 의해 부서졌다.)

    d. The arm **fractured** when she fell.(그 팔은 그녀가 넘어졌을때 부러졌다.)

    e. Under great pressure, the metal pipe **fractured**.(거대한 압력 아래 그 금속관은 파열됐다.)

2.2. 조직체도 깨어질 수 있는 개체로 개념화된다. 주어는 깨어진다.

(5) The party would **fracture** and split.(그 당은 분열되고 갈라질 것이다.)

frame

이 동사의 개념 바탕에는 frame의 명사 '틀'이 있다.

1. 타동사 용법

1.1. 다음 주어는 목적어를 틀 속에 넣는다.

(1) a. I **framed** the picture with a metal frame.(나는 그 그림을 금속 액자에 끼웠다.)

    b. He **framed** the photograph/the painting.(그는 그 사진/회화를 액자에 끼웠다.)

    c. Sarah's long, dark hair **framed** her face.(사라의 길고 검은 머리카락이 그녀의 얼굴을 감쌌다.)

    d. The carpenter **framed** the window skillfully.(그 목수는 창문을 창틀에 능숙하게 넣었다.)

1.2. 다음은 수동태 문장으로 주어는 틀 속에 넣어진다.

(2) a. A courtyard is **framed** by a rectangle of tightly clipped grass.(마당이 짧게 깎여진 직사각형 모양의 잔디에 의해 둘러싸여 있다.)

    b. The swimming pool is **framed** by tropical gardens.(그 수영장은 열대림 정원에 둘러싸여 있다.)

    c. I'm having this picture **framed**.(나는 그 그림을 액자에 끼우려고 한다.)

1.3. 다음 주어는 목적어를 틀에 따라서 만든다.

(3) a. He **framed** a statue from marble.(그는 조상을 대리석으로 만들었다.)

    b. He **framed** a ship/a house/a roof..(그는 배를/집/지붕을 만들었다.)

    c. That is a house **framed** to resist a storm.(저것은 태풍에 견디도록 만들어진 집이다.)

1.4. 다음 목적어는 추상적인 개체이다. [생각이나 여론은 건물]은유가 적용된 표현이다. 주어는 목적어를 만든다.

(4) a. He **framed** a plan/an idea/a theory/a sentence.(그는 계획/생각/이론/문장을 짰다.)

    b. They **framed** a scandal/an excuse.(그들은 물의/핑계를 만들었다.)

    c. They have **framed** a new constitution. (그들은 새 헌법을 짰다.)

    d. Congress **framed** the law to protect freedom of speech.(국회는 표현의 자유를 수호하기 위하여 그 법률을 만들었다.)

    e. The government is **framing** a new bill to control gambling.(정부는 도박을 통제하기 위해 새 법안을 만들고 있다.)

1.5. 다음은 수동태 문장으로 주어는 짜진다.

(5) The peace proposals have been **framed** by the permanent members of the United Nations.(그 평화 제안은 유엔의 종신 구성원에 의해 만들어졌다.)

1.6. 다음 주어는 목적어를 함정에 빠뜨린다.

(6) a. I need to find out who tried to **frame** me.(나는 누가 나를 함정에 빠뜨리려고 했는지 찾아야만 한다.)

    b. The police tried to **frame** him for assault.(경찰은 그를 폭행죄에 대한 누명을 씌우고자 했다.)

    c. The murderer went free because he **framed** his best friend.(살인자는 자신의 가장 친한 친구를 누명으로 씌웠기 때문에 풀려날 수 있었다.)

    d. They invented false evidence and **framed** the defendant.(그들은 거짓 증거를 날조해서 그 피고에게 누명을 씌웠다.)

    e. He **framed** an innocent person.(그는 무고한 사람에게 누명을 씌웠다.)

1.7. 다음은 수동태 문장으로 주어는 함정에 빠진다.

(7) a. He was **framed** for murder.(그는 살인죄의 누명을 썼다.)

    b. I did not do it--I have been **framed**.(나는 그것을 하지 않았다--나는 누명을 썼다.)

    c. He's been **framed**; I know that he is innocent.(그는 누명을 썼다; 나는 그가 무죄라는 것을 안다.)

1.8. 다음 주어는 목적어를 형식을 갖추어서 제시한다.

(8) a. He **framed** the question in three different ways in search of an answer.(그는 해답을 찾기 위해 그 문

제를 세 가지 다른 형태로 표현했다.)

b. You will get a quicker reply if you **frame** your comment in the form of a question.(질문의 형태로 당신의 논평을 표현하면, 당신은 더 빠르게 반응을 이끌어낼 수 있을 것이다.)

c. He managed to **frame** a reply to the question.(그는 그 질문에 대한 답변을 표현해낼 수 있었다.)

d. She **framed** her reply as politely as possible.(그녀는 가능한 한 공손하게 그녀의 대답을 표현했다.)

e. She **framed** response in the form of a question.(그녀는 반응을 질문의 형식으로 표현했다.)

f. An examiner must **frame** his questions clearly.(시험관은 문제들을 명확하게 표현해야 한다.)

g. This is a novel **framed** for younger readers.(이것은 어린 독자들을 위해서 지어진 소설책이다.)

h. He is not a man **framed** for hardships/oppressions.(그는 역경에/박해에 견딜만한 사람이 못 된다.)

2. 자동사 용법
2.1. 다음 주어는 형식이 갖추어진다.
(9) He **frames** well in speaking.(그는 연설할 때 표현을 잘 한다.)
2.2. 다음 주어는 짜진다.
(10) a. The plan is **framing** well/ill.(그 계획이 잘/안 좋게 짜지고 있다.)

b. He is **framing** well.(그는 유망한 사람이다.)

franchise
이 동사의 개념 바탕에는 franchise의 명사 '참정권, 독점 판매권' 이 있다.

1. 타동사 용법
1.1. 다음은 수동태 문장으로 주어는 독점권이 주어진다.
(11) Catering has been **franchised** to a private company.(조달 업무는 민간 기업에 독점권이 주어졌다.)

freak
이 동사의 개념 바탕에는 놀람, 두려움, 분노에 지나친 반응을 보이는 과정이 있다.

1. 타동사 용법
1.1. 다음 주어는 목적어를 크게 자극하여 정상 상태를 넘어서게 한다.
(1) a. That surprise test **freaked** out most of the students.(그 기습 시험은 그 많은 학생들의 대부분을 격분시켰다.)

b. Snakes really **freak** me out.(뱀은 정말 나를 놀라게 한다.)

1.2. 다음은 수동태 문장으로 주어는 크게 자극을 받는다.
(2) I was **freaked** out when I heard the news.(나는 그 소식을 들었을 때 흥분하였다.)

2. 자동사 용법

2.1. 다음 주어는 정상을 벗어난 상태로 반응한다.
(3) a. My parents really **freaked** when they saw my hair.(나의 부모님은 내 머리를 보았을 때 흥분하셨다.)

b. She **freaked** when she heard he was coming to the party.(그녀는 그가 파티에 온다는 소식을 들었을 때 아주 흥분하였다.)

2.2. 다음 주어는 과민하게 반응하여 정상 상태를 넘어선다.
(4) a. When a stranger insulted him in a bar, he **freaked** out and started screaming.(낯선 사람이 바에서 그를 모욕하였을 때, 그는 흥분하여서 소리를 지르기 시작하였다.)

b. I don't know what happened in the exams; I just **freaked** out.(나는 그 시험에서 일어났던 것을 모른다; 단지 나는 너무 흥분하였다.)

freckle
이 동사의 개념 바탕에는 freckle의 명사 '기미' 가 있다.

1. 자동사 용법
1.1. 주어는 기미가 낀다.
(1) She **freckles** easily.(그녀는 쉽게 기미가 낀다.)

2. 타동사 용법
2.1. 다음 주어는 목적어에 반점을 일게 한다.
(2) The sun **freckled** her skin.(태양은 그녀의 피부에 반점을 만들었다.)

free
이 동사의 개념 바탕에는 자유롭게 만드는 과정이다.

1. 타동사 용법
1.1. 다음 주어는 목적어를 전치사 from의 목적어로부터 해방시킨다.
(1) a. He **freed** the bird from the cage.(그는 그 새를 새장에서 풀어 주었다.)

b. She **freed** the dress from rose bush.(그녀는 그 드레스를 장미 덤불에서 빼내었다.)

c. She tried to **free** her hand from my grasp.(그녀는 자신의 손을 내 손아귀에서 빼내려고 했다.)

d. The firemen managed to **free** her from the wreckage.(그 소방관들은 그녀를 부서진 차에서 간신히 구출했다.)

e. The government forces **freed** the capital from the rebels.(정부군이 수도를 반란군들로부터 구했다.)

f. We **freed** the rope from a nail.(우리는 밧줄을 못에서 풀었다.)

1.2. 다음 주어는 목적어를 해방시킨다.
(2) a. The president **freed** the slaves.(그 대통령은 노예들을 풀어 주었다.)

b. The army **freed** the prisoners of war.(그 군은 그 전쟁 포로들을 풀어 주었다.)

1.3. 다음 주어는 목적어를 자유롭게 한다.

(3) a. Please free up this sticky valve.(제발 이 끈적거리는 밸브를 풀어주세요.)

b. I can free my arm and open the door.(나는 팔을 자유롭게 해서 그 문을 열 수 있다.)

c. I tried to free the rope around his hands.(나는 그의 손에 묶여 있는 밧줄을 풀려고 노력했다.)

d. He managed to free one hand to ward off a punch.(그는 겨우 한 손을 풀어서 주먹을 막았다.)

e. We all stand on two feet, rather than on four, thus freeing our hands.(우리는 모두 네 발이 아닌 두 발로 선다. 따라서 우리는 손이 자유롭다.)

1.4. 다음 주어는 사건이다. 주어는 목적어를 자유롭게 하여 어떤 일을 할 수 있게 한다.

(4) a. Giving up my job freed me to spend more time with the children.(일을 그만 둠이 나를 자유롭게 해서 아이들과 더 많은 시간을 보낼 수 있었다.)

b. The children's departure for school freed her up to get on with her writing.(아이들이 학교로 떠남이 그녀를 자유롭게 해서 집필을 계속할 수 있게 했다.)

1.5. 다음 주어는 목적어를 전치사 from의 목적어에서 자유롭게 한다. 목적어가 묶여있는 것은 빚, 가난, 비난, 속박과 같은 추상적인 것이다.

(5) a. They aim to free the country from enormous debts/poverty.(그들은 나라를 엄청난 규모의 부채/빈곤으로부터 구하는 것을 목표로 한다.)

b. The judge freed him from the charge.(그 판사는 그를 죄과에서 풀어 주었다.)

c. She freed him from restraint.(그녀는 그를 억류에서 풀어 주었다.)

d. He freed the people from taxation.(그는 그 국민들을 과세로부터 면제해 주었다.)

e. He freed me from my duty today.(그는 나를 오늘 나의 근무에서 면제해 주었다.)

f. He freed his mind from anxiety.(그는 자신의 마음을 근심으로부터 해방시켰다.)

g. He freed his mind.(그는 마음을 자유롭게 한다.)

h. He freed the land from oppression.(그는 그 나라를 압박에서 구했다.)

1.6. 다음은 수동태 문장으로 주어는 풀린다.

(6) The convict was freed from prison.(그 죄수는 감옥에서 풀려났다.)

1.7. 다음 주어는 사람이 아닌 개체이다. 주어는 목적어를 자유롭게 한다.

(7) a. The prize money freed him from debts.(그 상금은 그를 부채에서 벗어나게 했다.)

b. Vacation frees us from daily jobs for a short time.(휴가는 우리를 일상의 일로부터 짧은 기간동안 해방시켜 준다.)

1.8. 다음 주어는 목적어에서 전치사 of의 목적어를 치운다.

(8) a. He freed the table of dishes.(그는 식탁에서 접시들을 치웠다.)

b. He freed the desk of clutter.(그는 책상에서 어지러운 물건들을 치웠다.)

c. Workers freed the road of the fallen trees.(일꾼들이 이 거리에서 쓰러진 나무들을 치웠다.)

d. The plumber freed the drain of obstruction.(그 배관공은 하수구에서 막힘을 제거했다.)

1.9. 다음 주어는 목적어에서 전치사 of의 목적어를 치운다. 치워지는 개체는 긴장, 범죄, 생각과 같은 추상적 개체이다.

(9) a. The exercise helps free the body of tension.(그 운동은 몸에서 긴장을 푸는데 도움이 된다.)

b. The police are determined to free the town of violent crime.(경찰은 마을을 폭력 범죄로부터 구하기로 결정했다.)

c. Free your mind of all bad thoughts.(당신의 마음에서 모든 나쁜 생각들을 지우세요.)

1.10. 다음은 수동태 문장으로 주어는 풀려난다.

(10) The country should be freed of the allied control.(그 나라는 동맹 통제에서 벗어나야 한다.)

1.11. 다음 목적어는 재귀대명사이다. 주어는 자신의 마음이나 정신에서 전치사 of의 목적어에서 벗어나게 한다.

(11) a. He freed himself from the difficulties.(그는 자신을 그 곤경에서 벗어나게 했다.)

b. He freed himself from the phone booth.(그는 공중전화 부스에서 빠져 나왔다.)

c. He freed himself from worry.(그는 자신을 걱정에서 벗어나게 했다.)

d. Tom tried to free himself of his bad habits.(탐은 나쁜 습관에서 벗어나려고 노력했다.)

e. She freed herself of a foolish idea.(그녀는 자신에게서 어리석은 생각을 떨쳐 버렸다.)

1.12. 다음 주어는 목적어를 풀어서 쓸 수 있게 만든다. 목적어는 자원이다.

(12) a. This would free resources that are badly needed.(이것은 몹시 필요한 자원을 풀어줄 것이다.)

b. The government has freed more resources for educations.(정부는 교육에 더 많은 자금을 풀었다.)

c. It may be possible to free some of the funds for training purposes.(훈련 목적으로 자금의 일부를 푸는 것이 가능할 수도 있다.)

d. The government freed up funds to build housing for the poor.(정부는 저소득층을 위한 주택을 짓기 위해 자금을 풀었다.)

1.13. 다음 주어는 목적어를 쓸 수 있게 한다. 목적어는 시간이다.

(13) a. The child can attend a nursery part time, freeing two days for the stressed mother.(그 아이는 놀이방을 시간제로 갈 수 있어서 스트레스 받는 엄마에게 이틀의 자유를 줄 수 있다.)

b. I must free up this afternoon to write this report.(나는 오늘 오후 시간을 완전히 비워서 이 보고서를 써야 한다.)

c. We free time each week.(우리는 매주 시간을 낸다.)

d. Can you free up some time to see me?(나를 만날 시간을 낼 수 있어요?)

1.14. 다음 주어는 목적어를 자유롭게 해서 발동시킨다.

(14) Writing frees imagination.(글쓰기는 상상력을 발동시

킨다.)

freeze

이 동사의 개념 바탕에는 어는 과정이 있다

1. 자동사 용법

1.1. 다음 주어는 언다.

(1) a. The water has frozen in the pipe.(그 물은 파이프에서 얼었다.)
b. The liquid has frozen solid.(그 액체는 단단하게 얼었다.)
c. Most soups freeze well.(대부분의 스프가 잘 언다.)
d. The milk froze because I accidentally put it in the freezer.(우유는 내가 실수로 그것을 냉동고에 넣어서 얼었다.)
e. The clothes froze solid on the washline.(옷들은 그 빨래줄에서 꽁꽁 얼었다.)

1.2. 다음 주어는 환유적으로 쓰여서 물이나 액체를 가리킨다. 주어는 언다.

(2) a. The river has frozen over.(강은 전체가 얼었다.)
b. It was so cold last winter that even the river froze up.(지난 겨울은 너무 추워서 심지어 그 강까지 꽁꽁 얼어 붙었다.)
c. Our pipes froze up several times last winter.(우리의 파이프들이 지난 겨울에 몇 번이나 얼어 붙었다.)
d. The water pipes have frozen up.(물 파이프는 얼어 붙었다.)
e. The pond has frozen up.(그 연못은 완전히 얼어 붙었다.)
f. The pond usually freezes in winter.(그 연못은 보통 겨울에 언다.)
g. We will go skating if the lake has frozen over.(만일 그 호수가 얼어 붙어 있으면 우리는 스케이트 타러 가겠다.)

1.3. 다음 주어는 사람이다. 사람은 물과 같은 방법으로 어는 것은 아니지만, 얼 정도로 추위를 느낄 수도 있다.

(3) a. You'll freeze if you don't put a coat on.(만일 네가 코트를 걸치지 않는다면, 너는 얼어 죽을 것이다.)
b. Don't stand and freeze out there.(밖에 거기 서서 얼지 말아라.)
c. He opens the window, and she freezes.(그가 창문을 열자 그녀는 언다.)
d. We froze until the heat came on.(우리는 난방열이 들어올 때까지 얼었다.)
e. We will freeze at the football game in this weather.(우리는 축구 경기에서 이런 날씨에 얼어 죽을 것이다.)
f. My feet are freezing.(내 발이 얼고 있다.)

1.4. 다음에서는 주어가 기계나 도구이다. 흐르는 물이 얼면 움직이지 않게 되듯이 기계나 도구가 꽁꽁 얼게 되면 움직이지 못하게 된다. 주어는 언다.

(4) a. The engine froze during the night and wouldn't start.(그 엔진은 밤 동안 얼어서 시동이 걸리지 않

으려고 한다.)
b. The engine has frozen up.(그 엔진은 완전히 얼어 붙었다.)
c. If the lock has frozen up, try lubricating it with oil.(만일 그 자물쇠가 얼어 붙어 있으면, 기름으로 그것을 부드럽게 하도록 시도해 보아라.)
d. The sled froze to the sidewalk.(썰매는 그 보도에 얼어 붙었다.)
e. My old bike was so rusty that the gears had frozen.(내 오래된 자전거는 너무 녹슬어서 기아들이 움직이지 않는다.)

1.5. 다음 주어는 땅이나 지표이다. 주어는 얼어서 단단해진다.

(5) a. The ground has frozen hard.(그 땅은 단단하게 얼었다.)
b. The highway froze over last night.(고속도로는 지난 밤 온통 얼어 붙었다.)
c. The meat will freeze in a few hours.(그 고기가 몇 시간 안에 얼 것이다.)

1.6. 개체가 꽁꽁 얼면 제자리에서 움직일 수 없게 된다. 사람이나 동물이 놀라거나 겁에 질리게 되면 꼼짝하지 못하게 된다. 주어는 언다.

(6) a. At my question, he immediately froze.(내 질문에, 그는 바로 얼었다.)
b. At the sudden noise of alarm, she froze on the spot.(그 갑작스러운 알람 소리에 그녀는 그 자리에 얼었다.)
c. He froze at the sound.(그는 그 소리에 오싹해졌다.)
d. She froze up when we questioned her.(우리가 그녀에게 질문했을 때 그녀는 얼어 붙었다.)
e. The burglar froze when he heard footsteps approaching.(그 강도는 다가오는 발소리를 들었을 때 얼어 붙었다.)
f. The rabbit froze in the headlights of the car.(토끼는 그 차의 전조등에 놀라서 꼼짝을 못했다.)
g. When he got up in front of the huge audience, he froze.(그가 많은 관중들 앞에서 일어났을 때, 그는 놀라서 꼼짝도 못했다.)
h. My heart froze when I heard the news.(그 소식을 들었을 때 내 심장은 얼어 붙었다.)
i. Wild animals freeze in its tracks when they smell an enemy.(야생동물들은 적의 냄새를 맡으면 가다가 꼼짝하지 않는다.)

1.7. 다음의 주어는 날씨와 관련된다. 주어는 얼음이 얼 정도로 차진다.

(7) a. Do you think it will freeze tonight?(너는 오늘 밤에 날씨가 얼 정도로 추워질 것이라고 생각하니?)
b. It's freezing in the room; put the fire on.(그 방이 얼 정도로 차다; 그 불을 지펴라.)
c. The room is freezing. Why don't you put the heating on?(그 방은 얼 정도로 차다. 난방을 피우는 게 어때?)

1.8. 다음 주어는 과일이다. 주어는 언다.

(8) a. Tomatoes don't freeze well.(토마토는 잘 얼지 않는다.)

b. Some sorts of fruit don't freeze well.(어떤 종류의 과일은 잘 얼지 않는다.)

2. 타동사 용법

2.1. 다음 주어는 날씨이다. 주어는 목적어를 얼게한다.

(9) a. The low temperature freezes the pond.(그 낮은 기온은 연못을 얼게 한다.)

b. The cold has frozen the earth solid.(추위는 그 땅을 단단히 얼게 했다.)

c. A blast of frigid wind froze the lake.(한 줄기의 찬 바람이 그 호수를 얼렸다.)

d. The cold weather can freeze even petrol in car engine.(추운 날씨는 심지어 차 엔진 속의 휘발유까지 얼게 할 수 있다.)

2.2. 다음은 수동태 문장으로 주어는 언다.

(10) a. The ground was frozen under the thin snow.(그 땅은 얇은 눈 아래에서 얼었다.)

b. The lake was frozen over last week.(그 호수는 지난주에 온통 얼어 붙었다.)

c. No home can be comfortable if pipes are frozen or burst.(만일 파이프가 얼거나 파열한다면 어떤 집도 편안하지 않을 것이다.)

d. Many roads in Northern Scotland are frozen.(북 스코틀랜드의 많은 도로들이 얼었다.)

2.3. 다음 주어는 냉동기를 써서 목적어를 냉동시킨다.

(11) a. We will eat some of the beans, and freeze the rest.(우리는 그 콩의 일부는 먹고, 나머지는 냉동시킬 것이다.)

b. We will freeze the meat solid.(우리는 그 고기를 단단하게 냉동시키겠다.)

c. You can freeze the rest of the food, and eat it later.(우리는 그 음식의 나머지는 냉동시켜서 나중에 그것을 먹을 수 있다.)

d. You can profit by buying and freezing produce when they are plentiful.(너는 농산물이 풍부할 때 그것을 사서 냉동시켜 이익을 얻을 수 있다.)

e. Freeze the ice cream, or it will melt.(아이스크림을 냉동시켜라, 그렇지 않으면 녹을 것이다.)

2.4. 다음 목적어는 흐름이나 움직임과 관계가 있다. 이들을 얼게 한다는 것은 이들을 움직이지 못하게 하는 과정을 나타낸다. 은행 계좌의 경우, 돈이 들어가거나 나오게 할 수 있다. 주어는 목적어의 흐름을 막는다.

(12) a. He has had his bank account frozen because of his refusal to pay the controversial tax.(그는 쟁점이 되는 세금을 내지 않았기 때문에 자신의 은행 구좌를 동결되게 했다.)

b. The court froze their assets.(그 법원은 그들의 재산을 동결시켰다.)

c. The government froze their accounts.(그 정부는 그들의 예금을 동결시켰다.)

d. A power surge froze the computer screen.(전류 변동이 그 컴퓨터 스크린을 움직이지 않게 했다.)

e. The government has frozen pensions until the end of the next year.(그 정부는 연금을 내년 말까지 동결했다.)

f. The accident froze traffic in all directions.(그 사고는 모든 방향의 차량을 움직이지 못하게 했다.)

g. They agreed to freeze nuclear weapons.(그들은 핵무기를 동결하기로 합의했다.)

2.5. 다음은 수동태 문장으로 주어는 동결된다.

(13) a. If the situation does not improve, wages will be frozen again.(만일 그 상황이 좋아지지 않는다면, 임금은 다시 동결될 것이다.)

b. Why is it that wages are frozen while prices ar rising?(물가가 인상되는 반면에 왜 임금은 동결되는가?)

c. Student grants were frozen at 1998 levels.(학생 장학금은 1988년 수준으로 동결되었다.)

d. The training program has been frozen.(그 훈련 프로그램이 동결되었다.)

2.6. 다음 주어는 목적어를 냉대하여 쫓아낸다.

(14) a. Producers try to freeze out parasitic middle men.(생산자들은 기생충적인 중간상들을 배제하려고 노력한다.)

b. You've got to stop freezing me out of the decision-making.(너는 나를 그 의사 결정에서 배제하는 것을 그만두어야 한다.)

2.7. 다음 목적어는 사람이다. 주어는 목적어를 정신적으로 꼼짝 못하게 한다.

(15) a. The teacher froze the noisy class with a single look.(그 선생님은 한 번의 시선으로 그 시끄러운 학생들을 꼼짝 못하게 했다.)

b. When he tried to speak, the girl froze him with a warning look.(그가 말하려고 할 때, 그 소녀는 경고하는 눈초리로 그를 꼼짝 못하게 했다.)

c. Harsh flashlight froze Dan.(날카로운 회중전등이 댄을 꼼짝 못하게 했다.)

b. The teacher's stern look was enough to freeze the boldest of the pupils.(선생님의 엄격한 시선은 학생들 중 가장 뻔뻔한 아이도 꼼짝 못하게 하기에 충분했다.)

e. The howling of the wolves froze him with terror.(그 늑대들의 우는 소리는 그를 두려움으로 꼼짝 못하게 했다.)

freshen

이 동사의 개념 바탕에는 신선하게 되는 과정이 있다.

1. 타동사 용법

1.1. 다음 주어는 목적어를 깨끗하게 한다.

(1) a. The spring rain freshened the stale air.(봄비는 퀴퀴한 공기를 신선하게 했다.)

b. Using a mouthwash regularly freshens the breath.(양치질 약을 규칙적으로 사용하는 것은 호흡을 신선하게 한다.)

c. Freshen your skin with body lotion.(네 피부를 바디로션으로 생기가 돌게 해라.)

d. She has freshened up the house with a new coat of paint.(그녀는 그 집을 페인트로 한 벌 입힘으로

써 깔끔하게 했다.)

e. The walls need **freshening up** with a bit of white paint.(그 벽은 약간의 하얀 페인트칠로 깨끗하게 할 필요가 있다.)

1.2. 다음 주어는 목적어를 새롭게 한다. 목적어는 기억이다.

(2) He **freshened up** his memory.(그는 자신의 기억을 새롭게 했다.)

1.3. 다음 주어는 목적어를 채운다. 목적어는 잔이다.

(3) Can I **freshen up** your drink?(당신의 잔을 새로 채울까요?)

2. 자동사 용법

2.1. 다음의 주어는 깨끗하게 한다.

(4) a. He **freshened up** with a bath.(그는 목욕으로 상쾌해졌다.)

b. She **freshened up** before going out to dinner.(저녁 외식을 하기 전에 그녀는 깨끗하게 씻었다.)

2.2. 다음의 주어는 새롭게 되거나 강해지는 개체이다.

(5) a. The wind will **freshen** tonight.(바람은 오늘밤 강해질 것이다.)

b. Her interest in baseball **freshened** when she saw who was on the team.(그녀의 야구에 대한 관심은 누가 그 팀의 일원인지 그녀가 알았을 때 한층 새로워졌다.)

fret

이 동사의 개념 바탕에는 초조감을 느끼는 과정이 있다.

1. 타동사 용법

1.1. 다음의 주어는 목적어를 초조하게 만든다.

(1) a. His remarks **fretted** her to irritation.(그의 말은 그녀를 짜증나게 만들었다.)

b. Don't **fret** yourself about me.(나에 대해서 마음 쓰지 마라.)

1.2. 다음에서 주어는 목적어를 초조하게 만들어서 어떤 상태에 이르게 한다.

(2) a. He **frets** himself sick.(그는 애태우다 병이 났다.)

b. She **frets** herself ill.(그녀는 속태우다 병이 났다.)

1.3. 다음 주어는 초조한 마음으로 목적어를 소모한다.

(3) a. He is **fretting** his life away.(그는 일생을 마음 졸이며 보내고 있다.)

b. He is **fretting** his health away.(그는 고민하다 건강을 해치고 있다.)

1.4. 다음 주어는 조금씩 갉아서 수로가 생기게 한다.

(4) The stream **fretted** an underground channel.(그 개울은 침식으로 지하수로를 만들었다.)

1.5. 다음은 수동태 문장으로 주어는 초조하게 된다.

(5) He was **fretted** out of coma by violent pains.(그는 심한 고통으로 인해 혼수 상태에서 깨어났다.)

2. 자동사 용법

2.1. 다음 주어는 전치사 at의 목적어를 조금씩 깨문다.

(6) The horse **fretted** at the bit.(그 말이 재갈을 물었다.)

2.2. 다음 주어는 전치사 about이나 over의 목적어에 대해서 안달한다.

(7) a. He's **fretting** about the traffic delay in the tunnel.(그는 그 터널의 교통 지체에 대해서 애태우고 있다.)

b. He **frets** constantly about his career.(그는 자신의 경력에 대하여 끊임없이 안달한다.)

c. She is always **fretting** over something or other.(그녀는 늘 어떤 것, 아니면 다른 일들에 대해 애를 태우고 있다.)

2.3. 다음의 주어는 초조감을 느낀다.

(8) a. Don't **fret**; everything will be okay.(초조해 하지 마; 모든 일들이 잘 될거야.)

b. She **fretted** when her children came home late.(그녀는 자신의 아이들이 늦게 귀가하자 안절부절 못했다.)

c. He **frets** at his son's idleness.(그는 아들의 게으름에 속이 탄다.)

2.4. 다음 주어는 초조하게 묻는다.

(9) "Whatever can have happened," she **fretted**.("무슨 일이든지 생길 수 있어요." 그녀는 초조했다.)

2.5. 다음 주어는 침식된다.

(10) Limestone slowly **frets** away.(석회석은 서서히 침식된다.)

2.6. 다음 주어는 that-절의 내용으로 안달한다.

(11) He's **fretting** that he's going to fail his exams.(그는 시험에 떨어질까 불안해 하고 있다.)

frighten

이 동사의 개념 바탕에는 놀라게 하는 과정이 있다.

1. 타동사 용법

1.1. 다음 주어는 목적어를 놀라게 한다.

(1) a. The strange sound in the night **frightened** the baby.(한밤중에 이상한 소리가 아기를 놀라게 했다.)

b. The rattlesnake **frightened** me.(그 방울뱀은 나를 놀라게 했다.)

c. The large dog **frightened** the boy.(그 큰 개는 소년을 놀라게 했다.)

d. The storm is **frightening** her.(폭풍은 그녀를 놀라게 하고 있다.)

e. Don't **frighten** the horse.(그 말을 놀라게 하지 마라.)

f. The situation is beginning to **frighten** me.(그 상황은 나를 두렵게 만들기 시작한다.)

1.2. 다음은 수동태 문장으로 주어는 놀라움을 받는다. 놀라움의 원인은 by나 at의 목적어로 표현되어 있다.

(2) a. She was **frightened** by the large dog.(그녀는 큰 개를 보고 놀랐다.)

b. Children are **frightened** by the sight of blood.(아이들은 피를 보고 놀란다.)

c. I am **frightened** by the earthquake.(나는 지진에 놀

d. She was frightened at the way he spoke.(그녀는 그가 말하는 방식에 놀랐다.)

e. He was frightened at the sound.(그는 그 소리에 놀랐다.)

1.3. 다음 주어는 목적어를 놀라게 하거나 겁을 주어서 전치사 into의 목적어 상태에 들어가게 한다.

(3) a. He was a bully. He tried to frighten people into doing what he wanted.(그는 약한 사람을 괴롭히는 자였다. 그는 사람들을 겁주어서 그가 원하는 것을 하게 하려고 했다.)

b. They frightened him into confessing.(그들은 그를 겁주어 자백하게 했다.)

c. The frightened the child into telling the secret.(그녀는 그 아이를 겁주어 비밀을 말하게 했다.)

d. His unpleasant manner frightened her into disagreeing with him.(그의 불유쾌한 태도가 그녀를 놀라게 하여 그에게 동의하지 않게 했다.)

e. They frightened the old lady into signing the paper.(그들은 그 노부인을 겁주어 서류에 서명하도록 했다.)

1.4. 다음 주어는 목적어를 놀라게 하여 전치사 into의 목적어 어떤 상태에 들어가게 한다.

(4) a. We frightened him into submission.(우리는 그를 겁주어 항복하게 했다.)

b. He frightened her into silence.(그는 그녀를 을러서 침묵하게 시켰다.)

c. That noise frightened me to death.(그 소리는 나를 놀라서 까무러치게 했다.)

1.5. 다음 주어는 목적어를 놀라게 하여 전치사 out of의 목적어에서 떠나게 한다.

(5) a. Father frightened her out of the house.(아버지는 그녀를 을러서 집에서 쫓아냈다.)

b. Fairground rides are intended to frighten the life out of me.(박람회 놀이기구가 생명을 내게서 빼앗도록 의도되어져 있다.)

1.6. 다음 주어는 목적어를 놀라게 하여 목적어가 어떤 장소에서 떠나게 한다.

(6) a. The baby frightened the bird away.(아기는 그 새를 놀라게 해 쫓아 버렸다.)

b. They kept the campfire burning to frighten the bears away.(곰이 놀라서 접근을 못하게 그들은 계속해서 모닥불을 피웠다.)

c. Terrorist activities in the area has frightened most tourists away.(그 지역에서의 테러 행위는 대부분의 관광객들을 겁나서 떠나게 했다.)

d. Our dog frightens the birds away from the garden.(우리 개는 새들을 놀라게 해 정원에서 쫓아낸다.)

e. Bombing frightened the investors away.(폭발이 그 투자자들을 놀라 떠나게 했다.)

f. He fired into the air, hoping that the noise would frighten the crowd away.(그는 허공에 총을 발사하면서, 그 소리가 군중들을 놀라게 해서 쫓을 것으로 바랐다.)

g. The seismic survey is frightening the fish away.(그 지진 조사는 물고기들을 놀라 도망가게 하고 있

1.7. 다음 주어는 목적어를 놀라게 하여 목적어가 전치사 off의 목적어에서 떠나게 한다.

(7) a. We frightened them off with our cries.(우리는 고함쳐서 그들을 놀라게 해 쫓았다.)

b. She wanted to join the expedition, but I frightened her off.(그녀는 그 원정에 함께 가기를 원했지만, 나는 그녀를 을러 쫓아 보냈다.)

c. The dog frightened off the pigeons.(그 개는 비둘기를 놀라게 해서 쫓아 버렸다.)

1.8. 다음은 수동태 문장으로 주어는 놀라서 자리를 뜬다.

(8) a. He was frightened off attempting any more partnerships.(그는 두려워서 더 이상 어떤 제휴도 시도하지 않았다.)

b. The burglar was frightened off by the sound of our dog barking.(그 도둑은 우리 개의 소리에 놀라 도망갔다.)

c. The investors were frightened off by the company's low profits that year.(투자자들은 그 해 그 회사의 낮은 이익에 놀라 떠났다.)

1.9. 다음은 수동태 문장으로 주어는 놀라서 out of의 목적어에서 빠져나온다.

(9) She was nearly frightened out of her life.(그녀는 그녀의 생명을 거의 위협받았다.)

1.10. 다음 주어는 목적어를 겁나게 하여 목적어가 하던 일을 그만두게 한다. 일이나 과정은 그릇으로 개념화되므로 전치사 out of가 쓰였다.

(10) a. If you keep talking like that, you'll frighten him out of going with you.(네가 그렇게 계속 말을 하면, 너는 그를 놀라게 해서 너와 함께 가려 않을 것이다.)

b. The doctor frightened him out of smoking/drinking.(의사는 그를 겁주어서 담배를/술을 끊도록 했다.)

1.11. 다음은 수동태 문장으로 주어는 전치사 of의 목적어를 내재적으로 겁낸다.

(11) a. I was frightened of being left alone in the house.(나는 집에 혼자 남는 것이 두려웠다.)

b. Some people are frightened of birds/spiders.(어떤 사람들은 새/거미를 두려워한다.)

c. We left the light on because the children are frightened of the dark.(그 아이들은 어둠을 무서워하기 때문에 우리는 그 불을 켜 놓았다.)

d. Are you frightened of thunderclaps?(너는 천둥소리가 무섭니?)

fringe

이 동사의 개념 바탕에는 fringe의 명사 '가장자리', '가장자리 장식'이 있다.

1. 타동사 용법

1.1. 다음 주어는 목적어의 가장자리를 장식한다.

(1) a. A line of trees fringed the pool.(일렬로 늘어선 나무들이 그 연못의 가장자리를 둘러쌌다.)

b. Lovely green trees fringed the placid lake.(멋진

푸른 나무들이 그 평온한 호수의 둘레를 늘어섰다.)
c. Guards fringed the building.(경호원이 그 빌딩의 주변을 지켰다.)

1.2. 다음은 수동태 문장으로 주어는 가장자리나 주위가 장식된다.
(2) a. The beach is fringed with coconut palms.(그 해변은 코코넛 야자수로 둘러싸여 있다.)
b. The office building is fringed by parking lots.(그 사무실 건물은 주위에 주차장으로 싸여 있다.)

fritter

이 동사의 개념 바탕에는 낭비하는 과정이 있다.

1. 타동사 용법
1.1. 다음 주어는 목적어를 낭비한다. 목적어는 돈이나 시간이다.
(1) a. She frittered away all her money on clothes.(그녀는 자신의 모든 돈을 옷에 낭비했다.)
b. He fritters away his money on useless items.(그는 돈을 쓸데없는 물건에 낭비한다.)
c. She frittered away her time by playing games on the computer.(그녀는 시간을 컴퓨터 게임을 해서 낭비했다.)
d. Dan frittered the day away at the beach.(댄은 그 날을 해변에서 허비했다.)

frizzle

이 동사의 개념 바탕에는 피시식 하는 소리와 함께 튀는 소리가 나는 과정이 있다.

자동사 용법
1.1. 다음 주어는 소리를 낸다.
(1) a. The bacon is frizzling.(그 베이컨은 지글지글 튀겨지고 있다.)
b. The fire cracker frizzled instead of exploding.(폭죽은 폭발하는 대신 지글지글 소리를 내며 탔다.)
c. The hot coals of our campfire frizzled in the rain.(우리 모닥불의 뜨거운 석탄은 비 속에서 지글지글 소리를 내며 탔다.)
d. The wet wood frizzled in the fireplace.(그 젖은 장작은 난로에서 지글지글 소리를 내며 탔다.)

front

이 동사의 개념 바탕에는 front의 명사 '앞'이 깔려 있다.

1. 타동사 용법
1.1. 다음에서 주어의 앞면이 목적어를 향한다.
(1) a. The house fronts the lake.(그 집은 앞면이 호수를 향한다.)
b. The cathedral fronts the city's main square.(그 성당은 도시의 주 광장을 향한다.)

1.2. 다음 주어는 목적어를 전치사 with의 목적어로 붙인다.
(2) a. He fronted the building with marble.(그는 그 건물 앞면을 대리석으로 붙였다.)
b. He fronted the house with sandstone.(그는 집의 앞면을 사암으로 붙였다.)

1.3. 다음은 수동태 문장으로 주어는 앞면에 무엇이 붙여진다.
(3) a. The building is fronted with marble.(그 건물의 전면에는 대리석이 붙여져 있다.)
b. The house is fronted with brick.(그 집의 전면에는 벽돌이 놓여 있다.)

1.4. 다음의 주어는 어떤 조직체의 앞에 나서는 사람이다.
(4) a. He fronts a multinational company.(그는 다국적기업의 전면에 섰다.)
b. A former art student fronted the band.(이전의 예술 학생이 그 악단의 앞에 섰다.)

2. 자동사 용법
2.1. 다음 주어는 그 앞쪽이 어떤 방향을 향한다.
(5) a. The hotel fronts onto the main road.(그 호텔 앞은 그 대로를 향하고 있다.)
b. The office fronts toward the east.(그 사무실 앞은 동쪽을 향한다.)
c. The house fronts on the lake.(그 집 앞은 그 호수를 향한다.)

2.2. 다음 주어는 목적어를 앞에서 가린다. 목적어는 나쁜 조직이나 활동이다.
(6) a. The shop fronts for a narcotic ring.(그 상점은 마약 일당의 전면에서 방패막이 구실을 한다.)
b. The laundry fronts for a brothel.(그 세탁소는 매춘굴의 전면에서 방패막이 구실을 한다.)
c. He fronted for them in several illegal property deals.(그는 몇 번의 불법 재산 거래에 있어서 그들의 방패막이 구실을 했다.)

2.3. 다음 주어는 as의 목적어로 앞면에 내세워진다.
(7) The drug warehouse fronted as a quiet grocery store.(그 약품 창고는 한적한 식료품 가게 구실을 했다.)

frown

이 동사의 개념 바탕에는 사람이 얼굴을 찌푸리거나 찡그리는 과정이 있다.

1. 자동사 용법
1.1. 다음 주어는 얼굴을 찌푸린다.
(1) a. She frowned when she heard the bad news.(그녀는 그 나쁜 소식을 들었을 때 얼굴을 찌푸렸다.)
b. You may frown when you are angry or not pleased.(당신은 화가 나거나 기분이 좋지 않을 때 얼굴을 찌푸릴 수도 있다.)
c. He frowned in disgust.(그는 혐오감에 눈살을 찌푸렸다.)

1.2. 다음 주어는 전치사 on의 목적어에 얼굴을 찡그리면서 불쾌감을 나타낸다.
(2) a. He frowns on his wife's wasting money.(그는 그

의 부인의 돈 낭비벽에 못마땅한 얼굴을 한다.)

b. The teacher frowns on talking in the classroom.
(그 선생님은 교실에서 잡담하는 것에 인상을 쓰신다.)

c. He frowned on my idea to buy a new computer.
(그는 새 컴퓨터를 사겠다는 내 생각에 언짢아 했다.)

d. He frowned upon my scheme.(그는 내 계획에 난색을 표했다.)

e. Mom frowns upon any waste of food/on rudeness.(엄마는 음식의 낭비/무례함에 언짢아 하신다.)

1.3. 다음은 수동태 문장으로 주어는 눈살의 찌푸림을 받는다.

(3) Even though divorce is legal, it is still frowned upon.(비록 이혼이 합법적이지만, 여전히 사람들의 눈살을 찌푸리게 한다.)

1.4. 다음 주어는 전치사 at의 목적어에 눈살을 찌푸린다.

(4) Don't frown at me.(나한테 인상 좀 쓰지마.)

2. 타동사 용법

2.1. 다음 주어는 목적어를 찌푸림으로 나타낸다.

(5) He frowned his displeasure.(그는 못마땅한 얼굴로 불만을 표시했다.)

2.2. 다음 주어는 얼굴을 찡그려서 목적어를 전치사 목적어의 상태에 들어가게 한다.

(6) a. He frowned the beggar away/off/out.(그는 못마땅한 얼굴로 그 거지를 쫓아버렸다.)

b. He frowned the child into compliance.(그는 아이를 험상궂은 얼굴로 말을 듣게 했다.)

c. The man frowned the boy down.(그 남자는 찡그린 얼굴로 그 소년을 위압했다.)

frustrate

이 동사의 개념 바탕에는 좌절시키는 과정이 있다.

1. 타동사 용법

1.1. 다음 주어는 목적어를 좌절시킨다.

(1) a. I frustrated Jane because I forgot our date.(나는 제인과의 데이트를 잊어버려서 그녀를 좌절시켰다.)

b. If you give a child a problem that is hard to solve, you will frustrate him.(아이에게 풀기 어려운 문제를 내면, 너는 그 아이를 좌절시키게 될 것이다.)

1.2. 다음은 수동태 문장으로 주어는 좌절된다.

(2) a. He is frustrated in his ambition.(그는 자신의 야망에 있어 좌절을 겪는다.)

b. The prisoner was frustrated in his attempt to escape.(그 죄수는 탈출하려는 시도에 좌절을 겪었다.)

1.3. 다음 주어는 목적어를 좌절시킨다. 목적어는 계획이나 제안과 같은 것이다.

(3) a. He frustrated her plan.(그는 그녀의 계획을 좌절시켰다.)

b. The bad weather frustrated our hopes of going out.(그 궂은 날씨는 외출하려는 우리 바람을 좌절

시켰다.)

c. Fear of terrorist activity will frustrate the proposal to decrease security measures.(테러 활동에 대한 공포는 안보 조처를 줄이자는 제안을 좌절시킬 것이다.)

1.4. 다음은 수동태 문장으로 주어는 좌절된다.

(4) a. The rescue attempt was frustrated by bad weather.(그 구조 시도는 나쁜 날씨로 인해 좌절되었다.)

b. The experiment was frustrated by careless researchers.(그 실험은 부주의한 연구자에 의해서 실패로 돌아갔다.)

fry

이 동사의 개념 바탕에는 기름으로 튀기는 과정이 있다.

1. 타동사 용법

1.1. 다음 주어는 목적어를 튀긴다.

(1) a. Shall I fry the fish for lunch?(생선을 점심으로 튀길까요?)

b. Do you fry chicken in corn oil?(닭을 옥수수 기름으로 튀기니?)

c. Let's fry some bacon and eggs.(베이컨과 달걀을 튀기자.)

fudge

이 동사의 개념 바탕에는 일을 부정직하거나 부주의한 방법으로 처리하는 과정이 있다.

1. 타동사 용법

1.1. 다음 주어는 목적어를 아무렇게나 대한다.

(1) a. He fudged the answer.(그는 답을 적당히 둘러댔다.)

b. The government fudges the issue of equal rights.(정부는 평등권에 관한 쟁점들을 얼렁뚱땅 넘어간다.)

c. He fudged the questions.(그는 질문들을 똑바로 처리하지 않았다.)

d. He fudged the company accounts.(그는 회사 장부를 날조했다.)

e. She has fudged her data.(그녀는 자신의 자료를 날조했다.)

f. The government has been fudging the figures to make it look as if the target has been achieved.(그 정부는 그 숫자들을 목표가 달성된 것처럼 보이게 하려고 날조하고 있었다.)

g. There's nothing new in this book; the author fudged up a lot of old ideas.(이 책에는 새로울 게 없다; 저자는 많은 묵은 생각들을 그냥 늘어놓았다.)

1.2. 다음은 수동태 문장으로 주어는 날조된다.

(2) The figures on the latest report have been fudged.(최근 보고서의 숫자들은 날조됐다.)

2. 자동사 용법

2.1. 다음 주어는 전치사 on의 목적어와 관련하여 속인다.

(3) They tend to **fudge on** matters of economic policy.(그들은 경제 정책에 관한 문제들을 속이려 한다.)

b. He **fudged on** the exam.(그는 시험에서 속였다.)

2.2. 다음 주어는 속인다.

(4) a. The researcher **fudged** a little so the results looked better than they actually were.(연구자는 결과가 실제보다 더 좋게 보이려고 약간 과장을 했다.)

b. The politician **fudged**, and the poll result looked better than they really were.(그 정치가는 과장을 해서 여론 조사 결과가 실제보다 더 좋게 보였다.)

fuel

이 동사의 개념 바탕에는 fuel의 명사 '연료'가 깔려 있다. 동사의 뜻도 이 명사의 기능과 관련이 있다.

1. 타동사 용법

1.1. 다음 주어는 목적어를 연료로 공급한다.

(1) a. Uranium is used to **fuel** nuclear power plants.(우라늄은 핵발전소를 연료로 공급하는 데 사용된다.)

b. They **fuel** the furnace once a day.(그들은 화로에 하루에 한번 연료를 공급한다.)

1.2. 다음은 수동태 문장으로 주어는 연료 공급을 받는다

(2) a. The car is being **fueled** now.(그 차는 지금 연료를 공급받고 있다.)

b. The helicopter is **fueled** up.(그 헬리콥터는 연료가 다 채워졌다.)

1.3. 다음에서 목적어는 추상적 개체를 가리키지만, 이들은 가열되거나 발화될 수 있는 개체로 개념화된다. 다음 주어는 그 자체가 목적어를 연료로 공급한다.

(3) a. His provocative words only **fueled** the argument further.(그의 자극적인 말들은 그 논쟁을 더 가열시킬 뿐이었다.)

b. Higher salaries **fueled** inflation.(더 높은 봉급이 통화 팽창을 가열했다.)

c. Jane **fueled** the debate by disagreeing with everything Dan said.(제인은 댄이 말하는 모든 것에 반대하여 논쟁을 가열시켰다.)

d. That **fueled** our suspicion.(그것은 우리의 의심을 가열시켰다.)

e. The attempts to stop the strike only **fueled** the workers' resentment.(파업을 중지시키려는 시도는 그 노동자들의 성을 돋우기만 했다.)

f. The prime minister's speech **fueled** the speculation that he was about to resign.(수상의 연설은 그가 곧 사임할 것이라는 추측을 가열시켰다.)

2. 자동사 용법

2.1. 다음 주어는 연료를 공급받는 개체이다.

(4) a. Aircraft sometimes **fuel** in midair.(항공기는 때때로 공중에서 연료를 공급받는다.)

b. The jet fighter **fueled** in midair.(제트전투기는 공중에서 연료를 공급받았다.)

fulfill

이 동사의 개념 바탕에는 완전히 채우는 과정이 있다.

1. 타동사 용법

1.1. 다음 목적어는 그릇이다. 주어는 그 자체가 목적어를 충족시킨다.

(1) a. The book will **fulfill** a long-felt need.(그 책은 오래동안 느껴진 욕구를 충족시킬 것이다.)

b. This diet will **fulfill** all your needs in food.(이 식이요법은 음식에 있어서 당신의 모든 욕구를 충족시킬 것이다.)

c. The work **fulfills** our need.(그 일은 우리의 욕구를 충족시킨다.)

d. It **fulfilled** my expectations/requirements.(그것은 나의 기대/요구를 이행했다.)

1.2. 다음 목적어는 그릇 속에 채우는 개체이다. 다음 주어는 목적어를 채운다/이행한다.

(2) a. He **fulfilled** his hopes/desires/duties/obligations.(그는 희망/욕망/의무/책무를 이행했다.)

b. She **fulfilled** all the teacher's requests/ condtions. criteria.(그녀는 선생님의 모든 요구들/조건들/기준들을 채웠다.)

c. Eisenhower finally **fulfilled** his election pledge to end the war in Korea.(아이젠하우어는 마침내 한국 전쟁을 끝내겠다는 선거 공약을 이루었다.)

d. He **fulfilled** his hunger by going to a restaurant.(그는 레스토랑에 가서 그의 허기를 채웠다.)

e. He **fulfilled** his ambition to be a scientist.(그는 과학자가 되려는 그의 야망을 이루었다.)

f. She **fulfilled** her dreams of becoming an actress.(그녀는 배우가 되려는 꿈을 이루었다.)

g. They **fulfilled** their lifelong dream/promise.(그들은 일생의 소망/약속을 달성했다.)

h. While he is very competent, he is not **fulfilling** his potential.(그는 매우 유능하지만, 자신의 잠재력을 충분히 발휘하지 못했다.)

1.3. 다음은 수동태 문장으로 주어는 완전히 채워진다. 즉 실현된다.

(3) His prophecy was **fulfilled**.(그의 예언은 실현되었다.)

1.4. 다음 주어는 목적어를 이행한다.

(4) a. He **fulfilled** an order of his superior.(그는 상관의 지시를 이행했다.)

b. Citizens should **fulfill** their duty as voters.(시민들은 유권자로서 의무를 이행해야만 한다.)

c. The parents **fulfilled** the kidnapper's demand for money.(부모들은 유괴범의 돈 요구를 이행했다.)

d. She **fulfilled** her job as nurse.(그녀는 간호사로서

의 직업을 수행했다.)

e. Zoos fulfill an important function.(동물원은 중요한 기능을 수상한다.)

f. He fulfilled his mission successfully.(그는 임무를 성공적으로 수행했다.)

g. He fulfilled his obligation by making loan payments on time.(그는 정시에 대출금 납입을 함으로써 의무를 이행했다.)

h. We're seeing our suppliers for failing to fulfill their contract.(우리는 공급자가 계약을 이행하지 못한 것 때문에 만날 예정이다.)

1.5. 다음 목적어는 환유적으로 쓰여서 마음을 가리킨다.

(5) a. Does your job fulfill you?(당신의 직업은 당신을 만족시킵니까?)

b. She needs a job that can fulfill her.(그녀는 그녀를 충족시킬 수 있는 직업을 원한다.)

1.6. 다음 목적어는 재귀대명사이다. 주어는 자신을 완성시킨다.

(6) a. She fulfilled herself as a pianist.(그녀는 피아니스트로서 자기 자신을 완성시켰다.)

b. He fulfilled himself as a writer.(그는 작가로서 자기 자신을 완성했다.)

c. She fulfilled herself as an actor.(그녀는 배우로서의 자신을 완성했다.)

1.7. 다음 주어는 목적어를 채운다.

(7) She fulfilled three-score years and ten.(그녀는 70세를 채웠다.)

fumble

이 동사의 개념 바탕에는 서툴게 더듬는 동작이 깔려 있다.

1. 자동사 용법

1.1. 다음에서 주어는 무엇을 찾기 위해서 (for) 여기저기를 더듬는다.

(1) a. He fumbled for a key.(그는 열쇠를 더듬어 찾았다.)

b. He fumbled in his pocket for some change.(그는 주머니에서 약간의 잔돈을 더듬어 찾았다.)

c. He fumbled about trying to find his lighter in the dark.(그는 어둠 속에서 라이터를 찾으려고 애쓰면서 여기저기 더듬었다.)

d. He fumbled about in the bag for a pen.(그는 펜을 찾으려고 가방 안을 여기저기 더듬었다.)

1.2. 다음에서 말도 구체적인 물건으로 더듬어서 찾아지는 것으로 개념화되어 있다.

(2) a. He often fumbles for the right word.(그는 올바른 단어를 찾아 자주 말을 더듬거린다.)

b. During the interview, she fumbled hopelessly for words.(면담 동안 그녀는 맥없이 말을 더듬거렸다.)

1.3. 다음 주어는 전치사 with의 목적어를 서툴게 다룬다.

(3) a. He fumbled with the buttons on his shirt.(그는 셔츠의 단추를 서툴게 만지작거렸다.)

b. He fumbled with the keys and dropped them on the floor.(그는 열쇠들을 서툴게 만지작거리다가 마루에 떨어뜨렸다.)

2. 타동사 용법

2.1. 다음에서 주어는 목적어를 서툴게 집어 넣는다.

(4) He fumbled the key into the ignition.(그는 열쇠를 점화 장치에 서툴게 집어 넣었다.)

2.2. 다음에서 주어는 목적어를 서툴게 다루어서 실수를 한다.

(5) a. The actor fumbled his line because he was distracted by a scream in the audience.(그 배우는 대사를 관중 속의 외침 소리에 혼란스러워져서 더듬거렸다.)

b. They fumbled an attempt to rescue the hostages.(그들은 인질들을 구출하려는 시도를 실수로 망쳤다.)

c. The quarterback fumbled the ball on the 30 yard line.(그 쿼터백은 공을 30야드 선에서 잘못하여 놓쳤다.)

fume

이 동사의 개념 바탕에는 fume의 명사 '냄새가 지독하거나 몸에 나쁜 연기나 기체'가 깔려 있다. 사람이 이러한 연기나 기체를 내뿜는 것으로 개념화되어 있다.

1. 자동사 용법

1.1. 다음의 주어는 몹시 화를 낸다. 다음은 [화는 독가스] 은유가 적용된 표현이다.

(1) a. He fumed because she did not appear.(그는 그녀가 나타나지 않아서 화가 났다.)

b. He fumed with indignation.(그는 분개해서 불끈했다.)

c. He always fumes when the mail is late.(그는 우편물이 늦으면 늘 화를 낸다.)

1.2. 다음 주어는 전치사 at의 목적어에 화를 낸다.

(2) a. I sometimes fumed at the waitress.(나는 때때로 웨이터에게 화를 냈다.)

b. He fumed at the delay.(그는 그 지체에 대해 화를 냈다.)

c. She fumed at the traffic jam.(그녀는 교통 혼잡에 화를 냈다.)

1.3. 다음 주어는 전치사 about의 목적어에 대해서 화를 낸다.

(3) He fumed about what she had heard.(그는 그녀가 들은 것에 관하여 화가 났다.)

1.4. 다음 주어가 인용문을 화를 내면서 말한다.

(4) a. "Was he angry?" "Yes, he was really fuming." ("그가 화났니?" "응, 그는 정말 발끈하고 있어.")

b. "They treat us like this because we are foreigners," he fumed.("우리가 외국인이라서 그들은 우리를 이런 식으로 다뤘어."라고 그는 화를 내면서 말했다.)

2. 타동사 용법

2.1. 다음 주어는 목적어를 내뿜는다.

(5) a. The truck fumed black sout when its gears were

shifted.(기어를 변환시킬 때 그 트럭은 검은 연기를 내뿜었다.)

b. The factory chimney **fumed** deadly gases into the atmosphere.(그 공장 굴뚝은 치명적인 가스들을 대기 중으로 내뿜었다.)

fumigate

이 동사의 개념 바탕에는 소독약을 뿌리는 과정이 있다.

1. 타동사 용법
1.1. 다음 주어는 목적어를 소독한다.
(1) a. The landlord **fumigated** our apartment for bugs. (그 집주인은 아파트를 벌레 때문에 소독하였다.)

b. The workers **fumigated** the house to kill cockroaches.(그 인부들은 바퀴벌레를 잡기 위해 그 집을 소독하였다.)

function

이 동사의 개념 바탕에는 사람이나 개체의 기능이 깔려 있다.

1. 자동사 용법
1.1. 다음 주어는 제 기능을 한다.
(1) a. The machine **functioned** well.(기계는 잘 작동했다.)

b. The toaster won't **function** until you plug it in.(토스터기는 네가 플러그를 끼울 때까지 작동하지 않을 것이다.)

c. The engine failed to **function**.(그 엔진은 작동하지 않았다.)

d. The lung **functions** to supply the body with oxygen.(폐는 신체에 산소를 공급하기 위하여 기능한다.)

1.2. 다음 주어는 전치사 as의 목적어의 자격으로 기능한다.
(2) a. He **functioned** as boss.(그는 두목 노릇을 했다.)

b. I need money to be able to **function** as an artist. (나는 예술가로서의 직분을 다할 수 있기 위해서 돈이 필요하다.)

c. Let me **function** as your guide.(제가 당신의 안내자 역할을 하도록 해 주십시오.)

d. The sofa also **functions** as a bed.(그 소파는 침대로도 쓰인다.)

e. The ranch **functions** as a ski resort in winter.(그 대농장은 겨울에 스키장으로 구실을 한다.)

1.3. 다음 주어는 기능을 한다. 주어는 사람이다.
(3) a. She nurses people in their homes who are too ill to **function** alone.(그녀는 홀로 움직일 수 없는 사람들을 그들의 집에서 돌본다.)

b. Many children can't **function** properly in large classes.(많은 아이들이 대형 학급에서는 적절히 기능을 발휘하지 못한다.)

1.4. 다음 주어는 기능한다. 주어는 조직체이다.

(4) a. You'll soon learn how the office **functions**.(너는 어떻게 그 사무실이 움직이는지 곧 알게 될 것이다.)

b. Despite the power cuts, the hospital **functioned** normally.(전력 차단에도 불구하고, 그 병원은 정상적으로 가동했다.)

fund

이 동사의 개념 바탕에는 fund의 명사 '특정한 목적을 위해서 마련한 돈'이 깔려 있다.

1. 타동사 용법
1.1. 다음 주어는 목적어를 자금으로 지원한다.
(1) a. My parents **funded** my college education.(부모님들은 나의 대학교 학비를 지원하셨다.)

b. The company agreed to **fund** my trip to Korea.(그 회사는 나의 한국 여행을 위한 자금을 지원하기로 동의했다.)

c. The government **funded** his research.(정부는 그의 연구를 자금으로 지원했다.)

1.2. 다음은 수동태 문장으로 주어는 자금이 조달된다.
(2) a. The research is **funded** by the government.(연구의 자금은 정부에 의해 제공된다.)

b. The museum is privately **funded**.(박물관은 사적으로 자금을 제공받는다.)

c. The project is **funded** by several local companies. (그 계획사업은 여러 지역 회사들에 의해 자금을 제공받는다.)

furnish

이 동사의 개념 바탕에는 사용에 필수적인 물건을 공급하는 과정이 있다.

1. 타동사 용법
1.1. 다음 주어는 목적어를 전치사 to의 목적어에 공급한다.
(1) a. He **furnished** a pencil to everyone.(그는 연필 한 자루씩을 모든 사람에게 공급했다.)

b. He decided to **furnish** food to the hungry.(그는 음식을 배고픈 사람들에게 공급하기로 결정했다.)

c. The river **furnishes** electric power to the town.(그 강은 전력을 그 마을에 공급한다.)

d. Each company is required to **furnish** details of its market position to the bank at the close of business each day.(각 회사는 시장 위치에 대한 세부 사항을 은행에 매일 사업 종료 시간에 제공하도록 요구된다.)

1.2. 다음 주어는 목적어를 공급한다. 목적어는 공급품이다.
(2) a. We can **furnish** everything you need for a successful party.(우리는 성공적인 파티를 위해 네가 필요한 모든 것을 제공할 수 있다.)

b. The Andean oil pipeline **furnishes** about half of Ecuador's exports.(안데스 산맥의 석유관은 에콰도르 수출의 약 반을 공급한다.)

c. This shop **furnishes** everything that is needed for camping.(이 가게는 캠핑을 위해 필요한 모든 것을 제공한다.)

d. The company entered into a hire-purchase agreement to **furnish** the goods.(그 회사는 상품을 공급하기 위해 할부 구입에 관한 협약을 맺었다.)

1.3. 다음 주어는 목적어를 전치사 with의 목적어로 공급한다.

(3) a. Many proprietors try to **furnish** their hotels **with** antiques.(많은 소유주들은 자신들의 호텔을 골동품으로 갖추려고 한다.)

b. He **furnished** himself **with** a pencil and paper, and began to draw.(그는 연필과 종이를 갖추고 그림을 그리기 시작했다.)

c. He **furnished** everyone **with** a pencil.(그는 모든 사람을 펜으로 제공했다.)

d. Our company can **furnish** you **with** all the necessary details.(우리 회사는 여러분에게 모든 필요한 세부 사항으로 제공할 수 있다.)

e. The embassy **furnished** us **with** a list of local hospitals and English-speaking doctors.(그 대사관은 우리에게 지방 병원과 영어를 말하는 의사들에 대한 목록으로 제공했다.)

f. She **furnished** him **with** the facts surrounding the case.(그녀는 그에게 사건을 둘러싼 사실들로 제공했다.)

g. The travel company has **furnished** us **with** all the details of our journey.(그 여행 회사는 우리에게 여행에 관한 모든 세부 사항으로 제공했다.)

h. The delay **furnished** me **with** the time I needed.(그 연착은 나에게 필요한 시간을 제공해 주었다.)

1.4. 다음 주어는 첫째 목적어를 둘째 목적어를 준다.

(4) a. He **furnished** the boys blankets.(그는 그 소년들에게 담요를 주었다.)

b. I **furnished** him food.(나는 그에게 음식을 주었다.)

1.5. 다음은 수동태 문장으로 주어는 제공된다.

(5) a. The room was **furnished with** antiques.(그 방은 골동품들로 갖추어져 있었다.)

b. His house is **furnished with** things he's collected on his travels round the world.(그의 집은 그가 세계 여행에서 수집한 모든 것들로 갖추어져 있다.)

c. **Furnished with** maps, a compass and sandwiches, they set off for a day's hiking.(지도, 컴퍼스, 샌드위치를 갖춘 후, 그들은 하루의 하이킹을 위해 출발했다.)

1.6. 다음 주어는 목적어를 설비한다.

(6) a. Since we've spent so much money on our new house, we can't afford to **furnish** it.(우리가 새 집에 너무 많은 돈을 써버린 이래로, 우리는 그것의 내부를 설비할 여유가 없다.)

b. It's costing us a fortune to **furnish** our new flat.(우리 아파트에 가구를 설비하기 위해서는 엄청난 돈이 들 것이다.)

1.7. 다음은 수동태 문장으로 주어는 갖추어 진다.

(7) a. The house was simply **furnished**.(그 집은 간소하게 갖추어져 있었다.)

b. The apartment is **furnished** with modern furniture.(그 아파트는 현대 가구로 설비되어 있다.)

fuse

이 동사의 개념 바탕에는 몇 개의 개체가 하나로 융합되는 과정이 있다.

1. 타동사 용법

1.1. 다음 주어는 목적어를 전치사 to나 with의 목적어에 융합시킨다.

(1) a. The plumber **fused** the pipe **to** the drain with lead.(그 배관공은 그 관을 하수구에 납으로 연결시켰다.)

b. The poet **fused** new ideas **with** familiar ideas.(그 시인은 새로운 생각들을 친숙한 사상들과 융화시켰다.)

c. I **fused** my interests **with** theirs.(나는 내 관심을 그들의 것과 융합했다.)

1.2. 다음에서는 융합되는 개체가 복수형 목적어로 표현되어 있다.

(2) a. The aircraft came down in flames and the heat **fused** most of the parts together in a solid mass.(그 항공기는 화염을 내면서 추락하였고, 열기는 부품의 대부분을 녹여서 단단한 덩어리를 만들었다.)

b. The extreme heat will **fuse** the elements together.(그 극단의 열이 그 요소들을 함께 융합시킬 것이다.)

c. The welder **fused** the wires together.(그 용접공은 전선들을 함께 융합시켰다.)

1.3. 다음은 수동태 문장으로 주어는 융합된다.

(3) Atoms of hydrogen are **fused** to make helium.(수소 원자들은 헬륨을 만들기 위하여 융합된다.)

2. 자동사 용법

2.1. 다음의 주어는 융합된다.

(4) a. Lead **fuses** at quite a low temperature.(납은 꽤 낮은 온도에서 융합된다.)

b. The metal **fused** under the heat.(금속은 열에 의해 융합됐다.)

c. Iron ore **fuses** when it is smelt.(철은 제련이 될 때 융합된다.)

2.2. 다음 주어는 융합된다. 주어는 복수이다.

(5) a. The lights have **fused** again.(불빛은 퓨즈가 녹아서 다시 꺼졌다.)

b. Because of the fire, the wires **fused** together.(화재로 그 전선들이 함께 녹았다.)

c. The egg and sperm **fuse** together as one cell.(난자와 정자가 결합하여 하나의 세포가 된다.)

d. Joy and sorrow **fused** into one.(기쁨과 슬픔이 하나로 융합되었다.)

2.3. 다음 주어는 융합되어 새로운 상태로 들어간다.

(6) a. The plastic cup **fused into** a solid block in the heat.(그 플라스틱 컵은 열로 융합되어서 단단한 덩어리가 됐다.)

b. Under the intense heat, the rocks fused into a single mass.(그 강렬한 열에 암석들은 녹아서 하나의 덩어리로 변했다.)

c. The author fused these details into an interesting story.(저자는 이러한 세부 항목들을 녹여서 한편의 재미있는 이야기를 만들었다.)

d. Our different ideas fused into a plan.(우리의 다양한 사상들이 융합되어 계획이 성립됐다.)

2.4. 다음 주어는 전치사 with의 목적어와 융합된다.

(7) a. The sperm fuses with the egg to begin the process of fertilization.(정자는 난자와 결합하여 수정 과정을 시작한다.)

b. The plasm cells fused with the tumor cell.(그 혈장 세포들은 종양 세포와 결합했다.)

fuss

이 동사의 개념 바탕에는 fuss의 명사 '안달'이 있다. 동사의 의미는 이 명사의 전형적인 상태와 관계가 있다.

1. 자동사 용법

1.1. 다음 주어는 안달 복달 한다.

(1) a. He fussed and fumed about the delay.(그는 지연에 대해 안달복달하였다.)

b. The baby woke up and started to fuss.(아기는 깨어나서 짜증을 부렸다.)

1.2. 다음 주어는 with의 목적어를 가지고 안달한다.

(2) a. Paul is fussing with his clothes.(폴은 옷에 대하여 법석을 떨고 있다.)

b. Stop fussing with your hair; it's time to go.(머리에 대하여 법석을 떨지 말아라; 가야 할 시간이다.)

1.3. 다음 주어는 over의 목적어에 대해서 안달한다.

(3) a. He fussed over the details.(그는 세부 사항에 대하여 안달하였다.)

b. When he gets nervous, he fusses over unimportant things.(그가 초조해지면, 그는 중요하지 않은 것에 안달한다.)

c. There is no need to fuss over the broken cup.(깨진 컵에 대해 안달 할 필요가 없다.)

1.4. 다음은 수동태 문장으로 주어는 안달 복달하게 된다.

(4) "Where do you want to go?" "I'm not fussed."("당신은 어디로 가기를 원하십니까?" "나는 안달하지 않습니다.")

g

gag

이 동사의 개념 바탕에는 gag의 명사 '재갈'이 있다. 동사의 의미는 이 명사의 쓰임과 관계가 있다.

1. 타동사 용법
1.1. 다음 주어는 목적어를 재갈로 물린다.
(1) a. The kidnapper gagged the child's mouth with tape.(유괴범은 아이의 입을 테이프로 막았다.)
    b. They gagged and bound the woman.(그들은 그 여자의 입을 막고 묶었다.)
    c. The hostage was bound and gagged.(그 인질은 묶이고 입막음을 당했다.)

1.2. 다음 주어는 목적어의 입을 다물게 한다.
(2) a. They tried to gag the political activists.(그들은 정치 행동주의자들을 말을 못하게 하려고 애썼다.)
    b. The new laws are seen as an attempt to gag the press.(그 새로운 법은 언론의 입을 막으려는 시도로 보여진다.)

1.3. 다음은 수동태 문장으로 주어는 말을 못하게 된다.
(3) a. The media have obviously been gagged about the incident because nothing has been reported.(그 매체는 어떤 것도 보도되지 않는 것으로 보아, 분명히 그 사건에 대해 말을 못하게 된 것이다.)
    b. The newspapers were gagged by government decree.(그 신문들은 정부 포고령에 의해 말을 못하게 됐다.)

1.4. 다음 주어는 토하게 만든다. 재갈을 물릴 때와 같은 생리이다.
(4) a. The thick smoke was gagging me as I escaped the fire.(그 진한 연기는 내가 화재를 피하려고 할 때 나를 토하게 만들고 있다.)
    b. The spoiled milk gagged me when I started to drink it.(그 상한 우유는 내가 그것을 마시려고 시작할 때 토하게 만들었다.)

2. 자동사
2.1. 다음 주어는 on의 목적어 때문에 토한다.
(5) a. She gagged on the strong whisky.(그녀는 독한 위스키 때문에 토했다.)
    b. He gagged on the thick smoke coming from the fire.(그는 화재로부터 나오는 독한 연기 때문에 토했다.)

gain

이 동사의 개념 바탕에는 경쟁을 통해 얻는 과정이 있다.

1. 타동사 용법
1.1. 다음 주어는 목적어를 노력이나 경쟁을 통해 얻는다.
(1) a. The farmer gained possession of more land.(그 농부는 더 많은 땅의 소유를 얻었다.)
    b. The team gained the victory.(그 팀은 그 승리를 얻었다.)
    c. Our team gained the battle.(우리 팀은 그 전투의 승리를 얻었다.)
    d. He gained an advantage over a competitor.(그는 경쟁자에 대한 이점을 얻었다.)
    e. He gained reputation/strength/ground/time.(그는 명성/힘/기반/시간을 벌었다.)

1.2. 다음 주어는 목적어를 주어 자신에게 더한다.
(2) a. The clock gains a minutes.(그 시계는 일분 빠르다.)
    b. The car gained speed as it went down the hill.(그 자동차는 산 아래로 내려가면서 속도를 얻었다.)
    c. I have gained five pounds this summer.(나는 올 여름 5파운드가 늘었다.)

1.3. 다음 주어는 노력을 한 다음 목적어를 영향권 안에 넣는다.
(3) a. After fighting against the strong wind, we finally gained our destination.(그 세찬 바람과 싸운 다음, 우리는 마침내 목적지에 이르렀다.)
    b. The swimmer gained the shore.(그 수영 선수는 노력 끝에 그 해안에 도달했다.)
    c. The man gained the top of the mountain.(그 사람은 노력 끝에 그 산꼭대기에 이르렀다.)
    d. We cut a path through the forest and gained the river next day.(우리는 산림을 가로질러서 다음날 그 강에 이르렀다.)
    e. He gained the summit/shelter.(그는 그 정상/피난처에 노력 끝에 이르렀다.)

1.4. 다음 주어는 첫째 목적어에 둘째 목적어를 갖게 한다.
(4) a. Such work gains the police much respect.(그러한 일은 경찰에 많은 존경을 얻어다 준다.)
    b. Her kindness gained her many friends.(그녀의 친절이 그녀에게 많은 친구를 얻어다 주었다.)
    c. His misfortune gained him sympathy.(그의 불행이 그에게 동정심을 얻어 주었다.)
    d. This ticket will gain you admission.(이 표는 너에게 입장을 하게 해 줄 것이다.)
    e. His good conduct gained him much praise.(그의 선한 행동이 그에게 많은 칭찬을 가져다 주었다.)

2. 자동사 용법
2.1. 다음 주어는 증가한다.
(5) a. The sick child is gaining and will soon get well.(아픈 아이는 몸무게가 늘고 있어서 곧 좋아질 것이다.)
    b. He is gaining in health/weight/popularity.(그는 건강/몸무게/인기 면에서 늘어나고 있다.)

2.2. 다음 주어는 는다.
(6) a. The watch gains by 3 minutes a day.(그 시계는 매일 3분씩 빨라진다.)

b. The watch neither **gains** nor loses.(그 시계는 빠르지도 않고 늦지도 않다.)

2.3. 다음 주어는 on의 목적어에 비해 속도 등이 증가한다.

(7) a. The boat is **gaining** on his boat.(그 배는 그의 배에 다가오고 있다.)

b. Our horse is **gaining** on his horse.(우리 말은 그의 말에 다가가고 있다.)

c. The runner is **gaining** on his rival.(그 선수는 경쟁자에게 다가가고 있다.)

gall

이 동사의 개념 바탕에는 문질러서 벗겨지는 과정이 있다.

1. 타동사 용법

1.1 다음 주어는 목적어를 벗긴다.

(1) a. The leather belt **galled** the horse's sides.(그 가죽 벨트는 말의 옆구리 피부를 벗겨지게 했다.)

b. The loose saddle **galled** the horses back.(느슨한 안장은 그 말의 등 피부를 벗겨지게 했다.)

1.2. 다음 주어는 목적어를 피부를 벗기듯 쓰라리게 만든다.

(2) a. His arrogant manner **galls** me.(그의 거만한 태도가 나를 쓰라리게 만든다.)

b. Her insulting words **galled** me.(그녀의 모욕적인 말은 나를 아프게 했다.)

c. It **galls** me that we can't fire him.(우리가 그를 해고할 수 없음이 나를 쓰라리게 만든다.)

d. It **galls** me to have to gall to her.(그녀를 아프게 해야 한다는 것이 나를 쓰라리게 만든다.)

e. It **galled** me when my best friend stopped speaking to me.(내 단짝이 내게 말을 걸지 않았을 때 그것이 나를 쓰라리게 만들었다.)

gallop

이 동사의 개념 바탕에는 전속력으로 달리는 과정이 있다.

1. 자동사 용법

1.1. 다음 주어는 질주한다.

(1) a. The rider **galloped** down the hill.(기수는 언덕 아래로 전속력으로 내려갔다.)

b. The horse **galloped** across the field.(말은 그 들판을 가로질러 질주했다.)

c. He came **galloping** down the stairs.(그는 그 계단을 서둘러 내려왔다.)

d. I will just **gallop** down to the store.(나는 가게로 달려내려 가겠다.)

1.2. 다음 주어는 일을 빠르게 한다.

(2) a. He **galloped through** his work.(그는 자신의 일을 전속력으로 했다.)

b. I **galloped through** the textbook in less than an hour.(나는 교과서를 한 시간 이내에 전속력으로 읽었다.)

c. Congress **galloped through** the debate session.(의회는 그 토의 시간을 전속력으로 끝냈다.)

2. 타동사 용법

2.1. 다음 주어는 목적어를 전속력으로 달린다.

(3) a. He **galloped** his horse home.(그는 말을 전속력으로 집으로 몰아갔다.)

b. She **gallops** her horses regularly and they are very fast.(그녀는 말을 규칙적으로 전속력으로 몬다. 그래서 그 말들은 매우 빠르다.)

gamble

이 동사의 개념 바탕에는 도박하는 과정이 있다.

1. 타동사 용법

1.1. 다음 주어는 목적어를 도박에 건다.

(1) a. I'll **gamble** my life on his honesty.(나는 내 인생을 그의 정직에 걸겠다.)

b. Peet **gambled** everything on his new play being a hit.(피트는 모든 것을 새 연극이 히트를 칠 것에 걸었다.)

c. She **gambled** $100 that the roulette ball would land on red.(그녀는 룰렛 볼이 빨간색에 맞힐 것에 100달러를 내기했다.)

1.2. 다음 주어는 목적어를 도박으로 잃는다.

(2) a. He **gambled** away his savings.(그는 재산을 도박을 해서 잃었다.)

b. He **gambled** away half his salary.(그는 노름을 해서 월급의 반을 날렸다.)

2. 자동사 용법

2.1. 다음 주어는 전치사 with의 목적어를 가지고 도박을 한다.

(3) a. It is wrong to **gamble with** our children's future.(우리 아이들의 미래를 가지고 내기를 하는 것은 잘못이다.)

b. Further reductions in the armed forces would be **gambling with** the nation's defence.(군사력의 추가 삭감은 국가의 방어력을 가지고 도박을 거는 것일 것이다.)

c. He's **gambling with** the passengers' lives.(그는 승객의 목숨을 가지고 도박을 한다.)

d. Don't **gamble with** the future.(장래를 거는 무모한 모험은 말아라.)

2.2. 다음 주어는 전치사 on의 목적어에 의지한다.

(4) a. He **gambled on** the stock exchange.(그는 주식 거래에 의존했다.)

b. He **gambled on** the project's succeeding.(그는 그 기획의 성공에 믿음을 걸었다.)

c. Bill might show up on time, but I wouldn't **gamble on** it.(빌은 정각에 나타날 것이지만, 나는 거기에 완전히 믿음을 걸지는 않겠다.)

2.3. 다음 주어는 도박을 한다.

(5) a. He **gambled at** cards.(그는 카드내기를 했다.)

b. He **gambled on** the horse.(그는 그 말에 내기를 걸었다.)

gang

이 동사의 개념 바탕에는 gang의 명사 '폭력단'이 있다. 동사의 의미는 이 명사의 행동과 관계가 있다.

1. 자동사 용법
1.1. 다음 주어는 패거리를 지어서 행동한다.
(1) a. Everybody **ganged up** on her.(모든 사람들이 패거리의 지어서 그녀를 공격했다.)
 b. The whole class **ganged up against/on** her because she was the teacher's pet.(모든 반 학생들이 패거리를 지어서 그녀를 공격했다. 그녀는 선생님의 총아였기 때문이다.)
 c. They **ganged up** to try and change his decision.(그들은 그의 결정을 바꾸게 하려고 패거리를 지었다.)

gape

이 동사의 개념 바탕에는 입을 크게 벌리는 과정이 있다.

1. 자동사 용법
1.1. 다음 주어는 입을 크게 벌린다.
(1) a. Drivers **gaped** at the accident.(운전자들은 그 사고에 놀라 입을 크게 벌렸다.)
 b. The tourists **gaped** at the tall buildings.(관광객들은 그 높은 빌딩에 입을 크게 벌렸다.)
 c. She **gaped** at him, horrified.(그녀는 그를 보자 겁에 질려 입을 벌렸다.)
 d. He would **gape** when he extended his arm.(그는 팔을 뻗칠 때 입을 벌리곤 했다.)
1.2. 다음 주어는 벌려진 입과 같이 벌어져 있다.
(2) a. Peter's jacket **gaped** at the seam.(피터의 자켓은 그 솔기에서 벌어졌다.)
 b. Holes **gaped** in the road.(구멍들이 그 길에서 벌어져 있다.)
 c. A chasm **gaped** before them.(깊은 구렁 하나가 그들 앞에 벌어져 있었다.)
1.3. 다음 주어는 벌어져서 열린다.
(3) His shirt **gaped** open where the button had come off.(그의 상의는 단추가 떨어진 곳에 떡 벌어져서 열렸다.)

garble

이 동사의 개념 바탕에는 뒤죽박죽 만드는 과정이 있다.

1. 타동사 용법
1.1. 다음 주어는 목적어를 잘못 전달한다.
(1) a. He **garbled** the quotation.(그는 그 인용구를 뒤죽박죽으로 만들었다.)

b. The machine **garbled** the message.(그 기계는 그 메시지를 뒤죽박죽으로 만들었다.)
1.2. 다음 주어는 목적어를 뒤죽박죽으로 만든다.
(2) a. The translator **garbled** the meaning of the diplomat's request.(그 통역사는 그 외교관의 요청한 의미를 뒤죽박죽으로 만들었다.)
 b. The drunk **garbled** his words so badly that we couldn't understand him.(그 술 취한 사람이 그의 말을 심하게 뒤죽박죽으로 해서 우리는 그를 이해할 수 없었다.)
 c. Bill **garbled** his speech because he was nervous.(빌은 그의 연설을 긴장한 탓에 뒤죽박죽으로 했다.)
 d. The report sounded great, but she **garbled** the facts.(그 보고서는 멋지게 들렸지만, 그녀는 그 사실들을 뒤죽박죽으로 만들었다.)
1.3. 다음은 수동태 문장으로 주어는 뒤죽박죽이 된다.
(3) The announcement was completely **garbled**.(그 공고가 완전히 뒤죽박죽이 되었다.)
1.4. 다음 주어는 목적어를 전파로 방해한다.
(4) Static **garbled** my cellular phone conversation.(전파 잡음이 내 휴대폰 통화를 뒤죽박죽으로 만들었다.)

garnish

이 동사의 개념 바탕에는 마지막 손질을 해서 꾸미는 과정이 있다.

1. 타동사 용법
1.1. 다음 주어는 목적어를 꾸민다.
(1) He **garnished** the room with flowers.(그는 방을 꽃으로 꾸몄다.)
1.2. 다음 주어는 목적어를 꾸민다. 목적어는 음식이다.
(2) a. He **garnished** the ham with slices of pineapple.(그는 그 햄을 파인애플 조각으로 곁들였다.)
 b. He **garnished** the mashed potatoes with parsley.(그는 그 으깬 감자를 파슬리로 곁들였다.)
 c. The chef **garnished** the broiled fish with a sprig of parsley.(그 요리사는 구운 생선을 파슬리 가지로 곁들였다.)
1.3. 다음은 수동태 문장으로 주어는 꾸며진다.
(3) a. The cool drink is **garnished** with a slice of lemon.(청량 음료는 얇은 레몬 조각으로 곁들여진다.)
 b. The plain coat is **garnished** with a fur collar.(민 저고리는 깃털 칼라로 장식되어 있다.)

gas¹

이 동사의 개념 바탕에는 gas의 명사 '휘발유'와 '개스'가 있다.

1. 자동사 용법
1.1. 다음 주어는 자동차에 기름을 넣는다.
(1) a. We last **gassed** up in San Diego.(우리는 마지막으로 샌 디에고에서 차에 기름을 채웠다.)

b. Dan **gassed** up with premium fuel.(댄은 고급 휘발유로 차에 기름을 치웠다.)

2. 타동사 용법
2.1. 다음 주어는 목적어를 휘발유로 채운다.
(2) a. Dan **gassed** up his car with premium fuel.(댄은 자신의 자동차를 고급 휘발유로 채웠다.)
b. He **gassed** up his car before the long drive.(그는 차를 긴 운전 전에 휘발유로 채웠다.)
c. We **gassed** the car up before going on our trip.(우리는 차를 우리의 여행을 떠나기 전에 휘발유로 채워 넣었다.)

2.2. 다음 주어는 목적어를 독가스로 죽인다.
(3) a. The exterminator **gassed** the cockroaches with poison.(그 해충 구제자는 바퀴벌레들을 독가스로 죽였다.)
b. The rebels **gassed** the villagers.(그 반군들은 그 마을 사람들을 독가스로 죽였다.)

2.3. 다음은 수동태 문장으로 주어는 가스로 죽는다.
(4) a. Millions of people were **gassed** in concentration camps during World War II.(수백만의 사람들이 2차 세계대전 중에 집단 수용소들에서 가스로 죽었다.)
b. Entire villages were **gassed** in the war.(모든 마을 사람들이 그 전쟁 중에 가스로 죽었다.)

gas²
이 동사의 개념 바탕에는 잡담을 하는 과정이 있다.

1. 자동사 용법
1.1. 다음 주어는 잡담을 한다.
(1) I can't sit here **gassing** all day.(나는 하루 종일 여기 앉아 잡담을 할 수 없다.)

gash
이 동사의 개념 바탕에는 깊이 베는 과정이 있다.

1. 타동사 용법
1.1. 다음 주어는 목적어에 깊은 상처를 입힌다.
(1) a. The barbed wire **gashed** my leg.(그 철조망은 내 다리에 깊게 상처를 입혔다.)
b. He **gashed** his hand on a sharp piece of rock.(그는 손을 날카로운 돌 조각에 깊은 상처를 입혔다.)
c. Mary **gashed** her forehead on the low ceiling above the stairs.(메리는 그녀의 이마를 계단 위 낮은 천장에 깊게 상처를 입혔다.)

gasp
이 동사의 개념 바탕에는 숨이 차서 헐떡이는 과정이 있다.

1. 자동사 용법
1.1. 다음 주어는 숨이 막힌다.

(1) a. They **gasped** in astonishment at the news.(그들은 그 소식에 놀라 숨이 막혔다.)
b. He **gasped** at the wonderful view.(그는 그 놀라운 장관에 숨이 막혔다.)
c. He **gasped** with rage.(그는 분노에 숨이 막혔다.)
d. The circus audience **gasped** with/in amazement.(그 서커스 구경꾼들은 놀라움에 숨이 막혔다.)

1.2. 다음 주어는 헐떡인다.
(2) a. After being saved from drowning, the swimmer **gasped** for breath.(익사할 뻔했다가 구해지자 그 수영한 사람은 숨을 쉬기 위해 헐떡거렸다.)
b. I came out of the water, **gasping** for breath.(나는 그 물 밖으로 나와서 숨을 헐떡거렸다.)

1.3. 다음 주어는 after의 목적어를 갈망한다.
(3) They **gasp** after liberty.(그들은 자유를 갈망한다.)

2. 타동사 용법
2.1. 다음 주어는 헐떡이면서 따옴표 속의 말을 한다.
(4) a. "What was that noise?" he **gasped**.(그는 헐떡이며 "그 소리는 무슨 소리였니?"라고 말했다.)
b. "Help me," he **gasped**.(그는 헐떡이며 "도와주세요"라고 말했다.)

2.2. 다음 주어는 헐떡이면서 목적어를 말한다.
(5) a. She managed to **gasp** out her name.(그녀는 간신히 숨을 헐떡이며 자신의 이름을 말했다.)
b. The boy ran up and **gasped** his story to the teacher.(그 소년은 달려와서 자신의 이야기를 선생님께 헐떡이며 말했다.)
c. He **gasped** away his life.(그는 헐떡이며 그의 삶을 말해 나갔다.)

gather
이 동사의 개념 바탕에는 모아서 무더기를 만드는 과정이 있다.

1. 타동사 용법
1.1. 다음 주어는 목적어를 모은다.
(1) a. The farmer **gathered** the crops.(그 농부는 그 작물을 수확했다.)
b. He **gathered** his books and left.(그는 자신의 책을 모아서 떠났다.)
c. You must **gather** up your toys.(너는 장난감을 한 곳에 모아야 한다.)

1.2. 다음 주어는 목적어를 모아서 전치사 into의 목적어에 담는다.
(2) a. He **gathered** grapes into a basket.(그는 포도를 모아서 바구니에 넣었다.)
b. They **gathered** hay into stacks.(그들은 건초를 모아서 더미로 쌓았다.)

1.3. 다음 목적어는 추상적인 개체이다. 그러나 이들은 구체적인 개체로 개념화되어 있다.
(3) a. He's **gathering** facts about the little island.(그는 작은 섬에 대한 사실을 모으고 있다.)
b. He **gathered** material for his term paper.(그는 학기 보고서를 위해 자료를 모았다.)

1.4. 다음 주어는 목적어를 전치사 from의 목적어에서 추리한다.

(4) a. What do you gather from this evidence?(무엇을 너는 이 증거로부터 얻을 수 있느냐?)

   b. I couldn't gather much from her confused story.(나는 그녀의 헷갈린 이야기로부터 많은 것을 얻을 수 없었다.)

1.5. 다음 주어는 that-절의 정보를 모은다.

(5) a. I gather from her words that she is ill.(나는 그녀의 말로부터 그녀가 아프다는 것을 짐작한다.)

   b. I gathered that she did not like my idea.(나는 그녀가 내 생각을 좋아하지 않는 것으로 받아들였다.)

1.6. 다음 주어는 목적어를 주어 자체에 모은다.

(6) a. The patient is gathering strength.(그 환자는 힘을 키우고 있다.)

   b. The train gathered speed.(그 열차는 속도를 냈다.)

   c. Her complexion is gathering color.(그녀의 안색은 화색을 더하고 있다.)

   d. He is gathering experience.(그는 경험을 쌓고 있다.)

1.7. 다음 주어는 목적어를 한 자리에 모은다.

(7) a. He gathered the blanket around the legs.(그는 담요를 다리 주위에 모았다.)

   b. The sewing woman gathers the skirt at the top.(그 재봉사는 스커트의 주름을 위쪽에 잡는다.)

   c. She gathered her shawl about her shoulders.(그녀는 쇼올을 어깨 주위에 모았다.)

   d. He gathered his brow in a frown.(그는 이마에 주름을 모아 찌푸렸다.)

2. 자동사 용법

2.1. 다음 주어는 모인다.

(8) a. The clouds were gathering.(구름은 모이고 있었다.)

   b. Dust gathered under the couch.(먼지가 소파밑에 쌓였다.)

   c. Sweat gathered on his brow.(땀이 그의 이마에 모였다.)

   d. Tears gathered in her eyes.(눈물이 그녀의 눈에 고였다.)

2.2. 다음 주어는 한 곳에 모인다.

(9) a. They gathered around him.(그들은 그 주위에 모였다.)

   b. The guests gathered around the fire.(그 손님들은 불 주위에 모였다.)

   c. Some sores gather to a head.(어떤 종기는 종기의 꼭대기로 모인다.)

   d. A crowd gathered to see what happened.(군중들이 무슨 일이 일어났는지 보기 위해 모여들었다.)

2.3. 다음 주어는 모여서 커진다.

(10) a. The tale gathered like a snowball.(그 이야기는 눈덩이 같이 불어났다.)

   b. The dusk was gathering.(그 땅거미는 점점 짙어져 갔다.)

gauge

이 동사의 개념 바탕에는 gauge의 명사 '계기'가 있다. 동사의 의미는 이 명사의 쓰임과 관계가 있다.

1. 타동사 용법

1.1. 다음 주어는 목적어를 잰다. 주어는 계기이다.

(1) a. The instrument is used to gauge the diameter.(그 도구는 지름을 재는 데 사용된다.)

   b. The thermostat will gauge the temperature and control the heat.(그 온도 조절장치는 온도를 재고, 열을 조절할 것이다.)

   c. A thermometer gauges the temperature.(온도계는 온도를 잰다.)

1.2. 다음 주어는 목적어를 잰다.

(2) a. He gauged the strength of the wind.(그는 바람의 세기를 재었다.)

   b. He gauged the thickness of the wall.(그는 벽의 두께를 쟀다.)

   c. He gauged the reaction of the crowd.(그는 군중의 반응을 쟀다.)

   d. He gauged the height of the tunnel with his eyes.(그는 터널의 높이를 눈으로 쟀다.)

   e. Bill gauged the distance to the village to be about two miles.(빌은 그 마을까지의 거리를 약 2마일로 측정했다.)

   f. He gauged consumers' attitudes.(그는 소비자들의 태도를 쟀다.)

1.3. 다음은 수동태 문장으로 주어는 재진다.

(3) Distance is gauged by journey time rather than miles.(거리는 마일보다는 여행 시간으로 측정된다.)

1.4. 다음 의문사가 이끄는 절은 측정의 내용이다.

(4) a. Can you gauge what her reaction is likely to be?(너는 그녀의 반응이 어떠할지 측정할 수 있느냐?)

   b. It was difficult to gauge whether she was angry or not.(그녀가 화가 났는지 안 났는지는 측정하기 어려웠다.)

gaze

이 동사의 개념 바탕에는 경탄의 마음으로 응시하는 과정이 있다.

1. 자동사 용법

1.1. 다음 주어는 전치사 at의 목적어를 응시한다.

(1) a. The crowd gazed in wonder at the huge airplane.(군중들은 놀람 속에서 그 거대한 비행기를 쳐다보았다.)

   b. The visitors gazed in awe at the wild beauty of the Grand Canyon.(관광객들은 감탄 속에서 그랜드 캐년의 야생미를 응시했다.)

1.2. 다음 주어는 전치사 on의 목적어를 응시한다.

(2) a. He gazed upon the sea from the hill.(그는 바다를 산에서 내려다 보았다.)

   b. She gazed upon me in bewilderment.(그녀는 나를 어리둥절한 상태에서 빤히 쳐다보았다.)

c. He gazed down upon a most beautiful valley.(그는 정말 아름다운 계곡을 내려다 보았다.)

1.3. 다음에서는 지각의 대상이 into의 목적어로 표현되어 있다.
(3) a. He gazed into her face.(그는 그녀의 얼굴을 빤히 쳐다보았다.)
b. He was gazing into the fire.(그는 그 모닥불을 바라보고 있었다.)

1.4. 다음 주어는 시선을 특정한 방향이나 경로로 보낸다.
(4) a. He gazed up at the stars.(그는 별들을 쳐다보았다.)
b. He gazed around.(그는 주위를 둘러보았다.)
c. He gazed round the shop.(그는 그 상점을 한 바퀴 둘러보았다.)
d. He gazed out the window at sunset.(그는 해가 질 때 창 밖을 바라보았다.)
e. She gazed sadly after him till he was out of sight.(그녀는 그가 보이지 않을 때까지 그의 뒷모습을 슬프게 바라보았다.)

gear

이 동사의 개념 바탕에는 gear의 명사 '연동 장치'가 있다.

1. 자동사 용법
1.1. 다음 주어는 대비를 하면서 준비를 한다.
(1) a. The people on the coast geared up for the hurricane.(바닷가에 사는 사람들은 그 태풍을 대비해 준비했다.)
b. Cycle organizations are gearing up for National Bike Week.(사이클 단체들은 전국 자전거 주간을 위한 준비를 하고 있다.)
c. The hikers geared up for the expedition.(도보 여행자들은 탐험을 위해 준비했다.)
d. They were gearing up for the wedding reception.(그들은 결혼 피로연을 위해 준비를 하고 있었다.)

2. 타동사 용법
2.1. 다음 주어는 목적어를 to의 목적어에 연동시킨다.
(2) a. He geared the output to consumer demands.(그는 그 생산량을 소비자들의 수요에 연동시켰다.)
b. We must gear the number of products to the level of public demand.(우리는 생산품의 수를 대중의 수요 수준에 연동시켜야만 한다.)
c. The newspaper geared its language to a fourth-grade reading level.(그 신문은 언어를 4학년 독해 수준에 맞추었다.)

2.2. 다음은 수동태 문장으로 주어는 조정된다.
(3) a. My training was geared toward winning gold in Seoul.(나의 훈련은 서울에서 금메달을 획득하는 것에 조정되어 있었다.)
b. The party is all geared up for the forthcoming election.(그 정당은 다가오는 선거를 위해 준비가 되어 있다.)

2.3. 다음은 수동태 문장으로 주어는 to의 목적어에 연동된다.
(3) a. Education should be geared to the children's needs and abilities.(교육은 아이들의 욕구와 능력에 연동되어야 한다.)
b. The steel industry was geared to the needs of war.(철강 산업은 전쟁 욕구에 연동되어 있었다.)

2.4. 다음 주어는 목적어를 촉진시킨다.
(4) a. They geared up the industry to meet defence needs.(그들은 방위 필요를 충족시키기 위해 그 산업을 확대했다.)
b. The hospital is gearing itself up to deal with new patients.(그 병원은 새로운 환자를 다루기 위해 병원을 증설하고 있다.)

generalize

이 동사의 개념 바탕에는 일반화하는 과정이 있다.

1. 타동사 용법
1.1. 다음 주어는 일반화해서 목적어를 만들어낸다.
(1) a. He generalized a scientific theory from observations.(그는 관찰로부터 과학적 이론을 일반화해서 만들었다.)
b. He generalized a conclusion from the facts.(그는 그 사실로부터 결론 하나를 일반화해서 만들어냈다.)

2. 자동사 용법
2.1. 다음 주어는 일반화한다.
(2) a. It is foolish to generalize from a single example.(단 한가지 예로부터 일반화하는 것은 어리석다.)
b. We can't generalize from so little evidence.(우리는 너무 작은 증거로부터는 일반화할 수 없다.)
c. The chairman generalized while the audience demanded specifics.(관중은 세부 사항을 요구하는 반면 그 의장은 일반화했다.)
d. It is dangerous to generalize about the poor.(가난한 사람들에 대해서 일반화하는 것은 위험하다.)

generate

이 동사의 개념 바탕에는 만들어내는 과정이 있다.

1. 타동사
1.1. 다음 주어는 목적어를 만들어 낸다.
(1) a. The power of moving water can be used to generate electricity.(흐르는 물의 힘은 전기를 만들어 내는 데 사용될 수 있다.)
b. The program will generate a lot of jobs.(그 계획은 많은 일 자리를 만들어 낼 것이다.)
c. It generates heat/power.(그것은 열/힘을 만들어 낸다.)
d. The department generates a lot of paperwork.(그 부서는 많은 문서 업무를 만든다.)
e. The computer program will generate a list of

random numbers.(그 컴퓨터 프로그램은 무작위 수들의 목록을 만들어 낼 것이다.)

1.2. 다음 목적어는 추상적 개체이다. 그러나 이들은 구체적인 것으로 개념화되어 있다.

(2) a. The proposal has **generated** a lot of interest/enthusiasm.(그 제안은 많은 관심/열광을 만들어 냈다.)

　　 b. The accident **generated** a lot of interest in the nuclear power issue.(그 사건은 원자력 쟁점에 많은 관심을 만들어냈다.)

　　 c. There has been a lot of publicity/controversy **generated** by this event.(이 사건에 의해 많은 공보/논쟁이 이루어졌다.)

germinate

이 동사의 개념 바탕에는 싹이 트는 과정이 있다.

1. 자동사 용법

1.1. 다음 주어는 싹이 튼다.

(1) a. The seeds **germinated** in the soil.(그 씨들은 흙에서 싹이 텄다.)

　　 b. The acorn **germinated** and began to develop into an oak.(그 도토리는 싹이 터서 참나무로 발전하기 시작했다.)

1.2. 다음은 [생각은 식물] 은유가 적용된 예이다.

(2) a. An idea for a novel began to **germinate** in his mind.(소설에 대한 구상이 그의 생각 속에 싹트기 시작했다.)

　　 b. The idea of forming a business partnership began to **germinate**.(사업 동업을 하려는 생각이 싹트기 시작했다.)

2. 타동사 용법

2.1. 다음 주어는 목적어를 싹 틔운다.

(3) a. He **germinated** the seeds.(그는 씨를 싹 틔웠다.)

　　 b. Sun and moisture **germinated** the seeds we had planted.(햇빛과 습도가 우리가 심은 씨를 싹 틔웠다.)

　　 c. The warm weather **germinated** the flowers.(따뜻한 날씨는 꽃들을 싹 틔웠다.)

　　 d. He **germinated** some interesting ideas.(그는 몇몇 재미난 생각들을 싹 틔웠다.)

gesture

이 동사의 개념 바탕에는 몸짓을 하는 과정이 있다.

1. 자동사 용법

1.1. 다음 주어는 몸짓으로 전치사 at의 목적어를 가리킨다.

(1) a. He **gestured** vaguely **at** a group of buildings.(그는 모호하게 한 무리의 건물들을 가리켰다.)

　　 b. He **gestured** to the waiter.(그는 웨이터에게 손짓했다.)

1.2. 다음 주어는 몸짓으로 목적어를 나타낸다.

(2) a. The speaker **gestured** his speech.(연사는 몸짓으로 연설을 했다.)

　　 b. The speaker **gestured** his words with violent gestures.(그 연사는 말을 격렬한 몸짓으로 나타냈다.)

1.3. 다음 주어는 몸짓으로 목적어를 특정한 방향으로 움직이게 한다.

(3) The waiter **gestured** us **toward** the table where he wanted us to sit.(그 웨이터는 그가 우리가 앉길 원하는 테이블을 향해 몸짓으로 안내했다.)

1.4. 다음 주어는 몸짓으로 목적어를 어떤 일을 하게 한다.

(4) The lieutenant **gestured** the private **to** come into his office.(중위는 그 사병을 사무실로 오도록 몸짓을 했다.)

1.5. 다음 주어는 몸짓으로 for의 목적어가 특정한 행동을 하게 한다.

(5) a. Ron **gestured** for me to step out of his way.(론은 몸짓으로 나에게 길에서 비켜나게 했다.)

　　 b. The police officer **gestured** for the car to proceed.(그 경찰은 그 차에게 전진하도록 몸짓을 했다.)

　　 c. He **gestured** for them to come in.(그는 그들에게 들어오라고 몸짓했다.)

1.6. 다음 주어는 that-절의 내용을 몸짓으로 나타낸다.

(6) a. He **gestured** that I could come in.(그는 내가 들어올 수 있다고 몸짓했다.)

　　 b. They **gestured** that I should follow.(그들은 내가 따라야 한다고 몸짓했다.)

get

이 동사의 개념 바탕에는 한 장소에서 다른 장소로 옮기는 과정이 있다.

1. 타동사 용법

1.1. 다음 주어는 목적어를 옮긴다.

(1) a. The general **got** the troops **across** the river.(그 장군은 군대를 강 건너로 이동시켰다.)

　　 b. He never lends books; he says it is too difficult to **get** them **back**.(그는 결코 책을 빌려주지 않는다; 그는 책을 돌려 받기가 어렵기 때문이라고 말한다.)

　　 c. I will **get** the picture **down**.(나는 그 그림을 가지고 내려오겠습니다.)

　　 d. The nail was nailed to the wall and I couldn't **get** it **off**.(그 못은 벽에 박혀 있어서 내가 그것을 빼낼 수가 없었다.)

1.2. 다음 주어는 목적어를 받는다.

(2) a. He **got** a bike for his birthday.(그는 자전거를 생일 선물로 받았다.)

　　 b. I **got** the message on the phone.(나는 그 전언을 전화로 받았다.)

1.3. 다음 주어는 목적어를 주어의 통제 영역에 들어오게 한다.

(3) a. The police **got** the escaped prisoner.(경찰은 그 탈

옥수를 잡았다.)

b. Please **get** the doctor.(의사를 불러오세요.)

1.4. 다음 주어는 목적어를 자신에게 오게 한다.

(4) a. He **got** a bad cold.(그는 심한 감기에 걸렸다.)

b. I **got** a blow on the head.(나는 머리에 한 대를 맞았다.)

c. He **got** a broken ankle.(그는 발목이 깨졌다.)

d. The criminal **got** six years.(그 범인은 6년을 선고받았다.)

e. He **got** a bad fall.(그는 심한 추락을 당했다.)

1.5. 다음 주어는 목적어를 자신의 머리에 들어오게 한다.

(5) a. I didn't **get** your last name.(나는 너의 성을 잘 듣지 못했다.)

b. I didn't **get** your meaning.(나는 너의 뜻을 파악하지 못했다.)

c. I **got** his jokes.(나는 그의 농담을 이해했다.)

1.6. 다음은 [상태 변화는 장소 이동] 은유가 적용된 예이다. 주어는 목적어를 어떤 상태에 이르게 한다. 상태는 형용사로 표현되어 있다.

(6) a. I must **get** the children **ready** for school.(나는 그 아이들이 학교 갈 준비를 시켜야 한다.)

b. I must **get** the breakfast **ready**.(나는 아침밥을 준비해야 된다.)

c. He **got** his arm **sore**.(그는 팔을 아프게 했다.)

d. He couldn't **get** the door **open**.(그는 그 문을 열게 할 수가 없었다.)

e. I **got** the sum **ready**.(나는 그 총액을 준비했다.)

1.7. 다음 주어는 목적어를 to 부정사나 분사의 과정으로 가게 만든다.

(7) a. I can't **get** the car **to go**.(나는 그 자동차를 가게 할 수가 없다.)

b. I **got** the door **to shut** properly.(나는 그 문을 제대로 닫히게 했다.)

c. I can't **get** the car **going**.(나는 그 자동차가 계속 가게 할 수가 없다.)

d. He **got** the bus **going**.(그는 그 버스를 가게 했다.)

1.8. 다음 주어는 목적어를 가 닿는다.

(8) a. The snowball **got** me on the arm.(눈덩이는 나의 팔을 쳤다.)

b. The bullet **got** him in the eyes.(실탄은 그의 눈에 맞았다.)

1.9. 다음 주어는 목적어를 가서 접촉한다. 접촉이 되면 목적어가 영향을 받는다.

(9) a. Her tears **got** me.(그녀의 눈물은 나를 움직였다.)

b. He arrogance really **got** me.(그의 오만은 정말 나를 괴롭혔다.)

c. This problem **gets** me.(이 문제는 나를 괴롭힌다.)

d. Her singing really **gets** me.(그녀의 노래는 나를 정말 감동시킨다.)

2. 자동사 용법

2.1. 다음 주어는 이동한다. 주어는 사람이다.

(10) a. We **got there** at eight.(우리는 그곳에 8시에 도착했다.)

b. When did you **get here**?(너는 언제 여기에 도착했느냐?)

c. When did you **get back** from the country?(언제 너는 시골에서 돌아왔느냐?)

d. We **got to** the airport.(우리는 공항에 도착했다.)

2.2. 다음 주어는 움직인다. 주어는 개체이다.

(11) a. The train **got in** at midnight.(기차는 밤 12시에 들어왔다.)

b. Your books all have **got over** the table.(너의 책은 모두 식탁 너머로 떨어졌다.)

2.3. 다음 주어는 어떤 상태에 이른다. 상태는 현재분사나 과거분사로 표현되어 있다.

(12) a. These women **got talking**.(이 여자들은 얘기를 하고 있었다.)

b. The long journey **got** the children **tired**.(긴 여행은 그 아이들을 피곤하게 만들었다.)

c. They **got drunk/excited**.(그들은 취했다/흥분했다.)

2.4. 다음 주어는 어떤 상태에 이른다. 상태는 형용사로 표현되어 있다.

(13) a. He **got well** soon.(그는 곧 건강해졌다.)

b. We **got angry** in traffic.(우리는 차량들 속에서 화가 났다.)

c. He **got ready** to leave.(그는 떠날 준비가 되었다.)

2.5. 다음 주어는 부정사가 가리키는 과정에 이른다.

(14) a. We **got to** sing the national anthem before the game.(그 경기가 시작되기 전에 우리는 애국가를 불러야 했다.)

b. You'll like him once you **get to** know him.(일단 그를 알게 되면, 당신은 그를 좋아할 것입니다.)

c. He's **getting to** be an old man now.(그는 노인이 되어 가고 있다.)

gird

이 동사의 개념 바탕에는 두르는 과정이 있다.

1. 타동사 용법

1.1. 다음 주어는 목적어를 with의 목적어로 두른다.

(1) a. They **girded** themselves **with** brightly colored cords.(그들은 자신들을 밝은 색깔로 둘렀다.)

b. The monk **girded** his robe **with** a long cord.(그 승려는 자신의 옷을 긴 줄로 둘렀다.)

1.2. 다음 주어는 목적어를 준비시킨다.

(2) a. They **girded** themselves for battle.(그들은 전쟁을 위해 자신들을 준비시켰다.)

b. The company is **girding** its loins for a plunge into an overseas business.(그 회사는 해외 사업에 뛰어들기 위해 허리를 졸라매고 있다.)

1.3. 다음 주어 자체가 목적어를 두른다.

(3) a. Bushes and flowers **girded** the cottage.(덤불과 꽃들이 그 오두막을 둘렀다.)

b. The old walls still **gird** the city.(그 옛 벽들은 아직도 그 도시를 두른다.)

1.4. 다음은 수동태 문장으로 주어는 둘러싸인다.

(4) a. The enemy was **girded** by our troops.(그 적군은 우리 부대에 의해 둘러싸였다.)

b. The medieval tower is **girded** with steel walls.(그

중세 탑은 철벽들로 둘러져 있다.)

girdle

이 동사의 개념 바탕에는 띠를 띠는 과정이 있다.

1. 타동사 용법

1.1. 다음 주어는 목적어를 띠로 두른다.
(1) a. A chain of volcanoes **girdles** the Pacific.(화산대가 태평양을 둘러싼다.)
     b. Embroidery **girdles** the waist of the dress.(자수가 그 옷의 허리를 띠로 두른다.)

1.2. 다음은 수동태 문장으로 주어는 띠가 띠어진다.
(2) a. The town is **girdled** with rivers.(그 도시는 강들로 띠가 둘러싸여 있다.)
     b. The garden is **girdled** with wild oak trees.(그 정원은 야생 참나무들로 둘러싸여 있다.)

give

이 동사의 개념 바탕에는 주는 과정이 있다.

1. 타동사 용법

1.1. 다음 주어는 목적어를 준다.
(1) a. Please **give** this letter to your teacher.(이 편지를 네 선생님께 드려라.)
     b. He **gave** a bunch of flowers to his friends.(그는 꽃 한 다발을 친구에게 주었다.)

1.2. 다음 주어는 첫째 목적어에 둘째 목적어를 준다.
(2) a. I **gave** him $500.(나는 그에게 500불을 주었다.)
     b. He **gave** David a book.(그는 데이빗에게 책 한 권을 주었다.)
     c. I **gave** the porter my bag.(나는 짐꾼에게 내 가방을 주었다.)
     d. She **gave** him the horse to hold.(그녀는 그에게 잡고 있어야 하는 말을 건네주었다.)
     e. He **gave** her his cheek.(그는 그녀에게 자신의 뺨을 주었다.)

1.3. 다음 주어는 목적어를 준다. 목적어는 시간이다. 다음은 [시간은 개체] 은유가 적용된 표현이다.
(3) a. They **gave** me a week to make up my mind.(그들은 결심을 하도록 내게 일주일을 주었다.)
     b. They **gave** me 5 minutes to answer the questions.(그들은 그 질문에 대답을 할 수 있도록 내게 5분을 주었다.)
     c. You'd better **give** yourself an hour to get there.(그곳에 갈 수 있도록 자신에게 한 시간을 주는 것이 좋겠다.)
     d. He **gave** me a chance once more.(그는 나에게 기회를 다시 한번 주었다.)

1.4. 다음 주어는 목적어를 낸다. 목적어는 모두 주어가 내는 소리나 노력이다.
(4) a. He **gave** a sigh/cheers/a cry/a shout/a reply/a groan. (그는 한숨/갈채/울음/고함/대답/신음소리를 했다.)
     b. He **gave** a try/a pull/a push/a shave/a shrug/a kick/a guess.(그는 시도했다/당겼다/밀었다/면도했다/어깨를 으쓱했다/찼다.)

1.5. 다음 주어는 첫째 목적어에 둘째 목적어를 준다(가한다).
(5) a. **Give** it a pull and it will open.(그것을 한 번 당겨라, 그러면 열릴 것이다.)
     b. He **gave** me a kick.(그는 나에게 발길질을 했다.)
     c. He **gave** the door a push.(그는 문을 한번 밀었다.)
     d. I **gave** the matter a lot of thought.(나는 그 문제에 많은 생각을 했다.)

1.6. 다음 주어는 첫째 목적어에 둘째 목적어를 준다. 둘째 목적어는 감정과 관계된다.
(6) a. They **gave** him troubled pain/their joy/offense/satisfactions.(그들은 그에게 괴로움/고통/기쁨/불쾌감/만족을 주었다.)
     b. The news **gave** us a shock/a pleasure.(그 소식은 우리에게 충격/즐거움을 주었다.)

1.7. 다음 주어는 첫째 목적어에 둘째 목적어를 준다. 목적어는 정보와 관련된다.
(7) a. He **gave** me advice/the reason/his opinion/more information.(그는 나에게 충고/그 이유/그의 의견/더 많은 정보를 주었다.)
     b. The story **gave** us a picture of a very young man.(그 얘기는 우리에게 매우 젊은 청년의 모습을 떠올리게 한다.)

1.8. 다음 주어는 첫째 목적어에게 둘째 목적어를 준다. 둘째 목적어는 행사와 관련된다.
(8) a. He **gave** John a party/a ball. (그는 존에게 파티/무도회를 열어 주었다.)
     b. He **gave** them a play/a concert. (그는 존에게 연극/연주회를 열어 주었다.)

1.9. 다음 주어는 목적어를 준다. 목적어는 마음이다. 다음은 [마음은 개체] 은유가 적용된 표현이다.
(9) a. **Give** your mind to your work.(너의 마음을 너의 일에 기울여라.)
     b. We have never **given** attention to this.(우리는 주의를 이것에 주지 않았다.)

1.10. 다음 주어는 목적어를 준다.
(10) a. Reading **gives** knowledge.(독서는 지식을 준다.)
     b. The dictionary doesn't **give** this word.(그 사전은 이 낱말을 제공하지 않는다.)
     c. Four divided by 2 **gives** 2.(4가 2로 나누어지면 2가 된다.)
     d. This farm **gives** large crops.(이 농장은 큰 수확을 준다.)

1.11. 다음 주어는 목적어를 알려준다.
(11) a. The thermometer **gives** 80.(온도계는 80을 가리킨다.)
     b. High temperatures **give** a sign of illness.(고열은 병의 징후를 보여준다.)

1.12. 다음 주어는 사람이 아닌 개체이다. 주어는 첫째 목적어에 둘째 목적어를 준다.
(12) a. Cows **give** us milk.(젖소는 우리에게 우유를 준다.)
     b. The tree **gives** us good fruit.(그 나무는 우리에게 좋은 과일을 준다.)
     c. You have to **give** your work more attention.(너는

일에 더 많은 주의를 기울여야 한다.)

2. 자동사 용법
2.1. 다음 주어는 돈을 준다.
(13) a. Please give generously.(넉넉하게 주세요.)
   b. They regularly give to charity.(그들은 정기적으로 자선 단체에 돈을 준다.)

2.2. 주는 것은 내어 놓는 것이다. 다음 주어는 내어 놓는다.
(14) a. The floor gave under the weight of the piano.(마루는 그 피아노의 무게에 꺼졌다.)
   b. The branch gave but did not break.(그 가지는 밑으로 휘어졌으나 부러지지는 않았다.)
   c. Don't push so hard; the door lock will give.(너무 세게 밀지 말아라; 문 자물쇠가 부서지겠다.)
   d. The sofa gives comfortably.(그 소파는 편안하게 꺼진다.)
   e. The foundations are giving.(그 지반은 꺼지고 있다.)

2.3. 다음 주어는 통한다.
(15) a. The passage gives into the study.(그 통로는 서재로 통한다.)
   b. The window gives on/onto the street.(그 창문은 길로 트여 있다.)
   c. The door gives on/onto the backyard.(그 문은 뒤뜰로 통한다.)

glance
이 동사의 개념 바탕에는 시선이 있다. 시지각은 지각자의 눈에서 시선이 움직여서 대상 개체에 가는 것으로 개념화된다.

1. 자동사 용법
1.1. 다음의 주어는 환유적으로 쓰여서 주어의 시선을 가리킨다. 시선은 움직이므로, 이것은 방향을 나타내는 여러 가지의 전치사나 부사와 같이 쓰일 수 있다.
(1) a. She glanced around to make sure that nobody was watching.(그녀는 아무도 보지 않고 있음을 확인하려고 주위를 한 번 휙 둘러보았다.)
   b. He glanced around the room.(그는 방안을 휙 둘러 보았다.)
   c. She glanced away from him.(그녀는 그에게서 시선을 떼었다.)
   d. He glanced at the morning headlines.(그는 조간 신문의 표제를 휙 보았다.)
   e. She glanced at me out of the corners of her eyes.(그녀는 나를 옆 눈으로 힐끗 보았다.)
   f. He glanced down and saw the sea below.(그는 아래로 눈길을 돌리자 아래에 있는 바다를 보았다.)
   g. He glanced down the list of the names.(그는 명단을 아래로 힐끗 내려 보았다.)
   h. He glanced over the accounts/his homework.(그는 계산서/숙제를 힐끗 보았다.)
   i. Can you glance through these figures?(이들 숫자를 훑어봐 주시겠습니까?)
   j. He glanced through the paper/magazine.(그는 신문/잡지를 훑어 보았다.)
   k. He glanced up from his book and looked at me.(그는 책에서 눈길을 떼어 위로 나를 보았다.)
   l. He glanced up and saw me.(그는 위로 눈길을 돌리다 나를 보았다.)

1.2. 다음 주어는 햇빛이고, 이것은 어디에 내려 비치거나 어떤 표면에 닿았다가 반사된다.
(2) a. The sun glanced on the swords and spearheads.(햇빛이 그 검과 창 끝에 닿아 번득였다.)
   b. The sun glanced on the window.(태양이 그 창문에 번득였다.)
   c. Sunlight glanced off the metal.(햇빛이 그 금속을 비추고 반사되었다.)
   d. The moon glanced brightly on the lake.(달빛이 그 호수에 번득였다.)

1.3. 빛이 어떤 물체에서 미끄러지듯 다음 주어는 off의 목적어에 닿았다가 미끄러진다.
(3) a. The ax glanced off the log and struck the ground.(그 도끼가 통나무를 스치고 빗나가 땅에 박혔다.)
   b. Hail glanced off the roof.(우박이 지붕을 치고 떨어졌다.)
   c. The ball glanced off the house and bounced into the pool.(그 공은 집을 맞고 튀어나와 수영장으로 들어갔다.)
   d. The ball glanced off his foot into the net.(그 공은 그의 발끝을 맞고 튀어나와 그물에 들어갔다.)
   e. The bullet glanced off his metal/the wall/the rock.(그 총탄은 금속/그 벽/그 바위를 치고 튀어나왔다.)
   f. A small flat stone glanced across the stream.(작고 납작한 돌이 시내를 가로질러 스쳐갔다.)
   g. The sword glanced off his ribs/his haw.(그 검은 그의 늑골/눈꺼풀을 스치고 지나갔다.)

1.4. 다음 주어는 빛이 난다.
(4) The glasses glanced and twinkled in the firelight.(안경은 불빛에 번득이고 반짝반짝 빛났다.)

2. 타동사 용법
2.1. 다음의 주어는 시선을 움직이는 사람이고, 목적어는 시선이다.
(5) a. He glanced his eye(s) down/over/through.(그는 시선을 아래/위/속으로 보냈다.)
   b. He glanced his eyes slowly round the room.(그는 시선을 방 주위로 천천히 보냈다.)

glare
이 동사의 개념 바탕에는 눈부시게 비치는 과정이 있다.

1. 자동사 용법
1.1. 다음 주어는 눈부시게 비친다.
(1) a. The sun glared through the car window screen.(햇빛은 차창면을 통해 눈부시게 비쳐들었다.)
   b. Miles of frozen snow glared in the sun.(수 마일의

언 눈이 햇빛 속에 눈부시게 비쳤다.)

   c. Headlights **glared** in the night.(전조등들이 밤에 눈부시게 비쳤다.)

   d. The lights **glared** off our faces.(그 불들이 우리 얼굴을 비치고 지나갔다.)

1.2. 다음 주어는 눈부시게 내려 비친다.

(2) a. Sunlight **glared** down on the farmers in the field.(햇빛이 그 밭에 있는 농부들에게 눈부시게 내려 비쳤다.)

   b. The stage lights **glared** down on the actors.(무대 조명은 그 배우들에게 눈부시게 내려 비쳤다.)

1.3. 다음 주어는 노려본다.

(3) a. The lion **glared** at its prey.(사자는 먹이를 노려봤다.)

   b. He **glared at** her accusingly.(그는 그녀를 책망하듯이 노려봤다.)

2. 타동사 용법

2.1. 다음 주어는 시선으로 목적어를 나타낸다.

(4) a. They **glared** defiance at each other.(그들은 도전을 서로 눈빛으로 나타냈다.)

   b. They **glared** mistrust at each other.(그들은 불신을 서로 간에 눈빛으로 나타냈다.)

glaze

이 동사의 개념 바탕에는 유리를 끼우거나 유리같이 보이게 표면에 약을 바르는 과정이 있다.

1. 타동사 용법

1.1. 다음 주어는 목적어에 유리를 끼운다.

(1) He **glazed** the window.(그는 창을 유리로 끼웠다.)

1.2. 다음 주어는 목적어를 유약으로 바른다.

(2) a. The potter **glazed** the vase.(도예가는 그 화병을 유약으로 발랐다.)

   b. He **glazed** the bricks.(그는 벽돌들을 유약으로 발랐다.)

1.3. 다음 주어는 목적어에 with의 목적어를 바른다.

(3) a. **Glaze** the pie **with** beaten egg.(파이를 으깬 계란으로 발라라.)

   b. She **glazed** the ham with brown sugar.(그녀는 그 햄을 갈색 설탕으로 발랐다.)

   c. He **glazed** the cake with a strawberry-flavored topping.(그는 케이크를 딸기맛 토핑으로 발랐다.)

1.4. 다음은 수동태 문장으로 주어는 유리가 끼워지거나 유약이 발라진다.

(4) a. The window is **glazed** with bulletproof glass.(그 창문은 방탄 유리로 끼워진다.)

   b. The new house is nearly completed, but the windows were not **glazed** yet.(새 집은 거의 완성되었지만, 그 창문들은 유리가 아직 안 끼워졌다.)

   c. The pottery was **glazed** to make it shining.(그 도기들은 빛나게 하기 위해서 유약이 발렸다.)

2. 자동사 용법

2.1. 다음 주어는 눈물 등이 덮혀서 흐리게 된다.

(5) a. Their eyes **glazed over** with boredom.(그들의 눈은 지루함으로 덮여서 흐리게 되었다.)

   b. A lot of people's eyes **glazed over** if you say are a feminist.(네가 여성 운동가라고 이야기하면, 많은 사람들의 눈이 흐려질 것이다.)

   c. They were so bored that their eyes **glazed over**.(그들이 너무 지루해서 눈이 흐려졌다.)

   d. "I'm feeling rather tired," he said, his eyes **glazing**.("난 좀 피곤해"라고 눈이 흐리멍텅한 채로 그가 말했다.)

gleam

이 동사의 개념 바탕에는 어둠 속에서 반짝이는 과정이 있다.

1. 자동사 용법

1.1. 다음 주어는 반짝인다.

(1) a. He polished the silver until it **gleamed**.(그는 은을 반짝일 때까지 광을 냈다.)

   b. Her eyes **gleamed** in the dark.(그녀의 두 눈이 어둠 속에서 반짝였다.)

   c. His teeth **gleamed** white against the tanned skin of his face.(그의 이가 검게 그을린 피부색과 대비되어 하얗게 반짝였다.)

   d. The torch light **gleamed** in the night.(그 횃불이 밤중에 반짝였다.)

   e. Bright lights **gleamed** from the tall towers.(밝은 불빛들이 높은 탑들로부터 반짝였다.)

   f. Diamonds **gleam**.(다이아몬드는 반짝인다.)

1.2. 다음 표현은 [즐거움이나 용기는 빛] 은유가 적용된 예이다.

(2) a. Amusement **gleamed** in her eyes.(즐거움이 그녀의 두 눈에서 반짝였다.)

   b. Courage **gleamed** in his eyes.(용기가 그의 두 눈에서 반짝였다.)

1.3. 다음 주어는 빛이 발산되는 장소이다.

(3) a. His face **gleamed with** amusement.(그의 얼굴은 즐거움으로 빛이 났다.)

   b. The house **gleamed with** fresh white paint.(그 집은 새 흰 페인트로 빛이 났다.)

glide

이 동사의 개념 바탕에는 미끄러지는 과정이 있다.

1. 자동사 용법

1.1. 다음 주어는 미끄러지듯 움직인다.

(1) a. The skaters were **gliding** over the ice.(그 스케이트 타는 이들은 얼음 위를 미끄러지듯 움직이고 있었다.)

   b. She **glided** from the room.(그녀는 방에서 살며시 나갔다.)

   c. The plane **glided** to a halt.(비행기는 미끄러지듯 움직여서 정지했다.)

   d. Swans went **gliding** past.(백조들은 빠르게 미끄러

지듯 움직였다.)

　e. The plane managed to **glide** down to the runway.
(그 비행기는 가까스로 활주로에 미끄러지듯 내려
왔다.)

1.2. 다음 주어는 활강한다.

(2) a. An eagle is **gliding** high overhead.(독수리 한 마리
가 머리 위를 활공하고 있다.)

　b. The birds **glided** for hours.(새들은 몇 시간 동안 소
리없이 미끄러지듯 날아다녔다.)

　c. The seagulls **glided** across the sky.(갈매기들은 하
늘을 가로 질러 활공했다.)

1.3. 시간은 움직이는 개체로 개념화되어 있다.

(3) a. The years **glided** by.(그 해들이 어느덧 지나가 버
렸다.)

　b. The weekend **glided** by.(주말은 어느덧 지나가 버
렸다.)

2. 타동사 용법

2.1. 다음 주어는 목적어를 활주시킨다.

(4)　The pilot **glided** the plane to a safe landing.(비행사
는 비행기를 활주시켜서 안전한 착륙에 이르렀다.)

2.2. 다음 주어는 목적어를 미끄럽게 움직인다.

(5)　The artist **glided** the paintbrush across the can-
vass.(그 화가는 그림 붓을 캔버스를 가로질러서 미끄
럽게 움직였다.)

glimmer

이 동사의 개념 바탕에는 빛이 가물거리는 과정이
있다.

1. 자동사 용법

1.1. 다음 주어는 가물거린다.

(1) a. A light **glimmered** at the end of the hall.(불빛 하나
가 홀 끝 쪽에서 가물거렸다.)

　b. The candles **glimmered** in the corner.(촛불은 구
석에서 가물거렸다.)

1.2. 다음 주어는 추상적 개체이나, 빛을 발하는 개체
로 개념화되어 있다.

(2) a. Amusement **glimmered** in his eyes.(즐거움이 눈
속에서 빛을 발했다.)

　b. Hope **glimmered** briefly for our team, but we lost
4 to 3.(희망이 잠시나마 우리 팀을 위해 빛을 발했
으나 우리는 4대3으로 졌다.)

glitter

이 동사의 개념 바탕에는 반짝거리는 과정이 있다.

1. 자동사 용법

1.1. 다음 주어는 반짝거린다.

(1) a. The water **glittered** in the sunlight.(그 물은 햇빛에
반짝거렸다.)

　b. Mary's ring **glittered** as she gestured with her
hands.(메리의 반지는 그녀가 손으로 몸짓을 하자
반짝거렸다.)

1.2. 다음 주어는 with의 목적어로 반짝거린다.

(2) a. She's **glittering** with gems.(그녀는 보석으로 반짝
거리고 있다.)

　b. The harbor **glittered** with lights.(그 항구는 불빛으
로 반짝거렸다.)

　c. The ceiling of the cathedral **glittered** with gold.(성
당의 천장은 금빛으로 반짝거렸다.)

1.3. 다음 주어는 추상적이지만 빛을 발하는 개체로 개
념화되어 있다.

(3)　The chance of making a fortune **glittered** in front of
them.(큰 재산을 모을 기회가 그들 앞에서 반짝거렸
다.)

1.4. 다음 수동태 문장으로 주어는 with의 목적어로 반
짝거린다.

(4)　He's **glittered** with greed.(그는 탐욕으로 번들번들하
다.)

gloat

이 동사의 개념 바탕에는 만족스러운 듯이 바라보는
과정이 있다.

1. 자동사 용법

1.1. 다음 주어는 over의 목적어를 기쁜 듯이 바라본
다.

(1) a. He **gloated over** her failure.(그는 그녀의 실패를
기쁜 듯이 바라봤다.)

　b. He **gloated over** his rival's disappointment.(그는
경쟁자의 실망을 기쁜 듯이 바라봤다.)

　c. She **gloated over** his bad luck.(그녀는 그의 불행을
기쁜 듯이 바라봤다.)

glow

이 동사의 개념 바탕에는 불꽃이 없이 타는 과정이
있다.

1. 자동사 용법

1.1. 다음 주어는 불꽃이 없이 탄다.

(1) a. A lamp **glowed** in the window.(램프가 창문 안에서
빛났다.)

　b. The coals **glowed** for hours.(석탄은 몇 시간동안
빛을 내며 탔다.)

　c. The coals are still **glowing** in the stove.(그 석탄은
난로에서 아직도 타오르고 있다.)

　d. Embers **glowed** in the fireplace after the fire had
died down.(깜부기불이 그 불이 줄어든 후에도 벽
난로에서 이글거렸다.)

　e. His cigarette **glowed** in the darkness.(그의 담뱃불
은 어둠 속에서 타올랐다.)

1.2. 다음 주어는 붉은 빛을 낸다.

(2) a. The harbor lights **glowed** in the distance.(항구의
불빛들이 멀리까지 빛났다.)

　b. The iron **glowed** red.(철은 붉은 색을 내었다.)

　c. The sun **glowed** with an orange light as it sank in
the west.(해가 서쪽으로 지면서 오렌지 빛으로 빛

났다.)

d. Fireflies **glow** in the dark.(개똥벌레가 어둠 속에서 빛을 낸다.)

1.3. 다음 주어는 밝은 빛을 낸다.

(3) a. The autumn leaves are **glowing** in the sunshine. (가을 낙엽들은 햇빛에 반짝이고 있다.)

b. The fall foliage **glowed** red and yellow in the morning sun.(가을 낙엽들은 아침 햇빛에 빨갛고 노랗게 빛났다.)

c. The maple leaves **glowed** red in the sun.(단풍잎들은 태양에 빨갛게 반짝였다.)

d. Roses were **glowing** in the garden.(장미들이 그 정원에서 반짝이고 있었다.)

e. The moon is **glowing** in the clear sky.(달은 맑은 밤하늘에 반짝이고 있다.)

1.4. 다음 주어는 빛을 발한다. 주어는 장소이다.

(4) a. The brick walls **glowed** red in the late afternoon sun.(벽돌담이 늦은 오후 햇빛에 붉게 빛났다.)

b. The whole mountain **glowed** with autumn tints.(산 전체가 가을빛으로 타올랐다.)

1.5. 다음 주어는 붉어진다.

(4) a. He **glowed** with shame/pleasure/happiness/ pride/love/excitement.(그는 수치심/기쁨/행복/자만심/사랑/흥분으로 타올랐다.)

b. He **glowed** with anger/enthusiasm/delight.(그는 노여움/열광/환희로 불타올랐다.)

1.6. 다음 주어는 붉어지거나 따뜻하게 된다.

(6) a. His face **glowed** at the idea.(그의 얼굴은 그 생각으로 달아올랐다.)

b. Her eyes **glowed** at the thought of a trip.(그녀의 눈은 그 여행에 대한 생각으로 반짝였다.)

c. His cheeks **glowed** in the cold.(그의 볼은 추위에 붉어졌다.)

d. Her cheeks **glow** with health.(그녀의 볼은 건강으로 발그레하다.)

e. His cheeks **glowed** as he skated.(그의 볼은 스케이트를 타면서 붉어졌다.)

f. He felt his body **glow** with pleasure.(그는 자신의 몸이 기쁨으로 달아오르는 것을 느꼈다.)

glue

이 동사의 개념 바탕에는 glue의 명사 '아교'가 있다. 동사의 의미는 아교의 용도와 관계가 있다.

1. 타동사 용법

1.1. 다음 주어는 목적어를 붙인다.

(1) a. **Glue** the two pieces of cardboard together.(카드 종이 두 장을 풀로 붙여라.)

b. I **glued** the pieces back together.(나는 다시 조각들을 함께 풀로 붙였다.)

1.2. 다음 주어는 목적어를 to의 목적어에 붙인다.

(2) a. He **glued** the wings **onto** the model plane.(그는 날개들을 모형 비행기에 붙였다.)

b. She **glued** the label **onto** the box.(그녀는 그 라벨을 상자에 붙였다.)

c. He spends every evening **glued** to the TV.(그는 매일 저녁을 TV에 붙어서 지낸다.)

1.3. 다음 목적어는 재귀대명사이다. 주어는 자신을 to 의 목적어에 집중시킨다.

(3) a. The children **glued** themselves **to** the TV set.(그 아이들은 자신들을 TV에 붙여 놓았다.)

b. **Glue** yourself **to** your studies.(자신을 너의 공부에 붙여라.)

1.4. 다음 주어는 시선을 on의 목적어에 붙여 놓는다.

(4) The dog **glued** its eyes **on** the stranger.(그 개는 눈을 그 낯선 이에게 붙여 놓았다.)

2. 자동는사 용법

2.1. 다음 주어는 아교를 잘 먹는 개체이다.

(5) The wood **glues** well.(나무는 풀로 잘 붙는다.)

glut

이 동사의 개념 바탕에는 한껏 채우는 과정이 있다.

1. 타동사 용법

1.1. 다음 주어는 목적어를 한껏 충족시킨다.

(1) a. He **glutted** his appetite for adventure/his hunger. (그는 모험/공복에 대한 식욕을 한껏 충족시켰다.)

b. He **glutted** his revenge.(그는 자신의 원한을 한껏 풀었다.)

c. She **glutted** her eyes.(그녀는 마음껏 눈을 채웠다/실컷 봤다.)

1.2. 다음 목적어는 재귀대명사이다. 주어는 마음껏 먹는다.

(2) a. She **glutted** herself **with** candy.(그녀는 자신을 사탕으로 채웠다.)

b. The lions **glutted** themselves **on** the kill.(그 사자는 그 잡은 짐승으로 맘껏 먹었다.)

c. He **glutted** himself **with** bananas.(그는 자신을 바나나로 실컷 배를 채웠다.)

1.3. 다음 주어는 목적어를 with의 목적어로 과다하게 공급한다.

(3) a. They **glutted** the market **with** apples.(그들은 시장에 사과를 과다 공급했다.)

b. Overproduction is **glutting** the market **with** fish. (과잉 생산은 시장에을 생선을 과다 공급하고 있다.)

1.4. 다음 주어는 그 자체가 목적어를 채운다.

(4) a. Products **glut** the market.(생산품들은 시장을 과잉으로 채운다.)

b. This year, pears **glutted** the market.(올해, 배가 그 시장에 과잉 공급됐다.)

1.5. 다음은 수동태 문장으로 주어는 과대하게 공급받는다.

(5) a. The market has been **glutted with** foreign cars. (시장은 외제차가 과다하게 공급되어 있다.)

b. Our office is **glutted with** paper supplies.(우리 사무실은 종이 공급품이 과다 공급되어 있다.)

c. The shop is **glutted with** oranges.(그 가게는 오렌지가 과다하게 공급되어 있다.)

gnaw

이 동사의 개념 바탕에는 갉는 과정이 있다.

1. 타동사 용법
1.1. 다음 주어는 목적어를 갉는다.
(1) a. Sue gnawed her finger.(수는 손가락을 물어서 갉았다.)
   b. He is gnawing his fingernails with impatience.(그는 초조해서 손톱을 물어뜯고 있다.)
   c. The beaver gnawed the bark of the small tree.(그 해리는 작은 나무의 껍질을 갉았다.)
   d. Waves gnawed the rocky shore.(파도가 암벽 해안을 침식했다.)

1.2. 다음 주어는 추상적이다. 그러나 구체적인 것으로 은유화되어 있다.
(2) a. Fear gnawed the pit of his stomach.(공포가 그의 명치를 갉았다.)
   b. Worry gnawed her mind.(걱정이 그녀의 마음을 갉았다.)

1.3. 다음 주어는 목적어를 갉아서 목적어가 떨어져 나온다.
(3) a. Rats gnawed the corner of the box off.(쥐들이 그 상자의 모서리를 갉아서 뜯었다.)
   b. The mice gnawed the paint off the wall.(그 쥐는 페인트를 갉아서 벽을 벗겨냈다.)
   c. Rats has gnawed away some of the woodwork.(쥐들이 목재품을 물어 뜯어갔다.)
   d. Rats gnawed the cover away/off.(쥐들이 덮개를 물어 뜯어갔다.)

1.4. 갉는 동작의 결과로 구멍 같은 것이 생겨날 수 있다. 다음 주어는 목적어를 갉아서 만든다.
(4) a. Rats can gnaw holes in wood.(쥐는 나무를 갉아 구멍을 낼 수 있다.)
   b. Rats gnawed a hole in the wall.(쥐들이 벽에 구멍을 갉아냈다.)
   c. Rats gnawed a hole through the wall.(쥐들이 그 벽을 갉아서 구멍을 뚫어 놓았다.)
   d. The river gnawed channels through the rocks.(강은 바위를 침식해서 도랑들을 냈다.)

2. 자동사 용법
2.1. 다음 주어는 갉으면서 나아간다.
(5) a. Rats gnawed into the wall.(쥐들이 벽을 갉아 들어갔다.)
   b. The ant tried to gnaw through the thread.(그 개미는 실을 갉아 뚫고 나가려 했다.)
   c. Rats gnawed through cartons to get at the food inside.(쥐들이 속에 있는 음식을 가지려고 종이 상자들을 갉아 뚫고 들어갔다.)

2.2. 다음에 쓰인 전치사 at은 주어의 갉는 동작이 목적어에 조금씩 그리고 반복적으로 이루어짐을 나타낸다. away는 반복의 뜻을 부각시킨다.
(6) a. The rat gnawed at the piece of cheese.(쥐는 치즈 조각을 조금씩 먹었다.)
   b. The dog gnawed away at the bone.(그 개는 계속해서 뼈를 갉아 먹었다.)
   c. She gnawed anxiously at her fingernails.(그녀는 마음을 졸이며 손톱들을 계속 물어뜯었다.)

2.3. 다음 주어는 전치사 on의 목적어를 조금씩 갉는다.
(7) I gnawed on the tough meat.(나는 질긴 고기를 계속 씹었다.)

2.4. 다음의 주어는 걱정이나 근심 같은 마음의 상태이다. 이러한 것도 사람이나 마음을 갉을 수 있는 것으로 개념화된다.
(8) a. The desire gnaws at her constantly.(욕망은 그녀를 끊임없이 괴롭혔다.)
   b. Financial worries gnawed at her constantly.(재정적인 근심이 그녀를 끊임없이 괴롭혔다.)
   c. Guilt gnawed at her all day long.(죄책감이 그녀를 하루종일 괴롭혔다.)
   d. The sad feeling has been gnawing at me.(슬픈 감정이 나를 계속해서 괴롭혀왔다.)
   e. Something is gnawing at Sue.(무엇인가가 수를 괴롭히고 있다.)
   f. The problem's been gnawing at me for some time.(그 문제는 한동안 나를 괴롭혀 왔다.)
   g. The money problem is gnawing away at me.(금전 문제가 나를 괴롭히고 있다.)
   h. Unbearable pain gnawed at her constantly before her death.(그녀가 죽기 전에 참을 수 없는 고통이 그녀를 끊임없이 괴롭혔다.)

2.5. 다음 주어는 마음을 갉는다.
(9) a. Fear and anxiety were gnawing at the heart.(두려움과 걱정이 마음을 좀먹고 있었다.)
   b. Anxiety and distress gnawed at her heart.(걱정과 근심이 그녀의 마음을 좀먹었다.)
   c. Doubts were already gnawing at the back of her mind.(의심이 이미 그녀마음의 뒤를 좀먹고 있었다.)

2.6. 다음의 주어는 행위, 실수, 모욕, 문제 등이다. 이러한 것도 사람에게 갉는 고통을 줄 수 있는 것으로 개념화된다.
(10) a. My horrible deeds gnawed on my conscience.(나의 지독한 행동들이 나의 양심을 괴롭혔다.)
   b. Her mistake gnawed at her conscience.(그녀의 실수가 양심을 괴롭혔다.)
   c. Bill's insults gnawed at my self-esteem.(빌의 모욕이 나의 자존심을 상하게 했다.)
   d. Bad debts are continuously gnawing away at the bank's profits.(좋지 않은 부채 상황이 그 은행의 이익을 계속해서 좀먹고 있다.)
   e. Illness gnaws at his life.(병이 그의 생명을 좀먹는다.)

go

이 동사의 개념 바탕에는 기준점에서 다른 장소로 가는 과정이 있다. 통상적인 기준점은 화자가 있는 곳이다.

1. 자동사 용법

1.1. 다음 주어는 간다.
(1) a. I went home late last night.(나는 엊저녁 늦게 집에 갔다.)

    b. He went downstairs.(그는 아래층에 갔다.)

    c. He went to his uncle's.(그는 아저씨 집에 갔다.)

1.2. 다음 주어는 소유, 사용, 또는 의식의 영역에서 나간다.
(2) a. We can no longer afford a gardner; he has to go.(우리는 더 이상 정원사를 데리고 있을 수 없다; 그는 떠나야 한다.)

    b. He went out like a light.(그는 정신이 나갔다.)

    c. After George went, she moved into a smaller house.(조지가 죽은 다음에, 그녀는 더 작은 집으로 옮겼다.)

1.3. 다음 주어는 개체이다. 주어는 간다.
(3) a. When does the train go?(기차는 언제 갑니까?)

    b. The car's going too fast.(그 자동차는 너무 빨리 간다.)

    c. His hand went to his gun.(그의 손이 총으로 갔다.)

    d. The roots of the plant go deep.(그 식물의 뿌리는 깊이 들어간다.)

1.4. 다음 주어는 움직이지 않는다. 주어의 의도를 나타낸다.
(4) a. The boxes go on the shelf.(그 상자들은 선반 위로 간다.)

    b. Where do you want your piano to go?(너의 피아노를 어디로 옮기고 싶으냐?)

    c. Where does this teapot go?(이 차 주전자는 어디에 가나요?)

    d. The dictionary goes on the top shelf.(그 사전은 맨 위 선반으로 간다.)

1.5. 다음은 [소유 이전은 장소 이동] 은유가 적용된 표현이다. 주어는 전치사 to의 목적어로 간다.
(5) a. Who does the property go to when the old man dies?(그 노인이 죽으면 누구에게 그 재산은 노인이 돌아가면 갑니까?)

    b. The estate went to his children when he died.(그 토지는 그가 죽자 아이들에게 갔다.)

    c. The first prize went to Mr. Hill.(일등상은 힐 씨에게 돌아갔다.)

    d. Honors do not always go to who merit them.(훈장은 그것을 받아야 할 사람에게 항상 가는 것은 아니다.)

1.6. 다음 개체는 한 소유 영역에서 다른 소유 영역으로 간다. 즉 [소유 이전은 장소 이전] 은유가 적용된 표현이다.
(6) a. It went for so little.(그것은 싼 값으로 팔렸다.)

    b. The house went cheap.(그 집은 싼 값에 팔렸다.)

    c. The house went to the man who made the highest offer.(그 집은 제일 높은 제의를 한 사람에게 갔다.)

    d. I am afraid the car must go.(나는 그 차를 팔아야 할 것 같다.)

1.7. 다음 주어는 돈이다. 돈도 한 소유 영역에서 다른 소유 영역으로 간다.

(7) a. Most of the money went for food.(그 돈의 대부분은 식량을 사는 데 들었다.)

    b. Her half money goes on food and clothes for the children.(그녀의 돈의 반은 아이들을 위한 식비와 옷값으로 간다.)

    c. Her time goes in watching television.(그녀의 시간은 텔레비전을 보는 데 들어간다.)

    d. All the money goes to the keeping up of the asylum.(모든 돈이 그 보호 수용소를 유지하는 데 들어간다.)

1.8. 다음 주어는 한 자리에서 움직인다.
(8) a. The clock doesn't go.(시계는 가지 않는다.)

    b. The machine does not go well.(그 기계가 잘 작동하지 않는다.)

    c. Is your watch going?(네 시계가 가고 있느냐?)

1.9. 다음은 [시간은 움직이는 개체] 적용된 예이다.
(9) a. Summer's going.(여름이 가고 있다.)

    b. When you are busy, time goes quickly.(바쁘면 시간이 빨리 지나간다.)

    c. The hours went slowly.(그 시간은 천천히 갔다.)

    d. The day went slowly.(그 날은 천천히 갔다.)

1.10. 다음 주어는 추상적 개체이다. 그러나 구체적인 개체로서 어떤 사람에게서 떠나는 것으로 개념화되어 있다.
(10) a. All hope is gone.(모든 희망이 갔다.)

    b. My sight is going.(내 시력이 떨어지고 있다.)

    c. The pain has gone now.(그 고통이 사라졌다.)

1.11. 다음 주어는 시간 속에 움직인다.
(11) a. The story goes that he was murdered.(그가 살해되었다는 얘기가 돌아다닌다.)

    b. The tune goes like this.(그 음은 이와 같이 소리가 난다.)

    c. I am quite sure how the poem goes.(그 시가 어떻게 읽히는지 나는 확실히 안다.)

1.12. 다음 주어는 정도와 관계가 있다. 다음은 [정도는 거리] 은유가 적용된 표현이다.
(12) a. A little of this goes a long way.(이것은 조금만 있어도 오래 간다/이것의 약간은 큰 효력이 있다.)

    b. A pound doesn't go far these days.(일 파운드는 요즈음 별로 쓸 것이 없다.)

1.13. 다음 목적지는 추상적인 개체이다. 주어는 정도 선상에서 목적지에 간다.
(13) a. He went to great expense.(그는 큰 비용을 쓰게 되었다.)

    b. He went to a lot of trouble for us.(그는 우리를 위해서 많은 수고를 했다.)

1.14. 다음 주어는 정도 선상에서 움직인다. [정도는 거리] 은유가 적용되었다.
(14) a. You must apologize at once; you've gone too far.(너는 곧 사과해야 한다; 너는 정도가 지나쳤다.)

    b. I can give you $50 but I can't go any further.(나는 네게 50불을 줄 수 있으나, 더 이상은 갈 수 없다.)

    c. I won't go as far as to say he's honest.(나는 그가 정직하다고까지 말하지는 않겠다.)

    d. I would go as far as to say that she deserves a

higher salary.(나는 더 높은 급료를 받을 가치가 있다고까지 말하고 싶다.)

e. That's going too far.(그것은 너무 지나치다.)

1.15. 다음 주어는 소리를 낸다.

(15) a. The mirror went CRACK and fell off the wall.(그 거울이 쨍그렁 하고 벽에서 떨어졌다.)

b. The gun went BOOM.(그 총이 펑 소리가 났다.)

c. Ducks go QUACK.(오리는 꽉꽉 거린다.)

d. BANG went the gun.(빵하고 그 총이 터졌다.)

e. The clock goes tick-tock, tick-tock.(그 시계는 똑딱똑딱 한다.)

1.16. 다음 주어는 분사가 가리키는 일을 하기 위해서 나간다.

(16) a. He went shopping/walking.(그는 물건 사러/산보하러 갔다.)

b. She went swimming.(그녀는 수영하러 갔다.)

1.17. 다음 주어는 움직이는 않는다. 그러나 전체 형상을 눈으로 따라가면 한 장소에서 다른 장소로 뻗어 있다.

(17) a. Which road goes to the station?(어느 길이 그 역으로 갑니까?)

b. The valley goes from east to west.(그 계곡은 동쪽에서 서쪽으로 갑니다.)

c. I want a rope that will go from the top window to the ground.(나는 그 꼭대기 창문에서 땅에 닿는 로프를 원한다.)

1.18. 다음은 [상태 변화는 장소] 은유가 적용된 표현이다. 주어는 형용사가 가리키는 상태가 된다.

(18) a. Fish soon goes bad in hot weather.(생선은 더운 날씨에 쉬 변한다.)

b. The material has gone a funny color.(그 물질은 이상한 색으로 변했다.)

c. Her hair is going grey.(그녀의 머리가 허옇게 새고 있다.)

d. He went grey with worry.(그는 걱정 때문에 창백하게 되었다.)

e. He has gone mad/blind.(그는 정신이 돌았다/맹인이 되었다.)

f. The milk went sour.(그 우유는 맛이 갔다.)

g. He went white with anger.(그는 화가 나서 얼굴이 창백하게 되었다.)

h. The children went wild with excitement.(그 아이들은 흥분으로 소란스럽게 되었다.)

i. The state will go Republican after all.(그 주는 결국 공화당이 될 것이다.)

1.19. 다음은 [과정은 장소 이동] 은유에서 경로가 부각된 표현이다.

(19) a. Everything goes fine.(모든 일이 잘 돌아간다.)

b. Things went very smoothly.(모든 일이 순조롭게 진행되었다.)

c. How are things going?(일들이 어떻게 진행되어가고 있는가?)

d. The party went well.(그 파티는 잘 진행되었다.)

e. Refugees often go hungry.(피난민은 종종 배고프게 지낸다.)

1.20. 다음에서 지속되는 상태는 과거분사로 표현되어

있다.

(20) a. Her complaint went unnoticed.(그녀의 불평은 주목을 받지 못했다.)

b. After his enemy's threat, he went in fear of his life.(그의 적의 위협을 받고 난 다음, 그는 자신의 생명을 두려워하면서 지냈다.)

c. Should a murderer go unpunished?(살인자가 벌 받지 않고 지내도 될까요?)

d. The men of this tribe used to go naked.(이 부족의 남자들은 벌거벗고 지냈다.)

e. You'd better go armed.(너는 무장을 하고 다니는 것이 좋겠다.)

1.21. 다음 주어는 부정사가 가리키는 과정에 이른다.

(21) a. It just goes to show/prove that he is not honest.(그것은 그가 정직하지 못함을 보여주게/증명하게 된다.)

b. His conduct just goes to show that he's a rude person.(그의 행동은 그가 거친 사람임을 보여주게 된다.)

1.22. 다음 주어는 어떤 일을 계속한다.

(22) a. Don't go saying that.(그것을 말하지 말아라.)

b. Don't go breaking any more things.(더 이상 물건을 부수고 다니지 말아라.)

1.23. 다음 주어는 나쁘게 된다.

(23) a. My voice has gone because of my cold.(감기 때문에 내 목소리가 변했다.)

b. His hearing has begun to go.(그의 청력이 가기 시작했다.)

goad

이 동사의 개념 바탕에는 부추기는 과정이 있다.

1. 타동사 용법

1.1. 다음 주어는 목적어를 부추겨서 전치사 into의 목적어가 가리키는 일을 하게 한다.

(1) a. He finally goaded her into answering his question.(그는 마침내 그녀를 부추겨서 질문에 답하도록 했다.)

b. The woman goaded her husband into getting a job by calling him "lazy".(그녀는 남편을 게으르다고 말함으로써 그를 자극하여 일자리를 구하게 했다.)

c. My parents goaded me into doing my homework.(나의 부모님은 나를 부추겨서 숙제를 하게 시키셨다.)

d. Tony's friends goaded him into asking Sue for a date.(토니의 친구들은 그를 부추겨서 수에게 데이트 신청하도록 했다.)

e. His children goaded him into buying a big car.(그의 아이들이 그를 부추겨서 큰 차를 사도록 했다.)

f. He goaded her into doing it by saying she was a coward.(그는 그녀가 겁쟁이였다고 말함으로써 그녀를 자극하여 그것을 하도록 했다.)

g. She goaded me into hitting her.(그녀는 나를 부추겨서 그녀를 때리게 했다.)

h. His brother **goaded** him **into** a wrestling match. (그의 형은 그를 부추겨서 레슬링 시합을 하도록 했다.)

1.2. 다음 주어는 목적어를 자극하여 전치사 into의 목적어가 나타내는 과정에 들어가게 한다.
(2) a. The jeers **goaded** him **into** losing his temper. (그 조소가 그를 자극하여 화를 내게 했다.)
b. Greed/Hunger **goaded** her **into** stealing. (욕심/배고픔이 그녀를 자극하여 도둑질을 하게 했다.)

1.3. 다음은 수동태 문장으로 주어는 자극을 받고 전치사 into의 목적어가 가리키는 일을 하게 된다.
(3) a. She was **goaded into** denouncing her own friends. (그녀는 그녀 자신의 친구들을 비난하도록 부추겨졌다.)
b. I was **goaded into** being rude to him. (나는 그에게 무례하게 굴도록 부추겨졌다.)
c. He was **goaded into** challenging rules that she really thought were acceptable. (그는 정말로 그녀의 마음에 드는 규칙들을 도전하게 부추겨졌다.)
d. She was **goaded into** action by the fear of losing her job. (그녀는 실직의 두려움으로 행동을 취하게 부추겨졌다.)
e. He was **goaded into** a fury by insults. (그는 모욕 때문에 분노에 들어갔다.)

1.4. 다음 주어는 목적어를 자극하여 부정사가 가리키는 일을 하도록 한다.
(4) a. The bad grade **goaded** us to study harder. (나쁜 점수가 우리를 부추겨서 더 열심히 공부하도록 했다.)
b. Thirst **goaded** the boy to steal an apple. (목마름이 그 소년이 사과를 훔치도록 자극했다.)
c. He **goaded** the child to steal. (그는 그 아이가 도둑질을 하도록 부추겼다.)
d. He **goaded** her to anger/ madness. (그는 그녀를 자극하여 격노케/미치게 했다.)
e. He **goaded** his staff to greater efforts. (그는 직원들이 더 열심히 노력하도록 부추겼다.)

1.5. 다음 주어는 목적어를 자극한다.
(5) a. Charlie is always **goading** me. (찰리는 언제나 나를 집적이고 있다.)
b. A group of children were **goading** another child in the playground. (한 떼의 아이들이 운동장에서 다른 아이를 집적이고 있었다.)
c. He refused to be **goaded** by their insults. (그는 그들의 모욕으로 인해 격노되기를 거부했다.)

1.6. 다음 on은 계속을 나타낸다. 주어가 목적어를 자극하여 일을 계속하게 한다.
(6) a. Stop **goading** him **on**. (그를 부추겨서 계속하게 하지 말아라.)
b. He **goaded** the horse **on**. (그는 그 말을 부추겨서 계속 가게 했다.)
c. He was tired of working, but the need for money **goaded** him **on**. (그는 일로 피곤했지만, 돈의 필요가 그를 계속 일하게 했다.)

1.7. 다음은 수동태 문장으로 주어는 부추겨진다.
(7) a. He was **goaded on** by the need for more money.

(그는 돈의 필요 때문에 계속 부추겨졌다.)
b. The team was **goaded on** by their desire to be the first to complete the course. (그 팀은 첫 번째로 그 과정을 마치려는 바람으로 자극되어 계속했다.)
c. The boxer was **goaded on** by the shrieking crowd. (그 권투 선수는 소리를 지르는 군중들에 의해 자극을 받아 계속했다.)

goggle

이 동사의 개념 바탕에는 눈을 희번덕거리는 과정이 있다.

1. 자동사 용법
1.1. 다음 주어는 눈을 희번덕거린다.
(1) a. We all **goggled** at the spectacle. (우리 모두는 그 멋진 장관에 눈을 부릅떴다.)
b. He **goggled** at the amount of money he received. (그는 받은 돈의 액수에 눈이 희번덕거렸다.)

1.2. 다음 주어는 눈이다. 주어는 희번덕거린다.
(2) The children's eyes **goggled** at the magician's trick. (아이들의 눈이 그 마술사의 묘기에 눈을 희번덕거렸다.)

gorge

이 동사의 개념 바탕에는 게걸스럽게 배를 채우는 과정이 있다.

1. 타동사 용법
1.1. 다음 주어는 목적어를 배에 채운다.
(1) a. He **gorged** beer. (그는 맥주를 벌컥벌컥 마셨다.)
b. He **gorged** his food. (그는 음식을 게걸스레 먹었다.)

1.2. 다음 목적어는 재귀대명사이다. 주어는 자신의 배를 채운다.
(2) a. Bob became sick, because he **gorged** himself **on** ice-cream. (밥은 아팠는데 왜냐하면 자신을 아이스크림으로 마구 채웠기 때문이다.)
b. We **gorged** ourselves **on** ripe plums. (우리는 잘 익은 자두로 게걸스레 배를 채웠다.)

1.3. 다음의 주어는 with의 목적어로 배를 채운다.
(3) He **gorged** himself **with** cake. (그는 케이크로 배를 가득 채웠다.)

1.4. 다음은 수동태 문장으로 주어는 전치사 with의 목적어로 채워진다.
(4) He was **gorged with** pudding. (그는 푸딩으로 배가 가득 채워졌다.)

2. 자동사 용법
2.1. 다음 주어는 전치사 on의 목적어로 배를 채운다.
(5) a. I broke my diet when I **gorged on** sweets. (나는 사탕을 마구 먹었을 때 식이요법을 깨뜨렸다.)
b. She **gorged on** chocolate, watching TV. (그녀는 TV를 보면서 초콜릿을 마구 먹었다.)

gouge

이 동사의 개념 바탕에는 gouge의 명사 '둥근 끌'이 있다. 동사의 의미는 이 명사의 쓰임과 관계가 있다.

1. 타동사 용법

1.1. 다음 주어는 목적어를 파고든다.
(1) The bullet fragments gouged her leg.(그 탄환 조각들은 그녀의 다리를 파고 들었다.)

1.2. 다음 주어는 목적어를 구멍이 나게 한다.
(2) a. He gouged her cheek with a screwdriver.(그는 그녀의 뺨을 드라이버로 구멍을 내었다.)
  b. Bill gouged the wall by accident.(빌이 벽에 우연히 구멍을 내었다.)
  c. I gouged the surface of the table with a knife.(나는 테이블 표면을 칼로 구멍을 내었다.)

1.3. 다음 주어는 목적어를 만든다.
(3) a. Children gouged out a big hole in the tree.(아이들이 커다란 구멍 하나를 나무에 냈다.)
  b. He gouge a hole in the rock with a chisel.(그가 구멍을 그 바위에 끌로 냈다.)
  c. Glaciers gouged out valleys from the hills.(빙산들이 계곡들을 산에 만들었다.)
  d. Glaciers gouged out narrow valleys during the Ice Age.(빙산들이 협곡을 빙하시대 동안 뚫었다.)
  e. The lion's claws gouged a wound on the horse's side.(그 사자의 발톱은 상처를 그 말의 옆구리에 뚫었다.)

1.4. 다음 주어는 목적어를 도려낸다.
(4) He threatened to gouge out my eyes.(그는 내 눈을 도려내겠다고 위협했다.)

1.5. 다음 주어는 목적어를 뜯는다.
(5) a. They were gouging their customers in that store.(그들은 고객들을 그 가게에서 뜯고 있었다.)
  b. The store gouged the refugees by charging double for basic supplies.(그 가게는 피난민들에게 기본 상품의 두배 값을 매겨 뜯었다.)

govern

이 동사의 개념 바탕에는 다스리는 과정이 있다

1. 타동사

1.1. 다음 주어는 목적어를 다스린다.
(1) a. The president governed the nation for eight years.(대통령은 그 나라를 팔 년간 다스렸다.)
  b. He governs a state/a school/a church.(그는 주/학교/교회를 다스린다.)

1.2. 다음 주어는 목적어를 다스린다.
(2) This lever governs the speed of the truck.(이 조종간은 트럭의 속도를 다스린다.)

1.3. 다음은 수동태 문장으로 주어는 다스려 진다.
(3) a. The country is governed by elected representatives of the people.(그 나라는 국민이 선출한 대표자들에 의해 다스려진다.)
  b. The country is now governed by military leaders.(그 나라는 지금 군사 지도자들에 의해서 다스려진다.)

1.4. 다음 목적어는 재귀 대명사이다. 주어는 스스로를 다스린다.
(4) a. He managed to govern himself.(그는 자신을 겨우 다스렸다.)
  b. He governs his desires well.(그는 자신의 욕망을 잘 다스린다.)
  c. She tried to govern her temper.(그녀는 자신의 화를 다스리려고 노력했다.)

1.5. 다음 주어는 추상적 개체이다.
(5) Never let your passion govern you.(너의 열정이 너를 다스리게 하지 말아라.)

1.6. 다음은 수동태 문장으로 주어는 다스려진다.
(6) a. Prices are very much governed by market demand.(가격은 크게 시장 수요에 의해 다스려진다.)
  b. All his decisions have been governed by his self-interest.(그의 모든 결정들은 자신의 이익에 의해 좌우되었다.)
  c. Our policy is governed by three factors.(우리의 정책은 세 요인에 의해서 좌우된다.)

grab

이 동사의 개념 바탕에는 웅켜쥐는 과정이 있다.

1. 타동사 용법

1.1 다음 주어는 목적어를 전치사 by의 목적어로 움켜쥔다.
(1) a. He grabbed me by the arm/the neck.(그는 내 팔/목을 움켜쥐었다.)
  b. He grabbed me by the collar.(그는 내 멱살을 잡았다.)
  c. A mugger grabbed her handbag as she was walking across the park.(그녀는 공원을 걷고 있을 때 강도가 핸드백을 낚아챘다.)

1.2. 다음 주어는 목적어를 그의 소유 영역에 집어넣는다.
(2) a. He grabbed the land.(그는 그 땅을 가로챘다.)
  b. The speculator grabbed up all the land available.(그 투기꾼은 손에 넣을 수 있는 땅을 모두 가로챘다.)
  c. The monkey grabbed the peanut out of my hand.(그 원숭이는 땅콩을 내 손에서 뺏어갔다.)
  d. I grabbed the child before she fell.(그 아이가 넘어지기 전에 내가 잡았다.)
  e. The policeman grabbed his shoulder.(경찰은 그의 어깨를 움켜 잡았다.)
  f. We'll arrive late, so grab some seats for us at the cinema.(우리는 늦게 도착할 테니까, 극장의 좌석을 몇 개 우리를 위해 잡아둬라.)
  g. Jane grabbed her coat and rushed out of the room.(제인은 코트를 움켜쥐고 방에서 뛰쳐나갔다.)
  h. If you grab the door handle, you'll pull it right off in my hand.(그 문 손잡이를 꽉 움켜쥐면, 너는 그것

을 내 손에 곧 빼낼 것이다.)

  i. Let's grab a six-pack!(여섯 개로 된 한 꾸러미를 움켜 집어보자.)

  j. If you don't grab this opportunity, you might not get another one.(만일 당신이 이번 기회를 붙잡지 않으면, 또 다른 기회를 얻지 못할 수도 있다.)

1.3. 다음 주어는 목적어를 전치사 from의 목적어에게서 빼앗는다.
(3) a. He grabbed the property from her.(그는 재산을 그녀에게서 가로챘다.)

  b. Sam grabbed the toy from his brother.(샘은 그 장난감을 동생에게서 빼앗았다.)

1.4. 주어가 목적어를 입으로 움켜잡는다.
(4) a. He grabbed a sandwich/a shower.(그는 샌드위치 하나를 금새 먹어치웠다/그는 샤워를 금새 끝냈다.)

  b. Let's just grab a quick bite.(빨리 한 입 씩 먹자.)

  c. Do you want to grab a cup of coffee?(커피 한 잔을 급하게 하시겠어요?)

  d. Let's grab something to eat.(뭐 좀 간단하게 먹자.)

  e. I tried to grab a couple of hours' sleep.(나는 두 시간 정도 자려고 애썼다.)

1.5. 다음 주어는 목적어를 잡는다. 목적어는 관심이나 주의이다.
(5) a. I'll see if I can grab the waiter and get the bill.(웨이터에게 이야기해서 계산서를 받을 수 있는지 알아보겠다.)

  b. She's always trying to grab the limelight.(그녀는 항상 남의 이목을 끌려고 애쓰고 있다.)

  c. He jumped on the wall to grab the attention of the crowd.(그는 그 군중의 관심을 끌기 위해 벽 위로 뛰어올랐다.)

  d. The drug problem grabbed the headlines today.(그 마약 문제가 오늘 머리기사를 장식했다.)

  e. The dictator grabbed power.(그 독재자는 권력을 장악했다.)

  f. Can I just grab you for a minute?(잠깐 당신의 주의를 잡을 수 있을까요?)

1.6. 다음 주어는 사람이 아닌 개체이다. 이 개체는 목적어의 주의나 관심을 사로잡는 것으로 개념화된다. 목적어는 사람을 가리키지만 환유적으로 관심이나 주의를 가리킨다.
(6) a. This story does not grab me at all.(이 이야기는 나를 전혀 사로잡지 못한다.)

  b. The book was OK, but it just didn't grab me.(그 책은 좋았지만, 나를 사로잡지는 못했다.)

  c. If my speech doesn't grab them, I don't know what will.(내 연설이 그들을 사로잡지 못한다면, 나는 무엇이 그들을 사로잡을지 모르겠다.)

  d. How does that idea grab you?(그 생각이 어떻게 당신을 사로잡았습니까?)

2. 자동사 용법
2.1. 다음 주어는 전치사 at의 목적어를 잡으려고 한다.
(7) a. He grabbed at the coin on the table.(그는 테이블 위의 동전을 집으려고 했다.)

  b. He grabbed frantically at the life preserver.(그는 미친 듯이 구명기구를 잡으려고 했다.)

  c. He grabbed at the chocolate.(그는 초콜릿을 집으려고 했다.)

  d. She grabbed at my hair, but I pulled away.(그녀는 내 머리카락을 잡으려고 했지만, 내가 피했다.)

  e. She grabbed at the balloon, but couldn't stop it blowing away.(그녀는 그 풍선을 잡으려고 했지만, 날아가는 것을 막을 순 없었다.)

  f. Mary grabs at every invitation that comes her way.(메리는 자신에게 오는 모든 초대를 응하려고 한다.)

  g. She will grab at any excuse to avoid doing the dishes.(그녀는 설거지를 피하려고 어떤 변명이든 잡을 것이다.)

  h. He grabbed at the chance.(그는 그 기회를 잡으려 했다.)

2.2. 다음 주어는 전치사 for의 목적어를 잡는다.
(8) a. She grabbed for the dog's leash.(그녀는 개의 끈을 잡으려고 손을 쭉 뻗었다.)

  b. We grabbed for the life raft.(우리는 구명 뗏목을 타려고 손을 쭉 뻗었다.)

grace
이 동사의 개념 바탕에는 아름답게 꾸미는 과정이 있다.

1. 타동사 용법
1.1. 다음 주어는 목적어를 빛나게 한다.
(1) a. She graced the meeting.(그녀는 그 모임을 빛나게 했다.)

  b. The Queen graced the occasion with her presence.(그 여왕은 참석으로 그 행사를 빛나게 했다.)

  c. She is one of the finest players that has graced the game.(그녀는 게임을 빛나게 한 가장 훌륭한 선수 가운데 한 명이다.)

1.2. 다음 주어는 목적어를 아름답게 한다.
(2) a. The table had once graced a knight's dining room.(그 식탁은 한때 기사의 식당을 아름답게 했다.)

  b. Many paintings graced the walls.(많은 그림들이 그 벽들을 아름답게 했다.)

  c. Flowers graced the marble altar of the church.(꽃들이 교회의 대리석 제단을 아름답게 했다.)

grade
이 동사의 개념 바탕에는 등급을 매기는 과정이 있다.

1. 타동사 용법
1.1. 다음 주어는 목적어를 등급을 매긴다.
(1) a. He grades apples by size.(그는 사과를 크기에 따

라 등급을 매긴다.)
- b. The machine **grades** eggs.(그 기계는 달걀의 등급을 매긴다.)
- c. The farmer **grades** eggs by color and size.(그 농부는 달걀을 색과 크기에 따라서 등급을 매긴다.)

1.2. 다음은 수동태 문장으로 주어는 등급이 매겨진다.
- (2) a. Eggs are **graded** from small to extra large.(달걀은 소에서 특대로 등급이 지어진다.)
- b. Eggs are usually **graded** into different sizes.(달걀은 보통 서로 다른 크기로 분류된다.)

1.3. 다음 주어는 목적어의 성적을 매긴다.
- (3) a. He **graded** the examination.(그는 시험의 성적을 매겼다.)
- b. The teacher **grades** the homework at home.(그 교사는 집에서 그 숙제의 성적을 매긴다.)
- c. I spent all weekend **grading** papers.(나는 주말을 논문의 성적을 매기면서 시간을 보냈다.)

1.4. 다음은 수동태 문장으로 주어는 등급이 매겨진다.
- (4) a. Ten beaches were **graded** acceptable.(열 개의 해변들이 만족 판정을 받았다.)
- b. The best students were **graded** A.(최고의 학생들은 A 판정을 받았다.)
- c. Responses were **graded** from 1 (very satisfied) to 5 (not at all satisfied).(반응들은 1 (매우 만족)에서 5 (전혀 만족하지 않음)까지 등급이 매겨져 있었다.)

2. 자동사 용법
2.1. 다음 주어는 등급이 진다.
- (5) a. This **grades** B.(이것은 B 등급이다.)
- b. The eggs **grade** A.(그 달걀들은 A 등급이다.)

2.2. 다음 주어는 성적을 매긴다.
- (6) a. My teacher **grades** harshly.(나의 선생님은 성적을 엄하게 매긴다.)
- b. Miss Hill **grades** ease, so I don't work hard.(힐 선생님은 성적을 후하게 매긴다. 그래서 나는 열심히 공부하지 않는다.)

2.3. 다음 주어는 점차적으로 변한다.
- (7) a. Blues and reds **grade** into purple.(파랑과 빨강 색들은 보라로 점차로 변한다.)
- b. Twilight **grades** into the night.(황혼이 밤으로 점차로 변했다.)

graduate
이 동사의 개념 바탕에는 한 단계를 마치고 다음 단계로 가는 과정이 있다.

1. 자동사 용법
1.1. 다음 주어는 졸업한다.
- (1) a. She **graduated** with honor from college.(그녀는 우등으로 대학을 졸업했다.)
- b. Only 10 students **graduated** in Korean this year.(열 명의 학생만이 한국어에 올해 졸업했다.)
- c. She **graduated** from high school ten years ago.(그녀는 고등학교를 십년 전에 졸업했다.)

1.2. 다음 주어는 다음 단계로 옮긴다.
- (2) a. He **graduated** to a higher position in the company.(그는 그 회사에서 더 높은 지위로 옮겼다.)
- b. She recently **graduated** from being a dancer to having a small role in a movie.(그녀는 최근 무용수에서 영화의 단역으로 단계를 옮겼다.)

2. 타동사 용법
2.1. 다음 주어는 목적어를 졸업한다.
- (3) a. He **graduated** college in 1990.(그는 대학을 1990년에 졸업했다.)
- b. Bill **graduated** high school at 17.(빌은 고등학교를 열 일곱 살에 졸업했다.)

2.2. 다음 주어는 목적어를 졸업시킨다.
- (4) a. The school **graduates** top scholars.(그 학교는 우수한 학생들을 졸업시킨다.)
- b. The college **graduated** 100 students this year.(그 대학은 백 명의 학생들을 올해 졸업시켰다.)

graft
이 동사의 개념 바탕에는 접을 붙이는 과정이 있다.

1. 타동사 용법
1.1. 다음 주어는 목적어를 이식한다.
- (1) a. They **grafted** skin from his thigh onto his badly burned face.(그들은 넓적 다리에서 따온 피부를 그의 몹시 탄 얼굴에 이식했다.)
- b. The surgeon **grafted** the dead man's kidney to his patient.(그 외과 의사는 죽은 이의 신장을 자신의 환자에게 이식했다.)

1.2. 다음 주어는 목적어를 접목한다.
- (2) a. He **grafted** a shoot from an apple tree on an old tree.(그는 사과나무의 순을 고목에 접목했다.)
- b. The doctor **grafted** new skin onto the burned leg.(그 의사는 새 살을 불에 댄 다리에 접목했다.)

1.3. 다음 주어는 목적어를 이식한다.
- (3) He **grafted** the foreign custom to our culture.(그는 외국 관습을 우리 문화에 접붙였다.)

1.4. 다음은 수동태 문장으로 주어는 이식된다.
- (4) a. Old values are being **grafted** on to a new social class.(옛 가치들이 새 사회계급에 이식되고 있다.)
- b. Roses are usually **grafted** onto the stems of wild roses to help them grow strongly.(장미들은 보통 강하게 성장하는 것을 돕도록 야생 장미의 줄기에 접목되 었다.)
- c. The management tried to **graft** new working method onto the existing ways of doing things.(그 경영진은 새 작업 방법을 현재의 작업 방법에 접목시키려고 했다.)

grant
이 동사의 개념 바탕에는 요구되는 것을 허락하는 과정이 있다.

1. 타동사 용법

1.1. 다음 주어는 첫째 목적어에게 둘째 목적어를 허락한다.

(1) a. The star refused to **grant** the media an interview. (그 스타는 매스컴에게 인터뷰를 거절했다.)

b. The minister has **granted** us a few minutes of his valuable time.(그 장관은 우리에게 귀중한 시간 몇 분을 허락했다.)

c. He **granted** me my request/the permission to go abroad.(그는 내게 외국에 나가려는 나의 부탁/허가를 승낙했다.)

d. The magician **granted** the farmer three wishes/the property.(그 마술사는 농부에게 세 가지 소원/재산을 들어 주었다.)

e. The country **granted** him a political asylum.(그 나라는 그에게 정치적 은신처를 허락했다.)

f. The government **granted** each displaced family 425,000 dollars.(정부는 생활 능력이 없는 가족에게 425,000달러를 지급했다.)

g. The bank finally **granted** me a loan.(은행은 마침내 나에게 대출을 허락했다.)

h. The general **granted** the tourists safe passage to the American embassy during the war.(그 장군은 전쟁 동안에 여행자들에게 미대사관까지의 안전한 통로를 허락했다.)

i. May God **grant** you good fortune!(신이 네게 행운을 주시길!)

1.2. 다음은 수동태 문장으로 주어는 목적어가 주어진다.

(2) a. He was **granted** an access to a lawyer.(그는 변호사의 접근이 허용되었다.)

b. The man was **granted** a scholarship/a pension.(그 남자는 장학금/연금이 주어졌다.)

c. She was **granted** a divorce/British citizenship.(그녀는 이혼/영국 시민권이 주어졌다.)

d. Women are **granted** a year's maternity leave after giving birth.(여자들은 출산 후에 일년의 임신 휴가가 허락된다.)

e. The country was **granted** its independence a few years ago.(그 나라는 몇 년 전에 독립이 주어졌다.)

f. The consortium has been **granted** permission to build a shopping mall.(그 협회는 쇼핑몰을 짓기 위한 허가가 주어졌다.)

g. Your request for housing benefit has been granted.(주택 혜택에 관한 당신의 요청은 승인되었다.)

1.3. 다음 주어는 목적어를 to의 목적어에 준다.

(3) a. He **granted** the request to them.(그는 그 요구를 그들에게 들어 주었다.)

b. The foundation **granted** $100,000 to the art project.(그 재단은 100,000 달러를 그 미술 기획사업에 허락했다.)

c. He **granted** a favor to me.(그는 호의를 내게 들어 주었다.)

d. They **granted** an entry visa to her.(그들은 입국 비자를 그녀에게 허락했다.)

e. The secretary **granted** a free pardon.(그 장관은 특사를 허락했다.)

1.4. 다음 주어는 목적어를 인정한다.

(4) a. I have to **grant** the logic of his argument.(나는 그의 주장의 논리를 인정해야 한다.)

b. We **grant** his sincerity/honesty/that point.(우리는 그의 진실/정직/그 핵심을 인정한다.)

c. She's a smart woman, I **grant** you, but she is not a genius.(그녀가 영리한 여자라는 것에 너에게 동의하지만, 그녀는 천재는 아니다.)

1.5. 다음 주어는 that-절의 내용을 시인한다.

(5) a. I **grant that** it is not the best car, but it still is reliable.(이것이 최고의 차가 아니라는 것은 인정하지만, 이것은 여전히 잘 굴러간다.)

b. I **grant that** it looks good but it's not exactly practical.(나는 이것이 좋아 보인다고 인정하지만, 이것은 정확히 실용적인 것은 아니다.)

c. I **grant that** crime is problem, but what can I do about it?(나는 범죄가 문제라는 것을 인정하지만, 그렇다고 내가 그것에 대해 무엇을 할 수 있는가?)

d. I **grant that** your point is correct, but I think it's irrelevant.(나는 네 요지가 맞다는 것을 인정하지만, 그것은 관련이 없다고 생각한다.)

e. We **grant that** he is sincere/right.(우리는 그가 성실하다는 것을/옳다는 것을 인정한다.)

f. I **grant that** you have reason to be angry.(나는 네가 화낼 만한 이유가 있다는 것을 인정한다.)

g. I **grant that** what she said was silly.(나는 그녀가 말한 것이 바보 같다는 것을 인정한다.)

h. I **grant that** the budget situation is grim.(나는 예산 상황이 냉혹하다는 것을 인정한다.)

1.6. 다음 주어는 that-절의 사실을 허락한다.

(6) a. The king **granted that** the prisoner should be freed.(왕은 그 죄수의 석방을 허락했다.)

b. God **granted that** we arrive there safely.(신은 우리가 거기에 안전하게 도착하도록 허락했다.)

1.7. 다음 주어는 목적어가 부정사가 가리키는 일을 하게 승낙한다.

(7) They **granted** him to take it with him.(그들은 그를 그것을 휴대하게 허락했다.)

1.8. 다음 주어는 목적어를 인정한다.

(8) I **grant** it to be true.(나는 그것을 사실로 인정한다.)

grasp

이 동사의 개념 바탕에는 손으로 잡는 과정이 있다.

1. 타동사 용법

1.1. 다음 주어는 목적어를 전치사 with의 목적어를 써서 잡는다.

(1) a. I **grasped** my key so I wouldn't drop it.(나는 열쇠를 떨어뜨리지 않으려고 꼭 쥐었다.)

b. The gymnast **grasped** the bar and swung himself up.(그 체조 선수는 철봉을 꼭 잡고 빙글 돌아올라갔다.)

c. Anne **grasped** Bill and gave him a big hug.(앤은

빌을 잡고 그를 크게 포옹했다.)

d. He **gasped** the shadow and let go the substance.(그는 그림자를 잡고 실체를 놓쳤다.)

e. He who **grasps** all will lose all.(모든 것을 잡으려는 자는 모든 것을 놓친다.)

f. He **grasped** the rung of the ladder.(그는 그 사다리의 단을 꼭 쥐었다.)

g. He **grasped** the rope firmly as it swung past him. (그 밧줄이 그를 지나칠 때 그는 그것을 단단히 붙들었다.)

h. He stood still, **grasping** the edge of the table.(그는 탁자 모서리를 잡고 가만히 서 있었다.)

i. I **grasped** the door handle **with** both hands and pulled hard.(나는 문의 손잡이를 양손으로 쥐고는 힘들게 당겼다.)

j. He **grasped** the rope **with** both hands.(그는 밧줄을 양손으로 꼭 잡았다.)

k. He **grasped** the chance that was offered to him. (그는 주어진 기회를 포착했다.)

1.2. 주어가 목적어를 잡을 때 목적어가 잡히는 부분을 전치사 by로 표현된다.

(2) a. I **grasped** him **by** his hand.(나는 그를 손으로 잡았다.)

b. She **grasped** me **by** the hand and led me to the window.(그녀는 나를 손으로 잡고 창문으로 이끌었다.)

1.3. 다음의 목적어는 사람의 신체 부위이다.

(3) a. I **grasped** his hand.(나는 그의 손을 잡았다.)

b. He **grasped** both my hands with his own.(그는 나의 양손을 손으로 잡았다.)

c. He **grasped** my arm and pulled me aside.(그는 나의 팔을 잡고 옆으로 당겼다.)

1.4. 다음은 [이해는 잡는 것] 은유적 표현이다. 다음의 목적어는 잡히는, 즉 이해되는 개체이다.

(4) a. After reading the story again, I finally **grasped** the main point of the story.(그 이야기를 다시 읽은 후에야, 나는 그 이야기의 요점을 파악했다.)

b. He has **grasped** the purpose of it.(그는 그것의 목적을 파악했다.)

c. He **grasped** the general idea/the argument.(그는 그 일반 개념을/논점을 파악했다.)

d. He **grasped** the meaning/the situation/the importance.(그는 의미/상황/중요성을 파악했다.)

e. He failed to **grasp** the full significance of the events.(그는 그 사건들의 전체적인 중요성을 파악하지 못했다.)

f. The government has not **grasped** the seriousness of the crisis.(정부는 그 위기의 심각성을 파악하지 못했다.)

g. He **grasped** the problem.(그는 문제를 파악했다.)

1.5. 다음 주어는 that이나 의문사가 이끄는 절의 내용을 이해한다.

(5) a. He instantly **grasped that** Stephen was talking about his wife.(그는 스테판이 아내에 대해 이야기하고 있었다는 것을 즉시 파악했다.)

b. He **grasped what** she meant.(그는 그녀가 의미하

는 바를 파악했다.)

c. I can't **grasp what** he is getting at.(나는 그가 암시하는 것을 파악할 수 없다.)

d. I **grasped** quite soon **what** was going on.(나는 되어 가는 상황을 상당히 빨리 파악했다.)

2. 자동사 용법

2.1. 다음에 쓰인 전치사 at은 시도를 나타낸다.

(6) a. He **grasped at** a rope.(그는 밧줄이라도 잡으려 했다.)

b. A drowning man will **grasp at** a straw.(물에 빠진 사람은 지푸라기라도 잡으려 든다.)

c. She **grasped at** his shirt as he ran past her.(그녀는 그가 자신의 옆을 지나칠 때 웃옷을 잡으려 했다.)

d. Baby is **grasping at** the dangling chain.(아기는 달랑거리는 사슬을 잡으려 하고 있다.)

e. As she fell, she **grasped at** the window to stop her fall.(그녀는 떨어지면서, 추락을 막아 보려고 창문이라도 잡으려 했다.)

2.2. 다음 at의 목적어는 추상적인 개체이다. 주어는 at의 목적어를 잡으려 한다.

(7) a. He **grasped at** the opportunity to go to college.(그는 대학에 갈 기회에 매달렸다.)

b. He **grasped at** a chance to go abroad.(그는 해외로 갈 기회를 꼭 잡으려고 했다.)

c. She **grasped at** the first flimsy excuse that came to her mind.(그녀는 자신의 마음에 떠오르는 첫 번째의 얄팍한 핑계에 매달렸다.)

d. I readily **grasped at** his proposal.(나는 그의 제안을 즉시 매달렸다.)

2.3 다음 주어는 잡는다.

(8) He tried to **grasp for** any support.(그는 어떠한 조력이라도 받으려 노력했다.)

grate

이 동사의 개념 바탕에는 가는 과정이 있다.

1. 타동사 용법

1.1. 다음 주어는 목적어를 간다.

(1) a. The cook **grated** the cheese before melting it.(그 요리사는 치즈를 녹이기 전에 갈았다.)

b. We **grated** ginger with a grates.(그녀는 강판으로 생강을 갈았다.)

c. She **grated** a horseradish.(그녀는 양고추 냉이를 갈았다.)

d. **Grate** the carrots and put them in the bowl.(당근을 갈아서 사발 안에 담아라.)

e. She **grated** the cabbage for coleslaw.(그녀는 그 양배추를 코울슬로로 만들려고 갈았다.)

f. He **grates** the teeth.(그는 이를 간다.)

1.2. 다음 주어는 목적어를 갈아서 into의 목적어에 넣는다.

(2) **Grate** the cheese into the mixing bowl.(치즈를 갈아서 믹서에 넣어라.)

1.3. 다음 주어는 목적어를 가로지르며 간다.

(3) a. He **grated** his knife **across** the plate.(그는 칼을 접시를 가로지르며 갈았다.)

b. I **grated** my fingernails **across** the chalk board to get everyone's attention.(나는 내 손톱을 모든 사람의 주의를 끌기 위해 칠판을 가로지르며 긁었다.)

1.4. 다음 주어는 목적어를 against의 목적어에 스치게 한다.

(4) He **grated** the car fender **against** the fence.(그는 자동차 펜더를 그 울타리에 스치게 했다.)

1.5. 다음 주어는 목적어를 거슬리게 한다.

(5) It **grates** me to think the man gets paid more than I do.(그가 나보다 더 많이 돈을 받는다는 생각이 나를 초조하게 만든다.)

2. 자동사 용법

2.1. 다음 주어는 거슬리는 소리를 낸다.

(6) a. The rusty hinges **grated** as the gate swing back. (그 녹슨 문쩌귀들은 그 대문이 앞뒤로 흔들거릴 때마다 삐걱 소리를 내었다.)

b. The door **grated on** its rusty hinges.(그 문은 그것의 녹슨 문쩌귀에서 귀에 거슬리는 소리를 내었다.)

2.2. 다음 주어는 on의 목적어를 거슬리게 한다.

(7) a. His selfishness **grated on** her nerves.(그의 이기심이 그녀의 신경을 거슬리게 했다.)

b. Your sarcasm **grates on** my nerves.(너의 비꼬는 말이 내 신경을 거슬린다.)

c. The joke **grated on** the ear.(그 농담은 귀에 거슬렸다.)

d. His accent/her screams **grates on** my ear.(그의 억양/그녀의 비명이 내 귀에 거슬린다.)

2.3. 다음 주어는 on의 목적어를 거슬린다. on의 목적어는 사람이다.

(8) a. Such expressions **grate upon** me.(그러한 표현들은 나에게 거슬린다.)

b. Her chatter **grates on** me.(그녀의 한담이 나를 거슬린다.)

c. His boasting **grated on** all of us.(그의 자랑이 우리 모두를 거슬리게 했다.)

d. His constant questions **grated on** me.(그의 끊임없는 질문이 나를 거슬리게 했다.)

e. His speech **grated on** us.(그의 연설은 우리를 거슬리게 했다.)

f. The rude fellow **grates on** my nerves.(그 무례한 녀석은 내 신경을 거슬리게 한다.)

2.4. 다음 주어는 on의 목적어에 닿아서 스친다.

(9) a. The chair **grated on** the stone floor.(그 의자가 돌바닥에 닿아 스쳤다.)

b. The wagon **grated on** its rusty wheels.(그 마차는 녹슨 바퀴에 삐걱거리는 소리를 내었다.)

c. The bottom of the gate is **grating on** the pavement.(그 문의 바닥은 포장 도로에 닿아 삐걱거리는 소리를 내고 있다.)

d. His fingernails **grated on** the chalkboard.(그의 손톱들이 칠판에 닿아 끼익 소리를 내었다.)

e. The door **grated on** its rusty hinges.(문은 녹슨 문쩌귀에 삐걱거리는 소리를 내었다.)

f. The rusty wheels **grated on** the pavement.(그 녹슨 바퀴들은 포장 도로에 닿아 끼익 소리를 내었다.)

g. The chalk **grated on** the blackboard.(그 분필은 그 칠판에 끼익 소리를 내었다.)

h. The car fender **grated against** the fence.(그 자동차 펜더가 그 울타리를 끼익 소리를 내면서 스쳤다.)

gratify

이 동사의 개념 바탕에는 욕망 등을 채워서 만족시키는 과정이 있다.

1. 타동사 용법

1.1. 다음 주어는 그 자체가 목적어의 욕망을 채워서 만족시킨다.

(1) a. Her praise **gratified** us all.(그녀의 칭찬이 우리 모두를 만족시켰다.)

b. Flattery **gratifies** a vain person.(아첨은 허영심 갖는 사람을 만족시킨다.)

1.2. 다음 주어는 목적어를 채운다. 목적어는 채워져야 하는 개체이다.

(2) a. She always wants to **gratify** her desires instantly. (그녀는 항상 욕구를 즉각적으로 채우고 싶어한다.)

b. Hoping to **gratify** my curiosity, I opened the door. (호기심을 채우고자 하는 마음에 나는 그 문을 열었다.)

c. She **gratifies** her grandchild's every whim.(그녀는 손자의 변덕을 채워준다.)

d. She **gratified** her hunger by chocolate cake.(그녀는 허기를 초콜릿 케이크로 채웠다.)

1.3. 다음 it은 that-절이나 to-부정사를 가리킨다.

(3) a. It **gratified** us that we were going home soon.(우리가 곧 집에 갈 거란 것이 우리를 만족시켰다.)

b. It **gratifies** me to see people being polite to other people.(사람들이 타인에게 정중한 것을 보는 것이 나를 만족시킨다.)

c. It **gratified** him to think that it was all his work.(모든 것이 자신의 일이라는 생각이 그를 만족시켰다.)

1.4. 다음은 수동태 문장으로 주어는 만족된다.

(4) a. I am **gratified with** the result.(나는 그 결과로 만족된다.)

b. I was **gratified to** hear the news.(나는 그 소식을 듣고 만족되었다.)

c. I was **gratified by** his invitation.(그의 그 초대에 나는 만족했다.)

graze[1]

이 동사의 개념 바탕에는 풀을 뜯기는 과정이 있다.

1. 타동사 용법

1.1. 다음 주어는 목적어를 방목한다.

(1) a. The rancher **grazed** 500 heads of cattle in the meadow.(그 목장주는 소 500 마리를 목장에 방목했다.)

b. He **grazed** the cattle all the winter.(그는 그 소들

을 겨울 내내 방목했다.)

c. The land is used by local people to **graze** their animals.(그 땅은 그 지역 사람들이 자신들의 동물들을 방목하는 데 쓰인다.)

1.2. 다음 주어는 목적어를 뜯는다.

(2) a. The deer **grazed** the area so thoroughly that there was nothing left.(그 사슴들은 그 지역을 샅샅이 뜯어서 거기에는 아무 것도 안 남았다.)

b. Cows **graze** the fields.(젖소들이 그 들판을 뜯는다.)

c. Goats **grazed** the mountain pasture.(염소들이 그 산 목초지를 뜯었다.)

1.3. 다음 주어는 목적어를 목초지로 쓴다.

(3) He **grazed** a field.(그는 어떤 밭을 목초지로 썼다.)

2. 자동사 용법

2.1. 다음 주어는 풀을 뜯는다.

(4) a. The sheep continued to **graze**.(양들은 계속 풀을 뜯었다.)

b. A herd of cattle are **grazing** in the pasture.(한 떼의 소가 목장에서 풀을 뜯고 있다.)

c. Cattle are **grazing** on the grass in the field.(소들이 밭의 풀을 뜯고 있다.)

2.2. 다음 주어는 간식한다.

(5) Parents have been warned against allowing their children to **graze** on sweets and snacks.(부모들은 아이들이 사탕으로 간식을 허용하는 것에 대해 경고를 받았다.)

graze²

이 동사의 개념 바탕에는 스치고 지나가는 과정이 있다.

1. 타동사 용법

1.1. 다음 주어는 목적어를 스친다.

(1) a. The bullet **grazed** his cheek.(그 실탄은 그의 뺨을 스쳤다.)

b. The suit case **grazed** my leg.(그 옷 가방은 내 다리를 스쳤다.)

c. As the plane climbed, its wing seemed to **graze** the tree tops.(그 비행기가 올라가면서, 그 날개가 나무 꼭대기를 스치는 것 같았다.)

1.2. 다음 목적어는 신체 부위이다.

(2) a. Oliver **grazed** his knee when he fell.(올리버는 떨어질 때 무릎을 벗겼다.)

b. I **grazed** my hands and elbows.(나는 손과 팔꿈치를 스쳐서 벗겼다.)

grease

이 동사의 개념 바탕에는 기름칠하는 과정이 있다.

1. 타동사 용법

1.1. 다음 주어는 목적어를 기름으로 칠한다.

(1) a. She **greased** the pan before baking cookies in it.(그녀는 과자를 굽기 전에 그 팬을 기름 칠했다.)

b. The mechanic **greased** the hinges on my car door.(그 기사는 내 차의 돌쩌귀들을 기름으로 칠했다.)

c. He **greased** his bicycle chain.(그는 자전거 사슬을 기름칠 했다.)

greet

이 동사의 개념 바탕에는 맞이하는 과정이 있다.

1. 타동사 용법

1.1. 다음 주어는 목적어를 맞이한다.

(1) a. She ran to **greet** him with a kiss.(그녀는 그를 키스로 맞이하기 위해서 뛰어갔다.)

b. He **greeted** me in Korean.(그는 나를 한국어로 맞이했다.)

1.2. 다음은 수동태 문장으로 주어는 맞이된다.

(2) a. Our arrival was **greeted** with acclamation.(우리의 도착은 갈채로 맞이되었다.)

b. The proposal was **greeted** with bursts of laughter.(그 제안은 웃음의 폭발로 맞이되었다.)

c. The changes were **greeted** with suspicion.(그 변화들은 의심으로 맞이되었다.)

1.3. 다음 주어는 그 자체가 목적어를 맞이한다.

(3) a. Loud cheers **greeted** the news.(큰 환호들이 그 소식을 맞았다.)

b. A round of applause **greeted** her appearance.(한 바탕의 갈채가 그녀의 출현을 맞이했다.)

1.4. 다음은 수동태 문장으로 주어는 맞이된다.

(4) a. When he opened the door, he was **greeted** by a sense of utter confusion.(그가 문을 열었을 때, 그는 완전한 혼동감에 직면되었다.)

b. As we walked into the house, we were **greeted** by a good smell of coffee.(우리는 그 집에 들어서자, 우리는 좋은 커피 냄새를 맞았다.)

1.5. 다음 주어는 목적어를 환영한다.

(5) a. They **greeted** my suggestion with applause.(그들은 나의 제안을 박수로 환영했다.)

b. The unions **greeted** the decisions with anger.(그 조합들은 결정 사항들은 분노로 맞이했다.)

1.6. 다음 주어는 목적어를 맞이한다.

(6) a. A magnificent view **greeted** us.(장관이 우리를 맞았다.)

b. A wide extent of sea **greeted** my eyes.(넓은 바다가 우리의 시야를 맞았다.)

grieve

이 동사의 개념 바탕에는 슬프게 하는 과정이 있다.

1. 타동사 용법

(1) a. Her loss **grieved** him.(그녀의 죽음은 그를 슬프게 했다.)

b. The pacifist's death **grieved** the whole world.(평화주의자의 죽음은 온 세계를 슬프게 했다.)

c. Their lack of interest grieved her.(그들의 관심부족이 그녀를 슬프게 했다.)

1.2. 다음은 수동태 문장으로 주어는 슬퍼진다.
(2) He was grieved by the conduct of his son.(그는 아들의 행위에 슬퍼졌다.)

1.3. 다음 주어는 목적어를 애도한다.
(3) a. She grieved the death of her husband.(그녀는 남편의 죽음을 애도했다.)
b. The family grieved the loss of the grandfather.(가족은 할아버지의 죽음을 슬퍼했다.)

1.4. 다음 주어는 목적어를 슬프게 한다.
(4) a. It grieved him that he could do nothing to help her.(그가 그녀를 돕는 데 아무 것도 할 수 없음이 그를 슬프게 했다.)
b. It grieves him deeply that she left.(그녀가 떠난 것은 그를 몹시 슬프게 한다.)

2. 자동사 용법
2.1. 다음 주어는 슬퍼한다.
(5) a. He grieved at the thought of being put to death.(그는 사형에 처하게 된다는 생각에 슬퍼졌다.)
b. They are still grieving for their dead child.(그들은 아직도 죽은 아이를 슬퍼한다.)
c. He grieved for his lost dog.(그는 잃은 개를 슬퍼했다.)
d. He grieved for weeks over the death of his mother.(그는 몇주 동안 어머니 죽음을 슬퍼했다.)

2.2. 다음 주어는 부정사가 나타내는 일을 하게 되어 슬프다.
(6) a. I grieve to say.(나는 말을 하게 되어 슬픕니다.)
b. I grieve to learn of your father's death.(나는 너의 아버지 죽음에 대해 알게 되어 슬프다.)

grill

이 동사의 개념 바탕에는 석쇠에 굽는 과정이 있다.
1. 타동사 용법
1.1. 다음 주어는 목적어를 굽는다.
(1) a. Grill the burger for eight minutes each side.(그 버거를 한 쪽 8분씩 구워라.)
b. Grill the chops instead of frying them.(토막고기를 튀기는 대신 구워라.)

1.2. 다음 주어는 목적어를 심문한다.
(2) a. They grilled her about where she had been all night.(그들은 그녀가 밤새 어디에 있었는지 엄하게 심문했다.)
b. The lawyer grilled the witness.(변호사는 그 증인을 엄하게 심문했다.)
c. The police grilled the suspect for hours.(경찰은 그 용의자를 몇 시간 동안 엄하게 심문했다.)

1.3. 다음은 수동태 문장으로 주어는 심문된다.
(3) a. He was grilled by detectives for several hours.(그는 그 형사에 의해 몇 시간 심문을 받았다.)
b. I was grilled by customs officers for several hours.(나는 세관원들에 의해 몇 시간 심문을 받았다.)

2. 자동사 용법
2.1. 다음 주어는 굽힌다.
(4) The hamburgers grilled for five minutes.(그 햄버거는 5분 동안 굽혔다.)

grimace

이 동사의 개념 바탕에는 찡그리는 과정이 있다.

1. 자동사 용법
1.1. 다음 주어는 찡그린다.
(1) a. Ron lay grimacing with pain.(론은 고통으로 찡그리고 앉았다.)
b. She grimaced as the needle went in.(그녀는 바늘이 들어가자 얼굴을 찡그렸다.)

grin

이 동사의 개념 바탕에는 이를 드러내고 히죽 웃는 과정이 있다.

1. 자동사 용법
1.1. 다음 주어는 이빨을 드러내면서 환하게 웃는다.
(1) a. He grinned with delight.(그는 즐거움에 이를 드러내고 웃었다.)
b. The children grinned at her.(그 아이들은 그녀에게 이를 드러내고 싱긋 웃었다.)

1.2. 다음 주어는 이빨을 드러낸다.
(2) a. Stop grinning at me.(내게 이빨을 드러내고 웃지 마.)
b. The dog grinned at her.(그 개는 그녀에게 이빨을 드러내었다.)

2. 타동사 용법
2.1. 다음 주어는 목적어를 미소로 표현한다.
(3) a. She grinned her satisfaction.(그녀는 만족을 미소로 표시했다.)
b. She grinned her delight.(그녀는 즐거움을 미소로 표시했다.)

grind

이 동사의 개념 바탕에는 가는 과정이 있다.

1. 타동사 용법
1.1. 다음 주어는 목적어를 간다.
(1) a. I'll grind the coffee for breakfast.(나는 아침을 위해 커피를 갈겠다.)
b. You can grind most spices by hand.(너는 대부분의 양념을 손으로 갈 수 있다.)
c. He grinds wheat in a mill.(그는 밀을 방앗간에서 간다.)
d. Mom ground up the meat before making hamburgers.(엄마는 햄버거를 만들기 전에 고기를 갈았다.)
e. He grinds lenses/scythes/swords.(그는 렌즈/낫/

칼을 간다.)

f. The man **ground** a knife on a grindstone.(그 남자는 칼을 숫돌에 갈았다.)

g. He **grinds** his teeth in his sleep.(그는 이를 잠 잘 때 간다.)

1.2. 다음은 수동태 문장으로 주어는 갈린다.

(2) The glass bottles were **ground** up for recycling. (그 유리는 재생되기 전에 완전히 갈렸다.)

1.3. 다음 주어는 목적어를 갈아서 전치사 onto의 목적어에 가게 한다.

(3) The waiter **ground** some pepper **onto** my salad.(그 웨이터는 약간의 후추를 갈아서 내 샐러드에 뿌렸다.)

1.4. 다음 주어는 목적어를 갈아서 어떤 상태에 이르게 한다.

(4) a. He **ground** the barley **into** flour.(그는 보리를 갈아서 가루로 만들었다.)

b. He **ground** the glass **to** pieces.(그는 유리를 갈아서 조각조각으로 만들었다.)

c. He **ground** the wheat **to** powder(그는 밀을 갈아서 가루로 만들었다.)

d. The strike **ground** industry **to** a halt.(그 파업은 산업을 갈아 정지 상태에 이르게 했다.)

1.5. 다음 주어는 목적어를 갈아서 얻는다.

(5) He **grinds** flour.(그는 밀가루를 갈았다.)

1.6. 다음 주어는 목적어를 만들어낸다.

(6) a. He **ground out** a tune from the hand-organ.(그는 한 곡조를 손 풍금에서 켜낸다.)

b. He **ground out** three novels a year.(그는 세 권의 소설을 일년에 써내었다.)

c. Fred **grinds out** detective stories. (프레드는 탐정 소설들을 써낸다.)

1.7. 다음 주어는 목적어를 갈아서 작게 만든다.

(7) a. I **ground down** the rim of the glass to make it smooth.(나는 유리잔의 가장자리를 갈아서 맨질맨질하게 했다.)

b. Mary **ground down** the pencil in the electric pencil sharpener.(메리는 그 연필을 전기 연필깎이에 갈았다.)

1.8. 다음은 수동태 문장으로 주어는 갈린다.

(8) a. The tip can be **ground to** a much sharper edge. (꼭지는 훨씬 더 날카로운 가장자리로 갈릴 수 있다.)

b. The lenses are **ground to** a high standard of precision.(그 렌즈는 높은 정확성의 수준에까지 갈린다.)

1.9. 다음 주어는 목적어를 열심히 시킨다.

(9) The teacher **ground** the boys in math.(그 교사는 그 소년들에게 수학공부를 열심히 시켰다.)

1.10. 다음 주어는 목적어를 문질러서 전치사 into의 목적어에 들어가게 한다.

(10) a. The baseball player **ground** dirt **into** his pants when he slid into home plate.(그 야구 선수는 그가 홈 플레이트에 미끄러져 들어갈 때 흙을 바지에 문혔다.)

b. He dropped the cigarette butt and **ground into** the carpet with his heel.(그는 그 담배 꽁초를 떨구어 그의 뒤축으로 카펫트 속에 문질러 넣었다.)

c. Luke **ground** his foot **into** the dirt.(루크는 그의 발을 흙 속에 문질러 넣었다.)

d. The teacher **ground** the lesson **into** the student's head.(그 교사는 수업을 학생들의 머리에 비벼 넣었다.)

1.11. 다음 주어는 목적어를 문질러서 끈다.

(11) He **ground out** his cigarettes.(그는 담배를 문질러 껐다.)

1.12. 다음 주어는 목적어를 짓밟는다.

(12) a. Years of dictatorship had **ground** the people down.(몇년 간의 독재가 국민들을 짓밟았다.)

b. The king **grinds** the poor.(왕은 가난한 사람들을 짓밟는다.)

1.13. 다음은 수동태 문장으로 주어는 짓밟힌다.

(13) People were **ground down** by poverty/taxation/tyranny.(사람들을 가난/조세/폭정으로 짓밟혔다.)

2. 자동사 용법

2.1. 다음 주어는 전치사 against 나 on의 목적어에 긁힌다.

(14) a. The ship **ground against** the rock.(그 배는 바위에 갈았다.)

b. The bottom of the ship **ground on** the coral.(그 배의 바닥은 산호를 갈았다.)

c. The ship **ground on** rocks.(그 배는 바위를 갈았다.)

2.2. 다음 주어는 삐걱거리는 소리를 내면서 움직인다.

(15) a. The gears **ground** when I shifted.(그 기어는 내가 그것을 바꿀 때 소리가 났다.)

b. The tanks were **grinding** south.(탱크들은 삐걱 거리는 소리를 내면서 남쪽으로 갔다.)

c. Traffic **ground** to a halt as it approached the accident site.(차량들이 그 사고 지점에 이르면서 삐걱거리며 정지했다.)

d. The peace process has **ground** to a halt.(평화행진은 소리를 내면서 정지했다.)

2.3. 다음 주어는 갈린다.

(16) a. The wheat doesn't **grind** fine.(그 밀은 곱게 갈리지 않는다.)

b. The coffee **grinds** well/fine.(커피는 잘/잘게 갈린다.)

2.4. 다음 주어는 전치사 at의 목적어에 열심히 한다.

(17) a. He is **grinding** away **at** his studies.(그는 공부를 계속해서 열심히 하고 있다.)

b. He is **grinding for** an exam.(그는 시험을 위해서 열심히 하고 있다.)

grip

이 동사의 개념 바탕에는 꼭 쥐는 과정이 있다.

1. 타동사 용법

1.1. 다음 주어는 목적어를 꼭 쥔다.

(1) a. He **gripped** the club **with** both hands.(그는 방망이를 양손으로 쥐었다.)

b. He **gripped** the bone **with** his teeth.(그는 뼈를 이

로 물었다.)

c. He tried to **grip** the rope between his knees.(그는 그 밧줄을 무릎으로 잡으려고 했다.)

d. He **gripped** the tennis racket.(그는 정구채를 쥐었다.)

e. She **gripped** my wrist and pulled me back.(그녀는 내 팔목을 잡고 나를 뒤로 당겼다.)

f. The child **gripped** his mother's hand.(그 아이는 엄마의 손을 쥐었다.)

g. I **gripped** the handlebars as I biked over the bumpy road.(나는 울퉁불퉁한 길을 지날 때 그 운전대를 꼭 쥐었다.)

h. He **gripped** her round her waist to stop her falling.(그는 그녀가 떨어지는 것을 막기 위해 그녀의 허리를 잡았다.)

1.2. 다음은 수동태 문장으로 주어는 꽉 잡힌다.

(2) a. The sailing ship was **gripped** by the calm.(그 범선은 무풍지대에 잡혀 있었다.)

b. The whole country was **gripped** by panic.(그 나라 전체가 공포에 잡혀 있었다.)

1.3. 다음 주어는 목적어를 잡는다. 주어는 병이다.

(3) Rheumatism **gripped** him.(관절염이 그를 사로 잡았다.)

1.4. 다음 주어는 목적어를 이해한다.

(4) I **gripped** his argument.(나는 그의 논거를 이해했다.)

1.5. 다음 주어는 목적어를 잡는다. 주어는 기계이다.

(5) a. The brake **gripped** the wheel.(그 제동기는 바퀴를 꼭 물었다.)

b. Radal tires **grip** the road well.(방사 타이어는 길을 잘 문다.)

1.6. 다음 주어는 목적어를 잡는다. 목적어는 마음이다.

(6) a. The pictures **gripped** my imagination.(그 그림들은 나의 상상력을 사로잡았다.)

b. The scene **gripped** my mind.(그 장면은 나의 마음을 사로잡았다.)

c. Terror **gripped** her heart.(공포가 그녀의 마음을 사로잡았다.)

1.7. 다음 주어는 목적어를 사로 잡는다. 목적어는 사람이다.

(7) a. The speaker **gripped** the audience.(그 연사는 청중을 사로잡았다.)

b. The scene **gripped** the spectators.(그 장면은 관객들을 사로잡았다.)

c. The story will really **grip** you.(그 이야기는 너를 사로 잡을 것이다.)

d. Terrorism **gripped** the country.(테러가 그 나라를 사로잡았다.)

e. Fear **gripped** her.(공포가 그녀를 사로잡았다.)

1.8. 다음은 수동태 문장으로 주어는 사로잡힌다.

(8) a. I was totally **gripped** by the story.(나는 완전히 그 이야기에 사로잡혔다.)

b. I was **gripped** by the film from the moment it started.(나는 영화가 시작되는 순간부터 그 영화에 사로잡혔다.)

1.9. 다음 주어는 목적어를 사로잡는다.

(9) Winter **gripped** the region.(겨울이 그 지역을 꽁꽁 묶었다.)

2. 자동사 용법

2.1. 다음 주어는 잡는다.

(10) a. The tire did not **grip** on the icy road.(그 타이어는 얼음판 길에 접촉이 잘 된다.)

b. The new tires **grip** much better than the older one.(새 타이어는 그 전 것보다 훨씬 더 잘 접촉이 된다.)

c. The wheels did not **grip** on the icy road.(그 바퀴는 얼음판 길에 접촉이 안 되었다.)

2.2. 다음 주어는 잡는다.

(11) a. She **gripped** onto the railing with both hands.(그녀는 난간을 양손으로 잡아 매달렸다.)

b. You must **grip** (the rope) more tightly.(너는 더 단단히 밧줄을 잡아야 한다.)

gripe

이 동사의 개념 바탕에는 까다롭게 불평을 하는 과정이 있다.

1. 자동사 용법

1.1. 다음 주어는 불평을 한다.

(1) a. Bill **griped** endlessly through the whole trip.(빌은 그 전체 여행을 통해 끝없이 불평을 했다.)

b. He is always **griping** about the people at work.(그는 언제나 직장에서 일하는 그 사람들을 불평한다.)

c. The diners **griped** about the slow service.(그 식당 손님들은 그 느린 서비스에 대해 불평을 했다.)

2. 타동사 용법

2.1. 다음 주어는 목적어를 초조하게 한다.

(2) a. What's **griping** you?(무엇이 너를 초조하게 만들고 있는가?)

b. The criticism really **griped** me.(그 비판은 정말 나를 화가 나게 했다.)

groan

이 동사의 개념 바탕에는 신음하는 과정이 있다.

1. 자동사 용법

1.1. 다음 주어는 신음한다.

(1) a. They are all **groaning** about the amount of work they had.(그들은 그들이 가지고 있던 일의 양에 대해서 괴로워 하고 있다.)

b. He **groans** under oppression.(그가 업압 아래 신음한다.)

c. The wounded **groaned** for medicine.(그 부상자는 신음을 하면서 약을 달라고 했다.)

1.2. 다음 주어는 개체로서 신음소리와 같은 소리를 낸다.

(2) a. We heard the ship's timbers **groan** as the ship was tossed by the storm.(우리는 배가 폭풍에 요

동을 칠 때 그 선재가 삐걱거리는 소리를 들었다.)
b. The old tree **groaned** in the wind.(그 고목은 바람에 신음소리를 내었다.)
c. The desk **groans** under a big computer.(그 책상은 큰 컴퓨터 밑에서 신음한다.)

2. 타동사 용법
2.1. 다음 주어는 신음소리로 목적어를 중단시킨다.
(3) He **groaned down** the speaker.(그는 신음소리를 내어서 그 연사를 내려오게 했다.)
2.2. 다음 주어는 신음하면서 목적어를 표현한다.
(4) a. The patient **groaned out** a request.(그 환자는 신음소리를 내면서 요청을 했다.)
b. He **groaned** out the name of his assistant.(그는 조수의 이름을 신음하면서 말했다.)

groove
이 동사의 개념 바탕에는 groove의 명사 '긴 홈'이 있다. 동사의 의미는 이 명사의 모양과 관계가 있다.

1. 타동사 용법
1.1. 다음 주어는 그 자체가 목적어를 홈을 낸다.
(1) Water **grooved** the soil as it flowed toward the river.(물은 그 흙을 그 강을 향해 흐르면서 홈을 냈다.)
1.2. 다음 주어는 목적어를 홈을 판다.
(2) a. The wood worker **grooved** the board with a special chisel.(그 목재사가 판자를 특별한 끌로 홈을 팠다.)
b. He **grooved** the board to fit the other tightly.(그는 판자를 다른 판자에 꼭 맞추려고 홈을 팠다.)
c. They **grooved** the surface of the highway.(그들은 고속도로 표면을 홈을 팠다.)

2. 자동사 용법
2.1. 다음 주어는 홈에 빠지듯 어떤 영역에 빠진다.
(3) a. He's **grooving** to the music.(그는 음악에 푹 빠져들었다.)
b. The band plays well; they really **groove** with each other.(그 악단은 연주를 잘 한다; 그들은 서로 좋아한다.)

grope
이 동사의 개념 바탕에는 손으로 더듬는 과정이 있다.

1. 자동사 용법
1.1. 다음 주어는 이리저리 더듬는다.
(1) a. He **groped about** in his pocket for the ticket.(그는 주머니 여기저기를 더듬으면서 그 표를 찾았다.)
b. He **groped about** in the cavern.(그는 동굴 안을 이리저리 더듬었다.)
1.2. 다음 주어는 더듬으면서 움직인다.
(2) a. We continued to **grope along** through the fog.(우

리는 계속해서 더듬으면서 안개 속을 따라 움직였다.)
b. He **groped through** the darkness toward the door.(그는 어둠 속을 뚫고 문을 향해 더듬으며 움직여 나갔다.)
1.3. 다음 주어는 무엇을 찾기 위해서 더듬는다.
(3) a. He **groped for** the knob in the darkness.(그는 손잡이를 찾기 위해 어둠 속에서 더듬거렸다.)
b. He **groped for** the words he wanted.(그는 자기가 원하는 말을 찾기 위해 더듬거렸다.)
c. He is **groping for** a light switch.(그는 전기 스위치를 찾기 위해 더듬거리고 있다.)
d. He **groped for** a solution/an answer.(그는 해결책/답을 찾으려 더듬거렸다.)
1.4. 다음 주어는 더듬으면서 나아간다.
(4) a. He **groped** his way **across** the room.(그는 더듬으면서 방을 가로질러 나아갔다.)
b. He **groped** his way **along** the wall to the door.(그는 더듬으면서 벽을 따라 그 문으로 나아갔다.)
c. He **groped** his way **to** a seat in the dark cinema.(그는 어두운 극장 속에서 자기 자리를 찾아 더듬거리며 나아갔다.)
d. He is **groping** his way **toward** understanding the problem.(그는 그 문제를 이해하려고 더듬거리며 나아가고 있는 중이다.)
1.5. 다음 주어는 더듬어서 찾아낸다.
(5) He **groped out** no secrets.(그는 어떤 비밀도 더듬어서 찾아내지 못했다.)
1.6. 다음 주어는 목적어를 더듬는다.
(6) a. Teenage couples were **groping** each other in the back of the cinema.(십대 커플들은 그 극장 뒤쪽에서 서로의 몸을 더듬고(애무하고) 있었다.)
b. He tried to **grope** her breasts.(그는 그녀의 가슴을 더듬으려고 애썼다.)

ground
이 동사의 개념 바탕에는 ground의 명사, 하늘과 대조가 되는 '땅'이 있다.

1. 타동사 용법
1.1. 다음 주어는 목적어를 착륙시키거나 비행하지 못하게 한다.
(1) a. The thick fog **grounded** all flights out of the city.(그 짙은 안개가 도시 밖으로 나가는 모든 비행기의 발을 묶었다.)
b. Bad weather **grounded** all flights.(나쁜 날씨가 비행기의 발을 묶었다.)
1.2. 다음은 수동태 문장으로 주어는 움직이지 못한다.
(2) a. The planes were **grounded** by the strikes.(그 비행기들은 그 파업으로 발이 묶였다.)
b. The civil aviation minister ordered all the planes to be **grounded**.(그 민간 항공 장관은 모든 비행기가 날지 못하게 명령했다.)
1.3. 다음은 수동태 문장으로 주어는 발이 묶인다.
(3) a. The plane was **grounded** by fog/until the fog

cleared.(그 비행기는 안개 때문에/안개가 걷힐 때까지 비행하지 못했다.)

 b. The balloon was **grounded** by strong winds.(그 풍선은 강한 바람 탓에 뜨지 못했다.)

1.4. 다음의 목적어는 배이다. 주어는 목적어를 좌초시킨다.

(4) a. They **grounded** the ship on a rock.(그들은 그 배를 바위에 좌초시켰다.)

 b. We **grounded** our boat by accident.(우리는 보트를 사고로 좌초시켰다.)

1.5. 다음은 수동태 문장으로 주어는 좌초된다.

(5) a. The ship was **grounded** in shallow water.(그 배는 얕은 물에 좌초되었다.)

 b. The boat was **grounded** on a sand bank.(그 배는 모래톱에 좌초되었다.)

 c. The oil tanker was **grounded** on a sandbank.(그 유조선은 모래톱에 좌초되었다.)

 d. The fishing boat was **grounded** on rocks off Mokpo.(그 고기 배는 목포 앞 바다의 바위에 좌초되었다.)

1.6. 다음 주어는 목적어를 근무를 못하게 한다.

(6) a. They **grounded** the pilot.(그들은 비행사를 비행 근무 해제했다.)

 b. The parents **grounded** their son in his bedroom for swearing at them.(그 부모들은 아들을 자기들에게 욕을 한 것 때문에 침실에서 나가지 못하게 했다.)

 c. Her parents **grounded** her for coming home late.(그녀의 부모는 그녀의 귀가가 늦었기 때문에 그녀를 나가지 못하게 했다.)

 d. The manager **grounded** all salespersons to save money.(그 경영자는 모든 판매원을 돈을 절감하려고 여행 근무를 금지시켰다.)

1.7. 땅은 건축물의 바탕이 된다. 다음은 [법, 논쟁 등은 건축물] 은유가 적용된 표현이다. 그러므로 이들도 바탕이 있다. 주어는 목적어의 바탕을 전치사 on에 둔다.

(7) a. They **grounded** their appeal on the common law.(그들은 상소를 그 관습법에 바탕을 두었다.)

 b. On what do you **ground** your argument?(당신의 주장을 무엇에 근거를 두고 있습니까?)

1.8. 다음은 수동태 문장으로 주어는 전치사 on의 목적어에 바탕이 주어진다.

(8) a. His values are **grounded** in/on his Protestant work ethic.(그의 가치관은 청교도 노동 윤리에 근거를 두고 있다.)

 b. Her activities were **grounded on** a desire to serve others.(그녀의 행위는 다른 이들을 돕고자 하는 소망에 바탕을 두고 있었다.)

 c. Self-discipline is **grounded on** self-knowledge.(자기 수양은 자기 인식에 바탕을 둔다.)

 d. His argument is **grounded on** a series of wrong assumptions.(그의 주장은 일련의 잘못된 전제에 근거를 두고 있다.)

 e. His opinion is **grounded on** his own experience.(그의 의견은 자신의 경험에 바탕을 두고 있다.)

 f. His whole argument is **grounded on** a mistaken belief.(그의 전체 주장은 잘못된 믿음에 바탕을 두고 있다.)

 g. Our fears proved to be well **grounded**.(우리의 두려움은 그만한 근거가 있는 것으로 밝혀졌다.)

1.9. 학문에도 바탕이 있다. 다음 주어는 목적어를 전치사 in의 목적어에 바탕을 제공한다.

(9) a. Their teachers **grounded** them in the fundamentals of science.(그들의 선생님은 과학의 기초 지식 면에서 탄탄한 바탕을 그들에게 제공해 주었다.)

 b. He **grounded** himself in Japanese.(그는 자신을 일본어의 기초를 튼튼히 했다.)

 c. The class **grounds** students in basic science.(수업은 학생들에게 기초 과학에 바탕을 제공한다.)

 d. He **grounded** the pupils in geometry/ in math.(그는 학생들에게 기하학/수학에 기초를 다져 주었다.)

1.10. 다음은 수동태 문장으로 주어는 전치사 in의 목적어 영역에서 바탕이 주어진다.

(10) a. The class is well-**grounded** in history.(그 반은 역사에 기초가 잘 다져져 있다.)

 b. He was well-**grounded** in math/in English.(그는 수학/ 영어에 기초가 튼튼했다.)

 c. Everyone should be firmly **grounded** in first aid.(모든 사람들은 응급 치료에 기초를 다지고 있어야 한다.)

 d. The recruits were **grounded** in combat techniques.(그 신병들은 전투 기술에 대해 교육을 단단히 받았다.)

 e. His argument is **grounded** in facts.(그의 주장은 사실에 근거한다.)

 f. These explanations are not sufficiently **grounded** in fact.(이들 설명은 충분하게 사실에 바탕이 주어지지 않았다.)

1.11. 다음 목적어는 접지되는 개체이다. 주어는 목적어를 접지시킨다.

(11) The electrician **grounded** the wiring around our patio.(그 전기기사는 전선을 안뜰 주위에 접지시켰다.)

1.12. 다음은 수동태 문장으로 주어는 접지된다.

(12) a. The lightning rod is **grounded** into the soil.(피뢰침은 땅에 접지되어 있다.)

 b. If the wire hadn't been **grounded**, I would have been electrocuted.(만약 전선이 접지되어 있지 않았더라면, 나는 감전사했을 것이다.)

 c. A circuit is **grounded** so that excess current flows harmlessly into the earth.(회로는 초과 전류가 위험하지 않게 땅으로 흘러 들어가도록 접지되어 있다.)

1.13. 도구를 쓸 때는 들고, 쓰지 않을 때는 바닥에 내려놓는다. 주어는 목적어를 내려놓는다.

(13) a. He **grounded** the arms.(그는 무기를 내려놓았다.)

 b. He **grounded** his rifle.(그는 권총을 내려놓았다.)

2. 자동사 용법

2.1. 다음은 [제도나 조직은 건축물] 은유가 적용된 표현이다. 주어는 건축물과 같은 것이고, 이것은 전

치사 on의 목적어에 바탕을 둔다.
(14) The institution **grounds** on these forces.(제도는 이
들 세력에 바탕을 둔다.)

2.2. 다음 주어는 좌초된다.
(15) a. The boat **grounded** on the beach.(그 배는 해안에
좌초했다.)
b. The large ships **grounded** on the riverbed at low
tide.(그 큰 배들은 강바닥의 썰물에 좌초했다.)

grouse
이 동사의 개념 바탕에는 투덜대며 불평을 하는 과
정이 있다.

1. 자동사 용법
1.1. 다음 주어는 불평을 한다.
(1) a. He's always **grousing about** his job.(그는 항상 직
업에 불평을 한다.)
b. He **groused about** the poor hotel service.(그는 형
편없는 호텔 서비스에 대해 불평을 했다.)

1.2. 다음 that-절은 불평의 내용이다.
(2) a. He's always **grousing that** he hated his job.(그는
항상 자신의 일을 싫어했노라고 불평한다.)
b. He's always **grousing that** he hates his wife's
cooking.(그는 아내의 요리를 싫어한다고 투덜댔
다.)

grow
이 동사의 개념 바탕에는 자라는 과정이 있다.

1. 자동사 용법
1.1. 다음 주어는 자란다.
(1) a. The boy is **growing** rapidly.(그 소년은 빨리 자라
고 있다.)
b. My finger nails aren't **growing**.(내 손톱이 안 자라
고 있다.)
c. She is letting her hair **grow**.(그녀는 머리가 자라게
내버려 두고 있다.)

1.2. 다음 주어는 식물이다.
(2) a. Grass **grows** after rain.(풀은 비가 온 후에 자란다.)
b. Few trees **grow** in the desert.(나무가 사막에는 거
의 자라지 않는다.)
c. Cotton **grows** wild here.(솜은 여기서 야생으로 자
란다.)

1.3. 다음 주어는 전치사 from의 목적어에서 자란다.
(3) a. Plants **grow from** seeds.(식물은 씨에서 큰다.)
b. A lily **grows from** the bulb.(백합은 구근에서 자란
다.)

1.4. 다음 주어는 자라서 into의 목적어가 된다.
(4) a. A lamb **grows into** a sheep.(새끼 양은 큰 양으로
자란다.)
b. He has **grown into** a fine young man.(그는 훌륭한
젊은이로 컸다.)
c. The village is **growing into** a town.(그 부락은 읍으
로 성장하고 있다.)

**1.5. 다음 주어는 추상적 개체이다. 이들은 구체적 개
체로 개념화되어 커지는 것으로 표현되어 있다.**
(5) a. The national debts have **grown**.(그 나라의 빚은 커
졌다.)
b. My difficulties are **growing**.(나의 어려움은 커지고
있다.)
c. His influence over her is **growing**.(그녀에 대한 그
의 영향력이 커지고 있다.)
d. Their business has **grown** rapidly.(그들의 사업은
빠르게 성장했다.)

**1.6. 다음은 [상태 변화는 장소 이동] 은유가 적용된
표현이다. 형용사는 결과의 상태이다.**
(6) a. He **grew** old.(그는 늙었다.)
b. He **grew** rich.(그는 부자가 되었다.)
c. The children are **growing** tired.(그 아이들은 지치
고 있다.)
d. The noise **grew** louder.(그 소음은 더 커졌다.)
e. The sound of the music **grew** less as the band
marched away.(그 악대가 멀어지면서 음악 소리는
적어졌다.)
f. He has **grown** 6 inches taller.(그는 6인치 더 커졌
다.)

**1.7. 다음 주어는 점차적으로 to 부정사가 가리키는 일
을 하게 된다.**
(7) a. You will **grow to** see the difference.(너는 그 차이
를 이해하게 될 것이다.)
b. In time you will **grow to** like him.(시간이 지나면,
너는 그를 좋아하게 될 것이다.)
c. He **grew to** be obedient.(그는 순종적이 되었다.)
d. I have **grown to** think that you are right.(나는 네
가 옳다고 생각하게 되었다.)

2. 타동사 용법
2.1. 다음 주어는 목적어를 키운다.
(8) a. He **grows** vegetables/roses/cotton.(그는 채소/장
미/목화를 키운다.)
b. The farmer **grows** potatoes in this field.(그 농부는
감자를 이 밭에 재배한다.)

2.2. 다음 주어는 목적어를 자라게 한다.
(9) a. He **grows** a beard.(그는 수염을 기른다.)
b. He **grows** his hair.(그는 머리를 기른다.)

growl
이 동사의 개념 바탕에는 으르렁거리는 과정이 있다.

1. 자동사 용법
1.1. 다음 주어는 으르렁거린다.
(1) a. A distant thunder **growled**.(먼 천둥이 으르렁거렸
다.)
b. The dog **growled** angrily.(그 개는 화가 나서 으르
렁거렸다.)

2. 타동사 용법
**2.1. 다음 주어는 어르렁거리는 소리로 목적어를 표현
한다.**

(2) a. He **growled out** an answer/a command. (그는 어르
렁거리는 소리로 대답/명령을 했다.)

b. He **growled out** his displeasure. (그는 불만을 어르
렁거리는 소리로 표현했다.)

2.2. 다음 주어는 따옴표 속의 표현을 어르렁거리는 소리로 표현한다.

(3) a. "Get out of my way," he **growled**. ("비켜!" 하고 그
는 어르렁거렸다.)

b. "Who are you?" he **growled** at the stranger. ("넌
누구냐?" 하고 그가 낯선이에게 어르렁거렸다.)

grudge

이 동사의 개념 바탕에는 주기나 쓰기를 원하지 않
는 과정이 있다.

1. 타동사 용법

1.1. 다음 주어는 목적어를 아까워한다. 다음 주어는 시간이다.

(1) a. He **grudges** every moment of delay. (그는 지연의
매 순간을 아까워한다.)

b. He surely **grudges** the time he spends travelling
to work. (그는 확실히 직장에 가는 데 쓰는 시간을
아까워한다.)

1.2. 다음 주어는 목적어를 아까워한다.

(2) a. They **grudged** us every day we were away. (그들
은 우리가 나가있는 매일 우리를 질투했다.)

b. He **grudged** his labor. (그는 노력을 아까워했다.)

1.3. 다음 주어는 첫째 목적어가 둘째 목적어를 갖는 것을 아까워한다. 즉 질투를 한다.

(3) a. I don't **grudge** her good fortune. (나는 그녀의 행운
을 질투하지 않는다.)

b. He **grudges** me my success. (그는 나의 성공을 질
투한다.)

c. I **grudge** you nothing. (나는 너에게 아무 것도 아까
워한다.)

1.4. 다음 주어는 목적어를 아까워한다.

(4) a. He **grudges** paying the money. (그는 돈을 내는 것
을 아까워한다.)

b. I **grudge** wasting time on this. (나는 이것에 시간을
허비하는 것을 아까워한다.)

grumble

이 동사의 개념 바탕에는 투덜거리는 과정이 있다.

1. 자동사 용법

1.1. 다음 주어는 투덜댄다.

(1) a. Don't **grumble** at the food. (그 음식에 대해서 투덜
대지 말아라.)

b. The farmer always **grumbles** at the weather. (그
농부는 언제나 날씨에 대해 투덜댄다.)

c. He **grumbles** about having to clean the bathtub. (그
는 욕조를 청소해야만 하는 것에 대해 투덜댄다.)

1.2. 다음 주어는 전치사 for의 목적어를 위해 투덜댄다.

(2) a. He **grumbled** for wine. (그는 술이 없다고 투덜댄다.)

1.3. 다음 주어는 우르렁거리는 소리를 낸다.

(3) a. Thunder **grumbled** in the distance. (천둥이 멀리서
우르렁거렸다.)

b. My stomach is **grumbling**. (내 배가 우르렁거리고
있다.)

1.4. 다음 따옴표 속의 표현은 주어가 불평조로 내뱉는 표현이다.

(4) a. "I hate that job," he **grumbled**. ("나는 저 일이 싫
어," 그는 투덜대었다.)

b. "Why am I not allowed a day off," he **grumbled**.
("왜 나는 하루 휴일이 안 주어지지"라고 그는 투덜대
었다.)

1.5. 다음 주어는 that-절의 내용을 투덜대면서 나타낸다.

(5) a. They kept **grumbling that** they were cold. (그들은
계속해서 춥다고 투덜대었다.)

b. He **grumbles that** he was hungry. (그는 배가 고프
다고 투덜댄다.)

1.6 다음 주어는 투덜대면서 목적어를 표현한다.

(6) a. He **grumbled out** a protest. (그는 투덜대면서 항의
를 표현했다.)

b. He **grumbled** his complaint. (그는 불평을 투덜대면
서 말했다.)

grunt

이 동사의 개념 바탕에는 끙끙거리는 소리를 내는
과정이 있다.

1. 자동사 용법

(1) a. He pulled hard on the rope, **grunting** with effort.
(그는 그 줄을 세게 잡아당기면서 힘이 들어서 끙끙
거렸다.)

b. The usher just **grunted** and pointed to my seat.
(안내인은 끙끙거리면서 내 자리를 가리켰다.)

c. He **grunted** as he pulled up the heavy box. (그는
무거운 상자를 끌어올리면서 끙끙거렸다.)

1.2. 다음 주어는 끙끙거리는 소리를 내면서 이동한다.

(2) The car **grunted up** the hill. (차는 끙끙거리면서 그
산을 올라갔다.)

2. 타동사 용법

2.1. 다음 주어는 끙끙거리면서 목적어를 표현한다.

(3) a. He **grunted out** an answer/his thanks/his
agreement. (그는 끙끙거리면서 대답/감사/동의를
표현했다.)

b. He **grunted** something about being late and
rushed out. (그는 늦은 것에 대해 무엇인가 투덜거
리면서 뛰어 나갔다.)

2.2. 다음 주어는 that-절의 내용을 투덜거리면서 말한다.

(4) a. He **grunted that** he was too busy to talk to me. (그
는 너무 바빠서 나에게 말을 할 수 없다고 투덜댔
다.)

b. He **grunted that** everything was okay. (그는 모든

일이 문제가 없다고 투덜대며 말했다.)

2.3. 다음 주어는 투덜거리면서 따옴표 속의 말을 한다.

(5) a. "Are you still here?" he grunted. ("너 아직도 여기 있어?" 그는 불평스럽게 물었다.)

b. "No," she grunted. ("안돼" 그가 투덜거리며 말했다.)

guarantee

이 동사의 개념 바탕에는 보증하는 과정이 있다.

1. 타동사 용법

1.1. 다음 주어는 목적어를 보증한다.

(1) a. The shop guarantees the TV for two years. (그 가게는 그 텔레비전을 이년간 보증한다.)

b. The manufacturer guarantees the microwave oven for two years. (그 제조 회사는 전자렌지를 이년간 보증한다.)

1.2. 다음은 수동태 문장으로 주어는 보증된다.

(2) a. The computer is guaranteed for a year against faulty workmanship. (그 컴퓨터는 일년간 부실 공정에 대해 보증된다.)

b. Household appliances are guaranteed for one year. (가전 제품은 일년간 보증된다.)

c. Prompt service is guaranteed to our customers. (빠른 서비스가 우리의 고객에게 보증된다.)

1.3. 다음 주어는 목적어를 부정사가 나타내는 과정을 하는 것을 보증한다.

(3) a. He guarantees the watch to keep perfect time. (그는 시계를 완전하게 시간을 유지하는 것을 보증한다.)

b. People can't be guaranteed to do the right thing. (사람들은 옳은 일을 하리라 보증될 수 없다.)

1.4. 다음 주어는 목적어를 보증한다.

(4) a. He will guarantee her future behavior. (그가 그녀의 미래 행동을 보장할 것이다.)

b. Diligence guarantees success. (근면이 성공을 보장한다.)

c. The rains guarantee good crops. (비는 좋은 작황을 보장한다.)

d. He thought a good education would guarantee success. (그는 좋은 교육이 성공을 보장할 것이라고 생각했다.)

e. Marriage does not guarantee happiness. (결혼이 행복을 보장하지 않는다.)

f. Tonight's victory guarantees the team's place in the final. (오늘의 승리는 결승전에서 그 팀의 자리를 보장한다.)

1.5. 다음 주어는 that-절의 내용을 보장한다.

(5) a. He guarantees that the contract shall be carried out. (그는 계약이 이행될 것임을 보장한다.)

b. I guarantee that he will come/appear in court. (나는 그가 법정에 출두할 것임을 보장한다.)

1.6. 다음 주어는 부정사의 내용을 보장한다.

(6) a. I guarantee to prove the truth of my words. (나는 내 말의 진실을 증명하기를 보장한다.)

b. Our tutors guarantee to help you get better grades. (우리 교사들은 너를 더 낳은 점수를 얻게 되는 것을 보증한다.)

1.7. 다음 주어는 목적어를 전치사 against의 목적어로부터 막아준다.

(7) a. Rust shield guarantees your car against corrosion. (녹 방지막은 당신의 자동차를 부식에서 막아준다.)

b. The contract guarantees you against damage by fire. (그 계약은 너를 화재에 의한 피해에 대해서 보장해 준다.)

1.8. 다음 주어는 첫째 목적어에 둘째 목적어를 보증한다.

(8) a. The ticket will guarantee you free entry. (그 표는 너에게 자유 출입을 보증할 것이다.)

b. The company recruiters guaranteed us an income of $20,000 a year. (그 회사의 사원 모집 담당자는 우리에게 일년에 2만불의 수입을 보증했다.)

c. We guarantee our customers prompt service. (우리는 고객들에게 빠른 서비스를 보증한다.)

guard

이 동사의 개념 바탕에는 지키는 과정이 있다.

1. 타동사 용법

1.1. 다음 주어는 목적어를 지킨다.

(1) a. Two night watchmen guard the store. (두 명의 야간 경비원이 그 가게를 지킨다.)

b. Soldiers are guarding the palace. (군인들이 그 궁전을 지키고 있다.)

c. The police officer guarded the prisoner. (경찰관은 죄수들을 감시했다.)

d. They guarded the land from invaders. (그들은 그 나라를 침략자들로부터 지켰다.)

e. The security officers guard the bank vault. (보안 책임자들은 그 은행 금고를 지킨다.)

f. The dog guards the flock of sheep. (그 개는 그 양떼를 지킨다.)

1.2. 다음 주어는 목적어를 전치사 against의 목적어에 대해서 지킨다.

(2) a. He guarded himself against danger. (그는 자신을 위험으로부터 지켰다.)

b. The dog guarded the blind master from dangers. (그 개는 눈먼 주인을 위험으로부터 지켰다.)

c. The dog guards the house against intruders. (그 개가 집을 침입자로부터 지킨다.)

1.3. 다음은 수동태 문장으로 주어는 지켜진다.

(3) a. Terrorist suspects are guarded day and night. (테러 용의자들은 밤낮으로 감시되었다.)

b. All sides of the house is being guarded. (집의 모든 측면이 지켜지고 있다.)

1.4. 다음 주어는 목적어를 전치사 from의 목적어로부터 지킨다.

(4) a. The sentries guarded us from surprise. (보초들은 우리들을 기습으로부터 지켰다.)

b. They **guarded** him **from** harm.(그들은 그를 손해로부터 지켜냈다.)

c. The secret service **guards** him **from** attack.(그 비밀 요원이 그를 공격으로부터 지킨다.)

d. These goggles **guard** your eyes **from** dust.(그 보호 안경은 너의 눈을 먼지로부터 지켜준다.)

e. This ingredients **guard** your teeth **from** decay.(이 성분들은 당신의 치아를 부패로부터 막아준다.)

1.5. 다음 주어는 목적어를 감시한다.
(5) a. You must **guard** your tongue/temper.(당신은 당신의 입/성질을 조심해야 한다.)

b. **Guard** the secret with your life.(너의 그 비밀을 삶을 다해 지켜라.)

1.6. 다음은 수동태 문장으로 주어는 지켜진다.
(6) The secret was jealously **guarded**.(그 비밀은 빈틈없이 지켜졌다.)

2. 자동사 용법
2.1. 다음 주어는 전치사 against의 목적어에 대해서 경계한다.
(7) a. You must **guard** against mistakes.(너는 실수를 조심해야만 한다.)

b. You should **guard** against illness/infection.(너는 질병/감염을 조심해야만 한다.)

c. Nurses should **guard** against becoming emotionally attached to their patients.(간호원들은 감정적으로 환자들에게 애착을 가지게 되는 것에 조심을 해야 한다.)

d. The army is **guarding** against any retaliation.(그 군대는 보복을 경계하고 있다.)

e. Banks **guard** against making risky loans.(은행은 위험한 대출에 대해 경계한다.)

f. They **guard** against entry by unauthorized persons.(그들은 허가받지 않은 사람들의 입장을 경계한다.)

g. Lock the doors to **guard** against burglars.(도둑을 막기 위해서 문을 잠궈라.)

h. Please **guard** against pickpockets.(소매치기를 조심하십시오.)

i. We must **guard** against accidents/error/loss/disease.(우리는 사고/잘못/손실/질병을 조심해야만 한다.)

j. We must **guard** against fires.(우리는 불을 조심해야만 한다.)

k. You must **guard** against catching cold.(너는 감기가 걸리는 것에 조심해야만 한다.)

l. The sentry **guarded** watchfully as a hawk.(보초들은 매처럼 주의 깊게 감시했다.)

guess
이 동사의 개념 바탕에는 알아 맞추는 과정이 있다.

1. 타동사 용법
1.1. 다음 주어는 목적어를 추측으로 at의 목적어에 위치시킨다.

(1) a. He **guessed** the woman's age at 40.(그는 여자의 나이를 40으로 추측했다.)

b. I **guessed** his weight at 200 pounds.(나는 몸무게를 200 파운드로 추측했다.)

c. He **guessed** the man's status from his appearance.(그는 외모를 보고 그 남자의 지위를 추측했다.)

1.2. 다음 주어는 목적어를 짐작으로 맞춘다.
(2) a. I **guessed** the answer right.(나는 그 답을 짐작으로 바로 맞췄다.)

b. I **guessed** most of the answers on the surprise quiz.(나는 깜짝 퀴즈에서 답들의 대부분을 짐작으로 맞추었다.)

c. She **guessed** the answer straight away.(그녀는 답을 곧바로 맞췄다.)

1.3. 다음 주어는 목적어를 부정사의 주어로 추측한다.
(3) a. I **guess** the library to contain 400,000 books.(나는 그 도서관이 40만권의 책을 보유할 것이라 추측한다.)

b. I **guess** his age to be 50.(나는 그의 나이를 50이라고 추측한다.)

1.4. 다음에서 의문사가 이끄는 절은 주어가 추측하는 내용이다.
(4) a. I cannot **guess** what to do next.(나는 다음 뭘 할지를 추측할 수 없다.)

b. Can you **guess** who that man is?(저 남자가 누군지 추측할 수 있니?)

c. You'll never **guess** what she has told me.(넌 그녀가 내게 한 말을 절대 짐작 못할 것이다.)

1.5. 다음 주어는 that-절의 내용을 추측한다.
(5) a. He **guessed** that the cost would be about $50.(그는 비용이 50 불쯤 될거라 추측했다.)

b. He never **guess** that you two are brothers.(그는 너 둘은 형제일 것이라고 결코 추측하지 않는다.)

c. I **guess** that he is about 40.(나는 그가 40 정도 일 것이라고 추측한다.)

d. I **guess** that it could rain tonight.(나는 오늘밤 비가 올 것이라 추측한다.)

e. I **guess** that the second choice would be correct.(나는 두 번째 선택이 옳을 것이라 추측한다.)

2. 자동사 용법
2.1. 다음 주어는 추측을 시도한다.
(6) a. I **guessed** at the weight of the package.(나는 그 가방의 무게를 추측해 봤다.)

b. He **guessed** at the answer.(그는 답을 맞혀 보려했다.)

c. We can only **guess** at her reasons for leaving.(우리는 그녀의 떠나는 이유를 추측만 할 뿐이다.)

2.2. 다음 주어는 추측을 하고 추측의 결과가 표현되어 있다.
(7) He **guessed** right/wrong.(그는 맞게/틀리게 추측했다.)

guide
이 동사의 개념 바탕에는 안내하는 과정이 있다.

1. 타동사 용법
1.1. 다음 주어는 목적어를 안내한다.
(1) a. He guides tour groups.(그는 관광단을 안내한다.)
b. I asked my counselor to guide me as I applied for colleges.(나는 상담교사에게 내가 대학에 지원할 때 안내를 요청했다.)
c. He guided me around the town.(그는 나에게 그 읍내 주위를 안내했다.)
d. She taught him to write by guiding his hand as he wrote.(그녀는 그가 쓸 때 손을 안내하여 그에게 글 쓰기를 가르쳤다.)

1.2. 다음 주어는 목적어를 정신적 영역에서 안내한다.
(2) a. I let my feelings guide me in this choice.(나는 감정이 이 선택에서 나를 지도하게 한다.)
b. He guided me in the choice of my career.(그는 나를 나의 직업 선택에 지도했다.)
c. The professor guided us in reading.(그 교수는 우리를 독서에 지도를 했다.)

1.3. 다음 주어는 목적어를 into의 목적어로 안내한다.
(3) a. She guided us into the center of the town.(그녀는 우리를 그 읍내의 중심으로 안내했다.)
b. The dog guided the blind master to the bus stop.(그 개는 그 눈 먼 주인을 그 버스 정류소로 안내했다.)
c. He guided the ship to harbor.(그는 그 배를 항구로 안내했다.)
d. The pilot guided the plane onto the runaway.(그 조종사는 그 비행기를 그 활주로로 안내했다.)
e. We were guided into a private room at the back of the bar.(우리는 그 술집의 뒷 쪽에 있는 개인방으로 안내되었다.)

1.4. 다음 주어는 목적어를 유도한다.
(4) a. He guided the car down the narrow street.(그는 그 차를 그 좁은 길 아래로 유도했다.)
b. The manager guided the inspector through the factory.(그 지배인은 그 검사관을 그 공장을 쭉 안내했다.)
c. He guided us through the mountain pass.(그는 우리를 그 산길을 통해 안내했다.)

1.5. 다음은 시간 속에 일어나는 과정은 통로로 개념화된다. 주어는 목적어를 through의 목적어를 통하게 안내한다.
(5) a. We need a lawyer to guide us through the procedure.(우리는 우리를 그 절차를 통과시켜 줄 변호사가 필요하다.)
b. He guided the ship through the storm.(그는 그 배를 그 폭우를 지나도록 유도했다.)
c. He guided the country through all its difficulties.(그는 그 나라를 안내해서 그 모든 어려움을 지나게 했다.)
d. He guided me through many difficult times with the good advice.(그는 나를 안내하여 많은 어려움을 그 좋은 충고로 지나게 했다.)

1.6. 다음은 수동태 문장으로 주어는 안내된다.
(6) a. He was guided by his mother's opinion.(그는 그의 어머님의 의견에 안내된다.)
b. He was guided by his fears.(그는 그의 두려움에 지배 되었다.)
c. He was guided by his sense of duty/his religious beliefs.(그는 그의 의무감/그의 종교적 믿음에 의해 안내되었다.)

1.7. 다음 주어는 목적어의 진로를 결정한다.
(7) a. The board of directions guide the future of the company.(그 의사회는 그 회사의 미래를 정한다.)
b. The king guides the affairs of state.(그 왕은 국사를 정한다.)

1.8. 다음 주어는 목적어를 안내하여 부정사가 가리키는 일을 하게 한다.
(8) a. I can guide you to make the right decision.(나는 너를 안내하여 올바른 결정을 만들 수 있게 할 수 있다.)
b. Religious teaching guides us to be kind to others.(종교적 가르침은 우리를 다른 사람들에게 친절하도록 안내한다.)

gull
이 동사의 개념 바탕에는 속이는 과정이 있다.

1. 타동사 용법
1.1. 다음 주어는 목적어를 속여서 전치사 of의 목적어를 빼앗는다.
(1) a. The crooks gulled him out of his savings.(그 사기꾼들은 그를 속여서 그의 저금을 빼앗았다.)
b. He gulled me out of my money.(그는 나를 속여서 내 돈을 앗아갔다.)

1.2. 다음 주어는 목적어를 속여서 into의 목적어가 가리키는 일을 하게 한다.
(2) a. He gulled her into paying too much(그는 그녀를 속여서 너무 많이 지불하게끔 했다.)
b. He gulled me into buying useless rubbish.(그는 나를 속여서 쓸모없는 물건을 사게 했다.)

1.3. 다음은 수동태 문장으로, 주어는 속는다.
(3) a. He was gulled into a bad deal.(그는 속아서 불리한 협상을 하게 되었다.)
b. He was gulled into wrongdoing.(그는 속아서 나쁜 짓을 하게 되었다.)

gulp
이 동사의 개념 바탕에는 꿀꺽꿀꺽 들이키는 과정이 있다.

1. 타동사 용법
1.1. 다음 주어는 목적어를 마신다.
(1) a. He gulped down a glass of water.(그는 물 한잔을 꿀꺽 마셨다.)
b. He gulped down the rest of the tea.(그는 남은 차를 꿀꺽 마셨다.)

1.2. 다음 주어는 목적어를 들이킨다.
(2) a. We rushed outside and gulped in fresh air.(우리는 밖으로 달려가서 상쾌한 공기를 들이켰다.)

b. She gulped back her tears.(그녀는 눈물을 다시 삼켰다.)

1.3. 다음 주어는 목적어를 삼킨다.
(3) a. He gulped down a sob.(그는 흐느낌을 삼켰다.)
b. He gulped down tears.(그는 눈물을 삼켰다.)

2. 자동사 용법
2.1. 다음 주어는 헐떡인다.
(4) a. She came up gulping for air.(그녀는 올라와서는 공기를 헐떡거리며 마셨다.)
b. He gulped for breath.(그는 숨을 쉬기 위해 헐떡였다.)

2.2. 다음 주어는 숨을 들이킨다.
(5) a. I gulped when I saw the bill.(나는 계산서를 보았을 때 놀라 숨을 들이키며 소리를 냈다.)
b. She gulped nervously before trying to answer.(그녀는 대답을 하기 전에 긴장하여 숨을 들이켰다.)
c. He gulped at the surprising news.(그는 깜짝 뉴스에 놀라 숨을 들이켰다.)

gum¹
이 동사의 개념 바탕에는 gum의 명사 '잇몸'이 있다. 동사의 의미는 잇몸의 역할과 관계가 있다.

1. 타동사 용법
1.1. 다음 주어는 목적어를 잇몸으로 물거나 씹는다.
(1) a. The baby gummed the pacifier contentedly.(아기는 그 젖꼭지를 만족스럽게 잇몸으로 물었다.)
b. The toothless man had to gum all his food.(이가 없는 사람은 모든 음식을 잇몸으로 씹어야 했다.)

gum²
이 동사의 개념 바탕에는 gum의 명사 '고무풀'이 있다. 동사의 의미는 고무풀의 용도와 관계가 있다.

1. 타동사 용법
1.1. 다음 주어는 목적어를 고무풀로 붙인다.
(1) I gummed the labels onto the envelope.(나는 그 우표를 봉투들에 붙였다.)
1.2. 다음은 수동태 문장으로, 주어는 고무풀로 다른 개체에 붙여진다.
(2) a. A large address label was gummed to the package.(커다란 주소표가 꾸러미에 붙여졌다.)
b. The two pieces are gummed together.(두 조각은 함께 붙여진다.)
1.3. 다음 주어는 목적어를 망친다.
(3) a. You've really gummed up the project with your blunder.(너는 그 프로젝트를 큰 실수로 완전히 망쳤다.)
b. Dirt got inside the watch and gummed up the works.(흙이 그 시계 안에 들어가서 기계 구조를 망가뜨렸다.)
1.4. 다음은 수동태 문장으로 주어는 망쳐진다.
(4) a. The engine is gummed up and wouldn't start. (그

엔진은 망가져서 시동이 걸리지 않는다.)
b. How did this lock get gummed up?(이 자물쇠가 어떻게 망가졌니?)

gun
이 동사의 개념 바탕에는 gun의 명사 '총'이 있다. 동사의 의미는 총의 용도와 관계가 있다.

1. 타동사 용법
1.1. 다음 주어는 목적어를 쏴서 죽인다.
(1) a. The army gunned the rebels down.(그 군대가 반군들을 총으로 쏴서 죽였다.)
b. The guards gunned down the fleeting convict.(그 경비들은 빠르게 도망가는 기결수를 총으로 쏴서 죽였다.)
1.2. 다음은 수동태 문장으로 주어는 총을 맞고 쓰러진다.
(2) a. The policeman was gunned down while on duty.(경찰관은 근무 중에 총을 맞고 쓰러졌다.)
b. Two people were gunned down in a shooting.(두 사람이 총질에서 총맞고 쓰러졌다.)

2. 자동사 용법
2.1. 사격의 중요한 특징은 목표의 조준이다. 주어는 전치사 for의 목적어를 공격하거나 얻기 위해 노력한다.
(3) a. Ever since I proved he'd made a mistake, he's gunning for me.(그가 실수를 했다고 내가 밝힌 이후, 그는 나를 공격하려고 조준한다.)
b. She's gunning for the top job. (그녀는 최고의 일자리를 얻기 위해 노력한다.)

gush
이 동사의 개념 바탕에는 세차게 흐르는 과정이 있다.

1. 타동사 용법
1.1. 다음 주어는 목적어를 세차게 뿜는다.
(1) a. The clipped tanker gushed oil.(잘려진 유조선은 석유를 세차게 뿜었다.)
b. The broken pipe gushed gallons of water.(부서진 관은 많은 물을 세차게 분출했다.)
c. The cut on my wrist gushed blood.(내 손목의 베인 자리가 피가 세차게 흘렀다.)
d. His nose is gushing out blood.(그의 코가 피를 세차게 쏟아내고 있다.)
1.2. 다음 주어는 목적어를 쏟아낸다.
(2) a. He's gushed out tears.(그는 눈물을 쏟아냈다.)
b. She absolutely gushed enthusiasm.(그녀는 열광을 절대적으로 쏟아냈다.)
1.3. 다음에서 주어는 따옴표 속의 말을 쏟아낸다.
(3) a. "Gosh, this sure is an honor, sir," the employee gushed.("어머. 그것은 정말 명예입니다. 선생님."이라고 그 고용인이 말을 쏟아냈다.)
b. "I just love your outfit," she gushed.("난 그냥 너

의 옷이 좋아."라고 그녀가 말을 쏟아냈다.)

2. 자동사 용법
2.1. 다음 주어는 쏟아져 나온다.
(4) a. Blood gushed from the wound.(피가 그 상처에서 쏟아져 나왔다.)
   b. Gallons of water gushed from the broken pipe.(많은 물이 그 부서진 파이프에서 쏟아져 나왔다.)
   c. Tears are gushing from his eyes.(눈물이 그의 눈에서 쏟아져 흐르고 있다.)
   d. All that pent up frustration gushed out in a torrent of abuse.(모든 억눌려 있던 분노가 욕설의 격류 속에 쏟아져 나왔다.)

2.2. 다음에서 말을 액체로 개념화되어, 말하는 사람은 말을 쏟아낸다.
(5) a. The artist gushed about the new gallery.(그 예술가는 새 갤러리에 대해 말을 떠벌였다.)
   b. He gushed about/over his grandson.(그는 자신의 손자에 대해 말을 떠벌였다.)

gut
이 동사의 개념 바탕에는 gut의 명사 '내장'이 있다.

1. 타동사 용법
1.1. 다음 주어는 목적어의 내장을 제거한다.
(1) a. They gutted the pig as they slaughtered it.(그들은 돼지를 잡으면서 내장을 뽑아냈다.)
   b. The hunter gutted the deer/the fish.(그 사냥꾼은 사슴/물고기의 내장을 뽑아냈다.)
   c. Gut the rabbit before cooking it.(요리하기 전에 토끼의 내장을 제거해라.)
   d. She cut the fish's head off and gutted it.(그녀는 생선의 머리를 자르고 내장을 제거했다.)

1.2. 다음 주어는 목적어의 내부를 파괴한다.
(2) The fire gutted the house/the office building.(그 화재는 그 집/그 사무실 건물의 내부를 태워버렸다.)

1.3. 다음은 수동태 문장으로 주어는 내부가 파괴된다.
   a. The warehouse was gutted by fire--only charred walls remain.(그 창고는 화재로 내부가 전소되었다--오직 시커멓게 탄 벽들만이 남아 있다.)
   b. The huge factory was gutted by a fire in a few minutes.(거대한 공장은 몇 분 안에 내부가 불에 다 탔다.)
   c. The house was completely gutted.(그 집은 완전히 내부가 전소되었다.)

1.4. 다음 주어는 목적어의 내부를 제거한다.
(4) a. Thieves gutted my apartment while I was on vacation.(도둑들이 내가 휴가를 떠난 동안에 내 아파트 안을 털었다.)
   b. The new owner gutted the building before remodeling it.(새 주인은 빌딩을 고치기 전에 내부를 다 제거했다.)
   c. The enemy gutted the village.(적은 그 마을을 약탈했다.)
   d. The kitchen was completely gutted.(부엌 내부는

완전히 파괴되었다.)

1.5. 다음은 [제도는 건물] 은유가 적용된 표현이다.
(5) They gutted the system from the inside so as to restructure it completely.(그들은 시스템을 완전히 새로 구축하기 위해서 내부부터 제거했다.)

guzzle
이 동사의 개념 바탕에는 꿀꺽꿀꺽 많이 들이키는 과정이 있다.

1. 자동사 용법
1.1. 주어는 술을 많이 마신다.
(1) He's been guzzling all evening.(그는 저녁 내내 술을 많이 마시고 있다.)
1.2 주어는 목적어를 마신다.
(2) a. The car guzzles gas.(그 차는 가스를 많이 소모한다.)
   b. The kids seem to be guzzling soft drinks all day long.(그 아이들은 탄산음료를 하루 종일 마시고 있는 듯하다.)
   c. It was so hot that I guzzled a quart of lemonade.(너무 더워서 나는 레모네이드 한 쿼트를 꿀꺽 마셨다.)
   d. If you don't guzzle your coffee, you'll enjoy it more.(네가 커피를 꿀꺽 삼키지 않으면, 그것을 더욱 즐길 수 있을 거다.)

gyp
이 동사의 개념 바탕에는 협잡으로 속이는 과정이 있다.

1. 타동사 용법
1.1. 다음 주어는 목적어를 속인다.
(1) a. The taxidriver gypped the tourist.(택시 기사는 그 관광객을 속였다.)
   b. The cashier gypped me by giving me the incorrect change.(출납원은 나를 틀린 거스름돈을 줌으로써 속였다.)
1.2. 다음 주어는 목적어를 속여서 out of의 목적어를 빼앗는다.
(2) He gypped us out of our money.(그는 우리를 속여서 돈을 빼앗았다.)
1.3. 다음 주어는 목적어를 속여서 into의 목적어가 가리키는 일을 하게 한다.
(3) The salesperson gypped us into buying a useless car.(그 판매원은 우리를 속여서 쓸모 없는 차를 사게 했다.)

gyrate
이 동사의 개념 바탕에는 빙빙 도는 과정이 있다.

1. 자동사 용법
1.1. 다음 주어는 어떤 축을 중심으로 돈다.
(1) a. She gyrated to the music.(그녀는 음악에 맞춰 돌

았다.)

b. The earth gyrated about its axis.(지구는 지축을
중심으로 돈다.)

c. The spinning top gyrated on the tile floor.(그 회전
팽이는 타일 바닥에서 돌았다.)

d. The space rocket gyrated as it returned to earth.
(그 우주 로켓은 지구로 돌아올 때 빙빙 돌았다.)

1.2. 다음 주어는 빙빙 돌면서 움직인다.

(2) a. The leaves gyrated slowly to the ground.(그 잎들
은 천천히 돌면서 땅에 떨어졌다.)

b. The wheel gyrated wildly from side to side as it
started to come loose from the waggon.(그 바퀴
는 마차에서 느슨해지기 시작할 때 이쪽 저쪽으로
거칠게 돌았다.)

H h

habituate

이 동사의 개념 바탕에는 습관이 들게 하는 과정이
있다.

1. 타동사 용법

1.1. 다음 주어는 목적어를 습관을 들여서 to부정사가
가리키는 일을 하게 한다.

(1) Working on the farm habituated him to get up
early.(농장에서 일하는 것은 그를 일찍 일어나게 습
관을 들였다.)

1.2. 다음 주어는 재귀대명사이다. 주어는 자신을 to의
목적어에 습관이 들게 한다.

(2) He's habituating himself to a cold climate.(그는 자
신을 찬 기온에 습관 들게 하고 있다.)

1.3 다음은 수동태 문장으로 주어는 습관이 든다.

(3) a. They became habituated to the constant rain.(그
들은 계속되는 비에 습관이 들게 되었다.)

b. He's habituated to commuting every day to
work.(그는 매일 일하러 통근하는 것에 습관이 들
어 있다.)

c. Over the centuries, these animals have become
habituated to living in such a dry environment.(수
세기 동안, 이 동물들은 이렇게 건조한 환경에 사는
것에 습관이 들도록 되어 왔다.)

d. The pioneers were habituated to the hardship of
frontier life.(개척자들은 개척 삶의 고됨에 습관이
들어 있었다.)

hack

이 동사의 개념 바탕에는 거칠게 반복적으로 치는
과정이 있다.

1. 타동사 용법

1.1. 다음 주어는 목적어를 세차게 친다.

(1) a. She hacked the pumpkin to pieces with a knife.
(그녀는 호박을 칼로 조각 냈다.)

b. The cook hacked the meat.(그 요리사는 그 고기
를 쳤다.)

c. The forester hacked the tree with a big axe.(산림
감독관은 나무를 큰 도끼로 쳤다.)

d. The editor hacked the story to bits.(편집자는 그
이야기를 조각을 냈다.)

e. He got a penalty for hacking the shooter.(그는 그
선수를 쳐서 경고를 받았다.)

f. Congress hacked a large amount of the budget.(국
회는 막대한 양의 예산을 삭감했다.)

1.2. 다음은 수동태 문장으로 주어는 잘린다.

(2) a. The article has been hacked about by three
different editors.(그 기사는 세 명의 다른 편집자에
의해 이리저리 잘렸다.)

b. Platt was twice hacked down in the second half

of the game.(플랫은 시합의 후반전에서 두 번 정강
이를 차여서 넘어졌다.)

1.3. 다음 주어는 목적어를 잘라서 변화를 받게 한다.

(3) a. He hacked down the saplings/the tree/the bough
(그는 어린 나무들/나무/가지를 마구 잘라서 넘어
뜨렸다.)

b. He hacked the large tree up into pieces.(그는 큰
나무를 패서 여러 조각을 냈다.)

c. Tim hacked the box apart with a dull axe.(팀은 그
상자를 무딘 도끼로 쳐서 두 조각을 냈다.)

d. The butcher hacked off a large piece of meat.(푸
줏간 주인은 큰 덩어리의 고기를 잘라 내었다.)

1.4. 다음은 수동태 문장으로 주어는 쳐진다.

(4) a. He got hacked to death.(그는 매를 맞고 죽어버렸
다.)

b. The villagers were hacked to death in a savage
attack.(그 마을 사람들은 야만적인 공격에 맞아 죽
었다.)

1.5. 다음 주어는 목적어를 갈아서 심는다.

(5) He hacked in wheat.(그는 땅을 일군 후 밀을 파종했
다.)

1.6. 다음의 목적어는 도끼질이나 괭이질을 하여 만들
어내는 개체이다.

(6) a. They had to hack a path through the jungle.(그들
은 길을 밀림을 쳐서 내야 했다.)

b. They hacked their way through the jungle.(그들
은 길을 밀림을 쳐서 냈다.)

c. He hacked a figure out of the rock.(그는 바위를
깎아서 형상을 만들었다.)

1.7. 다음 주어는 목적어를 감당한다.

(7) a. Do you think you can hack such responsibilities?
(당신은 이러한 책임들을 감당할 수 있다고 생각하
십니까?)

b. He can't hack it at college; he flunked out.(그는
대학에서 그 과목들을 감당할 수 없어서 낙제하여
퇴학했다.)

c. I've been doing this for years, but I just can't
hack it any more.(나는 수년간 이 일을 해오고 있
지만, 더 이상은 감당할 수가 없다.)

1.8. 다음 주어는 목적어에 걸려서 기침을 한다.

(8) He is hacking a bad cold.(그는 독감에 걸려서 기침
을 심하게 하고 있다.)

2. 자동사 용법

2.1. 다음에 쓰인 at은 반복적 노력이나 시도를 나타낸
다.

(9) a. Don't just hack away at the bread.(빵을 계속해서
부스러뜨리지 마.)

b. He hacked away at the underbush.(그는 그 덤불
을 계속 잘라내려고 했다.)

c. The rescue workers hacked away at the rubble
all night.(그 구조 단원들은 밤새 부스러기를 쳤다.)

d. He is hacking away at the ice.(그는 얼음을 계속

쳐서 깨고 있다.)

2.2. 다음 주어는 치면서 이동한다.
(10) a. They **hacked** through the jungle.(그들은 밀림을 헤치면서 나아갔다.)
    b. He **hacked** around.(그는 치면서 이리저리 다녔다.)

2.3. 다음 주어는 컴퓨터를 침입한다.
(11) He **hacked** into the bank computer.(그는 그 은행 컴퓨터를 해킹했다.)

2.4. 다음 주어는 짧고 반복적인 기침을 한다.
(12) The smoker **hacked** painfully.(그 흡연자는 고통스럽게 기침을 했다.)

haggle

이 동사의 개념 바탕에는 값을 깎으려고 입씨름하는 과정이 있다.

1. 자동사 용법
1.1. 다음 주어는 over의 목적어를 두고 흥정한다.
(1) a. They are **haggling over** the bill.(그들은 계산서를 가지고 흥정하고 있다.)
    b. I **haggled** with the butcher **over** the price of the steaks.(나는 정육점 주인과 그 스테이크 가격에 대해 흥정했다.)
    c. The countries **haggled over** their boundaries.(그 나라들은 국경에 대해서 입씨름을 했다.)

1.2. 다음 주어는 전치사 with의 목적어와 흥정한다.
(2) a. I had to **haggle with** the taxi driver over the fare.(나는 그 택시 기사와 택시 요금을 두고 흥정해야 했다.)
    b. We **haggled with** the seller over the price.(우리는 파는 이와 가격에 대해 흥정을 했다.)

1.3. 다음 주어는 전치사 for의 목적어를 위해 흥정한다.
(3) The tourist **haggled for** a better price.(그 관광객은 더 나은 가격을 위해 흥정했다.)

2. 타동사 용법
2.1. 다음 주어는 흥정을 하여 목적어를 깎는다.
(4) Mark tried to **haggle** the price **down** on the new car.(마크는 그 새 차에 대해 가격을 깎으려고 흥정했다.)

2.2. 다음 주어는 목적어를 흥정하여 얻는다.
(5) Bob **haggled** a better price on the furniture.(밥은 그 가구에 대해 더 나은 가격을 흥정해냈다.)

hail

이 동사의 개념 바탕에는 큰소리고 부르거나 환호로 맞이하는 과정이 있다.

1. 타동사 용법
1.1. 다음 주어는 목적어를 큰 소리로 부른다.
(1) a. A voice **hailed** us from the other side of the street.(한 목소리가 우리를 길 저편에서 큰소리로 불렀다.)
    b. She leaned out of the window and **hailed** a passer-by.(그녀는 창문 밖으로 기대서서 행인을 큰 소리로 불렀다.)
    c. He **hailed** a taxi.(그는 택시를 큰 소리로 불렀다.)
    d. The captain **hailed** a passing ship.(그 선장은 지나가는 배를 큰 소리로 불렀다.)
    e. He **hailed** a friend across the street. (그는 친구를 길을 가로질러 불렀다.)

1.2. 다음 주어는 목적어를 큰 소리로 환영한다.
(2) a. The city **hailed** the victorious team with a parade.(그 도시는 승리한 팀을 퍼레이드로 환영했다.)
    b. The crowd **hailed** the winner.(군중은 그 승자를 큰 소리로 환호했다.)
    c. Millions of people **hailed** the astronauts.(수 백만의 사람들이 그 우주 비행사들을 환호했다.)
    d. The crowd **hailed** him.(군중은 그를 환호했다.)

1.3. 다음 목적어는 사람이 아닌 개체이다. 주어는 목적어를 환호한다.
(3) a. The president **hailed** the work of the legislature and signed the legislation.(대통령은 그 입법부의 작업을 환영하고 그 입법에 사인했다.)
    b. The critics **hailed** the new film.(그 비평가들은 새 영화를 환영했다.)

1.4. 다음 주어는 목적어를 as의 목적어로 환영한다.
(4) a. People **hailed** the new child care laws **as** a big step forward.(사람들이 새 아동 보호법을 큰 한 발짝의 전진으로 환영했다.)
    b. They **hailed** him **as** a hero.(그들은 그를 영웅으로 환영했다.)
    c. The Romans **hailed** Ceasar **as** emperor.(로마인들은 시저를 황제로 환영하여 맞이했다.)
    d. They **hailed** him leader.(그들은 그를 지도자로 환영하여 맞이했다.)

1.5. 다음은 수동태 문장으로 주어는 환영받는다.
(5) a. The conference was **hailed as** a great success.(회의는 큰 성공으로 환영받았다.)
    b. He is **hailed as** the father of modern biology.(그는 현대 생물학의 아버지로 환영받는다.)
    c. His discovery is **hailed as** a great step forward in medicine.(그의 발견은 의약에서 큰 진보로써 환영받는다.)

1.6. 다음 주어는 전치사 from의 목적어에서 온다.
(6) a. His father **hailed from** Australia.(그의 아버지는 호주로부터 왔다.)
    b. The cowboy **hailed from** Texas.(그 카우보이는 텍사스로부터 왔다.)

halt

이 동사의 개념 바탕에는 잠시 멈추는 과정이 있다.

1. 자동사 용법
1.1. 다음 주어는 멈춘다.
(1) a. He **halted** at the corner.(그가 그 모퉁이에서 멈추었다.)
    b. The car **halted** in front of my house.(그 차가 우리

집 앞에 멈췄다.)

c. He ordered his troops to **halt**.(그는 자신의 부대에게 멈추라고 명했다.)

d. Production has **halted** at the factories.(생산이 그 공장들에 정지되었다.)

e. The demonstrations **halted**.(그 시위는 중단되었다.)

2. 타동사 용법
2.1. 다음 주어는 목적어를 정지시킨다.
(2) a. The police were **halting** traffic on the parade route.(경찰은 그 퍼레이드 행렬의 길에 교통을 정지시키고 있었다.)

b. The police **halted** the thief.(경찰은 그 도둑을 정지시켰다.)

c. He **halted** the car in front of my house.(그는 차를 내 집 앞에 멈췄다.)

d. The fence **halted** the galloping horse.(그 담이 급히 달리는 말을 정지시켰다.)

e. Rain **halted** the game.(비가 경기를 중단시켰다.)

2.2. 다음 주어는 활동을 정지시킨다.
(3) There were calls to **halt** the hunting of seals.(물개 사냥을 정지시키려는 요청들이 있었다.)

2.3. 다음은 수동태 문장으로 주어는 정지된다.
(4) a. The trial was **halted** after the first week.(그 재판은 첫 주 이후 정지됐다.)

b. The pollution must be **halted**.(그 오염은 정지돼야 했다.)

hammer

이 동사의 개념 바탕은 명사 hammer '망치'이며, 망치는 개체를 쳐서 이것을 어디에 박는 기능을 갖는다.

1. 타동사 용법
1.1. 다음 주어는 목적어를 친다.
(1) a. He **hammered** the locked door, trying to open it.(그는 잠긴 문을 열려고 두들겼다.)

b. He **hammered** the table and told the minister that he wanted results.(그는 책상을 두들기며 그 장관에게 결과를 원한다고 말했다.)

1.2. 다음 주어는 목적어를 쳐서 전치사 into의 목적어에 들어가게 한다.
(2) a. He **hammered** the nail **into** the plywood.(그는 합판에다 그 못을 박았다.)

b. There are heavy steel pegs that you can **hammer into** very hard ground.(매우 단단한 땅에 박을 수 있는 무거운 강철 쐐기들이 있다.)

c. He **hammered** the ball **into** the net.(그는 공을 그 네트에 쳐서 넣었다.)

d. He **hammered** the door **into** its frame.(그는 그 문을 문틀에 쳐 넣었다.)

e. He **hammered** the nail **in**.(그는 못을 박아 넣었다.)

f. The workers kneeled on the ground and **hammered** the small stones **in**.(그 근로자들은 땅에 무릎을 꿇고 작은 돌들을 두들겨 넣었다.)

1.3. 다음 목적어는 생각이나 지식이다. 이러한 추상적 개체는 구체적 개체로, 사람의 마음은 그릇으로 개념화되어 있다. 주어는 목적어를 쳐서 전치사 into의 목적어에 들어가게 한다.
(3) a. The coach **hammered** the idea **into** the team.(그 코치는 그 생각을 팀에 주입시켰다.)

b. I always had it **hammered into** me that you shouldn't lie or steal.(나는 네가 항상 거짓말하거나 도둑질하면 안 된다는 생각을 나에게 주입시켰다.)

c. The teacher has been **hammering** the idea **in**.(그 선생님은 그 생각을 주입시키고 있었다.)

1.4. 다음은 수동태 문장으로 주어는 주입된다.
(4) a. Grammar was **hammered into** us in our childhood.(우리는 어린 시절에 문법이 주입되었다.)

1.5. 다음 주어는 목적어를 쳐서 새로운 상태로 만든다.
(5) a. The back of the car got dented, and I'm trying to **hammer** it back **into** shape.(차의 뒷면이 찌그러져서, 나는 두들겨서 원래 모양으로 펴고 있다.)

b. The blacksmith **hammered** the horseshoe **into** shape on an anvil.(대장장이는 모루 위에서 그 말굽쇠를 두들겨 모양을 만든다.)

c. Claude selected two planks and began to **hammer** them **into** a cross.(클로드는 널빤지 두 개를 골라서 십자 모양으로 만들기 시작했다.)

d. He **hammered** the metal **into** a horseshoe.(그는 철을 두들겨서 말굽을 만들었다.)

e. Steel is **hammered into** a sword.(강철이 칼로 두들겨서 만들어진다.)

1.6. 다음 주어는 목적어를 쳐서 펴내거나 없앤다.
(6) a. Can you **hammer out** the dent in the side of car?(차 옆면의 움푹한 부분을 두들겨 펴낼 수 있나?)

b. My car got a dent, and I was hoping that you're able to **hammer** it **out**.(내 차가 찌그러져서, 네가 두들겨 펴줄 수 있길 바라고 있었다.)

c. He **hammered out** the metal **flat/thin**.(그는 그 철을 두들겨서 얇게 폈다.)

d. He **hammered** the door **shut**.(그는 문을 꽝 닫았다.)

1.7. 다음 주어는 목적어를 움직이지 않게 한다.
(7) He **hammered down** the lid of the packing case.(그는 포장 박스의 뚜껑을 못박았다.)

1.8. 다음은 수동태 문장으로 주어는 쳐서 붙여진다.
(8) Copies of the proclamation were **hammered up** all over the town.(선언문의 복사물은 마을 전역에 붙여졌다.)

1.9. 다음 주어는 목적어를 적중시킨다.
(9) a. I tried to **hammer home** to Anne that she would have to get a job.(나는 앤에게 그녀가 일자리를 구해야 할 것이라는 것을 주지시키려 하였다.)

b. The boss is trying to **hammer** the company's poor financial position **home** to the staff.(사장은 직원들에게 회사의 사정이 좋지 못한 상태를 주지시키려 하고 있다.)

c. He **hammered home** the truth to the people.(그는 사람들에게 진실을 명기시켰다.)

1.10. 다음의 목적어는 사람이나 사람이 운영하는 회사, 사람이 만든 작품 등이다. 주어는 망치질을 하듯 목적어에 혹평을 한다.

(10) a. He **hammered** everybody who did not subscribe to his view.(자신의 입장에 부합하지 않은 모든 사람들을 혹평했다.)

b. We really **hammered** the other team.(우리는 상대편 코를 납작하게 해 주었다.)

1.11. 다음은 수동태 문장으로 주어는 비난을 받는다.

(11) a. If we turn up late, we will be **hammered** by everybody.(만약 우리가 늦게 나타나면, 모든 사람들에게 비난을 받을 것이다.)

b. The film was **hammered** by the critics.(그 필름은 비평가들로부터 혹평을 받았다.)

1.12. 다음 주어는 망치질을 하듯 애를 써서 목적어를 만들어낸다.

(12) a. He **hammered out** a workable solution.(그는 실천이 가능한 방법을 만들어 내었다.)

b. The warring factions **hammered out** a solution.(그 적대 파벌들은 해결책을 만들어 내었다.)

c. We must **hammer out** an agreement acceptable to both sides.(우리는 양쪽에서 수긍 가능한 대안을 만들어야 한다.)

d. They **hammered out** a plan/a scheme.(그들은 계획을 짜냈다.)

e. He **hammered out** a tune on a piano.(그는 피아노 건반을 두들겨서 한 곡을 쳤다.)

1.13. 다음 주어는 망치질을 하듯 하여 목적어를 없앤다.

(13) They **hammered out** their differences.(그들은 그들의 차이를 없앴다.)

1.14. 다음의 목적어는 만들어지는 개체이다. 주어가 망치질을 하여 목적어를 조립한다.

(14) a. He **hammered together** a shed.(그는 우리 하나를 짜맞추었다.)

b. He **hammered together** a small crate.(그는 작은 상자 하나를 짜맞추었다.)

2. 자동사 용법

2.1. 다음 주어는 망치질을 하듯 두들긴다.

(15) a. The rain was **hammering against** the window.(비는 창문을 두들기고 있었다.)

b. He **hammered at/on** the door.(그는 문을 두드렸다.)

c. Men used to **hammer on** our door late at night.(사람들이 밤늦게 우리 문을 두드렸다.)

2.2. 다음에 쓰인 전치사 at은 주어가 가하는 동작이 at의 목적어에 부분적으로 그리고 반복적으로 행해짐을 나타낸다.

(16) a. He went on **hammering at** the same point.(그는 같은 점을 여러 번 두드렸다.)

b. Recent advertisements from the industry have been **hammering at** the theme.(그 산업의 최근 광고들은 주제에 집중해 왔다.)

c. They all **hammered away at** their thesis.(그들은 논문을 열심히 썼다.)

d. Palmer kept **hammering away at** his report.(파머는 레포트를 열심히 작성해 왔다.)

e. He kept **hammering away at** his demand for a public inquiry.(그는 공공의 요구를 위해 자신의 요구를 반복했다.)

f. He **hammered away at** his essay until it was done.(그는 그것이 끝날 때까지 자신의 수필을 썼다.)

g. Mark has been **hammering away at** his homework.(마크는 숙제를 열심히 했다.)

2.3. 다음 주어는 망치질을 할 때 내는 소리를 낸다.

(17) a. We had to **hammer** and shout before they open up.(우리는 그들이 열기 전에 탕탕 두드리고 고함을 질러야 했다.)

b. My heart was **hammering**.(나의 마음은 쿵쾅거리고 있었다.)

hand

이 동사의 개념 바탕에는 hand의 명사 '손'이 있다. 동사의 의미는 손의 기능과 관계가 있다.

1. 타동사 용법

1.1. 다음 주어는 목적어를 to의 목적어에게 넘겨준다.

(1) a. I **handed** the book **to** him.(나는 그 책을 그에게 넘겼다.)

b. He **handed** back the paper **to** her.(그는 그 논문을 그녀에게 되돌려 주었다.)

c. Please **hand** on this **to** your next door neighbor.(이것을 너의 옆집 이웃에게 넘겨주세요.)

d. Please read this leaflet and **hand** it on.(이 전단지를 읽고 다른 분에게 넘기세요.)

1.2. 다음 주어는 첫째 목적어에게 둘째 목적어를 준다.

(2) a. I **handed** him the book.(나는 그에게 책을 주었다.)

b. Please **hand** me the dishes and I'll dry them.(내게 접시를 주세요, 제가 말릴게요.)

c. I **handed** her back the picture.(나는 그녀에게 그 그림을 돌려주었다.)

1.3. 다음 주어는 목적어를 높은 데서 내려서 준다.

(3) a. He **handed down** the trunk **from** the rack.(그는 그 트렁크를 선반에서 내려주었다.)

b. She **handed** the large dish **from** the top shelf.(그녀는 큰 접시를 맨 위 선반에서 내려 건네주었다.)

1.4. 다음은 수동태 문장으로 주어는 받는다.

(4) I was **handed** the card at the entrance.(나는 카드를 출구에서 건네 받았다.)

1.5. 다음 주어는 목적어를 내린다. 주어는 높은 자리에 있는 사람이다.

(5) a. He **handed down** the final judgement on the case.(그는 마지막 판결을 사건에 내렸다.)

b. The court **handed down** an eight-year sentence.(그 법원은 8년 형을 내렸다.)

c. The judge **handed down** the decision.(그 판사는 판결을 내렸다.)

d. I **handed** her **down** the stairs.(나는 그녀를 계단 아

래로 내려다 주었다.)

1.6. 다음 주어는 목적어를 전치사가 가리키는 곳으로 넘긴다.

(6) a. He **handed** the fork **across** the table. (그는 포크를 식탁을 가로질러 건네주었다.)

b. He **handed round** the sandwiches. (그는 샌드위치들을 돌아가며 건네주었다.)

c. The waiters **handed round** the dishes. (그 웨이터는 접시들을 돌아가며 건넸다.)

1.7. 다음은 수동태 문장으로 주어는 건네진다.

(7) The painting was **handed down** to me from my grandfather. (그 그림은 제 할아버지로부터 내게 물려졌다.)

1.8. 다음 주어는 목적어를 다음 세대로 넘긴다. 시간은 위에서 아래로 흐르는 것으로 개념화된다.

(8) a. She wanted to **hand down** the tradition. (그녀는 전통을 전수시키기를 원했다.)

b. The grandfather wants to **hand** down the custom. (할아버지는 그 관습을 잇기를 원한다.)

1.9. 다음 주어는 목적어를 제출한다.

(9) a. **Hand** your paper **in** at the end of the examination. (그 시험이 끝날 때에 당신의 보고서를 제출하시오.)

b. He **handed in** his paper. (그는 자신의 보고서를 제출했다.)

c. He is going to **hand in** his resignation. (그는 사직서를 제출할 예정이다.)

1.10. 다음 주어는 목적어를 다른 사람들에게 건네준다.

(10) a. Would you **hand out** the cake while I pour coffee? (내가 커피를 따르는 동안 케이크를 건네주시겠습니까?)

b. **Hand out** these leaflets to them. (이 광고전단지들을 그들에게 나누어 주어라.)

c. The salesman is **handing out** samples. (그 판매사원은 견본들을 나누어 주고 있다.).

d. She **handed out** the examination booklets. (그녀는 시험 소책자를 나누어 주었다.)

1.11. 다음 주어는 목적어를 넘겨준다.

(11) a. Could you **hand over** the screw driver? (그 드라이버를 건네주실 수 있습니까?)

b. He **handed over** the rifle to the police. (그는 소총을 경찰 당국에 넘겼다.)

c. Will you **hand over** the secret folder to the police? (당신은 비밀 서류철을 경찰에 넘길 겁니까?)

d. They agreed to **hand over** the hostages. (그들은 인질들을 넘기기로 동의했다.)

1.12. 다음은 수동태 문장으로 주어는 넘겨진다.

(12) The offender was **handed over** to the police. (그 범죄자는 경찰에 넘겨졌다.)

1.13. 다음 주어는 목적어를 손을 잡고 인도한다.

(13) I **handed** a blind man **across** the street. (나는 한 맹인의 손을 잡고 거리를 건너게 도와주었다.)

b. I **handed** her down the stairs. (나는 그녀를 손을 잡고 계단 아래로 안내했다.)

c. He **handed** the lady **into** a car. (그는 그 여성의 손

을 잡고 차를 태웠다.)

d. The usher **handed** the guests to their seats. (그 안내인은 그 손님들을 자리까지 인도했다.)

handle

이 동사의 개념 바탕에는 handle의 명사 '손잡이'가 있다.

1. 타동사 용법

1.1. 다음 주어는 목적어를 취급한다.

(1) a. The shop does not **handle** alcoholic drinks/groceries. (그 가게는 주류/채소는 취급하지 않는다.)

b. The drugstore **handles** many items. (약국은 많은 품목들을 다룬다.)

c. Drugstores **handle** a wide variety of goods. (약국은 다양한 상품들을 취급한다.)

d. The store doesn't **handle** computer software. (가게는 컴퓨터 소프트웨어는 취급하지 않는다.)

e. We don't **handle** second-hand books now. (우리는 지금 헌 책들을 취급하지 않는다.)

1.2. 다음 주어는 목적어를 다룬다.

(2) a. He doesn't know how to **handle** the motorcycle/the car. (그는 그 오토바이/그 차를 조종하는 방법을 모른다.)

b. I've never **handled** a fire-extinguisher/a machine gun. (나는 소화기/기관총을 다뤄본 적이 없다.)

c. He **handles** chopsticks well. (그는 젓가락을 잘 다룬다.)

d. The wind surfer **handled** her board with great skill. (그 윈드 서퍼는 뛰어난 기술로 보드를 조종했다.)

1.3. 다음 주어는 목적어를 다루거나 만진다.

(3) a. **Handle** the box with care--it contains glasses. (그 상자를 조심스럽게 다뤄라--그것은 유리잔을 담고 있다.)

b. Wear rubber gloves when **handling** cat litter. (고양이 배설물을 치울 때 고무 장갑을 껴라.)

c. Please be careful when you **handle** the fragile vases/the pottery. (깨지기 쉬운 화병들/도자기들을 다룰 때 조심하세요)

d. The child **handled** the ornament carefully. (그 아이는 그 장식을 조심스럽게 다뤘다.)

e. Customers are asked not to **handle** the goods in the shop. (손님들은 가게에 있는 물건을 만지지 말 것이 요청된다.)

f. He **handled** the painting carefully. (그는 그 그림을 조심스럽게 다뤘다.)

g. The book was damaged by readers who had **handled** it with dirty hands. (그 책은 더러운 손으로 만졌던 독자에 의해서 파손되었다.)

1.4. 다음 주어는 목적어를 처리한다.

(4) a. That artist has learned to **handle** color expertly in her paintings. (그 미술가는 그녀의 그림에서 색을

능숙하게 다루는 것을 배웠다.)

b. Police **handled** the traffic well.(경찰은 그 교통을 정리를 잘 했다.)

c. The dockers refused to **handle** South African imports.(그 부두 노동자들은 남아프리카 수입품을 처리하기를 거부했다.)

1.5. 다음 주어는 목적어 (사람)를 다룬다.

(5) a. The general **handles** his troops effectively.(그 장 군은 부대를 효율적으로 다룬다.)

b. She's very good at **handling** the patients.(그녀는 그 환자들을 다루는 데 능숙하다.)

c. He **handles** customers politely.(그는 고객들을 정 중하게 대한다.)

d. He's not a good teacher—he does not know how to **handle** children.(그는 훌륭한 교사는 아니다—그 는 아이들을 어떻게 다루는 지 모른다.)

1.6. 다음 목적어는 동물이다. 주어는 목적어를 다룬 다.

(6) a. When the children **handle** the kittens, it makes the mother cat restless.(아이들이 새끼 고양이들 을 만지는 것은 그 어미 고양이를 안절부절 하게 만 든다.)

b. You should never **handle** animals roughly.(너는 절대로 동물들을 거칠게 다루어서는 안 된다.)

1.7. 다음의 목적어는 긴장, 압력, 문제와 같은 추상적 인 개체이다. 이러한 추상적인 개체는 구체적인 개체로 은유화되어 손으로 다루어질 수 있는 것으 로 표현된다.

(7) a. We all have to learn to **handle** stress.(우리 모두는 스트레스를 다스릴 수 있어야 한다.)

b. She couldn't **handle** the pressure of her new job. (그녀는 자신의 새 일에서 오는 압력을 다룰 수 없 었다.)

c. He **handles** the problem of authorship well.(그는 저작권에 관한 그 문제를 잘 처리한다.)

d. The play **handles** the racial problem sensitively. (그 연극은 그 인종 문제를 민감하게 다룬다.)

e. I decided to let Eddie **handle** the situation/the crisis/the matter.(나는 에디가 그 상황/위기/문제 를 처리하도록 내버려두기로 결심했다.)

f. Abortion is too explosive an issue for him to **handle**.(낙태는 그가 다루기에는 너무 위험한 주제 이다.)

g. I thought you **handled** that little incident most professionally.(나는 네가 그 작은 사고를 가장 전 문적으로 다루었다고 생각했다.)

h. We can **handle** up to 300 calls an hour.(우리는 한 시간에 300통의 전화를 처리할 수 있다.)

i. The walkways should be strong enough to **handle** all foot traffic.(그 보도는 모든 보행을 처리할 수 있 을 정도로 충분히 튼튼해야 한다.)

1.8. 다음 주어는 목적어를 작품으로 다룬다.

(8) a. He only **handles** only modern paintings.(그는 오직 현대의 그림들만 취급한다.)

b. The pianist **handled** the difficult pieces successfully.(그 피아니스트는 어려운 작품들을 성

공적으로 다뤘다.)

c. They **handle** a new theme.(그들은 새 주제를 다룬 다.)

1.9. 다음 주어는 목적어를 다룬다.

(9) a. He **handles** numbers/figures well.(그는 숫자를 잘 다룬다.)

b. She will **handle** all the details.(그녀는 모든 세부사 항들을 다룰 것이다.)

c. She **handles** travel arrangements for the company.(그녀는 회사를 위한 여행 계획을 다룬 다.)

d. The travel agents **handles** Korean air business. (그 여행사는 한국 항공 업무를 취급한다.)

e. The exchange has more business than it can **handle**.(그 교환은 처리할 수 있는 것 이상의 업무 가 있다.)

f. I will **handle** some business before going home early today.(나는 오늘 일찍 집에 가기 전에 약간의 업무를 처리하겠다.)

g. She **handles** the overseas sales.(그녀는 해외 판매 업무를 처리한다.)

h. The sale was **handled** by Smith.(그 판매는 스미스 에 의해 처리되었다.)

i. The fund must be **handled** with tremendous care. (그 기금은 아주 세심하게 다뤄져야 한다.)

1.10. 다음의 목적어는 재귀대명사이다.

(10) You have to know how to **handle** yourself in this business.(너는 이 일에서 네 자신을 어떻게 다루는 지를 알아야만 한다.)

2. 자동사 용법

2.1. 다음 주어는 조종된다.

(11) a. The truck **handles** well on the highway.(그 트럭은 고속도로에서 잘 다뤄진다.)

b. The car **handles** well, even on wet roads.(그 차는 젖은 노면에서도 잘 조종된다.)

c. My car does not **handle** well in the snow.(내 차는 눈에서 조종이 잘 안 된다.)

d. My new bicycle **handles** well.(내 새 자전거는 잘 조종이 된다.)

e. The jet/the vehicle was **handling** poorly.(그 제트 기/자동차는 조종이 잘 되지 않고 있었다.)

f. The plane **handles** poorly at higher altitudes. (그 비행기는 더 높은 고도에서는 조종이 잘 안 된다.)

hang

이 동사의 개념 바탕에는 매달리는 과정이 있다.

1. 자동사 용법

1.1. 다음 주어는 매달린다.

(1) a. The picture is **hanging** on the wall.(그 그림은 벽 에 걸려 있다.)

b. A sign **hangs** over the door.(표지판이 문 위에 걸 려 있다.)

c. The necklace **hung** about his neck.(그 목도리는

그의 목에 매달렸다.)

d. The mantle **hangs** gracefully.(그 망토는 우아하게
걸쳐져 있다.)

e. The door **hangs** on its hinges.(그 문은 돌저귀에
걸려 있다.)

1.2. 매달리는 개체는 공중에 뜬다. 다음 주어는 뜬다.

(2) a. The clouds are **hanging** over the mountain peaks.
(구름들은 그 산꼭대기 위에 걸쳐 있다.)

b. The fog **hung** over the fields.(안개가 그 들판 위에
걸쳐 있었다.)

c. Dust **hung** in the room.(먼지가 방에 떠 있었다.)

1.3. 다음 주어는 추상적 개체나 구체적 개체로 개념
화되어 있다. 주어는 떠 있다.

(3) a. A smell of curry **hung** in the air.(카레 냄새가 공기
중에 떠 있었다.)

b. The silence **hung** among them.(침묵은 그들 사이
에 걸쳐 있었다.)

1.4. 다음 주어는 about이나 around의 목적어에 매달
리듯 주위에 맴돈다.

(4) a. The boy **hung** about the garden.(소년은 그 정원
주위를 맴돌았다.)

b. The children **hung** about their mother.(그 아이들
은 엄마 주위에 붙어 있었다.)

c. Why are you **hanging** around here?(너는 왜 여기
서 맴돌고 있느냐?)

1.5. 다음 주어는 on의 목적어에 매달려 있다.

(5) a. War and peace **hung** on him.(전쟁과 평화는 그에
게 달려 있었다.)

b. Success or failure **hangs** on your study.(성공이냐
실패는 너의 연구에 달려 있다.)

c. His life **hangs** on the judge's decision.(그의 생명
은 그 판사의 결정에 달려 있다.)

1.6. 다음 주어는 목적어에 부담을 준다.

(6) a. The goods **hang** heavy on him.(그 상품은 그에게
부담을 준다.)

b. Life **hung** heavy on him.(삶이 그에게 부담을 주었
다.)

2. 타동사 용법

2.1. 다음 주어는 목적어를 건다.

(7) a. He **hung** the pictures on the wall.(그는 그 그림들
을 벽에 걸었다.)

b. He **hung** the curtains on the window.(그는 커튼을
창문에 걸었다.)

c. He **hung** his hat on a peg.(그는 모자를 나무못에
걸었다.)

d. The town **hangs** the flag on all national holidays.
(그 읍내는 그 기를 오는 국경일에 건다.)

2.2. 다음 주어는 목적어를 전치사 with의 목적어로 건
다.

(8) a. He **hung** the wall with the pictures.(그는 그 벽에
그림으로 걸었다.)

b. He **hung** the window with the curtains.(그는 그 창
문을 커튼으로 걸었다.)

2.3. 다음 주어는 목적어를 떨군다.

(9) a. He **hung** his head in sorrow.(그는 슬픔에 머리를

떨구었다.)

b. They should **hang** their heads in shame.(그들은
수치심에 고개를 떨구어야 한다.)

2.4. 다음 주어는 목적어의 목을 매어단다.

(10) a. They **hanged** him in 1940.(그들은 그를 1940년
교수형에 처했다.)

b. He **hanged** himself.(그는 목 매어 자살했다.)

hanker

이 동사의 개념 바탕에는 능력 이상의 것을 갈망하
는 과정이 있다.

1. 자동사 용법

1.1. 다음 주어는 after의 목적어를 찾아다니면서 갈망
한다.

(1) a. He **hankers** after her friendship.(그는 그녀의 우정
을 찾아다니며 갈망한다.)

b. He **hankered** after fame all his life.(그는 명성을 평
생동안 찾아 갈망했다.)

1.2. 다음 주어는 for의 목적어를 얻기를 갈망한다.

(2) a. The nation **hankered** for peace.(국가는 평화를 얻
기를 갈망했다.)

b. Europeans in America **hanker** for a good cup of
coffee.(미국에 사는 유럽인들은 좋은 커피 한잔을
갈망한다.)

1.3. 다음 주어는 to부정사가 가리키는 것을 하기를 갈
망한다.

(3) a. They **hankered** to have a place in the country.(그
들은 시골에 한 장소를 갖기를 갈망했다.)

b. She **hankers** to go back to Korea.(그녀는 한국으
로 돌아가기를 갈망한다.)

happen

이 동사의 개념 바탕에는 어떤 일이 일어나는 과정
이 있다.

1. 자동사 용법

1.1. 다음 주어는 일어난다.

(1) a. This is how it **happened**.(이것은 그것이 어떻게 일
어 났는지에 대한 것이다.)

b. What **happened** next?(무엇이 그 다음에 일어났는
가?)

c. Accidents will **happen**.(사건들이 일어 날 것이다.)

d. What time did the accident **happen**?(언제 그 사건
이 일어났는가?)

e. No one knew who had fired the gun--- it all
happened so quickly.(누가 총을 발사했는지 아무
도 몰랐다- 모든것이 너무 빨리 일어났다.)

f. She pressed hard on the brake but nothing
happened.(그녀는 브레이크를 힘껏 눌렀지만 아무
것도 일어나지 않았다.)

g. What would **happen** if your parents found out?(만
약에 네 부모님이 알아 내신다면 무슨 일이 일어날
것인가?)

h. What **happened** at the party?(파티에서 어떤 일이 일어났니?)

i. Strange things are **happening** this place.(이상한 일들이 이 장소에서 일어나고 있다.)

j. Nothing **happened** while we were there.(우리가 그곳에 있을 동안 아무일도 일어나지 않았다.)

1.2. 다음 주어는 to의 목적어에게 일어난다.

(2) a. Death **happens** to all men alike.(죽음은 모든 인간에게 똑같이 일어난다.)

b. Something **happened** to his lock; it won't turn.(어떤 일이 그의 자물쇠에 일어났다; 그것은 돌아가지 않는다.)

c. What **happened** to you yesterday?(어제 너에게 무슨 일이 일어났니?)

d. What has **happened** to my salary?(내 급여에 무슨 일이 일어났니?)

1.3. 다음 주어는 우연하게 일어난다.

(3) a. Do you **happen** to know her?(너는 그녀를 우연히 아는가?)

b. I **happened** to hear it.(나는 우연히 그것을 듣게 되었다.)

c. I **happened** to be at home.(나는 우연히 집에 있었다.)

d. That **happened** to be my car.(그것은 우연히 네 차에 일어났다.)

e. I **happened** to set beside her at the party.(나는 우연히 파티에서 그녀 옆에 있었다.)

f. I **happened** to find him.(나는 우연히 그를 찾았다.)

g. He **happens** to be my friend.(그는 우연히 내 친구가 된다.)

1.4. 다음 주어는 우연하게 that의 내용이 일어난다.

(4) a. It so **happens** that I am free today.(내가 오늘 아침 시간이 있다.)

b. It **happened** that I was out then.(내가 그때 마침 바깥에 있었다.)

c. It **happened** that they were out when we called.(우리가 전화했을때 그들은 마침 밖에 있었다.)

d. It just so **happens** that I have the key in my pocket.(내가 우연히 열쇠를 그 주머니에 가지고 있었다.)

1.5. 다음 주어는 on의 목적어를 우연히 발견하다.

(5) a. He **happened** on a rare book.(그는 우연히 어떤 희귀한 책을 발견했다.)

b. She **happened** on a dime while looking for her button.(그녀는 단추를 찾는 동안, 우연히 10전짜리 하나를 찾았다.)

harden

이 동사의 개념 바탕에는 굳는 과정이 있다.

1. 자동사 용법

1.1. 다음 주어는 굳어진다.

(1) a. The plaster will **harden** in a few minutes.(그 석고는 몇 분내에 굳어질 것이다.)

b. The clay needs to **harden** before it can be painted.(진흙은 그것이 칠이 되기 전에 굳을 필요가 있다.)

c. The bread will **harden** in the open air.(그 빵은 공기 중에서 굳을 것이다.)

1.2. 다음은 추상적 개체이나 구체적 개체로 개념화되어 굳어지는 것으로 표현되어 있다.

(2) a. Their suspicion **hardened** into certainty.(그들의 의혹이 확신으로 굳어졌다.)

b. Public attitudes to the strike **hardened**.(대중의 파업에 대한 태도가 굳어졌다.)

c. Opinion seems to be **hardening** against the invasion.(의견이 침입에 대비해 굳어지고 있는 것 같이 보인다.)

d. His heart **hardened** with anger.(그의 마음은 분노로 굳어졌다.)

1.3. 다음 주어는 사람이나 표정이다. 이러한 것이 굳어진다.

(3) a. After dozens of letters begging for money, Ken **hardened** to the charity pleas.(돈을 구걸하는 수통의 편지를 받은 후에, 켄은 자선 탄원에 마음이 굳어졌다.)

b. Her face **hardened** into an expression of hatred.(그녀의 얼굴 표정은 증오의 표정으로 굳어졌다.)

2. 타동사 용법

2.1. 다음 주어는 목적어를 굳게 한다.

(4) The freezer will **harden** the ice cream.(냉동고는 아이스크림을 굳힐 것이다.)

2.2. 다음 주어는 목적어를 단단하게 한다.

(5) a. He **hardened** his body by cold baths.(그는 차가운 물에 목욕해서 몸을 굳게 했다.)

b. He **hardened** his voice when he saw she wasn't listening.(그는 그녀가 듣지 않는다는 걸 알았을 때 목소리를 굳혔다.)

c. Difficulties **hardened** his desire to succeed.(역경이 성공하려는 그의 욕망을 굳게 했다.)

d. Battle **hardened** the troops.(전투가 그 부대원들을 단단하게 했다.)

2.3. 다음 주어는 목적어를 단단하게 하여 무엇을 느끼지 못하게 한다.

(6) a. His cruel life **hardened** his heart.(그의 잔인한 삶이 그의 마음을 굳게 했다.)

b. You must **harden** your heart against him.(너는 마음을 그에 대비해서 굳혀야 한다.)

c. Constant failure **hardened** him to criticism.(계속된 실패가 그를 비판에 무감각하게 굳혔다.)

2.4. 다음은 수동태 문장으로 주어는 단단하게 된다.

(7) a. He was **hardened** against pity.(그는 연민에 대해 무감각해졌다.)

b. Habitual criminals are **hardened** to life in prison.(습관적인 범죄자들은 감옥에서의 삶에 무감각해진다.)

c. He is **hardened** to all shame.(그는 모든 수치에 무감각해진다.)

hark

이 동사의 개념 바탕에는 듣는 과정이 있다.

1. 자동사 용법
1.1. 다음 주어는 듣는다.
(1) a. Just hark at him. (그냥 그를 들어라.)
    b. Hark to the song of the lark. (그 종달새의 노래를 들어라.)
1.2. 다음 주어는 되돌아간다.
(2) a. He always harks back to his army days. (그는 항상 군대 시절에 되돌아간다.)
    b. The music harks back to the early age of jazz. (그 음악은 초기 재즈 시대에 돌아간다.)
    c. His ideas hark back twenty years. (그의 생각들은 20년 전에 돌아간다.)

harm

이 동사의 개념 바탕에는 harm의 명사 '해'가 있다.

1. 타동사 용법
1.1. 다음 주어는 목적어를 해를 입힌다.
(1) a. Pollution can harm marine life. (오염은 수중 생명체에게 해를 입힌다.)
    b. Too much direct sunlight harms the plant. (너무 많은 직사광선은 식물에 해를 입힌다.)
    c. The hurricane harmed nearly every house in the coastal town. (그 태풍은 해변 도시의 거의 모든 집에 해를 입혔다.)
1.2. 다음 주어는 목적어를 해친다.
(2) a. The dog looks fierce, but it wouldn't harm anyone. (그 개는 사나워 보이지만, 누구도 해치지 않을 것이다.)
    b. He would never harm anyone. (그는 결코 아무도 해치지 않을 것이다.)
1.3. 다음은 수동태 문장으로 주어는 해를 입는다.
(3) Five people were harmed in the accident. (다섯 명의 사람들이 그 사고에서 상처를 입었다.)
1.3. 다음 목적어는 추상적 개체이다. 그러나 구체적인 것으로 개념화된 주어는 목적어에 해를 끼치는 것으로 표현되어 있다.
(4) a. These revelations will harm her chances of winning the election. (이런 폭로들은 그 선거를 승리하는 그녀의 기회를 해칠 것이다.)
    b. The report has harmed the city's reputation as a health spa. (그 보고서는 건강 온천으로서 그 도시의 명성에 해를 입혔다.)

harmonize

이 동사의 개념 바탕에는 어울리게 하는 과정이 있다.

1. 자동사 용법
1.1. 다음 주어는 화음을 붙인다.
(1) Sally sang the melody while I harmonized. (샐리는 내가 화음을 넣는 동안 가락을 불렀다.)
1.2. 다음 주어는 잘 어울린다.
(2) a. The choir harmonized in song. (그 합창단은 노래를 부를 때 가락이 잘 맞았다.)
    b. Our singing group harmonizes nicely. (우리의 노래 모임은 가락이 잘 맞는다.)
    c. The colors in this room harmonize nicely. (이 방의 색깔들은 잘 어울린다.)
1.3. 주어는 전치사 with의 목적어와 어울린다.
(3) a. Their views harmonize neatly with ours. (그들의 생각은 우리 것과 깔끔하게 어울린다.)
    b. This deep yellow does not harmonize with that shade of blue. (이 진노랑은 파랑 색조와 어울리지 않는다.)
    c. The colors do not harmonize with each other. (그 색깔들은 서로 안 어울린다.)
    d. The new building does not harmonize with its surroundings. (새 건물은 주변과 잘 안 어울린다.)

2. 타동사 용법
2.1. 다음 주어는 목적어를 어우러지게 한다.
(4) a. She dresses beautifully, and harmonizes her colors well. (그녀는 옷을 아름답게 입고 그녀의 색깔들을 잘 어우러지게 한다.)
    b. Countries used to harmonize standards on pesticides. (나라들은 살충제에 대한 표준을 조화시켰다.)
    c. He harmonized different ideas into a plan. (그가 다른 여러 생각들을 하나의 계획으로 조화시켜서 만들었다.)
2.2. 다음 주어는 목적어를 with의 목적어와 어울리게 한다.
(5) a. He harmonized his views with the existing facts. (그가 생각을 존재하는 사실들과 어울리게 했다.)
    b. She tries to harmonize her opinions with those of others. (그녀는 자신의 의견을 다른 이들의 의견과 어울리도록 애쓴다.)

harry

이 동사의 개념 바탕에는 공격으로 몰아대는 과정이 있다.

1. 타동사 용법
1.1. 다음 주어는 목적어를 침공한다.
(1) a. They harried the retreating army. (그들은 후퇴하는 군대를 공격했다.)
    b. Fighter planes harried the ground troops with continuous attack. (전투기들이 지상군을 계속된 공격으로 몰아 부쳤다.)
1.2. 다음 목적어는 땅이다. 주어는 목적어를 침공한다.
(2) a. The English army harried the Borders of Scotland. (영국 군대가 스코틀랜드 국경을 침공했다.)
    b. The troops harried the countryside. (군대는 그 시골을 침공했다.)

1.3. 다음 주어는 목적어를 공격하듯 괴롭힌다.
(3) a. The publisher is **harrying** the author to write another book.(출판사는 그 작가에게 또 다른 책을 쓰라며 괴롭히고 있다.)
   b. He is **harrying** me with constant phone calls.(그가 계속적인 전화로 나를 괴롭힌다.)
1.4. 다음은 수동태 문장으로 주어는 괴롭힘을 받는다.
(4) She was **harried** by the press.(그녀는 언론에 의해 괴롭힘을 당했다.)

harvest

이 동사의 개념 바탕에는 거두어들이는 과정이 있다.

1. 타동사 용법
1.1. 다음 주어는 목적어를 거두어 들인다.
(1) a. He **harvested** wheat.(그는 밀을 거둬 들였다.)
   b. They **harvested** corn early this year.(그들은 옥수수를 올해 일찍 거둬 들였다.)
   c. The workers **harvested** the apples.(그 노동자들은 사과를 거둬 들였다.)
1.2. 다음 목적어는 물고기이다. 주어는 목적어를 거두어들인다.
(2) a. This year they can **harvest** shell-fish on the north coast.(올해 그들은 조개류를 북쪽 연안에서 거둬 들일 수 있다.)
   b. He **harvested** salmon from the river.(그는 연어를 강에서 거두어 들였다.)
1.3. 다음 목적어는 밭이다.
(3) He **harvested** the fields.(그는 밭들을 거뒀다.)
1.4. 다음 목적어는 곡식으로 개념화되어 있다.
(4) a. He **harvested** the result of his research.(그는 조사 결과를 거둬 들였다.)
   b. He is **harvesting** the rewards of his hard work now.(그는 고된 작업의 보상을 이제 거둬 들이고 있다.)
   c. He **harvested** the fruit of his labors. (그는 노동의 댓가를 거둬 들였다.)

hassle

이 동사의 개념 바탕에는 말다툼을 하는 과정이나 반복되는 말로 귀찮게 하는 과정이 있다.

1. 자동사 용법
1.1.다음 주어는 말다툼을 한다.
(1) a. The lawyers **hassled over** the wording of the contract.(그 변호사들은 그 계약의 표현에 대해 말다툼을 했다.)
   b. The children **hassled over** who has the most toys.(아이들은 누가 가장 많은 장난감을 가졌는가에 대해 말다툼을 했다.)

2. 타동사 용법
2.1. 다음 주어는 목적어를 들볶는다.
(2) a. She'll **hassle** me until I agree to go with her.(그녀는 내가 그녀와 함께 가기로 동의할 때까지 나를 들볶을 것이다.)
   b. Don't keep **hassling** me! I'll do it later.(날 계속 들볶지 마라! 나는 그것을 나중에 할 것이다.)
   c. The little boy **hassled** the parents until they bought the new bike.(어린 소년은 부모님들이 새 자전거를 사줄 때까지 졸랐다.)
   d. The customer **hassled** the clerk for an hour.(그 손님은 점원을 한 시간 동안 들볶았다.)
   e. Quit **hassling** me.(날 들볶는 것 좀 그만해라.)

hasten

이 동사의 개념 바탕에는 급히 서두르는 과정이 있다.

1. 자동사 용법
1.1. 다음 주어는 급히 서둘러서 움직인다.
(1) a. We **hastened** back to Seoul.(우리는 서울로 급히 돌아갔다.)
   b. He **hastened** upstairs.(그는 서둘러 윗층으로 올라갔다.)
1.2. 다음 주어는 서둘러서 부정사가 가리키는 행동을 한다.
(2) a. I **hastened** to assure her that there was no danger.(나는 위험이 없음을 그녀에게 서둘러 확인시켰다.)
   b. She **hastened** to explain why she was late.(그녀는 왜 그녀가 늦었는지 이유를 서둘러 설명했다.)

2. 타동사 용법
2.1. 다음 주어는 목적어를 재촉한다.
(3) a. The treatment she had received **hastened** her death.(그녀가 받은 치료가 그녀의 죽음을 재촉했다.)
   b. He **hastened** his departure.(그는 출발을 재촉했다.)
   c. The incident **hastened** the downfall of the dictator.(그 사건은 그 독재자의 몰락을 재촉했다.)
2.2. 다음은 수동태 문장으로 주어는 재촉된다.
(4) Her death was **hastened** by large doses of pain-killer drugs.(그녀의 죽음은 진통제의 과다 복용에 의해 재촉됐다.)
2.3. 다음 주어는 목적어를 서둘러서 이동시킨다.
(5) a. He **hastened** a child off to bed.(그는 아이를 침대에서 서둘러 보냈다.)
   b. Watching the dark clouds form, he **hastened** the children **inside**.(먹구름이 생기는 것을 보고 그는 아이들을 안으로 서둘러 이동시켰다.)

hatch

이 동사의 개념 바탕에는 (알을) 까는 과정이 있다.

1. 타동사 용법
1.1. 다음 주어는 목적어를 깐다. 목적어는 새끼이다.

(1) a. The bird **hatched** her babies by sitting on the eggs.(새는 그 알들을 품고 그 새끼를 부화시켰다.)

b. A hen **hatches** chickens.(암탉은 병아리를 부화시킨다.)

1.2. 다음은 수동태 문장으로 주어는 부화된다.

(2) All the chicks have been **hatched** out.(모든 병아리가 알에서 깨어났다.)

1.3. 다음 주어는 목적어를 깐다. 목적어는 알이다.

(3) a. The female must find a warm place to **hatch** her eggs.(그 암놈은 알을 부화시키기 위해 따뜻한 곳을 찾아야 한다.)

b. The birds **hatched** its eggs.(새들은 알을 깠다.)

1.4. 안이나 계획은 알로 개념화되어 있다.

(4) a. He is **hatching** a plot.(그는 묘략을 부화하고 있다.)

b. He **hatched** a brilliant plan.(그는 빛나는 계획을 만들었다.)

c. Have you been **hatching** up a deal with her?(너는 그녀와 협상을 이루어 가고 있느냐?)

2. 자동사 용법

2.1. 다음 주어는 깨이는 개체(알)이다.

(5) a. The eggs **hatched** out.(알들은 부화되었다.)

b. When will the eggs **hatch**?(그 알들은 언제 부화되느냐?)

c. The eggs should **hatch** any day now.(그 알들은 이제 곧 부화될 것이다.)

2.2. 다음 주어는 알에서 나오는 개체이다.

(6) a. The chicks **hatched** out this morning.(병아리들은 오늘 아침에 알에서 나왔다.)

b. The young birds **hatched** from eggs.(어린 새들은 알에서 깨어났다.)

hate

이 동사의 개념 바탕에는 싫어하는 과정이 있다.

1. 타동사 용법

1.1. 다음 주어는 목적어를 싫어한다.

(1) a. They **hate** violence.(그들은 폭력을 싫어한다.)

b. We **hate** injustice.(우리는 불의를 싫어한다.)

c. I **hate** it when people cry.(나는 사람들이 우는 것을 싫어한다.)

1.2. 다음 목적어는 사람이다. 주어는 목적어를 싫어한다.

(2) a. She would **hate** him.(그녀는 그를 싫어할 것이다.)

b. She **hated** herself for feeling jealous.(그녀는 질투심을 느낀 것에 자신을 혐오했다.)

c. The two rivals **hated** each other from the start.(두 명의 적대수들은 시작부터 서로를 싫어했다.)

1.3. 다음 주어는 부정사가 가리키는 일을 하기를 싫어한다.

(3) a. I **hate** to say, but..(나는 말하긴 싫지만서도...)

b. He **hates** to clean the house.(그는 집을 치우기 싫어한다.)

c. He **hated** to be away from his family.(그는 자신의 가족에게서 멀리 떨어지는 것을 싫어했다.)

1.4. 다음 주어는 동명사가 가리키는 일을 하기를 싫어한다.

(4) a. I **hate** getting up early.(나는 일찍 일어나는 것이 싫다.)

b. I **hate** washing dishes.(나는 설거지 하는 것이 싫다.)

c. She **hates** making mistakes.(그녀는 실수하는 것을 싫어한다.)

d. I **hated** telling a lie, but I couldn't help it.(나는 거짓말하기 싫지만, 그것을 어떻게 할 수가 없었다.)

1.5. 다음 주어는 목적어가 어떤 상태에 있는 것을 싫어한다.

(5) a. He **hates** anyone parking in his space.(그는 누구든 그의 장소에 주차하는 것을 싫어한다.)

b. I **hate** my daughter living alone.(나는 딸이 혼자 사는 것이 싫다.)

1.6. 다음 주어는 목적어가 일어나는 것을 싫어한다.

(6) a. I'd **hate** anything to happen to him.(나는 어떤 일이든지 그에게 일어나는 것이 싫다.)

b. She **hated** her grandma to be sad.(그녀는 할머니가 슬퍼하는 것을 싫어했다.)

1.7. 다음 that-절은 주어가 싫어하는 사실이다.

(7) I **hate** that you should talk about it.(나는 네가 그것에 대해 말해야 한다는 것이 싫다.)

haul

이 동사의 개념 바탕에는 무거운 것을 세게 끄는 과정이 있다.

1. 타동사 용법

1.1. 다음 주어는 목적어를 끈다.

(1) a. The sled dogs **hauled** the load **into** the town.(그 썰매개들은 짐을 읍내로 끌고 갔다.)

b. They **hauled** the boat **onto** the beach.(그들은 배를 해변으로 끌어 올렸다.)

c. We **hauled** the boxes **to** the basement.(우리는 상자들을 지하로 끌고 갔다.)

d. The moving truck **hauled** our furniture **to** the new house.(그 이사짐 트럭이 우리 가구를 새 집으로 싣고 갔다.)

e. They **hauled** up the fishing net.(그들은 어망을 끌어 올렸다.)

1.2. 다음 목적어는 재귀대명사이다.

(2) a. He **hauled** himself **out** of bed.(그는 자신을 잠자리에서 끌어 내었다.)

b. He **hauled** himself **out** of the gutter and became the world heavy weight champion.(그는 자신을 시궁창에서 끌어 올려서 세계 중량급 선수가 되었다.)

1.3. 다음 주어는 목적어를 끌어낸다.

(3) The police **hauled** the pickpocket **into** court.(경찰은 그 소매치기를 법정으로 끌어 내었다.)

1.4. 다음은 수동태 문장으로 주어는 끌려간다.

(4) a. The protesters were **hauled** off to jail.(항의자들은 끌려가서 투옥되었다.)

b. They were **hauled** up before the judge, and fined

$50 for speeding.(그들은 판사 앞에 끌려가서 속도 위반으로 50불 벌금을 받았다.)

2. 자동사 용법
2.1. 다음 주어는 움직인다.
(5) a. They **hauled** off in a hurry.(그들은 급하게 떠났다.)
  b. They finally **hauled** into town at dusk.(그들은 마침내 읍내에 해질 무렵에 들어갔다.)

haunt

이 동사의 개념 바탕에는 종종 따라다니는 과정이 있다.

1. 타동사 용법
1.1. 다음 주어는 목적어를 찾아간다.
(1) a. Legends tell us that spirits **haunt** the graveyard.(전설들은 귀신들이 무덤을 찾는다고 한다.)
  b. Do ghosts really **haunt** the house?(귀신들이 정말로 집을 찾아가나요?)

1.2. 다음 주어는 목적어를 늘 따라다닌다.
(2) a. Memories of the war **haunt** us.(전쟁의 기억들이 미국을 따라다니며 괴롭힌다.)
  b. The car accident **haunted** Sue for many years.(그 자동차 사고는 수를 여러 해 동안 따라다니며 괴롭혔다.)
  c. The decision came back to **haunt** him in later life.(그 결정은 그를 후년에 다시 찾아와서 괴롭혔다.)

1.3. 다음은 수동태 문장으로 주어는 괴롭힘을 받는다.
(3) a. She was **haunted** by the fear that her husband was having an affair.(그녀는 남편이 정사를 하고 있다는 두려움에 괴롭힘을 받았다.)
  b. The soldiers were **haunted** by memories of the war.(군인들은 전쟁의 기억들에 괴롭힘을 당했다.)

1.4. 다음 주어는 목적어를 자주 찾아간다.
(4) a. My roommate and I **haunted** the movie theater for many hours.(내 룸메이트와 나는 그 영화관을 여러 시간동안 찾아갔다.)
  b. The cafe was **haunted** by students after school.(그 카페는 학생들이 방과 후에 찾아갔다.)

have

이 동사의 개념 바탕에는 가지는 과정이 있다.

1. 타동사 구문
1.1. 다음 주어는 목적어를 신체의 일부로 갖는다.
(1) a. She **has** blue eyes.(그녀는 푸른 눈을 가지고 있다.)
  b. She **has** brown hair.(그녀는 갈색 머리를 가지고 있다.)
  c. She **has** a bald head.(그녀는 대머리를 가지고 있다.)
  d. She **has** strong arms.(그녀는 튼튼한 팔을 가지고 있다.)

1.2. 다음 주어는 목적어를 정신의 일부로 갖는다.

(2) a. She **has** a very good temper.(그녀는 매우 좋은 성질을 가지고 있다.)
  b. He **had** a taste for exotic food.(그는 이국 음식에 대한 미각을 가졌다.)
  c. He **had** a habit of nail biting.(그는 손톱을 깨무는 습성을 가졌다.)
  d. He **has** the kindness to help me.(그는 나를 도와주는 친절을 가지고 있다.)

1.3. 다음 주어는 목적어를 몸 속에 넣어서 갖는다.
(3) a. She **had** a cup of tea.(그녀는 차 한 잔을 마셨다.)
  b. He **has** five cigarettes every day.(그는 다섯 개비의 담배를 매일 피운다.)
  c. We were **having** breakfast.(우리는 아침을 먹고 있었다.)
  d. He didn't **have** enough sleep last night.(그는 엊저녁에 충분히 자지 못했다.)

1.4. 다음 주어는 목적어를 몸에 가지고 있다.
(4) a. I **have** had bad colds every year.(나는 해마다 심한 감기를 앓고 있다.)
  b. I **have** a severe pain.(나는 심한 통증을 가지고 있다.)
  c. He **has** a flu.(그는 독감에 걸려 있다.)
  d. He **has** measles.(그는 홍역에 걸려 있다.)
  e. He **had** a headache.(그는 두통을 느끼고 있었다.)

1.5. 다음 주어는 목적어를 머리 속에 갖는다.
(5) a. I **have** no idea what to do.(나는 무엇을 해야 할지에 대한 생각이 없다.)
  b. Do you **have** any doubt about him?(당신은 그에 대해 의심을 조금이라도 가지고 계십니까?)
  c. Do you **have** any hope of finding it?(당신은 그것을 찾을 희망을 조금이라도 가지고 계십니까?)
  d. He **has** a good idea.(그는 좋은 생각을 가지고 있다.)
  e. She **has** little French.(그녀는 불어를 거의 할 줄 모른다.)
  f. He **has** it that the trains are running late.(그는 기차가 늦게 다닌다고 생각하고 있다.)
  g. He will **have** it that I was late.(그는 내가 늦었다고 생각할 것이다.)
  h. He will **have** it that I am wrong.(그는 내가 잘못했다고 생각할 것이다.)

1.6. 다음 주어는 목적어를 마음 속에 갖는다.
(6) a. I **have** him in fond remembrance.(나는 그를 정에 어린 추억 속에 간직한다.)
  b. I **have** the work in mind.(나는 그 일을 염두에 두고 있다.)
  c. He **has** all the directions in his mind.(그는 모든 지시 사항을 마음 속에 가지고 있다.)

1.7. 다음 주어는 목적어를 소유 영역에 갖는다.
(7) a. I **have** a book.(나는 책 한 권을 가지고 있다.)
  b. I **have** a house in the country.(나는 시골에 집을 가지고 있다.)
  c. I **have** a blue suit.(나는 파란색 양복 한 벌이 있다.)
  d. I **have** a car.(나는 자동차가 있다.)
  e. I **have** a dog/a cat.(나는 개/고양이를 갖는다.)

1.8. 다음 주어는 목적어를 몸에 지니거나 갖는다.

(8) a. I **have** that much money (on me).(나는 그 정도의
　　　돈은 몸에 지니고 있다.)
　　b. He **had** all kinds of strange objects (on his
　　　person).(그는 모든 종류의 이상한 물건을 (몸에)
　　　가지고 다녔다.)
　　c. I **have** a sweater (on).(나는 스웨터를 입고 있다.)

1.9. 다음 주어는 목적어를 가족으로 갖는다.
(9) a. The man **has** two sons.(그 사람은 두 아들이 있
　　　다.)
　　b. The boy **has** parents.(그 소년은 양친이 있다.)
　　c. I **have** a brother and a sister.(나는 형과 누이가 있
　　　다.)

**1.10. 다음 목적어는 시간이다. 주어는 목적어를 갖는
다.**
(10) a. I **have** free time every Sunday.(나는 매주 일요일
　　　자유 시간을 갖는다.)
　　b. I **had** a holiday today.(나는 오늘 휴일을 가졌다.)
　　c. **Have** you got any time for a game of chess?(체스
　　　한 판을 둘 시간이 있습니까?)

1.11. 다음 주어는 목적어를 책임 영역에 갖는다.
(11) a. He **has** a letter to write.(그는 써야 할 편지가 있
　　　다.)
　　b. He **has** an important task to perform.(그는 수행해
　　　야 할 중요한 임무가 있다.)
　　c. He **has** a deadline to meet.(그는 지켜야 할 마감일
　　　이 있다.)

1.12. 다음 주어는 목적어를 주위에 갖는다.
(12) a. We **have** some people here tonight.(우리는 오늘
　　　저녁 여기에 몇 사람을 모신다.)
　　b. He **has** people in the office who are efficient.(그
　　　는 사무실에 능률적인 사람을 데리고 있다.)
　　c. She **has** many friends.(그녀는 많은 친구가 있다.)

1.13. 다음 주어는 목적어를 활동영역에 갖는다.
(13) a. The teacher **has** 50 students.(그 선생님은 50명의
　　　학생을 갖는다.)
　　b. The doctor **has** many patients.(그 의사는 많은 환
　　　자가 있다.)
　　c. The lawyer **has** few clients.(그 변호사는 의뢰인이
　　　별로 없다.)

1.14. 다음 목적어는 과정이다. 주어는 목적어를 갖는다.
(14) a. John **had** a bath/a dance/a fight/a look at the
　　　picture/a lie down.(존은 목욕/춤/싸움/그림을 쳐다
　　　보기를 했다.)
　　b. She **had** a read/a swim/a sleep/a try/a wash/a
　　　rest.(그녀는 독서/수영/잠/시도/세탁/휴식을 했다.)

1.15. 다음 주어는 목적어를 부분으로 갖는다.
(15) a. The car **has** a self-starter.(그 자동차는 자동 시동
　　　장치를 갖는다.)
　　b. The house **has** a fine garden.(그 집은 훌륭한 정원
　　　을 가지고 있다.)
　　c. The room **has** five windows.(그 방은 창문이 다섯
　　　개 있다.)
　　d. April **has** thirty days.(4월에는 30일이 있다.)
　　e. The cloth **has** a silky texture.(그 천은 비단과 같은
　　　촉감을 갖는다.)
　　f. The goods **have** a value of $100.(그 상품은 100불

의 가치가 있다.)

1.16. 다음 주어는 목적어를 주어가 사는 지역에 갖는다.
(16) a. We **have** small birds in Korea.(한국에는 작은 새들
　　　이 있다.)
　　b. We don't **have** much snow in this country.(이 나
　　　라에서는 눈이 많이 오지 않는다.)
　　c. We **have** a lot of rain in summer.(우리는 여름에
　　　비가 많이 온다.)
　　d. We **had** a fine weather.(우리는 좋은 날씨를 가졌
　　　다.)

1.17. 다음 주어는 목적어를 어떤 상태로 갖는다.
(17) a. I **have** my room clean.(나는 내 방을 깨끗이 한다.)
　　b. **Have** your nails clean.(너의 손톱을 깨끗이 해라.)
　　c. I can't afford to **have** them idle.(나는 그들이 빈둥
　　　거리고 있게 할 수 없다.)

**1.18. 다음 주어는 목적어가 어떤 일을 당하게 되는 일
을 체험한다.**
(18) a. He **had** his ankle dislocated.(그는 발목을 삐었다.)
　　b. I **had** my watch stolen.(나는 시계를 도둑 맞았다.)

1.19. 다음 주어는 목적어를 어떤 과정을 밟게 한다.
(19) a. I **had** the work finished two days before it was
　　　needed.(나는 그 일을 필요한 날짜보다 이틀 먼저
　　　끝내게 했다.)
　　b. I **had** my composition corrected by the teacher.
　　　(나는 작문을 선생님께 교정 받았다.)

**1.20. 다음 주어는 그의 통제 영역에서 목적어가 어떤
일을 하게 한다.**
(20) a. I **had** John find me a house.(나는 존을 나에게 집
　　　한 채를 찾게 시켰다.)
　　b. The child would **have** me buy the television set.
　　　(그 아이는 내가 그 텔레비전을 사게 할 것이다.)
　　c. I **have** my secretary type the letter.(나는 비서에
　　　게 그 편지를 타자 치게 시켰다.)

**1.21. 다음 주어는 목적어로 분사가 가리키는 일을 하
게 한다.**
(21) a. He soon **had** them all laughing.(그는 곧 그들 모두
　　　를 웃게 했다.)
　　b. We soon **had** the mists coming down on us.(우리
　　　는 곧 안개가 우리에게 다가오게 하고 있었다.)
　　c. I can't **have** you doing that.(나는 네가 그것을 하
　　　고 있게 할 수 없다.)

hazard

이 동사의 개념 바탕에는 hazard의 명사 '위험' 또
는 '모험'이 있다.

1. 타동사 용법
1.1. 다음 주어는 목적어를 위험을 무릅쓰고 한다.
(1) a. Don't feel like you have to **hazard** an opinion on
　　　something you know nothing about.(네가 아무 것
　　　도 모르는 일에 대해서 의견을 모험 삼아 내어놓아
　　　야 한다고 생각하지 마세요.)
　　b. I'd **hazard** a guess that the loss is in the millions.
　　　(나는 손해가 백만 단위라는 추측을 모험 삼아 하고
　　　싶다.)

1.2. 다음 주어는 목적어를 위태롭게 한다.
(2) a. Careless drivers **hazard** other people's lives.(부주의한 운전자들은 다른 사람들의 생명을 위태롭게 한다.)
   b. In making the investment, he **hazarded** all his savings.(투자를 하는 데, 그는 모든 저축을 위태롭게 했다.)

1.3. 다음 주어는 that-절의 내용을 모험 삼아 말한다.
(3) a. He **hazarded** that the examiner might be lenient.(그는 심사관이 관대할지도 모른다고 모험 삼아 말했다.)
   b. He **hazarded** that the loss might be in the millions.(그는 그 손실이 백만 단위일지 모른다고 모험 삼아 말했다.)

haze¹

이 동사의 개념 바탕에는 haze의 명사 '옅은 안개'가 있다.

1. 자동사 용법
1.1. 다음 주어는 옅은 안개가 낀다.
(1) The sky **hazed** over.(하늘은 옅은 안개가 끼었다.)

haze²

이 동사의 개념 바탕에는 괴롭히는 과정이 있다.

1. 타동사 용법
1.1. 다음 주어는 목적어를 괴롭힌다.
(1) a. If you **haze** anyone in this club, you will be **hazed**.(네가 이 클럽에서 누군가를 곯린다면, 너 또한 괴롭혀질 것이다.)
   b. They **hazed** the new member of the club.(그들은 클럽의 새 회원을 괴롭혔다.)

head

이 동사의 개념 바탕에는 head의 명사 '머리'가 있다. 동사의 의미는 이 명사의 쓰임과 관계가 있다.

1. 타동사 용법
1.1. 다음 주어는 목적어를 이끈다. 목적어는 조직체이다.
(1) a. Jane was chosen to **head** the committee after Bill retired.(제인은 빌이 물러난 다음에 그 위원회를 이끌도록 선출되었다.)
   b. He **heads** the city government/the research team.(그는 그 시 정부/그 조사팀을 이끈다.)
   c. He **heads** a team of scientists investigating cancer.(그는 암을 연구하는 과학자들의 한 팀을 이끈다.)
   d. He **headed** the revolution/the meeting/the committee.(그는 그 혁명/그 모임/그 위원회를 이끌었다.)
   e. He **headed** the riot.(그는 그 폭동을 주도했다.)

1.2. 다음은 수동태 문장으로 주어는 이끌린다.
(2) The delegation was **headed** by President Park. (그 대표단은 박 대통령에 의해 지휘되었다.)

1.3. 다음 주어는 목적어를 전치사 with의 목적어로 표제를 붙인다.
(3) a. He **headed** the chapter **with** the origin of Hangul. (그는 그 장을 한글의 기원이라고 표제를 붙였다.)
   b. **Head** each column **with** a number.(각 난을 번호로 붙여라.)
   c. He **headed** the letter **with** the date.(그는 그 편지를 날짜로 시작했다.)
   d. He **headed** the next paragraph **with** "Parental love."(그는 다음 단락을 "부모의 사랑"으로 표제를 붙였다.)
   e. He **headed** his paper on eating habits **with** "Food for thought."(그는 식습관에 관한 자신의 논문을 "생각을 위한 음식"으로 제목을 붙였다.)

1.4. 다음은 수동태 문장으로 주어는 표제가 주어진다.
(4) a. His report was **headed with** "Preventing industrial accident."(그의 보고서는 "산업 재해 방지"라는 표제가 붙어 있었다.)
   b. The essay is **headed with** "English Syntax."(그 논문은 "영어 통사론"이라는 표제가 붙어 있다.)
   c. The chapter was **head with** "my childhood."(그 장은 "나의 어린 시절"이라는 표제가 붙었다.)
   d. Each chapter is **headed with** writer's name.(각 장은 앞머리에 저자의 이름이 붙어 있다.)

1.5. 다음 주어는 자체가 목적어(목록)의 맨 앞자리에 온다.
(5) a. Collins **heads** the list of candidates for the job.(콜린즈는 그 일자리의 후보자 목록의 맨 첫머리에 온다.)
   b. The movie **heads** the list of Oscar nominations. (그 영화는 오스카상 지명자 목록의 첫머리에 있다.)
   c. Tom Sawyer **heads** my list of favorite books.(톰 소여는 내가 좋아하는 책 목록의 맨 앞에 온다.)
   d. When the examination results were published, his name **headed** the list.(그 시험 결과가 알려졌을 때, 그의 이름은 목록의 첫머리에 있었다.)

1.6. 다음 주어는 목적어의 맨 앞자리를 차지한다.
(6) a. The Queen's carriage **headed** the procession.(여왕의 마차는 그 행렬의 맨 앞에 왔다.)
   b. He **headed** the march/the procession.(그는 그 행진/행렬의 맨 앞에 섰다.)
   c. The band **headed** the parade.(그 악단이 행렬의 선두에 섰다.)

1.7. 다음은 수동태 문장으로 주어는 선두가 주어진다.
(7) The procession was **headed** by several members of Parliament.(그 행렬은 몇몇 국회 여러 의원들이 선두에 섰다.)

1.8. 다음 주어는 목적어를 특정한 방향으로 움직인다.
(8) a. The captain **headed** the plane **for** the runway.(기장은 그 비행기를 활주로로 나가게 했다.)
   b. I will **head** the boat **for** shore.(나는 배를 해안으로 이끌겠다.)

c. He **headed** the boat north **toward** the dock.(그는 그 배를 북쪽 선창으로 이끌었다.)

d. The captain tried to **head** the ship **for** the channel. (그 함장은 그 배를 해협 쪽으로 이끌려고 노력했다.)

e. They **headed** the cows **up** the hill.(그들은 소들을 언덕 위로 이끌었다.)

f. They **headed back** a flock of sheep.(그들은 양떼를 뒤로 이끌었다.)

1.9. 다음 목적어는 환유적으로 쓰여서 움직임을 나타낸다. 주어는 목적어의 움직임을 차단시킨다. off는 차단을 나타낸다.

(9) a. Soldiers **headed** the prisoners **off** at the border. (군인들은 그 죄수들을 국경에서 차단했다.)

b. I **headed** him **off** (from) making a speech.(나는 그를 연설을 하는 것을 차단했다.)

c. We **headed off** the robbers at the pass.(우리는 그 강도들을 산길에서 차단했다.)

d. **Head** him **off** before he falls in the hole.(그가 구멍에 빠지기 전에 차단해라.)

e. I tried to **head** the dog **off** by running towards it. (나는 개 쪽으로 달려가서 그 개를 차단하려 했다.)

f. We tried to **head off** the goats.(우리는 그 염소를 차단하려고 했다.)

g. They were running towards the house, but we **headed** them **off** at the gate.(그들은 집 쪽으로 달려가고 있었으나, 우리는 그들을 문에서 차단했다.)

1.10. 다음 목적어는 일어나려고 하는 사건이다. 주어는 목적어를 차단시킨다.

(10) a. The company changed its plans in order to **head off** a rebellion by shareholders.(그 회사는 주주들에 의한 폭동을 차단하려고 계획을 바꿨다.)

b. They've **headed off** several crises since they took charge.(그들은 수 차례 위기를 자기들이 책임을 맡은 이래 차단했다.)

c. The police set up a roadblock to **head off** the thieves' escape.(경찰은 도둑들의 도망을 차단하기 위해 방책을 세웠다.)

d. They **headed off** the movement toward nomination of an entirely new candidate.(그들은 전적으로 새 후보자를 지명하려는 움직임을 차단했다.)

e. The company is putting up wages in an attempt to **head off** a strike.(그 회사는 파업을 차단하려는 노력의 일환으로 임금을 인상하고 있다.)

f. They **headed off** the unrest.(그들은 불안을 차단했다.)

g. He **headed off** the fight between the two men.(그는 두 사람간의 싸움을 차단했다.)

h. He **headed off** financial trouble by selling his stocks before the crash.(그는 파탄이 오기 전에 주식을 팔아서 경제적 곤란을 차단했다.

1.11. 다음은 수동태 문장으로 주어는 어떤 방향으로 향해진다.

(11) a. The ship was **headed for** the harbor.(그 배는 항구로 향해졌다.)

b. We are **headed for** the bar(우리는 술집으로 향하고 있다.)

c. That fellow is **headed for** trouble.(저 녀석은 곤란으로 향하고 있다.)

d. He is a great swimmer, and is **headed for** victory.(그는 훌륭한 수영 선수라서 승리로 향하고 있다.)

1.12. 다음 주어는 목적어를 머리로 움직인다.

(12) He **headed** the ball into the net.(그는 공을 그 네트 안쪽으로 헤딩했다.)

2. 자동사 용법

2.1. 다음 주어는 움직인다.

(13) a. Can you forecast where the economy is **heading**? (당신은 경제가 어디로 가고 있는지 예상할 수 있습니까?)

b. We **headed along.**(우리는 따라갔다.)

c. Let's **head back** home.(집으로 되돌아갑시다.)

d. They **headed back** toward home.(그들은 집 쪽으로 되돌아갔다.)

e. They **headed out** of town.(그들은 읍내 밖으로 향했다.)

f. They **headed** south/west.(그들은 마을의 남쪽으로/서쪽으로 향했다.)

g. I'm **heading off** now.(나는 떠나려고 하고 있다.)

2.2. 다음 주어는 전치사 for의 목적어로 움직인다.

(14) a. Where are you **heading for**?(당신은 어느 쪽으로 가고 있습니까?)

b. When they got to the party, he **headed** straight **for** the food.(그들이 파티에 갔을 때, 그는 음식으로 곧장 달려들었다.)

c. Once inside the shop, the children **headed** straight **for** the computer games.(그 가게 안으로 들어가자, 아이들은 컴퓨터 게임으로 곧장 달려들었다.)

d. The ship **headed out** to sea.(배는 바다로 향했다.)

e. At closing time, the shoppers **headed out** of the store.(마감 시간에, 고객들은 가게 밖으로 향했다.)

f. The ship **headed for** its destination/beach/port.(배는 그 목적지/바닷가/항구로 향했다.)

g. After the movie, we **headed toward** the exit.(영화가 끝난 후에, 우리는 출구로 향했다.)

h. They **headed toward** town.(그들은 읍내로 향했다.)

2.3. 다음 주어는 전치사 for의 목적어로 향한다. 목적어는 추상적인 상태이다.

(15) a. The talk is **heading for** deadlock.(그 이야기는 막다른 곳으로 향하고 있다.)

b. They are **heading for** disaster/divorce/success/a fall.(그들은 재난/이혼/성공/추락으로 향하고 있다.)

c. They are **heading for** trouble/an accident/bankruptcy.(그들은 곤란/사고/파산으로 치닫고 있다.)

2.4. 다음 주어는 toward의 목적어로 향한다.

(16) Unemployment is **heading toward** 4 million.(실업이 사백만에 육박하고 있다.)

H

heal

이 동사의 개념 바탕에는 아우러서 건강하게 되는 과정이 있다.

1. 자동사 용법

1.1. 다음 주어는 아문다.
(1) a. When will my leg heal?(언제 내 다리가 낫지?)
     b. The cut healed over.(베인 자리는 완전히 나았다.)

2. 타동사 용법

2.1. 다음 주어는 목적어를 아물게 한다. 목적어는 질병이다.
(2) a. Jesus healed ten lepers of the disease.(예수는 10명의 나환자를 고쳐서 병을 없앴다.)
     b. This medicine should heal the wound.(이 약은 상처를 아물게 할 것이다.)
     c. The salve will help heal the cut.(그 고약은 베인 자리를 아물게 할 것이다.)

2.2. 다음 주어는 목적어를 아물게 한다.
(3) a. I hope you can heal the differences without fighting.(나는 네가 싸우지 않고 불화를 화해시킬 수 있으리라 희망한다.)
     b. I wanted to heal the division between Tom and Jerry.(나는 톰과 제리 사이의 분열을 아물게 하기를 원했다.)
     c. The leader healed the breach/rift in his party.(그 지도자는 당안의 분열을 아물게 했다.)
     d. Only time will heal his broken heart.(시간만이 그의 깨어진 마음을 아물게 할 수 있다.)
     e. Time healed his troubles.(시간이 그의 어려움들을 고쳤다.)

2.3. 다음은 수동태 문장으로 주어는 아물어진다.
(4) I felt healed by his love.(나는 그의 사랑에 의해 아물어진 것 같이 느꼈다.)

2.4. 다음은 수동태 문장으로 of의 목적어에서 아문다.
(5) a. He was healed of his sickness.(그는 병이 나았다.)
     b. He was healed of his wound.(그는 상처가 나았다.)

heap

이 동사의 개념 바탕에는 쌓는 과정이 있다.

1. 타동사 용법

1.1. 다음 주어는 목적어를 전치사 on, onto, in, into의 목적어에 쌓는다.
(1) a. He heaped up riches.(그는 재물을 축적했다.)
     b. Some old furniture had been heaped up in the corner.(몇몇 오래된 가구가 구석에 쌓여 있었다.)
     c. They heaped up leaves for a bonfire.(그들은 화롯불을 지피기 위해서 잎사귀를 쌓아 올렸다.)
     d. He heaped rice onto his bowl.(그는 밥을 사발에다 고봉으로 담았다.)
     e. He heaped coals of fire on my head.(그는 숯불을 내 머리에 쌓았다/악을 선으로 갚았다.)

     f. He always heaps his books on the desk.(그는 언제나 그 책들을 책상에 쌓아 놓는다.)
     g. They heaped all the rubbish onto the back of the truck.(그들은 모든 쓰레기를 트럭의 뒤에 쌓았다.)
     h. He heaped the strawberries on a plate.(그는 딸기들을 접시에 수북히 담았다.)
     i. He heaped the stones in the corner of the garden.(그는 돌들을 정원 구석에 쌓았다.)
     j. The party guests heaped gifts on the table.(파티 손님들은 선물들을 탁자 위에다 쌓았다.)
     k. They heaped wood by the fireplace.(그들은 나무를 난로가에 쌓았다.)

1.2. 다음은 수동태 문장으로 주어는 쌓인다.
(2) a. Rocks were heaped up on the side of the road.(바위들이 길의 가장자리에 쌓아 올려져 있었다.)
     b. The snow had been heaped on either side of the path.(눈은 길의 양 옆에 쌓였다.)
     c. The dead people were heaped up in the road.(사망자들은 그 길에 쌓였다.)
     d. The toys were heaped in the corner.(그 장난감들은 그 구석에 쌓였다.)
     e. The ashes from the fire were heaped in a pile.(불에서 나온 재들은 큰 더미로 쌓였다.)

1.3. 다음 주어는 목적어를 쌓아서 특정한 모양으로 만든다.
(3) a. The wind heaped (up) the snow into drifts.(바람은 눈을 쌓아올려 눈더미로 만들었다.)
     b. He heaped up the dirt into a mound.(그는 토사를 쌓아올려 둔덕으로 만들었다.)
     c. Heap the toys into the toy box.(장난감들을 그 장난감 상자에 넣어 쌓아라.)
     d. The children heaped the leaves into a large pile.(그 아이들은 잎들을 쌓아 큰 더미로 만들었다.)

1.4. 호의, 축복, 모욕, 칭찬, 책임 같은 추상적인 개체도 구체적 개체로 개념화되어 쌓을 수 있는 것으로 표현되어 있다. 주어는 목적어를 쌓는다.
(4) a. He heaped favors/blessings/honors on the boy.(그는 호의/축복/명예를 그 소년에게 듬뿍 주었다.)
     b. He heaped insults on his partner.(그는 욕을 파트너에게 퍼부었다.)
     c. He heaped praises/responsibilities on her/her head.(그는 많은 찬사를/책임을 그녀/그녀의 머리에 퍼부었다.)
     d. The critics heaped compliments on the popular author.(그 비평가들은 찬사를 그 인기 작가에게 퍼부었다.)
     e. Everyone heaped compliments on her cooking.(모두가 찬사를 그녀의 요리 솜씨에 퍼부었다.)
     f. It's no use heaping abuse on him.(욕설을 그에게 퍼부어 봤자 소용없다.)

1.5. 다음 주어는 목적어를 전치사 with의 목적어로 쌓는다.
(5) a. He heaped his team with praise.(그는 팀을 많은 찬사로 안겼다.)
     b. He heaped the boy with gifts.(그는 그 소년을 선물로 듬뿍 안겼다.)

c. They **heaped** the cart with groceries.(그들은 그 수레를 식료품으로 수북히 쌓았다.)

d. She **heaped** the bowl with potatoes.(그는 그 사발을 감자로 듬뿍 쌓았다.)

e. He **heaped** the dish with fried fish.(그는 그 접시를 튀긴 생선으로 가득 담았다.)

f. He **heaped** the plate with strawberries.(그는 그 접시를 딸기로 쌓았다.)

g. He always **heaps** his desk with books.(그는 항상 책상을 책으로 쌓는다.)

h. The stalls are **heaped** up with fruits.(그 노점들은 과일들로 가득 쌓인다.)

2. 자동사 용법
2.1. 다음의 주어는 쌓인다.
(6) a. The snow **heaped** up overnight.(눈은 간밤에 수북이 쌓였다.)

b. Rubbish was beginning to **heap** up on the streets.(쓰레기가 거리에 쌓여지기 시작하고 있었다.)

hear
이 동사의 개념 바탕에는 소리를 듣는 과정이 있다.

1. 타동사 용법
1.1. 다음 주어는 비의도적으로 목적어를 듣는다.
(1) a. I **heard** a shout in the distance.(나는 멀리서 외침을 들었다.)

b. I **heard** a voice/a whisper/a shout.(나는 목소리/속삭임/외침을 들었다.)

c. Can you **hear** that ringing sound?(너는 저 울리는 소리가 들리니?)

d. I **hear** the sound of traffic on the street.(나는 길에서 달리는 차 소리를 듣는다.)

e. I **heard** an interesting program on the radio.(나는 재미있는 프로그램을 라디오에서 들었다.)

f. I **heard** his footsteps.(나는 그의 발자국 소리를 들었다.)

g. We listened but **heard** nothing.(우리는 귀를 기울였지만 아무 것도 듣지 못했다.)

1.2. 다음에 쓰인 목적어는 환유적으로 쓰였다. 즉 목적어가 내는 소리가 목적어이다.
(2) a. I can **hear** you, but can't see you.(나는 네 목소리는 들을 수 있으나, 너를 볼 수는 없다.)

b. I can't **hear** you. Will you speak louder?(네가 하는 말이 잘 안 들린다. 더 크게 말해줄래?)

c. He was **heard** to groan.(그가 신음하는 것이 들렸다.)

1.3. 다음의 주어는 의도적인 지각자이다.
(3) a. Part of a manager's job is to **hear** workers' complaints.(매니저의 일 중 일부는 근로자들의 불평을 듣는 것이다.)

b. A judge **hears** court cases.(판사는 소송 사건을 심리한다.)

c. Which judge will **hear** the case?(어떤 판사가 그 소송을 심리할까?)

d. The court **heard** the evidence.(그 법원은 증거를 심리했다.)

e. The court will **hear** the case for the defence.(법원은 피고를 위하여 그 소송을 심리할 것이다.)

f. We **heard** his lecture.(우리는 그의 강의를 청강했다.)

g. People go to church to **hear** Mass.(사람들은 미사를 들으러 교회에 간다.)

h. We are **hearing** the latest news.(우리는 최근 소식을 듣고 있다.)

i. The case will be **heard** next week.(그 소송은 다음 주에 심리될 것이다.)

1.4. 다음 주어는 목적어를 끝까지 듣는다.
(4) a. We **heard** him out.(우리는 그의 말을 끝까지 들어 주었다.)

b. She **heard out** our side of the story.(그녀는 우리 편의 얘기를 끝까지 들어 주었다.)

1.5. 다음 주어는 목적어를 듣는다.
(5) a. I've **heard** that story before.(나는 그 이야기를 전에 들은 적이 있다.)

b. We **heard** the child's lesson.(우리는 그 아이의 학과 복습을 도와 주었다.)

1.6. 다음 주어는 목적어가 어떤 행동을 할 때 내는 소리를 듣는다.
(6) a. Did you **hear** him go out?(너는 그가 나가는 것을 들었니?)

b. I didn't **hear** you come in.(나는 네가 들어오는 것을 듣지 못했다.)

c. I **heard** the door close a few minutes ago.(나는 몇 분 전에 문이 닫히는 것을 들었다.)

d. I didn't **hear** you speak.(나는 네가 말하는 것을 듣지 못했다.)

1.7. 다음 주어는 목적어가 무엇을 하고 있는 것을 듣는다.
(7) a. I **heard** her playing the piano.(나는 그녀가 피아노를 치는 것을 들었다.)

b. I **heard** them singing.(나는 그들이 노래하는 것을 들었다.)

1.8. 다음 주어는 that-절의 내용을 듣는다..
(8) a. I **hear** you are leaving.(나는 네가 떠난다고 들었다.)

b. I **hear** you have a new job.(나는 네가 새 일자리를 얻었다는 것을 들어서 안다.)

c. I **heard** that he had been ill.(나는 그가 아팠었다는 것을 들었다.)

d. I've **heard** that jogging is bad for you.(나는 조깅이 네게 좋지 않다는 것을 들었다.)

e. I've **heard** that your country is beautiful.(나는 네 나라가 아름답다는 것을 들어서 안다.)

1.9. 다음 주어는 의문사가 이끄는 절의 내용을 듣는다.
(9) a. Did you **hear** what happened to Joe?(너는 Joe에게 무슨 일이 있었는지 들었니?)

b. I **hear** what you are saying but I don't agree.(나는 네가 무엇을 말하고 있는지는 알아듣지만, 동의하지는 않는다.)

c. You'd better **hear what** they have to say.(너는 그들이 해야 하는 말에 귀를 기울이는 것이 좋을 거다.)

2. 자동사 용법

2.1. 다음에 쓰인 hear 는 청취능력을 나타낸다.

(10) a. Mom's over 80, and she doesn't **hear** very well. (엄마는 80세가 넘어서 잘 듣지 못한다.)

b. He was unable to **hear** from birth.(그는 태어날 때부터 듣지 못한다.)

2.2. 다음 주어는 전치사 about의 목적어에 대해서 듣는다.

(11) a. Have you **heard about** him?(너는 그에 관해서 들었니?)

b. He was surprised when he **heard about** my promotion.(그는 내 승진에 대해 듣고 놀랐다.)

c. I've **heard about** his moving to America.(나는 그가 미국으로 이사했다는 것에 관해 들었다.)

d. We've **heard about** your accident.(우리는 네 사고에 관해 들었다.)

2.3. 다음 주어는 전치사 of의 존재에 대해서 듣는다.

(12) a. I've never **heard of** Grand Hotel before.(나는 Grand 호텔의 존재에 관해 전에 들어본 적이 없다.)

b. I've never **heard of** him before.(나는 그의 존재에 관해 전에 들어본 적이 없다.)

e. Have you **heard of** eating dogs?(너는 개를 먹는 일이 있다는 것에 관해 들어본 적이 있니?)

2.4. 다음 주어는 전치사 of의 목적어를 들으려고 하지 않는다. 즉 허락하지 않는다.

(13) a. I will not **hear of** your going.(나는 네가 가는 것을 허락하지 않을 것이다.)

b. I offered to drive her to the station, but he won't **hear of** it.(나는 그녀에게 역까지 태워다 주겠다고 했지만, 그녀는 허락하지 않았다.)

c. I will not **hear of** criticizing your teacher.(나는 네 선생님을 비난하는 것을 듣지 않겠다.)

2.5. 다음 주어는 전치사 from의 목적어로부터 소식을 듣는다.

(14) a. She **heard from** her parents this morning.(그녀는 오늘 아침에 부모님에게서 소식을 들었다.)

b. We **heard from** him only last week; he sent us a postcard from London.(우리는 겨우 지난주에야 그로부터 소식을 들었다; 그는 우리에게 엽서 한 장을 런던에서 보냈다.)

heat

이 동사의 개념 바탕에는 heat의 명사 '열'이 깔려 있다.

1. 타동사 용법

1.1. 다음 주어는 목적어에 열을 가한다.

(1) a. Shall I **heat** the chicken or do you prefer to it cold?(그 닭고기를 데울까요, 차게 드실래요?)

b. Please **heat** the oil and add onions/the soup.(기름을 가열한 후 양파수프를 추가해 넣어 주세요.)

c. **Heat** the room.(그 방을 좀 따뜻하게 해라.)

d. **Heat** some water for coffee.(커피 탈 물을 끓여라.)

e. The sun **heated** the water in the lake.(태양열은 호수의 물을 가열했다.)

f. These large houses are difficult to **heat** in winter.(이 큰 집들은 겨울에 난방을 하기가 어렵다.)

g. The fireplace can **heat** the cabin when it's cold. (추울 때 그 벽난로는 통나무집을 따뜻하게 할 수 있다.)

1.2. 다음 목적어는 재귀대명사이다. 주어는 자신을 덥힌다.

(2) a. He **heated** himself with wine.(그는 자신의 몸을 포도주로 녹였다.)

b. He **heated** himself by walking.(그는 걸어서 몸을 녹였다.)

1.3. 다음 주어는 목적어를 덥힌다. up은 주어가 목적어에 열을 가하여 목적어가 눈에 뜨일 정도로 열이 높아진 상태를 나타낸다.

(3) a. She **heated up** a pie for me.(그녀는 파이를 나에게 주려고 데웠다.)

b. **Heat up** the meat in the microwave.(고기를 전자렌지에서 녹여라.)

c. The sun is **heating up** the house.(햇빛이 그 집을 데우고 있다.)

d. The terrorist attack **heated** things **up** again.(그 테러범의 공격은 사태를 다시 격렬하게 했다.)

e. The room was comfortably **heated up**.(그 방은 쾌적할 정도로 난방이 되었다.)

1.4. 다음 주어는 사람이나 논쟁이다. 사람을 정신적으로 열을 올리는 것은 흥분시키는 과정이다. 주어는 목적어의 열을 올린다.

(4) a. The controversial speaker **heated** the crowd more than ever.(그 물의를 일으킨 연사는 관중들을 어느 때보다도 흥분시켰다.)

b. The crises is bound to **heat up** the dispute.(위기는 그 논쟁을 더욱 가열시킬 수밖에 없다.)

c. They are being **heated** with argument/passion.(그들은 토론/열정으로 격렬해지고 있다.)

2. 자동사 용법

2.1. 다음 주어는 가열된다.

(5) a. In summer, the mobile home **heat** up like an oven. (여름에 이동식 집은 오븐처럼 뜨거워진다.)

b. The house is **heating up** in the sun.(집은 태양열에 뜨거워지고 있다.)

c. The small room will soon **heat up**.(작은 방은 곧 따뜻해질 것이다.)

d. Dinner is **heating** in the oven.(저녁식사는 오븐 속에서 데워지고 있다.)

e. The engine **heated up**.(엔진은 곧 달아올랐다.)

f. The stove takes a while to **heat up**.(스토브는 가열될 때까지 약간의 시간이 걸린다.)

g. As the sun shone, the water in the lake **heated up**.(햇빛이 비추자, 호수의 물은 가열되었다.)

h. It was cold outside this morning, but now it is

heating up.(오늘 아침 밖은 추웠다, 그러나 지금 점점 따뜻해지고 있다.)

2.2. 다음의 주어는 추상적 상황, 논쟁, 다툼 등이다. 주어는 가열된다.

(6) a. Things are **heating up** rapidly in the country and I feel I should return.(사태는 그 나라에서 급속히 격렬해져 가고 있어서 나는 돌아가야 한다고 느꼈다.)

b. The quarrel/the argument **heated up** rapidly.(그 싸움/논쟁은 급속히 격렬해졌다.)

c. The situation **heated up**.(그 상황이 격렬해졌다.)

d. The movement for democracy began to **heat up**.(민주주의를 위한 운동은 격렬해지기 시작했다.)

heave

이 동사의 개념 바탕에는 무엇을 힘들게 드는 과정이 있다.

1. 타동사 용법

1.1. 다음에서 주어는 목적어를 힘들게 든다.

(1) a. He **heaved** the lead/the dog.(그는 측연/개를 들어 올렸다.)

b. He **heaved** a stone out of the window.(그는 돌 하나를 들어 창 밖으로 던졌다.)

c. The volcano **heaved** lava from beneath the earth's surface.(그 화산은 용암을 지구의 표면 밑으로부터 들어 올렸다.)

d. They could not **heave** the rock.(그들은 그 바위를 들어 올리지 못했다.)

1.2. 다음의 주어는 목적어를 힘들게 들어서 전치사나 부사가 가리키는 곳에 놓는다.

(2) a. The rough sea **heaved** the boat about.(그 거친 바다는 그 배를 이리저리 요동쳤다.)

b. I **heaved** the heavy bag into the car.(나는 무거운 가방을 들어 차에 실었다.)

c. I managed to **heave** the trunk down the stairs.(나는 트렁크를 겨우 들어서 계단 아래로 옮겼다.)

d. He **heaved** rocks down the hill.(그는 바위들을 들어 언덕 아래로 옮겼다.)

e. We **heaved** the sofa **onto** the truck.(우리는 소파를 들어 트럭 위에 놓았다.)

f. He **heaved** the heavy box up **onto** the shelf.(그는 무거운 상자를 들어 선반에 올려 놓았다.)

g. He **heaved** the pack **onto** the mule's back.(그는 짐을 들어서 노새의 등에 놓았다.)

h. They had to **heave** the piano **onto** the stage.(그들은 피아노를 들어서 무대 위에 놓아야 했다.)

i. He **heaved** her to his feet.(그는 그녀를 들어다 그의 발치에 놓았다.)

j. We **heaved** the refrigerator up the stairs.(우리는 냉장고를 들어 계단 위로 옮겼다.)

k. He **heaved** the box out of the van.(그는 상자를 들어 밴에서 옮겼다.)

l. They **heaved** anchor and set sail.(그들은 닻을 들어올려 항해를 했다.)

m. Someone **heaved** a brick through the window.(어떤 사람이 벽돌 한 장을 들어 창문을 통해 던졌다.)

1.3. 다음에는 목표점의 전치사로 at이 쓰였다. 주어는 전치사 at의 목적어를 해치려는 목표를 가지고 있다.

(3) a. He **heaved** a table at me.(그는 탁자를 들어서 나에게 던졌다.)

b. He **heaved** a bucket at me.(그는 양동이를 들어 나에게 던졌다.)

c. Somebody **heaved** a brick at me.(어떤 사람이 벽돌을 내게 던졌다.)

d. The captain **heaved** the boat close to the lifeboat.(그 선장은 배를 구명보트 가까이에 옮겼다.)

e. He **heaved** the rope/the anchor in.(그는 그 밧줄/닻을 끌어들였다.)

1.4. 다음 주어는 목적어를 들어서 놓는다.

(4) a. They **heaved** the vessel astern/aback.(그들은 그 배를 뒤로 움직였다.)

b. He **hove** an anchor/the man overboard.(그는 닻/그 사람을 들어서 배에서 던졌다.)

c. The sailors **hove** the anchor overboard.(그 선원들은 닻을 들어 바다로 던졌다.)

1.5. 다음의 목적어는 가슴을 들어 올려 만든 개체이다.

(5) a. He **heaved** a groan/a sigh.(그는 신음 소리를/한숨을 냈다.)

b. He **heaved** a sigh of relief.(그는 안도의 한숨을 쉬었다.)

1.6. 먹은 음식을 올리는 것은 게운다.

(6) He **heaved** his lunch.(그는 점심을 토했다.)

1.7. 다음에서 주어는 목적어의 크기를 크게 한다.

(7) She **heaved** her chest/her bosom/heart.(그녀는 자신의 가슴/마음을 부풀렸다.)

1.8. 다음의 주어는 재귀대명사이다.

(8) a. He **heaved** himself up off the stool.(그는 몸을 일으켜 의자에서 내렸다.)

b. He **heaved** himself out of his chair(그는 자신을 움직여서 앉은 의자에서 내려왔다.)

2. 자동사 용법

2.1. 다음의 주어는 움직이는 개체이다.

(9) a. The deck of the ship beneath his feet began to **heave**.(그의 발 밑에 있는 배의 갑판이 덜먹거리기 시작했다.)

b. The earthquake made the ground **heave**.(그 지진은 땅을 덜먹거렸다.)

2.2. 다음 주어는 파도가 일어난다.

(10) a. Waves **heave** in a storm. (파도가 폭풍에 넘실거린다.)

b. The billows **heave**.(그 큰 물결이 넘실거린다.)

c. Seaweed **heaved** on the gentle waves.(해초가 그 잔잔한 파도 위에서 넘실거렸다.)

2.3. 다음 주어는 속에 든 것을 올린다, 즉 토한다.

(11) He was sick and went to the bathroom and **heaved**.(그는 아파서 욕실에 가서 토했다.)

2.4. 다음 주어는 움직이지 않으나 화자의 시선을 이것을 따라가면, 크게 이는 모습을 보인다.

(12) A hill **heaves** in the distance.(언덕 하나가 먼 곳에

솟아 있다.)

2.5. 다음의 주어는 헐떡인다.

(13) a. The patients' chest was **heaving** painfully.(환자의 가슴은 고통스럽게 헐떡였다.)

b. Her chest **heaved** with sobs.(그녀의 가슴은 흐느낌으로 움직였다.)

c. His shoulders **heaved** with laughter.(그의 어깨가 웃음으로 움직였다.)

d. After chasing the squirrel, the dog's sides **heaved**.(그 다람쥐를 쫓은 후에, 그 개의 옆구리는 헐떡였다.)

e. His chest was **heaving** from the effort.(그의 가슴이 힘을 쓰는 중에 헐떡였다.)

f. He **heaved** at the end of the race.(그는 경주의 마지막에서 헐떡였다.)

g. Parts of the sidewalk **heaved** after the ground froze.(그 땅이 언 후에, 그 인도의 일부분이 올라왔다.)

2.6. 다음의 주어는 배(위)이다. 속이 느글거리거나 뒤집히는 과정을 보여준다.

(14) a. My stomach **heaved** and I felt sick.(내 속이 울렁울렁 했고 속이 느글거렸다.)

b. The ship rolled and his stomach **heaved**.(배가 흔들려 그의 배는 울렁울렁 했다.)

c. He **heaved** over the side of the ship.(그는 배의 측면에서 토했다.)

2.7. 다음 주어는 위아래로 움직이면서 이동한다.

(15) a. The boat **hove into** view/out of sight.(그 배는 오르락내리락 하면서 시야에 들어왔다/사라졌다.)

b. The ship **heaved about**.(그 배가 돌았다.)

2.8. 다음 주어는 on의 목적어를 당겨본다.

(16) a. We **heaved on** the rope to raise the flag.(우리는 깃발을 올리기 위해 밧줄을 조금 끌어 올렸다.)

b. He **heaved on** the rope with all his strength.(그는 온 힘을 다해 밧줄을 끌어 올려 보았다.)

2.9. 다음 주어는 at의 목적어를 당겨본다.

(17) They **heaved at** the cupboard.(그들은 그 찬장을 끌어당겨 보았다.)

heckle

이 동사의 개념 바탕에는 질문과 야유로 괴롭히는 과정이 있다.

1. 타동사 용법

1.1. 다음 주어는 목적어를 괴롭힌다.

(1) The audience began to **heckle** the speaker.(그 관중이 연사를 괴롭히기 시작했다.)

1.2. 다음은 수동태 문장으로 주어는 괴롭힘을 당한다.

(2) He was booed and **heckled** throughout his speech.(그는 연설 내내 야유와 괴롭힘을 당했다.)

hedge

이 동사의 개념 바탕에는 울타리를 치는 과정이 있다.

1. 타동사 용법

1.1. 다음 주어는 목적어를 울타리로 친다.

(1) a. He **hedged** his garden.(그는 밭을 울타리로 쳤다.)

b. He **hedged** the meadow with shrubs.(그는 그 목장을 관목으로 울타리 쳤다.)

1.2. 다음 주어는 목적어를 에워싼다.

(2) a. The instructions **hedged** me in and I could not act as freely as I wanted to.(그 지시들은 나를 에워싸서, 내가 원하는 만큼 자유롭게 행동할 수 없었다.)

b. All the results **hedge** us in.(모든 그 결과들은 우리를 꼼짝 못하게 만든다.)

1.3. 다음은 수동태 문장으로 주어는 에워싸인다.

(3) a. The whole thing seems to be **hedged about with** problems.(그 전체 일이 문제들로 둘러싸인 것 같다.)

b. The offer was **hedged around with** all sorts of conditions.(그 제안은 모든 종류의 조건으로 둘러싸여 있었다.)

c. He felt **hedged in by** all the rules.(그는 모든 규칙들에 둘러싸인 것처럼 느꼈다.)

d. The cathedral was **hedged in by** other buildings.(그 성은 다른 건물들로 둘러싸여 있었다.)

e. The building is **hedged in with** trees.(그 건물은 나무로 둘러싸여 있다.)

1.4. 다음 주어는 목적어를 애매하게 한다.

(4) a. David **hedged** his answer by saying "maybe" or "perhaps".(데이비드는 그의 대답을 "아마" 또는 "혹시"를 써서 애매하게 했다.)

b. Many politicians **hedge** their statement about important issues.(많은 정치가들은 중요한 쟁점들에 대한 말을 애매하게 한다.)

2. 자동사 용법

2.1. 다음 주어는 애매하게 말을 한다.

(5) a. Just answer 'no' or 'yes'——and stop **hedging**.("예"나 "아니요"로만 대답해라——애매한 대답은 그만해라.)

b. Did the teacher answer the question or did she **hedge**?(교사는 그 질문에 대답을 했나 아니면 애매한 말을 했나?)

c. You're **hedging** again. Have you got the money or not?(너는 또 애매하게 말을 하고 있다. 너는 그 돈을 가졌니 안 가졌니?)

2.2. 다음 주어는 목적어를 보호한다.

(6) a. He **hedged** his investment by buying many different stocks.(그는 투자를 많은 다른 주식들을 사서 보호했다.)

b. He **hedged** his investment by investing in bonds.(그는 투자를 공채에 투자를 해서 보호했다.)

heel

이 동사의 개념 바탕에는 heel의 명사 '뒤축'이 있다.

1. 타동사 용법

1.1. 다음 주어는 목적어에 뒤축을 댄다.

(1) a. The shoe maker **heeled** the shoes.(그 구두쟁이는 신의 뒤축을 달았다.)

   b. He had his boots **heeled**.(그는 장화를 뒤축을 달게 했다.)

2. 자동사 용법

2.1. 다음 주어는 넘어진다.

(2) a. The ship **heeled** over in the storm.(배는 그 폭풍에 기울어졌다.)

   b. The boat **heeled** as it turned.(그 보트는 방향을 틀다가 기울어졌다.)

2.2. 다음 주어는 따라간다.

(3) a. The dog **heeled** as the owner's command.(그 개는 주인의 명령에 따라 뒤에 따라갔다.)

   b. I taught the dog to **heel**.(나는 개가 따라오게 가르쳤다.)

---

heighten

이 동사의 개념 바탕에는 높이는 과정이 있다.

1. 타동사 용법

1.1. 다음 주어는 목적어를 높인다.

(1) a. He **heightened** the wall.(그는 그 벽을 높였다.)

   b. She **heightened** the garden wall.(그녀는 그 정원 벽을 높였다.)

1.2. 다음 주어는 목적어를 고조시킨다.

(2) a. The music **heightened** the suspense of the movie.(그 음악은 영화의 긴장감을 고조시켰다.)

   b. This juicy gossip will **heighten** your interest in the matter.(이 재미있는 가십은 그 문제에 대한 당신의 관심을 고조시킬 것이다.)

   c. The incident **heightened** our awareness.(그 사건은 우리의 의식을 고조시켰다.)

   d. Lemon helps to **heighten** the flavor.(레몬은 그 향을 고조시키는 데 돕는다.)

   e. The dramatic lighting **heightened** the effect of the exhibition.(그 극적인 조명은 전시의 효과를 고조시켰다.)

2. 자동사 용법

2.1. 다음 주어는 높아진다.

(3) a. As more leaves were added, the pile **heightened**.(더 많은 잎들이 더해지면서, 그 무더기는 높아졌다.)

   b. The mountain seemed to **heighten**, as we approached it.(그 산은 우리가 다가가자 높아지는 것 같았다.)

2.2. 다음 주어는 고조된다.

(4) a. The tension **heightened** in the room.(그 긴장은 방에서 고조되었다.)

   b. The suspense of the movie **heightened**, as the background music became louder.(그 영화의 긴장감은 배경음악이 커지면서, 고조되었다.)

   c. The hope for peace **heightened** when the leaders had a private meeting.(평화에 대한 희망은 지도자들이 사적 모임을 가질 때 고조되었다.)

---

help

이 동사의 개념 바탕에는 돕는 과정이 있다.

1. 타동사 용법

1.1. 다음 주어는 목적어를 돕는다.

(1) a. The Red Cross **helped** the flood victims.(적십자사는 홍수 피해자들을 도왔다.)

   b. He is **helping** the war refugees.(그는 전쟁 피난민을 돕고 있다.)

   c. We **helped** our poor relatives.(우리는 가난한 친척들을 도왔다.)

1.2. 다음 주어는 목적어를 전치사 with의 목적어로 도와준다.

(2) a. Mother **helped** him **with** his homework.(어머니가 그가 숙제를 푸는 데 도왔다.)

   b. Can you **help** me **with** this problem?(제가 이 문제를 푸는 데 도와주시겠습니까?)

   c. The parents **helped** the child **with** his assignment.(그 부모들은 그 아이가 숙제 푸는 데 도와주었다.)

1.3. 다음 주어는 목적어가 to부정사가 가리키는 일을 하도록 돕는다. 이때 도움이 간접적이면 to 부정사가, 도움이 직접적이면 동사의 원형이 쓰인다.

(3) a. He **helped** me **to** write the book.(간접)(그는 내가 그 책을 쓰도록 도와주었다.)

   b. He **helped** me write the book.(직접)(그는 내가 그 책 쓰는 것을 도왔다.)

(4) a. She **helped** me **to** clean the room.(간접)(그녀는 내가 방을 (치우도록) 도왔다.)

   b. She **helped** me clean the room.(직접)(그녀는 내가 방을 치우는 것을 도왔다.)

(5) a. They **helped** her **to** get on a bus.(간접)(그들은 그녀가 버스를 타도록 도와주었다.)

   b. They **helped** her get on a bus.(직접)(그들은 그녀가 버스를 타는 것을 도왔다.)

(6) a. They **helped** us **to** move the piano.(간접)(그들은 우리들이 피아노를 옮기도록 도와주었다.)

   b. They **helped** us move the piano.(직접)(그들은 우리가 피아노를 옮기는 것을 도왔다.)

1.4. 다음 주어는 목적어가 이동하는 데 돕는다.

(7) a. He **helped** her **down/up/in/out**.(그는 그녀가 내려오는/올라가는/들어오는/나가는 것을 도와주었다.)

   b. I **helped** the old man **out of** the bus.(나는 그 노인을 도와서 그 버스에서 나오게 했다.)

   c. We **helped** him **out of** the difficulty.(우리는 그를 도와서 어려움에서 건져내었다.)

   d. She **helped** me **to** bed.(그녀는 나를 도와서 잠자리에 들게 했다.)

   e. The clue **helped** me **to** a solution.(그 실마리가 나를 도와서 해결책에 이르게 했다.)

1.5. 다음 주어는 목적어가 to의 목적어를 갖는데 돕는다.

(8) a. I **helped** him **to** some more potatoes.(나는 그를 도

와서 더 많은 감자를 먹게 했다.)

   b. Can I **help** you to another slice of cake?(케이크 조각을 더 드릴까요?)

   c. Please **help** yourself to the cake. (그 케이크를 더 드세요.)

   d. The child **helped** himself to some candy.(그 아이는 약간의 사탕을 집었다.)

   e. They **helped** themselves to the family silver.(그들은 가보 은식기를 훔쳤다.)

1.6. 다음 주어는 목적어를 돕는다. 목적어는 과정이다.

(9) a. The remedies **help** digestion.(그 처방은 소화를 돕는다.)

   b. The fund **helped** the development of the town.(그 기금은 읍내의 발전을 도왔다.)

   c. Some pictures **help** a dull interior.(어떤 그림들은 어두운 내부를 밝게 한다.)

1.7. 다음 주어는 목적어를 돕는다.

(10) a. The medicine will **help** your cough. (그 약은 너의 기침을 도울 것이다.)

   b. The aspirin will **help** your headache.(이 아스피린은 너의 두통을 도울 것이다.)

1.8. 다음 주어는 좋지 않은 개체이다. 주어는 목적어를 피하거나 없어지게 한다.

(11) a. He can't **help** his loud voice.(그는 (목소리를 크게 하지 말아야 하는데) 큰 목소리를 어떻게 할 수 없다.)

   b. I can't **help** his bad manners/his rudeness.(나는 (그가 나쁜 태도를 버려야 하는데) 그의 나쁜 태도를/그의 무례함을 어떻게 할 수가 없다.)

   c. She can't **help** herself; she does not mean to be rude.(그녀는 자신을 어떻게 할 수가 없다; 그녀는 무례하게 행동하려고 하지는 않는다.)

   d. I couldn't **help** it; it was an impulse.(나는 그것을 피할 수가 없었다; 그것은 충동이었다.)

1.9. 다음에서 주어가 피하는 일이 동명사로 표현되어 있다.

(12) a. I can't **help** laughing when I saw his haircut.(나는 머리모양을 보았을 때 웃음을 참을 수 없었다.)

   b. I could not **help** being depressed.(나는 기분이 저조해짐을 피할 수가 없었다.)

   c. I cannot **help** going to sleep.(나는 잠자리에 들지 않을 수가 없었다.)

1.10. 다음 주어는 어떤 일을 하지 않을 수 없었다.

(13) a. We can't **help** but respect him.(우리는 그를 존경하지 않을 수 없다.)

   b. He couldn't **help** but go.(그는 가지 않을 수 없었다.)

2. 자동사 용법

2.1. 다음 주어는 돕는다.

(14) a. An aspirin will **help** (your headache).(아스피린 한 알이면 두통에 도움이 될 것이다.)

   b. What you say **helps** enormously.(네가 말하는 것이 크게 도움이 된다.)

   c. That does not **help** much.(그것은 많은 도움이 되지 않는다.)

2.2. 다음 주어는 도와서 부정사가 가리키는 일을 하게 한다.

(15) a. That will **help** (to) explain the fact.(그것은 사실을 설명하는 데 도움이 될 것이다.)

   b. By **helping** them, we are helping to save ourselves. (그들을 도움으로써, 우리는 우리 스스로를 구하는 일을 돕고 있다.)

hem

이 동사의 개념 바탕에는 hem의 명사 '가두리'가 있다. 동사의 의미는 이 명사의 위치와 관계가 있다.

1. 타동사 용법

1.1. 다음 주어는 목적어를 가선으로 댄다.

(1) a. She **hemmed** her skirt.(그녀는 치마를 가선으로 댔다.)

   b. The tailor **hemmed** the pants.(그 재봉사는 바지를 가선으로 댔다.)

1.2. 다음 주어는 목적어를 에워싼다.

(2) a. The cavalry managed to **hem** in the enemy.(그 기병대는 적군을 가까스로 에워쌌다.)

   b. A fence **hemmed** the sheep in.(담장이 그 양떼들을 안으로 에워쌌다.)

1.3. 다음 수동태 문장으로 주어는 에워싸인다.

(3) a. The village is **hemmed** in on all sides by mountains.(그 마을은 모든 쪽이 산들에 에워싸여 있다.)

   b. She felt **hemmed** in by all their petty rules.(그녀는 모든 사소한 규칙에 의해 에워싸여 있다고 느꼈다.)

   c. They are **hemmed** in by steep mountains on all sides.(그들은 높은 산들로 모든 곳이 에워싸여 있다.)

   d. The valley is **hemmed** in by steep cliffs.(그 계곡은 높은 벼랑들에 의해 에워싸여 있다.)

2. 자동사 용법

2.1. 다음 주어는 에워싸고 들어온다.

(4) The soldiers **hemmed** in on all sides. (군인들은 사방에서 에워싸고 들어왔다.)

hemorrhage

이 동사의 개념 바탕에는 피를 흘리는 과정이 있다.

1. 자동사 용법

1.1. 다음 주어는 피를 흘린다.

(1) a. The patient is **hemorrhaging**.(그 환자는 피를 흘리고 있다.)

   b. The accident victim is **hemorrhaging** inside.(그 사고 희생자는 내부 출혈을 하고 있다.)

   c. He **hemorrhaged** to death.(그는 피를 많이 흘려 죽었다.)

1.2. 다음은 [돈은 피] 은유가 적용된 예이다.

(2) My bank account **hemorrhaged** again this month

and I am broke.(내 은행 구좌가 이번 달에 또 다시 많은 돈이 빠져나가서, 나는 빈털털이다.)

2. 타동사 용법

2.1. 다음 주어는 목적어를 흘린다.
(3) a. He **hemorrhaged** a great deal of blood.(그는 엄청난 양의 피를 흘렸다.)
  b. The company is **hemorrhaging** cash.(그 회사는 현금을 잃고 있다.)

---

hesitate

이 동사의 개념 바탕에는 주저하는 과정이 있다.

1. 자동사 용법

1.1. 다음 주어는 주저한다.
(1) a. John **hesitated** before saying anything.(존은 무엇을 말하기 전에 머뭇거렸다.)
  b. He **hesitated** before taking the job.(그는 그 일자리를 잡기 전에 주저했다.)
  c. John **hesitated** when I asked him to help me.(내가 그를 존에게 도와달라고 부탁했을 때 그는 주저했다.)
  d. She **hesitated** for a moment, and then gave her agreement.(그녀는 잠시 주저하더니, 그녀의 승낙을 주었다.)

1.2. 다음 주어는 to 이하의 내용을 주저한다.
(2) a. I **hesitated** to accept the new responsibility.(나는 새 책임을 맡기를 주저했다.)
  b. He **hesitated** to break the law.(그는 그 법을 어기는 일을 주저했다.)

1.3. 다음 주어는 전치사 about의 목적어에 대해서 주저한다.
(3) We **hesitated** about whether to go over the rickety bridge.(우리는 그 삐걱거리는 다리를 지나야 할지에 대해 주저했다.)

---

hew

이 동사의 개념 바탕에는 큰 도구로 치는 과정이 있다.

1. 타동사 용법

1.1. 다음 주어는 목적어를 도끼 같은 것으로 친다.
(1) a. The farmer **hewed** the sapling into firewood.(그 농부는 어린 나무를 잘라서 화목으로 만들었다.)
  b. He **hewed** the logs into the planks.(그는 통나무를 잘라서 판자로 만들었다.)
  c. He **hewed** down a large tree.(그는 큰 나무를 잘라서 넘겼다.)
  d. He **hewed** the branches off the trees.(그는 가지들을 나무에서 잘라냈다.)

1.2. 다음은 수동태 문장으로 주어는 잘라진다.
(2) a. The trees were **hewed** by the storm.(그 나무들은 폭풍에 잘라서 넘겨졌다.)
  b. The timbers were **hewn** from the trunks of great oak trees.(그 목재들은 큰 참나무의 둥치에서 잘려서 만들어졌다.)

1.3. 다음 주어는 잘라서 목적어를 만든다.
(3) a. He **hewed** a statue from marble.(그는 상 하나를 대리석을 깎아서 만들었다.)
  b. He **hewed** a canoe from wood.(그는 카누 한 대를 나무를 잘라서 만들었다.)

1.4. 다음은 수동태 문장으로 주어는 잘려서 만들어진다.
(4) a. The statue is **hewn** out of solid rock.(그 상은 단단한 돌을 깎아서 만들어진다.)
  b. The statue is **hewed** out of marble.(그 상은 대리석을 깎아서 만들어진다.)

1.5. 다음 주어는 쳐서 길을 만든다.
(5) a. He **hewed** his way through the forest.(그는 그 숲속을 길을 쳐 나갔다.)
  b. He **hewed** his way through the thick underbrush.(그는 빽빽한 덤불을 통해 길을 쳐 나갔다.)

---

hide

이 동사의 개념 바탕에는 숨기는 과정이 있다.

1. 타동사 용법

1.1. 다음 주어는 목적어를 숨긴다.
(1) a. She **hid** her savings **from** her husband.(그녀는 자신의 저축을 남편에게 숨겼다.)
  b. He **hid** the presents **from** the children.(그는 그 선물들을 아이들에게 숨겼다.)
  c. She **hid** her children **from** her father.(그녀는 아이들을 아버지로부터 숨겼다.)
  d. She **hid** the key **out** of her children's sight.(그녀는 열쇠를 그녀의 아이들의 눈에 띄지 않는 곳에 숨겼다.)

1.2. 다음 주어는 목적어를 전치사 목적어의 장소로 숨긴다.
(2) a. We quickly **hid** ourselves **behind** a rock.(우리는 재빨리 바위 뒤로 숨었다.)
  b. He **hid** himself **behind** the big tree.(그는 그 커다란 나무 뒤로 숨었다.)
  c. He **hid** himself **in** the closet.(그는 그 벽장 속에 숨겼다.)
  d. They **hid** the escaped prisoner **in** their barn.(그들은 그 탈출한 죄수를 헛간에 숨겨 주었다.)
  e. She **hid** her face **under** the collar of her shirt.(그녀는 얼굴을 셔츠의 칼라 밑에 숨겼다.)
  f. She used to **hide** her diary **under** her pillar.(그녀는 일기장을 베개 밑에 숨기곤 했다.)

1.3. 다음은 수동태 문장으로 주어는 숨겨진다.
(3) a. The caves are **hid** away **behind** large rocks.(그 동굴들은 큰 바위 뒤에 숨겨져 있다.)
  b. The cottage was **hid** from view by trees.(그 별장은 나무들로 전망이 가려졌다.)

1.4. 숨겨지거나 감추어지는 것은 구체적인 물건뿐만 아니라, 감정이나 사실과 같은 추상적인 것도 있다. 다음 주어는 목적어를 숨긴다.

(4) a. He hid nothing from his father.(그는 아무 것도 아버지에게 숨기지 않았다.)

b. You must not hide anything from me.(너는 아무것도 나에게 숨겨서는 안 된다.)

c. He tried to hide his feelings from his friends.(그는 감정을 친구들에게 숨기려고 애썼다.)

d. He hid the facts from us.(그는 그 사실을 우리에게 숨겼다.)

1.5. 다음 주어는 목적어를 숨긴다.

(5) a. He is in love with her, but he tries to hide his feelings.(그는 그녀와 사랑에 빠져 있지만, 감정을 숨기려고 애쓴다.)

b. She's hiding some important information.(그녀는 어떤 중요한 정보들을 숨기고 있다.)

c. He tried to hide his excitement/disappointment.(그는 그의 흥분/실망을 숨기려고 애썼다.)

d. I couldn't remember where I'd hidden the key.(나는 내가 어디에 열쇠를 숨겼는지 기억할 수 없었다.)

1.6. 다음 목적어는 신체 부위이다. 주어는 목적어를 숨긴다.

(6) a. He hid his face/head.(그는 얼굴을/머리를 감추었다.)

b. He tried to hide his bald patch by sweeping his hair over to the other side.(그는 머리를 다른 쪽으로 빗어 넘김으로써 대머리 부분을 감추려고 애썼다.)

1.7. 다음 주어는 그 자체가 목적어를 숨긴다.

(7) a. The bushes hid Dan's bike completely from the passers-by.(그 덤불은 댄의 자전거를 행인들로부터 완전히 감췄다.)

b. The man's heavy moustache hid his lips completely.(그 남자의 두꺼운 수염은 입술을 완전히 가렸다.)

c. The moon was hid by the clouds.(달은 구름에 가려졌다.)

2. 자동사 용법

2.1. 다음 주어는 숨는다.

(8) He must be hiding somewhere(그는 어디엔가 숨어 있는 것이 분명하다.)

hike

이 동사의 개념 바탕에는 확 잡아당기는 과정이 있다.

1. 타동사 용법

1.1. 다음 주어는 목적어를 끌어당긴다.

(1) a. They hiked the piano up over the step.(그들은 피아노를 올려서 계단 위로 넘겼다.)

b. He hiked up his son on his shoulder.(그는 아들을 들어서 어깨 위에 올렸다.)

1.2. 다음 주어는 목적어를 당겨 올린다.

(2) a. He hiked up his socks.(그는 양말을 당겨 올렸다.)

b. She had to hike up her skirt to avoid tripping on the stairs.(그녀는 치마를 그 계단에 걸려 넘어지는 것을 피하기 위해서 당겨 올려야 했다.)

c. Sue hiked up her pants as she hiked the stream.(수는 바지를 그 개울을 건널 때 끌어올려야 했다.)

1.3. 다음 주어는 목적어를 올린다.

(3) a. The store hiked the price of milk.(그 상점은 우유 값을 올렸다.)

b. The bank hiked up interest rates.(그 은행은 이자율을 올렸다.)

1.4. 다음 주어는 목적어를 오른다.

(4) He wants to hike the hill.(그는 산을 오르고 싶어한다.)

2. 자동사 용법

2.1. 다음 주어는 걷는다.

(5) a. The boys hiked through the forest.(소년들은 그 숲을 통해 걸었다.)

b. He hiked all over Britain.(그는 영국 전역을 걸어서 여행을 했다.)

2.2. 다음 주어는 올라간다.

(6) My shirt hikes up if I don't wear a belt.(내 셔츠는 내가 허리띠를 매지 않으면 올라간다.)

hinder

이 동사의 개념 바탕에는 저지하거나 방해하는 과정이 있다.

1. 타동사 용법

1.1. 다음 주어는 그 자체가 목적어를 방해하여 목적어가 어떤 일을 하지 못하도록 한다.

(1) a. The tall fence hindered the children from going to the lake.(높은 울타리는 그 아이들이 그 호수로 못 가게 했다.)

b. The financial difficulty hindered him from buying the house.(그 재정적 어려움은 그가 그 집을 살 수 없게 했다.)

c. Illness hindered her from attending the party.(그녀의 병은 그녀가 그 파티에 참여할 수 없게 했다.)

d. All these interruptions hinder me from working.(이 모든 방해들은 내가 일을 할 수 없게 한다.)

e. A former injury is hindering him from playing his best.(이전의 부상은 그가 최선의 경기를 할 수 없게 하고 있다.)

f. A heavy rainfall hindered me from going out.(심한 비가 내가 외출할 수 없게 했다.)

g. Lack of money hindered completion of the project.(돈의 부족은 그 연구를 끝까지 마칠 수 없게 했다.)

1.2. 다음 주어는 목적어를 방해하여 어떤 일을 못하게 한다.

(2) a. They hindered him from carrying out his plans.(그들은 그가 계획을 수행하지 못하게 했다.)

b. Her boss hindered her from moving to a new job.(그녀의 사장은 그녀가 새로운 일자리로 옮기지 못하게 했다.)

1.3. 다음은 수동태 문장으로 주어가 방해를 받는다.

(3) a. She was hindered by lack of education.(그녀는 교육의 부족으로 방해를 받았다.)

b. I was hindered from playing golf by my sore back.(나는 아픈 등으로 골프를 칠 수 없었다.)

c. Further investigation was hindered by the loss of all documentation on the case.(더 자세한 조사는 그 사건에 대한 서류의 상실로 방해되었다.)

d. An usual research has been hindered by the lack of funds.(일반적인 연구가 자금 부족으로 할 수 없었다.)

e. My work was hindered by continual interruptions.(내 일은 계속적인 중단으로 방해를 받았다.)

f. Some teachers felt hindered by a lack of resources.(몇몇 선생님들은 자료 부족으로 방해받는다고 느꼈다.)

g. Her progress certainly hasn't been hindered by her lack of experience.(그녀의 발전은 경험 부족으로 확실히 저지받지 않았다.)

h. Sue was hindered in her homework by phone calls.(수는 전화 때문에 그녀가 숙제를 하는 데 방해를 받았다.)

1.4. 다음 목적어는 과정을 나타낸다. 주어는 목적어가 나타내는 과정을 방해하거나 저지시킨다.

(4) a. The political situation hinders economic growth.(그 정치적 상황은 경제 발전을 저지한다.)

b. Landslides and bad weather are continuing to hinder the arrival of relief supplies to the area.(산사태와 악천후는 그 지역에 구호 물자의 도착을 계속해서 방해하고 있다.)

c. The mud hindered the advance of the troops/travel.(진흙은 그 군대/여행자의 진행을 방해했다.)

d. This unfortunate incident may hinder the progress of the peace talk.(이 불행한 사건은 평화 협상의 진전을 저지할 수도 있다.)

e. Age hinders my moving swiftly.(나이가 나의 빠른 움직임을 방해한다.)

f. High interest rates will hinder economic growth.(높은 이자는 경제 발전을 저해할 것이다.)

g. Congress is hindering all efforts to reform taxes.(국회가 세제 개혁을 하려는 모든 노력을 저지하고 있다.)

h. Tree roots hinder soil erosion.(나무 뿌리는 땅의 침식을 막는다.)

i. The snow hindered the traffic.(눈은 교통을 방해했다.)

j. Poor lighting hindered my reading.(약한 불빛이 나의 독서를 방해했다.)

k. Lack of modern equipment hinders efficient manufacturing.(현대적 장비의 부족이 효율적인 생산을 방해한다.)

1.5. 다음 사람이나 개체를 가리키나 환유적으로 쓰여서 이들이 관여되는 사건이나 과정을 나타낸다. 주어는 이러한 과정을 저지시킨다.

(5) a. Heavy snows/rains hindered us on our trip.(심한 눈이/비가 우리가 여행을 할 수 없게 했다.)

b. Adverse winds hindered the ship.(역풍이 그 배를 갈 수 없게 했다.)

c. I wrenched at the clothes that hindered me.(나는 나를 저지하는 옷을 잡아 당겼다.)

hint

이 동사의 개념 바탕에는 암시하는 과정이 있다.

1. 타동사 용법

1.1. 다음 주어는 목적어를 암시한다.

(1) a. The gray sky hinted a possible snowfall.(회색 하늘은 가능한 눈을 암시했다.)

b. That odor hints gas leak.(저 냄새는 가스 누출을 암시한다.)

c. He hinted his disapproval.(그는 불찬성을 암시했다.)

1.2. 다음 주어는 that-절의 내용을 암시한다.

(2) a. The teacher hinted that he wanted a new desk.(그 교사는 자신이 새 책상을 원한다는 것을 넌지시 말했다.)

b. The teacher hinted that the word started with the letter "L".(그 교사는 그 낱말이 L자로 시작된다고 넌지시 말했다.)

c. He hinted that changes were coming.(그는 변화들이 오고 있다고 넌지시 말했다.)

2. 자동사 용법

2.1. 다음 주어는 전치사 at의 목적어를 암시한다.

(3) a. He hinted at the solution.(그는 해결을 암시했다.)

b. He hinted at leaving but then never did.(그는 떠나는 것을 넌지시 말했으나, 결코 떠나지 않았다.)

c. The prime minister hinted at an early election.(그 수상은 조기 선거를 암시했다.)

hire

이 동사의 개념 바탕은 고용하는 과정이 있다.

1. 타동사 용법

1.1. 다음 주어는 목적어를 고용한다.

(1) a. I want to hire him, but he wants too much money.(나는 그를 고용하고 싶지만, 그는 너무 많은 돈을 원한다.)

b. We hired a plumber.(우리는 배관공을 고용했다.)

c. Ken hired some of his relatives to work at the factory.(켄은 그 공장에서 일할 자신의 친척들 몇 명을 고용했다.)

1.2. 다음 주어는 목적어를 빌린다.

(2) a. We hired a car for a week.(우리는 자동차 한 대를 한 주 동안 빌렸다.)

b. He hired a limousine.(그는 리무진 한 대를 빌렸다.)

1.3. 다음 주어는 목적어를 빌려준다.

(3) a. His office hires out skilled workers for a fee.(그의

사무실은 기술을 가진 인부들에게 요금을 받고 빌려 준다.)

  b. Why don't you hire out your car to him?(왜 너의 자동차를 그에게 빌려주지 않느냐?)

  c. He hires out the boats to tourists.(그는 그 보트를 관광객들에게 빌려준다.)

  d. He hired himself out as a handy-man.(그는 자신 을 잡역부로 고용시켰다.)

1.4. 다음 주어는 첫째 목적어에 둘째 목적어를 빌려준 다.

(4) a. Will you hire me your car for a week?(내게 너의 차를 일주일간 빌려주겠니?)

  b. He hired us his boat.(그는 우리에게 자신의 배를 빌려주었다.)

hiss

이 동사의 개념 바탕에는 쉬쉬 소리가 나는 과정이 있다.

1. 자동사 용법

1.1. 다음 주어는 쉬쉬 소리를 낸다.

(1) a. Gas hissed from the stove burner.(가스가 그 스토 브 버너에서 쉬쉬 소리를 내며 샜다.)

  b. The escaping steam of the locomotive hissed.(그 기관차의 새어나가는 증기가 쉬쉬 소리를 냈다.)

  c. The hot iron hissed as it pressed the wet cloth. (뜨거운 다리미는 젖은 천을 누를 때 쉬쉬 소리를 냈 다.)

  d. The pressure cooker was hissing on the stove. (그 압력 밥솥은 스토브 위에서 쉿 소리를 내고 있 었다.)

  e. He hissed through his clenched teeth.(그는 다문 이빨을 통해 쉿 소리를 냈다.)

  f. The rattlesnake hissed before it struck.(방울뱀은 공격하기 전에 쉬쉬 소리를 냈다.)

  g. A cat will hiss when frightened.(고양이는 겁에 질 릴 때 쉬쉬 소리를 낼 것이다.)

1.2. 다음 주어는 at의 목적어를 향해 쉬쉬 소리를 낸 다.

(2) a. The spectators hissed at the umpire.(관중들은 그 심판에게 쉬쉬 소리를 내며 비난했다.)

  b. The cat hissed at me when I tried to stroke it.(내 가 쓰다듬으려고 할 때, 그 고양이는 나를 향해 쉿 소리를 냈다.)

  c. He hissed at them to be quiet.(그는 그들에게 조용 히 시키기 위해 쉿 소리를 냈다.)

  d. The snake hissed at its prey.(그 뱀은 먹이를 향해 쉬쉬 소리를 냈다.)

  e. An old man hissed out at me.(한 노인이 나를 향해 쉿 소리를 내었다.)

1.3. 다음은 수동태 문장으로 주어는 야유를 받는다.

(3) a. He was hissed at when he said something against their leader.(그는 그 지도자에게 반대하는 말을 하 자 쉬쉬 야유의 소리를 들었다.)

  b. She was hissed off the stage.(그녀는 쉬쉬하는 야

유를 받으며 무대에서 물러났다.)

  c. The villain was hissed.(그 악한은 쉬쉬 소리의 야 유를 받았다.)

2. 타동사 용법

2.1. 다음 주어는 목적어를 쉬쉬 소리를 내어서 영향을 준다.

(4) a. The audience hissed down the speaker.(그 청중은 그 연사를 쉬쉬 소리를 내어 내려오게 했다.)

  b. The audience hissed him off the stage.(그 청중은 그를 쉬쉬 야유하여 무대에서 물러나게 했다.)

  c. The crowd hissed the speaker.(그 군중은 사회자 에게 쉿 소리로 야유했다.)

2.2. 다음 주어는 쉬쉬 소리로 목적어를 표현한다.

(5) a. The audience hissed its displeasure with the comedian.(그 청중은 그 코미디언에 대한 불만을 쉬 쉬 소리로 표현했다.)

  b. They hissed their disapproval at him.(그들은 불만 을 쉬쉬 소리로 표시했다.)

  c. They hissed a warning to be quiet.(그들은 조용히 하라는 경고를 쉬쉬 소리로 했다.)

  d. The children hissed their displeasure at the clown.(아이들은 그 어릿광대에 대한 불만을 쉬쉬 소리로 냈다.)

hit

이 동사의 개념 바탕에는 치는 과정이 있다.

1. 타동사 용법

1.1. 다음 주어는 목적어를 친다.

(1) a. She hit the tennis ball over the net.(그녀는 정구공 을 네트 너머로 쳐 넘겼다.)

  b. The batsman hit the ball over the wall.(그 타자는 공을 담 너머로 쳐 넘겼다.)

1.2. 다음 주어는 목적어를 전치사 in 또는 on의 목적 어의 부위를 친다.

(2) a. He hit me in the stomach/in the eye.(그는 나의 배 를/눈을 쳤다.)

  b. The bullet hit him in the chest(그 총알은 그의 가 슴을 맞추었다.)

  c. The ball hit him in the eye.(그 공이 그의 눈을 쳤 다.)

  d. He hit me on the head.(그는 나의 머리를 쳤다.)

  e. He hit the boy on the cheek.(그는 그 소년의 뺨을 쳤다.)

1.3. 다음 주어가 목적어를 전치사 with의 목적어로 친 다.

(3) a. He hit the dog with a stick.(그는 그 개를 막대기로 때렸다.)

  b. He hit the nail with a hammer.(그는 그 못을 망치로 쳤다.)

1.4. 다음 목적어는 목표물이다. 주어는 목적어를 맞춘 다.

(4) a. He hit the center of the target.(그는 그 표적의 중 앙을 맞추었다.)

b. She hit the bull's eye with her next shot.(그녀는 과녁의 흑점을 다음 실탄으로 맞추었다.)

1.5. 다음 주어는 그 자체가 목적어를 친다/닿는다.

(5) a. The car hit the wall.(그 자동차가 벽을 받았다.)

b. The bullet hit the target.(그 실탄은 목표를 맞추었다.)

c. A heavy storm hit the area.(강한 폭풍이 그 지역을 강타했다.)

1.6. 다음 주어는 무의식적인 상태에서 목적어가 전치사의 목적어에 부딪치게 한다.

(6) a. He hit his leg against the table.(그는 발을 그 식탁에 받았다.)

b. He hit his head against the shelf.(그는 머리를 그 선반에 받았다.)

1.7. 다음 주어는 움직여서 목적어에 가 닿는다.

(7) a. We hit the main road two miles further on.(우리는 간선 도로를 2마일 더 가서 닿았다.)

b. They hit the right road in the dark.(그들은 바른 길을 어두운 데서 가 닿았다.)

c. They immediately hit the water.(그들은 곧 물에 뛰어 들었다.)

d. It's usually 11 when Joe hits home.(죠가 집에 돌아오면 보통 11시다.)

1.8. 다음은 [시간은 장소] 은유가 적용된 표현이다. 주어는 목적어에 닿는다.

(8) a. She found a husband before she hit middle age.(그녀는 중년이 되기 전에 남편을 찾았다.)

b. You can't go downhill once you hit Thanksgiving.(추수감사절에 이르면 사정이 나빠지지는 않을 것이다.)

1.9. 다음은 [정도는 공간] 은유가 적용된 표현이다. 주어는 목적어에 가 닿는다.

(9) a. The mercury hit zero.(수은주는 영도를 쳤다.)

b. The car soon hit 200 mph.(그 차는 곧 시속 200마일에 이르렀다.)

c. The prices of commodities hit a new high.(그 생필품 값이 또 최고를 쳤다.)

d. The British pound hit an all-time low.(영국 파운드가 최저가를 쳤다.)

1.10. 치는 과정은 접촉을 함의한다. 접촉은 물건을 쓰는 과정의 한 부분이다. 다음 문장은 한 부분으로서 전체 과정을 나타내는 환유표현이다.

(10) a. He hit the books.(그는 공부를 열심히 한다.)

b. He hit the bottle.(그는 술을 마셨다.)

c. He hit the pipe.(그는 담배를 피웠다.)

1.11. 치면 맞는 사람은 영향을 받는다. 다음 주어는 목적어에 타격을 준다.

(11) a. The lack of rain hit the farmers hard.(그 가뭄이 농부들에게 심하게 타격을 했다.)

b. Her husband's death hit her hard.(남편의 죽음은 그녀에게 심하게 타격을 주었다.)

c. The rise of price has hit our pocket.(가격 상승은 우리의 호주머니에 타격을 주었다.)

d. They were hard hit by the fall in the stocks.(그들은 주가 폭락에 심하게 타격을 받았다.)

e. The company has been badly hit by the rise in interest rates.(그 회사는 이자율의 인상으로 크게 타격을 받고 있었다.)

1.12. 다음 주어는 목적어를 쳐서 만든다.

(12) a. The batsman hit three runs.(그 타수는 세개의 안타를 때렸다.)

b. The batter hit a home-run.(그 타수는 홈런 하나를 쳤다.)

2. 자동사 용법

2.1. 다음 주어는 부딪친다.

(13) The two boats hit in the fog.(그 두 배는 안개 속에서 충돌했다.)

2.2. 다음 주어는 공격한다.

(14) a. The enemy hit at midnight.(적은 한 밤중에 공격했다.)

b. The storm hit during the night.(폭우는 밤새 급습했다.)

hitch

이 동사의 개념 바탕에는 한 개체를 다음 개체에 매는 과정이 있다.

1. 타동사 용법

1.1. 다음 주어는 목적어를 to의 목적어에 맨다.

(1) a. He hitched the horse up to the carriage.(그는 말을 마차에 붙들어 매었다.)

b. The cowboy hitched his horse to the fence/carriage.(그 카우보이는 자신의 말을 울타리에/마차에 붙들어 매었다.)

1.2. 다음은 수동태 문장으로 주어는 매어진다.

(2) a. Another railway carriage was hitched on.(또 다른 철도객차가 매어졌다.)

b. The railroad cars were hitched together.(철도 객차들은 함께 매어졌다.)

1.3. 다음 주어는 목적어를 휙 빠르게 움직인다.

(3) a. When John stood up, he had to hitch up his pants/his suspenders.(존은 일어나면서 바지를/멜빵을 추켜 올렸다.)

b. She bend down to hitch up her socks.(그녀는 양말을 끌어올리려고 허리를 굽혔다.)

c. Kathy hitched up her skirt to step over the puddle.(캐시는 치마를 그 물웅덩이를 건너고자 걷어 올렸다.)

d. He hitched the chair nearer to the fire.(그는 그 의자를 불가로 끌어당겼다.)

e. The driver hitched the heavy branch out of the way.(그 운전사는 무거운 나뭇가지를 길 밖으로 옮겨냈다.)

1.4. 다음 주어는 목적어를 탄다.

(4) a. They hitched a ride/lift with a trucker from Texas.(그들은 텍사스에서 온 트럭을 얻어 탔다.)

b. We hitched a ride to the gas station.(우리는 주유소까지 차를 얻어 탔다.)

c. The weary climber hitched along the narrow ledge.(지친 등반가는 좁은 암봉을 따라 걸어갔다.)

2. 자동사 용법

2.1. 다음 주어는 어디에 걸린다.

(5) a. His shirt hitched on a nail.(그의 셔츠가 못에 걸렸다.)

b. The hose hitched around the bush.(그 호스는 덤불 주위에 걸렸다.)

c. A knot made the rope hitch.(밧줄 매듭이 그 밧줄을 엉키게 했다.)

2.2. 다음 주어는 탈것을 얻어 타고 다닌다.

(6) a. They hitched across Europe.(그들은 유럽을 히치하이킹으로 다녔다.)

b. He hitched all the way to New York.(그는 뉴욕까지 줄곧 히치하이킹을 했다.)

c. He's getting hitched tomorrow(그는 내일 결혼한다.)

hive

이 동사의 개념 바탕에는 hive의 명사 '벌집'이 있다. 이 동사의 의미는 분봉과 관계가 있다.

1. 자동사 용법

1.1. 다음 주어는 전체에서 떨어져 나간다.

(1) a. The bombers hived off and went after their individual targets.(그 폭격기들은 분리되어 나가 각각의 목표물을 쫓아갔다.)

b. Where's John? I think he has hived off again.(존은 어디 있는 거야? 그가 또 사라져 버린 것 같다.)

2. 타동사 용법

2.1. 다음 주어는 목적어를 떼어낸다.

(2) a. The government is planning to hive off the more profitable sections of the national car company by selling them on the open market.(정부는 국영 자동차 회사의 더 많은 수지를 내는 부분들을 일반 시장에 매각해서 분리할 계획을 하고 있다.)

b. The chairman hived off part of the company as a separate firm.(그 사장은 회사의 일부를 별개 기업으로 분리시켰다.)

c. If you are too busy, you should hive off some of your work to someone else.(네가 정신 없이 바쁘다면, 네 일의 일부를 다른 사람에게 넘기도록 해야 한다.)

2.2. 다음은 수동태 문장으로 주어는 떨어져 나가는 개체이다.

(3) a. The department was hived off into a new company.(그 부서는 새로운 회사로 독립해 나갔다.)

b. The IT department is being hived off into a company.(그 IT부서는 새 회사로 분리되고 있다.)

hoard

이 동사의 개념 바탕에는 모아서 숨겨두는 과정이 있다.

1. 타동사 용법

1.1. 다음 주어는 목적어를 모은다.

(1) The squirrels are hoarding nuts/acorns for the winter.(그 다람쥐들은 호두/도토리를 겨울을 위해 모은다.)

1.2. 다음 주어는 목적어를 사서 비축한다.

(2) a. During hurricane season, I hoard a supply of emergency food.(태풍 계절에는 나는 비상 식품의 공급을 사재고 있다.)

b. People are hoarding food.(사람들이 식량을 사재고 있다.)

c. People hoard gold when their national currency is weak.(사람들은 통화가 약하면 금을 사잰다.)

d. Wealthy people from politically uncertain countries hoard their cash Sin witzerland.(정치적으로 불안한 나라의 돈 많은 사람들은 자신들의 현금을 스위스에 비축한다.)

hobble

이 동사의 개념 바탕에는 hobble의 명사 '말의 움직임을 제한하는 띠'가 있다. 동사의 뜻은 이 명사의 용도와 관계가 있다.

1. 타동사 용법

1.1. 다음 주어는 목적어의 발에 띠를 매어 움직임을 제한한다.

(1) a. The farmer hobbled the horse.(그 농부는 말의 다리를 묶었다.)

b. Those development will hobble the plan, but not ruin it.(그러한 발달들은 그 계획을 지연시키기는 하겠지만, 망치지는 않을 것이다.)

c. Quarrelling hobbled the efforts of the committee to reach a decision.(싸움은 결론에 도달하고자했던 위원회의 노력을 지연시켰다.)

d. Injuries hobbled our star player.(부상이 우리 스타 선수의 발목을 잡았다.)

1.2. 다음은 수동태 문장으로 주어는 제약을 받는다.

(2) a. The horse has been hobbled, so that he can't run away.(그 말은 도망가지 못하도록 두 다리가 묶였다.)

b. They were hobbled by the many forms they had to fill out.(그들은 기입해 넣어야하는 수많은 양식의 문서들에 의해 방해받았다.)

2. 자동사 용법

2.1. 다음 주어는 절뚝거리듯 부자연스럽게 걷는다.

(3) a. It was too sad to watch the sick old dog hobble.(그 노쇠한 개는 절뚝거리는 것을 보는 것은 몹시 슬픈 일이다.)

b. After the accident, he began to hobble.(그 사건 후에 그는 발을 절기 시작했다.)

2.2. 다음 주어는 절뚝거리며 이동한다.

(4) a. The injured football player hobbled off the field.(그 부상 당한 축구 선수는 절뚝절뚝 걸어서 경기장을 빠져 나갔다.)

b. He hobbled over to the kitchen(그는 부엌으로 절뚝이며 걸어갔다.)

c. He **hobbled** back to the lodge.(그는 숙소로 절뚝이며 돌아갔다.)

hog

이 동사의 개념 바탕에는 hog의 명사 '돼지'가 있다. 동사의 의미는 이 명사의 성질과 관계가 있다.

1. 타동사 용법
1.1. 다음 주어는 목적어를 돼지같이 먹는다.
(1) a. He **hogged** all the food at the cookout.(그는 그 야외 요리장에서 모든 음식을 돼지 같이 먹었다.)
   b. He **hogged** all the butter.(그는 모든 버터를 독차지했다.)

1.2. 다음 주어는 목적어는 욕심을 부리며 많이 차지한다.
(2) a. He **hogged** the road/the bathroom.(그는 욕심을 부리며 그 길을/그 욕실을 많이 차지했다.)
   b. My roommate **hogs** the TV on Sunday afternoons.(내 룸메이트는 TV를 일요일 오후에 욕심을 부리며 오래 차지한다.)

hoist

이 동사의 개념 바탕에는 무거운 것을 도르레 같은 기계로 올리는 과정이 있다.

1. 타동사 용법
1.1. 다음 주어는 목적어를 올린다.
(1) a. They **hoisted** a flag/a sail.(그들은 깃발을/돛을 올렸다.)
   b. We **hoisted** the car out of the ditch.(우리는 그 차를 도랑에서 끌어올렸다.)
   c. The farmhands **hoisted** the hay up to the barn loft.(농장 노동자들은 건초를 헛간 다락에 올렸다.)
   d. A tall crane **hoisted** bricks to the top of the new building.(높은 기중기는 벽돌들을 새 건물의 꼭대기까지 올렸다.)

1.2. 다음 목적어는 재귀 대명사이다. 주어는 일어선다.
(2) He **hoisted** himself onto a high stool.(그는 자신을 높은 걸상 위로 일으켰다.)

1.3. 다음은 수동태 문장으로 주어는 올려진다.
(3) a. The cargo was **hoisted** overboard by crane.(화물은 갑판으로 기중기에 의해 올려졌다.)
   b. The statue was **hoisted** in place.(그 조각상은 제자리에 올려졌다.)

hold

이 동사의 개념 바탕에는 손에 잡아서 그대로 쥐고 있는 과정이 있다.

1. 타동사 용법
1.1. 다음 주어는 목적어를 잡는다.
(1) a. The girl was **holding** her father's hand.(그 소녀는 아버지의 손을 잡고 있었다.)
   b. They **held** hands.(그들은 손을 잡았다.)
   c. She was **holding** an umbrella.(그녀는 우산을 잡고 있었다.)
   d. He **held** the knife in his teeth as he climbed the tree.(그는 나무에 기어오를 때 그 칼을 이에 물었다.)
   e. She **held** me by the sleeve.(그녀는 나를 소매로 잡았다.)
   f. She **held** him by the hand.(그녀는 그를 손으로 잡았다.)

1.2. 다음 주어는 목적어를 가지고 있다.
(2) a. They are **holding** the tickets at the ticket box.(그들은 표를 그 매표소에서 보관하고 있다.)
   b. They are **holding** the room for you.(그들은 그 방을 당신을 위해 잡고 있다.)

1.3. 다음 주어는 목적어를 어떤 위치에 그대로 있게 한다.
(3) a. He **held** the attackers at arm's length.(그는 공격자가 접근하지 못하게 했다.)
   b. The police **held** back the crowd.(경찰은 그 군중이 뒤에 그대로 있게 했다.)
   c. Please **hold** your dog off from here.(당신 개가 여기서 떨어져 있게 하세요.)
   d. She **held** out her hand.(그녀는 손을 내뻗었다.)
   e. He **held** up his hands.(그는 손을 들고 있었다.)

1.4. 다음 주어는 목적어를 어떤 상태로 유지한다.
(4) a. **Hold** yourself for a moment while I take your photograph.(내가 너의 사진을 찍을 동안 잠깐만 가만히 있어라.)
   b. The dog **held** its tail between its legs.(그 개는 꼬리를 두 다리 사이에 두고 있었다.)
   c. He **held** his arms out.(그는 팔을 내뻗었다.)
   d. He **held** his head up.(그는 머리를 위로 쳐들고 있었다.)

1.5. 다음 주어는 목적어를 지탱한다.
(5) a. The nail won't **hold** such a heavy mirror.(그 못은 이렇게 무거운 거울을 지탱하지 못할 것이다.)
   b. Come down! That branch won't **hold** you.(내려와라. 그 가지는 너를 지탱하지 못할 것이다.)
   c. Will the chair **hold** his weight?(그 의자는 그의 무게를 지탱할까?)

1.6. 다음 주어는 목적어를 갖는다.
(6) a. He **holds** stocks/shares/land.(그는 주식/주/땅을 갖고 있다.)
   b. He **holds** the right to hunt on this land.(그는 이 땅에서 사냥하는 권리를 갖고 있다.)
   c. The social democrats **held** office.(사회 민주당이 정권을 잡았다.)
   d. He **holds** the rank of captain.(그는 대위 계급을 갖는다.)

1.7. 다음 주어는 그릇으로 목적어를 담는다.
(7) a. Will this suitcase **hold** all your clothes?(이 가방은 너의 모든 옷을 담을 수 있을까?)
   b. This barrel **holds** 25 liters.(이 통은 25리터를 담는다.)
   c. How much water does this pan **hold**?(이 팬은 얼

마만큼의 물을 담는가?)

　d. How much can the bag *hold*?(이 가방은 얼마만큼 담을 수 있는가?)

　e. The bottle *holds* one quarter of oil.(그 병은 기름 1 쿼터를 담는다.)

1.8. 다음 주어는 목적어를 머리 속에 담고 있다.
(8) a. He *holds* a strange view on this question.(그는 이 문제에 대해서 이상한 생각을 갖는다.)

　b. He *holds* that she is foolish.(그는 그녀가 어리석다고 생각한다.)

　c. He *holds* the view that the plan is impracticable.(그는 그 계획이 실행성이 없다는 견해를 갖는다.)

1.9. 다음 주어는 목적어가 어떠하다는 개인적인 생각을 갖는다.
(9) a. He *holds* her responsible.(그는 그녀가 책임이 있다고 생각한다.)

　b. He *holds* his reputation dear/cheap.(그는 그의 명성을 귀하게/보잘 것 없게 생각한다.)

1.10. 다음 주어는 목적어가 to부정사의 내용과 같다는 개인적인 생각을 갖는다.
(10) a. He *holds* the politician to be a fool.(그는 그 정치가를 바보라고 생각한다.)

　b. We *hold* him to be responsible.(우리는 그가 책임이 있다고 생각한다.)

1.11. 다음 주어는 목적어를 갖는다. 목적어는 시간 속에 일어나는 과정이다.
(11) a. We *held* a meeting/a debate.(우리는 모임/토론을 가졌다.)

　b. They *held* an examination/an election.(그들은 시험/선거를 치루었다.)

1.12. 다음 주어는 목적어를 어떤 상태에 있게 한다. 이것은 [상태는 장소] 은유가 적용된 표현이다.
(12) a. The police *held* the crowd back.(경찰은 그 군중을 물러서 있게 했다.)

　b. The police *held* the crowd silent.(경찰은 군중들이 조용하게 했다.)

2. 자동사 용법
2.1. 다음 주어는 견딘다.
(13) a. How long will the rope *hold*?(그 밧줄은 얼마 동안 견딜까?)

　b. The anchor *held* in the rough seas.(그 닻은 거친 바다에서 버텼다.)

　c. The dike *held* during the floods.(그 방축은 그 홍수 기간에 버텼다.)

　d. How long will this fine weather *hold*?(이 좋은 날씨가 얼마 동안 지속될까?)

2.2. 다음 주어는 유효하다.
(14) a. What he said still *holds*.(그가 말한 것은 아직도 유효하다.)

　b. The offer still *holds*.(그 제의는 아직도 유효하다.)

　c. The rules still *hold*.(그 규칙은 아직 유효하다.)

hole

이 동사의 개념 바탕에는 hole의 명사 '구멍' 이 있다.

1. 자동사 용법
1.1. 다음 주어는 공을 구멍에 넣는다.
(1) a. She *holed* out from 25 feet.(그녀는 25 피트 거리에서 공을 구멍에 집어 넣었다.)

　b. I *holed* out in 3.(나는 3번 홀에서 공을 넣었다.)

1.2. 다음 주어는 숨는다.
(2) a. He escaped on his way to prison, and *holed* up with his girlfriend.(그는 감옥에 가는 도중에 도망을 가서 여자 친구와 숨었다.)

　b. They *holed* up in the old section of town.(그들은 읍내의 구 지역에 숨었다.)

2. 타동사 용법
2.1. 다음 주어는 목적어를 구멍에 넣는다.
(3) a. She *holed* a 25 foot putt.(그녀는 25 피트 펏트를 집어 넣었다.)

　b. The golfer *holed* that last shot.(그 골퍼는 그 마지막 공을 집어 넣었다.)

　c. The golfer *holed* the ball from 20 meters away.(그 골퍼는 공을 20미터 떨어진 곳에서 넣었다.)

2.2. 다음 주어는 목적어를 구멍이 나게한다.
(4) a. The mortar attack severely *holed* the road.(그 포격은 그 길에 심하게 구멍을 내었다.)

　b. A torpedo *holed* the ship below the water.(어뢰는 그 배에 수면 아래 구멍을 뚫었다.)

　c. The farmer *holed* the garden for plants.(그 농부는 그 밭을 식물을 심기 위해 구멍을 뚫었다.)

2.3. 다음은 수동태 문장으로 주어는 구멍이 난다.
(5) a. Our ship was *holed* and began to sink.(우리 배는 구멍이 나서 가라앉기 시작했다.)

　b. The ship was badly *holed* when it hit the rock.(그 배는 그것이 그 바위를 박았을 때 구멍이 났다.)

2.4. 다음 주어는 목적어를 구멍을 뚫어서 만든다.
(6) They *holed* a tunnel through the hill.(그들은 터널 그 언덕 속에 터널을 뚫었다.)

hollow

이 동사의 개념 바탕에는 속을 비게 하는 과정이 있다.

1. 타동사 용법
1.1. 다음 주어는 목적어의 속을 판다.
(1) a. He *hollowed out* the cake and filled with cream.(그는 케이크의 속을 파고 크림으로 채웠다.)

　b. The raccoon *hollowed out* a log to live in.(그 두더지는 통나무의 속을 파고 그 안에 살았다.)

　c. The carver *hollowed out* the wooden stick to make a flute.(그 조각사는 나무 막대기 속을 파서 피리를 만들었다.)

　d. They *hollowed out* a tree-trunk to make a boat.(그들은 나무 둥치를 파서 배를 만들었다.)

1.2. 다음 주어는 목적어를 파서 만든다.
(2) a. They *hollowed out* a canoe from a log.(그들은 통나무를 파서 카누를 만들었다.)

　b. He *hollowed out* a boat.(그는 배를 파서 만들었다.)

1.3. 다음은 수동태 문장으로 주어는 파진다.
(3) The cave has been **hollowed** out of the mountainside.(그 동굴은 산 옆을 파서 만들어졌다.)

honor

이 동사의 개념 바탕에는 honor의 명사 '존중, 명예' 가 있다.

1. 타동사 용법
1.1. 다음 주어는 목적어를 존경한다.
(1) a. Koreans **honor** their ancestors.(한국인은 자신들 의 조상을 존경한다.)
   b. On Memorial Day, we **honor** those soldiers who died in wars.(현충일에 우리는 전쟁에서 돌아가신 이들에게 경의를 표한다.)
   c. He **honored** the flag by saluting at it.(그는 그 기를 경례를 함으로써 경의를 표했다.)

1.2. 다음 주어는 목적어를 존경심으로 기억한다.
(2) Jimmy **honored** his grandmother's memory by placing flowers on her grave.(지미는 꽃을 무덤에 놓음으로써 할머니의 추억을 추모했다.)

1.3. 다음 주어는 목적어를 인정한다.
(3) a. When the bank **honors** a check, the teller stamps the back of it.(그 은행은 수표를 인정할 때에는, 행원은 수표 뒤에 도장을 찍는다.)
   b. The store did not **honor** my credit card.(그 가게 는 내 신용 카드를 인정하지 않았다.)

1.4. 다음 주어는 목적어를 영광스럽게 만든다.
(4) a. Will you **honor** us **with** your presence?(참석하셔 서 우리를 영광스럽게 해 주시겠습니까?)
   b. He **honored** me **with** his invitation.(그는 초청으로 나를 영광되게 했다.)
   c. We **honored** the volunteers **with** a party.(우리는 그 자원자들에게 파티를 열어서 영광되게 했다.)

1.5. 다음은 수동태 문장으로 주어는 영광이 주어진다.
(5) a. He was **honored with** a knighthood for his scientific work.(그는 과학적 업적에 대해서 기사 작위의 영예가 주어졌다.)
   b. He was **honored by** the president.(그는 대통령에 의해 경의가 표해졌다.)

hook

이 동사의 개념 바탕에는 hook '갈고리'이다. hook 가 동사로 쓰이면 명사의 기능이나 모양이 쓰인다.

1. 타동사 용법
1.1. 낚시 바늘은 물고기를 낚는데 쓰인다. 주어는 목 적어를 낚는다.
(1) a. We **hooked** some fish in the pond.(우리는 몇 마리 의 물고기를 연못에서 낚았다.)
   b. I **hooked** a huge trout.(나는 큰 송어를 낚았다.)
   c. I **hooked** a twenty-pound bass last week.(나는 20파운드의 농어를 지난 주에 낚았다.)

1.2. 다음 주어는 목적어를 갈고리로 건진다.

(2) a. Sarah **hooked** the keys through the window with a stick.(사라는 막대기를 가지고 그 창문을 통해 그 열쇠를 낚았다.)
   b. He **hooked** his shoe out of the water.(그는 신발을 물에서 건져냈다.)

1.3. 주어는 목적어를 낚는다. 사람도 낚는 것으로 개 념화되고, 낚는 것은 훔치는 뜻으로 확대된다.
(3) a. She **hooked** a husband.(그녀는 남편을 낚아챘다.)
   b. She **hooked** up two new friends who were interested in theater.(그녀는 연극에 관심있는 두 명의 친구를 낚았다.)
   c. He **hooked** a few watches before the manager returned.(그는 매니저가 돌아오기 전에 몇 개의 시 계를 가로챘다.)
   d. He **hooked** flowers from the neighbor's yard.(그 는 꽃을 그 이웃의 마당에서 꺾었다.)

1.4. 다음 주어는 목적어를 갈고리 모양으로 만든다. 목적어는 팔, 다리, 로프 등이다.
(4) a. He managed to **hook** his leg over the branch.(그 는 다리를 꼬아서 그 가지 위에 걸쳤다.)
   b. She **hooked** her leg around the leg of the chair and pulled it toward her.(그녀는 다리를 의자의 다 리에 감아 자기 앞으로 끌어 당겼다.)
   c. Jack **hooked** his arm around the other man's neck.(잭은 팔을 다른 사람의 목에 감았다.)
   d. She **hooked** her arm through mine.(그녀는 팔을 내 팔에 감았다.)
   e. He **hooked** the rope over the nail.(그는 그 밧줄을 못에 걸었다.)

1.5. 다음 주어는 목적어가 갈고리 모양으로 움직이게 한다.
(5) a. The pitcher **hooked** the next pitch outside.(그 투 수는 다음 공을 바깥쪽으로 갈고리 모양으로 날렸 다.)
   b. He **hooked** a shot in golf.(그는 골프에서 갈고리 모 양으로 샷을 날렸다.)

1.6. 다음 주어는 목적어를 전치사 to의 목적어에 고리 로 연결한다.
(6) a. He **hooked** his tractor to the car.(그는 트랙터를 그 자동차에 연결시켰다.)
   b. He **hooked** the antenna and listened to broadcasts.(그는 그 안테나를 연결하고 방송을 들 었다.)
   c. He **hooked** his boat onto the boat next to him.(그 는 보트를 옆에 있는 보트와 연결시켰다.)
   d. We **hooked** the boats together so that they can be pulled into the harbor.(우리는 그들이 항구로 끌 여지도록 보트를 서로 연결했다.)

1.7. 다음은 수동태 문장으로 주어는 연결된다.
(7) a. The BBC is **hooked** up by satellite to the American network to broadcast the speech.(BBC 방송국은 그 연설을 방송하기 위해 미국 방송망에 위성으로 연결된다.)
   b. Is the video **hooked** up to the TV?(그 비디오는 그 TV에 연결되는가?)
   c. The electricity was **hooked** up to the house.(전기

력하지만 그녀에게 맞는 것을 찾을 수 없다.)

는 집과 연결되었다.)

1.8. 주어는 목적어에 걸쇠를 채운다.
(8) a. She **hooked** the screen door.(그녀는 방충망 문을 걸었다.)
  b. Will you **hook** my dress for me?(내 옷을 채워 주겠니?)
  c. She **hooked** her jacket closed.(그녀는 재킷을 채웠다.)

1.9. 다음은 수동태 문장으로 주어는 채워진다.
(9) a. The dress is **hooked** at the back.(그 옷은 뒤에서 채워진다.)
  b. The skirt is **hooked** up at the side.(그 치마는 옆에서 채워진다.)

1.10. 다음 주어는 걸쇠를 써서 목적어를 to의 목적어에 걸거나 연결한다.
(10) a. She was on a ladder, **hooking** a curtain to the wall.(그녀는 사다리에 앉아서 그 커튼을 벽에 걸었다.)
  b. He **hooked** a picture on the wall.(그는 그림 하나를 벽에 걸었다.)
  c. He took off his jacket and I **hooked** it onto a rack.(그는 재킷을 벗어서 그것을 옷걸이에 걸었다.)

1.11. 다음은 수동태 문장으로 주어는 걸린다.
(11) My jacket got **hooked** on a rosebush.(내 재킷이 장미 덩굴에 걸렸다.)

2. 자동사 용법
2.1. 다음 주어는 옷이고, 옷에는 걸쇠가 있다.
(12) a. The buttons **hook** easily to the fastener.(그 버튼은 조임쇠에 쉽게 걸린다.)
  b. The dress **hooks** at the back.(그 옷은 뒤에서 채워진다.)
  c. The skirt **hooks** up at the side.(그 치마는 옆에서 채워진다.)
  d. The gate **hooks** on the post.(그 문은 기둥에 걸쇠가 있다.)

2.2. 다음 주어는 연결된다.
(13) These two sections should **hook** up somehow. (이 두 부분은 어떻게든지 연결될 것이다.)

2.3. 다음 주어는 전치사 to의 목적어와 연결된다.
(14) This device **hooks** up to that one with this cable.(그 장치는 이 케이블이 달린 저것과 연결된다.)

2.3. 다음 주어는 길이고, 이것은 고리 모양을 이룬다.
(15) a. The road **hooked** to the left and then sharply to the right.(그 길은 왼쪽으로 구부러지고 또 오른쪽으로 날카롭게 굽었다.)
  b. The next pitch **hooked** over the plate for a strike.(그 다음 공은 스트라이크를 위해 본루 위로 넘어갔다.)

2.4. 다음 주어는 onto/into의 목적어에 고리모양으로 걸린다.
(16) a. Your new job is high paying and interesting; you've really **hooked** onto something.(너의 새로운 직업은 보수가 많고 재미있다; 너는 정말 잘 잡은 것이다.)
  b. She is eager to **hook into** a career, but can't find a right one for her.(그녀는 직업인이 되기 위해 노

hoot

이 동사의 개념 바탕에는 올빼미가 우는 과정이 있다.

1. 자동사 용법
1.1. 다음 주어는 올빼미가 내는 소리를 낸다.
(1) a. An owl **hooted** from a distance.(올빼미가 멀리서 울었다.)
  b. Some people **hooted** in disgust.(몇몇 사람들은 혐오감에서 소리를 질렀다.)
  c. The car behind us is **hooting**.(우리 뒤에 있는 차는 경적을 울리고 있다.)
  d. The train whistle **hooted**.(기차는 경적을 울렸다.)

1.2. 다음 주어는 at의 목적어에 야유한다.
(2) a. Why did he **hoot at** me?(왜 그는 내게 야유를 했나?)
  b. The passengers **hooted at** the announcement that the plane was late.(승객들은 비행기가 연착된다는 발표에 야유했다.)

2. 타동사 용법
2.1. 다음 주어는 목적어를 야유한다.
(3) a. They **hooted** the actor.(그들은 그 배우를 야유했다.)
  b. The fans **hooted** the umpire.(팬들은 그 심판을 야유했다.)
  c. The audience **hooted** the speaker's plan.(관중들은 연사의 계획을 야유했다.)

2.2. 다음 주어는 목적어를 야유하여 목적어가 움직이게 한다.
(4) a. The audience **hooted** the speaker off the stage.(관중들은 그 연설자를 야유하여 무대에서 나가게 했다.)
  b. They **hooted** her **away/out**.(그들은 그녀는 야유하여 멀리/밖으로 나가게 했다.)
  c. The speaker's opponents **hooted** him **out of** the room.(연사의 적들은 그를 야유하여 방에서 몰아내었다.)

2.3. 다음 주어는 야유하여 목적어를 표현한다.
(5) a. The train **hooted** a warning.(기차는 경적으로 경고를 했다.)
  b. The audience **hooted** its disgust with the inept actor.(청중들은 그 서투른 배우에 대한 혐오를 야유로 표현했다.)
  c. The fans **hooted** their disapproval/scorn of the umpire.(팬들은 그 심판에 대한 불찬성/경멸을 야유로 표현했다.)

2.4. 다음 주어는 목적어를 소리나게 한다.
(6) Motorists **hooted** their horns.(운전사들은 경적을 울렸다.)

hop

이 동사의 개념 바탕에는 사뿐사뿐 걷거나 뛰는 과

정이 있다.

1. 자동사 용법
1.1. 다음 주어는 사뿐사뿐하게 움직인다.
(1) a. The frog hopped away as we approached.(그 개구리는 우리가 접근하자 폴짝 뛰어 달아났다.)
   b. The kangaroo hopped away.(그 캥거루는 살짝 뛰어 달아났다.)
   c. A robin was hopping around on the path.(개똥지빠귀 한 마리가 길에서 이리저리 사뿐사뿐 뛰고 있었다.)
   d. I'll hop down to the city.(나는 그 도시에 비행기로 가겠다.)
   e. The jet plane is ready to hop off.(그 제트 비행기는 이륙할 태세다.)
   f. He hopped out of bed.(그는 침대에서 폴짝 뛰어 내렸다.)

1.2. 다음 주어는 사뿐하게 탈것에 오른다.
(2) a. She hopped in a taxi.(그녀는 택시에 폴짝 올라탔다.)
   b. He hopped into his car.(그는 차에 폴짝 올라탔다.)
   c. He hopped on his bike/the train.(그는 자전거에/기차에 폴짝 올라탔다.)
   d. The canary hopped up onto her finger.(그 카나리아는 그녀의 손가락에 살짝 올라탔다.)

1.3. 다음 주어는 사뿐하게 전치사의 목적어를 따라 움직인다.
(3) a. Kids were hopping over the pebbles.(아이들은 자갈 위를 폴짝폴짝 뛰어다니고 있었다.)
   b. He is hopping up and down the stairs.(그는 계단 위아래를 오르내리고 있다.)

1.4. 개구리가 뛸 때에는 온 몸이 공중에 뜬다. 여기에서 비행기로 이동하는 과정에 확대된다.
(4) We hopped over to Paris for the weekend.(우리는 주말에 파리로 날아갔다.)

2. 타동사 용법
2.1. 다음 주어는 목적어를 뛰어 넘는다.
(5) a. The cat hopped the fence and was gone.(그 고양이는 담장을 뛰어 넘어 사라졌다.)
   b. He hopped the ditch.(그는 도랑을 뛰어 넘었다.)

2.2. 다음 주어는 목적어를 탄다. 목적어는 탈 것이다.
(6) a. Joan hopped a flight to Los Angeles.(존은 로스엔젤러스로 향하는 비행기를 탔다.)
   b. He hopped the train/the plane/the bus.(그는 기차/비행기/버스에 올라탔다.)

hope
이 동사의 개념 바탕에는 바라는 과정이 있다.

1. 자동사 용법
1.1. 다음에서 주어가 바라는 일이 부정사로 표현되어 있다.
(1) a. We hope to arrive soon.(우리는 곧 도착했으면 한다.)
   b. He is hoping to win the medal.(그는 메달을 받기를 희망하고 있다.)
   c. I hope to see you later.(너를 나중에 볼 수 있기를 희망한다.)

1.2. 다음 주어가 바라는 것이 for의 목적어로 표현되어 있다.
(2) a. I hope for the best, and prepare for the worst.(나는 최고를 희망하고 있지만 최악의 상황을 준비하고 있다.)
   b. I hoped for success.(나는 성공을 희망한다.)

1.3. 다음 주어는 that-절의 내용을 바란다.
(3) a. We hope that you are coming to the party.(우리는 네가 파티에 올 것을 바란다.)
   b. I hope that the Democrat will win.(나는 민주당이 승리하기를 희망한다.)

1.4. 다음은 수동태 문장으로 주어는 바라진다.
(4) It is hoped that more than one million dollar would be raised.(백만 달러 이상이 모여지길 희망한다.)

horrify
이 동사의 개념 바탕에는 공포나 전율을 느끼는 과정이 있다.

1. 타동사 용법
1.1. 다음 주어는 목적어를 소름이 끼치게 한다.
(1) a. It horrified her to think that he had killed someone.(그가 사람을 죽였다고 생각하니 그녀는 소름이 끼쳤다.)
   b. The ghost story horrified the children.(그 유령이야기는 아이들을 공포에 떨게 했다.)
   c. The possibility of a violent earthquake horrified the villagers.(격렬한 지진 발생의 가능성이 마을 주민들을 공포에 떨게 했다.)
   d. The accident horrified the onlookers.(그 사고는 구경꾼들을 공포에 떨게 했다.)
   e. The students' poor performance horrified the teachers.(아이들의 나쁜 성적들은 선생님들을 깜짝 놀랐다.)

1.2. 다음은 수동태 문장으로 주어는 공포에 질린다.
(2) a. The whole country was horrified by the killings.(나라 전체가 그 대학살로 공포에 질렸다.)
   b. We were horrified by what we saw.(우리는 우리가 본 것 때문에 공포에 질렸다.)
   c. I was horrified to see her hat.(나는 그녀의 모자를 보고 놀랐다.)
   d. We were horrified to see children living in such conditions.(우리는 아이들이 그와 같은 환경에서 살고 있다는 사실에 놀랐다.)
   e. I was horrified to see her living in such a poor house.(나는 그녀가 그렇게 열악한 집에서 살고 있는 사실을 알고 놀랐다.)

hose
이 동사의 개념 바탕에는 hose의 명사 '호수'가 있다. 동사의 의미는 이 명사의 용도와 관계가 있다.

1. 타동사 용법
1.1. 다음 주어는 호스로 목적어를 물로 뿌린다.
(1) a. He hosed the sidewalk.(그는 길가를 호스로 물을 뿌렸다.)
　　b. Firemen hosed the burning car.(소방수들이 불타는 차를 호스로 물을 뿌렸다.)
1.2. 다음 주어는 호스 물로 목적어를 씻어 내린다.
(2) a. He hosed off the car.(그가 차를 호스물로 씻어 내렸다.)
　　b. He hosed down the lawn.(그가 잔디를 호스 물로 씻어 내렸다.)
　　c. He hosed the kids down for fun.(그가 아이들을 재미로 호스물로 씻어내렸다.)
　　d. Would you hose down the car for me? (내 차를 호스 물로 좀 씻어 내려 주겠니?)

host

이 동사의 개념 바탕에는 host의 명사 '주인', '사회자'가 있다. 동사의 의미는 명사의 역할과 관계가 있다.

1. 타동사 용법
1.1. 다음 주어는 목적어의 사회나 진행을 본다.
(1) a. He hosted a TV show.(그는 텔레비전 쇼를 진행했다.)
　　b. An actress will host the show.(여배우가 그 쇼의 진행을 볼 것이다.)
　　c. The chairman hosted a party for his staff.(의장은 파티를 직원들을 위해 주최했다.)
1.2. 다음 주어는 목적어를 주최한다.
(2) a. Seoul hosted the Olympics in 1988.(서울 올림픽을 1988년에 개최했다.)
　　b. Germany is bidding to host the World Cup finals.(독일은 월드컵 개최를 지원하고 있다.)
1.3. 다음은 수동태 문장으로 주어는 진행된다.
(3) a. The award ceremony will be hosted by the minister.(시상식은 그 장관에 의해 진행될 것이다.)
　　b. The nightly news program on TV is hosted by a young lady.(텔레비전의 저녁 뉴스는 젊은 여성에 의해 진행된다.)

house

이 동사의 개념 바탕에는 house의 명사 '집'이 있다. 동사의 의미는 집의 쓰임과 관계가 있다.

1. 타동사 용법
1.1. 다음 주어는 목적어를 집으로 제공한다.
(1) a. The government is committed to house the refugees.(정부는 그 난민들을 수용하는 데 약속을 하고 있다.)
　　b. The college houses the students in dormitories.(그 대학은 학생들을 기숙사에 넣는다.)

c. This hall will house us all.(이 회관은 우리 모두를 수용할 것이다.)
1.2. 다음 목적어는 개체이다. 주어는 목적어를 집에 간수한다.
(2) a. The gallery houses 2,500 works of modern art.(그 갤러리는 현대 미술 2500점을 보유하고 있다.)
　　b. He houses his spare books in the attic.(그는 여분의 책을 다락방에 보관하고 있다.)
1.3. 다음 주어는 장소이다. 주어는 목적어를 수용한다.
(3) a. The barn housed the farm animals.(그 헛간은 농장 동물들을 수용했다.)
　　b. This floor houses the executive staff.(이 층은 집행 위원들을 수용한다.)
　　c. This casing houses the batteries.(이 상자는 전지들을 넣는다.)
1.4. 다음은 수동태 문장으로 주어는 수용된다.
(4) a. The library is housed in the museum.(그 도서관은 박물관에 포함되어 있다.)
　　b. The refugees are housed temporarily in tents.(그 난민들은 임시로 텐트에 수용되어 있다.)
　　c. The art collection is housed in the museum.(예술품 수집은 그 박물관에 보관되어 있다.)

hover

이 동사의 개념 바탕에는 맴도는 과정이 있다.

1. 자동사 용법
1.1. 다음 주어는 공중에서 맴돈다.
(1) a. A helicopter hovered near the highway.(헬리콥터 한 대가 고속도로 위를 맴돌았다.)
　　b. Humming birds hover over the flowers they feed on.(별새들은 꿀을 먹는 꽃 근처를 맴돈다.)
　　c. Clouds of smoke hovered over the building.(연기가 그 건물 위에 맴돌았다.)
1.2. 다음 주어는 주위에서 맴돈다.
(2) a. He hovered about the park.(그는 공원 안을 맴돌았다.)
　　b. Eager fans hovered about the star.(열정적인 팬들이 스타 주위를 맴돌았다.)
　　c. The hungry children hovered by the kitchen.(그 굶주린 아이들은 주방 근처를 맴돌았다.)
　　d. He hovered nervously in the doorway.(그는 출입구에서 긴장한 채 서성거렸다.)
　　e. Photographers hovered near the president.(사진사들은 대통령 근처를 맴돌았다.)
　　f. He kept hovering outside my office.(그는 내 사무실 밖을 계속 맴돌았다.)
1.3. 다음 주어는 동물이다. 주어는 주위에서 맴돈다.
(3) a. The shark is still hovering about.(상어는 여전히 주위를 맴돌고 있다.)
　　b. The dogs hovered around the kitchen door at mealtime.(강아지들은 부엌 주변을 식사 시간에 맴돌았다.)
1.4. 미소나 생각도 움직이는 것으로 개념화되어 있다.

(4) a. A smile **hovered** on her lips.(미소가 그녀의 입가에 맴돌았다.)

   b. The thought **hovered** in his mind.(그 생각은 그의 마음 속에 맴돌았다.)

1.5. 맴도는 상태는 안정된 상태가 아니다. 다음 주어는 계속 움직인다.

(5) a. The dollar has been **hovering around** the 1,000 won level.(달러화는 1000원대를 맴돌고 있다.)

   b. Temperatures **hovered around** freezing.(온도는 빙점을 맴돌았다.)

   c. Inflation is **hovering at** 3%.(인플레이션은 3퍼센트에 맴돌고 있다.)

1.6. 다음 주어는 그 상태가 불안정하다.

(6) a. He **hovered between** life and death.(그는 생사의 기로에 있었다.)

   b. She is **hovering between** taking the job and turning it down.(그녀는 그 직업을 택하느냐 거절하느냐 사이를 맴돌고 있다.)

   c. He **hovered between** tears and laughter/recovery and relapse.(그는 눈물과 웃음/회복과 재발 사이를 오락가락 했다.)

   d. He **hovered on** the edge of consciousness.(그는 의식의 가장 자리에서 맴돌았다.)

howl

이 동사의 개념 바탕에는 개가 울부짖는 과정이 있다.

1. 자동사 용법

1.1. 다음 주어는 울부짖는다.

(1) a. Dogs and wolves **howl**.(개와 늑대는 울부짖는다.)

   b. He **howled** in pain/despair/displeasure.(그는 고통/절망/불쾌감에 울부짖었다.)

   c. It was so funny that we **howled** with laughter.(그 것은 매우 우스워서 우리는 큰 소리로 웃었다.)

1.2. 다음 주어는 바람이다. 바람도 개 울음과 비슷한 소리를 낸다.

(2) a. The wind was **howling** around the house.(바람은 집 주변에서 윙윙거리고 있었다.)

   b. The wind **howled** in the treetops.(바람은 나무 꼭대기에서 윙윙거렸다.)

2. 타동사 용법

2.1. 다음 주어는 큰 소리로 목적어를 표현한다.

(3) a. Members of the audience **howled** their disapproval at the joke.(관중들은 그 농담에 대한 불쾌감을 큰 소리로 나타냈다.)

   b. The baby **howled** his displeasure at being woken up by the noise.(그 아이는 소음에 잠이 깨서 불쾌감을 울음으로 표현했다.)

   c. He **howled** his curse.(그는 욕을 큰 소리로 해댔다.)

2.2. 다음 주어는 큰 소리로 목적어를 어떤 자리에서 물러나게 한다.

(4) a. They **howled down** the speaker.(그들은 연사를 고함을 질러 중단하게 했다.)

   b. The students disagreed with the speaker and they **howled** him **down**.(학생들은 연사와 생각이 달라서 그에게 소리쳐서 중단하게 했다.)

   c. The angry mob **howled** the speaker **off** the platform.(화가 난 폭도들은 연사를 소리를 쳐서 연단에서 물러나게 했다.)

huddle

이 동사의 개념 바탕에는 웅크리는 과정이 있다.

1. 자동사 용법

1.1. 다음 주어는 웅크린다.

(1) a. I **huddled** by the wood stove to keep warm.(나는 몸을 따뜻하게 하려고 나무 난로 옆에 웅크렸다.)

   b. I **huddled** under a blanket on the floor.(나는 담요를 깔고 마루에 웅크렸다.)

1.2. 다음 주어는 복수이고, 복수인 주어가 함께 웅크린다.

(2) a. The cold campers **huddled** around the campfire.(추운 야영자들은 모닥불 근처에 웅크렸다.)

   b. The union negotiators **huddled** for a few moments.(노조 협상자들은 잠시 동안 웅크렸다.)

   c. The commuters **huddled** in the small bus station.(통근자들은 작은 버스 정류장에 함께 몰려있었다.)

   d. They **huddled up** close to each other.(그들은 서로에게 가까이 몰렸다.)

   e. We **huddled together** for warmth.(우리는 몸을 따뜻하게 하기 위해 함께 웅크렸다.)

   f. Baby rabbits **huddled together** next to their mother.(애기 토끼들은 어미 곁에 모였다.)

2. 타동사 용법

2.1. 다음 주어는 목적어를 모이게 한다.

(3) a. The councilors **huddled** the children **around** the campfire.(의원들은 그 아이들을 모닥불 주위에 모았다.)

   b. He **huddled** the papers **in** a box.(그는 논문들을 상자 하나에 몰아 넣었다.)

   c. The police **huddled** the demonstrators all **in** one van.(경찰 당국은 시위자들을 밴 하나에 몰아 실었다.)

   d. The dog **huddled** the sheep **into** a group.(개는 양들을 모아 무리가 되게 했다.)

2.2. 다음 주어는 목적어를 급하게 한다.

(4) a. He **huddled up** his work.(그는 일을 아무렇게나 급하게 했다.)

   b. He **huddled on** his clothes.(그는 옷을 급하게 입었다.)

2.3. 다음은 수동태 문장으로 주어는 웅크리거나 한데 모인다.

(5) a. They are **huddled together** in a flock.(그들은 한 무리로 한데 모여진다.)

   b. People were **huddled together** around the fire.(사람들은 모닥불 주위에 모여졌다.)

   c. He lay **huddled up** in bed.(그는 침대에 웅크리고

누웠다.)

huff

이 동사의 개념 바탕에는 숨이 가빠서 흑흑 거리는
과정이 있다.

1. 자동사 용법
1.1. 다음 주어는 흑흑거린다.
(1) a. John was **huffing** and puffing to keep up with her.
(존이 그녀와 같이 가려고 (숨이 가빠) 흑흑거리고
헐떡거리고 있다.)
b. He **huffs** whenever he walks up the stairs.(그는
계단 위를 오를 때마다 헉헉거린다.)
c. She began to **huff** toward the end of her aerobic
workout.(그녀는 에어로빅 연습의 종반부에 달하면
서 헉헉거리기 시작했다.)

1.2. 다음 주어는 씩씩거리며 불평을 한다.
(2) a. He **huffed about** the unfairness of the press.(그는
언론의 부당함에 씩씩거리며 불평을 했다.)
b. He **huffed about** the price, but eventually he paid
up.(그는 그 값에 불평을 했지만, 결국 다 지불을 했
다.)

1.3. 다음 주어는 흑흑거리며 따옴표 속의 말을 한다.
(3) a. "Well, nobody asked you," she **huffed** irritably.
("좋아, 아무도 너에게 묻지 않았어" 그녀가 짜증나
서 씩씩거리며 말했다.)
b. "Well, if that's how you feel, I'll go," she **huffed**.
("그래, 그게 네가 느끼는 것이라면, 나는 가겠어,"
그녀가 씩씩거리며 말했다.)

hug

이 동사의 개념 바탕에는 두 팔로 껴 안는 과정이 있
다.

1. 타동사 용법
1.1. 다음 주어는 목적어를 껴 안는다.
(1) She **hugged** her chick to her cheek.(그녀는 병아리
를 뺨으로 안았다.)

**1.2. 다음 주어는 목적어를 껴안는다. 목적어는 주어의
신체 일부이다.**
(2) a. He **hugged** his legs.(그는 다리를 끌어안았다.)
b. She sat in the corner, **hugging** her knees.(그녀는
구석에 앉아서 무릎을 끌어안았다.)
c. The woman **hugged** her son tightly.(여자는 아들
을 꼭 껴안았다.)
d. The girl was **hugging** her doll.(그녀는 인형을 껴안
고 있었다.)
e. The child **hugged** her new toy.(그 아이는 새 장난
감을 껴안았다.)
f. He **hugged** her round her neck.(그는 그녀의 목을
감싸안았다.)
g. He was **hugging** a big pile of books.(그는 책 한 무
더기를 안고 있었다.)
h. The bear **hugged** him to death.(곰이 그를 껴안아

죽였다.)

1.3. 다음 주어는 목적어를 껴안는다.
(3) a. He **hugged** the hot water bottle to his chest.(그는
뜨거운 물병을 가슴에 안았다.)
b. She sat **hugging** the parcel all the way home on
the train.(그녀는 기차에서 집에 오는 동안 소포를
꼭 안고 앉았다.)
c. She was **hugging** a basket of apples.(그녀는 사과
한 바구니를 안고 있었다.)

**1.4. 다음 주어는 목적어를 껴안는다. 목적어는 의견,
편견, 생각과 같은 추상적인 개체이다.**
(4) a. He **hugged** the opinion.(그는 그 의견을 고집했다.)
b. He **hugs** his prejudice to himself.(그는 편견을 껴
안는다.)
c. He is **hugging** a foolish idea.(그는 바보같은 생각을
껴안고 있다.)

1.5. 다음 주어는 목적어를 끼고 간다.
(5) a. The car **hugs** the road well on corners.(그 자동차
는 모퉁이에서 그 길을 끼고 간다.)
b. The boat **hugged** the coast.(그 배는 해안을 따라
항해했다.)
c. The sailing boat **hugged** the shore during the
storm.(돛단배는 폭풍우가 몰아치던 동안 그 해안
선을 끼고 갔다.)
d. The car **hugged** the right lane as the big truck
roarerd past.(자동차는 큰 트럭이 포효하며 지나자
오른쪽 차선을 끼고 갔다.)
e. The sailboat **hugged** the coast in the strong wind.
(그 범선은 강풍 속에 그 해안선을 끼고 갔다.)
f. The road **hugs** the coastline.(그 길은 해안선을 끼
고 간다.)
g. The track **hugs** the coast for a mile.(그 길은 해안
선을 끼고 일 마일을 간다.)
h. The new car handles very well and **hugs** the
road.(새 자동차는 조종하기가 편하고 노면을 착 끈
다.)
i. The bicycle **hugged** the curb to stay out of the
way of cars.(그 자전거는 자동차들을 피하기 위해
연석을 끼고 갔다.)
j. He was **hugging** himself for delight.(그는 기뻐서
자신을 꼭 안고 있었다.)
k. They **hugged** each other.(그들은 서로를 껴안았
다.)

2. 자동사 용법
2.1. 다음 주어는 껴안는다.
(6) They were **hugging** and crying.(그들은 서로를 껴안
으며 울고 있었다.)

hull

이 동사의 개념 바탕에는 hull의 명사 '껍질', '외피'
가 있다.

1. 타동사 용법
**1.1. 다음 주어는 목적어를 깐다. 목적어는 껍질 속에

있는 개체이다.

(1) a. The animal hulled the seeds with its teeth.(그 동물은 씨들을 이로 껍질을 깠다.)

b. He hulled the peanuts and then ate them all.(그는 땅콩들을 까서 모두 먹었다.)

c. We sat in the garden hulling beans.(우리는 정원에 앉아서 콩을 까고 있었다.)

hum

이 동사의 개념 바탕에는 벌들이 내는 소리와 같이 연속적이고 낮은 소리가 있다.

1. 자동사 용법

1.1. 다음 주어는 소리를 낸다.

(1) a. I heard bees humming.(나는 벌들이 윙윙거리는 소리를 들었다.)

b. Bees are humming around the big flower.(벌들은 큰 꽃 주위를 맴돌며 윙윙거리고 있다.)

c. Insects are humming in the hot summer air.(곤충들이 뜨거운 여름 공기 속에서 윙윙거리고 있다.)

d. The mosquito kept humming in my ear.(모기가 계속 나의 귓가에서 윙윙거리고 있었다.)

1.2. 다음의 주어는 사람이다. 사람이 벌과 같은 소리를 낸다.

(2) a. She is humming in a low tone.(그녀는 낮은 음성으로 콧노래를 부르고 있다.)

b. Mother often hums to herself while cooking.(어머니는 요리하는 동안 자주 콧노래를 부르신다.)

c. We hummed to the music.(우리는 음악에 맞춰 콧노래를 흥얼거렸다.)

d. I hummed with the orchestra and hoped that no one could hear me.(나는 그 오케스트라에 맞춰 흥얼거렸고, 아무도 내 소리를 듣지 않기를 바랐다.)

e. The crowd hummed with anticipation.(군중들은 기대에 부풀어 웅성거렸다.)

1.3. 다음의 주어는 기계이다. 이들도 연속적이고 낮은 음을 낼 수 있다.

(3) a. The radio/television set often hums when we turn it on.(라디오/ TV은 틀면 종종 잡음을 낸다.)

b. The machines hummed all around us in the factory.(그 기계들은 공장 안 우리들 주변에서 바쁘게 돌아갔다.)

c. An airplane hummed overhead.(비행기 한대가 머리 위에서 윙윙거렸다.)

d. The equipment/computer is humming away.(그 장비/컴퓨터는 윙 소리를 내고 있다.)

1.4. 다음 주어는 장소로서 그 속에서 소리가 난다.

(4) My head hummed.(내 머리가 윙윙했다.)

1.5. 벌들이 움직이면서 윙윙 소리를 낸다. 다음 주어는 사업이 분주하게 돌아간다.

(5) a. Things have started humming with activity since the new boss arrived.(새 사장이 도착한 이래로 일들이 활기를 띄며 돌아가기 시작했다.)

b. The new boss made things humming.(새 사장은 일이 잘 돌아 가게 했다.)

c. Factories are again humming with their former energy.(공장들이 다시 한번 이전의 활기로 바쁘게 움직이고 있다.)

d. Our business is humming right along.(우리의 사업은 잘 되어가고 있다.)

e. Business is humming these days.(사업은 요즘 잘 굴러가고 있다.)

1.6. 다음 주어는 소리가 난다.

(6) a. The lounge/the crowded room hummed with noise.(휴게실/복잡한 방은 잡음으로 웅성거렸다.)

b. The room hummed with many cheering sounds.(그 방은 많은 환호 소리로 와글거렸다.)

c. Wall Street is humming with rumors.(월가는 소문들로 법석거리고 있다.)

d. The town is humming with activity.(마을은 활기로 법석거리고 있다.)

e. The city center is humming with business.(그 도시의 중심부는 사업으로 바쁘게 움직이고 있다.)

f. The street hums with traffic/life.(거리는 차량/활기로 가득 차 있다.)

g. The household was humming with wedding preparations.(그 가정은 결혼 준비로 법석거리고 있었다.)

h. The office is really beginning to hum.(사무실은 이제 정말 바쁘게 움직이기 시작하고 있다.)

1.7. 다음 주어는 소리를 내면서 이동한다.

(7) a. John hummed along.(존은 콧노래를 부르면서 걸어 갔다.)

b. She switched on the computer, and it hummed into life.(그녀는 컴퓨터를 켜자, 그것은 웅 소리를 내며 작동하였다.)

2. 타동사 용법

2.1. 다음 주어는 목적어를 부른다.

(8) a. I hummed the melody that I heard on the radio.(나는 라디오에서 들은 멜로디를 흥얼거렸다.)

b. He hummed an old song.(그는 옛날 노래를 흥얼거렸다.)

c. If you don't know the words, just hum the tune while the rest of us sing.(만일 가사를 모르면 우리가 노래를 부르는 동안 가락만 흥얼거려라.)

d. He hums and mumbles his words.(그는 입 속에서 단어들을 웅얼거린다.)

e. He hummed forth his satisfaction.(그는 콧노래로 만족감을 표시하였다.)

f. She hummed a lullaby to the baby.(그녀는 자장가를 아이에게 흥얼거렸다.)

2.2. 다음 주어는 첫째 목적어에게 둘째 목적어를 불러준다.

(9) She hummed me a pretty melody.(그녀는 나에게 아름다운 가락을 허밍으로 불러주었다.)

2.2. 다음 주어는 콧노래를 불러 목적어로 하여금 어떤 일이나 과정을 치루게 한다.

(10) She hummed the child to sleep.(그녀는 콧노래를 불러 아이를 잠들게 하였다.)

humanize

이 동사의 개념 바탕에는 인간성을 부여하는 과정이 있다.

1. 타동사 용법
1.1. 다음 주어는 목적어에 인간성을 부여한다.
(1) a. Some people humanize their pets. (어떤 사람들은 자신들의 애완 동물을 사람으로 취급한다.)
   b. The scientist humanized the robot by giving it a voice. (그 과학자는 그 로봇에게 목소리를 줘서 인간성을 부여했다.)
   c. These measures are intended to humanize the prison system. (이러한 조치들은 감옥 체계를 인간화하려고 의도된다.)
   d. The courteous acts humanize life in the city. (정중한 행위들은 도시 생활을 인간답게 만든다.)

humble

이 동사의 개념 바탕에는 humble의 형용사 '겸허한', '비천한'이 있다. 동사의 의미는 형용사가 가리키는 상태를 만드는 과정과 관계가 있다.

1. 타동사 용법
1.1. 다음 주어는 목적어를 겸허하게 만든다. 코를 꺾는다.
(1) a. She humbles her husband by making him ask for every cent he spends. (그녀는 그의 코를 남편이 쓰는 모든 돈을 그녀에게 타서 쓰게 해서 꺾는다.)
   b. We humbled their team by keeping them from scoring. (우리는 그 팀이 득점을 못하게 막아 오만한 콧대를 꺾었다.)
1.2. 다음 주어는 추상적 개체이다. 주어는 목적어를 겸허하게 만든다.
(2) a. Our own origin serves to humble us. (우리 자신의 기원은 우리를 겸허하게 한다.)
   b. Failure humbled us. (실패는 우리를 겸허하게 했다.)
   c. The defeat humbled the proud man. (그 패배는 그 자부심 강한 그 남자를 겸허하게 했다.)
1.3. 다음 목적어는 재귀대명사이다. 주어는 자신을 낮춘다.
(3) a. He humbled himself before his boss. (그는 상사 앞에서 자신을 낮췄다.)
   b. He humbled himself before God. (그는 자신을 하느님 앞에서 낮추었다.)
1.4. 다음은 수동태 문장으로 주어는 겸허하게 된다.
(4) a. He was humbled by her generosity/offer. (그는 그녀의 자비/도움으로 겸허해졌다.)
   b. The world champion was humbled last night in three rounds. (그 세계 챔피언은 어제 저녁 3라운드에서 졌다.)
   c. The arrogant athlete was humbled by the defeat. (그 거만한 운동 선수는 패배로 겸허해졌다.)
   d. The mighty US army was humbled by a small South East Asian country. (강력한 미국 군대는 한 작은 동아시아 국가에 의해 패배되었다.)

humor

이 동사의 개념 바탕에는 humor의 명사 '일시적 기분'이 있다. 동사의 의미는 이 명사의 상태와 관계가 있다.

1. 타동사 용법
1.1. 다음 주어는 목적어의 비위를 맞춘다.
(1) a. It is better to humor him than get into an argument. (그의 비위를 맞추는 것이 그와 다투는 것보다는 낫다.)
   b. It's best to humor Joan. She gets upset when people are disagreeable. (조앤의 비위를 맞추는 것이 제일 낫다. 그녀는 사람들이 동의하지 않으면 화를 낸다.)
   c. She humored the child. (그녀는 아이의 비위를 맞췄다.)
1.2. 다음의 목적어는 사람이 아닌, 의견, 욕망 등이다. 주어는 목적어를 잘 다룬다.
(2) a. He humored her opinion. (그는 그녀의 의견을 잘 다뤘다.)
   b. Jane humored his son's desire. (제인은 아들의 욕망을 잘 다뤘다.)
   c. A good actor humors his part. (좋은 배우는 자신의 역할을 잘 해낸다.)

hunch

이 동사의 개념 바탕에는 hunch의 명사 '곱추등'이 있다. 동사의 의미는 이 명사의 모양과 관계가 있다.

1. 타동사 용법
1.1. 다음 주어는 목적어를 구부린다.
(1) a. Don't hunch up your back. (등을 구부리지 마라.)
   b. He hunched his shoulders. (그는 어깨를 구부렸다.)
1.2. 다음 목적어는 재귀대명사이다. 주어는 자신을 웅크린다.
(2) a. He hunched herself on a mat. (그는 매트에 웅크리고 앉았다.)
   b. The cat hunched itself in the corner. (그 고양이는 구석에 웅크리고 앉았다.)

2. 자동사 용법
2.1. 다음 주어는 over의 목적어 위에 구부린다.
(3) a. He hunched over the desk. (그는 책상 위로 몸을 구부렸다.)
   b. She hunched over her work. (그녀는 일 위에 몸을 구부렸다.)
2.2. 다음 주어는 몸을 구부려서 앉는다.
(4) a. We hunched down hoping the bear would not see us. (우리는 그 곰이 우리를 보지 않기를 희망하며 몸을 아래로 구부렸다.)

b. Tom **hunched down** behind the bush to hide from his kids.(탐은 아이들에게서 숨기 위해 그 덤불 뒤에서 몸을 아래로 구부렸다.)

hunker

이 동사의 개념 바탕에는 쭈그리고 앉는 과정이 있다.

1. 자동사 용법

1.1. 다음 주어는 쭈그리고 앉는다.

(1) a. He **hunkered down** and drew diagrams on the sand.(그는 쭈그리고 앉아서 도표들을 모래사장 위에 그렸다.)

b. The troops **hunkered down** to wait out the air raid.(그 군대는 쭈그리고 앉아서 대기 공습을 끝까지 기다렸다.)

c. They **hunkered down** by the fire.(그들은 불가에 쭈그리고 앉았다.)

hunt

이 동사의 개념 바탕에는 어느 주어진 장소에서 동물을 찾아내는 과정이 있다.

1. 타동사 용법

1.1. 다음 주어는 목적어를 추적한다.

(1) a. The cat **hunts** mice.(고양이는 쥐를 쫓는다.)

b. Every year we **hunt** deer.(우리는 매년 사슴을 사냥한다.)

c. They **hunt** big game.(그들은 커다란 사냥감을 쫓는다.)

d. They **hunt** pigs/pheasant.(그들은 돼지/꿩을 사냥한다.)

1.2. 다음은 수동태 문장으로 주어는 사냥된다.

(2) Are tigers still **hunted** in India?(인도에서는 아직도 호랑이가 사냥됩니까?)

1.3. 다음 목적어는 범인이나 잠수함이다. 주어는 목적어를 추적한다.

(3) Police are **hunting** the terrorist who planted the bomb.(경찰은 폭탄을 설치한 그 테러리스트를 쫓고 있다.)

1.4. 다음은 수동태 문장으로 주어는 추적된다.

(4) a. Both submarines were being **hunted** and one of them was soon sunk.(잠수함 두 대가 쫓기고 있었는데 그 중 하나는 곧 침몰되었다.)

b. The murderer was **hunted** from town to town.(살인자는 마을에서 마을로 쫓겼다.)

1.5. 다음 주어는 목적어를 뒤진다. 목적어는 사냥감이 있는 장소이다. 찾는 개체는 전치사 for의 목적어로 표현된다.

(5) a. I've **hunted** all over the place, but I can't find that book.(나는 그곳을 온통 뒤졌으나, 그 책을 찾을 수 없다.)

b. Poaches have been **hunting** the woods.(침입자들이 그 숲을 뒤졌다.)

c. They are **hunting** a forest/the fields.(그들은 숲/들판을 뒤지고 있다.)

1.6. 다음 주어는 전치사 for의 목적어를 얻기 위해 목적어를 사냥한다.

(6) a. They are **hunting** the woods for game.(그들은 사냥감을 찾아 숲을 뒤지고 있다.)

b. Indians **hunted** the prairie for buffalo.(인디언들은 물소를 찾아 대초원을 뒤졌다.)

c. I have **hunted** everywhere for the book.(나는 그 책을 찾기 위해 곳을 뒤졌다.)

d. They are **hunting** the woods for the fugitive.(그들은 그 도망자를 찾아 숲을 수색하고 있다.)

e. He has **hunted** the office for the missing papers.(그는 잃어버린 문서를 찾아 사무실을 뒤졌다.)

f. They are **hunting** the new area for a house.(그들은 새 지역을 집을 찾기 위해 물색하고 있다.)

g. We have **hunted** all over the town for the right carpet.(우리는 맞는 융단을 찾느라 온 시내를 뒤졌다.)

1.7. 사냥에는 도구가 필요하다. 다음 주어는 목적어를 도구로 쓴다.

(7) He is **hunting** a pack of hounds.(그는 한 떼의 사냥개를 사냥에 쓰고 있다.)

2. 자동사 용법

2.1. 다음 주어는 사냥을 한다.

(8) a. Do you **hunt**?(사냥하십니까?)

b. At one time man had to **hunt** to survive.(한때 인간은 살아남기 위해 사냥을 해야 했다.)

c. I can't **hunt** unless I absolutely need food.(나는 식량이 절대적으로 필요하지 않다면 사냥을 할 수 없다.)

d. John and his friends are **hunting** in the woods.(존과 친구들은 숲에서 사냥을 하고 있다.)

e. The men were out **hunting**.(사람들은 야외에서 사냥을 하고 있었다.)

2.2. 다음 주어는 사냥을 한다. 주어는 동물이다.

(9) a. Wolves **hunt** in packs(늑대는 무리를 지어 사냥한다.)

b. They **hunt** in spring.(그들은 봄에 사냥한다.)

c. Owls **hunt** at night.(올빼미는 밤에 사냥한다.)

2.3. 다음 주어는 for 의 목적어를 찾는다.

(10) a. Everyone in town **hunted** for the lost child.(마을의 모든 이들이 잃어버린 아이를 찾았다.)

b. The police is **hunting** for the thief.(경찰은 그 도둑을 찾고 있다.)

c. She **hunted** in his pocket for the ticket.(그녀는 표를 찾아 주머니를 뒤졌다.)

d. She **hunted** for the right word.(그녀는 적절한 단어를 찾았다.)

e. They are **hunting** for a new house.(그들은 새 집을 찾고 있다.)

f. He has been **hunting** for his lost wallet.(그는 잃어버린 지갑을 찾고 있다.)

g. We've been **hunting** for the lost key.(우리는 잃어버린 열쇠를 찾고 있다.)

h. She is **hunting** through the drawers to find the ring.(그녀는 반지를 찾으려고 서랍을 온통 뒤지고 있다.)

2.4. 사냥꾼이 사냥감을 추적하듯 사람도 지식을 추적하는 것으로 개념화된다.

(11) She is **hunting** after knowledge.(그녀는 지식을 찾아 헤매고 있다.)

3. 구절동사

3.1. hunt down: down은 주어가 목적어를 끝까지 추적하는 의미를 나타낸다.

(12) a. She **hunted down** every piece of evidence.(그녀는 증거를 샅샅이 찾아내었다.)

b. The detectives have finally **hunted down** the killer.(탐정들은 결국 살인자를 찾아내었다.)

3.2. hunt out: out은 안에 있던 것을 밖으로 나오게 하는 의미인데 이것은 안 보이던 것이 보이는 상태가 되게 하는 의미로 확대된다.

(13) a. I must try and **hunt out** the old tennis racket.(나는 오래된 정구채를 노력해서 찾아내어야 한다.)

b. I will try and **hunt out** the information you need. (나는 네가 필요로 하는 정보를 노력해서 찾아내겠다.)

c. I'll try and **hunt out** those old photographs.(나는 옛날 사진들을 노력해서 찾아내겠다.)

d. They were ordered to **hunt out** the subversives. (그들은 불온분자들을 색출해내라는 명령을 받았다.)

e. You must **hunt out** the old diary.(당신은 옛날 일기를 찾아내야 합니다.)

3.3. hunt up: up은 보이지 않던 추적물을 의식하게 만드는 결과를 나타낸다.

(14) a. He **hunted up** the old records.(그는 옛날 기록을 찾아냈다.)

b. He is **hunting up** old friends in the town.(그는 옛 친구들을 그 읍내에서 찾고 있다.)

c. The police **hunted up** a lot of new evidence.(경찰은 수많은 새 증거를 찾아내었다.)

d. He was able to **hunt up** the particular page.(그는 특정 지면(紙面)을 찾아낼 수 있었다.)

hurdle

이 동사의 개념 바탕에는 hurdle의 명사 '장애물'이 있다.

1. 타동사 용법

1.1. 다음 주어는 목적어를 뛰어 넘는다.

(1) a. He **hurdled** the bars easily.(그는 그 장대를 쉽게 뛰어 넘었다.)

b. He **hurdled** the last obstacle to success.(그는 마지막 장애물을 넘어서 성공했다.)

c. The runner **hurdled** the fence.(주자는 담장을 넘었다.)

d. He **hurdled** two barriers to avoid reporters.(그는 기자를 피하기 위해 두 개의 장벽을 넘었다.)

1.2. 다음 목적어는 추상적 장애물이다.

(2) a. Sue **hurdled** one difficulty only to face another.(수는 한 개의 어려움을 극복했지만 또다른 어려움에 직면했다.)

b. The newly weds vowed to **hurdle** all obstacles together.(그 신혼 부부들은 모든 장애물을 함께 극복하겠다고 맹세했다.)

2. 자동사 용법

2.1. 다음 주어는 over의 목적어를 뛰어 넘는다.

(3) a. He **hurdled over** a fence.(그는 담장을 뛰어 넘었다.)

b. The horse **hurdled over** a ditch.(말은 도랑을 뛰어 넘었다.)

2.2. 다음 주어는 허들 선수이다.

(4) a. He has **hurdled** since 13.(그는 13세 이후 허들 선수로 활동했다.)

b. He **hurdled** while in college.(그는 대학 시절 동안 허들 선수로 활동했다.)

hurl

이 동사의 개념 바탕에는 격렬하게 던지는 과정이 있다.

1. 타동사 용법

1.1. 다음 주어는 목적어를 내 던진다.

(1) a. Don't **hurl** your luggage downstairs.(네 가방을 아래층으로 내던지지 마라.)

b. He **hurled** a stone to the wolf.(그는 돌을 늑대에게 던졌다.)

c. He **hurled** himself against/at/on the enemy.(그는 자신을 적에게 던졌다/공격했다.)

1.2. 다음 주어는 목적어를 던져서 목적어가 through나 across의 목적어를 지나간다.

(2) a. He **hurled** a brick through the window.(그는 벽돌 하나를 던져서 창문을 지나가게 했다.)

b. He **hurled** the book across the room.(그는 그 책을 방을 가로질러 던졌다.)

c. The volcano **hurled** smoke and ash high into the sky.(그 화산은 연기와 재를 하늘 높이 분출했다.)

1.3. 욕설이나 모욕은 추상적인 개체이다. 그러나 이들은 구체적 개체로 개념화되어 던져지는 것으로 표현된다.

(3) a. They **hurled** abuse at each other.(그들은 욕설을 서로 해댔다.)

b. He **hurled** obscenities at the police officer.(그는 욕설을 경찰관에게 던졌다.)

c. A heckler **hurled** insults/accusations at the comedian.(야유꾼이 모욕/비난을 그 코미디언에게 해댔다.)

d. He **hurled** reproaches at us.(그는 비난을 우리에게 던졌다.)

1.4. 다음 목적어는 재귀대명사이다. 주어는 자신을 내 던져 전념한다.

(4) a. He **hurled** himself into work.(그는 일에 던졌다/전

넘했다.)
  b. He hurls himself at learning a new song.(그는 새로운 노래를 배우는데 전념한다.)

1.5. 다음은 자신을 내던져 공격한다.
(5) a. It's embarrassing the way he hurled himself at her.(그가 그녀를 공격하는 모습은 난처하다.)
  b. The dog hurled himself at the bear.(그 개는 몸을 내던져 곰을 공격했다.)

hurry

이 동사의 개념 바탕에는 서두르는 과정이 있다.

1. 자동사 용법

1.1. 다음 주어는 서두른다.
(1) a. Hurry up or we'll miss the plane.(서둘러라 그렇지 않으면 비행기를 놓칠 것이다.)
  b. You'd better hurry if you want to catch the plane.(당신이 비행기를 잡고 싶으면 서두르는 편이 낫다.)

1.2. 다음 주어는 서둘러서 부사가 가리키는 대로 움직인다.
(2) a. He hurried in/out/by/back/along/off.(그는 서둘러서 안으로/밖으로/곁으로/뒤로/따라/떠나갔다.)
  b. She hurried away without saying goodbye.(그녀는 작별 인사도 안하고 서둘러 떠나갔다.)

1.3. 다음 주어는 서둘러서 전치사가 가리키는 대로 이동한다.
(3) a. He hurried across the yard.(그는 마당을 지나 서둘러 갔다.)
  b. He hurried into his clothes.(그는 옷을 서둘러 벗었다.)
  c. He hurried over his breakfast.(그는 서둘러 아침을 먹었다.)

1.4. 다음 주어는 서둘러서 부정사가 가리키는 일을 한다.
(4) a. He hurried to catch the bus.(그는 버스를 잡기 위해 서둘렀다.)
  b. She hurried to help him when he fell.(그가 떨어지자 그녀는 그를 서둘러 도왔다.)

2. 타동사 용법

2.1. 다음 주어는 목적어를 서둘러서 한다.
(5) a. He hurried dinner.(그는 저녁을 서둘렀다.)
  b. Don't hurry your food.(너의 음식을 서둘러 먹지 마라.)

2.2. 다음 주어는 목적어를 재촉한다.
(6) a. I don't want to hurry you, but we close in ten minutes.(나는 너를 재촉하고 싶지는 않지만, 10분 후면 문을 닫는다.)
  b. I hate to hurry you, but I have to leave now.(나는 너를 재촉하고 싶지는 않지만, 지금 떠나야만 한다.)
  c. Cultural exchange can hurry the development of world understanding.(문화 교환은 세계 이해의 발전을 촉진할 수 있다.)

2.3. 다음 주어는 목적어를 재촉해서 전치사가 가리키

는 대로 움직이게 한다.
(7) a. The rider hurried the horse back to the barn.(기수는 말을 재촉해서 마굿간으로 되돌아갔다.)
  b. The teacher hurried the students through the lesson.(선생님은 그 학생들을 재촉해서 수업을 진행했다.)
  c. We hurried him to the hospital.(우리는 그를 재촉해서 병원으로 데리고 갔다.)
  d. The outfielder hurried his throw to first base.(그 외야수는 공을 서둘러 일루로 던졌다.)

2.4. 다음 주어는 목적어를 서둘러서 한다.
(8) a. He hurried up his homework.(그는 숙제를 서둘러 했다.)
  b. I want you to hurry up your report.(나는 네가 보고서를 서둘러 했으면 한다.)

2.5. 다음은 수동태 문장으로 주어는 서둘러서 처리된다.
(9) a. Her application was hurried through.(그녀의 지원서는 서둘러 처리됐다.)
  b. A good meal should never be hurried.(좋은 식사는 서둘러 먹어서는 안 된다.)
  c. Emergency supplies were hurried through to the area worst bit by the famine.(비상 공급품이 기아로 가장 심하게 고통받는 지역에 서둘러 보내졌다.)

2.6. 다음은 수동태 문장으로 주어는 서둘러서 어떤 일을 하게 된다.
(10) a. She was hurried into making an unwise choice.(그녀는 너무 쫓겨서 현명하지 못한 선택을 했다.)
  b. They were hurried into decision.(그들은 서둘러서 결정을 하게 되었다.)

2.7. 다음 주어는 서둘러서 목적어를 쓰거나 벗는다.
(11) He hurried on/off his hat.(그는 서둘러 모자를 썼다/벗었다.)

hurt

이 동사의 개념 바탕에는 다치는 과정이 있다.

1. 타동사 용법

1.1. 다음 주어는 목적어를 다치게 한다.
(1) a. Falling off the curb hurt Joe's foot.(그 연석에서 떨어져서 조는 발을 다쳤다.)
  b. That fall hurt his leg.(그는 떨어져서 다리가 다쳤다.)
  c. It hurts the eyes to look at the sun.(태양을 보면, 눈을 다친다.)
  d. Hard work never hurts anyone.(고된 일이 어느 누구도 다치게는 하지 않는다.)

1.2. 상처를 입으면 아프다. 다음 주어는 목적어를 아프게 한다.
(2) a. The tight shoes hurt him.(꽉 끼는 신발이 그를 아프게 한다.)
  b. The old wound still hurts him.(오래된 상처가 그를 아직도 아프게 한다.)
  c. The wound hurts me badly.(그 상처가 나를 심하게 아프게 한다.)

1.3. 다음은 수동태 문장으로 주어는 다친다.

(3) a. She was **hurt** by her friend's cruel words.(그녀는 잔혹한 말로 상처를 입었다.)

 b. The plant was **hurt** by the frost.(그 식물은 서리 때문에 손상되었다.)

1.4. 다음 주어는 환유적으로 쓰여서 마음을 가리킨다. 주어는 목적어를 아프게 한다.

(4) a. It **hurt** him to think of it.(그것에 대해 생각하는 것은 그의 감정을 상하게 했다.)

 b. These allegations have seriously **hurt** her reputation.(이 근거없는 주장들은 그녀의 명예를 심하게 손상시켰다.)

 c. The reports/lies **hurt** his reputation.(그 보도들/거짓말은 그의 명예를 손상시켰다.)

 d. Their criticisms have **hurt** him badly.(그들의 비판은 그의 감정을 심하게 상하게 했다.)

1.5. 다음 주어는 부정사를 가리킨다. 주어는 목적어를 해롭게 한다.

(5) a. It won't **hurt** you to get up early for once.(한번 정도 일찍 일어나는 것이 네게 그렇게 해롭지는 않을 것이다.)

 b. It wouldn't **hurt** you to work late just once.(한번 정도 늦게까지 일하는 것이 네게 손해가 되는 않을 것이다.)

 c. It won't **hurt** if we don't go.(우리가 가지 않는다 해도 손해가 되는 않을 것이다.)

 d. It wouldn't **hurt** you to be a bit more serious.(더 진지해 지는 것이 네게 손해가 되는 않을 것이다.)

1.6. 다음 주어는 부정사를 가리킨다.

(6) a. It never **hurts** to check the flight schedule before you go to the airport.(네가 공항에 가기 전에 비행기 예약을 확인하는 것이 손해가 되지는 않을 것이다.)

 b. It really won't **hurt** to wait a few more minutes.(몇 분 더 기다리는 것이 절대로 네게 손해가 되지는 않을 것이다.)

 c. It won't **hurt** to postpone it for a few days.(그것을 며칠 미룬다고 해도 손해가 되지는 않을 것이다.)

1.7. 기회, 능력, 희망 등은 추상적 개체이지만, 구체적인 개체로 개념화되어 상처를 입을 수 있는 것으로 표현된다. 상처를 입으면 기회, 능력, 희망 등이 줄어든다. 주어는 목적어를 상하게 한다.

(7) a. News of scandal **hurt** his chances of winning the election.(스캔들 소식은 그가 선거에 이길 가능성에 손상을 주었다.)

 b. The politician's offensive words **hurt** his reelection hopes.(그 정치가의 공격적 발언은 재선 기대에 손상을 주었다.)

 c. Losing today **hurts** our chances for winning the championship.(오늘 진 것이 그 선수권 대회에서 우리가 이길 기회에 타격을 준다.)

 d. They may fear **hurting** their husbands' careers.(그들은 남편의 출세에 손상을 줄까 두려워할지도 모른다.)

 e. Tom's jealousy **hurt** his ability to reason.(탐의 질투는 그의 논리적 판단력에 손상을 주었다.)

 f. The stain can't **hurt** this fabric.(그 얼룩이 이 천을 망치지는 않는다.)

1.8. 다음은 수동태 문장이다. 주어는 물리적으로나 정신적으로 상처를 입는다.

(8) a. Several people were badly **hurt** in the explosion.(몇몇 사람이 그 폭발로 중상을 입었다.)

 b. She was **hurt** to find that no one admired her performance.(그녀는 어느 누구도 그녀의 공연에 감탄하지 않았다는 것을 알고 감정이 상했다.)

 c. A lot of businesses are being **hurt** by the current high interest rates.(많은 사업체가 최근 높은 금리로 타격을 받고 있다.)

 d. A lot of companies will be **hurt** by this new tax law.(많은 회사들이 이 새 세법으로 타격을 받을 것이다.)

1.9. 다음 목적어는 사람이나 신체 부위이다. 주어는 비의도적으로 목적어를 다치게 한다.

(9) a. Did I **hurt** you?(내가 너를 아프게 했니?)

 b. I've never deliberately **hurt** anyone.(나는 한번도 고의로 다른 사람을 다치게 한 적이 없다.)

 c. How did you **hurt** your finger?(어떻게 하다가 손가락이 다쳤니?)

 d. I **hurt** my hand on the broken glass.(나는 손을 깨진 유리에 다쳤다.)

 e. Picking up the box, Sue **hurt** her back.(그 상자를 집어들다가, 수는 허리를 다쳤다.)

 f. David **hurt** his hand when he accidentally slammed the door on it.(데이비드는 어쩌다 문을 손에 치는 바람에 손을 다쳤다.)

 g. He **hurt** himself long ago.(그는 오래 전에 다쳤다.)

1.10. 다음 주어는 목적어를 다치게 한다. 목적어는 감정이다.

(10) a. He **hurt** her feelings by ignoring her.(그는 그녀를 무시해서 그녀를 불쾌하게 만들었다.)

 b. He didn't want to **hurt** her feelings.(그는 그녀의 감정을 상하게 하기를 원하지 않았다.)

 c. She **hurt** his feelings with those unkind remarks.(그녀는 그런 불친절한 말로 기분을 상하게 했다.)

 d. You really **hurt** me when you said I was selfish.(네가 나를 이기적이라고 말했을 때, 너는 정말로 내 감정을 상하게 했다.)

2. 자동사 용법

2.1. 다음의 주어는 상처를 입거나 아픔을 겪는다.

(11) a. After the accident, the driver **hurt** all over.(사고 후에 운전수는 전신에 상처를 입었다.)

 b. Since I've been taking this medicine, I don't **hurt** anymore.(나는 이 약을 복용한 이후, 더 이상 아프지 않는다.)

 c. My back still **hurts**.(내 등은 여전히 아프다.)

 d. My leg was beginning to **hurt**.(내 다리가 아프기 시작했다.)

 e. My tooth **hurts**.(내 이빨이 아프다.)

2.2. 다음의 주어는 상처를 준다.

(12) a. Have another drink ――one more won't **hurt**.(한 잔 더 해라. 한잔 더 하는 것이 해롭지는 않을 것이다.)

b. The blow to her pride really hurts.(그녀의 자존심에 준 타격이 정말로 고통을 준다.)

c. It hurts when he doesn't cooperate.(그가 협조하지 않을 때 괴롭다.)

d. Stop! You're hurting.(그만해! 네가 지금 상처를 주고 있어)

2.3. 다음 주어는 고통을 받는다.

(13) a. I'm lonely and I am hurting.(나는 외롭고 고통스럽다.)

b. Our department is hurting for competent faculty members right now.(우리 부서는 지금 유능한 임직원이 필요한 상태이다.)

c. They are still hurting from the effects of the famine.(그들은 기근의 영향으로 여전히 고통스럽다.)

d. They still hurt from the money they lost in the stock market.(그들은 증권 시장에서 잃은 돈 때문에 여전히 손해를 보고 있다.)

hush

이 동사의 개념 바탕에는 조용하게 입을 다무는 과정이 있다.

1. 자동사 용법
1.1. 다음 주어는 입을 다문다.
(1) a. Hush now and try to sleep.(이제 입을 다물고 자려고 해 봐라.)

b. The students hushed and looked at the teacher.(학생들은 입을 다물고 선생님을 바라봤다.)

2. 타동사 용법
2.1. 다음 주어는 목적어를 입을 다물게 한다.
(2) a. We hushed the children when the play began.(우리는 그 연극이 시작되었을 때 아이들의 입을 다물게 했다.)

b. The teacher's angry look hushed the noisy children.(선생님의 화난 표정은 떠드는 그 아이들을 입을 다물게 했다.)

2.2. 다음 주어는 목적어를 조용하게 해서 부정사가 가리키는 일을 하게 한다.
(3) She hushed the baby to sleep.(그녀는 아이를 입을 다물게 하여 잠이 들게 했다.)

2.3. 다음 주어는 목적어를 입막음한다.
(4) a. The government tried to hush up the scandal.(정부는 그 추문을 입막음하려고 했다.)

b. The mayor tried to hush up news of the city's scandal.(시장은 그 도시의 추문에 관한 소식을 입막음하려고 했다.)

2.4. 다음은 수동태 문장으로 주어는 입막음이 된다.
(5) a. The whole affair was hushed up by the city council.(일 전체는 그 시의회에 의해 입막음이 되었다.)

b. The scandal was hushed up.(스캔들은 입막음되었다.)

husk

이 동사의 개념 바탕에는 껍질을 까는 과정이 있다.

1. 타동사 용법
1.1. 다음 주어는 목적어를 깐다.
(1) a. He husked the corn.(그는 옥수수 껍질을 벗겼다.)

b. He husked the ears of corn before cooking them.(그는 옥수수를 요리하기 전에 그것을 벗겼다.)

hustle

이 동사의 개념 바탕에는 거칠게 움직이는 과정이 있다.

1. 타동사 용법
1.1. 다음 주어는 서두른다.
(1) a. We need to hustle to get the job done.(우리는 일을 끝내기 위해 서두를 필요가 있다.)

b. As dusk approached, the hikers hustled.(어스름이 밀려오자 도보 여행객들은 서둘렀다.)

1.2. 다음 주어는 거칠게 움직인다.
(2) a. He hustled off to work.(그는 바쁘게 일터로 떠났다.)

b. He hustled through the streets.(그는 거리를 거칠게 지나갔다.)

c. I hustled over to my friend's.(나는 내 친구의 집으로 바쁘게 갔다.)

d. He hustled up/through his work.(그는 일을 서둘러서 밀고 나갔다.)

2. 타동사 용법
2.1. 다음 주어는 목적어를 무리하게 어떤 상태에 들어가게 한다.
(3) a. He hustled me into a decision.(그는 나를 무리하게 결정을 하도록 했다.)

b. The car dealer hustled us into a bad deal.(자동차 판매자는 우리를 좋지 않은 거래에 무리하게 이끌었다.)

2.2. 다음 주어는 목적어를 서둘러 이동시킨다.
(4) a. The crowd hustled her along the street.(관중들은 그녀를 거리를 따라 밀고 갔다.)

b. In the rain, Joan hustled her groceries from the car to the house.(비 속에서 조앤은 장 본 물건을 그 집에서 그 차로 급하게 이동했다.)

c. He hustled the visitors out of the hall.(그는 그 방문객들을 그 홀 밖으로 밀었다.)

d. He hustled her out of the house.(그는 그녀를 거칠게 밀어 집 밖으로 나가게 했다.)

e. She hustled the kids to school(그녀는 아이들을 학교로 급하게 보냈다.)

2.3. 다음 주어는 목적어를 불법적으로 판다.
(5) a. David hustled encyclopedias to pay for his college tuition.(데이비드는 대학교 등록금을 내기 위해 백과사전을 팔았다.)

b. He hustled stolen cars for a living.(그는 생계유지를 위해 도난 차를 팔았다.)

c. He **hustles** drugs on the streets.(그는 마약을 길거리에서 판다.)

2.4. 다음 주어는 목적어를 사취한다.

(6) a. He **hustled** money **from** an unsuspecting tourists. (그는 수상히 여기지 않는 관광객에게 돈을 갈취했다.)

b. He **hustled** a meal.(그는 식사를 구걸했다.)

c. At 20, he managed to **hustle** a recording deal.(20세에 그는 음반 계약을 따냈다.)

hype

이 동사의 개념 바탕에는 과대 선전하는 과정이 있다.

1. 타동사 용법

1.1. 다음 주어는 목적어를 과대 선전한다.

(1) a. The record company **hyped** the new album for months.(레코드 회사는 그 앨범을 여러 달 동안 과대 선전했다.)

b. The White House **hyped** the president's speech on taxes.(백악관은 세금에 대한 대통령의 연설을 과대 선전했다.)

1.2. 다음은 수동태 문장으로 주어는 과대 선전된다.

(2) a. The meeting was **hyped** in the media as an important event.(그 회의는 그 매체에서 중요한 행사로 과대 선전되었다.)

b. The car was **hyped** as America's answer to foreign imports.(그 차는 미국의 외국 수입차에 대한 대응으로 과대 선전되었다.)

1.3. 다음 주어는 목적어를 자극시킨다.

(3) a. The injection **hyped up** the patient.(주사는 환자를 자극시켰다.)

b. The prospect of making money **hyped up** my friend.(돈을 벌 전망이 내 친구를 자극시켰다.)

1.4. 다음은 수동태 문장으로 주어는 흥분된다.

(4) The kids were all **hyped** about going to the park. (아이들은 공원에 가는 것에 대해 모두 흥분되었다.)

ℐ i

ice

이 동사의 개념 바탕에는 ice의 명사 '얼음'이 있다. 동사의 의미는 얼음의 성질이나 쓰임과 관계가 있다.

1. 자동사 용법
1.1. 다음 주어는 얼음으로 덮인다.
(1) a. The airport runway iced over.(그 활주로는 얼음으로 뒤덮였다.)
   b. The lake/the pond iced over during the night.(그 호수/연못은 밤 동안에 얼음으로 뒤덮였다.)

1.2. 다음 주어는 완전히 얼어붙는다.
(2) a. The plane engine iced up.(그 비행기 엔진은 완전히 얼어 붙었다.)
   b. The windscreen iced up.(그 바람막이는 완전히 얼어 붙었다.)
   c. When it is cold, the wings of an airplane iced.(추워졌을 때, 비행기 날개들은 완전히 얼었다.)
   d. The windows in the house are icing up in the winter cold.(그 집의 창문들은 겨울 추위에 완전히 얼어 붙고 있다.)

2. 타동사 용법
2.1. 다음 주어는 얼음으로 목적어를 차게 한다.
(3) a. Harry iced down a bottle of wine to celebrate my graduation.(해리는 나의 졸업을 축하해 주기 위하여 와인 병 한 병을 차게 했다.)
   b. Dick iced down his sore shoulder after the game.(딕은 아픈 어깨를 시합 후에 얼음으로 찜질을 하였다.)
   c. Ice the area of the sprain with ice pack.(그 삔 그 부위를 얼음 팩으로 차게 하십시오.)
   d. He iced the wine.(그는 그 포도주를 차게 하였다.)
   e. The hostess iced the champaign.(주인은 그 샴페인을 차게 했다.)

2.2. 다음 주어는 목적어를 당의로 입힌다.
(4) a. She iced the cake.(그녀는 케이크를 당의로 입혔다.)
   b. She iced the cupcakes with chocolate.(그녀는 컵케이크를 쵸콜릿으로 입혔다.)

2.3. 다음 주어는 목적어를 얼음으로 덮히게 한다.
(5) The cold iced up the windshield.(추위는 그 바람막이 유리를 완전히 얼게 했다.)

2.4. 다음은 수동태 문장으로 주어는 얼음이 덮힌다.
(6) a. The lake was iced over by morning.(호수는 전체가 아침에 얼었다.)
   b. The roads were all iced over.(그 도로들이 얼음으로 뒤덮였다.)

2.5. 다음 주어는 목적어를 완전히 패배시킨다.
(7) Ken iced the game in the final five seconds by scoring two free scores.(켄은 경기의 승리를 결승 5초 전에 2점의 프리 스코어를 얻음으로써 확실하게 했다.)

idealize

이 동사의 개념 바탕에는 이상적인 것으로/완전한 것으로 생각하는 과정이 있다.

1. 타동사 용법
1.1. 다음 주어는 목적어를 이상화한다.
(1) a. He idealized his successful mother.(그가 성공한 어머니를 이상화했다.)
   b. He idealizes his parents as a perfect couple.(그는 부모님을 완전한 부부로 이상화시킨다.)
   c. Boys often idealize their fathers.(소년들은 종종 자신들의 아버지를 이상화한다.)
   d. It is tempting to idealize the past.(과거를 이상화하기는 매혹적이다.)
   e. He idealizes his job even though it isn't perfect.(그는 일이 완벽하지 않지만 그것을 이상화한다.)

identify

이 동사의 개념 바탕에는 식별하는 과정이 있다.

1. 타동사 용법
1.1. 다음 주어는 목적어를 전치사 as의 목적어로 식별한다.
(1) a. He identified the car as that of his son.(그는 그 차를 아들의 것으로 확인했다.)
   b. The policeman identified him as the murderer.(경찰은 그를 살인자로 확인했다.)
   c. We managed to identify the piece of bone as part of the lower jaw.(우리는 가까스로 그 뼛조각을 아래턱의 일부로 식별해냈다.)
   d. We identified the bird as a thrush.(우리는 그 새를 개똥지빠귀로 식별했다.)
   e. She identified the bag as hers.(그녀는 그 가방을 자신의 것으로 식별했다.)

1.2. 다음은 수동태 문장으로 주어는 전치사 as의 목적어로 식별된다.
(2) The robber is identified as John Smith by his fingerprints.(그 강도는 존 스미스를 지문으로 밝혀졌다.)

1.3. 다음 주어는 목적어를 전치사 as 의 목적어로 식별한다. 주어는 개체이다.
(3) a. His passport identified him as John Thomas.(여권은 그를 존 토마스로 확인했다.)
   b. His accent identifies him as an Italian.(말투는 그를 이탈리아 사람으로 식별한다.)

1.4. 다음의 목적어는 재귀대명사이다. 주어는 자신을 전치사 with의 목적어와 동일시한다.
(4) a. She identified herself with the heroine.(그녀는 자신을 그 여주인공과 동일시했다.)
   b. He identifies wealth with success.(그는 부를 성공과 동일시한다.)

1

c. He **identifies** himself **with** the middle class.(그는 스스로를 중산층이라고 생각한다.)

d. Children learn to **identify** objects **with** words.(아이들은 사물을 낱말과 동일시하게 된다.)

e. Don't **identify** appearance **with** reality.(현상을 실체와 동일시하지 마라.)

f. He **identifies** his interest **with** those of others.(그는 자신의 이익을 남의 이익과 동일시한다.)

g. The voters **identified** the vice-president **with** the old regime.(그 유권자들은 그 부통령을 구정권과 동일시했다.)

h. He **identifies** beauty **with** goodness.(그는 미와 선을 동일시한다.)

1.5. 다음 주어는 목적어를 전치사 with의 목적어와 연관을 가지게 한다.

(5) a. He **identifies** himself **with** the political party.(그는 그 정당과 행동을 같이 한다.)

b. She **identified** herself **with** the movement for peace.(그녀는 자신을 그 평화 운동에 동참시켰다.)

1.6. 다음은 수동태 문장으로 주어는 동일시되는 개체이다.

(6) a. In the public's mind, the name Jaguar is still **identified with** the quality and excellence in motor cars.(대중의 마음 속에는 재규어라는 이름은 여전히 자동차의 품질과 우수성과 동일시된다.)

b. Wealth is sometimes **identified with** happiness.(부는 때때로 행복과 동일시된다.)

c. The senator is **identified with** the big company.(그 상원 의원은 그 대기업과 동일시된다.)

d. I don't want to be **identified with** that religion.(나는 그 종교와 관련되고 싶지 않다.)

e. The economist is **identified with** conservative political groups.(그 경제학자는 보수 정파와 연관되어 있다.)

1.7. 다음 주어는 목적어를 식별한다.

(7) a. The police soon **identified** the criminal.(경찰은 그 범인을 곧 식별했다.)

b. She was able to **identify** her attacker.(그녀는 자신을 공격한 사람을 식별할 수 있었다.)

c. You can **identify** me by the red shirt I'll be wearing.(너는 내가 입고 있는 빨간 셔츠로 나를 식별할 수 있다.)

d. They have not **identified** a buyer for the company.(그들은 그 회사의 구매자를 알아보지 못했다.)

e. You can easily **identify** Bill because he is very tall.(빌은 키가 아주 크기 때문에 너는 그를 쉽게 알아볼 수 있다.)

1.8. 다음 주어는 목적어를 식별시킨다.

(8) a. I **identified** my wallet by asking what was in it.(나는 내 안에 뭐가 들었는지 물어보고서 내 지갑임을 알았다.)

b. Passengers were asked to **identify** their own suitcases before they were put on the plane.(승객들은 비행기에 짐이 실리기 전에 자신의 짐을 식별하도록 요청을 받았다.)

c. We must **identify** the problem areas.(우리는 그 문제 지역을 식별해야 한다.)

d. How can I **identify** you?(어떻게 내가 당신을 식별할 수 있을까요?)

e. Scientists have **identified** the gene that causes abnormal growth.(과학자들은 비정상적인 성장을 유발하는 유전자를 식별했다.)

f. Scientists have **identified** a link between diet and cancer.(과학자들은 식사와 암 사이의 고리를 식별했다.)

g. The paper **identifies** three main important factors in economic depressions.(그 논문은 경기 침체의 세 가지 주 요인을 식별한다.)

h. Can you **identify** this handwriting?(당신은 이 글씨를 식별할 수 있습니까?)

i. The children **identified** the bird from its picture in the book.(그 아이들은 그 새를 책 속의 그림으로부터 식별했다.)

j. The doctor **identified** the disease that made me sick.(그 의사는 나를 아프게 하는 질병을 식별했다.)

1.9. 다음 주어는 그 자체가 목적어를 식별한다.

(9) a. Her birthmark **identified** her.(그녀의 점이 그녀를 식별했다.)

b. The teeth **identified** the skull.(그 치아로 두개골을 식별했다.)

1.10. 다음은 수동태 문장으로 주어는 식별된다.

(10) a. The body was **identified** by the clothing.(사체는 옷에 의해 식별되었다.)

b. She was **identified** by a scar on her forehead.(그녀는 이마 위의 상처로 식별되었다.)

2. 자동사 용법

2.1. 다음 주어는 자신을 전치사 with의 목적어와 같게 본다.

(11) a. Who did you **identify with** in the film?(너는 그 영화 속의 누구와 동일시 되었습니까?)

b. Susan studied law because she **identified with** her aunt who is a prominent lawyer.(수잔은 자신을 특출한 변호사인 숙모와 동일시했기 때문에 법학을 공부했다.)

c. The audience quickly **identified with** the character of the play.(청중은 빨리 그 연극의 등장 인물과 동일시했다.)

2.2. 다음 주어는 전치사 with의 목적어와 제휴한다.

(12) a. I began to **identify with** the cause.(나는 그 명분에 동조하기 시작했다.)

b. He **identifies** strongly **with** his grandfather.(그는 할아버지께 강하게 동조한다.)

idle

이 동사의 개념 바탕에는 할 일을 하지 않고 노는 과정이 있다.

1. 자동사 용법

1.1. 다음 주어는 빈둥거린다.

(1) a. On Sunday they just **idled** from morning till night. (주일마다 그들은 아침부터 밤까지 빈둥거렸다.)

b. He **idled** around the house all morning.(그는 집 주위에서 온 아침을 빈둥거렸다.)

c. The old men **idled** in the park.(그 노인들은 공원에서 빈둥거렸다.)

1.2. 다음 주어는 움직이지 않는다.

(2) a. The car **idled** at the red light.(그 차는 빨간 불에 엔진만 돌아갔다.)

b. The car engine is **idling**.(그 차 엔진이 공회전 하고 있다.)

1.3. 다음 주어는 빈둥거리면서 다닌다.

(3) a. They **idled** along by the river.(그들은 강을 따라 빈둥거렸다.)

b. He **idled** along the sidewalk.(그는 보도를 빈둥거리며 걸었다.)

2. 타동사 용법

1.4. 다음 주어는 빈둥거리며 시간을 보낸다.

(4) a. He is **idling** away his time.(그는 빈둥거리면서 시간을 보내고 있다.)

b. We **idled** away the hours.(우리는 빈둥거리면서 시간을 보냈다.)

1.5. 다음 주어는 목적어를 놀린다.

(5) a. The driver **idled** his car's engine.(그 운전사는 엔진을 공회전 시켰다.)

b. The strike **idled** many workers/the buses.(그 파업은 많은 노동자/그 버스들을 놀리고 있다.)

c. The management announced that it would **idle** the assembly line.(그 경영자는 조립 라인을 놀리겠다고 알렸다.)

ignite

이 동사의 개념 바탕에는 불이 붙는 (점화되는) 과정이 있다.

1. 자동사 용법

1.1. 다음 주어는 불이 붙는다.

(1) a. Gasoline will **ignite** when the spark is fired.(가솔린은 스파크가 일어나면 불이 붙는다.)

b. Wet logs do not **ignite** easily.(젖은 통나무는 쉽게 불이 붙지 않는다.)

c. The wooden building **ignited** easily.(나무 건물은 쉽게 불이 붙었다.)

2. 타동사 용법

2.1. 다음 주어는 목적어를 불을 붙인다.

(2) a. They **ignited** the bonfire.(그들은 화톳불을 점화시켰다.)

b. Flames melted the lead pipe and **ignited** the leaking gas.(불꽃은 그 연관을 녹여서 새어나오는 가스를 점화시켰다.).

c. A lightning **ignited** the forest fire.(벼락이 그 숲에 불을 붙였다.)

e. Hot coals **ignited** the logs.(뜨거운 석탄들이 그 통나무에 불을 붙였다.)

2.2. 다음은 [화는 불] 은유가 적용된 표현이다.

(3) His words **ignited** their anger.(그의 말이 그들의 화를 불을 붙였다.)

ignore

이 동사의 개념 바탕에는 무시하는 과정이 있다.

1. 타동사 용법

1.1. 다음 주어는 목적어를 무시한다.

(1) a. She **ignored** him and carried on with her work.(그녀는 그를 무시하고 자기의 일을 계속했다.)

b. She **ignored** her former boyfriend.(그녀는 예전의 남자친구를 무시했다.)

c. We told him to **ignore** her insulting remarks.(우리는 그녀의 모욕적인 발언을 무시하라고 그에게 말했다.)

d. We cannot afford to **ignore** their advice.(우리는 그들의 충고를 무시할 수 없다.)

e. I **ignored** the loud noises from the street.(나는 길거리에서 나는 그 시끄러운 소리를 무시했다.)

f. He **ignored** all the signs.(그는 모든 신호를 무시했다.)

g. She **ignored** my spelling mistakes.(그녀는 나의 철자 실수를 무시했다.)

illuminate

이 동사의 개념 바탕에는 밝히는 과정이 있다.

1. 타동사 용법

1.1. 다음 주어는 목적어를 밝힌다.

(1) a. The full moon **illuminated** the night sky.(보름달은 밤하늘을 밝혔다.)

b. A small candle **illuminated** a small room.(작은 촛불이 작은 방을 밝혔다.)

1.2. 다음은 수동태 문장으로 주어는 밝게 된다.

(2) a. The streets were well **illuminated**.(그 길은 조명이 잘 되어 있었다.)

b. The earth is **illuminated** by the sun.(지구는 태양에 의해 밝게 된다.)

1.3. 이 표현은 [앎은 빛] 은유가 적용된 예이다. 주어는 목적어를 이해할 수 있게 한다.

(3) a. He **illuminated** many difficult points.(그는 많은 어려운 요지들을 해명했다.)

b. This text **illuminates** the philosopher's early thinking.(이 교재는 그 철학자의 초기 생각을 이해할 수 있게 한다.)

c. A few examples **illuminated** the professor's idea. (몇 개의 예들이 그 교수의 생각을 이해할 수 있게 했다.)

d. Could you **illuminate** your theory with a little more explanation?(너의 이론을 더 많은 설명으로 해명할 수 있게 해 주겠니?)

1.4. 다음 주어는 정신적으로 목적어를 밝게 한다.

(4) Her smile **illuminated** her entire being.(미소가 그녀 존재를 밝게 했다.)

1.5. 다음 주어는 목적어를 색깔, 그림 등으로 장식한다.

(5) a. We do not know how many artists **illuminated** the book.(우리는 얼마나 많은 예술가들이 그 책을 그림으로 장식했는지 알지 못한다.)

b. The pages of the old book is **illuminated**.(그 고서의 페이지는 장식이 되어 있다.)

imagine

이 동사의 개념 바탕에는 상상하는 과정이 있다.

1. 타동사 용법

1.1. 다음 주어는 목적어를 상상한다.

(1) a. You can **imagine** my surprise when they told me the news.(그들이 나에게 그 소식을 말했을 때 너는 나의 놀라움을 상상할 수 있을 것이다.)

b. You cannot **imagine** his success.(너는 그의 성공을 상상할 수 없다.)

c. There's no one at the door. You are just **imagining** things.(문에는 아무도 없었다. 너는 그것들을 상상하고 있을 뿐이다.)

d. I can **imagine** the scene quite clearly.(나는 그 장면을 매우 뚜렷하게 상상할 수 있다.)

e. There's nobody following us--you are **imagining** it.(우리를 따라오는 사람은 아무도 없다. 너는 그것을 상상하고 있을 뿐이다.)

1.2. 다음 주어는 목적어를 어떤 장소나 상태에 있음을 상상한다.

(2) a. I **imagine** myself on the top of Mt. Hanla.(나는 한라산 정상에 있는 것을 상상합니다.)

b. Can you **imagine** Bill in suit and tie?(당신은 빌이 정장을 입고 넥타이한 것을 상상할 수 있습니까?)

1.3. 다음 주어는 목적어가 어떤 일을 하는 것을 상상한다.

(3) a. Can you **imagine** their doing such a thing?(당신은 그들이 그런 것을 하는 것을 상상할 수 있습니까?)

b. She **imagined** herself sitting in her armchair.(그녀는 안락 의자에 앉아 있는 자신의 모습을 상상했다.)

c. Can you **imagine** Bill cooking the dinner?(당신은 빌이 저녁 요리를 하는 것을 상상할 수 있습니까?)

d. It's hard to **imagine** living in a place where there is no car.(차가 없는 곳에서 사는 것을 상상하기는 힘들다.)

1.4. 다음 주어는 목적어를 as의 목적어로 상상한다.

(4) a. She likes to **imagine** herself as a princess.(그녀는 자신이 공주라고 상상하는 것을 좋아한다.)

b. I always **imagined** him as a kind teacher.(나는 항상 그가 친절한 선생님이라고 상상한다.)

1.5. 다음 의문사가 이끄는 절은 주어가 상상하는 내용이다.

(5) a. I can't **imagine what** he is doing.(나는 그가 무엇을 하고 있는지 상상할 수 없다.)

b. I can't **imagine what** he wants from us.(나는 그가

우리로부터 원하는 것을 상상할 수 없다.)

c. She **imagined what** it would be like to be rich and famous.(그녀는 부유하고 유명해지는 것을 상상했다.)

d. I can't **imagine how** hard he works.(나는 그가 얼마나 힘들게 일했는지 상상할 수 없다.)

1.6. 다음 that-절은 주어가 상상하는 내용이다.

(6) a. I **imagine that** he will come soon.(나는 그가 곧 돌아올 것이라고 상상한다.)

b. I **imagine** she was pretty annoyed.(나는 그녀가 화가 났을 것이라고 상상한다.)

c. Children often **imagine that** they are wolves.(아이들은 종종 자신들이 늑대라고 상상한다.)

d. I can easily **imagine that** she will become a good actor.(나는 그녀가 훌륭한 의사가 될 것이라고 쉽게 상상할 수 있다.)

e. Try to **imagine that** you are all alone on a desert island.(당신이 무인도에 홀로 있다고 상상해 보시오.)

imbibe

이 동사의 개념 바탕에는 빨아들이는 과정이 있다.

1. 자동사 용법

1.1. 다음 주어는 마신다.

(1) It is too early to be **imbibing**.(술을 마시기에는 너무 이르다.)

2. 타동사 용법

2.1. 다음 주어는 목적어를 마신다.

(2) a. He is **imbibing** some beer.(그는 맥주를 좀 마시고 있다.)

b. Grandpa **imbibes** a lot of wine every night.(할아버지가 매일 밤 다량의 와인을 마신다.)

c. The roots of a plant **imbibes** moisture from the ground.(나무 뿌리는 습기를 땅에서 빨아들인다.)

d. Thirsty plants **imbibed** moisture through their roots.(목마른 식물들은 습기를 뿌리를 통해 빨아들였다.)

2.2. 다음은 [생각은 음식] 은유가 적용된 표현이다.

(3) a. He went to India to **imbibe** new ideas.(그는 새 생각들을 흡수하기 위해 인도에 갔다.)

b. He **imbibed** the sermon.(그는 그 설교를 흡수했다.)

c. A student **imbibes** a great deal of knowledge during a school term.(학생은 방대한 양의 지식을 한 학기 중에 흡수한다.)

imitate

이 동사의 개념 바탕에는 흉내를 내는 과정이 있다.

1. 타동사 용법

1.1. 다음 주어는 목적어를 흉내낸다.

(1) a. Some comedians **imitate** celebrities and make fun

of them.(몇몇 코미디언은 명사들을 흉내내며 그들을 놀린다.)

b. Children imitate their parents.(아이들은 자신들의 부모를 흉내낸다.)

1.2. 다음 목적어는 말이나 행동이다.
(2) a. She imitates her father/her father's speech.(그녀는 아버지의 행동/말을 모방한다.)

b. You should imitate her way of doing things.(당신은 그녀의 일하는 방법을 모방해야만 합니다.)

1.3. 다음 목적어는 소리이다.
(3) a. He could imitate the song of the bird.(그녀는 새의 노래를 흉내낼 수 있었다.)

b. Some birds imitate human speech.(몇몇 새들은 사람 말 소리를 흉내낸다.)

c. He imitated her high-pitched squeal.(그는 그녀의 고음의 소리를 모방했다.)

1.4. 다음 주어는 목적어를 모방한다.
(4) a. No computer can imitate the complex function of the human brain.(어느 컴퓨터도 인간의 복잡한 뇌의 기능을 모방할 수 없다.)

b. He imitated the picture of the artist.(그는 그 예술가의 그림을 모방했다.)

c. The glass is made to imitate a diamond.(그 유리는 다이아몬드를 모방하기 위하여 만들어진다.)

d. The manufacturer imitates the designs of a competitor.(그 제조자는 어느 경쟁사의 디자인을 모방한다.)

e. Art imitates nature.(예술은 자연을 모방한다.)

1.5. 다음은 수동태 문장으로 주어는 모방된다.
(5) Our methods have been imitated all over the world.(우리의 방법은 전 세계적으로 모방되었다.)

immerse
이 동사의 개념 바탕에는 물에 담그는 과정이 있다.

1. 타동사 용법
1.1. 다음 주어는 목적어를 물에 담근다.
(1) a. Do not immerse this coffee pot in water.(이 커피 주전자를 물에 담그지 말아라.)

b. She immersed the potatoes in boiling water.(그녀는 감자를 끓는 물에 담갔다.)

c. I immersed your feet in cold water.(나는 네 발을 찬 물에 담갔다.)

1.2. 다음 목적어는 재귀대명사이다. 주어는 자신을 전치사 in의 목적어에 잠기게 한다. 즉 몰입한다.
(2) a. He immersed himself in a hot bath.(그는 자신을 뜨거운 목욕통에 잠기게 했다.)

b. She immersed herself in her work.(그녀는 자신을 일에 몰입했다.)

c. He immersed himself in the movie.(그는 자신을 그 영화에 몰입시켰다.)

1.3. 다음은 수동태 문장으로 주어는 몰입된다.
(3) a. He is deeply immersed in his study.(그는 공부에 깊게 몰입해 있다.)

b. They were immersed in a conversation.(그들은 대화에 몰입되어 있었다.)

immigrate
이 동사의 개념 바탕에는 이민을 하는 과정이 있다.

1. 자동사 용법
1.1. 다음 주어는 이민해 들어간다.
(1) a. They immigrated into America.(그들은 미국으로 이주하였다.)

b. His grandfather immigrated to America from Korea.(그의 할아버지는 한국에서 미국으로 이주하였다.)

immobilize
이 동사의 개념 바탕에는 움직이지 못하게 하는 과정이 있다.

1. 타동사 용법
1.1. 다음 주어는 목적어를 움직이지 못하게 한다.
(1) a. The virus has immobilized around 5,000 computers linked to the Internet.(그 바이러스는 인터넷에 연결된 5천 개의 컴퓨터를 마비시켰다.)

b. The drug immobilized his legs.(그 약은 그녀의 다리를 움직이지 못하게 하였다.)

c. The police immobilized the protesters by surrounding them.(경찰은 그 항의자들을 둘러쌈으로써 움직이지 못하게 하였다.)

d. He immobilized the car by removing part of the engine.(그는 엔진의 일부를 제거함으로써 그 차를 움직이지 못하게 하였다.)

1.2. 다음은 수동태 문장으로 주어는 움직이지 못하게 된다.
(2) a. The company was immobilized by lack of finance.(그 회사는 재정 부족으로 정지되었다.)

b. My leg was immobilized in a plaster cast.(내 다리는 깁스에 의해 움직이지 못하게 되었다.)

immunize
이 동사의 개념 바탕에는 면역이 생기게 하는 과정이 있다.

1. 타동사 용법
1.1. 다음 주어는 목적어를 면역이 생기게 한다. 주어는 약이다.
(1) The vaccine immunized her against measles.(백신은 그녀에게 홍역에 면역이 생기게 했다.)

1.2. 다음 주어는 목적어를 면역이 생기게 한다.
(2) The doctor immunized the baby.(의사는 그 아기에게 면역이 생기게 했다.)

1.3. 다음은 수동태 문장으로 주어는 면역이 된다.
(3) a. All girls are routinely immunized against measles.(모든 소녀는 홍역에 정규적으로 면역이 된다.)

b. I have been immunized against typhoid.(나는 장티

푸스에 면역이 되어 있다.)

impact

이 동사의 개념 바탕에는 impact의 명사 '강한 충격'
이 있다.

1. 자동사 용법
1. 다음 주어는 전치사 on의 목적어에 영향을 준다.
(1) a. Increased demand will impact on sales.(증가된 수
    요가 판매에 영향을 줄 것이다.)
    b. Her father's death impacted greatly on her
    childhood days.(그녀 아버지의 죽음이 그녀의 어린
    시절에 크게 영향을 끼쳤다.)
    c. How will this program impact on the local
    community?(어떻게 이 프로그램은 그 지역 공동체
    에 영향을 줄 것인가?)

2. 타동사 용법
2.1. 다음 주어는 목적어를 영향을 준다.
(2) The decision may impact your whole career.(그 결
    정은 네 전체 경력을 영향을 줄지도 모른다.)
2.2. 다음 주어는 목적어를 충돌하여 닿는다.
(3) The rocket is designed to impact the planet
    Mars.(그 로켓은 화성을 닿도록 고안된다.)

impart

이 동사의 개념 바탕에는 나누어 주는 과정이 있다.

1. 타동사 용법
1.1. 다음 주어는 목적어를 전한다.
(1) a. Those spices impart a real sense of India to this
    food.(그 양념들은 인도의 진정한 감각을 이 음식에
    준다.)
    b. Oregano imparts a delicious flavor to the stew.(오
    레가노는 달콤한 맛을 스튜에 준다.)
1.2. 다음은 [지식은 개체] 은유가 적용된 예이다.
(2) a. He imparted the news/facts/skills.(그는 그 소식을
    /사실을/기술을 전했다.)
    b. Her vast knowledge of history imparts a special
    richness to her writing.(그녀의 방대한 역사 지식
    은 특별한 풍부함을 그녀의 글에 준다.)
    c. The witness imparted what he knew to the police.
    (그 목격자는 자신이 아는 것을 경찰에 전했다.)

impeach

이 동사의 개념 바탕에는 공직 기간 저지른 잘못을
비난하는 과정이 있다.

1. 타동사 용법
1.1. 다음 주어는 목적어를 문제 삼는다.
(1) a. He impeached her motives/character.(그는 그녀
    의 동기/성격을 비난했다.)
    b. They impeached her honesty.(그들은 그녀의 정

직을 문제 삼았다.)
    c. The scientist impeached the accuracy of the
    report.(그 과학자는 그 보고서의 정확성을 문제 삼
    았다.)
1.2. 다음 주어는 목적어를 탄핵한다.
(2) a. Congress impeached the president.(의회는 대통
    령을 탄핵했다.)
    b. The legislature impeached the governor for lying
    about his background.(입법부는 그 주지사를 자신
    의 배경에 관해 거짓말을 한 것에 대해 탄핵했다.)
    c. He impeached the politician of crime.(그는 그 정
    치가를 범죄 행위로 탄핵했다.)
    d. They impeached him with an error.(그들은 그를
    실수에 대해서 탄핵했다.)
1.3. 다음은 수동태 문장으로 주어는 탄핵된다.
(3) a. Several politicians were impeached for accepting
    bribes.(몇몇 정치인들은 뇌물을 받은 것에 대해 탄
    핵되었다.)
    b. The governor was impeached for wrongful use of
    state money.(그 주지사는 주 재정을 부정하게 사
    용한 것에 탄핵되었다.)

impel

이 동사의 개념 바탕에는 센 힘으로 미는 과정이 있
다.

1. 타동사 용법
1.1. 다음의 주어는 목적어를 민다.
(1) a. A strong current impelled the small boat toward
    the rocks.(강한 기류가 그 작은 보트를 암벽 쪽으로
    밀어붙였다.)
    b. The wheel acts to impel the shaft.(바퀴는 굴대를
    밀어내는 작용을 한다.)
    c. The wind and the tide impelled the ship to the
    shore.(바람과 조수는 그 배를 해안선으로 밀어냈
    다.)
1.2. 다음은 수동태 문장으로 주어는 밀린다.
(2) The ship was impelled by the wind and tide.(그 배
    는 바람과 조수에 의하여 밀려 나갔다.)
1.3. 다음 주어는 내적 힘이다. 주어는 목적어를 민다.
(3) a. Financial problems impelled the firm to cut its
    budget.(재정 문제들이 그 회사를 예산 삭감하게 했
    다.)
    b. There are various reasons that impel me to that
    conclusion.(나를 그 결론으로 이끈 다양한 이유가
    있다.)
    c. Hunger impelled the boy to steal.(배고픔은 그 소
    년을 도둑질을 하게 했다.)
    d. What impelled him to speak so rudely?(무엇이 그
    를 그처럼 무례하게 말을 하게 했을까?)
1.4. 다음은 수동태 문장으로 주어는 밀린다.
(4) a. I was so annoyed that I was impelled to write a
    letter to the newspaper.(나는 너무 화가 나서 신문
    에 편지 한 장을 쓰게 되었다.)
    b. I was impelled to greater efforts.(나는 더 많은 노

력을 하게 되었다.)

impersonate

이 동사의 개념 바탕에는 분장이나 목소리 등으로 남의 흉내를 내는 과정이 있다.

1. 타동사 용법

1.1. 다음 주어는 목적어를 흉내낸다.
(1) a. He tried to impersonate John Wayne.(그는 존 웨인을 흉내내려 했다.)
   b. He was arrested for impersonating a police officer.(그는 경관을 흉내낸 죄로 체포되었다.)
   c. When he impersonated the president, the audience laughed.(그가 대통령을 흉내냈을 때, 관객은 웃었다.)
   d. He was caught to impersonate a security guard.(그는 안전 경비원을 흉내내서 잡혔다.)
   e. I can impersonate my teacher.(나는 선생님을 흉내낼 수 있다.)

impinge

이 동사의 개념 바탕에는 부딪히는 과정이 있다.

1. 자동사 용법

1.1. 다음 주어는 on의 목적어에 부딪힌다.
(1) a. That fence impinges on our property(저 담장은 우리 재산을 침해한다.)
   b. Light rays impinge on the eye.(가벼운 광선이 우리 눈에 부딪힌다.)
   c. The sound of the trumpets impinged on their ear drums.(그 트럼펫 소리는 그들의 귀청에 부딪혔다.)

1.2. 다음 주어는 against의 목적어에 부딪힌다.
(2) The waves impinged against the rocks.(그 파도는 바위에 부딪혔다.)

1.3. 다음 on의 목적어는 추상적 개체이지만 구체적인 것으로 개념화되어 있다.
(3) a. He never allowed his work to impinge on his private life.(그는 자신의 일이 사생활에 영향을 주도록 허락하지 않았다.)
   b. Censorship impinges on our right of free speech.(검열은 우리의 언론 자유 권리에 저촉된다.)
   c. Gun control laws impinge on the right to bear arms.(총기 통제법은 무기 소지권에 저촉된다.)

implant

이 동사의 개념 바탕에는 박아 넣는 과정이 있다.

1. 타동사 용법

1.1. 다음 주어는 목적어를 박아 넣는다.
(1) a. The surgeon implanted a piece of bone.(그 외과 의사는 뼈를 이식했다.)
   b. The doctor implanted some nerve tissue.(그 의사는 신경 조직을 이식했다.)

c. The dentist implanted an artificial teeth in the jaw.(그 치과 의사는 의치를 턱에 끼워 넣었다.)
   d. He implanted a post in the soil.(그는 말뚝을 땅에 박았다.)
   e. The doctor implanted a small tube under his skin.(그 의사는 작은 튜브를 피부에 넣었다.)
   f. The doctor implanted the artificial heart/a kidney valve in her.(그 의사는 인조 심장/신장을 그녀에게 이식했다.)

1.2. 다음 목적어는 추상적 개체이다. 그러나 구체적인 것으로 개념화되어 있다.
(2) a. He implanted sound principles in his sons' minds.(그는 아들들의 마음에 건전한 원칙을 심었다.)
   b. My teacher implanted ideas that have stayed with me all my life.(나의 선생님은 일생 동안 나에게 머문 사상들을 주입하였다.)

1.3. 다음 주어는 다른 개체가 박히는 장소이다.
(3) a. He implanted his sons' minds with sound principles.(그는 아들들의 마음에 건전한 원칙을 심었다.)
   b. He implanted his garden with stakes.(그는 정원에 말뚝을 박았다.)

1.4. 다음 목적어는 재귀대명사이다.
(4) The phrase implanted itself in my memory.(그 구절은 나의 기억 속에 주입되었다.)

1.5. 다음은 수동태 문장으로 주어는 박힌다.
(5) a. Prejudices can easily become implanted in the mind.(편견들은 쉽게 마음 속에 심어질 수 있다.)
   b. Most people need to read several times before it is implanted in their memory.(많은 사람들은 그것이 자신들의 기억에 새겨지기 전에 여러 번 읽을 필요가 있다.)

implement

이 동사의 개념 바탕에는 아직 실현되지 않은 생각, 결정, 제안 등을 실행에 옮기는 과정이 있다.

1. 타동사 용법

1.1. 다음 주어는 목적어를 실천에 옮긴다.
(1) a. The government has promised to implement a new system to control financial loan system.(정부는 융자를 통제하기 위하여 새 제도를 실행하기로 약속했다.)
   b. They are trying to implement the recommendation.(그들은 그 추천을 이행하기 위해 노력하고 있다.)
   c. We have decided to implement the committee's suggestions in full.(우리는 그 위원회의 제안을 전부 실천하기로 결정했다.)
   d. They will implement campaign reform.(그들은 선거운동 개혁을 실천할 것이다.)
   e. He implemented his investment plan and doubled his money.(그는 투자 계획을 실천하여 돈을 두 배로 불렸다.)
   f. We will implement the changes/decisions/policies/contracts/conditions.(우리는 그 변화/결심/정책/계

약/조건을 실천할 것이다.)

g. If you would **implement** my advice, you would be more successful.(만약 네가 나의 충고를 실행에 옮긴다면, 너는 더 많이 성공할 것이다.)

h. We have to **implement** the agreement soon.(우리는 그 협정을 곧 실행해야 한다.)

i. We need a plan to **implement** your idea.(우리는 당신의 생각을 실행에 옮길 계획안이 필요합니다.)

j. Don't undertake a project unless you can **implement** it.(그것을 실행할 수 없으면 사업을 떠맡지 마라.)

k. The meat company **implemented** a new advertising plan for low-fat beef.(그 고기 회사는 저지방 쇠고기에 대한 새로운 광고 계획을 실행했다.)

1.2. 다음은 수동태 문장으로 주어는 실행에 옮겨지는 개체이다.

(2) a. When will the new rules be **implemented**?(언제 그 새 규칙들이 실행됩니까?)

b. Your proposals will be **implemented** at the earliest opportunity.(당신의 제안은 가장 빠른 기회에 이행될 것입니다.)

c. The changes to the national health system will be **implemented** next year.(전국 건강 체계에 대한 변화는 내년에 이행될 것이다.)

d. The new parking regulations will be **implemented** in the spring.(새 주차규정들은 봄에 실행될 것이다.)

e. The recommendations must be **implemented**.(그 추천은 실천되어져야만 한다.)

implicate

이 동사의 개념 바탕에는 좋지 않은 것에 끌어 들이는 과정이 있다.

1. 타동사 용법

1.1. 다음 주어는 목적어를 끌어들인다.

(1) a. The thief's confession **implicated** two other men.(그 강도의 자백은 두 명의 다른 사람을 연루시켰다.)

b. The criminal's statement **implicated** a politician in the crime.(그 범죄자의 진술은 정치인을 범죄에 연루시켰다.)

1.2. 다음은 수동태 문장으로 주어는 연루되거나 관계된다.

(2) a. He was **implicated** in a crime.(그는 범죄에 연루되었다.)

b. A lot of people were **implicated** in the scandal.(많은 사람들은 그 추문에 연루되었다.)

c. The dead man has been **implicated** in many types of human cancer.(그 고인은 암의 많은 유형과 관련되었다.)

d. Tobacco has already been **implicated** as one of the causes of the disease.(담배는 이미 그 질병의 원인들 가운데 하나로 관계된다.)

e. World Peace is **implicated** in the disarmament of

all the nations.(세계 평화는 모든 나라의 군비 축소와 결부되어 있다.)

1.3. 다음 주어는 목적어를 함축한다.

(3) Christianity **implicates** God.(기독교는 하나님을 함축한다.)

implore

이 동사의 개념 바탕에는 간청하는 과정이 있다.

1. 타동사 용법

1.1. 다음 주어는 목적어를 전치사 for의 목적어를 얻기 위해 간청한다.

(1) a. I **implored** you.(나는 너에게 간청했다.)

b. He **implored** the judge for mercy.(그는 판사에게 자비를 빌었다.)

1.2. 다음의 목적어는 간청 대상이다.

(2) a. He **implored** her forgiveness.(그는 그녀의 용서를 간청했다.)

b. He **implored** her help/protection/pardon.(그는 그녀의 도움/보호/용서를 간청했다.)

c. The defendant **implored** the judge's mercy.(그 피고는 판사의 자비를 간청했다.)

1.3. 다음 주어는 목적어를 간청하여 부정사가 가리키는 일이나 행동을 하게 한다.

(3) a. She **implored** him not to leave.(그녀는 그에게 가지 말라고 간청했다.)

b. She **implored** her husband to give up drinking/to stay.(그녀는 남편에게 술을 끊으라고/있어달라고 애원했다.)

c. She **implored** the king to have mercy/to reconsider the decision.(그녀는 왕에게 자비를 베풀라고/그 결정을 재고해 달라고 애원했다.)

d. She **implored** her parents not to send her away to school.(그녀는 부모에게 자신을 먼 학교에 보내지 말라고 간청했다.)

e. I **implored** her not to have all that beautiful hair cut off.(나는 그녀에게 너무나도 아름다운 머리를 자르지 말라고 간청했다.)

f. The convict **implored** me to help him escape from jail.(그 죄수는 나에게 그가 감옥으로부터 도망치는 것을 도와달라고 간청했다.)

g. The stranded passengers **implored** us to give them a ride.(오도 가도 못하는 승객들은 우리에게 그들에게 차편을 달라고 간청했다.)

h. The students **implored** the teacher to postpone the test.(학생들은 선생님에게 시험을 연기해달라고 애원했다.)

i. She **implored** the doctors to save the child.(그녀는 의사들에게 아이를 살려달라고 간청했다.)

j. I urgently **implored** you to reconsider your decision.(나는 네가 결정을 재고해 줄 것을 간절하게 요청했다.)

k. He **implored** his son not to take drugs.(그는 아들에게 마약을 하지 말라고 간청했다.)

1.4. 다음 주어는 목적어 (that-절)의 내용을 간청한다.

(4) I implored that you take heed.(나는 네가 조심할 것을 간청했다.)

1.5. 다음 주어는 직접 인용문의 내용을 간청한다.

(5) a. "Tell me what to do," she implored him.("내가 무엇을 해야 할지 말해다오," 라고 그녀는 그에게 간청했다.)

b. "Please, just help him one more time, please," she implored.("부디 그를 다시 한 번만 더 도와주세요," 라고 그녀는 간청했다.)

c. "Help me," he implored.("도와주세요," 라고 그는 간청했다.)

2. 자동사 용법

2.1. 다음 주어는 간청한다. 간청의 대상은 전치사 for로 표현되고 있다.

(6) He implored for his life.(그는 목숨을 간청했다.)

2.2. 다음에서는 간청을 받는 이가 전치사 of로 표현되어 있다.

(7) He implored of her to save his life.(그는 그녀에게 목숨을 구해달라고 간청했다.)

impose

이 동사의 개념 바탕에는 짐을 지우는 과정이 있다.

1. 타동사 용법

1.1. 다음 주어는 목적어를 on의 목적어에 지운다.

(1) a. The magistrate imposed a fine of $300.(그 치안판사는 3백달러의 벌금을 부과했다.)

b. The city imposed a heavy tax on his property.(도시는 과중한 세금을 그의 재산에 부과했다.)

c. The health care proposal will not impose any great burden on the state's finances.(건강 보호 법안은 큰 부담을 주의 재정에 주지 않을 것이다.)

d. The government imposed a ban on the sale of ivory.(정부는 상아 판매에 대한 금지령을 내렸다.)

e. He likes to impose his authority on the students.(그는 자신의 권위를 학생들에게 강요는 것을 좋아한다.)

f. He imposes an unusual implication upon the word.(그는 색다른 암시를 그 낱말에 부여한다.)

g. I don't want to impose my opinions on you.(나는 나의 의견을 너에게 강요하고 싶지 않다.)

1.2. 다음은 수동태 문장으로 주어는 부과된다.

(2) a. A new tax has been imposed on wine.(새 세금이 포도주에 부과되었다.)

b. Economic sanctions have been imposed on the country.(경제 제재가 그 국가에 가해졌다.)

2. 자동사 용법

2.1. 다음 주어는 on의 목적어에 부담을 지운다.

(3) a. I don't want to impose on you.(나는 너에게 부담을 주는 것을 원하지 않는다.)

b. She imposed on her neighbor for a ride after her own car broke down.(그녀는 자신의 차가 고장난 후 이웃에게 차를 태워줄 것에 대한 부담을 주었다.)

c. Relatives imposed on us when they stayed a whole week.(친척들이 일주일 내내 머무는 동안 우리에게 부담을 주었다.)

2.2. 다음 주어는 on의 목적어를 이용한다.

(4) a. Don't impose upon his kindness.(그의 친절을 이용하지 말아라.)

b. He has imposed on her good nature.(그는 그녀의 착한 심성을 이용하였다.)

impound

이 동사의 개념 바탕에는 울 안에 넣는 과정이 있다.

1. 타동사 용법

1.1. 다음 주어는 목적어를 울 안에 가둔다.

(1) a. They impounded a stray dog.(그들은 길 잃은 개를 울 안에 가뒀다.)

b. The city impounds stray dogs.(그 시는 길 잃은 개들을 가둔다.)

1.2. 다음 주어는 목적어를 저수지 같은 곳에 가둔다.

(2) a. A dam impounds water.(댐이 물을 가둔다.)

1.3. 다음 주어는 목적어를 압수한다.

(3) a. The court impounded the document to use as evidence.(법정은 그 문서를 증거로 채택하기 위해 압수했다.)

b. The police impounded the stolen car.(경찰은 그 도난 차량을 압수했다.)

c. A judge can impound all records in a trial.(판사가 모든 기록을 재판에서 압수할 수 있다.)

d. The court impounded the drug dealer's house.(법정은 그 마약 밀매자의 집을 압수했다.)

1.4. 다음은 수동태 문장으로 주어는 압수된다.

(4) The car was impounded by the police after the accident.(그 차는 사고 이후에 경찰에 의해 압수되었다.)

impoverish

이 동사의 개념 바탕에는 빈곤하게 만드는 과정이 있다.

1. 타동사 용법

1.1. 다음 주어는 목적어는 가난하게 만든다.

(1) a. The cruel regime's unfair taxes impoverished the people.(잔혹한 정권의 불공정한 세금은 국민들을 가난하게 만들었다.)

b. Our lives have been impoverished by the death of the great artist.(우리의 삶은 위대한 예술가의 죽음으로 인해 가난하게 되었다.)

1.2. 다음은 수동태 문장으로 주어는 가난하게 된다.

(2) He was impoverished by his habits of drinking and betting.(그는 음주와 도박하는 습관 때문에 가난하게 되었다.)

1.3. 다음 주어는 목적어를 빈약하게 만든다.

(3) a. Over cultivation has impoverished the soil.(과도한 경작은 토양을 빈약하게 했다.)

1

b. Lack of fertilizer impoverished the soil.(비료의 부족은 토양을 빈약하게 했다.)

c. Crop rotation has not impoverished the soil.(윤작은 토양을 빈약하게 만들지 않는다.)

d. Excessive farming impoverished the soil.(과도한 농작은 토양을 빈약하게 만들었다.)

1.4. 다음은 수동태 문장으로 주어는 빈약하게 되는 개체이다.

(4) All the land in the neighborhood was impoverished by the drought.(근처의 모든 경작지는 그 가뭄에 의해 빈약하게 되었다.)

impregnate

이 동사의 개념 바탕에는 스며들게 하는 과정이 있다.

1. 타동사 용법

1.1. 다음 주어는 목적어를 임신시킨다.

(1) a. The neighbor's dog impregnated our dog.(이웃집 개는 우리집 개를 임신시켰다.)

b. The male cat impregnated the female cat, and she had five kittens.(그 수 고양이는 그 암 고양이를 임신시켜서, 그 암 고양이가 5 마리의 새끼 고양이를 낳았다.)

1.2. 다음은 수동태 문장으로 주어는 임신이 된다.

(2) a. Jane was impregnated in January.(제인은 1월에 임신되었다.)

b. The dog was impregnated several months ago.(그 개는 몇 달 전에 임신되었다.)

1.3. 다음 주어는 목적어에 with의 목적어가 스며들게 한다.

(3) a. He impregnated our minds with new ideas.(그는 우리 마음을 새로운 사상으로 주입하였다.)

b. He impregnated his handkerchief with perfume.(그는 손수건을 향수로 뿌렸다.)

1.4. 다음은 수동태 문장으로 주어는 with의 목적어로 스며 있다.

(4) a. Sea water is impregnated with salt.(바닷물은 소금을 함유하고 있다.)

b. The flowers are impregnated with pollen.(꽃은 꽃가루를 함유하고 있다.)

c. The cloth has been impregnated with special chemicals for cleaning computer screens.(그 헝겊은 컴퓨터 스크린 청소를 위해 특수 화학 물질을 함유해 왔다.)

d. The water is impregnated with chemical salts.(물은 화학 소금을 함유하고 있다.)

e. The insulation is impregnated with insect repellent.(절연체는 방충제를 함유하고 있다.)

f. The material is impregnated with disinfectant.(그 원료는 살균제를 함유하고 있다.)

1.5. 다음 주어는 목적어를 채운다.

(5) The smell of roses impregnated the room.(그 장미 냄새가 그 방을 채웠다.)

impress

이 동사의 개념 바탕에는 눌러서 인상을 만드는 과정이 있다.

1. 타동사 용법

1.1. 다음 주어는 목적어를 눌러서 전치사 on의 목적어에 인상을 새긴다.

(1) a. Mark impressed his fingerprints into the soft wax.(마크는 자신의 지문을 그 부드러운 밀랍에 찍어 넣었다.)

b. He impressed the seal on the wax.(그는 그 봉인을 밀랍에 찍었다.)

c. He impressed his initials on the book.(그는 자신의 머릿글자를 책에 찍었다.)

d. He impressed a mark on the surface.(그는 표시를 표면 위에 찍었다.)

e. She impressed the shape of a thistle on the shortbread.(그녀는 엉겅퀴 모양을 빵에 찍었다.)

f. He impressed a design on a soft clay.(그는 문양을 부드러운 점토에 찍었다.)

1.2. 다음 주어는 목적어를 전치사 on의 목적어에 인상시킨다.

(2) a. His words impressed themselves on my memory.(그의 말은 나의 기억에 새겨졌다.)

b. Impress this date on your memory.(이 날을 기억에 새겨라.)

c. She impressed the words on her memory.(그녀는 그 말을 기억에 새겼다.)

d. He impresses his personality upon everything he does.(그는 그가 하는 모든 것에 개성을 남긴다.)

e. She impressed the details of the plan on her memory.(그녀는 계획의 세부 사항을 기억에 새겼다.)

f. My teacher impressed the need for promptness on all the students.(나의 선생님은 신속함의 필요성을 모든 학생들에게 새겨 주었다.)

g. The coach impressed on the team the need to practice more.(코치는 팀에게 더 연습할 필요성을 새겼다.)

h. She repeated the words to impress them on/in.(그녀는 그 단어들을 새기기 위해 그것을 반복했다.)

1.3. 다음은 수동태 문장으로 주어는 새겨진다.

(3) a. The scene was strongly impressed on my mind.(그 장면은 내 마음에 강력하게 새겨졌다.)

b. A footprint was impressed on the sand.(발자국이 모래 위에 찍혔다.)

1.4. 다음 주어는 목적어를 전치사 on의 목적어에 새긴다.

(4) a. He always impressed on us the need to do our best.(그는 언제나 우리에게 최선을 다할 필요를 각인시켰다.)

b. The coach impressed upon the team the importance of teamwork.(코치는 팀에게 팀워크의 중요성을 각인시켰다.)

c. She **impressed on** the government the danger of too many cuts.(그녀는 정부에게 너무나 많은 삭감의 위험성을 각인시켰다.)

d. The accident **impressed on** me the necessity of traffic regulations.(그 사고는 나에게 교통 규범의 필요성을 각인시켰다.)

e. She **impressed on** us all how important it is to be kind.(그녀는 우리 모두에게 친절한 것이 얼마나 중요한가를 각인시켰다.)

f. He **impressed on** his son the importance of hard work.(그는 아들에게 힘든 일의 중요성을 각인시켰다.)

g. I wish you could **impress on** John that he must pass the exam.(나는 네가 존에게 그가 시험을 통과해야만 한다는 것을 각인시킬 수 있기를 바란다.)

h. My parents **impressed on** me the value of a good education.(부모님은 나에게 좋은 교육의 가치를 각인시켰다.)

1.5. 다음 주어는 목적어를 강조한다.

(5) a. He **impressed** the importance of the job.(그는 그 일의 중요성을 강조했다.)

b. He **impressed** the need for hygiene in the home.(그는 집안에서 위생의 필요를 강조했다.)

c. He **impressed** the need for silence.(그는 침묵의 필요를 강조했다.)

1.6. 다음 주어는 목적어를 전치사 with의 목적어로 찍는다.

(6) a. He **impressed** the page **with** a seal.(그는 그 페이지에 봉인을 찍었다.)

b. He **impressed** the surface **with** a mark.(그는 표면에 찍었다.)

c. He **impressed** the book **with** his initials.(그는 그 책에 자신의 머릿글자로 찍었다.)

d. He **impressed** her hand **with** kisses.(그는 그녀의 손에 키스로 자국을 남겼다.)

1.7. 다음 주어는 목적어를 전치사 with의 목적어로 인상을 짓는다.

(7) a. He **impressed** me **with** a value of education.(그는 나에게 교육의 가치를 강하게 심어 주었다.)

b. I was hoping to **impress** my new boss **with** my diligence.(나는 새 사장에게 나의 근면함으로 인상을 주기를 바라고 있었다.)

c. He **impressed** my teacher **with** my essay.(그는 나의 선생님에게 나의 에세이로 인상을 주었다.)

d. He **impressed** the world **with** his adventure.(그는 세계에 모험으로 인상을 주었다.)

e. The soldiers **impressed** us **with** their courage.(병사들은 우리에게 그들의 용기로 인상을 주었다.)

f. He **impressed** her **with** his sincerity.(그는 그녀에게 성실함으로 인상을 주었다.)

g. She **impressed** us **with** her sincerity.(그녀는 우리에게 성실함으로 인상을 주었다.)

1.8. 다음 주어는 목적어에 인상을 준다.

(8) a. I wonder how I **impressed** him.(나는 내가 그에게 어떻게 인상을 주었는지 궁금하다.)

b. We interviewed a number of candidates, but none of them **impressed** us.(우리는 많은 지원자들을 인터뷰했으나, 그들 중의 누구도 우리에게 인상을 주지 못했다.)

c. He **impressed** the manager.(그는 그 관리인에게 인상을 주었다.)

d. It **impressed** me that he understood immediately what I meant.(그가 즉시 내가 의미한 것을 이해했다는 것이 나에게 인상을 주었다.)

e. He dresses well to **impress** people.(그는 옷을 잘 입어서 사람들에게 인상을 준다.)

1.9. 다음은 수동태 문장으로 주어는 인상을 받는다.

(9) a. I was **impressed with** his appearance/his words.(나는 그의 용모/말에 인상을 받았다.)

b. I was **impressed with** the sight.(나는 그 광경에 인상을 받았다.)

c. I was **impressed with** her new house.(나는 그녀의 새 집에 인상을 받았다.)

d. I was **impressed with** the beauty of the scene.(나는 장면의 아름다움에 인상을 받았다.)

e. I was very much **impressed with** the airport.(나는 그 공항에 깊은 인상을 받았다.)

1.10. 다음도 수동태 문장으로 주어는 전치사 by의 목적어에 인상을 받는다.

(10) a. I was **impressed by** a sense of danger.(나는 위험감으로 인상을 받았다.)

b. We were **impressed by** the size of his art collection.(우리는 그의 예술 수집품의 규모에 인상을 받았다.)

c. Visitors are **impressed by** the size of the factory.(방문객들은 그 공장의 규모에 인상을 받는다.)

d. Many people were **impressed by** the success of the adventure.(많은 사람들이 모험의 성공으로 감동 받았다.)

e. I was **impressed by** his good behavior.(나는 그의 행동에 감동 받았다.)

f. I was **impressed by** the pianist.(나는 그 피아니스트에게 감동 받았다.)

1.11. 다음 주어는 그 자체가 목적어에 인상을 준다.

(11) a. Her brilliant idea **impressed** her boss.(그녀의 훌륭한 발상은 상사에게 인상을 주었다.)

b. What **impressed** me most was the speed with which he dealt with the complaints.(나에게 가장 인상을 준 것은 그가 불평들을 처리하는 속도였다.)

c. The movie **impressed** those who saw it.(그 영화는 그것을 본 사람들에게 인상을 주었다.)

d. His sincerity/his speech **impressed** her.(그의 성실/그의 연설은 그녀에게 인상을 주었다.)

e. His firmness **impressed** me.(그의 단호함은 나에게 인상을 주었다.)

1.12. 다음 주어는 목적어를 인상 과정을 만든다.

(12) a. He **impressed** a picture of a duck by using a stamp pad and some ink.(그는 스탬프 패드와 약간의 잉크를 사용하여 오리 그림을 찍었다.)

b. He **impressed** the official seal.(그는 공식 봉인을 찍었다.)

c. The workers **impressed** words and symbols in

leather.(일꾼들은 단어와 상징들을 가죽에 찍었다.)

1.13. 다음 주어는 목적어를 전치사 as의 목적어로 인상짓는다.

(13) a. He impressed us as sincere.(그는 우리에게 성실한 것으로 인상을 주었다.)

b. He impressed me as an honest person.(그는 나에게 정직한 사람으로 인상을 주었다.)

c. He impressed me as a man of great ability.(그는 나에게 뛰어난 능력을 지닌 사람으로서 인상을 주었다.)

d. He impressed me as a decent person.(그는 나에게 점잖은 사람으로서 인상을 주었다.)

2. 자동사 용법
2.1. 주어는 인상을 주는 개체이다. 인상을 받는 개체는 표현되지 않았다.

(14) The Grand Canyon never fails to impress.(그랜드 캐넌은 항상 인상을 준다.)

imprint
이 동사의 개념 바탕에는 찍는 과정이 있다.

1. 타동사 용법
1.1. 다음 주어는 목적어를 찍는다.

(1) a. The holocaust imprinted terrible images in the survivors' memories.(그 대학살은 끔찍한 영상을 그 생존자의 기억에 강하게 남겼다.)

b. He imprinted her smile upon his memory.(그는 그녀의 미소를 기억 속에 새겨 두었다.)

c. A publisher imprints its logo on book covers.(출판업자는 상표를 책표지에 찍는다.)

d. He imprinted a seal on the document.(그는 도장을 그 문서에 찍었다.)

1.2. 다음 주어는 목적어를 전치사 with의 목적어로 찍는다.

(2) a. Tom imprinted his computer bag with his name.(탐은 컴퓨터 가방에 자신의 이름을 찍었다.)

b. He imprinted the receipt with a seal.(그는 그 영수증을 도장으로 찍었다.)

1.3. 다음은 수동태 문장으로, 주어는 찍힌다.

(3) a. The shape of the coin was imprinted on his tightly clenched hand.(동전 모양이 그의 꽉 쥔 손 속에 찍혔다.)

b. That day was imprinted on his memory forever.(그 날은 영원히 그의 기억에 새겨졌다.)

c. Every detail is imprinted on my mind.(모든 세부 사항은 나의 머리에 새겨져 있다.)

d. The passport's pages were imprinted with stamps from many countries.(그 여권의 페이지들은 많은 나라의 도장이 찍혀 있었다.)

improve
이 동사의 개념 바탕에는 나아지는 과정이 있다.

1. 타동사 용법
1.1. 다음 주어는 목적어를 향상시킨다.

(1) a. He improved his English/health.(그는 영어 실력/건강을 향상시켰다.)

b. He improved the old method/his golf swing.(그는 방법/골프 스윙을 향상시켰다.)

c. He improved the property by remodelling the bathroom.(그는 그 목욕탕을 개조함으로써 향상했다.)

1.2. 다음 목적어는 재귀 대명사이다. 주어는 자신을 개선한다.

(2) a. He improved himself by getting a better job.(그는 더 나은 직업을 갖음으로써 자신을 개선하였다.)

b. He improved himself professionally.(그는 자신을 전문인으로서 개선하였다.)

1.3. 다음 주어는 개체이다. 주어는 목적어를 개선한다.

(3) a. Lifting weights will improve your muscles.(역기는 너의 근육을 발달시킬 것이다.)

b. Treatment improved his health.(치료는 그의 건강을 증진 시켰다.)

c. He did a lot to improve conditions for factory workers.(그는 공장 근로자의 환경을 증진시키기 위하여 많은 일을 하였다.)

1.4. 다음 주어는 목적어를 개량하여 into의 목적어로 만든다.

(4) He improved the pony into a racehorse.(그는 조랑말을 향상시켜서 경주마로 키웠다.)

1.5. 다음 주어는 목적어를 효과적으로 쓴다.

(5) a. He improved his leisure time by studying.(그는 공부를 해서 여가 시간을 효과적으로 이용하였다.)

b. We had two hours to wait and improved the time by seeing the city.(우리는 기다려야 하는 2시간을 그 도시를 관광함으로써 잘 보냈다.)

2. 자동사 용법
2.1. 다음 주어는 개선된다.

(6) a. The wine improves with age.(그 포도주는 시간이 흐르면 좋아진다.)

b. His work/English has greatly improved.(그의 일/영어는 훨씬 좋아졌다.)

c. He is improving in health/His health is improving.(그는 건강이 개선하고 있다/그의 건강은 개선되고 있다.)

d. The patient improved after the treatment.(그 환자는 그 치료 후 건강이 증진되었다.)

e. Let's hope the weather improves before Sunday.(나는 날씨가 일요일 전에 좋아지기를 희망한다.)

f. His golf swing improved.(그의 골프 스윙은 향상되었다.)

2.2. 다음 주어는 on의 목적어를 부분적으로 개선한다.

(7) a. The runner improved on his previous record.(그 주자는 자신의 이전 기록을 갱신하였다.)

b. I can improve on that idea.(나는 그 생각을 개선할 수 있다.)

c. The player scored 200 points, and I don't think

anyone will improve on that.(그 선수는 200점을 얻었고, 아무도 그것을 갱신할 것이라고 나는 생각하지 않는다.)

improvise

이 동사의 개념 바탕에는 즉석에서 만드는 과정이 있다.

1. 타동사 용법
1.1. 다음 주어는 목적어를 즉석에서 만든다.
(1) a. She improvised a dinner from the leftovers(그녀는 남은 음식에서 저녁을 임시변통으로 만들었다.)
   b. We improvised some shelves out of planks of wood and bricks.(우리는 몇 개의 선반을 나무와 벽돌판으로부터 즉석에서 만들었다.)
   c. I improvised a ladder from scraps of lumber.(나는 사다리 하나를 재목 토막으로부터 즉석에서 만들었다.)
   d. The actors improvised a scene based on an audience suggestion.(그 배우들은 한 장면을 관객의 제의에 근거해서 즉석에서 만들었다.)
   e. The organist improvised a piece of music.(그 오르간 연주자는 음악 한 곡을 즉석에서 만들었다.)
   f. The teacher stood before the class and improvised a speech.(그 선생님은 학급 앞에 서서 즉석으로 연설을 했다.)

2. 자동사 용법
2.1. 다음 주어는 즉흥 연주를 한다.
(2) a. Good jazz musicians can improvise for any length of time.(훌륭한 재즈 음악사들은 어떤 길이의 시간 동안이라도 즉흥 연주를 할 수 있다.)
   b. Good teachers know how to improvise.(좋은 선생님은 임시변통으로 수업을 하는 법을 안다.)
   c. There isn't much equipment. We're going to have to improvise.(많은 장비가 없다. 우리는 임시변통을 해야 하겠다.)
   d. The drummer improvised until the clarinet took over.(그 드러머는 그 클라리넷이 이어받을 때까지 즉흥 연주를 했다.)

impute

이 동사의 개념 바탕에는 좋지 않은 일의 원인을 탓으로 돌리는 과정이 있다.

1. 타동사 용법
1.1. 다음 주어는 목적어를 to의 목적어의 탓으로 돌린다.
(1) a. He imputed the guilt to the man.(그는 죄를 그 남자에게 씌웠다.)
   b. He imputed her failure to laziness.(그는 그녀의 실패를 게으름 탓으로 하였다.)
   c. The children imputed magical powers to the old woman.(아이들은 마술의 힘을 늙은 여자에게 돌렸

다.)
   d. How can they impute such dishonorable motives to me?(그들이 어떻게 그런 불경한 동기를 내 탓으로 돌릴 수가 있는가?)
   e. He imputes stupidity to those who do not agree with him.(그는 어리석음을 자신과 동의하지 않는 사람들에게 돌린다.)
1.2. 다음은 수동태 문장으로 주어는 원인이 된다.
(2) a. The improper conduct of the company must be imputed to the top officials.(그 회사의 부적절한 행위는 그 최고 간부의 탓으로 돌려져야 한다.)
   b. The failure of this business has been imputed to bad management.(그 사업의 실패는 미숙한 경영의 탓으로 돌려졌다.)
   c. His illness was imputed to the tropical climate.(그의 병은 그 열대 기후 탓으로 돌려졌다.)
1.3. 다음 주어는 목적어를 with의 목적어로 고소한다.
(3) Don't impute me with it.(그 일로 나를 그것을 씌우지 말라.)

inaugurate

이 동사의 개념 바탕에는 처음 앉히는 과정이 있다.

1. 타동사 용법
1.1. 다음 주어는 목적어를 처음으로 취임시킨다.
(1) a. They inaugurated a new chairman.(그들은 새 의장을 취임시켰다.)
   b. They inaugurated a new president.(그들은 새 대통령을 취임시켰다.)
   c. He is inaugurated as professor.(그는 교수로 취임하였다.)
1.2. 다음 주어는 목적어를 처음으로 시작한다.
(2) a. He inaugurated a new policy.(그는 새 정책을 시행하였다.)
   b. The health minister inaugurated the new hospital.(복지부 장관은 새 병원 개원식을 거행하였다.)
   c. The school inaugurated the new library last month.(그 학교는 지난 달 새 도서관을 개관하였다.)
   d. The new theater was inaugurated by the mayor.(새 극장은 그 시장에 의하여 개관되었다.)
   e. The team inaugurated the start of the new season by winning the game.(그 팀은 그 경기에서 승리함으로서 새 시즌의 시작을 열었다.)
1.3. 다음 주어는 목적어를 시작한다. 목적어는 시대이다.
(3) a. The end of World War II inaugurated the era of nuclear power.(제 2차 세계대전의 종식은 핵무기 시대를 열었다.)
   b. The moon landing inaugurated a new era in space exploration.(그 달 착륙은 우주 개척에 새 시대를 열었다.)
   c. The change of government inaugurated a new era of economic prosperity.(정권의 교체는 경제 번영의 새 시대를 열었다.)

1.4. 다음은 수동태 문장으로 주어는 새로이 시작된다.
(4) a. The new president is **inaugurated** in January. (새 대통령은 1월에 취임된다.)
　　b. Airmail service was **inaugurated** in 1918. (항공 우편은 1918년에 시행되었다.)

2. 자동사 용법
2.1. 다음 주어는 취임한다.
(5) He will **inaugurate** (as) president in January. (그는 1월에 대통령으로 취임할 것이다.)

incarnate

이 동사의 개념 바탕에는 산 모범이 되는 과정이 있다.

1. 타동사 용법
1.1. 다음 주어는 목적어를 구현한다.
(1) a. She **incarnates** the innocence. (그녀는 순결을 구현한다.)
　　b. He **incarnates** all that is wrong with our society. (그는 우리 사회의 모든 비리를 구현한다.)
　　c. Lancelot **incarnated** the spirit of chivalry. (랜슬럿은 기사도 정신을 구현했다.)
1.2. 다음 주어는 목적어를 구현한다.
(2) a. He **incarnated** his political theory in institutions. (그는 제도에 그의 정치 원리를 실현하였다.)
　　b. He **incarnated** his ideals in his poems. (그는 이상을 시에서 구현했다.)
　　c. He **incarnated** his vision in a beautiful statue. (그는 그의 상상을 아름다운 조각에 구현했다.)

incense

이 동사의 개념 바탕에는 얼굴이 빨갛게 되도록 화를 나게 하는 과정이 있다.

1. 타동사 용법
1.1. 다음 주어는 목적어를 화나게 한다.
(1) a. The decision **incensed** the workers. (그 결정은 노동자들을 화나게 했다.)
　　b. It **incensed** the lady to be told to move on. (계속 움직이라는 말은 그 숙녀를 화나게 했다.)
　　c. The factual errors **incensed** the editor. (사실상의 실수는 그 편집자를 화나게 했다.)
1.2. 다음은 수동태 문장으로 주어는 화가 나게 된다.
(2) a. She was **incensed** at the idea. (그녀는 그 생각에 화가 났다.)
　　b. We are **incensed** at your lies. (우리는 너의 거짓말에 화가 난다.)

inch

이 동사의 개념 바탕에는 inch의 명사 '척도상의 단위'가 있다. 동사의 의미는 이 단위의 정도와 관계가 있다.

1. 자동사 용법
1.1. 다음 주어는 조금씩 움직인다.
(1) a. The two sides are **inching** toward agreement. (그 양측은 서서히 동의쪽으로 가고 있다.)
　　b. She moved forward, **inching** toward the rope. (그녀는 앞으로 움직이면서. 서서히 그 밧줄로 다가갔다.)
　　c. We **inched** slowly through the traffic. (우리는 천천히 교통 체증을 통해 움직였다.)
　　d. I **inched** (my way) through the narrow space between the cars. (나는 차들 사이의 좁은 공간 사이로 서서히 움직였다.)

2. 타동사 용법
2.1. 다음 주어는 목적어를 조금씩 움직인다.
(2) a. I **inched** the car forward. (나는 그 차를 앞으로 조금씩 움직였다.)
　　b. We had to **inch** the car through the narrowest gates. (우리는 차를 좁은 대문들 사이로 조금 씩 움직여야만 했다.)
　　c. He slowly **inched** the box forward unable to lift it. (그는 그 상자를 그것을 들 수 없어서 천천히 조금씩 움직였다.)
　　d. We **inched** our luggage forward as we waited in line. (우리는 짐을 줄을 서서 기다리면서 조금씩 움직였다.)
　　e. The driver **inched** his truck carefully into the spot. (그 운전사는 트럭을 조심스럽게 그 장소로 움직였다.)
2.2. 다음 주어는 조금씩 길을 터 나간다.
(3) a. He **inched** his way forward. (그는 조금씩 앞으로 움직여 나갔다.)
　　b. He **inched** his way through the narrow passage. (그는 그 좁은 통로를 조금씩 움직여 나갔다.)

incise

이 동사의 개념 바탕에는 안으로 자르는 과정이 있다.

1. 타동사 용법
1.1. 다음 주어는 목적어를 절개한다.
(1) a. The doctor **incised** the wound. (의사는 그 상처를 절개했다.)
　　b. He **incised** the wood with a chisel. (그는 그 나무를 끌로 절개했다.)
1.2. 다음 주어는 목적어를 into/on의 목적어에 새긴다.
(2) a. He **incised** his initials into the tree trunk. (그는 자신의 이니셜을 그 나무 둥치에 새겼다.)
　　b. He **incised** his father's name on the tombstone. (그는 아버지 이름을 묘비에 새겼다.)
　　c. He **incised** a designer into the leather. (그는 디자이너의 이름을 가죽 제품에 새겼다.)
1.3. 다음 주어는 목적어를 새긴다.
(3) He **incised** the wood with a the point of a chisel. (그는 그 나무를 끌 끝으로 새겼다.)

incite

이 동사의 개념 바탕에는 추기는 과정이 있다.

1. 타동사 용법

1.1. 다음 주어는 목적어를 선동하여 어떤 일을 하게 한다.

(1) a. The union incited the workers to strike.(그 노동조 합은 노동자들을 선동하여 파업하게 했다.)

b. He incited the defenders to fight bravely.(그는 방 어자들을 선동하여 용감히 싸우게 했다.)

c. He incited the crowd to violence.(그는 그 군중을 선동하여 폭력을 행하게 했다.)

d. The cries of the hunters incited the birds to fly. (사냥꾼들의 외침은 새들을 날아가게 했다.)

1.2. 다음 주어는 목적어를 생겨나게 한다.

(2) a. He incited crime/racial hatred/violence.(그는 범죄 를/인종 혐오를/폭력을 선동했다.)

b. He incited a riot.(그는 폭동을 선동했다.)

incline

이 동사의 개념 바탕에는 기우는 과정이 있다.

1. 자동사 용법

1.1. 다음 주어는 기운다.

(1) a. The flag pole inclines toward the left.(그 깃대는 왼쪽으로 기운다.)

b. The road inclines steeply.(그 도로는 가파르게 경 사진다.)

c. The land inclines gently toward the sea.(땅은 그 바다 쪽으로 완만하게 경사진다.)

1.2. 다음 주어는 to의 목적어로 기운다.

(2) a. I incline to the view that we take no action at this stage.(나는 우리가 이 단계에서 아무런 조처를 취 하지 않는다는 견해로 마음이 기운다.)

b. He has always inclined to the belief that all men are capable of great evil.(그는 모든 인간은 큰 악 행을 할 수 있다는 믿음을 항상 갖는 경향이 있다.)

c. He inclines to stoutness.(그는 뚱뚱해지는 체질이다.)

1.3. 다음 주어는 toward의 목적어 쪽으로 기운다.

(3) a. Bill is inclining toward agreeing with his father on most subjects.(빌은 아버지와 대부분의 의견을 같 이 하는 쪽으로 마음이 기울고 있다.)

b. We incline toward letting Bill go with us.(우리는 빌을 우리와 함께 가는 쪽으로 마음이 기운다.)

c. She inclines towards our point of view.(그녀는 우 리의 견해 쪽으로 마음이 기운다.)

d. The child has always inclined towards laziness. (그 아이는 항상 게으름을 피우는 경향이 있다.)

1.4. 다음 주어는 부정사가 가리키는 일로 마음이 기운 다.

(4) a. I incline to accept the official version of events.(나 는 사건의 공식적 견해를 받아들이는 쪽으로 마음이 기운다.)

b. I incline to trust him.(나는 그를 신뢰하는 쪽으로

마음이 기운다.)

c. I incline to take the opposite point of view.(나는 반대 의견 쪽으로 마음이 기운다.)

2. 타동사 용법

2.1. 다음 주어는 목적어를 기울인다.

(5) a. He inclined his head in agreement..(그는 머리를 동의하면서 숙였다.)

b. She inclined her head in prayer.(그녀는 머리를 기 도 중에 숙였다.)

2.2. 다음 주어는 목적어를 to 부정사가 가리키는 일로 마음이 기울인다.

(6) a. Her argument inclined me to change my mind.(그 녀의 논쟁은 나의 마음을 바꾸게 하였다.)

b. His attitude inclined me to help him.(그의 태도는 내가 그를 도와주고 싶어지게 했다.)

c. His obvious sincerity inclines me to trust him.(그 의 분명한 성실함은 내가 그를 신뢰하게 하였다.)

2.3. 다음 주어는 목적어를 전치사 to의 목적어에 기울 게 한다.

(7) a. The news inclined him to anger.(그 소식은 그를 화나게 했다.)

b. Nothing would incline us to agree to the proposal. (어느 것도 우리를 그 제안에 동의하는 쪽으로 마음 을 기울게 할 수 없었다.)

c. Lack of money inclines many young people towards crime.(돈의 부족은 많은 젊은이들을 범죄 로 이끈다.)

2.4. 다음은 수동태 문장으로 주어는 마음이 기울어진다.

(8) a. I am inclined to believe that.(나는 그것을 믿고 싶 다.)

b. The country was inclined to democracy.(그 나라 는 민주주의로 기울었다.)

include

이 동사의 개념 바탕에는 포함하는 과정이 있다.

1. 타동사 용법

1.1. 다음 주어는 목적어를 포함한다.

(1) a. The encyclopedia includes all the names of Nobel Prize Winners.(그 백과사전은 노벨상 수상자의 모 든 이름을 포함한다.)

b. The book includes all his poems.(그 책의 그의 모 든 시를 담는다.)

c. The list includes my name.(그 목록은 내 이름을 포함한다.)

d. The farm includes 600 acres.(그 농장은 600 에이 크를 포함한다.)

e. The museum's collection includes many masterpieces.(그 박물관 소장품은 많은 걸작품을 포함한다.)

f. The greater includes the lesser.(더 큰 것은 더 작 은 것을 포함한다.)

g. The crew included one Korean.(그 선원은 한 명의 한국인을 포함했다.)

h. Their religion **includes** opposition to violence.(그들의 종교는 폭력의 반대를 포함한다.)

1.2. 다음 주어는 요금에 관련된다. 주어는 목적어를 포함한다.

(2) a. The price **includes** service charges.(그 값은 봉사료를 포함한다.)

b. The rent **includes** heating and electricity costs.(그 집세는 난방과 전기 요금을 포함한다.)

c. The price **includes** your flight, hotel, and car rental.(그 가격은 비행기, 호텔 그리고 자동차 빌림을 포함한다.)

d. The hotel room charge **includes** breakfast.(호텔 방 값은 아침을 포함한다.)

1.3. 다음은 수동태 문장으로 주어는 in의 목적어에 포함된다.

(3) a. Packing and postage are **included in** the price.(포장과 우편료가 그 가격에 포함된다.)

b. These things can be **included in** the same category.(이 물건들은 같은 범주에 포함될 수 있다.)

c. Am I **included in** the team?(내가 그 팀에 포함되어 있나요?)

d. The tax is **included in** the price.(세금은 가격에 포함이 되어 있다.)

e. Is service **included in** the bill?(봉사료가 청구서에 포함되어 있습니까?)

f. Is my name **included on** the list?(내 이름이 그 명단에 포함이 되어 있나요?)

g. A photograph is **included with** her letter.(사진 한 장이 그녀의 편지에 동봉된다.)

1.4. 다음 주어는 과정, 일, 의무 등이다. 주어는 목적어를 포함한다.

(4) a. The fitness program **includes** swimming.(그 운동 프로그램은 수영을 포함한다.)

b. His work **includes** taking care of the dogs.(그의 일은 개들을 관리하는 것을 포함한다.)

c. Household duties **include** cooking and cleaning.(집안 일은 요리와 청소를 포함한다.)

1.5. 다음 주어는 목적어를 among의 목적어에 포함시킨다.

(5) a. They **included** him **among/in** the members of the club.(그들은 그를 회의 구성원에 포함시켰다.)

b. He **includes** me **among** his enemies/his friends/his supporters.(그는 나를 자신의 적/친구/지지자에 포함시킨다.)

c. Sheila wanted to be **included among** the people going on the tour.(쉬라는 여행을 가는 사람들 속에 포함되기를 원했다.)

1.6. 다음 주어는 목적어를 in의 목적어에 포함시킨다.

(6) a. The children immediately **included** the new girl **in** their game.(아이들은 그 새 소녀를 자신들의 놀이에 포함시켰다.)

b. Try to **include** Bob **in** your games.(밥을 너의 게임에 포함시키도록 노력해라.)

c. The director **included** John **in** the cast.(감독은 존을 그 배역에 포함시켰다.)

d. **Include** us **in** your plans.(우리를 너의 계획에 포함시켜라.)

e. You should **include** some examples **in** your essay.(너는 몇 개의 예를 논문에 포함시키는 것이 좋겠다.)

f. Many **included** a bibliography **at** the end of her paper.(메리는 그 논문의 마지막에 문헌 목록을 포함시켰다.)

1.7. 다음 주어는 목적어를 포함시킨다.

(7) a. She **included** some of her friends **on** the party guest list.(그녀는 자신의 친구들의 몇 명을 파티 명단에 포함시켰다.)

b. I **included** eggs **on** the list of things to buy.(나는 달걀을 사야 할 물품 목록에 포함시켰다.)

1.8. 다음 주어는 목적어를 with의 목적어로 더한다.

(8) He **included** a glossary **with** the program.(그는 낱말풀이를 프로그램에 포함시켰다.)

incorporate

이 동사의 개념 바탕에는 개체를 전체 속에 넣어 하나가 되게 하는 과정이 있다.

1. 타동사 용법

1.1. 다음 주어는 목적어를 전치사 into의 목적어에 포함시킨다.

(1) a. We have **incorporated** all your suggestions **into** our plan.(우리는 모든 너의 제안들을 우리의 계획에 포함시켰다.)

b. We have **incorporated** many environmentally-friendly features **into** the design of the building.(우리는 많은 환경 친화적 특징들을 그 건물의 디자인에 포함시켰다.)

c. The party promised to **incorporate** all environmental considerations **into** all its policies.(그 당은 모든 환경에 대한 고려 사항들을 모든 정책에 포함시킬 것을 약속했다.)

d. He **incorporated** the new idea **into** the experiment.그는 새 아이디어를 그 실험에 포함시켰다.)

e. He **incorporated** the changes **into** the proposal.(그는 변화들을 그 제안에 포함시켰다.)

f. He used a computer to **incorporate** all revisions **into** his text.(그는 모든 수정사항을 본문에 포함시키는데 컴퓨터를 사용했다.)

g. They were unable to **incorporate** all his ideas **in** the model of the boat.(그들은 모든 생각들을 배의 모형에 포함시킬 수 없었다.)

h. He **incorporated** his thought **in** the article.(그는 자신의 생각을 논문에 포함시켰다.)

1.2. 다음은 수동태 문장으로 주어는 전체 속에 포함된다.

(2) a. The latest technological advances have been **incorporated into** our wine production.(최신 기술의 발전은 우리의 포도주 생산에 포함되었다.)

b. Suggestions from the survey have been **incorporated into** the design.(조사로부터의 제안

들이 그 디자인에 포함되었다.)

c. Our original proposal was not **incorporated into** the new legislation.(우리의 처음 제안이 새 입법에 포함되지 않았다.)

d. Hanover was **incorporated into** Prussia in 1886. (하노버는 1886년에 프러시아에 합병되었다.)

e. The agreement will allow the rebels to be **incorporated into** the national army.(그 협정은 반군들이 국군에 포함되게 허락을 할 것이다.)

1.3. 다음에서 주어는 전체이고 목적어는 전체 속에 들어가는 개체이다.

(3) a. The new car will **incorporate** a number of new improvements.(새 차는 새로 개선된 많은 점들을 포함할 것이다.)

b. The new car **incorporates** the best features of past models.(그 새차는 지난 모형들의 가장 좋은 특징들을 포함한다.)

c. The aircraft **incorporates** several new safety features in addition to the standard ones.(비행기는 그 기본적인 것 이외에 몇몇의 새로운 안전 장치들을 포함한다.)

d. The new desktop computer **incorporates** an electronic mail facility.(새 탁상용 컴퓨터는 전자우편 기능을 포함한다.)

e. The bust **incorporates** the sculptor's view of the subject.(흉상은 그 주제에 대한 조각가의 관점을 포함한다.)

f. The new housing development **incorporates** flats for old people.(새 주택개발은 노인들을 위한 아파트를 포함한다.)

g. The shopping center **incorporates** a library and a bank.(그 쇼핑센터는 도서관과 은행을 포함한다.)

h. The health club **incorporates** a gym, sauna and steam room.(그 헬스클럽은 체육관, 사우나, 그리고 증기실이 있다.)

i. The new plan **incorporates** the old one.(새로운 계획은 예전 것을 포함한다.)

j. The school's curriculum **incorporates** the study of art and music.(학교의 교과 과정은 미술과 음악교과를 포함한다.)

k. His theory **incorporates** many previously proven principles.(그의 이론은 이전에 입증된 많은 원리들을 포함한다.)

l. The book **incorporates** his earlier essay(그 책은 그의 예전 사설을 포함한다.)

m. This essay **incorporates** all his thinking on the subject.(이 수필은 그 문제에 관한 그의 모든 생각을 담고 있다.)

n. The article **incorporates** the author's latest ideas on economics.(그 사설은 경제에 관한 그 작가의 최근 생각을 담고 있다.)

o. The spending agreement **incorporates** ideas from both Democrats and Republicans.(그 지출 협정은 민주당과 공화당 양쪽의 의견을 포함한다.)

1.4. 다음에서 목적어는 개체로 이루어진 전체이다.

(4) a. After years of running a small business in his basement, he **incorporated** his company.(몇 년 동안 작은 사업체를 경영한 후에, 그는 회사를 유한회사로 설립했다.)

b. The owners **incorporated** the company.(그 경영자들은 그 회사를 주식회사로 설립했다.)

c. Many people **incorporate** their businesses to avoid certain taxes.(많은 사람들은 특정 세금을 피하기 위해 자신들의 사업을 주식회사로 만든다.)

2. 자동사 용법

2.1. 다음 주어는 전치사 with의 목적어와 통합한다.

(5) a. His company **incorporated** with mine.(그의 회사는 나의 회사와 합병했다.)

b. The town **incorporated** with a neighboring city. (그 읍내는 이웃 도시와 합쳐졌다.)

c. The firm **incorporated** with others.(그 회사는 다른 회사들과 합병했다.)

2.2. 다음 주어는 주식회사로 만든다.

(6) a. They decided to put their capital and **incorporate**. (그들은 자본금을 투자해 합병할 것을 결정했다.)

b. His company **incorporated** in 1940.(그의 회사는 1940년에 주식회사가 되었다.)

c. Our partnership **incorporated**, we had to fill out a lot of forms.(우리의 동업 관계가 주식회사가 되었을 때 우리는 많은 서류를 작성해야 했다.)

increase

이 동사의 개념 바탕에는 늘어나는 과정이 있다.

1. 자동사 용법

1.1. 다음 주어는 수가 증가한다.

(1) a. The number of accidents **increased** after the stop sign was removed.(사고의 수는 멈춤 표지기 제거된 후에 늘었다.)

b. The number of cars is **increasing** rapidly.(차량의 수가 빠르게 증가하고 있다.)

c. The number of tourists has greatly **increased** recently.(여행객의 숫자가 최근 크게 증가했다.)

1.2. 다음의 주어는 집합명사로서 수를 내포하고 있다.

(2) a. Her family **increased**.(그녀의 가족이 늘었다.)

b. The population of the city has **increased**.(그 도시의 인구는 증가했다.)

c. Incidents of armed robbery have **increased** over the last few years.(무장강도 사건들이 최근 몇 년에 걸쳐 증가했다.)

d. The export of cars has greatly **increased**.(자동차 수출이 크게 늘었다.)

1.3. 다음의 주어는 수나 양에서 증가한다.

(3) a. The price of oil **increased** last night.(유가가 지난 밤 올랐다.)

b. The cost of the project has **increased** dramatically/substantially.(그 기획 사업의 비용이 극적으로/실질적으로 올랐다.)

c. The company's sales have **increased** three-fold in the last year.(그 회사의 판매는 작년에 3배로 신

장되었다.)

d. As you leave town, the speed limit **increases** to 50 km per hour.(당신이 도심에서 벗어나면, 속도 제한은 시간당 50킬로미터까지 올라간다.)

1.4. 다음 주어가 증가한 정도는 전치사 by로 표현된다.

(4) a. The percentage has **increased** by 10 to 30 percent.(백분율은 10에서 30퍼센트 증가했다.)

b. The rate of inflation **increased** by 5%.(인플레이션 승률이 5% 올랐다.)

c. The weight has **increased** by 5 kilograms.(그 무게가 5 킬로그램 늘었다.)

d. Korea's industrial output **increased** by 6%.(한국의 공업생산은 6% 올랐다.)

e. His salary **increased** by 6%.(그의 봉급이 6% 인상되었다.)

f. The temperature **increased** ten degrees this afternoon.(오늘 오후에 기온이 10도 올랐다.)

1.5. 다음 주어는 추상적 개체나 정도와 관계가 있다. 정도는 증가하거나 감소될 수 있다.

(5) a. Disability **increases** with age.(무능력은 나이가 들면서 증가한다.)

b. The pain **increased** steadily until I could think of nothing else.(고통은 내가 다른 아무 것도 생각할 수 없을 때까지 꾸준히 심해졌다.)

c. Her knowledge **increased** daily.(그녀의 지식은 날마다 늘었다.)

d. Crime has **increased**.(범죄가 증가했다.)

1.6. 다음 주어는 환유적으로 쓰이어서 전치사 in의 목적어의 영역에서 증가한다.

(6) a. The milk **increased** in price.(우유는 가격이 올랐다.)

b. Cars are **increasing** rapidly in number.(자동차는 수가 급속히 늘고 있다.)

c. The city is fast **increasing** in population.(그 도시는 인구가 빠르게 늘고 있다.)

d. The town **increased** in population/intensity.(그 도시는 인구가/긴장도가 증가했다.)

e. The party **increased** in number/size/power.(그 당은 숫자가/규모가/세력이 커졌다.)

f. The rain **increased** in force.(비는 줄기가 세졌다.)

g. We **increase** in age, but not always in wisdom.(우리는 나이가 먹는다고 해서 지혜가 항상 느는 것은 아니다.)

2. 타동사 용법

2.1. 다음에서 주어는 목적어의 수나 양을 증가시킨다.

(7) a. The factory **increased** the number of its workers.(그 공장은 노동자의 수를 늘렸다.)

b. They **increased** her salary to $400 a week.(그들은 그녀의 월급을 주당 400달러까지 올렸다.)

c. They have **increased** the price/the rent by 50%.(그들은 가격을/집세를 50% 올렸다.)

d. I'd like to **increase** my vocabulary.(나는 어휘력을 늘리고 싶다.)

e. He **increased** his income/his wealth by his own exertions.(그는 수입/재산을 자신의 노력으로 늘렸다.)

f. They **increased** their efforts.(그들은 자신들의 노력을 증가시켰다.)

g. The new law will **increase** our difficulties.(그 새 법은 우리의 어려움을 증가시킬 것이다.)

h. He **increased** the amount/the weight.(그는 양을/무게를 늘렸다.)

2.2. 다음 목적어 크기나 정도와 관계가 있다. 주어는 목적어를 증가시킨다.

(8) a. They had to **increase** the size of classes to accomodate all the children.(그들은 반의 크기를 모든 어린이들을 수용하기 위해서 늘려야 했다.)

b. Architects **increased** the size of the house by adding a kitchen.(건축가들은 부엌을 더해서 집의 크기를 늘렸다.)

c. Do you find that walking **increases** the swelling in the ankle?(당신은 걷는 것이 발목의 부기를 더함을 알고 있습니까?)

d. Congress **increased** the speed limit to 60 miles an hour.(국회는 속도 제한을 시간당 60마일로 올렸다.)

e. The horse **increased** its pace.(말은 발걸음의 속도를 올렸다.)

f. The factory **increased** its production/productivity.(그 공장은 생산/생산성을 높였다.)

g. Gently **increase** the heat until the sauce comes to boil.(양념이 끓을 때까지 열을 은근히 올려라.)

2.3. 다음 목적어는 의식, 지식, 감정 등이다. 주어는 목적어를 증가시킨다.

(9) a. He went to the business school to **increase** his knowledge of business.(그는 경영에 대한 지식을 늘리기 위해 경영대학원에 갔다.)

b. The campaign will **increase** the public's awareness of the dangers involved.(운동은 관련된 위험에 대한 대중의 의식을 늘릴 것이다.)

c. Political tensions might **increase** the likelihood of a nuclear war.(정치적 긴장은 핵전쟁의 가능성을 증가시킬 수 있다.)

d. The new house **increased** his happiness.(새 집은 그의 행복을 증가시켰다.)

incriminate

이 동사의 개념 바탕에는 죄를 씌우는 과정이 있다.

1. 타동사 용법

1.1. 다음 주어는 목적어를 죄로 씌운다.

(1) a. The testimony of the defendant **incriminated** the other.(피고의 증언은 다른 사람에게 죄를 씌웠다.)

b. Her fingerprints on the murder weapon tend to **incriminate** her.(그 살인 무기에 찍힌 그녀의 지문은 그녀에게 죄를 씌우는 경향이 있다.)

c. The new evidence **incriminates** new suspects in the robbery.(새 증거는 용의자들을 그 절도 사건에 새 죄를 씌운다.)

1.2. 다음 주어는 목적어를 고발한다.
(2) The indictment **incriminated** six conspirators.(그 기소장은 여섯 명의 공범자들을 고발했다.)

1.3. 다음 목적어는 재귀대명사이다. 주어는 자신에게 죄를 씌운다.
(3) They **incriminated** themselves.(그들은 자신에게 죄로 씌웠다.)

incubate

이 동사의 개념 바탕에는 알을 품는 과정이 있다.

1. 타동사 용법
1.1. 다음 주어는 목적어를 부화시킨다.
(1) a. The birds **incubated** the eggs(새들은 알들을 부화시켰다.)
   b. He **incubated** the eggs by warming them.(그는 알들을 따뜻하게 해서 부화시켰다.)

1.2. 다음 주어는 목적어를 보유기에 넣어서 기른다.
(2) The hospital **incubates** premature babies until their mothers can take care of them.(그 병원은 미숙아들을 부모들이 돌볼 수 있을 때까지 보유기에 넣어 기른다.)

1.3. 다음 목적어는 추상적 개체이다.
(3) He **incubated** an outline of a new book.(그는 새 책의 윤곽을 구체적으로 잡았다.)

2. 자동사 용법
2.1. 다음 주어는 부화한다.
(4) Eggs need a warm place to **incubate**.(달걀은 부화되기 위해 따뜻한 장소가 필요하다.)

2.2. 다음 주어는 병으로 잠복한다.
(5) a. Most colds **incubate** in about a week.(대부분의 감기는 약 일주일 잠복한다.)
   b. The virus **incubates** for three weeks.(그 바이러스는 삼주 동안 잠복한다.)
   c. How long does chickenpox take to **incubate**?(천연두는 잠복기간이 얼마나 됩니까?)

2.3. 다음은 [생각은 알] 은유의 적용이다.
(6) An idea is **incubating** in my mind.(생각이 내 맘속에서 부화되고 있다.)

inculcate

이 동사의 개념 바탕에는 되풀이하여 주입하는 과정이 있다.

1. 타동사 용법
1.1. 다음 주어는 목적어를 주입한다.
(1) a. She tries to **inculcate** traditional values/virtue into her students.(그녀는 전통적 가치/미덕을 자신의 학생들에게 심어주기 위해 애쓴다.)
   b. The coach has **inculcated** a team spirit in/into the players.(그 코치는 팀 정신을 선수들에게 심었다.)
   c. She **inculcated** the will to succeed in all her children.(그녀는 성공에 대한 의지를 자녀 모두에게 주입하였다.)
   d. Dad **inculcated** a sense of responsibility/of family loyalty in us.(아버지는 책임감/가족 성실감을 우리에게 심었다.)
   e. He **inculcated** good manners on his children.(그는 예의범절을 아이들에게 가르쳤다.)
   f. He **inculcated** the idea on his son/in his son/s mind.(그는 그 사상을 아들에게 주입시켰다.)

1.2. 다음 주어는 목적어를 전치사 with의 목적어로 주입한다.
(2) a. The army **inculcates** its recruits with a strong patriotism.(군대는 그 신병에게 강한 애국심을 주입시켰다.)
   b. He **inculcated** us with a sense of responsibility.(그는 우리에게 책임감을 주입시켰다.)
   c. He **inculcated** his children with the love of the neighbors.(그는 자녀들에게 이웃의 사랑으로 주입시켰다.)
   d. She **inculcated** all her children with a will to succeed.(그녀는 자녀 모두에게 성공에 대한 의지를 주입시켰다.)
   e. She **inculcated** his children with a respect for honesty.(그녀는 그의 자녀들에게 정직의 중시를 주입하였다.)
   f. She tries to **inculcate** her students with traditional values.(그녀는 학생들에게 전통적 가치를 주입하려고 애쓴다.)
   g. We have to **inculcate** her with self-discipline.(우리는 그녀에게 자제심을 심어야 한다.)

incur

이 동사의 개념 바탕에는 손해나 해를 자초하는 과정이 있다.

1. 타동사 용법
1.1. 다음 주어 목적어를 입는다. 목적어는 손해나 해이다.
(1) a. He **incurred** debts when he was out of work.(실직하자 그는 빚을 지게 되었다.)
   b. The government **incurred** huge debts.(정부는 막대한 빚을 졌다.)
   c. During his stay in Seoul he **incurred** debts of over $2,000.(서울에 머무는 동안에, 그는 $2000 이상의 빚을 졌다.)
   d. The oil company **incurred** a debt of $6 billion last year.(그 석유 회사는 작년에 60억 달러의 빚을 졌다.)

1.2. 다음 목적어는 손실이다.
(2) a. Earthquakes cause us to **incur** a great loss of life and property.(지진은 우리에게 많은 생명과 재산의 많은 손실을 입게 한다.)
   b. The company **incurred** heavy losses in the first year.(그 회사는 첫해에 많은 손실을 보았다.)
   c. The city **incurred** great losses in the earthquake.(그 도시는 지진에 많은 피해를 입었다.)

1.3. 다음 목적어는 비용이다.

(3) a. We **incurred** heavy expenses to repair the poor work done by the builder.(우리는 건축자가 엉망으로 해놓는 일을 수리하기 위해 많은 비용을 들였다.)

　　b. Please pay the bill today or you will **incur** additional expenses.(오늘 돈을 지불하지 않는다면, 너는 추가로 비용을 부담하게 되는 것이다.)

1.4. 다음 주어는 목적어를 자초한다. 목적어는 주어에게 좋지 않은 다른 사람의 감정이다.

(4) a. He **incurred** her hatred/blame/enmity.(그는 그녀의 미움/비난/증오를 자초했다.)

　　b. I **incurred** his dislike by telling him the truth.(나는 그에게 진실을 말함으로써 그의 미움을 자초했다.)

　　c. Simpson once more **incurred** the principal's displeasure.(심슨은 다시 한번 교장의 미움을 자초했다.)

　　d. The monarch **incurred** the wrath of the people.(군주는 시민의 분노를 자초했다.)

　　e. The production of the play **incurred** the wrath/anger of both audiences and critics.(그 연극의 제작은 청중과 비평가 모두의 분노화를 자초했다.)

　　f. Anne **incurred** her brother's anger for taking his radio without asking.(앤은 물어보지도 않고 오빠의 라디오를 가져감으로써 그의 화를 자초했다.)

1.5. 다음 주어는 목적어를 자초한다. 목적어는 위험이나 벌이다.

(5) a. The explorer **incurred** great danger when he tried to cross the rapids.(그 탐험가는 급류를 건너려고 시도할 때 대단한 위험을 자초했다.)

　　b. John **incurred** a penalty for filing his income tax return late.(존은 소득세를 늦게 보고한 것 때문에 벌금을 받았다.)

　　c. Any member of the team breaking the rule will **incur** a heavy penalty.(규칙을 어기는 팀의 구성원 누구든지 무거운 징계를 받게 될 것이다.)

indent

이 동사의 개념 바탕에는 톱니처럼 들쑥 날쑥하게 만드는 과정이 있다.

1. 타동사 용법

1.1. 다음 주어는 목적어를 들여 쓴다.

(1) a. You must **indent** the first line of a paragraph.(당신너는 단락의 첫 줄을 들여 써야 한다.)

　　b. When I begin a new paragraph, I **indent** five spaces.(내가 새 단락을 시작할 때에, 나는 다섯 칸을 들여 쓴다.)

1.2. 다음은 수동태 문장으로 주어는 들쑥날쑥한다.

(2) a. The coastline was **indented** by the sea.(그 해안선은 바다에 의하여 들쑥 날쑥하다.)

　　b. The shoreline is **indented** with bays.(그 해안선은 만으로 들쑥날쑥하다.)

index

이 동사의 개념 바탕에는 이 동사의 명사 '색인'이

있다.

1. 타동사 용법

1.1. 다음 주어는 목적어를 색인으로 만든다.

(1) The editor **indexed** the important topics.(편집자는 중요한 주제를 색인으로 만들었다.)

1.2. 다음 주어는 목적어의 색인을 만든다.

(2) He is **indexing** his history textbook.(그는 역사 교과서의 색인을 만들고 있다.)

1.3. 다음은 수동태 문장으로 주어는 색인된다.

(3) a. All publications are **indexed** by subject and title.(모든 출판물이 주제와 제목에 의해 색인된다.)

　　b. The book is fully **indexed**.(그 책은 완전히 색인되어 있다.)

1.4. 다음은 수동태 문장으로 주어는 to의 목적어에 따라 조정된다.

(4) a. Salaries were **indexed** to inflation.(급료가 인플레이션에 맞추어 조정되었다.)

　　b. Pensions are not **indexed** to inflation.(연금은 통화팽창에 조정이 안 된다.)

1.5. 다음 주어는 목적어를 색인한다. 목적어는 색인되는 항목이다.

(5) He **indexed** "tulip" under the entry "Flower."(그는 "튤립"을 수록 항목 "꽃"아래에 색인했다.)

indicate

이 동사의 개념 바탕에는 손으로 가리키는 과정이 있다.

1. 타동사 용법

1.1. 주어는 손을 써서 목적어를 가리킨다.

(1) a. He **indicated** a girl in a cotton dress/a tall man in the corner.(그는 면 옷을 입은 소녀/모퉁이에 있는 키 큰 남자를 가리켰다.)

　　b. He **indicated** a large armchair by the fire.(그는 난로 가의 큰 팔걸이 의자를 가리켰다.)

　　c. He **indicated** the shop opposite on the map.(그는 지도에서 반대편에 있는 가게를 가리켰다.)

　　d. He **indicated** the way to the village.(그는 그 마을로 가는 길을 가리켰다.)

　　e. He **indicated** the direction they should go.(그는 그들이 가야 하는 방향을 가리켜 주었다.)

1.2. 주어가 손 이외의 다른 방법으로 목적어를 지시할 때에는 전치사 by가 쓰인다.

(2) a. She **indicated** her choice of dessert by pointing to the chocolate.(그녀는 자신의 후식 선택을 초콜릿을 지시해서 가리켰다.)

　　b. The teacher **indicated** my mistake by circling it with a red pencil.(선생님은 나의 실수를 빨간 색연필로 동그라미를 그려서 가리켰다.)

　　c. He **indicated** his refusal by lowering his eyes.(그는 눈길을 내리깔음으로써 거부를 가리켰다.)

1.3. 다음 목적어는 추상적이다. 주어는 목적어를 나타낸다. 이것을 가리킬 때에는 말이나 그 외의 방법이 쓰일 수 있다.

(3) a. He indicated total disagreement/agreement/approval.(그는 완전한 불일치/동의/승인을 나타내었다.)

b. During the meeting, he indicated his willingness to cooperate.(회합 도중 그는 협력하고 싶다는 의향을 나타내었다.)

c. He indicated his wish to leave immediately.(그는 즉시 떠나겠다는 바람을 나타냈다.)

d. I'll just indicate the main points of the story.(나는 그 이야기의 요점만을 가리키겠다.)

e. You are allowed 20 kg of baggage unless indicated otherwise on your ticket.(당신은 당신 표에 달리 지시되어 있지 않으면, 20킬로그램까지 짐이 허용됩니다.)

f. He has indicated the outline of the plan to the police.(그는 계획의 개요를 경찰에 알렸다.)

g. I indicated my intentions to their legal representatives.(나는 나의 의사를 그들의 합법적인 대표자들에게 표시했다.)

1.4. 다음은 수동태 문장으로 주어는 가리켜진다.

(4) The results are indicated in Table 1.(그 결과는 표 1에 나타나 있다.)

1.5. 다음 주어는 목적어를 with의 목적어로 표시한다.

(5) a. He indicated his willingness with a nod.(그는 자신의 의향을 고개를 끄덕여 알렸다.)

b. He indicated his approval with a nod.(그는 승인을 고개를 끄덕여 알렸다.)

c. He indicated with a pointer where Korea is on the map.(그는 어디에 한국이 지도에서 있는지를 지휘봉으로 가리켰다.)

1.6. 다음 주어는 그 자체가 목적어를 가리킨다.

(6) a. The wind vane indicates the direction of the wind.(풍향계는 바람의 방향을 가리킨다.)

b. Snow indicates winter.(눈은 겨울을 가리킨다.)

c. Those clouds indicate rain.(저 구름은 비를 가리킨다.)

d. A red sky at night often indicates fine weather the next day.(붉은 밤하늘은 종종 다음날의 좋은 날씨를 가리킨다.)

1.7. 다음 주어는 목적어를 가리킨다.

(7) a. His silence indicates disapproval.(그의 침묵은 의견 불찬성을 나타낸다.)

b. Redness around the wound indicates an infection.(상처 주의의 붉은 기운은 감염을 가리킨다.)

c. Fever indicates sickness.(열은 병을 가리킨다.)

d. His red face indicates high blood pressure.(그의 붉은 얼굴은 고혈압을 나타낸다.)

e. A sneeze doesn't always indicate a cold.(재채기가 항상 감기를 가리키진 않는다.)

f. He raised his arms wide in a gesture which indicated total submission.(그는 완전한 항복을 표시하는 몸짓으로 두 팔을 넓게 들어올렸다.)

g. An erect tail on a cat indicates aggression.(고양이의 곧추 세운 꼬리는 공격을 의미한다.)

1.8. 다음 주어는 기호이다. 주어는 목적어를 가리킨다.

(8) a. The symbols indicate different groups of sound.(그 기호들은 소리의 다른 부류들을 가리킨다.)

b. The label on the packet indicates all the ingredients in the biscuits.(포장에 붙어 있는 꼬리표는 과자에 들어 있는 모든 성분을 가리킨다.)

c. Smoke indicates fire.(연기는 불을 가리킨다.)

d. The arrow indicates the path to the garden.(그 화살표는 정원으로 가는 소로를 가리킨다.)

e. His language indicates a poor education.(그의 언어는 형편없는 교육을 가리킨다.)

f. Dream can help indicate your true feelings.(꿈은 당신의 진짜 감정을 나타내는 것을 도울 수 있다.)

1.9. 다음 주어는 조사 결과나 사실이다. 주어는 목적어를 가리킨다.

(9) a. The survey results seem to indicate a connection between poor housing conditions and bad health.(조사결과는 나쁜 주거환경과 나쁜 건강 사이의 상관관계를 가리키는 것 같다.)

b. Data obtained from exploratory investigations indicate large amounts of oil below the seabed in the area.(탐사에서 나온 자료는 그 지역 해저에 많은 양의 기름이 있음을 나타낸다.)

c. Our vote today indicated a change in the people's attitude.(오늘 우리의 투표는 국민들의 태도상에 변화가 일어났음을 가리켰다.)

d. The report indicates the seriousness of air pollution in urban area.(그 보고서는 도시 지역에서 공기오염의 심각성을 나타내 준다.)

e. Record profits in the market indicate a boom in the economy.(시장에서의 이윤 기록은 경제의 붐을 나타낸다.)

1.10. 다음 주어는 계기이다. 이것은 환유적으로 쓰여서 계기의 지시 바늘을 가리킨다. 지시 바늘은 사람의 손에 해당된다. 주어는 목적어를 가리킨다.

(10) a. The thermometer indicates temperature.(온도계는 온도를 가리킨다.)

b. The hygrometer indicates the humidity of the air.(습도계는 공기 중의 습도를 나타낸다.)

c. The speedometer indicates the speed of a car.(속도계는 자동차의 속도를 나타낸다.)

d. An odometer indicates the distance travelled.(주행기록계는 주행 거리를 나타낸다.)

1.11. 다음 주어는 that-절의 내용을 가리킨다.

(11) a. John indicated that all was well with him and his family.(존은 자신과 가족의 상황이 모두 좋다는 것을 알렸다.)

b. He indicated that Monday is a federal holiday.(그는 월요일이 연방 휴일이라는 것을 알렸다.)

c. I indicated that I would go on with my talk.(나는 내가 이야기를 계속할 것을 알렸다.)

d. He indicated that he wanted to leave immediately.(그는 자신이 즉시 떠나고 싶어한다는 것을 알렸다.)

e. The leader indicated that the plan had failed.(지도자는 그 계획이 실패했다는 것을 알렸다.)

f. He **indicated that** he had no interest in the project.(그는 자신이 그 기획사업에 전혀 흥미가 없다는 것을 알렸다.)

g. The government **indicated that** it intended to cut taxes.(정부는 세금을 삭감하려 한다는 것을 알렸다.)

h. She **indicated** to me **that** she would soon resign the office.(그녀는 자신이 곧 그 직을 사임할 것임을 내게 알렸다.)

1.12. 다음 의문사가 이끄는 점은 주어가 가리키는 내용이다.

⑿ a. I **indicated which** door I wanted the child to enter.(나는 어느 문으로 내가 그 아이를 들어가기를 원하는지를 가리켰다.)

b. Please **indicate where** the pain is.(아픔이 있는 곳을 가리키세요.)

1.13. 다음 주어는 개체이다. 주어는 that-절의 내용을 가리킨다.

⒀ a. The thermometer **indicated that** his temperature was 40 degrees C.(체온계는 그의 체온이 섭씨 40도라는 것을 나타냈다.)

b. The meter **indicated that** we were nearly out of gas.(계량기는 우리가 가스를 거의 다 썼다는 것을 가리켰다.)

1.14. 다음 주어는 징표이다. 주어는 목적어를 지시한다.

⒁ a. Dark clouds **indicate that** it may rain.(검은 구름은 곧 비가 오리라는 것을 가리킨다.)

b. Evidence **indicates that** the experiment was unsuccessful.(증거는 그 실험이 실패였다는 것을 가리킨다.)

c. Thunder **indicates that** a storm is near.(천둥은 폭풍우가 가깝다는 것을 가리킨다.)

d. Their faces **indicated that** they did not like spinach at all.(그들의 얼굴은 그들이 시금치를 전혀 마음에 들어 하지 않았다는 것을 가리킨다.)

e. The lights **indicated that** someone was still up.(그 불빛은 누군가 아직 깨어 있다는 것을 가리킨다.)

f. The green signal light **indicated that** the machine was turned on.(녹색 신호불빛은 그 기계가 켜져 있었다는 것을 나타낸다.)

g. A red light **indicates that** another train is on the track ahead.(빨간 불빛은 다른 기차가 선로 앞쪽에 있다는 것을 가리킨다.)

h. The patient's pale skin **indicates that** he may be anemia.(그 환자의 창백한 피부는 그가 빈혈일 수도 있다는 것을 나타낸다.)

1.15. 다음 주어는 조사나 조사 결과이다. 주어는 that-절의 내용을 가리킨다.

⒂ a. The study **indicates that** it is best to change your car every two years.(그 연구는 2년마다 차를 바꾸는 것이 가장 좋다는 것을 알려주고 있다.)

b. Our survey **indicates that** men are happy to carry out household tasks.(우리의 조사는 남자들이 집안일을 하는 것이 행복하다는 것을 알려주고 있다.)

c. Early results **indicated that** the government would be returned to power.(초기 결과는 그 정부가 다시 집권하리라는 것을 나타냈다.)

d. Research **indicates that** eating habits are changing.(연구 결과는 식습관이 변화하고 있다는 것을 나타낸다.)

e. Research **indicates that** men find it easier to cut smoking than women.(연구 결과에 따르면 남자가 여자보다 금연하기가 쉽다는 것을 가리킨다.)

f. Initial results **indicated that** the election result was going to be very close.(초기의 결과는 선거 결과가 접전이리라는 것을 나타냈다.)

1.16. 다음은 수동태 문장으로 주어는 필요한 것으로 가리켜진다.

⒃ a. In this case, surgery is **indicated**.(이런 경우에는 외과 수술이 필요하다.)

b. An operation is **indicated**.(수술의 필요가 있다.)

c. For his illness, immediate treatment is **indicated**.(그의 병에는 즉각적인 치료가 필요하다.)

d. Dramatic action is **indicated** if we are to save the company.(우리가 회사를 구해야 한다면 극적인 조치가 필요하다.)

e. Stern measures may be **indicated** in a crisis.(단호한 조치가 위기에서는 필요할 수 있다.)

1.17. 다음 주어는 의문사가 이끄는 절의 내용을 가리킨다.

⒄ a. The sign **indicates where** the restroom is.(그 표시는 화장실의 위치를 가리킨다.)

b. The map **indicates where** the earthquake occurred.(그 지도는 지진이 일어났던 곳을 표시한다.)

c. He used a finger to **indicate where** the pain is.(그는 어디에 그 고통이 있는지 가리키려고 손가락을 썼다.)

1.18. 다음 주어는 의문사가 이끄는 절의 내용을 가리킨다.

⒅ a. She **indicated** where the furniture was to go.(그녀는 그 가구가 어디로 옮겨져야 할지를 가리켰다.)

b. Please **indicate** which free gifts you would like to have.(어떤 증정품을 원하시는지 가리키세요.)

c. She **indicated** where I should go.(그녀는 내가 가야 할 곳을 가리켰다.)

2. 자동사 용법

2.1. 다음의 주어는 차량이나 운전자이다. 주어는 방향기로 방향을 표시한다.

⒆ a. The car in front of me was **indicating** to turn right.(내 앞에 있는 차는 오른쪽으로 돌겠다는 표시를 하고 있었다.)

b. You should have **indicated** when you changed lanes.(당신은 차선을 바꿀 때 신호를 했어야 했다.)

c. Don't forget to **indicate** before you pull out.(당신이 (차를) 빼기 전에 신호하는 것을 잊지 마십시오.)

d. Always **indicate** before moving into another lane.(다른 차선으로 끼어 들어갈 때는 항상 신호를 하십시오.)

e. The truck **indicated** left.(그 트럭은 왼쪽으로 가겠

다는 표시를 했다.)

 f. He indicated left and turned right.(그는 왼쪽을 가리키고는 오른쪽으로 돌았다.)

indict

이 동사의 개념 바탕에는 고발하는 과정이 있다.

1. 타동사 용법

1.1. 다음 주어는 목적어를 고발한다.

(1) a. The press indicted the candidate for his lack of a concern for the housing problems.(언론은 그 입후보자를 주택 문제에 대한 관심 부족으로 고발했다.)

 b. He indicted the administration as being sympathetic.(그는 그 행정부가 동정적이라고 고발했다.)

 c. A grand jury can indict a person if it decides there is enough evidence to do so.(대법원은 사람을 고발할 충분한 증거가 있다고 결정되면 고발할 수 있다.)

1.2. 다음은 수동태 문장으로 고발된다.

(2) a. The senator was indicted for murder.(그 상원의원은 살인으로 고발되었다.)

 b. He was indicted for fraud/rape.(그는 사기/강간으로 고발되었다.)

 c. She is indicted on two counts of attempted murder.(그녀는 두 번의 살인 미수로 고발되어 있다.)

induce

이 동사의 개념 바탕에는 설득하는 과정이 있다.

1. 타동사 용법

1.1. 다음 주어는 목적어로 하여금 어떤 과정에 들어가게 한다.

(1) a. Nothing could induce him to change his mind.(어떤 것도 그가 그의 마음을 바꾸도록 설득할 수 없었다.)

 b. Nothing could induce me to stay in that awful job.(어떤 것도 내가 그 지독한 일을 계속 하도록 설득할 수 없었다.)

 c. Nothing could induce me to vote for him again.(어떤 것도 내가 다시 그에게 투표하도록 설득할 수 없었다.)

 d. What on earth has induced you to marry a man like that?(도대체 무엇이 너로 하여금 그런 남자와 결혼하게 유도했니?)

 e. What induced you to do such a thing?(무엇이 너로 하여금 그런 일을 하게 유도했니?)

 f. His wife's love of the ocean induced him to have a vacation at the seaside.(그의 부인의 바다 사랑이 그를 해변에서 휴가를 보내게 했다.)

 g. I would do anything to induce them to stay longer.(그들이 더 오래 머물게 하기 위해서 나는 무엇이든 하겠다.)

 h. They induced her to take the job by promising editorial freedom.(편집의 자유를 약속하면서 그들은 그녀가 그 일을 택할 것을 설득했다.)

 i. More than 10,000 teachers were induced to take early retirement.(만 명 이상의 교사들이 조기 은퇴할 것을 권유 당했다.)

1.2. 다음 주어는 목적어로 하여금 동명사가 가리키는 일을 일어나게 한다.

(2) a. Bill induced vomiting because he ate something poisonous.(빌은 독이 있는 것을 먹었기 때문에 토하려고 했다.)

 b. The nurse induced vomiting in a patient who has swallowed poison.(그 간호원은 독을 삼킨 환자를 토하게 하려 했다.)

1.3. 다음 주어는 목적어를 일어나게 한다.

(3) a. He might decide that it is best to induce labor.(그는 분만을 촉진시키는 것이 최선이라고 판단할지도 모른다.)

 b. The nurse induced a lower fever by bathing the patient in cool water.(간호원은 그 환자를 찬물에 목욕시켜서 열을 낮추려 했다.)

 c. They induced labor for her second pregnancy.(그들은 그녀의 두 번째 임신 때는 분만을 촉진시켰다.)

 d. Induce magnetism in a piece of metal by holding it near a magnet.(금속 조각을 자석 가까이 놓고서 자기력을 유도해라.)

1.4. 다음 주어는 목적어가 일어나게 한다.

(4) a. Carbohydrates eaten in the late evening induce sleep.(저녁 늦게 섭취한 탄수화물은 잠을 오게 한다.)

 b. Good food and wine induce in me a feeling of all being right with the world.(좋은 음식과 포도주는 내게 만사가 잘 되어 가는 느낌을 들게 한다.)

 c. Starvation induces weakness.(굶주림이 허약함을 일으킨다.)

 d. Doctors said surgery could induce a heart attack.(의사들은 수술이 심장마비를 초래할 수 있다고 말했다.)

 e. Working at home often induces a sense of isolation.(집에서 근무하는 것은 고립감을 초래할 수 있다.)

 f. Overwork induced illness.(과로가 병을 초래했다.)

 g. The unsuccessful job interview induced a sense of failure.(비성공적인 면접은 실패감을 가져왔다.)

 h. Opium induces sleep.(아편은 잠이 오게 한다.)

 i. The medicine/pills for sea sickness may induce drowsiness.(그 약/알약은 졸음을 유발할 수 있다.)

 j. Failure induces a total sense of inferiority.(실패는 완전한 열등감을 유발한다.)

 k. Prayers induce spiritual repose.(기도는 영혼의 안식을 만든다.)

1.5. 다음은 수동태 문장으로 주어는 유도된다.

(5) a. His poor health was induced by lack of proper food.(그의 병약함은 적당한 음식 섭취의 부족 때문에 야기되었다.)

 b. Indigestion is induced by overeating.(소화불량은 과식 때문에 일어난다.)

2. 자동사 용법

2.1. 다음 주어는 인공 분만 된다. 주어는 산모이다.

(6) She was induced because the baby was one month overdue.(그녀는 아기가 예정일을 한달 지났기 때문에 인공 분만을 했다.)

2.2. 다음의 주어는 유도 분만 된다. 주어는 아기이다.

(7) a. Two of my children were induced.(내 아이 중 둘은 분만 촉진제에 의해서 분만되었다.)

    b. Twin are often induced.(쌍둥이는 종종 인공분만 된다.)

induct

이 동사의 개념 바탕에는 안내를 하면서 의식과 함께 끌어들이는 과정이 있다.

1. 타동사 용법

1.1. 다음 주어는 목적어를 끌어들인다.

(1) a. They inducted the draftees into the army.(그들은 징집자들을 군대에 입영시켰다.)

    b. The chairman inducted him as a treasurer.(의장은 그를 회계원으로 끌어들였다.)

    c. The honor society inducts new members in the spring.(그 명예 모임은 새 회원을 봄에 입회시킨다.).

1.2. 다음은 수동태 문장으로 주어는 어떤 자리에 들어가게 된다.

(2) a. The young man was inducted into the navy.(그 젊은이는 해군에 입영되었다.)

    b. He was inducted into baseball's Hall of Fame.(그가 야구의 영예 전당에 들어가게 되었다.)

    c. Susan was inducted as council president after Bill resigned.(수잔은 빌이 사임한 후에 의회 대표 자리에 취임되었다.)

1.3. 다음 주어는 목적어를 전치사 into의 목적어에 안내한다.

(3) They inducted him into the mystic rites.(그들은 그를 신비의 의식으로 안내했다.)

1.4. 다음은 수동태 문장으로 전치사 into의 목적어에 안내된다.

(4) They were inducted into the skills of magic.(그들은 마법의 기술로 안내되었다.)

indulge¹

이 동사의 개념 바탕에는 욕망을 채워주는 과정이 있다.

1. 타동사 용법

1.1. 다음 목적어는 재귀대명사이다. 주어는 자신의 욕구를 채운다. 주어는 마음이 시키는 대로 한다.

(1) a. He seldom indulges himself in such idle thoughts.(그는 자신을 그런 헛된 생각에 좀처럼 빠지지 않게 한다.)

    b. He indulges himself in gambling.(그는 자신을 노름에 빠지게 한다.)

    c. She indulged herself in reckless spending.(그녀는 자신을 분별 없는 소비에 빠지게 했다.)

1.2. 다음 주어는 자신의 욕구를 마음껏 충족시킨다.

(2) a. He indulged himself by smoking another cigar.(그는 자신의 욕구를 담배 한 대를 더 피움으로써 충족시켰다.)

    b. Jane indulged herself by eating chocolate for dessert.(제인은 후식으로 초콜릿을 먹음으로써 자신의 욕구를 충족시켰다.)

1.3. 다음 주어는 자신의 욕구를 충족시킨다.

(3) a. He decided to indulge himself and open another bottle of wine.(그는 마음껏 즐기기로 하고 와인 한 병을 더 땄다.)

    b. I haven't had ice cream for a long time, so I'm really going to indulge myself.(나는 오랫동안 아이스크림을 먹지 않았다. 그래서 나는 정말로 먹고 싶은 대로 먹을 것이다.)

    c. I love wine but it is not often that I can indulge myself.(나는 포도주를 너무도 좋아하지만 그렇게 자주 즐기는 건 아니다.)

    d. Let's indulge ourselves with a bottle of wine.(포도주로 즐기자)

    e. Life would be dull if you didn't indulge yourself sometimes.(네가 때때로 하고 싶은 대로 즐기지 않았으면, 인생은 따분했을 것이다.)

    f. You can indulge yourself without spending a fortune.(큰돈을 소비하지 않고서도 너는 즐길 수 있다.)

1.4. 다음 주어는 목적어의 욕구를 들어준다.

(4) a. We often indulge a sick person.(우리는 종종 아픈 사람의 투정을 받아준다.)

    b. Her parents indulge her too much.(그녀의 부모는 그녀의 응석을 너무 잘 받아준다.)

    c. If he starts to tell his old war stories, just indulge him.(그가 옛 전쟁 얘기를 시작하거든, 그냥 그렇게 하게 해라.)

    d. Ralph indulges his dog terribly.(랄프는 자신의 개를 너무 떠받들어서 버릇을 잘못 들이고 있다.)

    e. If you indulge your children, they might become spoiled.(네가 아이들을 너무 떠받들면, 그들은 버릇 없게 될지도 모른다.)

    f. He indulged the crying child.(그는 우는 아이를 달랬다.)

    g. You shouldn't indulge the child. He will become spoiled.(너는 그 아이를 제 멋대로 하게 두어서는 안 된다. 그는 버릇이 없어질 것이다.)

1.5. 다음 주어는 목적어의 욕구를 전치사 with의 목적어로 들어있다.

(5) a. Mary indulges her grandchildren with cookies and milk.(메리는 손자들에게 그들이 좋아하는 과자와 우유로 실컷 주었다.)

    b. The children indulged me with breakfast in bed.(그 아이들은 나를 침대에서 먹는 아침식사로 기쁘게 했다.)

    c. You indulge your children with too much pleasure.(너는 애들을 너무 많은 즐거움으로 버릇

을 잘못 들이고 있다.)

d. He indulged the company with a song.(그는 좌중을 노래로 즐겁게 했다.)

e. She indulges her child by giving her ice cream.(그녀는 아이를 아이스크림을 주어서 만족시킨다.)

1.6. 다음 주어는 목적어를 들어준다. 목적어는 다른 사람이 갖는 욕구나 열정이다.

(6) a. They indulged my every whim.(그들은 내 모든 변덕을 만족시켰다.)

b. She indulged her fondness by eating a whole box of chocolate.(그녀는 기호를 초콜릿 한 상자를 다 먹고 충족시켰다.)

c. He indulged his passion for flying/expensive shoes/opera/the theater.(그는 비행/값비싼 구두/오페라/연극에 대한 그의 열정을 충족시켰다.)

d. She indulged her love of foreign food by dining at an expensive restaurant.(그녀는 비싼 레스토랑에서 저녁을 먹음으로 외국 음식에 대한 그녀의 기호를 충족시켰다.)

e. The soccer fans indulged their patriotism by waving flags and sing songs.(그 축구 팬들은 기를 흔들고 노래를 부름으로 그들의 애국심을 충족시켰다.)

f. She indulged a love of expensive wines.(그녀는 비싼 포도주에 대한 애호를 충족시켰다.)

2. 자동사 용법

2.1. 다음 주어는 어떤 욕구를 가지고 있으면서 동시에 이 욕구를 들어준다.

(7) a. She indulges in gossip/speculation/daydreams/drinking/luxurious pleasure.(그녀는 소문/사색/몽상/음주/사치를 즐긴다.)

b He indulges in profiteering/telephone tapping.(그는 폭리/전화 도청을 즐긴다.)

c. She indulged in some humor/fit of temper.(그녀는 유머/감정의 폭발을 즐겼다.)

d. She indulged in rapturous fantasies of revenge.(그녀는 복수에 대한 열광적인 환상에 빠졌다.)

e. Bill indulged in a nap/a long relaxing shower after a hard day.(빌은 고단한 하루를 보내고 낮잠/긴 긴장을 푸는 샤워를 즐겼다.)

f. She indulges in self-pity/pessimism.(그녀는 자기연민/비관론에 빠진다.)

g. Most of us are too busy to indulge in heavy lunchtime drinking.(우리 대부분은 너무 바빠서 점심시간에 술을 많이 마실 수 없다.)

h. He indulged in a meal at that expensive Korean restaurant.(그는 그 비싼 한국 음식점에서 식사를 즐겼다.)

i. He indulges in a cigar/card playing.(그는 시가/카드 놀이를 탐닉한다.)

j. He indulges in an afternoon watching old movies.(그는 오후에 옛 영화 보면서 즐긴다.)

k. When I get my paycheck, I am going to indulge in a shopping spree.(봉급을 받으면, 쇼핑을 마음껏 즐길 것이다.)

2.2. 다음에서는 목적어도 전치사 in도 쓰이지 않았다. 그러나 문맥에서 무엇이 생략되었는지 알 수 있다.

(8) a. I wouldn't say he is a heavy drinker, but he tends to indulge.(그가 술고래라고 말할 수는 없지만, 그는 술에 빠지는 경향이 있다.)

b. He indulged too much that night.(그는 그 날 밤 지나치게 즐겼다.)

c. Bill loved chocolate and indulged often.(빌은 초콜릿을 좋아했고 종종 먹고 싶은 대로 먹곤 했다.)

d. I am not a chocolate eater, but I do indulge occasionally.(나는 초콜릿을 좋아하진 않지만, 때때로 초콜릿을 정말로 즐긴다.)

e. There's still some cake left. Go and indulge.(아직 케이크가 남아 있다. 가서 즐겨라.)

inebriate

이 동사의 개념 바탕에는 취하게 하는 과정이 있다.

1. 타동사 용법

1.1. 다음 주어는 목적어를 취하게 한다.

(1) Drinking too much alcohol inebriated him.(너무 과하게 마신 술이 그를 취하게 했다.)

infect

이 동사의 개념 바탕에는 감염시키는 과정이 있다.

1. 타동사 용법

1.1. 다음 주어는 목적어를 with의 목적어로 감염시킨다.

(1) a. Mosquitoes can infect humans with malaria.(모기는 인간을 말라리아로 감염시킬 수 있다.)

b. She infected me with her cold.(그녀는 나를 감기로 감염시켰다.)

1.2. 다음 with의 목적어는 추상적 개체이지만, 구체적인 것으로 개념화되어 있다.

(2) a. He infected the students with radical ideas.(그는 그 학생들을 과격한 생각으로 감염시켰다.)

b. She infected us with her happiness.(그녀는 우리를 행복감으로 물들게 했다.)

c. She infected the children with her enthusiasm for music.(그녀는 아이들을 음악에 대한 열정으로 물들게 했다.)

1.3. 다음 주어 자체가 목적어를 오염시킨다.

(3) a. The germs has infected the wound.(그 세균은 상처를 감염시켰다.)

b. Dirt infected an open cut.(먼지가 벌어진 상처를 감염시켰다.)

1.4. 다음 수동태 문장으로 주어는 감염된다.

(4) a. The fruit is infected by a fungus disease.(그 과일은 균류 질병에 감염된다.)

b. All the tomato plants are infected with a virus.(모든 토마토 나무는 바이러스에 감염된다.)

c. The water was infected with cholera.(그 물은 콜레

라에 감염되었다.)

d. The child is **infected with** scarlet fever. (그 아이는 홍역에 감염되어 있다.)

e. They was **infected with** tuberculosis by one sick employee. (그들은 결핵으로 한 아픈 종업원에 의해 감염 되었다.)

1.5. 다음 주어는 사람이 아닌 개체이다. 주어는 목적어를 with의 목적어로 주입시킨다.

(5) a. The book may **infect** you with a passion for mountain climbing. (그 책은 당신을 산악에 대한 열정으로 감염시킬 것이다.)

b. His speech **infected** the audience. (그의 연설은 청중을 감동시켰다.)

1.6. 다음 주어는 추상적 개체이나 구체적인 것으로 개념화되어 있다. 주어 자체가 목적어를 물들게 한다.

(6) a. Her happiness **infected** us all. (그녀의 행복은 우리 모두를 물들였다.)

b. Her enthusiasm **infected** the rest of the class. (그녀의 열정은 학급 전체를 물들였다.)

c. Her gaiety **infected** the whole group. (그녀의 쾌활함은 그 전체 그룹을 물들였다.)

1.7. 다음은 수동태 문장으로 주어는 물들게 된다.

(7) a. We were **infected** by her happiness. (우리는 그녀의 행복에 전염되었다.)

b. The wound was **infected** after the operation. (상처는 그 수술 후에 감염되었다.)

infer

이 동사의 개념 바탕에는 보거나, 듣거나, 읽는 것 이상을 추단한다.

1. 타동사 용법

1.1. 다음 주어는 목적어를 추리한다.

(1) a. What can we **infer from** these facts? (무엇을 우리는 이 사실에서 추리할 수 있을까?)

b. I **inferred** your reply **from** your long statement. (나는 너의 답변을 너의 긴 진술에서 추리했다.)

c. He **inferred** an unknown fact **from** a known fact. (그는 알려지지 않은 사실을 알려진 사실에서 추리해냈다.)

1.2. 다음은 수동태 문장으로 주어는 추리된다.

(2) Much of the meaning must be **inferred** from the context. (그 의미의 많은 부분은 문맥에서 추론되어야 한다.)

1.3. 다음 that-절은 주어가 하는 추리의 내용이다.

(3) a. Are you **inferring that** I am incapable of doing the job? (당신은 내가 그 일을 할 수 없는 것으로 추론합니까?)

b. It would be wrong to **infer that** people who are overweight are greedy. (몸무게가 많은 사람들이 욕심이 많다고 추리하는 것은 잘못일 것이다.)

1.4. 다음은 수동태 문장으로 it 은 추리된다.

(4) It can be **inferred** that he supplemented his income

with his profits from drug sales. (그는 마약판매에서 얻어지는 이익으로 수입을 보충했다고 추리될 수 있다.)

1.5. 다음 주어는 개체이다. 주어는 추리 과정에 의해 목적어를 암시한다.

(5) a. Silence **infers** consent. (침묵은 동의를 암시한다.)

b. Ragged clothing **infers** poverty. (남루한 옷은 가난을 암시한다.)

infest

이 동사의 개념 바탕에는 들끓는 과정이 있다.

1. 타동사 용법

1.1. 다음 주어는 목적어를 들끓게 한다.

(1) a. The mice **infested** the farmhouse. (그 쥐들은 농가를 떼지어 날뛰었다.)

b. Fleas **infested** the cat's coat. (벼룩들이 그 고양이의 털을 몰려들었다.)

c. Weeds **infested** the garden. (잡초들이 그 정원을 뒤덮었다.)

d. Crime **infests** that poor neighborhood. (범죄가 그 가난한 이웃 지역을 창궐한다.)

1.2. 다음은 수동태 문장으로 주어는 들끓게 된다.

(2) a. The national parks are **infested** with tourists. (그 국립 공원은 관광객으로 들끓는다.)

b. The kitchen is **infested** with ants. (부엌은 개미로 들끓는다.)

infiltrate

이 동사의 개념 바탕에는 몰래 들어가는 과정이 있다.

1. 타동사 용법

1.1. 다음 주어는 목적어를 침입한다.

(1) a. Spies has **infiltrated** the enemy headquarters. (스파이들이 적의 본부에 잠입하였다.)

b. Enemy troops **infiltrated** our lines. (적의 부대는 우리 전선에 잠입하였다.)

c. The agents **infiltrated** the drug ring. (그 요원들은 마약 밀매단에 잠입하였다.)

1.2. 다음은 수동태 문장으로 주어는 침투된다.

(2) The headquarters had been **infiltrated** by spies. (그 본부는 스파이들에 의하여 침투 당하였다.)

1.3. 다음 주어는 목적어를 into의 목적어를 침투시킨다.

(3) a. They **infiltrated** their own people **into** the security firm. (그들은 자신들의 사람들을 그 보안 회사에 침투시켰다.)

b. They tried to **infiltrate** assassins **into** the palace. (그들은 암살범들을 궁중으로 침투시키려고 했다.)

c. They are trying to **infiltrate** sabotage agents **into** Britain. (그들은 파괴 요원들을 영국에 침투시키려 하고 있다.)

d. We **infiltrated** some of our troops **into** enemy

territory.(우리들은 병사들의 일부를 적지에 침투시켰다.)

1.4. 다음은 수동태 문장으로 주어는 침투된다.

(4) Rebel forces were infiltrated into the country.(반군들이 그 국가에 침투되어졌다.)

2. 자동사 용법

2.1. 다음 주어는 into의 목적어에 스며든다.

(5) a. Only a small amount of rain infiltrates into the soil.(비의 적은 양만이 토양으로 스며든다.)

b. Enemy forces have been infiltrating into the country.(적군이 그 나라에 침투해가고 있다.)

inflame

이 동사의 개념 바탕에는 불꽃이 이는 과정이 있다.

1. 타동사 용법

1.1. 다음 주어는 목적어를 with의 목적어로 격분시킨다.

(1) a. Her answer inflamed him with anger/enthusiasm. (그녀의 대답은 그를 분노/열정으로 격분하게 했다.)

b. His comments inflamed the teachers all over the country.(그의 논평은 나라 전체의 모든 선생님들을 격분하게 했다.)

c. His speech inflamed the crowd.(그의 연설은 군중을 흥분시켰다.)

1.2. 다음 주어는 목적어를 자극한다.

(2) a. The lack of food inflamed the people's anger.(식량 부족은 국민들의 분노를 자극했다.)

b. Seeing her again inflamed all his old desire.(그녀를 다시 보는 것은 그의 오랜 욕망 모두를 불붙게 했다.)

c. The film of crying relatives inflamed feeling/ passions further.(울고있는 친척에 대한 그 영화는 감정/더 많은 열정을 자극했다.)

1.3. 다음 주어는 목적어를 빨개지게 만든다.

(3) a. He inflamed his eyes with crying.(그는 울어서 눈을 충혈시켰다.)

b. The smoke inflamed her eyes.(그 담배연기는 그녀의 눈을 충혈시켰다.)

1.4. 다음 주어는 목적어를 더 격하게 만든다.

(4) a. The shooting inflamed the ethnic tension.(그 총격은 인종 긴장을 자극하였다.)

b. His indiscreet comments inflamed the dispute.(그의 경솔한 논평은 다툼을 자극하였다.)

1.5. 다음은 수동태 문장으로 주어는 격하게 된다.

(5) The situation was further inflamed by the arrival of the security forces.(그 상황은 안전 요원들의 도착으로 더욱 자극되었다.)

1.6. 다음 주어는 목적어에 염증을 일으킨다.

(6) a. The infection inflamed her lungs.(그 감염은 그녀의 폐에 염증을 일으켰다.)

b. An infection inflamed the would on his knee.(감염이 그의 무릎의 상처를 감염시켰다.)

1.7. 다음은 수동태 문장으로 주어는 빨개진다.

(7) a. His face is inflamed with anger.(그의 얼굴은 분노로 새빨개진다.)

b. His eyes were inflamed with drink.(그의 눈은 술에 의해 충혈되었다.)

1.8. 다음 주어는 목적어를 붉게 한다.

(8) The setting sun inflamed the sky.(그 일몰은 하늘을 붉게 물들였다.)

2. 자동사 용법

2.1. 다음 주어는 염증을 일으킨다.

(9) His knee inflamed painfully.(그의 무릎은 아프게 염증을 일으켰다.)

inflate

이 동사의 개념 바탕에는 바람을 넣는 과정이 있다.

1. 타동사 용법

1.1. 다음 주어는 목적어를 부풀린다.

(1) a. We inflated the balloons with helium.(우리는 풍선을 헬륨으로 부풀게 했다.)

b. Did you inflate the tire to the proper pressure? (당신은 타이어를 적절한 압력까지 바람으로 채웠습니까?)

c. I inflate your life jacket by pulling sharply on the cord.(나는 너의 구명 재킷을 끈을 세게 잡아당김으로써 바람을 넣는다.)

1.2. 다음 주어는 목적어를 부풀게 한다. 자부심도 그릇으로 개념화되어 있다.

(2) a. Beauty, money and popularity can all inflate a person's ego.(미와 부, 명성은 사람의 자아를 부풀게 할 수 있다.)

b. He will try to inflate your ego.(그는 너의 자부심을 부풀게 하려고 노력할 것이다.)

1.3. 바람을 넣으면 부풀어 커지게 된다. 다음 주어는 목적어를 부풀린다.

(3) a. The management pressured him to inflate cost estimates on repairs.(그 관리부는 그를 압력해서 수리비 견적서를 부풀리게 했다.)

b. The media has inflated the significance of the meeting.(대중매체는 그 회담의 의미를 부풀렸다.)

c. They have artificially inflated the value of the house.(그들은 인위적으로 그 집의 가치를 부풀렸다.)

d. The sudden influx of Westerners has inflated house prices out of proportion.(갑작스러운 서양인들의 유입은 집 가격을 지나치게 부풀렸다.)

e. The treasury inflated the money supply by two percent.(재무성은 통화 공급을 2퍼센트 늘렸다.)

f. The flood inflated the price of lettuce.(홍수는 그 상추 가격을 폭등시켰다.)

1.4. 다음은 수동태 문장으로 주어는 양이 증가된다.

(4) Six months after the money supply was inflated, the unemployment rate fell.(6개월 후에 통화 공급은 늘어났고, 실업률은 떨어졌다.)

2. 자동사 용법

2.1. 다음 주어는 부피가 증가된다.
(5) a. The raft inflates automatically.(그 땟목은 자동으로 부풀어진다.)

b. The life jacket failed to inflate.(그 구명 재킷은 부풀어지기 않았다.)

c. The balloons inflate easily.(그 풍선들은 쉽게 부풀어오른다.)

d. Food prices are no longer inflating at the same rate as last year.(식량 가격은 더 이상 작년과 같은 비율로 오르지 않는다.)

inflect

이 동사의 개념 바탕에는 변화시키는 과정이 있다.

1. 타동사 용법

1.1. 다음 주어는 목적어를 변화시킨다.
(1) a. When you inflect your voice in English, you can make a difference in meaning.(네가 영어에서 목소리를 바꾸면, 뜻의 차이를 만들 수 있다.)

b. The computer program can inflect the English verbs.(그 컴퓨터 프로그램은 영어 동사의 어형을 변화시킬 수 있다.)

inflict

이 동사의 개념 바탕에는 구타, 상처, 벌 등을 가하는 과정이 있다.

1. 타동사 용법

1.1. 다음 주어는 목적어를 전치사 on의 목적어에 가한다.
(1) a. He inflicted a blow on the man.(그는 그 남자에게 일격을 가했다.)

b. The guard inflicted pain on the prisoner.(그 간수는 그 죄수에게 고통을 가했다.)

c. He inflicted punishment on the man.(그는 그 남자에게 벌을 가했다.)

d. The hurricane inflicted severe damage on the crops.(그 태풍은 그 작물들에 심한 피해를 가했다.)

e. The judge inflicted the severest possible penalty.(그 판사는 가능한 가장 엄한 벌을 가했다.)

1.2. 다음 주어는 목적어를 가한다.
(2) a. Wasps inflict stings.(말벌은 침으로 고통을 준다.)

b. Toothache inflicts pain.(치통은 고통을 가한다.)

1.3. 다음 주어는 목적어를 전치사 on의 목적어에 억지로 준다.
(3) a. Do you have to inflict that music on us?(너는 그 음악을 우리에게 억지로 들려주어야 하나?)

b. He inflicts his views on us.(그는 자신의 견해들을 우리에게 강제로 가한다.)

1.4. 다음은 수동태 문장으로 주어는 가해진다.
(4) Heavy casualties were inflicted on the enemy.(많은 사상자가 적에게 가해졌다.)

1.5. 다음 주어는 자신을 전치사 on의 목적어에 폐가 되게 한다.
(5) a. His parents-in-law are inflicting themselves on us.(그의 장인 장모는 우리에게 폐를 끼치고 있다.)

b. Our neighbors inflicted themselves on us all afternoon.(우리의 이웃들은 우리를 오후 내내 괴롭게 했다.)

influence

이 동사의 개념 바탕에는 영향을 주는 과정이 있다.

1. 타동사 용법

1.1. 다음 주어는 목적어에게 영향을 준다.
(1) a. Don't let me influence you; you make your own decision.(내가 너에게 영향을 주게 하지 말아라; 너는 너 자신의 결정을 해라.)

b. His writings have influenced the lives of millions.(그의 글은 수백만 사람들의 삶에 영향을 주었다.)

1.2. 다음 주어는 목적어를 영향을 주어서 어떤 일을 하게 한다.
(2) a. My father influenced me to accept the job.(내 아버지는 나에게 영향을 주어서 그 일을 맡게 했다.)

b. What influenced you to take the job?(무엇이 너에게 영향을 주어서 그 일을 택하게 했나?)

1.3. 다음 주어는 목적어를 좌우한다.
(3) a. A number of factors influence life expectancy.(수많은 요인들이 수명을 좌우한다.)

b. Bill influenced the senator's vote through bribery.(빌은 뇌물로 그 상원의원의 표에 영향을 주었다.)

c. The job market influenced his decision to relocate.(그 직업 시장은 그의 이전 결정을 좌우했다.)

d. The wording of questions can influence how people answer.(질문들의 어구는 사람들이 대답하는 방법을 좌우한다.)

inform

이 동사의 개념 바탕에는 정보를 전달하는 과정이 있다.

1. 타동사 용법

1.1. 다음 주어는 목적어에게 전치사 of의 목적어에 대한 정보를 제공한다.
(1) a. We informed them of our arrival.(우리는 그들에게 우리의 도착을 알려 주었다.)

b. Please inform me of your intention this matter.(나에게 이 문제에 관한 당신의 의향에 대해서 알려 주십시오.)

c. Keep me informed of fresh developments.(나에게 신선한 발전안에 대해서 알려 주십시오.)

d. My neighbor informed me of the neighborhood picnic.(나의 이웃은 나에게 동네 야유회에 대해서 알려 주었다.)

e. I have informed my friends of my new address.

(나는 친구들에게 나의 새 주소에 대해 알려 주었
다.)

f. Have you **inform** them of your intended
departure?(너는 그들에게 예정된 출발에 대해 알렸
니?)

1.2. 다음은 수동태 문장으로 주어는 전치사 of의 목적
어에 대한 정보를 받는다.

(2) a. I wasn't **informed** of the decision until it was too
late.(나는 때가 너무 늦어서야 비로소 그 결정에 대
해 정보를 받았다.)

b. Why wasn't I **informed** about this earlier?(왜 내
가 이것에 관해서 더 일찍 통보 받지 못했지?)

1.3. 다음 주어는 목적어에게 전치사 about의 목적어
에 대해 알린다.

(3) We **informed** them about our plan.(우리는 그들에게
우리의 계획에 대해 알렸다.)

1.4. 다음에 쓰인 that-절은 정보의 내용을 명시한다.

(4) a. I **informed** her that I was not well.(나는 그녀에게
내가 별로 건강이 좋지 않음을 알렸다.)

b. My boss **informed** me that he was going on
vacation next week.(나의 사장은 나에게 그가 다음
주에 휴가를 떠날 것이라고 알렸다.)

c. We **informed** the press that the president had
arrived.(우리는 보도진에게 대통령이 도착했음을
알렸다.)

d. Have you **informed** the police that there's been
an accident?(너는 경찰에 사고가 있었음을 알렸
니?)

e. We regret to **inform** you that your application has
been rejected.(우리는 너에게 지원이 거절되었음
을 알리게 되어 유감이다.)

f. Could you **inform** us what books you have in
stock?(우리에게 무슨 책들을 당신이 재고로 가지고
있는지 알려 주시겠습니까?)

g. Could you **inform** me how to go about contacting
a lawyer?(당신은 내게 어떻게 해야 변호사를 만날
수 있는지 알려 주시겠습니까?)

1.5. 다음 주어는 목적어를 알린다. 목적어는 정보를
받는 사람이다.

(5) a. They thought it better to **inform** the police.(그들
은 경찰에게 알리는 게 낫다고 생각했다.)

b. We **informed** them, so they should have come.(우
리는 그들에게 알렸고, 그들은 왔어야 했다.)

1.6. 다음 주어는 목적어를 알린다. 주어는 사람이 아
니고 개체이다.

(6) Her experience as a refugee **informs** the content of
her latest novel.(난민으로서의 경험이 그녀의 최근
소설의 내용을 알려 준다.)

2. 자동사 용법

2.1. 다음 주어는 정보를 누구에게 주어서 전치사 on
의 목적어가 영향을 받는다.

(7) a. He is a spy that **informs** on others to the
government.(그는 다른 사람들을 그 정부에 밀고하
는 간첩이다.)

b. He **informed** on the other members of the

gang.(그는 그 폭력단의 다른 단원들을 밀고했다.)

c. He **informed** against his fellow thieves.(그는 동료
도둑들에 대해 밀고했다.)

infringe

이 동사의 개념 바탕에는 법이나 권리를 어기는 과
정이 있다.

1. 자동사 용법

1.1. 다음 주어는 on의 목적어를 침해한다.

(1) a. Our neighbor's fence **infringes** on our land.(이웃
의 담장이 우리 땅을 침해한다.)

b. He is **infringing** on my privacy.(그는 내 사생활을
침해하고 있다.)

c. She refused to answer questions that **infringed** on
her private affairs.(그녀는 사생활을 침해하는 질문
에 답하기를 꺼렸다.)

2. 타동사 용법

2.1. 다음 주어는 목적어를 침해한다.

(2) a. By copying my programs, and selling them, he
was **infringing** my copy right.(내 프로그램을 복사
하고 판매함으로써 그는 내 저작권을 침해하고 있었
다.)

b. The material can be copied without **infringing**
copy right.(그 자료는 저작권을 침해하지 않고서
복사될 수 있다.)

c. They'll sue your company if it **infringes** the
agreement.(그들은 그 합의를 어기면 너의 회사를
고발할 것이다.)

d. Censorship **infringes** the right to free speech.(검
열은 언론 자유에 대한 권리를 침해한다.)

e. A false label **infringes** the food and drug law.(허위
표시는 식품과 의약품 법을 어긴다.)

2.2. 다음 주어는 목적어의 기분, 감정 등을 침해한다.

(3) a. The child's stubbornness **infringed** his mother.
(그 아이의 고집이 어머니의 감정을 침해했다.)

b. It **infringed** us that our plane was delayed.(우리
의 비행기가 연착된다는 것이 우리의 기분을 침해했
다.)

infuse

이 동사의 개념 바탕에는 좋은 것을 불어 넣는 과정
이 있다.

1. 타동사 용법

1.1. 다음 주어는 목적어를 into의 목적어에 불어넣는
다.

(1) a. He **infused** new life into industry.(그는 새 삶을 산
업에 불어 넣었다.)

b. She tried hard to **infuse** some vitality into their
dull marriage.(그녀는 얼마간의 활기를 그들의 지
루한 결혼 생활에 불어 넣으려고 많이 애를 썼다.)

1.2. 다음 주어는 목적어를 with의 목적어로 주입한다.

(2) a. He **infused** the team with enthusiasm. (그는 그 팀을 열광으로 주입했다.)

    b. He managed to **infuse** the situation with humor. (그는 가까스로 그 상황을 유머로 주입했다.)

1.3. 다음 주어는 그 자체가 목적어에 들어간다.

(3) Politics **infuse** all aspects of our lives. (정치학은 우리 삶의 모든 면을 침투한다.)

1.4. 다음은 수동태 문장으로 주어는 다른 개체로 주입된다.

(4) a. Her novels are **infused** with sadness. (그녀의 소설에는 슬픔이 주입되어 있다.)

    b. The soldiers were **infused** with courage. (그 군인들은 용기가 주입되었다.)

ingratiate

이 동사의 개념 바탕에는 마음에 들게 만드는 과정이 있다.

1. 타동사 용법

1.1. 다음 주어는 자신을 마음에 들게 만든다.

(1) a. He tries to **ingratiate** himself with the boss. (그는 자신을 그 사장의 마음에 들게 만들려고 노력한다.)

    b. He tried to **ingratiate** himself by flattering me. (그는 자신을 아첨함으로써 내 마음에 들게 하려고 노력했다.)

    c. The first part of his plan is to **ingratiate** himself with the members of the committee. (그의 계획의 첫 부분은 그 자신을 그 위원회 구성원들의 마음에 들도록 하는 것이다.)

inhabit

이 동사의 개념 바탕에는 거주나 서식하는 과정이 있다.

1. 타동사 용법

1.1. 다음 주어는 목적어를 거주지로 쓴다.

(1) a. Only some indians **inhabit** the region. (몇몇 인디언들만이 그 지역에 거주한다.)

    b. Dinosaurs **inhabited** the earth millions of years ago. (공룡들이 지구에 백만 년 전에 거주했다.)

    c. Thoughts **inhabit** the mind. (생각들은 마음에 거주한다.)

    d. Many birds **inhabit** the island. (많은 새들이 그 섬에 서식한다.)

1.2. 다음은 수동태 문장으로 주어는 거주지나 서식지로 쓰인다.

(2) a. The forest is **inhabited** by wild bears. (그 숲은 곰들에 의해 서식된다.)

    b. The town is **inhabited** by 500 people. (그 읍내는 500 명의 사람들에 의해 거주된다.)

    c. The island used to be **inhabited**. (그 섬은 예전에 서식되었다.)

inhale

이 동사의 개념 바탕에는 들여 마시는 과정이 있다.

1. 타동사 용법

1.1. 다음 주어는 목적어를 들여 마신다.

(1) a. He **inhaled** fumes from the fire. (그는 불에서 나오는 가스를 들이 마셨다.)

    b. He **inhaled** the fresh morning air. (그는 신선한 아침 공기를 들이 마셨다.)

    c. The patient **inhaled** a pain killing medicine before the operation. (그 환자는 진통약을 수술 전에 마셨다.)

2. 자동사 용법

2.1. 다음 주어는 on의 목적어에서 나오는 것을 마신다.

(2) He **inhaled** deeply on his cigarette. (그는 담배를 깊숙이 들이 마셨다.)

2.2. 다음 주어는 숨을 들여 마신다.

(3) The doctor told me to **inhale** deeply. (그 의사는 내게 깊게 숨을 들여 마시라고 말했다.)

inherit

이 동사의 개념 바탕에는 물려받는 과정이 있다.

1. 타동사 용법

1.1. 다음 주어는 목적어를 물려받는다.

(1) a. She **inherited** the land from her grandfather. (그녀는 그 땅을 할아버지로부터 물려받았다.)

    b. She **inherited** her parents' house. (그녀는 부모의 집을 물려받았다.)

    c. I've **inherited** $100,000 from my aunt. (나는 10만 불을 이모로부터 물려받았다.)

1.2. 다음 주어는 목적어를 물려받는다.

(2) a. She **inherited** her blue eyes from her mother. (그녀는 푸른 눈을 어머니로부터 물려받았다.)

    b. George **inherited** his father's bad temper. (조지는 아버지의 나쁜 성질을 물려받았다.)

    c. I **inherited** a weak heart from my mother. (나는 약한 심장을 어머니로부터 물려받았다.)

1.3. 다음 주어는 목적어를 물려받는다.

(3) The present government has **inherited** many of the problems of the previous administration. (현 정부는 전 정부의 많은 문제들을 물려받았다.)

inhibit

이 동사의 개념 바탕에는 저지하는 과정이 있다.

1. 타동사 용법

1.1. 다음 주어는 목적어를 저지한다.

(1) a. His shyness **inhibited** him from meeting new people. (수줍음이 그가 새 사람과 만나는 것을 방해했다.)

    b. The church **inhibits** its people from smoking and

drinking.(교회는 교인들을 담배와 술을 마시지 못하게 한다.)

1.2. 다음 주어는 목적어를 방해한다.

(2) a. The new drug inhibits the growth of cancer cells. (새 약은 세포의 성장을 저지한다.)

b. This jacket inhibits free movement.(이 저고리는 자유로운 움직임을 저지한다.)

c. A lack of oxygen may inhibit brain development in the unborn child.(산소의 부족이 태아의 뇌 성장을 저지할 수 있다.)

d. The drug can inhibit some normal bodily activity. (그 약은 어떤 정상적인 신체 활동을 저해할 수 있다.)

1.3. 다음 주어는 목적어를 억제한다.

(3) He inhibited his impulse to cry out.(그는 울고 싶은 충동을 억제했다.)

initiate

이 동사의 개념 바탕에는 첫 단계를 시작하는 과정이 있다.

1. 타동사 용법

1.1. 다음 주어는 목적어를 시작한다.

(1) a. He initiated a new method.(그는 새 방법을 도입했다.)

b. Sue initiated a conversation with the man next to her.(수는 옆에 있던 남자와 대화를 시작했다.)

c. Management initiated the negotiations, but soon withdrew from them.(경영진은 그 협상을 시작했으나, 곧 물러섰다.)

d. The government has initiated a program of economic reform.(정부는 경제 개혁 프로그램을 시작했다.)

1.2. 다음 주어는 목적어를 입회시킨다.

(2) a. The local tennis club initiated Bill yesterday.(지역 테니스 클럽은 빌을 어제 입회시켰다.)

b. The club initiated twelve new members.(그 클럽은 12명의 새 회원을 입회시켰다.)

1.3. 다음 주어는 목적어를 입문이나 입회시킨다.

(3) a. He initiated her into calligraphy.(그는 그녀를 서예에 입문시켰다.)

b. He initiated her into a new business method.(그는 그녀를 새 사업 방식에 입문시켰다.)

c. He initiated his friend into the club.(그는 친구를 그 클럽에 입회시켰다.)

1.4. 다음은 수동태 문장으로 주어는 입회된다.

(4) a. Susan was initiated by sorority.(수전은 여학생 모임에 입회되었다.)

b. Several new members were initiated into our club.(몇 몇 새 회원들이 우리 클럽에 입회되었다.)

inject

이 동사의 개념 바탕에는 집어넣는 과정이 있다.

1. 타동사 용법

1.1. 다음 목적어는 어떤 개체가 들어가는 그릇이다.

(1) a. He injected a vein with medicine.(그는 혈관에 약을 투입했다.)

b. He injected a tank with water.(그는 탱크에 물을 주입했다.)

c. The nurse injected my arm with a vaccine.(그 간호원은 내 팔에 백신을 주입했다.)

d. He tried to inject himself with pride.(그는 자신에게 자신감을 주입하려 애썼다.)

1.2. 다음은 수동태 문장으로 주어는 다른 개체가 들어간다.

(2) a. The patient was injected with narcotic drug.(그 환자는 마취약이 주입되었다.)

b. The fruit was injected with chemicals to reduce decay.(그 과일은 부패를 줄이기 위해서 화학물이 주입되었다.)

c. Older people should be injected against flu in winter.(나이 많은 분들은 감기 예방 주사를 겨울에 맞아야 한다.)

1.3. 다음 주어는 목적어를 집어넣는다. 주어는 도구이다.

(3) a. A small hose injected the insecticide into the soil. (작은 호스가 방충제를 토양에 주입했다.)

b. The machine injects fuel into the engine.(그 기계는 연료를 그 엔진에 주입한다.)

c. The fuel injector was not injecting enough gasoline.(그 연료 주입기는 충분한 휘발유를 주입하지 않고 있었다.)

1.4. 다음 주어는 목적어를 집어넣는다.

(4) a. The nurse injected a vaccine into my arm.(그 간호원은 백신을 내 팔에 주입했다.)

b. He injected water into a tank.(그는 물을 탱크에 넣었다.)

c. She has been injecting insulin since the age of 40.(그녀는 40세부터 인슐린을 투입해오고 있다.)

1.5. 다음은 수동태 문장으로 주어는 집어넣어진다.

(5) a. The satellite has been injected into its orbit.(그 위성은 그 궤도에 투입되었다.)

b. Chemicals are injected into the fruit to reduce decay.(화학 물질이 부패를 줄이기 위해 과일에 주입된다.)

1.6. 다음은 추상적 개체가 구체적인 것으로 개념화되어 있다.

(6) a. The professor injected some jokes into his lecture.(그 교수는 몇 개의 농담을 자신의 강의에 넣었다.)

b. He injected a note of humor into a serious talk.(그는 유머를 심각한 강의에 넣었다.)

c. The baby injected a new life into their marriage. (그 아기는 그들의 결혼에 새 활력을 주입했다.)

d. By mentioning cost, I tried to inject some realism into our planning.(비용을 언급함으로써, 나는 약간의 현실감을 우리의 계획에 넣으려고 했다.)

e. We put on some jazz music to inject a bit of life into the party.(우리는 활력을 그 파티에 넣기 위해

서 재즈 음악을 틀었다.)

1.7. 다음은 「말은 개체」 은유가 적용된 표현이다. 주어는 목적어를 집어넣는다.
(7) Susan injected several helpful comments.(수잔은 몇 개의 도움이 되는 논평을 주입했다.)

1.8. 다음은 「돈은 개체이다」의 은유가 적용된 예이다.
(8) a. They are refusing to inject any more capital into the industry.(그들은 더 이상의 자본을 그 산업에 넣기를 거부하고 있다.)
   b. The company injected two million dollars into the project.(그 회사는 이백만 달러를 기획 사업에 넣었다.)

1.9. 다음은 수동태 문장으로 주어는 집어넣어진다.
(9) a. A large amount of money has to be injected into the company if it is to survive.(그 회사가 회생하려면 많은 돈이 그 회사에 투입되어야 한다.)
   b. Enormous funds have been injected into the project.(굉장히 많은 자금이 그 기획 사업에 투입되었다.)

injure
이 동사의 개념 바탕에는 다치는 과정이 있다.

1. 타동사 용법
1.1. 다음 주어는 목적어를 다친다.
(1) a. He injured his hand.(그는 그의 손을 다쳤다.)
   b. He fell and injured his foot.(그는 떨어져서 발을 다쳤다.)
   c. I injured my arm while skating.(나는 스케이트를 타다가 내 팔을 다쳤다.)

1.2. 다음 주어는 목적어를 다친다. 목적어는 감정과 관련된 개체이다.
(2) a. John injured Ron's feelings in the argument.(존은 론의 감정을 말다툼하다가 해쳤다.)
   b. That remark injured us.(그 말은 우리의 감정을 해치게 했다.)
   c. The defeat injured her pride.(그 패배는 그녀의 자부심을 해치게 했다.)

1.3. 다음 주어는 목적어를 다친다. 목적어는 명성이나 능력 같은 것이다.
(3) a. He injured her reputation.(그는 그녀의 명성을 해쳤다.)
   b. The faulty computer injured our ability to do business.(불완전한 컴퓨터는 우리의 사업 능력을 해쳤다.)
   c. Dishonesty injures business.(부정직은 사업을 해친다.)

innovate
이 동사의 개념 바탕에는 혁신하는 과정이 있다.

1. 타동사 용법
1.1. 다음 주어는 목적어를 혁신한다.
(1) a. He innovated the computer operating system.(그

는 컴퓨터 운영 체계를 혁신했다.)
   b. The company innovated the notebook computer.(그 회사는 노트북을 혁신했다.)

1.2. 다음 주어는 목적어를 혁신적으로 도입한다.
(2) a. He innovated new ideas/products.(그는 새 생각/상품들을 도입했다.)
   b. He innovated new methods in linguistics.(그는 새 방법들을 언어학에 도입했다.)

inoculate
이 동사의 개념 바탕에는 접종하는 과정이 있다.

1. 타동사 용법
1.1. 다음 주어는 목적어를 on/into의 목적어에 주입한다.
(1) She inoculated a virus on/into him.(그녀는 바이러스를 그에게 접종했다.)

1.2. 다음 주어는 목적어를 전치사 against의 목적어에 대비해서 접종한다.
(2) a. She inoculated the baby against smallpox.(그녀는 그 아기를 천연두에 대비해서 접종했다.)
   b. He inoculated me against yellow fever.(그는 나를 황열병에 대비해서 접종했다.)

1.3. 다음 주어는 목적어를 전치사 with의 목적어로 접종시킨다.
(3) a. The nurse inoculated him with a virus.(그 간호원은 그에게 바이러스를 접종시켰다.)
   b. The doctor inoculated the children with a live vaccine.(그 의사는 아이들에게 생 백신을 접종시켰다.)
   c. He inoculated us with new ideas.(그는 우리에게 새 생각들을 주입했다.)

1.4. 다음은 수동태 문장으로 주어는 접종된다.
(4) a. Have you been inoculated for measles yet?(너는 홍역에 대비해서 접종을 받았나?)
   b. All the children have been inoculated against hepatitis.(모든 아이들은 간염 접종을 받았다.)

inquire
이 동사의 개념 바탕에는 묻는 과정이 있다.

1. 타동사 용법
1.1. 다음 주어는 목적어를 묻는다.
(1) a. He inquired the way to the station.(그는 역으로 가는 길을 물었다.)
   b. The police are inquiring the accident.(그 경찰은 그 사고에 대해 묻고 있다.)
   c. He inquired how to handle it.(그는 그것을 취급하는 법을 물었다.)

1.2. 다음 주어는 목적어를 전치사 of의 목적어에 묻는다.
(2) a. He inquired weather conditions of the weather bureau.(그는 기상상태를 기상국에 물었다.)
   b. I inquired of him about the result.(나는 그에게 결과를 문의했다.)

1.3. 다음 목적어는 의문사가 이끄는 절이다.

(3) a. I inquired of him when he would come back.(나는 그가 언제 돌아 오는지 그에게 물었다.)
 b. He nervously inquired of his host whether he could smoke in the house.(그는 그가 집안에서 담배를 피워도 되는지 초조하게 그 주인에게 물었다.)
 c. I inquired whether any room at the hotel was vacant.(나는 그 호텔에 방이 비었는지 물었다.)

2. 자동사 용법
2.1. 다음 주어는 전치사 about의 목적어에 대해서 묻는다.
(4) a. Sue inquired about Bob's success.(수는 밥의 성공에 대해서 물었다.)
 b. He inquired about the "Help Wanted" sign in the window.(그는 창문에 있는 "구인광고"에 대해서 물었다.)
2.2. 다음 주어는 전치사 into의 목적어를 조사한다.
(5) a. The police is inquiring into the murder case.(경찰은 그 살인 사건을 조사하고 있다.)
 b. The investigation will inquire into the exact circumstances of the sale.(조사는 그 판매의 정확한 상황을 조사할 것이다.)
2.3. 다음 주어는 전치사 after의 목적어의 안부를 묻는다.
(6) a. He inquired after my son.(그는 내 아들의 안부를 물었다.)
 b. We inquired after his health.(우리는 그의 건강에 대해 안부를 물었다.)

inscribe
이 동사의 개념 바탕에는 새기는 과정이 있다.

1. 타동사 용법
1.1. 다음 주어는 목적어를 새긴다. 목적어는 새겨지는 개체이다.
(1) a. He inscribed his name in a list/a guest book.(그는 자신의 이름을 명단/손님 명단에 적었다.)
 b. She inscribed her initials into a tree.(그녀는 자신의 이름 첫 자를 나무에 새겨 넣었다.)
 c. He inscribed the winner's names on the plaque/the trophy.(그는 그 우승자의 이름을 기념 명판/트로피에 새겨 넣었다.)
 d. They inscribed his name on a war memorial/the statue.(그들은 그의 이름을 전쟁기념비/동상에 새겨 넣었다.)
 e. Bill inscribed the design onto the steel plate with a chisel.(빌은 끌을 이용해 그 철제 접시에 그 도안을 새겼다.)
1.2. 다음은 수동태 문장으로 주어는 새겨진다.
(2) a. The date of her birth was inscribed on the gravestone.(그녀의 생일 날짜가 묘비에 새겨졌다.)
 b. His name is inscribed in Chinese characters.(그의 이름은 한자로 새겨져 있다.)
1.3. 다음은 수동태 문장으로 주어는 새겨져서 생긴다.

(3) a. The scene is deeply inscribed in his memory.(그 장면은 그녀의 기억 속에 깊이 새겨져 있다.)
 b. His gentle smile is inscribed in my memory.(그의 부드러운 미소가 나의 기억 속에 새겨져 있다.)
 c. The last day of school is inscribed on my memory.(학교에서의 마지막 날은 내 기억 속에 새겨져 있다.)
 d. His name was inscribed on her heart.(그의 이름은 그녀의 마음 속에 새겨져 있었다.)
1.4. 다음 주어는 목적어에 전치사 with의 목적어로 쓰거나 새긴다.
(4) a. The ballplayer inscribed the boy's ball.(그 야구선수는 그 소년의 공에 이름을 썼다.)
 b. Henry inscribed the greeting card with his signature.(헨리는 인사 카드에 그의 사인을 적어 넣었다.)
 c. He inscribed the monument with the soldiers' names.(그는 기념비에 그 군인들의 이름을 새겨 넣었다.)
 d. He inscribed the plaque with the winners' names.(그는 그 기념 명판에 그 우승자의 이름들은 새겨 넣었다.)
 e. She inscribed the first page of the book with a personal note.(그녀는 책의 첫 장을 개인적인 소감으로 적어 넣었다.)
1.5. 다음은 수동태 문장으로 주어는 무엇이 새겨지는 장소나 개체이다.
(5) a. The wall of the church was inscribed with the names of the dead from Korea war.(그 교회의 벽은 한국전쟁 당시 사망한 사람들의 이름으로 새겨져 있었다.)
 b. The stone above the fireplace is inscribed with a date.(그 벽난로 위의 돌에는 날짜가 새겨져 있다.)
 c. The tombstone is inscribed with the date of his death.(그 묘비에는 그의 사망일이 새겨져 있다.)
 d. The tomb is inscribed with a short epitaph.(그 무덤은 짧은 비문이 새겨져 있다.)
1.6. 다음에서 주어는 목적어에 서명을 해서 to의 목적어에 준다.
(6) a. This book I inscribe to my wife.(이 책을 내 아내에게 바친다.)
 b. He inscribed these poems to his friend, John.(그는 이 시들을 친구, 존에게 증정하였다.)
 c. The book is inscribed: To John Smith from Lee.(이 책은 리가 존 스미스한테 바치는 것이다.)

insert
이 동사의 개념 바탕에는 끼워 넣는 과정이 있다.

1. 타동사 용법
1.1. 다음 주어는 목적어를 into의 목적어에 끼워 넣는다.
(1) a. Bob inserted a bookmark into the book.(밥은 책 표시기를 책 속에 넣었다.)
 b. He inserted a sheet of paper into the printer.(그는

종이 한 장을 프린터에 넣었다.)

c. Please **insert** your credit card **into** the slot.(당신의
신용카드를 그 구멍에 넣으세요.)

d. They **inserted** a tube **into** his mouth to help him
breathe.(그들은 관 하나를 그의 입에 넣어서 그가
숨쉬는 데 도왔다.)

e. I **insert** coins **into** the slot and press for a ticket.
(나는 동전을 구멍에 넣고 눌러서 표 한 장을 산다.)

1.2. 다음 주어는 목적어를 끼워 넣는다. 목적어는 글
과 관계가 있다.

(2) a. He **inserted** a clause.(그는 조항 하나를 삽입했다.)

b. He **inserted** a word **between** the two words.(그는
낱말 하나를 두 낱말 사이에 끼워 넣었다.)

c. He **inserted** an ad **in** the magazine.(그는 광고 하나
를 잡지에 삽입했다.)

d. He **inserted** a new paragraph **in** his article.(그는
새 단락을 자신의 기사에 삽입했다.)

insinuate

이 동사의 개념 바탕에는 은근히 그리고 교묘하게
움직이는 과정이 있다.

1. 타동사 용법
1.1. 다음 주어는 목적어를 교묘하게 넣는다.
(1) a. He **insinuated** doubt **into** me.(그는 의심을 교묘하
게 내게 집어넣었다.)

b. He **insinuated** her **into** the top echelon.(그는 그녀
를 가장 높은 자리에 집어넣었다.)

c. He managed to **insinuate** his way **into** her
affection.(그는 교묘하게 그녀의 애정 속으로 파고
들었다.)

1.2. 다음 목적어는 재귀대명사이다.
(2) a. She **insinuated** herself **into** the rich family.(그녀는
그 부유한 가정으로 파고 들었다.)

b. He **insinuated** himself **into** her favor/good society.
(그는 그녀의 환심/좋은 사회 속으로 파고 들었다.)

1.3. 다음 주어는 넌지시 목적어를 말한다.
(3) a. Are you **insinuating that** I am responsible for the
accident?(너는 내가 그 사고에 책임이 있다고 넌지
시 말하고 있는 거니?)

b. She **insinuated that** Bob had stolen the money.(그
녀는 밥이 돈을 훔쳤다고 넌지시 말했다.)

c. He **insinuates that** you are a liar.(그는 네가 거짓말
쟁이라고 넌지시 말한다.)

insist

이 동사의 개념 바탕에는 남의 반대나 의심에 대항
해서 자신의 생각을 끈질기게 주장하는 과정이 있다.

1. 자동사 용법
1.1. 다음 주어는 on의 목적어를 주장한다.
(1) a. He **insisted on** the point in his lecture.(그는 강의
에서 그 점을 주장했다.)

b. I shall **insist** no longer **on** that point.(나는 더 이상

그 점을 주장하지 않을 것이다.)

c. I cannot now **insist upon** the particulars.(나는 이
제 그 특수 사항들을 고집할 수 없다.)

d. I **insisted on** a contract that gave me some sort of
security.(나는 나에게 어떤 종류의 안전을 보장해
주는 계약을 주장했다.)

e. Most universities **insist on** an interview before they
accept a student.(대부분의 대학은 학생을 받아들
이기 전에 면접을 주장한다.)

1.2. 다음 주어는 on의 목적어를 주장하거나 계속한다.
(2) a. He **insists on** playing another game.(그는 다른 게
임을 하자고 주장한다.)

b. He **insisted on** paying for the meal.(그는 식사비를
지불하겠다고 주장했다.)

c. He **insisted on** giving me a second helping.(그는
나에게 음식을 한차례 더 먹을 것을 주장했다.)

d. He **insisted on** going to the cinema.(그는 그 영화
관에 갈 것을 주장했다.)

1.3. 다음에서는 동명사의 주어가 표현되어 있다.
(3) a. I **insist on** your being present.(나는 네가 출석할
것을 주장한다.)

b. She **insisted on** her husband's paying the
check.(그녀는 남편이 수표를 지불할 것을 주장했
다.)

1.4. 다음 주장되는 내용은 문맥이나 화맥에서 예측될
수 있다.
(4) a. You must come with: I **insist**.(네가 함께 가야 한
다.: 나는 이것을 주장한다.)

b. I'll have another glass if you **insist**.(네가 우기면,
나는 한 잔 더 하겠다.)

c. But you know that she's innocent, the girl
insisted.(그러나 당신은 그녀가 무죄임을 알고 있지
요. 그 소녀는 우겼다.)

2. 타동사 용법
2.1. 다음 주어는 that-절 내용을 주장한다.
(5) a. I **insisted that** he should go.(나는 그가 가야 한다고
주장했다.)

b. We **insist that** you accept these gifts.(우리는 당신
이 이 선물들을 받아야 한다고 주장한다.)

c. Mother **insists that** we wash our hands before
eating.(어머니는 우리가 식사 전에 손을 씻어야 한
다고 주장하신다.)

d. She **insists that** Jim must leave or she would call
the police.(그녀는 짐이 떠나든가 그녀가 경찰을 부
르든지 하겠다고 주장한다.)

inspect

이 동사의 개념 바탕에는 결합 등을 찾기 위해서 세
밀하게 조사하는 과정이 있다.

1. 타동사 용법
1.1. 다음 주어는 목적어를 세밀하게 조사한다.
(1) a. He **inspected** every part of the engine.(그는 엔진
의 모든 부분을 세밀하게 조사했다.)

b. Public health officials **inspected** the premises.(공공 건강 공무원들이 그 구내를 세밀하게 조사했다.)

c. He **inspected** the damage.(그는 그 손해를 세밀히 조사했다.)

d. He carefully **inspected** the china for cracks.(그는 그 사기 그릇의 흠을 찾기 위해 조사했다.)

e. The teacher **inspected** the pupil's work.(선생님이은 학생들의 과제를 세밀히 조사했다.)

1.2. 다음은 수동태 문장으로 주어는 조사된다.

(2) a. The plants are regularly **inspected** for disease.(그 식물들은 정기적으로 질병에 대해 조사된다.)

b. The factory will be **inspected** next week.(그 공장은 다음 주에 조사될 것이다.)

1.3. 다음 주어는 검열을 한다.

(3) a. The general **inspected** the troops.(그 장군은 군대를 검열했다.)

b. The major will **inspect** the troops tomorrow.(육군 소령은 군대를 내일 검열할 것이다.)

inspire

이 동사의 개념 바탕에는 어떤 감정이나 정신을 불어넣는 과정이 있다.

1. 타동사 용법

1.1. 다음의 주어는 목적어를 전치사 in의 목적어에 불어넣는다. 목적어는 들어가는 정신이다.

(1) a. You need a teacher who **inspires** self-confidence in her pupils.(너는 학생들에게 자신감을 고취시키는 선생님이 필요하다.)

b. A good leader **inspires** confidence in his/her followers.(훌륭한 지도자는 자신의 추종자들에게 자신감을 불어넣는다.)

c. He **inspired** confidence in her.(그는 그녀 안에 확신을 불어넣었다.)

1.2. 다음 주어는 사람이 아닌 개체이다. 주어는 목적어를 in이나 among의 목적어에 불어넣는다.

(2) a. The good news **inspired** joy in my heart.(그 희소식은 기쁨을 내 마음에 불어넣었다.)

b. The hungry children **inspired** sorrow in my heart.(굶주린 아이들은 슬픔을 내 마음에 불어넣었다.)

c. His success **inspired** admiration in me.(그의 성공은 감탄을 내 안에 불어넣었다.)

d. His words **inspired** hope in us.(그의 말은 희망을 우리 안에 불어넣었다.)

e. All these reports of crashes don't **inspire** much confidence in the planes.(충돌에 관한 이 모든 보고들은 많은 신뢰감을 비행기들에 불어넣지 못한다.)

f. She **inspires** great loyalty **among** her followers.(그녀는 커다란 충성심을 그녀의 추종자들 사이에 불러일으킨다.)

g. Gandhi's quiet dignity **inspired** respect even **among** his enemies.(간디의 조용한 기품은 존경심을 심지어 그의 적들 사이에서도 불러 일으켰다.)

1.3. 다음 주어는 목적어를 불어넣는다.

(3) a. His kind words **inspired** new courage.(친절한 언변은 새로운 용기를 불어넣었다.)

b. Honesty **inspires** respect.(정직은 존경을 불어넣는다.)

c. His driving/his performance hardly **inspires** confidence.(그의 운전/그의 공연은 확신을 거의 불어넣지 못한다.)

d. The captain's example **inspired** determination to reach the South Pole on foot.(대장의 본보기는 남극까지 걸어서 갈 결심을 고취시켰다.)

1.4. 다음 주어는 목적어를 전치사 with의 목적어로 불어넣는다.

(4) a. He **inspired** her **with** hope/enthusiasm/confidence.(그는 그녀에게 희망/열정/확신을 불어넣었다.)

b. He **inspired** her mind **with** terror/hope/love.(그는 그녀의 마음에 공포/희망/사랑을 불어넣었다.)

c. The teacher **inspired** them **with** respect.(선생님은 그들에게 존경심으로 불어넣었다.)

1.5. 다음 주어는 사람이 아닌 추상적 개체이다. 주어는 목적어를 with의 목적어로 불어넣는다.

(5) a. His conduct **inspired** us **with** distrust.(그의 행동은 우리를 불신으로 불어넣었다.)

b. His success **inspired** me **with** admiration.(그의 성공은 나를 감탄으로 불어넣었다.)

c. Success **inspired** us **with** fresh efforts.(성공은 우리를 새로운 노력으로 고취시켰다.)

d. Boiling water **inspired** Watts **with** the wonderful idea.(끓는 물은 왓츠를 기발한 생각으로 불어넣었다.)

e. They don't **inspire** me **with** confidence.(그들은 나를 확신으로 불어넣지 않는다.)

f. His driving hardly **inspires** his passengers **with** confidence.(그의 운전은 승객들을 믿음으로 거의 불어넣지 못한다.)

g. Praise **inspires** us **with** confidence.(칭찬은 우리를 자신감으로 불어넣는다.)

1.6. 다음 주어는 목적어를 고취시킨다.

(6) a. The electric guitar of Jimi Hendrix **inspired** a generation.(지미 헨드릭스의 전자 기타는 한 세대를 고취시켰다.)

b. The concert **inspired** the entire audience.(그 콘서트는 전 청중을 고취시켰다.)

c. His bravery **inspired** us.(그의 용기는 우리를 고무시켰다.)

d. His qualities of leadership **inspired** his followers.(그의 통솔 자질은 그의 추종자들을 고취시켰다.)

e. His speech **inspired** the crowd.(그의 연설은 군중을 고무시켰다.)

f. He **inspired** us with his eloquence.(그는 우리를 능변으로 고취시켰다.)

1.7. 다음은 수동태 문장으로 주어는 어떤 정신이나 마음으로 고취된다.

(7) a. You cannot read this without being **inspired**.(이것을 읽으면 너는 틀림없이 고무될 것이다.)

b. The players were **inspired** by the loyalty of their supporters.(그 선수들은 후원자들의 충성심에 고

c. The troops were **inspired** by the patriotism.(그 부대들은 애국심에 의해 고취되었다.)

1.8. 다음의 주어는 목적어를 고취하여 어떤 일을 하게 한다.

(8) Competition **inspired** them to try harder.(경쟁은 그들을 더 열심히 시도하도록 고취시켰다.)

b. The trip to Italy **inspired** him to paint again.(이탈리아로의 여행은 그를 다시 그림을 그리도록 고무했다.)

c. The sunset **inspired** her to write a poem.(석양이 그녀를 시를 쓰도록 고취시켰다.)

d. Your advice **inspired** me to start my own business.(네 충고는 나를 개인 사업을 시작하도록 고취시켰다.)

e. The story about the great discovery **inspired** us to look for fossils.(위대한 발견에 관한 그 이야기는 우리를 화석을 찾도록 고취시켰다.)

f. His brother's success **inspired** him to try out for the football team.(그의 남동생의 성공은 그를 축구 팀 선발 테스트에 임하도록 고무시켰다.)

g. Beethoven's music **inspired** her to be a musician.(베토벤의 음악은 그녀를 음악가가 되도록 고무시켰다.)

h. My mother **inspired** me to go to college.(나의 어머니는 나를 대학에 가도록 고취시켰다.)

i. What **inspired** him to give such a great performance?(무엇이 그를 그런 훌륭한 연주를 하도록 고취시켰니?)

1.9. 다음 주어는 목적어를 고취시켜서 to의 목적어에 이르게 한다.

(9) I hope his success will **inspire** him to greater efforts.(나는 그의 성공이 그를 더 큰 노력을 하게 하기를 희망한다.)

1.10. 다음 주어는 목적어를 불러일으킨다.

(10) a. His own experience **inspired** the novel.(그의 개인적 경험은 그 소설을 쓰게 했다.)

b. The memory of his mother **inspired** the best music.(그의 어머니에 대한 기억은 최고의 음악을 낳게 했다.)

c. The book **inspired** a movie.(그 책은 영화를 낳게 했다.)

d. The design of the car **inspired** many imitations.(그 차의 디자인은 많은 모조품을 생기게 했다.)

e. He **inspired** a false story about us.(그는 우리에 관한 헛소문을 퍼뜨렸다.)

1.11. 다음은 수동태 문장으로 주어는 고취를 받고 생겨난다.

(11) a. The poem was **inspired** by the countryside.(그 시는 시골 풍경에 고취되어 쓰여졌다.)

b. The book was **inspired** by a real person.(그 책은 실제 인물에 의해 영감을 얻었다.)

c. The mystery novel is **inspired** by a TV series.(그 추리 소설은 TV 연속물에서 영감을 얻는다.)

d. The story was **inspired** by a chance meeting with a Russian dancer.(그 이야기는 러시아 댄서와의 우연한 만남에 영감을 얻었다.)

e. Christians believe that the new Testament is **inspired** by God.(기독교인들은 신약이 신의 계시에 의해 쓰여졌다고 믿는다.)

f. One feels that this series of poems must have been **inspired** by a passionate love affairs.(사람들은 이 일련의 시들이 열정적인 사랑에 의해 영감을 받아 쓰여졌음에 틀림없다고 느낀다.)

install

이 동사의 개념 바탕에는 자리에 앉히는 과정이 있다.

1. 타동사 용법
1.1. 다음 주어는 목적어를 설치한다.
(1) a. They **installed** a telephone.(그들은 전화를 설치했다.)

b. I need some help **installing** the software.(나는 그 소프트웨어를 설치하는데 도움이 필요요다.)

c. The worker **installed** cable television in the building.(그 인부는 케이블 텔레비전을 건물에 설치했다.)

d. We **installed** a new dishwasher.(우리는 새 그릇 세척기를 설치했다.)

e. The hotel has **installed** a new booking system.(그 호텔은 새 예약제도를 도입했다.)

1.2. 다음 주어는 목적어를 어떤 자리에 앉힌다.
(2) a. They **installed** him in the new department.(그들은 그를 새 부서에 앉혔다.)

b. The president **installed** Richard as a new treasurer.(사장은 리차드를 새 재무관을 앉혔다.)

1.3. 다음은 수동태 문장으로 주어는 취임된다.
(3) a. The club president was **installed** in a joyful ceremony.(클럽 회장은 즐거운 의식 속에 취임되었다.)

b. He was **installed** as the archbishop.(그는 대주교로 취임되었다.)

1.4. 다음 목적어는 재귀대명사이다. 주어는 자신을 앉힌다.
(4) a. He **installed** himself in a seat.(그는 자신을 의자에 앉혔다.)

b. She **installed** herself at the front desk.(그녀는 자신을 접수대에 앉혔다.)

instigate

이 동사의 개념 바탕에는 (나쁜 일을) 하게 부추기는 과정이 있다.

1. 타동사 용법
1.1. 다음 주어는 목적어를 선동하여 to부정사가 가리키는 일을 하게 한다.
(1) a. He **instigated** the people to revolt.(그는 사람들을 부추겨서 반란을 일으키게 했다.)

b. He **instigated** the workers to go on strike.(그는

노동자들을 부추겨서 파업을 하도록 했다.)

1.2. 다음 주어는 목적어를 부추긴다.

(2) a. He instigated the quarrel/the riot.(그는 싸움/폭동을 부추겼다.)

b. He instigated racial violence.(그는 인종 폭력을 부추겼다.)

c. The government instigated a program of economic reform.(정부는 경제 개혁 프로그램을 부추겼다.)

d. It would be impossible to instigate an official investigation.(공식적 조사를 부추기는 것은 불가능할 것이다.)

instil

이 동사의 개념 바탕에는 조금씩 주입하는 과정이 있다.

1. 타동사 용법

1.1. 다음 주어는 목적어를 조금씩 전치사 into의 목적어에 주입한다.

(1) a. The work instilled a lot of patience into her.(그 일은 많은 인내심을 그녀에게 주입했다.)

b. They instilled good manners into their children at an early age.(그들은 예의범절을 아이들에게 어린 나이에 주입했다.)

c. He instilled the idea into his students.(그는 그 생각을 학생들에게 주입했다.)

d. The parents has instilled confidence/discipline into their children.(부모들은 자신감/규율을 자신들의 아이들에게 주입했다.)

1.2. 다음 주어는 목적어를 전치사 with의 목적어로 주입한다.

(2) a. The work instilled her with a lot of patience.(그 일은 그녀에게 많은 인내심을 주입했다.)

b. Working as a waitress instilled her with patience.(여종업원의 일이 그녀를 많은 인내심으로 주입했다.)

institute

이 동사의 개념 바탕에는 짜 만들어서 시작하는 과정이 있다.

1. 타동사 용법

1.1. 다음 주어는 목적어를 시작한다.

(1) a. The court instituted divorce proceedings.(그 법정은 이혼 절차를 시작했다.)

b. He instituted a lawsuit against his old company.(그는 옛 회사에 대해 소송을 시작했다.)

1.2. 다음 주어는 목적어를 만들어서 시작한다.

(2) a. They instituted a custom.(그들은 관습 하나를 만들어서 시행했다.)

b. The officers of the club instituted a strict smoking policy.(클럽의 임원들은 엄한 금연 규칙을 시행했다.)

c. The new management intends to institute a number of changes.(새 경영진은 많은 변화를 만들어서 시행할 예정이다.)

d. The professor instituted a new course.(그 교수는 새 강의를 만들어 시작했다.)

1.2. 다음은 수동태 문장으로 주어는 설립한다.

(3) The foundation was instituted in 1940.(그 재단은 1940년에 설립되었다)

instruct

이 동사의 개념 바탕에는 체계적으로 가르치거나 지시하는 과정이 있다.

1. 타동사 용법

1.1. 다음 목적어는 가르침을 받는 사람이다. 주어는 목적어를 가르친다.

(1) a. He instructs the young.(그는 젊은이들을 가르친다.)

b. He instructs the students in linguistics.(그는 학생들에게 언어학을 가르친다.)

c. The fire fighter instructed the class about how to survive a fire.(그 소방관은 그 학급에 화재에서 살아남는 법에 대해서 가르쳤다.)

1.2. 다음은 수동태 문장으로 주어는 가르침을 받는다.

(2) He is instructed in the matter.(그는 그 문제에 대해서 잘 알고 있다.)

1.3. 다음 주어는 첫째 목적어에게 둘째 목적어를 가르친다.

(3) a. The manual instructs you how to assemble a computer.(그 지침서는 너에게 컴퓨터의 조립 방법을 가르쳐 준다.)

b. He instructed us when to come.(그는 우리에게 언제 올지를 가르쳐 주었다.)

1.4. 다음 주어는 목적어를 지시해서 목적어가 어떤 일을 하게 한다.

(4) a. She instructed us to leave one by one.(그녀는 우리를 한 사람씩 떠나도록 지시했다.)

b. The teacher instructed Tom to open the door.(그 교사는 톰에게 그 문을 열라고 지시했다.)

c. He instructed us to fast that day.(그는 우리에게 그 날 단식을 하라고 지시했다.)

d. The letter instructed him to report to the head office immediately.(그 편지는 그가 본부에 바로 보고하도록 지시했다.)

1.5. 다음은 수동태 문장으로 주어는 지시를 받는다.

(5) a. Bill was instructed to leave the room.(빌은 그 방을 떠나도록 지시를 받았다.)

b. All our staff have been instructed in sign language.(우리 모든 직원들은 수화 교육을 받았다.)

1.6. 다음 that-절은 주어의 지시 내용을 담고 있다.

(6) a. He instructed that a wall be built around the city.(그는 담이 그 도시 주위에 세워져야 한다고 지시했다.)

b. We were instructed that the assembly would not vote until noon.(우리는 의회가 정오까지 투표를 하

지 않을 것으로 통고 받았다.)

c. I instructed him that he had passed the test.(나는 그가 그 시험을 통과했음을 그에게 알려주었다.)

1.7. 다음 주어는 목적어를 의뢰한다.

(7) Once you have decided to proceed with a case, you should instruct a good solicitor.(일단 그 소송을 계속 하기로 작정하면, 너는 좋은 변호사를 의뢰해야 한다.)

insult

이 동사의 개념 바탕에는 모욕을 주는 과정이 있다.

1. 타동사 용법

1.1. 다음 주어는 목적어를 모욕한다.

(1) a. He insulted her by calling her a simpleton.(그는 그 녀를 바보라고 불러서 그녀를 모욕 했다.)

b. She insulted me by saying hello to everyone but me.(그녀는 다른 모든 사람들에게 인사를 하면서 나를 빼놓음으로써 나를 모욕했다.)

1.2. 다음은 수동태 문장으로 주어는 모욕을 받는다.

(2) a. She was insulted by the low offer.(그녀는 그 저속 한 제의에 모욕을 당했다.)

b. We were insulted by the rudeness of the taxi driver.(우리는 택시 운전사의 무례함에 모욕을 받 았다.)

1.3. 다음 주어는 목적어를 모욕한다.

(3) a. The TV sitcom insults my intelligence.(텔레비전 상황극은 나의 지능을 모욕한다.)

b. The foods insult the body.(그 음식들은 몸을 모욕 한다/해친다.)

insure

이 동사의 개념 바탕에는 보험을 드는 과정이 있다.

1. 타동사 용법

1.1. 다음 주어는 목적어를 보험에 넣는다. 보험의 액 수가 표현되어 있다.

(1) a. He insured himself/his life for $1,000,000.(그는 자신/자신의 생명을 백만불에 보험에 넣었다.)

b. You should insure the painting at least for $500,000.(너는 그 그림을 적어도 오십만불을 보험 에 넣어야 한다.)

c. The insurance company insured city drivers at a higher cost than rural ones.(그 보험 회사는 도시 운전자들을 시골 운전자들보다 높은 비용으로 보험 에 넣는다.)

d. He insured the package that he sent by mail.(그는 우편으로 보낸 소포를 보험에 넣었다.)

1.2. 다음 주어는 목적어를 보험에 가입시킨다. 보험의 대상이 against로 표현되어 있다.

(2) a. He insured his house against fire.(그는 집을 화재 에 대비해서 보험에 넣었다.)

b. The airline insured its passengers' luggage against loss.(그 항공 회사는 승객들의 짐을 분실에 대비해서 보험에 넣었다.)

c. Luckily he had insured himself against long-term illness.(다행히 그는 자신을 장기 질병에 대비해서 보험에 들었다.)

d. He insured her jewels against loss.(그는 그녀의 보석들을 분실에 대비해서 보험에 들었다.)

e. He insured her against death.(그는 그녀를 사망에 대비해서 보험에 들었다.)

1.3. 다음 주어는 보험처럼 목적어를 보호한다.

(3) a. Care insures us against errors.(주의가 우리를 오 류에서 보호한다.)

b. More care will insure you against making so many mistakes.(더 많은 주의는 그처럼 많은 실수 를 하는 것에서 너를 보호해 줄 것이다.)

1.4. 다음 주어는 첫째 목적어에 둘째 목적어를 보장한 다.

(4) a. Your degree will insure you a job.(학위는 너에게 일자리를 보장해 줄 것이다.)

b. Proper diet will insure you a good health.(올바른 식사는 너에게 건강을 보장해 줄 것이다.)

c. Having a lot of children is a way of insuring against loneliness in old age.(많은 아이들을 갖는 것은 노년에 외로움을 대비하는 방법이다.)

integrate

이 동사의 개념 바탕에는 부분이 통합되어 전체가 되는 과정이 있다.

1. 타동사 용법

1.1. 다음 주어는 목적어를 통합한다. 목적어는 복수 형이나 접속사 and로 연결된 명사구이다.

(1) a. Laws were passed in the US to integrate all schools.(모든 학교를 통합하기 위한 법이 미국에서 통과되었다.)

b. The district integrated the schools by bringing the children from different neighborhood.(그 지역 은 다른 지역으로부터 아이들을 데려옴으로써 학교 들을 통합했다.)

c. Attempts to integrate the immigrants failed.(이민 자들을 통합하려는 시도는 실패로 돌아갔다.)

d. He can integrate work and activity.(그는 작업과 활동을 통합할 수 있다.)

1.2. 다음 주어는 그 자체가 목적어를 전체가 되게 한 다.

(2) The body and soul integrates the man.(육체와 영혼 이 사람을 구성한다.)

1.3. 다음은 수동태 문장으로 주어는 통합된다.

(3) a. By the end of the 1960s, restaurants were integrated.(1960년대 말까지 음식점들이 통합되었 다.)

b. Train and bus services have been fully integrated.(철도와 버스 교통이 완전히 통합되었다.)

c. The two rail systems were integrated.(두 철도 체 계가 통합되었다.)

d. After a long court battle, the schools were finally integrated.(오랜 법정 투쟁 끝에 학교들은 마침내

통합되었다.)

e. My school was **integrated**: I have African American, Caucasian, and hispanic classmates.(나의 학교는 통합되었다: 나는 흑인, 백인, 라틴계 동급생이 있다.)

1.4. 다음 주어는 목적어를 into의 목적어에 통합시킨다.

(4) a. He **integrated** my proposal **into** his final report.(그는 나의 제안을 자신의 최종 보고서에 통합시켰다.)

b. Mary **integrated** the new information **into** her report.(메리는 새 정보를 자신의 보고서에 통합시켰다.)

c. He **integrated** several ideas **into** her report.(그는 여러개의 아이디어를 한데 모아서 자신의 보고서를 작성했다.)

d. I am trying to **integrate** the different sections of my work **into** a single report.(나는 연구의 여러 다른 부분들을 한데 모아서 하나의 보고서로 작성하려 한다.)

e. Little attempts were made to **integrate** the parts **into** a coherent whole.(부분들을 하나의 전체에 통합하려는 시도는 거의 만들어지지 않았다.)

f. He tried to **integrate** me **into** the group.(그는 나를 그룹의 일원이 되게 하려 했다.)

g. It is difficult to **integrate** released prisoners back **into** society.(석방된 죄수들을 사회의 구성원으로 통합하는 것은 어렵다.)

h. Many schools are now **integrating** computer programs **into** the curriculum.(많은 학교들이 이제 컴퓨터 프로그램 수업을 교과 과정에 통합하고 있다.)

1.5. 다음은 수동태 문장으로 주어는 into의 목적어에 통합된다.

(5) a. The workers were **integrated into** the routine.(그 노동자들은 틀에 박힌 작업에 통합되었다.)

b. By that time, the new tunnel will be fully **integrated into** our rail network.(그때까지 새 터널은 우리의 철도 교통망에 완전히 통합될 것이다.)

c. All subjects were **integrated into** one course.(모든 과목들이 하나의 과정에 통합되었다.)

d. It is clear that some racial minorities are not fully **integrated into** the community.(몇몇 소수 인종들이 그 지역 사회에서 완전히 통합되지 않은 것이 분명하다.)

1.6. 다음 주어는 목적어를 전치사 with의 목적어와 통합시킨다.

(6) a. It believes that by **integrating** the rail lines with its buses, it can make them pay.(철도 교통을 버스와 통합함으로써 수지를 맞출 수 있을 것으로 믿는다.)

b. The school **integrates** math lessons with computer studies.(그 학교는 수학 수업을 컴퓨터 수업과 통합한다.)

2. 자동사 용법

2.1. 다음 주어는 통합된다.

(7) a. Our high school **integrated** against the wishes of the board.(우리 고등학교는 그 이사회의 기대와는 반해서 통합했다.)

b. The neighborhood **integrated** during the 1970s.(그 동네는 1970년대에 통합되었다.)

2.2. 다음 주어는 into의 목적어에 통합된다.

(8) a. The child was adopted a year ago, but she has completely **integrated into** the family.(그 아이는 일년 전에 입양되었는데, 그 가족의 완전한 일원이 되었다.)

b. The immigrants do not find it easy to **integrate into** the life of our cities.(그 이민자들은 우리 도시의 생활에 통합되는 것이 쉽다고 생각하지 않는다.)

c. My immigrant grandmother lived in this country for 50 years, but she never **integrated into** the society.(이민자이신 나의 할머니는 50년 동안 이 나라에서 사셨으나, 결코 그 사회에 통합되지 못했다.)

d. He didn't **integrate** successfully **into** the Korean way of life.(그는 한국의 생활 방식에 성공적으로 통합되지 못했다.)

e. Not all immigrants want to **integrate into** our society.(모든 이민자가 우리 사회에 통합되기를 원하는 것은 아니다.)

2.3. 다음 주어는 with의 목적어와 통합된다.

(9) a. She wanted the conservatory to **integrate with** the kitchen.(그녀는 그 저장실을 부엌과 합치기를 원했다.)

b. A good citizen is one who is willing to **integrate with** workers, peasants, and soldiers.(좋은 시민은 노동자, 농민, 군인과 기꺼이 하나가 되려는 사람이다.)

c. Not all immigrants want to **integrate with** us.(모든 이민자들이 우리와 하나가 되기를 원하는 것은 아니다.)

intend

이 동사의 개념 바탕에는 의도하는 과정이 있다.

1. 타동사 용법

1.1. 다음 주어는 목적어를 의도한다.

(1) a. I **intended** no harm to you.(나는 너에게 어떤 해도 의도하지 않았다.)

b. What do you exactly **intend** by that remark?(너는 그 말로 무엇을 의도하나?)

1.2. 다음 주어는 부정사가 가리키는 일을 의도한다.

(2) a. I did not **intend** to insult you.(나는 너에게 모욕하려는 의도가 없었다.)

b. He **intends** to go there.(그는 그 곳에 가기를 의도한다.)

1.3. 다음은 수동태 문장으로 주어는 의도된다.

(3) a. The building is **intended** to be a Library.(그 건물은 도서관으로 의도된다.)

b. The saw is **intended** to cut metal.(그 톱은 금속을 자르기로 의도되어 있다.)

c. Her statement is intended to mislead people.(그녀
의 진술은 사람들을 오도하도록 의도되어 있다.)

1.4. 다음 주어는 목적어를 의도한다. 목적어는 동명사이다.

(4) a. He intends going there.(그는 그 곳에 가려고 한다.)

b. He had not intended staying for another week.(그는 한 주 더 머물 생각은 하지 않았다.)

1.5. 다음 주어는 목적어를 전치사 for의 목적어에 주려고 의도한다.

(5) I intended this last piece of cake for Sally.(나는 이 마지막 케이크 조각을 샐리에게 주려고 의도했다.)

16. 다음은 수동태 문장으로 주어는 의도된다.

(6) a. The fund was intended for emergency use only.(그 자금은 비상용으로 의도되었다.)

b. The remark is intended for you.(그 말은 너를 위해 의도된 것이다.)

c. This gift is intended for you.(이 선물은 너에게 주려고 의도된 것이다.)

d. The violent movie is not intended for children.(그 폭력 영화는 아이들을 위해 의도된 것이 아니다.)

e. This was intended as a joke.(이것은 농담으로 의도되었다.)

1.7. 다음 주어는 목적어를 to 부정사가 가리키는 내용을 하려고 의도한다.

(7) a. I didn't intend the remark to be offensive.(나는 그 말을 상처를 주려고 한 것이 아니다.)

b. I didn't intend her to see the article before it was finished. (나는 그 논문이 끝나기 전에 그녀가 그것을 보기를 의도하지 않았다.)

1.8. 다음 주어는 that-절의 내용을 의도한다.

(7) a. We intend that the work shall be intended immediately.(우리는 그 일이 곧 착수되기를 의도되어 진다.)

b. It is intended that production will start at the end of the month.(생산이 그 달 말에 시작되기로 의도된다.)

intensify

이 동사의 개념 바탕에는 강렬하게 되는 과정이 있다.

1. 자동사 용법

1.1. 다음 주어는 격렬해진다.

(1) a. The pain in my back intensified.(내 등의 통증이 격렬해졌다.)

b. Violence intensified during the night.(폭력이 밤 동안 격렬해졌다.)

c. The war intensified.(전쟁이 격렬해졌다.)

2. 타동사 용법

2.1. 다음 주어는 목적어를 강화한다.

(2) a. Stretching out on the floor intensified the pain.(마룻바닥에 몸을 쭉 펴는 것은 고통을 격렬하게 만들었다.)

b. The lens intensified the sun's rays.(그 렌즈가 그 태양 광선을 강화시켰다.)

c. Police intensified their search for the lost child.(경찰은 실종된 아이를 찾는 수색을 강화했다.)

d. Police intensified their investigation.(경찰은 그들의 조사를 강화했다.)

interact

이 동사의 개념 바탕에는 서로 작용하는 과정이 있다.

1. 자동사 용법

1.1. 다음 주어는 서로 작용한다.

(1) a. When the two chemicals interact, they form a gas.(그 두 개의 화학 약품이 서로 작용하면, 가스를 만든다.)

b. Management and staff need to interact more.(경영진과 직원은 더 많이 상호 작용할 필요가 있다.)

1.2. 다음 주어는 with의 목적어와 서로 작용한다.

(2) a. One chemical interacted with the other.(하나의 화학품이 다른 것과 서로 작용했다.)

b. Perfumes interact with the skin's natural chemicals.(향수는 피부의 원래 화학 성질과 서로 작용한다.)

c. The acid interacted with the marble tile before I could clean it up.(그 산은 내가 그것을 완전히 씻기 전에 서로 대리석 타일과 작용했다.)

d. Teachers have a limited amount of time to interact with each child.(선생님들은 각각의 아이들과 서로 작용하기에는 제한된 시간을 갖는다.)

intercede

이 동사의 개념 바탕에는 중재하는 과정이 있다.

1. 자동사 용법

1.1. 다음 주어는 중재를 한다.

(1) a. Switzerland was willing to intercede in the dispute.(스위스는 그 분쟁에 기꺼이 중재하려 했다.)

b. Whenever I argued with my brother, mom interceded.(내가 남동생과 싸울 때마다, 엄마가 중재하셨다.)

c. The lawyer interceded on his client's behalf.(그 변호사는 고객을 위해 중재를 했다.)

1.2. 다음 주어는 with의 목적어와 중재한다.

(2) a. They interceded with the authorities on behalf of detainees.(그들은 그 구류자를 위해 그 당국과 중재했다.)

b. He interceded with the teacher on the pupil's behalf.(그는 그 학생을 위해서 그 선생님과 중재했다.)

c. You must intercede with the govern to get a pardon for the prisoner.(너는 그 죄수에 대한 용서를 구하려면 간수와 중재를 해야 한다.)

intercept

이 동사의 개념 바탕에는 중간에서 가로막거나 가로채는 과정이 있다.

1. 타동사 용법
1.1. 다음 주어는 목적어를 막는다.
(1) He intercepted the passage/the view.(그는 통로/전경을 막았다.)
1.2. 다음 주어는 목적어의 움직임을 막는다.
(2) a. Reporters intercepted him as he tried to leave the hotel.(기자들이 그가 호텔을 떠날 때 그를 막았다.)
   b. I tried to hand a note to Mark, but the teacher intercepted it.(내가 그 쪽지를 마크에게 건네려고 할 때, 선생님이 그것을 가로챘다.)
   c. John threw the ball to Bill, but Ron intercepted it.(존이 그 공을 빌에게 던졌으나, 론이 그것을 가로챘다.)
1.3. 다음은 수동태 문장으로 주어는 가로채진다.
(3) a. Three of his first five passes were intercepted.(그의 첫 다섯 개의 패스 가운데 셋은 가로채졌다.)
   b. Her phone calls were intercepted.(그녀의 전화는 도청되었다.)

interchange

이 동사의 개념 바탕에는 서로 바꾸는 과정이 있다.

1. 타동사 용법
1.1. 다음 주어는 목적어를 서로 바꾼다.
(1) a. They interchanged seats.(그들은 자리를 바꾸었다.)
   b. Bob interchanged the tires on his bike.(밥은 자전거의 바퀴를 바꾸었다.)
   c. They interchanged opinions/ideas freely.(그들은 의견/생각들을 자유롭게 교환했다.)
1.2. 다음 주어는 목적어를 바꾼다.
(2) a. He interchanged work and rest.(그는 일과 놀이를 번갈았다.)
   b. He interchanged the first and the last letter of the word.(그는 그 낱말의 첫 글자와 마지막 글자를 바꾸었다.)
1.3. 다음 주어는 목적어를 전치사 with의 목적어와 교체한다.
(3) a. He interchanged severity with indulgence.(그는 엄격함을 관용과 교체했다.)
   b. He interchanged the front tires with the rear ones.(그는 앞 타이어를 뒤 타이어와 바꾸었다.)
1.4. 다음은 수동태 문장으로 주어는 전치사 with의 목적어와 교체된다.
(4) a. Sad moments were interchanged with hours of merriment.(슬픈 순간들이 즐거운 시간과 교체되었다.)
   b. The front tires were interchanged with the rear ones.(앞 타이어는 뒤 타이어와 교체되었다.)

interest

이 동사의 개념 바탕에는 interest의 명사 '관심'이 있다.

1. 타동사 용법
1.1. 다음 주어는 목적어의 관심을 자아낸다.
(1) a. Does your line of work interest you?(당신의 작업 분야는 당신을 흥미롭게 합니까?)
   b. Biology interests Jane greatly.(생물학은 제인을 대단히 흥미롭게 한다.)
   c. Politics doesn't interest me.(정치학은 나를 흥미롭게 하지 않는다.)
1.2. 다음 주어는 목적어를 전치사 in의 목적어에 관심을 가지게 한다.
(2) a. Could I interest you in a cup of coffee?(제가 당신을 한잔의 커피에 관심을 가지게 할 수 있을까요?)
   b. The salesman tried to interest me in a new car.(그 판매원은 나를 새 자동차에 관심을 가지게 하려고 노력하였다.)
   c. She interested herself in charity work.(그녀는 자선 사업에 관심을 가지게 했다.)
   d. Can I interest you in this model?(제가 당신을 이 모델에 관심을 가지게 할 수 있을까요?)
1.3. 다음 주어 it은 that-절을 가리킨다.
(3) It interests me that you want to see her.(당신이 그녀를 만나기 원한다는 것이 나를 흥미롭게 한다.)
1.4. 다음은 수동태 문장으로 주어는 관심을 가지게 된다.
(4) a. I am interested to hear your story.(나는 너의 이야기를 듣는 것을 좋아한다.)
   b. I am interested to learn more.(나는 더 많이 배우는 것을 좋아한다.)
   c. I am interested in Korean literature.(나는 한국 문학에 관심을 가지고 있다.)
   d. He is very much interested in modern music.(그는 현대 음악에 많은 관심을 가지고 있다.)

interface

이 동사의 개념 바탕에는 접속시키는 과정이 있다.

1. 자동사 용법
1.1. 다음 주어는 접속된다.
(1) a. The two systems could not interface.(그 두 개의 시스템은 접속될 수 없었다.)
   b. Our two computers can interface because we have the same software.(우리는 같은 소프트웨어를 가졌으므로, 우리의 두 컴퓨터는 접속될 수 있다.)
1.2. 다음 주어는 with의 목적어와 접속한다.
(2) a. His job required him to interface with the police department.(그의 일은 경찰 부서와 협조할 것을 요구했다.)
   b. The new system can interface with existing

telephone equipment.(그 새 시스템은 기존 전화장비와 접속될 수 있다.)

2. 타동사 용법

2.1. 다음 주어는 목적어를 접속시킨다.
(3) He interfaced the two systems.(그가 두 개의 시스템을 접속시켰다.)

2.2. 다음 주어는 목적어를 전치사 with의 목적어와 접속시킨다.
(4) What other equipment can you interface this notebook computer with?(무슨 다른 장비와 너는 이 노트북 컴퓨터를 접속시킬 수 있나?)

interfere

이 동사의 개념 바탕에는 끼어 들어서 움직임, 활동, 시야 등을 방해하는 과정이 있다.

1. 자동사 용법

1.1. 다음 주어는 끼어든다.
(1) a. Please stop interfering.(방해하지 말아 주십시오.)
    b. I never interfere between husband and wife.(나는 남편과 아내 사이에 결코 끼어들지 않는다.)

1.2. 다음 주어는 in의 목적어 영역에 끼어 든다.
(2) a. The police are unwilling to interfere in family problems.(경찰은 가족 문제에 끼어 들려고 하지 않는다.)
    b. It's not the church's job to interfere in politics.(정치에 간섭하는 것은 교회의 업무가 아니다.)
    c. His mother-in-law always interferes in his life.(장모는 항상 그의 삶에 참견한다.)

1.3. 다음 주어는 with의 목적어의 활동이나 진행을 방해한다.
(3) a. The television interferes with his studying.(텔레비전은 그의 공부를 방해한다.)
    b. She never allows her personal feelings to interfere with her work.(그녀는 사적인 감정이 그녀의 일을 방해하는 것을 허락하지 않는다.)
    c. My brother always interferes with my private affairs.(오빠는 항상 나의 사적인 일에 참견한다.)
    d. The sound of the radio interferes with my work.(라디오 소리는 나의 일을 방해한다.)
    e. Anxiety can interfere with children's performance at school.(불안은 아이들의 학교 생활을 방해할 수 있다.)

1.4. 다음 주어는 with의 목적어를 만지거나 조정한다.
(4) a. He interfered with his records.(그는 자신의 기록을 조정하였다.)
    b. Who's been interfering with my books?(누가 나의 책을 만지고 있습니까?)

1.5. 다음 주어는 with의 목적어를 성적으로 건드린다.
(5) He was arrested for interfering with young girls.(그는 어린 소녀를 성추행 하였기 때문에 체포되었다.)

interlock

이 동사의 개념 바탕에는 서로 맞물리는 과정이 있다.

1. 자동사 용법

1.1. 다음 주어는 with의 목적어와 맞물린다.
(1) a. The US space shuttle will interlock with the Russian space station.(미국의 우주 왕복선은 소련의 우주 정거장과 서로 연결할 것이다.)
    b. The gears interlock with the teeth and turn the wheel.(기어들은 톱니와 맞물려 그 바퀴를 회전시킨다.)

1.2. 다음 주어는 전치사 with의 목적어와 맞물린다.
(2) a. The branches of the trees interlocked to form an arch.(그 나뭇가지는 맞물려서 아치를 형성했다.)
    b. The pieces of the puzzle interlock nicely.(그 퍼즐 조각들은 잘 맞는다.)

2. 타동사 용법

2.1. 다음 주어는 목적어를 맞물리게 한다.
(3) a. They interlocked their arms and walked off.(그들은 그들 팔장들을 끼고 걸어갔다.)
    b. The dancers formed a circle and interlocked hands.(그 무희들은 원을 만들고 손들을 꼈다.)

intermingle

이 동사의 개념 바탕에는 섞이는 과정이 있다.

1. 자동사 용법

1.1. 다음 주어는 섞인다.
(1) a. Tourists and local people intermingled in the market place.(관광객과 지역 주민들은 시장에서 섞였다.)
    b. The two groups intermingled during the coffee break.(그 두 그룹은 쉬는 시간 동안에 섞였다.)
    c. The waters of the streams met and intermingled.(그 개울의 물은 만나서 섞였다.)

1.2. 다음 주어는 전치사 with의 목적어와 섞인다.
(2) Sunlight intermingled with the shadow beneath the tree.(햇빛이 그 나무 아래의 그림자와 섞였다.)

2. 타동사 용법

2.1. 다음 주어는 목적어를 섞는다.
(3) a. The artist intermingled reds and blues in the painting.(그 예술가는 붉은 색과 파란 색을 그 그림에 섞었다.)
    b. He intermingled the two groups.(그는 그 두 그룹을 섞었다.)

2.2. 다음 주어는 목적어를 전치사 with의 목적어와 섞는다.
(4) a. He accidentally intermingled data files with program files.(그는 실수로 자료 파일과 프로그램 파일을 섞었다.)
    b. The book intermingles fact with fiction.(그 책은 사실을 허구와 섞는다.)

interpolate

이 동사의 개념 바탕에는 마음대로 끼워 넣는 과정이 있다.

1. 타동사 용법

1.1. 다음 주어는 목적어를 끼워 넣는다.

(1) a. The actor interpolated several lines of his own into the play.(그 배우는 자신의 대사 몇 줄을 연극에 끼워 넣었다.)

　　b. He interpolated an unwanted comment.(그는 불필요한 논평을 끼워 넣었다.)

　　c. He interpolated his personal comment in the scientific paper.(그는 자신의 개인적인 논평을 과학 논문에 끼워 넣었다.)

1.2. 다음은 수동태 문장으로 주어는 끼워 넣어진다.

(2) a. The links were interpolated into the manuscript at a later date.(그 연결고리들은 후에 그 원고에 삽입되었다.)

　　b. The ancient poem has been extensively interpolated.(그 고대 시는 심하게 개찬되었다.)

1.3. 다음 따옴표 속의 표현은 주어가 끼워 넣는 표현이다.

(3) a. "But why?" he interpolated.(그러나 "왜?" 라는 말을 그는 삽입하였다.)

　　b. "But that's not true," he interpolated.("그러나 그것은 사실이 아니야" 라고 그는 삽입하였다.)

interpose

이 동사의 개념 바탕에는 장애물을 사이에 끼워 넣는 과정이 있다.

1. 타동사 용법

1.1. 다음 주어는 목적어를 사이에 넣는다.

(1) a. He interposed an obstacle.(그는 장애물을 사이에 놓았다.)

　　b. He interposed an objection at that point.(그는 그 점에 이의를 제기하였다.)

　　c. Winter ice interposes a barrier between the harbor and the islands.(겨울 빙하는 장애물을 그 항구와 섬들 사이에 놓는다.)

1.2. 다음 주어는 목적어를 끼워 넣는다. 목적어는 말이다.

(2) a. Sue continued to interpose her comments, and Bob continued to ignore her.(수는 자신의 논평을 계속 끼어 넣었으나, 밥은 계속 그녀를 무시하였다.)

　　b. He interposed an unnecessary remark.(그는 불필요한 말을 끼워 넣었다.)

　　c. Bob interposed jokes and clever remarks in his speech.(밥은 농담과 재치 있는 말을 연설에 끼워 넣었다.)

1.3. 다음 따옴표 속의 표현은 주어가 끼워 넣는 말이다.

(3) "Just a minute," he interposed.("잠시만"이라고 그는 말을 삽입했다.)

1.4. 다음 목적어는 재귀대명사이다. 주어는 자신을 사이에 끼어들게 한다.

(4) He interposed himself between them to stop them fighting.(그는 그들의 싸움을 그만두게 하기 위하여 자신을 그들 사이에 끼어들었다.)

1.5. 다음 주어는 목적어를 개입시킨다.

(5) He interposed his authority.(그는 자신의 권위를 이용하여 간섭하였다.)

2. 자동사 용법

2.1. 다음 주어는 사이에 끼어 든다.

(6) a. Local activists interposed between the party leader and the people.(지역 행동주의자들은 그 당 지도자와 국민들 사이에 끼어들어 중재했다.)

　　b. He interposed between the angry brothers.(그는 화난 형제들 사이에 끼어 중재하였다.)

　　c. He quickly interposed between John and Jerry.(그는 재빨리 존과 제리 사이에 끼어 들어서 중재했다.)

　　c. The baby sitter interposed in the disputes between the sisters.(보모는 그 자매들의 논쟁에 끼어 들었다.)

interpret

이 동사의 개념 바탕에는 통역/해석하는 과정이 있다.

1. 타동사 용법

1.1. 다음 주어는 목적어를 통역한다.

(1) a. He interpreted the speech for us.(그는 우리를 위해 연설을 통역했다.)

　　b. He interpreted the French instructions into Korea.(그는 그 불어 지시 사항들을 한국어로 통역했다.)

1.2. 다음 주어는 목적어를 해석한다.

(2) a. The professor interpreted the symbolism in the poet's poem.(교수님는 그 시인의 시 속에 있는 상징주의를 해석했다.)

　　b. We chose to interpret the reply as favorable.(우리는 그 답을 우호적인 것으로 해석하기로 했다.)

　　c. He interpreted her silence as acceptance.(그는 그녀의 침묵을 동의로 해석했다.)

1.3. 다음 주어는 자신의 해석에 따라 목적어를 연기/연주한다.

(3) a. He interpreted the role with a lot of humor.(그는 그 역할을 다양한 유머로 연기했다.)

　　b. He interpreted Mozart in a way I had never heard it.(그는 내가 들어본 적이 없는 방법으로 모차르트를 연주했다.)

1.4. 다음은 수동태 문장으로 주어는 해석된다.

(4) a. The data can be interpreted into many different ways.(그 자료는 다양한 방식으로 해석될 수 있다.)

　　b. The student was asked to interpret the poem.(그 학생은 그 시를 해석하도록 요구받았다.)

interrogate

이 동사의 개념 바탕에는 심문하는 과정이 있다.

1. 타동사 용법

1.1. 다음 주어는 목적어를 심문한다.

(1) a. The police interrogated Sam about the robbery. (경찰은 그 강도에 대하여 샘을 심문하였다.)

    b. The interrogator interrogated everyone present during the incident. (그 심문자는 그 사건 동안에 참석한 모든 사람을 심문하였다.)

    c. The police interrogated the suspect for several hours. (경찰은 그 용의자를 몇 시간 심문을 했다.)

    d. We're having trouble in interrogating the database. (우리는 그 데이터 베이스에 신호를 보내는 데 어려움을 겪고 있다.)

interrupt

이 동사의 기본 개념 바탕에는 중단하는 과정이 있다.

1. 타동사 용법

1.1. 다음 주어는 목적어의 흐름을 막는다.

(1) The doctor interrupted the flow of the blood with a tourniquet. (그 의사는 출혈을 지혈대로 막았다.)

1.2. 다음은 수동태 문장으로 주어는 차단된다.

(2) a. The traffic was interrupted by the flood. (교통은 홍수로 차단되었다.)

    b. The flow of the river is interrupted. (그 강물의 흐름이 차단된다.)

1.3. 다음 목적어는 시간상 일어나는 과정이다. 주어는 목적어의 과정을 중단시킨다.

(3) a. Our little boy always interrupts our conversations by asking questions. (우리의 어린 아들은 질문을 해서 항상 우리의 대화를 차단한다.)

    b. They interrupted her speech by shouting abuse/cheers and applause. (그들은 욕설/환호와 박수로 그녀의 연설을 차단했다.)

    c. He interrupted my thoughts. (그는 나의 생각을 방해했다.)

    d. We interrupt this program to bring you an important news bulletin. (우리는 중요한 뉴스 속보를 보내기 위해 이 프로그램을 중단합니다.)

    e. I had to interrupt my meal. (나는 식사를 멈춰야만 했다.)

    f. He interrupted his work to have a cup of coffee. (그는 일을 멈추고 커피 한잔을 마셨다.)

    g. He interrupted his studies to join the army. (그는 학업을 중단하고 군대에 갔다.)

    h. I had to interrupt my trip when I heard the news. (내가 그 소식을 들었을 때 나는 여행을 중단해야만 했다.)

1.4. 다음은 수동태 문장으로 주어의 흐름이 중단된다.

(4) a. Supplies have been interrupted by the strike. (공급이 그 파업으로 중단되었다.)

    b. Work on the project was begun in 1941, interrupted by the war in 1941, and resumed in 1945. (그 사업은 1941년에 시작되어, 그 해에 전쟁 때문에 중단되었다가 1945년에 재개되었다.)

    c. My work was interrupted by the call. (나의 일은 전화로 중단되었다.)

    d. His promising career was interrupted by the war. (그의 유망한 경력은 전쟁 때문에 중단되었다.)

    e. The calm of the afternoon was interrupted by a loud bang. (그 오후의 평온함은 커다란 총성으로 깨졌다.)

    f. Our friendship was interrupted by her departure for China. (우리의 우정은 그녀가 중국으로 떠나면서 끊어졌다.)

1.5. 다음 주어는 사람이 아닌 개체이다. 주어는 목적어의 흐름을 막는다.

(5) a. A strange sound interrupted his speech. (이상한 소리가 그의 연설을 방해했다.)

    b. A bad storm interrupted telephone communications between the two islands. (심한 폭풍이 두 섬간의 전화 교신을 끊었다.)

    c. The ring of the telephone interrupted my thoughts. (전화벨 소리가 내 생각을 방해했다.)

    d. The strike interrupted the progress/steel production. (파업은 그 진전/철강 생산을 방해했다.)

    e. I allowed nothing to interrupt my studying. (나는 아무 것도 연구를 방해하지 못하게 했다.)

    f. A fire drill interrupted the lesson. (소방 연습이 그 수업을 중단했다.)

    g. Rain interrupted our baseball game. (비가 우리 농구 시합을 중단했다.)

    h. His arrival at the door interrupted the rest I was taking. (그의 도착은 내가 취하고 있는 휴식을 중단시켰다.)

    i. A three-car accident interrupted the flow of traffic. (삼중 자동차 사고가 교통의 흐름을 중단했다.)

1.6. 다음 목적어는 사람을 가리킨다. 그러나 환유적으로 쓰여서 그가 하는 활동을 가리킨다. 주어는 목적어를 중단한다.

(6) a. They interrupted him in his speech. (그들은 그가 연설하는 것을 방해했다.)

    b. Nobody was allowed to interrupt them while the meeting was in progress. (아무도 그 회의가 진행 중일 때는 그들을 방해해서는 안 된다.)

    c. Don't interrupt me in the middle of/during my speech. (내가 연설중일 때 나를 방해하지 마시오..)

    d. He interrupted her while she was speaking. (그는 그녀가 말하는 동안 그녀를 방해했다.)

    e. He interrupted the boss whenever he spoke. (그는 그 상사가 말할 때마다 그를 방해했다.)

    f. She began to explain, but I interrupted her. (그녀는 설명을 시작했지만, 나는 그녀를 중단했다.)

1.7. 다음은 수동태 문장으로 주어는 중단된다.

(7) I don't want to be interrupted. (나는 방해받고 싶지 않다.)

1.8. 다음 주어는 목적어를 보지 못하게 한다.

(8) a. Taller plants interrupt the view from the house. (키 큰 식물들이 그 집에서의 전망을 막는다.)

b. The skyscraper interrupts the view of the mountain. (그 고층 건물이 산의 풍경을 막는다.)

c. A block of apartment houses interrupts the view of the river. (한 구역의 아파트가 강의 풍경을 막는다.)

1.9. 시각적인 단절도 있을 수 있다. 같은 모양의 풍경이 계속되다가 변화가 있으면, 계속되던 풍경이 단절되는 것으로 볼 수 있다.

(9) The normal bleak landscape was interrupted by a long row of trees. (그 보통의 쓸쓸한 경치가 길게 늘어선 나무들 때문에 방해받는다.)

2. 자동사 용법

2.1. 다음에서는 interrupt의 목적어가 명시되지 않았다. 그러나 화맥이나 문맥으로부터 그것을 추리할 수 있다.

(10) a. Sorry to interrupt, but there's someone to see you. (방해해서 미안하지만, 당신을 만나겠다는 사람이 있습니다.)

b. I'm sorry to interrupt, but you're not answering my question. (방해해서 미안하지만, 당신은 제 질문에 대답하고 있지 않습니다.)

c. I wish you'd stop interrupting. (나는 당신이 방해하지 않았으면 좋겠습니다.)

2.2. 다음 주어는 남의 이야기를 방해한다.

(11) a. I knew better than to interrupt when he was on the phone. (나는 그가 전화할 때 방해하지 않는 것이 좋다는 것을 알고 있었다.)

b. It is rude to interrupt when someone else is speaking. (다른 사람이 이야기 할 때 방해하는 것은 무례한 행동이다.)

c. It is impolite to interrupt when others are talking. (다른 사람들이 이야기할 때 방해하는 것은 불손한 일이다.)

intersect

이 동사의 개념 바탕에는 가로지르는 과정이 있다.

1. 타동사 용법
1.1. 다음 주어는 목적어를 가로지른다.

(1) a. The highway intersects the town. (그 고속도로가 시내를 가로지른다.)

b. Elm Terrace intersects Main Street. (엘름 테라스는 메인가를 가로지른다.)

1.2. 다음은 수동태 문장으로 주어는 가로질러진다.

(2) The plain is intersected by a network of canals. (그 평원은 운하망에 의해 가로질러진다.)

2. 자동사 용법
2.1. 다음 주어는 with의 목적어와 교차한다.

(3) a. The path intersects with a busy road. (그 길은 혼잡한 도로와 교차한다.)

b. The road intersects with the highway north of the town. (그 도로는 시내 북부의 고속도로와 교차한다.)

2.2. 다음 주어는 교차한다.

(4) a. The lines intersect at right angles. (그 선들은 직각으로 가로지른다.)

b. The two roads intersect at the bridge. (그 두 길은 다리에서 만난다.)

intersperse

이 동사의 개념 바탕에는 흩뿌리는 과정이 있다.

1. 타동사 용법
1.1. 다음 주어는 목적어를 흩뿌린다.

(1) a. He interspersed flowers among the shrubs. (그는 꽃들을 관목들 사이에 심었다.)

b. The florist interspersed greens among the flowers. (그 꽃장수는 푸른 잎을 꽃 사이에 꽂았다.)

c. I interspersed roses among the daisies. (나는 장미를 데이지들 사이에 심었다.)

1.2. 다음 목적어는 뿌려지는 장소이다. 주어는 목적어를 with의 목적어로 흩뿌린다.

(2) a. He interspersed his speech with anecdotes. (그는 연설을 일화들로 흩뿌렸다.)

b. He interspersed his remarks with witticisms. (그는 말을 재치로 흩뿌렸다.)

1.3. 다음은 수동태 문장으로 주어는 흩뿌려진다.

(3) a. Lectures will be interspersed with demonstrations. (강의들은 예증으로 흩뿌려질 것이다.)

b. The magazine is interspersed with advertisements. (그 잡지는 광고로 흩뿌려져 있다.)

intervene

이 동사의 개념 바탕에는 끼어드는 과정이 있다.

1. 타동사 용법
1.1. 다음 주어는 목적어 사이를 끼어든다.

(1) Our village intervenes the valley and the river. (우리 마을은 계곡과 강 사이를 끼어든다.)

2. 자동사 용법
2.1. 다음 주어는 그 자체가 끼어든다.

(2) a. They planned to get married but the war intervened. (그들은 결혼을 할 계획이었으나, 전쟁이 끼어들었다.)

b. I'll start on Sunday if nothing intervenes. (나는 아무 일도 그 사이에 끼지 않으면, 일요일에 시작하겠다.)

c. A few years intervened before they met again. (몇 년이 그들이 다시 만나기 전에 끼어들었다.)

2.2. 다음 주어는 전치사 in이나 between 의 목적어에 끼어든다.

(3) a. He refused to intervene in the dispute. (그는 분쟁에 끼어들기를 거절했다.)

b. The president intervened in the crisis. (그 대통령

은 그 위기에 개입했다.)

c. The police had to **intervene** in the fighting.(경찰은 그 싸움에 개입했다.)

d. He **intervened** in the quarrel **between** the two brothers.(그는 두 형제 사이의 다툼에 개입했다.)

2.3. 다음 주어는 전치사 between의 목적어 사이에 끼어든다.

(4) a. A period of calm **intervened between** stormy sessions of the legislature.(고요의 기간이 그 입법부의 거친 의회들 사이에 끼었다.)

b. An unsteady peace **intervened between** the two world wars. (불안한 평화가 두 세계전쟁 사이에 끼었다.)

2.4. 다음 주어는 개입한다.

(5) a. Would you **intervene** if you see a parent hit a child?(당신은 어느 부모가 아이를 때리는 것을 보면 개입하겠습니까?)

b. The mayor **intervened** to settle the quarrel.(그 시장은 그 다툼을 조종하기 위해서 개입했다.)

c. While I was fixing my computer, the boss **intervened** and made the problem worse.(내가 컴퓨터를 고치고 있을 때, 사장이 개입하여 그 문제를 악화시켰다.)

d. They were about to fight when father **intervened**.(그들은 막 싸우려고 하는데 아버지가 개입했다.)

interview

이 동사의 개념 바탕에는 면담하는 과정이 있다.

1. 타동사 용법
1.1. 다음 주어는 목적어를 면담한다.

(1) a. The reporter **interviewed** several witnesses.(그 기자는 여러 명의 목격자를 면담했다.)

b. We **interviewed** ten people for the job.(우리는 일자리를 찾는 열 명의 사람을 면담했다.)

c. The police is **interviewing** the injured person.(경찰은 상해를 입은 사람을 면담 중이다.)

2. 자동사 용법
2.1. 다음 주어는 전치사 with의 목적어와 면담한다.

(2) The candidate **interviewed with** several companies before she chose our company.(그 후보자는 우리 회사를 선택하기 전에 여러 회사를 면담했다.)

intimate

이 동사의 개념 바탕에는 넌지시 알리는 과정이 있다.

1. 타동사 용법
1.1. 다음 주어는 목적어를 넌지시 알린다.

(1) a. She **intimated** her feelings with a look.(그녀는 자신의 감정을 얼굴표정으로 넌지시 알렸다.)

b. He **intimated** his desires to his boss.(그는 자신의 바람을 사장에게 넌지시 알렸다.)

c. He **intimated** his dislike.(그는 자신의 싫음을 넌지

시 알렸다.)

d. He **intimated** a wish to go by saying that it was late.(그는 시간이 늦었다고 말함으로써 가고 싶은 마음을 넌지시 알렸다.)

e. He **intimated** his intention to retire.(그는 은퇴하려는 의도를 넌지시 알렸다.)

1.2. 다음 주어는 that-절의 내용을 넌지시 알린다.

(2) a. He **intimated that** they had thought about getting married.(그는 그들이 결혼을 할 생각을 해봤다고 넌지시 말했다.)

b. He **intimated** by a glance at his watch **that** it was time to leave.(그는 시계를 봄으로써 떠나야 할 시간임을 넌지시 알렸다.)

c. He **intimated that** we should leave.(그는 우리가 떠나야 함을 넌지시 알렸다.)

d. He **intimated that** he would accept it if certain conditions are met.(그는 그것을 특정한 조건이 만족되면, 수락할 것을 넌지시 알렸다.)

e. He **intimated that** the prize would go to someone in our class.(그는 그 상이 우리 반의 누구에게 갈 것임을 넌지시 알렸다.)

f. I **intimated** to him that I would soon be resigning as manager.(나는 내가 지배인으로 곧 사임할 것임을 그에게 넌지시 알렸다.)

g. He smile **intimated that** he was satisfied.(그의 미소는 그가 만족했음을 넌지시 알려주었다.)

intimidate

이 동사의 개념 바탕에는 겁을 주는 과정이 있다.

1. 타동사 용법
1.1. 다음 주어는 목적어를 으른다.

(1) a. The bully **intimidated** new kids at school.(그 골목대장은 학교에 새로 온 아이들을 협박했다.)

b. The gang tried to **intimidate** the bank manager.(그 갱단은 은행 지배인을 협박하려 했다.)

1.2. 다음은 수동태 문장으로 주어는 겁을 먹는다.

(2) a. She was **intimidated** by the huge audience when she had to give her speech.(그녀는 연설을 해야 할 때 그 엄청난 관객에 겁을 먹었다.)

b. They refused to be **intimidated** by his threats.(그들은 그의 위협에 겁을 먹지 않았다.)

1.3. 다음 주어는 목적어를 겁을 주어서 into의 목적어가 가리키는 일을 하게 한다.

(3) a. He **intimidated** the voter into staying away from the polls.(그는 유권자를 겁주어서 투표소에서 떨어져 있게 했다.)

b. The thief **intimidate** the boy into not telling the truth.(그 도둑은 그 소년을 겁주어서 진실을 말하게 했다.)

intoxicate

이 동사의 개념 바탕에는 취하게 하는 과정이 있다.

1. 타동사 용법

1.1. 다음 주어는 목적어를 취하게 만든다.

(1) a. One glass of wine can intoxicate him.(포도주 한잔
　　이 그를 취하게 할 수 있다.)

　　b. The whisky intoxicated him.(위스키는 그를 취하
　　게 했다.)

　　c. Alcohol intoxicates you faster if you weigh less.
　　(알코올은 너의 몸무게가 덜 나가면 너를 더 빨리 취
　　하게 만든다.)

1.2. 다음 주어는 목적어를 정신적으로 취하게 한다.

(2) a. The beauty of the summer night intoxicated her.
　　(여름밤의 아름다움이 그녀를 취하게 했다.)

　　b. The beauty of the mountain scenery intoxicated
　　the tourists.(산 전경의 아름다움은 그 관광객들을
　　취하게 했다.)

1.3. 다음은 수동태 문장으로 주어는 취한다.

(3) a. They were intoxicated by the bright lights and
　　music.(그들은 밝은 불빛과 음악에 취했다.)

　　b. He is intoxicated with success.(그는 성공에 취해
　　있다.)

　　c. The queen was intoxicated with her own power.
　　(그 여왕은 자신의 권력에 취해 있었다.)

intrigue

이 동사의 개념 바탕에는 호기심을 자극하는 과정이
있다.

1. 타동사 용법

1.1. 다음 주어는 목적어의 호기심을 자극한다.

(1) a. The man intrigued me, so I asked him to my
　　house for dinner.(그 남자는 나의 호기심을 자극했
　　다. 그래서 나는 그를 집에 저녁 초대를 했다.)

　　b. The new plan intrigues us all.(새 안은 우리 모두의
　　호기심을 불러 일으킨다.)

　　c. Your unusual idea intrigues me.(그 범상한 생각은
　　나의 호기심을 자극한다.)

　　d. The mystery of hibernation has long intrigued
　　biologists.(동면의 신비가 오래 동안 생물학자들의
　　호기심을 자극해 왔다.)

　　e. Ancient Egyptian art has always intrigued me.(고
　　대 이집트 예술은 나의 호기심을 자극해 왔다.)

　　f. Fairy tales intrigue many children.(동화는 많은 아
　　이들의 호기심을 자극한다.)

1.2. 다음은 수동태 문장으로 주어는 호기심이 자극된
다.

(2) a. I was intrigued by the story.(나는 그 이야기에 호
　　기심이 자극되었다.)

　　b. I was intrigued to hear the story.(나는 호기심이
　　자극되어 그 이야기를 듣고 싶었다.)

1.3. 다음 주어는 목적어를 자극하여 전치사 into의 목
적어 과정에 들어가게 한다.

(3) a. The book's title intrigued him into reading.(그 책
　　의 제목은 그를 자극하여 읽게 했다.)

　　b. He intrigued himself into a high position.(그는 자
　　신을 남의 관심을 사게 해서 높은 자리에 올랐다.)

2. 자동사 용법

2.1. 다음 주어는 전치사 against의 목적어에 모의한다.

(4) a. They are intriguing against the government.(그들
　　은 정부에 반해서 모의를 하고 있다.)

　　b. The dukes intrigued against the king.(그 공작들은
　　왕에 반해서 모의를 했다.)

　　c. The political rivals intrigued against one another.
　　(정치 경쟁자들은 서로 음모한다.)

　　d. They intrigued with him against the government.
　　(그들은 그와 함께 정부에 반대하는 모의를 했다.)

introduce

이 동사의 개념 바탕에는 어느 개체가 있고, 어느 사
람이 이것을 다른 사람이나 영역에 도입한다.

1. 타동사 용법

1.1. 다음에서 주어는 목적어를 to나 into의 목적어에
도입한다.

(1) a. We have introduced a new schedule this year.(우
　　리는 새 스케줄을 올해 도입했다.)

　　b. He introduced the bill before/to the congress.(그
　　는 그 법안을 의회에 제출했다.)

　　c. The minister introduced a tax reform bill into the
　　Congress.(총리는 세제 개혁 법안을 의회에 제출했
　　다.)

　　d. He introduced a new subject into the
　　conversation.(그는 새 화제를 대화에 꺼냈다.)

　　e. The math teacher introduced some geometry into
　　the lesson.(그 수학 선생님은 기하학을 강의에 소
　　개하셨다.)

　　f. He introduced his sister to me.(그는 자신의 여동
　　생을 나에게 소개했다.)

　　g. He introduced us into the living room.(그는 우리
　　를 거실로 안내했다.)

1.2. 다음 주어는 목적어를 도입한다. 도입되는 영역이
명시되어 있지 않으나 화맥으로부터 추리될 수 있
다.

(2) a. The government has introduced a ban on the
　　advertising of cigarettes.(정부는 담배 광고 금지안
　　을 도입했다.)

　　b. That company has introduced several new
　　products.(그 회사는 여러개의 신제품을 소개했다.)

　　c. The teachers want to introduce a new list/a new
　　procedure.(선생님들은 새 항목/절차를 도입하기
　　원한다.)

　　d. The players were introduced in 1983.(선수들은
　　1983년에 데뷔되었다.)

1.3. 다음은 수동태 문장으로 주어는 도입된다.

(3) a. Tobacco was introduced into Europe from
　　America.(담배는 미국에서 유럽으로 도입되었다.)

　　b. The squirrel was introduced into Britain from
　　North America.(다람쥐는 북아메리카에서 영국으
　　로 도입되었다.)

　　c. Fuel is introduced into the jet pipe.(연료가 제트 파
　　이프에 주입된다.)

d. Several plans were introduced at the meeting. (여러 계획안이 그 회의에서 소개되었다.)

1.4. 다음의 목적어는 사람이다. 주어는 목적어를 to의 목적어를 경험하게 한다.

(4) They introduced me to the latest methods. (그들은 나에게 최신 기법을 소개했다.)

b. He introduced me to chess/classical music. (그는 체스/고전 음악을 나에게 소개했다.)

c. His father introduced him to the pleasure of good food. (그의 아버지는 그에게 맛좋은 음식을 먹는 기쁨을 소개했다.)

d. He introduced me to the joy of wine tasting. (그는 나에게 포도주 음미의 즐거움을 소개했다.)

e. The children are introduced to a foreign language in the 3rd grade. (그 아이들은 외국어 하나를 삼 학년에서 배우게 된다.)

1.5. 다음의 목적어는 주어가 도입하는 개체이고, 도입할 때 with의 목적어를 써서 한다.

(5) a. He introduced his speech with a joke. (그는 연설을 농담으로 시작했다.)

b. He introduced his talk with a funny story. (그는 얘기를 재미있는 이야기로 시작했다.)

c. The professor introduced the movie with a short introduction. (교수님은 그 영화를 짧게 소개했다.)

intrude

이 동사의 개념 바탕에는 강제로 들어와서 사생활, 시간 등을 침범하는 과정이 있다.

1. 자동사 용법

1.1. 다음 주어는 끼어 든다.

(1) a. I don't mean to intrude, but you have a telephone call. (나는 방해하고 싶지 않습니다만, 전화가 왔습니다.)

b. Would I be intruding if I come with you? (제가 당신과 함께 간다면 방해가 될까요?)

1.2. 다음 주어는 들어간다.

(2) The sound of the telephone intruded into his dreams. (전화 소리는 그의 꿈 속에 들어왔다.)

1.3. 다음 주어는 on의 목적어에 끼어들어 이 목적어에 영향을 준다.

(3) a. Bob intruded upon our meeting, but we ignored him. (밥은 우리 회의에 끼어 들었지만, 우리는 그를 무시하였다.)

b. I don't want to intrude on you if you are busy. (나는 당신이 바쁘다면 당신을 방해하고 싶지 않습니다.)

c. It would be very insensitive to intrude upon your personal grief. (당신의 개인적인 슬픔에 참견하는 것은 매우 무감각한 일일 것입니다.)

d. The salesman intruded upon their dinner with a phone call. (그 판매원은 그들의 저녁을 전화로 방해했다.)

e. The neighbor is always intruding upon her quiet afternoons. (그 이웃은 항상 그녀의 조용한 오후를 방해한다.)

2. 타동사 용법

2.1. 다음 주어는 목적어를 강요한다.

(4) a. They intruded their opinions into our conversation. (그들은 자신들의 의견을 우리의 대화에 강요하였다.)

b. She intruded herself into our conversation. (그녀는 자신을 우리 대화에 끼어들였다.)

c. He intruded himself into my affairs. (그는 자신을 내 일에 끼어들였다.)

inundate

이 동사의 개념 바탕에는 침수시키는 과정이 있다.

1. 타동사 용법

1.1. 다음 주어는 목적어를 침수시킨다.

(1) a. Flood waters inundate the river each spring. (홍수는 그 강을 매년 봄 침수시킨다.)

b. Heavy rains inundated the village. (폭우는 그 마을을 침수시켰다.)

1.2. 다음은 [많은 개체는 물방울] 은유가 적용된 표현이다.

(2) a. Angry letters inundated the newspaper office. (분노의 편지들이 그 신문사를 쇄도하였다.)

b. Requests for free tickets inundated the studio. (공짜 표에 대한 요청이 그 방송국을 쇄도하였다.)

1.3. 다음은 수동태 문장으로 주어는 전치사 with의 목적어로 침수된다.

(3) a. We have been inundated with offers of help. (우리는 도움의 손길로 쇄도되었다.)

b. He was inundated with telephone calls/requests. (그는 전화/요청으로 쇄도되었다.)

inure

이 동사의 개념 바탕에는 반복적인 노출로 무디게 하는 과정이 있다.

1. 타동사 용법

1.1. 다음 주어는 목적어를 단련시킨다.

(1) a. Poverty inured him to hardships. (가난은 그를 역경에 단련시켰다.)

b. Severe winters inured the settlers to cold. (혹한은 개척자들을 추위에 단련시켰다.)

c. His terms as mayor inured him to criticism. (시장으로서 그의 임기는 그를 비판에 단련시켰다.)

1.2. 다음 목적어는 재귀대명사이다. 주어는 자신을 길들인다.

(2) a. He inured himself to fatigue. (그는 자신을 피곤에 단련시켰다.)

b. He has inured himself to cold. (그는 자신을 추위에 단련시켜 왔다.)

2. 자동사 용법

2.1. 다음은 수동태 문장으로 주어는 to의 목적어에 길들여진다.
(3) a. The prisoner quickly became **inured to** the harsh conditions.(그 죄수는 재빠르게 거친 조건들에 길들여졌다.)
   b. He is **inured to** the cold.(그는 추위에 길들여진다.)
   c. Nurses were **inured to** the sight of suffering.(간호사들은 고통의 광경에 길들여졌다.)

2.2 다음 주어는 전치사 to의 목적어에 도움이 된다.
(4) The agreement **inures to** the benefit of the employees.(그 협약은 종업원들의 이익에 도움이 된다.)

invade
이 동사의 개념 바탕에는 침입하는 과정이 있다.

1. 타동사 용법
1.1. 다음 주어는 목적어를 침입한다.
(1) a. The Japanese **invaded** Pearl Harbor in 1941.(일본인은 진주만을 1941년에 침략하였다.)
   b. Germany **invaded** Poland in 1939.(독일은 폴란드를 1939년에 침략하였다.)
   c. When did Romans **invade** Britain?(언제 로마는 영국을 침략하였습니까?)

1.2. 다음 주어는 침입자같이 목적어를 몰려든다.
(2) a. City dwellers **invaded** the suburbs.(도시 거주자들은 교외를 몰려들었다.)
   b. Holiday makers **invade** the seaside town every year.(휴양자들은 해안 마을을 매년 몰려든다.)
   c. Relatives **invaded** our house last week.(친척들은 우리 집에 지난 주 몰려들었다.)
   d. The ants **invaded** our picnic.(그 개미들은 우리의 소풍 장소에 몰려들었다.)
   e. Rabbits **invaded** the garden during the night.(토끼들이 그 정원을 밤새 침입했다.)
   f. A few strangers **invaded** the party, but left when threatened to call the police.(이상한 사람 몇이 그 파티에 몰려들었지만, 경찰을 부르겠다고 위협하자 떠났다.)
   g. Protesters **invaded** the city hall, demanding more jobs.(항의자들은 그 시청을 더 많은 일자리를 요구하며 몰려들었다.)

1.3. 다음 주어는 병이다. [병은 침입자이다]는 은유가 적용된 표현이다.
(3) a. The cancer cell may **invade** other parts of the body.(그 암 세포는 몸의 다른 부분을 침입할 수도 있다.)
   b. Bacteria **invaded** the wound.(박테리아는 그 상처를 침입할 것이다.)

1.4. 다음에서 [사생활이나 마음은 땅이다]의 은유가 적용된 표현이다.
(4) a. Do the press have the right to **invade** her privacy in this way?(언론은 이렇게 그녀의 사생활을 침해할 수 있는 정당한 권리를 가지고 있는가?)
   b. Her image **invaded** his mind with immense power.(그녀의 이미지는 그의 마음을 거대한 힘으

로 엄습하였다.)

inveigle
이 동사의 개념 바탕에는 꾀는 과정이 있다.

1. 타동사 용법
1.1. 다음 주어는 목적어를 꾀어서 into의 목적어가 가리키는 일을 하게 한다.
(1) a. She **inveigled** us **into** lending her money.(그녀는 우리를 속여 그녀에게 돈을 빌려주게 하였다.)
   b. She had **inveigled** me **into** taking messages to her lover.(그녀는 나를 속여서 메모들을 그녀의 연인에게 전달하게 했다.)

1.2. 다음 주어는 꾀어서 목적어를 from의 목적어에서 얻어낸다.
(2) a. He **inveigled** a door pass **from** the usher.(그는 문 출입증을 그 안내인을 꾀어서 얻었다.)
   b. The lawyer **inveigled** a response **from** the reluctant witness.(그 변호사는 답변을 마지못해 하는 그 증인을 꾀어서 얻어냈다.)

1.3. 다음 목적어는 재귀대명사이다. 주어는 자신을 꾀게 한다.
(3) He **inveigled** himself **into** her affection.(그는 자신을 그녀의 애정 속에 파고들게 했다.)

invent
이 동사의 개념 바탕에는 노력과 머리를 써서 새롭고 실용적인 것을 만들어내는 과정이 있다.

1. 타동사 용법
1.1. 다음 주어는 목적어를 만든다.
(1) a. Thomas Edison **invented** the light bulb.(토마스 에디슨은 전구를 발명했다.)
   b. Alexander Graham Bell **invented** the telephone.(알렉산더 그램 벨은 전화를 발명했다.)
   c. Tom **invented** an alibi to avoid the punishment.(탐은 처벌을 피하기 위하여 알리바이를 만들었다.)

1.2. 다음 주어는 목적어를 상상을 통해 만든다.
(2) a. Many children **invent** an imaginary friend.(많은 아이들은 상상의 친구를 만든다.)
   b. They **invented** a very convincing alibi.(그들은 수긍이 가는 알리바이를 만들었다.)

invest
이 동사의 개념 바탕에는 옷을 입히거나 이익을 얻기 위해서 돈, 시간 등을 바치는 과정이 있다.

1. 타동사 용법
1.1. 다음 주어는 목적어를 투자한다.
(1) a. I **invest** half of every paycheck.(나는 매 급여의 절반을 투자한다.)
   b. Jim **invested** his allowance **in** a savings account.(짐은 용돈을 예금계좌에 넣었다.)

    c. Ben invested $10,000 in his company's stock.(벤은 1만 달러를 회사 주식에 투자했다.)

1.2. 다음 주어는 목적어를 바친다.

(2) a. She invested years of her life in writing the book. (그녀는 일생의 여러 해를 그 책을 쓰는 데 투자했다.)

    b. He's invested a lot of time in the project.(그는 많은 시간을 그 일에 투자했다.)

1.3. 다음 주어는 목적어를 on의 목적어와 관련하여 쓴다.

(3) a. The college has invested $3 million on a new dormitory.(그 대학은 3백만 달러를 새 기숙사에 투자했다.)

    b. He invested $6 million in an ultra modern video studio.(그는 6백만 달러를 최신식 비디오 스튜디오에 투자했다.)

1.4. 다음 주어는 목적어를 with의 목적어로 입힌다.

(4) a. The new position invested her with a good deal of responsibility.(새 지위는 그녀에게 상당한 책임을 지웠다.)

    b. The law invests a governor with many powers. (그 법은 주지사에게 많은 권력을 지운다.)

    c. His heavy-rimmed glasses invested him with an air of dignity.(그의 무거운 테의 안경은 그를 위엄으로 입혔다.)

1.5. 다음은 수동태 문장으로 주어는 with의 목적어가 주어진다.

(5) She was invested with full authority.(그녀는 완전한 권력이 지워졌다.)

2. 자동사 용법

2.1. 다음 주어는 in의 목적어에 투자하거나 돈을 쓴다.

(6) a. I invested heavily in a software company.(나는 소프트웨어 회사에 대량 투자했다.)

    b. It is good time you invested in a new coat.(새 외투에 지출을 할 때이다.)

    c. It's time to invest in a table.(새 식탁을 하나 살 때이다.)

invigorate

이 동사의 개념 바탕에는 활력을 주는 과정이 있다.

1. 타동사 용법

1.1. 다음 주어는 목적어를 원기를 돋운다.

(1) a. A quick walk in the park will invigorate you.(공원에서의 잰 산보는 너의 원기를 돋울 것이다.)

    b. The message invigorated my tired body.(그 메시지는 나의 지친 몸에 원기를 돋우었다.)

    c. They felt invigorated after the brisk walk.(그들은 활발한 산보 후에 원기가 돋음을 느꼈다.)

invite

이 동사의 개념 바탕에는 불러들이는 과정이 있다.

1. 타동사 용법

1.1. 다음 주어는 목적어를 초대한다.

(1) a. Rick often used to invite me back for coffee after the show.(릭은 그 쇼가 끝난 후 나를 커피나 같이 하자면서 종종 초대하곤 했다.)

    b. He invited her along/back/in/over.(그는 그녀를 함께/뒤로/안으로/건너오라고 초대했다.)

    c. We invited all our relatives to our wedding.(우리는 친척 모두를 결혼식에 초대했다.)

    d. Let's invite some people over/round.(몇 사람을 우리 집으로/이 쪽으로 초대하자.)

    e. I thought he would invite me out to the theater.(나는 그가 나를 극장에 초대할 것이라고 생각했다.)

    f. After the movie, she invited me back for a drink. (그 영화가 끝난 후, 그녀는 나를 한 잔 하자며 다시 불렀다.)

    g. We were going to the beach and I decided to invite her along.(우리가 그 해변에 가기로 했을 때, 나는 그녀를 함께 데리고 가기로 결심했다.)

    h. He came to the door, I but didn't invite him in.(그는 문 앞까지 나왔지만 나는 그에게 들어오라는 말은 하지 않았다.)

1.2. 다음은 수동태 문장으로 주어는 초대된다.

(2) a. I am invited out to his house.(나는 그의 집에 초대를 받는다.)

    b. He has never been invited over to her house.(그는 한 번도 그녀의 집에 초대받아 간 적이 없다.)

    c. Sue invited us to her house for the holidays.(수는 우리를 그녀의 집에 휴일 동안 초대했다.)

    d. Successful candidates will be invited for interview next week.(성공한 후보자들은 다음 주 인터뷰를 위해 초대될 것이다.)

1.3. 주어는 목적어를 to부정사가 가리키는 일이나 행동을 하게 한다.

(3) a. He invited the audience to comment.(그는 그 청중들이 논평을 하도록 권유했다.)

    b. Some shops invite people to steal by making it too easy to take things.(일부 상점들은 물건을 슬쩍하기가 너무 쉽게 해서 사람들을 훔치게 한다.)

    c. We invited Helen to join the club.(우리는 헬렌이 그 클럽에 가입을 하게 권유했다.)

    d. They invited us to stay over the weekend.(그들은 우리가 주말 동안 머물라고 권유했다.)

    e. He was invited to speak at the meeting.(그는 회의에서 연설을 하게 권유를 받았다.)

    f. He invited me to give a talk.(그는 나에게 강연을 해 달라고 권유했다.)

1.4. 다음 주어는 의도적이든 아니든 목적어를 끌어들인다.

(4) a. He invited trouble by driving carelessly.(그는 부주의한 운전으로 문제를 일으켰다.)

    b. John invited disaster by forgetting to shut the gas off.(존은 그 가스 잠그는 걸 잊어버려서 재앙을 초래했다.)

    c. You invite trouble if you go out dressed like that. (당신이 그렇게 옷을 입고 나가면 문제를 초래한다.)

1.5. 다음 주어는 사람이 아니다. 그러나 주어는 목적어를 to-부정사가 가리키는 일을 하게 끌어들인다.

(5) a. The calm water **invited** us to swim.(그 잔잔한 물은 우리를 헤엄치게 했다.)

b. The warm weather **invited** me to go for a walk.(따뜻한 날씨는 내가 산책을 나가게 끌었다.)

c. After days of rain, the bright sun **invited** us outside.(몇 일간 계속되던 비가 그치자, 밝은 해가 우리를 밖으로 나가게 끌었다.)

1.6. 다음 주어는 의식적으로 목적어를 끌어들인다.

(6) a. They are **inviting** bids on the contract.(그들은 입찰을 그 계약에 불러들이고 있다.)

b. The chairman **invited** comments from the audience.(의장은 청중들에게 논평을 부탁했다.)

c. Alice **invited** our opinion of her story(앨리스는 그녀의 이야기에 대한 우리의 의견을 청했다.)

d. He **invited** papers from the members.(그는 논문들을 그 회원들에게 요청했다.)

e. They are **inviting** donations to the charity.(그들은 그 자선 단체에 기부를 요청하고 있다.)

1.7. 다음은 수동태 문장으로 주어는 요청된다.

(7) a. Questions were **invited** after the discussion.(그 토론 후, 질문이 요청되었다.)

b. Your frank opinion is **invited**.(당신의 솔직한 의견이 요청된다.)

1.8. 다음 주어는 목적어를 초래한다.

(8) a. His drunk driving **invited** tragedy.(그의 음주 운전은 비극을 초래했다.)

b. Careless driving **invites** danger/accidents.(부주의한 운전은 위험/사고를 부른다.)

c. His proposal **invited** great interest.(그의 제안은 커다란 흥미를 불러 일으켰다.)

d. To go mountain-climbing in the weather is **inviting** trouble.(그 악천후에 등산하는 것은 사고를 부르는 것이다.)

e. Exercising too much **invites** injury.(과도한 운동은 상해를 부른다.)

f. His practical joke **invited** our anger.(그의 짓궂은 농담이 우리의 화를 샀다.)

g. Remarks like that just **invite** trouble.(그와 같은 말은 문제를 부른다.)

h. Her big hat **invited** laughter.(그녀의 큰 모자는 웃음을 자아냈다.)

i. The bill **invited** much discussion.(그 법안은 많은 토론을 불러 일으켰다.)

j. The violinist solo **invited** loud applause.(그 바이올리니스트의 독주는 큰 박수를 받았다.)

k The letter **invites** some questions.(그 편지는 몇 가지 의문이 들게 한다.)

invoke

이 동사의 개념 바탕에는 간청하여 불러들이는 과정이 있다.

1. 타동사 용법

1.1. 다음 주어는 목적어를 간청하여 불러들인다.

(1) a. She **invoked** several scholars to back up her argument.(그녀는 자신의 주장을 뒷받침하기 위하여 몇몇 학자들을 불러들였다.)

b. The minister **invoked** the Holy Spirit in the confirmation service.(그 목사는 성령을 견진 세례에서 간원하였다.)

c. He **invoked** God in his prayer.(그는 기도로 하느님께 간원하였다.)

1.2. 다음 목적어는 영상과 관계가 있다. 주어는 목적어를 불러들인다.

(2) a. His earlier novels **invoke** a quiet picture of life in the countryside.(그의 초기의 소설들은 시골에서의 조용한 삶의 영상을 불러일으킨다.)

b. The opening paragraph **invokes** a vision of Korea in the near future.(그 시작 단락은 가까운 미래에 한국의 비전을 불러일으켰다.)

1.3. 다음 주어는 목적어를 간청한다.

(3) a. She **invoked** their help.(그녀는 그들의 도움을 간청했다.)

b. He **invoked** their forgiveness.(그는 그들의 용서를 간청했다.)

c. He **invoked** the power of God.(그는 신의 능력을 호소하였다.)

1.4. 다음 주어는 목적어를 불러서 쓴다.

(4) a. He frequently **invokes** animal metaphors in his writing.(그는 종종 글에서 동물 은유를 사용한다.)

b. In defending their right to protest, he **invoked** the constitution.(그들의 항의권을 방어하는 데, 그는 헌법을 끌어들여서 썼다.)

1.5. 다음은 수동태 문장으로 주어는 인용된다.

(5) His name is **invoked** as a symbol of the revolution.(그의 이름은 그 혁명의 한 상징으로서 인용된다.)

involve

이 동사의 개념 바탕에는 넣는 과정이 있다.

1. 타동사 용법

1.1. 다음 주어는 목적어를 휘감아서 넣는다.

(1) Clouds **involved** the mountain top.(구름이 그 산 정상을 감쌌다.)

1.2. 다음 주어는 어떤 일이나 과정이다. 주어는 목적어를 넣는다.

(2) a. Caring for a one-year-old **involves** changing nappies, and making special meals.(한 살짜리 아기를 돌보는 일은 기저귀를 갈아주고 특별한 음식을 만들어 주는 일을 포함한다.)

b. To accept the appointment would **involve** living in London.(그 자리를 수락하는 것은 런던에서 사는 것을 수반한다.)

c. Putting on a play **involves** a lot of work.(연극을 상연하는 일은 많은 일들을 필요로 한다.)

d. My job **involves** interviewing people.(내 직업은 사람들을 인터뷰하는 것을 포함한다.)

e. The job involves a lot of lifting heavy boxes.(그 직업은 무거운 상자들을 드는 것을 포함한다.)

f. His job involves a lot of travelling.(그의 일은 많은 여행을 포함한다.)

g. His new duty involves his living in the countryside.(그의 새 임무는 시골에 사는 것을 포함한다.)

h. Housework involves cooking, washing dishes, sweeping, and cleaning.(집안 일은 요리, 설거지, 청소를 포함한다.)

i. The operation involves putting a small tube into your heart.(그 수술은 작은 관을 네 심장에 집어넣는 것을 포함한다.)

j. The teacher's role involves talking to the children and listening to their problems.(선생님의 역할은 아이들과 이야기하고 문제를 들어주는 것을 포함한다.)

k. It would involve living apart from my family.(그것은 가족과 떨어져서 생활하는 것을 포함할 것이다.)

l. It involved borrowing money from him.(그것은 그에게서 돈을 빌리는 것을 포함했다.)

1.3. 다음 주어는 목적어를 포함한다.

(3) a. Heart disease often involves psychological and social factors.(심장병은 종종 심리적이고 사회적인 요인을 포함한다.)

b. I shall not accept the job until I know exactly what it will involve.(나는 그것이 무엇을 포함하는지를 정확히 알기까지 그 일을 받아들이지 않을 것이다.)

c. These changes in the business involves the interests of all the owners.(그 사업의 이러한 변화들은 모든 소유주들의 이익을 포함한다.)

d. A national conference involving all rebel groups will be held soon.(모든 반란 단체를 포함하는 국가 회의가 곧 열릴 것이다.)

e. The new law involves every one who owns a car.(새 법은 자동차를 소유한 모든 사람들을 포함한다.)

f. What does this notion involve?(이 관념은 무엇을 내포하느냐?)

g. The accidents involved three cars.(그 사고는 세 대의 차를 포함했다.)

h. There are a number of accidents involving trucks.(트럭과 관련된 많은 사고들이 있다.)

i. The enterprise involves much peril.(그 기획은 많은 위험을 포함한다.)

j. The new system involves little, if any, new technology.(새 체제는 새 기술이 있다면 포함하더라도, 거의 포함하지 않는다.)

k. The situation involves national security.(그 상황은 국가 안보를 포함한다.)

l. This question involves embarrassing explanation.(이 질문은 난처한 설명을 끌어들인다.)

1.4. 다음 주어의 목적어를 끌어들인다.

(4) a. Do we need to involve someone from computer science.(우리는 어떤 사람을 컴퓨터 공학으로부터

끌어들일 필요가 있느냐?)

b. The work involves young children.(그 일은 많은 아이들을 끌어들인다.)

c. The strike involved many people.(그 파업은 많은 사람들에게 영향을 주었다.)

d. The police operation involved over a hundred officers.(경찰 작전은 백 명 이상의 경관들을 포함했다.)

e. The financial crisis involves us.(재정 위기는 우리들을 관련시킨다.)

f. The play involved the audience deeply.(그 연극은 청중들을 깊이 끌어들였다.)

g. The changes will involve every one of us.(그 변화들은 우리 모두에게 영향을 미칠 것이다.)

h. Try to involve as many children as possible.(가능한 많은 아이들을 끌어들이도록 노력해라.)

2. 사역동사

2.1. 다음 주어는 목적어를 in의 목적어에 끌어들인다. 즉, 행위자인 주어가 목적어로 하여금 어떤 일에 말려들게 하는 과정을 나타낸다.

(5) a. Do you have to involve me in this?(너는 이것에 나를 끌어들여야만 하느냐?)

b. Don't let them involve you in their troubles.(그들로 하여금 너를 그들의 문제에 말려들게 하지 마라.)

c. He involved himself in her private affairs.(그는 자신을 그녀의 사적인 일에 말려들게 했다.)

d. They continue to involve themselves deeply in community affairs.(그들은 자신들을 공동체의 일에 계속 열중하게 한다.)

e. I'd rather you didn't involve me in your family quarrel.(네가 네 가족 다툼에 나를 끌어들이지 않았으면 좋겠다.)

f. She involved him in the quarrel.(그녀는 그 다툼에 그를 끌어들였다.)

g. The robbers involved the guards in their crime.(그 강도들은 자신들의 범죄에 경비원들을 가담시켰다.)

h. I don't think we need involve the director at this stage.(우리가 이 단계에서 그 감독자를 끌어들여야 할 필요가 있다고 나는 생각하지 않는다.)

2.2. 다음 주어는 목적어를 in의 목적어에 끌어들인다.

(6) a. One foolish mistake will involve you in a good deal of trouble.(어리석은 실수 하나도 너를 큰 곤경에 말려들게 할 것이다.)

b. The mistake involved me in a great deal of trouble.(그 실수는 나를 많은 곤경에 말려들게 했다.)

c. The witness's statement involves you in the robbery.(그 증인의 진술은 너를 강도질에 말려들게 한다.)

d. Buying an expensive car involved him in debt. (비싼 자동차를 사는 것이 그를 빚에 빠지게 했다.)

e. The US has so far been extremely unwilling to involve itself in the crisis in the country.(미국은 지금까지 그 나라의 위기에 말려들려고 하지 않아

왔다.)

2.3. 다음 수동태 문장으로 주어는 끌어들여진다.
(7) a. Don't ask my advice; I don't want to get involved.
(내 조언을 묻지 마라; 나는 말려들고 싶지 않다.)
b. He got involved in the dispute.(그는 그 논쟁에 휘말렸다.)
c. He was involved in an intrigue/a trouble/the plot.(그는 음모/곤경/책략에 휘말렸다.)
d. He is involved in debt.(그는 빚에 빠져 있다.)

2.4. 다음 주어는 전치사 in의 목적어에 정신적으로 빠져있다.
(8) a. He is involved in politics.(그는 정치에 깊이 관여한다.)
b. He has always been involved in acting.(그는 항상 연기에 열중해 왔다.)
c. He was involved in a heated argument.(그는 뜨거운 논쟁에 말려 들었다.)
d. He is involved in working out the puzzle.(그는 수수께끼를 푸는데 열중한다.)
e. Persistent effort was involved in completing the work.(지속적인 노력이 그 일을 완수하는 데 필요했다.)
f. She was so involved in the play that she cried in the final act.(그녀는 그 연극에 너무 몰입해서 마지막 장면에서 울음을 터뜨렸다.)
g. They have been involved for several years.(그들은 여러 해 동안 관계해 왔다.)

2.5. 다음은 수동태 문장으로 주어는 with 의 목적어와 관련된다.
(9) a. He got involved with the conspirators.(그는 음모자들과 관련되었다.)
b. He is involved with the police/a woman.(그는 경찰/한 여자와 관련이 있다.)
c. She has been involved with animal right for many years.(그녀는 여러 해 동안 동물 권리에 열중해 왔다.)
d. He was so involved with his work that he refused to go home.(그는 일에 너무 열중해서 집에 가기를 거부했다.)

2.6. 다음 주어는 with의 목적어와 관계가 있다.
(10) Mary was involved with John.(메리는 존에 열중했다.)

irk
이 동사의 개념 바탕에는 언짢게 하는 과정이 있다.

1. 타동사 용법
1.1. 다음 주어는 목적어를 언짢게 한다.
(1) a. It irks him to pay the fine.(벌금을 무는 것이 그를 언짢게 한다.)
b. It irks me to read 20 pages an hour.(20 페이지를 한 시간에 읽는 것은 나를 언짢게 한다.)

1.2. 다음 주어는 목적어를 짜증나게 한다.
(2) a. The increased traffic noise has irked many residents.(증가된 자동차 소음은 많은 주민들을 짜

증나게 했다.)
b. The negative reply to my complaint really irked me.(내 불평에 대한 부정적인 대답이 나를 언짢게 했다.)

1.3. 다음은 수동태 문장으로 주어는 짜증이 난다.
(3) a. I was irked by the loud talk at the dining table next to mine.(나는 내 옆의 식탁의 시끄러운 이야기에 언짢았다.)
b. He was irked by the fine.(그는 벌금 때문에 언짢아졌다.)

iron
이 동사의 개념 바탕에는 iron의 명사 '다리미'가 있다. 동사의 의미는 이 명사의 쓰임과 관계가 있다.

1. 타동사 용법
1.1. 다음 주어는 목적어를 다린다.
(1) a. He ironed his shirt.(그는 셔츠를 다렸다.)
b. She ironed the heavily wrinkled table cloth.(그녀는 심하게 주름진 식탁보를 다렸다.)

1.2. 다음 주어는 다려서 목적어가 없어지게 한다.
(2) a. She ironed out all the creases.(그녀는 다려서 모든 주름을 없앴다.)
b. We have to iron out the problems before next week.(우리는 다음 주 전에 그 문제를 해결해야만 한다.)
c. There are still a few details that need ironing out.(제거해야 할 몇 개의 세부 사항은 여전히 남아 있다.)

irrigate
이 동사의 개념 바탕에는 물을 대는 과정이 있다.

1. 타동사 용법
1.1. 다음 주어는 목적어를 물로 댄다.
(1) a. She irrigated her lawn with a hose during the drought.(그녀는 잔디를 가뭄동안에 호스로 물을 댔다.)
b. They have built canals to irrigate the desert.(그들은 그 사막을 관개할 수로를 건설했다.)

1.2. 다음 주어는 목적어에 물을 댄다. 목적어는 작물이다.
(2) The farmer irrigated the crops from the reservoir.(그 농부는 그 작물에 그 저수지의 물을 댔다.)

1.3. 다음 주어는 목적어를 물로 씻는다.
(3) a. The dentist irrigated the infected area around the tooth.(그 치과 의사는 이 주위의 감염된 부위를 물로 세척하였다.)
b. The doctor irrigated the wound.(그 의사는 상처를 세척하였다.)
c. She irrigated her throat with warm water.(그녀는 목을 따뜻한 물로 세척했다.)
d. The doctor irrigated my eyes because there was dirt in them.(그 의사는 내 눈속에 먼지가 있기 때문

에 눈을 세척했다.)

irritate

이 동사의 개념 바탕에는 초조감에서 분노에 이르는 감정을 일으키는 과정이 있다.

1. 타동사 용법
1.1. 다음 주어는 목적어를 화나게 한다.
(1) a. His nervous gestures irritates me.(그의 신경질적인 몸짓은 나를 화나게 한다.)
    b. Your messy bedroom irritates your mother.(너의 너절한 침실은 너의 어머니를 화나게 한다.)
1.2. 다음은 수동태 문장으로 주어는 속을 태운다.
(2) a. Don't be irritated at my sadness.(나의 슬픔 때문에 속을 태우지 마세요.)
    b. He was irritated by his son's foolish behavior.(그는 아들의 어리석은 행동에 속이 탔다.)
    c. I was irritated by the noise.(그는 그 소음에 화가 났다.)
    d. I am feeling irritated with her.(나는 그녀에게 화가 나고 있다.)
1.3. 다음 주어는 목적어를 성이 나게 한다.
(3) She irritated her skin by scratching too much.(그녀는 피부를 너무 많이 긁어서 성나게 했다.)
1.4. 다음 주어는 목적어를 성이 나게 한다. 주어는 개체이다.
(4) a. Perfumes in soap can irritate skin.(비누 속의 향은 피부를 성나게 할 수 있다.)
    b. Some painkilling drugs can irritate the lining of the stomach.(몇몇 진통제는 위의 점막을 자극할 수 있다.)

isolate

이 동사의 개념 바탕에는 고립시키는 과정이 있다.

1. 타동사 용법
1.1. 다음 주어는 목적어를 전치사 from의 목적어에서 고립시킨다.
(1) a. He isolated himself from all society.(그는 자신을 모든 사교계에서 고립시켰다.)
    b. He isolated himself from all social contacts.(그는 자신을 모든 사교 접촉에서 고립시켰다.)
1.2. 다음 주어는 목적어를 전치사 from의 목적어에서 고립시킨다.
(2) a. A high wall isolates the house from the rest of the village.(높은 벽이 그 집을 그 마을의 나머지 부분에서 격리시킨다.)
    b. His early success isolated him from his friends.(그의 초기 성공은 그를 친구들로부터 고립시켰다.)
1.3. 다음은 수동태 문장으로 주어는 고립된다.
(3) a. The community is isolated from civilization.(그 지역사회는 문명으로부터 고립되어 있다.)
    b. A large area was isolated by the flood.(한 넓은 지역이 홍수로 고립되었다.)

1.4. 다음 주어는 목적어를 고립시킨다.
(4) a. The US has tried to isolate Cuba economically and politically.(미국은 쿠바를 경제적으로 그리고 정치적으로 고립시키려고 했다.)
    b. The army surrounded and isolated the town.(그 군은 그 마을을 둘러싸서 고립시켰다.)
1.5. 다음 주어는 목적어를 분리한다.
(5) a. We have to isolate people with contagious disease.(우리는 전염병을 가진 사람들을 격리시켜야 한다.)
    b. It is possible to isolate a number of factors that contributed to his downfall.(그의 몰락에 기여한 수 많은 요인들을 분리하는 것이 가능하다.)
    c. They tried to isolate the cause of the problem.(그들은 그 문제의 원인을 분리하려고 노력했다.)

issue

이 동사의 개념 바탕에는 그릇이 있고, 이 그릇 속에 담겨있던 액체나 기체 등이 나오는 과정을 그린다.

1. 자동사 용법
1.1. 다음 주어 (물)는 나온다.
(1) a. Water issues from the rock.(물이 그 바위에서 나온다.)
    b. Blood issued from the wound.(피가 상처에서 나왔다.)
1.2 다음 주어는 기체이다.
(2) a. Smoke issued from the factory chimneys.(연기가 공장의 굴뚝에서 분출되었다.)
    b. Smoke issued from the volcano.(연기가 화산에서 분출되었다.)
    c. The smell issued from the back kitchen.(그 냄새는 그 뒤 주방에서부터 났다.)
1.3. 다음 주어는 소리이다.
(3) a. A low grunt issued froth from his throat.(낮은 투덜대는 소리가 그의 목에서 나왔다.)
    b. A strange noise issued from the room.(이상한 소리가 그 방에서부터 났다.)
    c. A tiny voice issued from the speaker.(작은 목소리가 연사의 입에서 나왔다.)
    d. His voice issued from the darkness, and it sounded frightening.(그의 목소리가 어둠 속에서 나왔고, 그것은 무섭게 들렸다.)
    e. No words issued from his lips.(아무 말도 그의 입에서 나오지 않았다.)
1.4. 다음 주어는 사람이다. 사람이 어떤 장소에서 나온다.
(4) a. He issued forth for the battle.(그가 전투를 위해 앞으로 나왔다.)
    b. Troops issued from the camp.(부대가 그 캠프에서 나왔다.)
    c. He issued from a good family.(그는 좋은 가정에서 태어났다.)
1.5. 어떤 개체가 다른 개체의 안이나 속에서 나오는 과정은 없던 개체가 생겨나는 과정에도 쓰인다.

(5) a. A deep friendship **issued from** their close cooperation.(깊은 우정이 그들의 긴밀한 협조로부터 비롯되었다.)

b. All good civil laws **issue** out of the law of nature. (훌륭한 시민법은 자연법으로부터 비롯된다.)

1.6. 시도, 경기, 싸움 등은 시간상 시작과 끝이 있는 그릇이고, 이들이 밖으로 나오는 것은 이들이 어떤 상태로 끝남을 나타낸다.

(6) a. Self—help **issues** in the formation of character.(자구는 인격의 형성이 된다.)

b. The attempt **issued** in failure.(그 시도는 실패로 끝났다.)

c. The game **issued** in a tie.(그 경기는 무승부로 끝났다.)

d. The quarrel **issued** in deadly conflict.(그 다툼은 끔찍한 분쟁으로 끝났다.)

2. 타동사 용법

2.1. 다음 주어는 목적어를 내보낸다.

(7) a. He **issued** a denial of the charges.(그는 그 비난의 부인을 발표했다.)

b. He **issued** an order.(그는 주문을 내었다.)

c. Yesterday the kidnapper **issued** a second threat to kill the child.(어제 유괴범은 그 아이를 죽이겠다는 두 번째 위협을 냈다.)

d. The general **issued** fresh instructions.(그 장군은 새로운 지시를 내렸다.)

e. Sally **issued** a statement denying all knowledge of the affair.(샐리는 그 일에 대해 모든 지식을 부인하는 성명을 발표했다.)

f. Local authorities will shortly **issue** street litter control notices.(지방 정부는 곧 거리 쓰레기 억제책을 내놓을 것이다.)

g. The president has **issued** a statement to the press.(대통령은 성명을 언론에 발표했다.)

h. The nuclear power plant **issued** contaminated water into the river.(그 핵발전소는 그 강에 오염된 물을 방출했다.)

2.2. 다음 목적어는 표, 초청장, 문서 같은 것이다. 주어는 목적어를 내보낸다.

(8) a. He **issued** travel tickets to the passengers.(그는 여행표를 그 승객들에게 발행했다.)

b. We **issued** a formal invitation **from** the department.(우리는 정식 초청장을 그 부서로부터 냈다.)

c. Who **issued** the travel documents?(누가 여행 서류를 발행하느냐?)

2.3. 다음 주어는 정부나 관공서이다. 주어는 목적어 (성명, 허가, 장비 등)를 내보낸다.

(9) a. The White House **issued** new statement about the war every day.(백악관은 그 전쟁에 대해 매일 새로운 성명을 발표했다.)

b. The government **issued** a serious warning.(정부는 심각한 경고를 내보냈다.)

c. The government **issued** a statement about the crisis.(정부는 위기에 대해 성명을 발표했다.)

d. The school **issued** a statement about its plan to the press.(학교가 계획에 대해 성명을 기자단에 발표했다.)

e. The police **issued** a description of the criminal.(경찰이 범인의 인상을 발표했다.)

f. The office **issued** permits on Tuesday mornings.(사무국은 화요일 오전에 허가를 발행했다.)

g. The motor vehicle office **issues** drivers' license.(자동차 사무국은 운전 면허를 발행한다.)

2.4. 다음 주어는 목적어를 지급한다.

(10) a. They **issued** ammunition to the troops.(그들은 실탄을 부대에 지급했다.)

b. They **issued** an extra blanket to each soldier.(그들은 여분의 담요를 각 병사들에게 지급했다.)

c. They **issued** breathing equipment to the firemen.(그들은 호흡 장비를 소방수들에게 지급했다.)

d. Libraries **issue** books.(도서관들이 책을 대출한다.)

e. The government **issued** new coins.(정부가 새 동전을 발행했다.)

2.5. 다음 주어는 목적어를 with의 목적어로 지급한다.

(11) They **issued** them with warm clothing.(그들은 그들에게 따뜻한 옷을 지급했다.)

2.6. 다음 주어는 목적어를 to의 목적어에 지급한다.

(12) They **issued** warm clothing to the troops.(그들은 따뜻한 의류를 그 부대에 지급했다.)

2.7. 다음은 수동태 문장으로 주어는 수혜자이다.

(13) a. All workers were **issued with** protective clothing.(모든 노동자들이 보호복을 지급 받았다.)

b. Staff will be **issued with** new grey—and—yellow designer uniforms.(직원들은 회색과 노란색으로 디자인된 제복을 지급 받을 것이다.)

c. I was **issued with** a new rifle.(나는 새 총을 지급 받았다.)

d. Each airman is **issued** three uniforms.(각 조종사들이 3벌의 제복을 지급 받는다.)

e. Each soldier was **issued** a bedroll.(각 병사들은 휴대용 침구를 지급 받았다.)

2.8. 다음은 수동태 문장으로 주어는 지급되는 개체이다.

(14) a. Rifles were **issued to** the troops.(총이 그 부대에게 지급되었다.)

b. Food and clothing were **issued to** the flood victims.(음식과 의복이 홍수 피해자들에게 지급되었다.)

c. New bank notes will be **issued** shortly.(새 지폐가 곧 발행될 것이다.)

d. Notebooks were **issued to** the pupils.(공책이 학생들에게 지급되었다.)

e. Invitations have been **issued to** all members.(모든 구성원들에게 초청장이 발송되었다.)

f. Stamps are **issued** by the government.(우표는 정부에 의해 발행된다.)

g. Our new uniforms haven't been **issued** yet.(우리의 새 제복이 아직 지급되지 않았다.)

2.9. 잡지나 신문이 발행되는 것도 이 동사로 표현된

다. 이들은 신문사나 잡지사 안에서 밖으로 나오기 때문이다. 주어는 목적어를 발행한다.

(15) a. The journal was first issued in 1940.(그 잡지는 1940년에 처음으로 발행되었다.)

b. The staff newsletter is issued three times a year.(그 직원 회보는 일년에 세 번씩 발행된다.)

c. The magazine is issued once a month.(그 잡지는 한 달에 한번 발행된다.)

itch

이 동사의 개념 바탕에는 근질근질한 느낌이 있다.

1. 자동사 용법

1.1. 다음 주어는 간지럽게 한다.

(1) a. Does the rash itch?(그 뾰루지는 간지럽게 합니까?)

b. This sweater really itches.(이 스웨터는 정말 간지럽다.)

c. The spider bites itch.(그 거미는 문 자리가 간지럽다.)

1.2. 다음 주어는 간지럽다.

(2) a. I itch all over.(나는 전체가 가렵다.)

b. My left knee itches.(나의 왼쪽 무릎이 가렵다.)

c. When I began to itch, I knew a mosquito had bitten me.(가렵기 시작했을 때, 나는 모기가 나를 문 것을 알았다.)

1.3. 다음 주어는 for의 목적어를 얻고 싶어서 못 견딘다.

(3) The crowd were itching for a fight.(군중은 한 바탕 싸움을 열망하고 있었다.)

1.4. 다음 주어는 to부정사가 가리키는 일을 하고 싶어 한다.

(4) a. They are itching to leave.(그들은 떠나기를 열망하고 있다.)

b. He's itching to go back to work.(그는 일자리로 되돌아가기를 열망하고 있다.)

2. 타동사 용법

2.1. 다음 주어는 간지러워서 목적어를 긁는다.

(5) Even though the poison ivy is driving you mad, don't itch it.(비록 담쟁이는 독이 너를 미치게 할지라도, 그것을 긁지 말아라.)

2.2 다음 주어는 목적어를 간지럽게 한다.

(6) a. The label on the shirt itches me.(그 셔츠의 라벨이 나를 가렵게 한다.)

b. The wool shirt itches my skin.(모 셔츠는 내 피부를 가렵게 한다.)

itemize

이 동사의 개념 바탕에는 항목별로 나누는 과정이 있다.

1. 타동사 용법

1.1. 다음 주어는 목적어를 항목별로 나눈다.

(1) a. We should itemize those expenses as deductions.(우리는 그 지출을 공제로 분류해야 한다.)

b. You need fifteen forms if you want to itemize.(네가 항목별로 나누고 싶다면, 열 다섯 개의 양식이 필요하다.)

c. The accountant itemized my expenses.(그 회계사는 나의 지출을 항목별로 나눴다.)

d. The report itemized 23 different faults.(그 보고서는 스물 세 개의 결점을 항목화했다.)

iterate

이 동사의 개념 바탕에는 되풀이하는 과정이 있다.

1. 타동사 용법

1.1. 다음 주어는 목적어를 되풀이한다.

(1) a. He iterated his objections.(그는 이의를 되풀이하여 말했다.)

b. She iterated her argument.(그녀는 자신의 논리를 되풀이하여 말했다.)

j

jab

이 동사의 개념 바탕에는 쿡쿡 찌르거나 치는 과정
이 있다.

1. 타동사 용법

1.1. 다음 주어는 목적어를 찌른다. 목적어는 도구이
다.

(1) a. She jabbed her finger at the clothes on the bed.
 (그녀는 손가락을 침대 위의 옷에 쿡쿡 찔렀다.)

 b. She jabbed her finger in his ribs. (그녀는 손가락을
 그의 갈비뼈에 쿡 찔렀다.)

 c. He jabbed two sticks into the ground. (그는 두 개
 의 막대기를 그 땅에 찔렀다.)

 d. The doctor jabbed the needle into my arm. (그 의
 사는 바늘을 내 팔에 팍 꽂았다.)

 e. She jabbed the needle into her finger by mistake.
 (그녀는 바늘을 자신의 손가락에 실수로 찔렀다.)

 f. The robber jabbed the knife into the victim's
 back. (그 강도는 칼을 피해자의 등에 쿡 찔렀다.)

 g. She jabbed the gun into my back and hissed,
 "Move!" (그녀는 총을 내 등에 찌르고 "움직여"라고
 조용히 말했다.)

 h. He jabbed his fork into the potato. (그는 포크를 감
 자에 쿡 찍었다.)

 i. She jabbed her thumb on the button. (그녀는 엄지
 손가락을 그 버튼에 꾹 눌렀다.)

1.2. 다음은 수동태 문장으로 주어는 찔린다.

(2) A needle was jabbed into the baby's arm. (주사 바
늘이 아기의 팔에 꽂혔다.)

1.3. 다음 주어는 목적어를 찌른다. 목적어는 찔리는
부분이다.

(3) a. He jabbed the boy's neck with a ruler. (그는 그 소
년의 목을 자로 쿡 찔렀다.)

 b. He jabbed the meat with his fork. (그는 고기를 포
 크로 푹 찍었다.)

 c. The doctor jabbed my arm with a needle. (그 의사
 는 내 팔을 주사로 찍었다.)

 d. Stop jabbing me with your elbow. (나를 너의 팔꿈
 치로 건드리지마.)

 e. He jabs his vein. (그는 자신의 정맥을 찌른다.)

1.4. 다음 주어는 목적어를 전치사 in의 목적어 주위
에 찌른다.

(4) a. Jack jabbed me in the back with a pen. (잭은 내 등
을 연필로 쿡 찔렀다.)

 b. She jabbed me in the arm with her umbrella. (그녀
 는 내 팔을 우산으로 쿡 찔렀다.)

 c. You nearly jabbed me in the eye. (당신은 나의 눈
 을 찌를 뻔했다.)

 d. She jabbed him in the ribs with her finger. (그녀는
 그의 갈비뼈를 손가락으로 쿡 찔렀다.)

 e. Your elbow is jabbing me in the ribs. (당신의 팔꿈
 치가 나의 갈비뼈에 찌르고 있다.)

1.5. 다음 주어는 목적어를 찔러서 낸다.

(5) Careful. You might jab my eye out with that stick.
 (조심해라. 너는 그 막대기로 내 눈을 빠지게 할 수도 있
 다.)

1.6. 다음 주어는 목적어를 불쑥 내민다.

(6) a. He jabbed out a question. (그는 질문을 툭 던졌다.)

 b. He jabbed out his fist. (그는 주먹을 툭 던졌다.)

2. 자동사 용법

2.1. 다음 주어는 전치사 at의 목적어를 반복적으로 찌
른다.

(7) a. She jabbed at the elevator buttons. (그녀는 그 엘
리베이터 버튼을 쿡쿡 눌러 보았다.)

 b. He jabbed at the picture with his finger. (그는 그
 그림을 손가락으로 툭툭 찔렀다.)

 c. He jabbed at the fire with a stick. (그는 그 불을 막
 대기로 툭툭 찔렀다.)

 d. The boxer jabbed at the opponent. (그 선수는 상
 대를 쿡쿡 찔렀다.)

 e. He jabbed at me with his glasses. (그는 나를 안경
 으로 쿡쿡 찔렀다.)

jack

이 동사의 개념 바탕에는 jack 의 명사 '밀어 올리는
기계'가 있다. 동사의 의미는 이 명사의 기능과 관계
가 있다.

1. 타동사 용법

1.1. 다음 주어는 목적어를 올린다.

(1) a. Dad jacked the car up. (아버지는 차를 잭으로 올리
셨다.)

 b. He jacked up the rear end of the car. (그는 차의
 뒤쪽 끝을 잭으로 올렸다.)

1.2. 다음 주어는 목적어를 올린다.

(2) a. Stores have jacked their prices since April. (상점
은 가격을 4월 이후부터 올렸다.)

 b. They jacked up oil prices. (그들은 석유 가격을 올
 렸다.)

 c. The landlord jacked up the rents. (집 주인은 그 집
 세를 올렸다.)

1.3. 다음 주어는 목적어를 접어 넣는다.

(3) a. She jacked in her job. (그녀는 일을 그만 두었다.)

 b. I am going to jack this boring job in. (나는 이 지루
 한 일을 그만 둘 것이다.)

jail

이 동사의 개념 바탕에는 jail의 명사 '감옥'이 있다.
동사의 의미는 이 명사의 기능과 관계가 있다.

1. 타동사 용법

1.1. 다음 주어는 목적어를 감옥에 넣는다.

(1) a. The sheriff jailed the drunk driver.(보안관은 술 취한 운전자를 감옥에 넣었다.)

b. The judge jailed the thief a full year.(판사는 그 도둑을 일년 간 감옥에 넣었다.)

1.2. 다음은 수동태 문장으로 주어는 투옥된다.

(2) a. He was jailed for life for murder.(그는 살인으로 평생을 투옥되었다.)

b. He was jailed on lesser charges.(그는 형량이 감해져서 투옥되었다.)

jam

이 동사의 개념 바탕에는 물건을 그릇에 억지로 꾹꾹 넣는 과정이 있다.

1. 타동사 용법

1.1. 다음 주어는 목적어를 쑤셔 넣는다.

(1) a. He jammed all the boys into one bus.(그는 모든 소년들을 한 버스에 쑤셔 넣었다.)

b. He jammed the books into the bookcase.(그는 책들을 책장에 쑤셔 넣었다.)

c. He jammed his hands into the pockets.(그는 손을 주머니 속에 넣었다.)

d. He jammed the socks into the drawer.(그는 양말들을 그 서랍에 쑤셔 넣었다.)

e. He jammed his clothes into a small suitcase.(그는 옷을 작은 옷 가방에 쑤셔 넣었다.)

f. He jammed the boxes into the back of the car.(그는 그 상자들을 차의 뒷좌석에 꽉 채워 놓았다.)

g. He jammed the piece of wood under the door.(그는 나뭇조각을 문 아래에 끼워 놓았다.)

1.2. 다음 주어는 목적어를 전치사 with의 목적어로 움직이지 못 하게 한다.

(2) He jammed the door open/shut with a piece of wood.(그는 나뭇조각을 끼워 문을 열린 채로 고정했다.)

1.3. 다음 주어는 전치사 on의 목적어를 강하게 밟는다.

(3) a. He jammed on the brake when the light turned red.(그는 신호가 빨간 색으로 바뀌었을 때 그는 브레이크를 밟았다.)

b. He jammed the cap on his head.(그는 모자를 머리에 눌러썼다.)

c. Jam your foot on the brake.(너의 발을 브레이크에 대어라.)

d. He jammed the receiver on the cradle.(그는 수신기를 걸이에 꽉 놓았다.)

1.4. 다음 주어는 그 자체가 목적어를 막히게 한다.

(4) a. Crowds jammed the door. (군중이 몰려와서 문을 막았다.)

b. Hundreds of motorists jammed the road.(수 백 명의 운전자들이 그 도로를 막았다.)

c. A rope jammed the ship's propeller.(밧줄이 그 배의 프로펠러를 얽혀서 움직이지 못하게 했다.)

d. The key broke and jammed the lock.(그 열쇠는 부러져서, 자물쇠를 막히게 했다.)

1.5. 다음은 수동태 문장으로 주어는 막힌다.

(5) a. The theater was jammed with people.(그 극장은 사람들로 꽉 찼다.)

b. All the roads were jammed with cars.(모든 도로들이 차로 꽉 찼다.)

c. The river was jammed with logs.(그 강은 통나무들로 꽉 막혔다.)

d. The ship was jammed between two rocks.(그 배는 두 바위 사이에 꽉 끼었다.)

e. He got his fingers jammed in the door.(그는 손가락을 그 문에 끼었다.)

1.6. 다음 주어는 목적어를 방해한다.

(6) a. The radio station jammed the propaganda broadcast.(그 라디오 방송국은 이념 선전 방송을 방해했다.)

b. The dictator tried to jam all the foreign radio broadcast.(그 독재자는 모든 외국 라디오 방송을 방해하려고 애썼다.)

2. 자동사 용법

2.1. 다음 주어는 막힌다.

(7) a. The gun jammed.(그 총은 막혔다.)

b. The window has jammed and I can't open it.(그 창문은 움직이지 않아서, 나는 그것을 열 수 없다.)

c. The lock jammed and I cannot open it.(그 자물쇠는 막혀서 나는 그것을 열 수 없다.)

d. The steering wheel jammed.(그 운전대는 움직이지 않았다.)

e. The tape recorder jammed.(그 녹음기는 엉기었다.)

f. The front roller jammed.(앞 롤러가 움직이지 않았다.)

2.2. 다음은 수동태 문장으로 주어가 엉긴다.

(8) a. The logs were jammed in the river.(그 통나무들이 강에 꽉 찼다.)

b. The traffic was jammed at the intersection.(그 교통이 그 교차로에서 마비되었다.)

2.3. 다음에서 주어는 빽빽하게 무리를 지어서 어디로 들어가는 과정을 나타낸다.

(9) a. Too many spectators jammed into the island.(너무 많은 관광객들이 그 섬으로 무리 지어 들어갔다.)

b. The commuters jammed into the packed subway.(통근자들은 만원인 지하철로 떼지어 들어갔다.)

jangle

이 동사의 개념 바탕에는 땡그렁거리는 소리가 있다.

1. 타동사 용법

1.1. 다음 주어는 목적어를 딸랑거린다.

(1) a. The child jangled the cans.(그 아이는 깡통을 딸랑거렸다.)

b. He jangled his keyes.(그는 열쇠들을 딸랑거렸다.)

1.2. 다음 주어는 목적어를 거슬리게 한다.

(2) a. The noise jangles my nerves.(잡음은 내 신경을 거슬린다.)

b. The racket from the street jangled my nerves.
(그 거리에서 나는 떠드는 소리가 내 신경을 건드렸
다.)

jar

이 동사의 개념 바탕에는 귀에 거슬리는 소리가 나
는 과정이 있다.

1. 타동사 용법

1.1. 다음 주어는 목적어를 충격을 준다.
(1) a. The impact jarred his arm.(그 충격은 그의 팔에 충
격을 주었다.)
b. The harsh colors jarred my eyes.(거친 색들이 나
의 눈을 거슬렀다.)
c. The movement jarred his injured leg.(그 움직임은
그의 아픈 다리에 충격을 주었다.)
d. The fall jarred every bone in my body.(그 추락은
내 몸 안의 모든 뼈에 충격을 주었다.)
e. He fell back and jarred his back.(그는 뒤로 넘어져
서 등에 충격을 주었다.)
f. Alice jarred her knee when she jumped off the
wall.(앨리스는 그 벽에서 뛰어내렸을 때 무릎에 충
격을 주었다.)

1.2. 다음 주어는 목적어를 거슬리게 한다.
(2) a. The loud bang jarred my nerves.(큰 포성은 나의
신경을 거슬렀다.)
b. The children's screams jarred my nerves.(아이
들의 비명 소리는 나의 신경을 거슬렀다.)
c. His announcement really jarred me; I was
shocked.(그의 발표는 굉장히 나의 신경을 건드렸
다. 나는 충격을 받았다.)
d. The murders jarred both US and Mexican
officials.(그 살인자들은 미국과 멕시코 관료들 모두
의 신경을 건드렸다.)

1.3. 다음 주어는 목적어를 거슬리게 해서 목적어가 어
떤 상태에서 벗어나거나 들어가게 한다.
(3) a. The train's rumbling jarred them out of their
sleep.(기차의 덜컹거리는 소리는 그들의 신경을 거
슬리게 하여 잠에서 깨게 했다.)
b. The alarm jarred her awake.(그 경고는 그녀를 잠
에서 깨웠다.)

1.4. 다음은 수동태 문장으로 주어는 충격을 받는다.
(4) a. He was jarred into political action by events on
the national scene.(그는 국내 사건들에 충격을 받
고 정치적인 조처를 취했다.)
b. She was jarred back to reality.(그녀는 충격을 받
고 현실로 돌아왔다.)
c. They were jarred by the news of the accident.(그
들은 사고 소식을 듣고 깜짝 놀랐다.)

1.5. 다음 주어는 목적어를 큰 충격을 준다.
(5) a. The explosion jarred several buildings.(그 폭발은
몇몇 건물을 뒤흔들었다.)
b. The strong wind jarred the house.(강풍은 그 집을
뒤흔들었다.)
c. Don't jar the aquarium: you will frighten the fish.

(수족관을 뒤흔들지 말아라: 너는 물고기를 놀라게
할 것이다.)
d. An earthquake jarred the city.(지진이 그 도시를
뒤흔들었다.)
e. The explosion jarred the windows.(그 폭발은 창
문을 진동시켰다.)

2. 자동사 용법

2.1. 다음 주어는 거슬리는 소리를 낸다.
(6) a. The brakes jarred.(브레이크는 날카로운 소리를 냈
다.)
b. The window jarred.(창문은 삐걱거리는 소리를 냈
다.)

2.2. 다음 주어는 서로 충돌하여 맞지 않는다.
(7) a. I think those colors jar.(나는 그 색깔들이 맞지 않
는다고 생각한다.)
b. The statements of the opposing candidates often
jarred.(반대 후보자의 발표들은 종종 충돌했다.)
c. Our opinions jar.(우리의 의견은 맞지 않는다.)

2.3. 다음 주어는 against의 목적어에 긁힌다.
(8) a. The nail jarred against the window.(그 못은 그 창
에 긁혔다.)
b. She moved the chair backwards, and it jarred
against the wall.(그녀는 의자를 뒤로 움직였는데,
그것이 벽에 긁혔다.)

2.4. 다음의 주어는 on의 목적어에 거슬린다.
(9) a. Her sharp voice jarred on my ears.(그녀의 날카로
운 목소리는 나의 귀에 거슬렸다.)
b. The loud music jarred on my nerves.(시끄러운 소
리는 내 신경을 건드렸다.)

2.5. 다음 주어는 with의 목적어와 어울리지 않는다.
(10) a. Her brown shoes jarred with the rest of her outfit.
(그녀의 갈색 구두는 그 나머지 의상과 어울리지 않
았다.)
b. The lamp jarred with the rest of the room.(그 전
등은 그 방의 나머지와 어울리지 않았다.)

2.6. 다음 주어는 흔들린다.
(11) The window jarred when the wind blew.(그 창문은
바람이 불 때 흔들렸다.)

jeer

이 동사의 개념 바탕에는 큰 소리로 비웃는 과정이
있다.

1. 자동사 용법

1.1. 다음 주어는 비웃는다.
(1) a. The crowd outside his house jeered as he left.(그
의 집 밖에 있는 군중들은 그가 떠날 때 그를 비웃었
다.)
b. The crowd jeered at the speaker.(군중은 그 연사
를 비웃었다.)
c. He's always jeering at her stupidity.(그는 항상 그
녀의 어리석음을 비웃는다.)
d. They jeered at every mistake John made.(그들은
존이 한 모든 실수를 비웃었다.)

2. 타동사 용법

2.1. 다음 주어는 목적어를 비웃는다.
(12) Don't jeer the losing team.(지고 있는 팀을 놀리지 말아라.)

2.2. 다음 주어는 목적어를 비웃어서 떠나게 한다.
(13) a. The audience jeered the speaker off the stage.(관중은 그 연사를 조롱하여 무대에서 내려오게 하였다.)

b. They jeered him out.(그들은 그를 조롱하여 방에서 내쫓았다.)

---

jell

이 동사의 개념 바탕에는 jell의 명사 '젤리'가 있다.

1. 자동사 용법

1.1. 다음 주어는 젤리 형태가 된다.
(1) a. The dessert jelled quickly.(그 디저트는 재빨리 젤리 형태가 되었다.)

b. The juices of the ham jellied on the plate.(그 햄의 즙이 쟁반 위에서 젤리 형태가 되었다.)

1.2. 다음 주어는 굳어진다.
(2) a. John's plan jelled.(존의 계획이 굳어졌다.)

b. Her plan for a summer vacation finally jelled today.(그녀의 여름 휴가 계획이 마침내 오늘 굳어졌다.)

c. My ideas began to jell into a good plan.(내 생각이 훌륭한 계획으로 굳어지기 시작했다.)

2. 타동사 용법

2.1. 다음 주어는 목적어를 굳힌다.
(3) a. The cold will jell the dessert.(그 추위는 디저트를 굳힐 것이다.)

b. Talking with you helped me jell my ideas.(너와 이야기하는 것이 내 생각을 굳히는데 도움이 되었다.)

---

jerk

이 동사의 개념 바탕에는 어떤 사람이 다른 사람이나 개체에 갑자기 강하게 힘을 가한다.

1. 타동사 용법

1.1. 다음 주어는 목적어를 휙 잡아당긴다.
(1) a. He jerked his rein.(그는 그 고삐를 휙 잡아당겼다.)

b. He jerked the child by the hand.(그는 그 아이를 손으로 휙 잡아당겼다.)

c. Tom jerked my tie.(톰은 내 타이를 휙 잡아당겼다.)

d. She jerked the string and the puppet jumped.(그녀가 끈을 휙 잡아당기자, 그 꼭두각시가 펄쩍 뛰었다.)

e. The police officer jerked Sue's arm to get her attention.(경찰관은 주의를 끌려고 수의 팔을 휙 잡아당겼다.)

f. I jerked the fishing rod back and lost the fish.(나는 낚싯대를 휙 잡아당겨서 고기를 놓쳤다.)

1.2. 다음의 목적어는 주어의 신체 부위인 머리이다.
(2) a. She jerked her head in my direction/up.(그녀는 고개를 내 쪽으로/위로 휙 돌렸다.)

b. He jerked his head round to stare at her.(그는 그녀를 보려고 고개를 휙 돌렸다.)

1.3. 다음에서 주어는 목적어를 마음대로 이리저리 움직인다.
(3) a. He grasped my arm and jerked me round.(그는 내 팔을 잡아서 나를 빙 돌렸다.)

b. The airline really jerked us around by cancelling our flight, and putting us on another one, and cancelling that one too.(그 항공사는 우리의 비행을 취소하고 다른 비행기를 타게 하고 그것마저 취소시켜서 우리를 완전히 가지고 놀았다.)

c. Don't jerk me around.(나를 가지고 놀지마.)

1.4. 다음은 수동태 구문으로 주어는 휙 움직여진다.
(4) a. We're being jerked around, and I don't like.(우리는 농락 당하고 있다. 그래서 나는 그것을 안 좋아한다.)

b. Consumers are jerked around by big companies.(소비자들은 대기업에 의해서 농락 당한다.)

1.5. 다음 주어는 목적어를 휙 잡아당겨서 전치사 from의 목적어로부터 떨어지게 한다.
(5) a. He jerked the phone away from me.(그는 전화기를 내게서 휙 뺏어가 버렸다.)

b. He jerked the carpet from under my feet.(그는 카펫트를 내 발 밑에서 휙 빼갔다.)

c. He jerked the book from my hand.(그는 그 책을 내 손에서 뺏어갔다.)

1.6. 다음 주어는 목적어를 전치사 out of의 목적어에서 잡아당긴다.
(6) a. He grabbed/hold of my arm and jerked me to my feet.(그는 내 팔을 잡고 나를 확 잡아당겨 일으켜 세웠다.)

b. The shock of losing his job jerked him out of his settled lifestyle.(실직의 충격은 그를 안정된 생활 양식에서 뛰쳐 나오게 했다.)

c. I jerked my foot out of the hot water.(나는 발을 뜨거운 물에서 확 빼냈다.)

d. He jerked the rope out of my hand.(그는 그 줄을 내 손에서 확 빼내었다.)

e. They jerked the body out of the pond.(그들은 시체를 연못에서 확 건졌다.)

1.7. 다음 주어는 목적어를 당겨서 상태 변화를 받게 한다.
(7) a. He jerked the window open.(그는 그 창문을 덜컹 열었다.)

b. The door of the van was jerked open.(밴의 문은 덜컹 열렸다.)

1.8. 다음의 목적어는 말과 관계가 있다. 주어는 말을 갑작스럽게 띄엄띄엄 말한다.
(8) a. I jerked out some stupid remark.(나는 바보 같은 말을 내뱉었다.)

b. She jerked out an apology.(그녀는 사과의 말을 내뱉었다.)

c. He jerked out an insult.(그는 모욕적인 말을 내뱉

었다.)

2. 자동사 용법

2.1. 다음의 주어는 갑자기 홱 움직인다.
(9) a. The wagon jerked along.(그 마차는 덜커덩거리며 나아갔다.)
   b. She jerked away from him.(그녀는 그에게서 홱 몸을 돌려 떠났다.)
   c. I let go of the branch and it jerked back.(나는 가지를 놓자, 그것은 홱 뒤로 제쳐졌다.)
   d. He jerked forward and stopped.(그는 앞으로 움찔하고 나섰으나 멈추었다.)
   e. He jerked forward in his chair.(그는 의자에서 앞으로 움찔했다.)
   f. The train jerked as we left the station.(우리가 정거장을 떠날 때에 기차가 덜컹했다.)
   g. The train/car jerked to a stop.(그 기차/자동차는 덜컹하면서 섰다.)

2.2. 다음 주어는 경련을 일으킨다.
(10) a. His arms and legs jerked in spasm.(그의 팔다리는 경련으로 움찔거렸다.)
   b. Bill's arm jerked involuntarily.(빌의 팔이 자신도 모르게 움찔거렸다.)
   c. The left side of Anne's face jerked before her surgery.(앤의 얼굴 왼쪽 부분은 수술 전에 경련을 일으켰다.)
   d. My leg jerked when the doctor tapped my knee.(그 의사는 내 무릎을 두드렸을 때 내 다리가 움찔거렸다.)
   e. My muscles jerked as I woke up from a frightening dream.(무서운 꿈에서 일어날 때, 내 근육들이 움찔했다.)

2.3. 다음에 쓰인 at과 on은 주어의 힘이 목적어에 부분적으로 미치거나 반복된 시도를 나타낸다.
(11) a. Don't keep jerking at the drawer, it won't open.(그 서랍을 계속 잡아당기지 말아라, 그것은 열리지 않을 것이다.)
   b. He grabbed a handful of hair and jerked at it.(그는 한 줌의 머리칼을 붙잡고 계속해서 팍팍 잡아당겨 보았다.)
   c. He jerked on the fishing line.(그는 낚싯줄을 조금 잡아당겨 보았다.)
   d. I jerked on the brakes.(나는 브레이크를 홱 밟아 보았다.)

jet
이 동사의 개념 바탕에는 분출하는 과정이 있다.

1. 자동사 용법
1.1. 다음 주어는 뿜어 나온다.
(1) a. Water jets from the fountain.(물이 샘에서 뿜어 나온다.)
   b. Steam jetted out of the geyser at the park.(증기가 그 공원의 간헐천에서 뿜어 나왔다.)
   c. Water jetted into the road when the pipe broke.

(물이 파이프가 깨어졌을 때 길로 분출되었다.)

1.2. 다음 주어는 제트기로 움직인다.
(2) a. He is jetting in from Washington tonight.(그는 오늘 밤 워싱턴에서 제트기로 온다.)
   b. He's jetting off to Australia on the company plane.(그는 회사 비행기로 호주로 간다.)
   c. He jetted to Guam for the weekend.(그는 주말에 제트기로 괌 갔다.)

2. 타동사 용법
2.1. 다음 주어는 목적어를 내뿜는다.
(3) a. He jetted a powerful stream of water from the garden hose.(그는 강한 물줄기를 정원 호수에서 뿜어 내었다.)
   b. The painter jetted paint onto his canvas.(그 화가는 페인트를 화폭에 세게 뿌렸다.)

jettison
이 동사의 개념 바탕에는 짐을 던져 버리는 과정이 있다.

1. 타동사 용법
1.1. 다음 주어는 목적어를 던져 버린다.
(1) a. The crew jettisoned the cargo as the plane lost altitude.(그 승무원들은 비행기가 고도를 잃자 화물을 던져 버렸다.)
   b. The pilot jettisoned the heavy cargo from the plane.(비행사는 무거운 짐을 비행기에서 던져 버렸다.)
   c. Sailors jettisoned big boxes in the storm to make the ship lighten.(선원들은 그 폭풍 속에서 배를 가볍게 하려고 큰 상자들을 던져 버렸다.)

1.2. 다음 목적어는 추상적이지만 구체적인 것으로 개념화되어 있다.
(2) a. We quickly jettisoned our ideas as impractical.(우리는 생각들을 비실용적인 것으로 재빨리 던져 버렸다.)
   b. The new president jettisoned most of the previous economic policies.(새 대통령은 이전의 경제 정책 대부분을 던져 버렸다.)

1.3. 다음은 수동태 문장으로 주어는 던져 버려진다.
(3) He was jettisoned as team coach after the defeat.(그는 패배 후에 팀 코치로서 버려졌다.)

jibe¹
이 동사의 개념 바탕에는 일치되는 과정이 있다.

1. 자동사 용법
1.1. 다음 주어는 일치된다.
(1) a. These measurements don't jibe; someone has made an error.(이 치수는 맞지 않아; 누군가가 실수를 했다.)
   b. Their descriptions of the accident don't jibe.(그들의 사건 기술들은 일치하지 않는다.)

1.2. 다음 주어는 with의 목적어와 일치된다.
(2) a. Your statement doesn't jibe with the facts.(너의 진술은 사실과 일치하지 않는다.)
   b. Your observations don't jibe with the facts as we know them.(너의 관찰 결과는 우리가 아는 사실과 일치하지 않는다.)

jibe²

이 동사의 개념 바탕에는 조롱하는 과정이 있다.

1. 자동사 용법
1.1. 다음 주어는 at의 목적어에 대해 비웃는다.
(1) a. He jibed repeatedly at the mistakes she had made.(그는 그녀가 한 실수를 반복해서 조롱했다.)
   b. He jibed at her love of poetry.(그는 그녀의 시에 대한 사랑을 조롱했다.)

jigger

이 동사의 개념 바탕에는 살짝 만지는 과정이 있다.

1. 타동사 용법
1.1. 다음 주어는 목적어를 만지작거린다.
(1) a. He jiggered the switch up and down.(그는 스위치를 위아래로 만지작거렸다.)
   b. The accountant jiggered the figures to hide the theft.(회계사는 절도를 은폐하기 위해 수치를 살짝 만졌다.)

jiggle

이 동사의 개념 바탕에는 가볍게 흔드는 과정이 있다.

1. 타동사 용법
1.1. 다음 주어는 목적어를 가볍게 흔든다.
(1) a. You have to jiggle the handle to get the machine started.(너는 기계를 작동시키기 위해서 손잡이를 가볍게 흔들어야 한다.)
   b. He jiggled his car keys(그는 자동차 열쇠를 가볍게 흔들었다.)
   c. Tom jiggled the lock with the key when the door wouldn't open.(탐은 문이 열리지 않자 그 자물쇠를 열쇠로 가볍게 흔들었다.)

2. 자동사 용법
2.1. 다음 주어는 가볍게 흔들린다.
(2) a. His fat stomach jiggled as he walked.(뚱뚱한 배는 그가 걸을 때 가볍게 흔들렸다.)
   b. He couldn't keep still; he always jiggles.(그는 가만히 있을 수 없다; 그는 항상 움직인다.)
   c. The plane jiggled slightly as it landed on the ground.(그 비행기는 착륙하면서 가볍게 흔들렸다.)
   d. I can't comb your hair if you jiggle up and down like this.(나는 너가 위아래 이같이 흔들면 너의 머

리를 빗을 수 없다.)
2.3. 다음 주어는 가볍게 흔든다.
(3) He jiggled with the lock.(그는 자물쇠를 가볍게 흔들었다.)

jingle

이 동사의 개념 바탕에는 딸랑거리는 소리가 나는 과정이 있다.

1. 타동사 용법
1.1. 다음 주어는 목적어를 흔들어서 소리가 나게 한다.
(1) a. He jingled the coins in his pocket.(그는 동전을 주머니에서 흔들어 딸랑거렸다.)
   b. He jingled the keys.(그는 열쇠 뭉치를 흔들어 소리를 냈다.)

2. 자동사 용법
2.1. 다음 주어는 딸랑거리는 소리를 낸다.
(2) a. The coins jingled in her purse.(그 동전들은 그녀의 지갑에서 딸랑거렸다.)
   b. The bells on the harness jingled.(마구의 종은 딸랑거렸다.)
   c. The sleigh bells jingled as we rode.(그 썰매 종은 우리가 썰매를 탈 때 딸랑거렸다.)

jive

이 동사의 개념 바탕에는 터무니 없는 말로 놀리는 과정이 있다.

1. 타동사 용법
1.1. 다음 주어는 목적어를 놀린다.
(1) a. Quit jiving me, and give me a straight answer.(나를 그만 놀리고 정확한 답을 해 봐.)
   b. Are you jiving me?(넌 나를 놀리고 있는가?)
   c. Quit jiving me and just tell me where you were.(날 놀리는 것을 그만하고 네가 어디에 있었는지 말해라.)

2. 자동사 용법
2.1. 다음 주어는 놀린다.
(2) They are just jiving.(그들은 단지 놀리고 있는 중이다.)

job

이 동사의 개념 바탕에는 job의 명사 '일'이 있다.

1. 타동사 용법
1.1. 다음 주어는 목적어를 하청한다.
(1) a. Our company does not do any of its own printing; it jobs it out to local printers.(우리 회사는 인쇄의 어떤 것도 하지 않고, 그것을 지역 인쇄업자에 하청을 준다.)

b. He jobbed out the work to a number of building contractors.(그는 많은 건축업자들에게 그 일을 하청했다.)

1.2. 다음 주어는 목적어를 전치사 into의 목적어 자리에 앉힌다.

(2) a. He jobbed his friends into important positions.(그는 친구들을 중요한 자리에 앉혔다.)

b. He jobbed his nephew into a good post.(그는 조카를 좋은 자리에 앉혔다.)

1.3. 다음은 수동태 문장으로 주어는 빼앗긴다.

(3) He was jobbed out his money.(그는 돈을 빼앗겼다.)

jockey

이 동사의 개념 바탕에는 jockey의 명사 '경마 기수'가 있다. 동사의 의미는 이 명사의 역할과 관계가 있다.

1. 타동사 용법

1.1. 다음 주어는 기수로서 말을 탄다.

(1) a. The winning horse was jockeyed by him.(선두로 달리고 있는 말은 그가 기수로 타고 있었다.)

b. He jockeyed the horse to a victory.(그는 그 말을 달려 승리했다.)

1.2. 다음 주어는 목적어를 운전한다.

(2) a. He jockeyed his car around the holes in the road.(그는 차를 길 위에 나있는 구덩이들 주변으로 몰았다.)

b. Camera operators jockey the cameras around as instructed by the director.(카메라 조작자들이 카메라들을 그 감독에게 지시 받은 대로 능숙하게 조작한다.)

c. He jockeyed his car into the garage.(그는 차를 몰아 차고에 넣었다.)

d. He jockeyed the ship into the port.(그는 배를 몰아 포구에 정박시켰다.)

1.3. 다음 주어는 목적어를 속이거나 꾀어서 어떤 일을 하게 한다.

(3) a. He jockeyed us into buying worthless things.(그는 우리를 꾀어 쓸모 없는 것들을 사게 했다.)

b. He jockeyed me into accepting the bribe.(그는 나를 꾀어 뇌물을 받게 했다.)

c. He jockeyed his friend out of his position.(그는 자기 친구를 책략을 써서 지위에서 쫓아 내버렸다.)

d. He jockeyed me out of my property.(그는 나를 속여 내 재산을 가로챘다.)

1.4. 주어는 자신을 어떤 자리로 돌아가게 잔꾀를 부린다.

(4) He jockeyed himself into a well-paid position.(그는 잔꾀를 부려 보수가 좋은 위치에 올랐다.)

2. 자동사 용법

2.1. 다음 주어는 부정사가 가리키는 일을 하려고 요령을 부린다.

(5) a. The major oil companies are jockeying to appear (주요 정유 회사들이 증인으로 출두하기 위해 책략을 부리고 있다.).

b. The opposing factions jockeyed to win the popular mind.(적대 파당들은 대중의 마음을 얻고자 책략을 부렸다.)

2.2. 다음 주어는 잔꾀나 요령으로 무엇을 얻으려고 한다.

(6) a. With the death of the president, opposition parties and the army have been jockeying for power.(대통령이 서거한 이래로, 양대 정당과 군부는 권력을 쟁취하기 위해 책략을 써 왔다.)

b. The photographers jockeyed for position at the front of the hall.(사진기사들은 강단의 앞에 있는 자리를 차지하기 위해 잔꾀를 부렸다.)

jog

이 동사의 개념 바탕에는 꾸준히 속보로 가는 과정이 있다.

1. 자동사 용법

1.1. 주어는 위 아래로 움직인다.

(1) a. She goes jogging round the park for half an hour every morning.(그녀는 공원 주위를 매일 아침 1시간 반 동안 조깅한다.)

b. I jog through the park every morning.(나는 매일 아침 공원을 통하여 조깅한다.)

c. She jogged off down the road.(그녀는 그 도로 아래로 조깅했다.)

1.2. 다음 주어는 위아래로 끄덕끄덕한다.

(2) a. The rider jogged up and down on the horse's back.(그 기수는 말 잔등 위에서 위아래로 흔들렸다.)

b. We jogged along in the back of the truck.(우리는 트럭의 뒤칸에서 위아래로 흔들리며 갔다.)

1.3. 다음 주어는 느린 속도로 터벅터벅 움직인다.

(3) a. We must jog along quietly.(우리는 차분히 해 나가야만 한다.)

b. The horse jogged around the track.(말은 그 트랙 주위를 터벅터벅 움직였다.)

1.4. 다음 주어는 터덜터덜 움직인다.

(4) a. The cart jogged along the rough track.(손수레는 거친 소로를 따라 터덜터덜 갔다.)

b. The carriage jogged along the rough road.(그 마차는 거친 길을 타라 천천히 움직였다.)

2. 타동사 용법

2.1. 다음 주어는 목적어를 살짝 건드린다.

(5) a. Avoid jogging the camera.(사진기를 건드리는 것을 피하여라.)

b. Jog him to see if he's awake.(그가 깨어 있는지의 여부를 알기 위해 그를 살짝 건드려라.)

c. He jogged her arm/elbow and she dropped the vase.(그는 그녀의 발/팔꿈치를 살짝 건드리자 그녀는 꽃병을 떨어뜨렸다.)

2.2. 다음 주어는 목적어를 건드려서 살아나게 한다.

(6) He jogged a motor.(그는 모터를 덜커덕 시동시켰다.)

2.3. 다음 주어는 기억을 건드려서 일깨운다.

(7) a. The picture may jog a person's memory. (그 그림은 어떤 이의 기억을 되살아나게 할 것이다.)

b. Hearing the name jogged his memory. (그 이름을 듣는 것은 그의 기억을 되살아나게 했다.)

c. Hearing the name jogged his memory of an earlier event. (그 이름을 듣는 것은 예전의 사건에 대한 그의 기억을 되살렸다.)

2.4. 다음 주어는 목적어를 위 아래로 흔들리게 한다.

(8) a. The old horse trotted along jogging me up and down. (그 노새는 종종 걸음으로 가서 나를 위아래로 흔들었다.)

b. The horse jogged me on its back. (그 말은 나를 그 등 위에서 위아래로 끄덕끄덕 흔들었다.)

2.5. 다음 주어는 목적어를 빠른 속도로 가게 한다.

(9) The jockey jogged the horse. (그 기수는 그 말을 빨리 가게 했다.)

join

이 동사의 개념 바탕에는 잇는 과정이 있다.

1. 타동사 용법

1.1. 다음 주어는 목적어를 to의 목적어에 잇는다.

(1) a. He joined line A to line B. (그는 선분 A를 선분 B에 이었다.)

b. He joined one pipe to another. (그는 한 파이프를 다른 파이프에 갖다 이었다.)

c. They joined the island to the main land. (그들은 그 섬을 본토에 이었다.)

1.2. 다음 주어는 목적어를 연결한다.

(2) a. He joined two points by a line. (그는 두 지점을 선으로 이었다.)

b. They joined the two towns by a railway. (그들은 두 읍내를 철도로 이었다.)

c. He joined two things together. (그는 두 물체를 이었다.)

d. He joined two hands together. (그는 두 손을 맞잡았다.)

e. He joined the two ends of the rope. (그는 밧줄의 두 끝을 이었다.)

1.3. 다음 주어는 목적어를 맺어준다.

(3) a. They joined the two persons in marriage. (그들은 그 두 사람을 결혼 속에 맺어 주었다.)

b. They joined the people in friendship. (그들은 사람들을 우정 속에 이어 주었다.)

1.4. 다음 주어는 목적어를 가담한다.

(4) a. Will you join us in a walk/in a drink/in buying a present for mother? (너는 우리가 산보하는 데/술 마시는 데/어머니 선물을 사는 데 우리와 같이 가지 않겠나?)

b. Why doesn't John join us in the conversation? (왜 존은 대화에 우리를 끼어 넣지 않는가?)

c. My friend joined me at the corner. (내 친구는 나를 모퉁이에서 합류했다.)

d. Join us at our table. (우리와 같이 식탁에 앉아라.)

1.5. 다음 목적어는 조직체이다. 주어는 목적어를 들어간다.

(5) a. He joined the army/his regiment. (그는 그 군/그의 연대를 들어갔다.)

b. They joined a club. (그들은 클럽을 들어갔다.)

1.6. 다음 목적어는 여러 사람이 참여하는 개체이다. 주어는 목적어에 참여한다.

(6) a. They joined the game. (그들은 경기에 참여했다.)

b. They joined the strike. (그들은 파업에 참여했다.)

c. The two armies joined battle on the plain. (그 두 군대는 그 평원에서 접전했다.)

1.7. 다음 주어는 움직이지 않으나 전체 형상을 눈으로 따라가면 목적어와 만난다.

(7) a. The path joins the road below the bridge. (소로는 그 길을 다리 밑에서 만난다.)

b. The stream joins the river just above the mill. (냇물이 그 강을 방앗간 바로 위에서 만난다.)

c. Where does this stream join the Danube? (어디에서 이 냇물은 다뉴브강과 만나느냐?)

d. The Missouri River joins the Mississippi at St. Louise. (미주리강은 미시시피강과 세인트 루이스에서 합류한다.)

e. The road joins the highway up ahead. (그 길은 위쪽 앞으로 더 가서 고속도로를 만난다.)

2. 자동사 용법

2.1. 다음 주어는 만난다.

(8) a. The two groups joined together to oppose the law. (두 단체는 그 법을 저지하기 위해서 연합했다.)

b. All the segments of the community joined to fight the epidemic. (지역 공동체의 모든 부분이 그 전염병을 막기 위해 단합했다.)

c. The two roads join just below the bridge. (두 길은 그 다리 바로 밑에서 만난다.)

2.2. 다음 주어는 합류한다.

(9) a. Which two rivers join at Lyon? (어느 두 강이 리온에서 만나는가?)

b. Where do the two streams join each other? (어디에서 그 두 냇물은 서로 만나는가?)

c. The two roads join at that point. (그 두 길은 저 지점에서 만난다.)

joke

이 동사의 개념 바탕에는 농담을 하는 과정이 있다.

1. 자동사 용법

1.1. 다음 주어는 농담을 한다.

(1) a. I didn't mean it. I was only joking. (나는 그것을 의도하지 않았어. 난 그저 농담했을 뿐이야.)

b. They joked about all the things that could go wrong. (그들은 잘못될 수 있는 모든 일에 대해 농담을 했다.)

1.2. 다음 주어는 농담을 하면서 돌아다닌다.

(2) a. He's joking around instead of working. (그는 일은 하지 않고 농담만 하며 돌아다니고 있다.)

b. Stop joking around in class.(수업 중에 농담하며 돌아다니지 말아라.)

jolt

이 동사의 개념 바탕에는 덜컹거리는 과정이 있다.

1. 자동사 용법
1.1. 다음 주어는 덜컹거리며 움직인다.
(1) a. The train jolted and began to move.(그 기차는 덜컹거리며 움직이기 시작했다.)

　b. The bus jolted to a stop as the driver jammed on the brakes.(그 버스는 운전수가 브레이크를 꽉 밟았을 때 덜컹거리며 정지했다.)

　c. The train jolted into motion.(그 기차는 덜컹거리며 움직이기 시작하였다.)

　d. The bus jolted along the road.(그 버스는 길을 따라 덜컹거리며 갔다.)

　e. Her heart jolted when she saw him.(그녀의 심장은 그녀가 그를 보았을 때 심장이 덜커덩 했다.)

2. 타동사 용법
2.1. 다음 주어는 목적어를 덜컹거리며 가게 한다.
(2) a. The driver jolted the bus along the bumpy road.(그 운전사는 버스를 울퉁불퉁한 길을 따라 덜컹거리며 달렸다.)

　b. The bus jolted the passengers over the bumpy road.(그 버스는 승객들을 울퉁불퉁한 길을 가면서 덜컹거렸다.)

2.2. 다음 주어는 목적어를 크게 흔든다.
(3) The explosion jolted the whole house.(그 폭발은 집 전체를 흔들었다.)

2.3. 다음 주어는 목적어를 심하게 움직여서 어떤 자리나 상태에서 벗어나게 한다.
(4) a. The bike jolted me off the seat as it bumped over some rocks.(그 자전거는 바위를 넘었을 때, 나를 의자에서 튕겨서 나오게 했다.)

　b. His angry words jolted him out of his dream.(화가 나서 한 말은 그를 꿈에서 깨게 하였다.)

　c. Her angry words jolted him out of the belief that she loved him.(그녀의 화난 말은 그녀가 그를 사랑한다는 믿음에서 그를 깨게 하였다.)

　d. The event jolted them into action.(그 사건은 그들이 행동 개시를 하게 하였다.)

2.4. 다음 주어는 목적어의 마음을 심하게 흔든다.
(5) a. His rebuke jolted us.(그의 비난은 우리를 크게 놀라게 했다.)

　b. Dan jolted his parents when he walked into the house with a wild hair style.(댄은 그가 흐트러진 머리 모양으로 집안에 들어섰을 때 그의 부모를 깜짝 놀라게 했다.)

2.5. 다음은 수동태 문장으로 주어는 크게 충격을 받는다.
(6) a. The bus stopped suddenly and the passengers were jolted forward.(그 버스는 갑자기 멈추어서, 승객들이 앞쪽으로 쏠렸다.)

　b. We were jolted by the news of her sudden departure.(우리는 그녀의 갑작스런 출발 소식에 충격을 받았다.)

　c. He was jolted out of sleep by a severe shock.(그는 심한 충격에 의해 잠에서 깨어났다.)

　d. She was jolted by the bad news.(그녀는 나쁜 소식으로 충격을 받았다.)

2.6. 다음 주어는 목적어를 친다.
(7) a. He tried to jolt the nail free.(그는 꽝꽝 쳐서 그 못을 빼려고 하였다.)

　b. The champion jolted the challenger with an upper cut.(그 우승자는 상위 한방으로 도전자를 세게 때렸다.)

josh

이 동사의 개념 바탕에는 악의 없이 놀리는 과정이 있다.

1. 타동사 용법
1.1. 다음 주어는 목적어를 놀린다.
(1) a. We are joshing him for his mistake.(우리는 그의 실수에 대해 그를 놀리고 있다.)

　b. He likes to josh his kid brother for his big ears.(그는 큰 귀에 대해 그의 남동생을 놀리길 좋아한다.)

　c. He joshes his friend about his green hair.(그는 친구의 초록색 머리카락에 대해 그를 놀린다.)

2. 자동사 용법
2.1. 다음 주어는 놀린다.
(2) Don't you know I am just joshing?(내가 그냥 장난으로 놀리는 거라는 걸 모르니?)

2.2. 다음 주어는 with의 목적어를 상대로 놀린다.
(3) a. After class, Susan was joshing with Ron about his grades.(방과 후에 수잔은 론과 그의 성적을 가지고 놀렸다.)

　b. I joshed with him about his many girl friends.(나는 그의 많은 여자 친구들에 대해서 그와 농담을 했다.)

jostle

이 동사의 개념 바탕에는 밀치락 달치락 하는 과정이 있다.

1. 타동사 용법
1.1. 다음 주어는 목적어를 밀친다.
(1) a. He jostled me away.(그는 나를 밀어 제쳤다.)

　b. They jostled him into the castle.(그들은 그를 성안으로 떠밀어 넣었다.)

　c. As we came out of the cinema people jostled me on the bus, and I nearly fell.(우리가 극장에서 나왔을 때 사람들이 북적대면서 나를 버스 안으로 밀쳐댔다. 그 바람에 나는 거의 떨어질 뻔했다.)

1.2. 다음 주어는 북적대면서 목적어를 민다.
(2) a. A group of youths jostled us.(한 무리의 젊은이들

이 우리를 밀쳐댔다.)

b. The passengers jostled one another on the bus. (승객들은 서로 밀쳐대면서 버스에 올라탔다.)

1.3. 다음은 수동태 문장으로 주어는 밀쳐진다.

(3) a. I was bumped and jostled as I moved through the crowd.(나는 군중 속을 헤치고 나아갈 때 부딪히고 밀쳐졌다.)

b. The players were jostled by the angry crowd as they left the field.(운동 선수들은 그 경기장을 떠날 때 화난 군중에 의해 떠밀려졌다.)

c. We were jostled off the pavement.(우리는 포장도로 밖으로 떠밀려졌다.)

d. He was jostled out of the room.(그는 방 밖으로 밀쳐내졌다.)

1.4. 다음 주어는 밀쳐서 길을 헤쳐 나간다.

(4) He jostled his way out of the bus.(그는 사람들을 밀어 헤치고 버스에서 내렸다.)

2. 자동사 용법

2.1. 다음 주어는 전치사 against의 목적어를 밀친다.

(5) a. People jostled against me in the dark.(사람들은 나를 어두운 곳에서 밀어 제쳤다.)

b. The demonstrators jostled against the police.(시위자들은 경찰을 밀어 제쳤다.)

c. The students jostled against the police.(학생들은 경찰을 밀어 제쳤다.)

2.2. 다음 주어는 밀치락 달치락 하면서 움직인다.

(6) a. Some members of the audience jostled to the front rows for a better view.(청중들 중에 어떤 사람들은 더 잘 보이는 곳으로 가기 위해 앞줄로 밀치고 나아갔다.)

b. He jostled through the crowd.(그는 군중들 사이로 밀치고 나아갔다.)

c. He jostled into the room.(그는 방 안으로 밀어 닥쳤다.)

2.3. 다음 주어는 북적댄다.

(7) The people jostled on the platform as the train approached.(기차가 도착했을 때 그 사람들은 승강장에서 북적거렸다.)

2.4. 다음 주어는 전치사 for의 목적어를 얻기 위해 밀치락 달치락 한다.

(8) a. The people in the crowd were jostling for the best positions.(많은 군중 속에 사람들이 가장 좋은 자리를 차지하기 위해 앞을 다투고 있었다.)

b. The two men jostled for the chairmanship.(그 두 남자는 의장직을 놓고 서로 다투었다.)

c. They jostled for a seat.(그들은 자리를 잡으려고 앞을 다투었다.)

d. At the start of each academic year, banks jostled for business among students.(매년 신학기에는 은행이 학생 관련 업무로 북적댔다.)

2.5. 다음 주어는 with의 목적어와 밀치락 달치락 한다.

(9) a. He jostled with a lady for a seat.(그는 자리를 차지하기 위해 한 여성과 앞을 다투었다.)

b. The people jostled with one another for the seat.

(사람들은 그 자리를 잡기 위해 서로 밀치락 달치락 했다.)

c. They jostled with one another for the wreath.(그들은 화관을 차지하기 위해 서로 겨뤘다.)

d. Ben and I jostled with each other for the position.(벤과 나는 그 자리를 위해 서로 겨뤘다.)

judge

이 동사의 개념 바탕에는 판단하는 과정이 있다.

1. 타동사 용법

1.1. 다음 주어는 목적어를 판단한다.

(1) a. You have no right to judge her as you do not have all the facts.(당신은 모든 사실을 가지고 있지 않기 때문에 그녀를 판단할 권리가 없다.)

b. Why can't they judge me on my brain, not my looks?(어째서 그들은 외양이 아닌 머리로 나를 판단할 수 없는 걸까?)

c. Don't judge me too harshly.(나를 너무 심하게 비판하지는 마라.)

d. If you are not perfect yourself, don't judge others.(만약 당신 자신이 완벽하지 않다면, 다른 사람들을 판단하지 마시오.)

e. Social workers declare that they are not out to judge people, but simply want to help.(사회사업가들은 자기들이 사람들을 심판하려는 것이 아니라, 단순히 돕고 싶은 것이라고 주장한다.)

1.2. 다음의 주어는 목적어를 심판한다.

(2) a. He is judging the competing ice-skaters.(그는 경쟁하는 빙상 선수들을 판정하고 있다.)

b. They are judging the competing singers.(그들은 경쟁하는 가수들을 판정하고 있다.)

1.3. 다음은 수동태 문장으로 주어는 심판된다.

(3) a. Competitors will be judged on speed and accuracy.(경쟁자들은 속도와 정확도에서 판정될 것이다.)

b. Teachers tend to be judged by students' exam grades.(교사들은 학생들의 시험성적으로 판단되는 경향이 있다.)

1.4. 다음 주어는 목적어를 심판한다. 목적어는 경쟁이나 경연 행사이다.

(4) a. Who is judging the talent contest?(누가 그 재능 경연대회를 심판하고 있나?)

b. He is judging the village flower shows/the beauty contest.(그는 마을 화훼전/미인 경연 대회를 판정하고 있다.)

c. The professor will judge the annual piano contest.(교수는 그 연례 피아노 경연 대회를 판정할 것이다.)

d. The teachers judged the school spelling bee.(교사들은 학교 철자 경진 대회를 판정했다.)

1.5. 다음은 수동태 문장으로 주어는 심판된다.

(5) a. The competition was judged by the local specialists.(그 시합은 지역 전문가들에 의해 판정되었다.)

b. The drama contest was judged by Mr. Wright.(그 희곡 경진 대회는 라이트 씨에 의해서 판정되었다.)

1.6. 다음 주어는 목적어를 판단하고, 목적 보어는 주어의 판단을 나타낸다.

(6) a. At that point we judged it wise to leave them alone.(그 시점에서 우리는 그들을 홀로 내버려두는 것이 현명하다는 판단을 내렸다.)

b. He judged it wiser to put a stop to his quarrel.(그는 싸움을 중단시키는 것이 더 현명하다는 판단을 내렸다.)

c. He judged it wise to say nothing.(그는 아무 말도 하지 않는 것이 현명하다고 판단했다.)

d. I judged it safe to pretend to be asleep.(나는 자는 체 하는 것이 현명하다는 판단을 했다.)

1.7. 다음 주어는 목적어가 to 부정사와 관련이 있는 것으로 판단한다.

(7) a. The judge judged her to be guilty/innocent.(그 재판관은 그녀를 유죄/무죄라고 판결했다.)

b. I saw him on his bed in pain, and I judged him unfit to move around.(나는 그가 고통으로 침대에 누워 있는 것을 보고, 그를 움직일 수 없다고 판단을 했다.)

c. I judged her to be about 80.(나는 그녀를 80세쯤이라고 판단했다.)

d. How do you judge her to be?(당신은 그녀가 어떠리라고 판단하십니까?)

e. The critic judged the play to be a compelling drama.(그 비평가는 그 희곡을 감탄하지 않을 수 없는 드라마라고 생각했다.)

f. Tom judged the distance to be about 10 km.(톰은 그 거리를 10킬로미터쯤이라고 판단했다.)

1.8. 다음은 수동태 문장으로 주어는 판단된다.

(8) a. She was judged to be fit to travel by a local doctor. (그녀는 여행하기에 건강하다고 지역 의사에 의해서 판단되었다.)

b. Their reunion was judged to be a great success.(그들의 동창회는 대 성공이라고 판단되었다.)

c. The tour was judged to have been a great success.(그 여행은 대성공이었다고 판단되었다.)

d. The headmaster was judged incompetent by school inspectors.(교장은 장학사들로부터 무능하다는 판정을 받았다.)

e. The tour was judged a great success. (여행은 대 성공이라는 평가를 받았다.)

f. The operation was judged a failure.(수술은 실패로 판명되었다.)

1.9. 다음 주어는 that-절의 내용을 판단한다.

(9) a Bill judged that the try would take less than an hour.(빌은 그 시험이 1시간이 덜 걸릴 것이라고 판단했다.)

b. I judged that he was a spy.(나는 그가 스파이라고 판단했다.)

c. Because of your refusal, I judged that you disagreed with me.(당신의 거절 때문에, 나는 당신이 내게 동조하지 않았다고 판단했다.)

d. I judge that there are three bathrooms in the house.(나는 그 집에 3개의 욕실이 있었다고 생각한다.)

1.10. 다음 주어는 의문사가 이끄는 절의 내용을 판단한다.

(10) a. From the distance, it is difficult to judge how high the mountain is.(그 거리에서, 그 산의 높이를 판단한다는 것은 어렵다.)

b. In this fog, it is impossible to judge how far it is to the other side of the river.(이 안개 속에서, 그 강의 건너편까지의 거리를 판단한다는 것은 불가능하다.)

c. It is difficult to judge how long the journey will take.(그 여행이 얼마나 걸릴지는 판단하는 것은 어렵다.)

d. I'm not in a position to judge what's best for you. (나는 무엇이 네게 최선일지를 판단할 만한 위치에 있지 않다.)

e. Sam, can you judge where they might go next? (샘, 당신은 그들이 다음엔 어디로 갈 것인지 판단할 수 있겠어요?)

f. It is difficult to judge whether she meant what she said.(그녀가 말한 것을 그녀가 의미했는지를 판단하는 것은 어렵다.)

1.11. 다음 주어는 목적어를 비판하거나 감정한다.

(11) a. You can't judge a book by its cover.(너는 책을 표지로만 판단할 수는 없다.)

b. I couldn't judge the length of the string I would need to tie the package.(나는 꾸러미를 묶기에 필요한 끈의 길이를 판단할 수 없었다.)

c. I will not judge Sally's behavior.(나는 샐리의 행동을 비판하지 않을 것이다.)

d. Must you judge everything I do?(당신은 내가 하는 모든 것을 비판해야만 합니까?)

e. What right do you have to judge the way they live?(당신이 그들의 생활 방식을 비판할 무슨 권리가 있다는 것입니까?)

1.12. 다음은 수동태 문장으로 주어는 판단된다.

(12) I don't mind my personality being judged on my performance.(나는 나 자신의 행동에 대해 인간성이 판단되는 것을 개의치 않는다.)

1.13. 다음 주어는 목적어를 판결한다.

(13) a. He judged the person accused of crime.(그는 범죄로 고발 당한 사람을 재판했다.)

b. The judge listened to the case and judged it according to the law.(재판관은 그 소송 사건에 귀를 기울이고, 그것을 법에 따라 재판했다.)

1.14. 다음은 수동태 문장으로 주어는 심판을 받는다.

(14) a. Bob agreed with the way the case was judged.(밥은 그 소송이 재판된 방식에 동의했다.)

b. Schools should not be judged by exam results.(학교는 시험 결과만으로 판단되어서는 안 된다.)

c. Each painting must be judged on its own merits. (각각의 그림은 자체의 가치로써 판단되어야 한다.)

2. 자동사 용법

2.1. 다음에서 judge의 목적어는 명시되어 있지 않으나, 문맥으로 목적어를 추리할 수 있는 예이다.

(15) a. It must be about four meters deep, but it's impossible to judge accurately.(그것은 4미터 정도의 깊이임에는 틀림없지만, 정확히 판단하는 것은 불가능하다.)

    b. It seems a good idea, but without all the facts it is hard to judge.(그것은 좋은 생각인 것 같지만, 모든 사실없이 판단하기는 힘들다.)

    c. As far as I can judge, all of them are to blame.(내가 판단할 수 있는 한, 그들 모두에게 죄가 있다.)

2.2. 다음에서도 judge의 목적어는 명시되어 있지 않으나 문맥에서 목적어를 찾을 수 있다.

(16) a. Judging by the look on Adam's face, the news must have been terrible.(아담의 얼굴 표정으로 보건대, 그 소식은 끔찍한 것이었음에 틀림없다.)

    b. Judging by her last letter, they are having a wonderful time.(그녀의 마지막 편지로 보아, 그들은 멋진 시간을 보내고 있다.)

2.3. 다음에서도 judge의 목적어는 명시되어 있지 않으나 문맥에서 목적어를 찾을 수 있다.

(17) a. Judging from the findings of the research, the animal is immune to many diseases.(그 연구 결과로 보아, 그 동물은 많은 병에 면역이 있다.)

    b. To judge from what he said, he was very disappointed.(그의 말로 미루어, 그는 매우 실망했다.)

    c. Judging from your remarks, I gather you don't like him.(당신의 말로 판단하건대, 나는 당신이 그를 좋아하지 않는다고 생각합니다.)

juggle

이 동사의 개념 바탕에는 여러 개의 개체를 동시에 교묘하게 다루는 과정이 있다.

1. 타동사 용법

1.1. 다음 주어는 목적어를 동시에 다룬다.

(1) a. Tom juggled the oranges in the air.(탐은 그 오렌지를 공중에 굴렸다.)

    b. Can you juggle five balls at once?(너는 다섯 개 공을 한꺼번에 굴릴 수 있는가?)

    c. The shortstop juggled the ball.(그 유격수는 공을 떨어뜨릴 뻔 하다가 다시 잡았다.)

1.2. 다음 목적어는 추상적인 개체가 구체적인 것으로 개념화되어 있다. 주어는 목적어를 동시에 다룬다.

(2) a. It is difficult to juggle a career, marriage, and the children on a daily basis.(직장과 결혼 그리고 아이들을 매일 한꺼번에 다루기는 힘들다.)

    b. Matthew juggled the demands of a family of 5 with a career as a TV reporter.(매튜는 다섯 가족의 요구와 TV 기자로서의 경력을 함께 다루었다.)

    c. She juggled six college classes and a job.(그녀는 여섯 개의 대학 과목과 직장을 함께 다루었다.)

    d. Many students must juggle the requirements of school and work.(많은 학생들은 학교와 직장의 요구를 함께 다루어야 한다.)

    e. I was juggling books, shopping bags and the baby.(나는 책과 장보기 봉투 그리고 아기를 한꺼번에 다루고 있다.)

1.3. 다음 주어는 목적어를 교묘하게 다루어서 안보이게 한다.

(3) a. He juggled the egg away.(그는 달걀을 요술로 없어지게 했다.)

    b. He juggled the cigarette away.(그는 담배를 요술로 없어지게 했다.)

1.4. 다음 주어는 목적어를 교묘하게 다루어서 into의 목적어가 되게 한다.

(4) a. He juggled the handkerchief into a bird.(그는 요술로 손수건을 새로 만들었다.)

    b. He juggled a sheet of paper into a walking stick.(그는 종이 한 장을 지팡이로 만들었다.)

1.5. 다음 주어는 목적어를 바꾼다.

(5) a. He was accused of juggling the company's accounts.(그는 회사의 장부를 조작하여 고소를 당했다.)

    b. He desperately juggled the accounts.(그는 필사적으로 그 장부를 조작했다.)

    c. Any businessman can juggle the figures and appear to be doing better than it really is.(어느 사업가도 수치를 조작하여 실제보다 더 잘 하고 있는 것으로 보이게 할 수 있다.)

    d. I juggled my schedule in order to see a surprise visitor.(나는 갑자기 나타난 손님을 만나기 위해서 내 계획을 여러 가지의 방법으로 바꾸었다.)

1.6. 다음 목적어는 교묘한 방법으로 목적어가 돈을 잃게 한다.

(6) a. He juggled her out of her money.(그는 그녀를 속여 그녀의 돈을 빼앗았다.)

    b. She juggled him out of what money he had.(그녀는 그가 가진 모든 돈을 그에게서 빼앗았다.)

2. 자동사 용법

2.1. 다음 주어는 여러 개의 개체를 동시에 다룬다.

(7) a. He juggles with plates.(그는 접시를 가지고 요술을 한다.)

    b. The conjurer juggled with five balls.(마술사는 다섯 개의 공을 가지고 요술을 했다.)

    c. He is juggling with the ideas.(그는 그 생각들을 가지고 이리저리 다루고 있다.)

juice

이 동사의 개념 바탕에는 juice의 명사 '즙'이 있다.

1. 타동사 용법

1.1. 다음 주어는 목적어를 짠다.

(1) a. She juiced the oranges/lemons.(그녀는 오렌지/레몬을 짰다.)

    b. Juice three oranges and add them to the mixture.(오렌지 세 개에서 쥬스를 내어서 그것을 그 혼합물에 더하세요.)

1.2. 다음 주어는 목적어를 더 생기있게 한다.

(2) a. He juiced up the engine.(그 엔진을 더욱 가속시켰다.)

   b. She juiced up her story with adventures.(그녀는 그녀의 이야기를 모험담으로 더 생기있게 했다.)

1.3. 다음 주어는 목적어를 기름으로 공급한다.

(3) Jet tankers juiced the new plane on its way to Iraq.(제트 주유기는 그 새 비행기를 그것이 이라크에 가는 중에 주유했다.)

jumble

이 동사의 개념 바탕에는 뒤범벅이 되는 과정이 있다.

1. 타동사 용법

1.1. 다음 주어는 목적어가 뒤범벅이 되게 한다.

(1) a. He jumbled up my things.(그는 내 물건들을 엉망이 되게 해 놓았다.)

   b. He jumbled my papers together.(그는 내 신문들을 뒤범벅으로 섞어 놓았다.)

1.2. 다음은 수동태 문장으로 주어는 뒤섞여진다.

(2) a. All the toys were jumbled in the box.(모든 장난감은 상자 안에 뒤섞여 있었다.)

   b. All the clothes are jumbled together.(모든 옷가지들은 함께 뒤범벅이 되어 있다.)

jump

이 동사의 개념 바탕에는 뛰는 과정이 있다. 이 움직임은 위아래나 앞이나 옆으로 될 수 있다.

1. 자동사 용법

1.1. 다음 주어는 위로 뛴다.

(1) a. The player jumped to catch the ball.(선수는 그 공을 잡으려고 뛰어 올랐다.)

   b. He jumped when he heard the news/when the firecracker exploded.(그는 그 뉴스를 들었을 때/그 폭죽이 터졌을 때 벌떡 일어났다.)

   c. He jumps when the boss gives an order.(그는 사장이 명령을 내렸을 때 벌떡 일어난다.)

   d. He jumped in the air.(그는 공중으로 뛰어 올랐다.)

   e. My heart jumped when I met her.(그녀를 만날 때면 내 가슴이 뛰었다.)

1.2. 다음에서는 up 또는 high 가 쓰여서 주어가 위로 뛰는 움직임의 정도를 나타낸다.

(2) a. Ballet dancers can jump very high.(발레 무용수들은 매우 높이 뛰어 오를 수 있다.)

   b. He jumped up to catch the ball.(그는 공을 잡기 위해 위로 높이 뛰어올랐다.)

   c. The children are jumping up and down.(아이들은 위아래로 뛰고 있다.)

   d. He was jumping up and down to knock off the mud.(그는 진흙을 떨구어 내기 위해 위아래로 뛰고 있었다.)

   e. Max jumped up to fetch the remote control.(막스는 리모콘을 가져오려고 벌떡 일어섰다.)

   f. He jumped seventeen feet in the long jump.(그는 멀리뛰기에서 17피트를 뛰었다.)

1.3. 다음 주어는 전치사 out of나 from으로부터 전치사 on 이나 onto의 목적어로 뛴다.

(3) a. He jumped out of the chair.(그는 의자에서 벌떡 일어났다.)

   b. Adam jumped from the seat at the fierce cry.(아담은 그 날카로운 비명 소리에 의자에서 벌떡 일어났다.)

   c. The cat jumped onto the table.(그 고양이는 탁자 위로 뛰어올랐다.)

   d. He jumped on the bus.(그는 버스에 뛰어 올라탔다.)

1.4. 주제는 장소로 개념화된다. 한 주제에서 다른 주제로 옮기는 과정은 한 장소에서 다른 장소로 뛰는 것으로 개념화된다.

(4) Her talk jumped from one topic to another.(그녀의 이야기는 한 주제에서 다른 주제로 뛰었다.)

1.5. 위로의 움직임은 양이나 수의 증가를 나타내는 데에도 쓰인다. 이것은 [많음은 위] 은유의 적용이다.

(5) a. The price of oil jumped when the war started.(전쟁이 일어나자 유가가 폭등했다.)

   b. Prices have jumped up.(가격이 폭등했다.)

   c. Deaths from the disease jumped to a frightening 48 in May.(그 병으로 인한 사망이 5월에 놀랍게도 48명으로 뛰었다.)

   d. Students numbers jumped enormously.(학생 수가 크게 증가했다.)

   e. The cost of building the bridge jumped by 505.(그 다리를 건설하는 비용이 505로 증가했다.)

1.6. 다음 주어는 뛰어서 낮은 곳으로 움직인다.

(6) a. He jumped down from the bank.(그는 둑에서 뛰어 내렸다.)

   b. They saved their lives by jumping down from the window.(그들은 창문에서 뛰어 내림으로써 목숨을 건졌다.)

   c. He jumped down from the horse and walked away.(그는 말에서 뛰어 내려서 걸어갔다.)

   d. He jumped three feet down to the deck.(그는 3피트를 뛰어 갑판에 내렸다.)

1.7. 다음 주어가 아래로 뛰어내릴 때의 출발점이 off로 표현되어 있다.

(7) a. He jumped off the wall.(그는 벽에서 뛰어 내렸다.)

   b. He jumped out of a third-floor window.(그는 삼층 창문에서 뛰어 내렸다.)

   c. He jumped out the window.(그는 창문 밖으로 뛰어 내렸다.)

1.8. 다음 주어는 뛰어서 움직인다.

(8) a. He jumped over the stone/the hole in the street.(그는 길에 있는 돌/구멍을 뛰어 넘었다.)

   b. He jumped over the fence/the puddle.(그는 담/웅덩이를 뛰어 넘었다.)

   c. He jumped over the wall, and ran off.(그는 벽을 뛰어서 도망갔다.)

   d. He jumped aside(그는 옆쪽으로 뛰었다.)

   e. He jumped into a taxi/a car.(그는 택시/차에 뛰어

올랐다.)

f. The typewriter **jumps** every time you press 'h'. (그 타자기는 네가 h를 누를 때마다 건너뛴다.)

g. The frog can **jump** 3 meters.(개구리는 3미터를 뛸 수 있다.)

1.9. 전치사 at의 목적어는 자극이고, 이 자극에 주어가 민첩하게 반응한다.

(9) a. He **jumped** at the offer/the chance.(그는 그 제안/기회에 덥석 덤볐다.)

b. He **jumped** at the unexpected news.(그는 예상치 못한 뉴스에 깜짝 놀랐다.)

1.10. 다음 주어는 전치사 on의 목적어를 비난한다.

(10) She **jumped** on me for that mistake.(그녀는 그 실수에 대해 나를 맹렬히 비난했다.)

1.11. 다음 주어는 전치사 into의 목적어에 상태 속으로 들어간다.

(11) a. They **jumped** into a discussion right away.(그들은 바로 토론에 뛰어 들었다.)

b. He **jumped** into an argument.(그는 논쟁에 뛰어 들었다.)

c. She **jumped** into popularity.(그녀는 갑자기 인기를 얻게 되었다.)

1.12. 결론은 어떤 절차나 과정을 통해서 이르게 된다. 다음 주어는 이러한 중간 과정을 거치지 않고 결론에 이른다.

(12) He tends to **jump** to conclusions.(그는 성급하게 결론을 내리는 경향이 있다.)

1.13. 다음 주어는 전치사 with의 목적어와 함께 뛴다. 함께 뛴다는 것은 행동을 같이하는 것으로 풀이된다.

(13) a. Your statement doesn't **jump** with the facts.(네 진술은 사실들과 일치하지 않는다.)

b. The scenery **jumps** with my humor(경치는 내 기분과 맞다.)

2. 타동사 용법

2.1. 다음 주어는 목적어를 전치사 over의 목적어를 뛰어넘게 한다.

(14) a. He managed to **jump** his horse **over** the hurdle. (그는 겨우겨우 말을 그 장애물을 넘도록 했다.)

b. He **jumped** an airplane **over** a cloud bank.(그는 비행기를 구름 봉우리 위로 날도록 했다.)

2.2. 다음 주어는 목적어를 into의 목적어의 과정으로 들어가게 한다.

(15) He **jumped** her into making the decision.(그는 그녀가 급하게 그 결정을 하게 했다.)

2.3. 다음 주어는 목적어를 위아래로 움직인다.

(16) She was **jumping** her baby on her knees.(그녀는 아기를 무릎 위에서 위아래로 흔들어 어르고 있었다.)

2.4. 다음 주어는 뛰어서 움직이는 탈 것에 탄다.

(17) He **jumped** the moving bus.(그는 움직이고 있는 버스에 뛰어 올랐다.)

2.5. 기차 바퀴는 선로에 닿아있다. 기차가 선로에서 뛰면 탈선한다. 다음 주어는 목적어를 벗어난다.

(18) a. A train **jumped** the rails.(기차가 선로를 벗어났다.)

b. His mind **jumped** the track.(그의 마음은 궤도를 벗어났다.)

2.6. 다음 주어는 목적어를 뛰어 넘는다. 목적어는 장애물이다.

(19) a. The ditch was so broad that nobody could **jump** it. (그 도랑은 너무 넓어서 아무도 그것을 뛰어넘을 수 없었다.)

b. He could **jump** the hurdle/stream/ditch.(그는 장애물/개울/도랑을 뛰어넘을 수 있었다.)

c. His horse failed to **jump** the last fence.(그의 말은 마지막 장벽을 뛰어넘는 데 실패했다.)

d. He **jumped** the remaining few feet, and landed in a bog.(그는 나머지 몇 피트를 뛰어서 습지에 착지했다.)

e. They **jumped** the barriers to avoid to pay for the tickets.(그들은 표 값을 내지 않기 위해 방책을 뛰어 넘었다.)

2.7. 다음 주어는 목적어를 뛰어넘는다. 누가 뛰면 발이 닿지 않는 부분이 있다. 이것은 누가 무엇을 읽을 때, 눈이 닿지 않는 부분에 해당된다.

(20) a. He **jumped** the next few pages.(그는 다음 몇 페이지를 건너 뛰었다.)

b. He **jumped** the long descriptive passage.(그는 긴 묘사 구절을 건너 뛰었다.)

c. Have I **jumped** any questions?(내가 질문을 건너뛰었나요?)

d. He **jumped** the third grade.(그는 3학년을 월반했다.)

e. He **jumped** the red light.(그는 빨간 신호를 무시했다.)

f. He **jumped** the bill.(그는 계산을 하지 않고 가버렸다.)

2.8. 다음 주어는 목적어를 덮친다.

(21) a. The boys **jumped** the old man as he came round the corner.(그 소년들은 그 노인이 구석을 돌아왔을 때 그를 덮쳤다.)

b. They were just walking home when a bunch of guys **jumped** them.(그들은 한 무리의 사람들이 그들을 덮쳤을 때, 집으로 단지 걸어가고 있었다.)

c. A boy **jumped** the girl in the park/in the street.(어느 소년이 그 소녀를 공원/길에서 덮쳤다.)

2.9. 다음에서 목적어는 뛰는 출발점이다. 주어는 목적어를 벗어난다.

(22) He **jumped** the town at night.(그는 밤에 그 읍내를 떠났다.)

junk

이 동사의 개념 바탕에는 고물 처리를 하는 과정이 있다.

1. 타동사 용법

1.1. 다음 주어는 목적어를 고물 처리를 한다.

(1) a. They had to **junk** the car after ten years.(그들은 차를 10년 후에 폐차시켜야 했다.)

b. He **junked** his old rusty bicycle.(그는 낡고 녹슨 자전거를 고물 처리를 했다.)

justify

이 동사의 개념 바탕에는 정당화하는 과정이 있다.

1. 타동사 용법

1.1. 다음 주어는 목적어를 정당화한다. 목적어는 행위자가 한 일이다.

(1) a. How can you justify spending all that money?(당신은 그 돈을 몽땅 써버린 것을 어떻게 정당화할 수 있습니까?)

b. He justified buying his car by showing how useful it would be.(그는 자동차를 산 것이 얼마나 유용할 것인지를 보임으로써 정당화했다.)

c. Can you justify buying such an expensive car?(그렇게 비싼 차를 산 것을 정당화할 수 있니?)

d. It is hard to justify making everyone wait for so long.(모든 사람을 그렇게 오래 기다리게 한 것은 정당화하기 힘들다.)

e. How can you justify paying such high salaries? (당신은 그렇게 높은 봉급을 지불한 것을 어떻게 정당화할 수 있습니까?)

f. I can't justify taking another day off work.(나는 하루를 더 쉰 것을 정당화할 수 없다.)

g. Your state of anxiety does not justify your being so rude to me.(당신의 불안한 상태는 당신이 나에게 그렇게 무례한 행동을 한 것을 정당화할 수 없습니다.)

h. Nothing justifies murdering another human being. (아무 것도 다른 사람의 살해를 정당화할 수 없다.)

i. That you were drunk does not justify your violating the rule.(당신이 취했었다고 해서 규칙을 위반한 것을 정당화할 수는 없다.)

1.2. 다음 주어는 목적어를 합리화한다.

(2) a. How can you justify the expenses?(당신은 그 비용을 어떻게 정당화할 수 있습니까?)

b. I demand you justify your actions.(나는 당신이 자기 행동을 정당화할 것을 요구합니다.)

c. What way do you justify your neglect of duty?(무슨 방법으로 당신은 임무 태만을 정당화하겠습니까?)

d. Can you justify that decision?(당신은 그 결정을 정당화할 수 있습니까?)

e. I must ask you to justify your request for more money.(나는 당신이 덤 많은 돈을 요구한 것을 정당화할 것을 요청해야겠습니다.)

f. I'm sure I'll be able to justify your faith in me.(나는 나에 대한 당신의 신뢰를 정당화할 수 있으리라 확신합니다.)

g. How can you justify what you did yesterday?(당신은 어제 당신이 한 행동을 어떻게 정당화할 수 있습니까?)

1.3. 다음의 주어는 그 자체가 목적어를 정당화한다.

(3) a. Mere ambition does not justify a war.(단순한 야망이 전쟁을 정당화할 수 없다.)

b. The fine quality of this clothes justifies the high price.(이 옷의 좋은 질은 비싼 값을 정당화한다.)

c. Our success justifies his faith in us.(우리의 성공은 우리에 대한 그의 믿음을 정당화한다.)

d. What have I done to justify your violence?(당신의 폭력을 정당화하기 위해 무엇을 내가 했던가요?)

e. The end justifies the means.(목적이 수단을 정당화한다.)

f. Poverty does not justify theft.(가난이 절도를 정당화하지 않는다.)

g. What reasons justify his use of violence?(무슨 이유가 그의 폭력 사용을 정당화하나요?)

h. The fact that you were ill really doesn't justify such bad behavior.(당신이 아팠다는 사실이 그런 나쁜 행동을 정당화하지는 않습니다.)

i. His fine performance justifies the director's decision of casting him in the play.(그의 훌륭한 연기가 그 연극에서 그에게 배역을 준 감독의 결정을 정당화한다.)

j. The jury decided that the evidence justified the defendant's actions.(배심원단은 그 증거가 피고의 행동을 정당화했다고 판단했다.)

k. The results of the study have certainly justified the money spent on it.(그 연구의 결과는 그것에 투자한 돈을 정당화했다.)

l. His behavior is impossible to justify.(그의 행동을 정당화하는 것이 불가능하다.)

1.4. 다음은 수동태 문장으로 주어는 합리화나 정당화 된다.

(4) a. These nominations will need to be justified to the committee. (이 임명들은 그 위원회에 정당성이 설명되어야 한다.)

b. The closure of these mines cannot be justified on the grounds of economy.(이 광산들의 폐광은 경제적인 이유로는 정당화될 수 없다.)

c. Are you sure these measures are justified?(당신은 이 조처들이 정당화된다고 확신합니까?)

1.5. 다음의 목적어는 사람이다. 그러나 이것은 환유적으로 쓰여서 목적어가 참여하는 행동이다. 이 행동은 전치사 in으로 명시될 수 있다. 다음 주어는 목적어를 합리화한다.

(5) a. Nothing can justify a man in doing wrong.(아무 것도 잘못된 일을 하고 있는 사람을 정당화할 수는 없다.)

b. Nothing can justify him in refusing the offer.(아무 것도 그 제안을 거절한 그를 정당화할 수 없다.)

c. The results justify you.(그 결과는 당신을 정당화해 준다.)

1.6. 다음의 목적어는 재귀대명사이다. 이 대명사는 주어의 행동이나 결정이다. 주어는 자신을 정당화한다.

(6) a. I am not going to try to excuse and justify myself. (나는 나 자신을 변명하거나 정당화하려고 노력하지 않을 것입니다.)

b. I am in charge here; I don't have to justify myself to you.(나는 여기 책임자입니다; 나는 나 자신을 당신에게 변명할 필요요 없습니다.)

c. She tried to justify herself for her conduct.(그녀는 자기 행동에 대해 변명하려고 노력했다.)

d. He justified himself by success.(그는 성공으로써 자신을 정당화했다.)

1.7. 다음 문장은 수동태로 주어는 사람이지만, 환유적으로 쓰여서 주어가 한 행동이다. 이 행동은 전치사 in으로 명시된다. 주어는 정당화된다.

(7) a. He was fully justified in leaving the matter untouched.(그가 그 문제를 손대지 않고 둔 것은 완전히 정당화되었다.)

b. He is absolutely justified in resigning. He was treated shamefully.(그가 사임한 것은 절대적으로 정당화되었다. 그는 치욕적으로 대접받았다.)

c. They are justified in their apprehension.(그들이 우려한 것도 당연하다.)

d. She felt fully justified in asking her money back.(그녀가 자신의 돈을 되돌려 달라고 한 것은 정말 당연하다고 느꼈다.)

e. You were quite justified in complaining to the manager.(당신이 그 경영자에 대해 불평을 한 것은 정말 당연했다.)

f. I hope I am justified in saying so.(나는 내가 그렇게 말하는 것이 정당하기를 희망합니다.)

1.8. 다음은 수동태 문장으로 주어는 전치사 by의 목적어로 합리화된다.

(8) a. Her higher pay is justified by her special skills.(그녀의 높은 보수는 그녀의 특별한 기술로 정당화된다.)

b. The decision was fully justified by economic conditions.(그 결정은 경제적 조건 때문에 완전히 정당화되었다.)

c. The cost was amply justified by the benefit.(그 비용은 이윤 때문에 충분히 정당화되었다.)

d. My worry has now been justified to some extent.(나의 걱정은 지금 어느 정도 당연한 것으로 되었다.)

e. Her fears proved justified.(그녀의 두려움은 당연한 것으로 밝혀졌다.)

f. Such measures are easily justified.(이러한 수단은 쉽게 정당화된다.)

1.9. 다음 주어는 행간이나 가장자리를 가지런하게 맞춘다.

(9) a. Justify the newsletter copy to my specifications.(그 소식지 복사본을 나의 명시대로 가지런히 하시오.)

b. Can you justify the type along the left margin only?(왼쪽 여백만 맞추어서 타이프해 줄 수 있습니까?)

c. Justify the page on both the left and right sides.(그 페이지의 오른쪽과 왼쪽 양쪽 여백을 가지런히 해서 찍으세요.)

1.10. 법정에서 정당화되는 것은 무죄 판결을 받는 것으로 풀이된다.

(10) He was justified before the court.(그는 법정에서 변호되었다.)

jut

이 동사의 개념 바탕에는 튀어나오는 과정이 있다.

1. 자동사 용법

1.1. 다음 주어는 움직이지 않는다. 그러나 그 형상을 눈으로 따라가면 튀어나오는 것으로 보인다.

(1) a. The pier juts out/forth from the shore into the sea.(그 부두는 해안에서 바다로 튀어나와 있다.)

b. A row of windows jutted out from the roof.(일련의 창문들이 지붕에서 돌출되어 있었다.)

c. Mountain peaks jut out into the sky.(산봉우리들이 하늘을 향해 솟아 있다.)

d. You can only see the tips of icebergs that jut out of/from the water.(너는 단지 물 밖으로 튀어나온 빙산의 꼭대기 부분만 볼 수 있을 뿐이다.)

e. Tall jagged rocks jut out over the beach.(울퉁불퉁한 바위들은 해변가 위로 튀어나와 있다.)

2. 타동사 용법

2.1. 다음 주어는 목적어를 내민다.

(2) She jutted her chin out stubbornly.(그녀는 턱을 고집스럽게 내밀었다.)

juxtapose

이 동사의 개념 바탕에는 나란히 놓는 과정이 있다.

1. 타동사 용법

1.1. 다음 주어는 목적어를 나란히 놓는다.

(1) a. She juxtaposed two dresses to decide which one she liked better.(그녀는 두 벌의 옷을 그녀가 더 좋아하는 것을 결정하기 위해 나란히 놓았다.)

b. He juxtaposed two photos taken twenty years ago. (그는 20년 전에 찍은 두 장의 사진을 나란히 놓았다.)

1.2. 다음 주어는 목적어를 with의 목적어와 나란히 놓는다.

(2) a. He juxtaposed the left view with the right.(그는 왼쪽 풍경화를 오른쪽의 것과 나란히 놓았다.)

b. He juxtaposed his statement with hers.(그는 그의 진술을 그녀의 것과 비교했다.)

1.3. 다음은 수동태 문장으로 주어는 나란히 놓여진다.

(3) In the exhibition, abstract paintings were juxtaposed with shocking photographs.(그 전시회에서, 추상화들은 충격적인 사진과 함께 놓여졌다.)

K k

keep

이 동사의 개념 바탕에는 어떤 장소에 그대로 유지하는 과정이 있다.

1. 타동사 용법

1.1. 다음 주어는 목적어를 어떤 장소에 계속 있게 한다.

(1) a. If your hands are cold, keep them in your pockets.(네 손이 시리면, 그 호주머니에 넣어 두어라.)

b. Extra work kept me at the office.(보통보다 많은 일이 나를 사무실에 있게 했다.)

c. Where do you keep your bike?(어디에 너는 자전거를 두나?)

d. He keeps the lions at the zoo.(그는 사자들을 동물원에 가둬 둔다.)

1.2. 다음은 [상태는 장소] 은유가 적용된 표현이다. 주어는 목적어를 어떤 상태에 유지시킨다.

(2) a. They will keep you in prison.(그들은 너를 감옥에 가둬 둘 것이다.)

b. Her idleness kept her in hospital for a month.(그녀의 게으름은 그녀를 한 달 동안 입원하게 했다.)

c. He keeps himself in good health.(그는 좋은 건강 속에 자신을 유지시킨다.)

1.3. 다음 주어는 목적어를 형용사가 가리키는 상태로 유지시킨다.

(3) a. Will you keep these things safe for me?(너는 이 물건들을 나를 위해 안전하게 보관해 주겠나?)

b. The cold weather kept the children quiet.(찬 날씨는 아이들을 조용히 있게 했다.)

c. He always keeps the razor sharp.(그는 언제나 면도칼을 잘 갈아 둔다.)

1.4. 다음에서는 상태가 분사로 표현되어 있다.

(4) a. Please keep the fire burning.(그 불을 계속 타게 하세요.)

b. I'm sorry I've kept you waiting.(당신을 기다리게 해서 죄송합니다.)

c. He kept the motor running.(그는 모터가 계속 돌아가게 했다.)

1.5. 다음에서는 상태가 과거분사로 표현되어 있다.

(5) a. They kept the door closed.(그들은 그 문이 닫혀 있게 했다.)

b. They keep their shoes cleaned.(그들은 신발을 깨끗하게 닦여 있게 한다.)

1.6. 다음 주어는 목적어를 from의 목적어에서 떨어져 있게 유지한다.

(6) a. He kept the baby from the fire.(그는 아기를 불에 가지 못하도록 했다.)

b. He kept the baby from the dog.(그는 아기를 개에게서 떨어져 있게 했다.)

1.7. 다음에서 from의 목적어는 동명사이다. 주어는 목적어를 동명사가 가리키는 일에서 떨어져 있게 유지한다.

(7) a. What kept you from joining me?(무엇이 너를 나와 동석하지 못하게 했느냐?)

b. They could not keep him from going.(그들은 그가 가는 것을 막지 못하게 했다.)

c. His father's death kept him from going abroad.(그의 아버지의 죽음은 그를 해외에 가지 못하게 했다.)

1.8. 다음 주어는 목적어를 소유 영역에 놓아둔다.

(8) a. You may keep this--I don't want it back.(너는 이것을 가져도 좋다 --나는 그것을 되돌려 받기를 원하지 않는다.)

b. Please keep these things for me while I am away.(이 물건들을 내가 없는 동안 나 대신 보관해 주시오.)

c. Do you keep batteries for transistor radios? Sorry, but we don't keep them.(트랜지스터 라디오의 건전지를 팝니까? 미안하지만, 안 가지고 있습니다.)

1.9. 다음 주어는 목적어를 거느린다.

(9) a. He earns enough to keep himself and his family.(그는 자신과 가족을 부양할 정도로 충분히 돈을 번다.)

b. How many servants do they keep?(그들은 몇 명의 하인을 거느리고 있습니까?)

c. He keeps a mistress.(그는 첩을 두고 있다.)

1.10. 다음 주어는 목적어를 시간상 존재시킨다.

(10) a. He keeps a shop/a business/a bar-room.(그는 상점/사업/술집을 운영한다.)

b. He keeps an inn/a hotel.(그는 여관/호텔을 운영한다.)

c. She keeps house.(그는 집안 살림을 한다.)

1.11. 다음 주어는 목적어를 마음 속에 둔다.

(11) a. He kept his promise/the Sabbath.(그는 약속/안식일을 지켰다.)

b. He kept the law/treaty/secret.(그는 그 법/조약/비밀을 지켰다.)

1.12. 다음 주어는 목적어를 보호 영역에 두고 지킨다.

(12) a. He kept goal/ wicket.(그는 골문/삼주문을 수비했다.)

b. May God keep you (from harm).(하나님께서 당신을 지켜주시길 빕니다.)

1.13. 다음 주어는 목적어를 일정한 영역에 두고 기른다.

(13) a. He keeps sheep in the High Land.(그는 양을 고지에서 키운다.)

b. He keeps hens, pigs and bees.(그는 닭과 돼지, 벌꿀을 키운다.)

c. They keep a dog in the house.(그는 개를 집에서 키운다.)

1.14. 장부 정리에는 기록 사항과 장부가 있다. 다음 목적어는 환유적으로 쓰여서 기록 사항을 가리킨다. 주어는 목적어를 장부에 기록하여 보관한다.

(14) a. He keeps accounts/books for the firm.(그는 회사

의 장부/부기를 적는다.)

　　b. He **keeps** a diary/a journal. (그는 일기장/일지를 적는다.)

　　c. He **kept** the scores of the basketball game. (그는 농구 경기의 점수를 적었다.)

1.15. 다음 주어는 목적어를 계속한다. 목적어는 활동이다.

(15) a. He **kept** time with the metronome. (그는 박자를 박절기로 맞추었다.)

　　b. He **keeps** the tricky rhythm of the Latin American dance. (그는 남미 춤의 까다로운 리듬을 잘 맞춘다.)

　　c. He **keeps** watch over the house. (그는 그 집의 감시를 계속한다.)

2. 자동사 용법

2.1. 다음 주어는 어떤 위치에 그대로 있다.

(16) a. While the big truck **keeps** (to) the middle of the road, we can't possibly overtake it. (큰 트럭이 길 한가운데로 계속 가는 한, 우리는 그것을 앞지를 수가 없다.)

　　b. He was ill and he had to **keep** to his bed/his house for weeks. (그는 몸이 불편해서 침대/집에 몇 주 있어야 했다.)

2.2. 다음 주어는 어떤 상태를 유지한다.

(17) a. You'd better go to bed and **keep** warm. (잠자리에 들어서 따뜻하게 하는 것이 좋겠다.)

　　b. Please **keep** quiet. (제발 조용히 해라.)

　　c. I hope you're **keeping** well. (네가 계속 건강하게 지내기를 나는 바란다.)

　　d. You have to **keep** cool. (너는 침착하게 있어야 한다.)

2.3. 다음은 상태가 현재분사로 표현되어 있다.

(18) a. He **kept** smiling. (그는 계속해서 웃었다.)

　　b. My shoe lace **keeps** coming undone. (내 신발 끈이 계속 풀린다.)

　　c. I am not sure whether the company can **keep** going. (그 회사가 계속 운영될지 나는 확실히 모르겠다.)

2.4. 다음 주어는 정상 상태를 유지한다.

(19) a. Will that meat **keep** until tomorrow? (고기는 내일까지 변하지 않고 그대로 있을까요?)

　　b. Fruits don't **keep** well. (과일은 잘 보관되지 않는다.)

　　c. The news will **keep**. (그 뉴스는 새로움이 유지될 것이다.)

2.5. 다음 주어는 전치사 from의 목적어에서 떨어져 있다.

(20) a. He **keeps** from the uncle's. (그는 삼촌 집에 가지 않는다.)

　　b. He **keeps** from talking about her. (그는 그녀에 대해서 얘기하는 것을 삼가한다.)

key

이 동사의 개념 바탕에는 key의 명사 '열쇠'와 '키'

가 있다.

1. 타동사 용법

1.1. 다음 주어는 목적어에 쇠로 채운다.

(1) a. He **keyed** the alarm. (그는 경보기를 잠그었다.)

　　b. He **keyed** the door. (그는 문을 잠그었다.)

1.2. 다음 주어는 목적어를 입력한다.

(2) He **keyed** in all the data. (그는 모든 데이터를 입력했다.)

1.3. 다음 주어는 목적어를 조율한다.

(3) a. He **keyed** his instrument to a B flat. (그는 악기를 B 플랫에 맞추었다.)

　　b. Musicians in the band **keyed** their guitars before playing. (그 밴드의 음악가들은 연주하기 전에 기타를 조율했다.)

1.4. 다음 주어는 목적어를 to의 목적어에 맞춘다.

(4) a. He **keyed** his speech to the occasion. (그는 연설을 그 행사에 맞추었다.)

　　b. He **keyed** his letter to a tone of defiance. (그는 편지를 반항의 어조에 맞추었다.)

1.5. 다음 주어는 목적어를 고무하거나 긴장시킨다.

(5) a. The coach **keyed** up the team for the game. (감독은 팀 선수들을 그 경기를 위해 고무시켰다.)

　　b. Thinking about exams **keys** him up. (시험에 대한 생각은 그를 긴장시킨다.)

1.6. 다음은 수동태 문장으로 주어는 고무되거나 긴장된다.

(6) a. She is always **keyed** up before a test. (그녀는 시험 전에 항상 긴장된다.)

　　b. She was **keyed** waiting for her appearance on stage. (그녀는 무대에 나가는 것을 기다리며 긴장되었다.)

1.7. 다음은 수동태 문장으로 주어는 조정된다.

(7) a. The commercials should be **keyed to** the audience who will be viewing them. (광고는 그것을 볼 시청자들에게 맞추어져야 한다.)

　　b. Farming methods are **keyed to** local weather conditions. (농경 방식은 지역의 날씨 상태에 맞추어 조정되어 있다.)

　　c. The day-care hours are **keyed to** the needs of working parents. (탁아 시간은 일하는 부모들의 요구에 따라 조정되어 있다.)

2. 자동사 용법

2.1. 다음 주어는 시선을 고정해서 지켜본다.

(8) The basketball team **keyed** in on the opponent's star player. (그 농구팀은 상대방 인기 선수의 움직임을 지켜 보았다.)

kick

이 동사의 개념 바탕에는 차는 과정이 있다.

1. 타동사 용법

1.1. 다음 주어는 목적어를 찬다.

(1) a. He **kicked** John's shin. (그는 존의 정강이를 찼다.)

b. He kicked John in the shin.(그는 존의 정강이를 찼다.)

c. She kicked his stomach.(그녀는 그의 배를 찼다.)

d. She kicked him in the stomach.(그녀는 그의 배를 찼다.)

e. He kicked a pebble on the beach.(그는 바닷가에 있는 자갈을 찼다.)

f. He kicked the dog savagely.(그는 개를 야만스럽게 찼다.)

1.2. 다음 주어는 목적어를 차서 상태 변화를 받게 한다.

(2) a. She kicked open the screen door.(그녀는 발로 차서 스크린 문을 열었다.)

b. She kicked a stone loose.(그녀는 돌을 차서 떨어지게 했다.)

c. He kicked the horse free.(그는 발로 차서 말을 마음대로 뛰어가게 했다.)

d. He kicked the dog to death.(그는 그 개를 차서 죽게 했다.)

1.3. 다음 주어는 목적어를 차서 목적어가 장소 이동을 한다.

(3) a. He kicked the ball around.(그는 공을 이리저리 찼다.)

b. He kicked the ball in.(그는 공을 차 넣었다.)

c. He kicked the blanket off his legs.(그는 담요를 차서 발에서 떨어지게 했다.)

d. She kicked off her shoes.(그녀는 신을 차서 벗었다.)

e. He kicked the ball over the fence.(그는 공을 차서 울타리를 넘어가게 했다.)

f. She kicked the chair over.(그녀는 의자를 발로 차서 넘어뜨렸다.)

g. I kicked the sheet up.(나는 시트를 발로 차 올렸다.)

1.4. 다음 주어는 목적어를 전치사 with의 목적어로 찬다.

(4) a. He kicked the chair with his right foot.(그는 의자를 오른발로 찼다.)

b. He kicked the cat with his boot.(그는 고양이를 구두로 찼다.)

c. The wrestler kicked the man's hand with his foot.(레슬링 선수는 그 남자의 손을 발로 찼다.)

1.5. 다음 주어는 차서 목적어를 만든다.

(5) a. He kicked a hole in the door.(그는 차서 구멍을 문에 내었다.)

b. He kicked two goals in the match.(그는 그 시합에서 두 골을 차 넣었다.)

c. He kicked his way through the crowd.(그는 차면서 군중 속을 뚫고 나갔다.)

d. The rider kicked up a cloud of dust.(기수는 차서 먼지 구름을 일으켰다.)

1.6. 다음 주어는 목적어를 찬다. 목적어는 주어의 신체 일부이다.

(6) a. He kicked his feet.(그는 자신의 발을 찼다.)

b. He kicked his thin legs into the air.(그는 여윈 다리를 허공에 찼다.)

1.7. 다음 주어는 목적어를 전치사 against의 목적어에 닿게 한다. 이것은 의식적이거나 무의식적인 행동일 수 있다.

(7) a. He kicked his toes against the stone.(그는 발가락을 그 돌에 일부러/우연히 찼다.)

b. He kicked his boot against the chair.(그는 구두를 의자에 일부러/우연히 찼다.)

1.8. 다음 주어는 목적어는 차는 것과 같은 충격을 준다.

(8) a. The gun kicked his shoulder.(그 총은 반동으로 어깨를 찼다.)

b. The rifle kicked Bill's shoulder.(그 소총은 반동으로 빌의 어깨를 찼다.)

1.9. 다음 주어는 목적어를 차서 떨어지게 한다.

(9) a. He tried to kick the door down.(그는 발로 차서 문을 쓰러뜨리려고 했다.)

b. If you don't open up, we will kick the gate down.(문을 활짝 열지 않으면, 우리는 대문을 차서 쓰러뜨리겠다.)

2. 자동사 용법

2.1. 다음 주어는 발질을 한다.

(10) a. Babies kick to exercise their legs.(아기들은 발 운동을 하기 위하여 발을 찬다.)

b. The horse kicks when anyone comes near it.(그 말은 누구든지 가까이 오면 발길질한다.)

2.2. 다음 주어는 반동한다.

(11) a. The old gun kicks.(오래된 총은 반동한다.)

b. The gun kicked when fired.(그 총은 발사될 때 반동했다.)

kid

이 동사의 개념 바탕에는 좋은 뜻으로 놀리는 과정이 있다.

1. 타동사 용법

1.1. 다음 주어는 목적어를 놀린다.

(1) a. We were just kidding you about your clothes.(우리는 그냥 네 옷에 대해 너에게 농담했던 거야.)

b. You're not kidding me this time.(이번에는 날 놀리는 거 아니겠지.)

c. I don't like it when you kid me.(네가 날 놀릴때, 나는 그것을 싫어한다.)

d. We kidded him about his new short haircut.(우리는 그의 짧은 머리에 대해 그를 놀렸다.)

1.2. 다음 목적어는 재귀대명사이다.

(2) They're kidding themselves if they think it is.(만약 그들이 그것이 그렇다고 생각한다면 그들은 스스로를 조롱하고 있는 것이다.)

2. 자동사 용법

2.1. 다음 주어는 농담을 한다.

(3) a. Stop kidding around and tell me the truth.(농담 그만하고 나에게 진실을 말해라.)

b. Don't take any notice of him: his just kidding around.(그에게 신경 쓰지 마라: 그는 단지 농담하

고 있을 뿐이다.)
c. Don't get mad; I'm just **kidding**. (화내지마; 농담이
  야.)

kill

이 동사의 개념 바탕에는 죽이는 과정이 있다.

1. 타동사 용법
1.1. 다음 주어는 목적어를 죽인다.
(1) a. They **killed** the boy by accident. (그들은 그 소년을
    사고로 죽였다.)
  b. The dog **killed** the cat. (그 개가 고양이를 죽였다.)
  c. The farmer **killed** all the weeds. (그 농부는 그 모든
    잡풀을 죽였다.)
1.2. 다음 주어는 목적어를 죽인다. 주어는 사람이 아
  닌 개체이다.
(2) a. The heat **killed** the plants. (더위는 식물들을 죽였
    다.)
  b. Pneumonia **killed** the old man. (폐렴이 그 노인을
    죽였다.)
  c. The outbreak of typhoid **killed** many people. (장티
    푸스의 발생은 많은 사람들을 죽였다.)
  d. Car accidents **kill** thousands of Americans every
    year. (자동차 사고는 매년 수천 명의 미국인을 죽인
    다.)
1.3. 다음 목적어는 시간과 공간 속에 존재한다. 주어
  는 목적어의 존재가 끝나게 한다.
(3) a. He **killed** the light. (그는 전깃불을 껐다.)
  b. He **killed** the engine. (그는 엔진을 죽였다.)
  c. He **killed** the fire. (그는 불을 죽였다.)
1.4. 다음은 [시간은 개체] 은유가 적용된 표현이다.
  주어는 목적어를 없앤다.
(4) a. He **killed** an hour by going around the town. (그는
    한 시간을 읍내 이곳저곳을 둘러보면서 보냈다.)
  b. We **killed** time playing cards. (우리는 카드놀이를
    하면서 시간을 보냈다.)
  c. We **killed** half an hour drinking beer. (우리는 맥주
    를 마시면서 반시간을 보냈다.)
  d. He is **killing** a bottle of wine. (그는 포도주 한 병을
    마셔 없애고 있다.)
1.5. 생명체가 죽으면 활력을 잃는다. 다음 주어는 목
  적어의 활력이나 효과를 잃게 한다.
(5) a. The wallpaper **kills** the furniture. (그 벽지는 그 가
    구를 죽인다.)
  b. The noise **killed** the music. (소음은 그 음악을 들리
    지 않게 했다.)
  c. The red sofa **kills** the grey wall. (빨강 소파는 그 회
    색 벽을 죽인다.)
  d. One light color may **kill** another near it. (하나의 밝
    은 색은 옆에 있는 다른 색을 죽일 수도 있다.)
1.6. 다음 목적어는 추상적이지만 시간 속에 존재하는 개
  체로 개념화된다. 주어는 목적어를 죽이듯 없앤다.
(6) a. He has **killed** her affection. (그는 그녀의 애정을 죽
    여 버렸다.)
  b. His tactless remark **killed** the conversation. (그의

재치 없는 말은 그 대화를 죽였다.)
  c. They **killed** the bill in the committee. (그들은 그 법
    안을 위원회에서 폐지시켰다.)
  d. A drink of water **killed** the taste of the
    medicine. (물 한 잔이 약의 냄새를 없앴다.)
  e. He **killed** all our hopes. (그는 우리의 모든 희망을
    없앴다.)
  f. The rainy weekend **killed** our plans for a
    picnic. (비오는 주말은 우리의 소풍 계획을 망쳤다.)
1.7. 다음은 [극단적인 감정이나 아픔은 죽음] 은유가
  적용된 표현이다.
(7) a. My feet are **killing** me. (내 발이 아파 죽겠다.)
  b. My back is **killing** me. (내 등이 아파 죽겠다.)
  c. His jokes really **kill** me. (그의 농담은 우스워 죽을
    뻔 했다.)
  d. The funny play nearly **killed** me (그 우스운 연극은
    나를 거의 우스워 죽게 만들었다.)
1.8. 다음 주어는 목적어를 죽도록 일을 시킨다.
(8) a. I am **killing** myself to get this finished tonight. (나
    는 이것을 오늘 저녁에 마치기 위해서 죽도록 노력
    하고 있다.)
  b. He didn't exactly **kill** himself to get here on
    time. (그는 여기에 제시간에 오게 하기 위해서 죽도
    록 노력하지 않았다.)

2. 자동사 용법
2.1. 다음 주어는 죽인다.
(9) a. The toxic substances can **kill**. (그 독극물은 죽일 수
    도 있다.)
  b. An overdose of drug can **kill**. (약의 과다복용은 사
    람을 죽일 수 있다.)
2.2. 다음 주어는 죽는다.
(10) These plants **killed** easily. (이들 식물은 쉽게 죽었
    다.)

kindle

이 동사의 개념 바탕에는 불을 켜는 과정이 있다.

1. 타동사 용법
1.1. 다음 주어는 목적어에 불을 붙인다.
(1) a. Use this wood to **kindle** the fire in the fireplace.
    (그 난로에 불을 붙이기 위해 이 나무를 사용하시
    오.)
  b. They **kindled** a fire using paper and twigs. (그들은
    종이와 나뭇가지를 이용해서 불을 붙였다.)
  c. He **kindled** the lamp. (그는 램프에 불을 붙였다.)
  d. This wood is too wet to **kindle**. (이 나무는 너무 젖
    어서 불을 붙일 수 없다.)
  e. He **kindled** a twig with a match. (그는 나뭇가지 하
    나를 성냥으로 불을 붙였다.)
1.2. 다음은 [감정이나 관심은 불] 은유가 적용된 표현
  이다. 주어는 감정이나 관심에 불을 붙인다.
(2) a. He **kindled** our interest in science. (그는 과학에 대
    한 우리의 관심을 불러 일으켰다.)
  b. The lecture **kindled** the interest of the

audience.(그 강의는 청중들의 흥미를 불러 일으켰다.)

c. The promise of a bonus **kindled** their interest.(보너스에 대한 약속은 그들의 관심을 자극했다.)

d. His speech **kindled** courage/love in them.(그의 연설은 용기/사랑을 그들 마음 속에 불러 일으켰다.)

e. Enjoyment **kindled** his smile.(기쁨이 그의 미소를 자아내었다.)

f. I wanted to **kindle** a pleasant atmosphere for them.(나는 그들을 위해 즐거운 분위기를 만들고 싶었다.)

g. His insulting remarks/his cruelty/the news **kindled** my anger.(그의 모욕적인 언사/그의 무례함/그 소식은 나의 화를 돋구었다.)

h. Bill knows how to **kindle** good feelings among his employees.(빌은 종업원들 사이에 좋은 감정을 불러 일으키는 방법을 안다.)

i. The new information **kindled** my suspicion.(새로운 소식은 나의 의구심을 불러 일으켰다.)

1.3. 다음은 수동태 문장으로 주어는 불이 붙는 개체이다.

(3) a. Her imagination was **kindled** by the exciting stories.(그녀의 상상력은 재미있는 이야기들에 의해 불타 올랐다.)

b. The love of poetry was **kindled** in him by her teaching.(시에 대한 사랑은 그에게 그녀의 가르침에 의해 켜졌다.)

1.4. 다음 주어는 목적어를 선동하여 to의 목적어가 가리키는 일을 하게 만든다.

(4) a. The policy **kindled** them to revolt.(경찰은 그들을 충동질해서 폭동을 일으키게 했다.)

b. That **kindled** him to courage/passion.(그것은 그의 용기/정열을 타오르게 했다.)

1.5. 다음 주어는 목적어를 환하게 한다.

(5) a. The sunset **kindled** the skies.(저녁 노을이 하늘을 환하게 물들였다.)

b. Happiness **kindled** his eyes.(행복이 그의 눈을 환하게 했다.)

2. 자동사 용법

2.1. 다음 주어는 불이 붙는다.

(6) a. The wood **kindled** quickly in the fire.(그 나무는 그 불에서 빨리 불이 붙었다.)

b. The damp wood would never **kindle**.(축축한 나무는 결코 불이 붙지 않는다.)

c. The logs **kindled** quickly.(통나무는 빨리 불이 붙었다.)

d. Dry wood **kindled** easily.(마른 나무는 쉽게 불이 붙었다.)

e. The paper **kindled** on the third match.(종이는 세 번째 성냥에 불이 붙었다.)

2.2. 다음 주어는 환하게 된다.

(7) a. The boy's eyes **kindled** with curiosity.(소년의 눈은 호기심으로 빛났다.)

b. His eyes were **kindling** with excitement.(그는 흥분해서 눈이 붉어지고 있었다.)

c. Her face **kindled** with embarrassment.(그녀는 당황해서 얼굴이 붉어졌다.)

d. The girl's face **kindled** as she talked about her adventure.(그 소녀의 얼굴은 자신의 모험에 대해 이야기할 때 상기되었다.)

e. He **kindled** up at her harsh words.(그는 그녀의 심한 언사에 발끈했다.)

2.3. 다음 주어는 추상적 개체이나 불이 붙는 것으로 개념화되어 있다.

(8) a. Suspicion **kindled** within her.(의혹이 그녀 안에 불타 올랐다.)

b. Their interest **kindled** and grew.(그들의 관심은 불이 붙어 점점 더 커졌다.)

kiss

이 동사의 개념 바탕에는 입맞추는 과정이 있다.

1. 타동사 용법

1.1. 다음 주어는 목적어에 키스를 한다.

(1) a. He **kissed** his girlfriend.(그는 여자 친구에게 키스했다.)

b. Mother **kissed** her baby.(어머니가 그 아기에게 입맞추었다.)

1.2. 다음에는 주어가 키스하는 부위가 목적어로 명시되어 있다.

(2) a. She **kissed** him on the cheek(그녀는 그의 뺨에 입을 맞추었다.).

b. She **kissed** the baby's cheeks.(그녀는 아이의 볼에 입을 맞추었다.)

1.3. 다음 주어는 첫째 목적어에게 키스로서 둘째 목적어를 나타낸다.

(3) a. The child **kissed** his parents good night.(그녀는 부모님께 밤인사를 했다.)

b. She **kissed** him a goodbye.(그녀는 그에게 작별 키스를 했다.)

1.4. 다음 주어는 키스를 해 목적어가 없어지게 한다.

(4) a. She **kissed** the baby's tears **away**.(그녀는 아기에게 입을 맞춰주어 울음을 그치도록 했다.)

b. She **kissed** the boy's fears **away**.(그녀는 소년에게 입을 맞춰주어 두려움을 씻어주었다.)

1.5. 다음 주어는 따뜻한 입술이 닿듯 목적어에 가 닿는다.

(5) a. The sunlight **kissed** the warm stones.(태양이 따뜻한 돌에 내리 쬐었다.)

b. The sun **kissed** the flowers.(태양 볕이 꽃들에게 내리 쬐었다.)

c. The wind **kissed** her hair.(바람은 그녀의 머리카락을 어루만졌다.)

2. 자동사 용법

2.1. 주어는 to의 목적어에 아첨한다.

(6) It makes me sick the way Bob **kisses** up to the boss.(밥이 상사에게 아부하는 것은 나를 역겹게 한다.)

knead

이 동사의 개념 바탕에는 반죽을 이기는 과정이 있다.

1. 타동사 용법

1.1. 다음 주어는 목적어를 반죽한다. 목적어는 반죽의 재료이다.
(1) a. The baker kneaded flour and milk together to make bread dough(그 제빵업자는 밀가루와 우유를 섞어 빵 반죽을 만들었다.)
   b. Dan kneaded the clay before he began to shape it.(댄은 그 점토를 그것을 모양으로 빚기 전에 반죽했다.)

1.2. 다음 주어는 목적어를 반죽해서 만든다.
(2) a. Knead the dough for three minutes.(반죽을 삼 분 동안 주물러 주세요.)
   b. Mom is kneading dough in the kitchen.(엄마가 반죽을 부엌에서 주무르고 있다.)

1.3. 다음 주어는 반죽을 하듯이 목적어를 주무르고 문지르면서 만진다.
(3) a. He kneaded my sore back.(그는 나의 아픈 등을 어루만지고 주물렀다.)
   b. He kneaded my sore shoulder muscles.(그는 나의 어깨 근육을 어루만지고 주물렀다.)

knee

이 동사의 개념 바탕에는 knee의 명사 '무릎'이 있다.

1. 타동사 용법

1.1. 다음 주어는 목적어를 무릎으로 공격한다.
(1) a. He kneed the attacker in the stomach/the groin.(그는 공격수를 위를/서혜부를 무릎으로 공격했다.)
   b. She kneed him in the stomach.(그녀는 그의 위를 무릎으로 공격했다.)
   c. He kneed me in the back to get my attention.(그는 내 주의를 끌기 위해서 나의 등을 무릎으로 쿡 찔렀다.)
   d. The water kneed the kitchen door open.(그 웨이터는 부엌문을 무릎으로 열었다.)

knife

이 동사의 개념 바탕에는 knife의 명사 '칼'이 있다. 동사의 의미는 이 명사의 쓰임과 관계가 있다.

1. 타동사 용법

1.1. 다음 주어는 칼로 목적어를 찌른다.
(1) a. The murderer knifed the man and ran away.(그 살인자는 그 남자를 칼로 찌르고 달아났다.)
   b. He knifed the man in the leg accidentally.(그는 그 남자의 다리를 칼로 우연히 찔렀다.)
   c. The criminals were arrested for knifing their

victim.(그 범인들은 희생자들을 칼로 찌른 죄로 체포되었다.)

1.2. 다음은 수동태 문장으로 주어는 칼로 찔린다.
(2) He was knifed and left to die.(그는 칼로 찔려 숨진 채로 버려졌다.)

2. 자동사 용법

2.1. 다음 주어는 칼로 물을 가르듯 나아간다.
(3) a. The ship knifed through the water.(그 배는 그 물을 칼로 헤치듯이 나아갔다.)
   b. The submarine knifed through the cold arctic waters.(그 잠수함은 차가운 북극해의 물을 헤쳐갔다.)

knock

이 동사의 개념 바탕에는 두드리는 과정이 있다.

1. 타동사 용법

1.1. 다음 주어는 목적어를 두드린다.
(1) a. He knocked the ball with a bat.(그는 공을 방망이로 쳤다.)
   b. He knocked the door.(그는 문을 두드렸다.)
   c. Don't knock the glass, it is fragile.(그 유리잔을 두들기지 말아라. 그것은 깨지기 쉽단다.)

1.2. 다음 주어는 목적어를 전치사 on의 목적어 부위를 친다.
(2) a. He knocked me on the head.(그는 나의 머리를 쳤다.)
   b. A falling branch knocked her on the head.(떨어지는 가지가 그녀의 머리를 쳤다.)

1.3. 다음 주어가 목적어를 쳐서 장소 이동을 하게 한다.
(3) a. Bill ran against the boy and knocked him down.(빌은 그 소년과 일부러/우연히 부딪혀서 넘어뜨렸다.)
   b. The car crashed into a sign and knocked it down.(그 자동차는 그 표지판과 충돌하여 그것을 쓰러뜨렸다.)
   c. She knocked some nails into the wall.(그녀는 몇 개의 못을 벽에 박았다.)
   d. I believe they will knock some sense into him at this school.(나는 이 학교에서 그에게 얼마간의 분별력을 쳐 넣어줄 거라고 믿네.)
   e. She knocked the cup off the table.(그녀는 컵을 일부러/우연히 쳐서 식탁에서 떨어뜨렸다.)
   f. She knocked a vase on to the floor while she was dusting.(그녀는 먼지를 털다가 화병을 쳐 마루에 떨어뜨렸다.)
   g. He knocked out his pipe in the ashtray.(그는 파이프를 재떨이에 두들겨 비웠다.)

1.4. 주어가 목적어를 두들기면 목적어는 상태의 변화를 받는다.
(4) a. She knocked the glass to pieces.(그녀는 그 유리잔을 쳐 산산조각을 내버렸다.)
   b. A falling branch knocked him unconscious.(떨어

지던 나뭇가지가 그를 쳐 의식불명으로 만들었다.)

1.5. 다음 목적어는 두들겨서 생기는 개체이다.

(5) a. He **knocked** a hole in the fence/in the wall. (그는 그 울타리/벽을 쳐서 구멍을 만들었다.)

b. We **knocked** the holes in the tin with a hammer. (우리는 그 깡통을 망치로 두들겨 구멍들을 냈다.)

1.6. 다음 주어는 목적어를 against나 on의 목적어에 부딪치게 한다.

(6) a. She **knocked** her head **against** the wall. (그녀는 머리를 벽에 부딪쳤다.)

b. He **knocked** his foot **against** a stone. (그는 발에 돌뿌리를 찼다.)

c. I **knocked** my head on the car door as I got out. (나는 나갈 때 머리를 차 문에 부딪쳤다.)

d. He **knocked** his elbow on the door. (그는 팔꿈치를 문에 부딪쳤다.)

e. I **knocked** myself on a table in a dark room. (나는 자신을 식탁에 어두운 방에서 부딪쳤다.)

1.7. 힘으로 두들기는 과정은 말로 두들기는 과정으로 확대된다.

(7) a. Stop **knocking** him, he is doing his best. (그를 탓하지 말아라. 그는 최선을 다하고 있다.)

b. Stop **knocking** his work--it's nearly very good. (그의 작품을 비난하지마--그것은 거의 최상이야.)

c. The cities **knocked** the new work. (도시들은 새 과업을 비판했다.)

d. The critics **knocked** his performance. (비평가들은 그의 연주를 비판했다.)

2. 자동사 용법

2.1. 다음 주어는 at이나 on의 목적어에 부분적인 힘을 가한다.

(8) a. Someone **knocked** gently **on** the door. (누군가 가만히 문을 두드렸다.)

b. Please **knock** at the door before entering. (들어오기 전에 노크를 하시기 바랍니다.)

2.2. 다음 주어는 against의 목적어에 부딪힌다.

(9) a. He **knocked against** his girl friend. (그는 여자친구를 우연히 만났다.)

b. She **knocked against** the table as she passed and spilled his cup of coffee. (그녀는 지나가다 테이블에 부딪혀 커피를 쏟았다.)

c. A branch **knocked against** the window. (나뭇가지가 창문에 부딪혔다.)

2.3. 어느 물체를 두드리면 소리가 난다. 이러한 소리도 knock가 가리키는 의미의 일부가 된다.

(10) a. The engine starts **knocking**. (그 엔진이 기화불량으로 푸드득거리기 시작한다.)

b. The engine is **knocking** very badly. (그 엔진은 아주 심하게 기화불량으로 푸드득거리고 있다.)

c. My heart was **knocking** with fright. (내 가슴은 공포로 쿵쿵 소리를 내면서 뛰고 있었다.)

2.4. 다음 주어는 서로 부딪친다.

(11) My knees **knocked** together with fear. (내 무릎은 공

포로 덜덜 떨렸다.)

2.4. 다음 주어는 흠을 잡는다.

(12) They are always **knocking**. (그들은 항상 험담을 한다.)

knot

이 동사의 개념 바탕에는 knot의 명사 '매듭'이 있다. 동사의 의미는 이 명사의 모양과 관계가 있다.

1. 타동사 용법

1.1. 다음 주어는 목적어에 매듭을 만든다.

(1) a. He **knotted** the rope/his tie. (그는 밧줄/타이를 매듭을 지었다.)

b. He **knotted** the cords at both ends. (그는 끈을 양쪽 끝에 매듭지었다.)

c. The rope is too wet to **knot** easily. (그 밧줄은 너무 젖어서 쉽게 매듭지어지지 않는다.)

d. She **knotted** her hair with a ribbon. (그녀는 머리를 리본으로 묶었다.)

1.2. 다음 주어는 목적어를 얽히게 한다.

(2) The strong currents **knotted** our fishing lines together. (그 강한 조류는 우리의 낚싯줄을 함께 얽히게 했다.)

1.3. 다음 주어는 목적어를 매듭으로 어디에 묶는다.

(3) a. The cowboy **knotted** the reins of his horse **around** a tree. (그 카우보이는 말고삐를 나무 주위에 묶었다.)

b. He **knotted** the rope **around** the post. (그는 밧줄을 말뚝 둘레에 묶었다.)

c. The captain **knotted** the line **to** the mast of the boat. (그 선장은 그 줄을 배의 돛에 묶었다.)

1.4. 다음 주어는 목적어를 매듭/옹이가 생기게 한다.

(4) The excitement **knotted** his stomach. (흥분은 그의 위를 뒤틀었다.)

2. 자동사 용법

2.1. 다음 주어는 in/with의 목적어로 인해서 뒤틀린다.

(5) a. His stomach **knotted** in fear. (위가 공포로 뒤틀렸다.)

b. His muscles **knotted** with the strain. (그의 근육은 긴장으로 매듭지어 졌다.)

c. His brow **knotted** with pain. (그의 이마는 고통으로 찌푸려졌다.)

2.2. 다음 주어는 뒤틀린다.

(6) The rope **knotted** as it was gathered up. (그 밧줄은 올려질 때 꼬였다.)

knuckle

이 동사의 개념 바탕에는 knuckle의 명사 '손가락 마디'가 있다. 동사의 의미는 이 명사의 성질과 관계가 있다.

1. 자동사 용법

1.1. 다음 주어는 열심히 일한다.

(1) a. She **knuckled down** and finished her work.
(그녀는 열심히 일해서 일을 끝냈다.)

  b. I have to **knuckle down** to some serious study. (나는 진지한 연구에 몰두해야 한다.)

  c. If he doesn't **knuckle down** soon, he will never get through the exams. (만약 그가 곧 열심히 공부하지 않는다면, 그는 결코 그 시험을 통과하지 못할 것이다.)

1.2 다음 주어는 꺾인다.

(2) a. He will not **knuckle** under to your threats. (그는 너의 협박에 꺾이지 않을 것이다.)

  b. When the teacher told him to be quiet, he **knuckled under** and was silent. (선생님이 그에게 조용히 하라고 말했을 때, 그는 복종하고 조용히 했다.)

𝓛 1

label

이 동사의 개념 바탕에는 label의 명사 '꼬리표', '물표'가 있다. 동사의 의미는 이 명사의 용도와 관계가 있다.

1. 타동사 용법

1.1. 다음 주어는 목적어를 꼬리표로 붙인다.

(1) a. We labelled each item with its contents and date (우리는 각각 품목을 내용물과 날짜로 적은 꼬리표를 붙였다.)

b. He labelled the bottles.(그는 병에 라벨을 붙였다.)

c. The teacher labelled all the file folders.(선생님은 모든 파일 폴더들에 라벨을 붙였다.)

1.2. 다음 주어는 첫째 목적어에 둘째 목적어를 꼬리표로 붙인다.

(2) a. His teachers labelled him 'a trouble maker'.(선생님들은 그에게 '말썽쟁이'라는 꼬리표를 붙여주었다.)

b. They labelled him a liar.(그들은 그를 거짓말쟁이라고 낙인찍었다.)

c. He labelled the bottle 'danger!'(그는 그 병에다가 '위험' 표시를 했다.)

d. The newspaper unjustly labelled him a troublemaker.(신문은 그를 말썽꾼으로 부당하게 낙인 찍었다.)

1.3. 다음은 수동태 문장으로 주어는 꼬리표가 붙여지는 개체이다.

(3) a. The file was labelled "Top Secret".(그 파일은 "일급 비밀" 표시가 되어 있었다.)

b. The bottle was labelled poison.(그 병은 독극물 표시가 되어 있었다.)

1.4. 다음은 수동태 문장으로 주어는 꼬리표가 붙여진다.

(4) a. He was labelled as a traitor.(그는 반역자로 낙인찍혔다.)

b. He was labelled a rebel.(그는 반역자로 낙인찍혔다.)

c. The teacher was labelled tough.(그 선생님은 무서운 것으로 판정되었다.)

1.5. 다음 주어는 첫째 목적어를 둘째 목적어로 분류하거나 명명한다.

(5) They label her an executive assistant.(그들은 그녀를 행정 비서로 명명한다.)

1.6. 다음 주어는 목적어에 꼬리표를 붙여서 특정한 지역으로 가게 한다.

(6) a. He labelled the trunk for Vancouver.(그는 트렁크에 밴쿠버행 라벨을 붙였다.)

b. She labelled the suitcase for Seoul.(그녀는 가방에 서울행 라벨을 붙였다.)

labor

이 동사의 개념 바탕에는 labor의 명사 '애씀', '노력'이 있다.

1. 자동사 용법

1.1. 다음 주어는 애를 쓴다.

(1) a. The construction workers labored in the sun.(건설 근로자들은 태양 아래서 힘들게 일했다.)

b. They labored for years to clear his son's name.(그들은 그의 아들의 명예를 회복하려고 수년 동안 애썼다.)

c. He labored at a dictionary.(그는 사전 하나를 만드는 데 애를 썼다.)

d. We labored for weeks on a big project.(우리는 몇 주 동안 대규모 프로젝트에 애써 일했다.)

e. He is laboring away over his paper.(그는 보고서를 계속해서 애쓰고 있다.)

f. He is laboring under difficulties.(그는 어려움 속에 애쓰고 있다.)

1.2. 다음 주어는 to 부정사가 가리키는 일을 하려고 애를 쓴다.

(2) a. Ron had little talent, but labored to acquire the skills of a writer.(론은 재능은 거의 없었지만, 작가로서의 기술을 얻기 위해 애썼다.)

b. He labored to complete the task.(그는 그 임무를 마무리 짓기 위해 애썼다.)

c. They labored for years to build this monument.(그들은 수년동안 기념비를 지으려고 애썼다.)

1.3. 다음에서 애씀의 목표가 for로 표현되어 있다.

(3) a. Let us labor for a better future.(더 나은 미래를 위해 우리 애쓰자.)

b. The negotiators labored for peace tirelessly.(협상자들은 평화를 위해 지치지 않고 애썼다.)

1.4. 다음 주어는 힘들게 움직인다.

(4) a. The ship is laboring through the heavy sea.(그 함선은 거친 바다를 힘들게 헤쳐 나가고 있다.)

b. The horse labored up the steep hill.(그 말은 가파른 언덕을 힘들게 올라갔다.)

c. She labored up the hill with a heavy bag.(그녀는 산 위로 무거운 가방을 들고 힘겹게 올라갔다.)

2. 타동사 용법

2.1. 다음 주어는 목적어를 with의 목적어로 짐을 지운다.

(5) a. I don't want to labor you with the trifles.(나는 너를 이런 사소한 일로 부담을 지우고 싶지 않아.)

b. He tends to labor his readers with unnecessary details.(그는 독자들을 불필요한 세부 사항으로 부담을 지우는 경향이 있다.)

2.2. 다음 주어는 목적어에 주의를 많이 기울인다.

(6) a. You need not labor the point.(너는 그 점을 장황하게 취급할 필요가 없다.)

b. Don't labor the point.(그 점을 장황하게 취급하지 마라.)

2.3. 다음 주어는 힘들게 나아간다.

(7) He labored his way.(그는 힘겹게 길을 갔다.)

lace

이 동사의 개념 바탕에는 lace의 명사 '끈'이 있다.

1. 자동사 용법
1.1. 다음 주어는 매어지는 개체이다.
(1) a. Her dress laces up at the side.(그녀의 드레스는 옆에서 끈으로 묶인다.)
  b. These shoes lace.(이 신발은 끈으로 죄어진다.)
  c. The sneakers lace easily.(이 운동화는 끈이 쉽게 묶인다.)
  d. Do your boots lace or zip?(네 부츠는 끈으로 묶는 거니 아니면 지퍼를 이용하니?)
  e. Do your shoes lace or button?(네 신은 끈으로 묶니 아니며 단추로 채우니?)

1.2. 다음 주어는 공격을 한다.
(2) a. The candidate laced into her opponent.(그 후보자는 상대 후보를 공격했다.)
  b. The teacher laced into his student.(선생님은 학생을 공격했다.)

1.3. 다음 주어는 묶인다.
(3) The two strands of rope lace together for strength. (그 밧줄의 두 가닥은 묶여서 강하게 된다.)

2. 타동사 용법
2.1. 다음 주어는 목적어를 끈으로 묶는다.
(4) a. I laced up my boots and went out into the rain.(나는 부츠의 끈을 묶고 비오는 와중에 외출했다.)
  b. She laced up her ice skaters.(그녀는 스케이트 줄을 묶었다.)
  c. He laced his waist in.(그는 허리를 줄로 졸라 묶었다.)

2.2. 다음 주어는 목적어를 through의 목적어를 지나게 한다.
(5) He laced the cord through the hole.(그는 끈을 구멍 속을 지나게 했다.)

2.3. 다음 주어는 목적어를 묶는다.
(6) a. Hannah laced her fingers together.(한나는 손가락들에 깍지를 꼈다.)
  b. She laced the strands of hair into a braid.(그녀는 머리카락을 한데 끈으로 묶었다.)

2.4. 다음 주어는 목적어를 끈으로 to의 목적어에 묶는다.
(7) a. He laced the canopy to the tent.(그는 덮개를 텐트에 끈으로 묶었다.)
  b. They laced the canvas to a steel frame.(그들은 그 캔버스를 철 틀에 끈으로 묶었다.)

2.5. 다음 주어는 목적어에 with의 목적어를 섞는다.
(8) a. He laced her milk with rum.(그는 그녀의 우유를 럼주로 섞었다.)
  b. She laced her coffee with a little brandy.(그녀는 커피를 브랜디로 섞었다.)

2.6. 다음은 수동태 문장으로 주어는 with의 목적어로 장식된다.
(9) a. Her conversation was laced with witty remarks. (그녀의 대화는 재치있는 말로 장식되었다.)

  b. This coffee is laced with whisky.(이 커피는 위스키로 섞여 있다.)

lack

이 동사의 개념 바탕에는 있어야 할 것이 없는 과정이 있다.

1. 타동사 용법
1.1. 다음 주어는 목적어가 없다. 목적어는 구체적이다.
(1) a. The house lacks a back stairway.(그 집은 뒷 층계가 없다.)
  b. The female bird lacks the male's bright coloration.(암새에는 숫새의 화려한 색깔이 없다.)
  c. Jack lacks an inch of being 6 feet tall.(잭은 키가 6피트에서 일 인치가 모자란다.)
  d. It lacks one hundred won of three thousand won. (그것은 삼천 원에서 백 원이 모자란다.)
  e. The company lacks sufficient funds.(그 회사는 충분한 자금이 없다.)
  f. The army lacked tanks and airplanes.(그 군은 탱크와 비행기가 없었다.)
  g. A desert lacks water.(사막은 물이 없다.)
  h. Some streets lack trees all together.(몇몇 거리는 나무가 전혀 없다.)

1.2. 다음 주어는 목적어를 갖지 않는다. 목적어는 추상적이다.
(2) a. She lacks intelligence.(그녀는 지능이 없다.)
  b. He lacks confidence.(그는 자신감이 없다.)
  c. We lacked experience to succeed.(우리는 성공할 수 있는 경험이 없었다.)
  d. He lacks the training needed for the job.(그는 그 일에 필요한 훈련이 없다.)

2. 자동사 용법
2.1. 다음 주어는 in의 목적어가 가리키는 영역에서 모자람이 있다.
(3) a. He is lacking in experience.(그는 경험 면에서 부족하다.)
  b. She is lacking in common sense. (그녀는 상식이 모자란다.)
  c. A diet of nothing but rice lacks in protein.(밥만의 식단은 단백질이 부족하다.)
  d. He is not lacking in ability.(그는 능력이 모자라지 않는다.)
  e. Wit is completely lacking in his writings.(재치가 그의 작품에는 아예 없다.)

2.2. 다음 주어는 for의 목적어가 모자란다.
(4) a. He will not lack for friends.(그는 친구가 모자라지는 않을 것이다.)
  b. He will not lack for money.(그는 돈이 모자라지는 않을 것이다.)
  c. They lacked for nothing.(그들은 아무것도 부족한 것이 없었다.)

2.3. 다음 주어는 모자라는 개체이다.
(5) a. Money is lacking.(돈이 부족하다.)

b. Enthusiasm has been lacking.(열정이 없었다.)

c. The necessary materials are lacking.(그 필요한 재료가 없다.)

d. Medical supplies are severely lacking.(의료품 공급품이 심각하게 부족하다.)

e. Nothing is lacking for your happiness.(당신의 행복에 아무 것도 빠진 것이 없다.)

f. Two members are lacking for a quorum.(두 회원이 정족수에 부족하다.)

lag

이 동사의 개념 바탕에는 속도가 늦어서 뒤쳐지는 과정이 있다.

1. 자동사 용법
1.1. 다음 주어는 뒤쳐진다.
(1) a. The boy lagged behind the others on the walk.(그 소년은 그 산보에서 다른 사람들에 뒤쳐졌다.)

b. We lag far behind our competitors in using modern technology.(우리는 현대 기술을 이용하는 데서 경쟁자들 뒤에 멀리 뒤쳐진다.)

c. Why is this country lagging behind in the development of space technology?(왜 이 나라는 우주 기술 발전에 있어 뒤쳐지고 있는가?)

1.2. 다음 주어는 추상적 개체이다. 이러한 개체도 움직이는 것으로 개념화되어 처진다.
(2) a. Interest lagged as the meeting dragged on.(관심은 회담이 질질 끌어지자 줄어들었다.)

b. Our spirits began to lag.(우리의 기상은 줄어들기 시작했다.)

c. Our enthusiasm for the hike lagged as the sky clouded over.(등산에 대한 우리의 열성은 하늘에 구름이 덮이자 줄어들었다.)

d. Her energy lagged toward the end of the race.(그녀의 힘은 경주의 마지막 즈음에 처졌다.)

2. 타동사 용법
2.1. 다음 주어는 목적어를 따라가지 못한다.
(3) a. The second-place winner lagged the winner by 10 yards.(2등 선수는 그 우승자를 10야드 정도 뒤쳐졌다.)

b. The horse I betted on lagged all the others.(내가 돈을 건 말은 다른 모든 말에 비해 뒤쳐졌다.)

2.2. 다음 주어는 목적어에 뒤쳐진다. 주어와 목적어는 모두 추상적 개체이다.
(4) The construction industry still lags the economy.(건설산업은 여전히 경제를 따라가지 못한다.)

lame

이 동사의 개념 바탕에는 절룩거리게 만드는 과정이 있다.

1. 타동사 용법
1.1. 다음 주어는 목적어를 절룩거리게 만든다.

(1) a. The bullet lamed him for life.(그 탄알은 그를 평생 불구로 만들었다.)

b. Pulling too much weight will lame a horse.(너무 많은 짐을 끌면 말이 절룩거리게 만들 것이다.)

lament

이 동사의 개념 바탕에는 비탄하는 과정이 있다.

1. 타동사 용법
1.1. 다음 주어는 목적어의 발생을 슬퍼한다.
(1) a. The students lamented the lack of parking spaces.(그 학생들은 주차 시설의 부족을 한탄했다.)

b. He laments the destruction of the countryside.(그는 시골의 파괴를 한탄한다.)

c. The widow laments the death of her husband.(그 과부는 남편의 죽음을 비탄한다.)

d. He laments his hard fate.(그는 고통스런 운명을 한탄한다.)

e. The article laments the decline of popular television.(그 기사는 인기 있던 텔레비전의 쇠퇴를 슬퍼한다.)

f. We lamented the news.(우리는 그 소식을 슬퍼했다.)

g. We lament the fact that this company cannot make a profit.(우리는 이 회사가 이윤을 내지 못한다는 사실을 슬퍼한다.)

1.2. 다음은 수동태 문장으로 주어가 애도된다.
(2) The decline in good manners is lamented.(예절 면의 퇴색이 애도된다.)

2. 자동사 용법
2.1. 다음 주어는 for나 over의 목적어에 대해서 슬퍼한다.
(3) We lament for/over the death of a friend.(우리는 친구의 죽음을 애도한다.)

2.2. 다음 주어는 슬퍼한다.
(4) a. The nation lamented in unity.(그 나라 전체가 다 같이 애도했다.)

b. Why does he lament?(왜 그는 애도하니?)

lance

이 동사의 개념 바탕에는 lance의 명사 '창'이 있다. 동사의 의미는 이 명사의 쓰임과 관계가 있다.

1. 타동사 용법
1.1. 다음 주어는 목적어를 절개한다.
(1) a. The nurse lanced the boil.(그 간호사가 종기를 절개했다.)

b. The doctor lanced the infection/the swelling on my foot.(그 의사는 그 감염부/내 발에 부어오른 곳을 절개했다.)

c. The surgeon lanced my skin to take out a sliver of glass.(그 외과의사는 유리 조각을 꺼내기 위해 내 피부를 절개했다.)

d. The dentist **lanced** the gum so that the new tooth could come through.(그 치과 의사는 잇몸을 절개해서 새 이가 나올 수 있도록 했다.)

1.2. 다음 주어는 창으로 찔러 고기를 잡는다.

(2) He **lanced** a fish.(그는 고기 한 마리를 창으로 찔러 잡았다.)

land

이 동사의 개념 바탕에는 land의 명사 '뭍'이 있다. 동사의 의미는 물과 관계가 있다.

1. 타동사 용법

1.1. 다음 주어는 목적어를 뭍에 닿게 한다.

(1) a. We managed to **land** the boat at the shoreline.(우리는 배를 해변 가에 가까스로 정박시켰다.)

b. Bill **landed** the jet in the thick fog.(빌은 제트기를 짙은 안개 속에서 착륙시켰다.)

c. The pilot **landed** the plane during a violent storm.(그 비행사는 비행기를 격심한 폭풍우 속에 착륙시켰다.)

1.2. 다음 주어는 목적어를 땅에 부린다.

(2) a. The boat will have to **land** their catch at this port.(그 배는 잡은 고기를 이 어항에 부려야 할 것이다.)

b. The ship **landed** the goods at Pusan.(그 배는 화물을 부산에 내려주었다.)

c. The train **landed** him in London.(그 열차는 그를 런던에 부렸다.)

d. He **landed** the troops on the western shore.(그는 그 부대를 서부 해안에 부렸다.)

1.3. 다음은 수동태 문장으로 주어는 뭍에 내려진다.

(3) a. The troops were **landed** by helicopter.(그 군대는 헬리콥터로 땅에 내려졌다.)

b. The goods were **landed** from the ship.(이 제품들은 배에서 내려졌다.)

1.4. 다음 주어는 첫째 목적어에 둘째 목적어가 닿게 한다.

(4) a. He **landed** him a blow on the nose.(그는 한 방을 그의 코에 내렸다.)

b. He **landed** me a punch in the face.(그는 한 방을 나의 얼굴에 가했다.)

1.5. 다음 주어는 목적어를 가한다.

(5) a. He **landed** the boy in the eye.(그는 그 소년의 눈을 한 대 갈겼다.)

b. He **landed** a punch on his opponent's head.(그는 한 방을 그의 적의 머리에 내렸다.)

1.6. 다음 주어는 목적어가 in의 목적어에 들어가게 한다.

(6) a. The boy's joke about his teacher **landed** him in trouble.(선생님에 대한 그 소년의 농담은 그를 곤란에 빠지게 했다.)

b. His recklessness **landed** him in great difficulties.(그의 무모함은 그를 큰 어려움에 떨어지게 했다.)

c. The thief's crimes **landed** him in jail/court.(그 도둑의 범죄는 그를 감옥/재판에 떨어지게 했다.)

1.7. 다음 주어는 목적어를 낚아 올린다.

(7) a. He **landed** a trout/a lot of fish.(그는 송어/많은 물고기를 낚아 올렸다.)

b. The police **landed** a thief.(경찰이 범인을 잡았다.)

1.8. 다음 주어는 자신을 어떤 자리에 가게 한다.

(8) She **landed** herself a company directorship.(그녀는 자신을 회사 중역이 되게 했다.)

1.9. 다음 주어는 물고기를 낚아 올리듯, 목적어를 낚는다.

(9) a. He **landed** a special assignment/a contract.(그는 특별 임무/계약을 얻어냈다.)

b. The salesman **landed** the order.(그 판매원은 주문을 얻어냈다.)

c. He just **landed** a starring role in a movie.(그는 영화에서 주연을 얻어냈다.)

d. Mary **landed** job with the best law firm in town.(메리는 그 읍내에서 가장 좋은 법률 회사에서 직장을 얻었다.)

1.10. 다음은 수동태 문장으로 주어는 책임이 주어진다.

(10) a. I've been **landed** with the job of organizing the party.(나는 파티를 조직하는 일을 맡게 되었다.)

b. He was **landed** with extra work.(그는 여분의 일이 주어졌다.)

1.11. 다음 주어는 목적어를 전치사 with의 목적어로 안긴다.

(11) a. She **landed** her mother with her children.(그녀는 어머니에게 아이들을 맡겼다.)

b. A rival company **landed** our company with a one-million dollar lawsuit.(경쟁 회사가 우리 회사에 백만 달러 소송을 걸었다.)

2. 자동사 용법

2.1. 다음 주어는 육지에 닿는다.

(12) a. The boat **landed** at the port.(그 배는 항구에 닿았다.)

b. Our plane **landed** at Kimpo Airport.(우리 비행기는 김포공항에 착륙했다.)

c. A large stone **landed** right beside him.(큰 돌맹이가 바로 옆에 떨어졌다.)

2.2. 다음 주어는 착륙한다. 주어는 사람이다.

(13) a. We shall be **landing** shortly.(우리는 잠시 후면 착륙할 것입니다.)

b. We **landed** at the airport in Inchon.(우리는 인천 공항에 착륙했다.)

c. The Pilgrims **landed** in 1920.(그 순례자들은 1920년 도착했다.)

d. He was the first to **land** on the moon.(그는 달에 처음 착륙한 사람이었다.)

e. He was **landed** on a lonely island.(그는 외로운 섬에 도착했다.)

f. I fell and **landed** at the bottom of the stairs.(나는 넘어져서 계단 바닥에 떨어졌다.)

2.3. 다음 주어는 떨어져서 닿는다.

(14) a. Just when I thought my problems were over, this letter **landed** on my desk.(내 문제가 해결되었다고 생각하는 순간, 이 편지가 내 책상에 떨어졌다.)

b. A fly landed on his nose.(파리 한 마리가 그의 코에 앉았다.)

c. A dry leaf landed in the basket.(마른 잎 하나가 그 바구니에 떨어졌다.)

d. The ball landed in the water.(그 공은 물에 빠졌다.)

2.4. 다음 주어는 on의 목적어를 꾸짖는다.

(15) a. Dan landed on her for forgetting the passports.(댄은 그녀가 여권을 잃어버린 사실에 대해 그녀를 꾸짖었다.)

b. The director landed on Tom as soon as he came.(그 부장은 탐이 오자마자 그를 꾸짖었다.)

2.5. 다음 주어는 최후로 어떤 상태에 이른다.

(16) a. After years of bad management the company landed up in serious debt.(잘못된 경영이 수년 계속된 이래로 그 회사는 심각한 부채에 빠졌다.)

b. She landed up as the winner.(그녀는 승리자가 되었다.)

c. Be careful; you could land up by getting hurt.(조심해라. 안 그러면 부상으로 끝날 것이다.)

languish

이 동사의 개념 바탕에는 시드는 과정이 있다.

1. 자동사 용법

1.1. 다음 주어는 시든다.

(1) a. Flowers languished in the drought.(가뭄에 꽃들이 시들었다.)

b. Leaves languished in the heat.(열기로 인해 잎들이 시들었다.)

1.2. 식물이 시들듯 사람도 병이나 기운이 빠진다.

(2) a. He languishes in poverty.(그는 가난에 시달린다.)

b. They languished in a refugee camp.(그들은 난민촌에서 초췌해졌다.)

c. He languished in the noonday heat.(그는 한낮의 열기에 지쳤다.)

1.3. 대화나 사업도 생명체로 개념화된다. 그러므로 이들도 활기가 없어질 수 있다.

(3) a. Conversation languished.(대화는 점점 활기를 잃었다.)

b. The business is languishing for lack of new ideas.(그 사업은 참신한 아이디어의 부재로 점점 침체되고 있다.)

c. Share prices languished at 102 p.(주가가 102 포인트까지 떨어졌다.)

1.4. 다음 주어는 움직이지 않고 제자리에 있다.

(4) The case had languished in the courts for years.(이 사건은 벌써 수년 째 법원에서 계류 중이있다.)

1.5. 다음 주어는 갈망하며 풀이 죽어 있다.

(5) a. She languishes to return home.(그녀는 집으로 돌아가고픈 생각으로 풀이 죽어 있다.)

b. She languished for her husband in the army.(그녀는 군에 간 남편이 보고싶어 풀이 죽어 있었다.)

1.6. 다음 주어는 전치사 at의 목적어를 슬픈 표정으로 본다.

(6) She languished at him.(그녀는 그를 슬픈 표정으로 보았다.)

lap¹

이 동사의 개념 바탕에는 혀로 핥아먹는 과정이 있다.

1. 자동사 용법

1.1. 다음 주어는 혀로 핥는다.

(1) The cat is quietly lapping.(그 고양이는 조용히 혀로 핥고 있다.)

1.2. 다음 주어는 핥는다. 물결이 혀로 개념화되어 있다.

(2) a. The water of the lake lapped gently against the rocks/the side of the pool.(그 호수의 물은 바위를/호수 한쪽을 잔잔하게 부딪쳤다.)

b. The waves are lapping against the shore/the side of the ship.(그 물결은 그 해변/그 배의 한쪽을 치고 있다.)

c. The waves lapped around our feet.(그 물결이 내 발 주위를 쳤다.)

d. The ripples are lapping at my feet.(잔물결은 내 발을 치고 있다.)

2. 타동사 용법

2.1. 다음 주어는 목적어를 핥는다.

(3) a. The calf lapped up half the bucket of milk.(송아지는 그 우유 반 통을 핥아 먹었다.)

b. The dog lapped up the milk.(개는 그 우유를 핥아 먹었다.)

c. The cat lapped milk from the bowl.(고양이는 그 우유를 그릇에서 핥아 먹었다.)

2.2. 다음 목적어는 추상적이다. 그러나 이들은 구체적인 개체로 개념화되어 있다.

(4) a. He lapped up all her flattery.(그는 그녀의 모든 아첨을 핥아 먹었다.)

b. She lapped up all the compliments.(그녀는 모든 칭찬을 받아들였다.)

c. The students lapped up his interesting talk.(학생들은 그의 재미있는 말을 열심히 들었다.)

d. The actor lapped up the applause.(그 배우는 갈채를 받아들였다.)

e. She seems to be lapping up all the attention she's getting.(그녀는 받고 있는 모든 관심을 열심히 받아들이는 듯 하다.)

2.3. 다음 주어 자체가 목적어가 닿는다.

(5) a. The waves lapped the shore.(파도들은 그 해변가를 철썩철썩 쳤다.)

b. Water lapped the side of the boat.(물이 배의 측면을 철썩철썩 쳤다.)

lap²

이 동사의 개념 바탕에는 lap의 명사 '주로의 한 바퀴'가 있다. 동사의 뜻은 이와 관련이 있다.

1. 타동사 용법

1.1. 다음 주어는 목적어를 한 바퀴 앞선다.

(1) a. The leader lapped the others.(그 선두주자는 다른 사람보다 한 바퀴 앞섰다.)

 b. She lapped most of the other runners.(그녀는 다른 주자들의 대부분보다 한 바퀴 앞섰다.)

 c. Ken gave up after being lapped twice.(켄은 두 바퀴 뒤쳐진 후 포기했다.)

1.2. 다음 주어는 목적어를 부분적으로 겹치게 만든다.

(2) a. He lapped shingles on the roof.(그녀는 지붕 널을 지붕에 겹쳐 덮었다.)

 b. He lapped each row of shingles over the row before.(그는 매 줄의 널을 앞의 지붕 널에 겹쳤다.)

 c. The roof laps the shingles over one another to make the watertight.(방수를 위해 그 지붕은 지붕 널들을 하나가 다른 것을 덮는다.)

1.3. 다음 주어는 목적어를 감는다. 목적어는 개체이다.

(3) a. She lapped the blanket around her.(그녀는 담요를 자신의 주위에 감쌌다.)

 b. He lapped the rope around the post.(그는 밧줄을 그 기둥 둘레에 감았다.)

 c. We lapped the canvas over the supplies to protect them from the rain.(우리는 그 물품이 비에 젖는 것을 막기 위해 그 위에 그 캔버스를 덮었다.)

1.4. 다음 주어는 목적어를 감는다. 목적어는 감기는 사람이나 개체이다.

(4) She lapped herself in a warm blanket.(그녀는 자신을 따뜻한 담요로 감쌌다.)

2. 자동사 용법

2.1. 다음 주어는 부분적으로 겹친다.

(5) The reign of Queen Elisabeth lapped over into the 17th century.(엘리자베스 여왕의 통치기간은 17세기에 겹쳤다.)

lapse

이 동사의 개념 바탕에는 아래로 미끄러지는 과정이 있다.

1. 자동사 용법

1.1. 아래로의 움직임은 좋지 않은 상태로의 변화를 나타낸다.

(1) a. He lapsed into silence/unconsciousness.(그는 침묵/무의식 상태에 빠졌다.)

 b. The survivors of the crash lapsed into a coma.(그 충돌에서 살아난 사람들은 혼수 상태에 빠졌다.)

 c. He lapsed into a bad habit.(그는 나쁜 습관에 빠졌다.)

 d. When he drinks, he lapses into outrageous behavior.(그가 술을 마실 때, 그는 폭력적인 행동에 빠진다.)

 e. The house lapsed into ruin.(그 집은 폐허가 되었다.)

 f. After a year of fame, the singer lapsed into obscurity.(1년 동안의 명성을 누린 후, 그 가수는 망

각 속으로 사라져갔다.)

1.2. 아래로의 움직임은 퇴보를 의미할 수 있다.

(2) a. Bill lapsed and ate a whole chocolate cake.(빌은 나쁜 버릇에 되돌아가서 초콜릿 한 개를 먹어 치웠다.)

 b. While on vacation, he lapsed and began drinking again.(방학 기간 동안 그는 옛 습관으로 돌아가서 술을 다시 마시기 시작했다.)

1.3. 다음 주어는 어떤 기준 점에서 처진다.

(3) a. The car's warranty has lapsed.(그 차의 보증 기간은 소멸되었다.)

 b. She allowed her membership lapse.(그녀는 자신의 회원자격을 소멸되게 했다.)

 c. Rights may lapse if they are not made use of.(권리들은 이용하지 않으면 소멸된다.)

 d. Your privileges lapsed because you forgot to renew your license.(너의 특전들은 네가 그것들을 갱신하는 것을 잊었기 때문에 사라졌다.)

 e. We let our subscription lapse.(우리는 잡지구독 기간을 소멸되게 했다.)

1.4. 시간은 위에서 아래로 흐르는 것으로 개념화된다.

(4) a. The odd custom eventually lapsed.(이상한 관습은 종국에는 사라졌다.)

 b. A few moments lapsed.(몇 순간이 지나갔다.)

1.5. 아래로의 움직임은 정도가 약해짐을 나타낸다.

(5) a. I let the conversation lapse, and Ken finally spoke up.(나는 대화를 멈추게 했고, 켄은 드디어 크게 말을 했다.)

 b. Her concentration lapsed after a few minutes.(그녀의 집중력은 몇 분이 지나자 약해졌다.)

1.6. 다음 주어는 자신도 모르게 into의 상태로 빠져든다.

(6) Sometimes she lapses into another dialect.(종종 그녀는 자기도 모르게 다른 사투리를 쓴다.)

1.7. 다음 주어는 전치사 from의 목적어에서 빠져 나온다.

(7) a. He lapsed from Buddhism when he was a student.(그는 학생일 때 불교에서 떨어져 나왔다.)

 b. He lapsed from good ways into bad.(그는 좋은 습관에서 빠져나와 나쁜 습관으로 빠졌다.)

lash¹

이 동사의 개념 바탕에는 lash의 명사 '채찍의 끝 부분'이 있다. 동사의 의미는 이 부분의 쓰임과 관계가 있다.

1. 타동사 용법

1.1. 다음 주어는 목적어를 채찍질을 한다.

(1) a. The man lashed the horse to make it run faster.(그 남자는 말을 빨리 뛰게 만들기 위해 채찍질을 했다.)

 b. The guard lashed the prisoner.(그 간수는 죄수를 채찍질을 했다.)

1.2. 주어는 목적어를 몰아쳐서 목적어가 어떤 상태에 이르게 된다.

(2) a. He lashed me into anger/frenzy.(그는 나를 몰아쳐

화가 나게 했다.)

b. The speaker **lashed** the crowd into a fury of hatred.(그 연사는 관중을 몰아쳐서 증오의 상태에 들어가게 했다.)

c. He **lashed** me to fury.(그는 나를 몰아쳐서 분노케 했다.)

1.3. 다음 주어는 채찍을 치듯 꼬리를 친다.

(3) a. The cat **lashed** its tail angrily.(고양이는 꼬리를 힘차게 쳤다.)

b. The tiger **lashed** its tail in fury.(호랑이는 화가 나서 꼬리를 흔들었다.)

1.4. 다음 주어는 말로서 목적어를 친다.

(4) a. He **lashed** his accusers in a strong speech.(그는 비난자를 강력한 어조로 힐책했다.)

b. He **lashed** the speaker.(그는 그 연설자를 비난했다.)

1.5. 다음 주어 자체가 목적어를 친다.

(5) a. Huge waves **lashed** the shore.(엄청난 파도가 해변을 덮쳤다.)

b. The hurricane **lashed** the coast.(허리케인은 그 해안을 덮쳤다.)

2. 자동사 용법

2.1. 다음 주어는 친다.

(6) a. The cat's tail **lashed** angrily.(그 고양이 꼬리는 맹렬히 흔들린다.)

b. The wind violently **lashed** against the door.(바람은 거세게 불어 문에 부딪혔다.)

c. The rain **lashed** at the windows.(비가 몰아쳐 그 창문을 내리쳤다.)

2.2. 다음 주어는 내려친다.

(7) The rain lashed down.(비는 내려쳤다.)

2.3. 다음 주어는 손을 내뻗어 치려고 한다.

(8) a. The prisoner **lashed out** at a guard.(죄수는 그 경호원을 치려고 했다.)

b. She suddenly **lashed out** at the boy.(그녀는 갑자기 그 소년에게 비난을 퍼부었다.)

2.4. 다음 주어는 말로서 at의 목적어를 공격한다.

(9) a. He **lashed out** at militarism.(그는 군국주의를 비난했다.)

b. She **lashed out** at the injustice she saw.(그녀는 자신이 목격한 부당함을 비난했다.)

lash²

이 동사의 개념 바탕에는 줄로 매는 과정이 있다.

1. 타동사 용법

1.1. 다음 주어는 목적어를 묶는다.

(1) a. The robber **lashed** me **to** a chair.(그 강도는 나를 의자에 묶었다.)

b. Sailors **lashed down** boxes with strong ropes before the storm.(선원들은 상자들을 단단한 밧줄로 폭풍 전에 묶었다.)

1.2. 다음 주어는 목적어를 끈으로 묶는다.

(2) Bill **lashed** his shoes **together**.(빌은 신발을 묶었다.)

1.3. 다음은 수동태 문장으로 주어는 묶여진다.

(3) a. During the storm everything on the deck had to be **lashed down**.(그 폭풍이 몰아치는 동안 부두에 있는 모든 것들은 끈으로 묶여져야 했다.)

b. The oars were **lashed to** the side of the boat.(그 노들은 보트 옆에 묶여졌다.)

c. Several logs were **lashed together** to make a raft. (여러 개의 통나무들은 뗏목을 만들기 위해 서로 묶여졌다.)

lathe

이 동사의 개념 바탕에는 lathe의 명사 '선반'이 있다.

1. 타동사 용법

1.1. 다음 주어는 목적어를 선반으로 깎는다.

(1) He **lathes** precision parts for the machine.(그는 기계의 정밀한 부분들을 선반으로 깎는다.)

laugh

이 동사의 개념 바탕에는 웃는 과정이 있다.

1. 자동사 용법

1.1. 다음의 주어는 웃는다. 웃음은 소리가 날 수도 있고 그렇지 않을 수 있다.

(1) a. Don't **laugh** -- this is a serious matter.(웃지 마라--이건 심각한 문제다.)

b. His threats make me **laugh**.(그의 위협은 나를 웃게 만든다.)

c. I told him not to be so rude, but he just **laughed**. (나는 그에게 무례하게 굴지 말라고 말했지만, 그는 그저 웃었다.)

d. The children **laughed** when the clown fell down. (아이들은 그 광대가 넘어졌을 때 웃었다.)

e. He **laughed** nervously.(그는 신경질적으로 웃었다.)

f. "You look ridiculous," Neil **laughed**.("너는 우습게 보인다"라고 닐은 웃었다.)

g. They all **laughed** when she fell over.(그녀가 넘어져 굴렀을 때 그들 모두는 웃었다.)

h. It was funny and we couldn't help **laughing**.(그것은 우스웠고 우리는 웃지 않을 수 없었다.)

i. They couldn't stop **laughing**.(그들은 웃음을 멈출 수 없었다.)

j. The joke made her **laugh** aloud/out loud.(그 농담은 그녀를 큰 소리로 웃게 만들었다.)

1.2. 다음 주어는 전치사 at의 목적어에 자극을 받고 웃는다.

(2) a. He **laughed at** the difficulties.(그는 그 어려움들을 무시했다.)

b. We **laughed at** the stupid question/idea.(우리는 어리석은 질문/생각을 비웃었다.)

c. Some of these stunt artists simply **laugh at** danger.(이 묘기 예술가들 중 몇몇은 위험을 간단히 무시한다.)

d. We **laughed at** the funny jokes.(우리는 그 재미있
는 농담에 웃었다.)

e. We **laughed at** the melodramatic way he was
acting.(우리는 그의 감상적인 연기 방식을 비웃었
다.)

f. We **laughed at** the mistakes in the report.(우리는
그 보고서에 있는 실수들을 비웃었다.)

g. You shouldn't **laugh at** people who wear glasses.
(너는 안경을 쓴 사람들을 비웃지 말아야 한다.)

h. It's unkind to **laugh at** a person who is in trouble.
(곤경에 처한 사람을 비웃는 것은 무례한 것이다.)

1.3. 다음 주어는 웃어서 out of 의 목적어에서 벗어난
다.

(3) He did his best to **laugh out of** depression.(그는 웃
어서 우울에서 벗어나려고 최선을 다했다.)

2. 타동사 용법

2.1. 다음 주어는 웃어서 목적어를 움직인다.

(4) a. He **laughed away** his fears/doubts.(그는 두려움/공
포를 웃어 넘겼다.)

b. He **laughed** his head **away**.(그는 머리가 떨어질 정
도로 웃었다.)

c. You cannot **laugh** a toothache **away**.(너는 치통을
대수롭지 않게 넘길 수 없다.)

2.2. 다음 주어는 웃어서 목적어를 떨어지게 한다.

(5) a. He **laughed off** the embarrassing situation/ the
criticism/her denial/agreement.(그는 난처한 상황/
비판/그녀의 거절/합의를 웃어 버렸다.)

b. I tried to tell him that he was drinking too much,
but he just **laughed** it **off**.(나는 그가 술을 너무 많
이 마시고 있다고 말하려 했으나, 그는 그것을 그냥
웃어 버렸다.)

c. The couple **laughed off** rumors that their
marriage was in trouble.(그 부부는 자신들의 결혼
이 위기를 맞았다는 소문을 웃어버렸다.)

d. The pathetic performance was **laughed off** the
stage.(우스꽝스러운 공연은 비웃음을 받고 무대에
서 쫓겨났다.)

e. We **laughed off** his fall.(우리는 그가 넘어진 것에
대해 웃어버렸다.)

f. We **laughed off** the insult/resentment.(우리는 그
모욕/분개에 대해 웃어버렸다.)

2.3. 다음 주어는 웃어서 목적어를 내려가게 한다.

(6) a. They **laughed down** the speaker/the proposal.(그
들은 웃어서 그 연사를/그 제안을 그만 두게 했다.)

b. The cruel audience **laughed** her **down** as an
amateur.(잔인한 청중들은 웃어서 그녀를 아마추어
로 무시했다.)

2.4. 다음 주어는 웃어서 목적어를 out of 의 목적어에
서 벗어나게 한다.

(7) a. The doctor tried hard to **laugh** Mom **out of** her
fear.(그 의사는 엄마를 웃겨서 공포에서 벗어나게
무척 애썼다.)

b. The idea was **laughed out of** court.(그 생각은 웃
어버려 법정에서 문제삼지 않게 되었다.)

2.5. 다음 목적어는 재귀대명사이다. 다음 주어는 자신

을 웃겨서 어떤 상태에 들어가게 한다.

(8) It was such a ridiculous suggestion that we all
laughed ourselves **silly**.(그것은 매우 우스운 제안이
어서 때문에 우리는 까무러치게 웃었다.)

launch

이 동사의 개념 바탕에는 새 배를 처음 띄우는 과정
이 있다.

1. 타동사 용법

1.1. 다음 주어는 목적어를 띄운다. 목적어는 배이다.

(1) a. We **launched** our boat into the lake.(우리는 우리
배를 그 호수에 띄웠다.)

b. The navy is to **launch** a new warship today.(해군
은 오늘 새 군함을 띄울 예정이다.)

1.2. 다음 목적어는 하늘을 나는 개체이다. 주어는 목
적어를 띄운다.

(2) a. He **launched** a plane from the aircraft carrier.(그
는 비행기 한 대를 항공모함에서 띄웠다.)

b. They **launched** a missile/rocket/torpedo.(그들은
미사일/로켓/어뢰를 발사했다.)

1.3. 다음은 수동태 문장으로 주어는 진수된다.

(3) a. The spacecraft will be **launched** tomorrow.(우주
선은 내일 발사될 예정이다.)

b. The ship was **launched** after the Queen christened
it.(그 배는 여왕이 배의 이름을 지은 후 진수되었
다.)

c. The satellite was **launched** into orbit.(그 위성은
궤도로 발사되었다.)

d. The new method will be **launched** in July.(새 방법
은 7월 시도될 것이다.)

1.4. 배를 띄우면, 배가 제 힘으로 가듯, 다음 주어는 목
적어를 날린다.

(4) He **launched** a threat/an invective against us.(그는
위협/욕설을 우리에게 날렸다.)

1.5. 다음에서는 일이 배로 개념화되어, 배를 띄우는
일을 새로운 일을 시작하는 것으로 이해된다.

(5) a. The company **launched** an advertising campaign
for its new product.(그 회사는 새 상품을 위한 광
고 캠페인을 시작했다.)

b. He **launched** an appeal/an inquiry/an investigation/
an attack/an invasion.(그는 상소/질문/조사/공격/
침입을 시작했다.)

c. The company **launched** a new insurance plan/a
new research program.(그 회사는 새 보험/새 연구
계획을 시작했다.)

1.6. 다음에서 새 일을 시작하는 사람을 배로 개념화되
어 있다. 주어는 목적어를 어느 영역에 진출시킨다.

(6) a. He **launched** his son **into** the world.(그는 아들을
세계에 진출시켰다.)

b. We **launched** him **on** his course.(우리는 그를 과정
에 올려놓았다.)

c. We **launched** him **in** business by lending him
money.(우리는 그를 그에게 돈을 대출해 주면서 사
업에 진출하게 했다.)

1.7. 다음 주어는 자신을 진출시킨다.
(7) He launched himself in advertising. (그는 자신을 광고계에 진출시켰다.)

2. 자동사 용법
2.1. 다음 주어는 into의 목적어가 가리키는 영역에 착수한다.
(8) a. He launched into politics. (그는 정치에 입문했다.)
b. She launched into her speech. (그녀는 연설을 시작했다.)
c. The preacher launched into an attack on adultery. (그 목사는 간통에 대한 공격을 시작했다.)

2.2. 다음 주어는 새로운 일을 시작하여 나선다.
(9) a. He launched out on a voyage. (그는 항해를 시작했다.)
b. Last year she launched out as a concert pianist. (지난해 그녀는 연주회 피아노 연주자로 시작했다.)
c. He launched out into business on his own. (그는 혼자서 사업을 시작했다.)

launder

이 동사의 개념 바탕에는 깨끗이 하는 과정이 있다.

1. 타동사 용법
1.1. 다음 주어는 목적어를 세탁한다.
(1) a. She laundered the shirt. (그녀는 셔츠를 세탁했다.)
b. The dry cleaner laundered my coat. (그 세탁소는 내 저고리를 세탁했다.)

1.2. 다음 주어는 돈을 세탁한다.
(2) a. The large bank laundered money from drug sales. (큰 은행은 마약 판매에서 오는 돈을 세탁했다.)
b. The drug dealer laundered the money before he spent it. (그 마약 거래상은 그 돈을 쓰기 전에 세탁했다.)
c. The mayor laundered the bribe money. (그 시장은 뇌물 돈을 세탁했다.)

2. 자동사 용법
2.1. 다음 주어는 씻기는 개체이다.
(3) a. The fabric launders easily in cold water. (그 천은 찬 물에서 쉽게 세탁된다.)
b. The shirt didn't launder well. (그 셔츠는 잘 빨아지지 않았다.)

2.2. 다음 주어는 씻는 사람이다.
(4) He spent the afternoon laundering. (그는 세탁을 하면서 그 오후를 보냈다.)

lavish

이 동사의 개념 바탕에는 아낌없이 주는 과정이 있다.

1. 타동사 용법
1.1. 다음 주어는 목적어를 on의 목적어에 준다.
(1) He lavishes gifts on his children. (그는 아이들에게 선물을 아낌없이 준다.)

1.2. 다음 목적어는 추상적이지만, 구체적인 것으로 개념화되어 있다. 주어는 목적어를 전치사 on의 목적어에 준다.
(2) a. He lavishes affection on his wife. (그는 애정을 그의 아내에게 아낌없이 준다.)
b. He lavished kindness upon ungrateful persons. (그는 친절을 감사할 줄 모르는 사람들에게 아낌없이 베풀었다.)
c. She lavishes her attention on her youngest son. (그녀는 주의를 막내아들에게 기울인다.)
d. The woman lavishes time and money on her pets. (그 여자는 시간과 돈을 자신의 애완동물들에게 쏟는다.)

lay

이 동사의 개념 바탕에는 수평면에 놓는 과정이 있다.

1. 타동사 용법
1.1. 다음 주어는 목적어를 on의 목적어 위에 놓는다.
(1) a. Lay the carpet on the floor. (그 카페트를 마루에 까십시오.)
b. Lay straw on the yard. (짚을 정원에 까세요.)

1.2. 다음 주어는 목적어를 with의 목적어로 덮거나 간다.
(2) a. Lay the floor with carpet. (마루를 카페트로 까세요.)
b. Lay the yard with straw. (정원을 짚으로 까세요.)
c. She laid the table with a cloth. (그녀는 식탁에 보로 깔았다.)
d. The wind laid the garden with leaves. (바람은 정원을 낙엽으로 깔았다.)

1.3. 다음 주어는 목적어를 놓거나 깐다.
(3) a. John laid the linoleum. (존은 리놀륨을 깔았다.)
b. They are laying a new oil pipe. (그들은 새 기름 파이프를 깔고 있다.)
c. She laid herself on the ground. (그녀는 자신을 땅에 눕혔다.)

1.4. 다음 주어는 목적어를 놓는다.
(4) a. How many eggs does this hen lay each week? (이 닭은 일주일에 알을 몇 개씩 낳습니까?)
b. A turtle lays many eggs at once. (거북은 한 번에 많은 알을 낳는다.)

1.5. 다음 주어는 목적어를 내려놓는다.
(5) a. She laid the baby in the crib. (그녀는 그 아기를 유아용 침대에 눕혔다.)
b. She laid the doll down carefully. (그녀는 인형을 조심스럽게 놓았다.)
c. The shower/rain laid the dust. (그 소나기/비가 먼지를 가라앉혔다.)

1.6. 다음 주어는 목적어를 깐다.
(6) a. They are laying a new oil pipe. (그들은 새 송유관을 깔고 있다.)
b. They are laying a cable between England and France. (그들은 영국과 프랑스 사이에 케이블을 놓

고 있다.)

1.7. 다음 주어는 목적어를 on의 표면에 칠한다.

(7) a. He laid peanut butter and jelly on his bread.(그는 땅콩버터와 젤리를 빵에 발랐다.)

b. He laid paint on a canvas.(그는 페인트를 화폭에 발랐다.)

1.8. 다음 주어는 목적어를 건다.

(8) She laid $10 that he will win.(나는 그가 이기는 것에 10불을 걸겠다.)

1.9. 다음 주어는 첫째 목적어에게 둘째 목적어를 건다.

(9) I'll lay you $10 that he will win.(나는 그가 이기는 것에 네게 10불을 걸겠다.)

1.10. 다음 목적어는 추상적인 개체이나 구체적인 것으로 개념화되어 있다. 주어는 목적어를 on의 목적어에 놓는다.

(10) a. He laid the blame on me.(그는 책임을 나에게 지웠다.)

b. He laid a heavy burden on her.(그는 무거운 부담을 그녀에게 지웠다.)

c. He laid a heavy injunction on me.(그는 무거운 명령을 나에게 지웠다.)

d. The government has laid a heavy tax on tobacco.(정부는 무거운 세금을 담배에 지웠다.)

e. The employer has laid a serious charge against you.(그 고용주는 심각한 비난을 너에게 지웠다.)

1.11. 다음은 [상태 변화는 장소] 은유가 적용된 예이다. 주어는 목적어를 어떤 상태에 놓이게 한다.

(11) a. He laid open his chest.(그는 가슴을 열어 놓았다.)

b. They laid open the plot.(그들은 그 음모를 공개했다.)

c. He laid the secret bare.(그는 그 비밀을 드러내어 놓았다.)

d. He laid himself open to attack.(그는 자신을 공격을 받게 노출시켰다.)

1.12. 다음은 [상태의 변화는 장소 이동] 은유가 적용된 예이다. 수동태 문장으로 주어는 어떤 상태에 놓인다.

(12) a. The country was laid waste.(그 나라는 황폐한 상태에 놓여졌다.)

b. Crops were laid flat by heavy rainfalls.(농작물이 심한 비에 납작하게 넘어져 있다.)

c. I've been laid low by influenza.(나는 독감 때문에 누워 있게 되었다.)

1.13. 다음에서 상태는 전치사구로 표현되어 있다.

(13) a. The country was laid in ruins.(그 나라는 폐허 상태에 놓이게 되었다.)

b. He laid her under an obligation.(그는 그녀에게 의무를 지게 했다.)

c. The failure of the crops laid him in debts.(농작물의 실패는 그를 빚에 빠지게 했다.)

1.14. 다음 주어는 먼지를 가라앉히듯이 목적어를 가라앉힌다.

(14) a. She laid her doubts.(그녀는 의심을 가라 앉혔다.)

b. Her fears were soon laid to rest.(그녀의 두려움은 가라 앉혀졌다.)

2. 자동사 용법

2.1. 다음 주어는 알을 낳는다.

(15) a. The hens stopped laying.(그 암탉은 알을 낳는 것을 그쳤다.)

b. These hens lay well.(이 암탉들은 알을 잘 낳는다.)

c. Our chickens are all laying now.(우리 닭들은 지금 알을 낳고 있다.)

lead

이 동사의 개념 바탕에는 이끄는 과정이 있다.

1. 타동사 용법

1.1. 다음 주어는 목적어를 앞에서 이끈다

(1) a. He led a blind man.(그는 장님을 길 안내했다.)

b. The dog led the blind man.(그 개가 그 장님을 안내했다.)

1.2. 다음 주어는 목적어를 앞서 간다.

(2) a. A brass band led the regiment.(취주악단이 그 연대를 앞서 갔다.)

b. The school band led the parade.(학교 밴드는 행렬을 이끌었다.)

1.3. 다음 주어는 목적어의 맨 앞 자리에 온다.

(3) a. His name leads the lists.(그의 이름이 명단의 맨 앞 자리에 온다.)

b. Food leads the list of his necessities.(식량이 그의 필수품 목록의 맨 앞에 있다.)

1.4. 다음 주어는 목적어를 이끌며 이동한다.

(4) a. Our guides led us through a series of caves.(우리의 안내자들은 일련의 동굴을 지나면서 우리를 안내했다.)

b. The servant led the guests out/in/back.(그 하인은 그 손님들을 밖으로/안으로/뒤로 안내했다.)

c. He led the horse into the yard.(그는 말을 그 정원으로 안내했다.)

d. The guide led us to the hut.(그 안내인은 우리를 오두막집으로 안내했다.)

e. He led the horse to the water.(그는 말을 물로 안내했다.)

f. He led me to his office.(그는 나를 자신의 사무실로 안내했다.)

1.5. 다음 목적어는 조직체이다. 주어는 목적어를 이끈다.

(5) a. He led an army/an expedition/the conservative party/the orchestra.(그는 군대/원정대/보수당/교향악단을 이끌었다.)

b. He led the war to victory.(그는 전쟁을 승리로 이끌었다.)

c. He led an attack on the enemy.(그는 적에 대한 공격을 이끌었다.)

1.6. 다음 목적어는 추상적인 개체이나 구체적인 것으로 개념화되어 있다.

(6) a. He led the fashion.(그는 그 유행을 이끌었다.)

b. He led the public opinion.(그는 대중 여론을 이끌었다.)

1.7. 살아나간다는 것은 어느 사람이 앞서고 삶은 뒤에

따라오는 것으로 형상화된다.

(7) a. He **led** a miserable/poor/hard/happy/busy life. (그는 비참한/가난한/어려운/행복한/바쁜 생활을 했다.)

b. She **led** a busy/double/quiet life. (그는 바쁜/이중/조용한 삶을 살았다.)

1.8. 다음 주어는 목적어를 to나 on의 목적어로 이끈다.

(8) a. That **led** me **to** this conclusion. (그것이 나를 이 결론에 이르게 했다.)

b. These symptoms **led** the doctors **to** the diagnosis. (이 증상들이 그 의사들을 그 진단에 이르게 했다.)

1.9. 다음 주어는 목적어를 to 부정사가 가리키는 과정으로 이끈다.

(9) a. Fear **led** him **to** tell lies. (두려움이 그를 거짓말을 하게 했다.)

b. What **led** you **to** believe that I was ill? (무엇이 너를 내가 아프다고 믿게 했느냐?)

c. What **led** you **to** think so? (무엇이 너를 그렇게 생각하게 했느냐?)

d. What you say **leads** me **to** refuse. (네가 말하는 것이 나를 거절하게 한다.)

e. I was **led** from what I read in the paper **to** think that he was in trouble. (나는 신문에서 읽은 것으로부터 그가 어려움에 처해 있는 것으로 생각하게 되었다.)

f. She was **led to** reflect upon what she has done. (그녀는 자신이 한 것을 생각하게 되었다.)

1.10. 다음 주어는 목적어를 전치사의 목적어를 지나게 유도한다.

(10) a. He **led** the rope **through** the pipe. (그는 그 밧줄을 파이프 속으로 지나게 했다.)

b. They **led** the water **through** the channel. (그들은 물이 그 수로를 지나게 했다.)

2. 자동사 용법

2.1. 다음 주어는 앞선다.

(11) a. John is **leading**. (존이 앞서고 있다.)

b. His horse is **leading**. (그의 말이 앞서고 있다.)

2.2. 다음 주어는 to의 목적어로 움직인다.

(12) a. This **led** to great confusion. (이것은 대혼란으로 이끌어 갔다.)

b. Those events **led** up to the war. (그 사건들은 그 전쟁으로 이끌어갔다.)

c. An apparently small event may **lead** to a great result. (보기에는 작은 사건이 큰 결과로 이끌어 갈 수 있다.)

d. These experiments **led** to discoveries in nature and use of electricity. (이들 실험은 자연에서의 여러 발견과 전기 사용으로 이어졌다.)

2.3. 다음 주어와 목적어는 추상적이다. 그러나 구체적인 것으로 개념화되어 있다.

(13) a. Virtue **leads** to happiness. (미덕은 행복으로 이끈다.)

b. Hard work **leads** to success. (부지런한 일은 성공으로 이끈다.)

2.4. 다음 주어는 움직이지 않는다. 그러나 전체 형상을 눈으로 따라가면 주어가 to의 목적어에 가는 것으로 보인다.

(14) a. The door **leads into** the kitchen. (이 문은 부엌으로 통한다.)

b. This path **leads to** the village. (이 소로는 마을로 간다.)

c. **Where** does this road **lead**? (어디로 이 길은 갑니까?)

d. Your work seems to **lead nowhere**. (네 일은 어디로든 가지 않는 것 같다.)

2.5. 다음 주어는 이끌린다.

(15) Some horses **lead** more easily than others. (어떤 말은 다른 말보다 더 쉽게 끌린다.)

leaf

이 동사의 개념 바탕에는 leaf의 명사 '잎'이 있다.

1. 자동사 용법

1.1. 다음 주어는 잎이 난다.

(1) Most trees **leafed** early this spring. (대부분의 나무가 올 봄에는 잎이 일찍 났다.)

1.2. 다음 주어는 책장 같은 것을 넘긴다.

(2) He **leafed** through the magazine. (그는 그 잡지를 대충 훑어보며 넘겼다.)

leak

이 동사의 개념 바탕에는 새는 과정이 있다.

1. 자동사 용법

1.1. 다음 주어는 샌다. 주어는 그릇이다.

(1) a. The bucket **leaks**. (그 양동이가 샌다.)

b. The roof **leaks** in a heavy rain. (그 지붕은 심한 비에 샌다.)

c. The boat **leaks** and lets water in. (보트는 새서 물이 들어오고 있다.)

d. This camera **leaks** light. (이 카메라는 빛이 샌다.)

e. The ball **leaked**. (공은 바람이 새 나갔다.)

1.2. 다음 주어는 전치사 out of의 목적어에서 샌다. 주어는 새 나가는 액체나 기체, 공기 등이다.

(2) a. Gas was **leaking**. (가스가 새고 있었다.)

b. Oil is **leaking out of** a hole in the tank. (기름이 탱크의 구멍에서 새고 있다.)

c. The air **leaked out of** the tire. (공기가 타이어 밖으로 새어 나갔다.)

d. A little gas **leaks out of** the cock. (소량의 가스가 마개에서 샌다.)

1.3. 다음 주어는 추상적 개체이나, 액체나 기체로 개념화되어 있다.

(3) a. The truth **leaked out**. (그 사실이 누설되었다.)

b. The news of their divorce soon **leaked out**. (그들의 이혼 소식이 곧 새어 나갔다.)

c. The secret **leaked out**. (그 비밀이 누설되었다.)

d. Details will soon **leak out**. (자세한 소식은 곧 새어

나갈 것이다.)

  e. The news **leaked** to the public. (그 뉴스가 대중들에게 새었다.)

1.4. 다음 주어는 전치사 from의 목적어에서 샌다.

(4) a. Oil was **leaking from** the pipe. (기름이 파이프에서 새고 있었다.)

  b. Water **leaked from** the cracked glass. (물이 깨진 유리 사이로 샜다.)

  c. Water **leaked from** the rusty pail. (물이 그 녹슨 들통에서 샜다.)

  d. The wine is **leaking from** the bottom of the barrel. (포도주는 그 저장통 바닥에서 새고 있다.)

1.5. 다음 주어는 새어서 전치사 into나 onto의 목적어로 간다.

(5) a. Spies **leaked into** the city. (간첩들이 그 시로 새어 들어갔다.)

  b. Water **leaked into** the downstairs room. (물이 아래층 방으로 새어 들어갔다.)

  c. Some water **leaked into** my shoes. (물이 내 구두 속으로 약간 새 들었다.)

  d. The rain began to **leak in**. (그 비가 새어 들기 시작했다.)

  e. Some water **leaked onto** the shelf. (물방울이 그 선반 위로 떨어졌다.)

2. 타동사 용법

2.1. 다음 주어는 목적어를 흘린다.

(6) a. The boiler **leaked** hot water all over the floor. (보일러는 뜨거운 물을 바닥 전체에 흘렸다.)

  b. This cock/the pipe/the rubber hose/the oven **leaks** a little gas. (이 마개/파이프/고무 호스/화덕은 약간의 가스를 흘린다.)

  c. The brakes are **leaking** fluid. (그 제동장치는 윤활유를 흘리고 있다.)

  d. The kitchen sink **leaks** water onto the floor. (부엌 싱크대는 물을 마루 위로 흘린다.)

  e. The tank has **leaked** a small amount of water. (그 탱크는 소량의 물을 흘렸다.)

  f. The car **leaked** oil all over the driveway. (그 차는 기름을 진입로 전체에 흘렸다.)

  g. The bag **leaked** sand all over the floor. (그 자루는 모래를 바닥 전체에 흘렸다.)

2.2. 다음 주어는 목적어를 흘린다. 목적어는 뉴스, 비밀, 계획 등이다.

(7) a. Someone in the ministry **leaked** the story to the press. (그 부서의 누군가가 그 이야기를 언론에 누설했다.)

  b. An official **leaked** the plan to the journalists. (한 관리가 그 계획을 신문 기자들에게 흘렸다.)

  c. Someone **leaked** the company's secret plans to its competitors. (누군가가 그 회사 기밀을 경쟁사에 흘렸다.)

  d. He **leaked** vital secrets to the enemy. (그는 극비 사항을 적에게 누설했다.)

  e. The secretary **leaked** gossip about her boss to the newspaper. (그 비서는 사장에 대한 뒷이야기를 신문에 흘렸다.)

  f. He **leaked** the names to the press. (그는 그 이름들을 언론에 흘렸다.)

2.3. 다음은 수동태 문장으로 주어는 흘려진다.

(8) a. Details of the business dealings were **leaked** to the press. (거래의 세부 사항들이 언론에 누설되었다.)

  b. The secret was **leaked** out to the press. (그 비밀은 언론에 누설되었다.)

lean

이 동사의 개념 바탕에는 기우는 과정이 있다.

1. 자동사 용법

1.1. 다음 주어는 앞으로나 뒤로 기운다.

(1) a. The lamp post was **leaning** dangerously. (가로등 기둥은 위험하게 기울어지고 있었다.)

  b. He **leaned down** and picked up his wallet. (그는 몸을 구부려서 지갑을 주웠다.)

  c. He **leaned back** in his chair. (그는 의자에서 등을 뒤로 젖혔다.)

  d. He **leans forward** in walking. (그는 걸을 때 앞으로 구부린다.)

  e. She **leaned forward** to hear what he said/to give a kiss. (그가 말하는 것을 들으려고/키스를 하려고 그녀는 몸을 앞으로 기울였다.)

  f. He **leaned out** of the window./over the wall. (그는 그 창문 밖으로/그 벽 너머로 상체를 기울였다.)

1.2. 다음 주어는 전치사 against의 목적어에 기댄다.

(2) a The man **leaned against** the post. (그 남자는 기둥에 기댔다.)

  b. The teacher **leaned against** the blackboard. (선생님은 칠판에 기댔다.)

  c. She **leaned against** my shoulder. (그녀는 내 어깨에 기댔다.)

  d. She **leans upon** her mother. (그녀는 엄마에게 의지한다.)

1.3. 다음 주어는 전치사 over의 목적어 위에 기운다.

(3) a. She **leaned over** the rail. (그녀는 난간 위로 몸을 구부렸다.)

  b. They **leaned over** the bridge to look at the boats below. (그들은 아래 있는 배를 보기 위해 다리 위로 몸을 구부렸다.)

  c. He was **leaning over** her to wake her up. (그는 그녀를 깨우기 위해서 그녀 위로 몸을 구부리고 있었다.)

  d. She **leaned over** a book. (그녀는 책 위로 몸을 구부렸다.)

  e. After the storm, the tree was **leaning** dangerously **over** the road. (그 폭풍 후에 그 나무가 도로 위로 위험하게 기울어져 있었다.)

1.4. 다음 주어는 전치사 on의 목적어에 기댄다.

(4) a. She **leaned on** her staff. (그녀는 지팡이에 기댔다.)

  b. He is **leaning on** a stick. (그는 막대기에 기대고 있다.)

c. He **leaned on** the gate. (그는 문에 기댔다.)

d. He **leaned** heavily **on** his cane as he limped along. (그는 절뚝거리며 걸어갈 때 자신의 지팡이에 무겁게 기댔다.)

e. He was **leaning on** the bar with a drink in his hand. (그는 손에 술 한 잔을 들고 그 카운터에 기대고 있었다.)

f. She **leaned on** the table to stop herself from falling. (그녀는 넘어지는 것을 막기 위해 식탁에 기댔다.)

g. He **leaned on** the back of the chair. (그는 의자 등받이에 기댔다.)

1.5. 다음 주어는 전치사 on의 목적어에 의존한다. 그러나 여기는 물리적 의존보다는 보다 도움, 지지와 같은 추상적인 의존 관계를 나타낸다.

(5) a. He **leans on** his advisors **for** support. (그는 고문들에게 지지를 구한다.)

b. She **leans on** her husband **for** advice. (그녀는 남편의 충고에 의존한다.)

c. Friends **lean on** each other **for** encouragement. (친구들은 서로의 격려에 의존한다.)

1.6. 다음 주어는 전치사 on의 목적어에 의존한다.

(6) a. Her children **lean on** her even though they are adults. (그녀의 자녀들은 성인임에도 그녀에게 의존한다.)

b. He **leaned on** his friend when he is in trouble. (그는 문제가 있을 때 친구에게 기댔다.)

c. She **leaned on** him to help her solve the problems. (그녀는 그녀가 문제를 해결하는 데 그에게 도움을 요청했다.)

d. He **leaned on** his friends' advice. (그는 친구들의 충고에 의존했다.)

e. He **leaned on** them in an emergency. (그는 위급시에 그들에게 의존했다.)

f. He **leaned on** the help of others. (그는 다른 사람들의 도움에 의존했다.)

1.7. 다음 주어는 전치사 on의 목적어에 힘을 가한다. 이러한 힘은 압력으로 풀이된다.

(7) a. The gangster was **leaning on** the small businesses for money. (그 건달은 소규모 사업체들에 압력을 가해 돈을 뜯고 있었다.)

b. I'm sure he'll agree to give you the money if you **lean on** him a bit. (네가 조금만 그에게 압력을 가하면 틀림없이 그가 그 네게 그 돈을 주기로 승락할 것이다.)

c. They can **lean on** the administration by threatening to withhold their subscriptions. (그들은 기부를 보류하겠다고 위협함으로써 정부에 압력을 가할 수 있다.)

d. He **leaned on** me so hard I had to agree to do it. (그가 내게 너무 강력히 압력을 가해서 나는 그것을 하는 것에 동의해야 했다.)

1.8. 다음은 수동태 문장으로 주어는 압력을 받는다.

(8) Colin is being **leaned on** by his bankers. (콜린은 그의 은행업자들의 압력을 받고 있다.)

1.9. 다음 주어는 전치사 to의 목적어로 기울어진다

(9) a. The fence is **leaning** too much **to** the right. (그 울타리는 오른쪽으로 너무 많이 기울어지고 있다.)

b. The wall **leans** somewhat **to** the right. (그 벽은 오른쪽으로 약간 기울어진다.)

c. The tower **leans to** the south. (그 탑은 서쪽으로 기울어진다.)

1.10. 어느 사람이 갖는 견해나 주장은 자세로 개념화된다. 그러므로 자세가 어떤 방향으로 기울 수 있듯 견해나 주장도 특정한 방향으로 기울 수 있다.

(10) a. Most scientists would **lean toward** this view. (대부분의 과학자들은 이 견해로 기울 것이다.)

b. They are **leaning toward** our point of view. (그들은 우리의 견해로 기울고 있다.)

c. Good parents naturally **lean toward** strictness. (좋은 부모들은 본래 엄격함으로 기운다.)

d. He **leaned toward** socialism. (그는 사회주의 쪽으로 기울었다.)

e. I **lean toward** the challenger in this election. (나는 이번 선거에서 도전자에게 호감이 간다.)

f. I find myself **leaning towards** the Democrats. (나는 민주당에 호의를 갖고 있다.)

g. His interest **leans toward** politics. (그의 관심은 정치학으로 기운다.)

h. He is **leaning to** your view. (그는 네 견해 쪽으로 기울고 있다.)

1.11. 다음 주어는 환유적으로 쓰여서 마음을 가리킨다. 마음은 특정한 방향으로 기울 수 있다.

(11) a. The union is **leaning toward** accepting the proposal. (그 노조는 그 제안을 받아들이는 쪽으로 기울고 있다.)

b. She **leans toward** going on vacation in July. (그녀는 7월에 휴가를 떠나는 쪽으로 기운다.)

c. My friends **leaned toward** swimming instead of shopping. (내 친구들은 쇼핑 대신에 수영하는 쪽으로 기울었다.)

d. Do some oriental philosophers **lean towards** fatalism? (몇몇 동양 철학자들 운명론 쪽 경향을 띄는가?)

2. 타동사 용법

2.1. 다음 주어는 목적어를 전치사 against의 목적어에 기댄다.

(12) a. I **leaned** the rusty pipe **against** the side of the barn. (나는 녹슨 파이프를 헛간 벽에 기대 놓았다.)

b. She **leaned** the plants/the ladder **against** a wall. (그녀는 그 화분/사다리를 벽에 기대 놓았다.)

c. She **leaned** his umbrella **against** the wall. (그녀는 우산을 벽에 기대 놓았다.)

d. She **leaned** the ladder **against** the wall. (그녀는 그 사다리를 벽에 기댔다.)

e. The policeman **leaned** the boys **against** the wall. (경찰관은 그 소년들을 벽에 기대게 했다.)

f. He **leaned** his back **against** the wall. (그는 등을 벽에 기댔다.)

2.2. 다음 주어는 목적어를 기울인다. 목적어는 신체 부위이다.

(13) a. He **leaned** his head **forward** to hear better. (그는 더 잘 듣기 위해 머리를 앞으로 숙였다.)

b. He **leaned** his head **backward**. (그는 머리를 뒤로 기댔다.)

c. **Lean** your head a bit **to** the right. (네 머리를 오른쪽으로 약간 기울여라.)

d. He **leaned** the bike **to** the left. (그는 자전거를 왼쪽으로 기울였다.)

2.3. 다음 주어는 목적어를 전치사 on의 목적어에 기댄다.

(14) a. Gail **leaned** her head **on** his shoulder. (게일은 머리를 그의 어깨에 기댔다.)

b. Don't **lean** your elbows **on** the table. (팔꿈치를 테이블 위에 기대지 마라.)

leap

이 동사의 개념 바탕에는 갑작스럽게 크게 뛰는 과정이 있다.

1. 자동사 용법

1.1. 다음 주어는 갑자기 뛴다.

(1) a. He **leaped** up to complain. (그는 불평하기 위해 껑충 뛰었다.)

b. He **leaped** for joy. (그는 기뻐서 날뛰었다.)

c. The frog **leaps** high. (개구리는 높게 팔짝팔짝 뛴다.)

d. She **leaped** down from the stage. (그녀는 그 무대에서 껑충 뛰어 내렸다.)

e. I saw him **leap** up from his chair. (나는 그가 의자에 벌떡 일어나는 것을 보았다.)

f. He **leaped** to his feet at the sound of the explosion. (그는 폭발음을 듣고 껑충 뛰었다.)

1.2. 심장도 뛴다.

(2) a. My heart **leaped** when I saw Paul at the airport. (내가 공항에서 폴을 보았을 때 내 심장은 뛰었다.)

b. My heart **leaped** when a dark shape slid across the path. (검은 물체가 그 길을 가로질러 미끄러지듯 움직였을 때 내 심장은 뛰었다.)

c. My heart **leaped** for joy when I heard he was safe. (그가 안전하다는 소식을 들었을 때 기쁨으로 내 가슴은 몹시 뛰었다.)

1.3. 다음은 「많음은 위」 은유가 적용된 예이다.

(3) a. House prices will **leap** up in the spring. (주택 가격이 봄에는 높이 뛸 것이다.)

b. The price of gasoline **leaped** 15% overnight. (휘발유 가격이 하룻밤 사이에 15%나 올랐다.)

1.4. 다음 주어는 공격하기 위해서 at의 목적어에 뛰어 덤빈다.

(4) a. The dog **leaped** at the postman. (그 강아지는 우체부에게 달려들었다.)

b. The dog **leaped** at a boy. (그 강아지는 소년에게 뛰어 올랐다.)

1.5. 다음 주어는 at의 목적어를 포착하려고 한다.

(5) a. He **leaped** at the proposal. (그는 그 제안에 덥석 응했다.)

b. When I offered the job, she **leaped** at it. (내가 그 일을 제안했을 때, 그녀는 그것에 얼른 응했다.)

1.6. 다음 주어는 뛰어나오는 것처럼 잘 보인다.

(6) a. Her face **leaped** out at him from the TV screen. (그녀의 얼굴은 TV 화면에서 그에게 확 띄었다.)

b. The news **leaped** out at me from the notice board. (그 소식은 알림판에서 내 눈에 금방 띄었다.)

c. His name **leaped** out at me from the page. (그의 이름은 그 페이지에서 내 눈에 확 띄었다.)

1.7. 다음 주어는 껑충 뛰어서 결론에 이른다.

(7) a. He **leaped** to a conclusion. (그는 껑충 뛰어서 금방 결론에 도달했다.)

b. He **leaped** to their defence/assistance. (그는 그들의 방어/도움 껑충 응했다.)

1.8. 다음 주어는 뛰듯이 빠른 동작으로 전치사가 가리키는 목표로 이동한다.

(8) a. Jane **leaped** across the stream. (제인은 그 시냇물을 가로질러 뛰어서 갔다.)

b. He **leaped** across/over a stream. (그는 시냇물을 뛰어 건넜다.)

c. The deer were **leaping** across the meadow. (사슴들은 그 초원을 가로질러 뛰어서 가고 있었다.)

d. He **leaped** over the river. (그는 강을 뛰어 넘었다.)

e. The deer **leaped** over our garden fence. (그 사슴들은 우리 정원의 담을 뛰어 넘었다.)

f. The cat **leaped** onto my lap. (그 고양이는 내 무릎으로 빠르게 뛰어 올라왔다.)

g. A solution **leaped** into my mind. (해결책이 내 마음속에 갑자기 떠올랐다.)

h. The dancer **leaped** into the air. (그 무용수는 빠르게 허공으로 뛰어 올랐다.)

i. He **leaped** into a taxi/a bus. (그는 택시/버스 안으로 뛰어 들어갔다.)

j. She **leaped** into the boat and grabbed the oar. (그녀는 배 안으로 뛰어 올라 노를 움켜잡았다.)

1.9. 다음 주어는 빠른 속도로 into가 가리키는 상태나 동작에 이른다.

(9) a. The wood **leaped** into flame. (그 나무는 확 타올랐다.)

b. She **leaped** into stardom/fame/prominence. (그녀는 일약 스타/명성/유명해졌다.)

c. They **leaped** into action. (그들은 행동으로 뛰어들었다.)

1.10. 다음에서는 뜀이 시작되는 장소가 표시되어 있다.

(10) a. The toad **leaped** from my hand. (그 두꺼비는 내 손에서 뛰어 올랐다.)

b. The cat **leaped** from the roof. (그 고양이는 지붕으로부터 뛰어 올랐다.)

c. He **leaped** from the car and ran into the house. (그는 차에서 뛰어 내려 집으로 달려갔다.)

d. Monkeys **leaped** from branch to branch. (원숭이들은 가지 사이를 뛰어 다녔다.)

1.11. 다음에서 뜀이 시작되는 장소가 out of 와 off 로 표시되어 있다.

(11) a. She **leaped** out of bed. (그녀는 침대에서 뛰어 올랐

다.)

b. He **leaped** off the edge.(그는 가장자리에서 뛰어내렸다.)

2. 타동사 용법
2.1. 다음 주어는 목적어를 뛰어 넘는다.
(12) a. He **leaped** the wall/the ditch, and ran away.(그는 그 벽/도랑을 뛰어 넘어서 도망갔다.)

b. He **leaped** the gate and ran across the field.(그는 대문을 뛰어 넘어 들판을 가로질러 달려갔다.)

c. The horse **leaped** the fence/the brook.(그 말은 담장/개울을 뛰어 넘었다.)

2.2. 다음 주어는 목적어가 다른 개체를 뛰어넘게 한다.
(13) a. The rider **leaped** her horse over the obstacles/the fence/the hurdle.(그 기수는 말을 뛰게 해서 장애물/담장/허들을 뛰어 넘었다.)

b. He **leaped** the horse across a ditch.(그는 그 말을 도랑을 가로질러 뛰어 넘게 했다.)

learn
이 동사의 개념 바탕에는 배우는 과정이 있다.

1. 타동사 용법
1.1. 다음 주어는 목적어를 외운다.
(1) a. He **learned** this poem as a student.(그는 이 시를 학생 때 암기했다.)

b. She **learned** Longfellow's poems by heart.(그녀는 롱펠로의 시들을 외웠다.)

c. He **learned** the poem in ten minutes.(그는 그 시를 10분 만에 외웠다.)

1.2. 다음 주어는 목적어를 배운다.
(2) a. The company failed to **learn** any lessons from this experience.(그 회사는 어떤 교훈도 이 경험을 통해 배우지 못했다.)

b. They are **learning** English.(그들은 영어를 배우고 있다.)

c. You can **learn** a lot just from watching other players.(다른 선수들을 지켜보는 것만으로도 많은 것을 배울 수 있다.)

d. How long have you been **learning** Korean?(한국어를 얼마동안 배우고 있나요?)

e. He **learns** 50 English words a day.(그는 50개의 영어 단어를 하루에 외운다.)

f. He is **learning** a sign language.(그는 수화를 배우고 있다.)

g. Mary is **learning** cooking.(메리는 요리를 배우고 있다.)

1.3. 다음 주어는 목적어를 알게 된다.
(3) a. They **learned** the facts from the policeman.(그들은 그 사실을 경찰에게서 들었다.)

b. I **learned** it from/of him that they had an accident.(나는 그에게서 그들이 사고를 당했다는 소식을 들었다.)

c. We **learned** the news too late.(우리는 그 소식을 너무 늦게 알았다.)

d. We tried to **learn** the truth.(우리는 진실을 알고자 했다.)

1.4. 다음 주어는 목적어를 체득한다.
(4) He has to **learn** patience.(그는 인내를 배워야 한다.)

1.5. 다음 주어는 that-절의 내용을 배운다.
(5) a. We **learned** that he was ill in bed.(우리는 그가 아파서 누워 있다는 소식을 알게 되었다.)

b. He **learned** today that the capital of Korea is Seoul.(그는 한국의 수도가 서울이라는 것을 오늘 알았다.)

c. They have to **learn that** they can't just do whatever they want to do.(그들은 하고 싶은 일을 다 할 순 없다는 것을 알아야 한다.)

d. We **learn** from history that we do not **learn** from history.(우리는 우리가 역사에서 배우지 못한다는 것을 역사로부터 알게 된다.)

e. He'll just have to **learn that** he can't always have his own way.(그는 그가 자기 고집만 피울 순 없다는 것을 알아야 할 것이다.)

f. He **learns** that his wife is expecting a baby.(그는 그의 아내가 임신했다는 사실을 알고 있다.)

g. I **learned that** my husband was not to be trusted.(나는 내 남편이 믿을 수 없다는 알게 됐다.)

h. You must **learn that** you can't treat people like servants.(너는 다른 사람들을 종처럼 대할 순 없다는 사실을 알아야 한다.)

1.6. 다음 주어는 의문사가 이끄는 절의 내용을 배워서 알게 된다.
(6) a. I've not **learned** whether I passed the test.(나는 그 시험에 합격했는지 모른다.)

b. We have yet to **learn** whether he arrived safely.(그가 잘 도착했는지 아직 모르겠다.)

c. I have not **learned** yet whether she survived the accident.(나는 그녀가 사고에서 살아남았는지 아직 모른다.)

d. We **learned** why leaves turn brown and fall off.(우리는 왜 나뭇잎이 갈색으로 변해서 떨어지는지 알게 됐다.)

e. We have yet to **learn who** will be the new manager.(우리는 누가 새 지배인이 될지 아직 모른다.)

f. We **learned who** won the election from the newspaper.(우리는 누가 선거를 이겼는지 신문을 통해 알게 됐다.)

1.7. 다음 주어는 목적어를 배운다.
(7) a. In the first lesson I **learned how** to format a diskette.(첫 수업에서 나는 디스켓을 포맷하는 법을 배웠다.)

b. She wants to **learn how** to ride a horse.(그녀는 말 타는 법을 배우고 싶어한다.)

1.8. 다음 주어는 첫째 목적어에 둘째 목적어를 가르친다.
(8) I **learned** him a lesson he won't forget.(나는 그에게 잊지 못할 교훈을 가르쳐 주었다.)

2. 자동사 용법

2.1. 다음 주어는 배워서 부정사가 가리키는 일을 하게 된다.

(9) a. You have to **learn** to face your problem. (너는 문제에 맞설 줄을 알아야 한다.)

b. He is **learning** to speak French. (그는 불어 회화를 배우고 있다.)

c. He is **learning** to fly. (그는 비행을 배우고 있다.)

d. You must **learn** not to worry. (염려하지 않는 법을 배워야 한다.)

e. She is **learning** to drive a car. (그녀는 운전을 배우고 있다.)

f. She **learned** to be patient. (그녀는 참는 법을 배웠다.)

g. He is **learning** how to drive. (그는 운전을 배우고 있다.)

2.2. 다음 주어는 전치사 about의 목적어에 대해서 배운다.

(10) a. They **learned about** the accident from a friend. (그들은 그 사고에 관한 소식을 한 친구로부터 들었다.)

b. We were shocked when we **learned about** his sudden death. (그의 갑작스러운 죽음을 듣고 무척 놀랐다.)

c. I am keen about **learning about** the town's history. (그 도시의 역사에 대해 열심히 공부하고 있다.)

2.3. 다음 주어는 전치사 of의 목적어의 존재를 알게 된다.

(11) a. I **learned of** the bank robbery from the radio newscast. (나는 그 은행 강도 소식을 라디오 뉴스에서 들었다.)

b. I was happy to **learn of** your success. (당신의 성공 소식을 듣고 마음이 기뻤다.)

c. I **learned of** their plans little by little. (나는 그들의 계획을 조금씩 알게 됐다.)

d. When did you **learn of** his illness? (그가 아프다는 걸 언제 알게 됐나요?)

2.4. 다음 주어는 전치사 from의 목적어에서 배운다.

(12) a. Some people **learn from** experience. (어떤 사람들은 경험을 통해 배운다.)

b. I hope you will **learn from/by** your mistake. (당신이 실수를 통해 배우게 되길 바랍니다.)

2.5. 다음 주어는 배운다.

(13) She **learns** quickly. (그녀는 빨리 배운다.)

lease

이 동사의 개념 바탕에는 lease의 명사 '임대차 계약'이 있다.

1. 타동사 용법

1.1. 다음 주어는 목적어를 빌려 준다.

(1) a. He **leased** his apartment to his friend. (그는 자신의 아파트를 친구에게 빌려 주었다.)

b. The landlord **leases** apartment units to renters. (집주인은 아파트들을 임대인들에게 빌려 주었다.)

1.2. 다음은 수동태 문장으로 주어는 임대된다.

(2) Parts of the building are **leased** out to tenants. (그 빌딩의 부분들이 세입자에게 임대된다.)

1.3. 다음 주어는 첫째 목적어에 둘째 목적어를 빌려준다.

(3) a. We **leased** him the apartment. (우리는 그에게 그 아파트를 빌려 주었다.)

b. He **leased** us the van. (그는 우리에게 밴을 빌려주었다.)

1.4. 다음 주어는 목적어를 전치사 from의 목적어에서 빌린다.

(4) a. He **leased** the farm **from** the farmer. (그는 그 농장을 농부에게 빌렸다.)

b. Bill **leased** an apartment **from** Ron. (빌은 아파트를 론에게 빌렸다.)

c. Our business has **leased** the offices for six years. (우리 회사는 그 사무실들을 6년 간 빌렸다.)

2. 자동사 용법

2.1. 다음 주어는 대여된다.

(5) The property **leases** for 100,000 dollars a year. (그 소유지는 100,000달러에 일년 대여된다.)

leave

이 동사의 개념 바탕에는 자리를 떠나는 과정이 있다.

1. 타동사 용법

1.1. 다음 주어는 목적어 (자리)를 떠난다.

(1) a. He **left** his bed early in the morning. (그는 아침 일찍 침대를 떠났다.)

b. He **left** the room/London/his country. (그는 그 방/런던/자기 나라를 떠났다.)

1.2. 다음 주어는 사람이 아닌 개체이다. 주어는 목적어를 떠난다.

(2) a. The train **left** the station. (그 기차는 역을 떠났다.)

b. The ship **left** the port. (그 배는 항구를 떠났다.)

1.3. 다음에서 목적어는 조직체이다. 주어는 목적어를 떠난다.

(3) a. When did you **leave** school? (너는 언제 학교를 떠났나?)

b. He **left** his service. (그는 복무를 마쳤다.)

c. He **left** the Boy Scouts. (그는 보이스카우트를 그만두었다.)

d. He **left** the army. (그는 군대를 떠났다/제대했다.)

1.4. 다음 주어는 목적어를 있던 자리에 두고 떠난다.

(4) a. I **left** my umbrella in the train. (나는 우산을 기차에 두고 내렸다.)

b. You may **leave** your books here. (너는 책을 여기에 두고 가도 좋다.)

c. **Leave** your hat and coat in the hall. (당신의 모자와 저고리를 홀에 두고 가세요.)

d. Did the postman **leave** anything for me? (그 배달부는 나에게 무엇을 남겨두고 갔습니까?)

1.5. 다음 주어는 목적어를 다른 사람에게 남겨준다.

(5) a. He **left** the shop in his assistant's charge. (그는 상점을 조수의 책임 하에 남겼다.)

b. I'll **leave** the matter in your hand. (나는 그 문제를

당신의 손에 맡기겠습니다.)

c. He left all his money to charity.(그는 모든 돈을 자선 단체에 남겼다.)

d. He left a large fortune to his son.(그는 큰 재산을 아들에게 남겼다.)

e. I'll leave the matter to your discretion.(나는 그 문제를 당신의 재량에 맡기겠습니다.)

f. He left a fortune to his wife.(그는 큰 재산을 아내에게 남겼다.)

1.6. 다음은 [직업은 장소이다]의 은유가 적용된 표현이다. 주어는 목적어를 떠난다.

(6) a. He left medicine for the law.(그는 의학을 그만 두고 법률을 공부했다.)

b. He left business for research.(그는 사업을 그만 두고 연구를 했다)

1.7. 다음 주어는 목적어를 남겨두고 떠난다.

(7) a. He left his wife.(그는 아내를 떠났다.)

b. He left a widow and two sons.(그는 과부와 두 아들을 남겨놓고 (세상을) 떠났다.)

c. The cook threatens to leave us.(그 요리사는 우리를 떠나겠다고 위협했다.)

d. The typist has left me.(그 타자수는 나를 떠났다.)

e. He left his friend.(그는 친구를 떠났다.)

1.8. 다음에서 주어와 목적어가 한 자리에 있다가 주어가 목적어를 두고 떠난다.

(8) a. Summer will leave us soon.(여름이 우리를 곧 떠날 것이다.)

b. It is clear that zest left him.(열정이 그를 떠나버린 것이 분명하다.)

c. The bus left me at the corner.(그 버스는 나를 모퉁이에서 내려 주었다.)

d. The cold did not leave him for weeks.(그 감기는 몇 주 동안 그를 떠나지 않았다.)

1.9. 다음 목적어는 주어가 자리를 떠나면서 생기는 개체이다.

(9) a. The wound left a large scar.(그 상처는 큰 흉터를 남겼다.)

b. Your dirty boots left footprints.(너의 더러운 장화는 발자국을 남겼다.)

c. The trees will leave a sorry gap when they disappear.(그 나무들은 없어지면 보기 흉한 빈터를 남길 것이다.)

1.10. 다음 주어는 움직이지 않으나 전체 형상을 눈으로 따라가 보면, 주어가 목적어를 떠난다.

(10) The road now leaves the river valley and enters the hill.(그 길은 이제 강 계곡을 떠나서 산으로 들어간다.)

1.11. 다음은 [상태는 장소] 은유가 적용된 예이다. 주어는 목적어를 어떤 상태로 남겨둔다. 다음에서 상태는 형용사로 표현되어 있다.

(11) a. His illness left him weak.(병이 그를 약하게 만들어 놓았다.)

b. The insult left me speechless.(그 모욕은 나를 말을 잃게 했다.)

c. Any instigation leaves me cold.(어떤 선동도 나를 흥미를 끌지 못한다.)

d. The incident left him furious.(그 사건은 그를 몹시 화나게 했다.)

e. The war left him exhausted.(그 전쟁은 그를 지치게 했다.)

1.12. 다음에서 상태는 과거분사로 표현되어 있다.

(12) a. Did you leave the doors firmly fastened?(너는 그 문들을 꼭 잠궈 두었느냐?)

b. He left the door unlocked. (그는 그 문을 잠그지 않은 채 내버려 두었다.)

c. The story left him unmoved.(그 이야기는 그에게 감동을 주지 못했다.)

1.13. 다음에서 상태는 현재분사로 표현되어 있다.

(13) a. Don't leave the waste paper lying about on the floor.(그 휴지를 마루 위에 이리저리 뒹굴게 내버려 두지 말아라.)

b. I left him sleeping.(나는 그가 자게 내버려 두었다.)

c. He left me holding the bag.(그는 내가 그 가방을 쥐고 있게 내버려 두었다.)

1.14. 다음에서 주어는 목적어가 to 부정사가 가리키는 일을 하도록 내버려 둔다.

(14) a. I'll leave you to attend the matter.(나는 너를 그 문제를 돌보도록 허용하겠다.)

b. Leave him to do as he likes.(그가 하고 싶은 대로 하도록 허용해라.)

c. They left it to perish.(그들은 그것이 망하도록 내버려 두었다.)

1.15. 다음 주어는 첫째 목적어에 둘째 목적어를 남긴다.

(15) a. He left me $500.(그는 나에게 500달러를 남겼다.)

b. He left her a fortune in his will.(그는 그녀에게 재산을 유서를 통해 남겼다.)

2. 자동사 용법

2.1. 다음 주어는 떠난다.

(16) a. We are leaving for Rome next week.(우리는 다음 주 로마로 떠날 준비를 하고 있다.)

b. The secretary intends to leave for the station.(그 비서는 역으로 떠날 생각을 하고 있다.)

c. She left early this morning.(그녀는 오늘 아침 일찍 떠났다.)

leg

이 동사의 개념 바탕에는 leg의 명사 '다리'가 깔려 있다.

1. 자동사 용법

1.1. 다음 주어는 급하게 걸어간다.

(1) a. We were legging back to the cabin.(우리는 오두막으로 되돌아 걸어가고 있었다.)

b. We legged home when the storm broke.(우리는 폭풍이 왔을 때 걸어서 집으로 왔다.)

lend

이 동사의 개념 바탕에는 빌려주는 과정이 있다.

1. 타동사 용법

1.1. 다음 주어는 목적어를 전치사 to의 목적어에게 빌려준다.

(1) a. He **lent** his bungalow **to** his friends for a few days.(그는 방갈로를 친구들에게 며칠 동안 빌려 주었다.)

b. He **lent** his lawn mower **to** me.(그는 잔디 깎는 기계를 나에게 빌려 주었다.)

c. If you **lend** money **to** your children, don't rely on getting it back.(만약 네가 돈을 아이들에게 빌려주면, 그것을 돌려 받을 것을 기대하지 마라.)

d. The Library **lends** video tapes **to** anyone living in the vicinity.(그 도서관은 비디오 테이프를 주변에 사는 누구에게나 빌려준다.)

e. He **lent** his aid **to** the cause.(그는 도움을 그 대의에 제공했다.)

f. He **lent** assistance **to** me.(그는 도움을 내게 주었다.)

1.2. 다음은 수동태 문장으로 주어는 빌려진다.

(2) The money was **lent** to me.(그 돈은 나에게 대출되었다.)

1.3. 다음 주어는 첫째 목적어에게 둘째 목적어를 빌려준다.

(3) a. He **lent** their cause his support.(그는 그 대의에 지지를 해 주었다.)

b. The bank agreed to **lend** him $4,000.(그 은행은 그에게 4천 달러를 대출할 것에 동의했다.)

c. He **lent** me five dollars.(그는 나에게 5달러를 빌려 주었다.)

d. He **lent** me his lawn mower.(그는 나에게 잔디 깎기를 빌려 주었다.)

e. I **lent** him an umbrella.(나는 그에게 우산을 빌려 주었다.)

f. I wish I'd never **lent** him my bike.(나는 그에게 자전거를 빌려주지 않으면 좋았을 것.)

g. Desperation **lent** him support.(절망은 그에게 원조를 주었다.)

h. The use of a warm color **lends** the room cheeriness.(따뜻한 색의 사용은 그 방에 밝은 기운을 준다.)

1.4. 다음의 목적어는 손이다. 이것은 환유적으로 쓰여서 도움을 나타낸다. 다음 주어는 목적어를 빌려준다.

(4) a. He **lent** a hand with the package.(그는 소포를 나르는 데 도움을 주었다.)

b. Could you **lend** me a hand with these parcels?(이들 짐을 꾸리는데 손을 빌릴까요?)

c. Their friends came to **lend** a hand.(그들의 친구들은 도와주러 왔다.)

d. She **lent** an ear to the friend's trouble.(그녀는 친구의 문제를 경청했다.)

1.5. 다음 주어는 이름을 빌려준다.

(5) a. He **lent** his name to a cheap publicity stunt.(그는 자신의 이름을 값 싼 광고 곡예에 빌려 주었다.)

b. He **lent** his name to the anti-war movement.(그는 자신의 이름을 그 반전 운동에 빌려 주었다.)

c. Some of the top dancers of the world **lent** their names to the project.(세계 최고의 댄서들 중 몇몇은 그들의 이름을 그 프로젝트에 빌려 주었다.)

d. He **lent** his voice.(그는 자신의 목소리를 빌려 주었다.)

1.6. 다음의 주어는 태도나 사실, 사건 등이다. 주어는 목적어를 빌려준다.

(6) a. His dignified manner **lends** authority to whatever he says.(그의 위엄 있는 태도는 그가 말하는 모든 것에 권위를 준다.)

b. His soft accent **lends** a kind of warmth to his words.(그의 부드러운 억양은 그의 말에 일종의 따뜻함을 준다.)

c. Owning a sports car **lent** prestige to him.(스포츠카의 소유는 그에게 위신을 주었다.)

d. The fact **lends** probability to the story.(그 사실은 그 이야기에 신빙성을 준다.)

e. The new evidence **lent** weight to the theory that the killer was a man.(그 새 증거는 그 살인자가 남자라는 설에 무게를 실어 주었다.)

f. These events **lent** support to the view that the law is inadequate.(이 사건들은 그 법이 정당치 못하다는 견해에 지지를 더했다.)

1.7. 다음의 주어는 개체이다. 이러한 것도 무엇을 다른 개체에 줄 수 있는 것으로 개념화된다.

(7) a. A fire place **lends** coziness to a room.(난로는 아늑함을 방에 준다.)

b. The many flags **lent** color to the street.(많은 깃발들은 화려함을 그 거리에 부여했다.)

c. The table cloth **lends** an air of style to dinner.(식탁보는 하나의 품위를 저녁식사에 준다.)

d. Photographs **lent** some credibility to the story.(사진들은 약간의 신뢰성을 그 이야기에 주었다.)

e. Vases of flowers all around the wall **lent** the room a cheerful look.(벽 주변의 꽃병들이 그 방에 쾌적한 모습을 주었다.)

f. The presence of the bishop **lent** the occasion a certain dignity.(주교의 참석은 그 행사에 위엄을 주었다.)

1.8. 다음의 목적어는 재귀대명사이다. 주어는 전치사 to의 목적어에 가담시킨다.

(8) a. Don't **lend** yourself to such dishonest schemes.(자신을 그런 계획에는 손을 대게 하지마라.)

b. He **lent** himself to the plot.(그는 자신을 그 계획에 손을 대게 했다.)

c. He **lent** himself to illusionary hope.(그는 자신을 환상 같은 희망에 전념토록 했다.)

d. He **lent** himself to radical causes.(그는 자신을 급진적인 운동에 가담시켰다.)

e. John doesn't **lend** himself to casual conversation.(존은 자신을 일상적인 대화에 가담시키지 않는다.)

1.9. 다음 주어는 전치사 to의 목적어에 도움을 준다.

(9) a. A fork doesn't **lend itself** to the purpose of a corkscrew.(포크는 타래송곳의 목적에는 적합하지 않다.)

b. The room doesn't **lend itself** to bright colors.(그

방은 밝은 색에는 적합하지 않다.)

c. The building **lends itself** to inexpensive remodelling. (그 빌딩은 저렴한 개조에 적합하다.)

d. The computer **lends itself** to many different uses. (컴퓨터는 많은 다른 용도에 적합하다.)

e. The name does not **lend itself** to abbreviation.(그 이름은 약어에 적합하지 않다.)

f. The peaceful garden **lends itself** to meditation.(그 평화로운 정원은 명상에 적합하다.)

g. The play **lends itself** to performance by children. (그 연극은 아이들에 의한 공연에 적합하다.)

h. There is a certain kind of novel that **lends itself** to adaptation as a television series.(TV 연속물로 개작되기에 적합한 특정 부류의 소설이 있다.)

i. None of these books really **lends itself** to being made into a film.(이 책 중의 어느 것도 영화화되기에 적합하지 않다.)

j. This play **lends** itself to being performed in an open-air theater.(이 연극은 야외 극장에서 상연되기에 적합하다.)

2. 자동사 용법

2.1. 다음 주어는 빌려준다.

(10) She neither **lends** nor borrows.(그녀는 빌려주지도 빌리지도 않는다.)

lengthen

이 동사의 개념 바탕에는 길이를 늘리는 과정이 있다.

1. 타동사 용법

1.1. 다음 주어는 목적어의 길이를 늘린다.

(1) a. I need to **lengthen** her skirt.(나는 그녀의 치마를 늘려야 한다.)

b. The author **lengthened** her novel by adding two more chapters.(그 작가는 자신의 소설을 두 개 장을 더해서 늘렸다.)

c. The city had to **lengthen** the road.(그 도시는 도로를 늘려야 했다.)

2. 자동사 용법

2.1. 다음 주어의 길이가 늘어난다.

(2) a. The voting line **lengthened** after work.(그 투표자들의 줄은 퇴근 후에 늘어났다.)

b. His hair **lengthened** gradually.(그의 머리는 점점 길어졌다.)

c. The afternoon shadows **lengthened**.(오후의 그림자는 길어졌다.)

2.2. 다음 주어는 시간과 관계가 있다. 추상적인 시간도 길이가 있는 것으로 개념화된다.

(3) a. The days **lengthened**.(낮의 길이가 늘어났다.)

b. The number of daylight hours **lengthens** in summer.(햇빛이 비치는 시간의 수가 여름에는 늘어난다.)

c. Summer **lengthens** into autumn.(여름은 길어져서 가을로 이어진다.)

d. The minutes **lengthened into** hours.(분은 길어져서 시간이 되었다.)

let

이 동사의 개념 바탕에는 하고 싶은 대로 하게 하는 과정이 있다.

1. 타동사 용법

1.1. 다음 주어는 목적어를 하고 싶은 일을 하게 한다.

(1) a. **Let** him do what he likes.(그가 좋아하는 것을 하게 해라.)

b. She **lets** her children play in the street.(그녀는 아이들을 길에서 놀게 한다.)

c. Please **let** me buy you a drink.(내가 네게 술을 한 잔 사게 해 주게.)

d. I wanted to go out, but my mom wouldn't **let** me go out.(나는 나가고 싶었지만, 엄마가 나를 나가게 하지 않았다.)

1.2. 다음 주어는 목적어를 그대로 두어 과정이 일어나게 한다.

(2) a. He is **letting** his beard grow.(그는 수염을 자라게 하고 있다.)

b. He **let** a week go by before answering the letter. (그는 그 편지에 답을 하기 전에 일주일이 지나가게 했다.)

c. She took off the dog's lead and **let** it loose.(그녀는 그 개의 줄을 벗겨 마음대로 돌아다니게 했다.)

1.3. 다음 주어가 목적어를 부사가 나타내는 움직임이 일어나도록 그대로 둔다.

(3) a. She **let down** her hair.(그녀는 머리를 내렸다.)

b. She **let** the window **down**.(그녀는 창문을 내렸다.)

c. We **let** him **in**.(우리는 그가 들어오게 했다.)

d. The window **let in** light and air.(그 창문은 빛과 공기가 들어오게 했다.)

e. Who **let off** the gun?(누가 그 총을 쏘았나?)

f. They **let** him **off** with a fine.(그들은 벌금을 받고 그를 석방했다.)

1.4. 다음은 let과 동사가 붙어서 쓰인다.

(4) a. She **let** drop a hint (cf. she **let** a hint drop).(그녀는 힌트 하나를 슬쩍 흘렸다.)

b. We **let** drop the matter.(우리는 그 문제를 끝내었다.)

c. He picked up a stone and **let** fly at the dog.(그는 돌을 하나 주어서 그 개에게 던졌다.)

d. He **let** go the rope(그는 그 줄을 놓았다.)

1.5. 다음 주어는 목적어와 관련된 과정이 일어나게 한다.

(5) a. He **let** a sigh/a groan.(그는 한숨/신음을 내보냈다.)

b. She **let** blood.(그녀는 피를 흘렸다.)

1.6. 다음 주어는 목적어를 빌려준다/나가게 한다.

(6) a. We **let** our spare room **to** a student.(우리는 남는 방을 어느 학생에게 빌려주었다.)

b. He **let** his cottage **to** vacationers.(그는 별장을 휴가자들에게 빌려주었다.)

c. They **let** the boat by the hour.(그들은 배를 시간

단위로 빌려준다.)

2. 자동사 용법

2.1. 다음 주어는 대여된다.

(7) a. This room lets for $500 a month.(이 방은 한 달에 500불에 대여된다.)

b. This car lets for $300 a month.(이 자동차는 한 달에 300불에 대여된다.)

c. The old house is to let.(그 오래된 집은 세를 놓는 다.)

d. The room lets well.(그 방은 세가 잘 나간다.)

level

이 동사의 개념 바탕에는 level의 형용사 '평평한' 이 있다. 동사의 의미는 이 상태와 관계가 있다.

1. 타동사 용법

1.1. 다음 주어는 목적어를 무너뜨려서 평평하게 만든 다.

(1) a. Builders came and levelled the shed.(건축업자들 이 와서 그 오두막을 무너뜨렸다.)

b. They levelled the building in the dust.(그들은 그 건물을 먼지 속에 무너뜨렸다.)

c. You must level the building to/with the ground.(당 신은 그 건물을 땅과 같은 높이로 무너뜨려야 한다.)

d. They levelled trees to make way for the highway. (그들은 나무들을 고속도로를 내기 위한 길을 만들 기 위해 베어냈다.)

1.2. 다음은 수동태 문장으로 주어는 무너뜨려진다.

(2) a. The house was levelled by the fire.(그 집은 화재 로 무너졌다.)

b. The city was levelled to the ground.(그 도시는 철 저하게 파괴되었다.)

1.3. 다음의 목적어는 땅이다. 주어는 목적어를 고르 게 한다.

(3) a. The builder levelled the ground to build houses. (건축자는 그 땅을 집을 짓기 위해 골랐다.)

b. He levelled the ground before he planted the seeds.(그는 씨들을 뿌리기 전에 그 땅을 골랐다.)

c. They levelled the ground with a bulldozer.(그들은 그 땅을 불도저로 골랐다.)

d. We had to level the backyard before putting up the pool.(우리는 뒷마당을 수영장을 설치하기 전에 골라야 했다.)

e. He levelled the earth in the flower-bed.(그는 화 단에 있는 땅을 골랐다.)

f. The ground needs levelling before we lay the patio.(그 땅은 안뜰을 놓기 전에 고를 필요가 있다.)

1.4. 다음 주어는 목적어를 고르게 하여 어떤 상태에 이르게 한다.

(4) a. The farmer levelled off the field.(그 농부는 밭을 고르게 했다.)

b. She levelled off the wet concrete with a piece of wood.(그녀는 젖은 콘크리트를 나무 조각 하나로 평평하게 했다.)

c. They levelled the road up/down before building. (그들은 건축하기 전에 길을 높여/낮춰 고르게 했 다.)

1.5. 다음의 주어는 오르거나 내릴 수 있는 개체이다. 주어는 목적어를 일정한 위치에서 오르거나 내리 지 않고 수평으로 움직이게 한다.

(5) a. The captain levelled the submarine.(그 함장은 잠 수함을 수평 이동 하게 했다.)

b. The pilot levelled the plane off.(그 조종사는 비행 기의 고도를 유지했다.)

c. Unemployment hasn't levelled off.(실업률이 꺾이 지 않았다.)

1.6. 다음 주어는 자연 현상이나 기계이다. 주어는 목 적어를 무너뜨린다.

(6) a. The tornado levelled several houses in the country.(그 회오리 바람은 그 시골의 여러 집을 무 너뜨렸다.)

b. An earthquake levelled several buildings in the city.(지진이 도시에 있는 건물 여럿을 무너뜨렸다.)

c. The earthquake levelled San Francisco.(그 지진이 샌프란시스코를 황폐하게 했다.)

d. The bulldozer levelled the block of flats/the mound of earth.(그 불도저가 아파트 구획을/흙무 더기를 평평하게 했다.)

e. Specially built tractors levelled more than 10,000 acres of forests.(특별 제작된 트랙터가 10,000 에 이커 이상의 숲을 (베어서) 평평하게 했다.)

f. A heavy roller levelled the ground.(중량 롤러가 땅 을 평평하게 했다.)

g. The bombing raid practically levelled the town.(그 폭탄 공습은 실질적으로 도시를 초토화시켰다.)

1.7. 다음의 목적어는 차이가 나는 개체이다. 주어는 목적어의 차이를 없앤다.

(7) a. The ruler levelled various classes.(그 지배자는 다 양한 계급의 차이를 없앴다.)

b. He levelled differences between schools.(그는 학 교 사이의 차이들을 평준화했다.)

c. They levelled the divergent conditions.(그들은 여 러 조건을 균등하게 했다.)

d. They levelled out all social distinctions.(그들은 모 든 사회적 차이를 없애 버렸다.)

e. Death levels all men.(죽음은 만인을 평등하게 한 다.)

f. Two points to John levelled the score at 15 points each.(존에게 주어진 2점이 각각 15점에서 동점을 만들었다.)

g. His goal levelled the scores of the two teams.(그 의 득점이 양편의 점수를 동등하게 만들었다.)

h. David levelled the standard down to suit the need of less able students.(데이비드는 뒤떨어지는 학생 들의 필요를 맞추기 위해 기준을 하향 조정 했다.)

1.8. 다음 주어와 목적어는 사람이다. 주어는 목적어를 쓰러뜨리거나 넘어뜨린다.

(8) a. He levelled his opponent with one blow.(그는 상대 방을 한방에 때려 눕혔다.)

b. He levelled the guy, with the punch to the jaw.(그

는 그 녀석을 턱에 한방을 먹여 때려 눕혔다.)

c. The champ **levelled** the challenger.(그 챔피언은 도전자를 때려 눕혔다.)

1.9. 다음 주어는 개체이다. 주어는 목적어를 쓰러뜨린다.

(9) a. The punch **levelled** him.(그 주먹이 그를 때려 눕혔다.)

b. The blow **levelled** him to the earth.(그 일격은 그를 땅에 넘어지게 했다.)

1.10. 총을 어떤 목표에 겨눌 때는 지표와 거의 수평이 된다. 총을 수평 되게 한다는 것은 겨눈다는 뜻이다. 주어는 목적어를 겨눈다.

(10) a. He **levelled** his pistol at the target.(그는 권총을 목표물에 겨누었다.)

b. He **levelled** a gun at a lion.(그는 총을 사자에 겨누었다.)

c. The ship's gun **levelled** at the lighthouse.(그 배의 대포가 그 등대를 겨냥하였다.)

1.11. 총을 목표에 겨누어서 쏘면 실탄이 나간다. 다음에 쓰인 목적어는 환유적으로 실탄이다. 비판이나 시선 등이 이런 실탄으로 개념화된다.

(11) a. John **levelled** a sarcastic comment at his teacher.(존은 비아냥대는 말을 선생님에게 겨누었다.)

b. They **levelled** serious criticisms at the standard of teaching.(그들은 심각한 비판을 수업의 기준에 겨냥을 했다.)

c. He **levelled** a serious accusation at the policeman.(그는 심각한 비난을 경관에게 겨냥했다.)

d. The editorial **levelled** its remarks at the mayor.(그 논설은 그 비난을 시장에게 겨냥했다.)

e. He **levelled** his gaze at the stranger woman.(그는 눈길을 낯선 여인에게 보냈다.)

1.12. 다음은 수동태 문장으로 주어는 against의 목적어에 겨누어진다.

(12) a. Charges have been **levelled against** you.(고발들이 너에게 지워졌다.)

b. Serious charges were **levelled against** the minister.(심각한 고발이 장관에게 지워졌다.)

c. Several criminal charges have been **levelled against** the mayor.(몇 개의 형사 고발이 시장에게 겨냥되었다.)

d. Allegations of corruption were **levelled against** him.(부패에 관한 주장들이 그에게 겨냥되었다.)

1.13. 다음 주어는 목적어의 수준을 전치사 to의 목적어에 맞게 올리거나(up) 낮춘(down)다.

(13) a. He **levelled up/down** his speech to the audience.(그는 연설의 수준을 청중에게 올려/낮추어 맞추었다.)

b. He **levelled** the picture **with** the table.(그는 그림을 탁자와 맞추었다.)

2. 자동사 용법

2.1. 다음의 주어는 비행기이다. 주어는 일정한 고도에서 수평 상태로 움직인다.

(14) a. The jet **levelled off** at 10,000 feet.(그 제트기는 10,000피트 상공에서 높이를 일정하게 했다.)

b. The plane climbed 20,000 feet, and then **levelled off**.(그 비행기는 20,000피트 올라가서는 그 높이에서 머물러 있었다.)

c. Airplanes **level off** just before landing.(비행기들은 착륙하기 직전에 일정 높이에서 머무른다.)

d. The hill **levelled off** at 500 feet.(그 산은 500피트 높이에서 그대로였다.)

2.2. 다음의 주어는 수나 양이다. 주어는 평평한 상태로 된다.

(15) a. Stock prices rose sharply, but today they **levelled off/out**.(주가가 급격히 올랐으나, 오늘은 그대로였다.)

b. Oil prices **levelled off** at $25 a barrel.(유가가 1배럴당 25달러 선에서 멈추어 있었다.)

c. Housing prices **levelled off** this year.(주택 가격이 올해에는 그대로였다.)

d. Unemployment rose to 10% and then **levelled off**.(실업률이 10%까지 올랐는데, 그리고 나서는 그대로이다.)

e. Inflation has begun to **level off**.(물가 상승이 안정되기 시작했다.)

f. Sales have **levelled off** after a period of rapid growth.(판매는 빠른 성장기 이후로 정체되었다.)

g. Economic growth was starting to **level off**.(경제성장이 정체되기 시작하고 있었다.)

h. The support for the president **levelled off** at 45%.(대통령 지지율이 45%에서 머물렀다.)

2.3. 다음의 주어는 오르거나 내릴 수 있는 개체이다. 주어는 어느 지점에서 같은 수준으로 변화가 없이 뻗친다.

(16) a. The land **levelled out** into broad plains.(그 땅은 넓은 평원으로 고르게 뻗었다.)

b. The road began to **level out** there.(그 길은 거기에서 평평하게 뻗기 시작했다.)

c. After the long hill, the road **levelled out**.(긴 언덕 다음에 그 길은 평평하게 뻗었다.)

2.4. 다음 주어는 추상적 개체이다. 주어는 같은 수준에서 뻗친다.

(17) a. The younger trees grew faster, but the rates **levelled out** within two years.(더 어린 나무들은 더 빨리 자랐으나 성장률은 2년 안에 중단되었다.)

b. We expect the differences in their education attainment to gradually **level out**.(우리는 그들의 교육 정도에 있어서 차이가 점차 동등해지기를 기대한다.)

2.5. 주어는 목적어와 같은 수준에서 숨김없이 상호 작용한다.

(18) a. Let's **level with** each other.(서로 터놓고 이야기합시다.)

b. He finally **levelled with** me that he has no money and is desperate.(그는 결국 자기가 돈이 없고 절망적이라는 것을 내게 털어 놓았다.)

c. **Level with** me, and tell me what you thought of my cake.(나에게 있는 그대로 말하고, 내 케이크에 대해 네가 어떻게 생각하는지 말해봐.)

d. Let me **level with** you.(너한테 터놓고 말하게 해줘.)

e. Finally, she **levelled with** them, and admitted her guilt.(결국, 그녀는 그들에게 있는 그대로 말했고, 자신의 죄를 인정했다.)
f. You must **level with** the kids.(당신은 아이들에게 있는 그대로 말해야 한다.)
g. **Level with** me--how much will it cost?(사실을 말해봐--그거 얼마가 드는데?)

levitate
이 동사의 개념 바탕에는 공중에 뜨는 과정이 있다.

1. 자동사 용법
1.1. 다음 주어는 공중에 뜬다.
(1) a. The dancer seemed to **levitate** in the air.(그 무용수는 공중에 뜨는 것 같이 보였다.)
　b. The glass ball magically **levitated** above the table.(그 유리 공은 마법같이 탁자 위에 떴다.)

2. 타동사 용법
2.1. 다음 주어는 목적어를 공중에 띄운다.
(2) a. The magician appeared to **levitate** several people.(그 마법사는 몇몇 사람들을 공중에 띄우는 것 같았다.)
　b. A magician **levitated** a chair in the air on the stage by waving his hands.(마술사가 의자 하나를 무대 위에서 손을 흔들어서 공중에 띄웠다.)
　c. The magician **levitated** the glass ball above the table.(그 마술사는 유리공을 탁자 위에 띄웠다.)

levy
이 동사의 개념 바탕에는 부담을 지워서 거두는 과정이 있다.

1. 타동사 용법
1.1. 다음 주어는 목적어를 on의 목적어에 지운다.
(1) a. The city **levied** a heavy tax on the company.(그 시는 그 회사에 무거운 세금을 부과했다.)
　b. The government **levied** a heavy duty on imports.(정부는 무거운 관세를 수입품에 부과했다.)
　c. The government **levied** a new tax on tobacco.(정부는 새 관세를 담배에 부과했다.)
　d. The city **levied** a large fine.(그 시는 많은 범칙금을 부과했다.)
1.2. 다음은 수동태 문장으로 주어는 부과된다.
(2) a. A new tax has been **levied on** all electrical goods.(새 세금이 모든 전자 제품에 부과되었다.)
　b. A 15% tax is **levied on** most hotel services.(15%의 세금이 대부분의 호텔 서비스에 부과된다.)
1.3. 다음 주어는 목적어를 지운다.
(3) The country **levied** a war **against/on** the enemy.(그 나라에서는 전쟁을 적에게 시작했다.)

license
이 동사의 개념 바탕에는 license의 명사 '면허'가

있다.

1. 타동사 용법
1.1. 다음 주어는 목적어를 허가한다.
(1) a. The city **licensed** the hotdog stands.(그 도시는 핫도그 노점들을 허가했다.)
　b. The government **licensed** the new drug.(그 정부는 새 약을 허가했다.)
1.2. 다음 주어는 목적어를 허가하여 to부정사가 가리키는 일을 하게 한다.
(2) a. The city **licensed** me to open a restaurant.(그 시는 나에게 면허를 주어 식당을 열게 했다.)
　b. The government **licensed** the company to produce the drug.(정부는 그 회사를 허가하여 그 약을 생산할 수 있게 했다.)
1.3. 다음은 수동태 문장으로 주어는 부정사가 가리키는 일을 할 수 있게 된다.
(3) a. Are they **licensed to** fish?(그들은 낚시할 허가를 받았니?)
　b. This restaurant was **licensed to** sell alcohol.(이 음식점은 주류를 팔 수 있는 허가를 받았다.)

lick
이 동사의 개념 바탕에는 핥는 과정이 있다.

1. 타동사 용법
1.1. 다음 주어는 목적어를 핥는다.
(1) a. He **licked** a postage stamp.(그는 우표를 핥았다.)
　b. He **licked** the envelope seal.(그는 봉투 봉인을 핥았다.)
　c. The girl **licked** the ice cream cone.(그 소녀는 아이스크림 콘을 핥았다.)
　d. The dog **licked** its paw.(그 개는 자기 발을 핥았다.)
1.2. 다음 주어는 목적어를 핥는다. 핥으면 목적어는 새 상태에 이른다.
(2) a. The baby **licked** the spoon **clean**.(그 아기는 숟가락을 깨끗하게 핥았다.)
　b. The dog **licked** the plate **clean**.(그 개는 접시를 깨끗하게 핥았다.)
1.3. 다음 은유적 표현으로 불길은 혀로 개념화되고 있다. 불길과 혀는 붉고, 불길은 혀와 같이 널름거린다. 다음 주어는 목적어를 핥는다.
(3) a. The flames were **licking** the roof of the burning house.(그 불길은 타고 있는 집의 지붕을 핥고 있었다.)
　b. The flames **licked** the burning logs.(그 불길은 타고 있는 통나무들을 핥았다.)
　c. The flame **licked** the curtain.(그 불길이 커튼을 핥았다.)
　d. The waves **licked** the shore.(그 파도가 해안을 핥았다.)
1.4. 다음 주어는 목적어를 핥는다. 목적어는 표면에 묻어있는 개체이다.
(4) a. The cat **licked up** her milk.(그 고양이는 자기 우유

를 싹 핥았다.)

b. He **licked** up the sugar.(그는 설탕을 다 핥았다.)

1.5. 다음 주어는 목적어를 핥는다. 목적어는 핥아지는
개체이다.

(5) a. The cat **licked** the cream from a dish.(그 고양이는
크림을 접시에서 핥아 먹었다.)

b. He **licked** the chocolate off the biscuit.(그는 초콜
릿을 과자에서 싹 핥아 먹었다.)

c. The child **licked** the jam off the spoon.(그 아이는
잼을 숟가락에서 다 핥아 먹었다.)

d. He **licked** the honey off his lips.(그는 꿀을 입술에
서 싹 핥아냈다.)

1.6. 핥다는 '때리다'의 뜻으로 확대된다. 주어는 목적
어를 out of의 목적어에서 핥아낸다.

(6) a. I cannot **lick** the fault out of him.(내가 그를 때려서
결점을 고칠 수는 없다.)

1.7. 다음 주어는 목적어를 이긴다.

(7) a. We **licked** their team fair and clean.(우리는 그들의
팀을 공정하고 깨끗하게 이겼다.)

b. It **licked** me how he did it.(그가 어떻게 그것을 했
는지 나로서는 알 수가 없다.)

c. Bill **licked** his alcohol problem.(빌은 자신의 알코올
문제를 극복했다.)

2. 자동사 용법

2.1. 다음 동사는 전치사 at 와 같이 쓰였다. 이 전치사
는 핥는 과정이 목적어에 부분적으로 미치는 과정
을 그린다.

(8) a. The cat was **licking** at its fur.(그 고양이는 자기 털
을 핥고 있었다.)

b. Flames are **licking** at the branches.(불꽃이 나뭇가
지들에 널름거리고 있다.)

lie

이 동사의 개념 바탕에는 눕는 과정이 있다.

1. 자동사 용법

1.1. 다음 주어는 눕는다.

(1) a. He **lay** on his back/on his side.(그는 등/옆구리를
바닥에 대고 누웠다.)

b. He **lay** on his face downwards.(그는 얼굴을 바닥
에 대고 누웠다.)

1.2. 다음 주어는 영구적으로 누워있다.

(2) a. His body **lies** in the churchyard.(그의 시신은 그 교
회의 뜰에 묻혀 있다.)

b. He **lies** in Washington.(그는 워싱턴에 묻혀 있다.)

1.3. 다음 주어는 서거나 앉았던 자세에서 눕는다.

(3) a. I'm tired; I must **lie** down.(나는 피곤하다; 누워야
겠다.)

b. The wounded man was **lying** down on the battle
field.(부상 당한 사람은 전쟁터에 누워 있었다.)

c. He **lay** on the grass, enjoying the sunshine.(그는
풀밭에 누워서 햇빛을 즐기고 있었다.)

d. The dog is **lying** on the ground.(그 개는 마당에 누
워 있다.)

1.4. 다음 주어는 수평으로 놓인다.

(4) a. The book is **lying** on the table.(그 책은 식탁 위에
놓여 있다.)

b. The bicycle **lay** on the wet grass. (그 자전거는 물
기 있는 풀밭에 놓여 있었다.)

c. The fleet **lay** off the head land.(그 함대는 갑(岬)에
서 떨어져 있었다.)

1.5. 다음 주어는 넓게 퍼져서 어떤 자리에 있다.

(5) a. The village **lay** across the river.(그 마을은 강 건너
에 놓여 있었다.)

b. The road **lies** among the trees.(그 길은 나무들 사
이에 놓여 있다.)

c. The valley **lay** before us.(그 계곡이 우리 앞에 놓
여 있었다.)

d. The town **lies** to the east of us.(그 읍내는 우리의
동쪽에 놓여 있다.)

e. Iceland **lies** to the west of England.(아이슬란드는
영국의 서쪽에 놓여 있다.)

f. Where does the park **lie**?(그 공원은 어디에 있습니
까?)

1.6. 다음 주어는 추상적이나 구체적인 개체로 개념화
되어 놓이는 것으로 표현되어 있다.

(6) a. If you're young, life still **lies** before you.(네가 젊
으면, 인생은 아직 네 앞에 놓여 있다.)

b. The truth **lies** somewhere between the two
statements of the men.(그 진실은 그 사람들이 한
두 진술 사이 어디엔가에 놓여 있다.)

c. The trouble **lies** in the engine.(그 문제는 엔진에
놓여 있다.)

d. The answer **lies** in not putting too much pressure
on him.(그 해답은 지나친 압력을 그에게 가하지 않
는 데 있다.)

e. I'll do everything that **lies** in my power.(나는 힘
안에 있는 모든 것을 하겠다.)

f. The money **lies** in the bank.(그 돈은 은행에 있
다.)

g. A curse has always **lain** over that family.(저주가
그 가정에 덮여 있었다.)

1.7. 다음 주어는 with의 목적어 있다.

(7) a. The responsibility **lies** with the driver.(그 책임은
운전사에게 있다.)

b. The decision **lies** with you.(그 결정은 네게 있다.)

1.8. 다음 주어는 어떤 상태에 놓여, [상태는 장소] 은
유가 적용되어 있다.

(8) a. The food **lay** heavy on the stomach.(그 음식이 위
에 부담을 주고 있었다.)

b. The snow **lay** thick on the ground.(그 눈이 두껍게
땅에 깔려 있었다.)

c. The tool **lay** unused.(그 연장은 안 쓰인 상태로 있
었다.)

d. The goods **lay** wasting in the warehouse.(그 상품
은 창고에서 가치가 떨어지는 상태로 있었다.)

1.9. 다음 주어는 어떤 상태로 누워 있다.

(9) a. He **lay** asleep/ill in bed.(그는 졸면서/아파서 누워
있었다.)

b. He **lay** still and happy.(그는 가만히 그리고 행복한

상태로 누워 있었다.)

    c. She lay guilt.(그녀는 죄를 쓰고 있었다.)

1.10. 다음은 [상태는 장소] 은유가 적용된 예이다. 주어는 어떤 장소에 있듯이 어떤 상태에 놓여 있다.

(10) a. The land lay waste/idle.(그 땅은 황폐하게/경작되지 않고 있었다.)

    b. The coast lay undefended and open to attack.(그 해안은 방어가 안 되어서 공격을 받을 수 있는 상태에 있었다.)

    c. The field lay thickly covered with snow.(그 밭은 두껍게 눈으로 덮여 있었다.)

1.11. 다음에서 상태는 과거분사로 표현되어 있다.

(11) a. The animals lay hidden.(그 동물들은 숨어 있었다.)

    b. Others lay wounded(다른 사람들은 상처를 입고 있었다.)

1.12. 다음에서 상태는 전치사구로 표현되어 있다.

(12) a. The town lay in ruins.(그 마을은 폐허 속에 있었다.)

    b. The city lay in ruins after the earthquake.(그 도시는 지진 후에 폐허 속에 있었다.)

---

lift

이 동사의 개념 바탕에는 들어 올리는 과정이 있다.

1. 타동사 용법

1.1. 다음 주어는 목적어를 든다.

(1) a. Please lift the box and put it on the table.(그 상자를 들어서 탁자 위에 놓아줘.)

    b. The box was so heavy I couldn't lift it.(그 상자는 너무 무거워서 내가 들 수 없었다.)

1.2. 다음 주어는 목적어를 전치사 from, off 이나 out of 의 목적어에서 들어 올린다.

(2) a. He lifted the baby from his crib.(그는 그 아기를 유아용 침대로부터 들어 올렸다.)

    b. I lifted the boy down from the tree.(나는 그 소년을 나무로부터 들어 내렸다.)

    c. He lifted the case off the ground to see how heavy it was.(그는 그 가방이 얼마나 무거운지 보기 위해 그것을 땅으로부터 들어 올렸다.)

    d. She lifted the baby out of the cot.(그녀는 그 아기를 유아용 침대 밖으로 들어 올렸다.)

    e. He lifted himself out of the chair.(그는 자신을 그 의자에서 들어 올렸다/일어났다.)

1.3. 다음 주어는 목적어를 들어서 전치사 in, onto, to 의 목적어에 놓는다.

(3) a. I lifted down my suitcase and opened it.(나는 옷가방을 들어 내려서 열었다.)

    b. We'll have to lift the box down from the top shelf.(우리는 그 상자를 맨 위 선반에서 들어 내려야 한다.)

    c. He lifted the baby in his arm.(그는 아기를 팔에 안아 올렸다.)

    d. He lifted the table through into the kitchen.(그는 탁자를 들어서 부엌 안으로 옮겼다.)

    e. He lifted the child onto the chair.(그는 아이를 들

어서 의자 위에 놓았다.)

    f. He lifted the telescope to his eyes.(그는 그 망원경을 눈으로 들어 올렸다.)

    g. He lifted the trophy to the crowd.(그는 그 트로피를 관중에게 들어 올렸다.)

    h. He lifted his hat to the lady.(그는 모자를 그 부인에게 쳐들며 인사했다.)

    i. He lifted the little girl up to his shoulders.(그는 그 작은 소녀를 어깨로 들어 올렸다.)

1.4. 다음은 수동태 문장으로 주어는 공수된다.

(4) More troops are being lifted into the area as the fighting spread.(더 많은 군인들이 전쟁이 퍼지면서 그 지역으로 우송되고 있다.)

1.5. 다음 주어는 전치사 from, out of, to의 목적어의 위치로 들어올린다.

(5) a. He lifted himself from the poverty.(그는 자신을 가난으로부터 일으켜 세웠다.)

    b. We must lift them out of barbarism.(우리는 그들을 미개함에서 들어 올려야 한다.)

    c. He lifted her out of obscurity.(그는 그녀를 무명에서 들어 올렸다.)

    d. They lifted him to fame.(그들은 그를 명성에 들어 올렸다.)

1.6. 다음 주어는 목적어를 까딱한다.

(6) a. He did not lift a finger to help the hurt neighbor.(그는 다친 이웃을 돕기 위해 손가락 하나도 까딱하지 않았다.)

    b. He didn't lift a hand.(그는 손도 까딱하지 않았다.)

    c. We lifted both hands in a gesture of despair.(우리는 두 손을 절망의 몸짓으로 들었다.)

    d. He lifted his arms out to the sides.(그는 팔을 옆으로 들어 올렸다.)

    e. Lift those knees higher.(그 무릎을 더 높이 올려.)

1.7. 다음 주어는 목적어를 들어 올린다. 목적어는 시선이다.

(7) a. He lifted his gaze from his book for a minute.(그는 시선을 책으로부터 잠시 들어 올렸다.)

    b. He lifted up his face.(그는 얼굴을 들어 올렸다.)

    c. He lifted his eyes to the heavens.(그는 시선을 하늘로 들어 올려다 보았다.)

    d. He lifted up his heart/spirit.(그는 마음/기운을 들어 올렸다.)

1.8. 다음 주어는 목적어를 올린다. 목적어는 소리이다.

(8) a. They lifted their voices against us.(그들은 우리를 대항하여 목소리를 높였다.)

    b. They lifted their voices and sang.(그들은 목소리 높여 노래했다.)

1.9. 다음 주어는 목적어를 들어 올려 제거한다.

(9) a. He lifted anxiety from her.(그는 근심을 그녀에게서 덜어 주었다.)

    b. He took the drug to lift depression.(그는 우울증을 덜기 위해 약을 복용했다.)

    c. A load was lifted from his heart.(짐이 그의 마음에서 덜어졌다.)

1.10. 다음 주어는 목적어를 들어서 제거한다.

(10) a. The amendment to the constitution lifted the ban on alcohol.(그 헌법 개정안은 금주법을 폐지했다.)

b. The court lifted the ban on cigarette smoking in the hallways.(그 법정은 복도에서 흡연 금지를 폐지했다.)

c. They lifted the ban on the book.(그들은 그 책의 판금을 해제했다.)

d. TV channels refused to lift the ban on cigarette advertising.(TV 채널들은 담배 광고의 금지를 폐지하는 데 반대하였다.)

e. The government lifted some restrictions on imported goods.(정부는 수입품에 대한 몇 가지 제한을 해제하였다.)

f. The police lifted the blockade.(경찰은 그 봉쇄를 풀었다.)

g. They lifted the tariff.(그들은 관세를 폐지하였다.)

1.11. 다음은 수동태 문장으로 주어는 해제된다.

(11) The 50-mph restriction is to be lifted.(시속 50-마일 제한은 풀려야 한다.)

1.12. 다음 주어는 목적어를 빼들어 올린다.

(12) a. He was caught lifting the woman's wallet.(그는 여자의 지갑을 훔치다 잡혔다.)

b. She lifted a dress from the store.(그녀는 드레스 한 벌을 가게에서 훔쳤다.)

c. Someone lifted my coat from the rack.(누군가가 내 코트를 옷걸이에서 훔쳐 갔다.)

d. The starving man lifted a few candy bars at the drug store.(굶주리던 남자는 몇 개의 캔디바를 약국에서 훔쳤다.)

e. The thief was caught lifting a car stereo.(그 도둑은 자동차의 스테레오를 훔치다 잡혔다.)

1.13. 다음 주어는 목적어를 턴다. 목적어는 장소이다.

(13) He lifted the shop.(그는 가게를 털었다.)

1.14. 다음 주어는 목적어를 표절한다.

(14) a. Composers in those days always lifted tunes from each other's work.(그 시대의 작곡가들은 항상 곡조를 서로의 작품에서 따왔다.)

b. He lifted the passage from Milton.(그는 구절을 밀턴에서 따왔다.)

c. The author lifted the characters and plot from another writer's novel.(그 작가는 등장 인물과 구성을 다른 작가의 소설로부터 표절했다.)

d. The lazy student lifted his whole piece of work from another work.(게으른 학생은 숙제 전부를 다른 숙제로부터 베꼈다.)

1.15. 다음은 수동태 문장으로 주어는 표절된다.

(15) All his main ideas in the article were lifted from other works.(기사의 모든 중심 생각은 다른 글로부터 표절되었다.)

1.16. 다음 주어는 목적어를 늘린다.

(16) This policy lifted Canadian exports of wheat and flower.(이 정책은 캐나다의 밀과 꽃의 수출을 늘렸다.)

1.17. 다음 주어는 목적어를 캔다.

(17) They are lifting potatoes.(그들은 감자를 캐고 있다.)

2. 자동사 용법

2.1. 다음 주어는 걷힌다.

(18) a. I stayed indoors until the smog lifted.(나는 매연이 걷힐 때까지 실내에 머물렀다.)

b. The plane took off after the fog lifted.(그 비행기는 안개가 걷힌 후 이륙했다.)

c. The storm seems to be lifting.(그 폭풍은 걷히는 듯 하다.)

2.2. 다음 주어는 들어올려진다.

(19) a. The cover doesn't lift.(그 뚜껑이 들어 올려지지 않는다.)

b. The top of the box won't lift.(그 상자의 뚜껑이 들어 올려지지 않는다.)

c. The window will not lift.(창문은 들어 올려지지 않는다.)

2.3. 다음 주어는 이륙한다.

(20) a. The plane lifted from the airport.(그 비행기는 공항으로부터 이륙했다.)

b. The plane lifted into the air.(그 비행기가 이륙하여 공중으로 날아갔다.)

2.4. 다음 주어는 제거된다.

(21) a. The pain is beginning to lift now.(그 고통은 이제 사라지기 시작한다.)

b. His depression lifted quickly.(그의 우울증은 재빨리 사라졌다.)

2.4. 다음 주어는 전치사 at의 목적어를 들어 보려고 한다.

(22) He lifted at the heavy stone.(그는 무거운 돌을 들어 올려 보았다.)

light¹

light는 열과 빛을 동시에 갖는다. 그러므로 이 동사의 뜻은 열과 빛과 관계가 있다.

1. 타동사

1.1. 다음 주어는 목적어를 밝힌다.

(1) a. Gas lamps lighted the street.(가스 램프가 그 길을 밝혔다.)

b. The fire lighted up everything for miles around.(그 불이 몇 마일 주위의 모든 것을 밝혔다.)

c. A flash light was enough to light our way to the bar along the path.(손전등 하나가 길을 따라 술집까지의 길을 밝히는 데 충분했다.)

d. The car's headlights lighted up the area ahead.(자동차의 헤드라이트는 우리 앞쪽을 환하게 밝혔다.)

e. The burning building lighted the whole district.(타는 건물이 그 지역 전체를 밝혔다.)

f. Electricity lights our houses.(전기가 우리의 집들을 밝힌다.)

1.2. 다음에 쓰인 up는 주어가 목적어를 밝게 하여 환하게 된 결과를 나타낸다.

(2) a. The full moon lighted up the night time sky.(그 보름달은 밤하늘을 환하게 밝혔다.)

b. Fireworks lighted up the sky with explosions of

red and gold.(불꽃놀이 불이 하늘을 빨강과 노랑의 폭발로 환하게 했다.)

c. The fire was blazing and lit up the sky.(그 불은 환하게 타올라서 하늘을 환하게 했다.)

1.3. 다음 주어는 목적어를 환하게 한다.

(3) a. The good news lighted up Sue's face.(좋은 소식은 수의 얼굴을 환하게 했다.)

b. The funny clown lighted the children's eyes.(우스운 어릿광대는 그 아이들의 눈을 빛나게 했다.)

c. He lit the gloom.(그는 우울을 환하게 했다.)

1.4. 다음은 수동태 문장으로 주어는 환하게 된다.

(4) He was lighted up with happiness.(그는 행복으로 환하게 되었다.)

1.5. 다음은 수동태 문장으로 주어는 환하게 밝혀진다.

(5) a. The car was lighted up inside.(그 차는 안이 환하게 켜져 있었다.)

b. The room/the hall was brightly lighted.(그 방/강당은 환하게 불이 켜져 있었다.)

c. The room is lighted by four windows.(그 방은 네 개의 창문으로 환하게 된다.)

d. His bedroom was lighted by a bare electric light bulbs.(그의 침실은 알전구로 밝혀졌다.)

e. The stage is lighted by several powerful spotlights.(그 무대는 몇 개의 강한 조명으로 밝혀진다.)

1.6. 다음 주어는 목적어를 전치사 with의 목적어로 밝힌다.

(6) a. Let's light the room with candles.(그 방을 촛불로 밝힙시다.)

b. At night we light the sides of the house to keep burglars away.(밤에 우리는 도둑을 쫓기 위해 집 옆을 밝힌다.)

1.7. 다음의 주어는 사람이고 목적어는 불이 켜지거나 불이 붙은 개체이다.

(7) a. We lit the oil lamp.(우리는 기름 램프를 켰다.)

b. He lit the furnace.(그는 화로를 켰다.)

c. She lit the gas and put a pot of soup on the cooker.(그녀는 가스를 켜고 국 항아리를 난로 위에 얹었다.)

d. A watchman came into the hut and lit a log fire for us.(경비원 한 명이 들어와서 통나무 불을 우리를 위해 켰다.)

e. He hunched down to light a cigarette.(그는 구부려서 담배를 붙였다.)

1.8. 다음 주어는 목적어를 불을 밝혀 이동하게 한다.

(8) a. I lighted him up the stairs to his bedroom with a candle.(나는 그에게 촛불을 비춰서 그 계단을 올라가서 침실로 가게 했다.)

b. He is employed to light people through the dark alleys.(그는 불을 비춰서 그 어두운 골목들을 사람들이 지나게 하도록 고용된다.)

c. Please light the ladies downstairs.(불을 밝혀서 그 부인들을 아래로 내려가게 해주세요.)

2. 자동사 용법

2.1. 다음의 주어는 불빛을 받고 환하게 된다.

(9) a. The sky lights up at sunrise/at dawn.(하늘은 새벽에 환하게 빛난다.)

b. The sky lights up about five in summer.(하늘은 아침 다섯 시에 여름에는 밝는다.)

c. The street has lighted up.(거리들이 환해졌다.)

d. The room lights up when she walks in.(방은 그녀가 들어오자 환해진다.)

2.2. 다음 주어는 빛난다. 주어는 얼굴 표정이나 눈빛이다.

(10) a. Her face lighted up at the sight of the friend.(그녀의 얼굴은 친구를 보고 환해졌다.)

b. Her face lighted up with pleasure.(그녀의 얼굴은 기쁨으로 환해졌다.)

c. The children's eyes lighted with excitement.(그 아이들의 눈들이 흥분으로 빛났다.)

d. Her eyes lighted up when I mentioned his name.(내가 그녀의 이름을 언급하자 그녀의 눈이 빛났다.)

2.3. 다음 주어는 불이 켜진다.

(11) a. The table lamp won't light.(그 식탁 램프가 켜지지 않는다.)

b. The neon sign lighted up after dark.(네온사인은 어두워지자 켜졌다.)

2.4. 다음 주어는 불이 붙는다.

(12) a. The oven won't light for some reason.(오븐은 어떤 이유로 켜지지 않는다.)

b. These wet logs won't light.(이 젖은 통나무는 불이 붙지 않는다.)

c. I think the match is damp because it won't light.(나는 성냥이 젖어서 불이 붙지 않은 것이라 생각한다.)

d. Dry grass lights easily.(마른 풀은 불이 잘 붙는다.)

2.5. 다음의 주어는 사람이고 목적어는 표현되지 않았다. 그러나 목적어는 화맥이나 문맥으로부터 담배임을 알 수 있다.

(13) a. The moment I lit up, the train appeared around the corner.(내가 담배에 불을 붙이는 순간, 그 기차가 모퉁이를 돌아왔다.)

b. He took out a pipe and lit up.(그는 파이프를 꺼내서 불을 붙였다.)

c. After Macy lit up, Susan asked her to put out the cigarette.(메이시가 담배에 불을 붙이자, 수잔이 그녀에게 담배를 끄라고 했다.)

d. He struck a match and lit up.(그는 성냥을 켜서 담배를 붙였다.)

light²

이 동사의 개념 바탕에는 내려앉는 과정이 있다.

1. 자동사 용법

1.1. 다음 주어는 내려앉는다.

(1) a. The birds lighted on the branch.(새들은 가지에 앉았다.)

b. His eyes lit on the whisky bottle.(그의 눈길은 위스키 병에 앉았다.)

c. Her eyes lit up on the piece of the paper.(그녀의

눈길은 종이에 앉았다.)

lighten

이 동사의 개념 바탕에는 가볍게 되는 과정이 있다.

1. 타동사 용법
1.1. 다음 주어는 목적어를 가볍게 한다.
(1) a. I lightened my load because it was too heavy to carry.(나는 내 짐이 운반하기에 너무 무거워 그것을 가볍게 했다.)
b. He lightened the horse's load.(그는 그 말의 짐을 가볍게 했다.)
c. Jane lightened my burden by carrying half of my luggage.(제인은 내 짐을 그것의 반을 운반해줌으로써 가볍게 해 주었다.)
d. The measures will lighten the burden on small businesses.(그 조처들을 소기업체들에게 지워진 부담을 덜어줄 것이다.)
e. The government lightened taxes.(정부는 세금을 낮췄다.)

1.2. 다음 주어는 목적어를 가볍게 한다.
(2) a. He lightened his boat.(그는 배를 가볍게 했다.)
b. They lightened their sled by throwing off extra weight.(그들은 여분의 무게를 버려서 그 썰매를 가볍게 했다.)

1.3. 마음은 그릇으로 개념화되어, 이것은 가볍거나 무거울 수 있다.
(3) a. Such news lightens my heart.(이런 소식은 내 마음을 가볍게 한다.)
b. The arrival of springtime lightens people's spirits.(그 봄의 도착은 사람들의 마음을 가볍게 한다.)

1.4. 분위기도 가볍거나 무거울 수 있다.
(4) a. The painter lightened the color by adding some water.(그 화가는 물을 타서 색깔을 옅게 했다.)
b. She told a joke to lighten the atmosphere.(그녀는 분위기를 가볍게 하기 위해 농담했다.)
c. I lightened the dark room by painting it white.(나는 어두운 방을 흰색으로 칠해 가볍게 했다.)

2. 자동사 용법
2.1. 다음 주어는 가벼워진다.
(5) My class load lightened when I dropped linguistics.(내 수업 부담이 내가 언어학 수업을 취소하자 줄어들었다.)

2.2. 다음 주어는 기분이나 분위기이다.
(6) Her mood gradually lightened.(그녀의 기분은 점점 가벼워졌다.)

2.3. 다음 주어는 기분이 가벼워진다.
(7) a. Come on, Bill. Lighten up.(이리와, 빌. 기운 내라구.)
b. I asked Bill to lighten up because he was depressing me.(그가 나를 우울하게 하고 있어서 난 빌에게 기운내라고 했다.)

2.4. 다음 주어는 색깔과 관계가 된다.
(8) a. Her face lightened when someone mentioned her name.(그녀의 얼굴은 누군가 그녀의 이름을 호명하

자 밝아졌다.)
b. As the sky lightened, we were able to see where we were.(하늘이 밝아지자, 우리가 어디에 있는지 알 수 있었다.)
c. The deep red shirt lightened when I washed it.(아주 붉은 셔츠는 내가 세탁을 하자 옅어졌다.)

like

이 동사의 개념 바탕에는 좋아하는 과정이 있다.

1. 타동사 용법
1.1. 다음 주어는 목적어를 좋아한다.
(1) a. Michael does not like me.(마이클은 나를 좋아하지 않는다.)
b. Which do you like better, tea or coffee?(차와 커피 중에 어떤 것을 더 좋아하니?)
c. I liked the place and decided to stay.(나는 그 장소를 좋아해서 머물기로 결정했다.)
d. I like your new dress/school.(나는 너의 새 옷/학교를 좋아한다.)

1.2. 다음 주어가 좋아하는 일이 부정사로 표현되어 있다.
(2) a. I would like to see it again.(나는 그것을 다시 보고 싶다.)
b. He likes to play tennis.(그는 테니스 치는 것을 좋아한다).
c. I like to visit her as often as possible.(나는 그녀를 가능한 한 자주 방문하는 것을 좋아한다.)

1.3. 다음에서는 주어가 좋아하는 일이 동명사로 표현되어 있다.
(3) a. The children like watching TV.(아이들은 텔레비전 보는 것을 좋아한다.)
b. I don't like interrupting him when he has visitors.(그가 손님이 있을 때 나는 그를 방해하고 싶지 않다.)
c. He likes playing tennis.(그는 테니스 치는 것을 좋아한다.

limber

이 동사의 개념 바탕에는 몸을 푸는 과정이 있다.

1. 자동사 용법
1.1. 다음 주어는 몸을 푼다.
(1) a. He limbered up before the game.(그는 경기 전에 몸을 풀었다.)
b. He limbers up quickly when he skates.(그는 스케이트 할 때 몸이 빨리 풀린다.)

2. 타동사 용법
2.1. 다음 주어는 목적어를 푼다.
(2) a. He limbered his arm up before throwing the ball.(그는 공을 던지기 전에 팔을 풀었다.)
b. He limbers up his muscles by stretching before he runs.(그는 근육을 달리기 전에 당겨서 푼다.)
c. The violinist limbered up his fingers.(그 바이올리

니스트는 손가락을 풀었다.)
d. Exercise **limbers up** the fingers. (운동은 손가락을
풀리게 한다.)

limit

이 동사의 개념 바탕에는 limit의 명사 '한계'가 있다.
동사의 의미는 이 명사와 관계가 있다.

1. 타동사 용법
1.1. 다음 주어는 목적어를 전치사 to의 목적어에 국한
시킨다.
(1) a. She **limited** her telephone conversation **to** three
minutes. (그녀는 자신의 전화 통화를 3분으로 제한
했다.)
b. **Limit** your talk/visit/answer **to** five minutes. (당신
의 이야기/방문/답변을 5분으로 제한하시오.)
c. We have **to limit** our time in each place **to** three
minutes. (우리는 각각의 장소에서 시간을 3분으로
제한해야 한다.)
d. I have been asked **to limit** my speech **to** ten
minutes. (나는 연설을 10분으로 제한해 달라는 요
청을 받았다.)
1.2. 다음은 수동태 문장으로 주어는 to의 목적어에 제
한된다.
(2) a. His speech was **limited to** one minute. (그의 연설
은 일분으로 제한되었다.)
b. Social conversations should be **limited to** a short
period of time. (사교적인 대화는 짧은 시간으로 제
한되어야 한다.)
1.3. 다음의 목적어는 양이나 수에 관계가 있다. 주어
는 목적어를 전치사 to의 목적어가 가리키는 양이
나 수에 한정시킨다.
(3) a. I must **limit** my living expenses **to** $500 a week.
(나는 생활비를 일주일에 500달러로 제한해야 한
다.)
b. We must **limit** you **to** three potatoes. (우리는 당신
에게 감자 3개로 제한을 두어야 합니다.)
c. He **limited** one sentence **to** fifteen words. (그는 한
문장을 15단어로 제한했다.)
d. I am **limiting** my observation **to** Christian faith. (나
는 소견을 기독교적 믿음에 제한하고 있다.)
1.4. 다음은 수동태 문장으로 주어는 to의 목적어에 한
계가 주어진다.
(4) a. Violent crimes are not **limited to** big cities. (폭력범
죄가 대도시에만 국한되어 있지 않다.)
b. The problem is not **limited to** Korea. (그 문제는 한
국에만 있지 않다.)
c. Her travelling has been **limited to** a few Korean
cities. (그녀의 여행은 한국의 몇 도시에만 국한되어
있다.)
d. Many slang expressions are **limited to** certain
small areas. (많은 속어 표현은 작은 지역에 국한되
어 있다.)
e. The teaching of history should not be **limited to**
dates and figures. (역사 교육은 날짜와 인물들에만

한정되어서는 안 된다.)
f. The contest is **limited to** amateurs. (그 대회는 비전
문가에게 제한되어 있다.)
g. Families are **limited to** four free tickets. (가족들은
무료 티켓이 4장으로 제한되어 있다.)
1.5. 다음 목적어는 재귀대명사이다. 주어는 자신이 하
는 일을 전치사 to의 목적어에 한정시킨다.
(5) a. He **limits** himself **to** 20 units of alcohol a day. (그는
자신을 하루 20 단위의 알코올에 제한했다.)
b. He **limited** himself **to** ten cigarettes a day. (그는 자
신을 하루에 10가치의 담배에 제한했다.)
c. She **limited** herself **to** three cups of coffee a day.
(그녀는 자신을 하루에 3잔의 커피에 제한을 두었다.)
d. I shall **limit** myself **to** one small topic. (나는 자신을
하나의 작은 주제에 제한할 것이다.)
e. We must **limit** ourselves **to** one hour/**to** one cake
each. (우리는 각자를 한 시간/케이크 한 조각씩
제한을 두어야 합니다.)
f. You must **limit** yourself **to** two suitcases if you
want to travel by plane. (당신은 비행기로 여행하기
를 원한다면 가방은 두 개까지로 제한해야 합니다.)
g. Concerned about her weight, she **limited** herself
to two meals a day. (자신의 몸무게에 대해 염려하
여, 그녀는 자신을 하루에 두 끼로 제한했다.)
h. We must **limit** ourselves **to** one gallon of water a
day. (우리는 자신을 하루에 1갤런의 물로 제한해야
합니다.)
1.6. 다음은 수동태 문장으로 주어는 전치사 to의 목적
어에 제한된다.
(6) His enjoyment in life is **limited to** fighting and
drinking. (삶에 있어서 그의 기쁨은 싸움과 음주에 한
정된다.)
1.7. 다음 주어는 목적어를 제한한다.
(7) a. We must **limit** the amount of time we spend on
this work. (우리는 이 일에 들일 시간을 한정해야 합
니다.)
b. We must **limit** our spending. (우리는 지출을 한정해
야 합니다.)
c. The medicine will **limit** the spread of your
infections. (그 약은 당신의 감염이 번짐을 막을 것
이다.)
d. The measures will **limit** the carbon dioxide
emissions from cars. (그 조치는 자동차에서 배출
되는 이산화탄소를 제한할 것이다.)
e. The amount of money you have to spend will **limit**
your choice. (당신이 써야 하는 돈의 양은 선택을
제한할 것이다.)
1.8. 다음 목적어는 환유적으로 쓰여서 어느 사람의 행동
이나 자유를 가리킨다. 주어는 목적어를 제한한다.
(8) a. Why should the country **limit** me this way? (왜 국
가는 나를 이런 식으로 제한해야 하는가?)
b. Having so little money to spend on an apartment
will **limit** you. (아파트에 쓸 돈이 너무도 적다는 것은
당신을 제한할 것이다.)

limp

이 동사의 개념 바탕에는 절뚝거리는 과정이 있다.

1. 자동사 용법

1.1. 다음 주어는 절뚝거린다.

(1) a. He **limped** after his skiing accident.(그는 그 스키 사고가 난 후에 절뚝거렸다.)

    b. After my knee injury, I **limped** for several days. (내 무릎 상처 후에, 나는 며칠 동안 절뚝거렸다.)

1.2. 다음 주어는 절뚝거리며 움직인다.

(2) a. The injured player **limped off** the field.(그 부상당한 선수는 경기장을 절뚝거리며 나왔다.)

    b. The bruised player **limped toward** the locker room.(타박상을 입은 선수는 사물함으로 절뚝거리며 갔다.)

1.3. 다음 주어는 절뚝거리듯 느리고 힘들게 움직인다.

(3) a. The damaged ship **limped back** to the port.(손상된 배는 느리게 포구로 되돌아갔다.)

    b. The plane **limped toward** the airfield.(비행기는 비행장으로 느리게 움직였다.)

line

이 동사의 개념 바탕에는 line의 명사 '선'이 있다.

1. 타동사 용법

1.1. 다음 주어는 목적어에 선을 긋는다.

(1) a. He **lined** the paper for his son.(그는 아들을 위해 그 종이를 선으로 그었다.)

    b. He **lined** the page for his son.(그는 아들을 위해 그 페이지에 선을 그었다.)

    c. He **lined** the sheet of paper horizontally/vertically. (그는 그 종이에 가로로/세로로 선을 그었다.)

    d. Pain **lined** her face.(고통이 그녀의 얼굴을 주름지게 했다.)

1.2. 다음 주어는 목적어를 선형으로 정렬시킨다. Up은 정렬되어 선형이 되어 있는 상태를 부각시킨다.

(2) a. The general **lined up** his troops.(그 장군은 군대를 정렬시켰다.)

    b. They **lined up** rows of chairs for the audience.(그들은 청중을 위해 의자의 열을 맞추었다.)

    c. The teacher **lined** us **up** against the wall.(그 선생님은 우리를 벽에 기대어 나란히 세웠다.)

    d. I would **line up** my toys on the window sills and play.(나는 장난감을 창문턱에 나란히 세워 놓고 놀곤 했다.)

    e. He **lined up** the two boxes.(그는 두 상자를 일렬로 세워 놓았다.)

    f. Could you **line up** these books on the shelf?(너는 이 책들을 책장에 정렬해 놓을 수 있니?)

1.3. 다음 목적어는 복수이다. 주어는 목적어를 어떤 행사에 참석하도록 목록을 만든다.

(3) a. What entertainments did you **line up**?(어떤 오락 프로를 확보해 두었니?)

    b. Sue's **lined up** some excellent speakers for tonight.(수는 몇몇 훌륭한 연설자들을 오늘밤을 위해 확보해 두었다.)

    c. Have you **lined up** anything for the weekend?(너는 무언가 주말을 위해 마련해 놓았니?)

    d. He **lined** them **up** six months ago.(그는 그들을 6개월 전에 이미 확보해 두었다.)

    e. Have you **lined up** anyone to do the work?(너는 그 일을 할 사람을 확보했니?)

    f. She **lined up** politicians and educators on the board of directors.(그녀는 정치가들과 교육자들을 이사회에 확보해 두었다.)

1.4. 다음은 수동태 문장으로 주어는 확보된다.

(4) A singer has been **lined up** for the party.(가수 한 명이 파티를 위해 이미 확보되었다.)

1.5. 다음 주어는 목적어를 전치사 with의 목적어와 선형이 되게 정렬한다.

(5) You have to **line up** your car **with** the ones besides you.(너는 네 차를 옆에 있는 차들과 나란히 놓아야 한다.)

1.6. 다음 주어는 목적어의 가장자리를 with의 목적어로 선형을 이룬다.

(6) a. They **lined** the street **with** willows.(그들은 그 거리를 버드나무로 줄지어 심었다.)

    b. He **lined** the walk **with** flowers.(그는 보도를 꽃으로 줄지어 심어 놓았다.)

1.7. 다음 주어는 목적어를 with의 목적어로 안을 댄다.

(7) a. He **lined** the drawers **with** newspaper.(그는 서랍 안을 신문지로 댔다.)

    b. He **lined** the box **with** tin.(그는 상자 안을 주석으로 댔다.)

    c. The bird **lined** its nest **with** feathers.(새는 그 둥지 안을 깃털로 댔다.)

    d. Female bears tend to **line** their dens **with** leaves or grass.(암곰들은 굴을 나뭇잎이나 풀로 대는 경향이 있다.)

    e. The politician **lined** his pockets by taking bribes. (그 정치인은 뇌물을 받아서 자기 주머니를 채웠다.)

    f. The muscles **line** the intestine.(근육은 내장으로 내부를 채운다.)

1.8. 다음은 수동태 문장으로 주어는 안이 대어진다.

(8) Her fur coat was **lined with** silk.(그녀의 모피 코트는 실크로 안이 대어졌다.)

1.9. 다음 주어는 그 자체가 목적어에 선형을 이룬다.

(9) a. Thousands of people **lined** the streets of Seoul to greet him.(수천 명의 사람들이 그를 반기기 위해 서울 거리에 줄을 섰다.)

    b. Children **lined** the street to see the parade.(아이들은 거리 행진을 보기 위해 거리를 따라 쭉 늘어섰다.)

    c. Cars **lined** the road for a mile.(차들이 도로를 따라 1마일을 늘어섰다.)

    d. Tall trees **lined** the street.(키 큰 나무들이 도로를 따라 줄지어 있었다.)

    e. Rocks **lined** the drive.(바위들이 주행로를 따라 줄

지어 있었다.)

1.10. 다음 주어는 목적어를 낮게 그리고 빠르게 친다.
(10) He lined the ball into left field.(그는 필드 좌측으로 공을 쳤다.)

2. 자동사 용법
2.1. 다음 주어는 선형을 이루며 늘어선다.
(11) a. Cars lined up along the road.(차들이 그 길을 따라 일렬로 섰다.)
   b. The soldiers lined up for inspection.(그 군인들은 검열을 받기 위해서 일렬로 섰다.)
   c. We lined up at the ticket office.(우리는 매표소에 일렬로 섰다.)
   d. The soldiers quickly lined up.(그 군인들은 재빨리 일렬로 섰다.)

linger
이 동사의 개념 바탕에는 서성거리는 과정이 있다.

1. 자동사 용법
1.1. 다음 주어는 어떤 장소에 예상보다 오래 머문다.
(1) a. She lingered outside the school after everyone else had gone home.(그녀는 모든 사람들이 집으로 간 후 학교 밖을 서성거렸다.)
   b. He lingered in the hall after the party was over.(그는 파티가 끝난 후 홀에서 서성거렸다.)
   c. She lingered behind, unwilling to leave.(그녀는 떠나기 싫어하며 뒤에서 꾸물거렸다.)
   d. The unwanted guests lingered at my house for five hours.(반갑지 않은 손님들은 내 집에서 5시간 동안 우물쭈물 떠나지 않았다.)
   e. We lingered in the hall, looking at the pictures.(우리는 그림들을 보며 홀에서 어슬렁거렸다.)
   f. Dan lingered for a moment in the bar/about the gate.(댄은 그 술집/그 대문 근처에서 잠시동안 서성거렸다.)
   g. The children lingered in the toy shop until closing.(아이들은 문을 닫을 때까지 장난감 가게에서 떠나지 않았다.)
   h. They lingered on the veranda till darkness fell.(그들은 어둠이 올 때까지 베란다에서 서성거렸다.)
   i. Don't linger on your way to school.(학교 가는 길에 꾸물거리지 말아라.)
1.2. 다음 주어는 하는 일을 꾸물거리며 한다.
(2) He lingered in finishing his work.(그는 꾸물거리면서 좀처럼 작업을 마치지 않았다.)
1.3. 다음 주어는 시선이나 빛과 관계가 있다. 시선은 어디에 닿아서 머무는 것으로 개념화된다.
(3) a. His eyes lingered on the diamond on her finger.(그의 눈길은 그녀 손가락 위의 다이아몬드에 머물렀다.)
   b. His eyes lingered on her face.(그의 눈길은 그녀의 얼굴에 머물렀다.)
   c. TV cameras seem to linger on the woman in white.(TV 카메라는 하얀 색깔의 옷을 입은 여자에

게서 머무르는 것처럼 보인다.)
   d. Daylight lingers long in summer.(여름날 대낮의 햇빛은 오래 머무른다.)
1.4. 다음 주어는 관습이나 전통, 제도이다. 이들도 시간 속에 머무는 것으로 개념화된다.
(4) a. The superstition/the old prejudices still lingers on among them.(그 미신/낡은 편견은 그들 사이에서 여전히 잔존한다.)
   b. The tradition manages to linger on.(그 전통은 잔존해 간다.)
   c. Old customs linger on here and there.(낡은 관습들이 이곳저곳에서 잔존한다.)
   d. Slavery still lingers on in some countries.(노예제는 여전히 몇몇 나라에 아직도 남아 있다.)
1.5. 사람의 몸이나 마음에 존재하는 고통이나 생각도 머무는 것으로 개념화된다.
(5) a. The pain lingered on for a few days.(고통은 몇 일 동안 질질 끌었다.)
   b. A doubt is still lingering in his mind.(의심이 나의 마음 속에 머물고 있다.)
   c. Old hatreds lingered after the war.(해묵은 증오가 전쟁 후에도 남아 있었다.)
   d. The event is over; but the memory lingers on.(그 사건은 끝났다; 그러나 그 기억은 머문다.)
   e. It's possible to forget such an event; they linger in the memory forever.(이러한 사건을 잊는 것은 가능하다; 그러나 그들은 영원히 기억 속에서 머문다.)
   f. The guerrilla war has lingered into its fourth decade.(게릴라 전쟁은 질질 끌며 40년째로 접어들었다.)
1.6. 냄새, 연기, 맛도 우리가 이들을 느낄 수 있는 동안은 존재하는 것으로 개념화된다.
(6) a. The smell of burning/cooking lingered for days.(타는/요리 냄새가 며칠씩 남아 있었다.)
   b. The smell of fried onions lingers for some days.(볶은 양파 냄새는 며칠동안 가시지 않는다.)
   c. The faint smell of her perfume lingered in the room.(그녀 향수의 약한 냄새가 방에서 계속 남았다.)
   d. Smoke lingered long after the fire was put out.(연기가 그 불이 꺼진 후에도 오랫동안 남았다.)
   e. The taste of cherries lingers in my mouth.(체리 맛은 내 입 속에 남아 있다.)
1.7. 다음의 주어는 환유적으로 쓰여서, 사람의 생명을 가리킨다.
(7) a. He was badly hurt, but lingered a day before dying.(그는 심하게 다쳤으나, 죽기 전에 하루를 근근히 넘겼다.)
   b. He lingered on nearly four years and died.(그는 거의 4년간을 간신히 살아 있다가 죽었다.)
   c. Horribly wounded, he lingered on to die two years later.(심하게 상처를 입은 후, 그는 간신히 목숨을 유지하다 2년 후에 죽었다.)
   d. There's no way of knowing how long she'll linger on.(얼마나 오랫동안 그녀가 목숨을 유지할

수 있는지 알 수 있는 방법은 없다.)

1.8. 다음 주어는 over의 목적어를 하면서 서두르지 않는다.

(8) a. She **lingered over** her work/meal/breakfast/lunch. (그녀는 일/식사/아침식사/점심을 꾸물꾸물 했다.)

b. She **lingered over** coffee and missed the last bus. (그녀는 꾸물거리며 커피를 마시다가 결국 마지막 버스를 놓쳤다.)

c. She **lingered over** her decision.(그녀는 자신의 결심을 꾸물거렸다.)

d. He **lingered over** his words.(그는 말을 꾸물거리며 했다.)

2. 타동사 용법

2.1. 다음에서 주어는 목적어를 연장하거나 하는 일 없이 보낸다.

(9) a. She **lingered** out her life.(그녀는 삶을 헛되이 빈둥빈둥 살았다.)

b. She **lingered** away the afternoon in the pool.(그녀는 오후를 풀장에서 느긋하게 보냈다.)

link

이 동사의 개념 바탕에는 link의 명사 '고리'가 깔려 있다.

1. 타동사 용법

1.1. 다음 주어는 목적어들을 서로 연결한다.

(1) a. Workers **linked** the railroad cars together.(근로자들은 철도 차량들을 연결했다.)

b. I **linked** the two ends of the chain together.(나는 체인의 두 끝을 연결했다.)

c. The crowd **linked** arms to form a barrier.(군중은 장벽을 만들기 위해 서로 손을 잡았다.)

d. The children **linked** arms before crossing the streets.(그 아이들은 길을 건너기 전에 서로 손을 잡았다.)

e. He **linked** his arm through/in hers.(그는 팔을 그녀의 팔에 꼈다.)

f. He **linked** the two families together.(그는 그 두 가족을 연결시켰다.)

1.2. 다음 주어는 목적어를 정보나 인연으로 맺는다.

(2) a. The e-mail **links** all the far corners of the world. (이메일은 세계의 모든 구석구석을 연결한다.)

b. The organization's aim is to **link** up people from all over the country who are suffering from the same disease.(그 협회의 목적은 같은 질병으로 고통받고 있는 나라 전체의 사람들을 연결시키는 것이다.)

c. She was able to **link** up all the different information.(그녀는 서로 다른 정보들을 모두 연결시킬 수 있었다.)

1.3. 다음 주어는 그 자체가 목적어를 연결한다. 목적어는 장소이다.

(3) a. The coastal highway **links** Inchon and Kwangju. (해변 고속도로는 인천과 광주를 연결한다.)

b. A new highway **links** the two cities.(새로운 고속도로는 그 두 도시를 연결한다.)

c. The road **links** all the new towns.(그 도로는 모든 신도시들을 연결한다.)

1.4. 다음 주어는 그 자체가 목적어를 연결한다. 연결되는 개체는 접속사 and로 표현되어 있다.

(4) a. The new bridge will **link** up the island **and** the mainland.(새 다리는 섬과 본토를 연결할 것이다.)

b. The new tunnel will **link** Britain **and** France.(새 터널은 영국과 프랑스를 연결할 것이다.)

c. These traditional stories **link** the past **and** the present.(이 전통적인 이야기들은 과거와 현재를 연결시킨다.)

1.5. 다음은 수동태 문장으로 주어는 연결된다.

(5) a. Television stations around the world are **linked** by satellite.(세계의 TV방송국은 위성으로 연결된다.)

b. These are closely **linked** together.(이것들은 서로 밀접하게 연관된다.)

c. The murders were **linked**.(살인들은 연계되었다.)

d. The two crimes may be **linked**.(두 범죄는 연계된 것일지 모른다.)

1.6. 다음 주어는 목적어를 전치사 to의 목적어에 연결시킨다.

(6) a. An electrician is coming to **link** up our house **to** the electricity supply.(전기 기술자가 우리 집을 전기 공급선에 연결해 주기 위해 오고 있다.)

b. The airline will **link** Seoul **to** Lisbon.(그 항공사는 서울을 리스본에 연결할 것이다.)

c. Evidence has been offered **linking** the group **to** a series of bomb attacks.(그 집단을 일련의 폭탄 테러에 연관시키는 증거가 제공되었다.)

d. You can **link** your TV **to** your stereo for better sound.(너는 더 좋은 음질을 들으려면 너의 TV를 전축에 연결할 수 있다.)

1.7. 다음은 수동태 문장으로 주어는 전치사 to의 목적어에 인과관계로 연결된다.

(7) a. Air pollution has been **linked to** asthma.(공기 오염은 천식과 관련되어 있다.)

b. This illness is **linked to** the use of the pesticide. (이 질병은 살충제의 사용과 관련이 있다.)

c. Lung cancer has been **linked to** cigarette smoking.(폐암은 담배 피우기와 연관이 있다.)

d. Liver cancer is **linked to** hepatitis.(간암은 간염과 연관이 있다.)

e. Use of the spray has been **linked to** the skin cancer.(스프레이의 사용은 피부암과 연관되었다.)

1.8. 다음은 수동태 문장으로 주어는 전치사 to의 목적어에 연결된다.

(8) a. Our computers are **linked to** the central system. (우리의 컴퓨터는 중앙 시스템과 연결되어 있다.)

b. The television camera has been **linked to** a computer.(텔레비전 카메라는 컴퓨터와 연결되어 있다.)

c. The computer can be **linked** up **to** other computers.(그 컴퓨터는 다른 컴퓨터와 연결될 수도 있다.)

d. The use of CFC has been linked to the depletion of the ozone layer.(CFC의 사용은 오존층의 고갈과 관련이 있다.)

e. Various activities have been linked to global warming.(다양한 활동이 지구 온난화와 관련이 되어 있다.)

1.9. 다음 주어는 목적어를 전치사 with의 목적어와 연결시킨다.

(9) a. Many people link the number 13 with bad luck.(많은 사람들은 숫자 13을 불운과 연관 짓는다.)

b. He linked his interest with ours.(그는 자신의 관심사들을 우리의 것과 연결시켰다.)

c. We will link your PC with our network via modem.(우리는 너의 PC를 모뎀을 통해 우리의 네트워크와 연결시킬 것이다.)

d. This is the only bridge linking the island with the mainland.(이것은 그 섬과 본토를 연결하는 유일한 다리이다.)

e. This evidence could link him with several robberies.(이 증거는 그를 다른 강도 행위와 연관시킬 수 있다.)

f. There are compelling reasons for linking crimes with poverty.(범죄들을 가난과 연결하는 강력한 이유들이 있다.)

g. The new train service links the suburbs with the city center.(새 기차 서비스는 교외를 도시 중앙과 연결한다.)

h. The police have evidence that links the priest with a terrorist organization.(경찰은 그 신부와 테러 단체에 연결짓는 증거를 갖고 있다.)

2. 자동사 용법

2.1. 다음 주어는 연결된다.

(10) a. The facts finally linked up.(그 사실들은 결국 완전히 연결되었다.)

b. The Russian and American armies linked up for the first time on the banks of the river Elbe.(러시아와 미국 병사들은 엘베 강둑에서 최초로 만났다.)

c. Sometimes two or three traffic jams get longer and longer until they link up.(때때로 두서너 개의 교통 체증은 이들이 하나로 통합될 때까지 계속 길어진다.)

d. The two expeditions plan to link up by radio.(두 탐험단은 라디오로 연락을 할 계획이다.)

2.2. 다음 주어는 전치사 to의 목적어에 연결된다.

(11) a. This wire links to the main power supply.(이 전선은 중앙 전력 공급과 연결된다.)

b. My computer links up to the office network.(내 컴퓨터는 사무실 네트워크와 연결된다.)

c. The two spacecraft will link(with each other) in orbit.(두 우주선은 궤도에서 만나서 합쳐질 것이다.)

2.3. 다음 주어는 전치사 with의 목적어에 결부된다.

(12) a. This exercise links up with the work we were doing last week.(이 연습 문제는 우리가 지난 주에 한 것과 연관되어 있다.)

b. This shaft links with a piston.(이 굴대는 피스톤과 연결된다.)

c. This road links with the highway.(이 도로는 고속도로와 연결된다.)

2.4. 다음 주어는 with의 목적어와 완전히 연결된다.

(13) a. The company will soon link up with a hotel chain.(그 회사는 곧 호텔 체인망과 연결될 것이다.)

b. My own work links up with the research you are doing.(나의 일은 네가 하고 있는 그 연구와 연결된다.)

c. The police linked up with the FBI to capture the kidnapper.(경찰은 납치범을 잡기 위해 FBI와 연대했다.)

d. The train links up with the ferry at Pusan.(기차는 부산에서 나룻배와 연결된다.)

liquidate

이 동사의 개념 바탕에는 청산하는 과정이 있다.

1. 타동사 용법

1.1. 다음 주어는 목적어를 청산한다. 목적어는 빚이다.

(1) a. He liquidated the claim.(그는 청구를 변제했다.)

b. The stock will be sold to liquidate the loan/the mortgage/the debt.(그 주식은 대부금/저당/빚을 청산하기 위해 팔릴 것이다.)

1.2. 다음 주어는 목적어를 정리한다.

(2) a. He liquidated the partnership.(그는 합자회사의 관계를 정리했다.)

b. The storekeeper liquidated his inventory by offering it for sale at big discount.(그 가게 주인은 재고를 큰 할인 가격으로 세일을 함으로써 정리했다.)

c. The bank forced him to liquidate his business.(그 은행은 그가 사업을 정리하도록 강요했다.)

1.3. 다음 주어는 목적어를 죽여서 없앤다.

(3) a. The regime liquidated its enemies.(그 정권은 적들을 죽여서 없앴다.)

b. Strong censorship helped liquidate opposition to the regime.(엄격한 검열이 그 정권에 반대 세력을 죽여서 없애는 데 도움이 됐다.)

c. The government tried to liquidate the rebel movement.(그 정부는 반동 운동을 숙청하려고 시도했다.)

1.4. 다음 주어는 목적어를 없앤다.

(4) Development liquidated vast tracts of forest.(개발이 거대한 삼림지대들을 없앴다.)

1.5. 다음은 수동태 문장으로 주어는 죽는다.

(5) The gangster was liquidated by a rival mob.(그 갱은 적수의 악당에 의해 살해되었다.)

list¹

이 동사의 개념 바탕에는 list의 명사 '목록'이 있다. 동사는 목록을 만드는 과정이다.

1. 용법

1.1. 다음 주어는 목적어를 목록으로 만든다.
(1) a. He listed the items he would need.(그는 원하는 항목을 목록으로 만들었다.)
   b. List five states that border the Atlantic Ocean.(대서양과 접하고 있는 다섯 개의 주를 열거하세요.)
   c. I listed the advantages of buying a new computer. (나는 새 컴퓨터를 사는 이점들을 목록으로 만들었다.)
   d. The guide book lists 100 hotels.(그 안내책자는 100개의 호텔을 열거한다.)

1.2. 다음 주어는 목적어를 목록에 싣는다.
(2) a. He listed me among his friends.(그는 자신의 친구 목록에 나를 포함시켰다.)
   b. He listed her in the phone book.(그는 그녀를 전화책에 포함했다.)

1.3. 다음은 수동태 문장으로 주어는 목록에 실린다.
(3) a. Towns in the guide are listed alphabetically.(안내서에 있는 마을들은 알파벳 순으로 실려 있다.)
   b. The names are to be listed in the catalog.(그 이름들이 카탈로그의 목록에 실릴 예정이다.)

2. 자동사 용법
2.1. 다음 주어는 목록에 실린다.
(4) a. The item lists for $20, but is now on sale at $10.(그 항목은 목록에 $20로 실려있으나, 지금은 $10에 세일 중이다.)
   b. The TV lists at $80.(그 TV는 목록에 $80로 실려 있다.)

list²

이 동사의 개념 바탕에는 기우는 과정이 있다.

1. 자동사 용법
1.1. 다음 주어는 기운다.
(1) a. The ship listed during the storm.(그 배가 폭풍 속에서 기울었다.)
   b. The sinking ship listed to the left.(침몰하고 있는 배는 왼쪽으로 기울었다.)

listen

이 동사의 개념 바탕에는 듣는 과정이 있다.

1. 타동사 용법
1.1. 다음의 주어는 듣는다.
(1) I warned him not to go, but he didn't listen.(나는 그에게 가지 말라고 경고했으나, 그는 듣지 않았다.)

1.2. 다음 주어는 전치사 to의 목적어에 귀를 기울인다.
(2) a. She doesn't seem to listen to the radio much.(그녀는 라디오를 많이 듣는 것 같지 않다.)
   b. I decided to listen to a Beethoven concert.(나는 베토벤 콘서트를 듣기로 결심했다.)
   c. He listened to a play on a record.(그는 한 연극을 레코드로 들었다.)
   d. The boy heard his father's voice but was not listening to what he was saying.(그 소년은 아버지의 목소리를 들었으나, 그가 무엇을 말하고 있는지는 듣고 있지 않았다.)

1.3. 다음 주어는 전치사 to의 목적어에 귀를 기울인다. 목적어는 환유적으로 쓰여서 사람이 하는 말을 가리킨다.
(3) a. I like to listen to birds sing in the trees.(나는 그 나무에서 새가 노래하는 것을 듣는 것을 좋아한다.)
   b. Listen to the children talking.(그 아이들이 말하는 것에 귀를 기울여라.)

1.4. 다음 주어는 전치사 to의 목적어를 듣는다. '듣다'는 환유적으로 쓰여서 '복종하다'를 의미한다.
(4) a. He listens to his parents.(그는 부모님의 말씀을 경청한다.)
   b. Don't listen to him; he wants you to get into trouble.(그에게 귀기울이지 마라; 그는 너를 곤경에 빠뜨리기를 원한다.)

1.5. 다음 주어는 전치사 to의 목적어에 귀를 기울인다. 전치사 to의 목적어는 주어의 반응이나 행동을 요구하는 개체이다.
(5) a. He never listens to reason.(그는 결코 이성에 귀 기울이지 않는다.)
   b. He listened to his request/a temptation.(그는 자신의 요구/유혹을 따랐다.)
   c. She never listens to my advice.(그녀는 내 충고는 절대 듣지 않는다.)
   d. I listened to the advice of my friend.(나는 친구의 충고를 따랐다.)

1.6. 다음 주어는 전치사 for의 목적어를 위해 듣는다.
(6) a. He sat there listening for the sound of the key in the door.(그는 문에서 열쇠 소리를 듣기 위해 기울이면서 거기에 앉아 있었다.)
   b. Please listen carefully for the phone while I am upstairs.(내가 위층에 있는 동안 전화벨에 주의 깊게 귀를 기울여 주세요.)
   c. Listen for the moment when the music changes.(귀를 기울여 음악이 바뀌는 순간을 들어보아라.)
   d. Listen for the phone to ring.(전화가 울리는지 귀를 기울여 들어라.)
   e. Listen out for the baby in case she wakes up.(그녀가 깰 것에 대비해서 아기에게 귀를 기울여라.)
   f. Listen out for the baby crying, won't you?(아기가 우는지 귀 기울여 줄래?)
   g. I listened to the radio for the weather report.(나는 일기 예보를 들으려고 라디오에 귀를 기울였다.)

1.7. 다음 주어는 잘 듣는다.
(7) Listen up, girls.(얘들아, 주의 깊게 들어라.)

1.8. 다음 주어는 어떤 영역에 들어와서 듣는다.
(8) a. Did you listen in to the minister last evening?(너는 어젯밤에 목사님 설교를 들었니?)
   b. I must listen in to the news.(나는 뉴스를 들어야 한다.)
   c. Thousands listen in each morning to their favorite radio program.(수천 명의 사람들이 매일 아침 애청

하는 라디오 프로를 듣는다.)

1.9. 다음 주어는 어떤 영역에 들어와서 도청한다.

(9) a. I think the police has been listening in on my phone calls.(나는 경찰이 내 전화를 도청해 왔다고 생각한다.)

   b. He assigned some agent to listen in on the suspect.(그는 몇몇 수사원에게 용의자를 도청하는 임무를 내렸다.)

   c. It sounded like someone was listening in on the extension.(누군가가 내선 번호를 엿듣고 있었던 것 같았다.)

   d. He likes to listen in on the private conversation of others.(그는 다른 사람들의 사적 대화를 엿듣기를 좋아한다.)

litigate

이 동사의 개념 바탕에는 제소/소송하는 과정이 있다.

1. 타동사 용법

1.1. 다음 주어는 목적어를 제소한다.

(1) a. Who's litigating the case?(누가 그 사건을 제소하고 있습니까?)

   b. We litigated the dispute in Supreme Court.(우리는 그 논쟁을 대법원에 제소했다.)

2. 자동사 용법

2.1. 다음 주어는 제소한다.

(2) They are still litigating.(그들은 여전히 제소하고 있다.)

litter

이 동사의 개념 바탕에는 litter의 명사 물건이 있다. 동사의 의미는 흐트러진 물건의 상태와 관계가 있다.

1. 타동사 용법

1.1. 다음 주어는 목적어를 흩뜨린다.

(1) a. He littered the toys all over the room.(그는 그 장난감들을 방 전체에 흩어 놓았다.)

   b. He littered his papers around the room.(그는 서류들을 방 이곳저곳에 어질러 놓았다.)

   c. He just litters his stuff around; no wonder he can't find anything.(그는 물건을 마구 흩어 놓는다; 그가 아무 것도 찾지 못하는 것은 놀랄 일이 아니다.)

1.2. 다음 주어는 그 자체가 목적어를 흩뜨린다.

(2) a. Piles of books littered the floor.(책 더미들이 마루 바닥을 흩트려 놓았다.)

   b. Toys littered up the room.(장난감들이 방을 흩뜨려 놓았다.)

   c. Bits of paper littered the floor.(종이 조각들이 마루를 흩뜨려 놓았다.)

1.3. 다음 주어는 목적어를 흩뜨린다. 목적어는 장소이다.

(3) a. The audience littered the floor with popcorn.(그 관중은 바닥을 팝콘으로 흩뜨려 놓았다.)

   b. The crowds of revellers littered the street with trash.(술을 마시고 떠드는 관중은 길거리를 쓰레기로 흩뜨려 놓았다.)

   c. He littered up my room with books and papers.(그는 내 방을 책과 종이로 어질러 놓았다.)

   d. He was fined for littering the sidewalk.(그는 인도를 어지럽혀서 벌금을 물었다.)

1.4. 다음은 수동태 문장으로 주어는 흩뜨려진다.

(4) a. The park was littered with beer cans.(공원은 맥주 캔으로 흩뜨려져 있었다.)

   b. The floor is littered with books.(마루는 책으로 어질러져 있다.)

   c. The road was littered with debris.(도로에는 파편으로 흐트러져 있었다.)

1.5. 다음은 수동태 문장으로 주어는 전치사 with의 목적어로 어지럽혀진다.

(5) a. The book is littered with mistakes.(그 책은 실수로 널려 있다.)

   b. Your essay is littered with spelling mistakes.(너의 수필은 철자 실수로 널려 있다.)

   c. History is littered with examples of failed colonialism.(역사는 실패한 식민주의로 널려 있다.)

2. 자동사 용법

2.1. 다음 주어는 쓰레기를 마구 버린다.

(6) a. He was arrested for littering.(그는 쓰레기를 마구 버려 체포되었다.)

   b. People who litter may have to pay a fine.(쓰레기를 버린 사람들은 벌금을 물어야 할지 모른다.)

2.2. 다음 주어는 새끼를 낳는다.

(7) a. How many times a year do rabbits litter?(일년에 몇 번이나 토끼는 새끼를 낳습니까?)

   b. The cat littered in the garage last night.(그 고양이를 차고에서 엊저녁 새끼를 낳았다.)

2.3. 다음 주어는 목적어를 짚으로 깔아준다.

(8) He littered down the horse.(그는 말에게 짚을 깔아주었다.)

live

이 동사의 개념 바탕에는 사는 과정이 있다.

1. 자동사 용법

1.1. 다음 주어는 생명을 가지고 산다. 사는 과정은 시간 속에 지속되므로, 시작점, 기간, 끝점을 나타내는 표현과 쓰일 수 있다.

(1) a. She is so badly injured that she is not likely to live.(그녀는 너무 심하게 상처 입어서 살 것 같지 않다.)

   b. He's badly hurt, but the doctor says he'll live.(그는 심하게 상처 입었지만, 의사는 그가 살 것이라고 말한다.)

   c. Without lights, plants couldn't live.(빛이 없으면, 식물들은 살 수 없을 것이다.)

   d. He lived to 100 years old.(그는 100세까지 살았다.)

e. He **lived** to a great age.(그는 대단히 장수했다.)

f. He **lived** to see his children's children.(그는 오래 살아서 손자를 보았다.)

g. He **lived** during the time of plague.(그는 흑사병이 창궐하던 시기에 살았다.)

h. He **lived** seventy years/long.(그는 70년을/오래 살았다.)

i. He's not expected to **live** longer than a year.(그는 1년 이상 살 거라고 기대되지 않는다.)

j. Women seem to **live** longer than men.(여자는 남자보다 더 오래 사는 것 같다.)

k. The baby **lived** only a few hours.(아기는 단지 몇 시간만 살았다.)

l. He **lived** for his work.(그는 일하는 보람으로 살았다.)

1.2. 다음 주어는 비생명체이다. 주어의 생명이 유지되는 것이 아니라 외형이나 기능이 온전하게 유지된다.

(2) a. The boat had **lived** in the rough sea.(그 보트는 거친 바다에서도 잘 유지되어 왔다.)

b. No boat could **live** afloat.(침몰을 면한 배는 한 척도 없었다.)

1.3. 사람의 삶은 사는 장소와 밀접한 관계가 있다. 다음에서는 생명체가 사는 장소가 표현되어 있다.

(3) a. **Where** do you **live**?(당신은 어디에 살아요?)

b. She **lives** in.(그녀는 입주 근무한다.)

c. How are fish able to **live** in water?(물고기들이 어떻게 물에서 살 수 있습니까?)

d. He is **living** in an apartment/Seoul/Korea.(그는 아파트에/서울에/한국에 살고 있다.)

e. Many insects **live** in the forests.(많은 곤충들이 숲에 서식한다.)

f. The birds like to **live** on this island/in the south.(그 새들은 이 섬에/남쪽에 사는 것을 좋아한다.)

g. All the hotel staff **live** in, but she chose to **live** out and to be paid extra.(모든 호텔직원들은 입주 근무하지만, 그녀는 밖에 살면서 과외 수당을 받기를 택했다.)

h. She **lives** out.(그녀는 통근한다.)

1.4. 다음에서는 생명체가 사는 방법, 상태, 목적 등이 표현되어 있다.

(4) a. He **lives** high/well.(그는 호화롭게 잘 산다.)

b. He **lives** poorly/honestly/happily.(그는 가난하게/정직하게/행복하게 산다.)

c. He **lived** for his art.(그는 예술을 위해 살았다.)

d. He **lives** in fear of being attacked.(그는 공격 받을 것이라는 두려움 속에 산다.)

e. He **lives** in ease/in comfort/in style.(그는 편하게/안락하게/호화롭게 산다.)

f. He **lives** single.(그는 독신으로 산다.)

g. He **lived** out of cans.(그는 통조림만 먹고 지냈다.)

1.5. 사는 방법에는 그저 생명만 유지해서 지내는 방법도 있고 인생을 즐기면서 사는 방법도 있다. 다음은 후자의 방법을 가리킨다.

(5) a. He really **lived**.(그는 정말로 인생을 즐겼다.)

b. Let us **live** while we may.(살아있는 동안은 즐겁게 지내자.)

c. I don't want to get stuck in an office all my life—— I want to **live**.(나는 평생 사무실에 들러붙어 지내기를 원하지 않는다-나는 인생을 즐기고 싶다.)

d. I want to **live** a little while I'm still young.(나는 아직 젊은 동안에는 인생을 즐기고 싶다.)

e. I want to **live** and not be at home cooking and looking after the children.(나는 인생을 즐기고 싶고, 집에서 요리하고 아이들이나 돌보고 싶진 않다.)

1.6. 어떤 기억이 마음속에 지워지지 않고 남아 있는 것은 그것이 살아있는 것으로 개념화된다.

(6) a. He **lives** in the minds of us all.(그는 우리 모두의 마음 속에 남아 있다.)

b. The musician **lives** in the minds and hearts of millions of people.(그 음악가는 수백만 사람들의 마음과 가슴속에 남아 있다.)

c. His memory still **lives**.(그의 기억은 아직도 잊혀지지 않고 있다.)

d. This moment will **live** in our memory for many years to come.(이 순간은 앞으로 여러 해 동안 우리 기억 속에 남아 있을 것이다.)

e. The memory of those terrible days **lives** on with all who were at the camps.(힘들었던 날들의 기억은 그 수용소에 있었던 모든 이에게 남아 있다.)

f. The writer's genius **lives** on every page.(그 작가의 천재성은 매 페이지마다 서려 있다.)

g. Her voice will **live** with me until I die.(그녀의 목소리는 내가 죽을 때까지 살아있을 것이다.)

h. The night will surely **live** in American history.(그 날 밤은 미국 역사에 확실히 남을 것이다.)

1.7. down은 '위에서 아래로'의 뜻을 나타낸다. 다음에서 목적어는 주어에 불쾌한 일을 나타낸다. 주어는 살아가면서 이러한 불쾌한 일이 생각나지 않게 한다.

(7) a. He managed to **live** **down** the horrible moment of failure.(그는 끔찍한 실패의 순간을 가까스로 살면서 잊었다.)

b. He **lived** **down** his disgrace/shame.(그는 불명예/창피함을 살면서 잊었다.)

1.8. 다음 주어는 전치사 off의 목적어를 뜯어 먹고 산다.

(8) a. He **lived** **off** his parents/welfare.(그는 부모/복지에 의지해 지냈다.)

b. He **lived** **off** the land/the country.(그는 그 땅/그 지방에 의지해 지냈다.)

1.9. 다음 주어는 전치사 on의 목적어에 의존하며 산다.

(9) a. He **lived** **on** nuts and berries/rice.(그는 호두와 딸기/쌀을 먹고 살았다.)

b. Sheep **live** **on** grass.(양은 풀을 먹고 산다.)

c. It is difficult to **live** **on** love alone.(사랑만 가지고 살기는 힘들다.)

d. We **live** **on** a farm.(우리는 농장을 해서 생계를 유지한다.)

e. He **lives** **on** his salary/his name.(그는 봉급/명성으로 살아간다.)

f. He **lives** **on** his wife/his relatives.(그는 아내/친척

들에 의존해 산다.)

1.10. 다음에 쓰인 to는 삶의 기준을 나타내고, 주어는 이 기준에 맞추어서 산다.

(10) a. He lives up to the high principle.(그는 높은 원리 원칙에 따라 생활한다.)

b. He lived up to his income.(그는 수입에 어울리는 생활을 했다.)

c. He lived up to his parents' expectations.(그는 부모의 기대에 부응해서 살았다.)

d. The car did not live up to our expectations.(그 차는 우리 기대에 부응할 정도로 오래 가지 않았다.)

e. The bank was not able to live up to its obligations.(그 은행은 의무를 지킬 수 없었다.)

f. She lived up to her reputation.(그녀는 명성에 부끄럽지 않은 생활을 했다.)

1.11. 다음 주어는 살면서 전치사 through의 목적어를 경험한다.

(11) a. She lived through the nightmare.(그녀는 그 악몽을 살아내었다.)

b. She lived through the crisis.(그녀는 그 위기를 살아내었다.)

c. He will not be able to live through the winter.(그는 그 겨울을 살아낼 수 없을 것이다.)

1.12. 다음 주어는 전치사 with의 목적어와 함께 산다.

(12) a. He lives with his parents.(그는 부모와 함께 산다.)

b. His kindness will live with us always.(그의 친절은 언제나 우리에게 살아있을 것이다.)

c. Her words live with us still.(그녀의 말들은 아직도 우리에게 살아 있다.)

d. We'll just have to live with the situation.(우리는 그 상황과 함께 살아야만 할 것이다.)

e. We will just have to live with the noise.(우리는 그 소음과 같이 살아야만 할 것이다.)

2. 타동사 용법

2.1. 다음 주어는 목적어를 산다.

(13) a. He lived his whole life in the service of other people.(그는 전 생애를 타인들을 위한 봉사로 살았다.)

b. He's lived his whole life in this village.(그는 전 생애를 이 마을에서 살았다.)

c. He lived a happy life/a rich life/a double life/a miserable life.(그는 행복한/부유한/이중 인격자의/비참한 삶을 살았다.)

d. He lived his life in seclusion.(그는 삶을 은둔 속에 지냈다.)

e. He lived a life of pleasure/of crime.(그는 기쁨의 삶/범죄의 삶을 살았다.)

2.2. 다음 주어는 목적어를 삶으로 실천한다.

(14) a. What other people preached he lived.(그는 다른 사람들이 설교한 것을 실천했다.)

b. She lived every turn of the story as she related it.(그녀는 진술하면서 그 이야기의 마디마디를 재연했다.)

c. He lived a lie.(그는 허위 생활을 했다.)

d. He lived his conviction/ideals.(그는 확신/이상 실천

했다.)

e. She lived her a philosophy of nonviolence.(그녀는 비폭력의 철학을 실천했다.)

load

이 동사의 개념 바탕에는 짐을 가득 싣는 과정이 있다.

1. 타동사 용법

1.1. 다음 주어는 목적어를 전치사(on, onto, to)의 목적어에 싣는다.

(1) a. They loaded the freight into the car.(그들은 화물을 차에 실었다.)

b. He loaded the books into the back of the car.(그는 책들을 차의 뒷좌석에 실었다.)

c. He loaded his family into a small car.(그는 가족을 조그만 차에 태웠다.)

d. He loaded sacks to on a cart.(그는 자루들을 수레에 실었다.)

e. They loaded sacks to a donkey.(그들은 부대들을 당나귀에 실었다.)

1.2. 다음 주어는 목적어를 전치사 on의 목적어에 가한다.

(2) a. The boss loaded a heavy work on his secretary.(그 상사는 막대한 일을 비서에게 맡겼다.)

b. He loaded a lot of work on his staff.(그는 많은 일을 참모들에게 맡겼다.)

1.3. 다음 주어는 목적어를 전치사 with의 목적어로 싣는다.

(3) a. He loaded a cart with coal.(그는 수레를 석탄으로 실었다.)

b. They loaded the plane with cargo and passengers.(그들은 비행기를 화물과 승객으로 실었다.)

c. He loaded his truck with wood.(그는 트럭을 나무로 실었다.)

1.4. 다음 주어는 목적어를 전치사 with의 목적어로 많이 준다.

(4) a. He loaded her with favor/gifts.(그는 그녀를 총애/선물로 마구 안겼다.)

b. He loaded her with praise/compliments.(그는 그녀를 칭찬/찬사로 안겼다.)

1.5. 다음 주어는 목적어를 전치사 with의 목적어로 채운다.

(5) a. The boy loaded his stomach with food.(그 소년은 위를 음식으로 마구 채워 넣었다.)

b. She loaded her mind with worries.(그녀는 자신의 마음을 근심으로 채웠다.)

1.6. 다음 주어는 목적어를 채운다.

(6) a. He loaded his pipe/his camera.(그는 파이프/카메라를 채워 넣었다.)

b. He loaded his gun/revolver.(그는 총/권총을 장전했다.)

1.7. 다음 주어는 목적어를 특정한 방향으로 유도한다.

(7) a. The man loaded his questions.(그 남자는 자신의

질문을 유도적으로 했다.)

    b. He **loaded** his evidence.(그는 자신의 증거를 조작
했다.)

1.8. 다음은 수동태 문장으로 주어에는 전치사 with의
목적어로 실리거나 담겨 있다.

(8) a. The book was **loaded** with pictures.(그 책은 사진
들로 가득 차 있었다.)

    b. The vines were **loaded** down with grapes.(그 포
도 넝쿨은 포도송이로 가득 차 늘어져 있다.)

    c. The air is **loaded** with carbon.(공기는 탄소로 가득
차 있다.)

    d. His heart is **loaded** down with sorrow.(그의 마음
은 슬픔으로 가득 차 눌려 있다.)

    e. I am **loaded**(나는 배가 부르다.)

2. 자동사 용법

2.1. 다음 주어는 짐을 싣는다. 주어는 사람이다.

(9) a. I usually took off my coat while I was **loading**
up.(내가 짐을 싣고 있는 동안 보통 내 코트를 벗어
놓는다.)

    b. The soldiers **loaded** and fired.(그 군인들은 장전을
해서 발사했다.)

2.2. 다음 주어는 그릇이다. 주어는 싣는다.

(10) a. The bus **loads** at the left door.(그 버스는 왼쪽 문
으로 사람을 태운다.)

    b. This camera **loads** easily.(이 카메라는 필름이 쉽
게 장전된다.)

    c. The truck is **loading** with coal.(그 트럭은 석탄을
싣고 있다.)

    d. The ship **loaded** with people only in 15
minutes.(그 배는 단 15분만에 만원이 되었다.)

2.3. 다음 주어는 실리듯 들어간다.

(11) a. I **loaded** into the bus.(나는 버스에 올라 탔다.)

    b. People **loaded** into the elevator.(사람들은 그 승강
기로 들어갔다.)

loaf

이 동사의 개념 바탕에는 빈둥거리는 과정이 있다.

1. 자동사 용법

1.1. 다음 주어는 빈둥거린다.

(1) a. He **loafed** while his boss was on vacation.(그는 사
장이 휴가 중에 빈둥거렸다.)

    b. During vacation we **loafed** at the beach a lot.(휴가
중에 우리는 해변가에서 많이 빈둥거렸다.)

    c. We **loafed** all morning accomplishing nothing.(우
리는 아침 내내 아무 것도 하지 않고 빈둥거렸다.)

1.2. 다음 주어는 on의 목적어에 의존하여 빈둥거린다.

(2) He is **loafing** on his parents.(그는 부모에게 의존한
채 빈둥거리고 있다.)

1.3. 다음 주어는 전치사 on의 목적어에 빈둥거린다.

(3) He **loafs** on the job by talking all day.(그는 하루 종
일 떠들어대면서 근무 중에 빈둥거린다.)

1.4. 다음 주어는 빈둥거리며 다니거나 시간을 보낸다.

(4) a. He is **loafing** along the street.(그는 거리를 따라 빈

둥거리고 있다.)

    b. They **loafed** around on street corners.(그들은 길
모퉁이에서 빈둥거리며 시간을 보냈다.)

    c. He **loafed** through life.(그는 일생을 빈둥거리며 보
냈다.)

2. 타동사 용법

2.1. 다음 주어는 빈둥거리며 목적어를 보낸다.

(5) a. He **loafed** the afternoon away.(그는 오후를 빈둥거
리며 보냈다.)

    b. He is **loafing** his life away.(그는 자신의 생을 빈둥
거리며 허비하고 있다.)

loathe

이 동사의 개념 바탕에는 몹시 싫어하는 과정이 있다.

1. 타동사 용법

1.1. 다음 주어는 목적어를 몹시 싫어한다.

(1) a. I **loathe** snakes.(나는 뱀을 몹시 싫어한다.)

    b. She **loathes** the smell of greasy food.(그녀는 기름
진 음식의 냄새를 싫어한다.)

    c. They **loathe** each other.(그들은 서로 몹시 싫어한
다.)

    d. We **loathe** the wicked villain.(우리는 사악한 악당
을 싫어한다.)

    e. I quit my job because I **loathed** it.(나는 일이 너무
싫어서 그것을 그만 두었다.)

    f. He **loathes** dirt and disorder.(그는 더러움과 무질
서를 싫어한다.)

1.2. 다음에서 주어가 싫어하는 일이 동명사로 표현되
어 있다.

(2) a. He **loathes** travelling.(그는 여행하는 것을 싫어한
다.)

    b. She **loathes** typing.(그녀는 타이핑치는 것을 싫어
한다.)

    c. He **loathes** watching TV.(그는 텔레비전 보는 것을
몹시 싫어한다.)

lob

이 동사의 개념 바탕에는 공을 높이 쳐 올리는 과정
이 있다.

1. 타동사 용법

1.1. 다음 주어는 목적어를 높이 쳐 올린다.

(1) a. The pitcher **lobbed** the ball to the batter.(그 투수
는 공을 타자에게 높이 던져 올렸다.)

    b. The player **lobbed** the ball to his opponent.(그 선
수는 공을 상대에게 높이 쳐 올렸다.)

    c. He **lobbed** an apple across the room to his
brother.(그는 사과 하나를 방을 가로질러 동생에게
사과를 던져 올렸다.)

1.2. 다음 주어는 목적어를 높이 쳐 올려 over의 목적
어를 넘어가게 한다.

(2) a. Demonstrators **lobbed** eggs over the police

barricades.(시위자들이 계란을 경찰 바리케이드 너머로 투척했다.)

  b. Sam lobbed the ball high over Kim's head.(샘은 공을 김의 머리 너머로 높이 던져 넘겼다.)

1.3. 다음은 수동태 문장으로 주어는 쳐 올려진다.

(3) Stones lobbed over the wall cam into the neighbor's yard.(그 담장 너머로 던져진 돌들이 이웃집 마당으로 떨어졌다.)

lobby

이 동사의 개념 바탕에는 국회의원의 투표에 영향을 미치려는 단체들의 활동 과정이 있다.

1 타동사 용법

1.1. 다음 주어는 목적어를 의원활동의 대상으로 삼는다.

(1) a. He lobbied several key senators.(그는 여러 중요한 상원의원을 로비했다.)

  b. The parents lobbied the city council members for school reform.(그 부모들은 시의회 의원들을 학교 개혁을 위해 로비했다.)

  c. Farmers will lobby Congress for higher subsidies.(농부들은 국회를 더 높은 보조금을 받기 위해 로비할 것이다.)

1.2. 다음 주어는 목적어를 진정하여 부정사가 나타내는 과정을 하게 한다.

(2) a. We've been lobbying our State Representatives to support the new health plan.(우리는 주 하원의원들을 새 건강 법안을 지지하기 위해 로비 해 왔다.)

  b. Industry groups lobbied Congress to pass the bill.(산업단체들은 의회를 진정하여 그 법안을 통과시키게 했다.)

1.3. 다음 목적어는 의안이다. 주어는 목적어를 억지로 통과시키려 한다.

(3) He lobbied the bill.(그는 그 법안을 로비했다.)

2 자동사 용법

2.1 다음 주어는 의안 통과 운동을 한다.

(4) a. All major industries lobby for favor in the nation's capital.(모든 주요 산업은 국가 자본금의 특혜를 받기 위해 로비 활동을 한다.)

  b. He lobbied for the tax reform.(그는 세제 개혁안을 위해 로비 활동을 했다.)

  c. The group is lobbying for a reduction in defense spending.(그 단체는 방위비용의 삭감을 위해서 로비 활동을 하고 있다.)

2.2. 다음 주어는 전치사 against의 목적어를 반대하는 의원 활동을 한다.

(5) a. They are lobbying against antipollution laws.(그들은 오염 방지 법들에 반대하는 의원 활동을 하고 있다.)

  b. Businesses are lobbying against changes in tax laws.(기업들은 세법의 변화에 반대하는 의원 활동을 하고 있다.)

localize

이 동사의 개념 바탕에는 어느 지역에 국한시키는 과정이 있다.

1. 타동사 용법

1.1. 다음 주어는 목적어를 어느 지역에 국한시킨다.

(1) a. Police localized the riot to a small area of the city.(경찰은 그 폭동을 도시의 적은 지역에 국한시켰다.)

  b. The fire fighters succeeded in localizing the fire to one part of the building.(그 소방관들은 화재를 건물의 한 부분에 국한시키는 데 성공했다.)

  c. The anesthetic will localize the pain.(그 마취가 고통을 국부에 제한할 것이다.)

1.2. 다음은 수동태 문장으로 주어는 어느 지역에 한정된다.

(2) a. The infection is localized around the knee joint.(감염은 무릎 관절 주위에 국한되어 있다.)

  b. The pain was localized around my kneecap.(고통은 나의 슬개골 주위에 국한되어 있었다.)

  c. The epidemic was localized to the city.(유행병은 그 도시에 국한되어 있었다.)

1.3. 다음 주어는 목적어를 어느 지역에 국한시키려 한다.

(3) a. A mechanic is trying to localize the fault.(기계공이 그 결함의 위치를 찾으려고 하고 있다.)

  b. He had difficulty localizing the pain.(그는 고통의 위치를 찾는 데 어려움을 겪었다.)

1.4. 다음 주어는 목적어를 지방화한다.

(4) We are trying to localize the folk song.(우리는 그 민요에 지방적 특색을 주려고 노력하고 있다.)

2. 자동사 용법

2.1. 다음 주어는 한 자리에 자리를 잡는다.

(5) The pain localized in my abdomen.(고통은 나의 배에 국한되었다.)

locate

이 동사의 개념 바탕에는 위치를 찾거나 정하는 과정이 있다.

1. 타동사 용법

1.1. 다음 주어는 목적어의 위치를 찾는다.

(1) a. Locate Peru on the map.(페루를 그 지도에서 찾아봐라.)

  b. He located the street he was looking for on the map.(그는 자기가 찾고자 하는 거리를 그 지도에서 찾았다.)

1.2. 다음은 수동태 문장으로 주어는 어떤 자리에 위치해 있다.

(2) a. Where is Kongju located?(경주는 어디에 있습니까?)

  b. The kitchen is located in the basement.(그 식당은 지하층에 있다.)

1.3. 다음 주어는 목적어의 위치를 찾는다.

(3) a. He is trying to **locate** his missing key.(그는 잃어버린 열쇠를 찾고 있는 중이다.)

b. Have you **located** the gloves that you lost?(너는 잃어버린 장갑을 찾았느냐?)

c. We **located** a leak in the gas pipe.(우리는 가스 파이프에서 새는 곳을 찾았다.)

1.4. 다음 주어는 목적어의 위치 (원인)을 찾는다.

(4) a. The mechanic **located** the fault immediately.(그 기계공은 결함을 즉시 찾았다.)

b. The missile can **locate** accurately its target.(그 미사일은 목표물을 정확히 찾을 수 있다.)

1.5. 다음 주어는 목적어를 어떤 자리에 둔다.

(5) a. The company **located** its main office in Seoul.(그 회사는 본사를 서울에 두었다.)

b. The company **located** its new office building in the suburbs.(그 회사는 새 사무실 건물을 교외에 위치시켰다.)

c. The city **located** the tennis court next to the park.(그 도시는 테니스장을 공원 옆에 두었다.)

1.6. 다음 주어는 목적어의 자리를 추정한다.

(6) The scholar **locates** the Garden of Eden in Babylonia.(그 학자는 에덴 동산의 위치를 바벨론으로 추정한다.)

1.7. 다음 주어는 자신을 어디에 위치시킨다.

(7) a. He **located** himself in Seoul.(그는 자신을 서울에 자리를 잡게 했다.)

b. He **located** himself near the door to see outside.(그는 바깥을 잘 보기 위해 자신을 문가에 자리잡게 했다.)

1.8. 다음은 수동태 문장으로 주어는 위치된다.

(8) a. Are you **located** yet?(이미 자리 잡았니?)

b. The shop was **located** in the new mall.(그 가게는 새로운 쇼핑몰에 자리 잡았다.)

2. 자동사 용법

2.1. 다음 주어는 어떤 장소에 자리를 잡는다.

(9) a. Several discount stores have **located** in nearby communities.(여러의 할인 상점들이 지역사회 근처에 위치해 있다.)

b. There are tax breaks for businesses that **locate** in rural areas.(세금 면제가 시골지역에 자리잡는 기업들을 위해 존재한다.)

c. We have to **locate** in Seoul.(우리는 서울에 자리잡아야 한다.)

lock

이 동사의 개념 바탕에는 잠그는 과정이 있다.

1. 타동사 용법

1.1. 다음 주어는 목적어를 잠근다. 목적어는 잠금 장치가 붙어있는 개체이다.

(1) a. He **locked** the steering wheel on the car.(그는 자동차의 핸들을 잠궜다.)

b. Do you **lock** the car?(그 차를 잠궜느냐?)

c. You should **lock** up your car. It can be stolen.(너의 자동차를 잠궈야 한다. 도둑맞을 수도 있다.)

1.2. 다음 주어는 목적어를 잠근다. 목적어는 잠금 장치가 부착되는 개체이다.

(2) a. Don't forget to **lock** all the doors.(오는 문들을 잠그는 것을 잊지 마라.)

b. Don't forget to **lock** the warehouse.(그 창고를 잠그는 것을 잊지 마라.)

c. He **locked** the house.(그는 집을 잠궜다.)

d. He **locked** the drawer.(그는 서랍을 잠궜다.)

1.3. 다음 주어는 목적어를 가두거나 보관한다.

(3) a. We **locked** the hamster in a cage.(우리는 햄스터를 우리에 가두었다.)

b. she **locked** the drug away in a cupboard.(그녀는 약을 찬장에 잠궈서 간수했다.)

c. They **locked** the criminal with other prisoners.(그들은 범죄자를 다른 죄수들과 함께 가두었다.)

d. They **locked** the prisoner in a cell.(그들은 죄수를 감방에 가두었다.)

e. She **locked** the secret in her heart.(그녀는 비밀을 가슴에 간직했다.)

f. She always **locks** the papers in a safe.(그녀는 항상 서류를 금고에 잠궈서 간수한다.)

1.4. 다음 주어는 목적어를 완전히 가둔다. 완전히 갇힌 상태는 불변사 up으로 표현된다.

(4) a. He **locked** up the books before going away.(그는 가기 전에 책들을 잘 챙겨 놓았다.)

b. He usually **locks** himself **up** in his room.(그는 보통 자신을 방안에 가둔다/전혀 나오지 않는다.)

c. **Lock** up your jewelry before you go.(가기 전에 보석들을 잘 챙겨 두어라.)

1.5. 다음 주어는 목적어를 팔로 꽉 껴안는다.

(5) She **locked** him in her arms.(그녀는 그를 팔로 껴안았다.)

1.6. 다음은 수동태 문장으로 주어는 잠긴다. 잠기면 움직이지 못한다.

(6) a. They were **locked** in each other's arms.(그들은 서로 팔로 껴안았다.)

b. His jaws were tightly **locked**.(그의 턱은 꽉 악물어져 있었다.)

c. The fighters were **locked** together.(그 투사들은 서로 맞붙어 있었다.)

d. Sometimes fighting stags become **locked** together.(때때로 싸우는 숫사슴들은 서로 맞물려서 움직이지 못하게 된다.)

1.7. 다음은 수동태 문장으로 주어는 엉기어서 움직이지 못한다.

(7) a. The fisher boat was **locked** in ice.(그 어선은 빙하에 껴서 움직이지 못했다.)

b. We were **locked** in traffic for two hours.(우리는 교통체증에 두 시간 동안 갇혀 있었다.)

c. All his capital is **locked** up in land.(그의 모든 자본은 토지에 고정되어 있다.)

d. We found ourselves **locked** in a deep legal battle.(우리는 심한 법적 싸움에 휘말려 빠져나올 수 없게 된 것을 알았다.)

e. The children were **locked in** argument over who should go on the swing first.(그 아이들은 누가 먼저 그네를 탈 것인가에 대해 말다툼에 빠져 있었다.)

f. The two groups were **locked in** a fierce battle for control of the country.(그 두 집단은 그 나라의 통치를 위한 격렬한 싸움에 말려들어 있었다.)

g. Faulty brakes sometimes **lock up** your wheels.(결함 있는 브레이크가 때때로 바퀴를 움직이지 못하게 한다.)

1.8. 다음 주어는 목적어를 꽉 끼워 맞추어서 잘 움직이지 않게 한다.

(8) a. The police **locked** arms to form a barrier against the protesters.(경찰은 시위자들을 막는 장벽을 만들기 위해 팔을 꽉 끼웠다.)

b. The girls **locked** arms/fingers.(그 소녀들은 팔/손가락을 맞물리게 했다.)

c. He **locked** his fingers.(그는 손가락을 깍지졌다.)

d. She **locked** her arms around his neck.(그녀는 팔을 그의 목에 깍지졌다.)

2. 자동사 용법

2.1. 다음 주어는 자체의 힘으로 잠금이 일어난다.

(9) a. The car door **locks** automatically.(그 자동차의 문은 자동적으로 잠긴다.)

b. The trunk doesn't **lock**.(그 트렁크가 잠기지 않는다.)

c. The wheels **locked**, and the car could not move.(운전대가 잠겨서, 그 차는 움직일 수 없었다.)

d. The car brake **locked** up.(자동차 브레이크는 잠겼다.)

2.2. 다음 주어는 자물쇠의 빗장 같은 것이다. 빗장이 제 자리에 들어간다.

(10) a. The gears **locked** into place.(그 기어는 제자리에 맞물렸다.)

b. The rod **locked** into place.(그 막대기는 제자리에 고정되었다.)

2.3. 다음에서는 목적어가 생략되어 있다. 그러나 실세계의 지식을 바탕으로 무엇이 생략되었는지 알 수 있다.

(11) The watchman **locked** for the night.(그 경비는 야간에 대비해서 문을 잠궜다.)

2.4. 다음 주어는 열쇠가 자물쇠의 정해진 부분에 들어가듯 들어가야 할 곳에 들어간다.

(12) a. A heat sensor in the nose of the missile **locks on/onto** the hot exhaust outlet from a target aircraft.(그 미사일 코의 열 탐지 센서가 목표 비행기의 뜨거운 배기구를 자동 추적한다.)

b. The missile **locked in on** the target.(그 미사일은 목표를 찾아 들어가서 명중했다.)

c. The pilot **locked in** his target.(그 조종사는 목표물을 고정시켰다.)

lodge

이 동사의 개념 바탕에는 머무는 과정이 있다.

1. 자동사 용법

1.1. 다음 주어는 전치사 with의 목적어와 함께 지낸다.

(1) a. He **lodged with** us last year.(그는 작년에 우리와 함께 머물렀다.)

b. Paul **lodged with** a family in Portland when he was studying.(폴은 공부하는 동안 포트랜드에서 어떤 가족과 함께 머물렀다.)

c. Mark **lodged with** his friend's family while attending college.(마크는 대학을 다니면서 친구 가족과 함께 머물렀다.)

d. She **lodged with** a young teacher's friend.(그녀는 젊은 선생님의 친구와 함께 머물렀다.)

1.2. 다음 주어는 전치사 at이나 in의 목적어에 머문다.

(2) a. He is **lodging at** his friend's.(그는 친구의 집에서 머무르고 있다.)

b. I'm **lodging at** Bill's.(나는 빌의 집에서 머무르고 있다.)

c. We **lodged in** an old hotel.(우리는 오래된 호텔에서 머물렀다.)

d. We **lodged in** a quiet house for the night.(우리는 조용한 집에서 밤을 지냈다.)

e. Where are you **lodging** now?(너는 지금 어디서 머무르고 있니?)

1.3. 다음 주어는 전치사 in의 목적어에 걸리거나 박힌다.

(3) a. The fishbone **lodged in** his throat.(생선뼈가 그의 목에 걸렸다.)

b. The saw blade **lodged in** the wood.(그 톱날은 나무에 박혔다.)

c. The bullet **lodged in** the wall.(그 총알은 벽에 박혔다.)

d. The bullet **lodged in** his jaw.(그 총알은 그의 턱에 박혔다.)

e. The kite **lodged in** the branches of a tree.(그 연은 나뭇가지에 걸렸다.)

1.4. 다음 주어는 in의 목적어에 박힌다.

(4) a. The fact **lodged in** his mind.(그 사실은 그의 마음에 박혔다.)

b. Facts don't **lodge** easily in my mind.(사실들은 쉽사리 내 마음에 박히지 않는다.)

c. A sound mind **lodges** in a sound body.(건전한 정신이 건강한 신체에 깃든다.)

d. It just **lodged in** my mind as a very sentimental song.(그것은 매우 감성적인 노래로 내 마음에 그냥 박혔다.)

2. 타동사 용법

2.1. 다음 주어는 목적어를 자신의 집에 머물게 한다.

(5) a. They **lodged** old people.(그들은 노인들을 집에 머물게 했다.)

b. The family agreed to **lodge** the foreign student for the summer.(그 가족은 여름 동안 외국인 학생을 집에 머물게 하는 데 동의했다.)

c. She agreed to **lodge** the stranger overnight.(그녀는 그 낯선 사람을 하룻밤 동안 집에 머물게 하는 데

동의했다.)

d. We can **lodge** many guests in our home.(우리는 많은 손님들을 우리 집에 머물게 할 수 있다.)

e. They **lodged** the prisoner in the building during the war.(그들은 그 포로를 그 건물에 전쟁 동안 숨겼다.)

f. We **lodge** local students at reasonable rates.(우리는 지방 학생들을 적당한 값으로 하숙시킨다.)

g. Could you **lodge** me for the night?(나를 오늘 하룻밤동안 머물게 해줄 수 있습니까?)

2.2. 다음 주어는 목적어를 전치사 in의 목적어에 들어가 박히거나 걸리거나 달리게 한다.

(6) a. The archer **lodged** an arrow in the center of the target.(그 궁수는 화살을 과녁의 중앙에 적중시켰다.)

b. I **lodged** the head of the axe in the stump.(나는 도끼의 머리 부분을 그 그루터기에 박았다.)

c. The surveyors **lodged** stakes in the ground.(그 측량사들은 말뚝을 땅에 박았다.)

d. The explorer **lodged** a bullet in the lion's heart.(그 탐험가는 총알을 사자의 심장에 박았다.)

e. The explosion **lodged** a small piece of metal in his skull.(폭발은 작은 철조각을 그의 두개골에 박았다.)

f. He **lodged** his finger in the hole.(그는 손가락을 구멍에 넣었다.)

g. They **lodged** power in the hands of the dictator.(그들은 권력을 독재자의 손에 넣었다.)

h. He **lodged** a blow on his opponent.(그는 한 방을 자신의 맞수에게 꽂았다.)

2.3. 다음은 수동태 문장으로 주어는 어떤 장소에 박히거나 걸린다.

(7) a. The bullet was **lodged** in his spine.(그 총알은 그의 척추에 꽂혔다.)

b. His foot was **lodged** between two rocks.(그의 발은 두 바위 사이에 끼었다.)

c. It was too firmly **lodged** to be removed.(그것은 제거되기에는 너무 단단하게 꽂혀 있었다.)

2.4. 다음 주어는 목적어를 전치사 with의 목적어에 맡긴다.

(8) a. He **lodged** his money with his uncle.(그는 돈을 삼촌에게 맡겼다.)

b. You should **lodge** a copy of the letter with the solicitor.(당신은 편지의 사본을 그 법무관에게 맡겨야 한다.)

c. Be sure to **lodge** a copy of the contract with your solicitor.(계약서의 한 부를 변호사에게 반드시 맡기도록 하라.)

d. Power was **lodged** with the head of state.(권력은 그 주지사에게 위임되었다.)

2.5. 다음 주어는 목적어를 전치사 in의 목적어에 둔다.

(9) a. He **lodged** his cash in the company's safe.(그는 그의 현금을 회사의 금고에 넣어 두었다.)

b. He **lodged** his valuables/his money in a bank.(그는 귀중품/돈을 은행에 맡겼다.)

2.6. 다음은 수동태 문장으로 주어는 전치사 with의 목적어에 맡겨진다.

(10) a. The surveyor's report was **lodged with** the building society.(측량사의 보고서는 그 건축회에 맡겨졌다.)

b. Her jewelry was **lodged with** the bank.(그녀의 보석은 은행에 맡겨졌다.)

2.7. 다음은 수동태 문장으로 주어는 어떤 장소에 수용된다.

(11) a. The refugees were **lodged in** an old army barracks.(그 피난민들은 오래된 군인 막사에 수용되었다.)

b. The shipwrecked sailors were **lodged in** a school.(그 난파된 선원들은 학교에 수용되었다.)

c. He is very badly **lodged**.(그의 숙박 상태는 매우 좋지 않다.)

d. The hotel is well **lodged**.(그 호텔의 숙박 시설은 좋다.)

2.8. 다음의 목적어는 재귀 대명사이다. 주어는 자신을 어떤 장소에 고정시킨다.

(12) a. The festival **lodged** itself in the public mind.(그 축제는 대중의 마음 속에 자리 잡게 했다.)

b. The troops **lodged** themselves in the enemy's outworks.(군대는 적군의 외부에 그들 자신을 주둔시켰다.)

2.9. 다음 주어는 목적어를 기관에 넣는다. 목적어는 진정서, 청원서 등이다.

(13) a. He **lodged** a complaint **against** the neighbor with the authorities.(그는 이웃에 대한 불만을 당국에 접수시켰다.)

b. They **lodged** a complaint **against** the doctor for negligence.(그들은 의사의 태만함에 대해 불만을 신고했다.)

c. He **lodged** an appeal **against** the sentence.(그는 그 선고에 대항하여 탄원서를 제출했다.)

d. He **lodged** information **against** a swindler.(그는 사기꾼에 대한 정보를 넘겼다.)

e. It is too late to **lodge** any objections.(반대를 신고하기엔 너무 늦었다.)

f. He is determined to **lodge** an appeal.(그는 탄원서를 제출하기로 마음먹는다.)

2.10. 다음 주어는 목적어를 with의 목적어에 제출한다.

(14) a. He **lodged** a protest **with** the mayor/the police.(그는 시장/경찰에게 항의를 제출했다.)

b. The angry tenant **lodged** a complaint **with** the housing agency.(그 성난 거주자는 그 주택관리소에 불만을 접수시켰다.)

log

이 동사의 개념 바탕에는 log의 명사 '통나무'가 있다. 동사의 의미는 통나무의 생산과 관계가 있다.

1. 타동사 용법

1.1. 다음 주어는 목적어를 베어서 통나무로 만든다.

(1) a. **Logging** too many trees destroys nature.(너무 많은 나무를 벌채하면 자연이 훼손된다.)

b. He **logs** trees for a paper company.(그는 나무를

종이 회사를 위해 벌채한다.)

1.2. 다음 목적어는 나무를 베는 장소이다.

(2) a. They **logged** the mountain behind our house. (그들은 우리집 뒤에 있는 그 산을 벌채했다.)

　　b. The lumber crew has been **logging** the hills for several months. (그 벌목단은 그 산들을 몇 달 동안 벌채해 오고 있다.)

1.3. 다음 주어는 목적어를 기록한다.

(3) a. During her training, the pilot **logged** 100 flying hours. (그녀의 훈련 동안 그 조종사는 100시간의 비행 시간을 기록했다.)

　　b. The ship **logged** 20 knots the first day. (그 배는 200 노트를 첫 날 기록했다.)

　　c. The old plane **logged** (up) hundreds of hours of flying time. (그 낡은 비행기는 수백 시간의 비행 시간을 기록했다.)

1.4. 다음 주어는 목적어를 기록해서 넣는다.

(4) a. The sergeant **logs** in the name of each soldier as he arrives at camp. (그 하사관은 각 군인들의 이름을 그들이 그 캠프에 도착하자 기록한다.)

　　b. The captain **logged** the ship's position. (그 선장은 그 배의 위치를 기록했다.)

1.5. 다음은 수동태 문장으로 주어는 기록된다.

(5) The last entry was **logged** an hour before the ship sank. (그 마지막 기록은 그 배가 가라앉기 한시간 전에 기록되었다.)

2. 자동사 용법

2.1. 다음 주어는 벌채한다.

(6) They **logged** in that area for generations. (그들은 그 지역에서 수 세대 동안 벌채를 했다.)

loiter

이 동사의 개념 바탕에는 서성거리거나 서성거리며 걷는 과정이 있다.

1. 자동사 용법

1.1. 다음 주어는 서성거린다.

(1) a. Don't **loiter** on your way home. (집에 가는 길에 서성거리지 말아라.)

　　b. The homeless **loitered** in the park. (그 노숙자는 공원에서 서성거렸다.)

　　c. They were **loitering** around the park. (그들은 그 공원 주위에서 서성거리고 있었다.)

1.2. 다음 주어는 서성거리며 걷는다.

(2) a. He **loitered** along. (그는 서성거리며 걸어갔다.)

　　b. We **loitered** on. (우리는 계속해서 서성거렸다.)

1.3. 다음 주어는 over의 목적어에 시간을 끈다.

(3) a. He is **loitering over** his work. (그는 일을 질질 끌고 있다.)

　　b. No one has time to **loiter over** a meal these days. (어떤 사람도 요즘에 식사를 질질 끌 시간이 없다.)

2. 타동사 용법

2. 다음 주어는 목적어를 헛되이 보낸다.

(4) a. He **loitered away** the afternoon. (그는 오후를 헛되이 보냈다.)

　　b. She **loitered away** her vacation. (그녀는 방학을 헛되이 보냈다.)

　　c. He **loitered** the hours **away**. (그는 시간들을 헛되이 보냈다.)

loll

이 동사의 개념 바탕에는 축 쳐지는 과정이 있다.

1. 자동사 용법

1.1. 다음 주어는 축 쳐진다.

(1) a. The dog's tongue was **lolling** out. (그 강아지의 혓바닥이 축 쳐졌다.)

　　b. The dog lay down, his tongue **lolling** to one side. (그 개는 혀를 한쪽 방향으로 축 늘어뜨리고는 누워 있다.)

　　c. The limp flag **lolled** from the pole. (힘없는 깃발은 게양대에서 쳐져 있었다.)

　　d. Several bored people were **lolling** in chairs. (몇몇 지루해진 사람들은 의자에 축 늘어져 있었다.)

1.2. 다음 주어는 긴장을 푼 상태로 움직인다.

(2) a. Vacationers **lolled about** on the beach. (휴가객들이 가벼운 마음으로 해변가를 돌아다녔다.)

　　b. He **lolled around** in the Florida sunshine. (그는 플로리다의 태양 아래서 빈둥거렸다.)

1.3. 다음 주어는 긴장을 푼 상태로 against의 목적어에 기댄다.

(3) a. He **lolled against** the wall. (그는 벽에 푹 기댔다.)

　　b. Her head **lolled against** his shoulder. (그녀의 머리는 그의 어깨에 기댔다.)

2. 타동사 용법

2.1. 다음 주어는 목적어를 축 늘어뜨린다.

(4) a. The dog **lolled** its tongue out. (그 강아지는 혀를 축 늘어뜨렸다.)

　　b. The calf **lolled** its tongue on the hot day. (그 송아지는 무더운 날에 혀를 축 늘어뜨렸다.)

long

이 동사의 개념 바탕에는 갈망하는 과정이 있다.

1. 자동사 용법

1.1. 다음 주어는 to부정사가 가리키는 일을 하기를 갈망한다.

(1) a. He **longed** to return home. (그는 집에 돌아가기를 갈망했다.)

　　b. He **longs** to take a vacation. (그는 휴가를 가지길 갈망한다.)

1.2. 다음 주어는 for의 목적어를 갈망한다.

(2) a. He **longed for** his girlfriend. (그는 여자친구를 갈망했다.)

　　b. The girl is **longing for** home. (그 소녀는 집을 갈망

하고 있다.)

1.3. 다음 주어는 for의 목적어가 어떤 일을 하기를 바란다.

(3) a. He longed for her to kiss him. (그는 그녀가 자기에게 키스하기를 바랐다.)

b. I longed for him to stay. (나는 그가 머무르기를 바랐다.)

look

이 동사의 개념 바탕에는 보는 과정이 있다.

1. 자동사 용법

1.1. 다음 주어는 본다. 보는 과정은 사람의 시선이 몸에서 나가는 것으로 개념화된다. 즉 시선이 움직인다. 그러므로 방향을 나타내는 여러 가지의 전치사와 같이 쓰일 수 있다.

(1) a. She looked around the room. (그녀는 방을 둘러보았다.)

b. They both looked away. (그들은 둘 다 눈길을 돌렸다.)

c. He looked away from the unpleasant sight. (그는 불쾌한 장면에서 눈길을 돌렸다.)

d. She looked down at her watch. (그녀는 시계를 내려다 보았다.)

e. Look out the window. (창 밖을 내다 봐라.)

f. He looked over the wall. (그는 담 너머로 보았다.)

g. I looked through the manuscript for misspellings. (나는 오타를 찾으려고 원고를 꼼꼼히 살펴 보았다.)

h. She looked up from her work. (그녀는 그녀의 작업에서 눈을 떼고 올려다 보았다.)

i. Look to see whether the road is clear ahead of you. (네 앞의 길이 깨끗이 치워져 있는지 살펴보아라.)

1.2. 사람의 두 눈에 들어오는 것은 시야를 이룬다. 다음 주어는 전치사 at의 목적어에 시선을 집중한다.

(2) a. He looked at us suspiciously. (그는 우리를 의심스럽게 바라보았다.)

b. He must look at the fact. (그는 그 사실을 고찰해야 한다.)

c. Look at yourself in the mirror. (네 자신을 거울에서 보아라.)

d. He looked up at the blue sky. (그는 파란 하늘을 올려다 보았다.)

e. Look at him jumping. (그가 뛰는 것을 보아라.)

f. Look at the boy running. (그 소년이 뛰는 것을 보아라.)

1.3. 다음 주어는 어떤 관찰자에 특정한 상태로 보인다.

(3) a. She looks tired/sad/happy/well/pale. (그녀는 피곤하게/슬프게/기쁘게/건강하게/창백하게 보인다.)

b. They look alike. (그들은 서로 닮아 보인다.)

c He looked in a hurry. (그들은 급해 보였다.)

d. He looks himself. (그는 언제나처럼 건강해 보인

다.)

e. The car looks all right. (그 차는 괜찮아 보인다.)

f. The town looks deserted. (그 마을은 사람이 살지 않는 것처럼 보인다.)

1.4. 다음 주어는 추상적 개체이다.

(4) a. The plan looks grand on paper, but will it work? (그 계획은 문서상으로는 거창해 보이는데, 그게 효과가 있을까?)

b. Things are looking pretty bad. (사정이 꽤 나빠 보인다.)

c. Things don't look too good. (사정이 그리 좋아 보이지 않는다.)

1.5. 다음 주어는 전치사 like의 목적어와 같이 보인다.

(5) a. It looked like snow. (눈이 올 것 같았다.)

b. It looked like winning. (이길 것 같았다.)

c. She looks just like her father. (그녀는 아빠를 닮았다.)

1.6. 사람의 경우 시각 기관이 있는 쪽이 앞이다. 집이나 건물의 경우 출입구가 있는 쪽이 앞이다. 다음 주어는 특정한 방향을 향한다.

(6) a. Our house looks east/out on the river. (우리 집은 동쪽을/바깥 쪽 강변을 향한다.)

b. The cottage looks north. (그 오두막집은 북쪽을 향한다.)

c. The house looks to the north. (그 집은 북쪽을 향한다.)

2. 타동사 용법

2.1. 다음에서 주어는 목적어를 정면으로 보면서 대결한다.

(7) a. He looked his troubles in the face. (그는 자신의 문제들을 정면으로 맞섰다.)

b. He looked the student in the eyes. (그는 그 학생을 노려 보았다.)

c. He looked the person to shame. (그는 그 사람을 무안하도록 쳐다 보았다.)

d. He looked her into silence. (그는 그녀를 노려보아 침묵시켰다.)

2.2. 다음 주어는 목적어를 시각적으로 밖으로 내보낸다.

(8) a. He looked his sadness/joy. (그는 슬픔/기쁨을 내보였다.)

b. He looked the picture of contentment. (그는 만족의 모습을 보였다.)

c. She doesn't look her age/years. (그녀는 자신의 나이를 보이지 않는다.)

2.3. 다음 주어가 목적어를 살핀다.

(9) a. He looked the machine over. (그는 그 기계를 조사했다.)

b. He looked up the word in the dictionary. (그는 사전에서 단어를 찾았다.)

2.4. 다음 주어는 부정사가 가리키는 일을 하려고 한다.

(10) a. If you are looking to buy a new car, I suggest you save some money first. (네가 새 차를 사기를 기대한다면, 나는 네가 저축을 먼저 할 것을 제안한다.)

b. She **looks to** be the best person for the job.(그녀는 그 일에 가장 적합한 사람으로 보인다.)

loom

이 동사의 개념 바탕에는 갑자기 그리고 어렴풋하게, 무섭게 나타나는 과정이 있다.

1. 자동사 용법

1.1. 다음 주어는 어렴풋하게 나타난다.

(1) a. The storm **loomed** on the horizon.(그 폭풍은 수평선 근처에서 어렴풋이 나타났다.)
b. Through the fog, a ship **loomed** on our port bow.(안개를 통과해, 배 한 척이 우리 배의 좌현 이물에 나타났다.)
c. The peak **loomed up** in front of us.(그 봉우리는 우리 앞에 나타났다.)
d. A tall figure **loomed** out of the mist.(큰 물체가 그 안개 속에서 어렴풋이 나타났다.)
e. Suddenly the mountain **loomed** over them.(갑자기 산이 우리 앞에 나타났다.)

1.2. 다음 주어는 다른 사람의 마음에 나타난다.

(2) The senator **loomed** large in national politics.(그 상원 의원은 국내 정치계에 홀연히 크게 나타났다.)

1.3. 다음 주어는 모두 마음에 나타나는 개체이다.

(3) a. Eviction was **looming** large when the students could not pay the rent.(학생들이 집세를 낼 수 없자 퇴거 문제가 크게 나타났다.)
b. I must start reviewing--final exams are **looming**.(나는 복습을 시작해야 한다-기말고사가 다가오고 있다.)
c. The threat of war **loomed** over the country.(전쟁의 위협은 나라 전체에 다가오고 있었다.)

1.4. 다음 주어는 추상적이다. 이들은 구체적인 것으로 개념화된다.

(4) a. Anxieties **loomed** ahead.(근심이 다가왔다.)
b. Trifles **loom** large to an anxious mind.(자질구레한 일들은 걱정스러운 사람의 마음에 크게 느껴진다.)
c. Food shortage **looms** in some parts of Africa.(식량 부족 사태가 아프리카 일부 지역에 다가오고 있다.)

loop

이 동사의 개념 바탕에는 loop의 명사 '고리'가 있다. 동사의 의미는 이 명사의 모양과 관계가 있다.

1. 자동사 용법

1.1. 다음 주어는 고리 모양을 그리며 움직인다.

(1) a. The ball **looped** high up in the air.(그 공은 고리 모양을 그리며 공중 높이 올라갔다.)
b. The airplane **looped** in midair.(그 비행기는 공중에서 고리 모양을 그리며 움직였다.)

1.2. 다음 주어는 움직이는 개체가 아니다. 그러나 전체 형상을 보면 고리 모양을 이룬다.

(2) a. The river **loops around** two counties.(그 강은 두 군을 둘러서 고리 모양을 한다.)
b. The belt **looped around** her waist.(그 벨트는 그녀의 허리에 둘러졌다.)
c. The train tracks **loop around** the city's business district.(열차 노선은 그 도시의 상업 지역 주위를 돈다.)
d. The stream **loops through** the valley.(그 시내는 고리 모양을 이루며 계곡을 통과한다.)

2. 타동사 용법

2.1. 다음 주어는 목적어를 고리 모양을 그리며 움직이게 한다.

(3) The pilot **looped** the plane.(그 조종사는 비행기를 공중제비를 시켰다.)

2.2. 다음 주어는 목적어를 다른 개체에 감는다.

(4) a. The cowboy **looped** his rope over the cow's horns.(그 카우보이는 자기의 밧줄을 암소의 뿔 위로 감았다.)
b. The snake **looped** itself around the mouse.(그 뱀은 몸을 쥐 둘레에 말았다.)
c. Mary **looped** the scarf around her neck.(메리는 스카프를 목에 둘렀다.)
d. **Loop** the wire over the gate to keep it shut.(철사를 그 문이 계속 닫혀 있도록 그 위에 감아라.)

2.3. 다음 주어는 목적어를 고리 모양으로 만든다.

(5) a. He **looped** a string.(그는 실을 고리 모양으로 만들었다.)
b. John **looped** the rope up.(존은 밧줄을 고리 모양으로 감았다.)
c. She **looped** back the thread.(그녀는 실을 다시 고리 모양으로 감았다.)

loose

이 동사의 개념 바탕에는 매어놓은 것을 푸는 과정이 있다.

1. 타동사 용법

1.1. 다음 주어는 목적어를 풀어놓는다.

(1) a. Police **loosed** their dogs.(경찰이 그들의 개들을 풀어주었다.)
b. He **loosed** the horse in the field.(그는 말을 들판에 풀어주었다.)
c. He **loosed** the animals from the house.(그는 동물들을 집밖으로 놓아주었다.)
d. He **loosed** the boat **from** its moorings.(그는 배를 계류장치에서 풀었다.)

1.2. 다음 주어는 목적어를 푼다. 목적어는 묶여져 있는 개체이다.

(2) a. He **loosed** the knot/fetters.(그는 매듭/족쇄를 풀었다.)
b. He **loosed** the strap that bound her arms.(그는 그녀의 팔을 묶었던 가죽끈을 풀었다.)
c. He **loosed** his belt after the meal.(그는 허리띠를 그 식사 후에 풀었다.)

1.3. 다음 주어는 목적어가 풀려서 일어나게 한다.

(3) a. The recent court case **loosed** a number of racist attacks.(최근의 법원 사례는 수많은 인종 차별주의자의 공격을 야기시켰다.)

b. The dispute **loosed** a flood of political ill will.(그 다툼은 홍수같은 정치적 악의를 일으켰다.)

1.4. 다음 주어는 그릇이고, 목적어는 그릇에 담겨 있는 개체이다. 주어는 목적어를 쏟는다.

(4) a. The tanker **loosed** 10,000 gallons of pesticide into the river.(그 유조선은 10,000 갤런의 살충제를 강으로 쏟았다.)

b. The heavens **loosed** a downpour.(하늘은 폭우를 쏟았다.)

1.5. 주어는 목적어를 쏜다. 활을 쏘면 화살이 잡혀있다 놓이게 된다.

(5) a. He **loosed** an arrow at the enemy.(그는 화살을 적을 향해 쏘았다.)

b. They **loosed** missiles at the enemy.(그는 미사일을 적에게 쏘았다.)

c. Don't **loose** your anger on me.(너의 화를 내게 풀지 마라.)

d. He **loosed** off his pistol.(그는 권총을 쏘았다.)

1.6. 다음 주어는 추상적 결속체이다. 주어는 목적어를 푼다.

(6) a. He believes that no one can **loose** the bonds of marriage.(그는 아무도 결혼의 유대 관계를 풀 수 없다고 믿고 있다.)

b. He **loosed** his hold.(그는 자신의 장악을 풀었다.)

loosen

이 동사의 개념 바탕에는 느슨하게 하는 과정이 있다.

1. 타동사 용법
1.1. 다음 주어는 목적어를 느슨하게 한다.

(1) a. **Loosen** the nuts/the screw.(그 나사/나사 볼트를 느슨하게 해라.)

b. He **loosened** his grip/grasp on my arm.(그는 내 팔을 잡은 손을 느슨하게 했다.)

c. **Loosen** your tie/the rope/your belt.(너의 넥타이/밧줄/너의 허리띠를 느슨하게 해라.)

1.2. 다음 목적어는 추상적 개체이다. 그러나 이들은 주체적 개체로 개념화되어있다.

(2) a. The government **loosened** up the economy.(정부는 경제를 풀었다.)

b. The military regime has not **loosened** its hold on power.(군사 정권은 권력 장악을 느슨하게 늦추지 않았다.)

c. The college **loosened** its entrance requirements.(그 대학은 입학 조건을 완화했다.)

1.3. 다음 목적어는 신체 부위이다. 주어는 목적어를 푼다.

(3) a. He **loosened** his bowels.(그는 변을 보았다.)

b. You have to **loosen** up your muscles before jogging.(당신은 조깅하기 전에 근육을 풀어주어야 한다.)

c. A bottle of wine **loosened** his tongue.(포도주 한 병이 그의 혀를 느슨하게 했다.)

2. 자동사 용법
2.1. 다음 주어는 몸이나 마음의 긴장을 푼다.

(4) a. Dancers **loosen** up before going on stage.(무용수들은 무대에 나서기 전에 긴장을 푼다.)

b. His doctor advised him to **loosen** up.(그의 의사는 그에게 긴장을 풀라고 조언했다.)

c. After that 3-hour meeting I felt the need to **loosen** up.(3시간에 걸친 회의 후에 나는 긴장을 풀어야 할 필요를 느꼈다.)

2.2. 다음 주어는 느슨하게 된다.

(5) a. The rope holding the boat **loosened**.(그 배를 붙잡고 있는 밧줄은 느슨해졌다.)

b. The rope **loosened** and it slipped through my hands.(그 로프는 느슨해져서 내 손에서 빠져 나갔다.)

c. The screw **loosened** slowly over time.(나사는 시간이 흐르면서 서서히 느슨해졌다.)

d. The tooth **loosened** on its own.(그 치아는 저절로 흔들거렸다.)

lop

이 동사의 개념 바탕에는 죽은 잔가지를 치는 과정이 있다.

1. 타동사 용법
1.1. 다음 주어는 목적어의 잔가지를 친다.

(1) He **lopped** the tree/shrub.(그는 나무/수목의 잔가지를 쳐냈다.)

1.2. 다음 주어는 목적어를 전체에서 친다.

(2) a. He **lopped** off a page of the report.(그는 보고서의 한 장을 찢어 버렸다.)

b. She **lopped** the green tops off from carrots with a knife.(그녀는 당근 위쪽의 녹색 부분을 칼로 잘라 버렸다.)

c. He **lopped** the branches off.(그는 가지들을 쳐냈다.)

1.3. 다음 주어는 목적어를 친다. 목적어는 신체의 일부이다.

(3) a. The barber **lopped** off the hair around my ears.(그 이발사는 내 귀 주위의 머리카락을 잘라냈다.)

b. He **lopped** the villain's head off.(그는 그 악당의 머리를 베었다.)

1.4. 다음 주어는 목적어를 잘라낸다.

(4) a. He **lopped** 20 dollars off the price.(그는 20달러를 가격에서 깎았다.)

b. The judge **lopped** $1 million off the $4 million award.(그 판사는 백만 달러를 4백만 달러의 상금에서 삭감했다.)

c. Could you **lop** a few pounds off the price?(몇 파운드를 가격에서 깎아 주실 수 있어요?)

lose

이 동사의 개념 바탕에는 잃는 과정이 있다.

1. 타동사 용법

1.1. 다음 주어는 목적어를 잃는다. 목적어는 주어의 소유물이다.

(1) a. He lost the key to the door. (그는 그 문의 그 열쇠를 잃어 버렸다.)

　　b. He lost all his money. (그는 모든 돈을 잃었다.)

　　c. He lost his books and a pen. (그는 책과 펜을 잃어 버렸다.)

1.2. 다음 목적어는 주어의 신체 부위이다. 주어는 목적어를 잃는다.

(2) a. He lost an eye in that accident. (그는 눈 하나를 그 사고에서 잃었다.)

　　b. He lost a leg in the war. (그는 다리 하나를 전쟁에서 잃었다.)

　　c. He lost a hand in the battle. (그는 손 하나를 전투에서 잃었다.)

　　d. She lost her good looks. (그녀는 좋은 용모를 잃었다.)

1.3. 다음 목적어는 주어의 머리나 마음 속에 가지고 있는 개체이다. 주어는 목적어를 잃는다.

(3) a. He lost all senses of directions. (그는 방향의 모든 감각을 잃었다.)

　　b. He lost his reason/his cool/his temper. (그는 이성/침착/냉정을 잃었다.)

　　c. He lost interest in the game. (그는 그 게임에 관심을 잃었다.)

　　d. He lost fear. (그는 두려움을 잃었다.)

1.4. 다음 목적어는 주어가 의식 속에 가지고 있는 개체이다. 주어는 목적어를 잃는다.

(4) a. He lost his place in the book. (그는 책 속에서 읽던 곳을 잃어버렸다.)

　　b. He lost his way in the mountains. (그는 길을 산에서 잃었다.)

　　c. We lost our way in the dark. (우리는 길을 어둠 속에서 놓쳤다.)

　　d. I lost your last few words. (나는 너의 마지막 몇 마디를 놓쳤다.)

　　e. He lost a few words of what she said. (그는 그녀가 말한 것의 몇 마디를 잃었다.)

　　f. I lost the end of the sentence. (나는 그 문장의 마지막 부분을 놓쳤다.)

1.5. 다음 목적어는 가족의 구성이다. 주어는 목적어를 잃는다.

(5) a. He lost his father in the war. (그는 아버지를 전쟁에서 잃었다.)

　　b. He lost his father in the crowd. (그는 아버지를 군중 속에서 잃었다.)

1.6. 다음은 [시간은 개체] 은유가 적용된 표현이다.

(6) a. He lost time waiting. (그는 기다리면서 시간을 낭비했다.)

　　b. You are losing time trying to teach that boy. (너는 그 아이를 가르치려고 하면서 시간을 잃고 있다.)

　　c. The doctor lost no time in getting the man to hospital. (그 의사는 그 사람을 입원시키는 데 시간을 허비하지 않았다.)

　　d. There's not a moment to lose. (허비할 시간이 한 순간도 없다.)

　　e. I shall lose no time in beginning the work. (나는 그 일을 시작하는 데 지체하지 않을 것이다.)

　　f. He lost no time in making the acquaintance. (그는 친교를 맺는데 시간을 잃지 않았다/즉 지체하지 않았다.)

　　g. No time should be lost in looking into the matter. (그 문제를 조사하는 데 시간을 낭비해서는 안 된다.)

1.7. 다음 주어는 첫째 목적어에게 둘째 목적어를 잃게 한다.

(7) a. Such insolence will lose you your job. (그러한 무례함은 네가 일자리를 잃게 할 것이다.)

　　b. This lost him our sympathy. (이것이 그에게 우리의 동정심을 잃게 했다.)

　　c. The job lost us $200. (그 일은 우리에게 200불을 잃게 했다.)

　　d. This lost them the victory. (이것이 그들을 승리를 잃게 했다.)

　　e. His impudence lost him her favor. (그의 뻔뻔스러움이 그에게 그녀의 호의를 잃게 했다.)

　　f. His foolishness has lost him the job. (그의 어리석음이 그를 그 일자리를 잃게 했다.)

1.8. 다음 주어는 목적어를 잃는다.

(8) a. We lost a game/a battle/a prize/a law suit. (우리는 게임/전투/상/재판을 잃었다.)

　　b. I lost my train/a bus/a sale. (나는 기차/버스/세일을 놓쳤다.)

1.9. 다음은 수동태 문장으로 주어는 없어진다.

(9) a. The ship and its crew were lost at sea. (그 배와 선원들은 바다에서 없어졌다.)

　　b. Your last few words were lost in the loud noise. (너의 마지막 몇 마디는 소음 속에 들리지 않았다.)

1.10. 다음 주어는 on의 목적어에 영향을 미치지 못하고 없어진다.

(10) a. Good advice is often lost on children. (좋은 충고는 종종 아이들에게 놓쳐진다.)

　　b. Your jokes were lost on him: He doesn't have any sense of humor. (너의 농담은 그에게는 소용이 없었다: 그는 유머 감각이 없다.)

　　c. My hints were lost upon him. (나의 암시는 그에게 전달되지 않았다.)

　　d. His eloquence was lost upon the audience. (그의 웅변은 청중에게 전달되지 않았다.)

1.11. 다음 주어는 환유적으로 쓰여서 의식 등을 가리킨다.

(11) a. At first, we were lost in the advanced class. (처음에 우리는 고급반에서 헤맸다.)

　　b. I was lost as soon as I left the station. (나는 그 역을 떠나자마자 길을 잃었다.)

2. 자동사 용법

2.1. 다음 주어는 시합 같은 것에서 진다.

(12) a. You've lost by your honesty. (너는 정직 때문에 졌다.)

    b. Our team lost by five goals. (우리 팀은 5점 차이로 졌다.)

    c. I don't want to lose by me. (나는 나 때문에 지고 싶지 않다.)

    d. The army lost heavily in yesterday's fighting. (그 군대는 어제 전투에서 크게 졌다.)

2.2. 다음 주어는 환유적으로 쓰여서 주어와 관련된 것을 잃는다.

(13) a. The watch loses by 2 minutes. (그 시계는 2분 늦다.)

    b. My clock is losing by five minutes. (내 탁상 시계는 5분 늦어지고 있다.)

    c. The car lost in speed. (그 자동차는 속도가 줄었다.)

    d. It lost in beauty. (그것은 아름다움이 줄었다.)

    e. The house lost in value. (그 집은 가치가 줄었다.)

love

이 동사의 개념 바탕에는 사랑하는 과정이 있다.

1. 타동사 용법

1.1. 다음 주어는 목적어를 사랑한다.

(1) a. He loves his parents. (그는 부모님을 사랑한다.)

    b. The rose loves sunlight. (그 장미는 햇볕을 좋아한다.)

1.2. 다음 주어는 부정사가 가리키는 일을 좋아한다.

(2) a. He loves to play bridges. (그는 브리지 카드 놀이하는 것을 좋아한다.)

    b. He loves to talk with his friends. (그는 친구들과 이야기하는 것을 좋아한다.)

1.3. 다음 주어는 동명사가 가리키는 일을 좋아한다.

(3) a. He loves playing bridges. (그는 브리지 카드 게임하는 것을 좋아한다.)

    b. He loves reading science fiction. (그는 공상 과학 소설 읽는 것을 좋아한다.)

lower

이 동사의 개념 바탕에는 낮추는 과정이 있다.

1. 타동사 용법

1.1. 다음 주어는 목적어의 위치를 낮춘다.

(1) a. He lowered the boat. (그는 보트를 내렸다.)

    b. He lowered the flag/the sail. (그는 깃발/돛을 내렸다.)

    c. They lowered the coffin into the grave. (그들은 관을 무덤 속으로 내렸다.)

    d. The stage hand lowered the curtain at the end of the play. (무대의 일꾼은 커튼을 그 연극이 끝나자 내렸다.)

    e. They lowered him down the cliff. (그들은 그를 절벽 아래로 내렸다.)

1.2. 다음 주어는 목적어를 내린다. 목적어는 신체와 관련된다.

(2) a. She lowered her eyes. (그녀는 눈을 내리 깔았다.)

    b. He lowered his head to go through the door. (그는 문을 통해 나가려고 머리를 숙였다.)

1.3. 다음 목적어는 재귀대명사이다. 주어는 자신을 낮추어 어떤 일을 한다.

(3) a. I wouldn't lower myself to speak to her after what she's done. (나는 그녀가 한 것을 본 후에 나 자신을 낮추어서 그녀에게 말을 하지 않겠다.)

    b. He would not lower himself to picking up coins on the street. (그는 자신을 낮추어서 길에서 동전을 줍지 않을 것이다.)

    c. I wouldn't lower myself by working for him. (나는 나 자신을 낮추어 그를 위해 일을 하지 않겠다.)

    d. I would not lower myself to do it. (나는 나 자신을 낮추어서 그 일을 하지 않을 것이다.)

1.4. 다음 목적어는 양, 수, 정도와 관계가 있다. 이들을 낮추는 것은 줄인다는 의미이다.

(4) a. He lowered the price of the goods. (그는 그 상품의 가격을 낮췄다.)

    b. He lowered the volume of the radio. (그는 라디오의 볼륨을 낮추었다.)

    c. The drug is used to lower blood pressure. (그 약은 혈압을 낮추는 데 이용된다.)

    d. He lowered the amount of salt in his diet. (그는 소금의 양을 식단에서 줄였다.)

    e. He lowered his voice to a whisper. (그는 목소리를 죽여 속삭였다.)

2. 자동사 용법

2.1. 다음 주어는 낮아진다.

(5) a. His voice lowered. (그의 목소리는 작아졌다.)

    b. The prices rise and lower constantly. (물가는 계속해서 오르락내리락한다.)

    c. The sun lowered in the west. (태양은 서쪽으로 진다.)

lubricate

이 동사의 개념 바탕에는 미끄럽게 만드는 과정이 있다.

1. 타동사 용법

1.1. 다음 주어는 목적어에 윤활유를 친다.

(1) a. The mechanic lubricated the gears/the car. (그 기계공은 변속기어/차에 윤활유를 쳤다.)

    b. Oils lubricate the moving parts of the engine. (기름은 엔진의 움직이는 부분을 미끄럽게 한다.)

    c. The man lubricated the squeaky hinge with oil. (그 남자는 삑삑 소리가 나는 경첩에 기름칠을 했다.)

    d. He lubricated the skin with oil. (그는 피부에 오일을 발랐다.)

1.2. 다음 주어는 목적어를 with의 목적어로 대접한다.

(2) a. He lubricated his guests with gin. (그는 손님들을

진으로 대접했다.)
b. She lubricated him with a few drinks.(그녀는 그를 몇 잔의 술로 대접했다.)

2. 자동사 용법
2.1. 다음 주어는 미끄럽게 된다.
(3) Silicone lubricates without creating a greasy mess.(실리콘은 기름 범벅을 만들지 않고 미끄럽게 된다.)

lug
이 동사의 개념 바탕에는 힘들게 끄는 과정이 있다.

1 타동사 용법
1.1 다음 주어는 목적어를 힘들게 끌고 간다.
(1) a. He lugged his suitcase along.(그는 그 여행 가방을 힘들게 끌고 갔다.)
b. He lugged the baggage upstairs.(그는 짐을 위층으로 힘들게 끌고 갔다.)
c. I had to lug my bags to the fourth floor.(나는 가방들을 4층으로 끌고 가야 했다.)
d. I lugged two heavy suitcases to the bus terminal.(나는 두 개의 무거운 여행 가방을 버스터미널로 끌고 갔다.)

1.2. 다음 주어는 목적어를 무리하게 끌어들인다.
(2) a. He lugged his personal matters into discussion.(그는 자신의 개인 문제를 토론으로 무리하게 끌어들였다.)
b. He lugged the subject into his speech.(그는 그 주제를 자신의 연설에 무리하게 끌어들였다.)

lull
이 동사의 개념 바탕에는 달래는 과정이 있다.

1. 타동사 용법
1.1. 다음 주어는 목적어를 달랜다.
(1) The mother lulled the crying baby.(어머니는 우는 아이를 달랬다.)
1.2. 다음 주어는 목적어를 달래서 목적어가 어떤 상태에 들어가게 한다.
(2) a. She lulled the baby to sleep.(그녀는 아이를 달래서 잠재웠다.)
b. The sound of the train lulled me to sleep.(기차 소리는 나를 달래 잠들게 했다.)
c. The soft music lulled me to sleep.(부드러운 음악 소리는 나를 잠들게 했다.)
1.3. 다음 주어는 목적어를 달래서 목적어가 into의 목적어가 가리키는 상태로 들어가게 한다.
(3) a. She lulled him into contentment.(그녀는 그를 달래어 만족하게 했다.)
b. His friendly manner lulled her into a false sense of security.(그의 친근한 태도가 그녀의 마음을 달래서 잘못된 안도감을 느끼게 했다.)
1.4. 다음 주어는 목적어를 달래서 목적어가 동명사가

가리키는 일을 하게 한다.
(4) a. His charm lulled her into believing that he loved her.(그의 매력은 그가 그녀를 사랑한다고 그녀를 달래어 믿게 했다.)
b. The tests have lulled the public into believing the water is safe to drink.(그 실험들은 대중들을 그 물이 식수로서 안전하다고 믿게 했다.)

1.5. 다음 목적어는 추상적인 상태이다. 그러나 이들은 의인화되어 있다.
(5) a. She lulled his suspicions/fears.(그녀는 그의 의심/공포를 누그러뜨렸다.)
b. He lulled the boy's anxiety.(그는 소년의 근심을 누그러뜨렸다.)
c. The good news lulled our fears.(그 좋은 소식은 우리의 두려움을 달랬다.)

2. 자동사 용법
2.1. 다음 주어는 조용해진다.
(6) a. The storm lulled.(그 폭풍이 사그러들었다.)
b. The high winds finally lulled.(그 거센 바람이 끝내 수그러들었다.)

lump
이 동사의 개념 바탕에는 lump의 명사 '덩어리'가 있다. 동사의 의미는 덩어리 모양과 관계가 있다.

1. 타동사 용법
1.1. 다음 주어는 목적어를 전치사 with의 목적어와 뭉뚱그린다.
(1) a. They lumped the old things with the new.(그들은 오래된 것을 새것과 한 묶음으로 만들었다.)
b. Investors often lump venture capital with other types of investment.(투자자들은 종종 벤처 자본과 다른 종류의 투자를 뭉뚱그린다.)
1.2. 다음 주어는 목적어를 뭉뚱그린다.
(2) a. She lumped together all the files on her desk.(그녀는 책상 위의 모든 파일을 뭉뚱그렸다.)
b. He lumped unrelated matters together.(그는 관련없는 문제들을 하나로 뭉뚱그렸다.)
c. Let us lump all the expenses.(그 모든 비용을 총괄합시다.)
d. Don't lump the teenagers together.(그 십대 청소년들을 함께 뭉뚱그리지 마시오.)
e. We lumped the red and blue marbles together.(우리는 빨간 공깃돌과 파란색 공깃돌을 섞었다.)
1.3. 다음은 수동태 문장으로 주어는 뭉뚱그려진다.
(3) a. Pacifists, atheists, and journalists were all lumped together as 'trouble-makers'.(평화주의자와 무신론자, 그리고 언론인들은 '말썽꾼들'로 뭉뚱그려졌다.)
b. His pocket was lumped with a big ball.(그의 주머니는 큰 공으로 불뚝 튀어 나왔다.)
1.4. 다음 주어는 목적어를 덩어리 모양으로 만든다.
(4) a. He lumped the clay into a ball.(그는 찰흙을 뭉쳐 공을 만들었다.)

b. He **lumps** all those who disagree with him **into** one category.(그는 자신의 의견에 반대하는 모든 사람은 한 부류로 뭉뚱그린다.)

2. 자동사 용법

2.1. 다음 주어는 덩어리진다.
(5) a. The red blood cells **lump** together.(적혈구는 덩어리진다.)

b. Corn−starch will **lump** if cooked too fast.(옥수수 녹말은 너무 빨리 요리되면 뭉치게 된다.)

c. The oatmeal **lumps** if you don't stir it well.(귀리는 잘 젓지 않으면 덩어리진다.)

d. The sauce **lumped** because we didn't stir it.(그 소스는 우리가 휘젓지 않아서 뭉쳐버렸다.)

2.2. 다음 주어는 무거운 소리를 내며 간다.
(6) The heavy tanks **lumped along**.(육중한 탱크는 무거운 소리를 내며 지나갔다.)

---

lunge

이 동사의 개념 바탕에는 갑작스럽게 앞으로 나가는 과정이 있다.

1. 자동사 용법

1.1 다음 주어는 갑작스럽게 앞으로 나간다.
(1) a. Both **lunged forward** to catch the ball.(둘은 공을 잡기 위해 갑자기 앞으로 나갔다.)

b. The car **lunged forward** and struck the curb.(그 차는 갑자기 앞으로 나가 연석을 부딪쳤다.)

c. He **lunged** for the knife but missed it.(그는 칼을 잡기 위해 갑자기 나갔으나 놓쳤다.)

1.2 다음 주어는 갑작스럽게 앞으로 나간다. 나가는 목표가 전치사 at으로 표현되어 있다.
(2) a. The cat **lunged at** the bird.(그 고양이는 새 쪽으로 달려들었다.)

b. She **lunged at** the basketball and stole it from the opposing player.(그녀는 갑자기 농구공 쪽으로 달려가 그것을 상대 선수로부터 뺐었다.)

---

lurch

이 동사의 개념 바탕에는 갑자기 한쪽으로 쏠리는 과정이 있다.

1. 자동사 용법

1.1. 다음 주어는 한 쪽으로 쏠린다.
(1) a. The ship **lurched** in the storm.(그 배가 폭풍우에 쏠렸다.)

b. I **lurched** forward as the bus stopped.(나는 그 버스가 멈췄을 때 앞으로 쏠렸다.)

c. The boat **lurched from** side **to** side.(보트는 좌우로 흔들거렸다.)

d. Suddenly the horse **lurched to** one side and the child fell off.(갑자기 말은 한 쪽으로 쏠려서 그 아이가 떨어졌다.)

1.2. 다음 주어는 비틀거리며 움직인다.

(2) a. He **lurched back** to his seat.(그는 비틀거리며 자신의 자리로 돌아갔다.)

b. He **lurched** drunkenly **into** the room.(그는 술에 취해 비틀거리며 방에 들어왔다.)

c. He **lurched out** of the bar.(그는 바에서 비틀거리며 나왔다.)

d. He **lurched toward** the bar.(그는 비틀거리며 술집으로 갔다.)

1.3. 다음 주어는 갑자기 움직인다.
(3) His heart/stomach **lurched**.(그의 심장은/위는 요동쳤다.)

---

lure

이 동사의 개념 바탕에는 미끼 같은 것으로 유혹하는 과정이 있다.

1. 타동사 용법

1.1. 다음 주어는 목적어를 전치사 from의 목적어로부터 유혹한다.
(1) a. We **lured** him away **from** the company.(우리는 그를 유혹해 회사로부터 떠나게 했다.)

b. Can we **lure** you away **form** your present job?(우리가 너를 현재의 직업에서 나오게 할 수 있을까?)

c. The kidnapper **lured** the child away **from** the school.(유괴범은 그 아이를 학교로부터 꾀어냈다.)

d. Can I **lure** you away **from** what you are doing now?(내가 지금 너를 유혹하여 네가 하는 것을 그만두게 할 수 있을까?)

e. We **lured** the cat with a dish of food.(우리는 그 고양이를 먹이 한 접시로 꾀어냈다.)

1.2. 다음 주어는 목적어를 꾀어낸다.
(2) a. The sea **lured** him away **from** home.(바다는 그를 집으로부터 떠나도록 유혹했다.)

b. The sunny **lured** me **from** my studies.(맑은 날씨는 나를 공부로부터 꾀어냈다.)

c. The prize **lures** students.(상금은 학생들을 유혹한다.)

1.3. 다음은 수동태 문장으로 주어는 유혹된다.
(3) a. I was **lured** away **from** my study.(나는 유혹되어 공부에서 벗어났다.)

b. She was **lured** away **from** her job by a larger salary.(그녀는 더 높은 봉급으로 자신의 직업을 그만 두도록 유혹되었다.)

1.4. 다음 주어는 목적어를 유혹하여 전치사 into의 목적어로 끌어들인다.
(4) a. The desire for wealth **lured** them **into** questionable dealings.(부에 대한 욕망이 그들을 유혹하여 의심스러운 거래를 하게 했다.)

b. I **lured** the rabbit **into** a trap with carrots.(나는 그 토끼를 당근으로 유혹하여 덫으로 끌어들였다.)

c. He **lured** her **into** marriage by pretending to love her.(그는 그녀를 사랑하는 척 유혹하여 결혼을 하게 했다.)

1.5 다음은 수동태 문장으로 주어는 전치사 into의 목적어로 유인된다.

(5) a. He was **lured into** a snare of treachery.(그는 배반의 함정으로 유혹되었다.)

　　b. Young people are **lured into** the city by the prospect of a job and money.(젊은 사람들이 직업과 돈의 전망 때문에 도시로 유인된다.)

　　c. She was **lured into** the job by the offer of a high salary.(그녀는 높은 봉급의 제안으로 그 일자리에 유인되었다.)

　　d. He's **lured to** the Middle East by the promise of high wages.(그는 높은 임금에 대한 약속으로 인해 중동으로 유인되었다.)

1.6. 다음 주어는 목적어를 유혹하여 전치사 to의 목적어로 가게 한다.

(6) a. He **lured** her **to** his home.(그는 그녀를 꾀어 집으로 데리고 갔다.)

　　b. The prospect of fame **lured** actors **to** Hollywood.(명예에 대한 전망이 배우들을 헐리우드로 유인했다.)

1.7. 다음 주어는 목적어를 유혹하여 to부정사가 가리키는 일이나 행동을 하게 한다.

(7) a. She **lured** him **to** make an investment in her founding company.(그녀는 그를 유혹하여 그녀의 창립 회사에 투자하게 했다.)

　　b. People were **lured to** invest in the project.(사람들이 유혹되어 그 사업에 투자했다.)

　　c. He was **lured** by the blurbs on the cover **to** buy the book.(그는 표지에 있는 광고를 보고 혹해서 그 책을 샀다.)

lurk

이 동사의 개념 바탕에는 숨어 행동하는 과정이 있다.

1. 자동사 용법

1.1. 다음 주어는 숨어서 기다린다.

(1) a. A crocodile is just **lurking** below the surface.(악어 한 마리가 수면 아래에서 숨어 기다리고 있다.)

　　b. The robbers **lurked** in the woods near the house.(그 도둑들은 집 근처의 숲에서 숨어 기다렸다.)

1.2. 다음 주어는 남몰래 살금살금 다닌다.

(2) a. Why are you **lurking around** outside my house?(왜 너는 내 집 밖에서 살금살금 걸어다니고 있니?)

　　b. He **lurked about** the country.(그는 시골을 남몰래 이리저리 걸어다녔다.)

　　c. The photographer **lurked behind** a tree, waiting for her to come past.(그 사진사는 나무 뒤에 숨어서 그녀가 지나가기를 기다렸다.)

1.3. 다음 주어는 추상적 개체이다. 그러나 구체적 개체로 개념화되어 있다.

(3) a. At night danger **lurks in** the streets.(밤에 위험이 거리에 숨어있다.)

　　b. We didn't see the danger that **lurked in** our experiment.(우리는 실험에 숨어있는 위험을 깨닫지 못했다.)

　　c. Childish fears **lurk in** our hearts.(유치한 공포심이 우리 마음 속에 숨어있다.)

　　d. Resentment **lurked in** his heart.(분노가 그의 마음 속에 숨어있었다.)

lust

이 동사의 개념 바탕에는 lust의 명사 '관능적 욕망'이 있다.

1 자동사 용법

1.1. 다음 주어는 전치사 after의 목적어를 추구한다.

(1) a. The man constantly **lusts after** women.(그 남자는 여자들에 대하여 끊임없이 욕정을 품는다.)

　　b. The dictator **lusted after** more and more power.(그 독재자는 점점 더 많은 권력을 갈망했다.)

　　c. She **lusts after** designer clothes.(그녀는 디자이너의 옷을 갈망한다.)

1.2. 다음 주어는 전치사 for의 목적어를 갈망한다.

(2) a. He **lusted in** his heart **for** her.(그는 마음 속에 그녀를 절실히 바랐다.)

　　b. He **lusted for** power and money.(그는 권력과 돈을 갈망했다.)

luxuriate

이 동사의 개념 바탕에는 호화롭게 즐기는 과정이 있다.

1. 자동사 용법

1.1. 다음 주어는 호화롭게 즐긴다.

(1) a. She **luxuriated in** the warm bath/in the sunshine.(그녀는 따뜻한 목욕/햇살을 즐겼다.)

　　b. She **luxuriated in** her beautiful house.(그녀는 아름다운 집에서 사치스럽게 지냈다.)

　　c. She **luxuriated in** all the attention she received.(그녀는 자신이 받은 모든 주목을 즐겼다.)

ℳ m

magnify

이 동사의 개념 바탕에는 크게 확대하는 과정이 있다.

1. 타동사 용법

1.1. 다음 주어는 목적어를 크게 한다. 주어는 사람이다.
(1) The botanist magnified the cell 200 times.(식물학자는 그 세포를 200배 확대하였다.)

1.2. 다음 주어는 목적어를 크게 한다.
(2) a. This lens magnifies the letter five times.(그 렌즈는 그 글자를 5배 확대시킨다.)
 b. Binoculars magnify images.(쌍안경은 이미지를 확대시킨다.)

1.3. 다음은 수동태 문장으로 주어는 크게 확대된다.
(3) a. The sound is magnified by the high roof.(그 소리는 높은 지붕에 의해 확대된다.)
 b. The bacteria are magnified 100 times their actual size.(그 박테리아는 실제 크기의 100배 확대된다.)

1.4. 다음 목적어는 추상적이다. 그러나 이들은 구체적 개체로 개념화되어 있다.
(4) a. The newspaper magnified the candidate's past errors.(신문은 그 후보자의 지난 과오를 확대했다.)
 b. She magnified her sufferings in telling about them.(그녀는 자신이 겪은 고생에 대해 이야기할 때 확대했다.)
 c. He magnified his difficulties.(그는 자신의 고난을 확대했다.)

1.5. 다음 주어는 사람이 아닌 개체이다.
(5) a. The dry summer magnified the problem of water shortage.(그 건조한 여름은 물 부족 문제를 확대시켰다.)
 b. Our lack of information magnified our mistakes.(정보 부족은 우리의 실수를 확대시켰다.)
 c. Nervousness magnified her fears about the exams.(불안감이 그녀의 시험에 대한 공포를 확대시켰다.)
 d. The report tends to magnify the risks involved.(그 보고서는 관련된 위험들을 과장하는 경향이 있다.)

maintain

이 동사의 개념 바탕에는 어떤 상태를 계속 유지시키는 과정이 있다.

1. 타동사 용법

1.1. 다음 주어는 목적어를 유지시킨다.
(1) a. Bill maintained a cracking pace.(빌은 아주 빠른 속도를 유지했다.)
 b. He maintained an even/a high speed.(그는 고른/높은 속도를 유지했다.)
 c. It is important to maintain a constant temperature in the greenhouse.(그 온실에서는 일정한 온도를 유지하는 것이 중요하다.)
 d. The Chinese maintained a high level of culture.(중국인들은 높은 수준의 문화를 유지했다.)
 e. The government maintains interest rates at a high level.(정부는 금리를 높은 수준에서 유지한다.)

1.2. 다음 목적어는 관계와 관련된다. 주어는 목적어를 유지시킨다.
(2) a. He maintains friendly relations with the natives.(그는 원주민들과 친밀한 관계를 유지한다.)
 b. The two families maintained close links.(두 가족은 가까운 관계를 유지했다.)
 c. We have maintained our friendship through many years of difficulties.(우리는 수 년의 역경을 통해서 우리의 우정을 유지했다.)
 d. They tried to maintain a world peace.(그들은 세계의 평화를 지키려고 노력했다.)
 e. Each nation must do something to maintain peace.(각 나라는 평화를 유지하기 위해 어떤 일이든 해야 한다.)
 f. He maintained his allegiance to the trade union movement.(그는 노조 운동에 충성을 유지했다.)
 g. The department maintains many close contacts with the chemical industry.(그 부서는 화학 산업과 가까운 접촉을 유지한다.)

1.3. 다음 목적어는 어떤 사람이 취하는 태도나 마음의 상태이다. 주어는 목적어를 유지한다.
(3) a. He coldly maintained her distance.(그는 그녀와의 거리를 냉정하게 유지했다.)
 b. She maintained her dignity during the trial.(그녀는 자신의 위엄을 그 시련 동안에 지켰다.)
 c. He maintained a dignified silence.(그는 위엄있는 침묵을 지켰다.)
 d. How long can you maintain this silence?(너는 얼마나 오랫동안 이 침묵을 지킬 수 있니?)
 e. It is not easy to maintain your cool when there's a riot going on.(폭동이 계속될 때 너의 침착을 지키는 것은 쉽지 않다.)

1.4. 다음의 목적어는 개체를 가리킨다. 그러나 이것은 환유적으로 쓰여서 개체의 상태를 가리킨다. 주어는 목적어의 상태를 유지한다.
(4) a. She maintains her computer by cleaning it regularly.(그녀는 정기적인 청소로 컴퓨터를 유지한다.)
 b. A house of this size may cost a fortune to maintain. (이 크기의 집은 유지하는데 많은 돈이 들 것이다.)
 c. If you maintain an automobile properly, it will last longer.(자동차를 적절하게 유지한다면, 오래 탈 수 있을 것이다.)
 d. They maintain the local roads.(그들은 지방도로들을 잘 관리한다.)

e. He maintains his car/his health.(그는 자신의 자동차/건강을 잘 유지한다.)

1.5. 다음은 수동태 문장으로 주어는 잘 유지된다.

(5) a. His apartment house is maintained well.(그의 아파트는 잘 유지되어 있다.)

b. A gas boiler should be maintained regularly.(가스 보일러는 정기적으로 간수되어야 한다.)

c. The museum is maintained by the government grant.(그 박물관은 정부 보조금으로 유지된다.)

1.6. 다음의 목적어는 상태를 가리킨다. 주어는 이 상태를 유지시킨다.

(6) a. He took the lead, and maintained it until the end of the race.(그는 선두를 잡아서 그 경기가 끝날 때까지 유지했다.)

b. They maintained standards/balance.(그들은 평균/균형을 유지했다.)

c. They tried to maintain order/the law.(그들은 질서/그 법을 유지하려고 노력했다.)

d. He maintained his grades by hard study.(그는 열심히 공부해서 성적을 유지했다.)

e. You have to maintain your recent improvement.(너는 최근의 향상을 유지해야 한다.)

1.7. 다음 주어는 that-절이 가리키는 내용을 변함 없이 주장한다.

(7) a. He maintains that he is innocent.(그는 자신이 결백하다고 주장한다.)

b. He maintains that his theory should be tested by experiments.(그는 자신의 이론이 실험에 의해 검증되어야 한다고 주장한다.)

c. He maintained that the theory was wrong/flawed.(그는 그 이론이 잘못되었다고/오류가 있다고 주장했다.)

d. He maintained that he told the truth about the accident.(그는 그가 그 사건에 대해 진실을 말했다고 주장했다.)

e. He maintains that your idea is old-fashioned.(그는 너의 생각이 구식이라고 주장한다.)

f. My father always maintains that life should be enjoyed.(나의 아버지는 인생은 즐겨야 한다고 늘 주장하신다.)

1.8. 다음 주어는 목적어를 주장한다.

(8) He maintains his innocence.(그는 자신의 결백을 주장한다.)

1.9. 다음의 목적어는 사람을 가리킨다. 주어는 목적어를 부양시킨다.

(9) a. He maintained his family/two families by working hard.(그는 열심히 일해서 가족/두 가족을 부양했다.)

b. His aunt maintained him at the university.(그의 이모는 그의 대학 학비를 대었다.)

c. How can you maintain a wife, and six children on your small income?(어떻게 당신은 부인과 여섯 아이들을 당신의 적은 수입으로 부양하십니까?)

d. He maintains himself on $100 a week.(그는 일주일에 100달러로 산다.)

1.10. 다음 주어는 목적어를 부양시킨다.

(10) a. The supplies of food were scarcely enough to maintain life.(그 정도의 식량 공급은 생명을 유지하는 데 거의 충분하지 않았다.)

b. Her income barely maintains her in the lower-middle class.(그녀의 수입은 가까스로 그녀를 중하류층으로 유지시킨다.)

c. Her income was barely enough to maintain one child, let alone three.(그녀의 수입은 셋은커녕 한 명의 아이를 부양하기에 겨우 충분하다.)

1.11. 다음 목적어는 공간적 자리이거나 추상적 자리이다. 주어는 이러한 자리를 유지한다. 즉 지킨다.

(11) a. The troops maintained their ground against the enemy.(그 군대는 영토를 적에 대항해서 지켰다.)

b. Britain wants to maintain its position as a world power.(영국은 세계의 강대국으로서 자리를 유지하기를 원한다.)

c. He maintains a position in a debate.(그는 토론에서 한 견해를 유지한다.)

1.12. 다음 주어는 목적어가 어떠하다는 주장을 갖는다.

(12) He maintains exercise to be the key to the longevity.(그는 운동이 장수의 열쇠라고 주장한다.)

make

이 동사의 개념 바탕에는 만드는 과정이 있다.

1. 타동사 용법

1.1. 다음 주어는 목적어를 (out) of의 목적어로부터 만든다.

(1) a. He made bricks out of clay.(그는 벽돌을 진흙으로부터 만들었다.)

b. He made a box out of wood.(그는 상자를 나무로 만들었다.)

c. He made a wall of stones.(그는 담을 돌로 만들었다.)

1.2. 다음 주어는 목적어를 전치사 into의 목적어로 만든다.

(2) a. He made clay into bricks.(그는 진흙으로 벽돌을 만들었다.)

b. She made the milk into butter.(그녀는 우유로 버터를 만들었다.)

1.3. 다음 주어는 목적어를 쓸 수 있는 상태로 만든다.

(3) a. He made coffee/tea/medicine.(그는 커피/차/약을 만들었다.)

b. She made the bed.(그녀는 잠자리를 만들었다.)

1.4. 다음 주어는 그 자체가 목적어를 만든다.

(4) a. You will make a good writer.(너는 훌륭한 작가가 될 것이다.)

b. The area will make a good soccer field.(그 지역은 좋은 축구장이 될 것이다.)

c. He will make a good soldier/a good husband.(너는 훌륭한 군인/남편이 될 것이다.)

d. Nervous people make poor subjects in this experiment.(초조해 하는 사람들은 이 실험에서 열

등한 피실험자가 된다.)

1.5. 다음 주어는 목적어를 이룬다.

(5) a. Twenty shillings used to **make** one pound.(20실링은 1파운드가 되었다.)

b. Twenty inches **make** one feet.(20인치는 1피트가 된다.)

c. How many members **make** a quorum?(얼마나 많은 회원이 정족수가 되는가?)

d. His adventures **make** an excellent reading.(그의 모험담은 재미있는 읽을 거리가 된다.)

e. This play **makes** an excellent entertainment.(이 연극은 훌륭한 오락물이다.)

f. This **makes** the fifth time you failed the exam. (이것이 네가 그 시험에 실패한 다섯 번째가 된다.)

1.6. 다음 주어는 목적어를 공간과 시간 속에 만든다. 여행에는 거리와 속도가 있다.

(6) a. He **made** a journey.(그는 여행을 했다.)

b. He **made** 80 miles since noon.(그는 정오이래 80마일 달렸다.)

c. They **made** 40 miles since noon.(그들은 12시 이후 40마일을 움직였다.)

d. The ship **made** nine knots an hour.(그 배는 한 시간에 9노트로 달렸다.)

1.7. 다음 주어는 목적어에 이른다.

(7) a. They barely **made** the train.(그들은 가까스로 기차를 탔다.)

b. We **made** the city in four hours.(그들은 네 시간 만에 그 도시에 닿았다.)

1.8. 다음 주어는 목적어를 만든다. 목적어는 과정이다.

(8) a. He **made** an answer/a denial/a speech.(그는 대답/부정/연설을 했다.)

b. He **made** an attempt/a start/a pause/a call.(그는 시도/출발/일시 중단/전화를 했다.)

c. He **made** trouble.(그는 소란을 피웠다.)

d. They **made** progress.(그들은 진전을 이루었다.)

1.9. 다음 주어는 목적어를 만든다.

(9) a. He **made** a rule/a regulation/a will/a treaty.(그는 규칙/규정/유서/조약을 만들었다.)

b. She **made** a mistake.(그녀는 실수를 했다.)

1.10. 다음 주어는 목적어를 만들어서 얻는다.

(10) a. He **made** a name.(그는 이름을 얻었다.)

b. She **made** a reputation.(그녀는 명성을 얻었다.)

1.11. 다음 주어는 첫째 목적어를 둘째 목적어로 만든다.

(11) a. He **made** her his wife.(그는 그녀를 아내로 만들었다.)

b. We **made** him king over his country.(우리는 그를 그 나라의 왕으로 만들었다.)

c. He **made** one of his sons a banker.(그는 아들 가운데 한 명을 은행가로 만들었다.)

1.12. 다음 주어는 목적어를 어떤 상태로 만든다.

(12) a. The news **made** her happy.(그 뉴스는 그녀를 행복하게 만들었다.)

b. He **made** his meaning clear.(그는 의미를 분명하게 했다.)

c. His words **made** me serious.(그의 말이 나를 신중하게 만들었다.)

d. His behavior **made** her angry.(그의 행동이 그녀를 화나게 했다.)

e. You **made** her nose too big.(너는 그녀의 코를 너무 크게 그렸다.)

1.13. 다음 주어는 마음 속에서 첫째 목적어를 둘째 목적어로 만든다/계산한다.

(13) a. I **made** the total about $50.(나는 총계를 약 50달러로 추산했다.)

b. I **made** the distance about 70 miles.(나는 거리를 약 70마일로 추산했다.)

c. What time do you **make** it?(지금 몇 시라고 생각합니까?)

d. How large do you **make** the audience?(너는 청중이 얼마나 많다고 추정하는가?)

1.14. 다음에서 상태는 과거분사로 표현되어 있다.

(14) a. He **made** himself feared.(그는 자신을 두려운 존재로 만들었다.)

b. He **made** himself understood.(그는 자신을 남들이 이해받게 만들었다.)

c. The thunder **made** her frightened.(그 천둥은 그녀를 놀라게 만들었다.)

d. Honesty **makes** him honored.(정직이 그를 존경받도록 만든다.)

1.15. 다음 주어는 목적어를 강제로 어떤 일을 하게 한다.

(15) a. They **made** him work day and night.(그들은 그를 밤낮으로 일하게 했다.)

b. His joke **made** us all laugh.(그의 농담은 우리가 모두 웃게 했다.)

c. I'll **make** him go there.(나는 그가 그곳에 가게 만들 것이다.)

d. The shower **makes** the grass grow.(그 비는 풀이 자라게 만든다.)

e. In the play, the author **makes** the villain commit suicide.(그 연극에서 그 작가는 악한이 자살을 하게 만든다.)

1.16. 다음 주어는 목적어를 연극, 그림 등에서 둘째 목적어로 만든다.

(16) Oliver **makes** Hamlet a figure of tragic indecision. (올리버는 햄릿을 비극적으로 우유부단한 인물로 만들었다.)

2. 자동사 용법

2.1. 다음 주어는 만들어진다.

(17) a. The toy stove **made** easily.(장난감 난로는 쉽게 만들어졌다.)

b. This fabric **makes** up into beautiful drapes.(이 천은 아름다운 가리개로 만들어진다.)

2.2. 다음 주어는 장소이동을 한다.

(18) a. The tiger **made** at the man.(그 호랑이는 그 남자에게 덤벼들었다.)

b. The ship **made** from shore.(그 배는 해안에서 떠났다.)

c. He **made** for home.(그는 집으로 갔다.)

d. The boat **made** toward the island.(그 배는 섬으로

e. They **made** straight **toward** the wreck.(그들은 곧장 난파선 쪽으로 갔다.)

f. The road **makes up** to the snow.(그 길은 눈이 있는 곳까지 간다.)

2.3. 다음 주어는 움직인다.

(19) a. She **made as if** she were mad.(그녀는 마치 미친 것처럼 행동했다.)

b. He **made as though** to strike me.(그는 나를 치려는 것처럼 몸짓을 했다.)

c. He **made to** answer.(그는 대답을 하려고 했다.)

d. I **made to** leave the tent.(나는 텐트를 떠나려고 움직였다.)

man

이 동사의 개념 바탕에는 man의 명사 '사람'이 있다. 동사의 의미는 이 명사의 역할과 관계가 있다.

1. 타동사 용법

1.1. 다음 주어는 목적어를 사람으로 배치한다.

(1) a. They **manned** the fort.(그들은 그 요새를 맡았다.)

b. Soldiers **manned** the guns.(그 군인들은 총들을 맡았다.)

c. Soldiers **manned** the barricades around the city.(군인들이 그 도시 둘레의 그 장벽을 맡았다.)

d. They **manned** the ship.(그들은 배를 맡았다.)

1.2. 다음은 수동태 문장으로 주어는 사람이 배치된다.

(2) a. The information desk is **manned** 24 hours a day.(안내소는 24시간 동안 사람이 배치된다.)

b. The telephones are **manned** 24 hours a day by volunteers.(그 전화는 하루 24시간 자원자들에 의해 맡아진다.)

c. The cafe was **manned** by college students.(그 카페는 대학생들에 의해 운영되었다.)

1.3. 다음 주어는 자신에게 남자다움(용기)을 불어넣는다.

(3) He **manned** himself for the ordeal.(그는 자신에게 그 시련을 위해서 용기로 불어넣었다.)

manage

이 동사의 개념 바탕에는 다루는 과정이 있다.

1. 타동사 용법

1.1. 다음 목적어는 짐승이다. 주어가 목적어를 원하는 대로 다룬다.

(1) a. He **manages** the horse well.(그는 말을 잘 다룬다.)

b. He **manages** a herd of cattle.(그는 한떼의 소를 잘 다룬다.)

1.2. 다음 목적어는 사람이다. 주어는 목적어를 원하는 대로 다룬다.

(2) a. She **manages** the naughty boy/her husband.(그녀는 장난꾸러기 소년/그녀의 남편을 잘 다룬다.)

b. She cannot **manage** her teenage son.(그녀는 10대 아들을 잘 다룰 수 없다.)

c. He **managed** the spoilt child.(그는 버릇이 없는 아이를 잘 다루었다.)

d. She is good at **managing** people.(그녀는 사람을 다루는 데 능하다.)

1.3. 다음 목적어는 도구이다. 주어는 도구를 다룬다.

(3) a. He can **manage** an oar well.(그는 노를 잘 조종할 수 있다.)

b. He **managed** the machine/the bulldozer.(그는 기계/불도저를 조종했다.)

1.4. 다음 목적어는 조직이나 일이다. 주어는 목적어인 조직이나 일을 운영한다.

(4) a. She **manages** a legal department in a large company.(그녀는 큰 회사에서 법률 부서를 담당한다.)

b. Joe **manages** the local football team.(조는 그 지역 미식축구 팀을 운영한다.)

c. He **manages** the affairs of State.(그는 국무성의 일들을 담당한다.)

d. Does she have any experience **managing** large projects?(그녀는 큰 기획 사업을 담당한 경험이 있습니까?)

e. He **managed** the company while his father was away.(그는 아버지가 떠나 있는 동안 회사를 운영했다.)

f. He **manages** a large factory/a restaurant/a hotel/the household.(그는 큰 회사/음식점/호텔/집안 일을 운영한다.)

g. I have more work than I can **manage**.(나는 내가 감당할 수 있는 것보다 더 많은 일이 있다.)

1.5. 다음 주어는 to부정사가 나타내는 과정을 감당하기에는 어렵게 생각되나 해낸다.

(5) a. He **managed to** carry the heavy suitcase into the house alone.(그는 용케 무거운 여행 가방을 혼자서 집 안으로 날랐다.)

b. He **managed to** stay afloat by clinging to a piece of wood.(그는 나무 조각 하나에 매달려서 간신히 떠 있었다.)

c. It was heavy, but I **managed to** get it upstairs.(그 것은 무거웠지만, 나는 그것을 용케 위층에 올려놓았다.)

d. The pilot **managed to** land the plane safely.(그 조종사는 간신히 비행기를 안전하게 착륙시켰다.)

e. Can you **manage to** lend me the money?(너는 나에게 그 돈을 빌려줄 수 있겠니?)

f. How do you **manage** not to dirty your hands?(너는 어떻게 네 손을 더럽히지 않고 해내니?)

g. How in the world did you **manage to** find us here?(너는 도대체 어떻게 우리를 여기서 찾아냈니?)

h. Can you **manage to** eat some more meat?(너는 고기를 더 먹을 수 있겠니?)

i. Will you **manage to** repair your bicycle?(너는 자전거를 고쳐낼 수 있니?)

j. Despite the cold, I **managed to** stay warm.(추위에도 불구하고, 나는 이럭저럭 따뜻하게 있었다.)

k. We managed to live on very little money.(우리는 매우 적은 돈으로 간신히 살아나갔다.)

l. He managed to be in time.(그는 간신히 제 시간에 왔다.)

m. I'm sorry I didn't manage to write the report last week.(나는 지난주에 보고서를 써낼 수 없어서 유감이다.)

1.6. 다음에서 to부정사가 나타내는 과정은 어렵지 않다. 그러나 이것이 manage와 같이 쓰이므로 반의적인 뜻을 나타낸다.

(6) a. I managed to make a mess of it.(나는 결국 그것을 엉망진창을 만들어 놓았다.)

b. The kids managed to spill oil all over the carpet.(아이들은 결국 양탄자에 온통 기름을 쏟아 놓았다.)

c. He managed to fail in the exam.(그는 결국 시험에 떨어졌다.)

1.7. 다음 주어는 목적어를 간신히 만들어 낸다.

(7) He managed a smile/a visit.(그는 간신히 웃었다/방문했다.)

1.8. 다음의 목적어는 개체이다. 주어는 목적어를 그가 원하는 대로 다룬다.

(8) a. I can't manage this suitcase; it is too heavy.(나는 이 여행 가방을 다룰 수 없다; 그것은 너무 무겁다.)

b. The survey found that most people do not know how to manage their money.(그 조사는 대부분의 사람들이 자신들의 돈을 관리하는 법을 모른다는 것을 알아냈다.)

c. Paul cannot manage next Friday; so we'll meet another day.(폴은 다음 금요일에 시간을 낼 수 없다; 그래서 우리는 다른 날에 만날 것이다.)

1.9. 다음 목적어는 음식이다. 주어는 목적어를 먹어낸다.

(9) a. Can you manage another slice?(너는 한 조각 더 먹을 수 있겠니?)

b. Can you manage a few more cherries?(너는 체리를 몇 개 더 먹을 수 있겠나?)

c. You managed two more glasses.(너는 두 잔을 더 마셔냈다.)

2. 자동사 용법

2.1. 다음에서 주어는 다스리는 사람과 동시에 다스려지는 사람이다.

(10) a. I'm sure you will manage perfectly.(나는 네가 완벽하게 해 나갈 것이라고 확신한다.)

b. I don't know how we'll manage now that Ken lost his job.(켄이 직장을 잃었으니 이젠 어떻게 우리가 꾸려나갈 것인지 나는 모르겠다.)

c. I shall manage somehow.(나는 어떻게든 해낼 수 있을 것이다.)

d. I don't want charity--I can manage.(나는 동정을 원치 않는다--나는 해낼 수 있다.)

e. I can manage by myself.(나는 혼자서 해낼 수 있다.)

f. We don't have much money, but we manage.(우리는 돈이 많지 않지만, 그럭저럭 살아 나간다.)

g. Don't worry about us--we'll manage.(우리에 대해서 걱정하지 말아라--우리는 그럭 저럭 해낼 거다.)

2.2. 다음 주어는 전치사 on의 목적어를 바탕으로 꾸려나간다.

(11) a. She cannot manage on her income.(그녀의 수입으로는 꾸려나갈 수 없다.)

b. It is hard for a family to manage on just one income.(한 가족이 단 하나의 수입원으로 꾸려나가는 것은 힘들다.)

c. I've always managed on a teacher's salary.(나는 언제나 선생의 급료로 꾸려왔었다.)

2.3. 다음 주어는 살아간다.

(12) a. I don't know how we managed without your help.(어떻게 우리가 너의 도움 없이 해 나갔는지 나는 모르겠다.)

b. Cuckoos manage to get along without building their nests.(뻐꾸기는 자신들의 둥지를 짓지 않고도 살아간다.)

c. They live in the country and couldn't manage without a car.(그들은 시골에 살아서 차 없이 살아나갈 수 없었다.)

mandate

이 동사의 개념 바탕에는 mandate의 명사 '강한 명령'이나 '선거구민에 의한 요구'가 있다.

1. 타동사 용법

1.1. 다음 주어는 목적어를 요구한다.

(1) The voters mandated change in the last election.(그 유권자들은 지난 선거에서 변화를 요구했다.)

1.2. 다음 주어는 목적어를 명령한다.

(2) a. The government mandated a balanced budget.(정부는 균형 예산을 명령했다.)

b. The principal mandated the new dress code.(교장은 새 복장 규정을 명령했다.)

1.3. 다음 주어는 that-절의 내용을 명령한다.

(3) a. The government mandated that the states are to comply with federal legislation.(그 정부는 주들이 연방 법률에 따라야 한다고 명령했다.)

b. The law mandates that imported goods should be identified as such.(그 법은 수입품들이 수입품으로 그렇게 표시되어야 한다고 명령한다.)

1.4. 다음은 수동태 문장으로 주어는 명령이 된다.

(4) Austerity measures were mandated by IMF.(긴축 대책들이 IMF에 의해 명령되었다.)

manhandle

이 동사의 개념 바탕에는 인력으로 다루는 과정이 있다.

1. 타동사 용법

1.1. 다음 주어는 목적어를 사람의 힘만으로 움직인다.

(1) a. We manhandled the piano up the five flights of

stairs and into the apartment.(우리는 사람의 힘으로 피아노를 다섯 층계를 들어 움직여서 그 아파트 안으로 옮겼다.)

b. They manhandled the old sofa across the road. (그들은 낡은 소파를 들어 길 건너편으로 옮겼다.)

1.2. 다음 주어는 목적어를 난폭하게 다룬다.
(2) a. Police manhandled the criminal by pushing him against a wall.(경찰은 그 범죄자를 벽으로 밀어붙이며 그를 난폭하게 다루었다.)

b. My dog will bite you if you manhandle him.(만약 당신이 나의 개를 난폭하게 다룬다면 그 개는 당신을 물 것이다.)

c. The police manhandled him into the car.(경찰은 그를 차 안으로 난폭하게 밀어 넣었다.)

1.3. 다음은 수동태 문장으로 주어는 거칠게 다루어진다.
(3) Bystanders were manhandled by the security guards.(구경꾼들은 안전요원들에 의해 거칠게 다루어졌다.)

manifest
이 동사의 개념 바탕에는 뚜렷이 보여주는 과정이 있다.

1. 타동사 용법
1.1. 다음 주어는 목적어를 분명하게 보여준다.
(1) a. He manifested his approval.(그는 찬성을 분명히 했다.)

b. They have so far manifested a total indifference to our concerns.(그들은 지금까지 우리의 우려에 대해 완전한 무관심을 나타냈다.)

c. He manifested his disgust with a scowl.(그는 자신의 혐오를 찡그림으로 나타냈다.)

1.2. 다음 목적어는 재귀대명사이다. 주어는 자신을 뚜렷이 드러낸다.
(2) a. Hepatitis manifests itself with yellowed eyes and skin.(간염은 증상을 노래진 눈과 피부로 나타낸다.)

b. Jaundice manifests itself by turning the skin yellow.(황달은 피부를 노랗게 해서 증상을 나타낸다.)

c. The symptoms of the disease manifested themselves ten days later.(그 질병의 증상들은 열흘이 지난 후에야 뚜렷이 드러났다.)

1.3. 다음은 수동태 문장으로 주어는 뚜렷이 나타낸다.
(3) a. Social tensions were manifested in the recent political crisis.(사회적 긴장 상태는 최근 정치 위기에서 뚜렷이 나타났다.)

b. Their concern is mainly manifested in fine speeches.(그들의 우려는 정교한 연설에서 주로 드러났다.)

1.4. 다음 주어는 목적어를 분명하게 드러낸다.
(4) a. The evidence manifests his remark.(그 증거는 그의 말을 분명하게 보여준다.)

b. The speech manifested the truth of the story.(그 연설은 그 이야기의 진실을 명백하게 했다.)

c. His fidgeting manifested a desire to leave.(안절부

절은 그가 떠나고 싶어하는 욕구를 분명히 드러냈다.)

d. Her kindness to them manifests her love.(그녀의 그들에 대한 친절은 그녀의 사랑을 나타낸다.)

manipulate
이 동사의 개념 바탕에는 손으로 다루는 과정이 있다.

1. 타동사 용법
1.1. 다음 주어는 목적어를 조종한다.
(1) a. He could manipulate a large tractor at the age of ten.(그는 큰 트랙터를 열 살 때 다룰 수 있었다.)

b. Because of my injured finger, I could not manipulate the TV controls.(내 다친 손가락 때문에, 나는 텔레비전 리모콘을 조종할 수 없었다.)

c. He manipulated the levers.(그는 지레를 조종했다.)

1.2. 다음 주어는 기계를 다루듯 사람을 조종한다.
(2) a. He manipulates his friends to get what he wants.(그는 그가 원하는 것을 얻기 위해 친구들을 조종한다.)

b. A clever lawyer can manipulate a jury.(영리한 변호사는 배심원을 조종할 수 있다.)

1.3. 다음 주어는 목적어를 조종하여 어떤 일을 하게 한다.
(3) a. He manipulated us into agreeing to help.(그는 우리를 조종해 도와 주는 것에 동의하도록 했다.)

b. She manipulated him into signing the contract.(그녀는 그를 조종하여 계약서를 서명하게 했다.)

1.4. 다음 주어는 목적어를 조종한다. 조종에는 속이는 과정도 포함된다.
(4) a. They manipulated voting.(그들은 투표를 조작했다.)

b. He manipulated the market.(그는 시장을 조작했다.)

c. He manipulated the account to conceal his theft. (그는 장부를 조작해서 자신의 도둑질을 숨겼다.)

d. He knew how to manipulate public opinion.(그는 여론을 조종하는 법을 알았다.)

e. Computers are very efficient at manipulating information.(컴퓨터는 정보를 조종하는 데 매우 능률적이다.)

manufacture
이 동사의 개념 바탕에는 만드는 과정이 있다.

1. 타동사 용법
1.1. 다음 주어는 목적어를 전치사 into의 목적어로 만든다.
(1) a. They manufacture leather into shoes.(그들은 가죽으로 신발을 제조한다.)

b. He manufactured wool into cloth.(그는 양털로 옷감을 만들었다.)

1.2. 다음 주어는 목적어를 만든다.

(2) a. He manufactured an excuse for being late.(그는 지각한 것에 대한 변명을 들었다.)

b. The factory manufactures shoes. (그 공장은 신발을 만든다.)

c. The workers manufacture furniture.(그 노동자들은 가구를 만든다.)

1.3. 다음은 수동태 문장으로 주어는 만들어진다.

(3) a. Vitamins cannot be manufactured by our bodies. (비타민은 체내에서 만들어지지 않는다.)

b. These shoes are manufactured in Korea.(이 신발은 한국에서 생산된다.)

c. Bile is manufactured by the liver.(담즙은 간에서 만들어진다.)

map

이 동사의 개념 바탕에는 map의 명사 '지도'가 있다. 동사의 의미는 이 명사의 특성과 관계가 있다.

1. 타동사

1.1. 다음 주어는 목적어의 지도를 만든다.

(1) a. Engineers mapped the area for a road.(토목 기술자들은 도로를 만들기 위해서 그 지역의 지도를 작성했다.)

b. The scientists have mapped the surface of the moon.(그 과학자들은 달 표면의 지도를 만들었다.)

c. The scientist mapped the part of the brain responsible for perception.(그 과학자들은 지각을 담당하는 뇌 부분의 지도를 만들었다.)

d. He mapped the surrounding terrain.(그는 그 부근 지형의 지도를 만들었다.)

e. The area has not been mapped.(그 지역은 지도로 만들어지지 않았다.)

1.2. 다음 주어는 목적어를 지도상에 나타낸다.

(2) He mapped the quickest route to the destination. (그는 목적지까지의 가장 빠른 노정을 지도상에 나타냈다.)

1.3. 여정을 지도상에 나타내듯, 주어는 앞으로의 일을 상세하게 그린다.

(3) a. He mapped out a new career.(그는 새로운 직업을 상세하게 묘사했다.)

b. They mapped out a demanding schedule for us. (그들은 우리에게 무리한 스케줄을 상세하게 짰다.)

c. We're mapping out where to go for our holidays. (우리는 휴일 동안 갈 곳을 계획하고 있다.)

d. He has mapped out a 2-week book promotion tour.(그는 2주 간의 도서 진흥 여행을 상세하게 계획했다.)

e. I mapped out our itinerary for the trip. (나는 그 여행을 위한 우리의 일정을 짰다.)

1.4. 다음 주어는 목적어를 상세하게 그린다.

(4) a. It is not possible to map the different functions of the brains.(뇌의 다양한 기능을 상세하게 표시하는 것은 불가능하다.)

b. Susan mapped the details of your plans. (수잔은

네 계획의 세부 사항을 짰다.)

c. Scientists have succeeded in mapping the genome.(과학자들은 게놈을 상세하게 그리는 데 성공했다.)

mar

이 동사의 개념 바탕에는 완전성을 잃게 다치는 과정이 있다.

1. 타동사 용법

1.1. 다음 주어는 목적어의 표면을 다친다.

(1) a. The strip mining marred the beauty of the mountains.(그 노천 채굴은 산의 아름다움을 훼손했다.)

b. A scratch in the side of the car marred its appearance.(차 측면의 긁힘 자국이 그 차의 외관을 망쳤다.)

1.2. 다음은 수동태 문장으로 주어는 손상된다.

(2) a. His appearance was marred by a scar on his left check.(그의 외모는 왼쪽 뺨 위의 흉터로 보기 싫게 되었다.)

b. The game was marred by drunken fans.(그 경기는 술에 취한 팬들에 의해 망쳤다.)

c. It was an enjoyable evening, but marred by your absence.(유쾌한 저녁이었지만, 너의 불참으로 흠이 갔다.)

1.3. 다음 주어는 손상된다.

(3) a. Your report was marred with spelling errors.(너의 보고서는 철자 실수로 손상되었다.)

b. The wall is marred with graffiti.(그 벽은 낙서로 보기 싫게 되어 있다.)

c. Our team's perfect record was marred when it lost a game.(우리 팀의 완벽한 기록은 한 경기에 져서 망쳤다.)

march

이 동사의 개념 바탕에는 행진하는 과정이 있다.

1. 자동사 용법

1.1. 다음 주어는 행진을 하거나 행진을 하듯 당당하게 걷는다.

(1) a. The soldiers marched along the streets.(군인들은 거리를 따라 행진했다.)

b. They marched into the enemy country.(그들은 적국으로 행진해 들어갔다.)

c. They marched on a fortress/the White House.(그들은 요새/백악관으로 행진했다.)

d. She marched over to me and demanded an apology.(그녀는 나에게 당당하게 걸어와 사과를 요구했다.)

1.2. 다음 주어는 목적어를 행진한다. 목적어는 행진한 거리이다.

(2) a. They marched 20 miles.(그들은 20마일 행진했다.)

b. The soldiers **marched** 90 miles in three days. (그 군인들은 3일만에 90마일을 행진했다.)

1.3. 다음 주어는 목적어를 행진을 시키듯 억지로 걷게 한다.

(3) a. The guards **marched** the prisoners away. (그 경호 대들은 죄수들을 행진시켜 갔다.)

b. They **marched** him off captive. (그들은 그를 체포 한 체 행진시켰다.)

c. He **marched** her out of the door. (그는 그녀를 문 밖으로 행진시켜 나갔다.)

d. The army **marched** the villagers **to** the center of the city. (그 군대는 마을 주민들은 그 도시 중심으로 행진시켰다.)

2. 자동사 용법

2.1. 다음 주어는 움직인다. 학문, 지식, 시간도 살아서 움직이는 것으로 개념화된다.

(4) a. Science has **marched** in tremendous strides. (과학 이 엄청난 속도로 발전했다.)

b. Time **marches** on. (시간은 빠르게 움직인다.)

c. The work is **marching** on. (그 작업은 계속 진행되고 있다.)

2.2. 다음 주어는 행진한다.

(5). The children **marched** in a single file. (아이들은 한 줄로 행진했다.)

mark¹

이 동사의 개념 바탕에는 mark의 명사 '표시'가 있다.

1. 타동사 용법

1.1. 다음 주어는 목적어를 전치사 with의 목적어로 표시한다.

(1) a. **Mark** a cloth **with** a piece of chalk. (이 천을 분필로 표시를 해라.)

b. **Mark** your clothes **with** your names. (네 옷에 네 이름을 표시해라.)

c. **Mark** your preference **with** a cross. (네가 좋아하는 것을 십자로 표시를 해라.)

d. The young child **marked** the wall **with** crayon. (그 어린아이는 벽을 크레용으로 얼룩을 남겼다.)

e. She **marked** up the wall **with** chalk. (그녀는 벽을 분필로 표시했다.)

f. He **marked** his tools **with** his initials. (그는 연장을 자신의 이름 첫 자로 표시했다.)

g. He **marked** his agreement **with** a smile. (그는 자신의 동의를 웃음으로 표시했다.)

1.2. 다음은 수동태 문장으로 주어는 표시가 된다.

(2) a. The building was **marked with** graffiti. (그 건물은 낙서로 표시되어 있었다.)

b. The envelope was **marked with** 'private'. (그 봉투는 '사적인'이라고 표시되어 있었다.)

c. A leopard is **marked with** spots. (표범은 얼룩이 있다.)

d. His legs are **marked with** burns. (그의 다리에는 화상의 상처가 있다.)

e. The desk was **marked with** bloodstains. (그 책상에는 혈흔이 남아 있었다.)

1.3. 다음 주어는 목적어를 표시한다.

(3) a. **Mark** the sheep/cattle. (양/소에 소유 표시를 해라.)

b. He is **marking** his merchandise. (그는 자신의 상품에 표시하고 있다.)

c. He **marked** the pages to be translated. (그는 번역될 페이지들을 표시를 했다.)

d. Someone **marked** the important pages of the book. (누군가가 그 책의 중요한 페이지를 표시를 해 놓았다.)

e. She was careful to **mark** her place before she shut the book. (그녀는 책을 덮기 전에 그녀가 읽었던 곳을 꼼꼼히 표시했다.)

f. He **marked** the route on the map. (그는 노선을 지도 위에 표시했다.)

g. He **marked** the work nine out of ten. (십중팔구 그는 그 일을 표시했다.)

1.4. 다음은 수동태 문장으로 주어는 표시된다.

(4) a. The canals are clearly **marked** on the map. (그 운하는 지도 위에 분명하게 표시되어 있다.)

b. All the shirts are **marked** for sizes. (모든 셔츠는 사이즈가 표시되어 있다.)

c. The table was badly **marked**. (그 탁자는 심하게 흠집이 나 있었다.)

d. The tendency is strongly **marked**. (그 경향은 강하게 표시된다.)

1.5. 다음 주어는 목적어를 전치사 on의 목적어에 표시한다.

(5) a. Please **mark** your name **on** your clothes. (당신의 이름을 옷에 표시해 주십시오.)

b. He **marked** the prices **on** the shoes. (그는 가격을 신발에 표시했다.)

c. He **marked** the price **on** a piece of paper. (그는 가격을 종이 위에 표시했다.)

d. **Mark** all the large cities **on** the map. (모든 대도시들을 지도 위에 표시해라.)

e. Please **mark** your progress **on** the chart. (당신의 진행 상황을 도표 위에 표시해 주십시오.)

f. **Mark** the accents **on** the words. (강세를 단어에 표시해라.)

g. Workers **marked** a square **on** the sidewalk. (일꾼들은 네모를 보도 위에 그렸다.)

h. He **marked** a ring **on** the ground. (그는 원을 땅에 그렸다.)

i. **Mark** the date **on** your diary. (날짜를 일기장에 표시해라.)

j. The disease **marked** her face for life. (그 병은 그녀의 얼굴을 평생 흠지게 했다.)

1.6. 다음 주어는 목적어를 자국이 나게 한다.

(6) a. The wet glass **marked** the surface of the table. (그 젖은 컵은 탁자의 표면을 자국이 나게 했다.)

b. The hot cup **marked** the table badly. (뜨거운 컵은 탁자에 심하게 흠집을 냈다.)

c. The broken plate **marked** the place where it broke. (그 깨진 접시는 그것이 깨진 곳에 자국을 냈

다.)

d. His greasy finger **marked** the cover of the book. (그의 기름 묻은 손가락은 그 책의 표지를 자국냈다.)

e. The bottle **marked** the table cloth with a ring. (그 병은 그 식탁보에 원 표시를 남겼다.)

f. The coffee that you spilled **marked** the cloth. (네가 엎지른 커피는 식탁보를 얼룩지게 했다.)

1.7. 다음 주어는 표지이고 목적어를 표시한다.

(7) a. The monument **marks** the place where the first atom was split. (그 기념비는 최초의 원자가 분열된 장소를 표시한다.)

b. The cross **marks** the grave. (십자가는 무덤을 표시한다.)

c. The fence **marks** the end of our property. (울타리는 우리 소유지의 끝을 표시한다.)

d. A simple wooden cross **marks** his grave. (단순한 나무 십자가가 그의 무덤을 표시한다.)

e. The line **marks** your height. (그 선은 너의 키를 표시한다.)

f. The X **marks** the place where the treasure is buried. (그 ×표시는 보물이 묻혀 있는 곳을 표시한다.)

g. Leave a flag here to **mark** the spot. (그 장소를 표시하기 위해서 깃발을 여기에 남겨 두어라.)

1.8. 다음 주어는 목적어의 특징을 이룬다.

(8) a. Restlessness **marks** town life. (활동성이 도시 생활을 특징 짓는다.)

b. Tragedy **marked** her whole life. (비극이 그녀의 전 생애를 특징 지었다.)

c. The frown **marked** her displeasure. (찡그린 얼굴이 그녀의 불쾌함을 표시했다.)

1.9. 다음은 수동태 문장으로 주어는 표시된다.

(9) a. Pride was **marked** by the way he walked. (자부심이 그의 걸음걸이에 나타났다.)

b. His manner is **marked** by great quietness. (그의 태도는 아주 침착한 것이 특징이다.)

1.10. 다음 주어는 목적어를 표시한다. 목적어는 시간과 관계가 있다.

(10) a. That day **marked** the end of a career. (그 날은 한 경력의 마지막을 표했다.)

b. Fallen leaves **marked** the end of the summer. (낙엽들이 여름의 끝을 표했다.)

c. The invention of plastic **marked** the end of many uses of tin. (플라스틱의 발명은 주석의 다양한 용도의 끝을 표했다.)

d. The moon landings **marked** the beginning of a new era. (달 착륙은 새 시대의 시작을 나타냈다.)

e. The cool wind **marks** the beginning of the fall. (서늘한 바람은 가을의 시작을 알린다.)

f. This day **marks** the end of the semester. (이 날은 그 학기의 끝이다.)

g. The new stamps **mark** the 100th anniversary of the university. (새 우표들은 그 대학의 100주년을 기념한다.)

h. The opening of the new factory **marked** a new stage in the development of the country. (새 공장의 가동은 그 나라 발전의 새로운 단계를 나타냈다.)

i. Today's ceremony **marks** 100 years of trade between the two country. (오늘의 기념식은 두 나라 간의 무역 100주년을 기념한다.)

j. His third film **marks** a major advance in cinematic techniques. (그의 세 번째 영화는 영화 기술상의 주요한 발전을 나타낸다.)

k. An exhibition will be held to **mark** the centenary of his death. (전시회가 그의 죽음의 100주년을 추모하기 위해 열릴 것이다.)

1.11. 다음 주어는 목적어의 특징적 표지를 이룬다.

(11) a. Computerization **marks** the second half of the 20th century. (컴퓨터 자동화가 20세기 후반을 특징 짓는다.)

b. Many important inventions **mark** the 19th century. (많은 중요한 발명들이 19세기를 특징 짓는다.)

c. A spirit of progress **marked** the 19th century. (진보정신이 19세기를 특징지었다.)

d. Great rejoices **marked** the occasion. (큰 기쁨이 그 행사를 특징지웠다.)

e. Many people took to the streets to **mark** the occasion. (그 행사에 참가하기 위해서 많은 사람들이 거리로 나갔다.)

1.12. 다음은 수동태 문장으로 주어는 특징을 받는다.

(12) a. His personality is **marked** by extreme self-confidence. (그의 성격은 극단적인 자신감으로 특징 지워진다.)

b. Her writing is **marked** by a subtle irony. (그녀의 글은 미묘한 풍자로 특징 지어진다.)

c. Her painting is **marked** by an unusual use of colors. (그녀의 그림은 특이한 색의 사용으로 특징 지워진다.)

d. Her face is **marked** with smallpox. (그녀의 얼굴은 천연두로 인해 흉터가 졌다.)

e. A zebra is **marked** with stripes. (얼룩말은 줄무늬가 있다.)

f. The tendency is strongly **marked**. (그 경향은 강하게 드러난다.)

1.13. 다음의 qualities는 목적어를 특징 지어준다.

(13) a. She has all the qualities that **mark** a good teacher. (그녀는 훌륭한 교사를 특징짓는 모든 자질을 다 가지고 있다.)

b. What are the qualities that **mark** a great leader? (위대한 지도자를 특징 짓는 자질들은 무엇입니까?)

c. These are qualities that **mark** a good manager. (이것들이 좋은 매니저를 특징 짓는 자질들이다.)

1.14. 다음 주어는 목적어를 전치사 as의 목적어로 특징 지어준다.

(14) a. His accent **marks** him **as** a man from Australia. (그의 억양은 그가 호주에서 왔음을 나타낸다.)

b. His manner **marked** him **as** a man from the country. (그의 태도는 그가 시골에서 왔음을 나타냈다.)

c. The teacher **marked** him down **as** absent. (선생님은 그가 결석한 것으로 적었다.)

d. His qualities **mark** him out **as** a born leader.(그의 자질은 그를 타고난 지도자로 특징 짓는다.)

1.15. 다음 주어는 목적어를 영향을 받게 한다.

(15) a. This experience will **mark** Sue for the rest of her life.(이 경험은 수에게 평생 동안 상처를 입힐 것이다.)

b. I will **mark** him absent.(나는 그를 결석으로 표시할 것이다.)

1.16. 교사가 시험 답안지를 채점할 때에 여러 가지 표시를 한다. 이 과정은 '채점하다' 라는 뜻으로 확대된다.

(16) a. My teacher **marks** mistakes with ink.(나의 선생님은 잘못된 부분을 잉크로 표시한다.)

b. He **marked** her essay.(그는 그녀의 수필을 채점했다.)

c. The teacher is **marking** the tests.(선생님은 그 시험지를 채점하고 있다.)

1.17. 위에서 이 동사는 시지각과 관련이 되어있다. 이것은 청각적 지각에 확대되어 말이나 소리에 표시를 하여 잘 지각하는 과정을 나타낸다.

(17) a. **Mark** my words: they are asking for trouble.(내 말을 잘 들어라: 그들은 사서 고생을 하고 있다.)

b. **Mark** what I am going to say.(내가 할 말을 잘 들어라.)

2. 자동사 용법

2.1. 다음 주어는 채점을 한다.

(18) a. The teacher **marks** easily.(선생님은 점수를 잘 주신다.)

b. I've never had a teacher that **marks** easily.(나는 점수를 잘 주시는 선생님을 만난 적이 없다.)

2.2. 다음 주어는 표시하는 데 쓰인다.

(19) a. The pen **marks** under water.(그 펜은 물에 써진다.)

b. My pen **marks** well.(내 펜은 잘 써진다.)

c. This pelt pen **marks** with permanent ink.(이 가죽 펜은 영구 보존 잉크로 써진다.)

d. The soft wood **marks** too easily.(그 무른 나무는 쉽게 흠집이 난다.)

3. 구절동사

3.1. down은 표시를 해서 양의 감소나 기록을 나타내는 데 쓰인다.

(20) a. These winter coats have been **marked down** from $100 to $70.(이 겨울 코트는 가격이 100달러에서 70달러로 내렸다.)

b. I **marked down** the important points.(나는 중요한 점을 적어 두었다.)

3.2. 다음에는 부사 out이 쓰이었다. 이것은 표시를 해서 무엇을 만들거나 무엇을 선택하는 과정을 나타내는 데 쓰이다.

(21) a. He is **marking out** a plan of attack.(그는 공격 계획을 세우고 있다.)

b. They **marked out** the tennis court with white paint.(그들은 그 테니스장을 흰색 페인트로 금을 그어 놓았다.)

c. He is **marked out** for promotion.(그는 승진 대상에 올라 있다.)

3.3. off 는 표시를 해서 무엇을 분리시키는 과정을 나타낸다.

(22) a. He **marked off** a piece of land for a vegetable garden.(그는 채소밭을 위한 땅 한 덩어리를 표시했다.)

b. The building site was **marked off** on the map.(그 건물 자리는 지도 위에서 경계선이 그어졌다.)

market

이 동사의 개념 바탕에는 market의 명사 '시장' 이 있다. 동사의 의미는 이 명사의 기능과 관계가 있다.

1. 타동사 용법

1.1. 다음 주어는 목적어를 시장에 판다.

(1) a. Can they **market** their computers as being better than the competition?(그들이 자신의 컴퓨터를 경쟁사보다 더 나은 것으로 팔 수 있을까?)

b. The company **markets** cosmetics in the New York area.(그 회사는 화장품을 뉴욕 지역에서 판다.)

c. Most companies use TV commercials to **market** their products.(대부분의 회사들이 자신들의 상품을 팔기 위해 TV광고를 한다.)

1.2. 다음은 수동태 문장으로 주어는 시장에 팔린다.

(2) a. The new product failed because it was poorly **marketed**.(새 제품은 광고를 잘 못해서 실패했다.)

b. The turkeys are **marketed** ready-to-cook.(그 칠면조는 요리 준비가 된 상태로 팔린다.)

marry

이 동사의 개념 바탕에는 결혼하는 사람, 그의 가족이나 가정, 그의 상대와 그의 가정, 그리고 주례가 있다.

1. 타동사 용법

1.1 다음의 주어는 결혼하는 이의 부모이다. 부모가 딸을 시집 보낸다는 것은 딸이 그의 집을 떠나게 하거나, 다른 사람에게 가는 것으로 개념화될 수 있다.

(1) a. Her father **married** Susan off to Ned.(수잔의 아버지는 그녀를 네드에게 시집 보냈다.)

b. She has three daughter to **marry** off.(그녀는 출가시킬 딸이 셋 있다.)

c. She's determined to **marry** her daughter to rich men.(그녀는 딸을 부유한 남자와 결혼시키겠다고 결심했다.)

d. She **married** her son to a farmer's daughter.(그녀는 아들을 농부의 딸과 결혼시켰다.)

e. She is **married** to a doctor.(그녀는 의사와 결혼했다.)

1.2. 결혼하는 두 사람은 주례에 의해서 혼인이 성사된다. 다음의 주어는 주례이다.

(2) a. The minister **married** the two young people.(그 장관은 그 두 명의 젊은이들의 주례를 섰다.)

b. Which priest is going to **marry** you two?(어떤 신부님이 너희 둘의 주례를 서실 것이냐?)

c. Who **married** the couple?(누가 그 커플의 주례를 섰니?)

1.3. 다음에서는 결혼하는 두 사람이 주어와 목적어로 표현되어 있다.

(3) a. John **married** my sister.(존은 내 여동생과 결혼했다.)

b. I want to **marry** you.(나는 당신과 결혼하고 싶습니다.)

c. Paul **married** Lucy five years ago.(폴은 루시와 5년 전에 결혼했다.)

d. She **married** an actor.(그녀는 배우자와 결혼했다.)

e. He wanted to **marry** money.(그는 돈을 가진 여자와 결혼하고 싶어했다.)

f. Common interests **married** the two countries.(공동의 이익이 두 나라를 굳게 결합시켰다.)

※ (3e)의 money는 돈을 가진 사람의 뜻으로 쓰인 환유적 표현이다. (3f)에서 나라는 사람이 아니지만 부부관계와 같은 결합체를 이룰 수 있는 것으로 본다.

1.4. 두 사람을 결혼시키는 의미는 두 개체를 결합시키는 의미로 확대된다.

(4) a. She **marries** wit with/and **scholarship** in her writing.(그녀는 자신의 작품에서 재치와 학식을 결합시킨다.)

b. That still leaves the problem of how to **marry** a busy career with a home life.(그것은 여전히 바쁜 직업과 집안일을 어떻게 결합할 것인가 하는 문제를 남겨 놓는다.)

c. The design **marries** traditional styles with modern materials.(그 디자인은 전통적인 양식과 현대적인 재료를 결합시킨 것이다.)

d. The training will **marry** well with **the needs of the job**.(훈련은 직업의 필요와 잘 부합될 것이다.)

2. 자동사 용법

2.1. 다음에서는 결혼하는 사람과 결혼해서 가는 가정이 부각되어 있다.

(5) a. She **married** into a rich family.(그녀는 부자집으로 시집 갔다.)

b. She **married** out of her class.(그녀는 자신의 사회 계층을 벗어나서 결혼했다.)

2.2. 다음 문장에 쓰인 형용사는 주어가 결혼할 때의 나이나 목적을 나타낸다.

(6) a. She **married** young.(그녀는 젊어서 결혼했다.)

b. Men tend to **marry** later than women.(남자들은 여자들보다 늦게 결혼하는 경향이 있다.)

c. She didn't **marry** until she was forty.(그녀는 40살이 되고 나서야 결혼을 했다.)

d. They are in love with each other, and wish to **marry**.(그들은 사랑에 빠져 있고, 결혼하기를 원한다.)

e. He **married** again after the divorce.(그는 이혼 후에 다시 결혼했다.)

f. She **married** for money.(그녀는 돈을 보고 결혼했다.)

2.3. 부부는 일심동체라는 말이 있다. 그러므로 두 개체가 완전하게 일치되는 것도 이 동사로 표현된다.

(7) a. The two halves of the structure didn't **marry** up.(그 구조의 두 반쪽은 완전히 일치하지 않았다.)

b. The two versions of the story don't **marry** up.(그 이야기의 두 버전은 일치하지 않는다.)

c. I am trying to **marry** up the pattern on the wall paper.(나는 그 벽의 무늬를 일치시키려 하고 있다.)

2.4. 다음 주어는 전치사 with의 목적어와 일치된다.

(8) The training will **marry** well **with** the needs of the job.(그 훈련은 그 직업의 필요와 잘 부합될 것이다.)

marshal

이 동사의 개념 바탕에는 늘어놓는 (정렬하는) 과정이 있다.

1. 타동사 용법

1.1. 다음 주어는 목적어를 정렬시킨다.

(1) a. The aide **marshalled** the graduates into line for the procession.(그 도우미는 행진을 위해 졸업생들을 정렬시켰다.)

b. He **marshalled** the details in an organized plan.(그는 세부 사항들을 조직화된 계획안으로 조직했다.)

1.2. 다음은 수동태 문장으로 주어는 정렬된다.

(2) The troops were **marshalled** on the eve of the battle.(그 부대는 전투 전야에 집합되었다.)

1.3. 다음 목적어는 추상적 개체나 구체적인 것으로 개념화되어 있다. 주어는 목적어를 집합한다.

(3) a. The old man **marshalled** his strength to endure major heart surgery.(그 노인은 자신의 힘을 큰 심장 수술을 견디기 위해 모았다.)

b. He **marshalled** his arguments/facts/thoughts.(그는 논증/사실/생각을 열거했다.)

1.4. 다음 주어는 목적어를 인도한다.

(4) a. He **marshalled** the whole group into a large room.(그는 그 전체 집단을 큰 방으로 안내했다.)

b. He **marshalled** the team to victory.(그는 그 팀을 승리로 이끌었다.)

marvel

이 동사의 개념 바탕에는 marvel의 명사 '이상함, 별남에 의한 놀라움'이 있다. 동사의 뜻은 이 명사의 과정과 관계가 있다.

1. 자동사 용법

1.1. 다음 주어는 전치사 at의 목적어의 자극에 놀란다.

(1) a. Everyone **marveled at** his courage/his boldness.(모든 사람들이 그의 용기/대담함에 놀랐다.)

b. Jane **marveled at** how much money the house

cost.(제인은 그 집 가격이 얼마나 나가는지에 놀랐다.)

1.2. 다음 주어는 that-절의 내용에 놀란다.

(2) a. They marveled that you won.(그들은 네가 이겼다는 사실에 놀랐다.)

    b. I marveled that anyone could be so stupid.(나는 사람이 그렇게 멍청할 수 있다는 사실에 놀랐다.)

    c. We marveled that he spoke Korean well.(우리는 그가 한국말을 잘해 놀랐다.)

1.3. 다음 주어는 의문사가 이끄는 절의 내용에 호기심을 품는다.

(3) a. She marveled where he was.(그녀는 그가 어디에 있는지 궁금했다.)

    b. I marvel how you will manage to do it.(나는 어떻게 네가 그것을 해낼 것인지 궁금하다.)

mash

이 동사의 개념 바탕에는 짓이기는 과정이 있다.

1. 타동사 용법

1.1. 다음 주어는 목적어를 짓이긴다.

(1) a. Mash the fruit up with a fork.(과일을 포크로 짓이겨라.)

    b. He mashed the walnuts with a hammer.(그는 호두를 망치로 박살내었다.)

    c. I mashed the boiled potatoes with my fork.(나는 삶은 감자를 포크로 짓이겼다.)

    d. Mash the banana and add it to the batter.(바나나를 짓이겨서 반죽에 섞어라.)

    e. We mashed the grapes so that we can make wine.(우리는 포도를 포도주를 만들기 위해 짓이겼다.)

1.2. 다음 주어는 목적어가 짓이기거나 박살을 낸다.

(2) a. He mashed his fingers when the door closed on them.(그는 그 문이 손가락 위에 닫혀서 손가락을 짓이겼다.)

    b. The closing door mashed his fingers.(닫히는 문은 그의 손가락들을 짓이겼다.)

    c. This tool mashes potatoes.(이 도구는 감자를 짓이긴다.)

mask

이 동사의 개념 바탕에는 mask의 명사 '가면'이 있다. 동사의 의미는 이 명사의 용도와 관계가 있다.

1. 타동사 용법

1.1. 다음 주어는 목적어를 가린다.

(1) a. The soldiers masked the battery.(군인들은 그 포대를 가렸다.)

    b. He masked his face.(그는 얼굴을 가렸다.)

1.2. 다음 주어는 목적어를 가린다. 목적어는 전언이다.

(2) The spy masked the message in a secret code. (그 스파이는 메시지를 비밀 암호로 가렸다.)

1.3. 다음 주어는 목적어를 나타나지 않게 한다.

(3) a. Your medicine has masked the symptoms of a serious disease.(너의 약은 심각한 병의 증상을 나타나지 않게 했다.)

    b. Herbs and spices mask odors and unpleasant flavors.(허브와 양념은 악취와 불쾌한 냄새를 가린다.)

1.4. 다음 주어는 목적어를 with의 목적어로 가린다.

(4) a. He masked his anger with a grin.(그는 분노를 웃음으로 숨겼다.)

    b. He masked his intentions/feelings/emotions.(그는 의도/감정/느낌을 숨겼다.)

1.5. 다음 주어는 목적어를 가린다. 주어는 개체이다.

(5) a. His smile masked his anger.(그의 미소는 분노를 감추었다.)

    b. His clownishness masked his loneliness.(그의 광대짓은 고독을 감추었다.)

mass

이 동사의 개념 바탕에는 mass의 명사 '덩어리'가 있다.

1. 타동사 용법

1.1. 다음 주어는 목적어를 집합시킨다.

(1) a. The general massed his troops for battle(그 장군은 전투를 위해 부대를 집합시켰다.)

    b. The Germans massed 402 battalions.(독일은 402개 대대를 집합시켰다.)

    c. Turks massed 15 divisions.(터키는 15개 사단을 집결시켰다.)

    d. I massed the leaves into a large pile with a rake. (나는 나뭇잎을 갈퀴로 한 더미로 긁어 모았다.)

2. 자동사 용법

2.1. 다음 주어는 모여서 덩어리와 같이 된다.

(2) a. Vultures massed around the dead deer.(독수리들은 죽은 사슴 주위에 모여 들었다.)

    b. The crowd massed at the arena's entrance.(관중은 경기장 입구에서 한데 모였다.)

    c. Grey clouds massed behind the mountains.(회색 구름이 산 뒤에서 덩어리가 되어 뭉쳐 있었다.)

    d. Sports fans massed in front of the stadium before the game.(스포츠팬들은 경기 전에 경기장 앞에서 함께 모였다.)

    e. The soldiers massed on the road.(군인들은 그 도로에 집결했다.)

    f. Demonstrators massed outside the embassy.(시위자들이 그 대사관 밖에서 모였다.)

2.2. 다음 주어는 구름이다.

(3) a. Clouds massed heavily.(구름이 운집했다.)

    b. The leaden clouds massed on the horizon.(음침한 구름들은 수평선에 운집했다.)

mat

이 동사의 개념 바탕에는 mat의 명사 '머리카락의

엉킴' 이 있다. 동사의 뜻은 이 명사의 모양이나 쓰임과 관계가 있다.

1.1. 다음 주어는 목적어를 엉키게 한다.
(1) a. The rain matted her hair.(그 비는 그녀의 머리를 엉키게 했다.)
   b. The waves matted my hair.(파도는 나의 머리를 엉키게 했다.)

1.2. 다음 주어는 목적어를 꼰다.
(2) They matted the fibers to make a felt.(그들은 펠트를 만들기 위해 그 섬유들을 꼬았다.)

1.3. 다음 주어는 목적어를 매트로 깐다.
(3) They matted the floor of the hut.(그들은 오두막의 바닥을 매트로 깔았다.

1.4. 다음은 수동태 문장으로 주어는 엉켜진 개체이다.
(4) The swimmer's hair was matted.(그 수영 선수의 머리는 엉켜졌다.)

2 자동사 용법
2.1. 다음 주어는 엉킨다.
(5) a. Her hair matted from the sweat.(그녀의 머리는 땀으로 엉켰다.)
   b. The cat's fur matted with mud.(그 고양이의 털은 진흙으로 엉켰다.)

match

이 동사의 개념 바탕에는 짝이 될 수 있는 두 개체가 있다. 이 두 개체는 능력, 유형, 유사성 면에서 비교된다.

1. 타동사 용법
1.1. 다음 주어는 목적어를 필적한다.
(1) a. No one matches him in English.(어느 누구도 그를 영어에 있어서 필적할 수 없다.)
   b. No one can match her at chess.(아무도 그녀를 체스에서 상대할 수 없다.)
   c. No country can match France for wine.(어느 나라도 프랑스를 포도주에 있어서 필적할 수 없다.)

1.2. 다음 주어는 목적어와 조화가 된다.
(2) a. Traces of blood on the knife matched the suspect's blood type.(그 칼 위의 핏자국은 용의자의 혈액형과 일치했다.)
   b. The skirt matches the jacket perfectly.(그 치마는 그 재킷과 더할 나위 없이 잘 어울린다.)
   c. The color of the tie matches the suit.(그 넥타이의 색은 양복에 잘 어울린다.)
   d. The towels match the color of the bathroom.(그 수건들은 욕실 색과 잘 어울린다.)
   e. The dress matches her red hair.(그 옷은 그녀의 빨간 머리에 잘 어울린다.)
   f. Your opinion matches mine closely.(네 의견은 내 것과 거의 일치한다.)
   g. The teaching materials match the individual needs of students.(수업 교재들은 학생들의 개인적 요구/필요에 맞는다.)

1.3. 다음 주어는 목적어를 전치사 to의 목적어에 일치 시키거나 짝이 되게 한다.
(3) a. We asked the children to match the animal pictures to the correct sounds.(우리는 그 아이들 에게 그 동물 그림들을 올바른 소리에 맞추도록 요구했다.)
   b. Match your spending to your income.(네 소비를 네 수입에 맞추어라.)
   c. She matched her gloves and hat to her dress.(그녀는 장갑과 모자를 그녀의 옷에 맞추었다.)

1.4. 다음 주어는 목적어를 전치사 with의 목적어와 짝이 되거나 조화가 되게 한다.
(4) a. Can you match these famous people with the countries they are from?(너는 이 유명인사들과 그들의 출신국을 짝지을 수 있니?)
   b. He matched his daughter with his friend's son.(그는 딸을 친구의 아들과 결혼시켰다.)
   c. I matched up the wall paper with suitable material.(나는 그 벽지를 어울리는 재료로 조화시켰다.)
   d. The designer matched the color of the curtain with the carpet.(그 디자이너는 커튼 색을 카페트와 조화시켰다.)
   e. I can't seem to match these shoes with any belts.(나는 이 신발을 어떤 벨트와도 조화시킬 수 있을 것 같지 않다.)
   f. You have to match your actions with your beliefs.(너는 행동을 너의 신념과 걸맞게 해야 한다.)

1.5. 다음 주어는 목적어를 짝지우려고 한다.
(5) a. I am trying to match this yellow wool.(나는 이 노란 모직을 조화시키려 하고 있다.)
   b. I am trying to match up this wallpaper.(나는 이 벽지를 조화시키려 하고 있다.)
   c. Will you match this cloth?(이 옷감과 짝이 될 만한 것을 골라주시겠습니까?)
   d. He couldn't match his earlier score.(그는 이전 점수만큼은 얻을 수 없었다.)
   e. I can't find any socks that match.(나는 짝이 맞는 양말을 찾을 수 없다.)
   f. It would be difficult to match the service this airline gives.(이 항공사가 제공하는 서비스와 경쟁하는 것은 어려울 것이다.)
   g. Can you match that story?(너는 그 이야기와 조화를 이룰 수 있겠니?)

1.6. 다음은 수동태 문장으로 주어는 견주어진다.
(6) The hotel can't be matched for food and service.(그 호텔은 음식과 서비스에 있어서 경쟁이 될 만한 곳이 없다.)

1.7. 다음에서 주어는 목적어를 전치사 against의 목적어에 대항시킨다.
(7) a. Match this team against that team.(이 팀을 저 팀에 겨루게 해라.)
   b. Match your strength against John's(너의 힘을 존의 힘에 겨뤄 봐라.)
   c. He is going to try and match his skill against the champion's.(그는 자신의 기술을 우승자의 기술에

겨루려고 한다.)

1.8. 다음은 수동태 문장으로 주어는 against의 목적어에 겨루어 진다.

(8) Anne will be matched against Sue in the semi-final.(앤은 준결승에서 수와 겨루어지게 될 것이다.)

1.9. 다음은 수동태 문장으로 주어는 서로 대항한다. 주어는 접속사 and로 연결되거나 복수형이다.

(9) a. John and Tom will be matched in the final.(존과 톰은 결승에서 맞붙을 것이다.)

b. The teams were well matched.(그 팀들은 좋은 경쟁 상대였다.)

1.10. 다음 주어는 목적어를 짜 맞춘다.

(10) He matched up the torn pieces of the picture.(그는 그 그림의 찢어진 조각들을 맞추었다.)

2. 자동사 용법

2.1. 다음의 주어는 짝이 된다.

(11) a. These marble tiles don't match.(이 대리석 타일들은 맞지 않는다.)

b. See if the puzzle pieces match.(그 퍼즐 조각들이 서로 맞는지 봐라.)

c. The witnesses' stories don't match.(그 목격자들의 이야기들은 일치하지 않는다.)

d. The statements don't match up.(그 진술들은 일치하지 않는다.)

e. His actions and his beliefs match.(그의 행동과 신념은 걸맞는다.)

f. The hat and the scarf match.(그 모자와 스카프는 어울린다.)

g. The curtain and the wallpaper match.(그 커튼과 벽지는 어울린다.)

h. Do you think these two colors match?(너는 이 두 색이 어울린다고 생각하니?)

i. The curtain and the paint don't quite match.(그 커튼과 페인트는 잘 어울리지 않는다.)

2.2. 다음 주어는 전치사 with의 목적어와 조화가 된다.

(12) a. These ribbons do not match with your hat.(이 리본은 네 모자에 어울리지 않는다.)

b. The film didn't match up with our expectations.(영화는 우리 기대에 미치지 못했다.)

c. Let beggars match with beggars.(유유상종)

d. Your necktie matches with your coat.(너의 넥타이가 외투에 어울린다.)

2.3. 다음 주어는 전치사 to의 목적어에 미친다.

(13) a. The weather didn't match up to our hopes.(그 날씨는 우리 기대에 미치지 못했다.)

b. Match up to one's hopes/ideals(기대/이상에 미치게 하라.)

mate

이 동사의 개념 바탕에는 mate의 명사 '짝'이 있다.

1. 타동사 용법

1.1. 다음 주어는 짝을 짓는다.

(1) a. These animals mate in the fall.(이 동물들은 가을

에 짝을 짓는다.)

b. Some birds mate for one season.(일부 새들은 한 철에 짝짓기를 한다.)

1.2. 다음 주어는 목적어를 with의 목적어와 짝을 짓는다.

(2) a. Researchers tried to mate the female with the male.(연구원들은 암컷과 수컷을 짝을 지어 주려고 시도했다.)

b. The farmer mated his prize bull with a neighbor's cow.(그 농부는 상으로 받은 황소를 이웃의 젖소와 짝을 지어 주었다.)

1.3. 다음 주어는 목적어를 짝을 짓는다.

(3) a. I mated two of my favorite rabbits.(나는 좋아하는 토끼 두 마리를 짝 지웠다.)

b. The breeder mated pedigreed dogs.(그 사육사는 순종 개들끼리 짝을 지웠다.)

2. 자동사 용법

2.1. 다음 주어는 with의 목적어와 짝을 짓는다.

(4) a. My dog mated with my neighbor's dog.(나의 개는 이웃집 개와 짝짓기를 했다.)

b. The mouse mated with a rat.(그 생쥐가 들쥐와 짝짓기를 했다.)

matriculate

이 동사의 개념 바탕에는 입학하는 과정이 있다.

1. 타동사 용법

1.1. 다음 주어는 목적어를 대학에 입학시킨다.

(1) a. The college matriculated over 100,000 students this year.(그 대학은 올해 십만 명 이상의 학생들을 입학시켰다.)

b. The community college matriculates 400 students a year.(그 지역 전문 학교는 매년 400명을 입학시킨다.)

2. 자동사 용법

2.1. 다음 주어는 대학에 입학한다.

(2) a. She matriculated into a state university.(그녀는 주립대학에 입학했다.)

b. She matriculated in 1940 and graduated in 1944.(그녀는 1940년에 입학하고 1944년에 졸업했다.)

matter

이 동사의 개념 바탕에는 matter의 명사 '관심이나 고찰의 문제'가 있다.

1. 자동사 용법

1.1. 다음 주어는 문제가 된다.

(1) a. It does matter.(그것은 중요하다.)

b. After his death, nothing seems to matter any more.(그가 죽은 후에, 어떤 것도 더 이상 중요하지 않은 것 같다.)

c. What does it **matter**?(그게 왜 중요하지?)

d. It does not **matter** if we flunk.(우리가 낙제해도 문제가 없다.)

1.2. 다음 주어는 문제가 되지 않는다.

(2) a. It **matters** little/much to me who will be elected. (누가 선출되느냐는 내게 전혀 중요하지 않다/매우 중요하다.)

b. The children **matter** more to her than anything else.(아이들은 그녀에게 다른 어떤 것보다 중요하다.)

mature

이 동사의 개념 바탕에는 성숙하게 되는 과정이 있다.

1. 자동사 용법

1.1. 다음 주어는 성숙한다.

(1) a. He has **matured** a great deal over the past year. (그는 지난 해에 많이 성숙했다.)

b. Bananas **mature** after they're picked.(바나나는 딴 후에 익는다.)

c. A kitten **matures** when it is a year old.(고양이는 1살만 되도 성숙한다.)

1.2. 다음 주어는 성숙하여 into의 목적어가 가리키는 상태가 된다.

(2) a. The girl **matured into** a young woman.(그 소녀는 어린 숙녀로 성숙했다.)

b. She has **matured into** one of the finest actresses. (그녀는 가장 훌륭한 배우의 한 명으로 성숙했다.)

1.3. 다음 주어는 만기가 된다.

(3) a. My bond will be worth $20,000 when it **matures**. (내 채권은 만기일이 되면 2만 달러가 된다.)

b. The bonds will **mature** in 10 years.(그 채권은 10년 후에 만기가 될 것이다.)

1.4. 다음 주어는 성숙된다.

(4) a. The wine **matured** beautifully.(포도주는 맛있게 익었다.)

b. After six years, the wine will have **matured**.(6년 후에 포도주는 숙성되어 있을 것이다.)

c. Technology in this field has **matured** a great deal over the years.(이 분야의 기술은 몇 년에 걸쳐 많이 성숙했다.)

d. It took several years for her ideas to **mature**.(그녀의 아이디어가 성숙되는 데는 수년이 걸렸다.)

2. 타동사 용법

2.1. 다음 주어는 목적어를 완성시킨다.

(5) He **matured** his plans.(그는 자신의 계획들을 완성시켰다.)

2.2. 다음 주어는 목적어를 성숙시킨다.

(6) a. Experience has **matured** him.(경험은 그를 성숙시켰다.)

b. Hardship often **matures** young people.(고난은 종종 젊은이들을 성숙시킨다.)

c. Tim's new job helped **mature** him a little more.

(팀의 새 직업은 그를 더 성숙시키는데 일조했다.)

2.3. 다음 주어는 목적어를 숙성시킨다.

(7) I **matured** the peaches by placing them in a covered bowl.(나는 복숭아들을 밀봉된 그릇에 넣어 성숙시켰다.)

maul

이 동사의 개념 바탕에는 치거나 상처를 내어 해를 입히는 과정이 있다.

1. 타동사 용법

1.1. 다음 주어는 목적어를 거칠게 다룬다.

(1) a. The gang was **mauling** her in the park.(그 깡패는 그녀에게 공원에서 때려서 상처를 내고 있었다.)

b. A bear **mauled** a tourist in the woods.(곰 한 마리가 여행객에게 숲 속에서 상처를 내었다.)

c. Children must be taught not to **maul** their pets.(아이들에게 애완동물을 거칠게 다루지 않도록 가르쳐야 한다.)

d. The dog **mauled** the little kitten.(그 개가 새끼 고양이를 할퀴어 상처를 냈다.)

e. The little boys **mauled** each other in a game of football.(어린 소년들은 축구 경기 도중 서로 쳐서 상처를 냈다.)

1.2. 다음은 수동태 문장으로 주어는 거칠게 다루어진다.

(2) a. The lion tamer was **mauled** by one of the lions.(그 사자 조련사는 사자들 중 한 마리에게 할퀴어졌다.)

b. He got **mauled** in the ring by a better boxer.(그는 경기장에서 더 뛰어난 권투 선수에 의해 거칠게 다루어졌다.)

1.3. 다음은 수동태 문장으로 주어는 혹평을 받는다.

(3) a. Despite being a box-office success, the movie was **mauled** by the critics.(그 영화는 흥행에는 성공했으나, 비평가들에게 혹평을 받았다.)

b. Her latest book was absolutely **mauled** by the critics.(그녀의 최근 책은 비평가들에게 완전히 혹평을 받았다.)

mean

이 동사의 개념 바탕에는 마음 속에 의도하는 과정이 있다.

1. 타동사 용법

1.1. 다음 주어는 목적어를 의미한다.

(1) I don't understand what you **mean**.(나는 네가 의미하는 바를 이해하지 못 한다.)

1.2. 다음 주어는 목적어를 의도한다.

(2) a. She **meant** well to/by you.(그녀는 너에게 호의가 있었다.)

b. Your cousin **means** ill to you.(너의 사촌은 너에게 나쁜 감정이 있다.)

c. He does everything wrong, but he **means** well.(그

는 모든 것을 잘못 했지만, 그는 선의에서 그런 것이
다.)

d. She **means** well, despite her mistakes.(그녀가 실
수를 하긴 했지만, 선의에서 그런 것이다.)

e. He **means** well, but he keeps interfering when he
just ought to let us handle things.(그의 의도는 좋
았지만, 오직 우리에게 그 일들을 다루도록 시켜야
할 때에도 그는 참견을 계속 했다.)

f. She is rather tactless, but she **means** well.(그녀는
다소 요령이 없지만, 의도는 좋다.)

g. He **meant** well by what he said.(그는 좋은 뜻에서
그런 말을 했다.)

h. She uses rough language, but she **means** well.(그
녀는 거친 언어를 쓰지만, 의도는 좋다.)

1.3. 다음은 수동태 문장으로 주어는 의도된다.

(3) It was only **meant** as joke.(그것은 단지 우스개로
의도되었다.)

1.4. 다음 주어는 목적어를 의도하여 의미한다.

(4) a. He said he loved me, but I don't think he **meant**
it.(그는 나에게 사랑한다고 말했지만, 나는 그가 그
것을 진심으로 뜻한다고 생각하지 않는다.)

b. Please come around whenever you want to. I
mean it.(언제든지 원할 때 돌아와라. 정말이에요.)

c. Do you see what I **mean**?(너는 내가 무엇을 말하
는지 알겠니?)

d. She **means** what he says.(그녀는 말한 것을 의도
한다.)

e. You know what I **mean**?(내가 무엇을 의도하는지
알겠니?)

f. Well, she said "yes", but I think she **means** "no."
(그래. 그녀는 말로는 "예"라고 했지만, 난 그녀가
"아니"를 의도한다고 생각해.)

g. Does the name Charles **mean** anything to you?
(찰스라는 이름이 너에게 어떤 의미가 있니?)

h. He is often rude without **meaning** it.(그는 가끔 의
도하지 않지만 무례하다.)

1.5. 다음 주어는 목적어를 마음 속에 가리킨다.

(5) a. Which book do you **mean**?(어떤 책을 말하는 거
니?)

b. Which shop do you **mean**?(어떤 가게를 말하는 거
니?)

c. I **mean** the boy we met in Seoul.(나는 우리가 서
울에서 만났던 소년을 뜻한다.)

d. I think she **meant** 8 o'clock although she said 7
o'clock.(난 그녀가 7시라고 말했지만, 8시를 뜻했
다고 생각해.)

e. Do you **mean** Sunday?(일요일 말이니?)

f. I know the guy you **mean**.(나는 네가 뜻한 그 남자
를 안다.)

**1.6. 다음 주어는 상징이고, 주어는 목적어를 가리킨
다.**

(6) a. A red rose **means** "I love you." (붉은 장미는 "당신
을 사랑합니다"를 의미한다.)

b. These figures **mean** that 7% of the working
population is unemployed.(이 수치는 노동 인구의
7%가 실업자임을 뜻한다.)

c. What does this symbol **mean**?(이 상징이 무엇을
뜻하니?)

d. This **means** trouble.(이것은 문제를 뜻한다.)

e. The Spanish word frijol **means** bean.(스페인어로
frijol은 강낭콩을 뜻한다.)

f. What does this word **mean**?(이 단어는 무엇을 의
미하나?)

1.7. 다음 주어는 목적어를 실행할 의도를 갖는다.

(7) a. I didn't **mean** any harm.(나는 해를 끼칠 뜻은 없었
다.)

b. He **meant** no harm to you (그는 너에게 해를 끼칠
생각은 없었다.)

c. He **meant** business/mischief.(그는 일/장난을 할
생각이었다.)

1.8. 다음 주어는 행동이나 말로써 목적어를 의미한다.

(8) a. What do you **mean** by your boast?(그렇게 자랑하
는 의도가 뭐니?)

b. What did he **mean** by leaving so early?(그가 그렇
게 일찍 떠난 의도가 무엇이었나?)

c. What do you **mean** by saying that?(그런 말을 하는
의도가 무엇인가?)

d. What do you **mean** by the statement?(그 진술로
무엇을 의미하는가?)

e. What do you **mean** by "coward"?("겁쟁이"라는 말
이 무슨 뜻이니?)

f. By "perfect" I **mean** there should be no mistake.
("완전한"이라는 말은 아무 실수도 있어서는 안된다
는 뜻이다.)

g. What is **meant** by "batch processing"?('배치 과
정'이 무슨 뜻이니?)

**1.9. 다음 주어는 목적어를 전치사 for가 가리키는 용
도를 위해 의도한다.**

(9) a. She **meant** the card for both of us.(그녀는 카드를
우리 둘 다에게 줄 생각이었다.)

b. He **meant** this box for keeping nails in.(그는 이 상
자를 못들을 보관하는 데 쓸 생각이었다.)

c. I **meant** this house for my son.(이 집을 내 아들에
게 줄 것이었다.)

d. I **meant** this watch for John.(나는 이 시계를 존에
게 줄 생각이었다.)

**1.10. 수동태 문장으로 주어는 전치사 for의 목적어를
위해 의도된다.**

(10) a. Is this picture **meant** for a dog?(이 그림은 개를 그
린 거니?)

b. The building was **meant** for a storage.(이 건물은
저장소로 의도되었다.)

c. For whom was the letter **meant**?(이 편지 누구를
위한 것이였니?)

d. This warning is **meant** for you.(이 경고는 너를 위
한 것이다.)

e. The flowers were **meant** for you.(이 꽃들은 너를
줄 것이었다.)

1.11. 다음 주어는 that-절의 내용을 의도한다.

(11) a. He didn't explain himself very clearly, but he
meant he wants your help.(정확하게 설명하진 못
했지만, 그는 너의 도움을 원했다.)

b. I thought you **meant** you wanted to take your own car.(나는 네가 차를 가지고 가기를 의도한 것으로 생각했다.)

c. Do you **mean that** I should stay home?(너는 내가 집에 있어야 된다고 생각하니?)

d. He **means that** he does not want this marriage.(그는 그가 이 결혼은 원하지 않음을 진심으로 의미한다.)

e. I **mean that** you are a liar.(나는 네가 거짓말쟁이임을 의미한다.)

f. I only **meant that** I cannot come tomorrow.(나는 단지 내가 내일 못 올 것이라고 말했을 뿐이다.)

1.12. 다음 주어는 목적어를 함의한다.

(12) a. That **means** risking your life.(이것은 네 삶을 거는 것을 의미한다.)

b. Love never **means** having to say 'I'm sorry.' (사랑은 절대 "미안해"라고 말할 필요가 없는 것을 의미한다.)

c. This new order **means** working overtime.(이 새 명령은 초과 근무를 의미한다.)

d. The symptoms **mean** going to the hospital.(이 증상은 병원에 가는 것을 의미한다.)

e. Managing well **means** communicating well.(경영을 잘 한다는 것은 서로의 의사 전달을 잘 한다는 것을 의미한다.)

f. Missing the train **means** waiting.(기차를 놓쳤다는 것은 기다려야 한다는 것이다.)

1.13. 다음 주어는 목적어가 부정사가 가리키는 일을 하기를 의도한다.

(13) a. I **mean** you to do it.(나는 네가 그것을 하기를 원한다.)

b. I **meant** them to send it back to you.(나는 그들이 그것을 너에게 돌려주기를 바랐다.)

c. I **meant** him to marry her.(나는 그가 그녀와 결혼했으면 했다.)

d. I **mean** them to obey me.(나는 그들이 나에게 듣기를 원한다.)

e. I **meant** him to be a doctor.(나는 그가 의사가 복종하기를 바랐다.)

1.14. 다음은 부정문이다.

(14) a. I didn't **mean** her to read my letter.(나는 그녀가 내 편지를 읽기를 원하지 않았다.)

b. I did not **mean** you to do it.(나는 네가 그것을 하라는 생각이 아니었다.)

c. I found a road that didn't **mean** to be there.(나는 내가 찾으려고 생각하지도 않은 길을 찾았다.)

d. I don't **mean** you to cook the whole meal.(나는 네가 모든 식사를 요리하라는 뜻이 아니다.)

1.15. 다음 주어는 목적어를 전치사 for의 목적어로 의도한다.

(15) a. I **meant** my son for a teacher.(나는 아들을 선생으로 만들 작정이었다.)

b. He was **meant** for a doctor.(그는 의사가 되기로 되어 있었다.)

1.16. 다음은 수동태 무장으로 주어는 의도된다.

(16) a. They were **meant** to be together.(그들은 함께 있

기로 되어 있었다.)

b. He's **meant** to be the best dentist in town.(그는 마을에서 가장 좋은 치과 의사가 되기로 되어 있었다.)

c. I think I wasn't **meant** to be wealthy.(나는 내가 부자가 될 예정은 아니었다고 생각한다.)

d. He was **meant** to be a doctor.(그는 의사가 되기로 되어 있었다.)

e. It was **meant** to be warm and sunny.(따뜻하고 맑을 예정이었다.)

f. It was **meant** to be funny.(그것은 재미있기로 예정되었다.)

g. We were **meant** to be back by 9:00.(우리는 9시에 돌아오기로 했다.)

1.17. 다음은 수동태 문장으로 주어는 의도된다.

(17) a. What's this picture **meant** to be?(이 그림이 무엇을 나타내기로 되어 있나?)

b. Is this picture **meant** to be a dog?(이 그림은 개를 그린 것이니?)

c. What's that **meant** to be a picture of?(이 그림은 무엇의 그림으로 의도되었나?)

d. Is this figure **meant** to be 7 or 9?(이 숫자는 7자 아니면, 9자로 의도된 것인가?)

e. I'm not good at drawing, but that's **meant** to be a cube.(난 그림 그리기에 능숙하진 않지만, 이 그림은 육방체로 의도된 것이다.)

f. They are **meant** to be excellent cars.(그것들은 훌륭한 차로 생각된다.)

g. The restaurant is **meant** to be excellent.(그 식당이 훌륭한 것으로 생각된다.)

1.18. 다음은 수동태 문장으로 주어는 부정사가 가리키는 일을 하기로 되어 있다.

(18) a. You're **meant** to take off your shoes when you go into the room.(너는 방에 들어올 때 신발을 벗기로 되어 있다.)

b. You're **meant** to get to work at 9 o'clock.(너는 9시까지는 출근하기로 되어 있다.)

c. This dessert is **meant** to be served chilled.(이 후식은 시원하게 해서 먹기로 되어 있다.)

1.19. 다음은 수동태 문장으로 주어는 의도된다.

(19) a. I'm sure this marriage is **meant** to be.(이 결혼은 이루어지기로 예정된 것으로 확신한다.)

b. Our love is **meant** to be.(우리의 사랑은 이루어지기로 되어 있다.)

1.20. 다음 주어는 목적어를 전치사 to의 목적어에 의미한다.

(20) a. His mother **means** the world to him.(그의 엄마는 세상 전부를 그에게 의미한다.)

b. Her child **means** everything to her.(그 아이는 그녀에게 모든 것을 의미한다.)

c. These were friends who **meant** most to her since her childhood.(이 사람들은 어린 시절 이래 그녀에게 가장 많은 의미를 지니는 친구들이었다.)

d. Your friendship/your support **means** a lot to me.(너의 우정/도움은 나에게 많은 것을 의미한다.)

e. His departure **meant** little.(그의 출발은 그리 중요한 것이 아니었다.)

f. His promise doesn't mean a thing.(그의 약속은 그리 중요한 것이 아니다.)

g. The picture/this job means a lot to me.(이 그림/일자리는 나에게 많은 의미를 갖는다.)

h. It would mean a lot to your father if you offered to help.(네가 도와준다면 너희 아버지에게 많은 도움이 될 것이다.)

i. Health means everything.(건강이 모든 것을 의미한다.)

j. The award means a great deal/much to me.(이 상은 내게 큰 의미가 있다.)

1.21. 다음 주어는 목적어를 의미한다.

(21) a. These heavy rain means the road will be flooded. (이 큰 비는 도로가 물에 잠길 것임을 의미한다.)

b. The shortage of teachers means classes are larger.(선생님 수의 부족은 더 큰 학급을 의미한다.)

c. This means the ruin of us.(이것은 우리의 파멸을 의미한다.)

d. The new law means higher taxes for business. (새 법은 사업체들에 더 많은 세금을 의미한다.)

e. Dark clouds often mean a storm.(검은 구름은 종종 폭풍을 의미한다.)

f. War sometimes means prosperity.(전쟁은 때때로 번영을 뜻한다.)

g. A grinding noise may mean a broken disk drive. (긁어대는 소음은 망가진 디스크 드라이브를 의미한다.)

h. Further budget cuts may mean more layoffs.(더 많은 예산 삭감은 곧 더 많은 해고를 뜻할 수 있다.)

i. His refusal means my ruin.(그의 거절은 나의 파멸을 뜻한다.)

j. In Greece, tilting your chin up means 'no.' (그리스에서 턱을 위로 쳐드는 것은 거부를 뜻한다.)

1.22. 다음 주어는 that-절의 내용을 의미한다.

(22) a. Water running down the outside of the wall means that the gutters are blocked.(물이 그 벽 밖으로 흐른다는 것은 배수구들이 막혔다는 것을 뜻한다.)

b. The bell means that the lesson has ended.(이 종소리는 수업이 끝났음을 의미한다.)

c. The bonus means that we can at least take a long trip.(이 보너스는 우리가 적어도 긴 여행을 할 수 있음을 의미한다.)

d. It's snowing--it means that it will take longer to get there.(눈이 오고 있다. 이것은 그곳에 가는데 시간이 더 오래 걸릴 것임을 뜻한다.)

e. A flickering screen may mean that your computer cables are not connected tightly.(깜빡이는 화면은 너의 컴퓨터 선이 제대로 연결되지 않음을 뜻할 수도 있다.)

f. The pay raise means we can buy a car.(봉급인상은 우리가 차를 살 수 있음을 뜻한다.)

g. Bob's yawning, I guess, that means we should go.(밥이 하품을 한다. 이것은 우리가 가야한다는 것을 뜻한다.)

h. The sign means that cars must stop.(이 신호는 차들이 정지해야 함을 뜻한다.)

1.23. 다음 주어는 부정사가 가리키는 일을 하려고 한다.

(23) a. I mean to talk to him about his behavior.(나는 그의 행동에 대해서 그에게 애기하려고 한다.)

b. I'm sorry, I didn't mean to stand on your toe.(미안하지만, 당신의 발가락을 밟을 생각은 아니었습니다.)

c. I mean to look after my body more.(나는 몸을 더욱 돌볼 생각이다.)

d. Do you really mean to quit?(정말로 그만둘 생각인가?)

e. John meant to go with us to the station.(존은 우리와 그 역에 같이 갈 생각이었다.)

f. I meant to call home but forgot to do it.(집에 전화하려고 했지만 잊어버렸다.)

g. I meant to stop at a shop, but I forgot it.(상점을 들리려고 했지만 잊어버렸다.)

h. I meant to be rich, but something didn't work right.(부자가 되고 싶었는데 무언가 제대로 되지가 않았다.)

i. She means to be a singer.(그녀는 가수가 되고 싶어한다.)

j. What do you mean to be?(너는 무엇이 되고 싶니?)

1.24. 다음은 부정문이다.

(24) a. You don't mean to say so.(네가 그렇게 말하려고 한 것은 아니지.)

b. He didn't mean to do it.(그는 그것을 하려고 생각한 것이 아니었다.)

c. She didn't mean to upset you.(그녀는 너를 화나게 하려고 생각한 것은 아니었다.)

d. I didn't mean to be rude.(무례하게 굴려고 생각한 것은 아니었다.)

1.25. 다음 주어는 부정사가 가리키는 일을 하려고 생각해온다.

(25) a. I've been meaning to call you, but I've been so busy I never got around to it.(너에게 전화하려고 늘 생각해 왔지만, 나는 너무 바빴기 때문에 시간을 결코 내지 못했다.)

b. I have been meaning to ask you something.(너에게 무엇을 물어 보려고 늘 생각했는데.)

c. I meant to have come.(나는 올 생각이었다.)

1.26. 다음 주어는 첫째 목적어에 둘째 목적어를 의도한다.

(26) I mean him no offence.(나는 그에게 화낼 생각은 없다.)

1.27. 다음 주어는 to 부정사를 의미한다.

(27) That flashing light means to stop your car and wait for the train to go by.(저 번쩍이는 불을 보면 너는 차를 멈추고 기차가 지나갈 때까지 기다려야 한다.)

measure

이 동사의 개념 바탕에는 재는 과정이 있다.

1 타동사 용법

1.1. 다음 주어는 도구로서 목적어의 정도를 잰다.

(1) a. The thermometer measures changes of

temperature.(온도계는 온도의 변화를 잰다.)

b. Clocks **measure** time.(시계는 시간을 잰다.)

c. The instrument **measures** blood pressure.(그 도구는 혈압을 잰다.)

1.2. 다음 주어는 목적어의 치수를 잰다.

(2) a. He **measured** the man for a new suit.(그는 새 정장을 위해 그 사람의 치수를 재었다.)

b. He **measured** the cloth/the room /the board.(그는 그 옷감/그 방/그 판자의 치수를 재었다.)

c. They **measured** the housing lot.(그들은 주택부지를 측량했다.)

d. She **measured** her waist.(그녀는 자신의 허리를 재었다.)

1.3. 다음은 수동태 문장으로 주어는 재어진다.

(3) a. She is being **measured** for her new dress.(그녀는 새 드레스를 위한 치수가 재어진다.)

b. I was **measured** for a new suit yesterday.(나는 새 정장을 위해 어제 치수가 재어졌다.)

1.4. 다음 주어는 목적어를 눈으로 잰다.

(4) a. He **measured** the man with his eye.(그는 그 남자를 눈어림으로 재었다.)

b. We often **measure** a person by his clothes.(우리는 종종 사람을 복장으로 잰다.)

1.5. 다음 주어는 목적어를 잰다. 목적어는 치수와 관계가 있다.

(5) a. I **measured** the size of the floor for a new rug.(나는 새 양탄자를 위해 마루의 크기를 재었다.)

b. I **measured** the width and the length of the room.(나는 방의 넓이와 길이를 재었다.)

c. The children **measured** the length of the fish.(그 아이들은 물고기의 길이를 재었다.)

d. Could you **measure** the height of the wall?(그 벽의 높이를 재어주실 수 있을까요?)

e. The nurse **measured** the child's height.(그 간호사는 아이의 키를 재었다.)

f. He **measured** the diameter of the artery.(그는 동맥의 직경을 재었다.)

g. We **measure** distance by the mile and yard.(우리는 거리를 마일과 야드 단위로 잰다.)

h. Polls can **measure** the degree of popular support for the president.(여론 조사는 대통령에 대한 대중의 지지도를 측정할 수 있다.)

i. I cannot **measure** the degree of his love.(나는 그의 사랑의 정도를 측정할 수 없다.)

1.6. 다음은 수동태 문장으로 주어는 재어진다.

(6) a. The weight of the apples is **measured** in kilograms.(사과의 무게는 킬로그램으로 재어진다.)

b. A ship's speed is **measured** in knots.(배의 속도는 노트 단위로 재어진다.)

c. The rainfall was **measured** over a three-month period.(강우량은 3달 간격으로 재어졌다.)

1.7. 다음 목적어는 추상적인 개체이나 구체적인 것으로 개념화되어 있다. 주어는 목적어를 잰다.

(7) a. It is not easy to **measure** his contribution to the project.(그 기획 사업에 그의 기여를 재는 것은 쉽지 않다.)

b. He **measured** my intelligence.(그는 나의 지능을 재었다.)

c. There is no way of **measuring** the damage done to the morale.(사기에 가해진 손상을 측정할 방법이 없다.)

d. We must first **measure** the importance of the problem.(우리는 먼저 문제의 중요성을 평가해야 한다.)

e. It is difficult to **measure** the success of the campaign at this stage.(이 단계에서 선거 운동의 성공을 재기는 어렵다.)

f. How do you **measure** a person's worth?(당신은 사람의 진가를 어떻게 잽니까?)

1.8. 다음은 수동태 문장으로 주어는 재어진다.

(8) a. Education shouldn't be **measured** by examination results.(교육은 시험 결과로 재어져서는 안 된다.)

b. A man's character can be **measured** by the types of men he associates with.(사람의 성격은 그가 어울리는 사람들의 유형으로 재어질 수 있다.)

c. A man's worth cannot be **measured** by his wealth.(사람의 가치가 그가 지닌 부로써 재어질 수는 없다.)

1.9. 다음 주어는 목적어를 전치사 against의 목적어에 비추어서 잰다. 즉, 비교하거나 조정한다.

(9) a. She **measured** the shoe **against** the footprint, but it was smaller.(그녀는 그 신을 발자국에 비교해서 재었는데, 그것이 더 작았다.)

b. She **measured** her skill in cooking **against** her friend's.(그녀는 자신의 요리 기술을 친구의 것에 비교하여 재었다.)

c. **Measure** this **against** that.(이것을 저것에 비교하여 재시오.)

d. We must **measure** Hegel **against** Kant.(우리는 헤겔을 칸트에 비교해서 재야 한다.)

e. He **measures** his daily life **against** the standards of the bible.(그는 매일의 삶을 성경의 표준에 비교하여 잰다.)

f. It is sad to **measure** oneself **against** comparative strangers.(자신을 비슷한 타인과 비교하여 재는 것은 슬프다.)

1.10. 다음 주어는 목적어를 전치사 with의 목적어와 겨룬다.

(10) He **measured** his strength **with** his opponent.(그는 상대편과 힘을 겨루었다.)

1.11. 다음은 수동태 문장으로 주어는 전치사 against의 목적어에 비교된다.

(11) a. Your score will be **measured against** the class average.(당신의 점수는 반 평균에 비교될 것이다.)

b. When **measured against** the work of a professional, his efforts look unimpressive.(전문가의 것과 비교될 때, 그의 노력은 별로 인상적이지 않은 것으로 보인다.)

1.12. 다음 주어는 목적어를 to의 목적어에 맞춘다.

(12) a. **Measure** your spending **to** your income.(당신의 소비를 수입에 맞추어라.)

b. He **measured** his speech **to** the young audience.

(그는 연설 수준을 젊은 청중에 맞추었다.)

c. **Measure** your desire **to** your fortune.(당신의 욕구를 재산 정도에 맞추시오.)

1.13. 다음 주어는 목적어를 재어서 분리시킨다.

(13) a. She **measured off** 5 yards of cloth.(그녀는 옷감 5마를 재어 끊었다.)

b. He **measured off** a cup of salt.(그는 소금 한 컵을 재어냈다.)

c. The woman **measured off** enough cloth for three dresses.(그녀는 드레스 3벌을 하기에도 충분할 만큼의 옷감을 재어 끊었다.)

1.14. 다음 주어는 목적어를 재어서 퍼낸다.

(14) a. **Measure out** 100 grams of flour.(밀가루 100그램을 재어 내라.)

b. Mother **measured out** the juice to the children.(어머니는 주스를 아이들에게 재어 나누어 주었다.)

c. The bartender **measured out** whisky for the cocktail.(그 바텐더는 칵테일에 넣을 위스키를 재어 내었다.)

d. The nurse **measured out** a teaspoonful of cough mixture.(간호사는 기침약 한 티스푼 재어 냈다.)

e. He **measured out** food to the poor.(그는 음식을 가난한 이들에게 나누어 주었다.)

f. **Measure out** three cups of sugar.(설탕 세 컵을 재어 내시오.)

g. She carefully **measured out** a glass of whisky.(그녀는 위스키 한 잔을 주의 깊게 재어 내었다.)

1.15. 다음 주어는 목적어를 걷는다.

(15) a. He **measured** twenty miles a day.(그는 하루에 20마일을 갔다.)

b. He **measured** the court with great strides.(그는 법원을 큰 걸음걸이로 걸었다.)

1.16. 다음 주어는 목적어를 조심스럽게 한다.

(16) I **measured** my words before answering the question.(나는 질문에 답하기 전에 나의 말을 조심스럽게 측정했다.)

2. 자동사 용법

2.1. 다음 주어는 잰다.

(17) a. I'd better **measure** before I start laying the carpet.(그 카페트를 깔기 전에 먼저 재어 보는 것이 좋겠다.)

b. Always **measure** accurately.(항상 정확하게 측정하시오.)

2.2. 다음 주어는 어떤 길이로 재어진다.

(18) a. Bill **measures** precisely 4 feet tall.(빌의 키는 정확히 4피트이다.)

b. The rowing boat **measures** 20 feet.(그 조정용 보트는 20피트이다.)

c. The lake **measures** up to 100 miles across.(그 호수는 지름이 100마일에 달한다.)

d. The table **measures** 5 feet each side.(그 탁자는 가장자리가 각각 5피트이다.)

e. The giant crab **measures** 5 meters from claw to claw.(그 왕게는 집게발 간 거리가 5미터이다.)

f. The old tree **measures** at least 30 meters from top to bottom.(그 고목은 높이가 꼭대기에서 밑에까지 최소한 30미터는 된다.)

g. The garden **measures** thirty yards from the wall to the back door.(그 정원은 벽에서 뒷문까지 30야드에 달한다.)

h. He **measures** more round the waist than he used to.(그는 전보다 허리 주위가 더 둥글게 많이 나간다.)

2.3. 다음 주어는 재어진다.

(19) a. The paper **measures** 8 by 12 inches.(종이는 가로와 세로가 각각 8인치와 12인치이다.)

b. The rug **measures** 9 feet by 12 feet.(그 깔개는 가로세로가 9, 12피트이다.)

c. The desk **measures** 3 feet by four feet.(그 책상은 가로세로가 3, 4피트이다.)

d. The cell **measures** 8 by 5 by 8 high.(그 방은 가로와 세로가 각각 8, 5이고 높이가 8이다.)

2.4. 다음 주어는 재어져서 정도가 나타난다.

(20) The earthquake **measured** 6.5. on the Richter scale.(그 지진은 리히터 진도 6.5를 기록했다.)

2.5. 다음 주어는 측정된다.

(21) Rice **measures** more easily than flour.(쌀은 밀가루보다 더 쉽게 측정된다.)

2.6. 다음 주어는 재어보면 위로 to의 목적어에 이른다.

(22) a. No women could **measure to** his standard.(어떤 여자라도 그의 기준에 맞을 수가 없었다.)

b. He couldn't quite **measure up** as a professional ball player.(그는 직업 야구 선수로는 완전히 적격이 아니었다.)

c. He didn't quite **measure up** so we didn't hire him.(그는 필요한 만큼의 능력이 없었으므로, 우리는 그를 고용하지 않았다.)

2.7. 다음 주어는 전치사 to의 목적어에 이른다.

(23) a. The new student's work **measures up to** the level of the other students.(새 학생의 학업은 다른 학생의 수준에 이른다.)

b. The exhibition doesn't **measure up to** last year's. (그 전시회는 작년 것에 이르지 못하다.)

c. How will the new president **measure up to** his new responsibility?(새 대통령은 자신의 새로운 책무에 얼마나 부합할까?)

d. The airline's service does not **measure up to** our expectations.(그 항공사의 서비스는 우리의 기대에 미치지 못한다.)

e. I'm not sure she'd **measure up to** her new position.(나는 그녀가 자신의 새로운 임무에 적절한지 확신이 없다.)

2.8. 다음 주어는 목적어를 잰다.

(24) A dipstick is used to **measure** how much oil is left in an engine.(계량봉은 엔진에 기름이 얼마나 남아 있나 하는 것을 재는 데 쓰인다.)

meddle

이 동사의 개념 바탕에는 권리나 허가 없이 간섭하거나 만지는 과정이 있다.

1. 자동사 용법

1.1. 다음 주어는 간섭을 한다.

(1) a. He **meddles in** his neighbor's business.(그는 그의 이웃집 일에 참견을 한다.)

b. My neighbor is always **meddling in** my affairs.(나의 이웃은 항상 나의 일에 간섭을 하고 있다.)

1.2. 다음 주어는 허가 없이 with의 목적어를 만진다.

(2) a. Don't **meddle with** my computer.(내 컴퓨터를 만지지 말아라.)

b. Jane is **meddling with** the computer set.(제인은 컴퓨터 세트를 만지고 있다.)

---

mediate

이 동사의 개념 바탕에는 중간에 서는 과정이 있다.

1. 자동사 용법

1.1. 다음 주어는 두 개체 사이에서 중재한다.

(1) a. He **mediated between** the two countries.(그는 그 두 나라 사이에서 중재했다.)

b. An independent body was brought in to **mediate between** staff and management.(독립된 기관이 직원과 경영진 사이에서 중재하기 위해 도입되었다.)

c. The U.N. attempted to **mediate between** the warring factions.(유엔은 교전 중인 파벌 사이에서 중재하려고 시도했다.)

1.2. 다음 주어는 어떤 문제에서 중재한다.

(2) a. The chairman was asked to **mediate in** the dispute.(그 의장은 논쟁을 중재하도록 요구되었다.)

b. He **mediated in** the quarrel.(그는 싸움을 중재했다.)

c. He agreed to **mediate**.(그는 중재하기로 동의했다.)

2. 타동사 용법

2.1. 다음 주어는 목적어를 중재하거나 화해시킨다.

(3) a. He **mediated** the differences/disputes/problems.(그는 차이/논쟁/문제를 중재했다.)

b. I **mediated** John and Bob's serious disagreement.(나는 존과 밥의 심각한 불일치를 중재했다.)

c. The arbitrator **mediated** the contract dispute.(그 중재인은 그 계약 논쟁을 중재했다.)

2.2. 다음 주어는 중재를 통하여 목적어를 만들어 낸다.

(4) a. They **mediated** a settlement/an agreement/a contract.(그들은 타협/동의/계약을 중재하여 만들었다.)

b. They succeeded in **mediating** a cease fire.(그들은 휴전을 중재하는데 성공했다.)

2.3. 다음은 수동태 문장으로 주어는 중재에 의해서 만들어지는 개체이다.

(5) Educational success is **mediated** by economic factors.(교육 성공은 경제 요소의 중재된다.)

---

meet

이 동사의 개념 바탕에는 만나는 과정이 있다.

1. 타동사 용법

1.1. 다음 주어는 목적어를 만난다.

(1) a. John, **meet** my sister.(존, 내 누이를 만나봐.)

b. I'm very pleased to **meet** you.(당신을 만나게 되어 반갑습니다.)

c. Come to the party and **meet** some interesting people.(파티에 와서 몇몇 재미있는 사람들을 만나세요.)

d. Have you **met** my girlfriend?(내 여자 친구를 만나보았니?)

e. I **met** him on my way to school.(나는 그를 학교 가는 길에 만났다.)

1.2. 다음 주어는 목적어를 마중을 나가서 만난다.

(2) a. I will **meet** you off the train.(나는 너를 네가 기차에서 내릴 때 만나겠다.)

b. I must go to the station to **meet** my mother.(나는 어머니를 마중하기 위해 역에 가야 한다.)

1.3. 다음 주어와 목적어는 차량이다. 주어는 목적어를 만난다.

(3) a. Our car **met** another on a narrow road.(우리 차는 좁은 길에서 다른 차를 만났다.)

b. The taxi will **meet** the train.(그 택시는 그 기차를 마중 갈 것이다.)

c. The hotel bus **meets** all the trains.(그 호텔 버스는 모든 기차를 마중 간다.)

1.4. 다음 주어는 목적어를 만난다. 주어는 사람이고 목적어는 자동차, 기차 또 비행기와 같은 것이다.

(4) a. I'll **meet** your boat.(나는 너의 배를 (기다려서) 만나겠다.)

b. I'll **meet** the train.(나는 그 열차를 (기다려서) 만나겠다.)

c. He'll **meet** your plane.(그는 너의 비행기를 (기다려서) 만날 것이다.)

1.5. 만남은 접촉을 의미한다. 다음 주어는 목적어를 만난다.

(5) a. His hand **met** her face in a violent blow.(그의 손이 그녀의 얼굴을 심한 일격으로 쳤다.)

b. His hand **met** hers.(그의 손이 그녀의 손을 쳤다.)

c. The ball **met** the bat.(그 공이 방망이를 쳤다.)

1.6. 다음 주어는 목적어에 닿는다. 소리나 빛은 움직여서 개체에 닿는다.

(6) a. Angry cries **met** his speech.(성난 고함소리가 그의 연설을 맞았다.)

b. A peculiar sight **met** our eyes.(이상한 광경이 우리 눈을 맞았다.)

c. There's more to that than **meets** the eye.(저것에는 눈에 닿는 것 이상이 있다.)

d. She was afraid to **meet** my eye.(그녀는 두려워서 내 눈을 보지 못한다.)

1.7. 다음 목적어는 어려운 일이다. 주어가 목적어를 피하지 않고 대적한다.

(7) a. I **met** a lot of difficulties in the work.(나는 일을 하면서 많은 어려움을 직면했다.)

b. Can you **meet** a misfortune with a smile?(너는 불행을 미소로 대할 수 있느냐?)

c. Can you **meet** a danger calmly?(너는 위험을 침착

하게 대할 수 있느냐?)

d. He met his fate/his death.(그는 운명/죽음을 직면했다.)

e. Every preparation was made to meet the typhoon.(그 태풍에 대처하도록 모든 준비가 되었다.)

f. Brazil meets Korea in football every year.(브라질은 한국을 축구에서 매년 대결한다.)

1.8. 다음 주어는 목적어를 감당한다.

(8) a. He met the objections/criticisms calmly.(그는 반대/비판을 조용히 대처했다.)

b. He met all the debts/the demands/the wishes/the needs/the expenses.(그는 모든 빚/요구/소원/필요/경비를 감당했다.)

1.9. 다음 주어가 목적어를 with의 목적어로 맞선다.

(9) a. He met threats with defiance.(그는 위협을 도전적 태도로 맞았다.)

b. He met angry words with laugh.(그는 성난 말을 웃음으로 대했다.)

c. She met my glance with a smile.(그녀는 나의 시선을 미소로 맞았다.)

1.10. 다음 주어와 목적어는 움직이지 않는다. 그러나 이들의 형상을 눈으로 따라가면 주어는 목적어를 만난다.

(10) a. Oak Street meets Maple Street at that point.(오우크가는 메이플가를 저 지점에서 만난다.)

b. This lane meets the main road in two miles.(이 소로는 큰 길을 두 마일 지나서 만난다.)

2. 자동사 용법

2.1. 다음 주어는 사람이다. 주어는 만난다.

(11) a. We met at his party.(우리는 그의 파티에서 만났다.)

b. Let's meet for dinner.(만나서 저녁을 같이 합시다.)

c. We met quite by chance.(우리는 아주 우연히 만났다.)

2.2. 다음 주어는 환유적으로 쓰여서 모임을 구성하는 사람을 가리킨다.

(12) a. The society meets every Friday.(그 모임은 매 금요일에 만난다.)

b. Congress will meet next month.(의회가 다음 달에 모인다.)

c. The whole school met to hear the speech.(전 학교가 모여서 그 연설을 들었다.)

2.3. 다음 주어는 복수이다. 주어는 만난다.

(13) a. Their eyes met.(그들의 눈이 만났다.)

b. Two rivers meet there.(두 강은 거기서 만난다.)

c. The two cars almost met head-on.(그 두 자동차가 거의 정면으로 부딪혔다.)

d. The two trains meet at Taejeon.(그 두 기차는 대전에서 만난다.)

e. The two lines meet so as to form an angle.(그 두 선은 만나서 각을 이룬다.)

2.4. 다음 주어의 양끝이 만난다.

(14) a. My skirt won't meet round my waist.(내 스커트

는 양끝이 허리를 돌아서 만나지 않는다.)

b. My waist coat won't meet.(그 저고리 양쪽 끝은 만나지 않는다.)

c. The belt won't meet round my waist.(그 띠는 내 허리를 둘러서 끝이 만나지 않는다.)

mellow

이 동사의 개념 바탕에는 아름답고 부드럽게 되는 과정이 있다.

1. 자동사 용법

1.1. 다음 주어는 아름답고 부드럽게 된다.

(1) a. The music mellowed as the band settled into a quiet mood.(음악은 그 밴드가 조용한 분위기로 들어가면서 아름답게 되었다.)

b. Wine mellows over a period of years.(포도주는 수년의 기간을 지내면서 부드럽게 된다.)

c. My sister's resentment mellowed over the years.(내 여동생의 원한은 그 몇 년이 지나면서 가라앉았다.)

d. My temperamental father mellowed as he got older.(나의 다혈질적 아버지는 나이가 들면서 부드럽게 되었다.)

1.2. 다음 주어는 기분이 좋아진다.

(2) We just listened to music and mellowed out all afternoon.(우리는 그냥 음악을 들고 오후 내내 기분이 좋아졌다.)

2. 타동사 용법

2.1. 다음 주어는 목적어를 아름답고 부드럽게 만든다.

(3) a. The years have mellowed her.(그 몇 해가 그녀를 원숙하게 만들었다.)

b. The wine mellowed all of the guests.(그 포도주가 모든 손님들의 기분을 좋게 만들었다.)

c. Time often mellows youthful intolerance.(시간은 종종 젊은이의 편협함을 완화시킨다.)

d. A week on the beach mellowed her out.(해변에서 보낸 일 주일이 그를 긴장을 풀게 했다.)

melt

이 동사가 나타내는 가장 원형적인 과정은 눈이나 얼음이 물이 되는 과정이다.

1. 자동사 용법

1.1. 다음에서 주어는 눈이나 얼음이다.

(1) a. All the ice had melted.(모든 얼음이 녹았다.)

b. Ice melts to water quickly in warm weather.(얼음은 따뜻한 날씨에서 빨리 녹는다.)

c. The ice on the lake melted away.(호수의 얼음이 녹아 없어졌다.)

d. The ice will melt when the sun shines on it.(태양이 얼음위를 비출 때, 그것은 녹을 것이다.)

1.2. 얼음이 물이 되는 과정은 고체가 액체가 되는 과정에 확대된다.

(2) a. Sugar melts in hot tea.(설탕은 뜨거운 차에서 녹는

b. The butter **melted** in the sun.(버터가 햇볕에 녹았다.)

c. The sweet **melts** on the tongue.(단 것이 혀에서 살살 녹는다.)

d. These chocolates really **melt** in your mouth.(이 초콜릿은 정말로 너의 입에서 살살 녹는다.)

e. The meat was beautifully cooked--it just **melted** in the mouth.(고기는 정말로 잘 구워졌다--이것은 입에서 살살 녹았다.)

f. The steak is so tender that it **melts** in your mouth.(스테이크는 매우 부드러워서 입에서 살살 녹는다.)

1.3. 얼음이 물이 되면, 얼음의 형태가 없어진다. 이렇게 형태가 뚜렷한 무엇이 녹는 과정은 있던 물질이 없어지는 과정에도 이 동사가 적용된다.

(3) a. All his support **melted** away when he really needed it.(그의 모든 도움이 그가 정말로 필요할 때는 사라졌다.)

b. His fortune slowly **melted** away.(그의 재산은 서서히 사라졌다.)

c. His money seemed to **melt** away in Seoul.(그의 돈은 서울에서 사라진 것처럼 보였다.)

d. His strength **melted** away.(그의 강함이 사라졌다.)

e. Her anger slowly **melted** away.(그의 화가 슬슬 풀렸다.)

f. Her embarrassment/reservation **melted** away.(그녀의 당황스러움/의혹이 사라졌다.)

g. Their differences **melted** away.(그들의 차이점이 사라졌다.)

h. His anxiety about the result **melted** away.(결과에 대한 그의 걱정이 사라졌다.)

i. The crowd **melted** away into the sidesteps.(그 군중은 옆길로 흩어졌다.)

j. The crowd **melted** away when the storm broke.(그 군중은 폭풍이 몰아쳤을 때 흩어졌다.)

1.4. 마음도 얼고 또 녹을 수 있는 개체로 개념화된다. 얼면 차갑고, 녹으면 부드럽다.

(4) a. He **melts** when he sees a beautiful baby.(그가 아름다운 아이를 볼 때 그의 마음은 풀린다.)

b. Her heart **melted** with pity.(그녀의 마음은 동정심으로 누그러졌다.)

c. His heart **melted** when he saw her crying.(그가 그녀의 우는 모습을 보았을 때, 그의 마음은 누그러졌다.)

d. My heart **melted** a little when I saw how sorry he was.(내가 그가 얼마나 미안해 하는지를 보았을 때, 나의 마음은 조금 풀렸다.)

1.5. 주어가 녹아서 전치사 into 의 목적어 속으로 들어간다는 것은 그 속에 들어가서 안보이게 되는 것으로 풀이된다.

(5) a. Night **melted** into day.(어둠이 햇빛 속으로 사라졌다.)

b. One color **melted** into another.(하나의 색이 다른 색으로 융합되었다.)

c. The trumpet call **melts** gradually into the orchestral background.(트럼펫 소리는 점차로 오케스트라의 배경에 용해된다.)

d. The ship **melted** into the thick fog.(배는 짙은 안개 속으로 사라졌다.)

e. The youths **melted** into the darkness.(젊은이들은 어둠 속으로 사라졌다.)

f. The man **melted** into the crowd.(사람은 군중 속으로 사라졌다.)

g. The security men **melted** away into the background until they were needed.(안전 요원은 그들이 필요할 때까지 뒷배경으로 사라졌다.)

h. She **melted** into tears.(그녀는 목놓아 울었다.)

2. 타동사 용법

2.1. 다음에서 주어는 행위자이고, 목적어는 녹을 수 있는 개체이다.

(6) a. **Melt** two ounces of butter in a saucepan.(두 온스의 버터를 소스 냄비에 녹여라.)

b. Hot tea **melts** sugar.(뜨거운 차는 설탕을 녹인다.)

c. **Melt** 1/4 cup of sugar in 2 cups of boiling water.(1/4 컵의 설탕을 두 컵의 끓는 물에 녹여라.)

2.2. 다음에서 주어는 열을 내는 개체이고, 이 개체가 내는 열에 의해서 목적어가 녹는 과정을 나타낸다.

(7) a. The heat **melted** the wax.(그 열이 밀랍을 녹인다.)

b. The hot sun **melted** the snow.(뜨거운 태양은 눈을 녹였다.)

c. The spring sun usually **melts** the snow by mid March.(봄의 태양은 보통 3월의 중반까지 눈을 녹인다.)

2.3. 형체가 있는 물체에 열을 가하면, 형체가 없어진다.

(8) a. They **melted** down the rings and bracelets.(그들은 반지와 팔찌를 녹였다.)

b. Many of the gold ornaments were **melted** down to be made into coins.(많은 금 장식품들이 녹여져서 동전으로 만들어졌다.)

2.4. 다음에서 주어는 추상적 개체이고, 목적어는 마음이다.

(9) a. Pity **melted** her heart.(동정심이 그녀의 마음을 누그러뜨렸다.)

b. The story would **melt** your heart.(그 이야기는 너의 마음을 감동시킬 것이다.)

c. The cost of her medicine **melted** their savings away.(그녀의 약값이 그들의 저축을 날아가게 했다.)

menace

이 동사의 개념 바탕에는 위협을 하는 과정이 있다.

1. 타동사 용법

1.1. 다음 주어는 목적어를 위협한다.

(1) a. A hurricane **menaced** the east coast yesterday.(폭풍이 동부 연안을 어제 위협했다.)

b. The erupting volcano **menaced** the nearby town.(그 폭발하는 화산은 근처 마을을 위협했다.)

    c. An oil leak **menaced** the shoreline of California. (기름 누출이 캘리포니아 연안을 위협했다.)

    d. The formidable threat **menaces** Europe. (그 무시무시한 협박이 유럽을 위협한다.)

    e. The pollution is **menacing** our city. (공해는 우리 도시를 위협하고 있다.)

1.2. 다음은 수동태 문장으로 주어는 위협을 받는 개체이다.

(2) a. The crops were **menaced by** an early frost. (그 작물은 이른 서리로 위협 받았다.)

    b. The tranquil village was **menaced by** dark clouds. (그 평화로운 마을은 암운으로 위협 받았다.)

    c. The village was **menaced by** the volcano. (그 마을은 화산으로 위협 받았다.)

    d. The forest **is being menaced by** major development projects. (그 숲은 주요 개발 사업으로 위협 받고 있다.)

    e. The whole country is **menaced by** this new and terrible danger. (전 세계가 이 새롭고 끔찍한 위험으로 위협 받고 있다.)

    f. Our children will still be **menaced by** the threat of nuclear war. (우리의 아이들은 여전히 그 핵전쟁의 공포로 위협을 받고 있을 것이다.)

    g. The farmland is **menaced with** drought. (그 농지는 가뭄으로 위협 받고 있다.)

1.3. 다음의 주어와 목적어는 사람이다. 주어가 목적어를 위협하고 위협할 때 쓰는 도구는 전치사 with로 표현된다.

(3) a. He **menaced us with** his fist clenched. (그는 우리를 꽉 쥔 주먹으로 위협했다.)

    b. He **menaced** us **with** immediate dismissal. (그는 우리를 즉각적인 해고로 위협했다.)

    c. He **menaced** the guard **with** a pistol. (그는 경비를 권총으로 위협했다.)

    d. He **menaced** the girl **with** death. (그는 소녀를 살인으로 위협했다.)

    e. A gang of youths were **menacing** people on the bus. (젊은 갱단이 버스에 탄 승객들을 위협하고 있었다.)

    f. The terrorists **menaced** the hostages. (테러분자들은 그 인질을 위협했다.)

    g. Floods **menaced** the valley **with** destruction. (홍수가 계곡을 파괴로 위협했다.)

mend

이 동사의 개념 바탕에는 고쳐서 수리하는 과정이 있다.

1. 타동사 용법

1.1. 다음 주어는 목적어를 고친다.

(1) a. Can you **mend** this broken chair? (이 부서진 의자를 고쳐 주겠니?)

    b. He helped me **mend** the puncture. (그는 내가 그 펑크를 수리하는 것을 도와 주었다.)

    c. I must **mend** the garden gate. (나는 정원 문을 고쳐

    야 한다.)

    d. I've left my watch at the shop to be **mended**. (나는 수리를 위해서 내 시계를 그 상점에 두고 왔다.)

    e. It took a long time to **mend** the roof. (그 지붕을 수리하는 데 오래 걸렸다.)

    f. There's a hole in the roof that needs **mending**. (그 지붕에 난 그 구멍은 수리될 필요가 있다.)

    g. Try to **mend** this hole in my shirt. (내 셔츠에 난 이 구멍을 수선해 봐 주세요.)

1.2. 사람의 습관이나 사람 사이의 관계도 잘못될 수 있다. 그러므로 이러한 것도 고쳐질 수 있다. 다음 주어는 목적어를 고친다.

(2) a. He promised to **mend** his ways. (그는 방식을 고칠 것을 약속했다.)

    b. That will **mend** the rift between them. (그것은 그들 사이의 불화를 고칠 것이다.)

    c. See if you can **mend** matters between them. (네가 그들 사이의 문제들을 고칠 수 있는지 알아봐라.)

    d. The party leader is trying to **mend** relations with the government. (그 정당의 당수는 정부와의 관계를 고치려고 애쓰고 있다.)

    e. The politician visited voters to **mend** fences after he voted for a tax increase. (그 정치인은 세금 인상을 투표한 후 잘못을 고치기 위해 유권자들을 방문했다.)

    f. They finally agreed to **mend** fences after years' of disagreement. (그들은 마침내 수년간의 불화 끝에 화해하는 데 동의했다.)

    g. He **mended** the fire. (그는 꺼져 가는 불을 되살렸다.)

1.3. 다음 주어는 목적어를 고친다.

(3) The treatment **mended** his broken arm. (치료는 그의 부러진 팔을 고쳤다.)

2. 자동사 용법

2.1. 다음 주어는 고쳐진다.

(4) a. Grandma **mended** slowly after a serious illness. (할머니는 심한 병을 앓으시고 난 후 천천히 호전되셨다.)

    b. My broken bone **mended** in three weeks. (내 부러진 뼈는 삼 주가 지나 나아졌다.)

    c. My broken leg is **mending** very well. (내 부러진 다리는 꽤 잘 회복되고 있다.)

    d. The arm **mended** well. (그 팔은 잘 나았다.)

    e. The cut aches, but it is **mending**. (그 상처는 아프지만 회복되고 있다.)

mention

이 동사의 개념 바탕에는 간단히 언급하는 과정이 있다.

1. 타동사 용법

1.1. 다음 주어는 목적어를 언급한다.

(1) a. He didn't **mention** a single example. (그는 단 하나의 예도 언급하지 않았다.)

b. Don't **mention** it.(그것을 언급하지 마시오.)

c. Don't **mention** the subject again.(그 주제를 다시는 언급하지 마시오.)

1.2. 다음 주어가 목적어를 전치사 to의 목적어에 언급한다.

(2) a. He often **mentions** you to me.(그는 종종 너를 나에게 언급한다.)

b. Did she **mention** this to you?(그녀가 이것을 너에게 언급했니?)

1.3. 다음은 수동태 문장으로 주어는 언급된다.

(3) When the budget was **mentioned**, the chairman changed the subject.(예산이 언급되자, 그 의장은 주제를 바꿨다.)

1.4. 다음 주어는 의문사나 that-이 이끄는 절의 내용을 언급한다.

(4) a. Did she **mention where** she was going?(어디로 그녀가 갔는지 그녀는 말했니?)

b. He **mentioned what** he wanted to have.(그는 그가 가지고 싶은 것을 언급했다.)

c. We need hardly **mention that** his views are broader than the average.(우리는 그의 견해가 평균 견해보다 폭넓다는 것을 언급할 필요가 없다.)

d. Did I **mention that** I am going to Korea next week?(내가 한국에 다음 주에 갈 것이라는 것을 얘기했니?)

merge

이 동사의 개념 바탕에는 모여서 하나가 되는 과정이 있다.

1. 자동사 용법

1.1. 다음 주어는 into의 목적어로 들어가서 하나가 된다. 주어는 시간이나 색채와 관계가 있다.

(1) a. Summer slowly **merged into** autumn.(여름이 가을로 천천히 빠져 들어갔다.)

b. Dawn **merged into** day.(새벽이 낮으로 흘러 들어갔다.)

c. The twilight **merged into** darkness.(황혼은 어둠 속으로 들어갔다.)

d. Some animals' coloring help them **merge into** the background.(어떤 동물들의 색은 그들이 배경 속으로 들어가는 데 돕는다.)

e. In the spectrum, one color **merges into** another.(스펙트럼에서 한 색은 다른 색으로 섞여 들어간다.)

1.2. 다음 주어는 움직이지 않으나 전체 형상을 보면 into의 목적어로 들어간다.

(2) a. The hills **merged into** the dark sky behind them.(그 산들은 그들 뒤의 어두운 하늘로 섞여 들어갔다.)

b. The Ohio River **merges into** the Mississippi River.(오하이오 강은 미시시피 강으로 흘러든다.)

c. The sky seemed to **merge into** the sea.(하늘은 바다로 섞여드는 것 같았다.)

d. The villages expanded and **merged into** a large town.(그 마을은 커져서 큰 읍내가 되었다.)

e. As night fell, their outlines **merged into** the landscape.(저녁이 오면서, 그들의 윤곽은 그 경치 안으로 섞여들었다.)

1.3. 다음 주어는 상태이다. 이 상태는 into의 목적어의 상태로 된다.

(3) Fear was gradually **merged into** curiosity.(두려움은 점차로 호기심으로 되었다.)

1.4. 다음 주어는 into의 목적어 속에 들어간다.

(4) He **merged into** the crowd.(그는 군중 속으로 들어갔다.)

1.5. 다음 주어는 with의 목적어와 합쳐진다.

(5) a. The voices of the children **merged with** the song.(그 아이들의 목소리는 노래와 섞였다.)

b. After a while the narrow track **merges with** a wider one.(얼마 가지 않아서, 좁은 길은 더 넓은 길과 합쳐진다.)

c. They are **merging with** a Canadian company.(그들은 캐나다 회사와 합병하고 있다.)

1.6. 다음 주어는 합쳐진다.

(6) **Merge** carefully when you get on the freeway.(고속도로에 들어갈 때에는 조심스럽게 합류해라.)

1.7. 다음 주어는 복수이다. 주어는 합쳐진다.

(7) a. The two companies **merged**.(그 두 회사는 합병했다.)

b. The two streams **merge** below the town.(그 두 시내는 읍내 아래에서 합류한다.)

c. The two colors **merged**.(그 두 색은 합쳐졌다.)

d. The two roads **merged** a mile ahead.(그 두 길은 1마일 앞에서 합쳐졌다.)

e. The sea **and** the sky appear to **merge** at the horizon.(그 바다와 하늘은 수평선에서 만나는 것 같이 보인다.)

f. The sounds of the wind **and** the water **merged** together.(바람과 물소리가 함께 합쳐졌다.)

g. Fact **and** fiction **merge** together in his new thriller.(사실과 허구가 그의 스릴 소설에 합쳐져 있다.)

2. 타동사 용법

2.1. 다음 주어는 목적어를 합친다.

(8) a. They **merged** two businesses.(그들은 두 사업을 합쳤다.)

b. She **merged** the two firms together.(그녀는 두 회사를 합쳤다.)

c. The corporation **merged** two of its divisions together.(그 회사는 그것의 두 부서를 합쳤다.)

d. The company **merged** its two sales forces into one.(그 회사는 판매원들을 하나로 합쳤다.)

e. The larger company **merged** two smaller ones into itself.(큰 회사가 두 개의 작은 회사를 그 회사에 합병했다.)

2.2. 다음은 수동태 문장으로 주어는 합쳐져서 into의 목적어가 된다.

(9) a. The states were **merged into** an empire.(그 국가들은 합쳐져서 제국이 되었다.)

b. The two small banks were merged into a large one.(두 개의 작은 은행은 큰 회사로 합병 되었다.)

c. The small companies were merged into a large company.(그 두 회사는 큰 회사로 합병되었다.)

d. His sorrow was gradually merged into anger.(그의 슬픔은 점차로 화가 되었다.)

2.3. 다음 주어는 목적어를 with의 목적어와 같게 한다.

(10) a. He merged his views with mine.(그는 자신의 견해들을 나와 같게 했다.)

b. They merged one company with another(그들은 한 회사를 다른 회사와 합병했다.)

c. In the story he merged his mind with the robot's and shared its thoughts.(그 이야기에서 그는 마음을 그 로봇의 생각과 같이 하고 그의 로봇의 생각을 공유했다.)

merit

이 동사의 개념 바탕에는 merit의 명사 '장점'이 있다. 동사의 의미는 장점의 가치와 관계가 있다.

1. 타동사 용법
1.1. 다음 주어는 목적어를 받을 가치가 있다.

(1) a. It merits attention/punishment.(그것은 관심/처벌을 받을 만하다.)

b. The case does not merit further investigation.(그 사건은 더 이상 조사를 받을 가치가 없다.)

c. This movie merits a better review.(그 영화는 더 나은 평을 받을만한 가치가 있다.)

d. Your brave action merits a reward.(너의 용감한 행동은 보상을 받을만한 가치가 있다.)

e. Your suggestion merits serious consideration/further discussion.(너의 제안은 진지한 고려/더 심오한 토론을 할 가치가 있다.)

mesh

이 동사의 개념 바탕에는 mesh의 명사 '톱니바퀴'의 맞물림이 있다.

1. 타동사 용법
1.1. 다음 주어는 목적어를 with의 목적어와 맞물리게 한다.

(1) a. This lever meshes this gear with that gear.(이 레버는 이 기어를 저 기어와 맞물리게 한다.)

b. Try to mesh the notion of greed with the selfishness in your paper. (탐욕의 개념을 이기심과 맞물리도록 너의 논문에서 해 봐라.)

c. My theory meshes my ideas with my professor's ideas.(나의 이론은 내 생각을 나의 교수님의 생각과 맞물리게 한다.)

1.2. 다음 주어는 목적어를 맞물리게 한다.

(2) His theories mesh together various political and religious beliefs.(그의 이론들은 다양한 정치적, 종교적 믿음을 맞물리게 한다.)

2. 자동사 용법
2.1. 다음 주어는 목적어와 잘 조화된다.

(3) a. Your notions of freedom mesh well with the constitution.(너의 자유의 개념은 헌법과 잘 들어맞는다.)

b. Your thoughts mesh with mine.(너의 생각은 나의 것과 잘 들어맞는다.)

c. This evidence meshes with earlier reports of an organized riot.(이 증거는 조직화된 폭동의 이전 보고와 잘 들어맞는다.)

2.2. 다음 주어는 복수이다. 주어들은 서로 잘 맞물린다.

(4) a. These pieces of the puzzle mesh to form a picture.(이 퍼즐의 조각들은 잘 맞아서 하나의 그림을 이룬다.)

b. The gears mesh smoothly.(기어들은 부드럽게 잘 맞물린다.)

c. Gears in a machine mesh together.(기계 속의 기어들은 같이 잘 맞물린다.)

d. Our schedules don't mesh.(우리의 계획들은 잘 맞지 않는다.)

mess

이 동사의 개념 바탕에는 mess의 명사 '쓰레기' '혼란 상태'가 있다.

1. 자동사 용법
1.1. 다음 주어는 목적도 없이, 그리고 성취하는 일 없이 빈둥거린다.

(1) a. Stop messing around and get on with some work.(빈둥거리지 말고 일 좀 해라.)

b. We spent the day messing around on the river.(우리는 그 날을 강가에서 빈둥거리며 지냈다.)

1.2. 다음 주어는 전치사 with의 목적어를 만지작거린다.

(2) a. Tom messed around with his motorbike.(톰은 자신의 모토바이크를 만지작거렸다.)

b. Dan likes messing around with old cars.(댄은 낡은 차를 만지작거리는 것을 좋아한다.)

c. Who's been messing around with my computer?(누가 내 컴퓨터를 만졌느냐?)

d. Don't mess with drugs.(마약하지 마라.)

1.3. 다음 주어는 전치사 with의 목적어와 나쁜 일에 어울린다.

(3) a. She'd been messing around with another man.(그녀는 다른 남자와 놀아났다.)

b. He messed around with gamblers.(그는 도박꾼들과 어울렸다.)

c. I wouldn't mess with him if I were you.(내가 너라면, 나는 그와 어울리지 않을 것이다.)

1.4. 다음 주어는 일을 엉망으로 만든다.

(4) a. I messed up on the last question.(나는 마지막 문제에서 망쳤다.)

b. I've really messed up this time.(나는 이번에 정말 망쳤다.)

2. 타동사 용법
2.1. 다음 주어는 목적어를 엉망으로 만든다.
(5) a. He messed up the room.(그는 방을 엉망으로 만들었다.)

   b. You're messing my hair.(당신이 내 머리를 망치고 있어요.)

   c. How could you mess up things so badly in one day?(어떻게 하루에 상황을 엉망으로 만들 수 있느냐?)

   d. If you cancel now, you'll mess up all my arrangements/the matters.(네가 지금 취소하면, 너는 내 약속/문제를 망칠 것이다.)

   e. She messed up her whole life.(그녀는 자신의 인생 전체를 망쳤다.)

   f. He messed up the matters.(그는 그 일들을 망쳤다.)

   g. The gang messed him up.(갱단은 그를 엉망이 되도록 두들겼다.)

meter

이 동사의 개념 바탕에는 meter의 명사 '자동 계량기'가 있다. 동사의 의미는 이 명사의 기능과 관계가 있다.

1. 타동사 용법
1.1. 다음 주어는 목적어를 미터기로 잰다.
(1) Your electric meter meters the amount of electricity you use.(너의 전기 계량기는 네가 사용한 전기량을 측정한다.)

1.2. 다음은 수동태 문장으로 주어는 미터기로 재어지거나 조정된다.
(2) a. The gas is metered.(그 가스는 미터기로 측정된다.)

   b. The use of electricity is metered in each house.(전기 사용은 각 가정에서 미터기로 측정된다.)

   c. The air flow is metered in order to maintain a steady rate.(공기 흐름은 안정된 속도를 유지하기 위해 미터기로 조정된다.)

migrate

이 동사의 개념 바탕에는 계절에 따라서 이동하는 과정이 있다.

1. 자동사 용법
1.1. 다음 주어는 이동을 한다.
(1) a. Swallows migrate south in winter.(제비들은 남쪽으로 겨울에 이동한다.)

   b. Many geese migrate south in winter.(많은 거위들은 겨울에 남쪽으로 이동한다.)

1.2. 다음 주어는 옮긴다.
(2) a. The refugees migrated across the continent.(난민들은 그 대륙을 가로질러 이주하였다.)

   b. Thousands were forced to migrate from rural to urban area in search of work.(수천 명의 사람들이 일을 찾아 시골에서 도시로 이주하도록 강요되었

다.)

   c. When did the Koreans migrate to the United States?(그 한국인들은 언제 미국으로 이주하였나?)

   d. Most of our friends migrate to Florida in winter.(우리 친구들 중 대부분은 겨울에 플로리다로 간다.)

   e. The infected cells migrate to other areas of the body.(감염된 세포들은 신체의 다른 부위로 전이된다.)

2. 타동사 용법
2.1. 다음 주어는 목적어를 이주시킨다.
(3) The government migrated the laborer from the cities to the farms.(정부는 노동자들을 도시에서 시골로 이주시켰다.)

milk

이 동사의 개념 바탕에는 milk의 명사 '우유'가 있다. 동사의 의미는 우유의 관련된 전형적인 과정과 관련된다.

1. 타동사 용법
1.1. 다음 주어는 목적어에서 우유를 짠다.
(1) a. He milked six cows.(그는 여섯 마리의 젖소를 짰다.)

   b. The farmer milked the cow every morning.(그 농부는 젖소를 매일 아침 젖을 짰다.)

1.2. 다음은 수동태 문장으로 주어는 젖이 짜진다.
(2) How often does the cow have to be milked?(얼마나 자주 젖소는 젖을 짜야합니까?)

1.3. 주어는 목적어를 빼낸다.
(3) a. The landlord milks them for extra money by claiming for damage to her property.(땅주인은 자신의 재산이 손상되었다고 주장하면서 여분의 돈을 위해 그들을 착취 한다.)

   b. The thief milked me for $20.(그 도둑은 나를 20달러로 착취했다.)

   c. The reporters milked the mayor's aide for information.(그 기자들은 시장의 참모를 정보를 얻기 위해 짰다.)

1.4. 다음 주어는 목적어를 짜서 전치사 of의 목적어를 앗는다.
(4) a. The snake handler carefully milked the rattlesnake of its venom.(뱀 조련사는 조심스럽게 그 방울뱀을 짜서 독을 뺐다.)

   b. She's milked the company of a small fortune.(그녀는 그 회사를 짜서 적은 재산을 빼냈다.)

   c. He milked her of all her savings.(그는 그녀를 짜서 그녀의 모든 저축액을 빼앗았다.)

   d. The blackmailer milked its victim of huge amount of money.(협박꾼은 그 희생자를 짜서 거액의 돈을 빼앗았다.)

1.5. 다음 주어는 목적어를 전치사 from의 목적어에서 짜낸다.
(5) a. She's milked a small fortune from the company over the years.(그녀는 자그마한 재산을 그 회사에

서 수년에 걸쳐 빼냈다.)
b. The clown **milked** laughter **from** the audience.(그 광대는 웃음을 관중에게서 짜냈다.)

1.6. 다음 주어는 목적어를 짠다.
(6) a. Reporters were **milking** Nixon's resignation for all it was worth.(기자들은 전력을 다해 닉슨 대통령의 사임을 우리고 있었다.)
b. The newspaper **milked** the story dry.(그 신문은 그 애기를 계속 써서 말렸다.)
c. Both parties **milked** the situation for all it is worth.(그 정당은 그 상황을 최대한 이용했다.)

2. 자동사 용법
2.1. 다음 주어는 젖을 낸다.
(7) The cow is **milking** well.(그 젖소는 젖을 잘 낸다.)

mill

이 동사의 개념 바탕에는 mill의 명사 '맷돌'이 있다. 동사의 의미는 맷돌의 움직임과 쓰임과 관련된다.

1. 자동사 용법
1.1. 다음 주어는 천천히 목적 없이 돌아다닌다.
(1) a. Hundreds of fans were **milling around** outside the hotel.(수백 명의 팬들은 호텔 바깥 주변을 돌아다니고 있었다.)
b. After the accident, the crowd **milled around**.(그 사고 후 군중은 주위를 돌아다녔다.)

2. 타동사 용법
2.1. 다음 주어는 목적어를 갈아서 다른 상태로 만든다.
(2) a. He is **milling** the wheat **into** the finest flour.(그는 밀을 갈아 가장 고운 밀가루로 만들고 있다.)
b. The factory **mills** wood pulp **into** paper.(그 공장은 펄프를 갈아 종이를 만든다.)

mime

이 동사의 개념 바탕에는 mime의 명사 '무언극'이 있다.

1. 타동사 용법
1.1. 다음 주어는 목적어를 무언극으로 나타낸다.
(1) a. The children **mimed** the whole story for the class.(그 아이들은 그 전체의 이야기를 반을 위해 무언극으로 나타냈다.)
b. I **mimed** turning the wheel to indicate I wanted to rent a car.(나는 차를 빌리길 원함을 표현하기 위해 운전대를 돌리는 것을 몸짓으로 나타냈다.)
c. The children laughed when he **mimed** being inside a room with no door.(그가 문이 없는 방 안에 있는 것을 몸짓으로 나타낼 때 그 아이들은 웃었다.)
d. He **mimed** climbing a mountain.(그는 산에 올라가는 것을 몸짓으로 나타냈다.)
e. I **mimed** my response because my mouth was full of food.(나는 입이 음식으로 가득했기 때문에 대답을 몸짓으로 했다.)
f. She **mimed** her angry reply with a rude gesture.(그녀는 화가 난 대답을 무례한 동작으로 표현했다.)

2. 자동사 용법
2.1. 다음 주어는 몸짓으로 표현한다.
(2) I had to **mime** when I had a sore throat.(나는 목이 아팠을 때 몸짓으로 표현해야 했다.)
2.2. 다음 주어는 노래를 소리 없이 흉내낸다.
(3) a. The band is **miming** to a backing tape.(그 밴드는 테이프를 따라 입만 놀리고 있다.)
b. The band is **miming** to a recording of their songs.(그 밴드는 노래의 녹음을 따라 입만 놀리고 있다.)

mince

이 동사의 개념 바탕에는 잘게 써는 과정이 있다.

1. 타동사 용법
1.1. 다음 주어는 목적어를 잘게 썬다.
(1) a. She **minced** the meat/the garlic.(그녀는 그 고기를/그 마늘을 잘게 저몄다.)
b. She **minced** an onion.(그녀는 양파를 잘게 썰었다.)
1.2. 다음은 [맑은 음식] 은유가 적용된 예이다. 주어는 목적어를 잘 먹을 수 있게 썬다.
(2) a. He didn't **mince** his words.(그는 말을 조심스럽게 하지 않았다.)
b. A frank person never **minces** words.(솔직한 사람은 말을 결코 완곡하게 하지 않는다.)
c. The doctor **minced** no words in describing the patient's condition.(그 의사는 환자의 상태를 설명하는데 둘러서 말하지 않았다.)
1.3. 다음 주어는 목적어를 종종 걸음으로 걷는다.
(3) He **minced** his way **across** the room.(그는 종종걸음으로 방을 가로질렀다.)

2. 자동사 용법
2.1. 다음 주어는 발걸음을 짧게 종종걸음으로 뽐내며 걷는다.
(4) a. The actor **minced across** the stage.(그 배우는 종종걸음으로 뽐내며 무대를 가로질러 걸었다.)
b. She **minced over** to serve us.(그녀는 우리를 도우려고 종종걸음으로 걸어왔다.)

mind

이 동사의 개념 바탕에는 사람이 있고, 사람의 한 구성 요소인 마음이 있다. 어느 사람이 마음 속에 무엇을 간직하는 과정을 나타낸다. 어느 사람이 마음 속에 간직해야 하는 일은 중요하거나 주의를 요하는 것이다.

1. 타동사 용법
1.1. 주어는 행위자이고 목적어는 주어가 중요해서 지켜야하거나 주의를 기울여야 하는 것이다.
(1) a. **Mind** my words/the rules.(내 말을 잘 들어라/규칙을 잘 지켜라.)

b. **Mind** what people say/ what I tell you/what your mother tells you.(사람들이 말하는 것을/내가 너에게 말하는 것을/엄마가 말하는 것을 염두에 두어라.)

c. Never **mind** the expense.(그 비용에 대해서는 신경 쓰지 말아라.)

d. You should **mind** your parent's words.(너는 부모님의 말씀을 유의해야 한다.)

e. Where have you been? **Mind** your business.(너는 어디 있었니? 네 일이나 신경 써.)

f. **Mind** your jacket; there's a wet paint.(네 재킷을 조심해라; 거기에 젖은 페인트가 있다.)

g. You should **mind** your parents/your teacher/ your parents' words.(너는 부모님을/선생님을/부모님의 말을 염두에 두어야만 한다.)

h. Don't **mind** me; I promise not to disturb you again.(나에 대해서 신경 쓰지 마세요; 당신을 다시 방해하지 않겠다고 약속 할게요.)

i. Don't **mind** me; I am just passing.(나에 대해서 신경 쓰지 마세요; 나는 단지 지나가는 길이에요.)

j. Don't **mind** me; I am just sorting out the files.(나에 대해서 신경 쓰지 마세요; 나는 단지 서류들을 분류하는 중이에요.)

1.2. 다음에서 목적어는 위험하기 때문에 주어가 주의를 기울여야 하는 것이다.

(2) a. **Mind** the car.(그 차를 조심해라.)

b. The announcement warns the passenger to **mind** the gap.(안내 방송은 행인들에게 갈라진 틈을 조심하라고 경고한다.)

c. **Mind** the box; the bottom is not very strong.(그 상자를 조심해라; 밑바닥이 튼튼하지 못하다.)

d. **Mind** your p's and q's.(언행을 조심해라.)

e. **Mind** your language.(말을 조심해라.)

f. I am always telling my children to **mind** the traffic.(나는 항상 아이들에게 교통을 조심하라고 말한다.)

g. **Mind** the ice on the step.(계단 위의 얼음을 조심해라.)

h. **Mind** the dog; it may be fierce.(그 개를 조심해라; 그것은 사나울지도 모른다.)

1.3. 다음에서 주어는 행위자이고 목적어는 보살펴야 하는 사람이나 개체이다.

(3) a. Please **mind** the baby for half an hour.(아기를 30분 동안 보살펴 주세요.)

b. My sister **minded** the dog while we were away.(여동생은 내가 없는 동안에 그 개를 보살폈다.)

c. Could you **mind** my bag while I go to the toilet?(내가 화장실 가는 사이에 제 가방을 지켜주시겠니까?)

d. My mother is **minding** the store/the shop/the house now.(나의 엄마는 지금 상점을/가게를/집을 지키고 계신다.)

e. Could you **mind** the shop while I make a phone call?(내가 전화하는 사이에 가게를 봐 주시겠습니까?)

f. **Mind** the house while we are away.(우리가 없는 사이에 집을 지켜라.)

g. **Mind** your head.(머리를 조심해라.)

1.4. 다음에서는 주어가 지켜야 할 일이 문장으로 표현되어있다. 즉 that−절 에 표현된 내용이 부정문의 경우 일어나지 않도록, 그리고 긍정문의 경우 일어나도록 주의하는 뜻을 나타낸다.

(4) a. **Mind** you are **not** late.(늦지 않도록 조심해라.)

b. **Mind** the plates **don't** fall when you move them.(접시들을 옮길 때 깨뜨리지 않도록 조심해라.)

c. **Mind** you **don't** cut yourself with the knife.(칼을 가지고 베지 않도록 조심해라.)

d. **Mind** you **don't** spoil it.(네가 그것을 망치지 않도록 조심해라.)

e. **Mind** that you **don't** bang your head against the shelf when you stand up.(네가 일어설 때 선반에 머리가 부딪치지 않도록 조심해라.)

(5) a. **Mind** you watch the program tonight.(오늘밤 프로그램 시청하는 것을 기억해라.)

b. **Mind** you come home by 11.(11시까지는 집에 오도록 하여라.)

c. **Mind** you keep your promise.(약속을 지키도록 하여라.)

d. **Mind** you take enough money with you.(충분한 돈을 가져가도록 하여라.)

1.5. 부정문에서는 목적어는 주어가 싫어하리라고 생각되는 개체이다. 목적어는 (6)에서는 명사로, (7)에서는 동명사로 표현되어 있다.

(6) a. I don't **mind** hard work, but I do **mind** insufficient pay.(나는 힘든 일은 꺼려하지 않지만, 보수가 적은 것은 싫다.)

b. I shouldn't **mind** a cup of coffee.(커피 한 잔은 괜찮다.)

c. I don't **mind** a drink/a sandwich.(나는 술을/샌드위치를 싫어하지 않는다.)

d. I don't **mind** something to eat.(나는 먹을 것을 싫어하지 않는다.)

e. She doesn't seem to **mind** the noise/the isolation/the cold.(그녀는 소음/고립/추운 것을 싫어하지 않는 것처럼 보인다.)

(7) a. I don't **mind** having a dog in the house.(나는 집에 개를 키우는 것을 개의치 않는다.)

b. I don't **mind** his coming home late, but I do **mind** being woken up by the noise of him crashing around.(나는 그가 늦게 오는 것은 개의치 않지만, 그가 주위 물건을 부수는 소리 때문에 깨는 것은 싫어한다.)

c. I don't **mind** walking in the rain.(나는 비 속을 걷는 것을 개의치 않는다.)

1.6. 다음은 의문문이고 동명사로 표현된 일은 주어가 싫어하리라고 생각되는 일이다.

(8) a. Would you **mind** my smoking?(담배를 피워도 괜찮습니까?)

b. Would you **mind** moving along slightly?(조금 움직이셔도 괜찮으시겠습니까?)

c. Would you **mind** turning the radio down a little bit?(라디오 소리를 조금 줄여 주시겠습니까?)

d. Would you **mind** turning on the lights?(불을 켜 주

시겠습니까?)

e. Do you mind the windows being open?(창문이 열려 있어도 괜찮으시겠습니까?)

1.7. 다음 주어는 의문사절을 신경쓴다.

(9) a. Mind where you leave your bag; anyone can steal it.(네가 가방 놓은 곳을 기억해라; 누군가가 그것을 훔칠 수도 있다.)

b. I do mind whether you like me or not.(네가 나를 좋아하든지 아니든지 나는 신경 쓰지 않는다.)

c. I don't mind which of them comes to me.(나는 그것들 중에 어느 것이 내게 오든지 개의치 않는다.)

2. 자동사 용법

2.1. 다음에서 mind의 목적어는 표현되지 않았다. 그러나 문맥으로부터 목적어를 추리할 수 있다.

(10) a. Shall we go out or stay in? I don't mind. It's up to you.(밖으로 나갈까 아니면 머물러 있을까? 나는 상관없어. 네가 좋을 대로 해.)

b. We'll rest here if you don't mind.(네가 개의치 않는다면 우리는 여기서 쉴 것이다.)

c. Do you mind if I stay here/if I smoke?(내가 여기서 머무른다면/담배를 핀다면 싫으시겠습니까?)

2.2. 주의 사항을 마음에 둔다는 것은 주의 사항을 잘 지킨다는 뜻으로 풀이된다.

(11) My dog minds well.(나의 개는 말을 잘 듣는다.)

2.3. 전치사 about이 쓰이면 주어가 주의할 사항에 대해서 이것저것 마음을 쓴다는 뜻이다.

(12) Never mind about that.(그것에 대해서 신경쓰지 말아라.)

mine

이 동사의 개념 바탕에는 mine의 명사 '광산' '지뢰'가 있다. 동사의 의미는 광산이나 지뢰와 관련된 과정이다.

1. 타동사 용법

1.1. 다음 주어는 목적어를 파낸다.

(1) a. They mined gold.(그들은 금을 파냈다.)

b. South Africa mines gold and diamonds.(남아프리카 공화국은 금과 다이아몬드를 채굴한다.)

c. They are mining gold from the ground.(그들은 금을 땅에서 채굴하고 있다.)

d. When government opened its secret files, scholars mined historical information.(정부가 그의 비밀 파일을 열었을 때, 학자들은 역사적 정보를 캐냈다.)

1.2. 다음은 수동태 문장으로 주어는 파내어진다.

(2) a. Ore is mined from the underground.(광석은 지하에서 채굴된다.)

b. Tin has been mined in this area for over one hundred years.(주석은 100년 이상 이 지역에서 채굴되어 오고 있다.)

1.3. 다음 주어는 목적어를 판다. 목적어는 채광이 되는 장소이다.

(3) a. They mined the valley for coal.(그들은 이 골짜기

를 석탄을 얻기 위해 채굴했다.)

b. They are mining the ground for gold.(그들은 그 땅에서 금을 찾아 파내고 있다.)

1.4. 다음은 수동태 문장으로 주어는 채광이 이루어진다.

(4) a. The hill is mined for copper.(그 산은 구리를 얻기 위해 채광이 된다.)

b. The whole area was extensively mined.(그 전체 지역은 광범위하게 채굴되었다.)

1.5. 다음 주어는 목적어를 광산을 캐듯 캔다.

(5) He mined every reference available.(그는 구할 수 있는 모든 참고문헌을 캤다.)

1.6. 건강은 광산에 비유되어 있다. 광산에서 광물이 다 없어지듯 건강도 텅 비게 된다.

(6) Dissipation mined his health.(방탕한 생활이 그의 건강을 소진했다.)

1.7. 다음 주어는 목적어를 지뢰로 매설한다.

(7) a. They mined the castle.(그들은 성을 지뢰로 매설했다.)

b. The enemy soldiers mined the harbor.(적군들은 그 항구에 지뢰를 매설했다.)

c. They mined the mouth of the river.(그들은 강의 하구에 지뢰를 매설했다.)

1.8. 다음은 수동태 문장으로 주어는 지뢰로 파괴된다.

(8) a. The UN convoy was mined on its way to the border.(그 유엔 호위대는 국경으로 가는 길에 지뢰로 파괴되었다.)

b. The ship was mined in mid-Atlantic.(그 배는 대서양 한가운데서 지뢰로 파괴되었다.)

1.9. 다음은 수동태 문장으로 주어는 지뢰가 매설된다.

(9) a. The forests have been mined to prevent their army from coming too close.(그 숲은 그들의 군대가 너무 가깝게 접근하는 것을 막기 위해 지뢰가 매설되었다.)

b. The desert has been heavily mined.(그 사막은 많은 지뢰가 매설되었다.)

c. The airfield was mined with thousands of mines.(그 비행장은 수천 개의 지뢰가 매설되었다.)

2. 자동사 용법

2.1. 다음 주어는 채광을 한다.

(10) a. They are mining for gold.(그들은 금을 채광하고 있다.)

b. They mine for silver in those hills.(그들은 저 언덕에서 은을 채광한다.)

c. He has mined for many different companies during his working life.(그는 일하는 동안 여러 회사에서 채광일을 했다.)

mingle

이 동사의 개념 바탕에는 섞이는 과정이 있다.

1. 자동사 용법

1.1. 다음 주어는 섞인다.

(1) a. If you'll excuse me, I must go and mingle.(만약

네가 내가 나가는 것을 허락하면, 나는 가서 사람들과 섞이겠습니다.)

b. He mingled in the crowd.(그는 군중 속에 섞여 들어갔다.)

1.2. 다음 주어는 with의 목적어와 어울린다.

(2) a. He mingled with important people.(그는 중요한 인물들과 어울렸다.)

b. He freely mingled with the crowd.(그는 자유롭게 군중들과 어울렸다.)

c. Everyone at the party mingled with each other.(그 파티의 모든 사람들은 서로서로 잘 어울렸다.)

1.3. 다음 주어는 with의 목적어와 섞인다.

(3) a. Her tears mingled with the blood on her face.(그녀의 눈물은 얼굴의 피와 섞였다.)

b. Happiness mingled with regret.(행복은 후회와 섞였다.)

1.4. 다음 주어는 and로 연결된 복수로서, 뒤섞인다.

(4) a. The smoke and fumes mingled in the air.(연기와 분무는 공기 중에 뒤섞였다.)

b. The sounds of laughter and singing mingled in the evening air.(웃음과 노랫소리가 저녁 공기에 섞였다.)

1.5. 다음 주어는 복수로서 한 데 섞인다.

(5) a. The flowers mingle together to form a blaze of color.(꽃들은 함께 섞여서 찬란한 색의 불꽃을 만든다.)

b. The various sounds mingled pleasantly.(다양한 소리가 아름답게 섞였다.)

c. The flavors mingled nicely.(맛들은 달콤하게 섞였다.)

2. 타동사 용법

2.1. 다음 주어는 목적어를 with의 목적어와 섞는다.

(6) a. The cook mingled the oil with the vinegar.(그 요리사는 식용유를 식초와 섞었다.)

b. He mingled wine with soda.(그는 포도주를 소다와 섞었다.)

c. He mingled business funds with personal funds.(그는 기업의 자금을 개인 자금과 섞었다.)

d. His account mingled truth with exaggerations.(그녀의 설명은 진실을 과장과 섞었다.)

2.2. 다음 목적어는 복수이다. 주어는 목적어를 섞는다.

(7) This soup recipe mingles the flavors of orange and ginger very successfully.(그 국의 조리법은 오렌지와 생강 맛들을 잘 섞는다.)

2.3. 다음은 수동태 문장으로 주어는 섞인다.

(8) Freshmen and sophomores were mingled together in the class.(신입생과 2학년생들이 함께 수업에 섞였다.)

minimize

이 동사의 개념 바탕에는 최소화하는 과정이 있다.

1. 타동사 용법

1.1. 다음 주어는 목적어를 최소화한다. 목적어는 양이나 수이다.

(1) a. We have to minimize our losses.(우리는 손실을 최소화해야 한다.)

b. I minimized my losses by selling unprofitable stocks.(나는 손실을 이익이 안 되는 주식을 팔아서 최소화했다.)

c. She minimized the amount of money she spent on clothes.(그녀는 옷에 쓰는 돈의 액수를 최소화했다.)

1.2. 다음 주어는 목적어를 최소화한다.

(2) Minimize any windows you open.(네가 여는 모든 창문을 최소로 줄여라.)

1.3. 다음 목적어는 정도와 관계가 있다.

(3) a. He tried to minimize my accomplishment.(그는 나의 업적을 과소평가 하려고 했다.)

b. The teacher minimized the importance of the final exam.(그 선생님은 기말고사의 중요성을 최소로 줄였다.)

c. He always minimizes his own fault.(그는 항상 자신의 실수를 최소로 추산한다.)

d. We need to minimize disruptions to the schedule.(우리는 그 일정의 방해를 최소화해야 할 필요가 있다.)

minister

이 동사의 개념 바탕에는 보살펴주는 과정이 있다.

1. 자동사 용법

1.1. 다음 주어는 to의 목적어를 보살핀다.

(1) a. He ministered to her necessities.(그는 그녀가 필요한 것을 보살폈다.)

b. The man ministers to his wife's every need.(그 남자는 아내의 모든 필요를 보살핀다.)

2. 타동사 용법

2.1. 다음 주어는 목적어를 보살핀다.

(2) a. The nurse ministered the patient.(간호사는 그 환자를 보살폈다.)

b. The minister ministered the poor.(목사는 가난한 사람들을 보살폈다.)

mire

이 동사의 개념 바탕에는 mire의 명사 '진창'이 있다. 동사의 의미는 이 명사의 성질과 관계가 있다.

1. 타동사 용법

1.1. 다음 주어는 자신을 수렁에 빠지게 한다.

(1) Don't step off the path; you'll mire yourself in the bog.(소로에서 벗어나지 말아라; 그러면 너는 자신을 진흙에 빠지게 할 것이다.)

1.2. 다음은 수동태 문장으로 주어는 수렁에 빠진다.

(2) a. The troops were mired in the mud.(그 부대는 진흙에 빠졌다.)

b. The fighting armies were **mired in** a stalemate.(전투 부대는 교착 상태에 몰렸다.)

c. Trucks got **mired in** the mud.(트럭들이 진흙에 빠졌다.)

1.3. 다음은 [복잡한 소송은 진창이다]는 은유가 적용된 표현이다.

(3) a. The baseball players were **mired in** contract negotiations. (그 야구 선수들은 계약 협상에서 곤경에 빠졌다.)

b. He was **mired in** a lawsuit.(그는 소송에 빠지게 되었다.)

mirror

이 동사의 개념 바탕에는 mirror의 명사 '거울'이 있다. 동사의 의미는 거울의 기능과 관계가 있다.

1. 타동사 용법

1.1. 다음 주어는 목적어를 반영한다.

(1) a. The grey sea **mirrors** the rainy sky.(그 회색빛의 바다는 비오는 하늘을 반영한다.)

b. The pond **mirrors** the surrounding trees.(그 연못은 주위의 나무를 비춘다.)

1.2. 다음 주어는 목적어를 반영한다.

(2) a. The discussion **mirrored** the general attitudes prevalent in the local area.(토론은 그 지역에서 널리 퍼져있는 일반적인 태도를 반영했다.)

b. The speaker's opinion **mirrored** my opinion.(그 연설자의 의견은 내 의견을 반영했다.)

c. My thoughts don't **mirror** the opinions of my company.(내 생각은 회사의 의견을 반영하지 않는다.)

d. The poll's findings **mirror** the opinions of many Koreans.(여론 조사의 결과는 많은 한국인의 의견을 반영한다.)

e. Our newspaper aims to **mirror** the opinions of ordinary people.(우리 신문은 평범한 사람들의 의견을 반영하려고 한다.)

f. The music of the time **mirrored** the feeling of optimism in the country.(그 시대의 음악은 그 나라의 낙관적 감정을 반영했다.)

mislead

이 동사의 개념 바탕에는 잘못 인도하는 과정이 있다.

1. 타동사 용법

1.1. 다음 주어는 목적어를 잘못 인도한다.

(1) a. Our guide **misled** us in the woods, and we got lost. (우리의 안내자는 우리를 숲 속에서 잘못 안내하여 우리가 길을 잃었다.)

b. This old map will **mislead** you.(이 오래된 지도는 너를 잘못 인도할 것이다.)

1.2. 다음 주어는 목적어를 나쁜 길로 인도하여 판단을 그르치게 한다.

(2) a. Bad companions **misled** him.(나쁜 친구들이 그를

잘못된 길로 이끌었다.)

b. His lies **misled** me.(그의 거짓말은 나를 그릇되게 인도했다.)

c. Some films **mislead** us.(몇몇 영화들은 우리를 오도한다.)

d. He **misled** Congress about aid to the Contras.(그는 의회를 콘트라스 원조에 대해 오도했다.)

1.3. 다음 주어는 개체이다. 주어는 목적어를 잘못 인도한다.

(3) a. The sign **misled** me because it was wrong.(그 표지는 잘못되어서 나를 오도했다.)

b. The candidate's speech intentionally **misled** the voters.(그 후보자의 연설은 의도적으로 유권자들을 오도했다.)

1.4. 다음 주어는 목적어를 오도하여 목적어가 어떤 일을 하게 한다.

(4) a. The book's title **misled** me **into** believing that it was a mystery novel.(책의 제목은 내가 그 책이 미스테리 소설이라고 믿게 만들었다.)

b. Don't let his friendly words **mislead** you **into** believing that he is honest.(그의 친근한 말투가 그가 정직하다고 너를 오도하게 하지 말아라.)

c. I am sorry I **misled** you **into** thinking I would be at home.(내가 너를 내가 집에 있을 거라고 생각하게 오도해서 미안해.)

1.5. 다음은 수동태 문장으로 주어는 오도된다.

(5) a. I was **misled into** believing he was honest.(나는 그가 정직하다고 생각하도록 오도되었다.)

b. He was **misled into** a life of drinking and gambling. (그는 음주와 도박의 생활로 잘못 인도되었다.)

c. The tourists were **misled by** the confusing directions.(그 관광객들은 혼란스러운 방향에 잘못된 길로 들어섰다.)

d. He was **misled by** his friends.(그는 친구들로 인해 잘못된 길을 들었다.)

misplace

이 동사의 개념 바탕에는 제자리가 아닌 곳에 놓는 과정이 있다.

1. 타동사 용법

1.1. 다음 주어는 목적어를 잘못 놓는다.

(1) a. He must have **misplaced** his keys.(그는 열쇠를 잘못 두었음에 틀림없다.)

b. I **misplaced** the introductory book.(나는 그 개론서를 잘못 놓았다.)

1.2. 다음 주어는 목적어를 in의 목적어에게 잘못 놓는다.

(2) a. He **misplaced** his trust in her.(그는 믿음을 그녀에게 잘못 주었다.)

b. The writer **misplaced** his trust **in** the editor.(그 작가는 자신의 신임을 편집자에게 잘못 주었다.)

c. The voters **misplaced** their trust **in** the corrupt politician's.(그 유권자들은 신임을 부패한 정치인에게 잘못 주었다.)

miss

이 동사의 개념 바탕에는 접촉이 안되거나 놓치는 과정이 있다.

1. 타동사 용법

1.1. 다음 주어는 목적어를 놓친다.
(1) a. He missed the train/the bus by 3 minutes.(그는 기차/버스를 3분 차이로 놓쳤다.)
 b. She went to the station to meet her husband but missed him in the crowd.(그녀는 역에 남편을 만나러 갔으나, 그를 많은 사람 속에서 만나지 못했다.)

1.2. 다음 주어는 목적에 맞지 않는다.
(2) a. His punch missed the mark.(그의 주먹은 표적을 놓쳤다.)
 b. The falling rock just missed my head.(떨어지는 돌은 나의 머리를 맞지 않았다.)
 c. He missed the bank and fell into the river.(그는 강둑을 놓쳐서 강으로 빠졌다.)
 d. The ball narrowly missed the boy.(그 공은 가까스로 소년을 맞지 않았다.)

1.3. 다음 주어는 목적어를 놓친다.
(3) a. He threw a stone but missed the bird.(그는 돌을 던졌지만, 새를 맞추지는 못했다.)
 b. He shot the gun but missed the aim.(그는 총을 쏘았으나, 표적을 빗나갔다.)
 c. He hammers away, but half the time he misses the nail.(그는 망치질을 계속한다. 그러나 절반 가량의 경우 그는 못을 맞추지 못한다.)

1.4. 다음 주어는 환유적으로 쓰여서 시선을 가리킨다. 주어는 목적을 놓친다.
(4) a. You can't miss the house.(너는 그 집을 놓칠 수가 없다.)
 b. I arrived late at the theater and missed the first part of the play.(나는 극장에 늦게 도착해서 연극의 첫 부분을 놓쳤다.)
 c. He missed a name in calling the attendance roll.(그는 출석부를 부를 때, 이름 하나를 놓쳤다.)

1.5. 다음 주어는 환유적으로 쓰여서 의식을 가리킨다.
(5) a. I missed a word or two.(나는 한 두 마디를 듣지 못했다.)
 b. I missed the first part of the speech.(나는 연설의 첫 부분을 듣지 못했다.)
 c. I don't want to miss a word of the news on the radio.(나는 라디오 뉴스의 한 마디도 놓치고 싶지 않다.)

1.6. 다음 주어는 목적어를 찾으나 이것이 없음을 알게 된다.
(6) a. I missed my purse when I got home.(나는 집에 도착했을 때, 지갑이 없음을 알았다.)
 b. When did you miss your umbrella?(언제 너는 우산이 없는 것을 알았느냐?)
 c. He is very rich and wouldn't miss $50.(그는 돈이 많아서 50불은 없어도 느끼지 못할 것이다.)
 d. She didn't miss her boy until she looked around.(그녀는 주위를 돌아보고서야 아이가 없는 것을 알게 되었다.)

1.7. 다음 주어는 목적어가 없어서 목적어를 그리워한다.
(7) a. The child misses his mother.(아이는 엄마를 그리워한다.)
 b. I miss you badly.(나는 너를 몹시 그리워한다.)
 c. We missed him at once.(우리는 그를 곧 그리워했다.)
 d. We did not miss him for some time.(우리는 그를 얼마동안 그리워하지 않았다.)
 e. I shall miss this life in the country.(나는 시골에서의 생활을 그리워할 것이다.)

1.8. 다음은 수동태 문장으로 주어는 그리움을 받는다.
(8) a. Was I missed at the last meeting?(지난번 모임에 나를 보고 싶어하던 사람이 있던가?)
 b. She was missed by everybody.(그녀는 모든 이의 그리움을 받는다.)

1.9. 다음에서는 목적어가 동명사로 표현되어 있다. 주어는 목적어를 피한다.
(9) a. He narrowly missed being seriously injured.(그는 심하게 다치는 것을 가까스로 면했다.)
 b. He missed being killed.(그는 살해되는 것을 면했다.)
 c. They missed being destroyed.(그들은 파괴되는 것을 면했다.)
 d. He barely missed being knocked down by a car.(그는 차에 부딪쳐서 넘어지는 것을 간신히 면했다.)

1.10. 다음 목적어는 추상적이나 실체가 있는 구체적인 것으로 개념화되어 있다.
(10) a. He missed the appointment.(그는 만날 약속을 놓쳤다.)
 b. He missed the chance of a ride to town.(그는 읍내에 차를 타고 가는 기회를 놓쳤다.)
 c. He missed the opportunity.(그는 그 기회를 놓쳤다.)

2. 자동사 용법

2.1. 다음 주어는 빠진다.
(11) He never misses a day.(그는 하루도 빠지지 않는다.)

2.2. 다음 주어는 빗나간다.
(12) a. Aim carefully or you'll miss.(조심스럽게 조준해라, 그렇지 않으면 맞추지 못할 것이다.)
 b. He fired twice but both shots missed.(그는 두 발을 쏘았으나, 두 발 모두 명중하지 못했다.)
 c. The gun never misses.(그 총은 결코 빗나가지 않는다.)

mist

이 동사의 개념 바탕에는 mist의 명사 '엷은 안개'가 있다. 동사의 의미는 엷은 안개의 성질과 관계가 있다.

1. 자동사 용법

1.1. 다음 주어는 안개가 끼듯 흐려진다.

(1) a. Her eyes misted over at the memory of her husband.(그녀의 눈은 남편에 대한 기억에 흐려졌다.)

b. The mirror in the bathroom misted over.(그 욕실의 거울은 전체가 흐려졌다.)

c. His eyes misted over with tears.(그의 눈은 눈물로 흐려졌다.)

1.2. 다음 주어는 안개로 흐려진다.

(2) a. The windows have misted up.(그 창문은 안개로 완전히 흐려졌다.)

b. The car windows misted up during the rainstorm.(그 차의 창문들은 폭풍우가 이는 동안 완전히 흐려졌다.)

c. As he came in from the cold, his glasses misted up.(그가 추운 곳에서 안으로 들어오자, 안경은 안개로 완전히 흐려졌다.)

d. The mirror misted up.(그 거울은 완전히 흐려졌다.)

1.3. 다음 주어는 천기를 나타낸다.

(3) It is misting outside now.(지금 바깥에는 안개가 끼고 있다.)

2. 타동사 용법

2.1. 다음 주어는 목적어를 흐리게 한다.

(4) a. The humidity misted the car windows.(습기는 차 유리를 흐리게 했다.)

b. Tears misted his eyes.(눈물이 눈을 흐리게 했다.)

c. Their breath misted up the windows.(그들의 입김이 창문들을 흐리게 했다.)

2.2. 다음 주어는 목적어를 습하게 한다.

(5) a. The plants had to be misted everyday.(그 식물들은 매일 물을 줘야 했다.)

b. Mist the plant daily to keep it moist.(식물을 촉촉하게 유지하려면 매일 물을 주어라.)

mistake

이 동사의 개념 바탕에는 잘못 잡는 과정이 있다.

1. 타동사 용법

1.1. 다음 주어는 목적어를 잘못 잡는다.

(1) a. I mistook the road.(나는 길을 잘못 잡았다.)

b. We mistook the way.(우리는 길을 잘못 잡았다.)

1.2. 다음 주어는 마음 속에 목적어를 잘못 잡는다.

(2) a. Ken mistook her concern, thinking he was interested in her.(켄은 그녀의 관심을 잘못 생각해 그가 그녀에게 관심이 있다고 생각했다.)

b. She mistook my meaning entirely/my intentions.(그녀는 나의 의미/의도를 완전히 오해했다.)

c. You've mistaken what I have said.(너는 내가 말한 것을 오해했어.)

d. There is no mistaking the fact.(그 사실을 오해할 수 없다.)

1.3. 다음 주어는 목적어를 전치사 for의 목적어로 잘못 생각한다.

(3) a. They mistook license for liberty.(그들은 방종을 자유로 혼동했다.)

b. He mistook the cloud for an island.(그는 구름을 섬으로 착각했다.)

c. The doctor mistook the symptoms for blood poisoning.(의사는 그 증상을 혈액 중독으로 착각했다.)

d. We mistook the house for a hotel.(우리는 그 집을 호텔로 오해했다.)

1.4. 다음 목적어는 사람이다. 주어는 목적어를 전치사 for의 목적어로 착각한다.

(4) a. My grandfather mistook me for my cousin.(나의 할아버지는 나를 사촌으로 오해했다.)

b. I mistook the poor woman for my sister.(나는 그 가난한 여성을 내 여동생으로 착각했다.)

c. The students often mistake the professor for a student.(그 학생들은 종종 그 교수를 학생으로 착각한다.)

mitigate

이 동사의 개념 바탕에는 부드럽게 하는 과정이 있다.

1. 타동사 용법

1.1. 다음 주어는 사람이다. 주어가 목적어를 부드럽게 한다.

(1) a. The judge mitigated the sentence.(판사는 그 형벌을 가볍게 했다.)

b. He mitigated the harshness of the punishment.(그는 처벌의 강도를 완화했다.)

1.2. 다음 주어는 개체이다. 주어는 목적어를 부드럽게 한다.

(2) a. Being polite now is not going to mitigate his earlier rudeness.(지금 예의바른 행동이 그가 전에 한 무례를 완화시키지는 않을 것이다.)

b. Cool weather from Canada mitigated the heat wave in New York.(캐나다에서 오는 쌀쌀한 날씨가 뉴욕의 열파를 누그러뜨렸다.)

c. The drug mitigated the pain/wrath/grief.(그 약은 통증/분노/슬픔을 완화시켰다.)

1.3. 다음은 수동태 문장으로 주어는 완화된다.

(3) Soil erosion is mitigated by the planting of trees.(토양 침식은 식목으로 완화된다.)

mix

이 동사의 개념 바탕에는 섞는 과정이 있다.

1. 타동사 용법

1.1. 다음 주어는 목적어를 with의 목적어와 섞는다.

(1) a. He mixed sand with pebbles.(그는 모래를 자갈과 섞었다.)

b. Mix the eggs with butter and flour.(그 달걀을 버터와 밀가루와 섞어라.)

c. He mixed water with whisky.(그는 물을 위스키와 섞었다.)

1.2. 다음 주어는 목적어를 with의 목적어와 혼동한다.

(2) a. Some students mix 'difficult' with 'different.'(어

떤 학생들은 'difficult'를 'different'와 혼동한다.)

b. His book mixes historical facts with fantasy.(그의 책은 역사적 사실을 환상과 혼동한다.)

c. He mixed him up with his younger brother.(그는 그를 동생과 혼동했다.)

1.3. 다음 주어는 목적어를 섞는다.

(4) a. Mix flour and milk together.(밀가루와 우유를 함께 섞어라.)

b. She mixed lemon juice, sugar, and water to make lemonade.(그녀는 레몬 네이드를 만들기 위해서 레몬 쥬스, 설탕 그리고 물을 섞었다.)

c. Mix the blue and yellow paint to make green.(파랑과 노랑 페인트를 함께 섞어서 초록을 만들어라.)

d. Someone has mixed all the application forms.(누군가 모든 원서들을 섞어 놓았다.)

e. She mixed up the cards and dealt them.(그녀는 카드들을 섞어서 나누었다.)

f. He mixed everything in a heap and tossed it into the washing machine.(그는 모든 것을 섞어서 더미로 만든 다음 세탁기에 던져 넣었다.)

g. Mix several fruit juices.(여러가지의 과일 쥬스를 섞어라.)

h. Two players mixed it up and were thrown out of the game.(두 운동선수는 그것을 섞었고, 그 경기장 밖으로 던져졌다.)

1.4. 다음 주어는 목적어를 섞는다. 목적어는 사람이다.

(4) a. He mixed people of different backgrounds.(그는 다양한 배경의 사람들과 어울렸다.)

b. Sports help to mix all sorts of people.(스포츠는 모든 종류의 사람들을 섞는 데 돕는다.)

c. Mix the boys and the girls in a classroom.(소년들과 소녀들을 한 반에 섞어라.)

d. It is dangerous to mix drinking and driving.(운전과 음주를 섞는 것은 위험하다.)

1.5. 다음 주어는 목적어를 혼동한다.

(5) a. He is always mixing two of us up.(그는 언제나 우리 둘을 혼동하고 있다.)

b. He often mixes up dates.(그는 자주 날짜를 혼동한다.)

c. He mixed up the two similar words.(그는 비슷한 낱말들을 혼동했다.)

1.6. 다음은 수동태 문장으로 주어는 with의 목적어와 섞인다.

(6) a. The politician is mixed up with gangsters.(그 정치가는 갱들과 연루되어 있다.)

b. He got himself mixed up with radicals.(그는 자신을 급진파와 연루시켰다.)

c. Don't get mixed up with those people.(저 사람들과 연루되지 말아라.)

1.7. 다음은 수동태 문장으로 주어는 in의 목적어에 섞인다.

(7) a. He was unfortunately mixed up in the affair.(그는 불행하게도 그 사건에 말려들었다.)

b. The minister was mixed in the scandal.(그 장관은 추문에 말려들었다.)

c. I don't want to be mixed up in such a movement. (나는 이러한 운동에 말려들고 싶지 않다.)

d. Many races are mixed in Hawaii.(여러 인종들이 하와이에는 섞여 있다.)

1.8. 다음은 수동태 문장으로 주어는 혼동된다.

(8) a. I got mixed up at the first words.(나는 첫 말에 혼동되었다.)

b. I was mixed up by a sudden change in the situation.(나는 상황의 갑작스런 변화에 혼동되었다.)

1.9. 다음 주어는 목적어를 into의 목적어에 섞어서 넣는다.

(9) a. Mix a pinch of salt in(to) the soup.(소금 한 줌을 국에 섞어 넣어라.)

b. Mix some flour into the soup to thicken it.(국을 진하게 만들기 위해서 약간의 밀가루를 국에 섞어 넣어라.)

c. He mixed some cream into the soup.(그는 약간의 크림을 국에 섞어 넣었다.)

1.10. 다음 주어는 목적어를 섞어서 만든다.

(10) a. He mixed cement/concrete.(그는 시멘트/콘크리트를 섞어서 만들었다.)

b. He mixed a drink/a cocktail/a salad/a cake/a martini.(그는 술/칵테일/샐러드/케이크/마티니를 타서 만들었다.)

c. The nurse mixed a bottle of medicine for him.(그 간호원은 약 한 병을 그를 위해 타서 만들었다.)

1.11. 다음 주어는 첫째 목적어에 둘째 목적어를 만들어서 준다.

(11) a. He mixed himself a martini.(그는 자신에게 마티니 한잔을 탔다.)

b. The nurse mixed him a bottle of medicine.(간호원은 그에게 약 한 병을 타서 주었다.)

2. 자동사 용법

2.1. 다음 주어는 섞인다.

(12) a. That husband and wife do not mix well.(저 남편과 아내는 잘 어울리지 않는다.)

b. Oil and water won't mix.(기름과 물은 섞이지 않는다.)

c. These two colors mixed well.(이 두 색깔은 잘 섞였다.)

d. The two brothers do not mix well.(두 형제는 잘 지내지 않는다.)

e. At the party, everyone mixed in together happily.(그 파티에서 모든 사람들은 서로 섞였다.)

f. They mix well in any company.(그들은 어떤 모임에서도 잘 어울린다.)

g. She found it hard to mix among strangers at a party.(그녀는 파티에서 낯선 사람들 가운데 섞이는 것이 어렵다는 것을 발견했다.)

2.2. 다음 주어는 with의 목적어와 섞인다.

(13) a. Oil won't mix with water(기름은 물과 섞이지 않는다.)

b. The paint mixes with water.(페인트는 물과 섞인다.)

c. They did not mix with the natives.(그들은 원주민

들과 섞이지 않았다.)

     d. Guests **mixed with** each other at the party.(손님들
은 파티에서 서로 어울렸다.)

     e. They don't **mix** much **with** their neighbors.(그들
은 이웃과 많이 접촉하지 않는다.)

2.3. 다음 주어는 섞여든다.

(14) Don't **mix** in **with** their argument.(그들의 논쟁에 섞
여들지 말아라.)

moan

이 동사의 개념 바탕에는 moan의 명사 '신음'이 있
다. 동사의 뜻은 신음과 관계가 있다.

1. 자동사 용법

1.1. 다음 주어는 신음하거나 슬퍼한다.

(1) a. She always **moans** at me.(그녀는 항상 나에 대해
슬퍼한다.)

     b. The sick child **moaned** all night.(그 아픈 어린이는
밤 내내 신음했다.)

     c. The mourners **moaned** at the funeral.(그 애도객
들은 장례식장에서 애도했다.)

1.2. 다음 주어는 정신적으로 신음한다. 즉 끙끙댄다.

(2) a. Stop **moaning about** your problem.(너의 문제에
대해 그만 불평해라.)

     b. What's she **moaning about**?(그녀는 무엇 때문에
불평하고 있니?)

     c. He **moaned about** his bad luck.(그는 자신의 불운
에 대해서 불평을 했다.)

1.3. 다음 주어는 신음 소리를 내면서 움직인다.

(3) a. The wind **moaned** round the house all night.(그
바람은 집 주위를 밤새 신음 소리를 내며 불었다.)

     b. The wind **moaned** and howled outside.(그 바람이
밖에서 울부짖었다.)

2. 타동사 용법

**2.1. 다음 that-절은 주어가 신음소리를 내면서 말하
는 내용이다.**

(4) a. He **moaned that** his salary was too low.(그는 월급
이 너무 조금이라고 불평했다.)

     b. He is always **moaning that** he has too much work to
do.(그는 항상 너무 할 일이 너무 많다고 불평한다.)

2.2. 다음 주어는 신음 소리로 목적어를 나타낸다.

(5) a. He **moaned** his grief.(그는 슬픔을 신음으로 나타
냈다.)

     b. She **moaned** her fate.(그녀는 운명을 신음으로 불
평했다.)

2.3. 다음 주어는 따옴표 속의 말을 신음하며 말한다.

(6) a. "We can't seem to win a game," **moaned** the
coach.("우리는 한 게임도 이길 수 없는 것 같이 보
인다," 그 코치가 신음하듯 말했다.)

     b. "I feel awful," he **moaned**.("나는 기분이 정말 나쁘
다," 그가 신음하듯 말했다.)

mob

이 동사의 개념 바탕에는 mob의 명사 '폭도'가 있

다. 동사의 의미는 이 명사의 성질과 관계가 있다.

1. 타동사 용법

1.1. 다음 주어는 목적어를 폭행한다.

(1) a. The fans **mobbed** the actor.(팬들은 그 배우를 떼
지어 둘러쌌다.)

     b. The crowd **mobbed** the consulate.(군중은 그 영사
를 떼지어 습격했다.)

     c. The reporters **mobbed** the mayor after the press
conference.(기자들은 그 시장을 기자회견 후에 떼
지어 둘러쌌다.)

1.2. 다음 주어는 목적어를 떼지어 몰려든다.

(2) a. Shoppers **mobbed** the stores for big holiday
sales.(쇼핑객들은 대규모 휴일 세일을 위해 그 상점
들에 몰려들었다.)

     b. Visitors **mobbed** the museum.(방문객들은 박물관
에 몰려들었다.)

**1.3. 다음은 수동태 문장으로 주어는 많은 사람들이 몰
려들거나 많은 사람들의 공격을 받는다.**

(3) a. The theater was **mobbed** with people trying to get
in.(극장은 안으로 들어가려는 사람들로 붐볐다.)

     b. The store was **mobbed** by shoppers during the
sale.(그 가게는 세일 기간동안 쇼핑객들이 몰려들
었다.)

     c. The large bird was **mobbed** by small birds.(큰 새
는 작은 새들에게 떼지은 공격을 받았다.)

mobilize

이 동사의 개념 바탕에는 동원하는 과정이 있다.

1. 타동사 용법

**1.1. 다음 주어는 목적어를 동원한다. 목적어는 사람이
다.**

(1) a. Would the president **mobilize** the troops?(대통령
은 군대를 동원할 것이라고 생각합니까?)

     b. The Red Cross **mobilized** many workers to help
the earthquake victims.(적십자는 많은 노동자를
그 지진 피해자를 돕기 위해 동원했다.)

1.2. 다음 주어는 목적어를 동원한다.

(2) a. He is trying to **mobilize** voter support.(그는 투표
자 지지를 결집시키기 위해 노력하고 있다.)

     b. He is trying to **mobilize** support for a new political
party.(그는 새로운 정당을 향한 지지를 결집시키기
위해 노력하고 있다.)

2. 자동사 용법

2.1. 다음 주어는 동원된다.

(3) a. The whole country **mobilized** for war.(나라 전체
가 전쟁을 위해 동원되었다.)

     b. The troops **mobilized** quickly.(부대는 빠르게 전시
체제로 동원되었다.)

mock

이 동사의 개념 바탕에는 놀리는 과정이 있다.

1. 자동사 용법
1.1. 다음 주어는 전치사 at의 목적어에 대해 놀린다.
(1) a. He mocked at my fears.(그는 나의 두려움을 놀렸
　　다.)
　　b. He mocks at other people's religious beliefs.(그
　　는 다른 사람들의 종교적인 믿음을 조롱한다.)

1.2. 다음 주어는 목적어를 놀린다. 목적어는 어떤 사
람과 관계된다.
(2) a. They mocked our religion.(그들은 우리의 종교를
　　조롱했다.)
　　b. The comedian mocked the president's plan.(그
　　코메디언은 대통령의 계획을 조롱했다.)

1.3. 주어는 목적어를 놀린다. 목적어는 사람이다.
(3) a. Don't mock me just because I am different.(단지
　　내가 다르다고 나를 놀리지 말아라.)
　　b. The children love to mock their teacher.(아이들
　　은 선생님을 놀리는 것을 좋아한다.)
　　c. They mocked him and called him a coward.(그들
　　은 그를 놀리고 겁쟁이라고 불렀다.)

1.4. 다음 목적어는 어떤 사람의 행동이다.
(4) a. They mocked his limp.(그들은 그의 절뚝거림을 놀
　　려댔다.)
　　b. They mocked the way the boy spoke.(그들은 그
　　소년의 말하는 방법을 놀려댔다.)

1.5. 다음 주어는 사람이 아닌 개체이다.
(5) a. His actions mocked the convention.(그의 행동은
　　회의를 웃음거리로 만들었다.)
　　b. His irresponsibility mocked my trust in him.(그의
　　무책임은 그에 대한 나의 신뢰를 웃음거리로 만들었
　　다.)
　　c. Her silence mocked his efforts to start a
　　conversation.(그녀의 침묵은 대화를 시작하려는 그
　　의 노력을 망쳤다.)
　　d. The problem mocked all our efforts to solve it.
　　(그 문제는 그것을 해결하려는 우리의 노력을 조롱
　　했다.)

model
이 동사의 개념 바탕에는 model의 명사 '본(보기)'
이 있다. 동사의 뜻은 이 명사의 속성과 관계가 있다.

1. 타동사 용법
1.1. 다음 주어는 목적어를 on 의 목적어의 본을 따라
만든다.
(1) a. He modelled himself on the hero.(그는 자신을 그
　　영웅을 본받게 했다.)
　　b. As a politician he modelled himself on Churchill.(
　　정치가로서 그는 자신을 처칠을 본 받게 했다.)
　　c. The scientists modelled the robots on an old
　　science fiction story.(그 과학자는 로봇을 고전 공
　　상과학소설을 본떠 만들었다.)

1.2. 다음은 수동태 문장으로 주어는 on의 목적어를
본 따서 만들어진다.
(2) a. Our production is modelled on a Korean system.
　　(우리의 제작물은 한국 시스템을 본 따서 만들어진

다.)
　　b. Their education system was modelled on the
　　French one.(그들의 교육 시스템은 프랑스 교육 시
　　스템을 본 따서 만들어졌다.)
　　c. The wedding gown was being modelled for us by
　　the designer's daughter.(그 웨딩 가운은 우리를
　　위해 디자이너의 딸에 의해서 입어졌다.)
　　d. The country's parliament was modelled on the
　　British system.(그 나라의 의회는 영국 시스템을
　　본 따서 만들어졌다.)

1.3. 다음 주어는 목적어의 모델 역할을 한다.
(3) a. Mary modelled the new swim wear.(메리는 신제
　　품 수영복을 모델로 입었다.)
　　b. She modelled expensive dresses.(그녀는 값비싼
　　예복들을 모델로 입어보였다.)
　　c. John modelled the tuxedo.(존은 턱시도를 모델로
　　입었다.)

1.4. 다음 주어는 목적어를 into의 목적어 형태로 만든
다.
(4) a. Bill modelled the mashed potatoes into a giant
　　volcano.(빌은 으깬 감자를 거대한 분화구 형태로
　　만들었다.)
　　b. The sculptor modelled the clay into a bowl.(조각
　　가는 찰흙으로 사발로 만들었다.)
　　c. She was modelling the plastic into animal figures.
　　(그녀는 플라스틱를 동물 형태로 만들고 있었다.)
　　d. He modelled airplanes out of wood.(그는 비행기
　　들을 나무로 만들었다.)

1.5. 다음 주어는 목적어의 모형을 만든다.
(5) a. He modelled a bird's nest in clay.(그는 새집을 찰
　　흙으로 만들었다.)
　　b. The boy modelled a ship out of bits of wood.(그
　　소년은 배를 작은 나무 조각들로 만들었다.)

2. 자동사 용법
2.1. 다음 주어는 화가의 모델 역할을 한다.
(6) She models for painting students.(그녀는 그림 그리
　　는 학생들의 모델 역할을 한다.)

2.2. 다음 주어는 모형을 만든다.
(7) She models in clay.(그녀는 찰흙으로 모형을 만든
　　다.)

2.3. 다음 주어는 본을 딴다.
(8) Sam modelled on the Korean style.(샘은 한국 스타
　　일을 본 받았다.)

moderate
이 동사의 개념 바탕에는 누그러지는 과정이 있다.

1. 타동사 용법
1.1. 다음 주어는 목적어를 누그러지게 한다.
(1) a. He moderated his stance on contraception.(그는
　　피임에 대한 입장을 완화하였다.)
　　b. The mayor moderated the power of the city
　　council.(그 시장은 시의회의 권력을 경감했다.)
　　c. We moderated our original demands.(우리는 본래

의 요구를 완화하였다.)

    d. He **moderated** his criticism of her plan.(그는 그녀의 계획에 대한 비난을 완화하였다.)

1.2. 다음 주어는 중재하는 사람으로 목적어를 진행시킨다.

(2) a. Sue **moderates** the sales meeting because she's the sales manager.(수는 판매 담당자이므로 그 판매 회의를 진행한다.)

    b. He **moderated** the committee hearings on housing costs.(그는 주택 가격에 대한 위원회의 공청회를 진행했다.)

1.3. 다음은 수동태 문장으로 주어는 중재된다.

(3) a. The negotiations were **moderated** by a neutral party.(그 협상은 중립 정당에 의해 중재되었다.)

    b. The discussion was **moderated** by a political scientist.(그 토론은 정치학자에 의해 중재되었다.)

2. 자동사 용법

2.1. 다음 주어는 누그러진다.

(4) a. We couldn't leave the harbor until the storm **moderated**.(우리는 폭풍이 가라앉기 전까지 항구를 떠날 수 없었다.)

    b. The high winds **moderated** as it reached the shore.(그 강한 바람은 해안에 다다르자 수그러들었다.)

modify

이 동사의 개념 바탕에는 부분적으로 고치는 과정이 있다.

1. 타동사 용법

1.1. 다음 주어는 목적어를 부분적으로 수정한다.

(1) a. They **modified** their contract.(그들은 계약을 수정했다.)

    b. I **modified** my travel plans by staying an extra night in Busan.(나는 여행 계획을 수정해 부산에서 하루 더 지내기로 했다.)

    c. He **modified** his opinions.(그는 견해를 수정했다.)

1.2. 다음은 수동태 문장으로 주어는 고쳐진다.

(2) a. The bus route was **modified** to provide service to the mall.(그 버스의 노선은 수정되어 교통편을 쇼핑센터에도 제공했다.)

    b. The present law needs to be **modified**.(그 현재 법은 수정될 필요가 있다.)

1.3. 다음 주어는 목적어의 범위를 한정한다.

(3) In walk slowly, **slowly modifies** walk.(천천히 걷는 것에서 천천히는 걷는 것을 한정한다.)

modulate

이 동사의 개념 바탕에는 목소리나 악기를 조정하는 과정이 있다.

1. 타동사 용법

1.1. 다음 주어는 목적어를 조정한다.

(1) a. He **modulated** his voice when he realized that his boss is listening.(그는 목소리를 사장이 듣고 있다는 것을 알아차렸을 때 조정했다.)

    b. Her voice teacher taught the singer how to **modulate** her voice.(발성 선생님은 그녀의 목소리를 조정하는 방법을 가르쳤다.)

    c. The opera singer **modulated** her voice skillfully.(그 오페라 가수는 자신의 목소리를 교묘하게 조정했다.)

2. 자동사 용법

2.1. 다음 주어는 바뀐다.

(2) The song **modulates** to A minor after the second verse.(그 노래는 A단조로 2절 후에 바뀐다.)

moisturize

이 동사의 개념 바탕에는 촉촉하게 하는 과정이 있다.

1. 타동사 용법

1.1. 다음 주어는 목적어에 수분을 준다.

(1) a. The lotion is supposed to **moisturize** the skin.(로션은 피부를 수분으로 촉촉하게 해 주게 되어있다.)

    b. He **moisturized** his hands with cream.(그는 손을 크림으로 촉촉하게 했다.)

mold¹

이 동사의 개념 바탕에는 mold의 명사 '형판'이 있다. 동사의 의미는 형판의 쓰임과 관계가 있다.

1. 타동사 용법

1.1. 다음 주어는 목적어를 이기거나 반죽하여 into의 목적어 상태로 만든다.

(1) a. He **molded** the clay **into** busts.(그는 진흙으로 흉상을 만들었다.)

    b. He **molded** the sausage meat **into** balls.(그는 소시지 고기를 이겨서 공 모양으로 만들었다.)

    c. The sculptor **molded** the clay **into** a flowerpot.(그 조각가는 진흙을 이겨서 화분으로 만들었다.)

1.2. 다음 주어는 목적어를 인격적으로 형성한다.

(2) a. Parents **mold** their children more by example than by preaching.(부모는 아이들을 설교보다는 그 모범으로서 인격적으로 형성한다.)

    b. He **molded** the players **into** a superb team.(그는 선수들을 최고의 팀으로 만들었다.)

1.3. 다음 주어는 목적어를 만든다.

(3) a. He **molded** a face in clay.(그는 얼굴을 진흙으로 만들었다.)

    b. He **molded** the figure out of clay.(그는 그 형상을 진흙으로 만들었다.)

1.4. 다음은 수동태 문장으로 주어는 형성되어 만들어진다.

(4) a. The gelatin was **molded** in the shape of a dome.(그 아교는 반죽되어 돔 모양이 되었다.)

    b. His personality was **molded** by his strict parents.

(그의 인격은 엄격한 부모님에 의해 형성된 것이다.)

1.5. 다음 주어는 목적어의 본을 뜬다.

(5) a. He molded his style on the writer.(그는 그 작가를 본 떠 자신의 스타일을 만들었다.)

b. He molded his style on the best of contemporary.(그는 자신의 스타일을 그 당시 최고 작가의 본을 땄다.)

mold²

이 동사의 개념 바탕에는 mold의 명사 '곰팡이'가 있다. 동사의 의미는 곰팡이의 형성과 관계가 있다.

1. 자동사 용법

1.1. 다음 주어는 곰팡이가 생긴다.

(1) a. The bread will mold in this humidity.(그 빵은 이 습기에 곰팡이가 생길 것이다.)

b. The cheese molded when I left it on the counter overnight.(치즈는 내가 카운터에 놓아둔 후 하룻밤 사이에 곰팡이가 생겼다.)

molest

이 동사의 개념 바탕에는 짓궂게 괴롭히거나 치근덕 거리는 과정이 있다.

1. 타동사 용법

1.1. 다음 주어는 목적어를 짓궂게 괴롭힌다.

(1) a. The bully molested him when he walked home from school.(골목대장은 그가 학교에서 집으로 걸어갈 때 그를 짓궂게 괴롭혔다.)

b. The bigger children molested the younger ones.(큰 아이들이 어린 아이들을 짓궂게 괴롭혔다.)

c. The loud music molested as I tried to study.(큰 소리의 음악이 내가 공부하려고 할 때 나를 방해했다.)

1.2. 다음 주어는 목적어를 치근거린다.

(2) a. He molested a few children in the day-care center.(그는 탁아소의 몇몇 아이들을 치근거렸다.)

b. The teacher was accused of molesting his student.(교사는 학생을 치근거린 것에 대해 고소당했다.)

monitor

이 동사의 개념 바탕에는 보고 감시하여 추적하는 과정이 있다.

1. 타동사 용법

1.1. 다음 주어는 목적어를 보고 감시한다.

(1) a. Their job is to monitor health care costs.(그들의 직업은 의료비를 추적 감시하는 것이다.)

b. The Security Police has monitored all of his phone calls.(감찰 경찰은 그의 모든 전화 통화를 추적 감시하고 있다.)

c. My supervisor monitors my phone conversations.(감독관은 나의 전화 통화를 추적 감시한다.)

d. The police monitored the criminal's every move.(경찰은 그 범인의 모든 움직임을 추적 감시했다.)

e. The doctor monitored the patient's heart beat.(의사는 그 환자의 심장 박동을 추적 감시했다.)

f. The boss monitors the quality of the employees' work.(그 사장은 고용인의 일의 질을 추적 감시한다.)

1.2. 다음 주어는 개체이다. 주어는 목적어를 추적감시한다.

(2) a. This instrument monitors the patient's heart beat.(이 기계는 그 환자의 심장 박동을 감시한다.)

1.3. 다음은 수동태 문장으로 주어는 감시된다.

(3) a. Each student's progress is closely monitored.(각 학생의 진도는 세밀하게 감시된다.)

b. The patient's heart beat is monitored all day long.(환자의 심장 박동은 하루 종일 감시된다.)

mooch

이 동사의 개념 바탕에는 돈을 내지 않고 얻거나 훔치는 과정이 있다.

1. 타동사 용법

1.1. 다음 주어는 목적어를 얻는다.

(1) a. Stop mooching cigarettes and buy your own.(담배를 꾸지 말고 네 것을 사라.)

b. He mooched a couple of quarters for coffee.(그는 커피를 사려고 50센트를 얻었다.)

c. He tried to mooch a drink from me.(그는 술 한잔을 나에게서 얻어내려고 시도했다.)

d. He's always mooching food from me.(그는 항상 음식을 나에게서 얻어낸다.)

2. 자동사 용법

2.1. 주어는 공짜로 얻는다.

(2) a. He is always mooching off his friends.(그는 항상 친구들을 우려 먹는다.)

b. You are old enough to get a job; stop mooching off your family.(너는 직장을 가질 수 있을 정도로 나이가 들었다; 가족을 우려먹지 말아라.)

moon

이 동사의 개념 바탕에는 멍한 움직임이나 생각이 있다.

1. 자동사 용법

1.1. 다음 주어는 멍하니 (생각 없이) 돌아다닌다.

(1) She was mooning about/around the house all weekend.(그녀는 주말 내내 집 주위를 멍하니 돌아다니고 있었다.)

1.2. 다음 주어는 멍하니 있다.

(2) She is mooning over her holiday photos.(그녀는 휴가 사진을 멍하니 보고 있다.)

2 타동사 용법

M

2.1. 다음 주어는 목적어를 멍하니 없앤다.

(3) a. He mooned the morning away.(그는 아침을 멍하니 보냈다.)

    b. Are you going to moon away the whole of your life?(당신은 삶의 전체를 멍하니 보낼 겁니까?)

moor

이 동사의 개념 바탕에는 배를 매는 과정이 있다.

1. 타동사 용법

1.1. 다음 주어는 목적어를 정박시킨다.

(1) a. The crew moored the ship to the dock.(그 선원들은 배를 선착장에 정박시켰다.)

    b. We moored our boat to the pier during the storm.(우리는 배를 폭풍이 치는 동안 부두에 정박시켜 놓았다.)

2. 자동사 용법

2.1. 다음 주어는 정박한다.

(2) a. We moored next to the dock.(우리는 선착장 옆에 정박했다.)

    b. We moored in the estuary, waiting for high tide.(우리는 높은 조수를 기다리며 강 어구에 정박했다.)

    c. We moored out in the bay.(우리는 만에 계류했다.)

    d. The sloop moored alongside the wharf.(그 범선은 선창 곁에 정박했다.)

mop

이 동사의 개념 바탕에는 자루걸레로 닦는 과정이 있다.

1. 타동사 용법

1.1. 다음 주어는 목적어를 닦는다.

(1) a. The boy mopped the brow.(그 소년은 이마를 닦았다.)

    b. She mopped her forehead with a towel.(그녀는 이마를 수건으로 닦았다.)

    c. The students mop the floor everyday.(학생들은 바닥을 매일 닦는다.)

    d. The squad mopped up the area.(그 분대는 그 지역을 소탕시켰다.)

1.2. 다음 주어는 목적어를 from의 목적어에서 닦는다.

(2) a. The nurse mopped the blood from the wound.(간호사는 피를 상처에서 닦아냈다.)

    b. He mopped up the milk from the floor.(그는 우유를 바닥에서 닦아냈다.)

    c. He mopped the sweat from his face.(그는 땀을 얼굴에서 닦았다.)

    d. She mopped the sweat from her neck with a handkerchief.(그녀는 땀을 목에서 손수건으로 닦았다.)

    e. He mopped the perspiration from his forehead.

(그는 땀을 이마에서 닦았다.)

1.3. 다음 주어는 목적어를 with의 목적어로 닦는다.

(3) a. The child mopped the gravy on his plate with a piece of bread.(아이는 빵 한 조각에 접시 위의 육즙을 발랐다.)

    b. I mopped the puddle with a sponge.(나는 흙탕물을 스폰지로 닦아냈다.)

1.4. 다음 주어는 목적어를 완전히 닦는다.

(4) a. He mopped up the mess with a piece of napkin. (그는 음식물 찌꺼기를 냅킨 한 장으로 닦아냈다.)

    b. They mopped up the water.(그들은 물을 걸레로 닦아냈다.)

    c. I will mop the spill up before anyone falls.(누가 넘어지기 전에 나는 물을 닦겠다.)

    d. Do you want some bread to mop up that sauce?(소스를 묻힐 빵을 원합니까?)

1.5. 다음 주어는 목적어를 모두 흡수한다.

(5) New equipment mopped up what was left of this year's budget.(새 장비가 올해 예산에서 남은 부분을 모두 차지했다.)

1.6. 다음 주어는 목적어를 소탕하거나 끝낸다.

(6) a. Troops mopped up some remaining resistance.(군은 일부 남아있는 저항 세력들을 소탕했다.)

    b. I have a couple of jobs to mop up before I go on a holiday.(나는 휴가를 가기 전에 끝낼 일이 몇 가지 있다.)

    c. He mopped up the rest of his business and went on a vacation.(그는 나머지 일을 마치고 휴가를 떠났다.)

2. 자동사 용법

2.1. 다음 주어는 젖는다.

(7) The city mopped up after the flood.(그 도시는 홍수로 젖어 있었다.)

2.2. 다음 주어는 청소를 한다.

(8) He mopped up after the party.(그는 파티가 끝난 후 청소를 했다.)

2.3. 다음 주어는 술을 마신다.

(9) Soldiers are mopping after the victory.(병사들이 승리 후 술을 맘껏 마시고 있다.)

mortar

이 동사의 개념 바탕에는 mortar의 명사 '박격포'가 있다.

1. 타동사 용법

1.1. 다음 주어는 목적어를 박격포로 공격한다.

(1) Soldiers mortared enemy lines.(병사들은 적진을 박격포로 공격했다.)

mortgage

이 동사의 개념 바탕에는 mortgage의 명사 '저당'이 있다. 동사의 의미는 이 명사의 쓰임과 관계가 있다.

1. 타동사 용법
1.1. 다음 주어는 목적어를 저당 잡힌다.
(1) a. He mortgaged his house to pay the bill.(그는 청구서를 지불하기 위해 집을 저당 잡혔다.)

b. He mortgaged his house to Clinton for two thousand dollars.(그는 집을 클린턴에게 저당 잡히고 2천 달러를 빌렸다.)

c. He mortgaged all his assets to save the business. (그는 모든 재산을 저당 잡히고 사업을 살려냈다.)

1.2. 다음은 수동태 문장으로 주어는 저당 잡힌다.
(2) a. The mall was mortgaged by its owner so she could buy more property.(그 상점가는 주인에 의해 저당 잡혀서 그녀는 더 많은 재산을 사들일 수 있었다.)

b. The house is mortgaged.(그 집은 저당 잡혀 있다.)

1.3. 다음 목적어는 추상적이지만 구체적 개체로 개념화되어 있다.
(3) a. She mortgaged her future by having to repay big debts for many years.(그녀는 미래를 수년 동안 큰 빚들을 되갚아야만 해서 저당 잡혔다.)

b. She mortgaged her future by borrowing lots of money.(그녀는 미래를 많은 돈을 빌려서 저당 잡혔다.)

c. He mortgaged his life to the objective.(그는 인생을 그 목표에 저당 잡혔다.)

mortify

이 동사의 개념 바탕에는 자존심에 상처를 받고 굴욕을 느끼는 과정이 있다.

1. 타동사 용법
1.1. 다음 주어는 목적어를 굴욕을 느끼게 한다.
(1) a. My mother mortified me by showing my date old pictures of me.(어머니는 나의 오래된 사진을 애인에게 보여서 나의 마음을 상하게 했다.)

b. Their bad behavior mortified their parents.(그들의 못된 행동은 부모를 굴욕을 느끼게 했다.)

1.2. 다음은 수동태 문장으로 주어는 굴욕을 느낀다.
(2) a. He was mortified when he forgot his speech.(그는 자신의 연설의 내용을 잊었을 때 굴욕을 느꼈다.)

b. Susan's brother was mortified when Susan read his diary.(수잔의 남동생은 그녀가 그의 일기를 읽었을 때 굴욕을 느꼈다.)

1.3. 다음 주어는 목적어를 억제한다.
(3) a. The monk mortifies his body.(그 수도승은 육체를 억제한다.)

b. They are supposed to mortify the desires of the flesh. (그들은 육신의 욕망들을 억제하기로 되어 있다.)

mother

이 동사의 개념 바탕에는 mother의 명사 '어머니'가 있다. 동사의 의미는 이 명사의 역할과 관계가 있다.

1. 타동사 용법
1.1. 다음 주어는 어머니로서 목적어를 기른다.
(1) a. She mothered her children wisely.(그녀는 현명하게 자식들을 교육시켰다.)

b. My older sister mothered me after our mother died.(나의 누님은 어머니가 돌아가신 후 나를 길렀다.)

c. She mothered the injured bird until it was well enough to fly.(그녀는 다친 새를 그것이 날 수 있도록 건강해질 때까지 돌보았다.)

1.2. 다음 주어는 어머니같이 목적어를 충고한다.
(2) a. Stop mothering me. I'm old enough to take care of myself.(날 훈계하려 하지마. 난 스스로를 돌볼 수 있는 나이가 됐어.)

b. She is always mothering him.(그녀는 항상 그를 엄마같이 돌보려 한다.)

1.3. 다음은 수동태 문장으로 주어는 돌봐진다.
(3) He is constantly mothered by his wife.(그는 그의 부인에 의해 항상 아이 취급을 받는다.)

motion

이 동사의 개념 바탕에는 몸짓으로 알리는 과정이 있다.

1. 타동사 용법
1.1. 다음 주어는 몸짓으로 목적어를 나타낸다.
(1) a. He motioned his approval.(그는 찬성을 몸짓으로 나타냈다.)

b. He motioned his displeasure.(그는 불만을 몸짓으로 나타냈다.)

1.2. 다음 주어는 목적어에 몸짓으로 어떤 일을 하게 한다.
(2) a. The policeman motioned me to turn left.(경찰관은 나를 좌회전하게 몸짓으로 신호했다.)

b. The clerk motioned me to come to his counter. (그 서기는 나를 카운터로 오라고 신호했다.)

c. He motioned me to sit down/to go ahead.(그는 나를 앉으라고/앞으로 가라고 몸짓으로 표시했다.)

1.3. 다음 주어는 목적어를 몸짓으로 움직이게 한다.
(3) a. He motioned me to a seat.(그는 나를 자리에 앉으라고 몸짓으로 신호했다.)

b. He motioned me into the room.(그는 나를 방으로 오라고 몸짓으로 신호했다.)

c. He motioned me out/through/away.(그는 나를 밖으로/속으로/멀리 가라고 몸짓으로 표시했다.)

1.4. 다음 that-절은 주어가 몸짓으로 가리키는 내용을 담고 있다.
(4) a. He motioned with his head that I should leave him alone.(그는 내가 그를 혼자 두라고 머리로 나타냈다.)

b. He motioned that I should go out.(그는 내가 밖에 나가야 한다고 몸짓으로 신호했다.)

2. 자동사 용법
2.1. 다음 주어는 몸짓으로 무엇을 하게 한다.

(5) a. He **motioned** for us to follow him.(그는 우리에게
　　 자신를 따르라고 몸짓으로 나타냈다.)
　 b. The police officer **motioned** for me to pull over.
　　 (그 경찰관은 내게 차를 갓길에 멈추라고 몸짓으로
　　 나타냈다.)

**2.2. 다음 주어는 몸짓으로 어느 방향이나 개체를 가리
킨다.**
(6) a. The mechanic **motioned toward** the broken
　　 engine.(그 기술자는 고장난 엔진 쪽을 가리켰다.)
　 b. He **motioned to** the waiter.(그는 웨이터를 가리켰
　　 다.)
　 c. The teacher **motioned to** a boy in the front row.
　　 (그 선생님은 앞 줄에 있는 한 소년을 몸짓으로 가리
　　 켰다.)

mount

이 동사의 개념 바탕에는 오르는 과정이 있다.

1. 타동사 용법
1.1. 다음 주어는 목적어를 오른다.
(1) a. I **mounted** a mountain/a stair/a platform.(나는 산/
　　 계단/단상을 올라갔다.)
　 b. My mother **mounted** the stairs with great
　　 difficulty.(엄마는 계단을 아주 힘겹게 올라 가셨
　　 다.)
　 c. The boy **mounted** the bike and rode away.(그 소
　　 년은 자전거를 올라타고 가버렸다.)
　 d. They **mounted** the horses and ran away.(그들은
　　 말을 올라타고 도망갔다.)
　 e. The taxi **mounted** the pavement yesterday.(그 택
　　 시가 어제 보도를 올라갔다.)

**1.2. 다음 주어는 목적어를 on의 목적어에 오르게 한
다.**
(2) a. They **mounted** him on a donkey.(그들은 그를 당
　　 나귀 위에 태웠다.)
　 b. The soldier **mounted** his gun on a stand.(그 병사
　　 는 총을 총걸이 위에 올려 놓았다.)
　 c. They **mounted** the statue on a pedestal.(그들은
　　 동상을 받침대 위에 올려 놓았다.)
　 d. The scientist **mounted** the specimen on a slide
　　 for microscopic study.(그 과학자는 표본을 현미
　　 경 연구를 위해 슬라이드에 올려 놓았다.)
　 e. He **mounted** the picture on a silken cloth.(그는 사
　　 진을 비단천 위에 붙였다.)
　 f. The boy **mounted** a stamp on his album.(그 소년
　　 은 우표를 앨범에 붙였다.)
　 g. We **mounted** the tiger's head on the wall.(우리는
　　 호랑이 머리 박제를 벽에 걸었다.)

**1.3. 다음 주어는 목적어를 올린다. 목적어가 올려지는
개체는 세상일의 지식으로 유추된다.**
(3) a. He **mounted** the play last year.(그는 작년에 그 연
　　 극을 무대에 올렸다.)
　 b. He **mounted** the skeleton for exhibition(그는 전시
　　 를 위해 해골을 진열대 위에 올려 놓았다.)

1.4. 다음 주어는 목적어를 with의 목적어로 장치한다.

(4) a. The navy **mounted** a ship with six cannons.(해군
　　 은 그 배를 6개의 포로 탑재했다.)
　 b. The army **mounted** the hill with cannons.(군대는
　　 그 산을 포들로 장치했다.)

**1.5. 다음 주어는 목적어를 전치사 in의 목적어에 끼우
거나 붙인다.**
(5) a. The jeweler **mounted** the stone in a bracelet.(그
　　 보석 세공인은 보석을 팔찌에 끼워 넣었다.)
　 b. He **mounted** the picture in a scrapbook.(그는 그림
　　 을 스크랩 책에 붙였다.)
　 c. She **mounted** the photo in a wooden frame.(그녀
　　 는 그 사진을 나무 액자에 붙였다.)
　 d. He **mounted** the jewel in a ring.(그는 그 보석을 반
　　 지에 박아 넣었다.)

1.6. 다음 주어는 자체가 목적어를 싣는다.
(6) a. The ship **mounts** 40 guns.(그 배는 40개의 총을 탑
　　 재한다.)
　 b. The roof **mounts** three machine guns.(그 지붕에
　　 세 포의 기관총을 설치한다.)

2. 자동사 용법
2.1. 다음 주어는 on의 목적어 위에 오른다.
(7) a. He **mounted** on a platform/on a wall.(그는 단 위에
　　 /벽 위에 올라갔다.)
　 b. He **mounted** on a horse /on a bicycle.(그는 말 위
　　 에/자전거 위에 올라갔다.)

2.2. 다음 주어는 탈 것에 오른다.
(8) a. He **mounted** and rode away.(그는 올라타고 가버
　　 렸다.)
　 b. The cowboy **mounted** and drove away.(그 목동은
　　 (말을) 타고 멀리 갔다.)

2.3. 다음은 [많음은 위] 은유가 적용된 표현이다.
(9) a. Our living expenses are **mounting** up.(우리 생활
　　 비가 뛰어오르고 있다.)
　 b. Taxes are **mounting** up.(세금이 올라가고 있다.)
　 c. His obligation is **mounting** up higher every
　　 day.(그의 의무는 매일 더 많아지고 있다.)
　 d. Tension **mounted** as we waited for the decision.
　　 (우리가 결정을 기다리고 있는 동안 긴장이 더 해
　　 갔다.)
　 e. Her debts are **mounting**.(그녀의 빚이 많아지고 있
　　 다.)

**2.4. 다음 주어는 움직이지 않는다. 그러나 전체 형상
을 눈으로 따라가면 오르는 모습이다.**
(10) a. The road **mounts** to the peak.(그 길은 꼭대기까지
　　 올라간다.)
　 b. This ladder **mounts** up to the roof.(이 사다리는 그
　　 지붕까지 올라간다.)

mourn

이 동사의 개념 바탕에는 죽음을 슬퍼하는 과정이
있다.

1. 타동사 용법
1.1. 다음 주어는 목적어를 애도한다. 목적어는 죽은

사람이다.

(1) a. She **mourned** her husband for forty years.(그녀는 40년 동안 죽은 남편을 애도했다.)

b. He is **mourning** his lost son.(그는 죽은 아들을 애도하고 있다.)

1.2. 다음 목적어는 주검이다. 주어는 목적어를 애도한다.

(2) a. She is still **mourning** her brother's death.(그녀는 여전히 남동생의 죽음을 애도하고 있다.)

b. We barely had time to **mourn** our dead.(우리는 돌아가신 이들을 애도할 시간이 거의 없었다.)

1.3. 다음 목적어는 사라지거나 사라진 개체이다. 주어는 목적어를 슬퍼한다.

(3) a. They **mourn** the passing of a simpler way of life.(그들은 더 단순한 생활 방식의 사라짐을 슬퍼한다.)

b. Are we **mourning** the passing of the decade?(우리는 십 년의 지나감을 슬퍼합니까?)

c. He **mourned** his lost youth.(그는 잃은 젊음을 슬퍼했다.)

2. 자동사 용법

2.1. 다음 주어는 어느 사람의 죽음에 오랫 동안 애도한다.

(4) a. She **mourned over** her brother.(그녀는 남동생의 죽음에 오랫 동안 애도했다.)

b. She is **mourning for** her lost childhood.(그녀는 잃어버린 어린 시절은 애도하고 있다.)

c. He still **mourns for** the old days.(그는 지나간 날에 대해 여전히 애도한다.)

2.2 다음 주어는 조상한다.

(5) a. The man **mourned at** his wife's funeral.(그는 아내의 장례식에서 조상했다.)

b. The nation **mourned** when the president was assassinated.(그 나라는 대통령이 암살되었을 때 조의를 표했다.)

mouth

이 동사의 개념 바탕에는 mouth의 명사 '입'이 있다. 동사의 뜻의 이 명사의 모양과 관계가 있다.

1. 타동사 용법

1.1. 다음 주어는 입을 움직이지만 소리는 나지 않게 목적어를 말한다.

(1) a. It seems to me as if the singers are only **mouthing** the words.(가수들이 그 가사를 우물우물 하는 것 같이 보였다.)

b. He **mouthed** a few obscenities for us.(그는 우리에게 몇몇 외설스러운 말을 했다.)

c. They just **mouthed** empty slogans.(그들은 단지 공허한 표어를 말했다.)

d. He **mouthed** the usual empty promises to reform.(그는 개혁한다는 일상적인 공약들을 말했다.)

1.2. 다음 주어는 인용문을 입을 크게 벌려 말한다.

(2) a. "Can we go?" she **mouthed**.("우리가 갈 수 있을

까?" 라고 그녀는 입을 크게 벌려 말했다.)

b. "I'm bored," he **mouthed**.("나는 지루해" 라고 그는 입을 크게 벌려 말했다.)

move

이 동사의 개념 바탕에는 움직이는 과정이 있다.

1. 자동사 용법

1.1. 다음 주어는 움직인다.

(1) a. The child **moved** just as his father was taking a picture of him.(그 아이는 아버지가 사진을 막 찍고 있는데 움직였다.)

b. The baby hasn't **moved** since he was put to bed.(아기는 잠자리에 눕혀진 이후에 움직이지 않았다.)

c. Not a leaf **moved**.(잎 하나 움직이지 않았다.)

d. Keep still and don't **move**.(가만있고, 움직이지 말아라.)

e. **Move** and you are a dead man.(움직이면 너는 죽는다.)

f. The train began to **move**.(열차는 움직이기 시작했다.)

1.2. 다음 주어는 부사나 전치사가 가리키는 방향으로 이동한다.

(2) a. I saw crowds of people **moving about**.(나는 사람들의 무리가 이리저리 움직이는 것을 보았다.)

b. The train slowly **moved into** the station.(그 열차가 천천히 역으로 들어왔다.)

c. They **moved into** a new house.(그들은 새 집으로 옮겼다.)

d. We **moved out** today and they will move **in** tomorrow.(우리는 오늘 이사 나왔고, 그들은 내일 이사 들어간다.)

e. They **moved to** another town.(그들은 다른 읍내로 이사를 갔다.)

f. Nomad people constantly **move to** new areas in search of pasture.(유목민은 목초지를 찾아서 끊임없이 새 장소로 옮긴다.)

1.3. '움직인다'는 '조처를 취하다'의 뜻으로 확대된다.

(3) a. Nobody seems to be willing to **move in** that matter.(아무도 일에 손을 쓰고 싶어하는 것 같지가 않다.)

b. The police **move** quickly whenever a crime is committed.(경찰은 범죄가 일어나면 재빨리 움직인다.)

1.4. 다음은 [사건은 움직임] 은유가 적용된 표현이다.

(4) a. Events are **moving** quite rapidly.(사건이 꽤 빠르게 움직이고 있다.)

b. His business affairs aren't **moving** and his debts are increasing.(그의 사업이 진척되지 않아서, 빚이 늘어나고 있다.)

c. The work **moves** slowly.(그 일은 천천히 진행된다.)

d. Things are not **moving** as rapidly as we hoped.(일이 우리가 바랬던 만큼 빨리 진척이 되지 않는다.)

2. 타동사 용법

2.1. 다음 주어는 목적어를 움직인다.
(5) a. The wind **moved** the leaves. (바람은 잎을 움직였다.)
   b. **Move** your chair to the fire. (네 의자를 불 있는 곳으로 옮겨라.)
   c. The sick woman's bed was **moved** downstairs. (여자 환자의 침대는 아래층으로 옮겨졌다.)

2.2. 다음 목적어는 환유적으로 쓰여서 마음을 가리킨다. 주어는 목적어를 움직인다.
(6) a. Their deep friendship **moved** us a great deal. (그들의 깊은 우정은 우리를 크게 감동시켰다.)
   b. His speech **moved** us deeply. (그의 연설은 우리를 깊이 감동시켰다.)

2.3. 다음은 수동태 문장으로 주어는 감동을 받는다.
(7) a. I was **moved with** pity. (나는 연민으로 마음이 움직여졌다.)
   b. She was **moved with** compassion at the sight. (그녀는 그 광경을 보고 동정심으로 마음이 움직였다.)
   c. She was so **moved by** the speech that she cried. (그녀는 그 연설에 매우 큰 감동을 받고 울었다.)
   d. I was deeply **moved by** his words. (나는 그의 말에 깊은 감동을 받았다.)
   e. We were all **moved by** her entreaties. (우리는 그녀의 간청에 모두 감동되었다.)

2.4. 다음 주어는 목적어를 움직여서 to 부정사가 가리키는 일을 하게 한다.
(8) a. Nothing I said **moved** him to offer his help. (내가 말한 아무 것도 그를 도움을 제의하도록 움직이지 못했다.)
   b. The spirit **moved** him to get up and address the meeting. (그 정신이 그를 감동시켜서 그 회합에서 연설을 하게 했다.)
   c. What **moved** you to do this? (무엇이 네가 이것을 하게 움직였나?)
   d. I felt **moved** to speak. (나는 감동되어 말을 하고 싶어졌다.)

2.5. 다음 주어는 목적어의 마음을 움직여서 to의 목적어 상태로 끌고 간다.
(9) a. The sick child's suffering **moved** his father to tears. (아픈 아이의 고통은 아버지가 눈물을 흘리게 했다.)
   b. The story **moved** us to laughter. (그 이야기는 우리를 웃게 했다.)

2.6. 다음 주어는 목적어를 제안한다.
(10) a. He **moved** a resolution. (그는 결의를 제안했다.)
   b. He **moved** an adjournment (그는 연기를 제안했다.)

2.7. 다음 주어는 that-절의 내용을 제안한다.
(11) a. I **move that** we continue the discussion tomorrow. (나는 우리가 토의를 내일 다시 계속할 것을 제의한다.)
   b. It was **moved that** the meeting be held next week. (그 모임은 다음 주에 열리기로 제의되었다.)
   c. It was **moved that** the decision be postponed until next week. (그 결정은 다음 주까지 연기되기로 결

의되었다.)

mow

이 동사의 개념 바탕에는 풀을 베는 과정이 있다.

1. 타동사 용법

1.1. 다음 주어는 목적어를 벤다.
(1) a. **Mow** the grass before it gets too high. (그 잔디가 너무 많이 자라기 전에 베어내라.)
   b. You can't **mow** the grass when it is wet. (너는 잔디가 젖었을 때 그것을 벨 수 없다.)

1.2. 다음 주어는 목적어를 벤다. 목적어는 장소이다.
(2) a. He **mowed** a lawn/field. (그는 잔디밭을/들판을 베었다.)
   b. He **mowed** the garden yesterday. (그는 어제 정원의 잔디를 잘랐다.)

1.3. 다음은 수동태 문장으로 주어는 베어진다.
(3) a. The tall grass has not been **mowed** for weeks. (길게 자란 잔디는 몇 주 동안 베어지지 않았다.)
   d. The lawn has not been **mowed** for months. (잔디밭은 몇 달동안 베어지지 않았다.)

1.4. 다음 주어는 목적어를 풀을 베듯 쓰러뜨린다.
(4) a. He **mowed** the enemy with a machine gun. (그는 적들을 기관총으로 쏴 쓰러뜨렸다.)
   b. The pitcher **mowed** down one batter after another. (그 투수는 타자를 한명씩 한명씩 쓰러뜨렸다.)

1.5. 다음은 수동태 문장으로 주어는 쓰러진다.
(5) a. The battalion was **mowed** down by enemy tanks. (그 대대는 적국의 탱크로 소탕되었다.)
   b. Our troops were **mowed** down by machine gun fire. (우리 부대는 기관총 공격으로 소탕되었다.)

muddle

이 동사의 개념 바탕에는 뒤섞어서 흐리게 하는 과정이 있다.

1. 타동사 용법

1.1. 다음 주어는 목적어를 뒤섞는다.
(1) a. He **muddled** up the answers. (그는 대답을 뒤섞었다.)
   b. He **muddled** up the papers. (그는 논문들을 뒤섞었다.)
   c. The textbook **muddled** the students' minds. (그 교재는 학생들의 마음을 혼란시켰다.)

1.2. 다음 주어는 목적어를 뒤섞어 놓는다.
(2) a. He **muddled** things up together. (그는 물건들을 뒤섞어 놓았다.)
   b. I've arranged the books alphabetically, don't **muddle** them up. (나는 책들을 알파벳 순서로 정돈해 놓았다. 그들을 섞지 말아라.)

1.3. 다음 주어는 목적어를 with의 목적어와 혼동한다.
(3) He sometimes **muddles** me up **with** other patients. (그는 때로 나를 다른 환자와 혼동한다.)

1.4. 다음 주어는 목적어를 with의 목적어로 흐리게 한다.
(4) The children **muddled** the brook **with** their splashings.(그 아이들은 시내를 그들의 철벅임으로 흐리게 했다.)

1.5. 다음은 수동태 문장으로 주어는 뒤섞인다.
(5) a. Your invoice got **muddled up with** Mr. Brown's.(너의 송장이 브라운 씨의 것과 뒤섞였다.)
   b. They look so alike; I always got them **muddled up**.(그들은 하도 같아서 나는 항상 그들을 혼동한다.)

1.6. 다음 주어는 목적어를 망친다.
(6) a. He **muddled** the task/plan.(그는 그 임무/계획을 망쳤다.)
   b. He **muddled** the discussion.(그는 그 토의를 망쳤다.)
   c. He **muddled** a hard day at work.(그는 일터에서 힘든 하루를 망쳤다.)

1.7. 다음 주어는 목적어의 마음을 헷갈리게 한다.
(7) a. The strong drink has **muddled** him.(그 독한 술이 그를 헷갈리게 했다.)
   b. Don't talk while I'm counting or you'll **muddle** me.(내가 수를 헤아릴 때는 말하지 말아라, 그렇지 않으면 너는 나를 헷갈리게 만들 것이다.)

1.8. 다음은 수동태 문장으로 주어는 헷갈린다.
(8) a. That waitress gets **muddled up** when she has to take a lot of orders at once.(저 여종업원은 한 번에 많은 주문을 받아야 할 때 헷갈린다.)
   b. I was **muddled** by the complicated math problem.(나는 복잡한 수학 문제로 헷갈렸다.)
   c. Grandfather is **muddled** about the children's names.(할아버지는 아이들의 이름들에 대해서 헷갈려 한다.)

1.9. 다음 주어는 목적어를 낭비한다.
(9) He **muddled away** his money.(그는 돈을 아무렇게나 써버렸다.)

2. 자동사 용법
2.1. 다음 주어는 어정거리며 간다.
(10) I'm **muddling along/on**.(나는 그럭저럭 살아가고 있다.)

2.2. 다음 주어는 그럭저럭 해나간다.
(11) a. Our company is just **muddling along**.(우리 회사는 그저 그럭저럭 지내고 있다.)
   b. He **muddled through** the difficulty.(그는 그 어려움을 그럭저럭 지냈다.)
   c. The band **muddled through** the rest of the song.(그 악단은 노래의 나머지 부분을 그럭저럭 지나갔다.)
   d. Half asleep, I **muddled through** the presentation.(반 쯤 졸면서, 나는 발표를 그럭저럭 했다.)
   e. Jack got some difficult questions, but he managed to **muddle through**.(잭은 몇 개의 어려운 질문들을 받았으나, 그는 그럭저럭 받아넘겼다.)

muffle
이 동사의 개념 바탕에는 감싸는 과정이 있다.

1. 타동사 용법
1.1. 다음 주어는 목적어를 감싸거나 덮는다.
(1) a. I **muffled** myself against the cold night air and left.(나는 몸을 차가운 밤 공기에 대비해서 감싸고 떠났다.)
   b. His mother **muffled** him up before he could go out to play in the snow.(그의 어머니는 그가 눈에 나가 놀기 전에 옷으로 그를 단단히 감쌌다.)
   c. She **muffled** her throat with a warm scarf.(그녀는 목을 따뜻한 스카프로 감쌌다.)
   d. He **muffled** the alarm clock by putting it under his pillow.(그는 자명종을 배게 밑에 넣어서 소리를 죽였다.)
   e. He **muffled** his mouth.(그는 입을 덮었다.)

1.2. 소리를 내는 개체를 완전히 덮으면 소리가 적게 난다. 주어는 목적어의 소리를 줄이거나 없앤다.
(2) a. The falling snow **muffled** the noise of the traffic.(내리는 눈은 차량들의 소리를 줄였다.)
   b. The silencer **muffled** the noise from the gunshot.(소음기는 그 사격으로부터 오는 소음을 죽였다.)
   c. Heavy shutters **muffled** the sounds from the street.(무거운 덧문은 거리로부터 오는 소리들을 없앴다.)
   d. The wind **muffled** their voices.(바람은 그들의 목소리를 덮어 줄였다.)
   e. The gag **muffled** his cries.(재갈은 그의 울음을 안 들리게 했다.)

1.3. 다음은 수동태 문장으로 주어는 소리가 죽는다.
(3) a. A bell can be **muffled** with cloth.(종은 헝겊으로 덮어서 소리가 안 나게 할 수 있다.)
   b. His voice was **muffled**.(그의 목소리는 덮어서 잘 들리지 않았다.)

1.4. 다음 주어 자체가 목적어를 덮는다.
(4) a. The gray smog **muffled** the whole sky.(그 회색 연무는 전체 하늘을 덮었다.)
   b. The smog **muffled** the whole city.(매연은 그 전체 도시를 감쌌다.)

1.5. 다음 목적어는 덮는데 쓰이는 개체이다.
(5) He **muffled** his hand **over** his mouth.(그는 손을 입에 덮었다.)

2. 자동사 용법
2.1. 주어는 덮는다.
(6) Make sure you **muffle up** well.(잘 감싸도록 해라.)

2.2. 다음 주어는 소리를 죽인다.
(7) Please **muffle up** there.(제발 소리를 내지 마세요.)

mug¹
이 동사의 개념 바탕에는 강탈하는 과정이 있다.

1. 타동사 용법
1.1. 다음은 수동태 문장으로 주어는 강탈당한다.
(1) a. The old man was **mugged** in broad daylight.(그 노인은 대낮에 강탈당했다.)
   b. He was **mugged** in a dark street.(그는 어두운 거

리에서 강탈당했다.)

mug²

이 동사의 개념 바탕에는 부어 넣는 과정이 있다.

1. 타동사 용법
1.1. 다음 주어는 목적어를 머리 속에 부어 넣는다.
(1) a. He had to **mug up** his history before the exam. (그는 역사 과목을 시험 전에 벼락 공부를 해야했다.)
   b. He had to **mug up** some facts about pollution. (그는 오염에 대한 몇몇 사실을 머리 속에 마구 집어넣어야 했다.)
   c. He had to **mug up** the laws on the subject. (그는 그 주제에 대한 법들을 속에 집어넣어야 했다.)

2. 자동사 용법
2.1. 다음 주어는 on의 목적어와 관련된 정보를 머리 속에 부어 넣는다.
(2) a. She is **mugging up on** Napoleon for her exam. (그녀는 시험을 위해 나폴레옹에 관한 지식을 머리 속에 부어 넣고 있다.)
   b. It is no use **mugging up on** everything the night before. (전날 밤에 모든 것을 머리 속에 넣어봤자 아무 소용이 없다.)

multiply

이 동사의 개념 바탕에는 곱하는 과정이 있다.

1. 타동사 용법
1.1. 다음 주어는 목적어를 by의 목적어로 곱한다.
(1) a. She **multiplied** five by three. (그녀는 5를 3으로 곱했다.)
   b. **Multiply** the width and the length. (폭과 길이를 곱해라.)
1.2. 다음은 수동태 문장으로 주어는 곱해지는 개체이다.
(2) 4 **multiplied** by 2 is 8. (4 곱하기 2는 8이다.)
1.3. 다음 주어는 곱하기와 같이 목적어의 양이나 수를 증가시킨다.
(3) a. Health problems **multiplied** the burden she had to bear. (건강 문제는 그녀가 감당해야 할 부담을 가중시켰다.)
   b. The vast stock of computerized images has **multiplied** the possibilities open to the artist. (많은 양의 컴퓨터화된 이미지는 예술가에게 열려있는 가능성을 증가시켰다.)
   c. The new laws **multiplied** the number of forms we have to fill out. (새 법은 우리가 적어야 할 양식의 수를 증가시켰다.)

2. 자동사 용법
2.1. 다음 주어는 수나 양이 증가한다.
(4) a. Our chances of success **multiplied** several times over. (우리가 성공할 가능성은 몇 배로 증가했다.)

   b. Spending on military equipment has **multiplied**. (군 장비에 대한 지출이 늘어났다.)
   c. Voter disgust **multiplied** during the election campaign period. (유권자들의 혐오는 선거 기간 동안 늘어났다.)
   d. Our problems have **multiplied** under his leadership. (우리 문제는 그가 지도자인 동안 늘어났다.)
2.2. 다음 주어는 번식한다.
(5) a. The two rabbits will soon **multiply**. (두 마리의 토끼는 곧 번식할 것이다.)
   b. Mosquitoes **multiply** quickly. (모기들은 쉽게 번식한다.)

mumble

이 동사의 개념 바탕에는 중얼거리거나 우물거리는 과정이 있다.

1. 자동사 용법
1.1. 다음 주어는 중얼거린다.
(1) a. He **mumbled** to himself. (그는 혼자서 중얼거렸다.)
   b. She **mumbles** when she talks. (그녀는 말할 때 중얼거린다.)
1.2. 다음 주어는 따옴표 속의 표현을 중얼거린다.
(2) a. "I am sorry," she **mumbled**. ("미안해"라고 그녀가 중얼거렸다.)
   b. "I don't like this soup." he **mumbled**. ("난 이 수프가 싫어"라고 그는 중얼거렸다.)
1.3. 다음 주어는 목적어를 우물우물 씹는다.
(3) The dog **mumbled** the crust. (그 개는 빵 껍질을 우물우물 씹었다.)

2. 타동사 용법
2.1. 다음 주어는 중얼거리면서 목적어를 말한다.
(4) a. The little boy **mumbled** something about wanting to go to the toilet. (그 작은 소년은 화장실에 가고 싶다는 말을 중얼거리며 했다.)
   b. You're **mumbling** your words. (너는 말을 중얼거리고 있어.)
   c. He **mumbled** a quick apology. (그는 빠른 사과를 중얼거리며 했다.)

murder

이 동사의 개념 바탕에는 살해하는 과정이 있다.

1. 타동사 용법
1.1. 다음 주어는 목적어를 살해한다.
(1) a. He **murdered** the politician. (그는 그 정치가를 살해했다.)
   b. The robber **murdered** the store keeper. (그 강도는 상점주인을 살해했다.)
1.2. 다음 주어는 목적어를 죽인다.
(2) The dry weather **murdered** the farmer's crops. (건조한 날씨는 그 농부의 작황을 망쳤다.)

1.3. 다음 주어는 목적어를 참패시킨다.
(3) a. They murdered us in the final.(그들은 우리를 결승전에서 참패시켰다.)
b. We murdered them 60 to 0.(우리는 그들을 60대 0으로 참패시켰다.)

1.4. 다음은 [연극이나 언어는 생명체] 은유가 적용된 예이다.
(4) a. The untalented actor murdered the play.(그 무능한 연기자는 연극을 망쳤다.)
b. The writer murdered his native language.(그 작가는 모국어를 망쳤다.)
c. Critics accused him of murdering the English language.(비평가들은 그가 영어를 망친 죄로 비난했다.)

2. 자동사 용법
2.1. 다음 주어는 살해한다.
(5) The troops murdered and looted and swept through the towns.(그 군대는 마을 사람들을 살해하고 약탈했다.)

murmur
이 동사의 개념 바탕에는 부드럽고 낮은 소리가 나는 과정이 있다.

1. 자동사 용법
1.1. 다음 주어는 속삭이듯 낮은 목소리로 말한다.
(1) a. The people behind me murmured while I tried to watch the movie.(내 뒤에 있는 사람들은 내가 영화를 보려고 하는 동안 속삭였다.)
b. The students murmured among themselves.(그 학생들은 그들끼리 속삭였다.)

1.2. 다음 주어는 낮은 소리로 불평을 한다.
(2) a. He murmured at/against the unfair treatment.(그는 불평등한 처우에 대해 중얼거리며 불평했다.)
b. Within the city, there was much murmuring against the new ruler.(그 도시에는 새 지도자에 반대하는 사람들의 불평이 많았다.)

1.3. 다음 주어는 속삭이는 듯한 소리를 낸다.
(3) a. The wind murmured through the trees.(바람은 솔솔 불면서 나무들을 지나갔다.)
b. The brook murmured under the ice.(시냇물은 작은 소리를 내면서 얼음 밑을 지나 흘러갔다.)

2. 타동사 용법
2.1. 다음 주어는 목적어가 가리키는 내용을 나직하게 말한다.
(4) a. I murmured my excuse for being late.(나는 지각한 것에 대한 나의 변명을 나직하게 말했다.)
b. The baby sitter murmured a lullaby to quiet the crying baby.(보모는 우는 아이를 조용히 시키려고 자장가를 나직하게 불렀다.)
c. He murmured his approval/thanks/an answer.(그는 찬성/감사/대답을 나직하게 말했다.)
2.2. 다음 주어는 목적어를 나직하게 말한다.

(5) a. He murmured her name.(그는 그녀의 이름을 나직하게 말했다.)
b. "I love you," she murmured.("나는 너를 사랑해"라고 그녀는 나직하게 말했다.)

mushroom
이 동사의 개념 바탕에는 mushroom의 명사 '버섯'이 있다. 동사의 의미는 이 명사의 속성과 관계가 있다.

1. 자동사 용법
1.1. 다음 주어는 버섯과 같이 빨리 늘어난다.
(1) a. The number of computers in schools mushroomed in recent years.(학교에서는 컴퓨터의 수가 최근에 급격히 늘어났다.)
b. We expect the markets to mushroom in the next two years.(우리는 그 시장이 향후 2년 간 빨리 발전하기를 기대한다.)
c. New housing developments mushroomed on the edge of town.(새로운 주택 개발 사업들이 읍내의 변두리 지역에서 빨리 퍼지고 있었다.)
d. Sales began to mushroom.(판매가 빨리 늘어나기 시작했다.)

muss
이 동사의 개념 바탕에는 흐트러지는 과정이 있다.

1. 타동사 용법
1.1. 다음 주어는 목적어를 흐트러 놓는다.
(1) a. She mussed his hair a little.(그녀는 머리를 약간 흐트러 놓았다.)
b. The wind mussed her hair/her hairdo.(바람은 그녀의 머리카락을/그녀의 머리 치장을 흐트러 놓았다.)
c. Someone has mussed up my desk.(누가 내 책상을 헝크러 놓았다.)
1.2. 다음은 수동태 문장으로 주어는 흐트러지거나 구겨진다.
(2) The child's new clothes were mussed.(그 아이의 새 옷은 구겨졌다.)

muster
이 동사의 개념 바탕에는 불러모으는 과정이 있다.

1. 타동사 용법
1.1. 다음 주어는 목적어를 불러모은다.
(1) a.He mustered an army.(그는 군을 소집했다.)
b. He mustered the troops for roll call.(그는 군대를 출석 확인을 위해 불러 모았다.)
c. The order came to muster the crew for battle.(전투를 위해 군대를 소집하라는 명령이 왔다.)
d. The garrison musters 70 men.(수비대는 70명의 사람들을 모은다.)
1.2. 용기, 자원 같은 것도 불러모을 수 있는 것으로 개념화된다.

(2) a. He mustered up all his courage.(그는 모든 용기를 모았다.)

b. Opponents are unlikely to muster enough votes to override the veto.(반대자들은 거부권을 무효로 하기 위해 충분한 표를 모을 것 같지 않다.)

c. We mustered what support we could for the plan.(우리는 계획을 위해 우리가 모을 수 있는 모든 지지를 불러 모았다.)

2. 자동사 용법
2.1. 다음 주어는 모이는 사람들이다.
(3) a. The troops mustered for inspection.(그 부대는 검열을 받기 위해 모였다.)

b. The soldiers mustered in the town square.(군인들은 읍내 광장에 모였다.)

mutate
이 동사의 개념 바탕에는 유전 인자에 의한 변화의 과정이 있다.

1. 자동사 용법
1.1. 다음 주어는 변한다.
(1) a. The plant must have mutated.(그 식물은 돌연변이 했음에 틀림없다.)

b. The virus can mutate very rapidly.(그 바이러스는 매우 빠르게 변화할 수 있다.)

c. Rhythm and blues mutated into rock and roll.(리듬 앤 블루스 음악은 락 앤 롤로 변했다.)

2. 타동사 용법
2.1. 다음 주어는 목적어를 변이시킨다.
(2) a. Radiation can mutate plant life by affecting the genes.(복사 에너지는 식물의 생명을 유전자에 영향을 주어서 변이시킬 수 있다.)

b. X-rays mutated the mouse's genes.(방사선은 쥐의 유전자를 변이시켰다.)

c. The scientist mutated the genetic structure of corn with radioactivity.(그 과학자는 옥수수의 유전자 구조를 방사능으로 변이시켰다.)

mutter
이 동사의 개념 바탕에는 입을 닫고 낮은 목소리로 중얼거리는 과정이 있다.

1. 자동사 용법
1.1. 다음 주어는 중얼거린다.
(1) a. He sat, muttering quietly to himself.(그는 조용히 자신에게 중얼거리며 앉았다.)

b. He muttered angrily under his breath.(그는 화가 나서 숨을 죽이며 중얼거렸다.)

1.2. 다음 주어는 전치사 about의 목적어에 불평을 한다.
(2) a. The driver muttered about the bad traffic.(그 운전사는 교통 체증에 중얼중얼 불평을 했다.)

b. People mutter about high taxes.(사람들은 높은 세금에 중얼거리며 불평한다.)

c. Workers continue to mutter about the management.(근로자들은 경영진에 대해서 계속 불평한다.)

2. 타동사 용법
2.1. 다음 주어는 that-절의 내용을 중얼거리며 말한다.
(3) He muttered that he was tired.(그는 피곤하다고 중얼거렸다.)

2.2. 다음 주어는 중얼거리며 목적어를 말한다.
(4) a. He muttered a few words of greeting.(그는 중얼거리며 몇 마디 인사를 했다.)

b. The witness muttered his reply.(그 증인은 중얼거리며 대답을 했다.)

c. He muttered something about going back to school.(그는 학교에 다시 돌아가는 것에 대해 무언가를 중얼거리며 말했다.)

d. She muttered something under her breath.(그는 낮은 소리로 무언가를 중얼거렸다.)

2.3. 다음 따옴표 속의 표현은 주어가 중얼거리며 하는 말이다.
(5) "That's it," he muttered.("바로 저것이다" 라고 그가 중얼거렸다.)

mystify
이 동사의 개념 바탕에는 어리둥절하게 만드는 과정이 있다.

1. 타동사 용법
1.1. 다음 주어는 목적어를 어리둥절하게 만든다.
(1) a. Algebra completely mystifies me.(대수학은 나를 완전히 어리둥절하게 만든다.)

b. The magician's tricks mystified the children.(마술사의 묘기는 아이들을 어리둥절하게 만들었다.)

c. The banker's sudden disappearance mystified the police.(은행업자의 갑작스런 사라짐은 경찰을 어리둥절하게 만들었다.)

1.2. 다음은 수동태 문장으로 주어는 어리둥절하게 된다.
(2) a. Everyone was mystified by his sudden disappearance.(모든 사람들은 그의 갑작스런 행방불명으로 어리둥절하게 되었다.)

b. I was completely mystified by his decision not to take the job.(그가 그 일자리를 택하지 않겠다는 결심에 나는 완전히 어리둥절하게 되었다.)

c. I was mystified by her strange behavior.(나는 그녀의 이상한 행동에 어리둥절하게 되었다.)

𝒩 n

nag

이 동사의 개념 바탕에는 불평이나 꾸지람 등으로 괴롭히는 과정이 있다.

1. 타동사 용법

1.1. 다음 주어는 목적어를 괴롭힌다.
(1) a. Doubts **nagged** me all evening.(의혹이 나를 저녁 내내 괴롭혔다.)
   b. He **nags** me **about** the smallest things.(그는 나를 사소한 일에 대해 괴롭힌다.)
   c. The kids are **nagging** me for new toys. (그 아이들은 나에게 새 장난감을 사달라고 괴롭히고 있다.)

1.2. 다음 주어는 목적어를 성가시게 하여 목적어가 어떤 일을 하게 한다.
(2) a. She **nagged** me to fix the faucet.(그녀는 나를 끊임없이 귀찮게 하여 수도꼭지를 고치게 하였다.)
   b. Mom is always **nagging** me to have a haircut.(엄마는 항상 머리를 자르라고 나에게 잔소리를 하신다.)
   c. She **nagged** me to clean my desk.(그녀는 나를 귀찮게 잔소리하여 내 책상을 치우도록 하였다.)

1.3. 다음 주어는 목적어를 성가시게 하여 목적어는 자신도 모르게 어떤 일을 하게 된다.
(3) a. He **nagged** us **into** contributing money.(그는 우리를 끊임없이 귀찮게 해서 돈을 기부하게 하였다.)
   b. She **nagged** me **into** joining her club.(그녀는 나를 계속 졸라서 결국 그녀의 클럽에 가입하게 하였다.)

1.4. 다음은 수동태 문장으로 주어는 괴롭힘을 받는다.
(4) I am **nagged** by doubts.(나는 의심으로 괴롭힘을 받는다.)

2. 자동사 용법

2.1. 다음 주어는 목적어를 조금씩 계속 괴롭힌다.
(5) a. Several worries are **nagging** (at) her.(여러가지 고민거리가 조금씩 계속 그녀를 괴롭히고 있다.)
   b. The problem was **nagging** at her for days.(그 문제는 며칠동안 조금씩 그녀를 괴롭히고 있었다.)
   c. A feeling of uneasiness **nagged** at her.(불안한 느낌이 그녀를 계속 괴롭혔다.)
   d. My shoulders have been **nagging** at me all day. (내 어깨는 하루 종일 나를 조금씩 괴롭히고 있다.)

2.2. 다음 주어는 전치사 about의 목적어에 대해 조른다.
(6) a. He kept **nagging about** needing money.(그는 돈이 필요하다고 계속해서 괴롭혔다.)
   b. The children have been **nagging** all day.(아이들은 나를 하루종일 나를 괴롭혔다.)

nail

이 동사의 개념 바탕에는 nail의 명사 '못'이 있다.

동사의 의미는 못의 기능과 관련이 있다.

1. 타동사 용법

1.1. 다음 주어는 목적어를 못질을 해서 붙인다.
(1) a. He **nailed** the two boards **together**.(그는 못질을 해서 두 판자를 붙였다.)
   b. The carpenter **nailed** the frame **into** place.(그 목수는 액자를 못질을 해서 제자리에 붙였다.)
   c. He **nailed** the cover **on** the box.(그는 뚜껑을 상자에 못질을 해서 닫았다.)
   d. He **nailed** the notice **on/to/onto** the bulletin board. (그는 게시문을 못질을 해서 게시판에 붙였다.)
   e. He **nailed** the picture **to** the wall.(그는 그림을 벽에 못질을 해서 붙였다.)

1.2. 다음 주어는 목적어를 전치사 to의 목적어에 고정시킨다.
(2) a. They **nailed** him **down** to a specific time.(그들은 그를 특정한 시간에 확정시켰다.)
   b. We **nailed** him **down** to his promise.(우리는 그를 약속에 못박았다.)

1.3. 다음 주어는 목적어를 전치사 to의 목적어에 고정시켜서 꼼짝 못하게 한다.
(3) a. Fear/Surprise **nailed** him **to** the spot.(두려움/놀람이 그를 자리에 꼼짝을 못하게 했다.)
   b. Admiration **nailed** her **to** the picture.(경탄이 그녀를 그 그림에서 꼼짝을 못하게 했다.)
   c. Panic **nailed** him **to** the chair.(공포감이 그를 의자에 꼼짝을 못하게 했다.)

1.4. 다음 주어는 목적어를 전치사 on의 목적어에 고정시킨다.
(4) He **nailed** his eyes **on** the screen.(그는 눈을 자막에 고정시켰다.)

1.5. 다음은 수동태 문장으로 주어는 못질로 고정된다.
(5) a. Boards have been **nailed over** the windows.(판자들은 창문들 위에 못질로 붙여졌다.)
   b. The lid was **nailed down**.(뚜껑은 못질로 고정되었다.)
   c. His eyes were **nailed on/to** the picture.(그의 눈은 그림에 고정되었다.)

1.6. 다음 주어는 목적어를 못질을 하여 고정시킨다.
(6) a. He **nailed down** the window.(그는 못질로 그 창문을 고정시켰다.)
   b. We **nailed down** the corners of the tablecloth so that it wouldn't blow away.(우리는 식탁보의 모퉁이를 못질하여 날아가지 않게 했다.)

1.7. 다음 주어는 목적어를 고정시킨다.
(7) a. I want to **nail down** the cost before I commit to buying them.(나는 그들을 사기 전에 비용을 확정짓고 싶다.)
   b. The buyer of the house should **nail down** the terms of the sale.(그 집의 구매자는 판매의 조건을 확정지어야 한다.)
   c. Two days is not enough to **nail down** the details

of an agreement.(이틀은 합의의 세부 사항들을 확
정짓기에는 충분하지 않다.)

d. They **nailed down** an agreement.(그들은 합의를
확정지었다.)

e. It would be useful if you could **nail down** the
cause of the tension.(긴장의 원인을 확정지을 수
있으면 도움이 될 것이다.)

1.8. 다음 주어는 첫째 목적어에 둘째 목적어를 고정시킨다.

(8) Before they repair the car, **nail** them **down** a
price.(그들이 차를 수리하기 전에, 그들에게 수리비
를 확정짓게 하여라.)

1.9. 다음 주어는 목적어를 못질하여 어떤 상태에 들어가게 한다.

(9) a. He **nailed** the door **closed**.(그는 문을 못질을 하여
닫았다.)

b. They **nailed** the shutters **shut**.(그들은 덧문들은 못
질을 해서 닫았다.)

1.10. 다음 주어는 목적어를 못질을 해서 완전히 닫는다.

(10) a. He **nailed up** the lid.(그는 뚜껑을 못질로 완전히 닫
았다.)

b. They **nailed up** the doors and windows of their
house when they left.(그들은 떠날 때 문들과 창문
들을 못질하여 닫았다.)

c. He **nailed up** the furniture in a crate.(그는 가구를
상자에 넣어 못질을 했다.)

d. He **nailed** the goods **up** in a box.(그는 물품들을 상
자에 넣어서 못질을 했다.)

e. They **nailed up** their mountain hut for the winter.
(그는 산장을 겨울 동안 닫았다.)

1.11. 다음 주어는 목적어를 잡는다.

(11) a. The police haven't been able to **nail** the killer.(그
경찰은 살인자를 잡지 못하고 있다.)

b. She has been avoiding me for a week, but I finally
nailed her at her office.(그녀는 나를 일주일 동안
피해왔지만, 나는 마침내 그녀를 사무실에서 잡았
다.)

c. It took 10 years to **nail down** the bastard who
killed the girl.(그 소녀를 죽인 범인을 잡는 데에 10
년이 걸렸다.)

d. I tried to avoid him, but he finally **nailed** me in the
corridor.(나는 그를 피하려고 했으나, 그는 마침내
나를 복도에서 잡았다.)

e. The police **nailed** another reckless driver/the
suspect in his car.(그 경찰 당국은 무모한 운전자/
용의자를 차에서 잡았다.)

name

이 동사의 개념 바탕에는 name의 명사 '이름'이 있
다. 동사의 의미는 이름과 관계가 있다.

1. 타동사 용법

1.1. 다음 주어는 목적어에 이름을 붙인다.

(1) He **named** the new born baby.(그는 새로 태어난 아

이를 이름을 지었다.)

1.2. 다음은 수동태 문장으로 주어는 이름이 붙여진다.

(2) a. The victim has not been **named** yet.(희생자는 아
직까지 이름이 확인되지 않았다.)

b. He was **named** John.(그는 존이라고 불리어졌다.)

c. He was **named** after his father.(그는 아버지의 이
름을 따라 붙여졌다.)

d. The college is **named** for George Washington.(그
대학은 조지 워싱턴의 이름을 따서 불린다.)

1.3. 다음 주어는 목적어의 이름을 생각해 내어서 말한다.

(3) a. Can you **name** all the American states?(너는 모든
미국의 주를 말할 수 있니?)

b. He **named** several reasons.(그는 여러가지의 이유
를 댔다.)

c. **Name** your conditions.(너의 조건들을 이야기해
라.)

d. The witness **named** all the people involved in the
crime.(그 증인은 범죄와 연루된 모든 사람의 이름
을 댔다.)

1.4. 다음 주어는 첫째 목적어에 둘째 목적어를 이름으로 준다.

(4) a. We **named** our son Martin.(우리는 아들을 마틴이
라고 지었다.)

b. They **named** their daughter Susan.(그들은 딸을
수잔이라고 지었다.)

c. They **named** the new country Korea.(그들은 새
건국된 나라를 한국이라고 명명했다.)

1.5. 다음 주어는 첫째 목적어를 둘째 목적어로 임명한다.

(5) a. The president **named** him Secretary of State.(대
통령은 그를 국무부 장관으로 임명했다.)

b. They **named** him (as) campaign manager.(그들은
그를 선거 관리자로 임명했다.)

c. They **named** him mayor.(그들은 그를 시장으로 임
명했다.)

1.6. 다음은 수동태 문장으로 주어는 임명된다.

(6) a. Gary was **named** as successor to the present
manager.(게리는 현 관리자의 후계자로 임명되었
다.)

b. He was **named** as a chairman.(그는 의장으로 임명
되었다.)

1.7. 다음 주어는 목적어의 이름을 생각해 낸다.

(7) a. I know his face, but I can't **name** him.(나는 그의
얼굴은 알지만 이름은 모른다.)

b. Can you **name** this tune?(너는 이 음의 이름을 아
니?)

c. He couldn't **name** his attacker.(그는 자신의 폭행
자의 이름을 생각해낼 수 없었다.)

d. Just **name** the time, and I'll be there on the dot.
(시간만 말해라. 내가 정확하게 그 시간에 갈게.)

1.8. 다음 주어는 목적어의 이름을 말함으로써 정한다.

(8) a. He **named** the day for the general election.(그는
그 날을 총선 날짜로 정했다.)

b. We've **named** August 10 for our wedding day.
(우리는 8월 10일을 결혼 날짜로 정했다.)

c. Name your price. (가격을 말해라.)

1.9. 다음은 수동태 문장으로 주어는 임명된다.
(9) a. He was named to the committee by the chairman. (그는 그 위원회 일원으로 의장에 의해 임명되었다.)

b. He was named to the board. (그는 그 의원회에 임명되었다.)

nationalize

이 동사의 개념 바탕에는 국영화하는 과정이 있다.

1. 타동사 용법
1.1. 다음 주어는 목적어를 국영화한다.
(1) a. The country has nationalized its airlines/the railways. (그 나라는 항공회사/철도회사를 국영화했다.)

b. Britain nationalized the steel industry/the telephone system. (영국은 강철 산업/전화 시스템을 국영화했다.)

naturalize

이 동사의 개념 바탕에는 귀화시키는 과정이 있다.

1. 타동사 용법
1.1. 다음 주어는 목적어를 귀화시킨다.
(1) He was naturalized after living in that country for 20 years. (그는 그 나라에서 20년 동안 산 이후에 귀화되었다.)

navigate

이 동사의 개념 바탕에는 배나 비행기를 조종하는 과정이 있다.

1. 타동사 용법
1.1. 다음 주어는 목적어를 조종한다.
(1) a. The captain navigated the ship around the cliff. (그 선장은 배를 그 절벽을 돌아가게 조종했다.)

b. The pilot navigated the plane through the snow storm. (그 비행사는 비행기를 눈보라를 거쳐 조종했다.)

c. Radio signals are used to navigate ship and planes. (무선 신호는 배나 비행기를 조종하는 데 사용된다.)

1.2. 다음 목적어는 배나 비행기가 지나가는 장소이다. 주어는 목적어를 항해한다.
(2) a. The pilot navigated the skies in one of the world's largest airplanes. (그 비행사는 세계에서 가장 큰 비행기로 하늘을 날았다.)

b. Do you think you can navigate the down town area safely? (네가 중심 지역을 안전하게 안내할 수 있다고 생각하니?)

c. The pilot had to navigate the river in the dark. (조정사는 강을 어둠 속에서 조정해야만 했다.)

d. The ship easily navigated the river. (배는 쉽게 그 강을 항해해 갔다.)

e. It is hard to navigate the stairs in the dark. (그 계단을 어둠 속에서 오르내리는 것은 힘들다.)

1.3. 다음 목적어는 거리이다. 주어는 목적어를 난다.
(3) a. Some birds can navigate distances of 1,000 miles. (몇몇 새들은 천 마일의 거리를 날 수 있다.)

b. The ship navigated 100 miles in the morning. (그 배는 아침에 백 마일을 항해했다.)

1.4. 다음 목적어는 배나 비행기로 개념화되어 있다. 주어는 이들을 조종해서 움직인다.
(4) a. He navigated the bill through Congress. (그는 그 법안을 의회에 통과시켰다.)

b. He had to navigate major changes in the housing market. (그는 주요 변화를 주택 시장에서 만들어내야 했다.)

c. We had to navigate a complex network of committees. (우리는 위원회의 복잡한 체계를 헤쳐나가야 했다.)

2. 자동사 용법
2.1. 다음 주어는 조종한다.
(5) a. I will drive; you take the map and navigate. (나는 운전할거다; 너는 지도를 보고 조종해라.)

b. I can scarcely navigate today. (나는 거의 오늘 조종할 수 없다.)

near

이 동사의 개념 바탕에는 가까워지는 과정이 있다.

1. 타동사 용법
1.1. 다음 주어는 목적어에 가까워진다.
(1) a. The boat neared the dock. (그 보트는 선창을 접근했다.)

b. As we neared the shore, I saw that there was no one to greet us. (우리가 해안을 접근할 때, 나는 우리를 환영하는 사람이 아무도 없음을 알았다.)

c. As the thief neared the exit, an alarm sounded. (그 도둑은 출구를 다가갔을 때, 경보음이 울렸다.)

d. As the train neared the station, it slowed down. (그 기차가 역을 다가갈 때, 속도를 늦추었다.)

e. We neared the top of the hill. (우리는 산의 꼭대기를 접근했다.)

1.2. 다음은 [인생은 여행] 은유의 표현이다.
(2) a. He is nearing the end of his story/his life. (그는 인생의 종착점을 다가가고 있다.)

b. Work is nearing completion. (일이 거의 완성을 다가가고 있다.)

2. 자동사 용법
2.1. 다음 주어는 가까워진다.
(3) a. Storm clouds neared. (폭풍우가 가까워졌다.)

b. As the station neared, the train slowed down. (그 역이 가까워지면서, 기차는 속도를 늦추었다.)

2.2. 다음은 [시간은 움직이는 개체] 은유가 적용된 예

이다. 이때 시간은 미래에서 현재를 지나 과거로
가는 것으로 개념화된다.

(4) a. The time is **nearing** for us to leave the party.(우
리가 파티를 떠날 시간이 다가오고 있다.)

b. As Christmas **neared**, the children became more
and more excited.(크리스마스가 가까워옴에 따라,
아이들은 더욱 더 흥분되었다.)

need

이 동사의 개념 바탕에는 need의 명사 '필요'가 있
다. 동사의 의미는 필요와 관계가 있다.

1. 타동사 용법
1.1. 다음 주어는 목적어를 필요로 한다.
(1) a. Fish **need** water.(물고기는 물이 필요하다.)

b. What the children **need** is a bit of discipline.(아이
들이 필요로 하는 것은 약간의 규율이다.)

c. Do you **need** any help?(도움이 필요하십니까?)

d. I don't **need** your approval.(나는 당신의 허가 따
위는 필요하지 않다.)

**1.2. 다음 주어는 개체이다. 주어는 목적어를 필요로
한다.**
(2) a. This soup **needs** more salt.(이 수프는 소금이 더
필요하다.)

b. A job like nursing **needs** patience.(간호 같은 직업
은 인내심을 필요로 한다.)

1.3. 다음은 수동태 문장으로 주어는 필요하다.
(3) Food aid is urgently **needed**.(식량원조는 긴급히 필
요된다.)

1.4. 다음 주어는 동명사의 목적어이다.
(4) a. The children **need** collecting at 5.(아이들은 5시에
데리고 올 필요가 있다.)

b. This chapter **needs** rewriting.(이 장은 다시 쓸 필
요가 있다.)

c. The shirt **needs** washing.(그 셔츠는 세탁해야 한
다.)

d. The lawn **needs** mowing.(그 잔디밭은 깎아져야
한다.)

**1.5. 다음에서 주어가 할 필요가 있는 일이 부정사로
표현되어 있다.**
(5) a. I didn't **need** to bring my umbrella at all.(나는 우
산을 가져올 필요가 없었다.)

b. I **need** to go to the store and buy some coffee.(나
는 가게에 가서 커피를 살 필요가 있다.)

c. All you **need** is to complete this form.(너가 필요
로 하는 것은 이 양식을 채우는 일이다.)

d. I **need** to wax the floor.(나는 이 마룻바닥을 왁스
칠을 할 필요가 있다.)

e. Do you **need** to work so late?(너는 그렇게 늦게까
지 일할 필요가 있나?)

f. I don't **need** to keep awake.(나는 깨어 있을 필요
가 없다.)

1.6. 다음 부정사는 수동태이다.
(6) a. She did not **need** to be told twice.(그녀에게 두 번
얘기해 줄 필요가 없었다.)

b. The shirt **needs** to be washed.(그 셔츠는 세탁될
필요가 있다.)

c. The lawn **needs** to be mowed.(그 잔디밭은 손질
이 필요하다.)

**1.7. 다음 주어는 목적어를 부정사가 가리키는 일을 하
게 한다.**
(7) Do you **need** me to help with the dishes.(내가 설거
지를 도와줄 필요가 있는가?)

needle

이 동사의 개념 바탕에는 needle의 명사 '바늘'이 있
다.

1. 타동사 용법
1.1. 다음 주어는 목적어를 바늘에 끼운다.
(1) a. She **needled** the thread through the thick cloth.(그
녀는 그 실을 두꺼운 천에 통과시켜 꿰맸다.)

b. She **needled** the thick cloth.(그녀는 두꺼운 천을
바늘로 꽂았다.)

1.2. 다음 주어는 목적어를 주사로 놓는다.
(2) a. We're going to **needle** your client. (우리는 너의
고객을 주사로 놓을 것이다.)

b. She **needled** him in the injection room.(그녀는 그
를 주사실에서 주사를 놓았다.)

1.3. 다음 주어는 목적어를 따갑게 꾸짖는다.
(3) a. I **needle** her.(나는 그녀를 꾸짖는다.)

b. As always, after he had been with his mother for
a couple of days, she had begun to **needle** him.(언
제나처럼, 그가 며칠 동안 어머니와 함께 시간을 보
낸 후에 그녀는 그를 꾸짖기 시작했다.)

c. Don't let her **needle** you.(그녀가 너를 꾸짖지 못하
게 해라.)

**1.4. 다음 주어는 목적어를 전치사 about의 목적어에
대해서 괴롭힌다.**
(4) a. They kept **needling** Joe about his new girlfriend.
(그들은 계속해서 그의 새 여자친구에 대해 비난했
다.)

b. My friends **needled** me so much about my long
hair.(내 친구들은 긴 머리에 대해 매우 많이 나를
비난했다.)

**1.5. 다음 주어는 목적어를 부추겨서 전치사 into의 목
적어가 가리키는 일을 하게 한다.**
(5) a. We **needled** her **into** going with us.(우리는 그녀를
부추겨 우리와 동행하게 했다.)

b. They finally **needled** me **into** cutting my long hair.
(그들은 마침내 나를 부추겨 내 긴 머리를 자르게
했다.)

c. He knew Joe was trying to **needle** her **into** losing
her temper.(그는 그녀를 부추겨 화를 내게 할 것임
을 그는 알았다.)

d. They **needled** the boy **into** a fight.(그들은 그 소년
을 부추겨 싸우게 했다.)

1.6. 다음 주어는 목적어를 바늘이 가듯 움직인다.
(6) a. He **needled** his way.(그는 그의 길을 누비고 나아
갔다.)

b. He needled his way through the crowd.(그는 그
군중 속을 누비고 나아갔다.)

1.7. 다음 주어는 목적어를 전치사 with의 목적어로 첨
가한다.

(7) He needles a speech with humor.(그는 연설을 유머
로 재미있게 한다.)

2. 자동사 용법
2.1. 다음 주어는 바느질한다.
(8) She needles in the living room.(그녀는 거실에서 바
느질한다.)

2.2. 다음 주어는 누비고 간다.
(9) a. He needled to the crowd through the crowd.(그는
군중 속으로 누비고 갔다.)

b. He needled through the crowd.(그는 군중 속을 누
비고 갔다.)

negate
이 동사의 개념 바탕에는 무효로 하는 과정이 있다.

1. 타동사 용법
1.1. 다음 주어는 목적어를 무효로 한다.
(1) a. He negated all attempts to help.(그는 돕기 위한
모든 시도를 무효로 했다.)

b. The burst of terrorist activity could completely
negate our efforts to expand tourism here.(테러
행동은 여기 관광을 확대하려는 우리의 노력을 완전
히 무효로 만들 수 있었다.)

c. Alcohol negates the effects of the drug.(술은 이
약의 효과를 없앤다.)

d. These weaknesses negated his otherwise
progressive attitude.(이 약점들은 그의 다른 진보
적인 태도를 무효로 만들었다.)

1.2. 다음 목적어는 말과 관계가 있다. 주어는 목적어
를 무효로 한다.
(2) a. The mayor negated his previous statements.(시
장은 앞선 말을 부정했다.)

b. She negated the accusations of murder.(그녀는
살인 죄과를 부인했다.)

c. The witness's testimony negated what the
defendant had said.(그 증인의 증언은 피고가 말한
것을 무효로 만들었다.)

1.3. 다음은 수동태 문장으로 주어는 무효가 된다.
(3) The increase in our profits this year has been
negated by the rising costs of running the
business.(금년 우리의 이익의 증가는 사업 운영비의
증가로 무효가 되었다.)

neglect
이 동사의 개념 바탕에는 당연히 해야 할 일을 게을
리 하는 과정이 있다.

1. 타동사 용법
1.1. 다음 목적어는 사람이다. 주어는 목적어를 잘 돌
보지 않는다.

(1) a. He neglected his family.(그는 가족들을 잘 돌보지
않았다.)

b. He neglected his children.(그는 아이들을 잘 돌보
지 않았다.)

c. He neglects the poor dog.(그는 불쌍한 개를 소홀
히 한다.)

1.2. 다음 목적어는 일이다. 주어는 목적어를 소홀히
한다.
(2) a. She has neglected her studies.(그녀는 공부를 소
홀히 했다.)

b. She neglected the household chores.(그녀는 집안
일을 소홀히 했다.)

c. He neglected an opportunity.(그는 기회를 소홀히
대했다.)

1.3. 다음은 수동태 문장으로 주어는 소홀히 취급된다.
(3) a. Many of these ideas have been neglected by
modem linguists.(생각들의 많은 것이 근대 언어학
자들에 의해 소홀히 취급되었다.)

b. The building has been neglected for years.(건물
은 수년 동안 소홀히 방치되었다.)

1.4. 다음 부정사는 주어가 소홀히 하는 일이다.
(4) a. I neglected to water the flowers.(나는 꽃을 물을
주는 일을 소홀히 했다.)

b. He neglected to write the letter.(그는 편지 쓰기를
소홀히 했다.)

c. He neglected to answer your invitation.(그는 너의
초대에 답하기를 소홀히 했다.)

d. Don't neglect to lock the door.(문을 잠그는 일을
소홀히 마라.)

1.5. 다음 주어는 목적어를 소홀히 한다. 목적어는 동
명사이다.
(5) a. Don't neglect locking the door.(문을 닫는 일을 소
홀히 마라.)

b. He neglected writing a letter.(그는 편지 쓰는 일을
소홀히 했다.)

negotiate
이 동사의 개념 바탕에는 협상이나 교섭을 하는 과
정이 있다.

1. 자동사 용법
1. 다음 주어는 전치사 with의 목적어와 협상한다.
(1) a. They will negotiate with him about the working
hours.(그들은 그와 근로 시간에 대해 협상할 것이
다.)

b. The union negotiated with the company about/
over wages. (그 노조는 회사와 임금에 대한 협상을
했다.)

c. He said he was willing to negotiate with
Washington about the work.(그는 기꺼이 워싱턴
과 일에 대해서 협상하겠다고 말했다.)

d. The country negotiates with a foreign
ambassador on a peace treaty.(그 나라는 외국 대
사와 평화 협정에 관한 협상을 한다.)

e. The government says it will not **negotiate** with the terrorists.(정부는 테러리스트들과 협상하지 않겠다고 말한다.)

f. Sue is **negotiating** with her client.(수는 자신의 고객과 협상 중이다.)

1.2. 다음 주어는 전치사 for의 목적어를 얻기 위해서 협상을 한다.

(2) a. They are **negotiating** for an improvement in the rate of pay.(그들은 임금 개선안을 위해서 협상중이다.)

b. The government **negotiated** for peace with the rebels.(정부는 평화를 위해서 반군들과 협상을 했다.)

c. The two countries **negotiated** for three days.(그 양 국가는 3일간 교섭했다.)

d. We must be prepared to compromise if we are going to **negotiate**.(협상을 하려면 우리는 타협할 준비가 되어 있어야 한다.)

e. She phoned to **negotiate** on a couple of points.(그녀는 두 가지 점에 대해 협상하려고 전화했다.)

1.3. 다음 주어는 협상을 통해 목적어를 만든다.

(3) a. They agreed to **negotiate** the new teacher's contract.(그들은 새 교사들의 계약을 협상해서 만들었다.)

b. He **negotiated** a loan.(그는 차관을 협상했다.)

c. The labor union **negotiated** a wage increase.(그 노동조합은 임금 인상을 협상했다.)

d. Nike lawyers also help **negotiate** the player's salary.(나이키 변호사들 또한 그 선수의 연봉을 협상하는 데 도와준다.)

e. The trade union **negotiated** a new contract with the manager.(그 노동조합은 새 계약을 그 경영자와 협상했다.)

f. The union and the management **negotiated** a new contract.(그 노조와 경영진은 새 계약을 협상했다.)

g. She **negotiated** a treaty with the British Government.(그녀는 영국 정부와 그 조약을 협상했다.)

h. They **negotiated** a settlement with the union.(그들은 타협안을 그 노조와 협상했다.)

i. Her first mission will be to try to **negotiate** an end to the refugee crisis. (그녀의 첫 번째 임무는 피난민 위기를 종식시키기 위한 협상을 하도록 노력하는 것이다.)

j. We successfully **negotiated** the release of the hostages.(우리는 인질 석방을 성공적으로 협상했다.)

k. He failed to **negotiate** the business deal.(그는 상거래를 협상하는 데 실패했다.)

1.4. 다음은 수동태 문장으로 주어는 협상된다.

(4) A truce was finally **negotiated** after months of talks.(수 개월 간의 회담 이후 마침내 휴전 협정이 이루어졌다.)

1.5. 다음 주어는 목적어를 돈으로 바꾼다.

(5) a. A broker **negotiated** the stocks and bonds for us.(한 브로커가 그 주식과 채권을 우리를 위해 돈으로

바꿔주었다.)

b. I **negotiated** the check for securities.(나는 수표를 유가증권으로 바꿨다.)

c. You may **negotiate** this draft at 30 dollars at any bank.(당신은 이 환어음을 은행에서 30달러로 바꿀 수 있다.)

d. You may **negotiate** this draft at 30% at any bank.(당신은 이 환어음을 어떤 은행에서든 30% 현금화 할 수 있다.)

1.6. 다음 주어는 목적어를 어떤 장소를 협상하는 것처럼 힘들게 지나간다.

(6) a. He failed to **negotiate** the sharp bend and crashed the car.(그는 급한 굽이 길을 통과하는데 실패해서 그의 차를 망가뜨렸다.)

b. The car **negotiated** the sharp curve easily.(그 차는 급한 커브를 쉽게 돌았다.)

c. The car **negotiated** a sharp turn.(그 차는 급한 반환점을 무사히 돌았다.)

d. The huge ship **negotiated** the curve around the dock and headed out to sea.(거대한 배는 부두 주위의 만곡을 무사히 빠져나가 바다로 향했다.)

e. The running student was not able to **negotiate** the turn and slipped and fell.(뛰고 있던 그 학생은 굽이를 통과할 수 없어서 미끄러져 넘어졌다.)

1.7. 다음 주어는 목적어를 어렵게 지난다. 목적어는 장애물이다.

(7) a. The climbers had to **negotiate** a steep rock face.(등산가들은 그 가파른 암벽을 타야 했다.)

b. My car couldn't **negotiate** the hill.(내 차는 산을 갈 수 없었다.)

c. I **negotiated** the steep hill to arrive at the point.(나는 지점에 도착하기 위해 가파른 산을 간신히 넘었다.)

d. He **negotiated** the steep stairs and walked across the courtyard.(그는 가파른 계단을 간신히 올라서 안마당을 가로질러 지나갔다.)

e. The horse **negotiated** the high fence.(그 말은 높은 담장을 뛰어 넘었다.)

1.8. 다음 주어는 목적어를 지난다. 목적어는 길이다.

(8) a. The only way to **negotiate** the path is on foot.(그 길을 통과하는 유일한 방법은 걷는 것이다.)

b. They **negotiated** the difficult rapids in a canoe.(그들은 까다로운 급류를 카누로 무사히 건넜다.)

nerve

이 동사의 개념 바탕에는 nerve의 명사 '용기'가 있다. 동사의 의미는 이 뜻과 관계가 있다.

1. 타동사 용법

1.1. 다음 주어는 자신에게 용기를 준다.

(1) a. He **nerved** himself to invite her to his house.(그는 용기를 내어 그녀를 집에 초대했다.)

b. He **nerved** himself to ask her out.(그는 용기를 내어 그녀를 불러냈다.)

c. The parachutist **nerved** himself for the jump/the

attack/the dangerous task.(그 낙하산병은 점프/공격/위험한 업무를 하기 위해 용기를 내었다.)

1.2. 다음 주어는 목적어에 용기를 주어서 어떤 일을 하게 한다.

(2) a. Her advice **nerved** him to go his own way.(그녀의 충고가 그에게 힘을 주어 자신의 길을 나아가게 했다.)

b. The whiskey **nerved** me to do what I would have never done when sober.(위스키가 나에게 힘을 주어 내가 술에 취하지 않았을 때는 결코 하지 못했을 일을 하게 했다.)

c. The whisky **nerved** him for one more effort.(그 위스키는 그에게 한 번 더 분투를 하게 용기를 주었다.)

d. Encouragement **nerved** him for the struggle.(격려가 그 투쟁을 위해 그에게 용기를 가지게 했다.)

nest

이 동사의 개념 바탕에는 nest의 명사 '새집'이 있다. 동사의 의미는 새집의 기능이나 모양과 관계가 있다.

1. 자동사 용법

1.1. 다음 주어는 새집을 짓는다.

(1) a. Gulls **nest** on cliffs.(갈매기는 절벽에 둥지를 짓는다.)

b. A swarm of wasps **nested** on the roof of my house.(장수말벌 한 무리가 내 집 지붕 위에 집을 지었다.)

c. Thousands of sea birds **nest** on the cliffs.(수천 마리의 바다새가 그 절벽에 새집을 짓는다.)

d. A robin **nested** in a tree in my back yard.(울새 한 마리가 내 집 뒷마당에 있는 나무에 둥지를 틀었다.)

1.2. 다음 주어는 겹쳐진다.

(2) The plastic bowls **nest** for storage.(플라스틱 그릇들이 겹쳐 넣어진다.)

2. 타동사 용법

2.1. 다음 주어는 목적어를 하나씩 차례로 끼워 넣는다.

(3) a. You can **nest** one bowl within another.(당신은 한 사발을 다른 사발에 겹쳐 넣을 수 있다.)

b. She **nested** the cooking pots/boxes.(그녀는 요리 그릇을/상자들을 겹쳐 넣었다.)

nestle

이 동사의 개념 바탕에는 포근하게, 아늑하게 자리잡는 과정이 있다.

1. 자동사 용법

1.1. 다음 주어는 아늑하게 자리를 잡는다.

(1) a. The baby **nestled** in her mother's arms.(아기는 엄마 품에 포근히 안겼다.)

b. She **nestled** down into the big chair.(그녀는 큰 의

자 속으로 포근하게 자리잡고 앉았다.)

c. I love **nestling down** in bed.(나는 잠자리에 파묻혀 눕는 것을 무척 좋아한다.)

d. The child is **nestling up** to her mother.(그 아이는 엄마에게 정답게 파고들고 있다.)

e. **Nestle up** to me, children, and I'll tell you a story.(나에게 바싹 다가와라, 얘들아, 내가 너희들에게 이야기를 해줄게.)

1.2. 다음 주어는 against의 목적어에 다가가서 포근하게 자리잡는다.

(2) a. Kathy **nestled up against** her mother.(캐시는 어머니에게 다가가서 포근하게 기대어 자리 잡았다.)

b. She **nestled against** his chest.(그녀는 그의 가슴에 다가가서 안겼다.)

1.3. 다음 주어는 움직이는 개체가 아니다. 그러나 자리를 잡고 있는 모습이 아늑하다.

(3) a. Lake Gyogy **nestles among** the volcanic hills of Western Hungary.(교기 호수는 서부 헝가리의 화산 언덕 사이에 아늑하게 자리잡고 있다.)

b. Several small villages **nestled among** the mountains.(여러개의 작은 마을들이 산들 사이에 아늑하게 자리잡았다.)

c. The little town **nestles** snuggly **at** the foot of the hill.(그 작은 마을은 산 기슭에 아늑하게 위치하고 있다.)

2. 타동사 용법

2.1. 다음 주어는 목적어를 어디에 포근하게 기댄다.

(4) a. He **nestled** his head **against** her shoulder.(그는 머리를 그녀의 어깨에 포근하게 기대었다.)

b. She **nestled** her nursing baby **against** her breast.(그녀는 젖먹이 아기를 가슴에 포근하게 안았다.)

2.2. 다음 주어는 목적어를 포근하게 놓는다.

(5) a. The mother **nestled** the baby **in** her arms.(그 어머니는 아기를 팔에 포근하게 안았다.)

b. She **nestled** the puppy **in** her lap.(그녀는 그 강아지를 무릎에 포근하게 안았다.)

c. He **nestled** his head **on** her lap.(그는 머리를 그녀의 무릎에 포근하게 대었다.)

2.3. 다음 목적어는 재귀대명사이다. 주어는 자신을 어디에 편안하게 앉힌다.

(6) She **nestled** herself **in** a chair.(그녀는 자신을 의자 속에 편안하게 앉게 했다.)

net[1]

이 동사의 개념 바탕에는 net의 명사 '그물'이 있다. 동사의 의미는 이 명사의 용도와 관계가 있다.

1. 타동사 용법

1.1. 다음 주어는 그물로 목적어를 잡는다.

(1) a. I **netted** three butterflies.(나는 그물로 세 마리의 나비를 잡았다.)

b. We **netted** three fish in under an hour.(우리는 한 시간이 못되는 동안 그물로 세 마리의 물고기를 낚아들였다.)

c. How many fish did you **net**?(그물로 물고기 몇 마리 잡았니?)

1.2. 다음 주어는 그물로 무엇을 잡듯 목적어를 잡는다.

(2) a. The police **netted** one of the criminals trying to escape.(경찰은 도망가려고 시도하는 범죄자들 중의 한 명을 잡았다.)

b. An undercover drug sweep **netted** 10 suspects in one day.(비밀 마약 소탕작전은 10명의 용의자를 하루에 잡았다.)

1.3. 다음 주어는 목적에 그물을 덮는다.

(3) a. It's a good idea to **net** the strawberry plants.(딸기에 그물을 덮는 것은 좋은 생각이다.)

b. Let's **net** the bed.(침대에 그물을 덮자.)

c. He **netted** his bed.(그는 침대를 그물로 덮었다.)

d. The farmer **netted** the grapes.(농부는 포도를 그물로 덮었다.)

1.4. 다음 주어는 축구의 골에 공을 집어넣는다.

(4) a. He has **netted** 20 goals so far this season.(그는 지금까지 스무 골을 이번 시즌에 넣었다.)

b. The company has **netted** several large contracts.(그 회사는 여러개의 큰 계약을 땄다.)

c. The anti-drug campaign **netted** 900 kilograms of cocaine.(마약 퇴치 운동은 900킬로그램의 코카인을 빼앗았다.)

net²

이 동사의 개념 바탕에는 순 이익을 얻는 과정이 있다.

1. 타동사 용법

1.1. 다음 주어는 그 자체가 목적어를 순이익으로 얻는다.

(1) a. The sales of paintings **netted** $100,000.(그 그림의 판매는 $100,000의 순이익을 냈다.)

b. The sale of the company **netted** ten million dollars.(그 회사의 매각은 천만 달러를 벌었다.)

1.2. 다음 주어는 목적어를 번다.

(2) a. I was **netting** around $600 a week.(나는 일주일에 약 $600의 순이익을 얻고 있었다.)

b. She **netted** $100 from the sale of her old car.(그녀는 $100의 순이익을 낡은 차를 팔아서 얻었다.)

1.3. 다음 주어는 첫째 목적어에 둘째 목적어를 순이익으로 안겨준다.

(3) a. She **netted** herself a fortune.(그녀는 자신에게 큰 재산을 벌었다.)

b. He **netted** himself a very good job.(그는 아주 좋은 직장을 얻었다.)

c. The book **netted** the author about $10,000 a year.(그 책은 저자에게 일년에 약 $10,000을 순이익으로 안겨주었다.)

d. The girl finally **netted** herself a good husband.(그 소녀는 자신에게 좋은 남편을 얻었다.)

nibble

이 동사의 개념 바탕에는 조금씩 갉는 과정이 있다.

1. 타동사 용법

1.1. 다음 주어는 목적어를 조금씩 갉는다.

(1) a. She **nibbled** his ear.(그녀는 그의 귀를 조금씩 물었다.)

b. I **nibbled** a snack before dinner.(나는 저녁 식사 전에 간식을 조금씩 뜯어먹었다.)

2. 자동사 용법

2.1. 다음 주어는 at의 목적어를 입질한다.

(2) a. Sheep **nibbled at** the grass.(양들은 풀을 살짝 입질했다.)

b. The rabbit is **nibbling at** the carrot.(그 토끼는 당근을 입질하고 있다.)

2.2. 다음 목적어는 at의 목적어에 입질을 한다.

(3) a. He **nibbled at** the idea, but would not make a definite decision.(그는 그 생각을 입질했지만, 어떤 명확한 결정을 내리지 않았다.)

b. He is **nibbling at** the temptation.(그는 유혹에 입질을 하고 있다.)

2.3. 다음 주어는 전치사 on의 목적어에 입질을 한다.

(4) a. He is **nibbling on** a cracker.(그는 크래커를 조금씩 씹어먹고 있다.)

b. She is **nibbling on** a bit of bread.(그녀는 빵 조각을 조금씩 뜯어먹고 있다.)

2.4. 다음 주어는 계속해서 at의 목적어를 갉아먹는다.

(5) a. Inflation is **nibbling away at** spending power.(인플레이션은 소비력을 조금씩 갉아먹고 있다.)

b. Tax increases are **nibbling away at** our profits.(세금 인상이 우리의 이윤을 조금씩 갉아먹고 있다.)

nick

이 동사의 개념 바탕에는 nick의 명사 '새김 눈'이 있다. 동사의 의미는 이 명사의 모양이나 쓰임과 관계가 있다.

1. 타동사 용법

1.1. 다음 주어는 자신의 얼굴에 흠집을 낸다.

(1) a. He **nicked** himself while shaving.(그는 면도하면서 자신의 얼굴에 흠을 냈다.)

b. He **nicked** his horse (horse's tail).(그는 (말의 꼬리 끝)를 잘랐다.)

1.2. 다음 주어는 목적어를 새김 눈으로 표시한다.

(2) a. He **nicked** a tree trunk.(그는 나무 줄기를 새김으로 표시했다.)

b. I **nicked** the edge of the marble table when I dropped a plate.(나는 대리석 탁자의 모서리를 접시를 떨어뜨리면서 흠을 냈다.)

c. Someone's **nicked** my bike.(누군가가 내 자전거를 흠을 냈다.)

d. He **nicked** the paint on his car.(그는 그의 차 페인트를 흠을 냈다.)

1.3. 다음 주어는 자체가 목적어를 흠집을 낸다. 주어
는 개체이다.
(3) a. A bullet nicked his leg.(소총탄이 그의 다리를 흠을
냈다.)
b. The rocks must have nicked the car door.(그 바
위들은 그 자동차 문을 흠을 낸 것이 틀림없다.)

niggle

이 동사의 개념 바탕에는 자잘한 일에 마음을 쓰는
과정이 있다.

1. 자동사 용법
1.1. 다음 주어는 자잘하게 괴롭힌다.
(1) Something was niggling at the back of his mind. (무
언가가 마음 뒤켠에서 그를 자잘하게 괴롭히고 있었
다.)
1.2. 다음 주어는 목적어를 부분적으로 계속 괴롭힌다.
(2) a. A doubt niggled at her.(의심이 그녀를 신경 쓰이게
했다.)
b. Stop niggling at me.(사소한 일로 더 이상 날 괴롭
히지 마.)
1.3. 다음 주어는 자잘한 일에 마음을 쓴다.
(3) a. He niggled over every details in the contract.(그
는 계약에서 세부 사항들에 마음을 썼다.)
b. They niggled over the price.(그들은 가격에 대해
까다롭게 굴었다.)

2. 타동사 용법
2.1. 다음 주어는 목적어를 괴롭힌다.
(4) a. It niggled him that she had not phoned back.(그녀
가 다시 전화하지 않은 것은 그를 괴롭게 했다.)
b. Something was niggling her.(무언가가 자잘하게
그녀를 괴롭히고 있었다.)

nip

이 동사의 개념 바탕에는 집는 과정이 있다.

1. 타동사 용법
1.1. 다음 주어는 목적어를 집는다.
(1) a. He nipped a pen between his lips.(그는 펜을 입술
사이에 물었다.)
b. The little boy nipped the head of the flower.(작은
아이는 꽃의 머리를 집었다.)
c. He nipped the wire with a pair of pliers.(그는 그
선을 집게로 집었다.)
d. The monkey nipped the child's hand.(그 원숭이
는 아이의 손을 집었다.)
e. The crab nipped my toe.(그 게는 내 발가락을 집
었다.)
f. He nipped his finger in the machine.(그는 손가락
을 그 기계에 집혔다.)
1.2. 다음 주어는 목적어를 문다.
(2) a. The dog nipped him on the leg.(그 개는 그의 다리
를 물었다.)

b. He nipped her on the arm.(그는 그녀의 팔을 집었
다.)
1.3. 다음 주어는 목적어를 집어서 뽑는다.
(3) a. She nipped a few hairs from his head.(그녀는 머
리카락 몇 개를 그의 머리에서 집어내었다.)
b. He nipped twigs from a bush.(그는 잔가지들을 덤
불에서 집어냈다.)
c. He nipped dead leaves from the tree.(그는 죽은
잎들을 나무에서 떼어내었다.)
1.4. 다음 주어는 목적어를 집어서 떼거나 뽑는다.
(4) a. He nipped off the end of the celery.(그는 셀러리
의 끝 부분을 집어서 떼었다.)
b. The dog nipped the cover off the baseball.(그 개
는 껍질을 그 야구공에서 떼어내었다.)
c. Carefully nip off older flowers to encourage new
growth.(새로운 성장을 촉진하기 위해서 조심스럽
게 더 오래된 꽃들을 집어 떼어라.)
d. We will have to nip off the shoots soon.(우리는
싹들을 곧 집어 떼어야 할 것이다.)
e. He nipped off young leaves.(그는 새 잎들을 집어
서 떼어냈다.)
f. We nipped weeds out yesterday.(우리는 잡초들을
어제 집어서 뽑아내었다.)
1.5. 다음에서 추위와 서리는 집게가 있는 개체로 개념
화된다.
(5) a. The cold nipped our faces/our ears.(추위는 우리
의 얼굴/귀를 꼬집었다.)
b. The frost nipped the roses.(서리는 장미들을 얼게
했다.)
c. Frost nipped buds on the plants.(서리가 그 식물들
의 새 싹들을 얼게 했다.)
d. The icy wind nipped his fingers.(차가운 바람은 그
의 손을 얼게 했다.)
1.6. 다음 주어는 목적어를 집어서 없앤다.
(6) a. He nipped the illness/his cold in the bud.(그는 그
병/감기를 미리 잘라 없앴다.)
b. Mom nipped my plan in the bud.(엄마는 나의 계획
을 미리 잘라버렸다.)
c. He nipped that rumor quickly.(그는 소문을 빨리
없앴다.)

2. 자동사 용법
2.1. 다음 주어는 전치사 at의 목적어를 집으려고 한
다.
(7) a. The small dog nipped at my heels.(그 작은 개는
내 발굽을 물려고 했다.)
b. The icy wind nipped at our faces.(그 차가운 바람
은 우리의 얼굴을 끄집었다.)
c. He nipped at a bottle of Scotch.(그는 위스키 한 병
을 마시기 시작했다.)
2.2. 다음 주어는 살금살금 움직인다.
(8) a. I nipped along the road to see if the shop was still
there.(나는 그 길을 따라 가서 그 상점이 아직 열려
있는지 보았다.)
b. I saw her nipping along in haste.(나는 그녀가 살
금살금 급하게 갔다.)

c. They were **nipping along** on their bikes.(그들은 자전거를 타고 길을 따라 살금살금 가고 있었다.)

d. He **nipped away** without a word.(그는 한 마디의 말도 없이 살짝 갔다.)

e. The boy **nipped down** to the store.(그 소년은 상점에 내려갔다.)

f. Shall we **nip in** to the bar for a bite to eat?(그 술집에 들어가서 무엇을 좀 먹을까요?)

g. Let's **nip in** there for a cup of coffee.(그곳에 잠깐 들러서 커피 한잔을 합시다.)

h. He **nipped off**.(그는 살짝 떠나갔다.)

i. He **nipped out** of bed.(그는 살짝 잠자리에서 일어났다.)

j. He's just **nipped out** to the bank.(그는 살짝 밖으로 나가 은행에 갔다.)

k. Let's **nip out** and buy a pack of cigarettes.(밖으로 나가서 담배 한 갑을 삽시다.)

2.3. 다음 주어는 꼬집는다.

(9) a. The wind **nips** pretty hard.(바람은 매우 심하게 에인다.)

b. The wind **nipped** hard this morning.(바람은 오늘 아침 심하게 에이었다.)

nod

이 동사의 개념 바탕에는 (머리를) 끄덕이는 과정이 있다.

1. 자동사 용법

1.1. 다음 주어는 머리를 꾸벅인다.

(1) a. Halfway through the movie the child began to **nod**.(그 영화의 반쯤 가서 아이는 머리를 꾸벅이기 시작했다.)

b. Grandma sat **nodding** by the fire.(할머니는 난로가에서 머리를 꾸벅이고 앉아 있었다.)

c. Bob's head **nodded** as he tried to stay awake.(밥의 머리는 그가 깨어 있으려고 노력을 할 때에 꾸벅였다.)

d. He **nodded** to show his understanding.(그는 이해를 표시하기 위해서 고개를 끄덕였다.)

1.2. 다음 주어는 고개를 끄덕여서 방향을 가리킨다.

(2) a. He **nodded toward** the kitchen.(그는 고개를 끄덕여서 부엌을 가리켰다.)

b. She asked him to sit as she **nodded toward** a chair.(그녀는 의자를 고개로 가리키면서 그를 앉으라고 했다.)

1.3. 다음 주어는 머리를 끄덕여서 의사를 표시한다.

(3) a. Her head **nodded** in agreement.(그녀의 머리가 동의의 뜻으로 끄덕였다.)

b. I asked if he would help and he **nodded**.(나는 그가 도와 줄 수 있는지를 물었는데, 그가 고개를 끄덕였다.)

c. Bob **nodded** to indicate that he wanted to go along.(밥은 그가 따라가기를 원한다는 것을 가리키기 위해서 고개를 끄덕였다.)

1.4. 다음 주어는 전치사 at의 목적어를 고개로 가리킨다.

(4) a. The judge **nodded at** the foreman to proceed.(그 판사는 십장에게 고개짓으로 가리켜서 진행하게 했다.)

b. She **nodded at** him to begin speaking.(그녀는 그에게 고개짓으로 말을 시작하게 했다.)

c. She **nodded at** us as we stood up.(그녀는 우리가 일어설 때 고개로 우리를 가리켰다.)

1.5. 다음 주어는 전치사 to의 목적어를 고개로 가리킨다.

(5) a. She **nodded to** us as she walked by.(그녀는 지나가면서 우리들에게 고개를 끄덕였다.)

b. He **nodded to** me in the street.(그는 나에게 길에서 고개를 끄덕였다.)

c. He **nodded to** his secretary to come in.(그는 비서에게 고개를 끄덕여서 들어오게 했다.)

1.6. 다음 주어는 윗 부분이 움직인다.

(6) a. Daffodils **nodded** in the breeze.(수선화들이 미풍에 흔들렸다.)

b. The willow trees are **nodding** in the wind.(버드나무들은 바람에 흔들리고 있다.)

c. Reeds are **nodding** in the breeze.(갈대들이 미풍에 흔들리고 있다.)

d. The flowers **nodded** in the breeze.(꽃들이 미풍에 흔들렸다.)

1.7. 다음 주어는 흔들거린다.

(7) The building **nods** to its fall.(그 건물은 넘어지려고 한다.)

1.8. 다음 주어는 꾸벅 잠에 떨어진다.

(8) a. I missed the movie because I'd **nodded off**.(나는 꾸벅 졸았기 때문에 그 영화를 못 보았다.)

b. I **nodded off** during class.(나는 수업 중에 꾸벅 졸았다.)

c. I was practically **nodding off** in that meeting.(나는 회의에서 꾸벅 졸고 있었다.)

d. He was **nodding off** in a chair.(그는 의자에서 꾸벅 졸고 있었다.)

1.9. 다음 주어는 전치사 over의 목적어를 하는 중에 존다.

(9) He was **nodding over** his homework.(그는 숙제를 하다가 졸고 있었다.)

2. 타동사 용법

2.1. 다음 주어는 목적어를 끄덕인다.

(10) a. He **nodded** his head in approval/agreement.(그는 머리를 승인/동의의 뜻으로 끄덕였다.)

b. He is **nodding** his head.(그는 머리를 끄덕이고 있다.)

2.2. 다음 주어는 고개를 끄덕여서 목적어를 움직인다.

(11) a. He **nodded** us **away**.(그는 고개를 끄덕여서 우리를 떠나게 했다.)

b. He **nodded** the servant **out of** the room.(그는 고개를 끄덕여서 그 하인을 방에서 나가게 했다.)

c. He **nodded** the boys **into** the office.(그는 고개를 끄덕여서 소년들을 사무실에 들어가게 했다.)

d. The waiter **nodded** me to my table.(웨이터는 나

에게 고개를 끄덕여서 내 식탁에 가게 했다.)

2.3. 다음 목적어는 재귀대명사이다. 주어는 자신을 어떤 상태에 들어가게 한다.

(12) a. He **nodded** himself to sleep.(그는 꾸벅 잠이 들었다.)

2.4. 다음 주어는 고개를 끄덕여서 목적어를 표시한다.

(13) a. He **nodded** his comprehension.(그는 고개로 이해를 표시했다.)

　　b. He **nodded** his consent.(그는 고개로 동의를 표시했다.)

　　c. The teacher **nodded** his approval.(그 교사는 고개로 승인을 표시했다.)

　　d. He **nodded** his thanks.(그는 고개로 감사를 표시했다.)

2.5. 다음 주어는 첫째 목적어에게 둘째 목적어를 고개를 끄덕여서 표시한다.

(14) a. He **nodded** me a welcome.(그는 고개로 나에게 환영을 표시했다.)

　　b. She **nodded** him yes.(그녀는 그에게 예스를 고개로 표시했다.)

2.6. 다음 주어는 목적어를 고개를 끄덕여서 전치사 to 의 목적어에 전달한다.

(15) a. She **nodded** yes to him.(그녀는 예스를 그에게 고개로 표시했다.)

　　b. He **nodded** farewell to me.(그는 작별을 나에게 고개로 표시했다.)

　　c. He **nodded** a welcome to us.(그는 환영을 우리에게 고개로 표시했다.)

nose

이 동사의 개념 바탕에는 nose의 명사 '코'가 있다. 동사의 의미는 코의 모양과 기능과 관계가 있다.

1. 타동사 용법

1.1. 배의 앞부분은 코와 비슷하고 움직이는 방향의 앞에 있다. 다음 주어는 앞으로 진행한다.

(1) a. The boats **nosed** their way through the fog.(그 배들은 안개를 조심스럽게 뚫고 나아갔다.)

　　b. The ship **nosed** its way through the narrow channel.(그 배는 좁은 해협을 조심스럽게 지나갔다.)

　　c. The dog **nosed** its way into the darkness.(개는 어둠 속으로 조심스럽게 들어갔다.)

1.2. 다음 주어는 목적어를 코로 찾는다.

(2) a. The hound **nosed** the deer's scent.(그 사냥개는 사슴의 냄새를 맡으며 찾아다녔다.)

　　b. The raccoon **nosed** the corn stored in the shed. (그 너구리는 헛간에 저장된 옥수수 냄새를 맡으며 찾았다.)

　　c. The reporters **nosed** some interesting facts about the president.(그 기자들은 대통령에 대한 흥미로운 사실들을 찾아다녔다.)

1.3. 다음 주어는 목적어를 코로(냄새로) 찾아낸다.

(3) a. The cat **nosed** out a mouse.(그 고양이는 쥐를 코로 찾아내었다.)

　　b. The detectives **nosed** out the criminal's hiding place.(그 탐정은 범인의 은신처를 찾아냈다.)

　　c. He **nosed** out the truth.(그는 진실을 찾아냈다.)

　　d. The child **nosed** out the biscuit her mother had hidden.(그 아이는 어머니가 숨긴 과자를 찾아냈다.)

　　e. He can **nose** out secrets.(그는 비밀을 찾아낼 수 있다.)

1.4. 다음 주어는 코를 써서 목적어를 움직인다.

(4) a. The dog **nosed** the box aside.(그 개는 상자를 코로 옆으로 움직였다.)

　　b. The cow **nosed** the calf away from the fence.(그 젖소는 송아지를 코로 밀어 담에서 밀어냈다.)

　　c. The dog **nosed** the door open.(그 개는 코로 문을 열었다.)

　　d. The cat **nosed** the ball under the sofa.(그 고양이는 공을 소파 아래로 밀어 넣었다.)

1.5. 다음 주어는 경기에서 목적어를 간신히 젖힌다.

(5) a. He **nosed** out the other athlete in the race.(그는 다른 운동 선수를 경주에서 간신히 젖혔다.)

　　b. She **nosed** out her opponent in the election.(그녀는 상대 후보를 선거에서 간신히 젖혔다.)

　　c. He barely **nosed** me out in the 100-meter race. (그는 나를 100미터 달리기에서 겨우 이겼다.)

1.6. 다음 주어는 목적어를 코로 비빈다.

(6) a. The dog **nosed** my face.(개는 내 얼굴을 코로 비볐다.)

　　b. My dog **nosed** me when I wept.(강아지는 내가 울자 내 얼굴을 코로 비볐다.)

1.7. 다음 주어는 목적어가 어떤 장소에 들어가게 유도한다.

(7) a. He carefully **nosed** his car into the garage.(그는 조심스럽게 차를 차고로 넣었다.)

　　b. The tugboat **nosed** the ship into the dock.(그 견인선은 배를 부두로 유도했다.)

　　c. The bulldozer **nosed** the rock off the road.(그 불도저는 바위를 도로에서 밀어내었다.)

2. 자동사 용법

2.1. 다음 주어는 코를 여기저기 대면서 냄새를 맡는다.

(8) a. The dog kept **nosing** about the room.(강아지는 그 방 여기저기서 냄새를 맡았다.)

　　b. He **nosed** about (in) the room.(그는 방의 냄새를 여기저기서 맡았다.)

2.2. 개가 냄새로 무엇을 찾듯, 다음 주어는 무엇을 찾는다.

(9) a. The police are **nosing** around for information.(경찰당국은 정보를 찾아다니고 있다.)

　　b. He **nosed** around asking questions.(그는 질문을 물어보며 다녔다.)

2.3. 다음 주어는 조심스럽게 앞으로 나아간다.

(10) a. The little boat **nosed** carefully between the rocks. (그 작은 배는 조심스럽게 바위 사이를 지나갔다.)

　　b. The plane **nosed** down through the thick clouds. (그 비행기는 두꺼운 구름을 뚫고 내려갔다.)

　　c. The plane **nosed** forward carefully.(그 비행기는

d. The ship **nosed into** the harbor.(그 배는 항구로 들어왔다.)

e. The car **nosed out into** the traffic.(그 차는 차량들의 흐름 속에 들어왔다.)

f. The ship **nosed through** the gap in the reef.(그 배는 암초의 틈 사이로 조심스럽게 나아갔다.)

g. Our boat **nosed through** the waves.(우리 배는 파도를 뚫고 지나갔다.)

2.4. 개가 아무데나 코를 대듯 다음 주어는 남의 일에 참견한다.

(11) a. Don't **nose into** my affairs.(내 일에 참견하지 마라.)

b. He always **noses into** my private life.(그는 항상 내 개인적인 일에 간섭한다.)

c. Don't **nose into** another's affair.(다른 사람의 일에 끼어들지 마라.)

notch

이 동사의 개념 바탕에는 notch의 명사 'V자 모양의 새김 눈'이 있다. 동사의 의미는 이 명사의 모양과 용도와 관계가 있다.

1. 타동사 용법

1.1. 다음 주어는 목적어를 새김 눈으로 표시한다.

(1) a. The carpenter **notched** the wood with his chisel. (그 목수는 그 나무를 끌로 새김 눈을 냈다.)

b. He **notched** the tree to mark where it should be cut.(그는 그 나무가 잘려야 할 위치를 표시하기 위해 새김 눈으로 표시했다.)

c. He **notched** each tree he intended to fell.(그는 베려는 나무 각각을 새김 눈으로 표시했다.)

1.2. 다음 주어는 목적어에 V자형의 모양이 생기게 한다.

(2) He **notched** the piece of steel into a saw.(그는 강철 조각을 V자형의 모양을 새겨 톱을 만들었다.)

1.3. 다음 주어는 목적어를 전치사 on의 목적어에 표시한다.

(3) He **notched** a score on a stick.(그는 득점을 막대기에 흠을 내서 표시했다.)

1.4. 다음 목적어는 점수와 관계된다. 주어는 목적어를 V표로 표시한다. 표시는 득점으로 확대된다.

(4) a. The pitcher **notched up** another win.(그 투수는 또 다른 승리를 거두었다.)

b. He **notched** a winning goal in a 1-0 win.(그는 득점 골을 넣어 1대0으로 승리했다.)

c. The team **notched up** their third victory in a row. (그 조는 세 번째 승리를 연속적으로 거두었다.)

note

이 동사의 개념 바탕에는 감각기관을 통해서 알게된 것을 새겨두는 과정이 있다.

1. 타동사 용법

1.1. 다음 주어는 목적어를 시각으로 알아차린다.

(1) a. **Note** the fine altar in the church.(그 교회 안의 정교한 제단을 잘 보세요.)

b. **Note** the absence of primary colors in the painting.(그림에는 원색이 빠져 있음에 주목하시오.)

c. Please **note** my words/the tower.(내 말에/저 탑에 주목하시오.)

d. Mother **noted** a smear on the window pane.(어머니는 창유리에 낀 얼룩을 주목하셨다.)

e. **Note** the "For Sale" signs in front of many of the houses.(많은 주택 앞에 걸린 "판매"이라는 표지를 주목하시오.)

1.2. 다음 주어는 후각, 촉각 등으로 목적어를 알아차린다.

(2) a. I **noted** a strange smell in the room.(나는 방안의 이상한 냄새를 알아차렸다.)

b. We **noted** the shift in the wind.(우리는 바람의 변화를 알아차렸다.)

c. I have **noted** your words and put them in my file. (나는 너의 말을 주의해서 적어서 내 파일 속에 넣어 두었다.)

1.3. 다음 목적어는 추상적인 개체이나 관찰될 수 있는 개체로 개념화되어 있다.

(3) a. My boss **noted** my reluctance to work on Sunday. (나의 사장은 내가 일요일에 일하는 것을 꺼려하고 있음을 알아차렸다.)

b. His report **notes** the economic problem facing the country.(그의 보고서는 그 나라가 직면하고 있는 경제적인 문제를 지적한다.)

c. The reporter **notes** with approval the government's efforts to solve the problem.(그 기자는 그 문제를 해결하려는 정부의 노력을 찬성하며 주목한다.)

d. Frank **noted** a trace of eagerness in her voice.(프랭크는 열망의 흔적을 그녀의 목소리에서 알아차렸다.)

1.4. 다음 주어는 목적어가 어떤 과정 속에 있음을 알아차린다.

(4) a. I **noted** her eyes filling with tears.(나는 그녀의 눈이 눈물로 넘쳐흐르는 것을 알아차렸다.)

b. He **noted** the numbness creeping into his fingers. (그는 손가락에 기어오르고 있는 저려움을 알아차렸다.)

c. She **noted** water dripping from the tap.(그녀는 물이 수도꼭지로부터 떨어지는 것을 알아차렸다.)

1.5. 다음 주어는 목적어 (주목한 것)를 글로 적는다.

(5) a. Please **note** my phone number in your notebook. (네 공책에 나의 전화번호를 적으시오.)

b. She **noted** the birds she saw in her diary.(그녀는 본 새들을 일기장에 그려 두었다.)

c. He **noted** down the main points of the lecture.(그는 강의의 요점들을 적어 두었다.)

d. The newspaper does not **note** what was the cause of the accident.(그 신문은 사고의 원인이 무엇인지는 적지 않았다.)

e. He **noted** the professor's comments in the

margin.(그는 그 교수의 논평들을 그 여백에다 적어 놓았다.)

1.6. 다음 주어는 목적어를 적어 놓는다.

(6) a. She noted down the time of the meeting in her diary.(그녀는 모임의 시간을 일기장에 적어 놓았다.)

b. The class noted down every word the teacher said.(그 학급은 선생님이 말하는 모든 말을 적어 놓았다.)

1.7. 다음 주어는 목적어를 표시한다.

(7) Black ashes noted where the house had.(검은 재는 그 집이 있었던 장소를 나타냈다.)

1.8. 다음 that-절은 주어가 알게 된 내용이나 말하는 내용이다.

(8) a. I noted that he seemed unhappy about the plan.(나는 그가 그 계획에 대해 별로 기쁘지 않음을 알아차렸다.)

b. I noted that she was not willing to cooperate.(나는 그녀가 협력하고 싶어하지 않으리라는 것을 알아차렸다.)

c. Please note that the bill must be paid within a week.(청구 금액이 일주일 이내에 지불되어야 함에 주목해 주십시오.)

d. Please note that a check is enclosed herewith.(수표 한 장이 여기에 동봉되어 있음에 주목해 주십시오.)

1.9. 다음 that-절은 주어가 언급하는 내용이다.

(9) a. Note that a day's delay will result in a fine of $50.(하루 지체는 50달러의 과태료가 부과되니 주의해 주십시오.)

b. Our guide noted that the temple is 200 years old.(우리의 안내인은 그 사원이 200년 되었음을 언급하였다.)

c. My teacher noted that I had left class early.(선생님은 내가 수업을 일찍 떠났다고 언급하셨다.)

d. Please note that our address has changed.(우리 주소가 바뀐 것에 대해 주의해 주십시오.)

e. He noted that his staff had done a fine job.(그는 직원들이 훌륭한 일을 했음을 언급하였다.)

f. Please note that we will be closed next Monday.(다음 주 월요일에는 문을 닫을 것이니 주의해 주십시오.)

1.10. 다음 의문사가 이끄는 절은 주어가 주목하거나 언급하는 내용이다.

(10) a. Note how these words are used.(이 낱말들이 어떻게 쓰이는지 주목하여라.)

b. Note how the machine works.(그 기계는 어떻게 조작되는지 잘 지켜보아라.)

c. Note how I did it.(내가 어떻게 그것을 했는지 잘 보아라.)

---

notice

이 동사의 개념 바탕에는 주목하는 과정이 있다.

1. 타동사 용법

1.1. 다음 주어는 목적어를 주목한다.

(1) a. Did you notice the mark on his shirt?(그의 셔츠에 있는 표시를 주목했나요?)

b. I noticed a crack/a hole in the ceiling.(나는 그 천장에서 틈/구멍을 주목했다.)

c. I noticed a cloud of dust in the distance.(나는 멀리에서 먼지 덩어리를 주목했다.)

d. I noticed a book on the table.(나는 탁자에 있는 책을 주목했다.)

e. The baby notices everything now.(그 아기는 이제 뭐든지 다 주목한다.)

f. He can notice what he sees now.(그는 이제 그가 보는 것을 주목할 수 있다.)

g. The witness has noticed many details about the accident.(그 목격자는 사고에 대해 자세한 많은 사항을 주목했다.)

h. She noticed a big difference at once.(그녀는 곧 큰 차이를 주목했다.)

1.2. 다음 주어는 목적어를 주목했음을 알린다.

(2) a. She noticed him as soon as she entered the room.(그녀는 방에 들어가자마자 그를 알아보고 인사를 했다.)

b. He was too proud/shy to notice me.(그는 너무 자랑스러워서/부끄러워서 나를 알아보지 못했다.)

c. They noticed us merely with a wave/a nod.(그들은 단지 손 흔드는 신호로/머리 끄덕거림으로 우리를 알아보고 인사를 했다.)

d. I didn't notice you.(나는 너를 알아보지 못했다.)

e. He wasn't noticing them.(그는 그들을 알아보지 못하고 있었다.)

1.3. 다음 주어는 목적어를 시각이 아니라 감각이나 지각으로 주목한다.

(3) a. I could not help noticing a change in her attitude.(나는 그녀의 태도의 변화를 눈치채지 않을 수 없었다.)

b. If you look carefully, you will notice the difference.(자세히 보면 너는 그 차이를 알 것이다.)

c. You may notice numb feeling in your fingers.(너는 손가락에 마비된 느낌을 알아챌지도 모른다.)

d. We noticed a deficit.(우리는 적자를 알아차렸다.)

e. I didn't notice when she walked into the room.(나는 그녀가 방으로 걸어왔을 때 알아차리지 못했다.)

1.4. 다음 주어는 목적어가 어떤 일을 한 것을 주목한다.

(4) a. Did you notice him pause?(당신은 그가 한숨 돌리고 있는 것을 알아차렸나요?)

b. Did you notice anyone come in?(누군가 들어오는 것을 알아차렸습니까?)

c. He noticed her leave the room.(그는 그녀가 방을 나가는 것을 알아차렸다.)

d. She was noticed to come in.(그녀가 들어오는 것이 눈치 채졌다.)

1.5. 다음 주어는 목적어가 어떤 일을 하고 있는 것을 지각한다.

(5) a. I suddenly noticed her standing by the door.(나는 그녀가 문 옆에 서 있는 것을 갑자기 알아차렸다.)

b. Did you **notice** his hands shaking?(당신은 그의 손이 떨리고 있는 것을 알아차렸습니까?)

c. We **noticed** a car stopping outside the house.(우리는 집 밖에 차가 서 있는 것을 알아차렸다.)

d. I **noticed** the boy taking an apple from the cart.(나는 그 소년이 짐수레에서 사과를 빼내는 것을 알아차렸다.)

1.6. 다음 주어는 목적어를 언급한다.

(6) He **noticed** her services in his speech.(그는 연설에서 그녀의 봉사를 언급했다.)

1.7. 다음은 수동태 문장으로 주어는 주목된다.

(7) a. His symphony was **noticed** favorably in the magazine.(그의 교향곡은 잡지에서 호평을 받았다.)

b. She was **noticed** at the age of 16 by the critics.(그녀는 16세의 나이에 비평가들의 주목을 받았다.)

1.8. 다음 주어는 that-절의 내용을 주목한다.

(8) a. Bill **noticed that** it was about to rain.(빌은 비가 오려하는 것을 알아차렸다.)

b. He **noticed that** the woman was staring at him.(그는 그 여자가 자신을 노려보고 있다는 것을 알아차렸다.)

c. I **noticed that** he was sick.(나는 그가 아프다는 것을 알아차렸다.)

d. When he took off his hat, I **noticed that** he was bald.(그가 모자를 벗었을 때, 나는 그가 대머리임을 알아차렸다.)

e. I **notice that** you are wearing a new hat.(나는 당신이 새 모자를 쓰고 있음을 알아본다.)

f. I **noticed that** she didn't have her wedding ring on.(나는 그녀가 결혼 반지를 끼지 않았다는 것을 알아차렸다.)

g. I **noticed that** he left early.(나는 그가 빨리 떠났음을 알았다.)

h. I **noticed that** the child had tears in her eyes.(나는 그 아이가 눈에 눈물을 흘리는 것을 알아챘다.)

i. I **noticed** in the paper **that** the prices have increased.(나는 그 신문에서 가격이 올랐음을 알아챘다.)

j. She **noticed that** I frowned when I typed fast.(그녀는 내가 빨리 타자를 칠 때 얼굴을 찡그린다는 것을 알아챘다.)

k. I **noticed that** he was looking very nervous.(나는 그가 매우 긴장되어 보인다는 것을 알아차렸다.)

l. I **noticed that** he had a peculiar habit.(나는 그가 특별한 버릇이 있음을 알아차렸다.)

m. I **noticed that** there was a leak in the ceiling.(나는 그 천장에서 물이 새는 것을 알아차렸다.)

1.9. 다음 주어는 의문사절의 내용을 지각한다.

(9) a. I hadn't **noticed how** tall he was until now.(나는 지금까지 그가 얼마나 키가 큰지 주목하지 못했었다.)

b. He was too tired and hungry to **notice how** hungry he was.(그는 너무나 지치고 굶주려서 얼마나 배고픈지 알아차리지 못했다.)

c. Did you **notice how** he did that?(당신은 그가 그것을 어떻게 했는지 주목했나요?)

d. I didn't **notice what** time he came in.(나는 그가 몇 시에 들어왔는지 주목하지 않았다.)

e. Did you **notice whether** I locked?(당신은 내가 문을 잠궜는지 아닌지 주목했나요?)

f. Did you **notice whether** there was a light on when you left?(당신이 떠날 때 불이 켜져 있었는지 여부를 주목했나요?)

g. I didn't **notice who** was there.(나는 누가 거기 있는지 주목하지 못했다.)

1.10. 다음 주어는 첫째 목적어에게 that-절의 내용을 통보한다.

(10) The lawyer **noticed** us **that** we had to appear in court.(변호사는 우리에게 법정에 나와야 한다고 통보했다.)

1.11. 다음 주어는 목적어가 어떤 일을 하게 통보한다.

(11) The police **noticed** him to appear.(그 경찰은 그에게 출두하도록 통보했다.)

1.12. 다음은 수동태 문장으로 주어는 통보를 받는다.

(12) She was **noticed** to quit.(그녀는 멈추라고 통보를 받았다.)

2. 자동사 용법

2.1. 다음 주어는 주목을 한다. 목적어가 쓰이지 않았다. 그러나 목적어의 추리가 가능하다.

(13) Mary waved at the man, but he didn't seem to **notice**.(메리는 그 남자에게 손을 흔들었다. 그러나 그는 알아차리지 못한 듯 했다.)

notify

이 동사의 개념 바탕에는 공식적으로 통보하는 과정이 있다.

1. 타동사 용법

1.1. 다음 주어는 첫째 목적어에게 둘째 목적어 (that-절)를 통보한다.

(1) a. Our teacher **notified that** there would be a test on Monday.(우리 선생님은 월요일에 시험이 있을 것이라고 공고했다.)

b. Please **notify** all staff **that** the inspector will be here on Monday.(모든 직원들에게 검시관들이 월요일에 여기에 올 것이라고 공지해라.)

c. Anne **notified** her landlord **that** her kitchen sink was broken.(앤은 집주인에게 부엌 싱크대가 고장났다고 통고했다.)

d. He **notified** us **that** he was going to leave.(그는 우리에게 떠날 것이라고 통고했다.)

e. The police **notified** Bob's parents **that** he'd been in an accident.(경찰은 밥의 부모에게 그가 사고를 당했다고 통지했다.)

f. He wrote to **notify** me **that** the check had arrived.(그는 내게 수표가 도착했음을 편지로 통지했다.)

g. The committee will **notify** us **when** it will next be held.(그 위원회는 우리에게 언제 그것이 다음에 열

릴지 통지할 것이다.)

1.2. 다음은 수동태 문장으로 주어는 통보된다.
(2) The students were **notified that** they should meet at the hall.(그 학생들은 그들이 집회장에 모여야 한다는 것을 통보 받았다.)

1.3. 다음 주어는 목적어를 통보하여 부정사로 표현된 일을 하게 한다.
(3) a. He **notified** me **to** bring him the documents.(그는 나에게 그 서류들을 가져오라고 통보했다.)
  b. We **notified** the citizens **to** assemble in the hall.(우리는 그 시민들에게 그 집회장으로 모이도록 통보했다.)
  c. The teacher **notified** the pupils **to** assemble in the auditorium.(그 선생님은 학생들에게 강당에 모이도록 통보했다.)

1.4. 다음 주어는 목적어를 전치사 about/of의 목적어를 통보한다.
(4) a. We **notified** the police **about** the burglary.(우리는 경찰에게 그 절도에 대해 신고했다.)
  b. I will **notify** you **of** the arrival of the goods.(나는 너에게 그 물건의 도착에 대해 통보하겠다.)
  c. She **notified** me **of** her new address.(그녀는 나에게 그녀의 새 주소를 통지했다.)
  d. We **notified** his family **of** his death.(우리는 그의 가족에게 그의 죽음을 통보했다.)
  e. He **notified** the police **of** the crime.(그는 경찰에게 범죄를 신고했다.)
  f. He **notified** her **of** his intention.(그는 그녀에게 자신의 의도를 통보했다.)

1.5. 다음은 수동태 문장으로 주어는 통보된다.
(5) a. You will be **notified of** any changes in the program.(너는 그 프로그램의 어떤 변화라도 통보 받게 될 것이다.)
  b. Has everyone been **notified of** the decision?(모두에게 그 결정이 통지되었니?)
  c. I was **notified of** the unpaid bill.(나는 미불된 계산서에 대해 통보 받았다.)
  d. The police should be **notified of** the theft.(경찰은 그 절도에 대해 통보되어야 한다.)

1.6. 다음 주어는 목적어를 통보한다. 목적어는 정보를 받는 사람이다.
(6) If your passport is stolen, you should **notify** the police immediately.(너의 여권이 분실되면, 곧장 경찰에게 신고해야 한다.)

1.7. 다음은 수동태 문장으로 주어는 통보된다.
(7) Contest winners will be **notified** by postcard.(경기 우승자들은 엽서로 통보될 것이다.)

1.8. 다음 주어는 목적어를 전치사 to의 목적어에 통보한다.
(8) We **notified** our intention **to** the party concerned. (우리는 우리의 의도를 관련된 당사들에게 통보했다.)

1.9. 다음 문장은 수동태 문장으로 주어는 전달된다.
(9) a. The marriage was **notified** in the papers.(그 결혼식은 신문에 통보되었다.)
  b. The sale was **notified** in the papers.(그 판매는 신문에 통보되었다.)

  c. Such cases must be **notified** to the police.(그런 사건들은 경찰에 신고되어야 한다.)

nourish

이 동사의 개념 바탕에는 영양분을 주는 과정이 있다.

1. 타동사 용법
1.1. 다음 주어는 목적어에 영양분을 주어서 기른다.
(1) a. **Nourish** yourself on healthy soups.(건강한 국으로 영양을 섭취해라.)
  b. The nurse **nourished** the infant with milk.(그 간호사는 아기를 우유로 길렀다.)

1.2. 다음 주어는 자양분이다. 주어는 목적어의 자양분이 된다.
(2) a. Good food **nourishes** people.(좋은 음식은 사람들을 살찌게 한다.)
  b. Fertilizer **nourishes** the earth.(비료가 흙을 살찌게 한다.)
  c. Milk **nourishes** a baby.(우유는 아기들에게 자양분이 된다.)
  d. This cream **nourishes** your skin.(이 크림은 당신에 피부에 영양분을 공급합니다.)

1.3. 다음은 수동태 문장으로 주어는 자양분을 받는다.
(3) Pigs can be **nourished** on any food.(돼지는 어떤 음식에서건 영양을 섭취할 수 있다.)

1.4. 다음 목적어는 추상적이다. 이들 개체도 생명이 있어서 자양분을 취하는 것으로 개념화된다.
(4) a. The Bill of Rights **nourishes** our freedom.(그 권리법은 우리의 자유를 육성한다.)
  b. He **nourished** the hope that the party would be a success.(그는 파티가 성공적일 것이라는 희망을 키워주었다.)
  c. She **nourished** feelings of hatred.(그녀는 증오의 감정을 키웠다.)
  d. He had long **nourished** the dream of becoming a singer.(그는 오랫동안 가수가 되겠다는 꿈을 키워 왔었다.)

nudge

이 동사의 개념 바탕에는 팔꿈치로 살짝 건드리는 과정이 있다.

1. 타동사 용법
1.1. 다음 주어는 목적어를 팔꿈치로 살짝 건드린다.
(1) a. I **nudged** him to get his attention.(나는 그를 주의를 환기시키기 위해 팔꿈치로 살짝 건드렸다.)
  b. He **nudged** me in the ribs.(그는 나를 내 갈비뼈를 팔꿈치로 살짝 건드렸다.)
  c. He **nudged** her before whispering his question.(그는 그녀를 낮은 소리로 질문을 하기 전에 팔꿈치로 살짝 건드렸다.)

1.2. 다음 주어는 목적어를 살짝 건드린다.
(2) a. I accidentally **nudged** someone with my shopping cart.(나는 어떤 사람을 내 쇼핑 카트로 뜻하지 않게

살짝 건드렸다.)

b. My dog nudged my leg with its nose. (나의 강아지
　 는 내 다리를 그의 코로 살짝 건드렸다.)

c. He nudged me with his elbow. (그는 나를 팔꿈치
　 로 살짝 건드렸다.)

1.3. 다음 주어는 목적어를 살짝 건드려서 움직이게 한
　다.

(3) a. She nudged him into the kitchen. (그녀는 그를 건
　 드려서 부엌으로 들어가게 했다.)

b. He nudged the cat off the sofa. (그는 고양이를 살
　 짝 건드려서 소파에서 떠나게 했다.)

c. Dan nudged me out of the way. (댄은 나를 살짝 건
　 드려서 길에서 벗어나게 했다.)

d. He nudged the ball past the goal. (그는 공을 살짝
　 건드려서 골을 지나가도록 했다.)

e. She nudged me toward the door. (그녀는 나를 건
　 드려서 문 쪽으로 가게 했다.)

1.4. 다음 주어는 목적어를 towards의 목적어가 가리
　키는 쪽으로 끈질기게 조른다.

(4) a. We are trying to nudge them towards a practical
　 solution. (우리는 그들을 실제적인 해결책을 구현하
　 는 쪽으로 계속해서 밀려고 하고 있다.)

b. He nudged the conversation toward the subject
　 of money. (그는 그 대화를 돈의 문제 쪽으로 가도
　 록 끈질기게 밀었다.)

c. The general is nudged toward reform by his
　 aides. (그 사령관은 개혁 쪽으로 참모들에 의해 끈
　 질기게 권유받는다.)

1.5. 다음 주어는 목적어를 to부정사가 가리키는 일을
　하도록 집적인다.

(5) a. She nudged him to get a haircut. (그녀는 그가 머리
　 를 자르도록 졸라댔다.)

b. The tax reduction will nudge some people to
　 start their own businesses. (세금 삭감은 몇몇 사람
　 들을 자신의 사업을 시작하도록 자극할 것이다.)

1.6. 다음 주어는 목적어를 조금씩 설득하여 전치사
　into의 목적어의 과정을 거치게 한다.

(6) a. They nudged him into selling his shares. (그들은
　 그를 설득하여 주식을 팔게 했다.)

b. Many men in their fifties are nudged into early
　 retirement. (50대의 많은 사람들이 설득을 받고 조
　 기은퇴를 한다.)

1.7. 다음 주어는 목적어를 점차로 접근한다.

(7) a. The thermometer was nudging 80°F. (그 온도계
　 가 화씨 80도를 접근하고 있었다.)

b. The temperature was nudging 100 degrees in
　 the shade. (기온은 그늘에서도 100도를 다가서고
　 있었다.)

c. For the first time in my life, I'm nudging 80kg. (내
　 인생 최초로, 나는 80kg를 접근하고 있다.)

d. The circulation is nudging the three million mark.
　 (그 발행부수는 300만에 다가서고 있다.)

1.8. 다음 주어는 팔꿈치로 헤치면서 나아간다.

(8) He nudged his way through the crowd. (그는 군중
　 속을 헤치면서 나아갔다.)

nullify

이 동사의 개념 바탕에는 영으로 만드는 과정이 있
다.

1. 타동사 용법

1.1. 다음 주어는 무효로 만든다.

(1) a. The budget cuts nullified all plans. (그 예산 삭감이
　 모든 계획을 무효로 만들었다.)

b. It became necessary to nullify the law. (그 법을 무
　 효로 할 필요가 생겼다.)

c. Congress nullified Prohibition in 1933. (의회는
　 1993년에 금주법을 무효화했다.)

d. Judges were unwilling to nullify government
　 decisions. (판사들은 정부의 결정을 무효로 하고 싶
　 지 않았다.)

e. The Supreme court has the right to nullify an act
　 of Congress by finding it unconstitutional. (대법원
　 은 국회 제정법을 그것이 위헌이라고 판단함으로써
　 무효화 할 권리를 가지고 있다.)

1.2. 다음 주어는 목적어를 무로 만든다.

(2) a. An unhealthy diet will nullify the effects of
　 training. (건강에 도움이 안 되는 식이요법은 훈련의
　 효과들을 없앨 것이다.)

b. Inflation has nullified the recent wage increases.
　 (통화팽창은 최근의 임금 인상을 소용없게 했다.)

c. Reading the book nullified his misconception. (그
　 책의 독서가 오해를 없앴다.)

d. The company's losses nullified its profits. (그 회사
　 의 손실은 그의 이익을 무(無)로 만들었다.)

e. The difficulties of the plan nullify its advantages.
　 (그 계획의 어려움들은 그것의 장점들을 무로 만든다.)

number

이 동사의 개념 바탕에는 number의 명사 '수'가 있
다. 동사의 의미는 이 명사의 쓰임과 관계가 있다.

1. 타동사 용법

1.1. 다음 주어는 목적어의 일련번호를 표시한다.

(1) a. Number the pages of your report. (너의 보고서에
　 번호를 매겨라.)

b. They numbered the houses. (그들은 주택들을 번
　 호를 매겼다.)

c. Number each item in the list. (목록에 있는 각 항목
　 을 번호로 매겨라.)

1.2. 다음 주어는 목적어가 가리키는 수에 이른다.

(2) a. His plays number 30. (그의 공연은 30회에 이른
　 다.)

b. The audience numbered almost two hundreds. (그
　 관중은 수가 거의 200명에 이르렀다.)

c. The complete team numbers 20. (그 전체 팀은 20
　 명이다.)

d. After the hurricane, the homeless numbered
　 200,000. (그 태풍 후, 집을 잃은 사람이 200,000명
　 에 이르렀다.)

e. The student body **numbered** 40,000 last year.(그 학생 단체는 수가 작년에 40,000명이었다.)

1.3. 다음 주어는 목적어를 among의 목적어 속에 넣는다.

(3) a. She **numbered** him **among** her close friends.(그녀는 그를 가까운 친구 속에 포함시켰다.)

b. He **numbered** himself **among** the serious students in school.(그는 자기 자신을 학교 내 진지한 학생들 속에 포함시켰다.)

1.4. 다음은 수동태 문장으로 주어는 그 수가 한정되어 있다.

(4) a. His days are **numbered**.(그의 목숨이 얼마 남지 않았다.)

b. The days are **numbered** before the cold weather set in.(추운 계절이 오기까지 얼마 남지 않았다.)

1.5. 다음은 수동태 문장으로 주어는 among의 목적어 속에 헤아려지는 개체이다.

(5) a. He was **numbered among** the better players.(그는 더 유능한 선수 중에 끼어있었다.)

b. He is **numbered among** poets.(그는 시인의 대열에 포함되어 있다.)

1.6. 다음 주어는 목적어의 수를 열거한다.

(6) I'll **number** the advantages of the plan.(내가 그 계획의 이점을 열거해 보겠다.)

2. 자동사 용법

2.1. 다음 주어는 어떤 수에 이른다.

(7) The crowd **numbered** in the thousands.(그 군중의 수가 수천 명에 이르렀다.)

2.2. 다음 주어는 among의 목적어에 헤아려진다.

(8) Many famous actors **number among** his friends.(많은 유명 배우들이 친구 중에 포함되어 있다.)

nurse

이 동사의 개념 바탕에는 nurse의 명사 '간호사'가 있다. 동사의 의미는 명사의 기능과 관련이 있다.

1. 타동사 용법

1.1. 다음 주어는 목적어를 젖을 먹여서 키운다.

(1) a. The cat **nursed** her new-born kittens.(그 고양이는 갓난 새끼에게 젖을 주었다.)

b. She **nursed** the baby for six months.(그녀는 아기에게 육 개월 동안 젖을 먹였다.)

c. She **nursed** the baby at her breast.(그녀는 아기에게 모유를 먹였다.)

d. Mammals **nurse** their young.(포유동물들은 새끼를 젖을 먹인다.)

e. He **nursed** the kitten.(그는 고양이 새끼에게 젖을 먹여 키웠다.)

1.2. 다음 주어는 목적어를 가꾸어 키운다.

(2) a. He **nursed** a young plant.(그는 어린 묘목을 키웠다.)

b. He is **nursing** his tomato plants. (그는 토마토를 기르고 있다.)

c. His hobby is **nursing** plants. (그의 취미는 식물을

기르는 것이다.)

1.3. 다음 주어는 목적어를 껴안는다.

(3) He **nursed** a trunk between his legs.(그는 트렁크를 다리 사이에 안았다.)

1.4. 다음 주어는 목적어를 간호한다.

(4) a. He **nursed** her back to health.(그는 그녀를 간호해서 건강하게 만들었다.)

b. He **nursed** the cancer patients in a hospital.(그는 그 암환자들을 병원에서 간호했다.)

c. He **nursed** the company through a difficult period.(그는 그 회사를 어려운 시기를 통해 돌보았다.)

d. She **nursed** the sick kittens.(그녀는 병든 고양이 새끼들을 간호했다.)

1.5. 다음 주어는 목적어를 양생한다.

(5) a. He is still **nursing** a shoulder injury.(그는 아직도 어깨 상처를 돌보고 있다.)

b. He is **nursing** his sore finger.(그는 아픈 손가락을 돌보고 있다.)

c. He **nursed** his knees.(그는 무릎을 돌보았다.)

d. I think I can **nurse** this cold without seeing a doctor.(나는 의사를 보지 않고서 이 감기를 돌볼 수 있다고 생각한다.)

e. He **nursed** a case of flu.(그는 감기 환자를 돌보았다.)

f. She stayed home to **nurse** her cold.(그녀는 집에 머물면서 그녀의 감기를 돌보았다.)

g. She is **nursing** her hurt pride.(그녀는 그녀의 상처받은 자존심을 돌보고 있다.)

1.6. 다음 주어는 목적어를 어른다.

(6) a. She **nursed** her cocktail/soda all evening.(그녀는 칵테일/소다수를 저녁 내내 얼렀다.)

b. He **nursed** the glass of beer/a cup of tea all evening.(그는 맥주 잔/차 한 잔을 저녁 내내 얼렀다.)

c. The boy **nursed** the little bird in his hands.(그 소년은 작은 새를 손에 얼렀다.)

d. She sat down and **nursed** her doll.(그녀는 앉아서 인형을 얼렀다.)

1.7. 다음 주어는 목적어를 소중히 다룬다.

(7) a. He **nurses** the memento.(그는 그 기념패를 소중히 다룬다.)

b. He is **nursing** his savings.(그는 저축을 소중하게 다루고 있다.)

1.8. 다음 주어는 목적어를 돌본다.

(8) a. **Nurse** the fire.(불을 잘 돌보아라.)

b. He **nursed** a flickering fire.(그는 껌뻑거리는 불을 돌보았다.)

1.9. 다음 주어는 목적어를 품는다.

(9) a. She still **nurses** a grudge **against** her husband's new wife.(그녀는 남편의 새 처에 대해서 원한을 품는다.)

b. He **nursed** a grievance **against** his former employee.(그는 옛 고용인에게 불만을 품었다.)

c. He **nursed** his desire for revenge during his long years in prison.(그는 복수에 대한 열망을 긴 감옥 생활 동안 품었다.)

d. He **nursed** a hope that his wife would live.(그는 아내가 살아있으리라는 희망을 품었다.)

e. She has **nursed** her love/fear for him.(그녀는 그에 대한 사랑/두려움을 품었다.)

f. He **nursed** his anger at her negligence.(그는 그녀의 태만에 대한 분노를 품었다.)

g. He **nurses** an ambition to lead his own big orchestra.(그는 자신의 큰 관현악단을 이끌 야망을 품는다.)

h. He **nursed** an interest in music.(그는 음악에 관심을 품었다.)

2. 자동사 용법
2.1. 다음 주어는 간호원으로 일한다.
(10) She used to **nurse** in a military hospital.(그녀는 군 병원에서 간호하고 했다.)

2.2. 다음 주어는 젖을 먹는다.
(11) a. The baby is **nursing** at its mother's breast.(그 아기는 엄마 가슴에서 젖을 먹고 있다.)

b. The baby wants to **nurse** every three hours.(그 아기는 세 시간마다 젖을 먹고 싶어한다.)

c. The puppies **nursed** eagerly at their mother's side.(그 강아지들은 어미 개 곁에서 열심히 젖을 빨았다.)

2.3. 다음 주어는 젖을 준다.
(12) a. The mother cat is **nursing** now.(어미 고양이는 젖을 먹이고 있다.)

b. She **nurses** while sitting in a rocking chair.(그녀는 흔들의자에 앉아서 젖을 먹인다.)

nurture
이 동사의 개념 바탕에는 영양을 주고 훈련을 시키면서 기르는 과정이 있다.

1. 타동사 용법
1.1. 다음 주어는 목적어를 보육한다.
(1) a. A mother should **nurture** her child.(엄마는 자신의 아이를 보육해야 할 책임이 있다.)

b. He carefully **nurtured** the plants in a greenhouse.(그는 온실에 있는 식물들을 조심스럽게 가꾸었다.)

1.2. 다음 목적어는 추상적인 개체이다. 그러나 생명체로 개념화되어 보육할 수 있는 것으로 표현되어 있다.
(2) a. The famous musician **nurtured** young talent.(그 유명 음악가는 젊은이의 재능을 키웠다.)

b. He **nurtured** a desire for revenge.(그는 복수심을 키워나갔다.)

c. Reading aloud **nurtures** a love of books in children.(소리내어 책을 읽는 것이 아이들에게 책의 사랑을 키워준다.)

d. The group wants to **nurture** democracy in former communist countries.(그 단체는 민주주의를 이전 공산주의 국가에서 키워가기를 원한다.)

e. He **nurtured** an ambition for his daughter to become a singer.(그는 딸이 가수가 되는 야망을 키웠다.)

f. He is trying hard to **nurture** the friendship.(그는 우정을 키워가기 위해 열심히 애쓰고 있다.)

nuzzle
이 동사의 개념 바탕에는 코를 가볍게 대는 과정이 있다.

1. 타동사 용법
1.1. 다음 주어는 목적어를 코로 비빈다.
(1) a. The dog **nuzzled** its owner's cheek.(개는 주인의 뺨을 코로 비벼댔다.)

b. My dog **nuzzled** the back of my knee.(나의 개는 내 무릎 뒤를 코로 비벼댔다.)

c. Tom **nuzzled** Clara's neck.(탐은 클라라의 목을 코로 비볐다.)

d. The kitten **nuzzled** the ball of wool on the floor.(그 새끼고양이는 마루 위의 털실 뭉치를 코로 비볐다.)

e. He **nuzzled** her under the covers.(그는 그녀를 껴안아 담요 밑에서 코로 맞대었다.)

2. 자동사 용법
2.1. 다음 주어는 코를 맞대고 가까이 있다.
(2) a. They **nuzzled** under the covers.(그들은 담요 밑에서 코를 맞대고 가까이 있었다.)

b. The lovers **nuzzled** on the couch.(그 연인들은 소파 위에서 코를 맞대었다.)

2.2. 다음 주어는 against의 목적어에 코를 비빈다.
(3) The puppy **nuzzled against** its pillow.(그 강아지는 베개에 코를 비볐다.)

2.3. 다음 주어는 against의 목적어에 다가붙는다.
(4) a. The child **nuzzled up against** his mother.(그 아이는 엄마에게 바짝 다가갔다.)

b. The horses were **nuzzling up against** each other.(그 말들은 서로 다가붙어 코를 맞대고 있었다.)

O o

oar

이 동사의 개념 바탕에는 oar의 명사 '노'가 있다. 동사의 의미는 이 명사의 쓰임과 관계가 있다.

1. 타동사 용법
1.1. 다음 주어는 노를 저어서 목적어를 움직인다.
(1) He oared the boat downstream.(그는 보트를 저어 하류로 내려갔다.)

1.2. 다음 주어는 노를 젓듯 목적어를 움직인다.
(2) He oared his arms/hands.(그는 노를 젓듯 팔을/손을 움직였다.)

1.3. 다음 주어는 노를 저어서 나아간다.
(3) He oared his way.(그는 노를 저어 나아갔다.)

2. 자동사 용법
2.1. 다음 주어는 노를 젓는다.
(4) They oared on the lake.(그들은 호수에서 노를 저었다.)

obey

이 동사의 개념 바탕에는 복종하는 과정이 있다.

1. 타동사 용법
1.1. 다음 주어는 목적어를 따른다. 목적어는 사람이다.
(1) a. You should obey your superiors.(너는 상급자를 따라야 한다.)
   b. You should obey your parents/teacher.(너는 부모님/선생님을 따라야 한다.)

1.2. 다음 주어는 목적어를 따른다. 목적어는 개체이다.
(2) a. We should obey the law of nature.(우리는 자연의 법칙을 따라야 한다.)
   b. We must obey the laws of the country we were in. (우리는 우리가 소속해 있는 국가의 법을 따라야 한다.)
   c. We must obey the traffic regulations.(우리는 교통 규칙을 지켜야 한다.)
   d. Animals obey their instincts.(동물들은 본능에 따른다.)
   e. Do you obey the dictates of your conscience?(너는 양심의 지시에 따르니?)
   f. He obeyed the court's decision.(그는 법정의 판결에 따랐다.)
   g. He obeyed the instructions.(그는 지시를 따랐다.)
   h. He obeyed his conscience.(그는 양심에 복종했다.)

1.3. 다음은 수동태 문장으로 주어는 따르거나 지켜진다.
(3) The orders must be strictly obeyed.(명령은 엄격하게 지켜져야 한다.)

1.4. 다음 주어는 목적어를 따른다. 주어는 개체이다.
(4) a. The horse obeys the jockey.(말은 기수를 따른다.)
   b. The horse obeys the rein.(말은 고삐를 따른다.)
   c. The car obeys my slightest touch on the steering wheel.(그 차는 나의 아주 작은 핸들 놀림도 따른다.)
   d. The car obeys the driver.(그 차는 운전사를 따른다.)
   e. All objects obey the law of gravity. (모든 사물은 중력의 법칙을 따른다.)
   f. Water obeys the law of nature and runs down.(물은 자연의 법칙을 따라서 아래로 흐른다.)

2. 자동사 용법
2.1. 다음 주어는 따른다.
(5) a. He told the dog to sit, and it obeyed immediately.(그는 개에게 앉으라고 지시했고 즉시 개가 따랐다.)
   b. The members obeyed when the minister told them to stand.(장관이 의원들에게 일어서라고 말했을 때, 그들은 따랐다.)

object

이 동사의 개념 바탕에는 반대를 하는 과정이 있다.

1. 자동사 용법
1.1. 다음 주어는 전치사 to의 목적어에 반대를 한다.
(1) a. We objected to her as our manager.(우리는 지배인으로서 그녀에 반대했다.)
   b. I strongly object to people smoking in restaurants. (나는 사람들이 식당에서 담배를 피우는 것에 강력히 반대한다.)
   c. Mom objected to every boy that I brought home. (엄마는 내가 집에 데려온 모든 남자 아이를 반대하셨다.)
   d. Bill objects to wide neckties.(빌은 넓은 넥타이를 싫어한다.)
   e. Many people objected to the new airport.(많은 사람들은 새 공항을 반대했다.)
   f. I don't object to a glass of wine.(나는 포도주는 반대하지 않는다.)
   g. He objected to the chairman's decision.(그는 그 의장의 결정에 반대했다.)
   h. The lawyer objected to the question asked by the defence.(그 변호사는 피고의 질문에 반대했다.)
   i. The Democrats objected to the bill.(민주당원들은 법안에 반대했다.)

1.2. 다음은 수동태 문장으로 주어는 반대된다.
(2) The plan was objected to by him.(그 계획은 그에 의해 반대되었다.)

1.3. 다음 주어는 전치사 to의 목적어 (동명사)에 반대한다.
(3) a. He objected to my going there alone.(그는 내가 거기 혼자 가는 것에 반대했다.)

b. I don't **object** to waiting for another year.(나는 일
년 더 기다리는 것에 반대하지 않는다.)

c. Do you **object** to my smoking?(너는 내가 담배 피
우는 것에 반대하나?)

d. Many foreigners **objected** to eating eel.(많은 외국
인들이 뱀장어를 먹는 것에 반대했다.)

e. He **objected** to eating breakfast at 7:00 in the
morning.(그는 아침식사를 7시에 하는 것에 반대했
다.)

f. He **objected** to being treated like a child.(그는 어
린아이 같이 취급받는 것에 반대했다.)

g. He **objected** to being woken up so early in the
morning.(그는 아침 일찍 깨워지는 것에 반대했다.)

h. We won't **object** to being asked a few questions.
(우리는 몇 가지 질문을 받는 것에 반대하지는 않을
것이다.)

1.4. 다음 주어는 that-절의 내용으로 반대한다.

(4) a. They **objected that** they were too noisy.(그들은
그들이 너무 시끄럽다는 이유로 이의를 제기했다.)

b. He **objected that** the project would cost too much
money.(그는 그 계획이 너무 많은 돈이 들 것이라
며 반대했다.)

c. Jane **objected that** the prices were too high.(제인
은 가격이 너무 비싸다고 반대했다.)

d. I wanted to climb the hill, but Tom **objected that**
he was too tired.(나는 산을 오르고 싶었지만, 톰은
그가 너무 피곤하다는 이유로 반대했다.)

e. Father **objected that** it was too cold to play
outdoors.(아버지는 밖에 놀기에는 너무 춥다는 이
유로 반대하셨다.)

f. They all **objected that** he was unfit for the post.
(그들은 모두 그가 그 지위에 맞지 않는다며 반대했
다.)

g. They **objected that** the rule was unfair.(그들은 그
규칙이 공정하지 못하다고 반대했다.)

h. Working people **objected that** the tax was too
high.(노동자들은 세금이 너무 높다고 이의를 제기
했다.)

i. He **objected that** the police had arrested him
without sufficient evidence.(그는 경찰이 자신을 충
분한 증거도 없이 체포했다고 이의를 제기했다.)

1.5. 다음 주어는 반대한다.

(5) a. I will ask Tom to join us if you don't **object**.(네가
반대하지 않으면 나는 톰에게 우리와 함께 하자고
요청하겠다.)

b. Do you think anyone will **object** if I park here?(내
가 여기 주차를 하면 누가 반대할 것으로 생각하
니?)

**1.6. 다음 주어는 전치사 against의 목적어에 반대한
다.**

(6) a. They **objected against** his joining their club.(그들
은 그가 그들의 클럽에 가입하는 것을 반대했다.)

b. What have you get to **object against** him?(무엇이
너를 그에 대해 반대를 하게 하는가?)

c. I **objected against** him that his proposal was
impracticable.(나는 그의 제안이 실행 불가능한 그

에게 반대한다.)

obligate

이 동사의 개념 바탕에는 도덕적 의무를 지우는 과
정이 있다.

1. 타동사 용법

**1.1. 다음 주어는 목적어를 의무로 지워서 어떤 일을
하게 한다.**

(1) a. The contract **obligates** you to pay on time.(그 계
약은 네가 정시에 돈을 지불 하게 한다.)

b. The lease **obligates** the tenants to pay rent each
month.(그 임대차 계약은 거주자들이 매달 집세를
내게 한다.)

c. He **obligated** himself.(그는 스스로에게 의무를 지
웠다.)

1.2. 다음 주어는 사람이다.

(2) His boss **obligated** him to work on weekends.(그의
사장은 그가 주말에 일을 하도록 강요했다.)

1.3. 다음은 수동태 문장으로 주어는 의무가 지워진다.

(3) a. Parents are **obligated** to support their children.(부
모는 자신들의 아이들을 부양할 의무가 지워진다.)

b. I am **obligated** to work at least 40 hours a week.
(나는 일주일에 최소한 40시간을 일하도록 의무가
지워진다.)

c. Tenants are **obligated** to pay rents on time.(거주
자들은 집세를 제 시간에 내도록 의무가 지워진다.)

d. A witness in court is **obligated** to tell the truth.(법
정에서 증인은 사실을 말하도록 의무가 지워진다.)

oblige

이 동사의 개념 바탕에는 법적이나 도덕적인 의무를
지우는 과정이 있다.

1. 타동사 용법

1.1. 다음 주어는 목적어에게 의무를 지운다.

(1) a. Falling profits **obliged** them to close the factory.
(감소하는 이익이 그들이 그 공장을 닫게 했다.)

b. A small income **obliges** us to thrift.(작은 수입이
우리를 검소하게 만든다.)

c. This will **oblige** their heirs to live in the family
mansion.(이 유언은 그들의 상속자가 그 가족 저택
에서 살게 만들 것이다.)

d. A court order **obliged** him to get psychiatric
counselling.(법원이 그가 정신과 상담을 받도록 명
령했다.)

e. The law **obliges** us to pay taxes.(그 법은 우리가
세금을 내게 한다.)

f. The decree **obliged** the union to delay the strike.
(그 명령은 그 노조가 파업을 연기하게 했다.)

g. Poverty **obliged** her to live a hard life.(가난이 그
녀가 힘든 삶을 살게 했다.)

h. Some religions **oblige** people to fast on certain
days.(어떤 종교는 사람들이 특정한 날에 단식을 하

게 한다.)

i. She'd **obliged** herself **to** settle her father's bills. (그녀는 자신이 아버지의 빚을 갚게 했다.)

j. The weather **obliged** him **to** postpone his trip. (그 날씨는 그가 여행을 연기하게 만들었다.)

1.2. 다음 주어는 목적어를 전치사 to의 목적어에 가게 한다.

(2) Necessity **obliged** him **to** that action. (필요성은 그가 그런 행동을 하게 했다.)

1.3. 다음은 수동태 문장으로 주어는 의무를 진다.

(3) a. We were **obliged to** abandon our car in the storm. (우리는 차를 폭풍우 속에서 버릴 수밖에 없었다.)

b. I felt **obliged to** leave after such an unpleasant quarrel. (나는 그런 불쾌한 다툼 뒤에 떠나야만 한다고 느꼈다.)

c. He was **obliged to** sell his car when he lost his job. (그는 직업을 잃자 차를 팔 수밖에 없었다.)

d. I was **obliged to** undertake this project. (그는 이 프로젝트를 맡지 않을 수 없었다.)

e. After having been invited to their party, we were **obliged to** invite them to ours. (그들의 파티에 초대된 후에, 우리도 그들을 우리의 파티에 초대해야 했다.)

f. I felt **obliged to** invite him into the house. (나는 그를 집에 초대해야겠다고 느꼈다.)

1.4. 다음 주어는 법적으로 부정사가 가리키는 일을 하게 되어 있다.

(4) a. Parents are **obliged** by law **to** send their children to school. (부모들은 자식들을 학교에 보내도록 법으로 의무가 지워져 있다.)

b. We are **obliged to** stop at a red light. (우리는 빨간 불에는 멈춰야 한다.)

c. You are not **obliged to** say anything. (너는 말을 할 의무는 없다.)

1.5. 다음 주어는 목적어를 전치사 with의 목적어로 호의를 베푼다.

(5) a. The singer **obliged** her fans **with** another song. (그 가수는 팬들에게 다른 노래를 불러줬다.)

b. Could you **oblige** me **with** a match? (성냥을 하나 주시겠습니까?)

c. He always has been ready to **oblige** journalists **with** information. (그는 언제나 기자들에게 정보로 베풀 준비가 되어있었다.)

d. **Oblige** us **with** your presence. (우리에게 당신의 참석으로 호의를 베풀어 주세요.)

e. Could you **oblige** me **with** a pen and a piece of paper. (제게 펜과 종이 한 장을 주시겠습니까?)

f. I cannot **oblige** you **with** that much sum. (나는 너에게 그런 많은 금액의 돈을 줄 수 없다.)

g. Could you **oblige** me **with** $22? (22달러만 빌려줄래?)

1.6. 다음 주어는 목적어를 by의 목적어로 호의로 베푼다.

(6) a. Would you **oblige** me **by** opening the window? (창문을 열어주시겠습니까?)

b. Could you **oblige** me **by** taking this to the post office? (이것을 우체국에 가져다 주시겠습니까?)

c. He **obliged** his wife **by** driving her to the store. (그는 아내를 가게까지 차를 태워다 주었다.)

d. Please **oblige** me **by** leaving at once. (지금 당장 떠나주세요.)

e. Please **oblige** me **by** coming along. (같이 와 주세요.)

1.7. 다음 주어는 목적어가 고마움을 느끼게 한다. with나 by가 없이 도움을 받는 목적어만 표현되어 있다.

(7) a. We went to the party to **oblige** an old friend of ours. (우리는 오랜 친구를 기쁘게 하기 위해서 파티에 갔다.)

b. Will any man **oblige** the lady? (어떤 남자든 그 여자에게 호의를 베푸시겠습니까?)

c. I will do anything to **oblige** you. (난 너를 기쁘게 하기 위해선 뭐든지 할 것이다.)

d. John is always willing to **oblige** a friend. (존은 항상 기꺼이 친구를 위해 무슨 일이든 한다.)

1.8. 다음은 수동태 문장으로 주어는 전치사 for의 목적어에 고마움을 느낀다.

(8) a. We are much **obliged for** your help. (우리는 너의 도움에 정말 감사한다.)

b. We are much **obliged for** the ride. (태워주셔서 정말 고맙습니다.)

c. I'm much **obliged for** your assistance. (당신의 도움에 매우 감사한다.)

d. I am very much **obliged** to you **for** helping me with my lesson. (내 강의를 도와준 것에 대해 매우 감사한다.)

1.9. 다음은 수동태 문장으로 주어는 전치사 to의 목적어에 감사한다.

(9) a. I'm much **obliged to** you for your help. (나는 너의 도움에 매우 감사한다.)

b. I'd be **obliged** if you'd mind your own business. (네가 네 일에 신경 쓰면 고맙겠다.)

c. I'm very much **obliged to** you, doctor. (의사 선생님, 정말 감사합니다.)

d. I'd be **obliged** if you stop interfering. (네가 방해하지 않으면 고맙겠다.)

1.10. 다음 주어는 목적어를 강요한다.

(10) The world economic situation **obliged** flexibility on Korea's part. (세계의 경제상황은 한국에게 유연성을 강요했다.)

2. 자동사 용법

2.1. 다음 목적어는 명시되어 있지 않다. 그러나 문맥이나 맥락으로 추리할 수 있다. 주어는 청을 들어준다.

(11) a. My neighbor asked me for some help, and I **obliged**. (이웃이 내게 도움을 요청했고, 나는 도와줬다.)

b. I could not **oblige**, because I was going to be out of town. (내가 도시를 떠나있을 것이었기 때문에, 도와줄 수가 없었다.)

c. If you ever need any help with the baby-sitting, I'd be glad to **oblige**. (아기를 돌보는데 도움이 필요

하다면 나는 언제든지 기쁘게 도와주겠다.)

d. We'd be happy to oblige.(도와줄 수 있어서 기쁘다.)

e. If you need a ride home, I'd be happy to oblige.(집에 태워줄 필요가 있다면, 내가 기꺼이 태워주겠다.)

f. They asked for more information, and she obliged.(그들은 더 많은 정보를 요청했고, 그녀는 기꺼이 그에 응했다.)

obliterate

이 동사의 개념 바탕에는 완전히 지우는 과정이 있다.

1. 타동사 용법
1.1. 다음 주어는 목적어를 지운다.
(1) a. The bombardment obliterated the village/the bridge.(폭격은 그 마을을/그 다리를 없앴다.)

b. The spilled ink obliterated her signature.(엎질러진 잉크는 그녀의 서명을 지웠다.)

c. The snow obliterated their footprints.(눈은 그들의 발자국을 지웠다.)

d. Sand blown by the wind obliterated the writing on the temple walls.(바람에 날린 모래가 사원의 벽에 쓰인 글씨를 지웠다.)

e. Nothing could obliterate the memory of those tragic events.(아무것도 그 비극적인 사건들에 대한 기억을 지울 수 없을 것이다.)

1.2. 다음은 수동태 문장으로 주어는 지워진다.
(2) a. My work was obliterated when my computer malfunctioned.(내 컴퓨터가 고장이 났을 때 나의 작업은 모두 지워졌다.)

b. Everything that happened that night was obliterated from his memory.(그 날 밤에 일어났던 모든 일들은 그의 기억에서 사라졌다.)

obscure

이 동사의 개념 바탕에는 obscure의 형용사 '흐려서 잘 보이지 않는'이 있다. 동사의 뜻의 이 형용사의 상태와 관계가 있다.

1. 타동사 용법
1.1 다음 주어는 목적어를 흐리게 한다.
(1) a. Mist obscured the glass.(안개가 유리를 흐리게 했다.)

b. The cloud will soon obscure the moon.(구름은 곧 달을 가릴 것이다.)

c. Thick clouds obscured the stars from the view.(두꺼운 구름이 별들을 보이지 않게 했다.)

d. The darkness obscured his features.(어둠은 그의 얼굴을 희미하게 했다.)

e. Dense fog obscured everything.(짙은 안개가 모든 것을 흐리게 했다.)

1.2. 다음은 수동태 문장으로 주어는 흐려진다.

(2) a. The view was obscured by fog.(그 전경은 안개로 흐려졌다.)

b. The moon was obscured by the cloud.(달이 구름에 흐려졌다.)

1.3. 시각적으로 흐린 것은 인식적으로 흐린 것으로 개념화된다. 주어는 목적어를 흐리게 한다.
(3) a. Poets sometimes try to obscure their message.(시인들은 때때로 자기들의 메세지를 흐리게 하려고 한다.)

b. John obscured his points by using big words incorrectly.(존은 중요한 낱말을 부정확하게 함으로써 요지를 흐렸다.)

1.4. 다음 주어는 개체이다. 주어는 목적어를 흐리게 한다.
(4) a. Her bad memory obscured the facts about the accident.(그녀의 나쁜 기억은 그 사고에 대한 사실을 흐리게 했다.)

b. We must not let these minor details obscure the main issues.(우리는 이 사소한 일들이 주된 문제를 흐리게 해서는 안 된다.)

1.5. 다음은 수동태 문장으로 주어는 흐려진다. 주어는 생각이나 감정이다.
(5) a. Her thinking was obscured by alcohol.(그녀의 생각은 술로 인해 흐려졌다.)

b. His reasoning was obscured by emotion.(그의 이성은 감정에 의해 흐려졌다.)

observe

이 동사의 개념 바탕에는 주목하는 과정이 있다.

1. 타동사 용법
1.1. 다음 주어는 목적어를 관찰한다.
(1) a. I observed nothing queer in his behavior.(나는 이상한 아무것도 그의 행동에서 주목하지 못했다.)

b. He observes the behavior of birds.(그는 새들의 행동을 관찰한다.)

c. The police have been observing his movements.(경찰은 그의 이동을 관찰해오고 있다.)

d. We observed an eclipse.(우리는 식(蝕)을 관찰했다.)

e. We observed the migration of the caribou.(우리는 순록의 이동을 관찰했다.)

f. Did you observe the difference?(너는 그 차이를 발견했느냐?)

g. He observed a ship in the distance.(그는 멀리 있는 한 척의 배를 보았다.)

h. We observed the moon for two nights.(우리는 달을 이틀밤 동안 관찰했다.)

i. An astronomer observes stars.(천문학자는 별들을 관찰한다.)

j. He observed a look of anxiety on his brother's face.(그는 형의 얼굴에서 근심의 표정을 보았다.)

1.2. 다음은 수동태 문장으로 주어는 관찰된다.
(2) a. A dog was observed to hang around the house.(개 한 마리가 집 주의를 어슬렁거리는 것이

관찰되었다.)

b. A plane was **observed** to streak westward.(비행기가 서쪽을 향해 전속력을 나아가는 것이 보였다.)

c. He was **observed** to go out.(그는 외출하는 것이 관찰되었다.)

1.3. 다음 주어는 목적어를 지켜서 거행한다.

(3) a. They **observe** Sabbath.(그들은 안식일을 지킨다.)

b. We **observe** Thanksgiving together.(우리는 추수감사절을 함께 쉰다.)

c. They **observe** the Independence Day.(그들은 독립기념일 (식을) 거행한다.)

d. They **observe** the Easter in the usual way.(그들은 부활절을 일상적인 방식으로 쉰다.)

e. We **observed** the Memorial Day by going to church.(우리는 현충일을 교회에 감으로써 지냈다.)

f. She **observed** her birthday with a big party.(그녀는 생일에 큰 파티로 축하했다.)

g. Do you **observe** Sunday as a religious day?(너는 일요일을 종교일로 지내니?)

h. My company does not seem to **observe** the state holidays.(나의 회사는 국경일을 지내는 것 같지 않다.)

1.4. 다음 주어는 목적어를 지킨다.

(4) a. He **observes** good manners.(그는 매너가 좋다.)

b. We have to **observe** the speed limit.(우리는 제한 속도를 지켜야 한다.)

c. They still **observe** the old tradition here.(그들은 여기서 옛 전통을 지켜오고 있다.)

d. They **observed** a minute's silence in memory of the dead.(그들은 죽은 자를 기리기 위해 일분간의 묵념을 했다.)

e. The two sides agreed to **observe** a temporary cease fire.(그 양편은 일시 휴전을 지키기로 합의했다.)

f. Visitors to our country are required to **observe** our laws.(우리나라를 방문하는 사람들은 우리의 법들을 지키도록 요구된다.)

g. He **observed** silence in the Library/a rule.(그는 도서관에서 침묵을/규칙을 지켰다.)

1.5. 다음 주어는 that-절/의문사절 내용을 관찰한다.

(5) a. I **observed** that he became very pale.(나는 그가 아주 창백하게 된 것을 주시했다.)

b. We **observed that** the sky was becoming overcast.(우리는 하늘이 흐려지고 있음을 관찰했다.)

c. She **observed that** it would be soon time to stop for lunch.(그녀는 곧 점심을 그만 먹어야 할 시간임을 알아차렸다.)

d. The reporter **observed that** the new policy could spark a riot.(그 기자는 새 정책이 폭동을 발발시킬 수 있음을 주목했다.)

e. Ken **observed that** humans fall into two categories.(켄은 인간이 두 개의 범주로 나눠질 수 있음을 주목했다.)

f. I **observed that** things were getting better.(나는 모든 것들이 점점 나아지고 있음을 주목했다.)

g. I **observed that** the child was smiling.(나는 아이가 웃고 있는 것을 보았다.)

h. He **observed that** the pond is drying up.(그는 연못이 말라가고 있는 것을 주목했다.)

i. She **observed that** the journey was long and tiring.(그녀는 여행이 길고 지루한 것을 알아차렸다.)

j. I **observed that** it was unusual for him to be late.(나는 그가 늦는 것이 이상한 것이라는 것을 알아차렸다.)

k. He **observed that** it had turned snowy.(그는 눈이 온 것을 알아차렸다.)

l. Did you **observe where** the suspect hid the money?(너는 그 용의자가 돈을 어디에 숨겼는지 알아 보았느냐?)

m. Please **observe how** the machine works.(어떻게 그 기계가 작동하는 지를 보아라.)

n. I **observed what** was going on.(나는 무엇이 진행되고 있었는지 관찰했다.)

1.6. 다음 주어는 목적어가 어떠한 행동을 하거나 어떠한 상태임을 보거나 인지한다.

(6) a. We **observed** a rabbit crossing the street.(우리는 토끼가 길을 건너는 것을 보았다.)

b. I **observed** him go out. (나는 그가 나가는 것을 보았다.)

c. They **observed** him enter/entering the bank.(그들은 그가 은행에 들어가는 것을 보았다.)

d. I **observed** him (to be) trusty worthy.(나는 그가 믿을 만함을 알게 되었다.)

e. I **observed** him enter the room.(나는 그가 방에 들어가는 것을 인지했다.)

f. I **observed** the policeman trying the door.(나는 경찰이 문을 열려함을 인지했다.)

2. 자동사 용법

1.1. 다음의 주어는 말한다.

(7) a. "It may rain," she **observed**.("비가 올 것 같아" 그녀가 말했다.)

b. "You're simply not ready," he quietly **observed**.("너는 그저 준비가 안된거야" 그가 조용히 말했다.)

c. "It will be fine tomorrow," he **observed**.("내일은 맑겠어" 그가 말했다.)

2.2. 다음 주어는 on 이하에 대해서 논평한다.

(8) a. We **observed** on his speech.(우리는 그의 연설에 논평을 했다.)

b. No one **observed** on that.(누구도 그것에 대해 논할 수는 없다.)

obsess

이 동사의 개념 바탕에는 사람의 마음을 다 차지하는 과정이 있다.

1. 타동사 용법

1.1. 다음 주어는 목적어를 다 차지한다. 목적어는 환유적으로 쓰여서 실제로 가리키는 것은 사람의 마

음이다.

(1) a. Fear of death **obsessed** her.(죽음의 공포가 그녀의 마음을 사로잡았다.)

　　b. Minute details seem to **obsess** lawyers.(미세한 세부사항들이 변호사들의 마음을 사로잡는 것처럼 보인다.)

　　c. The subject **obsessed** him.(그 주제는 그를 사로잡았다.)

　　d. Revenge/dreams of fame **obsessed** him.(복수/명성의 꿈이 그의 마음을 사로잡았다.)

　　e. The beauty of the girl **obsessed** him.(그 소녀의 아름다움은 그의 마음을 사로잡았다.)

　　f. Finding her real mother **obsesses** the girl.(실제 어머니를 찾는 일이 그 소녀의 마음을 사로잡는다.)

　　g. Finding someone to blame for the leak **obsessed** them for years.(그 누설에 대해서 탓할 사람을 찾는 일이 그들을 몇 년 동안 사로잡았다.)

1.2. 다음 주어는 걱정을 한다.

(2) I started **obsessing** that the dog might die.(나는 그 개가 죽을지 모른다고 걱정을 하기 시작했다.)

1.3. 다음은 수동태 문장으로 주어는 전치사 with의 목적어로 마음이 사로잡힌다.

(3) a. He had become **obsessed with** another man's wife.(그는 다른 남자의 아내에 마음이 사로잡혀 있었다.)

　　b. He was **obsessed with** American western movies.(그는 미국 서부 영화에 마음이 사로잡혀 있었다.)

　　c. She is **obsessed with** a desire to become a great singer.(그녀는 위대한 음악가가 되겠다는 욕망에 사로잡혀 있다.)

　　d. They are both **obsessed with** the fear of getting AIDS.(그들은 둘 다 AIDS에 걸릴 공포에 사로잡혀 있다.)

　　e. Why are people **obsessed with** money?(왜 사람들은 돈에 사로잡혀 있는가?)

　　f. She is **obsessed with** jealousy.(그녀는 질투에 사로잡혀 있다.)

　　g. He is becoming **obsessed with** the woman.(그는 그 여자에 사로잡혀 있다.)

1.4. 다음에서 전치사 with의 목적어는 동명사로 표현되어 있다.

(4) a. You've been **obsessed with** making money.(너는 돈을 버는 일에 사로잡혀 있다.)

　　b. He is **obsessed with** winning.(너는 승리하는 일에 사로잡혀 있다.)

　　c. Bill is **obsessed with** keeping his room clean.(빌은 방을 깨끗이 유지하는 일에 사로잡혀 있다.)

　　d. He is **obsessed with** going home.(그는 집에 가는 일에 사로잡혀 있다.)

　　e. Anne is always **obsessed with** pleasing her parents.(앤은 언제나 부모님을 즐겁게 해주는 일에 사로잡혀 있다.)

1.5. 다음에 쓰인 전치사 by는 with보다 능동적인 개체를 나타낸다.

(5) a. The government seems to be **obsessed by** the need for secrecy.(그 정부는 비밀의 필요에 사로잡혀 있는 것처럼 보인다.)

　　b. He is **obsessed by** a demon.(그는 귀신에 사로잡혀 있다.)

　　c. She is **obsessed by** what she looks like.(그녀는 자신이 어떻게 보이는가의 생각에 사로잡혀 있다.)

　　d. He is **obsessed by** the idea of his own importance.(그는 자신의 중요성에 대한 생각에 사로잡혀 있다.)

　　e. He is **obsessed by** the fear of death.(그는 죽음의 공포에 사로잡혀 있다.)

2. 자동사 용법

2.1. 다음 주어가 행위자이면서 동시에 피영향자이다.

(6) a. He **obsessed about** his old girl friend for years.(그는 옛 여자 친구에 대해서 몇 년 동안 고민했다.)

　　b. Stop **obsessing about** your weight.(네 몸무게에 대한 걱정을 그만 해라.)

　　c. She stopped smoking, but now began **obsessing about** her weight.(그녀는 담배를 끊었으나, 지금은 몸무게에 대해서 걱정을 하기 시작했다.)

obstruct

이 동사의 개념 바탕에는 움직임을 막는 과정이 있다.

1. 타동사 용법

1.1. 다음 주어는 목적어를 막는다. 목적어는 길이다.

(1) a. The fallen rocks **obstructed** the road.(그 떨어진 돌들이 길을 막았다.)

　　b. Some paper got in the sink and **obstructed** the drain.(약간의 종이가 하수구에 들어가서 배수관을 막았다.)

　　c. You can't park here; you are **obstructing** my driveway.(당신은 여기에 주차할 수 없습니다; 당신은 나의 진입로를 막고 있습니다.)

　　d. A small aircraft **obstructed** the runway.(조그마한 항공기가 그 활주로를 막았다.)

　　e. The boxes are **obstructing** the passage.(그 상자들은 통로를 막고 있다.)

1.2. 다음 주어는 목적어를 막는다. 목적어는 움직이는 개체이다.

(2) a. A tree fell across the road, and **obstructed** traffic.(나무 하나가 도로를 가로질러 쓰러져서, 교통을 방해했다.)

　　b. The accident **obstructed** north-bound traffic.(그 사고는 북쪽으로 가는 차량을 방해했다.)

　　c. The car is **obstructing** traffic now.(그 차는 교통을 방해하고 있다.)

　　d. The pressure group **obstructed** the bill.(그 압력단체가 법안을 방해했다.)

1.3. 다음 주어는 목적어의 집행을 막는다.

(3) a. One political party **obstructed** the passage of laws proposed by another.(한 정당이 다른 정당에 의해

제안된 법의 통과를 막았다.)

b. A long drought **obstructed** production of the rice. (긴 가뭄이 쌀 생산을 방해했다.)

c. He **obstructed** the proceedings in a meeting.(그는 모임에서 의사진행을 방해했다.)

d. Jane was charged with trying to **obstruct** the course of justice.(제인은 재판과정을 방해한 죄로 고소당했다.)

1.4. 다음 주어는 목적어를 방해한다. 목적어는 사람이다.

(4) a. They were charged with **obstructing** the police in the course of their duty.(그들은 경찰의 직무수행을 방해한 죄로 고발당했다.)

b. You are **obstructing** your brother in his study.(너는 서재에서 공부하는 동생을 방해를 하고 있다.)

1.5. 다음 주어는 목적어를 막는다. 목적어는 시선이다.

(5) a. The pillar **obstructs** our view of the stage.(그 기둥은 무대의 조망을 막는다.)

b. Buildings **obstruct** the view of the ocean.(건물들이 바다의 경치를 차단한다.)

c. The woman's hat **obstructed** my view of the stage.(그 여자의 모자가 무대의 나의 시야를 막았다.)

d. The billboards **obstruct** our view.(그 광고 게시판들이 우리의 시야를 방해한다.)

---

obtain

이 동사의 개념 바탕에는 애를 써서 얻는 과정이 있다.

1. 타동사 용법

1.1. 다음의 주어는 목적어를 얻는다.

(1) a. The police **obtained** the information through illegal means.(경찰은 그 정보를 불법적 수단으로 획득했다.)

b. I haven't been able to **obtain** the record.(나는 기록을 획득할 수 없었다.)

c. You must **obtain** permission from the local government.(너는 허가를 지방 정부로부터 구해야 한다.)

d. He **obtained** a driver's license/a false passport. (그는 운전면허증/가짜 여권을 획득했다.)

e. He tries to **obtain** a ticket to the concert.(그는 공연 티켓을 구하려고 노력한다.)

f. The police **obtained** a search warrant to enter Bob's apartment.(그 경찰은 밥의 아파트에 들어갈 수 있는 수색영장을 구했다.)

g. He **obtained** the painting at an auction.(그는 그 그림을 경매에서 구했다.)

h. Did you **obtain** a scholarship/the prize?(너는 장학금/그 상을 받았니?)

i. He **obtained** a sufficient mastery of English.(그는 영어의 충분한 숙달을 획득했다.)

j. He **obtained** knowledge through readings.(그는 지식을 독서를 통해 얻었다.)

k. The perfect body is difficult to **obtain**.(완벽한 육체는 얻기 어렵다.)

l. John **obtained** the painting from her sister.(존은 그 그림을 여동생으로부터 구했다.)

m. We can **obtain** sugar from beet.(우리는 설탕을 사탕무로부터 얻을 수 있다.)

n. He **obtained** possession of the land.(그는 땅의 소유권을 얻었다.)

o. He **obtained** a large sum of money by buying and selling houses.(그는 집들을 사고 팔면서 많은 액수의 돈을 획득했다.)

p. She **obtained** the property with a bank loan.(그녀는 그 재산을 은행대출도 획득했다.)

1.2. 다음은 수동태 문장으로 주어는 획득된다.

(2) a. How was this information **obtained**?(이 정보는 어떻게 구했어?)

b. Further information can be **obtained** from our head office.(보다 심오한 정보는 우리 본부로부터 구할 수 있다.)

1.3. 다음 주어는 목적어를 얻게 된다. 목적어는 전망이다.

(3) a. He climbed higher and **obtained** a better view of the scenery.(그는 더 높이 올라 그 경치의 더 좋은 전망을 보았다.)

b. A view of the city can be **obtained** from here.(그 도시의 전망이 여기서 볼 수 있다.)

1.4. 다음 주어는 목적어를 전치사 for의 목적어를 위해 얻는다.

(4) a. The book **obtained** great fame for him.(그 책은 큰 명성을 그에게 얻어다 주었다.)

b. The new invention **obtained** a good fortune for him.(새 발명품은 큰 재산을 그에게 얻어다 주었다.)

c. I **obtained** a loan for him.(나는 그에게 대부를 얻어다 주었다.)

1.5. 다음 주어는 첫째 목적어에게 둘째 목적어를 얻어준다.

(5) a. The new invention **obtained** him a good fortune. (새로운 발명품은 그에게 큰 재산을 얻어다 주었다.)

b. The book **obtained** him great fame.(그 책은 그에게 엄청난 명성을 얻어다 주었다.)

c. The book **obtained** him a good reputation.(그 책은 그에게 좋은 평판을 얻어다 주었다.)

d. His qualifications **obtained** him a good job.(그의 자격은 그에게 좋은 직업을 구해 주었다.)

2. 자동사 용법

2.1. 누가 어떤 개체를 얻게 되면, 그 개체는 그 사람에게 있다. 다음에서는 관습, 조건, 법, 규칙 등이 어느 장소에 있다는 뜻이다. 다음 주어는 유효하다.

(6) a. The conditions no longer **obtain**.(그 조건들은 더 이상 유효하지 않다.)

b. Conditions of extreme poverty **obtain** in many parts of the country.(심한 빈곤의 상태들이 그 나

라의 많은 지역에 있다.)

c. The custom still **obtains** in some districts.(그 관습은 몇몇 지역에 아직도 있다.)

d. Those customs have **obtained** for hundreds of years.(그러한 관습은 수 백년간 유효해 왔다.)

e. The practice **obtains** among the young.(그 습관은 젊은이들 사이에 유효하다.)

f. The morals **obtained** in Ancient Rome.(그 윤리는 고대 로마에 있었다.)

g. Good relations **obtain** between them.(좋은 관계가 그들 사이에 있다.)

h. That law no longer **obtains**.(그 법률은 더 이상 유효하지 않다.)

i. Different rules **obtain** in different schools.(다른 규칙이 다른 학교에서 유효하다.)

j. Which rules of membership **obtain** for foreign students?(회원의 어느 규칙들이 외국 학생들에게 유효합니까?)

k. Such ideas no longer **obtain** with us.(그러한 생각은 더 이상 우리에게 유효하지 않다.)

l. The view still **obtains**.(그 견해는 아직도 유효하다.)

obtrude

이 동사의 개념 바탕에는 불쑥 내미는 과정이 있다.

1. 타동사 용법
1.1. 다음 주어는 목적어를 밖으로 내민다.
(1) a. A turtle **obtruded** its head from its shell.(거북이가 그의 머리를 껍데기에서 불쑥 내밀었다.)

b. The snail **obtruded** its horns.(그 달팽이가 촉수를 불쑥 내밀었다.)

c. The clam **obtruded** its siphon.(그 조개가 입수관을 불쑥 내밀었다.)

1.2. 다음 주어는 목적어를 다른 개체에 강요한다.
(2) a. You'd better not **obtrude** your opinions upon others.(너는 견해를 다른 사람들에게 강요하지 않는 것이 낫다.)

b. He **obtrudes** his prejudices upon others.(그는 자신의 편견을 다른 사람들에게 강요한다.)

1.3. 다음은 수동태 문장으로 주어는 내밀어진다.
(3) The plastic material was **obtruded** through small holes.(그 플라스틱 재료가 작은 구멍을 통해 밖으로 밀어졌다.)

2. 자동사 용법
2.1. 다음 주어는 스스로 밖으로 나온다.
(4) a. The veins on his arm **obtruded** like wires.(그의 팔 정맥이 철사처럼 밖으로 튀어나왔다.)

b. The snail's horns **obtruded**.(그 달팽이의 촉수가 돌출 되었다.)

2.2. 다음 주어는 밖으로 튀어나온다.
(5) a. Personal taste is bound to **obtrude** into a book about wine.(개인적인 취향이 와인에 관한 책 속에 반영되기 마련이다.)

b. In this essay his personal opinions **obtruded** (themselves).(이 평론에 그의 개인적인 의견이 나와 있었다.)

2.3. 다음 주어는 전치사 upon의 목적어를 덮친다.
(6) a. Music from the next room **obtruded upon** his thoughts.(옆방에서 들려오는 음악이 그의 생각을 덮쳤다.)

b. Painful memories **obtruded upon** his attempt to reflect calmly.(고통스러운 기억이 그가 조용하게 숙고하려는 시도에 불쑥 떠올랐다.)

obviate

이 동사의 개념 바탕에는 미리 필요를 없애는 과정이 있다.

1. 타동사 용법
1.1. 다음 주어는 목적어의 필요를 미리 없앤다.
(1) a. Their plan to go south will **obviate** the need for warm clothes.(남쪽으로 가려는 그들의 계획은 따뜻한 옷의 필요를 없앨 것이다.)

b. This new evidence **obviates** the need for any further inquiries.(이 새 증거는 더 이상의 조사에 대한 필요를 없앤다.)

c. The use of the credit card **obviates** the need to carry a lot of money.(신용카드의 사용은 많은 돈을 가지고 다닐 필요를 없앤다.)

d. Improved public transportation would **obviate** the need for everyone to have their own car.(개선된 대중교통은 모든 사람들이 차를 가지고 다닐 필요를 없앨 것이다.)

occasion

이 동사의 개념 바탕에는 occasion의 명사 '특수한 경우나 때'가 있다. 동사의 의미는 특수한 경우의 원인이나 이유와 관계가 있다.

1. 타동사 용법
1.1. 다음 주어는 목적어를 불러일으킨다.
(1) a. What **occasioned** his remark?(무엇이 그의 언급을 일으켰느냐?)

b. Her impolite remarks **occasioned** a quarrel.(그녀의 무례한 발언이 싸움을 야기시켰다.)

c. The need to resolve the dispute **occasioned** the meeting.(불화를 해결하려는 필요성은 그 모임을 야기시켰다.)

d. His refusal **occasioned** a lot of trouble.(그의 거절은 많은 문제를 야기시켰다.)

1.2. 다음 주어는 첫째 목적어에게 둘째 목적어가 생기게 한다.
(2) a. The boy's behavior **occasioned** his parents much anxiety.(그 소년의 행동은 부모에게 큰 근심을 일으켰다.)

b. The case **occasioned** the authorities a lot of trouble.(이 사건은 관계 당국에 많은 곤혹을 야기시켰다.)

1.3. 다음 주어는 목적어를 to의 목적어에 생기게 한다.

(3) a. The case occasioned a lot of trouble to the authorities.(이 사건은 많은 문제 거리를 관계 당국에게 야기시켰다.)

b. His behavior occasioned much anxiety to his parents.(그의 행동은 큰 근심을 부모들에게 야기시켰다.)

1.4. 다음 주어는 목적어로 하여금 부정사가 가리키는 과정을 겪게 한다.

(4) a. The fall occasioned him to bleed at the nose.(그 추락은 그가 코피를 흘리게 했다.)

b. The aggression occasioned them to take up arms.(그 공격은 그들이 무장하게 했다.)

occlude

이 동사의 개념 바탕에는 막는 과정이 있다.

1. 타동사 용법

1.1. 다음 주어는 목적어가 움직이는 것을 막는다.

(1) a. The blind occluded the rays of light.(그 블라인드는 빛을 막았다.)

b. The clot occluded the flow of blood through the artery.(그 응혈은 동맥을 통하는 피의 흐름을 막았다.)

c. Platinum occludes hydrogen.(백금은 수소를 흡장한다.)

1.2. 다음 주어는 목적어를 막는다. 목적어는 관이다.

(2) Something occluded the drainpipe.(무언가가 하수관을 막았다.)

1.3. 다음은 수동태 문장으로 주어는 막힌다.

(3) The pipe was occluded by a clump of hair.(그 파이프는 머리카락 뭉치에 의해 막혔다.)

2. 자동사 용법

2.1. 다음 주어는 접촉되어 닫힌다.

(4) a. The teeth in the upper jaw and those in the low jaw should occlude.(윗니와 아랫니는 맞물려야 한다.)

b. His jaws do not occlude perfectly.(그의 턱은 완전히 맞물리지 않는다.)

c. The drainpipe occluded.(그 배수구가 막혔다.)

occupy

이 동사의 개념 바탕에는 차지하는 과정이 있다.

1. 타동사 용법

1.1. 다음 주어는 목적어를 차지한다. 목적어는 공간이다.

(1) a. The school occupies three acres of ground.(그 학교는 3에이커의 토지를 차지한다.)

b. The building occupies an entire block.(그 빌딩은 한 블록 전부를 차지한다.)

c. The table occupied the center of the room.(그 테이블은 방 한가운데를 차지한다.)

1.2. 다음 주어는 목적어를 차지한다. 목적어는 도시나 나라이다.

(2) a. The soldiers occupied the town.(그 군인들은 마을을 점령했다.)

b. Germans occupied Poland in 1939.(독일군은 폴란드를 1939년에 점령했다.)

c. The enemy occupied the fort.(그 적군이 요새를 점령했다.)

1.3. 다음 주어는 목적어를 차지한다. 목적어는 건물이나 집이다.

(3) a. The company occupied the entire building.(그 회사가 빌딩 전체를 차지했다.)

b. The family occupied the two-story building.(그 가족은 이층 건물을 차지했다.)

c. The workers occupied the factory and refused to leave.(그 노동자들은 공장을 점거하고 떠나기를 거부했다.)

d. The robins are occupying the former nest.(그 울새들은 옛 둥지를 차지하고 있다.)

e. The story occupies most of the front page of the paper.(그 이야기가 신문 첫 장의 대부분을 차지한다.)

1.4. 다음은 수동태 문장으로 주어는 점령된다.

(4) a. Is this seat occupied?(이 자리는 차지되어 있나요?)

b. Is this house occupied?(이 집에 누군가가 살고 있나요?)

1.5. 다음은 [시간은 공간이다]의 은유가 적용된 표현이다. 주어는 목적어를 차지한다.

(5) a. It occupies three hours to go there.(거기 가는 데 세 시간이 걸린다.)

b. His speech occupied more than an hour.(그의 연설은 한 시간 이상 차지했다.)

c. The job will occupy very little of our time.(그 일은 우리의 시간을 많이 차지하지 않을 것이다.)

d. Writing occupies most of my time.(집필 활동이 내 시간의 대부분을 차지한다.)

e. The lessons occupied the morning.(그 수업들은 오전을 차지한다.)

1.6. 다음은 [마음은 공간이다]의 은유가 적용된 표현이다. 주어는 목적어를 차지한다.

(6) a. Cares and anxieties occupied her mind.(조심과 걱정이 그녀의 마음을 차지했다.)

b. Composing music occupied her mind.(작곡은 그녀의 마음을 차지했다.)

c. Sports often occupy his attention.(스포츠가 자주 그의 주의를 차지한다.)

d. The game will keep the children occupied.(그 게임이 아이들을 사로잡혀 있게 할 것이다.)

1.7. 다음 주어는 목적어를 with의 목적어로 채운다.

(7) a. He began to occupy himself with solving the problems.(그는 자신의 마음을 그 문제를 푸는 일로 채웠다.)

b. She occupied herself with various small things.(그녀는 자신의 마음을 다양한 자그마한 일로 채운다.)

c. The baby **occupied** herself playing with the toy. (그 아기는 자신의 마음을 그 장난감을 가지고 노는 것으로 채웠다.)

1.8. 다음 주어는 목적어를 in의 목적어에 넣는다.

(8) a. He **occupied** himself in translating the novel.(그는 자신을 그 소설 번역에 열중시켰다.)

b. I **occupied** myself in writing the grammar.(나는 자신을 그 문법책을 저술하는 일에 열중시켰다.)

c. She is fully **occupied** in looking after her three children.(그녀는 자신의 세 아이들을 돌보는 데 여념이 없다.)

occur

이 동사의 개념 바탕에는 눈이나 마음에 나타나는 과정이 있다.

1. 자동사 용법

1.1. 다음 주어는 눈에 뜨인다.

(1) a. The plants **occur** only in the tropics.(그 식물들은 열대 지방에서만 눈에 뜨인다.)

b. Fossils do not **occur** in igneous rocks. (화석은 화성암 속에는 눈에 뜨이지 않는다.)

c. "e" **occurs** in print more than any other letter.(e는 인쇄물 안에 다른 어느 글자보다 많이 나타난다.)

d. Oil **occurs** under the North Sea.(석유는 북해 아래에 존재한다.)

e. The sound doesn't **occur** in his language and so it is difficult for him to pronounce it.(그 소리는 그의 언어에는 나타나지 않는 것이어서, 그가 그것을 발음하기는 어렵다.)

1.2. 다음 주어는 to의 목적어의 의식에 떠오른다.

(2) a. A fresh idea **occurred** to me.(새로운 생각이 내게 떠올랐다.)

b. This idea **occurred** to me from to time.(이 생각이 내게 때때로 떠올랐다.)

c. His name does not **occur** to me at all.(그의 이름이 나는 전혀 생각이 나지 않는다.)

1.3. 다음 주어 it은 부정사를 가리킨다.

(3) a. Didn't it **occur to** you to write to him?(너는 그에게 편지를 쓸 생각이 나지 않았니?)

b. Didn't it **occur to** you to close the window?(너는 창문을 닫을 생각이 나지 않았니?)

c. Didn't it **occur to** you to visit your grandmother? (너는 할머니를 방문할 생각이 나지 않았니?)

1.4. 다음 주어는 that-절을 가리킨다.

(4) a. It never **occurred** to him **that** she should be so angry.(그녀가 그렇게 화가 나 있으리라고는 그는 생각하지도 못했다.)

b. It never **occurred** to me **that** I would call my friend.(나는 친구를 부른다고 생각도 하지 못했다.)

1.5. 다음 주어는 발생한다.

(5) a. Several fires have **occurred** in succession.(여러 개의 화재 사고가 연속적으로 일어났다.)

b. The accident **occurred** yesterday morning.(그 사고는 어제 아침에 일어났다.)

c. Many accidents **occur** in the home.(많은 사고들이 그 집에서 일어난다.)

d. Storms often **occur** in summer.(폭풍은 여름에 자주 일어난다.)

e. The tragedy **occurred** only minutes after the takeoff.(그 비극은 이륙 후 겨우 몇 분 후에 일어났다.)

f. The collision **occurred** at a highway intersection. (그 충돌 사고는 고속도로 교차점에서 일어났다.)

g. Earth quakes frequently **occur** in this area.(이 지역에는 지진이 종종 일어난다.)

offend

이 동사의 개념 바탕에는 기분을 나쁘게 하는 과정이 있다.

1. 타동사 용법

1.1. 다음 주어는 목적어를 거슬리게 한다.

(1) a. He **offended** everyone with bad manners.(그는 모든 사람들을 나쁜 예로 화가 나게 했다.)

b. He **offended** me by the way he spoke.(그는 말투로 나를 화나게 했다.)

c. Have I done anything to **offend** you?(내가 당신을 화나게 할 만한 행동을 한 적이 있나요?)

d. I'm sorry if I've **offended** you.(당신을 화나게 했다면 미안합니다.)

e. She was terribly afraid of **offending** anyone.(그녀는 어떤 사람이든 다른 사람을 화나게 하는 것을 정말 두려워했다.)

1.2. 다음 주어는 사람이 아닌 개체이다. 주어는 목적어를 거슬리게 한다.

(2) a. Cigarette smoke **offends** her.(담배 연기는 그녀를 불쾌하게 만든다.)

b. The smell from the chemical **offended** everyone. (화학품에서 나는 냄새는 모든 사람들을 불쾌하게 만들었다.)

c. His criticism **offended** him.(그의 비판은 그를 불쾌하게 했다.)

d. Cruelty to animals **offends** many people.(동물에 대한 잔혹함은 많은 사람을 불쾌하게 한다.)

e. His constant lateness to work **offends** his coworkers.(그가 계속하여 일에 늦게 오는 것은 동료들을 불쾌하게 한다.)

f. Ash trays on restaurant tables **offend** me.(식당 탁자에 있는 재떨이는 나를 불쾌하게 만든다.)

g. His obscene language **offended** his mother.(그의 외설적인 언어는 어머니를 불쾌하게 했다.)

h. His impolite/rude remark **offended** the audience. (그의 공손치 못한/예의에 어긋나는 말은 청중을 불쾌하게 했다.)

1.3. 다음은 수동태 문장으로 주어는 기분이 나쁘게 된다. 기분 변화의 원인은 전치사 at나 by로 표현된다.

(3) a. He was **offended** by/at my words.(그는 나의 말에 화가 났다.)

b. He was **offended** at/by her remarks.(그는 그녀의 말에 화났다.)

c. He was **offended** at being ignored.(그는 무시당한 것에 화가 났다.)

d. He was highly **offended** by being passed over.(그는 무시당한 것에 무척이나 화가 났다.)

e. I was **offended** by Bill's lack of sympathy.(나는 빌의 동정심 부족에 화가 났다.)

f. She was **offended** with/by her husband.(그녀는 남편 때문에 화가 났다.)

g. I hope you won't be **offended** if I don't finish my coffee.(내가 커피를 다 마시지 않아도 당신이 화내지 않았으면 한다.)

h. If you don't go to her party, she will be **offended**.(만약 네가 그녀의 파티에 가지 않는다면, 그녀는 화를 낼 것이다.)

1.4. 다음에 쓰인 that-절은 주어가 기분이 나쁘게 된 원인을 나타낸다.

(4) a. Richard was deeply **offended** that people thought he had faked the story.(사람들이 그가 그 이야기를 꾸몄다고 생각한다는 것에 대해 매우 리처드는 불쾌했다.)

b. She was **offended** that we didn't accept her invitation to dinner.(우리가 그녀의 저녁 초대를 받아들이지 않는 것에 대해 그녀는 불쾌해졌다.)

1.5. 다음 목적어는 눈, 귀, 코와 같은 감각이다. 주어는 목적어를 거슬리게 한다.

(5) a. The music/the sound **offends** my ear.(그 음악/소리는 귀를 거스른다.)

b. The noise **offends** my ears.(그 소음은 내 귀를 거스른다.)

c. The building/the sight of the dead cat **offended** my eyes.(그 빌딩/죽은 고양이의 장면은 내 눈에 거슬렸다.)

d. The odor **offended** my nose.(그 냄새는 코를 거슬렸다.)

e. His act **offends** my sense of justice.(그의 행동은 나의 정의감을 거스른다.)

f. The new process **offends** any known natural law.(새 절차는 알려진 모든 자연법칙을 거스른다.)

g. The movie **offends** the morals of the community.(그 영화는 지역 공동체의 도덕성을 거스른다.)

2. 자동사 용법

2.1. 다음 주어는 against의 목적어에 거슬리게 행동한다.

(6) a. He **offended** against the traffic law.(그는 교통 법을 어겼다.)

b. He **offended** against morality.(그는 도덕성을 어겼다.)

c. He **offended** against good manners.(그는 바람직한 예절을 어겼다.)

2.2. 다음 주어는 전치사 against의 목적어에 거슬리거나 대치된다.

(7) a. That would **offend** against the principle of fairness.(그것은 공정성의 원칙에 거슬릴 것이다.)

b. The bill **offends** against justice.(그 법안은 정의에 어긋난다.)

c. Is it **offending** against good taste to wear jeans at the party?(파티에서 청바지를 입는 것은 바람직한 양식에 어긋나나요?)

d. His behavior **offends** against common decency.(그의 행위는 공공 예절에 어긋난다.)

e. His language **offends** against religion.(그의 말은 종교에 어긋난다.)

f. The movie **offends** against our principles.(그 영화는 우리의 원칙에 어긋난다.)

g. Such an action **offends** against God.(그러한 행위는 신을 거스르는 것이다.)

2.3. 다음 주어는 거슬린다. 즉 죄를 저지른다.

(8) a. If he **offends** a second time, he will be sent to prison.(그가 두 번째 범죄를 저지르면, 그는 감옥에 갈 것이다.)

b. Many criminals **offend** again within a year of their release from prison.(많은 범죄자들이 감옥에서 풀려난 지 1년 안에 다시 범죄를 저지른다.)

offer

이 동사의 개념 바탕에는 자의적으로 제의하는 과정이 있다.

1. 타동사 용법

1.1. 다음 주어는 목적어를 전치사 to의 목적어에 제공한다.

(1) a. I **offered** a bible to him.(나는 성경을 그에게 권해 주었다.)

b. The lady **offered** drink to her guests.(그 부인은 술을 손님들에게 제공했다.)

c. They didn't **offer** any food to us.(그들은 어떤 음식도 우리에게 제공하지 않았다.)

d. I **offered** some candy to the child.(나는 약간의 사탕을 그 아이에게 권했다.)

e. He **offered** prayers to God.(그는 기도를 하느님에게 올렸다.)

f. The company **offered** the job to someone else.(그 회사는 그 일자리를 다른 사람에게 제공했다.)

g. They **offered** money prizes to the first three runners.(그들은 금전상을 첫 세 명의 주자에게 제공했다.)

1.2. 다음 주어는 that-절의 내용을 제의한다.

(2) He **offered** to me that we should come to a settlement.(그는 우리는 곧 화해에 이르러야 한다고 나에게 말했다.)

1.3. 다음 주어는 첫째 목적어에게 둘째 목적어를 제공한다.

(3) a. I **offered** the salesman $300 for the used car.(나는 그 판매인에게 중고차에 대해 300불을 제의했다.)

b. You haven't **offered** grandma any ice cream.(너는 할머님께 아이스크림을 드리지 않았다.)

c. They have **offered** him a very good job, but he turned it down.(그들은 그에게 매우 좋은 일자리를

제공했으나, 그는 그것을 거절했다.)

d. I **offered** the old man my seat.(나는 그 노인에게 내 자리를 권했다.)

e. She **offered** us no explanation for her behavior. (그녀는 우리에게 그녀의 행동에 대한 어떤 설명도 주지 않았다.)

f. We **offered** him a lift, but he didn't accept.(우리는 그에게 자동차 편을 제의했으나, 받아들이지 않았다.)

g. They **offered** us $200 for the house.(그들은 우리에게 그 집에 대해서 200불을 제의했다.)

1.4. 다음은 수동태 문장으로 주어는 제공이나 제의를 받는다.

(4) She has been **offered** a job in Seoul.(그녀는 서울에 있는 일자리를 제의 받았다.)

1.5. 다음 목적어는 재귀대명사이다. 주어는 자신을 드러낸다.

(5) a. A suitable occasion **offered** itself.(적당한 때가 나타났다.)

b. A good chance **offered** itself.(좋은 기회가 나타났다.)

1.6. 다음 주어는 목적어를 제공한다.

(6) a. I can't **offer** more than $200.(나는 200불 이상은 내어놓지 못하겠다.)

b. The police are **offering** a reward for the information.(그 경찰 당국은 그 정보에 대해서 보상을 제의하고 있다.)

c. They **offered** a low bid of $400.(그들은 400불의 낮은 입찰가를 내어놓았다.)

d. He **offered** thanks.(그는 감사를 드렸다.)

e. The priest **offered** drink and bread.(그 신부는 술과 빵을 올렸다.)

f. I got up and **offered** my seat.(나는 일어나서 내 자리를 드렸다.)

1.7. 다음 주어는 목적어를 제의한다. 목적어는 추상적인 개체이다.

(7) a. He **offered** a good plan.(그는 좋은 안을 제안했다.)

b. I **offered** an alternative possibility.(나는 대안의 가능성을 제의했다.)

c. He **offered** a response/an opinion/a suggestion.(그는 반응/의견/제안을 내어놓았다.)

d. He **offered** a few ideas to improve the plan.(그는 그 안을 개선할 수 있는 몇 가지의 안을 제의했다.)

1.8. 다음 주어는 목적어를 내보인다

(8) a. Do they **offer** any evidence to support the claim? (그들은 그 주장을 뒷받침할 수 있는 증거를 제시하는가?)

b. They **offered** the last resistance.(그들은 마지막 저항을 보였다.)

c. They **offered** battle.(그들은 전투를 제의했다.)

1.9. 다음 주어는 목적어를 팔려고 내어놓는다.

(9) a. They **offered** the goods for sale.(그들은 그 상품들을 팔려고 내어놓았다.)

b. The dealer **offered** the car for $500.(그 판매인은 그 차를 500불에 내어놓았다.)

c. The shop **offers** suits at reduced prices.(그 상점은 양복을 할인 값에 내어놓는다.)

1.10. 다음은 수동태 문장으로 주어는 제공된다.

(10) The facsimile edition is now being **offered** at $2.(그 복사기 판은 2불에 팔려고 내어놓아진다.)

1.11. 다음 주어는 따옴표 속의 말을 자발적으로 한다.

(11) "I'll do the cooking for the party," he **offered**.("내가 그 요리를 파티를 위해 하지요." 그를 자청했다.)

1.12. 다음 주어는 부정사가 가리키는 일을 하기로 제의한다.

(12) a. My dad has **offered** to pick us up.(아버지가 우리를 데리러 오겠다고 제의했다.)

b. Did Tom **offer** to drive you home?(톰이 너를 집에 태워주겠다고 제의했나?)

c. My neighbor **offered** to help me when I was sick. (내 이웃은 내가 아플 때 나를 도와주겠다고 자청했다.)

d. He did not **offer** to hit back.(그는 되받아 치려고 하지 않았다.)

e. He **offered** to accompany.(그는 동행하겠다고 자청했다.)

f. She didn't even **offer** to help us.(그녀는 우리를 돕겠다고 자청도 하지 않았다.)

g. He didn't **offer** to strike me.(그는 나를 치려고 하지 않았다.)

h. He **offered** to take us to the park.(그는 우리를 그 공원에 데리고 가겠다고 자청했다.)

i. I **offered** to lend her the money.(나는 그녀에게 그 돈을 빌려주겠다고 자청했다.)

j. He didn't **offer** to go at once.(그는 곧 가려고 자청하지 않았다.)

1.13. 다음 주어는 목적어를 제공한다. 주어는 개체이다.

(13) a. The job **offers** prospects of promotion.(그 일자리는 승진의 기회를 제공한다.)

b. The drug **offers** the best protection against malaria.(그 약은 학질에 최선의 보호를 제공한다.)

c. The plan **offered** a lot of difficulties.(그 계획은 많은 어려움을 제시했다.)

d. The college **offers** expert training in technical subjects.(그 대학은 전문훈련을 기술 과목에 제공한다.)

e. It's an organization that **offers** free legal service. (그것은 무료법률 서비스를 제공하는 단체이다.)

f. The agreement does not **offer** much hope of a lasting peace.(그 합의는 영구적 평화의 많은 희망을 제공하지 않는다.)

1.14. 다음 주어는 목적어를 전치사 to의 목적어에 제공한다. 주어는 개체이다.

(14) a. The booklet **offers** practical advice **to** people with housing problems.(그 책자는 실용적 조언을 주택 문제를 가지고 있는 사람들에게 준다.)

b. The senator's speech has **offered** little comfort **to** the bankrupt businessman.(그 상원의원의 연설은 거의 아무런 위안도 그 파산한 사업가에 제공하지 않았다.)

1.15. 다음 주어는 첫째 목적어에 둘째 목적어를 제공한다. 주어는 개체이다.

(15) The elections **offer** the people some hope for a better future.(그 선거들은 국민들에게 더 나은 미래의 희망을 준다.)

officiate

이 동사의 개념 바탕에는 직무를 수행하는 과정이 있다.

1. 자동사 용법
1.1. 다음 주어는 직무를 수행한다.
(1) a. The minister **officiated** at their wedding.(그 목사는 그들의 혼례에서 주례를 섰다.)
  b. Four officials **officiate** at football games.(네 명의 경기 임원들이 미식축구 경기에서 심판을 본다.)
  c. The mayor **officiated** at the spring festival.(그 시장은 봄 축제에서 사회를 봤다.)
  d. John **officiated** at the meeting.(존은 그 회의에서 사회를 봤다.)

offset

이 동사의 개념 바탕에는 벌충하는 과정이 있다.

1. 타동사 용법
1.1. 다음 주어는 목적어의 모자라는 점을 벌충한다.
(1) a. The better road **offsets** the greater distance.(그 더 좋은 길은 더 먼 거리를 벌충한다.)
  b. The gains **offset** the losses.(그 수익은 그 손실을 보충한다.)
  c. Prices have risen in order to **offset** the increased cost of materials.(가격은 재료값의 상승을 보충하기 위해 올랐다.)
  d. Streaks of blond in his hair **offset** his deep tan.(그의 머리의 금빛 가닥들은 깊은 갈색머리를 벌충한다.)
  e. His virtues **offset** his faults.(그의 미덕들은 단점을 벌충한다.)

1.2. 다음은 수동태 문장으로 주어는 벌충된다.
(2) a. His bad behavior is **offset** by his hard work.(그의 나쁜 습관은 열심히 하는 일에 의해 벌충된다.)
  b. The losses were **offset** by the gains.(그 손실은 그 수익에 의해 벌충되었다.)

1.3. 다음 주어는 목적어의 부족한 점을 by의 목적어로 벌충시킨다.
(3) a. We **offset** the greater distance by the better roads.(우리는 더 먼길을 더 좋은 길로 벌충했다.)
  b. He **offset** his small salary by living economically.(그는 적은 봉급을 검소하게 사는 것으로 보충했다.)
  c. The company **offset** its losses by gains.(그 회사는 손실을 이익으로 보충했다.)
  d. The loss on corn was **offset** by the gain on wheat.(옥수수에 대한 손실은 밀에 대한 이익으로 보충되었다.)

1.4. 다음 주어는 목적어를 전치사 against의 목적어에

대해서 벌충으로 쓴다.
(4) We **offset** the better road against the greater distance.(우리는 더 좋은 길을 더 먼 길에 대해 상쇄한다.)

oil

이 동사의 개념 바탕에는 oil의 명사 '윤활유'가 있다. 동사의 의미는 이 명사의 쓰임과 관계가 있다.

1. 타동사 용법
1.1. 다음 주어는 목적어에 기름칠을 한다.
(1) a. Oil the lock.(그 자물쇠를 기름으로 칠해라.)
  b. He **oiled** the knocker.(그는 문고리를 기름으로 칠했다.)
  c. He **oiled** his bike.(그는 자전거를 기름으로 칠했다.)

omen

이 동사의 개념 바탕에는 omen의 명사 '예시, 전조'가 있다.

1. 타동사 용법
1.1. 다음 주어는 목적어의 전조가 된다.
(1) Fog **omens** a good weather.(안개는 좋은 날씨의 조짐이 된다.)

omit

이 동사의 개념 바탕에는 간과나 부주의로 빠뜨리는 과정이 있다.

1. 타동사 용법
1.1. 다음 주어는 목적어를 뺀다.
(1) a. He **omitted** a few details from the list.(그는 몇 가지 세부사항을 명부에서 생략했다.)
  b. I carelessly **omitted** the letter from bridge.(나는 다리에서 편지를 부주의하게 잊어 버렸다.)
  c. He **omitted** a sentence from the paragraph.(그는 한 문장을 그 문단에서 생략했다.)
  d. He **omitted** my name from the list.(그는 내 이름을 명부에서 뺐다.)
  e. I **omitted** milk from my shopping list.(나는 우유를 내 쇼핑 항목에서 빠뜨렸다.)

1.2. 다음 주어는 목적어를 빠뜨린다.
(2) a. He **omitted** the last verse of the poem.(그는 시의 마지막 절을 빠뜨렸다.)
  b. Please don't **omit** any details, however trivial they may seem.(아무리 그것들이 시시해 보여도 어떠한 세부 항목도 빠뜨리지 말아라.)
  c. He **omitted** no opportunity to tell him how proud she was of him.(그는 그녀가 얼마나 그를 자랑스러워하는지에 대해 말할 기회를 놓치지 않았다.)
  d. He **omitted** a closing remark.(그는 마침 말을 빠뜨렸다.)

e. You can **omit** the last chapter of the book.(너는 그 책의 마지막 장을 뺄 수 있다.)

f. She **omitted** several steps in the experiment.(그녀는 몇 가지 단계를 실험에서 뺐다.)

g. In writing this report, I have **omitted** unnecessary details.(이 보고서를 쓰면서 나는 불필요한 세부 항목들은 빼 버렸다.)

h. **Omit** the salt in the recipe.(소금을 그 요리법에서 빼라.)

i. Kindly **omit** flowers.(부디 꽃을 빼주세요.)

j. You may **omit** this section.(너는 이 부분을 뺄 수 있다.)

1.3. 다음은 수동태 문장으로 주어는 빠뜨려진다.

(3) a. Smith is **omitted from** the team.(스미스는 팀에서 빠졌다.)

b. My article was **omitted from** the journal.(내 기사가 잡지에서 누락됐다.)

1.4. 다음 주어는 부사가 가리키는 일을 빠뜨린다.

(4) a. She **omitted to** mention that they were staying the night.(그녀는 그들이 밤을 샜다는 것에 대해 말하는 것을 생략했다.)

b. He **omitted to** mention that he was married.(그는 자신이 결혼한 것에 대해 언급하는 것을 생략했다.)

c. They **omitted to** tell me about the meeting.(그들은 내게 그 모임에 대해 말하는 것을 생략했다.)

d. He **omitted to** lock/locking the door.(그는 문 잠그는 것을 깜빡했다.)

e. He **omitted to** say goodbye.(그는 작별인사를 하는 것을 생략했다.)

f. She **omitted to** answer the letter.(그녀는 그 편지에 답장하는 것을 깜빡했다.)

g. He **omitted to** tell him that there would be no other women in the expedition.(그는 원정대에 다른 여자가 없을 거라고 그에게 말하는 것을 생략했다/깜빡했다.)

h. I **omitted to** give you her message.(나는 너에게 그녀의 메시지를 전해주는 것을 깜빡했다.)

i. He **omitted to** pack/packing his toothbrush.(그는 칫솔을 싸는 것을 깜빡했다.)

1.5. 다음 주어는 목적어를 뺀다. 목적어는 동명사 이다.

(5) a. They **omitted** making their beds.(그들은 침구를 정리하는 것을 깜빡했다.)

b. She **omitted** answering the letter.(그녀는 그 편지에 답장하는 것을 깜빡했다.)

c. He **omitted** preparing his lesson yesterday.(그는 어제 수업 준비하는 것을 깜빡했다.)

ooze

이 동사의 개념 바탕에는 새어나오는 과정이 있다.

1. 자동사 용법

1.1. 다음 주어는 새어나온다.

(1) a. Tears **oozed** out from her tight shut eyes.(눈물이 그녀의 꼭 감긴 두 눈에서 스며 나왔다.)

b. The lava will just **ooze** gently from the crater.(용

암이 분화구에서 조용히 새어 나올 것이다.)

c. Blood is still **oozing from** the wound.(피가 상처에서 아직도 흘러나오고 있다.)

d. The oil is **oozing out** of the tank.(그 기름이 탱크에서 배어 나오고 있다.)

e. What you told me will **ooze out** in time.(네가 내게 말한 것이 시간이 지나면 새나갈 것이다.)

f. Oil is **oozing through** the crack.(기름이 틈을 통해 스며 나오고 있다.)

g. Water **oozed through** the paper bag.(물이 종이 가방에서 스며 나왔다.)

h. Blood was **oozing through** the bandage.(피가 반창고를 뚫고 스며 나오고 있었다.)

i. The mud **oozed** up **through** the crack in the earth.(그 진흙은 지반에 갈라진 틈새로 스며 올라왔다.)

1.2. 다음 주어는 새어나온다. 주어는 추상적 개체이다.

(2) a. His enthusiasm **oozed away**.(그의 열성이 새어서 없어졌다.)

b. His courage/hope/confidence **oozed out/away**.(그의 용기/희망/자신감이 새어 없어졌다.)

c. The secret **oozed out**.(그 비밀은 새어나왔다.)

1.3. 다음 주어는 내뿜는다.

(3) a. The wound was **oozing with** blood.(그 상처는 피로 흥건해졌다.)

b. My back **oozed with** sweat.(내 등은 땀으로 젖었다(땀이 등에 새 나왔다).)

c. My shoes are **oozing with** water.(내 신발은 물로 젖는다.)

2. 타동사 용법

2.1. 다음 주어에서는 목적어가 새어 나온다.

(4) a. His pores are **oozing** sweat.(그의 땀구멍에서 땀이 새나오고 있다.)

b. The wound began to **ooze** blood/pus.(상처에서 피/고름이 새나오기 시작했다.)

c. He was **oozing** sweat under the unaccustomed heat.(그는 익숙지 않은 더위 아래서 땀이 흘러나왔다.)

d. His arm is **oozing** blood.(그의 팔에서 피가 흘러나오고 있다.)

e. He **oozed** sweat.(그는 땀을 흘렸다.)

2.2. 다음주어에서 목적어가 흘러나온다. 주어는 개체이다.

(5) a. The meat **oozed** blood.(고기에서 피가 새 나왔다.)

b. The pizza **oozed** cheese.(피자에서 치즈가 흘러 나왔다.)

c. The cut **oozed** blood.(벤 상처에서 피가 흘렀다.)

d. The trees are **oozing** sticky sap.(나무가 끈적거리는 수액을 분비하고 있다.)

2.3. 다음 주어는 목적어를 내비친다.

(6) a. She walked into the party **oozing** confidence.(그녀는 자신감을 내 보이며 파티로 걸어 들어왔다.)

b. He simply **oozed** charm.(그는 다만 매력을 내 보일 뿐이었다.)

c. Her voice **oozed** friendliness.(그녀의 목소리는 호의를 내비친다.)

d. He stood in a circle of ladies **oozing** charm.(그는

매력을 흘려 보이며 아가씨들 사이에 있었다.)

e. His voice oozed with confidence.(그의 목소리는 자신감으로 흘러 넘쳤다.)

open

이 동사의 개념 바탕에는 열리는 과정이 있다.

1. 자동사 용법

1.1. 다음 주어는 열린다.
(1) a. The door opened and a man came in.(그 문이 열리고 어떤 사람이 들어왔다.)
b. The flowers are opening.(그 꽃들은 피고 있다.)
c. The clouds opened and the sun shone through. (그 구름이 갈라지고 사이로 햇빛이 비쳤다.)

1.2. 다음 주어는 열리면 into의 목적어로 들어가거나 on의 목적어와 연결된다.
(2) a. The door opens into the street.(그 문은 길로 통한다.)
b. These rooms opens into each other.(이 방들은 서로 통한다.)
c. The window opens on the garden.(그 창문은 정원과 통한다.)
d. The room opens on the garden.(그 방은 정원과 통한다.)
e. The room opens by the side door to the river.(그 방은 옆문으로 그 강 쪽으로 갈 수 있다.)

1.3. 다음 주어는 열린다. 열리면 속이 보이거나 틈새가 생긴다.
(3) a. The wound opened.(그 상처가 터졌다.)
b. The rank opened.(그 대열이 벌어졌다.)
c. The view/the country opened before our eyes. (그 전경/그 시골이 우리 눈 앞에 펼쳐졌다.)

1.4. 다음 주어는 시간에 맞추어서 열린다. 주어는 환유적으로 쓰여서 업무를 나타낸다.
(4) a. School opens today.(수업은 오늘 열린다.)
b. The new hospital opens tomorrow.(새 병원은 내일 연다.)
c. The store opens at 10.(그 상점은 10시에 연다.)
d. Congress opens next Monday.(의회는 다음 월요일에 연다.)

1.5. 다음 주어는 시간 속에 일어나는 과정이다.
(5) a. The service opened with a hymn.(그 예배는 찬송으로 시작되었다.)
b. The campaign opened yesterday.(그 캠페인은 어제 시작됐다.)
c. The meeting opened with her report.(그 회의는 그녀의 보고로 시작되었다.)
d. The story opens with a fright.(그 이야기는 공포로 시작된다.)

2. 타동사 용법

2.1. 다음 주어는 목적어를 연다.
(6) a. he opened his eyes/his mouth/his arms/his hands.(그는 눈/입/팔/손을 열었다.)
b. She opened the door/the drawer.(그녀는 문/서랍을 열었다.)

c. He opened a book/a newspaper/a parcel/a letter/a bottle.(그는 책/신문/소포/편지/병을 열었다.)

2.2. 다음 주어는 목적어를 파거나 열어서 새로 만든다.
(7) a. They opened a mine/a well.(그들은 탄광/우물을 팠다.)
b. They opened a road/a path.(그들은 길/소로를 만들었다.)

2.3. 다음 목적어는 길이다. 주어는 목적어를 연다.
(8) a. They opened the road/the bridge to heavy traffic.(그들은 많은 차량에 길/다리를 열었다.)
b. They opened the canal to Korean ships.(그들은 운하를 한국 선박에 열었다.)

2.4. 다음 목적어는 조직체이다. 주어는 목적어를 연다.
(9) a. He opened a store/an office/a school.(그는 상점/사무실/학교를 열었다.)
b. They opened the pool today.(그들은 수영장을 오늘 열었다.)

2.5. 다음 목적어는 시간 속에 일어나는 과정이다. 주어는 목적어를 연다.
(10) a. They opened a debate/an exhibition/an account. (그들은 토의/전시/계좌를 열었다.)
b. He opened the meeting with a prayer.(그는 모임을 기도로 시작했다.)
c. They opened the program with a song.(그들은 프로그램을 노래로 시작했다.)

2.6. 다음은 [마음은 그릇] 은유가 적용된 표현이다. 주어는 목적어를 연다.
(11) a. He opened his heart.(그는 마음을 열었다.)
b. He opened her mind.(그는 그녀의 마음을 열었다.)

2.7. 다음 주어는 목적어의 간격을 넓힌다.
(12) a. He opened the ranks.(그는 그 횡렬의 간격을 넓혔다.)
b. She opened her arms to hug me.(그녀는 팔로 나를 포용하려고 벌렸다.)

operate

이 동사의 개념 바탕에는 기계 등이 움직이는 과정이 있다.

1. 자동사 용법

1.1. 다음 주어는 움직인다.
(1) a. The company operates in an old fashioned way.(그 회사는 옛날 방식으로 운영된다.)
b. The brain operates during sleep.(두뇌는 수면 중에도 일을 한다.)
c. The machine operates day and night.(그 기계는 주야로 작동된다.)
d. The tractor operates on diesel oil.(그 트랙터는 디젤 기름으로 움직인다.)

1.2. 다음 주어는 on의 목적어에 작용을 한다.
(2) a. The medicine operated on him.(그 약은 그에게 효험이 있었다.)
b. Books operate powerfully upon the young.(책은 젊은이들에게 큰 영향을 미친다.)

c. His humor doesn't **operate** on a mixed group.(그의 유머는 혼합 그룹에는 먹히지 않는다.)

1.3. 다음 주어는 사람이고, 이 주어는 on의 목적어와 관련하여 일을 한다.

(3) a. The sculptor **operates** on the clay.(그 조각가는 진흙으로 작업한다.)

b. The doctor **operates** on the patient.(그 의사는 환자와 관련된 일을 한다.)

1.4. 요소나 원인도 작용을 하는 것으로 개념화된다.

(4) a. These factors **operated** against the business.(이런 요소들은 사업에 불리하게 작용했다.)

b. Several causes **operated** to cause the war.(여러 가지 원인들이 전쟁을 유발하는 요인으로 작용했다.)

c. Several causes **operated** to begin the war.(여러 가지 원인들이 전쟁을 발발시켰다.)

2. 타동사 용법

2.1. 다음 주어는 목적어를 돌아가게 한다.

(5) a. He **operates** a lathe.(그는 선반을 작동시킨다.)

b. Do you know how to **operate** the machine?(너 이 기계를 어떻게 작동시키는지 아느냐?)

c. He **operates** a big business.(그는 큰 회사를 운영한다.)

d. The company **operates** fast-food restaurants.(그 회사는 패스트푸드 레스토랑을 운영한다.)

2.2. 다음 주어는 목적어를 만들어낸다.

(6) He **operated** remarkable changes.(그는 괄목할 만한 변화를 이루어 냈다.)

oppose

이 동사의 개념 바탕에는 반대하는 과정이 있다.

1. 타동사 용법

1.1. 다음 주어는 목적어를 반대한다.

(1) a. John **opposed** my suggestions strongly.(존은 내 제의를 강력히 반대했다.)

b. We **opposed** the construction of a hotel here.(우리는 여기에 호텔을 건설하는 것을 반대했다.)

c. Several senators **opposed** the project.(여러명의 상원의원들이 그 기획사업에 반대했다.)

d. Congress is **opposing** the president's health budget.(의회가 대통령의 보건 예산액을 반대하고 있다.)

e. The swamp **opposed** the advance of the enemy.(그 늪은 적군의 진군을 방해했다.)

f. They **opposed** the closing of the school.(그들은 그 학교의 폐교를 반대했다.)

g. Many parents **oppose** bilingual education in school.(많은 부모들이 학교의 이중어 교육을 반대한다.)

1.2. 다음 주어는 목적어를 적대한다.

(2) a. Is anyone **opposing** him in the election?(그를 선거에서 상대하는 사람이 있느냐?)

b. The two boxers **opposed** each other several times before.(두 명의 복서들이 이전에 여러번 서로 붙은 적이 있었다.)

c. They **opposed** the enemy courageously.(그들은 용감하게 적군에 대항했다.)

d. We **oppose** the government on this matter.(우리는 이 문제에 관해 정부에 반대했다.)

1.3. 다음은 수동태 문장으로 주어는 맞서게 된다.

(3) a. The incumbent was **opposed** by two other candidates.(그 현직자는 두 명의 다른 입후보자와 맞서게 되었다.)

b. The proposed new examination are **opposed** by teachers.(새로 제안된 시험은 선생님들에 의해 반대되고 있다.)

1.4. 다음 주어는 목적어를 전치사 to의 목적어에 대비시킨다.

(4) a. He **opposed** city life to country life.(그는 도시 생활을 시골 생활에 대비시켰다.)

b. He **opposes** good to evil in this story.(그는 이 이야기에서 선과 악을 대비시킨다.)

1.5. 다음 주어는 목적어를 전치사 to의 목적어에 대응시킨다.

(5) a. Let us **oppose** good nature to anger.(좋은 성질을 화에 대응시켜보자.)

b. He **opposed** a resistance to the enemy.(그는 저항을 적에 저항했다.)

c. He **opposed** himself to the passage of the bill.(그는 자신을 그 법안의 통과에 대항하게 했다.)

d. Never **oppose** violence to violence.(폭력에 폭력으로 대응시키지 말아라.)

e. Let us **oppose** reason to violence.(이성을 폭력에 대응하도록 해 주세요.)

f. We **opposed** truth to falsehood.(우리는 진실을 거짓에 대응시켰다.)

1.6. 다음 주어는 목적어를 전치사 with의 목적어에 맞붙인다.

(6) a. The thumb can be **opposed** to any fingers.(엄지 손가락은 어떤 손가락에도 맞댈 수 있다.)

b. He **opposed** the thumb with middle finger.(그는 엄지를 가운데 손가락과 맞대었다.)

c. **Oppose** anger with good humor.(화를 좋은 성질과 맞서게 하라.)

1.7. 다음 주어는 목적어를 반대한다.

(7) a. I would **oppose** changing the law.(나는 그 법을 바꾸는 것을 반대할 것이다.)

b. The president **opposes** giving military aid to the country.(대통령은 군사 원조를 그 나라에 주는 것에 반대한다.)

c. The mayor **opposes** raising taxes.(시장은 세금 인상을 반대한다.)

d. The villagers **opposed** building the highway.(그 마을 사람들이 고속도로 건설을 반대했다.)

e. The panel **opposed** bringing back the old-fashioned lives.(그 패널들은 구시대적 생활 방식을 다시 가져오는 것을 반대했다.)

1.8. 다음은 수동태 문장으로 주어는 전치사 to의 목적어에 대비된다.

(8) a. Love is opposed to hate.(사랑은 미움에 대비된다.)

b. Black is opposed to white.(흑은 백에 대비된다.)

c. When two plans are opposed, it is easy to see their advantages and disadvantages.(두개의 계획이 대비되면, 그들의 장점과 단점을 보는 것은 쉽다.)

1.9. 다음은 수동태 문장으로 주어는 전치사 to의 목적어에 반대한다.

(9) a. Conservatives were opposed to the bill.(보수주의자들은 그 법안에 반대했다.)

b. We are opposed to the plan.(우리는 그 계획에 반대한다.)

c. She is opposed to the death penalty.(그녀는 사형에 반대한다.)

oppress

이 동사의 개념 바탕에는 억누르는 과정이 있다.

1. 타동사 용법

1.1. 다음 주어는 목적어를 억누른다.

(1) a. The unfair law oppressed the poor.(그 불공정한 법은 가난한 사람들을 억압했다.)

b. The high prices of commodities oppressed our daily lives.(그 높은 물가가 우리의 생계를 압박했다.)

c. The military government oppressed the people.(그 군사 정부는 국민들을 억압했다.)

d. The dictator oppressed the people.(그 독재자는 국민들을 억압했다.)

e. Pharaoh oppressed Israelite slaves.(파라오는 유대의 노예들을 핍박했다.)

1.2. 다음은 수동태 문장으로 주어는 억압된다.

(2) a. In Korea Christians were oppressed.(한국에서 기독교도들이 탄압 받았다.)

b. The people were oppressed by tyranny.(그 국민들은 폭정에 억압을 받았다.)

1.3. 다음 주어는 목적어를 정신적으로 억누른다.

(3) a. Somehow this building oppresses me.(이 건물은 어쩐지 나를 억누른다.)

b. Grief/care and sorrow oppressed her.(후회/걱정과 슬픔이 그녀의 마음을 무겁게 했다.)

c. A sense of failure/trouble oppressed me.(실패감/근심이 나를 억눌렀다.)

d. It oppresses me to hear that he has been treated so cruelly.(그가 심하게 학대받았다는 소식을 들으니 마음이 눌린다.)

e. Strange dreams and nightmares oppressed him.(이상한 꿈과 악몽이 그를 괴롭혔다.)

f. Ill health and financial problems oppressed him.(건강의 악화와 재정상의 문제가 그를 억압했다.)

g. The thought of leaving the child oppressed her.(아이를 두고 떠난다는 생각이 그녀의 마음을 무겁게 했다.)

h. The long wait for the news oppressed her.(그 소식에 대한 오랜 기다림이 그녀의 마음을 우울하게 했다.)

i. The solitude of her little apartment oppressed her.(그녀의 작은 아파트의 쓸쓸함이 그녀를 우울하게 했다.)

j. The gloomy atmosphere in the office oppressed him.(그 사무실의 침울한 분위기가 그를 억눌렀다.)

k. The silence oppressed him.(그 정적이 그를 압도했다.)

1.4. 다음 주어는 목적어를 짓누른다.

(4) a. A sense of trouble ahead oppressed her spirits.(근심이 그녀의 마음을 억눌렀다.)

b. Care and sorrow oppressed his spirits.(걱정과 슬픔이 그의 마음을 억눌렀다.)

1.5. 다음은 수동태 문장으로 주어는 짓눌린다.

(5) a. We were oppressed with heat in the crowded train.(우리는 붐비는 기차 속에서 더위에 짓눌렸다.)

b. He is oppressed with anxiety.(그는 근심에 짓눌려 있다.)

c. He was oppressed by a feeling of fear.(그는 공포감에 짓눌려 있었다.)

d. I felt oppressed with the intense heat.(나는 찌는 듯한 더위에 짓눌려진 것을 느꼈다.)

opt

이 동사의 개념 바탕에는 선택하는 과정이 있다.

1. 자동사 용법

1.1. 다음 주어는 for의 목적어를 선택한다.

(1) a. Voters opted for the new candidate.(유권자들은 새 후보자를 선택했다.)

b. She opted for a winter vacation.(그녀는 겨울 휴가를 택했다.)

c. She opted for a career in music.(그녀는 음악에서의 새 직업을 선택했다.).

d. He opted for early retirement.(그는 조기퇴직을 선택했다.)

1.2. 다음 주어는 들어가기로 선택한다.

(2) He opted in to the company's savings plan.(그는 회사의 저축 설계에 가입하기로 선택했다.)

1.3. 다음 주어는 to부정사가 가리키는 일을 하기로 선택한다.

(3) a. They opted to retire early.(그들은 일찍 퇴직하기를 선택했다.)

b. Many workers opted to leave their job rather than take a pay cut.(많은 근로자들은 임금 삭감을 당하기 보다 그들의 일을 사퇴하기로 했다.)

c. The class opted to go on a field trip.(그 학급은 견학여행을 하기로 선택했다.)

d. Many young people are opting to go on further education.(많은 젊은이들이 더 높은 교육을 계속 받기로 선택하고 있다.)

1.4. 다음 주어는 어디에서 벗어나기로 결정한다.

(4) a. He opted out of attending the show.(그는 쇼에 참

석하지 않기로 선택했다.)

b. She opted out of going to the party.(그녀는 파티
에 가지 않기로 선택했다.)

c. Employees may opt out of the company's
pension plan.(고용인들은 회사의 연금 설계에서 선
택적으로 빠질 수 있다.)

d. Britain wants to opt out of the market.(영국은 그
시장에서 빠져나오기를 바란다.)

orbit

이 동사의 개념 바탕에는 orbit의 명사 '궤도'가 있
다. 동사의 의미는 궤도와 관련된다.

1. 타동사 용법

1.1. 다음 주어는 목적어 주위를 돈다.

(1) a. The moon orbits the earth.(달은 지구 주위를 돈
다.)

b. The satellite is orbiting the earth.(그 위성은 지구
주위를 돌고 있다.)

c. The earth takes a year to orbit the sun.(지구가 태
양 주위를 도는 데는 1년이 걸린다.)

1.2. 다음 주어는 목적어를 궤도에 진입시킨다.

(2) They succeeded in orbiting a satellite.(그들은 인공
위성을 궤도에 진입시키는 데 성공했다.)

2. 자동사 용법

2.1. 다음 주어는 around의 목적어 주위를 돈다.

(3) Nine planets orbit around our sun.(아홉 개의 행성이
태양 주위를 돈다.)

orchestrate

이 동사의 개념 바탕에는 관현악곡을 작곡하거나 지
휘하는 과정이 있다.

1. 타동사 용법

1.1. 다음 주어는 관현악곡을 만들거나 지휘한다.

(1) a. The composer orchestrated a new symphony.(그
작곡가는 새로운 교향곡을 만들었다.)

b. The young conductor orchestrated some popular
rock n' roll songs.(그 젊은 지휘자는 몇 개의 록큰
롤 노래를 지휘했다.)

**1.2. 다음 주어는 관현악의 여러 악기를 조화있게 하듯
목적어를 조직적으로 다룬다.**

(2) a. He orchestrated the political campaign.(그는 그 정
치운동을 조직적으로 다루었다.)

b. The group is accused of orchestrating violence at
demonstrations.(그 단체는 시위에서 폭력을 조직
화한 것으로 고발되어 있다.)

c. She orchestrated the conference according to a
tight schedule.(그녀는 회의를 바쁜 예정시간에 따
라 조직적으로 진행시켰다.)

d. He orchestrated negotiations behind the scenes.
(그는 협상을 뒤에서 남몰래 조직적으로 다루었다.)

1.3. 다음은 수동태 문장으로 주어는 조직적으로 통제

된다.

(3) a. The annual meeting was orchestrated by the
chairman.(그 연례 회의는 의장에 의해 조직적으로
진행되었다.)

b. The coup was orchestrated by the CIA.(그 쿠데타
는 미국 중앙 정보국에 의해 조직적으로 치루어졌
다.)

ordain

이 동사의 개념 바탕에는 최고의 권력자가 정하는
과정이 있다.

1. 타동사 용법

1.1. 다음 주어는 목적어를 성직자로 임명한다.

(1) The bishop ordained five new priests last week.
(그 주교는 지난 주에 다섯 명의 새로운 성직자를 임
명했다.)

1.2. 다음은 수동태 문장으로 주어는 임명된다.

(2) a. Three men and two women were ordained at a
ceremony.(세 명의 남자와 두 명의 여자가 의식에
서 임명되었다.)

b. The student was ordained (as) a minister.(그 학
생은 성직자로 임명되었다.)

1.3. 다음 주어는 that-절의 내용을 규정한다.

(3) a. The king ordained that everyone should pay tax.
(그 왕은 모든 사람이 세금을 내야 한다고 규정했
다.)

b. The legislature ordained that smoking in public
places be illegal.(그 입법부는 공공 장소에서 흡연
은 불법이라고 규정했다.)

c. Fate had ordained that they would never meet
again.(운명은 그들이 다시는 만날 수 없는 것으로
정해졌다.)

**1.4. 다음 주어는 첫째 목적어를 둘째 목적어로 임명한
다.**

(4) The bishop ordained the man priest.(그 주교는 그
남자를 신부로 임명했다.)

1.5. 다음은 수동태 문장으로 주어는 규정된다.

(5) a. Had this law been ordained?(이 법은 규정이 되었
나?)

b. He felt that he had been ordained to lead his
people.(그는 자신의 민족을 이끌도록 명해진 것으
로 느꼈다.)

order

이 동사의 개념 바탕에는 말로서 목적어를 움직이는
과정이 있다.

1. 타동사 용법

1.1. 다음 주어는 목적어를 말로써 움직인다.

(1) a. He ordered me about/around/back/home/
abroad.(그는 나를 이리저리/뒤돌아/뒤로/집으로/
해외로 가라고 명령했다.)

b. He ordered her away.(그는 그녀를 명령하여 가게

했다.)

c. The chairman **ordered** the member out.(그 의장은 그 회원을 명령하여 나가게 했다.)

d. The referee **ordered** the player out.(그 심판은 그 선수를 퇴장하라고 명령했다.)

e. The governor decided to **order** out the National Guard.(그 주지사는 주 방위군을 불러내기로 결정 했다.)

f. I **ordered** him outside/out of the building.(나는 그 를 건물 밖으로 나오라고 명령했다.)

g. If you make any more noise, I will **order** you out of the room.(당신이 조금만 더 소란을 피우면 난 당 신을 방에서 나가게 명령하겠소.)

h. He **ordered** the boy to a distant place.(그는 그 소 년을 먼 곳으로 명령하여 보냈다.)

i. He **ordered** the regiment to Bosnia.(그는 그 연대 를 보스니아로 가라고 명했다.)

1.2. 다음은 수동태 문장으로 주어는 명령을 받는다.

(2) a. The regiment was **ordered** to the front.(그 연대는 전방으로 나가라는 명령을 받았다.)

b. He was **ordered** to Africa.(그는 아프리카로 가라 는 명령을 받았다.)

1.3. 다음 주어는 목적어를 명령하여 전치사 to의 목적 어에 가게 한다. to의 목적어는 상태나 과정이다.

(3) a. The captain **ordered** his men to attention.(그 대위 는 부하들을 명령하여 차려 자세를 취하게 했다.)

b. He **ordered** me to stand up.(그는 나에게 일어서라 고 명령했다.)

c. The commander **ordered** them to line up against the wall.(그 사령관은 그들에게 벽에 기대어 줄을 서라고 명령했다.)

d. We **ordered** him to leave.(우리는 그에게 떠나게 명령했다.)

e. The doctor **ordered** the child to take two doses of medicine every day.(그 의사는 그 아이에게 매일 두알씩 약을 먹으라고 명령했다.)

f. The police **ordered** the demonstrators to stop.(경 찰은 그 시위자들에게 시위를 그만두라고 명령했 다.)

1.4. 다음은 수동태 문장으로 주어는 to부정사 이하의 행동을 하도록 명령을 받는다.

(4) a. I was **ordered** to stay in bed.(나는 침대에 머물러 있으라는 명령을 받았다.)

b. We were **ordered** to report to the police.(우리는 경찰에 신고하라는 명령을 받았다.)

1.5. 다음 주어는 목적어가 어떤 과정을 받도록 명령한 다.

(5) a. I **ordered** the work to be done.(나는 그 일을 수행 되어야 한다고 명령했다.)

b. He **ordered** the room to be swept.(그는 그 방이 쓸어져야 한다고 명령했다.)

c. He **ordered** the luggage to be loaded into a taxi. (그는 짐이 택시에 실리도록 명령했다.)

d. She **ordered** the key to be brought to her.(그녀는 그 열쇠를 자기에게 가져오도록 명령했다.)

e. He **ordered** the flag down at half mast.(그는 그 깃

발을 반기에 내리라고 명령했다.)

1.6. 다음 주어는 목적어를 주문한다.

(6) a. I phoned the room service, and **ordered** some sandwiches.(나는 룸서비스를 전화로 불러서 샌드 위치를 주문했다.)

b. I **ordered** some pasta and a mixed salad.(나는 파 스타와 혼합 샐러드를 주문했다.)

c. We **ordered** supplies for the camping trip.(우리는 야영여행에 필요한 물품을 주문했다.)

d. She **ordered** a sweater over the phone.(그녀는 스 웨터 한 벌을 전화로 주문했다.)

1.7. 다음 주어는 목적어를 전치사 for의 목적어를 위 해서 주문한다.

(7) a. She **ordered** a new suit for her son.(그녀는 새 양 복 한 벌을 아들을 위해 주문했다.)

b. The book you **ordered** is not in stock, but we will **order** it for you.(주문하신 책은 재고가 없습니다만, 그것을 당신을 위해 주문하겠습니다.)

c. I **ordered** lunch for 12 o'clock.(나는 12시에 맞추 어 점심식사를 주문했다.)

d. I have **ordered** new curtains for the living room. (나는 새 커튼들을 거실용으로 주문했다.)

e. She **ordered** a garden chair for her husband.(그녀 는 정원용 의자 하나를 그녀의 남편을 위해 주문했 다.)

1.8. 다음 주어는 목적어를 전치사 from의 목적어에서 주문을 한다.

(8) a. I **ordered** some chair covers from Iketa.(나는 몇 개의 의자 외피를 이케다에서 주문했다.)

b. I **ordered** the book directly from the publisher.(나 는 그 책을 출판업자로부터 직접 주문했다.)

c. We **ordered** a ski from the catalog.(우리는 스키 한 벌을 카탈로그에서 주문했다.)

d. We will **order** a taxi from the station.(우리는 택시 를 역에서 부르겠습니다.)

e. I've **ordered** some furniture from the shop.(나는 그 가게에서 가구를 주문했다.)

1.9. 다음 주어는 첫째 목적어에게 둘째 목적어를 주문 한다.

(9) a. He **ordered** himself a cup of coffee/a pint of beer. (그는 자신에게 커피 한 잔/ 맥주 1 파인트를 주문했 다.)

b. I've **ordered** you a tomato juice.(내가 너에게 토마 토 주스를 주문했다.)

c. The doctor **ordered** me a long rest.(그 의사는 내 게 장기간 휴식을 명령했다.)

1.10. 다음 주어는 목적어를 명령한다. 목적어는 과정 이다.

(10) a. The king **ordered** the release of the prisoner.(왕 은 그 죄수의 석방을 명했다.)

b. The chairman **ordered** silence.(그 의장은 정숙을 명령했다.)

c. The management **ordered** a cutback in spending. (그 경영진은 경비의 절감을 명했다.)

d. She **ordered** an investigation into the man's death.(그녀는 그의 죽음에 대한 조사를 명령했다.)

e. The commander **ordered** an advance.(그 사령관은 전진을 명령했다.)

f. The president **ordered** a review of the budget.(대통령은 그 예산안 재검을 명령했다.)

g. The captain **ordered** an inquiry into the accident.(그 지휘관은 그 사건에 관한 조사를 명령했다.)

1.11. 다음 주어는 목적어를 정돈한다.

(11) a. Some people never manage to **order** their lives.(어떤 사람들은 자신의 삶을 정돈하는 것을 결코 해내지 못한다.)

b. He **ordered** his life according to strict rules.(그는 자신의 삶을 엄격한 규칙에 따라 관리했다.)

c. The teacher **ordered** the students by height.(선생님은 그 학생들을 키대로 정리했다.)

d. We **ordered** the books according to subject.(우리는 그 책을 주제별로 정리했다.)

e. The diamonds are **ordered** according to size.(그 다이아몬드는 크기별로 정돈되어 있다.)

1.12. 다음 주어는 that-절의 내용을 명령한다.

(12) a. He **ordered** that the work should be done.(그는 그 일이 수행되어야 한다고 명령했다.)

b. The commander **ordered** that the troops should withdraw from the area.(그 사령관은 그 부대가 그 곳에서 후퇴해야 한다고 명령했다.)

2. 자동사 용법

2.1. 다음 주어는 주문한다.

(13) Are you ready to **order**?(주문하시겠습니까?)

organize

이 동사의 개념 바탕에는 조직을 하는 과정이 있다.

1. 타동사 용법

1.1. 다음 주어는 목적어를 조직한다. 목적어는 개체들이다.

(1) a. He is **organizing** the facts to make a speech.(그는 연설을 하기 위해서 그 사실들을 조직하고 있다.)

b. A team of professionals will **organize** the volunteers.(전문가 팀이 자원봉사자들을 조직할 것이다.)

c. **Organize** your thoughts before you speak.(말하기 전에 너의 생각을 체계화해라.)

d. I began to **organize** my materials.(나는 자료들을 조직화하기 시작했다.)

1.2. 다음 주어는 목적어를 정리하거나 정돈한다.

(2) a. She **organized** her papers so that she could find each one easily.(그녀는 쉽게 서류들 하나 하나를 찾을 수 있도록 그것들을 정리했다.)

b. The books were **organized** on the shelves according to their size.(그 책들은 크기대로 책장 위에 정돈되었다.)

c. The children were **organized** according to ability.(그 아이들은 능력에 따라 편성되었다.)

1.3. 다음의 목적어는 단수형이다. 그러나 이들은 여러 가지의 개체들을 포함하고 있다. 주어는 이러한 것을 조직한다.

(3) a. I must try to **organize** my life a bit better.(나는 생활을 더 낫게 세우도록 애써야 한다.)

b. You have to change the way you **organize** yourself.(너는 자신을 계획하는 방식을 바꿔야 한다.)

c. She had **organized** her study in such a way that she could find everything from her wheelchair.(그녀는 휠체어에서 모든 것을 찾을 수 있는 그러한 방식으로 그녀의 서재를 정돈했다.)

d. **Organize** your knowledge in a coherent system of thought.(네 생각을 일관성 있는 체계로 짜라.)

e. She **organized** her boss's business schedule.(그녀는 사장의 업무 일정을 조직했다.)

f. The assembly line was **organized** for maximum efficiency.(그 조립 생산라인은 최고의 효율을 내도록 짜여졌다.)

g. Let's get **organized**.(조직화하자.)

1.4. 다음 주어는 목적어를 계획의 일부로 준비한다.

(4) a. I will **organize** transport.(나는 교통을 준비할 것이다.)

b. I will try and **organize** a lift for you.(나는 너를 위해 리프트를 준비하도록 하겠다.)

c. He asked his wife to **organize** coffee and sandwiches.(그는 아내에게 커피와 샌드위치를 준비할 것을 부탁했다.)

1.5. 다음의 목적어는 시간 속에 일어나는 개체이고 이것은 여러 부분을 갖는다. 주어는 목적어를 계획해서 짠다.

(5) a. We decided to **organize** a concert for Easter.(우리는 부활절에 콘서트를 조직하기로 결정했다.)

b. They **organized** a protest march.(그들은 항의 행진을 조직했다.)

c. The company **organizes** group tours.(그 회사는 단체 여행을 편성한다.)

d. The group **organizes** theater trips once a months.(그 단체는 극장 관람을 한 달에 한 번 계획한다.)

e. They **organized** a meeting between the teachers and students.(그들은 그 교사와 학생들 간의 모임을 조직했다.)

f. They are **organizing** a surprise party for her birthday.(그들은 그녀의 생일을 위한 깜짝 파티를 계획하고 있다.)

1.6. 다음의 목적어는 조직의 결과로 생겨나는 개체이다.

(6) a. The government **organized** an army.(그 정부는 군대를 조직했다.)

b. They **organized** a committee.(그들은 위원회를 조직했다.)

c. Tim **organized** a stamp collecting club.(팀은 우표 수집 클럽을 조직했다.)

d. The school **organized** a football team.(그 학교는 축구팀을 조직했다.)

e. The political system is **organized** along the party lines.(그 정치 체제는 정당의 노선에 따라 조직된다.)

f. They **organized** the shoe industry.(그들은 신발 산업을 조직했다.)

2. 자동사 용법
2.1. 다음 주어는 전치사 into의 목적어 상태로 조직된다.
(7) The students **organized** into two teams.(그 학생들은 두 팀으로 편성되었다.)
2.2. 다음 주어는 조직한다. 이 때 조직은 특수 목적을 위해서 이루어진다.
(8) a. The workers **organized**.(그 노동자들은 노동조합을 결성했다.)
    b. Workers have a right to **organize**.(노동자들은 노동조합을 만들 권리가 있다.)
    c. We'll never get anywhere unless we **organize**. (우리는 조직화하지 않으면 어디에도 도달할 수 없을 것이다.)
    d. The unfairly treated workers voted to **organize**. (그 부당하게 대접받은 노동자들은 노동조합을 만들 것을 투표했다.)
    f. Workers **organized** into labor unions to protect their rights.(노동자들은 자신들의 권리를 보호하기 위해서 노동조합에 가입했다.)
2.3. 다음 주어는 짜여진다.
(9) Industrial towns **organized** around places of work. (산업 도시들이 공장지대 근처에 조직되었다.)

---

orient
이 동사의 개념 바탕에 방위에 맞추는 과정이 있다.

1. 타동사 용법
1.1. 다음 주어는 목적어를 특정한 방위에 맞춘다.
(1) a. He **oriented** the building toward the south.(그는 그 빌딩을 남쪽 방향으로 세웠다.)
    b. He **oriented** the building east.(그는 그 빌딩을 동쪽을 향하게 세웠다.)
    c. He **oriented** the tennis court south.(그는 그 테니스 코트를 남향으로 지었다.)
    d. He **oriented** the swimming pool north and south. (그는 그 수영장을 북쪽과 남쪽 방향으로 지었다.)
1.2. 다음은 수동태 문장으로 주어는 방위가 맞추어 진다.
(2) a. The building is **oriented** north and south.(그 빌딩은 남북으로 방향으로 세워진다.)
    b. The building is **oriented** southward to catch light. (그 빌딩은 빛을 받기 위해 남쪽 방향으로 지어진다.)
1.3. 다음 목적어는 재귀대명사이다. 주어는 자신의 방위를 찾는다.
(3) a. The hikers **oriented** themselves before continuing their walk.(그 도보 여행자들은 길을 계속 가기 전에 자신들의 위치를 확인했다.)
    b. When I arrived in Vancouver, it took a while to **orient** myself.(내가 밴쿠버에 도착했을 때, 내 위치를 확인하는 데 시간이 걸렸다.)

---

c. I **oriented** myself by the landmarks.(나는 그 표지판에 의해 현재 위치를 확인했다.)
d. In the thick woods, we had to **orient** ourselves with a compass.(깊은 숲 속에서 우리는 나침반으로 우리의 위치를 확인해야 한다.)
e. The climbers stopped to **orient** themselves.(그 등산객은 위치를 확인하기 위해 멈췄다.)
1.4. 다음 주어는 새 환경에서 자신의 방위를 찾는다.
(4) a. She managed to **orient** herself in the new environment.(그녀는 새로운 환경에서 자신의 위치를 가까스로 찾았다.)
    b. It takes time to **orient** oneself after changing one's job.(직업을 바꾸고 난 다음 적응하는 데 시간이 걸린다.)
    c. I need a few more days to **orient** myself.(내가 적응하는 데 며칠이 좀 더 필요하다.)
    d. I need some time to **orient** my thinking.(내 생각을 맞추는 데 약간의 시간이 필요하다.)
1.5. 다음 주어는 목적어를 특정한 방향으로 향하게 한다.
(5) a. May **oriented** herself to the south.(5월에 그녀는 남쪽으로 향해 갔다.)
    b. The map helped me to **orient** myself to the city. (그 지도는 내가 도시로 찾아가는 데 도움을 주었다.)
    c. He is **orienting** his ideas to the new conditions.(그는 생각을 새로운 상황에 맞춰 바꾸고 있다.)
1.6. 다음 주어는 목적어를 to의 목적어에 적응하게 한다.
(6) a. The seniors helped the freshmen **orient** themselves to college and to life.(그 선배들은 신입생들이 대학과 인생에 적응하는데 도움을 주었다.)
    b. Immigrant should **orient** themselves to their new surroundings.(이민자들은 자신들을 새로운 환경에 적응시켜야 한다.)
    c. The new student **oriented** himself to his new school.(새로 전학 온 학생은 자신을 새 학교에 적응시켰다.)
    d. He is **orienting** the new workers to the factory. (그는 신입 노동자들을 공장에 적응시키고 있다.)
1.7. 다음은 수동태 문장으로 주어는 특정한 방향으로 향해진다.
(7) a. The language course is **oriented** toward beginners.(그 어학 과정은 초보자를 대상으로 한다.)
    b. Their business is **oriented** toward exports.(그들의 무역은 수출품을 대상으로 한다.)
    c. His whole life is **oriented** around the children.(그의 전 인생은 어린이들 주변에 향해져 있다.)

---

originate
이 동사의 개념 바탕에는 비롯되는 과정이 있다.

1. 자동사 용법
1.1. 다음 주어는 생기는 개체이다.

(1) a. Automobiles originated in the 19th century.(자동 차는 19세기에 생겼다.)

　b. The idea of mass production originated in America. (대중 매체의 개념은 미국에서 생겨났다.)

　c. The gas leak originated.(가스 유출이 일어났다.)

　d. That style of painting originated in Korea.(저 그림 스타일은 한국에서 비롯되었다.)

　e. The fire originated in a beer hall.(그 화재는 어느 맥주 홀에서 시작되었다.)

1.2. 다음 주어는 전치사 with의 목적어와 함께 생긴다.

(2) a. The custom originated with the American Indians. (그 관습은 아메리카 인디언들에게서 비롯된 것이다.)

　b. The practice originated with the Chinese.(그런 관습은 중국인들에게서 시작되었다.)

　c. The theory of evaluation originated with Darwin. (그러한 평가 이론은 다윈이 창시했다.)

2. 타동사 용법
2.1. 다음 주어는 목적어를 처음으로 만든다.

(3) a. He originated the theory in the 17th century.(그 는 그 이론을 17세기에 창시했다.)

　b. They originated the political movement.(그들은 정치적 운동을 시작했다.)

　c. He originated a new style in dancing.(그는 새로운 스타일을 무용에 창시했다.)

orphan

이 동사의 개념 바탕에는 orphan의 명사 '고아'가 있다. 동사의 뜻은 고아가 되는 과정과 관계가 있다.

1. 타동사 용법
1.1. 다음은 수동태 문장으로 주어는 고아가 된다.

(1) a. The boy was orphaned by the war.(그 소년은 전쟁으로 고아가 되었다.)

　b. She was orphaned in the war.(그녀는 전쟁 중에 고아가 되었다.)

　c. She was orphaned when her parents died in a plane crash.(그녀는 부모님들이 비행기 사고로 돌아가서 고아가 되었다.)

oscillate

이 동사의 개념 바탕에는 두 점 사이를 오가는 움직임이 있다.

1. 자동사 용법
1.1. 다음 주어는 움직이는 개체이다.

(1) a. The pendulum oscillated.(그 추는 진동했다.)

　b. The car's defective fuel gauge oscillated for a moment and moved to the "empty" mark.(그 자동차의 고장난 연료 계기가 잠시 흔들리더니 "없음"표시에 움직였다.)

　c. The needle on the dial oscillates.(그 표시판의 바늘이 움직인다.)

　d. The seismograph needle oscillated during the earthquake.(그 지진계 바늘이 지진이 일어나는 동안 흔들렸다.)

1.2. 사람의 마음이나 태도도 움직이는 것으로 개념화된다.

(2) a. She oscillated between ordering meat and ordering fish.(그녀는 고기를 주문하는 것과 생선을 주문하는 것을 두고 망설였다.)

　b. He always oscillates between different ideas.(그는 항상 여러 가지 생각들로 갈팡질팡한다.)

　c. Her attitude toward her husband oscillated between tender affection and deep mistrust.(남편에 대한 그녀의 태도는 다정다감한 애정과 깊은 불신 사이에서 흔들렸다.)

　d. Her moods oscillated between depression and elation.(그녀의 기분은 우울함과 의기양양함 사이에서 왔다갔다한다.)

ossify

이 동사의 개념 바탕에는 뼈로 변화되는 과정이 있다.

1. 자동사 용법
1.1. 다음 주어는 뼈같이 경화된다.

(1) a. Over the time, the soft substance ossified.(시간이 흘러서, 그 부드러운 물질은 경화되었다.)

　b. Babies' skulls ossify.(아기들의 두개골은 경화된다.)

1.2. 다음 주어는 경화된다.

(2) a. He ossified in his attitudes.(그는 태도 면에서 경화되었다.)

　b. His thinking ossified as he grew older; he won't consider new ideas.(그의 사고는 나이가 들면서 경화되었다; 그는 새로운 생각을 고려하지 않으려 한다.)

2. 타동사 용법
2.1. 다음 주어는 목적어를 뼈로 만든다.

(3) a. Dry, extreme heat ossified these clam shells.(건조하고, 극단적인 열이 이 조개 껍데기들을 단단하게 만들었다.)

　b. Prejudice ossified his mind.(편견은 그의 마음을 경직시켰다.)

outdo

이 동사의 개념 바탕에는 능가하는 과정이 있다.

1. 타동사 용법
1.1. 다음 주어는 목적어를 능가한다.

(1) a. John is unable to outdo his sister at tennis.(존은 누이를 테니스에서 능가할 수 없다.)

　b. He can outdo others in running.(그는 다른 사람들을 달리기에서 능가할 수 있다.)

c. Our team **outdid** their team in everything except canoeing.(우리 팀은 그들의 팀을 카누를 제외한 모든 분야에서 능가했다.)

d. He did 50 push-ups, but I **outdid** him.(그는 팔 굽히기를 50번 했지만, 나는 그를 능가했다.)

e. Sometimes small firms can **outdo** big businesses. (때때로 작은 상점들이 큰 회사를 능가할 수 있다.)

f. The economies of South East Asia are **outdoing** Western competitors.(서동아시아 지역의 경제가 서양 경쟁국들을 능가하고 있다.)

1.2. 다음 주어는 자신의 전 기록을 능가한다.

(2) a. He **outdid** himself.(그는 전보다 잘 했다.)

b. The hostess **outdid** herself in planning the party. (여 주인은 파티를 계획하는 데 전보다 더 잘 했다.)

c. She is a great cook, but she really **outdid** herself in preparing us a five-course meal.(그녀는 훌륭한 요리사이나, 그녀는 우리에게 다섯 코스 식사를 제공하는데 전보다 훨씬 더 잘 했다.)

1.3. 다음 주어는 목적어의 분야에서 타인을 능가한다.

(3) He is aiming to **outdo** the school long jump.(그는 학교 넓이뛰기에서 잘하는 것을 목표로 삼고 있다.)

1.4. 다음은 수동태 문장으로 주어는 능가된다.

(4) a. He worked very hard as he did not want to be **outdone** by anyone.(그는 다른 누군가에 의해 능가되어지는 것을 원하지 않았기 때문에 아주 열심히 공부했다.)

b. The Smiths built a swimming pool and not to be **outdone**, their neighbor built a bigger one.(스미스가는 수영장을 지었고, 그들의 이웃은 능가되지 않기 위해 더 큰 것을 지었다.)

outfit

이 동사의 개념 바탕에는 채비를 차리는 과정이 있다.

1. 타동사 용법

1.1. 다음 주어는 목적어를 with의 목적어로 채비를 차려준다.

(1) a. He **outfitted** us with money.(그는 우리에게 돈으로 채비를 차려줬다.)

b. They **outfitted** him with a gun.(그들은 그에게 총으로 채비를 차려줬다.)

c. The sales clerk **outfitted** the hiker with the proper shoes.(그 판매원은 그 하이커에게 적당한 신발로 채비를 차려줬다.)

d. The store **outfits** campers.(그 가게는 야영자들에게 채비를 차려준다.)

1.2. 다음의 목적어는 배다. 주어는 목적어에 필요한 채비를 한다.

(2) a. The explorers **outfitted** the ship to explore the North Pole.(탐험가들은 그 배를 북극을 탐험하기 위해 필요한 장비로 갖추었다.)

b. They **outfitted** the ship for an exploration.(그들은 탐험을 위해 필요한 물건으로 그 배를 채비를 했다.)

1.3. 다음은 수동태 문장으로 주어는 채비가 갖추어진다.

(3) a. The ship is **outfitted** with a 12-bed hospital.(그 배에는 12 침상이 있는 병원이 갖추어져 있다.)

b. The police have been **outfitted** with protective riot gear.(그 경찰은 폭동 진압 도구를 갖추었다.)

outgrow

이 동사의 개념 바탕에는 어떤 기준보다 더 크는 과정이 있다.

1. 타동사 용법

1.1. 다음 주어는 목적어를 능가한다.

(1) a. He is only 12, but has already **outgrown** his mother.(그는 단 13 살이지만, 엄마보다 더 컸다.)

b. Jane **outgrew** her mother by 5 inches.(제인은 엄마보다 5인치 더 컸다.)

c. By the time he was ten, he **outgrew** his brother. (그가 10살 때, 그는 형보다 더 컸다.)

1.2. 다음 목적어는 장소나 옷이다. 주어는 목적어를 커서 벗어난다.

(2) a. The company is **outgrowing** its office space.(그 회사는 그의 사무실보다 더 커지고 있다.)

b. My family has **outgrown** our house.(나의 가족은 우리의 집보다 더 커졌다.)

c. The baby has **outgrown** his old shoes.(아기는 그의 낡은 신보다 더 컸다.)

d. He **outgrew** his old suit/his uniform.(그는 옛 옷/정복보다 더 컸다.)

1.3. 다음 목적어는 추상적 개체가 구체적인 것으로 표현되어 있다. 주어는 목적어보다 더 커서 목적어를 벗어난다.

(3) a. Mary has **outgrown** selfishness.(메리는 이기심을 벗어났다.)

b. He has **outgrown** his babyish habits.(그는 아기 습관을 벗어났다.)

c. He has **outgrown** a fear of the dark.(그는 어두움의 공포를 벗어났다.)

d. He's **outgrown** his passion for rock music.(그는 록 음악의 열정을 벗어났다.)

e. She **outgrew** her interest in dolls.(그녀는 인형에 대한 관심을 벗어났다.)

outlive

이 동사의 개념 바탕에는 어떤 기준보다 더 오래 사는 과정이 있다.

1. 타동사 용법

1.1. 다음 주어는 목적어보다 더 오래 산다.

(1) a. She **outlived** her husband by ten years.(그녀는 남편보다 10년을 오래 살았다.)

b. He **outlived** his brothers/his son.(그는 동생/아들보다 더 살았다.)

c. Women tend to **outlive** men.(여자는 남자보다 더 오래 사는 경향이 있다.)

d. My car outlived Tom's car by 3000 miles.(내 차
　는 톰의 차보다 3000 마일 더 달렸다.)

1.2. 다음 주어는 목적어보다 오래 산다. 목적어는 시
　간 속에 일어나는 과정이나 규정이다.
(2) a. The ship outlived the storm.(그 배는 폭풍을 견뎌
　　내었다.)

b. He outlived the war.(그는 전쟁을 견뎌내었다.)

c. The military regime outlived its statutory term by
　three years.(그 군사정권은 법정기한을 3년 초과했
　다.)

1.3. 다음은 [상태는 개체] 은유가 적용된 예이다. 주
　어는 목적어가 존속하는 기간보다 더 오래 산다.
(3) a. The politician outlived his disgrace.(그 정치가는
　　치욕을 오래 살아서 없앴다.)

b. He outlived his fame.(그는 명성보다 더 오래 살았
　다.)

c. Smith outlived the bad reputation of his youth.(스
　미스는 젊은 날의 나쁜 평판을 오래 살아서 없앴다.)

d. The idea was once good, but it has outlived its
　usefulness.(그 생각은 한때 좋았지만, 그것은 유용
　성보다 더 오래 지속되었다.)

outreach

이 동사의 개념 바탕에는 기준보다 멀리 미치는 과
정이 있다.

1. 타동사 용법
1.1. 다음 주어는 목적어를 넘어간다.
(1) Demand has outreached supply.(수요가 공급을 넘
　어섰다.)

outrun

이 동사의 개념 바탕에는 뛰어서 앞지르는 과정이
있다.

1. 타동사 용법
1.1. 다음 주어는 목적어를 앞지른다.
(1) a. The cheetah can outrun any other animal.(치타는
　　다른 동물보다 더 빨리 뛸 수 있다.)

b. The thieves easily outran the policeman.(그 도둑
　들은 경찰관을 쉽게 앞질렀다.)

c. He outran all his opponents.(그는 모든 상대를 앞
　섰다.)

d. The fox outran the hounds.(그 여우는 개들보다
　더 빨리 뛰었다.)

e. The kids outran the teacher to the playground.
　(꼬마들은 선생님을 운동장까지 앞질러 달려갔다.)

f. He couldn't outrun his pursuers.(그는 추적자들을
　앞지를 수 없었다.)

g. The hunter was unable to outrun the hungry bear.
　(그 사냥꾼은 배고픈 곰을 앞지를 수 없었다.)

h. He outran others and won the race.(그는 다른 사
　람들을 앞질러서 경주에서 승리했다.)

1.2. 앞지르는 개념은 초과의 개념으로 확대된다. 다음

주어는 목적어를 초과한다.
(2) a. This month's expense outran our budget.(이 달
　　의 경비가 우리의 예산을 넘어섰다.)

b. In the future, demand for metals like tungsten will
　outrun supply.(미래에 텅스텐과 같은 금속들의 수
　요는 공급을 앞지를 것이다.)

c. Her campaign costs during the election outran
　her income.(그 선거동안 그녀의 선거운동 경비는
　수입을 넘어섰다.)

d. His ambition outran his abilities.(그의 야망은 능력
　을 넘어섰다.)

e. His zeal outran discretion.(그의 열성이 분별력을
　넘어섰다.)

f. His imagination outruns the facts.(그의 상상은 사
　실을 벗어난다.)

g. Demand for the new model is outrunning supply.
　(새로운 모델에 대한 수요는 공급을 초과하고 있다.)

h. He believes that technological progress has
　outrun moral development.(그는 기술의 진보가 도
　덕의 발전을 앞질렀다고 믿고 있다.)

i. He outran his weekly allowance in three days.(그
　는 일주일 용돈을 3일만에 초과했다.)

j. The department outran its annual budget in
　July.(그 부서는 일년 치 예산을 7월에 초과했다.)

1.3. 다음 주어는 목적어를 넘는다. 목적어는 시간이다.
(3) The press conference outran its time.(그 기자회견
　　은 시간을 넘어섰다.)

outsell

이 동사의 개념 바탕에는 더 많이 팔리는 과정이 있다.

1. 타동사 용법
1.1. 다음 주어는 목적어보다 더 많이 팔린다.
(1) a. This brand of tea outsells that.(이 상표가 저것보다
　　더 많이 팔린다.)

b. CDs began to outsell records.(시디가 레코드보다
　더 많이 팔리기 시작다.)

c. Rock music massively outsells jazz and rap.(록 음
　악은 재즈와 랩보다 많이 팔린다.)

d. This detergent outsold every other brand.(이 세
　제는 다른 모든 것보다 많이 팔렸다.)

e. We're now outselling our competitors.(우리는 경
　쟁자보다 더 많이 팔리고 있다.)

outstay

이 동사의 개념 바탕에는 기준이나 예정시보다 더
오래 머무는 과정이 있다.

1. 타동사 용법
1.1. 다음 주어는 목적어가 가리키는 예정 시간보다 더
　머문다.
(1) a. He outstayed his welcome.(그는 환영기간을 초과
　　해서 머물렀다.)

b. After he outstayed his welcome, we decided not

to invite him again.(그가 환영기간을 초과해서 머물은 후에, 우리는 다시는 그를 초대하지 않기로 결정했다.)

1.2. 다음 주어는 목적어를 초과해서 머문다.

(2) a. He outstayed all the other guests.(그는 다른 손님들보다 오래 머무렀다.)

　　 b. As usual, he outstayed all the other guests.(보통 때와 마찬가지로 그는 다른 손님들보다 오래 머물렀다.)

outstretch

이 동사의 개념 바탕에는 한계를 넘어서 펴는 과정이 있다.

1. 타동사 용법

1.1. 다음 주어는 목적어의 한계를 넘는다.

(1) His behavior outstretches my patience.(그의 행동은 내 인내의 한계를 넘는다.)

outstrip

이 동사의 개념 바탕에는 앞지르는 과정이 있다.

1. 타동사 용법

1.1. 다음 주어는 목적어를 앞지른다.

(1) a. She soon outstripped the slower runners.(그녀는 곧 더 느린 그 주자들을 앞질렀다.)

　　 b. The manufacturer outstripped all his competitors.(그 제작자는 모든 경쟁자들을 앞질렀다.)

1.2. 다음 주어와 목적어는 개체이다. 주어는 목적어를 초과한다.

(2) a. Demand is outstripping supply.(수요가 공급을 앞지르고 있다.)

　　 b. Grain came to outstrip cattle in economic importance.(곡물이 경제적인 중요성에서 가축을 앞지르게 되었다.)

　　 c. He outstrips most of the boys in sports.(그는 소년들의 대부분을 운동경기에서 앞지른다.)

outwear

이 동사의 개념 바탕에는 물건이 더 오래가는 과정이 있다.

1. 타동사 용법

1.1. 다음 주어는 목적어보다 더 오래간다.

(1) a. My nylon jacket has outworn my other clothes.(내 나이론 재킷은 다른 옷보다 더 오래 갔다.)

　　 b. Some plastics outwear leather.(어떤 프라스틱은 가죽보다 오래 간다.)

1.2. 다음 주어는 목적어를 넘어간다. 목적어는 기간이다.

(2) Don't outwear your welcome at his house.(그의 집에서 너의 환영기간을 넘기지 말아라.)

outweigh

이 동사의 개념 바탕에는 무게가 더 나가는 과정이 있다.

1. 타동사 용법

1.1. 다음 주어는 목적어보다 무게가 더 나간다.

(1) a. My sister outweighs me by five kilos.(내 누이의 몸무게는 나보다 5 킬로가 더 나간다.)

　　 b. The champ outweighed his opponent twenty pounds.(그 챔피언은 상대보다 20 파운드 더 나갔다.)

1.2. 다음 주어와 목적어는 추상적인 개체가 구체적인 개체로 개념화된 표현이다. 구체적이기 때문에 무게가 있다.

(2) a. For me, the advantages of living in a town outweighs the disadvantages.(내게 있어서, 도시에 사는 이점은 단점보다 더 크다.)

　　 b. Her need to save money outweighs her desire to spend it on fun.(돈을 저축해야 하는 그녀의 필요는 돈을 재미에 쓰려는 욕구보다 더 크다.)

　　 c. His objection outweighed all others.(그의 반대는 다른 모든 것보다 더 나갔다.)

　　 d. Safety outweighs all other considerations.(안전이 다른 모든 고려사항보다 더 무게가 나간다.)

　　 e. The good points of the plan outweighs the bad.(그 계획의 좋은 점이 나쁜 점보다 더 나간다.)

　　 f. With him, honesty outweighs wealth.(그에게 있어서 정직은 부보다 더 가치가 있다.)

overbalance

이 동사의 개념 바탕에는 한 쪽이 더 무겁게 되는 과정이 있다.

1. 타동사 용법

1.1. 다음 주어는 목적어보다 더 무겁다.

(1) a. The weight of the rail car overbalanced the crane attempting to lift it.(그 궤도차의 무게는 그것을 들어올리려고 하는 기중기를 기울게 했다.)

　　 b. My weight overbalanced the canoe and it upset.(나의 몸무게는 카누를 기울게 해서 그것이 뒤집어졌다.)

1.2. 다음 주어는 목적어보다 가치에 있어서 더 무겁다.

(2) a. The advantages of attending college overbalance the disadvantage.(대학에 다니는 것의 장점은 그것의 단점보다 더 가치있다.)

　　 b. She thinks the pleasures of mountain climbing overbalance the dangers.(그녀는 등산의 즐거움들이 위험들보다 더 가치있다고 생각한다.)

1.3. 다음은 수동태 문장으로 주어는 가벼운 쪽이다.

(3) a. The lack of social life is overbalanced by the amount of money I'll save living here.(사교생활의 부족은 내가 여기서 살면서 저축하게 될 돈의 양에 의해서 보충된다.)

b. The ship was **overbalanced** by the shifting of cargo.(그 배는 화물의 이동에 의해 기울어졌다.)

2. 자동사 용법

2.1. 다음 주어는 한쪽이 더 무거워서 균형을 잃는다.

(4) a. He **overbalanced** on the edge of the cliff and fell into the sea.(그는 낭떠러지의 가장자리에서 균형을 잃어 바다로 떨어졌다.)

b. He **overbalanced** and toppled backwards.(그는 균형을 잃었고 뒤로 쓰러졌다.)

c. The horse reared, **overbalanced** and fell.(그 말은 뒷다리로 일어섰고, 균형을 잃으면서 쓰러졌다.)

overcast

이 동사의 개념 바탕에는 전체를 덮는 과정이 있다.

1. 타동사 용법

1.1. 다음 주어는 목적어를 뒤덮는다.

(1) Clouds **overcast** the sky.(구름은 하늘을 어둡게 뒤덮었다.)

overcharge

이 동사의 개념 바탕에는 지나치게 요구하는 과정이 있다.

1. 타동사 용법

1.1. 다음 주어는 목적어에게 지나치게 요구한다.

(1) a. The cashier **overcharged** me $50 for the coat.(그 출납원은 나에게 외투의 가격으로 50달러를 더 요구했다.)

b. He **overcharged** me $5 for the meal.(그는 나에게 5달러를 식사가격으로 더 요구했다.)

c. He **overcharges** tourists.(그는 여행객들을 바가지를 씌운다.)

d. The store manager was fired for **overcharging** customers.(그 가게 지배인은 고객들에게 바가지를 씌웠기 때문에 해고되었다.)

1.2. 다음에서는 과도하게 요구하는 액수가 by로 표현되어 있다.

(2) a. The cashier **overcharged** me by at least $20.(그 출납원은 나에게 적어도 20달러를 더 청구했다.)

b. The taxi driver **overcharged** us by 30 dollars.(그 택시기사는 우리에게 30달러를 더 청구했다.)

1.3. 다음은 수동태 문장으로 주어는 과도한 지불을 요청 받는다.

(3) a. I have been **overcharged** for the goods.(나는 상품에 대해 과도한 지불 요청을 받았다.)

b. We were **overcharged** for the meal.(우리는 식사가격으로 과도한 지불 요청을 받았다.)

1.4. 다음의 목적어는 개체이다. 주어는 목적어에 과도한 지불을 요구한다.

(4) a. Make sure that they don't **overcharge** the drinks for you.(그들이 술값을 너에게 바가지 씌우지 않도록 확실히 해라.)

b. The grocer **overcharged** the eggs.(식료 잡화상은 계란을 바가지 씌웠다.)

1.5. 다음 주어는 목적어를 with의 목적어로 지나치게 채운다.

(5) a. He **overcharged** the battery with electricity.(그는 배터리를 전기로 과충전 했다.)

b. He **overcharged** the electrical apparatus.(그는 전기기계를 과충전 했다.)

1.6. 다음은 수동태 문장으로 주어는 과도하게 채워지는 개체이다.

(6) a. His poetry is **overcharged** with political ideas.(그의 시는 정치적인 생각으로 과도하게 채워져 있다.)

b. The atmosphere in the stadium was **overcharged** with excitement.(운동장의 분위기는 흥분으로 과도하게 채워져 있었다.)

2. 자동사 용법

2.1. 다음 주어는 바가지를 씌운다.

(7) a. The merchant is always **overcharging**.(그 상인은 항상 바가지를 씌운다.)

b. They **overcharged** for the wine.(그들은 포도주에 바가지를 씌웠다.)

overcome

이 동사의 개념 바탕에는 넘어서는 과정이 있다.

1. 타동사 용법

1.1. 다음 주어는 목적어를 이긴다.

(1) a. They **overcame** the enemy on their last attack.(그들은 적을 마지막 공격에서 정복했다.)

b. She **overcame** injury to win the Olympic medal.(그녀는 상처를 이겨내어 올림픽 메달을 땄다.)

c. Henry **overcame** Andrew in a tennis match.(헨리는 앤드루를 정구시합에서 이겼다.)

1.2. 다음 목적어는 추상적인 개체가 장애물로 개념화되어 있다. 주어는 목적어를 극복한다.

(2) a. He has **overcome** many of his weaknesses.(그는 자신의 많은 약점을 극복했다.)

b. He **overcame** all the difficulties.(그는 모든 어려움을 극복했다.)

c. She **overcame** strong resistance from within.(그녀는 내부에서 오는 강한 저항을 극복했다.)

d. She tried to **overcome** her feeling of revulsion.(그녀는 혐오감을 극복하려고 애썼다.)

e. He is trying to **overcome** the temptation to smoke.(그는 담배를 피우고 싶은 유혹을 극복하려고 하고 있다.)

f. The two parties **overcame** their differences on the issue.(그 두 정당은 그 쟁점에 대한 차이를 극복했다.)

1.3. 다음 주어는 추상적 개체가 의인화되어 목적어를 압도한다.

(3) a. Weariness **overcame** her and she fell asleep.(피로가 그녀를 압도하여 그녀는 잠에 떨어졌다.)

b. Fear **overcame** him.(공포가 그를 압도했다.)

c. Sleep overcame her again.(잠이 그녀를 또 덮쳤다.)

d. Dizziness overcame him, blurring his vision.(어지러움이 그를 덮쳐서 그의 시야가 흐려졌다.)

1.4. 다음은 수동태 문장으로 주어는 압도된다.

(4) a. He was overcome by the heat.(그는 더위에 압도되었다.)

b. I was overcome by tiredness.(나는 피로에 압도되었다.)

c. My sister was overcome by sadness.(내 누이는 슬픔에 압도되었다.)

d. He was overcome by excitement.(그는 흥분에 압도되었다.)

1.5. 다음은 수동태 문장으로 주어는 전치사 with의 목적어에 압도된다.

(5) a. Many inhabitants were overcome with fumes from the burning factory.(많은 주민들은 불타는 공장에서 나오는 연기에 압도되었다.)

b. The dead woman was overcome with smoke.(죽은 여인은 연기에 압도되었다.)

c. He was overcome with liquor.(그는 술에 취해 있었다.)

d. He was overcome with grief.(그는 슬픔에 압도되었다.)

2. 자동사 용법

2.1. 다음 주어는 이긴다.

(6) a. We shall overcome.(우리는 이길 것이다.)

b. I believe that we will overcome in the end.(나는 우리가 결국에는 이길 것으로 믿는다.)

c. Finally he will overcome.(마침내 그는 이길 것이다.)

overdo

이 동사의 개념 바탕에는 지나치게 하는 과정이 있다.

1. 타동사 용법

1.1. 다음 목적어는 과정이다. 주어는 목적어를 지나치게 한다.

(1) a. He overdid it in the gym and hurt his back.(그는 체육관에서 지나치게 운동하여 등을 다쳤다.)

b. He overdid it when he ran 20 miles.(그는 20마일을 달렸을 때 이미 무리를 한 것이다.)

c. Don't overdo the praise.(칭찬을 지나치게 하지 마라.)

d. She really overdid the sympathy.(그녀는 정말 동정을 지나치게 했다.)

e. He's been overdoing things recently.(그는 최근에 너무 무리했다.)

f. He overdid it with all those exercises.(그는 운동을 너무 무리했다.)

1.2. 다음 목적어는 개체이다. 주어는 목적어와 관련 전형적인 과정을 지나치게 한다.

(1) a. Don't overdo the salt/hot spices in the food.(소금/매운 양념을 음식에 너무 많이 사용하지 마라.)

b. The designer overdid the colors in your living room.(그 디자이너는 색들을 너의 거실에 너무 지나치게 사용했다.)

c. Use illustrations where appropriate, but don't overdo it.(적절한 경우, 삽화들을 사용하라, 그러나 지나치지 않게 해라.)

1.3. 다음 목적어는 재귀 대명사나 주어의 힘이다. 주어는 목적어를 지나치게 쓴다.

(3) a. He overdid himself by staying up studying too late.(그는 늦게까지 자지 않고 공부하는데 너무 무리했다.)

b. He overdid his strength.(그는 힘을 너무 과도하게 사용했다.)

c. We overdid the meat.(우리는 고기를 너무 익혔다.)

1.4. 다음은 수동태 문장으로 주어는 지나치게 된다.

(4) a. The meat was rather overdone.(그 고기는 너무 구워졌다.)

b. The funny scenes in the play were overdone.(그 연극에서 웃기는 장면이 과도하게 사용되었다.)

2. 자동사 용법

2.1. 다음 주어는 지나치게 힘을 쓴다.

(5) a. The doctor warned me not to overdo after surgery.(그 의사는 나를 그 수술 후에 지나치게 힘을 쓰지 않도록 경고했다.)

b. When getting over an illness, you shouldn't overdo.(병에서 회복하고 있는 동안에는 너무 무리해서는 안 된다.)

overdraw

이 동사의 개념 바탕에는 한계 이상으로 당기는 과정이 있다.

1. 타동사 용법

1.1 다음 주어는 계좌에 든 돈보다 더 많이 찾는다.

(1) a. Customers who overdraw their accounts will be charged a fee.(그들의 계좌에 든 돈보다 더 많은 돈을 찾는 고객에게는 수수료가 부과될 것이다.)

b. She overdrew her account by $100.(그녀는 계좌에서 100달러 초과해서 찾았다.)

1.2. 다음은 수동태 문장으로 주어는 차월된 계좌이다.

(2) My account is overdrawn by $300.(나의 계좌가 300달러 초과되어 인출된다.)

1.3. 다음 주어는 목적어를 지나치게 과장한다.

(3) He tends to overdraw his characters in his novels.(그는 소설의 등장인물들을 너무 과장하는 경향이 있다.)

1.4. 다음 주어는 목적어를 지나치게 한다.

(4) a. I overdrew the seriousness of the problem.(나는 그 문제의 심각성을 과장했다.)

b. He overdrew the description of the fish he nearly caught.(그는 거의 잡을 뻔 했던 물고기의 묘사를 지나치게 했다.)

2. 자동사 용법

2.1. 다음 주어는 예금액보다 더 많이 찾는다.

(5) Your bank won't allow you to overdraw.(너의 은행은 예금액보다 더 많이 찾는 것을 허용하지 않을 것이다.)

overestimate
이 동사의 개념 바탕에는 과대평가하는 과정이 있다.

1. 타동사 용법
1.1. 다음 주어는 목적어의 양이나 수를 더 높게 잡는다.
(1) a. The council overestimated the budget by 5%.(그 심의회는 예산을 5%정도 높게 책정했다.)
   b. We overestimated the number of the people who would come.(우리는 참석할 사람의 수를 과대 책정했다.)

1.2. 다음 주어는 목적어를 실제보다 높게 평가한다.
(2) a. They overestimated his ability when they promoted him.(그들은 그를 승진시킬 때 그의 능력을 과대평가했다.)
   b. The manager overestimated his influence over the workers.(그 지배인은 직원들에 대한 영향력을 과대평가했다.)
   c. The boss overestimated the employee's ability.(그 사장은 고용인들의 능력을 과대평가했다.)

1.3. 다음은 수동태 문장으로 주어는 과대평가된다.
(3) a. The importance of these findings cannot be overestimated.(이러한 발견들에 대한 중요성은 과대평가될 수 없다.)
   b. The significance of these changes cannot be overestimated.(이러한 변화들의 중요성은 과대평가될 수 없다.)

overflow
이 동사의 개념 바탕에는 그릇 속의 물이 넘치는 과정이 있다.

1. 자동사 용법
1.1. 다음의 주어는 넘친다. 주어는 그릇이다.
(1) a. The ponds often overflow in the spring.(그 연못은 봄에 자주 범람한다.)
   b. The sink overflowed when the drain became clogged.(그 싱크대는 하수구가 막혔을 때 넘쳤다.)
   c. The river overflowed when there was too much rain.(그 강은 비가 너무 많이 왔을 때 범람했다.)
   d. After the earthquake, rivers overflowed at the banks.(지진 후에, 강들이 둑에서 범람했다.)
   e The lake is overflowing.(그 호수는 넘치고 있다.)
   f. The toilet overflowed again.(변기는 다시 넘쳤다.)
   g. The jar overflowed.(그 단지는 넘쳤다.)
   h. The glass is overflowing.(그 잔이 넘치고 있다.)
   i. The bath is overflowing: who left the water running?(욕조가 넘치고 있다: 누가 물을 틀어 놓았니?)

1.2. 다음 주어는 넘쳐 나와서 퍼진다.
(2) The washing machine is overflowing all over the kitchen.(그 세탁기는 물을 부엌 전체에 넘쳐 흘리고 있다.)

1.3. 다음 주어는 넘친다. 방은 그릇으로, 방 속에 있는 사람이나 물건은 물로 비유된 표현이다.
(3) a. Jails are overflowing.(감옥이 죄수로 가득 차 넘치고 있다.)
   b. His room is overflowing with books.(그의 방은 책으로 넘쳐나고 있다.)
   c. The great hall was overflowing with people.(큰 강당은 사람들로 넘쳐나고 있었다.)
   d. The trash can is overflowing with papers.(쓰레기통은 서류로 넘쳐나고 있다.)
   e. The table is overflowing with clothes.(그 테이블은 옷들로 넘쳐난고 있다.)
   f. His desk is overflowing with unanswered letters.(그의 책상은 답신되지 않은 편지들로 넘쳐나고 있다.)
   g. The markets overflowed with goods.(그 시장은 물건들로 넘쳐났다.)

1.4. 다음에서 마음도 그릇으로, 마음 속에 있는 감정은 물로 비유된다. (4c, 4d)의 주어는 전체가 부분을 나타내는 환유적 표현이다.
(4) a. Her heart overflowed with gratitude/love/affection/resentment.(그녀의 마음은 감사/사랑/애정/후회로 충만했다.)
   b. My heart is overflowing with happiness.(내 마음은 행복으로 충만하다.)
   c. He is overflowing with ideas.(그는 생각이 넘쳐나고 있다.)
   d. She was overflowing with kindness/love.(그녀는 친절/사랑으로 가득 차 있었다.)

1.5. 다음 주어는 넘친다. 주어는 그릇 속에 들어있는 액체나 액체에 비유될 수 있는 개체이다.
(5) a. The wine is overflowing.(그 포도주는 넘치고 있다.)
   b. The milk overflowed when I poured it into a jar.(그 우유는 내가 그것을 단지에 부을 때 넘쳤다.)
   c. The dam water overflowed into a valley.(그 댐 물이 계곡으로 넘쳤다.)
   d. Suddenly his anger overflowed.(갑자기 그의 화가 폭발했다.)

1.6. 다음 주어는 넘쳐난다. 주어는 많은 사람들이다. [사람은 물] 은유가 사용된 표현이다.
(6) a. The joyous crowd overflowed into the street.(즐거운 관중들은 거리로 쏟아져 들어갔다.)
   b. There were so many guests at the party that it overflowed into the hall.(파티에 너무 많은 손님들이 있어서 파티는 강당까지 넘쳐 나왔다.)
   c. The mob overflowed into the streets.(폭도들은 거리로 쏟아져 나왔다.)

2. 타동사 용법
2.1. 다음 주어는 목적어를 넘친다. 목적어는 그릇의 가장자리이다.
(7) a. The rivers overflowed their banks.(그 강들이 둑을 범람했다.)
   b. The water in the canal overflowed the sides and

flooded the fields.(그 운하의 물이 둑을 범람해서 농지를 침수시켰다.)

c. He overflowed the chair he sat in.(그는 앉은 의자에서 넘쳐 났다/그가 앉은 의자는 그에게 작았다.)

2.2. 다음 주어는 목적어를 넘치게 채운다.

(8) a. The crowd overflowed the auditorium.(강당이 군중으로 넘쳐났다.)

b. The crowds were so big that they overflowed the barriers.(그 군중의 규모가 너무 커서 그들은 담벽을 넘어서 넘쳐났다.)

c. So many journalists came to the press conference that they overflowed the smal room. (너무 많은 기자들이 기자 회견에 와서 그 작은 방을 넘치게 했다.)

d. The river overflowed the meadow.(그 강은 목초지로 범람했다.)

2.3. 다음 주어는 목적어를 넘치게 한다. 주어는 행위자나 경험자이고 목적어는 그릇이다.

(9) He overflowed the bathtub.(그는 욕조 물을 넘쳐나게 했다.)

overhang

이 동사의 개념 바탕에는 위에 걸쳐있는 과정을 나타낸다.

1. 타동사 용법

1.1. 다음 주어는 목적어 위에 걸쳐있거나 불쑥 나와있다.

(1) a. The tree branches overhung the water.(그 나무 가지들은 물을 걸쳤다.)

b. Maple trees overhang our walk.(단풍나무들이 우리 산책로를 걸친다.)

c. His fat belly overhangs his belt.(그의 뚱뚱한 배가 벨트를 걸친다.)

d. An awning overhung the store's entrance.(차일이 그 가게의 입구를 걸쳤다.)

e. A balcony overhangs the door.(발코니가 문 위에 쑥 나와 있다.)

f. A lovely wooden deck overhangs part of our lawn.(예쁜 나무로 만들어진 지붕이 잔디밭 일부를 걸친다.)

g. Rocks overhung the stream.(바위들이 개울 위로 불쑥 나왔다.)

1.2. 한 개체가 다른 개체 위에 덮여 있으면, 이것은 다른 개체에 위협이 될 수 있다.

(2) A pestilence overhung the town.(유행병이 도시를 뒤덮었다.)

overhaul

이 동사의 개념 바탕에는 정밀 검사를 해서 수리하는 과정이 있다.

1. 타동사 용법

1.1. 다음 주어는 목적어를 수리하거나 고친다.

(1) a. The mechanic overhauled the old engine with new parts.(그 기계공은 오래된 엔진을 새로운 부속품으로 수리했다.)

b. The school overhauled its curriculum.(그 학교는 교육과정을 정밀 분석하여 수정했다.)

c. They overhauled the civil court procedures to speed up and simplify cases.(그들은 그 민사재판 과정을 사건 처리를 신속하고 간단하게 하기 위하여 수정했다.)

1.2. 다음 주어는 목적어를 뒤쫓아서 앞지르려고 한다.

(2) a. The police tried desperately to overhaul the thief. (경찰은 도둑을 뒤쫓아서 잡으려고 필사적으로 노력했다.)

b. He managed to overhaul the leader on the final lap.(그는 일등으로 달리는 사람을 마지막 바퀴에서 따라 잡을 수 있었다.)

c. The racing car has only one lap to overhaul the leader.(경주차는 일등을 따라 잡기 위해서 단지 한 바퀴를 남겨두고 있다.)

d. The pirates ship is overhauling ours.(그 해적선은 우리 배를 잡기 위해 뒤쫓고 있다.)

e. We overhauled their boat and won the race.(우리는 그들의 배를 따라잡아서 경주를 이겼다.)

overlap

이 동사의 개념 바탕에는 부분적으로 겹치는 과정이 있다.

1. 자동사 용법

1.1. 다음 주어는 부분적으로 겹친다.

(1) a. The roof tiles/the slates overlap each other.(그 지붕 타일/슬레이트는 서로 겹친다.)

b. The scales of fish overlap, forming protecting covering.(물고기의 비늘은 서로 겹쳐서 보호막이 된다.)

c. The shingles overlap one another.(그 지붕널들은 서로 겹친다.)

d. The panels overlap.(그 판벽들은 서로 겹친다.)

1.2. 다음 주어는 기간과 관계가 있다. 기간이 부분적으로 겹친다.

(2) a. Our vacations overlap.(우리의 휴가들은 겹친다.)

b. Our work days overlapped.(우리의 일하는 날들은 겹쳤다.)

c. The contents of the book overlap each other.(그 책의 내용들은 서로 겹친다.)

1.3. 다음 주어는 with의 목적어와 부분적으로 겹친다.

(3) a. His free time didn't overlap with mine.(그의 자유 시간은 나의 자유시간과 겹치지 않았다.)

b. His vacation overlaps with ours.(그의 휴가는 우리의 휴가와 겹친다.)

c. My research overlaps with his.(나의 연구는 그의 연구와 겹친다.)

d. This is where sociology overlaps with economics. (이것이 사회학이 경제학과 겹치는 부분이다.)

2. 타동사 용법

2.1. 다음 주어는 목적어를 부분적으로 겹치게 한다.

(4) a. You will need to **overlap** the pieces of wood slightly.(너는 나무 조각들을 약간 겹치게 해야 한다.)

b. The carpenter **overlapped** the shingles.(그 목수는 판벽 널들을 겹쳤다.)

2.2. 다음 주어는 목적어를 부분적으로 겹친다.

(5) a. One of his teeth **overlaps** the other.(그의 이들 가운데 하나가 다른 것에 겹친다.)

b. The range of moors **overlaps** that of deer.(뇌조의 서식 범위는 사슴의 서식 범위와 겹친다.)

overlay

이 동사의 개념 바탕에는 덮어씌우는 과정이 있다.

1. 타동사 용법

1.1. 다음 주어는 목적어를 on의 목적 위에 뿌린다.

(1) The farmer **overlaid** the fertilizer **on** the soil.(농부는 비료를 토양에 뿌렸다.)

1.2. 다음 주어는 장소인 목적어를 with의 목적어로 뿌린다.

(2) a. He **overlaid** the soil **with** fertilizer.(그는 그 땅에 비료로 뿌렸다.)

b. She **overlaid** the table **with** a sheet.(그녀는 그 테이블에 시트를 덮었다.)

c. He **overlaid** the wood **with** silver.(그는 그 나무를 은으로 덮었다.)

1.3. 다음 주어 자체가 목적어를 덮는다.

(3) a. A carpet **overlays** the wood floor.(카펫이 그 나무 바닥을 덮는다.)

b. A legal action **overlays** an illegal set of interests.(합법행위가 불법적 이권들을 덮는다/가린다.)

1.4. 다음은 수동태 문장으로 주어는 덮인다.

(4) a. The place is **overlaid with** his childhood memories.(그 장소는 그의 어린 시절 기억들로 덮여있다.)

b. The rich bars are **overlaid with** delicate melodies.(그 고급 바들은 섬세한 멜로디로 덮여있다.)

overlook

이 동사의 개념 바탕에는 위에서 내려다보거나 못보고 넘기는 과정이 있다.

1. 타동사 용법

1.1. 다음 주어는 목적어를 내려다본다.

(1) a. Th hotel room **overlooks** the sea.(그 호텔은 바다를 내려다본다.)

b. The restaurant **overlooks** the bay.(그 식당은 만을 내려다본다.)

c. The high window **overlooks** half the city.(높은 창문은 그 시의 반을 내려다본다.)

d. The house on the hill **outlooks** the valley.(언덕 위의 집은 그 계곡을 내려다본다.)

1.2. 다음 목적어는 추상적인 개체가 구체적인 것으로 개념화된 예이다. 주어는 목적어를 보고 넘긴다.

(2) a. I will **overlook** your bad behavior this time.(나는 너의 나쁜 행동을 이번에는 보아 넘기겠다.)

b. I **overlooked** her rude remarks/her rudeness and kept on studying.(나는 그녀의 거친 행동/무례함을 보아 넘기고 계속 공부를 했다.)

c. His sharpened senses **overlooked** nothing.(그의 날카로워진 감각들은 아무 것도 보아 넘기지 않았다.)

d. Don't **overlook** your travel insurance.(너의 여행 보험을 간과하지 말아라.)

e. We cannot **overlook** such a serious offence.(우리는 이러한 심각한 죄를 보아 넘길 수 없다.)

1.3. 다음은 수동태 문장으로 주어는 보고 넘겨진다.

(3) a. The small details are often **overlooked**, but can turn out to be very important.(작은 세부사항들은 종종 간과되지만, 중요한 것으로 나타날 수 있다.)

b. His merits have been **overlooked**.(그의 장점들은 간과되었다.)

c. She's been **overlooked** for promotion several times.(그녀는 승진에서 여러번 간과되었다.)

1.4. 다음 주어는 목적어를 감독한다.

(4) a. He **overlooks** men at work.(그는 작업중인 인부들을 감독한다.)

b. He **overlooks** the construction of the bridge.(그는 다리의 건설을 감독한다.)

override

이 동사의 개념 바탕에는 타고 넘는 과정이 있다.

1. 타동사 용법

1.1. 다음 주어는 목적어를 덮친다.

(1) a. The troops **overrode** the enemy fort.(그 부대는 적의 요새를 덮쳤다.)

b. The cowboys **overrode** the border and turned back.(그 목동들은 국경을 넘어 갔다가 돌아왔다.)

c. Big waves **overrode** the beaches.(큰 파도들이 그 해변들을 덮쳤다.)

d. The flood water **overrode** the valley.(그 홍수는 계곡을 타고 넘쳤다.)

1.2. 다음 주어는 목적어를 우선한다.

(2) a. Will they **override** what the people decide?(그들은 국민들이 결정한 것을 뒤엎을까?)

b. The day-to-day struggle for survival **overrode** all other things.(생존을 위한 나날의 투쟁은 모든 다른 것들을 우선했다.)

c. The state of economy seems to **override** other political and social questions.(경제 상태는 다른 정치적, 사회적 문제들을 우선하는 것 같다.)

d. A concern for safety **overrides** all other considerations.(안전에 대한 관심이 다른 모든 고려 사항을 타고 넘는다.)

e. The need for shelter and food **overrides** other concerns.(피난처와 식량의 필요가 다른 걱정을 우

선한다.)

f. For Dan, making money overrides everything else.(댄에게 있어서 돈을 버는 것이 다른 모든 것을 우선한다.)

g. The fight for freedom overrides all other issues. (자유를 위한 싸움은 모든 다른 문제를 우선한다.)

h. The microphone can override all others in the air terminal.(그 마이크는 공항 터미널에 있는 모든 마이크를 우선한다.)

1.3. 다음 주어는 목적어를 무시한다.

(3) a. His concern for his son's safety overrode his fear of water.(그의 아들의 안전에 관한 염려는 그의 물에 대한 공포를 억눌렀다.)

b. They overrode my protest and continued with the meeting.(그들은 나의 항의를 무시하고 회의를 계속했다.)

c. The tyrant overrode the wishes of the people.(그 독재자는 국민들의 희망을 짓밟았다.)

d. Congress may override the president's veto.(의회는 대통령의 거부권을 무시할 수 있다.)

e. The chairman overrode the committee's objections and signed the agreement.(그 의장은 위원회의 반대를 무시하고 협정에 서명했다.)

f. He overrode my advice/plea.(그는 나의 충고/청원을 무시했다.)

g. The need for the mother should not override the needs of the child.(어머니에 대한 욕구는 아이들의 욕구를 무시하지 말아야 한다.)

h. The principal overrode the teacher's rule and let the children stay outside.(그 교장은 교사의 규칙을 무시하고 아이들을 바깥에 머물게 했다.)

i. The welfare of the children should always override the wishes of their parents.(그 아이들에 대한 복지는 항상 부모의 바람에 우선해야 한다.)

1.4. 다음 주어는 목적어를 넘어선다.

(4) a. He overrode his commission.(그는 자신의 직권을 남용했다.)

b. He overrode her will.(그는 그녀의 의사를 짓밟았다.)

c. The advertizing department has overridden its budget three years in a row.(그 광고부서는 예산을 3년 연속 초과했다.)

1.5. 다음 주어는 목적어의 일을 대신한다.

(5) a. The pilot overrode the automatic control.(그 비행사는 자동 제어 장치를 떼고 일을 대신했다.)

b. A special code is needed to override the time clock.(그 시간 기록계를 중단시키기 위해서는 특별한 암호가 필요하다.)

1.6. 다음은 수동태 문장으로 주어는 능가된다.

(6) a. The factory is equipped with computer-controlled machinery, but the computer can be overridden, if necessary.(그 공장은 컴퓨터로 통제되는 기계들로 설비되어 있으나, 필요하다면 컴퓨터는 떼어질 수 있다.)

b. The automatic process was overridden by the engineer.(그 자동 과정은 공학사에 의해 능가되었

다.)

1.7. 다음 주어는 목적어를 지치게 한다.

(7) He overrode his horse.(그는 말을 지쳐 쓰러지도록 탔다.)

overrule

이 동사의 개념 바탕에는 위에서 지배하는 과정이 있다.

1. 타동사 용법

1.1. 다음 주어는 목적어를 위에서 지배한다.

(1) a. The judge overruled the defence lawyer's objection.(그 판사는 피고인 변호사의 반대를 무효로 했다.)

b. The president has power to overrule the parliament in certain circumstances.(대통령은 의회를 특정한 경우에 무효로 하는 권한이 있다.)

c. The parliament overruled the local authorities.(그 의회는 지역 당국의 결정을 무효로 했다.)

1.2. 다음은 수동태 문장으로 주어는 지배된다.

(2) a. I was overruled by the majority.(나는 다수에 압도되었다.)

b. The verdict was overruled by the Supreme Court.(그 판결은 대법원에 의해 무효가 되었다.)

overrun

이 동사의 개념 바탕에는 뒤덮거나 범위를 넘어가는 과정이 있다.

1. 타동사 용법

1.1. 다음 주어는 목적어를 이긴다.

(1) a. Vines overran the wall.(덩굴들이 벽을 덮었다.)

b. Weeds overran the garden.(잡초들이 정원을 뒤덮었다.)

1.2. 다음 주어는 목적어를 침략한다.

(2) a. Hitler's army overran Poland in 1939.(히틀러의 군대가 폴란드를 1933년에 침공했다.)

b. Enemy soldiers overran the island.(적병들이 섬을 침공했다.)

c. The army overran the enemy trenches.(그 군대는 적참호를 공격했다.)

1.3. 다음은 수동태 문장으로 주어는 뒤덮인다.

(3) a. The warehouse is overrun with rats.(그 창고는 쥐들로 들끓고 있다.)

b. The wooden temple is overrun with termites.(그 목조 사원은 흰개미로 뒤덮여있다.)

c. The domestic market is overrun with foreign goods.(국내시장은 외제품으로 뒤덮여있다.)

d. The country was overrun by the invading army.(그 나라는 침략군에 의해서 침략되었다.)

e. The meeting was overrun by protesters.(그 회의는 항의자들에 의해 압도되었다.)

1.4. 다음 주어는 목적어를 넘어간다.

(4) a. He overran third base and tagged out.(그는 삼루

를 넘어가서 아웃되었다.)

    b. The plane **overran** its runway.(그 비행기는 활주로로 넘어섰다.)

1.5. 다음 주어는 목적어의 범위를 초과한다. 목적어는 기간이다.

(5) a. The show **overran** its time.(그 쇼는 정해진 시간을 넘었다.)

    b. The speaker **overran** the time set for him.(그 연사는 그에게 주어진 시간을 초과했다.)

    c. You've **overrun** your time by 10 minutes.(너는 네 시간을 10분 초과했다.)

2. 자동사 용법
2.1. 다음 주어는 시간을 초과한다.

(6) The doctor is **overrunning** by half an hour.(그 의사는 30분 초과하고 있다.)

overshoot
이 동사의 개념 바탕에는 지나치는 과정이 있다.

1. 타동사 용법
1.1. 다음 주어는 목적어의 한계를 넘어선다.

(1) a. The plane **overshot** the runway.(그 비행기가 활주로를 벗어났다.)

    b. The missile **overshot** its target.(그 미사일은 공격 목표점을 지나쳤다.)

    c. I didn't see the sign and **overshot** the turning.(나는 신호를 보지 못했고, 그 모퉁이를 지나쳤다.)

    d. The golfer **overshot** the putting green.(그 골프 선수는 퍼팅 그린을 넘었다.)

1.2. 다음의 목적어는 수와 관계된다. 수에도 한계가 있다. 주어는 이러한 한계를 넘어선다.

(2) a. The department may **overshoot** its cash limit this year.(그 부서는 올해 현금 한도를 넘을지도 모른다.)

    b. The budget deficit may **overshoot** its target of 5 percent.(그 예산 적자는 5 퍼센트의 목표를 넘어설지도 모른다.)

2. 자동사 용법
2.1. 다음 주어는 한계를 넘어선다.

(3) On his landing, the pilot **overshot** and crashed.(착륙 시, 조종사는 활주로의 착륙 지점을 넘어서서 충돌했다.)

overtake
이 동사의 개념바탕에는 따라잡아 앞지르는 과정이 있다.

1. 타동사 용법
1.1. 다음 주어는 목적어를 앞지른다.

(1) a. The tortoise **overtook** the hare.(그 거북이가 토끼를 앞질렀다.)

    b. We **overtook** the other hikers on the mountain.

(우리는 다른 등반객들을 산에서 앞질렀다.)

    c. It is dangerous to **overtake** another car in a bend.(다른 차를 모퉁이에서 앞지르는 것은 위험하다.)

    d. The car **overtook** him on the last lap.(그 차는 마지막 바퀴에서 그를 앞섰다.)

    e. His car **overtook** the train.(그의 차가 기차를 앞질렀다.)

1.2. 다음 주어는 목적어를 추상적 영역에서 앞지른다.

(2) a. Korea **overtook** other Asian countries in production.(한국은 다른 아시아 나라들을 생산에서 앞질렀다.)

    b. In the next century, nuclear energy will **overtake** oil as the main fuel.(다음 세기에는 핵 에너지가 주 연료로서 기름을 앞지를 것이다.)

    c. By 1970 the Americans **overtook** the Russians in space technology.(1970년에 미국은 소련을 우주 공학에서 앞섰다.)

    d. Traffic accidents have already **overtaken** last year's figure.(교통사고수가 이미 작년 수치를 앞섰다.)

1.3. 다음 주어는 목적어를 덮친다.

(3) a. Bad luck **overtook** them.(불운이 그들을 덮쳤다.)

    b. The storm **overtook** them just outside the city.(그 폭우가 그들을 시 바로 밖에서 덮쳤다.)

    c. A violent storm **overtook** us on our way to the beach.(거친 폭우가 우리를 해변에 가는 길에 덮쳤다.)

1.4. 다음은 수동태 문장으로 주어는 덮쳐진다.

(4) We were **overtaken** by a storm.(우리는 폭우에 덮쳐졌다.)

1.5. 다음은 수동태 문장으로 주어는 마음이 전치사 by나 with의 목적어로 덮쳐진다.

(5) a. He was **overtaken** by a feeling of revulsion.(그는 혐오감에 압도되었다.)

    b. We're **overtaken** by sheer fatigue.(우리는 피로에 압도되었다.)

    c. He was **overtaken** by/with surprise/fear.(그는 놀람/두려움에 압도되었다.)

1.6. 다음은 수동태 문장으로 주어는 던져서 압도된다.

(6) Our original plan was **overtaken** by events.(우리의 원래 계획은 사건들에 의해 압도되었다.)

overthrow
이 동사의 개념 바탕에는 폭력으로 뒤집어엎는 과정이 있다.

1. 타동사 용법
1.1. 다음 주어는 목적어 너머에 던진다.

(1) a. The quarterback **overthrew** the receiver.(그 쿼터백은 그 받는 이 너머로 던졌다.)

    b. The catcher **overthrew** first base.(그 포수는 일루 너머로 던졌다.)

1.2. 다음 주어는 목적어를 뒤집는다.

(2) a. He **overthrew** a table in range.(그는 식탁을 화가 나서 뒤엎었다.)

b. The storm **overthrew** the tree.(그 폭풍은 그 나무
를 뒤집었다.)

1.3. 다음은 수동태 문장으로 주어는 뒤집어엎어진다.
(3) a. The monument was **overthrown** by the rioters.
(그 기념비는 폭도들에 의해 넘어졌다.)

b. His father was **overthrown** in a coup in 1978.(그
의 아버지는 1978년 혁명에 관직에서 쫓겨났다.)

1.4. 다음 표현은 [제도는 건물] 은유가 쓰인 예이다.
(4) a. The coup **overthrew** the dictator.(그 무력정변은
독재자를 넘어뜨렸다.)

b. They **overthrew** the king.(그들은 왕을 무너뜨렸
다.)

c. The rebels **overthrew** the government.(그 반군들
은 정부를 뒤집었다.)

d. As soon as he was appointed he tried to
overthrow all existing plans.(그가 임명되자마자 그
는 모든 현존하는 계획들을 뒤집으려고 했다.)

overturn

이 동사의 개념 바탕에는 뒤집히는 과정이 있다.

1. 타동사 용법
1.1. 다음 주어는 목적어를 뒤집는다.
(1) a. A sudden gale **overturned** his yacht.(갑작스러운
질풍이 그의 요트를 뒤집었다.)

b. The boy **overturned** the table.(그 소년은 식탁을
뒤집었다.)

c. He stood up quickly, **overturning** his chair.(그는
빨리 일어났다. 그러면서 그의 의자를 넘어뜨렸다.)

1.2. 다음은 수동태 문장으로 주어는 뒤집힌다.
(2) a. The boat was **overturned** by an unusually large
wave.(그 보트는 유별나게 큰 파도에 의해 전복되
었다.)

b. The lamp was **overturned** and the room plunged
into darkness.(그 램프는 뒤집혀지고, 그 방은 어둠
에 빠져들었다.)

**1.3. 다음은 [조직체는 건물] 은유가 쓰인 예이다. 주
어는 목적어를 뒤집는다.**
(3) a. The court of Appeal **overturned** the earlier
decision.(그 항소원은 그 이전의 판결을 뒤집었다.)

b. The rebels **overturned** the government.(그 반군
들이 정부를 전복했다.)

c. There is no popular demand, and no need to
overturn our institution.(우리의 제도를 뒤집을 대
중적인 요구도 없었고 필요도 없었다.)

1.4. 다음은 수동태 문장으로 주어는 뒤집힌다.
(4) a. His sentence was **overturned** by the appeal court.
(그의 선고는 항소원에 의해서 뒤집혔다.)

b. The car skidded off the road, hit a tree and
overturned.(그 차는 길에서 미끄러져서 나무 하나
를 받고 뒤집혔다.)

overwhelm

이 동사의 개념 바탕에는 완전히 뒤덮는 과정이 있다.

1. 타동사 용법
1.1. 다음 주어는 목적어를 완전히 뒤덮는다.
(1) a. Waves **overwhelmed** the dock.(파도가 그 선창을
뒤덮었다.)

b. Floods **overwhelmed** the farm.(홍수가 그 농장을
뒤덮었다.)

1.2. 다음 주어는 목적어를 힘으로 뒤덮는다.
(2) a. Our army **overwhelmed** the enemy.(우리 부대는
적을 압도했다.)

b. The enemy **overwhelmed** our defenders.(그 적들
이 우리의 방어자들을 압도했다.)

c. Decades of war **overwhelmed** the city's finances.
(수십 년의 전쟁으로 시 재정이 파탄났다.)

1.3. 다음은 수동태 문장으로 주어는 뒤덮인다.
(3) a. The survivor of the wreck was **overwhelmed** by
dozens of reporters.(그 난파선에서 살아남은 이들
은 수십 명의 기자들이 몰려들어 뒤덮였다.)

b. The army was **overwhelmed** by rebels.(부대는 반
역자에 의해 압도되었다.)

1.4. 다음 주어는 목적어를 정신적으로 압도한다.
(3) a. The beauty of the landscape **overwhelmed** me.(그
아름다운 풍경은 나를 압도했다.)

b. Emotion **overwhelmed** the actor when he
received the award.(그 배우가 수상하게 되자 감정
이 그를 압도했다.)

c. Grief **overwhelmed** him.(슬픔이 그를 압도해왔다.)

**1.5. 다음은 수동태 문장으로 주어는 정신으로 압도된
다.**
(5) a. He was **overwhelmed** with work, illness and
family problems.(그는 일과 질병 그리고 가족 문제
로 억눌리고 있다.)

b. We were **overwhelmed** by requests for
information.(우리는 정보 요청에 압도되었다.)

c. She was **overwhelmed** by feelings of guilt/
remorse.(그녀는 죄의식/후회로 압도되었다.)

d. He felt completely **overwhelmed** by their
kindness.(그는 그들의 친절함에 어찌할 바를 몰랐
다.)

overwork

이 동사의 개념 바탕에는 지나치게 일하는 과정이
있다.

1. 자동사 용법
1.1. 다음 주어는 지나치게 일을 한다.
(1) a. You look tired; you've been **overworking**.(너는 피
곤해 보인다; 너는 그동안 너무 과로했어)

b. She **overworked** terribly.(그는 굉장히 과도하게 일
했다.)

2. 타동사 용법
**2.1. 다음 주어는 목적어를 지나치게 일을 하게 한다.
목적어는 기계나 사람이다.**
(2) a. The factory worker **overworked** the machine until
it broke.(그 공장 노동자들은 지나치게 그 기계를

돌려 결국 그것이 망가지고 말았다.)
  b. The busy lawyer **overworked** the secretary.(그 바쁜 변호사는 비서를 혹사했다.)
2.2. 다음 주어는 목적어를 지나치게 쓴다.
(3) a. The writer **overworks** the theme.(그 작가는 그 주제를 너무 지나치게 사용한다.)
  b. He has **overworked** the excuse.(그는 그 변명을 지나치게 많이 써먹었다.)
2.3. 다음은 수동태 문장으로 주어는 혹사된다.
(4) The staff are grossly **overworked**.(그 직원들은 지나치게 혹사된다.)

owe

이 동사의 개념 바탕에는 빚을 지는 과정이 있다.

1. 타동사 용법
1.1. 다음 주어는 첫째 목적어에게 둘째 목적어를 빚진다.
(1) a. He **owes** her $30.(그는 그녀에게 30달러 빚지고 있다.)
  b. We **owe** the grocer $15.(우리는 식료품상에게 15달러 빚지고 있다.)
  c. I **owe** you an apology.(나는 네게 사과를 해야 한다.)
1.2. 다음 주어는 목적어를 전치사 for의 목적어에 대해서 빚을 진다.
(2) a. I still **owe** the garage $50 for the repairs.(나는 아직도 수리공장에 50달러를 보수비로 빚지고 있다.)
  b. I **owe** them $20 for their services.(나는 그들에게 20달러를 봉사에 대해 빚지고 있다.)
  c. I **owe** him for the goods I received last month.(나는 그에게 지난 달 받은 상품 대금에 대해 빚을 지고 있다.)
1.3. 다음 주어는 목적어를 전치사 to의 목적어에 빚을 진다.
(3) a. We **owe** $10 to him.(우리는 10달러를 그에게 빚지고 있다.)
  b. He **owes** $50 to me.(그는 50달러를 나에게 빚지고 있다.)
1.4. 다음 주어는 목적어를 to의 목적어에 빚을 진다. 즉 갚아야 한다.
(4) a. We **owe** loyalty to our country.(우리는 충성을 조국에 빚지고 있다.)
  b. We **owe** obedience to our parents.(우리는 복종을 부모님께 해야 한다.)
  c. He **owes** his success to his father.(그는 성공을 자신의 아버지 덕분으로 돌린다.)
  d. I **owe** my success to mere good luck.(나는 성공을 단순한 행운에 돌린다.)
1.5. 다음에 쓰인 대명사 it은 that-절을 가리킨다.

(5) a. I **owe** it to you that I am still alive.(내가 아직 살아 있을 수 있는 것은 너의 덕분이다.)
  b. I **owe** it to my brother that I was able to finish college.(내가 대학을 끝마칠 수 있었던 것은 형의 덕분이다.)
2. 자동사 용법
2.1. 다음 주어는 전치사 to의 목적어에서 전치사 for에 대한 덕을 입는다.
(6) He **owes** to his parents for what he is.(그가 현재의 그가 될 수 있었던 것은 부모님 덕이다.)

own

이 동사의 개념 바탕에는 자기 것으로 하는 과정이 있다.

1. 타동사 용법
1.1. 다음 주어는 목적어를 소유한다.
(1) a. Do you **own** your own house?(너는 너 자신의 집을 소유하고 있니?)
  b. Who **owns** that beautiful house?(저 아름다운 집의 주인이 누구니?)
  c. They **own** a cabin on the lake.(그들은 호수가의 오두막을 가지고 있다.)
1.2. 다음 주어는 목적어를 자신의 것으로 인정한다.
(2) a. Nobody **owns** the authorship of the report.(아무도 그 보고서의 저작권을 자신의 것으로 인정하지 않는다.)
  b. His father does not **own** the son.(그의 아버지는 그 아들을 자신의 아들로 인정하지 않는다.)
1.3. 다음은 수동태 문장으로 주어는 소유된다.
(3) Most of the apartments are privately **owned**.(그 아파트들의 대부분은 다 개인적으로 소유되어 있다.)
1.4. 다음 that-절은 주어가 마음속에 가지고 있는 것을 나타낸다.
(4) a. She **owns** that she might have been at fault.(그녀는 자신이 잘못했었던 것일는지 모른다고 생각한다.)
  b. He **owns** that he has done wrong.(그는 자신이 잘못했다고 생각한다.)

2. 자동사 용법
2.1. 다음 주어는 to의 목적어까지 자백을 한다.
(5) a. He **owned** to a feeling of guilt.(그는 죄의식을 인정했다.)
  b. He **owned** to the theft.(그는 절도 사실을 자백했다.)
  c. I am still waiting for someone to **own** up to the breakages.(나는 여전히 누군가가 그 파손에 대해 자백하기를 기다리고 있다.)
  d. He **owned** to having lied. (그는 거짓말을 했었노라고 자백했다.)

𝒫 p

pace

이 동사의 개념 바탕에는 pace의 명사 '한 걸음'이 있다. 동사의 뜻은 이 명사의 동작과 관계가 있다.

1. 타동사 용법
1.1. 다음 주어는 목적어 위를 걷는다.
(1) a. He was pacing the floor while watching the game on TV.(그는 마루 위를 걸으면서 TV에서 하는 게임을 보고 있었다.)
   b. The lion paced the floor of his cage restlessly.(그 사자는 우리의 바닥을 쉴새없이 걸었다.)

1.2. 다음 주어는 목적어의 속도를 조정한다.
(2) a. That runner paced the other runners for the first ten miles.(저 주자는 다른 주자들을 첫 10 마일 동안 따라오게 했다.)
   b. I need someone to pace me or I fall too far behind.(나는 나의 속도를 정해줄 누군가가 필요하다. 그렇지 않으면 나는 너무 뒤떨어진다.)

1.3. 다음 목적어는 재귀대명사이다. 주어는 자신의 속도를 조정한다.
(3) a. It's a long climb, so you have to pace yourself.(그것은 긴 오르막이라서 너는 속도를 조절해야 한다.)
   b. He'll have to learn to pace himself in this job.(그는 이 직업에서 자신의 속도를 조절하는 것을 배워야 할 것이다.)
   c. She had miles to walk, so she paced herself carefully.(그녀는 몇 마일이나 걸어야 하므로, 자신의 속도를 신중히 조절했다.)

1.4. 다음 주어는 보폭으로 재어서 목적어를 떼어 내거나 분리한다.
(4) a. She paced off an area for her new flower garden.(그녀는 새 정원을 위한 면적을 보폭으로 쟀다.)
   b. He paced off the distance to make sure.(그는 확실히 하기 위해 그 거리를 보폭으로 쟀다.)

2. 자동사 용법
2.1. 다음 주어는 걷는다.
(5) a. She paced up and down outside the room.(그녀는 방 바깥에서 아래위로 걸었다.)
   b. When he gets nervous, he starts pacing back and forth.(그는 신경이 곤두설 때, 왔다갔다 걷기 시작한다.)

pack

이 동사의 개념 바탕에는 pack의 명사 '꾸러미'가 있다. 동사의 의미는 꾸러미를 꾸리는 과정과 관계가 있다.

1. 타동사 용법
1.1. 다음 주어는 목적어를 꾸린다. 목적어는 그릇 속에 들어가는 개체이다.
(1) a. He packed his clothes in a bag.(그는 옷을 가방 안에 차곡차곡 넣었다.)
   b. She packed the books into his trunk.(그녀는 그 책들을 트렁크에 차곡차곡 넣었다.)
   c. He packed the glasses in straw.(그는 유리잔들을 짚 속에 꾸렸다.)
   d. She packed some paper round the dishes in the box so that they will not break.(그녀는 접시가 깨어지지 않도록 그 상자 안의 접시들 주위에 종이를 차곡차곡 넣었다.)

1.2. 다음 목적어는 개체가 들어가는 그릇이다. 주어는 목적어를 채운다.
(2) a. He packed a suitcase for the trip.(그는 여행을 위해서 가방을 채웠다.)
   b. They packed their trunk with books.(그들은 트렁크를 책으로 채웠다.)
   c. He packed the bag with old clothes.(그는 가방을 헌옷으로 채웠다.)
   d. He packed the small theater with a large audience.(그는 작은 극장을 많은 청중으로 채웠다.)

1.3. 다음 주어는 목적어를 채운다.
(3) a. The dentist packed my gum after he took out the teeth.(그 치과의사는 이를 뽑은 다음에 나의 잇몸을 채웠다.)
   b. He packed a joint/a valve/a pipe.(그는 접합점/밸브/파이프를 막았다.)

1.4. 주어는 목적어를 전치사 with의 목적어로 채운다. [시간은 그릇] 은유가 적용된 표현이다.
(4) a. He tried to pack every minute with work.(그는 매분을 일로 채우려고 노력했다.)
   b. He packed his holiday with visits to museums.(그는 휴가를 박물관 방문들로 채웠다.)
   c. She managed to pack a lot of sight-seeing in the time she had in London.(그녀는 많은 관광을 그녀가 런던에서 가진 그 시간 속에 채워 넣으려고 했다.)
   d. He packed a lot of visits to museums in the days he was in Rome.(그는 많은 박물관 방문들을 로마에 있었던 날들에 채워 넣었다.)

1.5. 다음 주어는 목적어를 자체에 싣는다.
(5) a. The submarine packed enough missiles to destroy the area.(그 잠수함은 그 지역을 파괴할 수 있는 충분한 미사일을 적재했다.)
   b. The fighter bomber packed enough bombs to wipe out the village.(그 전투 폭격기는 그 마을을 없앨 수 있을 정도의 많은 폭탄을 적재했다.)

1.6. 다음 주어는 목적어를 다진다.
(6) a. The wind packed the snow on the wall.(바람은 눈을 그 벽에 차곡차곡 다졌다.)
   b. The heavy trucks packed the snow on the highway.(무거운 트럭들은 고속도로의 눈을 다졌다.)

1.7. 다음 주어는 목적어를 통조림한다.

(7) a. They pack fruit/meat/fish in cans.(그들은 과일/고기/생선을 통조림한다.)

b. Peaches are packed in cans.(복숭아는 통에 조림된다.)

2. 자동사 용법

2.1. 다음 주어는 꾸린다.

(8) a. Have you finished packing?(짐 싸는 것을 끝냈습니까?)

b. I am going to pack up now.(나는 이제 짐을 모두 꾸릴 작정이다.)

2.2. 다음 주어는 꾸려지는 개체이다.

(9) a. These books pack well.(이 책들은 잘 꾸려진다.)

b. Do these articles pack easily?(이 물건들은 쉽게 꾸려집니까?)

c. The apples are ready for packing.(이 사과는 포장 준비가 되어 있다.)

2.3. 다음 주어는 떼를 지어서 움직인다.

(10) a. Hundreds of people packed into the hall.(수백 명의 사람들이 그 홀에 빽빽하게 들어갔다.)

b. More than 50 students packed in the small room.(50명 이상의 학생들이 그 작은 방에 꽉 들어찼다.)

2.4. 다음 주어는 다져진다.

(11) The ground packed after the rain.(그 땅은 비가 온 후에 다져졌다.)

pad¹

이 동사의 개념 바탕에는 pad의 명사 '메워 넣는 것'이 깔려 있다. 동사의 뜻은 명사의 기능과 관련된다.

1. 타동사 용법

1.1. 다음 주어는 목적어를 메운다.

(1) a. She padded the shoulders of her coat.(그녀는 코트의 어깨 부위를 심으로 넣었다.)

b. The shoes were too big, so he padded them with cotton wool.(그 신발이 너무 커서 그는 그것을 생솜으로 메워 넣었다.)

c. He padded the box with cotton.(그는 그 상자를 솜으로 메워 넣었다.)

d. Pad the back of the car seat with a pillow.(그 차 의자의 뒤를 베개로 메워라.)

e. The furniture maker padded the chair with thick cotton.(그 가구 제조업자는 의자를 두꺼운 솜으로 메워 넣었다.)

1.2. 다음은 수동태 문장으로 주어는 무엇이 메워진다.

(2) a. The dress is padded at the shoulders.(그 드레스는 어깨 부위에 심이 넣어진다.)

b. My winter coat is padded heavily.(내 겨울코트는 패드가 무겁게 넣어진다.)

c. All the sharp corners were padded with foam.(모든 예리한 모서리는 기포고무로 메워졌다.)

d. The seats are padded with foam rubber.(그 좌석들은 기포고무로 메워진다.)

e. The player's legs are padded to protect them from injury.(그 선수의 다리는 부상으로부터 보호하기 위하여 패드가 넣어진다.)

1.3. 그릇에 패드를 넣으면 양이 많아지게 된다. 다음 주어는 목적어를 조작하여 많게 한다.

(3) a. Our salespeople never pad their accounts.(우리 판매사원들은 결코 대차계정을 조작하여 불리지 않는다.)

b. He padded out his speech.(그는 자신의 연설에 군말을 넣었다.)

c. He padded his speech with jokes.(그는 자신의 연설을 농담으로 늘렸다.)

1.4. 다음은 수동태 문장으로 주어는 메워진다.

(4) a. The article is padded with many quotations from newspapers.(그 기사는 신문의 많은 인용문으로 메워져 있다.)

b. The movie was padded with three long dance numbers.(그 영화는 3개의 긴 댄스곡으로 매워졌다.)

c. The last chapter is padded out with boring stories.(그 마지막 장은 지루한 이야기들로 메워진다.)

1.5. 다음 주어는 메워져서 길이나 부피가 커진다.

(5) a. The jacket is padded out with feathers.(그 저고리는 깃털로 메워진다.)

b. The report is padded out with extracts from previous documents.(그 보고서는 이전 문서의 발췌문으로 길게 메워진다.)

pad²

이 동사의 개념 바탕에는 터벅터벅 거니는 과정이 있다.

1. 자동사 용법

1.1. 다음 주어는 터벅터벅 걷는다.

(1) a. She padded across the room to the window.(그녀는 방을 가로질러 창문을 향해 터벅터벅 걸었다.)

b. The dog padded patiently along beside him as he walked.(그 개는 그가 걸을 때 옆에서 느긋이 터벅터벅 따라 걸었다.)

c. The little boy padded down the hall.(그 작은 꼬마는 강당을 따라 터벅터벅 걸어 내려왔다.)

d. The lion padded through the trees.(그 사자는 숲속을 터벅터벅 걸어갔다.)

paddle

이 동사의 개념 바탕에는 paddle의 명사 '넓적한 노'가 있다. 동사의 의미는 이 노의 쓰임과 관계가 있다.

1. 타동사 용법

1.1. 다음 주어는 목적어를 노를 써서 움직인다.

(1) a. We paddled the canoe along the coast.(그는 카누를 해변가를 따라 저었다.)

b. He paddled the boat against the current.(그는 배를 물결을 거슬러 노를 저었다.)

c. He paddled the canoe across the lake.(그는 카누를 노를 저어 호수를 건넜다.)

1.2. 다음 주어는 목적어를 주격 같은 것으로 친다.
(2) a. She paddles her children when they misbehave. (그녀는 아이들이 못된 짓을 할 때 찰싹 때린다.)
    b. The teacher paddled the boys. (선생님은 그 소년들을 때렸다.)

1.3. 다음의 목적어는 배 같은 것에 실려서 이동되는 개체이다.
(3) The trappers paddled their supplies to their camp further up the river. (그 사냥꾼들은 배로 강 위 쪽의 그들의 조달품을 캠프로 날랐다.)

2. 자동사 용법
2.1. 다음 주어는 노를 젓는다.
(4) a. We paddled downstream for a mile. (우리는 강 하류로 1마일 정도 노를 저었다.)
    b. He paddled across the lake. (그는 호수를 가로질러 노를 저었다.)
    c. The children paddled in the lake. (아이들은 호수에서 노를 저었다.)
    d. They paddled against the current. (그들은 물길을 거슬러 노를 저었다.)

paint

이 동사의 개념 바탕에는 칠하는 사람, 페인트, 칠해지는 개체가 있다.

1. 타동사 용법
1.1. 다음에서 주어는 행위자이고 목적어는 페인트가 칠해지는 표면이다.
(1) a. He painted the roof. (그는 지붕을 페인트칠했다.)
    b. He painted his wound with antiseptic. (그는 상처 부위에 방부제를 발랐다.)
    c. He painted the cut with iodine. (그는 베인 상처에 옥도 정기를 발랐다.)

1.2. 다음에서 주어는 행위자이고 목적어는 화장이 칠해지는 신체부분이다.
(2) a. She painted her lips/face/nails thickly. (그녀는 입술/얼굴/손톱을 두껍게 화장했다.)
    b. She paints herself thickly. (그녀는 화장을 짙게 한다.)

1.3. 다음의 목적어는 페인트가 칠해지는 표면이고, 칠해진 결과도 표현되어 있다.
(3) He painted the walls green. (그는 벽을 녹색으로 칠했다.)

1.4. 다음에서 주어는 행위자이고 목적어는 페인트 같은 것을 칠한 다음 생겨나는 개체이다.
(4) a. He painted several pictures of the girl. (그는 그 소녀의 그림을 몇 장 그렸다.)
    b. His wife is his favorite subject, and he painted her many times. (그의 부인은 그가 가장 좋아하는 주제이고, 그래서 그는 그녀를 여러 번 그렸다.)
    c. He enjoys painting his children. (그는 그의 아이들을 그리는 것을 즐긴다.)
    d. She likes to paint her mother and father in oils. (그녀는 부모님을 유화로 그리는 것을 좋아한다.)

e. She painted a beautiful landscape/a sunset (그녀는 아름다운 경치를/일몰을 그렸다.)

1.5. 다음에서 주어는 행위자가 아니다. [글로써의 묘사는 그림 그리기] 은유가 적용된 경우이다.
(5) a. The novel paints an exciting picture of life in Paris. (그 소설은 파리 생활의 자극적인 광경을 묘사하였다.)
    b. His letters paint a wonderful life in Hawaii. (그의 편지는 하와이에서의 멋진 삶을 묘사한다.)
    c. He painted an exciting picture of his travels. (그는 여행의 신나는 광경을 묘사하였다.)

2. 자동사 용법
2.1. 다음의 주어는 그림 그리는 사람이다. 목적어는 생략되었으나 추리가 가능하다. 즉 (4)에서와 같이 칠을 해서 생겨나는 개체가 생략된 목적어이다.
(6) a. He paints very well. (그는 그림을 아주 잘 그린다.)
    b. Does the artist paint in water colors/in oils? (그 예술가는 수채화/유화를 그리니?)
    c. She learned to draw and paint in art college. (그녀는 그리는 것을 예술대학에서 배웠다.)

pair

이 동사의 개념 바탕에는 pair의 명사 '짝'과 관계가 있다. 동사의 의미는 짝을 이루는 과정과 관계가 있다.

1. 타동사 용법
1.1. 다음 주어는 목적어를 짝을 짓는다.
(1) a. If we could pair them up, they would make a strong team. (만약 우리가 그들을 짝지어 준다면, 그들은 강한 팀을 이룰 것이다.)
    b. The dance instructor paired the remaining students. (춤 선생님은 남은 학생들을 짝지어 주었다.)

1.2. 다음 주어는 목적어를 with의 목적어와 짝을 짓는다.
(2) a. The teacher paired off each student with a partner. (선생님은 각각의 학생을 파트너와 짝지었다.)
    b. The parents want to pair off their daughters with rich men. (부모는 딸들을 부자와 짝지어 주길 원한다.)

1.3. 다음 목적어는 and로 연결되어 있다. 주어는 목적어를 짝짓는다.
(3) a. We tried to pair Jane and Tom off. (우리는 제인과 톰을 짝지어 주려고 했다.)
    b. He paired John and Alice. (그는 존과 앨리스를 짝지어 주었다.)

1.4. 다음은 수동태 문장으로 주어는 짝이 지어진다.
(4) a. All those shoes on the floor were paired. (그 바닥에 있는 저 신발들은 모두 짝이 지어져 있었다.)
    b. Each blind student is paired with a sighted student. (각각의 시각 장애 학생은 볼 수 있는 학생과 짝이 지어졌다.)

2. 자동사 용법

2.1. 다음 주어는 짝이 지어지는 사람이나 개체이다.

(5) a. If they paired up, they will make a powerful team.
(만약 그들이 짝을 이룬다면, 그들은 아마 강력한 팀이 될 것이다.)

b. Many of the species pair for life.(그 종의 많은 수가 평생 짝을 지어 산다.)

---

palm

이 동사의 개념 바탕에는 palm의 명사 '손바닥'이 있다. 동사의 뜻은 이 명사의 용도와 관계가 있다.

1. 타동사 용법

1.1. 다음 주어는 목적어를 손바닥에 넣는다.

(1) a. The magician palmed the coin, and then made it appear in her ear.(그 마법사는 동전을 손바닥에 감추고 그녀의 귀에서 다시 나오게 했다.)

b. She palmed the candy to hide it from his mother.(그녀는 사탕을 어머니에게 숨기기 위해 손바닥에 감추었다.)

1.2. 다음 주어는 목적어를 손바닥에 넣어 훔친다.

(2) a. The crook managed to palm a few rings from the display.(그 사기꾼은 몇 개의 반지를 진열장으로부터 손에 넣어 가까스로 훔쳤다.)

b. The shoplifter palmed an expensive watch at the jewelry store.(그 좀도둑은 비싼 시계를 보석 가게에서 손에 넣어 훔쳤다.)

1.3. 다음 주어는 목적어를 as의 목적어와 같은 것으로 속인다.

(3) a. They tried to palm off the table as a genuine antique.(그들은 그 테이블을 진짜 골동품으로 속여서 팔려고 했다.)

b. He tried to palm off fakes as works of art.(그는 모조품을 예술작품으로 속여서 팔려고 했다.)

1.4. 다음 주어는 좋지 않은 목적어를 속여서 좋은 것으로 다른 사람에게 팔거나 넘긴다.

(4) a. The man palmed off some damaged apples to an old lady.(그 남자는 몇 개의 상한 사과를 노부인에게 속여 팔았다.)

b. She's always palming the worst job off on his assistant.(그녀는 가장 나쁜 일을 조수에게 항상 떠넘긴다.)

1.5. 다음 주어는 목적어를 속여서 with의 목적어를 사거나 갖게 한다.

(5) a. He tried to palm me off with an obsolete computer.(그는 나를 속여서 한물간 컴퓨터를 사게 하려고 했다.)

b. The salesman palmed us off with shop-soiled sheets.(그 판매원은 우리를 속여서 가게에서 더러워진 시트를 사게 했다.)

---

pamper

이 동사의 개념 바탕에는 욕구를 지나칠 정도로 들어주는 과정이 있다.

1. 타동사 용법

1.1. 다음 주어는 목적어의 욕구를 자발적으로 그리고 지나칠 정도로 들어준다.

(1) a. Why don't you let your mother pamper you for a while?(너는 잠시 어머니가 너를 떠받들도록 하지 그러니?)

b. She pampers her child by picking her up every time she cries.(그녀는 아이가 울 때마다 안아 주어서 아이를 과잉보호한다.)

1.2. 다음은 수동태 문장으로 주어는 떠받들어진다.

(2) a. He has been pampered by his parents, and now expects to get everything he wants.(그는 부모에 의해서 떠받들어져서, 이제는 그가 원하는 모든 것을 얻으려 한다.)

b. The child was often ill, and was often pampered by his parents.(그 아이는 자주 아파서, 부모에 의해서 자주 떠받들어졌다.)

c. The children were pampered by nannies.(그 아이들은 유모들에 의해 떠받들어졌다.)

d. The only son was pampered and spoiled.(그 외동아들은 떠받들어져서 버릇이 없었다.)

1.3. 다음 주어는 목적어의 욕구나 필요를 with의 목적어를 가지고 자발적으로 그리고 필요 이상으로 들어준다.

(3) a. Pamper the robin with sunflower seed.(그 참새를 해바라기 씨로 실컷 먹여라.)

b. She pampers her dog with good food.(그녀는 자신의 개를 좋은 음식으로 실컷 먹인다.)

c. Pamper your skin with this luxurious soap.(네 피부를 이 고급 비누로 소중히 다루어라.)

d. He pampered his stomach.(그는 배불리 실컷 먹었다.)

e. He pampered his old car to try to make it last as long as possible.(가능한 한 오랫동안 유지하려고 그는 낡은 차를 너무 소중히 했다.)

1.4. 다음의 목적어는 재귀대명사이다. 이것은 사람을 이성과 마음으로 나누어서 개념화하는 표현이다. 주어 (이성)가 목적어 (마음)의 욕구를 지나칠 정도로 들어준다.

(4) a. She sometimes pampers herself and had a day in bed.(그녀는 때때로 자신을 마음 내키는 대로 행동하고 하루종일을 침대에서 지낸다.)

b. I am going to pamper myself by going to the hairdresser this weekend.(이번 주말에 미용실에 가서 호사하게 할 작정이다.)

c. Pamper yourself with our luxury gifts.(네 자신을 우리의 고급선물로 호화롭게 해라.)

1.5. 다음 주어는 첫째 목적어에게 둘째 목적어를 준다.

(5) Why not pamper yourself a hot bath scented with oils?.(자신을 오일 향기가 나는 뜨거운 목욕으로 즐겁게 하지 그래?)

---

pan¹

이 동사의 개념 바탕에는 위아래, 앞뒤로 움직이는

과정이 있다.

1. 타동사 용법
1.1. 다음 주어는 목적어를 위아래, 앞뒤로 움직인다.
(1) a. He **panned** the camera along the row of faces. (그는 얼굴의 열을 따라 그 카메라를 앞뒤로 움직였다.)

　　b. He **panned** the camera widely over the landscape.(그는 풍경 위로 광범위하게 그 카메라를 앞뒤로 움직였다.)

　　c. He **panned** his eyes 180 degrees.(그는 눈을 180도로 움직였다.)

2. 자동사 용법
2.1. 다음 주어는 위아래, 앞뒤로 움직인다.
(2) a. The camera **panned** slowly across the crowd.(그 카메라는 천천히 군중을 가로질러 위아래, 앞뒤로 움직였다.)

　　b. The camera **panned** back to the audience.(그 카메라는 그 관중으로 되돌아가서 위아래, 앞뒤로 움직였다.)

　　c. The camera **panned** down the street and stopped on the old church.(그 카메라는 길 아래로 내려가서 낡은 교회에 멈추었다.)

　　d. The camera **panned** from the sky to the lone figure on the beach.(그 카메라는 하늘에서 해변의 외로운 모습으로 이동했다.)

pan²

이 동사의 개념 바탕에는 밑이 넓적한 냄비가 있다. 동사의 의미는 이 냄비의 용도와 관계가 있다.

1. 타동사 용법
1.1. 다음 주어는 냄비를 써서 목적어를 가린다.
(1) a. He **panned** the debris carefully.(그는 부스러기들을 조심스레 냄비로 가렸다.)

　　b. They **panned** the gravel near the mill.(그들은 자갈을 방앗간 근처에서 냄비로 가렸다.)

1.2. 다음 주어는 목적어를 혹평한다.
(2) a. The hostile critic **panned** the mediocre play.(적의에 찬 평론가는 그 평범한 연극을 혹평했다.)

　　b. The newspaper **panned** the mayor's plans to raise taxes.(그 신문은 세금을 인상하겠다는 시장의 계획을 비난했다.)

2. 자동사 용법
2.1. 다음 주어는 for의 목적어를 얻기 위해 냄비질을 한다.
(3) a. The prospector was **panning** for gold in the stream.(그 시굴자는 금을 얻고자 강에서 선광 냄비질을 하고 있었다.)

　　b. He is **panning** for gold.(그는 금을 얻고자 냄비질하고 있다.)

2.2. 다음 주어는 결과로 나오는 개체이다.
(4) a. Things have not **panned** out well at his new job. (사정이 그의 새 직장에서 그다지 좋지 않다.)

　　b. I'm happy with the way things have **panned** out. (나는 사정이 풀린 방식에 만족한다.)

panel

이 동사의 개념 바탕에는 panel의 명사 '장식 판자'가 있다. 동사의 의미는 이 판자의 용도와 관계가 있다.

1. 타동사 용법
1.1. 다음 주어는 목적어에 판자를 댄다.
(1) a. We **paneled** our den with pine boards.(우리는 우리 굴(집)을 소나무 판자로 대었다.)

　　b. They **paneled** the room with pine.(그들은 방을 소나무로 판을 대었다.)

1.2. 다음은 수동태 문장으로 주어는 판자가 대어진다.
(2) a. My bedroom had been **paneled** with solid oak years ago.(내 침실은 수년 전에 딱딱한 오크나무로 판이 붙여졌다.)

　　b. The walls were **paneled** in/with oak.(그 벽은 떡갈나무 판자로 붙여졌다.)

panic

이 동사의 개념 바탕에는 panic의 명사 '공포'가 깔려있다.

1. 자동사 용법
1.1. 다음 주어는 공포를 느낀다.
(1) a. Stay calm and don't **panic**.(조용히 하고 겁을 먹지 말아라.)

　　b. She **panicked** and ran out the door.(그녀는 겁을 먹고 문 밖으로 뛰어 나갔다.)

　　c. He always **panics** under pressure.(그는 언제나 긴장하면 겁을 먹는다.)

　　d. The troops **panicked** and retreated in disorder. (군대는 겁을 먹고 무질서하게 퇴각했다.)

　　e. Officer workers **panicked when** fire broke out in the building.(사무실 근로자들은 불이 그 건물에서 났을 때 겁에 질렸다.)

　　f. The children **panicked when** they realized that they were lost.(그 아이들은 자신들이 길을 잃었다는 것을 알았을 때 겁을 먹었다.)

　　g. She **panicked as** his hand closed on her wrist.(그녀는 그의 손이 그녀의 손목에 다가오자 겁을 먹었다.)

1.2. 다음 주어는 전치사 at의 목적어에 공포를 느낀다.
(2) a. The crowd **panicked at** the sound of the explosion.(그 군중은 폭발 소리에 겁을 먹었다.)

　　b. The crowd **panicked at** the sound of the guns.(그 군중은 그 총 소리에 겁을 먹었다.)

　　c. He **panicked at** the thought of asking her for a date.(그는 그녀에게 데이트를 신청하는 생각에 겁

을 먹었다.)

    d. The outlaw **panicked at** the sight of the sheriff. (그 악한은 그 보안관의 모습에 겁을 먹었다.)

2. 타동사 용법

2.1. 다음 주어는 목적어를 공포를 느끼게 한다.
(3) a. Don't shout--you're **panicking** the horses.(고함을 지르지 말아라--너는 그 말을 겁주고 있다.)

    b. He **panicked** the audience.(그는 그 군중을 겁주었다.)

    c. You can **panic** a crowd by shouting "Fire."(너는 "불이야"를 소리질러 군중을 놀라게 할 수 있다.)

    d. The dog **panicked** the cat.(그 개는 고양이를 겁주었다.)

    e. Something must have **panicked** the burglar.(무엇인가가 그 강도를 놀라게 했음에 틀림이 없다.)

2.2. 다음 주어는 사람이 아닌 개체이다. 주어는 목적어를 공포감을 느끼게 한다.
(4) a. The earthquake **panicked** the people inside the building.(그 지진은 건물 안에 있는 사람들을 놀라게 했다.)

    b. The gunfire **panicked** the horses.(총성은 말들을 놀라게 했다.)

    c. The shots **panicked** the horses and several riders were thrown.(총성은 말들을 놀라게 해서 여러 승마자들은 떨어졌다.)

    d. The loud noise **panicked** the hens.(큰 소리가 그 닭들을 놀라게 했다.)

    e. Thunder and lightning can **panic** cattle.(천둥과 번개는 소들을 놀라게 할 수 있다.)

2.3. 다음 주어는 목적어를 공포감을 느끼게 해서 into의 목적어 (동명사)가 가리키는 일이나 행동을 하게 한다.
(5) a. His words **panicked** her **into** an action she later regretted.(그의 말은 그녀를 놀라게 해서 후에 후회를 한 행동을 하게 했다.)

    b. The crisis **panicked** the government **into** taking rash measures.(그 위기는 정부를 놀라게 해서 성급한 조처를 취하게 했다.)

    c. Rumors of war **panicked** many investors **into** selling their shares.(전쟁 소식이 많은 투자자들을 놀라게 해서 주식을 팔게 했다.)

2.4. 다음은 수동태 문장으로 주어는 겁을 먹고 into의 목적어가 가리키는 일을 하게 된다.
(6) a. He was **panicked into** making the wrong decision. (그는 겁에 질려서 잘못된 결정을 하게 되었다.)

    b. The government has been **panicked into** giving us a promise to abolish it.(정부는 겁에 질려서 우리에게 그것을 취소하는 약속을 주게 되었다.)

    c. The protests became more violent and many landowners were **panicked into** leaving the country.(그 항의들은 더 난폭하게 되어서 많은 지주들은 겁에 질려서 그 나라를 떠나게 되었다.)

pant

이 동사의 개념 바탕에는 사람이나 짐승이 숨이 차

서 헐떡이는 과정이 있다.

1. 자동사 용법

1.1. 다음의 주어는 헐떡인다.
(1) a. When a dog **pants**, its tongue sticks out of its mouth.(개가 헐떡거릴 때에는 혀가 입 밖으로 나온다.)

    b. The dog is **panting** with its tongue hanging out after running fast.(그 개는 빨리 달린 후, 혀를 밖으로 늘어뜨린 채 헐떡거리고 있다.)

    c. She climbed rapidly until she was **panting** with the effort.(그녀는 숨이 차게 될 때까지 빠르게 등산했다.)

    d. He is **panting** and gasping for air.(그는 헐떡거리고 숨을 몰아쉬고 있다.)

    e. The boy **panted** from running so fast/playing tennis so hard.(그 소년은 너무 빨리 달려서/테니스를 심하게 쳐서 헐떡거렸다.)

    f. He stood **panting** at the top of the stairs.(그는 계단의 꼭대기에서 서서 헐떡거렸다.)

1.2. 육체적인 헐떡임은 정신적인 갈망의 뜻으로 확대된다.
(2) a. She **pants after** fame.(그녀는 명성에 몸이 달아 있다.)

    b. The people were **panting after** liberty.(그 사람들은 자유를 갈망하고 있었다.)

    c. We **panted for** the dawn to come.(우리는 새벽이 다가오기를 갈망했다.)

    d. He is **panting for** revenge/liberty.(그는 복수/자유를 갈망하고 있다.)

    e. He **panted for** his turn.(그는 차례를 갈망했다.)

    f. She was **panting for** a chance to speak.(그녀는 말할 기회를 갖고자 몸이 달아 있었다.)

1.3. 다음 주어는 부정사가 나타내는 일을 갈망한다.
(3) a. He is **panting** to go abroad.(그는 해외에 나가기를 갈망하고 있다.)

    b. He was **panting** to visit Korea.(그는 한국에 방문하기를 갈망하고 있었다.)

1.4. 다음 주어는 헐떡거리며 움직인다.
(4) a. I could hear him **panting** up the stairs.(나는 그가 계단 위로 헐떡거리며 올라오는 소리를 들을 수 있었다.)

    b. The little boy was **panting after** the other.(그 어린 소년은 다른 소년을 따라 헐떡거리며 가고 있었다.)

    c. The horse **panted** along.(그 말은 헐떡거리며 나아갔다.)

2. 타동사 용법

2.1. 다음의 목적어는 인용문이고, 주어는 숨을 헐떡이면서 말을 한다.
(5) a. "I can't run any further," she **panted**.("나는 더 이상 달릴 수 없어요", 그녀는 헐떡거리며 말했다.)

    b. "Wait for me," he **panted**.("날 좀 기다려", 그는 헐떡거리며 말했다.)

    c. A young girl came to us, "They are coming. They are coming," she **panted**.(어린 소녀가 우리에게 왔다. "그들이 오고 있어요, 그들이 오고 있어요", 그녀

는 헐떡거리며 말했다.)

2.2. 다음 주어는 목적어를 헐떡거리며 표현한다.
(6) a. He panted his apology and ran on.(그는 헐떡거리며 사과의 말을 하고 계속해서 달렸다.)
  b. She panted out her message/a short response. (그녀는 전언/짧은 대답을 헐떡거리며 말했다.)
  c. A messenger rushed up and panted out the news. (한 사자가 들이닥쳐서 그 뉴스를 헐떡거리며 말했다.)
  d. He panted out the terrible story.(그는 그 끔찍한 이야기를 헐떡거리며 말했다.)

paper

이 동사의 개념 바탕에는 paper의 명사 '종이'가 깔려 있다. 동사의 뜻은 종이의 기능과 관련된다.

1. 타동사 용법
1.1. 다음 주어는 목적어를 종이로 바른다.
(1) a. They papered the bedroom light blue.(그들은 침실을 엷은 파란색으로 도배했다.)
  b. Paper my wall with a bright design.(내 벽을 밝은 도안으로 도배해라.)
  c. They papered the walls with a beautiful pattern. (그들은 벽들을 아름다운 무늬로 도배했다.)
  d. We papered our bathroom with a new wallpaper. (우리는 욕실을 새 벽지로 도배했다.)
  e. Do you know how to paper corners?(너는 모서리를 도배하는 법을 알고 있니?)
1.2. 다음 주어는 그 자체가 목적어를 바른다.
(2) a. Photos of old movie stars papered the mirror.(옛날 영화배우의 사진들이 거울을 도배했다.)
  b. Different labels papered his suitcase.(다양한 딱지들이 그의 여행용 가방을 도배했다.)

2. 자동사 용법
2.1. 다음 주어는 목적어를 종이로 발라 안 보이게 한다.
(3) a. He tried to paper over the country's deep-seated problems.(그는 그 나라의 고질적인 문제들을 덮으려고 애썼다.)
  b. They papered over many of the disagreements between the two countries.(그들은 그 두 나라 사이의 의견 차이의 많은 것을 덮었다.)
  c. He tried to paper over his marital problems.(그는 자신의 부부문제를 덮으려고 애썼다.)

parade

이 동사의 개념 바탕에는 행진하는 과정이 있다.

1. 자동사 용법
1.1. 다음 주어는 행진을 한다.
(1) a. The retired soldiers paraded up the street on Veterans Day.(그 퇴역한 군인들은 거리 위로 재향군인의 날에 행진했다.)
  b. People were parading up and down the street, showing off their finest clothes.(사람들은 그 거리 위아래로 가장 멋진 옷을 과시하면서 행진하고 있었다.)
  c. The marchers paraded peacefully through the center of the city.(행진하는 사람들은 평화롭게 시의 중심을 통해 행진했다.)
  d. War veterans paraded before us.(재향군인들이 우리 앞에서 행진했다.)
1.2. 다음 주어는 목적어를 걸어가게 한다.
(2) a. The emcee paraded the pageant winner in front of the crowd.(그 사회자는 야외극 승자를 대중 앞에 걸어가게 했다.)
  b. The terrorist paraded the hostages in front of news cameras.(그 테러리스트는 인질들을 뉴스 카메라 앞에 걸어가게 했다.)
  c. The colonel paraded his men before the commanding general.(그 대령은 자신의 부하들을 지휘 장군 앞에 걸어가게 했다.)
  d. She paraded her former boyfriends in front of him.(그녀는 옛날 남자친구를 그 앞에 걸어가게 했다.)
1.3. 다음은 수동태 문장으로 주어는 보여지는 개체이다.
(3) The trophy was paraded around the stadium.(그 우승 기념품은 운동장 주위에 돌아가며 보여졌다.)

parallel

이 동사의 개념 바탕에는 병행의 개념이 깔려 있다.

1. 타동사 용법
1.1. 다음 주어는 목적어를 병행한다. 그러므로 두 개체는 비슷하다.
(1) a. His experiences parallel mine in many instances. (그의 경험은 나의 것과 많은 경우에 있어 비슷하다.)
  b. The Greek stories about Dionysus parallel the Roman ones about Barcus.(디오니서스에 관한 그리스 신화는 바커스에 관한 로마신화와 유사하다.)
  c. His character parallels yours.(그의 성격은 너의 성격과 비슷하다.)
  d. His account of the incident parallels what others have reported.(그 사건에 대한 그의 설명은 다른 사람들이 보고한 것과 유사하다.)
  e. Does the geology of mars parallel that of Earth? (화성의 지질학적 특징들은 지구의 그것과 유사합니까?)
1.2. 다음 주어는 목적어를 병행한다. 두 사람이 병행한다는 것은 서로 실력이 비슷하다는 뜻이다.
(2) a. Nobody parallels him in swimming.(그 누구도 그를 수영에 있어서 필적하지 못한다.)
  b. John paralleled Ron in math.(존은 론을 수학에 있어서 필적했다.)
1.3. 다음 주어는 목적어를 필적한다. 목적어는 업적이다.

(3) a. He could not **parallel** his father's achievements. (그는 아버지의 업적을 필적할 수 없었다.)

    b. No one has **paralleled** her success in business. (누구도 사업에 있어서 그의 성공을 필적하지 못했다.)

1.4. 다음은 수동태 문장으로 주어는 필적된다.

(4) a. His poems are not **paralleled** by those of other poets. (그의 시는 다른 시인들의 작품에 의해 필적되지 않는다.)

    b. His success is not **paralleled** anywhere in the publishing industry. (그의 성공은 출판계의 어디에 있어서도 필적되지 않는다.)

    c. Her beauty has never been **paralleled**. (그녀의 아름다움은 필적된 적이 없었다.)

1.5. 다음의 주어는 두 개체를 나란히 맞댄다.

(5) He **paralleled** the two edges of the fabric. (그는 그 천의 두 모서리를 나란히 맞댔다.)

1.6. 다음의 주어와 목적어는 병행한다.

(6) a. The road **parallels** the river. (그 길은 강을 나란히 따라간다.)

    b. The sidewalk **parallels** the street in most of the downtown district. (그 보도는 차도를 시내지역 대부분에서 나란하게 따라간다.)

    c. The street **parallels** the riverside. (그 차도는 강변을 따라 나란하게 뻗는다.)

1.7. 다음 주어의 목적어를 병행한다.

(7) a. The rate of inflation **paralleled** the price of oil. (그 인플레이션 비율은 석유 가격을 병행했다.)

    b. Increases in greenhouse gases **parallel** the growth in our car ownership. (온실가스의 증가는 자동차 소유의 성장을 병행한다.)

    c. The growth of his personal fortune **paralleled** the economic development of the country. (그의 개인적 재산 증가는 그 나라의 경제발전을 병행했다.)

    d. The histories of the two countries closely **paralleled** each other. (그 두 나라의 역사는 서로 가깝게 병행했다.)

1.8. 다음은 수동태 문장으로 주어는 병행된다.

(8) The rise in unemployment is **paralleled** by an increase in petty crimes. (실업률의 증가는 경범죄의 증가에 병행된다.)

1.9. 다음 주어는 목적어를 전치사 to의 목적어에 비교한다.

(9) a. He **paralleled** the situation to a gathering storm. (그는 그 상황을 심해지는 폭풍에 비유했다.)

    b. You can **parallel** nobody in memory to him. (너는 아무도 그를 기억력에 있어 필적시킬 수 없다.)

1.10. 다음 주어는 목적어를 전치사 with의 목적어와 비교한다.

(10) Parallel this with that. (이것을 저것과 비교하라.)

paralyse(paralyze)

이 동사의 개념 바탕에는 마비되는 과정이 있다.

1. 타동사 용법

1.1. 다음 주어는 목적어를 마비시킨다.

(1) a. A serious fall **paralysed** the old woman. (심각한 추락이 그 나이든 여자를 마비시켰다.)

    b. The traffic accident **paralysed** her leg. (그 교통사고는 그녀의 다리를 마비시켰다.)

1.2. 다음은 수동태 문장으로 주어는 마비된다.

(2) a. She stood there **paralysed** with fear. (그녀는 공포로 마비되어 서 있었다.)

    b. The accident left him **paralysed** from the waist down. (그 사고는 그의 허리 아래 부위가 마비되게 했다.)

    c. She was **paralysed** by shock and disbelief. (그녀는 충격과 불신으로 마비되었다.)

1.3. 사람의 몸이 마비되면 움직일 수 없듯이, 도시도 마비되면 움직일 수 없다.

(3) a. The electricity failure **paralysed** the city/train services. (정전은 그 도시/전철을 마비시켰다.)

    b. The strike **paralysed** shipping. (그 파업은 해운운송을 마비시켰다.)

    c. An accident on King Street **paralysed** all traffic for an hour. (킹가의 사고는 교통을 한시간 동안 마비시켰다.)

    d. The strike by the workers **paralysed** production at the factory. (노동자들에 의한 파업은 그 공장의 생산을 마비시켰다.)

1.4. 다음은 수동태 문장으로 주어는 마비된다. 여기에서 주어는 개체이다.

(4) a. The airport is still **paralysed** by the strike. (그 공항은 파업으로 여전히 마비되어 있다.)

    b. The country is **paralysed** with indecision. (그 나라는 우유부단으로 마비되어 있다.)

parcel

이 동사의 개념 바탕에는 parcel의 명사 '꾸러미' '한 필의 땅'이 있다. 동사의 뜻은 명사와 관계가 있다.

1. 타동사 용법

1.1. 주어는 목적어를 꾸러미로 만든다.

(1) a. He **parceled up** the books to send. (그는 보낼 책들을 꾸러미로 만들었다.)

    b. He **parceled up** his clothes. (그는 옷들을 꾸러미로 만들었다.)

1.2. 다음 주어는 목적어를 분할한다.

(2) a. He **parceled** his land **among** his three sons. (그는 땅을 세 아들들에게 나누어주었다.)

    b. He **parceled** the land **out** to the tenant farmers. (그는 땅을 그 소작농들에게 나누어주었다.)

1.3. 다음은 수동태 문장으로 주어는 분할된다.

(3) a. The land was **parceled out** into small lots. (그 땅은 작은 부지로 분할되었다.)

    b. The expenses were **parceled out** to members. (그 비용은 회원들에게 분할되었다.)

pardon

이 동사의 개념 바탕에는 용서하는 과정이 있다.

1. 타동사 용법

1.1. 다음 주어는 목적어를 용서한다.

(1) a. Sue **pardoned** Bill for bumping into her.(그녀는 빌에게 자신과 부딪힌 것에 대해 용서했다.)

b. The governor **pardoned** the young offender.(그 정부는 그 어린 범죄자를 용서했다.)

c. **Pardon** me for interfering.(제가 방해하는 것에 대해서 용서하세요.)

d. Please **pardon** me for interrupting you.(제가 당신을 방해한 것을 용서하세요.)

1.2. 다음에서 주어는 행위를 용서한다.

(2) a. **Pardon** my asking, but is that your husband?(질문을 용서해주세요, 저 분이 당신 남편인가요?)

b. **Pardon** my asking, but are you a student here? (질문을 용서해주세요, 당신은 이곳 학생인가요?)

---

pare

이 동사의 개념 바탕에는 껍질을 자르는 과정이 있다.

1. 타동사 용법

1.1. 다음 주어는 목적어를 벗긴다. 목적어는 껍질이다.

(1) a. **Pare** the rind from the lemon.(그 껍질을 레몬에서 잘라라.)

b. She **pared** off the apple peel.(그녀는 사과 껍질을 벗겼다.)

1.2. 다음 주어는 목적어의 껍질을 벗긴다. 목적어는 개체 전체이다.

(2) a. **Pare** the onions and cut them.(양파의 껍질을 벗겨서 잘라라.)

b. John **pared** the apple with a knife.(존은 사과를 칼로 껍질을 벗겼다.)

1.3. 과일의 껍질을 벗기면 과일 전체의 크기는 작아진다. 다음 주어는 목적어를 줄인다.

(3) a. The school board **pared down** the budget by 10%.(그 학교 평의회는 예산을 10퍼센트 깎았다.)

b. He **pared down** his living expenses.(그는 생활비를 깎았다.)

c. The navy has **pared down** its carrier fleet down to five ships from ten.(그 해군은 함대 수를 10척에서 5척으로 줄였다.)

d. The firm is not able to **pare** costs fast enough to match competitors.(그 회사는 원가를 경쟁사들과 대항할 만큼 충분히 빨리 줄일 수 없다.)

1.4. 다음은 수동태 문장으로 주어는 줄어진다.

(4) a. The work force has been **pared down** from 100 to 70.(그 노동력은 100 명에서 70 명으로 깎였다.)

b. The training budget has been **pared** to a minimum.(그 훈련 경비는 최소한으로 깎였다.)

c. My work load was **pared down** when my boss hired another worker.(나의 작업양은 나의 사장이 다른 노동자를 고용했을 때 줄었다.)

---

park

이 동사의 개념 바탕에는 어느 장소에 두는 과정이 있다.

1. 타동사 용법

1.1. 다음 주어는 자동차를 어떤 장소에 둔다.

(1) a. He **parked** his car in a tow-away zone.(그는 차를 강제 견인지역에 주차했다.)

b. Bill **parked** his car illegally in front of a fire hydrant.(빌은 차를 불법적으로 소화전 앞에 주차시켰다.)

1.2. 다음 주어는 목적어를 일시적으로 둔다.

(2) a. He **parked** a load of paper on my desk.(그는 많은 종이를 내 책상 위에 놓았다.)

b. Joan **parked** her bags in the corner.(조앤은 가방들을 모퉁이에 두었다.)

c. He **parked** his bulk on the bar stool.(그는 덩치를 술집의 둥글고 높은 의자 위에 두었다.)

d. He **parked** his lunch on the porch while he was playing(그는 도시락을 현관에 두고 놀이를 했다.)

1.3. 다음 목적어는 재귀대명사이다.

(3) a. **Park** yourself in that chair.(저 의자에 앉으세요.)

b. The guards **parked** themselves at the entrance hall. (그 경호원들은 자신들을 입구에 위치시켰다.)

1.4. 다음 목적어는 사람이다. 주어는 목적어를 어디에 맡긴다.

(4) They **parked** their children on us while they went shopping.(그들은 쇼핑하는 동안에 아이들을 우리에게 맡겼다.)

2. 자동사 용법

2.1. 다음 목적어는 명시되지 않았으나 추리가 가능하다.

(5) a. I **parked** one block away from the store.(나는 가게에서 한 블럭 떨어진 곳에 주차했다.)

b. Where can I **park**?(어디에 주차할 수 있습니까?)

c. I always **park** on the street.(나는 항상 그 거리에 주차한다.)

---

part

이 동사의 개념 바탕에는 part의 명사 '부분'이 깔려 있다. 이 동사의 의미는 이 명사의 기능이나 쓰임과 관련된다.

1. 타동사 용법

1.1. 다음 주어는 목적어를 가른다.

(1) a. He **parted** his hair carefully.(그는 머리를 주의 깊게 가르마를 탔다.)

b. He **parted** his lips.(그는 입술을 벌렸다.)

c. I **parted** the two men who were fighting with each other.(나는 서로 싸우고 있는 두 사람을 갈라놓았다.)

d. She **parted** the curtains and let in the sunlight.(그녀는 커튼을 갈라서 햇빛이 들어오게 했다.)

e. Nothing shall **part** us.(아무것도 우리를 떼어놓지 못할 것이다.)

1.2. 다음 주어는 목적어를 가른다. 목적어는 단수형

명사로 표현되어 있으나 개념상으로 몇몇의 사람
이나 개체가 포함되어 있다.
(2) a. He parted a fight.(그는 싸움을 말렸다.)
　　b. The police parted the crowd.(경찰은 군중을 해산
　　　시켰다.)
1.3. 다음 주어는 목적어를 전치사 from의 목적어에서
　　떼어놓는다.
(3) a. The war parted many children from their parents.
　　　(그 전쟁은 많은 어린이들을 부모님에서 떼어놓았
　　　다.)
　　b. The war parted him from his family.(그 전쟁은 그
　　　를 가족에서 떼어놓았다.)
　　c. The strait of Dover parts England from
　　　France.(도버 해협은 영국을 프랑스에서 가른다.)
　　d. Can you part error from mistake?(너는 과오를 실
　　　수에서 구별할 수 있니?)
1.4. 다음 주어는 목적어를 전치사 into의 목적어로 가
　　른다.
(4)　The river parts our city into two areas.(그 강은 우
　　　리 도시를 두 지역으로 가른다.)
1.5. 다음은 수동태 문장으로 주어는 갈라진다.
(5)　A fool and his money are soon parted.(바보와 돈은
　　　곧 헤어진다.)

2. 자동사 용법
2.1. 다음 주어는 갈라진다.
(6) a. The rope parted down the middle.(그 밧줄은 가운
　　　데 쯤에서 끊어졌다.)
　　b. The curtains parted and the show began.(그 커튼
　　　이 갈라지고 쇼가 시작됐다.)
　　c. The clouds parted and the moon appeared.(구름
　　　이 갈라지면서 달이 드러났다.)
2.2. 다음 주어는 갈라진다. 다음 주어는 복수이다.
(7) a. The couple parted at the door.(그 부부는 문에서
　　　헤어졌다.)
　　b. The best of friends must part.(제일 친한 친구들은
　　　헤어져야만 했다.)
　　c. Let us part friends(친구들을 헤어지도록 해 주세
　　　요.)
2.3. 다음 주어는 전치사 from의 목적어에서 갈라진다.
(8) a. There I parted from him.(거기서 나는 그와 헤어졌
　　　다.)
　　b. He parted from his native shore.(그는 고향인 해
　　　변과 헤어졌다.)
2.4. 다음 주어는 전치사 with의 목적어와 떨어진다.
(9) a. Why did you part with the ring?(너는 왜 반지를 버
　　　렸니?)
　　b. I parted with my old car.(나는 내 오래된 차를 버렸
　　　다.)
2.5. 다음 주어는 갈라진다.
(10) a. The river parts here. (그 강은 여기서 갈라진다.)
　　b. The tree trunk parted into branches higher up.(그
　　　나무둥치는 갈라져서 높은 곳의 가지들이 되었다.)
　　c. The paths part at the river.(그 소로들은 강에서 갈
　　　라진다.)

partake
이 동사의 개념 바탕에는 음식을 조금 먹거나 어떤
일에 참가하는 과정이 있다.

1. 자동사 용법
1.1. 다음 주어는 of의 목적어를 조금 먹는다.
(1) a. She does not partake of drugs.(그녀는 마약을 먹
　　　지 않는다.)
　　b. She partook of my homemade punch.(그녀는 나
　　　의 집에서 만든 펀치를 마셨다.)
　　c. Would you care to partake of some refreshment?
　　　(약간의 다과를 좀 드시겠어요?)
　　d. You must partake of tea and toast.(차와 토스트를
　　　드십시오.)
1.2. 다음 주어는 전치사 of의 목적어에 참가한다.
(2) a. The new comers partook of the same life.(새로
　　　온 이들은 동일한 생활을 했다.)
　　b. They need confession before they partake of
　　　Mass.(그들은 미사 전에 고백성사를 보아야 한다.)
　　c. People partook of this wondrously simple flow of
　　　life.(사람들은 삶의 신기할 정도로 이 단순한 흐름
　　　에 참여했다.)
1.3. 다음 주어는 of의 목적어의 속성을 조금 갖는다.
(3) a. His words partake of regret. (그의 말은 후회를 조
　　　금 띄고 있다.)
　　b. His novel partakes of a fairy tales.(그의 소설은 동
　　　화 같은 속성을 갖고 있다.)
　　c. Her graciousness partakes of condescending.(그
　　　녀의 우아함은 약간의 겸손함을 가지고 있다.)
　　d. His anger partook of frustration and despair.(그
　　　의 분노는 좌절과 절망을 가지고 있었다.)
　　e. All art should partake of a visual mode. (모든 예술
　　　은 시각양상을 가져야 한다.)
1.4. 다음 주어는 어떤 일에 참가한다.
(4) a. She did not partake in the celebration.(그녀는 그
　　　축하연에 참가하지 않았다.)
　　b. They didn't partake in the social life of the
　　　village.(그들은 마을의 사회 활동에 참여하지 않았
　　　다.)
　　c. She partook in the holiday festivities.(그녀는 휴일
　　　축제 행사에 참가했다.)
　　d. They are preparing to partake in a thrilling sport.
　　　(그들은 짜릿한 운동에 참여할 준비를 하고 있
　　　다.)
1.5. 다음 주어는 전치사 in의 목적어를 서로 나눈다.
(5) a. She partook in joys with each other.(그녀는 기쁨
　　　을 서로 나누었다.)
　　b. They partook in each other's joy/grief.(그들은 서
　　　로의 기쁨/슬픔을 나누었다.)
1.6. 다음 주어는 참여한다.
(6) a. The facilities are there for those who wish to
　　　partake.(시설들은 이용하고자 하는 사람을 위해 있
　　　다.)
　　b. Those people who cannot burden this kind of tax
　　　should not have to partake.(이러한 종류의 세금을

부담할 수 없는 저 사람들은 부담할 필요가 없다.)

participate

이 동사의 개념바탕에는 참가하는 과정이 있다.

1. 자동사 용법
1.1. 다음 주어는 전치사 in의 목적어에 참가한다.
(1) a. She participates in several school sports.(그녀는 여러 개의 학교 스포츠에 참여한다.)
b. She participated in the discussion/the conversation/the project.(그녀는 그 토론/대화/기획에 참여했다.)

partition

이 동사의 개념 바탕에는 partition의 명사 '칸막이'가 있다.

1. 타동사 용법
1.1. 다음 주어는 목적어를 칸을 막아서 여러 개로 나눈다.
(1) a. He partitioned the hall into offices.(그는 큰 방을 분할해서 사무실로 만들었다.)
b. He partitioned the large closet into four sections.(그는 큰 옷장을 칸막이로 네 부분으로 나누었다.)
1.2. 다음은 수동태 문장으로 주어는 칸막이로 갈라진다.
(2) a. The room is partitioned into three sections.(그 방은 세 부분의 칸막이로 나누어진다.)
b. Korea was partitioned at the 38th parallel after World War Ⅱ.(한국은 위도 38도선에서 세계 2차 대전 후에 나누어졌다.)
c. The defeated country was partitioned and governed by the UN.(그 패전국은 분할되어 UN의 통치를 받았다.)
1.3. 다음 주어는 목적어를 칸을 막아서 전체에서 분리시킨다.
(3) a. They partitioned off part of the livingroom to make a study.(그들은 공부방을 만들기 위해 거실의 일부를 칸막이로 분리시켰다.)
b. She partitioned off the livingroom from the dining room.(그녀는 거실을 식당에서 칸막이로 분리시켰다.)
1.4. 다음 주어는 목적어를 칸막이하듯이 나눈다.
(4) He partitioned his estate among five sons.(그는 부동산을 다섯 아들에게 나누었다.)

pass

이 동사의 개념 바탕에는 지나가는 과정이 있다.

1. 타동사 용법
1.1. 다음 주어는 목적어를 지나간다.
(1) a. We have just passed Onyang.(우리는 방금 온양을 지나갔다.)

b. We passed the dangerous section of the road.(우리는 길의 위험한 부분을 지났다.)
c. John passed the other runners in the homestretch.(존은 다른 모든 선수를 경주의 마지막 직선코스에서 제치고 선두에 나섰다.)
d. We passed the stream.(우리는 개울을 건넜다.)
e. They succeeded in passing the enemy lines.(그들은 적의 경계선을 통과하는 데 성공했다.)
f. The general passed the army in review.(장군은 군대를 검열하면서 지나갔다.)
1.2. 다음 주어는 목적어를 지나간다. 주어는 움직이는 개체이다.
(2) a. The ship passed the channel.(그 배는 수로를 통과하였다.)
b. The sports car passed me at a dangerous bend in the road.(그 스포츠카는 그 길의 위험한 굽이에서 나를 비켜 지나갔다.)
c. For the past three days neither food nor drink passed his lips. (지난 3일 동안 어떤 음식이나 물도 입술을 통과하지 않았다.)
d. Not a word passed my lips.(말 한마디의 말도 내 입술을 지나지 않았다.)
1.3. 다음 주어는 목적어를 지나친다.
(3) a. We have passed that page.(우리는 그 페이지를 지나쳐 버렸다.)
b. We passed the preface and went directly to the first chapter.(우리는 그 서문을 생략하고 곧장 첫 장으로 들어갔다.)
1.4. 다음 목적어는 장애물 같은 것이다. 주어는 목적어를 통과한다.
(4) a. He managed to pass all the perils.(그는 모든 위험을 간신히 빠져나갔다.)
b. I passed my driving test.(나는 운전 시험을 통과했다.)
c. He passed English and French.(그는 영어와 프랑스어 시험을 통과했다.)
d. The bill passed the committee.(그 의안이 위원회를 통과했다.)
e. The new law passed the city council(그 법은 시의회를 통과했다.)
1.5. 다음은 [시간은 공간] 은유가 적용된 예이다. 주어는 목적어를 지나간다.
(5) a. They passed the worst night of their lives.(그들은 평생 최악의 밤을 지냈다.)
b. They passed several weeks in the country.(그들은 몇 주를 시골에서 지냈다.)
c. He passed the day pleasantly.(그는 그 날을 즐겁게 지냈다.)
d. He passes his time in idleness.(그는 자신의 시간을 빈둥빈둥 지낸다.)
e. He passed the night at his uncle's.(그는 삼촌 댁에서 밤을 지냈다.)
1.6. 다음은 주어는 목적어를 지나간다. [정도는 장소] 은유가 적용된 표현이다.
(6) a. He passed all expectations and actually won the prize.(그는 모든 기대를 통과하였고 실제로 상을 받

았다.)

b. It has **passed** my understanding: How could he have done such a stupid thing?(그것은 나의 이해를 초월했다; 어떻게 그는 그렇게 멍청한 일을 할 수 있는가?)

c. Such a strange story **passes** belief. (이렇게 이상한 이야기는 믿기 어렵다.)

d. Sales of the book have **passed** the million mark. (그 책의 판매량은 백만 부 표시를 넘었다.)

e. Those people had not **passed** the barbaric stage yet.(저들은 아직 원시적 단계를 넘지 못했다.)

f. He has **passed** the age of seventy.(그는 70세가 넘었다.)

1.7. 다음 주어는 목적어를 넘긴다.

(7) a. Dick **passed** the football quickly. (딕은 재빨리 축구공을 넘겼다.)

b. He **passed** the salt.(그는 소금을 건넸다.)

c. He **passed** blood in urine.(그는 소변에 피를 내보냈다.)

1.8. 다음 주어는 목적어를 지나가게 한다.

(8) a. He **passed** his card **across** the table.(그는 카드를 테이블을 가로질러 보냈다.)

b. He **passed** a rope **around** the cask.(그는 밧줄을 큰 통 둘레로 감았다.)

c. Could you **pass** the book **down** from the top shelf?(꼭대기 선반에서 책을 내려줄 수 있겠니?)

d. He **passed** the photographs **from** one to the other until they had all seen them.(그는 그들이 사진들을 다 볼 때까지 한 사람에게서 다른 사람으로 돌렸다.)

e. He **passed** his hand **over** his head.(그는 손을 머리 위로 뻗었다.)

f. They readily **passed** us **through** the customs. (그들은 즉시 우리를 세관을 통과하게 했다.)

g. He **passed** the liquid **through** a filter.(그는 액체를 필터 속으로 흘려 보냈다.)

1.9. 다음 주어는 목적어를 통과시킨다.

(9) a. The commons **passed** the bill.(하원은 그 법안을 통과했다.)

b. Congress **passed** the Rural Development Act in 1968.(의회는 그 전원 개발법을 1968년에 통과했다.)

c. The examiner **passed** him.(검사관은 그를 통과시켰다.)

d. The doctor **passed** me fit for work.(의사는 내가 일에 적합하다고 판정했다.)

1.10. 다음 주어는 목적어를 통용시킨다.

(10) a. He tired to **pass** counterfeit money.(그는 위조지폐를 통용시키려고 시도했다.)

b. Someone tried to **pass** me a forged ten-dollar note.(누군가가 내게 위조 10달러 지폐를 쓰려고 했다.)

1.11. 다음 주어는 목적어를 전한다. [말은 개체] 은유가 적용된 표현이다.

(11) a. Somebody **passed** malicious gossip about the neighborhood.(누군가 그 이웃에 대한 험담을 퍼뜨

렸다.)

b. Let me **pass** a remark on your latest novel.(나는 최신 소설에 대해 한 마디 하고 싶구나.)

c. He **passed** the news to his friends.(그는 그 소식을 친구들에게 전했다.)

d. I don't want to **pass** an opinion on such a complicated subject.(나는 그렇게 복잡한 문제에 관하여 의견을 말하고 싶지 않다.)

e. He **passed** some comment or other, but I didn't hear what it was.(그는 어떤 논평을 말했다. 그러나 나는 그것이 무엇인지 듣지 않았다.)

1.12. 다음 목적어는 심판이나 판단이다. 이들도 구체적인 개체로 개념화된다. 다음 주어는 목적어를 넘긴다.

(12) a. The judge **passed** a sentence on the man.(그 판사는 판결을 그 남자에게 내렸다.)

b. You will have to wait at least 20 years before **passing** judgment on the poet.(당신은 그 시인에 관한 심판을 내리기 전에 최소한 20년은 기다려야 할 것이다.)

1.13. 다음 목적어는 시선이다. 시선도 개체로 개념화된다. 주어는 시선을 보낸다.

(13) He **passed** his eyes over the documents.(그는 시선을 그 서류 전체에 보냈다.)

1.14. 다음 주어는 첫째 목적어에게 둘째 목적어를 전해준다.

(14) a. **Pass** me the sugar.(내게 그 설탕 좀 넘겨 주어라.)

b. Read this and **pass** it on to Tom.(이것을 읽고 탐에게 넘겨라.)

2. 자동사 용법

2.1. 다음 주어는 지나간다.

(15) a. A cloud **passed** across the sky.(구름이 하늘을 가로질러 지나갔다.)

b. They **passed** along the street.(그들은 그 거리를 따라 지나갔다.)

c. He **passed** amongst the crowd distributing leaflets.(그는 전단광고를 나누어주며 군중 속을 헤쳐갔다.)

d. The river **passes** through the town.(그 강은 읍내를 지난다.)

e. The bullet **passed** through the shoulder.(총알은 어깨를 관통했다.)

f. The metal **passed** through the fire.(그 금속은 그 불을 통과했다.)

g. We **passed** through Germany on our way to Austria.(우리는 오스트리아로 가는 길에 독일을 통과했다.)

2.2. 다음 주어는 지나간다.

(16) a. The procession has just **passed**.(그 행렬은 방금 지나갔다.)

b. The bus **passed** ten minutes ago.(그 버스는 10분 전에 지나갔다.)

2.3. 다음은 [말은 개체] 은유가 적용된 표현이다.

(17) a. Angry words **passed** between them.(성난 말들이 그들 사이에서 오고 갔다.)

b. The news quickly **passed round** the hall.(그 소식은 강당 전체에 빨리 퍼져 나갔다.)

c. The news **passed through** the crowd within minutes.(그 소식은 수분 내에 군중 속으로 퍼져나갔다.)

2.4. 다음은 [시간은 움직이는 개체] 은유가 적용된 표현이다.

(18) a. The daylight was **passing into** darkness.(그 일광은 어둠으로 들어가고 있었다.)

b. Summer **passed into** autumn.(여름이 가을로 접어들어 갔다.)

c. The storm **passed off** without causing much damage.(그 폭풍은 큰 피해를 남기지 않고 지나갔다.)

d. Wait until the typhoon **passes**.(그 태풍은 지나갈 때까지 기다려라.)

2.5. 다음은 [삶은 여정] 은유가 적용된 표현이다.

(19) a. Kingdoms and nations **pass**.(왕국과 국가는 사라진다.)

b. He **passed from** life.(그는 죽었다(삶에서 지나갔다).)

c. King Arthur **passed into** peace.(아더왕은 영원한 안식에 드셨다.)

d. He **passed out of** the world.(그는 세상에서 사라졌다.)

2.6. 다음은 [상태변화는 장소이동이다]의 은유가 적용된 예이다.

(20) a. His disease **passed into** a chronic state.(그의 병은 만성 상태에 들어갔다.)

b. His famous exploits **passed into** folklore.(그의 유명한 공적은 민간전승이 되었다.)

c. He **passed into** adolescent.(그는 사춘기에 접어들었다.)

2.7. 다음은 [시간은 움직이는 개체] 은유가 적용된 표현이다.

(21) a. How quickly time **passes**.(시간이란 얼마나 빨리 지나가는가.)

b. Five minutes **passed**.(5분이 지났다.)

c. Ages of time **passed**.(오랜 시간이 지나갔다.)

d. Five years have **passed** since I saw him last.(내가 그를 마지막으로 본 이래로 5년이 지나갔다.)

e. The time for decision has already **passed**.(결단의 순간은 이미 지나 버렸다.)

2.8. 다음 주어는 병이나 감정이다. 이들은 구체적 개체로 은유화되어 지나간다.

(22) a. His sickness soon **passed**.(그의 병은 곧 사라졌다.)

b. The pain has **passed** away.(그 고통은 가셨다.)

c. Your sorrow will soon **pass**.(너의 슬픔은 곧 사라질거야.)

2.9. 다음 주어는 통과한다.

(23) a. The bill **passed**.(그 의안은 의회를 통과했다.)

b. He **passed** first in the examination.(그는 시험에서 첫째로 통과했다.)

c. He took the examination and barely **passed**.(그는 그 시험을 치르고 간신히 통과했다.)

2.10. 다음 주어는 전치사 as, by나 for의 목적어가 가리키는 상태로 통한다.

(24) a. It would **pass as** an ancient relic.(그것은 고대 유물로 통할 것이다.)

b. For years, the picture **passed as** a genuine O'Keeffe.(몇 년 동안 그 그림은 진짜 오키피 작품으로 통했다.)

c. He **passed by** the name of Bloggs.(그는 블로그즈란 이름으로 통하였다.)

d. He could **pass for** a young man.(그는 젊은이로 통할 수 있을 것이다.)

e. They **passed for** being a devoted couple. (그들은 헌신적 부부로 통했다.)

f. The loan words **passed for** English.(그 차용어는 영어로 통하였다.)

g. Anne could **pass for** twenty.(앤은 20대로 통할 수 있을 것이다.)

2.11. 다음 주어는 판결을 내린다.

(25) a. The judgement **passed against/for** him.(그 판결은 그에게 불리하게/유리하게 판결을 내렸다.)

b. The judge **passed against/for** the plaintiff.(그 판사는 원고에게 불리하게/유리하게 판결을 내렸다.)

c. The jury **passed on** the issue. (배심원은 그 사건에 관한 평결을 내렸다.)

d. The judges **passed on** each contestant.(그 판사들은 경쟁자에게 판결을 내렸다.)

2.12. 다음은 [사건은 장소이동] 은유가 적용된 표현이다.

(26) a. How can such a terrible state of affairs come to **pass**?(어떻게 그렇게 끔찍한 상황이 일어날 수 있을까?)

b. Can you tell all that has **passed**.(일어난 모든 일을 말해 주실 수 있습니까?)

c. What has **passed** in our absence?(우리가 없는 동안 무슨 일이 생긴 거니?)

2.13. 다음은 [상태의 변화는 장소이동] 은유가 적용된 표현이다.

(27) a. The mood **passed from** despair to hope.(그 분위기는 절망에서 희망으로 바뀌었다.)

b. The mixture **passed from** a solid to a liquid state.(그 혼합물은 고체에서 액체 상태로 바뀌었다.)

2.14. 다음 주어는 그냥 지나간다.

(28) a. Bill was rude, but let that **pass**.(빌은 무례했지만 그냥 지나가게 해.)

b. Let the insult **pass**.(그 모욕은 그냥 지나가게 해.)

c. He let the remark **pass**.(그는 그 언급을 그냥 지나가게 했다.)

d. That won't **pass**.(저것은 그냥 넘어가지 않을 거야.)

2.15. 다음 주어는 움직이지 않는다. 그러나 전체 형상을 눈으로 따라가면 지나가는 모습이 된다.

(29) a. The road **passes around** the hill.(그 길은 언덕을 돌아간다.)

b. The path **passes across** the farm.(그 소로는 농장을 지나간다.)

2.16. 다음은 [재산의 이동은 장소이동] 은유가 적용

된 예이다.

(30) a. Property passes from father to son.(재산은 아버지로부터 아들에게로 넘어간다.)

b. On his death, the farm will pass to his son.(그가 죽으면 농장은 아들에게 넘어갈 것이다.)

paste

이 동사의 개념 바탕에는 붙이는 과정이 있다.

1. 타동사 용법

1.1. 다음 주어는 풀을 칠해서 목적어를 전치사 on이나 onto의 목적어에 붙인다.

(1) a. The teacher pasted the children's pictures/the posters on the wall.(그 선생님은 아이들의 사진들/포스터를 벽에다 붙였다.)

b. Please paste labels on the bottles.(이름표를 그 병에다 붙여라.)

c. The children pasted gold stars on a chart.(아이들은 금별을 도표에 붙였다.)

d. It took me several hours to paste all the wallpaper onto the wall.(내가 벽지를 벽에 모두 붙이는 데에는 여러 시간이 걸렸다.)

e. A child pasted her drawings onto a large sheet of paper.(아이가 자신의 그림을 큰 종이 한 장에다 붙였다.)

1.2. 다음 주어는 목적어를 in의 목적어에 붙여 넣는다.

(2) a. I cut out the article and pasted it in a scrapbook.(나는 기사를 잘라서 스크랩북에 붙여 넣었다.)

b. He pasted pictures in an album.(그는 사진들을 앨범에 붙여 넣었다.)

1.3. 다음 주어는 목적어를 잘 보이게 붙인다.

(3) a. Please help me paste up these notices.(나를 이 공고문을 붙이는 데 도와주세요.)

b. Activists pasted up posters, criticizing the leftist leader.(행동주의자들은 포스터를 붙여서, 그 좌파 지도자를 비판하였다.)

1.4. 다음은 수동태 문장으로 주어는 붙여진다.

(4) a. Notices about the demonstrations were pasted up all over the university.(그 시위들에 관한 공지사항들이 그 대학 전역에 붙여졌다.)

b. A notice was pasted on/to the door.(한 공지사항이 문에 붙여졌다.)

1.5. 다음 주어는 목적어를 풀을 칠해서 붙인다. 목적어는 여러 개의 개체이다.

(5) a. He pasted the broken pieces together.(그는 깨진 조각들을 함께 붙였다.)

b. He pasted card board pieces together.(그는 카드판 조각을 함께 붙였다.)

c. He pasted three sheets of paper together.(그는 종이 세 장을 함께 붙였다.)

1.6. 다음 주어는 목적어를 전치사 with의 목적어로 붙인다.

(6) a. He pasted the wall with posters.(그는 그 벽을 포스터로 붙였다.)

b. He pasted up cracks with paper.(그는 틈새를 종이

로 붙였다.)

c. The wall was pasted with pictures of aircraft.(그 벽은 비행기 그림으로 도배되었다.)

1.7. 다음 주어는 목적어를 고정되게 한다.

(7) a. He pasted down the edge of the paper.(그는 종이 가장자리를 풀로 붙여서 가라앉게 했다.)

b. She pasted down the loose edges.(그녀는 들뜬 가장자리를 풀칠을 해서 붙였다.)

1.8. 다음 주어는 목적어를 찰싹 때린다.

(8) He pasted the child across the mouth.(그는 그 아이의 입을 가로질러 때렸다.)

pat

이 동사의 개념 바탕에는 가볍게 두들기는 과정이 있다.

1. 타동사 용법

1.1. 다음 주어는 목적어를 가볍게 친다.

(1) a. She patted her mouth with a napkin.(그녀는 자신의 입을 냅킨으로 가볍게 두들겼다.)

b. He patted the horse's neck.(그는 그 말의 목을 가볍게 두들겼다.)

c. He patted her hand sympathetically.(그는 그녀의 손을 동정적으로 두들겼다.)

d. She patted the laundry after she folded it.(그녀는 그 빨래를 갠 다음 두들겼다.)

e. The boy patted the dog.(그 소년은 개를 가볍게 두들겼다.)

1.2. 다음 주어는 목적어를 가볍게 친다. 목적어는 전체이다.

(2) a. I patted him on the back.(나는 그의 등을 토닥였다.)

b. You can pat yourself on the back for the job well done.(너는 그 일이 잘 된 데 대해서 자신을 등을 토닥여도 된다.)

c. The boy patted the dog on its head.(그 소년은 그 개의 머리를 토닥였다.)

1.3. 다음은 수동태 문장으로 주어는 가볍게 쳐진다.

(3) Dogs like to be patted.(개들은 토닥여지기를 좋아한다.)

1.4. 다음 주어는 목적어를 가볍게 쳐서 into 의 목적어 상태로 만든다.

(4) a. He patted the wet sand into a little mound.(그는 젖은 모래를 토닥여서 자그마한 둔덕을 만들었다.)

b. He patted a lump of clay into a plate.(그는 진흙 덩어리를 토닥여서 접시를 만들었다.)

c. She patted her hair into place.(그녀는 머리를 토닥여서 제자리에 가게 했다.)

d. I patted the dough into a flat cake.(나는 반죽을 토닥여서 납작 케이크를 만들었다.)

1.5. 다음 주어는 목적어를 가볍게 쳐서 형용사가 가리키는 상태에 들어가게 한다.

(5) a. Pat the vegetables dry with a paper towel.(그 야채를 종이 수건으로 토닥거려서 물기가 없게 해라.)

b. Pat your face dry with a soft towel.(네 얼굴을 부

드러운 수건으로 토닥여서 말려라.)
c. She patted down the curls.(그녀는 그 곱슬머리들을 토닥여서 앉혔다.)

1.6. 다음 주어는 목적어를 against 의 목적어에 닿게 한다.
(6) She patted her napkin against her mouth.(그녀는 냅킨을 입에 가볍게 토닥거렸다.)

2. 자동사 용법
2.1. 다음 주어는 가볍게 소리를 내어 걷는다.
(7) The child patted to the gate.(그 아이는 토닥거리며 문으로 갔다.)

patch
이 동사의 개념 바탕에는 patch의 명사 '땜질하는 조각'이 있다. 동사의 뜻은 이 명사의 용도와 관계가 있다.

1. 타동사 용법
1.1. 다음 주어는 조각을 대어서 목적어를 땜질한다.
(1) a. The tailor patched my trousers with a matching piece of cloth.(그 재단사는 내 바지를 어울리는 천 조각으로 기웠다.)
b. She patched my pants with some scraps of denim.(그녀는 내 바지를 데님 조각으로 기웠다.)
c. Can you please patch up the knees of my trousers?(내 바지의 무릎 좀 수선해 줄 수 있겠어요?)
d. He patched a hole in the roof.(그는 지붕의 구멍 하나를 땜질했다.)

1.2. 다음 주어는 목적어를 치료한다.
(2) a. The army doctor patched the wounded soldiers up.(그 군의관은 부상병들을 치료해 주었다.)
b. The doctor patched up the driver.(그 의사는 그 운전사를 치료해 주었다.)

1.3. 다음 주어는 목적어를 만든다.
(3) a. They patched together a temporary settlement.(그들은 함께 임시적인 해결을 만들었다.)
b. They patched up a deal.(그들은 거래 하나를 성사시켰다.)

1.4. 다음 주어는 목적어를 고친다.
(4) a. They patched up their disagreement.(그들은 자신들의 불화를 해소하였다.)
b. They patched up their quarrel and had a cup of tea together.(그들은 다툼을 해소하고, 함께 차 한 잔을 마셨다.)

patter
이 동사의 개념 바탕에는 가볍게, 그리고 연속적으로 소리를 내는 과정이 있다.

1. 자동사 용법
1.1. 다음의 주어는 어느 개체에 닿아서 가볍게 연속적인 소리를 낸다.

(1) a. I heard the rain patter against/on the window.(나는 비가 창문에 후두두 소리를 내는 것을 들었다.)
b. The rain pattered on the roof.(그 비는 지붕에 후두두 내렸다.)
c. The hail pattered on the window.(그 우박은 창문을 후두두 때렸다.)
d. His feet pattered as they tapped against the floor.(그들이 마루를 두들길 때 그의 발은 타닥타닥 소리를 냈다.)
e. The falling leaves pattered against the window panes.(그 떨어지는 낙엽들은 창문에 후두두 떨어졌다.)

1.2. 다음 주어는 가볍고 연속적인 소리를 내면서 이동한다.
(2) a. We could hear mice pattering about/around looking for food.(우리는 쥐가 음식을 찾아 여기저기 또닥또닥 가볍게 걷는 소리를 들을 수 있었다.)
b. He pattered across the garden/the room.(그는 뜰/방을 잔걸음으로 또닥또닥 종종 가로질렀다.)
c. Bare feet pattered along the hard floor.(맨발들이 딱딱한 마루를 따라 타닥타닥 걸어갔다.)
d. The dog pattered down the hall/the stairs.(그 개는 현관/계단을 타닥타닥 걸어 내려왔다.)

pattern
이 동사의 개념 바탕에는 pattern의 명사 '본보기'가 있다. 동사의 뜻은 이 명사의 용도와 관계가 있다.

1. 타동사 용법
1.1. 다음에서 주어는 목적어를 본보기인 on의 목적에 따른다.
(1) a. He patterned his life on that of his father.(그는 자신의 삶을 아버지의 삶에 본 땄다.)
b. He patterned his writing on his favorite author.(그는 자신의 글을 가장 좋아하는 작가의 본을 땄다.)
c. She patterned her sculpture on the Eiffel Tower.(그녀는 자신의 조각을 에펠탑을 본보기로 만들었다.)

1.2. 다음은 수동태 문장으로 주어는 모방된다.
(2) a. Adult behavior is often patterned by childhood experiences.(어른의 행동은 종종 어린 시절의 경험에 본이 따진다.)
b. His coat is patterned on the newest fashion.(그의 외투는 최신의 유행을 따라 만들어진다.)

1.3. 다음 주어는 자신을 after의 목적어에 따라서 모방한다.
(3) a. She patterned herself after his father.(그녀는 자신을 아버지를 모방하게 만들었다.)
b. He patterned himself after his teacher.(그는 자신을 선생님을 모방하게 했다.)

1.4. 다음에서 주어 자체가 목적어에 무늬가 생기게 한다.
(4) a. Frost patterned the window.(서리가 창문에 무늬가 생기게 했다.)

b. Huge flowers **patterned** the curtains.(커다란 꽃들이 그 커텐에 무늬를 놓는다.)

pause

이 동사의 개념 바탕에는 pause의 명사 '짧은 쉼'이 있다. 동사의 뜻은 명사의 뜻과 관계가 있다.

1. 자동사 용법
1.1. 다음 주어는 잠깐 쉰다.
(1) a. He **paused** at the top of the stairs to rest for a moment.(그는 잠시 쉬기 위해 계단 꼭대기에서 멈췄다.)
b. She **paused** before she responded to Tom's insult.(그녀는 탐의 모욕에 대응하기 전에 잠시 쉬었다.)

2. 타동사 용법
2.1. 다음 주어는 목적어를 잠깐 멈춘다.
(2) a. She **paused** the video and went to answer the phone.(그녀는 비디오를 잠깐 멈추고 전화를 받으러 갔다.)
b. He **paused** the cassette.(그는 카세트를 잠시 멈췄다.)

pawn

이 동사의 개념 바탕에는 전당을 잡히는 과정이 있다.

1. 타동사의 용법
1.1. 다음 주어는 목적어를 전당잡힌다.
(1) a. He **pawned** his watch to raise the money.(그는 그 돈을 모으기 위해 시계를 전당 잡혔다.)
b. She **pawned** her diamond ring.(그녀는 자신의 다이아몬드 반지를 전당 잡혔다.)
c. He **pawned** his camera to pay the bills.(그는 그의 카메라를 청구서를 지불하기 위해 전당 잡혔다.)
1.2. 다음 주어는 목적어를 위험에 맡긴다.
(2) He **pawned** his life.(그는 생명을 전당 잡혔다.)
1.3. 다음 주어는 목적어를 떠넘긴다.
(3) a. They tried to **pawn** off the medicines on the Third World.(그들은 그 의약품들을 제 3세계에 떠넘기려고 했다.)
b. The industrialized countries **pawned** off the old machines to poorer countries.(산업화된 나라들은 낡은 기계들을 더 가난한 나라들에 떠넘겼다.)

pay

이 동사의 개념 바탕에는 돈을 지불하는 과정이 있다.

1. 타동사 용법
1.1. 다음 주어는 목적어를 지불한다.
(1) a. Have you **paid** the electricity bill yet?(너는 전기 요금을 지불했나?)
b. Did you **pay** the debts/wages/price/train fares?(너는 빚/임금/가격/기차 요금을 지불했느냐?)

1.2. 다음 주어는 목적어를 갖는다. 목적어는 주어가 돈을 갖는 사람이다.
(2) a. He **paid** them for their insult by causing them trouble.(그는 그들에게 골탕 먹인 것에 대해 앙갚음했다.)
b. John **paid** the doctor for the operation.(존은 그 수술에 대해 그 의사에게 지불했다.)

1.3. 다음 주어는 목적어를 전치사 for의 대가로 지불한다.
(3) a. I will **pay** ten dollars for the book.(나는 10달러를 책값으로 내겠다.)
b. How much did you **pay** for the watch?(얼마를 시계 값으로 지불했니?)
c. I **paid** $20 for the painting.(나는 20달러를 그림 값으로 지불했다.)

1.4. 다음 주어는 목적어를 전치사 to의 목적어에 갖는다. 목적어는 추상적이나 구체적인 것으로 개념화되어 있다.
(4) a. I **paid** the money to your wife.(나는 그 돈을 너의 부인에게 주었다.)
b. **Pay** attention to what I am saying.(주의를 내가 말하는 것에 기울여라.)
c. We have come to **pay** respects to the teacher.(우리는 존경심을 그 선생님에게 드리게 되었다.)
d. He knows how to **pay** a compliment to a person.(그는 칭찬을 사람에게 주는 법을 안다.)

1.5. 다음 주어는 목적어를 갖는다. 목적어는 주어가 받은 것이다.
(5) a. He **paid** kindness with evil.(그는 친절을 악으로 보답했다.)
b. He **paid** her sarcasm in kind.(그는 그녀의 빈정거림을 그런 종류로 앙갚음했다.)
c. Your trouble will be **paid**.(너의 수고는 보상받을 것이다.)

1.6. 다음 주어는 첫째 목적어에게 둘째 목적어를 지불해 준다. 주어는 개체이다.
(6) a. The job **pays** me $100 a week. (그 일은 내게 100불을 일주일에 갖게 한다.)
b. The job **pays** 50 dollars a week.(그 직업은 주급이 50달러이다.)

1.7. 다음 주어는 첫째 목적어에게 둘째 목적어를 지불한다. 주어는 사람이다.
(7) a. I will **pay** him $50 for that work.(나는 그 일의 댓가로 그에게 50불을 지급하겠다.)
b. He **paid** me the 40 dollars that he borrowed.(그는 나에게 빌려간 40달러를 갚았다.)

1.8. 다음 주어는 목적어에게 돈을 주어 부정사가 가리키는 일을 하게 한다.
(8) a. You couldn't **pay** him to do it.(너는 돈을 주어서 그에게 그것을 하게 할 수 없다.)
b. I won't **pay** the store to stay open evenings.(나는 돈을 주어서 그 가게가 밤에 문을 열도록 하지 않겠다.)

2. 자동사 용법

2.1. 다음 주어는 이익을 낸다.

(9) a. Honesty surely pays. (정직은 반드시 대가가 있다.)

b. The profession pays well. (그 전문직업은 잘 벌게 한다.)

c. The work doesn't pay. (그 일은 돈벌이가 안 된다.)

d. We must make the farm pay soon. (우리는 빨리 그 농장이 돈벌이가 되도록 만들어야 한다.)

e. The machine will pay for itself within a month. (그 기계는 한 달 내에 돈벌이가 될 것이다.)

2.2. 대명사 it은 부정사를 가리킨다.

(10) a. It pays to be polite. (공손하면 대가가 있다.)

b. It pays to be honest. (정직하면 대가가 있다.)

c. It paid to be patient. (참을성은 보람이 있었다.)

d. It won't pay to argue with her. (그녀와 논쟁하는 것은 소용없을 것이다.)

2.3. 다음 주어는 전치사 for의 목적어에 대해 지불을 한다.

(11) a. I'll pay for the dinner. (내가 그 저녁 값을 치르겠다.)

b. My uncle was kind enough to pay for my education. (내 삼촌은 친절하게 내 교육비를 대어주셨다.)

c. Have those articles been paid for? (그 상품들의 대금은 지불되었나?)

2.4. 다음 주어는 전치사 for의 목적어에 대해 대가를 치른다.

(12) a. You must pay dearly for the mistakes. (너는 실수에 대해 톡톡히 댓가를 치루어야 한다.)

b. You shall pay for your arrogance. (네 오만에 대해 댓가를 치루게 하겠다.)

c. She will have to pay for this foolish behavior. (그녀는 이 어리석은 행위에 대해 댓가를 치루어야 할 것이다.)

d. You'll pay for that remark. (너는 그 말의 댓가를 치를 것이다.)

2.5. 다음에 생략된 목적어는 돈이다.

(13) a. When he owes money, he always pays. (그는 돈을 빌리면 항상 갚는다.)

b. She tried to leave the shop without paying. (그녀는 돈을 치르지 않고 가게를 떠나려고 했다.)

c. He owes it and must pay. (그가 그것을 빚을 졌고, 또 반드시 갚아야 한다.)

pearl

이 동사의 개념 바탕에는 pearl의 명사 '진주'가 있다. 동사의 뜻은 동사의 뜻과 관계가 있다.

1. 자동사 용법

1.1. 다음 주어는 방울이 진다.

(1) Perspiration pearled his brow. (땀이 그의 이마에 진주같이 맺혀있었다.)

peck

이 동사의 개념 바탕에는 쪼는 과정이 있다.

1. 타동사 용법

1.1. 다음 주어는 목적어를 쫀다.

(1) The hen pecked grain. (그 암탉은 곡식을 쪼았다.)

b. Chickens are pecking a grain on the ground. (닭들은 곡식을 마당에서 쪼고 있다.)

c. The hungry hens pecked corn off the ground. (배가 고픈 닭들은 옥수수를 그 땅에서 쪼았다.)

1.2. 다음은 수동태 문장으로 주어는 쪼인다.

(2) The bones have been pecked clean by crows. (그 뼈들은 까마귀들에 의해 깨끗하게 쪼였다.)

1.3. 다음 주어는 목적어를 쪼아낸다.

(3) a. He pecked out the orders on the typewriter. (그는 그의 명령들을 타자기에 찍어냈다.)

b. The bird pecked a worm out of the hole. (그 새는 벌레 한 마리를 구멍에서 쪼아내었다.)

c. The bird pecked the corn out. (그 새는 그 옥수수를 쪼아내었다.)

d. Vultures pecked out the dead goat's eyes. (독수리들이 그 죽은 염소의 눈을 쪼아내었다.)

1.4. 다음 주어는 목적어를 쪼아먹는다.

(4) The birds are pecking up the split corn. (새들은 갈라놓은 옥수수를 쪼고 있다.)

1.5. 다음 주어는 목적어를 쪼아서 만든다.

(5) a. Wood peckers peck holes in trees. (딱따구리들이 구멍을 나무에 쪼아서 낸다.)

b. The bird pecked a hole in the wood. (그 새는 그 나무를 쪼아서 구멍을 내었다.)

1.6. 다음 주어는 목적어를 키스한다.

(6) a. He pecked her cheek. (그는 그녀의 뺨에 키스를 했다.)

b. The canary pecked my hand. (그 카나리아는 내 손을 쪼았다.)

(7) She pecked him on the cheek. (그녀는 그의 뺨에 키스를 했다.)

2. 자동사 용법

2.1. 다음 주어는 at의 목적어를 쪼으려고 한다.

(8) a. The chickens were pecking at corn. (닭들은 옥수수를 쪼고 있었다.)

b. The sparrows were pecking at the seeds. (참새들을 씨를 쪼고 있었다.)

c. The bird pecked at the dead branch. (새는 죽은 가지를 쪼았다.)

d. The bird is pecking at the window. (새는 창문을 쪼고 있다.)

e. The children are pecking at their food. (아이들은 음식을 깨작거리고 있다.)

f. She is just pecking at her food. (그녀는 음식을 깨작거리고 있다.)

2.2. 다음 주어는 at의 목적어에 잔소리를 한다.

(9) a. She kept pecking at him. (그녀는 계속해서 그를 꾸짖었다.)

b. She **pecked** constantly at her husband.(그녀는 끊임없이 남편을 꾸짖었다.)

2.3. 다음 주어는 쪼면서 돌아다닌다.

(10) The geese were **pecking** around for food.(거위들은 먹이를 찾아 쪼면서 돌아다니고 있었다.)

peel

이 동사의 개념 바탕에는 peel의 명사 '과일이나 채소의 껍질'이 있다.

1. 타동사 용법

1.1. 다음 주어는 목적어를 전치사 off의 목적어에서 벗긴다.

(1) a. He **peeled** the veneer of pretence **off** her.(그는 가식의 겉모습을 그녀에서 걷어냈다.)

b. He **peeled** the bark **off** a tree.(그는 껍질을 나무에서 벗겨냈다.)

c. She **peeled** the wrapper **from** the sweet.(그녀는 사탕 껍질을 사탕에서 벗겨냈다.)

d. He **peeled** the skin **off** a banana.(그는 껍질을 바나나에서 벗겼다.)

1.2. 다음 목적어는 껍질과 같이 어느 개체에 붙어 있는 것이다. 주어는 목적어를 뗀다.

(2) a. He **peeled** the label **off** the bottle.(그는 라벨을 병에서 떼어냈다.)

b. He **peeled** the outer layers of the onion.(그는 그 양파의 바깥 껍질을 벗겨냈다.)

c. He **peeled** the tape **off** his hand.(그는 그 테이프를 손에서 떼어냈다.)

d. The paramedics **peeled** the jacket **off** a drowning man.(그 의료보조원은 그 자켓을 물에 빠진 사람에게서 벗겨냈다.)

e. We **peeled** the wallpaper **off** the wall.(우리는 벽지를 벽에서 떼어냈다.)

f. Do you need a knife to **peel off** the skin?(그 껍질을 벗기는데 칼이 필요한가요?)

g. He **peeled off** his shirt/sweater in a hurry.(그는 셔츠/스웨터를 급히 벗었다.)

1.3. 다음 주어는 목적어를 전치사 from의 목적어에서 벗겨낸다.

(3) a. They **peeled** the protective wrappings **from** the statue.(그들은 보호 덮개를 상에서 벗겼다.)

b. Bill **peeled** the plastic **from** the slice of cheese.(빌은 플라스틱을 치즈 조각에서 벗겨냈다.)

1.4. 다음 목적어는 환유적으로 쓰여서 실제는 껍질을 가리킨다. 주어는 목적어를 벗긴다.

(4) a. She **peeled** the apples before cooking them.(그녀는 사과를 요리하기 전에 껍질부터 깎아냈다.)

b. He **peeled** a banana/a potato/an orange.(그는 바나나/감자/귤 껍질을 깠다.)

c. Don't **peel** away too much of the potato.(감자 껍질을 너무 많이 벗겨내지 마시오.)

1.5. 다음은 이중 목적어 구문이다.

(5) She **peeled** the children some apples.(그녀는 아이들에게 사과 몇 개를 깎아 주었다.)

2. 자동사 용법

2.1. 다음의 주어는 벗겨지는 개체이다.

(6) a. The skin on her nose is **peeling** where she got sunburnt.(햇볕에 탄 곳에 그녀의 코 허물이 벗겨지고 있다.)

b. When I was sunburned, my skin **peeled**.(햇볕에 탔을 때, 나의 허물이 벗겨졌다.)

c. The paint on the house is **peeling**.(그 집의 페인트칠은 벗겨지고 있다.)

2.2. 다음 주어는 벗겨져서 떨어져 나온다.

(7) a. The paint is **peeling off** my car.(그 페인트칠은 내 차에서 벗겨지고 있다.)

b. The paint is **peeling off** my house.(그 페인트칠은 내 집에서 벗겨지고 있다.)

c. The paint **peels** easily **off**.(그 페인트는 잘 벗겨진다.)

d. The posters were **peeling off**.(그 벽보들이 떨어지고 있었다.)

e. The old paint started to **peel from** the wall.(페인트칠이 벽에서 벗겨지기 시작했다.)

f. The label will **peel off** when you soak it in water.(그것을 물에 담그면 상표는 떨어져 나갈 것이다.)

2.3. 다음 주어는 껍질을 가지고 있는 개체이다.

(8) a. The house is **peeling** and needs to be painted.(그 집의 페인트칠이 벗겨지고 있어서 새로 칠할 필요가 있다.)

b. The walls were damp and **peeling off**.(그 벽들은 습해서 페인트칠이 벗겨지고 있었다.)

c. My back is **peeling** from a sunburn.(내 등이 햇볕에 타서 벗겨지고 있다.)

d. I burn and **peel** easily.(나는 잘 타서 쉽게 허물이 벗겨진다.)

e. My face **peeled**.(내 얼굴의 허물이 벗겨졌다.)

f. This apple **peels** easily.(이 사과는 잘 깎아진다.)

g. Ripe peaches **peel** easily.(잘 익은 복숭아는 잘 깎아진다.)

2.4. 다음 주어는 전체에서 벗어난다.

(9) a. One motorbike **peeled** away **from** the formation.(한 오토바이가 그 대열에서 멀리 벗어났다.)

b. The last two motorcycles **peeled** off **from** the convoy.(마지막 두 대의 오토바이는 호위대를 벗어났다.)

2.5. 다음에서는 목적어가 생략된 자동사이다.

(10) He **peeled** off and dived into the pool.(그는 옷을 벗고 수영장 안으로 뛰어들었다.)

peep¹

이 동사의 개념 바탕에는 틈새를 엿보는 과정이 있다.

1. 자동사 용법

1.1. 다음에서 주어는 엿보는 사람이다. out을 출발지, through는 경로, into는 목적지를 나타낸다.

(1) a. Bob **peeped at** his neighbor **through** the fence.(봅

은 울타리를 통해 이웃을 훔쳐보았다.)

b. A man peeped into my basket.(한 남자가 내 바구
니 속을 엿보았다.)

c. He peeped out of the window. (그는 창문 밖을 엿
보았다.)

d. He peeped through the keyhole/the curtain.(그는
열쇠구멍/커튼을 통해 엿보았다.)

1.2. 다음 주어는 사람이 아닌 개체이다. 이들 개체가
사람이 엿보는 것과 같은 모양을 한다.

(2) a. The sun peeped out from behind the clouds.(태양
이 구름 뒤에서 나타났다.)

b. The winter sun peeped briefly over the mountain.
(겨울 태양이 산 너머로 잠시동안 나타났다.)

c. The moon peeped over the top of the hill. (달이
산의 꼭대기 너머로 나타났다.)

d. The stars peeped through the clouds.(별들이 구
름들 사이로 나타났다.)

1.3. 다음 주어는 추상적 개체이지만 해나 달과 같이
모습을 조금 드러내는 것으로 개념화된다.

(3) a. His selfishness peeps out now and then.(그의 이
기심이 종종 내비친다.)

b. His meanness peeped out.(그의 비열함이 내비쳤
다.)

c. A watch peeped from under his cuff. (손목시계가
그의 소매 아래로 드러났다.)

2. 타동사 용법

2.1. 다음 주어는 목적어를 조금 드러낸다.

(4) He peeped a bit of his head out of the hole.(그는 자
신의 머리를 구멍 밖으로 약간 내비쳤다.)

---

peep²

이 동사의 개념 바탕에는 작은 소리를 내는 과정이
있다.

1. 자동사 용법

1.1. 다음 주어는 작은 소리를 낸다.

(1) a. My smoke alarm peeps when its batteries run
low.(내 화재 경보기는 건전지가 다 되면 울린다.)

b. The birds peeped for their mother.(새들은 어미를
찾아 짹짹거렸다.)

c. The chicks peeped.(그 병아리들은 삐약거렸다.)

---

peg

이 동사의 개념 바탕에는 peg의 명사 '나무못' 이 있
다. 동사의 의미는 이 명사의 쓰임과 관계가 있다.

1. 타동사 용법

1.1. 다음 주어는 목적어를 나무못을 써서 전치사 to의 목적어에 붙인다.

(1) a. Peg this notice to the wall.(이 공고문을 벽에 붙여
라.)

b. He pegged a poster on the board.(그는 벽보를 게
시판에 붙였다.)

c. She was busy pegging the tent to the ground. (그
녀는 텐트를 땅에 치느라 바빴다.)

1.2. 다음 주어는 나무못을 써서 목적어를 붙인다.

(2) The carpenter pegged the two beams together. (그
목수는 두 대들보를 나무못으로 같이 붙였다.)

1.3. 다음 주어는 나무 핀을 써서 목적어를 넌다.

(3) She pegged out the washing.(그녀는 나무 핀을 써서
빨래를 널었다.)

1.4. 다음 주어는 나무 표지 못을 써서 영역을 표시한다.

(4) a. They pegged out the area where the path will be
made.(그들은 길이 생길 영역을 나무못으로 표시했
다.)

b. The builders have pegged out the land for the
house.(건축업자들은 집 지을 땅을 나무못으로 표
시했다.)

1.5. 다음 주어는 목적어가 오르지 못하게 고정시킨다.

(5) a. The government is trying to peg down the price
of food.(그 정부는 식품 가격이 오르지 못하게 고정
시키려고 애쓰고 있다.)

b. They worked hard to peg down the canopy.(그들
은 차양이 열리지 않도록 못질을 하느라 열심히 작
업했다.)

1.6. 다음 주어는 목적어를 어느 수준에 고정시킨다.

(6) a. He pegged the price of his house at $200,000.(그
는 자신의 집 값을 20만 달러에 고정시켰다.)

b. He pegged wheat at $5 a bushel.(그는 밀을 1부셸
에 5달러에 고정시켰다.)

c. Is there any way to peg the market?(그 시장을 고
정시킬 방법이 없나?)

1.7. 다음 주어는 목적어를 to의 목적어에 따라 고정시킨다.

(7) a. They peg interest rates to the rate of inflation.(그
들은 이자율을 물가상승률에 따라 고정시킨다.)

b. Most industrial countries have stopped pegging
their currencies to the US dollar in the early
1970s.(대부분의 산업국가들은 통화를 미국달러에
고정시키는 것을 1970년대 초반에 그만두었다.)

1.8. 다음은 수동태 문장으로 주어는 고정된다.

(8) a. The dollar is no longer pegged to the British
pound. (달러는 더 이상 영국 파운드에 고정되지 않
는다.)

b. Pensions are pegged to the rate of inflation.(연금
은 물가상승률에 따라 고정된다.)

c. Loan payments are pegged to your income.(대부
금 지불은 너의 수입에 따라 고정된다.)

d. The price of gasoline is pegged by the
government.(휘발유의 가격은 정부에 의해 정해진
다.)

e. Pay increases will be pegged at 5%.(임금상승은
5%에 고정될 것이다.)

1.9. 다음 주어는 목적어의 성질을 as의 목적어로 고정시킨다.

(9) a. She pegged him as a loser.(그녀는 그를 패배자로
낙인찍었다.)

b. We pegged her as the math expert.(우리는 그녀
를 수학 전문가로 여겼다.)

c. We peg him as a person of action. (우리는 그를 활동가로 여긴다.)

1.10. 다음 주어는 목적어를 던진다.
(10) a. He pegged the ball to second base. (그는 공을 2루로 던졌다.)

b. Mat pegged the ball to Sam. (매트는 공을 샘에게 던졌다.)

c. He pegged the ball to the short stop. (그는 공을 유격수에 던졌다.)

2. 자동사 용법
2.1. 다음 주어는 at의 목적어를 치려고 한다.
(11) She pegged at Jim with her umbrella. (그녀는 우산으로 짐을 치려고 했다.)

2.2. 다음 주어는 열심히 일한다.
(12) a. He is pegging away at the dull job. (그는 단조로운 일을 열심히 하고 있다.)

b. He is pegging away at his piano lesson. (그는 피아노 레슨을 열심히 받고 있다.)

c. He is pegging away at the box he is making. (그는 자신 만드는 상자를 계속 열심히 했다.)

pelt

이 동사의 개념 바탕에는 세차게 반복해서 치는 과정이 있다.

1. 타동사 용법
1.1. 다음 주어는 목적어를 친다.
(1) a. He pelted the rug with a stick. (그는 양탄자를 막대기로 세게 쳤다.)

b. They pelted a dog with stones. (그들은 개를 돌로 쳤다.)

c. The children pelted him with snowballs. (그 아이들은 그를 눈덩이로 쳤다.)

d. Angry residents pelted the politician with eggs. (화가 난 주민들이 그 정치가를 계란으로 세게 쳤다.)

1.2. 다음 주어는 목적어에 가 닿아서 충격을 가한다.
(2) a. Large hailstones pelted the homes along the coast. (큰 우박이 해안가의 집을 세차게 내리쳤다.)

b. Rain pelted the roof. (비가 지붕을 세차게 쳤다.)

c. The heavy rain pelted us. (억수같은 비가 우리를 세차게 때렸다.)

d. The cold rain was pelting northern Arkansas. (차가운 비가 북쪽 아칸사스 지방을 치고 있었다.)

1.3. 다음은 수동태 문장으로 주어는 세차게 맞는다.
(3) We were pelted with rotten tomatoes. (우리는 썩은 토마토로 세게 맞았다.)

1.4. 다음 주어는 목적어를 전치사 at의 목적어에 던진다.
(4) a. The angry mob were pelting stones at a dog. (성난 군중은 돌을 개에게 던지고 있었다.)

b. Demonstrators were pelting rocks at the police. (시위자들이 돌을 경찰에게 던지고 있었다.)

c. The clouds pelted rain upon us. (구름은 비를 우리에게 퍼부었다.)

1.5. 다음 주어는 목적어에 정신적 충격을 가한다.
(5) a. He pelted me with repeated insults. (그는 나를 계속된 모욕으로 쳤다.)

b. The children pelted him with questions about his journey. (그 아이들은 여행에 관한 질문으로 그에게 퍼부었다.)

2. 자동사 용법
2.1. 다음 주어는 against의 목적어를 친다.
(6) a. The rain pelted against the windows. (비는 창문에 세차게 내렸다.)

b. The rainstorm is pelting against the roof. (폭풍우는 지붕 위에 세차게 내리고 있다.)

2.2 다음 주어는 비나 우박으로 친다.
(7) a. It is pelting down with rain. (비가 억수같이 퍼붓고 있다.)

b. It is pelting down with hail. (우박이 세차게 내리고 있다.)

2.3. 다음 주어는 소나기같이 세차게 움직인다.
(8) a. Three big dogs came pelting out into the street. (세 마리의 큰 개들이 거리 밖으로 뛰쳐나왔다.)

b. We pelted down the hill after the car. (우리는 차 뒤를 쫓아 산 아래로 힘껏 내려갔다.)

c. The boys came pelting down the hill. (그 소년들은 산 아래로 힘껏 내려오고 있었다.)

d. The rain pelted down. (비는 세차게 내렸다.)

pen

이 동사의 개념 바탕에는 pen의 명사 '필기구'와 '우리'가 있다. 동사의 뜻은 이들 명사의 용도와 관계가 있다.

1. 타동사 용법
1.1. 다음 주어는 목적어를 쓴다.
(1) a. I penned down what he said. (나는 그가 말한 것을 받아썼다.)

b. He penned a few lines to his friend. (그는 몇 줄을 친구에게 썼다.)

1.2. 다음 주어는 목적어를 우리와 같은 곳에 가둔다.
(2) a. The police penned the robber in so that he could not run away. (경찰은 그 강도를 도주하지 못하도록 감금했다.)

b. The farmer penned the sheep for the night. (그 농부는 양들을 밤새 가두었다.)

1.3. 다음은 수동태 문장으로 주어는 가두어진다.
(3) a. The animals were penned there for weeks. (그 동물들은 그곳에 몇 주간 가두어졌다.)

b. At clipping time sheep need to be penned. (털을 깎을 시기에는 양들이 가두어 질 필요가 있다.)

c. They were penned in watching TV with their parents all night. (그들은 TV를 보기 위해 밤 내내 부모와 함께 방안에 붙어있었다.)

d. During the storm, I was penned up in the house. (그 폭풍우 동안, 나는 집안에만 갇혀 있었다.)

e. The whole family were **penned up** in one room. (그 전체 가족은 방 하나에 복잡하게 가두어졌다.)

penetrate

이 동사의 개념 바탕에는 뚫고 들어가는 과정이 있다.

1. 타동사 용법
1.1. 다음 주어는 목적어를 뚫고 들어간다.
(1) a. An acid has **penetrated** into the tissues.(산이 그 조직들을 뚫고 들어갔다.)
b. Dripping water **penetrates** rocks little by little.(떨어지는 물이 바위를 조금씩 조금씩 뚫는다.)
c. The arrow **penetrated** the bear's skin.(그 화살은 곰의 피부를 뚫었다.)
d. The bullet **penetrated** the wall.(그 총알은 벽을 뚫었다.)
e. The smoke **penetrated** the room.(그 담배연기는 그 방에 침투했다.)

1.2. 다음 목적어는 추상적이지만, 가장자리가 있는 개체로 개념화되어 뚫리는 것으로 표현되어 있다.
(2) a. The goal is to **penetrate** underdeveloped market in the Third World.(목적은 제3세계의 발전되지 않은 시장을 뚫는 것이다.)
b. They **penetrated** the airport security.(그들은 공항의 안전망을 뚫었다.)
c. The lights **penetrated** the fog.(그 불빛은 안개를 뚫었다.)
d. The company **penetrated** the tea market. (그 회사는 차 시장을 뚫었다.)
e. The war **penetrated** every area of the nation's life.(그 전쟁은 그 나라의 모든 지역에 침투했다.)

1.3. 다음은 수동태 문장으로 주어는 침투된다.
(3) The party has been **penetrated** by extremists.(그 정당은 과격주의자들에 의해 침투되었다.)

1.4. 다음 목적어도 추상적이지만 구상적인 것으로 개념화되어 있다.
(4) a. I could **penetrate** his disguise at once.(나는 즉시 그의 변장을 알아볼 수 있었다.)
b. My eyes couldn't **penetrate** the gloom.(내 눈은 그 우울함을 간파할 수 없었다.)
c. None of my advice seems to have **penetrated** his thick skull.(내 충고의 어느 것도 그의 둔한 머리를 전혀 뚫지 못한 것 같이 보인다.)
d. The flashlight could not **penetrate** the darkness. (그 손전등은 어둠을 꿰뚫을 수 없었다.)

2. 자동사 용법
2.1. 다음 주어는 뚫고 들어간다.
(5) a. I heard what you said, but it didn't **penetrate**.(나는 너가 말한 것을 들었으나, 그것은 머리에 들어오지 않았다.)
b. The idea slowly **penetrated** in the country.(그 사상은 천천히 그 나라에 퍼져나갔다.)
c. The sunshine **penetrated** deep into the woods.(햇빛은 그 숲 속 깊이 비추었다.)
d. The troops **penetrated** deep into the enemy lines. (군대는 적군 방위선 깊이 파고 들어갔다.)
e. These fine particles **penetrate** deep into the lungs.(이 미세한 입자들은 폐 속 깊이 침투한다.)
f. Explorers **penetrated** into unknown regions.(탐험가들은 미지의 지역들에 파고 들어갔다.)

pepper

이 동사의 개념 바탕에는 pepper의 명사 '후추가루'가 있다. 동사의 뜻은 이 명사의 성질이나 쓰임과 관계가 있다.

1. 타동사 용법
1.1. 다음 주어는 목적어를 후추가루로 뿌린다.
(1) a. Mark **peppered** his salad.(마크는 샐러드에 후추를 뿌렸다.)
b. Salt and **pepper** the potatoes.(그 감자에 소금과 후추를 뿌려라.)
c. The cook **peppered** the fish while cooking it.(요리사는 그 생선을 요리하는 동안에 그것에 후추를 뿌렸다.)

1.2. 다음 주어는 후추가루같이 목적어를 덮는다.
(2) a. Sand, blown by the wind, **peppered** the sides of the little cabin on the beach.(바람에 불려온 모래가 해변 위에 있는 작은 오두막집 옆을 뿌려 덮었다.)
b. Gunshots **peppered** the walls.(총탄들이 그 벽을 후추가루처럼 뚫었다.)

1.3. 다음 주어는 후추가루를 뿌리듯 연설이나 사람에게 농담이나 질문을 뿌린다.
(3) a. He **peppered** his speech with jokes.(그는 자신의 연설을 농담으로 더했다.)
b. They **peppered** him with questions.(그들은 그를 질문으로 퍼부었다.)

1.4. 다음은 수동태 문장으로 주어는 무엇이 뿌려진다.
(4) a. The hide was **peppered** with splashes.(그 가죽은 물방울들이 뿌려졌다.)
b. The side of the ship were **peppered** with gunshots.(그 배의 측면은 총탄으로 뿌려져 있었다.)
c. The report is **peppered** with statistics.(그 보고서는 통계로 뿌려져 있다.)

perceive

이 동사의 개념 바탕에는 감각기관을 통해서 외부 세계를 지각하는 과정이 있다.

1. 타동사 용법
1.1. 다음 주어는 시각, 청각, 미각 등으로 외부 세계를 감지한다.
(1) a. This morning, he **perceived** a change in her mood.(오늘 아침, 그는 그녀의 기분에 변화를 느꼈다.)
b. I **perceived** a slight cinnamon taste in the coffee.(나는 약간의 계피맛을 커피에서 감지했다.)

c. The eyes **perceive** color, and the ears **perceive** sound.(눈은 색깔을, 귀는 소리를 감지한다.)

d. We tried to **perceive** their intentions.(우리는 그들의 의도를 감지하려고 노력했다.)

1.2. 다음 주어가 목적어가 어떤 행동을 하는 것을 감지한다.

(2) a. You will **perceive** the fish rise out of the water.(너는 그 물고기가 물 밖으로 뛰어오르는 것을 보게 될 것이다.)

b. I **perceived** him going out with his friend.(나는 그가 친구와 함께 가는 것을 알아차렸다.)

1.3. 다음에서 주어는 목적어가 어떠함을 인지적으로 지각한다.

(3) I **perceived** him to be a methodical person.(나는 그가 꼼꼼한 사람으로 지각했다.)

1.4. 다음은 수동태 문장으로 주어는 지각된다.

(4) a. The past is often **perceived** to be better than the present.(과거는 종종 현재보다 좋은 것으로 지각된다.)

b. The discovery was **perceived** to be a major breakthrough.(그 발견은 중요한 발전으로 지각되었다.)

c. The patient is **perceived** to have difficulty in breathing.(그 환자는 숨쉬는 것이 어려운 것으로 지각되어 있다.)

1.5. 다음 주어는 that-절의 내용을 지각한다.

(5) a. We **perceived** by his face that he had failed in his attempt.(우리는 그가 자신의 시도에 실패했음을 그의 얼굴로 알아차렸다.)

b. People now **perceive** that green issues are now important to our future.(사람들은 현재 환경문제들이 우리의 미래에 중요한 것으로 인식한다.)

c. Jane **perceived that** someone was in the house.(제인은 누군가가 집안에 있다는 것을 알아차렸다.)

1.6. 다음 주어는 목적어를 as의 목적어와 같은 것으로 지각한다.

(6) a. She did not **perceive** herself **as** disabled. (그녀는 자신을 장애자라고 지각하지 않았다.)

b. We **perceive** the discovery **as** a major breakthrough.(우리는 그 발견을 큰 진보로 지각한다.)

perch

이 동사의 개념 바탕에는 perch의 명사 '횃대' 가 있다. 동사의 의미는 이 명사의 쓰임과 관계가 있다.

1. 자동사 용법

1.1. 다음 주어는 내려앉는다.

(1) a. A large bird **perched** on the roof.(커다란 새 한 마리가 지붕 위에 앉았다.)

b. The bird **perched** on a twig.(그 새는 잔가지 위에 앉았다.)

c. The birds **perched** on the telephone wires.(그 새들은 그 전화선 위에 앉았다.)

1.2. 다음 주어는 새가 횃대에 앉듯 자리잡고 있다.

(2) a. The hotel **perched** precariously on a steep hillside.(그 호텔은 가파른 언덕에 불안하게 자리잡았다.)

b. The house **perches** on a hill.(그 집은 언덕 위에 위치한다.)

1.3. 다음은 수동태 문장으로 주어는 어떤 자리에 앉혀 있다.

(3) His house was **perched** on a cliff above the town.(그의 집은 마을 위쪽에 있는 절벽 위에 자리잡혀 있었다.)

1.4. 다음 목적어는 재귀대명사이다. 주어는 자신을 앉힌다.

(4) a. She **perched** herself on the edge of the bed.(그녀는 침대 모서리에 앉았다.)

b. Lynn **perched** herself on a bar stool.(린은 바 의자에 앉았다.)

1.5. 주어는 왕위에 자리잡고 있다.

(5) The prince **perched** on his throne.(그 왕자는 왕위에 앉았다.)

percolate

이 동사의 개념 바탕에는 스미는 과정이 있다.

1. 타동사 용법

1.1. 다음 주어는 목적어의 속으로 스민다.

(1) Water **percolates** sand.(물이 모래 속을 스민다.)

1.2. 다음 주어는 목적어를 다른 물체에 스며서 지나가게 한다.

(2) a. My parents **percolate** coffee every morning.(매일 아침 나의 부모님은 커피를 여과시켜서 끓인다.)

b. He **percolated** the oil through a filter.(그는 기름을 여과장치로 걸렀다.)

c. The new machine **percolates** coffee in just under a minute.(새 기계는 커피를 일분 안에 여과시켜서 끓인다.)

2. 자동사 용법

2.1. 다음 주어는 스며든다.

(3) a. Rain water **percolates into** loose sands.(빗물이 푸석푸석한 모래 속으로 스며든다.)

b. Water **percolated** down **through** the rock.(물이 바위를 통하여 아래로 스며들었다.)

c. The hot water **percolated through** the coffee grounds.(뜨거운 물은 커피 속으로 스며들었다.)

d. The coffee will soon **percolate**.(커피는 곧 여과될 것이다.)

e. I can hear coffee **percolating** in the kitchen.(나는 커피가 주방에서 여과되는 소리를 들을 수 있다.)

2.2. 소식도 액체와 같이 스머드는 것으로 개념화된다.

(4) a. The news **percolated through** the village.(그 소식은 마을에 스며들었다.)

b. News of the war **percolated through** to us after a few days.(그 전쟁 소식은 우리에게 며칠 후에 스며들었다.)

c. Fear **percolated** through the city as the invading

army drew near.(그 침략군이 다가오자 공포가 그
도시를 스며들었다.)

2.3. 다음 주어는 다른 개체가 스며든다.

(5) As he become aware of the new data, her mind
began to **percolate**.(그가 새 자료를 알게 되자, 그녀
의 마음은 돌아가기 시작했다.)

perfect

이 동사의 개념 바탕에는 완전하게 하는 과정이 있
다.

1. 타동사 용법

1.1. 다음 주어는 목적어를 완전하게 한다.

(1) a. He went to England to **perfect** his English.(그는
영어를 완전히 숙달하려고 영국에 갔다.)

b. She **perfected** her style of playing the piano.(그녀
는 피아노 연주의 스타일을 완전하게 했다.)

c. He practiced hard to **perfect** his technique.(그는
자신의 기술을 완전하게 하기 위해 열심히 연습했
다.)

d. They have **perfected** the art of wine-making.(그
들은 포도주 제조 기술을 완전하게 했다.)

e. To **perfect** his theory, he conducted many
experiments.(자신의 이론을 완전하게 하려고 그는
많은 실험을 했다.)

1.2. 다음 주어는 목적어는 완전하게 만든다.

(2) a. My boss **perfected** my design.(나의 사장은 내 계
획을 완전하게 했다.)

b. He spent several weeks **perfecting** his computer
program.(그는 컴퓨터 프로그램을 완전하게 하느
라 몇 주를 보냈다.)

c. The artist is **perfecting** his picture.(그 화가는 자신
의 그림을 완전하게 하고 있다.)

1.3. 다음은 수동태 문장으로 주어는 완전하게 된다.

(3) Inventions are **perfected** with time.(발명품들은 시
간을 가지고 완성된다.)

1.4. 다음의 목적어는 재귀대명사이다. 주어는 자신을 완성시킨다.

(4) a. He **perfected** himself in French.(그는 자신을 불어
에 능통하게 했다.)

b. **Perfect** yourself in one thing and stick to it.(자신
을 한 가지 일에 숙달시키고 그것에 충실하라.)

perform

이 동사의 개념 바탕에는 정해진 절차에 따라서 일
을 잘 수행하는 과정이 있다.

1. 타동사 용법

1.1. 다음 주어는 목적어를 수행한다.

(1) a. He **performed** a juggling act/a somersault.(그는
요술을 부렸다/재주넘기를 했다.)

b. The doctor **performed** an operation this morning.
(그 의사는 오늘 아침 수술을 했다.)

c. The computer can **perform** many tasks at once.

(그 컴퓨터는 많은 일들을 한꺼번에 할 수 있다.)

1.2. 다음 주어는 목적어를 수행한다.

(2) a. The minister **performed** a wedding ceremony.(그
목사는 결혼식을 거행했다.)

b. The advice service **performs** a useful function.
(조언은 중요한 기능을 한다.)

c. She **performs** an important role in our organization.
(그녀는 우리 조직에서 중요한 역할은 한다.)

d. He **performed** his duty well.(그는 자신의 의무를
잘 수행했다.)

2. 자동사 용법

2.1. 다음 주어는 음악, 연극 등에서 연주나 연기를 한다.

(3) a. The students **performed** well at the concert.(학생
들은 그 연주회에서 연주를 잘 했다.)

b. He **performed** on the violin.(그는 바이올린을 연주
했다.)

c. He **performs** in the role of Othello.(그는 오델로 역
할을 한다.)

d. The students **performed** well on the play.(그 학생
들은 그 연극에서 연기를 훌륭히 해냈다.)

e. He **performs** well under pressure.(그는 긴장상태
에서 잘 수행한다.)

f. He'd like to **perform** live.(그는 녹음하지 않고 직접
연주하고 싶어한다.)

2.2. 다음 주어는 제 기능이나 능력을 잘 발휘한다.

(4) a. The company has been **performing** badly/poorly
over the past year.(그 회사는 지난해 동안 제대로
운영을 하지 못했다.)

b. The car **performs** badly in the wet.(자동차는 젖은
상태에서 제대로 작동하지 못한다.)

perfume

이 동사의 개념 바탕에는 perfume의 명사 '향기'가
있다. 동사의 뜻은 이 명사의 용도와 관계가 있다.

1. 타동사 용법

1.1. 다음 주어는 목적어를 향기롭게 한다.

(1) a. The flowers in the garden **perfumed** the evening
air.(정원에 있는 꽃들은 저녁 공기를 향기롭게 했
다.)

b. Flowers/Roses **perfumed** the room.(꽃들/장미들
이 방을 향기롭게 했다.)

1.2. 다음 주어는 목적어를 with의 목적어로 향기롭게 한다.

(2) a. Joan **perfumed** the room with a floral spray.(죠엔
은 그 방을 꽃향기 스프레이로 향기롭게 했다.)

b. She **perfumes** her bath with fragrant oil.(그녀는 욕
탕을 향이 좋은 오일로 뿌린다.)

1.3. 다음 목적어는 재귀 대명사이다. 주어는 자신에게 향수를 뿌린다.

(3) a. He **perfumed** himself.(그는 향수로 뿌렸다.)

b. She **perfumed** herself with musk.(그녀는 사향을
뿌렸다.)

1.4. 다음은 수동태 문장으로 주어는 향기롭게 된다.
(4) a. The garden was **perfumed with** the smell of roses.(그 정원은 장미향으로 향기로웠다.)
   b. The handkerchief is strongly **perfumed**.(손수건은 강하게 향수가 뿌려져 있다.)

perish

이 동사의 개념 바탕에는 죽어 없어지는 과정이 있다.

1. 자동사 용법

1.1. 다음 주어는 죽는다.
(1) a. A family of four **perished** in the fire.(일가족 네 명이 화재로 죽었다.)
   b. The stray dog **perished** during the harsh winter.(길을 잃은 개는 혹독한 겨울 동안에 죽었다.)
   c. Hundreds **perished** when the ship went down.(수백 명의 사람들이 그 배가 가라앉아서 죽었다.)
   d. All the buildings **perished** in flames.(모든 건물들이 불타 없어졌다.)

1.2. 다음 주어는 전치사 of나 from의 목적어로 인해 죽는다.
(2) a. Many birds **perished of** cold.(수많은 새들이 추위로 죽었다.)
   b. They slowly **perished from** hunger.(그들은 서서히 굶어 죽어갔다.)

1.3. 다음 주어는 생명체가 아니지만 생명이 있는 것으로 개념화된다.
(3) a. Radio drama **perished with** the coming of TV.(라디오 연속극은 TV의 출현으로 사라졌다.)
   b. City records **perished** when the town hall was flooded.(도시 기록문서들이 시청이 물에 잠기었을 때 망가졌다.)

2. 타동사 용법

2.1. 다음은 수동태 문장으로 주어는 죽게된다.
(4) They were all **perished** with hunger.(그들은 모두는 굶어 죽었다.)

perk

이 동사의 개념 바탕에는 쳐드는 과정이 있다.

1. 타동사 용법

1.1. 주어는 목적어를 쳐든다.
(1) a. The bird **perked** its tail **up**.(그 새는 꼬리를 쳐들었다.)
   b. The dog **perked** its ears at the noise.(그 개는 귀를 그 소리에 세웠다.)

1.2. 다음 목적어는 환유적으로 쓰여서 사람의 원기나 기분을 가리킨다. 주어는 목적어를 올린다.
(2) a. Promising her a dog **perked** her **up**.(개 한 마리를 약속한 것이 그녀의 기운을 돋구었다.)
   b. The teacher **perked up** the class.(선생님은 그 학급을 활기차게 만들었다.)

1.3. 다음 목적어도 환유적으로 쓰여서 분위기를 가리킨다.
(3) a. You can **perk** the room **up** with a coat of paint.(너는 그 방을 페인트를 한 벌 입혀서 환하게 만들 수 있다.)
   b. She **perked up** the blouse with embroidered flowers.(그녀는 블라우스를 꽃수로 화사하게 했다.)

1.4. 다음 주어는 개체이다. 주어는 목적어의 분위기를 밝게 한다.
(4) a. New curtains **perked up** the roon.(새 커튼들은 방의 분위기를 밝게 했다.)
   b. The new drapery **perked up** the living room.(새 커튼은 거실의 분위기를 밝게 했다.)

2. 자동사 용법

2.1. 다음 주어는 쳐든다.
(5) a. The dog's head **perked up**.(그 개는 머리를 쳐들었다.)
   b. Business is **perking up**.(사업이 회복되고 있다.)
   c. Share prices **perked up**.(주가가 올랐다.)

2.2. 다음 주어의 원기가 좋아진다.
(6) a. He has **perked** considerably.(그는 원기가 상당히 회복했다.)
   b. My sick friend **perked up**.(나의 아픈 친구가 원기를 회복했다.)
   c. She **perked up** when her boyfriend's letter arrived.(그녀는 남자친구의 편지가 도착하자 원기가 회복되었다.)
   d. We **perked up** on hearing the good news.(우리는 좋은 소식을 듣자 원기를 회복했다.)

2.3. 다음 주어는 over의 목적어에 의기양양 한다.
(7) He **perks over** his neighbors.(그는 이웃에게 거드름을 피웠다.)

2.4. 다음 주어는 의기양양하게 움직인다.
(8) She **perked away** from him.(그녀는 의기양양하게 그로부터 걸어나갔다.)

permeate

이 동사의 개념 바탕에는 스며드는 과정이 있다.

1. 타동사 용법

1.1. 다음 주어는 목적어를 스며든다.
(1) a. The smell of burnt toast/roast beef **permeated** the house.(탄 토스트/불고기 냄새가 집에 퍼졌다.)
   b. The smell of cooking **permeated** the house.(요리하는 냄새가 집에 퍼졌다.)
   c. The smell of perfumes **permeated** the house.(향수 냄새가 집에 퍼졌다.)
   d. A foul smell of stale beer and urine **permeated** the whole building.(김빠진 맥주와 오줌의 불쾌한 냄새가 건물 전체에 퍼졌다.)
   e. The odor **permeated** the factory.(악취가 그 공장에 퍼졌다.)
   f. Water easily **permeates** a cotton dress.(물은 쉽게

면으로 된 옷에 스며든다.)

g. Nasty water from the flood **permeated** our carpet.(홍수의 더러운 물이 우리 카페트에 스며들었다.)

h. The toxic chemicals **permeated** the soil.(유독성 화학물이 토양에 스며들었다.)

1.2. 다음의 주어는 광고이고, 목적어를 스며든다. 목적어는 방송이나 생활이다.

(2) a. Annoying commercials **permeate** everything that is broadcast.(귀찮은 광고들이 방영되는 모든 것에 스며든다.)

b. Advertising **permeates** our lives.(광고는 우리 생활에 스며든다.)

1.3. 다음 주어는 감정은 사회, 체제, 보고서와 같은 것이다. 주어는 목적어에 스며든다.

(3) a. Dissatisfaction with the government has **permeated** every section of the society.(정부에 대한 실망감이 사회 각 분야에 스며들었다.)

b. Bias against women **permeates** every level of the judicial system.(여자에 대한 편견이 사법 체계의 모든 단계에 스며든다.)

c. A feeling of sadness **permeates** all his music.(슬픔 감정이 그의 모든 음악을 스며든다.)

d. Cynicism **permeates** his report.(냉소가 그의 보고에 스며든다.)

e. The new ideas have **permeated** the minds of the people.(새로운 아이디어들은 사람들의 마음에 스며들었다.)

1.4. 다음은 수동태 문장으로 주어는 전치사 with의 목적어로 스며진다.

(4) a. The air is **permeated** with smoke.(그 공기는 연기로 가득하다.)

b. The cotton rags were **permeated** with gasoline.(면 천 조각은 휘발유가 스며들어 있었다.)

2. 자동사 용법

2.1. 다음 주어는 전치사 into와 through의 목적어로 스며든다.

(5) a. The table has a plastic coating that prevents liquids from **permeating** into the wood beneath.(그 테이블은 액체가 나무 밑으로 스며드는 것을 막도록 플라스틱 코팅이 되어 있다.)

b. Water had **permeated through** the cracks in the wall.(물이 벽에 있는 갈라진 틈을 통해 스며들었다.)

c. Water **permeated through** the soil.(물이 토양을 통해 스며들었다.)

d. Eventually the water will **permeate through** the surrounding concrete.(결국 물은 주변 콘크리트를 통해 스며들 것이다.)

2.2. 생각도 물로 개념화된다. 다음 주어는 스며든다.

(6) a. The new ideas have **permeated through/among** the young people.(그 새로운 아이디어들은 젊은 사람들 사이에 스며들었다.)

b. The news quickly **permeated through** the villages.(그 소식은 마을을 통해서 빠르게 퍼져 나갔다.)

c. Fears of layoffs **permeated through** the office.(일시 해고의 두려움이 그 사무실에 스며들었다.)

permit

이 동사의 개념 바탕에는 무엇을 하게 허락하는 과정이 있다.

1. 타동사 용법

1.1. 다음 주어는 목적어를 허용한다.

(1) a. I do not **permit** any noise in my room.(나는 소음을 내 방에서 허용하지 않는다.)

b. I won't **permit** dogs in this house.(나는 개들을 이 집에 허용하지 않을 것이다.)

1.2. 다음 목적어는 재귀대명사이다.

(2) a. He never **permitted** himself in extravagance so far as health permits.(그는 건강이 허락하는 한 결코 자신을 호화 속에 던지지 않았다.)

b. Don't **permit** yourself in dissipation.(자신을 방탕 속에 던지지 말아라.)

1.3. 다음 주어는 목적어를 허용한다. 목적어는 과정이다.

(3) a. The prison authorities **permit** visiting only once a week.(교도소 당국은 방문을 일주일에 단 한번 허용한다.)

b. The city **permits** bicycle riding in the park.(그 도시는 공원에서 자전거 타기를 허용한다.)

c. The teacher would not **permit** any talking in the classroom.(그 선생님은 잡담을 교실에서 허락하지 않을 것이다.)

d. The law does not **permit** the sale of alcohol on Sundays.(그 법은 일요일에 술의 판매를 허용하지 않는다.)

e. You are **permitted** access to confidential files.(당신은 기밀서류에 접근이 허용되어 있다.)

f. The law **permits** religious worship with drugs.(그 법은 종교 참배를 마약과 함께 허용한다.)

1.4. 다음 주어는 목적어가 to부정사가 가리키는 일을 하게 허락한다. 주어는 사람이다.

(4) a. Will you **permit** me to smoke?(당신은 내가 담배를 피우는 것을 허용하시겠습니까?)

b. I cannot **permit** my daughter to marry you.(나는 딸이 당신과 결혼하게 허용을 할 수 없다.)

c. **Permit** me to illustrate my point.(내가 요점을 설명하게 허용해 주십시오.)

d. Would you **permit** me to ask you a question?(나를 당신에게 질문을 하게 허용해 주시겠습니까?)

e. The boss **permits** you to go to Seoul with him.(그 사장은 너를 그와 함께 서울에 가는 것을 허락한다.)

f. My father **permitted** me to go abroad. (아버지는 내가 외국에 가는 것을 허락하셨다.)

g. He **permitted** his name to be used.(그는 자신의 이름이 사용되도록 허락했다.)

1.5. 다음 주어는 목적어가 to부정사가 가리키는 일을

하게 해 준다. 주어는 개체이다.

(5) a. My legacy permitted me to go abroad.(나의 유산은 내가 해외로 갈 수 있게 해 주었다.)

b. My work doesn't permit me to help you.(내 일은 내가 너를 도울 수가 없게 한다.)

c. Circumstances do not permit me to be idle.(주위 사정이 내가 게으름을 피우게 허용하지 않는다.)

d. Cash machines permit you to withdraw money at any time.(현금 인출기는 내가 언제든지 돈을 인출할 수 있게 해 준다.)

e. The path permits only one man to pass at a time.(그 길은 한 사람만 한 번에 지나갈 수 있게 해 준다.)

f. The new road permits traffic to flow again.(그 새 길이 차량들을 다시 흐르게 한다.)

g. The power plant has vents that permit the escape of gases.(그 발전소는 가스의 유출을 가능하게 하는 구멍이 있다.)

1.6. 다음 주어는 목적어를 허용한다. 목적어는 동명사로 표현되어 있다.

(6) a. Circumstances do not permit my leaving to a summer resort.(주위 여건이 내가 여름 피서지에 가게 허용하지 않는다.)

b. My father did not permit my buying a new car.(아버지는 내가 새 차를 사는 것을 허락하시지 않으셨다.)

c. If you permit my saying so, I think you are a fool.(네가 내가 그렇게 말하는 것을 허용한다면, 나는 네가 바보라고 생각한다.)

d. My father permitted my going abroad.(나의 아버지는 내가 해외로 나가는 것을 허락하셨다.)

e. Circumstances do not permit my going there.(주위 여건이 내가 거기에 가는 것을 허용하지 않는다.)

f. The boss permits your going to Seoul with him.(그 사장은 네가 그와 함께 서울에 가는 것을 허락한다.)

g. The law does not permit smoking in this store.(이 법은 이 가게에서 담배 피는 것을 허용하지 않는다.)

1.7. 다음은 수동태 문장으로 주어는 허가된다.

(7) a. Dogs are not permitted inside the shop.(개들은 가게 안에 허용이 안 된다.)

b. Parking is not permitted here.(주차는 여기에 허용이 안 된다.)

c. Smoking is not permitted in this room.(끽연은 이 방 안에서 허용이 안 된다.)

d. Visitors are not permitted to take photographs.(방문객들이 사진을 찍는 것이 허용이 안 되어 있다.)

e. We're permitted into the archive.(우리는 그 기록 보관소에 들어가도록 허가되어 있다.)

1.8. 다음 주어는 목적어를 허용한다. 주어는 개체이다.

(8) a. The words of contract hardly permit any doubt.(계약서의 낱말들은 의심을 거의 허용하지 않는다.)

b. His words permit no doubt.(그의 말은 의심을 허용하지 않는다.)

c. The assembly line permits mass production.(그 조립선은 대량 생산을 가능하게 한다.)

d. His health permitted the trip to Asia.(그의 건강이 아시아 여행을 가능하게 했다.)

1.9. 다음 주어는 첫째 목적어에 둘째 목적어를 허용한다.

(9) a. I cannot permit him his rudeness.(나는 그의 무례를 허용할 수 없다.)

b. He permitted himself one cigar a day.(그는 자신에게 하루 한 개피의 담배를 허용했다.)

c. You'd better not permit yourself such luxuries.(너는 자신에게 그런 사치를 허용하지 않는 것이 좋겠다.)

d. Don't permit your children too much freedom.(네 아이들에게 너무 많은 자유를 허락하지 말아라.)

e. Will you permit me a few words?(제게 몇 마디 말을 허용해주시겠습니까?)

f. He wouldn't permit me any excuse.(그는 나에게 어떤 변명도 허용하지 않았다.)

2. 자동사 용법

2.1. 다음 주어는 허용을 한다.

(10) a. We'll fly if the weather permits.(우리는 날씨가 허락하면, 비행하겠다.)

b. I will look this over when time permits.(시간이 허락할 때 나는 이것을 일일이 조사할 것이다.)

c. I'll come tomorrow, weather permitting.(나는 날씨가 허락하면, 내일 가겠다.)

2.2. 다음 주어는 of의 목적어를 허용한다.

(11) a. The situation permits of no delay.(그 상황은 지연을 허용하지 않는다.)

b. The fact/the law permits of no other explanation.(그 사실/법은 다른 설명을 허용하지 않는다.)

c. The question permits of two interpretationes.(그 질문은 두 가지 해석을 허용한다.)

d. Your conduct permits of no excuse.(너의 행실은 변명을 허용하지 않는다.)

perplex

이 동사의 개념 바탕에는 갈피를 잡을 수 없게 하는 과정이 있다.

1. 타동사 용법

1.1. 다음 주어는 개체이다. 주어는 목적어를 당혹케 한다.

(1) a. Her symptoms perplexed her doctors.(그녀의 증후는 의사들을 당혹스럽게 했다.)

b. Her strange, quiet behavior perplexed me.(그녀의 이상하고 조용한 행동은 나를 당혹하게 했다.)

c. Her criticism of my work perplexed me.(내 일에 대한 그녀의 비판은 나를 당혹하게 했다.)

d. His strange silence perplexes me.(그의 이상한 침묵은 나를 당혹하게 만든다.)

1.2. 다음 주어는 목적어를 with의 목적어를 가지고 당혹하게 만든다.

(2) a. They perplexed him with questions.(그들은 그를 질문으로 난처하게 만들었다.)

b. He perplexed me with difficult problems.(그는 나

를 어려운 질문으로 당황하게 만들었다.)

1.3. 다음은 수동태 문장으로 주어는 당혹감을 느낀다.
(3) a. They were **perplexed** by his response/contradictory behavior.(그들은 그의 반응/모순적인 행동에 당혹하해 했다.)
 b. He was **perplexed** at/over the situation.(그는 그 상황에 당혹감을 느꼈다.)

1.4. 다음 주어는 목적어를 갈피를 잡을 수 없게 복잡하게 만든다.
(4) a. Don't **perplex** the problem.(문제를 복잡하게 만들지 마라.)
 b. Don't **perplex** the issue.(논쟁을 복잡하게 만들지 마라.)

persecute

이 동사의 개념 바탕에는 박해하는 과정이 있다.

1. 타동사 용법
1.1. 다음 주어는 목적어를 박해한다.
(1) a. They **persecuted** the pagans.(그들은 이교도들을 박해했다.)
 b. The boy **persecuted** me with questions.(그 소년은 나를 질문으로 괴롭혔다.)

1.2. 다음은 수동태 문장으로 주어는 박해를 받는다.
(2) a. Catholics were **persecuted** under communism.(천주교는 공산주의 하에 박해를 받았다.)
 b. In the early days, Christians were **persecuted** by Romans.(초기에 기독교인들은 로마인들로부터 박해를 받았다.)
 c. Throughout history people have been **persecuted** for their religious beliefs.(역사를 통해 보면, 사람들은 종교적 믿음 때문에 박해를 받아왔다.)
 d. Millions of Jews were **persecuted** during World War II.(수백만의 유대인들이 제 2차 세계 대전 동안 박해를 받았다.)
 e. He thinks he is **persecuted** by a hostile media.(그는 적대적인 매체에 의해 박해를 받고 있다고 생각한다.)

persevere

이 동사의 개념 바탕에는 참고 견디는 과정이 있다.

1. 자동사 용법
1.1. 다음의 주어는 참고 견디는 사람이다.
(1) Joan faced many difficulties but she **persevered**.(조엔은 많은 어려움을 겪었지만 견디어냈다.)

1.2. 다음에는 주어가 참고 견디는 영역이 전치사 in으로 표현되어 있다.
(2) a. He **perseveres** in his efforts to learn Korean.(그는 한국어를 배우려는 노력이 끈질기다.)
 b. He **persevered** in the right.(그는 옳은 일에 견디어냈다.)
 c. He **persevered** in his studies.(그는 연구를 꾸준히 해내었다.)

1.3. 다음 주어가 전치사 with의 목적어를 참고 견딘다.
(3) a. You have to **persevere with** difficult students.(너는 다루기 힘든 학생들을 참고 견디어야 한다.)
 b. He **persevered with** his violin lessons.(그는 그의 바이올린 수업을 견디었다.)

persist

이 동사의 개념 바탕에는 고집스럽게 버티는 과정이 있다.

1. 자동사 용법
1.1. 다음 주어는 in의 목적어가 가리키는 과정 속에 계속 버틴다.
(1) a. If you **persist** in disobeying me, I shall report you to your parents.(만약 너가 나를 따르지 않는데 버티면, 나는 너를 부모님께 보고하겠다.)
 b. Why does Britain **persist** in running down its defence forces?(왜 영국은 국방군을 감축하는 데 집착하는가?)
 c. He didn't want to tell her, but she **persisted** in asking.(그는 그녀에게 말하기를 원하지 않았으나, 그녀는 묻기를 고집했다.)
 d. She **persisted** in going home alone.(그녀는 집에 혼자 가기를 고집했다.)
 e. He **persisted** in asking her to marry him until she finally said, "yes."(그는 그녀가 마침내 '예' 할 때까지 그녀가 그와 결혼해 주기를 요청하는 데 버티었다.)
 f. The professor **persists** in wearing the old jacket.(그 교수는 낡은 재킷을 입는 데 집착했다.)
 g. If you **persist** in believing you can win, you probably will.(만약 너가 이길 수 있다고 계속 믿으면, 너는 아마 이길 것이다.)
 h. He **persisted** in arriving late for school.(그는 계속해서 학교에 늦게 왔다.)
 i. Don't **persist** in telling those jokes.(계속해서 저 농담들을 고집스럽게 하지 마세요.)

1.2. 다음 주어는 in의 목적어가 가리키는 상태 속에서 버틴다.
(2) a. He has **persisted** in that bad habit.(그는 저 습관을 계속했다.)
 b. He **persists** in his denial.(그는 부인을 계속 고집한다.)
 c. He **persists** in his belief/determination.(그는 믿음/결의를 계속 고집한다.)
 d. He **persists** in his folly.(그는 어리석은 짓을 계속한다.)
 e. She **persisted** in her search for the truth.(그녀는 진리의 탐구를 계속 했다.)

1.3. 다음 주어는 시간 속에 존재하는 개체이다. 주어는 예상보다 오래 지속된다.
(3) a. The bad weather **persisted** all week.(나쁜 날씨는 한 주 내내 계속되었다.)
 b. The rain **persisted** all night.(비가 밤새 계속되었다.)

c. Mist and fog will **persist** throughout the day. (연무와 안개가 온종일 계속될 것이다.)

d. On the tops of very high mountains snow **persists** throughout the year. (매우 높은 산들의 꼭대기에는 눈이 일년 내내 있다.)

e. The smog **persisted** throughout the day. (매연은 그 날 온종일 계속되었다.)

f. The flowers **persisted** throughout the winter. (그 꽃들은 겨울 내내 있다.)

g. It is claimed that cockroaches will **persist** even after a nuclear war. (바퀴벌레는 핵전쟁 후에도 있을 것이라고 주장된다.)

h. Curiosity **persists** until it is sated. (호기심은 만족될 때까지 계속된다.)

1.4. 다음 주어는 마음이나 의식 속에 존재한다. 주어는 오래 머문다.

(4) a. The beautiful melody **persisted in** my mind for a long time. (아름다운 멜로디는 내 마음 속에 오래 동안 남아있었다.)

b. Despite the official denials, the rumors **persisted**. (공식적 부인에도 불구하고, 그 소문은 지속되었다.)

c. Despite the general's promises, the climate of fear in the city **persists**. (그 장군의 약속에도 불구하고, 두려움의 기후는 그 도시에서 계속된다.)

d. These problems **persisted** much of the decade. (이 문제들은 십 년의 대부분 계속되었다.)

1.5. 다음 주어는 고통이다. 주어는 예상보다 오래 머문다.

(5) a. The pain **persisted** all day. (고통은 온 종일 계속되었다.)

b. The pain **persisted** far into the night. (그 고통은 그 날 밤까지 계속되었다.)

c. Contact your doctor, if the cough **persists**. (그 기침이 계속되면, 의사와 접촉하여라.)

1.6. 다음 주어는 사회적 관습이나 믿음이다. 주어는 오래 지속된다.

(6) a. The custom of egg rolling on Easter Monday still **persists** in some part of this country. (부활절 월요일에 달걀 굴리는 관습은 아직도 그 나라의 몇몇 곳에서 계속된다.)

b. The idea still **persists** that the Scots are mean with money. (스코트랜드 사람들은 돈에 인색하다는 생각이 아직도 계속된다.)

c. The legend **persisted** for two thousand years. (그 전설은 이천년 동안 계속되었다.)

1.7. 다음 주어는 with의 목적어를 가지고 일을 계속한다.

(7) a. He **persisted with** the problem until he solved it. (그는 그 문제를 가지고 해결할 때까지 버텼다.)

b. If you **persist with** this, I won't be responsible for the consequences. (네가 이것을 가지고 버티면, 나는 결과에 대해서 책임을 지지 않겠다.)

c. The government is **persisting with** its ambitious project, despite the massive costs involved. (정부는 막대한 소요 경비에도 불구하고, 야심찬 기획사업을 가지고 버티고 있다.)

1.8. 다음 주어는 버틴다.

(8) a. If she refuses to answer your phone calls, just **persist** until she does answer. (만약 그녀가 너의 전화를 받기를 거절하면, 그녀가 대답을 할 때까지 버티어라.)

b. Keep **persisting**. They will agree eventually. (계속 버티어라. 그들은 결국 동의할 것이다.)

c. I told him not to disturb me, but he **persisted**. (나는 그가 나를 방해하지 말라고 명령했으나, 그는 계속했다.)

d. The team **persisted** until they won. (그 팀은 이길 때까지 버티었다.)

2. 타동사 용법

2.1. 다음 주어는 that-절의 내용을 계속 주장한다.

(9) a. She **persists that** her analysis is correct. (그녀는 자신의 분석이 옳다고 주장한다.)

b. He **persisted that** he was innocent of the crime. (그는 자신이 그 범죄에 결백하다고 주장했다.)

2.2. 다음 주어는 따옴표 속의 말을 계속 주장한다.

(10) a. "I just don't think it's right," he **persisted**. ("나는 그것이 옳다고 생각하지 않는다,"라고 그는 주장했다.)

b. "But don't you have anything to add?," she **persisted**. ("더하고 싶은 것이 없어요?"라고 그녀가 계속 물었다.)

c "So did you agree or not?" he **persisted**. ("그래 너는 동의했니 안 했니?" 그는 계속 물었다.)

persuade

이 동사의 개념 바탕에는 설득하는 과정이 있다.

1. 타동사 용법

1.1. 다음 주어는 목적어를 설득하여 부정사가 가리키는 일이나 행동을 하게 한다.

(1) a. They **persuaded** him **to** run for president again. (그들은 그를 설득하여 대통령 후보로 다시 출마하도록 했다.)

b. He is trying to **persuade** her **to** change her mind. (그는 그녀를 설득하여 마음을 바꾸도록 애쓰고 있다.)

c. I **persuaded** my friend **to** stop drinking alcohol/smoking. (나는 내 친구를 설득하여 금주/금연을 하도록 했다.)

d. Mother **persuaded** her son **to** stay in school. (어머니는 아들을 설득하여 학교에 머물도록 했다.)

e. I **persuaded** her **to** go out for a drink with me. (나는 나가서 한 잔을 나와 같이 하도록 그녀를 설득했다.)

1.2. 다음은 수동태 문장으로 주어는 부정사가 하는 일을 하도록 설득된다.

(2) a. They were eventually **persuaded to** give themselves up. (그들은 결국 자수하도록 설득되었다.)

b. I was nearly **persuaded to** go but had second thoughts.(나는 거의 가도록 설득되었으나, 다시 마음을 고쳐 먹었다.)

c. The car was finally **persuaded to** start.(그 차는 마침내 시동이 걸리도록 설득되었다.)

1.3. 다음 주어는 목적어를 설득하여 전치사 to의 목적어로 가게 한다.

(3) a. He tried to **persuade** me **to** his way of thinking. (그는 자신의 사고방식을 갖도록 나를 설득 했다.)

b. We **persuaded** them **to** their withdrawal.(우리는 퇴각하도록 그들을 했다.)

1.4. 다음 주어는 목적어를 설득하여 into의 목적어 (동명사)가 가리키는 일이나 행동을 하게 한다.

(4) a. He **persuaded** me **into** believing that he was innocent.(그는 나를 설득하여 그가 무죄임을 믿게 했다.)

b. I **persuaded** her **into** going to the party with my roommate.(나는 그 파티에 나의 룸메이트와 가도록 그녀를 설득했다.)

1.5. 다음은 수동태 문장으로 주어는 설득되어 전치사 into의 목적어가 나타내는 과정을 하게 된다.

(5) a. He was **persuaded into** doing it against his inclinations.(그는 설득되어 그것을 자신의 성향에 어긋나지만 하게 되었다.)

b. Don't be **persuaded into** buying things that you do not really want.(너가 정말 원하지 않는 물건을 사게 설득되지 말아라.)

c. I allowed myself to be **persuaded into** entering the competition.(나는 나 자신을 경쟁에 뛰어들도록 설득되게 허용했다.)

1.6. 다음 주어는 목적어를 설득하여 전치사 out of 의 목적어에서 벗어나게 한다.

(6) a. He **persuaded** me **out of** the plan.(그는 나를 설득하여 그 계획을 버리게 했다.)

b. We **persuaded** her **out of** her foolish ideas.(우리는 그녀를 설득하여 어리석은 생각들을 버리게 했다.)

c. He was **persuaded out of** his own belief.(그는 설득되어 자신의 믿음을 버리게 되었다.)

1.7. 다음 주어는 목적어를 설득하여 전치사 out of의 목적어에서 벗어나게 한다. 전치사의 목적어는 동명사로 어떠한 행동을 하지 않게 한다.

(7) a. He **persuaded** her **out of** wearing that queer dress of hers.(그는 그녀를 설득하여 저 이상한 옷을 안 입게 했다.)

b. Her legal advisers **persuaded** her **out of** mentioning the names of people involved.(그녀의 법률 자문들은 그녀를 설득하여 관련된 사람들의 이름들을 언급하지 않게 했다.)

1.8. 다음 주어는 첫째 목적어에게 that-절의 내용을 설득한다.

(8) a. He would be unwise to **persuade** himself **that** things remain as they used to.(그는 사정이 예전과 같을 것이라고 자신을 설득하는 것은 현명하지 못할 것이다.)

b. He was unable to **persuade** the police **that** he had

been elsewhere at the time of the crime.(그는 그가 범죄가 있은 시간에 다른 곳에 있었다는 것을 경찰에게 설득시킬 수가 없었다.)

c. It will be difficult to **persuade** them **that** there is no other choice.(다른 선택이 없다는 것을 그들에게 설득시키기가 어려울 것이다.)

d. They **persuaded** the judge **that** she was innocent. (그들은 그녀가 무죄라고 그 판사를 설득시켰다.)

e. We **persuaded that** he was right.(우리는 그가 옳다는 것을 설득시켰다.)

1.9. 다음 주어는 목적어를 설득하여 전치사 of의 목적어를 믿게 한다.

(9) a. We **persuaded** him **of** our sincere intentions.(우리는 우리의 진지한 의도를 그에게 설득시켰다.)

b. I cannot **persuade** myself **of** his death.(나는 나 자신에게 그의 죽음을 설득시킬 수 없다.)

c. He has **persuaded** me **of** the truth.(그는 나에게 그 진실을 설득시켰다.)

1.10. 다음은 수동태 문장으로 주어는 설득된다.

(10) a. She was **persuaded of** the truth of his allegation. (그녀는 자신의 주장의 진실을 믿게 되었다.)

b. I was firmly **persuaded of** his innocence.(나는 굳건히 그의 무죄를 믿게 되었다.)

c. He is not **persuaded of** the need for electoral reform.(그는 선거구 개혁에 대한 필요를 설득을 받지 못한다.)

pertain

이 동사의 개념 바탕에는 한 개에가 다른 개체에 직접적인 관련성을 가지는 과정이 있다.

1. 자동사 용법
1.1. 다음 주어는 전치사 to이하와 관계가 있다.

(1) a. Your remark does not **pertain** to the question.(너의 대답은 그 질문에 적절하지 않다.)

b. The documents **pertain** to the case.(그 문서는 그 소송과 관계가 있다.)

c. Our conversation doesn't **pertain** to you.(우리의 대화는 너에게 관계가 없다.)

d. Your comments don't **pertain** to the topic of the conversation.(너의 논평은 그 대화의 주제에 관계가 없다.)

perturb

이 동사의 개념 바탕에는 자제력을 잃을 정도로 마음을 어지럽게 하는 과정이 있다.

1. 타동사 용법
1.1. 다음 주어는 목적어의 마음을 어지럽게 한다.

(1) a. Drivers who go slow on the highway **perturb** my father.(고속도로에서 천천히 가는 운전자들은 우리 아버지의 마음을 어지럽게 한다.)

b. Her sudden appearance did not seem to **perturb** him.(그녀의 갑작스런 출현은 그의 마음을 어지럽

게 하지는 않은 것 같았다.)

   c. The disappointment **perturbed** him greatly. (실망은 그의 마음을 매우 혼란스럽게 하였다.)

1.2. 다음은 수동태 문장으로 주어는 마음이 어지럽게 된다.

(2) a. She was **perturbed** at the change of plan. (그녀는 계획의 변경으로 당황했다.)

   b. Lynn was quite **perturbed** by Bob's strange behavior. (린은 밥의 이상한 행동으로 꽤 불안하게 되었다.)

   c. I was **perturbed** by his lack of interest. (내 마음은 그의 관심 부족으로 불안해졌다.)

   d. He is easily **perturbed** over small matters. (그는 쉽게 작은 문제들에 마음이 어지러워진다.)

pervade

이 동사의 개념 바탕에는 냄새가 퍼지는 과정이 있다.

1. 타동사 용법

1.1. 다음 주어는 목적어에 스며든다.

(1) a. The scent of roses **pervades** the garden. (그 장미들의 향기는 정원을 가득 채운다.)

   b. The sweet scent of gardenias **pervades** the house. (치자나무의 달콤한 향기는 그 집을 가득 채운다.)

   c. The smell of cooking **pervaded** the house. (요리하는 냄새가 그 집을 가득 배어들었다.)

   d. The smell of coffee **pervades** the room. (커피 향이 방안을 가득 채운다.)

   e. A smell of wood smoke **pervaded** the hole. (나무 연기 냄새가 그 구멍에 스며들었다.)

   f. The smell of burnt toast **pervaded** the kitchen. (탄 토스트의 냄새가 부엌을 가득 채웠다.)

   g. The odor of pines **pervades** the air. (소나무들의 향기가 대기를 가득 채운다.)

   h. Spring **pervades** the air. (봄은 대기를 가득 채운다.)

1.2. 다음 표현은 [감정은 냄새] 은유가 적용된 표현이다.

(2) a. A spirit of uneasiness **pervades** the whole city. (불안감이 도시 전체를 가득 채운다.)

   b. Joy **pervades** the poem. (기쁨이 시를 가득 배어든다.)

   c. A curious happiness **pervades** his entire being. (묘한 행복감이 그의 전체를 가득 채운다.)

   d. After the war, a spirit of hopelessness **pervaded** the country. (그 전쟁 후에, 절망감이 그 나라를 가득 채웠다.)

   e. The sadness **pervades** most of her novels. (슬픔은 그녀 소설의 대부분을 스며든다.)

1.3. 다음은 [생각은 냄새] 은유가 적용된 예이다.

(3) a. The revolutionary ideas **pervaded** the whole land. (혁명적인 생각이 그 나라 전체를 가득 채웠다.)

   b. Thoughts of running away from home **pervade** the girl's mind. (집에서 도망가려는 생각이 그 소녀

의 마음을 가득 채운다.)

1.4. 다음 주어는 목적어를 가득 채운다.

(4) a. This film is a reflection of violence that **pervades** American culture. (이 영화는 미국 문화에 스며든 폭력에 대한 반영이다.)

   b. Corruption **pervades** the city. (부패가 그 도시를 가득 채운다.)

   c. Cares and worries **pervaded** her mind. (근심과 걱정들이 그녀의 마음을 가득 채웠다.)

   d. The novel is **pervaded** by a sense of pessimism. (이 소설에는 비관주의의 감정이 스며들어 있다.)

pervert

이 동사의 개념 바탕에는 바른 길에서 벗어나게 하는 과정이 있다.

1. 타동사 용법

1.1. 다음 주어는 목적어를 바른 길에서 벗어나게 한다.

(1) a. That **perverts** the order of nature. (그것은 자연의 법칙을 벗어난다.)

   b. He **perverted** the course of justice. (그는 정의의 과정을 벗어났다.)

1.2. 다음 주어는 목적어를 바로 쓰지 않는다.

(2) a. The corrupt politician **perverted** the power of his office for his personal gain. (부패한 정치인들은 자신의 공적인 권력을 자기 개인적 목적에 오용했다.)

   b. You are **perverting** science for unworthy purpose. (너는 과학을 가치 없는 목적을 위해 오용하고 있다.)

1.3. 다음 주어는 목적어를 나쁜 길로 이끈다.

(3) a. Don't **pervert** the children with pornographs. (그 아이들을 음란물로 나쁜 길로 이끌지 마라.)

   b. TV violence **perverts** the minds of young people. (TV 폭력물은 젊은 사람들의 마음을 나쁜 길로 이끈다.)

1.4. 다음 주어는 목적어를 나쁘게 풀이한다.

(4) a. He **perverted** her words. (그는 그녀의 말을 왜곡했다.)

   b. He **perverted** the meaning of the poem. (그는 그 시의 의미를 왜곡했다.)

1.5. 다음은 수동태 문장으로 주어는 오용된다.

(5) Some scientific discoveries have been **perverted** to create weapons of destruction. (몇몇 과학적인 발견들은 파괴적인 무기를 생산하기 위해 오용되어 왔다.)

pester

이 동사의 개념 바탕에는 사소한 일로 계속 괴롭히는 과정이 있다.

1. 타동사 용법

1.1. 다음 주어는 목적어를 괴롭힌다.

(1) a. Beggars kept **pestering** us for money. (거지들이 돈을 달라고 우리를 계속 괴롭혔다.)

b. Stop pestering me about the trip.(나를 그 여행에 대해서 괴롭히는 것을 그만해라.)

1.2. 다음 주어는 목적어를 with의 목적어를 가지고 성가시게 한다.

(2) a. The students pestered the professor with irrelevant questions.(그 학생들은 그 교수를 관련 없는 질문으로 성가시게 했다.)

b. The child pestered its mother with questions.(그 아이는 엄마를 질문으로 성가시게 했다.)

1.3. 다음은 수동태 문장으로 주어는 괴롭힘을 받는다.

(3) He has been pestered with strange phone calls.(그는 이상한 전화로 괴롭힘을 받았다.)

1.4. 다음 주어는 목적어를 괴롭혀서 어떤 일을 하게 한다.

(4) a. The kids are pestering me to read to them.(그 아이들은 나에게 책을 읽어달라고 괴롭히고 있다.)

b. The kids have been pestering me to buy them new sneakers.(그 아이들은 나에게 새 신발을 사달라고 괴롭히고 있었다.)

1.5. 다음 주어는 목적어를 괴롭혀서 전치사 into의 목적어가 나타내는 과정을 하게 한다.

(5) a. She pestered me into taking a vacation.(그녀는 나를 괴롭혀서 휴가를 갖게 만들었다.)

b. The children pestered her into buying them sweets.(아이들은 그녀를 졸라서 그들에게 사탕을 사게 했다.)

pet

이 동사의 개념 바탕에는 pet의 명사 '애완동물'이 있다. 동사의 의미는 이 명사에 하는 전형적인 행동과 관계가 있다.

1. 타동사 용법

1.1. 다음 주어는 목적어를 쓰다듬는다.

(1) a. Do you want to pet the kitty?(너는 그 고양이를 쓰다듬기를 원하니?)

b. He petted the cat's soft fur.(그는 그 고양이의 부드러운 털을 가볍게 만졌다.)

c. She petted the dog on the head.(그녀는 개의 머리를 가볍게 쓰다듬었다.)

1.2. 다음 주어는 애무한다.

(2) a. They were petting each other on the sofa.(그들은 소파에서 서로를 가볍게 애무하고 있었다.)

b. They were petting in the back seat of his car.(그들의 차 뒷좌석에서 가볍게 애무하고 있었다.)

petition

이 동사의 개념 바탕에는 petition의 명사 '탄원'이 있다. 동사의 의미는 이 명사의 여러 국면과 관계된다.

1. 타동사 용법

1.1. 다음 목적어는 사람이다. 주어는 목적어에 탄원한다. 탄원 내용은 전치사 for로 표현되어 있다.

(1) a. The hurricane victims petitioned the mayor for help during the emergency.(그 폭풍의 피해자들은 그 시장에게 탄원하여 긴급상황 동안 도와달라고 했다.)

b. The students petitioned the university for a change in the grading policy.(학생들은 그 대학에 탄원하여 학점제도의 변화를 원했다.)

c. They petitioned the mayor for pardon.(그들은 시장에게 탄원하여 용서를 구했다.)

d. The neighborhood petitioned the city for more parking.(주민들은 그 시에 탄원하여 더 많은 주차 공간을 구했다.)

1.2. 다음 주어는 목적어가 어떤 일을 해 주기를 탄원한다.

(2) a. They petitioned the mayor to forgive the prisoner.(그들은 그 시장에게 탄원하여 죄인을 사면해 달라고 했다.)

b. Parents petitioned the school to review its admission policy.(학부모들이 그 학교에 탄원하여 입학정책을 개정하게 했다.)

c. Villager petitioned the local authority to provide better bus service.(마을 사람들이 그 지역당국에 탄원하여 더 좋은 버스 서비스를 제공하게 했다.)

1.3. 다음 주어는 that-절의 내용을 탄원한다.

(3) They petitioned the king that he should set the prisoner free.(그들은 왕에게 그 죄수를 석방해 달라고 탄원했다.)

1.4. 다음 주어는 목적어를 탄원한다. 목적어는 주어가 원하는 개체이다.

(4) The citizens petitioned a change in the zoning laws.(시민들은 그 구역법의 변경을 탄원했다.)

2. 자동사 용법

2.1. 다음 주어는 전치사 against의 목적어에 반대하는 탄원을 한다.

(5) a. Residents are petitioning against the new road.(주민들은 새 길을 반대하는 탄원을 하고 있다.)

b. The villagers petitioned against hunting wolves.(그 마을 사람들은 늑대 사냥을 반대하는 탄원을 했다.)

2.2. 다음 주어는 전치사 for의 목적어에 찬성하는 탄원을 한다.

(6) a. They petitioned for pardon.(그들은 용서를 탄원했다.)

b. He petitioned for a retrial.(그는 재심판을 탄원했다.)

2.3. 다음 주어는 탄원한다.

(7) They petitioned to change the zoning laws.(그들은 그 구역법을 변경해 달라고 탄원했다.)

petrify

이 동사의 개념 바탕에는 돌이 되는 과정이 있다.

1. 자동사 용법

1.1. 다음 주어는 돌이 된다.

(1) a. Over thousands of years, fossils **petrified**.(수천 년
　　　에 걸쳐, 화석들은 돌이 되었다.)
　　b. The bones of the dinosaur **petrified** and became
　　　part of the rock millions of years ago.(공룡의 뼈
　　　는 돌이 되었고, 수백만 년 전에 바위의 일부가 되었
　　　다.)
1.2. 다음 주어는 돌과 같이 변화하지 않는다.
(2) The tiny isolated society had **petrified**.(작은 고립된
　　사회는 돌처럼 굳어졌다.)

2. 타동사 용법
2.1. 다음 주어는 목적어를 돌로 변화시킨다.
(3) The hot lava instantly **petrified** the fossils.(뜨거운
　　용암은 곧 화석들을 굳혔다.)
**2.2. 다음 주어는 목적어를 (돌과 같이) 꼼짝 못하게
만든다.**
(4) a. My new boss absolutely **petrifies** me.(새 사장은
　　　나를 완전히 질리게 한다.)
　　b. She refused to climb up the tree because heights
　　　petrified her.(고공은 그녀를 질리게 하므로 그녀는
　　　나무 위로 올라가기를 거부했다.)
　　c. The thunder storm **petrified** the children.(천둥번
　　　개가 그 아이들을 겁에 질리게 했다.)
2.3. 다음 주어는 목적어를 굳힌다. 목적어는 감정이다.
(5) The tragedy **petrified** his emotions.(그 비극은 우리
　　의 감정을 무디게 만들었다.)
2.4. 다음은 수동태 문장으로 주어는 큰 충격을 받는다.
(6) a. I was **petrified by** the sound of the explosion.(나는
　　　폭발의 소리에 크게 놀라서 꼼짝하지 못했다.)
　　b. The child was **petrified by** his father's angry
　　　yelling.(그 아이는 아버지의 성난 소리에 겁에 질려
　　　꼼짝 하지 못했다.)
　　c. We were **petrified with** terror.(우리는 공포로 겁에
　　　질려 꼼짝하지 못했다.)

phase
이 동사의 개념 바탕에는 phase의 명사 '위상(초승
달, 반달, 만월동)'이 있다. 동사의 뜻은 이 명사의 과
정과 관계가 있다.

1. 타동사 용법
1.1. 다음 주어는 목적어를 단계적으로 도입한다.
(1) a. He **phased in** some changes in the management.
　　　(그는 몇 가지 변화를 경영에 단계적으로 도입했
　　　다.)
　　b. The government is going to **phase in** a new
　　　pension system.(정부는 새 연금제도를 단계적으
　　　로 도입할 것이다.)
**1.2. 다음은 수동태 문장으로 주어는 단계적으로 도입
된다.**
(2) a. The new rules will be **phased in** beginning March 1.
　　　(새 규칙은 3월 1일부터 단계적으로 도입되어 시작
　　　될 것이다.)
　　b. The new tax will be **phased in** over two years.(새
　　　조세제도는 2년 후에 단계적으로 도입될 것이다.)

1.3. 다음 주어는 목적어를 단계적으로 없앤다.
(3) a. We don't dare **phase** them all **out** at once.(우리는
　　　감히 그들을 일시에 제거하지 못한다.)
　　b. They will **phase out** ozone-destroying
　　　chemicals.(그들은 오존을 파괴하는 화학물질을 단
　　　계적으로 없앨 것이다.)
**1.4. 다음은 수동태 문장으로 주어는 단계적으로 없어
진다.**
(4) a. Subsidies to farmers will be **phased out** by the
　　　year 2000.(농부들에 대한 보조금이 2000년까지
　　　단계적으로 없어질 것이다.)
　　b. As many as 3,000 jobs would be **phased out** at
　　　the plant by next month.(3000개 정도의 일자리가
　　　그 공장에 다음 달까지 단계적으로 없어질 것이다.)

phone
이 동사의 개념 바탕에는 전화하는 과정이 있다.

1. 타동사 용법
**1.1. 다음 주어는 목적어에 전화를 건다. 목적어는 사
람이다.**
(1) a. Please **phone** me again.(나에게 다시 전화해주게.)
　　b. I tried **phoning** you last night but no one was
　　　there.(나는 어제 저녁에 너를 전화로 불렀는데 아
　　　무도 전화를 받지 않았다.)
　　c. He has **phoned** me **up**.(그는 나를 전화로 불렀다.)
　　d. He has **phoned up** all the people concerned.(그는
　　　관련된 모든 사람들을 전화로 불렀다.)
**1.2. 다음 주어는 첫째 목적어에게 둘째 목적어를 알린
다.**
(2) a. I **phoned** her the news.(나는 전화로 그녀에게 그
　　　뉴스를 알렸다.)
　　b. He **phoned** me the results.(그는 전화로 나에게 그
　　　결과를 알렸다.)
**1.3. 다음 목적어는 장소이다. 주어는 목적어에 전화를
한다.**
(3) a. I **phoned** her apartment, but she wasn't there.(나
　　　는 그녀의 아파트에 전화했지만, 그녀는 그곳에
　　　없었다.)
　　b. I forgot to **phone** Seoul.(나는 서울에 전화하는 것
　　　을 잊어버렸다.)
　　c. He **phoned** home, but there was no reply.(그는 집
　　　에 전화를 했었지만, 아무 응답이 없었다.)
1.4. 다음 목적어는 전화 번호이다.
(4) a. For reservations, **phone** 911.(예약을 하기 위해
　　　911을 돌려라.)
　　b. You can register by **phoning** the number.(너는
　　　전화 번호를 돌려서 예약할 수 있다.)
1.5. 다음 주어는 전화로 목적어를 알린다.
(5) a. How many sales persons **phone in** their sales
　　　figures?(얼마나 많은 영업사원이 판매수치를 전화
　　　로 신고하느냐?)
　　b. We encourage our viewers to **phone in** during
　　　the program.(우리는 그 프로그램이 방영되는 동안
　　　우리의 시청자들이 전화를 걸 것을 권장한다.)

2. 자동사 용법

2.1. 다음 주어는 to의 목적어에 전화를 한다.
(6) a. You should **phone** to your teacher soon.(너는 즉시 선생님께 전화를 해야 한다.)

b. I'll **phone** to you later.(나는 나중에 너에게 전화할게.)

2.2. 다음 주어는 전화를 한다.
(7) She'll **phone** up with some excuses.(그녀는 변명을 가지고 전화를 걸 것이다.)

phrase

이 동사의 개념 바탕에는 생각을 말로 표현하는 과정이 있다.

1. 타동사 용법

1.1. 다음 주어는 목적어를 말로 표현한다.
(1) a. She **phrased** her excuse/criticism politely.(그녀는 변명/비판을 정중하게 표현했다.)

b. He found it hard to **phrase** his ideas.(그는 생각을 말로 표현하는 것이 어렵다는 것을 알았다.)

c. Let me **phrase** it this way: your services are no longer needed at this company.(그것을 이렇게 표현하겠습니다. 당신의 일은 더 이상 이 회사에 필요하지 않습니다.)

d. The conductor told the soloist that he had **phrased** the passage incorrectly.(그 지휘자는 그 독주자에게 그 구절을 부정확하게 표현했다고 말했다.)

1.2. 다음은 수동태 문장으로 주어는 표현된다.
(2) a. How was the question **phrased**?(어떻게 그 질문은 표현되었나?)

b. How was his excuse **phrased**?(어떻게 그의 변명이 표현되었나?)

pick

이 동사의 개념 바탕에는 손가락이나 가위 같은 도구를 써서 뜯거나 뽑거나 떼어내는 과정이 있다.

1. 타동사 용법

1.1. 다음 주어는 목적어를 따거나 뽑는다.
(1) a. He **picked** cherries/flowers/strawberries/roses/apples.(그는 버찌/꽃/딸기/장미/사과를 땄다.)

b. He **picked** the chicken's feathers.(그는 닭의 깃털을 뽑았다.)

c. She **picked** hairs off her coat.(그녀는 머리카락을 코트에서 집어내었다.)

d. He **picked** a thread from his coat.(그는 실을 그의 저고리에서 뽑았다.)

1.2. 다음 주어는 새이다. 주어는 목적어를 부리로 쪼거나 뜯는다.
(2) a. The birds are **picking** the grain/worms.(새들은 곡식의 낟알/벌레 등을 쪼아먹고 있다.)

b. The birds are **picking** the meat off a bone.(그 새들이 고기를 뼈에서 뜯어먹고 있다.)

1.3. 다음 주어는 목적어를 뽑는다. 목적어는 뽑히거나 뜯기는 개체가 붙어 있는 전체이다.
(3) a. Don't **pick** your teeth.(이를 쑤시지 말아라.)

b. Don't **pick** your nose.(코를 뜯지 말아라.)

c. He **picked** her pocket.(그는 그 여자의 호주머니를 훔쳤다.)

d. Mom is **picking** the chicken.(엄마는 닭의 털을 뽑고 있다.)

1.4. 다음 주어는 목적어를 뜯어서 전치사 of의 목적어를 제거한다.
(4) a. He **picked** the chicken clean of feathers.(그는 닭을 뜯어서 깃털을 말끔히 제거했다.)

b. He **picked** the woman of a purse.(그는 그 여자의 지갑을 훔쳤다.)

1.5. 다음 주어는 목적어를 여러 개 가운데 뽑는다.
(5) a. He **picked** the winner of the race.(그는 그 경주의 우승자를 뽑았다.)

b. He **picked** many flaws in the plans.(그는 그 계획에서 많은 흠을 뽑아내었다.)

c. The city **picked** a site for the new stadium.(그 시는 새 운동장의 자리를 선택했다.)

1.6. 다음 주어는 목적어를 찍는다.
(6) He **picked** the ground with a pickax.(그는 마당을 곡괭이로 찍었다.)

1.7. 다음 주어는 목적어를 찍어서 만든다.
(7) a. He **picked** a hole in the ground.(그는 웅덩이를 하나 그 마당에 팠다.)

b. It was impossible to **pick** holes in his argument.(그의 논의에 구멍을 뚫기는 불가능했다.)

1.8. 다음 주어는 목적어를 집적거려서 일으킨다.
(8) a. He **picked** a fight with a new student.(그는 새 학생을 집적거려 싸움을 했다.)

b. He **picked** a quarrel with his brother.(그는 그 동생과 싸움을 했다.)

1.9. 다음 주어는 목적어를 연주한다.
(9) He **picked** his guitar.(그는 기타를 퉁겼다.)

1.10. 다음 주어는 목적어를 연다.
(10) He **picked** the car lock.(그는 (철사를 써서) 그 차 자물쇠를 열었다.)

2. 자동사 용법

2.1. 다음 주어는 전치사 at의 목적어를 조금씩 뜯거나 건드린다.
(11) a. He **picked** at the scab.(그는 상처의 딱지를 건드렸다.)

b. He **picked** at the plate of cheese.(그는 그 치즈 요리를 깨작였다.)

2.2. 다음 주어는 따진다.
(12) Ripe apples **pick** easily.(익은 과일은 쉽게 따진다.)

pickle

이 동사의 개념 바탕에는 절이는 과정이 있다.

1. 타동사 용법

1.1. 다음 주어는 목적어를 절인다.

(1) a. She **pickles** cucumber every summer.(그녀는 매년 여름 오이를 소금에 절인다.)

　　b. We **pickled** several quarts of beets yesterday.(우리는 어제 사탕무 여러 쿼트를 소금에 절였다.)

　　c. He **pickles** herring.(그는 청어를 소금에 절인다.)

picture

이 동사의 개념 바탕에는 picture의 명사 '그림'이 깔려있다.

1. 타동사 용법

1.1. 다음 주어는 목적어를 그린다.

(1) a. The artist tried to **picture** paradise.(그 미술가는 낙원을 그리려고 노력했다.)

　　b. The drawing **pictured** the man in an old chair by the sea.(그 그림은 바닷가의 낡은 의자에 앉아있는 남자를 그렸다.)

　　c. The movie's opening scene **pictured** a cow eating grass.(그 영화의 첫 장면은 풀을 뜯는 암소를 그렸다.)

　　e. The billboard **pictured** a handsome man drinking a can of beer.(광고게시판은 맥주 캔을 들이키는 멋진 남자를 그렸다.)

　　d. He **pictured** the whole scene in his mind.(그는 모든 장면을 마음 속에 그렸다.)

　　f. A graph is a good way to **picture** data.(그래프는 자료를 시각화하는 좋은 방법이다.)

1.2. 다음은 수동태 문장으로 주어는 그려진다.

(2) a. The death of the king was **pictured** in the painting.(왕의 죽음은 그 그림에 그려졌다.)

　　b. She is **pictured** here with her parents.(그녀는 여기에서 부모님과 함께 그려져 있다.)

　　c. They are **pictured** standing in front of a grand temple.(그들은 거대한 사원 앞에 서 있는 모습으로 그려져 있다.)

　　d. He was **pictured** sitting on a sofa.(그는 소파 위에 앉아있는 모습으로 그려졌다.)

1.3. 다음에서 주어는 목적어를 마음속에 그린다.

(3) a. I can still **picture** the house I was brought in.(나는 아직도 내가 자란 집을 떠올릴 수 있다.)

　　b. Can you **picture** to yourself a glorious victory?(너는 네 자신에게 영광스런 승리를 떠올릴 수 있니?)

　　c. He **pictured** his wedding to himself.(그는 결혼을 마음 속에 그렸다.)

　　d. **Picture** this: a herd of elephants charging right at you.(이것을 상상해 보라: 네 앞 정면으로 돌진해오는 한 무리의 코끼리들.)

　　e. I **pictured** myself in a boat on a river.(나는 강 위에 배에 탄 자신을 상상했다.)

1.4. 다음 주어는 목적어 (의문사가 이끄는 절)를 상상한다.

(4) a. You can **picture how** pleased I was.(너는 내가 얼마나 기뻤는지 떠올릴 수 있다.)

　　b. Can you **picture how** she must feel?(너는 그녀가 어떻게 느끼고 있겠는지 떠올릴 수 있어?)

　　c. I can't **picture how** they feel.(나는 그들이 어떻게 느끼는지 상상할 수 없다.)

　　d. Just **picture** to yourself **what** sort of a man the boy will be.(자신에게 그 소년이 어떤 종류의 사람이 될지 상상만 해봐.)

　　e. I tried to **picture what** it would be like to live alone.(나는 혼자 사는 것이 어떠할지 상상해 보려 노력했다.)

　　f. It is hard to **picture** life a hundred years ago.(100년 전의 삶을 상상해 보는 것은 어렵다.)

　　g. **Picture** my surprise/horror/annoyance on finding everyone had left.(모두가 떠났음을 알았을 때 나의 놀람/공포/화를 상상해 봐.)

1.5. 다음 주어는 목적어를 전치사 as의 목적어로 그린다.

(5) a. The artist **pictured** him **as** a young man.(그 예술가는 그를 젊은 남자로 그렸다.)

　　b. Just **picture** yourself **as** an actress.(네 자신을 배우라고 상상만 해봐.)

　　c. I just can't **picture** myself **as** a father.(나는 자신을 아버지로 상상할 수 없다.)

　　d. Ron **pictured** her **as** a kind of serious person.(론은 그녀를 약간 심각한 사람으로 상상했다.)

1.6. 다음 주어는 목적어를 어떤 행동이나 과정에 참여하고 있는 것을 마음속에 그린다.

(6) a. I just can't **picture** John acting so badly.(나는 그저 존이 그렇게 나쁘게 행동하고 있는 것을 상상할 수가 없어.)

　　b. I can't really **picture** him skiing.(나는 그가 스키 타는 것을 정말 상상 못하겠어.)

　　c. Just **picture** me winning the lottery.(내가 추첨에서 당첨된다고 상상만 해봐.)

　　d. I can't **picture** you wearing a swim suit.(나는 네가 수영복을 입고 있는 것을 상상할 수 없다.)

　　e. He **pictured** himself flying through the air.(그는 자신이 하늘을 나는 모습을 상상했다.)

　　f. He **pictured** himself flying over the town.(그는 자신이 마을 위를 날아가는 모습을 상상했다.)

　　g. Can you **picture** father singing a pop song?(너는 아빠가 팝송을 부르시는 모습을 상상할 수 있어?)

1.7. 다음에서 주어는 말이나 글로서 목적어가 가리키는 상태나 개체를 그린다.

(7) a. The speaker **pictured** the suffering of the victims.(그 연사는 희생자들의 고통을 묘사했다.)

　　b. The writer **pictured** life in England in the 17th century.(그 작가는 17세기 영국의 삶을 묘사했다.)

　　c. He was older than she had **pictured** him.(그는 그녀가 묘사한 것보다 나이가 많았다.)

　　d. He **pictured** the blessed life of Heaven.(그는 천국의 축복 받은 삶을 묘사했다.)

　　e. The soldier **pictured** the battle.(그 군인은 전투를 묘사했다.)

　　f. The writer **pictured** the suffering of the poor.(그 작가는 가난한 자들의 고통을 묘사했다.)

1.8. 영화도 그림이다. 다음에서 주어는 목적어를 영화화한다.

(8) a. He **pictured** a best-seller.(그는 베스트셀러를 영

화로 만들었다.)

    b. Hollywood is eager to picture the novel.(할리우드 는 그 소설을 영화화 하기를 열망한다.)

1.9. 다음은 수동태 문장으로 주어는 생생하게 나타난다.

(9) Joy was pictured in her face.(기쁨이 그녀의 얼굴에 보였다.)

piece

이 동사의 개념 바탕에는 piece의 명사 '조각'이 있 다. 동사의 의미는 이 명사의 조각과 관계가 있다.

1. 타동사 용법

1.1. 다음 주어는 목적어를 잇거나 결합한다.

(1) a. He pieced the fragments together.(그는 조각들을 함께 이어 붙였다.)

    b. I pieced together the broken fragments.(나는 쪼 개진 조각들을 함께 이어 붙였다.)

    c. A team of five pieced together shards of an ancient pot.(다섯 명으로 이루어진 한 팀이 고대 도 자기의 여러 조각을 함께 이어 붙였다.)

    d. The detectives are trying to piece together the circumstances surrounding the case.(형사들은 그 사건을 둘러싸고 있는 정황들을 짜 맞추려고 노력하 고 있다.)

1.2. 다음 주어는 목적어 with의 목적어로 조각을 대어 깁는다.

(2) a. She pieced my pants with blue cloth.(그녀는 나의 바지를 푸른 천으로 기웠다.)

    b. He pieced his ragged trousers with cloth.(그는 너 덜너덜한 바지를 헝겊으로 기웠다.)

1.3. 다음 주어는 조각을 짜맞추어서 목적어를 만든다.

(3) a. They finally pieced together the whole story of his death.(그들은 마침내 그의 죽음에 관한 전체 이 야기를 짜맞추었다.)

    b. The police are still trying to piece together what caused the accident.(경찰은 아직도 그 사건의 원 인을 짜맞추려고 있다.)

    c. He pieced together a jigsaw.(그는 조각 그림 맞추 기를 짜맞추었다.)

    d. She pieced a fine musical program.(그녀는 좋은 음악 프로그램을 짜맞추어 만들었다.)

1.4. 다음 주어는 목적어를 조각을 보태서 완전하게 만 든다.

(4) a. She pieced out a set of china.(그녀는 자기 세트를 완전하게 만들었다.)

    b. They pieced out the story from their statements. (그들은 진술서에 그 이야기를 완전히 짜 맞추었 다.)

1.5 다음 주어는 조각을 대어서 목적어를 깁는다.

(5) She pieced a hole in the jacket.(그녀는 그 재킷의 구 멍을 천 조각을 대어서 기웠다.)

pierce

이 동사의 개념 바탕에는 찌르는 과정이 있다.

1. 타동사 용법

1.1. 다음 주어는 목적어를 with의 목적어를 가지고 찌 른다.

(1) a. He pierced the top of the carton with a pair of scissors.(그는 종이 상자의 위를 가위로 뚫었다.)

    b. Pierce the skin of the potato with a fork.(그 감자 껍질을 포크로 찔러 보아라.)

    c. He pierced the still air with his sharp cries.(그는 그 정적을 날카로운 외침으로 깼다.)

    d. Steam the corn until it can be pierced with a fork. (포크로 찌를 수 있을 때까지 옥수수를 삶아라.)

    e. He pierced the enemy with a spear.(그는 적을 창 으로 찔렀다.)

    f. The woman screamed as if he had pierced her with a knife.(그 여자는 마치 그가 그녀를 칼로 찌른 것처럼 비명을 질렀다.)

1.2. 다음 주어는 그 자체가 목적어를 찌른다.

(2) a. The spear pierced his leg and he fell.(창은 그의 다리를 꿰 찔렀고 그는 쓰러졌다.)

    b. The stick/the needle pierced the skin.(그 막대기/ 바늘이 살갗을 꿰뚫었다.)

    c. The arrow pierced his shoulder/his arm/one of his lungs.(그 화살은 그의 어깨/팔/그의 한쪽 폐를 꿰뚫었다.)

    d. The bullet pierced the policeman's vest.(그 총알 은 경찰관의 방탄조끼를 뚫었다.)

    e. A nail pierced the tire.(못 하나가 그 타이어를 뚫었 다.)

    f. The boat pierced the waves of the sea.(그 배는 파도를 뚫고 나갔다.)

    g. German armored divisions pierced the French lines.(독일 기갑사단이 프랑스 방어 전선을 돌파했 다.)

1.3. 다음 주어는 길이나 첨탑 같은 움직이지 않는 개 체이다. 그러나 화자의 시선이 주어의 한쪽에서 다른 쪽으로 움직이면서 움직임이 나타나는 것으 로 개념화된다.

(3) a. The road pierced the jungle.(그 길은 정글을 뚫고 지나갔다.)

    b. The highway pierces the forest.(그 고속도로는 숲 을 가로지른다.)

    c. The spire of St. Patrick's pierced the grey sky like a pointed finger.(성 페트릭 성당의 뾰족탑은 마치 하늘을 향한 손가락처럼 잿빛 하늘을 꿰뚫었 다.)

1.4. 다음은 수동태 문장으로 주어는 뚫린다.

(4) The hill is pierced by a tunnel.(그 언덕은 터널로 뚫 려 있다.)

1.5. 다음의 주어는 소리와 관련된 개체이다. 날카로 운 소리는 마음, 귀, 하늘, 정적 같은 것으로 뚫고 지나가는 것으로 개념화된다. 주어는 목적어를 뚫는다.

(5) a. The sound pierced my heart like a dagger.(그 소 리가 내 마음을 단검처럼 찔렀다.)

    b. A sharp cry pierced his ear.(날카로운 외침이 그의 귀를 뚫었다.)

c. The clock striking the hour **pierced** through his thoughts.(시간을 알리는 시계소리가 그의 생각을 관통했다.)

d. Her loud cry **pierced** the silence.(그녀의 큰 외침 소리는 그 정적을 깼다.)

e. Her scream **pierced** the air.(그녀의 비명은 공기를 뚫었다.)

1.6. 소리뿐만 아니라 빛도 다른 개체를 뚫고 지나갈 수 있다. 주어는 목적어를 뚫는다.

(6) a. The first shaft of sunlight **pierced** the gloom.(최초의 한 줄기 태양빛이 어둠을 뚫었다.)

b. The search light **pierced** the darkness of the sky.(그 탐조등은 하늘의 어둠을 뚫었다.)

c. A ray of light **pierced** the darkness.(한 줄기 불빛이 그 어둠을 뚫었다.)

d. The sun finally **pierced** the haze.(태양이 마침내 안개를 뚫었다.)

e. No gleam **pierced** the dark.(어떤 미광도 어둠을 뚫지는 못했다.)

1.7. 찬바람도 다른 개체를 뚫고 지나갈 수 있다.

(7) a. The cold wind was **piercing** my chest.(찬바람이 내 가슴을 뚫고 있었다.)

b. The bitter wind **pierced** even the folds of her warm fur coat.(그 매서운 바람이 그녀의 따뜻한 털 코트의 여밈도 뚫었다.)

c. The cold wind **pierced** them to the bone.(그 찬바람은 그들의 뼛속까지 파고들었다.)

d. Their friendship **pierced** her customary gloom.(그들의 우정이 그녀의 습관적인 우울을 뚫었다.)

1.8. 생명체가 찔리면 아프다. 이러한 관계에서 '찌르다'는 '아프다'와 같은 강한 충격을 주는 뜻으로 전이된다. 다음 주어는 목적어를 아프게 한다.

(8) a. Her misery **pierced** his heart.(그녀의 불행이 그의 마음을 아프게 했다.)

b. Tchaikovsky **pierces** the soul.(차이코프스키의 음악은 영혼을 파고든다.)

c. Her heart was **pierced** by a curious pang.(그녀의 마음은 이상한 고민으로 찢어질 지경이었다.)

d. My heart is **pierced** with grief/regret.(내 마음은 슬픔/후회로 찢어진다.)

1.9. 침착, 가면 등은 껍질이 씌워져 있는 것으로 개념화된다. 주어는 목적어를 찔러서 깨뜨린다.

(9) a. He could not **pierce** her composure.(그는 그녀의 침착함을 흩뜨릴 수 없었다.)

b. He **pierced** her disguise.(그는 그녀의 변장을 알아차렸다.)

c. He **pierced** her doubts.(그는 그녀의 의심을 알아차렸다.)

1.10. 무엇을 찌르면 구멍이 생긴다. 다음 주어는 뚫어서 목적어에 구멍을 낸다.

(10) a. She had her ears **pierced** in order to be able to wear earrings.(그녀는 귀걸이를 차기 위해서 귀를 뚫었다.)

b. **Pierce** the lid before removing it from the jar.(뚜껑을 그 단지에서 덜기 전에 먼저 구멍을 뚫어라.)

c. You must **pierce** the tin in two places so that the liquid will pour out.(그 액체가 쏟아져 나오게 양철 깡통 두 곳에 구멍을 뚫어야 한다.)

1.11. 다음 주어는 뚫어서 목적어를 만든다. 목적어는 구멍이다.

(11) a. They **pierced** a hole through the ship's hull.(그들은 구멍 하나를 배의 선체를 통해 뚫었다.)

b. He **pierced** a hole in the keg.(그는 구멍 하나를 나무통에 뚫었다.)

c. Maybe you can **pierce** another hole in your belt.(아마도 너는 구멍 하나를 벨트에 더 뚫을 수 있을 것이다.)

2. 자동사 용법

2.1. 다음 주어는 뚫으면서 전치사 into로 들어간다.

(12) a. The hole they drilled **pierces** 6 km **into** the earth's crust.(그들이 뚫은 구멍은 지각으로부터 6킬로미터를 들어간다.)

b. The dazzling light **pierced into** his eyes.(현란한 빛이 그의 눈에 들어갔다.)

c. He **pierced into** her meaning.(그는 그녀의 저의를 알아차렸다.)

d. He **pierced through** her intentions.(그는 그녀의 의도를 꿰뚫었다.)

2.2. 다음 주어는 전치사 through의 목적어를 뚫고 지나간다.

(13) a. Our forces **pierced through** the enemy lines.(우리 군은 적의 전선을 뚫었다.)

b. An arrow **pierced through** his arm.(화살 하나가 그의 팔을 관통했다.)

c. The drill **pierced through** the wood.(그 드릴이 나무를 꿰뚫었다.)

d. A few rays of sunlight **pierced through** the thick smoke from the bonfire.(몇 줄기의 태양 빛이 그 모닥불로부터 나오는 자욱한 연기를 꿰뚫었다.)

e. The sunlight **pierced through** the clouds.(햇빛이 구름을 뚫었다.)

2.3. 다음 주어는 움직이지 않는다. 그러나 그 형상을 따라가면, 뚫는 것으로 보인다.

(14) The road **pierces through** the dense part of the jungle.(그 도로는 정글의 밀림지역을 관통한다.)

2.4. 다음에서는 움직임의 끝점이 전치사 to로 표현되어 있다.

(15) a. They **pierced** straight **to** the heart of the forest.(그들은 숲의 중심부까지 곧장 뚫었다.)

b. The failure **pierced to** the bone.(그 실패는 뼛속까지 사무쳤다.)

---

pile

이 동사의 개념 바탕에는 물건을 쌓는 과정이 있다.

1. 타동사 용법

1.1. 다음 주어는 목적어를 전치사 in이나 on의 목적어에 쌓는다.

(1) a. We **piled** the books **on** the table.(우리는 책들을 그 책상 위에 쌓았다.)

b. Mary **piled** files/papers **on** the top of her desk.(메리는 서류철/서류들을 그녀의 책상 상단에 쌓았다.)

c. They **piled** boxes **on** the top of another.(그들은 상자들을 다른 상자 위에 포개어 쌓았다.)

d. He **piled** leaves **on** the sidewalk.(그는 낙엽을 인도 위에 쌓았다.)

e. Pile more bricks **on**.(더 많은 벽돌들을 쌓아 올려라.)

f. My sister **piled** the hymn books **on** the top of a radiator.(나의 여동생은 찬송가책들을 난방기 위에 쌓아 놓았다.)

g. She **piled** the dishes/plates **in** the sink.(그녀는 그릇들/접시들을 싱크대에 쌓아 놓았다.)

1.2. 다음 주어는 목적어를 쌓아올린다.

(2) a. The child was **piling up** his building blocks.(그 아이는 집짓기 장난감 조각을 쌓아 올리고 있었다.)

b. He **piled** log/lumber **up**.(그는 장작/목재를 쌓아 올렸다.)

1.3. 다음은 수동태 문장으로 주어는 쌓인다.

(3) a. Clothes were **piled** high on the chair.(옷들이 의자 위에 높이 쌓여 있었다.)

b. Extra tasks were **piled** on her.(잔업이 그녀에게 쌓여 있었다.)

1.4. 다음 주어는 목적어를 쌓는다. 목적어는 물질이다.

(4) a. He **piled** the earth at the end of the garden.(그는 흙을 정원 끝에 쌓아 놓았다.)

b. Anne **piled** spaghetti **on**(to) her plate.(앤은 스파게티를 접시 위에 쌓았다.)

c. Pile more coal **on** the fire.(더 많은 석탄을 불에 쌓아라.)

1.5. 다음은 수동태 문장으로 주어는 쌓인다.

(5) Her hair was **piled** high on her head.(그녀의 머리카락은 머리 위에 높게 쌓아 올려졌다.)

1.6. 다음 주어는 목적어를 쌓아서 into의 목적어 상태로 만든다.

(6) Sue **piled** the sand **into** a pointed heap.(수는 모래를 쌓아서 뾰족한 더미로 만들었다.)

1.7. 다음 주어는 목적어를 쌓아서 만든다.

(7) a. He **piled** a fortune.(그는 재산을 모았다.)

b. He **piled** enormous debts.(그는 많은 빚을 졌다.)

c. He **piled up** a lot of money before he retired.(그는 은퇴하기 전에 많은 돈을 모았다.)

d. Bulldozers **piled up** huge amounts of dirt.(불도저들은 거대한 양의 흙을 쌓아 올렸다.)

e. He **piled up** enough credits to graduate.(그는 졸업하기에 충분한 학점을 모았다.)

f. The company **piled up** losses totalling $3 billion.(그 회사는 총 30억의 손실을 누적했다.)

g. He **piled up** a lot of misfortunes.(그는 많은 불운을 쌓았다.)

1.8. 다음 주어는 목적어를 on의 목적어에 쌓는다. 목적어는 추상적 개체이다.

(8) a. Giving someone a compliment is one thing, but you were **piling** it **on**.(다른 사람을 칭찬하는 것은 별개의 것이고, 너는 지나치게 칭찬하고 있었다.)

b. They **piled** honors **on** him.(그들은 많은 칭찬을 그에게 쌓고 있다.)

c. He **piles on** the praise/criticism/compliments.(그는 칭찬/비판/찬사를 과장되게 한다.)

d. He really enjoys **piling on** the homework.(그는 정말로 숙제를 쌓아 놓는 것을 즐긴다.)

e. She really **piles** it **on** before a holiday.(그녀는 휴일을 앞두고 정말로 과장해서 말한다.)

1.9. 다음 주어는 목적어를 전치사 with의 목적어로 쌓는다.

(9) a. He **piled** the table **with** books.(그는 테이블을 책으로 쌓았다.)

b. She **piled** the truck **with** hay.(그녀는 트럭을 건초로 쌓았다.)

c. She **piled** a tray **with** apples.(그녀는 쟁반을 사과로 쌓았다.)

1.10. 다음은 수동태 문장으로 주어는 쌓인다.

(10) a. His desk was **piled with** books.(그의 책상은 책들로 쌓였다.)

b. The cart was **piled** high **with** fruit and vegetables.(그 손수레는 과일과 채소로 높이 쌓였다.)

c. Tables were **piled** high **with** local products.(탁자가 지역 생산품들로 높이 쌓였다.)

d. The room is **piled** high **with** boxes full of books.(그 방은 책이 가득 찬 상자들로 높이 쌓여 있다.)

2. 자동사 용법

2.1. 다음 주어는 움직인다.

(11) a. We can all **pile in**, if we squash up a bit.(조금만 밀면 우리 모두가 들어갈 수 있다.)

b. He opened the door and all **piled in**.(그가 문을 열자 모두가 우르르 들어왔다.)

c. They **piled into** a shop.(그들은 가게에 우르르 들어갔다.)

d. They **piled into** the elevator.(그들은 엘리베이터에 우르르 들어갔다.)

e. The kids **piled into** the bus.(그 아이들은 버스에 우르르 올랐다.)

f. We **piled off** the bus and **into** the cinema.(우리는 버스에서 우르르 내려서 영화관으로 들어갔다.)

g. The boat arrived and hordes of children **piled off**.(그 배는 도착했고 아이들은 떼거리로 내렸다.)

h. They **piled off** the train.(그들은 기차에서 우르르 내렸다.)

i. When the train stopped, all the boys **piled out**.(그 기차가 멈추었을 때, 모든 소년들이 쏟아져 나왔다.)

j. Baseball fans **piled out of** the stadium.(야구팬들이 경기장에서 쏟아져 나왔다.)

k. Dozens of officers **piled out of** the car.(수십 명의 장교들이 차에서 우르르 내렸다.)

l. The kids **piled out of** the building(그 아이들은 건물에서 우르르 나왔다.)

m. They **piled out of** a room.(그들은 방에서 우르르 나왔다.)

2.2. 다음 주어는 쌓인다.

(12) a. During the windstorm, sand **piled** high against the fence.(그 폭풍이 계속되는 동안 모래가 울타리 벽

면에 높이 쌓였다.)

b. The rubbish **pile**d **up** in the kitchen.(그 쓰레기는 부엌에 쌓였다.)

c. All sorts of debris **pile**d **up** in the alley.(온갖 종류의 파편들이 그 골목에 쌓였다.)

d. The snow **pile**d **up** on the highway.(눈은 고속도로에 쌓였다.)

2.3. 다음 주어도 형체가 있는 것으로 개념화된다.

(13) a. Work was **piling up** while you were on vacation.(네가 휴가 중일 때 업무가 쌓여 가고 있었다.)

b. His debts kept **piling up**.(그의 빚은 계속 쌓여 갔다.)

c. Money continued to **pile up**.(돈은 계속해서 모였다.)

d. Mail was **piling up** at the office.(우편물이 그 사무실에 쌓여가고 있었다.)

pilot

이 동사의 개념 바탕에는 pilot의 명사 '배 안내인'이 있다. 동사의 의미는 이 명사의 역할과 관계가 있다.

1. 타동사 용법

1.1. 다음 주어는 목적어를 도선인으로 안내한다.

(1) a. He **pilot**ed the ship through the channel.(그는 그 배를 수로를 통과하여 안내 했다.)

b. He **pilot**ed the boat up the river.(그는 그 배를 강 위로 안내했다.)

c. Dave **pilot**ed the ship away from the reef.(데이브는 배를 암초에서 멀어지게 안내했다.)

d. He **pilot**ed the container ship into the harbor.(그는 컨테이너 배를 항구 안으로 안내했다.)

1.2. 다음 주어는 목적어를 안내한다.

(2) He **pilot**ed New York Bay.(그는 뉴욕 항만으로 안내를 했다.)

1.3. 다음 주어는 비행기를 조종한다.

(3) a. He **pilot**ed the plane through the storm.(그는 비행기를 조종하여 폭풍우 속을 지났다.)

b. He **pilot**s a helicopter/an airplane.(그는 헬리콥터를/비행기를 조종한다.)

c. He **pilot**s his own plane.(그는 자신의 비행기를 조종한다.)

1.4. 다음 주어는 배를 안내하듯 목적어를 안내한다.

(4) a. He **pilot**ed the tourist **over** the mountain.(그는 관광객을 산 너머로 안내했다.)

b. The man **pilot**ed us **through** the dense woods to his hut.(그 남자는 우리를 울창한 숲을 통과하여 자신의 오두막으로 안내했다.)

c. He **pilot**ed us **through** the big factory.(그는 우리를 안내하여 큰 공장을 통과했다.)

d. He **pilot**ed the expedition **through** the jungle(그는 그 탐험대를 안내하여 정글을 지났다.)

e. Ray **pilot**ed me **through** the crowd to the exit.(레이는 나를 군중을 뚫고 출구에 안내했다.)

f. She **pilot**ed us **through** a stormy first year in the new company.(그녀는 우리를 새 회사의 폭풍 같은

첫 해를 통과하도록 이끌어 주었다.)

1.5. 다음 주어는 목적어를 안내하여 통과시킨다.

(5) a. He is responsible for **pilot**ing the legislation **through** Congress.(그는 그 법률을 국회를 통과시킬 책임이 있다.)

b. He has **pilot**ed several bills **through** Parliament.(그는 여러 개의 법안을 의회를 통과시켰다.)

c. We shall **pilot** several new products **to** selected potential consumers.(우리는 몇몇 신상품들을 선택된 장래 소비자들에게 보내야 한다.)

1.6. 다음 주어는 목적어를 실험 삼아 시작한다.

(6) a. The school **pilot**s the new program.(그 학교는 새 프로그램을 예비로 실험 삼아 시작한다.)

b. The school is **pilot**ing a new method of learning Korean.(그 학교는 한국어를 배우는 새 방법을 예비로 시도하고 있다.)

c. The company **pilot**ed the new computer software before selling it in stores.(그 회사는 새 컴퓨터 소프트웨어를 시판하기 전에 예비로 시험해 보았다.)

d. They are **pilot**ing parts of the new book in language schools.(그들은 새 책의 몇 부분을 언어 연수원에서 예비로 시험하고 있다.)

1.7. 다음 주어는 목적어를 전치사 to의 목적어로 이끈다.

(7) He **pilot**ed the team **to** a championship.(그는 그 팀을 챔피언으로 이끌었다.)

pin

이 동사의 개념 바탕에 pin의 명사가 깔려있다. Pin이 동사로 쓰일 때에는 pin의 기능과 밀접한 관계가 있다.

1. 타동사 용법

1.1. 다음에서 주어는 핀을 써서 두 개체를 잇거나 붙인다. 목적어는 복수형이다.

(1) a. **Pin** the pieces together before sewing them.(조각들을 꿰매기 전에 핀으로 먼저 이어라.)

b. He **pin**ned the two sheets of paper together.(그는 두 장의 종이를 핀으로 함께 묶었다.)

c. I **pin**ned the papers together.(나는 종이들을 핀으로 함께 이었다.)

d. She **pin**ned the front and the back pieces of the dress together.(그녀는 드레스의 앞과 뒷 부분을 함께 핀으로 이었다.)

e. She **pin**ned the scraps of cloth together.(그녀는 천 조각들을 핀으로 함께 이었다.)

f. The seams haven't been sewn up yet. They've only been **pin**ned.(봉합선들은 아직 꿰매지지 않았다. 그들은 단지 핀으로 이어져 있다.)

1.2. 다음 주어는 목적어를 전치사 on의 목적어에 붙인다.

(2) a. He **pin**ned the medal **on** the soldier's chest.(그는 메달을 군인의 가슴에 꽂아주었다.)

b. She **pin**ned the flower **on** her dress.(그녀는 그 꽃을 드레스에 꽂았다.)

c. The police **pin**ned the crime/the murder **on** the

stranger.(경찰은 범죄/살인죄를 그 이방인에게 지 웠다.)

d. He pinned the theft on the cashier.(그는 절도죄를 그 출납원에게 지웠다.)

e. She pins all her hopes on her son.(그녀는 모든 희 망을 아들에게 건다.)

f. We pinned our faith on him.(우리는 신뢰를 그에게 걸었다.)

1.3. 다음 주어는 목적어를 전치사 to의 목적어에 꽂는 다.

(3) a. The tailor pinned the pattern to the cloth.(그 재단 사는 그 패턴을 천에 꽂았다.)

b. Please pin the map to the wall.(지도를 벽에 꽂아 라.)

c. He grabbed her arms and pinned them to her side.(그는 그녀의 양팔을 쥐고 그녀의 옆구리에 고 정시켰다.)

d. He pinned the notice to a bulletin board.(그는 공 지사항을 게시판에 꽂았다.)

e. He pinned the badge onto his jacket.(그는 그 뱃 지를 저고리에 꽂았다.)

1.4. 다음은 수동태 문장으로 주어는 꽂힌다.

(4) a. A large picture of the president was pinned up to/on the office wall.(사장의 큰 그림은 사무실 벽 면에 꽂혔다.)

b. A message has been pinned to the notice board. (메시지 하나가 공지란에 꽂혀 있다.)

1.5. 핀은 또 개체를 어떤 상태에 고정시키는 역할을 한다. 다음 주어는 목적어를 꼼짝 못하게 한다.

(5) a. Enemy fire pinned down the soldiers in a bunker. (적군의 포화가 그 군인들을 참호 속에 꼼짝 못하게 했다.)

b. Two men pinned him down until the police came. (두 남자가 경찰이 올 때까지 그를 꼼짝 못하게 했다.)

c. The snowslip pinned him down.(눈사태는 그를 꼼 짝 못하게 했다.)

d. I won't make up my mind for a week, so don't try to pin me down.(나는 일 주일 동안은 결정하지 않을 거야, 그러니까 결정하라고 강요하지 마.)

e. We know someone's been stealing, but it is difficult to pin down who it is.(우리는 누군가 훔치 고 있다는 걸 알지만, 그게 누구인지를 꼬집기는 어 렵다.)

f. He's really difficult to pin down ––you have to be persistent.(그는 잡아매기는 매우 어렵다––너 는 끈기를 가져야 해.)

1.6. 다음 주어는 목적어를 꼭 집는다.

(6) a. There's something wrong with the sentence, but I can't pin the problem down.(그 문장은 무언가 잘못되었어, 하지만 나는 그 문제를 꼬집지 못하겠 어.)

b. There's a peculiar atmosphere here, but I can't pin it down.(무언가 특이한 분위기가 여기에 있지 만, 나는 그것이 무엇인지 꼬집어 내지 못하겠다.)

c. The subject is not easy to pin down.(그 주제를 명 확히 정의하기는 쉽지 않다.)

d. They pinned down a time for their date.(그들은 데이트를 위한 시간을 정했다.)

e. The detective finally pinned down the identity of the killer.(형사는 마침내 그 살인자의 정체를 확실 히 알아냈다.)

f. There is corruption in the government, but it is difficult to pin it down.(정부에는 분명 부패가 있지 만, 그것을 꼬집어 내기란 어렵다.)

1.7. 다음은 수동태 문장으로 주어는 집힌다.

(7) a. He was pinned down for a definite answer.(그는 명확한 대답을 위해 꼼짝할 수 없게 됐다.)

b. He was pinned down by a fallen tree.(그는 쓰러 진 나무 때문에 꼼짝할 수 없었다.)

1.8. 다음 주어는 목적어를 꽂아서 보이게 한다.

(8) She pinned up a notice.(그녀는 공지를 꽂았다.)

1.9. 다음 주어는 목적어를 핀으로 꽂아서 올린다.

(9) a. She had pinned up her lovely long hair.(그녀는 자 신의 탐스럽고 긴 머리를 위로 올려서 핀으로 고정 시켰다.)

b. He pinned up the sleeves of the shirt.(그는 셔츠 의 옷소매를 위로 접어서 핀으로 고정했다.)

c. She pinned up the hem of the dress.(그녀는 옷의 가장자리를 위로 접어서 핀으로 고정시켰다.)

1.10. 다음 주어는 목적어를 전치사 against 의 목적어 에 고정시켜서 움직이지 못하게 한다.

(10) a. He pinned the ruffian against the wall.(그는 악당 을 벽에 기대어 꼼짝 못하게 했다.)

b. The strong current pinned the canoe against the rock.(거센 조류는 그 카누를 바위에 부딪혀 움직이 지 못하게 했다.)

c. She was pinned against the door by the crowd. (그녀는 군중에 의해 문에 짓눌려졌다.)

1.11. 다음 주어는 목적어를 전치사 to의 목적어에 고 정시킨다.

(11) a. The wrestler pinned his opponent to the canvas. (그 레슬러는 상대를 캔버스 바닥에 꼼짝하지 못하 게 했다.)

b. The tree fell and pinned his shoulder to the ground.(그 나무는 떨어져서 그의 어깨를 땅에 고정 시켰다.)

c. The police officer pinned the thief to the wall.(경 찰은 그 도둑을 벽에 밀어서 움직이지 못하게 했다.)

1.12. 다음 주어는 목적어를 전치사 on이나 to의 목적 어에 속박시킨다.

(12) a. The reporters tried to pin down the new presidents on his new tax proposals.(기자들은 새 대통령을 새로운 세금 제안에 얽매려고 노력하 였다.)

b. He said he would come some time next week, but I managed to pin him down on Tuesday.(그는 다음 주 언젠가 오겠다고 말했지만, 나는 그를 화요 일에 얽맬 수 있었다.)

c. Can you pin down the chief on a date for negotiations?(너는 그 상사를 어느 협상 날짜에 얽 맬 수 있니?)

d. It's difficult to pin him down to fixing a date for a

meeting.(그를 모임 날짜를 고정하는 데 얽매기는 어렵다.)

e. I wasn't able to pin him down to a date for finishing the work.(나는 그 일을 마치는 날짜에 그를 얽맬 수 없었다.)

f. They pinned me to a promise.(그들은 나를 약속에 얽매어 놓았다.)

1.13. 다음은 수동태 문장으로 주어는 고정된다.

(13) a. In the accident, she was pinned under the car.(그 사고에서, 그녀는 차 밑에 짓눌려 꼼짝하지 못했다.)

b. The child was pinned against the wall.(그 아이는 벽에 짓눌려졌다.)

c. He was pinned under the wreckage car.(그는 부서진 차 아래 짓눌려졌다.)

d. He was pinned against the steering wheel in the accident.(그는 그 사고에서 운전대에 짓눌려졌다.)

e. I was pinned in by the crowd.(나는 군중에 의해 갇혀 있었다.)

pinch

이 동사의 개념 바탕에는 두 개의 표면을 써서 집는 과정이 있다.

1.1. 다음 주어는 목적어를 전치사 at이나 on의 목적어를 써서 집는다.

(1) a. He pinched me on the arm.(그는 나의 팔을 꼬집었다.)

b. The shoes pinched me at the heel.(그 신발은 내 발뒤꿈치를 꼭 끼게 했다.)

c. A heavy frost pinched the flowers.(모진 서리가 꽃들을 시들게 했다.)

d. He had to pinch himself to make sure that he was not dreaming.(그는 그가 꿈을 꾸고 있는 것이 아님을 확인하기 위해 자신을 꼬집어야만 했다.)

1.2. 다음 주어는 목적어를 꼬집는다.

(2) a. I pinched his leg.(나는 그의 다리를 꼬집었다.)

b. John pinched my arm.(존은 나의 팔을 꼬집었다.)

c. The illness pinched her face.(그 병은 그녀의 얼굴을 고통스럽게 했다.)

d. He pinched some salt to put on his meat.(그는 고기에 뿌리려고 소금을 조금 집었다.)

1.3. 다음 주어는 목적어를 꼭 낀다.

(3) a. The new shoes pinch me/my feet.(새 신발은 나를/내 발을 꼭 낀다.)

b. The hat pinches my head.(그 모자는 내 머리를 꼭 낀다.)

1.4. 다음 주어는 목적어를 위축시킨다.

(4) a. Inflation pinches our buying power.(물가상승은 우리의 구매력을 위축한다.)

b. Higher interest rates are always pinching the housing industry.(높은 이자율은 언제나 주택 산업을 위축시키고 있다.)

1.5. 다음 주어는 목적어를 끼이게 한다. 목적어는 신체부위이다.

(5) a. He pinched his finger in the door.(그는 손가락을 문에 끼였다.)

b. I pinched my finger in the car door.(나는 손가락을 차문에 끼였다.)

c. She pinched her finger in the desk drawer.(그녀는 손가락을 책상 서랍에 끼였다.)

1.6. 물건을 훔치는 과정에서 물건을 집는 과정은 필수적이다. 다음에서는 '집다'가 '훔치다'를 나타내는 환유적 표현이다.

(6) a. Kids are pinching our apples.(아이들이 우리 사과를 집어가고 있다.)

b. He pinched a loaf of bread.(그는 빵 한 조각을 집었다.)

c. He pinched a few items from the store.(그는 몇 가지 물건을 그 가게에서 집었다.)

d. Who pinched my bicycle?(누가 내 자전거를 집어 갔지?)

e. Someone pinched my coat.(누군가 내 코트를 집어 갔다.)

f. Someone pinched my leather coat.(누군가 나의 가죽 코트를 집어갔다.)

1.7. 다음 주어는 목적어를 집어서 끊는다.

(7) a. She pinched off the top of the stem.(그녀는 그 줄기의 윗 부분을 집어서 꺾었다.)

b. Pinch off the dead flowers.(그 죽은 꽃들을 집어서 꺾어라.)

c. He pinched out the candle.(그는 촛불을 집어서 껐다.)

d. He pinched out the young shoots.(그는 어린 싹을 집어서 꺾었다.)

1.8. 다음 주어는 목적어를 잡는다.

(8) a. The police pinched him on the street corner.(그 경찰은 그를 길모퉁이에서 잡았다.)

b. The cop pinched the robber before he could escape.(경찰은 그 도둑이 도망가기 전에 그를 잡았다.)

1.9. 다음은 수동태 문장으로 주어는 잡힌다.

(9) a. She was pinched for speeding.(그녀는 과속으로 잡혔다.)

b. He was pinched for shoplifting.(그는 가게 좀도둑질로 잡혔다.)

1.10. 다음은 수동태 문장으로 주어는 오그라진다.

(10) a. They are pinched with cold.(그들은 추위로 오그라들어 있다.)

b. Her face was pinched with illness/anxiety.(그녀의 얼굴은 병/근심으로 초췌했다.)

c. He is pinched with poverty.(그는 가난에 찌들어 있다.)

d. He is pinched for food/space/time/cash.(그는 식량/집/시간/돈이 없어서 어려움을 겪고 있다.)

2. 자동사 용법

2.1. 다음 주어는 조금씩 저축한다. 두 손가락으로 물건을 집으면 많이 집히지 않는다.

(11) a. We pinched and saved for years to buy a house.(우리는 그 집을 사기 위해 여러해 동안 인색하게 돈을 모았다.)

b. He **pinched** for years to buy the car.(그는 차를 사려고 여러해 동안 돈을 모았다.)

2.2. 다음 주어는 집는 듯한 아픔을 준다.

(12) a. The collar **pinches**.(그 옷의 칼라가 조인다.)

b. The hunger **pinches** again.(그 공복감이 다시 조여온다.)

c. New shoes often **pinch**.(새 신발은 가끔 조인다.)

d. Do your shoes **pinch**?(네 신발이 꽉 끼니?)

e. Where does that shoe **pinch**?(저 신발은 어디를 조이나?)

2.3. 다음은 수동태 문장으로 주어가 끊어지거나 가늘어진다.

(13) The vein of the iron are **pinched** out.(그 광맥은 바닥났다.)

pine

이 동사의 개념 바탕에는 파리해지도록 갈망하는 과정이 있다.

1. 자동사 용법

1.1. 다음 주어는 무엇을 하기를 갈망한다.

(1) a. He **pines** to return home.(그는 집으로 돌아가기를 갈망한다.)

b. She **pines** to travel abroad.(그녀는 외국을 여행하기를 갈망한다.)

1.2. 다음 주어는 for의 목적어를 얻기를 갈망한다.

(2) a. She secretly **pined** for his affection.(그녀는 그의 애정을 얻기를 은밀하게 갈망했다.)

b. She is still **pining** for home.(그녀는 여전히 집으로 돌아가기를 갈망하고 있다.)

c. She was **pining** for the mountains of her native country.(그녀는 고향의 산을 갈망하고 있었다.)

d. The soldier **pined** for his family back home.(그 군인은 자신의 가족 만나기를 갈망했다.)

1.3. 다음 주어는 걱정이나 갈망으로 수척해진다.

(3) a. She **pined** with homesickness.(그녀는 향수로 수척해졌다.)

b. She **pined** away for a lost love.(그녀는 실연으로 수척해졌다.)

c. She **pined** away dreadfully since her boyfriend had left her.(그녀는 남자친구가 그녀를 떠난 이래로 무척 수척해졌다.)

d. She is **pining** away for Johnson.(그녀는 존슨 생각으로 수척해지고 있다.)

pinion

이 동사의 개념 바탕에는 양 팔을 묶어서 꼼짝 못하게 하는 과정이 있다.

1. 타동사 용법

1.1. 다음 주어는 목적어를 바닥에 꼼짝 못하게 한다.

(1) The wrestler **pinioned** his opponent to the floor.(그 레슬링 선수는 상대편의 양팔을 꼼짝 못하게 잡고 바닥에 쳤다.)

1.2. 다음은 수동태 문장으로 주어는 묶이거나 잡혀서 꼼짝 못하게 된다.

(2) a. He was **pinioned** against the wall.(그는 그 벽에 꼼짝 못하게 되었다.)

b. Her arms were tightly **pinioned** behind her.(그녀의 팔은 등 뒤로 꼼짝 못하게 묶였다.)

c. **Pinioned** to the ground, the assassin offered no further resistance.(바닥에서 꼼짝 못하게 묶여서, 그 암살자는 더 이상의 저항을 하지 못하게 되었다.)

1.3. 다음은 주어가 묶이는 것이 추상적 개체이다.

(3) He is **pinioned** to his bad habit.(그는 나쁜 습관에 묶여 있다.)

pinpoint

이 동사의 개념 바탕에는 핀을 꽂듯 정확하게 위치를 나타내는 과정이 있다.

1. 타동사 용법

1.1. 다음 주어는 목적어의 위치를 정확하게 가리킨다.

(1) a. Satellite pictures helped to **pinpoint** the location of the troops.(위성사진들이 그 군대의 위치를 정확하게 가리키는데 도움이 되었다.)

b. He **pinpointed** on the map the site of the ancient village.(그는 지도상에서 고대 마을의 위치를 정확하게 가리켰다.)

1.2. 다음 주어는 목적어의 위치(원인)를 찾아낸다.

(2) a. Scientists have been unable to **pinpoint** the cause of cancer.(과학자들은 암의 원인을 정확하게 찾아낼 수 없었다.)

b. The doctor tried to **pinpoint** the cause of my illness.(의사는 내 병의 원인을 정확하게 찾아내려고 노력했다.)

pipe

이 동사의 개념 바탕에는 pipe의 명사 '관'이 있다. 동사의 의미는 이 명사의 쓰임과 관계가 있다.

1. 타동사 용법

1.1. 다음 주어는 파이프로 목적어를 나른다.

(1) a. They are **piping** oil across the desert.(그들은 기름을 사막을 가로질러 파이프로 운반하고 있다.)

b. He **piped** water from the lake.(그는 물을 호수에서 파이프를 통해 끌어왔다.)

c. We have to **pipe** our drinking water from the well to the house.(우리는 식수를 우물에서 집까지 파이프로 날라야 한다.)

d. They **piped** the water up.(그들은 물을 관으로 올렸다.)

1.2. 다음은 수동태 문장으로, 주어는 관으로 날라진다.

(2) a. Natural gas is **piped** ashore from the North Sea.(천연가스가 북해로부터 육상으로 관으로 날라진다.)

b. Water is **piped** to the town from the reservoir.(물이 저수지에서 마을에 관을 통해 날라진다.)

c. Hot water is **piped** to all apartments from the central heating room.(뜨거운 물이 모든 아파트로 중앙 난방소에서부터 관을 통해 날라진다.)

d. Sewage is **piped** into the sea.(오수가 관을 통해 바다로 날라진다.)

e. Water and gas are **piped** into the house.(물과 가스가 관을 통해 집안으로 들어온다.)

f. Oil is **piped** from here to the refinery.(기름이 여기에서부터 정유소까지 관으로 날라진다.)

1.3. 다음 주어는 목적어에 관을 설치한다.
(3) a. He **piped** the new house for gas.(그는 새 집을 가스 공급을 위해 관을 설치했다.)

b. Our street is being **piped** for gas.(우리의 거리는 가스 공급을 위해 파이프가 설치되고 있다.)

1.4. 다음 주어는 목적어를 오르간으로 연주한다.
(4) a. She **piped** a song to please the children.(그녀는 아이들을 즐겁게 해주기 위해 오르간을 연주했다.)

b. He **piped** a haunting tune on the back pipes.(그는 잊혀지지 않는 선율을 백파이프로 연주했다.)

c. He **piped** a jaunty music for us to dance.(그는 우리가 춤을 출 수 있도록 유쾌한 음악을 틀었다.)

1.5. 다음 주어는 (피리, 관악기, 파이프 오르간 등으로) 목적어를 연주한다.
(5) a. The band **piped** a merry dance.(그 밴드는 명랑한 춤곡을 연주했다.)

b. He **piped** a tune.(그는 피리로 한 곡조를 연주했다.)

1.6. 다음은 수동태 문장으로 주어는 파이프로 전달된다.
(6) a. The speech was **piped** into our classroom electronically.(그 연설은 전자음으로 우리 교실에 전달되었다.)

b. The music was **piped** into the waiting room.(그 음악은 대기실 안으로 전달되었다.)

c. The speech is **piped** over a public address system.(그 연설은 대중 연설 시스템을 통해 전달된다.)

1.7. 다음 주어는 따옴표 속의 표현을 외치면서 말한다.
(7) a. "Hello," the boy **piped**.("안녕" 하고 그 소년이 외쳤다.)

b. "Don't do that," he **piped**.("그러지 마" 라고 그가 소리쳤다.)

c. "But that's just what we like doing," he **piped** up.("그러나 그것은 바로 우리가 하고 싶어하는 것이야" 라고 그가 소리쳤다.)

1.8. 다음 주어는 목적어를 큰 소리로 말한다.
(8) The child **piped** a question.(그 아이는 큰소리로 질문했다.)

1.9. 다음 주어는 호각을 불어 목적어를 집합시킨다.
(9) a. He **piped** the crew aboard.(그는 호각을 불어 선원들을 배에 타게 했다.)

b. He **piped** all hands on deck.(그는 갑판에 있는 모든 선원들을 호각을 불어 집합시켰다.)

c. The director **piped** the dancers on the stage.(그 감독은 호각을 불어 무대 위에 있는 모든 무용수들

을 집합시켰다.)

1.10. 다음 주어는 호각을 불어서 목적어를 어떤 상태에 이르게 한다.
(10) a. He **piped** the crew to work/awake.(그는 호각을 불어 선원들을 일을 하도록/잠에서 깨도록 했다.)

b. He **piped** the man asleep.(그는 호각을 불어 그 남자를 잠들게 했다.)

1.11. 다음 주어는 목적어를 파이프 모양으로 장식한다.
(11) He **piped** 'Happy birthday' on the cake.(그는 '생일 축하해' 라고 케이크에 새겼다.)

2. 자동사 용법
2.1. 다음 주어는 피리 소리와 같은 소리를 낸다.
(12) a. A voice **piped** up at the back of the crowd.(한 목소리가 군중 뒤에서 큰 소리를 냈다.)

b. Outside a robin **piped**.(밖에서 울새가 삑삑 소리를 냈다.)

2.2. 다음 주어는 관악기로 연주한다.
(13) a. The band has been **piping** for several years.(그 밴드는 여러 년 동안 관악 연주를 해왔다.)

b. He learned to **pipe** when he was in a Highland regiment.(그는 하이랜드 연대에 있을 때 관악기를 배웠다.)

2.3. 다음 주어는 소리를 낮추거나 높인다.
(14) a. **Pipe** down! I'm trying to listen to the news.(조용히 해! 나 지금 뉴스 들으려 하고 있어.)

b. The small child **piped** up with the answer.(그 작은 아이는 소리 높여 답을 외쳤다.)

c. He kept **piping** up with the ideas.(그는 생각을 계속 주장했다.)

d. He told me to **pipe** up so everyone could hear.(그는 나에게 소리를 높여서 모든 사람이 들을 수 있게 하라고 말했다.)

pique

이 동사의 개념 바탕에는 모욕, 무시 등의 자극을 받고 기분이 나빠지거나 화가 나는 과정이 있다.

1. 타동사 용법
1.1. 다음 주어는 목적어의 기분을 상하게 한다.
(1) a. His attitude **piqued** her.(그의 태도는 그녀를 화나게 했다.)

b. His indifference **piqued** her.(그의 무관심은 그녀를 화나게 했다.)

c. His arrogant manner **piqued** his neighbors.(그의 거만한 태도는 이웃들을 화나게 했다.)

1.2. 다음 주어는 목적어를 자극한다.
(2) a. The report **piqued** my curiosity.(그 보고서는 나의 호기심을 자극했다.)

b. The unusual object **piqued** his interest.(예사롭지 않은 물체는 그의 관심을 자극했다.)

c. The incident **piqued** his pride.(그 사건은 그의 자존심을 상하게 했다.)

1.3. 다음은 수동태 문장으로 주어는 자극되는 개체이다.
(3) a. He was **piqued** by her lack of interest.(그는 그녀

의 무관심에 화가 났다.)

b. Our curiosity was piqued by the locked trunk.(우리는 잠겨진 트렁크에 호기심이 생겼다.)

c. We felt a little piqued when nobody came to see us.(우리는 아무도 우릴 보러오지 않아서 다소 화가 났다.)

d. He felt piqued when I said he could have tried harder.(그가 더 열심히 했을 수도 있었을텐데 라고 내가 말하자 그는 불쾌해 했다.)

e. He was piqued that his offer was rejected.(그는 자신의 제안이 거절되었다는 사실에 언짢아했다.)

piss

이 동사의 개념 바탕에는 오줌을 싸는 과정이 있다.

1. 타동사 용법

1.1. 다음 주어는 오줌을 싼다.

(1) a. He pissed himself laughing.(그는 웃으면서 오줌을 쌌다.)

b. When Mike fell in the puddle, we pissed ourselves off.(마이크가 웅덩이에 빠졌을 때, 우리는 오줌을 싸며 웃었다.)

1.2. 다음 주어는 목적어를 화나게 한다.

(2) a. Those insulting remarks really pissed me off.(그러한 무례한 말은 정말 나를 화나게 했다.)

b. The way she treats me pisses me off.(그녀가 나를 대하는 방법은 정말 나를 화나게 한다.)

1.3. 다음은 수동태 문장으로 주어는 관심을 잃게 된다.

(3) a. I'm pissed off with the way they've treated me.(나는 그들이 나를 대우하는 방법에 지겨워졌다.)

b. I'm pissed off with this job.(나는 이 직업에 지겨워졌다.)

1.4. 다음 주어는 목적어를 오줌을 싸듯 써버린다.

(4) a. They've pissed away a whole lot of money on expensive vacations.(그들은 많은 모든 돈을 비싼 휴가에 다 써버렸다.)

b. He pissed away all that money drinking and gambling.(그는 모든 돈을 술 마시고 도박하는 데에 다 써버렸다.)

2. 자동사 용법

2.1 다음 주어는 지저분하게 돌아다닌다.

(5) Stop pissing about and get some work done.(되는 대로 돌아다니지 말고 일을 좀 끝내라.)

2.2. 다음 주어는 전치사 with의 목적어를 만지작거린다.

(6) Who's been pissing about with my paper?(누가 내 논문을 엉망진창으로 만들었는가?)

2.3. 다음 주어는 꺼진다.

(7) a. Why don't you just piss off?(너 좀 나가지 않을래?)

b. I told you to piss off and leave me alone.(난 네가 떠나 나를 혼자 내버려두라고 말했다.)

pit

이 동사의 개념 바탕에는 pit의 명사 '구덩이'가 있다.

1. 타동사 용법

1.1. 다음 주어는 목적어를 구멍이나 구덩이가 생기게 한다.

(1) a. Heavy rain pitted and blurred the trail.(심한 비가 그 소로에 구덩이를 내고 흐리게 했다.)

b. Acid will pit metal.(산은 금속에 구멍을 낼 것이다.)

c. Smallpox pitted his face during childhood.(천연두가 그의 얼굴을 유년기에 곰보가 되게 했다.)

d. The disease has pitted and scarred his skin.(그 병은 그의 피부에 구멍과 흠집을 내었다.)

1.2. 다음은 수동태 문장으로 주어는 구멍이 생긴다.

(2) a. The smallpox victim's face was deeply pitted.(천연두 환자의 얼굴은 깊게 구멍이 생겼다.)

b. The surface of the moon is pitted with craters.(달의 표면은 분화구로 구멍이 나 있다.)

c. The front of his truck is pitted by stones from the road.(그의 트럭 앞 부분은 길에서 튄 돌들로 구멍이 나있다.)

d. The front of the building was pitted with bullet marks.(그 건물의 전면은 총탄 자국으로 구멍이 나 있었다.)

1.3. 다음 주어는 목적어를 against의 목적어에 싸움을 붙인다.

(3) a. He pitted a dog against another.(그는 개 한 마리를 다른 개와 싸움을 붙였다.)

b. That talk show always pits men against women.(저 토크 쇼는 언제나 남자 대 여자로 싸움을 붙인다.)

c. The civil war pitted neighbor against neighbor.(그 내란은 이웃끼리의 싸움을 붙였다.)

d. He pitted himself against the mountain.(그는 그 산에 싸움을 붙였다.)

e. He pitted his strength against a man twice his size.(그는 힘을 두 배가 되는 남자와 겨루었다.)

f. He pitted his brains against the big man's strength.(그는 두뇌를 큰 남자의 힘에 대항시켰다.)

1.4. 다음은 수동태 문장으로 주어는 against의 목적어에 싸움이 붙여진다.

(4) a. He was pitted against a much stronger man.(그는 훨씬 힘이 센 사람에게 싸움이 붙여졌다.)

b. The two strongest teams were pitted against each other in the final.(제일 강한 두 팀들이 결승전에서 맞붙여졌다.)

c. The candidates were pitted against each other.(그 후보자들을 서로 맞붙여졌다.)

pitch

이 동사의 개념 바탕에는 어떤 특정한 방향으로 목표를 향하여 던지는 과정이 있다.

1. 타동사 용법

1.1. 다음 주어는 목적어를 던진다.

(1) a. Chan **pitched** the ball, but Bill swung at it and missed.(찬은 그 공을 던졌지만 빌이 그것을 향해 방망이를 휘둘렀으나 빗맞혔다.)

  b. The men were **pitching** horseshoes.(그 남자들은 말편자를 던지고 있었다.)

  c. The storm **pitched** the ship.(그 폭풍은 배를 위아래로 흔들리게 했다.)

1.2. 다음 주어는 목적어를 이동시킨다.

(2) a. He **pitched** the book aside.(그는 책을 따로 던져두었다.)

  b. He **pitched** the bottle in a trash.(그는 병을 쓰레기통에 던졌다.)

  c. The explosion **pitched** her violently into the air.(그 폭발은 그녀를 세차게 공기 중으로 내던졌다.)

  d. He **pitched** his bags into the trunk of his car.(그는 가방들을 차 트렁크 속에 던져 넣었다.)

  e. She **pitched** the letter into a fire.(그녀는 편지를 불 속으로 던졌다.)

  f. He **pitched** the newspaper onto the porch.(그는 그 신문을 현관 위에 던졌다.)

  g. The farmer **pitched** the hay onto the truck.(그 농부는 건초를 트럭 위로 던졌다.)

1.3. 다음에서 into의 목적어는 상태이다. 상태도 장소로 개념화된다.

(3) He **pitched** her into a rage.(그는 그녀를 화나게 했다.)

1.4. 다음은 수동태 문장으로 주어는 던져진다.

(4) a. The new government has already been **pitched** into a crisis.(새 정부는 이미 위기로 내던져졌다.)

  b. He was **pitched** into despair.(그는 절망에 던져졌다.)

  c. They were being **pitched** into a new adventure.(그들은 새로운 모험으로 던져지고 있다.)

  d. The whole audience was **pitched** into utter confusion.(전체 청중은 완전한 혼란 속으로 던져졌다.)

  e. He was **pitched** out of their club.(그들은 그를 클럽 밖으로 내동댕이쳤다.)

1.5. 다음은 수동태 문장으로 주어는 전치사 from과 off, out of의 목적어에서 던져진다.

(5) a. He was **pitched** off a ladder.(그는 사다리에서 떨어졌다.)

  b. He hit a bump and was **pitched** from his bicycle.(그는 융기된 부분을 쳐서 그의 자전거에서 떨어졌다.)

  c. The driver suddenly put on the brakes and she was **pitched** forward in the bus.(그 운전자는 갑자기 브레이크를 걷자 그녀는 버스 앞쪽으로 던져졌다.)

  d. I was **pitched** forward out of my seat.(나는 좌석에서 앞쪽으로 던져졌다.)

1.6. 다음 주어는 첫째 목적어에게 둘째 목적어를 던져준다.

(6) He **pitched** the beggar a penny.(그는 그 거지에게 1페니를 던져주었다.)

1.7. 다음의 목적어는 야구 투수가 던지는 공의 속도, 방향, 회전등과 관련된 낱말이다.

(7) a. He **pitched** a fast ball.(그는 빠른 공을 던졌다.)

  b. He **pitched** a curve.(그는 커브공을 던졌다.)

  c. He **pitched** mostly fast balls and curves.(그는 주로 빠른공과 커브공을 던졌다.)

1.8. 다음의 목적어는 야구 투수가 치르는 경기이다.

(8) a. He **pitched** three games during the World Series.(그는 세계 시리즈에서 세 경기를 던졌다.)

  b. He **pitched** a perfect game.(그는 던져서 완벽한 경기를 치루었다.)

1.9. 다음의 목적어는 광고되는 상품이다. 골프에서 공을 높이 쳐 올리는 것이 pitch이다. 높이 쳐 올리면 잘 보인다.

(9) a. Representatives went to Seoul to **pitch** their new products.(대표자들은 자신들의 신상품을 광고하기 위해 서울로 갔다.)

  b. The new software is being **pitched** at banks.(새 소프트웨어는 은행에서 광고되고 있다.)

1.10. 다음의 목적어는 소리에 관련되어 있고, 주어는 소리를 어떤 위치나 높이에 올린다.

(10) a. She **pitched** the violin a little high.(그녀는 바이올린을 조금 고음으로 켰다.)

  b. She **pitched** her voice lower so that she sounded less strident.(그녀는 목소리를 귀에 덜 거슬리도록 하기 위해 조금 낮추었다.)

  c. You **pitched** that note a little flat.(너는 그 음을 조금 평이하게 조절했다.)

  d. She **pitched** her speech to the elderly people in the audience.(그녀는 말투를 청중 속의 연장자들에게 맞추었다.)

  e. He **pitched** his speech at a simple level so that even the children could understand.(그는 말을 쉽게 해서 아이들조차도 이해할 수 있었다.)

  f. **Pitch** the test at your average students' level of ability.(시험의 난이도를 평균 학생들의 수준으로 조절해라.)

1.11. 다음은 수동태 문장으로 주어는 높이가 조절된다.

(11) a. The song was **pitched** too low for my voice.(그 노래는 내 목소리에 비해 너무 낮게 조절되었다.)

  b. The song should be **pitched** at a higher key.(그 노래는 좀 더 높게 조절되어야 한다.)

  c. Her lecture was **pitched** at a level that could be understood by people who were not experts in the field.(그녀의 강의는 그 분야에 전문가가 아닌 사람들이 이해할 수 있는 수준으로 조정되었다.)

1.12. 다음 주어는 목적어를 특정한 기울기로 만든다.

(12) a. They **pitched** the roof steep.(그들은 지붕을 가파르게 조정했다.)

  b. The roof is **pitched** at a steep angle there.(지붕은 가파른 각도로 놓여져 있다.)

  c. The picture was **pitched** at an odd angle.(그 그림은 이상한 각도로 놓여졌다.)

1.13. 다음에서 주어는 추산, 예상, 희망 등을 어떤 수준에 던져 올린다.

(13) a. He **pitched** the estimate too low.(그는 그 평가를 너무 낮게 책정했다.)

　　b. They **pitched** their prices too high.(그들은 가격을 너무 높게 추산했다.)

　　c. He **pitched** his expectation too high.(그는 기대를 너무 높게 잡았다.)

　　d. He **pitches** his hopes too high.(그는 희망을 너무 높게 잡는다.)

1.14. 어떤 개체를 땅속으로 들어가게 하는 과정도 이 동사로 표현된다. 텐트를 치는 과정 가운데 하나는 못을 땅속으로 박는 일이다. 이 일이 텐트를 치는 전체를 대표한다.

(14) a. He **pitched** camp.(그는 텐트를 쳤다.)

　　b. He **pitched** poles on the line.(그는 그 줄 위에 막대기를 박았다.)

　　c. He **pitched** his tent in the yard.(그는 텐트를 마당에 쳤다.)

　　d. A stake is **pitched** in the ground.(말뚝이 땅속에 박혔다.)

1.15. 다음 주어는 목적어를 만든다.

(15) He **pitched** a yarn/a story.(그는 이야기를 꾸며댔다.)

1.16. 다음 주어는 목적어를 던져 넣는다.

(16) We all **pitched** in $10 each to buy her a gift.(우리는 모두 그녀에게 선물을 사주기 위해 10달러씩 모았다.)

2. 자동사 용법

2.1. 다음 주어는 던진다.

(17) a. He always **pitches** too far.(그는 항상 너무 멀리 던진다.)

　　b. Who's going to **pitch** in tonight's game?(누가 오늘 경기에 공을 던질 예정이냐?)

　　c. He injured his wrist and he could no longer **pitch**.(그는 팔목을 다쳐 더 이상 공을 던질 수 없었다.)

　　d. He **pitches** for the Giants.(그는 자이언트팀에서 투수로 뛴다.)

　　e. He **pitches** very fast.(그는 매우 빠른 공을 던진다.)

2.2. 다음 주어는 던져진다.

(18) a. He **pitched down** the cliff.(그는 절벽 아래로 떨어졌다.)

　　b. The man lost balance and **pitched down** the cliff.(그 사람은 균형을 잃고 절벽 아래로 던져졌다.)

　　c. His foot caught on a branch and he **pitched forward**.(그의 발이 가지에 걸려 앞으로 넘어졌다.)

　　d. He **pitched** headlong **into** the river.(그는 강속으로 곤두박질쳤다.)

　　e. He **pitched on** his head.(그는 곤두박질쳤다.)

　　f. The boats collided and the passengers **pitched out**.(그 배들은 충돌해서 승객들이 튕겨 나왔다.)

　　g. He **pitched over** a railing.(그는 난간 너머로 던져졌다.)

2.3. 다음의 주어는 던져지는 개체이다.

(19) a. The ball **pitched** wide of the stumps.(그 공은 (크리킷)기둥에서 멀리 던져졌다.)

　　b. The ball **pitched** a yard short. (그 공은 1야드 짧게 던져졌다.)

2.4. 다음의 주어는 배나 비행기와 같은 개체이다.

(20) a. The boat **pitched** up and down in the big waves.(그 배는 큰 파도 속에서 위아래로 흔들렸다.)

　　b. The boat **pitched** about in the storm.(그 배는 폭풍 속에서 이리저리 던져졌다.)

　　c. The boat **pitched** about in the big waves.(그 배는 큰 파도 속에서 이리저리 던져졌다.)

　　d. The plane began to **pitch** and several people got sick.(그 비행기는 앞뒤로 흔들려 몇 사람이 구역질을 했다.)

2.5. 다음의 주어는 움직이는 개체가 아니다. 개념자가 주어가 가리키는 개체의 모습을 시선으로 따라가는 과정이다.

(21) a. The hill **pitches** steeply.(그 언덕은 가파르게 기운다.)

　　b. The roof **pitches** at a steep angle.(그 지붕은 가파르게 기울어져 있다.)

　　c. The roof of this house **pitches** sharply.(이 집 지붕은 가파르게 기운다.)

2.6. 다음 주어는 협조한다.

(22) a. If everybody **pitches in**, we can finish this work on time.(모든 사람이 힘을 쏟는다면, 우리는 제시간에 이 일을 끝낼 수 있다.)

　　b. We all **pitched in** and finished the work in no time.(우리는 모두 힘을 합쳐서 제시간에 일을 끝냈다.)

2.7. 다음 주어는 전치사 into의 목적어를 나무란다.

(23) a. He **pitched into** me about my lateness.(그는 나의 지각에 대해 몹시 꾸짖었다.)

　　b. She started **pitching into** me as soon as I arrived.(그녀는 내가 도착하자마자 나를 심하게 꾸짖기 시작했다.)

2.8. 다음 주어는 전치사 into의 목적어가 나타내는 과정을 시작한다. [과정은 그릇] 은유가 적용된 표현이다.

(24) a. I rolled up my sleeves and **pitched into** cleaning the oven.(나는 소매를 걷어올리고 오븐을 청소하는 데에 달려들었다.)

　　b. All of the boys **pitched into** the fight.(모든 소년들이 그 싸움에 끼어 들었다.)

2.9. 다음 주어는 야영을 한다.

(25) They **pitched by** a riverside.(그들은 강변에 야영을 했다.)

2.10. 다음 주어는 나타난다.

(26) Guess who **pitched up** at our house last night.(누가 우리 집에 어제 밤에 나타났는지 맞춰봐라.)

pity

이 동사의 개념 바탕에는 pity의 명사 '불쌍히 여김'이 있다. 동사의 의미는 이 명사의 느낌과 관계가 있다.

1. 타동사 용법

1.1. 다음 주어는 목적어를 불쌍히 여긴다.

(1) a. We **pitied** her in her distress.(우리는 고통에 빠진 그녀를 불쌍히 여겼다.)

b. I **pity** anyone who has to work with her.(나는 그녀와 함께 일해야 하는 사람을 불쌍히 여긴다.)

c. He **pitied** the poor immigrant.(그는 가난한 이주자들을 동정했다.)

d. I **pity** people who were stuck in dead-end jobs.(나는 꽉 막힌 일자리에 갇힌 사람들을 동정한다.)

place

이 동사의 개념 바탕에는 place의 명사 '자리'가 깔려있다. 이 의미는 여러 가지로 추상적으로 확대되어 쓰인다.

1. 타동사 용법

1.1. 다음 주어는 목적어를 놓는다.

(1) a. Please **place** the books in alphabetical order.(책들을 알파벳순으로 놓아라.)

b. They **placed** themselves in a line.(그들은 스스로 줄을 세웠다.)

c. **Place** the ten wines in the order of preference.(그 10개의 포도주를 좋아하는 순으로 놓으세요.)

d. She **placed** the cups back in the cupboard.(그녀는 컵들을 다시 찬장에 넣었다.)

1.2. 다음은 수동태 문장으로 주어는 놓인다.

(2) The items are **placed** in alphabetical order.(그 품목들은 알파벳순으로 놓여진다.)

1.3. 다음 주어는 목적어를 광고에 싣는다.

(3) a. He **placed** a "help wanted" ad in the local paper.(그는 구인광고를 그 지역 신문에 실었다.)

b. One computer company **placed** a full-page ad in the Times.(한 컴퓨터 회사가 전면광고를 타임지에 실었다.)

c. We **placed** an advertisement for a cleaner in a local paper.(우리는 청소기를 구하는 광고를 지역 신문에 냈다.)

1.4. 다음 주어는 목적어를 in의 목적어에 둔다.

(4) a. We **placed** a million dollars in a bank/the enterprise.(우리는 100만 달러를 은행/그 기업에 넣었다.)

b. The company **placed** much money in its foreign subsidiaries.(그 회사는 많은 돈을 외국 자회사에 넣었다.)

c. I don't **place** my trust in the government.(나는 신뢰를 정부에 두지 않는다.)

d. She **placed** her confidence in him.(그녀는 자신감을 그에게 두었다.)

1.5. 다음 주어는 목적어를 추상적 척도나 부류에 놓는다.

(5) a. Many parents **place** their own children **above** others.(많은 부모들은 자신의 아이들을 다른 아이들의 위에 둔다.)

b. A politician should **place** his loyalty to the people **above** party interest.(정치가는 국민에 대한 충성심을 정당 이익 위에 두어야만 한다.)

c. He **placed** her **among** the best students.(그는 그녀를 가장 좋은 학생들 속에 넣었다.)

d. I would **place** him **among** the top five physicists in the world.(나는 그를 세계에서 5명의 최고 물리학자들에 드는 것으로 평가한다.)

e. I **place** health **among** the greatest gifts of life.(나는 건강을 삶의 가장 큰 선물로 평가한다.)

f. I **place** that painting **among** the greatest.(나는 저 그림을 가장 위대한 것으로 평가한다.)

1.6. 다음에서 주어는 목적어를 전치사 as가 나타내는 자격으로 어떤 일자리에 앉힌다.

(6) a. He **placed** the boy **as** a waiter.(그는 그 소년을 웨이터로 취직시켰다.)

b. I **placed** the girl **as** a typist.(나는 그 소녀를 타이피스트로 취직시켰다.)

c. He **placed** him **as** a professor.(그는 그를 교수로 채용했다.)

d. Where are you going to **place** him?(너는 어디에 그를 취직시킬 것인가?)

1.7. 다음은 수동태 문장으로 주어는 앉혀진다.

(7) He was **placed** at the head of the department.(그는 그 부서의 우두머리 자리에 앉혀졌다.)

1.8. 다음 주어는 목적어를 전치사 on의 목적어에 놓는다.

(8) a. She lighted the candle and **placed** it **on** the table.(그녀는 초를 켜서 탁자 위에 두었다.)

b. **Place** a clean bandage **on** the wound.(깨끗한 밴드를 상처에 붙여라.)

c. Would you please **place** the books **on** the desk?(그 책들을 책상 위에 좀 두시겠습니까?)

d. She **placed** her hands **on** his shoulders.(그녀는 손을 그의 어깨에 두었다.)

e. She **placed** her name **on** the list of volunteers.(그녀는 자신의 이름을 자원봉사자들의 명단에 썼다.)

1.9. 다음에서 주어는 목적어를 어떤 일자리에 위치시킨다.

(9) a. The agency **placed** about 200 secretaries.(그 대행사는 200명의 비서를 취직시켰다.)

b. The president **placed** him in the department of agriculture.(그 대통령은 그를 농림부에 임용했다.)

c. The employment agency **placed** him in a large company.(고용 대행사는 그를 큰 회사에 취직시켰다.)

d. I **placed** her in the food department.(나는 그녀를 식품부에 두었다.)

e. Can you **place** all of them in jobs?(당신은 그들 모두를 취직시킬 수 있습니까?)

1.10. 다음은 수동태 문장으로 주어는 취직이 된다.

(10) a. He was **placed** in the government service.(그는 정부기관에 임용되었다.)

b. She was **placed on** the school's board of directors.(그녀는 학교의 이사회에 임용됐다.)

c. I refused their offer, not wanting to be **placed at** a disadvantage.(나는 불이익에 처하게 되길 원하지 않아서 그들의 요구를 거절했다.)

d. He was **placed under** observation.(그는 관찰의 대

상이 되었다.)

e. A bomb had been placed under the seat.(폭탄 하나가 의자 아래에 놓여 있다.)

f. The remaining 30% of each army will be placed under UN control.(각 군대의 30%는 UN의 관리하에 있게 될 것이다.)

1.11. 다음 주어는 목적어를 어떤 상황에 처하게 한다.

(11) a. The crisis could place the relationship at risk.(위기는 그 관계를 위험에 처하게 할 수 있다.)

b. His resignation/her request placed us in a difficult situation.(그의 사임/그녀의 요청은 우리를 어려운 상황에 놓이게 했다.)

c. The police placed him under arrest.(경찰은 그를 체포했다.)

d. Widespread protests have placed him under serious pressure.(멀리 퍼져있는 항의들이 그를 심각한 압박감에 놓이게 했다.)

1.12. 다음의 목적어는 의존, 강조, 중요 등이다. 이들은 추상적인 개체이지만 구체적 개체로 개념화되어 있다.

(12) a. Don't place too much reliance on others.(지나치게 많은 신뢰를 다른 사람들에게 두지 마시오.)

b. The company will continue to place great emphasis on staff training.(그 회사는 큰 중요성을 직원의 훈련에 계속해서 둘 것이다.)

c. She placed the emphasis on the word.(그녀는 강조를 그 단어에 두었다.)

d. He placed importance on a comfortable lifestyle.(그는 중점을 편안한 생활 스타일에 두었다.)

e. Rising musical standards have placed a heavy responsibility upon these singers.(증가하는 음악적 표준은 이들 가수에게 무거운 책임을 지워 왔다.)

f. I place no value on claims like this.(나는 어떤 가치도 이와 같은 요구에 두지 않는다.)

g. Explanations such as this tend to place the blame on teachers.(이와 같은 설명은 책임을 교사들에게 두는 경향이 있다.)

1.13. 다음은 수동태 문장으로 주어는 놓여진다.

(13) a. The garden of Eden was placed in various countries.(에덴 동산은 다양한 나라에 있었던 것으로 생각된다.)

b. He was placed in the infantry.(그는 보병대에 배치되었다.)

c. The students are placed in companies for a period of work experience.(그 학생들은 일을 경험하는 일정 기간동안 회사에 배치된다.)

d. I was placed in a difficult position.(나는 어려운 입장에 처했다.)

e. Learners can now be placed in a situation where they must use language as an instrument.(학습자들은 이제 도구로써 언어를 사용해야만 하는 상황에 놓여질 수 있다.)

f. You are better placed to arrange the meeting than I am.(너는 그 만남을 주선하기에 나보다 더 좋은 입장에 있다.)

1.14. 다음 주어는 목적어를 전치사 with의 목적어에

둔다.

(14) a. The agency placed the orphan with a family.(대행사는 그 고아를 어느 가족에 맡겼다.)

b. We managed to place most of the refugees with local families.(우리는 피난민들 대부분을 지역 가족들과 함께 있게 했다.)

c. We placed him with a good firm.(우리는 그를 좋은 회사에 취직시켰다.)

1.15. 다음은 수동태 문장으로 주어는 배치된다.

(15) The children were placed with foster parents.(그 아이들은 양부모에게 입양되었다.)

1.16. 다음 주어는 목적어를 with의 목적어에 제출한다.

(16) a. I have placed an insurance with the underwriter.(나는 그 보험업자와 보험을 계약했다.)

b. I have placed an order for a new car with the dealer.(나는 새 차 주문을 그 딜러에게 넣었다.)

c. Place a written testimony with the court.(증언을 법정에 제출하라.)

d. I have placed a book with the publisher.(나는 책을 출판사에 주문했다.)

1.17. 다음 주어는 목적어를 놓는다. 목적어가 놓이는 장소가 전치사로 표현되지 않았으나 문맥이나 맥락으로부터 추리가 가능하다.

(17) a. To place an order by telephone, call any time, including weekends.(전화를 통해 주문하시려면, 주말을 포함해서 아무 때나 전화하십시오.)

b. It is a good idea to place your order well in advance.(미리 주문을 넣는 것이 좋은 생각이다.)

c. We've placed an order for one hundred books.(우리는 100권의 책을 주문 넣었다.)

d. He placed a phone call/an overseas call.(그는 전화/해외전화를 넣었다.)

1.18. 다음 주어는 목적어를 기억 속에 위치를 찾는다.

(18) a. I'm sorry, I just can't place you.(미안하지만 널 기억할 수 없다.)

b. I remember seeing him once, but I cannot place him.(나는 그를 한번 봤는데 기억할 수 없다.)

c. Something about the man is familiar, but I cannot place him.(그 남자에 대해 무언가가 낯이 익긴 하지만 그를 기억할 수 없다.)

d. I know that woman from somewhere, but I can't place her.(나는 어느 곳에서 그녀를 알았지만 기억할 수 없다.)

e. He looked familiar to me, but I could not place him.(그는 나에게 친숙했지만 그를 기억할 수 없었다.)

f. I know who you're talking about, but I can't place the face.(나는 네가 얘기하는 사람이 누군지 알겠지만, 그 얼굴을 기억할 수는 없다.)

g. I have trouble placing your face.(나는 너의 얼굴을 기억하기 어렵다.)

h. He could not place, though he could remember her face.(그는 그녀의 얼굴은 기억나더라도 확실히 기억할 수는 없다.)

i. Can you place that voice?(당신은 저 목소리를 기억

하십니까?)

j. I can't quite **place** his accent.(나는 그의 억양을 기억하기 힘들다.)

1.19. 다음은 수동태 문장으로 주어는 입상권에 든다.

(19) a. My horse has been **placed** several times.(나의 말은 여러번 입상권에 들여갔다.)

b. His horse was not **placed**.(그의 말은 입상권에 든 적이 없었다.)

c. I was **placed** second in the race.(나는 경주에서 2등 했다.)

2. 자동사 용법

2.1. 다음의 주어는 입상권에 놓인다.

(20) a. I **placed** third in the race.(나는 경주에서 3등을 차지했다.)

b. He **placed** sixth in his class.(그는 그의 반에서 6등을 차지했다.)

c. Your horse won; mine **placed**.(너의 말은 승리했고, 나의 말은 입상을 했다.)

plague

이 동사의 개념 바탕에는 plague의 명사 '역병'이 있다. 동사의 의미는 이 명사의 성질과 관계가 있다.

1. 타동사 용법

1.1. 다음 주어는 목적어를 괴롭힌다.

(1) a. The kids have been **plaguing** me with questions. (아이들은 나를 질문으로 괴롭혀 왔다.)

b. The question always **plagues** me with doubts.(그 질문은 항상 나를 의문점으로 괴롭힌다.)

c. Financial problems are **plaguing** the company.(재정적인 문제들이 그 회사를 괴롭히고 있다.)

1.2. 다음은 수동태 문장으로 주어는 전치사 with의 목적어로 괴로움을 받는다.

(2) a. She is **plagued with** back problems.(그녀는 허리 통증으로 고통받는다.)

b. He is **plagued with** questions.(그는 질문으로 공세를 받는다.)

c. She was **plagued with** illness.(그녀는 질병으로 고통받았다.)

1.3. 다음은 수동태 문장으로 주어는 성가심을 받는다.

(3) a. The team has been **plagued by** injury this season. (그 팀은 이번 시즌에 부상으로 괴로움을 받고 있다.)

b. Her vacation was **plagued by** phone calls from her boss.(그녀의 휴가는 사장에서 온 전화로 성가시게 되었다.)

c. He is **plagued by** back pain.(그는 허리 통증으로 성가심을 받는다.)

1.4. 다음은 수동태 문장으로 주어는 죽을 정도로 성가심을 받는다.

(4) He was **plagued** to death.(그는 죽을 정도로 성가심을 받았다.)

1.5. 다음 주어는 목적어를 성가시게 해서 어떤 일을 하게 한다.

(5) a. He **plagued** us to do.(그는 우리를 성가시게 해서 일을 하도록 했다.)

b. The child **plagued** his parents to buy him the toy. (그 아이는 부모님을 성가시게 해서 그 장난감을 사주도록 했다.)

1.6. 다음 주어는 목적어를 전치사 into의 목적어가 나타내는 과정을 하게 한다.

(6) a. The children **plagued** me into buying them the toys.(그 아이들은 나를 졸라서 그들에게 그 장난감을 사주게 했다.)

b. They **plagued** me into taking them to the fair ground.(그들은 나를 졸라서 그들을 그 박람회에 데리고 가게 했다.)

plan

이 동사의 개념 바탕에는 plan의 명사 '계획'이 있다.

1. 타동사 용법

1.1. 다음 주어는 목적어를 계획한다.

(1) a. We have been **planning** this visit for months.(우리는 이번 방문을 여러 달 동안 계획하고 있다.)

b. We **planned** the day down to the last detail.(우리는 그 날의 계획을 마지막 세부항목까지 철저히 세웠다.)

c. They **planned** their escape carefully.(그들은 탈출을 주도면밀하게 계획했다.)

d. We **planned** our vacation for the week.(우리는 그 주의 휴가를 계획했다.)

1.2. 다음 주어는 목적어를 설계한다.

(2) a. A famous architect **planned** the shopping center. (한 유명한 건축가가 쇼핑센터를 설계했다.)

b. My father **planned** our school.(나의 아버지가 우리의 학교를 설계했다.)

c. The city **plans** a new park.(그 시는 새 공원을 계획한다.)

1.3. 다음 주어는 목적어를 상세하게 계획한다.

(3) a. He is **planning out** a new book on linguistics.(그는 언어학에 관한 새 책을 면밀히 계획하고 있다.)

b. I'll get the maps so we can **plan out** our route.(나는 지도들을 우리의 노정을 상세히 계획하기 위해서 구하겠다.)

1.4. 다음 주어는 목적어를 계획한다.

(4) We are **planning** turning the back room into a bedroom.(우리는 뒷방을 침실로 개조하는 것을 계획하고 있다.)

2. 자동사 용법

2.1. 다음 주어는 계획을 짠다.

(5) a. He is **planning for** a picnic.(그는 소풍을 계획하고 있다.)

b. We **planned for** seven guests.(우리는 7명의 손님을 계획했다.)

c. What are you **planning for** your retirement party? (퇴직파티에 너는 무엇을 계획하고 있니?)

2.2. 다음 주어는 부정사가 가리키는 일을 하려는 계획

을 한다.

(6) a. Jane planned to work until she had saved enough money to go to college. (제인은 대학에 갈 충분한 돈을 모으기까지 일을 하기로 계획했다.)

   b. I planned to be there on time. (나는 정시에 거기에 도착하는 것을 계획했다.)

   c. I am planning to consent. (나는 동의하기로 계획하고 있다.)

2.3. 다음 주어는 on의 목적어와 관련하여 계획을 한다.

(7) a. I didn't plan on seeing you here today. (나는 오늘 여기서 너를 만나리라고는 예상하지 못했다.)

   b. We hadn't planned on going anywhere this evening. (우리는 오늘 저녁 어떤 곳도 갈 계획을 하지 않았었다.)

   c. We didn't plan on having so many guests. (우리는 그렇게 많은 손님을 맞게 되리라고는 계획하지 않았다.)

2.4. 다음 주어는 계획을 하는 사람이다.

(8) a. My parents never plan very far in advance. (우리 부모님들은 사전에 너무 멀리까지 계획하지 않으신다.)

   b. She never plans; she does things suddenly. (그녀는 결코 계획하지 않는다; 그녀는 일을 즉석에 한다.)

plane¹

이 동사의 개념 바탕에는 plane의 명사 '대패'가 있다. 동사의 의미는 이 도구의 기능과 관계가 있다.

1. 타동사 용법

1.1. 다음 주어는 대패로 목적어를 고르거나 깎는다.

(1) a. He planed the edge of the door. (그는 문의 모서리를 대패질했다.)

   b. Plane the rough surface of the board. (그 판자의 거친 면을 대패질해라.)

   c. When I planed the board, wood shavings fell to the ground. (내가 판자를 대패질 할 때, 나무 대팻밥이 땅에 떨어졌다.)

1.2. 목적어에 대패질을 하면 목적어가 깎여서 나가는 부분이 있다. 다음 주어는 목적어를 깎아낸다.

(2) a. I'll plane away the rough bits on this wood. (나는 이 나무 표면의 거친 조각들을 대패로 깎아 없애겠다.)

   b. You have to plane some more wood off the bottom of the door. (너는 문 밑 부분의 나무를 더 대패질해서 없애야 한다.)

1.3. 다음 주어는 목적어를 대패질하여 목적어를 어떤 상태에 들어가게 한다.

(3) a. I planed the board down. (나는 판자를 대패질하여 얇게 했다.)

   b. The carpenter planed the wood smooth. (그 목수는 나무를 매끈하게 대패질했다.)

plane²

이 동사의 개념 바탕에는 plane의 명사 '비행기'가

있다.

1. 자동사 용법

1.1. 다음 주어는 활공한다.

(1) Gulls swooned and planed overhead. (갈매기들이 휙 내려와서 머리 위에서 활공했다.)

plank

이 동사의 개념 바탕에는 털썩 내려놓고 판자로 덮는 과정이 있다.

1. 타동사 용법

1.1. 다음 주어는 목적어를 두꺼운 판자로 깐다.

(1) a. He planked the floor of the study. (그는 서재의 마루를 두꺼운 판자로 깔았다.)

   b. The city planked the old bridge over so that bicyclists can use it. (그 시는 오래된 다리를 널판자로 덮어서 자전거 타는 이들이 이용할 수 있게 했다.)

   c. He planked the deck of his boat. (그는 배의 갑판을 판자로 덮었다.)

1.2. 다음 주어는 목적어를 털썩 내려놓는다.

(2) He planked down the package. (그는 꾸러미를 털썩 내려놓았다.)

1.3. 다음 주어는 목적어를 즉석에 내어놓는다.

(3) a. He planked down $100 for a dinner. (그는 100 달러를 정찬을 위해 즉석에 내어놓았다.)

   b. He had to plank down the money. (그는 즉석에서 돈을 지불해야만 했다.)

plant

이 동사의 개념 바탕에는 나무를 심는 과정이 있다.

1. 타동사 용법

1.1. 다음 주어는 목적어를 심는다.

(1) a. I will plant a row of tulips. (나는 한줄의 튤립을 심겠다.)

   b. The farmer planted carrot seeds each spring. (농부는 홍당무 씨를 매년 봄에 심었다.)

   c. We have planted vegetables in the garden. (우리는 채소를 밭에 심었다.)

   d. They planted trees along the road. (그들은 나무를 길을 따라 심었다.)

   e. The farmer planted trout/salmon in the pond. (그 농부는 숭어/연어를 연못에 방류했다.)

   f. The fisherman planted bass in the river. (어부는 농어를 강에 방류했다.)

1.2. 다음 주어는 목적어를 몰래 어디에 둔다.

(2) a. The police planted the story in the paper. (그 경찰 당국은 그 이야기를 신문에 실었다.)

   b. They planted drugs in his car and called the police. (그들은 마약을 차에 몰래 넣고 경찰당국을 불렀다.)

   c. Max planted a toy gun in his brother's luggage.

(맥스는 장난감 권총을 그의 동생 짐에 몰래 넣었다.)

d The gangster planted the stolen goods on the storekeeper.(그 갱은 훔친 물건을 상점 주인에게 강매했다.)

e. The organizer planted questions among the audience.(그 조직원은 질문을 청중속에 심었다.)

1.3. 다음은 수동태 문장으로 주어는 몰래 숨겨진다.

(3) a. She insisted that the drugs had been planted on her without her knowledge.(그녀는 그 마약이 그녀에게 자신도 모르게 숨겨졌다고 주장했다.)

b. These drugs are not mine; they must have been planted.(이 마약은 내 것이 아니다; 그것은 내게 몰래 숨겨졌음이 틀림없다.)

c. The young man claimed that the stolen money was planted on him.(그 젊은이는 그 훔친 돈이 그에게 몰래 숨겨진 것이라고 주장했다.)

1.4. 다음 목적어는 첩자, 정보원 등이다. 주어는 목적어를 특정한 장소에 고정 배치한다.

(4) a. The Russians planted a spy in the consulate.(소련인들은 스파이를 그 영사관에 몰래 배치했다.)

b. The government has planted a secret agent in the terrorist group.(정부는 비밀요원을 그 테러단체에 몰래 배치했다.)

c. The CIA plants its agents in all the strategic areas.(미중앙정보국은 요원들을 전략적 지역에 몰래 배치했다.)

d. They planted guards at the doorways.(그들은 경비들을 그 문에 몰래 배치했다.)

1.5. 다음은 수동태 문장으로 주어는 고정 배치된다.

(5) Plain clothesmen were planted at all exits.(형사들이 모든 출구에 몰래 배치되어 있었다.)

1.6. 다음 목적어는 도청장치나 폭탄 같은 것이다. 주어는 목적어를 어떤 장소에 몰래 설치한다.

(6) a. He has planted a microphone in your office.(그는 마이크를 너의 사무실에 몰래 설치했다.)

b. They are convinced that someone has planted a bugging device in their office.(그들은 누군가 도청장치를 사무실에 몰래 설치했다고 확신하고 있다.)

c. A corrupt cop planted the evidence against me in my car.(부패한 경관이 증거를 나에게 불리하게 내 차에 숨겼다.)

d. The terrorists planted a bomb under his car.(그 테러분자는 폭탄을 그의 차에 몰래 두었다.)

e. The pickpocket planted the wallet on a passer-by.(그 소매치기는 그 지갑을 행인에게 숨겼다.)

f. He claimed that the police had planted the weapon on her brother.(그는 경찰당국이 그 무기를 그녀의 오빠에게 몰래 두었다고 주장했다.)

1.7. 다음은 수동태 문장으로 주어는 몰래 숨겨진다.

(7) a. The bomb was planted in the station waiting room.(그 폭탄은 기차역 대합실에 몰래 숨겨졌다.)

b. The evidence was planted on him.(그 증거는 그에게 몰래 숨겨졌다.)

1.8. 땅에 나무를 심으면 나무는 어떤 위치에 있게 된다. 다음 주어는 목적어를 어떤 장소에 위치시킨

다.

(8) a. I planted my deck chair beside hers.(나는 휴대용 의자를 그녀의 의자 곁에 두었다.)

b. She planted the child in front of her.(그녀는 아이를 자기 앞에 두었다.)

c. He planted the stolen ring under a stone.(그는 훔친 반지를 어느 돌 밑에 두었다.)

d. I planted myself firmly in front of him.(나는 자신을 그의 앞에 위치시켰다.)

1.9. 다음 주어는 굳건히 목적어를 꽂는다.

(9) a. He planted a dagger in her heart.(그는 칼을 그녀의 가슴에 꽂았다.)

b. He planted a knife in her back.(그는 칼을 그녀의 등에 꽂았다.)

c. Columbus planted the flag of Spain in the ground.(콜럼버스는 스페인 국기를 그 땅에 꽂았다.)

d. The climber planted a flag on the top of the mountain.(그 등반가는 국기를 산의 정상에 꽂았다.)

1.10. 다음 주어는 목적어를 세운다.

(10) a. They planted a church/a colony in the area.(그들은 교회/식민지를 그 지역에 세웠다.)

b. They planted a colony in Australia.(그들은 식민지를 오스트레일리아에 세웠다.)

1.11. 다음 주어는 목적어에 심는다.

(11) a. We are going to plant an orchard in the area.(우리는 과수를 그 지역에 심을 예정이다.)

b. Potato farmers planted 80,000 acres this year.(감자 농부들은 80,000 에이커에 금년에 심었다.)

1.12. 다음 주어는 목적어를 전치사 with의 목적어로 심는다.

(12) a. The village planted the river with fish.(그 마을은 그 강에 물고기를 방류했다.)

b. The farmer planted the field with corn.(그 농부는 그 밭에 옥수수를 심었다.)

c. I planted the flower garden with roses.(나는 그 화단을 장미로 심었다.)

d. They plan to plant the area with grass and trees.(그들은 그 지역을 풀과 나무로 심는다.)

1.13. 다음은 수동태 문장으로 주어는 전치사 with의 목적어로 심어진다.

(13) a. The hillsides were planted with trees.(그 산기슭은 나무로 심어졌다.)

b. The garden was planted with shrubs.(그 밭은 관목으로 심어졌다.)

c. The garden was planted with all sorts of beautiful shrubs.(그 정원은 모든 종류의 아름다운 관목으로 심어졌다.)

d. The garden is densely planted.(그 밭은 촘촘하게 심어졌다.)

1.14. 다음 목적어는 사람의 발이다. 사람의 발은 나무의 뿌리에 비유되어 있다. 나무 뿌리를 땅에 고정시키듯이 주어는 발을 어떤 장소에 고정시킨다.

(14) a. The soldiers planted their feet solidly on the

ground.(그 군인들은 발을 땅에 굳게 디뎠다.)

b. He planted both feet squarely on the ground.(그는 양 발을 굳게 땅에 디뎠다.)

c. She planted her feet widely and bent down slightly.(그녀는 발을 넓게 벌려 딛고 약간 아래로 굽혔다.)

d. She planted her feet firmly to the spot and refused to move.(그녀는 발을 굳게 자리에 딛고 움직이기를 거부했다.)

1.15. 다음의 목적어는 재귀대명사이다. 주어는 자신을 어떤 위치에 고정시킨다.

(15) a. He planted himself in the front row and refused to move.(그는 자신을 첫 열에 위치시키고 움직이기를 거부했다.)

b. My brother planted himself on the sofa in front of the television.(나의 형은 자신을 텔레비전 앞의 소파에 앉히었다.)

c. Plant yourself in the doorway and don't let anyone in.(네 자신을 그 문에 두어 아무도 들어가지 못하게 해라.)

d. She planted herself in a chair by the fire.(그녀는 자신을 난로가 의자에 앉혔다.)

1.16. 다음 주어는 목적어를 가한다.

(16) a. He planted a kiss on her cheek.(그는 키스를 그녀의 뺨에 했다.)

b. She planted a kiss right in the middle of his forehead.(그녀는 키스를 그의 이마 한 가운데에 했다.)

c. He planted a blow on the man's ear.(그는 주먹을 그 남자의 귀에 날렸다.)

1.17. 다음 주어는 목적어를 심는다. 목적어는 생각, 의혹, 소문 등이다.

(17) a. He planted a strange idea in her mind.(그는 이상한 생각을 그녀의 마음에 심었다.)

b. She planted in his mind the idea of going to Paris.(그녀는 그의 마음에 파리에 가는 생각을 심었다.)

c. Who planted that ridiculous idea in his head?(누가 저 이상한 생각을 그의 머리에 심었나?)

d. The lawyer managed to plant doubts about his honesty in the jury's minds.(그 변호사는 그 배심원들의 마음에 정직에 대한 의심을 심는데 성공했다.)

e. He planted love for learning in the children.(그는 배움에 대한 사랑을 그 아이들에게 심었다.)

f. Who planted these rumors?(누가 이 소문들을 퍼뜨렸나?)

g. She tried to plant a false rumor about him.(그녀는 그에 대한 헛소문을 퍼뜨리려고 했다.)

1.18. 부사 out은 이동이나 확산을 나타낸다.

(18) a. The borders have been planted out with annuals.(가장자리는 일년초로 심어졌다.)

b. Plant out the geraniums in early June.(제라니움을 6월 초에 옮겨 심어라.)

2. 자동사 용법

2.1. 다음 주어는 심는다.

(19) Extensive flooding in the country has delayed planting.(시골에 심한 홍수가 이식을 늦추었다.)

plaster

이 동사의 개념 바탕에는 plaster의 명사 '분토'가 있다. 동사의 의미의 이 명사의 용도와 관계가 있다.

1. 타동사 용법

1.1. 다음 주어는 목적어를 with의 목적어를 바른다.

(1) a. The students plastered the walls with posters.(학생들은 벽을 벽보로 잔뜩 붙였다.)

b. She plastered her face with powder.(그녀는 얼굴을 분으로 잔뜩 발랐다.)

c. She plastered the wall with photos of her boyfriend.(그녀는 벽을 그녀의 남자친구 사진으로 장식했다.)

d. He plastered his office with maps of the world.(그는 사무실을 세계의 지도들로 잔뜩 붙였다.)

e. She plastered her hair/face with cream.(그녀는 그녀의 머리/얼굴을 크림으로 잔뜩 발랐다.)

f. He plastered the ceiling and painted it.(그는 천장을 회반죽으로 바르고 페인트칠을 했다.)

1.2. 다음 주어는 목적어를 칭찬으로 온통 뒤덮는다.

(2) a. She plastered me with praise.(그녀는 나를 칭찬으로 뒤덮었다.)

b. He plastered her with flattery.(그는 그녀를 아첨으로 덮었다.)

1.3. 다음 주어는 목적어를 on/to의 목적어에 붙인다.

(3) a. He plastered photos on the walls.(그는 사진들을 벽들에 붙였다.)

b. He plastered advertisement to the telephone poles.(그는 광고를 전봇대에 붙였다.)

c. The cook plastered the tomato sauce onto the pizza.(그 요리사는 토마토 소스를 피자 위에 뿌렸다.)

1.4. 다음 주어는 자신의 신체의 일부에 크림 같은 것 짙게 바른다.

(4) She plastered herself in suntan lotion.(그녀는 몸을 선탠 로션으로 짙게 발랐다.)

1.5. 다음 주어는 목적어를 기름으로 짙게 발라서 뜨지 않게 한다.

(5) a. She plastered her hair down with grease.(그녀는 기름을 발라 머리를 착 붙였다.)

b. He plastered down his hair with smelly creams.(그는 머리를 냄새가 나는 크림으로 착 달라붙게 했다.)

1.6. 다음은 수동태 문장으로 주어는 발라진다.

(6) a. The news of the wedding was plastered all over the morning papers.(그 결혼 소식은 모든 조간 신문에 났다.)

b. The news was plastered over the front page of the newspaper.(그 소식은 신문의 첫 페이지에 대서특필되었다.)

1.7. 다음은 수동태 문장으로 주어는 발라진다. 주어는 장소이다.

(7) a. The wall is plastered with many posters.(그 벽은

많은 벽보로 칠해져 있다.)

   b. Her face is **plastered with** powder.(그녀의 얼굴은 분칠이 되어 있다.)

1.8. 다음 주어는 목적어를 전치사 to의 목적어에 붙게 한다.

(8) a. The rain **plastered** his hair **to** his forehead.(비는 그의 머리를 이마에 찰싹 붙게 했다.)

   b. Her hair was **plastered to** her forehead with sweat.(그녀의 머리는 땀에 젖어 이마에 붙어 있었다.)

1.9. 다음 주어는 목적어를 패배시킨다.

(9) In the final game, they **plastered** us 10–0.(그 결승경기에서, 그들은 우리를 10대 0으로 완패시켰다.)

play

이 동사의 개념 바탕에는 노는 과정이 있다.

1. 타동사 용법

1.1. 다음 주어는 목적어를 놀이의 대상으로 한다.

(1) a. He **played** doctor/nurse.(그는 의사/간호원 놀이를 했다.)

   b. Let's **play** cowboys.(카우보이 놀이를 하자.)

   c. Children like to **play** cooking dinner.(아이들은 밥 짓는 놀이를 좋아한다.)

   d. They **played** catch/hide-and-seek/house/war. (그들은 술래/숨바꼭질/집/전쟁 놀이를 했다.)

1.2. 다음 주어는 목적어를 가지고 논다.

(2) I **played** cards against him.(나는 카드놀이를 그와 했다.)

1.3. 다음 주어는 목적어를 놀이에 쓴다.

(3) a. He **played** his highest card.(그는 가장 좋은 카드를 썼다.)

   c. She couldn't decide which card to **play**.(그녀는 어느 카드를 써야할지 결정 할 수 없었다.)

   d. She **played** her bishop.(그녀는 비숍 카드를 썼다.)

1.4. 다음 주어는 경기에서 목적어를 담당한다.

(4) He **played** first base.(그는 일루를 맡았다.)

1.5. 다음 주어는 목적어를 경기한다.

(5) a. I **played** golf with him last week.(나는 그와 지난 주에 골프를 쳤다.)

   b. They are **playing** football.(그들은 축구를 하고 있다.)

   c. They **played** a game of tennis.(그들은 정구게임을 했다.)

   d. They **played** a good game.(그들을 좋은 게임을 했다.)

1.6. 다음 주어는 목적어를 상대로 싸운다.

(6) a. England is **playing** France tonight.(영국은 프랑스와 오늘 저녁 싸운다.)

   b. We **played** the Korean team last year.(우리는 한국 팀을 상대로 작년에 싸웠다.)

   c. Oxford **played** Cambridge at rugby.(옥스포드는 켐브리지를 럭비에서 대결했다.)

   d. We **played** them at bowling.(우리는 그들과 볼링에서 대결했다.)

   e. I **played** Bill in a tennis match.(나는 빌과 정구시합에서 대결했다.)

1.7. 다음 주어는 목적어를 경기에서 움직인다.

(7) a. She **played** the ball and ran forward.(그녀는 공을 치고 앞으로 뛰어갔다.)

   b. She **played** the ball over the net down.(그녀는 공을 그물 너머로 쳤다.)

1.8. 다음 주어는 목적어를 출전시킨다.

(8) a. The manager will **play** Ron as catcher.(감독은 론을 포수로 출전시킬 것이다.)

   b. The coach **played** him as a center field.(코치는 그를 센터필드로 출전시켰다.)

   c. We are going to **play** Bill in the next game.(우리는 빌을 다음 게임에 출전시키려고 한다.)

1.9. 다음 주어는 목적어를 상연한다.

(9) a. He **played** an opera.(그는 오페라를 상연했다.)

   b. They **played** a tragedy.(그들은 비극을 상연했다.)

   c. They **played** an Elizabethan comedy.(그들은 엘리자베스 시대의 희극을 상연했다.)

1.10. 다음 주어는 목적어를 연기한다. 목적어는 역할이다.

(10) a. He is **playing** the idiot/the teacher.(그는 백치역/선생역을 한다.)

   b. He **played** the fool/the man/the villain.(그는 바보/남자/악한 역을 했다.)

   c. He **played** an important role in Othello.(그는 오셀로에서 중요한 역을 했다.)

   d. He **played** the role of Hamlet.(그는 햄릿 역을 했다.)

1.11. 다음 주어는 목적어를 연주한다.

(11) a. He **played** a sonata on the piano.(그는 소나타 한 곡을 피아노로 연주했다.)

   b. He **played** a tune on the piano.(그는 한 곡을 피아노로 연주했다.)

   c. He **played** Chopin on the piano.(그는 쇼팽 곡을 피아노로 연주했다.)

1.12. 다음 주어는 목적어를 튼다.

(12) a. He **played** some dance music.(그는 무도곡을 틀었다.)

   b. Let's **play** the video of our concert.(우리 음악회의 비디오를 틀자.)

   c. Dave **played** tapes while he drove to work.(데이브는 일터에 운전해 가면서 테이프를 틀었다.)

   d. He **played** (a tape) on his cassette-player.(그는 테이프를 카세트 녹음기에 틀었다.)

   e. He is **playing** records on his stereo.(그는 양판을 스테레오에 틀고 있다.)

   f. He **plays** his radio in the bathroom.(그는 라디오를 욕실에서 튼다.)

   g. I **played** the last ten minutes of the video many times.(나는 비디오의 마지막 10분을 여러 번 틀었다.)

   h. Please **play** it back for me after you've finished the recording.(그 녹음을 끝낸 다음, 그것을 다시 내게 틀어주세요.)

1.13. 다음 주어는 목적어를 연주한다. 목적어는 악기이다.

(13) He **plays** the violin well.(그는 바이올린을 잘 켠다.)

1.14. 다음 주어는 첫째 목적어에게 둘째 목적어를 연주하거나 들려준다.

(14) a. Will you **play** me a waltz?(내게 왈츠곡을 들어주시겠습니까?)

b. He **played** us some classical music.(그는 우리에게 고전음악을 들어주었다.)

1.15. 다음 주어는 음악을 연주하면서 목적어를 들어오게 하거나 나가게 한다.

(15) a. The band **played** the guests in/out.(그 악단은 연주를 해서 손님들을 들어오게/나가게 했다.)

b. They **played** the congregation in/out.(그들은 연주를 해서 교인들을 들어오게/나가게 했다.)

1.16. 다음 주어는 목적어를 이용한다.

(16) a. These accountants know how to **play** the tax system.(이 회계사들은 세금체계를 이용할 줄 안다.)

b. He **played** the situation carefully for maximum advantage.(그는 상황을 조심스럽게 이용하여 최대의 이익을 얻었다.)

c. He **played** the game by acting enthusiastic about the company products when he could care less.(그는 회사의 생산품들에 관심이 없었지만, 열성적인 척 하면서 그 게임을 했다.)

1.17. 다음 주어는 목적어를 노름이나 경마에 쓴다.

(17) a. He **played** his last 10 dollars.(그는 마지막 10불을 썼다.)

b. He **played** his last few dollars.(그는 마지막 몇 달러를 걸었다.)

1.18. 다음 주어는 목적어에 돈을 건다.

(18) a. He **played** the horse/the stock market.(그는 말/주식에 돈을 투자했다.)

b. He **played** the races.(그는 경주에 돈을 걸었다.)

1.19. 다음 주어는 목적어를 조절한다.

(19) a. He tried to **play down** his blunder.(그는 자신의 실수를 작게 보이게 했다.)

b. The government is trying to **play down** its role in the affair.(정부는 그 사건에 있어서 자신의 역할을 작게 보이게 하려고 애쓰고 있다.)

c. The manager **played down** the film's financial difficulties.(부장은 그 영화의 재정적 어려움을 작게 보이게 했다.)

d. The senator **played down** the state of the economy.(그 상원의원은 경제 상태를 가볍게 다루었다.)

e. In the interview you should **play up** your experience of working abroad.(그 면담에서 너는 해외에서 일한 경험을 부각시켜야 한다.)

f. In your job interviews, try to **play up** your good points.(직장 면담에서, 너의 장점을 부각시키도록 노력해라.)

1.20. 다음 주어는 목적어를 게임에 다 써버린다.

(20) He **played** away his fortune.(그는 노름을 해서 재산을 날렸다.)

1.21. 다음 주어는 목적어를 해서 다른 개체에 영향을 미치게 한다.

(21) a. Don't **play** a joke on her.(조롱을 해서 그녀를 괴롭히지 말아라.)

b. He **played** a trick on me.(그는 짓궂은 장난을 내게 했다.)

1.22. 다음 주어는 첫째 목적어에게 둘째 목적어를 가한다.

(22) He **played** me a trick.(그는 내게 장난을 쳤다.)

1.23. 다음 주어는 목적어를 퍼붓는다.

(23) a. He **played** the flashlight around the dark attic.(그는 손전등을 어두운 다락 여기저기에 비추었다.)

b. He **played** water on the lawns and flowers.(그는 물을 잔디밭과 꽃에 주었다.)

c. The storm **played** havoc on our plans.(그 폭풍은 큰 파괴를 우리의 계획에 끼쳤다.)

d. They were **playing** the hoses on the burning building.(그들은 타고 있는 건물에 물줄기를 뿌리고 있다.)

e. We **played** our guns on the fortress.(우리는 그 요새에 총을 퍼부었다.)

1.24. 다음 주어는 목적어를 경기를 해서 분리시킨다.

(24) a. She **played** her two boyfriends off against each other.(그녀는 두 남자 친구들을 이간시켜서 서로 싸우게 했다.)

b. She **played** the two rivals off against each other, and got the job herself.(그녀는 두 경쟁자를 이간시켜서 서로 싸우게 하고, 그 일자리는 자신이 차지했다.)

c. The losing semi-finalists will **play off** for third place.(패자 준결승전은 제 삼위 자리를 결정할 것이다.)

d. The two teams will **play off** tomorrow.(그 두 팀은 내일 경기를 속행하여 끝맺을 것이다.)

1.25. 다음 주어는 목적어를 끝까지 한다.

(25) Shall we call it a draw or **play** it out?(경기를 동점으로 할까요 아니면 끝까지 할까요?)

1.26. 다음 주어는 목적어를 끝까지 한다.

(26) Let's **play** this whole scheme out and see where it takes us.(이 전체 계획을 끝까지 실천해보고, 이것이 우리를 어디까지 끌고 가는지 보자.)

1.27. 다음은 수동태 문장으로 주어는 연기된다.

(27) a. Their love affair was **played out** against the backdrop of war.(그들의 연애사건은 그 전쟁을 배경으로 하고 전개되었다.)

b. Her murder was **played out** under her mother's nose.(그녀의 살인은 어머니 코 앞에서 행해졌다.)

1.28. 다음은 수동태 문장으로 주어는 지치게 된다.

(28) I was **played out** with walking.(나는 걸어서 지쳤다.)

1.29. 다음은 주어는 목적어를 괴롭게 한다.

(29) a. My legs have been **playing** me up recently.(다리가 나를 최근에 괴롭히고 있다.)

b. My shoulder is **playing** me up again.(어깨가 나를 괴롭히고 있다.)

1.30. 다음 주어는 목적어를 공연한다. 목적어는 장소이다.

(30) They **played** New York for a week.(그들은 뉴욕을 일주일 공연했다.)

2. 자동사 용법

2.1. 다음 주어는 전치사 against의 목적어에 대항해서 경기를 한다.

(31) a. John played against Bill. (존은 빌에 대항해서 싸웠다.)

b. They're a terrible team to play against. (그들은 대항해서 싸우기가 나쁜 팀이다.)

c. We played against a very strong team. (우리는 매우 강한 팀을 상대로 싸웠다.)

2.2. 다음 주어는 배회한다.

(32) a. Bees are playing about the flowers. (벌들이 꽃들 주위를 날아다니고 있다.)

b. They played around in the garden. (그들은 정원 안 여기저기에서 놀았다.)

2.3. 다음 주어는 공을 다루듯 생각을 이리저리 다룬다.

(33) a. She played along with his plan. (그녀는 그의 계획을 이리저리 굴려보았다.)

b. We played around with an idea of keeping a dog. (우리는 개를 기르는 생각을 이리저리 굴려보았다.)

2.4. 다음 주어는 전치사 on의 목적어에 배회한다.

(34) a. The searchlight played on the river along the road. (탐조등은 길에 면해 있는 강에 비추었다.)

b. The sunshine is playing on the water. (햇빛은 물 위에 어른거리고 있다.)

c. A fountain played in the garden. (분수가 정원에서 물을 뿜었다.)

d. The piston rod plays in the cylinder. (그 피스톤 막대는 그 원통에서 움직이고 있다.)

e. The wind played in the trees. (바람은 그 나무에서 불었다.)

f. The fire engines were ready to play. (소방차들은 움직일 준비가 되었다.)

g. A faint smile played on his lips. (희미한 미소가 그의 입술에 어른거렸다.)

2.5. 다음 주어는 상태가 나빠진다.

(35) a. My computer has been playing up. (내 컴퓨터는 성질을 부리고 있다.)

b. The cars are playing up again. (그 차들은 성질을 부리고 있다.)

2.6. 다음 주어는 행동이 거칠어진다.

(36) The kids have been playing up all day. (그 아이들은 온종일 거칠게 놀고 있다.)

2.7. 다음 주어는 목적어를 데리고 또는 가지고 논다.

(37) a. He loves playing with his grandchildren. (그는 손자들과 놀기를 좋아한다.)

b. Please don't play with the vase. You'll break it. (꽃병을 가지고 놀지 마세요. 그것을 깰 수 있어요.)

2.8. 다음 주어는 전치사 on의 목적어를 이용한다.

(38) a. He played on her generosity. (그는 그녀의 관대함을 이용했다.)

b. She played on his generous nature. (그녀는 그의 관대한 성격을 이용했다.)

c. Television commercials tend to play on the vanity of women. (텔레비전 광고는 여자들의 허영심을 이용하는 경향이 있다.)

2.9. 다음 주어는 전치사 (up)on의 목적어에 영향을 준다.

(39) a. The battery played upon the enemy. (그 포대는 적을 공격했다.)

b. The machine guns played on the building. (그 기관총은 건물을 공격했다.)

c. The shock played on his nerves. (충격은 그의 신경을 자극했다.)

2.10. 다음 주어는 연주한다.

(40) The old man played well on the flute. (그 노인은 플롯을 잘 연주한다.)

2.11. 다음 주어는 놀이를 한다.

(41) a. She played sick/dead/deaf. (그녀는 아픈/죽은/귀가 먼 척 했다.)

b. You're not playing fair. (너는 공평하게 행동하지 않는다.)

c. The children are playing in the ground. (그 아이들이 뜰에서 놀고 있다.)

d. We are just playing; nobody meant to harm you. (우리는 장난을 하고 있다; 아무도 너를 해치려고 하지 않았다.)

2.12. 다음 주어는 전치사 at의 목적어를 놀이로 한다.

(42) a. He just plays at being an artist. (그는 예술가인 척 했다.)

b. She is playing at being a mother. (그는 엄마인 척 하고 있다.)

c. They played at riding horses. (그들은 승마놀이를 했다.)

d. They played at soldiers. (그들은 병정놀이를 했다.)

2.13. 다음 주어는 상연된다.

(43) a. Hamlet is playing at the Globe now. (햄릿이 글로브 극장에서 상연 중이다.)

b. "Gone with the Wind" is playing at the cinema. ("바람과 함께 사라지다"가 그 영화관에서 상연되고 있다.)

c. The opening night performance played to a full house/audience. (그 개봉 밤 흥행은 만원으로 상연되었다.)

d. What is playing at the movie theater? (무엇이 그 영화관에서 상연되고 있나?)

2.14. 다음 주어는 연기나 연주를 한다.

(44) a. The actor played well. (그 배우는 연기를 잘 했다.)

b. She is playing in Evita at the theater. (그녀는 그 극장에서 공연되고 있는 에비타에서 연기를 하고 있다.)

c. The violinist stopped playing when the music fell off the stand. (바이올린 연주가는 악보가 악보대에서 떨어지자 연주를 중단했다.)

d. She plays in an orchestra. (그녀는 관현악단에서 연주한다.)

2.15. 다음 주어는 연기가 된다.

(45) a. That drama will play well. (저 극은 연기가 잘 된다.)

b. The script won't play well. (그 대본은 연기가 잘 안 된다.)

2.16. 다음 주어는 연주된다.

(46) a. The strings are playing well this evening.(현악기들은 오늘 저녁 잘 연주되고 있다.)

b. The music began playing.(그 음악은 연주되기 시작했다.)

c. Music began to play on the radio.(음악이 라디오에서 흐르기 시작했다.)

2.17. 다음 주어는 레코드나 테이프로 돌아간다.

(47) a. A tape is playing.(테이프가 돌아가고 있다.)

b. The radio was playing very loudly.(그 라디오는 매우 시끄럽게 들리고 있다.)

c They danced around the room while the records played.(그들은 음반이 돌아가는 동안, 방을 돌면서 춤을 추었다.)

2.18. 다음 주어는 아첨을 한다.

(48) He is playing up to his teacher.(그는 선생님에게 아첨을 한다.)

2.19. 다음 주어는 경기를 한다.

(49) a. The ground played well.(그 경기장은 시합하기에 좋다.)

b. They played for money.(그들은 돈을 걸고 경기했다.)

plead

이 동사의 개념 바탕에는 이성에 호소하면서 간청하는 과정이 있다.

1. 자동사 용법

1.1. 다음 주어는 for의 목적어를 얻기 위해 간청한다.

(1) a. He pleaded for her innocence.(그는 그녀의 무죄를 위해 탄원했다.)

b. The hostages/families pleaded for their safe return.(그 인질들은/가족들은 무사한 반환을 간청했다.)

c. The beggar pleaded for some change.(그 거지는 약간의 푼돈을 구걸했다.)

d. The UN has pleaded for a halt to the bombing.(유엔은 폭탄투하 중지를 탄원했다.)

e. He pleaded for mercy.(그는 자비를 애청했다.)

1.2. 다음 주어는 전치사 for의 목적어에 도움이 된다.

(2) a. His experiences pleaded for him.(경력이 그를 도왔다.)

b. His minority pleaded for him.(미성년자라는 것이 그를 변호했다.)

c. His misfortunes pleaded for him.(그의 불행이 그를 도왔다.)

1.3. 다음 주어는 with의 목적어에 간청하여 부정사가 가리키는 일을 하게 한다.

(3) a. Mary pleaded with her mother to let her go out.(메리는 어머니께 외출을 허락해 달라고 간청했다.)

b. She pleaded with him not to go.(그녀는 그에게 가지 말라고 간청했다.)

c. She pleaded with him to show some pity.(그녀는 그에게 얼마간의 동정을 간청했다.)

1.4. 다음 주어는 주장한다.

(4) a. Henry pleaded not guilty to the charge of murder.(헨리는 살인 혐의에 대해 무죄를 주장했다.)

b. He pleaded not guilty.(그는 무죄를 주장했다.)

1.5. 다음 주어는 부정사가 가리키는 일을 할 수 있도록 간청한다.

(5) a. He pleaded to be allowed to see his mother.(그는 어머니를 볼 수 있게 허락해 달라고 간청했다.)

b. She pleaded to remain.(그녀는 남아 있겠다고 간청했다.)

1.6. 다음 주어는 변론이나 훈계를 한다.

(6) He pleaded against wrong.(그는 잘못을 하지 못하게 훈계했다.)

2. 타동사 용법

2.1. 다음 주어는 목적어의 변론을 한다.

(7) a. A top lawyer pleaded their case.(최고의 변호사가 소송을 변호했다.)

b. My solicitor will plead my case.(내 소송대리인이 내 소송을 변호할 것이다.)

2.2. 다음 주어는 목적어를 간청이나 변론의 원인으로 제시한다.

(8) a. He pleaded ignorance/illness.(그는 무지/병을 이유로 내세웠다.)

b. He pleaded insanity and was not convicted of murder.(그는 정신이상을 내세워서 살인죄로 판결되지 않았다.)

c. The man we found stealing money from the house pleaded poverty.(그 집에서 돈을 훔치다 우리에게 발각된 그 남자는 자신이 가난하다는 것을 이유로 내세웠다.)

2.3. 다음 주어는 that-절 내용을 항변한다.

(9) a. He pleaded that I was wrong.(그는 내가 유죄라고 항변했다.)

b. The teenager pleaded that his car had run out of gas as an excuse for being late.(그 십대는 지각한 구실로 차가 기름이 바닥났다는 것을 내세우면서 항변했다.)

c. Politicians pleaded that raising teachers' salaries would make their job more attractive.(정치가들은 선생님들의 봉급을 인상시키는 것이 그들의 일을 더 매력적으로 만들 것이라고 항변했다.)

2.4. 따옴표 속의 표현은 주어가 간청하는 표현이다.

(10) a. "Don't go," Robert pleaded.("가지 마"라고 로버트는 간청했다.)

b. "Do something," she pleaded.("뭔가를 해라"라고 그녀는 간청했다.)

2.5. 다음 주어는 목적어를 변론한다.

(11) a. He pleaded the cause of political freedom.(그는 정치적 자유라는 대의명분을 변호했다.)

b. He is pleading the rights of the homeless.(그는 부랑자들의 권리를 변호하고 있다.)

please

이 동사의 개념 바탕에는 기쁘게 하는 과정이 있다.

1. 타동사 용법

1.1. 다음 주어는 목적어를 기쁘게 한다.

(1) a. He is hard to please.(그를 만족시키기는 어렵다.)

b. You can't please everyone.(너는 모든 사람들을 만족시킬 수 없다.)

c. His reply pleased her.(그의 답변은 그녀를 만족시켰다.)

d. Her warm welcome pleased us.(그녀의 따뜻한 환영이 우리를 기쁘게 했다.)

1.2. 다음 주어는 목적어를 만족시킨다.

(2) They please our tastes.(그들은 우리의 취향을 만족시킨다.)

1.3. 다음 주어는 목적어를 좋아한다.

(3) a. They can appoint whoever they please.(그들은 자신들이 좋아하는 사람은 누구든지 임명할 수 있다.)

b. She does what she pleases.(그녀는 자신이 원하는 것을 한다.)

c. I shall do as I please.(나는 내가 원하는 대로 하겠다.)

d. Go where you please.(가고 싶은 대로 가라.)

1.4. 다음 주어는 목적어를 만족시킨다. 주어는 가주어로 표현되어 있다.

(4) a. It pleased him to go with her.(그녀와 함께 가는 것이 그를 기쁘게 했다.)

b. It pleases me to see a well-designed book.(잘 디자인된 책을 보는 것은 나를 즐겁게 한다.)

c. It pleases me to know that you are thinking of me.(네가 나를 생각하고 있음을 아는 것이 나를 기쁘게 한다.)

1.5. 다음은 수동태 문장으로 주어는 기쁘게 된다.

(5) a. I was pleased at/with your success.(나는 당신의 성공에 기뻤다.)

b. They were pleased with the painting.(그들은 그 그림에 만족했다.)

c. Are you pleased with your new car?(너는 새 차에 만족하느냐?)

d. He is pleased with my request.(그는 내 요청에 기뻐한다.)

e. He is pleased with their confidence in him.(그는 그에 대한 그들의 자신감에 기뻐한다.)

f. He is pleased with his uncle's praise.(그는 아저씨의 칭찬에 기뻐한다.)

1.6. 다음은 수동태 문장으로 주어는 전치사 about의 목적어에 대해서 기뻐한다.

(6) a. He is pleased about the news.(그는 그 소식에 대해서 기분이 좋다.)

b. She is pleased about his promotion.(그녀는 그의 승진에 대해서 기분이 좋다.)

c. They are pleased about the happy ending.(그들은 좋은 결과에 기분이 좋다.)

1.7. 다음 주어는 기꺼이 부정사가 가리키는 일을 한다.

(7) a. I'll be pleased to come.(나는 기꺼이 가겠다.)

b. She is pleased to see you.(그녀는 당신을 만나게 되어 기쁘다.)

1.8. 다음 목적어는 재귀대명사이다. 주어는 자신을 기

쁘게 한다. 즉 만족한다.

(8) a. Well, I am going to the party--you can please yourself.(글쎄, 난 파티에 가려고 해. 너 마음대로 해라.)

b. "I don't think I'll go." "Oh, well please yourself. I'm going anyway."("난 가고 싶지 않아." "아, 너 마음대로 해라. 난 어쨌든 가야겠어.")

1.9. 다음 that-절은 기쁨의 원인을 나타낸다.

(9) a. I am pleased that you have come.(나는 네가 와서 기쁘다.)

b. I am very pleased that you've decided to come.(나는 네가 오기로 결정했다니 정말 기쁘다.)

pledge

이 동사의 개념 바탕에는 어려움이 있더라도 이행하겠다는 사회적 약속을 지키는 과정이 있다.

1. 타동사 용법

1.1. 다음 주어는 목적어를 약속한다.

(1) a. He pledged support/loyalty/solidarity.(그는 원조/충성/결속을 약속했다.)

b. He pledged allegiance to the king.(그는 충성을 왕에게 맹세했다.)

c. He pledged $200 to a building fund.(그는 200 달러를 기금 조성에 약속했다.)

d. The country pledged one million dollars in humanitarian aid.(그 나라는 백만 달러를 인도주의 원조에 약속했다.)

1.2. 다음 주어는 약속으로 목적어를 건다.

(2) a. He pledged his honor.(그는 자신의 명예를 걸었다.)

b. He pledged his word to do his best.(그는 최선을 다하겠다는 약속을 했다.)

1.3. 다음 목적어는 재귀대명사이다. 주어는 자신을 약속시킨다. 즉 맹세한다.

(3) a. The government pledged itself to root out corruption.(정부는 부정부패를 근절하기로 약속했다.)

b. He pledged himself to stop drinking.(그는 금주할 것을 약속했다.)

c. He pledged himself to secrecy.(그는 비밀을 맹세했다.)

d. The party pledged itself to a tough stand against crime.(그 당은 범죄에 반대하는 단호한 입장을 약속했다.)

1.4. 다음 주어는 목적어를 약속의 일환으로 맡긴다.

(4) a. He pledged his watch for $50.(그는 그의 시계를 50달러에 저당 잡혔다.)

b. He pledged his house to the finance company.(그는 집을 금융회사에 저당 잡혔다.)

1.5. 다음 주어는 that-절의 내용을 약속한다.

(5) a. He pledged that he would never betray the trust of the American people.(그는 결코 미국 시민들의 신뢰를 저버리지 않겠다고 서약했다.)

b. The government has pledged that the wishes of

the minority will be respected.(정부는 그 소수 민족의 바람도 존중되어질 것이라고 서약했다.)

c. They pledged that they would continue campaigning.(그들은 선거운동을 계속하겠다고 맹세했다.)

1.6. 다음 주어는 목적어를 전치사 to의 목적어에 약속으로 묶는다.

(6) a. He pledged everyone to secrecy.(그는 모든 사람들을 비밀에 묶었다.)

b. We were all pledged to secrecy.(우리 모두는 비밀에 묶였다.)

2. 자동사 용법

2.1. 주어는 보증을 한다.

(7) He pledged for his friend.(그는 친구의 보증인이 되었다.)

2.2. 주어는 부정사가 가리키는 일을 하기로 약속한다.

(8) a. He pledged to help him in the upcoming election.(그는 다가오는 선거에 그를 돕기를 약속했다.)

b. They have pledged to fight any change to the abortion law.(그들은 그 낙태법에 대한 어떠한 개정에도 맞설 것임을 약속했다.)

c. He pledged never to come back.(그는 결코 돌아오지 않을 거라고 맹세했다.)

plod

이 동사의 개념 바탕에는 무거운 발걸음으로 힘들게 걷는 과정이 있다.

1. 자동사 용법

1.1. 다음 주어는 뚜벅뚜벅 걸어간다.

(1) a. This hike is too difficult--she is plodding.(이 하이킹은 너무 어렵다. 그녀는 터벅터벅 걷고 있다.)

b. The boys plodded along with great effort.(그 소년들은 매우 힘들게 걸어갔다.)

c. She plodded along although she was tired.(그녀는 피곤했지만 힘들게 걸어갔다.)

d. They are plodding along the road with fatigue.(그들은 피곤한 상태로 그 길을 터벅터벅 걸어가고 있다.)

e. The old horse plodded slowly down the road.(늙은 말은 길 아래로 천천히 걸어 내려갔다.)

f. The horse plodded down the muddy track.(그 말은 진흙탕 길 아래로 터벅터벅 걸어 내려갔다.)

g. They plodded on miles through driving rain and sleet.(그들은 몰아치는 비와 진눈깨비 속을 여러 마일을 계속해서 걸었다.)

h. The children were plodding through the snow.(그 아이들은 눈 속을 터벅터벅 걷고 있었다.)

i. They plodded wearily home through the twilight.(그들은 황혼 속을 통해 집을 향해 터벅터벅 걸어갔다.)

j. The mule plodded up the hill.(그 노새는 산 위로 터벅터벅 걸어 올라갔다.)

k. I'll just plod on for another hour or so.(나는 한 시간 여 동안 그저 터벅터벅 걸을 것이다.)

l. Despite the wind and rain, they plodded on until they reached the cottage.(그 바람과 비에도 불구하고. 그들은 오두막에 도착할 때까지 계속 터벅터벅 걸었다.)

2. 타동사 용법

2.1. 다음 주어는 목적어를 걷는다. 목적어는 주어가 걷는 길이다.

(2) a. He plodded his way.(그는 길을 터벅터벅 걸어갔다.)

b. The policeman plods his beat everyday.(그 경찰은 매일 순찰 구역을 걷는다.)

c. He was destined to plod the path of toil.(그는 고역의 길을 걸을 운명이었다.)

2.2. 다음 주어는 어떤 일을 반복해서 꾸준히 한다.

(3) a. He plodded away at his preparations.(그는 꾸준히 계속해서 준비를 했다.)

b. He plodded away/along at his work.(그는 자신의 일을 꾸준히 열심히 했다.)

c. The teacher plodded away at/on the pile of essays.(선생님은 논문의 많은 양을 꾸준히 읽어나갔다.)

d. He is plodding away at his math problems.(그는 수학 문제를 계속해서 열심히 공부하고 있다.)

e. He plodded along at his job.(그는 자신의 일을 꾸준히 해 갔다.)

2.3. 다음에서 on은 계속의 뜻을 나타낸다.

(4) a. She plodded on with the dull work.(그녀는 지루한 일을 꾸준히 계속했다.)

b. He is plodding on with negotiations.(그는 계속 협상을 계속하고 있다.)

2.4. 다음 주어는 눈길을 헤쳐나가듯 일을 한다.

(5) a. He plodded through the day's work.(그는 열심히 그 하루 일을 해 나갔다.)

b. He is plodding through a dull book.(그는 지루한 책을 꾸준히 읽어 끝마쳤다.)

c. He plodded through his lessons.(그는 공부를 열심히 해나갔다.)

d. The students are plodding through the tough algebra assignment.(그 학생은 어려운 대수학 숙제를 열심히 해내고 있다.)

plot

이 동사의 개념 바탕에는 plot의 명사 '음모'가 있다.

1. 타동사 용법

1.1. 다음 주어는 목적어를 음모한다.

(1) a. The rebels plotted the overthrow of the government.(반군들은 그 정부의 전복을 모의했다.)

b. They plotted their revenge.(그들은 복수를 모의했다.)

c. The terrorists are plotting assassination.(그 테러리스트들은 암살을 모의하고 있다.)

1.2. 다음 주어는 도면 위에 목적어를 나타낸다.

(2) a. We plotted a graph to show the increase in sales figures this year.(우리는 올해 판매수치의 증가를 나타내기 위해 그래프를 그렸다.)

    b. He is plotting a new course.(그는 새 항로를 그리고 있다.)

    c. He plotted the temperature curve on the graph.(그는 온도 곡선을 그래프 위에 그렸다.)

    d. I plotted my journey to Vancouver on the map.(나는 밴쿠버로 가는 나의 여행을 지도상에 표시했다.)

    e. Radar operators plotted the course of the incoming missile.(레이더 기사는 다가오는 미사일의 항로를 표시했다.)

1.3. 다음 주어는 목적어를 나타낸다.

(3) His graph plots the losses we expect if the recession continues.(경기침체가 계속되면 그의 그래프는 우리가 예상하고 있는 손실을 나타낸다.)

1.4. 다음 주어는 목적어를 상세하게 구성한다.

(4) a. He plots out his novel in the bath.(그는 소설을 욕조에서 구상한다.)

    b. You have to plot out the acitivities for the next month in advance.(당신은 다음 달 활동들을 미리 구상해야 한다.)

2. 자동사 용법

2.1. 다음 주어는 부정사가 가리키는 일을 하려고 음모한다.

(5) a. They plotted to blow up the building.(그들은 그 건물을 폭발시키는 음모를 꾸몄다.)

    b. They plotted to kill the leader.(그들은 지도자를 살인하는 모의를 했다.)

    c. The terrorists were plotted to assassinate the pope.(그 테러리스트는 교황을 암살하는 것을 모의했다.)

2.2. 다음 주어는 against의 목적어를 해치려는 음모를 한다.

(6) a. They plotted against the king's life.(그들은 왕을 죽일 음모를 꾸몄다.)

    b. He was plotting against his own father.(그는 자신의 아버지에 대해 음모를 꾸미고 있었다.)

    c. The advisors plotted against the king.(그 고문들은 왕에 맞서는 음모를 꾸몄다.)

2.3. 다음 주어와 with의 목적어와 음모한다.

(7) a. She is plotting with her sister to play a trick on her brother.(그녀는 남동생을 골려 줄 음모를 여동생과 꾸미고 있다.)

    b. She is plotting with him against the boss.(그녀는 그와 함께 사장에 대한 음모를 꾸미고 있다.)

plow

이 동사의 개념 바탕에는 밭을 가는 과정이 있다.

1. 타동사 용법

1.1. 다음 주어는 목적어를 간다. 목적어는 밭이다.

(1) a. He plowed the field for wheat.(그는 밀을 심기 위해 밭을 갈았다.)

    b. He plowed up the garden in the spring.(그는 봄에 밭을 갈았다.)

    c. He plowed forty acres yesterday.(그는 어제 40에이크를 갈았다.)

    d. He plowed the driveway.(그는 진입로를 치웠다.)

    e. He plowed the streets after the blizzard.(그는 그 눈보라 이후 거리를 치웠다.)

1.2. 다음은 수동태 문장으로 주어는 갈린다.

(2) a. The moorland has been plowed up to grow cotton.(그 황무지는 면화를 키우기 위해서 갈아졌다.)

    b. The field was plowed up to grow corn.(그 밭은 옥수수를 재배하기 위해 갈아졌다.)

1.3. 다음 주어는 말, 회오리바람, 비행기 등이다. 주어는 목적어를 갈아엎는다.

(3) a. The tornado plowed up an acre of trees.(그 회오리바람은 1 에이커의 나무들을 뒤집어 놓았다.)

    b. The trucks plowed the road.(그 트럭들은 길을 파헤쳐 놓았다.)

    c. Horses plow up the path and make them muddy for walkers.(말들이 그 길을 뒤집어엎어서 행인들이 걷기에 진흙탕이 되게 한다.)

    d. The plane plowed up the airstrip during its forced landing.(그 비행기는 불시착으로 활주로를 갈아엎었다.)

1.4. 다음의 목적어는 밭을 이루는 흙이나 흙 속에 묻힌 뿌리이다.

(4) a. He plowed up old roots.(그는 오래된 뿌리를 파헤쳤다.)

    b. He plowed the heavy soil.(그는 굳은 땅을 경작했다.)

    c. He plowed the weed down.(그는 잡초를 갈아 넘겼다.)

1.5. 다음 주어는 목적어를 갈아서 땅속에 넣는다.

(5) a. Profits from the ticket sales are plowed back into further conservation project.(티켓을 판 수익금은 더 심도 깊은 자연보존 계획으로 재투자된다.)

    b. He plowed profits into new plants.(그는 이익을 새 공장에 재투자했다.)

    c. He plowed his profits back into new equipment.(그는 이익을 새 장비에 재투자했다.)

    d. The government has plowed more than 20 billion dollars into building new schools.(그 정부는 200억 달러 이상을 새 학교들을 건설하는 데 투자하였다.)

    e. He plowed sand in.(그는 모래를 갈아 파묻었다.)

    f. He plowed manure in the field.(그는 거름을 밭에 갈아 파묻었다.)

    g. John plowed the snow from his driveway.(존은 눈을 진입로에서 갈아 젖혔다.)

1.6. 다음 주어는 목적어를 갈아서 만든다.

(6) a. Old age plowed furrows in his face.(노령이 그의 얼굴에 깊은 주름을 갈아 만들었다.)

    b. He plowed his way through the crowd.(그는 군중을 뚫고 자신의 길을 헤쳐나갔다.)

2. 자동사 용법

2.1. 다음 주어는 헤쳐나간다.

(7) a. He **plowed through** the mud.(그는 진흙을 헤쳐나 갔다.)

b. He **plowed through** the book to the end.(그는 책을 끝까지 읽어갔다.)

2.2. 다음 주어는 헤쳐나간다. 주어는 움직이는 개체이다.

(8) a. The ship **plowed** slowly **across** the bay.(그 배는 천천히 만을 가로질러 헤치고 갔다.)

b. The ship **plowed over** the water.(그 배는 파도를 헤치고 넘어갔다.)

c. The ship **plowed through** the waves.(그 배는 파도 를 헤치며 나아갔다.)

d. The car **plowed through** the crowd.(그 차는 군중 을 헤치며 나아갔다.)

e. The plane **plowed through** the trees.(그 비행기는 나무들을 헤치고 나아갔다.)

f. The ship **plowed through** the waves.(그 배는 파도 를 헤치고 나아갔다.)

2.3. 힘든 일을 하는 것도 헤쳐나가는 것으로 개념화된다.

(9) a. He's got an enormous amount of work to **plow through**.(그는 힘들여 끝내야 할 일이 엄청나게 많 다.)

b. He **plowed through** a mountain of work.(그는 엄청 난 양의 일을 힘겹게 끝냈다.)

c. Bill **plowed through** the dinner and ran outside to play.(그는 힘들게 저녁을 마치고 밖으로 놀러 나갔 다.)

d. He is **plowing through** a dull text book.(그는 힘겹 게 지루한 책을 공부하고 있다.)

e. After **plowing through** all the textbooks, it was a relief to read a novel.(모든 교과서를 힘겹게 끝낸 후, 소설을 읽는 것은 기분전환이었다.)

f. He **plowed through** the long report.(그는 긴 보고 서를 힘겹게 끝냈다.)

g. He **plowed through** the pile of books.(그는 많은 책 을 힘들게 공부해 나갔다.)

h. Julia **plowed on through** the endless exam papers. (쥴리아는 끝없는 시험 문제지를 힘들게 계속 공부 해 나갔다.)

2.4. 전치사 into는 주어가 into의 목적어에 실수로 들어가게 됨을 나타낸다.

(10) a. The truck **plowed into** a parked car.(그 트럭이 주 차된 차를 박았다.)

b. A hail of bullets **plowed into** the side of the car. (빗발치는 탄환이 그 차의 옆면에 세차게 내려 쳤다.)

c. The truck skidded and **plowed into** the back of a bus.(그 트럭은 미끄러져서 어느 버스의 뒤를 박았 다.)

d. The cars **plowed into** each other.(차들은 서로 충 돌했다.)

e. The truck **plowed into** the fence.(트럭은 울타리를 박았다.)

2.5. 다음 주어는 밭을 간다.

(11) a. The farmer is **plowing** in the field.(그 농부는 밭을 갈고 있다.)

b. He **plows** everyday.(그는 매일 밭을 간다.)

2.6. 다음 주어는 갈린다.

(12) The land **plows** hard.(그 땅은 잘 갈아지지 않는다.)

pluck

이 동사의 개념 바탕에는 뽑거나 뜯는 과정이 있다.

1. 타동사 용법

1.1. 다음 주어는 목적어를 따거나 뽑는다.

(1) a. May I **pluck** some of these flowers?(이 꽃들을 꺾 어도 될까요?)

b. He **plucked** fruit/tomatoes.(그는 과일/토마토를 땄 다.)

c. She **plucked** her eyebrows.(그녀는 눈썹을 뽑았 다.)

1.2. 다음 주어는 목적어를 from의 목적어에서 뽑는다.

(2) a. He **plucked** feathers **from** the bird.(그는 깃털을 그 새에서 잡아뜯었다.)

b. He **plucked** the handkerchief **from** her pocket.(그 는 손수건을 그녀의 주머니에서 잡아챘다.)

c. He **plucked** the purse **from** the woman's hand.(그 는 지갑을 그 여자의 손에서 잡아챘다.)

d. He **plucked** a rose **from** the bush.(그는 장미 하나 를 덤불에서 꺾었다.)

e. He **plucked** two apples **from** the tree.(그는 사과 두 개를 나무에서 땄다.)

f. She **plucked off** his mask.(그녀는 그의 가면을 잡아 챘다.)

g. He **plucked** the dead leaves **off** the tree.(그는 죽 은 잎들을 나무에서 뜯어내었다.)

1.3. 다음 주어는 목적어를 뽑아낸다.

(3) a. He **plucked out** a grey hair.(그는 흰 머리카락을 뽑 았다.)

b. He **plucked out/up** the weeds.(그는 잡초를 뽑았 다.)

c. He **plucked** the hair **out** of his chest.(그는 털을 가 슴에서 뽑았다.)

d. He **plucked** the letter **out** of my hand.(그는 그 편 지를 내 손에서 잡아챘다.)

1.4. 다음 주어는 목적어를 뽑듯이 당긴다.

(4) a. He **plucked** his father by the sleeves.(그는 자신의 아버지를 소매로 잡아당겼다.)

b. He **plucked** his brother down from high position. (그는 형을 높은 지위에서 끌어내렸다.)

c. He **plucked** those fellows **out** of the prison.(그가 저 친구들을 감옥에서 빼냈다.)

1.5. 다음은 수동태 문장으로 주어는 뽑힌다.

(5) a. The last passengers were **plucked from** the ship just seconds before it sank.(마지막 승객이 배가 침몰하기 몇 초 전에 건져졌다.)

b. This was **plucked from** the jaws of death.(이것은

그 사지에서 건져졌다.)

c. Tom got **plucked**. (톰은 낙제했다.)

d. He was **plucked from** obscurity to star in the new musical. (그는 그 새 뮤지컬에서 무명에서 스타로 뽑혔다.)

1.6. 다음 주어는 목적어를 뜯는다. 목적어는 현악기의 선이다.

(6) a. She **plucked** the strings of the harp. (그녀는 하프의 현을 뜯었다.)

b. He idly **plucked** the strings of the lute. (그는 멍하니 류트의 현을 뜯었다.)

1.7. 다음 주어는 목적어를 뜯는다. 목적어는 악기이지만, 환유적으로 쓰여서 악기의 선을 가리킨다.

(7) He **plucked** the harp. (그는 하프를 뜯었다.)

1.8. 다음 주어는 목적어를 뜯는다. 목적어는 환유적으로 쓰여서 털을 가리킨다.

(8) a. He **plucked** a hen/a turkey/a bird. (그는 암탉/칠면조/새의 깃털을 뽑았다.)

b. She **plucked** the bird for the Christmas feast. (그녀는 크리스마스 축제를 위해 새의 깃털을 뽑았다.)

1.9. 다음 주어는 목적어를 만들어낸다.

(9) The guitarists **plucked out** a little melody. (그 기타 연주자는 짧은 선율을 쳤다.)

1.10. [위는 양의 증가이다]의 은유가 다음 표현에 반영되어 있다.

(10) I have to **pluck** up my courage and speak to her about it. (나는 그녀에게 그것에 대해 말하기 위해 용기를 돋우어야 한다.)

2. 자동사 용법

2.1. 다음 주어는 부분적인 힘을 미친다.

(11) a. He **plucked at** the sleeve. (그는 소매를 잡아당기려고 했다.)

b. He **plucked at** the strings of his guitar. (그는 기타의 현을 뜯었다.)

c. I felt a small hand **plucking at** my jacket. (나는 내 재킷을 잡아당기려고 하는 작은 손을 느꼈다.)

d. The boy **plucked at** his father's coat. (그 소년은 아버지의 코트를 잡아당겼다.)

---

plug

이 동사의 개념 바탕에는 plug의 명사 '마개'가 깔려있다. 동사 plug의 의미는 '마개'의 기능과 관련된다.

1. 타동사 용법

1.1. 다음 주어는 목적어를 with의 목적어로 막는다.

(1) a. Workers **plugged** the hole in the dam **with** cement. (일꾼들은 그 댐의 구멍을 시멘트로 막았다.)

b. She **plugged** her ears **with** cotton. (그녀는 귀를 솜으로 막았다.)

c. He **plugged** up the hole **with** a piece of wood. (그는 그 구멍을 나무 조각으로 막았다.)

d. The doctor **plugged** a cavity in a teeth **with** cotton. (의사는 충치 구멍을 솜으로 메웠다.)

e. We **plugged** up the leak **with** a piece of cloth. (우리는 물이 새는 곳을 천 조각으로 막았다.)

f. He **plugged** a tooth. (그는 이빨을 틀어막았다.)

1.2. 다음 주어는 목적어를 막는다.

(2) a. The high altitude **plugged** up her ears. (높은 고도가 그녀의 귀를 막았다.)

b. She **plugged** the drain before she filled the tub with water. (그녀는 욕조에 물로 채우기 전에 배수관을 막았다.)

c. Something is **plugging** her sinus up. (무엇인가가 그녀의 코를 막고 있다.)

d. A piece of meat **plugged** up the sink. (고기 한 조각이 그 개수대를 막았다.)

e. With so few trained doctors, paramedics were brought in to **plug** the gap. (잘 훈련된 의사들이 거의 없어서, 의료 보조원들이 그 틈을 메우려고 소집되었다.)

f. Something has **plugged** the drainpipe. (무언가가 배수관을 막았다.)

1.3. 다음은 수동태 문장으로 주어는 막힌다.

(3) a. Her ears were **plugged** up when she flew in airplanes. (그녀가 비행기를 타고 갈 때 그녀의 귀는 막혔다.)

b. The TV set isn't **plugged** in. (TV의 플러그는 꽂혀있지 않다.)

c. All our computers are **plugged into** the network. (우리의 모든 컴퓨터는 그 네트워크에 접속된다.)

d. The TV is **plugged into** the stereo system. (TV는 스테레오 시스템으로 플러그가 꽂혀진다.)

1.4. 다음 주어는 목적어를 꽂는다.

(4) a. First **plug in** the monitor and turn it on. (맨 처음 그 모니터를 플러그에 꽂고 전원을 켜라.)

b. She **plugged in** the toaster/the vacuum cleaner. (그녀는 토스트기/진공 청소기의 플러그를 꽂았다.)

c. He **plugged** a cork **in** a bottle. (그는 코르크를 병에 꽂았다.)

1.5. 다음 주어는 목적어를 TV나 라디오에 연결한다.

(5) a. He **plugged** a new sales line. (그는 새로운 판매 상품을 선전했다.)

b. She has been **plugging** her new song on TV. (그녀는 새 노래를 TV에서 방송하고 있다.)

c. The announcer **plugged** a new brand of dog food. (그 아나운서는 새로운 종류의 개 사료를 선전했다.)

d. He is **plugging** his new book on the radio. (그는 새 책을 라디오에서 선전하고 있다.)

e. He kept **plugging** his new book instead of answering the questions. (그는 질문에 대답하는 대신 자신의 새 책만 계속 선전했다.)

f. They are **plugging** a new kind of car. (그들은 새 종류의 차를 선전하고 있다.)

1.6. 다음 주어는 목적어를 탄환으로 쏜다.

(6) The sheriff **plugged** the outlaw. (주지사는 그 무법자를 한 대 쳤다/총으로 쐈다.)

2. 자동사 용법

2.1. 주어는 into의 목적어에 전원으로 연결된다.
(7) a. You can **plug into** the university computer network.(너는 그 대학 컴퓨터 네트워크로 접속할 수 있다.)
b. The VCR **plugs into** the back of the TV.(그 비디오는 TV의 뒷쪽에 플러그가 꽂힌다.)
c. The CD player **plugs into** the stereo.(그 CD 플레이어는 스테레오에 꽂힌다.)
d. This computer **plugs into** a data bank.(이 컴퓨터는 데이터 뱅크로 접속된다.)

2.2. 다음 주어는 열심히 일한다.
(8) a. I'm just **plugging along**.(나는 그저 열심히 공부하고 있다.)
b. David **plugged along**, trying to finish the work before 5 o'clock.(데이비드는 일을 5시 이전에 끝내려고 노력하면서 혼자 열심히 일했다.)

2.3. 다음에서 주어는 at의 목적어를 위해 꾸준히 노력하는 과정을 그린다.
(9) a. He is **plugging away at** his work.(그는 꾸준히 자신의 일을 공부하고 있다.)
b. She is **plugging away at** a novel for years.(그는 몇 년간 소설을 열심히 쓰고 있다.)
c. She is **plugging away at** her computer.(그녀는 열심히 컴퓨터를 쓰고 있다.)

plumb

이 동사의 개념 바탕에는 plumb의 명사 '연추'가 있다. 동사의 뜻은 이 명사의 용도와 관계가 있다.

1. 타동사 용법
1.1 다음 주어는 목적어의 바닥을 친다.
(1) a. When his wife left him, he **plumbed** the depths of despair.(아내가 그를 떠났을 때, 그는 깊은 절망의 바닥을 쳤다.)
b. His latest novel **plumbed** the depths of horror.(그의 최근 소설은 공포의 심연을 쳤다.)
c. The team's poor performance **plumbed** new depths last night.(그 팀의 서투른 공연은 어젯밤에 새 밑바닥을 쳤다.)

1.2. 물의 깊이를 재어보듯, 다음 주어는 목적어의 뜻을 헤아려 본다.
(2) a. John **plumbed** the meaning of the confusing article.(존은 혼란스러운 기사의 의미를 헤아려 보았다.)
b. Anne **plumbed** the professor's words for meaning.(앤은 교수님이 말씀하신 단어의 의미를 헤아려 보았다.)
c. He tries to **plumb** the feelings of women.(그는 여자들의 감정을 간파하려고 노력한다.)

plummet

이 동사의 개념 바탕에는 수직으로 떨어지는 과정이 있다.

1. 자동사 용법
1.1. 다음 주어는 수직으로 떨어진다.
(1) a. The plane **plummeted** to the ground and exploded.(그 비행기는 땅으로 곤두박질 쳐서 폭발했다.)
b. The jet **plummeted** into a row of houses.(그 제트기는 일련의 주택으로 곤두박질 쳤다.)
c. The meteorite **plummeted** to earth.(그 운석이 지구에 똑바로 떨어졌다.)

1.2. 다음 주어는 아래로 떨어진다. 아래는 나쁨이나 감소와 관련된다.
(2) a. Her spirits **plummeted** at the thought of meeting him again.(그녀의 기분은 그를 다시 만난다는 생각에 가라앉아 버렸다.)
b. Prices have **plummeted**.(물가가 곤두박질했다.)
c. Enrollment at the school has **plummeted** to 25 students.(학교의 재적자 수가 25명으로 떨어졌다.)

plump¹

이 동사의 개념 바탕에 둔탁한 소리를 내며 움직이는 과정이 있다.

1. 자동사 용법
(1) a. Peggy **plumped** down in the chair.(페기는 의자에 털썩 주저앉았다.)
b. He **plumped** overboard.(그는 배 밖으로 툭 떨어졌다.)
c. She **plumped** down on the grass.(그녀는 풀밭 위로 털썩 주저앉았다.)

2. 타동사 용법
2.1. 다음 주어는 목적어를 큰 소리가 나게 던지거나 떨어뜨린다.
(2) a. She **plumped** her package of books on the floor.(그녀는 책 꾸러미를 바닥에 털썩 내려놓았다.)
b. He **plumped** a stone into the pond.(그는 돌을 연못 속으로 풍덩 던졌다.)
c. He **plumped** the parcel on the desk.(그는 책상 위에 소포를 털썩 내던졌다.)
d. He **plumped** himself in a chair.(그는 의자에 털썩 주저앉았다.)

plump²

이 동사의 개념 바탕에는 포동포동해지는 과정이 있다.

1. 자동사 용법
1.1. 다음 주어는 포동포동하게 된다.
(1) a. Boil the dried fruit until it **plumps up** in the cooking liquid.(건조된 과일이 조리 국물에서 커질 때까지 그것을 끓여라.)
b. The child **plumped out** as she grew.(그 아이는 자라면서 포동포동하게 되었다.)

2. 타동사 용법

2.1. 다음 주어는 목적어를 포동포동하게 한다.

(2) a. The nurse plumped his pillow.(그 간호사는 그의 베개를 불룩하게 만들었다.)

b. She plumped the cushions.(그녀는 쿠션들을 부풀렸다.)

plunder

이 동사의 개념 바탕에는 약탈하는 과정이 있다.

1. 타동사 용법

1.1. 다음의 주어는 약탈하는 사람이고, 목적어는 약탈당하는 사람이나 개체이다.

(1) a. Soldiers plundered the captured cities.(군인들이 점령한 도시들을 약탈했다.)

b. The invading army plundered the town.(침략군은 그 읍내를 약탈했다.)

1.2. 다음 주어는 목적어를 약탈하여 전치사 of의 목적어를 빼앗는다.

(2) a. The enemy soldiers plundered the citizens of their valuables.(적군 군인들은 시민들을 약탈하여 그들의 귀중품을 빼앗았다.)

b. The robber plundered the traveller of his goods.(강도는 그 여행자를 강탈하여 그의 물건들을 빼앗았다.)

c. He plundered the country's treasury of billion dollars.(그는 그 나라의 재무를 약탈하여 수십억 달러를 가져갔다.)

d. The crowd plundered the shops of a lot of goods.(군중은 상점들을 약탈하여 많은 상품들을 가져갔다.)

1.3. 다음은 수동태 문장으로 주어는 약탈된다.

(3) a. Many of the Pharao's tombs have been plundered.(파라오 무덤의 많은 것들이 약탈당했다.)

b. The abbey had been plundered of its valuables.(그 수도원은 귀중품들이 약탈당했다.)

1.4. 다음 주어는 목적어를 전치사 from의 목적어에서 약탈한다.

(4) a. The Spanish plundered gold and precious stones from the Aztec cities.(스페인 사람들은 금과 보석들을 아즈텍 도시에서 약탈했다.)

b. Somebody has been plundering funds from the company.(누군가가 자금을 그 회사로부터 강탈하고 있다.)

plunge

이 동사의 개념 바탕에는 뛰어드는 과정이 있다.

1. 자동사 용법

1.1. 다음의 주어는 어디에 뛰어든다.

(1) a. She fell off the cliff and plunged to her death.(그녀는 벼랑에서 떨어져 죽음으로 뛰어들었다.)

b. The car suddenly stopped and the driver plunged forward through the windscreen(그 차가 급정거를 하자 운전자는 앞 유리를 통해 앞으로 퉁겨나갔다.).

c. The pullback plunged forward five yards.(그 풀백은 앞으로 5야드를 뛰어갔다.)

1.2. 다음 주어가 전치사 into의 목적어로 뛰어든다.

(2) a. He plunged into/out of the cave.(그는 동굴 속으로 뛰어들어갔다/동굴 밖으로 뛰어나갔다.)

b. He plunged from the cliff into the water(그는 벼랑에서 물 속으로 뛰어들었다.)

c. The firemen plunged into the burning building.(그 소방수들은 불타는 건물 안으로 뛰어들어갔다.)

d. He plunged into a sofa.(그는 소파로 뛰어들었다.)

e. They ran down to the beach and plunged into the sea.(그들은 해변으로 달려가서 바다로 뛰어들었다.)

f. He plunged into a swimming pool.(그는 수영장 안으로 뛰어들었다.)

g. Suddenly the car plunged into a tunnel.(갑자기 차가 터널 안으로 들었다.)

h. The pool was declared open and eager swimmers plunged in.(수영장은 개장이 선포되고 고대하던 사람들이 뛰어들었다.)

i. He ran to the river and plunged in.(그는 강으로 달려가서 뛰어들었다.)

1.3. 다음 주어가 전치사 off이나 out of에서 뛰어든다.

(3) a. The car plunged off the cliff.(그 차는 절벽에서 뛰어내렸다.)

b. The car plunged off the highway into the sea.(그 차는 고속도로에서 바다로 뛰어들었다.)

c. The car went out of control and plunged over the cliff.(그 차는 통제불능 상태에 빠지더니 벼랑 너머로 뛰어들었다.)

1.4. 다음에서는 주어가 어디로 뛰어들 때의 경로가 down, through로 표현되어 있다.

(4) a. He plunged down the stairs.(그는 계단 아래로 뛰어내렸다.)

b. The cart plunged briskly down.(그 손수레는 힘차게 달려 내려갔다.)

c. The kite plunged to the ground.(그 연은 땅으로 뛰어들었다.)

d. The car plunged over the cliff.(그 차는 벼랑 너머로 뛰어들었다.)

e. He plunged through the crowd.(그는 군중을 뚫고 뛰어들었다.)

1.5. 다음에서 into의 목적어는 상태이다. 주어는 어떤 상태에 갑자기 들어간다.

(5) a. John plunged into his decision without thinking about it.(존은 생각하지도 않고 그 결정에 뛰어들었다.)

b. Our income has plunged in the last few minutes.(우리들의 수입은 최종 몇 분만에 떨어졌다.)

c. We plunged ourselves into debt.(우리는 빚에 빠져들었다.)

d. The price of oil plunged to a new low.(석유 값은 최저 가격으로 떨어졌다.)

e. He was **plunged** into a deep sleep.(그는 깊은 잠에 빠져버렸다.)

f. He was **plunged** into gloom.(그는 우울에 빠져들었다.)

1.6. 다음의 목적어는 사건이나 일을 나타낸다. 주어는 어떤 일을 갑자기 하기 시작한다.

(6) a. She **plunged** into her story.(그녀는 자서전을 쓰기 시작했다.)

b. The two men **plunged** into discussion.(그 두 남자는 토론에 돌입하였다.)

c. She **plunged** into a description of his latest illness.(그녀는 그의 최근 병을 서술하기 시작했다.)

d. He **plunged** into his work.(그는 일에 뛰어들었다.)

e. Peter has **plunged** into his school work.(피터는 학교 일에 급하게 뛰어들었다.)

f. They **plunged** into a quarrel.(그들은 말다툼을 하기 시작했다.)

1.7. 다음 주어는 앞뒤로 흔들린다.

(7) a. The little boat **plunged** up and down.(그 보트는 위아래로 출렁이기 시작했다.)

b. The ship **plunged** about in the storm.(그 배는 폭풍에 이리저리 흔들렸다.)

c. The ship **plunged** dangerously in the rough sea.(그 배는 사나운 바다에서 위험하게 앞뒤로 흔들렸다.)

1.8. 다음의 주어는 움직이지 않는다. 그러나 관찰자의 시선이 주어의 윤곽을 따라가면 급하게 기운다.

(8) a. The cliff **plunged** into the sea.(그 절벽은 바다 쪽으로 가파르게 내려갔다.)

b. The track **plunged** down into the valley.(그 길은 계곡을 향해 내려갔다.)

2. 타동사 용법

2.1. 다음의 주어는 목적어를 어떤 그릇이나 장소에 급하게 넣는다.

(9) a. He **plunged** a knife into the apple.(그는 칼을 사과에 쑤셔 넣었다.)

b. He **plunged** the pitchfork into hay.(그는 갈퀴를 건초에 쑤셔 박았다.)

c. He snatched off the lid and **plunged** his hand in.(그는 뚜껑을 낚아채고 손을 그 속에 집어넣었다.)

d. If you burn your hand, you should **plunge** it into cold water.(만약 손에 화상을 입으면, 손을 찬물에 급히 넣어라.)

e. He **plunged** his head into cold water.(그는 머리를 찬물에 급히 넣었다.)

f. Cook the peas by **plunging** them into boiling water.(그 콩을 끓는 물에 넣어 요리해라.)

g. I **plunged** the clothes into the tub of water.(나는 그 옷을 물통에 던져 넣었다.)

h. The man **plunged** the hot metal into the water.(그 남자는 뜨거운 금속을 물 속에 던졌다.)

i. He **plunged** the stick into the water.(그는 막대기를 물 속에 급히 담갔다.)

j. He **plunged** the syringe in.(그는 주사기를 찔러 넣었다.)

k. He **plunged** the car off the cliff.(그는 차를 절벽에서 떨어지게 했다.)

l. He **plunged** a knife into his chest.(그는 칼을 급하게 가슴에 찔러 넣었다.)

2.2. 다음에서 주어는 목적어를 into의 목적어가 가리키는 상태로 몰아 넣는다.

(10) a. The action/the event **plunged** the country into war.(그 조치는/사건은 그 나라를 전쟁에 몰아넣었다.)

b. The event **plunged** the world into war.(그 사건은 세계를 전쟁에 몰아넣었다.)

c. He **plunged** his family into poverty.(그는 가족을 가난으로 몰아넣었다.)

d. These measures could **plunge** the country into a chaos.(이 조처들은 그 나라를 혼란에 빠지게 할 수 있었다.)

e. The news **plunged** them into depression.(그 소식은 그들을 우울하게 했다.)

f. The bad economy **plunged** the country into depression.(나쁜 경제가 그 나라를 절망에 빠지게 했다.)

g. These policies could **plunge** Europe in a new war.(이 정책들은 유럽을 새로운 전쟁으로 몰아넣을 수도 있다.)

h. He **plunged** himself into despair.(그는 자신을 절망으로 몰아넣었다.)

i. He **plunged** all his money into the venture.(그는 전 재산을 그 사업에 집어넣었다.)

2.3. 다음은 수동태 문장으로 주어는 빠져든다.

(11) a. The room was **plunged** into darkness.(그 방은 어둠으로 빠져들었다.)

b. Every house was **plunged** into darkness.(매 집마다 어둠에 빠졌다.)

c. The country has been **plunged** into recession.(그 나라는 불경기에 빠져들게 되었다.)

ply

이 동사의 개념바탕에는 부지런히 움직이는 과정이 있다.

1. 타동사 용법

1.1. 다음 주어는 목적어에 열성을 낸다.

(1) a. Traders loudly **plied** their wares.(상인들은 자신들의 제품을 소리를 높여 팔았다.)

b. Flower sellers were **plying** their trade in the marketplace.(꽃상인들은 자신들의 상품을 시장에서 소리를 높여 팔았다.)

1.2. 다음 주어는 목적어를 바쁘게 쓴다. 목적어는 쓰는 도구이다.

(2) a. He **plied** his books.(그는 부지런히 책을 읽었다.)

b. He **plied** his wit.(그는 활발하게 머리를 썼다.)

c. Anne **plies** her skills as an independent bookkeeper.(앤은 독립적 부기 계원으로서의 기술을 열성적으로 발휘한다.)

d. He **plied** a broom in sweeping.(그는 빗자루를 쓰는 데 열심히 썼다.)

e. She **plied** her needle from morning till night.(그녀는 바늘을 아침부터 밤까지 열심히 썼다.)

f. The painter **plied** his brush.(그 화가는 붓을 열심히 썼다.)

1.3. 다음의 주어는 정기적으로 왕복하는 운송수단이고, 목적어는 이들이 다니는 경로이다.

(3) a. The airline has been **plying** this transatlantic routes for years.(그 비행기는 여러해 동안 대서양 항로를 정기적으로 오갔다.)

b. The ship **plies** the old trade routes.(그 배는 오랜 무역 항로를 정기적으로 내왕한다.)

c. They/the boats **plied** the lake with their oars.(그들은/그 보트는 호수를 노로 정기적으로 오갔다.)

d. The small craft **plies** the channel in all weather.(그 작은 선박은 어떤 날씨에도 그 수로를 정기적으로 내왕한다.)

e. The merchant ships **ply** the waters between Europe and Asia.(그 상선은 유럽과 아시아 사이의 바다를 정기적으로 내왕한다.)

f. The boats **ply** the Han River.(그 보트는 한강을 정기적으로 오간다.)

1.4. 다음 주어는 목적어를 전치사 with의 목적어로 공급한다.

(4) a. They **plied** us with sandwiches and mugs of strong coffee.(그들은 우리에게 샌드위치와 강한 커피 몇 잔으로 공급했다.)

b. The host **plied** us with wine/whisky/good foods.(그 집주인은 우리에게 포도주/위스키/좋은 음식으로 대접했다.)

c. The audience **plied** the speaker with questions.(그 관객은 연사에게 질문을 퍼부었다.)

d. Mother **plied** me with questions about my boyfriend.(엄마는 나에게 남자친구에 대한 질문으로 괴롭혔다.)

e. The press kept **plying** the judge with questions.(그 기자들은 재판관을 질문으로 계속 공세했다.)

f. He **plied** the cow with a whip.(그는 소를 채찍으로 가했다.)

1.5. 다음의 목적어는 trade로서 주어가 자신의 업을 열심히 한다.

(5) a. This is the restaurant where he **plied** his trade as a cook.(이 곳은 그가 요리사로서 자신의 직업을 열심히 하던 식당이다.)

b. A noodle vendor was **plying** his trade in front of the station.(그 국수 행상인은 장사를 역 앞에서 열심히 하고 있었다.)

c. John **plied** his trade as a mechanic.(존은 기계공으로서 직업을 열심히 했다.)

d. He **plied** his trade in his home town.(그는 자신의 일을 고향에서 열심히 했다.)

e. He **plies** the trade of a brick layer.(그는 벽돌공의 일을 열심히 한다.)

2. 자동사 용법

2.1. 다음 주어는 정기적으로 운항한다.

(6) a. Ferry boats **ply across** the English Channel.(나룻배들이 영국 수로를 정기적으로 가로질러 간다.)

b. The passenger ferries **ply between** Pusan and Simonoseki.(여객용 나룻배들은 부산과 시모노세키를 정기적으로 왕복한다.)

c. The buses **ply between** the station and the museum.(그 버스들은 역과 박물관을 정기적으로 왕복한다.)

d. This ship **plies between** England and Australia.(이 배는 영국과 호주 사이를 정기적으로 오간다.)

e. Small fishing boats **plied to and fro** across the harbor.(작은 어선들이 그 항구를 가로질러 오갔다.)

2.2. 다음 주어는 오간다.

(7) a. Taxis **plied for** hire outside the bars.(택시들이 그 술집 밖에서 기다렸다.)

b. The tour guide **plied** at the airport **for** customers.(여행 안내원은 공항에서 고객들을 기다렸다.)

2.3. 다음에서 주어는 at의 목적어에 열중한다.

(8) a. She **plies at** Shakespeare.(그녀는 셰익스피어에 열중한다.)

b. He **plied with** oars.(그는 열심히 노를 저었다.)

poach[1]

이 동사의 개념 바탕에는 몰래 들어가서 고기나 짐승을 잡는 과정이 있다.

1. 타동사 용법

1.1. 다음 주어는 목적어를 밀렵한다.

(1) a. John **poached** a deer from his neighbor's property.(존은 사슴 한 마리를 이웃의 소유지에서 밀렵했다.)

b. They were **poaching** elephants.(그들은 코끼리를 밀렵하고 있었다.)

1.2. 다음 주어는 밀렵하듯 목적어를 빼내간다.

(2) a. Foreign football clubs are **poaching** our best players.(외국 축구클럽들이 우리의 최고선수들을 빼내가고 있다.)

b. The salesman was **poaching** his favorite clients.(그 판매원은 가장 좋아하는 고객들을 가로채고 있었다.)

1.3. 다음은 수동태 문장으로 주어는 밀렵되거나 몰래 빼앗긴다.

(3) a. Several of the employees were **poached** by a rival company.(그 종업원들 몇몇은 경쟁사에 스카웃 됐다.)

b. Salmon is usually **poached** in a fish kettle.(연어는 대개 큰 생선 냄비로 밀어된다.)

2. 자동사 용법

2.1. 다음 주어는 in의 목적어에 몰래 들어간다.

(4) He **poached in** my business.(그는 내 사업 영역을 침입했다.)

2.2. 다음 주어는 for의 목적어를 얻기 위해 밀렵 행위를 한다.

(5) a. He **poached for** salmon.(그는 연어를 밀어했다.)

b. The boys were **poaching for** rabbits on my land. (그 소년들은 토끼를 내 땅에서 밀렵하고 있었다.)

2.3. 다음 주어는 on의 목적어에 침입한다.

(6) a. I hope I'm not **poaching on** your territory. (내가 당신의 영토를 침범하는 것이 아니길 바란다.)

b. They **poached upon** his preserves. (그들은 그의 수렵지에 침입했다.)

c. He **poached on** her land. (그는 그녀의 땅에 침입했다.)

poach²

이 동사의 개념 바탕에는 달걀을 깨지 않고 삶는 과정이 있다.

1. 자동사 용법
1.1. 다음 주어는 삶긴다.

(1) a. The eggs **poached** for three minutes. (그 달걀은 3분 동안 삶아졌다.)

b. The fish is still **poaching**. (그 생선은 아직 삶기고 있다.)

2. 타동사 용법
2.1. 다음 주어는 목적어를 삶는다.

(2) a. Would you **poach** my egg, please? (내 계란을 삶아 주실래요?)

b. She **poached** the fish. (그녀는 그 생선을 삶았다.)

pocket

이 동사의 개념 바탕에는 pocket이 명사 '호주머니'가 있다. 호주머니의 용도는 물건은 집어넣는 데 있다.

1. 타동사 용법
1.2. 다음 주어는 목적어를 착복한다.

(1) a. He **pocketed** the public funds. (그는 공공기금을 착복했다.)

b. The governor **pocketed** a bribe from the gangster. (주지사는 그 갱으로부터 뇌물을 착복했다.)

c. He **pocketed** most of the money. (그는 그 돈의 대부분을 착복했다.)

d. Last year, she **pocketed** more than one million dollars in advertizing contracts. (작년에 그녀는 일백만 달러 이상을 광고 계약비에서 착복했다.)

e. The society's treasurer is accused of **pocketing** some of the profits. (그 협회의 회계원은 이윤의 일부를 착복한 죄로 고발된다.)

f. He **pocketed** some of the money that had been collected for charity. (그는 자선기금으로 모아진 돈의 일부를 착복했다.)

1.2. 다음에서 주어는 목적어를 호주머니에 넣는 과정을 그린다.

(2) a. I saw you **pocketing** the money. (나는 네가 그 돈을 주머니에 넣는 것을 보았다.)

b. He **pocketed** a wallet containing $100 from the bedside of a dead man. (그는 100달러가 들어있는 지갑을 어느 죽은 사람의 침대에서 집어 주머니에 넣었다.)

c. He **pocketed** his car keys and left the house. (그는 차 열쇠를 주머니에 넣고 그 집을 떠났다.)

d. She paid for the drink and **pocketed** the change without counting it. (그녀는 술값을 지불하고 세어 보지 않은 채 거스름돈을 주머니에 넣었다.)

e. The clerk saw the teenager **pocket** a valuable watch. (그 점원은 그 십대가 값나가는 시계를 주머니에 넣는 것을 보았다.)

1.3. 다음 주어는 목적어를 참는다.

(3) a. I **pocketed** the insult which she hurled at me and said nothing. (나는 그녀가 내게 던진 그 모욕을 참고 아무 말도 하지 않았다.)

b. He **pocketed** his anger. (그는 분노를 참았다.)

1.4. 다음 주어는 목적어를 숨긴다.

(4) a. He **pocketed** his pride and said nothing. (그는 자신의 자존심을 감춘 채 아무 말도 않았다.)

b. He put his pride in his **pocket**. (그는 자부심을 감추었다.)

1.5. 다음은 수동태 문장으로 다음 주어는 감싸진다.

(5) The airplane is **pocketed** in fog. (그 비행기는 안개 속에 감싸졌다.)

point

이 동사의 개념 바탕에는 무엇을 가리키는 과정이 있다.

1. 타동사 용법
1.1. 다음 주어는 목적어를 전치사 at/in의 목적어에 가리킨다.

(1) a. A guy was **pointing** his gun at my head. (한 남자가 총을 내 머리에 겨누고 있었다.)

b. Stop **pointing** that gun at the man. (그 총을 그 남자에게 그만 겨누시오.)

c. She **pointed** her telescope at Mars. (그녀는 망원경을 화성에 겨누었다.)

d. He **pointed** an accusing finger at his friend. (그는 비난의 손가락을 친구를 향해 겨누었다.)

e. I don't want to **point** the finger at anyone in particular. (나는 손가락을 특정한 어느 누구를 향해 지목하고 싶지 않다.)

f. She **pointed** her finger in my direction. (그녀는 손가락을 내 방향으로 가리켰다.)

g. I **pointed** my camera at him. (나는 카메라를 그에게 돌렸다.)

1.2. 다음 주어는 목적어를 손짓으로 어떤 장소로 움직이게 한다.

(2) a. He **pointed** her to the backseat of the car. (그는 그녀를 차의 뒷좌석으로 가게 손짓했다.)

b. He **pointed** her to a seat. (그는 그녀를 자리에 앉도록 손짓했다.)

c. He **pointed** her to the seat. (그는 그녀를 그 자리에 앉도록 손짓했다.)

d. The receptionist **pointed** me to the conference

room.(그 접수원은 내게 그 회의실을 가리켰다.)
e. John **pointed** the tourists in the right direction.(존은 관광객들에게 올바른 방향을 가리켰다.)

1.3. 다음 주어는 목적어를 지시한다.

(3) a. These dogs **point** game with great accuracy.(이 개들은 사냥감을 아주 정확하게 가리킨다.)
b. He raised his voice to **point up** his meaning.(그는 자신의 뜻을 강조하기 위해서 목소리를 높였다.)
c. He **pointed up** his remarks with illustrations.(그는 자신의 말을 예시로 강조했다.)
d. The accident **pointed up** the importance of wearing seat belts.(그 사고는 안전벨트 착용의 중요성을 지시했다.)
e. He **pointed up** the need for caution.(그는 주의의 필요성을 강조했다.)
f. The latest economic figures **points up** the failure of the government's policies.(최근의 경제 수치는 정부 정책의 실패를 부각한다.)

1.4. 다음 주어는 목적어를 다른 것으로부터 드러나게 한다.

(4) a. The officer **pointed out** to me that the story is hard to believe.(그 장교는 내게 그 이야기가 믿기 어려움을 지적했다.)
b. I **pointed out** Mary at the party to him.(나는 메리를 그 파티에서 그에게 가리켜 주었다.)
c. My mother **pointed** him **out** to me.(나의 엄마는 그를 내게 가리켜 주었다.)
d. They walked into the parking lot, and John **pointed out** his new car.(그들은 주차장으로 걸어 갔고 존은 자신의 새 차를 가리켰다.)
e. She **pointed out** an object in the sky.(그녀는 하늘에 있는 물체를 가리켰다.)
f. She **pointed out** his merits.(그녀는 그의 장점을 지적했다.)
g. He **pointed out** a number of errors.(그는 많은 실수를 지적했다.)
h. He **pointed out** several advantages of the proposal.(그는 그 제안의 몇 가지 이득을 지적했다.)
i. May I **point out** that if we don't leave now we shall miss the bus.(우리가 지금 출발하지 않으면 버스를 놓칠 거라는 걸 지적해도 될까요?)

1.5. 다음 주어는 목적어 (the way)를 가리킨다.

(5) a. The new discovery **points** the way forward in search for a cure.(그 새로운 발견은 치료법을 찾는 길을 미리 가리킨다.)
b. A line of buildings **points** the way to the village.(그 줄지은 건물들은 그 마을로 가는 길을 가리킨다.)
c. A series of yellow strips **points** the way to the hall.(일련의 노란 조각들이 집회장으로 가는 길을 가리킨다.)
d. The boy **pointed** the way to his school.(그 소년은 학교로 가는 길을 가리켰다.)
e. We asked her the way and she **pointed** toward the town.(우리는 그녀에게 길을 물었고 그녀는 마

을 쪽을 가리켰다.)

2. 자동사 용법

2.1. 다음 주어는 특정한 방향을 지시한다.

(6) a. The compass needle **pointed** north.(나침반 바늘은 북쪽을 가리켰다.)
b. The telescope was **pointing** in the wrong direction.(그 망원경은 잘못된 방향을 향하고 있었다.)
c. The arrow always **points** north.(그 화살은 언제나 북쪽을 가리킨다.)
d. The road sign **points** left.(그 길 표지판은 왼쪽을 가리킨다.)
e. John **pointed** ahead.(존은 앞을 가리켰다.)

2.2. 다음 주어는 전치사 to의 목적어를 가리킨다. 목적어는 방향이다.

(7) a. The big signboard **points** south/to the south.(그 큰 게시판은 남쪽을 가리킨다.)
b. The building **points** toward the east.(그 건물은 동쪽을 향한다.)
c. The magnetic needle **points** to the north.(그 자석 바늘은 북쪽을 가리킨다.)

2.3. 다음 주어는 전치사 to의 목적어를 가리킨다.

(8) a. The economic situation **points** to a recession.(경제 상황은 불황 양상을 가리킨다.)
b. The circumstantial evidence **points** to his guilt.(정황의 증거는 그의 유죄를 가리킨다.)
c. An increase in jobs **points** towards an upturn in economy.(일자리의 증가는 앞으로의 경제 호전을 가리킨다.)
d. Many politicians **pointed** to the need for a written constitution.(많은 정치가들은 성문법의 필요성을 지적했다.)
e. All the evidence **points** to suicide.(모든 증거는 자살을 가리킨다.)
f. Everything **points** to a happy outcome.(모든 것은 행복한 결과를 가리킨다.)
g. His conduct **points** to madness.(그의 행동은 실성을 가리킨다.)
h. All the evidence **pointed** to Blake as the murderer.(모든 증거는 블레이크를 살인자로 가리킨다.)
i. All signs **point** to an improvement in the economy.(모든 징후는 경제의 개선을 가리켰다.)
j. Staffs' unpunctuality **points** to poor management control.(직원의 시간 비엄수는 열악한 경영 관리를 가리킨다.)

2.4. 다음의 주어는 어떤 개체를 손으로 가리킨다.

(9) a. He **pointed** to the door.(그는 문을 가리켰다.)
b. She **pointed** to the house on the corner.(그녀는 모퉁이에 있는 집을 가리켰다.)
c. He **pointed** to the spot where his house used to stand.(그는 자신의 집이 있던 곳을 가리켰다.)
d. He **pointed** to the book he wanted.(그는 자신의 원하는 책을 가리켰다.)

2.5. 다음 주어는 전치사 at의 목적어에 손가락질을 한다.

(10) a. It is not polite to **point at** people.(사람들을 손가락

질하는 것은 예의에 어긋나는 일이다.)

b. It is rude to **point** at a person.(어느 사람을 향해 손가락질하는 것은 무례하다.)

c. The missile are **pointing** at targets in enemy countries.(그 미사일은 적국 안의 표적들을 가리키고 있다.)

d. There were TV cameras **pointing** at us.(우리를 향하고 있는 TV 카메라가 있었다.)

e. Mary **pointed** at the dog that had bitten her.(메어리는 그녀를 물었던 개를 손가락으로 가리켰다.)

2.6. 다음 주어는 목적어를 뾰족하게 한다.

(11) He **pointed** the pencil with a knife.(그는 연필을 칼로 뾰족하게 했다.)

2.7. 다음 주어는 소수점을 찍는다.

(12) Dividing by 100 is done by **pointing** off two decimals places.(100으로 나누는 것은 소수점을 두 자리 내리면 된다.)

poise

이 동사의 개념 바탕에는 균형을 잡힌 자세를 취하는 과정이 있다.

1. 타동사 용법

1.1. 다음 주어는 목적어를 특정한 방법으로 위치시킨다.

(1) a. The hunter **poised** the spear.(그 사냥꾼은 창의 균형을 잡았다.)

b. She **poised** the javelin before the throw.(그녀는 던지기 전에 투창의 균형을 잡았다.)

c. The waiter **poised** the tray on his hand.(그 웨이터는 그 쟁반을 자신의 손위에서 균형을 잡았다.)

d. She **poised** a basket on her head.(그녀는 바구니를 머리 위에서 균형을 잡아 올려놓았다.)

1.2. 다음 주어는 자신을 균형 잡히게 한다.

(2) a. He was **poising** himself to launch a final attack.(그는 마지막 공격을 가하기 위해 자세를 취하고 있었다.)

b. The stork **poised** itself on one leg.(황새는 한 다리로 균형을 잡았다.)

c. He **poised** himself on one leg.(그는 한 다리로 균형을 잡았다.)

1.3. 다음은 수동태 문장으로 주어는 자세를 취한다.

(3) a. The army was **poised** for battle.(그 군대는 전투를 위한 준비가 취해졌다.)

b. The pigeon is **poised** on a small branch.(그 비둘기는 작은 나뭇가지 위에 균형 있게 앉아있다.)

2. 자동사 용법

2.1. 다음 주어는 스스로 균형을 잡는다.

(4) a. He **poised** on the edge of the diving board.(그는 다이빙 판의 가장자리에서 균형을 잡았다.)

b. The hawk **poised** in mid-air ready to swoop.(그 매는 공중에서 내리 덮칠 자세를 했다.)

c. A humming bird **poised** over a flower.(벌새 한 마리가 꽃 위에서 균형을 잡았다.)

poison

이 동사의 바탕에는 poison의 명사 '독'이 깔려 있다. 독은 여러 가지의 용도가 있다. 독을 써서 어떤 과정이 일어나게 하는 것이 이 동사의 뜻이다.

1. 타동사

1.1. 다음 주어는 목적어를 독살한다.

(1) a. He **poisoned** the king.(그는 왕을 독살했다.)

b. He **poisoned** the rats in the attic.(그는 다락방에 있는 쥐들을 독으로 죽였다.)

1.2. 다음 주어는 자체가 목적어를 독으로 더럽힌다.

(2) a. Factory wastes are **poisoning** the stream.(공장 폐기물이 그 개울을 오염시키고 있다.)

b. Industrial wastes are **poisoning** lakes.(산업 폐기물이 호수들을 오염시키고 있다.)

c. Exhaust gases **poison** the air.(배기 가스가 공기를 오염시킨다.)

d. His comment served only to **poison** the atmosphere still further.(그의 논평을 분위기를 더 안 좋게 만들었을 뿐이었다.)

1.3. 다음은 수동태 문장으로 주어는 오염된다.

(3) The land was completely **poisoned** by the chemicals.(그 토양은 화학 물질로 완전히 오염되었다.)

1.4. 다음 주어는 목적어를 전치사 with의 목적어로 오염시킨다.

(4) We are **poisoning** our rivers **with** pesticides and toxic wastes.(우리는 강들을 살충제와 독성 폐기물로 오염시키고 있다.)

1.5. 다음 주어는 목적어를 나쁘게 만든다.

(5) a. The father's tyranny **poisoned** the child's childhood.(아버지의 학대가 그 아이의 어린 시절을 해쳤다.)

b. These violent movies **poison** the minds of young people.(이러한 폭력적 영화들은 젊은 사람들의 마음을 해친다.)

c. Hatred **poisoned** their minds.(증오가 그들의 마음을 해쳤다.)

1.6. 다음은 수동태 문장으로 주어는 해쳐진다.

(6) His mind is **poisoned** by jealousy.(그의 마음은 질투로 해쳐진다.)

1.7. 다음 주어는 목적어를 전치사 with의 목적어로 해친다.

(7) He **poisoned** her mind with evil ideas.(그는 그녀의 마음을 악한 생각으로 해쳐놓았다.)

1.8. 다음 주어는 목적어를 전치사 against의 목적어에 대항하도록 편견을 갖게 한다.

(8) a. He **poisoned** their minds against us.(그는 그들의 마음을 우리에게 편견을 갖도록 악하게 만들었다.)

b. They're just trying to **poison** your mind against me.(그들은 너의 마음을 나에게 편견을 갖도록 악하게 만들고 있다.)

c. That **poisoned** his mind against me.(저것은 그의 마음을 나에게 편견을 갖도록 악하게 했다.)

1.9. 다음 주어는 목적어에 독을 넣는다.

(9) a. Someone has **poisoned** the food.(누군가 그 음식에 독을 넣었다.)

   b. She **poisoned** his coffee.(그녀는 그의 커피에 독을 넣었다.)

1.10. 다음은 수동태 문장으로 주어는 독이 타진다.

(10) The drink was **poisoned**.(그 술은 독이 타졌다.)

1.11. 다음의 목적어는 인간 관계이다. 인간 관계도 나쁘게 될 수 있다.

(11) a. Disagreement over money **poisoned** the couple's marriage.(돈에 대한 불일치가 그 부부의 결혼 생활을 망쳤다.)

   b. The unhappy accidents **poisoned** the whole holiday.(불행한 사고가 전체 휴일을 망쳤다.)

   d. Envy **poisoned** their friendship.(질투가 그들의 우정을 파괴했다.)

1.12. 다음은 수동태 문장으로 주어는 망쳐진다.

(12) Their relationship was **poisoned** by the quarrel. (그들의 관계는 말다툼 때문에 망쳐졌다.)

poke

이 동사의 개념 바탕에는 집적이는 과정이 있다.

1. 타동사 용법

1.1. 다음 주어는 목적어를 집적인다.

(1) a. The child **poked** the ball with a stick.(그 아이는 공을 막대기로 집적였다.)

   b. He **poked** the dog to see if it moves.(그는 그 개가 움직이나 보려고 집적였다.)

   c. He **poked** himself up.(그는 자신을 일으켰다.)

1.2. 다음 주어는 목적어를 전치사 in의 영역에 찌른다.

(2) a. He **poked** me in the face.(그는 나의 얼굴을 찔렀다.)

   b. He **poked** me in the ribs.(그는 나의 갈비뼈를 찔렀다.)

   c. You nearly **poked** me in the eye.(그는 거의 나의 눈을 찌를 뻔 했다.)

   d. The bully **poked** him right in the nose.(그 불량배는 그의 코를 바로 찔렀다.)

1.3. 불을 돋우는 한 가지 방법으로 타는 나무를 쑤신다. 다음 주어는 목적어를 쑤신다.

(3) a. She **poked** fun at her friend by imitating his complaints.(그녀는 친구의 불평을 흉내 냄으로써 그를 놀렸다.)

   b. She got up and **poked** the fire.(그녀는 일어나서 불을 쑤셨다.)

1.4. 날카로운 끝을 가진 물건으로 다른 물건을 쑤시면 구멍이 난다.

(4) a. He **poked** a hole through the paper.(그는 종이를 통해 구멍을 뚫었다.)

   b. He **poked** a hole in the drum/the sack.(그는 그 북에/그 부대에 구멍을 뚫었다.)

   c. The carpenter **poked** a hole in the wall with a nail.(그 목수는 그 벽에 못으로 구멍 하나를 뚫었다.)

   d. The kids **poked** holes in the ice with sticks.(그 아이들은 얼음에 막대기로 구멍을 뚫었다.)

   e. He **poked** a hole in his sweater.(그는 구멍을 스웨터에 뚫었다.)

1.5. 다음 주어는 목적어를 찌른다. 목적어는 찌르거나 쑤시는데 쓰이는 개체이다.

(5) a. The kids were **poking** the stick into the sand.(그 아이들은 막대기를 모래에 찌르고 있었다.)

   b. He **poked** a key into the lock.(그는 열쇠를 자물쇠에 찔러 넣었다.)

   c. John **poked** a pin **through** a piece of cork.(존은 핀을 코크 속으로 찔러 넣었다.)

   d. He **poked** a stalk **into** the ground.(그는 장대를 땅에 찔러 넣었다.)

   e. Someone **poked** a message **under** the door.(누가 전언을 문 밑으로 쑤셔 넣었다.)

1.6. 다음 주어는 목적어를 쑥 움직인다. 목적어는 손, 손가락, 머리, 코 등 신체 부위이다.

(6) a. He **poked** his finger in/out.(그는 그의 손가락을 쑥 넣었다/쑥 내었다.)

   b. He **poked** his finger **into** a hole.(그는 손가락을 구멍에 쑥 넣었다.)

   c. She **poked** her elbow **into** his ribs.(그녀는 팔꿈치를 그의 갈빗대에 찔렀다.)

   d. The dog **poked** its head out of the water/the window.(그 개는 머리를 물 밖으로/창 밖으로 밀어 내었다.)

1.7. 다음 주어는 목적어를 만든다. 주어는 손을 써서 쑤시듯 하면서 군중을 지난다.

(7) a. He **poked** his way in the crowd.(그는 군중 속을 헤치고 나갔다.)

   b. He **poked** his **way** through the crowd.(그는 군중을 뚫고 나아갔다.)

2. 자동사 용법

2.1. 다음 주어는 전치사 at의 목적어에 부분적이고 반복적인 동작을 가한다.

(8) a. He **poked at** the fire with a stick.(그는 불을 막대기로 쑤셔보았다.)

   b. He **poked at** the spaghetti with a fork.(그는 스파게티를 포크로 쑤셨다.)

   c. He was **poking at** the dust with his stick.(그는 먼지를 막대기로 쑤셔 보았다.)

2.2. 다음 주어는 움직이지 않으나, 다른 개체의 밖으로 쑥 나온다.

(9) a. His elbow was **poking out** through his torn shirt sleeve.(그의 팔꿈치는 찢어진 셔츠 소매 밖으로 쑥 나오고 있었다.)

   b. Your shirt is **poking out of** your jeans.(너의 셔츠가 청바지 밖으로 나오고 있다.)

   c. The end of the cable was **poking out of** the wall.(그 선의 끝은 벽에서 쑥 나오고 있었다.)

   d. His foot was **poking out of** the blankets.(그의 발은 담요 밖으로 나오고 있었다.)

   e. A tiny face **poked out of** the wool blanket.(조그만 얼굴이 양털 담요 밖으로 나왔다.)

   f. Her big toe was **poking through** a hole in her sock.(그녀의 큰 발가락은 양말에 있는 구멍을 뚫고

나오고 있었다.)

g. Weeds had started to **poke through** the cracks in the path.(잡초들이 길의 틈새를 뚫고 나오기 시작했다.)

h. His fingers **poked through** the torn tips of his gloves.(그의 손가락들은 찢어진 장갑 끝을 뚫고 나왔다.)

2.3. 다음의 주어는 손을 호주머니나 서랍 속에 넣어서 이것저것 만진다.

(10) a. I **poked about** in my pocket for a coin.(나는 호주머니 속에 동전을 찾기 위해 이리저리 뒤졌다.)

b. He **poked about** in her bag for the key.(그는 그녀의 가방에서 열쇠를 찾기 위해서 이리저리 뒤졌다.)

c. Stop **poking about** in my desk.(내 책상을 이리저리 뒤지지 말아라.)

d. Who is **poking about** in my private drawer?(누가 내 개인용 서랍을 뒤지고 있나?)

e. I was just **poking around** the attic and came across this photograph.(나는 다락을 그냥 뒤지고 있었는데 이 사진을 우연히 찾았다.)

2.4. 다음의 주어는 천천히 느릿하고 여유 있게 움직인다.

(11) a. The old jalopy is still **poking along**.(그 고물 자동차는 아직 천천히 다니고 있다.)

b. The children **poked along** on their way to school.(그 아이들은 학교 가는 길에 천천히 갔다.)

c. The old horse was just **poking** along the road.(그 늙은 말은 길을 따라 천천히 가고 있었다.)

2.5. 다음 주어는 전치사 into의 목적어 속을 뒤진다.

(12) a. Don't **poke into** my affairs.(내 일에 간섭 하지 말아라.)

b. He **poked** into my drawers for some papers.(그는 내 서랍을 몇 개의 서류를 찾기 위해 뒤졌다.)

---

pole

이 동사의 개념 바탕에는 pole 명사 '장대'가 있다. 동사의 의미는 이 명사의 용도와 관계가 있다.

1. 타동사 용법

1.1. 다음 주어는 장대를 써서 목적어를 움직인다.

(1) He **poled** the raft down the river.(그는 뗏목을 장대로 저어 강 아래로 내려갔다.)

2. 자동사 용법

2.1. 다음 주어는 장대를 써서 움직인다.

(2) The skier **poled** forward.(그 스키 타는 사람은 막대기를 써서 앞으로 움직였다.)

---

police

이 동사의 개념 바탕에는 police의 명사 '경찰'이 있다. 동사의 의미는 이 명사의 업무와 같다.

1. 타동사 용법

1.1. 다음 목적어는 지역이다. 주어는 목적어를 경비한

다.

(1) a. Squad cars **policed** the area.(분대의 차들이 사점가를 경비했다.)

b. Guards **police** the shopping mall.(경비들이 그 상가지역을 경비한다.)

1.2. 다음 주어는 목적어를 청소한다.

(2) All campers are required to **police** their campsite before they leave.(모든 야영자들은 떠나기 전에 야영지를 청소해야 한다.)

1.3. 다음 주어는 목적어를 경비한다.

(3) a. The US soldiers **policed** a cease-fire between the two warring nations.(그 미군 병사들은 두 교전국 사이의 휴전을 감시한다.)

b. The agency was set up to **police** the nuclear power industry.(그 기관은 핵무기 산업을 감시하기 위해서 세워졌다.)

1.4. 다음 목적어는 재귀대명사이다.

(4) The proposal says that if schools don't start to **police** themselves, others will come in to do the job.(학교들이 자체로 단속하지 않으면, 다른 사람들이 와서 그 일을 할 것이라고 그 제안은 전한다.)

1.5. 다음은 수동태 문장으로 주어는 경비가 된다.

(5) a. The border is **policed** by the UN officials.(그 국경은 유엔 관리들에 의해 경비된다.)

b. The security zone is **policed** by the UN forces.(그 안전지대는 유엔군에 의해 경비된다.)

1.6. 다음 주어는 목적어를 단속한다.

(6) a. The government **policed** reading materials through censorship.(정부는 검열을 통해 독서물을 단속했다.)

b. The police **police** the dangerous chemicals.(경찰은 위험한 화학물질들을 단속한다.)

---

polish

이 동사의 개념 바탕에는 닦아서 윤을 내는 과정이 있다.

1. 타동사 용법

1.1. 다음 주어는 목적어를 닦아서 윤을 낸다.

(1) a. He **polished** his glasses with a handkerchief.(그는 안경을 손수건으로 닦았다.)

b. He **polished** his car with a wax.(그는 차를 왁스로 윤을 냈다.)

c. It was her duty to **polish** the silver on Sundays.(그 은식기를 일요일에 윤기 내는 것은 그녀의 임무였다.)

d. He dusted and **polished** the furniture.(그녀는 가구를 먼지를 털고 광을 냈다.)

e. He **polished up** the old copper coins.(그는 오래된 동전을 닦아서 윤기를 냈다.)

f. He **polished up** the floor/the shoes.(그는 마루바닥/신발을 닦아 윤기를 냈다.)

1.2. 다음 주어는 목적어를 다듬는다. 목적어는 말, 글, 솜씨, 태도 등이다.

(2) a. I have to **polish up** my speech for tonight.(나는 오

늘 밤에 할 나의 연설을 다듬어야한다.)
  b. I had to polish up my German before going on a vacation.(나는 휴가를 떠나기 전 나의 독일어를 다듬어야 했다.)
  c. You have to polish up your writing skills.(너는 네 작문 기술을 다듬어야 한다.)
  d. You have to polish your English.(너는 네 영어를 다듬어야만 해.)
  e. If you polish the article, we will publish it.(네가 그 기사를 다듬으면, 우리는 그것을 출판하겠습니다.)
  f. His manners need polishing.(그의 예의범절은 다듬어져야 한다.)
  g. You would do well to polish your manners.(너는 예의를 다듬기 위해 친절하게 해야 할텐데.)
1.3. 다음은 수동태 문장으로 주어는 다듬어진다.
(3) The statement was carefully polished.(그 진술서는 주의 깊게 다듬어져 있었다.)
1.4. 다음 주어는 목적어를 닦아서 치운다.
(4) a. They polished off a gallon of ice cream.(그들은 1 갤론의 아이스크림을 닦아치웠다.)
  b. They polished off their lunch and left.(그들은 점심을 먹어치우고 떠났다.)
  c. At lunch, he polished off six sandwiches.(점심 때, 그는 6개의 샌드위치를 먹어치웠다.)
  d. He polished off the last of the wine/the food.(그는 마지막 포도주/음식을 먹어치웠다.)
  e. He polished off a glass of wine/a plate of fish.(그는 한 잔의 와인/생선 한 접시를 재빨리 먹어치웠다.)
  f. He polished away the grimes on his shoes.(그들은 그의 신발의 때를 닦아냈다.)
1.5. 다음 주어는 목적어를 없앤다.
(5) He polished off his opponent in the third round. (그는 그의 상대를 3라운드에서 해치웠다.)

2. 자동사 용법
2.1. 다음 주어는 닦인다.
(6) a. The floor won't polish.(그 바닥은 윤이 나질 않는다.)
  b. The wood polishes well.(그 나무는 윤이 잘 난다.)
  c. This wood polishes beautifully.(그 나무는 아름답게 닦인다.)
2.2. 다음 주어는 on의 목적어를 다듬는다.
(7) He went to a night class to polish up on his German.(그는 독일어를 다듬기 위해 야간 수업을 수강했다.)

poll
이 동사의 개념 바탕에는 poll의 명사 '투표', '투표 장소'가 있다.

1. 타동사 용법
1.1. 다음 주어는 목적어를 얻는다. 목적어는 표이다.
(1) a. The candidate polled more than 100,000 votes.(그 후보자는 10만 표 이상을 얻었다.)

  b. The candidate polled twice as many as his opponent.(그 후보는 상대방보다 2배의 표를 획득했다.)
  c. Ken polled a majority of votes cast.(켄은 투표된 표의 대다수를 획득했다.)
1.2. 다음 주어는 목적어를 여론을 조사한다.
(2) a. We polled the members about the change in the rule.(우리는 회원들에게 그 규칙의 변경에 대하여 여론조사를 했다.)
  b. They polled the freshmen about their curriculum.(그들은 그 신입생들에게 교육과정에 대하여 여론조사를 했다.)
  c. Pollsters polled 2,000 families on their preferences in radio programs.(여론 조사원들은 2천 가구에 라디오 프로그램의 선호에 대한 여론을 조사했다.)
1.3. 다음은 수동태 문장으로 주어는 여론 조사를 받는다.
(3) The students were polled on their preferences. (그 학생들은 선호에 대한 여론조사를 받았다.)
1.4. 다음 주어는 목적어를 여론을 조사한다. 목적어는 장소이다.
(4) He polled the village.(그는 그 마을에 여론조사를 했다.)

2. 자동사 용법
2.1. 다음 주어는 표를 얻는다.
(5) The republicans have polled well in recent elections.(그 공화당원들은 최근선거에서 좋은 득표 결과를 얻었다.)

pollute
이 동사의 개념 바탕에는 더럽히는 과정이 있다.

1. 타동사 용법
1.1. 다음 주어는 그 자체가 목적어를 오염시킨다.
(1) a. Garbage pollutes the rivers.(쓰레기가 그 강을 오염시킨다.)
  b. Industrial waste has polluted the lakes.(산업폐기물이 그 호수들을 오염시켜 왔다.)
  c. The huge amount of pesticides pollutes the water supply.(막대한 양의 살충제는 물 공급원을 오염시킨다.)
1.2. 다음 주어는 목적어를 with의 목적어로 오염시킨다.
(2) a. The cars pollute the air with exhaust fume.(자동차는 대기를 배기가스로 오염시킨다.)
  b. The company is polluting the river with its chemical waste.(그 회사는 강을 화학폐기물로 오염시키고 있다.)
  c. Many of the factories pollute the air with hydrogen sulfide.(많은 공장들이 대기를 황화수소로 오염시킨다.)
1.3. 다음 목적어는 마음이다. 마음도 오염될 수 있는 것으로 개념화되어 있다.
(3) He is polluting us with bigotry.(그는 우리를 편협한 생각으로 오염시키고 있다.)

1.4. 다음 주어는 그 자체가 목적어를 오염시킨다.
(4) a. His novels will **pollute** the young minds.(그의 소설들은 젊은이들의 정신을 오염시킬 것이다.)

b. Violent movies are **polluting** the young children's minds.(폭력적인 영화들은 어린 아이들의 정신을 오염시키고 있다.)

c. Money has **polluted** the democratic spirit of the American politics.(돈은 미국 정치의 민주정신을 오염시켰다.)

1.5. 다음은 수동태 문장으로 주어는 오염된다.
(5) a. The river has been **polluted with** toxic waste from local factories.(그 강물은 지역의 공장들로부터 나온 유독 폐기물로 오염됐다.)

b. The churches were **polluted by** atrocious murders.(그 교회들은 잔혹한 살인들에 의해 더럽혀졌다.)

c. His mind was **polluted** with wicked thought.(그의 정신은 사악한 생각으로 오염됐다.)

ponder

이 동사의 개념 바탕에는 여러 각도에서 저울질하면서 주의 깊게 생각하는 과정이 있다.

1. 타동사 용법
1.1. 다음 주어는 주의 깊게 목적어를 생각한다.
(1) a. He **pondered** the question/the offer.(그는 그 질문/제안을 곰곰이 생각했다.)

b. I **pondered** the company's offer very carefully.(나는 그 회사의 제안을 아주 면밀하게 심사숙고했다.)

c. He **pondered** his next move.(그는 다음 조처를 곰곰이 생각했다.

1.2. 다음에서는 생각의 대상이 의문사가 이끄는 절로 표현되어 있다.
(2) a. They are **pondering whether** the money could be better used elsewhere.(그들은 그 돈이 다른 곳에서 더 바람직하게 사용될 수 있는지를 숙고하고 있다.)

b. He **pondered what** to do.(그는 무엇을 할 지를 곰곰이 생각했다.)

2. 자동사 용법
2.1. 다음 주어는 on의 목적어와 관련하여 깊이 생각한다.
(3) a. He **pondered on** the difficulty.(그는 그 어려움에 대하여 숙고했다.)

b. He did not **ponder on** the matters too long.(그는 그 문제들에 대하여 너무 오랫동안 숙고하지 않았다.)

2.2. 다음 주어는 over의 목적어의 전체에 깊이 생각을 한다.
(4) a. He **pondered over** her words.(그는 그녀의 말을 곰곰이 생각했다.)

b. As I **pondered over** the whole business, an idea struck me.(내가 그 일 전체에 대해 숙고하고 있을 때, 갑자기 어떤 생각이 내게 떠올랐다.)

c. She **pondered over** the decision.(그녀는 그 결정에 대하여 곰곰이 생각했다.)

pool

이 동사의 개념 바탕에는 pool의 명사 '웅덩이'가 깔려 있다. 웅덩이는 주위의 물이 모여서 이루어진다.

1. 자동사 용법
1.1. 다음 주어는 웅덩이를 이룬다.
(1) a. Rainwater **pooled** to form puddles on the street.(빗물은 웅덩이들을 이 거리에 만들었다.)

b. The blood **pooled** in the area of the wound.(피는 그 상처 부위에 고였다.)

2. 타동사 용법
2.1. 다음 주어는 목적어(액체, 피)를 한 곳에 고이게 한다.
(2) The doctor **pooled** the blood in one region of the body.(그 의사는 피를 신체의 한 부분에 고이도록 했다.)

2.2. 다음 목적어는 자원이다. 주어는 목적어를 한 자리에 모은다.
(3) a. None of us can afford it separately, so let's **pool** our resources.(우리 중 누구도 그 일을 단독으로 해낼 수 없다. 우리의 자원을 한 곳에 모으자.)

b. If we **pool** our resources, we can start a new business.(자원을 모으면, 우리는 새 사업을 시작할 수 있다.)

c. They agreed to **pool** their resources to finish the project quickly.(우리는 그 기획사업을 신속하게 마치기 위해 우리의 자원을 모으는 데 합의했다.)

d. Investors agreed to **pool** their resources to develop the property.(투자자들은 그 소유지를 개발하기 위해 자원을 모으는 데 동의했다.)

e. Police forces across the country are **pooling** their resources in order to solve the crime.(전국의 경찰은 그 범죄를 해결하기 위해 모든 자원을 동원하고 있다.)

2.3. 다음 목적어는 돈이다. 주어는 목적어(돈)를 한 자리에 모은다.
(4) a. The kids **pooled** their money to buy their parents plane tickets.(자식들은 부모님께 비행기 표를 사드리기 위해 돈을 모았다.)

b. Our friends **pooled** their money to buy the couple an expensive gift.(우리의 친구들은 그 부부에게 값비싼 선물을 사주기 위해 돈을 모았다.)

c. We **pooled** our money and bought a new car.(우리는 돈을 모아서 새 차를 샀다.)

d. Phillip and I **pooled** our savings to start up my business.(필립과 나는 새 사업을 시작하기 위해 우리가 저축한 돈을 모았다.)

2.4. 다음의 목적어는 생각, 노력, 정보 등을 나타낸다. 이러한 것도 한 곳에 모이게 할 수 있다.
(5) a. If we **pool** our ideas, it'll be much easier.(우리가

생각을 모으면, 그것은 훨씬 쉬워질 것이다.)

b. If we **pool** our ideas, we should come up with a better plan.(우리가 생각을 모으면, 더 나은 계획을 내놓을 수 있을 것이다.)

c. Police forces **pooled** information on crimes.(경찰은 범죄에 대한 정보를 모았다.)

d. If we **pool** our efforts, we can accomplish the task.(우리가 함께 노력을 모으면, 그 일을 해낼 수 있을 것이다.)

e. Several member countries are now ready to **pool** their efforts in defence and security.(여러 회원 국가들은 현재 국방과 보안에 있어서 그들의 노력을 모을 준비가 되어 있다.)

pop

이 동사의 개념 바탕에는 펑하고 터지는 과정이 있다.

1. 자동사 용법

1.1. 다음 주어는 펑하고 터진다.

(1) a. The cork **popped**.(그 코르크 마개는 펑하고 열렸다.)

b. The cork **popped** and flew out of his hand.(그 코르크 마개는 펑 하고 터져서 그의 손 밖으로 날아갔다.)

c. The balloon **popped**.(그 풍선은 펑 터졌다.)

d. The football **popped** when a truck ran over it.(그 트럭이 축구공 위로 지나갈 때 그것은 펑 하고 터졌다.)

e. The popcorn **popped** as it cooked.(팝콘은 요리될 때에 펑 튀었다.)

1.2. 주어는 번쩍 뜬다.

(2) a. His eyes **popped** with astonishment.(그의 눈은 놀라움으로 튀어나왔다.)

b. His eyes **popped** when he saw the price tag.(그 가격표를 봤을 때 그의 눈은 튀어나왔다.)

c. He felt as if his eyes were going to **pop** out.(그는 마치 눈알이 튀어나올 것처럼 느꼈다.)

1.3. 주어는 빠르게 움직인다.

(3) a. I'll **pop across** the shop.(나는 그 가게를 획 가로질러 가겠다.)

b. She just **popped by** and said hello.(그녀는 불쑥 곁에 나타나 인사했다.)

c. Our neighbor **popped in** for a short call.(우리의 이웃은 짧은 방문을 위해 불쑥 들어왔다.)

d. My neighbor **popped in** unexpectedly.(내 이웃은 예기치 않게 들렀다.)

e. We just **popped in** to say hello.(우리는 인사하기 위해 들어왔습니다.)

f. She just **popped in** and stayed a while.(그녀는 불쑥 들어와 얼마동안 머물렀다.)

g. Little kids were **popping in** and out.(꼬마들은 획획 자유롭게 들락거리고 있었다.)

h. He can **pop in** this afternoon.(그는 오늘 오후 불쑥 들어올 수 있다.)

i. The thought **popped into** his mind.(그 생각이 그의 머리 속에 꽉 들어왔다.)

j. I'll just **pop into** the bank to get some money.(나는 얼마의 돈을 인출하기 위해 은행에 가겠다.)

k. She should **pop off** back to school.(그녀는 곧 학교로 되돌아가야 한다.)

l. I'm just **popping out** for a hair cut.(나는 이발을 하기 위해 나가려고 한다.)

m. He **popped out** of bed.(그는 침대에서 튀어나왔다.)

n. The window opened, and a dog's head **popped out**.(그 창문이 열리고 개의 머리가 불쑥 나왔다.)

o. He **popped out** to the third base.(그는 3루로 확 내달렸다.)

p. When you open the lid of the box, a clown **pops out**.(당신이 상자의 덮개를 열면, 광대가 튀어나온다.)

q. The egg cracked open and **popped out** a tiny head.(그 달걀은 터지면서 작은 머리 하나가 불쑥 나타났다.)

r. Could you **pop round** the store for some bread?(빵 사러 가게에 빨리 가실 수 있겠어요?)

s. Can you **pop round** today and pick up the parcel?(오늘 얼른 가서 그 소포를 가져올 수 있겠니?)

t. The menu **pops up** when you click the mouse.(네가 그 마우스를 클릭하면 메뉴창이 뜬다.)

u. Mushrooms tend to **pop up** overnight.(버섯들은 밤중에 불쑥 나오는 경향이 있다.)

v. She **popped up** in Seoul.(그녀는 서울에 불쑥 나타났다.)

w. The batter **popped up** to the shortstop.(그 타자는 유격수의 위치로 공을 쳐 올렸다.)

x. He **pops up** in the most unlikely/unexpected places.(그는 예상하지 못했던 장소에 불쑥 나타난다.)

y. Would you **pop upstairs** and see if Chris is okay?(위층으로 후딱 가서 크리스가 잘 있는지 봐 주겠니?)

1.4. 다음 주어는 at의 목적어에 총을 쏜다.

(4) a. She **popped at** pheasants.(그녀는 꿩을 향해 탕 쐈다.)

b. They were **popping away at** the wood pigeons.(그들은 산비둘기들을 향해 계속 총을 쏘고 있었다.)

1.5. 다음주어는 소리를 내면서 떨어진다.

(5) A button **popped** off my shirt.(단추 하나가 내 셔츠에서 똑 떨어졌다.)

1.6. 다음 주어는 재잘거린다.

(6) She kept **popping** off about how hard her job was.(그녀는 자신의 일이 얼마나 힘든지에 대해 서슴없이 내뱉었다.)

2. 타동사 용법

2.1. 다음 주어는 목적어를 불쑥 내민다.

(7) Duck **popped** his head out of the window.(덕은 머리를 창문 밖으로 불쑥 내밀었다.)

2.2. 다음 주어는 목적어를 탁 소리와 함께 움직인다.

(8) a. **Pop** a shutter(덧문을 확 열어라.)

b. Pop a cork stopper.(코르크 마개를 펑 열어라.)

2.3. 다음 주어는 목적어를 튀긴다.

(9) He popped the corn.(그는 옥수수를 펑 튀겼다.)

2.4. 다음 주어는 총을 at의 목적어를 향해서 펑 쏜다.

(10) a. Pop his rifle at a bird.(새를 향해 그 총을 탕 쏘아라.)

b. She popped a few bullets at them.(그녀는 몇 발을 그들을 향해 탕 쏘았다.)

2.5. 다음 주어는 목적어를 터뜨린다.

(11) a. The children popped the balloon.(그 아이들은 풍선을 펑 터뜨렸다.)

b. Collin popped the balloon with a pin.(콜린은 풍선을 핀으로 펑 터뜨렸다.)

c. He popped the soap balloon with his finger.(그는 비누방울을 손가락으로 터뜨렸다.)

2.6. 다음 주어는 목적어를 터뜨린다.

(12) a. Hasn't Bill popped the question yet?(빌이 아직 결혼신청을 하지 않았나요?)

b. I was surprised when he popped the question.(그가 그 질문을 불쑥 터뜨렸을 때 나는 당황했다.)

c. He popped a question at the teacher.(그는 질문을 그 선생님에게 터뜨렸다.)

2.7. 다음 주어는 목적어를 쏜다.

(13) He popped down a sparrow.(그는 참새 한 마리를 쏘아 떨어지게 했다.)

2.8. 다음 주어는 목적어를 소리가 나게 놓거나 넣는다.

(14) a. I'll pop the book in on my way home.(나는 집으로 돌아오는 길에 책을 팍 집어넣었다.)

b. He plucked a purple grape from the bunch and popped it in.(나는 빨간 포도알을 송이에서 따서 입 안에 팍 넣었다.)

c. Please pop the letter into the letter-box.(그 편지를 편지함에 던져 넣으십시오.)

d. I'll just pop these cakes into the oven.(나는 이 케이크를 오븐에 팍 집어넣겠다.)

e. The batter popped the ball into the air.(그 타자는 공을 공중으로 팍 쳐 올렸다.)

f. He popped dinner into the microwave.(그는 저녁 음식을 전자레인지에 팍 집어넣었다.)

g. He popped a piece of ham into his mouth.(그는 햄 한 조각을 입 속으로 팍 집어넣었다.)

h. He popped the key into the bag.(그는 열쇠를 가방에 팍 집어넣었다.)

i. He popped the cork off the bottle.(그는 코르크 마개를 그 병에서 펑 하고 뽑았다.)

j. Pop the kettle on.(그 주전자를 얼른 올려놔라.)

k. He popped his jacket/his shoes on and darted out. (그는 겉옷을 얼른 걸치고 밖으로 뛰쳐나갔다.)

l. The rabbit popped its head out of its burrows. (그 토끼는 머리를 굴 밖으로 불쑥 내밀었다.)

m. She popped the ball to center-field.(그녀는 공을 중앙으로 팍 쳤다.)

n. He popped the thermometer under my tongue. (그는 온도계를 내 혀 밑으로 쏙 집어넣었다.)

o. She popped her head thru the window.(그녀는 머리를 창문 사이로 불쑥 내밀었다.)

2.9. 다음 주어는 목적어를 터지게 한다.

(15) His pot belly was popping his buttons on his shirt. (그의 불룩한 배가 셔츠의 단추들을 터지게 하고 있었다.)

populate

이 동사의 개념 바탕에는 거주하거나, 사는 과정이 있다.

1. 타동사 용법

1.1. 다음 주어는 장소인 목적어에 산다.

(1) a. Many species of birds populate the marsh.(많은 종류의 새들이 그 늪에서 서식한다.)

b. The French began to populate the region in the 15th century.(프랑스인들은 그 지역에서 15세기에 거주하기 시작했다.)

c. Colonists from Europe populated many parts of America.(유럽에서 온 식민 이주민들은 미국의 많은 부분에 거주했다.)

d. Immigrants from many parts of the world populate New York City.(세계 많은 부분에서의 이주자들은 뉴욕에 거주한다.)

1.2. 다음은 수동태 문장으로 주어는 거주된다.

(2) a. The western islands are sparsely populated.(그 서부 섬들은 희박하게 거주되고 있다.)

b. The island is heavily populated by muslims.(그 섬은 이슬람교도인들에 의해 많이 거주된다.)

c. The region is populated by Celts.(이 지역은 켈트족이 살고 있다.)

d. The island is populated largely by sheep.(그 섬은 양들이 많이 살고 있다.)

pore

이 동사의 개념 바탕에는 주의 깊게 꾸준히 보는 과정이 있다.

1. 자동사 용법

1.1. 다음 주어는 on의 목적어를 주의 깊게 본다.

(1) a. He began to pore on the problem.(그는 그 문제에 관하여 숙고하기 시작했다.)

b. He pored on her lovely brown eyes.(그는 그녀의 사랑스런 갈색 눈동자를 응시했다.)

1.2. 다음 주어는 over의 목적어 전체를 주의 깊게 꾸준히 본다.

(2) a. He was poring over his book in his study.(그는 공부하면서 책을 열심히 보고 있었다.)

b. He pored over his notes before the exam.(그는 시험보기 전에 노트를 면밀히 보았다.)

c. The architect pored over the designs.(그 건축가는 도안을 주의 깊게 살폈다.)

2. 타동사 용법

2.1. 다음 주어는 너무 주의 깊게 보아서 눈이 빠지게

한다.
(3) He pored his eyes out.(그는 눈이 빠지도록 쳐다보
았다.)

portend

이 동사의 개념 바탕에는 좋지 않은 일을 미리 알려
주는 과정이 있다.

1. 타동사 용법

1.1 다음 주어는 목적어를 미리 알려주는 표시가 된다.
(1) a. Black clouds portend a storm.(먹구름은 폭풍을 미
리 알린다.)
   b. What do these strange events portend?(이 이상
한 사건들은 무엇을 미리 알리는가?)
   c. Mass demonstrations portend an armed rebellion.
(집단 시위는 무장 폭동을 미리 알린다.)
   d. Rising infection rates portend a health-care
disaster.(상승하는 감염 비율이 건강관리의 재난을
예고한다.)
**1.2. 다음 주어는 의문사절이나 that-절의 내용을 미
리 알려준다.**
(2) a. The riot may portend that a new civil war may
break out.(그 폭동은 새로운 내전이 발생할 것을 예
고하고 있는지도 모른다.)
   b. No one can portend where this process will stop.
(아무도 이 과정이 어디서 끝날지 점치지 못한다.)

portion

이 동사의 개념 바탕에는 portion의 명사 '몫'이 있
다. 동사의 의미는 몫을 만드는 과정과 관계가 있다.

1. 타동사 용법

1.1. 다음 주어는 목적어를 몫으로 나눈다.
(1) He portioned his estate to his daughters.(그는 재산
을 딸들에게 나누었다.)
1.2. 다음 주어는 목적어를 나누어서 갈라준다.
(2) a. He portioned out the money between the two
children.(그는 돈을 두 아이들에게 나눠 주었다.)
   b. Portion out the rest of this food among
yourselves.(이 음식의 나머지를 너희들끼리 나누
어 가져라.)
   c. Portion it out among yourselves.(그것을 너희들끼
리 나누어 가져라.)
   d. He portioned out food.(그는 음식을 나누어 주었
다.)
   e. She portioned out the cake.(그녀는 케이크를 누어
주었다.)
**1.3. 다음은 수동태 문장으로 주어는 갈라지는 몫이나
몫을 받는다.**
(3) a. She is portioned with misfortune.(그녀는 불행을
나누어 받았다.)
   b. The money was portioned out among his
children.(그 돈은 그의 아이들에게 나눠졌다.)

portray

이 동사의 개념 바탕에는 그림으로 그리는 과정이
있다.

1. 타동사 용법

1.1. 다음 주어는 목적어를 그린다.
(1) a. The painting portrays the painter himself.(그 그림
은 화가 자신을 묘사한다.)
   b. The artist portrayed the face of the model
perfectly.(그 미술가는 모델의 얼굴을 완벽하게 그
렸다.)
**1.2. 다음 주어는 목적어를 글이나 말, 음악으로 그린
다.**
(2) a. She portrays the horror of the concentration
camp very powerfully.(그녀는 그 집단 수용소의
공포를 매우 강력하게 묘사한다.)
   b. The music portrays a lifestyle that no longer
exists.(그 음악은 더 이상 존재하지 않는 생활 방식
을 묘사한다.)
   c. Many fairy tales portray women as victims.(많은
동화는 여성들을 희생자로서 묘사한다.)
   d. Throughout the trial, he portrayed himself as the
victim.(재판을 통해서, 그는 자신을 희생자로 표현
했다.)
1.3. 다음은 수동태 문장으로 주어는 그려진다.
(3) a. Liberals are portrayed by the group as sensitive
and caring.(자유주의자들은 그 단체에 의해 섬세하
고 관심을 갖는 것으로 그려진다.)
   b. The campus is portrayed as a very pleasant
place.(그 캠퍼스는 매우 즐거운 장소로 묘사된다.)

pose

이 동사의 개념 바탕에 자세를 취하는 과정이 있다.

1. 자동사 용법

**1.1. 다음 주어는 그림이나 사진을 찍기 위해서 자세를
취한다.**
(1) a. The mayor posed for an oil painting.(시장은 유화
를 위해 자세를 취했다.)
   b. After the wedding we all posed for a photograph.
(결혼식 후, 우리는 모두 사진을 찍기 위해 자세를
취했다.)
   c. The model posed in the nude for the painter.(그
모델은 화가를 위해 알몸으로 자세를 취했다.)
   d. They posed for the camera in the doorway.(그들
은 현관의 카메라를 향해 자세를 취했다.)
   e. We posed for photographs after the graduation
ceremony.(우리는 졸업식 후 사진을 찍기 위해서
자세를 취했다.)
   f. He posed in front of the mirror.(그는 거울 앞에서
자세를 취했다.)
   g. She posed for her photograph.(그녀는 사진을 찍
기 위해서 자세를 취했다.)
   h. The Korean delegates posed for a group

photograph.(그 한국 사절단은 단체 사진을 찍기 위해 자세를 취했다.)

1.2. 다음 주어는 전치사 as의 목적어와 같이 자세를 갖는다.

(2) a. The gang entered the building posing as workmen.(그 깡패는 노동자 모습을 취하고 그 건물에 들어갔다.)

b. The burglar posed as a delivery man.(그 강도는 배달원처럼 가장했다.)

c. He posed as an authority on the subject.(그는 그 주제에 관한 권위자인 듯 행동했다.)

d. He posed as a rich man when he was not.(그는 부자가 아닌데도 부자인 척 행동했다.)

e. He posed as a doctor/a scholar/a beggar.(그는 의사/학자/거지처럼 행동했다.)

f. He was posing as a police officer/a detective.(그는 경찰 서장/형사처럼 행동하고 있었다.)

g. The imposter posed as the president of the company.(그 사기꾼은 회사의 사장인 것처럼 가장했다.)

h. The team posed as drug dealers to trap the ringleader.(그 팀은 주모자를 잡기 위해 마약 거래상으로 가장했다.)

1.3. 다음 주어는 특정한 태도를 취한다.

(3) a. She is always posing.(그녀는 언제나 겉모습을 꾸며댄다.)

b. Who knows what she really thinks? She's always posing.(누가 그녀의 진짜 생각을 알까? 그녀는 언제나 겉모습을 꾸며댄다.)

c. Stop posing!(자세 푸세요!)

d. He's only posing when he says he enjoys an opera. (그가 오페라를 즐긴다고 말할 때 그는 꾸며대고 있다.)

e. I saw him out posing in his new sport car.(나는 그가 밖에서 새 스포츠 카에서 으스대는 모습을 보았다.)

2. 타동사 용법

2.1. 다음 주어는 목적어를 생기게 한다.

(4) a. The rise in price poses many problems.(그 물가 상승은 많은 문제를 일으킨다.)

b. The outcome poses an interesting question.(그 결과는 재미있는 질문을 일으킨다.)

c. Genetic research poses many ethical questions.(유전학 연구는 많은 윤리적 질문을 일으킨다.)

d. My interviewer posed a hypothetical question.(나의 면담자는 가정상의 질문을 던졌다.)

e. That poses a threat/a challenge/a risk.(그것은 위협/도전/위험을 일으킨다.)

2.2. 다음 주어는 목적어를 전치사 to의 목적어에 제기한다.

(5) a. The matters pose a serious threat to the environment.(그 문제는 환경에 심각한 위협을 제기한다.)

b. It poses a serious threat to the security of the state.(그것은 국가의 안보에 심각한 위협을 제기한다.)

다.)

c. The escaped convict might pose a threat to people.(그 탈주범은 사람들에게 위협을 일으킬 것이다.)

d. Pollution poses a threat to the continued existence of the species.(오염은 종들의 유지된 존재에 위협을 일으킨다.)

2.3. 다음 주어는 목적어를 전치사 for의 목적어에 제기한다.

(6) a. The slums posed a problem for the city.(빈민가는 그 도시에 문제를 일으켰다.)

b. The high cost of oil poses serious problems for the industry.(석유의 그 높은 가격은 그 산업에 심각한 문제들을 일으킨다.)

c. Rising unemployment poses serious problems for the administration.(실업률의 증가는 그 행정부에 심각한 문제를 일으킨다.)

d. The railway strike will pose problems for the commuters.(철도 파업은 통근자들에게 문제를 일으킬 것이다.)

2.4. 다음 주어는 목적어를 제기한다. 목적어는 질문이다.

(7) a. The first chapter poses the question: what constitutes a democracy?(제 1과는 다음 질문을 제기한다: 무엇이 민주주의를 구성하는가?)

b. The teacher posed a question to the students.(그 선생님은 질문을 그 학생들에게 제기했다.)

c. Let me pose this question for you: will you raise taxes?(당신에게 이 질문을 할께요: 세금을 올리실 건가요?)

2.5. 다음에서 주어는 사진을 찍거나 그림을 그리기 위해서 목적어를 배치시킨다.

(8) a. The artist posed me on a sofa.(그 미술가는 나를 소파 위에 배치시켰다.)

b. He posed his model for his picture.(그는 모델을 그림을 그리기 위하여 자세를 취하게 했다.)

c. She posed us in front of the fireplace and took several pictures.(그녀는 우리를 난로 앞에 배치시키고 사진을 몇 장 찍었다.)

d. The artist posed the children around their parents.(그 미술가는 아이들을 부모 곁에 배치시켰다.)

2.6. 다음은 수동태 문장으로 주어는 자세가 취해진다.

(9) The group was well posed for the photograph.(그 단체는 사진을 찍기 위해 자세가 잘 취해졌다.)

2.7. 다음 주어는 첫째 목적어에게 둘째 목적어를 제시한다.

(10) a. He posed his students a question.(그는 학생들에게 질문을 했다.)

b. He posed a question for/to his students.(그는 질문을 학생들에게 했다.)

position

이 동사의 개념 바탕에는 position의 명사 '위치'가 있다. 동사의 뜻도 이 명사 뜻과 관계가 있다.

1. 타동사 용법

1.1. 다음 주어는 자신을 어떤 장소나 자세로 위치시킨다.

(1) a. **Position** the cursor before the word you want to delete. (그 커서를 네가 지우고 싶은 단어 앞에 놓아라.)

b. **Position** the chess pieces on the board. (그 말들을 판에 위치시켜라.)

c. He **positioned** the vase of flower in the center of the table. (그는 꽃병을 테이블의 가운데에 위치시켰다.)

1.2. 다음 주어는 목적어를 어떤 위치에 놓는다.

(2) a. He **positioned** himself so he could keep an eye on the gate. (그는 자신이 대문을 감시할 수 있도록 자리잡았다.)

b. They **positioned** themselves around the house. (그들은 그 집 주위에 자신들을 자리잡게 했다.)

c. He **positioned** himself next to the president. (그는 자신을 대통령 옆에 자리 잡게 했다.)

1.3. 다음 문장은 수동태 문장으로 다음 주어는 어떤 위치나 상태에 놓여진다.

(3) The company is now well **positioned** to compete in foreign markets. (그 회사는 외국 시장에서 경쟁할 수 있는 좋은 조건에 있다.)

---

possess

이 동사의 개념 바탕에는 소유하는 과정이 있다.

1. 타동사 용법

1.1. 다음의 주어는 소유하는 사람이고 목적어는 소유되는 개체이다.

(1) a. Jane **possesses** one dog and two cats. (제인은 개 한 마리와 고양이 두 마리를 가지고 있다.)

b. He **possesses** a villa in the country. (그는 시골에 별장을 가지고 있다.)

c. Do you **possess** a license for this car? (너는 이 차의 면허를 가지고 있나?)

d. They used all the money they **possessed**. (그들은 가지고 있었던 모든 돈을 썼다.)

e. She **possesses** wealth and power. (그녀는 부와 권력을 가지고 있다.)

f. They **possessed** guns and explosives. (그들은 총과 폭약을 가지고 있었다.)

g. He **possesses** several Picassos. (그는 피카소의 작품 여러 점을 가지고 있다.)

h. It **possesses** great value. (그것은 큰 가치를 갖는다.)

1.2. 주어가 소유하는 것에는 신체적 그리고 정신적 특성도 포함된다.

(2) a. She **possesses** a delightful voice. (그녀는 즐거운 목소리를 가지고 있다.)

b. He doesn't **possess** a sense of humor. (그는 유머 감각을 가지고 있지 않다.)

c. She **possesses** a fine mind. (그녀는 섬세한 마음을 가지고 있다.)

d. **Possess** your soul/mind in patience. (너의 영혼/마음을 인내 속에 가져라.)

e. He **possesses** genius/talent/wisdom/courage. (그는 천재/재능/지혜/용기를 가지고 있다.)

1.3. 다음의 주어는 목적어를 단순히 소유하는 것이 아니라, 통제권을 행사한다.

(3) a. He **possessed** his temper. (그는 성질을 자제했다.)

b. He **possessed** himself. (그는 자신을 통제했다.)

1.4. 다음 주어는 두려움, 분노, 질투와 같은 감정이다. 주어는 목적어를 손에 넣어서 지배한다.

(4) a. A terrible fear **possessed** her. (끔찍한 두려움이 그녀의 마음을 사로잡았다.)

b. The evil spirit **possessed** the child. (그 악한 혼은 그 아이를 사로잡았다.)

c. Extreme anger **possessed** her and she hit the taxi driver. (극심한 분노가 그녀를 사로잡아서 그녀는 택시 운전수를 쳤다.)

d. Ambition **possessed** him. (야망이 그의 마음을 사로잡았다.)

e. A violent jealousy **possessed** him. (사나운 질투심이 그의 마음을 사로잡았다.)

1.5. 다음 주어는 목적어를 사로잡아 어떤 일을 하게 한다.

(5) a. I don't know what **possessed** me to agree to that. (나는 무엇이 나를 사로잡아 그것에 동의하게 했는지 모르겠다.)

b. What **possessed** you to behave like that? (무엇이 너를 사로잡아 그렇게 행동하게 했나?)

c. What **possessed** you to go out alone at night? (무엇이 너를 사로잡아 혼자 밤에 나가게 했나?)

d. What **possessed** you to do such a thing? (무엇이 너를 그러한 일을 하게 했나?)

1.6. 다음의 주어는 소유자이고 of의 목적어는 소유물이다.

(6) a. The town was **possessed** by the enemy. (그 읍내는 적에 점령당했다.)

b. She was **possessed** by envy. (그녀는 시기심에 사로잡혔다.)

c. She was **possessed** by a desire to be rich. (그녀는 부자가 되려는 욕망에 사로잡혔다.)

d. He was suddenly **possessed** by an evil idea. (그는 갑자기 나쁜 생각에 사로잡혔다.)

1.7. 다음은 수동태 문장으로 주어는 전치사 of의 목적어를 갖는다.

(7) a. He is **possessed** of great wealth. (그는 엄청난 재산을 가지고 있다.)

b. He is not **possessed** of any common sense. (그는 어떤 상식도 없다.)

1.8. 다음은 수동태 문장으로 주어는 전치사 with의 목적어를 갖는다.

(8) a. He was **possessed with** an absurd idea. (그는 우스꽝스러운 생각에 사로잡혔다.)

b. The contestant in second place was **possessed with** jealousy. (그 2위의 경쟁자는 질투심으로 사로잡혔다.)

포획에 대해 게시되었다.)

post¹

이 동사의 개념 바탕에는 post의 명사 '기둥'이 있다. 동사의 의미는 기둥을 써서 소식을 알리는 일과 관계가 있다.

1. 타동사 용법
1.1. 다음 주어는 목적어를 게시한다.
(1) a. The officer manager posted a notice about the dress code.(그 관리 지배인은 의복 법규에 대한 공지를 게시했다.)
   b. He posted up a notice on the board.(그는 공지사항을 게시판에 게시했다.)
   c. The city posted information about free vaccinations.(그 도시는 무료 백신접종에 대한 정보를 게시했다.)
   d. They posted several flyers announcing the concert.(그들은 콘서트를 안내하는 몇 장의 전단지를 게시했다.)
   e. He posted her for a swindler.(그는 그녀를 사기꾼이라고 소문냈다.)
1.2. 다음 목적어는 게시의 내용이다.
(2) a. They posted a reward.(그들은 보상을 게시했다.)
   b. The company posted a $1 million loss.(그 회사는 백만 달러의 손해를 게시했다.)
1.3. 다음 주어는 목적어를 with의 목적어로 붙인다.
(3) a. He posted the wall with placards.(그는 벽을 벽보로 붙였다.)
   b. He posted the board with bills.(그는 게시판을 전단들로 붙였다.)
1.4. 다음 주어는 목적어를 경고문으로 한다.
(4) a. You should post your land during the hunting season.(너는 사냥철동안 네 땅에 출입금지 경고문을 붙여야 한다.)
   b. The farmer posts his land.(그 농부는 자신의 땅에 출입금지 경고문을 붙인다.)
1.5. 다음 수동태 문장으로 주어는 게시물이 붙여진다.
(5) a. The wall is posted over with placards.(벽에는 온통 벽보가 붙어있다.)
   b. The board is posted with notices.(게시판에는 공지사항이 붙어있다.)
1.6. 다음은 수동태 문장으로 주어는 게시된다.
(6) a. The ship was posted as missing.(그 배는 실종된 것으로 게시되었다.)
   b. The child was posted as kidnapped.(그 아이는 유괴당했다고 게시되었다.)
   c. The aircraft and its crew was posted missing.(그 비행기와 승무원은 실종이라 발표되었다.)
   d. The exam results are posted on the bulletin board.(그 시험 결과는 게시판에 발표된다.)
   e. The winners' names will be posted on the bulletin board.(그 승리자의 이름들은 그 게시판에 발표될 것이다.)
   f. A copy of the letter was posted on the Internet.(그 편지 사본이 인터넷에 게시되었다.)
   g. A reward was posted for the capture.(보상이 그

post²

이 동사의 개념 바탕에는 post의 명사 '부서(자리)'가 있다.

1. 타동사 용법
1.1. 다음 주어는 목적어를 어떤 장소에 배치한다.
(1) a. They posted two guards at the gate.(그들은 두 명의 경비를 대문에 배치했다.)
   b. The company posted him to Seoul.(그 회사는 그를 서울로 발령을 냈다.)
1.2. 다음은 수동태 문장으로 주어는 배치된다.
(2) a. Most employees get posted abroad at some stage.(대부분의 고용인들은 어느 단계에서 해외로 배치된다.)
   b. In 1942 he was posted to India as a fighter pilot.(1942년에 그는 전투기 조종사로 인도에 배치되었다.)
   c. Extra guards were posted at the cemetery during the funeral.(가외 호위병들이 장례식 동안 그 묘지에 배치되었다.)
   d. The platoon was posted to the front of the battle.(그 소대는 전투의 최전선에 배치되었다.)

post³

이 동사의 개념 바탕에는 우편으로 보내는 과정이 있다.

1. 타동사 용법
1.1. 다음 주어는 목적어를 우편으로 보낸다.
(1) a. Have you posted off your order yet?(너는 주문 벌써 보냈니?)
   b. Could you post this letter for me?(이 편지를 부쳐 줄 수 있니?)

postpone

이 동사의 개념 바탕에는 연기하는 과정이 있다.

1. 타동사 용법
1.1. 다음 주어는 목적어를 뒤로 미룬다.
(1) a. I'll postpone my decision for another day.(나는 결정을 하루 더 미루겠다.)
   b. He postponed the expedition until the following day.(그는 그 원정을 다음 날로 미루었다.)
   c. They postponed their holiday until next spring.(그들은 휴가를 다음 봄으로 연기했다.)
   d. He postponed his departure.(그는 출발을 연기했다.)
1.2. 다음은 수동태 문장으로 주어는 연기된다.
(2) a. The match had to be postponed.(그 경기는 연기되어야만 했다.)
   b. The visit has now been postponed indefinitely.

(그 방문은 이제 무기한으로 연기되어 있다.)

c. The meeting was postponed one day.(그 모임은 하루 연기되었다.)

d. The game was postponed because of rain.(그 게임은 비로 인해 연기되었다.)

e. The trip to the museum was postponed until Friday.(그 박물관으로의 여행은 금요일까지 미뤄졌다.)

f. Our meeting for today was postponed until Friday. (우리의 오늘 모임은 금요일까지 미뤄졌다.)

1.3. 다음 주어는 할 일을 미룬다. 목적어는 동명사 이다.

(3) a. I postponed making a decision about my future. (나는 미래에 대한 결정을 하는 것을 미루었다.)

b. I would like to postpone submitting my report for a few days. (나는 보고서 제출을 몇일 미루고 싶다.)

c. The couple decided to postpone having a family for a while.(그 부부는 아기를 갖는 것을 당분간 미루기로 결정했다.)

d. We have to postpone going to France.(우리는 프랑스에 가는 것을 연기해야만 한다.)

e. He postponed replying.(그는 대답을 하는 것을 미루었다.)

f. The city postponed building the new hospital.(그 도시는 새 병원을 짓는 것을 연기했다.)

g. He postponed visiting his friend in the country. (그는 시골에 사는 그의 친구를 방문하는 것을 연기했다.)

1.4. 다음 주어는 목적어를 전치사 to의 목적어 뒤에 둔다.

(4) a. He postponed private ambitions to public welfare. (그는 개인적 야망을 공적인 복지의 뒤로 미루었다.)

b. He postponed individual good to national good.(그는 국가적 이익을 위해 개인적 이익을 뒤로 미루었다.)

postulate

이 동사의 개념 바탕에는 추리의 바탕으로 증거가 없이 사실로 가정하는 과정이 있다.

1. 타동사 용법

1.1. 다음 주어는 목적어를 사실로 간주한다.

(1) a. He postulates a 500-year life span for a plastic container.(그는 플라스틱 용기의 500년 수명을 가정한다.)

b. She postulated an increase in population.(그녀는 인구의 증가를 가정했다.)

c. Darwin postulated the modern theory of evolution.(다윈은 진화의 현대 이론을 가정했다.)

d. Geometry postulates certain things as a basis for its reasoning.(기하학은 어떠한 일들을 그것의 논거의 기초로서 가정한다.)

1.2. 다음 주어는 that-절의 내용을 가정한다.

(2) a. One theory postulates that the Filipinos came from India. (한 이론은 필리핀 사람들이 인도에서

왔다고 가정한다.)

b. Scientists postulate that there is a tenth planet in the solar system, but they can't prove its existence.(과학자들은 태양계에 열 번째 행성이 있다고 가정하지만, 그 존재를 증명하지는 못한다.)

c. From his experience, he postulates that such abuse is a common practice.(경험으로부터, 그는 이러한 남용은 흔한 관습이라고 가정한다.)

pot

이 동사의 개념 바탕에는 pot의 명사가 있다. 이 명사는 단지, 항아리, 독 또는 담는 속이 깊은 냄비를 가리킨다. 동사의 뜻은 이들 명사의 기능과 관련이 있다.

1. 타동사 용법

1.1. 다음 주어는 목적어를 화분에 담는다.

(1) a. Pot the cuttings individually.(그 접목용 접지(꺾은 가지)를 따로 화분에 심어라.)

b. She pots plants from the garden to put on her balcony.(그녀는 뜰에서 가져온 식물을 발코니에 놓기 위하여 화분에 심는다.)

c. You should pot these seedlings before they get too big.(너는 이 묘목들을 너무 커지기 전에 화분에 옮겨 심어야 한다.)

1.2. 다음은 수동태 문장으로 주어는 그릇에 담겨진다.

(2) These plants must be potted in early spring.(이 식물들은 초봄에 화분에 심어져야 한다.)

1.3. 다음 주어는 목적어를 그릇에 담는다.

(3) a. He potted the apple jam.(그는 사과잼을 단지에 넣었다.)

b. She potted fruit.(그녀는 과일을 단지에 넣었다.)

1.4. 다음 주어는 목적어를 총으로 쏜다.

(4) a. He potted rabbits in the field.(그는 들에 있는 토끼를 쏘았다.)

b. He potted a pheasant.(그는 꿩 한 마리를 쏘았다.)

pounce

이 동사의 개념 바탕에는 갑자기 덤벼드는 과정이 있다.

1. 자동사 용법

1.1. 다음 주어는 갑자기 뛰어서 on의 목적어를 덤벼든다.

(1) a. The cat pounced on a mouse.(그 고양이는 쥐 한 마리를 덮쳤다.)

b. The tiger pounced on a young deer.(그 호랑이는 새끼 사슴을 덮쳤다.)

1.2. 다음 주어는 뛰어서 on의 목적어를 잡으려고 한다.

(2) a. Jane pounced up on the loose ball and scored.(제인은 놓친 공을 달려들어 움켜잡아 득점했다.)

b. The cat pounced swiftly on the mouse.(그 고양이는 재빨리 쥐에게 달려들었다.)

c. The catcher pounced on the bunted ball.(그 포수는 번트된 공을 달려들어 움켜잡으려고 했다.)

1.3. 다음 (up)on의 목적어는 추상적 개체이다. 그러나 생명체로 개념화되어 빠르게 움직이는 것으로 개념화되어 있다. 주어는 전치사 (up)on의 목적어에 덮친다.

(3) a. He pounced upon my mistake.(그는 나의 실수를 맹렬히 비난했다.)

b. We pounced upon the opportunity.(우리는 그 기회를 움켜잡으려 했다.)

1.4. 다음은 수동태 문장으로, 주어는 공격된다.

(4) His comments were pounced upon by the press.(그의 논평은 언론에 의해 맹렬한 비난을 받았다.)

---

pound

이 동사의 개념 바탕에는 무겁게 치는 과정이 있다.

1. 타동사 용법

1.1. 다음 주어는 목적어를 무겁게 친다.

(1) a. The village woman pounded grain/sesame in her mortars.(그 시골 여인은 곡식과 참깨를 절구통에 찧었다.)

b. Pound the almonds and mix bread crumbs.(아몬드를 찧어서 빵조각과 섞어라.)

1.2. 개체에 강한 힘을 가하면, 개체는 특정한 상태로 변화된다. 주어는 목적어를 into의 목적어의 상태로 만든다.

(2) a. She pounded the dry bread into crumbs.(그녀는 마른 빵을 찧어서 가루로 만들었다.)

b. She pounded the garlic/the tomatoes into a paste.(그녀는 마늘/토마토들을 으깨서 반죽으로 만들었다.)

c. She pounded wheat into flour.(그녀는 밀을 찧어서 밀가루로 만들었다.)

d. The teacher pounded sense into the brains of the employees.(그 교사는 그 학생들의 머리에 사리를 집어 넣었다.)

e. He pounded a block of salt to powder.(그는 소금 한 덩어리를 찧어서 가루로 만들었다.)

f. She pounded a brick to pieces.(그녀는 벽돌을 쳐서 조각을 내었다.)

1.3. 다음 주어는 목적어를 찧어서 목적어를 상태 변화를 받게 한다.

(3) a. He pounded the stones up.(그는 돌멩이들을 산산이 부수었다.)

b. She pounded the meat flat.(그녀는 그 고기를 다져서 납작하게 했다.)

1.4. 다음 주어는 목적어를 친다.

(4) a. He pounded the hot iron on the anvil.(그가 뜨거운 쇠를 모루대에 놓고 쳤다.)

b. In frustration, she pounded the dining room table for immediate service.(좌절감에서 그녀는 즉각적인 서비스를 받기 위해 식당을 두들겼다.)

c. Enemy forces have been pounding the city for over two months.(적군은 그 도시를 두달 넘게 쳐들어 오고 있다.)

d. The boxer pounded the opponent's face until it bled.(그 권투선수는 상대편의 얼굴을 피가 흐를 때까지 쳤다.)

1.5. 다음 주어는 목적어를 전치사 with의 목적어로 친다.

(5) a. He pounded his opponent with his fists.(그가 상대를 주먹으로 쳤다.)

b. He is pounding the nails into the board with a hammer.(그는 그 못을 게시판에 망치로 박고 있다.)

c. He pounded the door loudly with his fists.(그가 문을 주먹으로 쾅쾅 두드렸다.)

1.6. 다음은 수동태 문장으로 주어는 충격이 가해지는 장소이다.

(6) a. The area is still being pounded by rebel guns.(그 지역은 반군 포에 의해 여전히 공격받고 있다.)

b. The city was pounded to a rubble during the war.(그 도시는 전쟁기간동안 공격을 받아 폐허가 되었다.)

1.7. 다음 주어는 어떤 도구를 쳐서 목적어 (곡, 보고서 등)을 만들어 낸다.

(7) a. The drummer was pounding out the beat with wooden hammer.(그 드럼 주자는 박자를 목재 방망이로 쳐내고 있었다.)

b. He pounded out articles/reports on his old typewriter.(그는 보고서를 낡은 타자기를 쳐서 작성하였다.)

c. He pounded out a wonderful tune on the piano.(그는 피아노를 쳐서 아름다운 곡조를 연주를 했다.)

d. She pounded out the hymns on the old piano.(그녀는 낡은 피아노를 쳐서 그 찬송가들을 연주했다.)

1.8. 다음의 주어는 사람이 아닌 도구로 간주될 수 있는 개체이다. 주어는 목적어를 친다.

(8) a. The waves pounded the boat to pieces.(그 파도는 배를 쳐서 조각조각이 되게 했다.)

b. Rockets pounded the town all night.(로켓들이 그 도시를 밤새 포격했다.)

1.9. 다음은 수동태 문장으로 주어에는 충격이 가해져 부딪치거나 찧어진다.

(9) a. The ship was being pounded against the rocks.(그 배는 암초에 부딪쳐지고 있다.)

b. The seeds were pounded into fine powder.(씨앗들은 고운 분말로 찧어졌다.)

1.10. 다음 주어는 목적어를 쿵쿵거리며 걷는다.

(10) a. He pounded the streets.(그는 쿵쿵거리며 거리를 걸었다.)

b. He pounded his feet on the floor.(그가 발을 마루에 쿵쾅거렸다.)

2. 자동사 용법

2.1. 주어는 against의 목적어를 친다.

(11) A heavy sea pounded against the pier.(무거운 파도가 그 선창을 쳤다.)

2.2. 다음 주어가 가하는 힘이 at이나 on의 목적어에

부분적으로 영향을 미친다.

(12) a. He pounded on the door.(그는 문을 두드렸다.)

 b. The orator pounded on the table.(그 연설자는 탁자를 쳤다.)

 c. He is pounding on the drum.(그는 드럼을 치고 있다.)

2.3. 다음에 쓰인 away는 반복을 나타낸다.

(13) a. The field artillery was pounding away at the fortress.(그 야전 포대는 계속적으로 요새를 공격하고 있었다.)

 b. He kept pounding away at his work.(그는 계속적으로 그의 일을 추진하고 있었다.)

 c. Our guns pounded away at the enemy positions/the harbor.(우리의 군대는 계속적으로 적의 진지들/항구를 공격했다.)

 d. The factory's machinery pounded away day and night.(그 공장의 기계들은 밤이나 낮이나 큰 소리를 내며 가동되었다.)

2.4. 다음의 주어는 소리를 내는 개체이다.

(14) Drums were pounding in the distance.(멀리서 드럼이 울리고 있었다.)

2.5. 다음에는 경로를 나타내는 전치사가 쓰여서 pound는 이동동사가 된다.

(15) a. The young man pounded along the rough road.(그 젊은 남자가 험한 길을 힘차게 걷고 있었다.)

 b. The runaway cattle pounded down the hill.(달아나는 소 떼들은 언덕 아래로 힘차게 달려나갔다.)

 c. I pounded down the hill to catch the bus.(나는 버스를 잡으려고 언덕 아래로 힘차게 달려 내려갔다.)

 d. The men pounded down the stairs into the kitchen.(사람들은 계단 아래로 힘차게 뛰어내려가서 부엌으로 들어갔다.)

 e. Rock music was pounding out from the jukebox.(락 음악이 그 자동전축으로부터 힘차게 나오고 있었다.)

 f. He pounded up the stairs in front of her.(그는 그녀 앞의 계단 위로 쿵쾅거리며 올라갔다.)

 g. The horse pounded over the pavement.(말은 보도 위를 힘차게 걷고 있었다.)

2.6. 다음의 주어는 움직이면서 소리를 낸다.

(16) a. His heart pounded with expectation/excitement/fear.(그의 심장은 기대/흥분/공포로 요동치고 있었다.)

 b. His heart pounded from exercise.(그의 심장 박동은 운동으로 크게 쳤다.)

 c. His heart is pounding after running up the hill.(그 언덕 위로 뛰어 오른 후 그의 심장은 크게 뛰고 있다.)

 d. The blood was pounding in my ears.(그 피는 나의 귀에서 쿵쿵거리고 있었다.)

 e. My head is pounding from a headache.(내 머리는 두통으로 욱신욱신하고 있다.)

pour

이 동사의 개념 바탕에는 붓는 과정이 있다.

1. 자동사 용법

1.1. 다음 주어는 쏟아져 나온다.

(1) a. Blood poured from the wound.(피가 상처에서 쏟아져 나왔다.)

 b. Water is pouring out of the pipe.(물이 파이프에서 쏟아져 나오고 있다.)

 c. I knocked over the bucket and the water poured out all over the floor.(나는 양동이를 넘어뜨려서 물이 온 바닥에 쏟아져 흘렀다.)

 d. The wine poured smoothly from the bottle.(그 포도주는 병에서 부드럽게 흘러나왔다.)

1.2. 다음 주어는 방울 형태의 액체이다. 주어는 쏟아져 나온다.

(2) a. Tears poured down both our faces.(눈물이 우리 얼굴 모두에서 쏟아져 내렸다.)

 b. The sweat was pouring off my forehead.(그 땀은 내 이마에서 쏟아져 흘러내리고 있었다.)

1.3. 비도 물방울이므로, 비가 오는 과정도 이 동사로 표현된다.

(3) a. It poured down all through the match.(그 경기 내내 비가 쏟아져 내렸다.)

 b. It's pouring down with rain.(비가 쏟아져 내리고 있다.)

 c. The rain is pouring down.(그 비는 쏟아져 내리고 있다.)

 d. The rain poured through a hole in the roof.(그 비는 지붕의 구멍을 통하여 쏟아졌다.)

 e. It was pouring and the streets were flooded.(비가 쏟아져서 길들이 물로 넘쳤다.)

 f. Take your umbrella; it's pouring outside.(네 우산을 가져가라; 밖에 비가 오고 있다.)

1.4. 신청서나 원서 같은 여러 개의 개체가 이어서 들어오면, 이것은 빗방울이나 물방울이 연속적으로 움직이는 것으로 개념화된다. 주어는 쏟아져 들어온다.

(4) a. Applications poured in from different quarters.(신청서가 다양한 지역들에서 쏟아져 들어왔다.)

 b. Offers of help poured in from all over the country.(도움의 제의들이 전국에서 들어왔다.)

 c. Letters of complaint poured in to the head office.(불평의 편지가 본사로 쇄도했다.)

 d. Reports of devastation poured in.(참상의 보고들이 쏟아져 들어왔다.)

 e. Food donations have poured in from all over the country.(음식 기증이 전국에서 쏟아져 들어왔다.)

 f. Words poured from her pen.(글이 그녀의 펜에서 줄줄이 쏟아져 흘러나왔다.)

 g. Honors poured upon him from different countries.(훈장이 여러 나라들에서 그에게 쏟아졌다.)

1.5. 사람들도 여럿이 움직이면, 이것은 물줄기의 형태로 개념화된다. 주어는 쏟아져 들어온다.

(5) a. The enemy forces poured across the border.(적군은 그 국경을 넘어 쇄도해 왔다.)

 b. Refugees are now pouring into the country.(난민들이 지금 그 나라로 쏟아져 들어오고 있다.)

 c. The crowds poured into the warehouse.(그 군중

은 그 창고로 쏟아져 몰려들었다.)

d. Workers **poured out** of the factories.(노동자들이 그 공장 밖으로 쏟아져 나왔다.)

e. The congregation **poured out** of the church.(그 교인들이 그 교회 밖으로 쏟아져 나왔다.)

1.6. 에너지, 매연, 돈 등도 쏟아 붓거나 쏟기는 것으로 개념화 될 수 있다. 주어는 쏟아져 나온다.

(6) a. Smoke was **pouring from** the window.(연기가 그 창문에서 쏟아져 나오고 있었다.)

b. There was dense smoke **pouring from** all four engines.(네개의 엔진 모두에서 쏟아져 나오는 짙은 연기가 있었다.)

c. The ceiling collapsed and the rubble **poured into** the room.(그 천장은 무너지고 파편들이 방안으로 쏟아져 들어왔다.)

1.7. 다음 주어는 그릇으로 쏟긴다.

(7) The teapot doesn't **pour** very well.(그 찻 주전자는 물이 잘 나오지 않는다.)

2. 타동사 용법

2.1. 다음 주어는 목적어를 붓는다.

(8) a. The waiter **poured** the wine **into** her glass.(그 웨이터가 포도주를 그녀의 잔에 따랐다.)

b. He **poured** brandy **into** a glass.(그는 브랜디를 잔에 따랐다.)

c. I've **poured** some coffee **into** your cup.(나는 약간의 커피를 너의 잔에 따랐다.)

d. She **poured** some milk **into** her coffee.(그녀는 약간의 우유를 그녀의 커피에 따랐다.)

e. He **poured out** tea.(그는 차를 따라내었다.)

f. He **poured** coffee **out of/from** the pot.(그는 커피를 주전자에서 따랐다.)

g. **Pour** a pool of sauce **on** two plates and arrange the meat neatly.(소스를 두 접시에 붓고 고기를 보기 좋게 놓아라.)

2.2. 다음 주어는 붓는다.

(9) a. Max **poured** and served drinks **for** all of the people.(막스는 모든 사람들을 위해 음료를 따라서 대접했다.)

b. She **poured** a drink **for** herself.(그녀는 자신에게 한잔을 따랐다.)

2.3. 다음 주어는 첫째 목적어를 둘째 목적어에 부어준다.

(10) a. He **poured** himself a drink.(그는 자신에게 한잔을 따랐다.)

b. **Pour** yourself another cup of tea.(차를 한잔 더 따라 마셔라.)

c. Would you like me to **pour** you some wine?(네게 포도주를 좀 따라줄까?)

d. Could you **pour** me **out** a beer while you are in the kitchen?(네가 부엌에 있을 때 내게 맥주 한잔을 따라줄 수 있겠니?)

2.4. 다음에서 주어는 많은 사람이 들어가 있을 수 있는 장소이고, 목적어는 사람이다. 여러 사람이 어떤 장소에서 많이 나오는 과정이 물이 쏟아져 나오는 과정으로 이해된다.

(11) a. After the game, **the stadium poured** crowds into the streets.(게임이 끝난 후, 그 경기장은 많은 사람을 길로 쏟아내었다.)

b. **The theater poured** the people into the streets.(그 극장은 사람들을 길로들로 쏟아내었다.)

c. **The train pours** crowds.(그 기차는 군중을 쏟아낸다.)

2.5. 다음 주어는 목적어(에너지, 매연, 돈 등)를 쏟아 붓는다.

(12) a. She **poured** all her energies **into** the performance.(그녀는 모든 에너지를 그 연극에 쏟아 부었다.)

b. They had to **pour** money **into** the business to keep it afloat.(그들은 망하지 않기 위해서 돈을 사업에 쏟아 부어야 했다.)

c. The government **poured** millions of dollars **into** education.(정부는 교육에 수백만 달러를 쏟아 부었다.)

d. The government **poured** money **into** the space program.(정부는 돈을 그 우주 프로그램에 쏟아 부었다.)

e. The bus was **pouring out** thick black exhaust fumes.(그 버스는 짙은 검은 배기가스를 쏟아내고 있었다.)

2.6. 다음 목적어는 감정, 걱정, 생각 마음 등이다. 이러한 것은 마음속에 담겨져 있는 것으로 개념화된다. 주어는 목적어를 쏟아낸다.

(13) a. He **poured** forth **his feelings** in a torrent of eloquence.(그는 감정을 도도한 웅변으로 털어놓았다.)

b. He **poured out his troubles**.(그는 걱정거리들을 털어놓았다.)

c. He **poured out his worries/problems/emotions**. (그는 걱정/문제/감정들을 쏟아내었다.)

d. I **poured my thoughts** out on paper in an attempt to rationalize my feelings.(나는 느낌을 합리화하기 위해 생각들을 종이에 쏟아내었다.)

e. He **poured his heart** out to me.(그는 마음을 나에게 쏟아내었다.)

f. He **poured out** a horrible story.(그는 끔찍한 이야기를 털어놓았다.)

g. She **poured out** the tale of her past life.(그녀는 과거 이야기를 털어놓았다.)

h. She **poured** pity on the poor.(그녀는 동정을 빈민들에게 베풀었다.)

i. He **poured out his fury** upon us.(그는 분노를 우리에게 터뜨렸다.)

j. The critics **poured scorn** on the project.(그 비평가들은 경멸을 그 계획에 퍼부었다.)

2.7. 다음 주어 (해)는 목적어 (열과 빛)를 발산한다.

(14) a. The sun **pours** forth its rays.(태양이 햇빛을 쏟아낸다.)

b. The sun **pours** down its heat.(태양이 열을 쏟아 내린다.)

2.8. 다음에서 주어는 그 자체를 어디로 들어가게 하는 과정이다.

(15) The river **pours** itself into a lake.(그 강은 물을 호수로 쏟는다.)

pout

이 동사의 개념 바탕에는 입을 삐죽거리는 과정이 있다.

1. 자동사 용법

1.1. 다음 주어는 입을 삐죽거린다.
(1) a. Stop pouting and eat your dinner.(입 삐죽거리지 말고 저녁 먹어라.)
     b. She pouted in her room all day.(그녀는 하루종일 그녀의 방안에서 토라져 있었다.)
     c. She pouted sulkily.(그녀는 시무룩하게 토라져 있었다.)

1.2. 다음은 주어가 입술이다. 주어가 삐죽거린다.
(3) Her lips pouted invitingly.(그녀의 입술은 유혹적으로 삐죽거렸다.)

2. 타동사 용법

2.1. 주어는 입술을 삐죽거린다.
(4) a. She pouted her lips.(그녀는 입술을 삐죽거렸다.)
     b. She pouts her lips when she puts on lipstick.(그녀는 립스틱을 칠할 때 입술을 삐죽 내민다.)

powder

이 동사의 개념 바탕에는 powder의 명사 '가루'가 깔려있다. 이 낱말의 동사는 이 명사의 기능과 관계된다.

1. 타동사 용법

1.1. 다음 주어는 목적어를 가루로 덮는다.
(1) a. Snow powdered the garden.(눈은 그 정원을 덮었다.)
     b. Snow powdered the rooftops.(눈이 그 옥상을 덮었다.)

1.2. 다음은 수동태 문장으로 주어는 덮인다.
(2) a. The car was powdered with dust.(차는 먼지로 덮여졌다.)
     b. The hill was powdered with snow.(언덕은 눈으로 덮여졌다.)
     c. Their shoulders were powdered with snow.(그들의 어깨는 눈으로 덮여졌다.)
     d. The ground was powdered with snow.(그 지면은 눈으로 덮여졌다.)

1.3. 다음 주어는 목적어를 가루로 바른다.
(3) a. She powdered her face before going out.(그녀는 외출하기 전에 얼굴을 분으로 발랐다.)
     b. She took out her compact and powdered her cheeks.(그녀는 콤팩트를 꺼내 볼을 분으로 발랐다.)
     c. Excuse me while I go and powder my nose.(실례합니다만, 잠깐 나가서 코에 분을 좀 바를께요.)

1.4. 다음은 수동태 문장으로 주어는 가루로 발라진다.
(4) a. The baby has been bathed and powdered.(그 아기는 목욕시키고 분이 발라졌다.)
     b. She was thickly powdered.(그녀는 두껍게 분이 발라졌다.)

1.5. 다음 주어는 목적어를 가루로 뿌리거나 바른다.
(5) a. The cook powdered doughnuts with sugar.(그 요리사는 도너츠에 설탕을 뿌렸다.)
     b. She powdered the cake.(그녀는 그 케이크에 가루로 뿌렸다.)
     c. He powdered the sticks of cinnamon.(그는 그 계피 스틱에 가루를 뿌렸다.)

power

이 동사의 개념 바탕에는 power의 명사 '동력'이 있다.

1. 타동사 용법

1.1. 다음 주어는 목적어를 동력을 준다.
(1) a. Electricity powers the commuter trains.(전기는 그 통근차에 동력을 공급한다.)
     b. Two batteries are needed to power this flashlight.(이 전등에 힘을 공급하기 위해서는 2개의 전지가 필요하다.)

1.2. 다음은 수동태 문장으로 주어는 동력이 주어진다.
(2) a. The aircraft is powered by a jet engine.(그 항공기는 제트엔진에 의해 동력을 공급받는다.)
     b. Our heating system is powered by natural gas.(우리의 난방체계는 천연가스로 동력을 공급받는다.)
     c. The motor is powered by a solar battery.(그 모터는 태양전지에 의해 동력을 공급받는다.)

1.3. 다음 주어는 목적어를 만들어서 힘차게 나아간다.
(3) She powered her way into the lead.(그녀는 힘차게 앞으로 나아가 선두가 되었다.)

2. 자동사 용법

2.1. 다음 주어는 힘차게 나아간다.
(4) a. The racing car powered down.(그 경주용 차는 강력하게 아래로 치달았다.)
     b. She powered into the lead and went on to win the race.(그녀는 힘차게 나아가 선두에 서서 경주에서 이겼다.)
     c. His strong body powered through the water.(그의 강한 신체는 물살을 힘차게 헤치고 나아갔다.)

praise

이 동사의 개념 바탕에는 칭찬 또는 찬양하는 과정이 있다.

1. 타동사 용법

1.1. 다음 주어는 목적어를 칭찬한다.
(1) a. He praised the boy for his honesty.(그는 그 소년에게 정직에 대해서 칭찬했다.)
     b. The mayor praised the rescue team for their courage.(시장은 그 구조대를 그들의 용기에 대해 칭찬했다.)
     c. He praised his team for their performance.(그는 자기 대원들을 수행에 대해 칭찬했다.)

1.2. 다음 주어는 목적어를 찬양한다.

(2) a. Let us join together and praise God.(우리 다 함께 동참하여 하느님을 찬양합시다.)

   b. Praise the Lord.(신을 찬양하라.)

1.3. 다음 주어는 목적어를 칭찬한다. 목적어는 어떤 일이나 행동이다.

(3) a. He praised the artist's work.(그는 그 예술가의 작품을 칭찬했다.)

   b. The parents praised the child's good behavior.(부모님은 그 아이의 선행을 칭찬했다.)

   c. Everyone praised her good sense. (모든 사람들이 그녀의 훌륭한 감각을 칭찬했다.)

prattle

이 동사의 개념 바탕에는 재잘거리는 행동이 있다.

1. 자동사 용법

1.1. 다음 주어는 무엇에 관해서 재잘거린다.

(1) a. What is he prattling on about?(무엇을 재잘거리고 있는 거니?)

   b. They are prattling about their jobs.(그들은 자신들의 일에 대해 재잘거리고 있다.)

   c. She prattled on about her children.(그녀는 그녀 아이들에 대한 얘기를 재잘거렸다.)

pray

이 동사의 개념 바탕에는 비는 과정이 있다.

1. 타동사 용법

1.1. 다음 주어는 목적어를 빈다. 목적어는 소원을 들어 줄 수 있는 사람이나 개체이다.

(1) a. He prayed God for help.(그는 신께 도와달라고 기도했다.)

   b. He prayed God that he might win.(그는 신께 자신이 승리하게 해 달라고 기도했다.)

1.2. 다음 주어는 목적어를 기도하여 부정사가 가리키는 일을 하게 한다.

(2) a. She prayed me to help her.(그녀는 내게 자신을 도와달라고 빌었다.)

   b. I pray you to show mercy.(저는 당신이 자비를 베푸시기를 기원합니다.)

1.3. 다음 주어는 목적어를 갖기를 빈다.

(3) a. We pray your attention/comment.(우리는 네가 주목/논평하기를 빈다.)

   b. We pray God's forgiveness.(우리는 신의 용서를 빈다.)

1.4. 다음 목적어는 기도이다.

(4) He prayed the prayer three times.(그는 세 차례나 그 기도를 했다.)

1.5. 다음 주어는 목적어를 빌어서 어떤 행동을 하게 한다.

(5) We prayed him into action.(우리는 그를 기도하여 행동하게 했다.)

1.6. 다음 주어는 목적어 (that-절)를 기도한다.

(6) a. The farmer prayed that it would rain.(그 농부는 비가 오기를 기도했다.)

   b. I prayed that nobody would notice my mistake.(나는 아무도 내 잘못을 눈치채지 못하기를 기도했다.)

   c. She prayed that her son would not be killed in the war.(그녀는 아들이 전쟁터에서 죽지 않기를 기도했다.)

   d. He prayed that he might be forgiven.(그는 자신이 용서받기를 기도했다.)

   e. We prayed that he might be set free.(우리는 그가 석방되기를 기도했다.)

1.7. 다음 주어는 따옴표 속의 표현으로 기도한다.

(7) a. "Dear Lord, show me my duty", he prayed.("주님, 제게 제 소임을 일깨워 주소서!"라고 그는 기도했다.)

   b. "Dear Lord, save him from danger", she prayed.("주님, 그를 위험으로부터 구해주소서!"라고 그녀는 기도했다.)

2. 자동사 용법

2.1. 다음 주어는 to의 목적어에 for의 목적어를 얻기 위해 기도한다.

(8) a. He prayed to God for help.(그는 신께 도와달라고 기도했다.)

   b. I will pray to God for your safety.(나는 하느님께 너의 안전을 위해 기도하겠다.)

   c. He never prayed.(그는 결코 기도하지 않았다.)

   d. She knelt down and prayed.(그녀는 무릎 꿇고 기도했다.)

2.2. 다음 주어는 for의 목적어를 위해 빈다.

(9) a. We're praying for a fine day tomorrow.(우리는 내일 날씨가 화창하기를 기도하고 있다.)

   b. We prayed for him.(우리는 그를 위해 기도했다.)

   c. We prayed for your safety.(우리는 당신의 안전을 위해 기도했다.)

   d. They are praying for rain.(우리는 비가 내리길 기도하고 있다.)

   e. He prayed for good health.(그는 건강을 위하여 기도했다.)

2.3. 다음 주어는 for의 목적어가 어떻게 되기를 빈다.

(10) a. I prayed for spring to come early.(나는 봄이 빨리 오기를 기도했다.)

   b. Everyone prayed for my grandmother to get well.(모든 사람들이 나의 할머님이 회복되기를 기도했다.)

2.4. 다음 주어는 to부정사가 되기를 기도 한다.

(11) a. He prayed to be forgiven.(그는 용서받기를 빌었다.)

   b. He prayed to be allowed to die.(그는 죽게 허락되기를 빌었다.)

   c. He prayed to be forgiven.(그는 용서받기를 빌었다.)

preach

이 동사의 개념 바탕에는 설교를 하는 과정이 있다.

1. 타동사 용법

1.1. 다음 주어는 목적어를 설교한다.

(1) a. He **preached** a poor sermon on the need for charity. (그는 자선행위의 필요성에 관한 보잘 것 없는 설교를 했다.)

  b. He **preached** the word of God. (그는 하느님의 말씀을 설교했다.)

1.2. 다음 주어는 목적어를 설교한다. 목적어는 설교의 내용이다.

(2) a. He **preaches** economy. (그는 절약을 설유한다.)

  b. She is always **preaching** the virtues of a healthy outdoor life. (그녀는 늘 건강한 야외 생활의 장점들을 설유한다.)

  c. My guru **preaches** love and harmony. (나의 교부는 사랑과 조화를 설유한다.)

  d. The misguided people go around, **preaching** revolution. (잘못 지도된 사람들은 혁명을 설파하며 여기저기 돌아다닌다.)

1.3. 다음 주어는 첫째 목적어에 둘째 목적어를 설교한다.

(3) a. He **preached** us a sermon. (그는 우리에게 설교를 했다.)

  b. He **preached** a sermon to us. (그는 설교를 우리에게 했다.)

1.4. 다음 주어는 목적어를 설교한다.

(4) She is always **preaching** her children about not talking to strangers. (그녀는 아이들을 낯선 사람들한테 말을 걸지 말라고 항상 설교한다.)

1.5. 다음 주어는 목적어를 설교하여 어디서 벗어나게 한다.

(5) I **preached** him out of debt. (나는 그를 설교해서 빚을 지지 않도록 했다.)

1.6. 다음 목적어는 재귀대명사이다. 주어는 자신이 설교를 하여 어떤 상태에 이르게 된다.

(6) He **preached** himself hoarse. (그는 설교하여 목이 쉬었다.)

1.7. 다음 주어는 that-절의 내용을 설교한다.

(7) a. Jesus **preached that** we should love our neighbor as we love ourselves. (예수님은 우리가 자신을 사랑하는 것처럼 우리 이웃을 사랑하라고 설교하셨다.)

  b. Christ **preached that** we should love each other. (예수는 우리가 서로 사랑하라고 설교하셨다.)

  c. He always **preaches that** good people should help others. (그는 항상 착한 사람들이 남들을 도와야 한다고 설교한다.)

2. 자동사 용법

2.1. 다음 주어는 about의 목적어에 대해서 설교한다.

(8) a. She **preached about** the benefits of a healthy lifestyle. (그녀는 건강한 생활 방식의 이로운 점에 대하여 설교했다.)

  b. The minister **preached about** sin. (그 성직자는 죄에 대하여 설교했다.)

2.2. 다음에는 설교를 듣는 사람이 표현되어 있다.

(9) a. He **preached to** heathens. (그는 이교도들에게 설교했다.)

  b. He **preached to** deaf ears. (그는 귀머거리들에게 설교했다: 우이독경-쇠귀에 경 읽기)

  c. He **preached to** large crowds. (그는 엄청난 규모의 대중에게 설교했다.)

2.3. 다음 주어는 on의 목적에 대한 설교를 한다.

(10) He **preached on** the twelve apostles. (그는 12명의 사도에 대하여 설교했다.)

2.4. 다음 주어는 at의 목적어에게 야단을 친다.

(11) a. Don't **preach at** me. (나에게 설교하지 마라.)

  b. She is **preaching at** me again about my untidy habits. (그녀는 나의 단정치 못한 습관에 대하여 또 다시 훈계를 하고 있다.)

  c. He **preached at** me for being late. (그는 지각했다고 내게 훈계를 했다.)

2.5. 다음 주어는 야단을 쳐서 어떤 일을 하게 한다.

(12) a. She always **preached at** us to clean up the room. (그녀는 언제나 내게 훈계를 해서 방을 청소하게 만들었다.)

  b. My teacher **preached at** me for being late. (나의 선생님은 지각했다고 내게 훈계를 하셨다.)

  c. John resents being **preached at** for smoking. (존은 담배 피웠다고 야단 들은 것에 대하여 분개한다.)

2.6. 다음 주어는 전치사 against의 목적어에 반대하는 훈계를 한다.

(13) He **preached against** smoking. (그는 흡연에 반대하는 훈계를 했다.)

precede

이 동사의 개념 바탕에는 앞서는 과정이 있다.

1. 타동사 용법

1.1. 다음 주어는 목적어를 앞선다.

(1) a. In the alphabet, A **precedes** B. (알파벳에서 A는 B를 앞선다.)

  b. A major **precedes** a captain. (소령은 대위를 앞선다.)

  c. The flash of lightning **preceded** the sound of thunder. (번개의 섬광이 천둥소리를 앞섰다.)

  d. A calm **preceded** the storm. (고요가 폭풍을 앞섰다.)

1.2. 다음 주어는 목적어를 전치사 with의 목적어로 시작한다.

(2) The author **preceded** his speech **with** a few words of welcome. (그 작가는 자신의 연설을 몇 마디의 환영의 말로 시작했다.)

1.3. 다음 주어는 목적어를 앞에 서서 인도한다.

(3) a. He **preceded** me into the room. (그는 나를 방으로 인도했다.)

  b. John **preceded** his guests into the garden. (존은 손님들을 정원으로 인도했다.)

  c. She **preceded** him out of the room. (그녀는 그를 방밖으로 인도했다.)

1.4. 다음은 수동태 문장으로 주어는 전치사 by의 목적어에 의해 앞서진다.

(4) a. His resignation was **preceded by** weeks of speculation. (그의 사임에는 몇 주간의 심사숙고가

앞섰다.)

b. The book is **preceded by** a long foreword. (그 책
  에는 긴 서문이 앞선다.)

c. The numbers on a license plate are **preceded by** a
  letter. (차량 번호판의 숫자는 문자에 앞서 온다.)

precipitate

이 동사의 개념 바탕에는 떨어지는 과정이 포함되어
있다.

1. 타동사 용법
**1.1. 다음에서 주어는 목적어를 어떤 장소에 떨어지게
한다.**

(1) a. He **precipitated** a rock down the cliff. (그는 바위 하
  나를 절벽 아래로 떨어뜨렸다.)

b. The boat capsized and **precipitated** us into the
  lake. (그 배는 전복되면서 우리를 호수 속에 빠뜨렸
  다.)

c. The cart overturned and **precipitated** us into the
  ditch. (그 짐마차는 뒤집히면서 우리를 도랑 속에 빠
  뜨렸다.)

d. He **precipitated** himself into the sea. (그는 자신을
  바다 속으로 던졌다.)

e. He **precipitated** himself upon his enemy. (그는 자
  신을 적군에 투입했다.)

**1.2. 다음 주어는 목적어를 전치사 into의 목적어의 상
태에 들어가게 한다.**

(2) a. They **precipitated** themselves into a struggle. (그
  들은 자신들을 투쟁 속에 몰입시켰다.)

b. The news **precipitated** us into despair. (그 소식은
  우리를 절망에 빠뜨렸다.)

c. The border incident **precipitated** the two
  countries into war. (그 국경 사고는 두 나라를 전쟁
  에 빠뜨렸다.)

d. He **precipitated** himself into the fight/the fray. (그
  는 자신을 그 싸움 속에 던졌다.)

e. The assassination of the president **precipitated**
  the country into war. (그 대통령 암살은 그 나라를
  전쟁에 빠뜨렸다.)

f. He **precipitated** his country into ruin. (그는 나라를
  파멸 속에 빠뜨렸다.)

**1.3. 다음 주어는 목적어를 촉진시킨다. 목적어는 과정
이다.**

(3) a. The economic crisis **precipitated** the downfall of
  the government. (경제 위기는 그 정부의 몰락을 촉
  진시켰다.)

b. The revelation of the scandal **precipitated** the
  director's resignation. (그 스캔들의 폭로는 소장의
  사임을 재촉했다.)

c. Fears about the solvency of the bank **precipitated**
  the great economic crisis. (그 은행의 지불 능력에
  대한 두려움이 큰 경제 위기를 재촉했다.)

d. The floods **precipitated** a crisis. (그 홍수는 위기를
  재촉했다.)

e. His resignation **precipitated** a leadership crisis. (그

의 사임은 지도력 위기를 촉진했다.)

f. The rise in the oil price **precipitated** the economic
  crisis. (석유 가격의 상승은 경제 위기를 촉진했다.)

g. One small error **precipitated** the disaster. (작은 실
  수 하나가 재앙을 불러 일으켰다.)

h. His climbing 15 flights of stairs **precipitated** his
  heart attack. (그가 15층 계단을 걸어 올라간 것이
  심장 마비를 초래했다.)

1.4. 다음은 수동태 문장으로 주어는 촉진된다.

(4) World War I was **precipitated** by a political
  assassination. (세계 제 1차 대전은 정치적인 암살에
  의해 촉진되었다.)

1.5. 다음 주어는 목적어를 침전시킨다.

(5) a. Salt was **precipitated** from the solution when acid
  was added. (산이 첨가될 때 소금은 그 용액에서 침
  전되었다.)

b. We **precipitated** the minerals from the water by
  adding borax. (우리는 물에 붕사를 넣음으로써 그
  광물들을 물에서 추출해낼 수 있다.)

2. 자동사 용법
2.1. 다음 주어는 떨어진다.

(6) a. It is supposed to **precipitate** today. (오늘 비가 올
  예정이다.)

b. It **precipitated** in droplets. (그것은 작은 물방울로
  떨어졌다.)

2.2. 다음 주어는 응결된다.

(7) Water vapor **precipitates** in my refrigerator. (수증기
  가 내 냉장고 안에서 응결된다.)

preclude

이 동사의 개념 바탕에는 앞선 일로 그와 관련된 뒷
일을 불가능하게 만드는 과정이 있다.

1. 타동사 용법
1.1. 다음 주어는 목적어를 불가능하게 한다.

(1) The police **precludes** all means of escape. (경찰은
  모든 도피 수단을 차단했다.)

1.2. 다음 주어는 목적어를 막는다.

(2) a. The contract **precludes** the singer performing at
  any other city casino. (그 계약은 가수의 공연을 어
  느 도시의 카지노에서든지 금지한다.)

b. Lack of time **precluded** any further discussion. (시
  간의 부족이 더 이상 토론을 불가능하게 했다.)

c. His religious beliefs **precluded** his serving in the
  army. (그의 종교적 믿음은 군 입대를 불가능하게
  했다.)

d. The lightning **precluded** swimming in the lake. (그
  번개는 그 호수에서 수영을 불가능하게 했다.)

e. The accident **precluded** his participation in the
  race. (그 사고는 그의 경주 참여를 불가능하게 했
  다.)

**1.3. 다음 주어는 목적어를 어떤 일을 하는 것을 막는
다.**

(3) a. The bad weather **precluded** me from attending

the meeting.(그 나쁜 날씨는 나를 회의에 참여하지
못하게 했다.)

b. Age alone will not preclude him from standing as
a candidate.(단지 나이만이 그가 후보로 나서는 것
을 막지는 못할 것이다.)

predicate

이 동사의 개념 바탕에는 단정하는 과정이 있다.

1. 타동사 용법

1.1. 다음 주어는 목적어가 무엇의 속성임을 단정한다.
(1) a. We predicate rationality of man.(우리는 합리성을
인간의 속성으로 단정한다.)

b. We predicate greenness of grass.(우리는 초록을
풀의 속성이라고 단정한다.)

c. He predicated the perfectibility of the new engine.
(그는 완전무결함을 새 엔진의 속성이라고 단언했
다.)

d. He predicated his argument that there is life after
death on his belief in God.(그는 신에 대한 믿음에
입각하여 사후의 삶이 존재한다는 주장을 단언했
다.)

**1.2. 다음 주어는 목적어를 on의 목적어를 바탕으로
하여 단언한다.**
(2) a. He predicated his argument on the assumption
that inflation would not go up.(그는 인플레이션이
증가하지 않는다는 가정하에 자신의 주장을 단언했
다.)

b. He predicated his decisions on statistics.(그는 통
계에 입각하여 자신의 결심을 단언했다.)

**1.3. 다음은 수동태 문장으로 주어는 (up)on의 목적어
를 토대로 단언된다.**
(3) a. On what is the statement predicated?(그 진술은
어디에 입각한 것이냐?)

b. The company's plans to increase production
were predicated upon the growing demand for
computer products.(회사의 생산 증가 계획은 컴퓨
터 제품에 대한 증가하는 수요에 바탕을 두었다.)

c. Democracy is predicated upon the rule of law.(민
주주의는 법치주의에 입각하여 세워진다.)

d. The sales forecast is predicated upon the
assumption that the economy will grow by four
percent this year.(그 판매 예측은 올해 경제가 4%
성장할 것이라는 가정에 입각하여 세워진다.)

1.4. 다음 주어는 that-절의 내용을 단언한다.
(4) a. It would be unwise to predicate that the disease is
caused by a virus before further tests have been
carried out.(그 병은 더 많은 검사가 실시되기 전에
바이러스에 기인한다고 단정하는 것은 현명치 못하
다.)

b. The article predicates that the market collapse
was caused by weakness of the dollar.(그 기사는
시장의 붕괴가 달러의 약화에 의해 야기되었다고 단
정한다.)

1.5. 다음 주어는 목적어를 함축한다.

(5) a. Their apology predicates a new attitude.(그들의
사과는 새로운 태도를 함축한다.)

b. His retraction predicates a change of attitude.(그
의 철회는 태도 변화를 함축한다.)

predict

이 동사의 개념 바탕에는 예언하는 과정이 있다.

1. 타동사 용법

1.1. 다음 주어는 목적어를 예측한다.
(1) a. The economists predicted an increase in the rate
of inflation.(그 경제학자들은 인플레이션 진행률의
증가를 예견했다.)

b. He predicted the defeat months before the
outcome.(그는 그 결과의 몇 달 전에 패배를 예견했
다.)

c. The weather forecast predicted rain.(일기예보는
비를 예보했다.)

d. It is possible to predict the time of eclipses with
great accuracy.(매우 정확하게 일(월)식 시간을 예
보하는 것이 가능하다.)

e. They predict a good harvest.(그들은 풍작을 예측
한다.)

1.2. 다음 수동태 문장으로 주어는 예측된다.
(2) The storms are predicted to reach Korea by
tomorrow morning.(그 폭풍은 한국에 내일 아침에
다다를 것으로 예측된다.)

1.3. 다음에서 의문사가 이끄는 절이 예측 내용이다.
(3) a. It is impossible to predict what will happen.(어떤
일이 생길지 예견하는 것은 불가능하다.)

b. It is difficult to predict which party will win the
election.(어느 정당이 그 선거에서 승리를 거둘지
예측하기가 어렵다.)

1.4. 다음 주어는 that-절의 내용을 예측한다.
(4) a. The report predicted that more jobs would be lost
in the textile industry.(그 보고서는 더 많은 일자리
가 섬유산업에서 상실될 것이라고 예측했다.)

b. She predicted that you would be elected.(그녀는
네가 당선될 것이라고 예측했다.)

predispose

이 동사의 개념 바탕에는 미리 어느 쪽으로 기울어
지게 하는 과정이 있다.

1. 타동사 용법

1.1. 다음 주어는 목적어를 어느 방향으로 기울게 한다.
(1) a. Intemperance predisposes us to disease.(폭음은
우리를 병에 걸리게 한다.)

b. Stress can predispose people to heart attack.(스
트레스는 사람들이 심장 발작을 받게 할 수 있다.)

c. Some genetic factors predisposed him to
diabetes.(몇몇 유전적 요인들이 그를 당뇨병에 걸
리게 했다.)

d. Both my occupation and my natural inclination

predisposes me to conservatism.(내 직업과 천성 모두가 나를 보수주의로 기울게 했다.)

e. His happy, caring upbringing predisposed him to a similar attitude of caring for others.(그의 행복하고 보살피는 양육과정은 그가 다른 사람들을 보살피는 데 비슷한 태도를 갖게 했다.)

1.2. 다음 주어는 목적어를 부정사가 가리키는 행동을 하도록 한다.

(2) a. The unkindness shown him as a child predisposed him to act cruelly toward others.(아이일 때 그에게 보여진 불친절은 그가 다른 사람들에게 잔인하게 행동하도록 만들었다.)

b. His friendliness predisposed us to trust him.(그의 친절은 우리가 그를 믿게 만들었다.)

1.3. 다음은 수동태 문장으로 주어는 to 또는 toward의 목적어로 기우는 성향을 갖는다.

(3) a. He is predisposed to taking a vacation in Korea.(그는 휴가를 한국에서 보내는 데 마음이 기울여져 있다.)

b. Some people are predisposed to criminal behavior.(어떤 사람들은 범죄 행동에 성향이 기울여져 있다.)

1.4. 다음은 수동태 문장으로 주어는 어떤 병에 걸리기 쉽다.

(4) Some women may be predisposed toward breast cancer.(어떤 여자들은 유방암에 걸리기 쉽다.)

predominate

이 동사의 개념 바탕에는 지배하는 과정이 있다.

1. 자동사 용법

1.1. 다음 주어는 생명체로서 어느 지역에 지배적이다.

(1) a. Green growing things predominate near the Amazon River.(초록 생명체들이 아마존 강 근처에 두드러진다.)

b. Pine trees predominate on the west coast.(소나무들은 서부 해안에 두드러진다.)

c. Before 1860, buffalo predominated in the Great Plains.(1860년 전에, 들소는 대평원에 두드러지게 있었다.)

d. Democrats predominate.(민주주의자들이 우세하다.)

1.2. 다음에서 주어는 어떤 영역에서 지배적이다.

(2) a. Blue and green predominate in the painting.(파랑과 초록은 그 그림에서 주를 이룬다.)

b. He predominated in the discussion.(그는 그 토론에서 두드러졌다.)

c. Private interest was not allowed to predominate over the public good.(사적인 호기심은 대중의 이익보다 우위를 차지하게 허용되지 않았다.)

1.3. 다음의 주어는 over의 목적어에 지배력을 갖는다.

(3) a. He predominated over the region.(그는 그 지역에 지배력을 가지고 있었다.)

b. He soon began to predominate over the people.(그는 곧 사람들에게 세력을 떨치기 시작하였다.)

c. Good sense predominated over anger.(훌륭한 판단력이 화를 지배했다.)

d. Knowledge will predominate over ignorance.(지식은 무지보다 우위에 오를 것이다.)

e. The bad predominated over the good.(악한 사람들은 선한 사람들보다 우위에 있었다.)

2. 타동사 용법

2.1. 다음 주어는 목적어를 지배한다.

(4) The view of the left wing tends to predominate the party.(좌익의 견해는 그 당을 지배하는 경향이 있다.)

preempt

이 동사의 개념 바탕에는 먼저 자리를 차지하는 과정이 있다.

1. 타동사 용법

1.1. 다음 주어는 목적어를 선취한다.

(1) a. He preempted the land by occupying it first.(그는 그 땅을 먼저 차지함으로 선취권을 얻었다.)

b. The cat preempted the comfortable chair.(고양이는 그 편안한 의자를 먼저 차지했다.)

c. The car preempted the parking space.(그 차는 주차 공간을 먼저 차지했다.)

d. The rival company preempted our takeover bid by selling its stock.(그 경쟁사는 주식을 팔아서 우리의 공개 입찰을 선취했다.)

1.2. 다음에서 주어와 목적어는 시간 속에 일어나는 과정이다. 주어는 목적어를 제치고 일어난다.

(2) a. The football game preempted the regularly scheduled program.(그 미식축구는 규정 방송 프로그램을 대신했다.)

b. The president's address preempted the regular shows this evening.(그 대통령의 연설은 오늘 저녁 정규 쇼프로들을 대신했다.)

c. A special news report on the earthquake preempted the game show.(지진에 관한 특별 뉴스가 게임 쇼를 대신했다.)

d. A special newscast preempted the regular TV program.(특별 뉴스가 정규 TV 프로그램을 대신했다.)

1.3. 다음은 수동태 문장으로 주어는 대체된다.

(3) a. The regular program will be preempted by a special news bulletin.(그 정규 프로그램은 특별 뉴스 보도로 대체될 것이다.)

b. One station preempted its Friday night schedule to televise the high school playoff.(한 방송사는 고교 결승 경기를 방송하기 위해 금요일 밤 정규 프로를 바꾸었다.)

1.4. 다음 주어는 목적어가 일어날 자리를 먼저 차지하여 일어나지 못하게 한다.

(4) a. His departure preempted any further questions.(그의 출발은 더 이상의 질문을 없앴다.)

b. Approval of the plan would preempt a strike by

the city employees.(그 계획에 대한 승인은 도시 근로자들의 데모를 막을 것이다.)

c. I didn't want to **preempt** what you were about to say.(나는 네가 말하려 했던 것을 막고 싶지 않았다.)

d. If she has already told you my news, then she has **preempted** me.(그녀가 너에게 나의 소식을 이미 말했다면, 그녀는 내가 할 일을 먼저 한 것이다.)

e. You can **preempt** pain by taking a pain-killer.(너는 진통제를 먹음으로 고통을 막을 수 있다.)

1.5. 다음은 수동태 문장으로 주어는 선취된다.

(5) The council found that their traffic plans had been **preempted** by the government decision.(그 의회는 자신들의 교통 안들이 정부의 결정에 의해 저지 당했음을 알았다.)

preface

이 동사의 개념 바탕에는 앞부분에 넣는 과정이 있다.

1. 타동사 용법

1.1. 다음 주어는 목적어를 전치사 with의 목적어로 앞부분에 넣는다.

(1) a. The speaker **prefaced** her speech with a joke.(그 발표자는 연설 앞부분에 농담을 넣었다.)

b. He **prefaced** his speech with an apology.(그는 사과의 말로 연설을 시작했다.)

c. The author **prefaced** the textbook with a list of acknowledgements.(그 저자는 감사의 말을 그 교과서의 서문으로 넣었다.)

1.2. 다음 주어는 목적어를 by의 목적어로 시작한다.

(2) a. I'd like to **preface** my remarks by saying a little thing about myself.(나는 먼저 저 자신에 관해 말함으로 말을 시작할까 합니다.)

b. He **prefaced** his speech by an apology.(그는 연설을 먼저 사과로 시작했다.)

1.3. 다음 주어는 목적어의 앞에 일어난다.

(3) a. A sudden attack by airplanes **prefaced** the war.(항공기들에 의한 갑작스런 공격이 그 전쟁에 앞서 일어났다.)

b. A short document **prefaced** the main movie.(짧은 기록영화가 주 영화에 앞서 나왔다.)

prefer

이 동사의 개념 바탕에는 선호하는 과정이 있다.

1. 타동사 용법

1.1. 다음 주어는 부정사가 가리키는 일을 선호한다.

(1) a. She **preferred** to stay at home rather than (to) go out.(그녀는 밖에 나가기보다는 집에 머무르는 쪽을 택했다.)

b. She **prefers** to come with you rather than stay here.(그녀는 당신과 함께 가는 쪽을 여기에 머무르기보다 선호한다.)

c. There are still women who **prefer** not to think about money.(돈에 관해 생각하는 것을 좋아하지 않는 여자들이 여전히 있다.)

d. I **prefer** to die rather than (to) become a failure.(나는 차라리 죽는 쪽을 실패자가 되기보다 선호한다.)

e. I **prefer** to wait, thanks.(기다리겠습니다, 감사합니다.)

f. Would you **prefer** to go alone?(혼자 가는 것이 더 좋겠습니까?)

g. We **prefer** to control such people rather than be controlled by them.(우리는 그러한 사람들을 통제하는 것을 그들에 의해 통제 당하는 것보다 선호한다.)

h. I should **prefer** to have my Sunday afternoon undisturbed.(나는 일요일 오후가 방해받지 않는 것을 선호한다.)

1.2. 다음 주어는 동명사가 가리키는 일을 습관적으로 선호한다.

(2) a. Which do you **prefer**, walking or jogging?(걷는 것과 조깅하는 것 중에서 어느 쪽이 더 좋습니까?)

b. Many people **prefer** living in the country to living in the city.(많은 사람들은 시골에 사는 것을 도시에서 사는 것보다 선호한다.)

c. I **prefer** reading to watching TV.(나는 TV 시청보다 독서를 더 좋아한다.)

1.3. 다음 주어는 목적어를 전치사 to의 목적어 보다 더 선호한다.

(3) a. He **prefers** mature women to young women.(그는 성숙한 여자를 젊은 여자보다 더 좋아한다.)

b. I **prefer** physics to chemistry.(나는 물리학을 화학보다 더 좋아한다.)

c. He **prefers** football to baseball.(그는 축구를 야구보다 더 좋아한다.)

d. I much **prefer** dogs to cats.(나는 개를 고양이보다 더 좋아한다.)

e. I **prefer** tea to coffee.(나는 차를 커피보다 더 좋아한다.)

f. I **prefer** summer to winter because I don't like snow.(나는 눈을 좋아하지 않기 때문에 여름을 겨울보다 더 좋아한다.)

g. I **preferred** books and people to politics.(나는 책과 사람들을 정치보다 더 좋아했다.)

h. I **prefer** Bach to Beethoven.(나는 바하를 베토벤보다 더 좋아한다.)

i. This is an interpretation I **prefer**.(이것이 내가 선호하는 해석이다.)

1.4. 다음 주어는 목적어를 over의 목적어 보다 선호한다.

(4) a. I **prefer** red over blue.(나는 빨강을 파랑보다 선호한다.)

b. I **prefer** summer over winter.(나는 여름을 겨울보다 더 좋아한다.)

1.5. 다음 주어는 목적어가 부정사가 가리키는 일을 하기를 선호한다.

(5) a. I would **prefer** him to be with us next month.(나는 그가 우리와 함께 다음 달에 있는 것이 좋겠다.)

b. I'd **prefer** for you to stay here.(나는 당신이 여기

머무르는 것이 좋겠다.)

c. Your wife **prefers** you not **to** start so early. (당신
의 아내는 당신이 너무 일찍 출발하는 것을 좋아하
지 않는다.)

d. I should **prefer** you **to** come tomorrow. (나는 당신
이 내일 오는 것이 좋겠습니다.)

e. Would you **prefer** me **to** come next month? (내가
다음 달에 오는 편이 낫겠습니까?)

f. Let me wash the dishes--or would you **prefer**
me **to** dry them? (설거지를 할게--아님 내가 그릇
을 닦아 말리는 편이 낫겠니?)

g. I **prefer** you not **to** smoke. (나는 당신이 담배를 피
우지 않는 것이 좋겠습니다.)

1.6. 다음 주어는 목적어를 제기한다.

(6) a. He **preferred** the suit **to** a higher court. (그는 항소
를 고등법원에 제기했다.)

b. He has **preferred** charges against the
manufacturer of the faulty goods. (그는 불량품을
만든 제조업자에 대해 고소를 제기했다.)

c. He **preferred** charges against the thief who stole
his car. (그는 자신의 차를 훔친 도둑에 대해 고소를
제기했다.)

1.7. 다음은 수동태 문장으로 주어는 제시된다.

(7) Police detained a man for questioning, but no
charges have been **preferred**. (경찰은 심문을 위해 한
남자를 구금했으나, 아무 고소도 제시되지 않았다.)

1.8. 다음 주어는 if-절의 내용을 선호한다.

(8) a. Maybe you **prefer** if I left you alone. (당신은 아마
도 내가 당신을 혼자 남겨두는 것을 더 좋아하는 것
같다.)

b. I'd **prefer** if you don't smoke in front of the
children. (그 아이들 앞에서 담배를 안 피우는 것이
좋겠다.)

c. I'll come with you or, if you **prefer**, I'll wait
outside. (나는 당신과 함께 가겠습니다, 아니면 당신
이 원하시면 밖에서 기다리죠.)

1.9. 다음 주어는 that-절의 내용을 선호한다.

(9) a. He **preferred** that nothing should be said about his
liberality. (그는 아무것도 자신의 너그러움에 대해
서 이야기가 되지 않는 것을 좋아했다.)

b. He **preferred** that we meet outside his apartment.
(그는 우리가 그의 아파트 밖에서 만나는 것을 좋아
했다.)

c. The principal **prefers that** the children act the play
that they've written. (교장은 그 아이들이 직접 쓴
희곡을 상연하는 것을 좋아한다.)

d. I **prefer that** you keep it secret. (나는 네가 그것을
비밀로 지키는 것을 좋아한다.)

e. I **prefer that** he remains forgotten. (나는 그가 잊혀
진 채로 있는 것이 좋다고 생각한다.)

f. Would you **prefer that** we reschedule the meeting
for next week? (당신은 다음 주 모임의 시간을 다시
잡는 것이 좋겠습니까?)

1.10. 다음 주어는 목적어 (that-절)을 선호한다. 목
적어는 가정이다.

(10) a. I should **prefer that** you did not go. (나는 가지 않

는 편이 좋다고 생각한다.)

b. I should **prefer that** you did not go there alone. (네
가 거기에 혼자 가지 않기를 원한다.)

c. I **prefer that** we did it the easy way. (쉬운 방법으
로 그것을 하는 것이 좋았다고 생각한다.)

d. I would **prefer that** the concert was cancelled. (나
는 그 콘서트가 취소되는 것이 더 좋겠다.)

1.11. 다음 주어는 목적어를 발탁한다.

(11) a. The company **preferred** him as manager. (그 회사
는 그를 매니저로 발탁했다.)

b. The boss **preferred** him to the post. (사장은 그를
그 자리에 발탁했다.)

c. He was **preferred** for advancement. (그는 승진으
로 발탁되었다.)

d. He was **preferred** to the post. (그는 그 자리에 발탁
되었다.)

prefix

이 동사의 개념 바탕에는 앞에 붙이는 과정이 있다.

1. 타동사 용법

1.1. 다음 주어는 목적어를 to의 목적어 앞에 붙인다.

(1) a. He **prefixed** a title to his paper. (그는 제목을 그의
보고서 앞에 붙였다.)

b. He **prefixed** a condition to the agreement. (그는 조
건을 그 계약서 앞에 붙였다.)

c. If you **prefix** an adjective with un-, it usually
means 'not'. (형용사를 접두사 un- 로 붙이면, 보
통 'not'의 의미가 된다.)

prejudice

이 동사의 개념 바탕에는 prejudice의 명사 '편견'이
있다. 동사의 뜻은 이 명사와 관계가 있다.

1. 타동사 용법

1.1. 다음에서 주어는 목적어를 편견으로 해를 입힌다.

(1) a. Any delay will **prejudice** the child's welfare. (어떤
지연도 그 어린이의 복지에 해를 입힐 것이다.)

b. A criminal record will **prejudice** your chances of
getting a job. (범죄 기록은 네가 직업을 얻을 수 있
는 기회들에 편견을 주어 해를 끼칠 것이다.)

c. I don't want to do anything that would **prejudice**
my chances of getting the job. (내가 그 직업을 얻
을 수 있는 기회를 해칠 수 있는 어떤 일도 하고 싶
지 않다.)

1.2. 다음의 주어는 목적어로 하여금 against의 목적어
에 편견을 가지게 만든다.

(2) a. Those acts of violence against his friends
prejudiced him **against** any one who is white. (그의
친구들에 대한 그러한 폭력 행위들은 그에게 백인에
대한 편견을 갖게 했다.)

b. His arrogance **prejudices** me **against** him. (그의 거
만함은 나로 하여금 그에 대해 편견을 갖게 한다.)

c. He tried to **prejudice** the jury **against** Dan. (그는

배심원으로 하여금 댄에 대한 편견을 갖게 하려고 노력했다.)

d. My own school days prejudiced me against all formal education.(학창시절은 나에게 모든 정식 교육에 대해 편견을 갖게 했다.)

e. The lawyer's rudeness prejudiced the jury against him.(그 변호사의 무례함은 배심원으로 하여금 그에 대한 편견을 가지게 했다.)

f. He prejudiced his co-workers against the new manager by telling them he is very strict.(그는 동료 직원들에게 새 매니저가 아주 엄격하다고 함으로써 그에 대한 편견을 심었다.)

1.3. 다음에서 주어는 목적어를 어떤 개체에 호의를 가지게 만든다.

(3) a. John's pleasant manner prejudiced the jury in his favor.(존의 좋은 매너는 배심원으로 하여금 그에게 호의를 가지게 했다.)

b. These facts have prejudiced in his favor.(이러한 사실들은 그에게 호의를 가지게 했다.)

preoccupy

이 동사의 개념 바탕에는 미리 다 차지하는 과정이 있다.

1. 타동사 용법

1.1. 다음에서 주어는 목적어를 선취한다.

(1) a. They preoccupied the front seats.(그들은 앞좌석을 선취했다.)

b. The new immigrants preoccupied the plain.(새 이주자들은 그 평원을 선취했다.)

1.2. 다음은 수동태 문장으로 주어는 선취되는 개체이다.

(2) a. The land was preoccupied by him.(그 땅은 그가 선취하였다.)

b. Our favorite seats have been preoccupied.(우리가 좋아하는 좌석은 다른 사람들이 먼저 앉았다.)

1.3. 다음의 목적어는 환유적으로 쓰여서 사람의 마음을 가리킨다. 주어는 목적어의 마음을 차지한다.

(3) a. His private cares have preoccupied him of late. (사적인 걱정은 그의 마음을 요즈음 차지했다.)

b. Her fears about her parents' health preoccupied her.(부모님의 건강에 대한 두려움이 그녀의 마음을 차지했다.)

c. Thoughts of failure preoccupied him.(실패에 대한 생각이 그의 마음을 차지했다.)

d. Something's been preoccupying you--what is it? (어떤 것이 네 마음을 차지하고 있는데--그게 무엇이지?)

1.4. 다음은 수동태 문장으로 주어는 with의 목적어로 채워진다.

(4) a. They were preoccupied with their thoughts.(그들은 생각에 잠겨 있었다.)

b. Her mind is preoccupied with plans for the fall.(그녀의 정신은 가을에 대한 계획들로 차 있다.)

c. We have been preoccupied with the new baby.

(우리는 새 아이에 몰두하고 있다.)

prepare

이 동사의 개념 바탕에는 준비하는 과정이 있다.

I. 타동사 용법

1.1. 다음 주어는 목적어를 전치사 for의 목적어에 대비해서 준비를 시킨다.

(1) a. Parents should prepare their children for adult life.(부모들은 성인 생활을 위해 아이들을 준비시켜야 한다.)

b. The teacher prepared the students for the final exam.(선생님은 학생들에게 기말 시험을 위해 준비를 시켰다.)

c. The general prepared his troops for the attack. (그 장군은 부대를 공격에 대비시켰다.)

d. Schools should do more to prepare children for the world of work.(학교는 아이들을 직업 세계를 위해 준비시키기 위해 더 많은 일을 해야 한다.)

e. The course prepares the students for managerial positions.(그 과목은 학생들을 경영자 자리를 위해 준비시킨다.)

f. He prepared his daughter the trip.(그는 딸을 그 여행을 위해 준비시켰다.)

1.2. 다음 주어는 목적어의 마음을 준비시킨다.

(2) a. He is preparing himself for martyrdom.(그는 순교를 위해 준비하고 있다.)

b. You should prepare yourself for a shock.(너는 자신을 충격에 대비해서 준비를 해야 한다.)

c. She prepared me for the bad news.(그녀는 나를 나쁜 뉴스에 대비할 마음의 준비를 시켰다.)

d. The doctor prepared me for the operation.(그 의사는 나를 수술에 대해 마음의 준비를 시켰다.)

1.3. 다음은 수동태 문장으로 주어는 준비된다.

(3) a. I am prepared for either event to occur.(나는 어느 사건이 일어나더라도 준비가 되어 있다.)

b. We were not prepared for so many guests/ for the worst.(우리는 그렇게 많은 손님들/최악의 것을 준비하지 않고 있었다.)

c. We are prepared to serve breakfast for all of you. (우리는 너희 모두를 위해 아침 식사를 대접할 준비가 되어 있다.)

d. They are prepared to play a rough game.(그들은 거친 게임을 할 마음의 준비가 되어 있다.)

e. I am not prepared to lend him money.(나는 그에게 돈을 빌려줄 마음의 준비가 되어 있지 않다.)

1.4. 다음에서 목적어는 어떤 사람이나 일을 위해서 준비되는 개체이다.

(4) a. She prepared a nice meal for him.(그녀는 그를 위해 훌륭한 음식을 준비했다.)

b. He prepared the report for the conference.(그는 회의를 위해 보고서를 준비했다.)

c. We prepared a surprise party for the boss.(우리는 깜짝 파티를 사장을 위해 준비했다.)

d. They are preparing plans for the battle.(그들은 그

전투를 위해 계획을 준비하고 있다.)

e. The doctor **prepared** herbal medicines.(그 의사는 한약을 준비했다.)

f. Have you **prepared** your speech yet?(너는 아직 연설을 준비하지 않았느냐?)

1.5. 다음 주어는 목적어를 부정사가 가리키는 일을 할 수 있도록 준비시킨다.

(5) a. You should **prepare** yourself to accept defeat.(너는 패배를 받아들일 마음의 준비를 해야 한다.)

b. He is **preparing** her to hear the bad news.(그는 그녀가 나쁜 뉴스를 들을 마음의 준비를 시키고 있다.)

c. The lessons will **prepare** you to pass the test.(그 수업은 네가 그 시험에 통과하도록 준비시킬 것이다.)

d. He **prepared** himself to die.(그는 자신의 마음을 준비시켜 죽을 각오를 했다.)

1.6. 다음 주어는 목적어를 준비한다.

(6) His work **prepares** the way for the work of nuclear scientists.(그의 작업은 핵 공학자들의 연구가 나갈 길을 준비한다.)

1.7. 다음 주어는 목적어를 미리 만든다.

(7) a. The meal took two hours to **prepare**.(식사를 준비하는데 2시간이 걸렸다.)

b. **Prepare** the sauce while the pasta is cooking.(파스타가 익는 동안 소스를 준비해라.)

c. We **prepare** the rice by washing it first.(우리는 먼저 쌀을 씻어서 밥을 준비한다.)

1.8. 다음 주어는 목적어를 준비한다.

(8) a. The lawyer is **preparing** his case.(변호사는 그의 사건을 준비하고 있다.)

b. He **prepared** his lessons/his lecture/his speech/his sermon/his timetable.(그는 과목/강의/연설/설교/시간표를 준비했다.)

c. He is **preparing** an expedition.(그는 탐험을 준비하고 있다.)

1.9. 다음 주어는 목적어를 앞으로 있을 일을 위해 준비한다.

(9) a. He is **preparing** a room for the guests tonight.(그는 방 하나를 오늘 밤 손님들을 위해 준비하고 있다.)

b. She **prepared** the table.(그녀는 상을 차렸다.)

c. He is **preparing** the soil for sowing.(그는 씨를 뿌리기 위해 땅을 고르고 있다.)

2. 자동사 용법

2.1. 다음 주어는 for의 목적어를 위해 준비한다.

(10) a. We should **prepare** for a time of troubles.(우리는 어려운 시간을 대비해야 한다.)

b. You should **prepare** for a long wait.(너는 오랜 기다림에 마음의 준비를 해야 한다.)

c. Will you help me to **prepare** for the party?(파티를 준비하는 것을 도와주시겠습니까?)

d. They had to **prepare** for death.(그들은 죽음에 대한 마음의 준비를 해야 했다.)

e. You should **prepare** against disaster.(너는 재난에 대비해야 한다.)

2.2. 다음 주어는 부정사가 가리키는 미래에 있을 일을 하도록 준비한다.

(11) a. He is **preparing** to jump.(그는 뛰어오를 준비를 하고 있다.)

b. He **prepared** to catch a train at 11.(그는 11시에 기차를 탈 준비를 했다.)

c. After a short rest, we **prepared** to climb down.(짧은 휴식 뒤에 우리는 내려갈 준비를 했다.)

d. The troops were **preparing** to cross the river.(그 부대는 강을 건널 준비를 하고 있었다.)

presage

이 동사의 개념 바탕에는 미리 알려주는 과정이 있다.

1. 타동사 용법

1.1. 다음에서 주어는 목적어를 미리 알려준다.

(1) a. Recent small earthquakes **presage** a much larger one.(최근의 작은 지진은 훨씬 더 큰 지진을 미리 알려준다.)

b. The terrorist incidents may **presage** war.(그 테러리스트 사건은 전쟁을 미리 알려주는 것일지도 모른다.)

c. Nothing had **presaged** the dreadful fate about to befall him.(아무 것도 그에게 닥쳐올 무서운 운명을 예고하지 않았었다.)

d. A chill breeze blows, **presaging** winter.(찬바람이 겨울을 예고하면서 분다.)

e. Disagreements between the two nations **presaged** a war.(두 국가 사이의 불화는 전쟁을 예고했다.)

prescribe

이 동사의 개념 바탕에는 미리 정하는 과정이 있다.

1. 타동사 용법

1.1. 다음 주어는 목적어를 지시한다.

(1) a. The doctor **prescribed** exercise for my condition.(의사는 내 상태를 위해서 운동을 처방했다.)

b. The doctor **prescribed** a long rest.(의사는 충분한 휴식을 처방했다.)

c. The doctor **prescribes** daily walks for her overweight patients.(의사는 체중 과다의 환자를 위해서 매일 산책을 처방한다.)

1.2. 다음 주어는 목적어를 처방한다.

(2) a. The doctor **prescribed** medicine for/to the patient.(그 의사는 약을 그 환자에게 처방했다.)

b. The doctor **prescribed** some pain pills.(의사는 약간의 진통제를 처방했다.)

1.3. 다음 주어는 첫째 목적어에 둘째 목적어를 처방한다.

(3) a. He may be able to **prescribe** you something for that cold.(그는 너에게 감기에 알맞은 약을 처방할 수 있을지도 모른다.)

b. He prescribed me something stronger.(그는 나에게 더 강한 약을 처방했다.)

1.4. 다음은 수동태 문장으로 주어는 처방된다.
(4) a. Painkillers have been prescribed for me.(진통제가 나에게 처방됐다.)

b. I have been prescribed painkillers.(나는 진통제를 처방받았다.)

c. Valium is usually prescribed to treat anxiety.(진정제가 불안을 치료하는 데 보통 처방된다.)

1.5. 다음 주어는 목적어를 규정한다.
(5) a. What punishment does the law prescribe for this crime?(그 법은 이 범죄에 대해 어떤 벌을 규정하느냐?)

b. Do what the laws prescribe.(그 법이 규정하는 바를 해라.)

c. Four years is the minimum jail sentence that federal law prescribes.(4년이 연방법이 규정하는 최소한의 징역형이다.)

d. The federal government prescribed the national speed limit.(연방정부는 전국의 속도 제한을 규정했다.)

e. The supervisor prescribed the steps in which orders must be filled out.(그 감독관은 명령이 실행돼야 하는 단계들을 규정했다.)

1.6. 다음 주어는 that-절의 내용을 규정한다.
(6) The law prescribes that all children must go to school.(그 법은 모든 어린이들이 학교에 가야 한다는 것을 규정한다.)

present

이 동사의 개념 바탕에는 다른 사람에게 무엇을 내어놓는 과정이 있다.

1. 타동사 용법

1.1. 다음 주어는 목적어를 내어놓는다.
(1) a. The new ambassador presented his credentials to the president.(새 대사는 그의 신임장을 대통령에게 제출했다.)

b. He presented a book/card to me.(그는 책/카드를 나에게 주었다.)

c. He presented the flowers to the teacher.(그는 꽃을 선생님께 바쳤다.)

d. He presented a petition to the authorities.(그는 탄원서를 당국에 제출했다.)

e. The doctor presented his bill.(의사는 계산서를 내놓았다.)

1.2. 다음 주어는 목적어를 소개한다.
(2) a. May I present John to you?(내가 존을 너에게 소개할까?)

b. May I present my sister to you?(내가 여동생을 너에게 소개할까?)

c. Let me present my friend.(내 친구를 소개하도록 하죠.)

1.3. 다음은 수동태 문장으로 주어는 소개된다.
(3) a. The ambassador was presented to the king.(그 대사는 왕에게 소개되었다.)

b. He was presented to the Queen.(그는 여왕에게 소개되었다.)

1.4. 다음 목적어는 신체 부위이다. 주어는 목적어를 내 보인다.
(4) She presented a smiling face to the audience.(그녀는 미소 띤 얼굴을 청중에게 지어 보였다.)

1.5. 다음 주어는 목적어(자신)를 내어 놓는다. 즉, 나타난다.
(5) a. He presented himself at the party.(그는 파티에 모습을 나타냈다.)

b. An idea presented itself in my mind.(어떤 생각이 내 머리 속에 떠올랐다.)

c. The new teacher presented herself to the principal.(새 선생님은 자신을 교장선생님께 소개했다.)

1.6. 다음 주어는 목적어를 대중 앞에 내어놓는다.
(6) a. The theater is presenting King Lear.(극장은 리어왕을 상영하고 있다.)

b. The movie studio presented a new film for the season.(영화사는 새 영화를 시기에 맞춰 내놓았다.)

1.7. 다음 주어는 개체이다. 주어는 목적어를 내어놓는다.
(7) a. The oil shortage presented a golden opportunity to them to raise prices.(기름 부족은 가격을 올릴 수 있는 절호의 기회를 그들에게 제공했다.)

b. The situation presents a problem.(그 사태는 문제를 도출시켰다.)

c. The snow presents a problem to people who walk to work.(그 눈은 걸어서 통근하는 사람들에게 문제를 제기했다.)

d. The grim walls of the prison present a forbidding picture to a new inmate.(교도소의 섬뜩한 벽은 무서운 영상을 새 수감자에게 전해준다.)

1.8. 다음 주어는 말로써 목적어를 제시한다.
(8) He presented his ideas very clearly.(그는 자신의 생각을 매우 분명하게 나타냈다.)

1.9. 다음 주어는 목적어에게 전치사 with의 목적어를 제공한다.
(9) a. The committee presented her with the winner's trophy.(그 위원회는 그녀에게 승자의 우승패로 제공했다.)

b. He presented me with a book.(그는 나에게 책을 주었다.)

c. His sudden resignation presents us with a tricky situation.(그의 갑작스런 사임은 우리에게 난감한 상황을 안겨준다.)

1.10. 다음 주어는 첫째 목적어에게 둘째 목적어를 준다.
(10) He presented the college an endowment.(그는 대학에 기부금을 주었다.)

1.11. 다음 주어는 목적어를 전치사 at의 목적어에 들이댄다.
(11) He presented a pistol at her heart.(그는 권총을 그녀의 심장에 들이댔다.)

preserve

이 동사의 개념 바탕에는 보존하는 과정이 있다.

1. 타동사 용법

1.1. 다음 주어는 목적어를 보존한다.
(1) a. They preserve historical monuments.(그들은 사적비를 보존한다.)
   b. They managed to preserve many old documents.(그들은 많은 고문서들을 그럭저럭 보존했다.)

1.2. 다음 주어는 목적어를 위험에서 지킨다.
(2) a. God preserve us.(신이여 우리를 지켜주소서.)
   b. The society was set up to preserve endangered animals from extinction.(그 단체는 위기에 처한 동물들을 멸종에서 보존하기 위해서 설립됐다.)
   c. The dog preserved him from danger.(그 개는 그를 위험에서 지켰다.)
   d. They preserved their leader from humiliation.(그들은 자신들의 지도자를 굴욕으로부터 지켰다.)

1.3. 다음 목적어는 상태를 나타낸다. 주어는 목적어의 상태를 지킨다.
(3) a. He managed to preserve his composure during the debate.(그는 그 토론 동안 냉정을 겨우 유지해냈다.)
   b. I hope to preserve my peace of mind.(나는 마음의 평화를 유지하고 싶다.)
   c. He managed to preserve his independence.(그는 용케 독립을 지켜내었다.)
   d. He is trying to preserve his health.(그는 건강을 지키기 위하여 애쓰고 있다.)
   e. Keeping food in the refrigerator preserves its freshness.(냉장고에 음식을 보관하는 것은 신선도를 유지시킨다.)

1.4. 다음은 수동태 문장으로 주어는 보존된다.
(4) a. These traditional customs should be preserved.(이런 전통적인 관습들은 보존되어야 한다.)
   b. The wreck was preserved in the muddy sea bed.(그 잔해는 질퍽거리는 바다 밑바닥에 보존되어있었다.)

1.5. 다음 목적어는 음식이다. 주어는 목적어를 보존한다.
(5) a. The cook preserved the leftovers by freezing them.(그 요리사는 남은 음식을 얼려서 보관한다.)
   b. Bottling is no longer a common way of preserving fruit and vegetables.(병에 담아 간수하기는 더 이상 과일과 채소를 보존하는 일반적인 방법이 아니다.)

1.6. 다음 주어는 그 자체가 목적어를 보존한다.
(6) Wax polish preserves wood and leather.(밀랍 광택제는 나무와 가죽을 보존한다.)

preside

이 동사의 개념 바탕에는 앞에 앉는 과정이 있다.

1. 자동사 용법

1.1. 다음에서 주어는 피아노나 오르간 앞에 앉는다.
(1) a. He presided at the organ.(그는 오르간 앞에 앉아서 연주했다.)
   b. She presided at the piano.(그녀는 피아노 앞에 앉아서 연주했다.)

1.2. 다음 주어는 공식적 모임의 앞자리에 앉는다.
(2) a. Queen Elisabeth presided at the state dinner held last night.(엘리자베스 여왕은 지난 밤 열렸던 국가 만찬에서 주역이었다.)
   b. The judge presided at the trial.(그 판사는 재판을 주관했다.)
   c. He presided at the meeting.(그는 회의에서 사회를 보았다.)

1.3. 다음 주어는 over의 목적어를 관장한다.
(3) a. The party presided over the worst economic decline in the country's history.(그 당은 그 나라의 역사에서 최악의 경제 퇴보를 관장했다.)
   b. A judge presides over a courtroom.(판사는 법정을 관장한다.)
   c. His lawyer will preside over the estate.(그의 변호사는 그 재산을 관장하게 될 것이다.)

1.4. 다음 주어는 주재하고 통솔한다.
(4) a. Judge Richter is presiding in the case.(판사 리히터는 소송을 관장하고 있는 중이다.)
   b. The prime minister presides over.(국무총리는 관장한다.)
   c. As long as I preside, there will be order during meetings.(내가 사회를 보는 한, 회의 동안 질서가 있을 것이다.)

press

이 동사의 개념 바탕에는 누르는 과정이 있다.

1. 타동사 용법

1.1. 다음 주어는 목적어를 누른다.
(1) a. Press the bell twice.(벨을 두 번 눌러라.)
   b. Press this button to start the engine.(엔진을 시동시키려면 이 단추를 눌러라.)
   c. He pressed my hand.(그는 내 손을 꼭 쥐었다.)
   d. He pressed the child in his arms.(그는 그 아이를 팔에 꼭 껴안았다.)
   e. She pressed the baby to her breast/chest.(그녀는 아기를 가슴에 꼭 껴안았다.)

1.2. 다음 주어는 목적어를 아래로 누른다.
(2) a. He pressed down the accelerator.(그는 가속기를 밟아 눌렀다.)
   b. He pressed the switch down.(그는 스위치를 내리눌렀다.)

1.3. 다음 주어는 목적어를 다린다.
(3) a. He is pressing his jacket.(그는 재킷을 다리고 있다.)
   b. You must press your trousers.(너는 바지를 다려야 한다.)

1.4. 다음 주어는 목적어를 전치사 against의 목적어에 가 닿게 한다.

(4) a. He pressed his nose/face against the shop window.(그는 코/얼굴을 그 가게 창문에 대고 눌렀다.)

b. He pressed his ear against the door.(그는 귀를 문에 대고 눌렀다.)

1.5. 다음 주어는 목적어를 전치사 on의 목적어에 누른다.

(5) a. He pressed a stamp on the letter.(그는 도장을 편지에 찍었다.)

b. He pressed his hands on the table.(그는 손을 탁자 위에 눌렀다.)

1.6. 다음 주어는 목적어를 전치사 into의 목적어에 눌러 넣는다.

(6) a. The conductor pressed all the people into a bus. (차장은 모든 사람들을 버스 한 대에 밀어 넣었다.)

b. He pressed his clothes into a suitcase.(그는 옷들을 옷가방에 넣었다.)

1.7. 다음 주어는 목적어에 힘을 가하여 into의 목적어의 상태가 되게 한다.

(7) a. He pressed clay into the shape of a head.(그는 진흙을 눌러서 머리 모양을 만들었다.)

b. He pressed the clay into a figure of a horse.(그는 진흙을 눌러서 말 모양이 되게 했다.)

1.8. 다음 주어는 목적어를 정신적으로 압박을 가한다.

(8) a. They pressed the opponent.(그들은 상대방을 궁지에 몰았다.)

b. The creditors pressed him.(그 채권자들이 그를 압박했다.)

c. We pressed the man with questions.(우리는 남자를 질문으로 압박했다.)

d. He was pressed by his creditors.(그는 그의 채권자들에게 몰리고 있었다.)

1.9. 다음 주어는 목적어를 힘을 가하여 for의 목적어를 얻는다.

(9) a. We pressed him for an explanation.(우리는 그에게 설명하라고 압력을 가했다.)

b. He is pressed for funds.(그는 기금 때문에 압박을 받고 있다.)

1.10. 다음 주어는 목적어를 압박하여 to 부정사가 가리키는 일을 하게 한다.

(10) a. He pressed the man to enter the competition.(그는 그 남자를 억지로 경쟁에 들어가게 했다.)

b. They pressed me to come.(그들은 나를 억지로 오게 했다.)

c. He was pressed to retire.(그는 억지로 은퇴하게 압력을 받았다.)

d. She pressed her guests to stay a little longer.(그녀는 손님들을 억지로 좀 더 오래 머물도록 했다.)

e. They were pressed by their private affairs to return in the day.(그들은 사적인 업무 때문에 그날 안에 되돌아 와야 했다.)

1.11. 다음 주어는 목적어를 전치사 into의 목적어로 나타내는 과정을 하게 한다.

(11) a. They pressed me into helping with the preparation for the party.(그들은 나를 억지로 파티 준비를 돕도록 했다.)

b. He pressed us into staying another week.(그는 우리를 한 주 더 머물게 했다.)

1.12. 다음 주어는 목적어를 from의 목적어에서 짜낸다.

(12) a. He pressed juice from grapes.(그는 주스를 포도에서 눌러 짰다.)

b. Wine is pressed from the grapes.(포도주는 포도에서 짜진다.)

1.13. 다음 주어는 목적어를 누른다.

(13) My shoes press my toes.(내 신발은 발가락을 누른다.)

1.14. 다음 주어는 압력을 가해서 길을 만든다.

(14) a. He pressed his way into the crowd.(그는 밀면서 군중 속을 뚫고 지나갔다.)

b. He pressed his way through the crowd.(그는 군중들을 밀어 제치며 나아갔다.)

1.15. 다음 주어는 목적어를 밀어붙인다.

(15) a. They are pressing their claim for higher pay.(그들은 더 많은 임금 인상을 위한 요구를 밀어붙이고 있다.)

b. I suggested we make a joint appeal, but he didn't seem very keen, so I didn't press the point.(나는 우리가 공동 호소를 해야 한다고 제안했으나, 그는 크게 열의가 없어 보였다. 그래서 나는 그 점을 밀어붙이지 않았다.)

c. He is pressing a difficult demand on me.(그는 어려운 요구를 나에게 강요하고 있다.)

1.16. 다음 주어는 목적어를 눌러서 목적어가 어떤 새 상태에 들어가게 한다.

(16) a. They pressed the oranges dry.(그들은 오렌지를 눌러서 물기가 없게 했다.)

b. The pastry must be pressed flat and thin.(밀 반죽은 납작하고 얇게 눌려야 한다.)

2. 자동사 용법

2.1. 다음 주어는 against와 on의 목적어에 힘을 가한다.

(17) a. They pressed against each other.(그들은 서로에게 몸을 기댔다.)

b. He pressed against her in the crowd.(그는 군중 속에서 그녀를 밀쳤다.)

2.2. 다음 주어는 전치사 (up)on의 목적어에 부담을 준다.

(18) a. Taxes pressed heavily upon us.(세금이 무겁게 우리를 짓누른다.)

b. Care pressed upon her mind.(근심 걱정이 그녀의 마음을 짓눌렀다.)

c. Famine pressed close upon his heels.(기아가 그에게 바싹 밀어닥쳤다.)

2.3. 다음 주어는 전치사 on의 목적어를 부분적으로 가볍게 누른다.

(19) a. Press lightly on a sore spot.(아픈 곳을 가볍게 눌러라.)

b. You have to press on the knob to open the door. (너는 문을 열기 위해서 손잡이를 조금 눌러야 한다.)

2.4. 다음 주어는 힘을 가하면서 움직인다.

(20) a. People pressed forward.(사람들은 앞으로 밀고 나 갔다.)

b. He pressed on in spite of the wind.(그는 바람에도 불구하고 계속 밀고 나갔다.)

c. The child pressed to his mother.(그 아이는 엄마에 게 다가 붙었다.)

d. The fans pressed toward the actress.(팬들은 그 여배우 쪽으로 몰려들었다.)

e. The boys pressed toward the baseball player.(소 년들은 그 야구선수에게 몰려들었다.)

f. He pressed up to the platform.(그는 플랫폼 위로 서둘러 나아갔다.)

2.5. 다음 주어는 다려진다.

(21) a. This shirt presses well.(이 셔츠는 잘 다려진다.)

b. This dress presses well.(이 옷은 잘 다려진다.)

2.6. 다음 주어는 압력을 가한다.

(22) I don't like shoes that press.(나는 꽉 쪼이는 신발을 좋아하지 않는다.)

2.7. 다음 주어는 전치사 for의 목적어를 재촉한다.

(23) a. He is pressing for the rent.(그는 집세를 독촉하고 있다.)

b. They are pressing for their rights.(그들은 자신들 의 권리를 요구하고 있다.)

pressure

이 동사의 개념 바탕에는 정신적 압력을 가하는 과 정이 있다.

1. 타동사 용법

1.1. 다음 주어는 목적어를 압력을 가하여 자신의 판단 력을 행사하지 못하고 어떤 일을 하게 한다.

(1) a. The employers pressured the management into changing the policy.(고용주들은 경영진에게 압력 을 가하여 정책을 바꾸게 했다.)

b. The government has pressured the farmers into producing more milk.(정부는 농부들에게 압력을 가하여 더 많은 우유를 생산하게 했다.)

c. The salesman tried to pressure my father into buying the car.(그 판매인은 나의 아버지에게 압력 을 가하여 차를 사게 했다.)

d. He pressured us into joining the club.(그는 우리를 압력하여 그 클럽을 가입하게 했다.)

e. They pressured him into accepting the contract. (그들은 그에게 압력을 가하여 그 계약을 수락하게 했다.)

f. Anne pressured me into quitting smoking.(앤은 나 에게 압력을 가하여 담배를 끊게 했다.)

1.2. 다음은 수동태 문장으로, 주어는 압력을 받고 전 치사 into의 목적어의 일하게 된다.

(2) a. He was pressured into signing the agreement.(그 는 압력을 받고 그 합의서에 서명했다.)

b. I'm being pressured to make a statement.(나는 성명서를 내도록 압력을 받고 있다.)

c. I was pressured into agreeing to his proposal.(나

는 그의 제안에 동의하도록 압력을 받았다.)

d. He was pressured into resigning.(그는 사임하도록 압력을 받았다.)

e. I've been pressured into helping with the decorating.(나는 장식을 돕도록 압력을 받았다.)

f. He was pressured into giving up his job.(그는 일자 리를 포기하도록 압력을 받았다.)

1.3. 다음 주어는 목적어를 압력하여 부정사가 가리키 는 일을 하도록 한다.

(3) a. He pressured her to confess her crimes.(그는 그 녀를 압력하여 죄들을 자백하도록 했다.)

b. He will never pressure you to get married.(그는 결코 너를 압력하여 결혼하도록 하지 않을 것이다.)

c. Her boss pressured her to finish the report by Friday.(사장은 그녀를 압력하여 그 보고서를 금요 일까지 마치게 했다.)

d. He was pressured to resign.(그는 사임하도록 압 력을 받았다.)

presume

이 동사의 개념 바탕에는 증거도 없이 미리 사실로 생각하는 과정이 있다.

1. 타동사 용법

1.1. 다음 주어는 목적어를 추정한다.

(1) a. He presumed the death of the missing child.(그는 그 미아의 죽음을 추정했다.)

b. We presume his innocence.(우리는 그의 결백을 추정한다.)

1.2. 다음 주어는 목적어를 어떤 상태에 있는 것으로 추정한다.

(2) a. We must presume her (to be) dead.(우리는 그녀 가 죽었다고 추정해야 한다.)

b. We presume him (to be) innocent.(우리는 그가 결 백하다고 추정한다.)

c. I presumed them to be married.(나는 그들이 결혼 했다고 추정했다.)

1.3. 다음은 수동태 문장으로 주어는 추정되는 사람이 다.

(3) Defendants are presumed innocent until proven guilty.(피고인은 죄가 입증될 때까지 무죄로 간주된 다.)

1.4. 다음 주어는 목적어(that-절)의 내용을 추정한다.

(4) a. I presume that you are right.(나는 네가 옳다고 생 각한다.)

b. I presumed that he had gone home.(나는 그가 집 에 갔다고 추정했다.)

1.5. 다음은 수동태 문장으로, it의 내용은 that-절이 다.

(5) a. It is presumed that he died young.(그가 젊어서 죽 었다고 추정된다.)

b. It is presumed that she is innocent.(그녀는 결백하 다고 추정된다.)

1.6. 다음 주어는 그 자체가 목적어를 가정한다.

(6) The statement that everyone is free presumes

equality of opportunity.(모든 이들이 자유롭다는 진술은 기회 균등을 가정한다.)

2. 자동사 용법
2.1. 다음 주어는 허가 없이 부정사가 가리키는 일을 한다.
(7) a. I wouldn't **presume to** speak for another person. (나는 주제넘게 다른 사람을 대변하지는 않겠다.)

b. How can he **presume to** talk like that?(어떻게 그가 주제넘게 그런 식으로 말할 수 있지?)

c. Jane **presumed to** know what I was thinking.(제인은 주제넘게 내가 생각하고 있는 것을 아는 척 했다.)

d. I won't **presume to** trouble you.(나는 주제넘게 너를 괴롭히지는 않겠다.)

2.2. 다음 주어는 on의 목적어를 자신만을 생각하여 이용한다.
(8) a. Don't **presume on** her good nature.(그녀의 착한 성격을 이용하지 마라.)

b. He **presumes** too much **on** his strength.(그는 자신의 힘을 너무 많이 이용한다.)

c. She **presumed on** her father's generosity by borrowing money from him and not paying it.(그녀는 아버지의 너그러움을 이용하여 그에게 돈을 빌리고는 갚지 않았다.)

pretend

이 동사의 개념 바탕에는 체하는 과정이 있다.

1. 타동사 용법
1.1. 다음 주어는 목적어가 나타내는 상태를 가지고 있는 체한다.
(1) a. He **pretended** illness.(그는 아픈 척 했다.)

b. He **pretends** ignorance of the whole affair.(그는 그 사건 전부를 모르는 척 한다.)

1.2. 다음 주어는 부정사가 나타내는 상태를 가장한다.
(2) a. She **pretended** not to know me.(그녀는 나를 모르는 체 했다.)

b. He **pretended** to sleep.(그는 자는 척 했다.)

c. She **pretended** to be cheerful/to be angry.(그녀는 기쁜 좋은/화난 척 했다.)

d. I don't **pretend** to understand those technical terms.(나는 모든 기술 용어들을 이해하는 척 하지는 않는다.)

1.3. 다음 주어는 that-절의 내용을 가정하여 (거짓으로) 말한다.
(3) a. He **pretended** to his family **that** everything was all right.(그는 가족들에게 모든 것들이 잘 돌아가는 척 했다.)

b. He **pretended that** he was ill.(그는 아픈 척 했다.)

c. The children **pretended that** they were cowboys.(아이들은 자신들이 카우보이인 냥 가장했다.)

d. Let's **pretend that** we are on the moon.(우리가 달 표면에 있다고 가정하자.)

2. 자동사 용법
2.1. 다음 주어는 to의 목적어를 자처한다.
(4) a. I can't **pretend to** any great musical talent.(나는 어떠한 위대한 음악적 재능을 가지고 있다고 자부할 수 없다.)

b. He **pretends to** great knowledge.(그는 대단한 지식이 있다고 자부한다.)

2.2. 주어는 척하고 있다. 목적어는 생략되어 있다.
(5) a. The kids were only **pretending**.(아이들은 단지 척하고 있었다.)

b. They weren't fighting; they are only **pretending**.(그들은 싸우고 있는 게 아니었다; 그들은 단지 싸우는 척 하고 있다.)

prevail

이 동사의 개념 바탕에는 서로 힘을 겨누다 한 사람이 우위를 차지하는 과정이 있다.

1. 자동사 용법
1.1. 다음 주어는 전치사 against의 목적어와 겨룬다.
(1) a. Justice must **prevail against** any attempt to prevent it.(정의는 그것을 막으려는 어떤 시도도 이겨내야 한다.)

b. He **prevailed against** great odds.(그는 커다란 불평등을 극복했다.)

c. He **prevailed against** destiny.(그는 운명을 극복했다.)

d. Grammar will never **prevail against** usage.(문법이 결코 실제 사용보다 우세하지는 않을 것이다.)

1.2. 다음 주어는 with의 목적어와 겨룬다.
(2) a. He could not **prevail with** her, however hard he tried.(그가 아무리 열심히 노력해도 그녀를 납득시킬 수 없었다.)

b. I tried, but I could not **prevail with** her.(나는 시도해 보았지만 그녀를 설득할 수 없었다.)

1.3. 다음 주어는 전치사 over의 목적어의 위에 있다.
(3) a. They **prevailed over** their son to finish college.(그들은 아들을 설득하여 대학을 마치게 했다.)

b. Our team **prevailed over** the rival team in a tough game.(우리 팀은 힘든 경기에서 상대팀보다 우세했다.)

c. I hope he will **prevail over** his rebels.(나는 그가 반역자들을 압도하길 희망한다.)

d. We **prevailed over** our enemies.(우리는 적을 압도했다.)

e. Our triumphant army **prevailed over** the enemy.(우리의 승전 군대는 적을 압도했다.)

f. The military finally **prevailed over** the civilian resistance movement.(그 군은 마침내 시민 저항 운동을 압도했다.)

g. With God's help, we will **prevail over** sin and evil.(신의 도움으로 우리는 죄와 악을 이길 것이다.)

1.4. 다음 주어는 사람이 아닌 개체이다. 주어는 전치사 over의 목적어의 위에 있다.
(4) a. Our policy will **prevail over** others.(우리의 정책이

다른 것들 보다 우세할 것이다.)

b. Political and personal interests are starting to **prevail over** economic interests.(정치적이고 개인적인 이해들이 경제적 이해들을 압도하기 시작하고 있다.)

c. Political arguments **prevailed over** economic sense.(정치적 논쟁들이 경제 의식을 압도했다.)

d. Hunger **prevailed over** modesty.(배고픔이 겸손보다 우세했다.)

e. Did greed **prevail over** generosity?(탐욕이 관용보다 우세했니?)

1.5. 다음 주어는 목적어 위에서 목적어에 영향을 주어서 목적어가 부정사가 나타내는 일을 하게 한다. 전치사 (up)on이 이 영향 관계를 나타낸다.

(5) a. The salesperson **prevailed upon** me to buy a new spare tire.(그 판매원은 나를 설득하여 새 스페어 타이어를 사도록 했다.)

b. Nothing will **prevail on** him to tell the secret.(어느 것도 그가 비밀을 말하도록 설득할 수 없을 것이다.)

c. I **prevailed upon** my friend to lend 100 dollars.(나는 친구를 설득하여 100달러를 빌려주도록 했다.)

d. I am late for the train. May I **prevail upon** you to drive me to the station?(나는 기차 시간에 늦었다. 네게 나를 그 역까지 태워다 줄 것을 부탁해도 되겠니?)

e. Let me **prevail on** you to stay to dinner.(부디 저녁 먹고 가라.)

f. Can you **prevail on** him to go now?(너는 그를 설득하여 지금 가도록 할 수 있니?)

1.6. 다음은 수동태 문장으로 주어는 설득된다.

(6) Tom had been **prevailed upon** to bring his guitar.(탐은 기타를 가져 올 것을 설득 당했다.)

1.7. 다음 주어는 우세하다.

(7) a. Bad cold **prevails** throughout the country.(심한 감기가 전국적으로 유행하고 있다.)

b. Belief in magic still **prevails** in some rural parts of the country.(마술에 대한 믿음은 여전히 그 나라의 몇몇 시골지역에 널리 퍼져 있다.)

c. The mistaken belief still **prevails** in some parts of the country.(잘못된 믿음이 여전히 그 나라의 몇몇 지역에 널리 퍼져 있다.)

d. Truth must **prevail** in the end.(진리가 결국에는 승리해야 한다.)

e. Truth will **prevail**.(진리는 승리한다.)

f. Rick still believes that justice would **prevail**.(릭은 정의가 이길 것을 여전히 믿는다.)

g. Did your prayer **prevail**?(네 기도는 효험이 있었니?)

h. The use of opium still **prevailed** in the south.(아편의 사용이 남쪽에서 여전히 널리 퍼져 있었다.)

1.8. 다음 주어는 우세하다.

(8) a. This is a strange custom that still **prevails**.(이것은 아직도 널리 행해지고 있는 이상한 관습이다.)

b. The wedding custom still **prevails** in Korea.(결혼 관습은 아직도 한국에서 널리 행해지고 있다.)

c. We hope that common sense would **prevail**.(우리는 상식이 널리 보급되기를 희망한다.)

d. I was going to have dessert, but good sense **prevailed**, and I didn't eat it.(나는 디저트를 먹으려 했으나 좋은 생각이 우세해서, 나는 그것을 먹지 않았다.)

e. The style **prevails** among the young.(그 스타일은 젊은이들 사이에서 유행하고 있다.)

1.9. 다음 주어는 우세하다.

(9) a. The idea still **prevails**.(그 아이디어는 여전히 우세하다.)

b. A cornerstone of democracy is its notion that majority **prevails**.(민주주의의 초석은 다수가 우세하다는 생각이다.)

c. Hatred **prevails** among them.(증오는 그들 사이에 팽배해 있다.)

d. Despite crimes in the news, I believe that kindness **prevails**.(뉴스에서 보도되는 범죄에도 불구하고 나는 친절이 널리 퍼져 있다고 믿는다.)

e. A love of fried food **prevails** in North America.(튀긴 음식에 대한 선호가 북미에 널리 퍼져있다.)

f. Despair **prevailed** in her mind.(절망이 그녀의 마음에 가득 찼다.)

g. A similar situation **prevails** in Korea.(비슷한 상황이 한국에서도 널리 퍼져있다.)

h. The confusion **prevailed** at the time of the revolution.(혁명의 시대는 혼란으로 가득 찼다.)

1.10. 다음 주어는 우세하다.

(10) a. In those days a warmer climate **prevailed** in this part of the earth.(그 당시에 더 온화한 기후가 지구의 이 지역에 널리 퍼져 있었다.)

b. Sunny skies will **prevail** through the day.(화창한 하늘이 하루종일 계속될 것이다.)

c. The north wind **prevails** through the winter.(북풍은 겨울내내 우세하다.)

d. In this region, snow and ice **prevail**.(이 지역에서는 눈과 얼음이 지배적이다.)

prevent

이 동사의 개념 바탕에는 막는 과정이 있다.

1. 타동사 용법

1.1. 다음 주어는 목적어를 전치사 from의 목적어로부터 막는다. 목적어는 사람이다.

(1) a. Before I could **prevent** him, he opened the door and ran out.(내가 그를 막기 전에, 그는 문을 열고 내달렸다.)

b. She had to grip the saddle to **prevent** herself **from** being thrown forward.(그녀는 앞으로 내던져지는 것을 방지하기 위해서 안장을 잡아야만 했다.)

c. Her parents **prevented** Jane **from** going to the party.(그녀의 부모는 제인을 파티에 못 가도록 막았다.)

d. Who can **prevent** us **from** getting married?(누가 우리가 결혼하는 것을 막을 수 있겠는가?)

e. They did everything to **prevent** Allen **from** assuming power.(그들은 앨런이 권력을 쥐는 것을

막기 위해 모든 일을 했다.)

    f. The man prevented her from leaving.(그 남자는
그녀를 떠나지 못하도록 막았다.)

1.2. 다음 주어는 목적어를 전치사 from의 목적어로부터 막는다. 목적어는 과정이다.

They prevented the riot from taking place.(그들은
그 폭동이 일어나는 것을 막았다.)

    b. He prevented the plague from spreading.(그는 전염병이 퍼지는 것을 예방했다.)

1.3. 다음 주어는 수동태 문장으로 주어는 방해를 받는다.

(3) We'll be prevented from finishing our project.(우리는 작업을 끝내는 것에 방해를 받을 것이다.)

1.4. 다음 주어는 목적어를 미리 막는다.

(4) a. The prompt action prevented the disaster/war.(즉각적인 행동은 재앙/전쟁을 막았다.)

    b. His careful study prevented a serious accident.
(그의 신중한 연구는 심각한 사고를 예방했다.)

    c. Careful driving prevents accidents.(주의 깊은 운전이 사고를 막는다.)

    d. Smoke prevented her escape.(연기가 그녀의 탈출을 막았다.)

    e. The strict measures prevent progress.(엄격한 조처들은 발전을 막는다.)

    f. The bad weather prevented the plane's taking-off.(나쁜 날씨는 비행기의 이륙을 막았다.)

    g. Your prompt action prevented a serious problem.
(네 즉각적인 행동이 심각한 문제를 미연에 방지했다.)

    h. Rain prevented the football match.(비가 축구 시합을 방해했다.)

    i. Nothing will prevent our going.(어느 것도 우리가 가는 것을 막지 못할 것이다.)

    j. Label your bags to prevent confusion.(혼동을 막기 위해 네 가방에 꼬리표를 달아라.)

    k. The magic prevents misfortune.(그 마술은 불운을 막는다.)

    l. He prevented an accident by braking his car in time.(그는 때 맞춰 브레이크를 밟아서 사고를 막았다.)

    m. Prevent waste. (낭비를 막아라.)

1.5. 다음 주어는 목적어를 예방한다.

(5) a. These methods prevent pregnancy.(이 방법들은 임신을 막는다.)

    b. The medicine prevents vomiting.(그 약은 구토를 막는다.)

    c. The measures prevented the spread of the disease.(그 조치들은 그 병의 확산을 막았다.)

    d. Prohibition does not work in preventing alcoholism.(금주령은 알코올 중독을 예방하는데 효과가 없다.)

    e. She took some pills to prevent seasickness.(그녀는 뱃멀미를 예방하려고 약을 먹었다.)

1.6. 다음 주어는 목적어를 전치사 from의 목적어로부터 막는다. 주어는 개체이다.

(6) a. Nothing will prevent us from going.(어느 것도 우리가 가는 것으로부터 막지 못할 것이다.)

    b. The snow prevented him from going out.(눈은 그가 나가는 것으로부터 막았다.)

    c. This would prevent companies from creating new jobs.(이것은 회사들이 새 일자리를 창출하는 것으로부터 막았다.)

    d. A heavy rain prevented the fire from spreading.
(폭우가 그 불이 번지는 것으로부터 막았다.)

    e. The arrival of the unexpected guest prevented us from going out.(기대치 않은 손님의 도착이 우리가 외출하는 것을 막았다.)

    f. His snoring prevented me from sleeping.(그의 코고는 소리는 내가 잠자는 것을 방해했다.)

    g. The high wall prevented them from seeing the garden.(그 높은 벽은 그들이 정원을 보는 것을 막았다.)

    h. A storm prevented us from leaving.(폭풍이 우리가 떠나는 것을 막았다.)

    i. The swift action prevented the disease from spreading.(그 재빠른 조치가 병이 확산되는 것으로부터 막았다.)

    j. Her back injury may prevent her from playing in tomorrow' match.(그녀의 허리 부상이 그녀를 내일 시합에서 경기하지 못하도록 할지 모른다.)

1.7. 다음 주어는 목적어를 막는다. 목적어는 동명사로 표현되어 있다.

(7) a. He prevented the gossip spreading.(그는 소문이 퍼지지 못하도록 했다.)

    b. The cement barriers prevent traffic passing.(그 시멘트 장벽은 차량 통행을 막는다.)

    c. The snow prevented him going out.(눈은 그가 밖에 나가는 것을 막았다.)

    d. Are you trying to prevent me speaking?(너는 내가 말하는 것을 막으려고 하니?)

    e. The police have been preventing them carrying weapons.(경찰은 그들이 무기를 지니는 것을 막아 오고 있다.)

    f. Nothing will prevent us going.(어떤 것도 우리가 가는 것을 막지 못할 것이다.)

    g. Bad weather prevented us reaching the summit.
(나쁜 날씨가 우리가 정상에 도달하는 것을 막았다.)

prick

이 동사의 개념 바탕에는 찌르는 사람 이나 개체, 찔리는 개체, 그리고 도구가 있다.

1. 타동사 용법

1.1. 다음에서 주어는 행위자나 경험자이고, 목적어는 찔리는 사람, 그리고 도구는 전치사 with/on의 목적어로 표현되어 있다. 어떤 개체가 찔리면 자극을 받는다.

(1) a. He pricked himself with the needle.(그는 바늘로 자신을 찔렀다.)

    b. She pricked herself with/on a pin.(그녀는 핀으로 자신을 찔렀다.)

c. He **pricked** his finger with a pin.(그는 핀으로 자신의 손가락을 찔렀다.)

1.2. 다음에서는 찔리는 개체가 목적어로 표현되어 있다. 찔리는 개체가 풍선이나 상처의 물집 같은 것이면 터지고, 피부와 같은 표면이면 아픔을 받는다.

(2) a. He **pricked** a balloon/a bubble.(그는 풍선/거품을 찔러 터뜨렸다.)

b. He **pricked** the blister on his heel.(그는 발꿈치의 물집을 찔렀다.)

c. **Prick** the apple all over, using the prongs of a fork.(포크의 뾰족한 끝을 사용하여 사과를 여기저기 찔러라.)

d. **Prick** the skin of the potatoes before baking them.(감자를 굽기 전에 여기저기 찔러라.)

1.3. 다음에서는 도구가 주어가 되어 있다.

(3) a. Be careful -- the thorns will **prick** you.(조심해라. -- 그 가시들이 너를 찌를 것이다.)

b. The thorn **pricked** my fingers.(가시는 나의 손가락을 찔렀다.)

c. Your fingers **prick** me.(너의 손가락은 나를 찌른다.)

1.4. 다음에서 주어는 추상적 개체이고, 목적어도 추상적 개체이다. 양심 같은 것도 가시와 같이 어떤 자극을 줄 수도 있고 또 자극을 받을 수 있는 것으로 개념화된다.

(4) a. His conscience **pricked** him.(그는 양심의 가책을 받았다.)

b. His conscience **pricked** him to confess his crime to the police.(그의 양심이 그로 하여금 죄를 경찰에 자백하게 했다.)

c. His disloyalty **pricked** his conscience.(불충실한 행위로 그의 양심의 가책을 받았다.)

d. The phone call **pricked** his conscience before he remember he had agreed to buy.(그는 살 것에 동의했다는 것을 기억하기도 전에 전화벨 소리에 의해 양심의 가책을 받았다.)

1.5. 다음에 쓰인 on은 자극을 받고 이어서 어떤 일을 하는 과정을 나타낸다.

(5) a. My duty **pricks** me on.(나는 책임이 있기 때문에 어물어물하고 있을 수가 없었다.)

b. He was **pricked** on by loyalty.(그는 충성심에 의해서 일을 하게 되었다.)

1.6. 다음에서는 주어는 행위자이고 목적어는 도구이며, 행위자가 영향을 받고 도구가 들어가는 개체는 전치사 into의 목적어로 표현되어 있다.

(6) He **pricked** a pin into a pin cushion.(그는 바늘을 바늘꽂이에 꽂았다.)

1.7. 찌르는 과정의 결과로 무엇이 생겨날 수 있는데 이렇게 생겨나는 개체가 목적어로 쓰일 수 있다.

(7) a. He **pricked** a hole in the wrapping.(그는 포장을 찔러서 구멍을 내었다.)

b. He **pricked** out a pattern with a needle.(그는 바늘로 찔러서 무늬를 그렸다.)

c. She **pricked** a design in leather.(그는 가죽에 점선으로 디자인을 그렸다.)

1.8. 땅속에 있는 식물을 빠르게 뽑아내는 것도 이 동사로 묘사된다.

(8) a. He **pricked** out seedlings.(그는 묘목을 이식하였다.)

b. When the soil is soft after the rain, let's **prick** to the onion plants.(비온 후 땅이 부드러울 때 양파를 뽑읍시다.)

1.9. 소리도 찌르는 것과 같은 자극을 줄 수 있다. 이러한 자극을 받고 귀를 쫑긋하게 세우는 과정도 이 동사로 표현된다.

(9) a. The deer's ears **pricked** up -- it must have heard me.(그 사슴은 귀를 쫑긋 세웠다. -- 그것이 내 소리를 들었음에 틀림없다.)

b. The dog **pricked** up its ears.(그 개는 귀를 쫑긋 세웠다.)

2. 자동사 용법

2.1. 다음의 주어는 찔리는 느낌을 받는 부분이다.

(10) a. My sore finger **pricks**.(내 쓰린 손가락이 찌르는 듯이 아프다.)

b. My back **pricks**.(내 등이 따끔따끔 아프다.)

c. My conscience **pricks**.(내 양심이 찔린다.)

d. My fingers were beginning to **prick** after touching that paste.(내 손가락들이 풀을 만진 뒤로 따끔따끔 아프기 시작했다.)

2.2. 다음은 사람 전체가 주어가 되어 있다.

(11) He **pricks** at his conscience.(그는 자신의 양심을 찔렀다.)

pride

이 동사의 개념 바탕에는 자랑하는 마음의 상태가 있다.

1. 타동사 용법

1.1. 다음 주어는 목적어를 자랑스럽게 생각한다.

(1) a. He **prided** himself on his skill.(그는 기술에 대해 자랑스럽게 여겼다.)

b. She **prides** herself on always doing her best.(그녀는 항상 최선을 다한다는 데에 자신을 자랑스러워한다.)

c. She **prides** herself on being a good mother.(그녀는 스스로를 훌륭한 어머니임에 대해 자랑스러워한다.)

prime

이 동사의 개념 바탕에는 물이나 기름을 넣는 과정이 있다.

1. 타동사 용법

1.1. 다음에서 주어는 목적어에 내용물을 넣는다.

(1) a. He **primed** the lamp with oil.(그는 램프에 기름을 넣었다.)

b. He **primed** the pump with water.(그는 펌프에 물을 넣었다.)

c. He **primed** the gun.(그는 그 총을 장전했다.)

1.2. 다음 주어는 목적어를 필요한 정보를 넣는다.

(2) a. He **primed** himself for the meeting by reviewing his figures.(그는 수치를 다시 살펴봄으로써 필요한 회의 정보로 넣었다.)

b. The minister **primed** himself for the briefing. (그 장관은 자신에게 브리핑에 필요한 정보를 넣었다.)

c. The teacher **primed** the pupils for the test.(교사는 학생들을 시험을 위해 필요한 정보로 준비시켰다.)

d. He **primed** her for the contest.(그는 그녀를 그 대회를 위해 필요한 정보로 준비시켰다.)

1.3. 다음은 수동태 문장으로 주어는 정보를 받는 사람이나 조직체이다.

(3) a. They had been **primed with** good advice.(그들은 좋은 충고를 받았다.)

b. The police chief was well **primed with** information. (경찰 서장은 정보를 충분히 받았다.)

1.4. 다음에서 주어는 목적어의 표면에 초벌칠을 한다.

(4) a. The carpenter **primed** the window frame twice. (그 목수는 창틀을 두 번 초벌칠을 했다.)

b. He's **primed** all the woodwork.(그는 모든 목제품을 초벌칠을 했다.)

c. He **primed** the wall with a coat of white paint.(그는 벽을 흰색 페인트칠로 초벌칠을 했다.)

1.5. 다음은 수동태 문장으로 주어는 특정한 목적을 위해서 정보가 주어진다.

(5) a. She was **primed for** the contest.(그녀는 대회를 위해 필요한 정보가 미리 주어졌다.)

b. The students were **primed for** the test.(그 학생들은 시험을 위한 정보가 미리 주어졌다.)

1.6. 다음은 수동태 문장으로, 주어는 부정사가 가리키는 일을 하도록 한다.

(6) a. He had **primed** his friend to give as little information as possible.(그는 친구에게 가능한 적은 정보를 주게 미리 말했다.)

b. The director **primed** the actors for their roles in the play.(그 감독은 배우들에게 연극에서 역할을 미리 알려주었다.)

1.7. 다음 주어는 목적어를 미리 준비하여 작동하게 한다.

(7) The bomb was **primed**, ready to explode.(그 폭탄은 뇌관이 달려 폭발될 준비가 되어 있었다.)

print

이 동사의 개념 바탕에는 눌러서 자국을 내는 과정이 있다.

1. 타동사 용법

1.1. 다음 주어는 목적어를 날염한다.

(1) a. He **printed** a flower pattern on the cloth.(그는 꽃무늬를 그 천에 날염했다.)

b. He **printed** the mark of his foot on the sand.(그는 발바닥 표시를 모래사장에 찍었다.)

c. He **printed** his own design on his T-shirt.(그는 자신의 디자인을 그의 티셔츠에 새겼다.)

d. He **printed** a kiss on the cheek.(그는 키스를 뺨에

했다.)

1.2. 다음 주어는 목적어를 인쇄하여 싣는다.

(2) a. The paper **printed** my comments out of context. (신문은 나의 논평을 문맥에서 떼어놓고 실었다.)

b. The paper **printed** the interview with the mayor. (신문은 시장과의 인터뷰를 실었다.)

c. He **printed** a letter on his printer.(그는 편지 한 장을 프린터기로 인쇄했다.)

d. The newspaper didn't **print** the news.(그 신문은 뉴스를 싣지 않았다.)

e. The paper **printed** the minister's speech.(신문은 그 장관의 연설을 실었다.)

f. The newspaper **printed** several recipes for fruit cake.(그 신문사는 과일 케이크의 요리법을 실었다.)

1.3. 다음 주어는 인쇄를 해서 목적어를 만든다.

(3) He is **printing** a newspaper.(그는 신문을 인쇄하고 있다.)

1.4. 다음 주어는 목적어를 찍어서 만든다.

(4) a. The publisher **printed** 1,000 copies of his book.(출판업자는 그의 책의 천 부를 간행했다.)

b. The publisher **printed** 2,000 copies of the dictionary.(출판업자는 그 사전을 이천 부 찍었다.)

c. The machine can **print** 60 pages a minute.(그 기계는 분당 60페이지를 인쇄할 수 있다.)

d. This computer **prints** 100 characters per second. (이 컴퓨터는 초당 100개의 활자를 인쇄할 수 있다.)

e. Please **print** three copies from each negative.(석 장씩을 각 필름에서 인화해 주세요.)

1.5. 다음은 수동태 문장으로 주어는 찍혀지는 개체이다.

(5) a. The book is **printed** in India.(그 책은 인도에서 출판된다.)

b. The cloth is dyed and **printed**.(그 천은 염색되고 날염된다.)

c. His picture is **printed** on the front page.(그의 사진은 맨 첫 장에 인쇄된다.)

d. The mark of a man's shoe is clearly **printed** in the mud.(어느 남자의 신발 표시가 진흙에 분명히 찍혀있다.)

e. The scene is **printed** on my memory.(그 장면은 나의 기억에 깊이 새겨져 있다.)

1.6. 다음 주어는 목적어를 인쇄체로 적는다.

(6) a. He **printed** his name on the form.(그는 자신의 이름을 서류에 인쇄체로 썼다.)

b. **Print** your name clearly.(네 이름을 분명하게 인쇄체로 써라.)

c. The word 'tree' is **printed** in bold type.('tree'라는 단어가 굵은 활자체로 쓰여 있다.)

1.7. 다음 주어는 목적어를 인화한다.

(7) a. How much does it cost to **print** this negative?(이 필름을 인화하는데 얼마의 비용이 듭니까?)

b. They **print** photographs.(그들은 사진들을 인화한다.)

c. The pictures have to be developed and **printed**. (사진들은 현상되고 인화되어야 한다.)

d. He **printed** off/out a negative. (그는 음화를 인화했다.)

1.8. 다음 주어는 목적어를 무늬를 찍어서 만든다.
(8) This machine **prints** wallpaper.(이 기계는 벽지를 찍어낸다.)

1.9. 다음 주어는 목적어를 찍어낸다.
(9) a. The computer has **printed** out the data.(그 컴퓨터는 자료들을 출력했다.)

　 b. The computer is **printing** my file.(그 컴퓨터는 나의 파일을 출력하고 있다.)

2. 자동사 용법
2.1. 다음 주어는 그 위에 글이나 무늬가 찍힌다.
(10) This paper **prints** badly/well.(이 종이는 무늬가 나쁘게/잘 찍힌다.)

2.2. 다음 주어는 찍혀진다.
(11) a. These designs will not **print** well.(이 도안들은 잘 찍히지 않는다.)

　 b. The photo did not **print** well.(그 사진은 잘 인화되지 않았다.)

2.3. 다음 주어는 활자체로 잘 쓴다.
(12) The girl **prints** well.(그 소녀는 활자체를 잘 쓴다.)

2.4. 다음 주어는 찍는 개체이다.
(13) This printer **prints** in many different colors.(이 프린터는 많은 다양한 색깔로 찍는다.)

privilege

이 동사의 개념 바탕에는 privilege의 명사 '특권' 이 있다. 동사의 뜻은 이 명사의 뜻과 관계가 있다.

1. 타동사 용법
1.1. 다음 주어는 목적어가 어떤 일을 할 수 있도록 특권을 준다.
(1) a. We **privileged** him to come to the party.(우리는 그가 파티에 올 수 있도록 특권을 주었다.)

　 b. The boss **privileged** her to use the car.(사장은 그녀가 차를 사용할 수 있도록 특권을 주었다.)

1.2. 다음에서 주어는 목적어에 특권을 부여하여 일을 면제시킨다.
(2) a. They **privileged** him from military service.(그들은 그를 병역 의무에서 면제시켰다.)

　 b. He **privileged** her from working at night.(그는 그녀를 야간 업무에서 면제시켰다.)

1.3. 다음은 수동태 문장으로 주어는 특권이 주어진다.
(3) Wealthy people are **privileged** in several ways.(부유한 사람들은 여러 가지 점에서 특권을 받는다.)

prize

이 동사의 개념 바탕에는 prize의 명사 '상'이 있다. 동사의 뜻은 이 명사에 대해서 사람들이 갖는 태도와 관계가 있다.

1. 타동사 용법
1.1. 다음에서 주어는 목적어를 귀하게 여긴다.

(1) a. He **prizes** the ring as a keepsake.(그는 그 반지를 기념품으로서 귀하게 여긴다.)

　 b. This culture **prizes** conformity, and frowns on any other form of rebellion.(이 문화는 순종을 귀하게 여겨서, 반란의 어떤 다른 형태에도 난색을 표한다.)

　 c. He **prizes** his car above all his other possessions.(그는 차를 다른 어떤 물건보다도 귀하게 여긴다.)

1.2. 다음은 수동태 문장으로 주어는 귀하게 여겨지는 개체이다.
(2) a. Oil of cedar wood is highly **prized** for its use in medicine.(히말라야 삼목의 기름은 약재로 매우 귀하게 여겨진다.)

　 b. She is **prized** for her good sense of humor.(그녀는 훌륭한 유머 감각으로 높이 평가된다.)

probe

이 동사의 개념 바탕에는 probe의 명사 '탐사기'가 있다. 동사의 의미는 탐사기의 기능과 관계가 있다.

1. 타동사 용법
1.1. 다음 주어는 목적어를 탐사한다.
(1) a. He **probed** the mud with a stick.(그는 그 진흙을 막대기로 찔러 보았다.)

　 b. The dentist **probed** my teeth for cavities.(그 치과 의사는 내 충치를 찾으려고 찔러 보았다.)

　 c. The doctor **probed** the wound carefully.(그 의사는 상처를 주의 깊게 살폈다.)

　 d. They **probed** the space with rockets.(그들은 우주를 로켓으로 탐사했다.)

1.2. 다음 목적어는 추상적인 개체이나, 구체적인 것으로 개념화되어 있다.
(2) a. The reporter **probed** the officials' involvement with drug dealing.(그 기자는 관리들의 마약 거래와의 관련을 철저히 조사했다.)

　 b. The committee is **probing** the causes of the strike.(그 위원회는 파업의 원인들을 조사하고 있다.)

1.3. 사람의 양심, 마음, 감정도 구체적인 것으로 개념화되어 탐사기를 넣을 수 있는 것으로 표현되어 있다.
(3) a. He **probed** his conscience.(그는 자신의 양심을 살폈다.)

　 b. She **probed** her mind for his name.(그녀는 자신의 마음에서 이름을 찾으려고 살폈다.)

　 c. He is **probing** his thoughts why he acted as he did.(그는 자신의 마음을 왜 자신이 했던 대로 행동했는지 살피고 있다.)

1.4. 다음 주어는 전치사 into의 목적어 속으로 탐사해 들어간다.
(4) a. The reporter **probed** into the president's affairs.(그 기자는 대통령의 정사를 엄밀히 조사해 들어갔다.)

　 b. Senate **probed** into prison conditions.(상원은 감옥 실태를 철저히 조사해 들어갔다.)

1.5. 다음 주어는 for의 목적어를 얻기 위해 탐사한다.
(5) a. He probed for some way.(그는 어떤 방법을 강구
하기 위해 철저히 조사했다.)
  b. The surgeon probed for the bullet in the man's
  back.(그 외과의사는 총알을 찾기 위해 남자의 등을
  살폈다.)

proceed

이 동사의 개념 바탕에는 쉬었다가 계속 앞으로 나
아가는 과정이 있다.

1. 자동사 용법

1.1. 다음 주어는 앞으로 나아간다.
(1) a. The suspect proceeded down the street.(그 용의
자는 길 아래로 계속 내려갔다.)
  b. We proceeded on our way.(우리는 계속해서 나아
  갔다.)
  c. The stolen car was proceeding in a northerly
  direction.(그 도난차량은 계속해서 북쪽 방향으로
  나아가고 있었다.)
  d. Passengers to Honolulu should proceed to Gate
  30.(호놀룰루로 가는 승객들은 30번 문으로 가야
  한다.)
  e. Let's proceed to the dining room.(식당으로 갑시
  다.)

1.2. 다음 주어는 하던 일을 계속한다.
(2) a. Let's proceed with our lesson.(우리의 수업을 계
속하자.)
  b. Proceed with your story.(너의 얘기를 계속해라.)
  c. He paused to consult his notes and then
  proceeded with his questions.(그는 노트를 살펴보
  기 위해 멈춘 후에 질문을 계속했다.)
  d. Proceed with your meeting and pretend I'm not
  here.(너희들 모임을 계속하고, 내가 여기 없다고
  생각해라.)

1.3. 다음 주어는 일이고, 일은 진행된다.
(3) a. The work is proceeding according to the plan.(그
일은 계획에 따라 진행되고 있다.)
  b. The construction project is proceeding with
  surprising speed.(건축 공사는 놀라운 속도로 진행
  되고 있다.)

1.4. 다음 주어는 부정사가 가리키는 일을 시작한다.
(4) a. Jane went to the kitchen and proceeded to eat a
piece of cheese.(제인은 부엌에 가서 한 조각의 치
즈를 먹기 시작했다.)
  b. After lunch, he proceeded to tell the rest of the
  story.(점심 후에 그는 이야기의 남은 부분을 이어
  서 말하기 시작했다.)
  c. I am proceeding to close the shop.(나는 상점 문을
  닫으려 하는 중이다.)
  d. I proceeded to build the campfire.(나는 모닥불을
  피우기 시작했다.)

**1.5. 다음 주어는 전치사 from의 목적어에서 시작된
다.**
(5) a. Heat proceeds from the fire.(열이 불에서 나온다.)

  b. Let's proceed from the assumption that she
  meant you no harm.(그녀가 너에게 해를 끼치려던
  게 아니라는 가정에서부터 시작하자.)

proclaim

이 동사의 개념 바탕에는 공식적으로 널리 알리는
과정이 있다.

1. 타동사 용법

1.1. 다음 주어는 목적어를 선포한다.
(1) a. The country proclaimed war/a victory.(그 나라는
전쟁/승리를 선포했다.)
  b. He proclaimed his opinion/innocence/independence.
  (그는 자신의 견해를 공언/무죄를 선포/독립을 선언
  했다.)
  c. He proclaimed his intention of attending.(그는 자
  신의 참석 의지를 공표했다.)

1.2. 다음 주어는 목적어를 분명히 드러낸다.
(2) a. The two gold stripes on her uniform proclaimed
her seniority.(제복의 두 금줄무늬는 그녀가 선임자
임을 나타냈다.)
  b. The ringing bell proclaimed the birth of a prince.
  (울리는 벨소리는 왕자의 탄생을 선포했다.)
  c. The state of his clothes proclaimed his poverty.
  (옷의 상태는 그의 가난을 분명히 나타냈다.)

**1.3. 다음 주어는 첫째 목적어가 둘째 목적어임을 선포
한다.**
(3) a. His accent proclaims him a Scot.(액센트는 그가
스코틀랜드 사람임을 나타낸다.)
  b. Congress proclaimed May 30 a national holiday.
  (의회는 5월 30일을 국경일로 선포했다.)

1.4. 다음은 수동태 문장으로, 주어는 공포된다.
(4) a. His son was immediately proclaimed king.(그의
아들은 즉시 왕으로 공포됐다.)
  b. The young prince was later proclaimed king.(그
  어린 왕자는 후에 왕으로 공포됐다.)

**1.5. 다음 주어는 목적어가 to부정사가 나타내는 관계
로 공포한다.**
(5) He proclaimed her (to be) a traitor.(그는 그녀가 반
역자라고 공포했다.)

1.6. 다음 주어는 that-절을 공포한다.
(6) a. His accent proclaims that he is a Scot.(그의 액센
트는 그가 스코틀랜드 인이라는 것을 공포한다.)
  b. Her pronunciation proclaimed that she was a
  British.(발음은 그녀가 영국인이라는 것을 나타냈
  다.)

1.7. 다음 주어는 목적어를 선포한다.
(7) The dictator proclaimed that all political prisoners
could go free.(그 독재자는 모든 정치범들이 석방될
수 있다고 공포했다.)

procure

이 동사의 개념 바탕에는 오래 동안 노력하고 계획
을 세워서 얻는 과정이 있다.

1.1. 다음 주어는 목적어를 손에 넣는다.

(1) a. My friend **procured** two concert tickets after waiting in line for hours.(내 친구는 2장의 콘서트 티켓을 수 시간 동안 줄 서서 기다린 끝에 구했다.)

b. Can you **procure** the rare book for me?(귀한 책을 나를 위해 구해주겠니?)

c. He **procured** a job.(그는 직업을 얻었다.)

d. They **procured** supplies.(그들은 보급품을 조달했다.)

e. He is striving to **procure** a solution to the problem.(그는 그 문제에 대한 해결책을 얻으려고 노력 중이다.)

f. He **procured** her death.(그는 그녀를 죽게 했다.)

1.2. 다음 주어는 첫째 목적어에 둘째 목적어를 구해준다.

(2) a. Could you **procure** me specimens?(나에게 견본들을 구해다 주시겠습니까?)

b. He **procured** us an invitation.(그는 우리에게 초대장을 구해 주었다.)

---

prod

이 동사의 개념 바탕에는 침이나 막대기로 쑤시는 과정이 있다.

1. 타동사 용법

1.1. 다음 주어는 목적어를 찌른다.

(1) a. She **prodded** him in the ribs to wake him up.(그녀는 그를 깨우기 위해 갈비를 찔렀다.)

b. The boys **prodded** the cattle.(소년들은 그 소들을 찔렀다.)

c. He **prodded** his horse with a stick.(그는 말을 막대기로 찔렀다.)

d. She **prodded** the cake with a fork to see if it was cooked.(그녀는 케익이 익었나 보기 위해 포크로 찔렀다.)

e. She **prodded** the bread with a knife.(그녀는 빵을 칼로 찔렀다.)

f. The dentist **prodded** my gums with an instrument.(그 치과의사는 내 잇몸을 도구로 찔렀다.)

1.2. 다음 주어는 목적어를 일깨운다.

(2) He **prodded** his memory.(그는 기억을 일깨웠다.)

1.3. 다음은 수동태 문장으로 주어는 찔린다.

(3) a. He needs to be **prodded** now and then.(그는 가끔 자극을 받아야 한다.)

b. He was **prodded** on the back.(그는 등이 찔렸다.)

1.4. 다음 주어는 목적어를 자극하여 into의 목적어의 상태에 들어가게 한다.

(4) a. He **prodded** us into/to action.(그는 우리를 자극하여 행동하게 했다.)

b. He needs **prodding** into action.(그는 자극을 받아 행동을 할 필요가 있다.)

c. He gets things done, but only after I've **prodded** him into doing it.(내가 그를 자극하여 일을 하게 한 후에야 일들을 마친다.)

d. The report **prodded** the government into spending more money on the health service.(그 보고서는 정부를 자극하여 더 많은 돈을 그 보건사업에 쓰게 했다.)

1.5. 다음 주어는 목적어를 자극하여 부정사가 가리키는 일이나 행동을 한다.

(5) a. The supervisor **prodded** the employees to work faster.(그 감독관은 그 고용인들을 자극하여 더 빠르게 일을 하게 했다.)

b. The lateness of the hour **prodded** me to finish quickly.(그 늦은 시간이 나를 자극하여 빨리 끝내게 했다.)

c. No one needed to **prod** me to practice my guitar.(아무도 나를 자극하여 나의 기타를 연습하게 할 필요가 없었다.)

d. We continually **prodded** him to do his work.(우리는 계속해서 그를 자극하여 그의 일을 하게 했다.)

1.6. 다음 주어는 목적어를 자극하여 목적어가 to의 목적어 상태에 가게 한다.

(6) He **prodded** the lazy man to action by scoldings.(그는 그 게으른 사람을 꾸중으로 자극하여 행동하게 했다.)

2. 자동사 용법

2.1. 다음에 쓰인 전치사 at은 부분적이고 반복적인 과정이나 시도를 나타낸다.

(7) a. She **prodded** at the dog with her umbrella.(그녀는 그 개를 그녀의 우산으로 집적댔다.)

b. He **prodded** at the snake with a stick to make sure that it was dead.(그는 그 뱀이 죽었나 확인하기 위해서 그 뱀을 막대기로 찔렀다.)

c. He **prodded** at the fish with his fork a few times, but he didn't eat a mouthful.(그는 생선을 포크로 몇 번 찔렀으나 한 입도 먹지 않았다.)

d. He **prodded** at the cow to keep it moving.(그는 젖소를 계속해서 움직이게 하기 위해서 찔렀다.)

---

produce

이 동사의 개념 바탕에는 낳는 과정이 있다.

1. 타동사 용법

1.1. 다음 주어는 식물이다. 주어는 목적어를 낳는다.

(1) a. The trees **produce** fruit.(그 나무들은 열매를 맺는다.)

b. Each tomato plant **produces** an average of ten tomatoes.(각각의 토마토 모종 평균 10개의 토마토를 산출한다.)

c. Oaks **produce** acorns.(참나무는 도토리를 산출한다.)

d. These plants **produce** seeds.(이 식물들은 씨앗을 낳는다.)

1.2. 다음 주어는 동물이다. 주어는 목적어를 낳는다.

(2) a. The cat **produced** three kittens.(그 고양이는 3마리의 새끼고양이를 낳았다.)

b. Hens **produce** eggs.(암탉은 계란을 낳는다.)

1.3. 다음 주어는 목적어를 낳는다.

(3) a. The country **produces** enough food for the people.(그 나라는 국민들을 위한 충분한 식량을 산출한다.)

b. The country has **produced** many novelists.(그 나라는 많은 소설가들을 배출했다.)

c. Canada **produces** high-quality wheat.(캐나다는 양질의 밀을 산출한다.)

d. The wells **produce** oil.(그 유정은 석유를 생산한다.)

e. The factory **produces** cotton goods/CD players.(그 공장은 면제품/CD플레이어를 생산한다.)

f. The bakery **produces** some of the finest pastries in town.(그 빵집은 마을에서 가장 좋은 얼마간의 빵류를 생산한다.)

1.4. 다음 주어는 목적어를 자아낸다.

(4) a. His jokes **produced** laughter from the audience.(그의 농담은 웃음을 청중에게 자아냈다.)

b. Hunger often **produces** quarrels.(굶주림은 종종 싸움을 일으킨다.)

c. The drug **produces** side effects/a feeling of excitement.(그 약은 부작용/격앙된 감정을 자아낸다.)

d. The play **produced** a great sensation.(그 연극은 대단한 반향을 불러 일으켰다.)

e. The landslide/the earthquake **produced** a lot of misery.(그 산사태/지진은 많은 처참한 상태를 만들어냈다.)

1.5. 무엇을 낳으면, 낳는 것은 보인다. 여기서 꺼내 보인다는 의미가 생긴다. 주어는 목적어를 꺼내 보인다.

(5) a. Please **produce** your tickets/passport/driver's license.(너의 표/여권/면허증을 보여주십시오.)

b. They **produced** good evidence/good reasons.(그들은 유리한 증거/그럴싸한 이유를 내놓았다.)

c. He **produced** his credentials.(그는 자신의 신용장을 내보였다.)

d. At the meeting, the director **produced** the figures of the previous years.(모임에서 그 이사는 전년도의 수치를 내보였다.)

e. The magician **produced** a dove from his top hat.(그 마술사는 비둘기 한 마리를 비단 모자에서 꺼냈다.)

f. He **produced** two rabbits from his pocket.(그는 두 마리의 토끼를 주머니에서 꺼냈다.)

g. Can you **produce** any proof of your date of birth?(당신의 생일을 나타내는 어떤 증거를 내보일 수 있습니까?)

1.6. 다음은 사람이다. 주어는 목적어를 만들어 낸다.

(6) a. He **produced** several books.(그는 여러 권의 책을 창작했다.)

b. She **produced** a delicious meal.(그녀는 맛있는 식사를 만들었다.)

c. She **produced** numerous hit TV shows/movies.(그녀는 수많은 성공한 TV쇼/영화를 연출했다.)

1.7. 다음은 수동태 문장으로 주어는 만들어지거나 보여진다.

(7) The play was **produced** at a Seoul theater.(그 연극은 서울의 어느 극장에서 상연됐다.)

2. 자동사 용법

2.1. 다음 주어는 생산한다.

(8) a. These machines are **producing** at full speed.(이 기계들은 전속력으로 생산하고 있다.)

b. The new auto plant is ready to **produce**.(새 자동차 공장은 이미 생산 준비가 되어 있다.)

2.2. 다음 주어는 이익을 낸다.

(9) a. My boss fired the salespeople who couldn't **produce**.(내 사장은 이익을 낼 수 없는 판매원들을 해고했다.)

b. He seems unable to **produce**.(그는 이익을 낼 수 없는 듯 하다.)

2.3. 다음 주어는 기름을 낸다.

(10) The oil well is no longer **producing**.(그 유정은 더 이상 생산하지 못하고 있다.)

profess

이 동사의 개념 바탕에는 긍정적인 태도를 여러 사람들에게 알리는 과정이 있다.

1. 타동사 용법

1.1. 다음 주어는 자신이 어떤 상태에 있음을 공언한다.

(1) a. They **professed** themselves (to be) quite satisfied.(그들은 매우 만족스럽다고 공언했다.)

b. He **professed** himself (to be) a democrat.(그는 자신이 민주당원이라고 공언했다.)

1.2. 다음 주어는 목적어를 공언한다.

(2) a. He **professes** his enthusiasm/eagerness for the project.(그는 그 계획에 대한 자신의 열의/열망을 공언했다.)

b. She **professed** gratitude she did not feel.(그녀는 느끼지 않았던 고마움을 공언했다.)

c. He **professed** regret at what he called "this unfortunate incident."(그가 "이 불행한 사건"이라고 부르는 일에 대하여 유감을 그는 공언했다.)

d. He **professes** a great interest in politics/his admiration for Korean art.(그는 정치에 대한 지대한 관심/한국 미술에 대한 감탄을 공언한다.)

e. He **professed** ignorance of the fact/distaste for rock music.(그는 그 사실의 무지/락 음악에 대한 혐오를 공언했다.)

f. He **professes** his loyalty to his country.(그는 조국에 대한 충성을 공언한다.)

g. He **professes** horror at the crime.(그는 범죄에 대한 공포를 공언한다.)

h. He **professed** his complete satisfaction with the product.(그는 그 제품에 대해 완전한 만족을 공언했다.)

1.3. 다음 주어는 부정사가 나타내는 사실을 공언한다.

(3) a. He **professes** to know a lot about fishing.(그는 낚시에 관하여 많이 알고 있다고 공언한다.)

b. He **professes** to be a poet.(그는 시인이라고 공언한다.)

c. He **professes** to be a vegetarian.(그는 채식주의자라고 공언한다.)

d. Everyone **professed** to study hard.(모두가 열심히 공부한다고 공언했다.)

e. She **professes** to be a qualified teacher.(그녀는 자격을 갖춘 선생님이라고 공언한다.)

1.4. 다음 주어는 that-절의 내용을 공언한다.

(4) a. I **profess that** the idea is new to me.(나는 그 생각이 나에게 생소한 것이라고 공언한다.)

b. He **professed that** he had no connection with the affair.(그는 자신이 그 사건과 무관하다고 공언했다.)

c. The crazy **professed that** the end of the world was near.(그 미치광이들은 세상의 종말이 다가왔다고 공언했다.)

1.5. 다음 주어는 목적어를 전문가로 가르치거나 행한다.

(5) a. He **professes** Romance languages.(그는 로맨스어를 가르친다.)

b. He **professes** medicine/law.(그는 의학/법을 가르친다.)

1.6. 다음 주어는 목적어를 고백한다.

(6) a. He **professes** Buddhism/Christianity.(그는 불교/개신교를 믿는다고 고백한다.)

b. She **professes** no religion.(그녀는 아무 종교도 믿지 않는다고 고백한다.)

profit

이 동사의 개념 바탕에는 profit의 명사 '이익'이 있다.

1. 타동사 용법

1.1. 다음 주어는 목적어를 이롭게 한다.

(1) a. It will **profit** him.(그것은 그를 이롭게 할 것이다.)

b. All his wealth didn't **profit** him.(그의 모든 재산은 그를 이롭게 하지 못했다.)

1.2. 다음 주어는 첫째 목적에 둘째 목적어가 도움이 되게 한다.

(2) a. What does it **profit** a man to gain the world, only to lose his soul?(세상을 얻는다 해도 단지 영혼을 잃어버리면 그것이 그에게 무슨 득이 되겠는가?)

b. Doing that will **profit** you nothing.(그것을 하는 것은 너에게 아무런 이득이 되지 않을 것이다.)

c. What will it **profit** you?(그것이 너에게 무슨 도움이 될까?)

2. 자동사 용법

2.1. 다음 주어는 전치사 from의 목적어로부터 이익을 얻는다.

(3) a. Some people **profit from** inflation.(몇몇 사람들이 인플레이션으로 이익을 얻는다.)

b. He **profited from** the weakness of others.(그는 다른 사람들의 약점으로부터 이득을 얻었다.)

c. He **profited** greatly **from** his schooling.(그는 학교 교육으로부터 크게 이득을 얻었다.)

d. He **profited from** the experience/the investment in the stock market.(그는 경험/주식 투자로 이득을 얻었다.)

e. The inspector **profited from** my information.(그 검사자는 나의 정보로부터 이득을 얻었다.)

2.2. 다음 주어는 from의 목적어로부터 이익을 얻는다.

(4) a. I **profited from** going to the Library because I learned something new.(나는 새로운 것을 배웠기 때문에 그 도서관에 가는 것에서 이득을 얻었다.)

b. She has certainly **profited from** spending a year in Korea.(그녀가 한국에서 일년을 보내는 것에서 확실히 이득을 얻었다.)

2.3. 다음 주어는 by의 목적어에 의해 이익을 얻는다.

(5) a. You can **profit by** my mistakes and avoid them yourself.(너는 나의 실수로 이득을 얻어서 너 자신은 그 실수를 피할 수도 있다.)

b. He **profited** pretty well **by** the sale of the land.(그는 그 땅을 팔아서 꽤 이득을 보았다.)

program

이 동사의 개념 바탕에는 program의 명사 '예정표'가 있다.

1. 타동사 용법

1.1. 다음 주어는 목적어를 예정에 따라 일을 하게 한다.

(1) a. I've **programmed** the VCR to record the 9 o'clock news.(나는 9시 뉴스를 녹화하기 위해서 비디오를 예약시켜 놓았다.)

b. I've **programmed** the video to come on at ten.(나는 비디오가 10시에 작동하게 예약했다.)

c. Mary **programmed** her computer to sound an alarm at noon.(메리는 컴퓨터가 정오에 알람을 울리게 예약시켜 놓았다.)

d. He **programmed** his parrot to repeat what he says.(그는 그 앵무새가 자신이 말한 것을 반복하도록 훈련시켰다.)

1.2. 다음 주어는 목적어를 예정시킨다.

(2) I forgot to **program** sleeping time into the schedule.(나는 취침 시간을 일정표에 짜 넣는 것을 잊었다.)

1.3. 다음은 수동태 문장으로 주어는 예정에 따라 일을 하게 계획되어 있다.

(3) a. The computer is **programmed** to warn users before information is deleted.(그 컴퓨터는 사용자들을 정보가 삭제되기 전에 경고하기로 계획되어 있다.)

b. The bells are **programmed** to go off at noon.(그 벨들은 정오에 울리게 짜여져 있다.)

c. We are genetically **programmed** to develop certain illnesses.(우리는 유전적으로 병이 발병되도록 예정되어 있다.)

d. The air conditioner is **programmed** to turn itself off at 1 a.m.(냉방기는 오전 1시에 스스로 꺼지도록

짜여져 있다.)

e. The news is **programmed** for seven o'clock.(뉴스는 7시로 계획되어 있다.)

1.4. 다음 주어는 목적어를 계획한다.

(4) The man **programmed** meetings for a conference. (그 사람은 회의를 위한 모임들을 계획했다.)

2. 자동사 용법

2.1. 다음 주어는 컴퓨터 프로그램을 짠다.

(5) a. He knows how to **program** in several computer languages.(그는 몇 개의 컴퓨터 언어로 프로그램을 짤 줄 안다.)

b. He **programmed** in BASIC.(그는 베이직어로 프로그램을 짰다.)

project

이 동사의 개념 바탕에는 던지는 과정이 있다.

1. 타동사 용법

1.1. 다음 주어는 목적어를 내밀거나 던진다.

(1) a. He used a rubber band to **project** a stone into the air.(그는 돌을 공기 중으로 던지기 위해 고무밴드를 썼다.)

b. He **projected** his jaw in defiance.(그는 항의로 턱을 쳐들었다.)

c. The rocket **projected** the space vehicle into orbit. (그 로켓은 그 우주선을 궤도에 올렸다.)

d. The center **projected** the missile into space yesterday.(그 연구소는 그 미사일을 우주로 어제 투입했다.)

e. The flashlight **projected** a beam of light.(그 전등은 한 줄기의 빛을 내보냈다.)

1.2. 다음 주어는 목적어를 on이나 onto의 목적어에 투영한다. 목적어는 영상, 그림자 등이다.

(2) a. He **projected** a film on the screen.(그는 필름을 스크린에 투영시켰다.)

b. The projector **projected** a picture of a house on the screen.(그 영사기는 집의 사진을 스크린에 투영시켰다.)

c. The clouds **projected** their shadows on the meadow.(구름은 그림자를 그 목장에 드리웠다.)

d. The tall oak **projected** a long shadow on the ground.(큰 참나무는 긴 그림자를 땅에 드리웠다.)

e. The light **projected** his shadow **onto** the wall behind him.(빛은 그의 그림자를 그 뒤에 있는 벽에 투영시켰다.)

1.3. 다음 주어는 목적어를 자신의 밖으로 내보낸다. 목적어는 마음이나 감정 등이다.

(3) a. Ron always **projected** an image of quiet and self-confidence.(론은 침착과 자신감의 이미지를 드러냈다.)

b. Bradley **projects** a natural warmth and sincerity. (브래들리는 자연스러운 따뜻함과 진실함을 드러낸다.)

c. The actor **projected** a feeling of sadness.(그 배우

는 슬픔을 나타냈다.)

d. Try to **project** your mind into the future and imagine what the future will be like.(너의 마음을 미래에 투영시켜서 미래가 어떨 것인가 상상하여라.)

1.4. 다음 목적어는 재귀대명사이다. 주어는 자신을 투영시킨다.

(4) a. He **projected** himself as kind, caring and thoughtful.(그는 자신을 친절하고 조심스럽고 사려 깊은 것으로 나타냈다.)

b. He hasn't been able to **project** himself as a strong leader.(그는 자신을 강한 리더로 나타낼 수 없었다.)

c. **Project** yourself in order to make a good impression on an interview.(인터뷰에서 좋은 인상을 남기기 위해 너 자신을 보여라.)

d. He had **projected** himself as a reformer.(그는 자신을 개혁가로 드러냈다.)

e. His strategy is to **project** Democrats as the party of progress.(그의 전략은 민주당을 진보당으로 투영시키는 것이다.)

1.5. 다음 목적어는 주어가 가지는 느낌이나 생각 등이다. 주어는 목적어를 다른 사람에게 투영시킨다.

(5) a. You're **projecting** your insecurity on to me.(너는 불안정함을 나에게 투영한다.)

b. You're **projecting** your own insecurity on them. (너는 너 자신의 불안정함을 그들에게 투영한다.)

c. He **projects** his own thought and ideas on to her.(그는 자신의 생각을 그녀에게 투영한다.)

d. Don't **project** your guilt feeling onto me.(너의 죄책감을 나에게 투영시키지 마라.)

e. She easily **projects** her own anxiety and insecurity onto other people.(그녀는 쉽게 걱정과 불안정함을 다른 사람들에게 투영시킨다.)

f. She always **projects** her own neuroses on to her colleagues.(그녀는 항상 노이로제를 동료들에게 투영시킨다.)

g. He **projected** his hostility upon his boss.(그는 적대심을 보스에게 투영했다.)

1.6. 다음의 목적어는 목소리이다. 주어가 목소리를 던진다는 것은 멀리 가게 한다는 뜻이다.

(6) a. Please **project** your voice more.(목소리 좀 크게 해주세요.)

b. A singer must **project** his voice so as to be heard in a large hall.(가수는 소리가 큰 홀에서 다 들리도록 크게 내야만 한다.)

c. The speaker could not **project** his voice, and I missed much of what he said.(그 연사는 목소리를 널리 내보낼 수 없어서 나는 그가 말한 것을 많이 놓쳤다.)

d. He **projected** his voice to the back of the theater. (그는 목소리를 극장 뒤에서 들리도록 내보냈다.)

1.7. 다음 목적어는 재귀대명사이다. 이 대명사는 환유적으로 주어의 마음을 가리킨다. 주어는 자신의 마음을 into의 목적어에 투입시킨다.

(7) a. I kept trying to **project** my**self** into a time when I

thought those kind of parties were fun.(나는 그러한 종류의 파티들이 재미가 있었다고 생각한 시기로 돌아가도록 노력했다.)

b. He projected himself into the hero's situation. (그는 자신을 영웅의 상황으로 들어가게 하려고 했다.)

1.8. 다음 주어는 앞으로 만들어질 목적어 (구조물이나 사업)의 계획을 세운다.

(8) a. The government projected several new highways.(정부는 여러개의 새 고속도로를 계획했다.)

b. The local government projects the building of the road.(그 지방 자치 정부는 도로 건설을 계획한다.)

c. The government projects a new dam.(정부는 새로운 댐을 계획한다.)

1.9. 다음은 수동태 문장으로 주어는 투영된다.

(9) a. A tunnel has been projected between the two towns.(터널 하나가 그 두 마을 사이에 건설이 계획되었다.)

b. Our trip was projected next year.(우리의 여행은 내년으로 계획되었다.)

c. A new dictionary has been projected.(새로운 사전이 계획되었다.)

1.10. 다음 목적어는 미래에 있을 경비, 원가, 성장률 등이다. 주어는 목적어를 미리 계량화한다.

(10) a. The report projected expenses for the next ten years.(그 보고서는 다음 10년 동안의 경비를 미리 계획했다.)

b. He projected the cost involved in the new plan. (그는 새 계획에 있어서 관련된 비용을 미리 계획했다.)

c. The company projected next year's cost.(그 회사는 다음 해의 비용을 미리 계획했다.)

d. The developer projected an annual growth rate of 10%.(그 개발자는 매년 10%의 성장률을 기획했다.)

e. He projected sales for next year.(그는 다음 해의 매출을 기획했다.)

f. The company projected an annual growth rate of three percent.(그 회사는 매년 3%의 성장률을 기획했다.)

g. The company projected sales figures for the next year.(그 회사는 다음 해의 매출 수치를 계획했다.)

1.11. 다음은 수동태 문장으로 주어는 추산된다

(11) a. The campaign was projected to include 50 states. (그 캠페인은 50주를 포함하기 위해 계획되었다.)

b. Retail prices for milk is projected to rise 3% by the end of this year.(우유의 소비자 가격은 올해 말에 3% 오를 것으로 추산된다.)

c. Revenue from tourism this year is projected to total $3 billion.(올해 관광 소득은 3백만달러에 이를 것으로 추산된다.)

d. The population of the country is projected to rise slowly over the next few years.(그 나라의 인구는 다음 몇 해에 걸쳐서 천천히 오를 것으로 추산된다.)

e. Inflation is projected to increase next year.(물가상승은 다음 해에 증가할 것으로 추산된다.)

1.12. 다음 주어는 that-절의 사실을 예측한다.

(12) The government projects that the defence budget will increase by 20%.(정부는 국방 예산이 20% 오를 것으로 추산한다.)

2. 자동사 용법

2.1. 다음 주어는 움직이는 개체가 아니다. 그러나 주어의 모양을 눈으로 따라가 보면, 주어가 튀어나온 모양으로 나타난다.

(13) a. The breakwater projects far into the sea.(방파제는 바다까지 뻗친다.)

b. The rocky point projects far into the water.(그 바위 갑은 물 속까지 뻗는다.)

c. The balcony projects from the south side of the house.(베란다는 그 집의 남쪽에서 뻗어 나온다.)

d. The broken arrow projected from the target.(부서진 화살은 그 표적에서 튀어 나왔다.)

e. The huge guns projected outwards from the deck of the ship.(그 거대한 총들은 배의 갑판에서 밖으로 튀어 나왔다.)

f. The shelf/The coat hooks projects from the wall. (그 선반은/코트 걸이는 벽에서 나온다.)

g. His ears project from the sides of his head.(귀는 그의 머리 옆에 붙어있다.)

h. The pipe projects over the top of the wall.(그 파이프는 벽 위에 튀어 나와있다.)

i. The second floor projects over the street.(2층은 길 위에 뻗는다.)

j. The dining room of the hotel projects out over the sea.(그 호텔 식당은 바다 위에 뻗쳐있다.)

2.2. 다음 주어는 소리를 내보낸다.

(14) a. You'll have to project more! I can't hear you in the back row.(너는 더 크게 말해야 해! 난 뒷 줄에 있어서 들을 수 없어.)

b. When you give your speech, make sure you project so we can hear you.(네가 말을 할 때 우리가 다 들을 수 있도록 크게 얘기해야 함을 잊지 마라.)

prolong

이 동사의 개념 바탕에는 정상이나 표준보다 길게 하는 과정이 있다.

1. 타동사 용법

1.1. 다음에서 주어는 목적어의 길이를 길게 한다.

(1) a. The state prolonged the railway.(그 주는 철도길이를 연장했다.)

b. The workers prolonged the path.(그 일꾼들은 소로의 길이를 연장했다.)

1.2. 다음에서 주어는 목적어의 시간상의 길이를 연장한다.

(2) a. Doctors say these drugs can reduce pain and prolong lives.(의사들은 이런 약들이 고통을 줄이고 삶을 연장한다고 말한다.)

b. The operation can prolong his life by two or three years.(그 수술은 그의 생명을 2년 내지 3년

까지 연장시킬 수 있다.)

c. Don't **prolong** the agony--just tell us who won.
(고통을 연장하지 마--그냥 우리한테 누가 이겼는
지 말해 줘)

d. The manager **prolonged** the interview to ask me
more questions. (매니저는 나에게 질문을 더하기
위해 인터뷰 시간을 연장했다.)

e. Don't **prolong** the suspense. (긴장을 끌지 마세
요.)

promise

이 동사의 개념 바탕에는 약속하는 과정이 있다.

1. 타동사 용법

1.1. 다음 주어는 첫째 목적어에 둘째 목적어를 약속한다.

(1) a. We **promised** her a doll. (우리는 그녀에게 인형을
약속했다.)

b. He **promised** me his help. (그는 내게 그 도움을 약
속했다.)

c. I **promised** myself a restful weekend. (나는 자신에
게 조용한 주말을 약속했다.)

d. Mother **promised** the child a new coat. (어머니는
아이에게 새 코트를 약속했다.)

1.2. 다음 주어는 목적어를 to의 목적어에 주기로 약속
한다.

(2) a. They **promised** a reward to him. (그들은 보상을 그
에게 약속했다.)

b. He **promised** most of his properties away to his
children. (그는 재산 대부분을 자식들에게 (주기로)
약속했다.)

c. She **promised** the book to me. (그녀는 그 책을 내
게 주기로 약속했다.)

1.3. 다음 주어는 부정사가 가리키는 일을 약속한다.

(3) a. He **promised** not to be late. (그는 늦지 않기로 약속
했다.)

b. She **promised** not to come back again. (그녀는 다
시는 돌아오지 않기로 약속했다.)

c. He **promised** not to see her again. (그는 그녀를 다
시는 보지 않기로 약속했다.)

d. He **promised** to pay the bill. (그는 청구서를 지불
하기로 약속했다.)

1.4. 다음 주어는 (that)-절의 내용을 약속한다.

(4) a. He **promised** me he would come at six. (그는 내게
6시에 오겠다고 약속했다.)

b. They **promised** the work would all be finished by
tomorrow. (그들은 그 일이 내일까지 끝마쳐질 것이
라고 약속했다.)

c. I **promised** my mother I'd write to her regularly.
(나는 어머니께 정기적으로 편지를 쓰겠다고 약속
했다.)

d. I **promise** you the discussion will fall into
disorder. (그 토의가 반드시 혼란에 빠질 것을 나는
단언한다.)

1.5. 다음 주어는 목적어를 예고한다. 주어는 행위자가
아니다.

(5) a. This weather **promises** a large crop. (이 날씨는 풍
년을 기약한다.)

b. All this **promises** a future trouble. (이 모든 것은 미
래의 고난을 예고한다.)

c. The clouds **promises** rain. (이 구름은 비가 올 전조
이다.)

d. It **promises** to be warm/to rain. (따뜻해질 것/비가
올 것 같다.)

e. The clear sky **promises** a fine weather. (맑은 하늘
은 좋은 날씨를 예고한다.)

1.6. 다음 주어는 부정사가 가리키는 과정을 약속한다.

(6) a. The final **promises** to be very interesting. (결승전
은 매우 흥미로울 것이다.)

b. The debate **promises** to be lively. (토의는 활발할
것 같다.)

c. He **promises** to be a good teacher/doctor. (그는 좋
은 선생님/의사가 될 가망이 있다.)

2. 자동사 용법

2.1. 다음 주어는 약속을 하듯 가망성을 보여준다.

(7) a. The plan **promises** well. (이 계획은 전망이 좋다.)

b. The situation **promises** well for the future. (이 상
황은 미래에 유리하다.)

2.2. 다음에서는 수혜자가 바라는 것이 주어가 되어 있
다.

(8) a. The crops **promise** well. (그 농작물은 전망이 좋
다.)

b. The scheme **promises** well. (그 계획은 전망이 좋
다.)

promote

이 동사의 개념 바탕에는 승진되는 과정이 있다.

1. 타동사 용법

1.1. 다음의 주어는 학생, 교수, 군인 등으로 진급이나
승진이 된다.

(1) The boss **promoted** him to supervisor in
accounting. (사장은 그를 회계부 감독자로 승진시켰
다.)

1.2. 다음은 수동태 문장으로 주어는 진급이나 승진이
된다.

(2) a. Most of the students are **promoted** at the end of
every school year. (학생들의 대부분은 매학년 마
지막에 한 학년씩 올라간다.)

b. This spring he was **promoted** to the fifth grade.
(이번 봄에 그는 5학년으로 진급되었다.)

c. These students will be **promoted** to the next
grade. (이 학생들은 다음 학년으로 진급될 것이다.)

d. He was **promoted** to (the position of)
headmaster. (그는 교장직에 승진되었다.)

e. He was **promoted** from lecturer to professor. (그
는 강사에서 교수로 승진되었다.)

f. He was **promoted** to full professor. (그는 교수로
승진되었다.)

g. He was **promoted** to manager/colonel. (그는 지배

인/대령으로 승진되었다.)

h. He was **promoted** to be minister.(그는 수상으로 승진되었다.)

i. The team was **promoted** to the First Division last year.(그 팀은 제 일 조에 승진되었다.)

j. The area is **promoted** as a tourist destination.(그 지역은 관광지로 조성 중이다.)

1.3. 다음 주어는 목적어를 조장한다.

(3) a. Salt **promotes** high blood pressure.(소금은 고혈압을 촉진한다.)

b. He **promoted** friendship between them.(그는 그들 사이의 우정을 증진시켰다.)

c. The exercise **promoted** his health.(그 운동은 그의 건강을 증진시켰다.)

d. We should **promote** trade with other Asian countries.(우리는 다른 아시아 국가들과의 교역을 증진해야 한다.)

e. He worked hard to **promote** peace/his scheme/ the welfare of homeless people.(그는 평화/그의 계획/집 없는 사람들의 복지를 증진시키기 위해 열심히 일했다.)

f. The government is **promoting** health education in schools.(정부는 학교에서의 건강 교육을 증진하고 있다.)

g. The campaign tries to **promote** awareness of environmental issues.(그 캠페인은 환경 문제 의식을 증진하고자 노력한다.)

1.4. 다음 주어는 목적어의 판매를 선전을 통해 촉진한다.

(4) a. The band has gone on tour to **promote** their new album.(그 밴드는 새 앨범을 홍보하기 위해 순회중이다.)

b. The marketing department **promoted** our new product in television.(그 판매부는 우리의 새 제품을 텔레비전에 홍보했다.)

c. The company **promoted** the new car with advertising.(그 회사는 새 차를 광고로 홍보했다.)

d. They are **promoting** a new brand of soap.(그들은 새 브랜드의 비누를 홍보하고 있다.)

1.5. 다음 주어는 목적어를 주최한다.

(5) a. Our company **promotes** a baseball match every year.(우리 회사는 매년 야구 경기를 주최한다.)

b. Who **promoted** the boxing match?(누가 권투 경기를 주최했나?)

c. Several bankers **promoted** the new company.(여러 은행원들이 새 회사를 발기했다.)

d. The mayor **promoted** the idea of building a new stadium in the city.(시장은 그 도시에 새 경기장을 짓는 계획을 발기했다.)

1.6. 다음 주어는 목적어의 통과를 촉진한다.

(6) They **promoted** a bill in Congress.(그들은 그 법안을 의회에서 통과시켰다.)

prompt

이 동사의 개념 바탕에는 고무하는 과정이 있다.

1. 타동사 용법

1.1. 다음 주어는 목적어를 고무하여 부정사의 과정을 하게 한다.

(1) a. That insult **prompted** him to respond.(그 모욕은 그를 고무하여 반응하게 했다.)

b. The Cold War **prompted** them to develop nuclear weapons.(그 냉전은 그들을 고무하여 핵무기를 발전시키게 했다.)

c. Concern/curiosity **prompted** her to ask the question.(걱정/호기심이 그녀를 고무하여 그 질문을 하게 했다.)

d. Tyranny **prompts** them to revolt.(폭정이 그들이 반란을 일으키게 자극한다.)

e. What **prompted** him to steal again?(무엇이 그가 다시 도둑질을 하게 자극했을까?)

1.2. 다음 주어는 목적어를 상기시켜서 부정사가 가리키는 일을 하게 한다.

(2) a. The program will **prompt** you to enter data where required.(그 프로그램은 요구되는 곳에 네가 자료를 입력하게 상기시켜 줄 것이다.)

b. The forecast of the weather **prompted** me to bring an umbrella.(그 일기예보가 네가 우산을 가져오게 상기시켰다.)

c. She **prompted** me to call a staff meeting.(그녀는 내가 직원 회의를 소집하게 상기시켜 주었다.)

d. Mary **prompted** her son to say "thank you." (메리 그가 아들에게 "고맙다"고 말할 것을 상기시켰다.)

e. She **prompted** him to finish his breakfast.(그녀는 그에게 그의 아침식사를 다 하도록 촉구했다.)

1.3. 다음 주어는 목적어를 자극하여 전치사 to의 목적어에 이르게 한다.

(3) a. That **prompted** me to the conclusion/the decision.(저것은 나를 그 결론/결정에 도달하게 자극했다.)

b. I forgot her birthday, but your letter **prompted** me.(나는 그녀의 생일을 잊어버렸지만, 너의 편지가 나를 일깨워줬다.)

1.4. 다음 주어는 목적어를 일어나게 한다.

(4) a. The music **prompted** memories of his childhood.(그 음악은 그의 어린 시절을 생각나게 했다.)

b. The minister's affairs with the girl **prompted** his resignation.(그 소녀와 목사의 정사는 그의 사임을 유발했다.)

c. What **prompted** his careless action?(무엇이 그의 부주의한 행동을 불러 일으켰을까?)

d. A kind thought **prompted** the gift.(한 친절한 생각이 그 선물을 생각나게 했다.)

e. The political scandal **prompted** a nation wide protest demonstration.(정치적 스캔들은 전국적인 항의 시위를 유발했다.)

f. Cheerful music **prompts** happy thoughts.(상쾌한 음악은 행복한 생각을 불러 일으킨다.)

g. The sight **prompted** evil thoughts.(그 광경은 나쁜 생각들을 불러 일으켰다.)

h. What **prompted** that remark?(무엇이 그런 말을 유발했나?)

i. The president's poor health **prompted** a

speculation about his resignation.(대통령의 좋지 않은 건강은 그의 사임에 대한 억측을 유발했다.)

j. His speech prompted an angry response from the political parties.(그의 연설은 분노에 찬 반응을 정당들로부터 유발했다.)

k. The poor test scores prompted a review of teaching method.(좋지 않은 성적은 교수 방법에 대한 재고를 유발했다.)

l. What prompted his change of attitude?(무엇이 그의 태도 변화를 유발했나?)

m. His speech prompted an angry outburst from a man in the crowd.(그의 연설은 성난 분노의 표출을 군중속의 한 남자로부터 유발시켰다.)

1.5. 다음 주어는 목적어를 시, 대사 등을 외우는 데 도와준다.

(5) a. The lawyer prompted her witness by asking her what happened next.(그 변호사는 무엇이 다음에 일어났는지를 그녀에게 물음으로써 그녀의 목격자에게 할말을 상기시켰다.)

b. The teacher prompted the student with the next word of the poem.(선생님은 그 학생에게 그 시의 다음 글자를 도와주었다.)

c. Do you know your part in the play or shall I prompt you?(너는 연극에서 너의 대사를 아느냐, 아니면 내가 옆에서 불러줄까?)

d. She stands off-stage and prompts the actors if they forget their lines.(그녀는 무대 밖에 서서, 배우들이 대사를 잊으면 대사를 알려준다.)

e. "And then?" he prompted after a short pause.("그래서?" 그는 짧은 휴지 후에 재촉했다.)

1.6. 다음은 수동태 문장으로 주어는 조언을 받는다.

(6) The leading actor had to be prompted twice.(주인공은 두 번이나 대사를 옆에서 알려주어야 했다.)

2. 자동사 용법
2.1. 주어는 대사를 일러준다.

(7) Who is going to prompt at tonight's performance.(누가 오늘 밤 공연에서 대사를 읽어주나?)

pronounce

이 동사의 개념 바탕에는 분명히 발음하거나 권위나 전문지식을 가진 사람이 선고하는 과정이 있다.

1. 타동사 용법
1.1. 다음에서 주어는 목적어를 소리내어 표현한다.

(1) a. He pronounces his words clearly.(그는 단어들을 명확하게 발음한다.)

b. How do you pronounce your name?(댁의 성함을 말씀해주시겠습니까?)

c. In the word 'came', the letter e is not pronounced.('came'이라는 단어에서, 'e'는 발음이 되지 않는다.)

1.2. 다음 주어는 선고를 한다.

(2) a. The judge pronounced a sentence of death.(그 판사는 사형을 선고했다.)

b. He pronounced judgement on his conduct.(그는 자신의 행동에 판단을 내렸다.)

1.3. 다음 주어는 목적어의 관계를 선포한다.

(3) a. I now pronounce you husband and wife.(이제 당신들이 부부가 되었음을 선포합니다.)

b. He pronounced her the winner.(그는 그녀가 승자라고 선포했다.)

1.4. 다음 주어는 목적어의 상태를 단언한다.

(4) a. I pronounce him honest.(나는 그를 정직하다고 선포한다.)

b. The doctor pronounced the baby cured.(의사는 아기가 완치되었다고 선포했다.)

c. He pronounced the girl cute.(그는 그 소녀를 귀엽다고 선포했다.)

d. He pronounced the meal fit for a king.(그는 식사를 왕에 적합할 정도라고 선포했다.)

e. The judge pronounced the defendant guilty on all charges.(판사는 모든 고소에서 그 피고가 유죄임을 선포했다.)

1.5. 다음에서 주어는 목적어가 어떤 상태에 있음을 선포한다.

(5) a. He pronounced the country to be in a state of war.(그는 그 나라가 전쟁 상태에 있음을 선포했다.)

b. He pronounced the signature to be a forgery.(그는 그 서명이 위조임을 선포했다.)

1.6. 다음은 수동태 문장으로 주어는 선포되는 사람이다.

(6) a. She was pronounced dead at 11:00.(그녀는 11시에 사망했다고 선포되었다.)

b. We were pronounced husband and wife.(우리는 부부가 되었다고 선포되었다.)

1.7. 다음 that-절은 주어가 선포하는 내용을 담고 있다.

(7) He pronounced that the city is impregnable.(그는 그 도시가 난공 불락이라고 선포했다.)

2. 자동사 용법
2.1. 다음 주어는 on의 목적어에 관련된 선포를 한다.

(8) a. The minister pronounced on the evils of drugs.(그 장관은 마약의 해악에 대해 의견을 선포했다.)

b. He pronounced on the case.(그는 그 사건에 대해 의견을 선포했다.)

prop

이 동사의 개념 바탕에는 prop의 명사 '버팀목'이 있다. 동사의 의미는 이 명사의 용도와 관계가 있다.

1. 타동사 용법
1.1. 다음 주어는 목적어를 전치사 against의 목적어에 기댄다.

(1) a. He propped a ladder against the wall.(그는 사다리를 벽에 기대었다.)

b. He propped his bike against the fence.(그는 자전거를 울타리에 기대었다.)

1.2. 다음은 수동태 문장으로 주어는 기대진다.

(2) a. He lay propped against the pillow.(그는 그 베개에

기대어 누웠다.)

b. He was **propped** up in bed with pillows(그는 베개에 기대어 침대 위에 누웠다.)

1.3. 다음 주어는 그 자체가 목적어를 떠받친다.

(3) Still beams were used to **prop** up the sagging roof.(들보가 처진 지붕을 떠받치는데 여전히 사용되었다.)

1.4. 다음 주어는 목적어를 전치사 with의 목적어로 떠받친다.

(4) a. **Prop** the clothes line **with** a stick.(빨래줄을 막대기로 떠받쳐라.)

b. He **propped** up the car **with** a jack.(그는 차를 잭으로 떠받쳤다.)

c. He had to **prop** up the tree **with** a pole.(그는 그 나무를 장대로 떠받쳐야만 했다.)

1.5. 다음 주어는 목적어를 버티어 열려있게 한다.

(5) a. Give me something to **prop** the door **open**.(그 문을 받쳐 열려있도록 할 수 있는 무언가를 주어라.)

b. Use this box to **prop** the gate **open**.(이 상자가 그 문을 받쳐 열려있도록 사용해라.)

c. He **propped** the door **open** with a chair.(그는 문을 의자로 받쳐 열려있도록 했다.)

1.6. 다음 주어는 목적어를 전치사 on의 목적어에 버틴다.

(6) a. She **propped** herself up **on** her elbows.(그녀는 자신을 팔꿈치로 받쳤다.)

b. He **propped** himself **on** pillows.(그는 자신을 베개에 기대고 있다.)

1.7. 주어는 목적어를 버틴다. 목적어는 추상적 개체이다.

(7) a. For years, the government **propped** up the savings and loan industry.(여러해 동안 그 정부는 저축과 대부산업을 지지했다.)

b. The army **propped** up the dictator's regime.(그 군은 독재정권을 지지했다.)

c. The government **props** up the prices of farm products to support farmers' incomes.(그 정부는 농부들의 수입을 위해 농산물의 가격을 그대로 떠받쳐 준다.)

propel

이 동사의 개념 바탕에는 앞으로 미는 과정이 있다.

1. 타동사 용법

1.1. 다음 주어는 목적어를 민다.

(1) a. The wind **propelled** the boat.(바람은 그 보트를 추진시켰다.)

b. A volcano erupted and **propelled** rocks high into the sky.(화산이 폭발하면서 암석들을 하늘로 높이 밀어 올렸다.)

1.2. 다음 주어는 목적어를 밀어낸다.

(2) a. The teacher **propelled** the child out of the classroom.(선생님은 그 아이를 교실 밖으로 몰아댔다.)

b. He **propelled** the boat with oars.(그는 배를 노로

추진시켰다.)

c. The football player **propelled** the ball forward with a good, hard kick.(축구선수는 공을 멋진, 맹렬한 킥으로 전방으로 찼다.)

d. She **propelled** him towards the door.(그녀는 그를 문으로 몰아댔다.)

1.3. 다음은 수동태 문장으로 주어는 추진된다.

(3) a. The rocket was **propelled** into space from the launching pad.(그 로켓은 발사대에서 우주로 추진됐다.)

b. He was grabbed from behind and **propelled** through the door.(그는 뒷덜미를 잡혀서 문으로 내몰렸다.)

c. He was **propelled** by the desire of fame.(그는 명예욕에 추진되었다.)

1.4. 다음 주어는 목적어를 밀어서 to의 목적어에 이르게 한다.

(4) a. Their cheers **propelled** me on **to** victory in the race.(그들의 환호는 나를 밀어서 경주에서 승리하게 했다.)

b. Her good looks **propelled** her **to** stardom.(그녀의 수려한 인상은 그녀를 스타로 밀고 갔다.)

1.5. 다음 주어는 목적어를 into의 목적어에 들어가게 한다.

(5) a. Fury **propelled** him **into** action.(격분이 그를 행동하게 했다.)

b. A desire to work with children **propelled** him **into** teaching.(아이들과 함께 일하고 싶은 욕망이 그를 교육계로 밀어 넣었다.)

c. Stars **propelled** me **into** astronomy.(별들은 나를 천문학에 밀어 넣었다.)

prophesy

이 동사의 개념 바탕에는 예언을 하는 과정이 있다.

1. 타동사 용법

1.1. 다음 주어는 목적어를 예언한다.

(1) a. He **prophesied** something unusual.(그는 이상한 일을 예언했다.)

b. The sailor **prophesied** a severe storm.(선원은 맹렬한 폭풍을 예언했다.)

c. The event was **prophesied** in the Old Testament.(그 사건은 구약성서에서 예언되었다.)

1.2. 다음 주어는 의문사와 that이 이끄는 절의 내용을 예언한다.

(2) a. I wouldn't like to **prophesy what** will happen to the marriage.(나는 그 결혼에 무슨 일이 일어날지 예언하지 않겠다.)

b. He **prophesied that** the war would come to an end soon.(그는 전쟁이 머지않아 끝날 것이라고 예언했다.)

c. The old man **prophesied that** she would be happy soon.(그 노인은 그녀가 곧 행복해질 것이라고 예언했다.)

d. The president **prophesied that** the war would end

within a year.(그 대통령은 전쟁이 일년 내에 끝날
것이라고 예언했다.)

proportion

이 동사의 개념 바탕에는 proportion의 명사 '비례
'가 있다.

1. 타동사 용법
1.1. 다음 주어는 목적어를 to의 목적어에 비례시킨다.
(1) a. He proportioned his expenses to his income.(그
는 지출을 수입에 맞추어서 조절했다.)
　 b. The judge proportioned the punishment to the
crime.(그 판사는 형벌을 죄에 따라 조절했다.)
1.2. 다음은 수동태 문장으로 주어는 비례되는 개체이
다.
(2) a. Allowances to expenditure have been
proportioned to your income.(지출에 대한 수당은
너의 수입에 비례된다.)
　 b. The punishment was proportioned to the crime.
(형벌은 죄에 비례되었다.)

prosecute

이 동사의 개념 바탕에는 추구하는 과정이 있다.

1. 타동사 용법
1.1. 다음 주어는 목적어를 기소한다.
(1) a. The government prosecuted the criminal.(그 정부
는 범인을 기소했다.)
　 b. They prosecuted two people for theft.(그들은 두
사람을 절도죄로 기소했다.)
1.2. 다음은 수동태 문장으로 주어는 기소된다.
(2) a. Trespassers/shoplifters will be prosecuted.(불법
침입자들은/가게 좀도둑들은 기소될 것이다.)
　 b. He was prosecuted for corrupt practices.(그는 부
정부패로 기소되었다.)
　 c. Most of the civil servants have been successfully
prosecuted and dismissed.(공무원들의 대부분은
성공적으로 기소되어 면직되었다.)
　 d. He is prosecuted for assault.(그는 폭행죄로 기소
되어 있다.)
　 e. The company was prosecuted for breaching the
Health and Safety Act.(그 회사는 보건 안전 법률
을 위반한 것으로 기소되었다.)
1.3. 다음 주어는 법적으로 목적어를 구하거나 행한다.
(3) He prosecuted a claim for damage.(그는 손해에 대
한 청구를 요구했다.)
1.4. 다음 주어는 목적어를 끝까지 추구한다.
(4) a. He prosecuted an inquiry/an investigation.(그는
심문/조사를 끝까지 했다.)
　 b. The president is determined to prosecute the
war.(대통령은 그 전쟁을 끝까지 하기로 결심해 있
다.)
1.5. 다음 주어는 목적어를 추구한다.
(5) a. He is prosecuting his studies.(그는 학문을 추구하

고 있다.)
　 b. He is prosecuting his occupation.(그는 직업을 수
행하고 있다.)

prospect

이 동사의 개념 바탕에는 prospect의 명사 '채광'
'유망지'가 있다.

1. 자동사 용법
1.1. 다음 주어는 채광이 잘 된다.
(1) The gold mine prospects well.(그 금광은 가망이 있
다.)
1.2. 다음 주어는 for의 목적어를 찾기 위해 시굴한다.
(2) a. Many people prospected for gold in California in
the 1850s.(많은 사람들이 금을 찾기 위해 캘리포
니아에서 1850년대에 시굴했다.)
　 b. I walked through the cave, prospecting for
precious metals.(나는 값진 귀금속을 조사하면서
동굴을 답사했다.)
　 c. The oil company is prospecting somewhere
around here.(그 석유 회사는 이곳 주변 어딘가를
시굴하고 있다.)

2. 자동사 용법
2.1. 다음 목적어는 지역이다. 주어는 목적어를 탐사한다.
(3) a. Some of the miners prospected the land.(광부들
중 일부가 그 땅을 탐사했다.)
　 b. He prospected the region for oil.(그는 그 지역에
서 석유를 찾으려고 탐사했다.)
　 c. He prospected the ground for gold.(그는 그 땅에
서 금을 찾으려고 탐사했다.)

prostrate

이 동사의 개념 바탕에는 납작하게 엎드리는 과정이
있다.

1. 타동사 용법
1.1. 다음 주어는 자신을 엎드리게 한다.
(1) a. I prostrated myself from sheer exhaustion.(나는
나 자신을 피로로 녹초가 되게 했다.)
　 b. They prostrated themselves at the shrine.(그들은
제단에 엎드렸다.)
　 c. They prostrated themselves before the conqueror.
(그들은 자신을 그 정복자 앞에 엎드리게 했다.)
1.2. 다음 수동태 문장으로 주어는 약해진 사람이다.
(2) a. He was prostrated by the heat.(그는 더위에 기진
맥진해졌다.)
　 b. The boxer was prostrated by the first blow.(그 권
투 선수는 첫 주먹에 넘어졌다.)
　 c. He was prostrated with sorrow/illness/overwork.
(그는 슬픔/병/과로에 지쳤다.)
　 d. They were prostrated by the long journey and
the heat.(그들은 오랜 여행과 더위에 지쳤다.)
1.3. 엎드린 자세는 힘이 빠진 자세이다. 주어는 목적

어의 힘을 뺀다.
(3) a. Sickness often prostrates people.(병이 종종 사람
들을 약하게 한다.)
b. The disease prostrates its victims.(그 병은 환자들
을 쇠약하게 한다.)

protect
이 동사의 개념 바탕에는 보호하는 과정이 있다.

1. 타동사 용법
1.1. 다음 주어는 목적어를 보호한다.
(1) a. We have to protect the baby from danger.(우리는
아기를 위험으로부터 보호해야만 한다.)
b. I'll protect you from being insulted.(나는 너를 모
욕을 받는 것으로부터 지키겠다.)
c. The body guard protected the president from
harm.(그 경호원은 대통령을 해악으로부터 비호했
다.)
d. So what can a woman do to protect herself from
heart disease?(그래서 여자가 자신을 심장병에서
지키기 위해서 무엇을 할 수 있는가?)
1.2. 다음은 수동태 문장으로 주어는 보호된다.
(2) Kids should be protected from all that violence. (아
이들은 모든 폭력에서 보호되어져야 한다.)
**1.3. 다음 주어는 개체이고, 주어는 목적어를 from의
목적어로부터 보호한다.**
(3) a. You'll need a thick coat to protect you from the
cold.(당신은 자신을 추위에서 보호할 두꺼운 코트
가 필요할 것입니다.)
b. The turtle's shell protects it from harm.(거북의
등껍질은 자신을 위험으로부터 보호한다.)
c. These mountains protect the town from the cold
north wind.(이 산들은 그 마을을 매서운 북풍에서
보호한다.)
d. Will this protect me from ultraviolet light?(이것이
나를 자외선에서 막아줄 수 있을까?)
e. He raised his arm to protect his face from the
blow.(그는 얼굴을 강타로부터 막으려고 팔을 들어
올렸다.)
f. The computer needs protecting from dust and
dirt.(컴퓨터에 먼지와 티끌이 들어가지 않도록 해야
한다.)
g. The government is protecting society from
dangerous criminals.(정부는 사회를 위험한 범죄자
들로부터 보호한다.)
1.4. 다음 주어는 목적어를 보호한다.
(4) a. The hard shell of a nut protects the seed inside it.
(호두의 딱딱한 껍질은 안의 씨를 보호한다.)
b. The glass panel protected the food and kept it
clean.(그 유리창은 음식을 보호하고 청결하게 했다.)
c. She wore gloves to protect the delicate skin on
her hands.(그녀는 손의 섬세한 피부를 보호하기 위
해 장갑을 꼈다.)
d. Helmets protect our heads.(헬맷은 우리의 머리를
보호한다.)

e. The armor protected the knight's body.(갑옷은
그 기사의 몸을 지켜주었다.)
f. The laws protect individual rights.(그 법은 개인의
권리를 보호한다.)
**1.5. 다음 주어는 목적어를 against의 목적어에 대해
보호한다.**
(5) a. We have to protect the children against the
disease.(우리는 아이들을 그 질병으로부터 보호해
야 한다.)
b. He wore a woolen scarf to protect himself against
the cold.(그는 자신을 추위에 보호하기 위해 양털
스카프를 둘렀다.)
c. The toothpaste protects our teeth against decay.
(치약은 우리의 이를 부패에서 막아준다.)
d. A line of forts was built along the border to
protect the country against attack.(일련의 요새가
그 나라를 외적의 침입으로부터 지키기 위해 국경선
을 따라서 지어졌다.)
e. They have to protect themselves against
blackmailers.(그들은 자신들을 공갈 협박범들으로
부터 지켜야 한다.)
f. Society must protect itself against disruptive
influences.(사회는 자신을 분열적인 세력으로부터
보호해야 한다.)
g. She protected the children from/against every
danger.(그녀는 아이들을 모든 위험으로부터 지켰
다.)
1.6. 다음 주어는 목적어를 with의 목적어로 보호한다.
(6) She protected her face with a hat.(그녀는 얼굴을 모
자로 보호했다.)
**1.7. 다음 목적어는 추상적인 개체이다. 주어는 목적
어를 보호한다.**
(7) a. They protected their claim with perfect unity.(그
들은 자신들의 주장을 굳은 단결로 지켰다.)
b. Patients' names have been changed to protect
their privacy.(환자들의 이름이 사생활 보호를 위해
바뀌었다.)
c. Public pressure to protect the environment is
strong and growing.(환경을 보호하자는 공공의 압
력이 점차 거세어지고 있다.)
d. The government is committed to protecting the
interests of tenants.(정부는 임차인의 이익을 보호
할 책임이 있다.)
e. The government is protecting home industry.(정
부는 국내 산업을 보호하고 있다.)
f. I have to protect my reputation.(나는 나의 평판을
지켜야 한다.)
1.8. 다음은 수동태 문장으로 주어는 보호된다.
(8) These rare birds are protected by special laws. (이
희귀 새들은 특별법에 의해 보호되고 있다.)

2. 자동사 용법
2.1. 다음 주어는 보호한다.
(9) The police are there to protect.(경찰은 보호하기 위
해 거기에 존재한다.)

protest

이 동사의 개념 바탕에는 항의하는 과정이 있다.

1. 자동사 용법

1.1. 다음 주어는 항의한다.

(1) a. The students protested by refusing to go to class. (학생들은 수업 참여를 거부함으로써 항의했다.)

    b. They protested to the chairman. (그들은 의장에게 항의했다.)

1.2. 다음 주어는 about의 목적어에 대해 항의한다.

(2) a. The workers protested about the reductions in their benefits. (그 노동자들은 수당 삭감에 대하여 항의했다.)

    b. They protested about the bad food at the hotel. (그들은 그 호텔의 형편없는 음식에 대하여 항의를 제기했다.)

1.3. 다음 주어는 전치사 against목적어에 항의한다.

(3) a. They protested against the war. (그들은 그 전쟁에 항의했다.)

    b. He protested against encroachment upon his rights. (그는 자신의 권리 침해에 항의했다.)

    c. Some has to keep protesting against human rights violations. (누군가 인권 침해에 대하여 계속 항의를 해야 한다.)

    d. He protested against the decision. (그는 그 결정에 항의했다.)

2. 타동사 용법

2.1. 다음 주어는 that-절의 내용에 항의한다.

(4) a. Mark protests that he is not drunk. (마크는 자신이 취하지 않았다고 항의한다.)

    b. The defendant protested that he was innocent of the crime. (그 피고는 자신이 그 범죄에 결백하다고 항변했다.)

2.2. 다음 주어는 따옴표 속의 말로 항의한다.

(5) a. "That's not what you said earlier." Jane protested. ("그것은 이전에 네가 말한 것과 다르다" 고 제인은 항의했다.)

    b. "Let me go!" she protested. ("가게 해 주세요!"라 고 그녀는 항의했다.)

2.3. 다음 주어는 목적어를 항의하여 의의를 제기한다.

(6) a. He protested the decision. (그는 그 결정을 항의하여 이의를 제기했다.)

    b. The students protested the bombing. (학생들은 그 폭탄 투하를 항의했다.)

    c. She has protested her innocence. (그녀는 자신의 결백을 항변했다.)

prove

이 동사의 개념 바탕에는 증명하는 과정이 있다.

1. 타동사 용법

1.1. 주어는 목적어를 입증한다.

(1) a. This just proves what I have been saying for some time. (이것은 바로 내가 얼마 동안 말해오고 있는 것을 입증한다.)

    b. He felt he needed to prove his point. (그는 자신의 주장을 입증할 필요가 있다는 것을 느꼈다.)

    c. Can you prove your theory? (너의 이론을 입증할 수 있니?)

    d. He proved his innocence. (그는 자신의 결백을 입증했다.)

    e. He proved his courage in battle. (그는 자신의 용맹을 전투에서 입증했다.)

    f. This job will give a chance to prove yourself. (이 일은 너의 능력을 보여줄 기회를 줄 것이다.)

1.2. 다음 주어와 목적어는 개체이다.

(2) a. The new evidence will prove her innocence. (새 증거는 그녀의 결백을 증명할 것이다.)

    b. The exception proves the rule. (예외는 규칙을 증명한다.)

1.3. 다음 주어는 목적어가 어떤 상태에 있음을 증명한다.

(3) a. Events have proved me right. (사건들은 내가 옳다는 것을 입증했다.)

    b. Facts have proved these worries groundless. (사실은 이런 걱정들이 사실 무근임을 입증했다.)

1.4. 다음 주어는 목적어를 to be의 상태임을 증명한다.

(4) a. He proved himself to be useful. (그는 그녀가 쓸모 있는 존재로 증명했다.)

    b. She proved herself to be competent. (그녀는 자신을 유능한 존재로 증명했다.)

    c. He proved himself determined to succeed. (그는 자신을 성공하기로 결의했음을 보여주었다.)

    d. The experiment proved my hypothesis to be correct. (그 실험은 나의 가정들을 옳은 것으로 입증했다.)

    e. They proved her to be guilty. (그들은 그녀를 유죄로 증명했다.)

1.5. 다음 주어는 자신을 어떠한 사람임을 증명한다.

(5) a. He proved himself as a most daring airman. (그는 자신을 가장 대담한 비행사임을 입증했다.)

    b. He proved himself a coward. (그는 자신을 겁쟁이 임을 입증했다.)

    c. She proved herself a reliable secretary. (그녀는 자신을 믿을 수 있는 비서임을 입증했다.)

1.6. 다음 주어는 that-절의 내용을 증명한다.

(6) a. The lawyer proved that his client was innocent. (그 변호사는 자신의 의뢰인이 무죄임을 입증했다.)

    b. I can prove that his answer is right. (나는 그의 답변이 맞음을 증명할 수 있다.)

    c. I will prove to you that the witness is quite reliable. (나는 그 증인이 꽤 신뢰할 수 있음을 당신에게 증명하겠다.)

    d. You have to prove to me that I can trust you. (너는 내가 너를 신뢰할 수 있음을 나에게 증명해야 한다.)

1.7. 다음 주어는 목적어를 시험한다.

(7) a. He is proving a new gun. (그는 새 총을 시험하고 있다.)

    b. They prove ore. (그들은 광석을 시험한다.)

2. 자동사 용법

2.1. 다음 주어는 증명되어 나타난다.

(8) a. The opposition **proved** too strong for him.(반대는 그가 버티기엔 너무 강하게 판명됐다.)

b. Shares in the industry **proved** a poor investment. (그 산업의 주식은 나쁜 투자임이 판명됐다.)

c. The medicine **proved** effective.(그 약은 효력이 있음이 증명됐다.)

d. His advice **proved** sound.(그의 충고는 적절했음이 입증됐다.)

e. This tool **proved** very useful.(이 연장은 매우 유용함이 판명됐다.)

2.2. 다음 주어는 증명되는 개체이다.

(9) a. The food **proved** to be spoiled when I smelled it. (그 음식은 내가 냄새를 맡았을 때 상한 것으로 판명됐다.)

b. The promotion **proved** to be a turning point in his life.(그 승진은 그의 인생에 전환기였음이 판명됐다.)

c. Susan **proved** to be a good friend.(수잔은 좋은 친구임이 드러났다.)

d. He will **prove** to know nothing about it.(그는 그것에 대해 아무것도 모르고 있음이 판명될 것이다.)

e. Your experience should **prove** to be useful.(너의 경험은 유용함이 입증될 것이다.)

provide

이 동사의 개념 바탕에는 제공하는 과정이 있다.

1. 타동사 용법

1.1. 다음 주어는 목적어를 제공한다.

(1) a. He **provided** a means of escape.(그는 탈출 수단을 제공했다.)

b. He **provided** an excuse.(그는 변명을 제공했다.)

c. I will **provide** the food, if you bring the wine.(나는 네가 포도주를 가져오면 음식을 가져오겠다.)

d. The hospital **provides** the best possible medical care.(그 병원은 가능한 최고의 의료 서비스를 제공한다.)

e. Trees **provide** shade.(나무들은 그늘을 제공한다.)

1.2. 다음 주어는 목적어를 전치사 for의 목적어에 제공한다.

(2) a. The Red Cross **provided** food and shelter for disaster victims.(적십자는 음식과 거처를 재난 피해자들에게 제공했다.)

b. He **provided** enough money for her.(그는 충분한 돈을 그녀에게 제공했다.)

1.3. 다음 주어는 목적어를 전치사 with의 목적어로 제공한다.

(3) a. He **provided** her with enough money.(그는 그녀에게 충분한 돈을 공급했다.)

b. The hotel **provided** us with a comfortable room. (그 호텔은 우리에게 안락한 방을 제공했다.)

c. They **provided** him with dollars.(그들은 그에게 달러를 공급했다.)

1.4. 다음 주어는 목적어를 규정한다.

(4) a. The paragraph **provides that** the rent is due on the first day of each month.(그 단락은 집세가 매달 첫날에 지불돼야 함을 규정한다.)

b. The final section **provides that** any work produced for the company is owned by the company.(마지막 장은 그 회사를 위해 생산된 어떠한 일도 그 회사의 소유임을 규정한다.)

c. The club rules **provide** that.(그 클럽은 그것을 규정한다.)

2. 자동사 용법

2.1. 다음 주어는 전치사 against의 목적어에 대비한다.

(5) a. We must **provide against** accidents.(우리는 사고에 대비해야 한다.)

b. The country **provided against** the attack.(그 나라는 공격에 대비했다.)

c. The sailors **provided against** the coming storm. (그 항해사들은 다가오는 폭풍에 대비했다.)

2.2. 다음 주어는 전치사 for의 목적어를 위해서 대비한다.

(6) a. They work hard to **provide for** their children.(그들은 자녀들을 부양하기 위해서 열심히 일한다.)

b. She **provided for** herself when she left her parents' home.(그녀가 부모님 집을 떠났을 때 그녀는 스스로 생계를 꾸려나갔다.)

c. You must **provide for** winter in this harsh climate. (너는 이런 모진 기후에 겨울을 대비해야 한다.)

2.3. 다음 주어는 전치사 for의 목적어에 대비한다.

(7) a. This policy **provides for** a 60% increase in traffic. (이 정책은 교통양의 60퍼센트 증가에 대비한다.)

b. The agreement **provides for** the payment of the rent by the first day of the month.(그 합의는 그 달의 첫날까지 집세를 지불할 것을 규정한다.)

provoke

이 동사의 개념 바탕에는 자극하는 과정이 있다.

1. 타동사 용법

1.1. 다음 주어는 목적어를 자극한다.

(1) a. He **provoked** her by telling that she is too fat.(그는 그녀가 너무 살이 쪘다고 말해서 그녀를 자극했다.)

b. Don't **provoke** him by teasing him.(그를 성가시게 해서 자극하지 말라.)

c. I don't want to fight, so don't **provoke** me.(나는 싸우기 원치 않으니까 나를 자극하지 마시오.)

d. I was **provoked** at his impudence.(나는 그의 건방짐에 자극을 받았다.)

1.2. 다음에서 자극하는 것은 사람이 아니라 모욕, 논쟁 등이다.

(2) a. His insulting words **provoked** him.(그의 모욕적인 말들은 그를 자극했다.)

b. Interruptions **provoked** him.(간섭이 그를 자극했다.)

c. His arguing provoked me.(그의 논쟁은 나를 화나게 했다.)

d. He was provoked out of patience.(그는 참다참다 화가 났다.)

e. I was provoked to behave rudely.(나는 자극을 받고 무례하게 행동을 했다.)

f. His bullying provoked me.(그의 괴롭힘은 나를 화나게 했다.)

1.3. 다음 주어는 목적어를 자극하여 전치사 to의 목적어 상태에 이르게 한다.

(3) a. He was provoked to fury.(그는 격노할 정도로 자극을 받았다.)

b. His laughter/his rude behavior provoked him to anger.(그의 웃음/그의 무례한 행동이 그를 자극해서 화나게 했다.)

1.4. 다음의 주어는 개체나 사람이다. 주어는 목적어를 자극하여 부정사가 가리키는 일이나 행동을 한다.

(4) a. The article provoked me to write in to the newspaper.(그 기사는 나를 자극하여 신문에 글을 써보내게 했다.)

b. The boys goaded and provoked the bear to attack.(그 소년들은 곰을 막대기로 찌르고 자극하여 공격하게 했다.)

c. Conscience provoked them to speak out.(양심이 그들을 자극하여 발설케 했다.)

d. He was provoked to write a poem.(그는 시를 쓰도록 자극을 받았다.)

e. His refusal to answer provoked me to shout at him.(답변에 대한 그의 거부가 나를 자극하여 그에게 소리치게 했다.)

f. What provoked you to behave that way?(무엇이 너를 자극하여 그렇게 행동하게 했니?)

g. Poor living conditions provoked people to riot.(빈약한 생활 조건들이 사람들을 자극시켜 폭동을 일으키게 했다.)

h. His reply provoked her to withdraw her permission.(그의 답변이 그녀를 자극하여 그녀의 허가를 철회하도록 했다.)

i. His rude reply provoked her to slap him on the face.(그의 무례한 답변이 그녀를 자극하여 그의 얼굴에 따귀를 때리게 했다.)

j. A kindness may provoke a person to a smile.(친절은 사람을 미소짓게 만들 수 있다.)

1.5. 주어로 하여금 갑자기 어떤 상태에 이르게 한다.

(5) a. The lawyer claimed that his client was provoked into acts of violence.(그 변호사는 의뢰인이 자극을 받고 폭력 행위를 하게 되었다고 주장했다.)

b. They provoked the crowd into violence.(그들은 청중을 자극하여 폭력에 이르게 하였다.)

1.6. 주어는 목적어를 자극시켜서 목적어는 생각할 겨를도 없이 동명사가 가리키는 일이나 행동을 한다. 주어는 개체이다.

(6) a. The false accusation provoked him into answering back.(잘못된 비난이 그를 자극하여 반박하게 만들었다.)

b. His false judgement provoked her into hitting him.(그의 잘못된 판단이 그녀를 자극하여 그를 때리게 했다.)

c. His bad behavior provoked her into shouting at him.(그의 잘못된 행동이 그녀를 자극하여 그에게 소리치게 했다.)

d. His remarks about her weight provoked her into telling him to shut up.(그녀의 체중에 관한 그의 소견이 그녀를 자극하여 그에게 닥치라고 말하게 했다.)

e. His foolishness provoked him into hitting him.(그의 멍청함이 그를 자극하여 그를 때리게 했다.)

1.7. 주어는 목적어를 자극시켜서 목적어는 생각할 겨를도 없이 동명사가 가리키는 일이나 행동을 한다. 주어는 사람이다.

(7) a. Ron provoked them into fighting.(론은 그들을 자극하여 다투게 했다.)

b. He provoked him into losing a temper.(그는 그를 자극하여 화나게 했다.)

c. She did hit him, but he provoked her into doing it.(그녀가 그를 때리긴 했으나, 그가 그녀를 그렇게 하게끔 자극했다.)

d. Don't let him to provoke you into losing your temper.(그가 당신을 자극하여 화나게 하도록 놔두지 마세요.)

1.8. 다음의 목적어는 주어의 자극에 의해서 생겨나는 개체이다.

(8) a. His mistake provoked a roar of laughter.(그의 실수가 박장대소를 생기게 했다.)

b. The petition provoked a storm of criticism.(그 탄원은 폭풍과도 같은 비평을 불러일으켰다.)

c. The remark provoked indignation.(그 말은 화를 불러일으켰다.)

d. His refusal provoked his anger.(그의 거절은 노여움을 불러일으켰다.)

e. His words/his comedy provoked laughter.(그의 말/그의 유머는 웃음을 유발했다.)

f. Miller did a touchdown, provoking cheers from the crowd.(밀러는 터치다운을 성공시켜 관중들로 하여금 환호를 불러일으켰다.)

g. His case provoked pity/amusement/a laughter.(그의 사례가 동정/즐거움/웃음을 생기게 했다.)

h. Her question/speech provoked an interesting discussion.(그녀의 질문/연설은 흥미로운 토론을 생기게 했다.)

i. The article provoked a heated discussion/many letters of complaint.(그 기사는 열띤 토론/항의 편지를 불러일으켰다.)

j. The government's plans provoked a storm of protest.(정부의 계획은 엄청난 항의를 불러일으켰다.)

k. Test results provoked worries that the reactor could overheat.(실험 결과는 원자로가 과열될 수 있다는 우려를 일으켰다.)

l. His election success provoked a shocked reaction.(그의 선거 승리는 놀라운 반응을 불러일으켰다.)

prune

이 동사의 개념 바탕에는 가지치기를 하는 과정이 있다.

1. 타동사 용법
1.1. 다음 주어는 목적어를 가지치기 한다.
(1) a. She pruned the roses.(그녀는 장미를 가지치기 했다.)
   b. When do you prune the apple trees?(너는 언제 그 사과나무들을 가지칠 거니?)
   c. He pruned the hedges.(그는 울타리를 쳤다.)
   d. She pruned the bush with shears.(그녀는 덤불을 큰 가위로 가지를 쳤다.)

1.2. 다음 주어는 목적어를 쳐내듯 삭제한다.
(2) Prune out any unnecessary details.(어떤 불필요한 세부 사항이라도 삭제해라.)

1.3. 다음 주어는 목적어를 쳐낸다.
(3) a. He pruned the longer branches off the tree.(그는 나무의 더 긴 가지를 쳐냈다.)
   b. He pruned all the dead branches off.(그는 모든 죽은 나뭇가지들을 쳐냈다.)

1.4. 다음 주어는 목적어를 가지치기 하듯 필요 없는 것을 없앤다.
(4) a. Many museums pruned their collections.(많은 박물관들은 소장품들을 정리해 없앴다.)
   b. The company has pruned its expansion plans.(회사는 그의 확장 계획을 취소했다.)
   c. The railway company pruned the time tables.(철도 회사는 시간표를 추렸다.)
   d. Firms are pruning their product ranges.(회사들이 생산 품목을 줄이고 있다.)

1.5. 다음 주어는 목적어를 쳐서 줄인다.
(5) a. The essay is too long; you need to prune it down.(그 수필은 너무 길다; 너는 그것을 잘라서 줄일 필요가 있다.)
   b. The hedge needs pruning back.(그 울타리는 다시 잘라야 할 필요가 있다.)
   c. The staff numbers have been pruned back to 80.(직원의 수는 다시 80명으로 감소되었다.)

1.6. 다음 주어는 목적어를 추려서 전치사 of의 목적어를 제거한다.
(6) a. He pruned his essay of superfluous adjectives.(그는 논문을 추려서 불필요한 형용사를 없앴다.)
   b. He pruned her essay of redundant words.(그는 그녀의 논문을 추려서 군더더기 낱말들을 없앴다.)

pry¹

이 동사의 개념 바탕에는 pry의 명사 '지레'가 있다. 동사의 의미는 지레의 용도와 관계가 있다.

1. 타동사 용법
1.1. 다음 주어는 지렛대 같은 도구로 목적어를 연다.
(1) a. He pried up the lid of the box.(그는 그 상자의 뚜껑을 비집어 열었다.)

   b. She pried up the lid with a screwdriver.(그녀는 그 덮개를 나사 돌리개로 비집어 열었다.)
   c. The thief pried open the door with a crowbar.(그 도둑은 문을 쇠지레로 비집어 열었다.)

1.2. 다음 주어는 목적어를 어렵게 얻어낸다.
(2) a. He pried the truth out of the women.(그는 그 진실을 그 여자로부터 알아냈다.)
   b. Eventually they pried the information out of him.(결국 그들은 정보를 그로부터 얻어냈다.)

pry²

이 동사의 개념 바탕에는 엿보는 과정이 있다.

1. 자동사 용법
1.1. 다음 주어는 엿보거나 파고든다.
(1) a. He likes to pry into the affairs of others.(그는 다른 사람들의 일들을 꼬치꼬치 캐는 것을 좋아한다.)
   b. I resented my parents for prying into my personal life.(나는 부모님이 나의 개인적인 삶을 꼬치꼬치 캐는 것에 화가 났다.)
   c. My neighbor always pries into my financial affairs.(나의 이웃은 늘 나의 금전적인 일들을 꼬치꼬치 캔다.)
   d. He is always prying into my affairs.(그는 항상 나의 일에 참관하고 있다.)

publish

이 동사의 개념 바탕에는 출판하는 과정이 있다.

1. 타동사 용법
1.1. 다음 주어는 목적어를 출판한다.
(1) a. The publisher publishes many linguistic journals.(그 출판업자는 많은 언어학 잡지를 발행한다.)
   b. The newspaper publishes the scores of most sporting events.(그 신문은 대부분의 스포츠 경기 점수를 발표한다.)

1.2. 다음 목적어는 저자이다. 주어는 저자의 작품을 출판한다.
(2) a. The company published the author.(그 회사는 그 저자의 책을 출판했다.)
   b. The publishing company published Ernest Hemingway.(그 출판사는 어니스트 헤밍웨이의 책을 출판했다.)

1.3. 다음은 수동태 문장으로 주어는 출판된다.
(3) a. Most of our titles are also published on CD-ROM.(우리 책들의 대부분이 씨디롬으로도 발행된다.)
   b. Pictures of the suspect were published in all the daily papers.(그 용의자의 사진들이 모든 일간신문에 실렸다.)
   c. The report will be published on the Internet.(그 보고서는 인터넷으로 발행될 것이다.)
   d. The complete work was published in 1940.(그 전집은 1940년에 출판됐다.)

1.4. 다음 주어는 목적어를 공표한다.

(4) a. The government published the law.(정부는 그 법을 공표했다.)

b. They published their engagement.(그들은 자신들의 약혼을 공표했다.)

2. 자동사 용법
2.1. 다음 주어는 출판된다.
(5) a. The newspaper stopped publishing.(그 신문은 출판을 중지했다.)

b. The newspaper publishes daily.(그 신문은 매일 발행된다.)

c. The magazine publishes twice a month.(그 잡지는 한 달에 두 번 발행된다.)

pucker
이 동사의 개념 바탕에는 오므리는 과정이 있다.

1. 타동사 용법
1.1. 다음 주어는 목적어를 주름이 지게 한다.
(1) a. He puckered his lips.(그는 입술을 오므렸다.)

b. She puckered her lips and kissed him.(그녀는 입술을 오므려서 그에게 키스를 했다.)

c. He puckered his brow in concentration.(그는 집중할 때 이맛살을 찌푸렸다.)

d. She gathered the cloth to pucker it.(그녀는 천을 모아서 주름을 지었다.)

2. 자동사 용법
2.1. 다음 주어는 오므리거나 찌푸려진다.
(2) a. Her mouth puckered up and she started to cry.(입이 삐쭉삐쭉 하더니 그녀는 울기 시작했다.)

b. His face puckered and he began to cry.(얼굴이 찌푸려지더니 그는 울기 시작했다.)

puff
이 동사의 개념 바탕에는 어느 사람이 숨을 훅훅 부는 과정이 포함된다.

1. 자동사 용법
1.1. 다음 주어는 훅훅거린다.
(1) a. He began to puff from the hard climb.(그는 힘든 등산으로 숨을 훅훅 쉬기 시작했다.)

b. The smoker puffed as he climbed up the stairs.(그 흡연가는 계단 위를 오를 때에 훅훅거렸다.)

c. He puffed away for a while.(그는 잠시 동안 계속 훅훅 거렸다.)

d. Cathy was puffing loudly as she carried the box upstairs.(캐시는 상자를 위층으로 옮길 때 숨을 크게 훅훅 내쉬었다.)

1.2. 다음 주어는 훅훅거리며 이동한다.
(2) a. By now the train is puffing along nicely.(지금 기차는 연기를 칙칙폭폭 내뿜으며 기분좋게 달리고 있다.)

b. The locomotive puffed away from the station.(기차는 연기를 내뿜어 날리며 정거장을 떠났다.)

c. The engine puffed out of the tunnel.(그 엔진은 연기를 칙칙폭폭 내뿜으며 터널을 나왔다.)

d. The train puffed up the side of the hill.(그 기차는 산의 비탈을 푹푹거리며 올라갔다.)

e. The old man puffed up the stairs.(그 노인은 계단을 위를 때 훅훅 거리며 올라갔다.)

f. The steam engine puffed uphill.(그 증기 엔진은 연기를 칙칙폭폭 내뿜으며 언덕 위로 달려갔다.)

1.3. 다음 주어는 연기이다. 주어는 푹푹거리며 이동한다.
(3) a. Wisps of steam puffed from his lips.(가는 연기가 그의 입술에서 뻐끔뻐끔 나왔다.)

b. Smoke puffed out of the locomotive.(연기가 기관차에서 뿜어져 나왔다.)

c. Steam puffed out of the open valve.(증기가 열려진 밸브에서 뿜어져 나왔다.)

d. Smoke puffed up form his pipe.(연기가 그의 파이프에서 뻐끔뻐끔 뿜어져 올라갔다.)

1.4. 뺨에 바람을 불어넣거나 모으면 볼록해진다. 다음 주어는 볼록해진다.
(4) a. My eyes puffed up because of a mosquito bite.(내 눈두덩이는 모기에 물려서 부풀어 올랐다.)

b. Her ankle puffed up after she fell and hurt it.(떨어져 다친 후에 그녀의 발목이 부어 올랐다.)

c. The wind puffed out the sails.(바람은 돛들을 부풀렸다.)

1.5. 다음 주어는 전치사 at이나 on의 목적어를 빨려고 한다.
(5) He puffed at/on the pipe/cigarette.(그는 파이프/담배를 뻐끔뻐끔 피웠다.)

2. 타동사 용법
2.1. 다음에서 주어는 연기 같은 것을 내뿜는다.
(6) a. I puffed smoke into his face.(나는 연기를 그의 얼굴에 내뿜었다.)

b. He puffed a cloud of cigar smoke.(그는 여송연 연기를 확 내뿜었다.)

c. He puffed a cigar.(그는 여송연을 피웠다.)

d. The train puffed smoke.(그 기차는 연기를 내뿜었다.)

e. The exhaust pipe puffed dark clouds of smoke.(그 배기관은 검은 연기 구름을 내뿜었다.)

f. Chimneys were puffing out clouds of smoke.(굴뚝이 연기구름을 뿜어내고 있었다.)

2.2. 다음 주어는 바람을 훅 불어서 목적어를 끈다.
(7) a. I puffed out the match/the candles.(나는 성냥/양초를 훅 불어 껐다.)

b. The wind puffed out the flame.(바람은 불꽃을 훅 꺼뜨렸다.)

2.3. 다음에서 주어는 목적어 (말)를 헐떡이며 내보낸다.
(8) He puffed out a few words.(그는 몇 마디 말을 헐떡이며 내뱉었다.)

2.4. 다음 주어는 목적어를 부풀게 한다.
(9) a. Birds puff up their feathers to keep warm.(새들은

온기를 유지하기 위해 깃털을 부풀려 올린다.)

b. He puffed up the pillow.(그는 베개를 부풀렸다.)

c. He is puffed up with self-esteem.(그는 자긍심으로 우쭐해진다.)

2.5. 다음 주어는 목적어를 부풀린다.

(10) a. John puffed out his chest proudly.(존은 가슴을 자랑스럽게 불룩하게 올렸다.)

b. The sails are puffed out in the wind.(돛들은 바람에 부풀렸다.)

2.6. 위는 좋은것과 연관된다. 주어가 목적어를 불어서 하늘로 올라가게 하는 것은 추켜 올린다는 뜻이다.

(11) a. He puffed her poems to the skies.(그는 그녀의 시를 한없이 추켜 올렸다.)

b. They puffed him to the skies.(그들은 그를 마구 추켜 올렸다.)

c. He puffed her new novel.(그는 그녀의 새 소설을 추켜 올렸다.)

2.7. 다음은 수동태 문장으로 주어는 훅훅거리게 된다.

(12) The boy was puffed after running home.(소년은 집으로 뛰어간 후에 훅훅거렸다.)

2.8. 다음 주어는 목적어 자체를 크게 할 수 없으나, 그 가치를 크게 할 수 있다.

(13) He is puffing the medicine.(그는 약의 가격을 올려 부르고 있다.)

pull

이 동사의 개념 바탕에는 당기는 과정이 있다.

1. 타동사 용법

1.1. 다음 주어는 목적어를 당긴다.

(1) a. The child pulled his mother's coat.(그 아이는 어머니의 코트를 당겼다.)

b. The child pulled his mother by the coat.(그 아이는 어머니의 코트를 끌었다.)

c. He is pulling weed in the garden.(그는 정원에서 풀을 뽑고 있다.)

d. He pulled Nelly's hair.(그는 넬리의 머리를 당겼다.)

e. He pulled my ears.(그는 나의 귀를 당겼다.)

1.2. 다음 주어는 목적어를 당겨서 움직인다.

(2) a. He pulled his chair up to the table.(그는 의자를 식탁 가까이 끌어당겼다.)

b. We will pull the sled uphill.(우리는 썰매를 끌고 언덕 위로 가겠다.)

1.3. 다음 주어는 동물이나 기계이다. 주어는 목적어를 끈다.

(3) a. The horse was pulling a cart.(그 말은 짐마차를 끌고 있었다.)

b. How many coaches can that engine pull?(몇 개의 객차를 그 엔진은 끌 수 있나?)

1.4. 다음 주어는 목적어를 당겨서 부사가 가리키는 상태에 들어가게 한다.

(4) a. The police pulled scores of protesters.(경찰은 수십 명의 항의자들을 끌어들였다.)

b. He pulled his boots on.(그는 장화를 당겨서 신었다.)

c. She pulled her gloves on/off.(그녀는 장갑을 끼었다/벗었다.)

d. The door is stuck and I can't pull it open.(문은 끼어서 나는 그것을 당겨서 열 수 없다.)

e. He pulled my tooth out.(그는 내 이를 당겨서 뽑았다.)

f. He pulled his socks carefully over the swollen ankle.(그는 양말을 조심스럽게 부어오른 발목 위로 당겼다.)

1.5. 다음 주어는 목적어를 당겨서 목적어는 to의 목적어 상태가 된다.

(5) a. The dog pulled the pillow to pieces.(그 개는 베개를 끌어 당겨서 조각 조각을 내었다.)

b. He pulled the theory to pieces.(그는 그 이론을 산산조각이 나게 했다.)

c. He pulled my proposal to pieces.(그는 나의 제안을 산산조각 나게 했다.)

1.6. 다음 주어는 물리적이 아닌 힘으로 목적어를 당긴다.

(6) a. The football match pulled in great crowds.(축구 경기는 많은 군중을 끌어 들였다.)

b. The play pulled large crowds.(그 연극은 많은 관객을 끌었다.)

1.7. 노를 젓는 과정은 노를 당겼다 밀었다 한다. 당기는 과정으로 노를 젓는 과정을 전체를 나타낸다. 즉 이것은 환유적 표현이다.

(7) He pulls a good oar.(그는 노를 잘 젓는다.)

1.8. 다음 주어는 목적어를 노를 저어서 이동시킨다.

(8) Will you pull me over to the island?(나를 그 섬까지 노를 저어 주시겠습니까?)

1.9. 다음 주어는 목적어를 당겨서 다치게 한다.

(9) a. The runner pulled a ligament.(그 달리기 선수는 인대를 다쳤다.)

b. He pulled a muscle in his shoulder.(그는 어깨 근육을 다쳤다.)

2. 자동사 용법

2.1. 다음 주어는 끌리듯 움직인다.

(10) a. The boat pulled for shore.(그 배는 해안으로 나갔다.)

b. The man pulled for the shore.(그 사람은 해안으로 노를 저었다.)

c. The car pulled into the parking lot.(그 차는 주차장으로 들어갔다.)

d. The train pulled out from the station.(그 기차는 역에서 밖으로 나갔다.)

2.2. 다음 주어는 뽑힌다.

(11) a. The handle pulls so easily that a child could open the door.(손잡이는 매우 잘 당겨지기 때문에 아이도 그 문을 열 수가 있다.)

b. The shutter pulled loose in the storm.(그 덧문은 폭우에 뽑혀서 느슨하게 되었다.)

2.3. 다음 주어는 at의 목적어에 부분적인 힘을 가한다.

(12) a. He pulled at his pipe.(그는 파이프에서 연기를 빨았다.)

b. He pulled at the rope.(그는 그 로프를 당겨 보았다.)

c. He pulled at my tie.(그는 나의 넥타이를 당겨 보았다.)

2.4. 다음 주어는 끌린다.

(13) a. The wagon pulls easily.(그 마차는 쉽게 끌린다.)

b. The bell rope pulls hard.(그 종 줄은 어렵게 당겨진다.)

pulverize

이 동사의 개념 바탕에는 가루가 되는 과정이 있다.

1. 타동사 용법

1.1. 다음 주어는 목적어를 가루로 만든다.

(1) a. The workers pulverized the rocks.(그 노동자들은 바위를 부수어 가루로 만들었다.)

b. The bomb pulverized the command center.(폭탄은 그 사령부를 박살내었다.)

c. The sledge hammer pulverized the rock.(큰 망치는 그 바위를 박살냈다.)

d. The tornado pulverized the village.(회오리바람은 그 마을을 박살냈다.)

1.2. 다음 주어는 목적어를 완전히 패배시킨다.

(2) a. He pulverized his opponent.(그는 적을 타도했다.)

b. Our basketball team pulverized the other team 105 to 55.(우리 농구팀은 상대 팀을 105대 55로 대파했다.)

2. 자동사 용법

2.1. 다음 주어는 가루가 된다.

(3) Over the time, the mineral pulverized.(시간이 경과하면서 그 광물은 가루가 됐다.)

pump

이 동사의 개념 바탕에는 펌프질을 하는 과정이 있다.

1. 타동사 용법

1.1. 다음 주어는 목적어를 펌프질 한다. 목적어는 액체를 담고 있는 개체이다.

(1) a. He pumped the well dry.(그는 우물을 퍼 올려 마르게 했다.)

b. You'll have to pump the boat out.(너는 그 배에서 물을 퍼내야 할 것이다.)

c. After the flood, they tried to pump out the basement.(그 홍수 후에 그들은 지하실에서 물을 퍼내려고 애썼다.)

d. We rushed her to casualty department to have her stomach pumped out.(그녀의 위를 비워 내기 위해서 우리는 그녀를 부상자 부서로 급히 옮겼다.)

e. He took any overdose of sleeping pills and they had to pump him out.(그는 수면제를 과량 복용했

고 그들은 그를 토해내게 해야 했다.)

1.2. 다음에서 목적어는 사람이다. 그러나 이것은 은유적으로 정보가 담긴 그릇으로 쓰였다. 주어는 펌프를 써서 물을 푸듯 목적어에서 정보를 빼낸다.

(2) a. Don't let him pump you.(그가 너를 유도심문하지 못하게 해라.)

b. I pumped him discreetly about his past.(나는 그의 과거에 대해 조심스럽게 그를 유도심문 했다.)

c. I tried to pump him for the details of their contracts.(나는 그들의 계약에 관한 세부사항을 알려고 그를 유도심문 하려 애썼다.)

d. Was he pumping me for information?(그는 정보를 캐내려고 나를 유도심문 하고 있었습니까?)

e. He pumped me for the information.(그는 나를 그 정보를 얻기 위해 유도심문 했다.)

f. He pumped his brain for a solution.(그는 해결책을 내려고 그의 머리를 짜냈다.)

1.3. 다음은 수동태 문장으로 주어는 힘이 빠진다.

(3) a. I was completely pumped out when I finished the work.(나는 그 일을 끝냈을 때 완전히 지쳐버렸다.)

b. After the marathon, he was all pumped out.(그 마라톤을 하고 나서 그는 힘이 다 빠졌다.)

1.4. 펌프는 물을 뽑는 데에도 쓰이지만 타이어에 바람을 넣는 데에도 쓰인다. 바람을 넣으면 물체의 부피가 커진다. 이것은 up으로 표현된다.

(4) a. I pumped my bicycle tires.(나는 자전거 바퀴에 공기를 넣었다.)

b. You have to pump up the basketball.(너는 그 농구공에 공기를 넣어야 한다.)

c. Do your tires need pumping up?(네 타이어에 공기를 넣어야 하니?)

1.5. 다음 주어는 목적어에 힘을 불어넣는다.

(5) a. The coach had to pump up his team for the second half.(그 코치는 후반전을 위해 그의 팀을 북돋워야 했다.)

b. He was really pumped up before the game.(그 경기 전에 그는 정말로 의기충천했다.)

1.6. 다음에서 심장은 펌프에 비유되어 있다. 펌프를 통해 물이 이동하듯 심장을 통해 피가 이동한다.

(6) a. The heart pumps blood.(심장은 피를 펌프질한다.)

b. The heart pumps blood through the body.(심장은 피를 펌프질해서 몸으로 보낸다.)

c. The heart pumps blood through arteries.(심장은 피를 동맥을 통해 보낸다.)

1.7. 다음 주어는 목적어를 out of나 from의 목적어에서 펌프로 퍼낸다.

(7) a. He pumped out water.(그는 물을 퍼냈다.)

b. The family pumped out water from the flooded basement.(그 가족은 물을 홍수로 잠긴 그 지하실에서 퍼냈다.)

c. They pumped out the water out of the ship.(그들은 그 물을 그 배에서 퍼냈다.)

d. The fire department is still pumping floodwater out of the cellars.(그 소방서는 여전히 홍수물을 그 지하실로부터 퍼내고 있다.)

e. The doctor pumped the poison out of the patient'

s stomach.(그 의사는 그 독을 그 환자의 위에서 빼냈다.)

f. He **pumped** up water from the well.(그는 물을 그 우물에서 퍼 올렸다.)

1.8. 다음 주어는 목적어를 빼낸다. 목적어는 정보이다.

(8) a. He automatically **pumps** out articles every week.(그는 매주 자동적으로 기사들을 만들어낸다.)

b. He **pumped** a secret out of the agent.(그는 기밀을 그 요원으로부터 뽑아냈다.)

c. I couldn't **pump** any news out of him.(나는 어떤 소식도 그로부터 뽑아내지 못했다.)

d. He **pumped** information out of her.(그는 정보를 그녀에게서 빼냈다.)

1.9. 다음은 수동태 문장으로 주어는 퍼진다.

(9) a. Oil has been **pumped** from the ground.(기름이 땅에서 퍼올려 졌다.)

b. Oil is being **pumped** out of the ground.(기름이 땅에서 퍼올려 지고 있다.)

1.10. 다음 주어는 펌프질을 해서 목적어를 into의 목적어에 넣는다.

(10) a. He is **pumping** air into the tube/the tire.(그는 그 튜브/타이어에 공기를 주입하고 있다.)

b. The factory is **pumping** its waste upstream into the river.(그 공장은 그의 폐기물을 그 강 상류에 흘리고 있다.)

c. The gangster **pumped** ten bullets into him.(그 갱단원은 총 열 발을 그에게 퍼부었다.)

d. He **pumped** bullets into the target.(그는 탄알을 그 표적에 퍼부었다.)

e. They **pumped** water onto the field.(그들은 물을 그 밭에 대었다.)

f. They **pumped** water up the 10-meter gradient to the city.(그들은 물을 10미터 높이의 언덕에 퍼 올려서 그 도시를 보냈다.)

1.11. 다음 주어는 목적어를 into의 목적어에 넣는다. 목적어는 돈이나 생명체이다.

(11) a. The government has been **pumping** money into new road building schemes.(정부는 돈을 새 도로 건설 계획들에 투입해 왔다.)

b. They are **pumping** a lot of money into the project.(그들은 많은 돈을 그 계획 사업에 투입하고 있다.)

c. He **pumped** money into the textile industry.(그는 돈을 그 섬유 산업에 투입했다.)

1.12. 다음 주어는 목적어를 전치사 into의 목적어에 불어넣는다. 목적어는 추상적 개체이다.

(12) a. The goal **pumped** new life into our players.(그 목표는 활력을 우리 선수들에게 불어넣었다.)

b. He **pumped** new life into them with the words of encouragement.(그는 활력을 그들에게 격려의 말로 불어넣었다.)

c. The teacher **pumped** new ideas into the heads of his students.(그 선생님은 새로운 생각들을 그 학생들의 머리에 주입시켰다.)

d. The new wine is **pumped** into storage tanks.(그 새 포도주는 저장탱크들에 쏟아 부어진다.)

e. The government is still **pumping** out the same old propaganda.(그 정부는 꼭 같은 옛 선전을 아직도 쏟아 내고 있다.)

1.13. 수동식 펌프는 손잡이를 위아래로 움직인다. 다음 주어는 목적어를 위아래로 움직인다.

(13) a. He **pumped** my hand.(그는 내 손을 상하로 움직였다.)

b. He **pumped** his friend's hand up and down.(그는 그의 친구의 손을 위 아래로 움직였다.)

c. When I met John, he **pumped** my hand with a vigorous handshake.(존을 만났을 때 그는 힘차게 악수를 하며 내 손을 위 아래로 움직였다.)

1.14. 다음 주어는 목적어를 펌프질을 하듯 움직인다.

(14) a. I **pumped** the handle of the soap dispenser to get some more soap.(나는 비누를 좀 더 뽑으려고 그 비누통의 손잡이를 펌프질했다.)

b. He raced ahead, his legs **pumping**.(그는 다리를 위 아래로 열심히 움직이며 경주에서 앞섰다.)

c. The cyclist is **pumping** the pedals.(그 사이클선수는 그 페달을 위아래로 열심히 밟고 있다.)

1.15. 다음 주어는 목적어를 퍼올린다.

(15) Our latest machine can **pump** a hundred gallons a minute.(우리의 최근 기계는 일분에 백 갤런을 퍼 올릴 수 있다.)

1.16. 다음 주어는 펌프질을 해서 목적어를 증가시킨다. 부사 up은 증가를 나타낸다.

(16) a. He **pumped** up a fire.(그는 불을 피웠다.)

b. The country was able to **pump** up exports.(그 나라는 수출을 늘릴 수 있었다.)

2. 자동사

2.1. 다음 주어는 신체부위이다. 주어는 위아래로 움직인다.

(17) a. The lungs are depressed and expanded as the abdomen **pumps** up and down.(폐는 배가 아래위로 움직일 때마다 수축되고 팽창된다.)

b. His heart is **pumping** away.(그의 심장은 펌프질을 하고 있다.)

c. His heart is **pumping** very fast.(그의 심장은 매우 빨리 뛰고 있다.)

d. His heart was still **pumping**.(그의 심장은 여전히 뛰고 있었다.)

2.2. 다음 주어는 펌프질은 하듯 연속적으로 일을 한다.

(18) a. He was **pumping** away.(그는 펌프질을 하듯 열심히 일하고 있었다.)

b. He is **pumping** away at his work.(그는 자신의 일에 열심히 노력하고 있다.)

2.3. 다음 주어는 쏟아져 나온다.

(19) a. Blood was **pumping** from the wound.(피가 그 상처로부터 솟아나오고 있었다.)

b. The blood is **pumping** from the wound in his thigh.(피가 그의 허벅지 상처로부터 솟아나고 있다.)

c. Music **pumped** from the loudspeakers overhead.(음악이 머리 위의 확성기로부터 쏟아져 나왔다.)

punch

이 동사의 개념 바탕에는 주먹을 치는 과정이 있다.

1. 타동사 용법

1.1. 다음 주어는 목적어를 주먹으로 친다.

(1) a. The man punched the driver.(그 남자는 그 운전사를 주먹으로 쳤다.)

    b. He punched the wall in anger.(그는 화가 나서 벽을 주먹으로 쳤다.)

    c. She punched the pillow to fluff it up.(그녀는 베개를 부풀리기 위해 쳤다.)

1.2. 다음 주어는 목적어를 친다. 치는 부위는 전치사 on이나 in으로 명시된다.

(2) a. She punched her about the body.(그녀는 그녀의 몸을 여기저기 때렸다.)

    b. She punched him on the arm/the nose/the chin.(그녀는 그의 팔/코/턱에 때렸다.)

    c. She punched him in the stomach/the chest/the face/the eye.(그녀는 그의 배/가슴/얼굴/눈을 때렸다.)

    d. Someone punched him in the belly and he doubled up.(누군가가 그의 배를 때려서 그는 몸을 앞으로 구부렸다.)

1.3. 다음은 수동태 문장으로 주어는 맞는다.

(3) He was repeatedly kicked and punched.(그는 반복해서 차이고 맞았다.)

1.4. 다음 주어는 목적어를 세게 쳐서 목적어가 나가게 한다. 목적어는 환유적으로 쓰여서 실제 가리키는 것은 의식이다. 심하게 맞으면 의식을 잃는다.

(4) a. She punched out a guy.(그녀는 한 남자를 후려갈겨 의식을 잃게 했다.)

    b. He punched the gangster out.(그는 깡패를 후려갈겨 의식을 잃게 했다.)

    c. He punched the gangster's lights out.(그는 갱 단원의 의식을 잃게 했다.)

    d. He was punched unconscious.(그는 의식을 잃을 정도로 맞았다.)

1.5. 다음 주어는 목적어를 친다. 목적어는 맞는 부위이다.

(5) a. She punched John's chin.(그녀는 존의 턱을 쳤다.)

    b. He'd like to punch her face.(그는 그녀의 얼굴을 때리고 싶어한다.)

1.6. 이 동사의 원형적 도구는 주먹이다. 그러나 다음에서는 주먹 대신 손가락이 쓰였다. 즉 주어는 손가락으로 목적어에 힘을 가한다.

(6) a. When you punch the fourth button, a new network will appear on the screen.(네가 네 번째 단추를 누르면 새 네트워크가 화면에 나타날 것이다.)

    b. He punched the "exit" key.(그는 "출구"키를 눌렀다.)

    c. Sally punched the eight floor button.(샐리는 8층 단추를 눌렀다.)

    d. She punched the wrong number.(그녀는 틀린 번호를 눌렀다.)

1.7. 다음 주어는 목적어를 쳐서 넣는다.

(7) a. She punched in all the details.(그녀는 모든 세부사항들을 쳐 넣었다.)

    b. He punched his password in.(그는 암호를 쳐 넣었다.)

    c. She punched my name in the computer.(그녀는 내 이름을 컴퓨터에 쳐 넣었다.)

1.8. 다음 주어는 천공기로 목적어를 뚫는다.

(8) The conductor punched the tickets.(그 차장은 그 표를 구멍을 뚫었다.)

1.9. 다음 주어는 목적어를 만든다. 목적어는 생겨난다.

(9) a. Ed was punching holes in a can.(에드는 구멍을 깡통에 뚫고 있었다.)

    b. John punched a hole in the wall with his fist.(존은 구멍을 주먹으로 벽에 뚫었다.)

    c. He punched a hole in the ticket with his pencil.(그는 구멍 하나를 그 표에 그의 연필로 뚫었다.)

    d. I took a ball-point pen and punched a hole in the carton.(나는 볼펜을 가지고 그 마분지에 구멍을 뚫었다.)

    e. Punch a few holes in the container to allow a little ventilation.(약간의 환기를 위해서 구멍을 그 용기에 몇 개 뚫어라.)

    f. This machine can punch 100 holes in a minute.(이 기계는 100개의 구멍을 일분에 뚫을 수 있다.)

    g. The bullet can punch a hole through 20mm steel plate.(총알은 200밀리미터 두께의 강철판을 뚫을 수 있다.)

    h. The lawyer punched holes in the witness' testimony by bringing witnesses who said what he said was not true.(그 변호사는 그가 말한 것이 거짓임을 말할 증인을 불러옴으로 해서 그 증인의 증언에 일격을 가했다.)

1.10. 다음 주어는 목적어를 타자나 컴퓨터를 쳐서 만든다.

(10) I punched out an angry reply to his letter.(나는 그의 편지에 격노한 답장을 쳤다.)

1.11. 다음 주어는 목적어를 써서 시간을 기록한다.

(11) a. He punched the time clock.(그는 출퇴근 시간 기록기를 눌렀다.)

    b. He punched the clock when he got to the factory.(그는 공장에 도착했을 때 출퇴근 시간 기록기를 눌렀다.)

1.12. 다음 주어는 목적어를 친다. 치는 행위가 몬다는 의미까지 확대된다.

(12) Cowboys punch cows for a living.(카우보이들은 생계를 위해 소를 몬다.)

2. 자동사 용법

2.1. 다음의 주어는 친다.

(13) a. The boxer punched with his left.(그 권투선수는 왼쪽 주먹으로 쳤다.)

    b. He is a boxer who punches hard.(그는 펀치가 강한 권투선수이다.)

2.2. 다음에서 생략된 목적어는 시간 기록계이다.

(14) a. After 17 years of punching, he took off and was never heard from again.(17년 간의 출근기를 친 후에 그는 떠나서 소식이 딱 끊겼다.)

b. He punched in to work at 8:00, and punched out at 5:00(그는 8시에 출근을 기록하고 들어오고 5시에 퇴근을 기록하고 나갔다.)

2.3. 다음에 쓰인 전치사 at의 주어가 가하는 힘이 부분적임을 나타낸다.

(15) She is punching at the computer keyboard.(그녀는 컴퓨터 자판을 누르고 있다.)

puncture

이 동사의 개념 바탕에는 구멍을 내는 과정이 있다.

1. 타동사 용법

1.1. 다음 주어는 자체가 목적어를 구멍을 낸다.

(1) a. A nail on the road punctured one of my tires.(도로의 못 하나가 내 타이어 하나를 구멍을 냈다.)

b. The needle punctured the balloon.(그 바늘은 풍선에 구멍을 내 터트렸다.)

1.2. 다음 주어는 목적어를 구멍을 낸다.

(2) a. He punctured the tomato with his fork.(그는 토마토에 포크로 구멍을 냈다.)

b. I punctured the balloon with a pin.(나는 풍선을 핀으로 뚫었다.)

1.3. 다음은 수동태 문장으로 주어는 구멍이 난다.

(3) a. One of the tires was punctured.(그 타이어 중에 하나에 구멍이 났다.)

b. The balloon was punctured.(풍선은 터졌다.)

1.4. 다음 주어는 목적어를 생기게 한다.

(4) a. She punctured two holes in the lid of a paint can.(그녀는 두 개의 구멍을 페인트 통의 뚜껑에 냈다.)

b. He punctured a hole in the wall with a pen.(그는 구멍 하나를 벽에 펜으로 냈다.)

1.5. 다음 목적어는 추상적 개체이나 입체적 개체로 개념화되어 있다.

(5) a. The collapse of the Soviet Union has punctured most people's faith in Communism.(소련의 붕괴는 공산주의에 대한 대부분 사람들의 신념을 무너뜨렸다.)

b. The failure punctured her confidence/complacency/illusions.(그 실패는 그녀의 자신감/만족감/착각을 무너뜨렸다.)

c. The shocking news punctured his smug complacency.(충격적인 소식은 그의 독선적인 자기만족감을 무너뜨렸다.)

d. Her ridicule punctured his ego.(그녀의 비웃음은 그의 자아를 무너뜨렸다.)

2. 자동사 용법

2.1. 다음 주어는 구멍이 생긴다.

(6) a. The new tire punctures less easily.(새 타이어는 구멍이 좀 덜 난다.)

b. The ball punctured on the holly bush.(그 공은 서양 호랑가시나무에 구멍이 났다.)

punish

이 동사의 개념 바탕에는 벌을 주는 과정이 있다.

1. 타동사 용법

1.1. 다음 주어는 목적어를 벌을 준다.

(1) a. The parents punished the child for lying.(부모님들은 아이가 거짓말했다고 벌 줬다.)

b. He punished the boy for impudence.(그는 그 아이가 건방지다고 혼냈다.)

1.2. 다음은 수동태 문장으로 주어는 벌을 받는다.

(2) a. The boy was punished for being late.(그 소년은 지각해서 벌을 받았다.)

b. He was punished with death.(그는 죽음으로 죄값을 치렀다.)

c. He was punished for being late.(그는 늦어서 벌을 받았다.)

1.3. 다음 목적어는 재귀대명사이다. 주어는 자신을 벌을 준다.

(3) Stop punishing yourself; the accident wasn't your fault.(자책하지마, 그 사건은 너의 잘못이 아니야.)

1.4. 다음 주어는 목적어를 처벌을 준다.

(4) a. The school punishes theft severely.(그 학교는 도둑질을 엄하게 처벌한다.)

b. The teacher punished disobedience.(그 선생님은 불복종을 처벌하셨다.)

1.5. 다음 주어는 벌을 주듯 목적어를 심하게 다룬다.

(5) a. The rough road punished the car's new tires.(험한 길은 차의 새 타이어를 혹사시켰다.)

b. Heavy waves punished the shore.(거친 파도가 해변을 공격했다.)

c. He really punished his rival at golf.(그는 골프에서 경쟁자를 톡톡히 혼내줬다.)

d. He punished the engine.(그는 엔진을 심하게 다루었다.)

e. He punished his car by driving it very fast.(그는 차를 매우 빨리 몰아서 혹사시켰다.)

purchase

이 동사의 개념 바탕에는 계획을 세운 다음 사는 과정이 있다.

1. 타동사 용법

1.1. 다음 주어는 목적어를 산다.

(1) a. He purchased a house.(그는 집을 한 채 샀다.)

b. I purchased a TV after my old one broke.(나는 TV 한 대를 오래 된 TV가 고장난 후 샀다.)

c. Bill purchased groceries at the supermarket.(빌은 식료품을 슈퍼마켓에서 샀다.)

d. He purchased books at the fair.(그는 책들을 장에서 구입했다.)

e. They purchased the land at $100,000.(그들은 그 땅을 10만 달러에 매입했다.)

f. Please **purchase** your ticket in advance.(제발 표를 사전에 사주세요.)

1.2. 다음 주어는 목적어를 산다. 주어는 개체이다.
(2) Ten dollars will **purchase** two tickets.(10달러는 표 2장을 살 수 있을 것이다.)

1.3. 다음 주어는 희생을 치르고 목적어를 손에 넣는다.
(3) a. He **purchased** freedom with blood.(그는 자유를 피를 댓가로 쟁취했다.)
b. They **purchased** life at the expense of honor.(그들은 생명을 명예를 걸고 얻었다.)
c. He **purchased** safety at the cost of happiness.(그는 안전을 행복의 댓가로 얻었다.)

1.4. 다음은 수동태 문장으로 주어는 구입된다.
(4) His loyalty can't be **purchased**.(그의 충성심은 (돈으로) 살 수 없다.)

1.5. 주어는 무거운 것을 지레나 도르래로 올린다.
(5) He **purchased** the anchor.(그는 닻을 올렸다.)

purge
이 동사의 개념 바탕에는 정화하는 과정이 있다.

1. 타동사 용법
1.1. 다음 주어는 목적어를 제거한다.
(1) a. He **purged** away his sins.(그는 자신의 죄를 씻어냈다.)
b. The executive **purged** his files when he quit his job.(그 행정관은 일을 그만둘 때 자신의 파일을 제거했다.)
c. What should I do to **purge** my conscience?(무엇을 나는 양심을 정화하기 위해서 해야 하죠?)
d. He **purged** his bowels by taking a laxative.(그는 설사제를 복용하고 창자를 비웠다.)

1.2. 다음 주어는 목적어를 정화하여 전치사 of의 목적어를 제거한다.
(2) a. They **purged** the party of its extremists/radicals.(그는 당을 정화하여 급진주의자들을 숙청했다.)
b. The machine **purges** metal of dross.(그 기계는 금속을 정화하여 불순물을 제거한다.)
c. He **purged** the water pipe of air.(그는 수도관을 깨끗하게 하여 공기를 제거했다.)
d. They **purged** the union of its corrupt leaders.(그는 조합을 정화하여 부패한 지도자들을 제거했다.)
e. The governor promised to **purge** the police of corruption.(그 주지사는 경찰을 정화하여 부패를 제거하기로 약속했다.)
f. The revolutionaries **purged** the party of anyone thought to be disloyal.(그 혁명가들은 당을 정화하여 불충하다고 여겨지는 사람은 누구든 제거했다.)
g. The cook **purged** the bowls of toxins.(요리사는 그릇을 씻어서 독소를 제거했다.)
h. He **purged** the nation of spies.(그는 그 나라를 정화하여 간첩을 제거했다.)

1.3. 다음에서 마음은 그릇으로 개념화된다.
(3) a. You must **purge** your mind of sinful thoughts/false notions/anxiety.(너는 마음을 정화하여 죄스런 생각/잘못된 생각/걱정을 씻어내야 한다.)
b. You must **purge** your heart of greed.(너는 마음을 정화하여 욕심을 비워야 한다.)
c. She **purged** him of suspicion.(그녀는 그를 정화하여 의심을 비워주었다.)
d. Scientists must **purge** themselves of prejudices.(과학자들은 자신들을 정화하여 편견을 없애야 한다.)
e. He **purged** himself of his feelings of guilt.(그는 자신을 정화하여 죄스런 감정을 깨끗이 비웠다.)
f. He **purged** his spirit of hatred.(그는 마음을 정화하여 증오를 비워냈다.)
g. He **purged** himself of the suspicion.(그는 자신을 정화하여 의혹을 비워냈다.)
h. We need to **purge** our sport of racism.(우리는 운동계를 정화하여 인종 차별을 없애야 한다.)

1.4. 다음은 수동태 문장으로 주어는 정화된다.
(4) a. The statue was **purged** of defilements.(그 동상은 더러움이 깨끗이 닦여졌다.)
b. He was **purged** of all suspicion.(그는 모든 의혹이 깨끗이 씻겨졌다.)

1.5. 다음 주어는 목적어를 전치사 from의 목적어에서 제거한다.
(5) a. The army **purged** the ethnic minorities from the country.(그 군대는 그 나라에서 소수 인종들을 제거했다.)
b. The company **purged** him from the office.(그 회사는 그를 사무실에서 내보냈다.)
c. They **purged** radicals/dissidents from the party.(그들은 급진주의자들을/반대자들을 그 당에서 제거했다.)
d. They **purged** extremists from the party.(그들은 과격론자들을 그 당에서 제거했다.)
e. The plumber **purged** the dirty water from the tank.(그 배관공은 더러운 물을 물탱크에서 깨끗이 비워냈다.)
f. The machine **purges** dross from metal.(그 기계는 불순물을 금속에서 제거한다.)
g. The cook **purged** toxins from the bowls.(그 요리사는 독을 사발에서 깨끗이 제거했다.)
h. He **purged** information from a file.(그는 정보를 파일에서 제거했다.)

1.6. 다음 주어는 목적어를 마음에서 제거한다.
(6) a. **Purge** such thoughts from your mind.(그런 생각을 너의 마음에서 비워라.)
b. Try to **purge** away the greed from your heart.(그 욕심을 네 마음에서 비우도록 노력해 봐.)
c. Nothing could **purge** the guilt from his mind.(무엇도 그 죄를 그의 마음에서 정화시킬 수 없었다.)

1.7. 다음은 수동태 문장으로 주어는 제거된다.
(7) a. Several politicians were **purged** from the party.(몇몇 정치인들은 그 당으로부터 제거되었다.)
b. He was **purged** from public life.(그는 공공 생활에서 제거되었다.)

purify

이 동사의 개념 바탕에는 불순물이 없어져서 깨끗해지는 과정이 있다.

1. 타동사 용법

1.1. 다음 주어는 목적어를 깨끗이 한다.
(1) a. He **purified** sugar.(그는 설탕을 정제했다.)
b. He **purified** water by filtering it through sand.(그는 물을 모래에 걸러서 정화시켰다.)
c. One tablet will **purify** a litter of water in ten minutes.(하나의 정제가 소량의 물을 10분 내에 정화할 것이다.)

1.2. 다음은 수동태 문장으로, 주어는 깨끗하게 된다.
(2) The liquid is **purified** by passing it through a charcoal.(그 액체는 숯을 통과함으로써 깨끗하게 된다.)

1.3. 다음은 [마음은 물체이다]의 은유가 적용된 표현이다.
(3) a. He **purified** his heart.(그는 자신의 마음을 깨끗이 했다.)
b. He asked God to **purify** his soul.(그는 신에게 영혼을 맑게 해달라고 간청했다.)

1.4. 다음 주어는 목적어를 정화하여 전치사 of의 목적어를 제거한다.
(4) a. He **purified** himself of sin.(그는 자신을 정화하여 죄를 없앴다.)
b. He **purified** the state of traitors.(그는 국가를 정화하여 반역자들을 없앴다.)
c. An air filter **purifies** the air of dirt and smoke.(공기 여과기가 공기를 정화하여 먼지와 담배 연기를 제거한다.)

1.5. 다음 목적어는 재귀대명사이다.
(5) The Hindus **purify** themselves by bathing in the River Ganges.(힌두교도들은 자신들의 죄를 갠지스 강에서 목욕을 함으로써 없앤다.)

2. 자동사 용법

2.1. 다음 주어는 정화된다.
(6) The air gradually **purified**.(그 공기는 점차 정화되었다.)

purport

이 동사의 개념 바탕에는 주장하는 과정이 있다.

1. 자동사 용법

1.1. 다음 주어는 to부정사가 가리키는 일을 주장한다.
(1) a. The document **purports** to be official.(그 문서는 공적인 것으로 주장된다.)
b. He **purports** to be related to the royal family.(그는 왕족의 친척임을 주장한다.)
c. The book does not **purport** to be a complete history of the period.(그 책은 그 시기의 완전한 역사라고 주장하지는 않는다.)
d. The book **purports** to give the true story.(그 책은

실제 이야기를 전달하고 있다고 주장한다.)

1.2. 다음은 수동태 문장으로 주어는 주장된다.
(2) The letter is **purported** to be a secret agreement between the two parties.(그 서한은 그 두 정당 사이의 비밀 협약이라고 주장된다.)

pursue

이 동사의 개념 바탕에는 따라가는 과정이 있다.

1. 타동사 용법

1.1. 다음 주어는 목적어를 따라 간다.
(1) a. The dog **pursued** the cat across the yard.(그 개는 고양이를 뜰을 가로질러 쫓았다.)
b. The hunter **pursued** its prey.(그 사냥개는 사냥감을 쫓았다.)
c. The army **pursued** the retreating enemy.(그 군대는 후퇴하는 적군을 쫓았다.)
d. The police **pursued** the thief down the alley.(경찰은 도둑을 골목길 아래로 추격했다.)
e. Police **pursued** the car at high speed.(경찰은 차를 빠른 속도로 추격했다.)
f. Ill luck **pursued** him to death.(불운이 그를 죽음으로 몰았다.)
g. He **pursued** the river to its source.(그는 강을 그것의 수원까지 거슬러 올라갔다.)

1.2. 다음 주어는 목적어를 따라간다. 목적어는 길이다.
(2) a. He **pursued** a wise course by taking no chances.(그는 운에 맡기는 위험을 피하여 현명한 길을 추구했다.)
b. Mary **pursues** a career in law.(메리는 법조계의 경력을 쫓는다.)
c. The ship **pursued** its southerly course.(그 배는 남쪽 항로를 따랐다.)
d. The team **pursued** the plan that the coach had outlined.(그 팀은 코치가 윤곽을 그렸던 계획을 추구했다.)
e. The committee **pursued** a second plan after the first one had failed.(그 위원회는 첫 번째 계획이 실패한 후 두 번째 계획을 추구했다.)

1.3. 다음 주어는 목적어를 추구한다. 목적어는 추상적 개체이다.
(3) a. He is **pursuing** pleasure.(그는 쾌락을 쫓고 있다.)
b. He is **pursuing** his studies.(그는 연구에 매진하고 있다.)
c. Joe **pursues** his hobby of stamp collecting.(조는 우표를 수집하는 취미를 추구한다.)

1.4. 다음 목적어는 목표이다. 주어는 목적어를 따라간다.
(4) a. He **pursued** his goal/degree in chemistry.(그는 화학에서 자신의 목적/학위를 추구했다.)
b. He is **pursuing** his objective.(그는 자신의 목적을 추구하고 있다.)

1.5. 다음 주어는 추상적 개체이다.
(5) a. Bad memories **pursued** him wherever he went.

(나쁜 기억이 그가 가는 곳마다 그를 따라다녔다.)

b. Bad luck still pursues us. (불운이 아직 우리를 쫓아 다닌다.)

1.6. 다음 주어는 목적어의 진행을 따라간다.

(6) a. He pursued the matter/argument/question/ discussion. (그는 그 문제/논쟁/질문/토론을 추적했다.)

b. They pursued the question of his involvement. (그들은 그의 개입 의혹을 추적했다.)

c. We intend to pursue this policy. (우리는 이 정책을 따르려 한다.)

2. 자동사 용법

2.1. 다음 주어는 after의 목적어를 따라 간다.

(7) The police are pursuing after a fugitive. (경찰은 도망자를 추적하고 있다.)

purvey

이 동사의 개념 바탕에는 조달하는 과정이 있다.

1. 타동사 용법

1.1. 다음 주어는 목적어를 조달한다.

(1) a. He purveys food for an army. (그는 식량을 군대에 조달한다.)

b. He purveys meat to customers. (그는 고기를 고객들에게 공급한다.)

c. The company has purveyed clothing to the army. (그 회사는 의복을 군대에 조달해 왔다.)

1.2. 다음 표현은 [생각은 음식] 은유가 적용된 예이다.

(2) a. The prime minister's speech was to purvey a message of optimism. (국무총리의 연설은 낙관주의의 메시지를 전달하기로 되어 있었다.)

b. The newspaper is accused of purveying fictions instead of truth. (그 신문은 진실 대신 허구를 전달한다는 비난을 받는다.)

2. 자동사 용법

2.1. 다음 주어는 조달한다.

(3) He is purveying for the royal house. (그는 그 왕실에 조달하고 있다.)

push

이 동사의 개념 바탕에는 미는 과정이 있다.

1. 타동사 용법

1.1. 다음 주어는 목적어를 민다.

(1) a. We pushed the stone, but it was too heavy to move. (우리는 돌을 밀었으나, 움직이기에는 너무 무거웠다.)

b. We pushed the button. (우리는 단추를 눌렀다.)

c. We pushed the stalled car. (우리는 서 있는 차를 밀었다.)

1.2. 다음 주어는 목적어를 밀어서 움직이게 한다.

(2) a. Don't push me forward. (나를 앞쪽으로 밀지 마세요.)

b. We pushed him out of the room. (우리는 그를 밀어서 방에서 나가게 했다.)

c. He pushed himself through the crowd. (그는 군중 사이로 밀고 나갔다.)

d. He pushed it a little nearer to the window. (그는 그것을 더 창문 가까이 밀었다.)

1.3. 다음 주어는 목적어를 격려하기 위해서 정신적으로 민다.

(3) a. He has no friend to push him. (그는 자신을 밀어줄 친구가 없다.)

b. He often push himself forward. (그는 종종 자신을 앞으로 밀고 나간다.)

c. My father pushed me on. (나의 아버지는 나를 계속해서 밀어 주었다.)

1.4. 다음 주어는 압력을 가하기 위해서 목적어를 정신적으로 민다.

(4) a. Don't push the workers too hard. (그 노동자들을 지나치게 강요하지 말아라.)

b. We pushed her for money. (우리는 돈을 받기 위해 그녀를 재촉했다.)

c. We are pushing them for an answer to our question. (우리는 질문에 대답을 얻기 위해서 그들을 재촉하고 있다.)

1.5. 다음 주어는 목적어를 밀어서 to 부정사가 가리키는 일을 한다.

(5) a. You must push yourself to reply the questions. (너는 그 질문에 대답을 하도록 억지로 노력해야 한다.)

b. The boss pushed the workers to go faster. (사장은 노동자들을 독촉해서 더 빨리 하게 했다.)

c. Tom had to push himself to go on doing such a dull work. (톰은 그런 지루한 일을 계속 하도록 억지로 노력해야 했다.)

d. All my friends are pushing me to enter politics. (나의 모든 친구들은 나를 밀어서 정치에 입문시키려 하고 있다.)

e. Mother pushed the boy to do his homework first. (어머니는 아이에게 숙제를 먼저 하라고 독려했다.)

1.6. 다음 주어는 목적어를 추진시킨다.

(6) a. He pushed his plan cleverly. (그는 교묘하게 자신의 계획을 밀고 나갔다.)

b. Please push this job and get it done this week. (이 일을 추진해서 이번 주 안으로 끝내세요.)

c. He pushed his exploration further. (그는 그 탐구를 더 추진하였다.)

d. He is pushing his business. (그는 사업을 확장하고 있다.)

e. He pushed his own interest. (그는 자신의 이익을 추구했다.)

1.7. 다음 주어는 목적어를 사람들에게 들이댄다.

(7) a. They ought to push their goods more. (그들은 상품을 더 선전해야 한다.)

b. You must push your wares if you want better sales. (너는 상품을 더 많이 팔려면, 상품을 선전하여 한다.)

c. The company is **pushing** its new product.(회사는 새 상품을 선전하고 있다.)

1.8. 다음 주어는 밀어서 길을 만들어 간다.

(8) a. He **pushed** his way in among the crowd.(그는 군중 속을 뚫고 들어갔다.)

b. He **pushed** his way to the front of the door.(그는 문 앞으로 밀고 나갔다.)

c. He **pushed** his way to the front of the crowd.(그는 군중 앞으로 밀고 나갔다.)

1.9. 다음 주어는 목적어를 밀어서 목적어가 어떤 상태에 들어간다.

(9) a. He **pushed** the door shut. (그는 문을 밀어서 닫았다.)

b. The oil boom **pushed** the basic inflation rate up. (오일 붐이 기본 통화 팽창률을 밀어 올렸다.)

c. No one **pushed** me into this.(아무도 내가 이것을 억지로 하도록 강요하지 않았다.)

2. 자동사 용법

2.1. 다음 주어는 민다.

(10) I **pushed** with all my might.(나는 온 힘을 다해서 밀었다.)

2.2. 다음 주어는 전치사 at의 목적어를 밀어본다.

(11) a. Don't **push** at the back.(뒤에서 밀지 말아요.)

b. I **pushed** at the heavy box.(나는 무거운 상자를 밀어보았다.)

2.3. 다음 주어는 전치사 against의 목적어에 힘을 가한다.

(12) a. Stop **pushing** against the fence.(울타리를 미는 것을 멈춰요.)

b. Something **pushed** against my side.(무엇인가 내 옆구리를 찔렀다.)

2.4. 다음 주어는 전치사 behind의 목적어의 뒤에서 민다.

(13) A boy **pushed** behind me.(소년이 내 뒤에서 밀었다.)

2.5. 다음 주어는 계속 밀고 나간다.

(14) The army had to **push** on to the front.(그 군대는 그 전선으로 계속 밀고 나가야 했다.)

2.6. 다음 주어는 밀고 나온다.

(15) a. The army **pushed** into the country.(군대는 그 나라로 밀고 들어갔다.)

b. Some sprouts have **pushed** up toward the sun.(몇몇 새싹이 태양을 향하여 밀고 올라왔다.)

c. The tractor cannot **push** any further.(트랙터는 더 이상 나아갈 수 없다.)

2.7. 다음 주어는 튀어 나온다.

(16) The cape **pushes** out into the sea.(그 곶은 바다로 툭 튀어나와 있다.)

2.8. 다음 주어는 무거운 개체를 밀듯 애를 쓴다.

(17) We **pushed** to finish the report on time.(우리는 보고서를 제 시간에 끝내려고 애를 썼다.)

put

이 동사의 개념 바탕에는 놓는 과정이 있다.

1. 타동사 용법

1.1. 다음 주어는 목적어를 어떤 자리에 놓는다.

(1) a. He **put** the book on the table.(그는 책을 식탁 위에 놓았다.)

b. She **put** a patch on the trousers.(그녀는 헝겊을 그 바지에 대었다.)

c. They **put** men on the moon.(그들은 사람들을 달에 착륙시켰다.)

d. She **put** some wood on the fire.(그녀는 땔감을 불에 놓았다.)

1.2. 다음 주어는 목적어를 넣는다.

(2) a. She **put** some milk in my tea.(그녀는 우유를 나의 차에 넣었다.)

b. He **put** his hands in his pockets. (그는 손을 그의 호주머니에 넣었다.)

c. Try to **put** yourself in my position.(너 자신을 내 입장에 놓이게 해 보아라.)

1.3. 다음 주어는 목적어를 전치사 into의 목적어에 넣는다.

(3) a. She **put** a knife into the man.(그녀는 칼을 그 남자에게 찔렀다.)

b. They **put** a satellite into orbit round Mars.(그들은 위성을 화성 주위의 궤도에 올렸다.)

1.4. 다음 주어는 목적어를 to의 목적어에 갖다 댄다.

(4) a. He **put** the horse to the cart.(그는 말을 마차에 달았다.)

b. She **put** a new handle to the knife.(그녀는 새 손잡이를 칼에 달았다.)

c. He **put** a match to his cigarette.(그는 성냥을 담배에 대었다.)

d. We **put** our daughter to school.(우리는 딸을 학교에 넣었다.)

1.5. 다음 주어는 목적어가 across나 through 목적어를 지나게 한다.

(5) a. He **put** me across the river.(그는 나를 강 건너에 내려주었다.)

b. He **put** his pen across the word.(그는 펜을 그 낱말을 가로질러 그었다.)

c. He **put** a bullet through her head.(그는 실탄을 그녀의 머리에 관통시켰다.)

1.6. 다음 목적어는 추상적인 개체이나 구체적인 것으로 개념화되어 있다. 주어는 목적어를 on의 목적어에 놓는다.

(6) a. They **put** all the blame on me. (그들은 모든 잘못을 나에게 씌웠다.)

b. They **put** great pressure on him.(그들은 큰 압력을 그에게 많이 가했다.)

c. They **put** a great strain on her.(그들은 큰 부담을 그녀에게 가했다.)

d. They **put** a price on the article.(그들은 가격표를 그 물건에 붙여 놓았다.)

e. They **put** a price on the Rubens painting.(그들은 가격을 루벤스의 그림에 매겼다.)

f. He **puts** no value on my advice.(그는 내 충고에 아무런 가치를 두지 않는다.)

1.7. 다음 목적어는 추상적이나 구체적인 것으로 개념화되어 있다. 주어는 목적어를 in의 목적어에 넣는다.

(7) a. Don't put your trust in a stranger. (신뢰를 낯선 이에게 두지 마라.)

  b. I will put the matter in your hands. (나는 그 문제를 너의 손에 맡겨 두겠다.)

  c. Put this Korean sentence in English. (이 한국어 문장을 영어로 옮기세요.)

  d. The news put him in a very good humor. (그 소식은 그를 매우 유쾌한 기분 속에 넣었다.)

  e. He put his room in order. (그는 방을 정돈 상태에 넣었다.)

1.8. 다음은 [감정이나 생각은 개체]와 [낱말은 그릇] 은유가 적용된 표현이다.

(8) a. She put her feelings into words. (그녀는 자신의 감정을 말로 표현했다.)

  b. Who put that strange idea into your head? (누가 그 이상한 생각을 너의 머리 속에 넣었느냐?)

1.9. 다음 주어는 목적어를 전치사 to의 목적어의 상태에 놓는다.

(9) a. He put her to blush/shame/work. (그는 그녀가 얼굴을 붉히게/부끄러움을 느끼게/일을 하게 했다.)

  b. They put him to death/inconvenience. (그들은 그를 죽게/불편하게 했다.)

  c. They put many people out of job. (그들은 많은 사람들이 일자리를 잃게 했다.)

1.10. 다음 주어는 목적어를 전치사 at의 목적어에 둔다.

(10) a. She put people at ease. (그녀는 사람들을 편안하게 했다.)

  b. Her smile put him at ease. (그녀의 미소는 그를 편안하게 했다.)

  c. He put his horse at the fence. (그는 말을 울타리에 매었다.)

1.11. 다음 주어는 목적어를 전치사 to의 목적어에 놓는다.

(11) a. He put an end/a stop to the debate/the war/the meeting. (그는 그 토론/전쟁/모임을 끝냈다.)

  b. He put a limit to his outlay. (그는 한계를 지출에 두었다.)

  c. They put a proposal to the board of directors. (그들은 제안을 그 이사회에 회부했다.)

  d. They put a resolution to the meeting. (그들은 결의안을 모임에 붙였다.)

  e. Put your mind to your work. (마음을 일에 두어라.)

1.12. 다음 주어는 마음 속으로 목적어를 at의 목적어에 위치시킨다.

(12) a. I put her age at 73. (나는 그녀의 나이를 73으로 본다.)

  b. I put her fur coat at $200. (나는 그녀의 털 코트를 200불로 본다.)

  c. He put the loss at $10,000. (그는 손실을 10,000불로 본다.)

  d. She put the distance at 10 miles. (그녀는 그 거리를 10마일로 본다.)

2. 자동사 용법

2.1. 다음 주어는 움직인다.

(13) a. They put forth in a small boat. (그들은 작은 배를 타고 나갔다.)

  b. The ship put into the harbor. (배는 항구로 들어왔다.)

  c. The ship put out to sea. (그 배는 바다로 나갔다.)

puzzle

이 동사의 개념 바탕에는 일이 어지러워 어리둥절해지는 과정이 있다.

1. 타동사 용법

1.1. 다음 주어는 목적어를 어리둥절하게 만든다.

(1) a. The bewildering array of wires puzzled the electrician. (어리둥절한 전선 배열은 전기기사를 당혹스럽게 했다.)

  b. My friend's behavior puzzled me. (친구의 행동은 나를 난처하게 했다.)

  c. My symptoms puzzled the doctor. (나의 증상들은 의사를 어리둥절하게 했다.)

1.2. 다음 it은 의문사가 표현을 대신 한다.

(2) It puzzles me what to do. (뭘 해야 할지가 나를 어리둥절하게 했다.)

1.3. 다음은 수동태 문장으로 주어는 어리둥절해진다.

(3) a. She was puzzled by the difficult homework assignment. (그녀는 어려운 숙제로 인해 난처해 했다.)

  b. I am puzzled about this situation. (나는 이 상황에 어리둥절해진다.)

1.4. 다음 주어는 자신의 머리를 쓴다.

(4) a. He puzzles his mind over the solution of the problem. (그는 마음을 그 문제의 해결에 쓴다.)

  b. She puzzled her brains over the problem. (그녀는 머리를 그 문제에 썼다.)

1.5. 다음 주어는 머리를 써서 목적어를 찾거나 알아낸다.

(5) a. He tried to puzzle out the truth. (그는 진실을 알아내려고 애썼다.)

  b. He puzzled out the complex math problem. (그는 복잡한 수학 문제의 답을 알아냈다.)

  c. He's trying to puzzle out a solution. (그는 해결책을 알아내려고 노력하고 있다.)

  d. He's trying to puzzle out why he had been brought to the house. (그는 왜 자신이 그 집에 보내졌는지 알아내려고 애쓰고 있다.)

2. 자동사 용법

2.1. 다음 주어는 머리를 쓴다.

(6) a. Kathy puzzled over the question all evening. (캐시는 그 질문을 저녁 내내 골똘히 생각했다.)

  b. He'd puzzled over the figures for hours without making head or tail of them. (그는 그 수치에 대해 몇 시간 동안 골몰했으나 전혀 알지 못했다.)

2.2. 다음 주어는 곰곰이 생각한다.

(7) He puzzled about this situation. (그는 이 상황에 대해 머리를 썼다.)

2.3. 다음 주어는 머리를 아프게 한다.

(8) a. This affair is very puzzling. (이 사건은 매우 골치를 아프게 한다.)

  b. The situation is more puzzling than ever. (그 상황은 여태껏 있었던 것보다 더 당혹스럽다.)

q

quake

이 동사의 개념 바탕에는 떨리는 과정이 있다.

1. 자동사 용법

1.1. 다음 주어는 떤다. 주어는 사람이다.
(1) a. He is **quaking** with fear before the examination. (그는 시험 전에 두려움으로 떨고 있다.)
　　b. He was **quaking** in his boots at the thought. (그는 그 생각에 신을 신고 떨고 있었다/두려워하고 있었다.)
　　c. The boys stood **quaking** in front of the principal's office. (그 소년들은 교장실 앞에서 떨면서 서 있었다.)
　　d. We all **quaked** with laughter. (우리 모두는 웃음으로 온 몸이 떨렸다.)

1.2. 다음 주어는 떤다.
(2) a. The earth was **quaking** and rolling during the earthquake. (그 땅은 지진이 발생한 동안 떨리고 흔들리고 있다.)
　　b. The ground **quaked** as the bomb exploded. (그 땅은 폭탄이 터지자 흔들렸다.)
　　c. The explosion made the whole house **quake**. (그 폭발은 집 전체를 흔들리게 했다.)

1.3. 다음 주어는 목소리이다.
(3) His voice is **quaking** with fear. (그의 목소리는 공포로 떨리고 있다.)

qualify

이 동사의 개념 바탕에는 제한하는 과정이 있다.

1. 타동사 용법

1.1. 다음 주어는 목적어의 적용 범위를 제한한다.
(1) a. Adjectives **qualify** nouns. (형용사는 명사를 한정한다.)
　　b. Adverbs **qualify** verbs. (부사는 동사를 한정한다.)

1.2. 다음 주어는 목적어를 as의 목적어로 제한한다.
(2) a. I can't **qualify** his approach **as** either good or bad. (나는 그의 연구법을 좋다 나쁘다 한정할 수 없다.)
　　b. She **qualifies** him **as** a villain. (그녀는 그를 악한으로 한정한다.)
　　c. Could you **qualify** his behavior **as** offensive? (그의 행동을 기분 나쁜 것으로 한정하겠니?)

1.3. 다음 주어는 목적어의 적용 범위를 분명하게 한다.
(3) a. I had to **qualify** my remarks to include all the facts. (나는 모든 사실을 포함하도록 나의 말을 한정해야 했다.)
　　b. The mayor **qualified** his statement to clear up an ambiguity. (그 시장은 모호함을 말끔히 씻어버리기 위하여 진술을 한정했다.)
　　c. I want to **qualify** what I said earlier. (나는 이전에

내가 말한 것을 한정하길 원한다.)
　　d. She **qualified** her agreement by saying that we need to use our own money. (그녀는 우리는 자신의 돈을 쓸 필요가 있다고 말하면서 동의를 한정했다.)

1.4. 다음 주어는 목적어의 정도를 약하게 한다.
(4) a. He **qualified** the spirits with water. (그는 술을 물로 희석했다.)
　　b. He **qualified** the punishment. (그는 벌을 완화시켰다.)
　　c. He is **qualifying** his anger. (그는 자신의 노여움을 누그러뜨리고 있다.)

1.5. 다음 주어는 목적어를 자격을 갖게 한다.
(5) a. Your years of experience **qualify** you **for** this job. (여러 해의 너의 경력이 네가 그 일을 하는 데 자격을 준다.)
　　b. Your excellent grades **qualify** you **for** a scholarship. (탁월한 성적은 너를 장학금을 받는 데 자격을 준다.)
　　c. The training **qualifies** her **for** the job. (그 교육 훈련은 그녀에게 그 일에 대한 자격을 준다.)
　　d. The license **qualifies** him to drive the truck. (그 자격증은 그가 트럭을 모는 자격을 준다.)

1.6. 다음 목적어는 재귀대명사이다. 주어는 스스로 자격을 갖춘다.
(6) a. Can you **qualify** yourself **for** the job? (당신은 그 일을 하는데 적합한 능력을 갖출 수 있습니까?)
　　b. He **qualified** himself to do some useful work. (그는 유용한 일을 할 수 있는 능력을 갖췄다.)

1.7. 다음은 수동태 문장으로 주어는 자격이 주어진다.
(7) a. She is **qualified** as a teacher of Korean. (그녀는 한국어 선생님으로서의 자격이 주어진다.)
　　b. He is not **qualified** to teach. (그는 가르칠 자격이 없다.)
　　c. He is not **qualified** for teaching. (그는 가르칠 자격이 없다.)

2. 자동사 용법

2.1. 다음 주어는 자격을 갖는다.
(8) a. Mark **qualified** for the early retirement program. (마크는 조기퇴직 계획의 자격이 있었다.)
　　b. Does he **qualify** for the job? (그는 그 일에 대한 자격이 있나?)
　　c. If you live in this area, you **qualify** for a parking permit. (네가 이 지역에 살면 너는 주차 허가를 받을 자격이 있다.)
　　d. Most of the earthquake victims **qualify** for low-interest loans. (지진 피해자들의 대부분은 저금리 융자를 받을 자격이 있다.)

2.2. 다음 주어는 as의 자격을 갖는다.
(9) a. Do you think this dress **qualified as** evening wear? (너는 이 드레스가 저녁에 입을 옷으로 적합하다고 생각하니?)

b. He qualified as a doctor last year.(그는 작년에 의사 자격을 받았다.)

c. Does photography qualify as an art form?(사진술이 예술의 한 양식으로서의 자격이 있는가?)

quarrel

이 동사의 개념 바탕에는 다투는 과정이 있다.

1. 자동사 용법
1.1. 다음의 주어는 전치사 with의 목적어와 다툰다.
(1) a. She quarreled with her brother over her father's will.(그녀는 아버지의 유언을 두고 오빠와 다퉜다.)

b. He has quarrelled with his girlfriend and now he wants to quarrel with everyone else.(그는 여자 친구와 다툰 후로 이제는 그 외의 모든 사람에게 시비를 걸고 싶어한다.)

c. He quarrels with his mother when his mother tells he can't go out at night.(그는 어머니가 밤에 외출할 수 없다고 말할 때 어머니와 말다툼을 한다.)

d. She quarreled with her husband about their children.(그녀는 아이들 일로 남편과 다퉜다.)

1.2. 다음에서 전치사 with의 목적어는 사람이 아니고 개체이다. 주어는 목적어를 받아들이지 않는다.
(2) a. He quarreled with the court decision.(그는 법원 판결에 이의를 제기했다.)

b. It is useless to quarrel with destiny/fate because one has no control over it.(우리는 운명을 통제할 수 없으므로 운명과 맞서 싸워봐야 소용없다.)

c. A bad workman quarrels with his tools.(서투른 일꾼은 연장을 탓한다.)

d. I won't quarrel with the coach's decision.(나는 코치의 결정에 이의를 제기하지 않을 것이다.)

e. They quarreled with his proposal/conclusion.(그들은 그의 제안/결정을 받아들이지 않았다.)

f. I wouldn't quarrel with your analysis of the situation.(나라면 그 상황에 대한 당신의 분석을 받아들이겠다.)

g. I'd quarrel with some of the results you are predicting.(나는 당신이 예측하는 결과 몇 개에 이의를 제기하겠다.)

1.3. 다음 주어는 다툰다.
(3) a. The sisters quarrel too often.(그 자매들은 너무 자주 싸운다.)

b. The students quarreled about right and wrong.(그 학생들은 시비를 가리려고 싸움을 했다.)

c. The two brothers quarrelled.(그 두 형제가 싸웠다.)

d. They are forever quarreling with each other.(그들은 끊임없이 서로 싸우고 있다.)

e. The boys quarreled over the use of the tennis court.(그 소년들은 테니스장 사용을 두고 서로 싸웠다.)

f. Children sometimes quarrel over/for trifles.(아이들은 흔히 사소한 일들로 싸운다.)

quarry

이 동사의 개념 바탕에는 quarry의 명사 '채석장'이 있다.

1. 타동사 용법
1.1. 다음 주어는 목적어를 캔다.
(1) a. The workers quarry stone.(그 노동자들은 돌을 캔다.)

b. They are quarrying marble.(그들은 대리석을 캐내고 있다.)

1.2. 다음은 수동태 문장으로, 주어는 캐진다.
(2) a. The stone is quarried from Portland.(그 돌은 포틀랜드에서 캐내어진다.)

b. The local rock is quarried from the hillside.(그 지방의 바위는 산허리에서 채석된다.)

1.3. 다음 목적어는 채석장이다.
(3) a. They are quarrying the hillside.(그들은 산중턱을 채석하고 있다.)

b. They are quarrying the area for limestone.(그들은 그 지역을 석회암을 캐기 위해 채석하고 있다.)

c. They are quarrying the mountain for marble.(그들은 그 산을 대리석을 얻기 위해 채석하고 있다.)

1.4. 다음은 수동태 문장으로, 주어는 채석되는 장소이다.
(4) The local area is being quarried for limestone.(그 지역은 석회암을 위해 채석되고 있다.)

quarter

이 동사의 개념 바탕에는 quarter의 명사 '1/4'이 있다. 이 동사의 의미는 나누는 과정과 관계가 있다.

1. 타동사 용법
1.1. 다음 주어는 목적어를 네 등분한다.
(1) a. Quarter the tomatoes and place them round the dish.(토마토를 네 등분해서 접시 둘레에 담아라.)

b. She quartered the chicken for frying.(그녀는 닭고기를 튀기기 위해 네 등분했다.)

c. He quartered the pie/the orange for us.(그는 우리를 위해 파이를/오렌지를 네 등분했다.)

1.2. 다음은 수동태 문장으로, 주어는 네 등분된다.
(2) He was condemned to be quartered.(그는 능지처참을 선고받았다.)

1.3. 다음은 수동태 문장으로 주어는 숙영된다.
(3) a. The soldiers were quartered in the houses.(병사들은 그 집에 숙영되었다.)

b. Our forces were quartered in tents along the edge of the woods.(우리 부대는 숲의 가장자리를 따라 텐트 안에서 숙영했다.)

1.4. 다음 주어는 목적어를 숙영시킨다.
(4) a. They quartered the soldiers in barrack.(그들은 병사들을 막사에 숙영시켰다.)

b. He quartered himself at a hotel.(그는 호텔에 묵었다.)

c. The commander quartered the troops in the

town.(그 사령관은 그 부대를 마을에 숙영시켰다.)

1.5. 다음 주어는 목적어를 숙영한다.

(5) a. They quartered the city.(그들은 그 도시를 숙영했다.)

b. The troops quartered the town.(그 부대는 그 마을을 숙영했다.)

2. 자동사 용법

2.1. 다음 주어는 숙영한다.

(6) The soldiers quartered on the villagers.(병사들은 마을 사람들에게 부담을 주면서 숙영했다.)

quaver

이 동사의 개념 바탕에는 떨리는 과정이 있다.

1. 자동사 용법

1.1. 다음 주어는 떨린다.

(1) a. His voice quavered in fright.(그의 목소리가 무서워서 떨렸다.)

b. Her lips quavered as she tried not to cry.(울지 않으려고 애쓰자 그녀의 입술은 떨렸다.)

c. Her whole body quavered when she heard the news.(그 소식을 들었을 때 그녀의 온 몸은 떨렸다.)

2. 타동사 용법

2.1. 다음 주어는 떨리는 목소리로 목적어를 노래하거나 말한다.

(2) a. He quavered a song.(그는 떨면서 노래를 한 곡 불렀다.)

b. He quavered out a few words.(그는 떨면서 몇 마디 말을 뱉었다.)

quench

이 동사의 개념 바탕에는 갈증을 가시게 하는 과정이 있다.

1. 타동사 용법

1.1. 다음 주어는 목적어를 가시게 한다.

(1) a. The water quenched his thirst.(그 물은 그의 갈증을 가시게 했다.)

b. A cold glass of lemonade would quench my thirst.(차가운 레몬수 한 잔이 나의 갈증을 풀어 줄 텐데.)

1.2. 다음은 수동태 문장으로 주어는 가신다.

(2) a. His thirst for knowledge will never be quenched.(그의 지적 열망은 결코 가시지 않을 것이다.)

b. The flames were quenched by heavy rains.(그 화염은 심한 폭우에 잡혔다.)

1.3. 다음 주어는 목적어를 끈다.

(3) a. Water quenches fire.(물은 불을 꺼지게 한다.)

b. Firemen tried to quench the flames raging through the building.(소방수들은 건물을 휩쓸고 있는 화염을 끄려고 애를 썼다.)

c. Nothing could quench our hopes.(그 무엇도 우리의 희망을 꺾을 수 없었다.)

1.4. 다음 주어는 목적어를 담금질한다.

(4) We quench hot steel to harden it.(우리는 뜨거운 강철을 담금질해서 굳게 만든다.)

query

이 동사의 개념 바탕에는 의문을 풀기 위해서 묻는 과정이 있다.

1. 타동사 용법

1.1. 다음 주어는 목적어를 의문을 풀기 위해서 묻는다.

(1) a. I query the reliability of his word.(나는 그의 말의 신뢰성을 의심한다.)

b. I queried the wisdom of spending so much money.(나는 그렇게 많은 돈을 쓰는 지혜에 의문을 품었다.)

c. He queried the bill as it seemed too high.(그는 그 청구서가 액수가 너무 높아서 의문을 품었다.)

d. The tax officer queried our accounts.(그 세금 관리는 우리의 회계장부를 의심했다.)

1.2. 다음 주어는 목적어를 질문한다.

(2) a. He queried the customer about his unpaid bill.(그는 그 고객의 미납 청구서에 대해 물어보았다.)

b. He queried the suspect about his recent activities.(그는 그 용의자 최근 행적에 대해 물어보았다.)

1.3. 다음 따옴표 속의 내용은 주어가 묻는 말이다.

(3) "What time are we leaving?" queried Mr. Kim.("우리 언제 떠날 거야?"라고 김씨가 물어보았다.)

1.4. 다음 주어는 whether가 이끄는 절의 내용을 묻는다.

(4) a. I query whether his words can be trusted.(나는 그의 말이 믿어도 되는지 물어본다.)

b. She queried whether two months is long enough.(그녀는 두 달이 충분히 긴지 아닌지 물어보았다.)

c. I query whether these figures are reliable.(나는 이 수치가 믿을만한지 아닌지 의문이다.)

question

이 동사의 개념 바탕에는 끈질기게 묻는 과정이 있다.

1. 타동사 용법

1.1. 다음 주어는 목적어를 심문한다.

(1) a. He questioned the suspect/the witness.(그는 용의자/증인을 심문했다.)

b. The police questioned the suspect.(경찰은 그 용의자를 심문했다.)

1.2. 다음 주어는 목적어에게 on이나 about의 목적어와 관련하여 묻는다.

(2) a. He questioned her on her opinion.(그는 그녀에게

그녀의 견해에 대해 물었다.)

   b. I questioned my teacher about my homework.(나는 선생님에게 숙제에 관하여 물었다.)

   c. The police questioned him about the missing $500.(경찰은 그에게 분실된 500달러에 관하여 물었다.)

1.3. 질문은 의심을 전제한다. 다음 주어는 목적어를 의심한다.

(3) a. Do what I say; don't question my motives.(내가 말한대로 해라 ; 나의 동기를 의심하지 말아라.)

   b. I questioned the appropriateness of the red wallpaper for the bedroom.(나는 침실용으로 빨간 벽지의 적합성을 문제삼았다.)

   c. No one questioned her judgement.(아무도 그녀의 결정을 문제삼지 않는다.)

   d. It makes me question the whole basis of the research.(그것은 내가 그 연구의 모든 근거들을 의심하게 한다.)

1.4. 질문은 또 이의를 전제한다. 다음 주어는 의문사가 이끄는 절의 내용을 의심하거나 이의를 제기한다.

(4) a. Some people question if/whether his remarks are true.(몇몇 사람들은 그의 말이 진실인지 아닌지를 의심한다.)

   b. He questioned whether the accident was solely the truck driver's fault.(그는 그 사고가 오로지 트럭 운전사의 잘못이었는지를 의심했다.)

quicken

이 동사의 개념 바탕에는 활동, 움직임, 성장 등이 눈에 띄게 생기있게 빠르게 움직이는 과정이 있다.

1. 타동사 용법

1.1. 다음 주어는 목적어의 속도를 빠르게 한다.

(1) a. They quickened their steps.(그들은 발걸음을 재촉했다.)

   b. The jogger quickened his pace as he went down the hill.(조깅하는 사람은 발걸음을 산 아래로 내려올 때 빠르게 했다.)

   c. The supervisor quickened the movement of the assembly line.(그 감독관은 조립선의 움직임을 빠르게 했다.)

1.2. 빠른 움직임은 더 큰 활동이나 원기를 나타낸다.

(2) a. The wind quickened the hot embers into flames.(바람은 뜨거운 깜부기불을 휘저어 불길이 되게 했다.)

   b. Spring rain quickened the earth.(봄비는 대지를 생기 있게 했다.)

1.3. 감정, 관심, 상상력은 추상적이지만, 구상적 개체로, 나아가서 불꽃같은 개체로 개념화된다.

(3) a. The policy served to quicken anti-government feeling.(그 정책은 반정부 감정을 촉발하는데 기여했다.)

   b. Good literature quickens our interest.(훌륭한 문학 작품은 우리의 흥미를 일으킨다.)

   c. His story quickened the boys' imaginations.(그의 이야기는 그 소년들의 상상력을 일으켰다.)

2. 자동사 용법

2.1. 다음 주어는 속도가 빨라진다.

(4) a. His pulse quickened.(그의 맥박은 빨라졌다.)

   b. My heartbeat quickened as I jumped out of the on-going car.(나의 심장 박동은 달리고 있는 차 밖으로 뛰어내렸을 때 빨라졌다.)

   c. The flow of water quickened as the hole in the pipe got larger.(물의 흐름은 관의 구멍이 점점 커져감에 따라 빨라졌다.)

2.2. 다음 주어는 가만히 있던 상태에서 움직인다.

(5) a. She felt that the baby's life had begun when the fetus quickened.(그녀는 그 아기의 생명이 시작됐다고 그 태아가 태동했을 때 느꼈다.)

   b. She had no idea when her fetus actually quickened.(그녀는 언제 태아가 실제로 태동을 시작했는지 몰랐다.)

2.3. 다음 주어는 그 정도가 강해진다.

(6) His interest quickened as he heard more about the plan.(그의 관심은 그가 그 계획에 대해 더 많이 듣게 되자 높아졌다.)

quiet

이 동사의 개념 바탕에는 조용하게 되는 과정이 있다.

1. 타동사 용법

1.1. 다음 주어는 목적어를 조용하게 한다.

(1) a. He tried to quiet excited students.(그는 흥분한 학생들을 조용하게 하려고 노력했다.)

   b. He is quieting a crying baby.(그는 우는 아기를 달래고 있다.)

1.2. 다음 주어는 목적어를 조용히 시켜서 목적어가 조용하게 된다.

(2) a. He tried to quiet her down and get back to sleep.(그는 그녀를 진정시켜서 다시 잠들게 하려고 노력했다.)

   b. She quieted down the dog.(그녀는 개를 달랬다.)

1.3. 다음 주어는 감정이다. 이 표현은 [감정은 생명체] 은유가 적용된 예이다.

(3) a. He quieted the child's fears.(그는 그 아이의 공포를 누그러지게 했다.)

   b. The knowledge quieted his conscience.(그 앎은 그의 양심을 달래었다.)

2. 자동사 용법

2.1. 다음 주어는 조용해진다.

(3) a. The room immediately quieted down.(그 방은 즉시 조용해졌다.)

   b. The demonstrators quieted down a bit this afternoon.(그 시위자들은 오늘 오후에 약간 잠잠해졌다.)

   c. The wind quieted down.(그 바람은 가라앉았다.)

quit

이 동사의 개념 바탕에는 자리를 뜨는 과정이 있다.

I. 타동사 용법
1.1. 다음 주어는 목적어를 떠난다. 목적어는 장소이다.
(1) a. He quit the house/the office.(그는 그 집을/사무실을 떠났다.)
  b. The soldiers quit the town.(군인들은 그 마을을 떠났다.)
  c. He quit Seoul yesterday, and went to live in the country.(그는 서울을 어제 떠나서 시골로 살러 갔다.)
  d. One day humans might quit the earth, and live in other planets.(어느 날 인간은 지구를 떠나서 다른 행성에서 살지도 모른다.)
  e. He quit his room in anger.(그는 화가 나서 그 방을 떠났다.)
  f. The army quit the area as fast as it could.(군대는 가능한 한 빠른 시간에 그 지역을 떠났다.)

2. 다음 주어는 목적어를 떠난다. 이것은 [직업은 자리] 은유이다.
(2) a. He quit work/school never to return.(그는 일/학교를 그만두고 다시 돌아오지 않았다.)
  b. He quit his job as a secretary.(그는 비서로서의 일을 그만두었다.)
  c. They quit their work at 6.(그들은 일을 6시에 그만두었다.)

1.3. 다음 목적어는 주어가 하는 일이나 습관이다. 주어는 목적어를 떠난다.
(3) a. He quit smoking/gambling/drinking/teaching.(그는 담배/도박/술/교육을 그만두었다.)
  b. He quit worrying about his son/protesting/whining/ wasting my time.(그는 아들을 걱정/항의/푸념/나의 시간 낭비하는 것을 그만두었다.)
  c. I hope you all quit complaining.(나는 너희 모두가 불평을 그만했으면 좋겠다.)

1.4. 다음 목적어는 주어가 가지고 있던 습관이나 걱정 등이다. 주어는 목적어를 버린다.
(4) a. He quit the bad habit.(그는 나쁜 습관을 그만 두었다.)
  b. He quit his prejudice.(그는 그의 편견을 버렸다.)
  c. He quit his debts.(그는 빚을 갚았다.)

2. 자동사 용법
2.1. 다음 주어는 일을 그만둔다.
(5) a. It is time to quit.(그만둘 시간이다.)
  b. He quit last week.(그는 지난주에 그만두었다.)
  c. They made too many demands on him, and he quit.(그들은 그에게 너무 많은 것을 요구했기 때문에, 그는 그만두었다.)
  d. I am going to quit next month.(나는 다음 달에 그만두겠다.)
  e. I've had enough, so I quit.(나는 충분히 경험하였기 때문에 그만둔다.)

  f. He had to quit because of his ill health.(그는 나쁜 건강 때문에 그만두어야만 했다.)

2.2. 다음 주어는 경기를 그만둔다.
(6) a. Don't quit now; you will have a chance to win.(지금 그만두지 말아라; 네가 이길 기회가 있을 것이다.)
  b. The athlete will never quit until he wins.(그 선수는 우승할 때까지 그만두지 않을 것이다.)

quiver

이 동사의 개념 바탕에는 악기의 현과 같이 빠르게 격한 감정으로 떨리는 과정이 있다.

1. 자동사 용법
1.1. 다음 주어는 떨린다. 주어는 신체 부위이다.
(1) a. His voice quivered.(그의 목소리는 떨렸다.)
  b. Her bottom lip quivered.(그녀의 아랫입술은 떨렸다.)
  c. Her lips quivered and then she started to cry.(그녀의 입술은 떨렸고, 그런 다음 그녀는 울기 시작했다.)

1.2. 다음 주어는 떤다. 주어는 전체이다.
(2) a. He is quivering with fear/rage.(그는 공포/분노에 떨고 있다.)
  b. The memory of that day made him quiver with anger.(그 날의 기억은 그를 분노에 떨게 했다.)
  c. The dog is quivering in the cold.(그 개는 추위에 떨고 있다.)

quiz

이 동사의 개념 바탕에는 간단하게 시험을 보는 과정이 있다.

1. 타동사 용법
1.1. 다음 주어는 목적어를 시험을 보인다.
(1) a. The instructor quizzed the students on linguistics.(교사는 그 학생들에게 언어학 시험을 치게 했다.)
  b. The teacher quizzed the class.(그 선생님은 그 반의 학생들에게 간단한 시험을 보였다.)

1.2. 다음 주어는 목적어를 심문한다.
(2) a. The police officer quizzed the witness about what he had seen.(경찰은 목격자가 본 것에 관하여 그를 심문했다.)
  b. Mother quizzed me when I came home after my curfew.(엄마는 내가 귀가시간 이후에 집에 왔을 때 나에게 물었다.)

1.3. 다음은 수동태 문장으로 주어는 시험을 친다.
(3) a. You will be quizzed on chapter 3 next week.(너희들은 3장에 대하여 다음 주에 간단한 시험을 보게 될 것이다.)
  b. The students will be quizzed on history.(그 학생들은 역사 과목에 간단한 시험을 치게 될 것이다.)

quote

이 동사의 개념 바탕에는 인용하는 과정이 있다.

1. 타동사 용법

1.1. 주어는 목적어를 인용한다. 목적어는 사람이다.

(1) a. He quoted Milton.(그는 밀턴을 인용했다.)

    b. Can I quote you on that?(내가 그것에 관하여 너를 인용해도 되니?)

    c. John often quotes his father, who frequently said clever things.(존은 종종 아버지 말씀을 인용하는데, 그의 아버지는 자주 현명한 말씀을 하신다.)

1.2. 다음 목적어는 글이나 말이다.

(2) a. He quoted a few passages from Shakespeare.(그는 셰익스피어에서 몇 구절을 인용했다.)

    b. He quoted an old saying/remark.(그는 오래된 속담/말씀을 인용했다.)

    c. Don't quote the dictionary/bible all the time.(항상 사전/성경을 인용하지는 마라.)

1.3. 주어는 목적어를 제시한다.

(3) a. He quoted a price on the repairs.(그는 수리작업에 대한 가격을 제시했다.)

    b. The salesman quoted a low figure for the house.(판매원은 그 집에 대하여 낮은 가격을 제시했다.)

    c. He quoted $100 for the mending the roof.(그는 그 지붕의 수리에 대하여 100달러를 제시했다.)

1.4. 다음 주어는 첫째 목적어에 둘째 목적어를 매긴다.

(4) a. They quoted us $300 for installing a shower unit.(그들은 샤워시설을 설치하는데 우리에게 300달러의 가격을 견적했다.)

    b. What price would you quote me for the painting?(너는 나에게 페인트칠을 하는 데 얼마를 견적하시겠습니까?)

    c. I can quote you several examples.(나는 너에게 여러 가지 예를 제시할 수 있다.)

1.5. 주어는 목적어의 가치를 at의 목적어에 둔다.

(5) He quoted the commodity at $50.(그는 그 상품의 시세를 50달러로 매겼다.)

1.6. 다음은 수동태 문장으로 주어는 가치가 매겨진다.

(6) a. Yesterday the dollar was quoted at 1,200 won.(어제 달러는 1,200원에 매겨졌다.)

    b. The company's shares are currently quoted at $2.(그 회사의 주식은 근래에 2달러로 매겨진다.)

    c. The instance was quoted as important.(그 실례는 중요한 것으로 제시되었다.)

2. 자동사 용법

2.1. 다음 주어는 인용을 한다.

(7) a. John quotes from reliable sources.(존은 믿을만한 출처로부터 인용한다.)

    b. She quotes from Byron.(그녀는 바이런을 인용한다.)

2.2. 다음 주어는 시세를 부른다.

(8) He quoted for building a new house.(그는 새 집을 짓는 비용을 견적했다.)

R r

race

이 동사의 개념 바탕에는 race의 명사 '달리기'가 있다. 동사의 의미는 이 의미와 관계가 있다.

1. 자동사 용법
1.1. 다음 주어는 빨리 뛰어 움직인다.
(1) a. I had to race back home for my umbrella.(나는 우산 때문에 급히 집으로 돌아와야 했다.)
   b. They raced over the course.(그들은 그 경로 전체를 질주했다.)
   c. They raced to a thrilling victory in the relay.(그들은 릴레이 경주에서 통쾌한 승리를 향해 질주했다.)
   d. He raced up the stairs.(그는 계단 위로 서둘러 올라갔다.)
   e. The runner raced toward the finish line.(그 주자는 결승선을 향하여 질주했다.)

1.2. 다음 주어는 달리기 선수로 달린다.
(2) a. Who will be racing against him?(누가 그에 대적하여 경주할 것인가?)
   b. My horse is racing against five others.(나의 말은 다른 다섯 말들과 경주하고 있다.)
   c. She'll be racing for the senior team next year.(그녀는 내년에 삼 학년 팀을 위해 달릴 것이다.)
   d. He raced for the cup.(그는 그 우승컵을 두고 경주했다.)
   e. He wants to race in the Olympics.(그는 올림픽에서 뛰기를 원한다.)

1.3. 생각과 시간도 움직이는 개체로 개념화된다.
(3) a. My thoughts were racing through my head as I tried to think of the answer.(나의 생각들은 내가 해답을 생각하려고 애쓰고 있을 때 내 머릿속을 질주하고 있었다.)
   b. The holidays raced by.(휴일은 금새 지나갔다.)

2. 타동사 용법
2.1. 다음 주어는 목적어를 상대로 달리기를 한다.
(4) a. I will race you to the end of the world.(나는 너를 세상 끝까지 경쟁해서 달리겠다.)
   b. I will race you to your house.(나는 너의 집까지 너에게 경주를 해주마.)
   c. I will race you home.(나는 너의 집까지 너와 같이 경주해 주겠다.)

2.2. 다음 주어는 목적어를 빨리 옮긴다.
(5) a. He raced me to the station in his car.(그는 그의 차에 나를 태우고 역으로 질주했다.)
   b. We raced the sick woman to hospital.(우리는 아픈 여인을 태우고 병원으로 질주했다.)

2.3. 주어는 목적어를 against의 목적어와 시합을 시킨다.
(6) a. He raced my dog against his.(그는 나의 개를 그의 개와 경주시켰다.)
   b. Are you going to race your horse?(너는 너의 말을 경주시킬 작정이니?)

2.4. 주어는 목적어를 시합시키거나 시합에 나가게 한다.
(7) a. The coach raced his best runners in the marathon.(그 코치는 자신의 최고의 선수들을 그 마라톤에 출전시켰다.)
   b. They raced dogs/horses/pigeons.(그들은 개들/말들/비둘기들을 경주시켰다.)

2.5. 다음 주어는 목적어를 공회전시킨다.
(8) a. He raced the motor.(그는 차를 공회전시켰다.)
   b. The driver raced the car's engine at the intersection.(그 운전사는 차의 엔진을 교차로에서 공회전시켰다.)
   c. Ron races his motor every time he stopped the car.(론은 차를 멈출 때마다 공회전시킨다.)
   d. I need to get my car engine fixed; it's racing all the time.(나는 차의 엔진을 수리시킬 필요가 있다; 그것은 늘 공회전한다.)

2.6. 다음 주어는 목적어를 달리게 하다.
(9) a. The pilots raced their boats across the lake.(그 수로 안내인들은 배를 호수를 가로질러 가게 했다.)
   b. He raced his car through the narrow streets of the town.(그는 차를 시내의 비좁은 길 틈바구니를 통해 질주했다.)
   c. They raced the bill through the House.(그들은 그 법안을 서둘러 하원을 통과시켰다.)

2.7. 다음 주어는 목적어를 경마에서 날린다.
(10) He raced his property away.(그는 경마로 자신의 재산을 탕진했다.)

rack

이 동사의 개념 바탕에는 rack의 명사 '선반', '고문대'가 있다. 동사의 의미는 고문대의 기능과 관계가 있다.

1. 타동사 용법
1.1. 다음 주어는 목적어를 고통스럽게 만든다.
(1) a. Crippling spasms of pain racked him every few minutes.(큰 타격을 가하는 고통스런 경련이 매 분마다 그를 괴롭혔다.)
   b. Cancer racked his body with pain.(암이 그의 몸을 고통으로 괴롭혔다.)
   c. Violence racked the region this year.(폭력이 그 지역을 괴롭혔다.)

1.2. 다음 주어는 머리를 쥐어짠다.
(2) a. He is racking his brains to find the answers.(그는 해답을 발견하려고 머리를 쥐어짜고 있다.)
   b. He racked his brains trying to remember where he had put the key.(그는 어디에 자신이 열쇠를 두었는지 기억하려고 머리를 쥐어짰다.)

1.3. 다음 주어는 목적어를 획득한다.
(3) a. Our team racked up 20 points and beat the other team.(우리 팀은 20점을 획득해서 상대팀을 때려눕

혔다.)

b. At age 30, Tom racked up an impressive list of achievements.(30의 나이에 톰은 인상적인 일련의 업적들을 달성했다.)

c. The company racked up $10 billion.(그 회사는 100억 달러를 획득했다.)

1.4. 다음은 수동태 문장으로 주어는 고통을 받는다.

(4) a. He is racked with a disease.(그는 병으로 고통받는다.)

b. The dog is racked with/by the pains of old age.(그 개는 노년기 고통으로 인해 고통받는다.)

c. His body is racked with fever.(그의 몸은 열병으로 시달린다.)

radiate

이 동사의 개념 바탕에는 빛이나 열이 나오는 과정이 있다.

1. 자동사 용법

1.1. 다음 주어는 from의 목적어에서 나온다. 주어는 빛이다.

(1) a. Sunlight radiates from the sun.(햇빛은 태양에서 나온다.)

b. Light radiated from the candle.(빛은 초에서 나왔다.)

1.2. 다음 주어는 전치사 from의 목적어에서 나온다. 주어는 열이다.

(2) a. Heat radiates from the stove.(열이 난로에서 발산된다.)

b. Energy radiates from the sun.(에너지는 태양에서 발산된다.)

1.3. 다음 주어는 추상적 개체이지만 빛으로 개념화되어 퍼진다.

(3) a. The pain started in my stomach, and radiated all over my body.(통증은 위에서 시작되어 내 온 몸에 걸쳐 퍼졌다.)

b. Confidence radiates from her.(자신감이 그녀에게 넘친다.)

1.4. 다음 주어는 움직이지 않지만, 전체의 형상이 빛이 퍼지는 것 같다.

(4) a. Railways radiate to the suburbs of the city from the business center.(철로들이 그 상업 중심지에서부터 도시의 교외로 방사상으로 뻗는다.)

b. Thin wires radiated from the base of the antenna.(가는 전선들이 안테나 기지에서 사방으로 퍼져 있었다.)

c. A system of roads radiates from the town center.(도로 체계가 시내의 중심에서 방사상으로 퍼진다.)

d. The main avenues in Paris radiate from the center.(파리의 간선 도로는 그 중심지에서 방사상으로 뻗는다.)

e. Spokes radiate from the hub of the wheel.(바퀴 살들이 차륜의 축에서 뻗는다.)

2. 타동사 용법

2.1. 다음 주어는 목적어를 발산한다.

(5) a. The sun radiates heat and light.(태양은 열과 빛을 발산한다.)

b. The heater radiated warmth.(그 난로는 온기를 발산했다.)

c. She radiated confidence/joy.(그녀는 신뢰감/기쁨을 발산했다.)

d. His face radiated joy.(그의 얼굴은 기쁨을 발산했다.)

rage

이 동사의 개념 바탕에는 rage의 명사 '분노', '격분'이 깔려 있다.

1. 자동사 용법

1.1. 다음 주어는 격노한다.

(1) a. The coach raged when the team lost.(그 코치는 팀이 지자 격분했다.)

b. He will rage about the unfairness of it all.(그는 모든 불공정함에 대해 격분할 것이다.)

c. He is raging on about what a fool she is.(그는 그녀가 얼마나 바보 같은지에 대해 계속해서 격분하고 있다.)

1.2. 다음 주어는 격노하고, 그의 격노는 전치사 at의 목적어에 향한다.

(2) a. Father raged at me for disobeying him.(아버지는 내가 그에게 순종하지 않는다고 격노하셨다.)

b. He raged at his son for telling a lie.(그는 아들이 거짓말을 했다고 그에게 격분했다.)

c. He raged at her for her carelessness.(그는 그녀에게 부주의함 때문에 격노했다.)

d. She raged at them for wrecking their bicycle.(그녀는 그들의 자전거를 망친 것 때문에 그들에게 격분했다.)

e. He raged at her.(그는 그녀에 대해 격분했다.)

1.3. 다음 주어는 against의 목적어에 대항해서 격노한다.

(3) a. She raged against their cruel oppression.(그녀는 그들의 무자비한 억압에 대항해서 격노했다.)

b. They raged against the decision.(그들은 그 결정에 대항해서 격노했다.)

c. He raged against his bad luck.(그는 자신의 불운에 대항해서 격노했다.)

d. Tom raged against all of us.(톰은 우리 모두에게 격노했다.)

e. He raged against the injustice of it all.(그는 모든 불의에 대항해서 격노했다.)

f. The citizens raged against the new tax increase.(시민들은 새 세금 인상안에 대항해서 격분했다.)

1.4. 다음 주어는 격노하면서 움직인다.

(4) a. He raged around the room.(그는 화가 나서 씩씩거리며 그 방안을 돌아다녔다.)

b. The hurricane raged across the plains.(그 태풍은 평원을 미친 듯이 휩쓸고 지나갔다.)

1.5. 다음 주어는 토의나 논쟁과 같이 시간 속에 진행된다. 이러한 것은 격렬하게 진행될 수 있다.

(5) a. The controversy has been raging for a decade. (그 논쟁은 10년 동안 격렬하게 진행되어왔다.)

b. The argument over the new airport is still raging. (새 공항에 대한 논의는 여전히 격렬하게 이루어지고 있다.)

c. The argument rages on. (그 논쟁은 계속해서 격렬하게 진행되고 있다.)

d. The debate raged throughout the whole day. (그 토의는 온종일 격렬하게 진행되었다.)

1.6. 다음 주어는 질병이고, 질병은 심하게 날뛰는 것으로 개념화된다.

(6) a. A flue epidemic raged through Europe. (유행성 감기가 유럽 전역을 미친 듯이 휩쓸었다.)

b. The disease raged through the city. (그 질병은 도시 전체를 휩쓸었다.)

c. The flue is raging through local schools. (그 감기는 지역 학교들을 휩쓸고 있다.)

d. The fever raged throughout. (열병은 전 지역을 완전히 휩쓸었다.)

e. Small pox is raging. (수두가 창궐하고 있다.)

1.7. 다음 주어는 불, 폭풍과 같은 것이다. 이러한 것은 격렬하게 일어날 수 있다.

(7) a. Fires still raged throughout the area/the barns. (화재가 여전히 그 지역 전역/그 외양간을 휩쓸었다.)

b. Forest fires were raging out of control. (산불이 통제할 수 없을 정도로 격렬하게 일어나고 있었다.)

c. The typhoon raged outside for three hours. (태풍은 바깥에서 세 시간 동안 미친 듯이 불었다.)

d. The storm raged violently all night. (폭풍은 온 밤을 맹렬하게 휩쓸었다.)

e. The wind raged all night. (바람은 밤 내내 심하게 불었다.)

1.8. 전투도 격렬하게 일어날 수 있다.

(8) a. The battle raged for two whole days. (그 전투는 이틀 내내 격렬하게 벌어졌다.)

b. The battle raged for six days. (그 전투는 6일 동안 격렬하게 벌어졌다.)

c. The riots raged for three days. (그 폭동은 3일 동안 격렬하게 벌어졌다.)

2. 타동사 용법

2.1. 다음의 목적어는 인용문이다. 주어는 격렬한 어조로 인용문을 말한다.

(9) "Get out of here," she raged. ("여기서 나가", 그녀가 호통쳤다.)

2.2. 다음의 목적어는 재귀대명사이다. out은 사라짐을 의미한다.

(10) a. The storm raged itself out. (폭풍은 맹위를 떨친 끝에 잔잔해졌다.)

b. The tempest raged itself out. (대 폭풍은 맹위를 떨친 끝에 잔잔해졌다.)

rail¹

이 동사의 개념 바탕에는 rail의 명사 '가로대'가 있다. 동사의 의미는 이 명사의 쓰임과 관계가 있다.

1. 타동사 용법

1.1. 다음 주어는 가로대로 목적어를 분리한다.

(1) The police railed off the area where the accident took place. (경찰국은 사고가 일어난 지역에 가로대로 분리했다.)

1.2. 다음은 수동태 문장으로 주어는 가로대로 분리된다.

(2) a. The garden is railed off from the road. (정원은 그 도로에서 가로대로 분리된다.)

b. Part of the playing field has been railed off for use as a parking lot. (운동장 일부는 주차장으로 쓰이기 위해 가로대로 분리되었다.)

c. The machine was railed off as a safety precaution. (그 기계는 안전 예방 조치로써 가로대로 차단되어 있었다.)

rail²

이 동사의 개념 바탕에는 성난 어투로 지껄이는 과정이 있다.

1. 자동사 용법

1.1. 다음 주어는 성난 어투로 불평한다.

(1) a. He railed at his hard luck/fate. (그는 억센 운/운명에 불평했다.)

b. They railed against the government. (그들은 정부를 맹렬히 비난했다.)

c. She railed against the injustice. (그녀는 불평등에 화가 나서 불평했다.)

rain

이 동사의 개념 바탕에는 비가 오는 과정이 있다.

1. 자동사 용법

1.1. 다음 주어는 it이다.

(1) a. It hardly rained at all this summer. (이번 여름에는 좀처럼 비가 오지 않았다.)

b. It rained all day. (하루 종일 비가 내렸다.)

c. It rains in northern California 6 or 7 months of the year. (북캘리포니아에서는 일년에 6~7개월 비가 온다.)

1.2. 다음 주어는 눈물이다. 눈물도 액체이므로 비와 같이 내릴 수 있다.

(2) a. Tears rained down her cheeks. (눈물이 그녀의 빰을 따라 흘러 내렸다.)

b. Tears rained from their eyes. (눈물이 그들의 눈으로부터 흘러 내렸다.)

c. Tears rained down form her eyes. (눈물이 그녀의 눈으로부터 흘러 내렸다.)

1.3. 여러 개의 개체가 연속적으로 생기거나 일어나는

것도 연속적으로 빗방울이 떨어지는 것으로 개념화된다. 전치사 on의 목적어는 영향을 받는 사람이다.

(3) a. Letters **rained** upon her.(편지들이 그녀에게 쏟아졌다.)
b. Bullets **rained** down **on** the gangsters.(총알들이 그 갱들에게 빗발치듯 쏟아졌다.)
c. Arrows **rained** down **on** the soldiers.(화살이 그 병사들에게 빗발치듯 쏟아졌다.)
d. He covered his face as the blows **rained** down **on** him.(그는 그 주먹이 그에게 몰아치자 얼굴을 가렸다.)
e. Rockets **rained on** buildings.(로켓이 빌딩에 쏟아져 내렸다.)
f. Confetti **rained** down **on** the parade.(색종이 조각이 그 행렬에 쏟아져 내렸다.)
g. Falling debris **rained** down **on** us.(떨어지는 잔해가 우리에게 쏟아져 내렸다.)
h. The lightning flashed and the sky **rained** down **on** us in torrents.(번개는 쳤고 하늘은 굵은 줄기로 소나기를 우리에게 쏟았다.)

1.4. 다음 주어는 전치사 from의 목적어에서 쏟아진다.

(4) a. Bombs **rained** from above.(폭탄이 위로부터 쏟아져 내렸다.)
b. Sparks **rained** down **from** the burning building.(타고 있는 건물로부터 불똥이 쏟아져 내렸다.)
c. Ash **rained** from the sky.(재가 하늘로부터 쏟아졌다.)
d. Bombs **rained** down **from** the warplanes.(폭탄이 그 전투기로부터 쏟아져 내렸다.)

1.5. 다음 주어는 추상적인 개체이다. 이러한 개체가 구체적인 것으로 개념화되어 있다.

(5) a. Criticisms **rained** down **on** those who broke the law.(비난이 법을 어긴 사람에게 빗발쳤다.)
b. Blessings **rained** down upon them.(축복이 그들에게 쏟아져 내렸다.)
c. Misfortunes **rained** thick upon him.(불행들이 그에게 심하게 쏟아졌다.)

1.6. 다음은 수동태 문장으로 주어는 비를 맞거나 비를 맞는 것과 같은 방법으로 영향을 받는다.

(6) a. On our way home, we were **rained** on.(집으로 오는 길에, 우리는 비를 맞았다.)
b. The box should not be **rained** on.(그 상자는 비를 맞으면 안 된다.)

1.7. 비가 내려서 어디로 새어 들어가는(in) 과정을 그린다.

(7) a. It **rained** in.(비가 새어 들어갔다.)
b. It **rains** in at the window.(비가 창문으로 새어 들어간다.)

2. 타동사 용법

2.1. 다음 주어는 목적어를 비를 내리듯 많이 내린다.

(8) a. The chimneys **rained** black soot on the city.(그 굴뚝은 검은 숯을 그 도시 위로 쏟아 내렸다.)
b. The police **rained** blows on rioters.(경찰이 강타를 폭도들에게 쏟아 부었다.)
c. The enemy **rained** arrows on the soldiers.(그 적군은 화살을 병사들에게 쏟아 부었다.)
d. He has **rained** benefits upon the boys.(그는 많은 혜택을 소년들에게 쏟아부어 왔다.)
e. He **rained** down insults/praises on us.(그는 모욕을/칭찬을 우리에게 쏟았다.)
f. Mother **rained** kisses/gifts upon her son.(어머니는 키스를/선물을 아들에게 쏟아 부었다.)
g. The children **rained** flowers on the bride.(그 아이들은 꽃을 신부에게 쏟아 부었다.)
h. The crowd **rained** confetti on the parade.(군중은 색종이 조각을 그 행렬에 흩뿌렸다.)
i. The jets **rained** bombs down **on** the enemy position.(그 제트기는 폭탄을 적 진지에 쏟아 내렸다.)
j. The volcano erupted, **raining** hot ash over a wide area.(화산은 뜨거운 분진을 넓은 지역에 쏟아내었다.)

2.2. 다음 주어는 목적어를 담고 있는 그릇이다. 이 그릇이 목적어를 쏟아낸다.

(9) a. His eyes **rained** tears.(그의 눈은 눈물을 쏟아 내었다.)
b. The falling chimney **rained** down dust and stones.(쓰러지는 굴뚝은 먼지와 돌을 쏟아내었다.)
c. It **rained** blood/bullets.(그것은 피/총알을 쏟아 내었다.)
d. The storm **rained** hail **on** us as we ran for shelter.(우리가 피난처로 달려갈 때 폭풍은 우리에게 우박을 쏟아져 내렸다.)
e. The moon **rains** out her beams.(달은 빛을 뿜어내고 있다.)

2.3. 다음은 수동태 문장으로 주어는 경기와 같은 계획된 일인데 비 때문에 중단된다. 중단은 out이나 off로 표현된다.

(10) a. The baseball game was **rained** out.(야구 경기는 비로 중단되었다.)
b. The double header was **rained** out.(더블 헤더 경기는 비로 중단되었다.)
c. The cotton crop was **rained** out.(목화 재배는 비로 중단되었다.)
d. The football match was **rained** off.(축구 경기는 비로 취소되었다.)
e. The picnic was **rained** off.(그 소풍은 비로 취소되었다.)

2.4. 다음 목적어는 재귀대명사이다. 비가 퍼부을 만큼 다 퍼부었다는 뜻이다.

(11) It **rained** itself out.(비가 퍼부을 만큼 다 퍼부었다.)

raise

이 동사의 개념 바탕에는 높은 수준으로 올리는 과정이 있다.

1. 타동사 용법

1.1. 다음 주어는 목적어를 일으켜 세운다

(1) a. He **raised** a stone/a sunken ship/the window/the lid/a flag.(그는 돌/침몰한 배/그 창문/그 뚜껑/깃발을 올렸다.)

b. He **raised** a man from his knees/the fallen child to his feet.(그는 무릎 꿇은 남자/넘어진 아이를 세웠다.)

b. He **raised** a fallen chair/an overturned lamp.(그는 넘어진 의자/넘어진 램프를 일으켜 세웠다.)

1.2. 다음 주어는 목적어를 일으킨다.

(2) a. The car **raised** a cloud of dust.(그 자동차는 먼지 구름을 일으켰다.)

b. The dogs **raised** a rabbit and were chasing it.(그 개들이 토끼 한 마리를 깨워 쫓고 있다.)

1.3. 다음 주어는 목적어를 높인다.

(3) a. They **raised** the bed of the road.(그들은 길의 바닥을 높였다.)

b. We will **raise** the wall a few inches.(우리는 벽을 몇 인치 더 높이겠다.)

c. The builders **raised** the ceiling by five inches.(그 건축업자들은 천장을 5인치 높였다.)

1.4. 다음 주어는 목적어를 세운다.

(4) a. They **raised** a monument to the doctor.(그들은 그 의사를 위한 기념비를 세웠다.)

b. They **raised** a statue to Robert Burns.(그들은 로버트 번즈의 동상을 세웠다.)

c. He **raised** a barn.(그는 곳간을 세웠다.)

1.5. 다음 주어는 목적어를 모은다.

(5) a. They **raised** a lot of money for the movement.(그들은 그 운동을 위해 많은 돈을 모았다.)

b. They are trying to **raise** money for the victims of the disaster.(그는 재난의 희생자를 위한 모금을 시도하고 있다.)

c. They **raised** a small army.(그들은 작은 군대를 모았다.)

1.6. 다음 주어는 목적어를 일으켜 생기게 한다.

(6) a. They **raised** a revolt.(그들은 반란을 일으켰다.)

b. His long absence **raised** doubts.(그의 장기간의 부재가 의구심을 일으켰다.)

c. Those shoes have **raised** blisters on my feet.(신은 내 발에 물집이 생기게 했다.)

d. He **raised** a laugh/a cry/an objection.(그는 웃음/울음/반대를 일으켰다.)

d. He **raised** a storm of protests/the shout of victory.(그는 거센 항의/승리의 함성을 일으켰다.)

1.7. 다음 목적어는 환유적으로 쓰여서 정도를 가리킨다. 주어는 목적어를 높인다.

(7) a. The news **raised** his pulse.(그 소식은 그의 맥박 수를 높였다.)

b. His encouragement **raised** her spirits.(그의 격려가 그녀의 기분을 좋게 했다.)

c. The extra effort **raised** his blood pressure well above normal.(그 추가의 노력은 그의 혈압을 정상수치보다 훨씬 높게 만들었다.)

d. She **raised** her voice.(그녀는 목소리를 높였다.)

e. The price has been **raised** by 20 percent.(가격은 20% 높여졌다.)

1.8. 다음은 [지위는 위치이다]의 은유가 적용된 표현이다.

(8) a. They **raised** him to manager.(그들은 그를 지배인으로 승격시켰다.)

b. He was **raised** to the rank of captain.(그는 대위 계급으로 승진되었다.)

c. He **raised** himself by hard study **to** be a great lawyer.(그는 열심히 공부해서 훌륭한 변호사로 지위를 높였다.)

1.9. 다음 주어는 목적어를 키운다.

(9) a. He **raises** wheat.(그는 밀을 재배한다.)

b. They **raise** various kinds of roses.(그들은 여러 가지 종류의 장미를 기른다.)

c. He **raised** pigs/cattle.(그는 돼지/소를 키웠다.)

d. I have **raised** three children.(나는 세 아이들을 키웠다.)

1.10. 다음 주어는 목적어를 제거한다.

(10) a. They **raised** the blockade/ban/embargo.(그들은 봉쇄/금지/통상금지를 풀었다.)

b. They **raised** the siege.(그들은 포위를 풀었다.)

rake

이 동사의 개념 바탕에는 rake의 명사 '갈퀴'가 깔려 있다.

1. 타동사 용법

1.1. 다음 주어는 목적어를 긁는다.

(1) a. He **raked away** the fallen leaves.(그는 낙엽들을 긁어내었다.)

b. He usually **rakes** the grass cuttings **into** small piles.(그는 보통 풀 조각들을 긁어모아서 작은 더미들로 만든다.)

c. He **raked** the dead leaves **off** the garden.(그는 낙엽들을 정원에서 긁어내었다.)

d. He **raked together** the dead leaves.(그는 낙엽들을 갈퀴로 긁어모았다.)

1.2. 다음 주어는 목적어를 갈퀴로 긁어 들인다.

(2) a. He is **raking in** profits.(그는 많은 이익을 긁어 들이고 있다.)

b. The movie **raked in** more than two million dollars.(그 영화는 이백만 달러가 넘는 흥행 수익을 거두어 들였다.)

c. If our investment pays off, we will be **raking in**.(만일 투자가 잘되면, 우리는 많은 돈을 벌것이다.)

1.3. 다음 주어는 갈퀴로 목적어를 긁어낸다.

(3) a. He **raked out** the fire.(그는 불을 긁어냈다.)

b. She **raked out** the ashes from the boiler.(그는 재를 보일러에서 긁어냈다.)

c. I **raked out** this old blanket for camping.(그는 캠프를 위해서 이 낡은 담요를 찾아냈다.)

1.4. 정보나 사실도 낙엽같이 긁어낼 수 있는 것으로 개념화된다.

(4) a. The reporter **raked out** some interesting facts.(기자는 몇 개의 흥미로운 사실들을 찾아냈다.)

b. He raked out a nugget of information.(그는 귀중한 정보를 발견했다.)

1.5. 다음에 쓰인 up은 증가를 나타낸다. 주어가 목적어를 긁어모아서 목적어의 부피가 커진다.

(5) a. Some men were raking up hay.(몇몇 남자들이 건초를 긁어 모으고 있었다.)

b. He raked up enough players for the game.(그는 게임을 위해서 충분한 선수들을 긁어모았다.)

c. Can you rake up some money to lend me until next Friday?(다음 주 금요일까지 나에게 빌려줄 약간의 돈을 긁어 모을 수 있나?)

1.6. 다음 주어는 갈퀴질을 하여 밑에 있던 목적어를 위로 올라오게 한다. 위로 올라오면 보이거나 의식된다.

(6) a. He raked up some old gossip/an old scandal.(그는 예전의 몇몇 떠돌던 말/옛 추문을 들추어냈다.)

b. They raked up his past/his past deeds/an old scandal.(그들은 그의 과거/예전의 행위/오랜 추문을 들춰냈다.)

c. Why must you go on raking up that mistake Jane once made?(너는 왜 제인이 한번 실수한 것을 계속 들추어 내는 거니?)

d. Don't rake up that old quarrel again.(그 오래된 다툼을 다시 들추지 말아라.)

1.7. 다음의 목적어는 장소이다. 주어는 목적어를 긁는다.

(7) a. He raked up the lawn/the field today.(오늘 그는 갈퀴로 잔디밭을 갈퀴질했다.)

b. He raked the front yard after cutting the grass.(그는 잔디를 자른 후에 앞마당을 갈퀴로 긁어내었다.)

c. He raked the garden/the soil smooth.(그는 정원/흙을 부드럽게 고르게 했다.)

d. They were raking the path clean.(그는 소로를 갈퀴질해서 깨끗하게 청소하고 있었다.)

e. He found the man's cheek and raked it with his fingers.(그는 사내의 뺨을 찾아서 손가락으로 긁었다.)

f. He raked the whole valley with his binoculars.(그는 온 골짜기를 그의 쌍안경으로 훑어보았다.)

1.8. 다음 주어는 목적어를 긁는다. 목적어는 어떤 장소에 있는 흙이다.

(8) a. He raked over (the soil) before planting the seeds.(그는 씨를 뿌리기 전에 땅을 긁어 고르게 했다.)

b. He raked the soil carefully before sowing.(그는 씨를 뿌리기 전에 땅을 조심스럽게 고르게 했다.)

1.9. 다음 주어는 목적어를 갈퀴로 훑듯 훑는다. 목적어는 장소이다.

(9) a. A typhoon raked the district.(태풍이 그 지방을 휩쓸고 갔다.)

b. Ragged finger nails raked her skin.(거칠거칠한 손톱들이 그녀의 피부를 긁었다.)

c. The soldiers raked the entire village/the streets with machine gun fire.(그 군인들은 마을/거리 전체를 기관총으로 갈겼다.)

d. Our guns raked the enemy ship.(우리의 총은 적의 배를 갈겼다.)

e. The jet fighter raked the side of the tanker.(그 전투기는 급유선의 옆을 갈겼다.)

1.10. 다음은 수동태 문장으로 주어는 긁힌다.

(10) a. The caravan was raked with bullets.(그 대상은 실탄에 갈겨졌다.)

b. The deck of the ship was raked by the cannon.(그 배의 갑판은 대포에 피격 당했다.)

1.11. 다음 주어는 시선이나 빛으로 어떤 장소를 훑는다.

(11) a. The searchlight raked the open ground around the prison.(그 탐조등은 감옥 주위의 확 트인 땅을 비췄다.)

b. Searchlights raked the grounds.(탐조등은 그 땅을 비췄다.)

1.12. 다음 주어는 무엇을 찾기 위해서 목적어를 갈퀴로 훑듯이 살핀다.

(12) a. The police raked the apartment for evidence.(경찰은 증거를 수집하려고 아파트를 뒤졌다.)

b. He raked old magazines for the article.(그는 기사를 보려고 오래된 잡지를 뒤졌다.)

c. He raked the newspapers for descriptions of the accident.(그는 그 사건의 설명을 보기 위해 신문들을 뒤졌다.)

d. He raked all the dictionaries for examples of the expression.(그는 그 표현의 예문들을 찾기 위해 모든 사전을 뒤졌다.)

e. He raked the ads for a car for sale.(그는 판매용 차를 사기 위해 그 광고지를 뒤졌다.)

1.13. 다음 주어가 목적어를 갈퀴같이 어떤 개체 속을 지나게 한다.

(13) Ken raked his fingers through his hair.(켄은 그의 손가락을 그녀의 머리카락 속으로 움직였다.)

2. 자동사 용법

2.1. 다음 주어는 갈퀴질을 한다.

(14) Mary raked until she got a blister on her hand.(메리는 손에 물집이 생길 때까지 긁었다.)

2.2. 다음 주어는 뒤진다.

(15) a. He raked about/around/among the old manuscript.(그는 오래된 원고를 샅샅이 뒤졌다.)

b. She raked around in her bag for the car key.(그는 차 열쇠를 찾기 위해 가방을 샅샅이 뒤졌다.)

c. I'll rake around/about/among my papers and see if I can find it.(내가 서류를 샅샅이 뒤져서 그것을 찾을 수 있는지 보겠다.)

d. He keeps on raking over his divorce.(그는 이혼한 상태라는 것을 계속해서 들추어내고 있다.)

e. She had no desire to rake over the past.(그는 과거를 들추고 싶은 생각이 없었다.)

f. He raked through his old papers for the letter.(그는 편지를 쓰려고 자신의 오래된 서류들을 뒤져보았다.)

g. He raked through his memories.(그는 기억들을 들추어보았다.)

rally

이 동사의 개념 바탕에는 불러 모으는 과정이 있다.

1. 타동사 용법

1.1. 다음 주어는 목적어를 불러 모은다.

(1) a. The general rallied the troops after a battle.(그 장군은 전투가 끝난 후 군대를 소집했다.)

b. The general rallied his forces to defend the city.(장군은 그 도시를 방어하기 위해 군대를 소집했다.)

c. The commander rallied the scattered troops.(그 사령관은 흩어진 군대를 모았다.)

d. Thatcher's speech had the effect of rallying the party faithful.(대처의 연설에는 충실한 당원들을 결집시키는 효과가 있었다.)

e. The union rallied the members for protest.(그 조합은 항의를 위해 조합원들을 불러 모았다.)

f. The professor rallied his students to support his cause.(그 교수는 자신의 주장을 지지하기 위해 학생들을 불러 모았다.)

g. He rallied supporters at a demonstration.(그는 지지자들을 데모 현장에 불러 모았다.)

h. The candidate rallied a crowd of supporters.(그 후보자는 한 떼의 지지자들을 불러 모았다.)

i. Supporters of the new local shopping development are rallying local people in favor/against.(새로운 지역 상가 개발 지지자들은 지역 사람들을 찬성/반대하는데 불러 모으고 있다.)

1.2. 다음 주어는 목적어를 모은다. 목적어는 자원이나 노력과 같은 추상적인 개체이다.

(2) a. The minister is hoping to rally enough support to get the bill passed.(장관은 그 법안이 통과되도록 충분한 지지를 끌어 모으기를 원하고 있다.)

b. We need to rally local support for our proposals.(우리는 우리의 제안을 위해 지역사회의 지지를 끌어 모아야 할 필요가 있다.)

c. The boxer rallied what was left of his energy.(그 권투 선수는 자신의 힘의 마지막 남은 것을 끌어 모았다.)

d. He rallied his effort/his energy for last effort.(그는 마지막 노력을 위해 남은 힘까지 끌어 모았다.)

e. He has rallied world opinions against nuclear weapons.(그는 세계의 의견들을 핵무기에 반대하여 규합했다.)

f. They are rallying their ideas.(그들은 아이디어를 총동원하고 있다.)

g. He rallied his wits.(그는 기지를 총동원했다.)

h. The news rallied an unsteady market.(그 뉴스는 불안정한 시장을 결집시켰다.)

2. 자동 사용법

2.1. 다음의 주어는 모이는 사람들이다.

(3) a. The students rallied to cheer their football team.(학생들은 자신들의 축구팀을 응원하기 위해 모였다.)

b. Their enemy's forces rallied, and made a fresh attack on the town.(그들의 적군은 집결하여 그 읍내를 다시 새 공격을 감행했다.)

c. The enemy is rallying on the hill.(적은 그 언덕에 집결하고 있다.)

d. The troops retreated, and then rallied for another change.(군대들은 퇴각을 했다가, 또 한 번의 공격을 위해 집결했다.)

e. Dozens of activists rallied against the death penalty.(수십의 운동가들이 그 사형제도에 반대하여 집결했다.)

f. The prime minister is asking the public to rally behind the government.(총리는 국민들에게 정부를 돕기 위해 단결해 달라고 부탁하고 있다.)

g. The supporters rallied to save the club from collapse.(그 지지자들은 클럽을 몰락에서 구해내기 위해 모였다.)

2.2. 다음 주어는 to의 목적어에게 가서 그를 돕는다.

(4) a. He rallied to the side of his wounded comrade.(그는 부상당한 동료 곁으로 급히 달려갔다.)

b. Bob rallied to the side of his frightened sister.(밥은 겁에 질린 누이 곁으로 급히 달려갔다.)

c. They rallied to the side of a friend in need.(그들은 어려움에 처해있는 친구를 도우려고 모여들었다.)

d. The middle class rallied to Clinton's side.(중산층이 클린턴을 도우려고 모여들었다.)

e. His supporters rallied to her defence.(그의 지지자들이 그녀의 방어를 위해서 집결했다.)

f. Fellow republicans rallied to the president's defence.(동료 공화당원들이 대통령의 방어를 위해 집결했다.)

g. Many national newspapers rallied to his support.(전국 규모의 많은 신문들이 그를 지지하기 위해 모였다.)

h. Many patriots rallied to the support of the hero.(많은 애국지사들이 그 영웅의 지지를 위해서 모였다.)

i. The voters rallied to the conservatives.(유권자들은 그 보수당을 도우려고 모여들었다.)

j. The cabinet rallied behind the prime minister.(그 내각은 총리 뒤에서 그를 지지했다.)

2.3. 다음 주어는 (a)round의 목적어를 돕기 위해서 모인다.

(5) a. The whole family rallied round when mom was ill.(온 식구가 엄마가 아팠을 때 도우려고 모였다.)

b. The party rallied round him after his defeat.(그 당은 그가 패한 후에 그를 도우려고 모였다.)

c. The workers rallied around their injured fellows.(그 노동자들은 다친 동료들을 돕기 위해 모였다.)

2.4. 다음 주어는 환유적으로 쓰여서 정신을 가리킨다.

(6) a. He rallied from despair.(그는 절망에서 회복됐다.)

b. He soon rallied after the shock of his father's death.(그는 곧 아버지의 죽음으로 인한 충격에서 회복되었다.)

c. He soon rallied from the shock/his coma.(그는 곧

충격/혼수 상태에서 회복되었다.)

2.5. 다음의 주어는 사람이다. 그러나 이들도 환유적으로 쓰여서 사람의 힘이나 원기를 말한다. 흩어졌던 힘이나 원기가 모이면 건강해진다.

(7) a. He never rallied after the operation.(그는 수술 후에 결코 회복되지 않았다.)

    b. She rallied after she took the medicine.(그녀는 그 약을 복용한 후에 회복되었다.)

    c. The patient rallied after four days of fever.(그 환자는 4일 동안 열병을 앓은 후에 회복되었다.)

    d. He has rallied somewhat, but is still sick.(그는 약간 회복되었지만 여전히 아프다.)

    e. Betty rallied for a while, but suffered a relapse. (베티는 잠시동안 회복되었으나 재발을 당했다.)

    f. As the fever left him, he began to rally.(열이 내리자 그는 회복되기 시작했다.)

    g. He is beginning to rally from a long illness.(그는 오랜 질병에서 회복되기 시작하고 있다.)

2.6. 다음 주어는 경기에서 힘을 회복한다.

(8) a. Then Elenberg rallied, and looked like winning the match at one stage.(그때 엘런버그가 회복을 했고 한 단계에서 승리할 것처럼 보였다.)

    b. Our team rallied in the final period.(우리 팀은 마지막에 역전했다.)

    c. The team played badly in the first half of the play, but rallied in the second.(그 팀은 경기의 처음 절반은 고전했으나, 두 번째에서는 설욕했다.)

2.7. 시장도 사람과 마찬가지로 힘을 회복할 수 있다.

(9) a. The stock market rallied in the final hour of trading.(주식 시장은 거래 마지막 시간에 회복되었다.)

    b. The stock market rallied throughout the afternoon.(주식 시장은 오후 내내 상승세였다.)

    c. Markets began to rally worldwide.(시장들이 전 세계적으로 회복되기 시작했다.)

2.8. 화폐도 가치를 회복한다.

(10) a. The pound rallied towards the end of the day.(파운드화는 그 날 마지막에 강세로 돌아섰다.)

    b. The pound rallied against the dollar.(파운드화는 달러화에 대해 강세로 돌아섰다.)

    c. The company's shares rallied slightly by the close of trading.(회사의 지분은 거래가 마감될 때에 약간 상승했다.)

ram

이 동사의 개념 바탕에는 강한 힘을 가하는 과정이 있다.

1. 타동사 용법

1.1. 다음 주어는 목적어를 어디에 쑤셔 넣는다.

(1) a. He rammed the bolt back across the latch.(그는 빗장을 걸쇠에 가로질러 쑤셔 넣었다.)

    b. He rammed a charge into his gun.(그는 탄약을 총에 쑤셔 넣었다.)

    c. He rammed the candy into his pocket.(그는 그 사

탕을 주머니에 쑤셔 넣었다.)

    d. They were ramming piles into the riverbed.(그들은 말뚝들을 강바닥에 박아 넣고 있다.)

    e. He rammed a stake into the earth.(그는 말뚝을 땅에 쑤셔 박았다.)

    f. He rammed the clothes into a suitcase.(그는 옷들을 여행가방에 쑤셔 넣었다.)

    g. He rammed food into his mouth.(그는 음식을 입에 다 쑤셔 넣었다.)

    h. It is time someone rammed a bit of sense into his head.(누군가가 약간의 상식을 머리에 주입해야 할 시간이다.)

    i. Angrily, Jane rammed the book back into its place.(화가 나서 제인은 그 책을 제 자리에 다시 쳐 넣었다.)

    j. He rammed the key into the lock.(그는 열쇠를 자물쇠에 세게 쑤셔 넣었다.)

1.2. 다음 주어는 목적어를 어디에 세게 부딪치는 일을 경험한다.

(2) a. John rammed his shoulder into the door in the dark.(존은 어둠 속에서 어깨를 문에 심하게 부딪쳤다.)

    b. He rammed his head against a post/a wall.(그는 머리를 기둥/벽에 심하게 부딪쳤다.)

    c. David rammed his fist into the wall.(데이비드는 주먹을 벽에 부딪쳤다.)

1.3. 다음 주어는 목적어를 into의 목적어에 세게 부딪친다.

(3) a. The driver rammed the car into a wall.(운전자는 차를 벽에다 심하게 들이받았다.)

    b. He rammed his truck into the back of the one in front.(그는 트럭을 앞차의 뒷 부분에 들이받았다.)

1.4. 다음 주어는 목적어를 어떤 경로를 따라 내려가게 한다.

(4) a. He rammed food down his throat.(그는 억지로 음식을 목 아래로 삼켰다.)

    b. They rammed a bill through Congress.(그들은 억지로 의안을 의회에 통과시켰다.)

    c. The boss rammed his order down our throats.(그 사장은 명령을 우리 목에 집어넣었다.)

    d. He rammed the idea down the boy's throat.(그는 자신의 생각을 그 소년의 목에 집어넣었다.)

1.5. 다음 주어는 목적어를 전치사 with의 목적어로 쑤셔 넣는다.

(5) a. He rammed the suitcase with clothes.(그는 여행가방을 옷으로 쑤셔 담았다.)

    b. He rammed his mouth with food.(그는 입을 음식으로 쑤셔 넣었다.)

1.6. 다음 주어는 목적어를 친다.

(6) David rammed the wall with his fist.(데이비드는 벽을 주먹으로 쳤다.)

1.7. 다음 주어는 목적어를 다져서 상태 변화를 받게 한다.

(7) a. We rammed the soil flat before we built the hut.(우리는 오두막을 짓기 전에 흙을 평평하게 다졌다.)

b. They rammed down the soil.(그들은 그 토양을 다졌다.)

c. I rammed down the earth round the newly planted bush.(나는 새로 심은 관목 주위의 흙을 다졌다.)

d. He rammed down the window.(그는 유리창을 다졌다.)

1.8. 다음 주어는 그 자체가 목적어를 들이받는다.

(8) a. The ship rammed an iceberg.(그 배는 빙산을 심하게 부딪쳤다.)

b. The ship rammed ours.(그 배는 우리의 배를 들이받았다.)

c. The thieves rammed the police car.(그 강도들은 경찰차를 들이받았다.)

d. I was waiting at the traffic lights when a car rammed me from behind.(내가 교통신호를 기다리고 있었는데, 그 때 뒤에서 어떤 차가 내 차를 받았다.)

e. They used a truck to ram the gate.(그들은 출입문을 들이받는 데 트럭을 이용했다.)

1.9. 다음은 수동태 문장으로 주어는 들이 받힌다.

(9) The ship was rammed by a German destroyer.(그 배는 독일 구축함에 들이 받혔다.)

1.10. 다음 주어는 목적어가 제자리에 찾아 들어가게 한다.

(10) a. The war rammed home a good lesson.(그 전쟁은 훌륭한 교훈을 주지시켰다.)

b. It is up to parents to ram home the danger to their children.(그 위험을 아이들에게 주지시키는 것은 부모에게 달려있다.)

c. The terrorist attack rammed home the need for tighter security.(테러리스트의 공격은 보다 강화된 보안의 필요성을 주지시켰다.)

2. 자동사 용법

2.1. 다음의 주어는 무의식적으로 전치사 into의 목적어와 충돌한다.

(11) a. David rammed into me because he was not watching.(데이비드는 주의를 하고 있지 않았기 때문에 나와 심하게 부딪쳤다.)

b. The car rammed into/against the one in front.(그 차는 앞에 있던 차와 충돌했다.)

c. The car rammed into a light/a fence.(그 차는 신호등/울타리에 충돌했다.)

ramble

이 동사의 개념 바탕에는 어슬렁거리는 과정이 있다.

1. 자동사 용법

1.1. 다음의 주어는 특정한 목적이 없이 어슬렁거린다.

(1) a. A rose bush is rambling around the fence.(장미덤불이 담장 주위로 퍼져가고 있다.)

b. The students rambled around the city.(학생들은 그 도시를 배회했다.)

c. He rambled across the meadows.(그는 초원을 거

닐었다.)

1.2. 다음 주어는 두서 없이 말을 한다.

(2) a. Readers will have really tried to ramble about our property.(독자들이 우리의 소유권에 대해서 이런 저런 얘기를 늘어놓았을 것이다.)

b. The old lady was rambling about her youth.(그 노부인은 자신의 젊은 시절에 대해서 이런 저런 얘기를 하고 있었다.)

c. The old man rambled on about the days of his youth.(그 노인은 젊은 시절 얘기로 끝이 없었다.)

d. She rambled on about her cat.(그녀는 자신의 고양이 얘기로 끝이 없었다.)

e. He rambled on about his trip to Korea.(그는 한국 여행 얘기로 끝이 없었다.)

f. Stop rambling and get to the point.(두서 없이 말씀을 하지 마시고 요점을 말하시오.)

g. Your writing rambles too much. Stick to your topic.(당신의 글은 너무 논점을 벗어나 있다. 당신의 주제에 집착하시오.)

1.3. 다음 주어는 두서 없이 계속 말을 한다.

(3) a. When he talks about his youth, he rambles on and on.(그가 젊은 시절 얘기만 하면, 그는 계속해서 말을 한다.)

b. His speech rambled on.(그의 연설은 두서 없이 계속되었다.)

c. Most students rambled around among a lot of different subjects.(대다수의 학생들이 이렇다할 목적도 없이 다양한 과목들 사이를 헤 맸다.)

1.4. 다음 주어는 자체는 움직이는 개체가 아니다. 그러나 그 뻗은 모습을 눈으로 따라가면 어설렁거리는 모습과 비슷하다.

(4) a. The path rambled across the meadow.(그 길은 초원을 가르며 굽어 있었다.)

b. The river rambles across the plains.(그 강은 평원을 가르며 굽이쳐 흐른다.)

c. The little stream rambles through the valley.(그 작은 시내가 계곡을 통해 굽이친다.)

d. The brook rambled through the countryside.(그 시내는 그 전원을 따라서 굽이쳐 흘렀다.)

1.5. 다음의 주어는 뻗어가는 식물이다. 주어가 뻗어가는 모습이 어슬렁거림과 비슷하다.

(5) a. The vines rambled along the top of the stone wall.(그 덩굴은 돌담 꼭대기를 따라 뻗어 나갔다.)

b. Vines rambled over the wall.(덩굴이 담을 덮었다.)

c. An old clematis rambles over the garden wall.(오래된 클레마티스가 정원 담을 덮는다.)

d. Climbing plants rambled over the front of the house.(뻗어 오르는 식물들이 그 집의 앞을 덮었다.)

e. The white wisteria is allowed to ramble over walls and into trees.(그 하얀 등나무는 담장을 넘어서 나무들 속으로 기어오르게 내버려 두었다.)

1.6. 다음 주어는 한가로이 걸어서 움직인다.

(6) a. He rambled up to Little Square Mountain.(그는 리틀스퀘어산까지 한가로이 걸어 올랐다.)

b. They rambled through the woods.(그들은 숲 속을

한가로이 걸어갔다.)

   c. We rambled through the countryside on our bicycles.(우리는 시골을 자전거를 타고 한가로이 지나갔다.)

2. 타동사 용법

2.1. 다음 주어는 목적어를 한가로이 걷는다. 목적어는 장소이다.

(7)   He rambled the night spots of Seoul.(그는 서울의 밤거리를 배회했다.)

range

이 동사의 개념 바탕에 range의 명사 '영역'이 있다.

1. 타동사 용법

1.1. 다음 주어는 목적어를 헤맨다.

(1)   a. Buffaloes once ranged these plains.(들소들이 한 때 이 평원들을 돌아다녔다.)

   b. They ranged the coast.(그들은 그 해안을 돌아다녔다.)

1.2. 다음 주어는 어떤 영역에 속하는 목적어를 어떤 기준에 따라 정렬시킨다.

(2)   a. He ranged the plants in genera.(그는 그 식물들을 속과로 정리했다.)

   b. I ranged the books on the shelf by size.(나는 그 책들을 선반에 크기별로 정리했다.)

   c. She ranged the goods neatly in the shop window.(그녀는 그 상품들을 진열창에 깔끔하게 정렬했다.)

   d. The commander ranged his men along the road.(그 지휘관은 부하들을 길을 따라 정렬시켰다.)

   e. The teacher ranged his students along the corridor.(선생님은 학생들을 복도를 따라 정렬시켰다.)

1.3. 다음은 수동태 문장으로 주어는 정렬된다.

(3)   a. The troops were ranged before the commanding officer.(그 부대는 지휘관 앞에 정렬되었다.)

   b. The two armies were ranged on opposite sides of the valley.(그 두 군대는 계곡 양편으로 배치되었다.)

1.4. 다음 목적어는 재귀대명사이다. 주어는 자신을 정렬시킨다.

(4)   a. The crowd ranged itself along the route of the procession.(그 군중은 행진로를 따라 늘어섰다.)

   b. The men ranged themselves in a single file.(그 사람들은 한 줄로 정렬했다.)

1.5. 다음 주어는 with나 among의 목적어와 정렬한다. 누구와 같이 줄을 서는 것은 그와 생각을 같이 한다.

(5)   a. I ranged myself with/among her admirers.(나는 그녀의 추종자들 편에 섰다.)

   b. He ranged himself with/among/on the side of the rebels.(그는 반란군 편에 가담했다.)

   c. On this issue, she ranged herself with the opposition.(이 문제에 대해 그녀는 반대편에 섰다.)

   d. He ranged himself with law and order.(그는 법과 질서의 편에 섰다.)

   e. He ranged himself with the conservatives.(그는 보수파 편에 섰다.)

1.6. 다음 주어는 목적어를 against의 목적어에 대항하게 정렬시킨다.

(6)   a. We are trying to range local people against the proposed building of the new supermarket.(우리는 제안된 새 슈퍼마켓의 건설에 대해 지역 사람들을 반대하도록 하고 있다.)

   b. They were ranged against the king.(그들은 그 왕에 대항하여 정렬되었다.)

2. 자동사 용법

2.1. 다음 주어는 움직인다. 움직이는 영역은 전치사구로 표현되어있다.

(7)   a. The hens range freely about/over the farm.(그 암탉들은 농장을 자유롭게 돌아다닌다.)

   b. The tribe ranged across the Americas.(그 부족은 아메리카 대륙들을 가로질러 돌아다녔다.)

   c. The cattle ranged over the plains.(그 소들은 평원을 돌아다녔다.)

   d. He loves ranging over the hills and mountains.(그는 언덕과 산을 돌아다니는 것을 좋아한다.)

   e. The dog ranged through the woods.(그 개는 숲 속을 헤맸다.)

   f. Wolves were once ranging through these forests.(늑대들이 한때 이 숲을 헤매고 다니고 있었다.)

2.2. 다음 주어는 복수이고, 이들은 선을 이룬다.

(8)   a. Brick houses ranged along the street.(벽돌집이 그 길가에 죽 늘어서 섰다.)

   b. The troops ranged facing each other.(그 부대들은 서로 마주보며 늘어서 섰다.)

2.3. 다음 주어는 전치사 with의 목적어와 같은 대열을 이룬다. 주어는 목적어와 같은 수준에 있는 것으로 풀이된다.

(9)   a. He ranges with great artists.(그는 위대한 예술가들과 어깨를 나란히 한다.)

   b. He ranges with great writers.(그는 위대한 작가들과 어깨를 나란히 한다.)

   c. Most politicians ranged with/against the president.(대부분의 정치가들이 대통령의 편을 들었다/대통령에 반대했다.)

   d. The fence ranged with the street.(그 담장은 길과 평행하게 늘어섰다.)

2.4. 다음 주어는 복수이다. 복수의 개체가 어떤 영역에 걸쳐있다.

(10)   a. His studies range over many subjects.(그의 연구는 많은 주제들에 걸쳐있다.)

   b. Opinions ranged from those who thought that no whales should be killed at all to those who didn't care.(의견들은 어떠한 고래도 죽여서는 안 된다고 생각하는 사람들로부터 신경 쓰지 않는 사람까지 폭넓게 걸쳐 있다.)

c. The children ranged in age from 5 to 10.(그 아이들의 나이가 5살에서 10살까지의 범위이다.)

d. The shoes range in price from $50 to $100.(그 신발은 가격이 $50에서 $100까지 이른다.)

e. Their ages range from 25 to 40.(그들의 나이는 25살에서 40살까지로 분포되어 있다.)

f. Their politics range from liberal to radical.(그들의 정치는 자유주의에서 급진주의까지 걸쳐있다.)

g. They were offered increases ranging from $19 to $30.(그들은 $19에서 $30까지 이르는 인상을 제의 받았다.)

h. We have jackets ranging from $35 to $200.(우리는 $35에서 $200까지 이르는 재킷을 가지고 있다.)

i. Weather conditions here ranges between bad and dreadful/ from bad to dreadful.(여기 기상 조건은 나쁜 날씨에서 지독한 날씨에까지 걸쳐있다.)

2.5. 다음 주어는 실제로 공간 속에서 움직이는 개체는 아니지만, 시간상 추상적인 영역을 움직이는 것으로 개념화된다.

(11) a. The conversation ranged widely.(그 대화는 폭넓게 이루어졌다.)

b. The lecturer ranged far and wide.(그 강의는 깊고 폭넓게 이루어졌다.)

c. The temperature here ranges between 15 degrees to 20 degrees.(여기 온도는 15도에서 20도까지 이른다.)

d. His interest ranges from chess to tennis.(그의 관심은 체스에서 테니스에까지 걸쳐있다.)

e. Our discussion ranged over many current issues.(우리의 토의는 많은 시사 문제들에까지 미쳤다.)

f. His research ranges over a number of fields.(그의 연구는 많은 분야에 걸쳐있다.)

g. He ranges over a wide variety of subjects.(그는 폭넓은 다양한 주제들에 걸쳐있다.)

h. She ranged through her memories.(그녀는 기억을 더듬었다.)

2.6. 다음 주어는 움직이지 않는다. 그러나 주어가 가리키는 영역을 화자가 마음속으로 확인하면 특정한 영역에 걸쳐있는 것으로 개념화된다.

(12) a. His kingdom ranged from the River Humber to the River Trent.(그의 왕국은 험버강에서 트렌트강에까지 걸쳐있었다.)

b. The frontier ranges from the northern hills to the southern coast.(그 국경은 북쪽 산에서부터 남쪽 해안까지 이른다.)

c. This plant ranges from Canada to Mexico.(이 식물은 캐나다에서 멕시코에까지 분포한다.)

2.7. 다음에 쓰인 rifle이나 gun은 환유적으로 쓰여서 실제 가리키는 것은 실탄이다. range는 실탄이 도달하는 거리를 나타낸다.

(13) The rifle ranges over a mile.(그 소총은 사거리가 1마일 이상 나간다.)

rank

이 동사의 개념 바탕에는 rank의 명사 '횡렬'이 있

다. 동사의 의미는 이 명사의 구성과 관계가 있다.

1. 타동사 용법

1.1. 다음 주어는 목적어의 서열을 매긴다.

(1) a. He ranked the boys according to their height.(그는 키에 따라 소년들을 줄 세웠다.)

b. The teacher ranked the students for the fire drill.(교사는 학생들을 화재훈련을 위해 줄을 세웠다.)

c. The test ranked the students according to their grades.(그 시험은 학생들을 성적에 따라 서열을 매겼다.)

d. He ranked the employees in order of ability.(그는 능력에 따라 종업원들을 서열을 매겼다.)

e. The test ranked the students according to intelligence.(그 시험은 지능에 따라 학생들을 분류했다.)

1.2. 다음은 수동태 문장으로 주어는 서열이 매겨진다.

(2) a. The tasks are ranked in order of difficulty.(그 임무는 어려운 순서대로 분류된다.)

b. Byron is ranked as a great poet.(바이런은 위대한 시인으로 평가받는다.)

1.3. 다음 주어는 목적어를 서열의 정도로 매긴다.

(3) a. He ranks football above baseball.(그는 축구를 야구보다 높게 평가한다.)

b. The newspaper ranked our football team first in the nation.(신문은 우리 축구팀을 나라에서 으뜸으로 평가했다.)

c. We rank his ability very high.(우리는 그의 능력을 매우 높게 평가한다.)

d. He ranks horses higher than dogs.(그는 말을 개보다 높게 평가한다.)

e. Where do you rank Wordsworth?(너는 워즈워드를 어디에 자리 매김하니?)

1.4. 다음은 수동태 문장으로 주어는 서열의 정도가 매겨진다.

(4) a. He is ranked first in his age group.(그는 자신의 나이 또래 중에서 최고로 평가된다.)

b. The university is ranked No.1 in the country for linguistics.(그 대학교는 언어학으로 그 나라에서 으뜸으로 평가된다.)

c. Korean soccer team is ranked 20th in the world.(한국 축구팀은 세계에서 20위로 서열이 매겨진다.)

1.5. 다음 주어는 목적어보다 앞에 선다.

(5) A general ranks a colonel.(장군은 대령보다 높다.)

2. 자동사 용법

2.1. 다음 주어는 서열이 매겨진다.

(6) a. Byron ranks among the greatest English poets.(바이런은 가장 위대한 영국 시인들 속에 낀다.)

b. The restaurant ranks among the finest in town.(그 식당은 읍내에서 가장 좋은 식당들 속에 낀다.)

2.2. 다음 주어는 어떤 지위를 차지한다.

(7) a. He ranks high/low in his class.(그는 반에서 높은/낮은 위치에 선다.)

b. Honesty ranks high on my list of important qualities.(정직은 내가 중시하는 자질의 목록 상에서 높은 위치를 차지한다.)

c. The university ranked near the bottom of NFL for two seasons.(그 대학교는 두 시즌 동안 NFL의 밑바닥 가까이에 위치했다.)

d. He ranks second in the world.(그는 세계 2위에 위치한다.)

2.3. 다음 주어는 as가 가리키는 자리를 차지한다.

(8) a. Korean ranks as the most important subject of the school.(한국어는 그 학교의 가장 중요한 과목으로 지위를 차지한다.)

b. The company ranks as one of the five largest drug companies.(그 회사는 가장 큰 다섯 제약회사 중의 하나로 위치를 차지한다.)

2.4. 다음 주어는 with의 목적어와 같은 자리를 차지한다.

(9) a. This must rank with the one of the greatest movies ever made.(이것은 이제껏 만들어진 위대한 영화들 중 하나와 어깨를 나란히 해야 한다.)

b. He ranks with the best runner of the school.(그는 학교의 최고의 주자와 어깨를 나란히 한다.)

rap

이 동사의 개념 바탕에는 톡톡 치는 과정이 있다.

1. 타동사 용법

1.1. 다음 주어는 목적어를 톡톡 친다.

(1) a. He rapped the door.(그는 문을 톡톡 두드렸다.)

b. The teacher rapped the child's fingers with a ruler.(선생님은 그 아이의 손가락을 자로 톡톡 쳤다.)

c. The chairman rapped the table to call the meeting to order.(의장은 그 회의를 개회하기 위해서 탁자를 톡톡 쳤다.)

d. He rapped the table with a pen and called for silence.(그는 탁자를 펜으로 톡톡 두드려 조용히 할 것을 요청했다.)

1.2. 다음 주어는 목적어를 친다. 목적어는 치는 도구이다.

(2) a. She rapped her pen on the table and called for silence.(그녀는 자신의 펜을 탁자에 톡톡 두드려 조용히 할 것을 요청했다.)

b. He rapped his stick on the floor.(그는 지팡이를 마루에 톡톡 쳤다.)

1.3. 다음 목적어는 말이나 소리와 관계가 있다. 주어는 목적어를 갑자기, 그리고 빠르게 내보낸다.

(3) a. He rapped out a message/a complaint.(그는 메시지를/불평의 말을 내뱉었다.)

b. He rapped out an answer/an oath.(그는 대답/욕을 내뱉었다.)

c. The captain rapped out an order.(그 지휘관은 내뱉듯이 명령을 했다.)

d. He rapped out a stream of curses.(그는 한 줄기의 저주를 내뱉었다.)

e. "Is that the truth?" he suddenly rapped out.("그게 사실이야?" 갑자기 그가 내뱉었다.)

f. He rapped out a tune on the piano.(그는 한 곡조를 피아노를 두드려 쳤다.)

1.4. 물리적 또는 신체적 때림은 정신적 때림으로 확대된다.

(4) a. The judge rapped the police for their treatment of the witness.(판사는 그 목격자의 취급 때문에 경찰을 비난했다.)

b. Even his teammates were quick to rap him for his poor sportsmanship.(심지어 팀 동료들도 그의 형편없는 운동 정신 때문에 재빨리 그를 비난했다.)

1.5. 다음은 수동태 문장으로 주어는 혹평을 받는다.

(5) a. Some of the teachers were rapped for poor performance.(선생님들 중 몇분은 부진한 성과 때문에 비난을 받았다.)

b. The film was rapped by critics for excessive violence.(그 영화는 비평가들에 의해 과도한 폭력 때문에 비난을 받았다.)

c. The company was rapped over the knuckles for broadcasting the interview.(그 회사는 그 대담을 방송했다는 이유로 야단을 맞았다.)

1.6. 다음 주어는 목적어를 때린다. 맞는 부위는 전치사 on으로 표현되어 있다.

(6) a. My father rapped me on the knuckles.(아버지는 나의 손마디를 때렸다.)

b. We rap the manufacturers on their knuckles if the toy is shoddy.(우리는 그 제조업자들의 장난감이 나쁘면 야단친다.)

2. 자동사 용법

2.1. 다음에 쓰인 전치사 at은 주어가 가하는 힘이 부분적이고 반복적임을 나타낸다.

(7) a. He rapped at a gate.(그는 출입문을 계속 딱딱 두드려 보았다.)

b. The small branches are rapping at my window.(작은 가지들이 내 창문을 계속해서 딱딱 두드리고 있다.)

c. Someone was rapping at my door.(어떤 사람이 내 문을 계속 딱딱 두드리고 있었다.)

2.2. 다음에 쓰인 전치사 on은 주어가 목적어에 가지는 힘이 부분적임을 나타낸다.

(8) a. He rapped on the table for silence.(그는 조용히 해달라고 탁자를 딱딱 두드렸다.)

b. I rapped on the door with my fist.(나는 문을 주먹으로 딱딱 두드렸다.)

c. Just rap lightly on the window to get her attention.(그녀의 주의를 끌기 위해서는 창문을 딱딱 두드리기만 해라.)

2.3. 다음의 주어는 말을 하는 사람이다. 이 동사는 물건을 톡톡 치듯 말을 빠르게 재잘거리는 과정을 그린다.

(9) a. We rapped about going to college.(우리는 대학 진학에 대해 재잘거렸다.)

b. They **rapped about** music and film.(그들은 음악과 영화에 대해 재잘거렸다.)

c. My neighbor **rapped** with me on my back porch last night.(내 이웃은 어젯밤 나와 뒷 베란다에서 재잘거렸다.)

rate

이 동사의 개념 바탕에는 척도상 평가하는 과정이 있다.

1. 타동사 용법

1.1. 다음 주어는 목적어를 척도상에 평가한다.

(1) a. I **rate** his fortune **at** $200,000.(나는 그의 재산을 $200,000으로 평가한다.)

b. What do you **rate** his income **at**?(너는 그의 수입을 얼마로 평가하느냐?)

c. The tax office **rated** his annual income **at** two million dollars.(그 세무소는 그의 연간 수입을 2백만 달러로 평가했다.)

d. I **rate** myself **above** an ordinary manager.(나는 나 자신을 보통의 경영자보다 높게 평가한다.)

e. The house is **rated at** $100,000.(그 집은 $100,000으로 사정되어 있다.)

1.2. 다음 주어는 목적어를 high, highly 또는 low로 평가한다.

(2) a. He **rated** her merit **high**.(그는 그녀의 공적을 높이 평가했다.)

b. He **rates** socialism **highly**.(그는 사회주의를 높게 평가한다.)

c. The company seems to **rate** him very **highly**.(회사는 그를 매우 높이 평가하는 것 같다.)

d. We are **rated high** for education.(우리는 교육에서 높은 평점을 받는다.)

1.3. 다음은 수동태 문장으로 주어는 as의 목적어로 평가된다.

(3) a. She is generally **rated as** one of the best modern poets.(그는 일반적으로 가장 훌륭한 현대 시인 중의 한 명으로 평가된다.)

b. She is very highly **rated as** a poet.(그녀는 시인으로서 매우 높이 평가받는다.)

c. We **rate** you very highly **as** a teacher.(우리는 너를 교사로서 매우 높게 평가한다.)

d. How do you **rate** him **as** a football player?(너는 그를 축구 선수로서 어떻게 평가하느냐?)

e. I **rate** cars **as** the worst polluters of the environment.(나는 자동차를 환경의 가장 심한 오염자라고 생각한다.)

1.4. 다음 주어는 목적어를 among의 목적어에 포함시킨다.

(4) a. Do you **rate** him **among** your benefactors?(너는 그를 네 후원자 중에 포함시키느냐?)

b. She **rates** him **among** her closest friends.(그녀는 그를 가장 가까운 친구 중에 포함시킨다.)

c. He is **rated among** the best students in his class.(그는 반에서 가장 좋은 학생 중의 하나로 평가된다.)

d. He is **rated among** the most influential men.(그는 가장 영향력 있는 사람 중의 하나로 평가된다.)

1.5. 다음 주어는 목적어를 전치사 as의 목적어로 평가한다.

(5) a. Everybody **rated** him **as** honest.(누구나 그를 정직하다고 평가했다.)

b. He **rates** his ability **as** superior to ours.(그는 자신의 능력을 우리보다 우월하다고 평가한다.)

c. On a scale of one to ten, I **rate** the book **as** five.(1에서 10의 척도상에서, 나는 그 책을 5라고 평가한다.)

d. We **rated** the house **as** worth $400,000.(우리는 그 집을 $400,000의 가치가 있다고 평가했다.)

1.6. 다음은 수동태 문장으로 주어는 전치사 as의 목적어로 평가된다.

(6) a. He is **rated as** an important figure.(그는 중요한 인물로 평가된다.)

b. He was **rated as** one of the richest men in town.(그는 마을에서 가장 부유한 사람 중의 한 명으로 여겨졌다.)

c. He is **rated as** a good and kind man.(그는 착하고 친절한 사람으로 평가된다.)

1.7. 다음은 수동태 문장으로 주어는 평가된다.

(7) a. He is **rated** a good man.(그는 좋은 사람이라고 생각된다.)

b. My exam paper was **rated** A.(내 시험지는 A로 평가받았다.)

c. Albert was **rated** a better than average writer.(알버트는 평균 작가보다 더 나은 작가로 평가받았다.)

d. Bill is **rated** the best golfer in the club.(빌은 그 클럽에서 가장 훌륭한 골프 선수로 평가받는다.)

e. Each subject is **rated** on a five-point scale.(각 과목은 5단계로 평가된다.)

1.8. 다음 주어는 평가된다.

(8) On a scale of one to ten, it will probably **rate** seven.(1에서 10의 척도상에서, 그것은 아마 7로 평가될 것이다.)

1.9. 다음 주어는 목적어를 긍정적으로 평가한다.

(9) a. I don't really **rate** him.(나는 그를 정말로 좋게 평가하지 않는다.)

b. I know they are your favorite team, but I just don't **rate** them.(나는 그들이 네가 가장 좋아하는 팀이라는 것은 알지만, 나는 그들을 좋게 평가하지 않는다.)

c. We **rated** the network show.(우리는 그 방송 프로를 긍정적으로 평가했다.)

1.10. 높이 평가되는 것은 언급될 가치가 있다. 주어는 목적어를 언급한다.

(10) a. Car crashes are so frequent that they don't **rate** mention in the newspaper.(자동차 충돌은 너무 자주 일어나는 것이어서, 그들은 신문에서 언급될 가치도 없다.)

b. The accident wasn't very serious--it didn't **rate** a mention in the paper.(그 사고는 그리 심각하지 않았다.--그것은 신문에 언급될 가치가 없었다.)

c. They **rate** a big thank-you letter for all their hard work.(그들은 열심히 일한 대가로 커다란 감사 편지를 받을 가치가 있다.)

d. She **rates** the best seat in the house.(그녀는 집에서 가장 좋은 자리를 차지할 가치가 있다.)

1.11. 평가의 목적 가운데 하나는 과세이다. 다음 주어는 목적어를 과세평가한다.

(11) They **rate** a ship/a seaman.(그들은 배/선원의 등급을 정한다.)

2. 자동사 용법

2.1. 다음 주어는 평가된다. 평가는 best, first, high, highly, low 등으로 표현되어 있다.

(12) a. He **rates** the best.(그는 최고로 평가된다.)

b. The ship **rates** first.(그 배는 일등급으로 평가받는다.)

c. Korea **rates** high in the electronic industry.(한국은 전자 산업에서 높게 평가된다.)

d. That task **rates** low on my priority list.(저 과제는 우선 순위에서 낮게 평가된다.)

e. This book doesn't **rate** very highly.(이 책은 그리 높게 평가되지 않는다.)

f. He **rates** high in my estimation.(그는 내 계산에 높게 평가된다.)

2.2. 다음 주어는 전치사 as로 평가되어 있다.

(13) a. In my experience, he **rates as** the most bad-tempered man I have known.(내 경험으로 그는 내가 아는 사람 중에 성격이 가장 나쁜 것으로 평가된다.)

b. That **rates as** the worst film that I've ever seen.(저것은 내가 본 것 중 가장 형편없는 영화로 평가된다.)

c. The ship **rates as** first.(그 배는 일등급으로 평가된다.)

d. He **rated as** one of the richest men.(그는 가장 부유한 사람 중의 하나로 평가받는다.)

f. The conductor **rates high as** a musician.(그 지휘자는 음악가로서 높게 평가된다.)

2.3. 다음 주어는 전치사 among의 목적어에 드는 것으로 평가된다.

(14) Travel **rates among** pleasures.(여행은 즐거움 중의 하나로 생각된다.)

ration

이 동사의 개념 바탕에는 ration의 명사 '배급'이 있다. 동사의 의미는 배급의 과정과 연관된다.

1. 타동사 용법

1.1. 다음 주어는 목적어를 배급한다.

(1) a. They **rationed** gasoline in wartime.(그들은 휘발유를 전시에 배급했다.)

b. He **rationed out** food to the homeless.(그는 음식을 노숙자들에게 배급했다.)

c. They **rationed out** the remaining water as fairly as they could.(그들은 남은 물을 가능한 공평하게 배급했다.)

1.2. 다음은 수동태 문장으로 주어는 배급된다.

(2) a. During the oil crisis, gas was **rationed**.(그 유류 파동 동안에 휘발유는 배급되었다.)

b. During the blizzard, meat was **rationed**.(심한 눈보라가 이는 동안에 고기가 배급됐다.)

1.3. 다음은 수동태 문장으로 주어는 배급을 받는다.

(3) a. Refugees were **rationed** a pound of meat a week.(피난민들은 일주일에 1 파운드의 고기를 배급 받았다.)

b. People were **rationed** a quarter of milk a week during the war.(사람들은 일주일에 25파운드의 우유를 그 전쟁 동안 배급 받았다.)

1.4. 다음 목적어는 재귀대명사이다.

(4) a. He **rationed** himself to one television program a night.(그는 자신에게 하룻밤에 TV프로 한 개로 한정했다.)

b. He **rationed** himself to a pack of cigarette a week.(그는 자신에게 일주일에 담배 한 갑으로 한정했다.)

1.5. 다음은 수동태 문장으로 주어는 전치사 to의 목적어에 한정된다.

(5) a. villagers are **rationed to** two liters of water a day.(그 마을 사람들은 하루에 2리터의 물을 배급받는다.)

b. We were **rationed to** two eggs a week.(우리는 일주일에 계란 두 개를 배급 받았다.)

rattle

이 동사의 개념 바탕에는 짧고 반복적인 소리가 있다.

1. 자동사 용법

1.1. 다음 주어는 소리를 낸다.

(1) a. The window **rattled** in the wind.(그 창문은 바람에 덜걱거렸다.)

b. The cups **rattled** as he carried the tray in.(그 컵들은 그가 쟁반을 나를 때 달그락거리며 소리를 냈다.)

c. He was so frightened that his teeth **rattled**.(그는 너무 놀라서 이가 달그락거렸다.)

d. The snake **rattled** as it approached its prey.(그 뱀은 먹이에 접근하면서 꼬리로 달각달각 소리를 냈다.)

e. My car engine **rattles** when I'm waiting at intersections.(차 엔진은 내가 교차로에서 기다리고 있을 때 덜걱거리는 소리를 낸다.)

f. The chains of the playground swing **rattled** in the dark.(운동장 그네의 사슬은 어둠 속에서 덜걱덜걱 했다.)

g. The dying man's voice **rattled** in his throat.(죽어가는 사람의 목소리가 목안에서 가르랑 소리를 냈다.)

1.2. 다음 주어는 달그락 소리를 내면서 이동한다.

(2) a. The boys **rattled about** in the large house.(그 소년

들은 큰 집안에서 신나게 돌아다녔다.)

b. The car rattled along the road/down the street.(그 차는 길을 따라 거리 아래로 덜거덕 거리며 달려갔다.)

c. The child rattled away merrily.(그 아이들은 즐거운 듯이 재잘거리며 갔다.)

d. A convoy of trucks rattled by.(트럭 수송차대가 덜거덕거리며 지나갔다.)

e. The taxi rattled down the dirt road.(그 택시는 비포장 도로를 따라 덜컹거리며 달려 내려갔다.)

f. The wheels of the old cart rattled over the coble stones.(오래된 손수레의 바퀴들이 자갈길 위를 덜컹거리며 달려갔다.)

1.3. 다음 주어는 재잘댄다.

(3) a. She rattled on and on.(그녀는 계속해서 수다스럽게 지껄였다.)

b. Jane rattled on about her camping trip.(제인은 자신의 캠핑여행에 대해서 계속 재잘거렸다.)

c. My sister rattles on for hours on the phone to her friends.(내 여동생은 몇 시간 동안이나 전화로 친구들과 수다를 떤다.)

1.4. 다음 주어는 빠른 속도로 어떤 과정을 치른다.

(4) a. She rattled through a translation of the essay.(그녀는 그 수필의 번역을 후다닥 해치웠다.)

b. I'm going to rattle through my work today so that I can go home early.(나는 일찍 집에 갈 수 있도록 오늘 일을 후다닥 해치울 것이다.)

2. 타동사 용법

2.1. 다음 주어는 목적어를 소리가 나게 한다.

(5) a. Stop rattling the box of chalks.(그는 분필박스를 흔들며 짤그락거리는 것을 멈춰라.)

b. I rattled the doorknob.(나는 문의 손잡이를 덜거거렸다.)

c. The wind rattled the metal part.(그 바람이 금속 부품을 달그락거렸다.)

d. The wind rattled the window.(그 바람은 창문을 덜거거렸다.)

e. The gale rattled the tiles from the roof.(그 강풍은 타일들을 지붕에서 우르르 떨어뜨렸다.)

f. The boy gently rattled the cage and spoke to the canary.(그 소년은 부드럽게 새장을 흔들어 그 카나리아에게 말을 걸었다.)

g. The beggar rattled the coins in his pan.(그 거지는 동전을 구걸용 냄비 속에서 달그락거렸다.)

2.2. 다음 주어는 목적어를 빠르게 말한다. off는 주어가 하는 말이 입에서 떨어져 나오는 결과를 나타낸다.

(6) a. He rattled off his social security number.(그는 자신의 사회보장번호를 빨리 말했다.)

b. She rattled off the multiplication table.(그녀는 곱셈 구구표를 빨리 읽어 내려갔다.)

c. She rattled her answer off.(그녀는 재빨리 대답을 말했다.)

d. She rattled off the names of the people who were coming to the party.(그녀는 파티에 올 사람들의 이름을 빠른 속도로 말했다.)

e. He rattled off a speech.(그는 빠른 말로 연설했다.)

2.3. 다음 목적어는 사람이고, 이것은 환유적으로 쓰여서 마음을 나타낸다. 주어는 목적어의 마음을 흔든다.

(7) a. Don't let him rattle you; he likes annoying people.(그가 당신을 당황하게 하지 말아라. 그는 사람들을 귀찮게 하는 것을 좋아한다.)

b. The car accident rattled the driver's nerves.(그 차 사고는 운전사의 신경을 흔들어 놀라게 했다.)

c. Thunders of applause rattled the speaker.(우뢰와 같은 갈채가 연사를 어리둥절하게 했다.)

d. Boos from the audience rattled the speaker.(청중의 야유가 그 연사를 당황하게 했다.)

e. The question rattled him.(그 질문은 그를 당황케 만들었다.)

2.4. 다음은 수동태 문장으로 주어는 마음이 어지럽게 된다.

(8) a. She was rattled by the stupid question she was asked.(그녀는 자신이 받은 어리석은 질문에 당황했다.)

b. The speaker was rattled by that last question.(그 연사는 마지막 질문에 어리둥절했다.)

c. She was badly rattled by her failure in the exam.(그녀는 그 시험에 실패하여 매우 당황했다.)

ravage

이 동사의 개념 바탕에는 황폐화시키는 과정이 있다.

1. 타동사 용법

1.1. 다음 주어는 목적어를 황폐화시킨다.

(1) a. A malaria ravaged his body with sickness and pain.(말라리아는 그의 몸을 질병과 고통으로 황폐화시켰다.)

b. An incurable skin disease ravaged her once beautiful face.(불치의 피부병은 한때 아름다웠던 그녀의 얼굴을 황폐화시켰다.)

c. Floods ravaged the land.(홍수들이 그 땅을 황폐화시켰다.)

d. The storm ravaged the forest.(그 폭풍은 숲을 황폐화시켰다.)

e. A tornado ravaged the countryside.(회오리바람이 그 지방을 황폐화시켰다.)

1.2. 다음은 [산업은 구조] 은유가 적용된 예이다.

(2) The recession ravaged the textile industry.(그 불경기는 섬유산업을 황폐화시켰다.)

1.3. 다음은 수동태 문장으로, 주어는 황폐하게 된다.

(3) a. The region has been ravaged by war/drought.(그 지역은 전쟁/가뭄에 의해 황폐해졌다.)

b. The country was ravaged by a civil war.(그 나라는 내란으로 황폐해졌다.)

c. The population was ravaged by cholera.(전 주민이 콜레라에 휩쓸렸다.)

rave

이 동사의 개념 바탕에는 미친 듯이 큰 소리를 지르는 과정이 있다.

1. 자동사 용법

1.1. 다음 주어는 미친 듯이 고함을 지른다.
(1) Father rants and raves when you arrive home late.(아버지는 당신이 늦게 집에 도착하면 고래고래 고함을 지른다.)

1.2. 다음 주어는 전치사 at의 목적어에 노발대발한다.
(2) a. He raved at the passers-by.(그는 지나가는 행인들에게 노발대발했다.)
   b. Dan raved at me for hours about how irresponsible I had been.(댄은 내가 얼마나 무책임 했는가에 대해 몇 시간 동안 나에게 고함을 질렀다.)

1.3. 주어는 전치사 about의 목적어를 지나치게 칭찬한다.
(3) a. After the game, they raved about Ken's performance.(경기가 끝난 후, 그들은 켄의 수행을 지나치게 칭찬했다.)
   b. They raved about the movie.(그들은 그 영화에 대해 지나치게 칭찬했다.)
   c. The critics raved about his performance in Hamlet.(그 비평가들은 햄릿에서 그의 연기를 지나치게 칭찬했다.)

1.4. 다음 주어는 전치사 against 의 목적어를 비난한다.
(4) a. He raved against the government.(그는 정부를 맹렬히 비난했다.)
   b. The sea raved against the cliffs.(바다는 절벽을 치면서 노호했다.)

2. 타동사 용법

2.1. 다음 주어는 목적어를 고함을 질러서 어떤 상태에 들어간다.
(5) a. The storm raved itself out.(폭풍은 노호하다 사라졌다.)
   b. He raved himself hoarse.(그는 고함을 질러서 목이 쉬었다.)

2.2. 다음 주어는 that-절의 내용을 떠들어댄다.
(6) a. They raved that she was a terrific teacher.(그들은 그녀가 멋진 선생이라고 떠들어댔다.)
   b. She raved that everyone hated her.(그녀는 모든 사람들이 자신을 증오한다고 떠들어댔다.)

reach

이 동사의 개념 바탕에는 이르는 과정이 있다.

1. 타동사 용법

1.1. 다음 주어는 목적어에 이른다.
(1) a. They will reach New York tonight.(그들은 뉴욕에 오늘 저녁에 도착할 것이다.)
   b. They reached London on Thursday.(그들은 런던에 목요일에 도착했다.)
   c. He reached the top of the hill at noon.(그들은 산의 꼭대기에 정오에 도착했다.)
   d. Can you reach that branch with those red apples?(너는 저 빨간 사과를 달고 있는 가지에 이를 수가 있느냐?)

1.2. 다음 주어는 목적어에 닿는다. 목적어는 환유적으로 손을 가리킨다.
(2) a. The child cannot reach the bell.(그 아이는 종에 닿지 않는다.)
   b. Can you reach a package on the high shelf?(너는 높은 선반에 있는 꾸러미에 닿을 수 있느냐?)
   c. Can you reach the apple on that tree?(너는 저 나무에 달린 사과에 손이 닿느냐?)
   d. Can you reach that book for me?(저 책을 집어서 내게 주시겠습니까?)

1.3. 다음 주어는 소리나 말로서 목적어에 이른다.
(3) a. Not a sound reached our ears.(하나의 소리도 우리 귀에 이르지 않았다.)
   b. The loud bang reached our ears.(크게 들리는 빵하는 소리가 우리 귀에까지 들렸다.)
   c. The radio reaches millions.(라디오는 수백만 사람에게 이른다.)
   d. The news only reached me yesterday.(소식은 나에게 어제야 전해졌다.)
   e. I cannot reach you by phone.(나는 너와 연락을 전화로 할 수가 없다.)
   f. He can be always reached on the office phone.(그는 사무실 전화로 언제나 연락될 수 있다.)
   g. The speaker reached the hearts of his audience.(그 연사는 청중의 가슴속에 가 닿았다.)

1.4. 다음 주어는 목적어를 내뻗는다.
(4) a. He reached out his hand for the cup.(그는 컵을 집으려고 손을 내뻗었다.)
   b. He reached out his foot.(그는 발을 내뻗었다.)
   c. He reached out his arm across the table.(그는 팔을 책상을 가로질러 뻗었다.)
   d. A tree is reaching its branches over the wall.(나무가 가지를 담 너머로 내뻗고 있다.)

1.5. 다음 주어는 목적어에 이른다. 목적어는 추상적인 나이, 정도, 합의 같은 것이다.
(5) a. They have reached old age.(그들은 노년에 이르렀다.)
   b. The cost of the war reached billions.(그 전쟁의 비용은 수십억에 이르렀다.)
   c. They reached an agreement.(그들은 합의점에 이르렀다.)

1.6. 다음 주어는 움직이지 않는다. 그러나 전체 형상을 눈으로 따라가면 주어는 목적어에 이른다.
(6) a. The land reaches the river.(그 땅은 강에 이른다.)
   b. The ladder reaches the window.(사다리는 그 창문에 닿는다.)
   c. The ladder just reaches the roof.(그 사다리는 겨우 지붕에 닿는다.)

1.7. 다음 주어는 손을 뻗쳐서 목적어를 집어서 내린다.
(7) a. He reached down the atlas from the top shelf.(그는 지도를 꼭대기 선반에서 집어 내렸다.)
   b. Could you reach down the vase for me?(화분을

집어서 내게 내려 주시겠습니까?)

2. 자동사 용법

2.1. 다음 주어는 손을 내뻗는다.

(8) a. He **reached across** the table, and picked up the book.(그는 식탁을 가로질러 뻗어서 그 책을 집었다.)

b. The man **reached for** his gun.(그 사람은 총을 잡기 위해 (손을 총이 있는 곳으로) 뻗었다.)

c. I cannot **reach to** the top of the wall.(나는 벽의 꼭대기에까지 (손을) 뻗칠 수가 없다.)

d. I **reached up** and put the parcel on the top of the cupboard.(나는 (손을) 위로 뻗어서 소포를 찬장의 맨 위 칸에 놓았다.)

2.2. 다음 주어는 뻗는다.

(9) a. My land **reaches as far as** the river.(나의 땅은 그 강까지 뻗는다.)

b. The garden **reaches down** to the lake.(정원은 그 호수에까지 아래로 뻗는다.)

c. The forest **reached for** many miles.(산림은 수마일 뻗쳐 있었다.)

d. The U.S.A. **reaches from** ocean to ocean.(미국은 대양에서 대양까지 뻗는다.)

react

이 동사의 개념 바탕에는 자극에 반응하는 과정이다.

1. 자동사 용법

1.1. 다음 주어는 반응을 보인다.

(1) a. Mary didn't **react** very well when I told her.(메리는 내가 말했을 때 그렇게 잘 반응을 보이지 않았다.)

b. When he heard the good news, he **reacted with** a smile.(그가 희소식을 들었을 때, 그는 미소로 반응을 보였다.)

c. She **reacted** by storming out of the room.(그녀는 방을 난폭하게 뛰어나감으로써 반응했다.)

1.2. 다음 주어는 to의 목적어에 반응을 보인다. 반응은 의식적이다.

(2) a. How did he **react to** your suggestion/accusations?(그는 당신의 제안/고소에 어떻게 반응을 보였습니까?)

b. The teacher **reacted to** the students' bad grades by giving them more homework.(선생님은 학생들의 나쁜 성적에 숙제를 더 내줌으로써 반응했다.)

c. He **reacted** angrily to accusations of disloyalty.(그는 화를 내면서 불성실의 비난에 반응을 보였다.)

d. The dog **reacted to** the noise by barking.(그 개는 짖음으로써 소음에 반응했다.)

1.3. 다음 주어는 to의 목적어에 반응을 보인다. 반응은 무의식적이다.

(3) a. The patient **reacted** badly **to** penicillin.(그 환자는 페니실린에 부작용을 일으켰다.)

b. She **reacted** very badly **to** the anaesthetic.(그녀는 마취에 매우 안 좋은 반응을 보였다.)

1.4. 다음 주어는 against의 목적어에 대항한다.

(4) a. It was his way of **reacting against** his Catholic upbringing.(그것은 천주교 훈육에 반항하는 그의 방법이었다.)

b. He **reacted against** his parents' strictness.(그는 부모님의 엄격함에 반항했다.)

c. He **reacted against** everything he had been taught.(그는 가르쳐진 모든 것에 반항했다.)

1.5. 다음 주어는 서로 반응한다.

(5) Oxygen and iron **react** together to form rust.(산소와 철은 서로 반응해서 녹을 만든다.)

1.6. 다음 주어는 with의 목적어와 반응한다.

(6) a. The acid **reacts with** the metal.(산은 금속과 반응한다.)

b. An acid **reacts with** a base to form a salt.(산은 염기와 반응해서 소금을 만든다.)

c. Iron **reacts with** oxygen to form rust.(철은 산소와 반응해서 녹을 만든다.)

d. The chemical **reacted** violently when water was poured into it.(그 화학 제품은 물과 만났을 때 격렬하게 반응했다.)

read

이 동사의 개념 바탕에는 읽는 과정이 있다.

1. 타동사 용법

1.1. 다음 주어는 목적어를 읽는다.

(1) a. He **read** carefully the word several times.(그는 단어를 조심스럽게 여러 번 읽었다.)

b. He **read** the sentences/the paragraphs.(그는 그 문장/단락을 읽었다.)

c. He **read** the article/the book.(그는 기사/책을 읽었다.)

1.2. 다음 목적어는 환유적으로 쓰여서 저자나 분야에 관련된 책을 가리킨다.

(2) a. He is **reading** Shakespeare.(그는 셰익스피어를 읽고 있다.)

b. They are **reading** law/physics.(그들은 법률/물리학을 공부하고 있다.)

1.3. 다음 목적어는 말이다.

(3) They can **read** English and French.(그들은 영어와 불어를 읽을 수 있다.)

1.4. 다음 주어는 목적어를 읽는다. 눈으로 얻은 정보는 문자 뿐만 아니라 악보나 지도도 있다.

(4) a. She is **reading** a piece of music.(그는 음악 악보를 읽고 있다.)

b. We are **reading** a map.(우리는 지도를 읽고 있다.)

1.5. 다음 주어는 목적어를 읽는다.

(5) a. I am trying to **read** his face/heart.(나는 그의 얼굴/마음을 읽으려고 노력하고 있다.)

b. I can **read** his lips.(나는 그의 입술을 읽을 수 있다.)

c. She **read** the sky for signs of rain.(그녀는 비의 징후를 찾기 위해 하늘을 읽었다.)

1.6. 다음 주어는 목적어의 뜻을 풀이한다.

(6) a. He can **read** the dream.(그는 그 꿈을 해독할 수 있다.)

    b. You must **read** the signs of the time.(너는 그 시대의 징후를 읽어야 한다.)

1.7. 다음 주어는 목적어를 읽는다. 목적어는 내용이다.

(7) a. I **read** disappointment on her eyes.(나는 실망을 그녀의 눈에서 읽었다.)

    b. I **read** the answer in your face.(나는 답을 그의 얼굴에서 읽었다.)

    c. We can **read** the history of the canyon in its many layers of rock.(우리는 암벽의 여러 층에서 협곡의 역사를 읽을 수 있다.)

1.8. 다음 주어는 소리를 내어 읽는다.

(8) a. He **read** the poem aloud.(그는 그 시를 소리내어 읽었다.)

    b. He **read** a book to her.(그는 그녀에게 책을 읽어 주었다.)

    c. She is **reading** some poems to herself.(그녀는 시 몇 편을 읽고 있다.)

1.9. 다음 주어는 첫째 목적어에게 둘째 목적어를 읽어 준다.

(9) a. He **read** her a book.(그는 그녀에게 책을 읽어 주었다.)

    b. She is **reading** herself some poems.(그녀는 자신에게 몇 편의 시를 읽고 있다.)

1.10. 다음 주어는 읽어서 자신에게 상태 변화가 오게 한다.

(10) a. She **read** herself hoarse.(그녀는 많이 읽어서 목이 쉬었다.)

    b. He **read** himself to sleep.(그는 책을 읽다가 잠들었다.)

1.11. 다음 주어는 목적어를 나타내어 읽게 한다.

(11) a. The thermometer **read** 3 degrees below zero.(온도계는 영하 3도를 가리켰다.)

    b. The speed meter **reads** 50 miles.(속도계는 50마일을 가리킨다.)

    c. The sign **read**, "Please keep off the grass." (그 표시는 "풀밭에 들어가지 마시오"라고 적혀 있었다.)

    d. The ticket **reads**, "From Seoul to Paris." (그 표는 "서울에서 파리까지"로 적혀 있다.)

2. 자동사 용법

2.1. 다음 주어는 읽는다.

(12) a. She **reads** well for a child of six.(그녀는 여섯 살 난 아이치고는 잘 읽는다.)

    b. Please don't talk to her. She is **reading**.(그녀에게 말을 걸지 마세요. 책을 읽고 있어요.)

    c. She **read** to her children every night.(그녀는 매일 밤 아이들에게 책을 읽어 주었다.)

2.2. 다음 주어는 읽힌다.

(13) a. The sentence **reads** oddly.(그 문장은 이상하게 읽힌다.)

    b. The play acts better than it **reads**.(그 희곡은 읽히기보다 공연하기가 더 좋다.)

    c. The poems **read** well.(그 시는 잘 읽혀진다.)

    d. Her letter always **reads** well.(그녀의 편지는 언제나 잘 읽어진다.)

    e. The law **reads** two ways.(그 법은 두 가지로 풀이된다.)

2.3. 다음 주어는 읽힌다.

(14) The name **reads** Benton, not Fenton.(그 이름은 벤튼으로 읽힌다. 펜튼이 아니다.)

realize

이 동사의 개념 바탕에는 실현하는 과정이 있다.

1. 타동사 용법

1.1. 다음 주어는 목적어를 실현한다.

(1) a. He **realized** the dream and became a pilot.(그는 꿈을 실현시켜 조종사가 되었다.)

    b. He **realized** his goal.(그는 자신의 목표를 실현시켰다.)

    c. At last, he **realized** his ambition.(마침내 그는 자신의 야망을 실현시켰다.)

1.2. 다음 주어는 목적어를 현실로 느낀다.

(2) a. I **realized** the seriousness of the crime.(나는 그 범죄의 심각성을 실감했다.)

    b. He **realized** the importance of the situation.(그는 상황의 중요성을 깨달았다.)

    c. Only later did she **realize** her mistake.(나중에서야 그녀는 자신의 실수를 깨달았다.)

    d. None of us **realized** the dangers we were in.(우리들 중 어느 누구도 우리가 처한 위험을 깨닫지 못했다.)

    e. Suddenly, she **realized** what had happened.(갑자기 그녀는 무엇이 발생했는지 깨달았다.)

1.3. 다음은 수동태 문장으로 주어는 실현된다.

(3) a. His worst fears were **realized** when he saw that the door had been forced open.(그의 최악의 두려움은 문이 강제로 열려 있는 것을 보았을 때 현실로 나타났다.)

    b. His hopes were never **realized**.(그의 희망은 결코 실현되지 않았다.)

    c. The stage designs were beautifully **realized**.(그 무대 디자인은 아름답게 재현되었다.)

1.4. 다음 주어는 that-절의 내용을 깨닫는다.

(4) a. Do you **realize** that you are two hours late?(너는 두 시간 늦은 것 알고 있니?)

    b. I **realized** that something was wrong.(나는 뭔가가 잘못됐음을 깨달았다.)

    c. Later we **realized** that we had met before in Paris.(후에 우리는 우리가 전에 파리에서 만났다는 사실을 깨닫게 되었다.)

    d. I didn't **realize** that you were so unhappy.(나는 너가 그렇게 불행했었는지 깨닫지 못했다.)

1.5. 다음 주어는 목적어를 현금으로 가지게 된다.

(5) a. The paintings **realized** $3 million at auction.(그 그림은 300만 달러를 그 경매에서 건졌다.)

    b. We **realized** a profit on the house.(우리는 그 집에서 수익을 얻었다.)

c. We realized a net profit of $600,000.(우리는 60만
달러를 순이익으로 얻었다.)

1.6. 다음 주어는 목적어를 현금으로 바꾼다.

(6) He realized his securities.(그는 유가증권을 현금으
로 바꾸었다.)

reap

이 동사의 개념 바탕에는 곡식을 거두어들이는 과정
이 있다.

1. 자동사 용법
1.1. 주어는 (곡식을) 거둔다.
(1) a. It is time to reap.(곡식을 거둘 시간이다.)
b. They that sow in tears will reap in joy.(눈물로 씨
를 뿌리는 자는 기쁨으로 거둘 것이다.)

2. 타동사 용법
2.1. 다음 주어는 목적어를 거둔다.
(2) a. The migrant workers reaped the wheat in the
field.(이주 노동자들은 밀을 들판에서 거두었다.)
b. The villages are reaping the corn.(그 마을들은 옥
수수를 거두고 있다.)

2.2. 다음 주어는 목적어를 거둔다. 목적어는 밭이다.
(3) The farmer reaped his fields with heavy
machinery.(농부는 자신의 밭을 무거운 농기구로 거
두었다.)

2.3. 이익, 보상 등은 수확으로 개념화된다. 다음 주어
는 목적어를 거둔다.
(4) a. Don't let others reap the benefits of your
research.(남들이 너의 연구 결과를 수확하도록 하
지 마라.)
b. The company reaped large profits in its first
year.(그 회사는 첫 해에 큰 수익을 얻었다.)
c. They are reaping now the rewards of all their
hard work.(그들은 지금 모두 열심히 일한 댓가를
수확하고 있다.)
d. His good behavior reaped high praises.(그의 행동
은 높은 칭찬을 거두었다.)

rear

이 동사의 개념 바탕에는 기르거나 솟는 과정이 있
다.

1. 타동사 용법
1.1. 다음 주어는 목적어를 기른다.
(1) a. She reared a family of five.(그녀는 5명의 가족을
길렀다.)
b. He rears poultry/cattle/sheep.(그는 돼지/소떼/양
떼를 기른다.)
c. The bird reared its baby birds until they left the
nest.(새는 둥지를 떠날 때까지 새끼새들을 길렀
다.)

1.2. 다음 주어는 목적어가 들어서게 한다.
(2) a. They reared the building in 1940.(그들은 건물을
1940년에 세웠다.)
b. The man reared the skyscraper.(그 남자는 그 고
층건물을 세웠다.)

1.3. 다음 주어는 목적어를 쳐든다.
(3) a. The patient reared his head from the pillow.(그 환
자는 베개로부터 고개를 쳐들었다.)
b. The scandal reared its ugly head again.(그 추문은
다시 고개를 쳐들었다.)

2. 자동사 용법
2.1. 다음 주어는 뒷발로 선다.
(4) a. The horse reared, throwing its rider.(그 말은 일어
서서 기수를 내던졌다.)
b. The horse reared up and threw its rider off.(그 말
을 뒷 발로 일어서서 기수를 내던졌다.)
c. The horse reared in fright.(그 말은 겁에 질려 뒷발
로 일어섰다.)

2.2. 다음 주어는 솟아오른다.
(5) a. The great bulk of the building reared up against
the night sky.(그 건물의 거대한 둥치가 밤하늘을
배경으로 위로 솟아올랐다.)
b. The huge skyscraper reared above me.(거대한
고층건물은 내 위로 솟아올랐다.)

reason

이 동사의 개념 바탕에 논리적으로 생각하는 과정이
있다.

1. 타동사 용법
1.1. 다음 주어는 목적어를 논리적으로 생각한다.
(1) a. Let's reason this out instead of quarrelling.(논쟁
하는 대신에 이것을 논리적으로 생각해 내자.)
b. Reason it out.(그것을 논리적으로 생각해 내어라.)
c. She doesn't reason things out.(그녀는 상황을 논
리적으로 생각해내지 않는다.)

1.2. 다음 주어는 that-절의 내용을 논리적으로 생각
한다.
(2) a. I reasoned that he must have fallen and hit his
head.(나는 그가 넘어져서 머리를 부딪쳤음에 틀림
없다고 추리하였다.)
b. She reasoned that she must have left the case on
the train.(그녀는 그 상자를 기차에 두고 내렸음에
틀림없다고 추리했다.)
c. We reasoned that the terrorists would not
negotiate unless we made some concessions.(우
리는 우리가 양보를 않으면 테러리스트들이 협상하
지 않을 것이라 추리했다.)

1.3. 다음 주어는 목적어를 설득하여 어떤 일을 하게
한다.
(3) a. He reasoned his son into compliances.(그는 아들
을 순종하도록 설득했다.)
b. We reasoned him into working harder.(우리는 그
를 더 열심히 일하도록 설득했다.)

2. 자동사 용법

2.1. 다음 주어는 전치사 with의 목적어와 논리적으로 생각한다.

(4) a. He is very stubborn; you can't reason with him. (그는 매우 완고하다; 너는 그를 설득시킬 수 없다.)

b. I tried to reason with her. (나는 그녀를 설득하려고 노력했다.)

c. I tried to reason with him, but he wouldn't listen. (나는 그를 설득하려고 했으나, 그는 듣지 않았다.)

2.2. 다음 주어는 논리적으로 검토한다.

(5) The jury reasoned carefully before delivering its verdict. (그 배심원은 판결을 내리기 전에 세심하게 논리적으로 검토하였다.)

rebel

이 동사의 개념 바탕에는 권력을 가진 사람이나 기관에 반항하는 과정이 있다.

1. 자동사 용법

1.1. 다음 주어는 against의 목적어에 거스른다.

(1) a. He later rebelled against its strict religious upbringing. (그는 후에 엄격한 종교적 교육법에 반기를 들었다.)

b. Most teenagers find something to rebel against. (대부분의 십대들은 반항할 무언가를 찾는다.)

c. The teenager rebelled against his father. (그 십대는 아버지에게 반항했다.)

d. The citizens rebelled against the corrupt government. (시민들은 부패한 정부에 대해 반항했다.)

1.2. 다음 주어는 전치사 against의 목적어에 거역한다.

(2) a. Jim rebelled against eating vegetables. (짐은 야채를 먹는 것에 반항했다.)

b. Her very soul rebelled against going back. (그녀의 영혼은 되돌아가는 것에 반항했다.)

c. They rebel against staying in on Sunday. (그들은 일요일에 집안에 머무르는 것을 반항한다.)

d. The children rebelled against their pairents' way of life. (그 아이들은 부모의 생활 방식에 반항했다.)

1.3. 다음 주어는 전치사 at의 목적어를 싫어한다.

(3) a. My dog rebelled when I tried to make him beg for treats. (내 개는 내가 그에게 먹이를 조르게 했을 때 몹시 싫어했다.)

b. We rebelled at having to stay in so fine a day. (우리는 이렇게 좋은 날 집안에 있어야 하는 것에 기분이 좋지 않았다.)

c. My mind rebels at the idea of leaving. (내 마음은 떠나야 한다는 생각에 좋지 않다.)

rebound

이 동사의 개념 바탕에는 되튀기는 과정이 있다.

1. 자동사 용법

1.1. 다음 주어는 어떤 장소에서 되 튄다.

(1) a. The rubber ball rebounded off the pavement. (그 고무공은 보도에서 되튀었다.)

b. The ball rebounded off the wall. (그 공은 벽에서 되튀어 나왔다.)

c. The ball rebounded from the goalpost. (그 공은 골대로부터 되튀었다.)

1.2. 다음 주어는 떨어졌다가 되튀어 오른다.

(2) a. Share prices rebounded after Friday's losses. (주가가 금요일의 손실 이후 반등했다.)

b. Her spirits rebounded after a long depressions. (그녀의 기분이 오랜 침체 후에 반등했다.)

1.3. 다음 주어는 되튀어서 on의 목적에 영향을 준다.

(3) a. His treachery rebounded on him when they discovered his lies. (그의 배신은 그들이 그의 거짓말을 알아차렸을 때 그에게 영향을 되주었다.)

b. Our evil example will rebound on ourselves. (우리의 나쁜 실례는 우리 자신에게 되돌아올 것이다.)

rebuke

이 동사의 개념 바탕에는 잘못을 엄하게 꾸짖어 같은 반복을 하지 못하게 하는 과정이 있다.

1. 타동사 용법

1.1. 주어는 목적어를 견책한다.

(1) a. The teacher rebuked the disobedient students. (선생님은 말 듣지 않는 학생들은 견책했다.)

b. He rebuked her for using bad language. (그는 그녀가 곱지 않은 말을 쓰는 것에 대해 견책했다.)

1.2. 다음은 수동태 문장으로 주어는 견책을 받는다.

(2) a. The company was publicly rebuked for having neglected safety procedures. (그 회사는 안전 공정 과정을 무시한 것에 대해 공개적으로 견책을 받았다.)

b. She was rebuked for frightening her brother. (그녀는 오빠를 놀라게 한 것에 대해 꾸중들었다.)

recall

이 동사의 개념 바탕에는 불러들이는 과정이 있다.

1. 타동사 용법

1.1. 다음의 주어는 목적어를 불러들인다.

(1) a. The company recalled the defective product/one of its drugs. (그 회사는 결함 있는 생산품/약 중의 하나를 회수했다.)

b. The company has recalled all the faulty dryers. (그 회사는 모든 결함 있는 드라이어를 회수했다.)

c. The maker recalled a lot of cars that were unsafe. (그 제조회사는 안전성이 떨어지는 많은 자동차들을 회수했다.)

d. The company recalled thousands of cans of baby food. (그 회사는 수천통의 유아 음식 통조림을 회수

했다.)

1.2. 다음은 수동태 문장으로 주어는 불러 들여진다.

(2) a. More than 300 cars were **recalled** yesterday because of a brake problem.(300대가 넘는 차량이 어제 브레이크 고장으로 회수되었다.)

b. The cars have been **recalled** to the manufacturer due to an engine fault.(그 자동차는 엔진 결함으로 인해 제조회사에 회수되어왔다.)

c. The car was **recalled** for faulty brakes.(그 자동차는 결함 있는 브레이크로 회수됐다.)

1.3. 다음 목적어는 사람이다. 주어는 목적어를 다시 불러들인다.

(3) a. The general **recalled** the troops from battle.(그 장군은 전장에서 병력을 불렀다.)

b. The government **recalled** the ambassador after the diplomatic row.(정부는 그 대사를 외교적인 논쟁 후에 소환했다.)

c. The plumber was **recalled** to do the job right.(배관공은 일을 바로 잡기 위해 되불러졌다.)

d. The government passed a bill to **recall** reservists.(정부는 예비군을 소환할 법안을 통과시켰다.)

1.4. 다음은 수동태 문장으로 주어는 불리어진다.

(4) a. The ambassador was **recalled** from Washington.(그 대사는 워싱턴으로부터 소환되었다.)

b. Dean was **recalled** to the team for the Sunday match.(딘은 일요일 경기를 위해 그 팀에 호출되었다.)

c. He was **recalled** to military duty.(그는 징집 영장을 받았다.)

d. The general was **recalled** from the front line.(그 장군은 전방으로부터 호출되었다.)

e. Parliament was hastily **recalled** from recess.(의회는 휴회 상태에서 긴급히 소집되었다.)

1.5. 다음 주어는 목적어를 삶-죽음의 과정을 거친 다음 다시 삶에 이르게 한다.

(5) The medicine **recalled** him to life.(그 약이 그를 살아나게 했다.)

1.6. 다음 주어는 목적어를 다시 마음 속에 불러들인다.

(6) a. I **recalled** the way they were dancing together.(나는 그들이 함께 춤추던 방법을 상기했다.)

b. She **recalls** with horror the night the accident happened.(그녀는 사고가 일어났던 밤을 겁에 떨면서 기억해낸다.)

c. She **recalled** the old familiar faces.(그녀는 오랜 친밀한 얼굴들을 떠올렸다.)

d. I can **recall** every word of our conversation.(나는 우리 대화의 모든 단어들을 떠올릴 수 있다.)

e. The old man **recalled** the city as it had been before the war.(그 노인은 전쟁이 있기 전의 도시를 떠올렸다.)

f. I can **recall** many happy events from my childhood.(나는 많은 행복했던 사건들을 어린 시절로부터 떠올릴 수 있다.)

g. I don't **recall** your name; I don't have a good memory for names.(나는 너의 이름을 기억 못하겠다; 나는 사람 이름을 잘 기억하지 못한다.)

h. I can't **recall** the exact details of the report.(나는 보고서의 정확한 세부 사항은 기억하지 못한다.)

1.7. 다음 주어는 목적어를 다시 회상한다.

(7) a. I **recalled** seeing him once.(나는 그를 한번 만났던 것을 기억했다.)

b. She **recalled** seeing him outside the store on the night of the robbery.(그녀는 약탈이 있던 밤에 그를 그 가게 밖에서 보았던 것을 기억했다.)

c. She **recalled** seeing the poster.(그녀는 그 포스터를 본 것을 기억했다.)

d. Can you **recall** ever meeting her before?(너는 그녀를 전에 만난 것을 기억하니?)

e. I **recall** having met him.(나는 그를 만났던 것을 기억한다.)

1.8. 다음 주어는 that-절의 내용을 회상한다.

(8) a. He **recalled** that he had sent the letter over a month ago.(그는 한 달도 더 전에 그 편지를 보냈던 사실을 기억했다.)

b. He **recalled** that she came home late on Friday.(그는 그녀가 금요일 날 집에 늦게 돌아온 것을 기억했다.)

c. You will **recall** that I sent you a warning of troubled times.(내가 너에게 힘든 세월에 대한 경고를 보낸 것을 너는 떠올리게 될 것이다.)

d. I **recalled** that she was out visiting.(나는 그녀가 외출하여 방문을 하고 있는 것을 떠올렸다.)

e. I **recalled** that I had seen him once.(나는 그를 한번 만났던 것을 떠올렸다.)

f. I do **recall** that I put the book on the shelf.(나는 선반 위에 책을 올려놓은 기억이 있다.)

1.9. 다음 주어는 의문사절의 내용을 회상한다.

(9) a. He cannot **recall** how he got the car home.(그는 어떻게 그가 차를 집에 끌고 왔는지 기억하지 못한다.)

b. Can you **recall** what happened last night?(너는 어제 밤에 무슨 일이 있었는지 기억하니?)

c. She could not **recall** what they had talked about.(그녀는 그들이 얘기했던 것을 기억할 수 없었다.)

d. I can't **recall** what he said/was said then.(나는 그가 무엇을 얘기했는지/그때 무엇이 얘기되었는지 기억하지 못한다.)

e. He tried to **recall** where he had met her.(그는 어디에서 그녀를 만났었는지 기억하려 애썼다.)

f. I don't **recall** when I met her.(나는 언제 내가 그녀를 만났는지 기억이 안 난다.)

1.10. 다음 주어는 목적어를 마음에 떠오르게 한다.

(10) a. The poem **recalls** Eliot's Waste Land.(그 시는 엘리어트의 황무지를 떠오르게 한다.)

b. The story **recalled** old faces to my mind.(그 얘기는 오래된 얼굴들을 내 마음 속에 떠오르게 했다.)

c. The film **recalls** Alfred Hitchcock.(그 영화는 알프레드 히치콕을 떠오르게 한다.)

d. The pictures **recalled** his childhood to mind.(그림들은 그의 어린 시절을 마음 속에 떠오르게 했다.)

e. The poor child recalled him to a sense of responsibility.(그 가난한 소년은 그에게 책임감을 일깨웠다.)

f. The sight of the train recalled to me the object of my journey.(기차의 모습은 나에게 내 여행의 목적을 생각나게 하였다.)

2. 자동사 용법

2.1. 다음 주어는 회상한다.

(11) a. Now as I recall.(방금 생각났다.)

b. As I recall, you're not on the board; you're only a minor shareholder.(내가 기억하기로는 너는 의사가 아니다; 너는 단지 소액주주이다.)

c. If I recall correctly, he lives in Korea.(내 기억이 맞다면, 그는 한국에 살고 있다.)

recede

이 동사의 개념 바탕에는 참조점에서 멀어지는 과정이 있다.

1. 자동사 용법

1.1. 다음 주어는 점점 멀어진다.

(1) a. The car's lights receded in/to the distance.(그 자동차의 불빛은 점점 멀리 사라졌다.)

b. Sea water recedes when the tide goes out.(바닷물은 조류가 나갈 때 빠진다.)

c. Flood waters finally began to recede in November.(홍수는 11월에 마침내 감소하기 시작했다.)

d. The old man's hair is receding.(그 노인의 머리는 뒤로 벗겨지고 있다.)

e. As the boat picked up speed, the coastline receded into the distance until finally it became invisible.(그 보트가 속도를 내면서, 해안선은 뒤로 물러나서 이윽고 보이지 않게 되었다.)

1.2. 기준점에서 멀어짐은 약해짐을 뜻한다. 다음 주어는 약해진다.

(2) a. As the threat of attack receded, village life returned to normal.(공격의 위협이 물러가면서, 마을 생활은 정상으로 돌아왔다.)

b. The prospect of bankruptcy has receded now.(파산의 가망은 이제 약해졌다.)

c. The pain is receding now.(그 고통은 지금 물러가고 있다.)

d. The painful memory finally receded in his mind.(고통스러운 기억은 마침내 그의 마음 속에서 물러갔다.)

receive

이 동사의 개념 바탕에는 받는 과정이 있다.

1. 타동사 용법

1.1. 다음 주어는 목적어를 받는다.

(1) a. The lake receives the water from the river.(그 호수 물을 강으로부터 받아들인다.)

b. The basin receives the water from the fountain.(그 웅덩이는 물을 샘으로부터 받는다.)

c. All four wheels receive the weight equally.(네 바퀴 모두가 똑같이 무게를 받는다.)

d. He received the weight on his back.(그는 짐을 등에 졌다.)

e. The arch receives the weight of the roof.(그 아치는 지붕의 무게를 받는다.)

f. The boat received a heavy load.(그 배가 무거운 하중을 받았다.)

g. The boat was large enough to receive ten men.(그 배는 열 사람을 수용하기에 충분히 컸다.)

1.2. 다음의 주어는 경험자이다. 주어는 충격을 받고 상처나 타격을 받는다.

(2) a. A number of students received quite severe injuries.(많은 학생들이 꽤 심각한 상처를 입었다.)

b. He received a serious wound.(그는 심각한 상처를 입었다.)

c. You will receive a nasty shock.(너는 기분 나쁜 충격을 받을 것이다.)

d. He received a blow on the head.(그는 머리에 한 대를 얻어맞았다.)

e. She died after receiving a blow on her head.(그녀는 머리를 한 대 얻어맞은 뒤에 죽었다.)

f. He received a punch in the mouth.(그는 주먹을 한 대를 입에 맞았다.)

1.3. 다음 주어는 목적어를 받는다.

(3) a. He received a letter from his friend in America.(그는 편지 한 장을 미국에 있는 친구로부터 받았다.)

b. Have you received a copy of our latest report?(너는 우리의 최신 보고서의 한 부를 받았느냐?)

c. I received a phone call from your mother.(나는 전화를 네 어머니로부터 받았다.)

d. By the time the police received the call, it was too late.(경찰이 전화를 받았을 때 이미 너무 늦었다.)

1.4. 다음에서는 주어와 목적어가 모두 추상적 개체이다. 주어는 목적어를 받는다.

(4) Your comment will receive their close attention.(네 논평은 그들의 세심한 주목을 받았다.)

1.5. 다음의 주어와 목적어는 사람이다. 주어는 목적어를 맞이하거나 받아들인다.

(5) a. Fred received John in his office/at the gate.(프레드는 존을 사무실/대문에서 맞이했다.)

b. The chairman will receive them in his office.(의장은 그들을 사무실에서 맞이할 것이다.)

c. He receives visitors on Sundays.(그는 손님들을 일요일에 접견했다.)

d. The Pope received the Queen in the Vatican.(교황은 그 여왕을 로마 교황청에서 접견했다.)

e. They received the heroes with great cheers/with applause.(그들은 영웅을 환호/박수로 환영했다.)

f. They receive a lodger.(그들은 하숙인을 받는다.)

1.6. 다음은 수동태 문장으로 주어는 받아들여진다.

(6) a. Visitors are received at the gate.(방문객들은 그

문에서 맞아진다.)
b. He was received into the group/the church.(그는 그 집단/교회에 받아들여졌다.)

1.7. 다음 주어는 목적어를 어떤 조직체에 받아들인다.
(7) a. They received her into their club.(그들은 그녀를 클럽의 일원으로 받아들였다.)
b. He received her into his favor.(그는 그녀를 그의 호의로 받아들였다.)

1.8. 다음 주어는 목적어를 전치사 as 의 목적어로 받는다.
(8) a. They received me as a member of their family.(그들은 나를 가족 일원으로 받아들였다.)
b. We will never receive him as our close friend.(우리는 절대로 그를 가까운 친구로 받아들이지 않겠다.)
c. They received him as their servant.(그들은 그를 하인으로 받아들였다.)

1.9. 다음 주어는 목적어를 자신의 영향권 안에 받아들인다.
(9) a. Did they receive money for their work?(그들은 돈을 일의 대가로 받았느냐?)
b. They received a 4% pay increase this year.(그들은 4%의 임금 인상을 금년에 받았다.)
c. Are you receiving unemployment benefit?(너는 실업 구제금을 받고 있느냐?)
d. He received her offer, but did not accept it.(그는 제안을 받았지만, 용인하지 않았다.)
e. She received a tremendous ovation.(그녀는 굉장한 환영을 받았다.)
f. He is receiving radiation therapy.(그는 방사선 치료를 받고 있다.)
g. He is receiving special treatment at a private hospital.(그는 특별 치료를 개인 병원에서 받고 있다.)
h. They received a good education.(그들은 좋은 교육을 받았다.)
i. She received her doctorate in 1975.(그녀는 박사 학위를 1975년에 받았다.)
j. They will receive the program via satellite.(그들은 위성을 통해 그 프로그램을 받을 것이다.)

1.10. 다음 주어는 활성역은 마음이다. 주어는 목적어를 받는다.
(10) a. They received stern criticism for their lack of sensitivity.(그들은 감수성의 결여에 대해 혹독한 비판을 받았다.)
b. He did not receive the news cheerfully/calmly.(그는 그 뉴스를 기쁘게/조용히 받아들이지 않았다.)
c. He received it as certain.(그는 그것을 확실한 것으로 받아들였다.)
d. How did they receive your suggestion?(어떻게 그들이 너의 제안을 받아들였느냐?)
e. He received insults/thanks/congratulations/compliments/complaints.(그는 모욕/감사/축하/찬사/불평을 받아들였다.)
f. She received sympathy/a warm welcome.(그녀는 동정/따뜻한 환영을 받았다.)

1.11. 다음은 수동태 문장으로 주어는 받아들여진다.
(11) a. Her latest novel has been very well received.(그녀의 최신 소설은 매우 좋게 받아들여졌다.)
b. My suggestion was received with disdain.(내 제안은 경멸로 받아들여졌다.)
c. My suggestions were very well received.(내 제안은 매우 좋게 받아들여졌다.)
d. The prime minister's speech was well/warmly received.(그 수상의 연설은 좋게/따뜻하게 받아들여졌다.)
f. The news was received in silence.(그 뉴스는 침묵 속에서 받아들여졌다.)
g. The reforms have been well received.(그 개혁들은 좋게 받아들여졌다.)
h. The soldiers were received as heroes.(그 병사들은 영웅으로 환영받았다.)
i. The theory has been widely received.(그 이론은 폭넓게 받아들여졌다.)

1.12. 다음 주어는 통신수단으로 목적어 (수신)을 받는다.
(12) a. I am receiving you loud and clear.(나는 네 말을 크고 선명하게 수신하고 있다.)
b. They will receive the program via satellite.(그들은 위성을 통해 그 프로그램을 받을 것이다.)

2. 자동사 용법
2.1. 다음 주어는 받는다.
(13) He is not receiving today.(그는 오늘 손님을 받지 않는다.)

reckon
이 동사의 개념 바탕에는 헤아리는 과정이 있다.

1. 타동사 용법
1.1. 다음 주어는 목적어를 헤아려서 합산한다.
(1) He reckoned up the cost of everything in his mind.(그는 모든 비용을 마음 속에서 헤아려 합산하였다.)
1.2. 다음 주어는 목적어를 as의 목적어로 헤아린다.
(2) We reckoned her as an outstanding player.(우리는 그녀를 뛰어난 선수로 간주했다.)
1.3. 다음은 수동태 문장으로 주어는 간주된다.
(3) a. She is reckoned as one of the leading experts in the fields.(그녀는 그 분야에서 저명한 전문가 가운데 한 명으로 간주되고 있다.)
b. It is generally reckoned as a success.(그것은 일반적으로 성공으로 간주된다.)
c. Jane is reckoned to be the most brilliant actress.(제인은 가장 재능있는 여배우로 간주되고 있다.)
d. Children are reckoned to be more sophisticated nowadays.(아이들은 요즘 더 세련된 것으로 간주되고 있다.)
e. The age of the earth is reckoned at 400 million years.(지구의 나이는 4억 년으로 추정된다.)
1.4. 다음 주어는 that-절의 내용을 헤아린다.

(4) a. They **reckon that** profits are down by at least 30%.(그들은 수익이 최소한 30% 줄어든 것으로 추정한다.)

    b. I **reckon that** I'm going to get that job.(나는 그 일자리를 얻게 될 것이라 생각한다.)

    c. I **reckon that** she will be here soon.(나는 그녀가 곧 올 것이라고 생각한다.)

    d. It's worth a lot of money, I **reckon**.(내가 생각하기에, 그것은 많은 값어치가 있다.)

1.5. 다음 주어는 목적어를 어떤 셈에 헤아려 넣는다.

(5) a. Have you **reckoned in** the cost of postage?(너는 우편 요금을 계산해 넣었니?)

    b. Have you **reckoned in** the members who are absent today?(너는 오늘 결석한 회원들을 계산해 넣었나?)

1.6. 다음 주어는 목적어를 합산한다.

(6) a.Can you **reckon up** the money we've made?(너는 우리가 번 돈을 모두 헤아려 합산할 수 있니?)

    b. He has **reckoned up** the books for the children.(그는 어린들을 위한 책들을 합산했다.)

2. 자동사 용법

2.1. 다음 주어는 on의 목적어를 헤아리지, 예상하지 않는다.

(6) a. They did not **reckon on** a rebellion.(그들은 항거를 생각지 못했다.)

    b. The general did not **reckon on** a surprise attack.(그 장군은 기습 공격은 생각지 못했다.)

2.2. 다음 주어는 전치사 with의 목적어를 헤아린다.

(7) a. He hadn't **reckoned with** bad weather.(그는 나쁜 날씨를 헤아리지 못했다.)

    b. I didn't **reckon with** getting caught in such heavy traffic.(나는 그렇게 심한 교통체증에 걸릴 것을 헤아리지 못했다.)

2.3. 다음 주어는 예상한다.

(8) We **reckon to** finish by nine.(우리는 9시까지 끝낼 것으로 추정한다.)

reclaim

이 동사의 개념 바탕에는 되찾는 과정이 있다.

1. 타동사 용법

1.1. 다음 주어는 목적어를 되찾는다.

(1) a. He **reclaimed** his watch from the pawn shop.(그는 자신의 손목시계를 전당포에서 되찾았다.)

    b. The team **reclaimed** the title from their rivals.(그 팀은 타이틀을 경쟁팀들로부터 되찾았다.)

    c. You will have to go to the police station to **reclaim** your wallet.(너는 지갑을 되찾기 위해서 그 경찰서에 가야만 할 것이다.)

    d. You can **reclaim** the tax.(너는 그 세금을 되찾을 수 있다.)

1.2. 다음 목적어는 땅이다. 주어는 목적어를 개간하거나 매립한다.

(2) a. The Netherlands has **reclaimed** large tracts of land from the sea.(네덜란드는 넓은 땅들을 바다로부터 간척했다.)

    b. The Dutch has **reclaimed** a lot of land.(네덜란드는 넓은 땅을 간척했다.)

1.3. 다음 주어는 빼앗길 뻔한 것을 되찾는다.

(3) a. He **reclaimed** some of his belongings from the ashes of the fire.(그는 소유물들의 몇 가지를 화재의 잿더미에서 되찾았다.)

    b. The workers **reclaimed** the old mansion from the squatters.(그 노동자들은 오래된 저택을 그 공유지의 무단 거주자들로부터 되찾았다.)

    c. He **reclaimed** iron from the scrap.(그는 철을 고철 더미에서 건졌다.)

1.4. 다음은 수동태 문장으로 주어는 되찾아진다.

(4) a. The site for the airport will be **reclaimed from** the swamp.(공항 부지는 늪지를 개간하여 얻게 될 것이다.)

    b. A large area of land was **reclaimed from** the sea.(넓은 땅이 바다에서 매립되어 얻어졌다.)

recline

이 동사의 개념 바탕에는 뒤로 기우는 과정이 있다.

1. 자동사 용법

1.1. 다음 주어는 뒤로 기운다.

(1) a. He **reclined** on the sofa.(그는 소파에 기대었다.)

    b. He **reclined** in a hammock for a nap.(그는 낮잠을 자려고 해먹에 누웠다.)

2. 타동사 용법

2.1. 다음 주어는 목적어를 뒤로 기울인다.

(2) a. He **reclined** the car seat.(그는 자동차 자석을 젖혔다.)

    b. The artist **reclined** his easel so that he could paint more easily.(그 예술가는 그가 더 쉽게 그릴 수 있도록 화판을 뒤로 젖혔다.)

recognize

이 동사의 개념 바탕에는 인식하는 과정이 있다.

1. 타동사 용법

1.1. 다음 주어는 목적어를 인식한다.

(1) a. I **recognized** Jane from my mother's description of her.(나는 제인에 대한 엄마의 묘사로부터 그녀를 인식했다.)

    b. Sarah came home so thin that her own children was not able to **recognize** her.(사라가 너무 말라서 집에 돌아왔기 때문에, 아이들조차도 그녀를 알아볼 수 없었다.)

    c. I **recognized** an old friend in the crowd.(나는 오랜 친구를 군중 속에서 알아봤다.)

    d. I **recognize** Mary in the picture.(나는 메리를 그 사진에서 알아본다.)

    e. He was so much changed and I could hardly **recognized** him.(그가 너무 많이 변해서 나는 거의

그를 알아볼 수 없었다.)

f. I recognized my old teacher in the newspaper picture.(나는 옛 선생님을 신문에 난 사진에서 알아보았다.)

g. I hadn't seen her for 30 years, but I recognized her immediately.(나는 그녀를 30년 동안 본 적이 없었지만, 즉시 그녀를 알아보았다.)

h. The baby recognized her mother's face.(그 아기는 어머니 얼굴을 알아차렸다.)

i. I recognized my car.(나는 내 차를 알아차렸다.)

1.2. 다음 주어는 목적어를 by의 목적어에 의해 인식한다.

(2) a. The child recognized a giraffe by its long neck.(그 아이는 기린을 긴 목을 보고 알아차렸다.)

b. I recognized him by his voice.(나는 그를 목소리로 알아봤다.)

c. Dogs recognize people by their smell.(개들은 사람들을 냄새로써 알아차린다.)

1.3. 다음 주어는 목적어를 인식한다. 이 때 인식 작용은 시각이 아닌 지각과 관련된다.

(3) a. The doctor immediately recognized the symptoms: she had measles.(의사는 즉시 증상을 알아차렸다. 그녀는 홍역이었다.)

b. The doctor failed to recognize the disease:(의사는 그 병을 알아내는데 실패했다.)

c. I recognized friendliness in his smile.(나는 정다움을 그의 미소에서 찾을 수 있었다.)

d. I could not recognize his voice over the phone.(나는 그의 목소리를 전화에서 알아챌 수 없었다.)

e. I could recognize the taste again.(나는 그 맛을 다시 알아챌 수 있었다.)

f. Do you recognize this song?(너는 이 노래가 뭔지 생각나니?)

g. He recognized a swindler.(그는 사기꾼을 알아차렸다.)

h. She was able to recognize the problem/her mistake.(그녀는 그 문제/실수를 인식할 수 있었다.)

i. I could recognized her signature/handwriting/address.(나는 그녀의 서명/필체/주소를 알아볼 수 있었다.)

j. He recognized two things apart.(그는 두 개를 따로 인식했다.)

1.4. 다음 주어는 that-절의 내용을 인식한다.

(4) a. He recognized that he had made a mistake.(그는 그가 실수했음을 인식했다.)

b. We recognized that this is an unpleasant choice that we have to make.(우리는 이것이 우리가 해야만 하는 유쾌하지 못한 선택임을 인식했다.)

c. We recognized that the mistakes are ours.(우리는 그 실수들이 우리의 것이라는 것을 인식했다.)

d. He recognized that he was lost/defeated/wrong.(그는 그가 길을 잃었음을/졌음을/잘못했음을 인식했다.)

1.5. 다음 주어는 목적어를 인정한다.

(5) a. He recognized defeat.(그는 패배를 인정했다.)

b. He recognized her ability to do the job.(그는 그

일을 할 수 있는 그녀의 능력을 인정했다.)

c. You must recognize the difficult position the company is in.(너는 회사가 처해있는 어려운 처지를 인정해야만 한다.)

d. You must recognize the seriousness of the problem.(너는 문제의 심각성을 인정해야만 한다.)

e. He recognizes the difficulty of the undertaking.(그는 사업의 어려움을 인정한다.)

f. He recognized the concerns of the tax.(그는 세금 납부자들의 고민을 인정한다.)

1.6. 다음에서 주어는 목적어를 인정하고 받아들인다.

(6) a. He doesn't recognize the authority of the court.(그는 법정의 권위를 인정하지 않는다.)

b. Many countries were unwilling to recognize the new country.(많은 나라들이 그 새 나라를 쾌히 인정하려 하지 않았다.)

c. The US recognizes each of the former Soviet's republics.(미국은 예전의 소비에트의 공화국들 각각을 인정한다.)

d. The US government has not recognized the Cuban government since 1961.(미 정부는 1961년 이래로 쿠바 정부를 인정하지 않아 왔다.)

e. The management recognizes three main trade unions.(그 경영진은 3개의 주요 노동조합을 인정한다.)

1.7. 다음에서 주어는 목적어를 인정하면서 감사를 표한다.

(7) a. Our company recognized Tom's loyalty by presenting him with a gold medal.(우리 회사는 그의 충성심을 톰에게 금메달을 수여함으로써 인정했다.)

b. The president recognized her services to her country by awarding her an award.(대통령은 국가에 대한 그녀의 봉사를 그녀에게 상을 수여함으로써 인정했다.)

c. The company recognized his great contributions.(회사는 그의 엄청난 공헌을 인정했다.)

d. Today we recognize your great achievements.(오늘 우리는 당신의 대단한 성취들을 인정합니다.)

e. They recognized the boy's courage by giving him a medal.(그들은 그 소년의 메달을 줌으로써 인정했다.)

f. Everyone recognized his skill.(모든 이들이 그의 기술을 인정했다.)

1.8. 다음은 수동태 문장으로 주어는 인정된다.

(8) a. His services to the country were recognized.(그의 나라에 대한 봉사는 인정되었다.)

b. Your services must be duly recognized.(당신의 봉사는 정당히 인정받아야만 합니다.)

c. British medical qualifications are recognized in Canada.(영국의 의료 면허는 캐나다에서 인정된다.)

1.9. 다음 주어는 목적어를 인정하면서 감사를 표시한다.

(9) a. The government recognized him by making him a lord.(정부는 그를 영주로 만들어줌으로써 그를 표

　　　창했다.)

　　b. They **recognized** his heroism by giving him a medal.(그들은 그의 영웅적 자질을 메달을 줌으로써 표창했다.)

　　c. The company **recognized** the employee with ten years' service.(그 회사는 10년 근속 사원들을 표창했다.)

1.10. 다음 주어는 목적어를 부정사가 가리키는 상태나 자격으로 인식한다.

(10) a. Chalres **recognized** Lucy to be a better singer than him.(찰스는 루시가 자신보다 더 나은 가수라고 인식했다.)

　　b. Everyone **recognizes** him to be the greatest authority on the subject.(모든 이들은 그가 그 주제에 있어서 가장 대단한 권위자라고 인식한다.)

　　c. I **recognize** him to be honest.(나는 그가 정직하다고는 것을 인식한다.)

1.11. 다음 주어는 목적어의 발언권을 인정한다.

(11) a. The chairman **recognized** me and I told the committee my opinion.(의장은 나의 발언권을 인정해 주어서 나는 그 위원회에 의견을 말했다.)

　　b. The chair **recognized** the new delegate.(의장은 새 대리자의 발언권을 인정했다.)

　　c. When Sue was **recognized**, she gave her report.(수의 발언권이 인정되었을 때, 그녀는 보고를 했다.)

　　d. The chairman **recognized** the treasurer, and he gave the financial report.(의장은 회계 담당자의 발언권을 인정하여, 그는 재정보고를 했다.)

1.12. 다음 주어는 목적어를 as의 목적어로 인정한다.

(12) a. I **recognized** him as the same man that I had seen yesterday.(나는 그를 내가 어제 만났던 사람과 동일 인물로 인식했다.)

　　b. They don't **recognize** the country as an independent state.(그들은 그 나라를 독립국가로 인정하지 않는다.)

　　c. I **recognized** the decision as being correct.(나는 그 결정을 옳은 것으로 인정했다.)

　　d. The court **recognized** him as a lawful heir.(법정은 그를 정당한 상속인으로 인정했다.)

　　e. She **recognized** the dog as Bill's.(그녀는 그 개를 빌의 것으로 인정했다.)

1.13. 다음은 수동태 문장으로 주어는 인정이나 인식이 된다.

(13) South Africa wants to be **recognized** as a member of the Commonwealth once more.(남아프리카는 한 번 더 영연방의 일원으로 인정되기를 바란다.)

recoil

이 동사의 개념 바탕에는 두려움, 싫음 등으로 물러서는 과정이 있다.

1. 자동사 용법

1.1. 다음 주어는 어떤 자극을 받고 움찔하여 물러선다.

(1) a. He **recoiled** in horror at the sight of the corpse.(그는 시체를 보고 무서움에 물러섰다.)

　　b. She **recoiled** at seeing a snake in her path.(그녀는 뱀 한 마리를 길에서 보고 물러섰다.)

　　c. He **recoiled** at the idea of paying $50 for a concert ticket.(그는 50달러를 음악회 표에 지불한다는 생각에 움찔했다.)

　　d. He **recoiled** in horror at the thought of the accident.(그는 그 사고의 생각에 기겁을 하여 움찔했다.)

1.2. 다음 주어는 전치사 from의 목적어로부터 물러난다.

(2) a. In fear, I **recoiled from** the robber with a knife.(두려워하며, 나는 칼을 든 강도로부터 물러섰다.)

　　b. The dog **recoiled from** the snake.(개는 그 뱀에서 물러섰다.)

　　c. She **recoiled from** his touch.(그녀는 그의 손길에서 물러섰다.)

1.3. 다음 주어는 전치사 from의 목적어에서 물러선다.

(3) a. Ron tends to **recoil from** making difficult decisions.(론은 어려운 결정을 내리는 것에서 뒷걸음 치는 경향이 있다.)

　　b. She **recoiled from** the idea of betraying her own brother.(그녀는 오빠를 배반한다는 생각에서 뒷걸음 쳤다.)

1.4. 다음 주어는 전치사 against의 목적어에 되돌아온다.

(4) The rifle **recoiled against** my shoulder.(그 소총은 내 어깨에 반동을 가했다.)

1.5. 다음 주어는 전치사 (up)on의 목적어에 영향을 준다.

(5) a. Your rudeness will one day **recoil upon** you.(너의 무례함은 언제가 너에게 되돌아 올 것이다.)

　　b. Revenge often **recoils on** the avenger.(복수는 종종 그 복수인에게 되돌아간다.)

　　c. The good or evil we confer on others, very often **recoils on** ourselves.(다른 사람에게 주는 선이나 악은 종종 우리 자신에게 되돌아온다.)

recollect

이 동사의 개념 바탕에는 회상하는 과정이 있다.

1. 타동사 용법

1.1. 다음 주어는 목적어를 기억이나 회상한다.

(1) a. He was unable to **recollect** the names.(그는 그 이름들을 기억해 낼 수 없었다.)

　　b. I cannot **recollect** the exact words.(나는 정확한 낱말들을 기억할 수 없다.)

　　c. Can you **recollect** the password?(너는 암호를 기억할 수 있니?)

　　d. She could no longer **recollect** the details of the letter.(그녀는 편지의 세부 사항들을 더 이상 기억할 수 없었다.)

　　e. I don't **recollect** you.(나는 너를 기억하지 못한다.)

　　f. Grandpa likes to **recollect** his youth in China.(할아버지는 중국에서 보낸 젊은 시절을 회상하기를 좋아

한다.)

1.2. 다음 주어는 목적어를 회상한다. 목적어는 동명사가 나타내는 과정이다.
(2) a. I **recollect** seeing Ron a few years ago in Seoul. (나는 론을 몇 년 전 서울에서 본 것을 회상한다.)
b. I don't **recollect** meeting her. (나는 그녀를 만난 것을 기억하지 못한다.)
c. She does not **recollect** seeing him at the party. (그녀는 그를 파티에서 본 것을 기억하지 못한다.)
d. I **recollect** hearing his speech then. (나는 그의 연설을 그 때 들은 것을 기억한다.)
e. I **recollect** having seen him before. (나는 그를 전에 본 기억을 한다.)

1.3. 다음 주어는 목적어를 기억한다.
(3) a. I **recollect** him/his saying that it was dangerous. (나는 그것이 위험하다고 그가 말한 것을 기억한다.)
b. I **recollect** her/her telling the story. (나는 그녀가 그 이야기를 한 것으로 기억한다.)

1.4. 다음 주어는 목적어를 회상한다. 목적어는 부정사이다.
(4) a. I **recollect** to have heard the melody. (나는 그 멜로디를 들은 것을 기억한다.)
b. I **recollect** to have speculated on the possibility. (나는 그 가능성을 생각해본 것을 기억한다.)

1.5. 다음 주어는 목적어가 부정사가 가리킨 일을 한 것을 회상한다.
(5) a. I **recollect** him to have said that. (나는 그가 그것을 말했던 것으로 기억한다.)
b. He **recollects** her to be the person he had seen before. (그는 그가 전에 본 사람으로 그녀를 기억한다.)

1.6. 다음 주어는 that-절의 내용을 회상한다.
(6) a. One witness **recollected** that the visitor had arrived by the side door. (한 증인은 그 방문자가 옆 문으로 도착했다고 기억했다.)
b. I **recollect** that it was cold Tuesday morning. (나는 그날이 추운 화요일 아침이었다고 기억한다.)
c. I **recollect** that she had red hair. (나는 그녀가 빨강 머리였다고 기억한다.)

1.7. 다음 주어는 의문사가 이끄는 절의 내용을 회상한다.
(7) a. David tried to **recollect** when he had last used his car. (데이비드는 그가 차를 마지막으로 사용했을 때를 기억하려고 했다.)
b. Do you **recollect** where she went? (너는 그녀가 언제 갔는지 기억하느냐?)
c. Can you **recollect** when you were last in Korea? (너는 언제 마지막으로 한국에 있었는지 기억하느냐?)
d. Can you **recollect** how to get there? (너는 어떻게 그 곳에 가는지 기억하느냐?)
e. He does not **recollect** how long they were in the room. (그는 얼마나 오랫동안 그들이 그 방에 있었

는지 기억하지 못한다.)
f. I can't **recollect** exactly what he said. (나는 무엇을 그가 말했는지 정확하게 기억을 하지 못한다.)
g. After that I don't **recollect** what happened. (그 이후에 나는 무엇이 일어났는지 기억을 못한다.)

2. 자동사 용법
2.1. 다음 주어는 회상한다.
(8) a. As far as I can **recollect**, she was not there on that occasion. (내가 기억하는 한, 그녀는 그 때 그 곳에 없었다.)
b. As far as I **recollect**, I have never owned a brown suit. (내가 기억하는 범위에서, 나는 갈색 양복을 자져본 적이 없다.)
c. As I **recollect**, I had measles when I was about four. (내가 기억하기로, 나는 네 살 경에 홍역을 했다.)
d. As far as I **recollect**, her name is Judy. (내가 기억하는 한, 그녀의 이름은 주디이다.)

recommend
이 동사의 개념 바탕에는 추천하는 과정이 있다.

1. 타동사 용법
1.1. 다음 주어는 목적어를 추천한다. 목적어는 사람이다.
(1) a. We **recommended** her as a typist. (우리는 그녀를 타이피스트로 추천했다.)
b. We **recommended** him to the company. (우리는 그를 그 회사에 추천했다.)
c. I can **recommend** this medicine for your cold. (나는 이 약을 당신의 감기에 추천할 수 있다.)
d. Can you **recommend** a good doctor? (좋은 의사를 추천해 주실 수 있습니까?)
e. We **recommended** him for the post. (우리는 그를 그 자리에 추천했다.)

1.2. 다음은 수동태 문장으로 주어는 추천된다.
(2) He was **recommended** for his honesty. (그는 정직함 때문에 추천 받았다.)

1.3. 다음 주어는 목적어를 추천한다.
(3) a. I **recommended** caution in dealing with this matter. (나는 이 문제를 처리할 때 주의를 권유했다.)
b. The report **recommended** a 10% pay increase. (그 보고서는 10%의 임금 상승을 권유했다.)
c. He **recommended** a special diet. (그는 특별식을 추천했다.)
d. The doctor **recommended** a long rest for us. (그 의사는 장기 휴양을 우리에게 권했다.)
e. The counselor **recommended** the easiest course of action. (그 상담원은 가장 쉬운 실행 과정을 추천했다.)

1.4. 다음은 수동태 문장으로 주어는 추천된다.
(4) a. That new restaurant is highly **recommended**. (그 새 식당은 높이 추천된다.)
b. This hotel may be **recommended** for its cooking. (이

호텔은 요리로 추천될 수 있다.)

c. This book has been recommended to me.(이 책은 내게 추천되었다.)

1.5. 다음 주어는 목적어 (그 자체)를 추천한다.

(5) a. This book has nothing to recommend it.(이 책은 그것을 추천할 만한 것이 없다.)

b. This applicant for the job has very little to recommend him.(그 일의 지원자는 자신을 추천할 것이 거의 없다.)

c. Your proposal has much to recommend it.(당신의 제안은 그것을 추천하는 많은 것을 가지고 있다.)

1.6. 다음 주어는 첫째 목적어에게 둘째 목적어를 추천한다.

(6) a. Can you recommend me a gardener?(나에게 정원 사를 추천해 주실 수 있습니까?)

b. I can recommend you this book.(나는 네게 이 책을 권할 수 있다.)

1.7. 다음 주어는 목적어를 추천한다. 목적어는 동명사이다.

(7) a. I recommended seeing a doctor immediately.(나는 즉시 의사를 만나볼 것을 권했다.)

b. I recommend getting started to work earlier.(나는 더 일찍 일을 시작하기를 권한다.)

c. I recommend your buying this book.(나는 당신이 책을 구입하기를 권한다.)

d. I recommend your talking with the manager first.(나는 당신이 먼저 지배인과 얘기할 것을 권한다.)

e. She recommended not paying these taxes.(그녀는 세금을 내지 말 것을 권했다.)

f. He recommended my giving up smoking.(그는 내가 담배를 끊을 것을 권했다.)

g. He recommended reading the book before seeing the movie.(그는 그 영화를 보기 전에 책을 읽기를 권했다.)

h. He recommends wearing safety equipment.(그는 안전 장비를 착용할 것을 권한다.)

1.8. 다음 주어는 목적어를 권고하여 to부정사가 가리키는 일이나 행동을 하게 한다.

(8) a. We'd recommend you to book your flight early.(우리는 당신을 권유하여 항공편을 일찍 예약하게 하고자 합니다.)

b. Our teacher recommended us to read the book.(선생님은 우리를 권유하여 그 책을 읽어보라고 추천하셨다.)

c. We recommended her to stop.(우리는 그녀를 권유하여 멈추라고 했다.)

d. The druggist recommends me to try this ointment for sunburn.(그 약사는 나를 권유하여 햇볕에 탄 데 이 연고를 사용해 보게 한다.)

e. He recommended me to give up smoking.(그는 나를 권유하여 담배를 끊으라고 했다.)

f. They recommended for us to return the next day.(그들은 우리를 권유하여 다음 날 돌아가게 했다.)

1.9. 다음에 쓰인 that-절은 권고나 추천의 내용이다.

(9) a. We recommended that the work should be done at once.(우리는 그 일이 즉시 수행되어야 한다고 권유했다.)

b. He recommended that the prisoners should be released.(그는 그 죄수들이 석방되어야 한다고 추천했다.)

c. The doctor recommends that I take these pills.(의사는 내가 이 알약들을 복용할 것을 권한다.)

d. He recommended that I give up smoking.(그는 내가 담배를 끊을 것을 권했다.)

e. The usher recommends that I stop smoking.(그 안내인은 내가 담배를 그만 피울 것을 권유한다.)

1.10. 다음의 주어는 사람이 아닌 개체이다. 어느 사람이 다른 사람을 추천하듯, 추상적인 개체에도 이러한 힘이 있는 것으로 개념화된다.

(10) a. Her sweet smile recommended her to the group.(그녀의 달콤한 미소가 그녀를 그 그룹 사람들에게 추천 했다.)

b. His fine pronunciation recommends him as a teacher of English.(그의 좋은 발음은 그를 영어 선생님으로 추천한다.)

c. Her earnestness recommends her.(그녀의 진지함이 그녀를 추천한다.)

d. The position of the camp recommends it as a summer home.(그 야영지의 위치가 그 곳을 여름별장으로 추천한다.)

1.11. 다음에서 주어는 목적어를 to의 목적어에 맡긴다.

(11) a. She recommended her son to our care.(그녀는 자신의 아들을 우리의 보살핌에 맡겼다.)

b. She recommended herself to God.(그녀는 자신을 하나님께 맡겼다.)

c. No one would recommend himself to hazard.(누구도 자신을 운에 맡기고 싶지는 않을 것이다.)

d. He recommended his soul to God.(그는 자신의 영혼을 하나님께 의탁했다.)

recompense

이 동사의 개념 바탕에는 갚는 과정이 있다.

1. 타동사 용법

1.1. 다음 목적어는 사람이다. 주어는 목적어를 보상한다.

(1) a. This payment will go some way to recompense you for any inconvenience we may have caused.(이 보상금은 우리가 끼쳤을지도 모르는 불편에 어느 정도 당신에게 보상해 줄 것이다.)

b. There was no attempt to recompense the miners for the loss of their jobs.(그 일자리를 잃은 광부들에게 일자리의 상실에 대해 보상해 주려는 어떤 시도도 없었다.)

c. The company recompensed the hard worker with a bonus paycheck.(그 회사는 열심히 일하는 노동자를 보너스 지급으로 보상해 주었다.)

d. The teacher recompensed the hard working student with an A.(선생님은 열심히 공부하는 학생

에게 A로 보상해 주었다.)

1.2. 다음 주어는 목적어를 보상한다. 목적어는 개체이다.

(2) a. The store where I fell recompensed the costs of my injury.(내가 넘어진 상점은 상처의 비용을 보상해 주었다.)

b. There is no way to recompense your kindness.(너의 친절을 보상해 줄 방법이 없다.)

c. He recompensed good with evil.(그는 선을 악으로 갚았다.)

reconcile

이 동사의 개념 바탕에는 한 개체가 다른 개체에 조정되는 과정이 있다.

1. 타동사 용법

1.1. 다음 목적어는 재귀대명사이다. 주어는 자신을 to의 목적어에 조정한다.

(1) a. She was bound to reconcile herself to accepting the post.(그녀는 그 자리를 받아들이는 데 자신의 마음을 조정을 하지 않을 수 없었다.)

b. She had reconciled herself to never seeing him again/wearing glasses/living alone.(그녀는 다시는 그를 보지 않도록/안경을 쓰기로/혼자 사는 데 억지로 자신을 화해시켰다.)

1.2. 다음 to의 목적어는 명사구이다.

(2) a. He found it hard to reconcile himself to the disagreeable state.(그는 할 수 없이 기분 나쁜 상태에 자신을 조정해야 하는 일이 어렵다는 것을 알게 되었다.)

b. He reconciled himself to the idea of his own death.(그는 죽음에 대한 생각에 자신을 체념시켰다.)

c. He has reconciled himself to the idea that he is getting old.(그는 그가 늙어간다는 그 생각에 자신을 체념을 시켰다.)

d. You must reconcile yourself to a life of hardship/his misery on earth.(너는 자신을 이 세상에서의 고단한 삶/비참함에 억지로 체념을 시켜야 한다.)

e. Only time will reconcile her to the loss of her husband/of her ring.(오직 시간만이 그녀의 남편의 죽음/그녀의 반지를 잃어버린 것에 그녀를 체념하게 할 것이다.)

1.3. 다음은 수동태 문장으로 주어는 전치사 to의 목적어에 체념한다.

(3) a. He isn't really reconciled to the idea of spending two weeks in hospital.(그는 병원에서 2주를 지내야 한다는 사실에 체념을 하지 않고 있다.)

b. He is reconciled to the idea of retirement.(그는 퇴직 생각에 체념이 안 되어 있다.)

c. I am reconciled to living in the country.(나는 이 시골에 사는 일에 체념하고 있다.)

d. He was reconciled to his fate/death.(그는 운명/죽음에 대하여 체념(감수)하고 있었다.)

1.4. 다음 주어는 목적어를 전치사 with의 목적어와 조화나 일치를 시킨다.

(4) a. How does Fred reconcile his love of animals with the fact that he eats meat?(어떻게 프레드는 동물에 대한 사랑을 그가 고기를 먹는다는 사실과 조화시킬 수 있는가?)

b. Anne reconciled her disagreement with Mary.(앤은 메리와의 반대 의견을 조정했다.)

c. He reconciles his statements with his conduct.(그는 말을 행동과 일치시킨다.)

d. He reconciled his work for living with his study.(그는 생활을 위한 노동과 연구를 조화시켜 병행하였다.)

e. He reconciled her to/with her friend.(그는 그녀를 친구와 화해시켰다.)

f. I can't reconcile my memory of the place with your description.(나는 그 곳에 대한 나의 기억을 너의 묘사와 일치시킬 수 없다.)

g. He could never reconcile his violent temper with his pacifist ideals.(그는 불같은 성질을 평화주의 사상과 일치시키지 못할 것이다.)

h. How can you reconcile your ideal with reality?(어떻게 너는 이상을 현실과 조화시킬 수 있는가?)

i. It is difficult to reconcile the demands of my job with my desire to be a good father.(내 일의 요구 사항을 좋은 아버지가 되려는 욕망과 조화시키기는 것은 어렵다.)

j. It was impossible to reconcile my social view with the notion of owing my own business.(나의 사회관과 나 자신의 사업을 갖는다는 생각을 일치시키기는 불가능했다.)

1.5. 다음은 수동태 문장으로 주어는 조화나 일치가 된다.

(5) a. After twenty years' silence, he was finally reconciled with his family.(20년 간의 침묵 후에, 그는 마침내 가족과 화해했다.)

b. The workers will soon be reconciled with their employer.(그 노동자들은 곧 고용주와 화해될 것이다.)

c. The report cannot be reconciled with the facts.(이 보고서는 사실들과 맞지가 않다.)

d. Dave was reconciled with the Catholic church in his last few days.(데이브는 마지막 몇일동안 가톨릭 교회와 화해하였다.)

1.6. 다음의 목적어는 복수로서, 주어는 이들을 일치시키거나 화해시킨다.

(6) a. He reconciled the financial accounts.(그는 재정회계를 일치시켰다.)

b. He reconciled Tom and Jerry.(그는 톰과 제리를 화해시켰다.)

c. He reconciled the feuding families.(그는 반목하는 가족들을 화해시켰다.)

d. I reconciled the hostile persons/the old enemies.(나는 적대적인 사람들/오랜 적들을 화해시켰다.)

e. The unions want higher wages, and the bosses

want higher profits: it's almost impossible to reconcile these two aims.(노동 조합은 보다 많은 임금을 원했다. 그리고 사장들은 보다 높은 이익을 원했다; 이 두 목적을 조화시키기란 거의 불가능한 일이다.)

    f. A mediator reconciled the differences between the two sides/the disputes among the boys.(중재자가 양 측의 차이점/그 소년들간의 분쟁을 조정시켰다.)

    g. It is possible to reconcile these apparently opposing/different views.(이 명백히 대립되는/서로 다른 견해를 일치시키는 것은 가능하다.)

1.7. 다음 주어는 that-절의 내용을 인정한다.

(7) You will just have to reconcile that a better job means being away from home.(너는 좋은 직업을 갖는 것이 집을 떠나는 것을 의미한다는 사실을 인정해야 할 것이다.)

2. 자동사 용법

2.1. 다음 주어는 with의 목적어와 화해한다.

(8) Anne reconciled with Mary after ten years of not speaking.(앤은 메리와 십 년 간 말을 하지 않다가 화해하였다.)

2.2. 다음의 주어는 복수로서 화해를 한다.

(9) The husband and wife finally reconciled.(그 남편과 아내는 마침내 화해했다.)

record

이 동사의 개념 바탕에는 기록을 남기는 과정이 있다.

1. 타동사 용법

1.1. 다음 주어는 글로 기록을 남긴다.

(1) a. She recorded her innermost thoughts in her diary.(그녀는 자신의 가장 깊은 생각들을 일기에 남겼다.)

    b. The coroner recorded a verdict of accidental death.(그 검시관은 사고사라는 판정을 기록으로 남겼다.)

    c. You should record all your expenses during your trip.(너는 여행 동안 사용한 모든 경비를 기록으로 남겨야 한다.)

1.2. 다음 주어는 목적어를 녹음한다.

(2) a. He recorded the class rehearsing before the performance.(그는 공연 전에 학급 리허설을 녹음했다.)

    b. Did you record 'Friends' for me?('프렌즈'를 나를 위해 녹화했니?)

    c. The group has just recorded a new album.(그 그룹은 막 새 앨범을 녹음했다.)

1.3. 다음 주어는 영상을 기록한다.

(3) The video camera records and plays back.(비디오 카메라는 녹음하고 다시 재생한다.)

1.4. 다음 주어는 목적어를 나타낸다.

(4) a. The instrument records earthquakes.(그 도구는 지진을 기록한다.)

    b. The thermometer recorded a temperature of 35°.(온도계는 35도씨를 기록했다.)

1.5. 다음 주어는 의문사나 that-절의 내용을 기록한다.

(5) a. His job is to record how politicians vote on major issues.(그의 일은 어떻게 정치인들이 중요한 쟁점에 투표를 하는지를 기록하는 것이다.)

    b. An official report records that many of the nation's monuments are in need of repair.(한 공식적인 보고서가 나라의 많은 기념비들이 보수할 필요가 있다고 기록한다.)

recover

이 동사의 개념 바탕에는 되찾는 과정이 있다.

1. 타동사 용법

1.1. 다음 주어는 목적어를 되찾는다. 목적어는 신체기능이나 정신에 관계되는 의식이나 침착 등이다.

(1) a. He recovered his weight/eyesight/voice/strength/health.(그는 체중/시력/목소리/힘/건강을 회복했다.)

    b. He recovered his legs/feet.(그는 다리/발의 기능을 회복했다.)

    c. The patient has not recovered his consciousness/composure yet.(그 환자는 아직 의식/평정을 되찾지 못했다.)

    d. He may not recover full use of his damaged leg.(그는 손상된 다리를 완전하게 회복하지는 못할 것이다.)

    e. She had a severe attack of asthma, and it took two hours to recover her breath.(그녀는 천식이 심하게 들려서, 다시 숨을 쉬기까지 2시간이 걸렸다.)

1.2. 다음 목적어는 재귀대명사이다. 이 재귀대명사는 건강, 의식이나 신체적 균형 등을 가리킨다.

(2) a. It took Mom many months to recover herself.(어머니가 제정신을 찾기까지 몇 달이 걸렸다.)

    b. He recovered himself.(그는 정신을 차렸다.)

    c. She recovered herself after a memory lapse.(그녀는 기억상실 후 회복했다.)

    d. He almost fell, but quickly recovered himself.(그는 거의 넘어질 뻔했지만 재빨리 몸의 균형을 되찾았다.)

1.3. 다음 주어는 목적어를 되찾는다.

(3) a. They are trying to recover the sunken boat from the lake.(그들은 침몰한 배를 호수로부터 건지기 위해 노력하고 있다.)

    b. The police so far has failed to recover the stolen jewel.(경찰은 지금까지 도난 당한 보석을 되찾지 못했다.)

    c. Rescue teams recovered more bodies from the rubble.(구조팀이 더 많은 시체들을 무너진 더미에서 찾아냈다.)

    d. They recovered the land from the sea.(그들은 그 땅을 바다에서 간척했다.)

1.4. 다음은 수동태 문장으로 주어는 되찾아진다.

(4) The plane's black box has not been recovered yet.(비행기의 비행 기록 장치는 아직 발견되지 않았다.)

1.5. 다음 주어가 없어지거나 버려질 목적어를 구한다.

(5) a. They recover paper from old newspaper.(그들은 종이를 헌 신문지에서 재생한다.)

b. The recycling company recovers metal and aluminum from the trash.(그 재활용 회사는 금속과 알루미늄을 쓰레기로부터 재생한다.)

1.6. 비용이나 손해는 어느 사람의 소유 영역에서 나가는 것으로 개념화될 수 있다. 이렇게 나간 것도 되찾을 수 있는 것으로 개념화된다. 주어는 목적어를 되찾는다.

(6) a. It took a while to recover the cost.(비용을 회수하기까지 상당한 시간이 걸렸다.)

b. Legal action is taken to recover the money.(법적 절차가 돈을 회수하기 위해 취해진다.)

c. They are trying to recover the damages.(그들은 손실을 회복하려고 한다.)

d. The driver recovered the time he lost at the start of the race and won.(그 운전자는 그 경기의 시작 때 잃은 시간을 회복하고 승리했다.)

1.7. 다음은 수동태 문장으로 주어는 회복된다.

(7) a. The initial cost of the machinery has not been recovered yet.(그 기계의 최초 비용은 아직 회수되지 않았다.)

b. The insurance company helped us recover our losses.(그 보험 회사는 우리의 손실을 회복하도록 도와주었다.)

2. 자동사 용법

2.1. 다음의 주어는 건강을 되찾는다.

(8) a. He recovered from his illness/his cold/a stomach complaint.(그는 병/감기/복통에서 회복되었다.)

b. He has not recovered from his surprise/agitation/tragedy.(그는 놀라움/동요/비극에서 아직 회복되지 않았다.)

c. She has not recovered from her knee injury.(그녀는 무릎 부상에서 아직 회복되지 않았다.)

d. Have you recovered after the six-hour flight?(너는 6시간 동안의 비행에서 회복되었느냐?)

e. The patient recovered very quickly.(환자가 매우 빨리 회복되었다.)

2.2. 다음 주어는 비생명체이다.

(9) a. The stock market index fell by 25% before it began to recover.(주식시장 지수는 회복되기 시작하기 전에 25% 하락했다.)

b. It took a long time for the company to recover after the slump.(그 회사는 불경기를 겪고 나서 회복되기까지 오랜 시간이 걸렸다.)

c. Has the country recovered from the effects of the war?(그 나라는 전쟁의 영향에서 회복되었느냐?)

recruit

이 동사의 개념 바탕에는 사람을 모으는 과정이 있다.

1. 타동사 용법

1.1. 다음 주어는 목적어를 모은다.

(1) a. I will recruit some friends for the gardening.(나는 정원 손질을 위해 몇몇 친구들을 모으겠다.)

b. I will recruit some friends to help with the gardening.(나는 정원 손질을 도울 몇몇 친구들을 모집하겠다.)

c. She recruits people to become sales representatives for the company.(그녀는 회사를 위해 판매 대표가 될 사람들을 모집한다.)

d. The police are trying to recruit officers from ethnic minorities.(그 경찰청은 경관들을 소수 민족들에서 모집하고 있다.)

e. They recruited several new members to the club.(그들은 몇몇 새 회원을 모임에 모집했다.)

1.2. 다음은 수동태 문장으로 주어는 소집된다.

(2) a. Most of the men in the village were recruited that day.(마을의 대부분의 사람들은 그 날 소집되었다.)

b. She was recruited to the president's team of advisers in 1999.(그녀는 대통령 고문팀에 1999년에 소집되었다.)

c. We were recruited to help peel the vegetables.(우리는 채소 껍질을 벗기기 위해 소집되었다.)

2. 자동사 용법

2.1. 다음 주어는 소집한다.

(3) Is your company recruiting at the moment?(당신의 회사는 지금 사원 모집을 하고 있습니까?)

recur

이 동사의 개념 바탕에는 다시 일어나는 과정이 있다.

1. 자동사 용법

1.1. 다음 주어는 다시 일어난다.

(1) a. Snowstorms recur every winter.(눈보라는 매 겨울 다시 일어난다.)

b. The theme recurs several times throughout the book.(그 주제는 책 전반에 여러 번 되풀이된다.)

c. The idea kept recurring.(그 생각은 계속 제기되었다.)

d. The same dream recurred night after night.(똑 같은 꿈은 매일 밤 되풀이 됐다.)

e. The pain recurred.(고통은 다시 일었다.)

redeem

이 동사의 개념 바탕에는 구하는 과정이 있다.

1. 타동사 용법

1.1. 다음 주어는 목적어를 전치사 from의 목적어로부터 되찾는다.

(1) a. He redeemed his watch from the pawnbroker for $100.(그는 시계를 100달러를 주고 전당포에서 되찾았다.)

b. She redeemed her jewelry from the pawn

shop.(그녀는 보석을 전당포에서 되찾았다.)

c. He redeemed his ring/his camera from the pawnbroker.(그는 반지/카메라를 전당포에서 되찾았다.)

d. He redeemed the pawned goods.(그는 전당잡혀 있던 물건들을 되찾았다.)

e. We paid a ransom to redeem the hostages.(우리는 인질들을 구하기 위해 몸값을 치루었다.)

f. You have to redeem the item by the end of this week.(우리는 그 물건을 이번 주말까지 되찾아야만 한다.)

g. She redeemed the car's title when she paid off the car's loan.(그녀는 차의 빚을 청산하면서 그 차에 대한 소유권을 되찾았다.)

1.2. 다음 주어는 목적어를 전치사 from의 목적어의 상태에서 구한다.

(2) a. Work is the way that people seek to redeem their lives from futility.(일은 사람들이 무의미에서 삶을 구하는 방법이다.)

b. We redeemed him from captivity.(우리는 그를 잡혀있는 상태에서 구출했다.)

c. We redeemed him from bondage.(우리는 그를 속박에서 구했다.)

d. Christ came to redeem the world from vice.(예수는 세상을 악에서 구하기 위해 왔다.)

1.3. 다음 주어는 목적어를 전치사 from의 목적어 상태에서 구한다.

(3) a. The eyes redeem the face from ugliness.(그 눈은 얼굴을 추함에서 구한다.)

b. Her voice redeemed her from plainness.(그녀의 목소리는 그녀를 수수함에서 구했다.)

c. His belief in God redeemed him.(그의 신에 대한 믿음은 그를 구했다.)

d. He came to redeem the world.(그는 세상을 구하기 구해 왔다.)

1.4. 다음에서 목적어는 명성, 명예와 같은 추상적 개체이다. 주어는 손상된 목적어를 회복한다.

(4) a. He redeemed his reputation by disproving the charges against him.(그는 자신에 대한 비난을 반증함으로써 명성을 회복하였다.)

b. She is trying to redeem her reputation by working extra hard.(그녀는 더욱 열심히 일해서 명성을 회복하려 하고 있다.)

c. He redeemed his honor/his good name/his life.(그는 명예/좋은 명성/삶을 회복하였다.)

d. His willingness to work redeemed him in her eyes.(그의 일에 대한 적극성이 그를 그녀의 눈에 들게 했다.)

1.5. 다음의 목적어는 재귀 대명사이고, 이 재귀 대명사는 주어의 실추된 자신을 가리킨다.

(5) a. Mary redeemed herself by doing what she promised to do.(메리는 약속한 일을 함으로써 실추된 자신을 회복했다.)

b. If you redeem yourself, you can apologize to me.(네 자신의 명예를 회복하려면, 나에게 사과해라.)

c. After making that blunder, how will you redeem yourself?(실수를 한 후에 너는 어떻게 실추된 명예를 회복하려 하는가?)

d. He had realized the mistake he had made and wanted to redeem himself.(그는 그가 한 실수를 깨닫고 명예를 회복하기를 원했다.)

e. He was trying to redeem himself from his earlier failure.(그는 예전 실패에서 명예를 회복하려 하고 있었다.)

1.6. 다음 주어는 목적어를 벌충하여 좋게 만든다.

(6) a. Her excellent action wasn't enough to redeem the weak plot.(그녀의 훌륭한 행동도 빈약한 계획을 보충하기엔 충분치 않다.)

b. His recent deeds redeemed his earlier mistakes.(그의 최근 행적은 예전 실수를 보충했다.)

c. Her charming voice redeems her plainness.(그녀의 매혹적인 목소리가 예쁘지 않은 외모를 보충한다.)

d. Her good performance redeemed the second-rate play.(그녀의 좋은 연기가 그 이류 연극을 구했다.)

e. His brave acts redeemed his faults.(그의 용감한 행동이 잘못을 보충했다.)

1.7. 다음 목적어는 빚, 의무, 약속과 같은 부담이다. 주어는 목적어를 자신에게서 나가게 한다.

(7) a. If he does not redeem his debt, he will be landless.(만약 그가 빚을 없애지 않는다면, 그는 땅을 잃을 것이다.)

b. They redeemed the national debt.(그들은 국가 채무를 없앴다.)

c. He hopes to redeem his loan/his mortgage next month.(그는 다음 달에 빚/융자를 갚기를 원한다.)

1.8. 상품 상환권이나 할인권도 일종의 약속이다. 주어는 목적어를 돈으로 찾는다.

(8) a. Redeem this savings bond for its cash value.(이 저금 증서를 현금가로 찾으세요.)

b. Redeem this coupon for 20 cents off your next jar of coffee.(다음 커피 한 병을 살 때 20센트 깎아주는 이 할인권을 찾으세요.)

c. I redeemed the coupons for cereal and mouthwash at the market.(나는 시리얼과 치약에 대한 쿠폰들을 그 가게에서 썼다.)

d. The store will redeem this voucher at its face value.(그 가게는 이 상품권을 액면가로 지불할 것이다.)

e. He redeemed the paper money.(그는 지폐를 교환해 갔다.)

f. He redeemed the promissory note.(그는 약속어음을 교환했다.)

1.9. 다음은 수동태 문장으로 주어는 지불된다.

(9) Take the voucher to your local branch of Woolworths, and it will be redeemed for one toy.(너의 상품권을 울워스의 네 지역 지점으로 가져라, 그것은 장난감 하나로 교환될 것이다.)

1.10. 다음 주어는 목적어를 내놓는다. 목적어는 약속이다.

(10) a. He redeemed his duty.(그는 의무를 이행했다.)

b. He **redeemed** his promise to pay half the expenses.(그는 지출액의 절반을 지불하기로 한 약속을 지켰다.)

c. He **redeemed** his promise by doing what he said he would.(그는 그가 할것이라고 말했던 것을 함으로써 약속을 지켰다.)

d. He **redeemed** his blunder.(그는 자신의 실수를 만회했다.)

e. The government found itself unable to **redeem** its election pledges.(정부는 그 선거 공약을 실현하기가 불가능하단 것을 알았다.)

1.11. 다음 주어는 목적어를 되찾는다.

(11) They **redeemed** land.(그들은 땅을 되찾았다.)

redress

이 동사의 개념 바탕에는 바로 잡는, 고르게 하는 과정이 있다.

1. 타동사 용법
1.1. 다음 주어는 목적어를 바로 잡는다.
(1) a. He is going to **redress** an injustice/a grievance. (그는 부당한 행위/불만을 바로 잡을 계획이다.)

b. He is trying to **redress** the racial inequalities of society.(그는 사회의 인종 차별을 바로 잡으려고 노력 중이다.)

1.2. 다음 주어는 목적어를 배상한다.
(2) a. The newspaper was fined to **redress** the model they had slandered.(그 신문은 자신들이 명예를 훼손시킨 모델을 보상해 주도록 벌금을 물었다.)

b. The court **redressed** her pain by making the company pay her $two million.(그 법원은 그 회사가 그녀에게 2백만 달러를 지불하게 함으로써 그녀의 고통을 배상했다.)

reduce

이 동사의 개념 바탕에는 줄이는 과정이 있다.

1. 타동사 용법
1.1. 다음 주어는 목적어를 낮춘다.
(1) a. He **reduced** the rent of our house.(그는 우리 집세를 낮추었다.)

b. He **reduced** his weight.(그는 자신의 몸무게를 줄였다.)

c. The train **reduced** speed.(기차는 속도를 줄였다.)

d. The shop **reduced** its prices.(그 상점은 가격을 낮추었다.)

e. He tried to **reduced** his expenses.(그는 경비를 줄이려고 노력했다.)

1.2. 다음 주어는 목적어를 전치사 into나 to의 목적어로 만든다.
(2) a. He **reduced** the marble to powder.(그는 대리석을 가루로 만들었다.)

b. He **reduced** the dollar to dimes.(그는 달러를 10전 자리로 바꿨다.)

c. He **reduced** the compound into its elements.(그는 화합물을 원소로 바꾸었다.)

1.3. 다음 주어는 목적어를 전치사 to의 목적어 상태로 만든다. [적음은 나쁨] 은유가 적용된 표현이다.
(3) a. The bomb **reduced** the city to ruins.(그 폭탄은 도시를 폐허로 만들었다.)

b. They **reduced** him to poverty.(그들은 그를 가난하게 만들었다.)

c. She was **reduced** to tears.(그녀는 눈물을 흘리게 되었다.)

d. The rebels were **reduced** to submission.(그 폭도들은 항복하게 되었다.)

e. The children were **reduced** to silence.(그 아이들은 조용하게 되었다.)

1.4. 다음은 수동태 문장으로 주어는 전치사 to의 목적어가 가리키는 상태로 된다. to의 목적어는 동명사이다.
(4) a. During the famine, many people were **reduced** to eating grass and leaves.(기근이 계속되는 동안, 많은 사람들은 풀과 나뭇잎을 먹게 되었다.)

b. We were **reduced** to selling the car to pay the rent.(우리들은 집세를 내기 위해서 그 차를 팔 지경에 이르렀다.)

c. He was **reduced** to begging.(그는 구걸을 해야 하는 지경이 되었다.)

1.5. 다음 주어는 목적어를 전치사 to의 목적어 상태로 바꾼다.
(5) a. He **reduced** her speech to writing.(그는 그녀의 연설을 글로 옮겼다.)

b. He **reduced** the theory to practice.(그는 그 이론을 실천에 옮겼다.)

c. They **reduced** grapes to wine.(그들은 포도를 포도주로 만들었다.)

1.6. 다음 주어는 목적어의 계급을 낮춘다.
(6) a. The commander **reduced** the sergeant to a private.(지휘관은 그 상사를 병으로 강등했다.)

b. The general **reduced** the major to a captain.(장군은 그 소령을 대위로 강등했다.)

1.7. 다음 주어는 목적어를 꺾는다.
(7) a. The army **reduced** the rebels.(군대는 그 반군을 꺾었다.)

b. The enemy **reduced** the town.(적은 그 읍내를 초토화했다.)

1.8. 다음 주어는 목적어를 통분한다.
(8) a. **Reduce** 6/8 to 3/4. (6/8을 3/4으로 맞줄임하라.)

b. **Reduce** 2/4 to 1/2. (2/4을 1/2으로 맞줄임하라.)

2. 자동사 용법
2.1. 다음 주어는 몸무게를 줄인다.
(9) He told me I should **reduce**.(그는 내가 몸무게를 줄여야 한다고 나에게 말했다.)

2.2. 다음 주어는 준다.
(10) a. The number of the homeless **reduced** slightly.(부랑자의 수는 약간 줄었다.)

b. He **reduced** to 100 pounds by May.(그는 5월에 100파운드까지 줄었다.)

reek

이 동사의 개념 바탕에는 역겨운 냄새를 풍기는 과정이 있다.

1. 자동사 용법

1.1. 다음 주어는 역겨운 냄새가 난다. 냄새는 of의 목적어와 연관된다.
(1) a. The drunkard reeks of alcohol.(그 술고래는 술 냄새를 풍긴다.)
    b. His breath reeked of garlic/tobacco.(그의 입김은 마늘/담배 냄새가 났다.)
    c. The place reeks of smoke.(그 장소는 담배 냄새가 난다.)

1.2. 다음 주어는 전치사 with의 목적어가 배어있다.
(2) a. His breath reeked with garlic.(그의 입김은 마늘 냄새가 배어있었다.)
    b. The government reeks with corruption.(정부는 부패로 배어있다.)

1.3. 다음은 [편애나 위선은 냄새가 나는 개체] 은유가 적용된 표현이다.
(3) a. His promotion reeks of favoritism.(그의 승진에는 편파의 기미가 있다.)
    b. His denials reeked of hypocrisy.(그의 거부는 위선의 냄새가 났다.)
    c. The political appointment reeks of corruption.(정치적 약속은 부패의 냄새가 난다.)

1.4. 다음 주어는 악취를 풍긴다.
(4) You should clean your refrigerator. It reeks.(너는 냉장고 청소를 해야 한다. 냉장고에서 악취가 난다.)

2. 타동사 용법

2.1. 다음 주어는 목적어를 풍긴다.
(5) The whole business reeks dishonesty.(그 사업 전체는 부정을 풍긴다.)

reel¹

이 동사의 개념 바탕에는 휘청거리는 과정이 있다.

1. 자동사 용법

1.1. 다음 주어는 정신적으로 휘청거리거나 비틀거린다.
(1) a. I am still reeling from the shock.(나는 여전히 충격에서 휘청거리고 있다.)
    b. The party is still reeling from its recent elections defeat.(그 정당은 여전히 최근 선거의 참패로 휘청거리고 있다.)

1.2. 다음 주어는 휘청거린다.
(2) a. She is reeling after several glasses of wine.(그녀는 여러 잔의 포도주를 마시고 비틀거리고 있다.)
    b. He punched him on the chin, sending him reeling backwards.(그는 그의 턱을 한 대 먹여서, 뒤로 비틀거리게 했다.)

1.3. 다음 주어는 빙빙 돈다.
(3) a. When he opened his eyes, the room reeled.(그가 눈을 떳을 때 그 방은 빙빙 돌았다.)

    b. The mountains reeled before him.(그 산들은 그 앞에서 빙빙 돌았다.)

reel²

이 동사의 개념 바탕에는 reel의 명사 '실감개'가 있다. 동사의 뜻은 이 명사의 용도와 관계가 있다.

1. 타동사 용법

1.1. 다음 주어는 목적어를 감는다.
(1) He reeled the film.(그는 필름을 감았다.)

1.2. 다음 주어는 감아서 목적어를 밖으로 나가게 하거나 끌어들인다.
(2) a. He reeled out some wire.(그는 선을 풀어내었다.)
    b. He reeled the fish in.(그는 물고기를 감아 들였다.)

1.3. 다음 주어는 목적어를 술술 자아낸다.
(3) a. She reeled off her answers.(그녀는 대답을 술술 말했다.)
    b. She immediately reeled off several names.(그녀는 즉시 여러 이름을 술술 말했다.)

refer

이 동사의 개념 바탕에는 보내는 과정이 있다. 이때 보내지는 곳은 전문가이거나 정보가 있는 곳이다.

1. 타동사 용법

1.1. 다음 주어는 목적어를 전치사 to의 목적어에 보낸다.
(1) a. My doctor referred me to a specialist at the hospital.(의사는 나를 병원의 전문가에게 보냈다.)
    b. The company referred me to the customer service department to solve my problem.(그 회사는 내 문제를 해결하기 위해 나를 고객 서비스 부서로 보냈다.)
    c. Now and then the doctor refers his patients to a psychiatrist.(가끔 그 의사는 환자들을 정신과 의사에게 보낸다.)
    d. I referred him to my secretary.(나는 그를 내 비서에게 보냈다.)

1.2. 다음은 수동태 문장으로 주어는 보내진다.
(2) a. I am referred to you for details.(나는 세부 사항을 얻기 위해 네게 보내진다.)
    b. Patients are generally referred to hospital by their general doctors.(환자들은 일반적으로 일반 의사들에 의해 병원으로 보내진다.)

1.3. 다음 주어는 목적어를 to의 목적어에 보낸다.
(3) a. He referred the matter to the High Court.(그는 그 문제를 고등 법원으로 송치했다.)
    b. Please refer all your inquiries to the information desk.(여러 분의 모든 질문들을 안내 창구로 가져가세요.)
    c. Let us refer our dispute to our teacher.(우리의 논쟁을 선생님께 가져가자.)

1.4. 다음 주어는 목적어를 전치사 to의 목적어로 돌린다.
(4) a. He refers his success to hard work.(그는 성공을

열심히 일한 덕분으로 돌린다.)

　　b. He referred the evils to the war.(그는 그 사악한 일들을 전쟁 탓으로 돌렸다.)

　　c. He refers the origin of the writing to Egypt.(그는 문자의 기원을 이집트에 돌린다.)

1.5. 다음 주어는 목적어를 전치사 to의 목적어에 가게 한다.

(5) a. He referred me to a book.(그는 나에게 어떤 책을 찾아보게 했다.)

　　b. Our teacher referred us to good books.(선생님은 우리에게 좋은 책을 찾아보게 했다.)

1.6. 다음 주어는 생명체가 아니다. 그러나 사람이나 마찬가지로 목적어를 어떤 장소로 가게 한다.

(6)　The asterisk refers the readers to a footnote.(별표는 독자들에게 주석을 찾아보게 한다.)

2. 자동사 용법

2.1. 다음 주어는 전치사 to의 목적어로 간다.

(7) a. I refers to a dictionary/a map.(나는 사전/지도를 참조한다.)

　　b. I need to refer to my notes.(나는 메모를 참조할 필요가 있다.)

　　c. He referred to the professor for a character reference.(그는 교수에게 신원 조회를 문의했다.)

　　d. The speaker referred to his book several times.(그 연사는 자신의 책을 여러 번 참조했다.)

2.2. 다음 주어는 그의 말이 전치사 to의 목적어에 가게 한다. 즉 언급한다.

(8) a. He referred to his trip to China.(그는 중국 여행에 대해 언급했다.)

　　b. He referred to his wound.(그는 상처에 대해 언급했다.)

　　c. I prefer you did not refer to my past.(나는 네가 내 과거에 대해 언급하지 않았으면 좋겠다.)

　　d. The customer referred to his order he had placed.(그 고객은 그가 했던 주문에 대해 언급했다.)

2.3. 다음 주어는 전치사의 목적어를 as의 목적어로 부른다.

(9) a. He simply referred to him as Ron.(그는 그를 간단히 론이라고 불렀다.)

　　b. She referred to me as a dear friend.(그녀는 나를 좋은 친구라고 불렀다.)

　　c. The government refers to a plumber's work as blue-collar work.(정부는 배관공의 일을 육체 노동이라고 부른다.)

　　d. The period is often referred to as a dark age.(그 시기는 종종 암흑 시대라고 불린다.)

2.4. 다음 주어는 전치사 to가 가리키는 개체에 적용된다.

(10) a. That law refers only to Koreans.(그 법은 한국인에게만 적용된다.)

　　b. The regulation refers to children.(그 규제는 아이들에게 적용된다.)

　　c. The figures refer to pages.(그 숫자들은 쪽수를 가리킨다.)

　　d. The electronics refers to electrically induced interaction.(전자 공학은 전기로 야기된 상호작용을 가리킨다.)

refine

이 동사의 개념 바탕에는 불순물을 제거하는 과정이 있다.

1. 타동사 용법

1.1. 다음 주어는 목적어를 정제한다.

(1) a. Oil companies refine crude oil into gasoline.(석유 회사들은 원유를 가솔린으로 정제한다.)

　　b. The machine refines petroleum.(그 기계는 석유를 정제한다.)

　　c. They refine gold out of the ore.(그들은 금을 광석에서 정제한다.)

1.2. 다음 주어는 목적어를 다듬는다.

(2) a. We're constantly refining our programs.(우리는 계획표를 계속해서 다듬고 있다.)

　　b. My professor refined her lectures and used them to write a textbook.(교수님께서는 강의를 다듬으셔서 교과서를 쓰는 데에 이용하셨다.)

　　c. The author refined the manuscript.(저자는 원고를 다듬었다.)

　　d. She has refined her technique over the years.(그녀는 기교를 수년에 걸쳐서 다듬었다.)

　　e. You should refine your table manners.(너는 식탁 예절을 세련되게 해야 한다.)

reflect

이 동사의 개념 바탕에는 반사하는 과정이 있다.

1. 타동사 용법

1.1. 다음 주어는 그 자체가 목적어를 반사한다.

(1) a. This glass appears to reflect light naturally.(이 유리는 빛을 자연스럽게 반사하는 것 같이 보인다.)

　　b. The car's bumper reflected sunlight into my face.(차의 완충기가 햇빛을 내 얼굴에 반사했다.)

　　c. White clothes are cooler because they reflect heat.(흰 옷들은 열을 반사해서 더 시원하다.)

　　d. The mirror reflected his image perfectly.(그 거울은 영상을 완전하게 반사했다.)

1.2. 다음의 주어는 전치사 from이나 off의 목적어에서 반사한다.

(2) a. The sunlight was reflected from the water.(햇빛은 물에서 반사되었다.)

　　b. The sun was reflected off the snow.(햇빛은 눈에서 반사되었다.)

　　c. Sunlight was reflected off the water.(햇빛이 물에서 반사되었다.)

1.3. 다음은 수동태 문장으로 주어는 반사된다.

(3) a. The skill of the new players was soon reflected in the team's high scores.(새 선수들의 기술이 팀의 높은 점수에 반영되었다.)

b. John's actions behind me were **reflected** in the mirror.(내 뒤에서 하는 존의 행동은 거울에 반사되었다.)

c. Look at the trees **reflected** in the water.(물에 비친 나무들을 보세요.)

1.4. 다음의 주어는 그 자체가 목적어를 반영한다.

(4) a. Her rough, red hands **reflect** a life of hard physical work.(그녀의 거칠고 붉은 손이 힘든 육체 노동의 삶을 반영한다.)

b. His sad looks **reflected** the thought passing through his mind.(그의 슬픈 표정은 마음 속에 지나가는 생각을 반영했다.)

c. The unhappy face **reflected** his inner despair.(불행한 얼굴은 내면의 절망을 반영했다.)

d. The book **reflects** the author's imagination.(그 책은 저자의 상상력을 반영한다.)

e. The writer's poetry **reflects** his love of nature.(그 작가의 시는 자연 사랑을 반영한다.)

f. Does this letter **reflect** how you really feel?(이 편지는 어떻게 너가 정말 느끼는가를 반영하느냐?)

1.5. 다음 주어는 that-절의 내용을 생각한다.

(5) a. I **reflected** that there wasn't much point in continuing with my plans.(나는 계획을 계속해서 추진하는 데에 별 의의가 없다고 생각했다.)

b. She **reflected** that this was probably the last time she should see him.(그녀는 이것이 그녀가 그를 보는 마지막이 될지 모른다고 생각했다.)

c. I **reflected** that it was unfair of her to treat me like that.(나는 그녀가 나를 그렇게 취급하는 것은 공평한 일이 아니라고 생각했다.)

1.6. 다음 주어는 목적어를 반영한다.

a. Rising prices **reflect** the rise in demand for these goods.(오르는 물가는 이 상품들에 대한 수용 증가를 반영한다.)

b. The party seems to **reflect** the views of its leader.(이 정당은 지도자의 관점을 반영하는것 같다.)

c. The Los Angeles riots **reflected** the bitterness between the black and Korean communities.(로스엔젤레스 폭동들은 흑인과 한국 지연 사회 사이의 나쁜 관계를 반영했다.)

d. John's angry temper **reflects** his attitude.(존의 화난 성질은 화난 태도를 반영한다.)

e. The low value of the dollar **reflects** the growing concern about its economy.(낮은 달러의 가치는 경제에 대한 증가하는 염려를 반영한다.)

f. Does the literature of a nation **reflect** it politics?(한 나라의 문학이 정치를 반영합니까?)

g. The results **reflect** the greatest credit upon all concerned.(그 결과는 관계 있는 모든 것에 대한 가장 높은 신뢰를 반영한다.)

h. John's courage in facing his disease **reflects** credit on him.(질병에 맞서는 존의 용기는 그에 대한 가능성/신뢰를 반영한다.)

2. 자동사 용법

2.1. 다음 주어는 전치사 on의 목적어를 숙고한다.

(7) a. An old man **reflected on** what he had done in his life.(한 노인이 자신이 일생에 한 일에 대해서 생각했다.)

b. He sat there **reflecting on** what had gone wrong.(그는 무엇이 잘못 되었는가에 대해 생각하면서 앉아 있었다.)

c. Take some time to **reflect on** your future plans.(너의 미래 계획에 대해서 생각할 시간을 가져라.)

2.2. 다음 주어는 전치사 (up)on의 목적어에 반영된다. 반사되는 것은 좋거나 나쁠 수 있다.

(8) a. That accomplishment **reflects** well **on** your abilities.(저 업적은 너의 능력에 잘 반영된다.)

b. Students who do well on exams **reflect** well **on** their teachers.(시험을 잘 치는 학생들은 선생님에게 좋게 반영된다.)

c. Your rude behavior **reflects** only **upon** yourself.(너의 거친 행동은 너에게 반영될 뿐이다.)

d. His crimes **reflected on** the whole community.(그의 범죄들은 그 지역공동체에 반영됐다.)

2.3. 다음 주어는 반영된다.

(9) Moonlight **reflected** in the river.(달빛이 강에 반영되었다.)

2.4. 다음 주어는 반사한다.

(10) The dull surface doesn't **reflect**.(흐린 표면은 반사하지 않는다.)

refrain

이 동사의 개념 바탕에는 순간적인 충동을 자제하는 과정이 있다.

1. 자동사 용법

1.1. 다음 주어는 자제한다.

(1) a. I carefully **refrained from** looking at him.(나는 그를 쳐다보는 것을 조심스럽게 자제했다.)

b. Please **refrain from** smoking on the subway.(지하철에서는 금연해 주세요.)

c. The audience **refrained from** talking during the play.(청중은 연극 중에 말을 삼가했다.)

d. He **refrained from** asking any question.(그는 질문을 던지는 것을 자제했다.)

e. He **refrained from** making any comment.(그는 자신의 견해를 피력하는 것을 삼갔다.)

f. I couldn't **refrain from** crying.(나는 울음을 참을 수 없었다.)

g. He **refrained from** (drinking) alcohol.(그는 술 마시는 것을 자제했다.)

h. Please **refrain from** talking while the lecture is going on.(강의가 진행 중일 때는 잡담을 삼가해 주세요.)

i. I shall **refrain from** entering into further details.(나는 더 많은 세부 사항까지 조사하지 않겠습니다.)

j. Please **refrain from** spitting in public.(공공장소에서 침 뱉는 것을 삼가해 주세요.)

1.2. 다음 주어는 from의 목적어를 자제한다.

(2) a. They both **refrained from** direct association with the chairman.(그들 둘 다 의장과의 직접적인 관계를 삼갔다.)

b. Let's hope they'll **refrain from** hostile action.(그들이 적대적 행동을 삼가기를 바랍시다.)

c. He appealed to all factions to **refrain from** violence.(그는 모든 도당에 폭력을 자제해 줄 것을 호소했다.)

d. He **refrained from** greasy food.(그는 기름기 많은 음식을 자제했다.)

1.3. 다음 주어는 자제한다.

(3) a. He wanted to sigh, but **refrained**.(그는 한숨을 짓고 싶었으나 참았다.)

b. I felt like slapping his face, but I **refrained**.(나는 그의 얼굴을 찰싹 때리고 싶었지만 참았다.)

refuse

이 동사의 개념 바탕에는 거절하는 과정이 있다.

1. 타동사 용법

1.1. 다음 주어는 목적어를 거절한다.

(1) a. He **refused** the invitation/orders.(그는 그 초대를/명령을 거절했다.)

b. He **refused** the gift with thanks.(그는 그 선물을 감사로 거절했다.)

c. He **refused** a bribe/offer/request.(그는 뇌물을/제의를/요구를 거절했다.)

d. I know he is in trouble, but he **refuses** all our offers of help.(나는 그가 곤경에 처해 있는 것을 알지만, 그는 우리의 도움의 모든 제의를 거절한다.)

e. He **refused** permission to go ahead with our project.(그는 우리의 계획을 진척시키려는 허락을 거절했다.)

f. She **refused** all proposals of marriage.(그녀는 모든 구혼을 거절했다.)

1.2. 다음 주어는 목적어를 거절한다.

(2) She had many suitors but she **refused** them all.(그녀는 많은 구혼자들이 있었지만 그들을 모두 거절했다.)

1.3. 다음 주어는 첫째 목적어에게 둘째 목적어를 거절한다.

(3) a. She **refused** him the money.(그녀는 그에게 그 돈을 거절했다.)

b. She **refused** me permission to go in.(그녀는 내가 들어갈 수 있는 허가를 거절했다.)

c. She **refused** me help.(그녀는 나에게 도움을 거절했다.)

d. The authorities **refused** him a visa.(당국은 그에게 비자를 거절했다.)

e. Her father **refused** his daughter permission to see that man again.(그녀의 아버지는 딸이 그 남자를 다시 보는 것에 대한 허락을 거절했다.)

f. The local government **refused** him planning permission to build an extra bedroom.(지방 정부는 그에게 방 하나를 더 만들려는 계획 허가를 거절했다.)

1.4. 다음은 수동태 문장으로 주어는 거절된다.

(4) a. They were **refused** admission.(그들은 입장이 거절되었다.)

b. He was **refused** burial in consecrated ground.(그는 성지에 매장이 거절되었다.)

c. I was **refused** admission to the meeting.(나는 그 회의에 입장이 거절되었다.)

d. We were **refused** an interview with the minister.(우리는 그 장관과의 인터뷰가 거부 당했다.)

e. The favor was **refused** to us.(그 호의는 우리에게 거절되었다.)

f. He **refused** nothing to her daughter.(그는 그녀의 딸에게 어떤 것도 거절하지 않았다.)

1.5. 다음 주어는 부정사가 가리키는 일을 하기를 거절한다.

(5) a. I **refused** to discuss the question.(나는 그 문제를 토론하기를 거절했다.)

b. He **refused** to reveal his identity.(그는 자신의 신분을 드러내기를 거부했다.)

c. He **refused** to help me.(그는 나를 도와주기를 거절했다.)

d. He **refused** to believe what I said.(그는 내가 말한 것을 믿기를 거부했다.)

e. I **refused** to accept the blame for something that was someone else's.(나는 다른 사람이 받아야 하는 무엇에 대한 비난을 받고 싶지 않았다.)

f. She **refused** to reveal the name of her informant.(그녀는 그녀의 정보 제공자의 이름을 밝히기를 거절했다.)

g. The French **refused** to consider the proposal.(프랑스 정부는 그 제안을 고려하기를 거절했다.)

h. He **refused** to accept the advice.(그는 그 충고를 받아들이기를 거절했다.)

1.6. 다음 주어는 부정사의 과정을 거부한다.

(6) a. The green wood **refused** to burn.(그 생나무는 타려고 하지 않았다.)

b. The door **refused** to shut.(그 문이 닫히려고 하지 않았다.)

2. 자동사 용법

2.1. 다음 주어는 거절한다.

(7) He asked me to give him another loan but I **refused**.(그가 나에게 또 대부를 해 달라고 부탁했지만 나는 거절했다.)

refute

이 동사의 개념 바탕에는 어느 주장에 대해 그것이 사실이 아님을 알고, 그것 때문에 또 기분이 좋지 않아서, 그것이 옳지 않음을 알리는 과정이 있다.

1. 타동사 용법

1.1. 다음 주어는 목적어를 논박한다.

(1) a. I **refuted** his argument.(나는 그의 논쟁을 논박했다.)

b. We **refuted** the statement.(우리는 진술을 논박했다.)

c. They **refuted** the proposition that the world is flat.(그들은 세계가 평평하다는 명제를 논박했다.)

d. How could you **refute** the statement that the cow jumped over the moon?(너는 소가 달 너머로 뛰었다는 진술을 어떻게 논박할 수 있었나?)

1.2. 다음 주어는 목적어를 논박한다. 목적어는 논박을 받는 사람이다.

(2) a. He **refuted** his opponent.(그는 적수를 논박했다.)

b. I was able to **refute** him.(나는 그를 논박할 수 있었다.)

regard

이 동사의 개념 바탕에는 보는 과정이 있다.

1. 타동사 용법

1.1. 다음 주어는 목적어를 본다.

(1) a. The students barely **regarded** the teacher's presence.(학생들은 간신히 선생님의 모습을 보았다.)

b. He **regarded** me over the top of his glasses.(그는 나를 안경 너머로 보았다.)

c. We **regarded** the mountains as we drove through them.(우리는 그 산들을 통해서 운전하면서 그것들을 보았다.)

d. She **regarded** him thoughtfully/suspiciously.(그녀는 그를 주의 깊게/수상하게 보았다.)

e. He **regarded** me coldly/sternly.(그는 나를 차갑게/엄하게 보았다.)

f. He is **regarding** me intently/curiously.(그는 나를 열심히/호기심 있게 보고 있다.)

g. The dog **regarded** me with suspicion as I approached the door.(그 개는 내가 문에 다다랐을 때 나를 의심스럽게 보았다.)

h. The troops **regarded** the general with attention.(그 무리는 사령관을 집중해서 보았다.)

1.2. 다음 주어는 목적어를 마음의 눈으로 본다.

(2) a. She **regarded** him with amusement.(그녀는 그를 재미있게 보았다.)

b. I still **regard** him with affection/curiosity/reverence.(나는 아직도 그를 매력/호기심/존경심을 가지고 본다.)

c. I **regard** war with horror/anxiety.(나는 전쟁을 공포/불안을 가지고 본다.)

d. She **regarded** him with approval/distaste/favor/dislike.(그녀는 그를 좋게/혐오스럽게/호의적으로/증오스럽게 보았다.)

e. I **regard** teachers and doctors highly.(나는 선생님과 의사를 높이 여긴다.)

1.3. 다음은 수동태 문장으로 주어는 특정한 방법으로 보여진다.

(3) a. Her work is **highly regarded**.(그녀의 일은 높이 평가된다.)

b. He had been **highly regarded** in his home town.(그는 마을에서 높이 평가되었다.)

c. The governor is **well regarded** throughout the state.(그 주지사는 주 전체를 통해 좋게 평가된다.)

d. In some villages new comers are **regarded with** suspicion.(어느 마을에서 새 입주자는 의심스럽게 보여진다.)

e. His behavior is **regarded with** suspicion.(그의 행동은 의심스럽게 여겨진다.)

1.4. 다음 주어는 목적어를 as의 목적어로 본다.

(4) a. They **regard** him **as** a fool/a child.(그들은 그를 바보/아이로 여긴다.)

b. He **regards** his neighbor **as** a thoughtless person.(그는 이웃을 생각 없는 사람으로 여긴다.)

c. I **regard** him **as** my best friend.(나는 그를 가장 좋은 친구로 여긴다.)

d. Her parents always **regarded** her **as** the brightest child of their children.(그녀의 부모는 자신들의 아이들 중 그녀를 가장 총명한 아이로 여겼다.)

e. Till now I **regarded** myself **as** his best friend.(지금까지 나는 나 자신을 그의 가장 좋은 친구로 여겼다.)

f. She now **regards** herself **as** a woman.(그녀는 이제 자신을 여자로 여긴다.)

1.5. 다음은 수동태 문장으로 주어는 as의 목적어로 보여진다.

(5) a. The man is **regarded as** a danger to society.(그 남자는 사회에 위험으로써 여겨진다.)

b. He is **regarded as** a nuisance by his neighbors.(그는 이웃에게 귀찮은 사람으로 여겨진다.)

c. She is **regarded as** the leading authority in the field.(그녀는 그 분야에서 지도적 권위자로 여겨진다.)

d. He is **regarded as** the greatest poet of the day.(그는 그 날의 최고 시인으로 여겨졌다.)

1.6. 다음 주어는 목적어를 as의 목적어로 본다.

(6) a. She **regards** this painting **as** her best ever.(그녀는 이 그림을 자신의 최고 작품으로 여긴다.)

b. He **regards** his job **as** the most important thing in his life.(그는 직업을 인생에서 가장 중요한 것으로 여긴다.)

c. He **regarded** his work **as** a success/a failure/a disaster.(그는 일을 성공/실패/재난으로 여겼다.)

d. He **regards** his job **as** a way to pay her bills.(그는 일을 그녀의 지출을 갚을 수 있는 방법으로 여긴다.)

1.7. 다음 주어는 목적어를 as의 목적어로 본다.

(7) a. I **regard** his conduct **as** unacceptable.(나는 그의 행동이 적합하지 못하다고 여긴다.)

b. I **regard** the situation **as** serious.(나는 그 상황이 심각하다고 여긴다.)

c. Do you **regard** this **as** important.(너는 이것이 중요하다고 생각하니?)

d. I don't **regard** the matter **as** clarified by any means.(나는 그 문제가 어떤 수단으로도 정화된 것으로 여길 수 없다.)

e. Let's **regard** the money **as** gone.(그 돈은 없어진 것으로 여기자.)

f. I **regard** the work **as** having been done.(나는 그 일이 완성된 것으로 생각한다.)

g. I **regard** the contract **as** having been broken.(나는 그 계약이 파기된 것으로 생각한다.)

h. Humanists and reformers are **regarded as** belonging to a hostile camp.(인도주의자와 개혁가들은 적대적인 무리에 속하는 것으로 간주된다.)

1.8. 다음 주어는 목적어와 관계가 있다.

(8) a. His decision **regards** the future of our company.(그의 결정은 우리 회사의 미래와 관련한다.)

b. The letter **regards** the payment for your new car.(그 편지는 너의 새로운 차에 대한 지불과 관련한다.)

c. This **regards** our welfare.(이것은 우리의 복지와 관련한다.)

d. It does not **regard** me.(그것은 나와 상관없다.)

1.9. 다음 주어는 목적어를 주의한다.

(9) a. She doesn't **regard** the rules of the game.(그녀는 게임의 법칙을 중요시 여기지 않는다.)

b. He **regards** all the traffic laws.(그는 교통 규칙을 중요시 여긴다.)

c. You must **regard** the safety regulations.(너는 안전 수칙을 잘 지켜야만 한다.)

d. He seldom **regards** my advice/my warning/my words.(그는 거의 나의 충고/경고/말을 중요하게 생각하지 않는다.)

e. You must **regard** the feelings/the rights of others.(너는 다른 사람의 의견을/권리를 존중해야 한다.)

f. Nobody **regarded** what he said.(아무도 그가 말한 바를 주의하지 않았다.)

g. He seldom **regards** his wife's wishes.(그는 아내의 소원을 주의하지 않는다.)

h. None **regarded** her scream.(아무도 그녀의 비명에 주의하지 않았다.)

register

이 동사의 개념 바탕에는 register의 명사 '등기부'가 있다.

1. 타동사 용법

1.1. 다음에서 주어는 목적어를 등기부에 올린다.

(1) a. He **registered** a letter/a parcel.(그는 편지/소포를 등기했다.)

b. He **registered** his car with the Department of Motor Vehicles.(그는 차를 자동차국에 등록했다.)

c. He **registered** his son's birth/marriage.(그는 아들의 출생/결혼을 등록했다.)

d. He **registered** luggage on a railway.(그는 짐을 기차에 등록했다.)

e. The delegation **registered** their protests at the White House meeting.(그 대표단은 항의 사항들을 백악관 회의에 등록했다.)

f. Last year the school **registered** 10,000 students.(작년에 만 명의 학생들이 그 학교에 등록했다.)

1.2. 다음에서 주어는 목적어를 as가 가리키는 상태나 자격으로 등록한다.

(2) a. He **registered** them as Mr. and Mrs. Kim.(그는 그들을 김씨 부부로 인정 등록했다.)

b. He **registered** himself as a doctor.(그는 의사로서 등록했다.)

1.3. 다음은 수동태 문장으로 주어는 등록된다.

(3) a. The ship is **registered** in Panama.(그 선박은 파나마에 등록되어 있다.)

b. She is officially **registered** as disabled.(그녀는 공식적으로 장애인으로 등록되어 있다.)

1.4. 다음 주어는 사람이고 목적어는 감정이다. 주어는 감정을 몸에 나타낸다.

(4) a. Dan **registered** dismay when he didn't get the promotion.(댄은 그가 승진하지 않자 실망감을 나타냈다.)

b. His face **registered** annoyance/anger.(그의 얼굴에는 괴로움/분노가 나타났다.)

c. His whole being **registered** intense fear.(그의 몸 전체가 격심한 공포를 나타냈다.)

d. I've been standing there for several minutes before she **registered** my presence.(나는 그녀가 내가 있다는 것을 알아채기 전 몇 분 동안 거기에 서 있었다.)

e. Jane **registered** surprise when I remembered her birthday.(제인은 내가 그녀의 생일을 기억했을 때 놀라움을 표현했다.)

1.5. 다음 주어는 자연 현상이고 목적어는 기록계이다. 주어가 목적어에 그 정도가 표시되게 한다.

(5) a. The earthquake barely **registered** a few ticks on the sensitive device.(지진은 겨우 몇 개의 점만을 민감한 기계에 남겼다.)

b. The earthquake **registered** 3 on the Richter scale.(그 지진은 리히터 척도에 강도 3을 기록했다.)

c. The stock market **registered** huge losses this week.(그 주식 시장은 이번 주 큰 손해를 기록했다.)

d. The thermometer **registers** 30 degrees.(그 온도계는 30도를 기록한다.)

e. The scale **registered** 100 pounds.(그 저울은 100 파운드를 기록했다.)

1.6. 다음은 수동태 문장으로 주어는 기록된다.

(6) His face is **registered** in my memory.(그의 얼굴은 나의 기억 속에 기억되어 있다.)

1.7. 다음 주어는 목적어를 마음에 명기해서 기억한다.

(7) a. At which department store did they **register** Mary?(어떤 백화점에서 그들은 메리를 기억했지?)

b. The matron of honor **registered** the bride at the fancy store.(신부 들러리는 그 팬시 상점에서 신부를 등록했다.)

2. 자동사 용법

2.1. 다음 주어는 등록하는 사람이다.

(8) a. Dan **registered** for the draft many years ago. (댄은 그 징집을 위해 여러해 전에 등록했다.)

　　b. How many students **registered** for your English class? (얼마나 많은 학생들이 당신의 영어 수업에 등록했습니까?)

　　c. Max **registered** to vote. (맥스는 선거 등록했다.)

2.2. 다음 주어는 호텔과 같은 숙박소에 등록하여 묵는다.

(9) He **registered** at a hotel. (그는 호텔에 숙박 등록했다.)

2.3. 다음 주어는 등록된다.

(10) He **registered** with a doctor/a dentist. (그는 의사로 치과의사로 등록되었다.)

2.4. 다음 주어는 기억에 등록된다.

(11) a. I don't know if the danger **registered** on him yet. (나는 그 위험이 그의 기억에 새겨졌는지 아직 모릅니다.)

　　b. I told my name, but it obviously didn't **register**. (나는 내 이름을 말했지만 그것은 분명히 기억에 등록되지 않았다.)

　　c. She must have told me her name, but it just didn't **register**. (그녀는 내게 자신의 이름을 말했음에 틀림없지만, 그것은 기억에 등록되지 않았다.)

regret

이 동사의 개념 바탕에는 이미 한 일이나 할 수 없는 일에 대한 유감을 나타내는 과정이 있다.

1. 타동사 용법

1.1. 다음에서 주어는 목적어에 대하여 유감을 느낀다.

(1) a. I'm afraid this is a decision that he will live to **regret**. (유감이지만, 이것은 그가 살아가면서 후회할 결정이다.)

　　b. He **regrets** the follies of his youth. (그는 청년 시절의 어리석은 행동을 후회한다.)

　　c. I deeply **regret** his death. (나는 그의 죽음을 깊이 애석해 한다.)

　　d. He does not **regret** his decision to retire. (그는 은퇴하려는 결정을 후회하지 않는다.)

　　e. He **regrets** his vanished youth. (그는 잃어버린 청춘을 애석해 한다.)

　　f. The airline **regrets** any inconvenience. (그 항공사는 승객의 어떠한 불편함도 유감으로 여긴다.)

1.2. 다음에서 목적어는 동명사로 표현되어 있다. 주어는 동명사가 나타내는 지나간 일에 유감을 갖는다.

(2) a. She deeply **regretted** losing her temper. (그녀는 화낸 것을 깊이 후회했다.)

　　b. I **regret** having spent the money. (나는 그 돈을 쓴 것을 후회한다.)

　　c. He **regrets** stealing the money. (그는 그 돈을 훔친 것을 후회한다.)

　　d. He bitterly **regretted** ever having mentioned it. (그는 전에 그것을 말했던 것을 몹시 후회했다.)

1.3. 다음 주어는 to부정사가 나타내는 일을 유감으로 여긴다. to부정사가 앞으로 일어날 일을 나타낸다.

(3) a. I **regret** to say that he did not pass the examination. (나는 그가 시험에서 합격하지 못했음을 말하게 되는 것을 유감으로 생각한다.)

　　b. I **regret** to inform you that your contract will not be renewed. (나는 네 계약이 갱신되지 못할 것이라고 통보하게 된 것을 섭섭하게 생각한다.)

　　c. We **regret** to inform you that the train will be late. (우리는 기차가 늦을 것임을 유감스럽게 알립니다.)

1.4. 다음 that-절은 유감의 내용을 담고 있다.

(4) a. I **regret** that I spent the money. (나는 내가 그 돈을 낭비한 것을 후회한다.)

　　b. He **regrets** that he never went to college. (그는 결코 대학에 가지 못했던 것을 후회한다.)

　　c. I **regret** that I will be unable to attend. (나는 참석할 수 없음을 유감스럽게 생각한다.)

reign

이 동사의 개념 바탕에는 나라를 통치하는 과정이 있다.

1. 자동사 용법

1.1. 다음 주어는 통치한다.

(1) a. George Ⅳ **reigned** from 1936 to 1952. (조지 4세는 1936년부터 1952년까지 다스렸다.)

　　b. Better to **reign** in Hell than to serve in Heaven. (천국에서 봉사하는 것보다 지옥에서 통치하는 것이 낫다.)

　　c. The king **reigned** during a time of peace. (왕은 평화로운 기간 동안에 통치했다.)

1.2. 왕이 나라를 군림하듯, 어떤 개인도 특정 영역에 군림할 수 있다.

(2) a. He **reigned** over people. (그는 국민들을 지배했다.)

　　b. In the field of classical music, he **reigns** supreme. (고전 음악 분야에서는 그가 최고로 군림한다.)

　　c. Tom **reigned** as the college chess champion for two years. (톰은 대학 체스 챔피언으로 2년 동안 군림했다.)

1.3. 다음 주어는 추상적인 개체이지만, 이들은 어떤 영역을 지배할 수 있는 것으로 개념화된다.

(3) a. Confusion **reigned** in the office. (혼란이 그 사무실을 지배했다.)

　　b. At last silence **reigned**. (드디어 침묵이 지배했다.)

　　c. Love **reigned** supreme in her heart. (사랑이 그녀의 마음에서 가장 으뜸으로 지배했다.)

　　d. Let peace **reign** over all. (평화가 온 세상 위에 퍼지도록 해라.)

　　e. Anarchy **reigned** for many months. (무정부 상태가 여러 달 동안 지배했다.)

reimburse

이 동사의 개념 바탕에는 주머니를 다시 채우는 과정이 있다.

1. 타동사 용법

1.1. 다음 주어는 목적어의 경비를 갚는다.

(1) a. We will **reimburse** you for the travel expenses. (우리는 그 여행 경비를 너에게 갚을 것이다.)

b. His company **reimbursed** him for hotel, meal, and other travel expenses. (회사는 그의 호텔, 식사, 그리고 다른 여행 경비를 상환했다.)

c. Let me **reimburse** you for my share of the lunch check. (점심식사 비용의 내 몫을 너에게 갚을게.)

1.2. 다음 주어는 목적어를 갚는다. 목적어는 경비이다.

(2) a. We **reimburse** any expenses incurred. (우리는 초래된 모든 비용을 상환한다.)

b. They will **reimburse** the cost from central funds. (그들은 비용을 중앙 자금에서 갚을 것이다.)

1.3. 다음은 수동태 문장으로 주어는 변상을 받는다.

(3) a. Do you think I can get this **reimbursed**? (너는 내가 이것을 변상 받을 수 있다고 생각하니?)

b. She was **reimbursed** by the gas company for the damage to the house. (그녀는 그 집에 대한 피해를 가스 회사로부터 변상 받았다.)

c. You will be **reimbursed** for any loss caused by the company. (너는 그 회사에 의해 초래된 어떤 손실이라도 변상 받을 것이다.)

rein

이 동사의 개념 바탕에는 rein의 명사 '고삐'가 있다. 동사의 뜻은 이 명사의 기능과 관계가 있다.

1. 타동사 용법

1.1. 다음에서 주어는 고삐로 말을 통제한다.

(1) a. He **reined** his horse. (그는 고삐로 말을 몰았다.)

b. He **reined** in his horse. (그는 그 말을 고삐로 당겼다.)

c. You need to **rein** those children in. (너는 저 어린이들을 통제할 필요가 있다.)

d. He **reined** the horse to the right. (그는 그 말을 오른쪽으로 가도록 고삐를 당겼다.)

1.2. 다음 주어는 목적어를 뒤로나 안으로 당긴다. 지출은 어느 방향으로 흐르는 것으로 개념화되어 통제될 수 있는 것으로 표현된다.

(2) a. We need to **rein** back public spending. (우리는 국민 대중의 소비를 통제할 필요가 있다.)

b. The government is **reining** in public expenditure. (정부는 공공 지출을 제어하고 있다.)

2. 자동사 용법

2.1. 다음 주어는 통제되는 개체이다.

(3) The horse **reins** well. (그 말은 고삐를 따라 잘 움직인다.)

2.2. 사람의 감정도 제 힘으로 움직일 수 있는 것으로 개념화된다. 그러므로 통제될 수 있다.

(4) a. She kept her emotions/passions tightly **reined** in. (그녀는 감정/열정을 철저히 억제했다.)

b. He **reined** in his temper. (그는 울화를 억제했다.)

reinforce

이 동사의 개념 바탕에는 더 강하게 만드는 과정이 있다.

1. 타동사 용법

1.1. 다음 주어는 목적어를 with의 목적어로 보강한다.

(1) a. He **reinforced** the garrison. (그는 수비대를 강화했다.)

b. He **reinforced** the wall with mud. (그는 벽을 진흙으로 보강했다.)

c. The carpenter **reinforced** the beam before putting any weight on it. (그 목수는 그 대들보에 무게가 가하기 전에 보강했다.)

d. She **reinforced** the elbows of the jacket with leather patch. (그녀는 그 재킷의 팔꿈치를 가죽 조각으로 보강했다.)

1.2. 다음은 수동태 문장으로, 주어는 보강된다.

(2) a. All buildings are now **reinforced** to withstand earthquakes. (모든 건물들은 지진에 견디도록 지금 보강되고 있다.)

b. The sea wall will be **reinforced** with tons of cement. (바다 제방은 수 톤의 시멘트로 보강될 것이다.)

1.3. 조직체도 건물과 같이 보강될 수 있다.

(3) a. The UN has **reinforced** its military presence along the borders. (UN은 군대 국경지대를 따라 군대 주둔을 보강했다.)

b. The mayor **reinforced** the police department by hiring more cops. (그 시장은 경찰을 더 고용하여 경찰국을 보강하였다.)

1.4. 다음 목적어는 추상적이지만 구체적인 것으로 개념화되어 보강되는 것으로 풀이된다.

(4) a. He **reinforced** his efforts/supply. (그는 노력/공급을 늘렸다.)

b. Congress **reinforced** the law. (국회는 법을 강화했다.)

c. He **reinforced** his argument with facts. (그는 자신의 논의를 사실로 보강했다.)

d. Such jokes tend to **reinforce** racial stereotypes. (그러한 유머는 인종적 고정관념을 강화하는 경향이 있다.)

e. The climate of political confusion has only **reinforced** the country's economic decline. (정치적 혼란의 분위기는 그 나라의 경제적 쇠퇴를 더욱 가속시킬 뿐이다.)

f. His behavior **reinforced** my dislike of him. (그의 행동은 그에 대한 나의 혐오를 증가시켰다.)

1.5. 다음은 수동태 문장으로 주어는 보강된다.

(5) a. Conclusion from the report has been **reinforced** by more recent studies. (그 보고서의 결론은 좀 더 최근의 연구들에 의해 한층 보강되었다.)

b. The idea was greatly **reinforced** by the latest news. (그 아이디어는 최근 정보에 의해 매우 보강되었다.)

reject

이 동사의 개념 바탕에는 되던지는, 즉 거절하는 과정이 있다.

1. 타동사 용법

1.1. 다음 주어는 목적어를 거절한다. 주어는 목적어를 받아들이지 않는다.

(1) a. He asked her to marry him, but she rejected him.(그는 자기와 결혼해 줄 것을 그녀에게 요청했으나 그녀는 그를 거절했다.)

     b. Please reject the following candidates/applicants.(다음 후보/지원자들을 거절해 주세요.)

     c. The lioness rejected the smallest cub.(그 암사자는 가장 작은 새끼를 거절했다.)

     d. When she was sent to a boarding school, she felt as though her parents had rejected her.(기숙학교에 보내졌을 때, 그녀는 자신의 부모가 자식을 거절한 것처럼 느꼈다.)

1.2. 다음은 수동태 문장으로 주어는 거절되는 개체이다.

(2) a. I applied for a job as a mechanic for a job in a local school, but was rejected.(나는 기계공으로 지역 학교에 일자리를 지원했으나 거절 당했다.)

     b. He's been rejected by all the universities he applied to.(그는 지원한 모든 대학들로부터 거절을 당했다.)

     c. Ron was rejected by the army because of his bad eyesight.(론은 나쁜 시력으로 인해 군대에서 거절 당했다.)

     d. He asked her to go to the movies four times, but each time he was rejected.(그는 그녀에게 네 번 영화를 보러 가자고 했으나 매번 거절 당했다.)

     e. Many candidates were rejected.(많은 후보자들이 거절 당했다.)

     f. They are children rejected by their own natural mothers.(그들은 자신들의 생모로부터 거절 당한 아이들이다.)

1.3. 다음은 수동태 문장으로 주어는 거절을 당한다. 누가 거절을 당하면 버림받은 느낌을 갖게된다.

(3) a. When her husband left home, she felt rejected and lonely.(그녀의 남편이 집을 떠났을 때, 그녀는 버림을 받은 것처럼 느꼈고 외롭게 느꼈다.)

     b. She was six months pregnant and feeling fat and rejected.(그녀는 임신 6개월로, 뚱뚱하고 버림을 받은 것처럼 느꼈다.)

     c. When people are unkind to him, he feels rejected.(사람들이 그에게 불친절할 때, 그는 거절 당한 것처럼 느낀다.)

1.4. 다음 주어는 목적어를 거부한다. 목적어는 생각, 믿음, 요청, 제의 등이다.

(4) a. The prime minister rejected any idea of reforming the system.(그 수상은 그 제도를 개혁하는 어떠한 생각도 거절했다.)

     b. We rejected the idea of working overtime.(우리는 초과 근무에 대한 생각을 거절했다.)

     c. The young generation rejects the beliefs of their parents.(젊은 세대들은 그들 부모의 믿음을 거부한다.)

     d. As parents, we hope our children won't reject the values we try to give them.(부모로서, 우리는 아이들이 우리가 그들에게 주고자 노력하는 가치들을 거절하지 않기를 바란다.)

     e. Young people reject traditional morality.(젊은 사람들은 전통적 도덕을 거절한다.)

     f. Voters have clearly rejected the government's proposal for Asia.(투표자들은 아시아를 위한 정부의 제안을 명백하게 거절했다.)

     g. The prime minister rejected the suggestion that it was time for him to resign.(그 수상은 이제 사임해야 할 시간이라는 암시를 부인했다.)

     h. The board rejected his request for a license/his application.(그 위원회는 면허/지원을 위한 그의 요청을 거절했다.)

     i. He rejected my offer to help/my plans for a big party.(그는 도움에 대한 나의 제의/큰 파티를 위한 나의 계획을 거절했다.)

     j. He rejected the claim/the decision/the advice/the new contract.(그는 청구/결정/충고/새 계약을 거절했다.)

     k. The children rejected their parents' religion and became Buddhists.(아이들은 부모들의 종교를 거절하고 불교신자가 되었다.)

1.5. 다음은 수동태 문장으로 주어는 거절된다.

(5) The appeal was rejected by the High Court.(그 탄원은 고등법원에 의해 거절되었다.)

1.6. 다음의 주어는 신체나 신체 부위이고, 목적어는 신체 기관이다. 주어는 목적어를 거부한다.

(6) a. The body rejected the new heart.(그 신체는 새 심장을 거부했다.)

     b. His body has already rejected two kidneys.(그의 몸은 이미 2개의 신장을 거부했다.)

     c. The body may reject an organ transplanted into it.(그 몸은 그것에 이식된 기관을 거부할 지도 모른다.)

     d. It was feared that his body was rejecting the kidney he received in a transplant four years ago.(그의 몸이 4년 전에 이식 받은 신장을 거부하고 있는 것으로 염려되었다.)

     e. The doctors gave him a new heart, but his body rejected it.(그 의사들은 그에게 새 심장을 주었으나, 그의 몸이 그것을 거부했다.)

1.7. 다음 주어는 목적어를 배제한다.

(7) a. The school rejected the old books that were donated.(그 학교는 기증된 오래된 책들을 거부했다.)

     b. Choose the apples and reject the bad ones/the spotted ones.(사과를 고르고 나쁜 것/점박이들을 제거하라.)

     c. We have very strict quality control, and anything that is imperfect is rejected.(우리는 매우 엄격한 품질 관리가 있어서 불완전한 어떠한 것도 통과되지

않는다.)

d. Any misshapen piece coming off the assembly line is rejected.(조립 라인에서 나온 잘못 형성된 어떠한 물품도 통과되지 않는다.)

1.8. 다음 주어는 기계이고, 목적어는 이 기계에 쓰일 부품이다. 주어는 목적어를 받아들이지 않는다.

(8) a. The machine accepts 100-won pieces, but rejects 50-won pieces.(그 기계는 100원 동전은 받아들이지만, 50원 동전은 받아들이지 않는다.)

b. Coin-operated machines in Japan do not reject Korean money.(일본에 있는 동전 작동 기계는 한국 돈을 거절하지 않는다.)

c. The phone often rejects perfectly good coins.(그 전화기는 완벽하게 좋은 주화를 종종 받아들이지 않는다.)

rejoice

이 동사의 개념 바탕에는 기쁨이 웃음이나 노래 등으로 밖으로 나타날 정도로 기뻐하는 과정이 있다.

1. 자동사 용법

1.1. 다음의 주어는 at의 목적어에 대한 반응으로 즐거워한다.

(1) a. His family rejoiced at the news.(그의 가족은 그 소식을 듣고 기뻐했다.)

b. Mother rejoiced at our success.(엄마는 우리의 성공을 기뻐하셨다.)

1.2. 다음 주어는 기뻐한다.

(2) a. We rejoiced in our good fortune.(우리는 행운을 즐거워했다.)

b. Let's rejoice on this great occasion.(이러한 아주 좋은 기회를 기뻐하자.)

c. The couple rejoiced when the wife gave birth a healthy baby.(아내가 건강한 아이를 낳았을 때 그 부부는 정말 기뻐했다.)

d. We rejoiced when he returned safe.(우리는 그가 안전하게 돌아왔을 때 기뻐했다.)

1.3. 다음 주어는 over의 목적어에 대해 비교적 오랫동안 즐거워한다.

(3) a. We rejoiced over the news of his promotion.(우리는 그의 승진 소식에 기뻐했다.)

b. They rejoiced over their team's victory.(그들은 자기 팀의 우승에 무척 좋아했다.)

1.4. 다음 주어는 부정사가 가리키는 일을 즐거워한다.

(4) a. They rejoiced to see their son well again.(그들은 아들이 다시 건강해진 것을 보고 즐거워했다.)

b. They rejoiced to see the economy improving.(그들은 경제가 좋아지는 것을 보고 기뻐했다.)

2. 타동사 용법

2.1. 다음 that절은 즐거움의 원인을 명시한다.

(5) a. We rejoice that he is well.(우리는 그가 건강이 좋아진 것을 기뻐한다.)

b. We rejoiced that he had finally gotten a good job.(우리는 그가 마침내 좋은 직장을 얻게 된 것을

기뻐했다.)

2.2. 다음 주어는 목적어를 즐겁게 한다.

(6) a. Your letter rejoiced my heart.(네 편지는 내 마음을 즐겁게 했다.)

b. It rejoiced my heart to hear that he was safe.(그가 안전하다는 사실을 듣는 것이 내 마음을 기쁘게 했다.)

2.3. 다음은 수동태 문장으로 주어는 즐겁게 된다.

(7) a. We are rejoiced at his comeback.(우리는 그가 돌아와서 정말 반갑다.)

b. I am rejoiced to hear of his recovery.(나는 그가 건강을 회복했다는 소식을 들으니 기쁘다.)

relate

이 동사의 개념 바탕에는 관련을 시키는 과정이 있다.

1. 타동사 용법

1.1. 다음의 주어는 목적어를 to의 목적어에 관련시킨다.

(1) a. We cannot relate these phenomena to/with any known rules.(우리는 이러한 현상들을 지금까지 알려진 법칙들과 관련지을 수 없다.)

b. The report is trying to relate the rise in crime to an increase in unemployment.(그 보고서는 범죄의 증가를 실업률의 증가와 결부시키려 하고 있다.)

c. I relate your cold to your walk in the rain last week.(나는 너의 감기를 지난 주 빗속에서의 산보와 관련시킨다.)

1.2. 다음은 수동태 문장으로 주어는 관련이 지어진다.

(2) In the future, pay increase will be related to productivity.(미래에는 봉급 인상이 생산성과 관련될 것이다.)

1.3. 다음의 주어는 복수의 목적어들을 관련시킨다.

(3) a. The police are trying to relate the two pieces of evidence.(경찰은 두 가지의 증거를 서로 연관시키려 해보고 있다.)

b. I can't relate these two ideas.(나는 이 두 가지의 아이디어를 관련지을 수 없다.)

c. He related crime and poverty.(그는 범죄와 가난을 서로 결부시켰다.)

1.4. 다음 주어는 말로써 목적어를 다른 사람에 관련시켜준다.

(4) a. The witness related what he had heard.(목격자는 자신이 들을 것을 이야기했다.)

b. The reporter related the important news of the day.(그 기자는 그 날의 중요한 소식을 전했다.)

c. She relates her childhood experiences in the first two chapters.(그녀는 어린 시절 경험들을 첫 두 장에서 이야기한다.)

d. He relates the adventures of his youth.(그는 젊은 시절의 모험을 말한다.)

e. He relates how he ran away from home as a child.(그는 어렸을 때 어떻게 집에서 가출했는지에 대한 경험담을 이야기한다.)

f. Their exploits were related in ballads. (그들의 공적은 민요로 불려졌다.)

1.5. 다음 주어는 목적어를 경찰에 이른다.

(5) He related the plot to the police. (그는 그 계획을 경찰에게 말했다.)

2. 자동사 용법

2.1. 다음 주어는 to의 목적어와 관련된다.

(6) a. What event did his remarks relate to? (그가 언급한 말은 어떤 사건과 관련이 됐느냐?)

b. This relates to something I said earlier. (이것은 내가 전에 말했던 것과 관련된다.)

c. It shows how parts relate to parts. (그것은 각 부분들이 다른 부분들과 어떻게 관련되는지 보여준다.)

d. The cost relates directly to the amount of time spent on the project. (비용은 계획을 수행하는데 걸린 시간의 양과 직접적으로 결부된다.)

e. This idea does not relate to that one. (이 아이디어는 저것과 서로 연관되지 않는다.)

2.2. 다음 주어는 복수이다. 이들은 서로 관련된다.

(7) a. Those two ideas do not relate. (이 두 가지의 아이디어는 서로 관련되지 않는다.)

b. These results do not relate. (이 결과들은 서로 연관되지 않는다.)

2.3. 다음 주어는 환유적으로 쓰여서 마음을 가리킨다. 마음은 전치사 to의 목적어에 관련, 동정 등에서 연결된다.

(8) a. She finds it difficult to relate to children. (그녀는 아이들과 사이좋게 지내는 것이 어렵다는 것을 안다.)

b. They are unable to relate to each other. (그들은 서로 사이좋게 지낼 수가 없다.)

c. The two sister were unable to relate to each other. (두 자매는 서로 사이좋게 지내지 못했다.)

d. Many adults can't relate to children. (많은 어른들은 어린이들과 잘 사귀지 못한다.)

2.4. 다음 주어는 전치사 to의 목적어를 좋아한다.

(9) a. I can really relate to that song. (그 노래는 나에게 딱 맞는다.)

b. Our product needs an image that people can relate to. (우리의 생산품은 사람들과 잘 어울리는 이미지가 필요하다.)

2.5. 다음의 주어는 with의 목적어와 일치한다.

(10) a. The evidence does not relate with the fact. (그 증거는 사실과 잘 부합되지 않는다.)

b. I can relate with Sue because I am also adopted. (나도 양자이기 때문에 수와 일치감을 느낄 수 있다.)

relax

이 동사의 개념 바탕에는 힘을 약하게 늦추는 과정이 있다.

1. 타동사 용법

1.1. 다음 주어는 목적어를 늦춘다. 목적어는 쥐는 힘이다.

(1) a. Max relaxed his grip on my arm. (막스는 내 팔잡은 쥠에서 힘을 뺐다.)

b. He relaxed his hold on the wheel. (그는 운전대를 잡은 쥠에서 힘을 뺐다.)

c. How much can the president relax his grip over the nations? (대통령은 국가에 대한 장악을 얼마나 느슨하게 할 수 있을까?)

d. Britain will relax its grip on her territories. (영국은 그 영토의 장악을 느슨하게 할 것이다.)

1.2. 다음 주어는 목적어를 푼다.

(2) a. The drug will relax your muscles. (그 약은 너의 근육을 풀어 줄 것이다.)

b. Massage is used to relax muscles. (마사지는 근육을 푸는데 쓰인다.)

c. A week's holiday will really relax me. (일주일 간의 휴가가 나의 긴장을 실제로 풀어줄 것이다.)

d. The music will relax you. (그 음악은 네 긴장을 풀어줄 것이다.)

e. A hot bath will relax you. (뜨거운 목욕이 너를 풀어 줄 것이다.)

1.3. 규칙이나 규정의 적용, 통제나 처벌도 강도가 있는 것으로 개념화된다. 다음 주어는 목적어를 푼다.

(3) a. They will relax the rules/controls/regulations/punishment. (그들은 규칙/통제/처벌을 완화할 것이다.)

b. You must not relax your efforts for a moment. (너는 노력을 잠시도 게을리 해서는 안 된다.)

c. They try to relax immigration controls. (그들은 이민 통제를 완화하려고 노력한다.)

d. The police relaxed security at the airport. (경찰은 공항의 경비를 늦추었다.)

1.4. 다음은 수동태 문장으로 주어는 늦추어진다.

(4) a. Could the admission rules be relaxed a little bit? (입학 규정이 다소 완화될 수 있을까?)

b. The rules were relaxed last year. (규칙은 작년에 완화되었다.)

2. 자동사 용법

2.1. 다음 주어는 긴장을 푼다.

(5) a. I try to relax and stop worrying about the son. (나는 긴장을 풀고 아들에 대한 걱정을 그만두려고 한다.)

b. You must learn to relax, and forget your problems at work. (너는 긴장을 풀고 직장에서의 문제를 잊는 법을 배워야 한다.)

c. The patient relaxed on the couch. (그 환자는 침상 위에서 긴장을 풀었다.)

d. Let's stop working, and relax for a while. (일을 그만두고 긴장을 잠시 풀자.)

e. After a day's hard work, relax in the swimming pool. (하루의 힘든 일과 후에 수영장에서 긴장을 풀어라.)

f. I like to relax by doing the gardening. (나는 정원 일을 하면서 긴장을 풀기를 좋아한다.)

g. He **relaxed by** riding his bike.(그는 자전거를 타면서 긴장을 풀었다.)

h. After work, he **relaxed with** a glass of beer.(일과 후에 그는 맥주 한 잔으로 긴장을 풀었다.)

2.2. 다음 주어는 긴장이 풀린다.

(6) a. His muscles **relaxed** during sleep.(그의 근육이 자는 동안에 풀어졌다.)

b. His feelings **relaxed**.(그의 감정이 누그러졌다.)

c. His hands **relaxed**.(그이 손이 풀어졌다.)

2.3. 다음 주어는 강도가 풀린다.

(7) a. His severity **relaxed**.(그의 엄격함이 완화되었다.)

b. Our dress code is **relaxed** this summer.(우리 복장 규정이 이번 여름에 완화된다.)

c. Rules governing students' conduct **relaxed**.(학생들의 행동을 다루는 규칙이 완화되었다.)

d. The strict army discipline tends to **relax** a bit before Christmas.(엄격한 군기는 크리스마스 전에는 다소 풀어지는 경향이 있다.)

e. The heat has **relaxed**.(열이 약해졌다.)

f. He **relaxed** in attention.(그는 주의가 풀어졌다.)

2.4. 다음 주어는 풀어져서 into의 상태가 된다.

(8) His face/frown **relaxed** into a smile.(그의 얼굴/찡그림은 웃음으로 풀어졌다.)

release

이 동사의 개념 바탕에는 풀어주는 과정이 있다.

1. 타동사 용법

1.1. 다음 주어는 목적어를 놓는다.

(1) a. He suddenly **released** my hand.(그는 갑자기 내 손을 놓았다.)

b. I hit at his face, and he **released** my wrist.(내가 그의 얼굴을 치자, 그가 내 손목을 놓았다.)

c. They will **release** the prisoner soon.(그들은 그 죄수를 곧 석방할 것이다.)

1.2. 다음 주어는 목적어를 방출한다. 분노나 화도 몸속에 갇혀있다 나올 수 있는 것으로 개념화된다.

(2) a. I don't want to **release** my anger on anyone else.(나는 화를 어느 누구에게도 내고 싶지 않다.)

b. This helps us to **release** our latent anger.(이것은 우리의 잠재된 분노를 표출하도록 도와준다.)

c. The contraction of muscles uses energy and **releases** heat.(근육의 수축은 에너지를 사용하여 열을 방출한다.)

d. It came quite close to **releasing** radioactivity into the environment.(그것은 방사능을 환경에 거의 방출할 뻔 했다.)

1.3. 정보도 누가 가지고 있다가 내어놓는 것으로 개념화된다. 주어는 목적어를 내어놓는다.

(3) a. He **released** the news yesterday.(그는 그 뉴스를 어제 발표했다.)

b. The country does not **release** crime statistics.(그 나라는 범죄 통계를 발표하지 않는다.)

c. They are not **releasing** any more details.(그들은 더 이상 세부사항을 발표하지 않을 것이다.)

1.4. 다음은 수동태 문장으로 주어는 공개된다.

(4) a. The new trade figures have been **released**.(새 무역 수치가 공개되었다.)

b. A copy of the letter was **released** to the press this morning.(그 편지의 사본이 언론에 오늘 아침 공개되었다.)

1.5. 영화나 앨범 같은 것도 누가 가지고 있다가 내어놓는 것으로 개념화된다. 주어는 목적어를 내어놓는다.

(5) a. He is **releasing** a new album.(그는 새 앨범을 발표할 것이다.)

b. The company plans to **release** the new film before the New Year.(그 회사는 새 영화를 새해가 오기 전에 발표할 계획이다.)

c. The movie was **released** last year.(그 영화는 작년에 개봉되었다.)

1.6. 다음 주어는 목적어를 전치사 from의 목적으로부터 풀어준다.

(6) a. He **released** the pet birds from the nest every day.(그는 애완 새를 새장에서 매일 풀어주었다.)

b. The principal **released** the teacher from her teaching duties for a few days.(교장은 그 선생님을 강의 의무에서 며칠동안 면제시켜 주었다.)

c. Every animal in the zoo has been **released** from the cage.(동물원의 모든 동물이 우리에서 풀려났다.)

d. He **released** gas from the balloon.(그는 가스를 풍선에서 뺐다.)

e. This **released** them from their personal responsibility.(이것이 그들을 개인적 책임에서 면제시켜 줄 것이다.)

f. Divorce **releases** both the husband and the wife from marital obligations.(이혼은 남편과 아내 모두를 결혼의 의무에서 벗어나게 한다.)

g. The pilot flew over the target and **released** the bombs.(그 조종사는 목표 위를 날아가서 폭탄을 투하했다.)

1.7. 다음은 수동태 문장으로 주어는 풀린다.

(7) a. They are at last **released** from the burden of responsibility.(그들은 마침내 책임의 부담에서 벗어난다.)

b. He is to be **released** from hospital today.(그는 오늘 병원에서 퇴원될 것이다.)

c. The hostage was **released** in 1970.(그 인질은 1970년에 석방되었다.)

1.8. 다음 주어는 목적어를 푼다.

(8) a. He **released** the hand brake carefully.(그는 핸드 브레이크를 조심스럽게 풀었다.)

b. I ran to the gate, and **released** the gate.(나는 문으로 달려가서 그것을 열었다.)

relegate

이 동사의 개념 바탕에는 다른 개체나 장소로 보내버리는 과정이 있다.

1. 타동사 용법

1.1. 다음 주어는 목적어 전치사 to의 목적어로 보내버린다.

(1) He relegated an agitator outside the city limits. (그는 선동자를 도시 경계선 밖으로 추방하였다.)

1.2. 다음은 수동태 문장으로 주어는 보내진다.

(2) a. The nation was relegated out of the great powers of the world. (그 국가는 세계의 강국 대열에서 밀려났다.)

b. He was relegated out of the community. (그는 그 지역사회에서 추방되었다.)

1.3. 다음 주어는 목적어를 to의 목적어에 넘긴다. 목적어는 사람이다.

(3) a. He relegated the task to his assistant. (그는 그 업무를 조수한테 맡겼다.)

b. He relegated the matter to another authority. (그는 그 문제를 다른 권위자에게 맡겼다.)

c. They relegated the job of cleaning out the lockers to the janitor. (그들은 사물함을 청소하는 일을 관리인에게 맡겼다.)

d. He relegated the toil to the slaves. (그는 노동을 노예들에게 맡겼다.)

e. He has relegated the task of dismissing her to me. (그는 그녀를 해고하는 임무를 나에게 위임했다.)

1.4. 다음에서 to의 목적어는 단체나 조직이다.

(4) a. He relegated the boy to the information desk. (그는 그 소년을 안내 데스크에 보냈다.)

b. The office relegated him to a local branch. (회사는 그를 지사로 좌천했다.)

c. The team relegated him to a minor league. (그 팀은 그를 마이너리그로 좌천했다.)

1.5. 다음은 수동태 문장으로 주어는 to의 목적어로 보내진다.

(5) a. The soldier was relegated to cleaning the latrine. (그 군인은 병영지의 변소를 청소하는 일에 좌천되었다.)

b. He was relegated to the role of assistant. (그는 조수의 역할에 좌천되었다.)

c. He has been relegated to a lower-paying job. (그는 낮은 보수의 직업에 좌천되었다.)

d. In the past when African-American men worked as sailors aboard ships, they were often relegated to jobs as cooks and stewards. (미국의 흑인들이 배를 타고 선원으로 일했던 과거에, 그들은 종종 요리사나 식사계에 보내졌다.)

1.6. 다음에서 to의 목적어는 장소이다. 주어는 목적어를 to의 목적어로 보낸다.

(6) a. After his old car broke down five times, he relegated it to the junk yard. (오래된 차가 다섯 번이나 고장난 후에 그는 그것을 고물 수집소에 쳐 넣어버렸다.)

b. He relegated the old furniture to the children's room. (그는 그 오래된 가구를 아이들 방에 밀어놓았다.)

c. He relegated the minor details to footnotes. (그는 사소한 사상들을 각주에 적어놓았다.)

d. Other newspapers relegated the item to the middle page. (다른 신문들은 그 사항을 중간 페이지로 밀어놓았다.)

e. He relegated the old toys to the junk pile. (그는 오래된 장난감을 쓰레기 더미에 갖다 버렸다.)

f. We relegated the old sofa to the basement. (우리는 오래된 소파를 지하실에 넣어버렸다.)

1.7. 다음은 수동태 문장으로 주어는 보내어지는 개체이다.

(7) a. The women were relegated to the kitchen. (그 여자들은 부엌으로 쫓겨났다.)

b. The financial cost of the project was relegated to the margins of the debate. (계획에 필요한 재정비용은 그 토론의 주변 문제로 밀려났다.)

c. The story was relegated to the middle pages of the book. (그 이야기는 책의 중간 부분으로 밀려났다.)

d. The local football team is relegated to the second division. (그 지역 축구팀은 2부 리그로 밀려난다.)

e. The unskilled player was relegated to the bench. (기량이 덜 갖춰진 선수는 벤치로 밀려났다.)

1.8. 다음 주어는 목적어를 to의 목적어로 보낸다. 목적어는 시간이나 마음이다.

(8) a. He relegated the matter to the past. (그는 그 문제를 과거지사로 돌렸다.)

b. He relegated his anxieties to the edge of his mind. (그는 근심을 마음의 가장자리로 밀어놓았다.)

c. He relegated the incident to the back of his past. (그는 그 사건을 과거의 후면으로 밀어놓았다.)

1.9. 다음 주어는 목적어를 전치사 to의 목적어 분류한다.

(9) He relegated the new species to the pine family. (그는 새 종을 소나무과로 분류했다.)

relent

이 동사의 개념 바탕에는 누그러지는 과정이 있다.

1. 자동사 용법

1.1. 다음 주어는 마음이 누그러 진다.

(1) a. She finally relented and let him borrow the car. (그녀는 결국 마음을 누그러뜨리고 그가 그 자동차를 빌리게 했다.)

b. At last he relented and forgave them. (드디어 그는 마음이 풀려서 그들을 용서했다.)

c. The police will not relent in their fight against crime. (경찰은 범죄와의 투쟁에 노력을 늦추지 않을 것이다.)

d. He relented at the sight of misery. (그는 비참한 광경을 보고 동정심이 생겼다.)

1.2. 다음 주어는 약해진다.

(2) a. After two days the rain relented. (이틀 후 비는 약해졌다.)

b. The floods finally relented, but only after

extensive damage.(그 홍수는 결국 막대한 피해를 입힌 후 줄어들었다.)

relieve

이 동사의 개념 바탕에는 고통을 덜어주는 과정이 있다.

1. 타동사 용법

1.1. 다음 주어는 목적어를 덜어준다.
(1) a. The medicine relieved her headache.(그 약은 그녀의 두통을 덜어주었다.)
    b. To relieve his toothache, he rubbed whisky on his gum.(그의 치통을 덜기 위해서, 그는 위스키를 잇몸에 발라 문질렀다.)
    c. This will relieve the hardship of the refugees.(이것이 피난민들의 고생을 덜어줄 것이다.)
    d. The passengers swallowed to relieve the pressure on the eardrums.(승객들은 고막에 가해지는 압력을 덜기 위해 침을 삼켰다.)

1.2. 다음 주어는 목적어를 보급품으로 구한다.
(2) a. They relieved a besieged town.(그들은 포위된 읍내에 보급품을 보냈다.)
    b. We relieved the lighthouse by ship.(우리는 배로 등대에 보급품을 보냈다.)

1.3. 다음 주어는 목적어를 from의 목적어에서 벗어나게 한다.
(3) a. We relieved him from fear.(우리는 그를 공포로부터 해방시켜 주었다.)
    b. The prize relieved her from financial anxiety.(그 상이 그녀를 재정 걱정에서 구했다.)

1.4. 다음 주어는 목적어에서 전치사 of의 목적어를 덜어준다.
(4) a. We relieved him of all the responsibilities.(우리는 그에게서 모든 책임을 덜어주었다.)
    b. I relieved her of the suitcase.(나는 그녀에게서 가방을 덜어주었다.)
    c. They relieved us of our worries.(그들은 우리의 걱정을 덜어주었다.)
    d. He was relived of his post.(그는 직장에서 해고되었다.)

1.5. 다음 주어는 목적어를 덜어준다. 덜리는 개체는 암시된다.
(5) a. He relieved his bowels. (그는 장을 비웠다/변을 봤다.)
    b. He relieved himself. (그는 변을 봤다.)
    c. We tried to relieve her mind.(우리는 그녀의 마음의 걱정을 덜어주려고 했다.)

1.6. 다음 주어는 목적어를 교대한다.
(6) a. Please relieve the guard at 10.(경비병을 10시에 교대시켜라.)
    b. The night shift relieves me at 7:00.(그 밤교대는 나를 7시에 교대해 준다.)
    c. The nighttime guards relieved the daytime crew at 12:00.(밤 경비는 낮 경비를 12시에 교대했다.)

relish

이 동사의 개념 바탕에는 relish의 명사 '맛 또는 향기'가 있다.

1. 타동사 용법

1.1. 다음의 주어는 음식인 목적어를 맛있게 먹는다.
(1) a. I would relish a lobster and a bottle of wine. (나는 바다가재와 포도주를 맛있게 먹을 것이다.)
    b. I do not relish my food as I used to. (나는 평소와 마찬가지로 음식을 맛있게 먹지 않는다.)

1.2. 미각은 다른 감각에도 전이되어 다음과 같이 목적어가 음식이 아닌 경우에도 쓰인다.
(2) a. He relishes the fight/challenge/debate/argument. (그는 싸움/도전/논쟁/논의하기를 좋아한다.)
    b. He relished the long journey/vacation.(그는 긴 여행/휴가를 즐겼다.)
    c. My grandfather relished life.(우리 할아버지는 인생을 즐겼다.)
    d. He relished the chance to infuriate his boss.(그는 상사를 화나게 만드는 기회를 즐겨했다.)
    e. He doesn't relish the prospect of getting up early tomorrow.(그는 내일 아침 일찍 일어나야 하는 예상을 좋아하지 않는다.)

1.3. 다음은 목적어가 동명사로 표현되어 있다.
(3) a. He relished doing the job.(그는 일하는 것을 즐거워했다.)
    b. Nobody relishes cleaning the oven.(아무도 오븐 청소하는 것을 좋아하지 않는다.)
    c. He relished putting us to shame.(그는 그녀에게 창피를 주고는 기분 좋아했다.)
    d. He relishes arguing.(그는 논의하는 것을 즐긴다.)

2. 자동사 용법

2.1. 다음 주어는 맛을 갖는 개체이다.
(4) a. The drink relishes of ginger.(그 술은 생강 맛이 난다.)
    b. The meat relishes of pork.(그 고기는 돼지고기 맛이 난다.)

2.2. 다음 주어는 냄새를 내지 않지만, 냄새를 내는 것으로 개념화된 표현이다.
(5) His remark relishes of hostility.(그의 말은 적의를 풍긴다.)

rely

이 동사의 개념 바탕에는 의존하는 과정이 있다.

1. 타동사 용법

1.1. 다음에서 주어는 전치사 on의 목적어에 의존한다.
(1) a. Can I rely on your support?(네 지지를 믿어도 되니?)
    b. You can rely on his sincerity.(너는 그의 성실을 믿을 수 있다.)
    c. You can rely on her assistances.(너는 그녀의 도움에 의지할 수 있다.)

d. He relied on his father.(그는 아버지에게 의존했다.)

e. The success of this project relies on everyone.(이 계획의 성공은 모든 사람에게 달려 있다.)

1.2. 다음은 수동태 문장으로 주어는 의존된다.

(2) a. He cannot be relied upon.(그는 믿을 만한 사람이 못된다.)

b. The car can be relied on.(그 차는 믿을 만하다.)

1.3. 다음 주어는 전치사 on의 목적어에 전치사 for의 목적어를 구한다.

(3) a. They have to rely on the river for water.(그들은 물을 위해 강에 의존해야 한다.)

b. She relies on us for help.(그녀는 우리에게 도움을 의존한다.)

1.4. 어떤 개체에 의존한다는2 것은 주어진 개체에 자신감을 가짐을 의미한다.

(4) a. Ken relies on his car to get to work.(켄은 출근하기 위해 차를 이용한다.)

b. We can rely on Dan not to tell the secret.(우리는 댄이 비밀을 말하지 않을 것이라 믿을 수 있다.)

c. We rely on computers to organize our work.(우리는 컴퓨터에 의존해서 일을 체계화한다.)

d. You can rely on me to keep the secret.(너는 내가 비밀을 지킬 것이라 믿어도 된다.)

1.5. 다음에서 주어는 동명사가 가리키는 일에 기대를 건다.

(5) a. He is relying on getting a good job.(그는 좋은 직장을 얻을 수 있으리라 믿고 있다.)

b. I rely on getting my money back in due time.(나는 정해진 기일까지 돈을 돌려 받을 수 있으리라는 기대를 걸고 있다.)

c. Don't rely on finding me here when you come back.(네가 돌아왔을 때 나를 찾을 수 있으리라 기대하지 마라.)

1.6. 다음에서 주어는 목적어가 어떤 일을 할 것으로 믿는다.

(6) a. I can rely on my watch keeping time.(나는 시계가 시간이 잘 맞을 것이라 믿는다.)

b. You can't just rely on your parents lending you the money.(너는 부모님이 네게 돈을 빌려 줄 것이라 믿을 수 없다.)

1.7. 다음에서는 주어의 믿음이나 기대가 that-절로 표현되어 있다.

(7) You can rely on it that he will come in time.(너는 그가 틀림없이 시간 내에 올 것이라고 믿을 수 있다.)

remain

이 동사의 개념 바탕에는 뒤에 남아 있는 과정이 있다.

1. 자동사 용법

1.1. 다음 주어는 뒤에 남는다. 주어는 사람이다.

(1) a. When the others had gone, she remained and put back the furniture.(다른 사람들이 가버렸을 때, 그녀는 남아서 가구를 제자리에 놓았다.)

b. He remained at home.(그는 집에 머물러 있었다.)

1.2. 다음 주어는 남는다. 주어는 개체이다.

(2) a. After the fire, very little remained of the house.(불이 난 다음, 그 집에 남은 것이 거의 없었다.)

b. If you take 3 from 8, 5 remains.(8에서 3을 가져가면, 5가 남는다.)

c. Few buildings remain in the neighborhood.(건물들이 이웃에 거의 안 남아 있다.)

d. The stain still remains.(그 얼룩이 그대로 남아있다.)

1.3. 다음은 [상태는 장소] 은유가 적용된 표현이다.

(3) a. He remained silent/single.(그는 말을 하지 않고/독신으로 남아 있었다.)

b. He remained faithful to his master.(그는 주인에게 충실하게 남아 있었다.)

c. The color remains unchanged for many years.(그 색깔은 오랫동안 안 변하고 그대로 있다.)

d. The weather remains unsettled.(날씨는 불안한 상태로 남아 있다.)

e. The village remains much as it was a hundred years ago.(그 마을은 백 년 전과 거의 마찬가지로 남아 있다.)

1.4. 다음에서 상태는 명사구로 표현되어 있다.

(4) a. It remains one of the greatest events in history.(그것은 역사상 가장 위대한 사건의 하나로 남는다.)

b. This will remain an unpleasant memory with me.(이것은 하나의 불쾌한 기억으로 나에게 남아 있을 것이다.)

c. The discovery of truth should remain the single aim of science.(진실의 발견은 과학의 유일한 목적으로 남아야 한다.)

d. Peter became a judge, but remained a fisherman.(피터는 판사가 되었으나, 어부로 남아 있었다.)

e. Man remained a hunter for thousands of years.(인간은 수천 년 동안 사냥꾼으로 남아 있었다.)

1.5. 다음 주어는 부정사가 가리키는 일을 겪도록 남아 있다.

(5) a. The problem remains to be solved.(그 문제는 해결되어야 할 상태로 남아 있다.)

b. Nothing now remains to be done.(이제 해야 할 일은 아무 것도 안 남아 있다.)

c. Much remains to be done.(많은 일이 이루어지도록 남아 있다.)

d. The sequel remains to be told.(후편은 아직 남아 있다.)

remark

이 동사의 개념 바탕에는 주목하는 과정이 있다.

1. 타동사 용법

1.1. 다음의 주어는 목적어를 지각한다.

(1) a. He remarked the resemblance between the two boys.(그는 두 소년 사이의 닮은 점을 주목했다.)

b. He remarked several changes in the school.(그는 몇 가지 변화를 학교에서 감지했다.)

c. I remarked a slight limp in his walks.(나는 약간의 절룩거림을 그의 걸음걸이에 주목했다.)

1.2. 다음에서 주어는 목적어가 어떤 행동을 하는 것을 주목한다.

(2) a. I remarked the boy pass by.(나는 그 소년이 지나가는 것을 주시했다.)

b. I remarked the girl enter the shop.(나는 그 소녀가 가게에 들어오는 가를 주의해서 보았다.)

1.3. 다음 주어는 주목한 것을 말로 표현한다.

(3) a. "That's a lovely shirt you are wearing," she remarked.("정말 멋진 셔츠를 입고 있군요" 라고 그녀가 말했다.)

b. Jane remarked, "I like your haircut." ("머리 스타일이 멋지군요."라고 제인이 말했다.)

1.4. 다음에서 that이 이끄는 절은 주어의 논평 내용을 담고 있다.

(4) a. Critics remarked that the play was not original.(비평가는 그 연극이 독창적이지 않다고 논평했다.)

b. I remarked that it had got colder.(나는 날씨가 더 추워졌다고 말했다.)

1.5. 다음에서 의문사가 이끄는 절은 주어가 주목하거나 논평을 한 내용이다.

(5) a. She remarked how tired I looked.(그녀는 내가 꽤 피곤해 보인다고 말했다.)

b. She remarked how serious the situation was.(그녀는 그 상황이 얼마나 심각한지 언급했다.)

2. 자동사 용법

2.1. 다음에서 주어는 on의 목적어 논평을 한다.

(6) a. He remarked on the event.(그는 그 사건에 대해 논평했다.)

b. Everybody remarked on his absence.(모든 사람이 그가 결석한 것에 대해 언급했다.)

c. He remarked on the similarities of their replies.(그는 그들의 답변이 비슷하다고 언급했다.)

d. He remarked on his lack of manners.(그는 무례한 행동에 대해 한마디 언급했다.)

remember

이 동사의 개념 바탕에는 기억하는 과정이 있다.

1. 타동사 용법

1.1. 다음 주어는 목적어를 기억한다.

(1) a. Remember your doctor's appointment.(의사와의 약속을 기억하라.)

b. I am trying to remember the things I have to do.(나는 해야 할 일들을 기억하려고 노력하고 있다.)

c. Do you remember the first night we met?(너는 우리가 만난 첫 날 밤을 기억하니?)

d. I still remember my first days at school.(나는 아직도 학교에 간 처음 며칠을 기억한다.)

e. Do you remember our meeting five years ago?(너는 5년 전 우리의 만남을 기억하니?)

f. I always remember the wonderful days.(나는 언제나 그 황홀했던 날들을 기억한다.)

g. Do you remember the first job you ever had?(너는 네가 가졌던 첫 직업을 기억하니?)

h. I shall always remember his kindness to me.(나는 언제나 나에게 베푼 그의 친절을 기억할 것이다.)

i. He remembers the man well.(그는 그 남자를 잘 기억한다.)

j. I don't remember your name/address.(나는 너의 이름/주소를 기억하지 못한다.)

k. I can remember people's faces, but not their names.(나는 사람들의 얼굴을 기억하나, 그들의 이름은 기억하지 못한다.)

1.2. 다음 주어는 목적어를 as의 목적어로 기억한다.

(2) a. I remember your father as a boy.(나는 소년으로서의 네 아버지를 기억해.)

b. How fat he is! I remember him as a skinny boy.(그는 참 뚱뚱하구나! 나는 그를 마른 소년으로 기억하는데.)

c. I remember her as vivacious.(나는 그녀를 생기가 넘치는 여성으로 기억한다.)

1.3. 다음은 수동태 문장으로 주어는 기억된다.

(3) a. Thomas More is remembered as the author of Utopia.(토머스 모어는 유토피아의 저자로 기억된다.)

b. She will be remembered as the best female athlete.(그녀는 가장 뛰어난 여성 육상 선수로 기억될 것이다.)

1.4. 다음 주어는 목적어를 전치사 for의 목적어 때문에 기억한다.

(4) I remember him for his kindness.(나는 그를 친절함 때문에 기억한다.)

1.5. 다음은 수동태 문장으로 주어는 기억된다.

(5) a. Williams will be remembered for his generosity.(윌리엄스는 너그러움으로 기억될 것이다.)

b. She will be remembered for her courage.(그녀는 용기로 기억될 것이다.)

c. He is remembered for his achievement in the world of quantum physics.(그는 양자물리학 세계에서 이뤄낸 성취로 기억된다.)

1.6. 다음에 쓰인 목적어는 환유적으로 쓰여서 목적어와 관련된 일을 가리킨다. 즉 '웨이터'는 '웨이터에게 팁을 주는 일'을 가리킨다.

(6) a. Remember the waiter when you leave the table.(식사를 다 마치고 나서 식탁을 떠날 때 웨이터를 기억하라.)

b. Please remember the bellboy.(그 벨보이를 기억하세요.)

1.7. 다음 주어는 목적어를 특정한 시기에 잊지 않고 기억한다.

(7) a. You should remember your grandma at Christmas.(너는 할머니를 크리스마스 때에 기억해야 한다.)

b. She always remembers me with a Christmas card.(그녀는 나를 항상 크리스마스 카드로 기억한다.)

c. My friend remembered my birthday by giving me a surprise party.(내 친구는 나의 생일을 기억해서 나에게 깜짝 파티를 열어주었다.)

d. Please remember me in your prayer.(당신이 기도할 때 나를 기억해 주세요.)

e. He remembered his son-in-law in his will.(그는 사위를 유언장에 잊지 않고 기억했다.)

1.8. 다음 주어는 목적어를 추모한다.

(8) a. We must remember who fought in Korea.(우리는 한국에서 싸운 사람들을 기억해야 한다.)

b. The Koreans remember those who died in the Korean War.(한국인들은 한국전쟁에서 죽은 사람들을 기억한다.)

1.9. 다음 주어는 목적어를 전치사 against의 목적어에 해롭게 기억한다.

(9) a. Don't remember this against me.(이것을 나에게 불리하게 기억하지 말라.)

b. Don't remember it against him.(그것을 그에게 나쁘게 기억하지 말라.)

1.10. 다음 주어는 목적어를 기억한다. 목적어는 과거에 일어난 일이다.

(10) a. I remember her singing beautifully.(나는 그녀가 아름답게 노래하는 것을 기억한다.)

b. I remember him falling down the stairs.(나는 그가 계단에서 굴러 떨어지는 것을 기억한다.)

c. Can't you remember your saying so?(넌 네가 그렇게 말한 것을 기억 못하니?)

d. I remember you screaming for hours when you were a baby.(나는 네가 아기였을 때 몇 시간동안 소리지른 것을 기억한다.)

e. She remembers him saying so.(그녀는 그가 그렇게 말한 것을 기억한다.)

f. He remembers her being inquisitive.(그는 그녀가 탐구적이라고 기억한다.)

1.11. 다음 주어는 앞으로 일어날 일을 기억한다.

(11) a. Please remember to call me at 6:00.(나에게 6시에 전화 거는 것을 잊지 말라.)

b. I must remember to post the letter.(나는 편지를 부치는 것을 잊지 말아야 한다.)

c. I must remember to watch the TV program tonight.(나는 TV 프로그램을 오늘밤 보는 것을 잊지 말아야 한다.)

d. I remember to turn the lights off.(나는 불을 끄는 것을 잊지 않는다.)

e. Remember to buy some coffee at the store.(그 상점에서 커피를 사는 것을 잊지 말라.)

f. Please remember to go to the bank.(은행에 가는 것을 잊지 말라.)

g. Remember to get some milk at the store.(상점에서 우유 사는 것을 잊지 말라.)

h. Remember to phone me tonight.(나에게 오늘밤에 전화를 거는 일을 잊지 말라.)

1.12. 다음 주어 자신이 과거에 한 일을 기억한다.

(12) a. I remember meeting her once.(나는 한번 그녀를 만난 것을 기억한다.)

b. I remember posting the letter.(나는 그 편지를 부쳤음을 기억한다.)

c. I don't remember signing the contract.(나는 그 계약을 서명한 것을 기억하지 못한다.)

d. I remember seeing that watch on the desk yesterday.(나는 어제 그 시계가 책상 위에 있는 것을 본 기억이 있다.)

1.13. 다음 주어는 that-절에 담긴 내용을 기억한다.

(13) a. She suddenly remembered that she had to go to the dentist's.(그녀는 갑자기 치과의사에게 가야한다는 것을 기억했다.)

b. She remembers that she had left her son alone at home.(그녀는 집에 아들을 혼자 놔뒀다는 사실을 기억한다.)

c. You have to remember that these things take time.(너는 이 일들이 시간이 걸린다는 것을 기억해야 한다.)

d. I don't remember that I've invited him.(나는 내가 그를 초대한 사실을 기억하지 못한다.)

e. I just remembered that I had a history test today.(나는 오늘 역사 시험이 있다는 사실을 방금 기억해 냈다.)

f. I remember that I met her once.(나는 그녀를 한 번 본 기억이 있다.)

g. I remember that we are having visitors tonight.(나는 우리가 오늘 밤 방문객이 있다는 사실을 기억한다.)

h. Remember I need the car by 14:00.(내가 14시에 차가 필요하다는 사실을 기억하라.)

1.14. 다음에서 주어는 무엇을 하는 방법을 기억한다.

(14) a. Do you remember how to play chess/cards?(너는 장기/카드놀이 방법을 기억하니?)

b. She remembered how to run the machine.(그녀는 그 기계를 돌리는 방법을 기억했다.)

c. Do you remember how to spell his name?(너는 그의 이름 철자를 어떻게 쓰는지 기억하니?)

1.15. 다음 주어는 의문사가 이끄는 절의 내용을 기억한다.

(15) a. Do you remember what the phone number is?(너는 전화번호가 뭔지 기억하니?)

b. I can't remember what she's called.(나는 그녀의 이름이 무엇인지 기억할 수 없다.)

c. Can you remember when we bought the stereo?(너는 우리가 언제 전축을 샀는지 기억할 수 있나?)

d. I don't remember where I hid the money.(너는 내가 어디에다 그 돈을 숨겼는지 기억하지 못한다.)

e. Can you remember where we parked the car?(넌 우리가 어디에다 주차를 했는지 기억할 수 있나?)

f. Can you remember where they live?(너는 그들이 어디에 사는지 기억할 수 있나?)

g. I can't remember whether it was eight or nine.(나는 8시였는지 9시였는지 기억을 할 수 없다.)

h. I can't remember who mentioned it.(나는 누가 그

것을 언급했는지 기억을 할 수 없다.)

1.16. 다음 주어는 목적어를 전치사 to의 목적어에 기억시킨다.

(16) a. Remember me to your parents.(네 부모님께 안부를 전해다오.)

b. Remember me to your family.(네 가족에게 안부를 전해다오.)

c. He begs to be remembered to you.(그는 너에게 안부를 전해달라고 부탁했다.)

remind

이 동사의 개념 바탕에는 상기시키는 과정이 있다.

1. 타동사 용법

1.1. 다음 주어는 목적어를 상기시켜서 부정사가 가리키는 일을 하게 한다.

(1) a. He reminded me to get up early.(그는 나에게 일찍 일어나는 것을 상기시켰다.)

b. I reminded her to call me.(나는 나에게 전화할 것을 그녀에게 상기시켰다.)

c. I reminded him to post the letter.(나는 그에게 편지를 붙일 것을 상기시켰다.)

1.2. 다음 주어는 목적어에게 전치사 about나 of의 목적어를 상기시킨다.

(2) a. Will you remind me about that appointment?(저에게 그 약속에 대해서 상기시켜 주시겠습니까?)

b. She reminded him about this Sunday's meeting.(그녀는 그에게 이번 일요일 모임을 상기시켜 주었다.)

c. Don't remind me of the terrible day.(나에게 무시무시한 날을 상기시키지 말아요.)

d. I reminded him of his promise.(나는 그에게 약속을 상기시켰다.)

1.3. 다음 주어는 그 자체가 목적어에게 전치사 of의 목적어를 생각나게 한다.

(3) a. You remind me of your father.(너는 내게 너의 아버지를 생각나게 한다.)

b. He reminds me of his brother.(그는 나에게 그의 형이 생각나게 한다.)

c. She reminded me of my promise.(그녀는 나에게 나의 약속을 상기시켜 주었다.)

d. Her eyes remind me of stars.(그녀의 눈은 나에게 별들을 생각나게 한다.)

1.4. 다음 주어는 목적어에게 that-절의 내용을 상기시킨다.

(4) a. He reminds me that she is coming tomorrow.(그는 그녀가 내일 오기로 되어 있음을 나에게 상기시킨다.)

b. She reminds him that there is no class tomorrow.(그녀는 내일은 수업이 없음을 그에게 상기시킨다.)

c. Please remind him that I will come tomorrow.(그에게 내가 내일 온다는 것을 상기시켜 주세요.)

e. That reminds me that I must go at once.(저것은 내가 곧 가야 함을 생각하게 한다.)

remit

이 동사의 개념 바탕에는 요청을 받고 보내는 과정이 있다.

1. 타동사 용법

1.1. 다음 주어는 목적어를 보낸다. 목적어는 돈이다.

(1) a. He remitted the balance to him by money order.(그는 그에게 차액을 우편환으로 보냈다.)

b. He remitted a check to his son.(그는 수표를 아들에게 보냈다.)

c. Please remit your rent by the end of the month.(월말까지 집세를 보내주세요.)

1.2. 다음 주어는 목적어를 전치사 to의 목적어 (상태)로 보낸다.

(2) The governor remitted its people to poverty.(그 주지사는 주민들을 다시 가난으로 되돌렸다.)

1.3. 다음 주어는 첫째 목적어에 둘째 목적어를 보낸다.

(3) a. His mother remitted him the money.(어머니는 그에게 돈을 부쳤다.)

b. John remitted his creditor $300.(존은 채권자에게 300달러를 보냈다.)

1.4. 다음은 수동태 문장으로 주어는 보내지는 개체이다.

(4) a. Payment will be remitted to you in full.(납입금은 당신에게 전액 송금될 것이다.)

b. The proposal has been remitted to the executive committee.(그 제안은 집행위원회에 보내졌다.)

c. The case was remitted to the court of appeal.(그 사건은 항소 법원으로 이송되었다.)

d. The matter was remitted to the justices for rehearing.(그 문제는 재판부에 재심을 위해 회부되었다.)

e. The matter may be remitted to a higher court.(그 문제는 상급 법원으로 이송될 수도 있다.)

1.5. 다음 주어는 목적어를 시간상 뒤로 보낸다.

(5) They remitted the consideration of the bill to/until the next session.(그들은 그 법안의 심의를 다음 회기로/까지 연기했다.)

1.6. 다음 주어는 목적어를 감면이나 면제한다.

(6) a. They remitted his debt.(그들은 그의 빚을 면제해 주었다.)

b. They remitted his prison sentence.(그들은 그의 금고형을 면제시켰다.)

c. Christ gave his disciples to remit sins.(예수는 죄를 없애기 위해서 제자들을 주었다.)

d. The king remitted the prisoner's punishment.(그 왕은 그 죄수의 벌을 면제해 주었다.)

e. The tax office remitted his taxes to half the amount.(그 세무서는 그의 세금을 반으로 감했다.)

1.7. 다음은 수동태 문장으로 주어는 감해진다.

(7) a. The woman prayed that her sins be remitted.(그 여인은 자신의 죄가 면제되도록 기도했다.)

b. The prisoner's sentence was remitted.(그 죄수의 형은 면제되었다.)

c. The examination fee was remitted.(그 시험 응시료는 면제되었다.)

d. The boy's tuition was remitted.(그 소년의 수업료가 면제되었다.)

1.8. 다음에서 remit은 원래 '되보내다'의 뜻이다. 이것은 '줄이다'의 뜻으로 확대된다. 주어는 목적어를 줄인다.

(8) a. The storm remitted its fury.(폭풍은 그의 위력을 약화시켰다.)

b. He did not remit his anger.(그는 화를 누그러뜨리지 않았다.)

c. He kept working without remitting his efforts.(그는 노력을 줄이지 않고 일을 계속했다.)

d. After we had rowed the boat into calm water, we remitted our efforts.(노를 저어서 물결이 잔잔한 곳에 이른 후에야 우리는 노력을 줄였다.)

e. He remitted his attention.(그는 주의를 늦추었다.)

2. 자동사 용법

2.1. 다음에는 목적어가 명시되지 않았다. 그러나 맥락이나 화맥으로부터 무엇이 생략되었는지 알 수 있다.

(9) a. Please remit before the 15th of each month.(매달 15일 전에 송금해 주세요.)

b. Enclosed is our bill; please remit.(우리의 계산서가 동봉: 송금 바람.)

c. Please kindly remit by check.(가급적이면 수표로 보내주시기 바랍니다.)

2.2. 다음 주어는 누그러진다.

(10) The drought began to remit.(가뭄은 주춤하기 시작했다.)

remove

이 동사의 개념 바탕에는 제거하는 과정이 있다.

1. 타동사 용법

1.1. 다음 주어는 목적어를 제거한다. 옷이나 신발을 벗는 과정도 제거로 이해할 수 있다.

(1) a. John removed his clothes and put on a robe.(존은 옷을 벗고 가운을 입었다.)

b. Please remove your shoes/jacket/hat.(너의 신/저고리/모자를 벗어라.)

c. He removed his boots before entering the room.(그는 방에 들어가기 전에 장화를 벗었다.)

1.2. 다음에서 주어는 어떤 자리에 있는 목적어를 제거한다.

(2) a. The dentist removed two teeth.(그 치과의사는 이두 개를 뽑았다.)

b. Do not remove the notice.(그 게시문을 떼지 마세요.)

c. He removed his glasses and rubbed his eyes.(그는 안경을 벗고 눈을 비볐다.)

d. He removed the skin with a knife.(그는 껍질을 칼로 벗겼다.)

e. He removed all the evidence of the crime.(그는

그 범죄의 모든 증거를 제거했다.)

f. The men came to remove the rubbish.(그 남자들은 쓰레기를 치우러 왔다.)

g. The committee removed the restrictions on access to the club for non-members.(그 위원회는 비회원들이 클럽에 접근하는 것에 대한 제한들을 제거했다.)

1.3. 다음 주어는 목적어를 전치사 from의 목적어에서 뗀다.

(3) a. He removed his hands from the steering wheel.(그는 손을 조종장치에서 떼었다.)

b. He removed her name from the list.(그는 그녀의 이름을 목록에서 제거했다.)

c. The waiter removed our plates from the table.(그 웨이터는 우리의 접시들을 식탁에서 치웠다.)

d. He removed himself from the room/the place.(그는 자신을 방/장소에서 나가게 했다.)

e. I can't remove this stain/this grease from my shirt.(나는 이 오점/이 기름을 셔츠에서 제거할 수 없다.)

f. The principal removed the boy from school for misbehavior.(그 교장은 그 소년을 학교에서 행동 불량으로 제적했다.)

g. You should remove all the furniture from the room before cleaning the carpet.(너는 양탄자를 청소하기 전에 모든 가구를 방에서 치워야 한다.)

h. We removed the dirt/the mud from the floor with soap and water.(우리는 비누와 물로 흙/진흙을 마루에서 제거했다.)

1.4. 다음 주어는 목적어를 면직시킨다.

(4) a. The treatment removes the most stubborn stains.(그 처치는 잘 안 빠지는 때를 제거한다.)

b. The plow removed snow from the streets.(그 쟁기가 눈을 거리에서 제거했다.)

c. They removed the statue from the square.(그들은 그 상을 광장에서 제거했다.)

d. He removed the cake/the pie from the oven.(그는 그 케익/파이를 오븐에서 꺼냈다.)

e. He removed a bottle of wine from the box.(그는 포도주 한 병을 상자에서 치웠다.)

f. He removed his eyes from the painting.(그는 눈을 그림에서 뗐다.)

1.5. 다음 주어는 목적어를 전치사 to의 목적어로 옮긴다.

(5) He removed his residence to Seoul.(그는 자신의 거처를 서울로 옮겼다.)

1.6. 다음 주어는 목적어를 제거한다.

(6) a. He is trying to remove the threat of danger.(그는 그 위험의 위협을 제거하려고 노력하고 있다.)

b. These reforms will not remove poverty and injustice.(그 개혁들은 빈곤과 불공평을 제거하지 못할 것이다.)

c. This will remove the last doubt.(이것이 마지막 의혹을 제거할 것이다.)

d. They removed the cause of poverty.(그들은 빈곤의 원인을 제거했다.)

e. The warm weather **removes** the need of much clothing.(그 따뜻한 날씨는 많은 옷의 필요를 없앤다.)

1.7. 다음에서 주어는 목적어를 어떤 자리에서 물러나게 한다.

(7) a. The government **removed** the official for failing to do his duty.(그 정부는 그 관리가 의무를 다하지 못한 죄로 그를 파면했다.)

b. They **removed** him for taking bribes.(그들은 그를 뇌물을 받은 죄로 파면했다.)

1.8. 다음은 수동태 문장으로 주어는 제거된다.

(8) a. The boy was **removed from** school.(그 소년은 학교에서 제적되었다.)

b. She was **removed from** her job for grafting.(그녀는 뇌물수수로 때문에 면직되었다.)

c. The teacher was **removed** for smoking in class.(그 교사는 수업 중에 담배를 피워서 면직되었다.)

d. He has been **removed from** his post as minister of education.(그는 교육부 장관 자리에서 면직되었다.)

e. During the war the factory was **removed** to a safer place.(그 전쟁 동안 공장은 더 안전한 장소로 이동되었다.)

f. The last obstacle has now been **removed**.(마지막 장애는 이제 제거되었다.)

g. Most of her fears had been **removed**.(그녀의 두려움 대부분이 제거되었다.)

1.9. 다음은 수동태 문장으로 주어는 전치사 by의 목적어에 의해 대치된다.

(9) Fish was **removed** by roast beef.(생선요리는 로스트 쇠고기에 의해 밀려났다.)

2. 자동사 용법

2.1. 다음의 주어는 이동한다.

(10) a. Our office has **removed from** Inchon to Kunsan.(우리 사무실은 인천에서 군산으로 옮겨졌다.)

b. Our school **removed from** Seoul to Pusan.(우리 학교는 서울에서 부산으로 옮겼다.)

c. They **removed** into the country.(그들은 시골로 이사갔다.)

d. He **removed** to Seoul.(그는 서울로 이사 갔다.)

e. He **removed** to another apartment.(그는 다른 한 아파트로 이사갔다.)

2.2. 다음 주어는 옮겨진다.

(11) The paint **removes** easily.(그 페인트는 잘 벗겨진다.)

rend

이 동사의 개념 바탕에는 쥐어뜯는 과정이 있다.

1. 타동사 용법

1.1. 다음 주어는 목적어를 쥐어뜯는다.

(1) a. She wept and **rent** her hair.(그녀는 울며 머리를 쥐

어뜯었다.)

b. He **rent** his garments.(그는 옷을 잡아뜯었다.)

1.2. 다음 주어는 목적어를 찢는다. 주어는 개체이다.

(2) a. The issue **rends** our student body.(그 문제가 우리 학교 학생들을 분열시킨다.)

b. Lightning **rent** the tree.(번개가 그 나무를 산산조각 냈다.)

c. The wind **rent** the flag.(그 바람은 그 깃발을 찢었다.)

d. Wolves will **rend** a lamb.(늑대들이 어린 양을 찢어먹을 것이다.)

e. Lions **rend** meat with their teeth.(사자들은 고기를 이빨로 찢는다.)

f. The war **rent** the country asunder.(그 전쟁은 그 나라를 분열시켰다.)

1.3. 다음은 수동태 문장으로 주어는 뜯긴다.

(3) a. The stillness was **rent** by thunderous applause.(정적은 우뢰와 같은 박수 소리로 깨졌다.)

b. Korea was **rent** into two parts after World War 2.(한국은 제 2차 세계 대전 후에 둘로 찢어졌다.)

c. The country is **rent** in two.(그 나라는 둘로 분열되어 있다.)

1.4. 다음 주어는 목적어를 전치사 from의 목적어에서 뗀다.

(4) a. He **rent** the child **from** his mother's arm.(그는 아이를 어머니의 팔에서 떼어냈다.)

b. Will they **rend** the child **from** his mother?(그들은 그 아이를 그의 어머니에게서 떼어놓을까요?)

c. Firemen had to **rend** him free.(소방수들은 그를 세게 당겨서 자유롭게 해야 했다.)

1.5. 다음 주어는 목적어를 찢어서 어떤 상태에 이르게 한다.

(5) a. He **rent** his garment **to** shreds.(그는 자신의 옷을 갈기갈기 찢었다.)

b. The wind **rent** the sails **to** tatters.(그 바람은 돛들을 갈기갈기 찢었다.)

1.6. 다음 주어는 목적어를 가른다. 주어는 소리이다.

(6) a. His shriek **rent** the air.(그의 비명이 하늘을 찔렀다.)

b. Loud cries **rent** the air.(고성이 하늘을 찔렀다.)

c. A shout of joy **rent** the air.(기쁨의 외침이 하늘을 찔렀다.)

1.7. 다음 주어는 목적어를 찢는다.

(7) a. It **rent** his heart to witness her sorrow.(그녀의 슬픔을 목격한 것이 그의 마음을 찢었다.)

b. The sight **rent** my heart.(그 광경이 내 마음을 찢었다.)

2. 자동사 용법

2.1. 다음 주어는 찢긴다.

(8) His garment **rent**.(그의 옷이 찢어졌다.)

render

이 동사의 개념 바탕에는 내어놓는 과정이 있다.

1. 타동사 용법

1.1. 다음 주어는 목적어를 내보낸다.

(1) a. The board has been slow to render its verdict.(그 위원회는 판결을 내는데 지체했다.)

b. The lawyer has not rendered his bill yet.(그 변호사는 아직 청구서를 제출하지 않았다.)

c. The supreme court rendered its opinion.(그 대법원은 판결 이유를 전했다.)

d. The judge rendered a judgment.(그 판사는 판결을 언도했다.)

e. The judge will render his decision tomorrow.(그 판사는 판결을 내일 언도할 것이다.)

1.2. 다음 주어는 목적어를 내보낸다.

(2) a. Anne rendered her final mortgage payment to the bank.(앤은 마지막 저당금 지불금을 은행에 갚았다.)

b. I have to render an account of my expenses to my boss.(나는 경비 보고서를 사장에게 제출해야 한다.)

c. He rendered thanks to God for his health and his family.(그는 건강과 가족에 대해 하나님께/신에게 감사를 드렸다.)

d. She was quick to render assistance to the injured man.(그녀는 부상당한 남자에게 신속하게 도움을 주었다.)

e. He renders help to those in need.(그는 어려움에 처한 사람들에게 도움을 준다.)

f. He rendered his service to his country.(그는 봉사를 나라에 바쳤다.)

g. That store renders good services to its customers.(그 가게는 좋은 서비스들을 고객들에게 제공한다.)

h. The small countries rendered taxes to the emperor.(그 작은 나라들은 세금을 황제에게 바쳤다.)

i. The organization renders great service to the community.(그 조직은 지역사회에 큰 봉사를 한다.)

1.3. 다음 주어는 첫째 목적어에게 둘째 목적어를 제공한다.

(3) a. You would be rendering me a great service if you could phone a taxi.(네가 전화로 택시를 부르면 너는 내게 큰 도움을 주는 것이 될 것이다.)

b. You've rendered me an invaluable service.(너는 내게 너무나도 큰 도움을 주었다.)

c. He gave them rewards for services rendered.(그는 그들이 제공한 봉사에 그들에게 보답을 주었다.)

1.4. 다음 주어는 목적어를 밖으로 표출한다.

(5) a. Anne rendered the tune on the violin beautifully.(앤은 바이올린으로 그 곡을 아름답게 연주했다.)

b. Sue rendered the song in my honor.(그녀는 노래를 나를 위해서 불렀다.)

d. The singer rendered the song with enthusiasm.(그녀는 노래를 열정적으로 불렀다.)

e. I had an artist render a picture of my house.(나는 한 화가에게 나의 집을 그리도록 했다.)

1.5. 다음은 수동태 문장으로 주어는 표출된다.

(6) a. Othello was rendered rather poorly.(오셀로는 비교적 서투르게 상연되었다.)

b. The piano solo was well rendered.(그 피아노 솔로는 잘 연주되었다.)

1.6. 다음 주어는 목적어를 전치사 in의 목적어로 표현한다.

(6) a. Children soon learn to render their thoughts in speech.(아이들은 곧 자신들의 생각을 말로 표현하게 된다.)

b. The artist rendered the leaf in detail.(그 화가는 잎을 자세하게 그렸다.)

c. The artist rendered the landscape in bright hues.(그 화가는 풍경을 밝은 색으로 표현했다.)

d. Through her art, she attempts to render feelings as color.(그녀는 미술을 통해서 감정들을 색으로 표현하려고 시도한다.)

1.7. 다음은 수동태 문장으로 표현된다.

(7) All the announcements were rendered in English and French.(모든 발표가 영어와 불어로 방송되었다.)

1.8. render는 한 개체가 한 소유자에게서 다른 소유자로 가는 이동동사이다. 다음은 [상태변화는 장소] 은유가 적용된 예이다.

(8) a. New laws have rendered this kind of assistance virtually impossible.(새 법률들은 이런 종류의 원조를 실제로 불가능하게 만들었다.)

b. The accident has rendered him unable to use his legs.(그 사고는 그가 다리를 사용하지 못하게 했다.)

c. His rude remark rendered her speechless with astonishment.(그의 무례한 발언은 그녀를 놀라게 하여 말을 잃게 했다.)

d. His fatness renders him unable to touch his toes.(그의 비만은 손이 발에 닿지 못하게 한다.)

e. New technology has rendered my computer obsolete.(새로운 기술은 내 컴퓨터를 쓸모 없게 만들었다.)

f. The blow to the head rendered him unconscious.(머리에 가해진 타격은 그가 의식을 잃게 했다.)

1.9. 다음은 수동태 문장으로 주어는 만들어진다.

(9) a. He was rendered unconscious by a blow on the back of the neck.(그는 목 뒤에 한 대를 얻어맞고 의식을 잃었다.)

b. They were rendered homeless by fire.(그들은 화재로 집 없는 신세가 되었다.)

c. She was rendered helpless when she broke her leg.(그녀는 다리가 부러졌을 때 난감했었다.)

1.10. 다음 주어는 목적어를 전치사 into로 표현한다.

(10) a. She is rendering the book into English from French.(그녀는 그 책을 불어에서 영어로 번역하고 있다.)

b. He rendered the passage from Homer into English.(그는 그 구절을 호머로부터 영어로 번역했다.)

c. There are many English idioms that cannot be rendered into other languages.(다른 언어로는 번역될 수 없는 영어 숙어가 많이 있다.)

d. He rendered the Latin text into English.(그는 라

틴어 문헌을 영어로 번역했다.)

   e. It is difficult to render poetry into another language.(시를 다른 언어로 번역하기는 어렵다.)

1.11. 다음 주어는 목적어를 떼어낸다.

(11) a. The cook rendered the bacon fat.(그 요리사는 그 베이컨의 기름을 제거했다.)

   b. Mary rendered the fat out of the roast.(메리는 기름을 구이에서 떼어냈다.)

renew

이 동사의 개념 바탕에는 새롭게 하는 과정이 있다.

1. 타동사 용법

1.1. 다음 주어는 목적어를 새롭게 한다.

(1) a. The army renewed its attack.(군대는 공격을 되풀이했다.)

   b. They renewed their friendship.(그들은 자신들의 우정을 일신했다.)

   c. They are renewing the old splendor of the palace.(그들은 그 궁궐의 옛 화려함을 복원시키고 있다.)

   d. We have to renew our efforts to attract bright students.(우리는 똑똑한 학생들을 끌기 위해 노력을 한층 새롭게 해야 한다.)

   e. He renewed the store of gasoline.(그는 휘발유의 저장을 보충했다.)

1.2. 다음은 수동태 문장으로 주어는 새롭게 된다.

(2) a. The window frames have to be renewed.(그 유리창 틀은 수리되어야 한다.)

   b. The naval attack was renewed next morning.(해군에 의한 공격을 다음날 아침에 재개되었다.)

1.3. 다음의 목적어는 몸과 마음이다. 이것을 새롭게 한다는 것은 회복한다는 뜻이다.

(3) a. He is renewing his heart and mind.(그는 몸과 마음을 새롭게 하고 있다.)

   b. The relaxing shower renewed the traveller.(긴장을 풀어주는 편안한 샤워는 그 여행자를 기운을 찾게 했다.)

1.4. 다음 목적어는 모두 기한을 갖는다. 이것을 새롭게 하는 것은 갱신하는 것이다.

(4) a. The player renewed his contract.(그 운동 선수는 계약을 갱신했다.)

   b. He renewed his license/lease/subscription/contract/passport.(그는 면허/임대계약/정기구독/계약/여권의 기한을 갱신했다.)

   c. He renewed the library books.(그는 도서관 책들의 대출 기한을 연장했다.)

   d. I must remember to renew my car insurance.(나는 자동차 보험을 갱신하는 것을 기억해야 한다.)

1.5. 다음 목적어는 반복되는 개체이다. 이것을 새롭게 하는 것은 반복한다는 뜻이다.

(5) a. Leaders have renewed calls for peaceful settlement.(지도자들은 평화적인 타결을 위한 요청을 되풀이했다.)

   b. He renewed the appeal/request/complaint/demand/promise.(그는 다시 간청/요청/불평/요구/약속을 했다.)

1.6. 다음 주어는 목적어를 새로 난다.

(6) The trees renew their foliage every spring.(나무들은 매년 봄마다 새로이 초록색 잎을 낸다.)

1.7. 다음은 수동태 문장으로, 주어는 새롭게 되는 개체이다.

(7) a. Her sorrow was renewed.(그녀의 슬픔은 되살아났다.)

   b. Their friendship was renewed.(그들의 우정이 되살아났다.)

renounce

이 동사의 개념 바탕에는 큰 목적을 위해서 희생을 감수하면서 포기 또는 부정하는 과정이 있다.

1. 타동사 용법

1.1. 다음 주어는 목적어를 포기한다.

(1) a. The terrorists have refused to renounce violence.(그 테러범들은 폭력을 포기하기를 거부했다.)

   b. He renounced drinking alcohol by telling his friends that he had quit drinking.(그는 친구들에게 금주한다고 말함으로써 음주를 끊었다.)

   c. The only course left to Nixon is to renounce his presidency.(닉슨에게 남은 유일한 길은 대통령직을 포기하는 것이다.)

   d. James II renounced all his claim to the throne.(제임스 2세는 왕권에 대한 모든 권리 청구를 포기했다.)

   e. He renounced the title/the privilege/the right/the throne.(그는 그 직함을/특권을/권리를/왕위를 포기했다.)

   f. She renounced her citizenship/right/principles/beliefs.(그녀는 시민권/권리/원칙/믿음을 포기했다.)

1.2. 다음 주어는 목적어를 부인한다.

(2) a. She renounced her son.(그녀는 자신의 아들을 부인했다.)

   b. He renounced his own daughter.(그는 자신의 딸을 부인했다.)

rent

이 동사의 개념 바탕에는 빌리는 과정이 있다.

1. 타동사 용법

1.1. 다음 주어는 빌려주는 사람이고 목적어는 빌려주는 개체이다.

(1) a. He rented a room to her.(그는 방을 그녀에게 세놓았다.)

   b. The lodge will rent skis for the day.(그 별장은 그 날을 위해 스키를 대여할 것이다.)

   c. She rented out a small apartment to me.(그녀는 작은 아파트를 나에게 세놓았다.)

    d. She rents out her flat to students.(그녀는 아파트를 학생들에게 세놓는다.)

    e. I rented my garage to a neighbor.(나는 차고를 이웃에게 빌려주었다.)

1.2. 다음 주어는 목적어를 빌린다.

(2) a. I rented a small apartment.(나는 작은 아파트를 빌렸다.)

    b. Why don't we rent a boat for the afternoon?(오후에 배를 빌리면 어떨까요?)

    c. We rented a villa on the island.(우리는 그 섬에 빌라 한 채를 빌렸다.)

1.3. 다음 주어는 목적어를 전치사 from의 목적어에서 빌린다.

(3) a. He rented a room from her.(그는 그녀에게 방 하나를 빌렸다.)

    b. We rent an apartment from an old retired couple.(우리는 아파트를 은퇴한 노부부로부터 빌렸다.)

    c. I rented an apartment from my uncle.(나는 아파트를 아저씨로부터 빌렸다.)

1.4. 다음 주어는 첫째 목적어에게 둘째 목적어를 빌려준다.

(4) a. She rented me the apartment.(그녀는 나에게 아파트를 세놓았다.)

    b. He rented me his car.(그는 나에게 차를 빌려주었다.)

2. 자동사 용법

2.1. 다음의 주어는 빌린다.

(5) Ned's been renting for five years now, and he can afford to buy one.(네드는 현재까지 5년 동안 임대를 했는데, 이제는 집을 살 여유가 있다.)

2.2. 다음 주어는 빌려준다.

(6) The company will not rent out to anyone under 18 years old.(그 회사는 18세 이하의 어떤 누구에게도 빌려주지 않을 것이다.)

2.3. 다음 주어는 빌린다.

(7) a. The house rents at/for $500 a month.(그 집은 한 달에 500달러의 집세로 빌릴 수 있다.)

    b. The farm rents at 5,000 a year.(그 농장은 일년에 5천 달러의 임대료로 빌릴 수 있다.)

    c. The room rents at $600 a month.(그 방은 한 달에 600달러의 집세로 빌릴 수 있다.)

repair

이 동사의 개념 바탕에는 새롭게 하는 과정이 있다.

1. 타동사 용법

1.1. 다음에서 주어는 목적어를 고친다.

(1) a. Can you repair this computer?(이 컴퓨터를 고칠 수 있나요?)

    b. He repaired the broken fence.(그는 부서진 울타리를 수리했다.)

    c. He repaired the wound.(그는 상처를 치료했다.)

    d. They are repairing the road.(그들은 길을 보수하고 있다.)

1.2. 다음에서 목적어는 추상적인 개체이다. 그러나 이들은 구체적인 것으로 개념화되어 수리되는 것으로 표현되어 있다.

(2) a. He repaired the wrong done.(그는 잘못된 행동을 바로잡았다.)

    b. You must repair the harm done.(너는 행해진 피해를 고쳐야 한다.)

    c. He repaired the error/the defect.(그는 잘못/결점을 고쳤다.)

repay

이 동사의 개념 바탕에는 되돌려주는 과정이 있다.

1. 타동사 용법

1.1. 주어는 목적어를 전치사 for의 목적어에 대해서 되갚는다.

(1) a. How can I repay you for your generosity?(당신의 너그러운 배려에 대해 어떻게 보답할 수 있을까요?)

    b. I repaid him for his kindness.(나는 그의 친절에 보답했다.)

    c. How can I ever repay you for what you've done?(나는 당신이 한 행동에 대해 어떻게 당신에게 보답해야 할 수 있을가요?)

    d. He repaid her in full.(그는 그녀에게 전부 보답했다.)

1.2. 다음의 주어는 지불하는 사람이고 목적어는 주어가 갚아야 하는 빚이다.

(2) a. Sue repaid all of her debts.(수는 그녀의 모든 빚을 상환했다.)

    b. You must repay the loan after graduation.(너는 그 빚을 졸업 후에 갚아야 한다.)

    c. Repay the ten dollars you owe me.(내게 빚진 10달러를 갚아라.)

1.3. 다음의 목적어는 주어가 빚을 갚아야 하는 사람이다.

(3) a. She repaid with interest.(그녀는 이자를 붙여 빚을 갚았다.)

    b. He repaid her with ingratitude.(그는 그녀에게 배은망덕으로 은혜를 갚았다.)

1.4. 다음 목적어는 주어가 다른 사람으로부터 보답 받는 개체이다.

(4) a. He repaid her kindness/cruelty.(그는 그녀의 친절/잔인함에 보답했다.)

    b. He repaid the compliment with a smile.(그는 찬사에 대해 미소로 답했다.)

    c. No thanks, I can't repay such a kindness.(괜찮습니다. 저는 진심 어린 친절에 보답할 길이 없습니다.)

1.5. 다음은 수동태 문장으로 주어는 보답 받는 개체이다.

(5) a. Their trust was repaid with loyalty.(그들의 신임은 충절로 보답을 받았다.)

    b. The pains were well repaid by the results.(노고는 그 결과로 충분히 보답을 받았다.)

1.6. 다음 주어는 사람이 아닌 개체이다. 이들 개체가 사람인 목적어에 보답을 한다.
(6) a. The wonderful view repaid us for all the work.(멋진 풍경 덕택에 우리는 좋은 작품을 얻었다.)
b. Your success will amply repay him for his effort.(너의 성공은 그의 노력에 대한 충분한 보답이 될 것이다.)
c. The student's success repaid the teacher's effort.(선생님의 노력은 학생의 성공으로 보답 받았다.)

1.7. 다음 목적어는 주어가 투자한 돈으로 취급되어 있다.
(7) a. The report repays careful reading.(그 보고서는 정독이 필요하다.)
b. You should read this articles--it would repay your interest/attention/time.(네가 이 논문을 읽는다면 너는 흥미/관심을 갖게 될 것이다.)

1.8. 다음 첫째 목적어는 받는 사람이고, 둘째 목적어는 주어지는 개체이다.
(8) a. Joan repaid her parent $100,000 they lent her.(Joan은 부모님이 빌려 준 10만 달러를 갚았다.)
b. She repaid her mother the loan.(그녀는 엄마에게 빌린 돈을 갚았다.)

repeal

이 동사의 개념 바탕에는 무효로 하는 과정이 있다.

1. 타동사 용법
1.1. 다음 주어는 목적어를 무효화하거나 폐지한다.
(1) a. The county repealed the increase in taxes.(그 나라는 세금 인상을 철회했다.)
b. The city council repealed nonsmoking ordinance.(시 위원회는 금연 조례를 무효화했다.)

1.2. 다음은 수동태 문장으로 주어는 폐지되는 것이다.
(2) a. The 18th amendment was repealed 1933.(18번째 법률 수정안은 1933년에 폐지되었다.)
b. The law was finally repealed.(그 법은 결국 폐지되었다.)

repeat

이 동사의 개념 바탕에는 반복하는 과정이 있다.

1. 타동사 용법
1.1. 다음 목적어는 말로 표현된다. 주어는 목적어를 반복한다.
(1) a. Can you repeat your question?(질문을 다시 말씀해 주시겠습니까?)
b. He repeated the sentences after the teacher.(그는 그 문장을 선생님을 따라반복 했다.)
c. Let me repeat what I have said.(내가 말한 것을 다시 반복하겠다.)

1.2. 다음 주어는 목적어를 외운다.
(2) a. Mary repeated the poem from memory.(메리는

그 시를 암송했다.)
b. The students repeated the multiplication tables.(학생들은 구구단을 반복해서 외웠다.)

1.3. 다음의 목적어는 경험이나 과정이다. 주어는 목적어를 반복한다.
(3) a. Can he repeat his success of 1933?(그가 1933년에도 성공을 되풀이할 수 있겠는가?)
b. He has to repeat the test.(그는 재시험을 보아야 한다.)
c. He repeated the exercise/process/mistake.(그는 똑같은 운동/과정/실수를 반복했다.)
d. He repeated the experience.(그는 똑같은 경험을 다시 했다.)

1.4. 다음은 수동태 문장으로 주어는 반복된다.
(4) a. The program will be repeated next year.(그 프로그램은 내년에도 똑같이 개설될 것이다.)
b. The test was repeated by another student.(그 시험은 다른 학생에게도 똑같이 치뤄졌다.)

1.5. 말을 자신이 아니라 남에게 반복하면 누설이 된다.
(5) a. Don't repeat this to anyone.(이것을 다른 사람들에게 말하지 말라.)
b. He repeated the secret.(그는 비밀을 누설했다.)

1.6. 다음의 목적어는 재귀대명사이다.
(6) a. History repeats itself.(역사는 되풀이한다.)
b. She repeats herself a bit, but she's very good for 90.(그녀는 자신의 말을 조금 되풀이하지만, 90세 치고는 매우 훌륭하다.)

1.7. 다음의 that-절은 주어가 반복해서 하는 말이 내용이다.
(7) a. I repeat that I can't accede to your demand.(나는 네 요구를 받아들일 수 없음을 되풀이 말한다.)
b. He repeats that he cannot accede to your demand.(그는 네 요구에 응할 수 없음을 반복해서 말한다.)

2. 자동사 용법
2.1. 다음의 주어는 반복해서 입으로 넘어온다.
(8) a. Fried fish always repeat on me.(생선 튀김을 먹으면 언제나 넘어온다.)
b. Onions always seem to repeat on me.(양파는 언제나 맛이 입에 남는것 같다.)

2.2. 다음의 주어는 반복해서 생긴다.
(9) Experiences repeat.(경험은 반복된다.)

repel

이 동사의 개념 바탕에는 물리치는 과정이 있다.

1. 타동사 용법
1.1. 다음에서 주어는 침략자를 물리친다.
(1) a. We repelled the enemy.(우리는 적을 물리쳤다.)
b. They repelled the invaders.(그들은 침략자들을 격퇴했다.)

1.2. 다음에서 주어는 침략이나 공격을 물리친다.
(2) a. The army repelled the last invasion.(그 군대는 마

지막 공격을 물리쳤다.)

b. He repelled an attack/an invasion/an invader.(그는 침략을 물리쳤다.)

c. The fabric has been treated to repel water.(그 천은 방수 처리되었다.)

1.3. 마음속에 일어나는 감정이나 생각도 우리를 공격하는 것으로 개념화되어 물리치는 것으로 표현된다.

(3) a. He repelled the temptation.(그는 유혹을 물리쳤다.)

b. We must repel bad thought.(우리는 나쁜 생각을 물리쳐야 한다.)

1.4. 다음 주어는 사람으로 하여금 접근을 못하게 물리친다.

(4) a. Her heavy make-up repelled him.(그녀의 진한 화장은 그에게 혐오감을 느끼게 했다.)

b. His untidy appearance repelled her.(그의 지저분한 모습이 그녀에게 불쾌감을 주었다.)

c. Your bad attitude repels people.(네 버릇없는 태도는 사람들에게 혐오감을 준다.)

d. The reptile's pricky skin repels all of its predators.(파충류의 울퉁불퉁한 피부는 그것의 모든 포식동물들을 혐오감을 느끼게 한다.)

1.5. 다음 주어는 서로를 물리친다.

(5) a. Like poles repel each other.(양극은 서로 밀어낸다.)

b. Water and oil repel each other.(물과 기름은 서로 상극이다.)

1.6. 다음은 수동태 문장으로, 주어는 물리침을 받는다.

(6) a. She was repelled by his filthy hair.(그녀는 그의 불결한 머리카락이 혐오스러웠다.)

b. He was repelled by her odor.(그는 그녀의 지독한 냄새가 역겨웠다.)

repent

이 동사의 개념 바탕에는 후회하는 과정이 있다.

1. 타동사 용법

1.1. 다음 주어는 목적어로 표현된 자신이 한 일을 후회한다.

(1) a. He repented his angry words at his children.(그는 아이들에게 한 화낸 말을 후회했다.)

b. He came to repent his hasty decision/choice.(그는 경솔한 결정/선택을 뉘우치려 왔다.)

c. He repents his thoughtlessness.(그는 경솔함을 후회한다.)

1.2. 다음에서 주어가 한 일이 동명사로 표현되어 있다.

(2) a. She repented shouting at the children.(그녀는 아이들에게 소리친 것을 후회했다.)

b. He repented having said so.(그는 그렇게 말한 것을 유감으로 생각했다.)

c. I now repent having wounded her pride.(나는 그녀의 자존심에 상처 낸 것을 지금 후회한다.)

d. I now repent having offended her.(나는 그녀를 화나게 한 것을 지금 후회한다.)

1.3. 다음에서 that-절은 주어가 후회하는 내용을 담고 있다.

(3) a. I now repent that I wounded her pride.(나는 그녀의 자존심에 상처낸 것을 지금 후회한다.)

b. I now repent that I offended her.(나는 그녀를 화나게 한 것을 지금 후회한다.)

2. 자동사 용법

2.1. 다음 주어는 전치사 of의 목적어를 후회한다.

(4) a. Repent of your sin, and you will be forgiven.(네 죄를 회개하라, 그러면 너는 용서를 받을 것이다.)

b. He repents of his rashness/his sins.(그는 경솔함/죄를 뉘우친다.)

c. She now repents of her hasty marriage.(그녀는 성급한 결혼에 대해 지금 후회한다.)

2.2. 다음의 주어는 후회한다.

(5) a. The sinner repented.(그 죄인은 회개했다.)

b. Even now he doesn't repent.(지금도 그는 회개하지 않는다.)

replace

이 동사의 개념 바탕에는 대치하는 과정이 있다.

1. 타동사 용법

1.1. 다음 주어는 목적어를 대치한다.

(1) a. Has anyone been chosen to replace you when you leave?(네가 떠나면 너를 대신할 사람이 선발되었느냐?)

b. Can anything replace a mother?(무엇이 어머니를 대신할 수 있는가?)

c. Her boss retired and she replaced him.(사장이 은퇴를 하고, 그녀가 그를 대신했다.)

d. What can replace a mother's care?(무엇이 어머님의 보살핌을 대신할 수 있는가?)

1.2. 다음 주어는 목적어를 대치해서 넣는다.

(2) a. George has replaced Tim as captain of the team.(죠지는 팀을 그 팀의 주장으로 대신했다.)

b. He has replaced his father as chairman.(그는 아버지를 의장으로 대신했다.)

1.3. 다음은 수동태 문장으로 주어는 대치된다.

(3) a. A wife may be replaced, but a mother never.(아내는 대치가 될 수 있으나 어머니는 대치될 수 없다.)

b. If he can't manage, he will be replaced.(그가 관리를 할 수 없으면, 그는 대치될 것이다.)

c. The panic on the chef's face was replaced by relief.(요리사의 얼굴에 있는 공포는 안도로 대치되었다.)

d. Hostility was replaced by love.(적의가 사랑으로 대치되었다.)

1.4. 다음 주어는 목적어를 대치한다. 주어와 목적어는 개체이다.

(4) a. Ugly little shops have replaced the house where I

lived as a child.(추잡한 작은 상점들이 내가 어릴
때 살던 집을 대치했다.)

b. Plastics have **replaced** many things.(플라스틱은
많은 물건들을 대치했다.)

c. Computers have **replaced** typewriters.(컴퓨터가
타자기를 대치했다.)

d. Tourism has **replaced** agriculture as the nation's
main industry.(농업에서 관광산업으로 그 나라의
주 산업이 대치되었다.)

e. Nothing could **replace** my pet dog after it died.(아
무 것도 나의 애완 동물이 죽고 난 다음에 대치할 수
없다.)

f. Cars have **replaced** horses as the normal means
of transport.(자동차가 말들을 정상적인 교통수단으
로 대치했다.)

1.5. 다음 주어는 목적어를 대치해서 넣는다.

(5) a. I promised to **replace** the dish that I had
dropped.(나는 내가 떨어뜨린 그 접시를 대치하기
로 약속했다.)

b. I must **replace** the broken lock.(나는 부서진 자물
쇠를 대치해야 한다.)

c. He **replaced** the dead battery.(그는 죽은 건전지를
대치했다.)

d. You'll have to **replace** the old tires. They have
badly worn.(너는 낡은 타이어를 대치해야 할 것이
다. 그들은 너무 닳았다.)

e. He **replaced** the burnt-out bulb.(그는 타버린 전구
를 대치했다.)

1.6. 다음 주어는 목적어를 어느 자리에서 옮겼다가 다시 제 자리로 놓는다.

(6) a. Anne **replaced** the vase after she dusted the
shelf.(앤은 선반의 먼지를 턴 다음에 화병을 제 자
리에 놓았다.)

b. He **replaced** the book on the shelf.(그는 책을 선반
에 다시 놓았다.)

c. He **replaced** the receiver.(그는 수화기를 제자리에
놓았다.)

d. **Replace** the cap on the bottle.(그 두껑을 병에 다
시 끼우세요.)

e. He **replaced** his violin in its case.(그는 바이올린을
그 집에 다시 넣었다.)

1.7. 다음 주어는 목적어를 전치사 with의 목적어로 대치한다.

(7) a. Please **replace** an original picture **with** a copy.(원
본 그림을 복사로 대치하세요.)

b. We have **replaced** man's labor **with** machinery.(우
리는 인간 노동을 기계로 대치했다.)

c. The factory **replaced** the workers **with** robots.(그
공장은 노동자들을 로봇으로 대치했다.)

d. Bill **replaced** the old carpet **with** a new one.(빌은
낡은 양탄자를 새 것으로 바꾸었다.)

e. We've **replaced** the old adding machine **with** a
computer.(우리는 낡은 계산기를 컴퓨터로 대치했
다.)

reply

이 동사의 개념 바탕에는 대답하는 과정이 있다.

1. 타동사 용법

1.1. 다음 주어는 따옴표 속의 말로 대답한다.

(1) a. "That's what I expected," **replied** Ken.("그것이
바로 내가 바라는 것이다." 라고 켄이 대답했다.)

b. "I don't know," he **replied**.("몰라요."라고 그가 대
답했다.)

1.2. 다음 주어는 that-절을 대답한다.

(2) a. I can only **reply that** I did not realize what was
happening.(나는 무슨 일이 일어났었는지 알지 못했
다고 밖에 대답할 수 없다.)

b. He **replied that** no one would go.(그는 아무도 가지
않을 것이라고 대답했다.)

c. He **replied that** he was feeling fine.(그는 자신이 기
분이 좋다고 대답했다.)

1.3. 다음 주어는 목적어를 대답한다.

(3) I have nothing to **reply**.(나는 아무 것도 대답할 것이
없다.)

2. 자동사 용법

2.1. 다음 주어는 대답을 한다.

(4) a. He **replied** in the negative.(그는 부정적으로 대답
했다.)

b. He **replied** briefly.(그는 간단하게 대답했다.)

c. He **replied** for his father/the company.(그는 그의
아버지/회사를 대신해서 대답했다.)

d. Shall I **reply** for us all?(우리 모두를 대신해서 제가
대답해 할까요?)

2.2. 다음 주어는 전치사 to의 목적어에 반응한다.

(5) a. They **replied to** the enemy fire.(그들은 그 적의 포
화에 응사했다.)

b. The terrorists **replied to** their threats with
violence.(그 테러리스트들은 그들의 위협에 폭력으
로 대응했다.)

c. You must **reply to** his letter.(너는 그의 편지에 답
장을 써야 한다.)

d. The army **replied to** the signal.(그 군대는 그 신호
에 대응했다.)

report

이 동사의 개념 바탕에는 공식적으로 보고하는 과정
이 있다.

1. 타동사 용법

1.1. 주어는 목적어를 보고한다.

(1) a. He **reported** an aircraft missing.(그는 항공기 한
대가 행방불명이라고 보고했다.)

b. He **reported** progress.(그는 경과를 보고했다.)

c. The scientist **reported** the discovery of the new
element.(그 과학자는 새 원자의 발견을 보고했다.)

d. He **reported** the proceedings of the court.(그는 재
판의 절차를 보고했다.)

e. He just **reported** the facts.(그는 그 사실을 방금 보고했다.)

f. I was happy to **report** a profit for the year.(나는 그 해의 수익을 보고하니 기뻤다.)

1.2. 다음 주어는 목적어를 신문에 보고한다.

(2) a. He **reported** the story in a front-page article.(그는 그 이야기를 1면 기사에 보도했다.)

b. The newspaper man **reported** a fire.(그 신문기자는 화재를 보도했다.)

1.3. 주어는 목적어가 어떤 상태에 있음을 보고한다.

(3) a. They **reported** him dead.(그들은 그가 죽었다고 보도했다.)

b. He **reported** the man to be a good officer.(그는 그 남자가 좋은 장교였다고 보고했다.)

1.4. 다음은 수동태 문장으로 주어는 보고된다.

(4) a. He was **reported** (to be) killed in the war.(그는 전사하였다고 보도되었다.)

b. The storm is **reported** to have killed many people.(폭풍우는 많은 사람들을 죽게 했다고 보도된다.)

1.5. 다음 주어는 목적어를 보고한다. 목적어는 동명사이다.

(5) a. He **reported** having met her.(그는 그녀를 만났다고 말했다.)

b. He **reported** seeing a build-up of soldiers.(그는 군사들이 증강된 것을 보았다고 보고했다.)

1.6. 다음에서 주어는 목적어를 to의 목적어에 보고하거나 신고한다. 보고를 하기 위해서는 보고를 받는 이에게 가야한다.

(6) a. **Report** yourself to the manager.(그 지배인에게 출두하시오.)

b. He **reported** the man to the police.(그는 그 사람을 경찰에게 일렀다.)

c. She **reported** him to the dean for cheating.(그녀는 그가 부정행위를 했다고 그 학장에게 보고했다.)

d. All accidents must be **reported** to the safety officer.(모든 사고는 안전 담당 직원에게 보고되어져야 한다.)

e. Ron **reported** Bob for smoking in school.(론은 밥이 학교에서 담배를 피웠다고 일렀다.)

1.7. 다음의 that-절은 보고의 내용이 담긴다.

(7) a. The newspaper **reported** that he had died in an car accident.(신문은 그가 교통사고로 사망했다고 보도했다.)

b. He **reported** that he had met her.(그는 자신이 그녀를 만났다고 말했다.)

c. It was **reported** that the war was over.(그 전쟁이 끝났다고 보도되었다.)

1.8. 다음 주어는 신문 기자이다.

(8) a. He **reports** for the Times.(그는 타임지 기자로 일한다.)

b. He **reports** for Korea Herald.(그는 코리아 해럴드 기자로 일한다.)

1.9. 다음 주어는 출근이나 방문 신고를 한다.

(9) a. He **reported** for duty/work.(그는 출근을 신고했다.)

b. The teacher did not **report** at the class.(그 선생님은 교실에 나타나지 않으셨다.)

c. All visitors must **report** to the office.(모든 방문객들은 그 사무실에 신고를 해야 한다.)

d. He **reported** to his boss when he came in late.(그는 늦게 출근해서 상사에게 출두했다.)

e. **Report** to Room 402 at 11:00 tomorrow.(내일 오전 11시까지 402호로 출두하시오.)

1.10. 다음 주어는 on의 목적어에 대한 신고를 한다.

(10) a. He **reported** on the facts.(그는 그 사실에 관해 보고했다.)

b. Come back tomorrow and **report** on your progress.(내일 와서 경과를 보고하시오.)

c. He **reported** on the condition of the patient.(그는 환자의 상태에 관해 보고했다.)

1.11. 다음 주어는 어떤 상태를 보고한다.

(11) He felt dizzy so he **reported** sick.(그는 어지럼을 느껴서 아프다고 신고했다.)

repose

이 동사의 개념 바탕에는 편히 쉬는 과정이 있다.

1. 자동사 용법

1.1. 다음 주어는 편히 쉰다.

(1) a. The man **reposed** in a hammock.(그 남자는 그물침대에 누워서 쉬었다.)

b. He **reposed** on the bed.(그는 침대에 누웠다.)

c. The cat **reposed** on the carpet.(그 고양이는 양탄자 위에 누웠다.)

1.2. 다음의 주어는 영구적으로 쉰다.

(2) a. He **reposes** at Arlington Cemetery.(그는 알링톤 국립묘지에 잠들어 있다.)

b. The body will **repose** in the church for two days.(그 시체는 교회 안에 이틀 동안 안치될 것이다.)

c. May the deceased **repose** in peace.(고인이시여! 편히 잠드소서!)

1.3. 사람이 아닌 개체도 편하게 쉬는 것으로 개념화된다.

(3) a. The forest **reposes** in the dusk.(숲은 해질 무렵에 고요하게 쉰다.)

b. The necklace **reposed** in its case.(그 목걸이는 상자 속에 놓여져 있었다.)

c. The village **reposed** in darkness.(그 마을은 어둠 속에 평온하게 있었다.)

d. The small glass **reposed** on a tray.(그 작은 유리잔은 쟁반 위에 놓여져 있었다.)

e. The sea **reposed** under the tropical sun.(바다는 뜨거운 태양 아래에서 고요했다.)

1.4. 다음에서 주어는 on의 목적어에 의존한다.

(4) a. The project **reposes** on a revival of trade.(그 계획은 무역의 부흥을 기초로 삼고 있다.)

b. The foundation **reposes** on a rock.(그 건물의 기반은 바위 위에 놓여져 있다.)

1.5. 마음도 구체적인 개체로 개념화되어 다른 개체 위에 머무는 것으로 표현된다.

(5) a. His mind reposes on the past.(그의 마음은 과거에 머문다.)

    b. He reposes in his loyalty.(그는 그의 충성심을 믿고 있다.)

2. 타동사 용법

2.1. 다음의 목적어는 재귀대명사이다.

(6) a. He reposed himself on a sofa.(그는 소파에서 쉬었다.)

    b. Repose yourself for a while.(잠시 동안 휴식을 취하라.)

2.2. 다음 주어는 목적어를 어디에 쉬게 한다.

(7) a. He reposed her head on a pillow.(그는 머리를 베개에 눕혔다.)

    b. She reposed her head on his shoulder.(그녀는 머리를 그의 어깨에 기댔다.)

2.3. 다음 주어는 목적어를 전치사가 가리키는 장소에 둔다.

(8) a. He reposed his trust in us.(그는 믿음을 우리에게 걸었다.)

    b. We repose a lot of hope in this project.(우리는 많은 기대를 이 계획에 둔다.)

    c. They repose their hopes in the new president.(그들은 희망을 새 대통령에게 둔다.)

    d. We repose our complete confidence in her.(우리는 모든 희망을 그녀에게 두었다.)

represent

이 동사의 개념 바탕에는 어느 개체를 어떤 매체로 나타내는 과정이 있다.

1. 타동사 용법

1.1. 다음 주어는 목적어를 표상한다.

(1) a. The yellow lines on the map represent minor/gravel roads.(그 지도의 노란 선들은 작은/자갈 도로들을 나타낸다.)

    b. The green triangles on the map represent camping grounds.(그 지도의 초록색 삼각형들은 야영 부지들을 나타낸다.)

    c. The black dot on the map represents the airport.(그 지도의 검은 점은 공항을 나타낸다.)

    d. On the map, blue represents water.(지도에서 파란색은 물을 나타낸다.)

    e. The line at the bottom of the picture represents the sea.(그림 아래쪽의 선은 바다를 나타낸다.)

    f. The stars in the flag represent the states.(그 국기의 별들은 주들을 나타낸다.)

    g. The Statue of Liberty represents the freedom immigrants wanted to find in America.(자유의 여신상은 이민자들이 미국에서 찾기를 원했던 자유를 나타낸다.)

1.2. 다음 주어는 그림이나 이와 비슷한 것이고 주어는 목적어를 나타낸다.

(2) a This line is supposed to represent the head.(이 선은 머리 부분을 나타내도록 되어 있다.)

    b. The painting represents a girl with a smile.(그림은 미소짓는 소녀를 나타낸다.)

    c. This picture represents the Flood.(이 그림은 노아의 홍수를 나타낸다.)

    d. This picture represents the author's boyhood home.(이 그림은 작가의 소년 시절의 집을 나타낸다.)

    e. This picture represents the Battle of Waterloo.(이 그림은 워털루의 전투를 나타낸다.)

    f. This represents a hunting scene.(이것은 사냥하는 장면을 나타낸다.)

1.3. 다음은 수동태 문장으로 주어는 그려진다.

(3) a. The queen is represented in Korean costume.(그 여왕은 한복을 입고 있는 것으로 그려져 있다.)

    b. The word 'love' is represented by a small heart.('사랑'이라는 단어는 작은 하트로 상징된다.)

    c. Personal wealth is often represented in the size of your house or your car.(개인적 부는 종종 당신의 집이나 차의 크기로 나타내어진다.)

1.4. 다음은 관습이나 약정에 의해서 주어는 목적어를 나타낸다.

(4) a. The rose represents beauty.(그 장미는 아름다움을 상징한다.)

    b. X represents the unknown.(X는 미지수를 상징한다.)

    c. In this story, black represents evil.(이 이야기에서 검은 색은 악을 상징한다.)

    d. Which sound does this phonetic symbol represent?(이 음성기호는 어떤 소리를 나타냅니까?)

    e. Letters represent sounds.(글자들은 소리들을 상징한다.)

    f. Some people think that carrying an identity card represents a loss of freedom.(몇몇의 사람들은 신분증을 소지하는 것을 자유의 상실을 상징한다고 생각한다.)

    g. Her feelings represent those of the majority.(그녀의 감정은 대다수의 감정을 대표한다.)

    h. The painting represents the artist's emotions.(그 그림은 그 예술가의 감정을 나타낸다.)

1.5. 다음 주어는 말로 목적어를 나타낸다.

(5) a. What he said represents the feelings of many people.(그가 말한 것은 많은 사람들의 감정을 대변한다.)

    b. The report represents the current situation at our schools.(이 보고서는 우리 학교들의 현재 상황을 나타낸다.)

    c. The minister's comments represent a shift in the government's position.(그 장관의 논평은 정부 입장의 전환을 나타낸다.)

1.6. 다음 주어는 작품이고 목적어는 작품을 만드는 데 들어간 시간, 노력, 사고 등이다.

(6) a. His final book represented twenty years of hard work.(그의 마지막 책은 20년 동안의 힘든 연구를 나타내었다.)

    b. This paper represents weeks of hard work.(이 논

문은 여러 주의 힘든 연구를 나타낸다.)

c. This book represents ten years of thought and research.(이 책은 10년 동안의 사고와 연구를 나타낸다.)

d. The paper represents a considerable improvement on your recent work.(이 논문은 당신의 최근 연구에 상당한 발전이 있었음을 나타낸다.)

e. Louis Armstrong's playing represented the best of traditional jazz.(루이 암스트롱의 연주는 전통 재즈의 최고를 나타내었다.)

f. His action represents a bold new departure from politics as usual.(그의 행동은 평소 정치로부터의 대담한 새 출발을 나타낸다.)

g. Nothing represents home more than my mother's cooking.(어떠한 것도 나의 어머니의 요리 솜씨보다 고향을 나타내지 못한다.)

1.7. 다음의 주어는 양과 관계가 있다. 주어는 목적어를 나타낸다.

(7) a. The damage from the fire represented a total loss for the store owner.(그 화재로 인한 손해는 그 상점 주인의 전체 손실을 나타내었다.)

b. A 3% raise represents a drop in real income if you take inflation into account.(3%인상은 당신이 인플레이션을 고려하면 실수입의 하락을 나타낸다.)

c. This offer represents an increase of 10% on the previous one.(이 제안은 그 전의 것에 비해 10%증가를 나타낸다.)

d. An inch of rain represents ten tons of water to the acre.(일 인치의 비는 1에이커 당 10톤의 물을 나타낸다.)

e. The amount you eat and drink represents your total intake.(당신이 먹고 마시는 양은 총 섭취를 나타낸다.)

1.8. 다음의 주어는 개인이고 목적어는 이 개인이 속한 단체이다. 주어는 목적어를 대표한다.

(8) a. The U.S. Embassy represents the United States in other countries.(미국 대사관은 미국을 다른 나라에서 대표한다.)

b. Mr. Kim represents our city.(김씨는 우리 도시를 대표한다.)

c. He represented the university at the conference.(그는 회의에서 그 대학교를 대표했다.)

d. Someone who represented the company spoke at the press conference.(그 회사를 대표한 사람이 그 기자 회견에서 말했다.)

e. You have been chosen to represent us at the conference.(당신은 우리를 그 회의에서 대표하도록 선발되었다.)

1.9. 다음의 주어는 개인이고 목적어도 개인이다. 어느 개인이 다른 개인을 대신하는 관계이다.

(9) a. Prince Charles is representing the Queen at the ceremony.(찰스 왕세자는 그 의식에서 여왕을 대표하고 있다.)

b. The ambassador represented the president at the

ceremony.(대사는 대통령을 그 의식에서 대신했다.)

c. Since I cannot go, he will represent me.(내가 갈 수 없으므로 그가 나를 대신할 것이다.)

d. The lawyer represents the client.(변호사는 의뢰인을 대신한다.)

e. You will need an attorney to represent you in court.(당신은 법정에서 당신을 대신할 변호사가 필요할 것이다.)

f. The lawyer represents the relatives of the victim.(그 변호사는 희생자의 친척들을 대신한다.)

g. His law firm represents a dozen of the families involved in the disaster.(그의 법률 사무소는 재해와 연루된 12가족을 대표한다.)

1.10. 어느 개인이 다른 개인을 대표하거나 대신하는 관계는 연극에서 볼 수 있다. 주어는 목적어의 역할을 한다.

(10) a. The actor was somewhat old to represent Hamlet.(그 배우는 햄릿의 역을 맡기엔 다소 늙었다.)

b. She represented a queen in the play.(그녀는 여왕의 역할을 그 연극에서 맡았다.)

1.11. 다음의 주어는 개체를, 그리고 목적어는 종류를 나타낸다. 즉 개체가 종류를 대표하는 관계이다.

(11) a. A log represents a simple kind of boat.(통나무는 단순한 배의 종류를 대표한다.)

b. A raft represents a very simple kind of boat.(뗏목은 매우 단순한 배의 종류를 대표한다.)

c. This plant represents a rare kind of orchid.(이 식물은 희귀한 종류의 난초를 대표한다.)

d. She represents the typical teenager.(그녀는 전형적인 청소년을 대표한다.)

e. This house represents the most typical houses in this district.(이 집은 이 지역에서 가장 전형적인 집을 대표한다.)

f. He represents the modern businessman.(그는 현대적인 실업가를 대표한다.)

1.12. 다음의 주어는 단체이고 목적어는 구성원이다. 단체가 구성원을 나타내는 관계이다.

(12) The union represented over 200,000 teachers.(그 조합은 200,000명 이상의 교사들을 대표했다.)

1.13. 다음은 수동태 문장으로 주어는 대표된다.

(13) The language family is represented by ten languages.(그 언어족은 10개의 언어로 대표된다.)

1.14. 다음의 주어는 단체나 조직체이다.

(14) a. Our firm is represented in Korea by Kurz.(우리의 회사는 한국에서 쿠르쯔로 대표된다.)

b. The state is represented by three Democrats.(그 주는 3명의 민주당원으로 대표된다.)

c. Each state is represented by two senators.(각 주는 2명의 상원의원으로 대표된다.)

d. Each party is represented at the committee.(각 정당은 그 위원회에서 대표된다.)

e. Every major American writer is represented in the library.(각 위대한 미국인 작가는 그 도서관에

전시된다.)

1.15. 다음 주어는 that-절의 내용을 말로 나타낸다.

(15) a. He represented that they were in urgent need.(그는 그들이 절박한 어려움에 처해 있다고 말했다.)

b. He represented that he had served in the Korean Air Force.(그는 자신이 한국 공군에서 근무했다고 말했다.)

c. He represented that the plan could not succeed.(그는 그 계획이 성공될 수 없다고 말했다.)

d. He represented that the new law was against democracy.(그는 새 법이 민주주의에 어긋난다고 말했다.)

1.16. 다음 주어는 목적어를 말로 나타낸다.

(16) a. He represented the party's view to us.(그는 정당의 관점을 우리에게 전했다.)

b. We represented our grievances/demands to the boss.(우리는 불평/요구를 그 상사에게 말했다.)

c. He represented the difficulties to the members of the committee.(그는 그 위원회 구성원들에게 어려운 점을 나타냈다.)

d. Can you represent infinity to yourself?(당신은 자신에게 무한함을 나타낼 수 있나?)

e. He represented many truths to the people by parables.(그는 많은 진실을 사람들에게 우화를 통해 나타냈다.)

f. The speaker represented the importance of the bill to the audience.(연사는 그 법안의 중요성을 관중에게 말했다.)

g. His excuses represented nothing to me.(그의 변명들은 나에게 아무 것도 나타내 주지 않았다.)

h. I represented to him that the matter was urgent.(나는 그에게 일이 급하다고 말했다.)

i. I represented to him that the plan was not practical.(나는 그에게 그 계획이 실용적이지 못하다고 말했다.)

1.17. 다음 주어는 목적어를 as 의 목적어로 묘사한다.

(17) a. They represented the dictator as a tyrant.(그들은 그 독재자를 폭군으로 묘사했다.)

b. He represented himself as an expert in prison law.(그는 자신을 형무소 법에 전문가로 묘사했다.)

c. They represented themselves as the party of low taxation.(그들은 자신들을 낮은 과세 정당으로 묘사했다.)

d. The stranger represented himself as a lawyer.(그 낯선 사람은 자신을 변호사로 묘사했다.)

1.18. 다음 주어는 목적어를 as 형용사로 묘사한다.

(18) a. He represented the plan as safe.(그는 그 계획이 안전하다고 말했다.)

b. His fears represented the undertaking as impossible.(그의 두려움은 그 사업이 불가능하다고 말했다.)

c. He represented the war as /to be lost.(그는 전쟁에서 진 것으로 나타냈다.)

d. He represented her as beautiful.(그는 그녀가 아름답다고 말했다.)

e. He represented his father as stern.(그는 아버지가 엄격하다고 말했다.)

1.19. 다음은 수동태 문장으로 주어는 as의 목적어로 표현된다.

(19) a. In this book, Susan is represented as an ordinary girl.(이 책에서 수잔은 평범한 소녀로 묘사되어 있다.)

b. Brown is represented as a gentleman in the film.(브라운은 그 영화에서 신사로 묘사된다.)

c. The evacuation of the forces was represented as a victory.(그 병력의 철수는 승리로 묘사되었다.)

d. The plans were represented as being feasible.(그 계획들은 실현 가능한 것으로 묘사되었다.)

1.20. 다음 주어는 목적어를 부정사의 주어로 생각한다.

(20) a. He is not the fool he is sometimes represented to be.(그는 보통 묘사되었던 그런 바보가 아니다.)

b. He represented himself as/to be a friend of the workers.(그는 자신을 근로자들의 친구로 묘사했다.)

c. He represented himself to others as a rich man, but he is not.(그는 자신을 다른 사람들에게 부자로 묘사했지만 그는 부자가 아니다.)

d. He represented her to be beautiful.(그는 그녀를 아름답다고 묘사했다.)

1.21. 다음은 수동태 문장으로 주어는 대표된다.

(21) a. The workers were represented in the negotiations by the union secretary.(근로자들은 그 협상에서 조합 서기에 의해 대표되었다.)

b. 31 nations are represented at the disarmament conference.(31개의 국가가 군축회의에 대표되었다.)

c. In the pageant, all the races were represented.(가장 행렬에서 모든 인종들이 대표되었다.)

d. Local businesses are well represented on the committee.(지역 사업들은 그 위원회에서 잘 대표되어 있다.)

e. In New Mexico all kinds of cousines are represented.(뉴멕시코에는 모든 종류의 요리들이 대표되어진다.)

repress

이 동사의 개념 바탕에는 억제하는 과정이 있다.

1. 타동사 용법

1.1. 다음 주어는 목적어를 억제한다. 목적어는 생리작용이다.

(1) a. I could hardly repress my laughter/my anger.(나는 웃음/화를 억제할 수 없었다.)

b. He repressed his tears.(그는 눈물을 참았다.)

c. He repressed a sneeze/a sigh/a moan/an impulse.(그는 재채기/한숨/불평/충동을 참았다.)

d. I couldn't repress a sigh of admiration.(나는 경탄의 한숨을 참을 수 없었다.)

1.2. 다음 주어는 목적어를 억제한다. 목적어는 감정이나 생각과 관련이 있다.

(2) a. She repressed her desire to mention his name.(그녀는 그의 이름을 말할 욕망을 억제했다.)

b. He repressed a desire to hit the man.(그는 그 남자를 때릴 욕구를 억제했다.)

c. John had repressed feelings of anger from his childhood.(존은 분노의 감정을 어릴 적부터 억제했다.)

d. She tried to repress the sad thoughts.(그녀는 슬픈 감정을 억제하도록 노력했다.)

e. He repressed an evil tendency.(그는 악한 성향을 억제했다.)

f. He repressed his fantasies.(그는 환상을 억제했다.)

g. He repressed memories of his difficult childhood.(그는 어린 시절의 어려웠던 기억들을 떠올리지 않으려 했다.)

h. It is healthy to repress your emotions.(감정을 억제하는 것은 건강에 좋다.)

1.3. 다음 주어는 목적어를 억압한다. 목적어는 항거, 폭동 등이다.

(3) a. The government repressed a revolt.(그 정부는 반란을 억제했다.)

b. The police repressed a riot.(경찰은 폭동을 진압했다.)

1.4. 다음의 목적어는 사람이다. 주어는 목적어가 어떤 일을 못하게 억압한다.

(4) a. They repressed the child.(그들은 아이를 억제했다.)

b. The government repressed the minority race.(그 정부는 소수 인종을 억제했다.)

c. The UN resolution banned him from repressing his people.(UN의 결정은 그가 국민을 억압하는 것을 금지했다.)

d. They repressed his civil rights.(그들은 그의 시민권을 억제했다.)

e. The government repressed all dissent.(그 정부는 모든 반대를 억압했다.)

1.5. 다음은 수동태 문장으로 주어는 억압된다.

(5) a. The workers were swiftly repressed.(근로자들은 재빠르게 억제되었다.)

b. His artistic talent has been repressed because his mother wanted him to study.(그의 엄마는 그가 공부하길 원했기 때문에 그의 예술적 기질은 억제되었다.)

reproach

이 동사의 개념 바탕에는 잘못한 일에 대해 꾸짖는 과정이 있다.

1. 타동사 용법

1.1. 다음 주어는 목적어를 꾸짖는다.

(1) a. She reproached him for cowardice.(그녀는 그를 겁 많음 때문에 꾸짖었다.)

b. The teacher reproached him for not doing his homework.(그 선생님은 그가 숙제를 하지 않은 것에 대해 꾸짖었다.)

c. It wasn't your fault--you have nothing to reproach yourself with.(그것은 너의 잘못이 아니

었다--너는 스스로를 꾸짖을 필요 없다.)

d. He reproached his son with carelessness.(그는 아들의 부주의함을 꾸짖었다.)

1.2. 다음 주어는 목적어를 체면을 손상시킨다.

(2) a. This crime will reproach him.(이 범죄는 그에게 수치가 될 것이다.)

b. This conduct will reproach you.(이 행위는 너의 체면을 손상시킬 것이다.)

reproduce

이 동사의 개념 바탕에는 재생하는 과정이 있다..

1. 타동사 용법

1.1. 다음 주어는 목적어를 재생한다.

(1) a. He reproduced himself.(그는 자신을 재생했다.)

b. Some animals reproduce themselves by laying eggs.(몇몇 동물들은 알을 낳아 번식한다.)

c. The lizard reproduced a torn tail.(도마뱀은 찢어진 꼬리를 다시 돋아나게 했다.)

d. He reproduces roses.(그는 장미를 다시 돋아나게 한다.)

1.2. 다음 주어는 목적어를 재생한다.

(2) a. He tried to reproduce the glories of Rome.(그는 로마의 영광을 재생하려고 노력했다.)

b. He reproduced the experience.(그는 그 경험을 재현했다.)

c. He reproduced a movement on the film.(그는 어떤 운동을 그 영화에 재생했다.)

d. The teacher reproduced copies of a paper.(선생님은 논문의 복사를 재생했다.)

e. I couldn't reproduce the funny noise Sam made.(나는 샘이 내는 재미있는 소리를 따라할 수가 없다.)

f. He reproduced a picture from an old print.(그는 그림을 옛 판화에서 복제하였다.)

1.3. 다음 주어는 목적어를 복사한다.

(3) a. The photo copier reproduces colors very well.(사진 복사기는 색을 아주 잘 복사한다.)

b. The computer program reproduces the effects of earthquakes on buildings.(그 컴퓨터 프로그램은 건물들에 미치는 지진의 영향을 재현한다.)

c. British scientists have so far not reproduced the results.(영국의 과학자들은 지금까지 결과들을 재현하지 못했다.)

d. They try to reproduce the exact sounds of early music.(그들은 초기 음악의 정확한 소리들을 재현하고자 노력한다.)

1.4. 다음은 수동태 문장으로 주어는 재연된다.

(4) The atmosphere of the novel is successfully reproduced in the movie.(그 소설의 분위기는 성공적으로 영화에서 재연된다.)

2. 자동사 용법

2.1. 다음 주어는 번식한다.

(5) a. Mice reproduce quickly.(쥐들은 빠르게 번식한다.)

b. Most fish reproduce by laying eggs.(대부분의 물고기는 알을 낳음으로써 번식한다.)

2.2. 다음 주어는 재생된다.

(6) The tape reproduces badly.(그 테이프는 재생이 좋지 못하다.)

reprove

이 동사의 개념 바탕에는 훈계하는 과정이 있다.

1. 타동사 용법

1.1. 다음 주어는 목적어를 훈계한다.

(1) a. The parents reproved the son for disobedience. (부모들은 아들의 반항에 대해 훈계했다.)

b. The judge reproved the lawyer for yelling in court.(판사는 그 변호사가 법정에서 소리를 지른 것에 대해 훈계했다.)

c. She reproved him for telling lies.(그녀는 그가 거짓말을 한 것에 훈계했다.)

d. The teacher reproved the student for cheating. (선생님은 학생이 속인 것에 대해 훈계했다.)

1.2. 다음은 수동태 문장으로 주어는 훈계를 받는다.

(2) I was reproved for wasting good paper.(나는 쓸만한 종이를 낭비한다고 훈계를 받았다.)

1.3. 다음 주어는 목적어를 꾸짖는다.

(3) He reproved her conduct.(그는 그녀의 행동을 꾸짖었다.)

repudiate

이 동사의 개념 바탕에는 사실과 맞지 않거나 가치가 없는 것으로 부인하는 과정이 있다.

1. 타동사 용법

1.1. 다음 주어는 목적어를 받아들이지 (인정하지) 않는다.

(1) a. The witness repudiated his earlier statement and told the truth.(그 목격자는 자신의 이전 진술을 부인하고 진실을 말했다.)

b. The state repudiated its bond and refused to pay the people.(그 주는 공채를 부인하고 사람들에게 지불을 거절했다.)

c. He repudiated the accusation.(그는 죄상을 인정하지 않았다.)

d. He repudiated an article/a report/a claim/a contract/an agreement.(그는 기사/보고/청구/계약/협정을 부인했다.)

1.2. 다음 주어는 목적어를 받아들이지 않는다. 즉, 거부한다.

(2) a. He repudiated his first wife and married another woman.(그는 첫 번째 부인을 거부하고 다른 여자와 결혼했다.)

b. The West has repudiated all responsibility for the refugees.(서방측은 망명자들에 대한 모든 책임을 거부해왔다.)

c. He repudiated all offers of friendship.(그는 모든 우정의 제의를 거부했다.)

repute

이 동사의 개념 바탕에는 간주하는 과정이 있다.

1. 타동사 용법

1.1. 다음 주어는 목적어를 특정하게 간주한다.

(1) They reputed her (as) an diligent girl.(그들은 그녀를 부지런한 소녀라고 생각했다.)

1.2. 다음은 수동태 문장으로 주어는 간주된다.

(2) a. He is reputed to be a perfect fool.(그는 아주 숙맥이라는 소문이 있다.)

b. The film is reputed to be excellent.(그 영화는 훌륭하다고 평가된다.)

c. She is reputed to be extremely wealthy.(그녀는 매우 부자라고 평가된다.)

d. He is reputed to be the best heart surgeon in the country.(그는 그 나라에서 가장 훌륭한 심장 전문의라고 평가된다.)

e. My neighbor is reputed to have been a spy during the war.(내 이웃은 전쟁 동안 스파이였었다고 평가된다.)

request

이 동사의 개념 바탕에는 정중하게 공식적으로 요청하는 과정이 있다.

1. 타동사 용법

1.1. 다음의 주어는 목적어를 요청한다.

(1) a. She requested a new desk/two new computers. (그녀는 새 책상/컴퓨터 두 대를 요청했다.)

b. He requested a hearing.(그는 청문회를 요청했다.)

c. I requested permission to speak.(나는 말할 허가를 요청했다.)

d. She requested a week's leave.(그녀는 일주일 간의 휴가를 요청했다.)

1.2. 다음은 수동태 문장으로 주어는 요청된다.

(2) a. Your presence is requested at the meeting.(당신의 참석이 그 회의에 대표됩니다.)

b. This song is requested by John.(이 노래는 존에 의해 요청되었다.)

1.3. 다음 주어는 목적어를 전치사 from의 목적어로부터 요청한다.

(3) a. I requested assistance from my fellow officers.(나는 동료 장교들에게 도움을 요청했다.)

b. He requested a loan from the bank.(그는 그 은행에 대여를 요청했다.)

c. I requested help from him.(나는 그에게서 도움을 요청했다.)

d. I have requested an answer from her.(나는 대답을 그녀에게 요청했다.)

1.4. 다음 주어는 목적어를 전치사 of의 목적어에 요청한다.

(4) a. All I request of you is that you should not

interfere.(내가 당신에게 요청하는 모든 것은 당신이 간섭을 안 하는 것이다.)

b. What I request of you is that you keep it secret.(내가 당신에게 요청하는 것은 당신이 그것을 비밀로 하는 것이다.)

c. I request a favor of you.(나는 호의를 당신에게 요청합니다.)

d. The teaching staff requested of the headmaster that he should reconsider his decision.(그 교직원은 교장 선생님께 그가 결정을 재고해야 할 것을 요청했다.)

e. We requested of the chairman that the next meeting be held on Friday.(우리는 그 의장에게 다음 모임을 금요일에 열릴 것을 그에게 요청했다.)

f. I requested of him that he should help me.(나는 그가 나를 도와줄 것을 요청했다.)

1.5. 다음 주어는 목적어를 요청하여 부정사가 가리키는 일을 해주기를 요청한다.

(5) a. We must request you to be quiet.(우리는 당신이 조용히 하도록 요청해야 겠습니다.)

b. He requested her to go with him.(그는 그녀에게 그와 함께 가자고 요청했다.)

c. The host requested the guests to sit down.(주인은 손님들에게 앉으라고 요청했다.)

1.6. 다음은 수동태 문장으로 주어는 요청을 받는다.

(6) a. All members of the club are requested to attend the annual meeting.(모임의 모든 회원들은 그 연례 회의에 참석하도록 요청을 받는다.)

b. I was requested to introduce the speaker at the meeting.(나는 그 연사를 회의에서 소개하도록 요청을 받았다.)

c. I was requested to make a speech.(나는 연설을 하도록 요청을 받았다.)

d. Visitors are requested not to touch the exhibits.(방문객들은 전시물들을 만지지 않도록 요청을 받는다.)

1.7. 다음 주어는 that-절의 내용을 요청한다.

(7) a. He requested that the errors should be corrected.(그는 오류들이 시정되어야 한다고 요청했다.)

b. He requested us that we should pay attention to the fact.(그는 우리가 그 사실에 주의를 기울어야 한다고 우리에게 요청했다.)

c. I requested that a vote be taken.(나는 투표를 하자고 요청했다.)

d. He requested that something should be done about the matter.(그는 무엇인가 그 문제에 대해서 조처가 취해져야 한다고 요청했다.)

e. Our teacher requested that the class be quiet.(우리 선생님은 그 반에게 조용하라고 요청했다.)

1.8. 다음은 수동태 문장으로 주어는 요청된다.

(8) It is requested that you should finish the work quickly.(당신이 그 일을 빨리 마치는 것이 요청된다.)

1.9. 다음 주어는 목적어를 요청한다. 목적어는 부정사이다.

(9) a. I requested to be excused.(나는 빠질 것을 요청했

다.)

b. I request to be informed of the current affairs.(나는 현 사태에 대해서 알려달라고 요청했다.)

c. He requested to be awakened at 7:00.(그는 7시에 깨워달라고 요청했다.)

require

이 동사의 개념 바탕에는 요구하는 과정이 있다.

1. 타동사 용법

1.1. 다음 주어는 목적어를 요구한다.

(1) a. We usually require a tie at this table.(우리는 이 식탁에서 보통 넥타이를 요구한다.)

b. Everybody requires sleep.(모든 이는 수면을 필요하다.)

c. He requires a quiet hotel room when he travels.(그는 여행할 때 조용한 호텔 방을 필요로 한다.)

d. We may require your help some day.(우리는 너의 도움을 언젠가 필요로 할 것이다.)

e. The police required his appearance.(경찰은 그의 인상착의가 필요 했다.)

f. They require some more money from us.(그들은 좀 더 많은 돈을 우리에게서 요구한다.)

g. He required some more information from me.(그는 좀 더 많은 정보를 나에게 요구했다.)

h. It doesn't require a place to be happy.(행복하기 위해 특별한 장소가 필요한 것은 아닙니다.)

i. It doesn't require a scholar to interpret it.(학자에게 그것을 번역하는 것은 요구되지 않는다.)

1.2. 다음은 수동태 문장으로 주어는 요구된다.

(2) a. Your presence is urgently required.(당신의 출석이 급히 요구됩니다.)

b. Your service will not be required.(당신의 봉사는 필요치 않을 것입니다.)

c. Greater attention to detail is required.(세부적인 것에 대한 세심한 배려가 요구될 것입니다.)

1.3. 다음은 수동태 문장이고 주어는 전치사 of의 목적어에서 요구된다.

(3) a. I will do everything that is required of me.(나는 나에게 요구되는 모든 일을 할 것이다.)

b. Silence is required of all examination candidates.(모든 시험 후보자들에게는 정숙이 요구된다.)

c. We will do what is required of us.(우리는 우리에게 요구되어진 것을 할 것이다.)

d. The teacher requires too much of the children.(그 교사는 아이들에게 너무 많은 것을 요구한다.)

e. All that is required of you is to go there.(당신에게 요구된 것은 단지 그곳으로 가는 것이다.)

f. What did you require of him?(당신은 그에게 무엇을 요청하셨습니까?)

1.4. 주어는 목적어에 요청을 하여 목적어가 to-부정사가 가리키는 일을 하게 요청한다.

(4) a. He requires the students to present their papers.(그는 그 학생들이 숙제를 제출하도록 요구

한다.)

b. He **required** them to be present.(그는 그들이 출석하기를 요구하였다.)

c. We **require** you to be in the office by 8 o'clock.(우리는 당신이 그 사무실에 8시까지 나오기를 요청한다.)

d. The rule **requires** us all to be present.(그 규칙은 우리가 모두 참석하기를 요구한다.)

e. True marriage **requires** us to show trust and loyalty.(진실한 결혼은 우리가 신뢰와 헌신을 표시하기를 요구한다.)

f. The school **requires** all students to take maths.(그 학교는 전교생이 수학을 공부하기를 요구한다.)

g. Bringing up children **requires** you to put their needs first.(자녀 양육은 당신이 아이들의 요구를 가장 우선으로 하기를 요구한다.)

h. Working here **requires** you to have a sense of humor.(여기서 일은 당신이 유머 감각을 갖기를 요구한다.)

1.5. 다음은 수동태 문장으로 주어가 요청을 받는 사람이다.

(5) a. You are **required** to report to the police.(당신이 경찰에 보고하는 것이 요구된다.)

b. All passengers are **required** to fasten their seat belts.(모든 승객들은 안전벨트를 매는 것이 요구된다.)

c. All passengers are **required** to show their tickets.(모든 탑승객들은 그들의 차표를 보여주는 것이 요구된다.)

d. You are **required** to answer all questions.(당신은 모든 질문에 대답하는 것이 요구된다.)

e. You're **required** to wear seat belts.(당신은 안전벨트를 매는 것이 요구된다.)

f. You are **required** to take the road test.(당신은 그 주행 시험을 보도록 요구된다.)

g. We were **required** to leave.(우리는 떠나라는 요구를 받았다.)

h. You are **required** by law to report all sources of income.(당신은 모든 소득 출처를 신고하는 것이 법적으로 요구된다.)

i. You are **required** to obtain a driver's license.(당신은 운전면허증을 취득할 필요가 있다.)

1.6. 다음의 주어는 개체이고 목적어는 주어에 필요한 개체이다.

(6) a. Learning a foreign language **requires** patience.(외국어 학습은 많은 인내를 요구한다.)

b. Magic **requires** practice.(마술은 연습이 필요하다.)

c. The work will **require** ten men for a week.(그 일은 열 사람을 일주일 동안 필요로 할 것이다.)

d. This work **requires** experience.(이 일은 연습을 요구한다.)

e. Our car **requires** an overhaul.(우리 차에는 정밀검사가 필요하다.)

f. This radio **requires** two batteries.(이 라디오는 2개의 건전지를 필요로 한다.)

g. The present situation may **require** a change of plans.(현재 상황은 계획의 수정을 요할 수도 있다.)

h. Most plants **require** sunlight.(대부분의 식물은 햇빛이 필요하다.)

i. These plants **require** moist soil at all times.(이 식물들은 항시 축축한 토양이 필요하다.)

j. The matter **requires** utmost care.(이 문제는 최대한의 주의가 요구된다.)

k. Marathons **require** incredible stamina.(마라톤은 엄청난 체력을 필요로 한다.)

l. What's **required** is a complete reorganization of the system.(요구되는 것은 그 체제의 완전한 재정비이다.)

m. Calculus **requires** a knowledge of algebra.(미분은 대수의 지식이 필요하다.)

n. The pet **requires** a lot of care.(그 애완동물은 많은 관심이 요구된다.)

1.7. 다음 주어는 that-절의 내용을 요구한다.

(7) a. The judge **requires** that the witness testify.(판사는 그 증인이 증언을 하기를 요구한다.)

b. The chairman **required** that all be silent.(그 의장은 모두가 정숙하기를 요청했다.)

c. The bank **requires** of its employees that they should be smartly dressed.(그 은행은 직원들이 멋지게 옷을 입어야 한다고 요구한다.)

d. It is **required** that I should appear in court.(내가 법정에 출두하도록 요구되었다.)

e. The contract **requires** that we should finish the work in a week.(그 계약서는 우리가 그 일을 일주일 안에 끝내도록 요구한다.)

f. The law **requires** that there shall be no delay.(그 법은 연기가 있어는 안 된다고 요구한다.)

g. The regulations **require** that all students shall attend at least 90% of the lectures.(교칙은 모든 학생들이 적어도 강의의 90%를 출석하도록 요구한다.)

h. The situation **requires** that this should be done immediately.(그 상황은 그 일이 즉시 조치되도록 요구한다.)

i. His injury **requires** that he should wear a neck brace.(부상은 그가 목 보호대를 착용하도록 요구한다.)

1.8. 다음 주어는 목적어를 필요로 한다

(8) a. This tire **requires** mending.(이 타이어는 수선이 필요하다.)

b. The room **requires** cleaning.(그 방은 청소가 필요하다.)

c. The children **require** looking after.(그 아이들에게는 보호가 필요하다.)

d. Your house **requires** repairing.(당신의 집은 보수가 필요하다.)

e. We **require** knowing it.(우리는 그것을 알 필요가 있다.)

2. 자동사 용법

2.1. 다음 주어는 목적어를 요구한다. 그러나 목적어는 표현되지 않았다.

(9) We should do as the law requires.(우리는 그 법이 요구하는 대로 행해야 한다.)

2.2. 다음 주어는 부정사가 가리키는 일을 요구한다.

(10) a. He requires to be kept down.(그는 계속 앉아있을 필요가 있다.)

b. He requires to be warned against smoking.(그는 흡연에 대해 주의할 필요가 있다.)

requite

이 동사의 개념 바탕에는 갚는 과정이 있다.

1. 타동사 용법

1.1. 다음 주어는 목적어를 갚는다.

(1) a. He requited her kindness with love.(그는 그녀의 친절함을 사랑으로 갚았다.)

b. He requited good with evil.(그는 은혜를 원수로 갚았다.)

1.2. 다음 주어는 목적어를 갚는다.

(2) a. He requited her for the benefit he received.(그는 그녀에게 받은 은혜를 갚았다.)

b. He requited a traitor with death.(그는 배반자를 사형으로 앙갚음했다.)

1.3. 다음은 수동태 문장으로 주어는 갚아진다.

(3) Our kindness and trust was requited only with dishonesty on their part.(우리의 친절함과 신뢰는 그들의 불성실로만 되갚아졌다.)

rescue

이 동사의 개념 바탕에는 구하는 과정이 있다.

1. 타동사 용법

1.1. 다음 주어는 목적어를 전치사 from의 목적어에서 구한다.

(1) a. Fire fighters rescued people from the burning building.(소방수들은 사람들을 불타는 건물에서 구했다.)

b. He rescued the cat from a high tree.(그는 고양이를 높은 나무에서 구출했다.)

c. She died trying to rescue her children from the blaze.(그녀는 아이들을 불길에서 구하려다 사망했다.)

d. He is trying to rescue the company from ruin.(그는 회사를 파산에서 구하려고 노력하고 있다.)

e. You rescued me from an embarrassing situation.(당신은 나를 당혹스런 상황에서 구해주셨습니다.)

1.2. 다음 주어는 목적어를 전치사 from의 목적어(동명사)에서 구한다.

(2) a. He rescued a child from drowning.(그는 물에 빠진 아이를 구출했다.)

b. We rescued him from falling.(우리는 그가 떨어지는 것으로 부터 구했다.)

1.3. 다음은 수동태 문장으로 주어는 구해진다.

(3) a. They were rescued by helicopter.(그들은 헬리콥터로 구출되었다.)

b. The house was rescued from demolition.(그 집은 파괴로부터 구해졌다.)

resent

이 동사의 개념 바탕에는 모욕을 받아 분개하는 과정이 있다.

1. 타동사 용법

1.1. 다음 주어는 목적어를 분개한다.

(1) a. I resented her criticism.(나는 그녀의 비판에 분개했다.)

b. I resent the unkind things he said about me.(나는 그가 나에 대해 말한 나쁜 것들에 분개한다.)

c. I resent interruption when I am working.(나는 일하고 있을 때 방해받는 것을 분개한다.)

d. She resented the work her parents made her do.(그녀는 부모가 그녀에게 시킨 일에 대해 분개했다.)

e. He resented his brother's refusal.(그녀는 남동생의 거절을 분개했다.)

f. She resented her sister's success.(그녀는 여동생의 성공을 분개했다.)

g. She resented my promotion.(그녀는 나의 승진에 분개했다.)

1.2. 다음 주어는 목적어를 분개한다.

(2) a. I resent having to get permission for everything I do.(나는 내가 하는 모든 일에 허가를 받아야만 하는 것에 분개한다.)

b. I resent his being too arrogant.(나는 그가 너무 거만한 것에 분개한다.)

c. She bitterly resented being treated like a child.(그녀는 아이처럼 취급받는 것에 몹시 분개했다.)

reserve

이 동사의 개념 바탕에는 남겨두는 과정이 있다.

1. 타동사 용법

1.1. 다음 주어는 목적어를 예약한다.

(1) a. We are reserving the seats for our parents on the plane.(우리는 부모님을 위해서 비행기의 좌석을 예약하고 있다.)

b. Jane reserved four seats for the opera for next Sunday.(제인은 다음주 일요일에 오페라를 보려고 네 자리를 예약했다.)

c. He reserved a room for three nights in the hotel.(그는 방 하나를 3일 동안 그 호텔에 예약했다.)

d. I rang the hotel to reserve a double room for a week.(나는 이인용 방 하나를 일주일 동안 예약하기 위해 호텔에 전화했다.)

e. John and Bill reserved the tennis court for 3:00.(존과 빌은 테니스 코트를 3시에 예약했다.)

f. Do you have to reserve a table/the tickets in advance?(너는 미리 테이블/티켓들을 예약해야만

하니?)

1.2. 다음 주어는 첫째 목적어에게 둘째 목적어를 예약한다.

(2) If you get there early, please **reserve** me a seat. (네가 그곳에 일찍 도착하면 내 자리를 예약해 줘.)

1.3. 다음은 수동태 문장으로, 주어는 예약된다.

(3) a. The first three rows of the hall are **reserved** for special guests. (그 홀의 첫 3열은 특별한 손님들을 위해 예약된다.)

b. These parking spaces are **reserved** for handicapped drivers. (이 주차 공간들은 장애인 운전자들을 위해 마련되어 있다.)

c. The lanes are **reserved** for cars with more than one occupant. (이 길은 한 명 이상의 동승자를 태운 차를 위해 준비되어 있다.)

d. These seats are **reserved** for old and sick people. (이 자리들은 노약자를 위해 마련되어 있다.)

e. This table has already been **reserved**. (이 테이블은 이미 예약되었다.)

f. The house is **reserved** for special guests. (이 집은 귀빈을 위해 예약되어 있다.)

g. Success is **reserved** for those who work hard. (성공은 열심히 일하는 자들을 위해 마련된다.)

h. A great future is **reserved** for you. (위대한 앞날이 너를 위해 마련되어 있다.)

i. This discovery was **reserved** for Newton. (이 발견은 뉴턴을 위해 마련되어 있었다.)

1.4. 다음은 수동태 문장으로 주어는 예약이나 예정이 된다.

(4) a. He had been **reserved** for that fate. (그는 그 운명에 예약되어 있었다.)

b. Those who work hard are **reserved** for success. (열심히 일하는 자들은 성공이 예약되어 있다.)

1.5. 다음 주어는 목적어를 유보한다. 목적어는 판단, 논평, 비평과 같이 자신에게서 나갈 수 있는 것이다.

(5) a. He **reserved** judgment on the plan. (그는 그 계획에 대한 판단을 유보했다.)

b. He **reserved** his rudest comments on the boss. (그는 사장에 대한 가장 무례한 비판을 보류했다.)

c. He **reserved** his criticism on her book. (그는 그녀의 책에 대한 비판을 보류했다.)

1.6. 다음 주어는 목적어를 남겨둔다. 목적어는 힘, 돈, 물건, 시간 등이다.

(6) a. He **reserved** his strength for the last half mile of the race/the climb. (그는 힘을 그 경기/등산의 마지막 반 마일을 위해 남겨두었다.)

b. He **reserved** some money for emergencies. (그는 비상금을 위급할 때를 대비해 남겨두었다.)

c. You'd better **reserve** your energy for the new task. (너는 에너지를 새 일을 위해 아껴놓는 것이 좋을 것이다.)

d. She **reserved** the table cloth for special occasions. (그녀는 식탁보를 특별한 경우를 위해 남겨두었다.)

e. I **reserved** Monday for tidying my desk. (나는 월요일을 책상 정리를 하는 데 떼어두었다.)

f. He **reserved** a lot of time for relaxation. (그는 많은 시간을 휴식을 위해 남겨두었다.)

g. John **reserved** some milk/the rest of the ham for a future meal. (존은 약간의 우유/남은 햄을 나중에 먹으려고 남겨두었다.)

h. He gave me a look of the sort usually **reserved** for naughty school children. (그는 나에게 장난꾸러기 학생들에게 보통 주어지는 표정을 지었다.)

1.7. 다음의 목적어는 권리이다. 주어는 목적어를 유보한다.

(7) a. The producers **reserve** the right to cancel the concert if it rains. (제작자들은 만약 비가 오면 그 음악회를 취소할 권리를 유보한다.)

b. The management **reserves** the right to refuse admission. (경영진은 입장을 거절할 권리를 유보한다.)

c. He **reserved** the right to veto any plans he disagreed with. (그는 반대하는 계획을 부결할 수 있는 권리를 유보했다.)

1.8. 다음은 수동태 문장으로 주어는 남겨진다.

(8) a. The surplus grains were **reserved** in silos. (그 남은 곡식은 저장고에 보관되었다.)

b. Some of the profits are **reserved** to buy new machinery. (이익의 일부분은 새 기계를 사기 위해 보유된다.)

1.9. 다음 주어는 자신의 노력을 아낀다.

(9) He **reserved** himself for therace. (그는 그 경기를 대비하여 자신의 힘을 아껴두었다.)

1.10. 다음은 수동태 문장으로 주어는 내성적이다.

(10) He is too **reserved** to be popular. (그는 내성적이어서 유명해질 수 없다.)

reside

이 동사의 개념 바탕에는 거주하는 과정이 있다.

1. 자동사 용법

1.1. 다음 주어는 거주한다.

(1) a. He **resided** abroad for many years. (그는 여러해 동안 해외에서 살았다.)

b. The president **resides** in the White House. (대통령은 백악관에 산다.)

c. She **resides** in Seoul, Korea. (그녀는 한국의 서울에 산다.)

1.2. 다음 주어는 어디에 있다.

(2) a. The ultimate authority **resides** with the board of directors. (최고 권위는 그 이사회에 있다.)

b. Power of approval **resides** with the chief executive. (승인권은 대통령에게 있다.)

c. The power of decision **resides** in the President. (그 결정권은 대통령에게 있다.)

d. The value **resides** solely in this point. (그 가치는 오로지 이 점에 있다.)

e. For him, the poetry of cinema **resides** primarily in

movement.(그에게 있어서 영화의 시는 주로 움직임에 있다.)

resign

이 동사의 개념 바탕에는 장소나 자리를 물러나는 과정이 있다.

1. 타동사 용법

1.1. 다음 주어는 자리를 내어놓는다.

(1) a. The office manager resigned her post amid scandal.(그 매니저는 스캔들에 둘러 싸여서 자신의 직위를 사임했다.)

b. Richard Nixon resigned the office of the President 1974.(리차드 닉슨은 1974년에 대통령직을 사임했다.)

c. He resigned his post as headmaster.(그는 교장으로서의 직위를 사임했다.)

d. He resigned the chairmanship/directorship.(그는 의장직/감독직을 사임했다.)

e. She resigned her job because she wanted to travel.(그녀는 여행하기를 원했기 때문에 일을 그만두었다.)

f. The officer resigned his commission.(그 공무원은 자신의 직권을 포기했다.)

1.2. 다음 주어는 목적어를 내어놓는다. 목적어는 기대나 요구 등이다.

(2) He resigned his expectations/claim.(그는 기대/주장을 단념했다.)

1.3. 다음의 목적어는 재귀대명사이다. 주어는 자신을 to의 목적어에 맡긴다.

(3) a. He resigned himself to performing a disagreeable duty.(그는 할 수 없이 자신을 마음이 내키지 않는 임무를 수행하는 데 맡겼다.)

b. Mary resigned herself to finishing the book by midnight.(메리는 하는 수 없이 자신을 자정까지 그 책을 끝내는 데 맡겼다.)

c. He resigned himself to going to graduate school.(그는 할 수 없이 자신을 대학원을 가는 데 맡겼다.)

d. He resigned himself to taking only one-week vacation.(그는 별 수 없이 자신을 오직 일주일의 휴가를 갖는 데 맡겼다.)

e. He has resigned himself to never being able to work again.(그는 자신을 다시는 일을 할 수 없음에 맡겼다.)

f. We must resign ourselves to leaving the country.(우리는 할 수 없이 자신을 그 나라를 떠나는 데 맡겨야 한다.)

g. You must resign yourself to waiting a bit longer.(너는 별 수 없이 자신을 더 기다리는 데 맡겨야 한다.)

h. She had to resign herself to bringing up her baby alone.(그녀는 하는 수 없이 자신을 아기를 혼자서 기르는 데 체념시켰다.)

i. He resigned himself to trying again next year.(그는 할 수 없이 자신을 내년에 다시 시도하는 데 맡겼다.)

1.4. 다음 전치사 to의 목적어는 명사이다. 주어는 자신을 to의 목적어가 가리키는 것에 할 수 없이 내맡긴다.

(4) a. We resigned ourselves to a long wait at the airport.(우리는 공항에서 오랫동안 기다리는 데 체념했다.)

b. He resigned himself to a loss/failure.(그는 손실/실패에 체념했다.)

c. Pat resigned herself to another summer without a vacation.(팻은 휴가 없이 또 한번의 여름을 보내야만 하는 데 자신을 체념시켰다.)

d. He resigned himself to his fate/the will of God.(그는 운명/신의 뜻에 체념했다.)

e. He resigned himself to her protection/guidance.(그는 할 수 없이 자신을 그녀의 보호/안내에 맡겼다.)

f. He resigned himself to half an hour's police investigation.(그는 어쩔 수 없이 30분 동안 경찰의 조사에 임해야 했다.)

g. You must resign yourself to the fact.(너는 어쩔 수 없이 그 사실에 체념해야 한다.)

1.5. 다음 주어는 목적어를 전치사 to의 목적어에 맡긴다.

(5) a. He resigned his children to our care.(그는 아이들을 우리의 돌봄에 맡겼다.)

b. He resigned his child to an adoption agency.(그는 아이를 입양기관에 맡겼다.)

c. He resigned his duties to a more capable hand.(그는 임무를 더 유능한 사람에게 넘겼다.)

d. He resigned his soul to god.(그는 영혼을 신한테 맡겼다.)

1.6. 다음은 수동태 문장으로 주어는 to의 목적어에 체념한다.

(6) a. He is resigned to the likelihood that he will never be a genius.(그는 결코 천재가 될 수 없을 거라는 생각에 체념하고 있다.)

b. Dave was resigned to losing 10 pounds by summer.(데이브는 여름까지 10파운드를 빼는 일에 몸을 맡겼다.)

2. 자동사 용법

2.1. 다음 주어는 사임한다.

(7) a. If he criticizes my work again, I'll resign.(그가 내 작품을 다시 비난하면, 나는 그만 둘 것이다.)

b. He resigned as president.(그는 사장직을 사임했다.)

c. The manager was forced to resign after allegations of corruption.(그 매니저는 부정 행위에 대한 주장이 있은 다음 강제로 사임 당했다.)

2.2. 다음 주어는 from의 목적어에서 물러난다.

(8) a. The senator resigned from his post after his censure.(상원의원은 견책을 당한 후에 그의 직위에서 물러났다.)

b. He just resigned from the committee.(그는 위원회에서 사임했다.)

c. He resigned from the company/the club.(그는 회사/모임에서 사임했다.)

d. He resigned from the directorship.(그는 감독직을 사임했다.)

e. I resigned from my job so I could spend more time with my family.(나는 가족과 더 많은 시간을 보내기 위해서 일에서 물러났다.)

f. She was forced to resign from the job.(그녀는 강제로 일에서 물러나야 했다.)

g. He resigned from the government/the Cabinet.(그는 정부/내각에서 물러났다.)

resist

이 동사의 개념 바탕에는 저항하는 과정이 있다.

1. 타동사 용법

1.1. 다음 주어는 목적어를 물리친다.

(1) a. They resisted the first attack.(그들은 첫 공격을 물리쳤다.)

b. He resisted the authority of the court.(그는 법원의 권위를 저항했다.)

c. The city resisted the enemy's onslaught.(그 도시는 적의 습격을 물리쳤다.)

1.2. 다음 주어는 추상적인 힘이나 구체적인 것으로 개념화되어 있다. 주어는 목적어를 물리친다.

(2) a. The party leader resisted demands for his resignation.(당 지도자는 그의 사임에 대한 요구를 물리쳤다.)

b. She will be unable to resist his solicitations.(그녀는 그의 간청을 물리칠 수 없을 것이다.)

c. They are determined to resist pressure to change the law.(그는 그 법을 바꾸자는 압력을 물리칠 결심이 되어있다.)

d. Conservative politicians resisted the reform plan.(보수주의 정치가들은 그 개혁안을 물리쳤다.)

e. The office manager resisted new technology.(그 사무실 관리자는 새 기술을 거부했다.)

1.3. 다음 목적어는 환유적으로 쓰여서 사람의 경우 행위를, 물건의 경우 유혹을 나타낸다.

(3) a. They often resist their parents.(그들은 자주 부모들을 거역한다.)

b. The people resisted tyranny.(국민들은 폭군을 거부했다.)

c. I can't resist chocolate.(나는 초콜릿을 거부할 수 없다.)

d. She cannot resist sweets.(나는 사탕을 거부할 수 없다.)

1.4. 다음 목적어는 주어 자체에서 일어난다. 주어는 목적어를 물리친다.

(4) a. I couldn't resist a grin/a joke.(나는 웃음/농담을 참을 수 없었다.)

b. I resisted the temptation and ate no chocolate.(나는 유혹을 물리치고 초콜릿을 먹지 않았다.)

c. She could not resist the urge to break into tears.(그녀는 울고 싶은 충동을 참을 수 없었다.)

d. Her pride resisted her own desire.(그녀의 자부심이 욕망을 물리쳤다.)

1.5. 다음 목적어는 동명사이다. 주어는 목적어를 저항한다.

(5) a. I couldn't resist opening the present.(나는 선물을 여는 것을 참을 수 없었다.)

b. I couldn't resist kicking him when he bent down.(나는 그가 구부릴 때 그를 차는 것을 억제할 수 없었다.)

c. I could not resist laughing.(나는 웃음을 억제할 수 없었다.)

d. I could not resist turning around to look at it.(나는 그것을 보기 위해 돌아보는 것을 억제할 수 없었다.)

1.6. 다음 목적어는 수동형 동명사이다. 주어는 목적어를 저항한다.

(6) a. The child resisted being carried off.(그 아이는 실려 가는 것에 저항했다.)

b. He resisted being arrested.(그는 체포되는 것을 막았다.)

1.7. 다음 주어는 개체이다. 주어는 목적어를 물리친다.

(7) a. The watch resists water.(그 시계는 물을 방수된다.)

b. Regular exercise helps us resist disease.(규칙적인 운동은 우리가 병을 물리치는 것을 돕는다.)

c. The new paint is designed to resist heat.(페인트는 열을 저항하게 만들어진다.)

d. You need a roof that can resist the weather.(너는 기후를 이길 수 있는 지붕이 필요하다.)

e. The metal resists acid corrosion.(그 금속은 산 침식을 물리친다.)

f. Gold resists rust.(금은 녹을 물리친다.)

1.8. 다음 주어는 질병을 물리친다.

(8) a. The disease resists all forms of treatment.(그 병은 모든 형태의 치료를 물리친다.)

b. A healthy body resists disease.(건강한 몸은 병을 물리친다.)

c. The engine oil resists corrosion.(그 엔진은 침식을 막는다.)

1.9. 다음 주어는 목적어를 저항한다. 목적어는 노력이다.

(9) a. The window resisted his efforts to open it.(그 창문은 그것을 열려는 모든 노력을 물리쳤다.)

b. The stone resisted all efforts to move it.(그 돌은 그것을 움직이려는 모든 노력을 물리쳤다.)

c. The gate resisted his attempt to open it.(그 대문은 그것을 열려는 모든 시도를 거역했다.)

2. 자동사 용법

2.1. 다음 주어는 저항한다.

(10) a. Don't resist if you are threatened.(위협을 받으면, 저항하지 말아라.)

b. He can't resist any longer.(그는 더 이상 저항할 수 없다.)

c. The enemy resisted stoutly.(적은 완강하게 저항했다.)

resolve

이 동사의 개념 바탕에는 분해하는 과정이 있다.

1. 타동사 용법

1.1. 다음 주어는 목적어를 전치사 into의 목적어로 분해한다.

(1) a. He resolved the things into its elements. (그는 그 물건들을 요소들로 분해했다.)

b. He resolved a velocity/the force into its components. (그는 속도/힘을 구성요소들로 분리했다.)

c. A powerful telescope can resolve a nebula into starts. (성능 좋은 망원경은 성운을 성군으로 나눌 수 있다.)

d. He resolved water into oxygen and hydrogen. (그는 물을 산소와 수소를 분리했다.)

e. He resolved his frustrations into constructive actions. (그는 좌절을 적극적인 행동으로 변형시켰다.)

1.2. 다음은 수동태 문장으로 주어는 분해된다.

(2) The glass was resolved into tiny fragments. (유리잔은 조각들로 깨졌다.)

1.3. 다음 목적어는 재귀대명사이다. 주어는 자체가 전치사 into의 목적어로 바뀐다.

(3) a. The group resolved itself into a committee. (그 그룹은 위원회로 변하였다.)

b. The issue resolved itself into a single question. (그 쟁점은 하나의 문제로 귀결되었다.)

c. The question resolved itself into this. (그 문제는 이것으로 귀결되었다.)

d. The problem will resolve itself eventually. (그 문제는 결국 스스로 풀릴 것이다.)

1.4 어떤 개체가 분해되면, 원래의 형태나 성질은 없어진다. 다음 주어는 목적어를 분해되어 없어지게 한다.

(4) a. The mediator resolved the contract dispute. (그 조정자는 계약 다툼을 해결해 주었다.)

b. His kind words resolved all our fears. (그의 친절한 말이 우리의 두려움을 없애주었다.)

c. That will resolve your doubts. (저것은 너의 의심을 풀어줄 것이다.)

d. Have you resolved your problem yet? (너는 아직 그 문제를 풀지 못했니?)

e. He resolved the differences of opinion. (그는 의견의 다른 점을 모두 해결하였다.)

f. The cabinet met to resolve the crisis. (내각은 위기를 해결하기 위해서 만났다.)

1.5. 다음은 수동태 문장으로 주어는 해결된다.

(5) a. There weren't enough beds, but the matter was resolved by George sleeping on the sofa. (충분한 침대가 없었는데 조지가 쇼파에서 자기로 해서 문제는 해결되었다.)

b. The budget issue was resolved before the meeting was adjourned. (예산 문제는 그 모임이 휴회되기 전에 해결되었다.)

c. The question of financing the project has not been resolved yet. (프로젝트에 자금을 대는 문제는 아직 해결되지 않고 있다.)

1.6. 다음 주어는 목적어로 하여금 어떤 행동을 결심하게 한다.

(6) a. This resolved us to take his advice. (이것은 우리가 그의 충고를 받아들이도록 결심시켰다.)

b. The fact resolved him to fight it out. (그 사실은 그를 끝까지 싸우게 만들었다.)

c. Your encouragement resolved me to go on. (네 격려가 나를 계속하게 결심을 하게 했다.)

d. He is resolved to find his own way for himself. (그는 자신의 길을 스스로 개척하겠다고 결심이 되어 있다.)

e. The discovery resolved us on going further. (그 발견은 우리를 나아가게 결심을 하게 했다.)

1.7. 다음 주어는 의문사나 접속사 that이 이끄는 절로 표현된 사실을 결정한다.

(7) a. Have you resolved where you will go? (너는 어디 갈지를 정했니?)

b. He resolved that nothing should hold him back. (그는 어떤 것도 그를 방해해서는 안 된다고 결심했다.)

c. She resolved that she would never speak to him. (그녀는 절대 그와 말하지 않기로 결심했다.)

d. He resolved that no one should overtake him. (그는 아무도 그를 따라잡아서는 안 된다고 확신했다.)

e. I resolved that I would go to college. (나는 대학에 가기로 결심 했다.)

f. We hereby resolve that these dead have not died in vain. (우리는 이 죽은 이들이 헛되이 죽지 않았음을 결의한다.)

1.8. 다음은 수동태 문장으로 주어는 결정된다. 결정되는 내용은 that절로 표현되고 있다. 결정되는 내용은 that절로 표현되고 있다.

(8) a. Be it resolved that funding of the budget is hereby approved. (그 예산의 지출이 승인된 것으로 의결이 되었다.)

b It was resolved that no smoking would be allowed in the building. (이 건물에서 흡연이 금지되는 것이 결의되었다.)

c. It was resolved that the bill should be approved. (이 법안은 승인되어야만 한다는 것이 의결되었다.)

1.9. 다음은 수동태 문장으로 주어는 결정된다.

(9) It was resolved at the meeting to raise club dues. (그 회의에서 클럽 회비를 상향 조정할 것이 결정되었다.)

2. 자동사 용법

2.1. 다음 주어는 전치사 into의 목적어로 상태가 변한다.

(10) a. The conversation resolved into an argument. (그 대화는 논쟁이 되었다.)

b. It resolves into its elements. (그것은 분자들로 분해된다.)

c. It naturally resolves into its component

elements.(그것은 저절로 구성요소들로 분해된다.)

d. The thing **resolved** into its elements.(그것은 구성 요소로 분해되었다.)

e. The fog was soon **resolved** into rain.(안개가 끼고 얼마 지나지 않아 비가 내렸다.)

2.2. 다음 주어는 부정사가 가리키는 일을 하기로 결심 한다.

⑾ a. The House **resolved** to take up the bill.(국회는 그 법안을 채택하기로 결정했다.)

b. The senate **resolved** by 50 votes to 30. to accept the president's budget proposal.(상원은 50대 30 으로 대통령의 예산안을 받아들이기로 결정했다.)

c. The senate **resolved** to support the president.(상 원은 대통령을 지지하기로 결정했다.)

d. The company **resolved** to take no further action against the thieves.(그 회사는 그 도둑들에 대해 더 이상의 조처를 취하지 않기로 결정했다.)

e. The club **resolved** to ban smoking in the building.(그 클럽은 건물 안에서 흡연을 금지하기로 결정했다.)

2.3. 다음 주어는 to 부정사가 가리키는 일을 하기로 한다.

⑿ a. I have **resolved** to do as you wish.(나는 네가 원하 는 대로 하기로 했다.)

b. He **resolved** never to go to such a place again.(그 는 절대로 그런 곳에 다신 가지 않으리라 결심했다.)

c. Dan **resolved** to lose 10 pounds by the end of the year.(댄은 그 해 말까지 10파운드를 빼기로 결심했 다.)

d. The teachers **resolved** to take over the school.(그 선생들은 학교의 관리권을 넘겨받기로 결정했다.)

e. Sue **resolved** to take a course in English literature/to study harder.(그녀는 영문학을 한 과 목 이수하기로/더 열심히 공부하기로 결심했다.)

f. Tim has **resolved** to get another job/to study law.(팀은 다른 직업을 갖기로/법을 공부하기로 결 심했다.)

g. He **resolved** to succeed/to tell the truth.(그는 성 공하기로/그 사실을 말하기로 결심했다.)

2.4. 다음 주어는 전치사 on의 목적어와 관련된 결심 을 한다.

⒀ a. He **resolved** on making an early start.(그는 일찍 출발하기로 결정했다.)

b. After an hour of argument, they **resolved** on/against going to the party.(한 시간의 논쟁 끝에 그들은 파티에 가기로/가지 않기로 결정했다.)

c. Once she has **resolved** on doing it, you won't get her change her mind.(그녀가 그것을 하기로 한 이 상 너는 그녀의 마음을 바꿀 수 없을 것이다.)

d. They **resolved** on going back the same way.(그들 은 같은 길을 되돌아 가기로 결심했다.)

2.5. 다음 주어는 전치사 on의 목적어와 관련된 결심 을 한다.

⒁ a. He **resolved** on an enterprise.(그는 사업을 하기로 했다.)

b. He **resolved** on a better course.(그는 더 나은 코스

로 가기로 했다.)

2.6. 다음 주어는 for 나 against 목적어에 관련된 결심 을 한다.

⒂ a. The board **resolved** for/against a new secretary.(위 원회는 새 비서를 뽑기로/뽑지 않기로 결정했다.)

b. I **resolved** against staying here and for going to Korea.(나는 여기 머물지 않고 한국으로 가기로 결 정했다.)

resort

이 동사의 개념 바탕에는 어디를 자주 가는 과정이 있다.

1. 자동사 용법

1.1. 다음 주어는 전치사 to의 목적어에 간다.

⑴ a. He **resorts** to an inn in the countryside every summer.(그는 매년 여름 시골의 여관에 자주 간 다.)

b. They **resorted to** the seaside again this year.(그 들은 올해에 다시 바닷가를 찾아갔다.)

c. They **resorted to** beaches and mountains.(그들은 바다와 산으로 찾아갔다.)

1.2. 다음은 수동태 문장으로 주어는 사람들이 찾아간 다.

⑵ The hedges are **resorted** to by bees in summer.(그 울타리는 여름에 벌들이 찾아든다.)

1.3. 다음 주어는 전치사 to의 목적어에 호소한다.

⑶ a. He **resorted to** lying so his wife wouldn't know he wrecked their car.(그는 아내가 그가 그들의 차를 망가뜨렸다는 것을 모르도록 거짓말에 호소했다.)

b. Some schools have **resorted to** recruiting teachers from overseas.(몇몇 학교는 해외에서 선 생님을 모셔오는 것에 의존했다.)

c. He often **resorts to** crying simply to get attention.(그는 단지 주위를 끌기 위해 종종 우는 일 에 의존한다.)

d. Sally **resorted to** stealing when her money ran out.(샐리는 돈이 떨어졌을 때 도둑질에 의존했다.)

e. The student **resorted to** cheating on the examination to avoid failure.(그 학생은 낙제를 면 하려고 시험에서 부정행위에 위존했다.)

f. I **resorted to** walking after my bicycle was stolen.(나는 자전거가 도난당한 후 걷기에 의존했 다.)

g. Dan **resorted to** jogging as a way to lose weight.(댄은 체중을 줄이는 방법으로 조깅을 선택 했다.)

h. We were able to raise money without **resorting to** borrowing.(우리는 대출에 의하지 않고 돈을 모을 수 있었다.)

1.4. 다음 주어는 전치사 to의 목적어에 의존하거나 호 소한다.

⑷ a. Can we do it without **resorting to** compulsion?(우 리는 강압에 의존하지 않고 그것을 할 수 있나?)

b. He **resorted to** violence/threats of violence.(그는

폭력/폭력의 위협에 의존했다.)

c. I am afraid you have **resorted to** deception. (나는 네가 속임수에 의존한 사실을 안다.)

d. The government **resorted to** censorship/more drastic action. (정부는 검열/더 철저한 조처에 의존했다.)

e. The government **resorted to** extreme measures. (그 정부는 극단적인 조처에 의존했다.)

f. Some factions **resorted to** terrorism. (몇몇 정치 파벌은 테러에 의존했다.)

g. It was the last means that he **resorted to**. (그것은 그가 의존한 최후의 수단이었다.)

h. It would be wrong to **resort to** force to gain our end. (우리의 목표를 달성하기 위해 무력에 의존하는 것은 옳지 않다.)

i. They **resorted to** war to accomplish their aim. (그들은 목표를 달성하기 위해 전쟁에 의존했다.)

j. I've **resorted to** the dictionary a lot lately. (나는 최근에 그 사전에 많이 의존했다.)

resound

이 동사의 개념 바탕에는 울려 퍼지는 과정이 있다.

1. 자동사 용법

1.1. 다음 주어는 울려 퍼진다.

(1) a. My voice **resounded across** the empty room. (내 목소리는 빈 방을 가로질러 울려 퍼졌다.)

b. His act **resounded through** the nation. (그의 행동은 전국에 널리 알려졌다.)

c. The church bell **resounded through** the town. (교회 종은 그 마을에 울려 퍼졌다.)

d. The horn **resounded through** the park. (경적 소리는 공원에 울려 퍼졌다.)

e. Laughter **resounded through** the house. (웃음소리가 집을 통해 울려 퍼졌다.)

f. The cheers **resounded through** the hall. (그 환호소리가 그 강당에 울려 퍼졌다.)

g. My cry **resounded through** the valley. (나의 외침은 계곡에 울려 퍼졌다.)

1.2. 다음 주어는 울려 퍼진다. 주어는 장소이다.

(2) a. The hall **resounded with** applause. (강당은 박수 소리로 울려 퍼졌다.)

b. The room **resounded with** the children's shouts. (방은 아이들의 고함소리로 울렸다.)

c. The hall **resounded with** laughter. (강당은 웃음소리로 울려 퍼졌다.)

respect

이 동사의 개념 바탕에는 존경하는 과정이 있다.

1. 타동사 용법

1.1. 다음 주어는 목적어를 존경한다.

(1) a. He **respects** me as his senior. (그는 나를 선배로서 존경한다.)

b. He **respects** himself. (그는 자존심이 있다.)

1.2. 다음 주어는 목적어를 존중한다.

(2) a. He **respects** the ideas and feelings of others. (그는 다른 사람의 생각과 감정을 존중한다.)

b. I **respect** her hard work and good ideas. (나는 그녀의 힘든 작업과 좋은 생각들을 존중한다.)

c. I promise to **respect** your wishes. (나는 너의 희망들을 존중할 것을 약속한다.)

d. I **respect** your opinion on most subjects. (나는 대부분의 주제에 대한 당신의 의견을 존중합니다.)

e. He doesn't **respect** other people's right to privacy. (그는 다른 사람들의 사적인 권리를 존중하지 않는다.)

f. The school **respected** the rights of each student. (그 학교는 학생 각각의 권리를 존중했다.)

g. The new leader has promised to **respect** the constitution. (새 지도자는 헌법을 존중하겠다고 약속했다.)

h. My boss **respected** the work I had done. (나의 사장은 내가 해놓은 일을 존중했다.)

i. The treaty **respects** our commerce. (그 조약은 우리의 상업을 존중한다.)

respond

이 동사의 개념 바탕에는 반응하는 과정이 있다.

1. 자동사 용법

1.1. 다음 주어는 전치사 to의 목적어에 반응한다.

(1) a. He **responded to** my letter. (그는 내 편지에 응답했다.)

b. The company **responded to** my request. (그 회사는 내 요구에 응답했다.)

c. The dog **responded to** the whistle by barking. (그 개는 휘파람에 짖음으로 반응했다.)

d. The US **responded by** sending troops in Laos. (미국은 라오스에 군대를 보내 응수했다.)

e. He **responded to** her farewell gift by kissing her hand. (그는 그녀의 작별 선물에 응답으로 그녀의 손에 키스했다.)

f. He **responded to** the charity drive **with** a donation. (그는 자선 운동에 기부로 응했다.)

g. He **responded to** an insult **with** a blow. (그는 모욕에 대해 일격을 가하여 응수했다.)

1.2. 다음 주어는 전치사 to의 목적어에 반응한다. 주어는 개체이다.

(2) a. Nerves **respond to** a stimulus. (신경은 자극에 반응한다.)

b. The plants **responded** well **to** fungicide you used. (그 식물들은 내가 사용한 살균제에 잘 반응했다.)

c. The cancer failed to **respond to** the treatment. (그 암은 치료에 반응하는데 실패했다.)

d. The disease failed to **respond to** the drugs. (그 병은 약에 반응하는데 실패했다.)

e. The infection did not **respond to** the drugs. (그 전

염병은 그 약에 반응하지 않았다.)

1.3. 다음 주어는 대답한다.

(3) a. He responded that he would be pleased to attend. (그는 참석하게 되어 기쁘다고 대답했다.)

b. he responded that he would come. (그는 올 것이라고 대답했다.)

c. Mary responded that she wanted to have pizza for dinner. (메리는 저녁으로 피자를 먹고 싶다고 말했다.)

d. "I am not sure." she responded. ("확실치는 않아요."라고 그녀는 대답했다.)

e. "I am ready," he responded. ("준비 됐어."라고 그는 말했다.)

---

rest

이 동사의 개념 바탕에는 움직이다가 쉬는 과정이 있다.

1. 자동사 용법

1.1. 다음 주어는 일을 하다가 쉰다.

(1) a. He lay down and rested for a while. (그는 누워서 잠시 쉬었다.)

b. Mother is resting at the moment. (어머니는 지금 쉬고 계신다.)

c. Let's stop and rest for a while. (잠깐 멈추고 쉬자.)

d. I always rest an hour after dinner. (나는 항상 저녁 후에 한 시간 동안 쉰다.)

1.2. 다음 주어는 움직이다가 정지 상태에 들어가서 멈춘다.

(2) a. The ball rested on the street. (그 공은 거리 위에 멈춰 있었다.)

b. A light rested on his face. (불빛이 그의 얼굴 위에 머물렀다.)

c. Clouds always rest upon the mountain top. (구름은 항상 산꼭대기 위에 머문다.)

d. A smile rested on her lips. (미소가 그녀 입가에 맴돌았다.)

e. Our eyes rested on the open book. (우리의 눈은 그 펼쳐진 책 위에 멈췄다.)

f. Her gaze rested on a strange scene. (그녀의 시선은 이상한 장면에 머물렀다.)

1.3. 다음 주어는 against나 on의 목적어에 얹혀있다. 이러한 상태도 정지 상태이다.

(3) a. The ladder rests against the wall. (그 사다리는 벽에 걸쳐 놓여 있다.)

b. A sack of rice rested against the door. (쌀 한 자루가 문에 기대져 있었다.)

c. His arm rested on the table. (그의 팔은 테이블 위에 있었다.)

d. His hands were resting on his knees. (그의 손은 무릎 위에 있었다.)

e. His head rested on the shoulder. (그의 머리는 어깨 위에 있었다.)

1.4. 사람은 육체뿐만 아니라 정신적으로도 쉴 수 있다.

(4) a. I cannot rest under an imputation. (나는 누명을 쓴

채 가만히 있을 수 없다.)

b. I cannot rest under these circumstances. (나는 이런 상황에서는 안심할 수 없다.)

c. Let him rest in peace. (그를 편안히 쉬게 내버려둬요.)

d. I will not rest until I know he is safe. (그가 안전하다는 것을 알기 전까지는 안심할 수 없다.)

1.5. 다음 주어는 추상적 개체나 구체적인 것으로 개념화되어 있다.

(5) a. Our hope rests on him. (우리의 희망은 그에게 달려 있다.)

b. The whole argument rests on that shaky assumption. (그 전체 논의는 불확실한 가정에 근거하고 있다.)

c. No responsibility rests on you. (아무런 책임도 당신에게 없다.)

d. The power in this country rest on the people. (이 나라의 권력은 국민에게 있다.)

1.6. 다음 주어는 추상적이나 구체적인 것으로 개념화되어 with의 목적어와 같이 있는 것으로 개념화된다.

(6) a. The choice rests with you. (그 선택은 너에게 달렸다.)

b. The decision rests with you. (그 결정은 너에게 달렸다.)

c. The fault rests with you. (그 실수는 네 탓이다.)

d. The ultimate responsibility rests with us. (궁극적인 책임은 우리에게 있다.)

e. The power in this country rests with the people. (이 나라의 권력은 국민에게 있다.)

1.7. 다음 주어는 시간 속에 진행되는 개체이다. 주어는 중단된다.

(7) a. We decided to let the argument rest. (우리는 그 논쟁을 중지하기로 결정했다.)

b. The matter cannot rest here. (그 문제를 여기 이대로 둘 수는 없다.)

1.8. 다음은 [상태는 장소] 은유가 적용된 표현이다.

(8) a. The mistakes rest uncorrected. (그 실수는 수정이 안되어 있다.)

b. He rests satisfied. (그는 만족한 상태에 있다.)

2. 타동사 용법

2.1. 다음 주어는 목적어를 쉬게 한다.

(9) a. Stop and rest your horse/legs. (멈추고 너의 말을/다리를 쉬게 해라.)

b. Stop reading and rest your eyes for a minute. (독서를 멈추고 너의 눈을 잠시 쉬게 해라.)

c. We stopped there to rest ourselves. (우리는 휴식을 취하기 위해 그 곳에서 멈췄다.)

2.2. 다음 주어는 목적어를 against나 on의 목적어에 기대거나 얹어서 움직이지 않게 한다.

(10) a. He rested the ladder against the wall. (그는 사다리를 벽에 걸쳐 놓았다.)

b. He rested his head on the pillow. (그는 머리를 베개 위에 기대었다.)

c. She rested her eyes on the jewel. (그녀는 시선을

그 보석에 두었다.)

2.3. 다음 주어는 목적어를 on의 목적어에 둔다.

(11) a. We rested our trust on him.(우리는 신뢰를 그에게 걸었다.)

 b. They rested their case on unimpeachable evidence.(그들은 주장을 완벽한 증거에 바탕을 두었다.)

 c. They rested their argument on that assumption.(그들은 논의를 그 가정에 바탕을 두었다.)

2.4. 다음 목적어는 시간 속에 진행되는 개체이다. 주어는 목적어를 중단시킨다.

(12) a. I rested my case.(나는 변론을 중단했다.)

 b. We rested the topic.(우리는 그 주제를 중단했다.)

restore

이 동사의 개념 바탕에는 제자리에 돌려놓는 과정이 있다.

1. 타동사 용법

1.1. 다음 주어는 목적어를 전치사 to의 목적어에 다시 돌려준다.

(1) a. He restored the books to the shelves.(그는 그 책들을 선반에 다시 갖다 놓았다.)

 b. They restored the lost child to its mother.(그들은 그 미아를 어머니에게 데려다 주었다.)

 c. The doctor restored sight to the blind.(그 의사는 시력을 장님들에게 회복시켜 주었다.)

 d. The police restored the stolen property.(경찰은 도난품을 되돌려 주었다.)

1.2. 다음은 수동태 문장으로 주어는 전치사 to의 목적어에 다시 돌려준다.

(2) a. The stolen property must be restored to its owner.(도난 당한 소유물은 물건의 주인에게 되돌려 주어야 한다.)

 b. The art treasures were restored to Korea.(예술 국보들은 한국에 되돌려졌다.)

1.3. 다음 주어는 목적어를 전치사 to의 목적어에 다시 가져다 놓는다. [상태는 장소] 은유의 적용이다. 상태에는 건강, 생명, 자리, 지위 등이 있다. 주어는 사람 뿐만 아니라 다른 개체도 될 수 있다.

(3) a. The treatments/the medicine restored him to health.(그 치료/그 약은 그를 건강에 회복시켰다.)

 b. The doctor restored him to life.(의사는 그를 소생시켰다.)

 c. The injection restored him to himself.(주사는 제 정신이 되도록 회복시켰다.)

 d. The new manager's job is to restore the company to profitability.(새 경영자의 일은 그 회사를 수익성에 회복시키는 것이다.)

 e. They restored the officer to his command.(그들은 그 장교를 지휘권에 복직시켰다.)

 f. They restored him to the throne.(그들은 그를 왕위에 복위시켰다.)

1.4. 다음은 수동태 문장으로 주어는 전치사 to의 목적어에 회복이나 복직이 된다.

(4) a. I feel quite restored to health after my holiday.(나는 휴일 후에 아주 건강이 회복된 것 같다.)

 b. The dismissed teacher was restored to his former job.(해고되었던 교사는 이전 자리에 복직되었다.)

1.5. 다음 주어는 목적어를 회복한다.

(5) a. A long stay at the hotel restored her health.(호텔에서의 오랜 체류가 그녀의 건강을 회복시켰다.)

 b. The congress restored the cut.(의회는 그 삭감을 복원시켰다.)

 c. The proposal will restore the tax reform.(그 제안은 세금개혁을 회복시킬 것이다.)

 d. The headmaster was called to restore order in the classroom.(교장은 교실의 질서를 회복하도록 불려졌다.)

1.6. 다음은 수동태 문장으로 주어는 회복된다.

(6) a. Her health should be fully restored within a week.(그녀의 건강은 일주일 내로 완전히 회복될 것이다.)

 b. She feels completely restored.(그녀는 완전히 회복된 것 같이 느낀다.)

 c. Law and order were quickly restored after the attempted revolution.(법과 질서가 미수의 혁명 뒤에 빨리 회복되었다.)

1.7. 다음 주어는 목적어를 회복시킨다. 목적어는 제도이다. [제도는 사람] 은유가 적용된 표현이다.

(7) a. The country restored monarchy.(그 나라는 군주정치를 복원시켰다.)

 b. The operation restored the death penalty.(그 법률 시행은 사형제도를 부활시켰다.)

 c. They restored the old customs.(그들은 오랜 관습을 부활시켰다.)

 d. The victory restored the team's confidence.(승리는 그 팀의 자신감을 회복시켰다.)

1.8. 다음 주어는 목적어를 원상태로 복원한다.

(8) a. They restored the ruined temple.(그들은 폐허가 된 사원을 복원했다.)

 b. They try to restore the old theater.(그들은 오래된 극장을 복원하려고 노력한다.)

 c. We want to buy an old house and live there while we restore it.(우리는 오래된 집을 사서 복구하는 동안 거기서 살기를 원한다.)

 d. He succeeded in restoring the text/the painting/the photo.(그는 원문/그림/사진을 복구시키는 데 성공했다.)

 e. The designer restored the mansion to its original conditions.(설계사는 그 저택을 원상태로 복구하였다.)

 f. The new government restored the economy to its full strength.(새 정부는 경제를 매우 튼튼하게 복구시켰다.)

1.9. 다음은 수동태 문장으로 주어는 복원된다.

(9) a. The church was carefully restored after the war.(그 교회는 전쟁 후에 조심스럽게 복원되었다.)

 b. A number of disused buildings are being restored.(사용되지 않는 많은 건물들이 복구되고

있는 중이다.)

restrain

이 동사의 개념 바탕에는 억제하는 과정이 있다.

1. 타동사 용법

1.1. 다음 주어는 목적어를 억제한다.
(1) a. I restrained my urge to attack the bully.(나는 깡패를 공격하려는 내 충동을 억제했다.)
  b. He restrained his anger/curiosity.(그는 화/호기심을 억제했다.)
  c. She restrains her dog by walking him on a leash.(그녀는 개를 끈으로 묶어 걸려서 억제시킨다.)
  d. Price rises restrain consumer spending.(가격 상승은 소비자의 지출을 억제시킨다.)

1.2. 다음 주어는 목적어를 억제하여 전치사 from의 목적어를 하지 못하게 한다.
(2) a. He restrained the child from doing his mischief.(그는 그 아이가 장난을 못하게 억제했다.)
  b. He had to restrain her from hitting out at strangers.(그는 그녀를 억제시켜서 낯선 사람을 공격하는 것을 못하게 해야만 했다.)
  c. The nurses restrained the patient from hurting himself.(간호원들은 그 환자를 억제시켜서 스스로에게 상처 입히는 것을 못하게 했다.)

1.3. 다음 주어는 자신을 억제한다.
(3) a. I had to restrain myself from telling him what I thought of him.(내가 그에 대해 생각하는 점을 그에게 말하지 않게 나 자신을 억제해야만 했다.)
  b. She restrained herself from crying out.(그녀는 자신을 억제시켜서 울음을 참았다.)

restrict

이 동사의 개념 바탕에는 제한하는 과정이 있다.

1. 타동사 용법

1.1. 다음 주어는 목적어를 자제한다.
(1) a. The doctor told me to restrict my drinking.(의사는 나에게 술을 자제하라고 말했다.)
  b. The new law restricts the sale of handguns.(새 법은 권총의 판매를 제한한다.)
  c. The bad legislation will restrict people's rights.(그 악법은 인권을 제한할 것이다.)
  d. The long skirts restrict movements.(긴 치마는 행동을 제한한다.)
  e. Congress is considering measures to restrict the sale of cigarettes.(국회는 담배 판매를 제한하는 조치를 고려 중이다.)
  f. Yet industrialized countries either ban or tightly restrict the use of these same chemicals.(하지만 산업국들은 이와 동일한 화학 약품의 사용을 금지하거나 엄격히 제한한다.)

1.2. 다음 주어는 목적어를 전치사 to의 목적어에 제한

시킨다.
(2) a. They restricted the prisoners to two glasses of water a day.(그들은 그 죄수들을 하루 두 잔의 물에 제한했다.)
  b. The doctor restricted the patient to a vegetable diet.(의사는 환자를 채식에 제한시켰다.)
  c. My parents restrict me to just one hour of exercise a day.(부모님은 나를 하루 한 시간의 운동에 제한시킨다.)

1.3. 다음 주어는 목적어를 전치사 to의 목적어에 국한시킨다. 목적어는 과정이다.
(3) a. The Post Office will then restrict delivery of leaflets to these specific target locations.(우체국은 앞으로 광고 전단의 배달을 이 특정 대상 지역들로 한정시킬 것이다.)
  b. The police restricted traffic there.(경찰 당국은 그곳의 교통을 제한했다.)
  c. Restaurants restrict the use of their toilets to customers only.(식당들은 화장실 사용을 손님들에게만 제한한다.)
  d. I am restricting my smoking to five cigarettes a day.(나는 흡연을 하루에 담배 다섯 개비로 제한하고 있다.)
  e. The speaker restricted her remark to the health care proposals.(그 연사는 말을 건강제안에만 제한했다.)
  f. The stadium restricts smoking to certain areas.(경기장은 흡연을 특정 구역에 제한한다.)
  g. He restricted his drinking to a can of beer.(그는 음주를 캔 맥주 하나로 제한했다.)
  h. Please restrict letters to 200 words.(편지들은 200 단어로 제한해주세요.)

1.4. 다음은 수동태 문장으로 주어는 전치사 to의 목적어에 국한된다.
(4) a. He was then restricted to bed.(그는 그 때 침대에 앓아 누웠다.)
  b. The soldier was restricted to his room because he didn't follow orders.(그 병사는 명령 불복종으로 그의 방에 갇혀 있었다.)

1.5. 다음 주어는 목적어를 제한다.
(5) a. The government has restricted movement into and out of the country.(정부는 입출국을 통제해오고 있다.)
  b. Some fixed lens cameras might restrict the maximum depth you can dive to.(몇몇 고정 초점 복합렌즈 카메라는 최대 잠수 깊이를 제한할 수도 있다.)
  c. They had to restrict the number of students on the course.(그들은 그 과목의 학생 수를 제한해야 했다.)
  d. Restrict the number of snacks on sugary items.(설탕이 들어간 간식들의 수를 섭취하는 것을 줄이십시오.)

1.6. 다음은 수동태 문장으로 주어는 전치사 to의 목적어에 제한된다.
(6) a. During the experiment, entry to the building is

restricted to authorized persons only.(그 실험하는 동안 그 건물 출입은 관계자들에 제한된다.)

b. Use of the tennis court is restricted to the club members.(그 테니스장 이용은 클럽 회원에 제한된다.)

c. Our club membership is restricted to twelve.(우리 클럽의 총회원수는 열두 명으로 제한되어 있다.)

d. The growth of television exports is restricted to 10% a year.(TV 수출의 성장률이 일 년에 10%로 제한되어 있다.)

e. Freedom of speech should not be restricted.(언론의 자유는 제한되어서는 안 된다.)

f. Speed is restricted to 60 Kilometers an hour on this road.(속도는 이 도로에선 시속 60km로 제한되어 있다.)

1.7. 다음 주어는 목적어를 제한한다. 주어는 개체이다.

(7) a. Having small children tend to restrict your freedom.(어린 아이들은 당신의 자유를 제한하는 경향이 있다.)

b. The fences restrict public access to the beaches.(울타리들은 일반인들이 그 해변의 접근하는 것을 제한한다.)

c. Fog severely restricts visibility to 100 meters.(짙은 안개가 가시거리를 100m에 제한한다.)

1.8. 다음 목적어는 재귀대명사이다. 주어는 자신을 제한한다.

(8) a. I haven't much time. So, I shall restrict myself to the important details.(시간이 많지 않기 때문에, 나는 자신을 중요한 세부사항들에 국한시키겠다.)

b. When I'm driving, I restrict myself to one glass of wine.(운전할 때는 나는 자신을 포도주 한 잔에 제한시킨다.)

result

이 동사의 개념 바탕에는 result의 명사 '결과'가 있다.

1. 자동사 용법

1.1. 다음 주어는 전치사 in의 상태로 된다.

(1) a. The cyclone resulted in many thousands of deaths.(그 회오리바람은 수천의 많은 사상자를 냈다.)

b. His best efforts resulted in failure.(그의 최선을 다한 노력은 실패로 끝났다.)

c. His hard work resulted in a big bonus for her.(그가 열심히 일한 것은 그녀를 위해 큰 보너스를 받는 것으로 끝났다.)

d. The accident resulted in the death of ten passengers.(그 사고는 10명의 승객 사망으로 끝났다.)

e. Her hard work resulted in her promotion.(그녀가 열심히 일한 것은 승진으로 결과가 나타났다.)

1.2. 다음 주어는 전치사 from의 목적어에서 생긴다.

(2) a. What will result from the arrest?(그 체포로 무엇이 생길까요?)

b. Her promotion resulted from her hard work.(그녀의 승진은 그녀가 열심히 일한 결과였다.)

c. His death resulted from injuries.(그의 죽음은 부상에서 왔다.)

d. His illness resulted from eating contaminated food.(그의 질병은 오염된 음식을 먹어서 생겼다.)

resume

이동사의 개념 바탕에는 다시 시작하는 과정이 있다.

1. 타동사 용법

1.1. 다음 주어는 목적어를 다시 시작한다.

(1) a. After she had a baby, she resumed her job as manager.(그녀는 아기를 출산한 후에 지배인으로서 직업을 다시 시작했다.)

b. After the war he resumed his duties at the college.(그 전쟁 후에 그는 대학에서 직무를 다시 시작했다.)

c. He has resumed possession of the farm.(그는 농장의 소유를 다시 찾았다.)

d. He resumed his advisory role for the presidential elections.(그는 대통령 선거에 자문 역할을 다시 시작했다.)

e. He resumed his work/story/the thread of his discourse.(그는 그의 일/이야기/그의 담화의 실마리를 다시 시작했다.)

f. The wind died down for an hour, but then resumed its assault.(바람은 한 시간 동안 잠잠해졌으나, 그리고 나서 공격을 다시 시작했다.)

g. She resumed her search for her missing boy.(그녀는 행방불명된 아들을 수색하는 것을 다시 시작했다.)

h. The motor coughed briefly, but then resumed its steady hum.(그 모터는 잠깐 퍽퍽거리더니, 다시 꾸준한 낮은 소리를 내기 시작했다.)

1.2. 다음은 수동태로 주어는 다시 시작된다.

(2) a. Airline services will be disrupted during the expansion of the airport but normal services will be resumed in the spring.(항공기 운행이 공항의 확장공사 기간동안 중단되겠습니다만 정상 운행은 봄에 재개될 것입니다.)

b. Normal services will be resumed as soon as possible.(정상 서비스는 가능한 한 빨리 재개될 것입니다.)

1.3. 다음에서 다시 시작되는 일은 동명사로 표현되어 있다.

(3) a. He stopped to take a sip of water and then resumed speaking.(그는 물 한 모금 마시려고 멈추고 나서 다시 연설을 시작했다.)

b. The soldiers resumed marching.(그 군인들은 행진을 다시 시작했다.)

1.4. 다음 주어는 목적어를 다시 차지한다.

(4) a. At the end of his speech he resumed his seat.(그의 연설이 끝났을 때 그는 자리로 다시 돌아와 앉았다.)

b. He resumed his seat.(그는 자리에 다시 앉았다.)

2. 자동사 용법
2.1. 다음 주어는 다시 시작한다.
(5) a. After the break, the meeting resumed.(그 휴식 후에 회의는 재개되었다.)

b. My mail delivery resumed when I returned from vacation.(내 우편 배달은 내가 휴가에서 돌아왔을 때 다시 시작되었다.)

c. The show will resume after this commercial.(그 쇼는 이 광고 후에 다시 시작할 것이다.)

d. The voices ceased when she arrived, then quickly resumed.(그 목소리들은 그녀가 도착했을 때 멈추었다, 그리고 나서 곧 다시 계속되었다.)

e. The performance will resume after a short interval.(그 연주는 짧은 휴지 뒤에 다시 시작될 것이다.)

f. Work resumed on the following day.(일은 다음날 다시 시작되었다.)

g. Let us resume where we left off.(우리가 그만 두었던 곳에서 다시 시작합시다.)

retain

이 동사의 개념 바탕에는 유지하는 과정이 있다.

1. 타동사 용법
1.1. 다음 주어는 목적어를 유지한다.
(1) a. He retained control of the situation.(그는 상황의 통제를 계속 유지했다.)

b. She retained her self-control/balance.(그녀는 자기 절제/균형을 계속 유지했다.)

c. She retained all the information she read.(그녀는 자신이 읽은 모든 정보를 계속 유지했다.)

d. She finds it easy to retain facts.(그녀는 사실을 기억하는 것이 쉽다는 것을 안다.)

e. They retain an old custom.(그들은 오래된 관습을 계속 유지한다.)

f. This village still retains its old-world character.(이 마을은 여전히 구세계의 특징을 보유하고 있다.)

g. The house retains much of its original charm.(그 집은 원래의 매력을 보유하고 있다.)

h. The clothes retain the color.(그 옷은 그 색을 유지하고 있다.)

i. She retained her tennis title for the third year.(그녀는 3년째 자신의 테니스 타이틀을 계속 유지했다.)

j. She retained most of her dead husband's property, but some went to her children.(그녀는 죽은 남편의 재산의 대부분을 보유하고 있었지만, 몇몇은 자식들에게 갔다.)

k. Lead retains heat.(납은 열을 지닌다.)

l. The dam retains the waters of the lake.(댐은 그 호수의 물을 보유하고 있다.)

1.2. 다음 주어는 목적어를(변호사 등을) 고용한다.
(2) a. They retain many lawyers.(그들은 많은 변호사를 고용한다.)

b. She retained a lawyer when she was retained.(그녀가 고용되었을 때 그녀는 변호사를 고용했다.)

c. They decided to retain their lawyer at their own expense.(그들은 자신들의 비용으로 변호사를 고용하기로 결정했다.)

retard

이 동사의 개념 바탕에는 속도를 늦추는 과정이 있다.

1. 타동사 용법
1.1. 다음 주어는 목적어를 늦춘다.
(1) a. Lack of good food retarded the boy's growth.(좋은 음식의 부족은 그 소년의 성장을 지체시켰다.)

b. Cold weather retards the growth of crops.(추운 날씨는 농작물의 성장을 지체시킨다.)

1.2. 다음은 수동태 문장으로 주어는 속도가 늦추어 진다.
(2) The progression of the disease can be retarded by early surgery.(병의 진행은 조기 수술로 속도를 늦출 수 있다.)

1.3. 다음 주어는 목적어를 늦춘다. 주어는 개체이다.
(3) a. The heavy winds retarded the plane's speed.(심한 바람은 비행기의 속도를 늦췄다.)

b. The inflation rate was retarded by the government policies.(물가 상승률은 정부의 정책들로 속도가 늦춰졌다.)

retire

이 동사의 개념 바탕에는 활동 영역에서 물러가는 과정이 있다.

1. 자동사 용법
1.1. 다음 주어는 활동 영역에서 물러간다.
(1) a. He retired hurt in the first five minutes of the game.(그는 경기에서 첫 5분에 부상를 입고 물러났다.)

b. The jury retired to consider the evidence.(배심원단은 그 증거를 심사숙고하기 위해 물러났다.)

c. He retired under an age clause.(그는 나이 조항 때문에 은퇴했다.)

d. At the age of 70, he retired and went to Mexico.(70세의 나이에, 그는 은퇴하고 멕시코로 갔다.)

e. I'll retire for the night.(나는 잠자리에 들것이다.)

1.2. 다음 주어는 전치사 from의 목적어에서 물러난다.
(2) a. He was forced to retire from the competition due to a leg injury.(그는 경쟁에서 다리 부상을 물러나야만 했다.)

b. She retired early from teaching.(그녀는 일찍 교단에서 은퇴했다.)

c. He retired from business/the world.(그는 사업/그 세계에서 은퇴했다.)

1.3. 다음 주어는 물러나서 전치사 to나 into의 목적어로 들어간다.

(3) a. He **retired** to rest/bed early.(그는 일찍 쉬러 갔다/
자러 갔다.)

b. The couple **retired** to Hawaii.(그 커플은 하와이로
갔다.)

c. He **retired** to his room.(그는 방으로 갔다.)

d. He **retired** into the country.(그는 낙향했다.)

e. Our troops **retired** to regroup for a fresh
attack.(우리 부대는 새로운 공격에 대한 재편성을
위해 퇴각했다.)

f. The enemy **retired** before the advance of our
troops.(적은 우리 부대의 진격 앞에 퇴각했다.)

1.4. 다음 목적어는 재귀대명사이다.

(4) He **retired** into himself.(그는 사람들과 사귀지 않았
다.)

2. 타동사 용법

2.1. 다음 주어는 목적어를 어떤 활동 영역에서 물러나
게 한다.

(5) a. The relief pitcher came in and **retired** the next
seven batters.(교체 투수는 나와서 다음 7명의 타
자들을 물러나게 했다.)

b. The team owner **retired** the star player at 40.(팀
소유주는 그 인기 선수를 40세에 은퇴시켰다.)

c. The university **retired** the senile professor.(그 대
학은 고령의 교수를 은퇴하게 했다.)

d. The army **retired** the general.(군대는 그 사령관을
퇴임시켰다.)

e. When the famous football player quit playing, his
number was **retired** and never used by another
player.(유명한 미식축구 선수는 경기를 그만 두었
을 때, 그의 등 번호가 회수되어 결코 다른 선수에
의해 사용되지 않았다.)

2.2. 다음 주어는 목적어를 사용 영역에서 물러나게 한
다.

(6) a. The navy decided to **retire** the old battleship.(해군
은 오래된 전함을 퇴역시키기로 결정했다.)

b. Our neighbor **retired** his old car/toaster last
year.(우리 이웃은 낡은 차/토스터기를 작년에 버렸
다.)

2.3. 다음 주어는 목적어를 사용 영역에서 거두어들인
다.

(7) a. They **retired** the old bonds.(그들은 오래된 채권을
회수했다.)

b. The government **retired** the old dollar bills.(정부
는 오래된 달러 지폐를 회수했다.)

retort

이 동사의 개념 바탕에는 응수하는 과정이 있다.

1. 타동사 용법

1.1. 다음 주어는 목적어를 응수한다.

(1) a. He **retorted** blow for blow.(그는 일격을 일격으로
응수했다.)

b. She **retorted** insult for insult.(그녀는 모욕을 모욕
으로 응수했다.)

c. He **retorted** her argument.(그는 그녀의 주장을 반
박했다.)

d. He **retorted** her sarcasm.(그는 그녀의 빈정거림을
반박했다.)

1.2. 다음에서는 응수 내용이 인용문으로 표현되어 있
다.

(2) a. "It's your fault," he **retorted**.(그는 "그건 당신 잘
못입니다."라고 응수했다.)

b. "Nonsense," **retorted** Sue.("말도 안돼."라고 수는
응수했다.)

1.3. 다음 that-절은 응수의 내용을 담고 있다.

(3) a. Sam **retorted** that it was my fault as much as
his.(샘은 그것이 그의 잘못인 것처럼 내 잘못이기도
하다고 응수했다.)

b. She offered to help me, but I **retorted that** I could
do it myself.(그녀는 나를 도와주겠다고 제안했지
만, 나는 스스로 할 수 있다고 응수했다.)

2. 자동사 용법

2.1. 다음 주어는 반박한다.

(4) He **retorted upon** me for what I said.(그는 내가 한
말에 대해 반박했다.)

retract

이 동사의 개념 바탕에는 제자리로 되돌아가는 과정
이 있다.

1. 타동사 용법

1.1. 다음 주어는 목적어를 제자리로 돌린다.

(1) a. We can **retract** the blade by pressing the
switch.(우리는 스위치를 누름으로써 그 칼날을 들
어가게 할 수 있다.)

b. The lion **retracts** its claws when it plays with its
cubs.(그 사자는 발톱을 자기 새끼들과 놀 때 집어
넣는다.)

c. The turtle **retracted** its head into its shell.(거북은
머리를 껍데기 속으로 움츠려 넣었다.)

1.2. 다음 표현은 [말은 개체] 은유가 적용된 표현이
다. 주어는 한 말을 다시 집어넣는다. 즉, 철회한
다.

(2) a. He was forced to **retract** his earlier statement.(그
는 이전 발언을 철회하도록 강요받았다.)

b. He confessed to the murder; but later he **retra-
cted** it.(그는 살인을 자백했다; 그러나 나중에 그는
그 말을 철회했다.)

c. He **retracted** his offer/promise/invitation/confession.
(그는 자신의 제안/약속/초대/고백을 철회했다.)

d. He **retracted** his remarks about his opponent.(그
는 상대에 대한 자신의 말을 철회했다.)

e. The newspaper **retracted** its mistake.(그 신문은
그것의 실수를 철회했다.)

2. 자동사 용법

2.1. 다음 주어는 제자리로 돌아간다.

(3) a. The blade automatically **retracts** after use.(칼날은

사용 후에 자동적으로 제자리에 들어간다.)

b. The wheels **retracted** after the plane took off.(바퀴들은 비행기가 이륙한 후 제자리로 들어갔다.)

c. The turtle's limbs **retract** into its shell.(거북이의 다리는 껍데기 속으로 들어간다.)

d. The animal **retracted** into its shell.(그 동물은 자기의 껍데기 속으로 들어갔다.)

e. The charges you've made are too serious to **retract** now.(네가 진 부담은 지금 철회하기엔 너무 심각하다.)

retreat

이 동사의 개념 바탕에는 물러가는 과정이 있다.

1. 자동사 용법

1.1. 다음 주어는 물러난다.

(1) a. The rebels **retreated**, pursued by the government troops.(반란군은 정부군의 추격을 받으며 퇴각했다.)

b. When he's afraid, he **retreats** under the blanket.(그는 두려울 때, 담요 속으로 숨는다.)

c. The flood waters are slowly **retreating**.(홍수는 서서히 물러가고 있다.)

d. He saw her, and **retreated**, too shy to speak to her.(그는 그녀를 보고 그녀에게 말 걸기가 너무 부끄러워서 물러났다.)

1.2. 다음 주어는 전치사 to의 목적어로 물러난다.

(2) a. She **retreated** to her bedroom/seat.(그녀는 침대로 / 자리로 물러났다.)

b. Ron **retreated** upstairs to his study.(론은 위층 서재로 물러났다.)

c. I **retreated** to a place in the mountains.(나는 산에 있는 장소로 물러났다.)

1.3. 다음 주어는 전치사 from의 목적어에서 물려난다.

(3) a. The troops **retreated** from the front.(그 군대는 전선에서 퇴각했다.)

b. We **retreated** back from the mountain.(우리는 산에서 물러났다.)

1.4. 다음에서 retreat의 출발지는 추상적 개체이다.

(4) a. Current economic problems forced the government to **retreat from** its pledge to cut taxes.(현 경제 문제들은 정부가 세금을 감축하는 공약으로부터 물러나도록 강요하고 있다.)

b. The government is **retreating from** its goal of buying 20 bombers.(정부는 20기의 폭격기를 구입하려는 목적으로부터 물러나고 있다.)

c. He began to **retreat from** his earlier stand on civil rights.(그는 시민권에 대한 초기 입장에서 물러나기 시작했다.)

retrieve

이 동사의 개념 바탕에는 되찾는 과정이 있다.

1. 타동사 용법

1.1. 다음 주어는 목적어를 되찾는다.

(1) a. I went to the locker and **retrieved** my jacket.(나는 라커로 가서 재킷을 가져왔다.)

b. The dog **retrieved** the frisbee.(그 개는 원반을 찾아서 물고 왔다.)

c. The parents **retrieved** the child from the kidnapper.(부모들은 아이를 유괴범으로부터 되찾았다.)

d. He **retrieved** the letter from the wastebasket.(그는 편지를 쓰레기통에서 회수했다.)

e. He **retrieved** his kite from the tree.(그는 연을 나무에서 되찾았다.)

f. The divers **retrieved** a body from the icy river.(잠수부들은 시체를 언 강에서 건져냈다.)

g. He **retrieved** her from ruin.(그는 그녀를 파멸에서 구했다.)

1.2. 다음 주어는 목적어를 되찾아낸다.

(2) a. John **retrieved** the document from the computer's memory.(존은 문서를 컴퓨터 메모리에서 되찾았다.)

b. He **retrieved** the data from the database.(그는 자료들을 그 데이터베이스에서 되찾았다.)

1.3. 다음 주어는 목적어를 악화된 상황에서 다시 좋은 상태로 바꾼다.

(3) a. You can only **retrieve** the situation by apologizing.(너는 사과함으로써 그 상황을 회복할 수 있다.)

b. He **retrieved** his errors.(그는 잘못을 만회했다.)

c. He must do something to **retrieve** his reputations.(그는 평판을 회복하기 위해서 무엇인가를 해야만 했다.)

d. He is trying to **retrieve** his name.(그는 명예를 회복하려고 노력하는 중이다.)

1.4. 다음은 수동태 문장으로 주어는 되찾아진다.

(4) The wreckage of the crashed plane was **retrieved** from the ocean.(충돌한 비행기의 잔해는 그 바다에서 회수되었다.)

2. 자동사 용법

2.1. 다음 주어는 무엇을 되찾아 오는 개다.

(5) Does your dog **retrieve**?(댁의 개가 물건을 찾아서 물어오나요?)

return

이 동사의 개념 바탕에는 돌아가는(되돌아가는) 과정이 있다.

1. 타동사 용법

1.1. 다음 주어는 목적어를 돌려준다.

(1) a. We must **return** the empty bottles to the shop.(우리는 빈 병을 가게에 갖다 주어야 한다.)

b. You have to **return** the books to the library.(너는 책들을 도서관에 반납해야 한다.)

c. The fish must be **returned** to the water.(물고기는

물로 돌려보내야만 한다.)

    d. Application forms should be **returned** within three days. (지원서는 3일 이내로 반송되어야 합니다.)

    e. Don't forget to **return** me my keys. (나한테 열쇠들을 돌려주는 것 잊지마.)

1.2. 다음 주어는 목적어를 되돌려준다/되갚는다.
(2) a. She wondered whether he would **return** the visit.(그녀는 그가 방문에 답례를 할지 말지 궁금했다.)

    b. I admired her dress and she **returned** the compliment.(나는 그녀의 드레스를 칭찬하였고, 그녀는 그 칭찬에 감사했다.)

    c. She always **returned** my greeting with a smile. (그녀는 언제나 나의 인사를 웃음으로 답했다.)

    d. He **returned** good for evil.(그는 악에 대해 선으로 답하였다.)

1.3. 질문에 대한 대답도 되돌려주는 것이다.
(3) a. "Not I," he **returned** crossly.("난 아냐."라고 그가 시무룩하게 대답했다.)

    b. "No," he **returned**.("아니" 그가 답했다.)

1.4. 다음 주어는 목적어를 이익으로 되돌려준다.
(4) a. These shares **return** a good rate of interest.(이 주식은 상당한 이자를 돌려준다.)

    b. The concert **returned** about $50 over expenses. (그 음악회는 경비를 제하고 약 50달러의 이익을 돌려주었다.)

    c. The investment **returned** a good interest.(그 투자는 높은 이자를 돌려준다.)

    d. Selling hotdogs **returned** him about 10%.(핫도그를 파는 것이 그에게 약 10%의 이익을 돌려주었다.)

1.5. 다음 주어는 투표를 하고 목적어를 당선시킨다.
(5) a. The local people **returned** him to Congress.(그 지역 주민들은 그를 국회의원으로 재선출했다.)

    b. The district **returned** a Republican.(그 구역은 공화당원을 재당선시켰다.)

    c. A great conservative majority was **returned**.(상당수의 보수당 다수가 재선출됐다.)

    d. At the general election she was **returned**.(총 선거에서 그녀는 재선되었다.)

1.6. 다음 주어는 목적어에 대한 답신이나 보고를 한다.
(6) a. They **returned** a verdict of guilty.(그들은 유죄 평결을 답신했다.)

    b. The jury **returned** a verdict of not guilty.(그 배심원은 무죄 평결을 답신했다.)

    c. He **returned** his earnings as $9.000 on the tax declarations.(그는 세금 보고서에 그의 소득을 9,000불로 보고하였다.)

    d. Liabilities were **returned** at $2,000.(부채액은 3천 달러로 보고되었다.)

1.7. 다음 주어는 목적어가 어떠함을 답신한다.
(7) a. The jury **returned** him guilty.(배심원은 그를 유죄로 답신했다.)

    b. The jury **returned** the accused not guilty. (배심원은 그 피고를 무죄로 답신했다.)

2. 자동사 용법

2.1. 다음 주어는 돌아온다.
(8) a. He will **return** from Europe soon.(그는 유럽으로부터 곧 돌아올 것이다.)

    b. He **returned** from Paris yesterday.(그는 어제 파리로부터 되돌아왔다.)

2.2. 다음 주어는 돌아간다.
(9) a. He **returned** to America.(그는 미국으로 돌아갔다.)

    b. He will **return** to London.(그는 런던으로 되돌아 갈 것이다.)

    c. I will **return** to this topic soon.(나는 곧 이 주제로 다시 돌아옵니다.)

2.3. 다음은 [상태의 변화는 장소의 이동] 은유가 적용된 표현이다.
(10) a. It **returned** to normal.(그것은 정상으로 돌아갔다.)

    b. He **returned** to his duty.(그는 근무로 되돌아갔다.)

    c. He **returned** to his evil way of life.(그는 사악한 삶으로 돌아갔다.)

2.4. 다음 주어는 추상적 개체나 구체적인 것으로 개념화되어 있다.
(11) a. The bad weather has **returned**.(나쁜 날씨는 다시 시작되었다.)

    b. The fever **returned**.(그 열이 재발됐다.)

    c. The pain has **returned**.(고통은 다시 시작되었다.)

2.5. 다음은 [소유이전은 장소 이동] 은유가 적용된 예이다.
(12) a. The property is **returning** to its original owner.(재산은 원주인에게 돌아가기로 되어 있다.)

    b. A small amount of color was **returning** to his face. (작은 양의 화색이 그의 얼굴에 돌아오고 있었다.)

2.6. 다음에는 주어가 돌아올 때의 상태가 표현되어 있다.
(13) a. They **returned** safe.(그들은 무사히 돌아왔다.)

    b. He went **an** enemy, and **returned** a friend.(그는 적으로 떠나서 친구로 돌아왔다.)

reveal

이 동사의 개념 바탕에는 드러내는 과정이 있다.

1. 타동사 용법

1.1. 다음 주어는 목적어를 드러낸다.
(1) a. She took off her hat, **revealing** her golden hair.(그녀는 모자를 벗고, 금발 머리를 드러내었다.)

    b. Her laugh **revealed** her teeth.(그녀의 웃음이 치아를 드러내었다.)

    c. He pulled back his sleeve, and **revealed** the scar on his arm.(그가 소매를 걷고 팔의 흠터를 드러내었다.)

    d. Liabilities were **returned** at $2,000.(부채액은 3천 e. He laughed, **revealing** a line of white teeth.(그는 웃으면서, 가지런한 하얀 치아를 드러내었다.)

1.2. 다음 주어는 제거되면서 목적어를 드러낸다.
(2) a. The moonlight **revealed** her fair face. (달빛은 그녀의 아름다운 얼굴을 드러내 보였다.)

    b. The curtain opened to **reveal** a darkened stage.(그 커튼이 열리며 어둡게 된 무대를 보였다.)

c. The rising curtain **revealed** a garden scene.(올라 가는 커튼은 정원의 모습을 드러내었다.)

d. The curtain was raised to **reveal** the singer.(커튼 은 올려지면서 그 가수를 드러냈다.)

e. The door opened to **reveal** Helen.(문은 열리면서 헬렌을 보였다.)

f. The grey carpet was removed to **reveal** the original pine floor.(회색 카펫은 거두어지자 원래의 소나무 마루를 드러내었다.)

g. The fog cleared and distant hills were **revealed** to our sight.(안개가 걷히면서 멀리 있는 산들이 우리 의 시야에 드러내어졌다.)

1.3. 다음 주어는 목적어를 보여준다.

(3) a. The map **revealed** the spot where the treasure was hidden.(그 지도는 보물이 숨겨진 지점을 드러 냈다.)

b. The telescope **reveals** a lot of distant stars to our sight.(망원경은 많은 별들을 우리의 시야에 드러낸 다.)

c. Further digging **revealed** a large iron box.(조금 더 많은 땅 파기가 거대한 철 상자를 드러냈다.)

1.4. 다음 목적어는 재귀 대명사이다. 주어는 자신을 드러낸다.

(4) a. He refused to **reveal** himself.(그는 자신을 드러내 기를 거부했다.)

b. The angel **revealed** himself to her in a dream.(천 사는 그녀의 꿈에서 자신을 드러냈다.)

c. In this book, the author **reveals** himself as full of kindness.(이 책에서 작가는 자신을 친절로 가득 찬 사람으로 드러낸다.)

d. The secret **revealed** itself.(비밀은 저절로 드러났 다.)

e. When she got excited, a slight cockney accent **revealed** itself.(그녀가 흥분했을 때, 약한 런던 사 투리가 자신을 드러내었다.)

1.5. 다음 주어는 목적어를 드러낸다.

(5) a. I can't **reveal** who did it.(나는 누가 그것을 했는지 밝힐 수 없다.)

b. He **revealed** to us how much he needed our cooperation.(그는 그가 얼마나 우리의 도움을 필요 로 하는지를 밝혔다.)

c. Officers could not **reveal** how he died.(경찰관들은 어떻게 그가 죽었는지 밝혀낼 수 없었다.)

d. A look at the sonata will **reveal** why Bach was so popular.(그 소나타를 한 번 보기만 하면, 그것은 왜 바하가 그렇게 인기가 있는지 밝혀 줄 수 있을 것이 다.)

1.6. 다음 주어는(that-절)를 밝힌다.

(6) a. Tests **revealed** that there were no disease microbes in the soil.(시험은 해로운 미생물이땅에 없다는 것을 밝혔다.)

b. The report **reveals** that many teenagers are alcoholic.(그 보고서는 많은 10대들이 알콜 중독임 을 밝힌다.)

c. The experiment **revealed** to the world that the report was inaccurate.(그 실험은 세상 사람들에게

그 보고서가 정확하지 않았음을 밝혔다.)

d. His testimony **revealed** that he was guilty of the crime.(그의 증언은 그가 그 범죄에 유죄임을 밝혔 다.)

1.7. 다음은 수동태 문장으로 주어는 밝혀진다.

(7) a. It was **revealed** today that the campaign contributions exceeded legal limits.(오늘 선거운동 기부금이 법적 한도를 넘어섰다는 것이 밝혀졌다.)

b. It was **revealed** that important evidence had been suppressed.(중요한 증거가 은폐되었음이 밝혀졌 다.)

1.8. 다음 주어는 목적어를 밝힌다. 주어는 사람이다.

(8) a. He **revealed** that the story was false.(그는 그 이야 기가 거짓임을 밝혔다.)

b. He **revealed** that he had been in prison twice.(그 는 감옥에 두 번 갔음을 밝혔다.)

c. I can now **reveal** that the new director is to be James Reston.(나는 지금 새 감독이 제임스 레스톤 이 될 것이라고 밝힐 수 있다.)

d. She **revealed** that she had broken the vase.(그녀 는 자신이 그 꽃병을 깼다고 밝혔다.)

e. He **revealed** that he was married.(그는 자신이 결 혼했다고 밝혔다.)

1.9. 다음 주어는 첫째 목적어가 둘째 목적어임을 밝힌 다.

(9) a. The article **revealed** the president a corrupt politician.(그 기사는 대통령이 부패한 정치인임을 폭로했다.)

b. He **revealed** his father to be a millionaire.(그는 아 버지가 백만장자임을 드러내었다.)

c. The evidence **revealed** him to be an embezzler.(그 증거는 그가 횡령자라는 것을 드러 내었다.)

d. Research **revealed** him to be a bad man.(조사는 그를 나쁜 사람으로 드러내었다.)

e. His private life **revealed** him (to be) a quiet family man.(그의 사생활은 그가 꽤 가정적인 사람이라는 것을 보여준다.)

1.10. 다음 주어는 목적어를 밝힌다.

(10) a. He did not **reveal** the truth to anybody.(그는 그 진 실을 아무에게도 밝히지 않았다.)

b. She **revealed** her secret/her method to us.(그녀는 비밀/방법을 우리에게 털어놓았다.)

c. She refused to reveal the whereabouts of her son.(그녀는 아들의 행방을 밝히기를 거부했다.)

d. He did not **reveal** his identity after all.(그는 정체 를 결국 드러내지 않았다.)

e. The newspaper **revealed** a cover-up of huge proportions.(그 신문은 대 규모의 은닉을 폭로했 다.)

f. Jane **revealed** a talent for solving people's marital problems.(제인은 사람들의 결혼생활 문제를 해결 하는 데 수완을 드러내었다.)

g. He **revealed** his ignorance.(그는 자신의 무지를 드 러냈다.)

1.11. 다음 주어는 목적어를 무의식 중에 드러낸다.

(11) a. The anecdote reveals much about his character.(그 일화는 그의 성격에 대해서 많은 것을 밝혀준다.)

　　b. The painting reveals the painter.(그 그림은 그 화가를 드러낸다.)

1.12. 다음은 수동태 문장으로 주어는 밝혀진다.

(12) The details of the policy have not yet been revealed.(그 정책의 자세한 내용은 아직 밝혀지지 않았다.)

revel

이 동사의 개념 바탕에는 노래하고 춤을 추며 술을 마시면서 흥청거리며 노는 과정이 있다.

1. 자동사 용법
1.1. 다음에서 주어는 흥청거리며 논다.

(1) a. The college students reveled until 2 a.m.(대학생들은 새벽 2시까지 흥청거리며 놀았다.)

　　b. They reveled all night after the exam.(그들은 시험 이후 밤새 흥청거리며 놀았다.)

　　c. The villagers revelled far into the night.(마을 사람들은 밤이 이슥하도록 흥청거리며 놀았다.)

1.2. 다음 주어는 크게 즐긴다.

(2) a. He reveled in reading/crime/danger.(그는 독서/ 범죄/ 위험을 즐겼다.)

　　b. She was reveling in country life.(그녀는 시골생활을 즐기고 있었다.)

　　c. She revels in luxury.(그녀는 사치를 즐긴다.)

　　d. The celebrity reveled in his wealth and fame.(그 유명인사는 부와 명예를 즐겼다.)

2. 타동사 용법
2.1. 다음 주어는 놀면서 시간을 허비한다.

(3) He reveled his time away.(그는 흥청대며 시간을 허비했다.)

revenge

이 동사의 개념 바탕에는 복수의 과정이 있다.

1. 타동사 용법
1.1. 다음 주어는 목적어를 복수한다. 목적어는 피해를 받은 사람이다.

(1) a. He revenged his murdered brother by killing the murderer.(그는 형을 살해한 사람을 죽여서 살해된 형의 원수를 갚았다.)

　　b. He revenged his father.(그는 아버지의 원수를 갚았다.)

1.2. 다음에서 목적어는 재귀대명사이다. 피해를 입는 사람은 주어 자신이다.

(2) a. The red team revenged themselves on the blue team.(홍팀은 청팀에게 복수했다.)

　　b. He revenged himself upon the attacker.(그는 공격자에게 복수했다.)

1.3. 다음 주어는 목적어를 복수한다. 목적어는 주어에게 피해를 준 행위나 결과이다.

(3) a. He revenged the betrayal.(그는 배신을 복수했다.)

　　b. He revenged his brother's death.(그는 형의 죽음을 복수했다.)

　　c. He revenged a wrong.(그는 원수를 갚았다.)

　　d. He revenged his father's death.(그는 아버지의 죽음을 복수했다.)

　　e. Gangsters revenged the murder of one of their gang.(갱 단원들은 그들 갱 일원의 살해를 복수했다.)

1.4. 다음 주어는 복수를 하여 on의 목적어에 영향을 준다.

(4) a. She vowed to revenge on them all.(그녀는 그들 모두를 복수하겠다고 맹세했다.)

　　b. He revenged on the attackers.(그는 그 공격자에게 복수했다.)

reverse

이 동사의 개념 바탕에는 뒤로하는 과정이 있다.

1. 타동사 용법
1.1. 다음 주어는 목적어를 뒤집는다. 목적어는 판결이다.

(1) a. The higher court reversed the sentence.(그 고등법원은 그 선고를 뒤집었다.)

　　b. The high court reversed the lower court's decision.(고등법원은 하등 법원의 판결을 뒤집었다.)

　　c. The appeal court reversed the original verdict, and set the prisoner free.(항소 법원은 원래의 배심원 판결을 뒤집고 그 죄수를 풀어주었다.)

　　d. The judge reversed the verdict.(판사는 배심원 판결을 뒤집었다.)

　　e. The judge reversed his original decision and set the prisoner free.(판사는 원래 판결을 뒤집고 죄수를 풀어주었다.)

1.2. 다음은 수동태 문장으로 주어는 뒤집힌다.

(2) a. Is there any way that the decision could be reversed?(판결이 뒤집힐 방법이 있습니까?)

　　b. The judgment was reversed in a higher court.(판결은 고등 법원에서 뒤집혔다.)

1.3. 다음 주어는 목적어의 앞뒤를 바꾼다.

(3) a. They reversed the chairs so that they faced each other.(그들은 마주볼 수 있게 그 의자들의 앞뒤를 바꾸었다.)

　　b. Mary reversed the piece of the puzzle.(메리는 퍼즐 조각의 방향을 바꾸었다.)

　　c. He reversed his position on the issue.(그는 그 쟁점에 대한 입장을 바꾸었다.)

　　d. He reversed the position of the two stamps.(그는 두 우표의 위치를 바꾸었다.)

1.4. 다음의 목적어는 순서이다. 주어는 순서를 바꾼다.

(4) a. They reversed the normal order of the ceremony and had the prayer at the beginning.(그들은 의식

의 보통 순서를 바꾸어 처음에 기도문을 넣었다.)

b. Today's results have **reversed** the **order** of the two top teams.(오늘의 결과는 두 개의 최정상 팀의 순서를 바꾸었다.)

c. Today we will **reverse** the usual **order** of the lesson, and start with a written exercise.(오늘 우리는 수업의 보통 진행 순서를 바꾸어 쓰기 연습부터 하겠다.)

d. **Reverse** the **order** of the numbers.(숫자들의 순서를 바꾸시오.)

e. She **reversed** the **order** of the events on the program.(그녀는 프로그램의 종목들의 순서를 바꾸었다.)

f. Let's **reverse** the **order** of the songs, and sing "arirang" first.(노래들의 순서를 바꿔서 '아리랑'을 처음에 부르자.)

g. Writing is **reversed** in the mirror.(글씨체는 거울에는 뒤바뀌어진다.)

1.5. 다음은 수동태 문장으로 주어는 순서가 뒤집힌다.

(5) a. The order has been completely **reversed**, with the last now coming first, and first coming last.(순서는 완전히 뒤바뀌어, 꼴지가 이제 처음이 되고, 처음은 꼴지가 되었다.)

b. Their positions are now **reversed**.(그들의 위치는 지금 바뀐다.)

1.6. 다음 주어는 목적어를 바꾼다. 목적어는 역할이다. 주어는 역할을 바꾼다.

(6) a. Husband and wife **reversed** roles.(남편과 부인은 역할을 바꾸었다.)

b. My husband and I have **reversed** roles: he stays at home now and I go to work.(남편과 나는 역할을 바꾸었다. 그는 지금 집에 있고, 내가 나가서 일한다.)

c. The traditional family roles have been **reversed**, so that the father found himself looking after the house and the children.(전통적 가족 역할들이 바뀌어서 아버지가 집과 아이들을 돌보게 되었다.)

d. Sometimes I have to **reverse** the charges.(때때로 나는 전화 요금을 수신인 지불로 해야 한다.)

1.7. 다음 주어는 목적어의 흐름을 바꾼다.

(7) a. The incoming tide **reversed** the flow of the creek.(밀물은 그 개울의 흐름을 바꾸었다.)

b. She **reversed** the car.(그녀는 그 차의 방향을 바꾸었다.)

c. John **reversed** the boat's motor, and it ran the other way.(존은 배의 모터를 거꾸로 하자, 배가 뒤로 해서 반대 방향으로 갔다.)

1.8. 다음 목적어는 추상적인 과정이다. 과정에도 방향이 있다. 주어는 목적어의 방향을 바꾼다.

(8) a. It is too late to **reverse** the direction now; you've already signed the contract.(지금 방향을 바꾸기엔 너무 늦었다. 너는 이미 계약에 서명했다.)

b. The company's profits have been steadily falling, and his job is to **reverse** the trend.(그 회사의 이윤은 꾸준히 떨어지고 있어서, 그의 임무는 그 경향을 바꾸는 것이다.)

c. The group is trying to **reverse** the trend towards developing the wetlands.(그룹은 그 습지를 개발하는 쪽으로 그 경향을 바꾸고자 노력하고 있다.)

d. He **reversed** the process/the procedure.(그는 그 과정/절차를 바꾸었다.)

e. Some experts say that exercise and nutrition can **reverse** the early signs of aging.(몇몇 전문가들은 운동과 영양이 노화의 초기 조짐들을 뒤집을 수 있다고 말한다.)

f. They **reversed** the policy of racial discrimination.(그들은 인종 차별 정책을 파기했다.)

g. I am trying to **reverse** the company's fortunes.(나는 회사의 이윤을 돌리려 한다.)

1.9. 다음은 수동태 문장으로 주어는 방향이 바뀐다.

(9) The flow of the water through the gate can be **reversed**.(수문을 통하는 물의 흐름은 바뀌어질 수 있다.)

1.10. 다음 목적어는 안과 밖이나 앞뒤가 있는 개체이다. 주어는 안팎이나 앞뒤를 바꾼다.

(10) a. He **reversed** his coat.(그는 외투를 뒤집었다.)

b. I **reversed** the socks that were inside out before washing.(나는 세탁하기 전 안이 밖으로 뒤집어진 양말을 다시 뒤집었다.)

c. You can **reverse** the jacket and wear it with the inside out.(너는 저고리를 뒤집어서 안이 밖으로 나오게 입을 수 있다.)

d. He **reversed** the page.(그는 그 페이지를 뒤로 넘겼다.)

e. She **reversed** the sheet of the paper.(그녀는 종이를 뒤로 넘겼다.)

f. He **reversed** a coin/a glass.(그는 동전/유리잔을 뒤집었다.)

1.11. 다음 목적어는 움직이는 개체이다. 주어는 목적어를 뒤로 움직인다. 전치사 into는 뒤로 움직이다 어디에 박는 과정을 부각시킨다.

(11) a. He **reversed** his brand new car into a wall/a tree.(그는 뒤로 가다가 신형 차를 벽/나무에 박았다.)

b. He **reversed** his car into the garage.(그는 차를 차고에 후진시켰다.)

1.12. 다음 목적어는 재귀대명사이다. 주어는 자신의 방향을 바꾼다.

(12) a. The council **reversed** itself and approved the proposal to build a new fire station.(의회는 입장을 바꾸어서 새 소방서를 세우는 안을 승인했다.)

b. He **reversed** himself after going the wrong direction.(그는 틀린 방향으로 가다가 다시 방향을 돌렸다.)

2. 자동사 용법

2.1. 다음 주어는 뒤로 움직인다.

(13) a. The car **reversed** through the gate.(그 차는 대문을 뒤로 통과했다.)

b. It will be probably easier to **reverse** into the parking space.(주차 공간을 뒤로 들어가는 것이 아마 더 쉬울 것이다.)

c. He reversed and raced down the sideline. (그는 차를 돌려서 측선을 따라 달렸다.)

d. Watch out! The truck is reversing. (조심해! 그 트럭은 후진하고 있어.)

e. She reversed round the corner. (그녀는 모퉁이를 뒤로 돌았다.)

f. The videotape reversed automatically when finished. (비디오 테이프는 다 끝난 다음 자동적으로 되감아졌다.)

2.2. 다음 주어는 상황이고, 이 상황의 방향이 바뀐다.

(14) She used to work for me, but the situation reversed. (그녀는 나를 위해 일하곤 했으나 상황은 바뀌었다.)

revert

이 동사의 개념 바탕에는 전 상태로 돌아가는 과정이 있다.

1. 자동사 용법

1.1. 다음 주어는 이전 상태로 돌아간다.

(1) a. In 1997, Hong Kong reverted to Chinese control. (1997에, 홍콩은 중국의 통제하로 돌아갔다.)

b. The property reverted to its former owner. (재산은 이전 소유주에게 되돌아갔다.)

c. The region has reverted to a wildness. (그 지방은 본래의 황야로 되돌아갔다.)

1.2. 다음 주어는 이전 상태로 돌아간다.

(2) a. After the divorce, she reverted to her maiden name. (이혼 후, 그녀는 처녀 이름으로 돌아갔다.)

b. He reverted to lazing in bed and coming in to work late. (그는 침대에서 게으름을 피우고 일하러 늦게 나가는 생활로 되돌아갔다.)

c. Her manner reverted to normal. (그녀의 태도는 정상으로 돌아왔다.)

d. Try not to revert to your old eating habits. (옛 식습관으로 돌아가려고 하지 말아라.)

e. Ben reverted to his normal happy self. (벤은 보통의 행복한 자아로 돌아갔다.)

1.3. 대화도 길을 따라 움직이는 것으로 개념화된다. 주어는 먼저 주제나 화제로 돌아간다.

(3) a. They reverted to the original topic of the conversation. (그들은 그 대화의 본래 화제로 돌아갔다.)

b. I'd like to revert to the first point you made. (나는 네가 말한 첫 요점으로 되돌아가고 싶다.)

review

이 동사의 개념 바탕에는 특정한 목적을 위해서 다시 보는 과정이 있다.

1. 타동사 용법

1.1. 다음 주어는 목적어를 검열한다.

(1) a. He reviewed the troops/the books. (그는 그 군대/책들을 검열했다.)

b. The president will review the soldiers on parade. (대통령은 행군하는 군인들을 검열할 것이다.)

c. The government will review the situation. (정부는 그 상황을 조사할 것이다.)

d. My boss reviewed my request for more supplies. (상사는 더 많은 공급량에 대한 나의 요청을 다시 검토했다.)

e. I reviewed my application once before submitting it. (나는 제출하기 전에 지원서를 한번 다시 살펴보았다.)

1.2. 다음 주어는 목적어를 복습한다.

(2) a. We reviewed Chapter 6 for the test. (나는 제 6과를 시험을 위해 복습했다.)

b. He reviewed his paper. (그는 논문을 다시 살펴보았다.)

1.3. 다음 주어는 목적어를 평한다.

(3) a. He reviews plays for the paper. (그는 그 신문을 위해 연극들을 평한다.)

b. She reviews books. (그녀는 책들을 평했다.)

1.4. 다음은 수동태 문장으로, 주어는 평을 받는다.

(4) a. The play was reviewed in the major newspapers. (그 연극은 주요 신문들에서 비평을 받았다.)

b. The book was favorably reviewed. (그 책은 호평을 받았다.)

2. 자동사 용법

2.1. 다음 주어는 복습한다. 생략된 목적어는 맥락이나 세상 지식으로부터 추리가 가능하다.

(5) a. I hope I have time to review before the test. (나는 시험 전에 복습 할 시간이 있기를 바란다.)

b. He reviews for the paper. (그는 그 논문을 다시 검토한다.)

revise

이 동사의 개념 바탕에는 다시 고치는 과정이 있다.

1. 타동사 용법

1.1 다음 주어는 목적어를 개정한다.

(1) a. He revised the book several times. (그는 그 책을 몇번 개정했다.)

b. She revised her manuscript. (그녀는 원고를 고쳤다.)

c. He revised his lectures for publication. (그는 출판을 위해 강의들을 고쳤다.)

d. We have to revise these figures upwards. (우리는 이 도안들을 위로 고쳐야 한다.)

1.2. 다음 주어는 의견이나 생각을 고친다.

(2) a. He revised his opinion of her. (그는 그녀에 대한 의견을 고쳤다.)

b. He revised his ideas of Koreans. (그는 한국인들에 대한 생각을 고쳤다.)

1.3. 다음은 수동태 문장으로 주어는 수정되는 개체이다.

(3) Our original forecast of this year's profits has been revised upwards. (우리의 올해 이익에 대한 원래 예상은 위로 수정되어 왔다.)

revive

이 동사의 개념 바탕에는 다시 살아나는 과정이 있다.

1. 타동사 용법

1.1. 다음 주어는 목적어를 소생시킨다.
(1) a. The lifeguard revived the drowning man. (그 구조원은 물에 빠진 사람을 소생시켰다.)
　　b. The lifeguard revived the swimmer with oxygen. (구조원은 그 수영자를 산소로 소생시켰다.)
　　c. The hot coffee revived him. (뜨거운 커피는 그를 소생시켰다.)

1.2. 다음 주어는 목적어를 소생시킨다. 명성 같은 추상적 개체도 다시 살아날 수 있다.
(2) a. The movie revived Ali's reputation as a boxer. (그 영화는 권투선수로서 알리의 평판을 되살렸다.)
　　b. His encouraging words revived my drooping spirits. (그의 격려의 말은 풀 죽어 있던 나의 기운을 소생시켰다.)

1.3. 기억도 없어졌다가 다시 생겨난다.
(3) a. The incident revived the memory of the past. (그 사고는 과거에 대한 기억을 되살렸다.)
　　b. Henry's trip home revived memories of her childhood. (헨리의 고향 여행은 그녀의 어린 시절 기억을 되살렸다.)

1.4. 다음 주어는 목적어를 소생시킨다. 목적어는 유형 같은 것이다.
(4) a. The designer revived clothing styles from the 1950s. (그 디자이너는 1950년대 옷 스타일을 되살렸다.)
　　b. The director is reviving a play that hasn't been performed since 1950. (그 감독은 1950년 이래로 공연된 적 없었던 연극을 되살리고 있는 중이다.)

1.5. 다음은 수동태 문장으로 주어는 다시 살아난다.
(5) a. The custom should be revived. (그 풍습은 되살아나야 한다.)
　　b. The old ceremony is revived. (그 오랜 의식은 되살아난다.)

2. 자동사 용법

2.1. 다음 주어는 생명체로 다시 살아난다.
(6) a. The plant will revive if you water it. (당신이 물을 준다면 그 식물은 다시 살아날 것입니다.)
　　b. He revived from a swoon. (그는 졸도에서 다시 살아났다.)
　　c. The drowning man revived in the ambulance. (물에 빠진 사람은 구급차에서 다시 살아났다.)

2.2. 다음 주어는 추상적 개체이나 다시 살아나는 것으로 개념화된다.
(7) a. His courage revived. (그의 용기가 되살아났다.)

　　b. Her interest in playing the trumpet revived. (그녀의 트럼펫 연주에 대한 흥미가 되살아났다.)
　　c. The company is beginning to revive. (그 회사는 되살아나기 시작하고 있다.)

revoke

이 동사의 개념 바탕에는 무효화하는 과정이 있다.

1. 타동사 용법

1.1. 다음 주어는 목적어를 무효화한다.
(1) a. The police revoked his license. (경찰은 그의 면허를 무효화했다.)
　　b. The company revoked the workers' contract. (그 회사는 노동자들의 계약을 무효화했다.)
　　c. The authorities revoked their original decision to allow development of the rural area. (당국은 시골지역의 개발을 허가한다는 그들의 원래 결정을 무효화했다.)

1.2. 다음은 수동태 문장으로 주어는 취소된다.
(2) a. Their work permit has been revoked. (그들의 작업 허가는 취소되었다.)
　　b. His driver's license has been revoked. (그의 운전 면허는 취소되었다.)

revolt

이 동사의 개념 바탕에는 반항하는 과정이 있다.

1. 자동사 용법

1.1. 다음 주어는 against의 목적어에 반항한다.
(1) a. Teenagers often revolt against parental discipline. (십대들은 종종 부모의 훈육에 반항한다.)
　　b. Public opinion will revolt against any increase in taxes. (여론은 세금의 어떤 증가에도 반항할 것이다.)
　　c. The peasants revolted against the government. (농부들은 정부에 대해 반항했다.)
　　d. The people revolted against the dictator. (그 국민들은 그 독재자에게 반항했다.)

1.2. 다음 주어는 at의 목적어에 거부 반응을 보인다.
(2) a. My stomach revolts at such food. (내 위는 이런 음식에 비위가 상한다.)
　　b. One's mind revolts at the thoughts of killing. (사람의 마음은 살인에 대한 생각에 대해 반감을 일으킨다.)

2. 타동사 용법

2.1. 다음 주어는 목적어를 반감을 풀게 한다.
(3) a. All the violence in the movie revolted me. (그 영화의 모든 폭력은 내가 반감을 가지게 했다.)
　　b. The violent movie revolted the audience. (폭력적인 영화는 관중들이 반감을 가지게 했다.)
　　c. The meal revolted him. (그 식사는 그의 비위를 거슬렸다.)

2.2. 다음은 수동태 문장으로 주어는 거부감을 느낀다.
(4) a. We were revolted by their cruelty. (우리는 그들의

잔인함에 거부감을 느꼈다.)

　　b. We are revolted by his bad habits. (우리는 그의 악
　　　습들에 거부감을 느낀다.)

revolve

이 동사의 개념 바탕에는 어떤 축을 중심으로 도는
과정이 있다.

1. 자동사 용법

1.1. 다음 주어는 축을 중심으로 돈다.
(1) a. The moon revolves around the earth. (달은 지구를
　　　중심으로 돈다.)
　　b. The fan revolved slowly. (선풍기는 천천히 돌아갔
　　　다.)
　　c. The earth revolves on its axis. (지구는 지축을 중
　　　심으로 자전한다.)

1.2. 다음 주어는 전치사 around의 목적어의 주위로
　　 돈다. 주어는 추상적 개체이다. 그러나 구체적 개
　　 체로 개념화된다.
(2) a. The story revolves around a young girl. (그 이야기
　　　는 한 어린 소녀를 중심으로 한다.)
　　b. Her whole life revolves around her husband. (그녀
　　　의 전 생애는 그녀의 남편을 중심으로 한다.)

1.3. 다음 주어는 돈다.
(3) a. The problem revolved in her mind. (그 문제는 그녀
　　　의 머리 속을 맴돌았다.)
　　b. The discussion revolved in Korea. (그 토론은 한국
　　　에서 맴돌았다.)

2. 타동사 용법

2.1. 다음의 주어는 목적어를 굴린다.
(4) a. Revolve the drum to get all the clothes out of the
　　　dryer. (모든 옷을 건조기에서 꺼내려면 굴려라.)
　　b. He revolved the beads around in his hand. (그는
　　　염주를 손에서 굴렸다.)

2.2. 다음 목적어는 추상적이지만 구체적인 개체로 개
　　 념화되어 있다.
(5) a. He revolved the problem before giving an
　　　answer. (그는 답을 주기 전에 그 문제를 곰곰이 생
　　　각했다.)
　　b. I revolved the problem in my mind. (나는 그 문제
　　　를 머리 속에서 곰곰이 생각했다.)
　　c. She revolved the main point in her mind. (그녀는
　　　주된 요점을 머리 속에 곰곰이 생각했다.)

2.3. 다음은 수동태 문장으로 주어는 돌려진다.
(6) The platform is revolved by a small electric
　　motor. (승강장은 작은 전기 모터에 의해 회전된다.)

reward

이 동사의 개념 바탕에는 보답하는 과정이 있다.

1. 타동사 용법

1.1. 다음 목적어는 사람이다. 주어는 목적어를 보답한
　　 다.

(1) a. He rewarded us handsomely. (그는 우리를 후하게
　　　보답했다.)
　　b. The dog's owner rewarded it with a biscuit. (개 주
　　　인은 그 개를 비스킷으로 보상을 했다.)
　　c. Mary rewarded the woman who found her
　　　bracelet. (메리는 팔찌를 찾아준 그 여자에게 보답
　　　을 했다.)

1.2. 다음 주어는 목적어를 보답한다. 목적어는 어느
　　 사람이 한 행위이다.
(2) a. How can I reward your kindness? (어떻게 당신의
　　　친절을 갚지요?)
　　b. We rewarded his services. (우리는 그의 서비스에
　　　보답했다.)

1.3. 다음은 수동태 문장으로 주어는 보답을 받는다.
(3) a. The performers were rewarded with flowers and
　　　candy. (공연자들은 꽃과 사탕으로 보답을 받았다.)
　　b. His efforts have been rewarded with good
　　　fruit. (그의 노력은 좋은 결실로 보상을 받았다.)
　　c. She was rewarded for her efforts with a cash
　　　bonus. (그녀는 노력에 대해 현금 보너스로 보상을
　　　받았다.)
　　d. Our patience was finally rewarded. (우리의 인내심
　　　은 마침내 보상을 받았다.)
　　e. She was generously rewarded for her work. (그녀
　　　는 풍부하게 일에 대해 보수를 받았다.)

rid

이 동사의 개념 바탕에는 성가신 것을 없애는 과정
이 있다.

1. 타동사 용법

1.1. 다음 주어는 목적어에서 전치사 of 의 목적어를
　　 없앤다.
(1) a. He rid the house of rats. (그는 집에서 쥐들을 몰아
　　　냈다.)
　　b. Further measures will be taken to rid our streets
　　　of crime. (심화 조치가 거리에서 범죄를 몰아내기
　　　위해 취해질 것이다.)

1.2. 다음 목적어는 재귀 대명사이다. 주어는 자신에게
　　 서 of의 목적어를 없앤다.
(2) a. She's trying to rid herself of a dependence on
　　　drugs. (그녀는 자신이 약에 의존하는 것을 없애려고
　　　노력하고 있다.)
　　b. He wanted to rid himself of the burden of the
　　　secret. (그는 자신에게 비밀에 대한 부담을 벗기를
　　　원했다.)
　　c. He rid himself of his troubles. (그는 자신에게 문제
　　　들을 없앴다.)

1.3. 다음 목적어는 마음이다. 주어는 마음에서 of 의
　　 목적어를 제거한다.
(3) a. He rid his mind of doubt. (그는 마음의 의심을 없앴
　　　다.)
　　b. He rid his mind of guilt/fear. (그는 마음의 죄의식/
　　　두려움을 없앴다.)

1.4. 다음은 수동태 무장으로 주어는 성가신 개체가 제

거되는 전체 개체이다.

(4) a. She wanted to be **rid of** her parents' authority. (그
녀는 부모의 권위가 없어지기를 바랬다.)

b. I was glad to be **rid of** the old car. (나는 낡은 차가
없어지니 마음이 가뿐했다.)

ride

이 동사의 개념 바탕에는 타는 과정이 있다.

1. 자동사 용법

1.1. 다음 주어는 탈 것에 탄다.

(1) a. He **rode** in a carriage/a ship/a train. (그는 마차를/
배를/기차를 탔다.)

b. We **rode** on a cart/a bicycle/horseback. (우리는 짐
마차를/자전거를/말을 탔다.)

1.2. 다음 주어는 on의 목적어를 타고 움직인다.

(2) a. The child **rode** on his father's back. (그 어린이는
아빠 등에 업혀 갔다.)

b. The birds **rode** on the winds. (새들은 바람을 타고
날아갔다.)

c. The yacht **rode** on the waves. (요트는 파도를 타
고 나아갔다.)

d. The wheels **ride** on the shaft. (그 차바퀴는 굴대로
돈다.)

1.3. 다음 주어는 말과 같은 탈 것을 타고 이동한다.

(3) a. We **rode across** the field. (우리는 들판을 가로 질러
차를 타고 갔다.)

b. He **rode away** at sunset. (그는 해질녘에 차/말을 타
고 가버렸다.)

c. He **rode into** a crowd. (그는 말을 타고 군중 속으로
들어갔다.)

d. He got on his bicycle and **rode** slowly **off** down
the hill. (그는 자전거에 올라타고 언덕 아래로 천천
히 내려갔다.)

e. He **rode out of** town. (그는 차를 타고 시내 밖으로
나갔다.)

f. The little boy waved to the horseman as he **rode
past**. (작은 소년은 그 기수가 말을 타고 지나갈 때 그
에게 손을 흔들었다.)

g. He **rode up to** the mountain. (그는 말을 타고 산 위
로 올라갔다.)

1.4. 다음에서는 생략된 목적어는 말이나 자전거이다.

(4) a. He can't **ride**. (그는 말을/자전거를 못 탄다.)

b. Who taught you to **ride**? (누가 너에게 말 타는 법을
가르쳐 주었니?)

c. We are going to **ride** on Sunday. (우리는 일요일에
말을 탈 예정이다.)

1.5. 다음에는 움직임의 속도나 거리가 표현되어 있다.

(5) a. We **rode** at full speed. (우리는 전속력으로 차를 몰
았다.)

b. We **rode** twenty miles. (우리는 20마일을 차로 갔
다.)

1.6. 다음 주어는 타진다.

(6) a. This horse **rides** quiet. (이 말은 조용히 타진다.)

b. This car **rides** very smoothly. (이 차는 아주 부드

럽게 타진다.)

c. This country **rides** well. (이 시골은 차 타기가 좋
다.)

1.7. 다음 주어는 기준이 되는 개체의 위에 있다.

(7) a. The moon **rode above** the clouds. (달은 구름 위에
떠 있었다.)

b. The ship **rides** at anchor. (배는 닻을 내리고 정박해
있다.)

c. The sun **rides** high in heaven. (태양은 하늘 높이 떠
있다.)

d. The red **rides on** the blue. (붉은색은 파란색에 겹
쳐 인쇄된다.)

1.8. 다음 주어는 일어선다.

(8) a. His collar **rides up** constantly. (그의 칼라는 항상 위
로 치켜 올라온다.)

b. His shirt **rides** constantly. (그의 셔츠는 계속 삐어
져 나온다.)

c. His running shirt **rose** at the back. (그의 런닝 셔츠
가 뒤에 삐어져 나왔다.)

1.9. 주어는 목적어를 그대로 둔다. 다음 주어는 시간
속에 존재하는 개체이다.

(9) a. Let the problem **ride** for a while. (그 문제를 한동안
그대로 두자.)

b. Let the matter **ride** until further notice. (그 일은 차
후 통고가 있을 때까지 그대로 두자.)

1.10. 다음 주어나 목적어는 추상적이나 구체적인 것
으로 개념화되어 있다. 주어는 전치사 on의 목적
어에 달려 있다.

(10) a. The chance **rides on** his approval. (그 형세는 그의
승인에 달려 있다.)

b. His money is **riding on** the horse. (그의 돈은 그 말
에 달려 있다.)

c. Anger **rode on** his face. (분노가 그의 얼굴에 떠올
랐다.)

d. He **rode on** the waves of popularity. (그는 인기의
파도를 타고 있었다.)

2. 타동사 용법

2.1. 다음 주어는 목적어를 탄다.

(11) a. He **rode** a horse. (그는 말을 탔다.)

b. He **rode** the freight train. (그는 화물 열차를 탔다.)

2.2. 다음 주어는 목적어를 탄다.

(12) a. The gulls **rode** the winds. (그 갈매기들은 바람을
타고 날았다.)

b. The ship **rode** the waves. (배는 파도를 탔다.)

c. The surfers **rode** the waves. (파도 타는 이들은 파
도를 탔다.)

2.3. 다음 주어는 목적어를 타고 장소 이동을 한다.

(13) a. He **rode** the elevator to the ninth floor. (그는 엘리
베이터를 타고 9층까지 갔다.)

b. We **rode** the bus to the city. (우리는 버스를 타고
그 도시에 갔다.)

c. He **rode** the bicycle to school. (그는 자전거를 타고
학교에 갔다.)

2.4. 다음 목적어는 장소이다. 주어는 목적어를 타고
간다.

⑭ a. He rode the country/the range.(그는 그 시골/목장
　　에 말을 타고 갔다.)

　b. The ship rode the rough sea.(배는 거친 바다를 타
　　고 갔다.)

　c. They rode the ford.(그들은 여울에 말을 타고 건넜
　　다.)

　d. He rode a circuit.(그는 차로 순회를 했다.)

2.5. 다음 목적어는 추상적 장소이다. 주어는 목적어를
타고 넘는다.

⑮ a. He rode the difficulties.(그는 어려움을 타고 넘었
　　다.)

　b. He rode out the storm.(그는 폭풍우를 타넘었다./
　　즉 어려움을 극복했다.)

2.6. 다음 주어는 목적어를 괴롭힌다.

⑯ a. The fear rode him day and night.(공포는 그를 밤
　　낮으로 괴롭혔다.)

　b. Leave her alone and stop riding her.(그녀를 혼자
　　내버려 두고 괴롭히지 말라.)

　c. She always rode him about his face.(그녀는 늘 그
　　의 얼굴에 대해서 그를 놀렸다.)

2.7. 다음 주어는 목적어를 타고 있다. 즉 걸쳐 있다.

⑰ Spectacles rode his nose.(안경은 그의 코 위에 걸쳐
　있었다.)

2.8. 다음 주어는 목적어를 어디에 태운다.

⑱ a. He rode the child on his back.(그는 아이를 등에
　　태워서 돌아다녔다.)

　b. They rode the wounded man on a stretcher.(그들
　　은 부상 당한 사람을 들것에 태웠다.)

2.9. 다음 주어는 목적어를 태워서 움직인다.

⑲ a. His mother rode him around.(그는 그 아이를 등에
　　태웠다.)

　b. I will ride you to town in my car.(내가 너를 읍내까
　　지 차에 태워다 주겠다.)

2.10. 다음 주어는 목적어를 참가한다.

⑳ a. The jockey rode the fourth race.(그 기수는 네 번
　　째 경기를 달렸다.)

　b. He rode a good race.(그는 좋은 경기를 했다.)

right

이 동사의 개념 바탕에는 right의 형용사 '바르다'가
깔려 있다.

1. 타동사 용법

1.1. 다음 주어는 목적어를 바로 세운다.

⑴ a. We righted a fallen tree.(우리는 쓰러진 나무를 똑
　　바로 세웠다.)

　b. They righted their kayak.(그들은 카약을 바로 세
　　웠다.)

　c. The boat capsized, but we soon righted it.(보트는
　　뒤집혔으나 우리는 곧 그것을 바로 세웠다.)

　d. The driver quickly righted the car after it
　　skidded.(운전자는 자동차가 미끄러진 후 곧 그것을
　　바로 잡았다.)

　e. I righted the lamp that the cat had knocked
　　over.(나는 고양이가 쳐서 넘어뜨려 버린 램프를 바
　　로 세웠다.)

　　로 세웠다.)

　f. Jane righted the vase that had tipped over.(제인은
　　넘어진 꽃병을 바로 세웠다.)

1.2. 다음의 목적어는 재귀 대명사이다. 주어는 자신을
바로 잡거나 세운다.

⑵ a. The rider was thrown sideways but managed to
　　right himself.(기수는 옆으로 던져졌으나 가까스로
　　자신을 일으켜 세웠다.)

　b. The ship righted herself/itself after the big wave
　　had passed.(배는 큰 파도가 지나간 후 저절로 바로
　　섰다.)

　c. The boat will right itself if it capsizes.(보트는 전복
　　되면 저절로 바로 설 것이다.)

1.3. 다음의 목적어는 추상적이다. 그러나 잘못된 것을
가리킨다. 주어는 이러한 잘못을 바로 잡는다.

⑶ a. He righted an injury.(그는 상처를 회복했다.)

　b. He righted his point of view.(그는 관점을 고쳤다.)

　c. He quickly righted his errors.(그는 곧 잘못을 정정
　　했다.)

　d. They attempted to right an old abuse.(그들은 오
　　래된 악습을 고치기를 시도했다.)

　e. We must right the balance between taxation and
　　government spending.(우리는 조세 수입과 정부 지
　　출간의 균형을 바로 잡아야 한다.)

　f. He was there to right the balance.(그는 균형을 바
　　로 잡기 위해 거기에 있었다.)

　g. He righted a wrong by telling his sister that he
　　was sorry for yelling at her.(그는 여동생에게 소
　　리지른 것에 대해 미안했다는 것을 말함으로써 잘못
　　을 바로 잡았다.)

　h. Susan righted a wrong by apologizing to him.(수
　　잔은 그에게 사과함으로써 잘못을 바로 잡았다.)

　i. You have to right the wrongs that have been done
　　to the people.(너는 국민들에게 가해져온 부당 행위
　　들을 고쳐야 한다.)

　j. The restaurant righted the health violations after
　　the inspector's visit.(그 식당은 조사관의 방문 이후
　　위생 위반 사항들을 바로 고쳤다.)

　k. The company have to right their unfair hiring
　　practices.(그 회사는 불공정한 고용 관행을 바로 잡
　　아야만 한다.)

　l. It is a terrible situation and we have to right it as
　　soon as possible.(그것은 지독한 상황이고, 우리는
　　그것을 가능한 한 빨리 바로 잡아야만 한다.)

1.4. 다음 목적어는 재귀 대명사이다. 주어는 스스로
자신을 바로 잡는다.

⑷ a. He righted himself.(그는 자신을 바로 잡았다.)

　b. That fault will right itself.(그 결점은 고쳐질 것이
　　다.)

　c. The situation should right itself in time.(그 상황은
　　조만간 바로 잡혀야만 한다.)

1.5. 다음은 수동태 문장으로, 주어는 바로 잡아진다.

⑸ a. Wrongs should be righted by vote, not by
　　violence.(부당 행위들은 폭행이 아니라 투표에 의
　　해 바로 잡혀져야 한다.)

　b. Your wrongs shall be righted.(당신의 부당행위들

은 바로 잡혀질 것이다.)

c. The imbalance hasn't been righted.(불균형은 바로 잡히지 않았다.)

d. The boat tipped over but was quickly righted.(보트는 뒤집혔으나 곧 바로 세워졌다.)

1.6. 다음 주어는 목적어를 잘못에서 구한다.

(6) a. He righted the innocent.(그는 무고한 사람들을 구했다.)

b. You have to right the oppressed.(당신은 억압받은 자들을 구제해야만 한다.)

1.7. 다음의 주어는 흐트러진 목적어를 정돈한다.

(7) The maid righted the room.(하녀는 방을 정리했다.)

2. 자동사 용법

2.1. 다음 주어는 스스로 정상적인 위치로 돌아온다.

(8) After the storm the trees righted.(폭풍 후에 나무들은 바로 섰다.)

---

ring

이 동사의 개념 바탕에는 종소리와 같은 소리가 깔려 있다.

1. 자동사 용법

1.1. 다음 주어는 소리를 낸다.

(1) a. The doorbell rang and I rushed to see who it was.(초인종이 울리자 나는 누군지 알아보기 위해 달려나갔다.)

b. The church bell rang at noon.(교회 종은 정오에 울렸다.)

c. The bell/the phone is ringing.(그 종/전화가 울리고 있다.)

d. The alarm clock rings at 6 in the morning.(자명종 시계는 아침 6시에 울린다.)

e. The buzzer rang when Sue pushed the button.(수가 버튼을 눌렀을 때 버저가 울렸다.)

f. The birds' song rang from the forest.(새들의 노래는 숲 속에서부터 울려 퍼졌다.)

g. The glass should ring if you touch it gently.(유리잔은 네가 그것을 살짝 건들리면 울리는 소리가 날 것이다.)

1.2. 다음 주어는 울린다.

(2) a. The noise of the factory is still ringing in my ears.(공장의 소음은 여전히 내 귀에서 울리고 있다.)

b. The melody still rings in her ears.(그 멜로디는 그녀의 귀에서 여전히 울린다.)

c. The cheers of the crowd were ringing in his ears.(그 관중들의 환호는 그의 귀에 울리고 있었다.)

d. His cruel laughter rings in my ears.(그의 잔인한 웃음소리는 내 귀에 울린다.)

1.3. 다음 주어는 전화나 초인종을 누른다.

(3) a. I wonder who is ringing at the front door.(나는 누가 현관에서 벨을 울리고 있는지 궁금하다.)

b. He was ringing from Seoul.(그는 서울에서 전화하

고 있었다.)

c. I rang this morning, but nobody answered.(나는 오늘 아침 전화했으나 아무도 받지 않았다.)

d. Shall I ring for a fresh pot of tea?(벨을 울려 차 한 주전자를 새로 가져오도록 할까요?)

e. Could you ring for a cab?(택시를 전화로 부를까요?)

f. I ring for my lunch/coffee.(나는 벨을 울려 점심식사/커피를 가져오게 한다.)

1.4. 다음의 주어는 전화를 하는 사람이다. back은 전화를 받고 건 사람에게 전화를 하고, off은 단절, up은 상대방과 통화 등을 나타낸다.

(4) a. Tell her I'll ring back after a few minutes.(그녀에게 몇 분 후에 다시 전화 걸겠다고 말해주어라.)

b. She said that she would ring back.(그녀는 다시 전화 걸겠다고 말했다.)

c. I rang down to hotel reception to order some sandwiches.(나는 샌드위치를 주문하려고 호텔 프론트에 벨을 울렸다.)

d. I must ring off now.(나는 지금 전화를 끊어야 한다.)

e. She had rung off before he could press her for an answer.(그가 그녀에게 대답을 강요할 수 있기 전에 그녀는 전화를 끊었다.)

f. John rang up and invited himself up for dinner.(존은 전화를 걸어 자신을 저녁식사에 초대했다.)

1.5. 다음 주어는 소리를 내고 형용사는 소리가 날 때 그 소리를 묘사한다.

(5) a. The bells ring clear.(종들은 맑게 울린다.)

b. This coin rings true/false.(동전은 진짜/가짜 소리가 난다.)

c. Her words ring false.(그녀의 말은 거짓처럼 들린다.)

d. His story rings true.(그의 이야기는 진짜처럼 들린다.)

e. The orator's speech rang hollow.(그 웅변가의 연설은 내용이 없는 것처럼 들렸다.)

1.6. 다음 주어는 울려 퍼져 나간다.

(6) a. Her laughter rang out.(그녀의 웃음소리가 울려 퍼졌다.)

b. A shot/a cry of warning rang out.(총성/경고의 한 마디가 울려 퍼졌다.)

c. On Sunday morning church bells ring out loudly.(일요일 아침 교회의 종소리들이 크게 울려 퍼진다.)

d. I heard a shot ring out somewhere.(나는 총성이 어떤 곳에서 울려 퍼지는 것을 들었다.)

e. His name rings through the country.(그의 이름이 온 고장에 퍼진다.)

f. Applause rang through the hall.(갈채가 그 강당 전체에 퍼졌다.)

1.7. 다음 주어는 전치사 with의 목적어로 소리가 난다.

(7) a. The barn rang with the cries of geese and turkeys.(그 헛간은 거위와 칠면조의 울음소리로 왁자지껄 했다.)

b. The village is **ringing with** the news of the election.(그 마을은 선거 소식으로 떠들썩하다.)

c. The hall **rang with** laughter.(강당은 웃음소리가 울려 퍼졌다.)

d. The world **rang with** his name.(세상은 그의 이름으로 울려 퍼졌다.)

e. The beach **rang with** young people's shouts.(그 해변가는 젊은 사람들의 외침으로 와자지껄했다.)

f. His words **rang with** pride.(그의 말은 자부심으로 크게 울렸다.)

g. The bridge **rang with** feet.(다리는 발소리들로 울렸다.)

h. The whole house is **ringing with** the sound of children laughing and shouting.(그 집 전체는 아이들의 웃음소리와 외침으로 떠들썩하게 울리고 있다.)

i. The whole school **rang with** the praises.(그 학교 전체는 칭찬으로 울렸다.)

j. The hall **rang to** the sound of the laughter.(그 강당은 웃음소리로 울려 퍼졌다.)

1.8. 다음 주어는 귀이다. 귀도 소리가 들리는 장소로 분류된다.

(8) a. The explosion made our ears **ring**.(그 폭발은 우리 귀를 울렸다.)

b. My ears are **ringing**.(내 귀는 울리고 있다.)

c. My ears are **ringing** from the loud noise.(내 귀는 시끄러운 소리로 윙윙 울리고 있다.)

2. 타동사 용법

2.1. 다음 주어는 목적어를 소리나게 한다.

(9) a. The door was opened before he could **ring** a bell.(그가 벨을 울리기 전에 문이 열렸다.)

b. I **rang** the door bell, but nobody came.(나는 초인종을 울렸다. 그러나 아무도 오지 않았다.)

2.2. ring 소리는 전화나 벨 소리와 연관된다. 다음 주어는 목적어를 전화로 부른다.

(10) a. **Ring** him **up** on the phone and ask him to come.(그를 전화로 불러서 오라고 해라.)

b. He **rings up** the police station.(그는 경찰서에 전화한다.)

c. **Ring** a servant **down/in/up**.(벨을 울려 하인을 아래/안/위로 불러라.)

d. **Ring** Room Service for dinner.(룸서비스에 벨을 울려 저녁식사를 가져오도록 알려라.)

e. What's the best time to **ring** NY?(뉴욕에 전화할 수 있는 가장 좋은 시간은 언제지?)

f. She **rang** the guard to let him out.(그녀는 그를 내보내려고 수위를 벨로 불렀다.)

g. If you need/like more information, **ring** the hotline on 8123-2313.(만일 더 많은 정보가 필요하면 그 핫라인 8123-2313번을 전화해라.)

h. **Ring** her praises.(그녀의 칭찬을 하여라.)

2.3. 다음 주어는 목적어를 소리로 알린다.

(11) a. The clock **ringed** a quarter to six.(그 괘종시계는 5시 45분을 알렸다.)

b. The bell **rang** the hour.(종은 시간을 알렸다.)

c. The bell **rang** a low tone.(종은 낮은 소리를 낸다.)

d. The bell **rang** a happy tone.(종은 행복한 소리를 울렸다.)

2.4. 다음 주어는 목적어를 소리로 나타낸다.

(12) a. The bells **rang out** a merry mercy.(그 종들은 즐거운 은총의 소리를 울렸다.)

b. The police **rang** an alarm.(경찰은 경보를 울렸다.)

2.5. 다음 주어는 종소리를 내어서 목적어를 나가거나 들어오게 한다.

(13) **Ring out** the old year and in the new.(종을 쳐서 묵은 해를 보내고 새해를 맞아들여라.)

2.6. 금전 등록기에 돈을 찍어 넣으면 소리가 나면서 숫자가 나타난다. (up) 주어는 목적어를 등록기에 등록을 한다.

(14) a. The cashier **rang up** $400 by mistake.(현금출납원은 400불을 금전등록기에 잘못 기록했다.)

b. The cashier **rang up** the prices of the things I bought.(현금출납원은 내가 산 물건들의 가격을 금전등록기에 기록했다.)

rip

이 동사의 개념 바탕에는 잽싸게 찢는 과정이 있다.

1. 타동사 용법

1.1. 다음 주어는 목적어를 찢는다.

(1) a. He **ripped** the garment/seam.(그는 옷/솔기를 잡아 찢었다.)

b. I **ripped** my schedule and filled out a new form.(나는 스케줄을 뜯어버리고 새 양식을 작성했다.)

c. The cat's claws **ripped** the curtain.(그 고양이의 발톱은 커튼을 찢었다.)

1.2. 다음 주어는 목적어를 비의도적으로 찢는다.

(2) a. I **ripped** my shirt on a nail/on a branch.(나는 못에/나뭇가지에 내 셔츠가 찢겼다.)

b. My poor cat had its ear **ripped** open by a dog.(나의 불쌍한 고양이는 개한테 귀가 찢겼다.)

1.3. 다음 주어는 목적어를 찢어서 to나 into의 목적어의 상태가 되게 한다.

(3) a. The wind **ripped** the flag **into** shreds.(바람은 그 기를 갈기갈기 찢었다.)

b. He **ripped** the table cloth **into** two.(그는 테이블 보를 둘로 잡아 찢었다.)

c. She **ripped** her note **into** pieces.(그녀는 노트를 조각조각 찢었다.)

d. Mary **ripped** the cloth **into** strips.(메리는 그 천을 긴 조각들로 찢었다.)

1.4. 다음은 수동태 문장으로 주어는 찢긴다.

(4) My argument was **ripped to** shreds.(나의 논거는 산산조각이 되었다.)

1.5. 다음 주어는 목적어를 완전히 찢는다.

(5) a. That's all wrong. **Rip** it **up** and start again.(다 잘못되었다. 그것을 완전히 뜯어서 다시 시작해라.)

b. She **ripped up** his letter without reading it.(그녀는 편지를 읽지도 않고 다 찢어버렸다.)

1.6. 다음 주어는 목적어를 찢어서 어떤 상태에 들어가게 한다.

(6) a. We had to rip down all the wallpaper. (우리는 벽지를 다 뜯어내려야 했다.)

b. She excitedly ripped the parcel open. (그녀는 신나서 그 소포를 뜯어서 펼쳤다.)

c. The explosion ripped open the side of the house. (그 폭발은 그 집의 한쪽 면을 터서 구멍이 나게 했다.)

d. She ripped out the seams in the dress. (그녀는 그 옷의 솔기들을 뜯어냈다.)

1.7. 다음 주어는 목적어를 찢어낸다. 동작은 빠르게 그리고 세차게 일어난다.

(7) a. He ripped away a wire that led to the alarm button. (그는 경보 버튼에 연결된 전선을 뜯어냈다.)

b. I ripped the phone from her hand. (나는 수화기를 그녀의 손에서 홱 뺏었다.)

c. She ripped the notebook from my hand. (그녀는 공책을 내 손에서 홱 뺏었다.)

d. Dan ripped the wrapping from the presents. (댄은 그 포장을 선물에서 홱 벗겨냈다.)

e. He ripped the corner off. (그는 모서리를 홱 뜯어냈다.)

1.8. 다음 주어는 목적어를 빠르게 벗기거나 뜯어낸다.

(8) a. They ripped off their clothes and ran into the sea. (그들은 옷을 홱 벗어 던지고 바다로 뛰어들었다.)

b. A thief ripped off my car radio. (도둑이 내 차 라디오를 뜯어갔다.)

c The thieves ripped off some television sets. (그 도둑들은 텔레비전 몇 대를 훔쳤다.)

d. They ripped out all floors and made one huge space. (그들은 모든 바닥을 뜯어내고 하나의 커다란 공간을 만들었다.)

1.9. 다음은 수동태 문장으로 주어는 뜯긴다.

(9) The roof of the car was ripped off in the crash. (차의 지붕은 충돌사고에서 벗겨졌다.)

1.10. 다음 주어는 첫째 목적어에 둘째 목적어를 뜯어준다.

(10) Rip me off a piece of paper. (나한테 종이 조각을 뜯어 줘)

1.11. 다음 주어는 목적어를 벗겨낸다. 목적어는 환유적으로 쓰여서 사람이 가지고 있는 돈이나 그밖의 것을 나타낸다.

(11) a. They really ripped us off at the hotel. (그들은 우리를 그 호텔에서 정말로 강탈했다.)

b. He always tries to rip off his clients. (그는 항상 의뢰인들의 돈을 뜯어내려고 한다.)

c. The car dealer tried to rip us off. (자동차 중개인은 우리를 뜯어내려고 했다.)

d. Shoplifters ripped off the store. (상점의 물건을 훔치는 자들이 그 가게를 털었다.)

2. 자동사 용법

2.1. 다음의 주어는 찢긴다.

(12) a. The sack caught on a branch and ripped open. (그 자루는 나뭇가지에 걸려 뜯겨서 열렸다.)

b. The sleeve ripped along the seam. (그 소매는 솔기를 따라 찢어져 터졌다.)

c. His new trousers ripped when he sat down. (그의 새 바지는 그가 앉았을 때 찢어졌다.)

d. Her dress caught on a nail and ripped in several places. (그녀의 치마는 못에 걸려서 여러 군데가 찢어졌다.)

e. The sails ripped under the force of the wind. (그 돛들은 바람의 힘으로 찢어졌다.)

f. My newspaper ripped when Dan grabbed it from me. (내 신문은 댄이 그것을 나에게서 낚아채 갔을 때 찢어졌다.)

2.2. 종이 같은 것을 찢으면 찢기는 부분은 빠르게 선을 이루면서 지난다. 이러한 과정에서 이 동사는 빠른 이동의 뜻을 갖게 된다. 주어는 빠르게 움직인다.

(13) a. The car ripped along in a cloud of dust. (그 차는 자욱한 먼지 속에서 빠르게 지나갔다.)

b. The car ripped along the highway. (그 차는 고속도로를 따라 질주했다.)

c. The fire ripped through the living room. (그 불은 거실 속을 따라 빠르게 번졌다.)

2.3. 다음 주어는 찢긴다.

(14) a. The cloth rips easily. (천은 쉽게 찢어진다.)

b. This plastic material does not rip. (이 플라스틱 재질은 찢어지지 않는다.)

이 동사의 개념 바탕에는 ripple의 명사 '잔물결'이 있다. 동사의 의미는 이 명사의 모양과 관계가 있다.

1. 자동사 용법

1.1. 다음 주어는 잔물결 모양을 이룬다.

(1) a. The tops of the trees rippled in the breeze. (나무의 꼭대기는 미풍에 물결쳤다.)

b. The lake rippled gently. (그 호수는 부드럽게 잔물결을 일으켰다.)

c. His muscles rippled as he lifted the load. (그의 근육은 짐을 들어올리자 떨렸다.)

d. The flag rippled in the wind. (깃발은 바람에 물결쳤다.)

1.2. 다음 주어는 잔물결을 이루면서 움직인다.

(2) a. The creek rippled by behind our house. (작은 개울은 우리 집 뒤쪽에서 잔물결을 이루면서 지나갔다.)

b. The water rippled over the stones. (그 물은 잔물결을 이루면서 돌 위로 넘어갔다.)

1.3. 다음 주어는 느낌이나 박수 등이다. 이러한 물결같이 움직이는 것으로 개념화된다.

(3) a. Excitement rippled around the courtroom. (흥분이 법정 주위에 물결을 이루면서 돌았다.)

b. A chilly shiver rippled over his skin. (오싹한 전율이 그의 피부에 퍼졌다.)

c. Applause rippled through the audience. (박수갈채가 청중에 물결을 이루면서 지나갔다.)

d. A thrill of pleasure rippled through me.(기쁨의 전율이 나에게 퍼졌다.)

e. A gasp rippled through the crowd.(긴장의 숨막힘이 관중에게 퍼졌다.)

2. 타동사 용법

2.1. 다음 주어는 목적어에 잔물결이 일게 한다.

(4) a. The breeze is rippling the grass.(그 미풍은 잔디에 잔물결을 일으키고 있다.)

b. A breeze rippled the flag gently.(미풍은 깃발을 부드럽게 물결치게 했다.)

c. The boat rippled the lake.(그 보트는 호수에 잔물결을 일으켰다.)

d. The rain rippled the surface of the lake.(그 비는 호수 표면에 잔물결을 일으켰다.)

e. The dawn breeze rippled the shining water.(새벽 미풍은 반짝이는 물에 잔물결을 일으켰다.)

rise

이 동사의 개념 바탕에는 낮은 데서 높은 데로 오르는 과정이 있다.

1. 자동사 용법

1.1. 다음 주어는 떠오른다.

(1) a. The sun rises in the east.(태양은 동쪽에서 뜬다.)

b. The moon is rising above the horizon.(달이 수평선 위로 떠오르고 있다.)

c. The kite rose in the air.(그 연은 공중에서 올랐다.)

d. The smoke rose from the chimney of the factory.(그 연기가 공장의 굴뚝에서 올랐다.)

1.2. 다음 주어는 낮은 자세에서 높은 자세로 움직인다.

(2) a. He rose from his knees.(그는 앉았다가 일어났다.)

b. He rises early.(그는 일찍 일어난다.)

c. He rose to welcome us.(그는 우리를 환영하기 위해서 일어났다.)

1.3. 다음 주어는 일어선다.

(3) a. Lots of apartment buildings are rising in the area.(많은 아파트 건물들이 그 지역에 들어서고 있다.)

b. New office blocks are rising in our town.(새 사무실 구역들이 우리 동네에 들어서고 있다.)

1.4. 누운 상태에서 서는 상태로 되는 과정을 부활의 과정으로 확대된다.

(4) a. Jesus Christ rose from the dead.(예수 그리스도는 죽음에서 부활했다.)

b. He looks as if he had risen from the grave.(그는 무덤에서 일어난 것처럼 보인다.)

1.5. 모임이 끝나면 일어선다. 다음 주어는 끝난다.

(5) a. The parliament rose yesterday.(국회는 어제 끝이 났다.)

b. The court rose at 4 p.m.(그 법정은 4시에 끝났다.)

c. The House of Commons did not rise until 3:00 a.m.(하원은 새벽 3시까지 끝나지 않았다.)

1.6. 다음 주어는 표면으로 올라온다.

(6) a. The fish were rising.(그 물고기는 수면으로 오르고 있었다.)

b. They say a drowning man rises 3 times.(물에 빠져죽는 사람은 세 번 떠오른다고 사람들은 말한다.)

c. Bubbles rose from the bottom of the lake.(거품이 호수 바닥에서 올라왔다.)

d. The river/flood has risen 2 feet.(그 강/홍수가 2피트 불었다.)

1.7. 다음에서 [양이나 정도의 변화는 장소이동]와 [위는 많음] 은유가 적용된 표현이다.

(7) a. His voice rose in anger.(그의 목소리가 화가 나서 커졌다.)

b. Sugar rose a penny a pound.(설탕 값이 한 파운드에 1페니 올랐다.)

c. The mercury rose.(그 수은주는 올랐다.)

d. The wind is rising.(바람은 일고 있다.)

e. His anger rose at that remark.(그 말을 듣고 그의 화가 치밀어 올랐다.)

f. The bread won't rise.(빵은 부풀지 않는다.)

g. He rose to director.(그는 지배인으로 승진했다.)

1.8. 다음 주어는 움직이지 않으나 전체 형상을 눈으로 따라가면 오른다.

(8) a. The tower rises steeply from the ground.(그 탑은 지면에서 가파르게 솟는다.)

b. The road rises steeply from the village.(그 길은 마을에서부터 급하게 오른다.)

c. The mountain rises 100 meters out of the sea.(그 산은 100미터 바다에서 솟는다.)

d. The trees rose over the roof tops.(나무들은 지붕 꼭대기 위로 자랐다.)

e. Mt. Everest rises to the height of 29,000m.(에베레스트 산은 29,000미터의 높이까지 솟는다.)

f. The ground gradually rises toward the hill.(그 땅은 서서히 산 쪽으로 오른다.)

g. Hills rise in the distance.(산들이 멀리 솟는다.)

h. A range of hills rose on our left.(한 줄기 산맥이 우리의 왼쪽에 솟았다.)

1.9. 높아지면 보이게 되고 보이게 되는 것은 생기는 것으로 확대된다.

(9) a. The quarrel rose from a mere trifle.(말다툼은 사소한 일에서 일어났다.)

b. The trouble rose from misunderstanding.(분쟁은 오해에서 생겼다.)

c. The idea rose in my mind.(그 생각은 내 마음 속에 떠올랐다.)

risk

이 동사의 개념 바탕에는 risk의 명사 '위험'이 있다. 동사의 의미는 위험을 무릅쓰는 과정이다.

1. 타동사 용법

1.1. 다음 주어는 목적어를 위험에 노출시킨다.

(1) a. He risked his fortune/health.(그는 재산/건강을 걸었다.)

b. When children start smoking, they don't realize that they are risking their health.(아이들이 담배를

피우기 시작할 때, 그들은 자신들의 건강을 위태롭게 하고 있다는 것을 깨닫지 못한다.)

c. I am not going to **risk** my job by supporting the strike.(나는 파업을 지지함으로써 내 일자리를 위태롭게 하지는 않을 것이다.)

d. He **risked** his name.(그는 이름을 위험에 걸었다.)

e. He is ready to **risk** everything he has for what he believes.(그는 그가 믿는 것을 위해 그가 가진 모든 것을 걸 준비가 되어 있다.)

f. He is unwilling to **risk** his newfound independence.(그는 그의 새로이 얻은 독립을 위험에 걸 생각이 없다.)

g. He **risked** two of his submarines.(그는 잠수함 두 대를 위험에 노출했다.)

1.2. 다음 주어는 목적어를 위험에 노출시킨다. 목적어는 목숨이다.

(2) a. He would **risk** his life for his friends.(그는 친구들을 위해 자신의 생명을 걸 것이다.)

b. Mary **risked** her life to save her cat from the fire.(메리는 고양이를 화재에서 구하기 위해 그녀의 생명을 걸었다.)

c. It would be foolhardy to **risk** human lives in such a project.(사람의 생명을 이러한 사업에 거는 것은 어리석은 짓이다.)

d. I am not going to **risk** my neck just to save a common thief.(나는 보통 도둑을 구하기 위해 내 목을 걸지는 않겠다.)

e. When you were drowning in the river, someone **risked** his neck to save you.(네가 그 강에서 빠지고 있을 때, 누군가가 너를 구하기 위해 그의 목을 걸었다.)

f. He **risked** all his money on betting on that horse.(그는 모든 돈을 저 말에 내기를 하는 데 걸었다.)

g. Why did he **risk** his life?(왜 그는 목숨을 걸었느냐?)

1.3. 다음 주어는 목적어가 가리키는 일을 겪어서 해를 입는다.

(3) a. He **risked** failure/dismissal.(그는 실패/해고를 무릅썼다.)

b. They will **risk** a serious defeat.(그들은 심각한 패배를 무릅쓸 것이다.)

c. You **risk** a fall walking on such shaky stairs.(그러한 가파른 계단을 오르려면 추락을 각오해야 한다.)

d. He **risked** death to save his friend.(그는 그 친구를 구하기 위해 죽음을 무릅썼다.)

e. Don't touch the kitten; you'll only **risk** a bite.(그 새끼 고양이를 만지지 말아라; 물릴 것을 각오해야 한다.)

f. She **risked** the hazards of the expressway.(그녀는 고속도로의 위험을 무릅썼다.)

1.4. 다음 주어는 목적어를 겪을 것을 각오한다.

(4) a. He **risked** getting caught in a storm.(그는 폭풍에 잡힐 위험을 무릅썼다.)

b. He **risked** being defeated/killed/dismissed.(그는 패배할/죽을/해고당할 위험을 무릅썼다.)

c. If you put money into the stock market, you **risk** losing it.(만약 네가 돈을 주식시장에 투자하면, 그 것을 잃을 위험을 무릅써야 한다.)

d. Workers who broke the strike **risked** being attacked when they left the factory.(파업을 깬 노동자들은 공장을 떠날 때 공격당할 위험을 무릅썼다.)

e. He **risked** getting knocked out.(그는 맞아서 의식을 잃을 위험을 무릅썼다.)

f. Pregnant women who are heavy smokers **risk** damag**ing** the unborn child.(담배를 많이 피우는 임산부들은 태아에게 피해를 줄 위험을 무릅쓴다.)

g. He **risked** los**ing** his house when his company went bankrupt.(그는 회사가 파산했을 때, 그의 집을 잃을 위험에 노출되었다.)

1.5. 다음 주어는 목적어를 위험을 무릅쓰고 한다.

(5) a. We could not **risk** leaving the decision to the last minute.(우리는 마지막 순간까지 결정을 미뤄둘 위험을 무릅쓸 수 없었다.)

b. I don't want to **risk** being late for the play.(나는 위험을 무릅쓰고 연극에 늦고 싶지 않다.)

c. Pete decided to **risk** a reconnaissance in town.(피트는 마을에서 정찰의 위험을 무릅쓰고 감행했다.)

d. He **risked** the crossing.(그는 위험을 무릅쓰고 도강을 감행했다.)

e. He **risked** an open break with the party.(그는 당과의 공개적인 절연을 무릅썼다.)

f. Bill would never **risk** turning up again.(빌은 감히 다시 위험을 무릅쓰고 나타나지 않을 것이다.)

roam

이 동사의 개념 바탕에는 특별한 목적이 없이 거니는 과정이 있다.

1. 타동사 용법

1.1. 다음 주어는 장소인 목적어를 거닌다.

(1) a. The cows **roamed** the meadow as they grazed.(소들은 풀을 뜯어먹으면서 풀밭을 거닐었다.)

b. He is **roaming** the countryside.(그는 시골을 돌아다니는 중이다.)

c. The tourists **roamed** the streets.(그 여행객들은 거리를 거닐었다.)

d. Wolves **roamed** the foreset in search of food.(늑대들은 먹이를 찾으며 숲을 배회했다.)

1.2. 시선도 움직이는 것으로 개념화된다.

(2) Her eyes **roamed** the room.(그녀의 시선은 방을 훑었다.)

2. 자동사 용법

2.1. 다음 주어는 거닌다.

(3) a. John **roamed across** Europe in his youth.(존은 젊었을 적에 유럽을 가로질러 돌아다녔다.)

b. They are **roaming around** the country.(그들은 그 나라를 이리저리 돌아다니고 있다.)

c. She roamed throughout Korea on her vacation.(그녀는 방학에 한국 전역을 둘러보았다.)

2.2. 다음 주어는 시선이다. 시선도 움직인다.

(4) a. His gaze roamed over her.(그의 시선은 그녀를 훑었다.)

b. His eyes roamed over the bookshelves.(그의 시선은 서가를 훑었다.)

roar

이 동사의 개념 바탕에는 포효하는 과정이 있다.

1. 타동사 용법

1.1. 다음 주어는 포효한다.

(1) a. The bull roared with anger.(황소는 화가 나서 울부짖었다.)

b. The lion in the cage roared.(우리 속의 사자는 포효했다.)

1.2. 다음 주어는 포효와 같은 소리를 낸다.

(2) a. The wind roared at the window.(바람은 창문을 향해 노호했다.)

b. The waves were roaring.(파도는 노호하고 있었다.)

c. A log fire was roaring in the hearth.(모닥불이 화로에서 큰 소리를 내며 타오르고 있었다.)

d. The thunder roared.(천둥은 울렸다.)

e. The engine roared when I turned the key.(그 엔진은 열쇠를 돌리자 큰 소리를 내었다.)

f. The gun roared deafeningly.(총은 귀청이 터질 듯 큰 소리를 내며 발포했다.)

g. The cannons roared.(그 대포가 꽝음을 내며 발사됐다.)

1.3. 다음 주어는 큰 소리로 고함을 치거나 웃는다.

(3) a. The audience roared with laughter.(청중은 왁자지껄하게 웃었다.)

b. Susan roared when I told her the funny joke.(수잔은 내가 우스운 농담을 얘기해 주자 크게 웃었다.)

c. When Charlie's pants fell down, the audience roared.(찰리의 바지가 내려가자 청중은 왁자지껄하게 웃었다.)

d. Billy began to roar when I took the chocolate away.(내가 초콜릿을 빼앗자 빌리가 고함지르기 시작했다.)

e. He roared with impatience.(그는 참을 수 없어 고함질렀다.)

f. The crowd roared when the speaker went up on the platform.(그 연설자는 연단에 올라서자 군중은 크게 웃었다.)

g. He roared with laughter/pain/anger.(그는 웃음/고통/화로 큰 소리를 내었다.)

1.4. 다음 주어는 at의 목적어에 고함을 지른다.

(4) a. The sergeant roared at the soldiers.(상사는 병사들을 향해 고함 질렀다.)

b. The coach roared at the members of the team.(그 코치는 팀의 멤버들에게 고함 질렀다.)

c. The crowd roared at the clown.(그 군중은 그 광대를 보고 왁자지껄하게 웃었다.)

d. You needn't roar (at) me.(너는 나한테 고함 지를 필요 없다.)

1.5. 다음 주어는 환유적으로 용법으로 어떤 장소에 있는 사람을 가리킨다.

(5) a. The hall roared again.(강당은 청중의 목소리로 울렸다.)

b. The hall roared with applause.(강당은 갈채로 울렸다.)

1.6. 다음 주어는 큰 소리를 내면서 이동한다.

(6) a. The wind roared ceaselessly across the plains.(바람은 큰 소리를 내면서 벌판을 가로질러 갔다.)

b. We were roaring on a motor-bike along the coast.(우리는 오토바이를 타고 큰 소리를 내면서 해안을 따라갔다.)

c. The train/truck roared away.(기차/트럭은 큰 소리를 내며 사라졌다.)

d. The car roared away.(차는 큰 소리를 내며 사라졌다.)

e. The jet plane roared away.(제트 비행기는 꽝음을 내며 사라졌다.)

f. He roared away on his motorbike.(그는 자기의 오토바이를 타고 꽝음을 내며 사라졌다.)

g. The plane roared down the runway for take-off.(그 비행기는 이륙을 위해 꽝음을 내며 활주로를 따라 달렸다.)

h. The machine roared into life at the touch of the button.(그 기계는 버튼을 누르자 큰 소리를 내며 움직였다.)

i. Flames roared hundreds of feet into the air.(불꽃이 큰 소리를 내면서 수천 피트 상공으로 타올랐다.)

j. The motorcycle roared off.(그 오토바이는 꽝음을 내며 사라졌다.)

k. East winds roared over the fen land.(동풍이 늪지 위로 큰 소리를 내며 지나갔다.)

l. There was a cloud of dust as a truck roared past.(트럭 한 대가 꽝음을 내며 지나갈 때 한 무더기의 먼지가 피어올랐다.)

m. Traffic roared past in the street below.(차량들이 그 거리 아래에 큰 소리를 내며 지나갔다.)

n. The boys roared up and down the street.(소년들은 소리지르며 거리를 오르락내리락했다.)

o. The fire roared up the chimney.(불은 힘찬 소리를 내며 굴뚝 위로 타올랐다.)

2. 타동사 용법

2.1. 다음 주어는 목적어에 고함을 질러서 물러나게 한다.

(7) a. They roared the speaker down.(그들은 연사를 큰 소리로 야유하여 내려가게 했다.)

b. Roar him down into silence.(그를 소리질러 침묵하게 하라.)

c. There's no need to roar down the telephone like that.(전화기를 그처럼 난폭하게 내려놓을 필요는

없다.)

2.2. 다음 주어는 고함을 질러서 자신에게 상태의 변화가 온다.

(8) He **roared** himself hoarse.(그는 고함쳐서 목소리가 쉬었다.)

2.3. 다음 주어는 고함을 질러서 목적어를 나타낸다.

(9) a. The fans **roared** their support.(팬들은 고함으로 지지의 표시를 했다.)

b.He **roared** a welcome/a command.(그는 큰 소리로 환영/명령을 표현했다.)

c. The audience **roared** its approval.(청중은 고함으로 찬성을 표시했다.)

d. The fans **roared** out their approval.(팬들은 고함으로 찬동을 표시했다.)

e. He **roared** out a command.(그는 큰 소리로 명령을 했다.)

2.4. 다음 주어는 큰 소리로 따옴표 속의 말을 한다.

(10) a. "Get out of my way." he **roared**.("꺼져"라고 그가 소리를 질렀다.)

b. "Get out and stay out." he **roared**.("나가, 그리고 밖에 있어"라고 그가 소리 질렀다.)

rob

이 동사의 개념 바탕에는 강탈하는 과정이 있다.

1. 타동사 용법

1.1. 다음 주어는 목적어를 강탈한다.

(1) a. They **robbed** a bank/a village/an orchard/a supermarket/a store.(그들은 은행/마을/과수원/수퍼마켓/상점을 털었다.)

b. A thief **robbed** three houses on the street.(도둑이 그 길에 있는 세 집을 털었다.)

c. They **robbed** a traveller.(그들은 여행자를 털었다.)

1.2. 다음은 수동태 문장으로 주어는 털린다.

(2) a. The team felt it had been **robbed** because the umpire made a mistake.(그 팀은 심판이 실수를 했기 때문에 강탈당한 것처럼 느껴졌다.)

b. The bank was **robbed** yesterday.(그 은행은 어제 털렸다.)

c. The tomb has been **robbed** of its treasures.(그 무덤은 보물이 털렸다.)

1.3. 다음 주어는 목적어를 강탈하여 전치사 of 의 목적어를 빼앗는다.

(3) a. She had **robbed** me of the opportunity to speak to the boss.(그녀는 나를 강탈하여 사장에게 말하는 기회를 빼앗았다.)

b. They **robbed** him of the right to vote.(그들은 그를 강탈하여 투표권을 빼앗았다.)

c. They **robbed** him of his farm/house/reward/inheritance.(그들은 그를 강탈하여 농장/집/사/유산을 빼앗았다.)

d. They knocked him down and **robbed** him of his money.(그들은 그를 때려 눕히고 강탈하여 돈을 빼앗았다.)

e. They **robbed** the company of two million dollars.(그들은 그 회사를 강탈하여 이백만 달러를 털었다.)

f. The lazy clerk **robbed** me of my patience.(게으른 서기는 나를 강탈하여 나의 인내심을 빼앗았다.)

1.4. 다음 주어는 목적어를 할 수 없이 전치사 of의 목적어를 잃게 한다.

(4) a. A last-minute injury **robbed** me of my place on the team.(마지막 순간의 부상이 그 팀에서 나의 자리를 잃게 했다.)

b. The silly ending **robs** the plot of any credibility.(어리석음의 끝은 그 줄거리의 신빙성을 잃게 한다.)

1.5. 다음 주어는 목적어를 잃게 한다. 목적어는 신체나 정신의 일부이다.

(5) a. Laryngitis **robbed** me of my voice.(후두염이 내 목소리를 잃게 했다.)

b. The malnutrition **robbed** him of his sight.(영양 실조는 그의 시력을 잃게 했다.)

c. The complaints **robbed** him of peace of mind.(불평들은 그를 마음의 평화를 잃게 했다.)

d. The shock **robbed** him of speech.(충격은 그가 말을 잃게 했다.)

e. That kind of job will **rob** him of his pride.(그 종류의 일은 그의 자존심을 잃게 할 것이다.)

f. A bend in the river **robbed** me of the view.(그 강의 모퉁이는 내가 그 경치를 못보게 했다.)

g. The tree **robs** the roses of sunlight.(그 나무는 장미들이 햇빛을 못 보게 한다.)

1.6. 다음은 수동태 문장으로 주어는 빼앗긴다.

(6) When Miles David died, jazz was **robbed** of its most distinctive voice.(마일즈 데이비드가 죽자 재즈는 가장 독특한 목소리를 잃게 되었다.)

1.7. 다음 주어는 목적어를 강탈한다.

(7) a. The thieves **robbed** money from the safe.(그 도둑들은 돈을 은행에서 털었다.)

b. Someone **robbed** fruit from the orchard.(누군가가 과일을 과수원에서 털었다.)

1.8. 다음 주어는 목적어를 전치사 of의 목적어를 잃게 한다.

(8) a. Your absence will **rob** the party of half the fun.(너의 불참은 파티의 재미를 반정도 잃게 할 것이다.)

b. The scandal **robbed** him of the presidency.(그 스캔들은 그가 대통령 자리를 잃게 했다.)

c. The bullet **robbed** the country of a great statesman.(그 총탄은 그 나라의 위대한 정치가를 잃게 했다.)

2. 자동사 용법

2.1. 다음 주어는 훔친다.

(9) They said they would not **rob** again.(그들은 다시는 훔치지 않겠다고 말했다.)

rock

이 동사의 개념 바탕에는 흔들거리는 과정이 있다.

1. 자동사 용법

1.1. 다음 주어는 전후나 좌우로 흔들린다.

(1) a. She was **rocking** in the chair.(그녀는 의자에 앉아 앞뒤로 흔들고 있었다.)

b. If you **rock** back on that chair, the chair will break.(네가 의자에 기대어서 뒤로 흔들면, 그 의자는 부서질 것이다.)

c. His body **rocked** from side to side with the train.(그의 몸은 기차와 함께 좌우로 흔들렸다.)

d. The waves made the ship **rock** from side to side.(그 파도는 배를 좌우로 흔들리게 했다.)

e. The cradle **rocked**.(그 요람이 흔들렸다.)

f. The steamer was **rocking** on the waves.(그 증기선이 파도에 흔들리고 있었다.)

g. The building **rocked**.(그 건물은 흔들렸다.)

h. The trees **rocked** in the wind.(나무들은 바람에 흔들렸다.)

i. He **rocked** with laughter.(그는 웃음으로 몸이 크게 흔들렸다.)

1.2. 다음의 주어는 전치사 with의 목적어로 흔들린다.

(2) The hall **rocked** with the laughing crowd.(그 강당은 웃는 사람들로 뒤흔들렸다.)

2. 타동사 용법

2.1. 다음 주어는 목적어를 흔든다.

(3) a. The woman **rocked** the baby on the lap.(그 여자는 아기를 무릎에 앉히고 흔들었다.)

b. He **rocked** the boat.(그는 배를 흔들었다.)

c. Mother **rocked** the cradle.(어머니가 요람을 흔들었다.)

d. He **rocked** himself from side to side.(그는 몸을 좌우로 흔들었다.)

2.2. 다음 주어는 폭발이나 자연적 힘이다. 주어는 목적어를 흔든다.

(4) a. The explosion **rocked** the city.(폭발은 그 도시를 뒤흔들었다.)

b. The earthquake **rocked** the buildings. (지진은 그 건물들을 뒤흔들었다.)

c. The strong wind **rocked** the trees. (강한 바람은 그 나무들을 뒤흔들었다.)

d. The news of the killings **rocked** the city.(살인 사건들에 관한 뉴스가 그 도시를 뒤흔들었다.)

2.3. 다음 주어는 목적어를 흔들어서 어떤 상태에 들어가게 한다.

(5) She **rocked** the baby to sleep.(그녀는 아기를 흔들어 재웠다.)

2.4. 다음 주어는 목적어를 정신적으로 흔든다.

(6) a. The director's resignation **rocked** the whole company.(지배인의 사임은 온 회사를 뒤흔들었다.)

b. The latest scandal **rocked** the monarchy.(최근의 스캔들은 그 왕정을 뒤흔들었다.)

2.5. 다음은 수동태 문장으로 주어는 흔들린다.

(7) a. The house was **rocked** by the earthquake.(그 집은 지진으로 흔들렸다.)

b. Every one in the court was **rocked** with the verdict.(법정의 모든 사람들은 그 평결에 크게 동요했다.)

c. The whole political world was **rocked** by his death.(온 정치계는 그의 죽음으로 뒤흔들렸다.)

2.6. 다음은 수동태 문장으로 주어는 정신적으로 흔들린다.

(8) a. She was **rocked** in security/hope.(그녀는 안전하다는 생각에/희망에 흔들렸다.)

b. Everyone was **rocked** into a false sense of security.(모두가 그릇된 안전 의식으로 흔들려 들어갔다.)

2.7. 믿음이나 확신도 구체적인 개체로 개념화된다. 주어는 목적어를 흔든다.

(9) That **rocked** his belief/conviction.(그것은 그의 믿음/확신을 뒤흔들었다.)

roll

이 동사의 개념 바탕에는 구르는 과정이 있다.

1. 자동사 용법

1.1. 다음 주어는 구르면서 이동한다.

(1) a. Rocks and stones were **rolling** down the hill.(바위와 돌들이 산 아래로 굴러 내리고 있었다.)

b. The dog **rolled** in the mud.(그 개는 진흙에서 뒹굴었다.)

c. The ball **rolled** into a hole.(공은 굴러서 구멍으로 들어갔다.)

d. The coin fell and **rolled** under the table.(동전은 떨어져서 식탁 아래로 굴러갔다.)

1.2. 다음 주어는 바퀴가 달린 개체이다. 주어는 바퀴가 구르면서 이동한다.

(2) a. The train **rolled** slowly into the station.(열차는 천천히 역으로 굴러들어 왔다.)

b. A coach **rolled** up to the inn.(마차가 그 여관에 굴러왔다.)

c. The bus **rolled** up to the stop.(버스는 정류장까지 굴러왔다.)

1.3. 다음 주어는 말리면서 펼쳐지거나 감긴다.

(3) a. The carpet **rolled**.(양탄자는 돌돌 말렸다.)

b. The paper **rolls** easily.(그 종이는 잘 말린다.)

1.4. 다음 주어는 동그란 모양으로 구르듯 움직인다.

(4) a. The clouds **rolled** away as the sun rose.(구름들은 해가 떠오르자 굴러가 버렸다.)

b. The tears were **rolling** down his cheek.(눈물은 그의 빰 아래로 굴러 내리고 있다.)

c. The fog **rolled** in from the water.(안개는 그 바다에서부터 굴러 들어왔다.)

1.5. 파도가 치는 모습도 공과 같은 둥근 물체가 굴러가는 것으로 개념화된다.

(5) a. The waves **rolled** into the beach.(파도는 굴러서 해변에 밀려 왔다.)

b. Waves **rolled** to the beach.(파도들이 해변에 굴러왔다.)

1.6. 다음 주어는 좌우로 흔들린다.

(6) a. We **rolled** and pitched for two days after leaving Lisbon.(우리 배는 리스본을 떠난 다음 이틀간 전후

좌우로 심하게 흔들렸다.)

b. The ship was rolling heavily.(그 배는 좌우로 심하게 흔들리고 있었다.)

c. The drunken man rolled up to me.(술 취한 사람이 은 비틀거리면서 내게 다가왔다.)

1.7. 다음 주어는 말린다.

(7) a. The dough rolls well.(그 반죽은 밀방망이로 잘 밀린다.)

b. The pastry is so wet; it won't roll.(그 밀반죽은 물기가 너무 많아서 밀방망이로 평평하게 잘 밀리지 않을거다.)

c. Cardboard won't roll without creasing.(마분지는 쭈그리지 않으면 말리지 않는다.)

d. This paint rolls on easily.(이 페인트는 쉽게 밀어진다.)

1.8. 다음은 [시간은 움직이는 개체] 은유가 적용된 표현이다.

(8) a. The years rolled by/on.(몇 해가 흘러갔다.)

b. Weeks rolled by.(몇 주가 지나갔다.)

1.9. 다음은 [과정은 장소이동] 은유가 적용된 표현이다.

(9) a. Let's get this project rolling.(이 기획사업은 굴러가게 하자.)

b. The campaign is rolling.(그 운동은 굴러가고 있다.)

c. The project is rolling now.(기획사업은 이제 굴러가고 있다.)

d. Let us roll at sunrise.(해뜰 무렵에 활동을 시작합시다.)

1.10. 다음 주어는 움직이지 않으나 전체 형상을 눈으로 따라가면 구르는 모습으로 나타난다.

(10) a. The countryside rolled away for miles.(그 시골은 수마일 가량 펼쳐졌다.)

b. The hills roll to the sea.(그 산들은 바다로 파도처럼 펼쳐진다.)

c. The dunes roll toward the sea.(그 모래언덕은 바다로 펼쳐진다.)

2. 타동사 용법

2.1. 다음 주어는 목적어를 굴려서 움직인다.

(11) a. He rolled the ball along the floor.(그는 공을 마루를 따라 굴렸다.)

b. The man rolled the barrel into the yard.(그 사람은 통을 뜰로 굴려 넣었다.)

c. The river rolls the water into the ocean.(그 강은 물을 바다로 흘러간다.)

2.2. 다음 목적어는 바퀴가 달린 개체이다. 주어는 목적어를 굴린다.

(12) a. The nurse rolls the baby carriage.(그 간호사는 유모차를 굴린다.)

b. The boys rolled the wheelchair.(그 소년들은 환자용 의자를 굴렸다.)

2.3. 다음 주어는 목적어를 굴려서 움직인다.

(13) a. The wind rolled the waves against the shore.(바람은 파도를 해안으로 굴려갔다.)

b. He rolled his bed against the wall.(그는 침대를 굴

려서 벽에 갖다 대었다.)

c. He rolled the chair under the desk.(그는 의자를 굴려서 책상 밑에 넣었다.)

2.4. 다음 주어는 롤러를 써서 목적어를 편다.

(14) a. Mother rolled the dough for cookies.(어머니는 과자를 만들기 위해서 반죽을 (밀대로 굴려서) 평평하게 했다.)

b. She rolled the pastry flat.(그녀는 가루 반죽을 밀어서 납작하게 했다.)

2.5다음 주어는 롤러를 써서 목적어를 깎거나 평평하게 한다.

(15) a. He rolled a lawn.(그는 잔디밭을 깎았다.)

b. He rolled the road surface.(그는 길 표면을 고르게 했다.)

2.6. 다음 주어는 목적어를 말아서 into의 목적어의 상태로 만든다.

(16) a. Roll the string wool into a ball.(털실을 감아서 공모양으로 만들어라.)

b. They rolled the clay into a ball.(그들은 진흙을 굴려서 공을 만들었다.)

c. The cat rolled itself into a ball.(고양이는 자신의 몸을 말아 공 모양을 만들었다.)

d. She rolled the metal into sheets.(그녀는 금속을 밀어서 얇은 판으로 만들었다.)

2.7. 다음 주어는 목적어를 만다.

(17) a. Roll up the carpet.(카페트를 다 말아라.)

b. Roll up the map on the wall.(벽에 있는 지도를 말아라.)

c. He rolled up his sleeve.(그는 소매를 말아 올렸다.)

d. He rolled up his blanket.(그는 담요를 다 말았다.)

2.8. 다음 주어는 목적어를 굴린다.

(18) a. The tide rolls pebbles.(조류가 자갈을 굴린다.)

b. Heavy seas rolled the ship.(파도가 심한 바다가 그 배를 요동시켰다.)

c. The child was rolling a hoop.(그 아이는 후프를 굴리고 있었다.)

2.9. 다음 주어는 혀를 말아서 발음한다.

(19) a. He rolled out his words.(그는 말을 굴려 내었다.)

b. He rolls his r's(그는 r 소리를 굴린다.)

2.10. 다음 주어는 말아서 생기는 개체이다.

(20) a. He rolled a cigarette.(그는 담배 하나를 말았다.)

b. She rolled a ball of string.(그녀는 실꾸러미 하나를 말았다.)

2.11. 다음 주어는 첫째 목적어에 둘째 목적어를 말아서 준다.

(21) Please roll me a cigarette.(나에게 담배를 말아주세요.)

2.12. 다음 주어는 목적어를 말아서 넣는다.

(22) a. He rolled the dirty laundry in a sheet.(그는 때가 낀 세탁물을 시트에 말아 넣었다.)

b. They rolled her in a coat.(그들은 그녀를 굴려서 코트에 싸이게 했다.)

c. He rolled himself into the blanket.(그는 자신을 담요로 감쌌다.)

romp

이 동사의 개념 바탕에는 거칠고 시끄럽게 그러나 즐겁게 노는 과정이 있다.

1. 자동사 용법

1.1. 다음 주어는 거칠고 시끄럽게 논다.
(1) a. The silly children romped in the mud after the storm.(폭풍 후에 순진한 아이들은 진창에서 떠들썩하게 뛰놀고 있었다.)
　　 b. Kids are romping in the snow.(아이들은 눈 속에서 떠들썩하게 뛰놀고 있다.)
　　 c. The children are romping upstairs.(아이들은 위층에서 떠들썩하게 뛰놀고 있다.)
　　 d. The puppies romped with each other in the park.(강아지들은 그 공원에서 서로 같이 떠들썩하게 뛰놀았다.)

1.2. 다음 주어는 시끄럽게 떠들면서 움직인다.
(2) a. He romped in and out of night clubs.(그는 나이트클럽들을 시끄럽게 들락거렸다.)
　　 b. They are romping through the streets.(그들은 시끄럽게 떠들면서 거리를 지나가고 있다.)
　　 c. He is romping up and down the east coast.(그는 동쪽 해안을 시끄럽게 오르내리고 있다.)

1.3. 다음 주어는 가볍게 어떤 과정을 거치거나 목표에 이른다.
(3) a. Ray expected to romp through the test and interview.(레이는 그 시험과 면접을 거뜬히 해낼 것이라고 예상했다.)
　　 b. She romped through the exam questions.(그녀는 그 시험 문제들을 거뜬히 통과했다.)
　　 c. The team romped to an easy victory.(그 팀은 쉬운 승리로 뛰어갔다.)
　　 d. The Korean team romped to a 4−1 victory.(한국팀은 4−1의 승리로 가뿐히 뛰어갔다.)

room

이 동사의 개념 바탕에는 room의 명사 '방'이 있다.

1. 자동사 용법

1.1. 주어는 방을 쓴다. 즉 하숙이나 합숙을 한다.
(1) a. He rooms at my uncle's.(그는 내 아저씨 집에서 하숙을 한다.)
　　 b. They roomed together at college.(그들은 대학에서 방을 같이 썼다.)

1.2. 다음 주어는 전치사 with의 목적어와 방을 같이 쓴다.
(2) a. I roomed with him in Seoul.(나는 그와 같이 서울에서 방을 썼다.)
　　 b. He's rooming with Frank.(그는 프랭크와 같은 방을 쓰고 있다.)

root[1]

이 동사의 개념 바탕에는 root의 명사 '뿌리'가 있다.

동사의 의미는 뿌리의 내재적이거나 관습적인 과정과 관계된다.

1. 자동사 용법

1.1. 다음 주어는 뿌리가 내린다.
(1) a. New shrubs root easily in summer.(새 관목들은 여름에는 쉽게 뿌리를 내린다.)
　　 b. Some cuttings root easily.(몇몇 접목들은 쉽게 뿌리를 내린다.)

1.2. 다음 주어는 응원한다.
(2) a. The fans rooted for their team.(팬들은 자신들의 팀을 응원했다.)
　　 b. Half the school came to root for their team.(학교의 절반이 그들의 팀을 응원하기 위해서 왔다.)

2. 타동사 용법

2.1. 다음 주어는 목적어를 뿌리내린다.
(3) He rooted the plants in compost.(그는 그 식물들을 퇴비에 뿌리를 내리게 했다.)

2.2. 다음 주어는 목적어를 뿌리가 박히듯 꼼짝 못하게 한다.
(4) a. Embarrassment rooted her to the spot.(황당함이 그녀를 그 자리에 꼼짝 못하게 했다.)
　　 b. Fright rooted him to the floor/the chair.(공포가 그를 마루/의자에 꼼짝 못하게 했다.)

2.3. 다음은 수동태 문장으로 주어는 박힌다.
(5) a. The bush was too firmly rooted in the hard earth to dig up easily.(그 덤불은 단단한 땅에 너무 굳게 뿌리박혀 있어 쉽게 팔 수 없었다.)
　　 b. War is rooted in economic causes.(전쟁은 경제적인 원인에 뿌리가 있다.)
　　 c. The policy is rooted in Marxist economic theory.(그 정책은 마르크스의 경제 이론에 뿌리박혀 있다.)
　　 d. These customs are rooted in tradition.(이 관습들은 전통에 뿌리박혀 있다.)

2.4. 다음 주어는 목적어를 뿌리를 뽑듯 뽑아낸다.
(6) a. He rooted his brother out of his bed.(그는 형을 자신의 침대에서 밀쳤다.)
　　 b. They rooted imperialism out of the country.(그들은 제국주의를 그 나라에서 근절시켰다.)
　　 c. They rooted out evils.(그들은 악을 근절했다.)
　　 d. He is appointed to root out inefficiency.(그는 비능률을 뿌리뽑기 위해 임명된다.)
　　 e. Racism cannot be rooted out without strong government action.(인종차별은 강력한 정부의 조치 없이는 근절될 수 없다.)

2.5. 다음 주어는 목적어를 완전히 뽑는다.
(7) a. You have to root up the weeds.(너는 잡초들을 완전히 뿌리뽑아야 한다.)
　　 b. He rooted up a few potatoes.(그는 몇 개의 감자들을 뽑아 올렸다.)
　　 c. He rooted up some information for blackmail.(그는 갈취에 쓰일 얼마간의 정보들을 완전히 제거했다.)

2.6. 다음 목적어는 재귀대명사이다. 주어는 어느 장소에 뿌리를 내린다.

(8) Clump of thyme **rooted** themselves between the rocks.(사향초 덤불이 암벽 사이에 뿌리 내렸다.)

root²

이 동사의 개념 바탕에는 주둥이로 헤적이는 과정이 있다.

1. 자동사 용법
1.1. 다음 주어는 헤집으면서 찾는다.
(1) a. He **rooted around** in the drawer for food.(그는 음식을 찾으려고 서랍을 여기저기 헤집고 찾았다.)
　　b. She **rooted through** her bag looking for something.(그녀는 뭔가를 찾아 그녀의 가방 안을 헤집었다.)

2. 타동사 용법
2.1. 다음 주어는 목적어를 헤집는다.
(2) The wild pigs **root up** acorns in the forest.(야생 돼지들은 도토리를 숲에서 헤집어 내었다.)
2.2. 다음 주어는 목적어를 헤집는다. 목적어는 장소이다.
(3) The pigs **rooted** the garden.(돼지들은 뜰을 헤집고 팠다.)

rope

이 동사의 개념 바탕에는 rope의 명사 '밧줄'이 있다. 동사의 뜻은 이 명사의 쓰임과 관계가 있다.

1. 타동사 용법
1.1. 다음 주어는 목적어를 잡거나 옭아맨다.
(1) a. The cowboy **roped** a deer.(카우보이는 사슴을 밧줄로 잡았다.)
　　b. The sheriff **roped** the bandit and tied him up.(보안관은 그 도둑을 잡아서 묶었다.)
　　c. Two firemen **roped** themselves together and plunged into the lake.(두 소방관은 자신들을 묶어서 호수로 뛰어들었다.)
1.2. 다음 주어는 밧줄로 목적어를 to의 목적어에 묶는다.
(2) a. He **roped** his horse **to** a nearby tree.(그는 말을 가까운 나무에 밧줄로 묶었다.)
　　b. He **roped** the suitcase **to** the roof of the car.(그는 여행 가방을 그 차의 지붕에 밧줄로 묶었다.)
1.3. 주어는 목적어를 끌어들인다.
(3) a. I **roped in** Mom to help with the entertainment.(나는 연회를 돕기 위해 엄마를 끌어들였다.)
　　b. The boss **roped** us **in** to stay late.(사장은 우리를 늦게까지 붙들었다.)
1.4. 주어는 목적어를 밧줄로 구획을 짓는다.
(4) a. He **roped in** a plot of ground.(그는 밧줄로 땅의 작은 지역을 구획지었다.)
　　b. We **roped in** the cattle.(우리는 가축들을 몰아넣었다.)
1.5. 다음은 수동태 문장으로 주어는 묶여 들어온다.
(5) I was **roped in** to help sell the tickets.(나는 티켓을

파는 것을 돕는 것에 끌어들여졌다.)
1.6. 다음 주어는 목적어를 어떤 일을 하도록 끌어들인다.
(6) a. We **roped** a couple of spectators **into** playing for our team.(우리는 구경꾼 한 쌍을 우리 팀을 위해 참가하도록 끌어들였다.)
　　b. The big boys **roped** Tim **into** stealing the apples.(큰 소년들은 팀을 사과 훔치는데 끌어들였다.)
1.7. 다음 주어는 로프를 쳐서 목적어를 떼어놓는다.
(7) a. The police **roped off** the street to investigate the accident.(경찰은 거리를 그 사건을 조사하기 위해 밧줄을 쳐서 분리시켰다.)
　　b. The police **roped off** the area of crime.(경찰은 밧줄을 쳐서 범죄 현장을 분리시켰다.)
　　c. They **roped off** one end of the room.(그들은 그 방의 한쪽 끝을 밧줄을 쳐서 분리시켰다.)

rotate

이 동사의 개념 바탕에는 도는(회전하는) 과정이 있다.

1. 자동사 용법
1.1. 다음 주어는 돈다.
(1) a. The earth **rotates** on its axis/around the sun.(지구는 지축을 중심으로/태양 주위를 돈다.)
　　b. The wheel **rotates** around its hub/an axle.(그 바퀴는 바퀴 중심/축을 주위로 돈다.)
1.2. 다음 주어는 시간대나 자리를 따라 움직인다.
(2) a. The fire-fighters **rotate** in shifts.(소방수들은 돌아가며 교대를 한다.)
　　b. When I joined the company, I **rotated** around different sections.(내가 그 회사에 입사했을 때, 나는 다른 부서들을 돌았다.)
　　c. The chairmanship of the club **rotates** annually.(그 클럽의 의장직은 매년 돌아간다.)
　　d. The post of secretary **rotates** annually.(그 비서직은 매년 돌아간다.)
1.3. 다음 주어는 사람들 사이에 돌아간다.
(3) a. The duty of washing dishes **rotated** among my siblings and me.(그 설거지 의무는 내 형제들과 나 사이에 돌아갔다.)
　　b. Cleaning duties **rotate** among the groups.(청소 의무는 그 단체들 사이에 돌아간다.)

2. 타동사 용법
2.1. 다음 주어는 목적어를 돌린다.
(4) a. Bill **rotated** the basketball on his finger tip.(빌은 농구공을 손가락 끝에 돌렸다.)
　　b. **Rotate** the handle a half turn to the left.(손잡이를 왼쪽으로 반쯤 돌려라.)
　　c. **Rotate** the handle by 180°.(손잡이를 180도 돌려라.)
2.2. 다음 주어는 목적어가 사람 사이나 자리에 돌아가게 한다.

(5) a. Bill rotated the wheels of the bike. (빌은 자전거의 바퀴를 돌아가게 했다.)

b. The party rules rotate the leadership. (당의 규칙들은 지도자의 임무를 돌아가게 한다.)

c. We usually rotate the worst jobs, so that nobody gets stuck with them. (우리는 보통 최악의 일을 돌아가게 해서 아무도 그 일만 하지 않는다.)

d. The supervisor rotated the worker's shifts every month. (그 감독은 노동자들을 매달 교대시켰다.)

e. We rotate the night shift so that no one has to do it all the time. (우리는 야간 교대를 돌아가며 해서 아무도 항상 그 일을 해야만 하는 것은 아니다.)

2.3. 다음 주어는 목적어를 돌려짓기한다.

(6) a. The farmer rotates the crops that are grown. (그 농부는 기르는 농작물을 윤작한다.)

b. He rotates bean crops with grain crops. (그는 콩을 곡류와 윤작한다.)

round

이 동사의 개념 바탕에는 round의 형용사 '둥글다'가 깔려 있다.

1. 타동사 용법

1.1. 다음 주어는 목적어의 모양을 둥글게 한다.

(1) a. He rounded his lips and tried to whistle. (그는 입술을 둥글리고 휘파람을 불려고 했다.)

b. You round your lips to pronounce "o". (너는 "o"를 발음하기 위해 입술을 둥글게 한다.)

c. He rounded his fingernails. (그는 손톱을 둥글게 깎았다.)

d. Round the corners of the table with a jig saw. (그 탁자의 모퉁이들을 실톱으로 둥글게 깎아라.)

e. A carpenter rounded the edges of the table top. (목수는 탁자 윗면의 가장자리들을 둥글렸다.)

f. Over millennia ice and water have rounded the stones. (천년을 넘도록 얼음과 물은 돌들을 둥글게 깎아왔다.)

1.2. 다음 주어는 목적어를 둥글게 해서 into의 목적어의 상태로 만든다.

(2) The sculptor rounded the clay into a sphere. (그 조각가는 점토를 공 모양으로 둥글렸다.)

1.3. 다음 주어는 목적어를 일부 잘라서 둥글게 한다.

(3) He rounded off the corners with a pair of scissors. (그는 모서리들을 가위로 잘라내서 둥글렸다.)

1.4. 다음 주어는 목적어의 주위를 돈다.

(4) a. As it rounded the corner, the bus mounted the curb. (모퉁이를 돌 때, 그 버스는 보도의 연석에 올랐다.)

b. The car rounded the bend in the road at 120 mph. (그 차는 길 모퉁이를 120mph로 돌았다.)

c. The ship is now rounding the cape/the island. (그 배는 지금 그 갑/섬을 돌고 있다.)

d. They rounded the tip of the peninsula. (그들은 반도의 끝을 돌았다.)

e. The plane succeeded in rounding the world. (그 비행기는 세계를 도는 데 성공했다.)

1.5. 다음 주어는 목적어를 반올림 한다.

(5) a. Round your answer to the nearest 10's. (네 답을 가장 가까운 10자리에서 반올림해라.)

b. Let's round all the prices to the nearest dollar for an estimate of the total bill. (총 청구액의 추산을 위해서 모든 가격을 가장 가까운 달러 단위에서 반올림합시다.)

c. 7578 rounded to the nearest hundred would be 7600. (7578을 가장 가까운 100 자리 반올림하면 7600이 될 것이다.)

d. The fraction was multiplied by 100, and rounded to the nearest half or whole number. (그 분수는 100에 곱해지고서, 가장 가까운 반이나 정수에서 반올림되었다.)

1.6. 다음 주어는 목적어를 밑으로 잘라버린다.

(6) a. He rounded down $33.20 to #33. (그는 $33.20를 $33로 끝수를 잘라버렸다.)

b. $10.35 rounded down is $10.00. ($10.35를 버림하면 $10.00가 된다.)

c. When you round decimals down, the number is easier to read. (소수를 버림하면, 그 수는 읽기 쉬워진다.)

1.7. 다음 주어는 목적어를 반올림해서 끝자리를 올린다.

(7) a. He rounded up $45.60 to $46.00. (그는 $45.60를 $46.00로 올림했다.)

b. These census figures are rounded up to the nearest million. (이 인구 조사의 숫자들은 100만 단위에서 올림된다.)

c. Please round the price up to the nearest dollar. (가격을 가장 가까운 달러 단위에서 올림하시오.)

1.8. 다음 주어는 반올림하여 잘라낸다.

(8) a. He rounded off a fraction to three decimal places. (그는 분수의 소수 셋째자리 이하를 반올림해서 잘라냈다.)

b. He rounded off three decimals. (그는 세 개의 소수들을 반올림했다.)

c. You can round off 15,837 to 15,840. (15837을 15840으로 반올림할 수 있다.)

d. The number 614 can be rounded off to 610 or 600. (숫자 614는 610 또는 600으로 반올림될 수 있다.)

1.9. 다음은 수동태 문장으로 주어는 반올림된다.

(9) The price has been rounded off to the nearest dollar. (가격은 가장 가까운 달러 단위에서 반올림되어져 왔다.)

1.10. 원을 완전하게 그리는 것은 어떤 과정을 완전하게 마무리 짓는 일에 비유된다. 다음 주어는 목적어를 완전하게 한다.

(10) a. He rounded out the concert with an encore. (그는 음악회를 앵콜로 마무리했다.)

b. After going to a theater, we rounded the evening out with a visit to a bar. (극장에 갔다온 후, 우리는 그 저녁을 어느 바를 방문하는 것으로 마무리했다.)

c. David rounded out his diet with vitamin

supplements.(데이빗은 비타민으로 식이요법을 마무리했다.)

d. He rounded his speech with a quotation from Bill Clinton.(그는 빌 클린턴을 인용하면서 연설을 마무리했다.)

e. Sue rounded out her workday by exercising before dinner.(그녀는 저녁 식사 전에 실습하는 것으로 근무일을 마무리했다.)

1.11. 다음 주어는 목적어를 완전하게 만든다.

(11) a. He rounded his character.(그는 인격을 완성했다.)

b. The new coin rounded out his collection.(그 새 동전은 그의 수집을 완성했다.)

1.12. 다음 목적어는 글과 관계가 있다. 주어는 목적어를 완전하게 한다.

(12) a. A bit more research is needed to round out the paper.(보고서를 완성하기 위해서는 더 많은 조사가 필요하다.)

b. You must round out the sentence.(너는 그 문장을 완성해야 한다.)

c. Round out your essay by adding more details.(더 많은 세부 사항들을 첨가해서 네 논문을 완성해라.)

d. John rounded out his degree by studying in Spain for a year.(존은 1년간 스페인에서 공부하여 학위를 마쳤다.)

1.13. 다음에 쓰인 up은 개체나 사람 사이의 간격이 좁아진 결과를 나타낸다. 다음 주어는 목적어를 몰아서 한곳에 모은다.

(13) a. Cowboys rounded the cows.(카우보이들은 소들을 몰아들였다.)

b. Go and round the cattle up.(가서 그 소떼를 몰아들여라.)

c. The brothers set about rounding up the horses.(남동생들은 말들을 몰아들이기 시작했다.)

d. They rounded up people at gunpoint.(그들은 총부리를 들이대고 사람들을 몰아들였다.)

e. Police rounded up ten people for questioning.(경찰은 질문하기 위해 10명의 사람들을 불러들였다.)

f. He succeeded in rounding up the two-thirds of the majority.(그는 다수 중 3분의 2를 모아들이는 데 성공했다.)

g. The teacher rounded up the kids.(교사는 아이들을 모아들였다.)

h. Let's round up a group for a volley ball game.(배구 시합을 위해 그룹을 모으자.)

i. We should be able to round up a few friends to help.(우리는 도와줄 몇몇의 친구들을 모아들일 수 있어야만 한다.)

j. The police rounded up the gang of criminals.(경찰은 범죄자 무리를 체포했다.)

k. The police finally rounded up the thief.(경찰은 그 도둑을 체포했다.)

l. Round up the likeliest suspects.(범죄를 저질렀을 것으로 가장 많이 추측되는 용의자들을 체포하라.)

m. You must round up more evidence.(너는 더 많은 증거들을 모아들여야만 한다.)

1.14. 다음에서 round는 어떤 과정을 완전하게 하는

뜻이고 off는 주어진 과정을 끝냄을 나타낸다.

(14) a. Round off the passage.(그 구절을 마무리해라.)

b. This passage needs rounding off.(이 구절은 마무리되어야 할 필요가 있다.)

c. You must round off your essay with a strong conclusion.(너는 논문을 강한 결론으로 마무리해야만 한다.)

1.15. 다음 주어는 목적어를 마무리 짓는다. 목적어는 과정이다.

(15) a. Fresh strawberries would round off the meal nicely.(신선한 딸기들은 식사를 멋지게 마무리 할 것이다.)

d. Do you fancy a drink to round off the evening?(한 잔 마시고 오늘 저녁을 마무리하는 것이 좋으니?)

1.16. 다음 주어는 목적어를 with의 목적어로 마무리 짓는다.

(16) a. He rounded off his career by being appointed a director.(그는 지배인으로 임명되는 것으로 경력을 마무리했다.)

b. The day's outing was rounded off with a visit to the theater.(그날의 외출은 극장 방문을 끝으로 마무리 되었다.)

c. We rounded off the meal with coffee and chocolates.(우리는 식사를 커피와 초콜릿으로 마무리했다.)

d. They rounded off the party with a song.(그들은 파티를 노래로 끝마쳤다.)

2. 자동사 용법

2.1. 다음의 주어는 원숙하게 되어 into의 목적어의 상태가 된다.

(17) a. The child rounded into a lovely young lady.(그 아이는 사랑스러운 젊은 숙녀로 성장했다.)

b. The boy rounded into manhood.(그 소년은 성장하여 어른이 되었다.)

c. The vague talk rounded into a concrete plan.(막연한 이야기는 구체적인 계획이 되었다.)

2.2. 다음 주어는 방향을 틀어서 on의 목적어를 신체적으로나 정신적으로 공격을 한다.

(18) a. The fox rounded on its pursuer.(그 여우는 추격자를 공격했다.)

b. The tiger rounded on him.(호랑이는 그에게 덤볐다.)

c. My best friend suddenly rounded on me.(내 가장 친한 친구는 갑자기 나를 공격했다.)

d. The minister rounded on his critics with a forceful speech.(장관은 그 비평가들을 힘 있는 연설로 꾸짖었다.)

e. For no reason, she rounded on me, and started screaming.(이유도 없이, 그녀는 나에게 대들고 비명을 지르기 시작했다.)

f. His wife rounded on him when he returned drunk.(그의 아내는 그가 술 취해서 돌아왔을 때 그를 심하게 나무랐다.)

2.3. 다음 주어는 마친다.

(19) He rounded off by proposing to a toast to the

attendants.(그는 참석자들에게 축배를 제의하면서 마무리했다.)

2.4. 다음에서 주어는 살이 불어서 통통해진다.

(20) a. She has rounded out nicely.(그녀는 멋지게 살이 붙었다.)

b. Your figure has rounded out.(네 모습은 살이 쪘다.)

c. As she grew older, she rounded out from the skinny tomboy she had been.(그녀는 나이가 들어 감에 따라, 전의 깡마른 말괄량이의 모습에서 벗어나 살이 쪘다.)

2.5. 다음 주어는 둥글게 된다.

(21) Her shoulders have rounded with age.(그녀의 어깨는 나이가 들면서 휘었다.)

rouse

이 동사의 개념 바탕에는 잠을 깨우는 과정이다.

1. 타동사 용법

1.1. 다음 주어는 목적어를 전치사 from으로부터 깨운다.

(1) a. She roused him from his sleep.(그녀는 그를 잠에서 깨웠다.)

b. She blinked her eyes as if roused out of a coma.(그녀는 혼수 상태에서 깨어난 것처럼 눈을 깜박거렸다.)

c. The sound roused him from reflections.(그 소리는 그를 명상에서 깨웠다.)

d. I roused him from his idleness.(나는 그를 게으름에서 깨웠다.)

e. He roused her from apathy.(그는 그녀를 무관심에서 깨어나게 했다.)

f. He roused her from/out of silence.(그는 그녀를 침묵에서 깨웠다.)

g. The dog roused pheasant from the bushes.(그 개는 꿩을 덤불에서 도망가게 했다.)

1.2. 다음에서는 from이 쓰이지 않는다. 그러나 이 경우 주어가 목적어를 잠에서 깨우는 것으로 이해된다.

(2) a. He is very hard to rouse in the morning.(그는 아침에 깨우기가 매우 힘들다.)

b. The train conductor couldn't rouse the sleeping man.(그 차장은 자고 있는 남자를 깨울 수 없었다.)

c. Nick roused her with a gentle nudge.(닉은 그녀를 부드럽게 팔꿈치로 찔러서 깨웠다.)

d. We tried to rouse her, but she was still unconscious.(우리는 그녀를 깨우려고 했지만 그녀는 여전히 의식이 없었다.)

1.3. 다음은 수동태 문장으로 주어는 깨워진다.

(3) a. He was roused from the swoon.(그는 기절에서 깨어났다.)

b. We were roused from a deep sleep.(우리는 깊은 잠에서 깨어났다.)

c. I was roused by the whistle of the train.(나는 기차 기적소리에 깨어났다.)

d. I was roused by the ring of the telephone.(나는 전화벨 소리에 깼다.)

1.4. 다음 주어는 목적어를 정신적으로 일깨운다.

(4) a. He roused his troops with his oratory.(그는 부대를 웅변으로 일깨웠다.)

b. John roused the workers and they are ready to strike.(존은 노동자들을 일깨워서 그들은 파업할 준비가 되어있다.)

c. The speaker attempted to rouse the crowd with a cry for action.(그 연사는 그 군중들을 행동을 위한 외침으로 일깨우려고 시도했다.)

d. He roused the masses.(그는 대중들을 일깨웠다.)

1.5. 다음은 수동태 문장으로 주어는 깨워진다.

(5) a. She shrieked when roused.(그녀는 깨어졌을 때 날카롭게 비명을 질렀다.)

b. He wants rousing.(그는 분기를 필요로 한다.)

c. He is dangerous when he's roused.(그는 격분되면 위험하다.)

1.6. 다음 주어가 목적어를 일깨워서 목적어가 전치사 to나 into의 목적어 상태에 이르게 한다.

(6) a. The insult roused him to fury.(모욕이 그를 분노하게 했다.)

b. He roused the troops to action.(그는 군대를 자극해서 행동하게 했다.)

c. His tirade roused the crowd to a frenzy.(그의 긴 열변은 군중을 자극하여 광란시켰다.)

d. The commander tried to rouse them into action.(그 지도자는 그들을 일깨워 행동하게 했다.)

e. King's speech roused his supporters towards greater efforts.(국왕의 연설은 지지자들을 일깨워서 더욱 노력하게 만들었다.)

1.7. 다음은 수동태 문장으로 주어는 일깨워진다.

(7) a. They were roused to anger/a rage by her refusal.(그들은 그녀의 거절에 자극되어 분노/격앙되었다.)

b. A lot of people were roused to action by the appeal.(많은 사람들이 그 호소에 자극되어 행동을 했다.)

1.8. 다음 주어는 목적어를 일깨워서 어떤 행동을 하게 된다.

(8) a. The incident roused him to protest/to try.(그 사건은 그를 일깨워서 항거/시도하게 했다.)

b. He roused the students to work harder.(그는 학생들을 일깨워서 더 열심히 공부하게 했다.)

1.9. 다음 주어는 목적어를 마음속에 일어나게 한다.

(9) a. He/the threat roused her anger/fear.(그는/그 위협은 그녀의 분노/공포를 일으켰다.)

b. He roused a feeling of patriotism in me.(그는 애국의 감정을 나에게 일으켰다.)

c. Their cruel actions roused our anger.(그들의 잔인한 행동은 우리의 분노를 일으켰다.)

d. The sight roused his curiosity.(그 광경은 그의 호기심을 일으켰다.)

e. The insult roused a feeling of rebellion in him.(모욕은 반항의 감정을 그의 마음 속에 일으켰다.)

f. His sudden promotion roused suspicions among

the workers.(그의 갑작스런 승진은 근로자들 사이에 의심을 일으켰다.)

1.10. 다음 목적어는 재귀대명사이다. 주어는 자신을 일깨운다.

(10) a. He rouses himself.(그는 분발했다.)

b. He rouses himself out of bed every morning at 6.(그는 잠자리에서 매일 아침 6시에 일어난다.)

c. He roused himself from a pleasant daydream.(그는 즐거운 백일몽에서 깨어났다.)

d. The voters did not rouse themselves from their traditional apathy.(그 유권자들은 전통적인 무관심으로부터 깨어나지 못했다.)

e. Rick couldn't rouse himself to say anything.(릭은 어떤 말이라도 할 수 있도록 분발할 수 없었다.)

f. He roused himself to talk to the boss.(그는 분발해서 상사에게 이야기했다.)

g. The people roused themselves and put up stout resistance.(국민들은 분발해서 단호한 저항을 일으켰다.)

1.11. 다음은 수동태 문장으로 주어는 일으켜서

(11) a. Her interest was roused by what he said.(그녀의 관심은 그가 말한 것에 의해 생겨났다.)

b. His curiosity was roused by the sight.(그의 호기심이 그 광경을 보자 생겼다.)

2. 자동사

2.1. 다음 주어는 깬다.

(12) a. She roused from a sleep.(그녀는 잠에서 깨어났다.)

b. She roused immediately on hearing the alarm.(그녀는 자명종 소리를 듣자마자 잠에서 깨어났다.)

c. He roused up suddenly.(그는 갑자기 깨어났다.)

d. Dave rouses late when he's on vacation.(데이브는 방학 중에 늦게 일어난다.)

2.2. 다음 주어는 정신적으로 깬다.

(13) He roused at the accusation of laziness.(그는 게으르다는 비난을 듣고 깨어났다.)

row

이 동사의 개념 바탕에는 노를 젓는 과정이 있다.

1. 타동사 용법

1.1. 다음 주어는 노를 저어 목적어를 이동시킨다.

(1) a. He rowed the traveller across the river.(그는 노를 저어 강을 그 여행자를 건네주었다.)

b. The boatman refused to row him back.(그 사공은 노를 저어 그를 되돌려 보내는 것을 거부했다.)

c. He rowed us down/up.(그는 노를 저어 우리를 하류/상류로 이동시켰다.)

1.2. 다음 주어는 노를 저어서 목적어를 움직인다. 목적어는 개체이다.

(2) a. He rowed his boat out.(그는 노를 저어 배를 밖으로 내었다.)

b. They rowed the raft toward the shore.(그들은 뗏목을 저어 해안가로 갔다.)

c. They rowed the boat in.(그들은 그 배의 노를 저어

안으로 들어갔다.)

1.3. 다음 주어는 노를 쓴다.

(3) The boat rows eight oars.(그 배는 여덟 개의 노를 사용한다.)

1.4. 다음 주어는 목적어를 상대로 보트 경기를 한다.

(4) Our crew rowed Yale.(우리 조는 예일대학 보트 팀과 경기했다.)

1.5. 다음 주어는 목적어를 경기한다.

(5) They began rowing a race.(그들은 보트 경기를 시작했다.)

2. 자동사 용법

2.1. 다음 주어는 노를 젓는다.

(6) He rowed as quickly as he could.(그는 할 수 있는 한 빨리 노를 저었다.)

2.2. 주어는 노를 저어서 움직인다.

(7) a. May rowed against the current.(메이는 조류를 거슬러서 노를 저었다.)

b. We rowed across the river.(우리는 강을 가로질러 노를 저었다.)

2.3. 주어는 보트 경기를 한다.

(8) They rowed against Oxford.(그들은 옥스퍼드 팀과 대항하여 보트 경기를 했다.)

rub

이 동사의 개념 바탕에는 문지르거나 비비는 고정이 있다.

1. 타동사 용법

1.1. 다음 주어는 목적어를 문지른다. 목적어는 문질러서 발라지는 개체이다.

(1) a. She rubbed cream into her hands.(그녀는 크림을 손에 문질러 발랐다.)

b. He rubbed the oil into his hair.(그는 기름을 머리에 발랐다.)

c. She rubbed oil onto my back.(그녀는 기름을 내 등에 문질러 발랐다.)

d. She rubbed lotion on her chapped hands.(그녀는 로션을 튼 손에 발랐다.)

e. Rub this oil on your skin.(이 기름을 피부에 발라라.)

f. She rubbed cream over her face.(그녀는 크림을 얼굴에 문질러 발랐다.)

1.2. 다음 주어는 목적어를 전치사 with목적어로 바른다.

(2) a. He rubbed the table top with wax polish.(그는 탁자를 밀초 광택제로 문질렀다.)

b. He rubbed the silver teapot with a cloth and some polish.(그는 은 찻잔을 천과 광택제로 문질러 닦았다.)

c. He rubbed himself down with a towel.(그는 몸을 수건으로 닦아 말렸다.)

d. He began rubbing his hair with a towel.(그는 머리를 수건으로 문질러 닦기 시작했다.)

e. He rubbed the wood with sandpaper.(그는 그 나무

f. Rub your feet with soap.(발을 비누로 문질러 닦아라.)

g. He rubbed his face with his hands.(그는 얼굴을 손으로 문질렀다.)

1.3. 다음 주어는 목적어를 문질러서 상태 변화를 받는다.

(3) a. He rubbed himself dry with a towel.(그는 몸을 수건으로 닦아 말렸다.)

b. He rubbed off the dirt with his hand.(그는 먼지를 손으로 닦아냈다.)

c. How did you rub your skin off your knees?(어떻게 무릎의 피부를 깠느냐?)

d. He rubbed out the wrong answer with a rubber.(그는 틀린 답을 지우개로 문질러 지웠다.)

1.4. 다음 주어는 목적어를 against의 목적어에 문지르거나 비빈다.

(4) a. He kept rubbing his leg against mine.(그는 계속 다리를 내 다리에 비볐다.)

b. You rubbed your coat against the wet paint.(너는 코트를 젖은 페인트에 문질렀다.)

c. The horse rubbed its head against my shoulder.(그 말은 머리를 내 어깨에 비볐다.)

d. He rubbed his back against the wall.(그는 등을 벽에 비볐다.)

1.5. 다음에서는 문질러지는 두 개체가 복수로 표현되어 있다.

(5) a. He rubbed his hands and laughed.(그는 손을 비비고 웃었다.)

b. He was rubbing his hands together.(그는 손을 비비고 있었다.)

c. We tried to make a fire by rubbing two sticks together.(우리는 나뭇가지 두 개를 함께 비벼서 불을 일으키려고 했다.)

d. She rubbed her eyes.(그녀는 눈을 비볐다.)

1.6. 주어가 목적어를 문지르거나 비비면 목적어가 변화를 받는다. 이러한 변화는 형용사나 전치사구로 표현된다.

(6) a. He rubbed himself dry.(그는 몸을 비벼서 말렸다.)

b. Rub the surface dry.(표면을 비벼서 말려라.)

c. He rubbed his hands sore.(그는 손을 아프도록 비볐다.)

d. He rubbed his glasses clear.(그는 안경을 문질러서 깨끗이 닦았다.)

e. He rubbed the grass to powder.(그는 그 풀을 비벼서 가루로 만들었다.)

1.7. 다음 주어는 목적어를 비벼서 생겨나게 한다.

(7) a. The leg of the table rubbed a hole in the carpet.(그 탁자 다리는 양탄자를 문질러서 구멍을 냈다.)

b. He rubbed a hole in the knee of his trousers.(그는 바지 무릎을 비벼서 구멍을 냈다.)

1.8. 다음 주어는 목적어를 문질러서 닦는다.

(8) a. She rubbed up the silver spoon until it shone.(그녀는 은수저를 광이 날 때까지 문질렀다.)

b. She took off her glasses, and rubbed them hard.(그녀는 안경을 벗어서 열심히 문질러 닦았다.)

다.)

c. She rubbed down the door.(그녀는 문을 문질러 닦았다.)

d. She rubbed the horse down after the race.(그녀는 경주 후에 말을 문질러 닦아 내렸다.)

1.9. 다음 주어는 목적어를 스친다.

(9) a. The shoes rubbed my heels.(신발은 내 발꿈치를 비벼서 깠다.)

b. The automobile rubbed my coat.(그 차는 내 저고리를 스쳤다.)

2. 자동사 용법

2.1. 다음 주어는 문질러서 빠져나간다.

(10) a. The stain won't rub out.(그 얼룩은 잘 문질러 닦아지지 않는다.)

b. The chalk rubs off easily.(그 분필은 쉽게 문질러 없어진다.)

2.2. 다음 주어는 against나 on의 목적어에 힘을 가한다.

(11) a. The wheel is rubbing against something.(그 바퀴는 무엇인가에 스치고 있다.)

b. What is the wheel rubbing against?(그 바퀴는 무엇에 스치느냐?)

c. The tree branches are rubbing against the window.(그 나뭇가지들은 창문에 스치고 있다.)

d. The door rubs on the floor.(그 문은 그 바닥에 스친다.)

e. The shoes are too tight; they are rubbing on my toes.(그 신발은 너무 꽉 끼인다; 그것은 내 발가락을 까지게 한다.)

ruffle

이 동사의 개념 바탕에는 헝크는 과정이 있다.

1. 타동사 용법

(1) a. She affectionately ruffled his hair with her hand as she passed.(그녀가 지나가면서 그의 머리를 손으로 다정스럽게 쓸었다.)

b. He ruffled his hair in anger.(그는 화가 나서 머리를 헝클었다.)

c. He stood there with his hair ruffled by the breeze.(그는 미풍에 머리를 흩날리며 그 자리에 서 있었다.)

d. The wind ruffled her hair.(바람은 그녀의 머리를 흩날렸다.)

1.2. 다음 주어는 목적어를 곤두세운다.

(2) a. The hen ruffled up her feathers.(그 암탉은 깃털을 꼿꼿이 세웠다.)

b. A gust of breeze moved down the hillside ruffling the grass.(질풍이 산 아래로 움직이면서 초목을 흔들었다.)

c. She ruffled the curtains.(그녀는 커튼의 주름을 잡았다.)

1.3. 다음 주어는 목적어를 물결을 일게 한다.

(3) a. The evening breeze ruffled the pond.(저녁 바람은

연못에 물결이 일게 했다.)

b. The wind **ruffled** the water.(바람은 물에 물결이 일게 했다.)

c. A sudden breeze **ruffled** the surface of the pond.(갑작스러운 바람이 연못의 표면을 일렁거리게 하였다.)

1.4. 다음 주어는 목적어의 마음을 동요시킨다.

(4) a. The catcalls didn't **ruffle** the Princess as she wandered around the temple(야유는 그 공주가 그 신전을 돌아볼 때 그녀를 동요시키지 않았다.)

b. The questions **ruffled** the speaker.(그 질문들은 연사를 당황하게 했다.)

c. Nothing can **ruffle** the placid man.(아무것도 그 침착한 남자를 흐트러뜨릴 수 없다.)

1.5. 다음 주어는 목적어를 동요시킨다.

(5) a. Nothing ever **ruffles** his serenity.(아무것도 그의 침착성을 흔들지 않는다.)

b. Laura's sharp comments had **ruffled** his pride/composure.(로라의 날카로운 비평이 그의 자존심/침착함을 흔들리게 했다.)

c. He always **ruffles** my temper.(그는 항상 내 성미를 건드린다.)

d. Nothing can **ruffle** her calm temper.(아무것도 그녀의 침착한 성격을 홀트리게 할 수 없다.)

1.6. 다음은 수동태 문장으로 주어는 동요된다.

(6) a. Mary is not easily **ruffled**.(메리는 쉽게 동요되지 않는다.)

b. She was obviously **ruffled** by his question.(그녀는 분명 그의 질문에 당황했었다.)

c. He gets **ruffled** easily.(그는 쉽게 흥분한다.)

1.7. 다음 주어는 목적어를 곤두서게 한다.

(7) a. Politicians are usually careful not to **ruffle** the feathers of their constituents.(정치가들은 대개 그들의 선거권자의 심기를 건드리지 않으려고 조심한다.)

b. His direct, often abrasive approach will doubtlessly **ruffle** a few feathers.(그의 직접적이면서도 종종 귀에 거슬리는 접근은 확실히 사람들의 심기를 자극할 것이다.)

2. 자동사 용법

2.1. 다음 주어는 나부낀다.

(8) The flag on the pole **ruffled** in the breeze.(그 기둥 위의 깃발은 바람에 흩날렸다.)

2.2. 다음 주어는 소리를 내면서 찾아간다.

(9) He **ruffled** through the papers. (그는 그 서류들을 소리를 내면서 훑어보았다.)

2.3. 다음 주어는 화를 낸다.

(10) He **ruffles** at the slightest annoyance.(그는 조그만 성가심에도 화를 낸다.)

2.4. 다음 주어는 곤두선다.

(11) The bird's feathers **ruffled** at the sight of the fox.(그 새의 깃털은 여우를 보자 곤두섰다.)

---

rule

이 동사의 개념 바탕에는 지배하는 과정이 있다.

1. 타동사 용법

1.1. 다음 주어는 목적어를 지배한다.

(1) a. The king **ruled** the country for 20 years.(왕은 그 나라를 20년 동안 지배했다.)

b. He **ruled** the kingdom for many years.(그는 그 왕국을 오랫동안 지배했다.)

1.2. 다음 주어는 감정이나 욕구이다. 주어가 목적어를 지배한다.

(2) a. The passion for power **ruled** her life.(권력에 대한 열정은 그녀의 삶을 지배했다.)

b. Fear **ruled** his action.(두려움이 그의 행동을 지배했다.)

c. He **ruled** his desire.(그는 자신의 욕망을 통제했다.)

1.3. 다음 주어는 that-절에 담긴 내용을 결정한다.

(3) a. The court **ruled** that she could not keep the baby.(그 법원은 그녀가 더 이상 아기를 돌볼 수 없다고 판결했다.)

b. The court **ruled that** the law was unconstitutional.(법원은 그 법이 위헌이라고 판결했다.)

c. The judge **ruled that** she should have custody.(그 판사는 그녀가 자녀 양육권을 가져야 한다고 결정했다.)

1.4. 다음 주어는 목적어를 줄로 긋는다.

(4) a. He **ruled** the paper **with** lines.(그는 종이에 여러 줄을 그었다.)

b. He **ruled** the test paper carefully.(그는 그 시험지에 조심스럽게 줄을 그었다.)

1.5. 다음 주어는 목적어를 종이에 긋는다.

(5) a. He **ruled** a line **across** the page.(그는 한 줄을 페이지를 가로질러 그었다.)

b. He **ruled** a straight line **on** a piece of paper.(그는 한 직선을 한 장의 종이에 그었다.)

c. He **ruled** two red lines **under** the title.(그는 두 개의 빨간 줄을 제목 밑에 그었다.)

1.6. 다음 주어는 줄을 그어서 어떤 항목을 지우듯 목적어를 배제한다.

(6) a. The police **ruled out** suicide.(경찰은 자살을 배제했다.)

b. The rain **ruled out** the picnic.(비는 소풍을 못 가게 했다.)

2. 자동사 용법

2.1. 다음 주어는 on의 목적어에 판결을 내린다.

(7) a. The judge **ruled on** the lawyer's complaint.(판사는 그 변호사의 항고에 대해 판결을 내렸다.)

b. The court will soon **rule on** the case.(법원은 그 사건에 대해서 곧 판결 내릴 것이다.)

2.2. 다음 주어는 over의 목적어에 군림한다.

(8) a. The emperor **ruled over** the empire.(황제는 그 제국을 지배했다.)

b. The dictator **ruled over** the country.(독재자는 그 나라를 통치했다.)

2.3. 다음 주어는 특정한 방법으로 판결한다.

(9) a. The tribunal **ruled against/in** her favor.(법정은 그녀에 불리하게/이롭게 판결했다.)

b. The company's behavior was ruled unlawful.(그 회사의 행위는 비합법적인 것으로 판결되었다.)

2.4. 다음 주어는 무생명체이지만, 마음대로 하는 것으로 개념화된다.

(10) a. Prices ruled high.(물가가 올랐다.)

b. Higher prices ruled throughout Korea last year.(물가가 작년에 한국 전역에 많이 올랐다.)

rumble

이 동사의 개념 바탕에는 천둥과 같은 소리가 나는 과정이 있다.

1. 자동사 용법

1.1. 다음 주어는 소리를 낸다.

(1) a. The trees are rumbling in the wind.(나무들은 바람에 소리를 내고 있다.)

b. The leaves rumbled as we walked over them.(잎들은 우리가 밟고 지나갈 때마다 부스럭거리는 소리를 냈다.)

c. The wind rumbled in the trees.(바람은 그 나무들 사이에서 윙윙 소리를 내었다.)

1.2. 다음 주어는 바스락거리는 소리를 낸다.

(2) a. Her long skirt rumbled as she walked.(그녀가 걸을 때마다 그녀의 긴 치마 자락이 바스락거렸다.)

b. Silk cloth rumbles.(명주천은 바스락거린다.)

c. The pages of the new book rumbled as he turned them.(새 책의 페이지는 그가 그것을 넘길 때 바스락거렸다.)

1.3. 다음 주어는 소리를 내면서 움직인다.

(3) a. She rumbled along in her silk dress.(그녀는 비단 옷을 입고 바스락거리며 걸어갔다.)

b. The bear rumbled through the tall grass.(그 곰은 키 큰 풀숲을 바스락거리며 나아갔다.)

c. Did you hear something rumbling through the undergrowth?(무엇이 덤불을 바스락거리며 지나가는 소리를 들었어요?)

2. 타동사 용법

2.1. 다음 주어는 목적어를 바스락거린다.

(4) a. They rumbled the leaves as they walked through the woods.(그들이 그 숲 속을 걸어 갈 때 그들은 낙엽들을 바스락거렸다.)

b. Stop rumbling the newspaper!(그 신문을 바스락거리지 마세요!)

c. Mary rumbled the pages of the new book as she read them.(메리는 그녀가 읽을 때, 새 책의 그 페이지들을 바스락거리며 넘겼다.)

d. I wish people wouldn't rumble their programmes while the orchestra is playing.(사람들이 관현악단이 연주하고 있을 때 예정표를 바스락거리지 않았으면 좋겠다.)

e. The gentle wind rumbled the reeds.(산들바람은 갈대를 바스락거렸다.)

2.2. 다음 주어는 목적어를 급하게 만든다.

(5) a. He can rumble up some lunch from leftovers.(그

는 약간의 점심 식사를 남은 밥으로 급하게 만들 수 있다.)

b. See if you can rumble up a cup of tea for Paula and me, please.(포라와 나를 위해 차 한 잔 금방 해 줄 수 있는지 확인해 보세요.)

c. Mom rumbled up some food for an unexpected guest.(엄마는 약간의 음식을 갑작스런 손님을 위해 급하게 만드셨다.)

d. They have been busy rumbling up new business.(그들은 새 사업을 준비하느라 바빴다.)

e. I'm sure I can rumble you up a sandwich.(내가 샌드위치를 금방 만들어 줄 수 있다고 확신해요..)

2.3. 다음 주어는 목적어를 급하게 만든다.

(6) a. They would have to rumble up the crews from Norton.(그들은 선원들을 노톤에서 급구해야 할 것이다.)

b. He managed to rumble up a few blankets.(그는 가까스로 담요 몇 장을 급히 구해왔다.)

c. Surely one of the press lords could rumble up a limousine for her use?(확실히 언론 재벌 중 한 분이 그녀를 위해 리무진 한 대를 구할 수 있겠지요?)

2.4. 다음 주어는 목적어를 훔친다.

(7) a. The thieves who rumbled cattle were sent to jail.(가축을 훔친 도둑들은 감옥에 보내졌다.)

b. They were caught by rumbling cows.(그들은 소들을 도둑질하다 잡혔다.)

c. The rancher's cattle were rumbled during the night.(그 목장주의 가축들은 밤사이 도둑 맞았다.)

rumple

이 동사의 개념 바탕에는 구겨지거나 흐트러지는 과정이 있다.

1. 타동사 용법

1.1. 다음 주어는 목적어를 구긴다.

(1) a. You'll rumple your jacket if you don't hang it up properly.(만약 너의 재킷은 바르게 걸어놓지 않으면 그것을 구기게 될 것이다.)

b. He rumpled his hair playfully.(그는 머리카락을 장난스럽게 흩트려 놓았다.)

c. The wind rumpled her hair.(바람은 그녀의 머리를 헝클어 놓았다.)

d. He rumpled the paper and threw it into a trash can.(그는 종이를 구겨서 쓰레기통에 던져 넣었다.)

1.2. 다음은 수동태 문장으로 주어는 구겨진다.

(2) a. The bed was rumpled where he had slept.(그가 잤던 침대가 헝클어졌다.)

b. Her hair was rumpled by the wind.(그녀의 머리가 바람에 날려 헝클어졌다.)

2. 자동사 용법

2.1. 다음 주어는 구겨진다.

(3) a. If you throw your clothes on the floor, they will rumple.(만약 너의 옷들을 그 마루에 던져 놓으면, 그 옷들은 구겨질 것이다.)

b. Her hair rumpled. (그녀의 머리카락이 헝클어졌다.)

rush

이 동사의 개념 바탕에는 급하게 또 빠르게 움직이는 과정이 있다.

1. 자동사 용법

1.1. 다음 주어는 급하게 움직인다.
(1) a. We rushed at the enemy. (우리는 적에게 돌진했다.)

b. They rushed downstairs/upstairs. (그들은 아래층으로 뛰어 내려갔다./위층으로 뛰어 올라갔다)

c. He rushed out/off/away to see the procession. (그는 행렬을 보려고 달려 나갔다.)

d. The children rushed out of the classroom. (그 아이들은 그 교실 밖으로 달려 나갔다.)

e. Someone inside the building rushed out. (그 건물 안의 누군가가 달려 나왔다.)

f. She rushed out into the street. (그녀는 길로 뛰어 나갔다.)

g. They rushed round to see them. (그들은 그들을 보기 위해 급히 찾아갔다.)

h. They rushed round in a folkswagen. (그들은 폭스바겐을 타고 바쁘게 돌아다녔다.)

i. We rushed to the scene of the accident. (우리는 사고 현장으로 달려갔다.)

1.2. 다음 주어는 서둘러서 일을 급하게 한다.
(2) a. She is always rushing to finish her work. (그녀는 일을 끝내려고 항상 서두르고 있다.)

b. Fans rushed to buy tickets as soon as they were on sale. (팬들은 표를 팔기 시작하자마자 표를 사려고 서둘렀다.)

c. You shouldn't rush to blame them. (너는 성급하게 그들을 비난하면 안 된다.)

d. People are rushing to buy a copy of her book. (사람들은 그녀의 책을 사기 위해 서두르고 있다.)

e. When she fell, friends rushed to help her. (그녀가 넘어졌을 때, 친구들이 그녀를 돕기 위해 달려갔다.)

f. They rushed to arms. (그들은 서둘러 무장했다.)

1.3. 다음 주어는 급하게 어떤 상태로 뛰어든다.
(3) a. He does not rush into extremes. (그는 극단에 뛰어들지 않는다.)

b. He rushed into marriage. (그는 서둘러 결혼했다.)

c. He will not rush into any decision. (그는 성급하게 결정을 내리지 않을 것이다.)

d. He tends to rush into conclusion. (그는 성급히 결론을 내리는 경향이 있다.)

e. I don't think you should rush into getting married young. (나는 네가 성급하게 어린 나이에 결혼하면 안 된다고 생각한다.)

1.4. 다음 주어는 전치사 for의 목적어를 얻기 위해 서둔다.
(4) He rushed for a seat. (그는 자리를 잡으려고 달려갔다.)

1.5. 다음 주어는 빠르게 움직인다.
(5) a. Cars are rushing along the expressway. (차들이 고속도로를 따라 질주하고 있다.)

b. A train came rushing into the station. (기차 한 대가 역으로 질주해 들어왔다.)

c. One of the pipes burst, and water came rushing out. (그 파이프 중의 하나가 터져서 물이 솟구쳐 나왔다.)

d. The water rushed out. (물은 솟구쳐 나왔다.)

e. The fire engine rushed past us, as we waited for the traffic lights. (우리가 교통 신호를 기다리고 있을 때, 소방차가 휙 지나갔다.)

f. The air was rushing past us all the time. (공기는 빠르게 늘 우리를 지나갔다.)

g. Words rushed to her lips. (말이 그녀의 입에서 갑자기 튀어나왔다.)

h. Tears rushed to her eyes. (눈물이 그녀의 눈에 솟았다.)

i. Blood rushed to her cheeks. (피가 갑자기 그녀의 뺨에 몰렸다.)

j. The clouds were rushing toward us at a great speed. (구름은 우리 쪽으로 매우 빠른 속도로 몰려오고 있었다.)

1.6. 기억이나 생각도 움직이는 것으로 개념화 된다.
(6) a. Old memories rushed upon my mind. (옛 기억이 내 마음에 갑자기 몰려왔다.)

b. The past life rushed into my memory. (과거의 삶은 갑자기 기억에 몰려들어 왔다.)

c. A good idea rushed into her mind. (좋은 생각이 갑자기 그녀의 마음에 떠올랐다.)

1.7. 다음 주어는 전치사 on/upon의 목적어를 급습한다.
(7) The dog rushed upon the baby. (그 개는 그 아기에게 달려들었다.)

2. 타동사 용법

2.1. 다음 주어는 목적어를 빠르게 이동시킨다.
(8) a. We rushed them round the sights. (우리는 그들을 여러 관광지들로 이곳저곳 바쁘게 끌고 다녔다.)

b. They rushed the bill through Congress. (그들은 그 법안을 서둘러 의회에 통과시켰다.)

c. We had to rush the patient to a hospital. (우리는 그 환자를 병원으로 서둘러 옮겨야 했다.)

d. We had to rush him to a doctor. (우리는 그를 서둘러 의사에게 데려가야 했다.)

e. They rushed food to the refugees. (그들은 식량을 난민들에게 서둘러 보냈다.)

f. He rushed the photographs to the newspaper. (그는 사진들을 서둘러 신문사로 보냈다.)

g. She rushed the children off to school, so they wouldn't be late. (그녀는 아이들을 서둘러 학교로 내보냈다. 그래서 그들은 늦지 않을 것이다.)

h. They rushed the ambulance to the scene. (그들은 구급차를 서둘러 현장으로 보냈다.)

i. The red cross rushed medical supplies to the war zone. (적십자는 서둘러 의약품을 전쟁 지역으로 보냈다.)

j. We had to **rush** the message.(우리는 그 메시지를 서둘러 전해야 했다.)

2.2. 다음은 수동태 문장으로 주어는 급하게 이동된다.

(9) a. The troops were **rushed to** the front.(그 부대는 전선으로 바삐 보내졌다.)

b. She was **rushed to** hospital.(그녀는 병원으로 서둘러 옮겨졌다.)

2.3. 다음 주어는 첫째 목적어에게 둘째 목적어를 바삐 보낸다.

(10) Please **rush** us the details by air.(우리에게 세부사항들을 항공으로 보내주세요.)

2.4. 다음 주어는 목적어를 급습한다.

(11) a. They **rushed** the enemy.(그들은 적을 급습했다.)

b. They **rushed** the guards and captured the guns.(그들은 경비원들을 급습해서 총을 앗았다.)

c. They **rushed** the enemy's trenches.(그들은 적의 참호를 급습했다.)

d. The soldiers **rushed** the machine gun nest.(그 병사들은 기관총 포대를 급습했다.)

e. They **rushed** the palace gate, and killed the guards.(그들은 궁전 문을 급습해서 경비원들을 죽였다.)

f. They **rushed** entrance, and forced their way.(그들은 입구를 급습해서 강제로 나아갔다.)

2.5. 다음 주어는 목적어를 빠르게 진행시킨다.

(12) a. They **rushed** the job and finished it in a week.(그들은 일을 서둘러서 그것을 일주일 만에 끝냈다.)

b. They **rushed** the order.(그들은 주문을 서둘러 했다.)

c. The order for furniture was **rushed** through in two days.(가구 주문은 이틀만에 서둘러 이루어졌다.)

d. They **rushed** the nomination through the committee.(그들은 후보 선임을 서둘러 위원회를 통과시켰다.)

e. I don't want to **rush** the work.(나는 그 일을 서두르고 싶지 않다.)

2.6. 다음 주어는 목적어를 빨리 먹는다.

(13) a. Chew the food well, and don't **rush** meals.(음식을 잘 씹어라. 식사를 급하게 하지 마라.)

b. Don't **rush** breakfast; you'll get indigestion.(아침을 서둘러 먹지 마라. 소화 불량에 걸릴 것이다.)

c. Don't **rush** your food.(음식을 서둘러 먹지 마라.)

2.7. 다음은 수동태 문장으로 주어는 급하게 처리된다.

(14) a. The bill was **rushed** through the Parliament.(그 법안은 서둘러 의회를 통과하게 되었다.)

b. Supper was **rushed** since the family had to go out that evening.(저녁 식사는 가족이 그 날 저녁에 외출해야 했기 때문에 서둘러졌다.)

2.8. 다음 주어는 목적어를 급하게 밀어 부친다.

(15) a. Don't let them **rush** you into a foolish decision.(그들이 너를 재촉하여 어리석은 결론을 내리게 하지 마라.)

b. Don't **rush** her into a decision.(그녀를 밀어부쳐 성급히 결정하게 하지 마라.)

c. I don't want to **rush** you.(나는 너를 재촉하고 싶지 않다.)

d. I think things over, so don't **rush** me.(나는 잘 생각하고 있으니 나를 재촉하지 마라.)

e. I am sorry to **rush** you, but we need a decision by Sunday.(당신을 재촉해서 미안하지만, 우리는 일요일까지 결정이 필요합니다.)

f. Don't **rush** me; let me think about it.(나를 재촉하지 마라; 그것에 대해서 생각을 하게 해 다오.)

g. I refused to be **rushed**.(나는 재촉을 받기를 거부한다.)

2.9. 다음 주어는 첫째 목적어를 급하게 밀어 부쳐서 둘째 목적어를 비싸게 사게 한다.

(16) a. They **rushed** the lady 10 dollars for a ribbon.(그들은 그 숙녀에게 리본 값으로 10달러나 받았다.)

b. How much did they **rush** you for this watch?(그들은 당신에게 이 시계에 바가지를 얼마나 씌웠나요?)

rustle

이 동사의 개념 바탕에는 바스락거리는 소리가 나는 과정이 있다.

1. 자동사 용법

1.1. 다음 주어는 바스락거리는 소리를 낸다.

(1) a. The pages of the book **rustled** as they were burned.(책의 종이들은 탈 때 바스락거리는 소리를 냈다.)

b. The fallen leaves **rustled** as they blew by my feet.(낙엽들은 내 발 옆에 날릴 때 바스락거리는 소리를 냈다.)

c. The reeds **rustled** in the wind.(갈대는 바람에 바스락거리는 소리를 냈다.)

1.2. 다음 주어는 바스락거리는 소리를 내며 움직인다.

(2) a. A snake **rustled through** the dry grass.(뱀 한 마리가 마른 풀 사이를 바스락거리는 소리를 내며 지나갔다.)

b. She **rustled along** in silk.(그녀는 비단 옷차림으로 바스락거리는 소리를 내며 움직였다.)

2. 타동사 용법

2.1. 다음 주어는 목적어를 바스락 소리가 나게 한다.

(3) a. She **rustled** her papers impatiently.(그녀는 그 서류들을 초조하게 바스락거리는 소리를 냈다.)

b. Mary **rustled** the pages of the book.(메리는 그 책의 쪽들을 바스락거렸다.)

c. The wind **rustled** the leaves in the tree.(바람은 그 나무의 잎들을 바스락거렸다.)

2.2. 다음 주어는 부산을 떨면서 목적어를 모은다.

(4) a. He **rustled up** three friends to invite to his wedding.(그는 결혼식에 초대할 세 명의 친구들을 부산을 떨면서 모았다.)

b. They **rustled up** some wood for fire.(그들은 불을 피우기 위해 나무를 급하게 모았다.)

c. He managed to **rustle up** a couple of blankets.(그는 가까스로 두 장의 담요를 급하게 모았다.)

d. They have been busy **rustling up** new business.(그들은 새로운 사업 영역을 급하게 모으

기 위해 바빴다.)

2.3. 다음 주어는 급하게 목적어를 준비한다.

(5) a. He rustled up something for lunch.(그는 점심을 위해 뭔가를 부산을 떨면서 준비했다.)

　　b. Can you rustle up a cup of coffee?(커피 한 잔을 빨리 준비할 수 있니?)

2.4. 다음 주어는 첫째 목적어에 둘째 목적어를 급하게 만들어 준다.

(6) a. I can rustle you up a sandwich.(나는 너에게 샌드위치를 곧 만들어 줄 수 있다.)

b. He rustled me up a cup of coffee.(그는 나에게 커피를 빨리 타 주었다.)

2.5. 다음 주어는 목적어를 훔친다.

(7) a. The thieves who rustled the cattle were sent to jail.(그 소를 훔친 도둑들은 감옥으로 보내졌다.)

　　b. The two old men rustled horses.(두 명의 노인은 말들을 훔쳤다.)

2.6. 다음은 수동태 문장으로 주어는 도둑을 맞는다.

(8) The rancher's cattle were rustled during the night.(목장의 소들은 밤 사이에 도둑맞았다.)

S

sacrifice

이 동사의 개념 바탕에는 sacrifice의 명사 '제물'이 있다.

1. 타동사 용법

1.1. 다음 주어는 목적어를 제물로 바친다.

(1) a. They sacrificed a lamb to the gods.(그들은 양 한 마리를 신에게 제물로 바쳤다.)

　　b. The ancient Aztecs sacrificed people to the gods.(고대 아즈텍인들은 사람들을 신들에게 바쳤다.)

1.2. 다음 주어는 목적어를 to의 목적어에 희생시킨다.

(2) a. They are prepared to sacrifice everything to achieve the goal.(그들은 그 목표를 달성하기 위해 모든 것을 희생시킬 준비가 되었다.)

　　b. It is not worth sacrificing your health to your career.(너의 경력을 위해 건강을 희생시킬 가치가 없다.)

1.3. 다음 주어는 전치사 for의 목적어를 위해 목적어를 희생시킨다.

(3) a. Don't sacrifice your free time for your work.(일을 위해 네 자유시간을 위해 희생시키지 마라.)

　　b. She sacrificed everything for her children.(그녀는 아이들을 위해 모든 것을 희생시켰다.)

　　c. She sacrificed her career for her family.(그녀는 가족을 위해 자신의 경력을 희생시켰다.)

　　d. The designers have sacrificed speed for fuel economy.(설계사는 연료의 경제성을 위해 속도를 희생시켰다.)

1.4. 다음 주어는 목적어를 희생시킨다.

(4) a. My parents sacrificed buying a second car so that I could go to college.(부모님께서는 내가 대학에 가도록 차를 한 대 더 사는 것을 희생시켰다.)

　　b. Would you sacrifice a football game to go out with a girl?(너는 그 여자와 데이트하려고 축구경기를 희생시킬거냐?)

　　c. He sacrificed most of his vacation time to finish the work.(그는 그 일을 끝내기 위해서 대부분의 휴가 기간을 희생했다.)

sag

이 동사의 개념 바탕에는 처지는/내려앉는 과정이 있다.

1. 자동사 용법

1.1. 다음 주어는 처진다.

(1) a. The branch sagged under the weight of the apples.(그 가지는 사과들의 무게로 처졌다.)

　　b. The shelf sagged under the weight of the heavy books.(그 선반은 무거운 책들의 무게로 가라앉았다.)

c. The tent sagged under the weight of the wet snow.(그 천막은 젖은 눈의 무게로 꺼졌다.)

　　d. His shoulders sagged dejectedly.(그의 어깨는 맥없이 축 늘어졌다.)

　　e. Her cheeks sagged and walked with stoop.(그녀의 뺨은 축 꺼졌고, 그녀는 구부정하게 걸었다.)

　　f. The body sagged under the weight of carrying her.(몸은 그녀를 업은 무게로 축 처졌다.)

1.2. 다음 주어는 추상적 개체이나 구체적 개체로 개념화되어 있다. 그리고 [아래는 약함] 은유가 적용된 예이다.

(2) a. Our morale sagged still further.(우리의 사기는 한층 더 많이 떨어졌다.)

　　b. Her spirits sagged at the thought of all the work she had to do.(그녀의 기운은 해야 할 모든 일들을 생각하니 맥이 빠졌다.)

　　c. Halfway through the lecture my interest began to sag.(그 강연의 중간쯤에 나의 흥미가 떨어지기 시작했다.)

　　d. The team's energy sagged toward the end of the game.(그 팀의 기운은 경기의 종반에 떨어졌다.)

　　e. Will the economy sag during the fourth quarter?(그 경제가 4분기에 떨어질까요?)

　　f. The pound sagged today.(파운드의 가치가 오늘 하락했다.)

sail

이 동사의 개념 바탕에는 sail의 명사 '돛'이 있다. 동사의 의미는 이 명사의 쓰임과 관계가 있다.

1. 자동사 용법

1.1. 다음 주어는 항해한다.

(1) a. The ships sailed past.(그 배는 항해하며 지나갔다.)

　　b. The boat sailed smoothly across the lake.(그 보트는 호수를 가로질러 항해했다.)

　　c. The ferry sails from Pusan to Osaka.(그 연락선은 부산에서 오사카까지 항해한다.)

1.2. 다음 주어는 물 위를 배가 지나가듯 유유하게 움직인다.

(2) a. She sailed into the room.(그녀는 유유히 방으로 들어왔다.)

　　b. He sailed into the hall.(그는 유유히 강당으로 들어왔다.)

1.3. 다음 주어는 공중에서 움직인다.

(3) a. A ball came, sailing over the fence.(공 하나가 담장을 훌쩍 넘어서 왔다.)

　　b. The jet sailed through the air.(그 제트기는 대기를 유유히 지나갔다.)

　　c. The balloon sailed up to the cloud.(그 풍선은 구름 위에까지 날라 올라갔다.)

1.4. 다음은 [과정은 여행] 은유가 적용된 표현이다.

(4) He sailed through the difficult test.(그는 어려운 시

험을 통과했다.)

1.5. 다음 주어는 시작한다.

(5) a. He **sailed into** the idea for reorganization.(그가 재
조직을 위한 생각을 시작했다.)

b. The band **sailed into** a familiar tune.(악단은 귀에
익은 곡을 연주하기 시작했다.)

2. 타동사 용법

2.1. 다음 주어는 목적어를 조종한다.

(6) a. She **sails** her own yacht.(그녀가 자신의 요트를 직
접 조종한다.)

b. He **sailed** his kite high above the trees.(그가 자신
의 연을 나무 위로 높게 띄웠다.)

2.2. 다음 주어는 목적어를 조종해서 이동시킨다.

(7) a. He **sailed** the boat out **into** the harbor.(그가 배를
항구 안으로 조종해 들어갔다.)

b. The captain **sailed** his ship safely **through** the
narrow passage.(그 선장은 배를 안전하게 조종하
여 좁은 항로를 지났다.)

2.3. 다음 목적어는 주어가 항해하는 장소이다.

(8) a. He **sailed** the seven seas.(그는 일곱 대양을 항해
했다.)

b. The ship **sailed** the Pacific Ocean last year.(그 배
는 태평양을 작년에 항해했다.)

---

salt

이 동사의 개념 바탕에는 salt의 명사 '소금'이 있다.
동사의 의미는 소금의 용도와 관계가 있다.

1. 타동사 용법

1.1. 다음 주어는 목적어를 소금으로 친다.

(1) a. I **salted** the steak to make it taste better.(나는 스
테이크를 더 맛있게 하려고 소금으로 쳤다.)

b. Have you **salted** the potatoes?(감자에 소금을 뿌렸
니?)

**1.2. 다음 주어는 목적어를 소금으로 뿌려서 절이거나
보관한다.**

(2) a. Grandma used to **salt** green beans in the summer
for eating in the winter.(할머니는 깍지강낭콩을 겨
울에 먹기 위해서 여름에 소금으로 절이곤 하셨다.)

b. They **salted** down most of the meat for later
use.(그들은 고기의 대부분을 나중에 쓰려고 소금
으로 절였다.)

1.3. 다음 주어는 목적어를 소금으로 뿌린다.

(3) a. When it is icy, the city **salts** the roads to thaw the
ice.(얼음이 덮일 때, 그 시는 얼음을 녹이려고 길에
소금을 뿌린다.)

b. The city workers **salted** the roads.(그 시청 인부
들은 길들에 소금을 뿌렸다.)

**1.4. 소금을 쳐서 저장하듯 다음 주어는 목적어를 저장
해 둔다.**

(4) a. He **salted away** a few thousand dollars for an
emergency.(그는 수천 달러를 위급한 일을 대비해
서 저축해 두었다.)

b. She **salted away** the profits in foreign bank

accounts.(그녀는 그 수익을 외국은행 구좌에 저축
해 두었다.)

---

salute

이 동사의 개념 바탕에는 예의를 표시하는 과정이
있다.

1. 타동사 용법

1.1. 다음 주어는 목적어를 경의로 표시한다.

(1) a. The soldiers **saluted** the colonel when he
arrived.(병사들은 대령이 도착하자 그를 경례로 맞
이했다.)

b. We **salute** the dead of our past wars.(우리는 과거
전쟁들의 고인들에게 경의를 표한다.)

c. The players **saluted** the fans before leaving the
field.(그 선수들은 팬들에게 경기장을 떠나기 전에
경례로 답했다.)

d. The soldiers **saluted** the dead veterans by firing
their guns.(그 병사들은 총을 발포하면서 고인이 된
재향 군인들에게 예의를 표했다.)

**1.2. 다음 목적어는 일이나 특성이다. 주어는 목적어를
경의로 표한다.**

(2) a. The president **saluted** the courage and self-
sacrifice of those who fought for their country.(대
통령은 조국을 위해 싸웠던 이들의 용기와 자기 희
생에 경의로 표했다.)

b. I **salute** my opponent's courage.(나는 상대자의 용
기에 경의로 표한다.)

c. We **salute** the splendid work of the local
police.(우리는 지방 경찰의 빛나는 업적에 경의로
표한다.)

**1.3. 다음 주어는 첫째 목적어를 둘째 목적어로 경의를
표한다.**

(3) Bill **saluted** James "the father of our Constitution."
(빌은 제임스를 "헌법의 아버지"로 경의를 표했다.)

1.4. 다음은 수동태 문장으로 주어는 경의를 받는다.

(4) a. James Joyce is **saluted as** the greatest writer of
the 20th century.(제임스 조이스는 20세기의 위대
한 작가로서 예우를 받는다.)

b. He is **saluted as** the savior of his country.(그는 그
나라의 구원자로 예우를 받는다.)

**1.5. 다음 주어와 목적어는 개체이다. 주어는 목적어를
맞이한다.**

(5) Shouts of welcome **saluted** their ears.(환영의 함성
이 그들의 귀를 맞이했다.)

2. 자동사 용법

2.1. 다음 주어는 인사를 한다.

(6) a. The soldiers **saluted** smartly.(병사들은 깍듯하게
인사했다.)

b. The soldier was reprimanded for failing to
salute.(그 병사는 경례를 하지않아서 징계를 받았
다.)

satisfy

이 동사의 개념 바탕에는 채우는 과정이 있다.

1. 타동사 용법

1.1. 다음 목적어는 환유적으로 쓰여서 목적어가 원하는 것이다. 주어는 목적어를 채워준다.
(1) a. Only a full apology will satisfy me. (오직 완전한 사과만이 나를 만족시킬 것이다.)
  b. Her explanation did not satisfy the teacher. (그녀의 설명은 선생님을 만족시키지 못했다.)
  c. Nothing could satisfy his boss. (아무것도 그의 사장을 만족시킬 수 없었다.)

1.2. 다음 목적어는 재귀대명사이다. 다음 주어는자신을 만족시킨다.
(2) a. He satisfied himself by investigation. (그는 조사를 통해 자신을 만족시켰다.)
  b. I satisfied myself that it was the right decision. (나는 그것이 올바른 결정이었다고 자신을 만족시켰다.)

1.3. 다음 주어는 목적어를 만족시킨다.
(3) a. The education system must satisfy the needs of all children. (그 교육제도는 모든 어린이들의 수요를 충족시켜야 한다.)
  b. She satisfied the entrance requirements of the college. (그녀는 그 대학의 입학 필요 조건을 충족시켰다.)
  c. You have not yet satisfied all the conditions for admission. (너는 아직 모든 입학조건을 충족시키지 못했다.)
  d. You must satisfy the conditions to be a member of the club. (너는 그 클럽의 회원이 되기 위해서 조건을 만족시켜야 한다.)

1.4. 다음 주어는 그 자체가 목적어를 만족시킨다.
(4) a. The meal didn't satisfy my hunger. (식사는 나의 배고픔을 채우지 못했다.)
  b. The cold water satisfied my thirst. (찬물은 내 갈증을 충족시켰다.)

1.5. 다음 주어는 목적어의 요구를 채운다.
(5) a. You'll need to satisfy any outstanding accounts. (너는 어떠한 미납 청구라도 갚을 필요가 있을 것이다.)
  b. We satisfied all overdue notices on our accounts. (우리는 계좌의 모든 미납불 통지서를 지불했다.)
  c. He must satisfy all claims for damages. (그는 손해배상의 모든 청구를 지불해야 한다.)

1.6. 다음 목적어는 법정이나 경찰이다. 주어는 목적어를 납득시킨다.
(6) a. She satisfied the court that she was innocent. (그녀는 자신이 결백하다는 것을 법원에 납득시켰다.)
  b. He satisfied the police that the witness is telling the truth. (그는 그 목격자가 진실을 말하고 있음을 경찰에 납득시켰다.)

1.7. 다음 주어는 목적어를 만족시켜서 전치사 of의 목적어를 납득시킨다.
(7) a. John tried to satisfy me of his innocence. (존은 자신의 결백을 나에게 납득시키려고 애썼다.)
  b. I was able to satisfy her of the truth of my story. (나는 내 이야기의 진실을 통해 그녀를 납득시킬 수 있었다.)

1.8. 다음은 수동태 문장으로 주어는 만족된다.
(8) a. The authorities are satisfied of the seriousness of the situation. (당국은 그 사태의 심각성을 납득한다.)
  b. People need to be satisfied of a new system. (사람들은 새 체제를 납득할 필요가 있다.)

saturate

이 동사의 개념 바탕에는 흠벅 적시는 과정이 있다.

1. 타동사 용법

1.1. 다음 주어는 목적어를 흠벅 적신다.
(1) a. She saturated the sponge with water. (그녀가 스폰지를 물로 흠벅 적셨다.)
  b. Saturate the moss with water before planting the bulbs. (구근들을 심기 전에 그 이끼를 물로 흠벅 적셔라.)
  c. They saturated the area with police to prevent any trouble. (그들은 어떠한 문제라도 방지하기 위하여 그 지역에 경찰을 깔았다.)

1.2. 다음 주어는 목적어를 전치사 in의 목적어 속에 적신다.
(2) David saturated the white shirt in blue dye. (데이비드가 흰 셔츠를 푸른 염색약으로 흠벅 적셨다.)

1.3. 다음 주어는 자체가 목적어를 적신다.
(3) a. The rain had completely saturated the fields. (비는 들판을 완전히 적셨다.)
  b. The rain had saturated us by the time we walked all the way. (비는 우리가 길을 다 걸을 때까지 우리를 흠벅 젖게 했다.)
  c. The heavy rain saturated his clothes. (심한 비는 그의 옷을 완전히 적셨다.)
  d. The smell of fish saturated the shop. (생선 냄새는 그 가게를 베게 했다.)

1.4. 다음은 수동태 문장으로 주어는 적셔진다.
(4) a. During the fog, the air was saturated with moisture. (안개가 끼어있던 동안, 대기는 습기로 적셔졌다.)
  b. His shirt was saturated with/in blood. (그의 셔츠는 피로 적셔졌다.)
  c. He is saturated with alcohol. (그는 술에 흠벅 젖어 있다.)
  d. The market has been saturated with cheap imports. (시장은 값싼 수입품들로 꽉 차 있다.)
  e. The market for houses is saturated. (주택 시장은 포화 상태이다.)

1.5. 다음 목적어는 추상적이나 물을 먹을 수 있는 개체로 개념화되어 있다.
(5) a. She saturated her speech with allusions to death. (그녀는 자신의 연설을 죽음에 대한 암시로 포화시켰다.)

b. The candidate saturated radio time with political announcements.(그 입후보자는 라디오 시간을 정치적 발언으로 포화시켰다.)

c. The politician saturated the people's minds with promises.(그 정치가는 사람들의 마음을 공약으로 포화시켰다.)

2. 자동사 용법

2.1. 다음 주어는 물을 먹는다.

(6) The substance saturates when liquid is poured on it.(그 물질은 액체가 그 위에 부어지면 물을 먹는다.)

savage

이 동사의 개념 바탕에는 savage의 명사 '야만인'이 있다. 동사의 의미는 이 명사의 행동과 관계가 있다.

1. 타동사 용법

1.1. 다음 주어는 목적어를 잔인하게 물어뜯는다.

(1) a. The dog savaged the child's arm.(그 개는 그 아이의 팔을 잔인하게 물어 뜯었다.)

b. The president savaged her opponent.(대통령은 자신의 반대자를 잔인하게 공격했다.)

1.2. 다음은 수동태 문장으로 주어는 물어 뜯긴다.

(2) a. She was savaged by a wild dog.(그녀는 사나운 개에게 물어 뜯겼다.)

b. Numberous sheep were savaged by wild dogs.(수많은 양들이 야생 개들에게 물어 뜯겼다.)

1.3. 다음은 [비판은 물어뜯는 것] 은유가 표현된 예이다.

(3) a. Her performance was savaged by the press.(그녀의 연기는 언론에 의해 혹평을 받았다.)

b. The play was savaged by the critics.(그 연극은 비평가들에 의해 혹평을 받았다.)

save

이 동사의 개념 바탕에는 구하는 과정이 있다.

1. 타동사 용법

1.1. 다음 주어는 목적어를 버려지지 않고 모은다.

(1) a. We used to save all the cardboard.(우리는 모든 판지를 모아두곤 했다.)

b. He saves foreign stamps.(그는 외국 우표를 모은다.)

c. I will save some dinner for you if you are late.(만일 네가 늦으면, 내가 너를 위해 저녁 음식을 약간 남겨 놓겠다.)

d. I saved all the photographs I took in Canada.(나는 캐나다에서 찍은 사진을 모두 모아두었다.)

1.2. 다음 주어는 목적어를 쓰지 않고 모은다.

(2) a. I saved a little money every month.(나는 매달 약간의 돈을 모았다.)

b. He is saving his money to buy a new car.(그는 새차를 사기 위하여 돈을 모으고 있다.)

c. He is saving money for a vacation.(그는 휴가를 위해 돈을 모으고 있다.)

d. He saves half his pocket money.(그는 용돈의 반을 저축한다.)

e. He saves electricity by switching off lights.(그는 전등을 꺼서 전기를 절약한다.)

f. The shoppers saved a lot of money by comparing prices.(쇼핑객은 가격을 비교해서 많은 돈을 절약할 수 있었다.)

g. Can I save anything by buying this brand?(이 상표를 사면 돈을 좀 절약할 수 있나요?)

h. Shop at H-Land, and save up to 30%.(H-Land에서 쇼핑해서 30%까지 절약해라.)

i. So far, I have saved $300.(지금까지 나는 $300을 모았다.)

1.3. 다음은 수동태 문장으로 주어는 구해진다.

(3) Scraps of the material were saved, cut up and pieced together for quilts.(그 재료의 조각들이 퀼트를 만들기 위해서 모아지고, 오려지고, 이어졌다.)

1.4. [시간은 돈] 은유가 적용된 예이다. 돈을 아낄 수 있듯이 시간도 아낄 수 있다. 주어는 목적어를 아낀다.

(4) a. You might save some time if you went through the city center.(그 도시 중심을 가로질러 가면 약간의 시간을 절약할 수 있을 것이다.)

b. You will save time if you make notes.(당신은 메모를 하면 시간을 절약할 수 있을 것이다.)

c. You will save a mile by taking the short cut.(너는 지름길로 가면 1마일을 절약할 수 있다.)

d. Make a list before you go shopping, if you want to save yourself time.(시간을 절약하고 싶으면 쇼핑하러 가기 전에 목록을 만들어라.)

1.5. 힘, 수고, 노력 등은 어느 사람에게서 나가는 것으로 개념화된다. 주어는 목적어를 쓰지 않는다.

(5) a. He saved his strength for the end of the race.(그는 경기의 마지막을 위해서 힘을 아꼈다.)

b. He saved pains/trouble.(그는 고통/수고를 덜었다.)

1.6. 다음 주어는 잃게 될 목적어를 구한다.

(6) a. The goal keeper saved six goals.(그 골키퍼가 6골을 구했다.)

b. He saved his honor/reputation/credit/face/ name.(그는 명예/명성/신용/체면/이름을 지켰다.)

1.7. 생명, 신체부분도 어느 사람에게서 나가는 것으로 개념화된다. 주어는 목적어를 구한다

(7) a. The doctors saved his life/legs.(그 의사는 생명/다리를 구했다.)

b. Thousands of lives have been saved by the drug.(수천의 생명이 그 약으로 구해졌다.)

1.8. 다음 주어는 목적어를 남겨둔다.

(8) Let us save the rest of the cake for later.(나중을 위해 케이크를 남겨두자.)

1.9. 다음 주어는 첫째 목적어에게 둘째 목적어를 남겨준다.

(9) a. Could you save me a seat?(내게 자리를 하나 마련해 주시겠습니까?)

b. Will you save me a seat on the bus?(저에게 버스

에 자리 하나를 남겨주시겠습니까?)

1.10. 다음 주어는 첫째 목적어에게 둘째 목적어를 덜 쓰게 한다.

(10) a. That will **save** you a dollar.(그것은 너에게 1달러를 절약하게 할 것이다.)

b. Making my own clothes **saved** me a lot of money.(나 자신의 옷을 만드는 것은 나에게 많은 돈을 절약하게 했다.)

c. I will try to **save** him the expenses.(나는 그에게 그 비용을 절약하도록 노력하겠다.)

1.11. 다음 주어는 첫째 목적어에게 둘째 목적어의 일을 덜어준다.

(11) a. That **saved** her the paperwork.(그것은 그녀에게서 서류작업을 덜어주었다.)

b. If you could lend me $10, it would **save** me a trip to the bank.(네가 내게 $10를 빌려주면, 그것은 나에게 은행까지 가는 일을 덜어줄 것이다.)

c. A pan with a long handle will **save** you having to bend down.(손잡이가 긴 냄비는 네게 구부리는 일을 덜어줄 것이다.)

d. I will call him. That will **save** me writing a letter.(나는 그를 전화로 부르겠다. 그것은 내게 편지를 쓰는 일을 덜어줄 것이다.)

e. You could **save** yourself a lot of work if you bought a dishwasher.(설거지 기계를 사면 너는 많은 일을 덜 것이다.)

f. I am trying to **save** you unnecessary work.(나는 네게 불필요한 일을 덜어 줄려고 노력하고 있다.)

g. You will **save** a phone call if you ask questions now.(너는 지금 질문을 하면 전화하는 일을 덜어줄 것이다.)

1.12. 다음 주어는 목적어를 위험한 과정에서 구한다.

(12) a. He **saved** her from falling.(그는 그녀를 떨어지지 않게 구했다.)

b. He managed to **save** himself from drowning.(그는 간신히 자신을 익사에서 구했다.)

c. We **saved** the child from drowning.(우리는 그 아이를 익사에서 구했다.)

1.13. 다음 주어는 목적어를 전치사 from의 목적어에서 구한다.

(13) a. He **saved** her from danger/discovery/punishment. (그는 그녀를 위험/발각/처벌에서 구했다.)

b. The sudden fall in interest **saved** the company from bankruptcy.(갑작스런 이율의 하락이 그 회사를 파산에서 구했다.)

1.14. 다음에서와 같이 위험한 과정이 표현되어 있지 않으나 지옥에 떨어지는 과정이 내포되어 있는 것으로 볼 수 있다.

(14) He came to the world to **save** sinners.(그는 죄인들을 구원하기 위해 세상에 왔다.)

2. 자동사 용법

2.1. 다음 주어는 돈을 절약한다.

(15) a. They are **saving** for a new house.(그들은 새 집을 사기 위해 저축하고 있다.)

b. Most people try to **save**, but they don't have enough money.(대부분의 사람들이 저축하려 하지만, 그들은 돈을 충분히 가지고 있지 않다.)

c. He is **saving** up for his old age.(그는 노년을 대비해 저축하고 있다.)

d. You must **save** for a rainy day.(너는 어려운 시절을 대비해 저축해야 한다.)

2.2. 다음 주어는 on의 목적어와 관련하여 아낀다.

(16) a. He **saved** on gasoline by taking the train.(그는 기차를 타서 기름을 아꼈다.)

b. We can **save** by recycling the paper products.(우리는 종이 제품을 재활용해서 절약할 수 있다.)

saw

이 동사의 개념 바탕에는 saw의 명사 '톱'이 있다. 동사의 의미는 톱의 기능과 관계가 있다.

1. 타동사 용법

1.1. 다음 주어는 목적어를 톱질한다.

(1) a. The carpenter **sawed** the thick beam carefully.(그 목수는 두꺼운 대들보를 조심스럽게 톱질했다.)

b. He's been **sawing** tree branches all day.(그는 하루 종일 나뭇가지들을 톱질하고 있다.)

1.2. 다음 주어가 톱질을 한다. 톱질을 하면 목적어는 여러 가지의 상태에 이른다.

(2) a. They **sawed** the tree down.(그들은 나무를 톱질해서 쓰러뜨렸다.)

b. He **sawed** the board in half.(그는 판자를 톱질해서 반으로 갈랐다.)

c. I **sawed** the log up into pieces.(나는 통나무를 잘게 베어 조각으로 만들었다.)

d. He **sawed** off the dead branches of the tree.(그는 죽은 가지를 나무에서 베어냈다.)

e. I **sawed** up the tree for firewood.(나는 장작으로 쓰려고 나무를 잘게 톱질했다.)

1.3. 다음 목적어는 톱질하여 생겨나는 개체이다.

(3) The boys **sawed** a hole in the ice to fish.(그 소년들은 낚시하기 위해서 얼음에 톱질하여 구멍을 만들었다.)

1.4. 다음 주어는 그 자체가 목적어를 자른다.

(4) A huge blade **sawed** the lumber very quickly.(거대한 날이 그 재목을 매우 빠르게 톱질했다.)

2. 자동사 용법

2.1. 다음 주어는 톱질을 한다.

(5) a. He **sawed** through a power cable by mistake.(그는 실수로 전선을 베었다.)

b. He managed to **saw through** the big tree.(그는 가까스로 큰 나무를 베었다.)

2.2. 다음 주어는 톱질이 된다.

(6) The wood **saws** easily.(그 나무는 쉽게 베어진다.)

2.3. 다음 주어는 톱질을 하듯 켜거나 배려고 한다.

(7) a. He is **sawing** away at his violin.(그는 바이올린을 켜고 있다.)

b. He was **sawing** energetically at a loaf of bread.(그는 활기차게 한 덩이의 빵을 자르고 있었다.)

c. He **sawed at** the loaf with a blunt knife.(그는 빵을 무딘 칼로 잘랐다.)

say

이 동사의 개념 바탕에는 말을 하는 과정이 있다.

1. 타동사 용법

1.1. 다음 주어는 따옴표 속의 말을 한다.
(1) a. "What did he **say**?" I said.("그가 뭐라고 했니?"라고 나는 말했다.)
 b. I **said** to her, "I would never do such a thing again." (나는 그녀에게 "나는 절대 그런 일들 다시 하지 않겠다."고 말했다.)
 c. We **said** to each other, "Good morning." (우리는 서로 "안녕"하고 말했다.)
 d. He **said**, "You are my last friend." (그는 "너는 내 마지막 친구야"라고 말했다.)
 e. He came up to me, to **say** hello/sorry.(그는 나에게 다가 와서 여보게 하고/미안하다고 했다.)
 f. "Weekend in Canada," the poster **says**.(그 포스터는 "캐나다에서 주말을"이라고 말한다.)

1.2. 다음 주어는 목적어를 말한다. 목적어는 낱말, 구, 문장, 기도 등이다.
(2) a. He **said** a good word for his friend.(그는 친구를 위해 좋은 말을 해 주었다.)
 b. Don't **say** a word.(말을 한 마디도 하지 마라.)
 c. He is good at **saying** poems.(그는 시를 잘 읽는다.)
 d. The child **said** grace/prayers.(그 아이는 감사기도/기도를 했다.)
 e. The actor **said** his lines perfectly.(그 배우는 완벽하게 대사를 읽었다.)
 f. He **said** hello/goodbye/welcome.(그는 인사/작별인사/환영인사를 했다.)

1.3. 다음 주어는 that-절에 담긴 내용을 말한다.
(3) a. My brother **says** he cannot smell because he has a cold.(내 형은 감기에 걸려서 냄새를 맡을 수 없다고 말한다.)
 b. I **said** that I would never do such a thing again.(나는 그런 일을 다시는 하지 않겠다고 말했다.)
 c. He **said** I was his best friend.(그는 내가 가장 좋은 친구라고 말했다.)
 d. If you don't like me, **say** it.(나를 좋아하지 않는다면, 그것을 말해라.)
 e. If she doesn't agree with me, she would **say** so.(만일 그녀가 나와 동의하지 않으면, 그녀는 그렇게 말할 것이다.)

1.4. 다음 주어는 의문사가 이끄는 절의 내용을 전달한다.
(4) a. I cannot **say** what I feel.(나는 내가 느끼는 것을 말할 수 없다.)
 b. **Say** what you think.(생각하는 것을 말해라.)
 c. **Say** what you mean simply.(네가 의미하는 것을 간단히 말해라.)
 d. He didn't **say** what to do.(그는 무엇을 해야 할지 말하지 않았다.)

 e. Did he **say** what happened?(그가 무슨 일이 일어났는지 말했느냐?)
 f. Does the message **say** what time he comes back?.(그 전언은 그가 언제 돌아오는지 말하느냐?)

1.5. 다음 주어는 말이 아닌 다른 방법으로 that-절의 내용을 전달한다.
(5) a. I wrote and **said** that I wanted to see her gain.(나는 편지를 써서 그녀를 다시 보기를 원한다고 말했다.)
 b. He **said** in his letter **that** he would visit us again.(그는 편지에서 우리를 다시 방문하겠다고 말했다.)
 c. In her letter, she **said how** much she had enjoyed meeting us.(그녀의 편지에서 그녀는 우리를 만나서 얼마나 기뻤는지 말했다.)

1.6. 다음 주어는 that-절의 내용을 말한다. 주어는 개체이다.
(6) a. The papers **say that** exports are down.(그 서류들은 수출이 하락했다고 말한다.)
 b. It **says** in this book **that** women are tougher than men.(이 책에는 여자들이 남자보다 더 강인하다고 말한다.)
 c. The tire marks **say that** the car stopped short here.(그 타이어 자국은 차가 바로 여기에서 멈추었음을 말한다.)
 d. His face **said that** he was happy.(그의 얼굴은 그가 행복하다는 것을 말해 주었다.)

1.7. 다음의 주어는 사람이 아닌 내용을 전달하는 개체이다.
(7) a. It is **saying** a great deal.(그것은 많은 것을 말하고 있다.)
 b. The law **says** you can't sell alcohol on Sundays.(그 법은 네가 일요일에 술을 팔 수 없다고 명한다.)
 c. What does this painting **say** to you?(이 그림은 너에게 무엇을 말하느냐?)
 d. What does the word **say**?(그 낱말은 무엇을 말하는가?)
 e. The fact that he returned the ring **says** a lot about their relationship.(그가 반지를 돌려주었다는 사실은 그들의 관계에 대해 많은 것을 말해준다.)

1.8. 주어가 무정개체일 때에도 직접인용이 허용된다.
(8) It **says** in the bible, "Love thy neighbor!" (성경에서는 "네 이웃을 사랑하라"고 말한다.)

1.9. 이 동사는 사실이 아닌 가정을 설정하는 데에도 쓰인다.
(9) Let's **say** your plan fails, then what?(네 계획이 실패한다고 가정하면, 그럼 다음은 무엇이냐?)
 b. Just **say** you won the lottery, what would you do?(네가 복권을 탄다고 가정하면 너는 무엇을 할 것이냐?)
 c. Let's **say** you are right, what would you do?(네가 옳다고 가정하면, 너는 할 것이냐?)
 d. Let's **say** he has gambled away his money, what would you do?(그가 도박으로 돈을 날렸다고 가정하면, 너는 무엇을 할 것이냐?)

e. Say you saw her here, what would you do?(네가 그녀를 여기에서 보았다고 가정하면, 너는 무엇을 할 것이냐?)

f. Say it were true, what then?(그것이 사실이라고 가정하면, 그 다음에는 무엇이냐?)

1.10. 이 동사는 다음과 같이 예를 언급할 때에도 쓰인다.

(10) a. We asked a student, say Jane here, for her opinion.(우리는 학생에게, 예를 들어 제인에게, 의견을 물었다.)

b. You can learn to swim, say, in a week.(너는 수영을, 예를 들어, 일주일만에 배울 수 있다.)

1.11. 다음의 주어 they는 일반사람을 가리킨다.

(11) a. They say that he never got up again.(그는 결코 다시 일어나지 못했다고 사람들은 말한다.)

b. They say that the election was fixed.(그 선거는 조작되었다고 사람들은 말한다.)

1.12. 위의 문장은 다음과 같이 수동태로 표현될 수 있다.

(12) It is said that the president will resign.(대통령은 사임할 것이라고 한다.)

1.13. 말을 할 수 없음은 모르는 것으로 풀이된다.

(13) a. How long will she be away? I can't say.(그녀가 얼마나 떠나 있을까? 나는 알 수 없다.)

b. What should I do? I can't say.(무엇을 나는 해야 하나? 나는 알 수 없다.)

c. The doctor cannot say positively if he can recover.(의사는 그가 회복될 수 있을지 긍정적으로 말할 수 없다.)

1.14. 다음 문장은 수동태로 다른 사람이 주어에 대해 말하는 것이다.

(14) He is said to have made another invention.(그는 또 다른 발명을 했다고 한다.)

scald

이 동사의 개념 바탕에는 뜨거운 물에 데는 과정이 있다.

1. 타동사 용법

1.1. 다음 주어는 목적어를 뜨거운 물에 덴다.

(1) a. I scalded my tongue on boiling tea/with hot coffee.(나는 네 혀를 끓는 차/뜨거운 커피에 덴다.)

b. I dropped a pan of boiling water and scalded my leg.(나는 끓는 물이 든 냄비를 떨어뜨려 네 다리를 데었다.)

1.2. 다음 주어는 그 자체가 목적어를 덴다.

(2) a. Hot steam from a broken pipe scalded the worker.(파손된 관에서 나오는 뜨거운 증기가 인부를 데게 했다.)

b. The hot water in the shower scalded me.(샤워기의 뜨거운 물은 나를 데었다.)

c. Tears scalded her eyes.(눈물이 그녀의 눈을 붉혔다.)

1.3. 다음 주어는 목적어를 뜨거운 물로 데친다.

(3) a. Scald the jars and then fill them with the jam.(그 단지들을 끓는 물로 씻은 후 잼으로 채워라.)

b. Scald the dishes before drying them.(그 접시들을 말리기 전에 끓는 물에 데쳐라.)

c. Scald the needles to sterilize them.(그 바늘들을 살균하기 위하여 열탕 소독해라.)

d. He scalded the peaches and removed the skins.(그는 복숭아를 끓는 물에 데친 후에 껍질을 벗겼다.)

1.4. 다음 주어는 목적어를 데운다.

(4) She scalded milk before you make custards.(그녀는 네가 커스터드를 만들기 전에 우유를 데었다.)

1.5. 다음 목적어는 재귀대명사이다.

(5) Mind you don't scald yourself with that kettle/the steam.(그 주전자/증기에 데지 않도록 주의해라.)

b. He scalded himself with the steam.(그는 증기에 데었다.)

scale¹

이 동사의 개념 바탕에는 scale의 명사 '척도상의 눈금'이 있다.

1 타동사 용법

1.1 다음 주어는 목적어를 일정한 비율로 변화시킨다.

(1) a. Due to slow sales, the company is scaling back its expansion plans.(부진한 매출로 인해 그 회사는 확장 계획을 전 수준으로 비율을 되돌리고 있다.)

b. He scaled down/up her wages.(그는 그녀의 임금을 내렸다/올렸다.)

c. The company began to scale down its operations in Korea.(그 회사는 한국에서의 영업을 줄이기 시작했다.)

1.2. 다음 주어는 사다리와 같이 비탈진 곳을 오르듯 목적어를 오른다.

(2) a. The prisoner scaled the high prison wall and ran off.(그 죄수는 높은 교도소 담을 올라가서 달아났다.)

b. Rescuers had to scale a 300m cliff to reach the injured climber.(구조원들은 다친 등산객에게 접근하기 위해 300미터의 절벽을 올라야만 했다.)

c. He scaled the wall/ladder.(그는 담/사다리를 올라갔다.)

d. She has scaled the heights of her profession.(그녀는 전문직의 최고점에 올랐다.)

scale²

이 동사의 개념 바탕에는 scale의 명사 '비늘'이 있다. 동사의 의미는 비늘과 관련된 과정이다.

1. 타동사 용법

1.1. 다음 주어는 목적어의 비늘을 제거한다.

(1) a. She scaled the perch with a knife.(그녀는 퍼치(농어류의 물고기)를 칼로 비늘을 제거했다.)

b. She scaled all the fish.(그녀는 모든 생선의 비늘을 제거했다.)

1.2. 다음 주어는 비늘을 제거하듯 목적어의 겉 부분을

제거한다.

(2) a. The dentist **scaled** my teeth.(그 치과의사는 내 이의 치석을 제거했다.)

b. **Scale** the old painting from the ceiling.(오래된 페인트를 그 천장에서 벗겨내라.)

2. 자동사 용법

2.1. 다음 주어는 비늘이 벗겨지듯 벗겨지는 개체이다.

(3) a. The paint is **scaling** off the wall.(페인트칠은 그 벽에서 벗겨지고 있다.)

b. The paint **scaled** off easily with a knife.(페인트칠은 칼로 쉽게 벗겨졌다.)

scan

이 동사의 개념 바탕에는 조사하는 과정이 있다.

1. 타동사 용법

1.1. 다음 주어는 목적어를 전치사 for의 목적어를 찾기 위해 조사한다.

(1) a. The inspector **scanned** the room for clues.(그 검사관은 단서들을 찾기 위해 방을 자세히 조사했다.)

b. The lifeguards are **scanning** the sea for shark fins.(그 구조 대원들은 상어 지느러미를 찾기 위해 바다를 철저히 훑고 있다.)

c. Lookouts were **scanning** the sky for incoming aircraft.(감시인들은 들어오는 비행기를 찾기 위해 하늘을 주사하고 있다.)

d. They **scanned** the mountain side for any sign of the climbers.(그들은 등반인들의 흔적을 찾기 위해 산비탈을 자세히 조사했다.)

e. The sailors **scanned** the horizon for signs of land/the boat.(선원들은 육지/배의 표지를 찾기 위해 수평선을 주사했다.)

f. She was nervous and **scanned** the crowd for Paul.(그녀는 초조해서 폴을 찾기 위해 군중을 자세히 훑어보았다.)

1.2. 다음 주어는 기계이고, 전치사 for의 목적어를 찾기 위해서 목적어를 조사한다.

(2) a. The radar **scans** the skies for enemy aircraft.(레이더는 적군 비행기를 찾기 위해 하늘을 조사한다.)

b. The ship **scanned** the area ahead for enemy submarines.(배는 적군 잠수함을 찾기 위해 앞에 놓인 그 지역을 조사했다.)

c. Machines **scan** all the luggage for bombs and guns.(기계들은 폭탄과 총을 찾기 위해 모든 짐을 조사한다.)

1.3. 다음 주어가 목적어를 살피는 목적이 부정사로 표현되어 있다.

(3) a. Mother **scanned** his face anxiously to see if he was telling the truth.(엄마는 그가 진실을 말하는지 보기 위해 근심스럽게 그의 얼굴을 자세히 살폈다.)

b. She **scanned** the list of names to see if his son was on the plane.(그녀는 아들이 비행기에 있는지 보기 위해 명단을 조사했다.)

1.4. 다음 주어는 목적어를 훑어본다.

(4) a. She **scanned** him from head to foot.(그녀는 그를 머리에서 발끝까지 조사했다.)

b. Anxiously she **scanned** their faces who she might know.(근심스럽게 그녀는 알지도 모르는 그들의 얼굴을 조사했다.)

c. The plane's job is to **scan** the oceans with its radar.(비행기의 업무는 레이더로 그 해양을 조사하는 것이다.)

d. The police **scanned** the whole area but found no trace of her body.(경찰은 전 지역을 자세히 조사했지만, 그녀의 신체에 대한 흔적은 아무 것도 찾지 못했다.)

e. Concealed video cameras **scan** every part of the compound.(감춰진 비디오 카메라들은 그 합성물의 모든 부분을 조사했다.)

1.5. 다음 주어는 목적어를 훑어본다. 목적어는 지연에 쓰인 것이다.

(5) a. He **scanned** the newspaper for news of murder.(그는 살인 뉴스를 찾기 위해 신문을 훑었다.)

b. He **scanned** the list of names for someone he knew.(그는 그가 아는 누군가를 찾기 위해서 명단을 훑었다.)

c. I **scanned** the page quickly for her name.(나는 그녀의 이름을 찾기 위해 그 페이지를 재빨리 훑었다.)

d. He **scanned** the list until he found his name.(그는 그가 그의 이름을 찾을 때까지 그 명단을 훑었다.)

e. I **scanned** a few pages of the book and thought it looked interesting.(나는 그 책의 몇 장을 조사하고 그것이 흥미롭다고 느꼈다.)

f. She **scanned** the newspaper article and made a note of the main points.(그녀는 신문 기사를 스캔하고 중요 사항들의 노트를 만들었다.)

g. She **scanned** the newspaper/the advertisement pages in a few minutes.(그녀는 신문/광고 면들을 몇 분안에 훑어보았다.)

h. She **scanned** the jobs section hoping to find something that would suit her.(그녀는 그녀에게 맞는 무언가를 찾기를 바라면서 직업란을 훑어보았다.)

i. John **scanned** the reading assignment before class.(존은 수업 전에 독서 과제를 훑어보았다.)

j. Mary only **scanned** the contract before signing it.(메리는 서명하기 전에 그 계약서를 훑어보기만 했다.)

1.6. 다음은 주어가 스캐너를 써서 목적어를 컴퓨터에 들어가게 한다.

(6) a. She **scanned** the photo and reproduced it on the screen.(그녀는 사진을 스캔해서 그것을 화면에 재생산했다.)

b. He **scanned** the photo/the article into the computer.(그는 그 사진/기사를 컴퓨터에 스캔해 넣었다.)

c. She **scanned** the photo of herself and saved it in a file.(그녀는 자신의 사진을 스캔해서 파일에 저장했다.)

d. A little hand-held device beeps as soon as it has scanned a bar code.(손에 쥐는 작은 기구는 바 코드를 주사하자마자 삐이 소리를 낸다.)

e. He scanned the product code at the checkout.(그는 상품코드를 계산대에서 주사했다.)

f. He scans groceries at the supermarket checkout.(그는 식료품들을 슈퍼마켓 계산대에서 주사한다.)

1.7. 다음 주어는 목적어를 스캔한다.

(7) a. The doctor scanned the patient's brains to look for damage after the accident.(의사는 그 사고 후 손상을 찾기 위해 환자의 뇌를 주사했다.)

b. The doctor scanned the kidneys.(의사는 콩팥을 주사했다.)

1.8. 다음은 수동태 문장으로 주어는 주사된다.

(8) The brains are scanned so that researchers can monitor the progress of the disease.(뇌는 연구원들이 이 질병의 경과를 관찰할 수 있도록 주사된다.)

1.9. 다음은 수동태 문장으로 주어는 스캔된다.

(9) a. The entire book can be scanned into the computer.(그 책 전체는 컴퓨터에 스캔될 수 있다.)

b. Text and pictures can be scanned into the computer.(본문과 그림이 컴퓨터에 스캔될 수 있다.)

c. All luggage has to be scanned at the airport.(모든 짐은 공항에서 스캔되어야 한다.)

1.10. 다음 주어는 그 자체가 목적어를 주사한다.

(10) a. The machine scans the patient's brains for tumors.(그 기계는 종양을 찾기 위해 환자의 뇌를 자세히 살핀다.)

b. The machine scans the whole body and produces a picture on the screen.(그 기계는 몸 전체를 주사하고 그림을 화면에 나타낸다.)

2. 자동사 용법

2.1. 다음 주어는 운각이 맞다.

(11) a. This line doesn't scan; it has too many syllables.(이 행은 운율이 맞지 않다; 너무 음절이 많다.)

b. The next two lines don't scan.(그 다음 두 행은 운율이 맞지 않다.)

c. The second line of that verse doesn't scan properly.(저 시의 2행은 제대로 운각이 맞지 않다.)

d. They were given four lines of Latin verse to scan.(그들에게 운율을 맞출 4행의 라틴어 시가 주어졌다.)

2.2. 다음 주어는 살피거나 훑어보면서 나간다.

(12) a. I scanned through the report on the plane.(나는 그 보고서를 비행기에서 훑어나갔다.)

b. I scanned through the booklet, but I couldn't find the address.(나는 그 팜플렛을 훑어보았으나, 주소를 찾을 수 없었다.)

scar

이 동사의 개념 바탕에는 scar의 명사 '흉터'가 있다. 동사의 의미는 이 명사의 발생이나 모양과 관계가

있다.

1. 타동사 용법

1.1. 다음 주어는 목적어에 흉터가 생기게 한다.

(1) a. The burn scarred her arm.(화상은 그녀의 팔에 흉터를 냈다.)

b. Acnes scarred his face.(여드름이 그의 얼굴에 흉터지게 했다.).

c. The terrible incident scarred him for life.(그 끔찍한 사고가 그를 평생동안 흉터지게 했다.)

1.2. 다음 주어는 목적어를 흠이 생기게 한다.

(2) a. He scarred the door with a hammer.(그는 그 문에 망치로 흠집을 냈다.)

b. Jane scarred the marble floor by dragging a desk across it.(제인이 대리석 마루에 책상을 가로질러 끌고 가면서 흠을 냈다.)

c. The shelling scarred the countryside.(그 포격은 그 시골 지역에 상처를 냈다.)

1.3. 다음은 수동태 문장으로, 주어는 흉터가 생긴다.

(3) a. She was badly scarred in the accident.(그녀는 그 사고에서 심한 흉터가 생겼다.)

b. She was scarred from the fire.(그녀는 그 화재로 흉터가 생겼다.)

c. Chicken pox has scarred Dave's face badly.(수두가 데이브의 얼굴을 심하게 흉터지게 했다.)

d. The hill was now scarred by a huge quarry.(그 언덕은 거대한 채석장에 의해 상처가 났다.)

1.4. 다음 주어는 마음의 상처를 받는다.

(4) He was scarred by his sister's death.(그는 여동생의 죽음으로 마음의 상처를 받았다.)

2. 자동사 용법

2.1. 다음 주어에는 흉터가 생긴다.

(5) a. The cut on his face scarred over.(베인 상처가 그의 얼굴 전체에 흉터를 냈다.)

b. Her wound is scarring well.(그녀의 부상은 흉터가 잘 생긴다.)

scare

이 동사의 기본 개념 바탕에는 무섭게 만드는 과정이 있다.

1. 타동사 용법

1.1. 다음 주어는 목적어를 무섭게 한다.

(1) a. The dog scared the cat.(개는 고양이를 놀라게 했다.)

b. Please don't jump out and scare me like that!(뛰어 나와서 나를 그렇게 놀라게 하지마!)

c. You scared me by coming in so quietly.(너는 그렇게 조용히 들어와서 나를 놀라게 했다.)

d. You can't scare me with those silly stories.(너는 나를 그런 어리석은 이야기로 무섭게 할 수 없다.)

1.2. 다음은 수동태 문장으로 주어는 겁을 먹는다.

(2) The baby was scared by the thunder.(그 아기는 천둥에 겁을 먹었다.)

1.3. 다음 주어는 목적어를 무섭게 만든다.

(3) a. It scares him when you talk about cancer.(당신이 암에 대해서 이야기하면, 그것은 그를 겁나게 한다.)

b. It scared me to think that I was alone in the building.(이 건물 안에 나 혼자 있다고 생각하니 그것이 나를 겁나게 했다.)

c. It really scared me when she stopped breathing.(그녀가 호흡을 멈추었을 때, 그것은 정말 나를 겁나게 했다.)

1.4. 주어가 목적어를 놀라게 하면 그 영향으로 목적어는 어떤 상태에 이르게 된다.

(4) a. The prospect of failure scared me rigid.(실패의 가능성은 나를 겁나게 해서 뻣뻣하게 만들었다.)

b. The lion's roar scared him stiff.(사자의 울음소리는 그를 놀라게 하여 몸이 굳게 했다.)

c. A sudden noise in the dark scared the children.(어둠 속에서 들려온 갑작스런 소리가 그 아이들을 놀라게 했다.)

1.5. 다음은 수동태 문장으로 주어는 놀라서 어떤 상태에 들어간다.

(5) a. The children were scared stiff of their teacher.(아이들은 선생님이 무서워서 몸이 굳어졌다.)

b. She was scared to death.(그녀는 죽도록 무서웠다.)

1.6. 주어가 목적어를 놀라게 하면 그 영향을 받은 목적어는 어떤 장소에서 떠나게 된다.

(6) a. They scared the salesman away.(그들은 그 외판원을 놀라게 하여 쫓았다.)

b. The least movement scared the fish away.(최소한의 작은 움직임도 그 물고기를 놀라게 하여 쫓았다.)

c. They managed to scare the bear away.(그들은 곰을 놀라게 하여 쫓으러 애썼다.)

d. The high price is scaring away possible buyers.(높은 가격은 가능한 구매자들을 두렵게 만들어서 쫓아 버리고 있다.)

e. The dispute scared away potential investors.(그 분쟁은 잠재적인 투자자들을 쫓아 버렸다.)

f. We let fires to scare away the wolves.(우리는 불로 여우들을 쫓았다.)

1.7. 주어가 목적어를 놀라게 하여 전치사 off의 목적어에서 달아나거나 어떤 장소에 접근을 못하게 한다.

(7) a. We scared off the thief.(우리는 그 도둑을 겁주어 쫓아 버렸다.)

b. The dog scared off the prowler.(그 개는 좀도둑을 겁주어 쫓아 버렸다.)

c. The alarm scared off the attacker.(경보는 그 침입자에게 겁을 주어 쫓아 버렸다.)

d. Rising prices are scaring off many potential customers.(상승하는 가격이 많은 잠재 고객들을 쫓아내고 있다.)

e. The prospect of marriage scared him off.(결혼의 전망은 그를 두렵게 하여 떠나게 했다.)

1.8. 다음 주어는 목적어를 놀라게 하여 엉겁결에 전치사 into의 목적어가 가리키는 일을 하게 한다.

(8) a. She scared him into confession.(그녀는 그를 겁주

어 자백하게 했다.)

b. He scared her into compliance.(그는 그녀를 겁주어 응낙하게 했다.)

c. Some parents scare their children into behaving well.(어떤 부모들은 자녀들에게 겁을 주어서 바르게 행동하게 한다.)

d. Her warning scared him into obeying her/into complying with the request.(그녀의 경고는 그를 그녀에게 복종하게/그 요구에 응하게 했다.)

e. The announcement scared many politicians into voting for the change in the law.(그 발표는 많은 정치인들에게 겁을 주어서 그 법 개정에 찬성 투표를 하게 했다.)

1.9. 주어가 목적어를 놀라게 하여 목적어가 out of의 목적어에서 나오게 한다.

(9) a. He scared the hell/life/shit out of the boy.(그는 혼이 나도록 그 소년을 무섭게 하여 뺐다.)

b. He scared information out of me.(그는 나를 위협해서 정보를 캐냈다.)

c. They scared him out of wits.(그들은 그를 놀라게 하여 정신을 뺐다.)

1.10. 다음은 수동태 문장으로 주어는 빼앗긴다.

(10) She was scared out of her senses.(그녀는 판단력을 잃을 정도로 겁먹었다.)

1.11. 다음 주어는 목적어를 무섭게 하여 out of의 목적어가 가리키는 일을 못하게 한다.

(11) Their threats scared me out of telling the police.(그들의 위협은 내가 겁을 먹게 해서 경찰에게 말할 수 없게 했다.)

1.12. 다음은 수동태 문장으로 주어는 겁에 질린다. 놀람의 원인은 전치사 at이나 of로 표현된다.

(12) a. At that time I was scared to talk to my professor.(그 당시에 나는 교수님께 말하기가 두려웠다.)

b. She was scared at the strange noise.(그녀는 그 이상한 소리에 겁먹었다.)

c. There is nothing to be scared at.(두려워할 것이 아무 것도 없다.)

1.13. 다음은 수동태 문장으로 주어는 전치사 of의 목적어에 겁을 먹는다.

(13) I am scared of snakes.(나는 뱀이 무섭다.)

1.14. 다음도 수동태 문장으로 주어는 겁에 질린다. 놀람의 원인은 접속사 that이 이끄는 절로 표현되어 있다.

(14) a. I'm scared that my baby might catch cold.(나는 아기가 감기에 걸릴까봐 두렵다.)

b. They were scared that their secret had been discovered.(그들은 자신들의 비밀이 밝혀졌을까봐 두려웠다.)

1.15. 다음 주어는 목적어를 급하게 모으거나 만든다. up은 부피의 증가로 나타난다.

(15) a. She scared up a snack from the leftovers.(그녀는 간단한 요기를 남은 음식에서 가까스로 만들었다.)

b. I can't scare up enough chairs for us all.(나는 우리 모두를 위한 충분한 의자를 모을 수 없다.)

c. Scare up some wood for the fire.(불을 피우게 나

무릎 좀 모아와라.)

2. 자동사 용법
2.1. 다음 주어는 겁에 질린다.
(16) a. She doesn't scare easily.(그녀는 쉽게 겁먹지 않는
        다.)
     b. The child scares easily.(그 아이는 쉽게 겁을 먹는
        다.)
     c. I don't scare easily you know.(나는 네가 알다시피
        잘 놀라지 않는다.)

scatter
이 동사의 개념 바탕에는 흩어지게 하는 과정이 있
다.

1. 타동사
1.1. 다음 주어는 목적어를 흩어지게 한다. 목적어는
사람이다.
(1) a. The soldiers came in and scattered the crowd.(군
        인들은 들어 와서 군중을 해산시켰다.)
     b. An approaching car scattered the people on the
        street.(다가오는 차 한 대가 거리의 사람들을 흩어
        지게 했다.)
     c. The noise scattered the dogs and the chickens.
        (그 소음은 개와 닭들을 흩어지게 했다.)
     d. The gunshot/the loud noise scattered the
        birds.(그 총소리/큰 소음은 새들을 쫓았다.)
     e. The failure scattered his hopes.(그 실패는 그의 희
        망을 사라지게 했다.)
1.2. 다음 주어는 목적어를 흩어지게 한다.
(2) a. They scattered the flowers on the road.(그들은
        꽃을 길 위에 흩뿌려 놓았다.)
     b. They've been scattering toys everywhere.(그들
        은 장난감들을 여기저기에 흩어 놓고 있었다.)
     c. The child scatters his toys all over.(그 아이는 장
        난감들을 온통 흩어 놓는다.)
     d. She tore the rose apart and scattered the petals
        over the grave.(그녀는 장미를 뜯어서 꽃잎을 무덤
        위에 뿌렸다.)
     e. He scattered French loan words throughout his
        books.(그는 프랑스 차용어를 자신의 책 전체에 흩
        어놓았다.)
     f. He is scattering about his money.(그는 돈을 낭비
        하고 있다.)
     g. I scattered the grass seed all over the lawn.(나는
        잔디 씨를 그 잔디 전체에 뿌렸다.)
1.3. 다음 목적어는 단수형이지만 각각은 여러 개의 개
체로 이루어져 있다. 주어는 목적어를 흩어지게
뿌린다.
(3) a. We scattered gravel on the icy road.(우리는 자갈
        을 얼어붙은 도로에 뿌렸다.)
     b. Scatter some of the powder round the plants.(그
        가루의 약간을 묘목들 주변에 뿌려라.)
     c. I always scatter some crumb on the ground for
        the birds.(나는 항상 빵가루를 새들을 위해서 땅에

뿌린다.)
     d. The lens scatters light.(렌즈는 빛을 산란시킨다.)
1.4. 다음의 주어는 바람이다. 주어는 목적어를 흩는다.
(4) a. The wind scattered the leaves all over the
        garden.(바람은 나뭇잎들을 온 정원에 흩뿌려 놓았
        다.)
     b. The wind scattered seeds.(바람은 씨앗들을 날렸
        다.)
1.5. 다음 주어는 목적어를 with의 목적어로 흩뿌린다.
(5) a. They scattered the road with flowers.(그들은 그
        길을 꽃으로 흩뿌렸다.)
     b. I scattered the whole lawn with grass seed.(나는
        잔디 전체를 잔디 씨로 뿌려 놓았다.)
     c. He scattered his book with anecdotes.(그는 책을
        일화들로 흩어놓았다.)
1.6. 다음 문장은 수동태로 주어는 흩어지는 개체들이다.
(6) a. Dozens of books were scattered across my
        desk.(수십 권의 책들이 내 책상을 가로질러 흩어져
        있었다.)
     b. There are farm houses scattered along the
        river.(그 강을 따라 흩어져 있는 농가들이 있다.)
     c. Fragments of bursting shells were scattered far
        and wide.(터지는 포탄 조각들이 멀리 넓게 흩어져
        있었다.)
     d. Many small islands are scattered in the bay.(많은
        작은 섬들이 그 만에 흩어져 있다.)
1.7. 다음은 수동태 문장으로 주어는 with의 목적어가
흩어져있다.
(7) a. The sky was scattered with stars.(그 하늘은 별들
        로 흩어져 있었다.)
     b. The path was scattered with flowers.(그 길은 꽃
        으로 흩뿌려져 있었다.)
1.8. 다음은 [마음은 개체] 은유가 적용된 예이다. 주
어는 목적어를 흩어버린다.
(8) a. He scattered my hopes by answering sarcastically.
        (그는 나의 희망을 냉소적으로 대답함으로써 무산
        시켰다.)
     b. He tried to scatter my fear by explaining how
        safe the house was.(그는 그 집이 얼마나 안전한가
        를 설명하면서 내 두려움을 없애버리려고 했다.)

2. 자동사 용법
2.1. 다음 주어는 흩어진다.
(9) a. The students scattered in all directions.(그 학생들
        은 사방으로 흩어졌다.)
     b. The robbers scattered when the police
        arrived.(그 도둑들은 경찰이 도착하자 뿔뿔이 흩어
        졌다.)
     c. The protesters scattered at the sound of the
        gunshots.(항의자들은 총소리에 뿔뿔이 흩어졌다.)
     d. The searchers scattered all over the countryside
        looking for the child.(수색자들은 그 아이를 찾기
        위해 시골 지역 전역에 흩어졌다.)
     e. At the bell, the class scattered into the
        hallways.(종이 울리자 반 아이들은 복도로 뿔뿔이
        흩어졌다.)

f. The crowd **scattered** after the game.(군중들은 게임이 끝나자 흩어졌다.)

g. The crowds **scattered** when the bomb exploded.(군중들은 폭탄이 폭발했을 때 뿔뿔이 흩어졌다.)

h. After dinner, everyone **scattered**.(저녁식사 후에 모든 사람들은 흩어졌다.)

2.2. 다음 주어는 흩어진다. 주어는 개체이다.

(10) a. The papers on my desk **scattered** when the wind blew.(내 책상 위의 서류들은 바람이 불때 흩어졌다.)

b. Clouds **scattered** before the wind.(구름들이 바람 앞에서 흩어졌다.)

c. The newspapers **scattered** in the wind.(그 신문들은 바람에 흩어졌다.)

d. The pile of books fell down, and **scattered** all over the floor.(책 더미가 떨어져서 바닥 전체에 흩어졌다.)

e. The load from the overturned lorry **scattered** over the road.(전복된 화물 트럭의 화물이 도로 전체에 흩어졌다.)

scent

이 동사의 개념 바탕에는 scent의 명사 '냄새', '향기'가 있다. 동사의 의미는 이 명사의 용도와 관계가 있다.

1. 타동사 용법

1.1. 다음 주어는 냄새의 냄새를 맡는다.

(1) a. I **scented** a cigarette smoke somewhere in the room.(나는 담배 냄새를 방안 어딘가에서 맡았다.)

b. The deer **scented** our presence and ran back into the forest.(사슴은 우리의 존재의 냄새 맡고는 숲으로 되돌아 달아났다.)

c. The dog **scented** the criminal's trail.(개는 죄수의 흔적을 냄새를 맡으면서 따랐다.)

1.2. 다음 주어는 냄새로 알아내듯 목적어를 눈치챈다.

(2) a. Halfway through the match, the team **scented** victory.(경기 반 쯤되어서 그 팀은 승리를 감지했다.)

b. The press could **scent** a scandal.(언론은 스캔들 냄새를 맡을 수 있었다.)

c. We could **scent** danger/trouble/success.(우리는 위험/문제/성공을 알아차릴 수 있었다.)

d. We **scented** danger and decided to leave.(우리는 위험을 알아채고는 떠나기로 결정했다.)

1.3. 다음 주어는 that-절의 내용을 눈치 챈다.

(3) a. From the look on her face, he could **scent** that something was wrong.(그녀의 얼굴을 보고 그는 뭔가 잘못됐다는 것을 눈치챌 수 있었다.)

b. I immediately **scented** that all was not well.(나는 즉각적으로 모든 일들이 순탄치 않다는 것을 알아차렸다.)

1.4. 다음 주어는 목적어를 향기로 채운다.

(4) a. Roses **scented** the night air.(장미들이 밤공기를 향긋하게 해 주었다.)

b. The newly cut flowers **scented** the room.(갓 꺾은 꽃들은 그 방을 향긋하게 해 주었다.)

1.5. 다음 주어는 with의 목적어를 써서 목적어를 향기가 나게 한다.

(5) a. **Scent** the room with your favorite aroma.(그 방을 네가 가장 좋아하는 향기로 향긋하게 해라.)

b. She **scented** her hair with a spray.(그녀는 머리를 스프레이로 향기 나게 했다.)

1.6. 다음은 수동태 문장으로, 주어는 향기가 나게 된다.

(6) a. The cabin was **scented** with cedar.(그 객실은 삼나무 향기가 났다.)

b. The air is **scented** with the odor of pine-wood.(공기는 소나무 향기가 난다.)

scold

이 동사의 개념 바탕에는 꾸짖는 과정이 있다.

1. 타동사 용법

1.1. 주어는 목적어를 꾸짖는다.

(1) a. Mother **scolded** him for breaking the glass/running in the house.(어머니는 잔을 깨뜨려서/그 집안에서 뛰어서 그를 꾸짖었다.)

b. He **scolded** us for no good reason.(그는 적당한 이유 없이 우리를 꾸짖었다.)

c. He **scolded** them for arriving late.(그는 그들이 늦게 도착했다고 대해서 꾸짖었다.)

scorch

이 동사의 개념 바탕에는 색, 맛, 모양이 바뀌도록 표면이 타는 과정이 있다.

1. 타동사 용법

1.1. 다음 목적어는 재귀대명사이다. 주어는 덴다.

(1) a. I **scorched** myself on the iron.(나는 그 다리미에 몸을 댔다.)

b. He **scorched** his hand on the stove.(그는 난로에 손을 데었다.)

1.2. 다음 주어는 목적어를 그슬린다.

(2) a. Mary **scorched** her hair with a curling iron.(메리는 머리카락을 고대기에 그슬렸다.)

b. The iron **scorched** the shirt.(그 다리미는 셔츠를 그슬렸다.)

c. The sun **scorched** the grass.(해는 그 풀을 그을렸다.)

d. The fire **scorched** the walls of the house.(화재는 집의 벽들을 그슬렸다.)

1.3. 다음은 수동태 문장으로 주어는 그을린다.

(3) a. The grass is **scorched** by so much hot sunshine.(잔디는 너무 많은 햇빛으로 그을린다.)

b. The field was **scorched** by the hot summer sun.(그 들판은 뜨거운 여름 태양에 그을렸다.)

2. 자동사 용법

2.1. 다음 주어는 그슬린다.

(4) a. Milk/silk scorches easily.(우유는/비단은 쉽게 그슬린다.)

b. The paper near the stove scorched but didn't burn.(난로 곁에 있었던 종이가 그슬렸지만 타지는 않았다.)

c. My shirt will scorch if I set the iron on it.(내가 셔츠 위에 다리미를 놓으면 그것은 그슬릴 것이다.)

d. The leaves will scorch if you water them in the sun.(만약 네가 햇빛이 비치는 데 잎들에 물을 주면 그 잎들은 시들 것이다.)

2.2. 다음 주어는 빨리 달린다.

(5) a. The car scorched along the highway.(그 차는 고속도로를 따라 빨리 달렸다.)

b. The car scorched down the road at 90 miles an hour.(그 차는 길을 따라 시속 90마일로 내리 달렸다.)

c. The car scorched off down the road.(그 차는 도로 아래로 재빨리 달려갔다.)

score¹

이 동사의 개념 바탕에는 score의 명사 '득점'이 있다.

1. 타동사 용법

1.1. 다음 주어는 목적어를 득점수로 얻는다.

(1) a. Pat did very well to score 18 out of 20 in the spelling test.(팻은 매우 잘하여 철자 시험에서 20개 중에 18개를 득점했다.)

b. Oakland scored five runs on seven hits in the seventh inning.(오크랜드는 7회에 7개의 안타를 쳐서 5점을 획득했다.)

c. The player scored a goal in the last minutes of the match.(그 선수는 시합의 마지막 몇 분을 남겨두고 한 골을 득점했다.)

d. Which players has scored the most runs this season?(어느 선수가 이번 시즌에 가장 많은 득점을 했니?)

e. Bob scored a point for the team when he touched home plate.(밥은 그가 본루에 닿았을 때 팀을 위해 한 점을 획득했다.)

1.2. 다음 주어는 목적어를 얻게 한다.

(2) a. In American football, a touchdown scores six points.(미식축구에서 터치다운은 6점을 얻는다.)

b. That basket scores two points.(골 득점은 2점을 얻는다.)

c. A bull's eye scores 50 points.(명중은 50점을 얻는다.)

1.3. 다음 주어는 목적어를 점수로 얻는다.

(3) a. Most of the students scored over 80.(대다수의 학생들이 80점 이상을 득점했다.)

b. He scored a 90 and got an A.(그는 90점을 얻어서 A를 받았다.)

c. She scored 90% in the Korean language test.(그녀는 한국말 시험에서 90%를 획득했다.)

1.4. 다음 주어는 목적어를 구한다.

(4) a. I managed to score a couple of tickets to the World Cup final.(나는 가까스로 월드컵 결승전의 티켓을 2장 구했다.)

b. He scored some heroin.(그는 약간의 헤로인(마약)을 구했다.)

1.5. 다음 주어는 점수를 따듯이 목적어를 획득한다.

(5) a. The democratic Party scored a surprise victory in the election.(민주당은 그 선거에서 뜻밖의 승리를 거두었다.)

b. He scored another triumph in his movie.(그는 또 하나의 성공을 자신의 영화에서 얻었다.)

c. She has certainly scored a hit with her latest novel.(그녀는 최근 소설에서 확실히 성공을 거두었다.)

d. Nearly every bomb scored a hit.(거의 모든 폭탄이 명중을 거두었다.)

1.6. 다음 주어는 첫째 목적어에 둘째 목적어를 점수로 준다.

(6) a. The Canadian judge scored her 15.(그 캐나다 심판은 그녀에게 15점을 주었다.)

b. The judge scored 15 to him.(심판은 15점을 그에게 주었다.)

1.7. 다음 주어는 목적어에 점수를 매긴다.

(7) a. Who will score these papers?(누가 이 시험지를 채점할 거니?)

b. He finished scoring the tests.(그는 시험을 채점하는 것을 끝마쳤다.)

2. 자동사 용법

2.1. 다음 주어는 점수를 따듯이 성공한다.

(8) a. He scored again with his third major film this year.(그는 자신의 세번째 주 영화에서 올해 또 다시 성공을 거뒀다.)

b. The writer has scored again with another popular book.(그 작가는 또 다른 인기 있는 책으로 다시 성공을 거뒀다.)

2.2. 다음 주어는 전치사 against의 목적어에 대해서 득점한다.

(9) Ireland scored against Wales two minutes into the second half.(아일랜드는 웨일즈에 대항하여 후반전 들어서 2분만에 득점했다.)

2.3. 다음 주어는 off나 over의 목적어보다 더 많은 점수를 얻는다.

(10) a. He's always trying to score (points) off/over people.(그는 늘 사람들보다 높은 점수를 얻으려고 노력하고 있다.)

b. It's easy to score off poor old Bill.(늙고 가엾은 빌을 누르기란 쉽다.)

c. You have a lot of patience--that's where you score over your opponent.(너는 참을성이 많다-- 그것이 네가 상대보다 나은 점이다.)

d. In this area, we can score over the other scientists.(이 영역에서 우리는 다른 과학자들보다 나을 수 있다.)

2.4. 다음 주어는 점수를 기록한다.

(11) a. He scored for us as we bowled.(그는 우리가 볼링

을 할 때 우리를 위해서 점수를 기록했다.)

b. Will you **score** for us, please?(너 우릴 위해서 점수를 기록할래?)

2.5. 다음 주어는 점수를 딴다.

(12) a. Has either team **scored** yet?(둘 중 어느 팀도 아직 점수를 따지 못했니?)

b. How well did you **score** on the last test?(마지막 시험에서 너 어떻게 좋은 점수를 얻었니?)

c. The team failed to **score** in the first half.(그 팀은 전반전에서 득점할 수 없었다.)

d. Girls usually **score** highly in language exams.(여학생들은 대개 언어시험에서 좋은 성적을 받는다.)

e. This new CD player really **scores** in terms of sound quality.(이 새 CD플레이어는 소리에 있어 정말로 좋은 점수를 얻는다.)

2.6. 다음 주어는 목적어를 점수를 매긴다.

(13) **Score** each criterion on a scale of 1 to 5.(각각의 기준을 1에서 5까지의 비율로 점수를 매겨라.)

score²

이 동사의 개념 바탕에는 score의 명사 '악보'가 있다.

1. 타동사 용법

1.1. 다음 주어는 목적어를 악보로 쓴다.

(1) a. The composer **scored** the composition for the orchestra.(그 작곡가는 오케스트라를 위해 곡을 작곡했다.)

b. At the conservatory, he learned how to **score** a musical composition.(그 음악학교에서 그는 악보를 작곡하는 법을 배웠다.)

1.2. 다음은 수동태 문장으로 주어는 작곡된다.

(2) a. The piece is **scored** for violin, viola, and cello.(그 악곡은 바이올린, 비올라, 첼로를 위해 작곡된다.)

b. The piece is **scored** for strings and percussion.(그 악곡은 현악기와 타악기를 위해 작곡된다.)

1.3. 다음 주어는 목적어를 줄을 그어서 제거한다.

(3) a. Please **score out** the incorrect answers.(틀린 답 안에는 줄을 그어 제외시키세요.)

b. Is the word meant to be **scored out**?(그 단어는 줄을 그어 지워버리라는 뜻인가요?)

1.4. 다음 주어는 목적어를 자국낸다.

(4) a. The sofa has **scored** the floor.(그 소파는 마루에 줄을 그어 자국을 남겼다.)

b. The heavy machine **scored** the table.(그 육중한 기계는 탁자에 자국을 남겼다.)

1.5. 다음 주어는 목적어에 새김 자국을 낸다.

(5) a. The designer **scored** the board before cutting it.(그 설계사는 판자를 자르기 전에 새김 눈으로 표시했다.)

b. **Score** the card first with a knife.(우선 카드에 칼로 금을 그어라.)

c. He **scored** the paper in the middle, and tore it in half.(그는 종이의 한 가운데 금을 내서는 절반으로 잘랐다.)

1.6. 다음 주어는 전치사 with의 목적어와 성교를 한

다.

(6) a. He **scored** with her after the party.(그는 파티 후에 그녀와 잤다.)

b. Did you **score with** her last night?(너 어젯밤 그녀와 잤니?)

scorn

이 동사의 개념 바탕에는 경멸하는 과정이 있다.

1. 타동사 용법

1.1. 다음 주어는 목적어를 경멸한다. 목적어는 사람이다.

(1) a. The team **scorned** the player who lost the game.(그 팀은 경기에서 진 선수를 깔봤다.)

b. You have no right to **scorn** the poor man.(너는 가난한 사람들을 경멸할 권리가 없다.)

1.2. 다음 주어는 목적어를 경멸한다.

(2) a. She **scorned** all my efforts of help.(그녀는 도우려는 나의 모든 노력을 경멸했다.)

b. She **scorned** my help/invitation.(그녀는 나의 도움/초대를 경멸해 버렸다.)

c. She **scorned** the view that inflation is already down.(그녀는 인플레이션이 이미 진정되어 있다는 견해를 경멸했다.)

2. 자동사 용법

2.1. 다음 주어는 부정사가 가리키는 일을 수치로 여긴다.

(3) a. She **scorned** to hide away like a coward.(그녀는 겁쟁이처럼 멀리 숨어버리는 것을 경멸했다.)

b. The judge **scorned** to take a bribe.(그 판사는 뇌물을 수뢰하는 행위를 경멸했다.)

2.2. 다음 주어는 목적어를 경멸한다.

(4) a. She **scorns** lying/telling lies.(그녀는 거짓말하는 것을 수치스럽게 여긴다.)

b. He **scorns** asking for help.(그는 도움을 요청하는 것을 수치스럽게 여긴다.)

scour

이 동사의 개념 바탕에는 박박 문지르는 과정이 있다.

1. 타동사 용법

1.1. 다음 주어는 목적어를 세게 문지른다. 목적어는 그릇이다.

(1) a. She **scoured** the pots and pans **with** cleanser.(그녀가 냄비와 팬을 세정제로 세게 문질렀다.)

b. I **scoured** the metal pans **with** steel wool.(나는 금속 팬을 강모로 세게 문질렀다.)

1.2. 다음 주어는 목적어를 문지른다. 목적어는 묻어있는 개체이다.

(2) a. She **scoured** grease **from** the pots.(그녀가 기름때를 냄비에서 문질렀다.)

b. She **scoured** grease **off** the frying pan.(그녀가 기름때를 프라이팬에서 문질러 떼 냈다.)

c. He **scoured** the rust **off** the old stove.(그가 그 녹

을 오래된 난로에서 문질러 떼 냈다.)

1.3. 다음 주어는 물로서 목적어의 속을 씻는다.

(3) a. I had to scour out the pans/the milk bottle. (나는 팬/그 우유 병 속을 씻어내야 했다.)

　b. She scoured out the pipe. (그녀는 파이프의 속을 물로 씻어냈다.)

　c. He scoured out the ditch. (그가 도랑을 물로 씻어 내렸다.)

1.4. 다음 주어는 목적어를 문질러 전치사 of의 목적어는 제거한다.

(4) a. The government scoured the nation of spies. (정부는 국가의 간첩을 제거했다.)

　b. The poison scoured the house of rats. (그 독약은 그 집에서 쥐를 제거했다.)

1.5. 다음 주어는 흐르면서 목적어를 만든다.

(5) a. Water scoured out a passage in the soft rock. (물은 통로를 연암에 만들었다.)

　b. The water scoured out the bed of a stream. (그 물은 개천 바닥을 만들어냈다.)

　c. The river scoured out a path through the valley. (그 강은 계곡을 통과하는 소로를 만들었다.)

1.6. 다음 주어는 목적어를 샅샅이 뒤진다.

(6) a. The police scoured the area for the missing child. (경찰은 그 미아를 찾으려고 그 지역을 샅샅이 뒤졌다.)

　b. Police scoured the woods for evidence. (경찰이 증거를 찾으려고 숲을 샅샅이 뒤졌다.)

　c. Bob scoured the park for his missing dog. (밥이 잃어버린 개를 찾아서 그 공원을 샅샅이 뒤졌다.)

　d. The police scoured the scene of the crime for clues. (그 경찰은 단서들을 찾으려고 범죄 현장을 샅샅이 탐색했다.)

　e. The police scoured the countryside for the fugitive. (경찰은 그 도망자를 잡으려고 시골을 샅샅이 뒤졌다.)

　f. He scoured his memory for the forgotten name. (그는 잃어버린 이름을 찾으려고 기억을 더듬었다.)

2. 자동사 용법

2.1. 다음 주어는 문질러진다.

(7) The roasting pan scours easily. (그 고기 굽는 팬은 쉽게 문질러진다.)

scowl

이 동사의 개념 바탕에는 얼굴을 찌푸려서 무섭게 노려보는 과정이 있다.

1. 자동사 용법

1.1. 다음 주어는 얼굴을 찌푸린다.

(1) a. The boys scowled at her. (그 소년들은 그녀에게 얼굴을 찌푸렸다.)

　b. The prisoner scowled at the jailer. (그 죄수는 간수에게 얼굴을 찌푸렸다.)

　c. He scowled whenever he spoke to me. (그는 내게

말걸 때마다 인상을 쓴다.)

　d. He glared at me and I scowled back at him. (그는 내게 눈을 부릅떴다. 그래서 나도 그를 노려봤다.)

2. 타동사 용법

2.1. 다음 주어는 얼굴을 찌푸려서 목적어에 영향을 준다.

(2) He scowled the man down. (그는 그 남자에게 언짢은 인상을 지어 하던 일을 그만두게 했다.)

scramble

이 동사의 개념 바탕에는 급하게, 그리고 거칠게 움직이는 과정이 있다.

1. 자동사 용법

1.1. 다음 주어는 for의 목적어를 얻기 위해 거칠게 움직인다.

(1) a. People were scrambling madly for shelter/the exit. (사람들이 피난처/출구를 찾아 미친듯이 허둥지둥 움직이고 있었다.)

　b. The girls scrambled for the bouquet that the bride had thrown. (그 소녀들은 신부가 던진 꽃다발을 잡으려고 서로 다투었다.)

　c. Players scrambled for the football. (그 선수들은 축구공을 잡으려고 앞 다투어 경쟁했다.)

1.2. 다음 주어는 거칠게 이동한다.

(2) a. There were a lot of people to scramble aboard a small boat. (작은 배 안에는 서둘러 승선한 많은 사람들이 있었다.)

　b. She scrambled out of the way of the police. (그녀는 경찰이 지나는 길에서 허둥지둥 빠져나왔다.)

　c. He scrambled to his feet, blushing furiously. (그는 심하게 얼굴을 붉히며 허둥지둥 일어섰다.)

　d. We were scrambling through the thick underbrush. (우리는 두터운 덤불을 뚫고 허둥지둥 지나가고 있었다.)

　e. She scrambled up/down the hill over the rocks. (그녀는 산 위/아래를 지나 바위를 허둥지둥 지나갔다.)

1.3. 다음 주어는 급하게 옷을 입거나 벗는다.

(3) a. He scrambled into his clothes. (그는 옷을 헐레벌떡 입었다.)

　b. He scrambled out of his clothes. (그는 옷을 서둘러 벗었다.)

　c. They scrambled in the competition for a new job. (그들은 새 일자리를 위한 경쟁에 황급히 뛰어들었다.)

1.4. 다음 주어는 부정사가 가리키는 일을 하기 위해서 헐레벌떡 움직인다.

(4) a. Shoppers are scrambling to get the best bargains. (구매자들은 가장 좋은 세일 물건을 사기 위해서 허둥지둥하고 있다.)

　b. He scrambled up the stairs to get to class on time. (그는 수업 시간 정시에 도착하기 위하여 계단 위를 서둘러 올라갔다.)

c. They scrambled to get the best seats. (그들은 가장 좋은 좌석을 얻으려고 쟁탈전을 펼쳤다.)

2. 타동사 용법

2.1. 다음 주어는 목적어를 뒤섞는다.
(5) Someone scrambled the files in my drawer. (누군가가 내 서랍의 파일들을 뒤섞었다.)

2.2. 다음 주어는 목적어를 긴급 출동시킨다.
(6) The air command scrambled his planes. (공군 사령부는 항공기를 긴급 출격시켰다.)

2.3. 다음 주어는 목적어를 휘저어서 익힌다.
(7) She scrambled an egg for breakfast. (그녀는 아침식사를 위해 계란 하나를 휘저어 익혔다.)

2.4. 다음은 수동태 문장으로 주어는 뒤섞여진다.
(8) a. His words and thought patterns were scrambled and made no sense. (그의 말과 사고방식은 서로 뒤범벅이 되어 도무지 알 수 없었다.)
b. The cable channels that I don't pay for are scrambled. (내가 값을 치르지 않은 유선 채널은 주파수가 바뀐다.)
c. The television picture was scrambled. (텔레비전 영상은 뒤죽박죽되었다.)

2.5. 다음 주어는 공을 돌진해서 넣는다.
(9) He managed to scramble the ball into the net. (그는 가까스로 돌진하여 공을 네트 안에 넣었다.)

scrap

이 동사의 개념 바탕에는 scrap의 명사 '폐물'이 있다. 동사의 의미는 폐물을 만드는 과정과 관계가 있다.

1. 타동사 용법

1.1. 다음 주어는 목적어를 폐물 처리한다.
(1) a. Mary scrapped her broken radio. (메리가 망가진 레디오을 폐기 처리했다.)
b. Our truck is so old that we scrapped it in the junkyard. (우리의 트럭이 너무 낡아서 우리는 그것을 해체하여 폐품 처리장에 버렸다.)

1.2. 다음은 수동태 문장으로 주어는 해체되어 버려진다.
(2) a. The oldest of the aircraft were scrapped. (항공기 가운데 가장 노후한 것은 해체되어 버려졌다.)
b. The old stove was scrapped. (그 낡은 난로는 해체되어 버려졌다.)

1.3. 다음 주어는 목적어를 버린다.
(3) a. He urged that we scrap the old method of teaching mathematics. (그는 우리가 수학을 가르치는 그 낡은 방법을 버려야 한다고 권고했다.)
b. The manager scrapped the failed project. (그 관리자가 그 실패한 사안을 폐기했다.)
c. He scrapped his old habits. (그는 오랜 습관을 버렸다.)

1.4. 다음은 수동태 문장으로 주어는 폐기된다.
(4) Existing plans could be scrapped and fresh ones made. (기존의 계획들은 폐기되고 새 것이 만들어질 수 있었을 것이다.)

scrape

이 동사의 개념 바탕에는 세차게 날카로운 소리를 내며 긁는 과정이 있다.

1. 타동사 용법

1.1. 다음 주어는 목적어를 긁는다.
(1) a. She scraped the bowl before washing it. (그녀는 그릇을 씻기 전에 그것을 긁었다.)
b. You never even scraped a carrot for dinner. (너는 저녁을 위해서 당근조차 결코 벗긴 적이 없다.)
c. He scraped the table to remove varnish. (그는 그 탁자를 긁어서 니스를 제거했다.)
d. He scraped his shoes/boots on the door mat. (그는 신발/장화를 현관 매트에 긁었다.)
e. I scraped out a sticky saucepan. (나는 끈적끈적한 스튜 냄비를 긁었다.)
f. She scraped out the greasy pot. (그녀는 기름투성이인 단지를 긁어 닦았다.)

1.2. 다음 주어는 목적어를 전치사 with의 목적어로 긁는다.
(2) a. Scrape your muddy shoes with this knife. (너의 진흙 투성이 신발을 이 칼로 긁어내라.)
b. Bob scraped the wall with a knife, damaging the wallpaper. (봅은 벽을 칼로 긁어서 벽지를 망쳤다.)
c. He scraped the floor with his chair. (그는 마루를 의자로 긁었다.)

1.3. 다음 주어는 목적어를 긁어낸다.
(3) a. He scraped the skin off his knees. (그는 그의 무릎에서 피부를 벗겼다.)
b. He scraped the skin off the potatoes. (그는 그 껍질을 그 감자에서 긁어 벗겼다.)
c. We have to scrape the old paint off the door. (우리는 낡은 페인트를 문에서 긁어 벗겨야 한다.)
d. He scraped the door down before painting it again. (그는 다시 페인트를 칠하기 전에 문을 긁어 벗겨냈다.)

1.4. 다음 주어는 목적어를 긁어서 상태의 변화를 받게 한다.
(4) a. He scraped the dish clean. (그는 접시를 문질러 깨끗하게 했다.)
b. He scraped his boots clean. (그는 부츠를 문질러서 깨끗이 닦았다.)

1.5. 다음은 수동태 문장으로 주어는 긁어진다.
(5) The plates had all been scraped clean. (그 접시들은 모두 깨끗하게 긁어 닦였다.)

1.6. 다음 주어는 목적어를 전치사 from의 목적어에서 긁어낸다.
(6) a. He scraped the paint from the table. (그는 그 칠을 식탁에서 긁어서 벗겨냈다.)
b. The janitor scraped the dried gum from the bottom of the chairs. (그 관리인은 말라붙은 껌을 의자의 밑에서 벗겨냈다.)
c. He scraped the dirt out from under his fingernail with a pen knife. (그는 주머니 칼로 손톱 밑의 때를 긁어냈다.)

d. Before eating, **scrape** the mould from the surface.(먹기 전에 곰팡이를 표면에서 긁어 벗겨내라.)

e. He **scraped** mud from his boots.(그는 진흙을 부츠에서 긁어냈다.)

1.7. 다음 주어는 목적어를 긁어낸다.

(7) a. We **scraped** away several layers of old varnish.(우리는 오래된 니스의 몇 겹을 긁어 벗겨냈다.)

b. Emily **scraped** away the dead leaves to reveal the tiny shoot of a new plant.(에밀리는 낙엽들을 긁어내서 새 묘목의 작은 새싹을 보여주었다.)

c. **Scrape** off the old layers of paint.(페인트의 오래된 켜를 긁어내어라.)

d. She **scraped** out the remaining pudding on my plate.(그녀는 내 접시 위의 남은 푸딩을 긁어냈다.)

e. We have to **scrape** the snow off the car before we go out in it.(우리는 그것을 타고 외출하기 전에, 눈을 차에서 긁어내야 한다.)

f. He **scraped** the rust off the knife.(그는 녹을 칼에서 긁어냈다.)

g. She **scraped** off her elbow.(그녀는 팔꿈치를 벗겼다.)

1.8. 다음 주어는 목적을 긁는다. 목적어는 신체 부위이다.

(8) a. She fell and **scraped** her palms and knees.(그녀는 넘어져서 손바닥과 무릎을 긁혔다.)

b. I **scraped** my knee when I fell.(나는 넘어졌을 때 무릎이 긁혔다.)

1.9. 다음 주어는 목적어를 전치사 on 또는 against의 목적어에 긁는다.

(9) a. He **scraped** the luggage against the door as he came in.(그는 들어올 때, 여행 가방을 문에 긁었다.)

b. he **scraped** his chair against the wall.(그는 의자를 벽에 긁었다.)

c. He **scraped** a pen on the paper.(그는 종이 위에 펜을 휘갈겨 썼다.)

d. Don't **scrape** your chair on the floor.(너의 의자를 마루에서 끌지 마라.)

e. Jack **scraped** his knees on the wall as he was climbing over.(잭은 벽을 타넘다가 무릎을 긁었다.)

f. He fell and **scraped** his knees on the gravel.(그는 넘어져서 무릎을 자갈 위에 벗겼다.)

g. I **scraped** my hand on the rusty doorknob.(나는 손을 녹슨 문손잡이에 긁었다.)

h. He **scraped** his hands painfully on a rock.(그는 손을 고통스럽게도 바위에 긁었다.)

1.10. 다음 주어는 목적어를 긁는다.

(10) a. He drove too close to the wall and **scraped** the car's wing.(그가 담에 너무 가깝게 운전해서 차 옆을 긁었다.)

b. I **scraped** my car when I drove into the bushes.(내가 차를 덤불 속으로 운전해서 들어 갈 때 긁었다.)

c. He **scraped** the wall with the bookcase.(그는 벽을

책장으로 긁었다.)

d. Stop **scraping** your feet along the floor.(발을 바닥을 따라 끌지 말아라.)

e. Stop **scraping** your feet.(발을 끌지 말아라.)

1.11. 다음 주어는 그 자체가 목적어를 긁는다.

(11) a. Her fingernails **scraped** down the blackboard.(그녀의 손톱은 칠판을 긁었다.)

b. Be careful that the side of the boat don't **scrape** the jetty.(그 배의 옆이 부두를 긁지 않도록 조심해라.)

1.12. 다음 주어는 목적어를 긁어모은다.

(12) a. We **scraped** together an audience of 50 people.(우리는 50명의 청중을 끌어 모았다.)

b. He barely **scraped** together the rent money.(그는 임대료를 겨우 긁어모았다.)

c. He **scraped** up dirt from the road.(그는 흙을 도로에서 긁어모았다.)

d. Can you **scrape** up enough money for college?(너는 대학 갈 만큼의 돈을 긁어모을 수 있니?)

e. The children **scraped** up some of the rice that spilled from the sacks.(그 아이들은 자루들에서 쏟아진 쌀의 일부를 긁어모았다.)

f. He **scraped** up expenses for the trip.(그는 여행경비를 그럭저럭 긁어모았다.)

1.13. 다음 주어는 목적어를 전치사 into의 목적어에 긁어 넣는다.

(13) He **scraped** the slime into a bottle.(그는 그 진액을 병 안에 긁어모았다.)

1.14. 다음 주어는 목적어를 긁어서 만든다.

(14) a. He **scraped** out his signature.(그는 서명을 긁어서 썼다.)

b. He **scraped** out a hole in the sand.(그는 구멍 하나를 모래에 긁어서 팠다.)

c. He **scraped** out a tune from a violin.(그는 한 곡조를 바이올린을 긁어서 켰다.)

d. He **scraped** a crude X on the wall with a rock.(그는 조잡한 X자를 벽에 돌로 긁어서 새겼다.)

1.15. 다음 주어는 목적어를 간신히 만든다.

(15) a. He **scraped** a living.(그는 간신히 생활을 긁어나갔다.)

b. He **scraped** his way through.(그는 근근히 끝까지 해냈다.)

c. The dog **scraped** a hole in the sand.(그 개는 구멍 하나를 모래에 긁어서 팠다.)

d. The prisoner **scraped** a hole in the prison wall.(그 죄수는 구멍 하나를 감옥 벽에 긁어서 팠다.)

2. 자동사 용법

2.1. 다음 주어는 긁는다.

(16) a. The car **scraped** against the guard rail.(그 차는 가드레일을 스쳤다.)

b. The knife **scraped** against the wall.(그 칼은 벽을 스쳤다.)

c. The branches **scraped** against the windows.(나뭇가지들은 그 창문을 스쳤다.)

d. The old car drove off, **scraping** its exhaust pipe

scraping along the ground.(그 낡은 차는 배기관이 바닥을 따라 스치면서 출발했다.)

   e. The car **scraped along** the wall.(그 차는 담을 따라 스쳤다.)

   f. The boat **scraped along** the landing stage.(그 배는 부잔교를 따라 스쳤다.)

   g. The two buses **scraped past** each other.(두 버스는 서로 스치면서 지났다.)

2.2. 힘들게 조금씩 움직이는 과정은 삶에도 적용된다.

(17) a. He **scraped along** without the parent's help.(그는 부모의 도움 없이 근근이 먹고 살았다.)

   b. The family just **scraped along**, but never asked for charity.(그 가족은 겨우 먹고 살아갔지만 결코 동정을 구하지는 않았다.)

   c. The refugees **scraped by** on a day-to-day basis.(그 피난민들은 하루하루 단위로 겨우 먹고 살았다.)

   d. The struggling family could scarcely **scrape by**.(생활고로 허덕이는 가족은 근근히 먹고 살았다.)

   e. I barely **scraped by** on minimum wage.(나는 최저 임금으로 근근이 살았다.)

2.3. 다음 주어는 어렵게 움직인다.

(18) a. He **scraped in** by a small majority.(그는 겨우 적은 과반수로 당선되었다.)

   b. He just **scraped into** college.(그는 겨우 대학에 들어갔다.)

   c. I barely **scraped through** the course with a D.(나는 그 과목을 D를 받고 겨우 통과했다.)

   d. He **scraped through** the difficulties.(그는 가까스로 어려움들을 헤쳐 나갔다.)

   e. He barely **scraped through** the test.(그는 간신히 시험에 합격했다.)

2.4. 다음 주어는 긁히는 소리를 낸다.

(19) a. The chair **scraped** on the floor.(그 의자는 바닥에 거친 소리를 냈다.)

   b. Chairs **scraped** loudly as the boys stood up.(의자들은 그 소년들이 일어섰을 때 시끄러운 소리를 내었다.)

   c. The lift door **scraped**.(그 승강기 문은 삐걱거렸다.)

2.5. 다음 주어는 긁힌다.

(20) The paint will **scrape off** quite easily.(페인트는 꽤 쉽게 긁혀 벗겨질 것이다.)

2.6. 다음 주어는 긁힌다.

(21) a. The car **scraped** on the brick wall as it passed.(그 차는 지나가다가 벽돌담에 긁혔다.)

   b. My car **scraped along** the wall.(그 차는 벽을 따라 스치면서 지나갔다.)

scratch

이 동사의 개념 바탕에는 끝이 뾰족한 도구로 긁거나 할퀴는 과정이 있다.

1. 타동사 용법

1.1. 다음 주어는 목적어를 긁는다. 목적어는 표면이다.

(1) a. Mind you don't **scratch** the table with the scissors.(그 탁자를 가위로 긁지 않도록 조심해라.)

   b. You **scratched** my table with your toy cars.(너는 내 탁자를 너의 장난감 자동차로 긁었다.)

   c. He **scratched** his face.(그는 얼굴을 긁었다.)

   d. He **scratched** his head.(그는 머리를 긁었다.)

   e. The cat **scratched** my hand.(그 고양이는 내 손을 할퀴었다.)

   f. The old man **scratched** his side.(그 노인은 자신의 옆구리를 긁었다.)

   g. The man **scratched** himself.(그 남자는 가려운 곳을 긁었다.)

   h. The pig **scratched** the ground.(그 돼지는 땅을 긁었다.)

   i. Who **scratched** the paint?(누가 그 그림을 긁었니?)

1.2. 다음은 수동태 문장으로 주어는 긁힌다.

(2) CD's are better than records because it doesn't matter if they get **scratched**.(CD는 긁혀도 되기 때문에 레코드보다 낫다.)

1.3. 다음 주어는 목적어를 긁는다. 목적어는 표면이다.

(3) a. I can only hope to **scratch** the surface of the subject.(나는 그 주제의 겉만 건드리기를 희망할 수밖에 없다.)

   b. The lecturer merely **scratched** the surface of the subject.(강사는 단지 그 주제의 겉만 건드렸을 뿐이다.)

1.4. 다음 주어는 목적어를 긁는 동작으로 만든다.

(4) a. He **scratched** a few lines.(그는 몇 줄을 갈겨썼다.)

   b. He **scratched** graffiti on the wall.(그는 낙서를 벽에 갈겼다.)

   c. He **scratched** his name on the wall with a knife.(그는 자신의 이름을 벽에 칼로 긁어서 썼다.)

   d. People have been **scratching** their names on this rock for years.(사람들은 그들의 이름을 바위에 여러 해 동안 긁어 썼다.)

   e. The cat **scratched** a hole in the flower bed.(그 고양이는 구멍을 화단에 긁어서 팠다.)

1.5. 다음 주어는 목적어를 긁는다. 목적어는 가려움을 주는 부위이다.

(5) a. He is **scratching** the mosquito bites.(그는 모기가 문 곳을 긁고 있다.)

   b. Try not to **scratch** insect bites.(곤충에 물린 곳을 긁지 마라.)

   c. The cook began **scratching** the rash on his neck.(그 요리사는 목에 있는 뾰루지를 긁기 시작했다.)

1.6. 다음 주어는 목적어를 긁어서 모은다.

(6) He **scratched up** a little/some money.(그는 약간의/상당한 돈을 모았다.)

1.7. 다음 주어는 목적어를 긁어서 지우거나 없앤다.

(7) a. He **scratched** a candidate.(그는 한 후보자를 명단에서 긁어서 지웠다.)

   b. **Scratch** that idea; it costs too much.(그 생각은 지워버려라; 비용이 너무 많이 든다.)

c. I scratched away a little of the paint with my fingernail.(나는 약간의 페인트를 손톱으로 긁어냈다.)

d. He scratched off her name.(그는 그녀의 이름을 지웠다.)

e. I am afraid I scratched some paint off the door as I was getting out of the car.(차에서 내릴 때 나는 약간의 페인트를 문에서 긁어냈다고 생각이 됩니다.)

f. He scratched out his name from the list.(그는 자신의 이름을 명단에서 지웠다.)

1.8. 다음은 수동태 문장으로 주어는 지워진다.

(8) a. He was scratched from the race at the last moment.(그는 그 경기에서 마지막 순간에 빠지게 되었다.)

b. His name was scratched from the list.(그의 이름은 명단에서 지워졌다.)

c. The horse was scratched.(그 말은 (명단에서) 지워졌다.)

1.9. 다음 주어는 목적어를 긁는다.

(9) a. He scratched his hands badly on a rosebush.(그는 손을 장미덤불에 긁혔다.)

b. How did you scratch your leg?(너는 다리를 어떻게 긁었나?)

c. He scratched a match on the wall.(그는 성냥을 벽에 긁었다.)

d. She was much scratched with thorns.(그녀는 가시에 많이 긁혔다.)

1.10. 다음 주어는 그 자체가 목적어를 긁는다.

(10) a. Knives will scratch the worktable top.(칼이 작업대를 긁을 것이다.)

b. The branches scratched my hands.(그 나뭇가지는 내 손을 긁었다.)

2. 자동사 용법

2.1. 다음 주어는 긁는다.

(11) a. Cats scratch.(고양이는 할퀸다.)

b. Don't worry about the cat. She doesn't scratch.(고양이에 대해 걱정하지 말아라. 그것은 할퀴지 않는다.)

c. Fleas cause a dog to scratch.(벼룩은 개를 긁게 만든다.)

d. The dog is always scratching.(그 개는 항상 긁고 있다.)

2.2. 다음 주어는 긁으면서 움직인다.

(12) a. A few chickens were scratching around/about in the yard.(몇 마리의 닭이 뜰에서 긁으면서 이리저리 다닌다.)

b. The hens scratched about in the hen house.(암탉들은 닭장 주위를 긁으면서 이리저리 다녔다.)

c. He is scratching along on a very little money.(그는 매우 적은 돈으로 근근히 살아가고 있다.)

2.3. 다음 주어는 긁는 느낌을 준다.

(13) I don't like this sweater--it scratches.(나는 이 스웨터를 좋아하지 않는다. 그것은 껄끄럽다.)

2.4. 다음 주어는 at의 목적어를 긁으려고 한다.

(14) a. He is scratching away at his rash.(그는 뾰루지를 긁어보려고 한다.)

b. He scratched gently at the ear, while he thought.(그는 생각하는 동안 귀를 살짝 긁었다.)

c. The dog kept scratching at the door.(개는 문을 계속 긁어 보고 있었다.)

2.5. 다음 주어는 기권을 한다.

(15) a. He scratched from the competition.(그는 시합에서 기권했다.)

b. He was feeling too ill to compete and decided to scratch.(그는 경주하기에는 너무 아파서 기권하기로 결정했다.)

c. I hope you are not going to scratch at the last moment.(나는 네가 마지막 순간에 포기하지 않기를 바란다.)

2.6. 다음 주어는 벗겨진다.

(16) The paint won't scratch easily.(그 페인트는 쉽게 긁히지 않는다.)

2.7. 다음 주어는 긁는다.

(17) Your pen scratches a little/badly.(네 펜은 잘 써지지 않는다.)

scream

이 동사의 개념 바탕에는 날카롭게 소리를 내는 과정이 있다.

1. 자동사 용법

1.1. 다음 주어는 비명을 지른다.

(1) a. They were all screaming with fear/rage/laughter.(그들은 공포/분노/웃음으로 모두 비명을 지르고 있었다.)

b. Stop screaming. We can hear you.(그만 소리 질러라. 우리는 네 소리를 들을 수 있다.)

c. She screamed for help/the servant.(그녀는 도움/그 하인을 부르려고 고함을 질렀다.)

d. They screamed across the back fence.(그들은 뒷담장을 넘어서 큰 소리를 질렀다.)

e. She screamed out in terror.(그녀는 공포로 비명을 질렀다.)

f. The sirens screamed.(그 사이렌이 큰 소리로 울렸다.)

1.2. 다음 주어는 전치사 at의 목적어에 고함을 지른다.

(2) a. She started to scream at him.(그녀는 그에게 고함을 치기 시작했다.)

b. They are screaming at each other.(그들은 서로에게 고함을 치고 있다.)

1.3. 다음 주어는 at의 목적어에 큰 소리를 쳐서 목적어가 어떤 일을 하게 한다.

(3) a. He screamed at me to stop.(그는 내게 큰 소리를 쳐서 서라고 외쳤다.)

b. I was screaming at them to get out of my house.(나는 그들에게 소리를 쳐서 내 집에서 나오라고 했다.)

c. Sometimes I have to scream at them to do that.(때때로 나는 그들에게 고함을 질러서 그것을 하게

했다.)

1.4. 다음 주어는 날카로운 소리를 낸다.

(4) a. Owls **scream** in the dark.(올빼미는 어둠 속에서 날카롭게 운다.)

b. The parrot **screams** but does not talk.(그 앵무새는 소리내어 울지만 말을 못한다.)

c. The brakes **screamed**.(그 브레이크는 심한 소리를 내었다.)

1.5. 다음 주어는 큰 소리를 내면서 움직인다.

(5) a. The wind **screamed** down the chimney.(그 바람은 큰 소리를 내면서 그 굴뚝 아래로 내려 왔다.)

b. The power boat **screamed** out to sea.(동력 보트는 큰 소리를 내면서 바다로 나갔다.)

c. An air force jet **screamed** over the town.(공군 젯트기 한 대가 읍내 위를 지나갔다.)

d. The wind **screamed** through the trees.(바람은 나무 사이를 소리내면서 지나갔다.)

e. The gale **screamed** through the harbor.(질풍은 소리를 내면서 항구를 지나갔다.)

1.6. 다음 주어는 지나치게 강한 인상을 준다.

(6) a. That red hat really **screams**.(그 빨강 모자는 정말 야하다.)

b. What she is wearing really **screams**.(그녀가 입고 있는 것은 정말 야하다.)

1.7. 다음 주어는 큰 소리를 치듯 색깔이 감각에 크게 와 닿는다.

(7) a. The colors of her pink sweater and orange blouse **screamed** at each other.(그녀의 분홍색 스웨터와 오렌지색 블라우스의 색들이 서로 너무 강렬했다.)

b. The headlines about the earthquake **screamed** from the front page.(지진에 대한 머릿기사가 첫면에서 크게 눈에 띄었다.)

2. 타동사 용법

2.1. 다음 주어는 큰 소리로 목적어를 표현한다.

(8) a. The crowd **screamed** its approval.(그 군중은 큰 소리로 그들의 찬성을 표현했다.)

b. He **screamed** his order.(그는 큰 소리로 명령을 내렸다.)

c. She **screamed** out a warning.(그녀가 큰 소리로 경고를 표시했다.)

d. The old witch **screamed** out a curse.(그 늙은 마귀는 저주를 외쳤다.)

2.2. 다음 주어는 큰 소리로 목적어를 발음한다.

(9) It was so noisy in the room that I had to **scream** my name.(방안이 너무 소란스러워서 나는 큰 소리로 이름을 발음해야 했다.)

2.3. 다음 주어는 that-절의 내용을 큰 소리로 전한다.

(10) a. She **screamed** out that he was crazy.(그녀는 그가 미쳤다고 큰 소리로 말했다.)

b. She **screamed** that her son was drowning.(그녀는 아들이 물에 빠지고 있다고 큰 소리로 외쳐댔다.)

2.4. 다음 주어는 소리를 질러서 상태 변화가 온다.

(11) a. He **screamed** himself hoarse.(그는 소리를 질러서 목이 쉬었다.)

b. He **screamed** himself red in the face.(그는 소리를

질러서 얼굴이 빨갛게 되었다.)

2.5. 다음 주어는 소리를 질러서 목적어를 움직이게 한다.

(12) Bugles **screamed** us out of bed.(나팔들이 우리를 침대 밖으로 나오게 소리쳤다.)

2.6. 다음 따옴표 속의 표현은 주어가 지르는 말이다.

(13) "Help!", he **screamed**.("도와주세요!" 그가 소리를 질렀다.)

2.7. 다음 주어는 외침만큼 명백하다.

(14) The injustice simply **screams** to be remedied.(그 불공정은 고쳐져야 한다고 외친다.)

screech

이 동사의 개념 바탕에는 귀에 그슬리는 높은 금속성 소리가 나는 과정이 있다.

1. 자동사 용법

1.1. 다음 주어는 높은 금속성 소리를 낸다.

(1) a. She **screeched** in fright.(그녀는 겁에 질려서 찢어질 듯한 비명을 질렀다.)

b. Monkeys are **screeching** in the trees.(원숭이들은 나무에서 끽끽거리는 높은 소리를 내고 있다.)

c. The wind **screeched** in his ears.(바람은 그의 귓가에 잉잉 불었다.)

d. The car **screeched** to a halt/a standstill.(그 차는 끼익하며 정지했다.)

e. The brake/tires **screeched** when I slammed on the brake.(브레이크는 내가 그것을 밟자 끼익 하는 소리를 냈다.)

1.2. 다음 주어는 금속성 소리를 내면서 움직인다.

(2) a. A police car **screeched** out of a side road.(경찰차가 옆 길에서 끼익하면서 달려 나왔다.)

b. A racing car **screeched** around the corner.(경주용 차가 찢어질 듯한 소리를 내면서 코너를 돌았다.)

2. 타동사 용법

2.1. 다음 주어는 높은 소리로 목적어를 표현한다.

(3) a. She **screeched** her reply over the loud music.(그녀는 대답을 시끄러운 음악 소리 너머 높은 소리로 외쳤다.)

b. He **screeched** something at me.(그는 내게 무엇인가를 높은 소리로 외쳤다.)

c. She **screeched** out her innocence.(그녀는 자신의 결백을 소리 높여 외쳤다.)

d. The children **screeched** an answer.(아이들은 대답을 높은 소리로 외쳤다.)

2.2. 다음 주어는 따옴표 속의 말을 큰 소리로 외친다.

(4) "Look out", she **screeched**.("조심해" 그녀가 큰 소리를 질렀다.)

screen

이 동사의 개념 바탕에는 screen의 명사 '차폐물'이 깔려 있다. 이 동사의 의미는 명사가 가리키는 물건의 기능과 관계가 있다.

1. 타동사 용법

1.1. 다음 주어는 목적어를 전치사 with의 목적어로 가린다.

(1) a. The man **screened** his eyes **with** his hand.(그 남자는 눈을 손으로 가렸다.)

b. She **screened** her face **with** a fan.(그녀는 얼굴을 부채로 가렸다.)

c. A floppy disk **screened** her face.(한 개의 플로피 디스크가 그녀의 얼굴을 가렸다.)

d. The tree **screens** the house.(그 나무는 집을 가린다.)

1.2. 다음 주어는 그 자체가 목적어를 전치사 from 의 목적어로부터 보호한다.

(2) a. Dark glasses **screen** his eyes **from** the sun.(검은 안경은 그의 눈을 태양으로부터 보호한다.)

b. The ozone layer **screens out** dangerous ultra-violate rays **from** the sun.(오존층은 태양으로부터 오는 위험한 자외선을 차단해 준다.)

c. She **screened** herself **from** observation/view/danger.(그녀는 자신을 주목/시선/위험으로부터 보호했다.)

d. The movie-star tried to **screen** her family **from** the curiosity of the journalists.(그 영화스타는 가족들을 기자들의 호기심으로부터 보호하려 했다.)

e. She **screened** the fruit **from** frost.(그녀는 과일을 서리로부터 보호했다.)

f. The bushes **screened** the animals **from** the hunters.(그 덤불은 동물들을 사냥꾼들로부터 가려 주었다.)

g. The trees **screened** the house **from** the north wind.(그 나무는 집을 북풍으로부터 막아주었다.)

h. The dark clouds **screened** the sun **from** my view.(어두운 구름은 태양을 나의 전망에서 가렸다.)

i. A partition **screened** the contestants **from** the audience.(한 개의 칸막이가 경연자들을 청중들로부터 차단시켰다.)

j. She is trying to **screen** her children **from** bad influence.(그녀는 자기 아이들을 나쁜 영향으로부터 보호하려고 노력하고 있다.)

k. I won't **screen** you **from** blame/suspicion.(나는 너를 비난/혐의로부터 보호하지 않을 것이다.)

1.3. 다음 수동태 문장으로 주어는 가려진다.

(3) a. Her face is **screened** by a thick veil.(그녀의 얼굴은 두꺼운 베일로 가려져 있다.)

b. The moon was **screened** by clouds.(달은 구름에 의해 가려졌다.)

c. Most of the roads behind the hotel were **screened** by a block of flats.(호텔 뒤에 있는 도로들의 대부분은 아파트 단지에 의해 가려졌다.)

d. The garden is **screened** by a high hedge.(정원은 높은 울타리에 의해 가려져 있다.)

1.4. 다음 주어는 목적어를 가려서 보호한다.

(4) a. The mother tried to **screen** her guilty son/a culprit(어머니는 죄를 지은 아들을/범인을 숨기려 하였다.)

b. He had been **screening** his partner during the fraud investigations.(그는 사기 조사 과정 중 동업자를 숨기고 있었다.)

c. He admitted the crime in order to **screen** his wife who was the real criminal.(그는 진짜 범인인 그의 아내를 보호하기 위해 범죄를 자인했다.)

1.5. screen의 명사로 쓰일 때 갖는 의미는 하나는 '그 물눈 필터'이다. 무엇을 필터에 통과시키려고 하면 통과되는 것도 있고 안 되는 것이 있다. 주어는 목적어를 가려서 선발한다.

(5) a. We **screened** several applicants for the job.(우리는 몇몇 지원자들을 그 일자리를 위해 선발했다.)

b. The boss **screened** the new employee by calling her previous boss.(사장은 그녀의 이전 사장에게 전화를 함으로써 그 새 고용인을 선발했다.)

c. The FBI **screened** all applicants for the job.(미국 연방 수사국은 그 일자리에 지원한 모든 지원자들을 선별하였다.)

d. The secret service **screened** all the arrivals **from** the country.(그 비밀 부서는 국가에서 도착한 모든 사람과 물품들을 조사했다.)

1.6. 다음 주어는 목적어를 선별한다.

(6) a. David, if you are **screening** your calls, pick up the phone.(데이비드, 만일 네가 전화를 선별하면, 그 전화기를 들어라.)

b. A receptionist **screened** the chief's phone calls.(한 접수계원이 사장의 전화들을 선별했다.)

c. John bought an answering machine so he could **screen** his calls.(존은 자동응답기를 구입해서 그에게 걸려온 전화들을 선별했다.)

1.7. 다음은 수동태 문장으로 주어는 가려진다.

(7) a. Job candidates were thoroughly **screened**.(구직자들은 철저히 선별되었다.)

b. He was well **screened** before he took the job.(그 일자리를 갖기 전에 그는 조사를 잘 받았다.)

c. All luggage is **screened** at the airport to make sure it contains nothing illegal or dangerous.(불법적 또는 위험한 물건을 담고 있지 않음을 확인하기 위해 모든 짐들은 공항에서 조사된다.)

d. All applicant are **screened** for security.(모든 지원자들은 안전을 위해 조사된다.)

e. Government employees may be **screened** by the security service.(정부 관리들은 안전요원에 의해 조사 받을지도 모른다.)

f. We were all **screened** for hepatitis.(우리는 모두 간염 여부를 검사 받았다.)

g. All women over 50 will be **screened** for cancer.(50살 이상의 모든 여성들은 암 검사를 받을 것이다.)

h. Men over 55 should be **screened** for prostate cancer.(55세 이상의 남자들은 전립선암 검사를 받아야 한다.)

1.8. 다음은 수동태 문장으로 주어는 분류된다.

(8) a. The workers were **screened** to determine their mechanical ability.(일꾼들은 기계 다루는 능력을 알아보기 위해 심사 받았다.)

b. The broken stone is **screened** into sizes.(깨진 돌

은 체로 걸러서 크기로 분류되어 진다.)

c. He **screened** a load of gravel.(그는 한 짐의 자갈을 체로 쳤다.)

1.9. screen은 명사로서 '방충망'을 의미한다. 다음 주어는 목적어에 방충망을 설치한다.

(9) a. You have to **screen** the window **against** insect.(당신은 벌레가 못 들어오게 창문을 망으로 쳐야 합니다.)

b. We must **screen** this room **against** flies.(우리는 파리가 못 들어오게 방을 망으로 쳐야 한다.)

c. The windows are **screened** to keep out mosquitoes.(창문들은 모기를 막기 위해 망이 쳐져 있다.)

d. He **screened** the porch.(그는 현관을 그물로 쳤다.)

1.10. screen의 명사로서 칸막이를 의미한다. 다음 주어는 목적어에 칸막이를 한다.

(10) She **screened** **off** a part of the room.(그녀는 그 방의 한 부분을 칸막이로 막았다.)

1.11. 다음은 수동태 문장으로 주어는 가려지는 부분이다.

(11) a. The actors' changing area was **screened** **off** by a heavy curtain.(그 배우들이 의상을 갈아입는 장소는 두꺼운 커튼으로 분리되어 있다.)

b. Beds can be **screened** **off** to give patients more privacy.(침대는 환자들에게 좀 더 많은 사생활을 보장해 주기 위해 칸막이가 될 수 있다.)

c. Part of the room was **screened** **off** as a reception area.(그 방의 한 부분은 칸막이로 구분되어 있어 응접실로 사용된다.)

d. One corner of the room was **screened** **off**.(그 방의 한 구석은 칸막이되어 있었다.)

e. He was **screened** **off** from the other patients.(그는 칸막이에 의해 다른 환자들로부터 격리되어 있었다.)

1.12. 다음 주어는 도구로서 즉 차단막으로서 목적어가 들어오지 못하게 한다.

(12) a. The hat **screened** **out** the sun.(그 모자는 태양 광선을 차단했다.)

b. We have double windows to **screen** **out** street noises.(우리는 거리의 소음을 차단하기 위한 이중 창을 가지고 있다.)

c. The curtains **screen** **out** the sun lights.(커튼은 햇볕을 차단한다.)

d. The company **screened** **out** applicants motivated only by money.(그 회사는 단지 돈에만 동기가 있는 지원자들을 가려내었다.)

e. Sun lotions **screen** **out** dangerous ultra-violate light.(자외선 차단제 로션은 위험한 자외선을 차단시켜준다.)

f. Completely unsuitable candidates were **screened** **out** first at the first interview.(전적으로 적합하지 않은 지원자들은 첫 번째 인터뷰에서 처음으로 가려졌다.)

1.13. screen의 명사로서 영사막을 가리킨다. 다음 주어는 목적어를 영사막에 올린다.

(13) a. They are **screening** a new thriller.(그들은 새 공포

물을 상영하고 있다.)

b. They are **screening** a new movie at the cinema.(그들은 새 영화를 그 영화관에서 상영하고 있다.)

c. They are **screening** a mystery novel.(그들은 미스테리 소설을 영화화하고 있다.)

1.14. 다음은 수동태 문장으로 주어는 상영되거나 영화화된다.

(14) a. The movie version of Robin Hood will be **screened** next week.(로빈후드의 영화관은 다음 주에 상영될 것이다.)

b. The film was **screened** on TV for the first time.(그 영화는 처음으로 TV에 보여질 것이다.)

c. The series will be **screened** next month.(그 시리즈는 다음 달에 상영될 것이다.)

d. This film has been **screened** for a few years.(이 영화는 몇 년 동안 상영되어 왔다.)

2. 자동사 용법

2.1. 다음 주어는 영화화된다.

(15) This drama **screens** well.(이 극은 영화로 잘 된다.)

2.2. 다음 주어는 연기를 한다.

(16) The actress **screens** well.(그 배우는 연기를 잘 한다.)

screw

이 동사의 개념 바탕에는 screw의 명사 '나사'가 깔려있다. 나사와 관련된 전형적인 과정이 동사의 의미가 된다.

1. 타동사 용법

1.1. 다음 주어는 목적어를 나사를 돌리는 것과 같은 힘을 가한다.

(1) a. Tom **screwed** the screw **into** the wood.(탐은 나사를 나무에 박았다.)

b. **Screw** the bolt tight.(볼트를 꽉 조여라.)

c. He **screwed** the boy's arm.(그는 소년의 팔을 비틀었다.)

d. Make sure that the hook is fully **screwed** in.(갈고리가 완전히 박혀야 한다는 것을 명심해라.)

1.2. 다음 주어는 목적어를 돌려서 전치사 onto의 목적어에 부착시킨다.

(2) a. John **screwed** the cap **onto** the tube of toothpaste.(존은 뚜껑을 치약 튜브에 돌려 끼웠다.)

b. He **screwed** the silencer **onto** his pistol.(그는 소음기를 권총에 돌려 끼웠다.)

c. **Screw** the lid **onto** the jar.(뚜껑을 항아리에 돌려 달아라.)

d. **Screw** the bottle cap **on** tightly.(병 뚜껑을 꽉 돌려 달아라.)

e. Don't forget to **screw** the top back **on**.(뚜껑을 다시 돌려 끼울 것을 잊지 말아라.)

f. He **screwed** a hose **to** the hydrant.(그는 호스를 소화전에 붙였다.)

1.3. 다음 주어는 목적어를 스크루를 써서 붙인다.

(3) a. He **screwed** **on** a knob.(그는 손잡이를 돌려서 달았다.)

b. He **screwed** a lock **on** the door.(그는 자물쇠를 그 문에 돌려서 달았다.)

c. I am going to **screw** some handles **onto** the bathroom cabinet.(나는 손잡이를 욕실장에 돌려서 달았다.)

d. He **screwed** a shelf **onto** the bookcase.(그는 선반 하나를 책장에 돌려서 달았다.)

e. He **screwed** his license plate **onto** his car.(그는 번호판을 차에 돌려서 달았다.)

1.4. 다음 주어는 목적어를 돌려서 전치사 off의 목적어에서 제거한다.

(4) a. He **screwed** the lid **off** the jar.(그는 뚜껑을 그 단지에서 돌려 뺐다.)

b. She **screwed** the cap **off** the bottle.(그녀는 마개를 병에서 돌려 열었다.)

c. He managed to **screw** the lid **off**.(그는 가까스로 뚜껑을 떼어냈다.)

1.5. 다음 주어는 목적어를 비틀어서 어떤 상태에 들어가게 한다.

(5) a. He doesn't even know how to **screw in** a light bulb.(그는 백열 전구 하나도 돌려서 끼는 법을 알지 못한다.)

b. He **screwed open** a bottle.(그는 병을 돌려서 열었다.)

1.6. 다음 주어는 목적어를 비틀어서 into의 목적어의 상태가 되게 한다.

(6) a. He **screwed** the letter up **into** a ball and threw it away.(그는 그 편지를 비틀어서 공 모양으로 만들어 던져버렸다.)

b. He **screwed** his handkerchief **into** a ball.(그는 손수건을 공 모양으로 비틀었다.)

c. The gymnast **screwed** his body **into** a knot.(체조 선수는 몸을 꼬아 매듭처럼 만들었다.)

d. The old man **screwed** his face **into** wrinkles.(노인은 얼굴을 찡그려서 주름지게 했다.)

e. He **screwed** his face **into** a frown.(그는 얼굴을 찌푸려서 우거지상을 만들었다.)

1.7. 다음의 목적어는 얼굴, 눈 등이다. 주어는 목적어를 찡그린다.

(7) a. She **screwed up** her eyes in the bright sunlight.(그녀는 눈을 밝은 태양빛 속에 찡그렸다.)

b. She **screwed up** her eyes as she faced the sun.(그녀는 눈을 태양을 바라볼 때 찡그렸다.)

c. The bitter medicine made him **screw up** his mouth.(쓴 약은 그의 입을 일그러지게 만들었다.)

d. He **screwed up** his face/his lips.(그는 그의 얼굴/그의 입술을 찡그렸다.)

e. He **screwed** himself **up**.(그는 얼굴을 찡그렸다.)

1.8. 다음은 수동태 문장으로 주어는 찡그려진다.

(8) a. Her face was all **screwed up** with the efforts of cycling up such a steep hill.(그녀의 얼굴은 그렇게 가파른 언덕을 자전거로 올라가려는 노력으로 인해 온통 찡그려졌다.)

b. His face was **screwed up** with fear.(그의 얼굴은 공포로 일그러졌다.)

1.9. 다음 주어는 목적어를 완전히 쭈그러 뜨린다.

(9) a. He **screwed up** the box/the door.(그는 상자/문을 완전히 쭈그려 버렸다.)

b. She **screwed up** the letter.(그녀는 그 편지를 비틀었다.)

1.10. 다음 주어는 목적어의 방향을 튼다.

(10) a. He **screwed** his head **round** to see me.(그는 나를 보기 위해 머리를 돌렸다.)

b. She **screwed** her head **around** to see if they had arrived.(그녀는 그가 도착했는지 보기 위해서 머리를 돌렸다.)

1.11. 다음은 수동태 문장으로 주어는 나사로 to의 목적어에 붙여진다.

(11) a. The shelves were **screwed to** the wall.(그 선반은 벽에 돌려서 달았다.)

b. The book case is **screwed to** the wall.(그 책장은 벽에 돌려서 달았다.)

c. It won't move; it's **screwed to** the floor.(그것은 움직이지 않는다; 그것은 그 마루에 돌려서 달았다.)

1.12. 다음 주어는 나사를 써서 목적어를 고정시킨다.

(12) a. He **screwed down** the lid.(그는 뚜껑을 나사로 죄어 고정시켰다.)

b. He **screwed down** the plank.(그는 널빤지를 나사로 죄어 꼼짝 못하게 했다.)

1.13. 다음은 수동태 문장으로 주어는 고정된다.

(13) a. He is **screwed down** by the strict rules.(그는 엄격한 규칙에 얽매여 있다.)

b. The board is **screwed down**.(그 판자는 나사로 고정이 되었다.)

1.14. 다음 주어는 목적어를 나사 같은 것을 써서 하나로 묶는다.

(14) a. **Screw** the boards **together**, using the half-inch screw.(판자들을 1/2 인치 나사를 써서 함께 묶어라.)

b. You need to **screw** all the parts **together**.(너는 모든 부분들을 나사로 같이 묶어야 한다.)

c. **Screw** the two pipes **together** end to end.(파이프의 끝과 끝을 한데 이어서 함께 묶어라.)

d. We **screwed** the parts **together**.(우리는 부분들을 나사로 같이 묶었다.)

1.15. 주어는 목적어를 탱탱한 상태로 만든다.

(15) a. He **screwed up** the strings of his guitar.(그는 기타의 줄을 조였다.)

b. He **screwed up** his courage and asked her to go out with him.(그는 용기를 모아서 그녀에게 자신과 같이 나가자고 청했다.)

c. He wants **screwing up**.(그를 한 번 정신차리게 할 필요가 있다.)

d. I **screwed** my courage to face the challenger.(나는 용기를 모아서 도전자를 맞섰다.)

1.16. 무엇은 비트는 과정은 구기는 과정으로 확대되고 구기는 과정은 다시 망치는 과정으로 확대된다. 다음 주어는 목적어를 망친다.

(16) a. He **screwed up** his exam and got the answers wrong.(그는 시험을 망쳐서 틀린 답을 썼다.)

b. I can't believe they **screwed up** our train tickets.(나는 그들이 우리의 기차표를 망쳤다는 것을 믿을

수 없다.)

c. You'd better not **screw up** this deal.(너는 이 거래를 망치지 않는 게 좋아.)

d. He **screwed up** every job we gave him.(그는 우리가 그에게 준 모든 일을 망쳐버렸다.)

e. You really **screwed up** your life when you quit school.(너는 학교를 그만 두었을 때 진정으로 너의 삶을 망쳤다.)

1.17. 다음 주어는 목적어를 from 과 out of의 목적어에서 비틀어낸다.

(17) a. He **screwed** water **out of** a wet towel.(그는 물을 젖은 수건으로부터 짜냈다.)

b. The police **screwed** a confession **out of** the prisoner.(경찰은 그 죄수로부터 고백을 짜냈다.)

c. See what you can **screw out of** him.(네가 무엇을 그에게서 짜낼 수 있는지 봐라.)

d. He **screwed** a promise/consent **out of** her.(그는 약속/동의를 그녀로부터 짜냈다.)

1.18. 다음 주어는 목적어를 짜낸다.

(18) a. He **screwed out** a laughter from the audience.(그는 청중들로부터 웃음을 짜냈다.)

b. He **screwed out** one thousand won for the dish.(그는 음식 한 접시에 대해 천 원을 짜냈다.)

c. He **screwed out** 10,000 for the car.(그는 차에 대해 10,000원을 짜냈다.)

d. He **screwed** money **from** people.(그는 돈을 사람들로부터 짜냈다.)

1.19. 다음 주어는 목적어를 비틀어낸다.

(19) a. He **screwed** her **out of** 50 dollars.(그는 그녀에게서 50달러를 짜냈다.)

b. The criminal **screwed** him out of a lot of money.(범인은 그에게서 많은 돈을 뜯었다.)

c. He **screwed** 50 dollars out of her.(그는 50 달러를 그녀에서 뜯었다.)

d. He **screwed** a lot of money out of her.(그는 많은 돈을 그녀에게서 뜯었다.)

1.20. 다음은 수동태 문장으로 주어는 비틀려서 나온다.

(20) a. You will get **screwed out of** your last dollar in that place.(너는 그 장소에서 너의 마지막 돈까지 쥐어 짜이게 될 것이다.)

b. He was **screwed out of** all his money.(그는 그의 모든 돈을 뜯겼다.)

1.21. 다음 주어가 목적어를 나사를 틀 듯한 정신적인 힘을 가한다.

(21) a. My last boss really **screwed** me.(내 전번 상사는 정말로 나를 괴롭혔다.)

b. He really **screwed** his wife by divorcing her and leaving her with no money.(그는 부인과 이혼하고 그녀에게 돈을 남기지 않음으로써 그의 부인을 정말로 괴롭혔다.)

c. Her family really **screwed** her **up**.(그녀의 가족은 정말로 그녀를 괴롭혔다.)

1.22. 다음은 수동태 문장으로 주어는 괴롭힘을 받는다.

(22) If dad finds out we took his car, we're **screwed**. (만약 우리가 그의 차를 가져온 것을 아빠가 알아챈다면,

우리는 죽었어.)

1.23. 다음 주어는 목적어를 속인다.

(23) a. He **screwed** me **on** the deal.(그는 그 거래에서 나를 속였다.)

b. They really **screwed** you in the night club, charging $10 for a drink.(그들은 너를 그 나이트 클럽에서 정말 속였다. 술 한 잔에 10달러를 청구했다.)

1.24. 다음은 수동태 문장으로 주어는 착취당한다.

(24) a. He really got **screwed on** that stock tip.(그는 그 주식 비밀 정보에서 정말 속았다.)

b. We've been **screwed**.(우리는 착취당해 왔다.)

c. You are really **screwed up** this time.(너는 이번에 착취당했다.)

1.25. 다음 주어는 목적어를 능욕한다.

(25) He **screwed** her **on** her first date.(그는 그녀를 첫 데이트 날에 성교를 했다.)

1.26. 다음 주어는 목적어를(공을) 비틀어 친다.

(26) He **screwed** the red into the pocket.(그는 그 빨간 공을 틀어쳐 그 구멍에 넣었다.)

2. 자동사 용법

2.1. 다음 주어는 빈둥거린다.

(27) a. He stopped looking for a job and **screws around** all the time.(그는 일자리 구하는 것을 그만두고 계속 빈둥거린다.)

b. He had been **screwing around** on business trips.(그는 사업 여행에서 빈둥거리고 있었다.)

c. You should stop **screwing around** and study harder.(너는 그만 빈둥거리고 더 열심히 공부해야 한다.)

d. My band isn't trying to be famous; we're just **screwing around** with guitars.(나의 밴드는 유명해지려고 노력하는 게 아니다. 우리는 단지 기타를 들고 빈둥거릴 뿐이다.)

2.2. 다음 주어는 나사로 부착된다.

(28) a. The legs **screw into** holes on the underside of the table.(그 다리들은 탁자 밑에 있는 구멍들에 나사로 고정된다.)

b. This rack **screws on** easily to the wall. (이 선반은 벽에 쉽게 나사로 고정된다.)

c. The hinge **screws on** the door. (경첩은 문에 나사로 고정된다.)

d. The lid won't **screw on** properly.(뚜껑은 제대로 조여서 붙여지지 않을 것이다.)

e. The top **screws onto** the bottle.(뚜껑은 틀어서 병에 붙는다.)

2.3. 다음 주어는 스크루로 붙는다.

(29) a. Those parts **screw together**.(이 부분들은 한데 붙여진다.)

b. The pieces **screw together** easily.(조각들은 쉽게 서로 붙는다.)

c. The curtains are attached to the special clips which **screw to** the window frames.(커튼은 창문 틀에 나사로 고정된 특별한 클립에 부착된다.)

d. The seat **screws** right **into** the floor.(그 좌석은 마

루에 바로 고정되어 있다.)

2.4. 다음 주어는 긴장한다.

(30) a. He is always **screwing up**.(그는 언제나 긴장하고 있다.)

b. The doctor **screwed up** before the operation.(그 의사는 수술 전에 긴장했다.)

2.5. 다음 주어는 성교를 한다.

(31) They are caught **screwing** underneath the desk in her office.(그들은 그녀의 사무실 책상 아래에서 성교를 하다 들켰다.)

scrub

이 동사의 개념 바탕에는 북북 닦거나 문지르는 과정이 있다.

1. 타동사 용법

1.1. 다음 주어는 목적어를 문지른다. 닦는 도구는 with로 표현되어 있다.

(1) a. She **scrubbed** the carpet thoroughly.(그녀는 카펫을 철저히 북북 닦았다.)

b. She **scrubbed** the wall/the kitchen floor **with** a brush.(그녀는 벽/부엌 바닥을 솔로 문질러 닦았다.)

c. He **scrubbed** his teeth/hands/face.(그는 치아/손/얼굴을 문질러 닦았다.)

d. **Scrub** the boat **with** a brush.(배를 솔로 문질러 닦아라.)

e. He **scrubbed** himself **with** a towel.(그는 자신을 수건으로 북북 문질러 닦았다.)

1.2. 주어가 목적어를 닦으면 목적어는 상태변화를 받는다.

(2) a. They **scrubbed** the wall clean.(그들은 벽을 닦아서 깨끗하게 했다.)

b. She **scrubbed** the old pans clean.(그녀는 낡은 냄비를 닦아서 깨끗하게 했다.)

1.3. 다음 주어는 목적어를 문질러서 닦이는 개체에서 떨어져 나오는 개체이다. 닦이는 개체는 from으로 표현된다.

(3) a. He **scrubbed** the dirt **from** his hands.(그는 먼지를 손으로부터 문질러냈다.)

b. He **scrubbed** sulfur **from** the smokestack.(그는 유황을 가스 굴뚝으로부터 닦아냈다.)

c. Bill **scrubbed** the coal dust **from** his face.(빌은 석탄진을 얼굴에서 닦아냈다.)

1.4. 다음 주어는 목적어를 문질러서 전치사 off의 목적어에서 떨어지게 한다.

(4) a. The doctor **scrubbed** off the top layer of a dead skin.(그 의사는 죽은 피부의 상피층을 문질러 벗겨냈다.)

b. They are **scrubbing** the dirt/the dirty marks **off** the wall.(그들은 먼지/더러운 자국을 벽에서 닦아냈다.)

c. **Scrub** the cold cream **off** your face.(콜드 크림을 얼굴에서 닦아내어라.)

d. He **scrubbed** the posters/grime/the paint off the

wall.(그는 포스터/때/페인트를 벽에서 닦아냈다.)

e. She **scrubbed** the dirt off the vase.(그녀는 흙을 꽃병에서 닦아냈다.)

f. He **scrubbed** mud off his shoes.(그는 진흙을 신발에서 닦아냈다.)

1.5. 다음 목적어는 닦이는 그릇이다. 그러나 실제에 있어서 이들은 환유적으로 쓰여서 그릇에 묻어있던 때 같은 것이다. 즉 닦여서 나오는 것은 그릇이 아니라 그릇 속의 때이다.

(5) a. He couldn't **scrub** the stain **out of** the carpet.(그는 얼룩을 카펫트에서 닦아낼 수 없었다.)

b. He **scrubbed out** a dish.(그는 접시를 닦아냈다.)

c. She **scrubbed out** the pans and left them to drain.(그녀는 냄비를 닦아서 물기가 빠지도록 놔두었다.)

d. The prisoners **scrubbed** their cells **out** last week.(그 수감자들은 그들의 감방을 지난 주에 닦아냈다.)

e. She **scrubbed** the counter **down** with bleach.(그녀는 판매대를 표백제로 닦았다.)

f. He **scrubbed down/out** the toilet.(그는 화장실을 닦았다.)

1.6. 다음의 목적어는 계획표에 적혀 있는 계획들이다. 이들을 지워버리는 것은 취소한다는 뜻이다.

(6) a. They **scrubbed** the plan/the trip/the picnic.(그들은 그 계획을/여행을/소풍을 취소했다.)

b. The organizers **scrubbed** the conference.(주최자들은 그 모임을 취소했다.)

c. He **scrubbed** the flight/the rocket launch/the space mission.(그는 그 비행/로켓 발사/우주 탐험을 취소했다.)

d. He **scrubbed out** his order.(그는 주문을 취소했다.)

1.7. 다음은 수동태 문장으로 주어는 지워진다.

(7) a. The project had apparently been **scrubbed**.(그 계획은 분명히 취소되었다.)

b. The mission had to be **scrubbed** because of a computer malfunction.(그 임무는 컴퓨터 오작동 때문에 취소되어야 했다.)

2. 자동사 용법

2.1. 다음 주어는 닦는 사람이다. 무엇을 닦는가는 명시되지 않았으나 세상일의 지식으로부터 추리가 가능하다.

(8) a. The doctors must **scrub** before surgery.(의사들은 수술 전에 닦아야 한다.)

b. Surgeons had to **scrub up** before performing an operation.(외과의들은 수술을 하기 전에 잘 닦아야 했다.)

2.2. 다음에 쓰인 at은 반복적인 시도를 나타낸다.

(9) a. The woman **scrubbed at** her face **with** a tissue.(그 여자는 얼굴을 휴지로 계속 닦아냈다.)

b. John **scrubbed at** the stain but it wouldn't come out.(존은 얼룩을 계속 닦아냈으나, 빠지질 않았다.)

scuff

이 동사의 개념 바탕에는 질질 끌며 걷는 과정이 있다.

1. 타동사 용법

1.1. 다음 주어는 목적어를 질질 끈다. 목적어는 바닥 같은 개체이다.
(1) a. Don't scuff the floor.(그 마루를 질질 끌며 걷지 마라.)
　b. Jim scuffed the edges of my new book.(짐은 내 새 책의 모서리를 문질렀다.)

1.2. 다음 주어는 목적어를 문지른다.
(2) a. She's always scuffing her shoes in the playground.(그녀는 신발을 항상 운동장에서 끌고 다닌다.)
　b. You've scuffed the toes of your new shoes.(너는 새 신발의 앞 부리를 질질 끌어 마모시켰다.)
　c. I scuffed the heels of my shoes on the pavement.(나는 신발의 뒷굽을 인도에 질질 끌고 다녔다.)
　d. If you scuff your feet like that, you'll ruin your sneakers.(그런 식으로 발을 끌면, 너는 운동화를 닳게 할 것이다.)

1.3. 다음 주어는 목적어를 질질 끌면서 걸어간다.
(3) a. He scuffed his feet across the floor.(그는 발을 질질 끌면서 마루를 가로질러 지나갔다.)
　b. John scuffed his shoes across the marble floor.(존은 신발을 질질 끌면서 대리석 바닥을 걸었다.)

1.4. 다음은 수동태 문장으로 주어는 문질러진다.
(4) The floor was badly scuffed (up) where they had been dancing.(그들이 춤추고 있었던 마루는 심각하게 닳았다.)

1.5. 다음 주어는 자체가 목적어를 닳게 한다.
(5) Rocks and dust scuffed his shoes.(돌과 먼지가 그의 신을 닳게 했다.)

2. 자동사 용법

2.1. 다음 주어는 발을 질질 끌면서 걷는다.
(6) a. He scuffed along the carpet toward the bed.(그는 카페트를 따라 침대를 향해 발을 질질 끌며 걸었다.)
　b. Joe built up static electricity as he scuffed across the rug.(조는 그 깔개를 발을 질질 끌면서 걸을 때 정전기를 일으켰다.)

scurry

이 동사의 개념 바탕에는 재빠르게 종종 걸음으로 움직이는 과정이 있다.

1. 자동사 용법

1.1. 다음 주어는 재빠르게 움직인다.
(1) a. The mouse scurried across the floor.(쥐는 마루를 후닥닥 가로질러 갔다.)
　b. A beetle scurried across the path.(딱정벌레가 잽싸게 길을 가로질러 갔다.)
　c. Ants scurried around the pile of rotting food.(개미들이 부패한 음식 더미 주위를 날쌔게 움직였다.)
　d. We all scurried for shelter when the storm began.(우리 모두는 폭풍이 시작되자 신속히 피난처를 찾아 달렸다.)
　e. He scurried out of the room.(그는 날쌔게 방에서

빠져나왔다.)

2. 타동사 용법

2.1. 다음 주어는 목적어를 빠르게 움직이게 한다.
(2) a. She scurried the children out the door because they were late.(그녀는 아이들이 늦었기 때문에 그들을 문밖으로 서둘러 내보냈다.)
　b. He scurried the people into the meeting at 10:00 a.m.(그는 사람들을 신속하게 회의장 안으로 오전 10시에 입장시켰다.)

seal

이 동사의 개념 바탕에는 seal의 명사 '봉인'이 있다. 동사의 의미는 봉인의 과정과 관계가 있다.

1. 타동사 용법

1.1. 다음 주어는 목적어를 날인한다.
(1) a. He sealed the document.(그는 그 서류를 봉인했다.)
　b. He signed and sealed the official letter.(그는 그 공문서에 서명을 하고 날인했다.)

1.2. 다음 주어는 목적어를 밀봉한다.
(2) a. Seal the parcel up with sticky tape.(그 소포를 접착 테이프로 밀봉해라.)
　b. He sealed the envelope down.(그는 그 봉투를 밀봉했다.)

1.3. 다음 주어는 목적어를 밀봉하듯 꼭 닫는다.
(3) a. Please seal the soda bottle after you take what you want.(원하는 만큼 먹은 후에는 탄산수 병을 밀봉해라.)
　b. We sealed the jars of fruit.(우리는 그 과일 단지를 밀봉했다.)

1.4. 다음 주어는 목적어를 다짐한다.
(4) a. The two leaders sealed their agreement with a handshake.(두 지도자는 그들의 협정을 악수로 타결했다.)
　b. They drank a glass of wine to seal their friendship.(그들은 우정을 확실히 하기 위해서 포도주를 한 잔씩 마셨다.)
　c. He was about to say the words that would seal my fate for ever.(그는 나의 운명을 영원히 결정지을 말을 하려던 참이었다.)
　d. He sealed his agreement/promise.(그는 자신의 동의/약속을 확실히 했다.)

1.5. 다음 주어는 목적어를 밀폐한다.
(5) a. Mary sealed the cracks between the tiles with grout.(메리는 타일 사이의 깨진 틈들을 시멘트로 봉합했다.)
　b. Dan sealed the space between the window and the frame with caulk.(댄은 창과 창틀 사이의 공간을 뱃밥으로 매웠다.)

1.6. 다음은 수동태 문장으로 주어는 밀폐된다.
(6) a. My lips are sealed; I won't tell anyone.(나의 입술은 봉해졌다; 나는 누구에게도 말하지 않겠다.)
　b. Her eyes are sealed with sleep.(그녀는 잠에 눈이

감기어 있다.)

c. The floors were **sealed** with varnish.(그 마루는 니스로 칠해졌다.)

d. The windows have been **sealed** up for years.(그 창문들은 수년간 밀폐되었다.)

e. The jars are **sealed** with paraffin.(그 단지는 파라핀으로 밀폐된다.)

1.7. 다음 주어는 목적어를 차단한다.

(7) a. The police **sealed** off the building.(경찰은 그 건물을 봉쇄했다.)

b. He **sealed** the room/the area off.(그는 그 방/그 지역을 봉쇄했다.)

sear

이 동사의 개념 바탕에는 거죽을 그을리거나 태우는 과정이 있다.

1. 타동사 용법

1.1. 다음 주어는 목적어를 그을린다. 주어는 개체이다.

(1) a. The heat from the explosion **seared** their hands.(폭발에서 나온 열기는 그들의 손을 그을렸다.)

b. The choking fumes **seared** their lungs.(숨막히게 하는 증기는 그들의 폐를 그을렸다.)

c. The heat of the sun **seared** his face.(태양열은 그의 얼굴을 그을렸다.)

d. The hot summer **seared** the wheat.(그 더운 여름이 밀을 시들게 했다.)

e. Hot grease **seared** his arm.(뜨거운 기름이 그의 팔을 데었다.)

1.2. 다음 주어는 목적어를 그을린다.

(2) a. **Sear** the steak and then fry it over a low heat for five minutes.(스테이크를 불에 그을린 후 그것을 5분 동안 낮은 불에 튀겨라.)

b. **Sear** the beef one minute.(쇠고기를 1분 동안 불에 구워라.)

c. The cook **seared** the chicken in the broiler.(요리사는 그 닭고기를 굽는 기구에 구웠다.)

d. She **seared** a roast before cooking it.(그녀는 그 불고기를 요리하기 전에 불에 구웠다.)

e. The cook **seared** the roast to brown.(그 요리사는 그 불고기를 갈색빛이 나도록 불에 구웠다.)

1.3. 다음 주어는 감정이다. 감정도 열을 가지고 있는 것으로 개념화된다.

(3) Feelings of guilt **seared** him.(죄책감이 그를 바싹 태웠다.)

1.4. 다음은 수동태 문장으로, 주어는 타거나 낙인된다.

(4) a. The shirt is **seared** by the hot iron.(그 셔츠는 뜨거운 다리미에 탄다.)

b. The disaster is indelibly **seared** into the villagers' memory.(그 재난은 마을 사람들의 기억에 영원히 낙인되어 있다.)

c. The terrible experience is **seared** into my mind.(끔찍한 경험은 내 머리 속에서 낙인되어 있다.)

d. The scene will be forever **seared** onto my memory.(그 광경은 영원히 내 기억에 낙인될 것이

다.)

2 자동사 용법

2.1. 다음 주어는 거슬린다.

(5) a. The meat **seared** over the campfire.(그 고기는 야영 모닥불 위에서 구워졌다.)

b. Her skin **seared** in the hot sun.(그녀의 피부는 뜨거운 태양으로 인해 탔다.)

2.2. 다음 주어는 불같이 따가움을 주는 개체이다.

(6) The pain **seared** along her arm.(그 고통은 그녀의 팔을 타고 뜨겁게 전해졌다.)

search

이 동사의 개념 바탕에는 찾는 과정이 있다.

1. 타동사 용법

1. 다음 주어는 목적어를 전치사 for의 목적어를 위해 찾는다.

(1) a. He **searched** his pockets **for** some change.(그는 약간의 잔돈을 찾으려고 주머니를 뒤졌다.)

b. I **searched** the house **for** my key.(나는 내 열쇠를 찾으려고 집을 뒤졌다.)

c. She **searched** her desk **for** the information.(그녀는 그 정보를 찾으려고 책상을 뒤졌다.)

d. She **searched** his face **for** some signs of forgiveness.(그녀는 용서의 기색을 찾으려고 그의 얼굴을 살폈다.)

e. The police **searched** the car **for** the drug.(경찰은 마약을 찾으려고 그 차를 수색했다.)

f. The program is able to **search** text **for** spelling mistakes.(그 프로그램은 철자 실수를 찾기 위해 본문을 검색할 수 있다.)

g. They **searched** the hill **for** gold.(그들은 금을 찾아 산을 뒤졌다.)

h. They **searched** the woods **for** the dog.(그들은 그 개를 찾기 위해 숲을 뒤졌다.)

i. They **searched** three towns **for** the missing dog.(그는 잃어버린 개를 찾으려고 세 마을을 뒤졌다.)

1.2. 다음 주어는 목적어를 찾는다.

(2) a. She **searched** the newspaper to find the weather report.(그녀는 기상예보를 찾으려고 신문을 살폈다.)

b. The troops **searched** the hospital.(그 부대는 그 병원을 수색했다.)

c. They **searched** the office.(그들은 그 사무실을 수색했다.)

1.3. 마음이나 양심도 장소로 개념화되고 그 곳에서 무엇을 찾을 수 있다.

(3) a. She **searched** her mind/memory **for** the boy's name.(그녀는 그 소년의 이름을 생각해 내려고 기억을 더듬었다.)

b. **Search** your heart/conscience and ask yourself whether you are right.(네 가슴/양심을 잘 살피고 스스로에게 옳은지 물어보아라.)

1.4. 다음 주어는 목적어를 수색한다. 목적어는 사람이다.

(4) a. His task is **searching** them for weapons.(그의 일
　　은 그들이 무기가 있나 보려고 몸을 수색하는 것이
　　다.)

　b. The police **searched** the suspect but found no
　　weapon on him.(경찰은 용의자를 수색했지만 그에
　　게서 아무런 무기도 찾지 못했다.)

　c. They were **searched** for guns.(그들은 총이 있나
　　몸수색을 당했다.)

1.5. 다음 주어는 목적어를 찾아낸다.

(5) a. I **searched** out some old school friends.(나는 몇
　　명의 옛 학교 친구들을 찾아내었다.)

　b. We managed to **search** some snow out and do
　　some skiing.(우리는 약간의 눈을 가까스로 찾아서
　　스키를 좀 탈 수 있었다.)

　c. Many people want jobs, and they try to **search**
　　them out every day.(많은 사람들이 직업을 원하고,
　　그들은 일자리를 매일 찾아내려고 노력한다.)

2. 자동사 용법

2.1. 다음 주어는 찾는다. 찾는 장소가 전치사구나 장
　　소부사로 표현되어 있다.

(6) a. I've **searched** all over the house, but I cannot find
　　my key.(나는 온 집을 뒤졌지만, 내 열쇠를 찾을 수
　　없다.)

　b. She **searched** everywhere for the missing child.
　　(그녀는 잃어버린 아이를 찾기 위해 모든 곳을 뒤졌
　　다.)

　c. She **searched** in her bag for a pen.(그녀는 가방을
　　뒤져서 펜을 찾았다.)

　d. They are still **searching** through the collapsed
　　buildings looking for persons.(그들은 붕괴된 건물
　　들 속을 뒤져서 사람들을 찾고 있다.)

　e. I've been **searching** all day, but I can't find my
　　ring.(나는 하루종일 찾았지만, 내 반지를 발견할 수
　　없다.)

2.2. 다음 주어는 찾는다. 찾는 물건이 전치사의 목적
　　어로 표현되어 있다.

(7) a. I've been **searching** for the book for weeks.(나는
　　그 책을 몇 주일 동안 찾아오고 있다.)

　b. The mother bird is **searching** for food.(어미 새는
　　먹이를 찾고 있다.)

　c. They are **searching** for a cure to the common
　　cold.(그들은 보통 감기의 치료약을 찾고 있다.)

　d. They are **searching** for a cure for AIDS.(그들은
　　에이즈의 치료약을 찾고 있다.)

　e. People who **search** after inner peace sometimes
　　turn to religion.(마음의 평화를 구하는 사람들은 때
　　때로 종교에 귀의한다.)

seat

이 동사의 개념 바탕에는 seat의 명사 '앉는 자리'가
있다.

1. 타동사 용법

1.1. 다음 주어는 목적어를 자리에 앉힌다.

(1) a. He **seated** himself to my left.(그는 자신을 내 왼쪽
　　에 앉혔다.)

　b. She is **seating** the baby on a stool.(그녀가 아기를
　　높은 의자에 앉히고 있다.)

　c. The usher **seated** him in the front row.(그 안내인
　　은 그를 앞 줄에 앉혔다.)

1.2. 다음 주어는 장소이다. 주어는 목적어를 자리 면
　　에서 수용한다.

(2) a. The theater **seats** 10,000 people.(그 극장은 만 명
　　의 사람을 수용한다.).

　b. The hall **seats** 600 people.(그 연회장은 육 백명의
　　사람을 수용한다.)

　c. The aircraft **seats** 200 passengers.(그 항공기는
　　이 백명의 승객을 태운다.)

　d. Her car **seats** six.(그녀의 차는 여섯 명을 앉힐 수
　　있다.)

1.3. 다음 주어는 목적어를 앉힌다.

(3) a. **Seat** the telescope on the tripod.(그 망원경을 삼
　　각대에 얹어라.)

　b. He **seated** the fencepost in its place.(그는 경비병
　　을 제 위치에 앉혔다.)

1.4. 다음은 수동태 문장으로 주어는 자리에 앉힌다.

(4) a. I was **seated** next to him.(나는 그의 옆에 앉혀졌
　　다.)

　b. Please wait to be **seated**.(앉혀질 때까지 기다리세
　　요.)

　c. Make sure the washer is firmly **seated** before
　　tightening the pipe.(그 관을 조이기 전에 세척기가
　　완전하게 앉혀졌는지 확인하라.)

second[1]

이 동사의 개념 바탕에는 second의 명사 '둘째'가
있다. 동사의 의미는 어떤 제안이 있는 다음에 이것
을 지지하는 과정이 있다.

1. 타동사 용법

1.1. 다음 주어는 목적어를 지지한다.

(1) a. I **second** the motion.(나는 그 제안을 지지했다.)

　b. One member made a motion to adjourn the
　　meeting, and another **seconded** it.(한 회원이 회의
　　를 연기하자는 제안을 하자 다른 이가 그것을 지지
　　했다.)

1.2. 다음은 수동태 문장으로 주어는 지지를 받는다.

(2) a. Any proposal must be **seconded** by two other
　　members of the committee.(어떠한 제안도 그 위
　　원회의 다른 두 회원들에 의해 지지를 받아야 한다.)

　b. The proposal was immediately **seconded**.(그 제
　　안은 즉시 지지를 받았다.)

1.3. 다음 주어는 목적어를 찬성한다.

(3) a. "Thank God, the work is finished." "I will **second**
　　that."("고마워라, 그 일은 끝났다." "나도 그렇게 생
　　각하네/찬성하네/")

　b. "I could do with a drink." "I'll **second** that."("한
　　잔 했으면 하는데." "찬성이야.")

1.4. 다음 주어와 목적어는 모두 추상적 개체이다.

(4) Deeds must second words.(행동은 언행을 지지해야 한다.)

second²

이 동사의 개념 바탕에는 임시로 자리를 옮기는 과정이 있다.

1. 타동사 용법

1.1. 다음은 수동태 문장으로 주어는 옮겨지는 사람이다.

(1) a. During the dispute, many police officers were seconded from traffic duty to the prison service.(그 논쟁동안, 많은 경찰관들이 교통임무에서 감옥임무로 옮겨졌다.)

b. Professor Bender was seconded from University of Hawaii to work with a team of scientists in Washington.(벤터교수는 워싱턴에 있는 과학자들의 단체와 일하기 위해 하와이 대학에서 옮겨졌다.)

c. James was seconded to the marketing department while Dan was away.(제임스는 댄이 떠났을 때, 마케팅 부서로 옮겨졌다.)

secure

이 동사의 개념 바탕에는 안전하게 하는 과정이 있다.

1. 타동사 용법

1.1. 다음 주어는 목적어를 against의 목적어로부터 안전하게 한다.

(1) a. More men will be needed to secure the camp against attack.(더 많은 사람들이 캠프를 공격에서 지키기 위해서는 필요할 것이다.)

b. He secured himself against cold.(그는 스스로를 추위에 대해서 지켰다.)

c. He secured himself against risks.(그는 스스로를 위험에 대비해서 지켰다.)

d. He secured the children against danger.(그는 아이들을 위험으로부터 지켰다.)

e. He secured the house against burglary.(그는 집을 강도로부터 안전하게 했다.)

f. How can we secure our factory against vandals?(우리는 공장을 파괴자들에 대비해서 어떻게 지킬 수 있을까?)

g. Keep your jewelry in the bank to secure it against theft.(보석들이 도난 당하는 것을 대비하여 지키기 위해 은행에 보관해라.)

h. The sea wall secures the town against flooding.(그 방파제는 범람에 대비해서 읍내를 안전하게 할 것이다.)

1.2. 다음 주어는 목적어를 from의 목적어로부터 안전하게 한다.

(2) a. A small pension secured him from want.(약간의 연금이 그를 결핍으로부터 지켜주었다.)

b. The farmers secured their village from assaults.(그 농부들은 습격으로부터 마을을 지켰다.)

c. They secured the building from collapse.(그들은 그 건물을 붕괴로부터 지켰다.)

d. They secured the city from danger.(그들은 그 도시를 위험으로부터 지켰다.)

e. They secured the town from flooding.(그들은 그 마을을 홍수로부터 지켰다.)

f. They tried to secure the bridge from further attack.(그들은 더 이상의 공격으로부터 그 다리를 지키려고 노력했다.)

g. The wall was built to secure the village from attack.(그 성벽은 그 마을을 공격으로부터 지키기 위해 세워졌다.)

1.3. 다음 주어는 목적어를 안전하게 보관한다.

(3) a. The man secures his valuables in the bank.(그 남자는 귀중품들을 은행에 보관한다.)

b. The town was secured with walls.(그 마을은 성벽에 의해 지켜졌다.)

1.4. 다음 주어는 목적어를 확실하게 한다.

(4) a. The novel secured his reputation as a novelist.(그 소설은 소설가로서 그의 명성을 확고하게 했다.)

b. The success secured his reputation.(그 성공은 그의 명성을 확고하게 했다.)

c. This form of investment is an excellent way of securing your children's financial future.(이 투자 형태는 네 아이들의 재정적 미래를 안전하게 하는 매우 좋은 방법이다.)

1.5. 돈을 빌려주는 대여도 위험할 수 있다. 이것을 안전하게 하는 것은 담보이다.

(5) a. Every loan was secured by bonds or mortgage.(모든 대출은 차용증이나 담보로 제공되었다.)

b. Her bank loan was secured against some shares that she inherited from her aunt.(그녀의 은행 대출은 아주머니로부터 물려받은 주식을 담보로 얻어졌다.)

c. His business loan is secured on his house.(그의 사업 대출은 집을 담보로 얻어진다.)

d. They secure a loan with/by collateral.(그들은 대출을 담보를 잡히고 받는다.)

1.6. 다음 주어는 목적어를 담보로 안전하게 한다.

(6) a. They secure a loan.(그들은 대출을 얻는다.)

b. We need to secure a bank loan.(우리는 은행 대출을 받을 필요가 있다.)

1.7. 다음은 수동태 문장으로 주어는 보험으로 안전하게 된다.

(7) a. He is secured against loss by fire.(그는 화재 손실에 대해 보험에 들어 있다.)

b. He secured himself against accidents.(그는 사고에 대비해 보험에 들었다.)

1.8. 다음 주어는 목적어를 확실하게 확보한다.

(8) a. The soldiers first secured the beachheads.(군인들은 먼저 그 교두보를 장악했다.)

b. Four first-class tickets have been secured.(일등석 표 4장이 확보되었다.)

c. Please secure your tickets early.(네 표를 일찍 확보해라.)

d. He failed to **secure** the job.(그는 그 직업을 얻는 데 실패했다.)

e. His success helped him **secure** the job.(그의 성공은 그를 도와 그 직업을 얻게 해 주었다.)

f. Please **secure** a seat for me.(자리 하나를 나에게 마련해다오.)

g. Please **secure** me a seat.(나에게 한 자리를 마련해다오.)

h. He tried hard to **secure** the votes of the young people.(그는 젊은이들의 표를 얻기 위해 열심히 노력했다.)

i. She **secured** only 5,000 votes.(그녀는 단지 5,000 표만을 얻었다.)

j. I was able to **secure** her agreement.(나는 그녀의 동의를 얻을 수 있었다.)

k. She **secured** a promise from him that he would pay.(그녀는 그가 지불하겠다는 약속을 그로부터 받아내었다.)

l. They are doing all they can to **secure** his release.(그들은 그의 석방을 얻어내기 위해 모든 것을 할 것이다.)

m. They've **secured** government backing for the project.(그들은 그 계획에 대한 정부의 후원을 확보했다.)

1.9. 다음 주어는 목적어를 확보한다.

(9) a. The bill **secures** the right of strikers.(그 법안은 파업자의 권리를 보장한다.)

b. The constitution **secures** liberty of the press.(헌법은 출판의 자유를 보장한다.)

c. The new law will **secure** the civil rights of the mentally ill.(새 법은 정신병자들의 시민적 권리를 보장할 것이다.)

1.10. 다음 주어는 첫째 목적어에게 둘째 목적어를 확보한다.

(10) a. He's **secured** himself a good job.(그는 자신에게 좋은 직업을 확보했다.)

b. He **secured** us two front seats.(그는 우리에게 앞자리 2개를 얻어주었다.)

1.11. 다음 주어는 목적어를 to의 목적어에 고정시킨다.

(11) a. **Secure** the rope to a tree or a rock.(그 줄을 나무나 바위에 고정해라.)

b. The gate won't stay open, so we will have to **secure** it to the post.(그 대문은 열린 상태로 있지 않아서, 우리는 그것을 기둥에 고정시켜야 했다.)

c. He **secured** his property to his son.(그는 재산을 아들에게 물려주었다.)

1.12. 다음은 수동태 문장으로 주어는 고정된다.

(12) a. The cables were **secured** by heavy metal bolts driven into the rock.(그 케이블은 바위에 박힌 큰 쇠못에 의해 고정되었다.)

b. The door is **secured** by a padlock.(그 문은 자물쇠로 잠겨 있다.)

c. A plastic box was **secured** to the wall by screws.(플라스틱 상자 하나가 벽의 나사에 의해 고정되었다.)

d. By his will, possession of the house was **secured** to the children.(그의 유언장에 따라서 그 집의 소유는 자식들에게 유증되었다.)

1.13. 다음은 수동태 문장으로 주어는 with의 목적어로 고정된다.

(13) a. He **secured** the boat with a rope.(그는 배를 줄로 고정시켰다.)

b. They **secured** the bundles with twine.(그들은 그 묶음들을 끈으로 고정했다.)

c. They **secured** the ladder with ropes.(그들은 사다리를 줄로 고정했다.)

d. The accused/the prisoner was **secured** with handcuffs.(그 피고인/죄수는 수갑에 묶였다.)

e. The load was **secured** with ropes.(그 짐은 밧줄로 고정되었다.)

1.14. 다음에서는 목적어를 고정시키는 방법이 명시되지 않았다.

(14) a. They **secured** the windows when the storm began.(그는 폭풍이 불기 시작하자 창문을 꼭 닫았다.)

b. The police **secured** the prisoner.(경찰이 죄수를 감금했다.)

c. He **secured** the door/window/padlock.(그는 문/창문/자물쇠를 잠궜다.)

d. **Secure** all the doors before leaving.(떠나기 전에 모든 문을 꼭 잠궈라.)

e. **Secure** the locks on the windows.(창문에 자물쇠를 채워라.)

f. Did you **secure** the doors and windows against/from the storm?(너는 그 문들과 창문들을 그 폭풍에 대비해 꼭 잠그었느냐?)

2. 자동사 용법

2.1. 다음 주어는 자신을 보호한다.

(15) a. We must **secure** against possible obstacles.(우리는 가능한 장애들에 대해 스스로를 안전하게 지켜야 한다.)

b. We must **secure** against the danger of the coming storm.(우리는 다가오는 그 폭풍의 위험에 대비해 스스로를 안전하게 지켜야 한다.)

seduce

이 동사의 개념 바탕에는 유혹을 하는 과정이 있다.

1. 타동사 용법

1.1. 다음 주어는 목적어를 유혹한다.

(1) a. He **seduced** a pure maiden.(그는 순수한 처녀를 유혹했다.)

b. The view of the lake and plunging cliffs **seduces** visitors.(그 호수와 깎아지르는 절벽의 광경은 관광객들을 유혹한다.)

c. The actor was **seduced** by fame and forgot about his old friends.(그 배우는 명성에 유혹되어 그의 옛 친구들을 잊었다.)

1.2. 다음에서 주어는 목적어를 유혹하여 그가 있던 장소 또는 상태에서 벗어나게 한다.

⑵ a. The pleasant air **seduced** me abroad.(그 상쾌한 공기는 나를 밖으로 유인했다.)

b. He **seduced** her from diligence to idleness.(그는 그녀를 부지런함에서 게으름으로 유인하였다.)

c. The warm spring day **seduced** her from her work.(그 따뜻한 봄 날씨가 그녀를 유혹하여 그녀가 일에서 벗어나게 했다.)

d. She **seduced** him from his duty/study.(그녀는 그를 유혹하여 그의 일/공부에서 끌어내었다.)

e. The warm weather **seduced** me to the beach.(그 따뜻한 날씨가 나를 유혹하여 그 바다로 가게 했다.)

1.3. 다음 주어는 목적어를 유혹하여 어떤 장소나 상태에 들어가게 한다.

⑶ a. He **seduced** the boy into mischief/crime.(그는 그 소년을 유혹하여 장난/범죄를 짓게 했다.)

b. He **seduced** her into an affair that had tragic consequences for both of them.(그는 그녀를 유혹하여 그 둘 다에게 비극적 결과를 가져다 준 사건에 끌어 들였다.)

c. His doctrines **seduced** many people into error.(그의 교리는 많은 사람들을 실수로 이끌었다.)

1.4. 다음 주어는 목적어를 유혹하여 어떤 일을 생각 없이 하게 한다.

⑷ a. Greed **seduced** the politician into accepting the bribe.(욕심이 그 정치가를 유혹하여 그 뇌물을 받게 했다.)

b. She **seduced** him into giving up his job.(그녀는 그를 유혹하여 그의 일을 그만두게 했다.)

c. He **seduced** us into buying a fake car.(그는 우리를 유혹하여 엉터리 차를 사게 했다.)

d. The clever advertising **seduced** more people into smoking.(그 꾀 많은 광고는 더 많은 사람들을 유혹하여 담배를 피우게 했다.)

1.5. 다음은 수동태 문장으로 주어는 유혹된다.

⑸ a. He was **seduced** by the offer of $1,000 into betrayal.(그는 1,000 불의 제의에 유혹되어 배반하게 되었다.)

b. Jane was **seduced** into leaving the company by the offer of higher pay.(제인은 더 많은 월급에 유혹되어 그 회사를 떠나게 되었다.)

1.6. 다음 주어는 목적어를 유혹하여 새-부정사가 가리키는 일을 하게 한다.

⑹ He was **seduced** by the offer to betray.(그는 그 제의에 유혹되어 배반하게 되었다.)

see

이 동사의 개념 바탕에는 보는 과정이 있다.

1. 타동사 용법

1.1. 다음 주어는 목적어를 본다.

⑴ a. I **see** some people in the garden.(나는 그 정원에 있는 몇 명의 사람들을 본다.)

b. I haven't **seen** you for ages.(나는 오랫동안 널 보지 못했다.)

c. I **saw** her at the supermarket.(나는 그녀를 그 슈퍼마켓에서 보았다.)

d. I **saw** my dead father in a dream last night.(나는 돌아가신 아버지를 어젯밤 꿈에서 뵈었다.)

e. I can still **see** the professor as he was 20 years ago.(나는 여전히 20년 전 모습 그대로이신 교수님을 뵐 수 있다.)

1.2. 다음 주어는 목적어가 어떤 과정을 마치는 것을 본다.

⑵ a. I **saw** her come across the street.(나는 그녀가 길을 건너온 것을 보았다.)

b. She **saw** him go out of the house.(그녀는 그가 집 밖으로 나가는 것을 보았다.)

c. I **saw** the old man knocked down.(나는 그 노인이 쓰러져 있는 것을 보았다.)

d. I don't want to **see** her treated like that.(나는 그녀가 그렇게 취급되는 것을 보고 싶지 않다.)

e. He **saw** his own brother murdered.(그는 자신의 친형이 살해당하는 것을 보았다.)

1.3. 다음은 수동태 문장으로 주어는 부정사가 가리키는 과정을 하는 것이 보여진다.

⑶ a. She was **seen** to take the money.(그녀는 그 돈을 가져가는 것이 보였다.)

b. The man was **seen** to go out.(그 남자는 나가는 것이 보였다.)

1.4. 다음 주어는 목적어가 어떤 과정 속에 있는 것을 본다.

⑷ a. I **saw** him going out of the store.(나는 그가 가게에서 나가고 있는 것을 보았다.)

b. He **saw** her talking with me.(그는 그녀가 나와 이야기를 하고 있는 것을 보았다.)

1.5. 조사하기 위해서는 눈으로 보아야 한다. 그래서 '보다'는 '조사하다'의 의미를 가지게 된다. 주어는 목적어를 조사한다.

⑸ a. You'd better **see** the house before you work on it.(네가 일을 시작하기 전에 그 집을 한 번 봐두는 것이 좋을 게다.)

b. I have in a man to **see** the drains.(나는 그 하수구를 손봐줄 사람을 불러들였다.)

c. Let me **see** your ID card.(신분증 좀 보여 주십시오.)

d. I want to **see** how he should solve the problem.(나는 어떻게 그가 그 문제를 풀지 알고 싶다.)

e. Go and **see** what the children are doing.(그 아이들이 뭘 하고 있는지 가서 봐라.)

1.6. 무엇을 조심하거나 확인하기 위해서도 눈으로 보아야 한다. 이러한 관계에서 '보다'에는 조심하거나 확인하는 과정도 의미한다.

⑹ a. **See** you don't catch your foot.(너의 발이 걸리지 않도록 해라.)

b. Stay and **see** the doors locked.(그 문들이 잠기었는지 남아서 확인해라.)

c. I will **see** that the work gets done right away.(내가 그 일이 곧장 되도록 확인하겠다.)

d. **See** that he finishes his homework by seven.(그가 7시까지 숙제를 끝마치도록 확인해라.)

1.7. 누구를 만나면 서로 보게 된다. 이러한 관계에서 본다는 것은 만나서 상호작용을 하는 과정을 나타내게 된다.
(7) a. Come and **see** me.(나를 보러 오렴.)
   b. I think you ought to **see** a doctor.(나는 네가 의사를 보아야만 된다고 생각해.)
   c. You must **see** the lawyer.(너는 그 변호사를 만나야 한다.)
   d. Kate is **seeing** too much of the same boy.(케이트는 같은 소년과 너무 많이 만나고 있어.)
   e. Let's **see** a great deal of each other.(우리 서로 자주 보자.)

1.8. 구경이나 연극 등은 눈으로 보아야 한다. 따라서 '보다', '구경을 하다', '연극을 보다' 등의 뜻을 가지게 된다.
(8) a. I am going to **see** the sights.(나는 그 관광지를 관광할 예정이다.)
   b. Have you ever **seen** Paris?(파리에 가본 적 있어요?)
   c. The church is worth **seeing**.(그 교회는 볼 만하다.)
   d. Did you **see** the drama last night?(어젯밤 그 드라마 보셨어요?)
   e. Did you **see** the movie at the theater?(그 영화를 극장에서 봤니?)

1.9. '보다'는 마음의 눈을 통해서 무엇을 지각하는 과정도 의미한다.
(9) a. I **see** things differently.(나는 사물을 다르게 본다.)
   b. I **see** it in a new light.(나는 그것을 새롭게 본다.)
   c. I don't **see** fit to ask him the question.(나는 그에게 그 질문을 하는 것이 적당하지 않다고 생각한다.)
   d. I **see** it as her duty.(나는 그것이 그녀의 의무라고 생각한다.)
   e. How do you **see** the current Middle East situation?(현 중동 사태를 어떻게 보십니까?)

1.10. '보다'는 머리로 이해하는 과정에도 쓰인다.
(10) a. I can't **see** the joke.(나는 그 농담을 이해할 수 없다.)
   b. It took me a while to **see** the truth of her remark.(그녀 말의 진실을 파악하는 데 한참 걸렸다.)

1.11. 다음 주어는 that-절의 내용을 이해한다.
(11) a. He **saw that** he had made a mistake.(그는 자신이 실수를 저질렀다는 것을 알았다.)
   b. He could **see that** another earthquake broke out in Italy.(그는 또다른 지진이 이탈리아에 일어났다는 것을 알 수 있었다.)
   c. I can **see that** my idea was a bad one.(나는 나의 생각이 나쁜 것이었음을 알 수 있다.)
   d. I **see that** you are enjoying the work.(나는 네가 그 일을 즐기고 있는 것을 안다.)

1.12. 다음 주어는 의문사가 이끄는 절의 내용을 이해한다.
(12) a. I don't **see** why he doesn't come.(나는 왜 그가 오지 않는지 알 수 없다.)
   b. I don't **see** why she is so against my idea.(나는 그녀가 왜 그렇게 내 생각에 반대하는지 알 수 없다.)

c. I did not **see** how to answer the question.(나는 어떻게 그 질문에 답할지를 몰랐다.)
   d. Don't you **see** what I mean?(내가 뭘 의미하는지 알지 못하겠어?)

1.13. 마음의 눈으로 보는 과정은 상상하는 과정에 확대된다.
(13) a. Can you **see** him agreeing to such a plan?(당신은 그가 그러한 계획에 동의하는 것을 상상할 수 있습니까?)
   b. I can't **see** her lending me any money.(나는 그녀가 내게 돈을 빌려 주는 것을 상상할 수 없다.)
   c. I cannot **see** myself submitting to it.(나는 자신이 그것에 굴복하는 것을 상상할 수 없다.)
   d. I cannot **see** her being a good mother.(나는 그녀가 좋은 어머니가 되는 것을 상상할 수 없다.)
   e. I cannot **see** her as a singer.(나는 그녀를 가수로서 상상도 할 수 없다.)

1.14. 다음 주어는 목적어를 보살펴서 이동을 하게 한다.
(14) a. She **saw** her child **across** the road.(그녀는 아이를 길을 살펴 건너게 돌보았다.)
   b. I **saw** him **home**.(나는 그를 살펴 데리고 갔다.)
   c. Don't bother to come down. I can **see** myself **out**.(내려올 필요 없어. 나는 혼자 살펴 나갈 수 있어.)
   d. Let's **see** the old year **out** and the new year **in**.(묵은 해를 보내고 새해를 맞이합시다.)
   e. I'll **see** you **through**.(내가 너를 살펴서 끝까지 돕겠다.)
   f. He was **seeing** his sister **through** college.(그는 여동생을 살펴서 대학을 나오도록 하고 있었다.)

1.15. '보다'는 경험하다는 뜻으로도 쓰인다.
(15) a. He has **seen** a lot of life.(그는 삶의 여러 모습들을 경험했다.)
   b. We have **seen** the day when things were better.(우리는 세상사가 더 좋았던 날을 본 적이 있다.)
   c. You and I have **seen** good times together.(너와 나는 좋은 시간을 함께 보내왔다.)
   d. This old house has **seen** better days.(이 옛집은 더 좋았던 시절이 있었다.)
   e. He has never **seen** army service.(그는 군복무를 치룬 적이 없다.)

2. 자동사 용법
2.1. 다음 주어는 본다.
(16) a. It was so dark that I could hardly **see**.(너무 어두워서 나는 거의 볼 수가 없었다.)
   b. A puppy cannot **see** till the ninth day.(생후 9일이 되기까지 강아지는 볼 수가 없다.)
   c. Owls **see** best at night.(올빼미는 밤에 가장 잘 본다.)
   d. She does not **see** very well in her left eye.(그녀는 왼쪽 눈으로는 잘 보지 못한다.)
   e. The blind do not **see**.(장님들은 볼 수 없다.)

2.2. 다음 주어는 이해한다.
(17) a. So I **see**.(그런 것 같군요.)
   b. I **see**.(알았다.)

c. Now do you **see**?(이제 아시겠어요?)

d. As you **see**(보시는 바와 같이)

e. As far as I can **see**, there is nothing.(내가 아는 한, 아무 것도 없다.)

2.3. 다음 주어는 조심한다.

(18) a. **See**, the car is coming.(조심해. 차가 오잖아.)

b. **See**, here.(어이 이봐)

c. **See**, the moon is out.(봐, 달이 나왔어.)

seek

이 동사의 개념 바탕에는 큰 노력을 들여서 찾는 과정이 있다.

1. 용법

1.1. 다음 목적어는 자리이다. 주어는 목적어를 찾는다.

(1) a. The law will make it hard for those **seeking** asylum.(그 법은 피난처를 찾는 자들을 힘겹게 만들 것이다.)

b. He **sought** shelter from the rain.(그는 비를 피할 피난처를 찾았다.)

c. Being sleepy, he **sought** his bed.(졸려서 그는 침대를 찾았다.)

d. Water **seeks** its own level.(물은 자체의 수위를 찾는다.)

e. The compass pointer always **seeks** north.(나침반의 핀은 항상 북쪽을 찾는다.)

1.2. 다음 목적어는 과정이다. 주어는 목적어를 얻으려고 한다.

(2) a. The students **seek** summer employment.(학생들은 여름 고용직을 찾는다.)

b. Will the president **seek** re-election at the end of his term of office?(대통령은 재선을 임기 막바지에 얻으려고 할까?)

c. He is **seeking** a college education.(그는 대학 교육을 구하고 있다.)

1.3. 다음 목적어는 추상적 개체이나 구체적 개체로 개념화되어 있다.

(3) a. He left home to **seek** his fortune.(그는 행운을 찾으려고 집을 떠났다.)

b. Most men **seek** wealth; all men seek happiness.(대부분의 사람들이 부를 추구한다; 모든 사람들이 행복을 추구한다.)

c. We don't know what to do; we'll **seek** father's advice.(우리는 무엇을 해야할 지 모른다; 아버지의 조언을 구할 것이다.)

1.4. 다음 주어는 to부정사가 가리키는 일을 하려고 한다.

(4) a. They are **seeking to** overthrow the government.(그들은 정부를 전복하려고 하고 있다.)

b. The company is **seeking to** improve its profits.(그 회사는 이윤을 높이려고 하고 있다.)

2. 자동사 용법

2.1. 다음 주어는 after의 목적어를 추구한다.

(5) a. They are earnestly **seeking after** the truth.(그들은 진실을 진심으로 추구하고 있다.)

b. He's **seeking after** peace of mind(그는 마음의 평화를 추구하고 있다.)

seep

이 동사의 개념 바탕에는 스미는 과정이 있다.

1. 자동사 용법

1.1. 다음 주어는 스민다.

(1) a. Water **seeps through** cracks in the wall.(물이 벽의 틈새들을 통해 스민다.)

b. The muddy water **seeped through** the holes in the shoes.(진흙물은 신발에 난 구멍을 통해 스며들었다.)

c. Fog **seeped through** the trees.(안개가 나무들 사이로 스며들었다.)

d. Pollution **seeped into** the water supply.(오염이 물 공급원으로 스며들었다.)

1.2. 다음은 [생각은 액체] 은유가 적용된 표현이다.

(2) a. The new idea finally **seeped down** to the lower echelons.(새로운 생각은 마침내 하층에까지 스며 내려갔다.)

b. A sense of dread **seeped down through** the empolyees.(공포감이 고용자들 사이로 스며내려갔다.)

c. Western ideas **seeped into** Korea. (서구의 사고방식들이 한국에 스며들었다.)

seethe

이 동사의 개념 바탕에는 펄펄 끓는 과정이 있다.

1. 자동사 용법

1.1. 다음 주어는 펄펄 끓는다.

(1) The soup is **seething** over the edge of the pot.(국은 냄비의 가장자리 위로 펄펄 끓어 넘치고 있다.)

1.2. 다음 주어는 펄펄 끓는 모습을 한다.

(2) a. The sea was **seething** around the rocks.(바다는 암벽들 주위로 마구 치솟고 있었다.)

b. Water **seethed** under the falls.(물이 폭포 아래에서 마구 뒤끓었다.)

c. The grey ocean **seethed** beneath them.(잿빛 대양은 그것들 아래에서 뒤끓었다.)

1.3. 다음은 [분노는 끓는 액체] 은유가 적용된 표현이다.

(3) a. He looked calm, but inwardly he was **seething**.(그는 차분해 보였지만, 속으로는 분노로 끓고 있었다.)

b. He was absolutely **seething** with discontent.(그는 완전히 불만으로 끓고 있었다.)

c. They were **seething** with frustration.(그들은 좌절로 속이 끓고 있었다.)

1.4. 다음 주어는 전치사 about의 목적어에 화가 난다.

(4) a. The politician **seethed about** the letter.(그 정치는 그 편지에 대해 화가 나서 말했다.)

b. He is **seething about** something.(그는 무언가에 대

해 화가 났다.)

1.5. 다음 주어는 장소이고 이것은 with의 목적어로 들 끓는다.

(5) a. The room was **seething** with people.(그 방은 사람 들로 들끓었다.)

b. The country is **seething** with political unrest.(그 나라는 정치적 불안으로 들끓고 있다.)

c. The resort is **seething** with tourists.(그 휴양지는 관광객으로 들끓고 있다.)

2. 타동사 용법

2.1. 주어는 목적어를 푹 끓인다.

(6) The cook **seethed** the mutton.(그 요리사는 양고기 를 푹 끓였다.)

segregate

이 동사의 개념 바탕에는 무리를 분리시키는 과정이 있다.

1. 타동사 용법

1.1. 다음 주어는 목적어를 from의 목적어에서 분리시 킨다.

(1) a. The hospital **segregates** patients who are contagious from others.(그 병원은 전염 환자들을 다른 환자들로부터 격리시킨다.)

b. The nurse **segregated** the older children from the babies.(간호사는 나이 든 아이들을 아기들로부터 분리시켰다.)

1.2. 다음 주어는 목적어를 분리한다.

(2) a. The doctor **segregated** the child with mumps.(그 의사는 볼거리를 앓고 있는 아이를 격리시켰다.)

b. The school **segregated** exceptional children.(그 학교는 예외적인 아이들을 분리시켰다.)

c. The teacher **segregated** the children according to their reading ability.(그 선생님은 그 아이들을 읽기 능력에 따라 분리시켰다.)

1.3. 다음 주어는 목적어를 분리하여 into의 목적어에 들어가게 한다.

(3) Economic conditions **segregated** the blacks into their own neighborhoods.(경제적 조건들이 그 흑인 들을 자신의 이웃에 들어가게 분리했다.)

1.4. 다음 주어는 목적어를 분리시킨다. 목적어는 접속 사 and로 연결되어 있다.

(4) a. It is illegal to **segregate** blacks and whites.(흑인과 백인을 분리시키는 것은 불법이다.)

b. They **segregated** officers and enlisted men.(그들 은 장교와 사병을 분리시켰다.)

1.5. 다음은 수동태 문장으로 주어는 분리된다.

(5) a. Boys and girls are **segregated** in this school.(남학 생과 여학생이 이 학교에서는 분리된다.)

b. In all restaurants, smoking and non-smoking areas are **segregated** from each other.(모든 식당 에서, 흡연과 비흡연석은 서로 분리되어 있다.)

c. In some areas, protestants were **segregated** from Catholics.(몇몇 지역에서, 프로테스탄트들과 카톨

릭들은 서로 분리되어 있었다.)

d. Prisoners were **segregated** into groups.(수감자들 들은 집단으로 분리되었다.)

seize

이 동사의 개념 바탕에는 세게 꽉 잡는 과정이 있다.

1. 타동사 용법

1.1. 다음 주어는 목적어를 꽉 잡는다.

(1) a. In terror the child **seized** his father's arm.(공포에 질려서, 그 아이는 아버지의 팔을 꽉 잡았다.)

b. The nurse **seized** the patient's arm as he fell.(그 간호원은 환자가 떨어질 때 팔을 꽉 잡았다.)

c. He **seized** his friend's hand and shook it.(그는 친 구의 손을 꼭 잡고 흔들었다.)

d. She **seized** a shovel and began to dig.(그녀는 삽을 꼭 쥐고 파기 시작했다.)

e. He **seized** a weapon and fought.(그는 무기를 하나 꼭 잡고 싸웠다.)

f. The dog **seized** the sausages.(그 개는 소시지들을 물었다.)

g. He **seized** the letter from her and began to read out.(그는 그 편지를 그녀에게서 빼앗아서 읽기 시 작했다.)

1.2. 다음 주어는 목적어를 나포한다.

(2) a. They **seized** an enemy ship.(그들은 적선 한 대를 나포했다.)

b. The pirates **seized** the boat and killed the captain. (해적들은 그 배를 나포하고 선장을 죽였다.)

1.3. 다음 주어는 목적어를 전치사 by의 목적어로 잡 는다.

(3) a. I **seized** the cat by the neck.(나는 그 고양이의 목 을 잡았다.)

b. He **seized** her by the wrist.(그는 그녀의 손목을 꽉 잡았다.)

1.4. 다음 주어는 목적어를 체포한다.

(4) a. The police **seized** the two men.(경찰은 그 두 남자 를 체포했다.)

b. The agent **seized** a criminal.(그 요원은 범인을 한 명 잡았다.)

1.5. 다음은 수동태 문장으로 주어는 체포된다.

(5) The thief was **seized** by the police.(그 도둑은 체포 되었다.)

1.6. 지휘, 힘, 통제권, 생각도 손으로 잡을 수 있는 구 체적 개체로 개념화된다. 주어는 목적어를 잡는 다.

(6) a. They **seized** the opportunity.(그들은 그 기회를 잡 았다.)

b. He **seized** the chance of a free flight.(그는 무료 비 행의 기회를 잡았다.)

c. Troops **seized** control of the broadcasting station. (부대원들은 방송국의 통제를 장악했다.)

d. The army **seized** power in a coup.(그 군대는 무력 정변에서 권력을 잡았다.)

e. He **seized** an idea and developed it.(그는 하나의

생각을 잡고 발전시켰다.)

f. The party **seized** the initiative with both hands.(그 정당은 그 발의를 두 손으로 잡았다.)

1.7. 다음 주어는 목적어를 압수한다.

(7) a. The agent **seized** the contraband.(그 요원은 금수품을 압수했다.)

b. Customs officers **seized** 10 kilos of heroin.(세관 요원은 10 킬로의 헤로인을 압수했다.)

c. The city **seized** the property for nonpayment of taxes.(그 시는 세금 미납에 대해 재산을 압수했다.)

d. The bank **seized** all his assets.(그 은행은 그의 모든 재산을 압수했다.)

e. The officers **seized** smuggled goods.(관리들은 밀수품을 압수했다.)

1.8. 다음은 수동태 문장으로 주어는 압수된다.

(8) His household goods were **seized**.(그의 가정 필수품들이 압수되었다.)

1.9. 다음 주어는 목적어를 장악한다.

(9) a. They **seized** a city.(그들은 시를 하나 장악했다.)

b. They **seized** the airport in a surprise attack.(그들은 그 공항을 기습 공격으로 장악했다.)

1.10. 다음의 주어는 두려움이나 공포 같은 것이다. 주어는 목적어를 사로잡는다.

(10) a. A great fear **seized** him.(큰 두려움이 그를 사로잡았다.)

b. A fever **seized** her.(열병이 그녀를 사로잡았다.)

c. Stage fright **seized** the boy.(무대 공포가 소년을 사로잡았다.)

d. Panic **seized** the whole town.(공포가 그 전 읍내를 사로잡았다.)

e. Terror **seized** the passengers of the plane.(공포가 그 비행기의 승객들을 사로잡았다.)

f. Fear **seized** the herd of buffalo.(두려움이 들소 떼를 사로잡았다.)

1.11. 다음 주어는 목적어를 동여맨다.

(11) a. He **seized** the ropes together.(그는 그 밧줄을 함께 동여매었다.)

b. He **seized** one rope to another.(그는 한 밧줄을 다른 밧줄에 동여매었다.)

1.12. 다음은 [이해는 잡음] 은유가 쓰인 예이다. 다음 주어는 목적어를 포착한다.

(12) a. He **seized** the point of the argument.(그는 논의의 요점을 파악했다.)

b. I couldn't **seize** the meaning.(나는 그 의미를 포착할 수 없었다.)

1.13. 다음은 수동태문장으로 주어는 점유된다.

(13) He was **seized** of the property/a large farm.(그는 그 재산/큰 농장을 소유하고 있다.)

2. 자동사 용법

2.1. 다음 주어는 전치사 on의 목적어를 잡으려고 한다.

(14) a. He **seized on** a branch.(그는 가지를 잡으려고 했다.)

b. I suggested a cycling holiday and he **seized on** the idea.(나는 자전거 휴일을 제안했는데 그가 그 생각을 잡았다.)

c. She **seized on** the offer of a free trip.(그녀는 무료 여행 제의를 받아들였다.)

d. He **seized upon** my suggestion.(그는 나의 제안을 잡았다.)

e. You must **seize upon** the chance.(너는 그 기회를 잡아야 한다.)

f. He **seized upon** an excuse.(그는 변명을 잡았다.)

2.2. 다음 주어는 그 부분들이 엉겨서 움직이지 않게 된다.

(15) a. The snowstorm was so heavy that the city's whole transport system **seized up**.(그 폭설이 너무 심해서 그 시의 교통 체계가 꽁꽁 묶였다.)

b. The engine/the car **seized up**.(그 엔진/그 차는 움직이지 않는다.)

c. The negotiation will **seize up**.(그 협상은 움직이지 않을 것이다.)

d. My hands began to **seize up**.(내 손들은 뻣뻣하게 되어 움직이지 않기 시작했다.)

2.3. 다음은 수동태 문장이고 주어는 전치사 with의 목적어로 사로잡혀 있다.

(16) a. He was **seized with** a sudden desire to run away.(그는 도망가고 싶은 갑작스러운 욕망으로 사로잡혀 있다.)

b. He was **seized with** remorse/regret.(그는 회한/유감에 사로잡혀 있었다.)

c. The whole country was **seized with** panic at the news.(전국이 그 뉴스에 공포로 사로잡혀 있었다.)

d. I was **seized with** a fit of sneezing.(나는 재채기 발작에 사로잡혀 있었다.)

e. He was **seized with** sudden chest pain.(그는 갑작스런 흉통에 사로잡혀 있었다.)

select

이 동사의 개념 바탕에는 같은 종류의 여러 개체 가운데 선택하는 과정이 있다.

1. 타동사 용법

1.1. 다음 주어는 목적어를 고른다.

(1) a. He could **select** one of the four gifts.(그는 네 개의 선물 가운데 하나를 선택할 수 있었다.)

b. The diner **selected** an entree from the menu.(만찬 손님은 메뉴 가운데 한가지 주 요리를 골랐다.)

c. The faculty **selected** ten new students for the program.(교수회는 10명의 새 학생을 그 프로그램을 위해서 선별했다.)

d. I **selected** four postcards and handed them to the cashier.(나는 엽서 네 장을 골라서 출납원에게 건넸다.)

1.2. 다음은 수동태 문장으로 주어는 선택된다.

(2) a. Christ is **selected** for the job.(크리스가 그 일에 뽑힌다.)

b. He was **selected** to play for Korea.(그는 한국을 위해서 경기를 하도록 선택되었다.)

c. He has been **selected** to represent us at the conference in Santa Barbara.(그는 산타 바바라의

회의에서 대표하도록 선발되어 있다.)

2. 자동사 용법
2.1. 다음 주어는 여러 가지 가운데서 고른다.
(3) a. Winners are able to **select from** a range of prizes--cars, free flights and mountain bikes.(승자들은 자동차, 무료 항공권, 그리고 산악 자전거 같은 영역의 상품 가운데 고를 수 있다.)
b. The paint shop offers a wide range of colors for you to **select from**.(그 페인트 가게는 네가 고를 수 있는 폭넓은 색깔의 영역을 제공한다.)

send
이 동사의 개념 바탕에는 보내는 과정이 있다.

1. 타동사 용법
1.1. 다음 주어는 목적어는 보낸다.
(1) a. He **sent** a telegram/a message.(그는 전보/전언을 보냈다.)
b. He **sent** help/word.(그는 도움/말을 보냈다.)
c. He **sent** his love to her.(그는 자신의 사랑을 그녀에게 보냈다.)

1.2. 다음 주어는 목적어를 전치사 to의 목적어에 보낸다.
(2) a. He **sent** his children **to** good schools.(그는 아이들을 좋은 학교에 보냈다.)
b. You should **send** him **to** bed now.(너는 그를 지금 잠자리에 보내야 한다.)
c. My father **sent** me **to** the station.(아버지는 나를 그 역에 보냈다.)

1.3. 다음 주어는 목적어를 전치사 into의 목적어에 들어가게 던진다.
(3) a. He **sent** a bullet/a knife **into** it.(그는 실탄/칼을 그 속으로 보냈다.)
b. He **sent** the ball **into** the goal.(그는 공을 골로 집어넣었다.)

1.4. 주어는 목적어를 전치사 to의 목적어로 보낸다. 다음 목적지는 추상적이다.
(4) a. We **sent** him **to** (the) school.(우리는 그를 학교에 보냈다.)
b. We **sent** her **to** (the) bed.(우리는 그녀를 자러 보냈다.)
c. She **sent** her son **to** college.(그녀는 아들을 대학에 보냈다.)

1.5. 다음 주어는 목적어를 자체에서 밖으로 내보낸다.
(5) a. The stubble was burning in the field, **sending** wisps of black smokes into the air.(그 그루터기는 밭에서 타면서 검은 연기 가락을 공기 속으로 내보내고 있었다.)
b. The swing **sent** the ball over the fence.(휘두름은 그 공을 담장 너머로 날려 보냈다.)
c. The candle **sent** out light.(초는 빛을 내보냈다.)
d. He **sent** a blow to the man's jaw.(그는 한 방을 그 남자의 턱에 보냈다.)

1.6. 다음은 [상태의 변화는 장소이동] 은유가 적용된 표현이다.

(6) a. The news **sent** the family **into** great excitement.(그 소식은 온 가족을 큰 흥분 속으로 몰아넣었다.)
b. The rock music **sent** them **into** a frenzy.(록 음악은 그들을 열광하게 했다.)
c. The news **sent** them **into** a panic.(그 소식은 그들을 겁에 질리게 했다.)

1.7. 다음에서 목적어가 들어가는 상태는 형용사로 표현되어 있다.
(7) a. The noise is **sending** us crazy.(그 소음은 우리를 미칠 지경으로 만들고 있다.)
b. The sight **sent** him mad.(그 광경은 그를 미칠 지경으로 만들었다.)
c. The sudden excitement **sent** his temperature up.(갑작스런 흥분은 그의 체온이 오르게 했다.)

1.8. 다음에서 목적어가 겪는 상태는 분사로 표현되어 있다.
(8) a. The punch **sent** him reeling.(그 주먹질은 그를 비틀거리게 했다.)
b. The explosion **sent** the glass flying.(그 폭발은 유리잔을 날아가게 했다.)
c. You nearly **sent** me flying.(너는 내가 날아가게 거의 보냈다.)
d. He **sent** a stone rolling down a hill.(그는 돌이 언덕 아래로 굴러가게 했다.)
e. The accident **sent** me looking for a new car.(그 사고는 내가 새 차를 찾게 만들었다.)

1.9. 다음 주어는 목적어를 부정사 과정을 겪게 한다.
(9) a. His speech **sent** me to sleep.(그의 연설은 나를 잠들게 했다.)
b. Gentle music will **send** you to sleep.(부드러운 음악은 너를 잠들게 할 것이다.)

1.10. 다음 주어는 첫째 목적어에 둘째 목적어를 보낸다.
(10) a. He **sent** me a letter.(그는 나에게 편지를 보냈다.)
b. He **sent** her a nice gift.(그는 그녀에게 좋은 선물을 보냈다.)
c. Please **send** me a fax.(내게 팩스를 보내주세요.)

sense
이 동사의 개념 바탕에는 sense의 명사 '직감'이 있다.

1. 타동사 용법
1.1. 다음 주어는 목적어를 감지한다.
(1) a. Although she said nothing, I could **sense** her anger.(비록 그녀는 아무 말도 안 했지만, 난 그녀의 화를 감지할 수 있었다.)
b. The horse **sensed** danger and stopped.(말은 위험을 눈치채고는 섰다.)
c. I **sensed** the presence of a large object in front of me in the darkness.(나는 커다란 물체의 존재를 내 바로 앞 어둠 속에서 직감했다.)
d. She **sensed** his nervousness.(그녀는 그의 초조를 느꼈다.)
e. Anne **sensed** the confusion in the meeting.(앤은 그 회의에서 혼란을 감지했다.)

1.2. 다음 주어는 목적어를 감지한다.

(2) a. She **sensed** an odor of gas in the kitchen.(그녀는 가스 냄새를 부엌에서 감지했다.)

　 b. John **sensed** cinnamon in the pie.(존은 계피맛을 파이에서 감지했다.)

1.3. 다음 의문사가 이끄는 절은 주어가 감지하는 내용이다.

(3) a. Could you **sense what** was likely to happen?(너는 뭐가 일어날 것 같은지 알아차릴 수 있었니?)

　 b. I could **sense how** hurt he was.(나는 그가 얼마나 상처 받았는지 느낄 수 있었다.)

　 c. I could **sense how** unhappy she was.(나는 그녀가 얼마나 불행한지 느낄 수 있었다.)

　 d. Can you **sense what** is likely to happen?(너는 뭔 일이 생길 것 같은지 알 수 있니?)

1.4. 다음 주어는 that-절의 내용을 감지한다.

(4) a. He **sensed that** his audience were bored.(그는 청중들이 지루해 한다는 것을 느꼈다.)

　 b. I **sensed that** there was someone in the room.(나는 그 방에 누군가가 있다는 것을 알아차렸다.)

　 c. She **sensed that** he was nervous.(그녀는 그가 초조해 한다는 것을 알아차렸다.)

　 d. She **sensed** someone was approaching.(그녀는 누군가가 다가오고 있다는 것을 눈치챘다.)

1.5. 다음 주어는 목적어를 감지한다.

(5) a. The door **senses** your presence and opens automatically.(그 문은 당신의 존재를 감지하여 자동으로 열린다.)

　 b. The washer **senses** how many dishes are loaded.(설거지 기계는 얼마나 많은 접시들이 실려 있는지 감지한다.)

1.6. 다음 주어는 목적어가 부정사가 가리키는 상태에 있음을 감지한다.

(6) I **sense** this to be a serenade.(나는 이것이 세레나데(소야곡)라는 것을 느낌으로 안다.)

---

separate

이 동사의 개념 바탕에는 분리하는 과정이 있다.

1. 타동사 용법

1.1. 다음 주어는 목적어를 from의 목적어로부터 분리한다.

(1) a. They **separated** cream from milk.(그들은 크림을 우유에서 분리했다.)

　 b. Break the eggs and **separate** the whites from the yolks.(계란을 깨뜨려서 흰자를 노른자에서 분리해라.)

　 c. **Separate** gold from sand.(금을 모래에서 가려내라.)

　 d. They **separated** the boughs from the trunk.(그들은 가지를 줄기에서 떼어내었다.)

　 e. The police **separated** the trouble-makers from the rest.(경찰은 그 말썽꾸러기들을 나머지 아이들로부터 분리하였다.)

　 f. He **separates** sense from nonsense/magic from medicine(그는 의미를 무의미에서/마술을 의술에서 구별한다.)

　 g. They **separated** education from religion(그들은 교육을 종교에서 분리시켰다.)

　 h. He **separated** himself from his family.(그는 자신을 가족에서 분리했다.)

　 i. We **separated** the grain from the chaff.(우리는 곡식을 겨에서 분리했다.)

1.2. 다음 주어는 목적어를 떼어놓는다.

(2) a. The referee **separated** the two boxers.(그 심판은 두 권투 선수를 떼어놓았다.)

　 b. We **separated** the two fighting dogs.(우리는 두 투견을 떼어놓았다.)

　 c. Spiteful gossips **separated** the two friends.(짓궂은 소문이 두 친구를 갈라놓았다.)

　 d. Opposing political views **separated** the old friends.(반대되는 정치적 견해가 옛 친구를 갈라놓았다.)

　 e. War **separated** many families.(전쟁은 많은 가족을 흩어지게 했다.)

1.3. 다음 주어는 목적어를 분리한다.

(3) a. We cannot **separate** language and thought.(우리는 언어와 사고를 분리할 수 없다.)

　 b. We must **separate** religion and politics.(우리는 종교와 정치를 분리해야 한다.)

　 c. We **separated** the church and the state.(우리는 교회와 국가를 분리하였다.)

1.4. 다음 주어는 목적어를 분리하여 into의 목적어 상태로 만든다.

(4) a. He **separated** the money into three piles.(그는 돈을 세 뭉치로 분리했다.)

　 b. We are **separating** a big tract of land into small plots.(우리는 큰 땅덩어리를 조그마한 지구로 나누고 있다.)

　 c. We **separated** the cards into three piles.(우리는 카드를 세 묶음으로 분리했다.)

　 d. The teacher **separated** the children into two groups.(그 선생님은 아이들을 두 그룹으로 나누었다.)

1.5. 다음 주어는 그 자체가 목적어를 from의 목적어에서 분리한다.

(5) a. The Atlantic Ocean **separates** America from Europe.(대서양은 미국을 유럽에서 갈라놓는다.)

　 b. The sea **separates** England from France.(바다는 영국을 프랑스로부터 갈라놓는다.)

　 c. A river **separated** the town into two.(강이 그 읍내를 둘로 갈라놓는다.)

　 d. A partition **separates** the room.(칸막이가 방을 나누고 있다.)

2. 자동사 용법

2.1. 다음 주어는 헤어진다.

(6) a. We **separated** after taking dinner at the restaurant.(우리는 레스토랑에서 저녁을 먹은 뒤 헤어졌다.)

　 b. The Smiths have **separated**.(스미스 씨 부부는 헤

어졌다.)
   c. John and Mary **separated** by agreement.(존과 메리는 합의 하에 헤어졌다.)

2.2. 다음 주어는 from의 목적어에서 분리된다.
(7) a. The paper has **separated from** the wall.(그 종이는 벽에서 떨어졌다.)
   b. Oil **separates from** water.(기름은 물에서 분리된다.)

2.3. 다음 주어는 갈라진다.
(8) a. The orange **separates into** ten or twelve pieces.(오렌지는 10 또는 12조각으로 나누어진다.)
   b. The society **separates into** several classes.(그 사회는 몇 개의 계층으로 분리된다.)
   c. The Germanic languages **separated into** three branches.(게르만어는 세 가지 갈래로 나누어졌다.)

2.4. 다음 주어는 움직이지 않으나 전체 형상을 눈으로 따라가 보면 갈라진다.
(9) a. The road **separates** here **into** two.(길은 이곳에서 둘로 갈라진다.)
   b. The path **separates into** three.(소로는 셋으로 갈라진다.)

serve

이 동사의 개념 바탕에는 섬기는 과정이 있다.

1. 타동사 용법

1.1. 다음 주어는 목적어를 섬긴다.
(1) a. Let me know if I can **serve** you in any way.(내가 어떤 방법으로든 너를 도울 수 있는지 알려 달라.)
   b. A slave **serves** his master.(하인은 주인을 섬긴다.)
   c. They refused to **serve** him in the bar.(그들은 술집에서 그에게 시중들기를 거절했다.)
   d. A good citizen **serves** his country.(훌륭한 시민은 그의 나라에 봉사한다.)

1.2. 다음 주어는 목적어를 제공한다.
(2) a. He **served** tea/roast pork.(그는 차/구운 돼지고기를 대접했다.)
   b. He **served** up the soup to the guests.(그는 스프를 손님들에게 대접했다.)
   c. We are not allowed to **serve** alcohol in this hotel.(우리는 이 호텔에서 주류를 접대하는 것이 허락되지 않는다.)
   d. What time is breakfast **served** in this hotel?(이 호텔에서는 몇 시에 아침식사가 제공됩니까?)

1.3. 다음 주어는 목적어를 on의 목적어에 송달한다.
(3) a. The court **served** a warrant on her.(그 법원은 영장을 그녀에게 발부했다.)
   b. The bailiff **served** a summons on the man.(그 집행관은 소환장을 그 사람에게 발부했다.)

1.4. 다음 주어는 목적어를 전치사 with의 목적어로 제공한다.
(4) a. The waiter **served** us **with** milk.(그 웨이터는 우리를 우유로 접대했다.)
   b. They **served** him **with** a summons.(그들은 그에게 소환장을 주었다.)

   c. A simple pipeline **serves** all the houses **with** gas.(간단한 관이 모든 가구에 가스를 공급한다.)

1.5. 다음은 수동태 문장으로 주어는 전치사 with의 목적어가 주어진다.
(5) a. The police were **served with** revolvers.(경찰은 연발권총이 주어졌다.)
   b. The man was **served with** a round of ammunition.(그 사람은 한 벌의 총탄이 주어졌다.)

1.6. 다음 주어는 목적어에 도움을 준다.
(6) a. That excuse will not **serve** you.(그 변명은 너를 구해주지 못할 것이다.)
   b. My memory **serves** me well.(내 기억이 나를 잘 도와준다/틀림없다.)
   c. A word of comfort will **serve** him for encouragement.(위로의 한마디가 그에게 용기를 갖게 도와줄 것이다.)

1.7. 다음 주어는 목적어를 전치사 as의 목적어로 도움이 된다.
(7) a. The box **served** him **as** a desk.(그 상자는 그를 책상으로 도움을 주었다.)
   b. The upturned bucket **served** him **as** a seat.(뒤집어진 양동이는 그에게 의자로 도움을 주었다.)
   c. A flat stone **served** us **as** a table.(평평한 돌이 우리에게 탁자로서 도움을 주었다.)
   d. The shed **serves** us **as** a garage.(헛간은 우리에게 차고로 도움을 주었다.)

1.8. 다음 주어는 목적어에 봉사한다. 목적어는 지역이다.
(8) a. The railroad **serves** the district.(철로는 그 지역에 봉사한다.)
   b. One doctor **serves** a large area.(한 명의 의사가 큰 지역에 봉사한다.)
   c. The elevator **serves** all the floors.(승강기는 모든 층에 운행된다.)
   d. The hospital **serves** the entire area.(그 병원은 그 지역 전체에 봉사한다.)
   e. A ferry **serves** the outlying islands.(나룻배 한 척이 외딴 섬들에 봉사한다.)

1.9. 다음 목적어는 봉사기간이다. 주어는 목적어를 채운다.
(9) a. He **served** his full time in office.(그는 자신의 모든 시간을 관직에 봉사했다.)
   b. He **served** his mayoralty.(그는 시장직을 수행했다.)
   c. He **served** two terms as president.(그는 대통령으로서 두 번의 임기를 봉사했다.)
   d. The soldier **served** three years in the army.(그 군인은 3년을 육군에서 복무했다.)
   e. He **served** five years for robbery.(그는 강도죄로 5년을 복역했다.)
   f. The thief **served** a term in prison. (그 도둑은 한 기간을 감옥에서 복역했다.)

1.10. 다음 목적어는 추상적 개체이다. 주어는 목적어를 돕는다.
(10) a. That will **serve** the cause of the world peace/the national interest.(그것은 세계 평화의 대의/국가이

익을 도울 것이다.)

    b. This will **serve** my purpose.(이것은 나의 목적을 도울 것이다.)

1.11. 다음 주어는 목적어를 보답한다.

(11) a. It **serves** you right.(그래 싸다/그것 보라니까.)

    b. After all you have eaten, it **serves** you right if you feel ill.(네가 모든 것을 먹은 후에, 네가 아프면 그것은 싸지.)

    c. The punishment **serves** him right.(그 벌은 그에게 싸다.)

1.12. 다음 주어는 첫째 목적어에 둘째 목적어를 제공한다.

(12) a. He **served** us hot coffee.(그는 우리에게 뜨거운 커피를 대접했다.)

    b. They waitress **served** us food.(그 여종업원은 우리에게 음식을 가져다 주었다.)

    c. He **served** me a dirty trick.(그는 나에게 치사한 속임수를 썼다.)

    d. He **served** her a bad turn.(그는 그녀에게 나쁜 반격을 가했다.)

2. 자동사 용법

2.1 다음 주어는 봉사한다.

(13) a. He **served** as chauffeur/mayor/a clerk in a bank/a soldier/a member of the Parliament.(그는 운전수/시장/은행/서기/군인/국회의원으로 봉사했다.)

    b. She **served** in the kitchen/the army/the diplomatic service.(그녀는 부엌/군대/외무부에서 근무했다.)

    c. We are ready to **serve**.(우리는 기꺼이 봉사할 준비가 되어 있다.)

    d. They **served** on the jury/committee.(그들은 그 배심원/위원회에서 봉사했다.)

2.2. 다음 주어는 to 부정사가 과정에 도움이 된다.

(14) a. This **serves** to show his honesty.(이것은 그의 정직을 보여주는 데 도움이 된다.)

    b. His excuse only **served** to lose his credit.(그의 변명은 그의 신용을 떨어뜨리는 도움을 줄 뿐이었다.)

    c. His remarks **served** only to worsen the situation.(그의 말은 오직 상황을 악화시키는 도움을 줄 뿐이었다.)

2.3. 다음 주어는 도움을 준다.

(15) a. The tide **serves**.(때가 도움이 된다.)

    b. The occasion **serves**.(상황이 도움이 된다.)

set

이 동사의 개념 바탕에는 기능적 조합이 되게 놓는 과정이 있다.

1. 타동사 용법

1.1. 다음 주어는 목적어를 to의 목적어에 가져가서 기능적 조합을 이루게 한다.

(1) a. He **set** a glass to his lips. (cf. He set his lips to the glass.) (그는 유리잔을 입술에 대었다.)

    b. He **set** his hands to the documents.(그는 손을 그 문서에 대었다.)

    c. He **set** spurs to his horse.(그는 말에 박차를 가했다.)

    d. He **set** the axe to the tree.(그는 도끼를 나무에 대었다.)

    e. He **set** pen to paper.(그는 펜을 종이에 대었다.)

    f. He **set** fire/light/a match to the straw.(그는 불/불빛/성냥을 밀짚에 붙였다.)

1.2. 다음 주어는 가사를 곡에 붙인다.

(2) a. He **set** new words to an old tune.(그는 옛곡에 새 가사를 붙였다.)

    b. He **set** words to music.(그는 음악에 가사를 붙였다.)

1.3. 다음 주어는 목적어를 on의 목적어 위에 놓는다.

(3) a. She **set** the dishes on the table.(그녀는 접시를 식탁 위에 놓았다.)

    b. She **set** a lamp on the table.(그녀는 램프를 식탁 위에 놓았다.)

    c. They **set** guards around the gate.(그들은 경비들을 대문 주위에 배치시켰다.)

    d. He **set** spies on the woman.(그는 스파이를 그 여자에게 배정시켰다.)

1.4. 다음 주어는 목적어를 in의 목적어에 박아서 두 개체가 조합을 이루게 한다.

(4) a. He **set** a diamond in gold.(그는 다이아몬드를 금에 박았다.)

    b. He **set** an oil painting in a frame.(그는 유화를 액자에 넣었다.)

    c. The heavy lathe was **set** in concrete.(그 무거운 선반은 콘크리트로 고정되었다.)

1.5. 다음은 주어는 목적어를 전치사 with의 목적어 박는다.

(5) a. The craftsman **set** a bracelet with rubies.(그 수공사는 팔지에 루비를 박았다.)

    b. The crown was **set** with jewels.(그 왕관은 보석으로 장식되어 있었다.)

    c. The tops of the walls were **set** with broken glasses.(그 벽의 윗부분은 부서진 유리로 박혀 있었다.)

1.6. 다음 주어는 목적어를 어느 위치에 고정시킨다.

(6) a. He **set** the control to the coldest setting.(그는 조종 장치를 제일 찬 눈금에 고정시켰다.)

    b. She **set** the dial at 0.8.(그녀는 다이얼을 0.8에 고정했다.)

1.7. 다음 목적어는 환유적으로 쓰여서 전체가 부분을 가리킨다. 주어는 목적어의 관련 부위를 조정한다.

(7) a. He **set** the camera for a long distance shot.(그는 먼 거리 사진을 찍기 위하여 카메라를 조정했다.)

    b. She **set** the alarm clock at six o'clock.(그녀는 자명종을 여섯 시에 설정했다.)

    c. The boy **set** the television to channel eleven.(그 소년은 텔레비전을 11번에 놓았다.)

1.8. 다음은 [마음은 개체이다]의 은유가 적용된 표현이다. 주어는 목적어를 on의 목적어에 고정시킨다.

(8) a. I've **set** my mind on this plan.(나는 마음을 이 계

획에 두고 있다.)

  b. The girl has **set** her heart on that toy.(그 소녀는 저 장난감에 마음을 두고 있다.)

  c. He **set** his affection on the girl.(그는 자신의 애정을 그 소녀에게 두었다.)

1.9. 다음 주어는 목적어를 짜 맞추어서 만든다.

(9) a. He **set** the stage for the next part of the play.(그는 그 연극의 다음 부분을 위해서 무대를 장치했다.)

  b. He **set** the scene.(그는 배경을 장치했다.)

  c. They **set** the table.(그들은 식탁을 준비했다.)

1.10. 다음 주어는 목적어를 새로 정한다.

(10) a. He **set** a record in the high jump.(그는 높이뛰기에서 기록을 세웠다.)

  b. He **set** an example.(그는 모범을 보였다.)

  c. He **set** the pace.(그는 속도를 설정했다.)

  d. She **set** the date for her wedding.(그녀는 결혼식 날짜를 정했다.)

  e. He **set** the mortgage rate.(그는 저당율을 설정했다.)

1.11. 다음 주어는 첫째 목적어에 둘째 목적어를 정해준다.

(11) a. The teacher **set** the boys a difficult task.(선생님은 그 소년들에게 어려운 일을 배정했다.)

  b. He **set** his secretary various tasks.(그는 비서에게 여러 가지 일을 주었다.)

  c. I've **set** myself a difficult task.(나는 자신에게 어려운 일을 부과했다.)

  d. You should **set** the young boy a good example.(너는 젊은이에게 좋은 모범을 보여주어야 한다.)

1.12. 다음 주어는 목적어는 to 부정사가 가리키는 일을 하게 한다.

(12) a. He **set** the farm laborers to chop wood.(그는 농장 일꾼들이 나무를 자르도록 했다.)

  b. I **set** the boys to rake the leaves.(나는 소년들이 잎을 긁어모으도록 했다.)

  c. I **set** myself to study the problem.(나는 나 자신에게 그 문제를 풀도록 시켰다.)

  d. I've **set** myself to finish the job by the end of May.(나는 나 자신이 오월 말까지 그 일을 끝마치도록 시켰다.)

1.13. 다음은 [과정은 장소이동] 은유가 적용된 표현이다. 다음 주어는 목적어를 특정한 상태에 위치시킨다.

(13) a. He **set** the machine going with a push.(그는 기계를 한번 밀어서 돌아가게 했다.)

  b. Who has **set** the dog barking?(누가 그 개를 짖게 했는가?)

  c. The news **set** me thinking.(그 소식은 나를 생각하게 했다.)

  d. My jokes **set** the whole company laughing.(내 농담은 전 동료들을 웃게 했다.)

1.14. 다음은 [상태는 장소] 은유가 적용된 예이다. 주어는 목적어를 어떤 상태에 놓는다.

(14) a. He **set** me free/right.(그는 나를 자유롭게/올바르게 했다.)

  b. He **set** them at defiance/liberty/variance.(그는 그

들을 반항하게/자유롭게/이간되게 했다.)

  c. He **set** her at ease.(그는 그녀를 편안하게 했다.)

  d. He **set** the house on fire/in order.(그는 그 집을 불붙게/정돈되게 했다.)

2. 자동사 용법

2.1. 다음 주어는 높은데서 낮은 곳으로의 움직인다.

(15) a. The sun **sets** in the west.(태양은 서쪽으로 진다.)

  b. The moon is **setting**.(달이 지고 있다.)

2.2. 다음은 [아래는 약함] 은유가 적용된 표현이다.

(16) The power of the country began to **set** after the war.(그 나라의 국력은 그 전쟁 후에 줄기 시작했다.)

2.3. 다음 주어는 특정한 방향으로 움직인다.

(17) a. The wind **sets** from the N.E.(바람은 북동에서 분다.)

  b. The current **sets** to the south. (조류는 남쪽으로 흐른다.)

  c. The public opinion is **setting** against it.(여론은 그것에 불리하게 흐르고 있다.)

2.4. 다음 주어는 굳어진다.

(18) a. Jelly **sets** as it cools. (젤리는 식으면서 굳어진다.)

  b. This concrete will **set** in a few hours. (이 콘크리트는 몇 시간 안에 굳어질 것이다.)

  c. Has the glue **set** yet? (그 접착제가 굳어졌나?)

2.5. 다음 주어는 잘 맞는다.

(19) a. The coat **sets** well.(그 코트는 잘 맞는다.)

  b. The jacket **sets** well on you.(그 재킷은 네 몸에 잘 맞는다.)

2.6. 다음 주어는 부정사가 가리키는 일을 시작한다.

(20) a. He **set** to work as soon as they arrived.(그들이 도착하자마자 그는 일을 하기 시작했다.)

  b. He **set** to work seriously.(그는 진지하게 일을 하기 시작했다.)

2.7. 다음 주어는 열린다.

(21) a. The apples don't **set** well this year.(사과는 올해 잘 열리지 않는다.)

  b. The pears have **set** well this year.(배는 금년에 잘 열렸다.)

settle

이 동사의 개념 바탕에는 자리를 잡는 과정이 있다.

1. 자동사 용법

1.1. 다음 주어는 in의 목적어에 자리를 잡는다.

(1) a. Many Koreans **settled** in Manchuria.(많은 한국인들이 만주에 정착했다.)

  b. When did you **settle** in New York?(너는 언제 뉴욕에 정착했느냐?)

  c. The Englishmen first **settled** in Virginia.(그 영국인들은 처음 버지니아에 정착했다.)

  d. Many Norweigians **settled** in Minesota.(많은 노르웨이인들이 미네소타에 정착했다.)

  e. The birds **settled** in the swamp.(새들은 그 습지에서 내려 앉았다.)

  f. She quickly **settled** down in her new house.(그녀

는 재빨리 새 집에 자리잡았다.)

g. Once we have **settled** in, you must come round for dinner. (우리가 자리잡으면 네가 저녁식사를 하러 와야 한다.)

h. It takes time to **settle** in at the beginning of a new school year. (새 학년의 시작에는 자리를 잡는 데 시간이 걸린다.)

1.2. 다음 주어는 on의 목적어에 내려앉는다.

(2) a. A robin came, and **settled** on a twig. (울새가 와서 나뭇가지에 내려앉았다.)

b. The butterfly **settled** on a leaf. (그 나비는 나뭇잎에 내려앉았다.)

c. He **settled** before a fire. (그는 불 앞에 자리 잡았다.)

1.3. 다음 주어는 정착을 하여 into의 목적어 상태로 들어간다.

(3) a. It took Ned a long time to **settle** into living in Seoul. (네드가 정착하여 서울에서 사는 것에 익숙해지기까지 오랜 시간이 걸렸다.)

b. The new worker **settled** into the job. (새 종업원은 그 일에 익숙해졌다.)

1.4. 다음 주어는 떠돌아 다니거나 움직이던 상태에서 정착하거나 자리를 잡는다.

(4) a. After dinner we **settled** in front of the TV for the evening. (저녁식사 후에 우리는 TV 앞에 그날 저녁을 위해 자리잡았다.)

b. The dentist told the patient to **settle** back in the chair. (치과의사는 그 환자에게 의자에서 뒤로 제쳐 앉으라고 말했다.)

c. He is very active, and finds it difficult to **settle**. (그는 매우 활동적이어서 가만히 있기가 어렵다.)

1.5. 다음에 쓰인 down은 정지 상태를 부각시킨다.

(5) a. **Settle** down on a sofa, and I will bring you a cup of tea. (소파에 앉아라. 그러면 내가 차 한 잔을 가져다 주겠다.)

b. The teacher asked the children to **settle** down, and get on with their work. (선생님은 아이들에게 가만히 앉아서 공부를 계속하라고 요청했다.)

c. I'd like to **settle** down, and have a family. (나는 정착해서 가족을 갖고 싶다.)

d. You must get a job and **settle** down. (너는 직업을 갖고 정착해야 한다.)

1.6. 다음 주어는 전치사 to의 목적어에 마음을 둔다.

(6) a. He **settled** down to a new life. (그는 새 삶에 익숙해졌다.)

b. He **settled** down to university work. (그는 대학 공부에 마음을 두었다.)

c. He doesn't seem to **settle** to anything. (그는 어떤 것에도 마음을 두는 것처럼 보이지 않는다.)

d. He **settled** down to watch sports programs. (그는 스포츠 프로그램을 보려고 자리잡았다.)

e. He **settled** down to study. (그는 공부에 마음을 두었다.)

1.7. 다음 주어는 공중에 떠서 움직이던 새나 먼지 같은 것이나 물 속에서 떠 움직이던 것이다. 주어는 아래로 가라앉는다.

(7) a. The dust **settled** on the entire area. (먼지는 전체 지역에 내려앉았다.)

b. A film of coal dust **settled** on everything. (분진층이 모든 것 위에 내려앉았다.)

c. The dust **settled** on the furniture/on all the surfaces. (먼지는 가구에/모든 표면에 내려앉았다.)

1.8. 다음 주어는 가라앉는다.

(8) a. The hull of the boat slowly **settled**. (그 배의 선체가 천천히 가라앉았다.)

b. After a week of storms, the weather **settled**. (일주일간의 폭풍 뒤에 날씨가 가라앉았다.)

c. The undissolved sugar **settled** in the bottom of the coffee. (용해되지 않은 설탕은 커피 바닥에 가라앉았다.)

1.9. 다음 주어는 환유적으로 쓰여서 포도주나 커피 속에 들어있는 불순물이다.

(9) a. The wine/coffee will soon **settle**. (그 포도주/커피는 곧 가라앉을 것이다.)

b. He poured the wine into another bottle, and left it to **settle**. (그는 포도주를 다른 병에 붓고, 가라앉도록 두었다.)

1.10. 시선도 움직이는 것으로 개념화된다.

(10) The woman's eyes **settled** on the baby. (그 여자의 시선은 그 아기에게 내려앉았다.)

1.11. 일이나 사건은 구체적인 개체로 개념화된다.

(11) We are very busy this week, but things will **settle** down a bit after the weekend. (우리는 이번 주에 매우 바쁘지만, 일들이 주말이 지나면 가라앉을 것이다.)

1.12. 다음 주어는 해결한다.

(12) a. He was offering to **settle** outside the courts for $11,000. (그는 법정 밖에서 $11,000로 해결하자고 제의했다.)

b. The management is expected to agree or **settle**. (그 경영진은 합의를 하거나 조정을 할 것으로 기대된다.)

1.13. 날자나 이름을 정하는 것은 여러 날자나 이름 가운데 어느 하나에 내려앉는 것으로 비유된다.

(13) a. Have you **settled** on a date for leaving? (너는 떠날 날짜를 정했느냐?)

b. Have you **settled** on a name for the baby? (너는 그 아이의 이름을 정했느냐?)

1.14. 푸석푸석하던 것이 가라앉으면 단단하게 된다. 다음 주어는 굳어진다.

(14) a. Do you think the snow will **settle**. (너는 눈이 굳어질 것이라고 생각합니까?)

b. Cracks appeared in the wall as it began to **settle**. (벽이 굳어지면서 균열이 나타났다.)

1.15. 다음 주어는 전치사 with의 목적어와 청산을 한다.

(15) a. You'll buy the tickets now, and I'll **settle** up with you. (네가 지금 표를 사면, 내가 나중에 셈을 치르겠다.)

b. You have to **settle** up with the bank for the loan. (너는 은행과 그 대출에 대해서 청산을 해야 한다.)

1.16. 다음 주어는 전치사 for의 목적어에 만족을 한다.

(16) a. He never **settles** for second best.(그는 결코 2등에 만족하지 않는다.)

    b. They are hoping to sell their car for $2,000, but **settled** for less.(그들은 차를 $2,000에 팔고 싶어 하지만 더 싼 값에 만족했다.)

2. 타동사 용법

2.1. 다음 주어는 목적어를 정착시킨다. 목적어는 장소이다.

(17) a. They **settled** Australia **with** English people.(그들은 오스트레일리아를 영국인으로 정착시켰다.)

    b. The French **settled** the colony **with** army veterans.(프랑스 사람들은 그 식민지를 재향군인으로 정착시켰다.)

2.2. 다음 주어는 목적어를 정착한다. 목적어는 땅이다.

(18) a. They **settled** New England.(그들은 뉴잉글랜드에 정착했다.)

    b. What parts of Canada did the French **settle**?(캐나다의 어느 부분에 프랑스인들이 정착했느냐?)

    c. The early tribes **settled** the lower peninsula.(초기 부족들은 그 반도의 저지대에 정착했다.)

2.3. 다음은 수동태 문장으로 주어는 정착된다. 주어는 장소이다.

(19) America was first **settled** by people who came from Asia over 25,000 years ago.(아메리카는 처음 아시아에서 25,000년 전에 건너 온 사람들에 의해 정착되었다.)

2.4. 다음 주어는 정착된다. 주어는 사람이다.

(20) a. We are **settled** in the new building.(우리는 새 건물에 자리를 잡는다.)

    b. When I am **settled**, I will write to you.(내가 자리를 잡으면 네게 편지를 쓰겠다.)

2.5. 다음 주어는 목적어를 앉힌다. 목적어는 재귀대명사이다.

(21) a. He **settled** himself in an armchair.(그는 자신을 안락 의자에 앉혔다.)

    b. He **settled** himself down with a newspaper, and waited for the bus to come.(그는 신문을 가지고 자리잡고 앉아서, 그 버스가 오기를 기다렸다.)

    c. He **settled** himself beside her in the car.(그는 자신을 그녀 옆차 안에 앉혔다.)

    d. The child **settled** himself comfortably on her lap.(그 아이는 자신을 그녀의 무릎위에 편안하게 앉혔다.)

2.6. 다음 주어는 목적어를 놓는다.

(22) a. He **settled** his briefcase on his lap.(그는 서류가방을 무릎 위에 놓았다.)

    b. He **settled** the cup on its sauce.(그는 컵을 받침잔에 놓았다.)

    c. I'll call you back as soon as I've **settled** the children for the night.(내가 아이들을 재우자마자 곧 네게 다시 전화하겠다.)

2.7. 다음 주어는 목적어를 전치사 on의 목적어에 물려준다.

(23) a. He **settled** his estate on his son.(그는 재산을 아들에게 물려 주었다.)

    b. Some money was **settled** on him, when he was adopted.(그가 입양되었을 때, 약간의 돈이 그에게 물려졌다.)

2.8. 다음 주어는 목적어를 가라앉힌다.

(24) A rainfall will **settle** the dust.(비가 먼지를 가라앉힐 것이다.)

2.9. 신경이나 배도 어지러운 상태에 있을 수 있다. 이러한 상태를 가라앉게 하는 것도 이 동사로 표현된다.

(25) a. The medicine will **settle** her nerves.(그 약은 그녀의 신경을 가라앉힐 것이다.)

    b. I need something to **settle** my stomach.(나는 위를 가라앉힐 무엇이 필요하다.)

2.10. 어떤 일이나 논쟁이 해결이 안된 상태를 up in the air이고 이러한 상태가 해결된 것은 가라앉는 상태로 은유화된다.

(26) a. They had to **settle** their affairs.(그들은 자신들의 일을 해결해야 했다.)

    b. They have **settled** the argument/problem.(그들은 그 논쟁/문제를 해결했다.)

    c. It took months to **settle** the dispute.(그 다툼을 해결하는데 몇 달이 걸렸다.)

    d. They agreed to **settle** their difference.(그들은 불화를 해결하기로 동의했다.)

    e. It took the insurance company to **settle** my claim.(내 청구를 해결하기 위해서는 그 보험회사가 필요했다.)

    f. I don't know when I can **settle** my debts.(나는 언제 내 빚을 청산할 수 있을지 모르겠다.)

    g. These details I will leave behind for you to **settle**.(이 세부 사항들을 나는 네가 해결하도록 남겨두겠다.)

2.11. 다음은 수동태 문장으로 주어는 해결된다.

(27) a. The details for the contract have not been **settled** yet.(계약의 세부 사항은 아직 해결되지 않았다.)

    b. I'd like the matter **settled** once and for all.(나는 그 문제가 완전히 해결되는 것이 좋다.)

    c. The question is not **settled** yet.(그 문제는 아직 해결되지 않았다.)

    d. The strike was finally **settled**.(그 파업은 마침내 타결되었다.)

    e. It is **settled** that John will present the report.(존이 그 보고서를 발표하기로 정해졌다.)

2.12. 다음 주어는 목적어를 정한다.

(28) a. They **settled** a day for the meeting.(그들은 회의 날짜를 정했다.)

    b. Until we know the full value of the picture, we cannot **settle** the price.(우리가 그 그림의 완전한 가치를 알 때까지 우리는 그 가격을 정할 수 없다.)

2.13. 다음 주어는 할 일을 정한다.

(29) a. Did they **settle** what to do next?(그들은 다음에 무엇을 할지 정했느냐?)

    b. Have you **settled** with the builders when they are

to start work.(너는 그 건축업자들과 언제 일을 시작할지를 그들과 정했느냐?)

c. They haven't settled yet when the wedding is going to be.(그들은 언제 결혼식이 있을지를 아직 정하지 않았다.)

2.14. 다음 주어는 부정사가 가리키는 일을 하기로 정했다.

(30) They settled to reject the proposal.(그들은 그 제안을 거부하기로 정했다.)

2.15. 다음 주어는 목적어를 전치사 in의 영역에 정착을 시킨다.

(31) a. He settled his son in law.(그는 아들을 법조계에 정착시켰다.)

b. They settled the new immigrants in urban areas.(그들은 새 이민자들을 도시 지역에 정착시켰다.)

2.16. 다음 주어는 목적어를 굳힌다.

(32) The dry weather settled the ground.(건조한 날씨는 그 땅을 굳혔다.)

sever

이 동사의 개념 바탕에는 센 힘으로 부분을 전체에서 끊는 과정이 있다.

1. 타동사 용법

1.1. 다음 주어는 목적어를 끊는다.

(1) a. The sailor severed the rope with a knife.(그 선원은 그 밧줄을 칼로 끊었다.)

b. He severed the dead branches from the tree.(그는 죽은 가지들을 나무에서 끊었다.)

c. She severed the string that bound the package.(그녀는 꾸러미를 감고 있던 줄을 끊었다.)

1.2. 다음은 수동태 문장으로 주어는 잘린다.

(2) a. His arm was severed in the accident.(그의 팔은 그 사고에서 잘렸다.)

b. His hand was severed from his arm.(그의 손은 팔에서 잘려 나갔다.)

1.3. 다음은 [관계는 끈] 은유가 적용된 표현이다.

(3) a. We severed all ties with companies.(우리는 모든 유대관계를 회사들과 끊었다.)

b. We have severed all diplomatic relations with the country.(우리는 모든 외교 관계를 그 국가와 끊었다.)

c. The new director wants to sever all ties with our sister company.(새 관리자는 모든 유대관계를 우리 자매 결연 회사와 끊기를 원했다.)

2. 자동사 용법

2.1. 다음 주어는 끊긴다.

(4) a. The rope severed and he fell.(그 밧줄은 끊어져 그가 떨어졌다.)

b. When the wire severed, the alarm went off.(그 전선이 끊어졌을때 그 경보가 울렸다.)

2.2. 다음 주어는 관계가 끊어져서 into의 목적어로 된다.

(5) The church severed into factions.(그 교회는 여러 파

로 갈라졌다.)

shade

이 동사의 개념 바탕에는 shade의 명사 '그늘'이 있다. 동사의 의미는 그늘의 용도나 모양과 관계가 있다.

1. 타동사 용법

1.1. 다음 주어는 목적어를 가린다.

(1) a. I shaded my eyes from the glare of the sun.(나는 태양의 뜨거운 빛으로부터 내 눈을 가렸다.)

b. She shaded her eyes against the sun.(그녀는 태양의 눈부신 빛을 막기 위해 눈을 가렸다.)

c. He shaded his face with his hands.(그는 얼굴을 양손으로 가렸다.)

1.2. 다음 주어 자체가 목적어를 가린다.

(2) a. A big hat shaded his eyes.(큰 모자가 그의 눈을 가렸다.)

b. An awning shades the porch.(천막이 현관을 가린다.)

c. The trees shade the house.(나무들은 그 집을 가린다.)

1.3. 다음은 수동태 문장으로 주어는 그늘에 가려진다.

(3) a. The small plants are shaded by the tall tree.(그 작은 식물은 큰 나무에 의해 가려진다.)

b. The broad avenues are shaded by tall trees.(넓은 길은 큰 나무들에 의해 가려진다.)

c. The house is well shaded by the tall trees.(그 집은 그 큰 나무들에 의해 잘 가려진다.)

1.4. 다음 주어는 목적어를 검게 칠한다.

(4) a. The artist has shaded the background of the portrait.(예술가는 초상화의 배경을 검게 칠했다.)

b. The artist shaded the outline with charcoal.(그 예술가는 윤곽을 목탄으로 검게 칠했다.)

c. He shaded his drawing carefully.(그는 그림을 조심스레 검게 칠했다.)

d. He shaded the figures of the sketch.(그는 스케치의 인물들을 어둡게 칠했다.)

1.5. 다음 주어는 목적어를 검게 칠해 넣는다.

(5) a. He shaded in the figures.(그는 인물들을 검게 칠해 넣었다.)

b. I'm going to shade this part in.(나는 이 부분을 검게 칠해 넣을 것이다.)

1.6. 다음 주어는 목적어를 조금씩 바꾼다.

(6) The candidate shaded his answer to fit what he thought the people wanted to hear.(그 후보자는 자신이 생각하기에 대중들이 듣기 원한다는 것에 적합하도록 답변을 조금씩 변화시켰다.)

2. 자동사 용법

2.1. 다음 주어는 into의 목적어로 조금씩 변한다.

(7) a. The scarlet of the wings shades into pink at the tips.(날개의 주홍빛은 끝 부분에 이르러 분홍빛으로 차츰 변했다.)

b. The sky is deep blue, shading into yellow.(하늘은 짙은 파란빛인데 노란빛으로 차츰 변한다.)

c. As the fall passed, the leaves shaded into gold and red.(가을이 지나감에 따라, 낙엽들은 차츰 황금색으로 물들어갔다.)

d. This is a blue which shades off into grey.(이것은 차츰 잿빛을 띠는 파란색이다.)

2.2. 다음 주어는 조금씩 변해서 into의 목적어가 된다.

(8) a. Distrust of foreigners can shade into racism.(외국인들에 대한 불신이 점점 인종주의로 변할 수 있다.)

b. Over time, her dispair shaded into acceptance of the situation.(시간이 경과하면서 그녀의 절망은 점점 상황을 수긍하게 되었다.)

c. Their views shade into the policies of the extreme left of the party.(그들의 견해는 점차 그 정당의 극좌 정책들로 변화한다.)

2.3. 다음 주어는 조금씩 변한다.

(9) a. His answer seemed to shade from an initial "no" to a tentative "yes".(그의 답변은 최초의 "아니오"에서 점차 잠정적인 "네"로 변화하는 듯 했다.)

b. As the sun set, the sky shaded from blue to pink.(해가 저물어 감에 따라, 하늘은 파란빛에서 분홍빛으로 점점 변화했다.)

c. In the spectrum, colors shade unperceptively into each other.(스펙트럼에서 색깔은 지각되지 않게 서로의 색깔로 변해 들어간다.)

d. This is a question where right and wrong shade into one another.(이것은 옳고 그름이 점차 서로 섞어지는 문제이다.)

shake

이 동사의 개념 바탕에는 흔들리는 과정이 있다.

1. 타동사 용법

1.1. 다음 주어는 목적어를 흔든다.

(1) a. He shook the bottle of medicine.(그는 약병을 흔들었다.)

b. They shook the closed door.(그들은 닫힌 문을 흔들었다.)

c. The woman shook her little boy.(그 여자는 작은 아이를 흔들었다.)

d. He shook me by the shoulder.(그는 나의 어깨를 잡고 흔들었다.)

1.2. 다음 목적어는 주어의 신체 부위이다.

(2) a. They stopped to shake hands.(그들은 악수를 하기 위해 멈추었다.)

b. He shook his head.(그는 머리를 저었다.)

c. They shook their fingers at the politician.(그들은 그 정치가에게 손가락질을 했다.)

d. He shook his fist at the man.(그는 주먹을 그 남자에게 휘둘렀다.)

1.3. 다음 주어는 흔들어서 목적어를 나오거나 들어가게 한다.

(3) a. He shook the snow from his umbrella.(그는 눈을 우산에서 털었다.)

b. She shook fruit from a tree.(그녀는 과일을 나무에서 흔들어 떨어뜨렸다.)

c. He shook sand out of his shoes.(그는 모래를 털어서 신으로부터 나오게 했다.)

d. He shook two tablets into his hands.(그는 두 알을 손에 흔들어 내었다.)

e. She was shaking salt and pepper on the roast beef.(그녀는 소금과 후춧가루를 구운소고기에 흔들어서 뿌리고 있었다.)

1.4. 다음 주어는 목적어를 흔든다. 주어는 사람이 아닌 개체이다.

(4) a. The explosion shook the house to its foundation.(그 폭발은 집을 지반까지 흔들었다.)

b. The wind shook the trees.(바람은 나무들을 흔들었다.)

c. Chills shook his body.(추위가 그의 몸을 떨게 했다.)

d. His steps shook the room.(그의 걸음걸이는 그 방을 흔들었다.)

1.5. 다음 목적어는 환유적으로 쓰여서 마음을 가리킨다. 주어는 목적어의 마음을 흔든다.

(5) a. This shook him to the soul.(이것은 그를 크게 혼을 내었다.)

b. She was thoroughly shaken.(그녀는 완전히 동요되었다.)

c. She was too much shaken to move or speak.(그녀는 너무 동요가 되어서 움직이거나 말을 할 수가 없었다.)

d. The oil shortage shook the country.(그 기름 부족은 그 나라를 흔들거리게 했다.)

1.6. 다음에서 자신감, 냉정, 신념과 같은 정신상태는 구체적인 개체로 개념화되어 있다. 주어는 목적어를 헝클어 놓는다.

(6) a. His behavior shook my confidence.(그의 행동은 나의 자신감을 흔들어 놓았다.)

b. That shook my composure.(그것은 나의 냉정을 흔들어 놓았다.)

c. His lie shook my faith in his honesty.(그의 거짓말은 그의 정직에 대한 나의 신뢰를 흔들어 놓았다.)

2. 자동사 용법

2.1. 다음 주어는 흔들린다.

(7) The carriage shook violently.(그 마차는 심하게 흔들렸다.)

b. He was shaking with cold/fear/anger.(그는 추위/두려움/분노로 떨고 있었다.)

c. The earth shook under us.(땅이 우리 발 아래서 흔들렸다.)

2.2. 다음 주어는 흔들려서 떨어져 내린다.

(8) Apples shook down with the last night's storms.(사과들이 간밤 폭풍으로 흔들려서 떨어졌다.)

2.3. 다음 주어는 흔들린다.

(9) a. His courage began to shake.(그의 용기는 흔들리기 시작했다.)

b. The frightened boy's voice shook with fear.(놀란 소년의 목소리는 두려움으로 떨렸다.)

shame

이 동사의 개념 바탕에는 수치를 느끼는 과정이 있다.

1. 타동사 용법

1.1. 주어는 목적어를 수치를 느끼게 한다.

(1) a. Jane **shamed** her son in public.(제인은 아들을 사람들 앞에서 수치를 주었다.)

　 b. Her actions **shamed** her entire family.(그녀의 행동은 그녀의 온 가족에게 수치를 느끼게 했다.)

　 c. The police **shamed** the thief by telling his name to the people.(경찰은 도둑의 이름을 사람들에게 말함으로써 그가 수치를 느끼게 했다.)

　 d. I wouldn't **shame** my father by doing that.(나는 그것을 해서 아버지에게 수치를 주지 않겠다.)

　 e. He has **shamed** his parents.(그는 부모님에게 수치를 주었다.)

1.2. 다음 주어는 목적어를 수치를 느끼게 한다.

(2) a. It **shames** me to say it, but I told a lie.(그것은 저를 부끄럽게 만듭니다만, 저는 거짓말을 했습니다.)

　 b. It **shames** me that I treated her so badly.(내가 그녀를 그렇게 심하게 다룬 것이 나 자신을 부끄럽게 만듭니다.)

　 c. Such an act by an officer **shames** his whole company.(어느 장교에 의한 그러한 행위는 전 중대원에게 수치심을 느끼게 한다.)

　 d. The dog's fidelity **shames** us.(개의 충성심은 우리를 부끄럽게 한다.)

　 e. John's diligence **shamed** us all.(존의 부지런함은 우리 모두를 부끄럽게 했다.)

　 f. The newspaper article **shamed** the mayor.(신문은 그 시장에게 수치를 주었다.)

1.3. 다음은 수동태 문장으로 주어는 수치를 받는다.

(3) a. The city is **shamed** by the large number of homeless people living on the streets.(그 도시는 거리에 사는 많은 부랑자들에 의해 수치를 받는다.)

　 b. He was **shamed** before the whole school.(그는 전교생 앞에서 수치를 받았다.)

1.4. 다음에서 주어는 목적어로 하여금 수치를 느끼게 하여 동명사가 가리키는 일이나 행동을 하게 한다.

(4) a. They **shamed** her **into** working harder.(그들은 그녀가 수치심을 느끼게 해서 더 열심히 일을 하게 했다.)

　 b. We tried to **shame** him **into** helping, but he still refused.(우리는 그에게 수치를 주어서 돕게 하려고 했으나, 그는 여전히 거절했다.)

　 c. His wife **shamed** him **into** handing the money back.(그의 아내는 그에게 수치를 주어서 돈을 도로 넘겨주게 했다.)

　 d. He **shamed** his father **into** promising more help.(그는 아버지에게 수치를 주어서 더 많은 도움을 약속하게 했다.)

　 e. The neighbor failed to **shame** him **into** silence.(그 이웃은 그에게 수치를 느끼게 해서 침묵을 못하게 했다.)

1.5. 다음은 수동태 문장으로 주어는 수치를 느끼고 어

떤 일을 한다.

(5) a. He was **shamed into** paying his share.(그는 수치를 받고 자신의 몫을 지불하기로 했다.)

　 b. He was **shamed into** behaving himself.(그는 수치를 받고 행동을 바로 했다.)

　 c. He was **shamed into** making an apology.(그는 수치를 받고 사과를 했다.)

　 d. She was **shamed into** combing her hair.(그녀는 수치를 받고 머리를 빗었다.)

　 e. He was **shamed into** telling the truth.(그는 수치를 받고 진실을 말했다.)

1.6. 다음에서 주어는 목적어로 하여금 수치를 느끼게 하여 습관에서 벗어나게 한다.

(6) She is trying to **shame** her husband **out of** drinking.(그녀는 남편에게 수치를 주어서 음주 습관에서 벗어나도록 노력하고 있다.)

1.7. 다음은 수동태 문장으로 주어는 수치를 느끼고 전치사 out of 의 목적어에서 벗어난다.

(7) a. He was **shamed out of** gambling.(그는 수치를 받고 노름에서 벗어났다.)

　 b. He was **shamed out of** his lazy life.(그는 수치를 받고 게으른 생활에서 벗어났다.)

　 c. He was **shamed out of** the bad habit.(그는 수치를 받고 나쁜 습관에서 벗어났다.)

share

이 동사의 개념 바탕에는 나누는 과정이 있다.

1. 타동사 용법

1.1. 다음 주어는 목적어를 with의 목적어와 나눈다.

(1) a. I **shared** my bar of chocolate **with** her.(나는 초콜릿 바를 그녀와 나누어 먹었다.)

　 b. Will you **share** your lunch **with** me?(네 점심을 나와 나누어 먹을 수 있니?)

　 c. He **shared** his food **with** the poor.(그는 음식을 가난한 사람들과 나누어 먹었다.)

1.2. 다음 주어는 목적어를 나누어 먹는다. 주어는 복수이다.

(2) a They bought a bottle of wine, and **shared** it over dinner.(그들은 포도주를 한 병 가지고 와서 그것을 저녁식사에서 나누어 먹었다.)

　 b. They **shared** the meal together.(그들은 식사를 나누어 먹었다.)

　 c. The children **shared** the cake equally.(그 아이들은 케이크를 똑같이 나누어 먹었다.)

1.3. 다음의 목적어는 여러 개체이다. 주어는 목적어를 나누어 갖게 한다.

(3) a. Do **share** my sandwiches; I've got too many.(내 샌드위치를 나누자; 내가 너무 많이 가지고 있다.)

　 b. **Share** the sweets between you.(과자를 너희들끼리 나누어라.)

1.4. 다음 목적어는 추상적인 비용, 계산서 등이다. 주어는 목적어를 with의 목적어와 나눈다.

(4) a. He would **share** his last penny **with** you.(그는 마지막 동전도 너와 함께 나누고 싶다.)

b. I will **share** the cost **with** you.(나는 비용을 너와 나누어 분담하겠다.)

c. I persuaded him to **share** the bill.(나는 그를 설득하여 계산을 같이 분담하자고 했다.)

d. The two biologists **shared** the prize.(두 생물학자가 그 상을 공동 수상했다.)

e. I own the house, but we **share** the bill.(내가 그 집을 소유하고 있지만, 우리는 청구서를 같이 부담한다.)

f. The two families **shared** the expenses of the trip.(두 가족은 그 여행 경비를 분담했다.)

g. They **shared** the profits equally.(그들은 이익을 똑같이 나누었다.)

1.5. 다음 목적어는 공간이나 장소이다. 주어는 목적어를 함께 쓴다.

(5) a. Randy and I **shared** an office for a year.(랜디와 나는 한 사무실을 일년 동안 함께 사용했다.)

b. The two students **shared** a room at college.(그 두 학생이 그 대학에서 방을 함께 사용했다.)

c. He hated to **share** a hotel room with a stranger.(그는 호텔 방을 사람과 함께 사용하는 것을 싫어했다.)

d. Three of us **shared** a taxi.(우리 중 세 명은 택시 하나를 함께 탔다.)

e. I **shared** a house with four other people.(나는 집을 다른 네 사람과 함께 사용했다.)

f. I **shared** the bed with my brother.(나는 침대를 형과 함께 사용했다.)

1.6. 다음 목적어는 일이다. 주어는 목적어를 나누어서 한다.

(6) a. The couple **shared** child-rearing.(그 부부는 아이를 키우는 일을 나누어 했다.)

b. The whole community **shared** (in) welcoming the heroes.(전체 공동체는 영웅들을 환영하는 데에 함께 했다.)

c. Shall we **share** the driving?(우리 운전을 나누어 할까?)

d. We **shared** the preparation for the meeting.(우리는 그 회의를 위한 준비를 나누어 했다.)

e. Anne and Max **shared** the housework.(앤과 막스는 집안 일을 나누었다.)

1.7. 다음 목적어는 감정과 생각에 관계된다. 주어는 목적어를 with의 목적어와 공유한다.

(7) a. It is nice to have someone you can **share** your problem **with**.(네 문제를 함께 나눌 수 있는 누군가를 갖는 것은 좋은 일이다.)

b. I have an idea I'd like to **share with** you.(나는 너와 함께 나누고 싶은 생각이 있다.)

c. I **share** my deepest thoughts **with** my wife.(나는 가장 깊은 생각을 아내와 함께 나눈다.)

1.8. 다음에는 with가 쓰이지 않았다.

(8) a. I **shared** your anxiety.(나는 너의 걱정을 함께 나누었다.)

b. I **share** your concern about what happened.(나는 일어난 일에 대한 너의 걱정을 함께 갖는다.)

c. We **share** your sorrow at the death of your father.(우리는 네 아버지의 죽음에 대한 네 슬픔을 함께 갖는다.)

d. It is always better to **share** your worries.(너의 걱정들을 함께 나누는 것이 항상 더 좋다.)

e. He is not good at **sharing** his worries.(그는 걱정들을 함께 나누는 데에 익숙하지 않다.)

f. They do not **share** their opinions.(그들은 의견을 함께 갖지 않는다.)

g. I **share** his appreciation of good music.(나는 좋은 음악에 대한 그의 평가를 함께 가진다.)

h. Tom and John **share** the birthday.(톰과 존은 생일을 같이 가진다.)

1.9. 다음 목적어는 특성을 나타낸다. 주어는 이러한 특성을 다른 사람과 공통으로 갖는다.

(9) a. They **share** a common background.(우리는 공통적인 배경을 가지고 있다.)

b. All hospitals **share** common characteristics.(모든 병원들이 공통적 특성을 갖는다.)

c. He **shares** his father's blue eyes.(그는 아버지의 파란 눈을 갖는다.)

d. Stubbornness was a characteristic he **shared** with his mother.(완고함은 그가 어머니와 같이 가지고 있는 특성이었다.)

e. We **share** an interest in painting.(우리는 그림에 대한 관심을 같이 갖는다.)

f. We **share** a similar sense of humor.(우리는 비슷한 유머 감각을 가지고 있다.)

1.10. 비난이나 보상 등도 구체적인 것으로 개념화되어 몇 사람이 같이 가질 수 있다.

(10) a. We **shared** the blame for the mess-up.(우리는 어질러진 것에 대한 비난을 함께 나누었다.)

b. She wanted to **share** the good news with someone.(그녀는 좋은 소식을 누군가와 나누기를 원했다.)

c. We **shared** the reward.(우리는 그 상을 함께 나누어 받았다.)

d. She **shares** (in) my troubles as well as (in) my joys.(그녀는 나의 기쁨 뿐만 아니라 문제도 함께 나눈다.)

e. Are you going to **share** the joke with me?(나와 그 농담을 나누지 않겠느냐?)

f. Thank you very much for letting us **share** your happy day.(우리를 당신의 기쁜 날을 함께 하도록 해서 정말 고맙습니다.)

1.11. 다음 주어는 목적어를 갈라서 나눈다.

(11) a. They **shared out** $2,000 among them.(그들은 $2000을 그들 사이에 나누어 가졌다.)

b. At his death, his property was **shared out** between the children.(그가 죽었을 때, 그의 재산은 자식들 사이에 나누어졌다.)

c. The money was **shared out** among the three children.(그 돈은 세 아이들 사이에 나누어졌다.)

d. When his uncle died, his things were **shared out** between all the members of the family.(아저씨가 죽었을 때, 그의 물건들은 모든 가족 구성원에게 나누어졌다.)

2. 자동사 용법

2.1. 다음 주어는 나눈다.

(12) a. You and your brother have to learn to share.(너와
네 형은 나누어 갖는 법을 배워야 한다.)

b. We don't have enough books for everyone, so
you will have to share.(우리는 충분한 책을 갖고
있지 않으므로, 너는 그것들을 나누어야 할 것이다.)

2.2. 다음 복수인 주어가 무엇을 공유하는 영역이 전치사 in으로 표현되어 있다.

(13) a. We shared in their triumphs.(우리는 그들의 승리
를 함께 축하했다.)

b. We should share in reward.(우리는 상을 나누어
받을 것이다.)

c. I will share in the cost with you.(나는 비용을 너와
같이 부담하겠다.)

d. He shared in the expense with me.(그는 그 비용
을 너와 분담했다.)

e. She shares in my troubles.(그녀는 나의 문제들을
함께 나눈다.)

f. His daughter did not share in his business.(그의
딸은 그의 사업을 나누어 하지 않았다.)

sharpen

이 동사의 개념 바탕에는 날카롭게 되는 과정이 있다.

1. 타동사 용법

1.1. 다음 주어는 목적어를 날카롭게 한다.

(1) a. Sharpen the knife/razor.(칼/면도날을 날카롭게 갈
아라.)

b. Sharpen all your pencils before the test.(시험 전
에는 모든 연필을 깎아라.)

1.2. 다음 목적어는 추상적이지만 구체적인 것으로 개념화되어 있다.

(2) a. We have to sharpen the focus of our discussion.
(우리는 토론의 초점을 날카롭게 해야 한다.)

b. The exercise sharpened my mind.(운동은 내 정
신을 날카롭게 했다.)

c. He's sharpening his business skills.(그는 자신의
사업 수완을 예리하게 하고 있다.)

d. The sea air sharpened our appetites.(바닷바람은
우리의 식욕을 왕성하게 했다.)

e. These latest moves have sharpened fears of a
military conflict. (이 최근 조처들은 군사적 충돌의
두려움을 강하게 했다.)

2. 자동사 용법

2.1. 다음 주어는 날카롭게 된다.

(3) This knife won't sharpen.(이 칼은 잘 안 갈린다.)

2.2. 다음 주어는 선명하게 된다.

(4) a. The outline of the trees sharpened.(그 나무의 윤
곽은 분명해졌다.)

b. The image sharpened on screen as the camera
focused.(그 카메라는 초점을 맞추자 그 이미지가
스크린에 더 선명해졌다.)

c. Her voice sharpened as she became angry.(그녀

가 화가 나자 그녀의 목소리는 날카롭게 되었다.)

shatter

이 동사의 개념 바탕에는 산산 조각이 나는 과정이
있다.

1. 타동사 용법

1.1. 다음의 주어는 깨거나 부수는 사람이나 개체이고 목적어는 깨지거나 부서지는 개체이다.

(1) a. He shattered the window pane.(그는 그 유리창을
박살냈다.)

b. She shattered the glass by dropping.(그 유리잔을
떨어뜨려서 박살냈다.)

c. The stone shattered the window.(그 돌은 창문을
박살냈다.)

d. The force of the explosion shattered the
windows.(그 폭발의 힘은 창문들을 박살냈다.)

e. One bullet shattered his skull.(총알 한 개가 두개골
을 박살냈다.)

1.2. 다음은 수동태 문장으로 주어는 박살이 난다.

(2) a. The house was shattered by the storm.(그 집은
폭풍으로 산산조각이 되었다.)

b. His legs were shattered in the accident.(그의 다리
는 그 사고에서 박살이 났다.)

1.3. 다음의 목적어는 모두 추상적 개체이다. 그러나 이러한 것도 형체를 가지고 부서질 수 있는 것으로 개념화된다.

(3) a. The scandal/the defeat shattered my confidence
in the mayor.(그 스캔들/패배는 시장에 대한 나의
자신감을 깨어버렸다.)

b. The failure/the loss of his job shattered our
hopes.(그 실패/그의 실직은 우리의 희망을 깨어버
렸다.)

c. A knee injury shattered his hopes of becoming a
baseball player.(무릎의 상처가 야구선수가 되려는
그의 꿈을 산산조각 냈다.)

d. A still cry shattered the stillness.(나지막한 울음소
리가 정적을 깨트렸다.)

e. The explosion shattered the peace of the rural
farm village.(그 폭발은 시골 농장 마을의 평화를
깼다.)

f. The storm shattered our plans.(폭풍은 우리의 계
획을 깨었다.)

1.4. 다음의 목적어는 사람이다. 그러나 여기서는 사람의 신체가 아니라 마음을 가리킨다.

(4) The unexpected death of their daughter shattered
them.(그들 딸의 예기치 못한 죽음은 그들을 크게 뒤
흔들어 놓았다.)

1.5. 다음 목적어는 추상적인 개체이다. 그러나 구체적인 것으로 개념화되어 있다.

(5) a. The book shattered all her illusions about the
Koreans.(그 책은 한국인에 대한 그녀의 환상을 모
두 깨뜨렸다.)

b. The great mental strain shattered his mind.(그 정
신적 긴장이 그의 정신을 혼란시켰다.)

c. The noise of riveting **shattered** our nerves.(못질하는 소리는 우리의 신경을 혼란시킨다.)

d. The tragedy **shattered** his life.(그 비극은 그의 삶을 혼란시켰다.)

1.6. 다음은 수동태 문장으로 주어는 깨어진다.

(6) a. Hopes of climbing the top were **shattered**.(정상에 오르려는 희망이 산산조각이 되었다.)

b. Hopes of reaching an agreement were **shattered**.(합의에 도달하고자 하는 희망이 산산조각이 되었다.)

c. His belief in humanity was **shattered**.(인간성에 대한 그의 믿음이 산산조각이 났다.)

d. His dream was **shattered**.(그의 꿈이 산산조각이 났다.)

e. His nerves were **shattered** by that experience.(그의 신경은 그 경험으로 혼란되어졌다.)

f. My whole world was **shattered** into a million pieces.(나의 전체 세상은 백만 조각으로 흩어졌다.)

g. Their lives were **shattered** by the horrible experience of war.(그들의 삶은 전쟁의 끔찍한 경험으로 산산조각이 되었다.)

h. I'm **shattered** to hear the news.(나는 그 소식을 듣고서 혼란스럽다.)

2. 자동사 용법

2.1. 다음 주어는 깨어진다.

(7) a. I dropped the disk and it **shattered** on the floor.(내가 디스크를 떨어뜨리자, 그것은 마루바닥에서 박살이 났다.)

b. The glass/the mirror **shattered**.(그 유리잔/거울이 산산조각이 되었다.)

c. The car **shattered** into a thousand burning pieces.(그 자동차는 깨어져서 불타는 수천 조각이 되었다.)

d. The windshield **shattered** in the accident.(그 자동차의 앞창은 그 사고로 산산조각이 났다.)

---

shave

이 동사의 개념 바탕에는 면도기나 대패 같은 도구를 써서 깎는 과정이 있다.

1. 타동사 용법

1.1. 다음 주어는 목적어를 깎는다.

(1) a. She **shaved** the bottom off the door to make it close properly.(그녀는 문의 아랫 부분을 잘 닫히게 하려고 문에서 깎았다.)

b. He is **shaving** a block of wood with a knife.(그는 나무토막 하나를 칼로 깎고 있다.)

c. He used a scraper to **shave** the bottom of the door.(그는 문의 아래 쪽을 깎기 위해 긁는 도구를 썼다.)

1.2. 다음 주어는 목적어를 깎는다. 목적어는 깎이는 개체가 있는 표면이다.

(2) a. She **shaved** her legs.(그녀는 자신의 다리를 면도했다.)

b. The barber **shaved** the man's face.(이발사는 그 남자의 얼굴을 면도했다.)

c. Many monks **shave** their heads.(많은 수도사들은 자신의 머리를 깎는다.)

d. She **shaved** the chocolate/the ice.(그녀는 초콜릿을/얼음을 깎았다.)

1.3. 다음 주어는 목적어를 깎아서 전치사 into의 목적어의 상태로 만든다.

(3) The cook **shaved** the beef into thin slices.(그 요리사는 쇠고기를 얇은 조각으로 깎았다.)

1.4. 다음 주어는 목적어를 깎는다. 목적어는 환유적으로 쓰이어서 전체가 부분을 대신한다. 즉 실제로 깎이는 것은 수염이나 머리털이다.

(4) a. The nurse washed and **shaved** him.(그 간호사는 그를 씻기고 면도시켰다.)

b. He asked the barber to **shave** him.(그는 이발사에게 면도해 달라고 요청했다.)

c. She **shaved** me close.(그녀는 나를 바싹 (짧게) 면도했다.)

d. He **shaved** his head bald.(그는 머리를 대머리로 깎았다.)

1.5. 다음 주어는 목적어를 깎아낸다.

(5) a. The carpenter **shaved** pieces off the door so it will close properly.(그 목수는 문이 잘 닫히도록 문에서 조각들을 깎아내었다.)

b. I had to **shave** a few millimeters off the door to make it shut.(나는 그 문이 닫히게 하려고 문에서 몇 밀리미터를 깎아내어야 했다.)

c. The joiner **shaved** a thin strip off the door.(그 가구장이는 문에서 얇은 조각을 깎아내었다.)

d. She **shaved** about an eighth of an inch off the door and now it closes.(그녀는 약 1/8 인치를 문에서 깎아내었고 이제 그 문은 닫힌다.)

e. Anne **shaved** a slice of cheese from the big piece.(앤은 얇은 치즈 한 조각을 큰 덩어리에서 잘라냈다.)

1.6. 다음은 [시간은 구체적인 개체] 은유가 적용된 표현이다. 주어는 목적어를 깎아낸다.

(6) a. Kate **shaved** a tenth of a second off his best time in the 200 meters.(케이트는 1/10초를 200미터 경주에서 최고기록에서 단축했다.)

b. She **shaved** two seconds off the old record.(그녀는 옛 기록에서 2초를 단축했다.)

c. She **shaved** half a second off the world record.(그녀는 세계기록에서 1.5초를 단축했다.)

1.7. 다음 주어는 목적어를 깎아낸다.

(7) a. She **shaved** his beard off.(그녀는 그의 턱수염을 깎아냈다.)

b. When did you **shave** off your mustache?(네 콧수염은 언제 깎았느냐?)

c. John **shaved** his sideburns with a razor.(존은 귀밑털을 면도칼로 깎았다.)

d. Mark used to **shave** his eyebrows.(마크는 눈썹을 깎곤 했다.)

1.8. 다음은 [돈은 구체적 개체] 은유가 적용된 표현이다. 주어는 목적어를 깎는다.

(8) a. He **shaved** spending.(그는 지출을 줄였다.)

　　b. The firm **shaved** profits margins.(그 회사는 이윤 마진을 줄였다.)

　　c. The production costs are very high――can't you **shave** off the price?(그 생산비는 너무 높은 걸요――가격을 깎을 수 없습니까?)

1.9. 면도를 할 때 면도칼의 날이 얼굴의 표면을 스치면서 지나간다. 주어는 목적어를 스치면서 지나간다.

(9) a. The car just **shaved** the garage door.(그 차는 차고 문을 살짝 스쳤다.)

　　b. The car just **shaved** the wall.(그 차는 벽을 살짝 스쳤다.)

　　c. The car just **shaved** the corner before crashing. (그 차는 그 모퉁이를 충돌하기 전에 살짝 스쳤다.)

1.10. 다음의 목적어는 재귀대명사이다. 이 명사는 주어의 신체의 부위를 가리킨다.

(10) He **shaves** himself.(그는 면도한다.)

2 자동사 용법

2.1. 다음에서 shave의 목적어가 표현되어 있지 않다. 그러나 이 동사와 전형적으로 관련이 되는 얼굴이 생략되어 있다.

(11) a. He **shaves** every morning.(그는 매일 아침 면도를 한다.)

　　b. He only **shaves** once a week.(그는 딱 일 주일에 한 번 면도한다.)

　　c. My brother's chin is smooth after he **shaves**.(나의 오빠의 턱은 면도한 후에 매끈하다.)

　　d. He carefully **shaved** around the cut on his cheek. (그는 볼에 난 상처 주위를 조심스럽게 면도했다.)

shear

이 동사의 개념 바탕에는 shear의 명사 '가지나 양털을 자르는 큰 가위'가 있다. 동사의 의미는 이 명사의 쓰임과 관계가 있다.

1. 타동사 용법

1.1. 다음 주어는 목적어를 자른다.

(1) a. The farmer **sheared** all his sheep.(그 농부는 모든 양들의 털을 깎았다.)

　　b. He is **shearing** the hedge.(그는 울타리를 치고 있다.)

1.2. 다음 주어는 목적어를 자른다. 목적어는 잘려 나오는 개체이다.

(2) a. The barber **sheared** the soldiers' hair.(그 이발사는 군인들의 머리를 잘랐다.)

　　b. **Shear** the dead branches off the tree.(죽은 가지들을 나무에서 베어라.)

　　c. The farmer **sheared** wool from the sheep.(그 농부는 양털을 양들에게서 잘라냈다.)

1.3. 다음은 수동태 문장으로 주어는 잘린다.

(3) a. **Shorn** of all real power by the new law, the deputy soon resigned.(새 법에 의해서 모든 실제적인 권력을 빼앗겨서, 그 부관은 곧 사임했다.)

　　b. The men had all been **shorn** of hair.(그 남자들은 모두 머리를 잘렸다.)

　　c. The general is **shorn** of all his power.(그 장군은 모든 권력을 빼앗긴다.)

　　d. The assembly is **shorn** of its legislative power. (국회는 입법권을 빼앗긴다.)

1.4. 다음 주어는 그 자체가 목적어를 자른다.

(4) a. The wind **sheared** the wing and the plane crashed.(바람은 날개를 꺾어서 그 비행기는 추락했다.)

　　b. The tornado **sheared** off part of the roof.(그 회오리바람은 지붕의 일부분을 날려버렸다.)

1.5. 다음은 수동태 문장으로 주어는 잘려 나온다.

(5) A car door was **shorn** off in the accident.(차 문 하나가 그 사고에서 떨어져 나갔다.)

2. 자동사 용법

2.1. 다음 주어는 잘리듯 떨어져 나온다.

(6) a. The wing **sheared** off and the plane dropped.(그 날개가 잘리듯 떨어져 나가 그 비행기는 추락했다.)

　　b. A piece of the steel girder **sheared** off.(강철 대들보 조각이 떨어져 나갔다.)

2.2. 다음 주어는 가위로 하늘을 자르듯 날아간다.

(7) A soaring jet plane **sheared** through the sky.(치솟는 제트 비행기가 하늘을 가르며 나아갔다.)

shed

이 동사의 개념 바탕에는 내보내거나 벗는 과정이 있다.

1.1. 타동사 용법

1.1. 다음 주어는 목적어를 (몸 속의 눈물이나 피)를 내보낸다.

(1) a. They can settle their quarrel without **shedding** any more innocent blood.(그들은 더 이상 무고한 피를 흘리지 않고 그 다툼을 끝낼 수 있다.)

　　b. They **shed** a few tear at their daughter's wedding.(그들은 딸의 결혼식에서 눈물을 몇 방울 흘렸다.)

　　c. Many young men **shed** their blood for their country.(많은 젊은이들이 나라를 위해 피를 흘린다.)

1.2. 다음 목적어는 빛과 관계가 된다. 주어는 목적어를 내보낸다.

(2) a. The lamp **shed** a yellow glow on the table.(그 등은 노란 빛을 탁자 위에 발했다.)

　　b. The torch **shed** a bright light on the path ahead. (그 횃불은 밝은 빛을 앞쪽의 길에 비추었다.)

　　c. The bulb **sheds** a harsh light on the table.(전구는 눈에 거슬리는 빛을 탁자에 비춘다.)

　　d. The sun **sheds** its light on us.(태양은 빛을 우리에게 비춘다.)

　　e. The moon **shed** a silver luster over the landscape.(달은 은빛을 대지 전체에 비추었다.)

1.3. 다음은 [얇은 빛] 은유가 적용된 예이다.

(3) a. Can you **shed** any light on the problem?(너는 어떤 빛 [설명]을 그 문제에 비출 수 있느냐?)

   b. He talked for hours without **shedding** any light on what was happening.(그는 벌어지고 있었던 일에 관해서는 어떤 설명도 없이 몇 시간 동안이나 이야기했다.)

   c. He **shed** some light on the subject.(그는 그 주제에 약간의 설명을 비췄다.)

1.4. 다음 목적어는 향기이다. 주어는 목적어 (향기)를 밖으로 내보낸다.

(4) a. Roses **shed** their fragrance around.(장미는 향기를 주위에 발산했다.)

   b. These lilacs **shed** a sweet perfume.(이 백합들은 달콤한 향기를 발산한다.)

1.5. 다음의 목적어는 행복, 평화, 사랑 등이다. 주어는 목적어를 내보낸다.

(5) a. He **shed** happiness and peace wherever he went.(그는 가는 모든 곳마다 행복과 평화를 뿌렸다.)

   b. He **shed** love/confidence/warmth wherever he went.(그는 가는 모든 곳마다 사랑/자신감/따뜻함을 뿌렸다.)

1.6. 식물의 경우 잎이 나무에서, 동물의 경우 털이나 껍질이 몸에서 벗겨질 수 있다. 주어는 목적어를 벗는다.

(6) a. Trees **shed** leaves in autumn.(나무들은 잎을 가을에 떨어뜨린다.)

   b. The birds **shed** their feathers in spring.(새들은 깃털을 봄에 벗는다.)

   c. Stags **shed** their antlers.(숫사슴들은 그들의 뿔을 벗는다.)

   d. How often does a snake **shed** its skin?(얼마나 자주 뱀이 껍질을 벗느냐?)

   e. The deer **shed** its horn.(사슴은 뿔을 벗었다.)

1.7. 사람의 몸무게도 벗을 수 있는 것으로 개념화된다. 주어는 목적어를 벗는다.

(7) He likes to **shed** a few more pounds.(그는 몇 파운드 더 빼기를 좋아한다.)

1.8. 다음 주어는 목적어를 떨친다.

(8) a. The duck's back **sheds** water.(오리의 등은 물을 흘려보낸다.)

   b. The tent **sheds** water.(텐트는 물을 흘려보낸다.)

   c. The raincoat **sheds** water.(우비는 물을 흘려보낸다.)

1.9. 다음 주어는 목적어 (옷)를 벗는다. 건물의 벽에 붙어 있는 타일 같은 것도 옷과 같이 취급된다.

(9) a. They went down to the sea, **shedding** their clothes as they went.(그들은 바다로 내려 가면서 옷을 벗어 던졌다.)

   b. Many animals **sheds** their winter coats in spring.(많은 동물들은 겨울 외투를 봄에 벗는다.)

   c. The house has been **shedding** tiles.(그 집은 타일을 벗고 있다.)

1.10. 다음 주어는 목적어를 없앤다. 목적어는 일자리이다.

(10) a. The firm is to **shed** 800 jobs.(그 회사는 800개의 일자리를 없앨 것이다.)

   b. The company says that 200 jobs will be **shed** over the next few weeks.(그 회사는 200개의 일자리가 다음 몇 주 동안에 걸쳐 없어질 것이라고 말한다.)

1.11. 습관도 어느 사람에 붙어있는 것으로 개념화되기 때문에 이것도 벗을 수 있는 것으로 표현된다. 다음 주어는 목적어를 벗는다.

(11) a. He is trying to **shed** a bad habit/inhibitions.(그는 나쁜 습관/억제심을 벗어 던지려고 노력하고 있다.)

   b. She is trying to **shed** all her resentment toward him.(그녀는 그에 대한 분개심을 벗어 던지려고 노력을 하고 있다.)

2. 자동사 용법

2.1. 다음 주어는 털을 벗는다.

(12) a. My dogs is **shedding** all over the rug.(나의 개는 양탄자 전체에 털을 벗고 있다.)

   b. The dog hair is **shedding** all over the floor.(개털은 온 마루 전체에 빠지고 있다.)

shell

이 동사의 개념 바탕에는 조개를 까는 과정이 있다.

1. 타동사 용법

1.1. 다음 주어는 목적어를 깨어서 깐다.

(1) a. We **shelled** the oysters.(우리는 굴 껍질을 깠다.)

   b. The birds **shelled** the seeds with their beaks.(새들은 씨앗을 부리로 깠다.)

   c. You have to **shell** peas before eating them.(너는 먹기 전에 콩 껍질을 벗겨야 한다.)

   d. The gang members **shelled** members of an opposing gang in the park.(폭력단원들은 그 공원에서 반대파 조직원들을 습격했다.)

1.2. 다음 주어는 목적어를 포로 공격한다.

(2) a. The guerrillas **shelled** many government buildings, causing great damage.(게릴라들은 많은 정부 청사를 포격해서 막대한 피해가 초래됐다.)

   b. The rebels **shelled** the town.(반군들은 그 마을을 포격했다.)

   c. The army **shelled** the enemy troops.(군대는 그 적군을 포격했다.)

1.3. 다음 주어는 목적어를 지불한다.

(3) We had to **shell** out over $500 to get the car fixed.(우리는 차를 고치기 위해 500달러 이상을 지불해야 했다.)

2. 자동사 용법

2.1. 다음 주어는 큰 돈을 지불한다.

(4) I'm going to **shell** out for some new tires soon. (나는 곧 타이어 교체를 위한 비용 일체를 지불하겠다.)

2.2. 다음 주어는 포격한다.

(5) The enemy lines were weakened by **shelling** before the attack.(적의 전선들은 포격으로 공격에 앞서 약화되었다.)

2.3. 다음 주어는 까진다.

(6) Peanuts shells easily. (땅콩은 잘 까진다.)

shelter

이 동사의 개념 바탕에는 shelter의 명사 '대피소'가 있다. 동사의 의미는 대피소의 용도와 관계가 있다.

1. 타동사 용법
1.1. 다음 주어는 목적어를 보호한다.
(1) a. The villagers sheltered resistance fighters from the army. (마을 사람들은 저항군을 그 군대로부터 비호했다.)
     b. The mother bird sheltered her chicks from the cold. (어미새는 새끼들을 그 추위로부터 보호했다.)
     c. He was arrested for sheltering an enemy soldier. (그는 적군 병사를 피신시켜서 체포됐다.)

1.2. 다음 주어는 목적어를 막아서 보호한다.
(2) a. Trees shelter the house from the wind. (나무들은 그 바람으로부터 그 집을 보호한다.)
     b. The tent sheltered the campers from the rain. (그 텐트는 비로부터 야영자들을 보호했다.)
     c. The overhanging roof sheltered us from the rain. (머리 위를 덮고 있는 지붕은 비로부터 우리를 보호했다.)

2. 자동사 용법
2.1. 다음 주어는 피한다.
(3) a. We were sheltering from the rain under the trees. (우리는 비를 나무 아래서 피하고 있었다.)
     b. We sheltered from the rain in the doorway. (우리는 비를 현관에서 피했다.)

shelve¹

이 동사의 개념 바탕에는 shelve의 명사 '선반'이 있다. 동사의 의미는 이 명사의 쓰임과 관계가 있다.

1. 타동사 용법
1.1. 다음 주어는 목적어를 선반에 얹는다.
(1) a. The clerk is shelving the produce. (그 점원은 농산물을 선반에 얹고 있다.)
     b. The librarian is shelving books. (그 사서는 책들을 선반에 얹는다.)

1.2. 다음은 수동태 문장으로 주어는 얹혀진다.
(2) Oversize books are shelved in the annex. (크기가 큰 책들은 별관에 정리된다.)

1.3. 다음 주어는 목적어를 제쳐둔다.
(3) a. He says that he has to shelve the Korean deal until next month. (그는 한국과의 거래를 다음 달까지 제쳐둬야 한다고 했다.)
     b. We've had to shelve our holiday plans because I have just lost my job. (우리는 내가 막 직장을 잃었기 때문에 휴가 계획을 제쳐두어야 했다.)
     c. The manager shelved the meeting until next Monday. (그 관리자는 그 회의를 다음 월요일까지 제쳐뒀다.)

1.4. 다음은 수동태 문장으로 주어는 제쳐진다.
(4) a. The pitcher was shelved because he lost so many ball games. (그 투수는 너무 많이 실점을 해서 제쳐졌다.)
     b. The project was shelved. (그 기획사업은 제쳐졌다.)

shelve²

이 동사의 개념 바탕에는 완만하게 비탈지는 과정이 있다.

1. 자동사 용법
1.1. 다음 주어는 완만한 경사를 이룬다.
(1) a. The beach shelved gently down to the water. (그 해안은 물까지 완만하게 경사를 이뤘다.)
     b. The south side of the island shelved gently down to the sea. (그 섬의 남쪽은 바다까지 완만하게 경사를 이뤘다.)

shift

이 동사의 개념 바탕에는 한 자리에서 다른 자리로 옮기는 과정이 있다.

1. 타동사 용법
1.1. 다음 주어는 목적어를 옮긴다.
(1) a. The hunter shifted his gun from the left shoulder to the right. (그 사냥군은 총을 왼쪽 어깨에서 오른쪽으로 옮겼다.)
     b. He shifted the bag from the right hand to the left hand. (그는 그 자루를 오른쪽 손에서 왼쪽 손으로 옮겼다.)
     c. She shifted her weight from one foot to the other. (그녀는 몸무게를 한쪽 발에서 다른 발로 옮겼다.)
     d. This simply shifts the cost of medical insurance from employer to employee. (이것은 간단히 의료 보험 비용을 고용주에서 피고용인에게 옮기는 것 뿐이다.)
     e. We have to shift the clock from time to time as we cross the continent. (우리는 대륙을 건너면서 때때로 시간을 바꾸어야 한다.)

1.2. 다음 주어는 목적어를 전치사 to의 목적어에 옮긴다.
(2) a. He shifted his cane to the left hand. (그는 지팡이를 왼손에 옮겼다.)
     b. He shifted his burden to the other shoulder. (그는 그의 짐을 다른 어깨로 옮겼다.)
     c. Don't try to shift the blame onto me. (그 비난을 나에게 옮기려고 하지 말라.)
     d. He shifted the responsibility to John. (그는 책임을 존에게 돌렸다.)
     e. The president is shifting the focus of the debate to foreign policy issues. (대통령은 그 토론의 초점을 외교 문제에 옮기고 있다.)
     f. He shifted his gaze to the mountain. (그는 시선을

그 산으로 옮겼다.)

1.3. 다음 주어는 목적어를 옮긴다.

(3) a. She **shifted** the furniture about in the bedroom.(그
녀는 그 가구를 그 침실에서 이리저리 옮겼다.)

　　b. Could you **shift** your chair?(당신은 당신의 의자를
옮길 수 있나?)

1.4. 다음 주어는 목적어를 바꾼다.

(4) a. He **shifted** the helm.(그는 조타 장치를 움직였다.)

　　b. The driver **shifted** gears as the car went up the
hill.(그 운전수는 산을 올라가면서 기어를 바꾸었
다.)

1.5. 다음 주어는 목적어의 위치를 바꾼다.

(5) a. The witness **shifted** his body nervously during his
testimony.(그 증인은 증언하는 동안 몸을 초조하게
움직였다.)

　　b. He **shifted** his feet.(그는 그의 발을 옮겼다.)

　　c. He **shifted** his head round.(그는 머리를 돌렸다.)

1.6. 다음 주어는 목적어를 옮겨서 치운다.

(6) a. She **shifted** the tax.(그녀는 세금을 탈세했다.)

　　b. She **shifted** the obstacles out of her way.(그녀는
장애물들을 길에서 치웠다.)

1.7. 다음 주어는 목적어를 바꾼다.

(7) a. They **shifted** their game plans.(그들은 게임 계획
을 바꾸었다.)

　　b. He **shifted** his ideas.(그는 생각을 바꾸었다.)

　　c. He **shifted** his lodgings .(그는 처소를 옮겼다.)

　　d. We **shifted** the course.(우리는 그 노정을 바꾸었
다.)

　　e. He **shifted** his ground.(그는 자리를 바꾸었다.)

1.8. 다음 주어는 목적어를 전가한다.

(8) a. She tried to **shift** the responsibility onto him.(그녀
는 책임을 그에게 전가하려고 했다.)

　　b. He **shifted** his attention/emphasis/focus.(그는 주
의/강조/촛점을 옮겼다.)

1.9. 다음 주어는 목적어를 옮긴다.

(9) a. If we **shift** the furniture against the wall, we'll
have more space.(우리는 그 가구를 벽에 닿게 옮
기면, 더 많은 공간을 가질 수 있다.)

　　b. Will you help me to **shift** this wardrobe?(당신은 나
를 도와 이 장롱을 옮기게 해 주시겠습니까?)

　　c. We **shifted** the piano into the other room.(우리는
피아노를 다른 방으로 옮겼다.)

　　d. Could you give me hand; I can't move this
bookcase.(좀 도와 주시겠습니까?; 나는 이 책장을
옮길 수 없습니다.)

2. 자동사 용법

2.1. 다음 주어는 기어를 바꾼다.

(10) a. He **shifted into** second/third gear.(그는 이단/삼단
기어로 바꾸었다.)

　　b. She **shifted into** reverse.(그녀는 기어를 뒤로 넣었
다.)

　　c. She **shifted** smoothly and drove away.(그녀는 순
조롭게 기어를 바꾸어 차를 몰고 갔다.)

　　d. I **shifted** down into second gear to slow down
before turning.(나는 돌기 전에 속도를 줄이기 위해

기어를 이단으로 바꾸었다.)

2.2. 다음 주어는 바꾼다.

(11) a. Voter opinion **shifted** drastically after the election.
(유권자 의견은 선거 후에 심하게 바뀌었다.)

　　b. He **shifted from** one place **to** another.(그는 한 자
리에서 다른 자리로 옮겼다.)

　　c. He **shifted from** one foot **to** another.(그는 한발에
서 다른 발로 힘을 옮겼다.)

　　d. She **shifted from** side **to** side.(그녀는 한 쪽에서 다
른 쪽으로 바꾸었다.)

　　e. The wind **shifted from** east **to** west.(바람은 방향
이 동에서 서로 바뀌었다.)

　　f. Her attitude **shifted from** hostile **to** cooperative.
(그의 태도는 적의적에서 협동적으로 바뀌었다.)

　　g. The singer **shifted from** jazz **to** classical music.
(그 가수는 재즈에서 고전 음악으로 바꾸었다.)

2.3. 다음 주어는 이리저리 옮겨 다닌다.

(12) a. He **shifted about** to escape the danger.(그는 위험
을 피하기 위해 여기저기 옮겨 다녔다.)

　　b. She **shifted about** for many years.(그녀는 여러 해
동안 여기저기 다녔다.)

2.4. 다음 주어는 옮겨진다.

(13) a. The emphasis **shifted toward** Parliament.(그 강조
는 의회 쪽으로 기울어졌다.)

　　b. The load you are carrying **shifts to** one side.(네가
싣고 가는 짐은 한 쪽으로 기운다.)

　　c. The smoke has **shifted to** the other side of the
room.(그 연기는 방향이 그 방의 다른 쪽으로 바뀌
었다.)

　　d. Media attention **shifted to** environmental issues.
(메체의 주의는 환경 문제로 기울어졌다.)

　　e. The wind **shifted** round **to** the south.(바람은 남쪽
으로 돌았다.)

2.5. 다음 주어는 바뀐다.

(14) a. Attitudes to mental illness have **shifted** in recent
years.(정신병에 대한 태도가 최근 바뀌었다.)

　　b. The scene **shifted**.(그 장면은 바뀌었다.)

　　c. The circumstances **shifted**.(그 상황은 바뀌었다.)

　　d. He **shifted** in his chair.(그는 의자에서 자리를 바꾸
었다.)

　　e. **Shift** over so that I can sit down.(내가 앉을 수 있
도록 저쪽으로 옮기시오.)

　　f. The edge of the battle area **shifted** westward.(전
투의 선단은 서쪽으로 바뀌었다.)

2.7. 다음 주어는 스스로 살아간다.

(16) a. When their father died, the children had to **shift
through** for themselves.(아버지가 돌아가셨을 때,
그 아이들은 스스로 살아가야 했다.)

　　b. Can you **shift for** yourself while your parents are
away?(나는 부모님이 안 계실 때 스스로 살아갈 수
있나?)

　　c. He **shifted with** little money.(그는 적은 돈으로 살
아갔다.)

　　d. He is **shifting through** with little money.(그는 적은
돈으로 살아가고 있다.)

2.8. 다음 주어는 목적어를 지운다.

(17) a. The soap **shifted** the dirt.(비누는 그 때를 지웠다.)

　　b. Nothing will **shift** this greasy dirt.(아무 것도 이 기름 때를 지우지 못할 것이다.)

　　c. The cleaning liquid **shifted** stains.(그 물 비누는 얼룩을 지웠다.)

　　d. The detergent **shifts** stains.(그 세제는 얼룩을 지웠다.)

shine

이 동사의 개념 바탕에는 환하게 빛나는 과정이 있다.

1. 자동사 용법

1.1. 다음 주어는 빛을 발한다.

(1) a. The sun **shone** on the water.(태양은 물 위에 비추었다.)

　　b. The moon **shines** bright.(달은 밝게 빛난다.)

　　c. The lights were **shining** straight in his eyes.(그 불빛들은 그의 눈에서 바로 비치고 있었다.)

　　d. Her golden hair **shone** in the sunshine.(그녀의 금발머리는 햇빛에서 반짝였다.)

1.2. 다음 주어는 환하게 비치면서 움직인다.

(2) a. What **shines** through in all her work is enthusiasm for life.(그녀의 작품 안에서 줄곧 빛나는 것은 삶에 대한 열정이다.)

　　b. A beam of light **shone through** the peephole.(광선이 구멍을 통해 빛났다.)

1.3. 다음 주어는 빛을 발하는 개체처럼 환하다.

(3) a. Her face **shines** with happiness.(그녀의 얼굴은 행복으로 환하다.)

　　b. Her eyes were **shining** with excitement.(그녀의 눈은 흥분으로 반짝이고 있었다.)

　　c. Happiness **shines** on her face.(행복이 그녀의 얼굴에 환하게 빛난다.)

1.4. 빛을 발하면 환하게 잘 보인다. 환하면 눈에 잘 뜨인다.

(4) a. He **shines** in English.(그는 영어에서 출중하다.)

　　b. Dan really **shined** when it was his turn to cook.(댄은 요리 할 차례가 되면 두드러졌다.)

　　c. He failed to **shine** academically.(그는 학문적으로 탁월하지 못했다.)

2. 타동사 용법

2.1. 다음 주어는 목적어를 어느 방향이나 개체에 비춘다.

(5) a. He **shone** the flashlights **around** the cellar.(그는 전등을 그 지하실 주위에 비추었다.)

　　b. John's lantern **shone** a beam of light **down** the path.(존의 손전등은 한 줄기의 불빛을 길 아래로 비추었다.)

　　c. The policemen **shone** the flashlight **in** my direction.(경찰들은 손전등을 내 방향으로 비추었다.)

　　d. **Shine** your flash light **on** my steps.(너의 전등을 내 발자국에 비추어라.)

　　e. **Shine** the flashlight **over** here.(전등을 이쪽으로 비추어라.)

2.2. 다음 주어는 목적어를 닦아서 빛나게 만든다.

(6) a. He **shines** his shoes every morning.(그는 매일 아침 신발을 닦는다.)

　　b. He **shines** the mirror every day.(그는 거울을 매일 닦는다.)

ship

이 동사의 개념 바탕에는 ship의 명사 '배'가 있다. 동사의 의미는 이 명사의 역할과 관계가 있다.

1. 타동사 용법

1.1. 다음 주어는 목적어를 수송한다.

(1) a. I have **shipped** my car over from the States.(나는 차를 미국에서 수송해 보냈다.)

　　b. We **ship** our products anywhere in Korea.(우리는 제품을 한국 어디에라도 수송한다.)

　　c. The doctor **shipped** her **off** to a hospital.(그 의사는 그녀를 병원으로 수송했다.)

　　d. They **shipped** the goods by truck.(그들은 그 물품을 트럭으로 수송했다.)

1.2. 다음은 수동태 문장으로 주어는 수송된다.

(2) a. He was arrested and **shipped** back to Korea.(그는 체포되어서 한국으로 이송되었다.)

　　b. Fresh supplies were **shipped** off last week.(신선한 공급품들이 지난 주에 수송되었다.)

1.3. 다음 주어는 목적어를 받는다.

(3) a. The boat began to **ship** water and we thought it would sink.(그 배는 물이 들어오기 시작해서 우리는 그것이 가라앉을 것이라고 생각했다.)

　　b. The sailboat **shipped** so much water that it sank.(그 범선은 너무 많은 물이 들어오면서 가라앉았다.)

1.4. 다음 주어는 목적어를 배에 설치한다.

(4) a. They **shipped** a rudder.(그들은 키를 배에 설치했다.)

　　b. He **shipped** a mast.(그는 돛대를 배에 설치했다.)

2. 자동사 용법

2.1. 다음 주어는 배로 떠난다.

(5) a. They **shipped** from San Francisco.(그들은 샌프란시스코에서 배로 떠났다.)

　　b. He said goodbye to his family and **shipped off** to Australia.(그는 가족들에게 작별을 고하고 배를 타고 호주로 떠났다.)

　　c. We **shipped out** of New York on a steamship.(우리는 증기선을 타고 뉴욕을 떠났다.)

2.2. 다음 주어는 수송된다.

(6) Some fruits do not **ship** well.(어떤 과일은 수송이 잘 되지 않는다.)

shock

이 동사의 개념 바탕에는 충격을 주는 과정이 있다.

1. 타동사 용법

1.1. 다음 주어는 목적어를 감전시킨다.
(1) a. He is **shocked** by electricity.(그는 전기에 감전이 된다.)
b. Anyone touching that wire could get **shocked**.(그 전선을 만지는 사람은 누구나 감전될 것이다.)

1.2. 다음 주어는 목적어를 충격으로 놀라게 한다.
(2) a. You can't **shock** me.(너는 나를 충격으로 놀라게 할 수 없다.)
b. He seems to enjoy **shocking** people.(그는 사람들에게 충격 주는 것을 즐기는 것처럼 보인다.)
c. She **shocked** us by saying outrageous things.(그녀는 우리를 터무니없는 말을 해서 놀라게 했다.)

1.3. 다음 주어는 목적어를 충격으로 놀라게 한다.
(3) a. The sight **shocked** everyone deeply.(그 광경은 모든 사람에게 심하게 충격을 주었다.)
b. The child's behavior **shocked** me.(그 아이의 행동은 나에게 충격을 주었다.)
c. The vulgar joke **shocked** the parents.(그 상스러운 농담은 부모에게 충격을 주었다.)
d. His bad language **shocked** everyone.(그의 상스러운 언어는 모든 이에게 충격을 주었다.)

1.4. 다음은 수동태 문장으로 주어는 충격을 받는다.
(4) a. I was **shocked** at the news.(나는 그 소식에 충격을 받았다.)
b. I was **shocked** at his conduct.(나는 그의 행동에 충격을 받았다.)
c. They were **shocked** by what they saw.(그들은 자신들이 본 것에 놀랐다.)
d. We were **shocked** by his sudden death.(우리는 그의 갑작스러운 죽음에 충격을 받았다.)
e. They were **shocked** to hear of his scandal.(그들은 그의 추문을 듣고 충격을 받았다.)
f. I was very much **shocked** to hear of his scandal.(나는 그의 추문에 관해 들었을 때 크게 놀랐다.)
g. I was **shocked** when I saw the doctor's bill.(나는 의사의 청구서를 보았을 때 크게 놀랐다.)
h. I was **shocked** when I heard the children swear.(나는 아이들이 욕을 하는 것을 들었을 때 크게 놀랐다.)

1.5. 다음 주어는 it이다.
(5) a. It **shocked** me to think how close we had come to being killed.(우리가 얼마나 가까이 죽음에 다가왔던지를 생각하는 것은 나에게 충격을 주었다.)
b. I was **shocked** to hear that he had died.(나는 그가 죽었다는 소식에 충격을 받았다.)

1.6. 다음 주어는 that-절의 내용에 놀란다.
(6) a. Neighbors were **shocked that** such an attack could happen in their area.(이웃들은 이러한 폭행이 자신들의 지역에 발생할 수 있다는 것에 충격을 받았다.)
b. It **shocked** the neighbors **that** such things could happen in America.(그러한 일이 미국에서 발생할 수 있다는 것이 주민들에게 충격을 주었다.)

1.7. 다음은 수동태 문장으로 주어는 충격을 받는다.
(7) a. They were **shocked that** such an attack could happen in the area.(그들은 그러한 폭행이 그 지역에 일어날 수 있다는 사실에 충격을 받았다.)
b. She was **shocked that** her son should have seen the sight.(그녀는 아들이 그 광경을 보았을 것이라는 사실에 충격을 받았다.)

1.8. 다음 주어는 목적어를 놀라게 하여 목적어가 into의 목적어의 과정에 들어가게 한다.
(8) a. The appalling pictures of starving children **shocked** people **into** giving money.(굶어 죽어가는 아이들의 끔찍한 사진들은 사람들에게 충격을 주어서 돈을 내게 했다.)
b. The advertising campaign **shocked** people **into** driving more carefully.(그 광고 운동은 사람들에게 충격을 주어서 더 조심스럽게 운전을 하게 했다.)

2. 자동사 용법

2.1. 다음 주어는 놀란다.
(9) She **shocks** easily.(그녀는 쉽게 놀란다.)

2.2. 다음 주어는 놀라게 한다.
(10) a. The film set out to **shock**.(그 영화는 놀라게 하려고 작정했다.)
b. He is always trying to be creative and **shock**.(그는 언제나 창의적이고 충격을 주려고 노력하고 있다.)

shoot

이 동사의 개념 바탕에는 쏘는 과정이 있다.

1. 타동사 용법

1.1. 다음 주어는 목적어를 쏜다. 목적어는 발사되는 개체이다.
(1) a. The man **shot** an arrow. (그 남자는 화살을 쏘았다.)
b. He **shot** a bullet.(그는 탄환을 쏘았다.)
c. We've **shot** away our ammunition.(우리는 탄약을 쏘아대었다.)
d. The volcano **shot** out flames and rocks.(그 화산은 불꽃과 바위들을 내뿜었다.)
e. He **shot** a finishing net.(그는 낚시 그물을 던졌다.)
f. He **shot** an anchor.(그는 닻을 던졌다.)

1.2. 다음 주어는 목적어를 빠르게 내민다.
(2) a. The snail **shot** out its horns.(그 달팽이는 촉수를 내밀었다.)
b. The child **shot** out the lips.(그 아이는 입술을 내밀었다.)
c. He **shot** out its tongue.(그는 혀를 널름 내밀었다.)
d. The plant **shot** out new leaves.(그 식물은 새 잎을 내밀었다.)

1.3. 다음 주어는 목적어를 빠르게 내보낸다. 목적어는 빛이나 소리이다.
(3) a. The sun **shot** its beams through the mist.(태양은 엷은 안개를 통해 빛을 내보내었다.)
b. He **shot** an angry glance at us.(그는 성난 눈길을 우리에게 쏘았다.)
c. She **shot** an indignant look at us.(그는 화난 얼굴을

우리에게 쏘았다.)

　d. He **shot** question after question.(그는 질문을 계속 쏘아대었다.)

1.4. 다음 주어는 목적어를 쓴다. 목적어는 총이다.

(4)　a. He **shot** a gun/a pistol.(그는 총/권총을 쏘았다.)

　b. She **shot** a rifle.(그녀는 소총을 쏘았다.)

1.5. 다음 목적어는 목표물이다. 주어는 목적어를 쏜다.

(5)　a. He **shot** a tiger/a rabbit/a bird.(그는 호랑이/토끼/새를 쏘았다.)

　b. The policeman **shot** him in the arm.(그 경찰관은 그의 팔에 쏘았다.)

1.6. 다음 주어는 목적어를 쏘아서 떨어뜨린다.

(6)　a. They **shot down** an enemy plane.(그들은 적기를 쏘아 떨어뜨렸다.)

　b. He **shot** the thief **dead**.(그는 그 도적을 쏘아 죽였다.)

　c. He **shot** the leg **off**.(그는 총을 쏘아서 다리를 끊어지게 했다.)

1.7. 다음 주어는 목적어를 쏜다. 목적어는 장소이다.

(7)　a. He **shot** the woods behind the farm.(그는 농장 뒤에 있는 숲을 쏘았다.)

　b. He **shot** the east side of the mountain.(그는 그 산의 동쪽을 쏘았다.)

1.8. 다음 주어는 목적어를 빠르게 지나간다. 목적어는 경로이다.

(8)　a. He **shot** the rapids.(그는 급류를 쏜살같이 탔다.)

　b. He **shot** the bridge.(그는 다리를 쏜살같이 지났다.)

1.9. 다음은 수동태 문장으로 주어는 with의 목적어가 그어져 있다.

(9)　a. His black hair is **shot** with a few stretches of gray.(그의 검은 머리는 몇 가닥의 흰머리가 지나고 있다.)

　b. Her dress was **shot** with threads of gold.(그녀의 옷은 금실 가닥으로 장식되어 있었다.)

　c. The blue sky was **shot** with white clouds.(푸른 하늘은 흰 구름으로 박혀 있었다.)

1.10. 다음 주어는 목적어의 사진을 찍는다.

(10)　a. He **shot** the scene in slow motion.(그는 그 장면을 느린 속도로 찍었다.)

　b. She **shot** the scene in one take.(그녀는 그 장면을 한 방에 찍었다.)

2. 자동사 용법

2.1. 다음 주어는 쏜다.

(11)　a. Don't **shoot** until the target appears.(그 표적이 나타날 때까지 쏘지 말아라.)

　b. He **shoots** well.(그는 사격을 잘한다.)

2.2. 다음 주어는 빠르게 움직인다.

(12)　a. A star **shot across** the sky.(별이 하늘을 쏜살같이 가로질러 지나갔다.)

　b. A car **shot** by us.(차가 우리 옆을 쏜살같이 지나갔다.)

　c. Tom began to **shoot out**.(톰은 재빨리 뛰어나가기 시작했다.)

2.3. 다음 주어는 빠르게 나온다.

(13)　a. Buds **shoot forth** in spring.(새싹은 봄에 쑥 돋아 나

온다.)

　b. Blood **shot out of** the wound.(피가 상처에서 확 솟아 나왔다.)

　c. The snail's horn **shot out**.(달팽이의 촉수가 널름 나왔다.)

　d. Corn is **shooting up** during the warm weather.(옥수수는 따뜻한 날씨가 계속될 때 싹터 나온다.)

　e. Flames **shot up from** the burning house.(불꽃이 불붙은 집에서 확 튀어나왔다.)

2.4. 다음은 [느낌은 개체] 은유가 적용된 표현이다.

(14)　a. Pain **shot through** his arm.(통증이 그의 팔을 획 뚫고 지나갔다.)

　b. Pain **shot through** my back.(통증이 내 등을 획 뚫고 지나갔다.)

　c. A shiver **shot through** my body.(오한이 내 몸을 획 뚫고 지나갔다.)

2.5. 다음은 [증가는 위] 은유가 적용된 표현이다.

(15)　a. Prices/rents/wages **shot up**.(물가/집세/임금이 치솟았다.)

　b. Her pulse rate suddenly **shot up**.(그녀의 맥박은 갑자기 치솟았다.)

2.6. 다음 주어는 쑥 튀어나와 있다. 주어는 움직이지 않으나 화자가 이의 형상을 눈으로 따라가면 튀어나오는 것 같이 보인다.

(16)　a. A cape **shot out** into the sea.(만 하나가 바다 안으로 튀어나왔다.)

　b. The island **shoots out** in the sea.(그 섬은 바다 안으로 불쑥 나온다.)

2.7. 다음 주어는 쏘아진다.

(17)　a. The gun **shoots** well.(그 총은 잘 쏘아진다.)

　b. The rifle **shoots high**.(그 소총은 위로 쏘아진다.)

---

shorten

이 동사의 개념 바탕에는 짧게 하는 과정이 있다.

1. 타동사 용법

1.1. 다음 주어는 목적어를 짧게 한다.

(1)　a. The new bridge **shortened** the route between the two cities.(새 다리는 두 도시간의 거리를 짧게 하였다.)

　b. He **shortened** his lengthy report.(그는 긴 보고서를 짧게 하였다.)

　c. He **shortened** his trousers.(그는 바지를 짧게 줄였다.)

2. 자동사 용법

2.1. 다음 주어는 짧아지는 개체이다.

(2)　a. The pencil **shortened**.(그 연필이 짧아졌다.)

　b. In November, the temperature drops, and the days **shorten**.(11월에는 온도가 내려가고, 날이 짧아진다.)

　c. The days are **shortening** now.(날이 지금 짧아지고 있다.)

shout

이 동사의 개념 바탕에는 고함을 지르는 과정이 있다.

1. 자동사 용법

1.1. 다음 주어는 고함을 지르는 사람이다.

(1) a. She **shouted** out in pain.(그녀는 고통 속에 고함을 질렀다.)

b. The speaker **shouted** because the microphone was broken.(그 연사는 마이크가 고장나서 고함을 질렀다.)

c. He **shouted** for water.(그는 물을 달라고 고함을 쳤다.)

1.2. 다음 주어는 특정한 사람에게 고함을 지른다.

(2) a. He **shouted** at the boy.(그는 소년에게 소리를 질렀다.)

b. Stop **shouting** at me.(나한테 소리치지 마.)

1.3. 다음 주어는 목적어에 고함쳐서 목적어가 어떤 행동을 하게 한다.

(3) a. He **shouted** to her to come.(그는 그녀에게 오라고 고함을 쳤다.)

b. She **shouted** to him from behind the glass.(그녀는 그에게 유리창 뒤에서 소리쳤다.)

2. 타동사 용법

2.1. 다음에서 목적어가 따옴표 속에 있다.

(4) a. "Watch out," he **shouted**.("조심해"라고 그가 소리쳤다.)

b. "Look out," he **shouted**.("조심해라"라고 그가 소리쳤다.)

2.2. 다음 주어는 큰 소리로 목적어를 말한다.

(5) a. Don't **shout out** the answer in class; put up your hand.(수업 중에 대답을 큰소리로 하지 말아라; 너의 손을 들어라.)

b. They **shouted** approbation.(그들은 승인을 소리쳤다.)

c. He **shouted** encouragements/orders.(그는 격려/명령을 큰 소리로 했다.)

2.3. 다음 주어는 목적어에 소리를 쳐서 목적어가 영향을 입는다.

(6) a. They **shouted** the speaker down.(그들은 그 연사에게 소리쳐서 침묵하게 했다.)

b. He **shouted** himself hoarse.(그는 소리쳐서 목이 쉬었다.)

2.4. 다음은 수동태 문장으로 주어는 큰 소리에 의해 영향을 받는다.

(7) a. Unpopular speakers were **shouted down** by the crowd.(인기가 없는 연사들 그 군중에 의해 침묵하게 되었다.)

b. The chairman was **shouted down** by the board members.(회장은 이사들이 지르는 큰 소리에 물러났다.)

shove

이 동사의 개념 바탕에는 세차게 밀치는 과정이 있다.

1. 타동사 용법

1.1. 다음 주어는 목적어를 밀친다.

(1) a. Helen **shoved** the book **across** the desk to Henry.(헬렌은 그 책을 테이블을 가로질러 헨리에게 밀어 보냈다.)

b. The police **shoved** him **against** the wall.(경찰은 그를 벽에 밀어부쳤다.)

c. Just **shove** those books **aside**, and make some space for yourself on the desk.(그저 저 책들을 옆으로 밀어제쳐 놓고, 책상 위에 너 자신을 위한 자리를 좀 만들어라.)

d. They **shoved** me **aside** to get at the food.(그들은 음식에 다가가기 위해 나를 옆으로 밀쳤다.)

e. I'll just **shove** the laundry **in** the washer.(나는 그 빨래를 세탁기에 밀쳐 넣을 것이다.)

f. He **shoved** his clothes **on**.(그는 옷을 밀쳐 입었다.)

1.2. 다음 주어는 목적어를 마음 대로 굴린다.

(2) a. They are **shoving** each other **about**.(그들은 서로를 이리저리 밀고 있다.)

b. He had a miserable time in school, because the older boys were always **shoving** him **around**.(상급생들이 괴롭혔기 때문에 그는 학교에서 끔찍한 시간을 보냈다.)

c. Don't let him **shove** you **around**.(그가 너를 밀어부치지 말게 해라.)

1.3. 다음은 수동태 문장으로 주어는 밀쳐진다.

(3) a. The copy of the paper was **shoved** beneath the rug.(그 본문 사본이 양탄자 밑에 밀쳐 넣어졌다.)

b. She was jostled and **shoved** by an angry crowd when she left the court.(그녀는 법정을 떠날 때 성난 군중에 의해 밀쳐졌다.)

1.4. 다음 주어는 목적어를 거칠게 넣거나 놓는다.

(4) a. He **shoved** the chair **into** the room.(그는 의자를 방안에 밀쳐 넣었다.)

b. He **shoved** the papers **into** his pocket/under the desk.(그는 그 서류를 그의 호주머니/그 책상 아래에 찔러 넣었다.)

c. **Shove** your jacket **into** my bag.(너의 재킷을 내 가방에 쳐넣어라.)

d. They **shoved** a raft **into** the river.(그들은 뗏목을 강으로 밀쳐 넣었다.)

e. He **shoved** everything **into** a small bag without folding anything.(그는 모든 것을 작은 가방 하나에 접지 않고 집어넣었다.)

1.5. 다음 주어는 목적어를 밀쳐낸다.

(5) a. He **shoved** the woman **out** of the room/aside.(그는 그 여자를 방 밖/옆으로 밀쳤다.)

b. The boys **shoved** the smaller children **out** of the way.(그 소년들은 더 작은 아이들을 밀어 제치고 나아갔다.)

c. He **shoved** the boy **off** the sidewalk/a cliff.(그는 그 소년을 길가/벼랑에서 떼밀어 내었다.)

d. He **shoved** the heavy rock **off** the road.(그는 무거운 돌을 길 밖으로 밀어내었다.)

e. The bus almost **shoved** me **off** the road.(그 버스는 나를 길 밖으로 거의 밀어 제쳤다.)

1.6. 다음 주어는 밀치면서 길을 헤쳐나간다.
(6) He shoved his way through the crowd.(그는 군중을 밀어 제치고 나아갔다.)

2. 자동사 용법

2.1. 다음 주어는 밀치면서 움직인다.
(7) Bargain hunters shoved up the counter.(싼 것만을 찾아다니는 사람들이 그 카운터로 밀어 닥쳤다.)

2.2. 다음 주어는 밀치면서 움직인다.
(8) a. Reporters pushed and shoved as they tried to close to the suspect.(기자들은 그 용의자에게 가까이 다가가기 위해 밀치고 나아갔다.)
     b. The huge crowd shoved forward into the stadium.(그 많은 군중이 앞으로 나아가 경기장으로 밀려들었다.)
     c. I am sick of this place. Let's shove off.(나는 이 장소가 지겹다. 떠나자.)
     d. Just shove off, Chris, and leave me alone.(제발 떠나라, 크리스, 그리고 나를 혼자 내버려두어라.)
     e. She jumped into the boat, and shoved off.(그녀는 그 배에 올라타서 떠났다.)
     f. We shoved off at 8:00 a.m.(그는 오전 8시에 떠났다.)
     g. He shoved past me.(그는 나를 밀치고 지나갔다.)
     h. He shoved past the crowd.(그는 군중을 밀치고 지나갔다.)

shower

이 동사의 개념 바탕에는 shower의 명사 '소나기'가 있다. 동사의 뜻은 이 명사의 특성과 관계가 있다.

1. 자동사 용법

1.1. 다음은 소나기가 내리는 과정이다.
(1) a. It showered all day yesterday.(어제 하루 종일 소나기가 내렸다.)
     b. The rain showered down from the sky.(비는 하늘에서 쏟아져 내려왔다.)

1.2. 다음 주어는 샤워를 한다.
(2) a. He showered before dinner.(그는 저녁을 먹기 전에 샤워를 했다.)
     b. She showered at the gym after the exercise.(그녀는 체육관에서 운동을 한 후에 샤워를 했다.)

1.3. 다음 주어는 소낙비 같이 흘러내리는 개체이다.
(3) a. Tears showered down his cheeks.(눈물이 그의 뺨을 타고 흘러 내려왔다.)
     b. Volcanic dust showered down on the onlookers.(화산재가 구경꾼들 위로 흘러 내려왔다.)
     c. Thousands of leaflets showered over the occupied France.(수천 개의 전단이 점령된 프랑스에 걸쳐 뿌려졌다.)

2. 타동사 용법

2.1. 다음 주어는 목적어를 내린다. 목적어는 빗방울 같이 쏟아지는 개체이다.
(4) a. People in buildings showered confetti on the parade route.(건물들 안에 있던 사람들이 행진로에 색종이 조각을 뿌렸다.)
     b. The sun flower showered seeds on the ground.(그 해바라기 씨를 땅위에 뿌렸다.)
     c. He showered gifts on his son.(그는 선물을 아들에게 쏟아 부었다.)
     d. He showers praise on employees.(그는 칭찬을 종업원들에게 쏟아 붓는다.)

2.2. 다음 주어는 목적어를 쏟아 붓는다.
(5) a. The branches of the trees showered me with snow.(나무의 가지들은 나에게 눈을 뿌렸다.)
     b. He showered his son with gifts.(그는 아들에게 선물을 쏟아 부었다.)
     c. He showered his employees with praise.(그는 종업원들에게 칭찬을 쏟아 부었다.)
     d. The wealthy school showered the athletes with scholarships.(그 부유한 학교는 운동 선수들에게 장학금을 쏟아 붓는다.)

2.3. 다음은 수동태 문장으로 주어는 받는다.
(6) a. The bride and bridegroom were showered with rice as they left the church.(그 신랑 신부는 그 교회를 떠날 때 쌀알이 쏟아졌다.)
     b. He was showered with congratulations.(그는 축하를 많이 받았다.)

shred

이 동사의 개념 바탕에는 갈기갈기 또는 조각조각 만드는 과정이 있다.

1. 타동사 용법

1.1. 다음 주어는 목적어를 조각조각 찢는다.
(1) a. They may be shredding documents.(그들은 서류들을 분쇄하고 있을지도 모른다.)
     b. Mice will shred things such as newspapers and make a terrible mess.(쥐들은 신문과 같은 것들을 갈기갈기 찢어서 끔찍한 쓰레기 더미를 만들 것이다.)
     c. He shredded the documents so no one could read them.(그는 서류들을 갈기갈기 찢어 아무도 읽지 못하게 했다.)
     d. Shred a little toilet paper.(화장지를 조금만 찢어라.)

1.2. 다음은 수동태 문장으로 주어는 갈기갈기 찢긴다.
(2) a. By the time the police got there the files had all been shredded.(그 경찰이 거기에 도착했을 때, 그 파일들은 모두 찢겨져 있었다.)
     b. The judge ordered that some evidence be shredded.(그 판사는 증거는 분쇄되어야 한다고 명령했다.)

1.3. 다음 주어는 목적어를 잘게 만든다.
(3) a. "I have to shred my garbage now", moans Cher.("나는 지금 내 쓰레기를 갈아야 한다." 체르가 신음하며 말한다.)
     b. Billy shredded his bottles.(빌은 그의 병들을 부쉈다.)

c. When you grate food, you **shred** it into very small pieces.(네가 음식을 갈면, 너는 그것을 매우 작은 조각들이 되도록 간다.)

d. She **shredded** carrots, cucumbers, and mushrooms separately.(그녀는 당근, 오이, 버섯을 따로 채썰었다.)

e. The council hopes to **shred** more than a thousand trees this year turning them into wood chips.(의회는 올해 천 그루 이상의 나무를 잘라 나무 조각으로 만들기를 희망한다.)

f. The bird was trying to **shred** my scarf even while it lay on my head.(새는 내 머리 위에 있는 동안에도 내 스카프를 갈가리 찢으려고 시도하고 있었다.)

1.4. 다음 주어는 목적어를 잘게 만든다.

(4) a. **Shred** the lettuce and arrange it around the edge of the dish.(그 상추를 조각조각 찢어서 접시의 가장자리에 놓아라.)

b. Finely **shred** the spinach or the lettuce leaves.(시금치나 상춧잎을 가늘게 조각내 찢어라.)

c. When cooked, **shred** the meat.(익었을 때, 고기를 잘게 조각을 내어라.)

d. Meanwhile, **shred** green leek tops but reserve a 20cm length.(한편, 부추의 꼭대기를 잘라내되 20cm 길이로 만들어 두어라.)

e. **Shred** some carrot for the salad.(샐러드를 위해 당근을 조금 채 썰어라.)

1.5. 다음 주어는 목적어를 잘게 만들어서 전치사 into 의 목적어가 되게한다.

(5) **Shred** one medium carrot **into** ribbon strips.(중간크기 당근 하나를 리본끈처럼 가늘게 채 썰어라.)

2. 자동사 용법
2.1. 다음 주어는 찢긴다.

(6) The cloth **shredded** in the wash.(그 천은 세탁 중에 찢겼다.)

---

shriek

이 동사의 개념 바탕에는 날카로운 소리를 내는 과정이 있다.

1. 자동사 용법
1.1. 다음 주어는 날카로운 소리를 낸다.

(1) a. The child **shrieked** with laughter.(그 아이는 웃음으로 비명을 질렀다.)

b. He **shrieked** with pain.(그는 고통으로 비명을 질렀다.)

c. The whistle **shrieked** as the train roared into the station.(경적이 기차가 역으로 들어오자 날카롭게 울렸다.)

d. The wind **shrieked** across the plain.(바람은 그 평야를 가로지르며 날카로운 소리를 냈다.)

1.2. 다음 주어는 비생명체이지만 생명체로 개념화되어 있다.

(2) The answer **shrieked** at her.(대답은 그녀에게 큰 소리를 질렀다/분명하다.)

1.3. 다음 주어는 움직이다가 갑자기 서면서 소리를 낸다.

(3) The speeding car **shrieked** to a halt.(빠르게 달리던 자동차는 갑자기 날카로운 끼이익 소리를 내면서 섰다.)

2. 타동사 용법
2.1. 다음에서 목적어는 인용문이다.

(4) a. "Get out," she **shrieked**.("나가"라고 그녀는 새된 소리로 말했다.)

b. "Help," he **shrieked**.("도와주세요"라고 그녀는 새된 소리로 말했다.)

2.2. 다음 주어는 목적어를 내던진다. 말은 구체적이니 개체로 개념화되어 던져지는 것으로 개념화된다.

(5) a. He **shrieked** curses **at** us.(그는 우리에게 새된 목소리로 저주를 퍼부었다.)

b. She **shrieked** abuse **at** the children.(그녀는 아이들에게 새된 목소리로 욕설을 질렀다.)

2.3. 다음 주어는 높은 소리로 목적어를 만들어낸다.

(6) a. He **shrieked** out a warning.(그는 새된 소리로 경고를 했다.)

b. The whistle **shrieked** a warning.(경적은 새된 소리로 경고를 했다.)

---

shrink

이 동사의 개념 바탕에는 어떤 개체가 오그라드는 과정이 있다.

1. 타동사 용법
1.1. 다음 주어는 목적어가 오그라들게 한다.

(1) a. Hot water **shrinks** woolen clothes.(뜨거운 물이 모직 옷을 줄어들게 한다.)

b. Washing wool in hot water will **shrink** it.(뜨거운 물에 모직물을 세탁하는 것은 모직물을 줄어들게 할 것이다.)

c. She **shrank** the cloth in hot water.(그녀는 그 천을 뜨거운 물에 줄어들게 했다.)

d. Do they **shrink** the material before making it up into clothes?(그들은 그 재료로 옷을 만들기 전에 그것을 수축시킵니까?)

1.2. 다음 주어는 양이나 크기 등이 줄어 들게 한다.

(2) a. I **shrank** the raft by letting half of the air out of it.(나는 공기가 반 쯤 빠져나가게 함으로써 그 뗏목을 줄였다.)

b. The drought/summer has **shrunk** the streams.(가뭄/여름은 그 개울을 줄어들게 했다.)

c. Inflation and taxation are **shrinking** our resources.(물가인상과 세금은 우리 재원을 줄이고 있다.)

d. The president tried to **shrink** the size of the deficit.(대통령은 적자의 크기를 줄이려고 노력했다.)

e. Business in his shop has **shrunk** to nothing in the past few weeks.(그의 가게 사업은 지난 몇 주안에 무(無)로 줄어들어 버렸다.)

f. He **shrank** himself.(그는 움추렸다.)

2. 자동사 용법

2.1. 다음의 주어는 줄어든다.

(3) a. All my jumpers have **shrunk**.(나의 모든 점퍼는 줄어들었다.)

b. The jeans will **shrink** in the wash.(청바지는 세탁으로 줄어들 것이다.)

c. You should dry-clean the curtains if possible, as they are less likely to **shrink**.(가능하면 당신은 그 커텐을 드라이 클리닝 시켜야 한다. 왜냐하면 줄어들 가능성이 덜하기 때문이다.)

d. My wool sweater **shrank** when I washed it.(나의 양모 스웨터는 세탁했을 때 줄어들었다.)

2.2. 다음 주어는 크기, 양, 수 등에서 줄어든다.

(4) a. Computers have **shrunk** in size.(컴퓨터는 크기가 줄어들었다.)

b. The lake **shrank** until it was just a series of pools.(그 호수는 단지 몇 개의 물 웅덩이들로 될 때까지 줄어들었다.)

c. The vast forests of West Africa have **shrunk**.(서 아프리카의 넓은 삼림은 줄어들었다.)

d. The number of students has **shrunk** from 120 to 40.(학생 수는 120에서 40까지 줄어왔다.)

e. The value of the dollar has been **shrinking**.(달러의 가치는 줄어들고 있다.)

f. The company's profits have **shrunk** from 4 million to 2 million.(그 회사의 이익은 400만에서 200만으로 줄어들었다.)

g. Her savings/earnings have **shrunk** away.(그녀의 저축/수입은 줄어져 갔다.)

h. The economy is **shrinking** instead of expanding.(경제는 팽창하는 대신 줄어들고 있다.)

i. Meats **shrink** by losing some of its fat in cooking.(고기는 요리 중에 지방을 잃으면서 줄어든다.)

2.3. 다음 주어는 from의 목적어에 접근하지 않고 피한다. from의 목적어는 동명사로 표현되어 있다

(5) a. She **shrank from** meeting strangers.(그녀는 낯선 사람과 만나는 것을 꺼린다.)

b. I **shrank from** telling him the bad news.(나는 그에게 나쁜 소식을 말하는 것을 삼가했다.)

c. The minister is unlikely to **shrink from** making a tough decision.(그 장관은 힘든 결정을 내리는 것에 움츠리지 않을 것 같다.)

d. She **shrank from** speaking.(그녀는 말하는 것에서 움츠렸다.)

2.6. 다음 주어는 전치사 from의 목적어로부터 피한다.

(6) a. We must not **shrink from** the legitimate use of force if we are to remain credible.(우리가 신용있게 남으려면, 합법적으로 힘을 사용하는 것에서 움츠려서는 안된다.)

b. She **shrank from** the thought of killing anyone.(그녀는 누군가를 죽이는 생각에서 움츠렸다.)

c. She **shrank from** the prospect of causing him distress.(그녀는 그에게 고민을 야기시키는 예상에 움츠렸다.)

d. I will not **shrink from** my duties/responsibilities.(나는 의무/책임에서 움츠리지 않을 것이다.)

e. They didn't **shrink from** danger.(그들은 위험에서 움츠리지 않았다.)

f. She **shrank from** wrong-doing.(그녀는 나쁜 일을 피했다.)

g. She **shrank from** the sight of blood.(그녀는 피가 있는 광경에서 움츠렸다.)

2.5. 다음 주어는 전치사 from의 목적어로부터 떨어진다.

(7) a. The boy **shrank away from** the big barking dog.(그 소년은 짖고 있는 큰 개에서 뒷걸음을 쳤다.)

b. She suddenly **shrank away from** him.(그녀는 갑자기 그에게서 뒷걸음을 쳤다.)

c. One child **shrank away from** me when I tried to talk to him.(내가 그 아이에게 말을 하려고 하자, 그는 나에게서 뒷걸음을 쳤다.)

d. They boys **shrank away** in horror.(그 소년들은 공포심에 뒷걸음을 쳤다.)

e. She **shrank from** society.(그녀는 사회로부터 도피했다.)

2.6. 다음 주어는 뒤로 물러선다.

(8) a. The child **shrank back** behind the sofa as his father shouted at him.(그 아이는 아버지가 소리치자 소파 뒤로 물러섰다.)

b. She **shrank back** from the man.(그녀는 그 남자로부터 물러섰다.)

c. She **shrank back** with an involuntary grip.(그녀는 무심결에 꼭 붙잡으면서 물러섰다.)

d. She **shrank back** at the terrible sight.(그녀는 두려운 광경에 물러섰다.)

e. She **shrank back** against the wall.(그녀는 물러서서 벽에 기댔다.)

f. The dog **shrank into** a corner.(그 개는 모퉁이로 피했다.)

shroud

이 동사의 개념 바탕에는 shroud의 명사 '가리개'가 있다. 동사의 의미는 이 명사의 쓰임과 관계가 있다.

1. 타동사 용법

1.1. 다음 주어는 목적어를 둘러싼다.

(1) a. Heavy fog **shrouded** the top of the tall buildings.(짙은 안개가 높은 빌딩의 꼭대기를 둘러 쌌다.)

b. A mass of smoke **shrouds** the city each morning.(두꺼운 연기가 도시를 매일 아침 둘러싼다.)

1.2. 다음은 수동태 문장으로 주어는 둘러 쌓여 있다.

(2) a. The hills were **shrouded** in mist/fog.(그 언덕은 안개에 둘러 쌓여 있었다.)

b. The earth is **shrouded** in darkness.(지구는 어둠에 둘러 싸여 있었다.)

1.3. 다음 주어는 목적어를 숨긴다.

(3) They **shrouded** their past in order to forget.(그들은 잊으려고 과거를 숨겼다.)

1.4. 다음은 수동태 문장으로, 주어는 감추어진다.

(4) a. The whole crime is **shrouded** in mystery.(모든 범죄는 신비 속에 감추어져 있다.)

b. The fate of the explorer is **shrouded in** mystery.
(그 탐험가의 운명은 신비 속에 감추어져 있다.)

c. Their plan is **shrouded in** secrecy. (그들의 계획은 비밀 속에 감추어져 있다.)

shrug

이 동사의 개념 바탕에는 어깨를 으쓱하는 과정이 있다.

1. 자동사 용법
1.1. 다음 주어는 어깨를 으쓱한다.
(1) a. He only **shrugged** and smiled.(그는 다만 어깨를 으쓱하고 웃을 뿐이었다.)

b. He **shrugged** and said nothing.(그는 어깨를 으쓱하고 아무 말도 안 했다.)

2 타동사 용법
2.1. 다음 주어는 목적어를 으쓱한다.
(2) a. She just **shrugged** her shoulders.(그녀는 어깨를 으쓱했다.)

b. He **shrugged** his shoulders and said, "I don't care."(그는 어깨를 으쓱하고 말했다: "나는 관심이 없다.")

2.2. 다음 주어는 목적어를 어깨를 으쓱하듯 가볍게 떨쳐버린다.
(3) a. He **shrugged off** his jacket.(그는 자신의 재킷을 떨쳐버렸다.)

b. It is difficult to **shrug off** that kind of criticism.(그러한 종류의 비판을 가볍게 떨쳐 버리긴 어렵다.)

c. He **shrugged off** the effect of the drug.(그는 그 약의 효과를 가볍게 떨쳐버렸다.)

d. She just **shrugs off** the pain and gets on with the job.(그녀는 고통을 가볍게 떨쳐 버리고 그 일을 계속했다.)

2.3. 다음은 수동태 문장으로 주어는 떨쳐 버려진다.
(4) a. There is a serious problem and it can't just be **shrugged** off as if it didn't exist.(심각한 문제가 있고, 그것이 없는 것처럼 쉽게 떨쳐 버려지지 않을 것이다.)

b. All objections were **shrugged off**.(모든 반대가 떨쳐 버려졌다.)

shuffle

이 동사의 개념 바탕에는 발을 끌며 움직이는 과정이 있다.

1. 자동사 용법
1.1. 다음에서 주어는 발을 끌면서 움직인다.
(1) a. He **shuffled along**.(그는 발을 끌며 걸어갔다.)

b. He **shuffled around** the room.(그는 발을 끌며 방 주위를 걸어다녔다.)

c. The class came **shuffling in** from the playground.(그 반 아이들은 발을 끌며 운동장에서 안으로 들어왔다.)

d. She got out of bed and **shuffled off** to take a shower.(그녀는 잠자리에서 일어나서 샤워를 하러 발을 끌며 갔다.)

e. The old man **shuffled toward** his mailbox.(그 노인은 발을 끌며 우체통으로 나아갔다.)

f. He **shuffled through** the snow.(그는 발을 끌며 눈 속을 갔다.)

1.2. 다음 주어는 천천히 움직인다.
(2) a. The economy is **shuffling along**.(경제는 천천히 나아가고 있다.)

b. He **shuffled out** of his responsibilities.(그는 교묘히 책임에서 벗어났다.)

c. He **shuffled through** his task.(그는 자신의 일을 해내었다.)

1.3. 다음 주어는 카드를 섞는다.
(3) Whose turn is it to **shuffle**?(누가 카드를 섞을 차례냐?)

2. 타동사 용법
2.1. 다음의 주어는 목적어를 질질 끈다.
(4) a. He **shuffled** his feet.(그는 발을 질질 끌었다.)

b. She **shuffled** her feet and blushed.(그녀는 발을 지척거리며 얼굴을 붉혔다.)

2.2. 다음 주어는 목적어를 섞는다.
(5) a. He **shuffled** the papers **together**.(그는 논문들을 함께 뒤죽박죽으로 섞었다.)

b. The dealer **shuffled** the cards and then dealt them.(그 거래상은 카드를 섞은 다음 그들을 나누어주었다.)

c. The customer **shuffled** the books on the display.(손님은 전시된 책들을 뒤죽박죽 섞었다.)

d. He **shuffled** his clohtes **into** a bag.(그는 옷을 자루에 마구 집어넣었다.)

2.3. 카드를 뒤섞는 과정은 어떤 일을 아무렇게나 급하게 하는 일에도 적용된다.
(6) a. He **shuffled** his clothes **off/on**.(그는 옷을 아무렇게나 입었다/벗었다.)

b. He **shuffled off** his own responsibility.(그는 자신의 책무를 아무렇게나 집어던졌다.)

shun

이 동사의 개념 바탕에는 싫어서 피하는 과정이 있다.

1. 타동사 용법
1.1. 다음 주어는 목적어를 피한다.
(1) a. The arrogant students **shunned** the unpopular ones.(오만한 학생들은 인기 없는 학생들을 피했다.)

b. He **shuns** his old friends/his family.(그는 자신의 옛 친구들을/가족을 피한다.)

c. A hermit **shuns** other people/society.(은자(隱者)는 다른 사람들을/사회를 피한다.)

1.2. 다음은 수동태 문장으로 주어는 피해진다.
(2) a. When he got out of prison, he was **shunned** by all his former friends.(출옥했을 때, 그는 자신의 옛 친

구들로부터 고립되었다.)

b. He **shunned** by his work mates for working during the strike.(그는 동맹 파업 기간 동안 일함으로써 작업 동료들로부터 고립되었다.)

c. Since the scandal, she was **shunned** by her neighbors.(그 파문 이후로, 그녀는 이웃들로부터 고립되었다.)

d. Victims of the disease found themselves **shunned** by society.(그 병의 희생자들은 자신들이 사회로부터 고립되었음을 알게 되었다.)

1.3. 다음 주어는 목적어를 피한다. 목적어는 추상적인 개체이다.

(3) a. He **shuns** evil/danger/temptation/publicity.(그는 악/위험/유혹/명성을 피한다.)

b. He **shuns** difficult tasks.(그는 어려운 임무를 피한다.)

c. She was lazy and **shunned** work.(그녀는 게을러서 일을 피했다.)

d. The extremist organization **shunned** traditional politics.(그 극단적인 단체는 전통적 정책을 피했다.)

e. Most medical graduates **shun** geriatric medicine. (대부분의 의대 졸업생들은 노인 의학을 피한다.)

f. John **shuns** businesses that don't employ labor unions.(존은 노동조합원을 고용하지 않는 업체를 피한다.)

g. I **shun** meat because I like vegetables more.(나는 야채를 더 좋아하기 때문에 육류를 피한다.)

1.4. 다음 주어는 목적어를 피한다. 목적어는 동명사가 나타내는 과정이다.

(4) He **shuns** meeting people.(그는 사람 만나는 것을 피한다.)

shunt

이 동사의 개념 바탕에는 한 곳에서 다른 곳으로 옮기는 과정이 있다.

1. 타동사 용법

1.1. 다음 주어는 목적어를 전치사가 가리키는 곳으로 옮긴다.

(1) a. He **shunted** the train into the siding.(그는 기차를 대피선으로 옮겼다.)

b. The engineer **shunted** the train onto an unused track.(그 기사는 기차를 사용하지 않는 선로로 옮겼다.)

c. He **shunted** the tanks off to the side.(그는 그 탱크를 가장자리로 옮겼다.)

1.2. 다음 목적어는 추상적이지만 구체적인 개체로 개념화되어 있다.

(2) a. He **shunted** the conversation onto another topic. (그는 대화를 다른 주제로 옮겼다.)

b. They **shunted** the matter to the jury.(그들은 그 문제를 배심원단에게 넘겼다.)

1.3. 다음은 수동태 문장으로 주어는 옮겨진다.

(3) a. The rich parent's children were **shunted** to

boarding school.(부유한 부모의 아이들은 기숙사가 있는 학교로 옮겨졌다.)

b. He is **shunted** off to one of the company's small offices.(그는 회사의 작은 부서 중의 한 곳으로 옮겨진다.)

c. John was **shunted** sideways to a job in sale.(존은 옆 쪽 판매직으로 옮겨졌다.)

d. He was **shunted** aside.(그는 옆으로 옮겨졌다.)

shut

이 동사의 개념 바탕에는 닫는 과정이 있다.

1. 타동사 용법

1.1. 다음 주어는 목적어를 닫는다. 목적어에는 잠금 장치가 있다.

(1) a. He **shut** the window/gate.(그는 창문/대문을 닫았다.)

b. He **shut** the door (against/to/on) him.(그는 문을 그에게 닫았다.)

c. He **shut** the lid of the box.(그는 상자의 뚜껑을 닫았다.)

d. Would you **shut** the gate as you go out?(나갈 때 대문을 닫아 주시겠어요?)

1.2. 다음 주어는 목적어를 닫는다. 목적어는 닫히는 부분이다.

(2) a. He **shut** his face/ears.(그는 얼굴/귀를 닫았다.)

b. He told me to **shut** my mouth.(그는 나에게 입을 다물라고 말했다.)

c. He **shut** his eyes and tried to sleep.(그는 눈을 감고 자려고 노력했다.)

d. **Shut** your eyes and hold out your tongue.(눈을 감고, 혀를 내밀어라.)

e. He **shut** his (mind/heart) to all treaties.(그는 마음을 모든 간청에 닫았다.)

f. He **shut** the book, and put it down on the table.(그는 책을 덮고, 그것을 테이블에 내려놓았다.)

1.3. 눈을 닫는다는 환유적으로 보지 않는다는 뜻으로 쓰인다.

(3) a. Until now he **shut** his eyes to the homelessness problem.(지금까지 그는 눈을 집 없는 사람들 문제에 대해 감았다.)

b. The examiner **shut** his eyes to the fact.(그 검사관은 그 사실에 대해 눈을 감았다.)

1.4. 다음 주어는 목적어를 닫는다. 목적어는 잠금 장치를 가지로 있다.

(4) a. He **shut** up the house for the winter.(그는 집을 겨울 동안 닫았다.)

b. He **shut** the room/shop.(그는 그 방/가게를 닫았다.)

c. They **shut** the villa for the winter.(그는 겨울 동안 별장을 닫았다.)

d. He **shut** and locked the cupboard.(그는 찬장을 닫고 잠궜다.)

e. They **shut** the library early on Wednesdays.(그들은 수요일에 도서관을 일찍 닫는다.)

f. We are **shutting** the office for two weeks.(우리는 사무실을 이주 동안 닫고 있다.)

1.5. 다음 주어는 목적어를 접어서 닫는다.

(5) He **shut** the knife/umbrella.(그는 칼/우산을 접어서 닫았다.)

1.6. 다음 주어는 목적어를 두 부분 (예: 문과 문설주) 사이에 끼이게 한다.

(6) a. He **shut** his finger in the door.(그는 손가락이 그 문에 끼었다.)

b. He **shut** his hand in the car door.(그는 손을 차 문에 끼었다.)

c. He **shut** his clothes in the car door.(그는 옷을 차 문에 끼었다.)

1.7. 다음 주어는 무엇을 닫아서 목적어를 그 속에 갇히게 한다,

(7) a. He **shut** the bird in a cage.(그는 그 새를 새장에 가두었다.)

b. They **shut** the man in a cell.(그들은 그 남자를 감방에 가두었다.)

c. The gunman **shut** us in the bathroom.(그 총잡이는 우리를 화장실에 가두었다.)

d. They **shut** the thief in prison.(그들은 도둑을 감옥에 가두었다.)

e. He **shut** himself in his room.(그는 자신을 방에 가두었다.)

f. He **shut** the horses in their pens.(그는 말들을 우리에 가두었다.)

g. He **shut** the cat into her room.(그는 고양이를 그녀의 방에 가두었다.)

h. We **shut** dog in at night.(우리는 밤에 그 개를 안에 가두어둔다.)

1.8. 다음 주어는 무엇을 닫아서 목적어를 그 속에 들어가지 못하게 한다.

(8) a. The management **shut out** the workers by locking the gate.(그 경영진은 문을 잠구어서 그 노동자들을 못 들어오게 했다.)

b. The pitcher **shut out** the last two teams.(그 투수는 마지막 두 팀을 완봉했다.)

c. Can't we do anything to **shut out** the dreadful noise?(저 끔찍한 소음을 들어오지 않게 무엇이라도 할 수 없을까?)

d. She cannot **shut out** unwelcome thoughts from her mind.(그녀는 반갑지 않은 생각들을 마음으로부터 막을 수 없었다.)

e. He **shut** the dog **out** of the room.(그는 그 개를 방 밖에 두었다.)

1.9. 소리, 빛, 생각, 기억 등 차단시켜서 의식이나 머리 속에 들어오지 못하게 하는 과정도 이 동사로 표현된다.

(9) a. The double glazing **shuts out** most of the traffic noise.(그 이중창은 거의 모든 교통 소음을 막아서 못 들어오게 한다.)

b. She finds it impossible to **shut out** the memory of the accident.(그녀는 그 사고의 기억을 막아 못 들어오게 하는 것이 불가능하다는 것을 깨달았다.)

c. The trees **shut out** the view.(그 나무들은 시야를 막는다.)

d. They **shut** him **out** of the club.(그들은 그가 그 클럽에 들어오지 못하게 했다.)

1.10. 다음은 수동태 문장으로 주어는 갇힌다.

(10) a. The wind blew the door closed, and I'm **shut out**.(바람은 그 문을 닫아서 내가 못 들어가게 되었다.)

b. She has been **shut out** of high society.(그녀는 상류 사회에 받아들여지지 않았다.)

1.11. 스위치 같은 것을 닫아서 물이나 전기 가스 등을 차단하는 것도 이 동사가 나타낸다.

(11) a. He **shut off** the flow of water.(그는 물의 흐름을 막았다.)

b. He **shut off** the electricity.(그는 전기를 끊었다.)

c. She **shut** herself **off** from her friends and family.(그녀는 친구와 가족에게서 자신을 격리시켰다.)

d. Gas supplies were **shut off** for a week.(가스 공급이 일주일 동안 끊겼다.)

1.12. 다음 주어는 목적어를 닫아서 움직이지 않게 만든다.

(12) They are going to **shut down** the factory.(그들은 그 공장을 폐쇄할 것이다.)

2. 자동사 용법

2.1. 다음 주어는 닫혀진다. 이 개체는 스스로의 힘으로 닫힌다.

(13) a. The door would not **shut**.(그 문은 닫히지 않는다.)

b. The window won't **shut**.(그 창문은 닫히지 않는다.)

c. The door **shut** of itself.(그 문은 저절로 닫혔다.)

d. The screen door **shuts** gently.(그 스크린 문은 부드럽게 닫힌다.)

e. His mouth opened and **shut** again.(그의 입은 열리고 다시 닫혔다.)

2.2. 다음의 주어는 닫히는 부분을 포함하는 전체이다.

(14) a. The shop **shuts** at 6:00.(그 상점은 6시에 닫는다.)

b. What time does the shop **shut** on Sundays?(그 상점은 일요일에 몇시에 닫느냐?)

2.3. 다음 엔진이 환유적으로 쓰인 예이다.

(15) The engine **shuts** automatically when the desired temperature is reached.(그 엔진은 원하는 온도에 다다르면 자동적으로 꺼진다.)

2.4. 다음 주어는 닫힌다. 실제 닫히는 것은 꽃잎이므로, 다음의 flowers는 환유적으로 쓰였다.

(16) Flowers **shut** at night.(꽃은 밤에 닫힌다.)

shy

이 동사의 개념 바탕에는 놀라서 갑자기 뒷걸음을 치는 과정이 있다.

1. 자동사 용법

1.1. 다음 주어는 전치사 from의 목적어에서 물러선다.

(1) a. The snail **shied** away **from** the dog.(그 달팽이는 개로부터 뒷걸음질을 쳤다.)

b. His cat **shied** away **from** the loud noise.(그의 고양이는 시끄러운 소리를 피했다.)

c. His eyes shied away from mine.(그의 눈은 내 눈을 피했다.)

1.2. 다음 주어는 주춤한다.

(2) a. The horse shied at the loud noise and threw its rider.(그 말은 큰 소리에 놀라 뒷걸음질을 치면서 타고 있는 이를 떨쳐버렸다.)

b. His horse shied at the red kite caught in the fence.(그의 말은 울타리에 걸린 빨간 연에 주춤했다.)

1.3. 다음 주어는 전치사 from의 목적어에서 물러선다. 목적어는 추상적이다.

(3) a. He shied away from accusing him directly.(그는 그를 직접적 비난하는 것으로부터 물러났다.)

b. She tends to shy away from (accepting) responsibility.(그녀는 책임을 지는 것으로부터 뒷걸음질치는 경향이 있다.)

c. I've never shied away from hard work.(나는 한번도 힘든 작업으로부터 물러난 적이 없었다.)

sicken

이 동사의 개념 바탕에는 몸이 아프거나 구역질을 느끼는 과정이 있다.

1. 타동사 용법

1.1. 다음 주어는 목적어를 병들게 한다.

(1) The school sickened the school children with tainted food.(학교는 부패한 음식으로 학생들을 병들게 했다.)

1.2. 다음 주어는 목적어를 정신적으로 구역질이 나게 한다.

(2) a. She sickened me with her disgusting jokes.(그녀는 나를 더러운 농담으로 구역질나게 했다.)

b. Stop sickening her with your dirty jokes.(그녀를 추한 농담으로 구역질 나게 하지 마세요.)

1.3. 다음 주어는 그 자체가 목적어를 구역이 나게 한다.

(3) a. The idea of organized dog fights sickens me.(조직화된 개싸움의 생각은 나를 구역질나게 한다.)

b. Your foul language sickens us all.(너의 더러운 말은 우리 모두를 구역이 나게 한다.)

1.4. 다음은 수동태 문장으로 주어는 넌더리가 난다.

(4) a. She was sickened by the maggots in the kitchen. (그녀는 부엌에 있는 구더기들에 구역질이 났다.)

b. The public is becoming sickened by these pictures of violence.(대중은 폭력의 사진 때문에 기분이 역겨워지고 있다.)

2. 자동사 용법

2.1. 다음 주어는 신체적으로 병이 드는 사람이다.

(5) a. He is sickening for measles.(그는 홍역으로 병들어 있다.)

b. She is sickening for mumps.(그녀는 이하선염으로 병이 나 있다.)

2.2. 다음 주어는 정신적으로 구역을 느끼는 사람이다.

(6) a. He sickened at the sight of lice.(그는 이를 보고 구역질을 느꼈다.)

b. We sickened at the sight of so much slaughter.(우리는 많은 살육 장면을 보고 넌더리가 났다.)

2.3. 다음 주어는 전치사 of의 목적어로 넌더리가 난다.

(7) a. He finally sickened of the endless parties and idle conversation.(그는 결국 끝없는 파티와 잡담에 넌더리가 났다.)

b. He sickened of his messy room, and cleaned it up.(그는 지저분한 방에 질려 완전히 청소를 했다.)

c. He is sickening of his daily routine.(그는 자신의 반복되는 일상에 싫증이 나고 있다.)

2.4. 주어는 to부정사의 내용으로 구역질이 난다.

(8) He sickened to see the snake.(그는 뱀을 보고 구역질이 났다.)

sieve

이 동사의 개념 바탕에는 sieve의 명사 '체'가 있다. 동사의 의미는 이 명사의 쓰임과 관계가 있다.

1. 타동사 용법

1.1. 다음 주어는 목적어를 체로 친다.

(1) a. Sieve the sauce to get the lump out.(그 소스를 체로 쳐서 덩어리를 걸러내어라.)

b. You have to sieve the flour to remove the lumps in it.(너는 밀가루를 쳐서 그 속에 있는 덩어리를 제거해야 한다.)

1.2. 다음 주어는 목적어를 체로 쳐서 걸러낸다.

(2) a. You'll need to sieve out the stones from the soil. (너는 돌들을 흙에서 체로 쳐서 걸러낼 필요가 있을 것이다.)

b. She sieved out all the lumps from the flour.(그녀는 모든 덩어리를 밀가루에서 쳐냈다.)

sift

이 동사의 개념 바탕에는 체로 치는 과정이 있다.

1. 타동사 용법

1.1. 다음 주어는 목적어를 체질 한다.

(1) a. Sift the flour first.(먼저 밀가루를 체로 쳐라.)

b. Sift sugar on top of the cake.(설탕을 쳐서 케이크 위에 가게 해라.)

c. He sifted the sand through his fingers.(그는 모래를 손가락 사이로 빠져 나가게 했다.)

1.2. 다음 주어는 목적어를 쳐서 목적어가 전치사 into 나 over의 목적어에 가게 한다.

(2) a. Sift the flour into a bowl.(밀가루를 사발에 체로 쳐 넣어라.)

b. He sifted flour into batter.(그는 가루를 쳐서 반죽을 만들었다.)

c. He sifted sugar over the doughnut.(그는 설탕을 그 도넛 위에 체로 쳤다.)

d. Sift a little icing sugar over the top of the cake.(약간의 얼음 설탕을 쳐서 케이크의 위에 넣어라.)

1.3. 다음 주어는 목적어를 가린다.

(3) a. We must sift the evidence very carefully before we came to any conclusions.(우리는 어떤 결론에 이르기 전에 그 증거를 아주 조심스럽게 가려야 한다.)

b. We will **sift** every scrap of evidence.(우리는 증거의 모든 작은 부분도 가리겠다.)

1.4. 다음 주어는 목적어를 가려낸다.

(4) a. Please **sift out** the lumps.(덩어리를 체로 가려내라.)

b. We need to **sift out** the applicants that have no chance of succeeding.(우리는 성공할 가능성이 없는 지원자들을 가려낼 필요가 있다.)

c. It is hard to **sift out** the truth **from** the lies in this case.(이번 사건에서 진실을 거짓말로부터 가려내기가 어렵겠다.)

d. We must **sift out** the stones **from** the soil.(우리는 돌들을 흙에서 체로 쳐서 분리해야 한다.)

e. He **sifted** the relevant data **from** the rest.(그는 관련이 있는 정보를 나머지들로부터 가렸다.)

f. They **sifted** fine grains **from** the coarse.(그들은 작은 곡물을 굵은 곡물에서 체로 쳐서 갈랐다.)

2. 자동사 용법

2.1. 다음 주어는 체로 쳐지는 것과 같은 상태로 움직인다.

(5) a. Snow **sifted into** the room.(눈이 방 안으로 체가 쳐지듯 들어왔다.)

b. Dust **sifted through** the cracks around the door.(먼지가 문 주위의 틈을 통과해서 스며들어왔다.)

c. The moonlight **sifted through** the window.(달빛은 창문을 통해 들어왔다.)

d. Sand **sifted** slowly **through** the hourglass.(모래가 모래시계를 통과해서 천천히 걸러져 내려왔다.)

2.2. 다음 주어는 조사한다.

(6) a. Crash investigators have been **sifting through** the wreckage of the aircraft.(충돌 사건 조사자들이 항공기의 잔해를 조사해 오고 있다.)

b. She **sifted through** her papers to find the lost letter.(그녀는 잃어버린 편지를 찾기 위해 자신의 서류들을 면밀히 조사했다.)

2.3. 다음 주어는 체가 처진다.

(7) The meal **sifts** easily.(식사는 잘 내려간다.)

sign

이 동사의 개념 바탕에는 sign의 명사가 깔려 있다.

1. 타동사 용법

1.1. 다음 주어는 목적어를 서명한다.

(1) a. The singer was **signing** autographs for a group of fans.(그 가수는 자기 이름을 한 무리의 팬을 위해 사인을 해주고 있었다.)

b. He **signed** his name on the check.(그는 이름을 그 수표에 서명했다.)

c. **Sign** your initials here.(여기 이름의 머리글자를 쓰세요.)

1.2. 다음 주어는 첫 목적어에게 둘째 목적어를 서명한다.

(2) He **signed** himself Jimmy.(그는 자신을 지미라고 사

1.3. 다음 주어는 목적어를 서명한다. 목적어는 서류, 수표, 조약, 거래 등이다.

(3) a. They **signed** the contract.(그들은 그 계약서에 서명했다.)

b. The warring nations **signed** the peace treaty.(교전국들은 평화 협정을 체결했다.)

c. Mary **signed** the back of the check in order to endorse it.(메리는 이서하기 위해 수표의 뒷면에 사인했다.)

d. He **signed** and sealed the paper/document.(그는 그 서류/문서에 서명하고 날인했다.)

e. You are required to **sign** the form in both places.(너는 양식의 두 곳에 사인을 하도록 요청된다.)

f. The company **signed** a government contract.(그 회사는 정부 계약에 서명했다.)

g. France has just **signed** a trade deal with Korea.(프랑스는 방금 한국과의 통상 거래를 서명했다.)

1.4. 다음은 수동태 문장으로 주어는 서명된다.

(4) The pottery has been **signed** with his name.(그 도자기에 그의 이름이 새겨 넣어졌다.)

1.5. 다음 주어는 목적어를 서명하여 채용한다.

(5) a. The coach **signed** the new player.(그 코치는 새 선수를 서명하여 채용했다.)

b. The baseball club **signed** fine new players.(그 야구팀은 새 좋은 선수들을 서명하여 뽑았다.)

c. The team **signed** on ten new players.(그 팀은 열 명의 새 선수들을 서명하여 뽑았다.)

1.6. 다음 주어는 목적어를 서명하여 넘긴다.

(6) a. She **signed** over the property to her son.(그녀는 재산을 아들에게 서명해서 넘겨줬다.)

b. He **signed away** the rights in the invention.(그는 발명의 특허를 다른 사람에게 서명을 하여 넘겨줬다.)

c. Under the treaty both sides will **sign** away a third of their nuclear weapons.(그 조약에 따라 양측은 핵무기의 삼분의 일을 서명하여 처분할 것이다.)

1.7. 다음 주어는 목적어를 손이나 머리 등으로 나타낸다.

(7) a. He **signed** his disagreement/assent/dissent.(그는 의견의 불일치/찬성/반대에 서명했다.)

b. He **signed** his approval with a nod.(그는 고개를 끄덕여서 찬성을 나타냈다.)

c. The deaf man **signed** his request to his friend.(그 듣지 못하는 사람은 손짓으로 자신의 요청을 친구에게 전했다.)

d. The whole performance was **signed** by a local interpreter.(공연 전체는 현지 통역자의 수화로 전달되었다.)

1.8. 다음 주어는 that-절의 내용을 신호로 나타낸다.

(8) a. He **signed** to the waiter **that** he wanted another drink.(그는 한 잔 더 원한다고 그 웨이터에게 손짓했다.)

b. The referee **signed that** the fight was over.(그 심판은 시합이 끝났다는 신호를 했다.)

c. He **signed that** he was ready to start.(그는 출발할 준비가 됐음을 신호했다.)

d. He **signed that** he disagreed.(그는 동의를 하지 않음을 신호로 표시했다.)

1.9. 다음 주어는 목적어를 신호로 어떤 일이나 행동을 하게 한다.

(9) a. He **signed** us **to** enter the hall.(그는 우리에게 홀 안으로 들어오라고 신호 했다.)

b. The doorkeeper **signed** the tramps **to** get out of the hotel.(수위는 그 부랑자들에게 호텔 밖으로 나가라고 신호 했다.)

c. He **signed** the waiter **to** bring him another drink.(그는 그 웨이터에게 신호로 한 잔 더 가져오게 했다.)

d. The policeman **signed** me **to** move on.(경찰은 나에게 신호로 계속 움직이라고 손짓했다.)

2. 자동사 용법

2.1. 다음 주어는 전치사 to의 목적어에게 손짓하여 어떤 일을 하게 한다.

(10) a. She **signed to** the children **to** stop chatting.(그녀는 아이들에게 손짓을 하여 잡담을 그만 하라고 했다.)

b. He **signed to** me **to** open the window.(그는 나에게 창문 열어달라고 손짓했다.)

c. The policeman **signed to** me **to** stop.(경찰은 나에게 신호로 멈추라고 했다.)

d. She **signed to** the waiter for the check.(그녀는 계산서 달라고 웨이터에게 손짓했다.)

2.2. 다음 주어는 전치사 for의 목적어에게 손짓을 한다.

(11) a. The patrolman **signed for** them **to** halt there.(순찰경찰은 그들에게 그 곳에 멈추라고 손짓했다.)

b. She **signed for** us **to** go inside.(그녀는 우리에게 안으로 들어가라고 손짓했다.)

2.3. 다음 주어는 신호를 보낸다.

(12) She **signed** frantically to him, but he was not looking at her.(그녀는 미친 듯이 그에게 손짓했지만, 그는 쳐다보지도 않았다.)

2.4. 다음 주어는 서명을 한다.

(13) a. Please **sign** here.(여기에 서명하세요.)

b. Please **sign** on the dotted line.(그 점선위에 서명하세요.)

c. Please **sign** in here when you arrive at the building.(그 건물에 도착하면 이 곳에 서명하십시오.)

2.5. 다음 주어는 손짓말을 한다.

(14) a. John **signed** with his deaf friends.(존은 자신의 벙어리 친구들과 수화를 했다.)

b. He knows how to **sign** as well as lip-read.(그는 독순술 뿐 아니라 수신호법도 안다.)

c. She has learned to **sign** to help her deaf child.(그녀는 자신의 벙어리 아이를 돕기 위해서 수화를 배워왔다.)

2.6. 다음 주어는 서명을 하여 이름을 올린다.

(15) a. He **signed up** for four years in the navy.(그는 4년간 해군에 지원했다.)

b. He **signed up** for the field trip.(그는 현장 답사를 신청했다.)

c. I **signed up** for the guitar class.(나는 기타반에 신청했다.)

2.7. 다음 주어는 신호를 해서 끝낸다.

(16) a. It's Friday and I think I **sign off** early today.(금요일이니까 오늘은 일찍 방송을 마칠 생각이다.)

b. The station **signed off** for the night.(그 방송국은 그 날 밤 방송을 끝냈다.)

2.8. 다음 주어는 계약을 해서 고용된다.

(17) a. He has **signed on** for my course.(그는 내 과목에 수강 신청했다.)

b. My brother has **signed on** as a sailor.(나의 형은 선원으로 지원했다.)

signal

이 동사의 개념 바탕에는 signal의 명사 '신호'가 있다. 동사의 의미는 이 명사의 관습적 쓰임과 관계가 있다. signal은 명령, 지시, 경고 등을 가리키기 위한 관습화된 신호이다.

1. 타동사 용법

1.1. 다음 주어는 목적어에 신호를 보내서 to부정사가 가리키는 일을 하게 한다.

(1) a. The policeman **signaled** the car to pull over.(경찰관은 차를 갓길에 대게 신호를 했다.)

b. The policeman **signaled** the traffic to move slowly.(경찰은 신호를 해서 차들이 천천히 달리게 했다.)

c. The brain **signals** the muscles to contract.(뇌가 근육에 신호를 보내서 수축하게 한다.)

d. He **signaled** the car to stop by raising his hand.(그는 손을 들어서 그 차에게 멈추라고 신호했다.)

1.2. 다음 주어는 신호로서 목적어를 표시한다.

(2) a. He **signaled** his discontent by refusing to vote.(그는 투표를 거절함으로써 불만을 표시했다.)

b. Both sides **signaled** their willingness to start negotiations.(양쪽이 협상을 시작하고자 하는 의사를 신호로 표했다.)

c. The cyclist **signaled** a left turn.(그 자전거를 타는 사람은 좌회전을 신호로 표시했다.)

d. The referee **signaled** a foul.(그 심판은 반칙을 신호했다.)

1.3. 다음 주어는 신호가 되어 목적어를 알린다.

(3) a. The white flowers **signal** the arrival of spring.(흰 꽃은 봄의 도착을 알린다.)

b. The defeat of 2,000 **signaled** the end of the Democrats.(2000년의 패배가 민주당의 종말을 알렸다.)

c. The announcement **signaled** a clear change of policy.(그 발표는 정책의 명백한 전환을 알렸다.)

1.4. 다음 주어는 첫째 목적어에 신호로 둘째 목적어를 알린다.

(4) The thief **signaled** his friend that the police were coming.(그 도둑은 자신의 친구에게 경찰이 오고 있다고 신호했다.)

2. 자동사 용법

2.1. 다음 주어는 to의 목적어에 신호한다.

(5) a. The general **signaled** to his officers to begin the attack.(그 장군은 그의 장교들에게 공격을 시작하라고 신호했다.)

b. He **signaled** to us to join him.(그는 우리에게 그와 합류하라고 신호했다.)

2.2. 다음 주어는 신호를 한다.

(6) a. She was **signaling** wildly waving her arms.(그녀는 팔을 세차게 흔들어서 신호를 하고 있었다.)

b. He **signaled** for a rescue boat.(그는 구조 보트를 구하기 위해 신호를 했다.)

signify

이 동사의 개념 바탕에 기호가 무엇을 의미하는 과정이 있다.

1. 타동사 용법

1.1. 다음 주어는 목적어를 의미한다.

(1) a. What does it **signify**?(그것은 무엇을 의미하니?)

b. A red sunset **signifies** fine weather.(붉은 저녁 노을은 좋은 날씨를 의미한다.)

c. The decision **signified** a radical changes in their policies.(그 결정은 그들의 정책에 있어 급진적인 변화를 의미했다.)

d. What does DOE **signify**?(DOE는 무엇을 의미하니?)

e. A hail **signifies** rain.(우박은 비를 의미한다.)

1.2. 다음 주어는 어떤 표시를 써서 목적어를 의미한다.

(2) a. He **signified** his intention/his approval.(그는 자신의 의도/인정을 표시했다.)

b. He **signified** his satisfaction.(그는 만족을 표시했다.)

c. All those in favor **signify** your agreement by saying "aye".(찬성하는 모든 사람들은 여러 분의 동의를 "예"라고 말함으로써 동의를 표시하세요.)

1.3. 다음 주어는 that-절의 내용을 표시한다.

(3) a. With a nod, he **signified that** he approved.(고개를 끄덕임으로써, 그는 인정함을 표시했다.)

b. The white belt **signifies that** he is an absolute beginner.(흰 띠는 그가 완전히 초급자임을 표시한다.)

c. Dark clouds **signify that** it will rain soon.(어두운 구름은 곧 비가 내릴 것을 표시한다.)

d. Recent changes in climate may **signify that** global warming is starting to have an effect.(기후의 최근 변화는 지구온난화가 영향을 주기 시작함을 표시할지 모른다.)

1.4. 다음에서는 주어가 나타내는 의미의 정도가 표현되어 있다.

(4) a. It **signifies** little.(그것은 별로 중요하지 않다.)

b. It does not **signify** much/anything.(그것은 별로 전혀 중요하지 않다.)

silence

이 동사의 개념 바탕에는 silence의 명사 '침묵'이 있다. 동사의 의미는 이 명사의 상태와 관계가 있다.

1. 타동사 용법

1.1. 다음 주어는 목적어의 소리가 나지 않게 한다.

(1) a. The plane has an ingenious system of **silencing** noise.(비행기는 잡음을 나지 않게 하는 교묘한 시스템을 가지고 있다.)

b. The nurse **silenced** the baby's crying.(그 간호사는 그 아기의 울음을 그치게 했다.)

c. He **silenced** the noisy children with a stern look.(그가 시끄러운 아이들을 엄한 표정을 지어 조용히 시켰다.)

1.2. 다음 주어는 목적어가 말을 못하게 한다.

(2) a. The president **silenced** his opponents by having them put in prison.(대통령은 반대자들을 감옥에 집어 넣어 침묵시켰다.)

b. He **silenced** the press.(그가 언론을 잠재웠다.)

c. The usher **silenced** the people in the audience who were talking.(그 수위는 이야기하는 청중들 속의 그 사람들을 말을 못하게 했다.)

d. The government **silenced** the underground newspaper.(정부는 그 지하 신문을 침묵시켰다.)

1.3. 다음 주어는 목적어를 말을 못 하게 한다. 주어는 개체이다.

(3) a. Her recent achievements **silenced** her critics.(그녀의 최근 업적은 그녀의 비판자들을 침묵시켰다.)

b. Successful actions could **silence** the administration's critics.(성공적인 행동이 그 행정기관의 비판자들을 말을 못하게 할 수 있었다.)

c. He **silenced** the doubts/his conscience.(그는 의혹을/그의 양심을 가라앉혔다.)

1.4. 다음 주어는 목적어를 침묵시킨다.

(4) a. Our bombs **silenced** the enemy's guns.(우리의 폭탄들이 적군의 총을 침묵시켰다.)

b. The bomb **silenced** the gun positions.(그 폭탄은 그 총의 진지를 침묵시켰다.)

1.5. 다음은 수동태 문장으로 주어는 침묵시켜 진다.

(5) All protests have been **silenced**.(모든 항의가 침묵시켜졌다.)

simplify

이 동사의 개념 바탕에는 간단하게 하는 과정이 있다.

1. 타동사 용법

1.1. 다음 주어는 목적어를 쉽고 간단하게 만든다.

(1) a. It would **simplify** matters if we could agree on a few things from the start.(우리가 시작부터 몇 문제에 의견 일치를 볼 수 있으면 그것은 쉽고 간단하게 만들 것이다.)

b. Try to **simplify** your explanation.(너의 설명을 쉽고 간단하게 만들어 보도록 노력해라.)

c. He **simplified** the rules of the game.(그는 그 게임의 규칙을 쉽고 간단하게 했다.)

sing

이 동사의 개념 바탕에는 노래하는 과정이 있다.

1. 자동사 용법

1.1. 다음 주어는 노래를 한다.

(1) a. She **sings** well.(그녀는 노래를 잘 한다.)

b. She was **singing** as she worked.(그녀는 일할 때 노래 부르고 있었다.)

c. Once she **sang** on national TV.(한때 그녀는 전국 TV에서 노래 불렀다.)

d. She is **singing** on the stage.(그녀는 무대에서 노래 부르고 있는 중이다.)

e. She **sang** in nightclubs for many years.(그녀는 나이트클럽에서 수년 동안 노래 불렀다.)

f. We **sang** around the campfire.(우리는 모닥불 주변에 둘러서 노래를 불렀다.)

g. She **sang** to the guitarist.(그녀는 기타 연주가에 맞춰 노래불렀다.)

h. She walked along, **singing** to herself.(그녀는 혼자 흥얼거리며 길을 따라 걸었다.)

i. She **sings** in a higher voice than her husband.(그녀는 남편보다 더 높은 목소리로 노래한다.)

j. You are not **singing** in tune.(너는 곡조에 맞게 노래 부르지 않고 있다.)

k. **Sing** up, girls, and let us hear you.(얘들아, 목청 높여 노래 불러라, 그래서 우리가 너희들의 노래를 듣게 해다오.)

1.2. 다음의 주어는 새와 같은 동물이다.

(2) a. I could hear the birds **singing** in the trees.(나는 새들이 나무에서 지저귀고 있는 것을 들을 수 있었다.)

b. Birds **sing** loudest in the morning.(새들은 아침에 가장 크게 지저귄다.)

c. The whales seemed to **sing** to each other.(고래들은 서로에게 노래 불러주는 것 같았다.)

1.3. 다음 주어는 소리를 낸다.

(3) a. Bullets came **singing** past his ears.(탄환이 그의 귀를 윙윙 울리며 지나갔다.)

b. The kettle **sang** on the stove.(주전자는 스토브에서 소리내고 있었다.)

c. My ears are **singing** from the loud noise.(내 귀는 큰 소음 때문에 울리고 있다.)

1.4. 다음 주어가 전치사 about이나 of의 목적어에 대해서 노래한다.

(4) a She **sang** about love for most of the time.(그녀는 대부분의 시간동안 사랑에 대해서 노래를 했다.)

b. She is **singing** of the times of the king.(그녀는 그 왕의 시대에 대해 노래하고 있는 중이다.)

c. They **sang** of their brave deeds.(그들은 자신들의 용감한 행위를 찬양해 노래했다.)

1.5. 다음 주어는 큰 소리를 낸다.

(5) If you need help, **sing** out.(도움이 필요하면, 소리를 질러라.)

2. 타동사 용법

2.1. 다음 주어는 목적어를 부른다.

(6) a. He is **singing** her praises.(그는 그녀의 칭찬을 노래하고 있다.)

b. She **sang** an American song.(그녀는 미국 노래를 불렀다.)

c. They are **singing** the same old song.(그들은 동일한 옛 노래를 부르고 있다.)

d. We **sang** carols at Christmas.(우리는 크리스마스에 캐롤을 불렀다.)

e. They were **singing** an ancient Korean tune.(그들은 고대 한국의 가락을 부르고 있었다.)

2.2. 다음 주어는 목적어를 부른다. 목적어는 음조이다.

(7) Do you **sing** a bass or baritone?(너는 베이스 혹은 바리톤을 부르니?)

2.3. 다음 주어는 첫째 목적어에게 둘째 목적어를 불러준다.

(8) a. She **sang** the baby a lullaby.(그녀는 그 아기에게 자장가를 불러주었다.)

b. Will you **sing** me a song?(나에게 노래를 불러줄래?)

c. He **sang** a song for us.(그는 우리를 위해 노래를 불렀다.)

2.4. 다음 주어는 노래를 불러서 목적어를 상태의 변화를 받게 한다.

(9) a. She **sang** the baby to sleep.(그녀는 노래를 불러 아이를 잠재웠다.)

b. The baby was restless and I tried **singing** her to sleep.(그 아기는 잠 못 이뤄서 나는 노래를 불러서 재우기를 시도해 보았다.)

2.5. 다음 주어는 목적어를 큰 소리로 외친다.

(10) He **sang** out his order.(그는 주문을 큰 소리로 외쳤다.)

single

이 동사의 개념 바탕에는 여러 개체 가운데 하나를 뽑는 과정이 있다.

1. 타동사 용법

1.1. 다음 주어는 목적어를 뽑는다.

(1) a. Why **single** him out for punishment?(왜 그를 벌주려고 뽑아 냈느냐?)

b. The teacher **singled out** Jennifer for praise.(교사는 제니퍼를 칭찬하려고 뽑으셨다.)

1.2. 다음은 수동태 문장으로 주어는 뽑힌다.

(2) a. He was **singled out** for praise.(그는 칭찬을 받으려고 뽑혔다.)

b. He was **singled out** as an outstanding performer of the game.(그는 그 경기의 탁월한 선수로써 뽑혔다.)

sink

이 동사의 개념 바탕에는 가라앉는 과정이 있다.

1. 자동사 용법

1.1. 다음 주어는 가라앉는다.
(1) a. The ship **sank** in deep water.(그 배는 깊은 물에 가라앉았다.)
   b. The ship **sank** with all her crew.(그 배는 승무원을 모두 태운 채 가라앉았다.)
   c. The boat **sank** to the depths of the sea.(그 보트는 바다의 바닥에 가라앉았다.)
   d. The rubber ball won't **sink**.(고무공은 가라앉지 않는다.)
   e. The swimmer is **sinking**.(그 수영 선수는 가라앉고 있다.)
   f. He **sank** up to his knees in mud.(그는 진흙 속에서 무릎까지 빠졌다.)

1.2. 다음 주어는 위에서 아래로 내려온다.
(2) a. The sun was **sinking** in the west.(해는 서쪽에서 지고 있었다.)
   b. The balloon **sank** to the earth.(그 풍선은 땅으로 내려왔다.)

1.3. 다음 주어는 사람이다. 주어는 힘없이 주저앉거나 쓰러진다.
(3) a. She fainted and **sank** to the ground.(그녀는 의식을 잃고 땅에 쓰러졌다.)
   b. He **sank** into the chair and fell asleep at once.(그는 의자에 쓰러져서 곧 잠이 들었다.)

1.4. 다음 주어는 수그러진다.
(4) a. His head **sank** forward on his chest.(그의 고개가 앞으로 가슴에 수그러졌다.)
   b. His eyes **sank** before the stern glance.(그 무서운 눈길 앞에서 그의 눈이 아래를 향했다.)

1.5. 다음 주어는 through나 into의 목적어로 들어간다.
(5) a. The ink quickly **sank** in.(그 잉크는 빨리 스며들었다.)
   b. The lesson has not **sunk** in.(그 교훈은 머리 속에 들어가지 않았다.)
   c. The ink **sank** into the paper.(그 잉크는 종이에 스며들었다.)
   d. Water **sank** through sand.(물이 모래 속으로 스며들었다.)
   e. The rain **sank** through the clothes.(비는 옷 속으로 스며들었다.)

1.6. 다음은 [말은 개체이다]와 [마음은 그릇] 은유가 적용된 표현이다.
(6) a. The dog's teeth **sank** into her arm.(개의 이빨은 그녀의 팔을 뚫고 들었다.)
   b. Let this warning **sink** into your mind.(이 경고가 마음 속에 들어가게 해라.)
   c. His sayings have **sunk** deep into my mind.(그의 경구는 내 마음 속으로 깊이 들어왔다.)

1.7. 다음 주어는 낮아진다.
(7) a. The reservoir has **sunk** much below its level.(그 저수지는 수위가 기준치 이하로 많이 내려갔다.)
   b. The road suddenly **sank** in.(그 길은 갑자기 내려앉았다.)
   c. The building has **sunk** a little.(그 건물은 약간 내려앉았다.)

1.8. 다음 주어는 경사가 진다.
(8) a. The road gradually **sank** to the sea.(그 길은 서서히 바다로 경사가 졌다.)
   b. The road **sank** toward the river.(그 길은 그 강 쪽으로 경사가 졌다.)

1.9. 다음은 [아래는 적음] 은유가 적용된 표현이다.
(9) a. The storm has **sunk** down.(그 폭풍우는 가라앉았다.)
   b. The flames has **sunk** down.(그 불길은 가라앉았다.)
   c. Her opinion of him is **sinking down**.(그에 대한 그녀의 의견은 떨어지고 있다.)
   d. The dollar has **sunk** very low.(달러가 아주 낮게 떨어졌다.)
   e. His voice **sank** to a whisper.(그의 목소리는 속삭임으로 줄어들었다.)
   f. He **sank** in the opinion of his girl friends.(그는 여자 친구들의 의견에서 인기가 떨어졌다.)
   g. Has the level of service at the restaurant **sunk**?(그 식당의 서비스 수준이 떨어졌나요?)
   h. Figures of unemployment have **sunk** since last year.(실업인구 수치는 작년 이후 줄어들었다.)
   i. The population **sank** from 25,000 to 14,000.(그 인구는 25,000에서 14,000으로 줄었다.)
   j. The floods are beginning to **sink**.(그 홍수는 빠지기 시작하고 있다.)

1.10. 다음에서 마음과 원기 등이 구체적 개체로 개념화되어 있다.
(10) a. My heart **sank** at the sad news.(나는 그 슬픈 소식에 의기소침해졌다.)
   b. Her spirits **sank**.(그녀는 풀이 죽었다.)

1.11. 다음은 [좋지 않음은 아래] 은유가 적용된 표현이다.
(11) a. He **sank into** feebleness/unconsciousness.(그는 쇠약/무의식 상태에 빠졌다.)
   b. He **sank into** a faint/a deep sleep.(그는 기절/깊은 잠에 빠져 들었다.)
   c. He **sank into** slumber/oblivion/black mood/reverie/a deep depression.(그는 잠에/망각 속/무거운 기분/몽상/깊은 우울에 빠졌다.)
   d. He **sank** to the lowest depths of baseness.(그는 비열함의 심연으로 추락했다.)
   e. He **sank** from exhaustion.(그는 피로로 풀썩 주저앉았다.)
   f. He is **sinking** fast and may not live through the night.(그는 빨리 쇠약해지고 있어 아마 오늘 밤을 넘기지 못할 것이다.)
   g. How could you **sink** like this?(네가 어떻게 이 지경까지 될 수 있니?)

1.12. 다음에서 어둠이나 침묵은 구체적 개체로 개념화되어 있다. 주어는 전치사 on의 목적어에 가라앉는다.

⑿ a. Darkness **sank upon** the scene.(암흑이 그 경치에 내려앉았다.)

b. Silence **sank on** all around.(침묵이 주위의 모든 사람들에게 내려앉았다.)

2. 타동사 용법

2.1. 다음 주어는 목적어를 가라앉힌다.

⒀ a. The torpedo has **sunk** the enemy ship.(그 수뢰는 적의 배를 침몰시켰다.)

b. The submarine **sank** two ships.(잠수함은 배 두 척을 침몰시켰다.)

2.2. 다음 주어는 목적어를 전치사 into의 목적어로 들어가게 한다.

⒁ a. He **sank** his teeth **into** an apple.(그는 자신의 치아를 사과에 깨물었다.)

b. He **sank** piles **into** the ground.(그는 말뚝을 땅에 박았다.)

c. He **sank** a post **into** the ground.(그는 기둥을 땅에 박았다.)

d. He **sank** a pipe.(그는 파이프를 묻었다.)

2.3. 다음 주어는 목적어를 수그린다.

⒂ a. He **sank** his eyes .(그는 눈을 내리 깔았다.)

b. He **sank** his chin **on** his hands.(그는 턱을 손 위에 놓았다.)

c. He **sank** his head **on** his chest.(그는 머리를 가슴에 폭 수그렸다.)

d. He went away, his face **sunk upon** his breast.(그는 얼굴을 가슴에 숙인 채로 가 버렸다.)

2.4. 다음 주어는 목적어의 수면을 낮춘다.

⒃ a. A long spell of fine weather has **sunk** the river.(한동안의 좋은 날씨가 그 강의 물을 줄였다.)

b. The drought has **sunk** the river.(가뭄은 그 강의 수위를 낮추었다.)

2.5. 다음 주어는 목적어의 정도를 낮춘다.

⒄ a. He **sank** his voice to a whisper.(그는 목소리를 속삭임으로 낮추었다.)

b. He **sank** his prestige.(그는 위신을 떨어뜨렸다.)

c. That will **sink** you.(그것은 네 위신을 떨어뜨릴 것이다.)

2.6. 다음 주어는 목적어를 만든다.

⒅ a. They **sank** a well.(그들은 우물을 팠다.)

b. He **sank** words in stone.(그는 글을 돌에 새겼다.)

2.7. 다음 주어는 목적어를 파산시킨다.

⒆ a. Gambling **sank** him.(도박이 그를 파멸시켰다.)

b. The lack of money could **sink** our plan.(돈의 부족이 우리 계획을 망칠 수도 있었다.)

2.8. 다음 주어는 목적어를 in의 목적어에 투자하거나 잃는다.

⒇ a. He **sunk** all his savings in the business.(그는 모든 저금을 그 사업에 처넣었다.)

b. He **sunk** a lot of money in a business venture.(그는 많은 돈을 벤처 사업에 넣었다.)

2.9. 다음 주어는 목적어를 물 속에 가라앉혀 안보이게 한다.

(21) a. He has **sunk** his identity.(그는 자신의 신분을 숨겼다.)

b. We got to **sink** our differences.(우리는 우리 자신의 차이를 묻어버리게 되었다.)

c. We got to **sink** our troubles in drink.(우리는 술을 마시며 우리의 문제들을 묻어버렸다.)

sit

이 동사의 개념 바탕에는 앉는 과정이 있다.

1. 자동사 용법

1.1. 다음의 주어는 사람이나 동물이다.

⑴ a. He is **sitting** in a comfortable chair.(그는 편안한 의자에 앉아 있다.)

b. He **sat** next to me in the class.(그는 학급에서 내 옆에 앉았다.)

c. He **sat** watching TV.(그는 앉아서 TV를 보고 있었다.)

d. Joe **sat** beside the dog.(조는 그 개 옆에 앉았다.)

e. The family **sat** at the table.(그 가족은 그 탁자에 앉아 있었다.)

f. They **sat** around the campfire.(그들은 모닥불 주변에 앉아 있었다.)

g. He **sits** for a painting.(그는 그림을 그리려고 자세 잡는다.)

1.2. 다음의 주어는 동물이다.

⑵ a. The cat likes to **sit** on the wall.(고양이는 벽 위에 앉는 것을 좋아한다.)

b. Where is my cat? It's **sitting** on the bottom of the stairs.(내 고양이가 어디 있지? 그것은 계단의 밑바닥에 앉아있다.)

1.3. 다음의 주어는 식물, 물건, 건물, 마을 등이다. 주어는 어떤 자리를 차지한다.

⑶ a. A huge bunch of flowers is **sitting** on her desk.(커다란 꽃다발 하나가 그녀의 책상 위에 놓여 있다.)

b. Do you use your car today? No, it'll be **sitting** doing nothing otherwise.(너는 오늘 차를 쓰니? 아니, 달리 아무 것도 안하고 그대로 앉아 있을 거야.)

c. Our TV set **sits** in the living room(우리의 TV는 거실에 놓여 있다.)

d. The books **sat** unread on the shelves.(책들은 읽히지 않은 채로 책장에 그대로 꽂혀 있었다.)

e. The parcel is **sitting** on the table.(그 소포는 탁자 위에 앉아 있다.)

1.4. 다음 주어는 어떤 곳에 자리를 잡고 있다.

⑷ a. The village **sits** on the side of a hill.(그 마을은 언덕의 기슭에 있다.)

b. The hotel **sits** in a valley.(그 호텔은 골짜기에 자리 잡고 있다.)

1.5. 다음 주어는 몸에 자리를 잡는다.

⑸ a. I liked the way the skirt **sit** on your hips.(나는 그 치마가 네 엉덩이에 맞는 모습이 마음에 들었다.)

b. The coat doesn't **sit** well on you.(그 코트는 너에게 잘 어울리지 않는다.)

1.6. 다음 주어는 음식 등이 얹힌다.

⑹ a. My breakfast didn't **sit** well.(나의 아침 식사는 잘 소화가 되지 않았다.)

b. The pie **sat** heavily on the stomach.(그 파이는 무겁게 위에 얹혀있다.)

c. The answer doesn't **sit** right with us.(그 대답은 당장 우리에게 걸리지 않는다.)

1.7. 다음 주어는 참석한다.

(7) a. As a councillor you have to **sit** through endless meetings.(고문관으로서 너는 끝임없는 회의들을 끝까지 앉아 있어야 한다.)

b. The man **sits** in National Assembly.(그 남자는 프랑스 의회의 일원이다.)

c. He **sat** in on the committee meetings.(그는 위원회 회의에 참석했다.)

d. He **sits** in for the boss.(그는 사장을 대신해서 참석한다.)

e. She **sits** on several committees.(그녀는 몇 개의 위원회에 참석한다.)

1.8. 다음 주어 council, congress, house of commons, court 등은 환유적으로 쓰이었다. 즉 이들은 이들의 구성원을 가리킨다. 다음 주어는 회의를 연다.

(8) a. The council **sits** once a month.(그 의회는 한 달에 한번 개회한다.)

b. The congress is **sitting**.(그 의회는 개회 중이다.)

c. The House of Commons was **sitting** until 3 a.m. (하원은 오전 3시까지 의사를 진행하고 있었다.)

d. The court will **sit** until all the evidence has been heard.(그 법정은 모든 증거가 심리될 때까지 개정할 것입니다.)

e. The court **sits** until all the arguments for both sides has been heard.(그 법정은 양측의 논의가 다 청취될 때까지 개정합니다.)

1.9. 다음 주어는 서 있다가 앉는다.

(9) a. Come here and **sit down**.(여기 와서 앉아라.)

b. I think we need to **sit down** and analyse these figures properly.(나는 우리가 앉아서 이 수치들을 정확하게 분석할 필요가 있다고 생각한다.)

c. Maybe if you **sat down** and talked it through you could reach an agreement.(아마 너희들이 앉아서 그것을 끝까지 상의하면 어떤 합의에 도달할 수 있을 텐데.)

1.10. 다음 주어는 전치사 on의 목적어에 앉아서 그를 무겁게 한다.

(10) The impudent student needs to be **sat on**.(경솔한 학생은 꾸중들을 필요가 있다.)

1.11. 다음 주어는 전치사 on의 목적어를 깔고 앉아서 미룬다.

(11) They are **sitting on** the application for a month.(그들은 신청서를 한 달 동안 미루고 있다.)

1.12. 다음 주어는 눕지 않고 상체를 곧곧하게 앉는다.

(12) a. He was **sitting up** in bed, reading a book.(그는 침대에 일어나 앉아서 책을 읽고 있었다.)

b. I will be late getting back; so don't **sit up** for me. (나는 늦게 돌아올 것이므로 안 자고 나를 기다리지 마라.)

c. Just **sit up** straight and stop slouching.(똑바로 앉아라 그리고 꾸부정하게 하지 말아라.)

d. The nurse **sat up** with her patient all night.(간호사는 그녀의 환자와 밤을 새웠다.)

1.13. 다음 주어는 움직이지 못하고 앉는다.

(13) a. I can't **sit** here chatting all the time.(나는 언제나 여기 앉아 수다만 떨 수 없다.)

b. I spent half the morning **sitting** in the traffic jam.(나는 아침 반나절을 교통 체증에 갇혀 보냈다.)

1.14. 다음 주어는 알을 품고 앉는다.

(14) a. He **sat** for his baby brother.(그는 아기 동생을 돌보았다.)

b. The geese **sit** for about two weeks.(거위들은 약 2주간 알을 품는다.)

2. 타동사 용법

2.1. 시험을 보기 위해서는 통상 앉는다. 즉 다음과 같이 두 일이 시간적으로 밀접한 관계가 있다. [자리에 앉다]--[시험을 보다]. 다음 주어는 시험을 본다.

(15) a. He is ready to **sit** the driving test.(그는 운전면허 시험을 치를 준비가 되어 있다.)

b. He **sat** the entrance examination.(그는 입학 시험을 치뤘다.)

c. I have to **sit** the English examination.(나는 영어 시험을 치뤄야 한다.)

d. I'm **sitting** my A-levels in the summer.(나는 여름에 나의 A급 시험을 치를 것이다.)

2.2. 다음 주어는 목적어를 어떤 자리에 앉힌다.

(16) a. He lifted the child and **sat** her at a little table.(그는 아이를 들어서 작은 탁자에 앉혔다.)

b. He **sat** the baby on his lap.(그는 아기를 자신의 무릎에 앉혔다.)

c. I **sat** my sister kids when she went to the doctor. (나는 그 의사 선생님에게 갔을 때 어린 여동생을 앉혔다.)

d. Just **sit** me a little.(나를 좀 앉게 해 줘라.)

e. The nurse **sat** the frail patient on the bed.(그 간호사는 연약한 환자를 침대에 앉혔다.)

f. She **sat** us and flung aside the bed covers.(그녀는 우리를 앉히더니 침대보를 휙 걷었다.)

2.3. 다음 주어는 목적어를 앉아서 탄다.

(17) a. He could **sit** her mule.(그는 노새를 탈 수 있었다.)

b. She **sits** her horse well.(그녀는 그녀의 말을 잘 탄다.)

2.4. 다음 주어는 목적어를 앉힌다.

(18) Our table only **sits** 6 people.(우리 식탁은 딱 6인용이다.)

2.5. 다음 주어는 목적어를 앉아서 보낸다. [과정은 그릇] 은유가 있다.

(19) a. He **sat out** the boring dance.(그는 지루한 춤을 끝까지 앉아 보았다.)

b. We forced ourselves to **sit** the play **out**.(우리는 연극을 끝까지 앉아 보아야 했다.)

2.6. 다음 주어는 나가 앉아서 목적어를 참가하지 않는다.

(20) a. I'll **sit out** the next dance.(나는 다음 춤에는 끼지 않을 것이다.)

b. They **sat out** the game.(그들은 그 게임에 끼지 않았다.)

c. He **sat out** the crisis.(우리는 위기를 겪고 않았다.)

d. He **sat** the war **out** comfortably.(그는 전쟁을 겪지 않고 편안하게 지냈다.)

size

이 동사의 개념 바탕에는 size의 명사 '치수'가 있다.

1. 타동사 용법

1.1. 다음 주어는 목적어의 치수를 잰다.

(1) a. The tailor **sized** Bill's suit so that it fit him exactly.(그 재단사는 빌의 옷 치수를 재어서 그에게 꼭 맞게 했다.)

b. The carpenter **sized** the board to cover the gap in the railing.(그 목수는 널빤지의 치수를 재어서 난간의 틈을 덮었다.)

1.2. 다음 주어는 목적어를 어림잡는다.

(2) a. After **sizing up** the opposition, she suggested a strategy.(반대편을 어림잡아 보고서, 그녀는 전략을 제의했다.)

b. He **sized up** the situation at a glance and took immediate action.(그는 그 상황을 얼핏 어림잡아서 즉각적인 행동을 취했다.)

c. The boxers **sized** each other **up**.(권투선수들은 서로를 어림잡아 보았다.)

1.3. 다음 주어는 목적어를 크기로 분류한다.

(3) a. The farmer **sized** the melons and packed them.(그 농부는 수박들을 크기대로 분류하여 포장했다.)

b. He **sized** the clothes into three classes.(그가 옷들을 크기에 따라 세 가지의 종류로 분류하였다.)

1.4. 다음 주어는 목적어를 to목적어의 크기에 맞춘다.

(4) He **sized** the hat **to** his head.(그는 모자를 머리 크기에 맞추었다.)

1.5. 다음은 수동태 문장으로 주어는 치수로 분류된다.

(5) Screws are **sized** in millimeters.(나사들은 밀리미터 치수로 분류된다.)

sketch

이 동사의 개념 바탕에는 개략적으로 그리는 과정이 있다.

1. 타동사 용법

1.1. 다음 주어는 목적어를 개략적으로 그린다.

(1) a. He **sketched** a quick drawing of the skyline.(그는 하늘의 선화를 빠르게 개략적으로 그렸다.)

b. He **sketched** a rough drawing of the scene.(그는 그 장면의 개략적 선화를 대강 그렸다.)

1.2. 다음 주어는 목적어를 그린다.

(2) a. He quickly **sketched** the view from the window.(그는 빠르게 창문에서 보는 그 광경을 그렸다.)

b. He **sketched** trees for several hours today.(그는 나무들을 오늘 여러 시간 동안 그렸다.)

1.3. 다음 주어는 목적어를 개략적으로 그려 넣는다.

(3) a. I'd like to **sketch in** a few more details.(나는 몇 개의 세부사항을 더 그려 넣고 싶다.)

b. You need to **sketch in** his character a little more.(너는 그의 성격을 좀 더 그려 넣을 필요가 있다.)

1.4. 다음 주어는 목적어를 개략적으로 그려낸다.

(4) a. We're going to **sketch out** a new business plan.(우리는 새로운 사업 계획을 그려내려 하고 있다.)

b. I will **sketch out** what I have in my mind.(나는 내 마음 속에 있는 것을 그려내겠다.)

1.5. 다음에서 주어는 그림이 아니라 말로서 목적어를 그린다.

(5) a. He **sketched** his experiment.(그는 실험을 개략적으로 묘사했다.)

b. She **sketched** the situation in a few words.(그녀는 그 상황을 몇 마디로 묘사했다.)

c. He **sketched** the project briefly.(그는 그 계획을 간단히 묘사했다.)

d. The witness **sketched** the events leading up to the crime.(그 목격자는 범죄에 이르는 사건들을 개략적으로 묘사했다.)

2. 자동사 용법

2.1. 다음 주어는 그림을 그린다.

(6) a. He **sketched** from nature.(그는 실물로부터 하여 그림을 그렸다.)

b. He **sketched** as a hobby.(그는 취미로 그림을 그렸다.)

skew

이 동사의 개념 바탕에는 빗나가는 과정이 있다.

1. 자동사 용법

1.1. 다음 주어는 빗나간다.

(1) a. The ball **skewed** off at a right angle.(그 공은 직각으로 빗나가 버렸다.)

b. The railing is warped and **skews** off to the left.(그 난간은 휘어서 왼편으로 구부러진다.)

c. The bus **skewed** across the street and ran into the fence.(그 버스는 도로를 가로질러 빗나가서는 담장을 박았다.)

2. 타동사 용법

2.1. 다음 주어는 목적어를 왜곡시킨다.

(2) a. A few inaccurate figures could **skew** the results of the survey.(몇 개의 부정확한 숫자가 그 조사의 결과를 왜곡시킬 수 있다.)

b. They **skewed** the facts of the story to help the candidate.(그들은 그 이야기의 사실을 입후보자를 돕기 위해서 왜곡시켰다.)

c. Biased questions can **skew** the results.(편견이 들어간 질문들은 결과를 왜곡시킬 수 있다.)

2.2. 다음은 수동태 문장으로 주어는 왜곡되어 진다.

(3) a. The article was **skewed** in favor of the proposal.(그 기사는 그 제안에 이롭게 맞추어서 왜곡되었다.)

b. The results of the experiment were **skewed** by the high proportion of the females.(그 실험의 결과는 여성들의 높은 비율에 의해 왜곡되었다.)

skim

이 동사의 개념 바탕에는 걷어내는 과정이 있다.

1. 타동사 용법

1.1. 다음 주어는 목적어를 전치사 off의 목적어에서 걷어낸다.

(1) a. She **skimmed** the cream **off** the milk.(그녀는 크림을 우유에서 걷어냈다.)

b. She **skimmed** the grease **off** the pot of stew.(그녀는 기름을 스튜 냄비에서 걷어냈다.)

c. She **skimmed** the fat **off** the gravy.(그녀는 기름을 고깃 국물에서 걷어냈다.)

d. The cook **skimmed** the fat **off** the chicken soup with a spoon.(요리사는 지방을 닭고기 스프에서 숟가락으로 걷어냈다.)

e. They **skimmed** oil **off** the water's surface.(그들은 기름을 수면에서 걷어냈다.)

f. John **skimmed** the bugs **from** the surface of the swimming pool.(존은 그 벌레들을 수영장 수면에서 걷어냈다.)

g. Stew the chicken, then **skim** the fat.(닭고기를 팔팔 끓이고 기름을 걷어내어라.)

1.2. skim의 전형적인 목적어는 cream이다. cream은 비유적으로 좋은 것으로 개념화된다. 주어는 목적어를 걷어간다.

(2) a. They **skimmed** the profits alone.(그들은 이익만을 걷어냈다.)

b. The mobster **skimmed off** 25% of the store's profits for "protection" money.(그 폭력단원은 상점 이익의 25%를 보호 비용으로 걷었다.)

c. He **skimmed** the cream **off** the economy.(그는 그 알자를 그 경제에서 걷었다.)

d. Professional sport **skims off** all the best players.(프로 스포츠는 모든 최고의 선수들을 골라낸다.)

e. We **skimmed off** the six people who seemed to be the most suitable for the job.(우리는 그 일에 가장 적합한 사람으로 보이는 6명을 걷어냈다.)

1.3. 다음은 수동태 문장으로 주어는 걷혀진다.

(3) The best students were **skimmed off** from leading universities.(가장 우수한 학생들은 일류 대학들에 의해 걷혀졌다.)

1.4. 목적어는 그릇에 담긴 액체를 가리키나, 환유적으로 액체의 표면에 덮혀있는 개체를 가리킨다. 주어는 목적어를 걷어낸다.

(4) a. He **skimmed** the milk by taking **off** the cream.(그는 크림을 제거해서 그 우유를 걷어냈다.)

b. She **skimmed** the soup.(그녀는 그 국에서 기름을 걷어냈다.)

1.5. 다음 주어는 목적어의 표면을 스친다. 이러한 과정은 비유적으로 확대되어 주어가 어떤 문제를 겉핥기만 하고 깊이있게 다루지 못하는 과정을 나타낸다.

(5) a. The pebble **skimmed** the surface of the water.(그 자갈은 물의 표면을 훑었다.)

b. The goose's feet just **skimmed** the surface of the lake as it landed.(그 거위의 발은 착지할 때에 호수의 표면만 스쳤다.)

c. We only **skimmed** the surface of the problem.(우리는 단지 그 문제의 겉만 훑었다.)

d. The report has barely **skimmed** the surface of the subject.(보고서는 겨우 그 주제의 표면을 훑었을 뿐이다.)

e. The problem of the poverty is very difficult; we have just **skimmed** the surface in trying to solve it.(그 빈곤 문제는 매우 어렵다; 우리는 그것을 해결하기 위한 노력으로 단지 겉만 훑었다.)

1.6. 다음의 목적어도 환유적으로 쓰이어서, 연못, 호수, 얼음 등의 표면을 가리킨다. 주어는 목적어를 스친다.

(6) a. The birds swoop in a breathtaking arc to **skim** the pond.(새들은 연못을 스치기 위해 아슬아슬한 호를 그리며 급강하했다.)

b. A swallow went **skimming** the lake.(제비 한 마리가 호수를 스치면서 갔다.)

c. The skaters were **skimming** the ice.(스케이트 선수들은 얼음을 스치고 있었다.)

d. The runner seemed to **skim** the ground.(그 주자는 땅을 스치는 것처럼 보였다.)

e. The seagulls **skimmed** the waves.(그 갈매기들은 파도를 스쳤다.)

f. The plane flew very low, **skimming** the tops of the buildings.(그 비행기는 빌딩 꼭대기를 스치듯이 매우 낮게 날았다.)

g. The birds **skimmed** the tops of the trees.(새들은 그 나무 꼭대기를 스치며 지나갔다.)

h. The plane **skimmed** the treetops before it crashed.(그 비행기는 추락하기 전 나무 꼭대기를 스쳤다.)

1.7. 다음은 skim이 읽기에 적용된 예이다. 한 단락이 그릇이라면 주제나 주제문은 그릇 속에 담긴 액체의 표면에 덮힌 것에 해당된다. 주어는 목적어의 전체를 훑는다.

(7) a. He **skimmed** the first chapter/the book/the report.(그는 그 첫 장/책/보고서를 대충 읽었다.)

b. She **skimmed** the sports page to find out who had won the game.(그녀는 그 경기에서 누가 이겼는지 알아보기 위해 스포츠 면을 대강 읽었다.)

c. He **skimmed** the contract until he found the section on money.(그는 그가 돈에 대한 부분을 찾을 때까지 계약서를 대강 읽었다.)

d. The student **skimmed** the reading assignment before class.(그 학생은 수업 전 읽기 과제를 대충 훑었다.)

e. She teaches her students how to **skim** the chapters they read for the main idea.(그녀는 학생들에게 중심 생각을 찾으며 읽는 장을 훑는 방법을 가르친다.)

f. He skimmed the magazine for the interesting articles.(그는 흥미로운 기사들을 찾기 위해 그 잡지를 대강 읽었다.)

g. She skimmed the book and summed it up.(그녀는 그 책을 훑고 요약했다.)

2. 자동사 용법

2.1. 다음 주어는 표면이 with의 목적어로 덮힌다.

(8) a. The pond skimmed over with ice.(그 연못은 얼음으로 피막이 생겼다.)

b. The boiled milk skimmed over.(끓인 우유는 피막으로 덮여있다.)

c. During the night, puddles skimmed over.(밤새 물웅덩이들이 피막으로 덮여졌다.)

2.2. 다음 주어는 across의 목적어의 한 쪽에서 다른 쪽으로 미끄러지듯 지나간다.

(9) a. The plane skimmed 200 feet above ground.(그 비행기는 땅에서 200피트 높이를 미끄러지듯 지나갔다.)

b. The sailboat skimmed across the lake.(그 범선은 호수를 미끄러지듯 지나갔다.)

c. I watched the bird skimming across the water.(나는 그 새가 물위를 미끄러지듯 지나가는 것을 보았다.)

d. The little boat was skimming across the surface of the bay.(그 작은 배는 만의 표면을 미끄러지듯 지나가고 있었다.)

2.3. 주어는 움직이는 개체이고 이 주어는 over의 목적어 위를 미끄러지듯 지나간다.

(10) a. The skier skimmed over the snow.(스키 타는 사람은 눈 위를 미끄러지듯 지나갔다.)

b. The plane skimmed over the runway and took off.(그 비행기는 활주로 위를 미끄러지듯 지나가서 이륙했다.)

c. The pebbles skimmed over the water.(그 자갈들은 물위를 미끄러지듯 지나갔다.)

d. The bird flew low over the water skimming the surface with its wing.(그 새는 날개로 물의 표면을 스치면서 낮게 날았다.)

e. A canoe skimmed over the calm water.(카누 한 대가 잔잔한 물위를 미끄러지듯 지나갔다.)

2.4. 다음 주어는 through의 목적어를 처음부터 끝까지 대충 읽는다.

(11) a. He only skimmed through the letter/the novel/the report.(그는 단지 그 편지/소설/보고서를 대충 처음부터 끝까지 읽었다.)

b. He skimmed through the newspaper headlines.(그는 신문의 큰 표제를 처음부터 끝까지 대강 읽었다.)

c. If you skim through the play too quickly, you'll forget the plot.(만약 당신이 그 연극을 처음부터 끝까지 빨리 읽으면 줄거리를 잊을 것이다.)

d. I usually skim through/over the newspapers in the morning.(나는 주로 아침에 신문을 처음부터 끝까지 대강 읽는다.)

2.5. 다음 주어는 목적어를 across나 over의 목적어

위를 미끄러지듯 지나가게 한다.

(12) a. The children were skimming stones across the pond.(그 아이들은 돌들을 연못을 스쳐지나가도록 던지고 있었다.)

b. He skimmed a pebble across the river.(그는 조약돌 하나를 강을 스치듯이 지나가도록 던졌다.)

c. He skimmed a flat stone over the water.(그는 납작한 돌을 물을 스치듯이 지나가도록 던졌다.)

skin

이 동사의 개념 바탕에는 skin의 명사 '껍질'이 있다. 동사의 의미는 이 명사의 속성과 관련이 있다.

1. 타동사 용법

1.1. 다음 주어는 목적어의 껍질을 벗긴다.

(1) a. He skinned and cooked the rabbit.(그는 토끼의 껍질을 벗겨서 요리했다.)

b. The hunter skinned the deer.(그 사냥꾼은 사슴의 껍질을 벗겼다.)

1.2. 다음 주어는 껍질을 벗듯 옷을 벗는다.

(2) He skinned off his coat to help.(그는 돕기 위해 자신의 코트를 벗었다.)

1.3. 다음 주어는 목적어의 피부를 까지게 한다.

(3) a. He skinned his knees/his elbows.(그는 무릎/팔꿈치의 피부가 벗겨졌다.)

b. I skinned my legs when I fell.(나는 넘어졌을 때 다리의 피부를 벗겼다.)

1.4. 다음 주어는 목적어를 벗긴다.

(4) a. He skinned off the thin bark of the tree.(그는 그 나무의 엷은 껍질을 벗겨냈다.)

b. He skinned the stamp from the envelope.(그는 우표를 그 봉투에서 벗겨냈다.)

1.5. 다음 주어는 껍질을 벗기듯 목적어의 모든 것을 앗는다.

(5) a. They skinned him of every penny.(그들은 그에게서 모든 돈을 빼앗았다.)

b. The gang skinned us of all our money.(강도가 우리에게서 모든 돈을 빼앗았다.)

2. 자동사 용법

2.1. 다음 주어는 껍질을 벗는다.

(6) a. The wound will skin over soon.(그 상처는 곧 딱지가 덮힐 것이다.)

b. My wound has skinned over.(나의 상처는 딱지가 덮혔다.)

skip

이 동사의 개념 바탕에는 사람이 한 발로 서서 움직이는 과정이 있다.

1. 자동사 용법

1.1. 다음 주어는 깡충깡충 뛴다.

(1) a. He skipped about for joy.(그는 기뻐서 여기저기를 껑충껑충 뛰었다.)

b. Don't skip about in the room.(방안 여기저기를 껑

충겅충 뛰지 마라.)

1.2. 다음 주어는 한 발로 뛰면서 이동한다.

(2) a. He **skipped along** the street.(그는 거리를 한 발로 뛰면서 갔다.)

b. The children **skipped down** the path.(그 아이들은 소로를 깡충깡충 뛰면서 내려갔다.)

1.3. 다음 주어는 수면에 닿았다 떨어졌다 하면서 움직인다.

(3) a. The flat stone **skipped over** the surface of the lake.(그 평평한 돌맹이는 호수의 수면 위를 튀며 갔다.)

b. He **skipped over** to France.(그는 프랑스로 잠깐 건너갔다.)

1.4. 다음 주어는 수면이나 표면에 살짝 닿았다가 떨어진다.

(4) a. The flat stone **skipped off** the surface of the pond.(그 평평한 돌맹이는 연못의 수면에 닿았다가 튀며 날았다.)

b. The bullet **skipped off** the bullet proof glass.(그 탄환은 방탄 유리에 닿았다가 다시 튀어 나왔다.)

1.5. 다음 주어는 적절한 절차를 밟지 않고 나간다.

(5) a. He **skipped out** on his wife when she was 8 months pregnant.(그는 부인이 임신 8개월이었을 때 그녀를 내버려두고 나갔다.)

b. She **skipped out** without paying her rent.(그녀는 셋돈을 내지 않고 도망쳤다.)

1.6. 다음 주어는 줄넘기를 하듯 어려움을 뛰어넘는다.

(6) a. Just **skip over** the questions you cannot answer.(네가 대답할 수 없는 질문들은 뛰어넘어라.)

b. He **skipped over** the difficult passages.(그는 어려운 지문들은 뛰어넘었다.)

1.7. 화제나 주제는 장소로 개념화된다. 다음 주어는 한 주제에서 다른 주제로 옮긴다.

(7) a. He **skipped from** music **to** dance.(그는 음악에서 춤으로 옮겼다.)

b. He was **skipping around from** one topic **to** another.(그는 하나의 주제에서 다른 주제로 건너뛰고 있었다.)

c. Let's **skip to** the last item on the agenda.(그 의사 일정의 마지막 항목으로 건너뛰자.)

1.8. 다음 주어는 줄넘기를 한다.

(8) He **skips** about ten minutes a day.(그는 하루에 10분 동안 줄넘기를 한다.)

2. 타동사 용법

2.1. 다음 주어는 목적어를 거른다.

(9) a. He **skipped** breakfast.(그는 아침 식사를 걸렀다.)

b. She **skipped** lunch because she was too busy at work.(그녀는 직장에서 일이 너무 바빠서 점심을 걸렀다.)

c. He **skipped** class again/the history class.(그는 수업을/역사 수업을 또 빼먹었다.)

d. He **skipped** third grade/two grades.(그는 3학년/2학년을 건너뛰었다.)

e. I decided to **skip** the first two chapters/Chapter Two.(나는 처음 2장/둘째 장을 건너뛰기로 결정했다.)

f. The boy **skipped** school two days in a row. (그 소년은 학교를 이틀 연속적으로 빼먹었다.)

2.2. 다음 주어는 목적어를 수면에서 튀게 한다.

(10) He **skipped** a stone on the lake.(그는 돌을 그 호수 위에 튀게 던졌다.)

2.3. 다음 주어는 줄넘기를 한다.

(11) He is **skipping** rope.(그는 줄넘기를 하고 있다.)

2.4. 다음 주어는 목적어를 도망친다.

(12) a. The bomber **skipped** the country shortly after the blast.(그 폭격기는 폭탄 투하 후에 곧 그 나라를 떠났다.)

b. The swindler **skipped** town.(그 사기꾼은 읍내를 떠났다.)

skirt

이 동사의 개념 바탕에는 skirt의 명사 '치마'가 있다.

1. 자동사 용법

1.1. 다음 주어는 가장자리를 따라 둘러간다.

(1) a. He **skirted along** the edge of the cliff.(그는 절벽의 가장자리를 따라 둘러갔다.)

b. He **skirted around** the rioting crowd.(그는 봉기하는 군중 주위를 돌았다.)

1.2. 다음 주어는 움직이지 않으나 그 형상을 눈으로 따라가면 전치사 around의 목적어를 돈다.

(2) The old footpath **skirts around** the village.(오래된 작은 길은 그 마을 주위를 돈다.)

1.3. 주제도 하나의 개체로 개념화되어 둘러갈 수 있는 것으로 표현된다.

(3) She tactfully **skirted around** the subject of money.(그녀는 재치있게 그 돈 문제를 회피했다.)

1.4. 다음 주어는 움직이는 개체가 아니다. 그러나 그 형상을 눈으로 따라가면 어떤 개체를 둘러 가는 것으로 나타난다.

(4) a. The road **skirts** the woods.(그 길은 숲을 돈다.)

b. The hills **skirt** the town.(그 산들은 읍내를 돈다.)

2. 타동사 용법

2.1. 다음 주어는 목적어를 둘러싼다.

(5) The police **skirted** the edge of the angry crowd. (경찰은 성난 군중의 가장자리를 둘러쌌다.)

2.2. 다음 주어는 목적어를 둘러서 피해간다.

(6) We **skirted** the marshes.(우리는 늪지대를 피해 갔다.)

2.3. 다음 주어는 목적어를 피해간다.

(7) a. He carefully **skirted** the issue of where they would live.(그는 어디에 그들이 살고 싶은가의 쟁점을 조심스럽게 피해갔다.)

b. The teacher's response **skirted** my question.(선생님의 반응은 내 질문을 피해 갔다.)

slam

이 동사의 개념 바탕에는 어떤 개체에 세찬 힘을 가하여 큰 소리가 나는 과정이 있다.

1. 타동사 용법

1.1. 다음 주어는 큰 소리가 나게 목적어를 닫는다.

(1) a. He **slammed** the door.(그는 문을 쾅 닫았다.)

　b. He **slammed** the door in my face.(그는 문을 내 앞에서 쾅 닫았다.)

　c. She **slammed** the window down/open/shut.(그녀는 창문을 쾅 내렸다/열었다/닫았다.)

　d. Don't **slam** the door.(문을 쾅 닫지 말아라.)

1.2. 다음 주어는 세차게 내려놓거나 넣는다.

(2) a. He **slammed** a book down on the desk.(그는 책을 책상에 털썩 내려놓았다.)

　b. He **slammed** the money/the bag on the table.(그는 돈/가방을 탁자에 털썩 놓았다.)

　c. He **slammed** the receiver/the phone down on him. (그는 그 수화기/전화기를 털썩 내려놓아 그를 기분이 나쁘게 했다.)

　d. He **slammed** down the lid of the box.(그는 그 상자의 뚜껑을 털썩 내려놓았다.)

　e. He **slammed** the box into the drawer.(그는 그 상자를 그 서랍에 폭 집어넣었다.)

　f. Joe **slammed** his fist against the table.(조는 주먹을 탁자에 쾅 쳤다.)

　g. He **slammed** the baseball over the fence.(그는 야구공을 울타리 너머로 세게 쳤다.)

1.3. 다음의 목적어는 주어의 신체 부위이다. 주어는 자신의 신체 부위가 다른 개체에 세차게 접촉되는 일을 당한다.

(3) He **slammed** his head against the shelf.(그는 머리를 선반에 쾅 부딪쳤다.)

1.4. 다음 주어는 목적어를 다른 개체에 세차게 접촉되게 한다.

(4) a. The police officer **slammed** the criminal against the brick wall.(경찰관은 그 범죄자를 벽돌담에다 세게 밀쳤다.)

　b. The force of the explosion **slammed** me against the wall.(폭발의 힘은 나를 벽에 세차게 부딪치게 했다.)

1.5. 다음 주어는 자체가 목적어를 세차게 박는다.

(5) The lorry skidded and **slammed** the car in front.(그 화물차는 미끄러져 앞에 있던 차를 세차게 들이받았다.)

1.6. 다음 주어는 목적어를 세차게 친다.

(6) a. He **slammed** the dog about its head with a stick. (그는 그 개의 머리를 막대기로 세차게 쳤다.)

　b. She **slammed** her opponent.(그녀는 상대방을 세게 쳤다.)

1.7. 물리적 충격은 정신적 충격으로 확대되어 '꾸짖다', '혹평하다'의 뜻으로 쓰인다.

(7) a. Although the reviewers **slammed** (into) the play, the audience loved it.(비록 비평가들은 그 연극을 혹평했지만, 관객들은 좋아했다.)

　b. The critic **slammed** the boring play.(그 비평가들은 지루한 연극을 혹평했다.)

1.8. 다음은 수동태 문장으로 주어는 혹평을 받는다.

(8) a. The president's inept plan was **slammed** by the pundits.(대통령의 서툰 연설은 학자들에 의해 혹평을 받았다.)

　b. The government's policy was **slammed** by the opposition leaders.(정부 정책은 야당 지도자들의 혹평을 받았다.)

2. 자동사 용법

2.1. 다음 주어는 자체가 세차게 움직인다.

(9) a. The door **slammed** to in the wind.(문은 바람에 세차게 닫혔다.)

　b. The lid **slammed** with a bang.(뚜껑은 쾅 하고 세차게 닫혔다.)

2.2. 다음 주어는 세차게 into의 목적어를 들이박는다.

(10) a. The careless waiter **slammed** into me.(그 부주의한 웨이터는 나에게 부딪혔다.)

　b. The car **slammed** into a lamppost.(그 차는 가로등을 들이받았다.)

　c. The truck **slammed** into the wall.(그 트럭은 벽을 들이받았다.)

　d. The meteorite **slammed** into the side of a hill.(그 운석은 산기슭을 들이받았다.)

　e. The shutters **slammed** against the wall.(그 덧문들은 벽에 세게 부딪혔다.)

2.3. 다음에 쓰인 on은 주어의 힘이 목적어에 부분적으로 미침을 나타낸다.

(11) If you **slam** on the brake, the car will skid.(당신이 브레이크를 갑자기 밟으면, 그 차는 미끄러질 것입니다.)

slap

이 동사의 개념 바탕에는 손바닥으로 따갑게 치는 과정이 있다.

1. 타동사 용법

1.1. 다음 주어는 목적어를 전치사 on과 in의 목적어 부분에 찰싹 때린다.

(1) a. She **slapped** him hard.(그는 그를 세게 찰싹 때렸다.)

　b. Jane **slapped** David across his face.(제인은 데이빗의 얼굴은 가로질러 찰싹 때렸다.)

　c. I'll just **slap** him around a little(나는 그를 여기저기 조금 찰싹 때리겠다.)

　d. She **slapped** the boy in his face.(그녀는 그 소년의 얼굴을 찰싹 때렸다.)

　e. She **slapped** him on the cheek.(그녀는 그의 따귀를 찰싹 때렸다.)

　f. She **slapped** him on the back.(그녀는 그의 등을 찰싹 때렸다.)

1.2. 다음 주어는 목적어를 때린다. 목적어는 접촉이 일어나는 부분이다.

(2) a. Bill **slapped** his brother's back as a greeting.(빌은 인사의 표시로서 동생의 등을 다정하게 두드렸다.)

　b. She **slapped** the boy's face.(그녀는 소년의 얼굴을 때렸다.)

1.3. 다음 주어는 목적어를 on의 목적어에 찰싹 내려놓는다.

(3) a. She **slapped down** the five-dollar note on the counter.(그녀는 5달러지폐를 카운터 위에 내려놓았다.)

b. She **slapped** the book **down**.(그녀는 책을 아래로 세차게 내려놓았다.)

c. She **slapped down** the album on the desk.(그녀는 앨범을 책상 위에 털썩 내려놓았다.)

d. The waiter **slapped** the plate **down** on the table. (그 웨이터는 접시를 테이블 위에 쾅하고 내려놓았다.)

e. She **slapped down** the report **on** my desk and told me to do it again.(그녀는 보고서를 내 책상 위에 털썩 내려놓고는 나에게 다시 하라고 말했다.)

1.4. 다음 주어는 목적어를 다른 개체에 부딪치게 한다.

(4) a. He **slapped** the door **against** the wall to get the dust out.(그는 먼지를 털기 위해 문을 벽에 대고 세게 쳤다.)

b. He **slapped** his feet **on** the floor.(그는 발을 마루에 쿵쾅거렸다.)

c. He **slapped** his hand **on** the table.(그는 손을 재빨리 탁자 위에 쳤다.)

d. He **slapped** the packages **into** a pile(그는 소포를 던져서 더미가 되게 했다.)

1.5. 다음 주어는 목적어를 다른 개체에 철석 붙인다.

(5) a. The workers just **slapped** the wall paper **onto** the wall and it didn't stick properly.(그 일꾼들은 벽지를 벽에 그냥 처발라 놓았다, 그래서 그것은 제대로 붙지 않았다.)

b. He **slapped** the cup **onto** the saucer.(그는 컵을 받침접시에 세게 내려놓았다.)

c. He **slapped** a price tag **on** the package.(그는 가격표를 소포에 매겼다.)

d. The company **slapped** a no smoking ban **on** the premises.(그 회사는 금연령을 구내에 붙였다.)

e. The council has **slapped** a demotion order **on** the building.(그 평의회는 철거 명령을 그 빌딩에 붙였다.)

f. She **slapped** a hat/some make-up **on**.(그녀는 재빨리 모자를 아무렇게나 썼다/재빨리 화장품을 아무렇게나 발랐다.)

g. She **slapped** some butter/mustard **on** the bread. (그녀는 약간의 버터/겨자를 빵에 쳐 발랐다.)

h. Don't **slap** the paint **on** like that: do it carefully.(그 페인트를 그렇게 덕지덕지 쳐바르지 말아라. 조심해서 해)

1.6. 다음의 목적어는 벌금이나 세금이다. 주어는 목적어를 on의 목적어에 갖다 붙인다.

(6) a. The librarian **slapped** a fine **on** him for returning the books late.(그 사서는 책들을 늦게 반납한 대가로 벌금을 그에게 때렸다.)

b. Thankfully the government has not **slapped** a tax **on** love, sunshine, or air.(고맙게도 정부는 세금을 사랑, 햇살, 혹은 공기에는 때리지 않았다.)

c. The government **slapped** a new tax **on** imported cars.(정부는 새 세금을 수입차에 때렸다.)

2. 자동사 용법

2.1. 다음에 쓰인 at은 주어의 힘이 at의 목적어에 부분적으로 약하게 미침을 나타낸다.

(7) Rain **slapped at** the window.(비가 창문을 쳤다.)

2.2. 다음 주어는 against의 목적어에 부딪친다.

(8) a. Small waves **slapped against** the rocks.(작은 파도가 바위들을 철썩하고 쳤다.)

b. The waves **slapped against** the canoe.(파도는 카누를 철썩 때렸다.)

slash

이 동사의 개념 바탕에는 깊이 썩 베는 과정이 있다.

1. 타동사 용법

1.1. 다음 주어는 목적어를 벤다.

(1) a. He **slashed** his wrist.(그는 자신의 손목을 베었다.)

b. The divers were careful not to **slash** their feet on coral.(그 잠수부들은 발을 산호에 베지 않도록 조심했다.)

c. Someone **slashed** the tires of my car.(누군가가 내 차 타이어를 베었다.)

d. The vandal **slashed** the painting with a knife.(그 예술 문화의 파괴자는 그 그림을 칼로 썩 베었다.)

1.2. 다음은 수동태 문장으로 주어는 베어진다.

(2) a. Most of the seats on the train was **slashed** by vandals.(기차 좌석들의 대부분은 파괴자들에 의해 베어졌다.)

b. The victim was **slashed** to death.(희생자는 베어져 죽었다.)

1.3. 다음 주어는 목적어를 벤다. 수나 양도 베어지는 것으로 개념화된다.

(3) a. The owner **slashed** the prices for sale.(주인은 그 판매가격을 세일을 위해 깎았다.)

b. The company **slashed** employment form 100 to 50.(그 회사는 일자리를 100개에서 50으로 깎았다.)

c. He tried to **slash** the expenditure.(그는 지출을 삭감하려고 했다.)

d. He tired to **slash** their pay.(그는 그들의 봉급을 삭감하려고 했다.)

1.4. 다음은 수동태 문장으로 주어는 베어져, 줄어든다.

(4) a. Our budget has been **slashed**.(우리의 예산은 깎였다.)

b. The work force was **slashed** by 50%.(그 작업인원은 50%로 줄었다.)

1.5. 다음 주어는 목적어를 베어서 만든다.

(5) a. He **slashed** his way **through** the thick undergrowth. (그는 빽빽한 덤불을 칼로 베며 나아갔다.)

b. We **slashed** a path **through** the jungle.(그는 정글을 베어내어 길을 만들어 나아갔다.)

1.6. 다음 주어는 목적어를 베어낸다.

(6) a. He **slashed** the bark **off** a tree with a knife.(그는 그 껍질을 나무에서 칼로 베어냈다.)

b. He **slashed off** a bunch of bananas with a machette.(그는 한 무더기의 바나나를 벌채용 칼로

베어냈다.)

2. 자동사 용법
2.1. 다음 주어는 목적어에 부분적으로 힘을 가한다.
(7) a. The robber slashed at the clerk with a knife.(그 강도는 칼로 점원을 베려고 했다.)

b. The cat slashed at the dog's face with its claws. (고양이는 그 개의 얼굴을 발톱으로 할퀴려고 했다.)

2.2. 다음 주어는 칼질을 하면서 나아간다.
(8) a. They slashed through the dense jungle.(그들은 울창한 정글을 칼로 베어가며 나아갔다.)

b. We had to slash through the long grass to clear a path.(우리는 소로를 만들기 위해서 긴 풀을 쳐나가야 했다.)

2.3. 다음 주어는 전치사 against의 목적어에 친다.
(9) a. The rain slashed against the window.(그 비가 그 유리창에 세차게 부딪쳤다.)

b. Fierce waves slashed against the hull of the ship. (맹렬한 파도들이 그 배의 선체에 쳤다.)

slate

이 동사의 개념 바탕에는 slate의 명사 '석판'이 있다. 동사의 뜻은 이 명사의 용도와 관계가 있다.

1. 타동사 용법
1.1. 다음 주어는 집의 지붕을 석판으로 덮는다.
(1) They slated the house.(그들은 그 집의 지붕을 석판으로 덮었다.)

1.2. 다음 주어는 목적어의 이름을 석판에 적는다.
(2) They slated Bill to run for class president.(그들은 빌을 학급 반장으로 입후보하게 그의 이름을 적었다.)

1.3. 다음은 수동태 문장으로 주어는 예정되어 있다
(3) a. The new store is slated to open in fall.(새 가게는 가을에 개업하기로 예정되어 있다.)

b. Ron is slated to be a Republican candidate.(론은 공화당 후보자로 예정이 되어 있다.)

c. She is slated to be the new dean.(그녀는 새로운 학장으로 임명될 예정이다.)

d. He is slated to play the lead in Spielberg's next movie.(그는 스필버그의 새 영화에서 주연을 맡을 계획이다.)

1.4. 다음 주어는 목적어를 예정표에 적는다.
(4) a. I slated my appointment with the dentist for Monday.(나는 그 치과의사와의 약속을 월요일에 예정했다.)

b. We slated our next meeting for August.(우리는 다음 모임을 8월로 예정했다.)

1.5. 다음은 수동태 문장으로 주어는 예정표에 올라있다.
(5) a. The meeting is slated for July.(그 회합은 7월에 예정되어 있다.)

b. The next conference is slated for July.(다음 회의는 7월에 예정되어 있다.)

c. He was slated for promotion.(그는 승진할 예정이었다.)

d. The office building is slated for demolition.(그 사

무실 건물은 헐릴 예정이다.)

1.6. 다음 주어는 목적어를 혹평한다.
(6) a. The critics slated his latest production.(비평가들은 그의 새 작품을 혹평했다.)

b. They slated her new novel.(그들은 그녀의 새 소설을 혹평했다.)

1.7. 다음은 수동태 문장으로, 주어는 혹평을 받는다.
(7) Daniel's recent novel was slated by critics.(다니엘의 최근 소설은 비평가들에게 혹평을 받았다.)

slice

이 동사의 개념 바탕에는 얇게 썰거나 베는 과정이 있다.

1. 타동사 용법
1.1. 다음 주어는 목적어를 썬다.
(1) a. He nearly sliced my finger with that paper cutter. (그는 내 손가락을 종이 칼로 거의 썰 뻔했다.)

b. Could you slice the joint for me?(그 덩어리를 나를 위해 좀 썰어줄래요?)

c. The knife sliced his jacket.(칼은 그의 재킷을 베어냈다.)

1.2. 다음 목적어는 썰어져서 조각이 난다.
(2) a. Tom sliced the carrot into thin strips.(탐은 당근을 긴 가는 줄로 썰었다.)

b. He sliced the watermelon in four.(그는 수박을 네 조각으로 썰었다.)

c. She sliced the pizza into six pieces.(그녀는 피자를 여섯 조각으로 썰었다.)

1.3. 다음 주어는 목적어를 썰어낸다.
(3) a. He nearly sliced my finger off.(그는 거의 내 손가락을 썰어 내었다.)

b. He sliced off a piece of meat.(그는 고기 한 조각을 썰어 내었다.)

c. He sliced two seconds off the world record.(그는 2초를 세계기록에서 줄였다.)

d. The butcher sliced a pound of ham for me.(정육점 주인은 햄 1파운드를 나에게 썰어 주었다.)

1.4. 다음 주어는 지나가면서 바다를 가른다.
(4) The steamer sliced the sea.(그 증기선은 바다를 갈랐다.)

1.5. 다음 주어는 고기를 저미듯 공의 측면을 친다.
(5) a. He sliced the ball perfectly.(그는 공의 측면을 완벽하게 쳤다.)

b. He sliced a shot over the net.(그는 공을 그물망 너머로 깎아쳤다.)

1.6. 다음은 수동태 문장으로 주어는 깎인다.
(6) His next shot was sliced to the left.(그의 다음 공은 왼쪽으로 깎였다.)

1.7. 저미거나 썰면 부분이 잘려나간다.
(7) The new tax has sliced annual bonuses by 20%. (새 세금은 연 보너스를 20% 깎았다.)

2. 자동사 용법
2.1. 다음 주어는 베면서 파고든다.

(8) a. He accidentally **sliced through** his finger.(그는 우
연히 손가락을 깊이 베었다.)

b. The blade could **slice through** your finger.(그 칼날
이 내 손가락을 깊이 파고들 수 있다.)

c. The boat **sliced through** the water.(그 보트가 그
물을 가르며 지나갔다.)

d. The speed boat **sliced through** the waters of the
lake.(그 빠른 보트가 그 호수물을 가르며 지나갔다.)

e. The jet **sliced through** the air.(그 제트기가 그 공기
를 가르며 지나갔다.)

slide

이 동사의 개념 바탕에는 미끄러지는 과정이 있다.

1. 자동사 용법

1.1. 다음 주어는 미끄러져 내린다.

(1) a. They **slide down** the muddy bank on their
bottoms.(그들은 엉덩이를 그 진흙더미 강둑 아래
로 미끄러져 내려온다.)

b. The kids **slid down** the slide on the playground.
(그 아이들은 미끄럼틀을 놀이터에서 탔다.)

c. He **slid down** the hill/the tree.(그는 언덕을/나무 아
래로 미끄러져 내려갔다.)

d. The logs came **sliding down** the chute into the
river(그 통나무들은 비탈진 물도랑 아래로 미끄러
져 내려가서 강으로 들어 왔다.)

e. The snow **slid down** the mountainside.(그 눈은 산
의 경사면을 타고 미끄러져 내려갔다.)

f. Tears **slide down** his face.(눈물이 그의 얼굴을 타
고 흐른다.)

**1.2. 다음 주어는 전치사 from과 off의 목적어에서 미
끄러진다.**

(2) a. The glass **slid from** my hand.(그 유리잔은 내 손에
서 미끄러졌다.)

b. The snow **slid off** the roof.(눈은 지붕에서 미끄러
져 내렸다.)

c. A dictionary **slid off** my arm.(사전이 내 팔에서 미
끄러졌다.)

1.3. 다음 주어는 전치사 into의 목적지로 미끄러진다.

(3) a. The rabbits **slid** away **into** the trees.(그 토끼는 나
무들 속으로 달아났다.)

b. He **slid into** bed.(그는 침대로 미끄러지듯 들어갔
다.)

c. He **slid into** home, and the umpire shouted 'safe'.
(그는 홈에 슬라이딩했다. 그러자 심판은 'safe'를
외쳤다.)

d. The runner **slid into** second base.(그 선수는 이루
로 슬라이딩했다.)

**1.4. 다음 주어는 전치사 into의 목적어의 상태로 접어
든다. [아래는 좋지 않은 상태] 은유가 적용되었
다.**

(4) a. He let things **slide**.(그는 일이 되가는대로 내버려둔
다.)

b. He has been **sliding into** depression since his wife
died.(그는 아내가 죽은 이후로 계속 우울증으로 빠

져가고 있었다.)

c. We must stop the country from **sliding into** chaos
(우리는 그 나라가 혼돈 속으로 빠져 들어가는 것을
멈추어야 한다.)

d. He **slid into** debt.(그는 어느새 빚에 빠졌다.)

e. The industry has **slid into** decline.(그 산업은 쇠퇴
의 길로 빠져들어 갔다.)

f. He's **sliding** back **into** his old/bad habits.(그는 오랜
/나쁜 습관 속으로 다시 미끄러져 들어가고 있다.)

g. They were **sliding towards** bankruptcy.(그들은 파
산상태로 미끄러져 가고 있었다.)

**1.5. 미끄러짐의 원형적인 예는 비탈을 따라 어떤 개체
가 내려오는 과정이다. 즉 위에서 아래로 움직인
다. [위는 좋음, 아래는 나쁨] 은유가 다음 표현에
적용되어 있다.**

(5) a. He let his business **slide**.(그는 사업을 등한히 했
다.)

b. John let his lesson/his work **slide**.(존은 수업을/그
의 작업을 등한히 했다.)

c. We let fixing the house **slide** and now it needs a
lot of repairs.(우리는 집을 수리를 등한히 하는 바
람에 지금 많은 부분에 수리가 필요하다.)

d. This neighborhood **slid** after the local factories
closed.(그 지역 공장이 문을 닫은 이후 이 인근 지
역은 쇠퇴했다.)

e. The company let environmental standards **slide**.
(그 회사는 환경 기준을 등한히 했다.)

1.6. 다음 주어는 수나 양이 줄어든다.

(6) a. Prices began to **slide**.(물가가 내려가기 시작했다.)

b. The pound/the dollar is **sliding**.(파운드/달러의 환
율이 하강세를 타고 있다.)

c. Car sales **slid** by 40% this year.(올해에 차 판매량
은 40%로 떨어졌다.)

d. The stock market **slid** after the bad economic
news were released.(악화된 경제의 뉴스가 보도
된 이후 그 증권 시장은 하락했다.)

e. His shares **slid** from 4 percent to 1 percent.(그의
주식은 4%에서 1%로 하락했다.)

1.7. 다음에서는 미끄러짐이 수평으로 이루어진다.

(7) a. He **slid on** a banana skin.(그는 바나나 껍질에 미끄
러졌다.)

b. The boys were **sliding on** the ice.(그 소년들은 얼
음 위에서 미끄럼을 지치고 있었다.)

c. My feet **slid on** the frozen road.(내 발은 꽁꽁 언
도로 위에서 미끄러져 갔다.)

**1.8. 다음 주어는 미끄러지듯 살짝 어디에서 나가거나
지나간다.**

(8) a. The thief **slid behind** the curtain.(그 도둑은 커튼
뒤로 미끄러지듯 움직였다.)

b. There is room enough: you can **slide by**.(충분한
공간이 있으니 너는 빠져나갈 수 있다.)

c. The cat **slid into** the room.(고양이는 방안으로 살
짝 들어왔다.)

d. During the meeting the secretary **slid out** of the
room.(모임이 계속되는 동안, 비서는 살짝 그 방을
빠져나갔다.)

e. He slid out of the back seat.(그는 뒷자석에서 살짝 자리를 떴다.)

f. He slid out when no one was around.(아무도 주위에 없을 때 그는 가만히 빠져 달아났다.)

g. I slid past the door to his office.(나는 문을 지나 자기의 사무실에 닿았다.)

1.9. 다음 주어는 시간이다.

(9) a. The years slid past.(세월은 어느새 지나갔다.)

b. The years slid away swiftly.(그 세월이 빠르게 흘러갔다.)

1.10. 다음의 주어는 미끄러지는 움직이는 개체이다.

(10) a. The door doesn't slide easily.(문은 쉽게 미끄러지지 않는다.)

b. The drawers slide badly.(서랍은 잘 미끄러지지 않는다.)

c. The folding closet door slide along a track.(접이식 옷장문은 궤도를 따라 미끄러진다.)

d. The drapes do not slide well because the track need cleaning.(커튼은 그 궤도가 청소가 되지 않아 잘 미끄러지지 않는다.)

e. The bureau drawers slide in and out.(사무실용 서랍은 미끄러져 여닫힌다.)

f. The window won't slide up.(창문은 위로 밀려지지 않는다.)

g. The cups slid to the floor as the table was tipped over.(그 컵들은 탁자가 뒤엎어질 때 미끄러져 마루에 떨어졌다.)

1.11. 다음에서 전치사 around와 over의 목적어는 추상적이다. 그러나 이들은 구체적인 장애물로 간주된다.

(11) a. He slid over the problem without mentioning it.(우리는 그것을 언급하지 않고 그 문제를 슬쩍 넘어갔다.)

b. He slid over the delicate subject.(그는 민감한 주제를 슬쩍 넘어갔다.)

c. He slid around the questions without answering it.(그는 그것을 대답하지 않고 그 문제들을 슬쩍 돌아갔다.)

1.12. 다음 주어는 간신히 지낸다.

(12) He goes to college, but he just slide by with low grades.(그는 대학에 간다, 그러나 그는 곧 낮은 성적으로 시간만 허비하고 있다.)

2. 타동사 용법

2.1. 다음 주어는 목적어를 전치사 into의 목적어에 들어가게 한다.

(13) a. The robber slid the key into the hole.(그 강도는 열쇠를 구멍 속으로 슬쩍 집어넣었다.)

b. He slid the revolver into the pocket of his coat.(그는 권총을 자신의 코트 주머니에 슬쩍 집어넣었다.)

c. He slid the children into the car seat.(그는 아이들을 차의 좌석으로 밀어넣었다.)

d. He slid his hand into his pocket.(그는 손을 주머니 속에 집어넣었다.)

e. He slid a coin into the waiter's hand.(그는 동전을

웨이터의 손에 슬쩍 집어주었다.)

f. They slid the boat into the lake.(그들은 보트를 호수에 밀어넣었다.)

2.2. 다음 주어는 목적어를 어떤 표면 위를 따라 움직이게 한다.

(14) a. Joe slid the folding door shut/open.(조는 그 접문을 밀어서 닫았/열었다.)

b. He slid the cup across the table.(그는 그 컵을 탁자를 가로질러 미끄러지게 하였다.)

c. Slide the bolt across the door to lock it.(문을 잠그기 위해 그 빗장을 가로질러 걸어라.)

d. She slid her hand along the rail.(그녀는 손을 그 난간을 따라 미끄러져 내려가게 했다.)

e. Slide the left ski forward and then the right.(왼쪽 스키를 앞으로 미끄러지게 하고 그 다음은 오른쪽을 그렇게 해라.)

f. Don't slide the heavy chair on the wooden floor.(그 무거운 의자를 나무 마루 위에 미끄러지게 하지 말아라.)

2.3. 다음 주어는 목적어를 슬쩍 옮긴다.

(15) a. He slid the gun out of sight.(그는 총을 보이지 않게 밀어 넣었다.)

b. Slide the note under the table.(그 쪽지를 탁자 아래로 밀어 넣어라.)

sling

이 동사의 개념 바탕에는 휘둘러서 세차게 던지는 과정이 있다.

1. 타동사 용법

1.1. 다음 주어는 목적어를 휘둘러서 over의 목적어 위에 걸친다.

(1) a. She slung her bag over her shoulder.(그녀는 가방을 휘둘러서 어깨 위에 걸쳤다.)

b. She slung her coat over her chair/her shoulder.(그녀가 코트를 의자/어깨 위에 휘둘러 걸쳤다.)

c. Don't just sling your clothes on the floor.(옷을 바닥에 그냥 휘둘러 던지지 말아라.)

d. He slung his coat on a coat-rack.(그는 코트를 코트 걸이에 던져 걸었다.)

1.2. 다음 주어는 목적어를 던진다.

(2) a. He slung his clothes into his bag.(그가 옷을 가방 속에 던져 넣었다.)

b. He slung the short pencil into a waste basket.(그가 몽당연필을 쓰레기통에 던져 넣었다.)

c. We slung the heavy suitcase into the trunk of the car.(우리는 무거운 가방을 차의 뒤에 던져 넣었다.)

1.3. 다음 주어는 첫째 목적어에게 둘째 목적어를 던진다.

(3) Sling me an apple.(내게 사과 하나를 던져라.)

1.4. 다음 주어는 목적어를 걸친다.

(4) a. We slung a hammock between two trees.(우리는 해먹을 하나 두 나무 사이에 걸쳤다.)

b. The hammock was slung between the two trees.(해먹은 그 두 나무 사이에 걸쳐 있었다.)

1.5. 다음은 수동태 문장으로, 주어는 밖으로 내던져진다.

(5) a. If you don't attend all the lectures, you will be **slung off/out** of the course.(만약 너가 모든 강의에 출석하지 않는다면, 너는 그 과정에서 쫓겨날 것이다.)

b. They were **slung out** of the club for fighting.(그들은 싸운 것으로 그 클럽에서 쫓겨났다.)

slip

이 동사의 개념 바탕에는 미끄러지는 과정이 있다.

1. 타동사 용법

1.1. 다음 주어는 미끄러진다.

(1) a. He **slipped** along over the snow.(그는 눈위에서 죽 미끄러졌다.)

b. My foot **slipped**, and I nearly fell.(나의 발은 미끄러져서 넘어질 뻔했다.)

c. He **slipped on** an orange peel.(그는 오렌지 껍질에 미끄러졌다.)

d. He **slipped on** the ice.(그는 얼음 위에 미끄러졌다.)

e. She **slipped** and fell **on** the wet floor.(그녀는 젖은 바닥에 미끄러져 넘어졌다.)

1.2. 다음 주어는 미끄러진다.

(2) a. My car **slipped**.(내 차는 미끄러졌다.)

b. The truck turned and the load **slipped**.(그 트럭이 돌자 그 짐이 미끄러졌다.)

c. The razor **slipped** and he cut his chin.(면도기가 미끄러져서 그는 뺨을 베었다.)

d. The knife **slipped** and cut my fingers.(칼이 미끄러져서 내 손가락을 베었다.)

1.3. 다음 주어는 전치사 from 이나 out of의 목적어에서 미끄러진다.

(3) a. The book **slipped off** my knees.(그 책은 내 무릎에서 미끄러져 떨어졌다.)

b. A large amount of snow had **slipped off** the roof.(많은 양의 눈이 지붕에서 미끄러져 떨어졌다.)

c. The eel **slipped out** of my hand.(뱀장어는 내 손에서 미끄러져 나갔다.)

d. The fish **slipped out** of my hand.(그 물고기는 손에서 미끄러져 나갔다.)

e. The glass **slipped from** my grasp and shattered on the floor.(그 유리잔은 내 손에서 미끄러져 나가 바닥에 산산조각이 났다.)

f. Apparently parts of the coast are gradually **slipping into** the sea.(분명히 그 해안의 일부가 점점 바다로 미끄러져 들어가고 있다.)

g. The load has **slipped to** one side and had to be adjusted.(그 짐은 한 쪽으로 미끄러져서 다시 정돈되어야 한다.)

h. A stone **slipped down** the slope.(돌이 경사면을 따라 미끄러져 내렸다.)

i. I could feel my tights **slipping down**.(나는 타이즈가 미끄러져 내려가는 것을 느낄 수 있었다.)

1.4. 미끄러지는 과정은 빠르게 그리고 순간적으로 일어난다. 다음 주어는 살짝 빨리 빠져나간다.

(4) a. We can **slip away** before she notices.(우리는 그녀가 알아채기 전에 몰래 빠져나갈 수 있다.)

b. He **slipped away** without being seen.(그는 눈에 띄지 않고 몰래 빠져나갔다.)

c. Just **slip out** of the room while nobody's looking.(아무도 보지 않는 동안에 몰래 그 방을 빠져나와라.)

d. She **slipped out** through the back door.(그녀는 뒷문으로 몰래 빠져나갔다.)

e. The fish **slipped through** his fingers.(그 물고기는 그의 손가락 사이로 미끄러져 빠져나갔다.)

f. The ship **slipped** through the waves.(그 배는 파도를 뚫고 미끄러져 나아갔다.)

1.5. 다음 주어는 미끄러지듯 순간적으로 전치사 into의 목적어 상태로 들어간다.

(5) a. Grandma **slipped into** a comma.(할머니가 갑자기 혼수 상태로 들어갔다.)

b. Take care not to **slip** back **into** your back habit.(나쁜 습관으로 슬그머니 돌아가지 않도록 주의해라.)

1.6. 옷을 입는 것은 우리 몸이 옷 속으로, 벗는 것은 몸이 옷에서 나오는 과정이다. 주어는 목적어를 빠르게 입거나 벗는다.

(6) a. He **slipped into** a dress.(그는 옷을 재빨리 입었다.)

b. I **slipped into** my pajamas.(나는 잠옷을 재빨리 입었다.)

c. He **slipped on** his shoes.(그는 신발을 재빨리 신었다.)

d. She **slipped out** of her garment.(그녀는 겉옷을 재빨리 벗었다.)

e. She **slipped out** of her working clothes.(그녀는 작업복을 재빨리 벗었다.)

1.7. 정보나 비밀 같은 것도 개체로 개념화되어 입이나 마음 속에서 재빠르게 그리고 무의적으로 나갈 수 있는 것으로 개념화된다. 다음 주어는 빠져나간다.

(7) a. His name **slipped from** my memory.(그의 이름이 내 기억에서 빠져나갔다.)

b. The secret **slipped from** his lips.(그 비밀은 그의 입에서 무심코 나왔다.)

c. I am sorry I had told them your secret; it just **slipped out**.(내가 너의 비밀을 그들에게 말을 해서 미안하다; 그것은 무심코 나왔다.)

d. He let the name **slip out** before he thought.(생각하기도 전에 그는 그 이름이 새나가게 했다.)

e. She let **slip** that she was expecting a baby.(그녀는 임신을 했다고 무심코 말했다.)

1.8. 기회나 시간도 움직이는 것으로 개념화된다. 다음 주어는 빨리 지나간다.

(8) a. I let a good chance **slip** by.(나는 좋은 기회를 지나치게 했다.)

b. She let **slip** a chance to work abroad.(그는 해외에서 일할 수 있는 기회를 지나치게 했다.)

c. The weeks **slipped** slowly by.(그 몇 주일은 천천히 지나갔다.)

d. Time **slips** by.(시간은 빨리 흘러간다.)

e. Years **slipped** by.(몇년이 어느새 흘러갔다.)

f. He carelessly let **slip** this information.(그는 부주의하게 이 정보가 새나가게 했다.)

1.9. 미끄러질 때에는 높은 곳에서 낮은 곳으로 움직인다. 그리고 높음은 좋음이나 많음으로, 낮음은 나쁨이나 적음으로 은유화된다. 다음 주어는 좋은 상태에서 나쁜 상태로 변화한다.

(9) a. Discipline is bad enough in this school; we must not let things **slip** further.(이 학교에서는 훈육이 매우 좋지 않다; 우리는 일들이 더 이상 나빠지지 않도록 해야 한다.)

b. Industrial production has **slipped** by 12% in a year.(산업 생산이 일년 사이에 12% 떨어졌다.)

c. Living standards generally **slipped**.(생활 수준이 일반적으로 떨어졌다.)

d. Their standard of living has **slipped** steadily over the last ten years.(그들의 생활 수준이 지난 10년 동안에 걸쳐 꾸준히 나빠졌다.)

e. Productivity in the factory has **slipped** quite noticeably in the last year.(공장의 생산성이 작년에 눈에 뜨이게 저하되었다.)

f. Profits/prices **slipped** slightly this year.(이익/가격이 올해에는 약간 떨어졌다.)

g. She has **slipped** in my estimation since I read her last report.(내가 그녀의 마지막 보고서를 읽은 이래로 그녀는 내 평가에서 나빠졌다.)

h. The pound has **slipped** a little on the foreign exchange.(파운드 화는 외환시장에서 가치가 약간 떨어졌다.)

i. The pound has **slipped** further against the mark.(파운드 화의 가치가 마르크 화에 대해서 더 떨어졌다.)

j. We **slipped** behind the schedule.(우리는 그 계획에 뒤쳐졌다.)

k. She often **slips** in her grammar.(그녀는 종종 문법적인 잘못을 저지른다.)

2. 타동사 용법

2.1. 다음 주어는 목적어를 살짝 집어넣는다.

(10) a. He **slipped** a few jokes into his speech.(그는 몇 개의 농담을 연설에 슬쩍 끼워넣었다.)

b. He **slipped** a letter into her bag.(그는 편지 하나를 그녀의 가방에 슬쩍 집어넣었다.)

c. He **slipped** a note into her hand.(그는 쪽지를 그녀의 손에 재빨리 집어넣었다.)

d. She **slipped** the envelope into her pocket.(그녀는 그 봉투를 호주머니 안으로 슬쩍 집어넣었다.)

e. I **slipped** the Mercedes into gear.(나는 메르세데스를 기어에 넣었다.)

f. He **slipped** her note under the table.(그는 그녀의 메모를 남몰래 탁자 아래로 넣었다.)

g. He **slipped** the bolt through the hole.(그는 그 빗장을 구멍으로 살짝 넣었다.)

h. **Slip** the key through.(그 열쇠를 끼워넣어라.)

2.2. 다음 주어는 첫째 목적어에 둘째 목적어를 살짝 집어준다.

(11) He **slipped** the waiter $10 to get them a good table.(그는 좋은 테이블을 잡기 위해 웨이터에게 $10를 슬쩍 집어주었다.)

2.3. 다음 주어는 목적어를 떨쳐버린다.

(12) He **slipped** off his pursuers.(그는 추적자들을 떨쳐버렸다.)

2.4. 다음 주어는 목적어를 빠르게 입거나 벗는다.

(13) a. He **slipped** off his shirt.(그는 재빨리 셔츠를 벗었다.)

b. She **slipped** off her coat.(그녀는 재빨리 코트를 벗었다.)

c. She **slipped** off her dress.(그녀는 재빨리 치마를 벗었다.)

d. He **slipped** a ring on his finger.(그는 반지를 손가락에서 재빨리 끼웠다.)

e. He **slipped** on his shoes.(그는 재빨리 신을 신었다.)

f. She **slipped** her jacket on over her head.(그녀는 저고리를 재빨리 머리 위로 입었다.)

g. **Slip** the jacket on over your sweater.(그 스웨터 위에 저고리를 빨리 입어라.)

2.5. 다음 주어는 목적어를 벗긴다.

(14) a. The boat **slipped** its moorings.(그 배는 계류장치를 벗어났다.)

b. The dog had **slipped** its leash and disappeared.(개는 사슬을 풀고 사라졌다.)

c. The dog **slipped** its collar.(그 개는 목테를 풀었다.)

2.6. 다음 주어는 목적어를 off나 from의 목적어에서 벗긴다.

(15) a. The fisherman **slipped** the rope off its hook.(그 어부는 밧줄을 고리에서 풀었다.)

b. He **slipped** the dog from the leash.(그는 개를 목줄에서 풀어 주었다.)

2.7. 다음 주어는 목적어를 지나쳐 버리게 한다.

(16) He **slipped** an opportunity.(그는 기회를 놓쳤다.)

2.8. 다음 주어는 목적어를 빠져나간다.

(17) a. I am sorry I forgot his birthday; the date **slipped** my mind/memory.(그의 생일을 잊어서 미안하다; 그 날짜가 내 기억을 빠져나갔다.)

b. It must have **slipped** his mind.(그의 내 기억에서 빠져나갔음에 틀림없다.)

c. The appointment **slipped** my memory.(그 약속은 내 기억에서 빠져나갔다.)

d. The problem **slipped** my mind for a while.(그 문제는 한동안 내 마음에서 빠져나갔다.)

2.9. 미끄러지면, 미끄러지는 개체는 원래의 장소에서 벗어난다. 다음 주어는 목적어를 원래의 장소에서 벗어나게 만든다.

(18) a. He **slipped** his discs.(그는 디스크가 삐었다.)

b. He **slipped** his shoulders.(그는 어깨를 삐었다.)

c. She **slipped** a stitch.(그녀는 솔기를 풀었다.)

d. The ship **slipped** anchor.(배가 닻을 내렸다.)

slither

이 동사의 개념 바탕에는 뱀의 움직임 같은 미끄러지는 과정이 있다.

1. 용법

1.1. 다음 주어는 미끄러진다.

(1) People were slithering on the icy pavement.(사람들이 언 포장도로 위에서 미끄러지고 있었다.)

1.2. 다음 주어는 미끄러지듯 이동한다.

(2) a. A snake slithered along a path. (뱀 한 마리가 소로를 따라 미끄러져 갔다.)

b. The snake slithered away.(그 뱀은 미끄러지면서 갔다.)

c. He slithered clumsily down the ski slope.(그가 스키 경사면을 서투르게 미끄러져 내려왔다.)

d. A snake slithered through the long grass .(뱀 한 마리가 긴 풀 속을 따라서 미끄러져 갔다.)

e. The car slithered to a halt.(그 차는 미끄러지면서 정지했다.)

---

slop

이 동사의 개념 바탕에는 흘리는 과정이 있다.

1. 자동사 용법

1.1. 다음 주어는 넘쳐흐른다.

(1) a. Water was beginning to slop in and trickle down the wall.(물이 흘러넘쳐 들어가 벽 아래로 똑똑 떨어지기 시작했다.)

b. Water slopped over the edge of the bath.(물이 욕조의 가장자리 너머 넘쳤다.)

c Some of its glutinous contents slopped over the side.(그것의 끈적끈적한 내용물의 일부가 그 옆으로 흘러 넘쳤다.)

d. The coffee might slop over when you carry it to the table.(커피는 네가 그것을 식탁에 가져갈 때 넘쳐흐를 것이다.)

1.2. 다음 주어는 내버린다.

(2) a. Inmates continue to slop out in an all-male prison.(입소자들은 남자 수용소에서 방의 구정물을 계속 내다 버린다.)

b. Many prisoners have to use chamber pots and queue up to 'slop out'. (많은 감옥수들은 요강을 사용하고 오물을 내다버리기 위해 줄지어 차례를 기다려야 했다.)

c. They just slop out over the walls, and there is litter everywhere--old refuse, bottles and cans. (그들은 벽 너머로 버려서 잡동사니들이 모든 곳에 있었다--오래된 쓰레기, 병, 캔 등등)

1.3. 다음 주어는 첨벙거리며 움직인다.

(3) a. He slopped about in the mud.(그는 진흙 속에서 이리저리 물을 튀기며 다녔다.)

b. We slopped along through the wet fields.(우리는 젖은 땅에 물을 튀기면서 걸었다.)

c. They are slopping around in the mud.(그들은 물을 첨벙거리며 진흙 속을 돌아다니고 있다.)

d. They are slopping home through the storm.(그들은 폭풍을 뚫고 첨벙거리며 오고 있었다.)

1.4. 다음 주어는 흩뿌린다.

(4) a. Besides I might slop.(게다가 나는 엎지를지도 모른다.)

b. It is wrong to slop and make messes that others have to clear up behind one.(잔뜩 어지럽혀서 다른 사람이 뒤에 치우게 될 불결한 상태를 만드는 것은 잘못이다.)

2. 타동사 용법

2.1. 다음 주어는 목적어를 아무렇게 담는다.

(5) a. He slopped the mashed potatoes into her dish. (그는 으깬 감자를 그녀의 접시에 아무렇게나 담았다.)

b. The baby slopped the milk onto the table.(그 아기는 우유를 식탁에 흘렸다.)

c. She slopped some wine into her glass.(그녀는 약간의 포도주를 잔에 아무렇게나 부었다.)

d. He slopped his coffee into the saucer.(그는 커피를 찻잔에 흘러 넘치게 했다.)

2.2. 다음 주어는 목적어를 아무렇게나 입는다.

(6) a. Slip on a shirt, slop on some cream and slap on a hat. (셔츠를 살짝 입고, 크림을 절벅절벅 바르고 모자를 써라.)

b. I am too frightened to slop on paint.(나는 너무 무서워서 페인트를 칠할 수 없다.)

2.3. 다음 주어는 첨벙거리며 나아간다.

(7) a. Walter began to slop its way through the mud.(월터는 진창 속을 절벅 절벅 걷기 시작했다.)

b. Don't slop it!(그것을 엎질러 더럽히지는 말아라.)

c. They just slop it up.(그들은 단지 그것을 엎질러버린다.)

---

slope

이 동사의 개념 바탕에는 기울어지는 과정이 있다.

1. 자동사 용법

1.1. 다음 주어는 움직이는 개체는 아니다. 그러나 주어의 형상을 눈으로 따라가 보면 기울어진다.

(1) a. The farmer's land sloped gently to a lake.(그 농부의 땅은 완만하게 호수까지 경사졌다.)

b. The hill slopes gently to the foot.(그 언덕은 기슭까지 완만하게 경사진다.)

c. The roof sloped sharply upward.(그 지붕은 가파르게 위로 기울어졌다.)

d. His handwriting slopes upward. (그의 필기체는 위로 기운다.)

1.2. 다음 주어는 슬쩍 있던 장소에서 사라진다.

(2) a. He always slopes off when it's time to do the dishes.(그는 항상 설거지를 해야할 시간이 되면 슬쩍 사라진다.)

b. They got bored of waiting and sloped off.(그들은 기다리는 게 지겨워져서 슬쩍 사라졌다.)

2. 타동사 용법

2.1. 다음 주어는 목적어를 기울어지게 한다.

(3) a. The artist sloped the drawing board appropriately. (그 화가는 그림판을 적절하게 기울였다.)

b. The builder **sloped** the roof sharply upward.(그 건축업자는 지붕을 가파르게 위로 우뚝 기울어지게 했다.)

2.2. 아래는 적음이나 약함을 나타낸다. 주어는 목적어의 수준을 낮춘다.

(4) They **sloped** the standard.(그들은 수준을 낮추었다.)

slosh

이 동사의 개념 바탕에는 철벙거리는 과정이 있다.

1. 타동사 용법

1.1. 다음 주어는 목적어를 튀기며 붓는다.

(1) a. She **sloshed** some bleach into the bucket.(그녀가 약간의 표백제를 양동이 속에 튀기며 부었다.)

b. She **sloshed** coffee into a mug.(그녀가 커피를 컵 속에 튀기며 부었다.)

1.2. 다음 주어는 목적어를 튀게 한다.

(2) a. She **sloshed** the wine around in her glass.(그녀는 포도주를 잔 주위에 튀겼다.)

b. The children were **sloshing** water everywhere.(그 아이들이 물을 모든 곳에 튀기고 있었다.)

c. Bob **sloshed** coffee from his cup while he gestured with his hand.(밥이 손으로 제스쳐를 취하는 동안 그의 컵에서 커피를 튀겼다.)

d. He **sloshed** the gasoline in the tank.(그가 개솔린을 탱크에 튀겨 넣었다.)

e. Jane **sloshed** wine on her jacket by pouring too fast.(제인이 포도주를 너무 급하게 따루어서 그녀의 재킷에 튀겼다.)

f. The speeding car **sloshed** mud on the people waiting for the bus.(속력을 내고 가던 차가 진흙을 버스를 기다리던 사람들에게 튀겼다.)

1.3. 다음 주어는 그 자게가 목적어를 튀긴다.

(3) Water **sloshed** the sides of the pool as the children jumped in.(아이들이 수영장에 뛰어들면서 물이 수영장의 사방을 튀겼다.)

2. 자동사 용법

2.1. 다음 주어는 출렁거린다.

(4) a. The water **sloshed** around in the bucket.(물이 양동이 주위로 출렁거렸다.)

b. Water **sloshed** about in the bottom of the boat.(물이 보트의 바닥에 여기저기서 출렁거렸다.)

2.2. 다음 주어는 튀긴다.

(5) a. Mud **sloshed** all over the car when I drove down the muddy road.(진흙이 내가 흙탕길을 달려 내려갈 때 차 전체에 튀었다.)

b. The water **sloshed** over the sides.(물이 모든 쪽에 다 튀겼다.)

c. Some of the paint **sloshed** out of the can.(약간의 페인트가 그 통에서 튀어 나왔다.)

2.3. 다음 주어는 첨벙거리며 이동한다.

(6) a. We **sloshed** along in our rubber boots.(우리는 장화를 신고 철벙거리며 갔다.)

b. He **sloshed** through the puddles.(그는 흙탕물이 괴어 있는 곳을 첨벙거리며 갔다.)

slouch

이 동사의 개념 바탕에는 등을 굽히는 과정이 있다.

1. 자동사 용법

1.1. 다음 주어는 등을 굽힌다.

(1) a. Stop **slouching**. It's not good for your back.(등을 굽히지 마라. 그것은 너의 등에 좋지 않아.)

b. I **slouched** in my chair.(나는 의자 안에서 등을 굽혔다.)

c. The tall man **slouched** when he walked because he was self-conscious about his height.(그 키 큰 남자는 자신의 키에 관해서는 의식하고 있었기 때문에 걸을 때면 등을 굽혔다.)

d. His shoulders **slouched** a little lower.(그의 어깨가 약간 아래로 굽어졌다.)

e. Try to straighten your back. Don't **slouch**.(허리를 바로 펴라. 구부리지 말아라.)

2. 타동사 용법

2.1. 다음에서 주어는 목적어를 굽힌다.

(2) He **slouched** his shoulders.(그는 어깨를 굽혔다.)

slow

이 동사의 개념 바탕에는 속도를 늦추는 과정이 있다.

1. 자동사 용법

1.1. 다음 주어는 움직이는 개체이다. 주어는 속도를 늦춘다.

(1) a. The train **slowed** as it went round the bend.(기차는 구부러진 길을 돌 때 속도를 줄였다.)

b. The car **slowed** up over the bridge.(자동차는 다리 위를 지날 때 속도를 늦추었다.)

1.2. 활동에도 속도가 있는 것으로 개념화된다. 다음 주어는 활동의 속도를 줄인다.

(2) a. You're sixty; it's time to **slow** down a bit.(당신은 예순입니다; 이제는 약간 활동의 속도를 줄일 때에요.)

b. You must **slow** down a little or you will make yourself ill.(네가 활동의 속도를 약간 줄여야 한다. 그렇지 않으면, 병이 들 것이다.)

c. People often **slow** as they become older.(사람들은 종종 나이가 들어감에 따라 활동의 속도를 늦춘다.)

1.3. 사업, 경기, 성정 등에도 속도가 있어서 이들도 속도가 늦추어진다.

(3) a. Business **slows** up at this time of the year.(사업이 한 해의 이 때에 속도가 늦다.)

b. Inflation has **slowed**.(인플레이션이 늦추어졌다.)

c. Economic growth **slowed** a little.(경제 성장이 약간 늦추어졌다.)

2. 타동사 용법

2.1. 다음 주어는 목적어의 속도를 늦춘다.

(4) a. I **slowed** the car as I approached the intersection.
(나는 교차로에 들어서면서 차의 속도를 줄였다.)

b. He **slowed** his bike.(그는 자전거의 속도를 늦추었다.)

c. The ice on the road is **slowing** us.(길 위의 얼음은 우리의 속도를 늦추고 있다.)

d. My aching knees is **slowing** me down.(내 시린 무릎은 속도를 늦게 하고 있다.)

2.2. 다음 주어는 추상적 과정의 속도를 늦춘다.

(5) a. The president's policy **slowed** the inflation rate.
(대통령의 정책은 인플레이션을 늦추었다.)

b. We hope to **slow** the spread of the disease.(우리는 그 병의 전염을 늦추기를 바란다.)

slump

이 동사의 개념 바탕에는 갑자기 그리고 무겁게 내려앉거나 떨어지는 과정이 있다.

1. 자동사 용법

1.1. 다음 주어는 무겁게 앉는다.

(1) a. He **slumped** to the floor.(그는 바닥에 무겁게 앉았다.)

b. She **slumped** to her knees.(그녀는 무릎을 굽혀 무겁게 앉았다.)

c. Father **slumped** back in his chair.(아버지는 의자 속에 다시 무겁게 앉았다.)

1.2. 다음 주어는 푹 떨어지거나 가라앉는다.

(2) a. His head **slumped** on his chest.(그의 머리는 가슴에 폭 떨어져 있었다.)

b. His shoulders **slumped**.(그의 어깨는 축 쳐져 있었다.)

1.3. 아래로의 움직임은 수나 양의 감소를 나타낸다.

(3) a. Sales **slumped** by 30% this month.(판매량은 30%이 달에 떨어졌다.)

b. Her spirits **slumped** as the bad news sank in.(그녀의 사기가 나쁜 소식이 전해지면서 폭 떨어졌다.)

c. The price of gold **slumped** for the second day in a row.(금값이 연속적으로 제 2일 동안 계속해서 폭 떨어졌다.)

d. The stock market **slumped** because of the bad economic news.(그 주식시장은 안 좋은 경제 소식으로 뚝 떨어졌다.)

e. The paper's circulation **slumped** to 100,000.(그 신문의 발행 부수가 100,000으로 뚝 떨어졌다.)

slur

이 동사의 개념 바탕에는 말을 흐리게 하는 과정이 있다.

1. 자동사 용법

1.1. 다음 주어는 소리이다. 소리가 불분명하다.

(1) a. His voice **slurred** as he wasn't awake yet.(그의
목소리는 잠이 덜 깨어서 흐렸다.)

b. Her words **slurred** because she had no front teeth.(그녀의 말은 앞니가 없어서 흐렸다.)

1.2. 소리 하나하나를 분명하게 발음하지 않고 넘어가듯이 살펴야 할일을 하나하나 분명하게 살피지 않고 넘어갈 수 있다.

(2) a. He **slurred over** details to head off disagreement.
(그는 의견 불일치를 미리 막기 위해 세부사항을 슬쩍 넘어갔다.)

b. In his haste to finish the report, the author **slurred over** many facts.(그 보고서를 급하게 끝내느라고, 그 저자는 많은 사실을 슬쩍 넘어갔다.)

2. 타동사 용법

2.1. 다음 주어는 목적어를 흐리게 발음한다.

(3) a. Don't **slur** your speech like that.(너의 말을 그렇게 흐리게 발음하지 마라.)

b. He was drunk and **slurred** his words.(그는 술에 취해서 말을 불분명하게 발음했다.)

c. Many persons **slur** "How are you?"(많은 사람들이 "어떻게 지내니?"를 흐리게 발음한다.)

2.2. 다음은 수동태 문장으로 주어는 흐리게 발음된다.

(4) a. His speech was **slurred**, but he still denied he was drunk.(그의 말을 흐리게 발음되었지만. 그는 여전히 자신이 취한 것을 부인했다.)

b. The old man's words were **slurred** by his lack of teeth.(그 노인의 말은 이가 없어서 불분명하게 발음되었다.)

2.3. 다음에서 주어는 목적어를 흐리게 즉 더럽게 만든다.

(5) a. She **slurred** the company's name.(그녀는 그 회사의 이름을 더럽혔다.)

b. He **slurred** his enemy.(그는 그의 적을 욕했다.)

smack[1]

이 동사의 개념 바탕에는 소리가 나게 세차게 때리는 과정이 있다.

1. 타동사 용법

1.1. 다음 주어는 목적어를 세차게 때리거나 두들긴다.

(1) a. I will **smack** your bottom.(나는 너의 엉덩이를 때려줄 것이다.)

b. The angry man **smacked** the table with his hand.
(화난 사람은 탁자를 자신의 손으로 세차게 두드렸다.)

c. He **smacked** his forehead with his hand.(그는 자신의 이마를 손으로 세차게 때렸다.)

1.2. 다음에서 전치사 on은 주어가 목적어를 때릴 때 접촉되는 부위를 가리킨다.

(2) a. She **smacked** him on the cheek.(그녀는 그의 빰을 때렸다.)

b. The door **smacked** me on the side of the head.(그 문은 내 머리 옆을 때렸다.)

c. He **smacked** the boy on the face.(그는 그 소년의 얼굴을 때렸다.)

1.3. 다음 주어는 목적어를 전치사 into의 목적어에 힘을 가한다.

(3) a.He smacked his fist against his palm.(그는 주먹을 손바닥에 쳤다.)

     b. He smacked his bike into a car.(그는 자신의 자전거를 자동차와 부딪히게 했다.)

     c. He smacked his new car into the wall.(그는 새 차를 그 벽에 부딪히게 했다.)

1.4. 다음 주어는 입술을 닫았다가 소리를 내면서 연다.

(4) a. They smacked their lips.(그들은 입맛을 다셨다.)

     b. He smacked his lips over the soup.(그는 스프를 보고 입맛을 다셨다.)

2. 자동사 용법

2.1. 다음 주어는 소리를 내면서 다른 개체를 들이받는다.

(5) The car smacked into a tree.(그 자동차는 어느 나무를 들이받았다.)

smack²

이 동사의 개념 바탕에는 smack의 명사 '맛'이 있다.

1. 자동사 용법

1.1. 다음 주어는 전치사 of의 맛을 낸다.

(1) a.I don't want to say something that smacks of disloyalty.(나는 불성실을 풍기는 것을 말하는 것을 원하지 않는다.)

     b. Today's announcement smacks of a government cover-up.(오늘의 발표는 정부 은닉의 냄새가 난다.)

2. 타동사 용법

2.1. 다음 주어는 목적어의 냄새를 낸다.

(2) Your behavior smacks rudeness.(너의 행동은 무례함의 냄새를 낸다.)

smart

이 동사의 개념 바탕에는 따갑게 느끼는 과정이 있다.

1. 자동사 용법

1.1. 다음 주어는 따끔하게 아프다.

(1) a. My face is smarting from where she slapped me.(내 얼굴이 그녀가 날 때린 곳으로부터 따끔거린다.)

     b.Her eyes smarted from the smoke.(그녀의 눈이 그 연기로부터 따끔거렸다.)

1.2. 다음 주어는 환유적으로 쓰여서 마음을 가리킨다.

(2) a. He is still smarting from/over her unkind words.(그는 그녀의 불친절한 말로 인해 여전히 마음이 아프다.)

     b. She was still smarting from the defeat/the loss.(그녀는 패배/손실로부터 여전히 마음이 따끔거렸다.)

1.3. 다음 주어는 따가움을 주는 개체이다.

(3) a. Putting an alcohol swab on a cut smarts, but it cleans the dirt out.(알콜을 묻힌 약솜을 베인 상처에 두면 따가움을 주지만 더러움은 제거해 준다.)

     b. Yesterday you said I was too fat, and the remark still smarts.(어제 너는 내가 너무 뚱뚱하다고 말을 했는데, 그 말이 여전히 따가움을 주는구나.)

     c. The bee sting smarted.(그 벌침은 아팠다.)

     d. When I stabbed my toe, it smarted.(내가 내 발가락을 찔렀을 때, 그것이 따가움을 줬다.)

smash

이 동사의 개념 바탕에는 세차게 쳐서 박살을 내는 과정이 있다.

1. 타동사 용법

1.1. 다음 주어는 목적어를 부순다.

(1) a. He smashed the TV set with a hammer.(그는 TV를 망치로 때려 부수었다.)

     b. The rioters smashed the shop windows.(그 폭도들은 상점 창문들을 때려 부수었다.)

     c.I accidentally smashed the window with a baseball.(나는 우발적으로 창문을 야구공으로 부수었다.)

     d. The bankruptcy smashed the firm.(그 파산은 그 회사를 박살냈다.)

1.2. 다음 주어는 목적어를 부수어서 목적어가 어떤 상태에 들어가게 한다.

(2) a. He smashed down the door/the fence.(그는 문/울타리를 때려 부수어서 떨어지게 했다.)

     b. The police smashed in the door.(경찰은 문을 쳐서 안으로 들어가게 했다.)

     c. He threatened to smash her head/face in.(그는 그녀의 머리/얼굴을 쳐서 푹 들어가게 하겠다고 위협했다.)

     d. He smashed the door open.(그는 문을 쳐서 열었다.)

     e. He smashed a plate to pieces.(그는 접시 하나를 쳐서 박살을 냈다.)

     f. He had an accident and smashed up his car.(그는 사고를 당해서 차를 완전히 망가뜨렸다.)

     g. He became violent and smashed up the furniture.(그는 난폭해져서 그 가구를 때려 부수었다.)

1.3. 다음 주어는 목적어를 친다.

(3) a. He smashed me with his fist.(그는 나를 주먹으로 강타했다.)

     b. He tried to smash me in the face.(그는 나를 얼굴을 강타하려고 했다.)

     c. He smashed the man on the head.(그는 그 남자를 머리를 강타했다.)

1.4. 다음 주어는 목적어를 격파한다.

(4) a. The government smashed the rebellion.(정부는 그 항거를 쳐서 진압했다.)

     b. He smashed the man's argument.(그는 그 남자의 논의를 격파했다.)

     c. The police have smashed the drug ring.(경찰은 그 마약 조직을 격파했다.)

     d. He smashed the enemy.(그는 적을 격파했다.)

     e. He smashed his opponent in argument.(그는 상대

를 논의에서 격파했다.)

1.5. 다음 주어는 목적어를 무너뜨린다.

(5) a. He smashed the records by two minutes.(그는 기록들을 2분 무너뜨렸다.)

b. Peter smashed the 400 meter record by over a half second.(피터는 400 미터 기록을 0.5초로 무너뜨렸다.)

c. They smashed all traditions.(그들은 모든 전통을 무너뜨렸다.)

d. The unexpected news smashed all his hopes.(그 예기치 않은 소식은 그의 모든 희망들을 깨뜨렸다.)

e. The attack on the country smashed its ability to make another war.(그 나라에 가해진 공격은 또 다른 전쟁을 일으킬 수 있는 그의 능력을 완전히 말살했다.)

f. He smashed the professor's theory.(그는 그 교수의 이론을 격파했다.)

1.6. 다음 주어는 목적어를 전치사의 목적어에 친다.

(6) a. The sea smashed the boat against the rocks.(그 바다는 배를 바위에 쳤다.)

b. They smashed themselves against the wall.(그들은 자신들을 그 벽에 쳤다.)

c. He smashed his fist down on the table in fury.(그는 화가 나서 자신의 주먹으로 식탁을 내려쳤다.)

d. The wind smashed the tree into the house.(그 바람은 그 나무를 집에 세차게 부딪치게 했다.)

e. He smashed his fist into Anne's face.(그는 주먹을 앤의 얼굴에 세차게 꽂았다.)

f. He smashed the car into a wall.(그는 차를 벽에 세차게 부딪치게 했다.)

g. He smashed a stone through the window.(그는 돌하나를 창문에 세게 쳐서 지나가게 했다.)

1.7. 다음 주어는 목적어를 쳐서 만든다.

(7) a. The firemen had to smash their way into the burning building.(그 소방관들은 쳐부수면서 불타는 건물 속으로 들어가야만 했다.)

b. The elephant smashed its way through the trees.(코끼리는 쳐부수면서 나무들을 헤쳐나갔다.)

c. They had to smash holes in the ice.(그들은 구멍들을 그 얼음을 쳐서 만들어야 했다.)

2. 자동사 용법

2.1. 다음 주어는 깨어진다.

(8) a. The dish smashed on the floor.(그 접시는 마루에 박살이 났다.)

b. The glass fell on the floor and smashed into little bits.(그 유리잔은 마루에 떨어져서 산산조각이 났다.)

c. The dish fell and smashed into pieces.(그 접시는 떨어져서 산산조각이 났다.)

d. The car smashed up on the highway.(그 차는 고속도로에서 완전히 망가졌다.)

2.2. 다음 주어는 충돌한다.

(9) a. The car rolled down my driveway and smashed into my garage.(그 차는 나의 진입로로 굴러 내려서 차고를 들이박았다.)

b. The car smashed into a wall.(그 차는 벽을 박았다.)

c. The ship smashed onto the rocks.(그 배는 암초들을 들이박았다.)

2.3. 다음 주어는 세차게 지나간다.

(10) a. Bulldozers smashed through the barricade of vehicles.(불도저들이 차량으로 만든 장애물을 쳐부수면서 지나갔다.)

b. He smashed through the window pane.(그는 창문을 쳐부수고 지나갔다.)

---

smear

이 동사의 개념 바탕에는 기름기가 있거나 끈적끈적한 개체를 칠하는 과정이 있다.

1. 타동사 용법

1.1. 다음 주어는 목적어를 칠한다.

(1) a. She smeared suntan lotion evenly on her body.(그녀는 선텐 오일을 몸에 골고루 발랐다.)

b. She smeared butter on bread.(그녀는 버터를 빵에 발랐다.)

c. The child smeared mud on the wall.(그 아이는 진흙을 벽에 발랐다.)

1.2. 다음 목적어는 다른 개체가 칠해지는 개체이다.

(2) a. She smeared bread with butter.(그녀는 빵을 버터로 발랐다.)

b. The child smeared the wall with mud.(그 아이는 벽을 진흙으로 발랐다.)

1.3. 다음은 수동태 문장으로 주어는 다른 개체가 칠해지는 개체이다.

(3) a. His glasses are smeared.(그의 안경은 더럽혀져 있다.)

b. The tablecloth is smeared with jam.(그 식탁보는 잼이 묻어 있다.)

c. The tablecloth is smeared.(그 식탁보가 더럽혀져 있다.)

1.4. 기름기 있는 개체를 칠하면 칠이 되는 개체는 더러워진다.

(4) a. The story was an attempt to smear the party leader.(그 이야기는 정당의 지도자를 훼손시키기 위한 시도였다.)

b. He tried to smear his opponent during the campaign.(그는 경쟁자를 캠페인 기간 동안 훼손시키기 위해 노력했다.)

2. 자동사 용법

2.1. 다음 주어는 번진다.

(5) a. The ink will smear if it gets wet.(그 잉크는 젖게 되면 번질 것이다.)

b. Don't lean on the wall, or the paint will smear.(벽에 기대지 마라, 그렇지 않으면 페인트가 번질 것이다.)

c. This paint smeared easily.(이 페인트는 쉽게 번졌다.)

smell

이 동사의 개념 바탕에는 냄새 맡는 과정이 있다.

1. 자동사 용법

1.1. 다음 주어는 냄새를 낸다.
(1) a. A skunk's spray really smells. (스컹크의 분무는 정말 나쁜 냄새가 난다.)

b. His feet smell. (그의 발은 냄새가 난다.)

c. Something smells in the refrigerator. (그 냉장고에서 무엇인가 냄새가 난다.)

d. The fish is beginning to smell. (그 생선은 고약한 냄새가 나기 시작하고 있다.)

e. The flowers don't smell at all. (그 꽃들은 향기가 전혀 나지 않는다.)

f. The T-shirt is smelling a bit. (그 티셔츠는 약간 냄새가 나고 있다.)

g. Your breath smells. What have you been eating? (너의 입에서 냄새가 난다. 무엇을 먹고 있었니?)

h. How that river smells! (얼마나 그 강은 냄새가 나는지!)

i. Your team really smells. (너희 팀은 정말 낌새가 수상하다.)

1.2. 다음 주어는 형용사가 가리키는 냄새가 난다.
(2) a. The room smelled bad. (그 방은 악취가 났다.)

b. His account smells fishy. (그의 설명은 수상한 낌새가 난다.)

c. The rose smelled fragrant. (그 장미는 향기로운 향기가 났다.)

d. The bread smells good. (그 빵은 좋은 냄새가 난다.)

e. Something in the bag smells mouldy. (그 가방에 있는 무엇인가가 곰팡이 냄새가 난다.)

f. You smell gorgeous tonight. (당신은 오늘밤 훌륭한 향기가 난다.)

1.3. 다음 주어는 전치사 like의 목적어와 같은 냄새를 낸다.
(3) a. This place smells like pine trees. (이 곳은 소나무 숲 같은 냄새가 난다.)

b. This plastic smells like leather. (이 플라스틱은 가죽 같은 냄새가 난다.)

1.4. 다음에서는 냄새의 속성이 [of 명사구]로 표현되어 있다.
(4) a. Her hands smelled of fish. (그녀의 손은 생선 냄새가 난다.)

b. The living room smelled of cigarette. (거실은 여송연 냄새가 났다.)

c. The room smelled of stale beer. (방은 김빠진 맥주 냄새가 났다.)

d. I don't like anything smelling of politics. (나는 정치 기미가 있는 것은 것이든 싫어한다.)

1.5. 다음 주어는 전치사 at의 목적어의 냄새를 맡는다.
(5) He smelled at the flowers. (그는 꽃향기를 조금씩 맡아보았다.)

2. 타동사 용법

2.1. 다음 주어는 목적어의 냄새를 맡는다.
(6) a. I had a bad cold and couldn't smell a thing. (나는 독감에 걸려서 물건의 냄새를 맡을 수가 없었다.)

b. Mary smelled gas in the apartment. (메리는 가스 냄새를 아파트에서 맡았다.)

c. I smell the roses in the garden. (나는 장미의 향기를 정원에서 맡는다.)

d. John smelled roses in the room. (존은 장미향을 방에서 맡았다.)

e. You can almost smell the seaweed when you look at the picture. (너는 그림을 볼 때 거의 해초 냄새도 맡을 수 있다.)

f. We could smell the meat cooking in the kitchen. (우리는 고기가 부엌에서 요리되고 있는 냄새를 맡을 수 있었다.)

g. I smelled something burning. (나는 뭔가 타는 냄새를 맡았다.)

2.2. 다음 목적어는 통상 냄새를 내는 개체가 아니다. 냄새가 있으면 이를 내는 개체가 있다. 어떤 사건이나 일이 있으면 낌새가 있다. 주어는 목적어의 낌새를 챈다.
(7) a. He smelled trouble/danger. (그는 문제/위험의 낌새를 알아 차렸다.)

b. I could smell a conspiracy. (나는 음모를 눈치챌 수 있었다.)

c. The detective smelled foul play. (그 형사는 범죄의 기미를 알아 차렸다.)

d. He could always smell a bargain. (그는 언제나 싼 물건의 낌새를 알 수 있었다.)

2.3. 다음 주어는 의문사나 that-절의 내용을 알아차린다.
(8) a. My horse can always smell when rain is coming. (내 말은 언제 비가 올지를 항상 알아챌 수 있다.)

b. I could smell that the meat wasn't fresh. (나는 고기가 신선하지 않다는 것을 냄새로 알아차릴 수 있었다.)

2.4. 다음 주어는 목적어의 냄새를 맡는다.
(9) a. Smell this meat. Is it okay? (이 고기 냄새 좀 맡아 봐라. 괜찮니?)

b. I'm just smelling these socks to see if I can wear them another day. (나는 이 양말을 또 하루 신을 수 있는지 알아보려고 막 냄새 맡는 중이다.)

c. Let me smell the meat. (내가 고기 냄새를 맡게 해 주시오.)

2.5. 다음 주어는 목적어의 냄새를 맡아서 찾아낸다.
(10) At customs, dogs are smelling out drugs in passengers' luggage. (세관에서는 개들이 승객들의 짐 속에 있는 마약을 냄새로 찾아내고 있다.)

2.6. 다음 주어는 목적어를 냄새로 채운다.
(11) a. Her perfume was smelling the whole room. (그녀의 향수냄새는 방 전체를 풍기고 있었다.)

b. The aftershave of yours is smelling out the whole house. (너의 애프터셰이브 냄새는 집 전체에 풍기고 있다.)

c. The burnt toast smelled up the room. (탄 토스트 냄새가 방을 가득 채웠다.)

smile

이 동사의 개념 바탕에는 미소를 짓는 과정이 있다.

1. 자동사 용법

1.1. 다음 주어는 미소를 짓는다.
(1) a. He smiled sweetly.(그는 상냥하게 미소를 지었다.)
 b. He smiled all over his face.(그는 온 얼굴에 웃음을 떠었다.)
 c. She smiled with relief.(그녀는 안도의 미소를 지었다.)
 d. She smiled happily when she heard the news.(그 소식을 듣고 그녀는 환한 미소를 지었다.)
 e. She smiled to see the sight.(그녀는 그 광경을 보고 미소를 지었다.)

1.2. 다음 주어는 on의 목적어에 미소를 짓는다.
(2) a. Luck/fortune smiled on us that night.(행운이 그 날 밤 우리에게 미소를 지었다.)
 b. The spring sun smiled down on the town.(봄 햇살은 우리 읍내를 내려 비추었다.)
 c. The weather smiled on us during our holiday.(날씨는 우리에게 휴가 기간 동안 미소를 지었다.)
 d. The weather smiled on our picnic.(날씨는 우리의 소풍에 미소를 지었다.)
 e. The committee smiled on our proposal.(그 위원회는 우리의 제안을 선뜻 받아들였다.)

1.3. 다음 주어는 전치사 at의 목적어에 미소로 반응을 보인다.
(3) a. She smiled at her colleague's suggestion.(그녀는 동료의 제안에 미소를 지었다.)
 b. We should smile at life's aggravations.(우리는 인생의 짜증거리에 달관해야 한다.)
 c. The baby smiled at her mother.(그 아기는 엄마를 보고 웃었다.)

2. 타동사 용법

2.1. 다음 주어는 미소를 짓는다.
(4) a. He smiled a cynical smile.(그는 냉소적인 미소를 지었다.)
 b. She smiled a sweet smile.(그녀는 환한 미소를 지었다.)

2.2. 다음 주어는 미소로 목적어를 나타낸다.
(5) a. He smiled his appreciation.(그는 미소로 감사의 뜻을 전했다.)
 b. He smiled his congratulation.(그는 미소로 축하의 마음을 전했다.)
 c. He smiled his approval/welcome/consent.(그는 미소로 찬성/환영/동의의 뜻을 전했다.)
 d. She smiled her thanks/answer.(그녀는 미소로 감사/대답을 표현했다.)
 e. She smiled a greeting.(그녀는 미소로 인사를 표현했다.)

2.3. 다음 주어는 목적어를 미소로 어떤 상태에 들어가게 한다.
(6) a. She smiled us into a peace of mind.(그녀는 미소를 지어서 우리의 마음을 평안하게 했다.)
 b. She smiled him into a bright frame of mind.(그녀는 미소를 지어서 그의 기분을 밝게 했다.)
 c. She smiled her husband into good humor.(그녀는 미소를 지어서 남편의 기분을 좋게 했다.)

2.4. 다음 주어는 목적어를 미소를 지어서 없앤다.
(7) a. He smiled his tears away.(그는 미소를 지으며 눈물을 떨쳐버렸다.)
 b. He smiled his sorrow/grief away.(그는 미소로 슬픔을 털어버렸다.)
 c. He smiled his trouble away.(그는 미소로 근심을 떨쳐버렸다.)

smoke

이 동사의 개념 바탕에는 연기가 나는 과정이 있다.

1. 자동사 용법

1.1. 다음 주어는 연기를 낸다. 주어는 연기를 내는 개체이다.
(1) a. Suddenly the TV went blank and started smoking.(갑자기 그 TV가 꺼지고 연기가 나기 시작했다.)
 b. The chimneys were smoking.(그 굴뚝들은 연기를 내뿜고 있었다.)
 c. The fire is smoking badly.(그 불은 연기를 몹시 내뿜고 있다.)
 d. The volcano is smoking.(그 화산은 연기를 내뿜고 있다.)
 e. The pipe smokes well.(그 파이프는 연기가 잘 난다.)
 f. The stove smokes badly.(그 난로는 연기가 몹시 난다.)

1.2. 다음 주어는 담배를 피운다.
(2) a. I would be grateful if you don't smoke in here.(네가 여기에서 담배를 피우지 않았으면 좋겠다.)
 b. Do you mind if I smoke?(내가 담배를 피워도 될까요?)
 c. He smokes like a chimney.(그는 굴뚝처럼 담배를 많이 피운다.)

1.3. 다음 주어는 연기처럼 빨리 지나간다.
(3) That throw really smoked.(그 투구는 정말 빨랐다.)

2. 타동사 용법

2.1. 다음 주어는 연기를 써서 목적어를 소독이나 훈제한다.
(4) a. He smoked his room.(그는 방을 소독했다.)
 b. He smoked salmon in the smokehouse.(그는 연어를 훈제실에서 훈제했다.)
 c. The plants in the greenhouse is being smoked.(온실의 식물들은 연기로 소독되고 있다.)

2.2. 다음 주어는 연기를 내어 목적어를 그을리게 한다.
(5) The stove smoked the wall.(그 난로는 벽을 그을렸다.)

2.3. 다음 주어는 목적어를 피운다.
(6) a. He smokes cigarettes/cigars.(그는 담배/시가를 피운다.)
 b. He smoked 20 cigarettes today.(그는 담배 20 개

피를 오늘 피웠다.)

    c. What are the long-term effects of smoking marijuana?(마리화나를 피울때 장기적인 영향이 무엇입니까?)

2.4. 다음 주어는 담배를 피워서 목적어에 변화가 생기게 한다.

(7) a. He smoked himself sick/silly.(그는 담배를 피워서 속이 메스꺼워졌다.)

    b. He smoked his bad temper down.(그는 담배를 피워서 나쁜 기분을 가라앉혔다.)

2.5. 다음 주어는 연기로 목적어를 나오게 한다.

(8) a. He smoked out the bees from the hollow.(그는 연기를 피워서 벌을 구멍에서 몰아냈다.)

    b. He smoked out the racoons.(그는 연기를 피워서 너구리들을 쫓아냈다.)

    c. He smoked out the spies.(그는 스파이를 잡아냈다.)

    d. He smoked the mosquitoes out of the room.(그는 연기를 피워서 모기를 방에서 몰아냈다.)

    e. They decided to smoke the fox out.(그들은 연기를 피워서 여우를 몰아내기로 결정했다.)

    f. They finally smoked the traitors.(그들은 마침내 배신자들을 알아냈다.)

2.6. 다음 주어는 목적어를 빨리 움직인다.

(9) The quarterback smoked the next pass to his right end.(그 쿼터백은 다음 패스를 빨리 오른쪽에 던졌다.)

smooth

이 동사의 개념 바탕에는 '평평함'이 있다. 동사의 뜻은 이러한 상태를 만든 과정이다.

1. 타동사 용법

1.1. 다음 주어는 목적어를 평평하게 한다.

(1) a. She smoothed her dress. (그녀는 옷의 구김살을 폈다.)

    b. The carpenter smoothed the board with sandpaper.(그 목수는 판자를 사포로 매끈하게 했다.)

1.2. 다음 주어는 목적어에서 주름이나 울퉁불퉁한 것을 제거하여 평평하게 만든다.

(2) a. He smoothed off his jacket.(그는 재킷의 주름을 폈다.)

    b. He smoothed the wrinkles off his jacket.(그는 그 주름을 재킷에서 폈다.)

    c. He smoothed the letter flat on the table.(그는 그 편지를 탁자 위에 평평하게 폈다.)

1.3. 다음 목적어는 추상적이지만 구체적인 개체로 개념화되어 어디에 붙어있다 없어지는 것으로 표현되어 있다.

(3) a. He smoothed the difficulties away.(그는 그 어려움을 제거했다.)

    b. He smoothed away all objections to his plan.(그는 자신의 계획에 대한 모든 반대들을 없애버렸다.)

    c. A few objections have to be smoothed away

before we can start the project.(몇 가지의 방해물들이 우리가 프로젝트를 시작하기 전에 제거되어야만 한다.)

    d. His new job smoothed away his worry about the loan.(새 일자리는 그 대출에 대한 그의 걱정을 없애버렸다.)

1.4. 다음 주어는 목적어를 펼친다.

(4) a. They smoothed out the map on the table.(그들은 그 지도를 탁자 위에 펼쳤다.)

    b. She smoothed out the creases in her skirt.(그녀는 치마에 있는 구김을 폈다.)

    c. He smoothed out the crushed letter and read it.(그는 구겨진 편지를 펼쳐서 읽었다.)

1.5. 다음 주어는 머리를 가지런하게 한다.

(5) a. She smoothed her hair down neatly.(그녀는 머리를 가지런하게 매만져 내렸다.)

    b. He smoothed his hair back.(그는 자신의 머리를 매만져서 뒤로 넘겼다.)

1.6. 다음 주어는 목적어를 다른 개체에 골고루 바르거나 칠한다.

(6) a. She smoothed lotion over her legs.(그녀는 로션을 다리에 골고루 발랐다.)

    b. Smooth the icing over the top of the cake.(그 당의를 케이크 위에 잘 펼쳐 발라라.)

1.7. 다음 주어는 일을 잘 처리하여 목적어를 무난히 넘긴다.

(7) a. She smoothed over the bad feelings between them.(그녀는 그들 사이에 있는 안 좋은 감정을 무난히 수습했다.)

    b. The teacher smoothed the quarrel between the two boys.(선생님은 두 남자 아이들 사이의 다툼을 수습했다.)

    c. He smoothed things over.(그는 상황을 무난히 수습했다.)

2. 자동사 용법

2.1. 다음 주어는 목적어를 쉽게 지나간다.

(8) a. He smoothed over his faults.(그는 자신의 잘못은 덮어 가렸다.)

    b. He smoothed over the situation.(그는 그 상황을 적당히 넘어갔다.)

2.2. 다음 주어는 평온해지는 개체이다.

(9) Everything has smoothed down.(모든 것이 평온해졌다.)

smother

이 동사의 개념 바탕에는 질식시키는 과정이 있다.

1. 타동사 용법

1.1. 다음 주어는 불을 질식시킨다.

(1) a. He smothered the fire with ashes/blankets.(그는 불을 재/담요로 덮어 껐다.)

    b. He smothered the fire with a blanket.(그는 그 불을 담요 한 장으로 덮어 껐다.)

1.2. 다음 주어는 사람을 질식시킨다.

(2) a. The murderer **smothered** its victim with a pillow.
(그 살인자는 희생자를 베개로 질식시켰다.)

b. The baby **smothered** the kitten.(그 아이는 고양이 새끼를 질식시켰다.)

1.3. 다음 수동태 문장으로 주어는 질식된다.

(3) a. He was **smothered** by/with smoke.(그는 연기에 질식했다.)

b. He was **smothered** to death.(그는 질식해서 죽었다.)

1.4. 질식시킬 때 통상 질식되는 사람이나 개체를 다른 개체로 덮는다. 다음에서 주어는 목적어를 덮듯이 많이 뿌리거나 친다.

(4) a. He **smothered** his steak with mushrooms.(그는 스테이크에 버섯을 듬뿍 넣었다.)

b. He **smothered** her with kisses.(그는 그녀에게 키스로 퍼부었다.)

c. He **smothered** his sandwich with mustard.(그는 샌드위치에 겨자를 듬뿍 넣었다.)

1.5. 다음 주어는 목적어를 덮어서 가린다.

(5) He **smothered** her scandal.(그는 그녀의 추문을 은폐했다.)

1.6. 다음은 수동태 문장으로 주어는 은폐된다.

(6) a. The serious scandal was **smothered** up.(그 심각한 추문은 완전히 은폐되었다.)

b. The voices of the opposition were effectively **smothered**.(반대의 목소리들은 사실상 질식되었다.)

1.7. 다음 주어는 목적어를 질식한다. 하품, 웃음 같은 생리 작용도 질식될 수 있는 것으로 개념화된다.

(7) a. He **smothered** a yawn/giggle/grin.(그는 하품/낄낄 웃음/밝은 웃음을 삼켰다.)

b. She **smothered** a sob/her rage/her grief.(그녀는 흐느낌/분노/애통함을 삼켰다.)

2. 자동사 용법

2.1. 다음 주어는 질식한다.

(8) a. He will **smother** under the blankets.(그는 담요 밑에서 질식할 것이다.)

b. The victims **smothered** from the smoke.(희생자는 연기로부터 질식했다.)

---

smuggle

이 동사의 개념 바탕에는 불법적으로 들여오거나 내가는 과정이 있다.

1. 타동사 용법

1.1. 다음 주어는 목적어를 불법적으로 들여간다.

(1) a. He **smuggled** heroine/a gun into the prison.(그는 헤로인/총을 감옥에 불법적으로 들여왔다.)

b. They caught her **smuggling** drugs/gold into Korea.(그들은 그녀가 마약과 금괴를 한국으로 밀수해오는 것을 잡았다.)

c. He **smuggled** the letter out of the prison.(그는 그 편지를 교도소 밖으로 몰래 내보냈다.)

d. He **smuggled** out the secret documents.(그는 그 비밀장부를 몰래 밖으로 내보냈다.)

1.2. 다음 주어는 목적어를 불법적으로 가지고 들어간다.

(2) a. He **smuggled** his class notes into the science test.(그는 수업 노트를 과학 시험에 몰래 가지고 들어왔다.)

b. He **smuggled** a note into her hand.(그는 쪽지 하나를 몰래 그녀의 손에 주었다.)

2. 자동사 용법

2.1. 다음 주어는 밀수를 한다.

(3) The fast boat used to **smuggle** along the coast.(빠른 보트는 그 해안선을 따라 밀수를 하곤 했다.)

---

snap

이 동사의 개념 바탕에는 날세게 잡는 과정이 있다.

1. 타동사 용법

1.1. 다음 주어는 목적어를 날세게 낚아챈다.

(1) a. The dog **snapped** the bone from my hand.(그 개는 뼈를 내 손에서 낚아챘다.)

b. He **snapped** a bag from the lady.(그는 가방을 여자에게서 낚아챘다.)

1.2. 다음 주어는 두 손가락을 접촉시켜서 소리를 나게 한다.

(2) a. Can you **snap** your fingers?(너는 손가락을 접촉시켜서 딱 소리를 낼 수 있니?)

b. She **snapped** her fingers.(그녀는 손가락을 접촉시켜서 딱 소리를 냈다.)

c. Anne **snapped** the snaps on her jeans.(앤은 진 바지에 있는 스냅 단추를 딱 하고 닫았다.)

1.3. 다음 주어는 의도적이거나 비의도적으로 목적어를 순식간에 깨어지거나 끊어지게 한다.

(3) a. One of the kicks can **snap** you in half like a dry twig.(발차기 등 한방으로도 너를 마른 나뭇가지처럼 반으로 자를 수 있어.)

b. I **snapped** the stick in half.(나는 막대기를 반으로 뚝 잘랐다.)

c. He **snapped** the chalk in two.(그는 분필을 반으로 뚝 잘랐다.)

d. The impact must have **snapped** the cable.(그 충격은 케이블을 뚝 잘랐음에 틀림없다.)

e. You will **snap** the ruler if you bend it too far.(만약 네가 자를 너무 세게 휘면 너는 그것을 딱 부러뜨릴 것이다.)

f. I **snapped** my shoelace when I was tying it.(나는 구두끈으로 매려고 할 때 그것을 끊어버렸다.)

g. **Snap** the rubber band.(그 고무 밴드를 뚝 끊어라.)

h. Tom **snapped** an eight-game losing streak on Sunday.(탐은 일요일에 여덟 게임 연속 완패를 끊었다.)

1.4. 다음은 수동태 문장으로 주어는 끊긴다.

(4) The ties of affection were **snapped**.(애정의 유대는 끊어졌다.)

1.5. 다음 주어는 목적어를 잽싸게 끊거나, 닫거나, 연다.

(5) a. He **snapped** off the twig.(그는 나뭇가지를 뚝 꺾어

내었다.)

b. The shark **snapped** the man's leg off.(그 상어는 그 남자의 다리를 뚝 끊었다.)

c. She **snapped** the radio on/off.(그녀는 라디오를 탁 켰다/껐다.)

d. She **snapped** the lid on the jar.(그녀는 그 뚜껑을 항아리에 탁 닫았다.)

1.6. 다음 주어는 목적어를 탁 소리와 함께 움직인다.

(6) a. He **snapped** me short.(그는 나를 고함쳐 가로막았다.)

b. He **snapped** open his watch.(그는 시계를 탁 열었다.)

c. She **snapped** her briefcase open/shut.(그녀는 서류 가방을 탁 열었다/닫았다.)

d. A command from the officer **snapped** the men to attention.(그 장교의 명령이 병사들을 차려 자세에 들어가게 했다.)

1.7. 다음 주어는 비판이나 명령을 잽싸게 내뱉는다.

(7) a. He **snapped** out his criticisms.(그는 자신의 비판을 매섭게 내뱉었다.)

b. He **snapped** out his order.(그는 명령을 매섭게 내뱉었다.)

1.8. 카메라의 셔터는 짤깍 소리를 내면서 순간적으로 움직인다. 다음 주어는 목적어의 사진을 찍는다.

(8) a. The tourists were **snapping** the cathedral as fast as they could.(여행객들은 최대한 빨리 그 성당을 찍고 있었다.)

b. She **snapped** a photo of the castle.(그녀는 성의 사진 한장을 찍었다.)

c. The tourists are **snapping** pictures of each other.(그 여행객들은 서로의 사진들을 찍고 있다.)

d. I **snapped** the children smiling.(나는 그 아이들이 웃는 것을 찍었다.)

e. He **snapped** the children playing the garden.(그는 그 아이들이 정원에서 놀고 있는 것을 찍었다.)

f. A tourist **snapped** the plane as it crashed.(여행객이 그 비행기가 추락할 때 그것을 찍었다.)

1.9. 다음 주어는 잽싼 동작으로 목적어를 집어들거나 소유 영역에 넣는다.

(9) a. We **snapped** up lots of bargains in the sales.(우리는 세일에서 많은 값싼 물건들을 손에 집어넣었다.)

b. The dog **snapped** up a piece of meat.(그 개는 고기 조각을 덥석 물었다.)

c. We **snapped** up their offer to help us.(우리는 우리를 돕는다는 그들의 제의에 냉큼 응했다.)

1.10. 다음은 수동태 문장으로 주어는 집어진다.

(10) a. The tickets for the concert were **snapped** up within two hours of going on sale.(음악회의 표는 판매에 들어간지 두 시간 안에 다 팔렸다.)

b. All the houses were **snapped** up as soon as they were offered for sale.(모든 집들은 그들이 판매를 하자마자 순식간에 다 팔렸다.)

c. The bargains were **snapped** up immediately.(값싼 물건들은 즉시 잡아 채진다.)

1.11. 다음 주어는 목적어를 순식간에 한 장소에서 다른 장소로 움직이게 한다.

(11) a. He **snapped** the ball to the second.(그는 공을 이루로 휙 던졌다.)

b. He **snapped** the whip.(그는 채찍을 휘둘렀다.)

c. The sudden stop of the car **snapped** his head back.(차의 갑작스런 멈춤은 그의 머리를 뒤로 휙 돌아가게 했다.)

d. They **snapped** the bill through congress.(그들은 그 법안을 국회를 순식간에 통과시켰다.)

2. 자동사 용법

2.1. 다음 주어는 빠른 동작으로 눈을 뜬다.

(12) a. His eyes **snapped** open.(그의 눈은 번쩍 뜨였다.)

b. His eyes **snapped** with anger/indignation.(그의 눈은 화/분노로 번쩍 뜨였다.)

2.2. 다음에 쓰인 전치사 at은 주어의 동작이 목적어에 부분적으로 또 반복적으로 행해짐을 나타낸다.

(13) a. The dog **snapped** at the piece of meat.(그 개는 고기 조각을 물려고 했다.)

b. The dog **snapped** at my hand.(그 개는 나의 손을 덥석 물려고 했다.)

c. The fish **snapped** at the bait.(그 물고기는 미끼를 물려고 했다.)

d. The dog **snapped** at my ankle.(그 개는 나의 발목을 물려고 했다.)

e. We **snapped** at the chance to go to Europe.(우리는 유럽에 갈 기회를 잽싸게 붙들었다.)

2.3. 개가 물면 아프다. 누가 말도 날카롭게 하면 아프다.

(14) a. She **snapped** at the boy.(그녀는 그 소년에게 딱딱거렸다.)

b. Why do you always **snap** at me like this?(왜 너는 언제나 나에게 이렇게 딱딱거리니?)

c. He **snapped** at me for no particular reason.(그는 나에게 특별한 이유도 없이 딱딱거렸다.)

2.4. 다음 주어는 따옴표 속의 말을 매섭게 한다.

(15) "You are late," she **snapped**.("너 지각이야." 그녀는 딱딱거렸다.)

2.5. 신경이 끊어지면 사람이 바로 행동할 수 없다. something, she 등은 nerves를 나타내는 환유적 표현이다.

(16) a. After the great strain, his nerves **snapped**.(엄청난 긴장 후에, 그의 신경은 견딜 수 없게 되었다.)

b. Her nerves finally **snapped** under the pressure of the work. (그 일의 압력 하에 그녀의 신경은 마침내 견딜 수 없게 되었다.)

c. The pressure of her job is too much and she **snapped**.(일의 압력은 너무나 커서 그녀는 견딜 수 없게 되었다.)

d. Suddenly something just **snapped** and I lost my temper with him.(갑자기 무언가 툭 끊어졌고 나는 그에게 화를 냈다.)

2.6. 다음 주어는 짤깍하고 들어온다.

(17) a. Something **snapped** in her head.(무언가가 그녀의 머리 속에 짤깍 들어왔다.)

b. When she said that, something **snapped** insider her.(그녀가 그것을 말했을 때, 무언가가 그녀의 마음 속에 들어왔다.)

2.7. 다음의 주어는 '뚝' 또는 '딱' 하면서 순식간에 부러진다.

(18) a. The branch **snapped** under all the snow.(그 나뭇가지는 눈 무게에 딱 하고 부러졌다.)

b. Dry branches **snapped** under our feet.(마른 나뭇가지가 우리 발 밑에서 딱 하고 부러졌다.)

c. The pencil **snapped** in half.(그 연필은 딱 하고 반으로 부러졌다.)

d. He heard a string **snap** in his violin.(그는 바이올린에서 줄이 뚝 하고 끊어지는 소리를 들었다.)

e. The rope **snapped**.(그 줄은 뚝 하고 끊어졌다.)

f. High winds caused some power lines to **snap** and we lost our electricity.(강한 바람이 전선을 끊어지게 해서 우리는 전력을 잃었다.)

2.8. 다음에 쓰인 off는 주어가 암시된 개체에서 '짝' 또는 '똑' 하면서 부서지거나 꺾이어서 떨어진다.

(19) a. The handle of the cup **snapped** off.(컵의 손잡이는 똑 하고 떨어져 나왔다.)

b. The mast **snapped** off.(돛대는 똑 하고 꺾였다.)

c. The top has **snapped** off my pen.(내 펜의 꼭대기가 똑 하고 부러졌다.)

2.9. 다음 주어는 '짤깍' 하면서 순식간에 움직이거나 소리를 낸다.

(20) a. The whip **snapped** down on the horse's back.(그 채찍은 짝 하고 말의 등을 때렸다.)

b. The bolt **snapped** into its place.(그 빗장은 딸깍하고 제자리에 들어갔다.)

c. The latch **snapped**.(그 걸쇠가 딱 하고 걸렸다.)

d. The cameras were **snapping** wildly.(그 카메라들은 시끄럽게 스냅 사진을 찍고 있었다.)

e. The burning log **snapped** in the fireplace.(그 불타는 통나무는 난로에서 탁탁 소리를 냈다.)

2.10. 다음 주어는 순식간에 어떤 상태에서 벗어나거나 어떤 상태로 들어간다.

(21) a. He just can't **snap out of** the depression he's had since his wife died.(아내가 죽은 이래로 그는 빠져 있던 우울에서 순식간에 벗어날 수가 없다.)

b. The company is about to **snap out of** its recession.(그 회사는 불경기에서 막 벗어나려고 한다.)

c. Now, come on. **Snap out of** it. Losing that money is not the end of the world.(자, 이리 와라. 째깍 그것에서 벗어나라. 그 돈을 잃는 것이 세상의 끝은 아니다.)

d. The soldiers **snapped to** attention.(그 군인들은 째깍 차려 자세로 들어갔다.)

e. The company **snapped** back **to** profitability.(그 회사는 수익성에 재빨리 돌아왔다.)

f. We are leaving in five minutes; so you'd better **snap to** it and finish your lunch.(우리는 5분 후에 떠날 것이다. 그러므로 너는 본격적으로 시작해서 점심을 끝내는 게 낫겠다.)

g. The pieces **snapped together** just like this.(그 조각들은 이것처럼 한 데 붙었다.)

snarl¹

이 동사의 개념 바탕에는 으르렁거리는 과정이 있다.

1. 자동사 용법

1.1. 다음 주어는 으르렁댄다.

(1) a. He **snarled** at me.(그는 나에게 으르렁거렸다.)

b. The dog usually **snarls** at strangers.(그 개는 보통 낯선 사람에게 으르렁댄다.)

2. 타동사 용법

2.1. 다음에서 으르렁대면서 내는 말이 따옴표 속에 제시되어 있다.

(2) a. "Get back, all of you," he **snarled**.("돌아가, 너희들 모두"라고 그는 으르렁댔다.)

b. "shut up," he **snarled**.("닥쳐"라고 그가 으르렁댔다.)

2.2. 다음 주어는 목적어를 으르렁대면서 만든다.

(3) a. He **snarled** abuse at anyone who happened to walk by.(그는 옆에 우연히 걸어가는 모든 사람들에게 욕설을 으르렁대면서 했다.)

b. He **snarled** his reply in gutter language.(그는 하층 언어로 대꾸를 으르렁대며 했다.)

c. He **snarled** out his anger.(그는 으르렁대며 분노를 드러냈다.)

snarl²

이 동사의 개념 바탕에는 얽히는 과정이 있다.

1. 타동사 용법

1.1. 다음 주어는 목적어를 얽히게 만든다.

(1) a. The accident **snarled** the traffic for miles.(그 사고는 교통을 여러 마일 얽히게 만들었다.)

b. I **snarled** the fishing line while reeling it in.(나는 낚시줄을 감아 올리면서 얽히게 했다.)

c. The shampoo **snarled** his hair.(그 샴푸는 머리를 얽히게 했다.)

1.2. 다음은 수동태 문장으로 주어는 얽힌다.

(2) a. The dog's hair was **snarled**.(그 개의 털은 얽혀버렸다.)

b. The traffic was **snarled** up on both sides of the road.(교통은 길의 양쪽에 모두 얽혀버렸다.)

c. The sheets kept getting **snarled** up.(홑이불은 계속 얽혀졌다.)

2. 자동사 용법

2.1. 다음 주어는 얽힌다.

(3) a. The shoelace **snarled** into a knot.(그 구두끈은 얽혀서 매듭이 되었다.)

b. Her hair **snarled** as she brushed it.(그녀의 머리가 그것을 빗을 때 얽혔다.)

c. Traffic **snarled** at the entrance ramp.(교통은 진입 램프에서 얽혔다.)

snatch

이 동사의 개념 바탕에는 잽싸게 손에 쥐는 과정이
있다.

1. 타동사 용법
1.1. 다음 주어는 목적어를 잽싸게 잡는다.
(1) a. He snatched a handbag.(그는 핸드백 하나를 잽싸
        게 잡았다.)
    b. He snatched his hat/rifle.(그는 자신의 모자/소총을
        잽싸게 잡았다.)
    c. The team snatched a dramatic victory at the last
        minute of the game.(그 팀은 극적이 승리를 경기의
        마지막 순간에 거머쥐었다.)
    d. He snatched a purse from/out of the woman.(그
        는 지갑 하나를 그녀로부터 낚아챘다.)
    e. The raider snatched $200 from the cash register.
        (그 습격자는 200 달러를 그 금전등록기에서 날세
        게 집어들었다.)

1.2. 다음 주어는 자연 현상이다. 주어는 목적어를 잽
싸게 낚아채는 것으로 개념화되어 있다.
(2) a. A violent gust of wind snatched off all the leaves.
        (획 부는 심한 돌풍이 모든 나뭇잎들은 잽싸게 낚아
        채 떨어뜨렸다.)
    b. The dark clouds snatched the blue sky from our
        sight.(검은 구름들은 푸른 하늘을 우리의 시야에서
        잽싸게 낚아채 갔다.)

1.3. 다음은 수동태 문장으로 주어는 낚아 채진다.
(3) a. He was snatched from home by two armed men.
        (그는 두 명의 무장한 사람들에 의해 집에서 납치되
        었다.)
    b. The child was snatched away from the jaws of
        death.(그 아이는 사지에서 구해졌다.)
    c. He was snatched away from the face of the earth.
        (그는 지구의 표면에서 낚아채져 갔다.)

1.4. 다음 주어는 잽싸게 목적어를 집어넣는다.
(4) a. He snatched a meal.(그는 식사를 잽싸게 했다.)
    b. He snatched a few hours free from the gloomy
        thoughts.(그는 그 우울한 생각으로 몇 시간을 보냈
        다.)
    c. I managed to snatch an hour's sleep on the train. (나
        는 한 시간의 잠을 기차에서 잽싸게 잘 수 있었다.)

2. 자동사 용법
2.1. 다음 주어는 전치사 at의 목적어를 취하려고 시도
를 한다.
(5) a. He snatched at a chance.(그는 기회를 잡으려는 시
        도를 했다.)
    b. We snatched at every moment we could be
        together.(우리는 함께 있는 매 순간을 잡으려고 했
        다.)
    c. He snatched at the bag but I pulled it away.(그는
        그 가방을 잡아채려고 했지만 나는 그것을 잡아 당
        겼다.)

sneak

이 동사의 개념 바탕에는 살금살금 몰래 움직이는
과정이 있다.

1. 타동사 용법
1.1. 다음 주어는 목적어를 몰래 움직인다.
(1) a. We used to sneak cigarettes from dad to smoke
        in the garden.(우리는 담배를 정원에서 피우기 위
        해 아버지로부터 훔치곤 했다.)
    b. He sneaked the gun into his pocket.(그는 그 총을
        주머니에 몰래 넣었다.)
    c. He tried to sneak the whisky through Customs.
        (그는 그 위스키를 세관을 통해 몰래 가져가려고 시
        도했다.)
    d. He sneaked his hand to the pistol.(그는 손을 총으
        로 몰래 가져갔다.)

1.2. 다음 주어는 목적어를 몰래 보거나 먹는다.
(2) a. The boy sneaked a look at the raunchy magazine.
        (소년은 그 외설 잡지를 한 번 몰래 봤다.)
    b. We sneaked a look at her diary.(우리는 몰래 그녀
        의 일기장을 한 번 봤다.)
    c. She sneaked a taste of the cake's frosting.(그녀
        는 케이크의 당의 부분을 몰래 맛을 한 번 봤다.)

1.3. 주어는 첫째 목적어에 둘째 목적어를 몰래 건넨다.
(3) a. I managed to sneak him a note.(나는 그에게 애써
        쪽지를 몰래 건넸다.)
    b. He sneaked me the cassette.(그는 나에게 카셋트
        를 몰래 건넸다.)

2. 자동사 용법
2.1. 다음 주어는 몰래 움직인다.
(4) a. He sneaked around the house.(그는 집 주변을 몰
        래 배회했다.)
    b. He sneaked away from company.(그는 사람들에
        게서 몰래 빠져나갔다.)
    c. He sneaked into a pawnshop.(그는 몰래 전당포로
        들어갔다.)
    d. Let's sneak out the back door.(뒷문으로 몰래 나
        가자.)
    e. They sneaked past the guard on the gate.(그들은
        몰래 문지기를 지나서 대문으로 갔다.)

2.2. 다음 주어는 전치사 on의 목적어를 고자질한다.
(5) a. He sneaks on other kids.(그는 다른 애들을 고자질
        한다.)
    b. Did you sneak on me to the teacher?(너는 나를
        선생님께 고자질했니?)

2.3. 다음 주어는 전치사 on의 목적어에 몰래 접근한다.
(6) He sneaked up on his sister and shouted 'Boo!' (그
    는 자신의 누이동생을 고자질하고 야유했다.)

sneer

이 동사의 개념 바탕에는 비웃는 과정이 있다.

1. 자동사 용법

1.1. 다음 주어는 at의 목적어를 경멸한다.
(1) a. He **sneers at** my taste in clothes.(그는 옷에 대한 나의 감각을 비웃는다.)
  b. The gourmet **sneered at** fast-food restaurants. (미식가는 패스트 푸드 식당을 비웃었다.)
  c. They **sneered at** the countryman.(그들은 그 지방 사람을 비웃었다.)

2. 타동사 용법
2.1. 다음 주어는 따온 문장을 비웃으면서 말한다.
(2) "Just try it," he **sneered**.(그는 경멸하면서 "도전해 봐"라고 말했다.)
2.2. 다음 주어는 목적어를 비웃어서 어떤 상태에 들어 가게 한다.
(3) a. He **sneered** her reputation **away**.(그는 그녀의 명성을 비웃어서 날려버렸다.)
  b. He **sneered** her **down**.(그는 그녀를 경멸하여 풀이 죽게 하였다.)
  c. He **sneered** her **into** silence.(그는 그녀를 경멸하여 조용하게 만들었다.)
  d. He **sneered** her **out** of countenance.(그는 그녀를 비웃어서 당혹하게 만들었다.)

sneeze
이 동사의 개념 바탕에는 재채기를 하는 과정이 있다.

1. 자동사 용법
1.1. 다음 주어는 재채기를 한다.
(1) a. He **sneezed** violently.(그는 격렬하게 재채기를 했다.)
  b. Dust makes me **sneeze**.(먼지가 나를 재채기를 하게 한다.)
  c. I don't know why, but I can't stop **sneezing**.(왜 그런지는 모르겠지만 나는 재채기를 멈출 수가 없다.)
  d. I hope I'm not getting another cold--I keep **sneezing**.(감기에 또 걸리지 않았으면 좋겠어--계속 재채기 중이야)
  e. I **sneezed** frequently during allergy season.(알레르기철 중에 나는 자주 재채기를 했다.)
1.2. 다음은 수동태 문장으로 주어는 재채기를 받는 사람이나 개체이다.
(2) a. My raise in pay was not huge, but it was nothing to be **sneezed at**.(내 임금의 인상분은 그리 크지는 않지만 얄볼 액수는 아니었다.)
  b. He is not to be **sneezed at**.(그는 얄볼 사람은 아니야)
  c. The competition is not to be **sneezed at**.(그 경쟁은 가벼이 보아서는 안 된다.)
  d. The offer/that amount of money is nothing to be **sneezed at**.(그 제안은/그 돈의 액수는 무시되는 것이 아니다.)
1.3. 다음 주어는 전치사 into의 목적어에 재채기를 한다.
(3) Jon **sneezed into** a tissue.(존은 재채기를 화장지에 대고 했다.)

2. 타동사 용법
2.1. 다음 주어는 재채기를 해서 목적어를 움직이게 한다.
(4) John **sneezed** the napkin **off** the table.(존이 재채기를 해서 냅킨을 테이블에서 날렸다.)

sniff
이 동사의 개념 바탕에는 코를 훌쩍이는 과정이 있다.

1. 타동사 용법
1.1. 다음 주어는 숨을 훌쩍이면서 목적어의 냄새를 맡는다.
(1) a. He opened the milk and **sniffed** it.(그는 우유를 개봉해서 숨을 훌쩍이면서 냄새를 맡았다.)
  b. He **sniffed** glue.(그는 풀을 코로 들이켰다.)
  c. She **sniffed** the glass of wine before drinking it.(그녀는 포도주를 마시기 전에 냄새를 맡았다.)
  d. He **sniffed** the fresh morning air.(그는 신선한 아침 공기를 맡았다.)
  e. He **sniffed** his socks to see if they needed washing.(그는 양말이 세탁이 필요한가를 알기 위해 양말 냄새를 맡았다.)
1.2. 다음 주어는 냄새로 목적어를 알아낸다.
(2) He **sniffed up** an opiate.(그는 냄새를 맡아 아편을 찾아냈다.)
1.3. 다음 주어는 냄새로 목적어를 찾아낸다.
(3) a. The dogs can **sniff out** drugs/cocaine.(개들은 마약과 코카인을 냄새로 찾아낼 수 있다.)
  b. The reporter is good at **sniffing out** a scandal.(그 기자는 스캔들을 잘 찾아낸다.)
  c. His job is to **sniff out** talent for his company.(그의 직업은 회사를 위해 능력있는 사람을 찾는 것이다.)
1.4. 다음 주어는 냄새로 목적어를 감지한다.
(4) a. He **sniffed** danger.(그는 위험을 감지했다.)
  b. He **sniffed** a plot/a trick.(그는 계략을 감지했다.)
1.5. 다음은 주어가 비웃는 투로 말한 것이다.
(5) a. "I won't put up with that," he **sniffed**.("나는 그것을 참지 않을 것이다"라고 비웃듯이 말했다.)
  b. "I want something nicer," she **sniffed**.("나는 더 좋은 것을 원한다" 라고 비웃는 투로 말했다.)
  c. "I am not so happy," she **sniffed**.("나는 그렇게 기쁘지 않다." 라고 비웃는 투로 말했다.)

2. 자동사 용법
2.1. 다음 주어는 비웃는 사람이다.
(6) a. He **sniffed at** my efforts at writing.(그는 글을 쓰려는 나의 노력을 비웃었다.)
  b. She **sniffed at** his proposal to show her disapproval.(그녀는 자신의 반대를 보여주기 위해 그의 제안을 비웃었다.)
  c. She **sniffed at** my job.(그녀는 내 직업을 비웃었다.)
2.2. 다음 주어는 냄새를 맡아보려고 한다.
(7) a. He **sniffed at** the rose.(그는 장미 냄새를 맡아보았다.)

b. The blood hound **sniffed at** the ground.(그 개는 땅을 맡아보았다.)

c. The dog **sniffed at** my shoe.(개는 내 신발 냄새를 맡았다.)

d. The dog **sniffed at** the bone.(개는 그 뼈를 맡아보았다.)

2.3. 다음은 수동태 문장으로 주어는 비웃음을 받는 개체이다.

(8) a. An 8% salary increase is not to be **sniffed at**.(봉급의 8%인상은 비웃을 대상이 아니다.)

b. Two million dollars are not to be **sniffed at**.(2백만 달러는 비웃을 대상이 아니다.)

2.4. 다음 주어는 코를 훌쩍이는 사람이다.

(9) a. Stop **sniffing**--why don't you blow your nose? (그만 코를 훌쩍여라--왜 코를 풀지 않으냐?)

b. Blow your nose and don't **sniff**.(코를 풀고 훌쩍이지 말아라.)

c. You are **sniffing** a lot--you must have a cold.(너는 코를 많이 훌쩍인다.--너는 감기 걸린 것이 분명하다.)

snip

이 동사의 개념 바탕에는 싹둑 베거나 자르는 과정이 있다.

1. 타동사 용법

1.1. 다음 주어는 목적어를 싹둑 자른다.

(1) a. She **snipped** a rose.(그녀는 장미를 싹둑 잘랐다.)

b. She **snipped** the thread.(그녀는 실을 잘랐다.)

c. She **snipped** the cloth.(그녀는 천을 잘랐다.)

d. **Snip** the ends of the beans before you cook them. (콩을 요리하기 전에 콩의 끝을 잘라라.)

e. She **snipped** coupons from the newspaper.(그녀는 쿠폰들을 그 신문에서 잘랐다.)

1.2. 다음 주어는 목적어를 자른다. 목적어는 잘려나는 부분이다.

(2) a. She **snipped off** the ragged end of a cloth.(그녀는 그 천의 들쑥날쑥한 부분을 잘랐다.)

b. She **snipped** two inches **off** the thread.(그녀는 2인치를 그 실에서 잘랐다.)

c. **Snip off** the end of the tube.(그 관의 끝을 잘라라.)

1.3. 다음 주어는 목적어를 잘라서 만든다.

(3) She **snipped** a hole in the paper.(그녀는 구멍 하나를 그 종이에 잘라서 만들었다.)

2. 자동사 용법

다음 주어는 자르는 시도를 한다.

(4) She **snipped at** the loose thread hanging down.(그녀는 밑으로 쳐지는 실을 자르려고 했다.)

snipe

이 동사의 개념 바탕에는 저격하는 과정이 있다.

1. 자동사 용법

1.1. 다음 주어는 **at**의 목적어를 쏘려고 한다.

(1) a. Solitary unseen gunmen **sniped at** civilians on the street.(혼자 있는 보이지 않는 사격수들이 그 거리의 시민을 쏘려고 했다.)

b. He **sniped at** enemy soldiers from behind a tree. (그가 적군 병사들을 나무 뒤에서 쏘려고 했다.)

1.2. 다음 주어는 말로서 공격하려고 한다.

(2) a. The Democrats **sniped at** the president.(민주당 상원들은 대통령을 말로서 공격하려 했다.)

b. The students **sniped at** the speaker.(그 학생들은 그 연사를 공격했다.)

c. I heard the neighbors' **sniping about** my mother's clothes.(나는 그 이웃들이 우리 엄마의 옷에 대해 말로 공격하는 것을 들었다.)

snow

이 동사의 개념 바탕에는 snow의 명사 '눈'이 깔려 있다.

1. 자동사 용법

1.1. 다음에서 눈이 오는 과정을 그린다.

(1) a. It is **snowing** thick and fast.(눈이 많이, 그리고 빠르게 내리고 있다.)

b. It is **snowing** heavily.(눈이 많이 오고 있다.)

1.2. 다음 주어는 눈과 같이 쏟아진다.

(2) a. Dust **snowed** on my head.(먼지가 내 머리 위에 쏟아져 내렸다.)

b. Congratulations came **snowing** in.(축하의 편지가 쏟아져 들어왔다.)

c. Presents came **snowing** in.(선물들이 쏟아져 들어왔다.)

2. 타동사 용법

2.1. 다음 주어는 목적어를 눈과 같이 쏟아 내린다.

(3) a. They **snowed** disapproval.(그들은 비난을 쏟아 부었다.)

b. The cherry **snowed** its blossoms on the grass.(그 버찌나무는 꽃들을 잔디 위에 쏟아 내렸다.)

2.2. 다음은 수동태 문장으로 주어는 장소로써 눈에 묻힌다.

(4) a. The whole state was **snowed under** by the blizzard.(전국은 대폭설로 눈에 파묻혔다.)

b. The car was **snowed under** by drifts.(차는 눈더미 아래에 파묻혔다.)

c. The town was **snowed in** by the storm.(그 마을은 폭풍에 눈에 파묻혔다.)

d. The whole town is **snowed in**.(온 읍내는 눈에 파묻힌다.)

e. The ground is **snowed with** flowers.(그 땅은 꽃들로 덮혀 있다.)

2.3. 어느 장소가 눈에 묻히듯 사람은 일에 묻혀 꼼짝 못할 수 있다.

(5) a. We were **snowed in/up** for a week.(우리는 눈에 1주일 동안 갇혀 있었다.)

b. They were **snowed up** in the valley for a week.

(그들은 일주일간 계곡에 완전히 갇혀 있었다.)

c. I have four books to read: I am **snowed under**.(나는 읽어야 할 책이 네 권이 있다: 그 아래에 파묻혀 있다.)

d. I was **snowed under** with responsibilities.(나는 과중한 책임 아래에 짓눌려 있었다.)

e. I've been **snowed under** by reports form over 100 organizations.(나는 100개가 단체로부터 온 보고서 아래에 파묻혀 지내고 있다.)

f. He is **snowed under** with work.(그는 일에 파묻혀 있다.)

2.4. 다음 주어는 목적어를 눈으로 덮는다.

(6) The worst storm in a decade **snowed** the town under.(10년만의 최악의 폭풍이 온 마을을 눈 아래에 덮히게 했다.)

2.5. 다음의 주어는 목적어를 속인다.

(7) a. He really **snowed** me with all his talk of buying a BMW.(그는 BMW를 산다는 말로 나를 완전히 속였다.)

b. He really **snowed** her when he said he was a president of the company, he's only a salesman.(그가 회사의 사장이라고 말했을 때 그는 그녀를 완전히 속였다; 그는 봉급쟁이일 뿐이다.)

c. He tried to **snow** his boss about why he was late.(그는 늦은 이유에 대해서 사장을 속이려 했다.)

d. Don't try to **snow** me with that kind of lies.(나를 그 따위 거짓말로 속이려 하지 마라.)

e. I was really **snowed** by his smooth manners and polite talk.(나는 매끈한 예의와 친절한 말투에 정말 속았다.)

2.6. 다음의 주어는 목적어를 속여서 어떤 일을 하게 한다.

(8) a. He **snowed** her into accepting the offer.(그는 그녀를 속여 그 제안을 받아들이게 했다.)

b. It's hoped that the electorate wont' be **snowed** into supporting that measure.(유권자들은 속아서 그 법안을 지지하지 않기를 바란다.)

snub

이 동사의 개념 바탕에는 불을 비벼서 끄는 과정이 있다.

1. 타동사 용법

1.1. 다음 주어는 목적어를 비벼서 끈다.

(1) He **snubbed out** his cigarette against the side of the wall.(그는 담배를 벽에 비벼서 껐다.)

1.2. 다음은 수동태 문장으로, 주어는 꺼지는, 즉 묵살되는 개체이다.

(2) His suggestion was **snubbed out**.(그의 제안은 묵살되었다.)

1.3. 다음 주어는 목적어를 묵살한다.

(3) a. He waved at her, but she **snubbed** him and drove by.(그는 그녀를 향해 손을 흔들었다, 그러나 그녀는 그를 묵살하고 운전해 가버렸다.)

b. She **snubbed** her brother by not inviting him to her wedding.(그녀는 동생을 자신의 결혼식에 초대하지 않음으로 무시했다.)

c. The clerk **snubbed** me and spoke to someone else first.(그 점원은 나를 무시하고 다른 사람에게 먼저 이야기했다.)

d. She sent him a love letter, but he **snubbed** her by not answering her.(그녀는 그에게 연애 편지를 보냈지만, 그는 답장을 안 보내어 그녀를 무시했다.)

1.4. 다음 주어는 목적어를 묵살하여 목적어가 어떤 상태에 들어가게 한다.

(4) She **snubbed** him **into** silence.(그녀는 그를 묵살하여 조용히 하게 했다.)

snuff

이 동사의 개념 바탕에는 코로 냄새를 맡는 과정이 있다.

1. 타동사 용법

1.1. 다음 주어는 목적어의 냄새를 맡는다.

(1) a. The dog began **snuffing** the baby.(그 개는 그 아이의 냄새를 맡기 시작했다.)

b. The dog **snuffed** the scent of a fox.(그 개는 여우의 냄새를 맡았다.)

c. He **snuffed** the fresh air.(그는 상쾌한 공기를 맡았다.)

1.2. 코로 냄새를 맡아서 어떤 개체를 식별하듯 주어는 목적어의 낌새를 챈다.

(2) He **snuffed up** danger.(그는 위험의 낌새를 눈치챘다.)

1.3. 다음 주어는 목적어를 불어서 끈다.

(3) a. He **snuffed out** the candle.(그는 초를 껐다.)

b. He **snuffed out** the light.(그는 불을 껐다.)

1.4. 다음은 수동태 문장으로 주어는 꺼진다.

(4) An innocent child's life was **snuffed out** by this senseless shooting.(그 순진한 아이의 생명이 이 분별없는 사격에 의해 꺼졌다.)

1.5. 생명은 불로 개념화된다. 다음 주어는 목적어를 죽인다.

(5) a. The dictator **snuffed out** any opposition.(그 독재자는 어떠한 반대자도 없앴다.)

b. He **snuffed out** any informers in the mob.(그는 군중속에서 어떠한 밀고자도 제거했다.)

2. 자동사 용법

2.1. 다음 주어는 냄새를 맡으려고 한다.

(6) The dogs are **snuffing at** my feet.(개들은 내 발의 냄새를 맡으려고 하고 있다.)

soak

이 동사의 개념 바탕에는 적시는 과정이 있다.

1. 타동사 용법

1.1. 다음 주어는 목적어를 적신다.

(1) a. The rain **soaked** us.(비는 우리를 적셨다.)

b. The rain **soaked** all the washing.(비는 모든 빨래 감을 적셨다.)

c. The water **soaked** the earth.(그 물은 지면을 적셨다.)

d. The floods **soaked** the rugs.(그 홍수는 깔개를 적셨다.)

e. The mud **soaked** his shoes.(그 진흙은 그의 신발을 적셨다.)

1.2. 다음은 수동태 문장으로 주어는 적셔진다.

(2) a. I was utterly **soaked** by the rain.(나는 그 비에 속속들이 젖었다.)

b. We were **soaked** through in the rain.(우리는 그 비에 속속들이 젖었다.)

c. The jacket was **soaked** through with blood.(그 재킷은 피로 속속들이 젖었다.)

d. My books were **soaked** through.(내 책은 속속들이 젖었다.)

1.3. 다음 목적어는 재귀대명사이다. 주어는 목적어를 in의 목적어 안에 젖게한다.

(3) a. He **soaked** himself in his studies. (그는 자신을 공부에 몰두시켰다.)

1.4. 다음 주어는 목적어를 빨아들인다.

(4) a. I was lying on my stomach, **soaking up** the rain.(나는 배로 엎드려서 비를 맞고 있었다.)

b. I tried to **soak up** the spilt milk.(나는 엎지른 우유를 빨아올리려고 노력하였다.)

c. You should have some food to **soak up** all the alcohol you've drunk.(너는 마신 술을 흡수하기 위해 음식을 좀 먹어야 한다.)

1.5. 다음 주어는 목적어를 빨아들인다.

(5) a. We used a towel to **soak up** the blood.(우리는 피를 빨아올리기 위하여 수건을 사용했다.)

b. The soft earth **soaked up** the rain.(부드러운 지면은 비를 받아들였다.)

c. The sponge **soaked up** the water.(그 스펀지는 물을 빨아들였다.)

d. **Soak up** the water with a napkin.(그 물을 냅킨으로 닦아라.)

e. Use a soft cloth to **soak up** the ink.(잉크를 닦아내기 위하여 부드러운 천을 사용하여라.)

f. He is **soaking up** the sun.(그는 햇빛을 받았다.)

g. Defence **soaks** 40% of the budget.(방위비가 예산의 40%를 차지한다.)

1.6. 다음 주어는 목적어를 액체 속에 담근다.

(6) a. He **soaked** the bread in milk.(그는 빵을 우유에 적셨다.)

b. I **soaked** my aching arm in ice water to kill the pain.(나는 고통을 죽이기 위하여 아픈 팔을 얼음물에 담그었다.)

c. You will have to **soak** the shirt in detergent if you want to take the stain out.(만일 네가 얼룩을 제거시키기를 원한다면 그 셔츠를 세제에 담그어 두어야만 한다.)

d. You have to **soak** the cloth in the dye for an hour.(너는 그 천을 물감에 한시간 동안 담궈 놓아야만 한다.)

e. She **soaked** the clothes before washing.(그녀는 옷을 빨기 전에 담궜다.)

f. **Soak** the beans overnight.(콩을 밤새 물에 불려라.)

g. **Soak** the linen before you wash it.(빨기 전에 린넨을 먼저 적셔라.)

1.7. 다음 주어는 목적어는 물에 젖어서 빠지거나 떨어지게 한다.

(7) a. You can usually **soak** out a stain.(너는 보통 물에 적셔서 얼룩을 뺄 수 있다.)

b. **Soak** the label off the jar.(라벨을 물에 담궈 항아리로부터 떼어내라.)

1.8. 다음 주어는 목적어를 빼어 먹는다.

(8) a. Their aim is to **soak** the sick.(그들의 목적은 아픈 사람들을 갈취하는 것이다.)

b. My car broke down, and the garage **soaked** me to fix it.(내 차는 고장났고, 그 정비소는 그것을 고치기 위해 나에게 많은 돈을 갈취했다.)

c. They really **soaked** the tourists in the restaurant.(그들은 관광객들에게 그 레스토랑에서 바가지를 씌웠다.)

2. 자동사 용법

2.1. 다음 주어는 스며든다.

(9) a. Rain **soaked into** the sand.(비가 모래 속으로 스며들었다.)

b. Wipe the orange juice off the rug before it **soaks in**.(스며들기 전에 오렌지 쥬스를 양탄자에서 빨아내어라.)

c. Water **soaked through** the ceiling, and was dripping on the carpet.(물이 천장에 스며들어서 카페트 위로 떨어졌다.)

d. Blood from the wound **soaked through** the bandages.(그 상처의 피가 붕대에 스며들었다.)

e. Rain **soaked through** the roof.(비가 그 지붕에 스며들었다.)

f. The ink **soaked through** the thin paper onto the picture beneath.(그 잉크는 얇은 종이를 지나 밑에 있는 그림에 스며들었다.)

2.2. 다음 주어는 목적어를 담그어 적신다.

(10) a. I left my trousers to **soak** for a while.(나는 바지를 잠시 동안 담궈놓았다.)

b. I **soaked** in the bathtub with bubble bath.(나는 거품을 낸 욕조에 몸을 담그었다.)

c. The clothes to be washed have been **soaking** in water for an hour.(세탁한 옷들은 한 시간이나 물에 담겨져 있다.)

d. She left the dirty linnen **soak** in the water.(그녀는 더러운 린넨을 물에 담그어 놓았다.)

soar

이 동사의 기본 개념 바탕에는 위로 오르는 과정이 있다.

1. 자동사 용법

1.1. 다음 주어는 날아 오른다.

(1) a. The glider was **soaring above** the valley.(그 글라이더는 계곡 위로 날아오르고 있었다.)
 b. The jet plane **soared away** into the distance.(제트 여객기는 저 멀리로 날아올랐다.)
 c. The rocket **soared into** orbit.(그 로켓은 날아올라 궤도에 진입했다.)
 d. Flames were **soaring into** the sky.(불길이 하늘로 치솟고 있었다.)
 e. The plane **soared out** of sight.(그 비행기는 하늘로 올라 시야에서 사라졌다.)

1.2. 다음의 주어는 새이다.
(2) a. A hawk was **soaring in** the sky above.(매 한 마리가 하늘 위로 날아오르고 있었다.)
 b. An eagle **soared into** the sky.(독수리 한 마리가 하늘로 날아올랐다.)

1.3. 다음 주어는 사람의 마음과 관계가 있다. 이들은 추상적인 개체이지만 구상적으로 개념화되어 있다. 그리고 이들 표현에는 [좋음의 위] 은유가 적용된 표현이다. 주어는 솟아 오른다.
(3) a. Our spirits **soared**.(우리의 기운이 치솟았다.)
 b. Her hopes **soared** at the news.(그녀의 희망은 그 소식에 솟구쳤다.)
 c. His aspirations **soared** to great heights.(그의 갈망은 매우 높이 치솟았다.)
 d. The actress **soared** to stage stardom.(그 여배우는 연극 배우의 스타로 치솟았다.)

1.4. 다음의 주어는 모두 수치와 관계가 있다. 그리고 아래 표현은 [많음은 위] 은유가 적용된 예이다.
(4) a. Unemployment **soared** to 18%.(실업률이 18%로 치솟았다.)
 b. The employment rate has **soared** recently.(고용률은 최근에 치솟았다.)
 c. The inflation rate **soared** during the war.(인플레이션률은 전쟁 동안 치솟았다.)
 d. Temperature **soared** to 90 degrees C in July.(기온이 섭씨 90도로 7월에 치솟았다.)
 e. Tempers **soared** during the discussions.(화가 그 토론 중에 치솟았다.)
 f. Rice production **soared** from 600,000 tons to 900,000 tons.(쌀 생산량이 60만 톤에서 90만 톤으로 치솟았다.)
 g. The cost of gasoline **soared** during the oil crisis.(휘발유 가격은 그 원유 파동 중에 치솟았다.)
 h. Health care costs/prices continued to **soar** after the war.(보건 비용/가격이 그 전쟁 후에 계속해서 치솟았다.)
 i. Air pollution will soon **soar** above safety level.(대기 오염이 곧 안전 수치를 초과하여 오를 것이다.)
 j. Insurance claims are expected to **soar**.(보험 지불 요구가 오를 것으로 예상된다.)

1.5. 다음 주어는 정적인 개체이다. 화자의 시선이 주어가 가리키는 개체의 밑 부분에서 위로 움직인다.
(5) a. The building/the steeple **soared above** us.(그 건물/첨탑은 우리 위로 솟아 있었다.)
 b. The mountain **soars above** other mountains.(그 산은 다른 산들 위로 솟아 있다.)
 c. The mountain **soars** 1000 feet **above** sea level.(그 산은 해수면 위 1000피트로 솟아 있다.)
 d. The cathedral **soars above** the other buildings.(성당은 다른 건물들 위로 솟아 있다.)
 e. Manhattan's skyscrapers **soared into** the distance.(맨해튼의 고층빌딩들은 멀리까지 솟아 있었다.)

1.6. 다음 주어는 전치사 into의 목적어로 치솟는다.
(6) The cliff **soared** 600 feet **into** the air/**above** the sea level.(그 절벽은 공중 600피트까지/해수면 위로 치솟아 있었다.)

1.7. 목소리도 낮은 데서 높은 곳으로 올라갈 수 있다.
(7) a. The voices of the singers blended and **soared**.(그 가수들의 목소리는 섞여서 높이 올라갔다.)
 b. The singer's voice easily **soared** to the top notes.(가수의 목소리는 고음부까지 쉽게 올라갔다.)
 c. The beautiful music **soared**.(그 아름다운 음악은 높이 올랐다.)

sob

이 동사의 개념 바탕에는 흐느껴 우는 과정이 있다.

1. 자동사 용법

1.1. 다음 주어는 흐느껴 운다.
(1) a. The child **sobbed** aloud.(그 아이는 크게 흐느껴 울었다.)
 b. The girl **sobbed** hysterically.(그 소녀는 신경질적으로 흐느껴 울었다.)

1.2. 다음 주어는 울어서 가슴이 메어지게 한다.
(2) a. He **sobbed** his heart out.(그는 울어서 가슴이 메어졌다.)
 b. He sat there, **sobbing** his heart out.(그는 거기 앉아서 가슴이 메어지게 울었다.)

1.3. 주어는 흐느끼면서 말을 터놓는다.
(3) a. He **sobbed** an answer.(그는 흐느끼며 답을 했다.)
 b. She **sobbed out** her whole sad story.(그녀는 흐느끼며 그녀의 슬픈 이야기를 모두 이야기했다.)
 c. He **sobbed out** an account of his sad life.(그는 슬픈 삶의 이야기를 흐느끼며 말했다.)

1.4. 주어는 따옴표 속의 말을 흐느끼면서 한다.
(4) a. "I can't find my mother," the child **sobbed**.("내 엄마를 찾을 수 없어요"라고 그 아이는 흐느끼면서 말했다.)
 b. "I want her back," he **sobbed**.("나는 그녀가 다시 왔으면 좋겠다"라고 그는 흐느끼면서 말했다.)
 c. "I hate him," she **sobbed**.("나는 그를 싫어한다"라고 그녀는 흐느끼면서 말했다.)

1.5. 다음 주어는 흐느껴서 어떤 상태에 이르게 된다.
(5) a. He **sobbed** himself to sleep.(그는 울다가 잠이 들었다.)
 b. She **sobbed** herself to exhaustion.(그녀는 울다가 지쳤다.)

1.6. 다음 that-절은 주어가 흐느끼며 말한 내용이다.
(6) The child **sobbed that** she didn't like spinach.(그녀는 시금치를 좋아하지 않는다고 흐느끼며 말했다.)

soften

이 동사의 개념 바탕에는 부드럽게 하는 과정이 있다.

1. 타동사 용법

1.1. 다음 주어는 목적어를 부드럽게 한다.

(1) a. The oil will soften stiff leather.(기름은 딱딱한 가죽을 부드럽게 할 것이다.)

b. She softened the butter.(그녀는 버터를 부드럽게 했다.)

c. The cream softens the skin.(그 크림은 피부를 부드럽게 한다.)

1.2. 목소리나 마음도 딱딱한데서 풀리는 것으로 개념화된다.

(2) a. He softened his voice/his tone.(그는 목소리를 풀었다.)

b. The words softened her heart.(그 말은 그녀의 마음을 풀었다.)

c. Local police have softened their attitude toward young people who live on the streets.(지역 경찰은 길에서 사는 젊은 사람들에게 대한 태도를 풀었다.)

1.3. 다음 주어는 목적어를 부드럽게 한다.

(3) a. Time softens sorrow.(시간은 슬픔을 완화한다.)

b. He softened his anger.(그는 분노를 삭였다.)

c. Air bags are used to soften the impact of a car crash.(차량 충돌로 인한 충격을 완화시키는 데 에어백이 사용된다.)

2. 자동사 용법

2.1. 다음 주어는 부드럽게 된다.

(4) a. The jeans softened after I washed them.(그 청바지는 내가 빤 다음에 부드럽게 되었다.)

b. Cook until the onion has softened.(그 양파가 부드럽게 될 때까지 요리해라.)

2.2. 다음 주어는 추상적 개체이지만 부드럽게 되는 것으로 개념화된다.

(5) a. The Korean position on the import is softening.(수출에 대한 한국의 입장은 완화되고 있다.)

b. She felt herself softening towards him.(그녀는 그에 대한 태도가 완화됨을 느꼈다.)

c. His gruffy voice softened.(그의 거친 목소리가 부드러워졌다.)

d. Her face softened as he saw the puppy.(그녀의 얼굴은 그가 강아지를 보자 부드러워졌다.)

solicit

이 동사의 개념 바탕에는 간청하는 과정이 있다.

1. 타동사 용법

1.1. 다음 주어는 목적어를 전치사 from의 목적어로부터 얻으려고 한다.

(1) a. Anne solicited help from her doctor.(앤은 의사에게 도움을 요청했다.)

b. Max solicited sex from the undercover police officer.(맥스는 비밀 경찰에게 섹스를 부탁했다.)

c. Ministers are soliciting support from other countries.(장관들은 다른 나라로부터 지원을 간청하고 있다.)

d. He is soliciting money from the public.(그는 대중에게 돈을 구하고 있다.)

e. They solicited aid from the chairman.(그들은 원조를 사장에게 간청했다.)

f. The government is trying to solicit aid from other countries.(정부는 다른 나라로부터 원조를 간청하려 하고 있다.)

g. The movie star was caught soliciting sexual favors from a model.(그 영화배우는 성적 호의를 어느 모델에게 간청하다가 붙잡혔다.)

h. He is trying to solicit advice/favors from/of you.(그는 충고/호의를 너에게 간청하려 하고 있다.)

1.2. 다음 주어는 목적어를 얻으려고 하나 소유주가 표현되지 않았다.

(2) a. It is illegal for public officials to solicit gifts or money in exchange for favors.(공무원들이 청탁을 들어준 댓가로 선물이나 뇌물을 요구하는 것은 불법이다.)

b. The candidates solicited my votes.(그 후보자들은 내게 한 표 부탁했다.)

c. A person called on the phone to solicit votes for the politician.(어떤 사람이 그 정치인에게 투표할 것을 부탁하기 위해 전화했다.)

d. He is already soliciting their support on health care program.(그는 이미 건강 관리 프로그램에 대한 그들의 도움을 요청하고 있다.)

e. They solicited help/money for the blind.(그들은 도움/돈을 장님들을 위해 요청했다.)

f. He sent cards to all his constituent to solicit their views about his action.(그는 카드를 선거구 주민 모두에게 보내서 그의 행동에 대한 견해를 물었다.)

g. May I solicit advice on a matter of vital importance to the security of the country?(내가 그 나라의 안전에 치명적으로 중요한 문제에 대해 충고를 부탁해도 되겠습니까?)

h. They solicited contributions to pay off their debts.(그들은 빚을 갚기 위해 기부를 요구했다.)

i. We solicit readers' contributions to the column.(우리는 그 컬럼에 독자의 투고를 요청했다.)

j. The ads solicited donations for the heart disease foundation.(그 광고는 심장병 협회에 기부를 부탁했다.)

1.3. 다음 주어는 목적어에 전치사 for의 목적어를 간청을 한다.

(3) a. The candidates solicited me for my votes.(그 후보자는 표를 얻기 위해 나를 졸랐다.)

b. He is soliciting the committee for funds.(그는 자금을 얻기 위해 위원회를 조르고 있다.)

c. We solicited him for a contribution.(우리는 그를 기부를 얻기 위해 졸랐다.)

d. He solicited his neighbors for donations.(그는 이

옷 사람들을 기부를 얻기 위해 졸랐다.)

   e. He **solicited** the council member for help/to do help him.(그는 의회 의원을 도움을 얻기 위해 졸랐다.)

1.4. 다음 주어는 목적어를 꼬드긴다.

(4) a. He **solicited** the judge.(그는 판사를 구슬렸다.)

   b. He is **soliciting** the public.(그는 대중을 구슬리고 있다.)

1.5. 다음 주어는 성을 팔려고 목적어를 유혹한다.

(5) a. She **solicited** the men outside the bar.(그녀는 그 남자를 바 밖에서 유인했다.)

   b. A prostitute **solicited** a man who sat in a parked car.(매춘부가 주차된 차에 있는 어떤 남자를 유인했다.)

1.6. 다음은 수동태 문장으로 주어는 유인을 받는다.

(6) I was openly **solicited** at the station.(나는 그 역에서 공공연히 유혹을 당했다.)

2. 자동사 용법

2.1. 다음 주어는 전치사 for의 목적어를 간청한다.

(7) He **solicited** for help.(그는 도움을 요청했다.)

2.2. 다음 주어는 물건을 팔려고 한다.

(8) a. No **soliciting** is allowed in the building.(이 건물에서는 상행위가 금지되어 있다.)

   b. Bob was almost arrested for **soliciting** in an apartment building.(밥은 아파트 건물에서 물건을 파는 행위로 체포당했다.)

2.3. 다음 주어는 성을 팔려고 한다.

(9) a. The model secretly **solicited** to make extra money.(그 모델은 부수입을 벌기 위해 비밀스럽게 몸을 팔았다.)

   b. Prostitutes were prohibited to **solicit** on public roads and in public places.(매춘부들은 공공도로와 공공 장소에서 호객 행위가 금지되었다.)

   c. She **solicits** in a different area every night.(그녀는 다른 곳에서 매일 밤 몸을 판다.)

   d. The law in this state does not allow **soliciting** here.(이주의 법은 여기서 매춘을 허용·하지 않는다.)

   e. The prostitute was arrested for **soliciting**.(그 매춘부는 매춘 행위로 체포되었다.)

solidify

이 동사의 개념 바탕에는 굳어지는 과정이 있다.

1. 자동사 용법

1.1. 다음 주어는 굳어진다.

(1) a. The volcanic lava **solidifies** as it cools.(그 화산 용암은 식으면서 굳어진다.)

   b. The mixture will **solidify** into toffee.(그 혼합물은 엿으로 굳을 것이다.)

   c. Water **solidifies** and becomes ice.(물은 굳어져서 얼음이 된다.)

   d. Jelly **solidifies** as it gets cold.(젤리는 식으면서 굳어진다.)

   e. The coalition must **solidify** and fight as one unit.(그 연합은 굳건히 되어 하나의 집단으로 싸워야 한다.)

2. 타동사 용법

2.1. 다음 주어는 목적어를 굳게 한다.

(2) a. The concrete will **solidify** the foundation.(콘크리트는 기반을 굳건히 할 것이다.)

   b. Extreme cold will **solidify** water.(아주 심한 추위가 물을 얼릴 것이다.)

2.2. 다음 주어는 목적어를 굳힌다.

(3) a. The two countries signed a treaty to **solidify** their alliance.(그 두 나라는 연합을 강화하기 위해 협정에 서명했다.)

   b. The leader can **solidify** the various groups of the country.(그 지도자는 그 나라의 여러 집단을 뭉칠 수 있다.)

solve

이 동사의 개념 바탕에는 문제를 푸는 과정이 있다.

1. 타동사 용법

1.1. 다음 주어는 목적어를 해결한다.

(1) a. He **solved** the puzzle/riddle/equation.(그는 그 퀴즈/수수께끼/방정식을 풀었다.)

   b. Money will **solve** all his problems.(돈이 모든 문제를 해결해 줄 것이다.)

   c. Attempts are being made to **solve** the problem of waste disposal.(여러 가지의 시도가 쓰레기 처리의 문제를 해결하기 위해 이루어진다.)

   d. The police have not **solved** the murder yet.(경찰은 아직 그 살인 사건을 해결하지 못했다.)

soothe

이 동사의 개념 바탕에는 달래는 과정이 있다.

1. 타동사 용법

1.1. 다음 주어는 목적어를 달랜다.

(1) a. Rocking often **soothes** a crying baby.(흔드는 것은 종종 우는 아이를 달랜다.)

   b. Lozenges **soothes** sore throat.(박하 사탕은 아픈 목을 달래준다.)

   c. The medicine **soothed** my nerves.(그 약은 내 신경을 안정시켰다.)

   d. The lotion will **soothe** your sunburn.(그 로숀은 너의 햇볕에 탄 피부를 누그러지게 할 것이다.)

1.2. 다음 주어는 목적어를 전치사 with의 목적어로 달랜다.

(2) a. The clerk **soothed** the angry customer with helpful words.(그 점원은 도움이 되는 말로 성난 고객을 달랬다.)

   b. He **soothed** her with kind words.(그는 부드러운 말로 그녀를 달랬다.)

1.3. 다음 주어는 개체이다. 주어가 목적어를 누그러지

게 한다.

(3) a. The lotion **soothed** my dry skin.(그 로션은 내 건조
한 피부를 누그러지게 했다.)

b. The lotion **soothe** the sunburned skin.(그 로션은
태양에 그을린 피부를 누그러지게 했다.)

c. Take a warm bath to **soothe** tense, tired muscles.
(긴장과 지친 근육을 풀어주기 위해서 따뜻한 물에
목욕을 해라.)

sort

이 동사의 개념 바탕에는 분류하는 과정이 있다.

1. 타동사 용법

1.1. 다음 주어는 목적어를 분류한다.

(1) a. The computer **sorts** the words in alphabetical
order.(컴퓨터는 알파벳 순서로 단어들을 분류한
다.)

b. The computer is **sorting** the database now. (그 컴
퓨터는 지금 데이터 베이스를 분류하고 있다.)

c. He is **sorting** the mail/letters.(그는 우편물/편지를
분류하고 있다.)

d. She **sorted** the watermelons by size.(그녀는 수박
을 크기로 분류했다.)

1.2. 다음은 수동태 문장으로 주어는 분류된다.

(2) a. The students were **sorted** by height.(그 학생들은
키 순서로 분류되었다.)

b. Eggs are **sorted** according to size.   (달걀은 크기
별로 구분된다.)

c. Paper, plastic, and cans are **sorted** for recycling.
(종이, 플라스틱, 캔은 재활용을 위해 분류된다.)

1.3. 다음 주어는 목적어를 전치사 to목적어에 따라 분류한다.

(3) a. He **sorted** students together without regard **to**
ability.(그는 능력을 고려하지도 않고 학생들을 함
께 분류했다.)

b. **Sort** these cards according **to** their colors.(이 카
드들을 색깔에 따라 분류하시오.)

c. They are **sorting** his library cards according **to**
the subjects.(그들은 도서관 카드를 그 주제에 따라
분류하고 있다.)

1.4. 다음 주어는 목적어를 분류하여 따로 떼어 낸다.

(4) a. He **sorted out** the white laundry **from** the colored
(그는 흰 세탁물을 색깔이 있는 것에서 분류해냈
다.)

b. **Sort out** the wheat **from** the chaff.(밀을 왕겨에서
분류해 내어라.)

c. It was difficult to **sort out** the lies **from** the truth?
(거짓을 진실에서 구별해내기란 어려웠다.)

d. **Sort** the sheep **from** the goats.(양들을 염소로부터
구별하라.)

1.5. 다음 주어는 목적어를 가려낸다.

(5) a. She **sorted out** the nails/apples of the largest size.
(그녀는 가장 큰 못들/사과들을 가려내었다.)

b. Please **sort** all these letters/files **out** and arrange
them in order of date.(이 모든 편지들/파일들을 가

려내어 날짜 순으로 배열하시오.)

c. We **sorted out** the papers that can be thrown
away.(우리는 버릴 수 있는 논문들을 가려내었다.)

d. Will you please **sort out** all the summer clothes?
(여름 옷들을 모두 가려내 주시겠어요?)

e. He **sorted out** his books in the bookshelves.(그는
책장에 있는 자신의 책들을 가려내었다.)

f. It took a while to **sort out** our luggage.(우리의 짐
을 가려내는 데 약간의 시간이 걸렸다.)

g. The cupboard needs **sorting out**.(그 찬장은 분류
될 필요가 있다.)

1.6. 다음의 목적어는 추상적 개체이다 주어는 목적어를 해결한다.

(6) a. You must **sort out** your business affairs before
you are forced to close down.(너는 그만두도록 강
요받기 전에 일을 정리해야 한다.)

b. I've been to Seoul to **sort out** some personal
affairs.(나는 몇 가지 사적인 일을 처리하기 위해 서
울에 다녀왔다.)

c. There's been a mistake. I'll try to **sort** things **out**.
(실수가 있었다. 나는 이것들을 해결하려고 애를 쓰
겠다.)

d. We have to **sort out** his problems.(우리는 그의 문
제들을 해결해야 한다.)

e. We've **sorted out** the computer's initial
problems.(우리는 컴퓨터의 초기 문제점을 해결했
다.)

1.7. 다음 주어는 목적어의 내용을 가려낸다.

(7) a. It'll be difficult to **sort out** how much each person
owes.(개개인이 얼마나 빚지고 있는가를 알아내기
란 어려울 것이다.)

b. Have you **sorted out** how to get these?(이것들을
얻는 방법에 대해 알아 본 적이 있나요?)

1.8. 다음 주어는 목적어를 해결해서 처리한다.

(8) a. Take these pills; they will **sort** you **out**.(이 알약들
을 드세요. 그것들은 당신을 쾌유시킬 것이다.)

b. If he bothers you again, I'll soon **sort** him **out**.(그
가 너를 다시 괴롭힌다면, 나는 그를 곧 혼낼 것이
다.)

c. Let me get my hand on them. I'll **sort** them **out**.
(내가 내 손을 그것들에 쓰게 해주시오. 나는 그것들
을 해결하겠다.)

1.9. 다음 주어는 목적어를 분류하여 전치사 into의 목적어의 상태로 배열한다.

(9) a. Could you **sort** these cards **into** alphabetical
order?(이 카드들을 정리하여 알파벳 순서로 만들
수 있나요?)

b. The teacher **sorted** the children **into** teams. (선생
님은 아이들을 분류하여 팀으로 나누었다.)

c. I'm going to **sort** these books **into** those to be
kept and those to be thrown away.(나는 이 책들
을 분류하여 보관할 것과 버릴 것으로 나누겠다.

d. She **sorted** the socks **into** the matching pairs.(그
녀는 양말을 분류하여 짝을 맞추었다.)

e. He **sorted** the applications **into** 'possibles' and
'rejections.' (그는 지원서를 분류하여 '통과'와 '거

부' 용으로 나누었다.)

1.10. 다음의 목적어는 재귀 대명사이다.

(10) a. The problem will **sort** itself **out** in the end.(그 문제점은 결국 자체적으로 해결될 것이다.)

b. I'm staying with a friend until I manage to **sort** myself **out**.(나는 자신을 그럭저럭 정리할 때까지 친구와 머물 것이다.)

c. Our financial problem will **sort** itself **out** in a week.(우리의 재정적 문제점은 일주일 안에 스스로 해결될 것이다.)

1.11. 다음 주어는 목적어를 점검한다.

(11) a. Can you **sort** the car by tomorrow?(내일까지 자동차를 점검할 수 있어요?)

b. We must get the phone **sorted** soon?(우리 곧 전화기를 점검해야 한다.)

c. We need to get the washing machine **sorted**.(우리는 세탁기를 점검할 필요가 있다.)

2. 자동사 용법

2.1. 다음 주어는 분류된다.

(12) Such conduct **sorts** ill/well with her position.(그러한 행위는 그녀의 위치와 나쁘게/좋게 조화된다.)

2.2. 다음 주어는 분류를 하면서 나간다.

(13) a. She **sorted through** her suitcase for something to wear.(그녀는 입을 옷을 찾기 위해서 가방을 분류하면서 뒤져나갔다.)

b. The secretary **sorted through** the pile of papers.(그 비서는 서류 뭉치를 분류하면서 뒤져나갔다.)

2.3. 다음 주어는 풀린다.

(14) Wait and see how things **sort** out.(일이 어떻게 풀릴지 두고 봐라.)

sound

이 동사의 개념 바탕에는 소리를 내는 과정이 있다.

1. 타동사 용법

1.1. 다음 주어는 목적어를 소리나게 한다.

(1) a. He **sounded** the trumpet.(그는 트럼펫을 불었다.)

b. He **sounded** his horn as he turned into the drive.(그는 주택 진입로에 들어섰을 때 경적을 울렸다.)

c. A young man **sounded** the bell to start the service.(한 젊은 남자가 그 예배의 시작을 알리는 그 종을 울렸다.)

d. They **sounded** the gong.(그들은 그 징을 울렸다.)

e. **Sound** your horn to warn other drivers.(다른 운전사들에게 경고하기 위해서 너의 경적을 울려라.)

f. The car **sounded** its horn.(그 차는 경적을 울렸다.)

g. He **sounded** the patient's chest.(그는 그 환자의 가슴을 청진했다.)

1.2. 다음 주어는 소리를 내어 목적어를 전달한다.

(2) a. The bugle **sounded** the retreat.(그 나팔은 그 퇴각을 신호했다.)

b. They **sounded** "all clear" after the raid.(그들은 그 습격 후 "공습 해제"를 알리는 소리를 보냈다.)

c. The buzzer **sounded** the end of the period.(그 버저는 그 수업의 종료를 알렸다.)

d. He **sounded** the alarm.(그는 그 경보를 울렸다.)

1.3. 다음 주어는 말로서 목적어를 전달한다.

(3) a. He **sounded** a deeply pessimistic note in an interview.(그는 매우 비관적인 어조로 인터뷰에서 전했다.)

b. The chairman **sounded** a note of caution.(그 의장은 경고의 어조를 말로 전했다.)

c. He **sounded** her praises.(그는 그녀의 칭찬을 말했다.)

1.4. 의사가 청진기로 환자의 병세를 알아볼 수 있다. 이 과정은 은유적으로 확대되어 사람의 마음 속에 있는 정보를 알아내는 뜻으로도 쓰인다.

(4) a. **Sound** her **out** if she'd like to be secretary.(그녀가 비서가 되고 싶어하는지를 알아 봐라.)

b. I'll **sound out** my boss on the idea for the new building downtown.(나는 시내에 있는 새 빌딩에 대한 사장의 생각을 떠볼 것이다.)

c. I ought to **sound** him **out** about it before doing anything.(나는 무엇보다 먼저 그것에 대한 생각을 알아봐야 한다.)

1.5. 다음 주어는 목적어를 탐지해낸다.

(5) We'd like to **sound out** your ideas on the new project.(우리는 새 프로젝트에 관한 네 의견을 타진하고 싶다.)

2. 자동사 용법

2.1. 다음 주어는 들린다. 이 소리의 특징이 as if 나 형용사로 묘사된다.

(6) a. His voice **sounds as if** he had cold.(그의 목소리는 마치 그가 감기에 걸린 것처럼 들린다.)

b. The voice **sounded** strange/sweet.(그 목소리는 이상하게/달콤하게 들렸다.)

c. Your cough **sounds** better.(네 기침소리가 더 나아진 듯 들린다.)

d. Your singing **sounded** very good.(너의 노래는 매우 잘 하는 것으로 들렸다.)

e. It **sounded** silly.(그것은 바보 같은 소리로 들렸다.)

2.2. 다음 주어는 특정한 방식으로 소리를 낸다. 소리의 특징이 형용사로 묘사되어 있다.

(7) a. Break and brake **sound** alike.(break와 brake는 비슷하게 들린다.)

b. All the usual city noises **sounded** very **strange** in the fog.(도시의 일상 소음은 안개 속에서는 매우 이상하게 들렸다.)

c. The creaking of the hinges **sounded** very **loud** in that silence.(문의 돌쩌귀의 삐걱거림은 고요 속에서 매우 크게 들렸다.)

2.3. 다음 주어는 소리를 낸다. 이들이 내는 소리는 관습적으로 특정한 의미를 전달한다.

(8) a. A fog horn **sounded** in the distance.(경적이 멀리에서 울렸다.)

b. The bell **sounded** for dinner.(그 종소리는 저녁식사를 알리며 울렸다.)

c. The intercom buzzer **sounded**.(그 인터폰 부저가 울렸다.)

d. The fire alarm **sounded** a few seconds ago. (화재 경보기는 몇 초 전에 울렸다.)

e. The whistle/ trumpet **sounded**. (호각/트럼펫은 울렸다.)

2.4. 다음 누가 하는 말이나 소리를 듣고 말한 이의 감정이나 지능 등을 알 수 있는 것으로 표현되어 있다.

(9) a. She didn't **sound** very keen. (그녀는 매우 예민한 것 같지 않았다.)

b. You **sound** upset. (네가 기분이 상한 것처럼 들린다.)

c. She **sounded** so friendly on the phone. (그녀는 전화 상으로 매우 친절하게 들렸다.)

d. He **sounded** a little discouraged. (그는 약간 낙심한 것처럼 들렸다.)

e. She **sounded** a bit worried. (그녀는 약간 걱정스러운 듯 들렸다.)

f. You **sound** sad. (네가 슬픈 것처럼 들린다.)

2.5. 다음 주어는 like의 목적어와 같이 판단된다.

(10) a. Sue **sounds like** a strange person. (수는 낯선 사람처럼 들린다.)

b. You **sound like** an insurance salesman. (너는 보험 판매원 같이 들린다.)

c. You **sounded like** your father talking. (너는 너의 아버지가 말하는 것처럼 들렸다.)

d. From the way you describe him, he **sounds like** an idiot. (네가 그를 묘사하는 것으로 봐서는 그는 멍청이 같이 들린다.)

e. You **sound like** you are young. (너는 네가 젊은 것처럼 들린다.)

2.6. 다음 주어 자체는 소리를 내지 않는다. 그러나 보고되는 것을 듣고 그 내용에 대해서 화자가 판단한다. 다음에 쓰인 형용사는 화자의 판단을 나타낸다.

(11) a. The report **sounds** true. (그 보고서는 사실로 여겨진다.)

b. The statement **sounds** improbable. (그 진술은 있을 법하지 않게 여겨진다.)

c. His excuse **sounds** very hollow. (그의 변명은 공허하게 들린다.)

d. The news/the idea **sounds** good. (그 소식은/그 생각은 좋게 들린다.)

e. Her explanation **sounds** all right. (그녀의 설명은 괜찮게 여겨진다.)

f. His plan **sounds** impracticable. (그의 계획은 실행 불가능해 보인다.)

g. It **sounded** so crazy that I laughed out loud. (그것이 너무 말도 안되게 여겨져서 나는 큰 소리로 웃었다.)

h. How does this proposal **sound** to you? (네게 이 제안이 어떻게 생각되니?)

i. Istanbul **sounds** very exciting. (이스탄불은 매우 흥미로운 곳으로 여겨진다.)

2.7. 다음 주어는 like의 목적어와 같이 들린다,.

(12) a. The engine backfire **sounded like** a gunshot. (그 엔진의 역화는 총성처럼 들렸다.)

b. That **sounds like** a train. (저것은 기차 소리처럼 들린다.)

c. It **sounds like** a true story. (그것은 실화처럼 들린다.)

d. That **sounds like** a good idea. (그것은 좋은 생각같이 들린다.)

e. Your explanation **sounds like** an excuse. (너의 설명은 변명처럼 들린다.)

f. Some parts of the desert **sound like** dangerous places. (그 사막의 몇몇 지역은 위험한 곳으로 여겨진다.)

2.8. 다음 주어는 that-절을 가리킨다.

(13) It **sounds** to me from the rumors **that** we might have some problems. (그 소문들에 의하면 우리가 문제를 가지게 될 것으로 들린다.)

2.9. 다음 주어는 들리거나 생각된다.

(14) a. It **sounded as if** he were trying to say something. (그가 무언가 말하려 했던 것처럼 들렸다.)

b. It **sounded as if** the roof was falling in. (그 지붕이 내려앉는 것같이 들렸다.)

c. It **sounds as if** it is raining outside. (밖에 비가 오는 것처럼 들린다.)

d. He **sounded as if** he had run all the way from the station. (그는 그 역에서부터 줄곧 뛰었던 것처럼 들렸다.)

e. She **sounded as if** she really cared. (그녀는 정말로 걱정한 것처럼 들렸다.)

f. The procedure **sounded as if** it would work. (그 절차는 실행 가능한 것처럼 들렸다.)

2.10. 다음 주어는 말을 입에서 뱉어낸다. 부사 off는 말소리가 입에서 떨어져 나가는 과정이나 결과를 나타낸다.

(15) a. She tends **to sound off** without inhibition. (그녀는 자제하지 않고 마구 자랑하는 경향이 있다.)

b. The people at the bust stop are **sounding off** about the government's economic policies. (그 버스 정류장에 있는 사람들은 정부의 경제 정책에 대해 마구 불평하고 있다.)

c She always **sounds off** about the environment. (그녀는 항상 환경에 대해서 그녀의 의견을 마구 말한다.)

d. He **sounded off** about too much work. (그는 너무 많은 일에 대해서 마구 불평을 늘어놓았다.)

e. She keeps **sounding off** about the homeless but never does anything to help. (그녀는 집 없는 사람들에 대해서 끊임없이 이야기하지만 결코 도움이 될 만한 어떤 일도 하지 않는다.)

2.11. 다음 주어는 생각된다.

(16) She **sounds** to be very strange. (그녀는 매우 이상한 것 같다.)

sour

이 동사의 개념 바탕에는 시어지는 과정이 있다.

1. 자동사 용법

1.1. 다음 주어는 시어진다.

(1) a. The milk has **soured** overnight.(우유는 밤새 시어졌다.)

b. Don't drink the orange juice; it's old and **soured**. (그 오렌지 쥬스를 마시지 말아라; 오래되서 시었다.)

1.2. 다음은 [감정이나 분위기나 음식] 은유가 적용된 예이다.

(2) a. Our moods **soured** in the continuing rain.(우리의 기분은 계속된 비로 인해 시어졌다.)

b. The atmosphere at the house **soured**.(그 집의 분위기는 침울했다.)

1.3. 다음은 [인간 관계는 음식] 은유가 적용된 예이다.

(3) a. After several years, their marriage began to **sour**. (몇 년 후에 그들의 결혼 생활은 시큰둥해지기 시작했다.)

b. Relations between us **soured** over the past few years.(우리 사이의 관계가 지난 몇 년간 시큰둥해졌다.)

2. 타동사 용법

2.1. 다음 주어는 목적어를 시어지게 한다.

(4) a. The unfortunate evening rather **soured** my friendship with Ned.(불행한 저녁은 네드와의 나의 우정을 나빠지게 했다.)

b. All those rejections **soured** him.(모든 그러한 거절은 그를 맥빠지게 했다.)

c. The experience **soured** her toward men.(그 경험은 남자들을 향한 그녀의 마음을 실망시켰다.)

d. Various unhappy experiences have **soured** her view of life.(여러 가지의 불행한 경험들이 그녀의 인생관을 시어지게 했다.)

e. The war **soured** our relations.(전쟁은 우리의 관계를 나빠지게 했다.)

souse

이 동사의 개념 바탕에는 흠뻑 젖게 하는 과정이 있다.

1. 타동사 용법

1.1. 다음 주어는 목적어를 흠뻑 젖게 한다.

(1) a. He **soused** his dog in a pond.(그는 개를 연못에서 흠뻑 젖게 했다.)

b. He **soused** his dog with water.(그는 개를 물로 흠뻑 젖게 했다.)

1.2. 다음은 주어 자체가 목적어를 젖게 한다.

(2) The pouring rain **soused** him.(심하게 쏟아지는 비는 그를 흠뻑 젖게 했다.)

1.2. 다음은 주어는 물을 over의 목적어에 뿌린다.

(2) a. He **soused** water **over** the dog.(그는 물을 개 위에 뿌렸다.)

b. He **soused** water **over** the cat.(그는 물을 그 고양이에게 뿌렸다.)

SOW

이 동사의 개념 바탕에는 씨를 뿌리는 과정이 있다.

1. 타동사 용법

1.1. 다음 주어는 목적어를 뿌린다.

(1) He **sowed** flow seeds in the garden.(그는 꽃씨를 그 정원에 뿌렸다.)

b. We **sowed** our vegetable seeds.(우리는 야채 씨를 뿌렸다.)

1.2. 다음 주어는 목적어를 뿌린다. 목적어는 씨가 뿌려지는 밭이다.

(2) a. He **sowed** the field with barley.(그는 그 밭에 보리를 심었다.)

b. He **sowed** a plot of land with grass.(그는 작은 땅에 잔디를 심었다.)

1.3. 다음은 수동태 문장으로 주어는 씨가 뿌려진다.

(3) a. The field was **sowed** wit wheat.(그 들은 밀이 심어졌다.)

b. The garden was **sowed** with lettuce.(정원은 양배추로 심어졌다.)

1.4. 마음의 상태는 식물로 개념화되어 씨를 뿌릴 수 있는 것으로 개념화된다.

(4) a. The policies are **sowing** the seeds of future conflict.(그 정책은 미래의 갈등의 씨앗을 심고 있다.)

b. He **sowed** doubt in her mind.(그는 의심을 그녀의 마음에 심었다.)

c. He **sowed** distrust among the workers.(그는 불신을 직원들 사이에 심었다.)

2. 자동사 용법

2.1. 다음 주어는 심는다.

(5) a. As a man **sows**, he shall reap.(심는 대로 거둘 것이다.)

b. The farmer **sowed** from morning till night.(농부는 아침부터 밤까지 심었다.)

space

이 동사의 개념 바탕에는 space의 명사 '공간'이 있다. 동사의 의미는 공간을 띄우는 과정과 관계가 있다.

1. 타동사 용법

1.1. 다음 주어는 목적어를 사이를 띄운다.

(1) a. **Space** the desks one meter apart.(그 책상들을 사이를 일 미터를 띄워라.)

b. I **spaced** the bottles neatly on the kitchen counter.(나는 병들을 부엌 카운터에 단정하게 사이를 띄워 놓았다.)

c. The teacher **spaced** the students two feet apart. (교사는 학생들을 서로 이 피트를 띄웠다.)

d. **Space** your words evenly.(단어들 사이를 균등하게 사이를 띄워라.)

1.2. 다음 주어는 목적어 사이의 공간을 더 넓힌다.

(2) a. **Space out** the desks evenly.(책상들의 공간을 균

등히 더 넓혀라.)

　b. He spaced out the flower pots.(그는 화분들을 공간을 더 넓혔다.)

1.3. 다음은 수동태 문장으로 주어는 공간이 띄워진다.

(3) a. The houses are spaced out in this area.(집들은 이 지역에서는 공간이 띄워져 있다.)

　b. The farms are spaced out three or four miles apart.(농장들은 3내지 4마일 정도 공간이 띄워져 있다.)

1.4. 다음은 수동태 문장으로 주어 사이에는 공간이 주어진다.

(4) a. The posts were spaced at ten-meter intervals.(그 기둥들은 십 미터 간격으로 사이가 주어졌다.)

　b. The lines of the poster were spaced.(그 포스터의 열들은 공간이 띄워졌다.)

　c. The pictures in the gallery were well spaced out.(갤러리에 있는 그림들은 뚝뚝 떨어져 있었다.)

　d. The movies are spaced about eight to ten seconds apart.(그 영화는 팔 초에서 십 초 정도 공간이 주어졌다.)

1.5. 다음 주어는 목적어를 시간상 거리를 두게 한다.

(5) a. They spaced their family out over 3 years.(그들은 아이들을 삼 년 터울이 지게 두었다.)

　b. Should I space out the baby's feeds over the 24 hours?(내가 아기의 젖을 스물 네시간에 걸쳐서 둬야 합니까?)

span

이 동사의 바탕에는 이 span 명사의 의미 '한 뼘'의 뜻이 있다. 뼘을 써서 길이를 재고, 또 길이를 잴 때에는 손이 재는 물건의 위에 온다. 이러한 것들이 동사의 의미에 반영된다.

1. 타동사 용법

1.1. 다음 주어는 손뼘으로 목적어의 길이를 잰다.

(1) a. He spanned his wrist.(그는 손 뼘으로 손목을 쟀다.)

　b. I spanned my dog's neck so that I could buy the right size collars.(나는 맞는 크기의 목줄을 사기 위해 내 개의 목을 손 뼘으로 쟀다.)

　c. The child cannot span octave.(그 아이는 목소리가 옥타브에 미칠 수 없다.)

1.2. 다음 주어는 눈으로 목적어를 잰다.

(2) a. His eyes spanned the distance.(그는 눈으로 그 거리를 쟀다.)

　b. My thoughts span the dreary wilderness.(내 생각은 그 황량한 황무지를 돌아본다.)

1.3. 다음 주어는 그 자체가 목적어의 위를 걸치고 있다.

(3) a. More than ten bridges span the river.(열 개 이상의 다리들이 그 강을 걸친다.)

　b. An overpass spans the road.(육교 하나가 그 도로를 걸친다.)

　c. A rainbow spanned the lake.(무지개가 그 강을 걸쳤다.)

　d. The Mongol Empire spanned much of Central Asia.(몽골 제국은 중앙 아시아의 많은 부분을 걸쳐 있었다.)

1.4. 다음은 수동태 문장으로 주어는 걸쳐진다.

(4) a. Here the river was spanned in early times by a stone bridge.(여기에 있는 강은 초기에 돌다리가 걸려 있었다.)

　b. The lake is spanned by a rainbow.(그 호수는 무지개로 걸린다.)

1.5. 다음 주어와 목적어는 모두 추상적인 개체이다. 그러나 이들은 개체로 은유화 되어서 주어가 목적어에 걸쳐 있는 것으로 개념화되어 있다.

(5) a. Imagination will span the gap in our knowledge.(상상력이 우리 지식 내의 틈을 연결할 것이다.)

　b. His knowledge spans the whole political history of Korea.(그의 지식은 한국의 모든 정치 역사를 걸친다.)

　c. His interests spanned a wide range of subjects.(그의 관심은 많은 다양한 분야를 걸쳤다.)

　d. His composition spans all aspects of music from symphonies to musicals.(그의 작곡은 심포니에서 뮤지컬에 이르기까지 음악의 전분야를 걸친다.)

1.6. 다음 목적어는 시간을 가리킨다. 주어는 목적어가 가리키는 시간에 걸쳐 있다.

(6) a. The empire spanned two centuries.(그 제국은 두 세기를 걸쳤다.)

　b. Her reign spanned more than fifty years.(그녀의 통치는 50년 이상을 걸쳤다.)

　c. His professional career spanned sixteen years.(그의 전문가로서의 경력은 60년을 걸쳤다.)

　d. His life spanned eighty troubled years.(그의 삶은 80년의 어려운 세월을 걸쳤다.)

　e. The game has a history spanning three centuries.(그 게임은 삼 세기를 걸치는 역사를 가지고 있다.)

1.7. 다음 주어는 목적어를 with 의 목적어로 걸친다.

(7) They spanned the river with a bridge.(그들은 그 강을 다리로 걸쳤다.)

spare

이 동사의 개념 바탕에는 쓰지 않고 남겨두는 과정이 있다.

1. 타동사 용법

1.1. 다음 주어는 목적어를 남겨둔다.

(1) a. Can you spare a cigarette?(담배 하나 주시겠습니까?)

　b. Can you spare a few minutes?(시간을 몇 분 내어 주시겠습니까?)

　c. He spared a room for guests.(그는 손님들을 위해서 방을 남겨둔다.)

　d. Spare the butter, or we shall run short.(버터를 아껴라, 그렇지 않으면 우리는 버터가 모자라게 될 것이다.)

　e. Spare the rod, and spoil the child.(매를 아끼면, 아이를 버린다.)

1.2. 다음 주어는 목적어를 열외시킨다.

(2) a. I can **spare** you for tomorrow.(나는 너를 내일은 뺄 수 있다/일을 안하게 할 수 있다.)

　　b. He **spared** his enemy.(그는 적을 (죽이는 일에서) 빼어놓았다.)

　　c. Death **spares** no one.(죽음은 아무도 빼지 않는다.)

　　d. I can't **spare** the car today.(나는 오늘 그 차를 안 쓸 수 없다.)

1.3. 다음 주어는 목적어를 쓰지 않고 남겨둔다. 목적어는 노력이다.

(3) a. He **spared** no trouble.(그는 수고를 아끼지 않았다.)

　　b. He **spared** neither pains nor expense.(그는 수고와 비용을 아끼지 않았다.)

　　c. He **spared** no efforts to do it.(그것을 하기 위해서 그는 노력을 아끼지 않았다.)

1.4. 다음 주어는 개체이다. 주어는 목적어를 남겨둔다.

(4) a. The fire **spared** nothing.(화재는 아무 것도 남기지 않았다.)

　　b. His sharp tongue **spares** nobody.(그의 날카로운 입은 아무도 빼어놓지 않는다.)

　　c. The storm **spared** few houses in the village.(폭풍은 그 마을의 집을 거의 남기지 않았다.)

　　d. The attackers **spared** the lives of all those who were old or ill.(침입자들은 나이가 들었거나 병든 모든 사람의 목숨은 해치지 않았다.)

1.5. 다음 주어는 첫째 목적어에게 둘째 목적어를 주지 않는다.

(5) a. I will **spare** you the trouble.(나는 네가 그 수고를 하지 않도록 하겠다.)

　　(cf. He spared me from the trouble.)

　　b. **Spare** me the gory details.(내게 처참한 세부사항은 들려주지 말아주세요.)

　　c. **Spare** him the bother/your complaints.(그에게 폐/불평을 끼치지 말게나!)

　　d. Order your clothes from this catalogue and **spare** yourself the trouble of going shopping.(이 카탈로그를 보고 주문을 하고, 직접 쇼핑을 가는 수고를 더세요.)

　　e. Use the telephone and **spare** yourself a visit.(그 전화를 쓰세요. 그러면 직접 방문을 하지 않아도 됩니다.)

1.6. 다음은 수동태 문장으로 주어는 짐이 덜어진다.

(6) a. I was **spared** the boring details.(우리는 지루한 세부사항을 듣지 않아도 되었다.)

　　b. I was **spared** his complaints.(나는 그의 불평을 듣지 않아도 되었다.)

1.7. 다음 주어는 첫째 목적어에게 둘째 목적어를 구해준다.

(7) a. He **spared** me my life.(그는 나에게 생명을 구해주었다.)

　　(cf. He spared my life for me.)

　　b. He **spared** me a few moments.(그는 나에게 몇 분을 할애해 주었다.)

spark

이 동사의 개념 바탕에는 spark의 명사 '불꽃', '불

티'가 깔려있다. 동사의 의미는 명사의 의미와 관련되어 있다.

1. 자동사 용법

1.1. 다음 주어는 불꽃이나 불티를 낸다.

(1) a. Something **sparked** in the room.(무엇이 방 안에서 불꽃이 튀었다.)

　　b. The lighter **sparked**, but wouldn't stay lit.(라이터 불꽃은 튀었지만 불이 켜져 있지 않았다.)

　　c. The car's broken muffler **sparks** as it scrapes the ground.(자동차의 고장난 소음기는 땅을 스칠 때 불꽃이 튄다.)

　　d. The wires **sparked** briefly and the lights went out.(그 전선들은 잠간 불꽃이 튀더니 불이 나가 버렸다.)

　　e. The coal was **sparking** in the fireplace.(그 석탄은 벽난로 안에서 불꽃이 튀고 있었다.)

1.2. 다음 주어는 목적어를 점화한다.

(2) a. Winds brought down power lines, **sparking** a fire.(바람이 동력선들을 무너지게 해서, 화재를 일으켰다.)

　　b. A dropped cigarette may have **sparked** the fire.(떨어진 담배가 그 화재를 일으켰을 수도 있다.)

　　c. The accident **sparked** a revolt.(그 사고는 폭동을 점화했다.)

　　d. The proposal would **spark** a storm of protest around the country.(그 제안은 나라 전체에 항의의 폭풍을 점화할 것이다.)

1.3. 다음 주어는 목적어를 일으킨다. 목적어는 관심, 열의, 호기심 같은 것이다.

(3) a. The book **sparked** my interest in reptiles.(그 책은 내 관심을 파충류에 불러 일으켰다.)

　　b. What **sparked** your interest in classical music/poetry?(무엇이 당신의 관심을 고전 음악/시에 불러 일으켰습니까?)

　　c. Going to an exhibition **sparked** Charles' interest in paintings.(전시회에 가는 일이 찰스의 관심을 그림에 불러일으켰다.)

　　d. He **sparked** some enthusiasm for the job.(그는 일에 대한 열정을 일으켰다.)

　　e. The funny clown **sparked** a smile from the child.(그 웃기는 광대는 미소를 그 아이에게 일으켰다.)

　　f. The movie **sparked** my curiosity about the Korean War.(그 영화는 한국전에 대한 나의 호기심을 일으켰다.)

1.4. 다음 주어는 목적어를 일으킨다. 목적어는 시간 속에 일어나는 과정이다.

(4) a. His recent article **sparked off** a controversy over the matter.(그의 최근 기사는 문제에 대한 논란을 일으켰다.)

　　b. Your words **sparked off** the trouble.(당신의 말은 문제를 일으켰다.)

　　c. The minor incident **sparked off** the conflict/the riot.(사소한 사건은 갈등/폭동을 일으켰다.)

　　d. My comment **sparked off** an argument in the group.(나의 논평이 그 모임에서 논쟁을 일으켰다.)

e. The dispute has **sparked off** a major discussion on the policy.(논쟁은 그 정책에 대한 주요 토론을 일으켰다.)

1.5. 다음 주어는 전치사 into의 상태로 된다.

(5) The row soon **sparked into** a fight.(소동은 곧 싸움의 불씨가 되었다.)

speak

이 동사의 개념 바탕에는 말하는 과정이 있다.

1. 자동사 용법

1.1. 다음 주어는 말을 한다.

(1) a. Please **speak** more slowly.(제발 좀더 천천히 말해 주세요..)

b. I was so shocked that I couldn't **speak**.(나는 너무 충격을 받아서 말을 할 수 없었다.)

c. This is Tom **speaking**.(저는 톰입니다.)

d. The baby cannot **speak** yet.(그 아기는 아직 말을 할 수 없다.)

e. The man **speaks** with strong Australian accents. (그 남자는 강한 오스트레일리아 억양으로 말한다.)

f. He **spoke** for an hour without notes.(그는 메모도 없이 한시간 동안 말했다.)

1.2. 주어가 하는 말은 공식적이거나 비공식적일 수 있다.

(2) a. He declined to **speak** at the rally.(그는 그 집회에서 연설하기를 거절했다.)

b. Don't interrupt him; he is **speaking** on the phone. (그를 방해하지 말아라; 그는 전화로 이야기하고 있다.)

c. We've invited her to **speak** to the country club. (우리는 그녀에게 그 전원 클럽에서 연설해 달라고 부탁했다.)

1.3. 말의 주제는 전치사 about, on, of 의 목적어로 표현된다.

(3) a. What is he **speaking about**?(무엇에 대해 그는 말하고 있느냐?)

b. I've **spoken** to her **about** it.(나는 그녀에게 그것에 대해 말했다.)

c. She doesn't want to **speak about** this.(그녀는 이것에 대해 말하고 싶어하지 않는다.)

d. Can we **speak about** plans for our holidays?(우리는 휴가 계획에 대해 이야기할 수 있을까?)

e. She was **speaking** about it for an hour.(그녀는 그 것에 대해 한시간 동안 말하고 있었다.)

1.4. 다음 주어는 on의 목적어에 대해서 말한다.

(4) a. She will **speak on** temperance today.(그녀는 오늘 절제에 대해 이야기할 것이다.)

b. The Prime Minister **spoke** on the state of the affairs.(수상은 그 상황에 대해 연설했다.)

1.5. 다음 주어는 of 의 목적어에 대해서 말한다.

(5) She didn't **speak of** her husband at all.(그녀는 남편에 대해 전혀 이야기하지 않았다.)

1.6. 듣는 이는 전치사 to 나 with 의 목적어로 표현되는데, to가 쓰이면 화자가 일방적으로, with 가 쓰이면 쌍방적인 대화가 이루어짐을 나타낸다.

(6) a. I would like to **speak with** you about my idea.(나는 내 생각에 대해 너와 함께 이야기하고 싶다.)

b. I would like to **speak with** you for a minute.(나는 너와 함께 잠시 이야기하고 싶다.)

c. Hello, can I **speak with** Joe?(여보세요, 조와 이야기할 수 있을까요?)

d. I intend to **speak to** the manager.(나는 관리자에게 이야기하려 한다.)

e. He **spoke to** her in Korean.(그는 그녀에게 한국어로 이야기했다.)

f. I will have to **speak to** her.(나는 그녀에게 이야기해야 할 것이다.)

1.7. 이 동사는 말을 써서 뜻을 전달하는 과정을 나타낸다. 그러나 뜻이 확대되면 말이 아닌 다른 방법으로도 뜻이 전달될 수 있다.

(7) a. The portrait **speaks**.(그 초상화는 (감정을) 전달한다.)

b. Actions **speak** louder than words.(행동은 말보다 더 분명히 의미를 전달한다.)

c. The cannon **spoke**.(대포는 울렸다.)

d. When the guns **speak**, it is too late to argue.(그 총성이 울릴 때면, 이미 논의하기에 늦다.)

e. The music **spoke** more deeply than ever before. (그 음악은 이전 어느 때보다 깊은 감동을 전했다.)

f. His book **spoke** plainer than words.(그의 책은 말보다 더 쉽게 전달했다.)

2. 타동사 용법

2.1. 다음 주어는 목적어를 말한다. 목적어는 말 또는 낱말이다.

(8) a. He **speaks** a good English.(그는 좋은 영어를 말한다.)

b. He **speaks** several languages.(그는 여러 언어를 말한다.)

c. He doesn't **speak** a word of Korean.(그는 한국어를 한 마디도 못한다.)

2.2. 다음은 수동태 문장으로 주어는 말해진다.

(9) a. English is **spoken** here.(영어가 여기에서 말해진다.)

b. Not a word was **spoken** about the accident.(한 마디의 말도 그 사건에 대해 말해지지 않았다.)

2.3. 다음 주어는 목적어를 말한다. 목적어는 전달되는 내용이다.

(10) a. Is he **speaking** the truth?(그는 진실을 말하고 있는가?)

b. He always **speaks** his mind.(그는 항상 자신의 마음을 이야기한다.)

c. In the last act, he had only three lines to **speak**. (마지막 막에서 그는 단지 세 줄 짜리 대사만 가졌다.)

d. He **spoke** her praise.(그는 그녀의 칭찬을 했다.)

2.4. 다음에서는 의사 소통의 대상이 목적어가 되어 있다.

(11) He **spoke** the passing ship.(그는 지나가는 배에 대고 말했다.)

2.5. 다음 주어는 첫째 목적어가 둘째 목적어임을 말해 준다.

(12) His actions **speak** him a rogue.(그의 행동은 그가 악한임을 말해 준다.)

specify

이 동사의 개념 바탕에는 구체적으로 명시하는 과정이 있다.

1. 타동사 용법

1.1. 다음 주어는 목적어를 명시한다.

(1) a. Do we need to **specify** any particular date?(우리는 어떤 특정한 날짜를 명시할 필요가 있나요?)

b. He **specified** the time of arrival.(그는 도착 시간을 명시했다.)

c. The treaty **specified** the terms for the withdrawal of the troops.(그 조약은 군대의 철수에 대한 조건을 명시했다.)

d. I **specified** blue for the bedroom walls.(나는 파랑색을 침실 벽 색깔로 명시했다.)

e. Remember to **specify** your size when you order shoes.(신발을 주문할 때에 치수를 명시하는 걸 기억해라.)

f. **Specify** the items you like by placing a check next to them.(네가 좋아하는 항목들을 옆에 체크를 해서 명시해라.)

1.2. 다음 의문사가 이끄는 절은 주어가 명시하는 내용이다.

(2) a. He didn't **specify how** much was spent on advertising.(그는 광고에 돈이 얼마나 들었는지를 명시하지 않았다.)

b. Did you **specify where** the new office furniture will be put in?(어디에 새 사무 가구가 놓일지 명시하였느냐?)

1.3. 다음 주어는 that-절의 내용을 명시한다.

(3) a. I **specified that** I wanted 10 pads of paper.(나는 종이철 열 개를 원한다고 명시했다.)

b. The regulations **specify that** calculators may not be used in the examinations.(규정은 계산기가 시험에는 이용될 수 없다고 명시한다.)

speculate

이 동사의 개념 바탕에는 전제가 불확실하거나 자료가 불충분한 가운데 행동하거나 생각하는 과정이 있다.

1. 자동사 용법

1.1. 다음 주어는 투기를 한다.

(1) a. He **speculates** in property/real estate.(그는 재산/부동산에 투기를 한다.)

b. He **speculates** in the stock market.(그는 주식 시장에 투자를 한다.)

1.2. 다음 주어는 추측한다.

(2) a. I'm just **speculating about** what happened.(난 그냥 무슨 일이 일어났는지에 대해 추측을 하고 있은 뿐이다.)

b. We all **speculated about** her reasons for her resignation.(우리 모두는 그녀의 사임에 대한 이유에 대해 추측했다.)

c. She is so quiet; we can only **speculate about** what she is thinking.(그녀는 너무 조용하다; 우리는 그녀가 무슨 생각을 하는 지에 대해 단지 추측만 할 수 있다.)

d. I don't want to **speculate on** his future.(난 그의 미래에 관하여 추측하고 싶지 않다.)

2. 타동사 용법

2.1. 다음 주어는 목적어를 추측한다.

(3) Officials refused to **speculate** the cause of the crash.(장교들이 충돌 사건의 원인을 추측하기를 꺼렸다.)

2.2. 다음 주어는 that-절의 내용을 추측한다.

(4) a. The press is **speculating that** he may resign soon.(언론은 그가 곧 사임할지도 모른다고 추측하고 있다.)

b. We can **speculate that** the stone circles were used in some sort of pagan ceremony.(우리는 돌 원형물이 일종의 이교도 예식에 사용되었을 것이라고 추측할 수 있다.)

speed

이 동사의 개념 바탕에는 속도를 빠르게 하는 과정이 있다.

1. 자동사 용법

1.1. 다음 주어는 빨리 속도를 내면서 움직인다.

(1) a. He **sped along/down** the street.(그는 길을 따라서/아래로 빨리 움직였다.)

b. She **sped away** on her bike.(그녀는 자전거를 타고 빨리 가버렸다.)

c. The car **sped away** before we could read the license plate.(그 차는 우리가 번호판을 읽기 전에 빨리 가 버렸다.)

d. The ambulance **sped off** to the hospital.(그 병원차는 병원을 향해 빨리 갔다.)

1.2. 다음 주어는 속도가 더 높아진다.

(2) a. The car **sped up.**(차는 속도를 높였다.)

b. The horse **sped up.**(말은 속도를 높였다.)

c. We'd better **speed up** if we want to be on time.(우리가 제 시간에 가길 원한다면 속도를 높여야 될 것이다.)

d. You will never get there unless you **speed up.**(당신은 속도를 높이지 않으면 거기에 도착하지 못 할 것이다.)

1.3. 다음 주어는 그가 하는 일에 속도를 낸다.

(3) a. Bill was **speeding** because he was late for work.(빌은 일에 늦었기 때문에 속도를 내고 있었다.)

b. He **sped through** his work.(그는 속도를 내어 일을 마쳤다.)

1.4. 시간은 움직이는 개체로 개념화된다.

(4) a. The weeks **sped by** and soon it was time to go back to school.(그 주는 빨리 지나가서 곧 학교로

돌아갈 시간이 되었다.)
b. The time **sped by** quickly.(시간은 빨리 지나갔다.)
c. The days **sped by**.(그 날은 빨리 지나간다.)

2. 타동사 용법

2.1. 다음 주어는 목적어를 빠르게 이동시킨다.
(5) a. Security guards **sped** her **to** a waiting helicopter.
(안전요원은 그녀를 기다리고 있는 헬리콥터로 빨리 이동시켰다.)
b. The security guard **sped** the witness **out of** the room.(경비는 그 증인을 방에서 빨리 나가게 했다.)
c. He **sped** his car **down** the highway.(그는 차를 고속도로 아래로 빨리 달렸다.)
d. He **sped** his car **through** the streets.(그는 차를 길을 통과해서 빨리 움직였다.)
e. He **sped** the horse.(그는 말을 빨리 몰았다.)

2.2. 다음 주어는 목적어의 속도를 한층 더 높인다.
(6) a. The president's approval will **speed up** the committee's work.(그 회장의 승인은 위원회의 일을 가속화할 것이다.)
b. The new system will **speed up** the registration process.(새 체제는 등록 과정의 속도를 높여줄 것이다.)
c. **Speed up** your work so that you can finish it before dark.(일을 어두워지기 전에 끝낼 수 있게 속도를 높여라.)

2.3. 다음 주어는 목적어의 속도를 한 층 더 높인다.
(7) a. He **sped** the engine **up**.(그는 엔진의 속도를 높였다.)
b. I had to **speed up** the car.(나는 차의 속도를 높여야 했다.)

spell

이 동사의 개념 바탕에는 철자를 쓰는 과정이 있다.

1. 타동사 용법

1.1. 다음 주어는 목적어의 철자를 쓴다.
(1) a. **Spell** out your name for me.(너의 이름을 나를 위해 써주어라.)
b. You **spelled** my name wrong.(너는 나의 이름을 잘못 썼다.)
c. How do you **spell** your name?(너의 이름을 철자를 어떻게 쓰냐?)

1.2. 다음 주어는 목적어를 풀어 쓴다.
(2) a. Would you **spell out** for me just what this crisis will do to our company?(이 위기가 우리 회사에 어떤 영향을 미칠지 자세히 말해주겠니?)
b. He **spelled** the abbreviation **out**.(그는 약어를 풀어 썼다.)

1.3. 다음 주어는 목적어를 의미한다.
(3) a. This delay **spells** disaster for the business.(이 지연은 그 사업에 재앙을 의미한다.)
b. The disturbance **spelled** a great danger to us.(방해는 우리에게 큰 위험을 의미했다.)

spend

이 동사의 개념 바탕에는 돈을 쓰는 과정이 있다.

1. 타동사 용법

1.1. 다음 주어는 목적어를 쓴다. 목적어는 돈이다.
(1) a. He **spends** a lot of money **on** books/clothes.(그는 많은 돈을 책/옷에 쓴다.)
b. He **spends** a lot of money **on** traveling.(그는 많은 돈을 여행을 하는데 쓴다.)
c. She **spends** too much money **on** her daughter.(그녀는 너무 많은 돈을 그의 딸에게 쓴다.)
d. How much have you **spent**?(얼마나 썼니?)

1.2. 다음은 [시간은 돈] 은유가 적용된 예이다.
(2) a. He **spent** a sleepless night at the hotel.(그는 잠 못 이루는 밤을 호텔에서 새웠다.)
b. He **spent** the summer at the beach.(그는 여름을 바닷가에서 보냈다.)
c. He **spent** his life in poverty.(그는 삶을 가난 속에 보냈다.)
d. He **spent** his weekend in Spain with his friends.(그는 주말을 스페인에서 친구들과 함께 보냈다.)
e. He **spent** a month working on the proposal.(그는 한 달을 그 제안을 쓰면서 보냈다.)
f. I **spent** a lot of time cleaning my room.(나는 많은 시간을 내 방을 청소하면서 보냈다.)

1.3. 다음 주어는 목적어를 쓴다. [자원은 돈] 은유가 적용된 표현이다.
(3) a. He **spends** his energy on useless work.(그는 정력을 쓸데없는 일에 소모한다.)
b. He **spends** his strength to finish the work on time.(그는 힘을 그 일을 제 시간에 마치려고 쓴다.)

1.4. 다음 주어는 목적어를 소진한다.
(4) a. The storm's fury **spent** itself by dawn.(폭풍의 위세는 새벽에 소진되었다.)
b. The storm has **spent** itself.(폭풍은 힘을 소진시켰다.)
c. The hurricane have already **spent** most of its force.(그 태풍은 대부분의 힘을 소진했다.)
d. He **spends** himself in foolish activities.(그는 어리석은 활동에 자신의 힘을 다 써버렸다.)
e. His anger soon **spent** itself.(그의 화는 곧 소진되었다.)

2. 자동사 용법

2.1. 다음 주어는 쓴다.
(5) a. He **spends** freely.(그는 돈을 마구 쓴다.)
b. Earn before you **spend**.(쓰기 전에 벌어라.)

2.2. 다음 주어는 쓰인다.
(6) a. Our money **spent** fast.(우리의 돈은 빨리 없어졌다.)
b. Candles **spend** fast in a draught.(초는 외풍이 부는 곳에서 잘 닳는다.)

spice

이 동사의 개념 바탕에는 spice의 명사 '향료'가 있다. 동사의 의미는 이 명사의 쓰임과 관계가 있다.

1. 타동사 용법

1.1. 다음 주어는 목적어에 향료를 친다.
(1) a. She spiced the dish with extra chili. (그녀는 요리에 여분의 칠리를 쳤다.)
b. He spices his coffee with cinnamon. (그는 커피에 계피로 향을 돋운다.)

1.2. 다음 주어는 자체가 목적어의 향을 돋운다.
(2) a. Mustard spiced up the bland meat. (겨자는 덤덤한 고기의 향을 돋우었다.)
b. The sauces can spice up bland chicken. (그 소스는 맛없는 치킨 요리를 맛나게 할 수 있다.)

1.3. 다음 목적어는 음식으로 개념화되어 있다. 주어는 목적어를 묘미있게 한다.
(3) a. I might tell some jokes, just to spice things a little. (나는 몇 개의 농담을 할 수도 있다. 이야기를 재미있게 하기 위해서.)
b. He spiced up the stories with funny jokes. (그는 이야기들을 재미있는 농담으로 흥미를 돋구었다.)

1.4. 다음은 수동태 문장으로 주어는 향료나 묘미가 더해진다.
(4) a. The dish is spiced with garlic. (그 음식은 마늘 양념이 되어 있다.)
b. His speech is spiced with witty comments. (그의 연설은 재치있는 논평이 뿌려져 있다.)
c. His conversation is always spiced with humor. (그의 대화는 언제나 유머로 흥미가 있다.)

spill

이 동사의 개념 바탕에는 쏟아지는 과정이 있다.

1. 타동사 용법

1.1. 다음 주어는 목적어를 의도적으로나 무의식적으로 쏟아지게 한다.
(1) a. I've spilled coffee/soup/milk all down my shirt. (나는 커피/수프/우유를 전부 셔츠 아래로 쏟았다.)
b. He spilled salt/sugar. (그는 소금/설탕을 쏟았다.)
c. They spilled their blood for us. (그들은 피를 우리에게 쏟았다.)

1.2. 다음은 수동태 문장으로 주어는 흘려진다.
(2) a. Thousand barrels of crude oil were spilled into the ocean. (수천 통의 천연 기름이 바다에 흘려졌다.)
b. Too much blood has already been spilled over the foolish dispute. (너무 많은 피가 이미 어리석은 분쟁에 흘려졌다.)

1.3. 다음 목적어는 복수의 개체이다. 이들은 물방울이 떨어지듯 떨어질 수 있다.
(3) a. He spilled papers all over the floor. (그는 논문을 바닥에 떨어뜨렸다.)
b. He spilled nails on the desk. (그는 못들을 책상 위에 떨어뜨렸다.)

1.4. 다음 주어는 목적어를 떨어뜨린다.
(4) a. The wild horse managed to spill every rider who

got on him. (그 야생마는 어떻게든 그를 탄 모든 사람을 떨어뜨렸다.)
b. The boat upset and spilled the boys into the water. (그 배는 뒤집어져서 소년들을 물에 빠뜨렸다.)

1.5. 다음은 수동태 문장으로 주어져 떨어져 나온다.
(5) a. He was spilled from the horse. (그는 말에서 떨어졌다.)
b. The child was spilled. (그 아이는 떨어졌다.)

1.6. 다음에서 주어는 목적어를 쏟아낸다.
(6) a. The girls spilled the secret during lunch. (그 소녀들은 점심을 먹으며 비밀을 쏟아냈다.)
b. He spilled the news. (그는 새 소식을 쏟아냈다.)
c. He would spill the whole story. (그는 모든 이야기를 말할 것이다.)
d. She would spill what she knew to the police. (그녀는 그가 아는 것을 경찰에게 얘기할 것이다.)

2. 자동사 용법

2.1. 다음 주어는 흘러나온다.
(7) a. Tears spilled from her eyes. (눈물이 그녀의 눈에서 쏟아져 나왔다.)
b. The books spilled from her arms onto the floor. (그 책은 그녀의 팔에서 바닥으로 떨어졌다.)
c. Water spilled from the glass. (물이 컵에서 쏟아졌다.)
d. Oil spilled from the leaking pipe. (기름이 세는 관에서 쏟아져 나왔다.)
e. Sunlight spilled in through the door. (햇빛이 문을 통해 쏟아져 들어왔다.)
f. The milk spilled on the floor. (그 우유는 바닥에 쏟아졌다.)

2.2. 다음에서 사람은 물방울로 개념화되어 있다.
(8) a. Crowds from the theater were spilling onto the streets. (극장에서 나온 군중들은 길거리로 쏟아져 나오고 있었다.)
b. As soon as the bell rang, the children spilled into the playground. (종이 울리자마자 그 아이들은 놀이터로 쏟아져 나왔다.)
c. The audience spilled over into the hallway. (그 청중은 그 복도로 쏟아져 들어갔다.)
d. The passenger spilled out of the subway. (승객들은 지하도로 쏟아져 나왔다.)

spin

이 동사의 개념 바탕에는 물레를 잣는 과정이 있다.

1. 타동사 용법

1.1. 다음 주어는 목적어는 물레를 자아서 만들어낸다.
(1) a. She spun thread (yarn) out of cotton. (그녀는 실을 솜을 자아서 만들었다.)
b. She spun the thread. (그녀는 실을 자았다.)

1.2. 다음 주어는 실을 자아서 목적어를 만든다.
(2) a. I watched a spider spinning its web. (나는 거미 한 마리가 거미줄을 치는 것을 보았다.)

b. The spider spins a web to catch flies.(거미는 파리들을 잡기 위해 거미줄을 친다.)

c. The silkworm spun a cocoon.(누에는 고치를 쳤다.)

d. The machine spins fiberglass.(기계는 유리 섬유를 (실 모양으로) 잣는다.)

1.3. 이야기는 실과 같이 개념화되어 자아낼 수 있는 것으로 개념화된다. 주어는 목적어를 잣는다.

(3) a. She spun tales.(그녀는 이야기를 장황하게 늘어놓았다.)

b. She spun a fantastic tale about her childhood.(그녀는 어린 시절에 대한 환상적인 이야기를 장황하게 늘어놓았다.)

c. She spun a tale of bygone days.(그녀는 지난날의 일들을 장황하게 늘어놓았다.)

d. She spun off another TV series.(그녀는 또 다른 TV 시리즈를 단숨에 써버렸다.)

1.4. 다음 주어는 목적어를 따로 만들어낸다.

(4) a. The company has spun off its sales department, and that became a new business.(회사는 판매 부서를 분리시켜 그것은 새 회사가 되었다.)

b. The research has spun off many useful applications.(그 연구는 많은 응용을 만들어내었다.)

1.5. 다음 주어는 목적어를 자아서 into의 목적어 상태로 만든다.

(5) a. She spun the wool into thread.(그녀는 양모를 실로 자았다.)

b. She spun wool into yarn.(그녀는 양모를 실로 자았다.)

1.6. 물레를 자을 때 물레가 돌아간다. 주어는 목적어를 돌린다.

(6) a. He spun the revolving door round.(그는 회전문을 한 바퀴 돌렸다.)

b. She just spun the washing, and it is nearly dry.(그녀는 세탁물을 돌려서 그것은 거의 다 말랐다.)

c. Our washing machine spins the clothes.(우리의 세탁기는 옷을 원심 탈수한다.)

d. She spun the globe.(그녀는 지구본을 돌렸다.)

e. The steam spins a turbine to produce electricity.(그 증기는 터빈을 돌려 전기를 만든다.)

f. We spun a coin to see who would have a first turn.(우리는 누가 첫 번째 차례를 가질지 보려고 동전을 던져 돌렸다.)

g. She spun up a coin with his thumb.(그녀는 엄지손가락으로 동전을 던져 돌렸다.)

1.7. 다음 주어는 목적어를 차에 태워서 돈다.

(7) She spun me around the block in her new car.(그녀는 나를 블록 주위에 있는 새 차에 태우고 돌았다.)

1.8. 물레를 자으면 실이 점점 길어진다. 다음 주어는 목적어를 길게 만든다. 목적어는 시간 속에 일어나는 과정이다.

(8) a. Can we spin out our holidays a few more days?(우리 휴일을 며칠 더 늘릴 수 있을까요?)

b. I'm paid by the hour and I spin out the work as long as I can.(나는 시간당으로 돈을 받으므로 나는

일을 가능한 한 질질 끈다.)

c. I've got only $100, and we've got to spin out over the whole week.(나는 $100만 가지고 있어서 일주일 내내 조금씩 써야 한다.)

d. She spun out her farewell too long.(그녀는 작별 인사를 질질 끌었다.)

e. She spun out the job over two days.(그녀는 일을 이틀 동안 질질 끌었다.)

f. She spun out the project for over three years.(그녀는 기획사업을 3년 이상 동안 질질 끌었다.)

1.9. 다음 주어는 목적어를 끌어서 전치사 into의 목적어 상태로 만든다.

(9) a. The author has spun out her idea into a play.(그 작가는 자신의 생각을 하나의 희곡으로 자았다.)

b. The government will try to spin out the conference into next autumn.(정부는 그 회의를 다음 가을까지 끌려고 할 것이다.)

2. 자동사 용법

2.1. 다음 주어는 물레를 잣는다.

(10) a. The old woman was spinning in the corner of the room.(늙은 여자는 방 한 구석에서 실을 잣고 있었다.)

b. She sat by the window spinning.(그녀는 창문 옆에 앉아 물레를 잣고 있었다.)

2.2. 다음 주어는 축을 따라 돈다.

(11) a. She sent him spinning.(그녀는 그를 빙그르르 돌렸다.)

b. She spun around in surprise.(그녀는 놀라서 빙 돌아섰다.)

c. She spun on her heel.(그녀는 발꿈치로 돌았다.)

d. The ice skater was spinning faster and faster.(그 스케이트 선수는 점점 더 빨리 돌아가고 있었다.)

e. The teacher spun round to see who spoke.(선생님은 누가 이야기 하는지 보기 위해 돌아섰다.)

2.3. 다음 주어는 돈다.

(12) a. The coin spun on the table for a moment.(그 동전은 테이블 위에서 잠시 돌았다.)

b. The country's economy seems to be spinning out of control.(그 나라의 경제는 통제를 벗어나는 것처럼 보인다.)

c. The earth spins on its axis.(지구는 축을 따라서 돈다.)

d. The top was spinning merrily.(그 팽이는 흥겹게 돌고 있었다.)

e. The wheel spun around.(그 바퀴는 빙빙 돌았다.)

f. The wheel was spinning on its axle.(바퀴는 축을 따라 돌고 있었다.)

g. The entire household was spinning with the preparations for her wedding.(집안 전체는 그녀의 결혼 준비를 위해 바쁘게 돌아가고 있었다.)

2.4. 다음 주어는 실제 머리가 아니라 머리 내부가 도는 과정이다. 머리가 도는 것은 어지러울 때이거나 피곤할 때이다.

(13) a. All those figures make my head spin.(모든 숫자들은 내 머리를 빙빙 돌게 만든다.)

b. Her head was **spinning** with confusion and fatigue.(그녀의 머리는 혼란과 피곤으로 핑 돌고 있었다.)

c. My head is **spinning** with a multitude of affairs.(내 머리는 많은 일로 핑 돌고 있다.)

d. My head was **spinning** from the wine.(내 머리는 포도주로 핑 돌고 있었다.)

e. All the choices are making my head **spin**.(모든 선택들은 나를 현기증 나게 만들고 있다.)

f. He was killed when his car hit a tree and **spun** off the road.(그는 차가 나무를 받고 길에서 벗어나서 죽었다.)

2.5. 팽이가 돌면서 자리 이동을 하듯 시간도 이와 같이 돌면서 움직이는 것으로 개념화된다.

(14) The years **spin** away.(세월은 지나간다.)

2.6. 다음 주어는 돌면서 움직인다.

(15) We were **spinning** along at 80 miles an hour.(우리는 시속 80 마일로 질주하고 있었다.)

spiral

이 동사의 개념 바탕에는 spiral의 명사 '나사선'이 깔려있다. 이 동사는 나사선의 모양과 관련된 과정을 그 뜻으로 갖는다.

1. 자동사 용법

1.1. 다음 주어는 나선을 그리면서 움직인다.

(1) a. The damaged plane **spiraled** to the ground.(피해를 입은 비행기는 원을 그리며 땅으로 추락했다.)

b. Smoke **spiraled** from the chimney.(연기가 굴뚝에서 둥글게 피어 올랐다.)

c. House prices will continue to **spiral** downwards.(집 값이 계속 떨어질 것이다.)

d. The smoke of the fire **spiraled** into the sky.(그 연기는 하늘로 동그랗게 올라갔다.)

1.2. 양이나 수의 변화는 공간 속의 움직임으로 개념화된다. 다음 주어는 나선형으로 움직인다.

(2) a. Costs are **spiraling**.(물가가 오르고 있다.)

b. Wages have been **spiraled down** once again.(임금이 또 한번 하강하고 있었다.)

c. The employment rate **spiraled downward** during the recession.(고용 비율은 경기 침체 중 나선형으로 떨어졌다.)

d. Prices are **spiraling downwards** these days.(물가가 요즘 하향 곡선을 그리고 있다.)

e. The divorce rate is **spiraling upward**.(이혼률은 상향곡선을 그리고 있다.)

f. Inflation **spiraled up** by 20%.(인플레이션이 20% 올랐다.)

1.3. 다음의 주어는 이동하지 않는다. 그러나 관찰자의 시선이 주어의 모습을 따라가면 나선형이 된다.

(3) a. The fire escape **spirals** down to the ground.(화재 대피 장치는 나선형으로 지면에 내려온다.)

b. Vines **spiral** upward toward the roof.(덩굴이 나선을 그리며 지붕 쪽으로 뻗는다.)

c. The stairs **spiral** down the central pillar.(계단은 중앙 기둥 아래로 나선형으로 내려온다.)

d. The staircase **spirals** downward from the top floor.(계단은 최상층에서부터 아래로 나선형으로 뻗어내린다.)

e. The road **spiraled** up the mountains.(길은 산 위로 꼬불꼬불 올라갔다.)

spit

이 동사의 개념 바탕에는 내뱉는 과정이 있다.

1. 자동사 용법

1.1. 다음 주어는 사람이다. 주어는 침을 내뱉는다.

(1) a. He cleared his throat and **spat** loudly.(그는 목을 가다듬고 침을 크게 내뱉었다.)

b. Don't **spit** on the sidewalk.(길가에 침 뱉지 말아라.)

1.2. 다음 주어는 전치사 at의 목적어에 침을 뱉는다.

(2) a. He **spat** at me.(그는 내게 침을 뱉었다.)

b. The cat **spat** at the dog.(고양이 그 개한테 침을 뱉었다.)

1.3. 다음 주어는 토한다.

(3) a. The baby is **spitting up**.(아기는 토하고 있다.)

b. The baby always **spits up** when he is burped.(아기는 트림할 때 항상 토한다.)

1.4. 다음 주어는 물이나 기름을 튀긴다.

(4) a. You don't need an umbrella; it's only **spitting**.(당신은 우산이 필요 없다; 이것은 단순이 물이 튀는 것이다.)

b. Sausages **spat** in the frying pan.(소시지가 끓는 팬에서 튀었다.)

c. The butter is **spitting** furiously.(버터는 격하게 튀고 있다.)

d. The logs on the fire cracked and **spat**.(불 위의 통나무는 깨어지고 튀었다.)

2. 타동사 용법

2.1. 다음 주어는 목적어를 내뱉는다.

(5) a. He **spat out** his dinner.(그는 저녁을 내뱉었다.)

b. He took a **sip** of the soup and **spat** it out.(그는 스프를 한 모금 마시고 뱉었다.)

c. Come on, Jane, **Spit** it out!(자 제인, 내 뱉어!)

d. He **spat** watermelon seeds.(그는 수박씨를 내뱉었다.)

e. He **spat** his words/curses at us.(그는 말/저주를 우리에게 내뱉었다.)

2.2. 다음 주어는 뱃속에 있는 것을 올려서 토한다.

(6) a. The baby belched and **spat** it up.(아기는 내뱉고 토했다.)

b. The wounded soldier **spat up** some blood.(다친 병사는 피를 토했다.)

c. I think I am going to **spit up** my dinner.(나는 내 저녁을 토할 것 같다.)

2.3. 다음 따옴표 속의 표현은 주어가 내뱉듯 한 말이다.

(7) a. "You liar," she **spat**.("너 거짓말쟁이"라고 그녀가 내뱉었다.)

b. "I hate you," he spat.("나는 너를 싫어해"라고 그가 내뱉었다.)

2.4. 다음 주어는 목적어를 내뱉듯 내보낸다.

(8) a. The kettle is spitting boiling water.(그 냄비는 끓는 물을 내뱉고 있다.)

b. The van drove off, spitting gravel from under the wheels.(그 트럭은 바퀴 아래에서 자갈을 튕기면서 떠나갔다.)

---

splash

이 동사의 개념 바탕에는 물이나 흙이 튀는 과정이 있다.

1. 타동사 용법

1.1. 다음 주어는 목적어를 튀긴다. 목적어는 액체나 액체와 같은 물질이다.

(1) a. Don't splash paint about.(페인트를 여기저기 튀기지 말아라.)

b. The dog splashed water about.(개는 물을 여기저기 튀겼다.)

c. I splashed ink onto the page.(나는 잉크를 종이 위에 튀겼다.)

1.2. 다음 주어는 목적어를 전치사 on의 목적어에 튀긴다.

(2) a. They were splashing water on each other in the bath tub.(그들은 욕조 안에서 물을 서로에게 튀기고 있었다.)

b. Shivering, she splashed cold water on her face and washed her hands.(떨면서, 그녀는 차가운 물을 얼굴에 뿌리고 손을 씻었다.)

c. The speeding car splashed water on the people waiting for the bus.(속력을 내면서 달리는 차가 물을 버스를 기다리는 사람들에게 물을 튀겼다.)

d. I'm afraid I splashed a bit of coffee on the carpet.(유감스럽게 내가 약간의 커피를 카펫트에 튀겼습니다.)

e. The car/the man splashed mud on my coat.(그 차/그 남자는 흙탕을 내 코트에 튀겼다.)

f. Otto splashed some brandy into a glass.' (오토는 약간의 브랜디를 잔에 뿌렸다.)

1.3. 다음 주어는 목적어를 전치사 over의 목적어 전체에 걸쳐 튀긴다.

(3) a. She splashed cologne all over her body.(그녀는 향수를 온 몸에 뿌렸다.)

b. I gently splashed water over the baby's legs.(나는 물을 아기의 다리 위에 부드럽게 뿌렸다.)

c. Several papers splashed color pictures of the two leaders across the front.(여러 신문들이 두 지도자들의 칼라 사진을 제 일면에 크게 냈다.)

1.4. 다음은 수동태 문장으로 주어는 뿌려진다.

(4) a. The scandal was splashed across the front page.(스캔들은 제 1면에 걸쳐 대문짝만하게 났다.)

b. Her name was splashed across the front page.(그녀의 이름은 제 1면에 크게 났다.)

c. He was splashed all over the front page.(그는 제 1면에 큼지막하게 났다.)

d. Posters were splashed all over the wall.(포스터들이 벽 전면에 덕지덕지 붙여져 있었다.)

e. The story of their marriage was splashed across/over the front page.(그들의 결혼에 관한 그 기사는 제 1면에 크게 났다.)

1.5. 다음 주어는 목적어를 전치사 with의 목적어로 튀긴다.

(5) a. Be careful not to splash the curtain.(커튼을 튀기지 않도록 조심하세요.)

b. Stop splashing me.(나에게 물을 튀기지 말아라.)

c. Don't splash the book with ink.(그 책을 잉크로 튀기지 말아라.)

d. Bill splashed the wall with paint.(빌은 벽을 페인트로 튀겼다.)

e. The car splashed my coat/me with mud.(그 차는 나를/내 코트를 흙탕물로 튀겼다.)

f. They were splashing each other with mud.(그들은 서로를 흙탕물로 튀기고 있었다.)

1.6. 다음은 수동태 문장으로 주어는 튀겨진다.

(6) a. The walls were splashed with patches of blue and purple.(그 벽은 파란색과 보라색의 헝겊 조각으로 꾸며져 있었다.)

b. The egg is splashed with brown.(그 달걀은 갈색의 얼룩무늬로 얼룩져 있다.)

c. He was splashed with mud.(그는 흙탕물로 튀었다.)

1.7. 다음 주어는 목적어를 물을 튕기게 한다.

(7) The boys splashed the oars as they rowed.(그 소년들은 노를 저을 때 노를 첨벙거렸다.)

1.8. 다음의 목적어는 돈이다. 주어는 돈을 물을 튀기듯 여기저기에 쓴다.

(8) a. He splashed his money about.(그는 돈을 물뿌리듯 낭비했다.)

b. He splashed out $100 on a new television.(그는 새 TV를 사는 데 100달러를 썼다.)

1.9. 다음 주어는 그 자체가 목적어를 튕긴다.

(9) a. The water splashed my dress.(물은 내 드레스를 덮어씌웠다.)

b. The sea water splashed his face.(바닷물은 얼굴을 덮어 씌웠다.)

1.10. 다음 주어는 물을 튕기면서 나아간다.

(10) a. He splashed his way through. (그는 철벅거리며 걸어나갔다.)

b. He splashed his way through the mud.(그는 흙탕물을 튀기며 걸어나갔다.)

2. 자동사 용법

2.1. 다음 주어는 움직이면서 물을 튀긴다.

(11) a. A number of fish are splashing in the river.(수많은 고기들이 강에서 첨벙거리고 있다.)

b. The children are splashing in the pond/the bath/the river.(그 아이들은 연못/욕조/강에서 첨벙거리며 놀고 있다.)

2.2. 다음에는 down, through, up이 쓰여서 splash는 이동 동사로 쓰인다.

(12) a. He splashed about.(그는 물을 첨벙거리며 돌아다

넜다.)

b. The astronaut **splashed down** safely.(그 우주비행
사는 물을 튀기며 안전하게 착수했다.)

c. Water **splashed down** the waterfall.(물은 폭포 아
래로 물을 튀기면서 떨어졌다.)

d. The kids were **splashing through** the puddle.(아이
들은 물웅덩이를 첨벙거리며 걸어가고 있었다.)

e. The mud **splashed up** to the windows.(진흙탕은
창문까지 튀어올랐다.)

2.3. 다음 주어는 전치사 from의 목적어에서 튀긴다.

(13) a. Water was **splashing from** a hole in the roof,(물은
지붕의 구멍에서 텀벙 떨어지고 있었다.)

b. Gasoline **splashed from** my car's tank when I
overfilled.(내가 가솔린을 넘치게 채웠을 때 그것은
차의 기름통에서 튀었다.)

c. Mud **splashed from** the bus tires.(흙탕물이 버스
바퀴에서 튀었다.)

2.4. 다음 주어는 튀긴다.

(14) a. The mud **splashed up** at every step.(흙탕물은 걸
음을 뗄 때마다 튀었다.)

b. The tap **splashed**.(수도꼭지는 물이 튀어나왔다.)

2.5. 다음 주어는 전치사의 목적어에 닿아서 물을 튀긴다.

(15) a Waves **splashed against** the rocky coast.(파도가
바위 해안을 쳐서 튀겼다.)

b. The rain **splashed against** the window.(빗방울은
창문에 닿아서 물을 튀겼다.)

c. Waves **splashed at** the beach.(파도가 해변에 철썩
철썩 들이쳤다.)

2.6. 다음 주어는 액체 속에 들어가면서 물을 튀긴다.

(16) a. The glider **splashed into** a lake.(글라이더는 호수
에 풍덩 빠졌다.)

b. He **splashed into** a pool.(그는 풀장에 텀벙 뛰어들
었다.)

c. The stone **splashed into** the water.(그 돌멩이는
물에 풍덩 떨어졌다.)

2.7. 다음 주어는 튀겨서 on의 목적어에 닿는다.

(17) a. Great drops of rain **splashed on** the window.(커다
란 빗방울들이 창문을 때렸다.)

b. The dirty water **splashed on** my dress.(더러운 물
은 내 옷에 튀었다.)

c. The rain **splashed on** my windows.(비는 내 창문
에 튀었다.)

d. Some paint **splashed onto** the rug.(약간의 페인트
가 양탄자에 튀었다.)

e. The waves were **splashing on** the beach.(그 파도
는 해변에 닿아서 물을 튀기고 있었다.)

2.8. 다음 주어는 목적어를 뿌린다. 암시된 목적어는
돈이다.

(18) a. I really **splashed out** and brought a new coat.(나
는 정말 쓸데없이 돈을 낭비해 가며 새 코트를 샀다.)

b. We **splashed out** on a new kitchen.(우리는 새 부
엌을 꾸미는 데 돈을 낭비했다.)

---

split

이 동사의 개념 바탕에는 길이로 갈라지거나 쪼개지

는 과정이 있다.

1. 타동사 용법

1.1. 다음 주어는 목적어를 쪼갠다.

(1) a. He **split** the log **with** an axe.(그는 통나무를 도끼로
쪼갰다.)

b. He **split** the wood **down** the middle.(그는 나무를
중간 부분 아래로 쪼갰다.)

c. The students **split** the pizza **among** themselves.
(학생들 피자를 그들 사이에 여러 조각으로 나누었
다.)

d. Let's stop **splitting** hairs and get back to the main
issue.(사소한 것 이야기하는 것을 중단하고 주제로
돌아가자.)

1.2. 다음에서 주어가 목적어를 쪼개어서 다른 상태로
들어간다.

(2) a. He **split** a pea **open**.(그는 완두콩을 까서 열었다.)

b. He **split** a log **into** three.(그는 통나무를 세 조각으
로 쪼갰다.)

1.3. 다음 주어는 목적어를 가른다.

(3) a. We share a house and **split** all the bills.(우리는 한
집을 공동으로 사용하고 모든 청구서를 나눈다.)

b. They **split** the profit **between** them.(그들은 이익을
그들 사이에서 배분한다.)

c. She **split** the money **with** her brother.(그녀는 돈을
오빠와 나누었다.)

d. He **split** a bottle of wine **with** a friend.(그는 한 병
의 포도주를 친구와 나누었다.)

e. They **split** a job.(그들은 일을 나누었다.)

f. He **split** the party **into** three.(그는 정당을 세 개로
나누었다.)

g. She **split** the class **into** groups of four.(그녀는 학
급을 네 개의 그룹으로 나누었다.)

1.4. 다음 주어는 목적어를 가른다.

(4) The issue **split** the party.(그 쟁점은 정당을 분열시
켰다.)

2. 자동사 용법

2.1. 다음 주어는 갈라지는 개체이다. 주어는 여러 사
람으로 이루어진 모임이다.

(5) a. The party **split over** segregation.(그 정당은 분리
문제로 나누어졌다.)

b. The committee **split over** government subsidies.
(그 위원회는 정부 보조금 문제로 갈라졌다.)

c. After 20 years of marriage, the couple **split
up**.(20년 간의 결혼 생활 후, 그 부부는 갈라졌다.)

d. They **split into** two on the question.(그들은 그 문
제에 대해 두 편으로 나누어졌다.)

e. We'll **split** here and continue the search
separately.(우리는 여기서 헤어져서 그 탐색을 따
로 계속하겠다.)

2.2. 다음 주어는 온전한 개체에서 쪼개어진다.

(6) a. The skin between my first two toes **split**
painfully.(나의 첫번째와 두번째 발가락 사이의 피
부가 고통스럽게 갈라졌다.)

b. The old tree **split** during the storm.(고목은 폭풍

속에서 쪼개어졌다.)

2.3. 다음에는 주어가 쪼개어진 다음의 상태가 표현되어 있다.

(7) a. Peas split open when they are roasted.(완두콩은 구워질 때 꽁깍지가 쪼개어져서 열린다.)

b. The cushion split open and sent feathers everywhere.(쿠션은 갈라져서 깃털을 여기저기에 뿌렸다.)

c. The log split nicely into two.(통나무는 두 조각으로 깨끗하게 쪼개졌다.)

2.4. 다음 주어는 with나 from의 목적어에서 갈라진다.

(8) a. The singer split with his wife.(그 가수는 부인과 갈라섰다.)

b. He split with his companion.(그는 동료와 갈라섰다.)

c. She split from the band at the end of the year.(그녀는 밴드와 연말에 갈라섰다.)

2.5. 다음 주어는 어느 장소에 빠르게 도망간다.

(9) They grabbed her purse and split.(그들은 그녀의 지갑을 잡아채고 빠르게 도망갔다.)

2.6. 다음 주어는 움직이지는 않으나 그 전체적인 형상을 눈으로 따라가면 갈라진 모습이 나타난다.

(10) a. The river splits into small streams at that point.(그 강은 저 지점에서 여러 개의 지류로 갈라진다.)

b. At the end of the bridge, the highway split into two roads.(다리의 끝 지점에서 고속도로는 두 길로 나누어졌다.)

spoil

이 동사의 개념 바탕에는 사람이나 개체가 질이 나빠지는 과정이 있다.

1. 타동사 용법

1.1. 다음 주어는 목적어의 질을 나쁘게 한다.

(1) a. She spoiled her child by indulgence (그녀는 응석으로 아이를 버릇없이 키웠다.)

b. She spoiled the child with praise.(그녀는 칭찬으로 아이를 버릇이 없게 만들었다.)

c. Spare the rod and spoil the child.(매를 아끼면 아이를 망치게 된다.)

d. John's children are rude because he spoils them.(존의 아이들은 버릇없게 길러서 무례하다.)

e. You're spoiling me.(너는 나를 망치고 있다.)

f. Take care not to spoil your dog.(개가 버릇없이 되지 않도록 조심해라.)

g. You are spoiling me with all this good cooking.(너는 이 모든 훌륭한 음식으로 나를 지나치게 포식하게 만들고 있다.)

h. The child is spoiled by too much attention.(그 아이는 너무 많은 관심으로 버릇이 없다.)

1.2. 다음의 목적어는 재귀대명사이다.

(2) a. Go on, spoil yourself and have another piece of cake.(자, 어서. 네 자신을 관대히 대하여, 케이크를 한 조각 더 먹어라.)

b. Why don't you spoil yourself with a weekend in a top hotel?(일류 호텔에서 주말을 보내면서 네 자신을 관대히 대하는게 어때?)

c. Spoil yourself, and buy a new dress.(네 자신을 관대하게 대해서, 새 옷을 한 벌 사라.)

1.3. 다음의 목적어는 즐거움과 관계가 있다. 주어는 목적어를 해친다.

(3) a. The sad accident spoiled the pleasure of the great event.(슬픈 사고는 거대한 행사의 기쁨을 망쳐 놓았다.)

b. The storm spoiled the evening(그 폭풍은 저녁을 망쳤다.)

c. The rain spoiled our weekend trip/our vacation/the cherry harvest.(그 비는 우리의 주말 여행/우리의 휴가/그 체리 수확을 망쳤다.)

d. He spoiled the fun of the company by his stinging irony.(그는 심하게 빈정대서 친구들의 즐거움을 망쳤다.)

e. The news spoiled my dinner.(그 소식은 내 저녁을 망쳤다.)

f. I won't let anything spoil my chances of getting a university degree.(나는 어떤 것도 내 학사학위 취득 기회를 망치도록 놔두지 않을 것이다.)

g. David spoiled the book for me by telling me the end of the story.(데이비드는 이야기의 끝을 얘기해서 내게 책을 망쳐 놓았다.)

1.4. 다음 주어는 목적어의 모양이나 질을 못쓰게 만든다.

(4) a. Eating too much chocolate will spoil your figure.(너무 많은 초콜릿을 먹는 것은 너의 몸매를 망칠 것이다.)

b. Ink stains spoiled the paper.(잉크 얼룩들이 종이를 더럽혔다.)

c. The rip spoiled the delicate fabric.(찢어진 곳은 섬세한 천을 못쓰게 만들었다.)

d. The tall building spoiled the view.(고층 빌딩은 전경을 망쳤다.)

e. Illness spoiled my attendance record.(병이 내 출석 기록을 망쳤다.)

f. The dry cleaner spoiled my suit.(그 세탁소는 내 양복을 망쳐 놓았다.)

g. He spoiled my painting by scribbling all over.(그는 내 그림을 그 위에 온통 낙서를 해서 망쳤다.)

1.5. 다음은 수동태 문장으로 주어는 망쳐지거나 손상되는 개체이다.

(5) a. The picnic/the plan was spoiled by the rain.(그 소풍/그 계획은 비로 망쳐졌다.)

b. Their plans were spoiled by his interference.(그들의 계획들은 그의 간섭으로 망쳐졌다.)

c. Peaceful summer evenings can be spoiled by mosquitoes.(평화로운 여름 저녁이 모기 때문에 망쳐질 수 있다.)

d. The fresh paint was spoiled by the rain.(금방 칠한 페인트는 비로 망쳐졌다.)

e. The movement was spoiled by radicals.(그 운동은 급진파에 의해 망쳐졌다.)

f. The countryside was spoiled by the new freeway.(시골 지역은 새 고속도로에 의해 망쳐졌

다.)

1.6. 다음 목적어는 곡식이나 음식과 관계가 있다. 주어는 목적어를 상하게 한다.

(6) a. Frost spoiled the coffee crop.(서리가 커피농사를 망쳐 놓았다.)

b. Too many cooks spoil the broth.(너무 많은 요리사는 스프를 망친다.)

c. She spoiled the stake by overcooking.(그녀는 그 스테이크를 너무 요리를 해서 망쳤다.)

1.7. 다음 목적어는 추상적 개체이다. 주어는 목적어를 못쓰게 만든다.

(7) You've spoiled everything by your rudeness.(너는 무례함으로 모든 것을 망쳐 놓았다.)

1.8. 다음 주어는 목적어에서 of의 목적어를 빼앗는다.

(8) He spoiled her of her property.(그는 그녀에게서 재산을 빼앗았다.)

2. 자동사 용법

2.1. 다음 주어는 상한다.

(9) a. Fruits spoil if kept too long.(과일은 너무 오래 보관하면 상한다.)

b. The dessert will spoil if you don't keep it in a fridge.(그 디저트는 냉장고에 보관하지 않으면 상할 것이다.)

c. The milk will spoil if not refrigerated.(우유는 냉장 보관되지 않으면 상할 것이다.)

d. Meat spoils quickly in warm weather.(육류는 따뜻한 날씨에 빨리 상한다.)

e. All the time they were arguing, dinner was spoiling in the room.(그들이 논쟁을 하는 동안 내내, 저녁식사는 방에서 망쳐지고 있었다.)

f. Vegetables and fruit soon spoil in hot weather.(야채와 과일은 더운 날씨에 빨리 상한다.)

2.2. 다음 주어는 몹시 무엇을 하고싶어 한다.

(10) They are spoiling for a fight.(그들은 싸움을 하고 싶어한다.)

sponge

이 동사의 개념 바탕에는 sponge의 명사 '갯솜(해면)'이 있다. 동사의 뜻은 이 명사의 용도와 관련된다.

1. 타동사 용법

1.1. 다음 주어는 목적어를 닦아 내린다.

(1) a. He sponged down his body.(그는 몸을 닦아 내렸다.)

b. Sponge down the wall before you paint them.(그 벽을 네가 벽에 페인트칠을 하기 전에 닦아 내려라.)

c. I will sponge the counter top down.(나는 계산대의 위를 닦아 내리겠다.)

d. Take your shirt off, and I will sponge it down.(셔츠를 벗어라 그러면 내가 그것을 닦아줄게.)

e. He sponged off the counter top with some cleanser.(그는 계산대 위를 세제를 써서 스폰지로 닦아내었다.)

1.2. 다음 주어는 스폰지로 목적어를 빨아올린다.

(2) a. I'll sponge up the milk he spilled.(나는 그가 쏟은 우유를 스폰지로 빨아올리겠다.)

b. He sponged the blood from the cut.(그는 피를 상처에서 스폰지로 빨아들였다.)

1.3. 다음 주어는 스폰지로 목적어를 닦아낸다.

(3) a. She sponged the wine off her dress.(그녀는 포도주를 그녀의 드레스에서 스폰지로 닦아내었다.)

b. He sponged the mud off his car.(그는 진흙을 차에서 스폰지로 닦아내었다.)

1.4. 다음 주어는 목적어를 남에게서 뜯거나 받아먹는다.

(4) a. He sponged a dinner.(그는 저녁을 뜯어먹었다.)

b. He sponged a few meals from them and moved on.(그는 몇 끼를 그들로부터 얻어먹고 이동해 갔다.)

1.5. 다음 주어는 목적어를 스폰지로 지운다. 목적어는 추상적 개체이다.

(5) He sponged away his unpleasant memories.(그는 불쾌한 기억들을 지웠다.)

2. 자동사 용법

2.1. 다음 주어는 off의 목적어를 빨아먹고 산다.

(6) a. Ken has been sponging off his family since he left college.(켄은 대학 졸업 후 그의 가족을 뜯어먹어 오고 있다.)

b. He has been sponging off us for years.(그는 몇 년 동안 우리를 뜯어먹어 오고 있다.)

2.2. 다음 주어는 전치사 on의 목적어에 붙어 산다.

(7) He is still sponging on his parents.(그는 여전히 부모님에게 기식(寄食)한다.)

sponsor

이 동사의 개념 바탕에는 sponsor의 명사 '후원자'가 있다. 동사의 의미는 이 명사의 역할과 관계가 있다.

1. 타동사 용법

1.1. 다음 주어는 목적어를 후원한다. 목적어는 사람이다.

(1) a. He sponsored her for 5 dollars a mile.(그는 그녀를 일 마일당 5달러씩으로 후원했다.)

b. She found a company to sponsor her through university.(그녀는 대학 기간 동안 내내 후원해 줄 기업 하나를 찾았다.)

c. We sponsored a family who wanted to live in the United States.(우리는 미국에서 살고자 하는 가족을 후원했다.)

d. Will you sponsor me for a charity walk I'm doing?(너는 내가 하는 자선 도보에 후원해 줄래?)

1.2. 다음 목적어는 행사이다. 주어는 목적어를 나를 후원한다.

(2) a. A beer-company sponsored the baseball game.(어느 맥주 회사가 야구 경기를 후원했다.)

b. His club sponsors a football team.(그의 클럽이 축구팀을 후원한다.)

c. The US is sponsoring negotiations between the two countries.(미국이 그 두 나라 사이의 협상을 후원하고 있다.)

1.3. 다음은 수동태 문장으로 주어는 후원된다.
(3) a. This broadcast is **sponsored** by X.(이 방송은 x에 의해 후원된다.)
   b. The bill is being **sponsored** by a small group of Congressmen.(그 법안은 하원의원의 소그룹에 의해 후원되고 있다.)
   c. The bill was **sponsored** by the senators.(그 법안은 상원의원들에 의해 후원되었다.)
   d. The radio program is **sponsored** by local business.(그 라디오 프로그램은 지방 사업체에 의해 후원된다.)

spot

이 동사의 개념 바탕에는 spot의 명사 '주위와 색 등이 다른 점'이다.

1. 타동사 용법

1.1. 다음 주어는 목적어에 얼룩이 지게 하는 개체이다.
(1) a. The blood **spotted** his shirt.(피는 셔츠를 얼룩지게 했다.)
   b. Drops of paint **spotted** the floor.(페인트 방울들이 바닥을 얼룩지게 했다.)

1.2. 다음 주어는 목적어를 with의 목적어로 얼룩이 지게 한다.
(2) a. He **spotted** the wall with ink.(그는 벽을 잉크로 얼룩지게 했다.)
   b. She **spotted** her dress with ink.(그녀는 드레스를 잉크로 얼룩지게 했다.)
   c. He **spotted** his reputation.(그는 자기의 명예를 손상시켰다.)

1.3. 다음은 수동태 문장으로 주어는 얼룩이 진다.
(3) a. The floor is **spotted** with paint.(바닥은 페인트로 얼룩진다.)
   b. The table cloth is **spotted with** wine.(테이블 보는 포도주로 얼룩진다.)

1.4. 다음 주어는 목적어를 인식한다.
(4) a. I've just **spotted** a mistake on the cover.(나는 실수를 그 표지에서 알아차렸다.)
   b. Can you **spot** the differences between the two?(너는 그 둘의 차이를 알아볼 수 있니?)
   c. I **spotted** him at once for/as an American.(나는 그를 곧 미국 사람으로 알았다.)
   d. I **spotted** a break in the fence.(나는 틈 하나를 담에서 찾아내었다.)

1.5. 다음 주어는 목적어가 어떤 일을 하고 있음을 알아낸다.
(5) a. He **spotted** someone coming out of the office.(그는 누군가가 사무실 밖으로 오고 있는 것을 알아차렸다.)
   b. Neighbors **spotted** smoke coming out of the house.(이웃들은 연기가 집 밖으로 나오는 것을 발견했다.)

1.6. 다음은 수동태 문장으로 주어는 탐지된다.
(6) Luckily, the enemy plane was **spotted** early.(운이 좋게도, 적기는 일찍 탐지되었다.)

1.7. 다음 주어는 목적어를 어떤 장소에 배치한다.
(7) a. He **spotted** his men at strategic points.(그는 부하들을 작전 요소들에 배치하였다.)
   b. Let's **spot** two guards at the entrance.(두 명의 경호원을 입구에 배치하자.)

1.8. 다음 주어는 목적어를 뺀다.
(8) He **spotted out** the stain.(그는 얼룩을 제거했다.)

1.9. 다음 주어는 목적어 (that-절이나 의문사-절)을 인식한다.
(9) a. No one **spotted that** the gun was a fake?(아무도 총이 가짜라는 사실을 인식하지 못했다.)
   b. I **spotted what** the mistake was.(나는 그 실수가 무엇인지 알았다.)

1.10. 다음 주어는 첫째 목적어에 둘째 목적어를 핸디캡으로 인정한다.
(10) a. He **spotted** his opponent five points.(그는 상대방에게 5점의 핸디캡을 주었다.)
   b. He **spotted** him a lead of fifty yards and still won the race.(그는 그에게 50야드의 리드를 주고 난 후에도 여전히 경기에서 승리했다.)

2. 자동사 용법

2.1. 다음 주어는 얼룩이 진다.
(11) a. White shirts **spot** easily.(흰 셔츠는 금방 얼룩진다.)
   b. This silk **spots** easily.(이 비단은 쉽게 더러워진다.)
   c. The fabric **spots** easily.(이 직물은 쉽게 더러워진다.)

spout

이 동사의 개념 바탕에는 내뿜는 과정이 있다.

1. 타동사 용법

1.1. 다음 주어는 목적어를 내뿜는다.
(1) a. The beautiful fountain **spouted** streams of water.(아름다운 샘은 물줄기를 내뿜었다.)
   b. The shower nozzle **spouted** cold water on me.(샤워기는 찬물을 나에게 내뿜었다.)
   c. The chimney **spouted** out flames.(그 굴뚝은 불길을 내뿜었다.)

1.2. 주어는 목적어를 내뿜는다.
(2) a. He **spouted** water in the air.(그는 공기 중에 물을 내뿜었다.)
   b. A whale **sprouts** water.(고래는 물을 내뿜는다.)

1.3. 다음 주어는 목적어를 술술 말한다.
(3) a. He could **spout** poetry for hours.(그는 시를 몇 시간이고 읊조릴 수 있었다.)
   b. He always **spouts** political slogans.(그는 정치적인 슬로건을 항상 거침없이 말하고 다닌다.)
   c. He **spouted** his theories on foreign policy.(그는 외교 정책에 관한 이론을 막힘 없이 말했다.)
   d. He **spouted** his philosophy of life.(그는 인생 철학을 청산유수로 말했다.)

2. 자동사 용법

2.1. 다음 주어는 내뿜는다.

(4) a. A fountain is **spouting** out.(샘이 물을 뿜어내고 있다.)

b. The volcano is **sprouting** out.(그 화산은 분출하고 있다.)

2.2. 다음 주어는 뿜어져 나오는 개체이다.

(5) a. Blood **spouted** from his wound.(피가 그의 상처에서 쏟아져 나왔다.)

b. Water **spouted** out from the broken pipe.(물이 그 깨진 파이프에서 뿜어져 나왔다.)

c. Ketchup **spouted** from the bottle onto my shirt. (케첩이 병에서 솟아 나와서 내 셔츠 위에 묻었다.)

2.3. 다음 주어는 마구 지껄인다.

(6) a. Jim always **spouts** about politics.(짐은 항상 정치에 대해서 젠체하며 마구 지껄인다.)

b. He's always **spouting** off about being a vegetarian.(그는 항상 채식주의자인 것에 대해서 마구 말한다.)

c. He **spouted** off about the work ethic.(그는 직업 윤리에 대해서 마구 말했다.)

d. He **spouts** off about things he knows nothing about.(그는 자기가 모르는 것들에 대해서 마구 지껄인다.)

sprawl

이 동사의 개념 바탕에는 뻗는 과정이 있다.

1. 자동사 용

1.1. 다음 주어는 드러눕는다.

(1) a. I tripped and went **sprawling**.(나는 넘어져서 사지를 뻗고 자빠졌다.)

b. He **sprawled** out in his chair.(그는 의자에 쭉 뻗었다.)

1.2. 다음 주어는 내뻗는다.

(2) a. The punch sent him **sprawling** in the land.(그 주먹은 그를 바닥에 사지를 뻗게 했다.)

b. Her slap sent him **sprawling** over the table.(그녀의 때림은 그를 식탁 위에 뻗게 했다.)

1.3. 다음 주어는 무생명체로서 움직이지 않는다. 그러나 전체의 형상이 드러누워 있는 것처럼 보인다.

(3) a. The town **sprawled** along the side of the lake.(그 마을은 호수 옆을 따라 쭉 뻗었다.)

b. The city **sprawls** for a few more miles, then stops abruptly.(그 도시는 몇 마일 더 뻗다가 갑자기 끝난다.)

1.4. 다음 주어는 뻗어 눕는다.

(4) a. The players **sprawled** on the grass.(그 선수들은 풀밭 위에 드러누웠다.)

b. The students **sprawled** on the steps of the library. (그 학생들은 도서관 계단 위에 드러누웠다.)

2. 타동사 용법

2.1. 다음 주어는 목적어를 뻗는다.

(5) a. She **sprawled** her leg over his knees and trapped him.(그녀는 자신의 다리를 그의 무릎 위로 뻗어 그를 걸었다.)

b. He **sprawled** out his legs.(그는 다리를 뻗었다.)

2.2. 다음 주어는 목적어를 흩는다.

(6) Bill **sprawled** all his work over the desk.(빌은 일을 책상 전체에 흩어놓았다.)

2.3. 다음은 수동태 문장으로 주어는 뻗힌다.

(7) a. The students were **sprawled** out on the grass.(그 학생들은 풀밭 위에 여기저기 뻗어있었다.)

b. He was **sprawled** on the floor looking for something.(그는 무언가를 찾기 위해 바닥에 엎드러져 있었다.)

spray

이 동사의 개념 바탕에는 뿌리는 과정이 있다.

1. 타동사 용법

1.1. 다음 주어는 목적어를 전치사 with로 뿌린다.

(1) a. David leaped to his feet, **spraying** his neighbor with cold coffee.(데이비드는 벌떡 일어나서 옆 사람을 찬 커피로 뿌렸다.)

b. In summer, the kids **sprayed** each other with water.(여름에 그 아이들은 서로에게 물을 뿌렸다.)

c. She **sprayed** herself with perfume.(그녀는 자신에게 향수를 뿌렸다.)

d. He **sprayed** the plants with insecticide.(그는 그 식물에 살충제를 뿌렸다.)

e. He **sprayed** the wall with paint.(그는 벽에 페인트를 뿌렸다.)

f. They **sprayed** the mob with tear gas.(그들은 폭도에게 최루 가스를 뿌렸다.)

1.2. 다음 주어는 목적어를 실탄으로 퍼붓는다.

(2) a. He **sprayed** the enemy with bullets.(그는 적에게 총알을 퍼부었다.)

b. The gangsters **sprayed** the car with machine-gun bullets.(그 갱들은 그 차에 기관총 실탄을 퍼부었다.)

c. Gunmen **sprayed** the crowd with bullets.(총잡이들이 군중에게 총알을 퍼부었다.)

1.3. 다음은 수동태 문장으로 주어는 뿌려진다.

(3) a. The car was **sprayed** with bullets.(그 차는 총알로 세례를 받았다.)

b. The president's car was **sprayed** with bullets.(대통령의 차는 총알 세례를 받았다.)

1.4. 다음 주어는 목적어를 뿌린다. 뿌려지는 물질은 전치사 with로 표현된다.

(4) a. We **sprayed** the crops to prevent disease.(우리는 병을 예방하기 위하여 작물을 (약제로) 뿌렸다.)

b. Do not **spray** the flowers that are in bloom.(꽃이 펴있는 꽃들을 (약으로) 뿌리지 말아라.)

1.5. 다음 주어는 목적어를 뿌린다. 목적어는 뿌려지는 물질이다.

(5) a. He **sprayed** bullets into shoppers below.(그는 총알을 아래에 있는 쇼핑객들에게 퍼부었다.)

b. He **sprayed** paint on/over the wall.(그는 페인트를 벽에 뿌렸다.)

c. She **sprayed** water on the sheets before ironing them.(그녀는 다림질하기 전에 물을 시트에 뿌렸다.)

d. The intensity of the blaze shattered the windows, spraying glass on the street below.(강한 섬광은 창문을 부수고, 유리 조각을 아래 도로에 뿌렸다.)

e. Vandals sprayed a graffiti on the wall.(파괴자들이 낙서를 벽에 뿌렸다.)

2. 자동사 용법

2.1. 다음 주어는 뿌려진다.

(6) a. Drops of blood sprayed across the room.(핏방울들이 방을 가로질러 뿌려졌다.)

b. The pipe burst and was spraying everywhere.(파이프는 터져서 온 천지에 물을 내뿜고 있었다.)

c. Grass started spraying from the blades of the lawn mower.(풀이 잔디깎이의 칼날에서 뿌려지기 시작했다.)

d. The water sprayed into our eyes.(물은 우리의 눈에 뿌려졌다.)

e. A shower of mustard seeds sprayed into the air, and fell into the grass.(많은 겨자씨가 공기 중으로 퍼져서 풀밭에 떨어졌다.)

f. The water sprayed all over everyone.(물은 모든 사람들에게 뿌려졌다.)

g. He opened a bottle of champagne, and it sprayed all over my shirt.(그는 샴페인 한 병을 열었고, 그것은 내 셔츠를 온통 적셨다.)

2.2. 다음 목적어는 생략되어 있다. 그러나 세상 일의 지식으로부터 그 정체를 알 수 있다.

(7) It is important to spray regularly because of the immunity of immature insects.(어린 벌레들의 면역성 때문에 정기적으로 약제를 뿌리는 것이 중요하다.)

spread

이 동사의 개념 바탕에는 펴는 과정이 있다.

1. 타동사 용법

1.1. 다음 주어는 목적어를 편다. 목적어는 신체의 일부이다.

(1) a. The peacock spread its tail.(공작은 꼬리를 폈다.)

b. He spread his hands to the fire.(그는 손가락을 불에 대고 폈다.)

c. The bird spread its wings.(새는 날개를 폈다.)

1.2. 다음 주어는 목적어를 편다.

(2) a. He spread a map on the table.(그는 지도를 탁자 위에 폈다.)

b. She spread a blanket on the table.(그녀는 담요를 탁자 위에 폈다.)

c. They spread a rug on the grass. (그들은 양탄자를 잔디 위에 폈다.)

d. She spread a carpet over the floor.(그녀는 양탄자를 바닥에 폈다.)

1.3. 다음 주어는 목적어를 바르거나 넓게 흩뜨린다.

(3) a. She spread butter on the bread.(그녀는 버터를 빵위에 펴서 발랐다.)

b. He spread paint evenly on the board.(그는 페인트를 고르게 널빤지 위에 발랐다.)

1.4. 다음 주어는 목적어를 펼쳐 놓는다.

(4) a. The farmer spread hay to dry.(농부는 건초를 말리기 위해 펼쳤다.)

b. The merchant spread goods for sale.(상인은 팔기 위해 상품을 진열했다.)

c. The farmer spread manure on the field.(농부는 거름을 밭에 펼쳤다.)

1.5. 다음 목적어는 추상적인 개체이나 구체적인 것으로 개념화되어 있다.

(5) a. Somebody spread the news.(누군가가 그 소식을 퍼뜨렸다.)

b. Somebody spread the knowledge among the poor.(누군가가 지식을 가난한 사람들에게 퍼뜨렸다.)

c. Flies spread disease.(파리는 질병을 퍼뜨린다.)

d. His name spread fear in every quarter.(그의 이름은 공포를 모든 지역에 퍼뜨린다.)

1.6. 다음 주어는 목적어를 with의 목적어로 덮거나 바른다.

(6) a. He spread the table with a cloth.(그는 식탁을 식탁보로 덮었다.)

b. He spread the bread with butter.(그는 빵을 버터로 발랐다.)

(cf. He spread butter on the bread. 그는 버터를 빵에 발랐다.)

1.7. 다음 주어는 목적어를 전치사 with의 목적어로 차린다.

(7) She spread the table with dishes.(그녀는 상을 여러 음식으로 차렸다.)

1.8. 다음 주어는 목적어를 시간선상에 펼친다.

(8) a. He spread his payment over 6 months.(그는 지불을 6개월에 걸쳐서 내었다.)

b. He spread a series of lectures over four months. (그는 일련의 강의를 4개월에 걸쳐서 했다.)

c. The exams were spread over a period of then days.(그 시험들은 열흘에 걸쳐서 치루어졌다.)

2. 자동사 용법

2.1. 다음 주어는 펼쳐진다.

(9) a. The branch spread out like a fan.(그 가지는 부채같이 펼쳐졌다.)

b. The flood have spread over the valley.(그 홍수는 계곡에 퍼졌다.)

c. The water spread over the floor.(그 물은 마루 위에 퍼졌다.)

d. Smoke spread over the city.(연기가 도시 위에 덮혔다.)

e. In 20 years the city spread quickly to the north. (20년 내에 그 도시는 빨리 북쪽으로 펼쳐졌다.)

2.2. 다음은 [말은 개체] 은유가 적용된 예이다.

(10) a. The news spread all over the country.(그 소식은 온 나라에 퍼졌다.)

b. The rumor spread from mouth to mouth.(그 소문은 입에서 입으로 퍼졌다.)

2.3. 다음 주어는 움직이지 않으나 전체 형상을 눈으로 보면 펼쳐지는 것으로 나타난다.

(11) a. Fields of corn **spread** before us.(옥수수 밭들이 우리 앞에 펼쳐진다.)

b. The view **spreads** before us.(그 전경은 우리 앞에 펼쳐진다.)

c. The city **spreads** 10 miles to the south.(그 도시는 10마일 남쪽으로 펼쳐진다.)

2.4. 다음 주어는 시간선 상에 펼쳐진다.

(12) a. The course of study **spreads over** 3 years.(그 연구 과정은 3년에 걸쳐 있다.)

b. Our trip **spread out over** two weeks.(우리의 여행은 두 주에 걸쳤다.)

2.5. 다음에서 [주제는 영역] 은유가 적용된 표현이다.

(13) His interest now **spreads over** several subjects.(그의 관심은 지금 여러 주제에 펼쳐져 있다.)

2.6. 다음 주어는 발라지거나 펼쳐진다.

(14) a. The paint **spreads** nicely.(그 페인트는 잘 칠해진다.)

b. Butter **spreads** more easily when it is softer.(버터는 부드러우면 더 쉽게 발라진다.)

spring

이 동사의 개념 바탕에는 용수철이 튕기는 과정이 있다.

1. 자동사 용법

1.1. 다음 주어는 튕기듯 뛴다.

(1) a. Jim tried to **spring** 7 feet.(짐은 7피트를 뛰려고 시도했다.)

b. The lion is ready to **spring**.(그 사자는 도약할 준비가 되어 있다.)

1.2. 다음 주어는 용수철이 튕기듯 빠르게 이동한다.

(2) a. She **sprang** into the boat.(그녀는 배로 뛰어들었다.)

b. He **sprang** out of bed.(그는 침대에서 벌떡 일어났다.)

c. He **sprang** to the door/over the wall.(그는 문 쪽으로 뛰어갔다/그는 벽을 뛰어 넘었다.)

d. She **sprang** to his defence.(그녀는 갑자기 방어자세를 취했다.)

e. He **sprang** to his feet/to attention.(그는 벌떡 일어섰다/벌떡 차려 자세를 취했다.)

f. He **sprang** forward to help me.(그는 나를 돕기 위해 앞으로 달려나왔다.)

g. They **sprang** up from their seats.(그들은 의자에서 벌떡 일어났다.)

1.3. 다음 주어는 at이나 on의 목적어에 덤빈다.

(3) a. He **sprang** at/upon the man.(그는 그 남자에게 달려들었다.)

b. The dog **sprang** at the robber.(그 개는 그 강도에게 뛰어 덤벼 들었다.)

c. The dog **sprang** at his throat.' (그 개는 그의 목을 물려고 뛰어 들었다.)

1.4. 다음 주어는 뛰면서 움직인다.

(4) a. The gazelle **sprang** graceful into the air.(그 가젤은 우아하게 공중으로 뛰어올랐다.)

b. A cat **sprang** out of the bush.(고양이 한 마리가 덤불 밖으로 뛰어나왔다.)

c. The dog **sprang over** the ditch.(그 개는 도랑을 뛰어넘었다.)

1.5. 다음 문장의 주어는 물건이다. 물건이지만 제 스스로 움직일 수 있는 것으로 개념화되는 개체이다. 주어는 튀어오른다.

(5) a. The branch **sprang back**.(나뭇가지는 되퉁겨졌다.)

b. The door **sprang open**.(그 문은 확 열렸다.)

c. The box **sprang open** when I touched the button.(내가 단추를 누르자, 그 상자는 튀어 오르면서 열렸다.)

d. A piece of the clock **sprang out** when he took the back off.(그가 시계의 뒷면을 떼어내자, 부품 한 조각이 튀어나왔다.)

e. The lid of the box **sprang shut**.(그 상자의 뚜껑은 갑자기 닫혔다.)

f. Blood **sprang to** her cheeks.(피가 그녀의 뺨에 튀었다.)

g. The lid **sprang to**.(뚜껑이 탁 닫혔다.)

h. The trap must have **sprung** when the hare stepped in it.(그 덫은 산토끼가 밟았을 때, 퉁겼음에 틀림이 없다.)

i. A trap **springs**.(덫은 튀어 오른다.)

1.6. 다음 주어는 용수철처럼 뒤틀린다.

(6) a. The spring inside my watch **sprung**, so it needs to be fixed.(내 시계 안의 용수철은 튀어서 고쳐야 한다.)

b. The springs inside my mattress **sprung**, so I threw it away.(내 매트리스 안의 용수철들은 뒤틀려서 그것을 버렸다.)

1.7. 다음 문장의 주어는 액체이다. 주어는 솟아난다.

(7) a. Oil **sprang from** the well.(기름이 유정에서 솟아올랐다.)

b. The tears of joy **sprang into** her eyes.(기쁨의 눈물은 그녀의 눈에서 솟았다.)

c. Water **sprang up**.(물이 솟았다.)

1.8. 다음 주어는 갑자기 생겨난다.

(8) a. New nations **sprang up** like mushrooms.(새 나라들이 버섯같이 생겨났다.)

b. A lot of new hotels **sprang up** along the coast recently.(많은 새로운 호텔들이 해안을 따라 최근에 생겨났다.)

c. New arts centers **sprang up** all over the country.(새 예술관들이 전국에 생겨났다.)

d. Towns **sprang up** overnight.(읍내들이 하룻밤 사이에 생겨났다.)

1.9. 다음 문장의 주어는 바람이다. 바람도 갑자기 일어날 수 있다. 일어나면 사람들이 그것을 느낀다(up).

(9) a. A breeze has just **sprung up**.(산들바람이 방금 일었다.)

b. A fresh wind has **sprung up**.(상쾌한 바람이 일었다.)

1.10. 의심, 의혹, 미움, 사랑 같은 추상적인 개체도 구상적 개체로 개념화되어 바람이 일듯이 일어나

는 것으로 개념화된다.

(10) a. A doubt spring up in his mind. (의심이 그의 마음 속에 일었다.)

b. Courage springs from conviction. (용기는 신념에서 솟는다.)

c. Hatred often springs from fear. (증오는 때때로 공포에서 일어난다.)

d. Her fear of dogs springs from a bad experience as a child. (그녀의 개에 대한 공포는 어렸을 때의 나쁜 기억에서 비롯된다.)

e. The rude behavior springs from selfishness. (그 무례한 행동은 이기심에서 나온다.)

f. These problems spring from different causes. (이 문제들은 각기 다른 원인에서 비롯된다.)

g. Taking this course in design sprang out of her desire to change career. (그녀가 이 디자인 과목을 이수한 것은 직업을 바꾸고자 하는 그녀의 마음에서 비롯되었다.)

1.11. 다음 주어는 (싹이나 꽃) 갑자기 돋아난다.

(11) a. Every plant springs from its seeds. (모든 식물은 씨에서 싹이 튼다.)

b. Many flowers spring in spring. (많은 꽃들이 봄에 핀다.)

c. The rice is beginning to spring up. (그 벼는 피기 시작하고 있다.)

d. Weeds seem to spring up everywhere in my garden. (잡초가 정원 여기저기에서 솟아나는 것처럼 보인다.)

1.12. 다음 주어는 빠르게 어떤 과정이나 상태로 들어 간다.

(12) a. The organization is ready to spring into action. (그 조직체는 곧 행동을 취할 준비가 된다.)

b. At last factories sprang to life. (마침내 공장들이 가동되었다.)

c. The engine sprang into life. (그 엔진은 작동하기 시작했다.)

d. The words sprang to his lips. (그 말들은 그녀의 입에 튀어나왔다.)

e. They sprang to attention. (그들은 곧 차려 자세를 취했다.)

1.13. 다음 주어는 휘어진다.

(13) a. The tree sprang from humidity. (그 나무는 습기 때문에 휘었다.)

b. The window sprang from humidity. (그 창은 습기로 휘었다.)

2. 타동사 용법

2.1. 다음 문장의 목적어에는 용수철 같은 것이 장착되 어 있어서 건드리면 튀게 되어 있다. 주어는 이러 한 과정이 일어나게 한다.

(14) a. He sprang a trap. (그는 덫을 작동시켰다.)

b. He sprang the lid open. (그는 뚜껑을 갑자기 열었 다.)

c. He sprang a horse ahead. (그는 말을 앞으로 확 몰 았다.)

2.2. 다음 주어는 목적어를 갑작스럽게 on의 목적어에

던진다.

(15) a. He sprang a bad news on us. (그는 느닷없이 나쁜 소식을 우리에게 내놓았다.)

b. I hate to spring this on you at such short notice. (나는 이것을 그에게 갑자기 내놓고 싶지 않다.)

c. I hope he is not going to spring any nasty surprise on us. (그가 기분 나쁜 놀라움을 우리에게 갑자기 내던지지 않았으면 좋겠다.)

d. John sprang a $400 car repair bill on his parents. (존은 느닷없이 400달러의 자동차 수리비 청구서를 부모님께 내놓았다.)

e. She sprang a news of her marriage on his parents. (그녀는 느닷없이 결혼 소식을 그의 부모님 께 내어놓았다.)

f. We sprang a surprise party on her. (우리는 깜짝 파티를 그녀에게 열어주었다.)

2.3. 용수철이 튀면, 용수철은 제 자리를 벗어난다. 이 러한 의미는 갇혀있던 사람을 갇힌 장소에서 벗어 나게 하는 뜻으로도 쓰인다.

(16) a. He sprang a convict from a jail. (그는 죄수를 감옥 에서 탈옥시켰다.)

b. Later he was sprung from prison. (후에 그는 석방 되었다.)

c. Pay the fine and spring him. (그 벌금을 지불하고 그를 석방시켜라.)

2.4. 이 동사가 전치사 from 과 같이 쓰이면 주어의 출 처를 나타낸다.

(17) a. The river springs from the side of the mountain. (강은 그 산의 측면에서 발원한다.)

b. He springs from a noble family. (그는 귀족 출신이 다.)

c. Where have you sprung from? (너는 어디 출신이 냐?)

2.5. 다음 주어는 목적어에서 물이 샌다.

(18) The pipe sprang a leak. (그 파이프는 물이 샜다.)

2.6. 다음 주어는 목적어를 휘게 한다.

(19) The wind sprang the tree. (그 바람은 나무를 휘게 했 다.)

2.7. 다음 주어는 목적어를 뛰어넘는다.

(20) The dog sprang the fence. (그 개는 울타리를 뛰어넘 었다.)

sprinkle

이 동사의 개념 바탕에는 낱알을 뿌리는 과정이 있 다.

1. 타동사 용법

1.1. 다음 주어는 목적어를 뿌린다.

(1) a. He sprinkled a few herbs on the pizza. (그는 몇 가 지를 피자에 뿌렸다.)

b. He sprinkled powder on the baby. (그는 분가루를 아기에게 뿌렸다.)

c. He sprinkled sugar on his grapefruit. (그는 설탕을 자몽에 뿌렸다.)

d. He sprinkled salt on the meat. (그는 소금을 고기에

뿌렸다.)

e. He **sprinkled** water on the lawn/the street.(그는 물을 잔디/거리에 뿌렸다.)

f. She **sprinkled** ashes/sand on the icy sidewalk.(그녀는 재/모래를 얼음이 언 보도에 뿌렸다.)

g. She **sprinkled** perfume on the pillow.(그녀는 향수를 베개에 뿌렸다.)

1.2. 다음 주어는 목적어를 전치사 with의 목적어로 뿌린다. 목적어는 장소이다.

(2) a. He **sprinkled** the lawn with fertilizer.(그는 잔디에 비료를 뿌렸다.)

b. He **sprinkled** the path with sand./water(그는 소로에 모래/물을 뿌렸다.)

c. He **sprinkled** the carpet with soapy water.(그는 양탄자에 비눗물을 뿌렸다.)

d. He **sprinkled** the roses/the flowers with water.(그는 장미/꽃에 물을 뿌렸다.)

e. He **sprinkled** the pizza with a few herbs.(그는 피자에 몇 가지 약초를 뿌렸다.)

1.3. 다음 주어는 목적어를 뿌린다.

(3) He **sprinkled** a few jokes into his speech.(그는 몇 개의 농담을 그의 연설에 뿌렸다.).

1.4. 다음은 수동태 문장으로 주어는 뿌려진다.

(4) a. His sermon is literally **sprinkled** with quotations from the Bible.(그의 설교는 문자 그대로 성경의 인용문으로 뿌려져 있다.)

b. The speech was literally **sprinkled** with jokes about the incident.(그 연설은 문자 그대로 사건에 대한 농담으로 뿌려져 있었다.)

c. The text is **sprinkled** with errors.(그 문헌은 오류로 뿌려져 있다.)

d. His golden hair is now **sprinkled** with grey.(그의 금발 머리는 흰머리로 뿌려져 있다.)

1.5. 다음은 수동태 문장으로 주어는 뿌려진다.

(5) a. Booksellers are **sprinkled** all over the city.(서점이 시 전체에 흩어져 있다.)

b. A few oases were **sprinkled** across the desert.(몇 개의 오아시스가 사막을 가로 질러 흩어져 있었다.)

1.6. 다음 주어는 목적어를 흩어 놓는다.

(6) The company **sprinkled** its offices all over town.(그 회사는 사무실을 읍내 전체에 흩어놓았다.)

2. 자동사 용법

2.1. 다음은 뿌려진다.

(7) a. Snow **sprinkled** lightly on the ground.(눈이 땅에 가볍게 뿌렸다.)

b. Rain is **sprinkling** on the window.(비가 창문에 뿌리고 있다.)

c. The water **sprinkled** down on the flowers.(그 물은 꽃 아래로 뿌려졌다.)

d. It's **sprinkling**: you'll get wet.(가랑비가 내리고 있다. 너는 젖을 것이다.)

e. It **sprinkled** for an hour.(가랑비가 한 시간 동안 내렸다.)

2.2. 다음은 움직이지 않으나 눈으로 따라가면 뿌려진 것 같다.

(8) a. Churches **sprinkled** over the village.(교회가 그 마을의 여러 곳을 점재했다.)

b. Villages **sprinkled** over the plain.(마을이 평야 전체에 걸쳐 흩어져 있었다.)

sprout

이 동사의 개념 바탕에는 싹이 트는 과정이 있다.

1. 자동사 용법

1.1. 다음 주어는 싹을 틔운다.

(1) a. The seeds began to **sprout**.(그 씨는 발아하기 시작했다.)

b. Hundreds of mushrooms **sprouted up** overnight.(수백 개의 버섯이 하룻밤 사이에 싹이 텄다.)

c. The new leaves **sprouted out**.(새 잎은 돋아났다.)

1.2. 다음 주어는 새싹같이 새로 생겨난다.

(2) a. Stores **sprouted up** near the new railway station.(상점들이 새 기차역 주위에 새로 생겨났다.)

b. Office blocks seem to be **sprouting up** everywhere.(사무실 구역들이 여기저기에 새로 들어서는 것 같다.)

2. 타동사 용법

2.1. 다음 주어는 목적어를 싹이 트게 한다.

(3) a. The farmer **sprouted** the potatoes(농부는 감자의 싹을 틔웠다.)

b. The warm weather **sprouted** seeds.(따뜻한 날씨는 씨를 싹 트게 했다.)

c. Jim has **sprouted** a beard overnight.(짐은 하룻밤 사이에 턱수염이 자랐다.)

2.2. 다음 주어는 목적어가 새싹같이 생겨나게 한다.

(4) a. The town has **sprouted** shopping malls, hotels, and discos.(읍내는 쇼핑몰, 호텔, 디스코장을 생겨나게 했다.)

b. The crab **sprouted** a new claw when an old one broke.(그 게는 새 발을 오래된 것이 깨졌을 때 만들었다.)

spur

이 명사의 개념 바탕에는 spur의 명사 '박차'가 있다. 동사의 뜻은 이 명사의 쓰임과 관계가 있다.

1. 타동사 용법

1.1. 다음 주어는 목적어를 박차를 가하여 움직인다.

(1) a. He **spurred** his horse on.(그는 말을 박차로 가하여 계속 가게 했다.)

b. Your encouragement **spurred** him on.(너의 격려는 그를 자극하여 계속하게 했다.)

1.2. 다음 주어는 목적어에 박차를 가하여 어떤 일을 하게 한다.

(2) a. What **spurred** him to join the party?(무엇이 그를 자극하여 당에 입당하게 했는가?)

b. Her difficult childhood **spurred** her on to succeed.(그녀의 궁핍했던 어린 시절은 그녀를 자극하여 성

공하게 했다.)

c. The insult spurred him to retaliate.(그 모욕은 그를 자극하여 복수하게 했다.)

d. My parents spurred me on to study harder.(나의 부모님은 나를 자극하여 더 열심히 공부하게 박차를 가하셨다.)

1.3. 다음 주어는 목적어에 박차를 가하여 목적어가 어떤 상태에 이르게 한다.

(3) a. Ambition spurred him on to success.(야망이 그를 성공하게 박차를 가했다.)

b. Cheers spurred the team to victory.(응원이 그 팀을 승리하게 박차를 가했다.)

1.4. 다음은 수동태 문장으로 주어는 박차가 가해진다.

(4) a. I was spurred into action.(나는 고무되어 행동을 했다.)

b. He was spurred into a fight.(그는 자극을 받아 싸움을 했다.)

1.5. 다음 목적어는 추상적인 개체이다. 주어는 박차를 가하듯 목적어를 촉진시킨다.

(5) a. Lower taxes will spur investment and help economic growth.(더 낮은 세금은 투자를 촉진시켜 경제 성장에 도움이 될 것이다.)

b. Her loving care spurred his recovery.(그녀의 사랑스런 보살핌이 그의 회복을 촉진했다.)

2. 자동사 용법

2.1. 말에 박차를 가하면 말이 빨리 질주한다. 다음에서 주어는 말이 빠르게 움직이듯 빨리 움직인다.

(6) a. The rider spurred off.(그 기수는 빨리 떠났다.)

b. Wheeling the white horse, he spurred away.(그는 흰 말을 돌려 박차를 가해서 질주해 갔다.)

2.2. 다음 주어는 활동을 시작한다.

(7) a. He spurred into a fight.(그는 황급히 싸움을 시작하였다.)

b. They spurred into action.(그들은 행동을 시작했다.)

spurt

이 동사의 개념 바탕에는 갑자기 뿜어 나오는 과정이 있다.

1. 자동사 용법

1.1. 다음 주어는 뿜어 나오는 개체이다.

(1) a. Blood was spurting from his nose.(피가 그의 코에서 뿜어져 나오고 있었다.)

b. Red and yellow fumes spurted out of the fire.(붉고 노란 가스가 불길에서 뿜어져 나왔다.)

c. Oil spurted from the leaky pipe.(기름이 새는 파이프에서 분출되었다.)

d. Water spurted from the crack.(물이 갈라지는 틈에서 분출되었다.)

1.2. 다음 주어는 세차게 뛰어간다.

(2) a. She spurted past me to get to the line first.(그녀는 결승선에 도달하기 위해 전력을 다해 뛰었다.)

b. The horse spurted ahead just at the finish line.(그

말은 그 결승선에서 전력을 다해 달렸다.)

1.3. 다음 주어는 단기간 활발한 활동을 한다.

(3) a. The economy spurted in the first part of the year.(그 경제는 그 해의 초반부에 활발했었다.)

b. The team spurted late in the season.(그 팀은 시즌의 후반에 반짝했다.)

2. 타동사 용법

2.1. 다음 주어는 목적어를 내뿜는다.

(4) a. The wound was spurting blood.(상처는 피를 분출하고 있었다.)

b. Her nose was spurting blood.(그녀의 코는 피를 뿜고 있었다.)

c. The grounded tanker spurted oil into the bay.(그 좌초된 유조선은 기름을 만으로 내뿜었다.)

d. The volcano spurted clouds of steam and ash high into the air.(화산은 자욱한 증기와 재를 공중 높이 내뿜었다.)

sputter

이 동사의 개념 바탕에는 퍼드득 퍼드득 소리가 나는 과정이 있다.

1. 자동사 용법

1.1. 다음 주어는 퍼드득 거리는 소리를 낸다.

(1) a. The engine began sputtering as the car climbed the hill.(차가 산을 올라갈 때 그 엔진은 탁탁 소리를 내기 시작했다.)

b. The engine sputtered and died.(그 엔진은 퍼드득 소리를 내더니 멈췄다.)

c. Suddenly the car sputtered and stopped.(갑자기 차는 퍼드득 소리를 내면서 멈췄다.)

d. The fire in the fireplace sputtered as the pine burned.(벽난로의 불은 소나무가 타면서 바지직 소리를 냈다.)

1.2. 다음 주어는 퍼드득거리는 소리를 내며 간다.

(2) a. The truck sputtered along the road.(트럭은 퍼드득 소리를 내면서 길을 따라 달려갔다.)

b. The car sputtered down the road.(그 차는 퍼드득 소리를 내면서 달려 내려갔다.)

1.3. 다음 주어는 퍼드득 거리는 소리를 내며 꺼지거나 살아난다.

(3) a. The candle sputtered out.(촛불은 바지직 소리를 내면서 꺼졌다.)

b. The last match sputtered out.(마지막 성냥은 탁탁 소리를 내면서 꺼졌다.)

c. The engine sputtered into life.(그 엔진은 탁탁 소리를 내며 다시 시동이 걸렸다.)

1.4. 다음 주어는 빠른 말을 다급하게 한다.

(4) a. He walked out of the restaurant sputtering angrily to himself about poor service.(그는 불친절한 서비스에 화가 나서 자신에게 말하며 식당 밖으로 걸어 나왔다.)

b. "W—What?" sputtered Sue.("뭐—뭐라고?" 라고 수는 다급하게 말하였다.)

spy

이 동사의 개념 바탕에는 몰래 보는 과정이 있다.

1. 자동사 용법

1.1. 다음 주어는 스파이 노릇을 한다.

(1) They discovered that she was **spying** for the enemy.(그들은 그녀가 적을 위해 스파이 노릇을 하고 있다는 것을 알아차렸다.)

1.2. 다음 주어는 on의 목적어를 몰래 감시한다.

(2) a. I feel that someone is **spying on** me.(나는 누군가가 나를 몰래 감시하는 것을 느낀다.)

b. From behind her curtains, he could **spy on** her neighbors.(그녀의 커튼 자락 뒤에서, 그는 그녀 이웃들을 몰래 감시할 수 있었다.)

c. He **spied on** his wife from another seat.(그는 아내를 다른 좌석에서 몰래 감시했다.)

d. He was **spying on** everyone.(그는 모두를 감시를 하고 있었다.)

e. The government **spied on** the left-wing group. (정부는 좌파 집단을 몰래 감시했다.)

1.3. 다음 주어는 into의 목적어를 몰래 조사한다.

(3) It is wrong to **spy into** other people's affairs.(다른 사람의 일을 몰래 조사하는 것을 옳지 못하다.)

2. 타동사 용법

2.1. 다음 주어는 목적어를 찾아낸다.

(4) a. She suddenly **spied** her friend in the crowd.(그녀는 친구를 군중 속에서 갑자기 찾아냈다.)

b. He **spied** a rare bird.(그는 희귀 새 한 마리를 찾아냈다.)

c. I **spied** a red van following me from work.(나는 빨간 밴이 직장에서부터 나를 따라오고 있던 것을 알아차렸다.)

2.2. 다음 주어는 목적어가 어떤 행동을 하고 있는 것을 본다.

(5) I **spied** him hiding behind the door.(나는 그가 문 뒤에 숨어 있는 것을 봤다.)

2.3. 다음 주어는 잘 보고 목적어를 찾아낸다.

(6) a. She **spied out** our plans.(그녀는 우리의 계획을 용케 찾아냈다.)

b. The police **spied out** the suspected thief.(경찰은 용의자 도둑을 탐정해냈다.)

c. He studied the map and **spied out** the quickest route.(그는 지도를 연구하고서 가장 빠른 길을 조사해냈다.)

square

이 동사의 개념 바탕에는 square의 명사 '정사각형'이 깔려 있다.

1. 타동사 용법

1.1. 다음 주어는 목적어를 제곱한다.

(1) a. If you **square** the length of one side of a square you get its area.(정사각형의 한쪽 변의 길이를 제곱하면 넓이가 나온다.)

b. I **squared** 4 and got 16.(나는 4를 제곱하여 16을 얻었다.)

c. He **squared** a number.(그는 숫자를 제곱했다.)

d. If you **square** 8, you get 64.(만약 네가 8을 제곱하면 64를 얻을 것이다.)

1.2. 다음은 수동태 문장으로 주어는 제곱된다.

(2) Two **squared** is four.(2를 제곱하면 4이다.)

1.3. 다음에서 square는 정사각형의 모양과 관계된다. 주어는 목적어를 정사각형으로 다듬는다.

(3) a. I **squared** the glass to fit a window frame.(나는 유리를 창틀에 맞추기 위해 정사각형으로 잘랐다.)

b. He **squared** an uneven piece of cut wood.(그는 고르지 못한 목재를 네모로 다듬었다.)

c. He **squared** the timber.(그는 재목을 네모지게 잘랐다.)

d. He **squared** the building stones.(그는 건축용 돌을 네모로 다듬었다.)

e. He **squared** the corner.(그는 모퉁이를 각지게 했다.)

f. He **squared** a circle.(그는 원의 면적을 구하였다.)

1.4. 다음에서 주어는 목적어의 일부를 잘라내어서 나머지를 각지게 만든다.

(4) a. He **squared** off the uneven ends by cutting straight across the wood.(그는 목재를 똑바르게 잘라서 고르지 못한 가장자리를 반듯하게 했다.)

b. He **squared** off the edges of the piece of wood.(그는 재목의 가장자리를 잘라내어서 반듯하게 했다.)

c. The carpenter **squared** off the board with a plane.(그 목수는 판을 대패로 네모지게 잘랐다.)

d. He **squared** off the wooden planks to make book shelves.(그는 책 선반을 만들기 위해 나무 판자를 반듯하게 잘랐다.)

1.5. 다음 주어는 목적어를 바로 편다.

(5) a. He **squared** his shoulders and took a deep breath.(그는 어깨를 펴고 깊은 숨을 쉬었다.)

b. The prisoner **squared** his shoulders and faced the questioner bravely.(그 죄수는 어깨를 펴고 용감하게 질문자를 대했다.)

c. **Square** the cloth on the table.(그 탁자보를 식탁 위에 평평하게 놓아라.)

d. He **squared** the graph paper.(그는 그래프 종이를 폈다.)

1.6. 다음 주어는 바로 편 자세를 취한다.

(6) She **squared** up the deepest crisis she has yet had to face.(그녀는 마주쳐야 할 가장 힘든 위기를 당면한 자세로 취했다.)

1.7. 다음 주어는 목적어를 바로 또는 with의 목적어와 직각이 되게 놓는다.

(7) a. He **squared** the picture on the wall.(그는 그림을 벽에다 반듯하게 걸었다.)

b. He **squared** the door so it hangs straight.(그는 문을 똑바로 걸리도록 반듯하게 했다.)

1.8. 다음 주어는 목적어를 전치사 with의 목적어와 직각이 되게 놓는다.

(8) a. The builder **square**d the wall with respect to the floor.(그 건축업자는 벽을 땅에 직각으로 세웠다.)

　b. The carpenter **square**d the shelf with the wall. (그 목수는 선반을 벽과 직각으로 만들었다.)

1.9. 정사각형의 네 면은 같다. 다음 주어는 목적어를 전치사 with의 목적어와 같게 한다.

(9) a. He **square**d his opinion **with** that of the majority. (그는 자신의 의견을 다수의 의견과 일치시켰다.)

　b. I tried to **square** my opinion **with** the general tendencies.(나는 의견을 일반적 경향과 일치시키려고 노력했다.)

　c. We must **square** his story **with** ours.(우리는 그의 이야기를 우리의 이야기와 일치시켜야 한다.)

　d. He **square**d his words **with** his actions.(그는 자기의 말을 행동과 일치시켰다.)

　e. It is hard to **square** his honest record in the past **with** these charges.(과거에 그의 정직한 기록을 이 고소 내용과 일치시키기란 어렵다.)

　f. I cannot **square** his statement **with** yours.(나는 그의 진술을 너의 것과 일치시킬 수 없다.)

　g. Can you **square** such dishonest actions **with** your conscience?(너는 그런 정직하지 못한 행동을 양심과 일치시킬 수 있나?)

　h. How do you **square** being a lord **with** a Marxist? (어떻게 너는 군주가 됨을 막시스트와 일치시키느냐?)

1.10. 다음 주어는 목적어를 전치사 with의 목적어와 일치시킨다.

(10) a. You should **square** things **with** John.(너는 존과 의견을 일치시켜야 해.)

　b. I will take Monday off if I can **square** it **with** my boss.(나는 상사와 의견이 일치하면 월요일을 쉬겠다.)

　c. You'd better not go ahead **with** this until you've **square**d it **with** the boss.(너는 상사와 의견을 먼저 앞서지 않는 것이 좋아.)

1.11. 다음 주어는 목적어를 같게 만든다.

(11) a. Last night you paid for dinner and tonight I'll pay; we'll **square up** the matter.(어젯밤에 네가 저녁을 샀고 오늘밤은 내가 살게; 우리는 계산을 같이 해야지.)

　b. The teams **square**d the score in the second half. (그 팀들은 후반전에서 점수를 동점으로 만들었다.)

　c. That run **square**d the score.(저 달리기는 동점을 만들었다.)

1.12. 다음 주어는 목적어를 청산한다. 즉 그가 진 빚과 계산을 같게 한다.

(12) a. John **square**d his bill and left the store.(존은 자기의 계산을 청산하고 상점을 떠났다.)

　b. He **square**d the claim/debt.(그는 청구/빚을 청산했다.)

　c. I **square**d my account at the store.(나는 그 상점에서 계산을 청산했다.)

　d. My debts have been **square**d.(나의 빚은 청산되었다.)

1.13. 다음 주어는 목적어를 같게 한다. 즉 피해를 받

고 또 그에 상응하는 피해를 준다.

(13) a. I will **square** the accounts **with** you.(나는 계산을 너와 같게 하겠다.)

　b. I **square**d an account **with** him.(나는 앙갚음을 그에게 했다.)

　c. Their victory has **square**d the series.(그들의 승리는 시리즈를 동점으로 만들었다.)

1.14. 정사각형은 반듯한 또는 정돈된 상태를 나타낸다. 다음 주어는 목적어를 정돈한다.

(14) a. Let me get my purse and turn off the lights――I like to **square away** the office before I leave.(내가 지갑을 챙기고 불을 끄게 해 주세요. 나는 떠나기 전 사무실을 정리하고 싶습니다.)

　b. Peter needs another day to **square** things **away** at home.(피터는 집에서 정리를 하려면 하루가 더 필요하다.)

1.15. 다음은 수동태 문장으로 주어는 정돈된다.

(15) a. Get your work **square**d **away** before you leave. (네가 떠나기 전에 일을 다 정리되게 해 놓아라.)

　b. Everything is **square**d **away** for the party.(모든 것이 파티를 위해 준비되어 있다.)

　c. I got my tickets and hotel **square**d **away**.(나는 티켓과 호텔 방을 준비해 놓았다.)

1.16. 다음 주어는 목적어를 매수한다.

(16) a. He **square**d the police.(그는 경찰을 매수했다.)

　b. This money will **square** him.(이 돈은 그를 매수할 것이다.)

1.17. 다음은 수동태 문장으로 주어는 매수된다.

(17) a. He has been **square**d to say nothing to the police. (그는 경찰에게 아무 말을 안하도록 매수되었다.)

　b. The guards had to be **square**d before they let us through.(경비원들은 우리가 들어가도록 허락을 하기 전에 뒷돈이 주어 줘야 했다.)

　c. The inspector has been **square**d.(그 검사관은 매수되었다.)

　d. He has been **square**d to hold his tongue.(그는 입을 다물도록 매수되었다.)

2. 자동사 용법

2.1. 다음 주어는 명시되어 있는 목적어와 같아 진다.

(18) a. I'll pay the bill now; we can **square up** later.(내가 지금 돈을 계산하고, 나중에 나누자.)

　b. We've just **square**d **up**.(이제 막 청산이 끝났다.)

　c. I'll get the drinks, and we can **square up** later.(내가 음료수를 살게. 그리고 나중에 계산하자.)

　d. I'll pay for the drinks, and you can **square up** later.(내가 음료수를 살게. 그리고 너는 나중에 내.)

2.2. 다음 주어는 가슴을 펴고 어려운 일에 대처한다.

(19) a. He **square**d **up to** his opponent/the difficulty.(그는 상대에게/그 어려움에 단단히 마음먹고 덤벼들었다.)

　b. She **square**d **up to** the situation admirably.(그녀는 감탄스럽게도 그 상황을 대처했다.)

　c. She **square**d **up to** the problem.(그녀는 그 문제에 대처했다.)

　d. You'll have to **square up to** the bully, or he will

make your life miserable.(너는 불량배에게 단단히 마음 먹고 덤벼들어야 한다. 그렇지 않으면 그는 네 삶을 불행하게 만들 것이다.)

e. He will **square up with** Bill for his share of the gas.(그는 가스를 같이 사용한 것에 대해 빌과 계산을 해야 할 것이다.)

2.3. 다음 주어는 with의 목적어와 일치된다.

(20) a. His present job do not **square with** his inclination.(그의 현재 직업은 그 자신의 기호와 맞지 않는다.)

b. His evidence doesn't **square with** the facts.(그의 증거는 사실과 맞지 않는다.)

c. His interpretation is unlikely to **square with** the guideline.(그의 해석은 지침과 일치하지 않을 것처럼 보인다.)

d. That theory does not **square with** the facts.(그 이론은 그 사실들과 맞지 않는다.)

e. Your conclusion doesn't **square with** the facts.(너의 결론은 사실과 맞지 않는다.)

f. His deeds do not **square with** his words.(그의 행동은 말과 일치하지 않는다.)

g. My thoughts on the subject **square with** yours.(그 주제에 대한 나의 생각은 너의 것과 일치한다.)

h. Bill's story doesn't **square with** mine.(빌의 이야기는 나의 것과 일치하지 않는다.)

2.4. 다음 주어는 일치된다. 주어는 복수이다.

(21) Your idea and mine do not **square**.(너의 생각과 나의 생각은 일치하지 않는다.)

2.5. 다음 주어는 싸운다.

(22) a. The two teams **squared off** tonight to decide the championship.(두 팀들은 챔피언을 가리기 위해 오늘밤 싸웠다.)

b. A host of talented players **squared off** yesterday.(많은 재량이 풍부한 선수들이 어제 승부를 가리기 위해 싸웠다.)

c. The two boxers **squared off** for a fight.(두 복싱 선수들은 이기기 위해 자세를 취했다.)

d. Bill is expected to **square off** with Tom in the next election.(빌은 톰과 다음 선거에서 맞붙기로 기대된다.)

squash

이 동사의 개념 바탕에는 찌그리는 과정이 있다.

1. 타동사 용법

1.1. 다음 주어는 목적어를 찌그린다.

(1) a. She **squashed** the cans before putting them in the recycling bin.(그녀는 캔을 재활용 통에 넣기 전에 그것을 찌부러뜨렸다.)

b. He sat on his hat and **squashed** it.(그는 모자 위에 앉아서 구겨버렸다.)

c. I sat on my bag and **squashed** the tomatoes.(나는 가방 위에 앉아서 토마토를 찌부러뜨렸다.)

d. He **squashed** his nose up against the shop window.(그는 코를 가게 창문에 부딪혀 뭉개 버렸다.)

e. Well, I'm going to **squash** this little doggy in a minute if he's not careful!(음, 그가 주의하지 않는다면 나는 곧 이 작은 강아지를 뭉개 버릴거야.)

1.2. 다음 주어는 목적어를 센 힘으로 넣는다.

(2) a. The room was so full you couldn't **squash** another person in.(그 방은 너무 가득 차서 너는 또 다른 사람을 밀어 넣을 수 없었다.)

b. They managed to **squash** forty people **into** the bus.(그들은 용케 40명의 사람을 버스에 밀어 넣었다.)

c. She **squashed** her clothes down **into** the suitcase.(그녀는 옷들을 여행 가방에 밀어 넣었다.)

d. He tried to **squash** her ripped jeans **into** the suitcase while his mother wasn't looking.(그는 찢어진 청바지를 어머니가 보고 있지 않을 동안 여행 가방에 쑤셔 넣으려고 하였다.)

e. We **squashed** ourselves **up** on the sofa so that Hannah could get in.(우리는 자신을 소파 위에 밀착시켜 앉음으로써 한나가 들어와 앉을 수 있게 했다.)

1.3. 다음은 수동태 문장으로 주어는 찌부러진다.

(3) a. The strawberries were at the bottom of the bag and had all got **squashed**.(그 딸기는 자루의 바닥에 있어서 모두 찌부러졌다.)

b. My hand got caught in the door and my fingers were **squashed**.(내 손이 문에 끼게 되어 손가락들이 으깨졌다.)

c. There were four of us **squashed** up against each other in the back of the car.(우리 네 명은 차의 뒤쪽에 서로 밀착되어 앉아 있었다.)

d. They were ten of us in the flat, **squashed** together like sardines.(그 아파트에 우리 중 열명이 있었는데, 콩나물 시루같이 빽빽하게 붙어 살고 있었다.)

e. Hundreds of small animals are **squashed** on our roads everyday.(수백짜리의 작은 동물들이 길 위에서 매일 압사 당한다.)

1.4. 다음 주어는 목적어를 분쇄한다. 목적어는 추상적인 개체이다.

(4) a. They stayed in power by **squashing** any attempts to organize an opposition party.(그들은 반대 정당을 조직하는 시도를 분쇄함으로써 집권을 유지했다.)

b. Her speech **squashed** all the rumors of an early election.(그의 연설은 조기 선거의 모든 소문들을 묵살시켜 버렸다.)

c. You seem to **squash** many of your hopes and plans.(너는 많은 희망과 계획을 분쇄시키는 것처럼 보인다.)

d. The last thing they wish to do is to **squash** and destroy a child's individuality.(그들이 마지막으로 하기를 원하는 것은 아이의 개체성을 분쇄해서 파괴하는 것이다.)

e. She still couldn't **squash** her silly pride.(그녀는 아직도 어리석은 자존심을 분쇄할 수 없었다.)

f. When she asked if she could go to the meeting, he

squashed her, saying it was for senior members of staff only.(그녀가 모임에 갈 수 있는지 여부에 대해 물었을 때, 그는 그 모임은 오직 직원 중 연장자만을 위한 것이라 말하면서 그녀를 묵살했다.)

1.5. 다음은 수동태 문장으로 주어는 묵살되거나 분쇄된다.

(5) a. My plan was firmly squashed by the committee.(내 계획은 그 위원회에 의해 완전히 묵살되었다.)

b. I felt completely squashed by her sarcastic comments.(나는 그녀의 비꼬는 평가에 완전히 묵살되었다고 느꼈다.)

1.6. 다음 주어는 목적어를 밀어낸다.

(6) She tried to squash out your cautious, unheroic side.(그녀는 너의 조심성 있고 비영웅적 면을 밀어내 없애려고 했다.)

2. 자동사 용법

2.1. 다음 주어는 찌그러진다.

(7) Peaches squash very easily.(복숭아는 매우 쉽게 뭉개진다.)

2.2. 다음 주어는 센 힘으로 움직인다.

(8) a. My car's a bit small but I think we can all squash in.(내 차는 조금 작지만 모두 밀착하여 탈 수 있다고 나는 생각한다.)

b. Don't all try to squash into the kitchen at once.(한꺼번에 부엌에 들어가려고 애쓰지 말아라.)

c. We had to squash up to make room for two more people.(우리는 두 사람을 위한 공간을 만들기 위해 밀착해야 했다.)

d. If you all squashed up, we could fit an extra person in the car.(너희들 모두가 밀착하면, 우리는 추가로 한사람을 더 차에 태울 수 있었을 것이다.)

squat

이 동사의 개념 바탕에는 웅크리고 앉는 과정이 있다.

1. 자동사 용법

1.1. 다음 주어는 웅크리고 앉는다.

(1) The children squatted on the floor.(아이들은 바닥에 웅크리고 앉았다.)

2. 타동사 용법

2.1. 다음 주어는 자기 자신을 쪼그러서 앉는다.

(2) He squatted himself down before the stove.(그는 난로 앞에 웅크리고 앉았다.)

squeal

이 동사의 개념 바탕에는 높고 날카로운 소리를 내는 과정이 있다.

1. 자동사 용법

1.1. 다음 주어는 날카로운 소리를 낸다. 주어는 전체로서 부분을 나타내는 환유이다.

(1) a. The car squealed around the corner.(그 자동차는 끼익 소리를 내면서 모서리를 돌았다.)

b. The bus squealed as it stopped.(버스는 서면서 끼익 소리를 냈다.)

c. The baby pig squealed.(아기 돼지는 끽끽거렸다.)

d. Pigs squeal when they are hurt.(돼지들은 아플 때 끽끽거린다.)

1.2. 다음 주어는 끼익 하는 소리를 낸다.

(2) The tires squealed as I sped away.(내가 속도를 내자 타이어가 끼익 소리를 냈다.)

1.3. 다음 주어는 사람이다. 주어는 비명을 지른다.

(3) a. He squealed with pain/delight.(그는 고통/기쁨으로 소리를 질렀다.)

b. The children squealed with delight.(그 아이들은 기쁨으로 소리를 질렀다.)

c. When the baby squealed, I picked her up from the crib.(아기는 빽빽 울어서, 나는 그 아기를 아기 침대에서 안아 올렸다.)

1.4. 다음 주어는 to의 목적어를 밀고한다.

(4) a. He saw you steal the candy, and he's going to squeal to the police.(그는 네가 사탕을 훔치는 것을 보았으니 경찰에 가서 밀고할 것이다.)

b. The accomplice squealed to the police.(그 공범자는 경찰에 밀고했다.)

1.5. 다음 주어는 on의 목적어를 밀고한다.

(5) a. Someone must have squealed on him.(누군가가 그를 밀고했음이 틀림없다.)

b. One thief squealed on the others to get better treatment.(한 도둑이 더 나은 대우를 받으려고 다른 자들을 밀고했다.)

2. 타동사 용법

2.1. 다음 따옴표 속의 표현은 주어가 비명을 지르며 하는 소리이다.

(6) "This is awesome," he squealed.("이건 매우 멋지다."라고 그는 비명을 지르며 말했다.)

squeeze

이 동사의 개념 바탕에는 짜는 과정이 있다.

1. 타동사 용법

1.1. 다음 주어는 목적어를 짠다.

(1) a. He squeezed a sponge/a tube.(그는 스폰지/튜브를 짰다.)

b. He squeezed a lemon/an orange.(그는 레몬/오렌지를 짰다.)

c. He squeezed my hand/the child.(그는 내 손/그 아이를 꼭 쥐었다.)

d. He squeezed a trigger.(그는 방아쇠를 당겼다.)

1.2. 다음 주어는 목적어를 짜낸다. 목적어는 그릇 속의 내용물이다.

(2) a. She squeezed some juice from the lemon.(그녀는 약간의 즙을 레몬으로부터 짰다.)

b. He squeezed money from the farmers.(그는 돈을 농부로부터 착취했다.)

c. We **squeezed** the paste **out of** the toothpaste.(우리는 치약을 치약통에서 짜냈다.)

d. I **squeezed** the water **out of** the swimming suit. (나는 물을 수영복에서 짜냈다.)

1.3. 다음 주어는 목적어를 짜서 어떤 상태에 이르게 한다.

(3) a. She **squeezed** the lemon dry.(그녀는 레몬을 짜서 물기가 없게 했다.)

b. He **squeezed** the clay **into** a ball.(그는 진흙을 꽉 죄어서 공으로 만들었다.)

1.4. 다음 주어는 목적어를 짜는 듯한 힘을 가하여 into의 목적어에 들어가거나 out of의 목적어에서 나오게 한다.

(4) a. She is trying to **squeeze** her clothes **into** a small bag.(그녀는 옷을 조그만 가방 안에 눌러 넣으려 한다.)

b. The baby **squeezed** her feet **into** small shoes.(아기는 발을 조그만 신발 속에 눌러 넣었다.)

c. We **squeezed** many people **into** the bus.(우리는 많은 사람들을 버스 안에 밀어 넣었다.)

d. He **squeezed** many things **into** a single day.(그는 많은 일을 하루에 몰아넣었다.)

e. He **squeezed** more juice **out of** the oranges.(그는 더 많은 쥬스를 오렌지에서 짜내었다.)

f. He **squeezed** himself **out of** a crowded bus.(그는 간신히 몸을 만원버스에서 비집고 나왔다.)

1.5. 다음은 [사람은 그릇] 은유가 적용된 예이다. 주어는 목적어를 짠다.

(5) a. Heavy taxes **squeezed** the people.(무거운 세금이 사람들을 쥐어짰다.)

b. He **squeezed** the victim for more money.(그는 그 피해자에게 돈을 더 갖고 오라고 강요하였다.)

1.6. 다음 주어는 목적어를 전치사 from의 목적에서 짜낸다.

(6) a. The government **squeezes** heavy taxes **from** the people.(정부는 무거운 세금을 국민으로부터 짜낸다.)

b. He **squeezed** a confession **from** the criminal.(그는 자백을 범죄자로부터 억지로 짜냈다.)

2. 자동사 용법

2.1. 다음 주어는 비집고 들어간다.

(7) a. The room was crowded and I could not **squeeze** in.(방은 너무나 붐벼서 나는 비집고 들어갈 수가 없었다.)

b. I managed to **squeeze through** the crowded market.(나는 붐비는 시장 속을 간신히 비집고 나갔다.)

c. She is fat and could hardly **squeeze through** the door.(그녀는 뚱뚱해서 문 속으로 거의 비집고 들어갈 수 없었다.)

2.2. 다음 주어는 짜진다.

(8) a. Sponges **squeeze** up easily.(스폰지는 쉽게 짜진다.)

b. This lemon does not **squeeze** well.(이 레몬은 잘 안 짜진다.)

squelch

이 동사의 개념 바탕에는 철벅거리며 걷는 과정이 있다.

1. 자동사 용법

1.1. 다음 주어는 철벅거리며 걷는다.

(1) a. We **squelched up** the sodden path.(우리는 젖은 길을 철벅거리며 올라갔다.)

b. The children were **squelching through** the mud. (그 아이들은 진흙탕 속을 철벅거리며 걸어가고 있었다.)

1.2. 다음 주어는 철벅거리는 소리를 낸다.

(2) a. The mud **squelched** as I walked through it.(내가 진흙탕 속을 걸어갈 때, 진흙이 철벅거렸다.)

b. Her wet shoes **squelched** at every step.(그녀의 젖은 신발이 매 발자국마다 철벅거렸다.)

1.3. 다음 주어는 쑥 들어가 있다.

(3) a. The runaway teenager has been **squelching** in a condemned building.(가출 청소년은 폐쇄령이 내려진 건물에 살고 있다.)

b. The poor family **squelched** on land that belonged to the city.(가난한 가족은 도시에 속한 땅에 살고 있었다.)

2. 타동사 용법

2.1. 다음 주어는 목적어를 짓밟는다.

(4) a. The dictator **squelched** all his opponents.(그 독재자는 모든 반대 세력을 억눌렀다.)

b. His logical arguments **squelched** him.(그의 논리 정연한 주장들은 그를 찍소리 못하게 했다.)

2.2. 다음 주어는 목적어를 짓밟는다. 목적어는 소문, 창의성 같은 추상적 개체이다.

(5) a. He **squelched** the rumor/strike/the fire.(그는 소문/파업/화재를 진압했다.)

b. Such a method may **squelch** the kid's creativity. (그러한 방법은 아이의 창의성을 억누를 것이다.)

squint

이 동사의 개념 바탕에는 눈을 가늘게 뜨는 과정이 있다.

1. 자동사 용법

1.1. 다음 주어는 눈을 찡그린다.

(1) a. Driving west as the sun set, I had to **squint**.(해가 질 때 서쪽으로 운전하면서 나는 눈을 찡그려야 했다.)

b. She **squinted** in the sudden bright sunlight.(그녀는 갑작스러운 밝은 빛 속에 눈을 찡그렸다.)

c. We **squinted** when we saw a gun.(우리는 총을 조준할 때 눈을 가늘게 떠야 했다.)

1.2. 다음 주어는 눈을 찡그려서 본다.

(2) a. **Squint at** the target and took careful aim.(눈을 가늘게 떠서 과녁을 보고 조심스럽게 목표를 조준하여라.)

b. He squinted down the rifle barrel.(그는 눈을 찡그려서 총신을 아래로 훑어 보았다.)

c. He squinted into the microscope.(그는 눈을 가늘게 떠서 현미경을 보았다.)

d. She was squinting through the keyhole.(그녀는 눈을 가늘게 뜨고 열쇠 구멍으로 들여다보고 있었다.)

1.3. 다음 주어는 특정한 방향으로 기운다.

(3) a. The article squints toward radicalism.(이 논문은 급진적인 경향이 있다.)

b. The praise squinted toward indifference.(그 칭찬은 무관심한 쪽으로 기울었다.)

1.4. 다음 주어는 사팔뜨기이다.

(4) a. Does she squint?(그녀는 사시이니?)

b. His right eye squints a little.(그의 오른쪽 눈은 약간 사팔뜨기이다.)

2. 타동사 용법

2.1. 다음 주어는 목적어를 찡그린다.

(5) When he squinted his eyes, he could just make a house in the distance.(눈을 가늘게 떴을 때, 그는 겨우 집 한 채만을 멀리 볼 수 있었다.)

squirt

이 동사의 개념 바탕에는 가는 구멍으로 물이 뿜어져 나오는 과정이 있다.

1. 자동사 용법

1.1. 다음 주어는 뿜어져 나온다.

(1) a. Water squirted from the punctured hose.(물이 구멍 난 호스에서 뿜어져 나왔다.)

b. When I cut the lemon, juice squirted in my eyes.(내가 레몬을 잘랐을 때, 즙이 내 눈 속에 튀어 들어왔다.)

c. The lemon squirted in my eyes.(레몬(즙)이 내 눈 속으로 뿜어져 나왔다.)

d. Toothpaste squirted out of the tube.(치약이 튜브로부터 뿜어져 나왔다.)

e. Blood squirted out of the wound.(피가 상처에서 뿜어 나왔다.)

f. The ketchup squirted all over the table.(케첩은 온 식탁에 뿜어졌다.)

1.2. 다음 주어는 개체나 생명체로 그 자체에서 액체가 나온다.

(2) a. The hose squirted water.(호스는 물이 뿜어냈다.)

b. The snake can squirt poison from a distance of one meter.(그 뱀은 독을 일 미터 거리에서 뿜어낼 수 있다.)

1.3. 다음 주어는 목적어를 전치사 with의 목적어로 뿌린다.

(3) a. They squirted the plants with water.(그들은 그 식물에 물로 뿜어주었다.)

b. The children squirted their father with water from a plastic bottle.(아이들은 아빠를 플라스틱 병에 든 물로 뿜었다.)

c. She squirted me with water from the garden hose.(그녀는 정원 호스로 나에게 물을 뿜었다.)

d. Mary squirted her brother with a stream of cold water.(메리는 남동생에게 찬 물줄기를 뿜었다.)

e. He squirted his dirty car with water form the hose.(그는 그의 더러운 차에 호스의 물을 뿜었다.)

1.4. 다음 목적어는 물을 뿜어내는 도구이다.

(4) He squirted a water pistol at me.(그는 물총을 내게 쐈다.)

2. 타동사 용법

2.1. 다음 주어는 목적어를 분출시킨다.

(5) a. Squirt some oil on the hinges.(기름을 그 돌쩌귀에 뿜어 놓아라.)

b. Squirt lemon juice on the crab and enjoy them.(레몬즙을 게살에 뿌려서 맛있게 먹도록 해라.)

c. He desperately squirted water on the flames.(그는 필사적으로 물을 화염에 뿜었다.)

d. Squirt oil into the lock.(기름을 자물쇠에 좀 뿌려라.)

stab

이 동사의 개념 바탕에는 끝이 난 도구로 찌르는 과정이 있다.

1. 타동사 용법

1.1. 다음 주어는 목적어를 찔러서 전치사 into의 목적어에 넣는다.

(1) a. The farmer stabbed the pitchfork into the hay.(그 농부는 갈퀴를 건초에 찔렀다.)

b. He stabbed the skewer into the meat.(그는 꼬챙이를 그 고기에 찔렀다.)

c. He stabbed the fork into meat.(그는 포크를 고기에 찔렀다.)

d. He stabbed a knife into her back. (그는 칼을 그녀의 등에 찔렀다.)

e. He stabbed the knife into the man.(그는 칼을 남자에 찔렀다.)

f. He stabbed a dagger into the rogue.(그는 단도를 부랑자에 찔렀다.)

1.2. 다음 목적어는 신체 부위이다. 주어는 목적어를 전치사의 목적어에 찔리게 한다.

(2) a. He stabbed his finger at the page.(그는 손을 종이에 찔렀다.)

b. He stabbed his finger on a thorn.(그는 손가락을 가시에 찔렀다.)

c. He stabbed his thumb at the photograph he was looking at.(그는 엄지 손가락을 그가 보고 있던 사진에 찔렀다.)

d. She was typing in a fury, stabbing her fingers at the keys.(그녀는 화나서 타이핑을 하며, 손가락들을 키에 찔렀다.)

e. He stabbed her arm.(그는 그녀의 팔을 찔렀다.)

f. She stabbed the slab of ham and put it on her plate.(그녀는 햄 조각을 찔러서 그것을 접시에 담았다.)

1.3. 다음 주어는 목적어를 전치사 with의 목적어로 찌른다.

(3) a. He **stabbed** the fish **with** a spear.(그는 물고기를 창으로 찔렀다.)

b. He **stabbed** the robber **with** a knife.(그는 강도를 칼로 찔렀다.)

c. He **stabbed** a potato **with** his fork.(그녀는 감자를 포크로 찔렀다.)

1.4. 다음 주어는 목적어를 전치사 in의 목적어의 부위에 찌른다.

(4) a. He **stabbed** the man **in** the back.(그는 그 남자의 등을 찔렀다.)

b. The hunter **stabbed** the bear **in** the heart.(사냥꾼은 그 곰의 심장을 찔렀다.)

c. She **stabbed** him **in** the thigh with a knife.(그녀는 그를 그의 허벅지를 칼로 찔렀다.)

d. He **stabbed** her **in** the arm.(그는 그녀를 그녀의 팔을 찔렀다.)

1.5. 다음은 수동태 문장으로 주어는 찔린다.

(5) a. Julius Ceasar was **stabbed** to death.(줄리어스 시저는 찔려서 살해되었다.)

b. He was **stabbed** in the chest.(그는 가슴에 찔렸다.)

c. He was **stabbed** through the heart.(그는 찔려서 심장이 관통되었다.)

d. I was **stabbed** with remorse.(나는 죄책감으로 양심이 찔렸다.)

1.6. 다음 주어는 목적어를 전치사 to와 through의 목적어까지 찌른다.

(6) a. His cruelty **stabbed** me **to** the heart.(그의 잔인함은 나의 마음 속까지 해쳤다.)

b. His insult **stabbed** me **to** the heart.(그의 모욕은 나의 마음 속까지 해쳤다.)

c. Remorse **stabbed** him.(후회가 그의 양심을 찔렀다.)

1.7. 다음 주어는 추상적인 개체이고 주어는 목적어를 찌른다.

(7) a. A sharp pain **stabbed** my right side.(날카로운 고통이 내 오른편 옆구리를 찔렀다.)

b. Her words **stabbed** his conscience.(그녀의 말은 그의 양심을 찔렀다.)

c. The news **stabbed** him to the quick.(그 소식을 그를 골수에 사무치게 찔렀다.)

d. He **stabbed** her reputation.(그는 그녀의 평판을 중상했다.)

e. He was **stabbed** to the heart by her lack of gratitude.(그는 그녀의 감사의 부족에 심히 맘이 상하였다.)

1.8. 다음 주어는 찌르는 모습을 한다.

(8) a. He **stabbed** the air with his cigarette.(그는 허공을 담배로 찔렀다.)

b. He **stabbed** the air with his index finger/with a fork.(그는 허공을 검지/포크 찔렀다.)

2. 자동사 용법

2.1. 다음에 쓰인 전치사 at은 반복, 시도 등을 나타낸다.

(9) a. He **stabbed at** her with a knife.(그녀는 칼로 찌르려고 했다.)

b. He **stabbed at** the audience with his finger.(그는 그 관중을 손가락으로 가리켰다.)

c. We **stabbed at** the lion.(우리는 사자를 찌르려고 했다.)

d. She **stabbed at** the switch on the cassette recorder trying to make it work.(그녀는 카셋트 녹음기의 스위치를 작동하게 하려고 그것을 눌러보았다.)

e. He **stabbed at** the omelette with his fork.(그는 오믈렛을 포크로 찔러 보았다.)

2.2. 다음 주어는 추상적인 개체이다.

(10) a. The pain **stabbed at** his chest.(고통은 그의 가슴을 찔렀다.)

b. Every word **stabs at** me.(모든 말이 내 마음을 찌른다.)

---

stabilize

이 동사의 개념 바탕에는 안정시키는 과정이 있다.

1. 타동사 용법

1.1. 다음 주어는 목적어를 안정시킨다.

(1) a. The soldiers **stabilized** the bridge before crossing it.(그 군인들은 다리를 건너기 전에 그것을 안정시켰다.)

b. We have to **stabilize** her before she could be moved.(우리는 그녀가 이동되기 전에 안정을 시켜야 한다.)

c. The doctor **stabilized** the patient's condition.(그 의사는 환자의 상태를 안정시켰다.)

d The government tried to **stabilize** currency.(그 정부는 통화를 안정시키려고 노력했다.)

2. 자동사 용법

2.1. 다음 주어는 안정된다.

(2) a. The boat **stabilized** as it picked up speed.(그 배는 속도를 높임에 따라 안정되었다.)

b. Interest rates have finally **stabilized** at a low 3%.(금리는 결국 3%에 안정되었다.)

c. The inflation rate **stabilized** after the war ended.(인플레이션은 전쟁이 끝난 후에 안정되었다.)

d. The patient's condition has now **stabilized**.(환자의 상태는 이제 안정되었다.)

e. The patient's heart rate **stabilized** after the operation.(그 환자의 심장박동 수는 수술 후에 안정되었다.)

---

stack

이 동사의 개념 바탕에는 stack의 명사 '더미'가 있다. 동사의 의미는 더미를 쌓는 과정과 관련된다.

1. 타동사 용법

1.1. 다음 주어는 목적어를 쌓는다.

(1) a. Stack the dishes on the side there.(접시들을 저쪽 옆에다 쌓아라.)

b. Stack the books up against the wall.(책들을 벽에 기대서 쌓아 올려라.)

c. He stacked the suitcases on the roof rack.(그가 짐가방들을 지붕 선반에 쌓았다.)

1.2. 다음은 수동태 문장으로 주어는 쌓아진다.

(2) The cages were stacked neatly in the room.(새장은 방안에 깔끔하게 쌓여져 있었다.)

1.3. 다음 주어는 목적어를 쌓는다. 목적어는 물건이 쌓이는 장소이다.

(3) a. They were busy stacking the shelves with goods. (그들은 선반에 물건들을 쌓느라 바빴다.)

b. He stacked the truck with boxes.(그는 트럭을 박스로 쌓았다.)

c. He stacked the floor with food.(그는 마루를 음식으로 쌓았다.)

1.4. 다음은 수동태 문장으로 주어는 물건이 쌓인다.

(4) a. Her desk is stacked high with files.(그녀의 책상은 파일들로 높이 쌓여있다.)

b. The floor was stacked with boxes.(그 바닥은 박스로 쌓여 있었다.)

c. The office space is stacked high with dusty files. (사무실 공간은 지저분한 파일로 높이 쌓여있다.)

1.5. 주어는 목적어를 부정한 방법으로 배열한다.

(5) She stacked the deck against you by giving you the wrong pages to study for the test.(그녀는 시험 공부 할 페이지를 네게 잘못 가르쳐 줌으로써 너에게 불리 하게 했다.)

1.6. 다음 주어는 목적어를 세운다.

(6) He stacked a jury against a defendant.(그가 배심원 을 피고에 불리하게 세웠다.)

1.7. 다음 주어는 목적어를 선회시킨다.

(7) The controller stacked planes during a busy period.(그 통제사는 바쁜 기간에 비행기에게 선회시 켰다.)

2. 자동사 용법

2.1. 다음 주어는 쌓인다.

(8) a. hose logs won't stack; they keep tumbling down. (저 목재들은 쌓이지 않는다; 그것들은 계속 굴러 내려온다.)

b. The boxes stack easily. (그 상자들은 쉽게 쌓인다.)

c. Cars quickly stacked up behind the bus.(자동차들이 그 버스 뒤에 재빨리 밀렸다.)

d. During the strike, refuse has been stacking up in the streets. (파업 중에, 쓰레기가 거리에 쌓여갔다.)

e. I don't like the way things are stacking up.(나는 할 일이 쌓이는 방식을 싫어한다.)

2.2. 다음 주어는 against나 to의 목적어에 이른다. 비교된다.

(9) a. Our product stacks up well against theirs.(우리 제품은 그들의 것과 잘 비교된다.)

b. He's smarter and handsomer; I'll never stack up. (그는 더 영리하고 잘생겼다; 난 절대 그에게 비교 되지 않는다.)

c. This year's figures won't stack up to those of last year.(올해 수치가 전년도 것만큼 오르질 않을 것 같다.)

stage

이 동사의 개념 바탕에는 stage의 명사 '무대'가 있다. 동사의 의미는 무대의 기능과 관계가 있다.

1. 타동사 용법

1.1. 다음 주어는 무대에 올린다.

(1) a. No one's ever staged a show like this before.(아무도 이전에 이런 쇼를 무대에 올린 적이 없다.)

b. The local theater group is staging a production of Hamlet.(그 지역극회는 햄릿 작품을 무대에 올리고 있다.)

c. They staged an art show/a charity concert.(그들은 예술 쇼/자선 콘서트를 무대에 올렸다.)

1.2. 다음은 [세계는 무대] 은유가 적용된 표현이다. 세상에서 일어나는 일은 연극이나 다름없다.

(2) a. The pop star staged a row with his manager.(그 팝 스타는 소동을 매니저와 벌였다.)

b. Protesters staged a sit-in.(시위자들이 연좌 항의를 벌였다.)

c. Then, stage a march/a demonstration/protest/an attack.(그러면, 행진/입증/항의/공격을 벌여라.)

d. After five years in retirement, he staged a comeback to international tennis.(5년 은퇴한 후에, 그는 세계 테니스 경기에 돌아왔다.)

e. The bus drivers are planning to stage a 24-hour strike.(버스 운전자들은 24시간 파업을 하려고 계획 중이다.)

1.3. 다음 주어는 목적어를 연극과 같이 꾸민다.

(3) He staged an accident to collect insurance.(그는 보험금을 타려고 사고를 꾸몄다.)

2. 자동사 용법

2.1. 다음 주어는 무대에 올려진다.

(4) The scene does not stage well.(그 장면은 제대로 무대에 올려지지 않는다.)

stagger

이 동사의 개념 바탕에는 비틀거리는 과정이 있다.

1. 타동사 용법

1.1. 다음 주어는 비틀거린다.

(1) a. The tired boxer staggered from the ring.(지친 권투선수는 비틀거리며 링에서 일어섰다.)

b. He staggered from the force of the blow.(그는 주먹의 힘에 비틀거렸다.)

c. The enemy staggered at the first attack.(그 적은 첫번째 공격에 비틀거렸다.)

d. The company is staggering under the weight.(그 회사는 무게 때문에 비틀거리고 있다.)

1.2. 다음 주어는 비틀거리면서 움직인다.

(2) a. The drunkard **staggered** along/across the road. (주정뱅이는 비틀거리며 길을 따라갔다/건너갔다.)

b. He lost his balance, **staggered back** against the wall and toppled over.(그는 균형을 잃고 뒤로 벽에 비틀거리더니 넘어졌다.)

c. He **staggered home** drunk.(그는 집으로 만취한 채 비틀거리며 걸어갔다.)

d. He came **staggering into** the room/into bed at 3. (그는 비틀거리며 방으로/침대로 3시에 들어왔다.)

e. Every morning he wakes up 5 am. and **staggers** halfway **into** the bathroom.(그는 매일 아침 5시에 일어나 욕실로 반쯤 비틀거리며 간다.)

f. When the bullet hit him, the man **staggered on** for a few steps and then fell.(그 총탄이 그를 맞췄을 때, 그는 몇 걸음 더 비틀거리며 가다가 쓰러졌다.)

g. The drunk woman **staggered out** of the bar/the door.(만취한 여자는 비틀거리며 술집/문을 나섰다.)

h. Mary came **staggering through** the door with her groceries.(메리는 식료품을 들고 비틀거리며 문을 지났다.)

i. The drunk **staggered through** the bar.(주정뱅이는 비틀거리며 술집을 통과했다.)

j. He managed to **stagger to** his feet.(그는 가까스로 휘청거리며 일어섰다.)

k. We seem to **stagger** from crisis **to** another.(우리 는 하나의 위기에서 또 다른 위기로 비틀거리는것 같다.)

l. He managed to **stagger to** the phone and call for help.(그는 가까스로 비틀거리며 전화기로 다가가 도움을 요청했다.)

m. She **staggered to** the refrigerator with four grocery bags.(그녀는 4개의 식료품 봉지를 들고 비틀거리며 냉장고로 다가갔다.)

n. The injured soldier **staggered toward** shelter.(그 부상병은 대피호로 비틀거리며 걸어갔다.)

o. The drunk man **staggered toward** us.(만취한 사람 은 우리 쪽으로 비틀거리며 다가왔다.)

p. We managed to **stagger up back to** the deck.(우 리는 가까스로 비틀거리며 위로 뒤돌아서 갑판에 갔 다.)

1.3. 다음 주어는 정신적으로나 다른 면에서 흔들린다.

(3) a. He **staggered** at the news/the price.(그는 그 소식/ 가격에 놀랐다.)

b. The troops **staggered** under the severe gunfire. (군대는 심한 포화에 비틀거렸다.)

c. The company is **staggering** under a $15 million debt.(그 회사는 천 오백만 달러의 빚에 비틀거리고 있다.)

d. His resolution **staggered**.(그의 결심은 흔들렸다.)

2. 타동사 용법

2.1. 다음 주어는 목적어를 비틀거리게 한다.

(4) a. The blow/the punch **staggered** him for a moment. (그 타격/주먹질은 그를 한동안 비틀거리게 했다.)

b. The kick **staggered** him.(그 발길질은 그를 비틀거 리게 했다.)

c. He was **staggered** by the heavy load.(그는 무거운 짐에 비틀거렸다.)

2.2. 다음 주어는 목적어를 정신적으로 비틀거리게 한 다.

(5) a. The child's methodical conduct **staggered** his teachers.(그 아이의 규율 바른 행동은 교사들을 깜 짝 놀라게 했다.)

b. Her remark/story **staggered** me.(그녀의 발언은/ 이야기는 나를 깜짝 놀라게 했다.)

c. It **staggers** me that the government is doing nothing about it.(정부가 그 일에 대해 아무 것도 하 지 않고 있다는 사실은 나를 놀라게 한다.)

d. The sight of the burned building simply **staggered** the now homeless family.(불타는 건물의 광경은 이제 집을 잃은 가족들을 망연자실하게 했다.)

e. The difficulty of the examination/the thought **staggered** him.(그 시험의 어려움/그 생각은 그를 휘청거리게 했다.)

f. He **staggered** all his colleagues by suddenly announcing that he was leaving the company.(그 는 회사를 떠나겠다고 갑작스럽게 천명하여 모든 동 료들을 놀라게 했다.)

2.3. 다음 주어는 목적어를 흔든다.

(6) a. They **staggered** his belief.(그들은 그의 믿음을 흔 들었다.)

b. The situation **staggered** his determination/his resolution.(상황은 그의 결심/결의를 흔들었다.)

c. Her incredible story/the news **staggers** the imagination.(그녀의 놀라운 이야기/그 소식은 상상 력을 휘청거리게 한다.)

2.4. 다음은 수동태 문장으로 주어는 정신적으로 놀란다.

(7) a. I am **staggered to** hear that he had died.(나는 그가 죽었다는 소식을 듣고 망연자실한다.)

b. John was **staggered by** the horrifying news.(존은 그 끔찍한 소식에 망연자실했다.)

c. I was **staggered when** I heard that he had won the competition.(그가 경기에서 승리했다는 소식을 들 었을 때 나는 놀랐다.)

2.5. 다음 주어는 목적어를 교차시킨다.

(8) a. He **staggered** the teeth of the saw.(그는 톱의 날을 교차시켰다.)

b. The airline **staggers** its planes' arrival times.(그 항공사는 비행기의 도착 시간을 엇갈리게 한다.)

c. Travellers are advised to **stagger** their journeys this weekend.(여행자들이 이번 주말에 여행에 엇 갈리는 시간을 두도록 권장된다.)

d. We have to **stagger** the office hours.(우리는 근무 시간을 교차제로 해야 한다.)

e. The company **staggers** employees' vacations.(그 회사는 사원의 휴가를 교차제로 한다.)

f. The management has decided to **stagger** our working hours.(경영진은 우리의 근무 시간을 교차 제로 하기로 결정했다.)

g. The government has **staggered** the summer

vacation periods for students.(정부는 학생들의 여름방학 기간을 교차제로 운영했다.)

  h. Lunch breaks for shop workers are often **staggered** so that shops can stay open over the lunch time.(가게 점원을 위한 점심시간은 때로 교차제로 되어서 점심시간에도 가게가 열려 있을 수 있다.)

2.6. 다음은 수동태 문장으로 주어는 엇갈린다.
(9) a. The teeth of saws are **staggered**.(톱날은 엇갈린다.)

  b. The summer holidays are **staggered**.(여름 휴일은 교차되어 있다.)

  c. Staff holidays are **staggered** so that the office can stay open throughout the year.(직원 휴가는 교차되어서 그 사무실이 일년 내내 열려 있을 수 있다.)

stain

이 동사의 개념 바탕에는 stain의 명사 '얼룩', '더러움'이 있다. 동사의 의미는 이 명사의 속성과 관계가 있다.

1. 타동사 용법
1.1. 다음 주어는 목적어를 얼룩지게 한다.
(1) a. He **stained** his shirt with grease.(그는 셔츠에 기름 때를 묻혔다.)

  b. She **stained** her apron with gravy.(그녀는 앞치마에 고기 국물을 묻혔다.)

  c. You have **stained** your tie with coffee.(너는 넥타이에 커피를 묻혔다.)

1.2. 다음 주어는 목적어를 착색한다.
(2) a. He **stained** the specimen before looking at it under the microscope.(그는 표본을 현미경으로 관찰하기 전에 착색했다.)

  b. The technologist **stained** the cell purple.(그 과학자는 세포를 자주색으로 착색했다.)

1.3. 다음 주어는 자체가 목적어를 더럽힌다.
(3) a. Muddy water **stained** my shoes.(진흙탕이 내 신발을 더럽혔다.)

  b. Spilled coffee **stained** the carpet.(쏟아진 커피가 카펫을 더럽혔다.)

1.4. 다음 주어는 목적어를 착색한다.
(4) a. The juice from the strawberries **stained** their fingers red.(그 딸기주스는 그들의 손가락을 빨갛게 물들였다.)

  b. She has **stained** her fingers red.(그녀는 자기의 손톱을 빨갛게 물들였다.)

1.5. 다음은 수동태 문장으로, 주어는 더럽혀진다.
(5) a. His teeth are **stained** with nicotine.(그의 치아는 니코틴으로 얼룩진다.)

  b. The table cloth is **stained** with tea.(그 식탁보는 차로 얼룩진다.)

1.6. 다음 주어는 목적어를 더럽힌다.
(6) a. He **stained** his reputation.(그는 명성을 더럽혔다.)

  b. He **stained** his record.(그는 이력을 더럽혔다.)

  c. The event **stained** the city's reputation unfairly.(그 사건은 그 도시의 평판을 불공정하게 더럽혔다.)

1.7. 다음은 수동태 문장으로 주어는 더럽혀진다.
(7) a. Although the charges were never proven, his reputation was **stained** forever.(비록 혐의가 증명되진 않았지만, 그의 평판은 영원히 더럽혀졌다.)

  b. His record is **stained** by the arrest.(그의 이력은 체포로 더럽혀진다.)

1.8. 다음 주어는 목적어를 색으로 칠한다.
(8) a. **Stain** the table before you vanish it.(탁자를 왁스 칠하기 전에 색을 칠해라.)

  b. He **stained** the chairs to match the dark table.(그는 의자를 어두운 탁자와 맞추기 위해 색칠했다.)

2. 자동사 용법
2.1. 다음 주어는 더럽혀진다.
(9) a. Do you think this cloth will **stain**?(너는 이 천이 얼룩질 거라 생각하니?)

  b. White clothes **stain** quickly.(흰천은 빨리 더럽혀진다.)

  c. This carpet **stains** easily.(이 카펫은 쉽게 더럽혀진다.)

2.2. 다음 주어는 더럽힌다.
(10) a. Coffee **stains** badly if you don't clean it up immediately.(커피 얼룩은 만약 네가 그것을 당장 닦지 않는다면 심하게 얼룩질 것이다.)

  b. Nicotine **stains** badly.(니코틴이 심하게 얼룩진다.)

stalk

이 동사의 개념 바탕에는 성큼성큼 걷거나 몰래 따라가는 과정이 있다.

1. 타동사 용법
1.1. 다음 주어는 목적어 몰래 접근한다.
(1) a. The tiger is **stalking** its prey.(호랑이는 먹이에 살금살금 접근하고 있다.)

  b. The hunter **stalked** the tiger for hours.(사냥꾼은 몇 시간동안 호랑이를 몰래 쫓았다.)

1.2. 다음 주어와 목적어는 사람이다. 주어는 목적어를 몰래 따라 다닌다.
(2) a. He has been **stalking** her for 2 years.(그는 그녀를 이년 동안 몰래 따라다니고 있다.)

  b. The man **stalked** his favorite actor.(그 남자는 자기가 좋아하는 배우를 몰래 따라다녔다.)

  c. The rapist **stalked** its victims at night.(그 강간자는 희생자를 몰래 밤에 쫓았다.)

1.3. 다음 목적어는 장소나 건물이다. 주어는 목적어 주위를 몰래 걸어 다닌다.
(3) a. Fear **stalks** the streets of the city at night.(공포가 밤이면 그 도시의 거리마다 다닌다.)

  b. Killers **stalked** the park at night. (살인자는 밤에 몰래 걸어 다녔다.)

  c. The gunman **stalked** the building. (그 총기무장 범인은 건물 주위를 몰래 걸어다녔다.)

1.4. 다음 주어는 목적어에 살금살금 퍼진다.

(4) a. The disease **stalked** the city.(그 병은 그 도시에 퍼졌다.)

　　b. A fear of reprisal **stalked** the prison.(보복의 공포가 그 감옥을 엄습했다.)

2. 자동사 용법

2.1. 다음 주어는 먹이를 쫓듯 위협적인 모습으로 성큼성큼 걷는다.

(5) a. He **stalked off** without a word.(그는 한 마디도 없이 성큼성큼 걸었다.)

　　b. He **stalked out** of the room.(그는 방을 성큼성큼 걸어 나갔다.)

stall

이 동사의 개념 바탕에는 이유 없이 멈추어 서는 과정이 있다.

1. 자동사 용법

1.1. 다음 주어는 멈추어서 지연시킨다.

(1) a. John **stalled** for time when he tried to think of an excuse.(존은 변명을 생각해 내려고 할 때 시간을 벌기 위해서 지연했다.)

　　b. Quit **stalling** and answer my question.(머뭇거리지 말고 내 질문에 대답해라.)

　　c. Stop **stalling** and tell me where you left your coat.(시간 끌지 말고 네가 어디에 저고리를 두고 왔는지 말해라.)

1.2. 다음 주어는 움직이는 개체로 멈추어 선다.

(2) a. The car **stalls** on hills.(그 차는 언덕에서 멈춘다.)

　　b. The car engine may **stall** as we go up the hill.(우리가 언덕 위로 올라갈 때 자동차 엔진은 멈출 수도 있다.)

2. 타동사 용법

2.1. 다음 주어는 목적어를 멎게 한다.

(3) a. I **stalled** the car three times during my driving test.(나는 운전 면허 시험 중에 차를 세 번 멎게 했다.)

　　b. The pilot **stalled** the plane.(그 비행사는 비행기를 실속시켰다.)

　　c. The strike **stalled** our holiday plans.(그 파업은 우리의 휴가 계획을 중단시켰다.)

2.2. 다음 주어는 목적어를 행동을 못하게 한다.

(4) a. **Stall** her so that I can finish searching her office.(내가 그녀의 사무실의 수색을 마칠 수 있도록 그녀를 지연시켜라.)

　　b. Perhaps you can **stall** the seller until we get the money.(아마 너는 우리가 돈을 구할 때까지 판매자를 지연시킬 수 있을 것이다.)

2.3. 다음은 수동태 문장으로 주어는 멈추어진다.

(5) a. Discussions have once again been **stalled**.(토론이 다시 한 번 멈추어졌다.)

　　b. The project **stalled** because of lack of money.(그 기획사업은 돈이 모자라서 중단되었다.)

stamp

이 동사의 개념 바탕에는 쿵쿵거리는 과정이 있다.

1. 자동사 용법

1.1. 다음 주어는 발을 쿵쿵거린다.

(1) a. He **stamped** on the floor.(그는 마루 바닥에 발을 쿵쿵거렸다.)

　　b. He **stamped** on the rotten plank and it broke.(그는 썩은 판자에 발을 쿵쿵거려서 그것이 부서졌다.)

　　c. He **stamped** on the spider.(그는 거미 위에 발을 찍었다.)

1.2. 다음 주어는 쿵쿵 소리를 내면서 다닌다.

(2) a. They were **stamping around** to keep warm.(그들은 따뜻함을 유지하려고 쿵쿵거리며 돌아다니고 있다.)

　　b. He is **stamping about** in the snow.(그는 그 눈 속에서 쿵쿵 소리를 내며 여기저기 움직이고 있다.)

　　c. He **stamped downstairs**.(그는 아래층에서 쿵쿵거렸다.)

　　d. They **stamped into** the apartment and snow flew off their boots.(그들이 아파트에 쿵쿵거리며 들어가자 눈이 신발에서 떨어졌다.)

　　e. He **stamped out** of the room.(그는 방에서 쿵쿵 소리를 내며 나왔다.)

1.3. 다음은 수동태 문장으로 주어는 짓밟힌다.

(3) Any opposition was quickly **stamped on**.(어떠한 반대 입장도 재빨리 짓밟혔다.)

2. 타동사 용법

2.1. 다음 주어는 목적어를 발을 쿵쿵거린다.

(4) a. The child **stamped** her foot to shake off the snow.(그 아이는 발의 눈을 털어내기 위해 쿵쿵거렸다.)

　　b. The spoiled child **stamped** his foot with rage.(그 버릇없는 아이는 화를 내며 발을 쿵쿵 적어댔다.)

2.2. 다음 주어는 목적어를 쿵쿵거리며 밟는다.

(5) a. We **stamped** the room.(우리는 그 방을 쿵쿵거렸다.)

　　b. The man **stamped** the earth.(그 남자는 흙을 쿵쿵 밟았다.)

　　c. She **stamped** the ground.(그녀는 땅을 쿵쿵 밟았다.)

2.3. 다음 주어는 목적어를 찍어낸다.

(6) a. The machine can **stamp out** a hundred car fenders an hour.(그 기계는 백 개의 차 완충기를 한 시간에 찍어낼 수 있다.)

　　b. The factory **stamps out** metal parts.(그 공장은 금속 부속을 찍어낸다.)

2.4. 다음 주어는 목적어를 밟아서 끈다.

(7) a. He **stamped** the fire.(그가 불을 밟아서 껐다.)

　　b. The aim of this campaign is to **stamp out** corruption.(이 캠페인의 목적은 부정부패를 밟아서 없애는 것이다.)

2.5. 다음 주어는 목적어를 찍는다.

(8) a. The machine **stamps** the time **on** your ticket.(그 기계는 시간을 너의 표에 찍는다.)

b. He **stamped** his initials **on** the letter. (그는 이름의 첫 자를 편지에 찍었다.)

c. The office **stamps** the date **on** all incoming letters. (관공서는 들어오는 모든 편지에 날짜를 찍는다.)

d. He **stamped** the company name **on** the document. (그는 그 문서에 회사명을 찍었다.)

2.6. 다음 주어는 목적어를 도장으로 찍는다.

(9) a. An immigration official **stamped** his passport. (이민국이 그의 여권에 도장을 찍었다.)

b. The lawyer **stamped** the paper. (그 변호사는 그 서류에 도장을 찍었다.)

2.7. 다음은 수동태 문장으로 주어는 찍힌다.

(10) a. The scene is **stamped** **on** my memory. (그 장면은 우리의 기억에 찍혀 있다.)

b. The bloody battle was **stamped** **into** our memories. (피비린내 나는 전투는 우리의 기억에 찍혀 들어가 있었다.)

c. Their faces were **stamped** **with** hostility. (그들의 얼굴에는 적대감이 찍혀 있었다.)

2.8. 다음 주어는 목적어를 as의 목적어로 낙인찍는다.

(11) a. The newspapers **stamped** him **as** a liar. (그 신문은 그를 거짓말쟁이로 낙인찍었다.)

b. He **stamped** himself **as** an expert on the subject. (그는 자신을 그 주제에 관한 한 전문가라고 자처했다.)

c. His accent **stamps** him **as** a foreigner. (그의 억양은 그를 외국인으로 특징짓는다.)

d. His courage during the flood **stamped** him **as** a hero. (홍수 때 그의 용기는 그를 영웅으로 특징지었다.)

2.9. 다음 주어는 목적어를 특징짓는다.

(12) a. His words **stamped** him **to** be a bigot. (그의 말은 그를 괴팍한 사람으로 특징지었다.)

b. Recent events **stamped** the president **indecisive**. (최근 사건들이 대통령을 우유부단한 것으로 특징지었다.)

c. His years in the army **stamped** him **with** an air of brisk authority. (군대에서의 시절은 그를 활기 있는 권위의 분위기로 젖어들게 했다.)

2.10. 다음 주어는 쿵쿵거리면서 목적어를 턴다.

(13) He **stamped** the snow from his boots. (그는 쿵쿵거리며 눈을 신발에서 털었다.)

stand

이 동사의 개념 바탕에는 서는 과정이 있다.

1. 자동사 용법

1.1. 다음 주어는 서 있다.

(1) a. He was too weak to **stand**. (그는 너무 힘이 없어서 설 수가 없었다.)

b. He had to **stand** all the way back in the bus. (그는 버스의 뒤쪽에 줄곧 서 있어야 했다.)

c. Don't **stand** there about it. (거기 그것 주위에 서 있지 말아라.)

d. He **stood** looking over my shoulder. (그는 내 어깨 너머로 보면서 서 있었다.)

e. **Stand** still while I take your photograph. (내가 너의 사진을 찍을 때 가만히 서 있어라.)

1.2. 서 있음은 움직임이 없음을 의미한다. 다음 주어는 움직이지 않는다.

(2) a. Cars may not **stand** on the street. (자동차는 길에서 설 수 없다.)

b. Let the mixture **stand** overnight. (혼합물을 밤새 그대로 두어라.)

1.3. 다음에는 서 있는 크기나 차례가 표현되어 있다.

(3) a. She **stands** 5 feet tall. (그녀는 키가 5피트이다.)

b. She **stands** 12th in line. (그녀는 줄에서 12번째에 선다.)

1.4. 다음 주어는 일어선다.

(4) a. **Stand up** please. (일어서십시오.)

b. Everyone **stood up** when the chairman entered. (모든 사람들은 의장이 들어올 때 일어섰다.)

c. We **stood up** to see better. (우리는 더 잘 보기 위해서 일어섰다.)

1.5. 다음 주어는 개체로서 선다.

(5) a. A chair will not **stand** on two legs. (의자는 두 다리로 서지 못할 것이다.)

b. His hair **stood** on end. (그의 머리가 곤두섰다.)

c. A tall poplar once **stood** there. (키 큰 미루나무가 그곳에 한때 서 있었다.)

d. The house **stands** on the hill. (그 집은 그 산 위에 서 있다.)

e. The great pyramid **stood** 6,000 years. (큰 피라미드는 6,000년 서 있었다.)

f. A score or so of houses **stood** scattered in a long green valley. (약 20여 채의 집이 길고 푸른 계곡에 흩어져 서 있었다.)

g. A grandfather's clock **stood** next to the staircase. (대형 시계가 계단 옆에 서 있었다.)

h. The building **stands** over 200 feet high. (그 건물은 높이가 200피트나 된다.)

1.6. 다음은 [합의나 결의는 건축물] 은유가 적용된 표현이다. 서 있으면 유효하다.

(6) a. The agreement must **stand**. (그 합의는 유효함이 틀림없다.)

b. The order will still **stand**. (그 명령은 아직도 유효할 것이다.)

c. His resolution still **stands**. (그의 결의는 아직도 유효하다.)

1.7. 상황도 건축물로 개념화된다.

(7) a. How do things **stand** at the moments? (현재 상황은 어떠한가?)

b. I want to sell the house as it **stands**. (나는 그 집을 현재 그대로 팔고 싶다.)

1.8. 다음은 [상태는 장소] 은유가 적용된 예이다. 주어는 to 부정사가 가리키는 일을 할 상황에 있다.

(8) a. What do we **stand** to gain by the treaty? (우리는 그 조약으로 무엇을 얻게 되어 있는가?)

b. He **stands** to win/lose/gain. (그는 이기기/지기/얻기로 되어 있다.)

c. She **stands** to make a fortune.(그녀는 큰 돈을 벌기로 되어 있다.)

1.9. 다음은 [상태는 장소] 은유가 적용된 예이다. 주어는 어떤 상태에 있다.

⑼ a. They **stand** ready for anything.(그들은 어떤 일이든지 감당할 수 있는 준비가 되어 있다.)

b. He **stood** true to the honor of the country.(그는 나라의 명예에 충실했다.)

c. The matter **stands** thus.(그 문제는 이렇게 있다.)

d. He **stands** innocent of any wrong.(그는 아무런 잘못을 저지르지 않는다.)

1.10. 다음에서는 주어가 있는 상태가 과거분사로 표현되어 있다.

⑽ a. He **stood** convicted of treachery.(그는 반역죄의 선고를 받았다.)

b. He **stood** prepared to do anything for her.(그는 그녀를 위해 무엇이든 할 준비가 되었다.)

c. He **stood** lost in contemplation.(그는 생각에 잠겨 있었다.)

d. He **stood** amazed.(그는 놀란 상태에 있었다.)

1.11. 다음에서는 주어가 처해 있는 상태가 현재분사로 표현되었다.

⑾ a. He **stood** smoking.(그는 담배를 피며 서 있었다.)

b. The mother **stood** **waiting** for her son.(어머니는 아들을 기다리며 서 있었다.)

1.12. 다음에서는 주어가 서 있는 상태가 전치사구로 표현되었다.

⑿ a. He **stands** in danger of his life.(그는 생명이 위험한 상태에 있다.)

b. She **stands** in awe of her father.(그녀는 아버지를 외경하고 있다.)

c. They **stand** in need of help.(그들은 도움이 필요한 상태에 있다.)

1.13. 다음에서는 주어의 상태가 명사구로 표현되어 있다.

⒀ a. I **stood** his debtor for 30 dollars.(나는 그에게 30달러 빚진 사람이었다.)

b. He **stood** my friend. (그는 나의 친구인 상태였다.)

1.14. 다음 주어는 버틴다.

⒁ a. The ladder **stood** against the wall.(그 사닥다리는 벽에 기대었다.)

b. One squadron **stood** alone **against** the enemy.(일개 소대가 홀로 적과 버티었다.)

1.15. 다음 주어는 전치사 at의 목적어에 서 있다.

⒂ a. The thermometer **stands** at 30.(온도계는 30도에서 있다.)

b. The score **stands** at 10 to 5.(점수는 10대 5에 있다)

1.16. 다음 주어는 추상적 척도 위에 있다.

⒃ a. My son does not **stand** high in my opinion.(아들은 나의 의견에 높은 자리를 차지하지 않는다.)

b. She **stood** third in her graduating class.(그녀는 졸업반에서 삼등이었다.)

2. 타동사 용법

2.1. 다음 주어는 목적어를 세운다.

⒄ a. **Stand** the ladder **against** the wall.(사닥다리를 벽에 기대 세워라.)

b. Don't **stand** the tin of the petrol **near** the stove.(석유통을 스토브 가까이에 세우지 말아라.)

c. **Stand** the bottle **on** the table.(병을 식탁 위에 세워라.)

d. **Stand** the empty barrels **on** the floor.(빈통을 바닥에 세워라.)

e. If you are naughty again, you will be **stood** in the corner.(또 장난을 치면, 너는 구석에서 벌 세워질 것이다.)

2.2. 다음 주어는 목적어를 견딘다.

⒅ a. She can't **stand** the hot weather.(그녀는 더운 날씨를 견딜 수 없다.)

b. She will **stand** no nonsense.(그는 어떤 어리석은 짓도 참지 않을 것이다.)

c. I can't **stand** that woman.(나는 저 여자를 참을 수 없다.)

d. I cannot **stand** rock and roll.(나는 로큰롤 음악을 참을 수가 없다.)

e. She will not **stand** another winter in England.(그녀는 영국에서 또 한번의 겨울을 견디지 못할 것이다.)

f. Can you **stand** the pain?(당신은 고통을 견딜 수 있겠습니까?)

2.3. 다음에서는 목적어가 동명사로 표현되어 있다. 주어는 목적어를 견딘다.

⒆ a. She can't **stand** being kept waiting.(그녀는 계속 기다리게 되는 것을 참지 못한다.)

b. How can I **stand** seeing the animals starve?(어떻게 나는 저 동물들이 굶어 죽는 것을 보고 있을 수 있겠는가?)

2.4. 사람뿐만 아니라 물건도 견딜 수 있는 것으로 개념화된다. 다음 주어는 목적어를 견디거나 버틴다.

⒇ a. This cloth **stands** wear well.(이 천은 착용을 잘 버틴다.)

b. These boots have **stood** a great deal of wear.(이 장화는 많은 착용을 견뎌 왔다.)

c. The plants cannot **stand** the cold.(그 식물들은 추위를 견딜 수 없다.)

d. His work will **stand** the test of time.(그의 작품은 시간의 시련을 견딜 것이다.)

2.5. 다음 주어는 첫째 목적어에게 둘째 목적어를 주는 것을 부담한다.

(21) a. I will **stand** you a dinner to celebrate.(나는 축하하기 위해서 네게 저녁을 부담하겠다.)

b. We **stood** them a dinner.(우리는 그들에게 저녁을 샀다.)

c. I will **stand** you a round of drinks.(내가 여러분에게 술을 내겠다.)

2.6. 다음 주어는 목적어를 선다. 목적어는 장소이다.

(22) **Stand** the ground. Don't retreat.(그 자리를 서서 지켜라. 물러서지 말아라.)

2.7. 다음 주어는 첫째 목적어에게 둘째 목적어를 부담시킨다.

(23) It **stood** me $3,000.(그것은 내게 3000달러를 부담시켰다.)

star

이 동사의 개념 바탕에는 star의 명사 '주연 배우'가 있다.

1. 자동사 용법
1.1. 다음 주어는 주연을 맡는다.
(1) a. She starred in "Gone with the wind." (그녀는 "바람과 함께 사라지다" 영화의 주연을 맡았다.)
　　b. She is now starring in a broadway show. (그녀는 현재 브로드웨이 쇼에서 주연을 맡고 있다.)

1.2. 다음 주어는 훌륭히 한다.
(2) He stars at basketball. (그는 야구를 훌륭히 한다.)

2. 타동사 용법
2.1. 다음 주어는 목적어를 주연으로 배역한다.
(3) a. The school play stars children in the seventh grade. (학교 연극은 7학년 아이들을 주연으로 배역한다.)
　　b. The movie stars Gary Grant. (영화는 게리 그랜트를 주연으로 배역한다.)

stare

이 동사의 개념 바탕에는 응시하는 과정이 있다.

1. 자동사 용법
1.1. 다음 주어는 응시한다.
(1) a. Don't stare; it's rude. (노려보지 마라; 그것은 무례한 행동이야.)
　　b. The man stared in bewilderment/surprise. (그 남자는 어리둥절하여/놀라서 바라보았다.)
　　c. She was staring out of the window. (그녀는 창문 밖을 응시하고 있었다.)
　　d. He stared me up and down. (그는 나를 위아래로 응시했다.)

1.2. 다음 주어는 전치사 at의 목적어를 응시한다.
(2) a. The boy stared at the stranger. (그 소년은 낯선 사람을 빤히 쳐다 보았다.)
　　b. She was staring on the people around him. (그녀는 자신의 사람들을 응시하고 있었다.)

1.3. 다음은 수동태 문장으로 주어는 응시된다.
(3) Nobody likes to be stared at. (아무도 응시받기를 좋아하지 않는다.)

1.4. 다음 주어는 전치사 into의 목적어를 응시한다.
(4) a. He stared into the darkness. (그는 어둠 속을 응시했다.)
　　b. He stared into my eyes. (그는 나의 눈을 응시했다.)
　　c. The old man was staring into space/into the distance. (그 노인은 허공/먼 거리를 응시하고 있었다.)

1.5. 다음 주어는 목적어를 전치사 in의 목적어 부위에 응시한다.
(5) a. He stared her in the face. (그는 그녀의 얼굴을 응시했다.)

b. He stared me straight in the face/the eye. (그는 똑바로 나의 얼굴/눈을 응시했다.)
c. The solution/ answer is staring you in the face. (그 해결/그 대답은 너를 목전에서 응시하고 있다.)
d. Death/Defeat/Ruin stared him in the face. (죽음/패배/파멸이 그를 목전에서 응시했다.)
e. The lies are staring us in the face. (그 거짓들은 우리를 목전에서 응시하고 있다.)

1.6. 다음 주어는 시선으로 목적어를 움직인다.
(6) a. The mob was ready to riot, but the sheriff managed to stare them down. (그 폭도는 폭동을 일으킬 준비가 되었으나, 그 보안관은 그들을 노려서 진압시켰다.)
　　b. He stared down the attacking dog. (그는 공격하는 개를 노려서 공격을 그만두게 했다.)
　　c. The teacher stared him down. (선생님은 그를 노려보고 진정시켰다.)
　　d. He stared us dumb. (그는 우리를 응시해서 말을 못하게 했다.)
　　e. He stared the congregation into silence. (그는 노려보고서 군중을 침묵시켰다.)
　　f. He glared at the secretary, but she stared him out. (그는 비서를 눈을 부릅뜨고 보았지만 그녀는 그를 응시하여 지게 했다.)
　　g. The teacher stared him out of countenance. (선생님은 그를 노려보아 무안하게 만들었다.)

start

이 동사의 개념 바탕에는 정지 상태에서 갑자기 움직이는 과정이 있다.

1. 자동사 용법
1.1. 다음 주어는 정지 상태에서 움직인다.
(1) a. He started for London. (그는 런던으로 출발했다.)
　　b. The train starts from Pusan. (기차는 부산에서 출발한다.)
　　c. We will start off/out early. (그는 일찍 출발할 것이다.)
　　d. He started out of the car. (그는 갑자기 차에서 뛰쳐나갔다.)
　　e. He started up from his seat. (그는 그 자리에서 벌떡 일어났다.)
　　f. We start (work) at 8 o'clock. (우리는 8시에 시작한다.)

1.2. 다음 주어는 제자리에서 움직인다.
(2) a. He started at the sound of my voice. (그는 내 목소리에 깜짝 놀라 움직였다.)
　　b. She started in terror. (그녀는 공포에 깜짝 놀랐다.)
　　c. The noise made the baby start. (소음은 그 아기를 움찔하게 했다.)
　　d. She started when I walked up behind her. (내가 그녀 뒤에서 다가가자, 그녀는 깜짝 놀랐다.)

1.3. 다음 주어는 전치사 on의 목적어와 관련하여 시작한다.
(3) a. He started on a journey. (그는 여행을 시작했다.)

b. He **started** on a business.(그는 사업을 시작했다.)

c. The writer **started** on a new book.(그 작가는 새 책을 시작했다.)

1.4. 다음 주어는 움직인다.

(4) a. The engine **started** at last.(그 엔진은 드디어 시동이 걸렸다.)

b. The train **started** on time.(기차는 정시에 출발했다.)

c. At last the bus **started**.(마침내 버스는 출발했다.)

1.5. 다음 주어는 흐르기 시작한다.

(5) a. Blood **started** from the wound.(피가 상처에서 났다.)

b. Tears **started** to her eyes.(눈물이 그의 눈에서 나왔다.)

1.6. 다음 주어는 시간 속에 일어나는 과정이다. 주어는 시작된다.

(6) a. How did the trouble **start**?(그 문제는 어떻게 시작되었는가?)

b. How did the war **start**?(그 전쟁은 어떻게 시작되었는가?)

c. School **starts** in January.(수업은 일월에 시작된다.)

d. The show **starts** at 8:00.(그 쇼는 8시에 시작한다.)

e. The meeting **started** with his speech.(회의는 그의 연설로 시작되었다.)

1.7. 다음 주어는 튀어서 정상 모양에서 벗어난다.

(7) a. The plank has **started**.(널빤지는 튕겨져 나왔다.)

b. The timbers **started**.(그 재목은 뒤틀렸다.)

1.8. 다음 주어는 움직이지 않는다. 그러나 전체 형상을 눈으로 따라가면 어느 시점에서 시작된다.

(8) The railway **starts** from the coastal city.(그 철도는 해안도시에서 시작한다.)

1.9. 다음에는 시작할 때의 상태가 표현되어 있다.

(9) a. He **started** poor.(그는 가난하게 시작했다.)

b. The pianist **started** young.(피아노 연주자는 어릴 때 시작했다.)

2. 타동사 용법

2.1. 다음 주어는 목적어를 가동시킨다.

(10) a. He **started** the motorboat.(그는 그 동력선을 가동시켰다.)

b. He **started** the engine.(그는 엔진을 시동시켰다.)

2.2. 다음 주어는 목적어를 놀라게 하여 움직이게 한다.

(11) a. He **started** a hare.(그는 토끼를 놀라게 했다.)

b. She has **started** a baby.(그녀는 아기를 놀라게 했다.)

c. He **started** the engine of his car.(그는 자동차 엔진을 시동시켰다.)

2.3. 다음 목적어는 시간 속에 일어나는 개체이다. 주어는 목적어를 시작한다.

(12) a. I'm not good at **starting** up conversations.(나는 대화를 시작하는 데 재주가 없다.)

b. How shall we **start** the meeting?(그 모임을 어떻게 시작할까요?)

2.4. 다음 목적어는 시간과 공간 속에 존재한다. 주어는 목적어를 시작한다.

(13) a. He decided to **start** a newspaper.(그는 신문을 시

작하기로 결심했다.)

b. He **started** a new business.(그는 새 사업을 시작했다.)

2.5. 다음 목적어는 추상적 개체이다. 그러나 이들은 구체적 개체로 개념화되어 존재하는 것으로 표현된다.

(14) a. He **started** the rumor.(그는 그 소문을 시작했다.)

b. He **started** the idea.(그는 그 생각을 시작했다.)

2.6. 다음 목적어는 시작과 끝이 있다. 주어는 목적어를 시작한다.

(15) a. He **started** his journey home.(그는 집으로 돌아가는 여행을 시작했다.)

b. Have you **started** your next book?(당신은 다음 책을 시작했습니까?)

c. **Start** each page on the second line.(각 페이지를 둘째 줄부터 시작하여라.)

2.7. 다음 주어는 목적어를 출발시킨다.

(16) a. A rich uncle **started** him in business.(돈 많은 아저씨가 사업에 그를 출발 시켰다.)

b. The book **started** him on the road to a writer.(그 책은 그가 작가의 길을 시작하게 했다.)

c. My advice **started** him on a career as a lawyer.(내 충고가 그를 변호사의 길을 시작하게 했다.)

2.8. 다음 주어는 목적어를 처음 내보낸다.

(17) a. Which pitcher will you **start** in the game?(어느 투수를 그 게임에서 제일 먼저 내보내겠습니까?)

2.9. 다음 주어는 목적어가 휘어지게 한다.

(18) a. The huge waves had **started** some of the ship's bolts.(그 큰 파도가 그의 배의 볼트 몇 개를 휘어지게 했다.)

b. The damp has **started** the timbers.(그 습기가 그 재목들을 휘어지게 했다.)

2.10. 다음 주어는 목적어가 생기게 한다.

(19) The water **started** a crack in the wall.(그 물은 그 벽에 금이 가게 했다.)

2.11. 다음 주어는 부정사가 가리키는 일을 할 채비를 한다.

(20) a. It **started** to rain.(비가 올 조짐을 보였다.)

b. They **started** to dance.(그들은 춤을 출 준비를 시작했다.)

2.12. 다음 주어는 동명사가 가리키는 과정에 들어간다.

(21) a. Have you **started** working yet?(일을 하기 시작했습니까?)

b. A baby has **started** crying.(어느 애기가 울기 시작했다.)

c. You should **start** saving money now.(너는 이제 돈을 저축하기 시작해야 한다.)

d. It **started** raining.(비가 오기 시작했다.)

2.13. 다음 주어는 목적어가 활동을 시작하게 한다.

(22) a. The news **started** me thinking.(그 소식은 나를 생각하게 했다.)

b. That **started** his thinking.(그것이 그를 생각하게 했다.)

c. The smoke **started** her coughing.(그 연기가 그녀를 기침을 하게 했다.)

d. Give it a push to **start** it going.(그것을 가도록 한번

밀어라.)

    e. The thought started me laughing.(그 생각이 나를 웃게 했다.)

state

이 동사의 개념 바탕에는 분명하고 확실하게 말하는 과정이 있다.

1. 타동사 용법

1.1. 다음 주어는 목적어를 분명하고 확실하게 말한다.

(1) a. Please state your preference.(너의 선택(기호)를 분명하고 확실하게 말해라.)

    b. Please state salary expectations.(봉급 기대 수준을 분명히 말해 보아라.)

    c. State your name.(네 이름을 똑똑히 말하여라.)

    d. He has already stated his intention to run for reelection.(그는 재선에 출마할 의도를 이미 분명하게 말했다.)

1.2. 다음은 수동태 문장으로 주어는 진술된다.

(2) The facts are stated in the reports.(그 사실이 그 보고서에 진술된다.)

1.3. 다음 주어는 목적어를 진술한다. 주어는 의인화되어 있다.

(3) a. His will states the property is to be sold.(그의 유언은 그 재산은 팔려야 한다고 진술한다.)

    b. The guidelines clearly states that the tests are essential.(그 지침서는 그 시험들이 필수라고 명백히 진술하고 있다.)

    c. This book states the case for women's rights very clearly.(이 책은 이 여성 인권에 대한 조항을 아주 분명하게 진술하고 있다.)

1.4. 다음 주어는 의문사가 이끄는 절의 내용을 진술한다.

(4) a. Please state whether you are married or not.(네가 기혼인지 아닌지를 진술하라.)

    b. You should have stated how much it would cost.(너는 그게 얼마나 비용이 들지를 진술했어야 했다.)

1.5. 다음 주어는 that-절의 내용을 진술한다.

(5) a. The witness states that he has not seen the woman before.(그 목격자는 그가 이전에 그 여자를 본 적이 없다고 진술한다.)

    b. He stated categorically that he knew nothing about the deal.(그는 그가 그 협상에 대해 아는 바가 없다고 단정적으로 진술했다.)

    c. The law states that you cannot state on airline flights.(그 법은 네가 비행기에 탑승할 수 없다고 진술한다.)

stay

이 동사의 개념 바탕에는 머무는 과정이 있다.

1. 자동사 용법

1.1. 다음 주어는 어떤 장소에 머문다.

(1) a. He is staying at home/a hotel/a friend's.(그는 집/호텔/친구 집에 머물고 있다.)

    b. The doctor told me to stay in the house/in bed.(그 의사는 나를 집에/잠자리에 머물러 있으라고 말했다.)

    c. The children must not stay out after dark.(그 아이들은 어두워진 후에는 밖에 있어서는 안 된다.)

1.2. 다음은 [상태는 장소] 은유가 적용된 표현이다. 주어는 어떤 상태에 있다.

(2) a. He stayed awake/sober/single/clean/young.(그는 깨어/취하지 않는 상태/혼자/깨끗이/젊게 있다.)

    b. Prices stay high.(물가가 올라 있다.)

    c. The door stayed closed.(문은 닫힌 채 있었다.)

    d. The weather stayed fine.(날씨는 좋은 상태로 있었다.)

    e. The temperature stayed hot this week.(기온은 이 주에 더운 상태로 있었다.)

    f. I like to stay put by a fire on a cold day.(나는 추운 날에 불가에 박혀있기를 좋아한다.)

1.3. 다음 주어는 견딘다.

(3) He stayed to the very end of the race.(그는 경주의 마지막까지 견디었다.)

2. 타동사 용법

2.1. 다음 주어는 목적어를 버틴다.

(4) a. He stayed the week out.(그는 그 주를 버티어 냈다.)

    b. She stayed the night.(그녀는 그 밤을 묵었다.)

    c. She was not able to stay the course.(그녀는 그 과정을 버티어 낼 수 없었다.)

    d. The horse will stay the distance.(말은 그 거리를 버틸 것이다.)

2.2. 다음 주어는 목적어를 제자리에 머물게 한다.

(5) a. We must stay the progress of the disease.(우리는 그 질병의 진행을 막아야 한다.)

    b. He stayed his anger.(그는 화를 내지 않았다.)

2.3. 다음 주어는 목적어를 연기나 유예한다.

(6) a. The court stayed the execution of the sentence.(법원은 그 선고의 집행을 유예했다.)

    b. The court stayed judgement.(그 법원은 심판을 내리지 않았다.)

    c. He stayed the punishment.(그는 벌을 내리지 않았다.)

2.4. 다음 주어는 목적어를 더 진전하지 못하게 한다.

(7) a. He stayed his stomach with a piece of cake.(그는 배를 케이크 한 조각으로 달랬다.)

    b. He stayed her appetite with an orange.(그는 식욕을 오렌지 하나로 달랬다.)

    c. A glass of milk stayed me until meal time.(한 잔의 우유가 식사 시간까지 나의 배고픔을 견디게 했다.)

2.5. 다음 주어는 목적어를 위해 머문다.

(8) Can you stay the dinner?(정찬을 먹을 때까지 있을 수 있습니까?)

steady

이 동사의 개념 바탕에는 흔들리지 않게 되는 과정이 있다.

1. 타동사 용법

1.1. 다음 주어는 목적어를 흔들리지 않게 한다.

(1) a. John **steadied** the ladder as I climbed up.(존은 내가 올라갈 때 그 사다리를 흔들리지 않게 했다.)

b. He **steadied** his trembling hand with an effort.(그는 떨리는 손을 애써 흔들리지 않게 했다.)

c. John **steadied** himself by sitting down.(존은 앉음으로써 자신을 안정시켰다.)

d. He staggered and **steadied** himself again by holding the railing.(그는 비틀거리다가 난간을 잡음으로써 다시금 자신을 고정시켰다.)

e. He **steadied** himself against the wall.(그는 자신을 벽에 기대서 안정시켰다.)

1.2. 다음 주어는 목적어를 안정시킨다.

(2) a. The medication **steadied** his nerves.(그 약물은 그의 신경을 안정시켰다.)

b. He asked for a drink to **steady** his nerves.(그는 신경을 안정시키려고 술을 청했다.)

2. 자동사 용법

2.1. 다음 주어는 안정된다.

(3) a. The boat lurched in the high seas, then **steadied** again.(그 배는 높은 파도에서 기울어졌다가 다시 안정되었다.)

b. Her heartbeat **steadied**.(그녀의 심장 박동은 안정되었다.)

c. The pound has **steadied** after early losses on the money market.(파운드화가 화폐 시장에서 초기 손실 후에 안정되었다.)

steal

이 동사의 개념 바탕에는 물건을 훔치는 과정이 있다.

1. 타동사 용법

1.1. 다음 주어는 목적어를 전치사 from의 목적어로부터 훔친다.

(1) a. She **stole** money **from** the safe.(그녀는 돈을 금고에서 훔쳤다.)

b. The drug user **stole** money **from** his own family.(그 마약 사용자는 자신의 가족에게서 돈을 훔쳤다.)

c. The boy **stole** a bike **from** the house(그 소년은 자전거를 그 집에서 훔쳤다.)

d. The dog **stole** a leg of mutton **from** the cook.(그 개는 양고기 다리 하나를 요리사로부터 훔쳤다.)

1.2. 다음은 수동태 문장으로 주어는 훔쳐진다.

(2) She had her car **stolen**.(그녀는 차를 도난을 당했다.)

1.3. 다음 주어는 목적어를 남이 모르게 갖는다. 이렇게 취하는 것에는 잠, 시선, 비밀, 생각 등이 있다.

(3) a. He **stole** a few hours' sleep.(그는 몇 시간의 잠을 슬쩍 잤다.)

b. He **stole** a glance at her.(그는 그녀를 몰래 한 번 훔쳐보았다.)

c. He **stole** some trade secrets.(그는 몇 개의 거래 비밀을 슬쩍 훔쳤다.)

d. The author had **stolen** some of our ideas.(그 작가는 우리 생각의 몇 개를 훔쳤다.)

e. The writer is suing director Spielberg for allegedly **stealing** his film idea.(그 작가는 스필버그가 자신의 영화 아이디어를 도용했다고 주장하며 고소 중이다.)

f. He **stole** a ride on the train.(그는 기차에 몰래 승차를 했다.)

g. The rival company **stole** a march on us.(그 경쟁 회사는 우리를 살짝 앞질렀다.)

1.4. 야구 경기에서도 훔치는 일이 있다.

(4) a. The player on third base **stole** home.(삼루에 있던 그 선수가 홈을 도루했다.)

b. The runner **stole** second base during the pitch.(그 주자는 그 투구를 하는 동안 이루로 도루했다.)

1.5. 다음 주어는 목적어를 몰래 이동시킨다.

(5) a. She **stole** the dog upstairs at bedtime.(그녀는 개를 잘 때 이층으로 몰래 데리고 왔다.)

b. He **stole** the corps away.(그는 시체를 몰래 훔쳐갔다.)

2. 자동사 용법

2.1. 다음에서는 목적어가 명시되지 않았다. 그러나 문맥이나 화맥으로부터 추리가 가능하다.

(6) a. He is convicted of **stealing**.(그는 절도죄로 유죄 판결을 받는다.)

b. He **stole** from the rich to give to the poor.(그는 부자들에게서 훔쳐서 가난한 이에게 주었다.)

c. Will he **steal** if he gets chance?(그가 기회를 얻으면 도둑질을 할까?)

d. They had to **steal** in order to eat.(그들은 먹기 위해서 도둑질을 해야 했다.)

2.2. 다음 주어는 몰래 살짝 이동한다.

(7) a. The cat **stole across** the garden.(그 고양이는 정원을 몰래 살금살금 가로질러 갔다.)

b. They **stole away** at night.(그들은 밤에 몰래 도망갔다.)

c. He **stole away** into the night.(그는 밤 속으로 몰래 사라졌다.)

d. The hours/the years **stole by** pleasantly.(그 시간/그 해는 모르는 사이에 유쾌하게 흘러갔다.)

e. He **stole into** the house.(그는 집에 몰래 들어갔다.)

f. He **stole out** of the house at midnight.(그는 자정에 집에서 몰래 빠져 나왔다.)

g. A sense of happiness **stole over/upon** her.(행복감이 저도 모르게 그녀를 덮쳤다.)

h. The morning light was **stealing through** the shutters.(아침 햇살은 덧문을 통해 살며시 들어왔다.)

i. She **stole in** back **through** the back door.(그녀는 뒷문을 통해서 도로 몰래 숨어 들어갔다.)

steam

이 동사의 개념 바탕에는 steam의 명사 '증기'가 있다. 동사의 의미는 이 명사의 쓰임과 관계가 있다.

1. 자동사 용법

1.1. 다음 주어는 증기를 내는 개체이다.

(1) a. The potatoes are **steaming** on the stove.(그 감자는 난로 위에서 김을 내고 있다.)
b. The cup of coffee is **steaming**.(커피 잔은 김을 내고 있다.)
c. The kettle is **steaming**.(그 주전자는 김을 내고 있다.)
d. This boiler **steams** well.(이 보일러는 증기가 잘 난다.)
e. The overheated engine **steamed** fiercely.(그 과열된 엔진은 격렬하게 증기를 냈다.)

1.2. 다음 주어는 증기로 없어진다.

(2) a. The water **steamed away**.(물은 증발해 버렸다.)
b. The soup **steamed away**.(수프는 증발해 버렸다.)

1.3. 다음 주어는 증기의 힘이나 증기를 내뿜으면서 움직인다.

(3) a. The company is **steaming ahead** with the plan.(회사는 그 계획을 가지고 나아가고 있다.)
b. He spotted her **steaming down** the corridor.(그는 그녀가 복도 아래로 내려가고 있는 것을 발견했다.)
c The ship is **steaming in**. (그 기선이 들어오고 있다.)
d. The train **steamed out** of the station. (그 기관차는 그 역을 떠났다.)
e. The ship **steamed out** to sea. (그 배는 바다 밖으로 나갔다.)
f. The heat is **steaming out** of the woods.(열기가 숲에서 발산하고 있다.)
g. We **steamed out** of port at 10:00.(우리는 10시에 항구를 빠져 나왔다.)

1.4. 다음 주어는 증기로 덮인다.

(4) a. The window pane **steamed up**.(그 유리창은 김으로 완전히 흐려졌다.)
b. My glasses **steamed up** in the warm room.(내 안경은 따뜻한 방에서 김으로 완전히 흐려졌다.)
c. The bathroom mirror **steams up** when the shower is used.(욕실의 거울은 샤워기가 사용될 때 완전히 흐려진다.)

2. 타동사 용법

2.1. 다음 주어는 증기의 힘으로 목적어를 움직인다.

(5) a. The captain **steamed** the ship **out** to sea.(선장은 그 배를 바다 밖으로 몰았다.)
b. The captain **steamed** the boat **up** the river.(그 선장은 보트를 강 위로 가게 했다.)

2.2. 다음 주어는 목적어를 김으로 서리게 한다.

(6) a. The warm room **steamed up** my glasses.(따뜻한 방은 내 안경을 김으로 서리게 했다.)
b. His hot breath **steamed up** the window.(그의 뜨거운 입김은 창문을 온통 김으로 서리게 했다.)

2.3. 다음 주어는 목적어를 김으로 쐰다.

(7) John **steamed** himself in the hot shower.(존은 자신을 뜨거운 샤워로 쐬었다.)

2.4. 다음 주어는 요리를 하기 위해 목적어를 찐다.

(8) a. She **steamed** the vegetable lightly.(그녀는 야채를 살짝 쪘다.)
b. Mary **steamed** some potatoes for dinner.(메리는 약간의 감자를 저녁으로 쪘다.)
c. She is **steaming** fish for dinner.(그녀는 생선을 저녁으로 찌고 있다.)

2.5. 다음 주어는 증기를 써서 목적어를 뜯는다.

(9) a. He **steamed** the wallpaper **off** the wall.(그는 증기를 써서 벽지를 벽에서 뜯어냈다.)
b. He **steamed** the stamp **off** the envelope.(그는 증기를 써서 우표를 봉투에서 뜯어냈다.)

2.6. 다음은 수동태 문장으로 주어는 화가 난 사람이다.

(10) a. He got **steamed up**.(그는 발끈했다.)
b. Don't get **steamed up** about it.(그것에 대해 화내지 말아라.)
c. He got pretty **steamed up** about the sales figures.(그 판매 수치에 대해 상당히 화가 났다.)

steep

이 동사의 개념 바탕에는 흠뻑 담그는 과정이 있다.

1. 타동사 용법

1.1. 다음 주어는 목적어를 담근다.

(1) a. The stain will come out if you **steep** the cloth in warm water.(얼룩은 그 천을 따뜻한 물에 푹 담가두면 빠질 것이다.)
b. **Steep** the stained cloth in bleach overnight.(그 얼룩이 밴 천을 밤새 표백제에 푹 담가라.)
c. You must **steep** a tea bag in a hot water.(너는 차 봉지를 뜨거운 물에 담가야 한다.)

1.2. 다음은 [활동은 그릇] 은유가 적용된 표현이다.

(2) a. He **steeped** himself in learning new computer software.(그는 새로운 컴퓨터 소프트웨어를 배우는 데에 자신을 푹 빠지게 했다.)
b. As a child, he **steeped** himself in reading adventure stories.(아이일 때, 그는 자신을 모험 소설을 읽는 데에 푹 빠지게 했다.)

1.3. 다음은 수동태 문장으로 주어는 잠긴다.

(3) a. The college is **steeped** in tradition.(그 대학은 전통에 잠겨 있다.)
b. The daily lives of the tribe is **steeped** in custom and tradition.(부족의 일상적 삶은 관습과 전통에 잠겨 있다.)
c. The incident is **steeped** in mystery and intrigue.(그 사건은 신비와 음모에 잠긴다.)

2. 자동사 용법

2.1. 다음 주어는 물에 잠기어서 우러난다.

(4) a. Let the tea **steep** for five minutes.(그 차를 5분간 잠겨 있게 해라.)
b. She allowed her tea to **steep** before drinking it.(그녀는 차를 마시기 전에 잠겨 있게 했다.)
c. The tea bag **steeped** for three minutes before the tea was ready.(그 차 봉지는 차가 준비되기 3분간 잠겨 있었다.)

2.2. 다음 주어는 잠겨있듯 열중한다.

(5) They spent a month steeping.(그들은 잠겨 있는데
(열중하는 데) 한 달을 보냈다.)

steer

이 동사의 개념 바탕에는 키로 조종하는 과정이 있
다.

1. 타동사 용법

1.1. 다음 주어는 목적어를 조종해서 움직인다.

(1) a. He steered the car around the wreck.(그는 차를
부서진 차 주위로 조종해서 갔다.)
    b. The pilot steered the boat away from the shoals.
(조종사는 배를 모래톱에서 벗어나게 조종했다.)
    c. He steered the boat into the harbor.(그는 배를 조
종하여 항구로 들어갔다.)
    d. He steered the car skillfully through the narrow
streets.(그는 차를 기술적으로 좁은 길들을 통해 운
전했다.)
    e. Our garage door is not wide and it's quite difficult
to steer the car through it.(우리 차고 문은 넓지 않
아서 차를 속으로 통과시키기가 매우 어렵다.)
    f. He steered his car toward the beach.(그는 차를 바
다가 쪽으로 조종했다.)

1.2. 다음 주어는 목적어를 차량을 조종하듯 움직인다.

(2) a. He steered himself around the corner.(그는 모퉁
이를 돌았다.)
    b. My dad steered me into his office and sat me
down.(아버지는 나를 자신의 사무실로 데리고 와서
앉혔다.)
    c. Ned steered her into the nearest seat.(네드는 그
녀를 가장 가까이에 있는 의자로 데리고 갔다.)
    d. He steered me to the store.(그는 나를 상점으로
데리고 갔다.)
    e. She steered the old man to the table.(그녀는 노인
을 식탁으로 데리고 갔다.)
    f. John steered the visitors towards the backyard.
(존은 손님들을 뒷뜰 쪽으로 데리고 갔다.)

1.3. 다음 주어는 목적어를 추상적 장소에서 벗어나게 한다.

(3) a. The teacher steered the teenagers away from
drug use.(선생님은 십대들을 마약 사용에서 떨어
지게 조종했다.)
    b. He steered the nation away from militarism.(그는
그 나라를 군사주의에서 떨어지게 조종했다.)
    c. He steered the farm away from bankruptcy.(그는
농장을 파산에서 벗어나게 조종했다.)

1.4. 다음 주어는 목적어를 특정한 방향이나, 목표, 경로를 따라 움직인다.

(4) a. Parents try to steer their children in the right
direction by teaching them good manners.(부모는
아이들에게 좋은 예의를 가르침으로써 그들을 올바
른 방향으로 데리고 가려고 노력한다.)
    b. Our teacher steered our studies in the proper
direction.(선생님은 우리의 공부를 바른 방향으로
끌고 갔다.)

    c. He steered all efforts in the right direction.(그는
모든 노력을 바른 방향으로 끌고 갔다.)
    d. He steered the country to peace.(그는 그 나라를
평화로 이끌었다.)
    e. The coach steered his team to victory.(그 코치는
팀을 승리로 이끌었다.)
    f. Who is steering the bill through parliament?(누가
그 법안을 의회를 통과시키고 있는가?)

1.5. 다음 목적어는 길이다. 주어는 목적어를 만든다.

(5) a. We steered a course around the rocks.(우리는 그
바위를 둘러가는 길을 갔다.)
    b. The ship steered a course for/toward the island.
(배는 그 섬 쪽으로 향하여 가는 길을 갔다.)
    c. He sought to steer a course between the two
groups.(그는 두 무리 사이의 길을 가려고 했다.)
    d. He steered an easterly/straight course.(그는 동쪽
/직선 길을 갔다.)
    e. He steered an uncertain course.(그는 불확실한 길
을 갔다.)

1.6. 다음 주어는 시간 속에 움직이는 개체이다. 주어는 목적어를 특정한 방향으로 움직인다.

(6) a. He managed to steer the conversation away from
his divorce.(그는 간신히 이혼에서 그 대화를 떨어
지게 조종했다.)
    b. He steered the conversation into his favorite
subject.(그는 그 대화를 자신이 좋아하는 주제로
그 대화를 이끌었다.)

2. 자동사 용법

2.1. 다음 주어는 조종된다.

(7) a. His car steers like a sports car.(그의 자동차는 스
포츠 카와 같이 조종된다.)
    b. This car steers easily.(이 차는 쉽게 조종된다.)
    c. How does your car steer? Does it take the corner
well?(네 차는 어떻게 조종되나? 그 차는 모퉁이를
잘 도나?)

2.2. 다음 주어는 조종한다.

(8) You have to steer carefully if you want to avoid
hitting that gatepost.(너는 저 대문 기둥을 치지 않으
려면 조심스럽게 조종을 해야 한다.)

2.3. 다음 주어는 목적어에서 벗어나게 움직인다.

(9) a. Many people are steering clear of the sensitive
issues.(많은 사람들은 민감한 문제를 피해가고 있
다.)
    b. Steer clear of him until he calms down.(그가 화를
가라앉힐 때까지 그를 피해라.)
    c. I should steer clear of the fish stew; it's not very
nice.(나는 생선 스튜를 피하는 것이 좋겠다; 그것은
별로 좋지 않다.)
    d. Steer away from trouble.(골치거리에서 벗어나도
록 해라.)

2.4. 다음 주어는 특정한 방향으로 이동한다.

(10) a. We steered for the harbor.(우리는 그 항구로 조종
했다.)
    b. Our ship steered for the island.(우리 배는 섬으로
가고 있다.)

c. He steered windward.(그는 바람이 불어오는 쪽으로 조종했다.)

d. He is steering between two extremes.(그는 두 극단 사이를 조종해 가고 있다.)

stem¹

이 동사의 개념 바탕에는 거스르는 과정이 있다.

1. 타동사 용법

1.1. 다음 주어는 목적어의 흐름을 거스른다.
(1) a. Stem the bleeding.(출혈을 막아라.)

b. The dam stemmed the river's flow.(댐은 강물의 흐름을 막았다.)

1.2. 다음 주어는 목적어의 진행을 거스른다.
(2) a. They stemmed a reformation.(그들은 개혁을 저지했다.)

b. The public apology stemmed the tide of complaints.(공개 사과는 불평의 흐름을 방지했다.)

stem²

이 동사의 개념바탕에는 stem의 명사 '줄기'가 있다.

1. 자동사 용법

1.1. 다음 주어는 from의 목적어에서 생긴다.
(1) a. John's behavior stemmed from greed.(존의 행동은 탐욕에서 비롯되었다.)

b. Most of our problems stemmed from a lack of funds.(우리 문제의 대부분은 자금의 부족에서 생겼다.)

c. Most people's insecurities stem from something that had happened in their childhood.(대부분 사람들의 불안정은 어린 시절에 일어났던 무언가로부터 비롯된다.)

d. The plan stems from his ideas.(계획은 아이디어에서 생긴다.)

step

이 동사의 개념 바탕에는 걸음을 걷는 과정이 있다.

1. 자동사 용법

1.1. 다음 주어는 발걸음을 옮기며 걷는다.
(1) a. He stepped across the street.(그는 길을 걸어갔다.)

b. She stepped aside to let them pass.(그녀는 그들이 지나가도록 옆으로 비켰다.)

c. He stepped along.(그는 걸음을 옮겨갔다.)

d. The coach stepped in to stop the two athletes from coming to blows.(그 감독은 두 운동선수들이 주먹다짐하는 것을 말리기 위해 끼어 들었다.)

e. He stepped into a boat.(그는 보트로 발을 옮겼다.)

f. He stepped off/onto the bus.(그는 버스에서 내려섰다/올라섰다.)

g. She opened the door and stepped out into the sunshine.(그녀는 문을 열고 밖으로 나와 햇빛 속으로 들어왔다.)

h. We stepped carefully over the broken glass.(우리는 깨진 유리 위로 조심스레 발걸음을 내딛었다.)

i. Please step this way.(이쪽으로 몇 발자국을 옮기세요.)

1.2. 다음 주어는 on의 목적어를 밟는다.
(2) a. He stepped on the gas pedal and the car zoomed away.(그는 엑셀 페달을 밟자 차는 붕하는 소리를 내며 움직였다.)

b. You must be careful not to step on some broken glass.(너는 깨진 유리조각을 밟지 않도록 주의해야 한다.)

c. He stepped on a snake.(그는 뱀을 밟았다.)

1.3. 다음 주어는 into의 목적어에 들어간다.
(3) a. He stepped into journalism.(그는 언론계에 들어갔다.)

b. The taxi stopped and we stepped into it.(택시는 멈췄고 우리는 안으로 들어갔다.)

1.4. 다음 주어는 발을 움직인다.
(4) He stepped to the music. (그는 음악에 맞추어서 발을 움직였다.)

2. 타동사 용법

2.1. 다음 주어는 목적어의 정도를 높인다.
(5) a. We will step up production to meet the increased demand.(우리는 증가된 수요를 맞추기 위해 생산성을 높이겠다.)

b. He stepped up his training for the race.(그는 그 경주를 위해 훈련의 강도를 높일 것이다.)

c. We stepped up our efforts.(우리는 노력을 증가했다.)

2.2. 다음 주어는 발을 내딛는다.
(6) a. He stepped foot in/on the enemy's soil.(그는 적대국에 발을 들여놓았다.)

b. He stepped foot on the land.(그는 땅에 발을 내딛었다.)

2.3. 다음 주어는 물러난다.
(7) a. She stepped down as chairperson.(그녀는 의장직에서 물러났다.)

b. He stepped up quickly through the ranks.(그는 계급을 빠르게 올라갔다.)

2.4. 주어는 목적어를 계단 모양으로 만든다.
(8) He stepped the hillside leading to the orchard.(그는 언덕 비탈을 과수원으로 통하는 계단 모양으로 만들었다.)

2.5. 다음 주어는 걸어서 목적어의 거리를 잰다.
(9) a. He stepped the distance from the door to the window.(그는 문에서 창문까지의 거리를 걸어서 재었다.)

b. He stepped off/out the length of the house.(그는 집의 길이를 걸어서 재었다.)

c. He stepped off ten yards.(그는 10야드를 걸어서 재었다.)

stick

이 동사의 개념 바탕에는 stick의 명사 '막대기'가 깔려있다. 동사의 뜻은 막대기와 관련된 전형적인 과정, 즉 찌르기이다.

1. 타동사 용법

1.1. 다음 주어는 목적어를 전치사 in의 목적어에 찌른다.

(1) a. Be careful or you will stick the needle in your finger.(조심해라, 그렇지 않으면 너는 바늘을 손가락에 찌를 것이다.)

　b. I simply cannot watch when someone sticks a needle in my arm.(나는 어떤 사람이 바늘을 내 팔에 찌를 때 그냥 보고만 있을 수 없다.)

　c. He stuck his hands in his trouser pockets.(그는 손을 바지 주머니에 찔러 넣었다.)

　d. She accidentally stuck a finger in her eye.(그녀는 실수로 손가락을 자신의 눈에 찔렀다.)

　e. She stuck her fingers in her ears so that she wouldn't hear the noise.(그녀는 소음을 듣지 않기 위해서 손가락을 귀에 집어넣었다.)

　f. Stick this letter in the mail box.(이 편지를 우편함에 집어넣어라.)

　g. He stuck a cigar in his mouth.(그는 담배를 입에 집어넣었다.)

1.2. 다음 주어는 목적어를 찔러서 지나가게 한다.

(2) a. The cloth is too thick to stick a pin through.(그 천은 너무 두꺼워서 핀을 찔러 넣을 수 없다.)

　b. Don't stick your fingers through the bars of the cage.(너의 손가락을 새 장의 창살 사이로 찔러 넣지 말아라.)

　c. She stuck a pin through the papers to hold them together.(그녀는 핀을 종이에 찔러 넣어서 함께 묶었다.)

1.3. 다음 주어는 그 자체가 목적어를 찌른다.

(3) a. The thorn stuck me in the foot.(그 가시가 나를 내 발을 찔렀다.)

　b. That pin stuck me.(그 핀이 나를 찔렀다.)

　c. I can't move; there's a wire sticking in my leg.(나는 움직일 수 없다; 내 다리를 찌르는 철사가 있다.)

1.4. 다음 주어는 목적어를 어디에 찔러 넣는다.

(4) a. He stuck a tack in the board.(그는 압정을 판자에 넣었다.)

　b. He stuck candles in birthday cake.(그는 초를 생일 케이크에 꽂았다.)

　c. He stuck a pistol in his belt.(그는 권총을 허리 띠에 꽂았다.)

　d. He stuck the papers in the drawer.(그는 그 서류들을 서랍에 넣었다.)

　e. She stuck the flower in a vase.(그녀는 꽃들을 꽃병 하나에 꽂았다.)

　f. He stuck a cassette in the tape recorder.(그는 카세트를 테이프 레코더에 꽂았다.)

　g. He stuck a flower in a buttonhole.(그는 꽃 한송이를 단춧구멍에 꽂았다.)

　h. He stuck the knife right in.(그는 칼을 바로 찔러 넣었다.)

　i. He stuck a pin in.(그는 핀을 찔러 넣었다.)

1.5. 다음 주어는 목적어를 into의 목적어에 찔러 넣는다.

(5) a. He stuck a fork into the meat to see if it is ready.(그는 포크를 고기에다 찔러서 그것이 되었는지 보았다.)

　b. He stuck a spade into the ground.(그는 삽을 땅에 꽂았다.)

　c. Don't stick pins into the chair.(핀을 의자에 꽂지 말아라.)

　d. Stop sticking your elbow into me.(너의 팔꿈치를 나에게 찌르지 말아라.)

　e. The nurse stuck the needle into my arm.(간호사는 바늘을 나의 팔에 꽂았다.)

　f. I stuck the photo into an album.(나는 사진을 앨범에 꽂아 넣었다.)

1.6. 다음 주어는 목적어를 on의 목적어에 찔리게 한다.

(6) a. She stuck her finger on a pin.(그녀는 손가락을 핀에 찔렀다.)

　b. He stuck an apple on his fork.(그는 사과를 포크에 찔렀다.)

1.7. 다음 주어는 목적어를 전치사 with의 목적어로 찌른다.

(7) He stuck a beefsteak with a fork.(그는 포크로 비프스테이크를 찔렀다.)

1.8. 다음 주어는 목적어를 핀 같은 것을 써서 전치사 on의 목적어에 붙인다.

(8) a. She stuck a note on the door.(그녀는 쪽지를 문에 찔러 놓았다.)

　b. They went round sticking posters/ on the wall.(그들은 포스터를 벽에 붙이면서 돌아다녔다.)

　c. He stuck a label on the crate.(그는 라벨을 나무 상자에 붙였다.)

　d. He stuck the bandage on the cut.(그는 붕대를 상처에 붙였다.)

　e. Did you remember to stick a stamp on the envelope?(너는 우표를 봉투에 붙일 것을 기억했니?)

　f. Stick the tape to the back of the picture.(테이프를 그림의 뒤에 붙여라.)

1.9. 다음 주어는 목적어를 전치사 on의 목적어에 놓는다.

(9) a. Can you stick these plates on the table?(너는 이 접시들을 탁자 위에 놓을 수 있니?)

　b. She closed the bag and stuck it back on the shelf.(그는 자루를 닫고 그것을 다시 선반 위에 놓았다.)

　c. Just stick your coat on that chair.(그냥 너의 외투를 저 의자 위에 놓아라.)

　d. He stuck his cap on his head.(그는 머리에 모자를 썼다.)

　e. He stuck a pen behind his ear.(그는 펜을 귀 뒤에 꽂았다.)

　f. He stuck the letter under the door.(그는 편지를 문

밑으로 찔러 놓았다.)

1.10. 일정액의 돈도 개체로서 다른 개체에 덧붙일 수 있는 것으로 개념화된다. 다음 주어는 목적어를 덧붙인다.

(10) a. I'll pay for the lunch--I can **stick** it **on** my expenses.(내가 점심을 낼 것이다--나는 그것을 내 비용에 더할 수 있다.)

b. The seller **stuck** another $300 **on** the price.(그 판매자는 300달러를 더 가격에 붙였다.)

1.11. 막대기를 다른 개체에 찌르면 찔리는 개체에 구멍이 생긴다. 다음 주어는 찔러서 목적어를 만든다.

(11) He **stuck** a hole **on** the wall.(그는 구멍을 벽에 뚫었다.)

1.12. 막대기의 특징 가운데 하나는 이것은 여러 개체 가운데서 튀어나오는 것이다. 주어는 목적어를 밖으로 내민다.

(12) a. Jane **stuck** out her foot to trip her brother.(제인은 남동생을 넘어지게 하려고 그녀의 발을 내밀었다.)

b. He **stuck** his head **out** of the door/the window.(그는 머리를 문/창문 밖으로 내밀었다.)

c. It is dangerous to **stick** your hand **out** of the window.(너의 손을 창문 밖으로 내미는 것은 위험하다.)

d. He **stuck** his arm **out** of his sleeve.(그는 팔을 소맷자락 밖으로 내밀었다.)

e. The little girl **stuck** her tongue **out**.(그 어린 소녀는 혀를 내밀었다.)

1.13. 다음 주어는 목적어를 위로 내민다.

(13) a. **Stick** you hands **up**.(손들어!)

b. The girl **stuck up** her head and laughed.(그 소녀는 머리를 내밀고 웃었다.)

1.14. 뾰족한 끝을 가진 개체를 다른 개체에 찌르면 찌르는 개체는 찔린 개체에 꽂혀서 고정된다. 다음 주어는 목적어를 고정시킨다.

(14) a. He **stuck** the broken vase again.(그녀는 깨진 화병을 다시 붙였다.)

b. The handle's broken **off**--stick it with glue.(그 손잡이가 부서져서 떨어졌다--그것을 풀로 붙여라.)

c. He licked the flap of the envelope and **stuck** it **down**.)(그는 봉투의 뚜껑을 혀로 핥아서 붙였다.

1.15. 다음은 수동태 문장으로 주어는 서로 붙여진다.

(15) a. The two notes are **stuck together**.(두 개의 노트가 한 데 묶인다.)

b. He **stuck** the broken pieces **together**.(그는 깨진 조각들을 한 데 붙였다.)

1.16. 다음은 수동태 문장으로 주어는 전치사 in의 목적어 속에서 움직이지 못하게 된 상태에 있다.

(16) a. The bus was/got **stuck in** the heavy traffic.(그 버스는 심한 교통 체증에 갇혔다.)

b. We were **stuck in** traffic for an hour.(우리는 한 시간 동안 교통 체증에 갇혀 있었다.)

c. The car was **stuck in** a mud.(그 차는 진창 속에 빠져 있었다.)

d. The wheels were **stuck**.(그 바퀴들은 빠져서 움직이지 않았다.)

e. My zipper was **stuck** halfway up.(내 지퍼는 반정도 위로 올라오다 끼었다.)

1.17. 다음은 수동태 문장이다. 주어는 과정이다. 주어는 중단된다.

(17) a. Our work was **stuck** by a strike.(우리의 일은 파업으로 막혔다.)

b. Their work is **struck** by the breakdown of the machine.(그들의 일은 기계의 고장으로 중단되어 있다.)

c. I am **stuck with** it.(나는 그것에 갇혀 있다.)

1.18. 다음의 목적어는 사람이다. 주어는 목적어를 계산서의 지불이나 질문으로 꼼짝 못하게 하는 고정을 나타낸다.

(18) a. They **stuck** me **with** the bill.(그들은 그 청구서로 나를 꼼짝 못하게 했다.)

b. He **stuck** her **with** questions.(그는 질문들로 그녀를 꼼짝 못하게 했다.)

c. I was **stuck with** the whole taxi fare.(나는 그 택시비로 꼼짝 못하게 되었다.)

d. They **stuck** him **for** the drinks.(그들은 그에게 음료수 값을 치르게 했다.)

e. He **stuck** her **for** money.(그는 그녀에게 돈을 빼앗았다.)

1.19. 다음의 목적어는 주어가 싫어하는 일이다. 주어는 목적어를 버리지 않고 참는다.

(19) a. I don't know how I **stuck** the dull job.(나는 내가 어떻게 그 지루한 일을 참았는지 모르겠다.)

b. I can't **stick** this kind of work.(나는 이런 종류의 일을 참을 수 없다.)

c. I can't **stick** this job much longer.(나는 더 이상 이 일을 참을 수 없다.)

d. I can't **stick** that fellow.(나는 친구를 참을 수 없다.)

e. My mother can't **stick** my girlfriend.(나의 어머니는 내 여자 친구를 참을 수 없어 한다.)

f. I can't **stick** his voice.(나는 그의 목소리를 참을 수 없다.)

1.20. 다음 주어는 목적어를 견딘다.

(20) a. I can't **stick** doing this work.(나는 이 일을 하는 것을 참을 수 없다.)

b. John can't **stick** living with his parents.(존은 그의 부모님과 사는 것을 참을 수 없다.)

c. They're always arguing--I can't **stick** it any longer.(그들은 언제나 논쟁하고 있다--나는 더 이상 그것을 참을 수 없다.)

1.21. 다음 주어는 목적어를 끝까지 참는다.

(21) a. She didn't like the course, but she **stuck** it **out**.(그녀는 수업을 좋아하지 않았지만, 그것을 끝까지 참았다.)

b. I know things are difficult at the moment, but let's **stick** it **out**.(나는 현재 사정이 어렵다는 것을 안다. 그렇지만 그것을 끝까지 참아내자.)

c. I wasn't enjoying the film very much, but I **stuck** it **out** till the end.(나는 영화를 그다지 즐기지 않았다. 그렇지만 나는 그것을 끝까지 보았다.)

1.22. 다음 주어는 목적어를 전치사 with의 목적어로

강요한다.

(22) Stick the public with shoddy goods. (싸구려 물품으로 대중을 속여라.)

1.23. 다음 주어는 목적어를 턴다.

(23) The thief **stuck up** a grocery store and stole $500. (도둑은 식료품 점을 털어서 500달러를 훔쳤다.)

2. 자동사 용법

2.1. 다음 주어는 어떤 자리에 떠나지 않고 그대로 있는다.

(24) a. You **stuck indoors** too much. (너는 집안에 너무 많이 쳐박혀 있었다.)

b. **Stick where** you are. (네가 있는 곳에 그냥 있어라.)

c. Can you **stick on** the horse? (너는 말 위에 붙어 있을 수 있니?)

d. I am afraid I can't **stick on** the horse. (나는 내가 말 위에 붙어 있을 수 없을까 봐 두렵다.)

e. Let's **stick together** or we'll get lost in the crowd. (같이 붙어 있자, 그렇지 않으면 우리는 군중 속에서 길을 잃게 될 것이다.)

f. The family **sticks together** and helps each other. (가족들은 한 데 붙어서 서로 돕는다.)

2.2. 다음 주어는 붙거나 박힌다.

(25) a. These labels/these stamps don't **stick** very well. (이 라벨/이 우표는 그다지 잘 붙지 않는다.)

b. He **sticks** like a leech. (그는 거머리처럼 달라붙는다.)

2.3. 다음 주어는 움직이게 되어 있으나 움직이지 않게 된다.

(26) a. The gears/the door have **stuck**. (그 기어/그 문은 달라붙어서 움직이지 않는다.)

b. The car has **stuck** in the mud. (그 차는 진창 속에 빠졌다.)

c. The top drawer **sticks**; I can't open it. (맨 위 서랍이 붙었다; 나는 그것을 열 수 없다.)

d. If your zip **sticks**, it might be because a thread has caught in it. (만약 너의 지퍼가 붙어서 움직이지 않으면, 그것은 실이 안에 끼였기 때문일 것이다.)

2.4. 다음 주어는 다른 개체에 박힌다.

(27) a. He tried to poke his head through the tiny opening but it **stuck**. (그는 머리를 작은 구멍을 통해 내밀려고 했지만 머리가 끼었다.)

b. The arrow **stuck** in a tree. (그 화살은 나무에 박혔다.)

c. I let the key **stick** in the lock. (나는 열쇠를 열쇠 구멍에 꽂았다.)

d. A fishbone **stuck** in my throat. (생선 가시가 내 목에 걸렸다.)

e. He throws the knife, and the blade **sticks** in the wall. (그는 칼을 던져서 칼날이 벽에 꽂힌다.)

2.5. 다음 주어는 함께 붙는다.

(28) Several pages have **stuck together**. (몇 장이 한 데 붙어 있다.)

2.6. 어떤 일에 대한 기억도 구체적인 개체로 개념화되어 어디에 붙을 수 있는 것으로 표현된다.

(29) a. The party **sticks in** my memory. (그 파티는 내 기억에 남아 있다.)

b. One lecture **stuck in** my mind. (한 강의가 내 마음에 남았다.)

2.7. 다음 주어는 어떤 기준점을 떠나지 않고 그 주위를 맴돈다.

(30) a. I can't **stick around**. (나는 옆에서 떠나지 않고 기다릴 수 없다.)

b. I will **stick around** and keep an eye on the boy. (나는 떠나지 않고 기다려서 그 소년을 계속 주시할 것이다.)

c. You go and I'll **stick around** here a bit longer. (너는 가라, 그러면 나는 여기에서 더 기다리겠다.)

d. We **stuck around** after the game to talk to the coach. (우리는 코치에게 말하기 위해 시합이 끝난 후 떠나지 않고 기다렸다.)

2.8. 다음 주어는 어떤 영역에서 벗어나서 튀어나와 있다.

(31) a. There was a handkerchief **sticking out** of his jacket pocket. (그의 재킷 주머니 밖으로 손수건이 튀어나와 있었다.)

b. Her arms **stuck out** of her sleeves. (그녀의 양팔이 소맷자락 밖으로 튀어나왔다.)

c. There was a little chimney **sticking out** of the roof. (지붕 밖으로 튀어나온 작은 굴뚝이 있었다.)

d. The branch was **sticking up** out of the water. (나뭇가지는 물 밖으로 튀어나와 있었다.)

e. The roof **sticks out** at least a meter in front of the door. (지붕은 문 앞에 적어도 1미터 밖으로 튀어나와 있다.)

f. I wish my stomach won't **stick out** so much. (나는 배가 그렇게 많이 튀어나오지 않기를 바란다.)

g. He faced me with his chin **stick out**. (그는 턱을 빼고 나를 마주보았다.)

h. The hat **sticks out** in a crowd. (그 모자는 군중 속에서 눈에 뜨인다.)

i. How his stomach **sticks out**. (그의 배가 얼마나 많이 튀어나왔는지!)

j. There's a nail **sticking through** the board here. (여기 판자를 뚫고 튀어나오는 못이 있다.)

k. Her hair **sticks up** on her head. (그녀의 머리카락이 머리 위로 튀어나와 있다.)

2.9. 다음 주어는 튀어나와 찌른다.

(32) a. A nail **stuck** in my shoe. (못이 내 신발을 찔렀다.)

b. A needle **sticks** in my shirt. (바늘이 내 셔츠를 찌른다.)

2.10. 어떤 개체가 튀어나와 있으면 눈에 잘 뜨이게 된다. 이러한 뜻이 다음에 반영되어 있다.

(33) a. I was the only one with a dress coat; so I **stuck out** like a sore thumb. (나는 연미복을 입은 유일한 사람이었다; 그래서 나는 아픈 엄지 손가락처럼 눈에 뜨였다.)

b. His accent made him **stick out**. (억양은 그를 눈에 뜨이게 만들었다.)

2.11. 다음 주어는 시간적으로 버틴다.

(34) a. The union is **sticking out** for a 10% increase in wages. (조합은 급료의 10퍼센트 인상을 끝까지 버

티고 있다.)

b. They are **sticking out** for higher pay.(그들은 더 많은 급료를 위하여 버티고 있다.)

c. He **stuck out** for twice the usual salary, and got it.(그는 보통 급료의 두 배를 얻기 위해 버티었고, 그것을 얻었다.)

2.12. up은 어떤 개체가 위로 똑바로 서있는 관계를 나타낸다. 다음 주어는 버티어 선다.

(35) a. Thanks **for sticking up for** me when everyone else criticised my decision.(다른 모든 사람이 내 결정을 비판할 때 나를 지지해 줘서 고마워.)

b. Don't worry--I will **stick up for** you.(걱정지 말아라-나는 너를 위해 버티마.)

c. **Stick up for** what you believe.(네가 믿는 것을 위해 버티어라.)

d. He **stuck up for** his rights.(그는 자신의 권리를 위해 버티어 섰다.)

2.13. 다음 주어는 어느 자리에 고정되어 있다.

(36) a. He never **sticks at** anything for long.(그는 어떤 것도 오랫동안 물고 늘어지지 않는다.)

b. He **sticks at** mathematics.(그는 수학을 물고 늘어진다.)

c. By really **sticking at** her lessons, she improved her tennis a lot.(정말로 그녀의 수업을 꾸준히 함으로써, 그녀는 테니스 실력을 많이 향상시켰다.)

d. You must **stick at** it if you want to succeed.(만약 성공하기를 원한다면 너는 그것을 물고 늘어져야 한다.)

e. Don't **stick at** small difficulties; keep going.(작은 어려움에 주저하지 말고 계속 해라.)

f. The spy **stuck at** betraying his friends.(스파이는 친구들을 배신하는 데 주저했다.)

2.14. 다음 주어는 전치사 by의 목적어 곁에 버틴다.

(37) a. He is **sticking by** his decision to testify.(그는 증언하기로 한 결정을 굳게 지키고 있다.)

b. He **stuck by** his story about the accident.(그는 그 사고에 대한 이야기를 고수했다.)

c. She **stuck by** her policy/rules.(그녀는 정책/규율을 고수했다.)

d. You have to **stick to/by** your agreement.(너는 계약을 굳게 지켜야만 한다.)

2.15. 다음 주어는 전치사 by의 목적어를 돕는다.

(38) a. He **stuck by** a friend in need.(그는 어려움에 처한 친구를 도왔다.)

b. Mary has always **stuck by** me.(메리는 언제나 내 곁에 있다.)

2.16. 다음 주어는 전치사 to의 목적어에 붙는다.

(39) a. The warm beef stew really **sticks to** my ribs.(그 따뜻한 소고기 스튜는 정말로 내 입에 잘 맞는다.)

b. Some leaves **stick to** the window.(잎 몇 장이 창문에 붙어있다.)

c. His brothers used to call him Bozo, and the name has **stuck**.(그의 동생은 그를 보조라고 부르곤 했는데 그 이름은 붙어버렸다.)

d. The door handle **sticks to** my hand.(문손잡이는 내 손에 달라붙는다.)

e. The paint is still wet; and it **stuck to** my hand.(그 페인트는 아직 젖어 있다; 그래서 그것은 손에 붙었다.)

f. It was so hot that my clothes **stuck to** me.(날씨가 너무 뜨거워서 옷이 나에게 달라 붙었다.)

g. The mud has **stuck to** my shoes.(진흙은 내 신발에 달라 붙었다.)

h. Some sand **stuck to** his hair and skin.(약간의 모래가 그의 머리와 피부에 달라 붙었다.)

i. The caterpillar **stuck to** the leaf.(그 쐐기 벌레는 나뭇잎에 달라 붙었다.)

j. Our discussion **stuck to** one topic.(우리의 토론은 하나의 주제를 고수했다.)

k. **Stick to** your friends/country.(너의 친구들/나라를 고수해라.)

2.17. 다음 주어는 전치사 to의 목적어에 붙어있다.

(40) a. If you **stick to** the main road, you won't get lost.(만약 네가 주도로를 고수하면, 너는 길을 잃지 않을 것이다.)

b. I went over the hill, instead of **sticking to** the river.(나는 강을 따라가는 대신에, 언덕 위로 넘어 갔다.)

c. If you are driving, **stick to** soft drinks.(만약 네가 운전하려면, 비알콜성 음료만 마셔라.)

d. **Stick to** your work until you finish it.(네가 일에 끝낼 때까지 고수해라.)

e. That's my story and I'm **sticking to** it.(그것은 나의 이야기고 나는 그것에 고수하고 있다.)

f. They are **sticking to** their present policy.(그들은 현 정책에 고수하고 있다.)

g. We've decided **to stick to** our first plan.(우리는 첫 번째 계획에 고수하기로 결정했다.)

h. If you **stick to** me, I'll **stick to** you.(만약 네가 나에게 충실한다면, 나는 너에게 충실하겠다.)

2.18. 다음 주어는 전치사 with의 목적어와 같이 한다.

(41) a. He was going to **stick with** the traditions.(그는 전통을 고수했을 것이다.)

b. I **stuck with** my staple diet; brown rice.(나는 기본 식료 식품인 현미를 고수했다.)

c. I **stuck with** the lessons until the end.(나는 끝까지 그 교훈을 고수할 것이다.)

d. I'm not really enjoying the book I am reading but I will **stick with** it.(나는 내가 읽고 있는 책을 정말 좋아하지 않는다. 그렇지만 나는 그것을 고수할 것이다.)

e. Let's just **stick with** the original plan.(그냥 원래 계획을 고수하자.)

f. Let's make a decision and **stick with** it.(결정을 하나 하고, 그것을 고수하자.)

g. One thing he said **stuck with** me ever since.(그가 말한 한 가지는 그 이후로 나에게 계속 남아있다.)

h. **Stick with** me, and you'll be okay.(나에게 붙어 있어라, 그러면 너는 괜찮을 거다.)

2.19. 다음 주어는 꽂힌다.

(42) a. Two arrows were **sticking in** his back.(두 개의 화살이 그의 등에 꽂혀 있었다.)

b. His chest was **sticking through** with a dagger.(그의 가슴은 단도로 관통 당했다.)

2.20. 다음 주어는 달라 붙어 있다.

(43) The plan **stuck** on that problem.(그 계획은 저 문제에 붙었다.)

stiffen

이 동사의 개념 바탕에는 형용사 stiff의 '뻣뻣하다가 깔려있다.

1. 자동사 용법

1.1. 주어는 뻣뻣해진다. 이 과정은 바탕, 근육, 저항 등에 확대되면 정도가 강해짐을 나타낸다.

(1) a. Whip the cream until it **stiffens**.(그 크림을 뻣뻣해질 때까지 휘저으세요.)

b. My muscles **stiffened** up after the climb.(등반 후에 나의 근육이 뻣뻣해졌다.)

c. The wind was **stiffening** as the storm approached.(바람은 폭풍이 다가옴에 더 심해지고 있었다.)

d. Resistance to the proposal has been **stiffening**.(제안에 대한 저항이 심해져 왔다.)

1.2. 긴장하면 사람의 몸은 뻣뻣해진다.

(2) a. She **stiffened** with fear.(그녀는 공포로 몸이 뻣뻣해졌다.)

b. He **stiffened** when he heard the unexpected sound.(그는 예기하지 않던 소리를 듣자 긴장했다.)

2. 타동사 용법

2.1. 다음에서 주어는 목적어를 뻣뻣하게 한다.

(3) a. I **stiffened** the shirt collar with starch.(나는 셔츠의 칼라를 풀로 뻣뻣하게 했다.)

b. His emotional speech was sure to **stiffen** their resolve.(그의 감동적인 연설은 그들의 결의를 굳히게 할 것임에 틀림이 없었다.)

c. The doctors warning **stiffened** my resolve to stop smoking.(의사는 금연하려는 나의 결의를 강화시켰다.)

d. Experience of hardship can help **stiffen** one's moral fibers.(고난의 경험은 우리의 도덕적 조직을 강화시킬 수 있다.)

2.2. 다음은 수동태 문장으로 주어는 강화된다.

(4) a. Penalties for selling illegal drugs have been **stiffened**.(불법 마약 판매에 대한 벌칙이 강화되었다.)

b. Her moral fibers were **stiffened** from the experience.(그녀의 도덕적 조직은 경험에서 강화되었다.)

stifle

이 동사의 개념 바탕에는 공기가 없어 숨을 못 쉬는 과정이 있다.

1. 타동사 용법

1.1. 다음 주어는 그 자체가 목적어를 질식시킨다.

(1) a. The smoke **stifled** the fire fighters.(연기는 소방수들을 질식시켰다.)

b. The fume **stifled** the children(가스는 그 아이들을 질식시켰다.)

1.2. 다음 주어는 목적어를 with의 목적어를 가지고 질식시킨다.

(2) a. The maniac **stifled** the victim with a pillow.(미친 사람은 베개로 희생자를 질식시켰다.)

b. The robber **stifled** the woman with gas/smoke.(강도는 그 여자를 가스/연기로 질식시켰다.)

1.3. 다음은 수동태 문장으로, 주어는 질식된다.

(3) a. He was almost **stifled** by the fumes.(그는 연무에 거의 질식되었다.)

b. They were **stifled** by gas.(그들은 개스로 질식되었다.)

1.4. 다음 표현에는 [생각은 생명체] 은유가 쓰였다. 주어는 목적어를 질식시킨다.

(4) a. The new government tried to **stifled** free thought.(새 정부는 자유 사상을 질식시키려고 했다.)

b. The manager **stifles** the worker's opinions/complaints.(지배인은 인부들의 의견/불평들을 질식시킨다.)

c. These rules **stifle** initiative/creativity.(이 규칙들은 독창력/창의력을 질식시킨다.)

1.5. 다음 목적어는 생리작용이다. 이들도 생명체로 개념화되어있다.

(5) a. He **stifled** a yawn/a cry.(그는 하품/울음을 억눌렀다.)

b. He **stifled** a sob/a laughter.(그는 흐느낌/웃음을 억눌렀다.)

1.6. 다음 주어는 목적어를 진압한다.

(6) a. They **stifled** the blaze before it could spread.(그들은 불길을 번지기 전에 잡았다.)

b. The army **stifled** a rebellion.(군대는 반란을 진압했다.)

2. 자동사 용법

2.1. 다음 주어는 숨이 막힌다.

(7) a. I felt I was **stifling** in the airless room.(나는 그 환기가 나쁜 방에서 숨이 막히는 것을 느꼈다.)

b. They are **stifling** in the hot attic.(그들은 뜨거운 다락에서 질식하고 있다.)

sting

이 동사의 개념 바탕에는 침으로 찌르는 과정이 있다.

1. 타동사 용법

1.1. 다음 주어는 목적어를 쏜다.

(1) a. A bee **stung** me on the arm.(벌이 내 팔을 쏘았다.)

b. A big bee **stung** him on his face.(큰 벌이 그의 얼굴을 쏘았다.)

1.2. 다음 주어는 목적어를 쏜다. 목적어는 쏘이는 부위이다.

(2) a. A big bee **stung** his face.(큰 벌이 그의 얼굴을 쏘았다.)

b. A bee **stung** his nose.(벌이 그의 코를 쏘았다.)

1.3. 다음은 수동태 문장으로 주어는 쏘인다.

(3) a. He was **stung** by a bee.(그는 벌에 쏘였다.)

   b. She was **stung** on the arm by a bee.(그녀는 팔을 벌에 쏘였다.)

   c. The child was badly **stung** by nettles.(그 아이는 쐐기풀에 심하게 찔렸다.)

1.4. 다음 주어는 목적어를 감각적으로 쏜다.

(4) a. The fragrance of coffee **stung** my nostrills.(커피 향은 나의 코를 자극했다.)

   b. Mustard **stings** my throat.(그 겨자는 내 목을 쏜다.)

   c. The hard rain/the cold wind **stung** my face.(그 폭우는/차가운 바람은 내 얼굴을 얼얼하게 한다.)

   d. Smoke began to **sting** his eyes.(연기가 그의 눈을 따끔거리게 했다.)

   e. Sprays can **sting** sensitive skin.(분무는 민감한 피부를 쏜다.)

   f. The seawater **stung** my cut.(바닷물은 나의 벤자리를 따끔거리게 했다.)

   g. The wet grasses were **stinging** my legs.(젖은 풀은 내 다리를 찌르고 있었다.)

1.5. 다음 주어는 목적어를 정신적으로 쏜다.

(5) a. The criticism/the whip **stung** Mary sharply.(그 비평은/채찍은 메리를 날카롭게 괴롭혔다.)

   b. His conscience **stung** him.(그의 양심이 그를 찔렀다.)

1.6. 다음은 수동태 문장으로 주어는 감각적으로 쏘인다.

(6) a. Jane was **stung** by the mockings of the other children.(제인은 다른 아이들의 놀림에 상처를 받았다.)

   b. He was **stung** by his pride/remorse.(그는 자존심 때문에/양심의 가책으로 고통을 받았다.)

   c. He was **stung** by the harshness of her words.(그는 그녀의 가혹한 말에 피로웠다.)

   d. Days later, she was still **stung** by the accusations.(며칠 뒤에도, 그녀는 비난에 여전히 고통받았다.)

1.7. 다음 주어는 목적어를 자극하여 행동을 하게 한다.

(7) a. Anger **stung** him to action.(분노가 그를 자극하여 행동하게 했다.)

   b. The insult **stung** him to effort.(모욕은 그를 자극하여 노력하게 했다.)

   c. The severity of the criticism **stung** her into action.(그 비평의 가혹함이 그녀를 자극하여 행동을 하게 했다.)

   d. Their words/the taunt **stung** me into action.(그들의 말/조롱은 나를 자극하여 행동을 하게 했다.)

   e. Her ridicule **stung** him into making an angry reply.(그녀의 비웃음은 그를 자극하여 화난 대답을 하게 했다.)

   f. The ridicule **stung** him into taking the desperate steps.(그 비웃음은 그를 자극하여 필사적인 조처를 취하게 했다.)

1.8. 다음은 수동태 문장으로 주어는 자극을 받아서 into의 목적어가 가리키는 행동을 하게 된다.

(8) She was **stung** into making an angry reply.(그녀는 자극받아 성난 대답을 하게 되었다.)

1.9. 다음 주어는 목적어를 부과한다.

(9) The bank **stung** me for $100 in charges when I went overdrawn.(그 은행은 내가 예금액을 초과해서 썼을 때 비용으로 나에게서 $100를 빼앗았다.)

1.10. 다음은 수동태 문장으로 주어는 속임을 당한다.

(10) a. I was **stung** by the salesman on the occasion for my car.(나는 차 거래에서 그 샐러리맨에게 속았다.)

   b. I was **stung** by him in the business.(나는 그 사업에서 그에게 속았다.)

   c. I was **stung** for five dollars.(나는 5달러를 바가지 썼다.)

   d. I paid $50 for this gloves; I got **stung**.(나는 이 장갑에 50달러를 지불했다; 나는 바가지를 썼다.)

2. 자동사 용법

2.1. 다음 주어는 자극을 준다.

(11) a. The antiseptic/the disinfection might **sting** a little.(그 방부제는/소독약은 약간 쓸지 모른다.)

   b. Not all bees **sting**.(모든 벌이 침을 쏘지는 않는다.)

   c. The patient frowned because the injection **sting**.(그 환자는 주사가 아팠기 때문에 눈살을 찡그렸다.)

   d. It **stung** when you slapped me.(네가 내 따귀를 때렸을 때 그것은 얼얼했다.)

   e. When the acid dripped on my arm, it **stung** badly.(산이 내 팔에 떨어졌을 때, 그것은 매우 아프게 쏘았다.)

   f. Saltwater **stings** in a cut.(소금물은 벤자리를 따끔거리게 한다.)

   g. Insult **stings**.(모욕은 마음을 아프게 한다.)

   h. Ginger **stings**.(생강은 쏜다.)

2.2. 다음 주어는 따가움을 느낀다.

(12) a. Her hands were **stinging** from the hot water.(그녀의 손은 뜨거운 물에 따끔거리고 있었다.)

   b. The blow made his hands **sting**.(구타는 그의 손을 따갑게 했다.)

   c. The salt water/chopping onions made my eyes **sting**.(소금물/양파 썰기는 내 눈을 따갑게 했다.)

   d. My eyes are **stinging** from the smoke.(내 눈은 연기로 따갑다.)

   e. My eyes/fingers/cuts **stung**.(내 눈은/손가락은/베인 자리가 따가웠다.)

stink

이 동사의 개념 바탕에는 불쾌한 냄새가 나는 과정이 있다.

1. 자동사 용법

1.1. 다음 주어는 냄새가 난다.

(1) a. Decaying fish **stink**.(썩는 생선은 냄새가 난다.)

   b. This ham **stinks**.(이 햄은 냄새가 난다.)

   c. That paint **stinks**.(저 페인트는 냄새가 난다.)

   d. The kitchen **stinks**. What are you cooking?(부엌은 냄새가 난다. 너는 무엇을 요리하고 있나?)

1.2. 다음 주어는 냄새가 난다.

(2) a. This job stinks.(이 일은 냄새가 난다/역겹다.)
b. Don't read this book; it stinks.(이 책은 읽지 말아라; 역겹다.)
c. The idea stinks.(그 생각은 역겹다.)
d. The whole business really stinks.(그 전체 일은 정말 역겹다.)
e. This program stinks.(이 일정표는 역겹다.)

1.3. 다음 주어는 전치사 of의 목적어의 냄새가 난다.

(3) a. The place stank of fish.(장소는 생선 냄새가 났다.)
b. The hallway stank of beer.(골마루는 맥주 냄새가 났다.)
c. His breath stank of garlic.(그의 숨은 마늘 냄새가 났다.)
d. He stinks of wine.(그는 포도주 냄새가 난다.)
e. The whole room stinks of cigarette.(방 전체는 담배 냄새가 난다.)

2. 타동사 용법
2.1. 다음 주어는 목적어를 냄새가 나게 한다.

(4) a. They stank up the hallways with the smell of sour herring.(그들은 골마루를 시큼한 청어 냄새가 나게 했다.)
b. The wet log stank up the room.(젖은 통나무는 방에 악취가 풍기게 했다.)

---

stint

이 동사의 개념 바탕에는 아끼는 과정이 있다.

1. 타동사 용법
1.1. 다음 주어는 목적어에 줄 것을 아낀다.

(1) a. She stints her children in food.(그녀는 아이들에게 음식을 많이 주지 않았다.)
b. We don't have to stint ourselves; have some more.(우리는 음식을 아낄 필요가 없다; 더 먹어라.)
c. He stinted himself in food.(그는 자신을 음식을 많이 허용하지 않았다.)

1.2. 다음의 목적어는 주는 개체이다. 주어는 목적어를 줄인다.

(2) a. The company has stinted money on safety measures in the factory.(그 회사는 공장의 안전 조치에 대한 비용을 아꼈다.)
b. I have to stint charity gifts this year.(나는 올해 자선 선물을 줄여야만 한다.)

2. 자동사 용법
2.1. 주어는 on의 목적어와 관련하여 아낀다.

(3) a. Don't stint on the food.(음식을 아끼지 말아라.)
b. You can't stint on the butter with the recipe.(너는 버터를 요리법대로 아낄 수 없다.)
c. The book about Reagan doesn't stint on the gossip.(레이건에 관한 책은 험담을 아끼지 않았다.)

---

stir

이 동사의 개념 바탕에는 휘젓는 과정이 있다.

1. 타동사 용법
1.1. 다음 주어는 목적어를 휘젓는다. 목적어는 그릇 속에 든 액체나 묽은 고체이다.

(1) a. Stir the milk until the sauce thickens.(우유를 소스가 진해질 때까지 휘저어라.)
b. Stir the paint well.(페인트를 잘 저어라.)
c. He stirred his coffee.(그는 커피를 휘저었다.)
d. He stirred smoldering fire with a poker.(그는 연기를 내고 있는 불을 부지깽이로 저었다.)

1.2. 다음은 수동태 문장으로 주어는 휘젓긴다.

(2) The sauce should be constantly stirred.(소스는 끊임없이 저어야 한다.)

1.3. 다음에서 주어는 목적어를 저으면서 넣는다.

(3) a. When the sauce has cooled, add the grated cheese and stir it in.(소스가 식으면, 간 치즈를 넣고 저으면서 넣어라.)
b. When the yeast is dissolved, stir the flour in gradually.(이스트가 녹으면, 밀가루를 차츰 저어서 넣어라.)

1.4. 다음의 목적어는 호기심이나 상상력이다. 이러한 것은 정지 상태에 있을 수 있고 움직이는 상태에 있을 수 있다. 주어는 이러한 것을 움직인다.

(4) a. His story stirred up my curiosity/my imagination/my desires.(그의 이야기는 나의 호기심/상상력/욕구를 자극했다.)
b. The news stirred his spirit/pity.(그 뉴스는 그의 용기/동정심을 불러 일으켰다.)
c. The story stirred the boy's interest.(그 이야기는 소년의 흥미를 불러 일으켰다.)
d. His appeal stirred feelings of sympathy and regret.(그의 호소는 동정과 후회의 감정을 불러 일으켰다.)
e. It stirred my blood.(그것은 나의 피를 일게 했다.)
f. Her imagination has been stirred by the scene.(그녀의 상상력은 그 장면에 의해 자극되었다.)

1.5. 다음 목적어는 사람을 가리킨다. 그러나 이들은 환유적으로 쓰여서 사람의 마음을 가리킨다. 주어는 목적어의 마음을 움직인다.

(5) a. The speaker stirred us with an emotional presentation.(연사는 우리의 마음을 감정에 호소하는 연설로 움직였다.)
b. His speech stirred the crowd to a rebellion/a demonstration.(그의 연설은 군중의 마음을 자극하여 반란/시위 운동을 하게 했다.)
c. The leader stirred up the people to revolution/rebellion.(그 지도자는 사람들의 마음을 자극하여 혁명/반란을 하게 했다.)
d. The band music stirred the crowd and made them feel patriotic.(그 악단의 음악은 청중을 감동시켜 애국심을 느끼게 했다.)

1.6. 다음은 주어는 목적어를 from으로 부터 움직이게 한다.

(6) a. I cannot stir him from his resolve.(나는 그의 결정을 움직일 수 없다.)

    b. A noise stirred me from sleep.(소음이 나를 잠에서 깨게 했다.)

1.7. 다음은 수동태 문장으로 주어는 마음이 움직여진다.

(7) a. He was stirred by the beauties of nature.(그는 자연의 아름다움에 감동되었다.)

    b. She was stirred by his sad story.(그녀는 그의 슬픈 이야기에 감동되었다.)

    c. The audience was deeply stirred.(그 청중은 깊이 감동되었다.)

1.8. 다음 주어는 목적어를 휘저어서 밑에 있는 것이 위로 올라오게 한다.

(8) a. The child was stirring up the mud at the bottom of the pond.(그 아이는 진흙을 연못의 바닥에 있는 휘저어 올리고 있었다.)

    b. The horse's hooves stirred up a lot of dust.(그 말의 발굽은 엄청난 먼지를 일으켰다.)

    c. His movement stirred up mud and sand.(그의 움직임은 진흙과 모래를 일으켰다.)

    d. The explosion stirred up clouds of mud from the sea bed.(폭발은 진흙 구름을 바다 밑 바닥에서부터 일으켰다.)

    e. He stirred up hatred.(그는 증오심을 일으켰다.)

    f. He likes stirring up trouble over nothing.(그는 아무것도 아닌 일로 문제를 일으키기를 좋아한다.)

1.9. 다음 주어는 목적어를 움직이거나 흔들리게 한다.

(9) a. A gentle breeze was stirring the tops of the pine trees.(부드러운 미풍이 소나무의 꼭대기를 흔들고 있었다.)

    b. The breeze was stirring the leaves.(그 미풍은 잎 사귀들을 흔들고 있었다.)

    c. A light breeze stirred the surface of the lake.(가벼운 미풍이 호수의 수면을 흔들었다.)

1.10. 다음 주어는 목적어를 휘저으면서 다른 개체에 넣는다.

(10) a. Stir a little cream into the soup before serving.(대접하기 전에 적은 크림을 저어서 수프에다 넣어라.)

    b. Stir the egg yolks into the mixture.(그 계란 노른자를 혼합물에 저어서 넣어라.)

    c. She stirred sugar into her tea.(그녀는 설탕을 그녀의 차에다 휘저어 넣었다.)

    d. Stir vinegar into salad oil.(식초를 샐러드 오일에 저어서 넣어라.)

    e. Jane stirred the sugar into the lemonade with a wooden spoon.(제인은 설탕을 레모네이드에 나무 숟가락으로 휘저어 넣었다.)

    f. She stirred flour into the sauce.(그녀는 밀가루를 소스에 휘저어 넣었다.)

1.11. 다음은 수동태 문장으로 주어는 휘저어 넣어진다.

(11) a. The vegetables are stirred into the rice while it is hot.(그 야채는 저어서 밥이 따뜻할 때 그 속에 넣어진다.)

    b. The union was stirred into action.(조합은 선동되어 행동에 옮겼다.)

1.12. 다음에서 주어는 목적어를 자극하거나 선동시켜서 어떤 일이나 행동을 하게 한다.

(12) a. The sight stirred him into action.(그 광경은 그를 자극하여 행동을 하게 했다.)

    b. The weather was hot, but we stirred him into taking a drink to the beach.(날씨는 더웠지만 우리는 그를 자극하여 술을 해변으로 가지고 오게 했다.)

1.13. 다음 주어는 목적어를 자극시켜서 부정사가 가리키는 일이나 행동을 한다.

(13) a. The leading countries of Europe were stirred to do him honor.(유럽의 선진국들은 선동되어 그의 면목을 세워주게 되었다.)

    b. The leader stirred them to revolt.(그 지도자는 그들을 자극시켜 폭동을 하게 했다.)

    c. Bill stirred (up) the other boys to (do) mischief.(빌은 다른 소년들을 선동해 장난을 치게 했다.)

1.14. 다음 주어는 목적어를 선동하여 전치사 to의 목적어가 가리키는 일을 하게 한다.

(14) The incident stirred them to action.(그 사고는 그들을 자극하여 행동하게 했다.)

1.15. 다음 목적어는 재귀대명사이다.

(15) a. He stirred himself to start work.(그는 자신을 일으켜서 일을 착수했다.)

    b. He stirred himself to answer the door.(그는 자신을 일으켜서 문에 대답했다.)

    c. Stir yourself, or you'll be late.(분발해라, 그렇지 않으면 늦을 것이다.)

    d. I just couldn't stir myself out of bed.(나는 침대에서 나올 수가 없었다.)

1.16. 다음 주어는 목적어를 움직이다. 목적어는 신체 부위이다.

(16) a. The boy didn't stir a finger.(그 소년은 손가락/눈 하나 깜짝하지 않았다.)

    b. She didn't stir an eyelid.(그녀는 눈꺼풀 하나 깜짝하지 않았다.)

2. 자동사 용법

2.1. 다음 주어는 움직이는 개체이다.

(17) a. Not a blade of grass stirred.(잎 하나도 흔들리지 않았다.)

    b. Not a leaf stirred.(이파리 하나도 흔들리지 않았다.)

    c. Something stirred in the wood.(무엇이 숲 속에서 움직였다.)

    d. Something stirred in the water.(무엇이 물 속에서 움직였다.)

2.2. 다음의 주어는 사람이다.

(18) a. The people stirred and recognized him for the teacher he was.(사람들은 감동되어 선생님을 그의 실제대로 알아보았다.)

    b. Who's that stirring in the hall?(홀에서 움직이고 있는 사람이 누구야?)

    c. I could neither speak nor stir.(나는 말을 하거나 움직이지를 못했다.)

    d. The children were awake and stirring before dawn.(아이들은 새벽 전에 일어나 움직이고 있었다.)

    e. No one is stirring yet.(아무도 일어나 움직이고 있

지 않다.)

f. The sleeping dog **stirred** in front of the fireplace. (그 잠자는 개는 난로 앞에서 꾸물거렸다.)

g. Mary **stirred** restlessly as she slept.(메리는 그녀가 잠을 잘 때 불안하게 움직였다.)

h. Anne shook him, and he began to **stir**. (앤이 그를 흔들어서 그는 꿈틀거리기 시작했다.)

i. Don't **stir** or I'll shoot.(움직이지마, 그렇지 않으면 쏘아버릴테야.)

2.3. 낙관주의, 희망, 기억 등도 발동할 수 있는 것으로 개념화된다.

(19) a. Rumor began to **stir** among the people.(소문이 사람들 사이에 퍼지기 시작했다.)

b. My blood **stirs** at the very thought.(나의 피는 그 생각에 끓었다.)

c. The property market is beginning to **stir**.(부동산 시장은 꿈틀거리기 시작하고 있다.)

d. Pity **stirred** in his heart.(연민이 그의 마음 속에 일어났다.)

e. New optimism was **stirring** throughout the country.(새 낙관주의가 나라 전역에서 일어나고 있었다.)

f. The memory **stirs** in me, and I start feeling anxious.(그 기억은 내 안에서 일어나서 나는 불안을 느끼기 시작했다.)

g. Hope **stirred** within his breast. (희망이 그의 가슴속에서 일어났다.)

2.4. 다음 주어는 움직여서 돌아다닌다.

(20) a. He **stirred** out/round/about.(그는 몸을 움직여 나왔다/돌아다녔다/여기저기 돌아다녔다.)

b. He never **stirred** out of his house.(그는 결코 집 밖으로 꼼짝하지 않았다.)

d. The doorbell rang, but she didn't **stir** from the chair.(초인종은 울렸지만 그녀는 의자에서 움직이지 않았다.)

2.5. 다음의 주어는 휘저어지는 개체이고, 이 문장은 이 개체의 성질을 나타낸다.

(21) The paint **stirs** easily.(페인트는 쉽게 저어진다.)

stitch

이 동사의 개념 바탕에는 꿰매는 과정이 있다.

1. 타동사 용법

1.1. 다음 주어는 목적어를 꿰맨다. 목적어는 찢어진 부분이 있는 개체이다.

(1) a. He **stitched** up his garment.(그는 옷을 꿰맸다.)

b. She **stitched** up her shirt.(그녀는 셔츠를 꿰맸다.)

1.2. 다음 목적어는 찢어진 부분이다. 주어는 찢어진 부분을 꿰맨다.

(2) a. She **stitched** up the tent.(그녀는 텐트를 꿰맸다.)

b. She **stitched** the seam(그녀는 봉합선을 꿰맸다.)

c. Will you **stitch** up this hole for me?(이 구멍을 꿰매 주시겠습니까?)

d. She **stitched** up the tear.(그녀는 찢어진 곳을 꿰맸다.)

1.3. 다음 주어는 목적어를 꿰맨다. 목적어는 상처이다.

(3) a. The doctor **stitched** the wound.(그 의사는 상처를 꿰맸다.)

b. The doctor **stitched** up the cut and left it to heal. (의사는 그 상처를 꿰매고 아물도록 내버려 두었다.)

1.4. 다음 주어는 목적어를 꿰매어 합친다.

(4) a. She **stitched** the pieces together to make a quilt. (그녀는 조각들을 꿰매어서 누비이불을 만들었다.)

b. **Stitch** the sheets together.(홑이불들을 함께 꿰매어라.)

1.5. 다음 목적어는 꿰매어서 만들어지는 개체이다.

(5) a. Britain is going to **stitch** together a deal to avoid a confrontation.(영국은 협상을 대치를 피하기 위해서 만들어 낼 것이다.)

b. The deal was **stitched** up in minutes.(그 협상은 몇 분 안에 만들어졌다.)

1.6. 다음은 수동태 문장으로 주어는 꿰매어서 다른 개체에 붙여진다.

(6) a. A pocket is **stitched** to the front of the jacket.(호주머니 하나가 저고리 앞 쪽에 꿰매어 붙여진다.)

b. A button fell off and I **stitched** it on again.(단추 하나가 떨어져서 나는 그것을 다시 꿰매 달았다.)

c. The button needs to be **stitched** back onto my shirt.(그 단추는 다시 내 셔츠에 꿰매 달아져야 한다.)

stock

이 동사의 개념 바탕에는 물건을 저장하는 과정이 있다.

1. 타동사 용법

1.1. 다음 주어는 목적어를 재고로 갖는다.

(1) a. Do you **stock** children's books?(어린이용 책을 들여놓았습니까?)

b. Do you **stock** notebook computers?(노트북 컴퓨터를 들여놓습니까?)

1.2. 다음 주어는 목적어를 재고로 갖는다.

(2) a. Most supermarkets **stock** a wide range of wines. (대부분의 수퍼마켓은 다양한 종류의 포도주를 들여놓는다.)

b. The auto parts store **stocks** headlights.(자동차 부품 가게는 전조등을 들여놓는다.)

c. The store **stocks** all kinds of goods.(그 상점은 모든 종류의 상품을 갖추어 놓았다.)

d. The store **stocks** raincoats.(그 상점은 우비를 들여 놓는다.)

1.3. 다음 주어는 목적어를 채운다. 목적어는 물건이 저장되는 장소이다.

(3) a. He has a Saturday job **stocking** shelves in the supermarket.(그는 토요일마다 수퍼마켓에서 진열대들을 상품으로 채우는 일을 갖고 있다.)

b. I always **stock** up the fridge before my parents come to stay.(나는 부모님이 머물기 위해 오시기 전에 냉장고를 항상 가득 채워놓는다.)

c. The shop keeper **stocks** his shop with the latest

models.(가게 주인은 가게를 최신 모델들로 채운
다.)

d. They stocked the cupboard with food.(그들은 찬
장을 음식으로 채웠다.)

1.4. 다음 주어는 목적어를 전치사 with의 목적어로 뿌
리거나 방류한다.

(4) a. The farmer stocked his pasture with cloves.(농부
는 목초지에 클로버를 뿌려 놓았다.)

b. They stocked the farm with cattle. (그들은 농장
을 소떼로 채워 넣었다.)

c. They stocked the lake with fish.(그들은 그 호수를
물고기로 채웠다.)

d. He stocked the river with trout.(그는 그 강에 숭어
를 방류했다.)

1.5. 다음은 수동태 문장으로 주어는 채워진다.

(5) a He has a memory well stocked with facts.(그는 사
실로 채워진 기억을 가지고 있다.)

b. The store is well stocked with replacements
parts. (상점에는 대체 부품들이 잘 갖추어져 있다.)

2. 자동사 용법

2.1. 다음의 주어는 사람이다. 그러나 물건이 저장되는
장소는 표현되지 않았다.

(6) a. He stocks up with food for the holiday.(그는 휴일
을 위해 식량을 비축해 둔다.)

b. She stocks up on meat.(그녀는 고기를 사 재어 둔
다.)

c. You'd better stock up now on cooking oil.(너는
지금 식용유를 사들여 놓는 것이 낫겠다.)

d. Mom stocks up on light bulbs when the store has
a sale.(엄마는 그 상점이 가격 인하할 때 백열 전구
를 사 두었다.)

stomach

이 동사의 개념 바탕에는 stomach의 명사 '밥통'
이 있다. 동사의 의미는 이 명사의 기능과 관계가
있다.

1. 타동사 용법

1.1. 다음 주어는 목적어를 위에서 삭힌다.

(1) a. She couldn't stomach any breakfast.(그녀는 어떠
한 아침 식사도 소화시킬 수가 없었다.)

b. He cannot stomach his food.(그는 음식을 소화시
킬 수가 없다.)

1.2. 다음은 [행동, 말, 생각은 음식] 은유가 적용된 예
이다.

(2) a. I can't stomach her behavior anymore.(나는 그녀
의 행동을 더 이상 받아들일 수가 없다.)

b. I can't stomach violence/rudeness.(나는 폭력/무
례함을 받아들일 수가 없다.)

c. I can't stomach his jokes.(나는 그의 농담을 받아
들일 수가 없다.)

d. I can't stomach the thought of a long train trip.(나
는 긴 기차 여행에 대한 생각을 받아들일 수가 없
다.)

stoop

이 동사의 개념 바탕에는 앞으로 수그리는 과정이
있다.

1. 자동사 용법

1.1. 다음 주어는 수그린다.

(1) a. The door was so low that he had to stoop to go
in.(그 문은 너무 낮아서 그가 들어가기 위해서는 구
부려야 했다.)

b. She stooped down to pick up the child.(그녀는 아
이를 안아 올리기 위해서 구부렸다.)

c. He stooped from fatigue.(그는 피로에 어깨가 쳐졌
다.)

d. He stoops with age.(그는 나이 때문에 구부러졌
다.)

1.2. 다음 주어는 자신을 낮추어서 좋지 않은 일을 한
다. [안 좋음은 아래] 은유가 적용된 예이다.

(2) a. He stooped to cheat in order to pass the
examination.(그는 시험에 통과하기 위해서 자신을
낮추어서 속였다.)

b. She would not stoop so low as to steal a ring
from a dead woman's finger.(그녀는 죽은 여인의
손에서 반지를 훔칠 정도로 자신을 비열하게 되지는
않을 것이다.)

1.3. 다음 주어는 자신을 낮추어서 좋지 않을 일을 한다.

(3) a. I didn't expect you to stoop to lying/cheating.(나
는 너가 거짓말/속임을 할 정도로 자신을 비열하게
만들 것으로 예상하지 않았다.)

b. Would you stoop to taking bribes?(너는 뇌물을 받
을 정도로 자신을 낮출 것인가?)

c. Would he stoop to stealing money from his own
children?(그는 돈을 자신의 아이들로부터 훔칠 정
도로 비열하게 될 것인가?)

d. The king will not stoop to apologizing to the
farmer.(왕은 농부에게 사과를 할 정도로 자신을 낮
추지 않을 것이다.)

1.4. 다음에서는 to의 목적어가 명사로 표현되어 있다.

(4) a. He would not stoop to such treachery.(그는 자신
을 낮추어서 이러한 반역은 하지 않을 것이다.)

b. Ray will stoop to anything to get what he wants.
(레이는 그가 원하는 것을 갖기 위해서는 자신을 낮
추어서 어떤 짓이든 할 것이다.)

c. He would stoop to such a behavior.(그는 자신을
낮추어서 이러한 행동을 할 것이다.)

2. 타동사 용법

2.1. 다음 목적어는 재귀대명사이다. 주어는 자신을 낮
춘다.

(5) He stooped himself.(그는 자신을 낮추었다.)

2.2. 다음 주어는 목적어를 수그린다.

(6) a. He stooped his shoulders.(그는 어깨를 구부렸다.)

b. He stooped his head a little when he climbed on
the bus.(그는 버스를 오를 때 고개를 조금 숙였다.)

stop

이 동사의 개념 바탕에는 멈추는 과정이 있다.

1. 자동사 용법

1.1. 다음 주어는 멈춘다.

(1) a. We stopped to rest/to talk.(우리는 쉬기/이야기하기 위하여 멈추었다.)

　b. Are you stopping at the hotel?(너는 그 호텔에 머물고 있느냐?)

　c. I must stop at the baker's.(나는 그 빵집에 들러야 한다.)

　d. I think I'll stop here a few minutes.(나는 여기서 몇 분간 쉴까 한다.)

1.2. 다음 주어는 움직이는 개체이다. 주어는 멈춘다.

(2) a. The train stopped at the station.(기차는 역에 섰다.)

　b. The bus stopped in front of the store.(버스는 가게 앞에 멈추어 섰다.)

　c. The clock has stopped.(그 시계는 멈추었다.)

　d. The heart has stopped.(그 심장은 멈추었다.)

1.3. 다음 주어는 환유적으로 쓰여서 이와 관련된 과정을 가리킨다.

(3) a. The rain stopped.(비는 그쳤다.)

　b. The noise outside finally stopped.(바깥의 소음은 그쳤다.)

　c. The matter will not stop here.(그 문제는 여기서 끝나지 않을 것이다.)

1.4. 다음 주어는 움직이지 않으나 전체 형상을 눈으로 따라가 보면 어느 지점에서 끝난다.

(4) The road stops there.(그 길은 여기서 끝난다.)

2. 타동사 용법

2.1. 다음 주어는 목적어를 멈춘다. 목적어는 움직이는 개체이다.

(5) a. The earthquake stopped all the clocks.(그 지진은 모든 시계를 멈추었다.)

　b. The police stopped a bus/a car/a train/a horse.(순경이 버스/차/기차/말을 멈추었다.)

2.2. 다음 목적어는 흐르는 개체이다. 주어는 목적어를 멈춘다.

(6) a. Can you stop the blood?(당신은 피를 멈추게 할 수 있습니까?)

　b. Stop the leak in the pipe.(파이프의 새는 곳을 막아라.)

　c. The mechanic stopped the electricity.(기사는 전기를 끊었다.)

　d. He stopped his breath.(그는 숨을 멈추었다.)

2.3. 다음 주어는 목적어의 흐름을 막는다.

(7) a. They stopped the supplies.(그들은 공급을 막았다.)

　b. The company stopped his wages.(회사는 그의 임금을 중단했다.)

　c. The bank stopped payment.(은행은 지불을 중단했다.)

　d. The bank stopped the check.(은행은 그 수표의 지불을 정지했다.)

2.4. 다음 목적어는 물체가 지나가는 개체이다. 주어는 목적어를 막는다.

(8) a. He stopped the pipe.(그는 파이프를 막았다.)

　b. He stopped his ears.(그는 귀를 막았다.)

　c. They stopped up the drain.(그들은 배수구를 완전히 막았다.)

2.5. 다음 목적어는 시간 속에 진행되는 개체이다.

(9) a. He stopped work/a quarrel/a fight/the game.(그는 일/다툼/싸움/그 경기를 중단시켰다.)

　b. The umpire stopped the match.(그 심판은 경기를 중단시켰다.)

2.6. 동명사가 목적어일 때는 다음과 같이 두 가지의 표현이 있다. 전체 주어와 동명사의 주어가 다르다.

(10) a. What can stop our going?(무엇이 우리가 가는 것을 막을 수 있는가?)

　b. What can stop us from going?(무엇이 우리를 가는 것으로부터 막을 수 있는가?)

(11) a. Can't you stop the child getting into mischief?(그 아이가 나쁜 장난하는 것을 막을 수 있느냐?)

　b. Can't you stop the child from getting into mischief?(너는 그 아이를 나쁜 장난을 하는 것으로부터 막을 수 없느냐?)

2.7. 다음 전체 주어와 동명사의 주어가 같다.

(12) a. He stopped beating his wife.(그는 아내를 때리기를 중단했다.)

　b. He stopped from beating his wife.(그는 아내를 때리는 일을 중단했다.)

(13) a. He stopped working.(그는 일을 멈추었다.)

　b. He stopped from working.(그는 일을 멈추었다.)

store

이 동사의 개념 바탕에는 저장하는 과정이 있다.

1. 타동사 용법

1.1. 다음 주어는 목적어를 저장한다.

(1) a. I've stored my thick sweater and jackets in the back of the wardrobe.(나는 두꺼운 스웨터와 재킷들을 옷장의 뒤쪽에 저장했다.)

　b. They store meat in a freezer downstairs.(그들은 고기를 아래층 냉장고에 저장한다.)

　c. Store the extra chairs in the attic.(여분의 의자를 다락에 저장해라.)

　d. We must store wood for the winter.(우리는 땔감을 겨울에 대비해 비축해야 한다.)

　e. Store the cookies in an air-tight tin.(쿠키를 밀폐 깡통에 저장해라.)

　f. You can store coffee beans in a freezer to keep them fresh.(너는 커피콩을 신선하게 유지하기 위해 그것을 냉장고에 저장할 수 있다.)

　g. When she was abroad, she stored her furniture in a warehouse.(해외에 있을 때 그녀는 가구를 창고에 저장했다.)

1.2. 다음은 수동태 문장으로 주어는 저장된다.

(2) a. Thousands of books are stored in the library.(수

천 권의 책들이 도서관에 저장되어 있다.)
b. Some of the garden furniture must be **stored** inside in the winter.(정원 가구 중 몇 개는 겨울에 안에 저장되어야 한다.)
c. The coal is **stored** in the cellar.(그 석탄은 지하실에 저장되어 있다.)

1.3. 정보나 기억도 저장될 수 있는 개체로 개념화되어 저장되는 것으로 표현된다.
(3) a. I do not have space to **store** the rice.(나는 쌀을 저장할 공간이 없다.)
b. He **stores** the accident in his memory.(그는 사건을 기억에 저장한다.)
c. Jane had noticed what he said, and **stored** it as a weapon.(제인은 그가 한 말을 주목했고, 그것을 무기로서 간직했다.)
d. One could **store** all the energy from the sun during the summer months.(태양으로부터 오는 모든 에너지를 여름 달 동안 저장할 수 있다.)

1.4. 다음은 수동태 문장으로 주어는 저장된다.
(4) a. The data is **stored** in a hard disk.(그 데이터는 하드 디스크에 저장된다.)
b. A mass of data is **stored** in the computer.(데이터 뭉치가 컴퓨터에 저장되어 있다.)
c. Thousands of pieces of data are **stored** in the computer's memory.(수천 조각의 데이터가 컴퓨터의 메모리에 저장된다.)
d. Many files can be **stored** in this diskette.(많은 파일들이 이 디스켓이 저장될 수 있다.)

1.5. 다음 주어는 목적어를 저장하여 주어의 활동 영역에서 제처둔다.
(5 a. He **stored** old things **away** in the attic.(그는 오래된 물건들을 다락방에 치워 두었다.)
b. He **stored away** the old tapes.(그는 오래된 테입을 치워 두었다.)

1.6. 다음은 수동태 문장으로 주어는 치워진다.
(6) a. The goods were **stored away** at the back.(상품은 그 뒤에 치워져 있었다.)
b. The electronic equipment was safely **stored away**.(전자 비품은 안전하게 치워져 저장되었다.)
c. He keeps his money safely **stored away** in the bank.(그는 돈을 은행에 저축하여 안전하게 보관한다.)

1.7. 다음 주어는 목적어를 쌓는다.
(7) a. The bear **store up** fat for the long winter months.(곰은 지방을 오랜 겨울을 나기 위해 축적한다.)
b. Investors were **storing up** a lot of cash in anticipation of disaster.(투자자들은 재난을 예상하고 많은 양의 현금을 비축하고 있었다.)
c. Squirrels are **storing up** nuts for the winter.(다람쥐는 견과를 겨울에 대비해 쌓고 있다.)
d. He **stored up** vegetables/fuel for the winter.(그는 야채와 연료를 겨울에 대비해 쌓아 두었다.)
e. Joe **stored up** canned food in his bomb shelters.(조는 통조림 식량을 방공 대피호에 쌓아 두었다.)

1.8. 다음 목적어는 추상적이지만 구체적인 개체로 개념화되어 양이 증가될 수 있는 것으로 표현되어

있다.
(8) a. If you don't deal with the problem now, you'll be **storing up** trouble for yourself(당신이 그 문제를 지금 다루지 않으면 문제를 스스로 불리는 셈이 될 것이다.)
b. By not disciplining the children now, they are **storing up** trouble for the future. (지금 아이들을 훈련시키지 않음으로써, 그들은 문제를 미래에 불리는 셈이 된다.)
c. By ignoring your feelings you are only **storing up** trouble for yourself.(당신의 감정을 무시함으로써 문제를 스스로 불리는 셈이 될 뿐이다.)
d. Don't **store up** grudges against him.(그에 대해 악감정을 쌓아두지 말아라.)
e. I got all the emotion out of me which had been **stored up**.(나는 그동안 쌓였던 모든 감정들을 표출했다.)

1.9. 다음 주어는 목적어를 전치사 with의 목적어로 저장한다.
(9) a. They **stored** the ship with provisions.(그들은 배를 식량으로 저장했다.)
b. He **stored** the barn with hay.(그는 헛간을 건초로 쌓아 두었다.)
c. He **stored** a cabin with provisions.(그는 오두막집을 식량으로 저장했다.)
d. He **stored** his mind with knowledge.(그는 정신을 지식으로 쌓았다.)
e. The museum is **stored with** interesting exhibits.(그 박물관은 흥미로운 전시물들로 저장되어 있다.)

2. 자동사 용법
2.1. 다음 주어는 비축한다.
(10) We are **storing up** on oil for the winter.(우리는 겨울에 대비해 기름을 비축하고 있는 중이다.)

storm

이 동사의 개념 바탕에는 storm의 명사 '폭풍'이 있다. 폭풍은 세찬 바람, 심한 비, 천둥과 번개를 갖는다.

1. 자동사 용법
1.1. 다음의 주어는 일기를 나타내는 it이다.
(1) a. It **stormed** last night.(간밤에 폭풍이 불었다.)
b. It's going to **storm** today.(오늘은 폭풍이 불 것이다.)

1.2. 다음 주어는 폭풍같이 큰 소리로 사납게 행동한다. 행동의 표적은 at의 목적어이다.
(2) a. Don't **storme** at me.(나한테 호통치지 말아.)
b. They **stormed** at the injustice.(그들은 불의에 격노했다.)
c. The manager **stormed** at/against his failure.(그 지배인은 실패에 격노했다.)
d. He **stormed** about how unfair it was all.(그는 모든 것이 얼마나 불공정했던가 격노했다.)

1.3. 다음 주어는 폭풍과 같이 사납게 장소 이동을 한다.

(3) a. He **stormed into** the office and demanded to see the head of the office.(그는 그 사무소에 돌진해 들어와서 장을 만나게 해달라고 요구했다.)

　b. The angry mobs **stormed into** the building.(화가 난 폭도들은 빌딩으로 난입해 들어왔다.)

　c. He bursted into tears and **stormed off**.(그는 눈물을 터뜨리고는 사납게 나가버렸다.)

　d. Customers **stormed out of** the restaurant because of the poor service.(고객들은 형편없는 서비스에 음식점을 박차고 나왔다.)

　e. He **stormed out of** the meeting/house.(그는 모임/집을 박차고 나왔다.)

　f. The mob **stormed through** the streets.(그 폭도는 거리를 사납게 날뛰며 지나갔다.)

　g. They **stormed through** the crowd.(그들은 군중 속을 돌진해 지나갔다.)

　h. The troops **stormed up** the hill.(그 부대는 언덕 위로 돌진했다.)

2. 타동사 용법

2.1. 다음 주어는 천둥소리와 같이 크게 말한다.

(4) a. "Get out, and don't come back," he **stormed**.("나가, 다시는 돌아오지마"라고 그는 고함쳤다.)

　b. He **stormed** and raged, but still she would not change her mind.(그는 고함치고 분개했지만 그녀는 여전히 마음을 바꾸지 않았다.)

　c. "Don't you know who I am?" she **stormed**.("당신은 내가 누군지 몰라요?"라고 그녀는 고함쳤다.)

　d. "What difference does it make?" she **stormed**.("무슨 소용이 있겠어?" 라고 그녀가 고함쳤다.)

2.2. 다음의 주어는 폭풍이 어느 장소에 불어닥치듯 어느 장소나 건물을 공격한다.

(5) a. An angry crowd **stormed** the embassy/castle.(화가 난 군중이 그 대사관/그 성을 덮쳤다.)

　b. The enemy **stormed** our fortress.(적은 우리 요새를 덮쳤다.)

　c. The government troops **stormed** the rebel hideout.(그 정부군은 그 반란군의 은신처를 덮쳤다.)

　d. The police **stormed** the building, and captured the gunman.(경찰은 건물을 덮쳐서 총잡이를 생포했다.)

　e. Government buildings are **stormed** and looted.(정부 청사들은 덮쳐지고 약탈당한다.)

　f. The presidential palace was **stormed** by hundreds of angry people.(대통령 관저는 수백 명의 화난 사람들에게 공격받았다.)

2.3. 다음 주어는 폭풍이 비바람을 퍼붓듯 질문을 퍼붓는다.

(6) We **stormed** the speaker with questions.(우리는 연사를 질문으로 퍼부었다.)

2.4. 다음 주어는 사납게 나아간다.

(7) The soldiers **stormed** their way into the town.(병사들은 시내로 돌격해 들어갔다.)

---

stow

이 동사의 개념 바탕에는 가득 채우는 과정이 있다.

---

1. 타동사 용법

1.1. 다음 주어는 목적어를 어디에 가득 채워 넣는다.

(1) a. The sailors **stowed** their gear below.(선원들은 장비를 아래에 채워 넣었다.)

　b. He **stowed** goods in a hold.(그는 화물을 선창에 실었다.)

　c. He **stowed** books into a box.(그는 책들을 상자에 가득 채워 넣었다.)

　d. She **stowed** her luggage in a large trunk.(그녀는 짐을 큰 트렁크에 채워 넣었다.)

　e. You can **stow** your gear under the bed/the seat.(너는 물품을 침대/좌석 아래에 넣어둘 수 있습니다.)

1.2. 다음 주어는 목적어를 어디에 넣어서 치운다.

(2) a. He **stowed** the letter **away** in a drawer.(그는 편지를 서랍에 넣어서 치웠다.)

　b. You can **stow away** your clothes in this locker.(너는 옷들을 이 라커에 넣어둘 수 있다.)

　c. He **stowed away** the old toys in the attic.(그는 오래된 장난감을 다락방에 치웠다.)

1.3. 다음은 수동태 문장으로, 주어는 넣어져서 치워진다.

(3) a. His passport was **stowed away** in the desk.(그의 여권은 책상 속에 두어졌다.)

　b. His luggage is **stowed away** in the ship's hold. (그의 짐은 배의 선창에 넣어진다.)

1.4. 다음 목적어는 그릇이다. 주어는 이 그릇을 with의 목적어로 채운다.

(4) a. He **stowed** a hold with goods.(그는 선창을 상품으로 실었다.)

　b. She **stowed** the pantry with cans of food.(그녀는 식료품 저장실을 통조림으로 채웠다.)

　c. The boys **stowed** the room with supplies for the trip.(그 소년들은 그 방을 여행을 위한 준비물로 채웠다.)

1.5. 다음 주어는 목적어를 입 속에 넣어둔다.

(5) a. **Stow** the talk; I'm not interested.(그만 말해; 흥미 없어)

　b. **Stow** your gab.(닥쳐)

2. 자동사 용법

2.1. 다음 주어는 배, 기차, 열차 등에 숨어서 간다.

(6) a. He once **stowed away** on a ship bound for Japan.(그는 한 번 일본행 배에 숨어서 갔다.)

　b. He **stowed away** in the baggage compartment.(그는 짐칸에 숨어서 갔다.)

　c. He **stowed away** on a ferry boat and landed in Pusan.(그는 나룻배에 숨어서 가서 부산에 내렸다.)

　d. The boy was caught trying to **stow away** on a plane for Seoul.(그 소년은 서울행 비행기에 숨어서 가려고 하다가 붙잡혔다.)

---

straddle

이 동사의 개념 바탕에는 걸터앉는 과정이 있다.

1. 타동사 용법

1.1. 다음 주어는 목적어를 걸터앉는다.

(1) a. He **straddled** the chairs/the fence.(그는 의자/담장을 걸터앉았다.)

　　b. He swung his leg over the motorcycle, **straddling** it easily.(그는 발을 오토바이 위에 올려서는 쉽게 걸터앉았다.)

　　c. We **straddle** a horse when we ride it.(우리는 말을 탈 때 말을 걸터앉는다.)

1.2. 다음 주어는 목적어의 양쪽에 걸쳐 있다.

(2) a. The town **straddles** the border between Austria and Hungary.(그 마을은 오스트리아와 헝가리 사이의 경계선을 걸친다.)

　　b. The town **straddles** the frontier.(그 마을은 국경을 걸친다.)

　　c. The mountains **straddle** the French-Swiss border.(그 산들은 프랑스와 스위스의 국경을 걸친다.)

1.3. 다음 주어는 목적어의 양쪽에 걸쳐 태도나 거취를 분명히 하지 않는다.

(3) a. The president is **straddling** the issue of political fund raising.(대통령은 정치 자금 모금에 관한 논쟁을 걸터앉아 있다.)

　　b. The politician is **straddling** the issue.(그 정치가는 논쟁을 걸터앉아 있다.)

　　c. The politician **straddled** both sides of the issue.(정치가는 그 쟁점의 양 편을 걸터앉았다.)

2. 자동사 용법

2.1. 다음 주어는 다리를 벌리고 어거정어거정 걷는다.

(4) The last few marathoners **straddled** in four hours after the first winner had come in.(마지막 몇 명의 마라톤 주자들은 우승자가 들어오고 난 뒤 4시간이 지나서 어거정어거정 걸어 들어왔다.)

2.2. 다음 주어는 어거정 걸음의 흔적 같이 흩어져 있다.

(5) Houses **straddled** across the countryside.(집들이 시골을 가로질러서 흩어져 있었다.)

---

straggle

이 동사의 개념 바탕에는 흩어지는 또는 헝클어지는 과정이 있다.

1. 자동사 용법

1.1. 다음 주어는 헝클어진다.

(1) a. His hair **straggled** around her face.(그의 머리는 그녀의 얼굴 위로 헝클어졌다.)

　　b. Her hair **straggled** over her shoulder.(그녀의 머리는 어깨 너머로 헝클어졌다.)

1.2. 다음 주어는 흩어져서 움직인다.

(2) a. Tourists began to **straggle back** to this beautiful country.(여행객들은 이 아름다운 지역에서 흩어져서 다시 돌아오기 시작했다.)

　　b. On the way back the kids **straggled behind** us.(돌아가는 길에 아이들은 우리 뒤에서 흩어져서 따라왔다.)

　　c. Several people **straggled behind** looking at the paintings.(여러 사람들은 그림들을 보면서 흩어져 움직였다.)

　　d. He **straggled behind** the group and got lost.(그는 그룹 뒤에 흩어져 움직이다가 길을 잃어버렸다.)

　　e. Students **straggled in** after lunch.(학생들은 점심식사 후 흩어져서 들어왔다.)

　　f. They **straggled up** the road.(그들은 그 길을 따라 흩어져 올라갔다.)

1.3. 다음 주어는 움직이지는 않지만 전체 모습을 보면 흩어져 있다.

(3) a. Houses **straggle** at the foot of the mountain.(집들은 산밑 쪽에 흩어져서 퍼져 있다.)

　　b. Trees **straggled over** the hillside.(나무들은 산허리에 흩어져서 퍼져 있었다.)

　　c. Weeds **straggled over** the path.(잡초들이 소로에 흩어져서 퍼져 있었다.)

　　d. The brook **straggles along** the mountainside.(그 시내는 산허리에 흩어져서 퍼져 있다.)

　　e. Ivies are **straggling over** the fences.(담쟁이가 울타리들 위로 흩어져서 퍼져 있다.)

---

strain¹

이 동사의 개념 바탕에는 무리하게 힘을 가하는 과정이 있다.

1. 타동사 용법

1.1. 다음 주어는 목적어를 팽팽하게 한다.

(1) a. The mountain climber **strained** the rope until it broke.(그 산악 등반가는 밧줄을 끊어질 때까지 잡아당겼다.)

　　b. He **strained** the rope to a breaking-point.(그는 줄을 끊어질 정도까지 잡아당겼다.)

　　c. He **strained** his ears to hear the whispers.(그는 속삭임을 듣기 위하여 귀를 긴장시켰다.)

　　d. He **strained** every nerve to get there in time.(그는 그곳에 제 시간에 도달하기 위해서 모든 신경을 긴장시켰다/전력을 다했다.)

　　e. The **strings** want straining.(그 끈은 조일 필요가 있다.)

1.2. 다음 목적어는 재귀대명사이다.

(2) a. I'd be glad if you could help me, but don't **strain** yourself.(네가 도와준다면 좋겠지만, 그렇다고 무리하지는 말아라.)

　　b. She **strained herself** to get the work done.(그녀는 그 일을 끝내기 위해 무리를 했다.)

　　c. You will **strain yourself** lifting that heavy suitcase.(저 무거운 상자를 들면, 무리가 갈 것이다.)

　　d. He **strained himself**.(그는 무리해서 건강을 해쳤다.)

1.3. 다음 주어는 목적어를 무의식 중에 무리하게 힘을 가한다.

(3) a. He has **strained** a muscle in his leg.(그는 다리의 근육을 다쳤다.)

　　b. He **strained** his eyes by reading too much.(그는 지나친 독서로 눈을 무리하게 썼다.)

　　c. He **strained** his ears.(그는 귀를 기울였다.)

d. He **strained** his heart by cycling uphill.(그는 자전거를 타고 오르막길을 오르느라 심장을 무리하게 썼다.)

e. He slipped and **strained** his ankle.(그는 미끄러져서 발목을 삐었다.)

f. He **strained** his arm pitching the ball.(그는 공을 던지느라 팔을 무리했다.)

g. He **strained** his back lifting the heavy box.(그는 무거운 상자를 드느라고 등을 무리했다.)

1.4. 다음의 목적어는 추상적이지만 이들은 정상적인 한계가 있다. 이 한계를 무리하게 넓히는 과정도 이 동사로 표현된다.

(4) a. He is **straining** the friendship.(그는 우정을 무리하게 이용하고 있다.)

b. He **strained** his voice.(그는 목소리를 무리하게 썼다.)

c. He **strained** the rights.(그는 권력을 남용했다.)

d. He **strained** the budget to make ends meet.(그는 수지를 맞추기 위해 예산을 무리하게 짰다.)

e. He **strained** the rule to his own advantage.(그는 규칙을 자신의 이익이 되도록 무리하게 적용했다.)

f. He **strained** the truth in giving his account.(그는 보고를 하면서 사실을 왜곡했다.)

g. Politicians often **strain** their credibility by making extraordinary promises.(정치가들은 때때로 지나친 약속을 함으로써 신뢰를 무리하게 쓴다.)

h. The influx of refugees is **straining** our limited facilities.(난민의 유입은 우리의 제한된 시설들을 압박하고 있다.)

i. The volume of the scheduled flights is **straining** the air traffic control system.(계획된 비행의 양은 항공 통제 체제를 무리하게 하고 있다.)

j. You were **straining** your authority by giving them permission to do that.(그들에게 그것을 하도록 허락을 줌으로써 너는 너의 권위를 남용하고 있었다.)

k. He **strained** the meaning of the word.(그는 그 단어의 의미를 억지로 풀이했다.)

l. He **strained** his luck.(그는 행운을 너무 기대했다.)

1.5. 다음은 수동태 문장으로 주어는 무리하게 뻗힌다.

(5) a. I won't take any more of this; my patience has been **strained** to the absolute limit.(나는 이것을 더 이상 받아들이지 않겠다; 내 참을성은 한계에까지 당겨져 있다.)

b. Resources will be further **strained** by new demands for housing.(자원이 주택에 대한 새 수요로 무리가 갈 것이다.)

2. 자동사 용법

2.1. 다음에서 주어는 어떤 목적을 위해서 정상적인 한계 이상으로 애쓰는 과정을 나타낸다.

(6) a. He **strained** to reach the shore in time.(그는 해안에 제시간에 도착하기 위하여 애썼다.)

b. The horse was **straining** to pull the heavy cart up the hill.(그 말은 무거운 마차를 언덕 위로 끌어올리기 위해 힘을 쓰고 있었다.)

c. He had to **strain** to reach the high notes.(그는 높은 음조를 내기 위해 애를 써야만 했다.)

d. There was so much noise that I had to **strain** to hear what he was saying.(소음이 너무 심했기 때문에 나는 그가 말하는 것을 듣기 위해 애써야 했다.)

e. He **strained** after happiness.(그는 행복을 얻으려고 애썼다.)

2.2. 이 동사는 전치사 at와 같이 쓰일 수 있다. 이 전치사는 주어의 힘이 목적어에 부분적으로 미침을 나타낸다.

(7) a. The boats were **straining** at their moorings.(그 배는 계류장치를 당기고 있었다.)

b. The dog is **straining** at the leash.(그 개는 목줄에 힘을 가하고 있다.)

c. The dog will break its neck if it **strains** so much **at** the leash.(그 개는 사슬을 너무 당기면 목을 삐일 것이다.)

2.3. 다음 주어는 팽창된다.

(8) She has put on a lot of weight, and her dress is **straining**.(그녀는 살이 많이 쪄서 옷이 꽉 끼고 있다.)

2.4. 다음 주어는 against의 목적어에 무리한 힘을 가한다.

(9) Bob's huge gut **strained** against the buttons on his shirt.(밥의 엄청난 뱃살은 셔츠의 단추에 무리한 힘을 준다.)

strain²

이 동사의 개념 바탕에는 거르는 과정이 있다.

1. 타동사 용법

1.1. 다음 주어는 목적어를 거른다.

(1) a. Have you **strained** the potatoes/the coffee?(감자/커피를 걸러냈니?)

b. He **strained** the soup.(그는 국을 걸러냈다.)

c. He **strained** water from the sponge.(그는 물을 스펀지에서 걸러냈다.)

d. I usually **strain** the juice off the pineapple.(나는 보통 과즙을 파인애플에서 걸러낸다.)

e. She **strained** the soup to remove the pieces of bone.(그녀는 국을 뼈들을 골라내기 위해 국을 걸렀다.)

f. **Strain** the stock and put it back into the pan.(국물을 걸러서 그것을 팬에 다시 넣어라.)

1.2. 다음 주어는 목적어를 끌어 당긴다.

(2) He **strained** a child to his bosom.(그는 아이를 가슴에 꼭 껴안았다.)

strap

이 동사의 개념 바탕에는 strap의 명사 '(가죽) 띠'가 있다. 동사의 뜻은 이 명사의 용도와 관계가 있다.

1. 타동사 용법

1.1. 다음 주어는 목적어를 띠를 써서 to나 on의 목적어에 묶는다.

(1) a. We strapped the surfboard to the car roof.(우리는 파도타기 보드를 차 지붕에 띠로 묶었다.)

    b. He strapped his knife to his leg.(그는 칼을 끈으로 다리에 묶었다.)

    c. The assistant strapped the violent patient to the bed.(그 보조원은 난폭한 환자를 침대에 끈으로 묶었다.)

    d. Strap that soldier on good and tight.(저 군인을 단단히 잘 묶어라.)

    e. He strapped his snowshoes on.(그는 눈신을 신었다.)

    f. He strapped on his new watch.(그는 새 시계를 찼다.)

1.2. 다음 주어는 목적어를 띠(붕대)로 감는다.

(2) a. He strapped his wound.(그는 상처를 붕대로 감았다.)

    b. I had to strap my suitcase because it was so full.(나는 짐 가방이 너무 꽉 차서 끈으로 감아야만 했다.)

1.3. 다음은 수동태 문장으로 주어는 묶인다.

(3) a. I have to keep my leg strapped up for two weeks.(나는 2주 동안 다리에 붕대를 매고 있어야만 한다.)

    b. He injured his arm and his arm is strapped up.(그는 팔을 다쳐서 팔은 붕대로 감겼다.)

1.4. 다음 주어는 목적어를 다른 개체에 감는다.

(4) a. She strapped the gun belt around her middle.(그녀는 총 벨트를 허리 주위에 감았다.)

    b. He strapped a bandage around his wound.(그는 붕대를 상처에 감았다.)

1.5. 다음 주어는 자신을 안전띠로 묶어서 자리에 앉는다.

(5) a. Strap the children(아이들을 안전띠로 묶어라.)

    b. Have you strapped yourself in?(안전띠를 매고 앉으셨나요?)

    c. She strapped herself into the car with a seat belt.(그녀는 차 안에서 안전벨트를 매고 앉았다.)

1.6. 다음은 수동태 문장으로 주어는 벨트를 매고 앉는다.

(6) Are the kids strapped in?(아이들은 안전띠를 매고 앉았습니까?)

stray

이 동사의 개념 바탕에는 벗어나는 과정이 있다.

1. 자동사 용법
1.1. 다음 주어는 기준이 되는 개체에서 벗어난다.

(1) a. A meteorite strayed across the sky.(운석이 하늘을 가로질러 빗나갔다.)

    b. The puppy has strayed away from the kennel.(강아지는 개집에서 나가 길을 잃었다.)

    c. Don't let any of the smaller children stray away from the park.(더 작은아이들 가운데 누구도 공원에서 벗어나게 하지 말아라.)

    d. He strayed from the main road.(그는 주도로에서 벗어났다.)

    e. The ship strayed off course in a heavy storm.(배는 거센 폭풍에 항로를 벗어났다.)

1.2. 다음 주어는 기준을 벗어나서 into의 목적어로 들어간다.

(2) a. The warship strayed into enemy waters.(군함은 빗나가서 적의 해상으로 들어갔다.)

    b. Our dog strayed into my neighbor's yard.(우리 개가 이웃집 마당으로 잘못 들어갔다.)

    c. He will not stray into a wrong company.(그는 옳지 못한 친구들 속에 들어가지 않을 것이다.)

1.3. 이야기가 강의도 길을 따라가는 것으로 개념화된다. 그러므로 이들은 기준에서 벗어날 수 있다.

(3) a. The lecturer strayed from the subject/the topic.(그 강연은 주제를 벗어났다.)

    b. Try not to stray from the point in your answer.(너의 대답을 요점을 벗어나서 하지 않도록 해라.)

    c. He did not stray too far from talking about technology.(그는 기술에 대해 말하는 것에서 너무 멀리 벗어나 말하지는 않았다.)

    d. We're straying into ethnic issue here.(우리는 주제를 벗어나서 윤리적 논점을 여기서 이야기 하고 있다.)

1.4. 마음, 관심, 시선도 움직이는 것으로 개념화된다.

(4) a. My mind kept straying back to our last talk together.(내 마음은 지난 번 우리가 함께 이야기한 것으로 다시 빗나가고 있었다.)

    b. His interest strayed elsewhere.(그의 관심은 다른 곳에 빗나갔다.)

    c. She could not keep her eyes from straying towards him.(그녀는 그에게 빗나가는 시선을 붙들어 둘 수가 없었다.)

streak

이 동사의 개념 바탕에는 streak의 명사 '줄무늬'가 있다. 동사의 의미는 명사의 모양과 관계가 있다.

1. 자동사 용법
1.1. 다음 주어는 줄무늬를 그리며 움직인다.

(1) a. Two jets streaked across the sky.(두 제트기는 하늘을 가로질러 줄을 그리며 지나갔다.)

    b. The lightning streaked across the sky.(번개는 하늘을 가로질러 줄을 그리며 쳤다.)

    c. Tears streaked down the girl's face.(눈물이 소녀의 얼굴을 따라 줄을 그리며 타고 내렸다.)

    d. The bullet streaked past my head.(총알은 내 머리 뒤로 줄을 그리며 지나갔다.)

    e. The rocket streaked through space.(로켓은 우주로 줄을 그리며 올라갔다.)

1.2. 다음 주어는 줄무늬가 진다.

(2) a. The windows streak if you don't wash them.(당신이 창문을 닦지 않으면 그것은 줄무늬가 집니다.)

    b. The glass will streak if you use a dirty rag.(유리는 당신이 더러운 걸레를 사용하면 줄무늬가 질 것입니다.)

1.3. 다음 주어는 직선으로 빠르게 움직인다.

(3) a. A cat streaked across the top of the wall and was gone.(고양이 한 마리가 담 꼭대기를 가로질러서 빠

르게 움직여 사라졌다.)

b. She suddenly grabbed my bag and **streaked** down the street on her motorcycle.(그녀는 갑자기 내 가방을 쥐더니 길 아래로 그녀의 오토바이를 타고 빠르게 직선으로 내달렸다.)

2. 타동사 용법

2.1. 다음 주어는 목적어에 줄무늬를 만든다.

(4) a. The children **streaked** their faces with water colors.(그 아이들은 얼굴을 물감으로 줄무늬를 그렸다.)

b. The hair stylist **streaked** his hair with blonde dye.(그 미용사는 머리를 금발색의 염색약으로 줄무늬를 만들었다.)

c. The sunset **streaked** the sky with color.(그 일몰은 하늘을 색으로 줄무늬를 만들었다.)

2.2. 다음 주어는 목적어에 줄무늬가 생기게 한다. 주어는 개체이다.

(5) a. Rain **streaked** the dirty window.(비는 지저분한 창문에 줄무늬가 생기게 했다.)

b. Dog tracks **streaked** the floor.(개 발자국은 바닥을 줄무늬가 생기게 했다.)

2.3. 다음은 수동태 문장으로 주어는 줄무늬가 생긴다.

(6) a. The windows were **streaked** with dirt/mud.(창문은 먼지/진흙으로 줄무늬가 생겼다.)

b. By the end of the trip, my shirt was **streaked with** perspiration.(여행이 끝날 때, 내 셔츠는 땀으로 줄무늬가 생겼다.)

c. Her face was **streaked with** tears/blood.(그녀의 얼굴은 눈물/피로 줄무늬가 생겼다.)

d. White marble is often **streaked with** grey, red or green.(흰 대리석은 종종 회색, 붉은 색, 녹색으로 줄무늬가 진다.)

e. The evening sky was **streaked** red and orange.(저녁 하늘은 붉은 색과 주황색으로 줄무늬가 생겼다.)

f. She's had her hair **streaked**.(그녀는 머리에 줄무늬를 했다.)

stream

이 동사의 개념 바탕에는 stream의 명사 '시내', '개울'이 있다.

1. 자동사 용법

1.1. 다음의 주어는 출발점에서 경로를 따라가서 목적지에 이른다.

(1) a. Tears **streamed** down my face.(눈물이 내 얼굴을 타고 흘러내렸다.)

b. A flood of tears **streamed down**.(홍수 같은 눈물이 마구 쏟아져 흘러내렸다.)

c. Tears **streamed from** her eyes.(눈물이 그녀의 눈에서 흘렀다.)

d. Blood was **streaming from** his arm/the cut.(피가 그의 팔/베인 상처에서 흐르고 있었다.)

e. Water **streamed into** the reservoir.(물이 그 저수지로 흘러 들었다.)

1.2. 국기가 바람에 불려 마치 흘러가는 모습을 만들 수 있다.

(2) The flag was **streaming** in the breeze.(깃발은 그 미풍에 흐르듯 나부끼고 있었다.)

1.3. 다음의 주어는 내와 강이다. 이것은 환유적으로 쓰여서 냇물과 강물을 각각 나타낸다.

(3) a. A brook **streams** by our house.(시냇물이 우리 집 곁을 흐른다.)

b. The river **streamed** past the house.(그 강은 집을 지나서 흘렀다.)

1.4. 빛 (햇빛과 달빛)과 연기도 흐르는 것으로 개념화된다. 주어는 흐른다.

(4) a. He opened the curtains and sunlight **streamed** into the bedroom.(그가 커튼을 열자 햇빛이 침실로 흘러 들어왔다.)

b. Sunlight **streamed in** through the window.(햇빛이 창문을 통해 흘러 들어왔다.)

c. The moonlight **streamed into** the room.(달빛은 방으로 흘러들었다.)

d. Black smoke **streamed from** the exhaust.(검은 연기가 배기 장치에서 흘러나왔다.)

1.5. 여러 사람이 줄을 만들고 이 줄은 흘러가는 것으로 개념화될 수 있다.

(5) a. The crowd **streamed out of** the football field/the theater.(군중은 축구 경기장/극장에서 흘러나왔다.)

b. The people **streamed out of** the room/the station.(그 사람들은 방/정거장 밖에서 흘러 나왔다.)

c. All day long the traffic **streamed past** her house.(온종일 차들은 그녀의 집을 지나 흘러갔다.)

d. Refugees have been **streaming into** the country/the station.(피난민들이 그 나라/그 정거장으로 흘러 들어왔다.)

e. On the main road, cars are **streaming** by at 60 miles an hour.(그 간선 도로 위에는 차들이 시속 60마일로 흘러가고 있다.)

1.6. 긴 머리카락이나 길고 엷은 옷은 물결모양을 만들 수 있다.

(6) a. Her long hair **streamed over** her shoulders.(그녀의 긴 머리칼이 어깨 너머로 날렸다.)

b. Her golden hair was **streaming** behind her in the wind.(그녀의 금발이 뒤에서 바람에 날리고 있었다.)

c. The flimsy dress/the scarf **streamed out** behind her.(얇은 옷/스카프는 그녀 뒤에서 굽이쳐 날렸다.)

1.7. 다음 주어는 장소이다. 주어는 with의 목적어로 흐른다.

(7) a. His eyes are **streaming with** tears.(그의 눈은 눈물이 흐르고 있다.)

b. His forehead **streamed with** perspiration.(그의 이마는 땀이 흘렀다.)

c. The wound was **streaming with** blood.(그 상처에는 피가 흐르고 있었다.)

d. The onions made my eyes **stream**.(그 양파는 내 눈을 눈물이 나게 했다.)

e. I was much streamed with tears.(나는 눈물로 범벅이 되었다.)

1.8. 다음의 주어는 액체이고 이 액체는 냇물과 같이 흐른다.

(8) Rain streams into gutters.(빗물이 배수관으로 흘러든다.)

2. 타동사 용법

1.9. 다음의 주어는 액체의 흐름이 시작되는 장소이다.

(9) a. The wound streamed blood.(그 상처는 피를 흘렸다.)

b. Her eyes streamed tears.(그녀의 눈은 눈물을 흘렸다.)

strengthen

이 동사의 개념 바탕에는 강해지는 과정이 있다.

1. 타동사 용법

1.1. 다음 주어는 목적어를 강화한다.

(1) a. He strengthened his muscles by exercising.(그는 근육을 운동으로 강화했다.)

b. Metal supports were added to strengthen the outer wall.(금속 받침은 외벽을 강화하기 위해 첨가되었다.)

c. She ought to strengthen her grip on the department.(그녀는 부서의 그녀의 통제력을 강화해야했다.)

d. The country has been strengthening its border defences.(그 나라는 경계선 방어를 강화해오고 있다.)

1.2. 다음은 수동태 문장으로 주어는 강화된다.

(2) a. The bridge must be strengthened.(그 다리는 강화되어져야만 한다.)

b. The team is strengthened by the new player.(그 팀은 새로운 선수로 강화되어진다.)

1.3. 다음 목적어는 추상적이다. 그러나 이들도 강화될 수 있는 것으로 개념화된다.

(3) a. Evidence from independent witnesses would strengthen your case.(독자적인 목격자의 증거는 당신의 소송을 강화될 것입니다.)

b. The bank loan has strengthened our financial position.(은행 대출은 우리의 재정 위치를 굳건히 했다.)

c. You can strengthen your complaint with facts.(당신은 고소를 사실로 강화할 수 있습니다.)

d. His battle against cancer has strengthened his belief in god.(그의 암과의 전쟁은 신에 대한 믿음으로 강화되었다.)

e. The legislature strengthened the law by revising it.(입법부는 그 법을 수정함으로써 법을 강화했다.)

2. 자동사 용법

2.1. 다음 주어는 강화된다.

(4) a. The hurricane strengthened overnight.(그 허리케인은 밤새 강해졌다.)

b. The wind strengthened during the night.(그 바람은 밤 동안 강해졌다.)

c. His body strengthened as he exercised.(그의 몸은 운동을 함으로써 강화되었다.)

d. The pound has strengthened against other currencies.(파운드 화는 다른 통화에 대해 강화되었다.)

e. Their friendship has steadily strengthened over the years.(그들의 우정은 여러 해에 걸쳐 꾸준히 강화되었다.)

f. The economy strengthened because of the new policies.(그 경제는 새 정책 때문에 강화되었다.)

stress

이 동사의 개념 바탕에는 stress의 명사 '강하게 주어지는 힘'이 있다. 동사의 의미는 이 명사의 속성과 관계가 있다.

1. 타동사 용법

1.1. 다음 주어는 목적어를 무리한 힘을 가한다.

(1) a. Lifting the heavy box has stressed his back.(무거운 상자를 드는 것은 그의 등을 무리한 힘을 가했다.)

b. The heavy weight of the piano stressed the wooden floor.(피아노의 무거운 무게는 나무 바닥을 무리한 힘으로 가했다.)

c. Travelling always stresses me.(여행은 항상 나를 무리한 힘으로 가한다.)

1.2. 다음 주어는 목적어를 강하게 발음한다.

(2) a. Stress the second syllable of this word.(이 단어의 두 번째 음절을 강하게 발음해라.)

b. He wrongly stressed the first syllable of machine.(그는 'machine'의 첫 음절을 잘못 강하게 발음했다.)

1.3. 다음은 수동태 문장으로 주어는 강하게 발음된다.

(3) The word machine is stressed on the second syllable.('machine'이라는 단어는 두 번째 음절이 강하게 발음된다.)

1.4. 다음 주어는 목적어를 강조한다.

(4) a. He stressed the need for higher education.(그는 고등 교육의 필요성을 강조했다.)

b. I can't stress enough the importance for cooperation.(나는 협동의 중요성을 아무리 강조해도 부족하다.)

c. He stressed the study of foreign languages.(그는 외국어 공부를 강조했다.)

1.5. 다음 that-절은 주어가 강조하는 내용이다.

(5) a. The engineers stress that the plan is the only possible option.(그 기술자들은 그 계획이 유일한 가능한 선택이라고 강조한다.)

b. She stressed that she had no intention of resigning over the issue.(그녀는 그 논점 때문에 사임할 의도는 전혀 없다고 강조했다.)

c. 'There is,' John stressed 'no real alternative.' (존은 실질적인 대안은 없다'라고 강조했다.)

stretch

이 동사의 개념 바탕에는 뻗히는 과정이 있다.

1. 타동사 용법

1.1. 다음 주어는 목적어를 뻗힌다.

(1) a. He stretched a rope across the path.(그는 밧줄을 가로질러 팽팽히 당겼다.)

b. She stretched the rope between two poles.(그녀는 줄을 두 장대 사이에 팽팽히 쳤다.)

c. He stretched a rope tight.(그는 밧줄 하나를 팽팽히 잡아당겼다.)

d. She stretched the piece of elastic to its fullest extent.(그녀는 고무줄을 최대한으로 잡아당겼다.)

e. He stretched out the rubber band until it broke.(그는 고무밴드를 끊어질 때까지 잡아당겼다.)

f. The exercises are designed to stretch and lengthen the muscles around your stomach.(이 운동은 복부 주위의 근육을 당기고 늘리도록 고안된다.)

g. The man stretched his leg muscles by touching his toes.(그는 발가락에 손을 대면서 다리 근육을 뻗었다.)

1.2. 다음 주어는 목적어를 늘인다.

(2) a. He tried to stretch his shoes.(그는 신발을 늘리려고 했다.)

b. That elastic band will snap if you stretch it too far.(고무밴드는 너무 많이 잡아당기면 딱 끊어질 것이다.)

c. They stretched a carpet on the floor.(그들은 양탄자를 마루에 폈다.)

1.3. 다음 주어는 목적어를 내뻗는다.

(3) a. He stretched his arm as far as he could, but could not reach the shelf.(그는 팔을 뻗을 수 있는 데까지 뻗었지만, 선반에 닿을 수 없었다.)

b. He stretched out his arm to embrace her.(그는 팔을 그녀를 껴안기 위해 뻗었다.)

c. Stretch your arms out to the sides.(너의 팔을 양쪽으로 뻗어라.)

d. He stretched out his arm for a book.(그는 책을 집으려고 팔을 뻗쳤다.)

e. The beggars stretched out their hands for money.(그 거지는 돈을 구걸하기 위해 손을 내밀었다.)

f. He stretched out a thin hand and took our hands.(그는 여윈 손을 내밀어 우리 손을 잡았다.)

g. By stretching her neck out, she could see the sign.(목을 쭉 펴서 그녀는 그 표시를 볼 수 있었다.)

1.4. 다음에서 목적어는 재귀대명사이다. 이 재귀대명사는 주어의 몸이나 마음을 가리킬 수 있다.

(4) a. She arched her back and stretched herself.(그녀는 등을 젖히고 기지개를 켰다.)

b. The boys got up and stretched themselves.(그 소년들은 일어나서 기지개를 켰다.)

1.5. 다음 목적어는 재귀대명사로서 마음을 가리킨다. 주어는 마음을 정상적인 한계 이상으로 쓴다.

(5) a. He stretches himself to achieve his goal.(그는 목표를 달성하기 위해 있는 힘을 다한다.)

b. I am going to stretch myself with something different.(나는 다른 것을 가지고 전력을 다 하겠다.)

c. You shouldn't stretch yourself beyond your means and get yourself into debt.(너는 능력 이상으로 무리해서 빚을 져서는 안 된다.)

1.6. 다음 주어는 목적어를 긴장시킨다.

(6) a. My present job doesn't stretch me.(내 현재의 일은 나를 긴장시키지 못한다.)

b. I am worried she's not stretched enough at school.(나는 그녀가 학교에서 긴장을 받지 않는 것 같아 걱정이다.)

c. She felt she wasn't being stretched.(그녀는 자신이 긴장되고 있지 않다고 느꼈다.)

1.7. 다음 목적어는 추상적 개체이다. 그러나 이들도 한계가 있는 것으로 개념화된다. 주어는 목적어의 한계를 늘인다.

(7) a. He is stretching his power.(그는 권력을 남용하고 있다.)

b. He is stretching the definition of negotiation.(그는 협상의 정의를 확대 해석하고 있다.)

c. He's a good player, but 'world class' is stretching it.(그는 훌륭한 연주자이다. 그러나 그를 '세계인'이라고 부르는 것은 과장이다.)

d. He stretched the facts/the truth.(그는 사실/진실을 왜곡했다.)

e. They stretched the deadline.(그들은 마감 시한을 연장했다.)

f. I will stretch the rules, and let you leave work early.(나는 규칙을 확대 해석해서 네가 일찍 일을 떠나도록 하겠다.)

g. They stretched the law/their principles.(그들은 그 법/그 원칙들을 확대 해석을 했다.)

h. His behavior stretched my patience to the limit.(그의 행동은 나의 참을성을 한계에 달하게 했다.)

i. With this computer, we are stretching the limits of the available technology.(이 컴퓨터를 사용함으로써 우리는 사용 가능한 기술의 한계를 넓히고 있다.)

j. My budget is stretched to breaking point.(내 예산은 극한까지 도달한다.)

k. It is stretching a bit to call her a genius.(그녀를 천재라고 부르는 것은 사실을 지나치게 확대하는 것이다.)

1.8. 자원이나 재원에도 한계가 있다. 주어는 이러한 한계를 억지로 당기거나 넓힌다.

(8) a. The nation's diplomatic resources are stretched to their limits.(그 나라의 외교 자원은 한계에 달한다.)

b. We are already fully stretched.(우리는 거의 완전히 파산 상태이다.)

c. We're stretched at the moment; otherwise I'd offer to lend you some money.(우리는 그 순간 파산상태였다. 그렇지 않으면 네게 돈을 빌려줄 것이다.)

d. Funds are being stretched to the limit.(자금이 한

계에 달했다.)

1.9. 일정한 수의 사람을 좁게 세울 수도 있고 간격을 넓게 세울 수 있다. 주어는 목적어를 넓게 세운다.

(9)　The army is **stretched** too thin to hold on to the fortress.(군은 요새를 지키기 위해서 너무 듬성듬성 뻗혀 서 있다.)

1.10. 다음 주어는 목적어 (한정된 음식의 양) 을 많은 사람이 먹을 수 있게 늘린다.

(10) a. I didn't have much meat, so I **stretched** the soup with vegetables.(고기가 많지 않아서 나는 국을 야채로 늘렸다.)

　　 b. The bartender **stretched** the gin with water.(바텐더는 진을 물로 늘렸다.)

　　 c. I could **stretch** the supplies to 10 months.(나는 보급품을 10개월까지 늘려서 쓸 수 있었다.)

　　 d. I must **stretch** out my salary to pay all the bills.(나는 월급을 모든 청구서들을 청산하기 위해 늘려 써야 한다.)

　　 e. They are used to **stretching** their budgets.(그들은 예산을 늘리는 데 익숙해 있다.)

1.11. 다음 주어는 목적어 (시간 속에 일어나는 과정) 의 길이를 늘린다.

(11) a. I want to **stretch** out my mortgage payment over a longer period of time.(나는 저당 융자 지불을 더 긴 기간에 걸쳐서 늘리고 싶다.)

　　 b. They **stretched** out the meeting.(그들은 회의를 오래 끌었다.)

1.12. 다음 주어는 목적어를 의식을 잃고 뻗어지게 한다.

(12)　The blow **stretched** him out on the deck.(그 한방은 그를 갑판위에 뻗게 했다.)

1.13. 다음 주어는 점수를 늘린다.

(13)　The team **stretched** their lead to 10 points.(그 팀은 선두를 10점까지 늘렸다.)

2. 자동사 용법

2.1. 다음 주어는 뻗는다.

(14) a. Don't **stretch** across the table for the jam.(잼을 집으려고 식탁을 가로질러 팔을 뻗지 마라.)

　　 b. He **stretched** up and lifted a book off the shelf.(그는 팔을 뻗어서 책 한권을 선반에서 들었다.)

　　 c. I can probably reach it if I **stretch**.(손을 쭉 뻗으면 그것을 닿을 것 같다.)

　　 d. She **stretched** over the back of the seat to fasten the children's belt.(그녀는 아이들의 안전벨트를 매주기 위해 몸을 의자 뒤로 뻗었다.)

2.2. 다음 주어는 사지를 뻗는다.

(15) a. I want to **stretch** out in my own bed.(나는 내 자신의 침대 위에 길게 눕고 싶다.)

　　 b. She **stretched** out flat on the sofa.(그녀는 소파 위에 길게 뻗어 누웠다.)

　　 c. They are **stretching** out on the lawn.(그들은 잔디밭에 길게 누워 있다.)

　　 d. The cat **stretched** out in front of the fire.(그 고양이는 불 앞에서 쭉 뻗었다.)

2.3. 다음 주어는 기지개를 켠다.

(16) a. It is a good idea to **stretch** before you take vigorous exercise.(격렬한 운동을 하기 전에 펴기 운동을 하는 것은 좋은 생각이다.)

　　 b. She got out of bed, and **stretched**.(그녀는 침대에서 일어나서 기지개를 켰다.)

　　 c. The cat **stretched** after her nap.(고양이는 낮잠에서 깨서 기지개를 켰다.)

　　 d. The dog yawned and **stretched** (itself).(그 개는 하품을 하고는 기지개를 켰다.)

2.4. 다음 주어는 시간 속에 존재하는 것이고 이의 존재가 시간 속에 뻗쳐 나간다.

(17) a. His memory **stretches** back to his early childhood.(그의 기억은 어린 시절에까지 미친다.)

　　 b. The minuets **stretched** into hours. (그 몇 분은 몇 시간으로 늘어났다.)

　　 c. The talks could be **stretched** into the summer of 2000.(그 회담은 2000년 여름까지 뻗힐 수 있을 것이다.)

　　 d. The project **stretched over** several months.(그 계획사업은 7개월 넘게 뻗었다.)

　　 e. His illness **stretched over** seven months.(그의 병은 7개월 이상 뻗었다.)

2.5. 다음 주어는 뻗힌다.

(18) a. His scarf was so long that it could **stretch** across the room.(그의 목도리는 매우 길어서 방을 가로질러 뻗칠 정도였다.)

　　 b. How much money do you want to borrow? Could you **stretch** to $100?(돈을 얼마나 빌리길 원하느냐? $100까지 늘릴 수 있느냐?)

2.6. 다음 주어의 성질에 의해서 늘어난다.

(19) a. I'll wear my new shoes for a while; the leather will **stretch**.(나는 새 신발을 한동안 신고 있겠다. 그러면 가죽은 늘어날 것이다.)

　　 b. Rubber **stretches** easily.(고무는 쉽게 늘어난다/신축성이 있다.)

　　 c. Some woolens shrink, and some **stretch**.(어떤 모직물들은 줄어들고, 어떤 것들은 늘어난다.)

　　 d. The material **stretches**. (그 자료는 늘어난다.)

　　 e. The tights **stretch** to fit any size.(그 타이즈는 어떤 치수에든지 맞도록 늘어난다.)

2.7. 다음 주어는 뻗히거나 늘어난다.

(20) a. The substance is flexible and **stretches** to any shape you want.(그 물질은 신축적이어서 네가 원하는 어떤 모양으로든지 늘어날 수 있다.)

　　 b. The sleeves of my jersey **stretched** out.(내 셔츠의 소매가 늘어났다.)

　　 c. The sweater **stretched** when it was washed.(그 스웨터는 빨았더니 늘어났다.)

　　 d. My jeans **stretched** in the wash.(내 청바지는 세탁 후 늘어났다.)

　　 e. My sweater **stretched** out of shape.(내 스웨터는 늘어나서 모양이 구겨졌다.)

2.8. 다음 주어는 움직이지 않는다. 그러나 동사 stretch가 쓰였다. 이것이 가능한 것은 관찰자가 주어의 형상을 마음 속으로 따라가면 뻗힘이 나타난다.

(21) a. The refugee camps **stretch** as far as the eye can

see.(난민 캠프는 내 시야가 미치는 저 멀리까지 뻗는다.)

b. The highway **stretches** for miles to the west.(그 고속도로는 몇 마일이 서쪽으로 뻗는다.)

c. The market **stretches** all the way along the street. (그 시장은 도로를 따라 쭉 뻗는다.)

d. The Andes **stretch** for 7250km along the west coast of south America.(안데스 산맥은 7250 kim 남아메리카의 서쪽 해안을 따라 뻗는다.)

e. The burn **stretched** from his neck to his hips.(화상은 그의 목에서 엉덩이에까지 뻗었다.)

f. The company has interests that **stretch** from chemicals to sugar.(그 회사는 화학 제품에서 설탕에까지 뻗는 이해관계를 갖는다.)

g. The desert **stretched** into distances.(그 사막은 멀리까지 뻗쳐 있었다.)

h. The empire **stretched** from coast to coast of Mediterranean and as far as Britain.(그 제국은 지중해 양쪽 해안과 영국에까지 뻗어 있었다.)

i. The plain **stretched** endlessly before them.(그 평야는 끝없이 그들 앞에 펼쳐 있었다.)

j. The procession **stretched** for miles.(그 행렬은 몇 마일이나 뻗쳐 있었다.)

k. The wire **stretched** across the road.(그 전선은 그 길을 가로질러 뻗쳐 있었다.)

l. A dreary life **stretched** before him.(따분한 삶이 그 앞에 펼쳐져 있었다.)

2.9. 다음 주어는 늘어난다.

(22) a. Our financial resources don't **stretch** to a second car.(우리의 재정 형편은 둘째 자동차에까지 뻗지 않는다.)

b. If your pocket can **stretch** to it, do get some good advice.(만일 네 네 주머니가 그것에까지 뻗힐 수 있으면, 좋은 조언을 받아봐라.)

stride

이 동사의 개념 바탕에는 큰 걸음으로 활발하게 걷는 과정이 있다.

1. 자동사 용법

1.1. 다음 주어는 활보하여 걷는다.

(1) a. We **strode across** the snowy fields.(우리는 눈 덮인 들판을 가로질러 활보했다.)

b. The soldiers **strode across** the street/the stream. (군인들은 거리/시내를 가로질러 활보했다.)

c. He jumped off the porch and **strode across** the lawn.(그는 베란다를 뛰어넘어 잔디를 가로질러 활보했다.)

d. He turned abruptly and **strode off** down the corridor.(그는 갑자기 돌아서서는 복도를 활보하며 내려갔다.)

e. He **strode out** the door in a huff.(그는 화가 나서 문을 성큼 나섰다.)

1.2. 다음에서 회사는 사람으로 개념화되어 활보하는 것으로 표현되어 있다.

(2) After several difficult years, the company is now **striding** forward into the future.(여러 어려운 해들을 지내고, 그 회사는 이제 미래를 앞으로 활보하고 있는 중이다.)

2. 타동사 용법

2.1. 주어는 말을 걸터앉는다.

(3) He **strode** a horse.(그는 말에 걸터앉았다.)

1.4. 다음 주어는 장소인 목적어를 활보한다.

(4) He is **striding** the street.(그는 거리를 활보하고 있다.)

strike

이 동사의 개념 바탕에는 치는 과정이 있다.

1. 타동사 용법

1.1. 다음 주어는 목적어를 with의 목적어를 써서 친다.

(1) a. She **struck** the ball **with** her racket.(그녀는 공을 채로 쳤다.)

b. He **struck** the table **with** his fist.(그는 식탁을 주먹으로 쳤다.)

c. He **struck** the robber **with** the dagger.(그는 강도를 단도로 쳤다.)

1.2. 목적어가 사람인 경우에는 전체 그리고 특정 부분의 순서로 묘사된다.

(2) a. He **struck** me **on** the head.(그는 나의 머리를 쳤다.)

b. She **struck** the child **on** the back.(그녀는 그 아이의 등을 쳤다.)

c. He **struck** the opponent **on** the jaw.(그는 그 상대방의 턱을 쳤다.)

1.3. 목적어는 도구가 될 수 있다. 주어는 목적어를 친다.

(3) a. He **struck** the ax.(그는 도끼를 내리쳤다.)

b. He **struck** a blow at injustices.(그는 일격을 불공평한 일들에 가했다.)

1.4. 다음 목적어는 신체의 일부이다. 주어는 목적어를 against나 on의 목적어에 부딪치게 한다.

(4) a. I **struck** my head **against** the barn.(나는 머리를 곳간에 박았다.)

b. She **struck** her knee **against** the desk. (그녀는 무릎을 책상에 박았다.)

c. He **struck** his head **on** the beam. (그는 머리를 대들보에 박았다.)

1.5. 다음 주어는 목적어를 쳐서 전치사 into의 목적어에 넣는다.

(5) a. He **struck** the spurs **in** the horse.(그는 박차를 말에 가했다.)

b. He **struck** the dagger **into** the man.(그는 단검을 사람에게 찔렀다.)

c. The horrible scene **struck** a chill **into** my heart.(그 무서운 장면은 무서움을 내 마음 속에 처넣었다.)

d. His eyes **struck** terror **into** me.(그의 눈은 공포심을 내게 처넣었다.)

1.6. 다음 주어는 목적어를 쳐서 어떤 상태에 들어가게 한다.

(6) a. He **struck** her **dead**.(그는 그녀를 쳐서 죽였다.)

    b. He **struck** me **speechless**.(그는 나를 쳐서 말문을 잃게 했다.)

    c. She was **struck** dumb with stage **fright**.(그녀는 무대 공포로 놀라서 말을 할 수가 없었다.)

    d. The audience was **struck** silent.(청중은 충격을 받고 말을 못했다.)

1.7. 다음 주어는 목적어를 쳐서 없어지게 한다.

(7) a. They **struck** camp and continued the journey.(그들은 야영을 해체하고 여행을 계속했다.)

    b. We **struck** the stage.(우리는 무대를 해체했다.)

    c. They have **struck** work at the factory.(그들은 공장에서 파업을 했다.)

1.8. 다음 주어는 목적어를 쳐서 만든다.

(8) a. He **struck** a cord on the piano.(그는 한 코드를 피아노로 쳤다.)

    b. She **struck** a B sharp note.(그녀는 B 샤프음을 쳤다.)

1.9. 다음은 수동태 문장으로 주어는 쳐서 만들어진다.

(9) a. A medal was **struck** in memory of the great victory.(메달이 그 위대한 승리를 기념해서 만들어졌다.)

    b. A new coin was **struck** in honor of the queen.(새 동전이 여왕을 위해서 찍혔다.)

    c. A 25-pence piece was **struck** in honor of the king.(동전이 왕을 위해서 25 펜스짜리에 찍혔다.)

1.10. 다음 주어는 목적어를 취한다.

(10) a. He **struck** the customary pose of a priest.(그는 신부의 관습적인 자세를 취했다.)

    b. He **struck** a polite attitude.(그는 정중한 태도를 취했다.)

1.11. 다음 주어는 그 자체가 목적어를 친다.

(11) a. His head **struck** the table as he fell.(그의 머리가 넘어지면서 탁자를 쳤다.)

    b. The ship **struck** a rock and began to sink.(그 배는 바위를 치고, 가라앉기 시작했다.)

    c. The hammer **struck** the bell.(그 망치는 종을 쳤다.)

    d. A stray bullet **struck** the soldier.(유탄이 그 군인을 쳤다.)

1.12. 다음 주어는 목적어를 가서 닿는다. 주어는 빛이나 소리이다.

(12) a. The search light **struck** the wreck. (탐조등은 난파선을 비추었다.)

    b. The sun was **striking** the hilltop.(해는 산꼭대기를 비추고 있었다.)

    c. The sun **struck** her eyes.(햇빛이 그녀의 눈에 와 닿았다.)

    d. A shrill shout **struck** her ears.(날카로운 외침이 그녀의 귀에 세게 와 닿았다.)

    e. The waving palm trees **struck** my view.(바람에 나부끼는 야자수 나무들이 나의 시야에 와 닿았다.)

1.13. 다음 주어는 목적어를 가 닿는다.

(13) a. We **struck** the main road after a short drive.(얼마 가지 않아서 우리는 간선도로를 만났다.)

    b. I **struck** the name of my old friend in the newspaper.(나는 신문에서 내 오랜 친구의 이름을

보았다.)

    c. Finally we **struck** a vein of old/oil.(마침내 우리는 금광/유맥에 이르렀다.)

1.14. 다음 목적어는 추상적인 개체이다. 그러나 구체적인 개체로 개념화되어 있다. 주어는 목적어를 만든다.

(14) a. We **struck** a balance/an average.(우리는 균형/평균에 이루었다.)

    b. They **struck** an agreement/a compromise.(그들은 합의/타협을 쳐서 이루었다.)

1.15. 다음은 [강한 생각은 물리적 힘] 은유가 적용된 표현이다.

(15) a. A terrible thought **struck** her.(무서운 생각이 그녀를 찾아왔다.)

    b. An amusing thought **struck** her.(재미있는 생각이 그녀를 찾아왔다.)

    c. The thought **struck** me that she had come to borrow money.(그녀가 돈을 빌리러 왔다는 생각이 내게 떠올랐다.)

    d. A happy idea **struck** him.(즐거운 생각이 그를 찾아왔다.)

    e. It **struck** me that you are afraid.(네가 두려워하고 있다는 생각이 나를 찾아왔다.)

1.16. 소식이나 광경도 큰 물리적 힘으로 작용한다.

(16) a. The news of her father's death **struck** her to the heart.(아버지의 부고가 그녀를 심하게 쳤다.)

    b. The sight **struck** her with terror.(그 광경은 그녀를 공포로 충격을 주었다.)

    c. I was **struck** by the resemblance.(나는 그 유사성에 놀랐다.)

    d. We were **struck** by the rapid modernization.(우리는 빠른 현대화에 놀랐다.)

1.17. 다음 주어는 목적어를 as의 목적어와 같은 인상을 준다.

(17) a. She **struck** me **as** being unusual.(그녀는 내게 보통이 아니라는 인상을 주었다.)

    b. They **strike** me **as** abnormal.(그들은 내게 비정상적이라는 인상을 준다.)

    c. This discussion **strikes** me as pointless.(이 논의는 나에게 무의미하다는 인상을 준다.)

    d. How does the plan **strike** you?(그 계획은 여러분에게 어떤 인상을 줍니까?)

1.18. 다음은 수동태 문장으로 주어는 병의 공격을 받는다. [병은 물리적 힘] 은유가 적용된 표현이다.

(18) a. Some of them were **stricken by** an illness.(그들 가운데 몇 명은 병에 걸렸다.)

    b. He was **stricken with** a heart attack.(그는 심장마비의 공격을 받았다.)

    c. The town was **struck with** an epidemic flu.(그 읍내는 유행성 독감의 공격을 받았다.)

1.19. 다음 주어는 첫째 목적어에 둘째 목적어를 준다.

(19) a. He **struck** the man a blow.(그는 그 남자에게 일격을 가했다.)

    b. He **struck** me a blow on the head.(그는 나의 머리에 일격을 가했다.)

    c. She **struck** the boy a violent blow.(그녀는 그 소년

에게 강한 일격을 가했다.)

2. 자동사 용법

2.1. 다음 주어는 친다.

(20) a. Strike while the iron is hot.(쇠가 달아있을 때 쳐라.)

b. He leaped back as the animal struck. (그 동물은 공격할 때 뒤로 물러섰다.)

c. Lightning struck in several places, but no one was hurt.(벼락이 여러 군데 쳤지만 아무도 다치지 않았다.)

2.2. 다음 주어는 against나 on의 목적어에 가 닿는다.

(21) a. His foot struck against a stone.(그의 발은 돌을 쳤다.)

b. The ship struck on a rock.(그 배는 바위에 부딪쳤다.)

2.3. 다음 주어는 이동한다.

(22) a. They struck into the woods.(그들은 숲 속으로 들어갔다.)

b. There the road struck to the east.(그 길은 동쪽으로 뻗쳤다.)

2.4. 다음 주어는 추상적이다. 그러나 움직여서 가 닿는 것으로 개념화된다.

(23) a. A chill struck through my flesh to the marrow of my bones.(오싹함이 내 살을 지나 골수까지 치고 들어갔다.)

b. The light strikes through the darkness.(그 빛은 어둠을 쳐서 지나간다.)

2.5. 다음 주어는 동맹파업을 한다.

(24) a. The workers struck for higher wages.(그 노동자는 더 많은 임금을 받기 위해서 파업했다.)

b. The workers are striking for shorter hours.(그 노동자들은 더 적은 노동 시간을 위해 파업하고 있다.)

2.6. 다음 주어는 공격한다.

(25) a. The enemy struck at dawn.(적은 새벽에 공격했다.)

b. A rattlesnake makes noise before it strikes.(뱀은 공격하기 전에 소리를 낸다.)

2.7. 다음 주어는 시간을 알린다.

(26) a. The clock struck at 5.(시계는 5시에 친다.)

b. 10 o'clock has struck. (열시가 울렸다.)

string

이 동사의 개념 바탕에는 string의 명사 '실', '끈'이 깔려 있다.

1. 타동사 용법

1.1. 다음 주어는 목적어를 실이나 끈에 꿴다.

(1) a. You should wash and string the beans.(당신은 콩을 씻고 나서 실에 꿰어야 한다.)

b. He strung up X-mas presents.(그는 크리스마스 선물을 매달아 장식했다.)

c. She strung the shells on a silver chain.(그녀는 그 조개 껍질을 은사슬에 꿰었다.)

d. The beads were strung on a very fine nylon.(구슬들은 매우 좋은 나일론 천에 꿰어 있었다.)

1.2. 다음 주어는 목적어를 꿴다. 경로를 나타내는 전치사 across, over, up이 쓰여서 string은 이동 동사의 뜻을 갖는다.

(2) a. The monk is stringing lanterns across the lawn.(그 수도사는 초롱을 잔디밭을 가로질러 매달고 있다.)

b. He strung banners across the wall.(그는 깃발들을 벽을 가로질러 달아맸다.)

c. Sally strung paper steamers over the doorway as a decoration.(샐리는 종이 조개를 현관문 위에 장식으로 매달았다.)

d. We strung paper lanterns up in the trees(우리는 종이 초롱을 나무 위에 끈으로 매달았다.)

1.3. 다음은 수동태 문장으로 주어는 꿰어져 있거나 그렇게 보인다.

(3) a. The scouts were strung along the road.(정찰병은 도로에 길게 이어져 있었다.)

b. The tanks were strung across the desert.(그 탱크는 사막을 가로질러 길게 이어져 있었다.)

c. Trucks were strung all down the highway.(트럭들이 고속도로 아래로 길게 이어져 있었다.)

1.4. 다음 주어는 목적어의 선을 조정한다.

(4) a. She is stringing a piano/a guitar/a violin.(그녀는 피아노를/기타의 현을/바이올린의 현을 매고 있다.)

b. He strung a packet of books.(그는 책의 꾸러미를 하나 묶었다.)

c. The archer strung his bow and aimed an arrow at the target. (그 궁수는 활의 시위를 팽팽게 당기고 화살을 목표물에 조준을 했다.)

1.5. 다음은 수동태 문장으로 주어는 꿰어져 있다.

(5) a. The route was with flags.(그 길은 깃발로 이어졌다.)

b. The tennis racket was strung with thin plastic strings.(테니스 라켓은 얇은 플라스틱 끈으로 엮였다.)

c. I will have my tennis racket strung.(나는 내 테니스 라켓에 줄을 맬 것이다.)

d. My nerves are strung.(내 신경은 긴장되어 있다.)

1.6. 다음에서 주어는 목적어를 끈으로 엮듯이 연결한다.

(6) a. He sang her a ballad and strung together some rhymes to amuse her.(그는 그녀에게 발라드를 불러주고 그녀를 즐겁게 해주기 위해 몇 개의 운문시를 이어 불렀다.)

b. The speaker strung together a series of jokes.(그 연사는 일련의 농담을 연결했다.)

c. I can barely string together two words in German.(나는 독일어로 거의 두 단어도 연결시킬 수 없다.)

d. He was so drunk he could hardly string two words together.(그는 너무 술에 취해 거의 두 단어도 제대로 연결시켜 말할 수 없었다.)

1.7. 다음 주어는 목적어를 연결한다. 목적어는 선이다.

(7) a. The worker is stringing telephone wires on poles.(그 인부는 전화선을 전봇대에 치고 있다.)

b. The worker strung the cable from pole to pole.(그 인부는 케이블을 전봇대와 전봇대 사이에 쳤다.)

c. The worker **strung** wires **from** post **to** post. (그 인부는 전화선을 전봇대에서 전봇대로 쳤다.)

1.8. 다음 주어는 목적어를 실에 묶어서 끌고 다니는 듯 한다.

(8) a. He'll never marry her; he's just **stringing** her **along**. (그는 결코 그녀와 결혼하지 않을 것이다; 그는 단지 그녀를 기다리게 해둘 뿐이다.)

b. She won't tell him whether she likes him or not; she's just **stringing** him **along**. (그녀는 그녀가 그를 좋아하는지 않는지 말하지 않을 것이다; 그녀는 그를 다만 기다리게 만들고 있다.)

c. She took advantage of him, **stringing** him **along**, even after they were divorced. (그녀는 그를 심지어 이혼한 후에도 자기 곁에 붙어 있게 만들어 이용했다.)

d. He'll never be paid the money they promised him; They've just **strung** him **along**. (그들이 그에게 약속한 금액을 그는 결코 받지 못할 것이다; 그들은 단지 그를 기다리게 매어 두었다.)

1.9. 다음 주어는 목적어를 실 같은 것에 묶어서 연결해 나간다.

(9) a. She **strung** out 12 pairs of socks **along** the washing line. (그녀는 12켤레의 양말을 빨래 줄을 따라 한 줄로 늘어놓았다.)

b. They are **stringing out** the flags of many countries on a line. (그들은 많은 국가의 국기를 한 줄에 늘어놓고 있다.)

c. The archipelago of small islands **strung out** between St. Vincent and Grenada. (작은 섬들의 군도는 세인트 빈센트와 그레나다 사이에 한 줄로 열을 지었다.)

1.10. 다음에서 주어는 목적어를 묶어서 목적어가 잘 보이게 한다.

(10) a. The farmer shot two crows and **strung** them **up** on the fence. (농부는 두 마리의 까마귀를 쏘아서 그들을 울타리에 끈으로 매달아 올려 놓았다.)

b. I think you should **string up** a banner in the garden to welcome him. (그를 환영하기 위해 정원에 깃대를 매달아 올려야 한다고 나는 생각한다.)

c. They **strung up** colored lights round the garden. (그들은 형형색색의 조명등을 정원 주위에 매달아 놓았다.)

d. People have **strung up** decorations on the fronts of their homes. (사람들은 장식을 자신들의 집 앞에 매달아 놓았다.)

e. The workers **strung up** a line of lights on clothes line across the yard. (일꾼들은 일렬의 전등을 마당을 가로질러 있는 빨랫줄에 매달았다.)

1.11. 다음에서 목적어는 시간 속에 일어나는 과정이다. 주어는 이러한 과정을 당겨서 연장한다.

(11) a. He has **strung out** the case for months. (그는 그 사건을 수개월동안 늘였다.)

b. They are **stringing out** this discussion much too long. (그들은 이 토론을 너무 오랫동안 끌고 있다.)

c. They seemed determined to **string** the talk **out** for an indefinite period of time. (그들은 회담을 무한정

한 기간 동안 연장하기로 결정한 것 같았다.)

d. We **strung out** the tennis match so that we could use the court all afternoon. (우리는 코트를 오후 내내 사용하기 위해서 테니스 경기를 오래 끌었다.)

e. She **strung out** her speech. (그녀는 자신의 연설을 오랫동안 끌었다.)

1.12. 다음은 수동태 문장으로 주어는 줄에 매달려서 연결된다.

(12) a. The geese were **strung out** in a long line along the river tank. (거위들은 강둑을 따라 한 줄로 길게 늘어서 있었다.)

b. Flags were **strung out** along the route. (깃발들이 길을 따라 한 줄로 매달려 있었다.)

c. The cars were **strung out** along the way. (차들은 길을 따라 한 줄로 늘어서 있었다.)

d. The islands were **strung out** along the coastal line. (섬들은 해안선을 따라 한 줄로 늘어서 있었다.)

e. Most of Canada's population is **strung out** along its 525-mile border with the United States. (캐나다 인구의 대부분은 미국과의 525마일 경계선을 따라 늘려 있다.)

f. The whole deal was **strung out** for a lot longer period than necessary. (전체적인 상담은 필요이상 오랜 기간 동안 끌렸다.)

1.13. 다음 주어는 목적어를 줄에 매어서 끌어 올린다. 즉, 죽인다.

(13) a. If I ever found out who did this, I will **string** him **up**. (만일 누가 이것을 했는지 알아내기만 하면 나는 그를 매달아 죽일 것이다.)

b. The town people **strung up** the horse thief. (그 읍내 사람들은 말 도둑을 목을 매달아 교수형에 처했다.)

c. Guards rushed into his cell and **strung** him **up**. (간수들은 감방으로 쳐들어가 그를 교수형에 처했다.)

1.14. 다음의 목적어는 재귀 대명사이다. 주어는 악기의 선을 팽팽하게 하듯 자신을 긴장 시킨다.

(14) a. She **strung** herself **up** to finish his work in time. (그녀는 힘내서 그의 일을 시간 안에 마치려고 했다.)

b. He **strung** himself **up** to the highest pitch. (그는 애를 써서 최고의 음율에 이르게 했다.)

c. The wrestler was **strung up**. (레슬링 선수는 긴장되어 있었다.)

d. The young man was **strung up** to the right pitch. (젊은 남자는 적당히 긴장하고 있었다.)

2. 자동사 용법

2.1. 다음의 주어는 선형으로 펼쳐져 있다.

(15) Boom towns **strung along** the dirt roads. (신흥 읍내들이 흙길을 따라 늘어서 있었다.)

2.2. 다음의 주어는 이동하는 개체이다.

(16) If you're going into town, I will **string along** with you. (만일 네가 시내로 갈 거면, 나는 너를 따라 갈게.)

2.3. 다음 주어는 추상적인 개체이지만 구체적인 개체로 개념화되어 있다. 주어는 엮어진다.

⑴ The main points of the report **string** together poorly.(보고의 요점은 잘 연결이 안 된다.)

strip

이 동사의 개념 바탕에는 벗기는 과정이 있다.

1. 타동사 용법

1.1. 다음 주어는 목적어의 옷이나 옷과 같은 것을 잡아 뜯는다.

⑴ a. During the summer, the sheep **stripped** the mountains bare.(여름 동안에 그 양들은 산을 뜯어 민둥산으로 만들었다.)

b. The robbers **stripped** him to the skin.(그 강도들은 그를 발가벗겼다.)

c. She **stripped** the baby and put him in his bath.(그녀는 그 아기를 벗기고 그를 욕조에 넣었다.)

d. She **stripped** the bed and vacuumed the carpets. (그녀는 침대를 벗기고 양탄자를 진공청소기로 청소했다.)

e. The customs men **stripped** him and searched him. (그 세관원은 그를 벗기고 수색했다.)

1.2. 다음 주어는 목적어를 벗겨서 전치사 of의 목적어를 제거한다.

⑵ a. The locust had **stripped** the trees of leaves.(그 메뚜기들이 나무들을 뜯어서 잎이 없어졌다.)

b. The wind **stripped** the tree of the leaves.(바람이 나뭇잎을 떨어뜨렸다.)

c. He **stripped** the room of its furniture.(그는 방을 뜯어서 안의 가구들을 치웠다.)

d. She **stripped** the house of its contents.(그녀는 집을 뜯어서 그 안의 물건을 치웠다.)

e. They **stripped** the man of his money/wealth/rights.(그들은 그 남자를 뜯어서 돈/재산/권리을 빼앗았다.)

f. They **stripped** the travellers of their passports.(그들은 여행객들을 뜯어 여권을 빼앗았다.)

1.3. 다음 주어는 목적어를 뜯어서 분해한다.

⑶ a. We will have to **strip down** the engine to find the fault.(우리는 결함을 발견하기 위해 엔진을 뜯어서 분해해야 한다.)

b. He **stripped down** his motorbike and rebuild it.(그는 오토바이를 뜯어 분해하고 다시 조립했다.)

1.4. 다음은 수동태 문장으로 주어는 벗겨진다.

⑷ a. The athlete was **stripped** of his gold medal.(그 육상선수는 금메달을 박탈당했다.)

b. The house/room was **stripped** of its furnishings. (그 집 방은 가구들이 모두 치워졌다.)

c. He was **stripped** of his rights.(그는 권리를 박탈당했다.)

1.5. 수동태 문장으로 주어는 벗겨진다.

⑸ a. The travellers were **stripped naked**.(그 여행객들은 발가벗겨졌다.)

b. The house was **stripped bare** by thieves.(그 집은 도둑들에 털려서 텅 비었다.)

1.6. 다음 주어는 목적어를 뜯어낸다.

⑹ a. He **stripped** the old paint.(그는 오래된 칠을 벗겨내었다.)

b. He **stripped off** his clothes.(그는 옷을 벗었다.)

c. He **stripped** the bark of a tree.(그는 나무의 껍질을 벗겼다.)

d. He **stripped** the skin of a banana.(그는 바나나 껍질을 벗겼다.)

1.7. 다음 주어는 목적어를 전치사 off나 from의 목적어로부터 뜯어낸다.

⑺ a. He **stripped** the bark **off** the twig.(그는 껍질을 나뭇가지에서 벗겨내었다.)

b. He **stripped** the old wallpaper **from/off** the wall.(그는 낡은 벽지를 벽에서 떼어냈다.)

c. She **stripped** the sheets **from** the beds.(그녀는 홑이불을 침대에서 벗겨내었다.)

d. The locust had **stripped** the leaves **from/off** the trees.(그 메뚜기들이 잎을 나무에서 뜯었다.)

2. 자동사 용법

2.1. 다음 주어는 옷을 벗는다.

⑻ a. He **stripped** and dived into the water.(그는 옷을 벗고 물에 뛰어들었다.)

b. He **stripped** and jumped into the lake.=(그는 옷을 벗고 호수로 뛰어들었다.)

c. He **stripped** completely and lay in the grass.(그는 완전히 옷을 벗고 풀밭에 드러누웠다.)

d. He **stripped** to his bathing suit.(그는 다 벗고 수영복만 입었다.)

e. Suddenly he **stripped off**.(그는 갑자기 옷을 벗었다.)

2.2. 다음 주어는 껍질이 벗겨진다.

⑼ Bananas **strip** easily.(바나나는 껍질이 쉽게 벗겨진다.)

strive

이 동사의 개념 바탕에는 크게 애쓰는 과정이 있다.

1. 자동사 용법

1.1. 다음 주어는 against의 목적어에 대항해서 on을 쓴다.

⑴ a. He is **striving against** fate/destiny.(그는 운명과 싸우고 있다.)

b. Doctors are always **striving against** diseases.(의사들은 항상 질병과 싸우고 있다.)

c. He **strives against** his illness.(그는 자신의 병과 싸운다.)

1.2. 다음 주어는 for의 목적어를 얻기 위해 애쓴다.

⑵ a. The country is **striving for** independence.(그 나라는 독립을 위해 애쓰고 있다.)

b. We will **strive for** a better standard of living for all/the highest standard.(우리는 모든 사람을 위한 더 나은 생계 표준/최고의 표준을 위해 애쓸 것이다.)

c. We must **strive for** greater efficiency/success.(우리는 더 나은 능률/성공을 위해 애써야만 한다.)

d. In her writing she **strove for** a balance between innovation and familiar prose.(그녀의 글에서 그녀는 개혁과 익숙한 산문체 사이에서 균형을 위해 애썼다.)

1.3. 다음 주어는 부정사가 가리키는 일을 하려고 애쓴다.

(3) a. The reporters **strive to** be first with a story.(그 기자들은 기사를 먼저 가지려고 애쓴다.)

b. He always **strives to** be ahead of others.(그는 항상 다른 사람들의 앞에 서려고 애쓴다.)

c. He **strives** hard **to** keep himself fit.(그는 건강을 유지하기 위해 부단히 애쓴다.)

d. The company is **striving to** improve its image.(그 회사는 회사의 이미지를 개선하려고 애쓰고 있다.)

stroke[1]

이 동사의 개념 바탕에는 어루만지는 과정이 있다.

1. 타동사 용법

1.1. 다음 주어는 목적어를 쓰다듬는다.

(1) a. She **stroked** the baby's cheek.(그녀는 아기의 뺨을 쓰다듬었다.)

b. He reached out and **stroked** her face tenderly.(그는 손을 뻗어서 그녀의 얼굴을 부드럽게 쓰다듬었다.)

c. John **stroked** the back of her head.(존은 그녀의 머리 뒤를 쓰다듬었다.)

d. Can I **stroke** your dog?(댁의 개를 쓰다듬어도 될까요?)

1.2. 다음은 수동태 문장으로 주어는 쓰다듬어지는 개체이다.

(2) The cat loves to be **stroked**.(고양이는 쓰다듬어주는 것을 좋아한다.)

1.3. 주어는 목적어와 성관계를 한다.

(3) He's trying to **stroke** the boss.(그는 상사와 성관계를 가지려고 노력했다.)

stroke[2]

이 동사의 개념 바탕에는 치는 과정이 있다.

1. 타동사 용법

1.1. 주어는 목적어를 친다.

(1) a. She **stroked away** her tears.(그녀는 눈물을 훔쳐냈다.)

b. He **stroked** the ball **between** the posts.(그는 공을 기둥 사이에 쳤다.)

c. He **stroked** the next ball **over** the fence.(그는 다음 공을 울타리 너머로 쳤다.)

stroll

이 동사의 개념 바탕에는 어슬렁어슬렁 걷는 과정이 있다.

1. 타동사 용법

1.1. 다음 주어는 장소인 목적어를 걷는다.

(1) a. After lunch, I **strolled** the deserted beach.(점심 후에, 나는 인적이 없는 해변을 걸었다.)

b. The old man **strolls** the park every day.(그 노인은 공원을 매일 산책한다.)

2. 자동사 용법

2.1. 다음 주어는 어슬렁어슬렁 걸으면서 움직인다.

(2) a. They **strolled about** in the suburbs.(그들은 교외를 이리저리 어슬렁거렸다.)

b. They **strolled along** the beach.(그들은 해변을 산책했다.)

c. We could **stroll into** town if you like.(네가 좋다면 시내를 산책해서 들어갈 수 있다.)

d. We **strolled through** the garden.(우리는 정원을 산책했다.)

e. She **strolled for** miles, enjoying the fresh air.(그녀는 신선한 공기를 즐기며 수 마일을 산책했다.)

struggle

이 동사의 개념 바탕에는 버둥거리는 과정이 있다.

1. 자동사 용법

1.1. 다음 주어는 버둥거린다.

(1) a. The two fighters **struggled** together.(두 명의 전사가 함께 버둥거렸다.)

b. She **struggled** in his embrace.(그녀는 그의 품 속에서 버둥거렸다.)

1.2. 다음 주어는 전치사 for의 목적어를 얻기 위해 버둥거린다.

(2) a. Many young writers **struggle for** recognition.(많은 젊은 작가들이 인정받기 위해 몸부림친다.)

b. When he was injured, he **struggled for** survival/breath.(그는 부상을 당했을 때 살아남으려고/숨쉬려고 몸부림쳤다.)

c. Fish **struggle for** survival when the water level drops in the lake.(물고기들은 호수의 수심이 떨어지면 살아남기 위해 버둥거린다.)

d. The country is **struggling for** independence.(그 나라는 독립을 위해 투쟁하고 있다.)

e. They are **struggling for** equality.(그들은 평등을 이루기 위해 몸부림치고 있다.)

f. Passengers **struggled for** room on the subway.(승객들은 지하철에서 자리를 위해 버둥거렸다.)

g. He is **struggling for** a living.(그는 생계를 위해 버둥거리고 있다.)

1.3. 다음 주어는 부정사가 가리키는 과정을 하려고 분투한다.

(3) a. She's **struggling to** bring up a family on a low income.(그녀는 가족을 적은 수입으로 부양하려고 노력하고 있다.)

b. The bird **struggled to** fly/get free.(그 새는 날기 위해/도망치려고 몸부림쳤다.)

c. They **struggled** just **to** pay their bills.(그들은 청구비를 내느라 버둥거렸다.)

d. He **struggled to** control his temper/calm

himself.(그는 화를 참으려고/마음을 가라앉히려고 애썼다.)

e. The rabbit **struggled to** escape from the snare.(토끼는 덫에서 빠져 나오려고 몸부림쳤다.)

f. I've been **struggling to** understand the article/to succeed.(나는 그 논문을 이해/성공하려고 노력하고 있다.)

g. He **struggled to** reach the seat belt behind him.(그는 뒤에 있는 안전 벨트를 잡으려고 안간힘을 썼다.)

h. The woman **struggled to** control the fire.(그 여자는 불길을 잡으려고 안간힘을 썼다.)

1.4. 다음 주어는 버둥거리며 움직인다.

(4) a. They **struggled across** the desert.(그들은 버둥거리며 사막을 건넜다.)

b. He **struggled from** the chair.(그는 의자에서 버둥거리며 일어났다.)

c. The dog **struggled out** of the net that had trapped him.(그 개는 자신을 걸리게 한 그물에서 발버둥쳐서 빠져나왔다.)

d. Lee **struggled out** of the wreckage, his legs bleeding badly.(리는 난파선에서 빠져 나오려고 애를 써서 다리가 많은 피가 났다.)

e. He **struggled to** his feet.(그는 버둥거리며 일어섰다.)

f. He **struggled through** the heavy snow.(그는 폭설을 뚫고 힘겹게 나아갔다.)

g. She **struggled up** the stairs with a heavy bag.(그녀는 계단 위를 무거운 자루를 들고 버둥거리며 올라갔다.)

1.5. 다음 주어는 힘들게 나아간다. 주어는 과정이다.

(5) a. He is **struggling along** with little money.(그는 적은 돈으로 겨우 살아가고 있다.)

b. The business **struggled along** for some time.(그 사업은 한동안 고전을 면치 못했다.)

c. Life is hard, but we are **struggling on**.(삶은 고되지만 우리는 버둥거리며 살아간다.)

d. He is **struggling through** 'War and Peace'.(그는 '전쟁과 평화'를 힘들여 읽고 있다.)

1.6. 다음 주어는 전치사 against의 목적어에 대항해서 투쟁한다.

(6) a. All his life he's been **struggling against** injustice.(그는 평생동안 불의에 맞서 싸워오고 있다.)

b. He **struggled against** cancer for two years.(그는 2년 간 암과 투병했다.)

c. He **struggled against** the mugger and at last broke free.(그는 강도와 격투 끝에 마침내 도망쳤다.)

d. We **struggled against** the fire/the tide.(우리는 불길/조류와 맞서 싸웠다.)

e. They are **struggling against** poverty/adversity.(그들은 가난/역경과 맞서 싸우고 있다.)

1.7. 다음 주어는 전치사 with의 목적어와 싸운다.

(7) a. They **struggled with** each other.(그들은 서로 맞서 싸웠다.)

b. The dog is **struggling with** the large wild cat.(그 개는 커다란 야생 고양이와 싸우고 있다.)

c. He **struggled with** his assailant.(그는 가해자와 맞

서 싸웠다.)

d. He **struggled with** Tom for the knife.(그는 톰과 칼로 인해서 싸웠다.)

1.8. 다음 주어는 전치사 with의 목적어와 싸운다. 목적어는 개체이다.

(8) a. I was **struggling with** the accounts.(나는 장부와 씨름하고 있었다.)

b. He's been **struggling with** illness.(그는 투병 중이다.)

c. He is **struggling with** the temptation.(그는 유혹과 싸우고 있다.)

d. She **struggled with** calculus and at last understood it.(그녀는 미적분학과 씨름하다가 마침내 이해를 하게 됐다.)

2. 타동사 용법

2.1. 다음 주어는 목적어를 어렵게 옮긴다.

(9) a. He **struggled** the heavy box **into** a corner.(그는 무거운 상자를 간신히 구석으로 옮겼다.)

b. He **struggled** the trunk **into** a car.(그는 트렁크를 간신히 자동차 안에 실었다.)

2.2. 다음 주어는 버둥거리며 나아간다.

(10) They **struggled** their way through the crowd.(그들은 군중을 헤치고 간신히 나아갔다.)

2.3. 다음 주어는 자신과 투쟁한다.

(11) He **struggled** himself to finish the work.(그는 온갖 노력 끝에 그 일을 마쳤다.)

2.4. 다음 주어는 버둥거리며 목적어를 가라앉힌다.

(12) He **struggled** down his excitement.(그는 흥분을 가라앉히려고 애썼다.)

stub

이 동사의 개념 바탕에는 한 개체가 다른 개체에 닿게 하는 (채는)과정이 있다.

1. 타동사 용법

1.1. 다음 주어는 무의식적으로 목적어를 on의 목적어에 닿게 한다.

(1) a. He **stubbed** his toe **on** a stone.(그는 무의식적으로 발가락을 돌에 채었다.)

b. I **stubbed** my toe **on** a rock.(나는 발가락을 바위에 채었다.)

1.2. 다음 주어는 의식적으로 목적어를 다른 개체에 갖다댄다.

(2) a. He **stubbed** his cigarette out **on** the wall.(그는 담배 불을 벽에 갖다 대서 비벼 껐다.)

b. He **stubbed** his cigarette **in** an ashtray.(그는 담배를 재떨이에 비벼 껐다.)

c. He **stubbed** his finger **into** my chest as he made his point.(그는 손가락을 요점을 말하면서 내 가슴에 찔렀다.)

stud

이 동사의 개념 바탕에는 stud의 명사 '장식용 못'이

있다. 동사의 의미는 이 명사의 용도와 관계가 있다.

1. 타동사 용법

1.1. 다음 주어는 장식용 못 같이 목적어를 박는다.

(1) a. Stars studded the sky.(별들이 하늘을 산재했다.)

    b. Numerous islands stud the sea.(무수한 섬들이 바다에 산재한다.)

1.2. 다음은 수동태 문장으로 주어는 여러 개체가 박힌다.

(2) a. The field is studded with daisies.(들판은 데이지로 온통 흩뿌려져 있다.)

    b. The ornament is studded with jewels and diamonds.(장신구는 보석과 다이아몬드로 점점이 박혀있다.)

    c. Her ring is studded with diamonds.(그녀의 반지는 다이아몬드들로 점점이 박혀있다.)

    d. The gate is studded with big bosses.(대문은 큰 장식 못으로 박혀있다.)

study

이 동사의 개념 바탕에는 공부하는 과정이 있다.

1. 타동사 용법

1.1. 다음 주어는 목적어를 공부한다.

(1) a. He studied the lesson.(그는 과를 공부했다.)

    b. He is studying medicine/history.(그는 의학/역사를 공부하고 있다.)

    c. They are studying the Bible.(그들은 성경을 공부하고 있다.)

1.2. 다음 주어는 목적어를 조사한다. 목적어는 글씨가 아닌 다른 매체이다.

(2) a. They are studying the sign.(그들은 기호를 연구하고 있다.)

    b. He is studying the timetable.(그는 시간표를 잘 살펴보고 있다.)

    c. She has studied the map.(그녀는 지도를 잘 조사해 놓았다.)

1.3. 다음 주어는 목적어를 세밀하게 본다. 공부에 빼놓을 수 없는 부분은 시지각이다.

(3) a. She is studying the mole on his face.(그녀는 그의 얼굴에 있는 점을 살펴보고 있다.)

    b. He is studying his wife.(그는 아내를 살펴보고 있다.)

    c. She is studying her parents.(그녀는 부모를 잘 살펴보고 있다.)

    d. He's been studying the situation for several weeks.(그는 몇 주 동안 상황을 연구해 오고 있다.)

    e. The expert is studying the painting.(그 전문가는 그림을 살펴보고 있다.)

1.4. 다음 주어는 목적어를 연구한다. 목적어는 행동이다.

(4) a. He has studied the next move.(그는 다음 움직임을 연구해 놓았다.)

    b. He is studying his part in the play.(그는 연극에서 자신의 역할을 연구하고 있다.)

    c. He studied ways to run away.(그는 도망칠 방법을

연구했다.)

1.5. 다음 주어는 목적어를 고려한다.

(5) a. He is studying his own interest.(그는 자신의 이익을 고려하고 있다.)

    b. She is studying others' convenience.(그녀는 다른 사람의 편의를 고려하고 있다.)

    c. She always studies the wishes of her parents.(그녀는 언제나 부모의 소원을 고려한다.)

2. 자동사 용법

2.1. 다음 주어는 연구한다.

(6) a. She is studying at a university.(그녀는 대학에서 공부하고 있다.)

    b. He is studying under Dr. Brown.(그는 브라운 박사 밑에서 연구하고 있다.)

    c. They are studying for an exam.(그들은 시험을 위해 공부하고 있다.)

    d. She is studying to be a scientist.(그녀는 과학자가 되기 위해서 공부하고 있다.)

2.2. 다음 주어는 고심한다.

(7) a. The dentist studies to please his patients.(그 치과 의사는 환자를 즐겁게 하려고 애쓴다.)

    b. She always studies to avoid the topic.(그녀는 화제를 늘 피하려고 애쓴다.)

stuff

이 동사의 개념 바탕에는 물건을 채우는 과정이 있다.

1. 타동사 용법

1.1. 다음 주어는 목적어를 into의 목적어에 채워넣는다.

(1) a. She stuffed two more sweaters into a bag.(그녀는 스웨터를 두 개 더 가방 속에 넣었다.)

    b. He stuffed his handkerchief into his pocket.(그는 손수건을 주머니 속에 넣었다.)

    c. Nora stuffed a cigarette into her mouth.(노라는 담배를 입에 넣었다.)

    d. She stuffed her notebooks into a desk drawer.(그녀는 공책을 책상 서랍 속에 넣었다.)

    e. They stuffed us into a subway car.(그들은 우리를 지하철로 밀어 넣었다.)

    f. He stuffed the newspapers up the chimney.(그는 신문을 굴뚝 위로 넣었다.)

    g. She stuffed the money under a pillow.(그녀는 돈을 베개 밑에 넣었다.)

1.2. 다음은 수동태 문장으로 주어는 넣어진다.

(2) His hands were stuffed into his pockets.(그의 두 손은 주머니 속에 넣어졌다.)

1.3. 다음 주어는 목적어를 전치사 with의 목적어로 채운다.

(3) a. He stuffed his suitcase with old clothes.(그는 여행 가방을 낡은 옷들로 채웠다.)

    b. He stuffed up the hole with some newspaper/cardboard.(그는 구멍을 신문/판지로 메웠다.)

    c. I stuffed the bag with garbage and carried it out.(나는 가방을 쓰레기로 채워서 내 놓았다.)

d. I **stuffed** her old toy with cotton.(나는 그녀의 낡은 인형에 솜을 넣었다.)

e. She **stuffed** the fridge with food.(그녀는 냉장고를 음식으로 채웠다.)

f. She **stuffing** the chicken with herbs, and cooked it.(그녀는 닭을 허브로 채우고, 요리했다.)

g. He **stuffed** his shoes with newspaper.(그는 신발을 신문으로 채웠다.)

h. Don't **stuff** the children with chocolate before dinner.(아이들 배를 초콜릿으로 식사 전에 채우지 말아라.)

i. He **stuffed** the room with people.(그는 그 방을 사람들로 채웠다.)

j. She **stuffed** her ears with cotton wool.(그녀는 귀를 솜으로 틀어막았다.)

1.4. 다음에 쓰인 face는 환유적으로 쓰이어서 얼굴의 안쪽인 입을 가리킨다.

(4) a. He was **stuffing** his face with cake and ice cream. (그는 얼굴을 케이크와 아이스 크림으로 쑤셔 넣고 있었다.)

b. He's always **stuffing** his face with sweets.(그는 언제나 입을 사탕으로 채우고 있다.)

1.5. 다음 주어는 목적어를 채운다 .목적어는 그릇이다.

(5) a. She **stuffed** the X-mas stockings.(그녀는 크리스마스 양말을 채워 넣었다.)

b. She is **stuffing** a turkey.(그녀는 칠면조 속을 넣고 있다.)

c. He **stuffed** the mattress.(그는 매트리스를 채웠다.)

d. They don't use the fireplace and they've **stuffed** up the chimney.(그들은 벽난로를 사용하지 않으므로 굴뚝을 메워 막았다.)

e. These allergies have **stuffed** up my nose until she took medicine.(이 알레르기는 그녀가 약을 가져올 때까지 나의 코를 막고 있었다.)

1.6. 다음은 수동태 문장으로 주어는 전치사 with의 목적어로 채워진다.

(6) a. The hose/the pipe is **stuffed** up with leaves.(호스/파이프는 나뭇잎으로 채워져 있다.)

b. The fridge is **stuffed** with food.(냉장고는 음식으로 채워져 있다.)

c. The pockets are **stuffed** with candy.(그 주머니는 사탕으로 채워져 있다.)

d. The pillow is **stuffed** with feathers.(베개는 깃털로 채워져 있다.)

e. His drawer is **stuffed** with papers.(그의 서랍은 종이로 채워져 있다.)

f. The duck is **stuffed** with sage and onions.(그 오리는 샐비어와 양파로 채워져 있다.)

g. The cupboard is **stuffed** with dishes and bowls. (그 찬장은 접시와 사발로 채워져 있다.)

1.7. 다음 주어는 채워진다.

(7) a. The briefcase was **stuffed** full of papers.(서류 가방은 서류로 가득 채워져 있었다.)

b. All the drawers are **stuffed** full of letters.(모든 서랍은 편지로 가득 채워져 있다.)

c. The cushion ought to be freshly **stuffed**.(쿠션은

새로 채워져야 한다.)

d. I've got a cold and my nose is **stuffed**.(나는 감기에 걸려서 코가 막혔다.)

1.8. 어떤 동물을 박제할 때, 이 동물이 살아있을 때의 모습을 유지시키기 위해서 그 속에 채워 넣는다. 주어는 목적어를 박제한다.

(8) a. She asked me to **stuff** her dead cat.(그녀는 나에게 자신의 죽은 고양이를 박제해 달라고 요청했다.)

b. The taxidermist **stuffed** my pet dog after it died.(박제사는 내 애완견을 그것이 죽은 후 박제했다.)

c. She **stuffed** the golden eagle which she shot.(그녀는 자신이 쏜 금빛 독수리를 박제했다.)

1.9. 다음은 수동태 문장으로 주어는 박제된다.

(9) a. They had their pet dog **stuffed**.(그들은 애완견을 박제했다.)

b. The bear was **stuffed** and put in a museum.(그 곰은 박제되어 박물관에 놓였다.)

1.10. 다음의 목적어는 재귀대명사이다. 이 대명사가 실제로 가리키는 것은 주어의 배이다.

(10) a. I **stuffed** myself with bread and cheese.(나는 배를 빵과 치즈로 채웠다.)

b. He **stuffed** himself on/with grapes.(그는 배를 포도로 채웠다.)

c. The kids have been **stuffing** themselves with candy.(아이들은 배를 사탕으로 채워 왔다.)

d. Try not to **stuff** yourself at dinner.(식사 때 과식하지 않도록 해라.)

1.11. 다음은 [정보는 개체] [마음은 그릇] 은유가 적용된 표현이다.

(11) a. He **stuffed** facts into his head.(그는 사실을 머리에 채웠다.)

b. He **stuffed** his head with fancies.(그는 머리를 공상으로 채웠다.)

c. He **stuffed** the young mind with silly ideas.(그는 젊은 마음을 어리석은 생각으로 채웠다.)

d. You can **stuff** your damn contract!(당신은 네 지긋지긋한 계약서를 채울 수 있다.)

stumble

이 동사의 개념 바탕에는 비틀거리는 과정이 있다.

1. 자동사 용법

1.1. 다음 주어는 비틀거린다.

(1) a. He hit a rock and **stumbled**.(그는 돌에 채어 비틀거렸다.)

b. He **stumbled** at a straw.(그는 지푸라기에 걸려 비틀거렸다.)

c. The child **stumbled** and fell.(그 아이는 비틀거려 넘어졌다.)

d. The horse **stumbled**.(그 말은 비틀거렸다.)

1.2. 다음 주어는 비틀거리며 이동한다.

(2) a. He **stumbled** across an old friend.(그는 우연히 옛 친구를 만났다.)

b. The old woman **stumbled** along.(그 나이든 여자는

비틀거리며 걸어갔다.)

c. We were **stumbling around** in the dark looking for a candle.(우리는 초를 찾기 위해 어둠 속에서 이리저리 비틀거리며 움직이고 있었다.)

d. He **stumbled into** the kitchen.(그는 주방으로 비틀거리며 걸어갔다.)

e. He **stumbled out of** bed.(그는 비틀거리며 잠자리에서 일어났다.)

f. He finished his whisky and **stumbled upstairs**.(그는 위스키를 다 마시고 위층으로 비틀거리며 걸어갔다.)

1.3. 다음 주어는 실수를 하면서 나아간다.

(3) a. The scientist was **stumbling along**, looking for a cure.(과학자는 치료법을 찾으면서 실수를 하면서 진행하고 있었다.)

b. I **stumbled into** acting when I left college.(내가 대학을 떠났을 때 연기에 우연히 발을 들여놓게 되었다.)

c. A number of people **stumbled into** debt without intending to.(많은 사람들이 의도하지 않았지만 어쩌다 빚을 지게 되었다.)

d. He **stumbled through** the performance.(그는 공연을 불안정하게 치루었다.)

e. He **stumbled through** his speech.(그는 연설을 실수를 하면서 했다.)

1.4. 다음 주어는 전치사 upon의 목적어를 접하게 된다.

(4) a. They **stumbled upon** a clue.(그들은 우연히 실마리를 접하게 되었다.)

b. He **stumbled upon** a little village and stayed there.(그는 우연히 작은 마을을 만나서 그곳에 머물렀다.)

c. He **stumbled upon** a rare book/an antique.(그는 우연히 희귀한 책/골동품을 발견했다.)

1.5. 다음 주어는 전치사 over의 목적어 위로 넘어진다.

(5) a. He **stumbled over** some rocks in the dark.(그는 어둠 속에서 바위에 걸려 넘어졌다.)

b. He **stumbled over** a hidden branch and fell on his face.(그는 숨겨진 나뭇가지에 걸려 넘어져서 얼굴을 박았다.)

c. He **stumbled over** the curb.(그는 연석 위에 넘어졌다.)

1.6. 다음 주어는 말 실수를 한다.

(6) a. Do you **stumble over** words?(말문이 막히십니까?)

b. The nervous speaker **stumbled over** his words.(안절부절 못하는 연설자는 말을 더듬거렸다.)

---

stump

이 동사의 개념 바탕에는 유세하는 과정이 있다.

1. 타동사 용법

1.1. 다음 주어는 목적어를 유세한다. 목적어는 장소이다.

(1) a. The candidate will **stump** the state.(그 후보자는 그 주를 유세할 것이다.)

b. The politician **stumped** all of Iowa before the primaries.(그 정치인은 대통령 예비선거전에 아이오와주 전부를 유세했다.)

c. He **stumped** the whole country before the election.(그는 국내 전체를 선거 전에 유세했었다.)

d. The candidate **stumped** the rally of union workers.(그 후보자는 노동 연합의 집회를 유세를 했다.)

1.2. 다음 주어는 목적어를 마지못해 낸다.

(2) a. He **stumped up** $1000 for the charity.(그는 1000달러를 자선기금으로 마지못해 내놓았다.)

b. We were asked to **stump up** for the repair. (우리는 수리비로 돈을 내놓으라는 요구를 받았었다.)

c. Who is going to **stump up** the money?(누가 그 돈을 마지못해 내놓을 것입니까?)

1.3. 다음 주어는 목적어를 뽑는다.

(3) a. The farmer **stumped** the field.(농부는 들판에서 그 루터기를 뽑았다.)

b. He **stumped** the hillside.(그는 산허리의 그루터기를 뽑았다.)

1.4. 다음 주어는 목적어를 난처하게 한다.

(4) a. The case has **stumped** the police for months.(그 사건은 몇 달간을 경찰을 당황하게 해 왔다.)

b. Her question **stumped** the expert.(그녀의 질문은 전문가를 당황하게 했다.)

1.5. 다음은 수동태 문장으로 주어는 당황한다.

(5) a. Nobody could think of anything to do; everybody was **stumped**.(아무도 어떤 할 것도 생각해 낼 수가 없었다 – 모두 당황했었다.)

b. We were totally **stumped** and had no idea what to do.(우리는 아주 당황해서 무엇을 해야 할지 아무 생각도 나지 않았다.)

2. 자동사 용법

2.1. 다음 주어는 유세한다.

(6) a. He is **stumping around** the state.(그는 유세를 하면서 주를 돌아다니고 있다.)

d. He **stumped around** the country trying to build up support.(그는 지지를 얻기 위해 노력하면서 전국을 다니면서 유세를 했다.)

b. He is **stumping** for votes.(그는 투표를 위해 유세를 하고 있는 중이다.)

c. She **stumped** day and night during the week before the election.(그녀는 선거 전 주에 밤낮으로 유세를 했다.)

2.2. 다음 주어는 터벅터벅 걸어간다.

(7) a. He **stumped along**.(그는 터벅터벅 걸어갔다.)

b. He **stumped around** the house with a cast on one leg.(그는 한 다리에 깁스를 하고는 그 집을 이리저리 쿵쿵거리며 걸어다녔다.)

c. He **stumped off**, muttering under his breath.(그는 작은 목소리로 중얼거리며 쿵쿵거리며 걸었다.)

d. He **stumped out of** the room in fury.(그는 격노해서 방을 쿵쿵거리며 나갔다.)

e. He **stumped** angrily **up** the stairs.(그는 화나서 계단을 쿵쿵거리며 올라갔다.)

f. Try not to **stump up** the stairs.(계단을 쿵쿵거리며

올라가지 않도록 하십시오.)

stun

이 동사의 개념 바탕에는 기절할 정도로 놀라게 하는 과정이 있다.

1. 타동사 용법

1.1. 다음 주어는 목적어를 깜짝 놀라게 한다.
(1) a. The robber **stunned** him with a blow to his head. (그 강도는 그의 머리를 쳐서 그를 기절시켰다.)
b. A blow to his face **stunned** the boxer.(얼굴에 가해진 일격이 그 권투선수를 기절하게 했다.)
c. John was **stunned** when he touched the electrical fence.(존은 전기 울타리를 만졌을 때 아찔했다.)

1.2. 다음 주어는 목적어를 기절시킬 정도로 놀라게 한다.
(2) a. The sudden fall **stunned** him.(갑작스러운 추락은 그를 아찔하게 했다.)
b. The explosion **stunned** me for a few moments. (그 폭발은 나를 몇 분간 아찔하게 했다.)
c. The news **stunned** him so badly he could not talk. (그 소식은 그를 아찔하게 하여 그는 말을 할 수 없었다.)
d. The scandal **stunned** the neighborhood.(그 추문은 이웃 사람들을 아찔하게 했다.)
e. The president's assassination **stunned** the nation. (그 대통령의 암살은 전 국민을 깜짝 놀라게 하였다.)

1.3. 다음은 수동태 문장으로 주어는 몹시 놀란다.
(3) a. He was **stunned** by the news.(그는 그 뉴스에 아찔해졌다.)
b. He was completely **stunned** by the jury's verdict of guilty.(그는 배심원단의 유죄 평결에 아찔해졌다.)
c. He was **stunned** to hear of her sudden death.(그는 그녀의 갑작스러운 죽음 소식을 듣고 깜짝 놀랐다.)
d. She was too **stunned** to speak.(그녀는 너무 아찔해서 말을 할 수 없었다.)

1.4. 다음에서 주어는 놀라서 갑자기 어떤 상태에 들어간다.
(4) He was **stunned** into silence.(그는 너무 놀라게 되어 침묵했다.)

style

이 동사의 개념 바탕에는 유행이나 양식에 따라서 꾸미는 과정이 있다.

1. 타동사 용법

1.1. 다음 주어는 목적어를 꾸민다.
(1) a. He **styled** my hair in a pageboy cut.(그는 내 머리를 안말이로 꾸몄다.)
b. The beautician **styled** my hair.(그 미용사는 내 머리를 꾸몄다.)

1.2. 다음 주어는 자신을 내세운다.
(2) a. She **styled** herself an artist.(그녀는 자신을 예술가라고 자칭했다.)
b. She **styled** herself a countess.(그녀는 자신을 백작 부인이라고 자칭했다.)

1.3. 다음은 수동태 문장으로 주어는 만들어진다.
(3) a. These shoes have been **styled** for maximum comfort.(이런 신발들은 최대한 편안하게 만들어져 왔다.)
b. This gown is **styled** in Seoul.(이 가운은 서울에서 만들어진다.)
c. His clothes were **styled** by a famous designer.(그의 옷은 유명한 디자이너가 만들었다.)
d. The car was **styled** and engineered by Ford.(그 자동차는 포드에 의해 설계되고 만들어졌다.)

subdue

이 동사의 개념 바탕에는 가라앉히는 과정이 있다.

1. 타동사 용법

1.1. 다음 주어는 목적어를 가라앉힌다.
(1) a. The artist **subdued** the bright colors in her paintings.(그 예술가는 자신의 그림에서 밝은 색을 차분하게 했다.)
b. Pulling down the blind **subdued** the light in the room.(블라인드를 내려서 방안에 빛을 약하게 했다.)
c. The heavy shade **subdued** the light.(짙은 그림자는 그 빛을 약하게 했다.)

1.2. 다음 주어는 목적어를 정복한다.
(2) a. The Romans **subdued** all the peoples of the Mediterranean.(로마인은 지중해의 모든 민족을 정복했다.)
b. The police **subdued** the angry crowd.(경찰은 분노한 군중을 진압했다.)
c. Napoleon **subdued** much of Europe.(나폴레옹은 유럽의 많은 부분을 정복했었다.)

1.3. 다음 주어는 목적어를 가라앉힌다.
(3) a. His soothing words **subdued** her fears.(그의 위로하는 말들은 그녀의 두려움을 누그러뜨렸다.)
b. He **subdued** his passions.(그는 자신의 격정을 억눌렀다.)
c. Frank **subdued** his own grief in order to comfort Jane.(프랭크는 제인을 위로하기 위해 자신의 슬픔을 억눌렀다.)
d. Time will **subdue** your anger.(시간이 너의 화를 누그러뜨려 줄 것이다.)
e. She **subdued** an urge to stroke his hair.(그녀는 그의 머리카락을 쓰다듬고 싶은 충동을 억눌렀다.)

1.4. 다음 주어는 목적어를 진압하거나 억제한다.
(4) a. He **subdued** the wild horse.(그는 야생마를 길들였다.)
b. The troops **subdued** the uprising.(군대는 폭동을 진압했다.)
c. He **subdued** a bad habit.(그는 나쁜 습관을 억눌렀다.)
d. He **subdued** the crying baby with soft music.(그

는 우는 아기를 부드러운 음악으로 달랬다.)

subject

이 동사의 개념 바탕에는 아래에 두어서 그 영향을 받게 하는 과정이 있다.

1. 타동사 용법

1.1. 다음 주어는 목적어를 전치사 to의 목적어의 영향 아래에 둔다.

(1) a. He subjected the nation to his rule.(그는 그 민족을 자신의 통치하게 두었다.)

b. They subjected him to torture.(그들은 그를 고문에 처했다.)

c. They subjected their victim to cruel treatment.(그들은 희생자들에 잔인한 취급을 받게 했다.)

d. He subjected the story to verification.(그는 그 이야기를 검증을 받게 했다.)

e. The scientists subjected the products to a number of rigorous tests.(그 과학자들은 그 생산품들을 많은 엄격한 시험을 받게 했다.)

f. Violations of the law will subject offenders to fines. (그 법의 위반은 위반자들을 벌금에 처하게 할 것이다.)

g. They subjected the new policy to public discussion.(그들은 새 정책을 대중 토론을 받게 했다.)

h. The lawyer subjected the witness to cross-examination.(그 변호사는 그 증인을 대질 질문을 받게 했다.)

1.2. 다음 주어는 목적어를 자신의 아래에 둔다.

(2) a. They have subjected all the neighboring states. (그들은 모든 이웃 나라를 복종시켰다.)

b. The Aztecs subjected the neighboring states.(아즈텍족은 이웃 나라들을 굴복시켰다.)

c. Rome subjected Italy.(로마는 이탈리아를 굴복시켰다.)

1.3. 다음은 수동태 문장으로 주어는 to 목적어의 영향 아래에 있게 된다.

(3) a. He was subjected to severe criticism.(그는 심한 비판에 처하게 되었다.)

b. The tires were subjected to various tests.(타이어는 여러 가지 시험을 받았다.)

c. We were subjected to a good deal of abuse.(우리는 많은 학대를 받았다.)

submerge

이 동사의 개념 바탕에는 물 속에 담그는 과정이 있다.

1. 타동사 용법

1.1. 다음 주어는 목적어를 물 속에 담근다.

(1) a. Do not submerge this electric skillet in water.(이 전기 프라이팬을 물 속에 넣지 마시오)

b. He submerged the thermometer in alcohol.(그는 온도계를 알코올에 담갔다.)

c. You should submerge the dishes.(너는 접시를 물

속에 넣어야 한다.)

d. I submerged my hands in the sink to wash dishes. (나는 손을 설거지통에 넣어서 그릇을 씻었다.)

1.2. 다음 주어는 자체가 목적어를 물 속에 잠기게 한다.

(2) a. The flood submerged the island.(홍수는 그 섬을 물 속에 잠기게 했다.)

b. The rise in water levels would submerge forests for miles around.(물의 높이 상승은 수 마일 주변의 숲을 물 속에 잠기게 했다.)

c. They submerged themselves in their work.(그들은 일에 몰두했다.)

1.3. 다음은 수동태 문장으로 주어는 잠긴다.

(3) a. His talent was submerged by his shyness.(그의 재능은 숫기 없음에 잠겨버렸다.)

b. Certain facts were submerged by the witness.(어떤 사실들은 증인에 의해 감추어졌다.)

c. The fields were submerged by flood water.(그 들판은 홍수에 잠겼다.)

d. I was submerged in my study.(나는 연구에 몰두했다.)

e. Her individual life was submerged by family life. (그녀의 개인 생활은 가족 생활에 잠겨버렸다.)

1.4. 다음 주어는 목적어를 감춘다. [안보임은 아랫] 은유가 적용되어 있다.

(4) a. She submerged the feelings.(그녀는 감정을 감추었다.)

b. He could submerge his anger.(그는 화를 감출 수 있다.)

2. 자동사 용법

2.1. 다음 주어는 잠수한다.

(5) a. Whales can submerge for as long as half an hour. (고래들은 30분 정도 잠수할 수 있다.)

b. The submarine submerged.(그 잠수함은 잠수했다.)

submit

이 동사의 개념 바탕에는 힘이 높거나 지위가 높은 사람에게 내는 과정이 있다.

1. 타동사 용법

1.1. 다음 주어는 목적어를 제출한다.

(1) a. I must submit a term paper to my professor.(나는 학기말 리포트를 교수님께 제출해야만 한다.)

b. He submitted a case to the court.(그는 소송을 법원에 제기했다.)

c. We submitted our ideas to her.(우리는 생각을 그녀에게 제시했다.)

d. He submitted his proposal to the committee.(그는 그의 건의를 그 위원회에 제안했다.)

1.2. 다음 주어는 목적어를 전치사 to의 목적어의 영향 아래에 둔다.

(2) a. He submitted him to a search by the guard.(그는 그가 경비원에 의한 수색을 받게 했다.)

b. They submitted themselves to his judgement.(그

들은 그의 판결을 받게 했다.)

c. He **submitted** himself to ridicule.(그는 자신을 조롱을 받게 했다.)

d. We **submitted** ourselves to their wishes.(우리는 그들의 요청을 받게 했다.)

1.3. 다음은 수동태 문장으로 주어는 제출된다.

(3) a. All application must be **submitted** by Monday.(모든 원서는 월요일까지 제출되어야만 한다.)

b. Completed projects must be **submitted** by March 10.(완성된 연구 과제는 3월 10일까지 제출되어야만 한다.)

1.4. 다음 주어는 that-절의 내용을 공손히 아뢴다.

(5) a. I **submit** that you are mistaken.(당신이 실수하고 있다고 말씀드리고자 합니다.)

b. I **submit** that the terms of the contract are unreasonable.(계약의 조건은 부당하다고 말씀드리고자 합니다.)

c. I **submit** that the jury have been influenced by the publicity in this case.(그 배심원단이 이 소송에서 대중에 의해 영향을 받고 있다고 말씀드리고자 합니다.)

2. 자동사 용법

2.1. 다음 주어는 전치사의 목적어에 굴복한다.

(6) a. He **submitted** to financial reality.(그는 재정상의 현실에 굴복했다.)

b. He **submitted** to their demands.(그는 그들의 요구에 따랐다.)

c. He **submitted** to fate.(그는 운명에 굴복했다.)

d. I will **submit** to your bullying.(나는 너의 협박에 굴복하게 될 것이다.)

e. He **submitted** to the decision of the committee.(그는 위원회의 결정에 굴복했다.)

2.2. 다음 주어는 전치사 to의 목적어를 받는다. 목적어는 과정이다.

(7) a. Workers refused to **submit** to the drug tests.(노동자들은 약물 테스트를 받는 것을 거부했다.)

b. He **submitted** to an operation.(그는 수술을 받기로 했다.)

c. You have to **submit** to a series of tests.(당신은 일련의 테스트를 받아야만 합니다.)

---

subordinate

이 동사의 개념 바탕에는 아래에 두는 과정이 있다.

1. 타동사 용법

1.1. 다음 주어는 목적어를 아래에 둔다.

(1) a. He **subordinated** furies to reason.(그는 격분을 이성에 굴복시켰다.)

b. He **subordinated** his wishes to those of his quests.(그는 자신의 바람을 손님들의 바람 아래에 두었다.)

c. He **subordinated** his needs to those of his children.(그는 자신의 요구를 아이들 요구 아래에 두었다.)

d. She **subordinated** her personal ambition to the

pressing needs of her family.(그녀는 그녀 개인의 야망을 그녀 가족의 긴급한 요구 아래에 두었다.)

e. He **subordinated** work to pleasure.(그는 일을 즐거움 아래에 두었다.)

1.2. 다음은 수동태 문장으로 주어는 아래에 두어진다.

(2) a. Safety considerations were **subordinated** to commercial interests.(안전 고려 사항들이 상업적 이익 아래에 두어졌다.)

b. Product research is often **subordinated** to sales tactics.(상품 연구는 종종 판매 책략 아래에 두어졌다.)

---

subscribe

이 동사의 개념 바탕에는 서명을 하여 약속하는 과정이 있다.

1. 자동사 용법

1.1. 다음 주어는 기부한다.

(1) a. Ken **subscribes** to an environmental group.(켄은 환경 단체에 가입한다.)

b. He **subscribes** to the football clubs.(그는 축구모임에 기부한다.)

1.2. 다음 주어는 구독한다.

(2) a. We **subscribe** to several magazine.(우리는 여러 잡지를 구독한다.)

b. He **subscribes** to many journals.(그는 많은 학회지를 구독한다.)

1.3. 다음 주어는 동의한다.

(3) a. We will not **subscribe** to anything unfair.(우리는 불공평한 어떤 것도 동의하지 않을 것이다.)

b. I **subscribed** to the petition.(나는 그 청원에 동의했다.)

c. He **subscribes** to the party's platform.(그는 당의 강령에 동의한다.)

d. I don't **subscribe** to such rudeness.(나는 그러한 무례함에 동의하지 않는다.)

1.4. 다음 주어는 찬성한다.

(4) a. I've never **subscribed** to the theory.(나는 결코 그 이론에 찬성하지 않는다.)

b. He no longer **subscribes** to the view.(그는 더 이상 그 견해에 찬성하지 않는다.)

c. I **subscribe** to your opinion.(나는 너의 의견에 찬성한다.)

d. The rebels **subscribed** to the communist ideas.(반역자들은 공산주의의 생각에 동의했다.)

e. He does not **subscribe** to the belief that people are basically good.(그는 사람들이 기본적으로 선하다는 믿음에 찬성하지 않는다.)

f. I don't **subscribe** to the nation.(나는 국가에 동의하지 않는다.)

2. 타동사 용법

2.1. 다음 주어는 목적어를 서명한다.

(5) a. He **subscribed** the will.(그는 유언장에 서명했다.)

b. Thousands of citizens **subscribed** the petition.(수

천의 시민들이 그 청원서에 서명을 했다.)

    c. They **subscribed** the contract.(그들은 그 계약서에 서명했다.)

2.2. 다음 주어는 목적어를 서명하여 준다.

(6) a. He **subscribed** a large sum of money to charities. (그는 자선 사업에 거액의 기부를 하였다.)

    b. We **subscribed** $100 to the fund for poor children. (우리는 100달러를 불쌍한 아이들 기금에 기부를 했다.)

2.3. 다음 주어는 목적어를 서명한다.

(7) a. Please **subscribe** your name to the document.(그 문서에 이름을 서명하십시오)

    b. The student **subscribed** his name to the protest. (그 학생은 자신의 이름을 항의에서 서명했다.)

2.4. 다음은 수동태 문장으로 주어는 예약된다.

(8) a. The tour is fully **subscribed**.(그 여행은 완전히 예약 된다.)

    b. The opera is fully **subscribed** for this season.(그 오페라는 이 계절에 완전히 예약된다.)

subside

이 동사의 개념 바탕에는 가라앉는 과정이 있다.

1. 자동사 용법

1.1. 다음 주어는 가라앉는다.

(1) a. After the rain, part of the road **subsided**.(비온 후에, 그 길의 부분이 가라앉았다.)

    b. The earthquake caused many building to **subside**. (지진은 많은 건물을 내려앉게 했다.)

    c. He **subsided** into his armchair.(그는 자신의 안락의 자에 주저앉았다.)

    d. He **subsided** into a chair.(그는 의자에 주저앉았다.)

1.2. 다음 주어는 약해진다. [약함은 아래이다]의 은유가 적용된 표현이다.

(2) a. The storm has **subsided**.(그 태풍은 가라 앉았다.)

    b. After the rain stopped, the floodwater **subsided**. (비가 그친 후에, 그 홍수는 가라앉았다.)

    c. The angry waves **subsided**.(성난 파도는 가라앉았다.)

    d. The wind finally **subsided**.(그 바람은 마침내 가라앉았다.)

    e. The water in the sink **subsided** slowly.(그 싱크대의 물은 서서히 빠져나갔다.)

1.3. 다음 주어는 가라앉는다. [상태는 개체] 은유가 적용된 표현이다.

(3) a. The pain gradually **subsided**.(그 고통은 점차 가라앉았다.)

    b. The laughter **subsided**.(그 웃음은 약해졌다.)

    c. The high demand for housing in this area is expected to **subside**.(이 지역 내 주택의 높은 수요는 가라앉을 것으로 예상된다.)

    d. The manager's temper **subsided**.(매니저의 화는 가라앉았다.)

subsist

이 동사의 개념 바탕에는 낮은 수준에서 존재하는 과정이 있다.

1. 자동사 용법

1.1. 다음 주어는 존재한다.

(1) a. The homeless man could barely **subsist**.(집 없는 남자는 겨우 살아갈 수 있었다.)

    b. Almost every employee must moonlight in second jobs simply to **subsist**.(거의 모든 고용자들은 단지 생활해 나가기 위해서 부업을 해야만 한다.)

    c. A club cannot **subsist** without members.(클럽은 회원 없이는 존속할 수 없다.)

    d. In that country superstition still **subsists**.(그 나라에서는 미신이 여전히 존재한다.)

1.2. 다음 주어는 on의 목적어에 의존하여 존재한다.

(2) a. We had to **subsist** on bread and water.(우리는 빵과 물로 살아야 했다.)

    b. She **subsists** on scanty food/on charity.(그녀는 불충분한 음식으로/자선품으로 생활해 간다.)

    c. They **subsist** on rice and vegetables.(그들은 쌀과 채소로 살아간다.)

    d. She **subsists** on a vegetable diet.(그녀는 채식으로 살아간다.)

    e. The old lady **subsisted** on a little bit of money her husband left her.(그 노부인은 남편이 자신에게 남겨준 얼마 안 되는 돈으로 살아간다.)

    f. They **subsisted** for a great part of the year on roots and berries.(그들은 그 해의 상당한 부분을 뿌리와 열매로 살아갔다.)

    g. Horses can **subsist** entirely on grass.(말은 전적으로 풀만 먹고 살 수 있다.)

    h. The survivors of the plane crashed **subsisted** on nuts and berries.(추락기의 생존자들은 견과류와 열매류를 먹고 살아남았다.)

    i. In some places the settlers **subsisted** on potato peelings and olives.(몇몇 지역에서 정착자들은 감자 껍질과 올리브로 살아갔다.)

1.3. 다음 주어는 by의 목적어에 의해 근근히 살아간다.

(3) a. According to a recent study, at least 2,000 people **subsist** by picking through the city's garbage.(최근의 연구에 따르면 최소한 2000명의 사람들이 도시의 쓰레기를 뒤지면서 연명한다.)

    b. They are **subsisting** by begging.(그들은 구걸함으로 연명한다.)

substitute

이 동사의 개념 바탕에는 대체하는 과정이 있다.

1. 타동사 용법

1.1. 다음 주어는 목적어를 전치사 for의 목적어 대신에 쓴다.

(1) a. She **substituted** an artificial sweetener for the sugar.(그녀는 인공 감미료를 설탕 대신 넣었다.)

b. You can **substitute** yogurt for the sour cream.(요구르트를 신 크림 대신에 넣으실 수 있습니다.)

c. She **substituted** walnuts for pecans in the recipe.(그녀는 요리법의 피칸 대신 호두를 넣었다.)

d. We **substituted** brown sugar for molasses in the cookies.(우리는 당밀 대신 흑설탕을 쿠키에 넣었다.)

e. He **substituted** vinegar for lemon juice.(그는 식초를 레몬 쥬스 대신 넣었다.)

f. You can **substitute** a low-fat margarine for the butter.(저지방 마가린을 버터 대신 넣으실 수 있습니다.)

g. We **substituted** fish for meat several times a week.(우리는 생선을 한 주에 여러 번 고기 대신 넣었다.)

h. He **substituted** nylon for silk.(그는 나일론을 실크 대신 썼다.)

i. You can **substitute** broccoli for spinach in the recipe.(브로콜리를 요리법의 시금치 대신 넣으실 수 있습니다.)

1.2. 다음은 수동태 문장으로 주어는 전치사 with의 목적어로 대치된다.

(2) a. Butter can be **substituted** with margarine in this recipe.(버터는 이 요리법에서 마가린으로 대신할 수 있다.)

b. The original painting was **substituted** with a copy.(그 진짜 그림은 모조품으로 대치되었다.)

1.3. 다음 주어는 목적어를 대신한다.

(3) Bill **substituted** Larry who was down with a flu.(빌은 감기로 몸져 누운 래리를 대신했다.)

1.4. 다음 주어는 목적어를 전치사 by의 목적어로 대치한다.

(4) He **substituted** silk by nylon.(그는 실크를 나일론으로 대신했다.)

2. 자동사 용법

2.1. 다음 주어는 전치사 for의 목적어를 대신한다.

(5) a. I **substitute** for him in the game.(나는 게임에서 그를 대신했다.)

b. He **substituted** for an injured player.(그는 부상 선수를 대신했다.)

c. He **substituted** for the manager who is in hospital.(그는 입원 중인 지배인을 대신했다.)

d. Nothing can **substitute** for the doctor's advice.(아무 것도 의사의 충고를 대신할 수 없다.)

2.2. 다음 주어는 전치사 as의 목적어로도 쓰인다.

(6) His couch also **substitutes** as his bed.(그의 소파는 침대를 대신했다.)

subvert

이 동사의 개념 바탕에는 뒤엎는 과정이 있다.

1. 타동사 용법

1.1. 다음 주어는 목적어를 뒤엎는다.

(1) a. The people **subverted** the dictatorship.(국민들은 독재 정권을 타도했다.)

b. He tried to **subvert** her authority.(그는 그녀의 권위를 무너뜨리려고 애썼다.)

c. Conflict and division **subvert** the foundations of society.(갈등과 분열이 사회의 기초 토대들을 뒤엎는다.)

d. Hitler **subverted** democracy in the Weimar Republic.(히틀러는 바이마르 공화국의 민주주의를 전복시켰다.)

e. In this case the action didn't **subvert** the common law but supplemented it.(이 경우에 있어서 그러한 관결은 불문율을 어긴 것이 아니라 보완했다.)

f. They attempted to **subvert** the democratic process.(그들은 민주적 절차를 뒤엎으려는 시도를 했다.)

1.2. 다음은 수동태 문장으로 주어는 전복된다.

(2) a. The best intentions can be **subverted** by an overpowering commercial atmosphere.(최선의 의도는 압도적인 상업적 분위기로 인해 무너질 수 있다.)

b. Our best intentions are sometimes **subverted** by our natural tendency to selfishness.(우리의 최상의 의도는 이기주의라는 우리의 타고난 성향 때문에 가끔 무너진다.)

1.3. 다음 주어는 목적어를 타락시킨다.

(3) a. The dictator **subverted** the people.(그 독재자는 국민들을 타락시켰다.)

b. Socrates denied that he had **subverted** the youth of Athens.(소크라테스는 자신이 아테네의 젊은이들을 타락시켰다는 혐의를 부인했다.)

succeed

이 동사의 개념 바탕에는 뒤따르는 과정이 있다.

1. 자동사 용법

1.1. 다음의 주어는 to의 목적에 뒤따른다.

(1) a. He **succeeded** to his father's estate.(그는 아버지의 재산을 상속받았다.)

b. He **succeeded** to the presidency after the death of his father.(그는 아버지 사후에 회장직을 물려받았다.)

1.2. 다음 주어는 목표에 이른다. 즉, 성공한다.

(2) a. He is determined to **succeed** as an actor.(그는 배우로 성공하기로 결심한다.)

b. The antismoking campaign has only partially **succeeded**.(그 금연 운동은 일부만 성공했다.)

1.3. 다음 주어는 전치사 in의 목적어 영역에서 성공한다.

(3) a. He **succeeded** in solving the problem.(그는 그 문제를 푸는 일에 성공했다.)

b. You've only **succeeded** in upsetting your mother.(당신은 어머니를 화나게 하는 데만 성공했다.)

c. She **succeeded** in losing five pounds.(그는 5파운드를 줄이는 데 성공했다.)

d. We **succeeded** in our efforts to start the engine.(우리는 엔진의 시동을 거려는 노력에 성공했다.)

2. 타동사의 용법
2.1. 다음 주어는 목적어를 뒤따른다, 즉 이어 받는다.
(4) a. Read the pages that succeed.(이어지는 페이지를 읽어라.)

b. Gingrich will succeed Foley as speaker of the house.(깅그리치는 포리를 이어 하원 의원장에 오를 것이다.)

c. Elisabeth succeeded Mary as queen.(엘리자베스는 메리를 이어 왕비에 올랐다.)

d. John Adams succeeded George Washington as president of the US.(존 아담스는 죠지 워싱턴을 이어 미 대통령에 올랐다.)

e. Susan succeeded David as the head of the department.(수전이 데이빗을 이어 국장에 올랐다.)

succumb

이 동사의 개념 바탕에는 엎드리는 과정이 있다.

1. 자동사 용법
1.1. 다음 주어는 전치사 to의 목적어에 엎드린다.
(1) a. The minister said he would never succumb to pressure.(그 장관은 절대 압력에 굴복하지 않겠다고 말했다.)

b. He finally succumbed to the temptation to have another drink.(그는 또 한잔을 하는 유혹에 결국 넘어가고 말았다.)

c. He succumbed to curiosity and opened the door.(그는 호기심에 굴복하여 문을 열어보았다.)

d. I felt sure it would only be a matter of time before he succumbed to my charms.(그가 나의 매력에 굴복하는 것은 시간 문제일 뿐이라고 나는 확신했다.)

e. He wanted to be an actor but succumbed to parental pressure.(그는 배우가 되고 싶었지만 부모님의 압력에 굴복했다.)

f. If you succumb to persuasion or desire, you are unable to resist it.(만일 당신이 설득이나 욕망에 굴복하면, 당신은 그것을 거스를 수가 없다.)

1.2. 다음 주어는 전치사 to의 목적어에 굴복한다. 목적어는 병과 관계가 있다.
(2) a. Thousands of cows have succumbed to the disease in the past few months.(수천 마리의 소가 그 병에 걸려 지난 몇 달 간죽었다.)

b. Some fungi succumb to the first heavy frosts, but there are others which seem to thrive in cold, wet weather.(일부 곰팡이는 첫 혹한에 죽기도 하지만, 춥고 습한 날씨 속에도 무성해 보이는 다른 곰팡이도 있다.)

c. If you succumb to an illness, you become very ill or die of it.(당신이 질병에 굴복하면 당신은 정말 심하게 앓거나 그 병으로 죽는다.)

d. A few years later he succumbed to cancer/pneumonia/injuries.(몇 년 후 그는 암/폐렴/상해로 죽었다.)

1.3. 다음에서는 to가 표현되어 있지 않으나 추리될 수 있다.
(3) The town finally succumbed last week after being pounded with heavy artillery for more than two months.(중포의 공격을 두 달이 넘게 받은 이후, 그 도시는 결국 지난 주에 항복하고 말았다.)

suck

이 동사의 개념 바탕에는 빠는 과정이 있다.

1. 타동사 용법
1.1. 다음 주어는 목적어를 빤다.
(1) a. He is sucking a candy.(그는 사탕을 빨고 있다.)

b. Suck a cough drop.(기침 사탕을 빨아라.)

c. He sucked orange soda through a straw.(그는 오랜지 소다를 빨대로 빨았다.)

d. Is it true that some types of bats suck blood?(몇몇 종류의 박쥐들이 피를 빨아먹는다는 것이 사실인가?)

e. Only the female mosquitos suck blood and transmit malaria.(암 모기들만이 피를 빨아먹고 말라리아를 전염시킨다.)

1.2. 다음 목적어는 그릇 속에 담긴 개체이다. 주어는 목적어를 빤다.
(2) a. He sucked the juice from an orange.(그는 즙을 오렌지에서 빨았다.)

b. Bill sucked the poison from the snake bite.(빌은 뱀에게 물린 상처에서 독을 빨아냈다.)

c. Plants suck up water from the earth.(식물은 물을 토양에서 빨아들인다.)

d. Plants suck moisture from the air.(식물은 수분을 공기에서 빨아올린다.)

e. The pump sucked water from the well.(펌프는 물을 우물에서 빨아올렸다.)

f. The vacuum cleaner sucked the dust on the carpet.(진공청소기는 카펫의 먼지를 빨아들였다.)

1.3. 다음 주어는 목적어를 빨아서 into의 목적어로 들어가게 한다.
(3) a. He sucked air into his lungs.(그는 공기를 그의 폐에 빨아들였다.)

b. He sucked knowledge into his head.(그는 지식을 머리 속으로 빨아들였다.)

c. He is sucking in information.(그는 정보를 빨아들이고 있다.)

d. The boat was sucked into a whirlpool.(그 보트는 소용돌이 속으로 빨려 들어갔다.)

e. His shout was sucked into silence.(그의 외침은 정적 속으로 빨려 들어갔다.)

1.4. 다음 주어는 목적어를 빨아낸다.
(4) a. Suck every possible profit out of the deal.(모든 가능한 이익을 거래에서 빨아내어라.)

b. He sucked out the soft sweet flesh.(그는 부드럽고 달콤한 살을 빨아내었다.)

c. He sucked out blood.(그는 피를 빨아내었다.)

d. The pump sucks air out through the valve.(그 펌프는 공기를 밸브를 통해 빨아낸다.)

1.5. 다음 주어는 목적어를 빨아서 아래(down)나 밑(under)으로 움직인다.

(5) a. The whirlpool sucked down the wreck.(그 소용돌이는 난파선을 아래로 빨아들였다.)

b. The little boy was sucked down in the marsh.(작은 소년은 늪에 빨려 내려갔다.)

c. Be careful of the rip tides. They'll suck you right under.(격량을 조심해라. 물살은 너를 밑으로 빨아들일 것이다.)

1.6. 다음 주어는 목적어를 빤다. up은 빨리는 정도가 완전함을 나타낸다.

(6) a. He sucked up smoke deep into his lungs.(그는 담배연기를 폐 깊숙이 빨아들였다.)

b. He sucked up the last bit of milk shake with a straw.(그는 밀크쉐이크의 마지막을 모두 빨대로 빨아올렸다.)

c. The dry earth sucked up the spring rain.(마른 토양은 봄비를 모두 빨아들였다.)

d. Suck up the spill with a sponge.(엎질러진 것을 스폰지로 모두 빨아올려라.)

e. Blotting paper sucks up ink.(압지는 잉크를 완전히 빨아들인다.)

1.7. 다음은 수동태 문장으로 주어는 빨려 들어간다.

(7) a. They were sucked into the mud.(그들은 진흙탕 속으로 빨려 들어갔다.)

b. He was sucked in by a whirlpool(그는 소용돌이에 빨려 들어갔다.)

c. The country could be sucked into a power vacuum.(그 국가는 세력의 공백 상태로 빨려 들어갈 수 있었다.)

d. They were sucked into a cycle of violence. (그들은 폭력의 악순환 상태로 빨려 들어갔다.)

e. Gullible people can easily get sucked into dishonest schemes.(잘 속아 넘어가는 사람들은 부정한 음모에 쉽게 빨려 들어간다.)

f. They found themselves sucked into an East-West quarrel.(그들은 동서 분쟁에 자신들이 빨려 들어갔다는 것을 알았다.)

g. I was sucked in by the woman; she seemed nice, but then she left town with my wallet.(나는 그 여자에게 속았다. 그녀는 좋은 사람으로 보였지만 내 지갑을 갖고 읍내를 떠나버렸다.)

1.8. 다음 주어는 목적어를 빤다.

(8) a. He sucked the bruised fist.(그는 멍든 주먹을 빨았다.)

b. The baby sucked the breast.(그 아기는 가슴을 빨았다.)

c. Stop sucking your thumb.(네 엄지손가락을 빠는 것을 그만두어라.)

d. He sucked the end of his pencil thoughtfully.(그는 그 연필의 끝 부분을 생각에 잠겨 빨았다.)

1.9. 다음 주어는 목적어를 빨아 어떤 상태에 들어가게 한다.

(9) a. He sucked the lemon dry.(그는 그 레몬을 즙이 없도록 빨았다.)

b. The child sucked the pineapple dry.(그 아이는 그 파인애플을 즙이 없도록 빨았다.)

c. Green flies can literally suck up a plant dry.(녹색 파리는 문자 그대로 식물을 다 빨아 말릴 수 있다.)

2. 자동사 용법

2.1. 다음 주어는 빠는 동작을 한다.

(10) The current sucked against his legs.(그 시냇물은 그의 다리를 빨았다.)

2.2. 다음의 주어는 혐오감을 주는 개체이다.

(11) a. The book sucks.(그 책은 형편없다.)

b. That team sucks; it can't win any of the games.(그 팀은 정말 실망스럽다; 그것은 어떤 게임에서도 이길 수가 없다.)

c. The party sucks. Let's leave.(그 파티는 정말 형편없다. 가자)

2.3. 다음의 주어는 아첨을 하면서 다른 사람에 접근한다.

(12) a. She's always sucking up to her teacher.(그녀는 항상 선생님에게 아첨한다.)

b. He is always sucking up to his boss.(그는 항상 사장에게 아첨하고 있다.)

c. He is sucking up to his boss; he thinks he'll get a promotion that way.(그는 항상 사장에게 아첨한다. 왜냐하면 그는 그런 방식으로 진급을 할 수 있을 것이라 생각하기 때문이다.)

d. He sucks up to his boss in the hope of getting more money.(그는 더 많은 돈을 받을 요량으로 사장에게 아첨한다.)

2.4. 다음에 쓰인 at은 주어의 빠는 동작이 시도에 그치거나 부분적임을 나타낸다.

(13) a. He is sucking at an orange/at a candy.(그는 오렌지 주스/사탕을 조금씩 빨고 있다.)

b. The baby is sucking at its mother's breast/a feeding bottle.(그 아기는 엄마의 젖/젖병을 조금씩 빨고 있다.)

c. He is sucking at a pipe.(그는 담뱃대를 조금씩 빨고 있다.)

d. A bear likes sucking at the honeycomb.(곰은 벌집을 조금씩 빠는 것을 좋아한다.)

2.5. 다음에 쓰인 on은 주어의 동작이 부분적으로 미침을 나타낸다.

(14) a. Suck on a cough drop.(기침 사탕을 빨아라.)

b. She sucked on a mint.(그녀는 박하를 빨았다.)

c. The baby is sucking on a candy cane.(그 아기는 막대 사탕을 핥아먹고 있다.)

sue

이 동사의 개념 바탕에는 고소하는 과정이 있다.

1. 타동사 용법

1.1. 다음 주어는 목적어를 고소한다.

(1) a. John sued the driver who had caused the car accident.(존은 차 사고를 일으킨 운전사를 고소했다.)

b. He sued the man for damages.(그는 그 남자를 피해에 대해 고소했다.)

1.2. 다음 주어는 목적어를 고소한다. 목적어는 조직체이다.

(2) a. The fired worker **sued** his company.(해고당한 직원은 회사를 고소했다.)

    b. Elton John **sued** a newspaper for libel/negligence/malpractice.(엘튼 존은 명예 회손/태만/배임 행위로 신문사를 고소했다.)

2. 자동사 용법

2.1. 다음 주어는 for의 목적어를 얻기 위해서 고소한다.

(3) a. The woman who fell at the store **sued** to cover medical costs.(그 가게에서 넘어진 여자는 의료비를 얻기 위해 소송했다.)

    b. The worker **sued for** compensation.(그 노동자는 배상금을 얻기 위해 소송했다.)

    c. He **sued for** divorce.(그는 이혼하기 위해 소송했다.)

2.2. 다음 주어는 간청한다.

(4) The defeated army decided to **sue for** peace.(패전 부대는 평화를 간청하기로 결정했다.)

suffer

이 동사의 개념 바탕에는 신체적이거나 정신적 고통이나 불이익을 입거나 당하는 과정이 있다.

1. 타동사 용법

1.1. 다음 주어는 목적어를 겪는다.

(1) a. He **suffered** pain/insult/grief/wrong/punishment.(그는 고통/모욕/슬픔/학대/벌을 받았다.)

    b. She **suffered** a heavy loss/injuries.(그녀는 큰 손해/상처를 입었다.)

    c. They **suffered** defeat/death/humiliation.(그들은 패배/죽음/모욕을 당했다.)

    d. She **suffered** a heart attack.(그녀는 심장 마비를 당했다.)

1.2. 다음에는 부정어가 쓰였다. 이 경우 주어는 목적어를 참는다.

(2) a. I will not **suffer** such insults.(나는 이러한 모욕은 참지 않겠다.)

    b. How can you **suffer** his insolence?(당신은 그의 무례함을 어떻게 참습니까?)

    c. Roses cannot **suffer** cold.(장미는 추위를 견디지 못한다.)

    d. I cannot **suffer** him.(나는 그를 견딜 수 없다.)

    e. I will **suffer** his rudeness no longer.(나는 그의 무례를 더 이상 참지 않겠다.)

1.3. 다음 주어는 목적어를 to 부정사가 나타내는 과정을 겪게 내버려둔다.

(3) a. I cannot **suffer** you to be idle.(나는 네가 일하지 않고 그냥 있게 할 수 없다.)

    b. He **suffered** himself to be imposed.(그는 자신이 속임을 받게 했다.)

    c. He **suffered** his son to go abroad.(그는 아들이 해외에 가도록 내버려 두었다.)

    d. She **suffered** him to lead her to the room.(그녀는

그가 그녀를 방으로 안내하게 했다.)

1.4. 다음 주어는 목적어를 전치사 from의 목적어 때문에 겪는다.

(4) a. He **suffered** terrible pain from his injuries.(그는 상처로부터 오는 심한 고통을 겪었다.)

    b. He **suffered** harm from being out in the storm.(그는 폭풍 속에 나가 있었기 때문에 해를 입었다.)

2. 자동사 용법

2.1. 다음 문장에 쓰인 from은 고통의 원인을 나타낸다.

(5) a. Britain has **suffered from** labor troubles.(영국은 노동쟁의 때문에 어려움을 겪었다.)

    b. Trade is **suffering from** the depression.(무역이 경기 침체 때문에 어려움을 겪고 있다.)

    c. Your reputation will **suffer from** such conduct.(너의 평판은 이러한 행위로 해를 보게 될 것이다.)

    d. He **suffers from** gout.(그는 통풍 때문에 고생을 한다.)

2.2. 다음 주어는 고통을 받는다.

(6) a. The passengers **suffered** much in the accident.(그 승객들은 그 사고에 많은 고통을 받았다.)

    b. He **suffered** terribly when his mother died.(그는 어머니가 돌아갔을 때 괴로움을 크게 겪었다.)

2.3. 다음 주어는 해를 입고 나빠진다.

(7) a. He started drinking and his work **suffered**.(그가 술을 마시기 시작하면서 그의 작품은 나빠졌다.)

    b. His business **suffered** greatly during the war.(그의 사업은 전쟁 기간 동안 크게 손해를 보았다.)

    c. If the factory closes, the other local businesses are bound to **suffer**.(만약 공장이 문을 닫으면, 그 지역의 다른 업체는 해를 입게 마련이다.)

suffice

이 동사의 개념 바탕에는 충족시키는 과정이 있다.

1. 자동사 용법

1.1. 다음 주어는 어떤 목적에 충분하다.

(1) a. Two potatoes will **suffice**.(두개의 감자면 충분할 것이다.)

    b. A light lunch will **suffice**.(가벼운 점심이면 충분할 것이다.)

    c. Two examples will **suffice** to illustrate my point.(내 관점을 설명하기 위해서 두개의 예시면 충분할 것이다.)

    d. Ten dollars will **suffice for** the purpose.(10달러면 그 목적을 위해 충분할 것이다.)

    e. The provisions will **suffice for** the crew.(그 식량은 승무원을 충족시킬 것이다.)

2. 타동사 용법

2.1. 다음 주어는 목적어를 충족시킨다.

(2) a. Some bread and soup will **suffice** me.(약간의 빵과 수프가 나를 충족시킬 것이다.)

    b. Nothing would **suffice** him but the whole story.(전체의 이야기를 제외하면 아무것도 그를 충족시킬 수

없을 것이다.)

2.2. 다음은 목적어로 족하다.

(3) **Suffice** it to say that he didn't behave as he should have.(그가 행동했어야 하는 대로 행동하지 못했다고만 말해두자.)

suffocate

이 동사의 개념 바탕에는 숨을 못 쉬어 죽는 과정이 있다.

1. 자동사 용법

1.1. 다음 주어는 숨을 못 쉬는 사람이다.

(1) a. Can you open the window? I'm **suffocating**.(그 창문 열어주면 안되겠니? 나는 숨이 막혀.)

b. The child is **suffocating** in the water.(그 아이는 물 속에서 숨을 못 쉬고 있다.)

c. We are all **suffocating** in this hot room.(우리는 이 더운 방에서 모두 숨을 못 쉬고 있다.)

d. The dog **suffocated** in the hot car.(그 개는 더운 차 안에서 질식했다.)

1.2. 다음 주어는 질식시킨다.

(2) a. The air was **suffocating**.(공기는 숨을 막히게 했다.)

b. The furnace are **suffocating**.(그 화로는 숨을 막히게 한다.)

1.3. 다음 주어는 전치사 from의 목적어로 질식한다.

(3) a. Two people **suffocated from** the smoke in the building.(두 사람이 건물 안의 연기로 숨이 막혔다.)

b. They were **suffocating from** the intense heat.(그들은 강렬한 열로 숨이 막혔다.)

c. The students are **suffocating from** the rigid discipline.(학생들은 엄한 훈련으로 인해 숨이 막히고 있다.)

2. 타동사 용법

2.1. 다음 주어는 목적어를 질식시킨다.

(4) a. The murderer **suffocated** his victim with a towel.(그 살인자는 희생자를 수건으로 질식시켰다.)

b. He **suffocated** her with a cushion.(그는 그녀를 쿠션으로 질식시켰다.)

2.2. 다음 주어는 그 자체가 목적어를 질식시킨다.

(5) a. The thick smoke **suffocated** the victims of the fire.(그 짙은 연기는 화재의 희생자를 질식시켰다.)

b. The plastic bag must have **suffocated** the baby.(비닐 봉지는 아기를 질식시켰음이 틀림없다.)

c. The hot room is **suffocating** the students.(더운 방은 그 학생들을 질식시키고 있다.)

d. She rolled onto her baby and **suffocated** it.(그녀는 아기 위로 굴러 아기를 질식시켰다.)

2.3. 질투, 관계와 같은 추상적인 개체는 생명체로 개념화되어 질식시키거나 질식되는 것으로 개념화된다.

(6) a. Jealousy can **suffocate** any relationship.(질투는 어떤 관계도 질식시킬 수 있다.)

b. The rigid discipline is **suffocating** the students.(엄

격한 훈련은 학생들을 질식시키고 있다.)

2.4. 다음은 수동태 문장으로 주어는 질식된다.

(7) She was **suffocated** by/with grief.(그녀는 슬픔으로 질식되었다.)

suggest

이 동사의 개념 바탕에는 제의하는 과정이 있다.

1. 타동사 용법

1.1. 다음 주어는 목적어를 제의한다.

(1) a. We have to **suggest** a list of possible topics for next term's seminars.(우리는 가능한 주제의 목록을 다음 학기의 세미나를 위해서 제안해야 한다.)

b. Can you **suggest** somewhere for a short holiday?(너는 짧은 휴가에 적당한 곳을 제안할 수 있느냐?)

c. I **suggested** Paris as a good place for a honeymoon.(나는 파리를 신혼여행에 좋은 장소로 제안했다.)

d. I **suggested** a Korean restaurant for the meeting.(나는 한국 식당을 그 모임 장소로 제안했다.)

1.2. 다음 주어는 목적어를 제안한다.

(2) a. She **suggested** one or two suitable people for the committee.(그녀는 적당한 사람 한 두 명을 그 위원회에 추천했다.)

b. Who would you **suggest** for the job?(당신은 그 일을 위해 누구를 제안하시겠습니까?)

c. I **suggested** George for president.(나는 조지를 대통령으로 제안했다.)

d. I **suggested** Bill for chairman and they all agreed.(나는 빌을 의장으로 제의했고 그들은 모두 동의했다.)

e. Helen has **suggested** Bill as the next chairman of the society.(헬렌은 빌을 그 협회의 다음 의장으로 제안해 왔다.)

f. Mr. Robertson was **suggested** for the post of the director.(로버트슨씨는 이사의 지위에 제의되었다.)

1.3. 다음 주어는 목적어를 to의 목적어에 제안한다.

(3) a. He **suggested** a new procedure to the committee.(그는 새 절차를 위원회에 제안했다.)

b. No one would dream of **suggesting** retirement to him.(누구도 은퇴를 그에게 제안할 꿈도 꾸지 못한다.)

c. What did you **suggest** to the manager?(무엇을 너는 그 지배인에게 제안했느냐?)

1.4. 다음에서 목적어는 활동이나 행동이다. 주어는 목적어를 제안한다.

(4) a. Can you **suggest** a better alternative?(너는 더 좋은 대안을 제안할 수 있느냐?)

b. He **suggested** a different plan.(그는 다른 계획을 제안했다.)

c. He **suggested** a jumble sale.(그는 잡화 특매를 제안했다.)

d. He **suggested** a plan/a walk/a swim/a visit/a tour.(그는 계획을/산보/수영/방문/관광을 제안했다.)

e. Might I **suggest** a white wine with your salmon?(내가 흰 포도주를 연어와 같이 제안해도 될까요?)

f. I didn't tell him to leave, I only **suggested** it.(나는 그에게 떠나라고 하지 않았다. 나는 다만 그것을 제안했을 뿐이다.)

g. If you like fish, let me **suggest** the salmon.(만일 네가 생선을 좋아하시면 나는 연어를 제안하겠다.)

h. The teacher **suggested** several different colleges your son might apply to.(선생님은 네 아들이 지원할만한 대학들을 몇 군데 제안했다.)

i. We **suggested** ways of raising money.(우리는 돈을 모을 수 있는 방법들을 제안했다.)

j. Who first **suggested** the idea of a boat?(누가 처음에 배의 생각을 제안했느냐?)

1.5. 다음 주어는 목적어(that 이 이끄는 절)를 제안한다. 주어는 내용을 제안할 뿐 단언하거나 주장하지 않는다.

(5) a. Are you **suggesting** I'm lying?(너는 내가 거짓말을 하고 있다고 하는 것이냐?)

b. Are you **suggesting** that I am not telling the truth?(너는 내가 진실을 이야기 하고 있지 않다고 암시하는 것이냐?)

c. Are you **suggesting** that I am too old for the job?(너는 내가 그 일에 너무 늙었다고 암시하는 것이냐?)

d. Are you **suggesting** that I look fat in these trousers?(너는 내가 이 바지를 입으면 뚱뚱해 보인다고 하는 암시하는 것이냐?)

e. I am not **suggesting** that she doesn't do her job adequately.(나는 그녀가 일을 제대로 하고 있지 못하다고 암시하는 것은 아니다.)

f. I'm not **suggesting** that the accident was your fault.(나는 그 사고가 네 잘못이라고 암시하는 것은 아니다.)

g. It would be wrong to **suggest** that the word is always used in a bad sense.(그 단어가 항상 나쁜 의미로 쓰인다고 암시하는 것은 잘못일 것이다.)

1.6. 다음 주어는 목적어(that-절)의 행동을 제안한다.

(6) a. I **suggest** that she finish her degree first.(나는 그녀에게 일단 학위를 먼저 마치라고 제안한다.)

b. I **suggest** that we have lunch now.(나는 지금 점심을 먹자고 제안한다.)

c. Lee **suggested** that I try the shop on the mall.(리는 내가 상점가에 있는 상점을 가보라고 제안했다.)

d. She **suggested** that we write that into the contract.(그녀는 우리가 그것을 계약서에 써 넣어야 한다고 제안했다.)

e. They **suggest** that we set up an independent group.(그들은 우리가 독자적인 집단을 만들어야 한다고 제안한다.)

f. We **suggested** we meet outside by the fountain.(우리는 바깥 분수대 근처에서 만나자고 제안했다.)

g. May I **suggest** you offer your manuscript to Caroline?(네가 원고를 캐롤린에게 주라고 내가 제안해도 될까요?)

1.7. 다음 주어는 목적어를 제안한다. 목적어는 앞으로 있을 일이다.

(7) a. I **suggested** that they should come for the weekend.(나는 그들이 주말 동안 와야한다고 제안했다.)

b. I **suggested** that we should stay there another day.(나는 우리가 그곳에 하루 더 머물러야 한다고 제안했다.)

c. My family doctor **suggests** to me that I should take a walk every day.(우리 가족의 주치의는 나에게 매일 산보하라고 제안한다.)

d. I **suggested** to him that the sum should be paid in advance.(나는 그에게 그 금액은 미리 지불되어야 한다고 제안했다.)

e. It is **suggested** that he should go.(그가 가야한다고 제안되었다.)

1.8. 다음 주어는 목적어를 제안한다. 목적어는 동명사이다.

(8) a. Father **suggested** going on a picnic.(아버지는 소풍을 가자고 제안했다.)

b. He **suggested** going to the theater.(그는 극장에 가자고 제안했다.)

c. He **suggested** taking the children to the zoo.(그는 아이들을 동물원에 데리고 가자고 제안했다.)

d. He **suggested** waiting till the morning.(그는 아침까지 기다리자고 제안했다.)

e. I **suggest** doing it in a different way.(나는 그것을 다른 방법으로 하자고 제안한다.)

f. I **suggest** leaving now. (나는 지금 떠나자고 제안한다.)

g. I **suggested** putting the matter to the committee.(나는 사안을 위원회에 상정하자고 제안했다.)

h. I **suggested** staying there another day.(나는 그곳에 하루 더 머무르자고 제안했다.)

i. Mary **suggested** going to the dinner.(메리는 정찬에 가자고 제안했다.)

j. She **suggested** going together in a car.(그녀는 차를 함께 타고 가자고 제안했다.)

1.9. 다음 목적어는 의문사로 시작하는 절이다. 이것은 제안과 관계가 된다.

(9) a. Can you **suggest** how we can get there in time?(너는 우리가 그곳에 시간에 맞추어 도착할 수 있는 방법을 제안할 수 있느냐?)

b. Can you **suggest** how we may tackle the problem?(너는 우리가 그 문제를 어떻게 다루어야 할지 제안할 수 있느냐?)

c. Can you **suggest** where I might find a drug store?(너는 어디에서 내가 약국을 찾을 수 있을지 말해줄 수 있느냐?)

d. Can you **suggest** where to stay in Seoul?(너는 서울에서 어디에 머물러야 할지 제안할 수 있느냐?)

e. He **suggested** which way I should take.(그는 내가 어느 방향으로 가야할지 제안해 주었다.)

1.10. 다음의 주어와 목적어 모두가 사람이 아닌 무정개체이다. 다음 주어는 목적어를 생각나게 한다. 제안을 받는 사람은 전치사 to의 목적어로 나타난다.

(10) a. A solution **suggested** itself to me.(해결책이 내 머

리에 떠올랐다.)

b. An explanation suggested itself to me.(설명이 내 머리에 떠올랐다.)

1.11. 다음 주어는 어느 사람에게 목적어를 생각하게 하는 과정을 나타낸다.

(11) a. Everything in the house suggested newly-acquired wealth.(집안의 모든 것들이 새로 획득한 부를 넌지시 나타냈다.)

b. He told me a story which suggested a plot for a new novel.(그는 나에게 새 소설의 줄거리를 암시하는 이야기를 해 주었다.)

c. Her eyes suggest a cat.(그녀의 눈은 고양이를 연상하게 한다.)

d. His expression suggests anger.(그의 표현은 분노를 암시한다.)

e. His expression suggests some pleasure at the fact I had come.(그의 표정은 내가 왔다는 사실에 대한 기쁨을 나타낸다.)

f. His look suggests something ominous.(그의 모습은 불길한 것을 암시한다.)

g. Soldiers suggest ants.(병사들은 개미를 연상시킨다.)

h. That clouds suggest an old man.(저 구름은 노인을 연상시킨다.)

i. The disorganized meeting suggested a lack of proper planning.(질서 없는 모임은 적절한 계획의 부재를 암시한다.)

j. The music suggests a still, moon-lit night.(그 음악은 고요하고 달 밝은 밤을 연상시킨다.)

k. The name doesn't suggest anything to me.(그 이름은 나에게 어떤 것도 연상시키지 않는다.)

l. The sight of vultures suggested the idea for his new horror film.(대머리 독수리의 모습은 그의 새 공포영화에 대한 생각을 연상시켰다.)

m. The smell suggests a rose.(그 냄새는 장미를 연상시킨다.)

n. The thought of summer suggests swimming, tennis, and hot weather.(여름에 대한 생각은 수영, 테니스, 더운 날씨를 암시한다.)

o. What does the shape suggest to you?(무엇을 모양은 네게 암시시키느냐?)

p. Which illness do these symptoms suggest?(어떤 병을 이런 증상들은 암시하느냐?)

1.12. 다음 주어는 that-절의 내용을 암시한다.

(12) a. His attitude suggests that he isn't really interested.(그의 태도는 그가 정말로 관심이 없다는 것을 암시한다.)

b. Evidence suggests that exposure to lead may cause mental damage.(납에의 노출은 정신적인 손상을 초래할 수 있을 수 있다는 것을 증거는 암시한다.)

c. His behavior suggests that he is sick.(그의 행동은 그가 아프다는 것을 암시한다.)

d. His cool response suggests that he didn't like the idea.(그의 차가운 반응은 그가 그 생각을 좋아하지 않았다는 것을 암시한다.)

e. His initial response suggested that he would be difficult to persuade.(그의 첫 반응은 그가 설득하기 어려운 사람이라는 것을 암시했다.)

f. His words suggest that he loves her.(그의 말들은 그가 그녀를 사랑한다는 것을 암시한다.)

g. His yawns suggested that he would like to go to bed.(그의 하품은 그가 자러 가기를 원한다는 것을 암시했다.)

h. Recent polls seem to suggest that the government's popularity at all time low.(최근의 여론 조사는 정부의 인기가 전에 없이 낮다는 것을 암시하는 것처럼 보인다.)

i. She made one or two remarks which suggested that the company was in financial trouble.(그녀는 그 회사가 재정적 어려움을 겪고 있다는 것을 암시하는 몇 마디를 했다.)

j. The latest figures suggest that business is improving.(마지막 숫자들은 사업이 개선되고 있다는 것을 암시한다.)

k. Your questions suggest that you doubt my sincerity.(네가 나의 진실성을 의심한다는 것을 너의 질문은 암시한다.)

suit

이 동사의 개념 바탕에는 맞는 과정이 있다.

1. 타동사 용법

1.1. 다음의 주어는 목적어에 맞거나 어울린다.

(1) a. That big dress does not suit her slim figure.(저 큰 드레스는 그녀의 날씬한 몸매에는 어울리지 않는다.)

b. Do these pants /these shoes suit me?(이 바지/신발은 나에게 어울립니까?)

c. He looks good in casual clothes--they suit him.(그는 평상복을 입으면 좋아 보인다--그것이 그에게 어울린다.)

d. That long hair really suits you.(긴 머리 정말 너에게 어울린다.)

e. That new hair-style really suits you--you look terrific.(새로운 머리형은 너에게 정말 잘 어울린다--너 굉장히 멋져 보여.)

f. Blue suits you very well.(푸른 양복이 너에게 참 잘 어울린다.)

1.2. 다음의 주어는 시간이고 목적어는 사람이다. 목적어는 환유적으로 쓰여서 계획이나 사정을 가리킨다. 주어는 목적어에 맞는다.

(2) a. What date suits you best?(무슨 날짜가 당신에게 가장 잘 맞습니까?)

b. Is tomorrow at 10:00 okay? That suits me fine.(내일 10시 어때요? 제게는 아주 좋은데요.)

c. How would Thursday at 10:00 suit you?(목요일 10시 어떠십니까?)

1.3. 다음 주어는 일이나 과정이고 목적어는 사람이다. 주어는 목적어의 형편에 맞는다.

(3) a. If you want to go by bus, that suits me fine.(당신

이 버스로 가길 원하신다면, 그것은 저에게도 좋습니다.)

b. Would it suit you if I arrived in the morning?(내가 아침에 도착해도 괜찮으시겠습니까?)

c. It suits me to start work at a later time.(더 늦은 시간에 일을 시작하는 것이 내게 맞습니다.)

d. He can be very helpful, but only when it suits him.(그는 매우 도움이 될 수 있지만, 단지 사정이 그에게 맞을 때 뿐이다.)

e. It doesn't suit her to wear a miniskirt.(짧은 치마를 입는 것은 그녀에게 어울리지 않는다.)

1.4. 다음 목적어는 환유적으로 쓰여서 사람의 기분이나 마음을 가리킨다. 주어는 목적어의 기분이나 마음에 맞는다.

(4) a. I don't think a sedentary life would altogether suit me.(앉아서 하는 생활이 나에게 전적으로 어울린다고 생각하지 않습니다.)

b. Living in the country wouldn't suit me at all.(시골에서 사는 것은 나에게 전혀 맞지 않는다.)

c. The arrangements didn't suit us.(그 준비 사항들은 우리에게 맞지 않았다.)

d. The choice suits me just fine.(그 선택은 나에게 아주 잘 맞는다.)

1.5. 다음 주어는 일이다. 주어는 목적어에 맞는다.

(5) a. Part-time work would suit me down to the ground.(시간제 일은 나에게 완벽하게 어울릴 것이었다.)

b. A job where I was indoors all day wouldn't suit me.(하루 종일 실내에만 있는 직업은 내겐 맞지 않을 것이다.)

c. This job suits me down to the ground.(이 일은 나에게 완벽하게 어울린다.)

1.6. 다음의 목적어는 환유적으로 사람의 기분이나 건강을 가리킨다. 주어는 목적어에 맞는다.

(6) a. The climate suits me very well.(그 기후는 내게 아주 잘 맞는다.)

b. Fresh air and good food would suit you well.(신선한 공기와 좋은 음식은 너에게 잘 맞을 것이다.)

1.7. 다음 주어와 목적어는 모두 개체이다. 주어는 목적어에 맞거나 어울린다.

(7) a. The song suited the occasion.(그 노래는 행사에 잘 어울렸다.)

b. The proposal suits my schedule.(그 제안은 나의 시간표에 맞는다.)

c. The house suits their family needs.(그 집은 가족의 필요에 맞는다.)

d. Choose a computer to suit your particular needs.(당신의 특정한 필요에 맞는 컴퓨터를 고르세요.)

e. It does not suit the spirit of the age.(그것은 시대정신에 맞지 않는다.)

f. The book does not suit all tastes.(그 책은 모든 취향을 만족시키지 않는다.)

g. Your outfit suits the color of your hair.(너의 의상은 머리색에 어울린다.)

h. That song doesn't suit her voice.(그 노래는 그녀의 목소리에 맞지 않는다.)

i. The color suits your complexion.(그 색상은 너의 안색에 어울린다.)

j. A cold climate suits apples and wheat, but not oranges.(추운 기후는 사과와 밀에는 맞지만, 귤에는 맞지 않는다.)

k. The climate here suits my health.(여기의 기후는 나의 건강에 맞는다.)

l. This dish will suit every palate.(이 요리는 모두의 입맛에 맞을 겁니다.)

m. A small ring suits a small hand.(작은 반지는 작은 손에 어울린다.)

n. The music suits my present mood.(그 음악은 나의 현재 기분에 어울린다.)

o. Her name suited her.(이름은 그녀에게 어울렸다.)

p. The part of Ophelia doesn't suit her.(오필리어 역은 그녀에게 맞지 않는다.)

q. We aim to suit all customers.(우리는 모든 고객에게 맞출 것을 목표로 하고 있다.)

1.8. 다음 목적어는 재귀대명사로 주어의 생각이나 마음을 가리킨다.

(8) a. I cannot tell you what to do, so suit yourself.(나는 당신이 무엇을 해야 한다고 말할 수는 없으니 편할 대로 하십시오.)

b. I don't think I will be able to go with you after all. Suit yourself.(나는 결국 당신과 함께 갈 수 있으리라 생각하지 않습니다. 마음대로 하십시오.)

c. I don't feel like going out tonight. Suit yourself.(나는 오늘 외출하고 싶지 않습니다. 마음대로 하십시오.)

d. They have been running their business to suit themselves.(그들은 자신들 마음대로 사업을 운영해 왔다.)

e. If he wants to walk in the rain, he can suit himself.(만약 그가 빗속에서 걷고 싶어하면, 그는 마음대로 할 수 있다.)

f. The great thing about working at home is that you can suit yourself about when you work.(자택 근무의 큰 장점은 당신이 일하는 시간을 마음대로 할 수 있다는 것입니다.)

1.9. 다음 주어는 목적어를 전치사 to의 목적어에 맞게 한다.

(9) a. The court suited the punishment to the crime.(그 법정은 벌을 죄에 맞추었다.)

b. He suited his speech to the audience.(그는 연설을 청중의 수준에 맞추었다.)

c. He can suit his conversation to whoever he's with.(그는 함께 있는 누구에든 대화를 맞출 수 있다.)

d. He suited the action to the word.(그는 행동을 말에 일치시켰다.)

e. The organist suited the music to the sadness of the occasion.(오르간 연주자는 음악을 상황의 슬픔에 맞추었다.)

1.10. 다음은 수동태 문장으로 주어는 전치사 to의 목적어에 맞게 되어있다.

(10) a. His speech was suited to the occasion.(그의 연설

은 그 경우에 적절했다.)

b. He is not **suited to** that job.(그는 그 일에 맞지 않는다.)

1.1.1. 다음은 수동태 문장으로 주어는 서로 어울린다.

(11) As a couple, Mary and Tom are really **suited**.(부부로서 메리와 톰은 잘 어울렸다.)

1.12. 다음은 수동태 문장으로 주어는 전치사 for의 목적어를 감당할 수 있게 되어있다.

(12) a. He is **suited for** a teacher.(그는 교사에 적합하다.)

b. He is not **suited for** teaching.(그는 가르치는 것에 맞지 않는다.)

c. Lucy's ideally **suited for** the job.(루시는 그 일에 이상적으로 맞는다.)

d. He is not **suited for** that position.(그는 그 자리에 맞지 않는다.)

2. 자동사 용법

2.1. 다음의 목적어는 명시가 안되어 있으나, 문맥이나 화맥으로부터 추리가 가능하다.

(13) a. What date **suits** best?(무슨 날짜가 가장 좋습니까?)

b. The proposal does not **suit**.(그 제안은 맞지 않는다.)

2.2. 주어와 전치사 with의 목적어가 조화된다.

(14) a. Yellow does not **suit with** her.(노랑은 그녀와 어울리지 않는다.)

b. The job **suits with** his abilities.(그 일은 그의 능력과 어울린다.)

sum

이 동사의 개념 바탕에는 sum의 명사 '합계'가 있다. 동사의 의미는 명사의 뜻과 관계가 있다.

1. 타동사 용법

1.1. 다음 주어는 목적어의 총액을 계산한다.

(1) a. He **summed up** the bills.(그는 계산서의 총액을 계산했다.)

b. He **summed** the costs.(그는 비용의 총액을 계산했다.)

1.2. 다음은 수동태 문장으로 주어는 합산되거나 요약된다.

(2) a. His opinion may be **summed up** in a few words.(그의 의견은 몇 단어로 요약될 수 있다.)

b. His argument cannot be **summed up** briefly.(그의 주장은 간단히 요약이 될 수 없다.)

1.3. 합산하는 의미는 요약적으로 평가하는 의미로 확대된다. 다음 주어는 목적어를 재빨리 평가한다.

(3) a. She **summed** him **up** in a minute.(그녀는 그를 요약적으로 짧은 시간에 평가했다.)

b. I **summed up** the woman in a moment.(나는 그 여자를 요약적으로 짧은 시간에 평가했다.)

c. He quickly **summed up** the situation.(그는 상황을 빠르게 요약적으로 평가했다.)

d. The last chapter **sums up** arguments.(마지막 장은 논의들을 요약한다.)

2. 자동사 용법

2.1. 다음 주어는 합산된다.

(4) a. The expense **sums up** to $100,000.(비용은 100,000 달러에 이른다.)

b. These instances **sum up** to several hundreds.(이러한 경우는 수백 개에 이를 것이다.)

c. The total **sums up** to $200.(총액은 200달러에 이른다.)

d. Contributions **summed up** to $100,000.(기부금은 100,000달러에 이르렀다.)

2.2. 다음 주어는 요약한다.

(5) To **sum up**, we need to sum on teacher training.(요약하면, 우리는 교사 훈련을 평가해야 한다.)

summon

이 동사의 개념 바탕에는 명령으로 불러들이는 과정이 있다.

1. 타동사 용법

1.1. 다음 주어는 목적어를 소집한다.

(1) a. They **summoned** a meeting.(그들은 모임을 소집했다.)

b. They **summoned** parliament.(그들은 의회를 소집했다.)

c. The president **summoned** the Cabinet.(대통령은 내각을 소집했다.)

1.2. 다음 주어는 목적어를 소환한다.

(2) a. He saw the fight and **summoned** the police.(그는 싸움을 보고 경찰을 불렀다.)

b. She **summoned** us to her bedside.(그녀는 우리를 자신의 침대 옆으로 불렀다.)

c. He **summoned** us to his office.(그는 우리를 자신의 사무실로 소환했다.)

1.3. 다음 목적어는 추상적인 개체이다. 이러한 개체도 불러들이는 것으로 개념화되어 있다.

(3) a. He **summoned up** all his strength.(그는 자신의 모든 힘을 모았다.)

b. Suffering from the cold, I could hardly **summon** (up) the strength to whisper.(나는 감기로 고생 해서 속삭일 힘조차 불러일으킬 수 없었다.)

c. I can't **summon up** the courage to ask her out until now.(나는 그녀에게 같이 나가자고 요청할 용기를 지금까지 불러일으킬 수 없다.)

d. He **summoned** assistance/reinforcements.(그는 도움/증원군을 불러모았다.)

e. **Summoning** all his strength, he gave one last pull.(모든 힘을 불러모아서 그는 마지막으로 한 번 당겼다.)

f. He finally **summoned** his courage to ask his father to lend him the car.(그는 드디어 용기를 내어 아버지에게 차를 빌려주도록 요청했다.)

1.4. 다음은 수동태 문장으로 주어는 소환이나 소집된다.

(4) a. We were **summoned** to a meeting with the principal.(우리는 교장과의 회의에 소환되었다.)

b. The witness is **summoned** to testify in court.(증

인은 법정에서 증언하기 위해 소환된다.)

  c. He was summoned to appear in court.(그는 법정
   에 출두하도록 소환되었다.)

  d. A meeting was summoned immediately.(회의는
   즉각 소집되었다.)

1.5. 다음 주어는 목적어를 불러서 어떤 일을 하게 한다.

(5) a. She summoned him to take a message.(그녀는 그
   를 불러서 메시지를 받게 했다.)

  b. They summoned me to sing.(그들은 나를 불러서
   노래를 하게 했다.)

sup

이 동사의 개념 바탕에는 홀짝홀짝 마시거나 먹는
과정이 있다.

1. 자동사 용법
1.1. 다음 주어는 홀짝홀짝 먹는다.

(1) He must have a long spoon that sups with the devil
  (악인을 대할 때는 조심하는 것이 상책이다.)

2. 타동사 용법
2.1. 다음 주어는 목적어를 홀짝홀짝 마신다.

(2) She was supping porridge in the kitchen.(그녀는 죽
  을 부엌에서 홀짝홀짝 마시고 있었다.)

supersede

이 동사의 개념 바탕에는 낡은 것을 새것으로 대치
하는 과정이 있다.

1. 타동사 용법
1.1. 다음 주어는 목적어를 대치한다.

(1) a. This new drug will supersede all others.(이 새 약
   은 다른 것들 모두를 대치할 것이다.)

  b. The new law superseded several old ones.(새 법
   은 몇몇 낡은 법을 대치했다.)

  c. A new list of problems supersedes the one I gave
   you last week.(문제의 새 목록이 내가 너희에게 지
   난 주에 준 것을 대치한다.)

  d. Television superseded radio in the 1950s.(TV는
   라디오를 1950년대에 대치했다.)

1.2. 다음 수동태 문장으로 주어는 대치된다.

(2) a. The radio has been superseded by the TV.(라디
   오는 텔레비전에 의해 대치되었다.)

  b. Mechanical controls in washing machines have
   been superseded by computerized devices.(세탁
   기의 기계적 작동은 컴퓨터화된 장치에 의해 대치되
   었다.)

**1.3. 다음 주어는 목적어를 전치사 with의 목적어로 대
치한다.**

(3) a. The company superseded Mr. Kim with Mr. Park.
   (회사는 김씨를 박씨로 교체했다.)

  b. The department superseded him with her.(그 부
   서는 그를 그녀로 대치했다.)

supervise

이 동사의 개념 바탕에는 감독하는 과정이 있다.

1. 타동사 용법
**1.1. 다음 주어는 목적어를 감독한다. 목적어는 사람이
다.**

(1) a. He supervises the cleaning staff.(그는 청소 직원들
   을 감독한다.)

  b. She supervises 50 employees in the department.
   (그녀는 50명의 직원을 그 부서에서 감독한다.)

  c. He supervises a department of 20 employees.(그
   는 20명 직원들로 된 부서를 감독한다.)

1.2. 다음 목적어는 일이다. 주어는 목적어를 감독한다.

(2) a. He supervises the ESL program.(그는 영어 교육
   프로그램을 감독한다.)

  b. He supervises a fund-raising campaign.(그는 기
   금 모금 캠페인을 감독한다.)

  c. She supervises an important project.(그녀는 중요
   한 기획사업을 감독한다.)

  d. Who supervises your work?(누가 너의 일을 감독
   하느냐?)

  e. The Red Cross supervised the distribution food to
   refugees.(적십자는 피난자들에게 주는 식량 분배
   를 감독했다.)

supplant

이 동사의 개념 바탕에는 책략으로 밀어내는 과정이
있다.

1. 타동사 용법
1.1. 다음 주어는 목적어를 밀어낸다.

(1) a. Dan's plans supplanted Ron's.(댄의 계획은 론의
   계획을 밀어냈다.)

  b. The state of the economy supplanted all other
   issues.(경제의 상황은 모든 쟁점을 다 밀어냈다.)

1.2. 다음은 수동태 문장으로 주어는 밀려난다.

(2) a. Baker was soon supplanted as party leader.(베이
   커는 곧 정당 지도자로서 밀려났다.)

  b. Their work has been largely supplanted by the
   use of the computer.(그들의 일은 컴퓨터의 사용으
   로 거의 밀려났다.)

  c. Manual labor has been supplanted by machinery.
   (수작업은 기계화에 의해 밀려나왔다.)

  d. The typewriter has been supplanted by the
   computer.(타자기는 컴퓨터에 의해 밀려나왔다.)

supplement

이 동사의 개념 바탕에는 더 낫게 만들기 위해서 보
충하는 과정이 있다.

1. 타동사 용법
1.1. 다음 주어는 목적어를 보충한다.

(1) a. She got a second job to supplement her

income.(그녀는 부업을 수입을 보충하기 위해서 가
졌다.)

  b. Her earnings supplemented his income.(그녀의
벌이가 그의 수입을 보충했다.)

  c. Outside reading supplements a person's
education.(외적 독서가 사람의 교육을 보충한다.)

1.2. 다음 주어는 목적어를 with의 목적어로나 by의 목적어로 보충한다.

(2) a. He supplemented his diet with vitamins.(그는 식단
을 비타민으로 보충했다.)

  b. He supplemented his allowance by working odd
jobs.(그는 수당을 임시직으로 보충했다.)

  c. The teacher supplemented our reading with
films.(선생님은 우리의 독서를 영화로 보충해 주셨
다.)

supplicate

이 동사의 개념 바탕에는 애원하는 과정이 있다.

1. 타동사 용법

1.1. 다음 주어는 목적어를 애원한다.

(1) a. The prisoner supplicated God for mercy.(수감자
는 신에게 자비를 달라고 애원했다.)

  b. He is supplicating the authorities.(그는 당국에 애
원하고 있다.)

1.2. 다음 주어는 목적어를 애원한다.

(2) a. He supplicated a blessing.(그는 축복을 애원했다.)

  b. We supplicated forgiveness.(우리는 용서를 애원
했다.)

  c. He had to supplicate assistance from his former
enemy.(그는 전 적으로부터 도움을 애원해야 했
다.)

1.3. 다음 주어는 목적어를 간청하여 어떤 일을 하게 한다.

(3) a. The traitors supplicated the king to spare their
lives.(반역자들은 왕에게 간청하여 자신들의 목숨
을 살려달라고 했다.)

  b. She supplicated the judge to pardon her son.(그녀
는 재판관에게 간청하여 아들을 사면하도록 했다.)

2. 자동사 용법

2.1. 다음 주어는 전치사 to의 목적어에 간청을 한다.

(4) He supplicated to the mayor for mercy.(그는 그 시
장에게 자비를 애원했다.)

2.2. 다음 주어는 전치사의 목적어를 얻기 위해 간청한다.

(5) Thousands of people are supplicating for a chance
at a job.(수천 명의 사람들이 일자리 기회를 간청하고
있다.)

supply

이 동사의 개념 바탕에는 필요한 것을 채워주는 과
정이 있다.

1. 타동사 용법

1.1. 다음 주어는 목적어를 공급한다.

(1) a. An informer supplied the names of those involved
in the crime.(밀고자가 그 범죄에 가담했던 사람들
의 이름을 주었다.)

  b. The Aswan Dam supplied needed water to the
region.(아스완 댐은 필요한 물을 그 지역에 공급했
다.)

  c. The Red Cross supplied clothing for the flood
victims.(적십자는 홍수 피해자를 위해 의복을 공급
했다.)

1.2. 다음 주어는 목적어를 전치사 with의 목적어로 공급한다.

(2) a. The Red Cross supplied the flood victims (with)
clothing.(적십자는 홍수 피해자들에게 의복을 공급
해 주었다.)

  b. The school supplies each student with textbooks.
(그 학교는 각 학생에게 교과서로 공급한다.)

  c. The hotel supplies the guests with towels.(그 호
텔은 손님들에게 수건을 조달해 준다.)

  d. These foods supply the body with necessary
vitamins and minerals.(이 음식들은 몸에 필수적인
비타민과 무기물로 공급한다.)

  e. He supplied me with the answer.(그는 나에게 답
을 주었다.)

1.3. 다음 주어는 목적어를 채운다.

(3) a. He supplied the deficiency.(그는 결점을 채웠다.)

  b. He supplied the demand.(그는 요구를 채웠다.)

1.4. 다음 주어는 목적어를 전달한다.

(4) a. The hotline supplies information to the
anxious.(그 직통 전화는 걱정하는 사람들에게 정보
를 전달한다.)

  b. The veins supply blood to the heart.(혈관들은 피
를 심장에 공급한다.)

1.5. 다음은 수동태 문장으로 주어는 채워진다.

(5) a. US forces kept the city supplied with food.(미군은
그 도시가 계속 음식 공급을 받게 했다.)

  b. Each student was supplied with the necessary
equipment.(각 학생은 필수 장비가 공급되었다.)

support

이 동사의 개념 바탕에는 떠 받치는 과정이 있다.

1. 타동사 용법

1.1. 다음 주어는 목적어를 떠받친다.

(1) a. The roof supports a huge sign.(그 지붕은 거대한
간판을 받친다.)

  b. The big towers support the bridge.(큰 탑들은 다
리를 받친다.)

  c. The walls support the roof.(벽들은 지붕을 떠받친
다.)

  d. The shelf supports many books.(선반은 많은 책들
을 떠받는다.)

  e. That chair cannot support him.(의자는 그를 받칠
수 없다.)

1.2. 다음 목적어는 건물 자체를 가리키는 것이 아니라, 극장이나, 병원 등의 운영을 가리키는 환유적 표현이다.

(2) They supported the local hospital.(그들은 그 지역 병원을 후원했다.)

1.3. 다음 목적어는 재귀대명사이다. 주어는 자신을 떠받친다.

(3) a. He supported himself by holding on to the wall.(그는 스스로를 벽을 잡고 지탱했다.)

   b. He supported himself on the arms of the chairs.(그는 자신을 의자의 팔걸이에 떠받쳤다.)

   c. He supported himself on my arm.(그는 자신을 내 팔에 떠받쳤다.)

1.4. 다음 주어는 목적어를 경제적으로 떠받친다.

(4) a. He has to support a large family.(그는 대가족을 부양해야 한다.)

   b. He has to support a wife and five children.(그는 아내와 다섯 아이를 부양해야 한다.)

   c. In that society a mother supports her family.(그 사회에서는 어머니가 가족을 부양한다.)

   d. Her father supported her until she got married.(그녀의 아버지는 결혼할 때까지 그녀를 부양했다.)

   e. He supports his family by working two jobs.(그는 가족을 두 가지 일을 해서 부양한다.)

   f. It is difficult to support yourself on this salary.(네 자신을 이 월급으로 부양하기는 어렵다.)

1.5. 다음 목적어는 조직체이다. 조직체는 건물로 개념화된다. 주어는 목적어를 떠받친다.

(5) a. The city supports two orchestras.(그 시는 두개의 관현악단을 후원한다.)

   b. Volunteers support the hospitals.(지원자들이 그 병원을 돕는다.)

   c. They support the local theater.(그들은 그 지역 극장을 후원한다.)

   d. They did not want to support the new government.(그들은 새 정부를 지지하기를 원하지 않았다.)

1.6. 값이나 가치도 어떤 수준에 있는 것으로 개념화된다. 다음 주어는 목적어를 어떤 수준 이하로 떨어지지 않게 유지시킨다.

(6) a. The government must support the domestic price.(정부는 국내 가격을 지원해야 한다.)

   b. The federal bank intervened to support the falling dollar.(연방 은행은 하락하는 달러를 지원하기 위해서 개입했다.)

   c. She couldn't support life without friends.(그녀는 친구 없이는 삶을 지탱할 수 없었다.)

   d. The artillery fire supported the infantry during the attack.(포화는 공격시 보병을 지원했다.)

   e. He must need a fortune to support his drinking habits.(음주 습관을 유지하기 위해서 그는 큰 재산이 필요함에 틀림없다.)

1.7. 다음 문장의 목적어는 인칭 대명사인데 이들이 실제 가리키는 것은 몸이 아니라 정신에 관계된다. 주어는 목적어를 떠받친다.

(7) a. His family supported him in his decision.(가족은 그의 결정에 그를 후원했다.)

   b. Hope supports us in trouble.(희망이 우리를 어려울 때 뒷받쳐준다.)

   c. Her brother supported her during the tragedy.(그녀의 오빠는 그녀를 비극 중에 지탱해 주었다.)

   d. My wife supported me when my mother died.(부인은 내 어머니가 돌아가셨을 때 나를 지탱해 주었다.)

   e. They supported each other through times of hardship.(그들은 힘든 시간 동안 내내 서로를 지탱해 주었다.)

1.8. 다음에서 [어떤 주장이나 이론은 건물] 은유가 적용된 표현이다. 주어는 목적어를 떠받친다.

(8) a. The facts support his argument/claim/statement).(그 사실들은 그의 논거/주장/진술)을 뒷받침한다.)

   b. The new discoveries support his theory.(새로운 발견은 그의 이론을 뒷받침한다.)

   c. The results support my allegation/our original theory.(결과는 나의 주장/우리의 원래 이론을 뒷받침한다.)

   d. There is fresh evidence to support her allegation.(그녀의 주장을 뒷받침할 새 증거가 있다.)

   e. The theory is poorly supported by facts.(그 이론은 사실에 의해 빈약하게 지지된다.)

1.9. 다음 주어는 목적어를 떠받는다. 목적어는 추상적인 개체이다.

(9) a. We support the president.(우리는 대통령을 지지한다.)

   b. I will support them in their demands/her even against my father/the Democratic Party.(나는 그들의 요구에 그들을 심지어 나의 아버지의 반대에도 그녀를/민주당을 지지할 것이다.)

   c. The members supported the foreign-aid bill.(회원들은 외국 원조 법안을 지지했다.)

   d. He supported the cause/her opinion/a total ban on imported tobacco.(그는 명분/그녀의 의견을/담배 수입의 전면 금지를 지지했다.)

   e. He stole some money from her mother to support his drug habits.(그는 약 습관을 유지하기 위해 어머니로부터 약간의 돈을 훔쳤다.)

1.10. 다음은 수동태 문장으로 주어는 지지된다.

(10) The proposal was supported by a large majority in the senate.(그 제안은 상원에서 대다수에 의해 지지받았다.)

1.11. 다음 주어는 목적어를 참는다.

(11) a. I cannot support the heat.(나는 더위를 견딜 수가 없다.)

   b. I cannot support the situation any longer.(나는 상황을 더 이상 견딜 수가 없다.)

   c. I cannot support his insolence/insult any longer.(나는 그의 오만/모욕을 더 이상 견딜 수가 없다.)

   d. He managed to support fatigue.(그는 간신히 피곤을 견뎌내었다.)

e. I cannot support the idea of your leaving the country.(나는 네가 그 나라를 떠난다는 생각을 참을 수 없다.)

1.12. 다음 주어는 목적어를 먹여 살린다. 주어는 땅이다.

(12) a. The land isn't fertile enough to support the cattle.(그 토지는 가축을 부양할 정도로 충분히 기름지지 않다.)

b. The land cannot support the whole population.(토지는 전체 인구를 부양할 수 없다.)

1.13. 다음은 수동태 문장으로 주어는 떠받쳐져서 옮겨진다.

(13) He was supported into the room/ home.(그는 부축을 받고 방으로 옮겨졌다.)

suppose

이 동사의 개념 바탕에는 사실로 가정하는 과정이 있다.

1. 타동사 용법

1.1. 다음 주어는 목적어를 사실로 가정한다.

(1) The theory supposes the existence of life on mars.(그 이론은 화성에서의 생명체의 존재를 가정한다.)

1.2. 다음은 수동태 문장으로 주어는 가정되거나 예정된다.

(2) a. He is supposed to arrive today.(그는 오늘 도착하기로 예정되어 있다.)

b. The new laws are supposed to prevent the crime.(그 법은 범죄를 막을 것으로 예상된다.)

c. The machine is supposed not to make noise.(그 기계는 소리를 안 내는 것으로 되어 있다.)

d. The castle is supposed to be haunted.(그 성은 귀신이 나오는 것으로 가정된다.)

e. The meeting is supposed to take place on Monday.(그 회의는 월요일에 있을 것으로 예상된다.)

1.3. 다음 주어는 목적어를 어떤 일을 했거나 하는 것으로 가정한다.

(3) a. Nobody supposed him to have done such a thing.(아무도 그가 그러한 일을 했을 것으로 가정하지 않았다.)

b. I never supposed him (to be) a novelist.(나는 그가 소설가라고 가정해 본 적이 없다.)

1.4. 다음 주어는 목적어 (that-절)을 내용을 가정한다.

(4) a. Let us suppose that he is innocent.(그가 무죄라고 가정해 보자.)

b. Suppose we wait until next week.(우리가 다음주까지 기다린다고 가정해 봐라.)

suppress

이 동사의 개념 바탕에는 억누르는 과정이 있다.

1. 타동사 용법

1.1. 다음 주어는 목적어를 억제한다.

(1) a. Sue could hardly suppress a cough/a grin/a yawn/a sneeze/a giggle/anger/a groan.(수는 좀처럼 기침/쓴웃음/하품/재채기/웃음/화/불만을 참을 수가 없었다.)

b. She was struggling to suppress her sobs.(그녀는 흐느낌을 억누르려고 애쓰고 있었다.)

c. Do not suppress your own feelings or anxieties.(당신 자신의 감정이나 걱정을 억누르지 마세요.)

d. Bill suppressed his desire to yell at his boss.(빌은 사장에게 소리치고 싶은 욕구를 억눌렀다.)

e. I couldn't suppress my surprise.(나는 놀람을 감출 수가 없었다.)

1.2. 다음 주어는 목적어를 집압한다.

(2) a. The government suppressed any movement toward democracy.(정부는 민주주의를 향한 일체의 운동을 금지시켰다.)

b. The army soon suppressed the revolt.(군은 곧 그 반란을 진압했다.)

c. The army suppressed the rebel peasants.(군은 그 반란 소작농을 진압했다.)

d. The government suppressed the opposition parties.(정부는 야당을 탄압했다.)

e. The virus suppresses the body's immune system.(그 병원균은 신체의 면역 체계를 억제시킨다.)

1.3. 다음은 수동태 문장으로 주어는 억압된다.

(3) a. Opposition to the government was quickly suppressed.(그 정부에 대한 저항은 신속히 진압되었다.)

b. The Hungarian uprising was ruthlessly suppressed by the Red Army.(헝가리 폭동은 붉은 군대에 의해 무참히 진압되었다.)

c. All religious activities were suppressed.(모든 종교 활동이 금지되었다.)

1.4. 다음 주어는 목적어를 발표하지 않는다.

(4) a. All the newspaper suppressed the news.(모든 신문은 그 사건을 다루지 않았다.)

b. The government tried to suppress all criticism.(정부는 모든 비난을 억압시키고자 했다.)

c. The police suppressed the vital evidence.(경찰은 결정적 증거를 은폐시켰다.)

d. She suppressed the police report to save her reputation.(그녀는 자신의 명성을 지키기 위해 경찰의 발표를 억제시켰다.)

e. The drug suppressed the appetite.(그 약은 식욕을 저하시켰다.)

f. The president suppressed the release of the figures.(대통령은 수치의 발표를 금지시켰다.)

g. Morgan was careful to suppress such information.(모간은 그러한 정보를 억압시키는 데 신중을 기했다.)

h. Pentagon suppressed the documents connected with the case.(미 국방성은 그 사건에 관련된 기록을 발표하지 않았다.)

i. The newspaper suppressed the worst of the story.(그 신문은 최악의 기사를 내보내지 않았다.)

1.5. 다음은 수동태 문장으로 주어는 억압이나 금지가 된다.

(5) a. The book is suppressed for the reason of obscenity.(그 책은 외설의 이유로 발매가 금지된다.)

b. The party's report has been suppressed.(그 정당의 보고서는 발표가 금지되었다.)

c. The writer's novel is suppressed in this country.(그 작가의 소설은 이 나라에서 발매가 금지된 상태다.)

b. Several newspapers were suppressed.(여러개의 신문이 발매가 금지되었다.)

e. The students could not be suppressed for long.(학생들은 오랫동안 억압될 수 없었다.)

surf

이 동사의 개념 바탕에는 파도를 타는 과정이 있다.

1. 타동사 용법

1.1. 다음 주어는 파도를 탄다.

(1) a. They surf every weekend.(그들은 주말마다 파도타기를 한다.)

b. He used to surf in Hawaii.(그는 하와이에서 파도타기를 하곤 했다.)

1.2. 다음 주어는 컴퓨터에서 서핑을 한다.

(2) a. You can turn on your computer now and go surfing on the web.(너는 이제 너의 컴퓨터를 켜서 웹 서핑을 하러 갈 수 있다.)

b. He spends a lot of time surfing TV channels.(그는 티비 채널을 돌려보면서 많은 시간을 보낸다.)

surface

이 동사의 개념 바탕에는 surface의 명사 '표면' 과 관계가 있다.

1. 타동사 용법

1.1. 다음 주어는 목적어의 표면을 덮는다.

(1) a. They surfaced the road with a gravel.(그들은 그 길을 자갈로 덮었다.)

b. They surfaced the tennis court with clay.(그들은 그 정구장을 진흙으로 덮었다.)

1.2. 다음은 수동태 문장으로 주어는 표면이 덮힌다.

(2) a. The parking lot was surfaced with asphalt last year.(그 주차장은 아스팔트로 작년에 덮혀졌다.)

b. The road has been damaged by frost and will have to be surfaced again.(그 길은 서리에 망가져서 다시 포장이 되어야 할 것이다.)

2. 자동사 용법

2.1. 다음 주어는 표면에 올라온다.

(3) a. The bird dived and surfaced again.(그 새는 물속에 들어갔다가 다시 수면에 나타났다.)

b. The bird surfaced to nibble at the fish.(그 새는 그 물고기를 씹기 위해서 수면에 나타났다.)

c. The submarine surfaced and switched on its radar.(그 잠수함이 수면에 나타나서 그의 레이더를 켰다.)

2.2. 다음 주어는 표면에 나타난다.

(4) a. A rift has surfaced in the cabinet between the ministers.(불화가 그 내각의 장관들 사이에 나타났다.)

b. That problem surfaced again when the mechanic examined the car.(저 문제는 그 기사가 그 차를 조사했을 때 다시 표면화 되었다.)

c. The truth surfaced several years later.(그 진실은 몇 년 후에 표면화 되었다.)

d. A rumor surfaced that the company is about to go out of business.(그 회사는 곧 망한다는 소문이 표면에 떠올랐다.)

e. Doubts began to surface.(의혹들이 나타나기 시작했다.)

f. Their differences began to surface.(그들의 불화는 표면화되기 시작했다.)

2.3. 다음 주어는 나타낸다. 주어는 사람이다.

(5) a. He finally surfaced around noon.(그는 마침내 정오쯤해서 나타났다.)

b. He didn't surface until well after midnight.(그는 한 밤중이 훨씬 지나서까지 나타나지 않았다.)

2.4. 다음 주어는 나타난다. 주어는 물건이다.

(6) a. The missing documents surfaced during the trial.(잃어버린 문서는 재판 중에 나타났다.)

b. The lost book will surface when she cleans the room.(잃어버린 책은 그녀가 청소를 할 때 나타날 것이다.)

c. The stolen painting surfaced in a warehouse in Italy.(도난 당한 그림은 이탈리아에 있는 어느 창고에서 나타났다.)

surge

이 동사의 개념 바탕에는 물결과 같이 움직이는 과정이 있다.

1. 자동사 용법

(1) a. Lava surged over the volcano.(용암이 그 화산을 세차게 넘쳤다.)

b. Flood water surged down the streets.(홍수가 거리를 따라 세차게 흘러내렸다.)

c. When the electrical power surged, all of the fuses were blown.(전기가 세게 흘렀을 때, 모든 퓨즈는 나갔다.)

1.2. 다음 주어는 큰 파도같이 움직인다.

(2) The ship surged in the ocean waves.(그 배는 대양 파도 속에 일렁거렸다.)

1.3. 다음 주어는 세차게 움직인다. [감정은 센 물결]은유가 적용된 표현이다.

(3) a. A wave of resentment surged within him.(분노의 물결이 그의 안에 일었다.)

b. She could feel anger surging through her

body.(그녀는 분노가 자신의 몸을 세차게 지나가는 것을 느꼈다.)

1.4. 다음 주어는 증가한다. [활동은 물결] 은유가 적용된 표현이다.

(4) a. Trading activity **surged** in the stock market.(거래 활동이 주식시장에 일었다.)

b. Violence **surged** in Middle East.(폭력이 중동에 일었다.)

1.5. 다음 주어는 파도와 같이 이동한다.

(5) a. Flood waters **surged** into their homes.(홍수가 큰 파도를 이루며 그들의 집으로 밀어닥쳤다.)

b. The huge wave **surged** over the beach.(큰 파도는 해안 위로 넘쳤다.)

c. Floodwater **surged** through the town.(홍수가 읍내를 밀고 지나갔다.)

d. The dam broke and water **surged** through the gate.(댐들이 터져서 물이 대문을 밀치고 지나갔다.)

e. Blood **surged** to his face.(피가 그의 얼굴에 치밀었다.)

f. The electricity **surged** through the circuit.(전기는 회로를 통해 세차게 흘렀다.)

1.6. 다음 주어는 물결과 같이 이동한다.

(6) a. A few meters before the end of the race, John **surged** into the lead.(경기의 마지막 몇 미터 이전에 존은 선두로 밀고 들어갔다.)

b. A swarm of boys **surged** into the stadium.(한 떼의 소년들이 경기장으로 밀려 들어왔다.)

c. An angry crowd **surged** into the city hall.(성난 군중이 시청으로 밀려들었다.)

d. The crowd **surged** toward the entrance.(군중은 입구로 밀려들었다.)

e. The crowd **surged** through the gate.(군중은 물결을 이루며 대문을 지나갔다.)

1.7. 다음 주어는 큰 물결과 같이 이동한다.

(7) a. Prices are **surging** up.(가격이 치솟고 있다.)

b. Excitement **surged** through his veins.(흥분이 그의 핏줄을 통해 물결쳤다.)

c. Helpless rage **surged** up within him.(어찌할 수 없는 분노가 그 안에 치솟았다.)

d. Envy **surged** up within her.(시기가 그녀 안에 치솟았다.)

surmise

이 동사의 개념 바탕에는 추측하는 과정이 있다.

1. 타동사 용법

1.1. 다음 주어는 목적어를 전치사 from의 목적어로부터 추측한다.

(1) a. From the looks on their faces, I **surmised** that they had had an argument.(얼굴 표정으로부터, 나는 그들이 말다툼을 했다는 것을 추측했다.)

b. From his letter, I **surmised** that he was unhappy.(편지로부터 나는 그가 불행하다는 것을 추측했다.)

c. I **surmised** from his look that he was very poor.(나는 얼굴 표정에서 그가 매우 가난하다는 것을 추측했다.)

1.2. 다음 주어는 목적어(that절의 내용)를 추측한다.

(2) a. The detective **surmised** that the murderer was left-handed.(그 탐정가는 살인자가 왼손잡이임을 추측했다.)

b. We **surmised** that the intruder might have been a child.(우리는 침입자가 어린 아이였을 것이라고 추측했다.)

1.3. 다음 주어는 목적어를 추측한다.

(3) She **surmised** the truth about him.(그녀는 그에 대한 진실을 추측했다.)

surmount

이 동사의 개념 바탕에는 위에 서는 과정이 있다.

1. 타동사 용법

1.1. 다음 주어는 목적어 위를 올라간다.

(1) a. He **surmounted** the steep hill.(그는 가파른 언덕 위를 올라갔다.)

b. They **surmounted** the high wall.(그들은 높은 벽을 올라갔다.)

1.2. 다음은 수동태 문장으로 주어는 다른 개체가 올라선다.

(2) a. The peaks are always **surmounted**.(그 정상은 항상 정복된다.)

b. The pillar was **surmounted** by a bowl of flowers.(그 기둥은 그 위에 한 접시의 꽃이 놓여있었다.)

1.3. 다음 주어는 목적어 위를 자리잡는다.

(3) a. A statue **surmounts** the roof.(동상이 그 지붕 위를 자리잡고 있다.)

b. A tall chimney **surmounts** the house.(높은 굴뚝이 집 위에 있다.)

1.4. 어려움은 장애물로 개념화된다. 주어는 목적어를 극복한다.

(4) a. He **surmounted** the obstacles/difficulties.(그는 장애/어려움을 극복했다.)

b. She **surmounted** her aversion to him with the greatest difficulty.(그녀는 그에 대한 혐오감을 갖은 노력 끝에 극복했다.)

surpass

이 동사의 개념 바탕에는 초과하는 과정이 있다.

1. 타동사 용법

1.1. 다음 주어는 목적어를 넘어선다.

(1) a. The runner **surpassed** his old record by 10 seconds.(주자는 전 기록을 10초로 능가했다.)

b. The total **surpassed** my estimate.(총액은 나의 추산을 넘었다.)

c. When the inflation rate **surpassed** 5%, Congress took action.(통화 팽창이 5퍼센트를 넘었을 때, 의

d. His performance surpassed my expectations.(그의 연기는 나의 예상을 넘었다.)

e. The profits surpassed all my expectations.(그 이익은 나의 모든 예상을 초과했다.)

1.2. 다음 주어는 목적어를 전치사 in의 영역에서 능가한다.

(2) a. He surpassed his sister in math.(그는 수학에서 누이를 능가했다.)

b. He surpasses me in wisdom.(그는 지혜 면에서 나를 능가한다.)

1.3. 다음 주어는 목적어를 초과한다.

(3) a. Their riches surpassed belief.(그들의 부는 믿음을 초과했다.)

b. The beauty of the Alps surpassed all description.(알프스의 아름다움은 모든 묘사를 초과했다.)

c. The honors surpassed all descriptions.(그 영예는 모든 묘사를 넘어섰다.)

1.4. 다음 목적어는 재귀대명사이다. 주어는 자신의 평소 실력을 능가한다.

(4) Her cooking was always good but this time she had surpassed herself.(그녀의 요리는 항상 좋지만, 이번에는 그녀는 전보다 나았다.)

surprise

이 동사의 개념 바탕에는 갑자기 놀라게 하는 과정이 있다.

1. 타동사 용법

1.1. 다음 주어는 목적어를 기습한다.

(1) a. At down the regiment surprised the enemy in the barracks.(새벽에 연대는 적을 병영 속에서 기습했다.)

b. The security guard surprised the burglar in the store room.(그 경비는 도둑을 저장실에서 기습했다.)

1.2. 다음 주어는 목적어를 잡는다.

(2) a. We surprised a burglar trying to break in.(우리는 침입하고 있는 도둑을 잡았다.)

b. The teacher surprised the students smoking in the classroom.(교사는 학생들이 교실에서 담배를 피우고 있는 것을 기습했다.)

c. I surprised him sneaking in by the back door.(나는 그가 뒷문으로 들어오는 것을 기습적으로 잡았다.)

d. They surprised the burglar in the act of opening the safe.(그들은 강도가 금고를 열고 있는 현장에서 잡았다.)

1.3. 다음 주어는 목적어를 놀라게 한다.

(3) a. His success surprised us all.(그의 성공은 우리 모두를 놀라게 했다.)

b. His rudeness to his mother surprises me.(그의 어머니에 대한 무례함은 나를 놀라게 한다.)

c. His appearance surprised me.(그의 생김새는 나를

놀라게 했다.)

d. It always surprises me how popular the singer is.(그 가수가 대단한 인기가 있는 것은 나를 놀라게 한다.)

e. It wouldn't surprise me if he was late again.(그가 다시 늦어도 나를 놀라게 하지 않을 것이다.)

1.4. 다음은 수동태 문장으로 주어는 놀란다.

(4) a. I am greatly surprised at the news.(나는 그 소식에 놀란다.)

b. We're surprised to hear the news.(우리는 그 소식을 듣고 놀랐다.)

c. She was surprised to find him at home.(그녀는 그가 집에 있는 것을 알고 놀랐다.)

d. You will be surprised to see him doing such a thing.(너는 그가 그러한 일을 하고 있는 것을 보면 놀랄 것이다.)

1.5. 다음 주어는 목적어를 전치사 with의 목적어를 가지고 놀라게 한다.

(5) a. Our uncle from the country surprised us with a visit.(시골에서 온 우리 아저씨는 우리를 방문하여 놀라게 했다.)

b. She surprised her parents with a present.(그녀는 선물로 부모들을 놀라게 했다.)

1.6. 다음 주어는 목적어를 놀라게 하여 전치사 into의 목적어의 상태로 들어가게 한다.

(6) a. He surprised me into consent.(그는 나를 놀라게 하여 동의하게 했다.)

b. The news surprised her into tears.(그 소식은 그녀를 놀라게 하여 눈물을 흘리게 했다.)

c. We surprised him into admitting.(우리는 그를 놀라게 하여 자인하게 했다.)

d. The police surprised him into confessing to his crime.(경찰은 그를 놀라게 하여 범죄를 자백하게 했다.)

e. Her sudden question surprised him into betraying himself.(그녀의 갑작스런 질문은 그를 놀라게 하여 본성을 드러나게 했다.)

1.7. 다음 주어는 목적어를 전치사 out of나 from의 목적어에서 갖는다.

(7) a. The teacher surprised a mistake out of her.(교사는 그녀에게서 기습적으로 잘못을 끌어냈다.)

b. The lawyer surprised the fact from the woman.(그 변호사는 사실을 여자로부터 기습적으로 끌어냈다.)

surrender

이 동사의 개념 바탕에는 내어놓는 과정이 있다.

1. 타동사 용법

1.1. 다음 주어는 목적어를 내어놓는다.

(1) a. You have to surrender your tickets as you go out of the railway station.(너는 표를 철도역을 나갈 때 내어놓아야 한다.)

b. The gang surrendered their weapons.(갱단은 무기를 내어놓았다.)

c. She **surrendered** the money she was hiding.(그녀
는 숨기고 있던 돈을 내어놓았다.)

d. The knight **surrendered** its privilege.(그 기사는 특
권을 내어놓았다.)

e. He **surrendered** all claims to the property.(그는
재산에 대한 모든 권리를 포기했다.)

f. The shipwrecked people had to **surrender** all
hope.(난파한 사람들은 모든 희망을 포기해야만 했
다.)

**1.2. 다음 주어는 목적어를 전치사 to의 목적어에 내어
놓는다.**

(2) a. He **surrendered** his passport to the authorities.(그
는 여권을 당국에 내어놓았다.)

b. They **surrendered** the town to the enemy.(그들은
읍내를 적에게 내어놓았다.)

**1.3. 다음 목적어는 재귀대명사이다. 주어는 자신을 내
어놓는다.**

(3) a. The hijackers finally **surrendered** themselves to
the police.(납치범들은 마침내 경찰에 자수했다.)

b. She **surrendered** herself to his embrace.(그녀는
자신을 그의 포옹에 맡겼다.)

c. He **surrendered** himself to justice.(그는 자신을 정
의에 맡겼다.)

d. The gunman **surrendered** himself to the
police.(그 총잡이는 경찰에 자수했다.)

e. He **surrendered** himself to grief/pleasure.(그는 자
신을 슬픔/쾌락에 던졌다.)

f. She **surrendered** herself to utter despair.(그녀는
자신을 심한 절망에 맡겼다.)

2. 자동사 용법

2.1. 다음 주어는 항복을 한다.

(4) a. The soldiers **surrendered** because they were
surrounded.(군인들은 포위되었기 때문에 항복했
다.)

b. After the bomb fell on Hiroshima, Japan
surrendered.(폭탄이 히로시마에 떨어진 다음, 일본
은 항복했다.)

2.2. 다음 주어는 전치사 to의 목적어에 항복을 한다.

(5) a. The government **surrendered** to the pressure of
big business.(정부는 대 기업들의 압력에 굴복했
다.)

b. She **surrendered** to temptation and took out a
cigarette.(그녀는 유혹에 굴복하여 담배를 꺼냈다.)

c. He **surrendered** to the enemy.(그는 적에게 항복했
다.)

d. He finally **surrendered** to his craving for
cigarettes.(그는 마침내 담배에 대한 갈증에 굴복했
다.)

surround

이 동사의 개념 바탕에는 둘러싸는 과정이 있다.

1. 타동사 용법

1.1. 다음 주어는 목적어를 둘러싼다.

(1) a. Admirers **surrounded** the movie star.(팬들이 그
영화배우를 둘러쌌다.)

b. Enemy troops **surrounded** the town.(적군이 읍내
를 포위했다.)

c. The police were **surrounding** the house early in
the morning.(경찰은 그 집을 아침 일찍 포위하고
있었다.)

d. Troops have **surrounded** the parliament
building.(군대가 그 의회 건물을 포위했다.)

e. The city was closely **surrounded** by the enemy
troops.(그 도시는 적군에 의해 단단하게 포위되었
다.)

f. She is **surrounded** by good friends.(그녀는 좋은
친구들에 의해 둘러싸여 있다.)

1.2. 다음 주어는 목적어를 둘러싼다. 목적어는 장소이다.

(2) a. A high fence **surrounds** the field.(높은 담이 그 밭
을 둘러싼다.)

b. A stone wall **surrounds** the house.(돌 벽이 그 집
을 둘러싼다.)

c. Mountains **surrounded** the little valley.(산들이 그
작은 계곡을 둘러쌌다.)

d. Muscles **surround** the blood vessels in the
body.(근육이 몸 속의 혈관을 둘러싼다.)

e. Snow-capped mountains **surround** the city.(눈 덮
인 산들이 도시를 둘러싼다.)

f. The hills **surround** the plain.(산들은 그 평야를 둘
러싼다.)

g. Trees **surround** the pond.(나무들이 그 연못을 둘
러싼다.)

**1.3. 다음은 수동태 문장으로 주어는 전치사 with나
by의 목적어로 둘러싸인다.**

(3) a. The cathedral is **surrounded** with a stone wall.(성
당은 돌벽에 의해 둘러싸여 있다.)

b. The house is **surrounded** with walls.(그 집은 벽으
로 둘러싸여 있다.)

1.4. 다음은 수동태 문장으로 주어는 둘러싸인다.

(4) a. The house is **surrounded** by a large garden.(그 집
은 커다란 정원으로 둘러싸여 있다.)

b. The prison is **surrounded** by a high wall.(감옥은
높은 벽으로 둘러싸여 있다.)

c. England is **surrounded** by the sea on all sides.(영
국은 사면이 바다로 둘러싸여 있다.)

d. The town is **surrounded** by deserts.(읍내는 사막
으로 둘러싸여 있다.)

e. In olden days many castles were **surrounded** by
moats filled with water.(옛날에 성들은 물이 가득
차 있는 해자로 둘러싸여 있었다.)

**1.5. 다음의 주어는 추상적인 개체이다. 이러한 개체
도 형체가 있어서 무엇을 둘러쌀 수 있는 것으로
개념화된다.**

(5) a. An aura of mystery **surrounds** her.(신비로운 기운
이 그녀를 둘러싼다.)

b. Controversy **surrounds** the cause of his death.(논
쟁이 그의 죽음에 대한 원인을 둘러싼다.)

c. Danger will **surround** us until we leave here.(우리가
여기를 떠날 때까지 위험이 우리를 둘러쌀 것이다.)

d. Let me explain some of the dangers that surround us.(우리를 둘러싸고 있는 몇몇 위험들에 대해 설명하게 해 주시오.)

e. Mystery still surrounds the exact circumstances of his death.(신비가 그의 죽음에 대한 정확한 정황을 둘러싸고 있다.)

1.6. 다음은 수동태 문장으로 주어는 둘러싸인다.

(6) a. The new plan is surrounded with much speculation.(새 계획은 많은 억측으로 둘러싸여 있다.)

b. The whole affair is surrounded by controversy.(전체 일은 논쟁으로 둘러싸여 있다.)

c. We seem to be surrounded by problems on all sides.(우리는 모든 면에서 문제에 둘러싸여 있는 것처럼 보인다.)

1.7. 다음 주어는 목적어를 전치사 with의 목적어로 둘러싼다.

(7) a. He surrounded the castle with a high wall.(그는 성을 높은 벽으로 둘러쌌다.)

b. They have surrounded the town with troops.(그들은 읍내를 군대로 둘러쌌다.)

c. They surround the invalid with every comfort.(그들은 병자들을 온갖 편안함으로 둘러싼다.)

d. We surrounded the house with trees.(우리는 집을 나무로 둘러쌌다.)

1.8. 다음 목적어는 재귀대명사이다. 주어는 자신을 with의 목적어로 둘러싼다.

(8) a. He has failed to surround himself with a staff of real quality and experience.(그는 자신을 정말 실력 있고 경험 있는 참모들로 둘러싸는 데 실패했다.)

b. He surrounded himself with friends.(그는 자신을 친구들로 둘러쌌다.)

c. The only way to stay a winner is to surround himself with losers.(승자로 남는 유일한 길은 자신을 패자로 둘러싸는 것이다.)

d. He surrounds himself with sycophants.(그는 자신을 아첨꾼들로 둘러쌌다.)

e. David loved to surround himself with young people.(데이비드는 자신을 젊은이들로 둘러싸는 것을 좋아한다.)

f. She surrounds herself with every material comfort.(그녀는 자신을 모든 물질적인 편안함으로 둘러싼다.)

g. He likes to surround himself with beautiful things.(그는 자신을 아름다운 것들로 둘러싸는 것을 좋아한다.)

h. He tried to run away, but gave up when he found himself surrounded.(그는 도망가려 했으나, 포위되어 있는 것을 발견하고는 포기했다.)

survey

이 동사의 개념 바탕에는 위에서 전체를 보는 과정이 있다.

1. 타동사 용법

1.1. 다음에서 주어는 목적어 전체를 살펴본다.

(1) a. He surveyed himself in a mirror.(그는 자신을 거울에 살펴보았다.)

b. He surveyed the neighborhood from a roof. (그는 이웃을 지붕에서 살펴보았다.)

c. The inspector surveyed the building.(검사관은 그 건물을 살펴보았다.)

d. He leaned back in his chair and surveyed her critically.(그는 의자에서 뒤로 제기고 앉아 그녀를 비판적으로 살펴보았다.)

1.2. 다음에서 주어를 보고 측량을 한다.

(2) a. He is surveying the land for the public park.(그는 그 땅을 공립공원을 위해 측량하고 있다.)

b. The children survey 100 square kilometers for the game. (그 아이들은 게임하기 위해 100 제곱킬로미터를 측량한다.)

1.3. 다음에서 주어는 상태나 상황을 살펴본다.

(3) a. This chapter briefly surveys the current state of Korean politics.(이 장은 한국 정치의 현 상태를 간단하게 살펴본다.)

b. He surveyed the situation from all aspects.(그는 그 상황을 모든 관점에서 살펴보았다.)

1.4. 다음에서 주어는 목적어의 의견을 조사한다.

(4) a. He has surveyed the TV viewers.(그는 TV시청자들의 의견을 조사했다.)

b. We surveyed 100 smokers and found that over three quarters would like to stop.(우리는 100명의 흡연자를 조사했고 그들의 사분의 삼이 금연하기를 원하고 있는 것을 알게 되었다.)

c. The pollster surveyed people about their political beliefs.(여론 조사원은 사람들에게 정치적 신념에 관해 조사했다.)

survive

이 동사의 개념 바탕에는 어느 한 개체가 다른 개체보다 더 오래 존재하는 과정이 있다.

1. 타동사 용법

1.1. 다음 주어는 목적어보다 오래 산다. 다음에서 주어와 목적어는 사람이다.

(1) a. She survived three husbands.(그녀는 세 명의 남편들보다 오래 살았다.)

b. His wife survived him by five years.(부인은 그보다 5년 더 살았다.)

c. He survived his children.(그는 아이들보다 오래 살았다.)

d. He will survive his wife by many years.(그는 부인보다 여러 해 더 살 것이다.)

e. He is survived by his wife and three children.(그는 부인과 세 아이들을 남기고 세상을 떴다.)

1.2. 다음 주어는 목적어를 살아남는다.

(2) a. She survived the accident/the earthquake/the shipwreck/the operation.(그녀는 그 사고/지진/난파/수술을 견디고 살아남았다.)

b. Only two people survived the fire.(단 두 명만이 그

화재에서 살아남았다.)

c. Most survived the explosion.(대부분의 사람들이 그 폭발에서 살아남았다.)

d. He has survived the divorce pretty well.(그는 이 혼을 잘 살아남았다.)

e. I think I could never survive another year as a teacher.(나는 더 이상 교사로서 또 다른 한 해라도 살아남지 못할 것 같다.)

f. She was lucky to survive the plane crash.(그녀는 비행기 추락에서 운이 좋게 살아남았다.)

1.3. 다음 주어는 사람은 아니지만 생명체이다. 주어 는 어려운 고비를 넘긴다.

(3) a. The plants survived the terrible drought.(그 식물 은 지독한 가뭄을 살아남았다.)

b. The refugees may not survive the winter.(그 난민 들은 겨울을 살아남지 못할 것이다.)

c. Few birds survived the harsh winter.(새들은 혹독 한 겨울을 거의 살아남지 못했다.)

1.4. 다음 주어는 목적어보다 오래간다. 목적어는 유용 성이나 기능이다.

(4) a. I hope I shall survive my usefulness.(나는 나의 유 용성을 능가하기를 바란다.)

b. His mental faculties survived his physical powers.(그의 정신 능력은 육체적인 능력을 능가했 다.)

2. 자동사 용법

2.1. 다음 주어는 생명체이고 이 생명체가 살아남는 고 비는 문맥으로부터 파악이 가능하다.

(5) a. Few animals survived after the forest fire.(동물들 이 산불 뒤에 거의 살아남지 못했다.)

b. He did not survive long after the accident.(그는 그 사고 이후 오래 살아남지 못했다.)

c. Three of his brothers died as babies, but the last one survived.(그의 형제들 중 세 명은 어린 아이일 때 죽었지만, 마지막 한 명은 살아남았다.)

d. You have to work hard to survive in business.(너 는 사업에서 살아남기 위해 열심히 일해야 한다.)

e. A few were killed, but most survived.(몇 명은 살 해되었지만, 대부분은 살아남았다.)

2.2. 다음 주어는 생명체는 아니지만 살아남거나 존속 될 수 있는 것으로 간주된다.

(6) a. The play did not survive in its original form.(연극 은 원래의 형태로 남아있지 못했다.)

b. A few pages of the original manuscript still survive.(그 원본의 몇 페이지가 아직 남아있다.)

c. The company will survive.(그 회사는 살아남을 것 이다.)

d. The customs still survive.(그 관습들은 여전히 남 아있다.)

suspect

이 동사의 개념 바탕에는 확실한 증거가 없이 생각 하는 과정이 있다.

1. 타동사 용법

1.1. 다음 주어는 목적어 (that-절)를 맞다고 생각은 하지만 확신을 갖지 못한다.

(1) a. I suspect that he is guilty/a liar/a spy.(나는 그가 유죄라고/거짓말쟁이/스파이라고 의심해 본다.)

b. I suspect that he is allergic to cats.(나는 그가 고양 이에 알레르기가 있지 않나 생각한다.)

c. Bob suspected that he was being followed.(밥은 그가 뒤쫓기고 있는 것이 아닌가 생각했다.)

d. The police suspect that he was a member of the gang.(경찰은 그가 갱단의 일원이 아닌가 하고 생각 한다.)

e. I began to suspect that they were trying to get rid of me.(나는 그들이 나를 제거하려 하는 것이 아닌 가 하고 생각하기 시작했다.)

f. I suspect that rain is going to spoil our picnic.(나는 비가 우리의 소풍을 망칠 것이라고 생각을 한다.)

1.2. 다음 주어는 목적어를 의심한다.

(2) a. You have never yet opened the book , I suspect.(너는 아직 그 책을 열어본 적이 없어, 나는 그렇게 생각해.)

b. I suspect they don't want to come.(나는 그들이 오고 싶어하지 않는다고 생각한다.)

c. I suspect you may be right.(나는 네가 맞을 수 있 다고 생각한다.)

d. He strongly suspected her husband had been lying.(그는 그녀의 남편이 거짓말을 해오고 있다고 강하게 의심했다.)

1.3. 다음 주어는 목적어를 to부정사의 의미상의 주어 로 본다.

(3) a. Wendy suspects the man to be the murderer/the robber.(웬디는 그 남자가 살인자/강도라고 생각한 다.)

b. I suspect this signature to be genuine.(나는 이 서 명이 진짜라고 생각한다.)

c. We suspect him to have changed his mind.(우리는 그가 마음을 바꾸었다고 생각한다.)

1.4. 다음 주어는 목적어를 전치사 of의 목적어와 관련 하여 의심을 한다.

(4) a. I suspect Dan of lying to us.(나는 댄이 우리에게 거짓말을 한 것으로 생각한다.)

b. They suspected him of giving false evidence.(그 들은 그가 허위 정보를 준 것으로 생각했다.)

c. I suspected him of drinking.(나는 그가 술을 마신 것으로 생각했다.)

d. The teacher suspected him of cheating.(선생님은 그가 부정행위 한 것으로 생각했다.)

1.5. 다음은 수동태 문장으로 주어는 의심을 받는다.

(5) a. The drug is suspected of causing over 100 deaths.(마약은 100건도 넘는 죽음을 야기한 것으 로 생각된다.)

b. He is suspected of being a spy.(그는 스파이인 것 으로 생각된다.)

c. He is suspected of murder.(그는 살인 혐의를 받고 있다.)

d. He was suspected of terrorism.(그는 테러로 혐의

e. The mayor's aid was suspected of embezzling the public funds.(시장의 보조원은 공공 기금을 횡령하는 것으로 혐의를 받았다.)

f. He is suspected of having a flu.(그는 감기에 걸린 것으로 생각된다.)

suspend

이 동사의 개념 바탕에는 매다는 과정이 있다.

1. 타동사 용법

1.1. 다음 주어는 목적어를 매단다.

(1) a. He suspended a lamp from the ceiling.(그는 램프를 천장으로부터 매달았다.)

b. They suspended a swing from a branch of a tree.(그들은 그네를 나뭇가지로부터 매달았다.)

c. She suspended a rope from a tree.(그녀는 밧줄을 나무로부터 매달았다.)

1.2. 다음은 수동태 문장으로 주어는 공중에 있다.

(2) a. Dust is suspended in the air.(먼지가 공기 중에 떠있다.)

b. Fog is suspended in the air.(안개가 공기 중에 떠있다.)

1.3. 다음 주어는 목적어를 일정 기간 from의 목적어에서 떨어져 있게 한다.

(3) a. The teacher suspended him from school.(선생님은 그를 학교로부터 정학시켰다.)

b. They suspended two footballers from the match.(그들은 두 명의 축구 선수들을 경기에 출전 금지시켰다.)

c. The doctor has been suspended from duty.(의사는 정직되었다.)

1.4. 다음 주어는 목적어를 내리지 않고 매달아 놓는다.

(4) a. He suspended punishment/payment.(그는 처벌/지불을 중지했다.)

b. He suspended the sentence.(그는 형의 언도를 보류했다.)

c. They suspended a rule/the law.(그들은 규칙/법을 보류했다.)

d. She suspended her decision/judgement.(그녀는 자신의 결정/판단을 보류했다.)

1.5. 다음 목적어는 시간 속에 진행되는 개체이다. 주어는 목적어의 진행을 중단한다.

(5) a. They suspended the trial/all business/the train schedule/the sales of the drug.(그들은 그 재판/모든 사업/그 열차의 일정/그 약품 판매를 중지했다.)

b. They suspended the game because of the rain.(그들은 비 때문에 경기를 중지시켰다.)

c. My driver's license is suspended for speeding.(내 운전면허증은 속도 위반으로 정지된다.)

sustain

이 동사의 개념 바탕에는 떠받치는 과정이 있다.

1. 타동사 용법

1.1. 다음 주어는 목적어를 지탱한다.

(1) a. Strong beams sustain the roof.(강한 기둥들이 지붕을 받치고 있다.)

b. Heavy piers sustain the bridge.(무거운 교각들이 다리를 받치고 있다.)

1.2. 다음 주어는 목적어의 무게나 압력을 지탱한다.

(2) a. The ice will not sustain your weight.(이 얼음은 네 몸무게를 지탱하지 못할 것이다.)

b. The tree could hardly sustain the weight of its fruit.(그 나무는 과실의 무게를 지탱하기가 힘들었다.)

c. I don't think this floor will sustain the weight of the grand piano.(나는 이 바닥이 그랜드 피아노의 무게를 버틸 것이라고 생각지 않는다.)

d. The shelf cannot sustain the weight of the books.(그 선반은 책의 무게를 버티지 못한다.)

e. Can the bridge sustain the weight of all these trucks?(그 다리는 이 트럭의 모든 무게를 버틸 수 있을까?)

f. The metal can sustain the pressure of supersonic speed.(그 금속은 초음파 속도의 압력도 견딜 수 있다.)

1.3. 다음 주어는 목적어를 견딘다.

(3) He could hardly sustain the burden.(그는 짐을 들고 거의 버틸 수 없었다.)

1.4. 다음 목적어는 충격이나 상처이다. 주어는 목적어의 피해를 입는다.

(4) a. The sea wall sustains the shock of waves.(그 방파제는 파도의 충격을 입는다.)

b. The breakwater sustains the shock of the great waves.(그 방파제는 해일의 충격을 입는다.)

c. The buildings sustained heavy damage in the earthquake.(그 빌딩들은 큰 피해를 지진으로부터 입었다.)

1.5. 다음 주어는 목적어의 피해를 입는다. 목적어는 상처이다.

(5) a. John sustained a broken leg in the car crash.(존은 다리 부상을 자동차 사고에서 입었다.)

b. The passengers sustained severe wounds from the train crash.(그 승객들은 중상을 열차 사고로부터 입었다.)

c. The fire fighters sustained minor injuries from the blaze.(그 소방수들은 작은 상처를 화염으로부터 입었다.)

d. He sustained severe injuries in the accident.(그는 심한 상처를 사고로부터 입었다.)

e. He sustained head injuries when he fell off the ladder.(그는 사다리에서 떨어지면서 머리에 상처를 입었다.)

f. The victim sustained multiple injuries.(그 조난자는 많은 상처를 입었다.)

1.6. 다음 주어는 목적어의 피해나 손해를 입는다.

(6) a. She sustained a great loss in the death of her husband.(그녀는 남편의 죽음에서 많은 손실을 입었다.)

b. The team **sustained** a defeat/a great loss.(그 팀은 패배/많은 피해를 당했다.)

c. The boxer **sustained** a blow on his jaw.(그 권투 선수는 한 대를 턱에 먹었다.)

1.7. 다음 주어는 목적어를 유지시킨다. 목적어는 환유적으로 쓰여서 사람의 신체가 아니라 활동할 수 있는 상태를 가리킨다.

(7) a. She took a few sandwiches to **sustain** her through the day.(그녀는 하루를 지탱하도록 몇 개의 샌드위치를 먹었다.)

b. These provisions will **sustain** us for a week at least.(이 양식은 우리를 적어도 한 주는 버티게 해 줄 것이다.)

c. They had nothing to **sustain** them all day except for two cups of coffee.(그들은 하루 종일 두 잔의 커피 빼고는 그들을 지탱해 주는 아무것도 안 먹었다.)

d. The candy bars were enough to **sustain** us until the rescuers arrived.(막대 사탕은 구조대가 올 때까지 우리를 충분히 버티게 했다.)

e. A good breakfast will **sustain** us through the day.(훌륭한 아침 식사는 우리를 그 날 하루를 잘 지탱해 줄 것이다.)

f. Food and water **sustain** life.(음식과 물이 생명을 유지시킨다.)

g. The grasses **sustain** antelope.(풀들은 영양을 먹여 살린다.)

h. It is hard to see what will **sustain** them when they have no income.(수입이 없을 때 무엇이 그들을 버텨나게 할지 알기가 힘들다.)

1.8. 다음 주어는 목적어를 전치사 with의 목적어로 부양한다.

(8) a. The government **sustain** poor families.(정부는 가난한 가족들을 부양시킨다.)

b. He **sustains** a large family.(그가 대가족을 부양한다.)

c. He **sustains** himself **with** bread and water.(그는 빵과 물로 살아간다.)

d. Mary **sustains** the plants **with** plenty of water and sunshine.(메리는 식물들을 많은 물과 햇빛으로 기른다.)

1.9. 다음은 수동태 문장으로 주어는 지탱된다.

(9) The arts agency was **sustained** by the federal funds.(예술가 협회는 연방 정부의 기금으로 유지되었다.)

1.10. 다음 목적어는 환유적으로 쓰이어서 사람의 정신 상태를 가리킨다. 주어는 목적어의 정신이 꺾이지 않도록 뒷받침해준다.

(10) a. His faith **sustained** him in his hour of need.(그의 신념은 그를 어려운 시간 동안 버티게 했다.)

b. Hope **sustained** us in our misery.(희망이 우리를 불행 속에서 쓰러지지 않게 했다.)

c. His faith in God **sustained** him after the death of his son.(신에 대한 믿음은 그의 아들의 죽음 후에도 그를 지탱했다.)

d. His belief in God **sustained** him **through** his long illness.(그의 신에 대한 믿음이 그를 그의 오랜 병중에도 지탱했다.)

e. His cheerfulness **sustained** us **through** our troubles.(그의 쾌활함은 우리를 고생 중에도 버티게 했다.)

f. The thought of seeing his family again **sustained** him **throughout** his long time in prison.(가족을 다시 본다는 생각은 그를 오랜 감옥 생활에서 견뎌 내게 했다.)

g. Hope of rescue **sustained** the shipwrecked sailors.(구조에 대한 희망이 좌초된 배의 선원들을 지탱했다.)

h. His words of encouragement **sustained** us.(그의 격려의 말이 우리를 버티게 했다.)

i. The kind words **sustained** his spirit.(친절한 말들이 그의 정신을 지탱했다.)

j. Her advice **sustained** him **during** his illness.(그녀의 충고는 그를 투병 중에도 버티게 했다.)

k. They **sustain** an institution.(그들은 협회를 유지시킨다.)

1.11. 다음 목적어는 시간 속에 존재하는 상태이다. 주어는 목적어를 유지시킨다.

(11) a. Do you think we could **sustain** our committment to deliver the goods on time?(너는 우리가 물건을 정시에 배달하는 약속을 계속 지킬 수 있을 거라 생각하니?)

b. He **sustained** the effort for a long time.(그는 노력을 오래 지속시켰다.)

c. The teacher tried hard to **sustain** the children's interest.(교사는 아이들의 관심을 지속하려고 열심히 노력했다.)

d. It is hard to **sustain** interest for such a long time.(관심을 그렇게 오랜 시간 유지하는 일은 힘들다.)

e. He seems to find it difficult to **sustain** relationship with women.(그는 여자와 관계를 유지하기가 힘들다는 것을 아는 것 같다.)

f. The soft music **sustain** the mood.(부드러운 음악은 그 분위기를 유지했다.)

1.12. 다음 주어는 목적어를 견딘다.

(12) a. No one in this class will **sustain** comparison with him in English.(이 교실에서 아무도 그와 영어에 있어 비교를 견딜 수 없다.)

b. The book can **sustain** comparison with the classics.(그 책은 고전과 비교를 견딜 수 있다.)

1.13. 다음 목적어는 과정이다. 주어는 목적어를 유지한다.

(13) a. The country **sustained** its economic growth.(그 나라는 경제 성장을 유지했다.)

b. He couldn't **sustain** the pace he had set at the beginning of the race.(그는 경기 초에 세운 그 속도를 유지할 수 없었다.)

c. They **sustained** a conversation/a discussion for two hours.(그들은 얘기/토의를 두 시간 동안 계속했다.)

d. Local support is needed to **sustain** the

program.(지역의 지원이 이 프로그램을 유지하기 위해서는 필요하다.)

e. They do not have enough money to sustain a strike.(그들은 파업을 유지할 충분한 돈이 없다.)

f. She sustained her role in the play.(그녀는 그 연극에서 자신의 역을 계속했다.)

g. We do not have enough resources to sustain the campaign for long.(우리는 그 캠페인을 오랫동안 유지할 충분한 자원을 가지고 있지 않다.)

h. The nation's economy was largely sustained by foreign aid.(그 나라 경제는 많은 부분 외국의 원조에 의해 유지되었다.)

1.14. 다음 목적어는 판결이나 결정과 관계가 있다. 주어는 목적어를 그대로 유지시킨다.

(14) a. The judge sustained the lawyer's objection.(판사는 변호사의 이의를 인정했다.)

b. The judge sustained the decision of the lower court.(판사는 하위 법정의 결정을 그대로 인정했다.)

c. The court sustained his suit.(법정은 그의 소송을 받아들였다.)

d. The court sustained the verdict.(법정은 배심원의 판결을 받아들였다.)

e. New findings/data sustained our earlier feelings.(새로운 발견/자료가 예전의 느낌을 유지시켰다.)

f. This is a difficult claim to sustain.(이것은 받아들이기 어려운 주장이다.)

1.15. 다음은 수동태 문장으로 주어는 뒷받침을 받는다.

(15) His theory has been sustained by the facts.(그의 이론은 사실로 뒷받침되어 왔다.)

1.16. 다음 주어는 목적어를 인정한다.

(16) a. The judge sustained him in his objections.(판사는 그의 이견을 받아들였다.)

b. The court sustained him in his suit.(법원은 그의 소송을 받아들였다.)

swab

이 동사의 개념 바탕에는 자루가 달린 걸레로 훔치는 과정이 있다. 동사의 의미는 이 명사의 용도와 관계가 있다.

1. 타동사 용법

1.1. 다음 주어는 목적어를 닦는다. 목적어는 무엇이 묻어있는 개체이다.

(1) a. She swabbed her ears to remove ear wax.(그녀는 귀에 묻은 왁스를 제거하기 위해 귀를 닦았다.)

b. The nurse swabbed my arm before inserting the needle.(그 간호사는 내 팔에 바늘을 찌르기 전에 약솜으로 닦았다.)

1.2. 다음 주어는 약솜을 써서 목적어를 어디에 바른다.

(2) a. He swabbed antiseptic on the wound.(그는 소독제를 상처에 발랐다.)

b. He swabbed disinfectant on the cut.(그는 소독약

을 그 베인 곳에 발랐다.)

1.3. 다음 주어는 목적어를 with의 목적어로 바른다.

(3) a. The doctor swabbed the child's belly with disinfectant.(그 의사는 아이의 배를 소독약으로 발랐다.)

b. The nurse swabbed the cut with hydrogen peroxide.(그 간호사는 상처를 과산화수소로 발랐다.)

1.4. 다음 주어는 목적어를 닦는다. 목적어에는 무엇이 묻거나 붙어있다.

(4) a. The sailor swabbed the deck with a mop.(그 선원은 갑판을 걸레로 닦았다.)

b. She swabbed the kitchen floor with a mop.(그녀는 부엌바닥을 걸레로 닦았다.)

1.5. 다음 주어는 목적어를 훔친다. 목적어는 어디에 묻어있는 개체이다.

(5) a. He swabbed up the water with a mop.(그는 물을 걸레로 훔쳤다.)

b. She swabbed the blook from the wound.(그녀는 피를 상처에서 훔쳤다.)

swagger

이 동사의 개념 바탕에는 뻐기며 의기양양하게 행동하는/거드름을 피우는 과정이 있다.

1. 자동사 용법

1.1. 주어는 about의 목적어에 대해서 뻐기며 말한다.

(1) a. He swaggers about his boldness.(그는 자신의 용감함을 뻐기며 말한다.)

b. He swaggers about his power.(그는 자신의 힘에 대해서 거드름을 피운다.)

1.2. 다음 주어는 의기양양하게 걸어서 이동한다.

(2) a. He swaggered down the street.(그는 거리를 의기양양하게 걸어 내려갔다.)

b. He swaggered into the room looking very pleased with himself.(그는 스스로에게 매우 만족해 하며 방으로 의기양양하게 걸어 들어왔다.)

c. The arrogant couple swaggered to the front of the line.(오만한 부부는 그 줄의 앞에 의기양양하게 걸어왔다.)

2. 타동사 용법

2.1. 다음 주어는 위협을 하여 목적어를 어떤 상태에서 벗어나게 한다.

(3) a. He swaggered the men out of opposition.(그는 사람들을 위협해서 반대하지 못하게 했다.)

b. He swaggered us out of selling the car.(그는 우리를 위협하여 차를 못 팔게 했다.)

2.2. 다음 주어는 위협을 하여 목적어를 어떤 상태에 들어가게 한다.

(4) a. The robber swaggered the traveller into giving him all his money.(그 강도는 여행객을 위협해서 모든 돈을 내놓게 했다.)

b. He swaggered us into concession.(그는 우리를 위협해서 양보하게 했다.)

swallow

이 동사의 개념 바탕에는 삼키는 과정이 있다.

1. 타동사 용법

1.1. 다음 주어는 목적어를 삼킨다.

(1) a. He swallowed the last of his tea.(그는 차의 마지막 한 모금을 삼켰다.)

b. The fish swallowed the bait.(물고기는 그 미끼를 삼켰다.)

c. She swallowed the dry bread with difficulty.(그녀는 마른 빵을 어렵게 삼켰다.)

d. He swallowed the pills.(그는 알약을 삼켰다.)

1.2. 다음은 [생각은 음식] 은유가 적용된 예이다. 즉 이야기 등은 음식으로 개념화되어 삼켜지는 것으로 표현된다.

(2) a. He swallowed her story.(그는 그녀의 이야기를 믿었다.)

b. I would not swallow his story.(나는 그의 이야기를 소화하지 못했다.)

c. Her excuse was a lie, but Ken swallowed it whole.(그녀의 변명은 거짓말이었다, 그러나 켄은 그것을 통째로 믿었다.)

d. He swallowed his words.(그는 자신의 말을 삼켰다.)

1.3. 다음 주어는 목적어를 삼킨다. 감정도 음식으로 개념화되어 삼켜지는 것으로 표현된다.

(3) a. He swallowed his anger and spoke quietly in reply.(그는 분노를 삼키고 조용히 대답했다.)

b. He swallowed his grief.(그는 자신의 애통함을 삼켰다.)

c. Susan tried hard to swallow her doubts.(수잔은 자신의 의심을 삼키려고 힘들게 노력했다.)

d. He swallowed the insults.(그는 모욕을 삼켰다.)

1.4. 무엇을 삼키면 삼켜지는 개체는 입안에 완전히 둘러싸이게 된다. 다음 주어는 목적어를 삼킨다.

(4) a. Grief and despair swallowed her up.(애통함과 절망감이 그녀를 삼켰다.)

b. The crowd swallowed him up.(군중은 그를 완전히 둘러쌌다.)

c. The clouds swallowed up the plane.(구름은 비행기를 둘러쌌다.)

d. The expenses swallowed up the earnings. (그 지출은 수입을 삼켜 버렸다.)

e. The water swallowed the campers up.(물론 그 야영자들을 삼켰다.)

1.5. 다음은 수동태 문장으로 주어는 완전히 둘러 쌓인다.

(5) a. Most of my salary gets swallowed by the rent and bills.(내 봉급의 대부분은 셋돈과 청구서로 삼켜져 버린다.)

b. Large area of countryside have been swallowed by towns.(시골의 넓은 지역이 읍내에 의해 삼켜졌다.)

c. The company was swallowed by a multinational.(그 회사는 다국적기업에 흡수되었다.)

d. I got a pay rise, but it was swallowed by the increase in food price.(나는 봉급 인상을 받았지만, 식비 증가로 삼켜져 버렸다.)

e. His figure was swallowed up in the mist.(그의 모습은 안개 속에 묻혀 버렸다.)

f. He will be swallowed in the crowd.(그는 군중에 의해 둘러싸여질 것이다.)

2. 자동사 용법

2.1. 다음의 주어는 무엇을 삼킨다.

(6) a. When my throat is sore, it hurts to swallow.(내 목이 아플 때, 삼키는 것이 고통스럽다.)

b. He swallowed hard and walked into the interview.(그는 힘들게 (두려움을) 삼키고 인터뷰를 받으러 걸어 들어갔다.)

swap

이 동사의 개념 바탕에는 바꾸는 과정이 있다.

1. 타동사 용법

1.1. 다음 주어는 목적어를 바꾼다. 바꾸는 사람은 with의 목적어로 표현되어 있다.

(1) a. I swapped hats with Cyndy.(나는 모자를 신디와 바꿨다.)

b. Never swap horses while crossing the river.(강을 건널 때는 말을 절대 바꾸지 마라.)

c. I want to sit by Jane. Can we swap places?(나는 제인 옆에 앉고 싶다. 자리를 바꿔줄래?)

d. We swapped stories.(우리는 이야기들을 바꾸었다.)

1.2. 다음에서 주어는 목적어를 for의 목적어와 바꾼다.

(2) a. I swapped my watch for his dictionary.(나는 손목시계를 그의 사전과 바꾸었다.)

b. I'll swap you two of mine for one of yours.(나는 내 것 두개와 너의 것 한 개를 바꿀꺼야.)

c. I swapped my red scarf for the blue one.(나는 빨간색 스카프를 파란색으로 바꾸었다.)

d. Bob swapped his desk for his brother's bookcase.(밥은 자신의 책상을 형의 책장과 바꾸었다.)

e. I liked her coat, and she liked mine; so we swapped.(나는 그녀의 외투를 좋아했고 그녀는 나의 것을 좋아했다; 그래서 우리는 바꾸었다.)

2. 자동사 용법

2.1. 다음에서 주어는 서로 바꾸거나 교대한다.

(3) I'll drive there and then we'll swap over on the way back.(내가 그곳에 운전할게, 그리고 나서 우리는 돌아오는 길에 교대하겠다.)

swarm

이 동사의 개념 바탕에는 들끓는 과정이 있다.

1. 자동사 용법

1.1. 다음 장소는 전치사 with의 목적어로 들끓는다.

(1) a. Every place swarms with people on Sundays. (모든 곳은 일요일에 사람들로 붐빈다.)

b. The beach is swarming with bathers. (바닷가는 해수욕객으로 붐비고 있다.)

c. The museum is swarming with tourists. (그 박물관은 여행자로 붐빈다.)

d. The White House garden is swarming with security men. (백악관 정원은 경비원으로 득실거리고 있다.)

e. The garden is swarming with wasps. (그 정원은 말벌 떼가 득실거리고 있다.)

f. The stables swarmed with flies. (그 마굿간은 파리 떼가 득실거렸다.)

g. The book swarmed with errors. (그 책은 오류로 가득 찼다.)

1.2. 다음 주어는 어떤 장소에서 들끓는다. (around, in, over)

(2) a. Bees swarmed in the orchard. (벌들이 과수원에 떼지어 있었다.)

b. Tramps swarm in the park. (방랑자들이 그 공원에 몰려든다.)

c. When the bees swarmed, we rushed out into the garden. (그 벌들이 떼지어 다닐 때, 우리는 정원으로 뛰어들었다.)

d. In summer, male midges start to swarm at dusk. (여름에 날이 저물 때, 작은 숫 곤충들이 떼를 짓기 시작한다.)

1.3. 다음 주어는 떼를 지어 움직인다.

(3) a. They swarmed across the bridge and began climbing the bank. (그들은 떼지어/우르르 다리를 건너 제방을 올라가기 시작했다.)

b. The peddlers are swarming around the sightseers. (행상인들은 그 관광객들 주위로 몰려들고 있다.)

c. People swarmed into the theater. (사람들이 그 극장으로 몰려들었다.)

d. After the game, thousands of football fans swarmed onto the ground. (그 경기 후 수천 명의 축구팬들이 운동장으로 몰려들었다.)

e. When the bell rang, the children swarmed out of the school. (종이 울리자, 아이들은 학교 밖으로 몰려나왔다.)

f. The crowds swarmed over the baseball ground. (그 군중은 야구장 전체에 몰려들었다.)

g. The guests swarmed round the table where the food was set. (그 손님들은 음식이 차려진 탁자 주위로 몰려들었다.)

h. Angry crowds swarmed through the gate of the embassy. (성난 군중이 떼를 지어서 대사관 문 안으로 몰려들었다.)

swat

이 동사의 개념 바탕에는 파리채, 야구 방망이 등으로 탁 치는 과정이 있다.

1. 타동사 용법

1.1. 다음 주어는 목적어를 탁 친다.

(1) a. I swatted the fly with a folded newspaper. (나는 그 파리를 접은 신문지로 탁 쳤다.)

b. Jane swatted my hand when I tried to eat her cake. (제인은 내가 그녀의 케이크를 먹으려 했을 때 내 손을 탁 쳤다.)

2. 자동사 용법

2.1. 다음 주어는 at의 목적어를 치려고 한다.

(2) a. He swatted at her with a damp towel. (그는 그녀를 젖은 수건으로 치려고 했다.)

b. He swatted at a fly with a folded paper. (그는 파리를 접은 종이로 치려고 했다.)

sway

이 동사의 개념 바탕에는 좌우나 앞뒤로 흔드는 과정이 있다.

1. 자동사 용법

1.1. 다음의 주어는 좌우나 앞뒤로 흔들린다.

(1) a. The ship swayed from side to side on the rough seas. (그 배는 거친 바다 위에서 이리저리 흔들렸다.)

b. The heavy load made the ship sway to the right. (그 무거운 짐은 배를 오른쪽으로 기울게 했다.)

c. The truck swayed to the right on curve. (그 트럭은 커브에서 오른쪽으로 꺾어졌다.)

d. The grass is swaying in the breeze. (잔디는 산들바람에 하늘거리고 있다.)

e. The trees/the flowers are swaying in the wind. (나무들/꽃들은 바람에 흔들리고 있다.)

f. The flimsy bridge rocked and swayed as we crossed. (취약한 다리는 우리가 건널 때, 움직이며 흔들렸다.)

g. The mast swayed backwards and forwards. (돛대는 앞뒤로 흔들렸다.)

h. The pail swayed in the girl's hand. (그 들통은 소녀의 손에서 흔들거렸다.)

1.2. 다음의 주어는 사람이다.

(2) a. The old woman swayed and sat down in a chair. (늙은 여인은 흔들거리다, 의자에 앉아 있었다.)

b. A drunken man stood swaying in front of me. (술취한 사람이 흐느적거리며 내 앞에 서 있었다.)

c. The people swayed back and forth with arms linked. (사람들은 팔짱을 끼고 앞뒤로 흔들었다.)

1.3. 다음 주어는 결의나 의견이고 이들은 건축물로 개념화되어 흔들리는 것으로 표현된다.

(3) a. His resolution swayed after the failure. (그 실패 후 그의 결심은 흔들렸다.)

b. Public opinion has swayed in his favor. (대중의 의견이 그를 선호하는 쪽으로 움직였다.)

c. He is swaying about between several distinct viewpoints. (그는 여러가지 관점 사이에서 흔들리고 있다.)

d. He was **swaying** toward communism.(그는 공산주의 쪽으로 기울고 있었다.)

2. 타동사 용법

2.1. 다음 주어는 목적어를 움직인다. 목적어는 신체 부위이다.

(4) a. She **swayed** her body in time with the music.(그녀는 몸을 음악에 맞추어 흔들었다.)

b. She **swayed** her hips from side to side as she walked.(그녀가 걸을 때, 자신의 엉덩이를 좌우로 흔들었다.)

c. They **swayed** their hips to the music.(그들은 엉덩이를 음악에 맞추어 흔들었다.)

d. The boxer **swayed** his body from side to side.(그 권투 선수는 몸을 좌우로 흔들었다.)

2.2. 다음의 주어는 자연 현상이다. 주어는 목적어를 흔든다.

(5) a. The waves **swayed** the mast.(그 파도는 돛을 흔들었다.)

b. The violent sea **swayed** the ship from side to side.(격렬한 바다는 그 배를 이리저리 흔들었다.)

c. The wind **swayed** the branches of the trees.(바람은 나무들의 가지를 흔들었다.)

d. The wind **swayed** the swing.(바람은 그네를 흔들었다.)

2.3. 다음 목적어는 환유적으로 사람의 마음을 가리킨다. 주어는 목적어를 움직인다.

(6) a. The politicians were unable to **sway** the voters.(정치가들은 유권자를 좌우할 수 없었다.)

b. His speech **swayed** the audience.(그의 연설은 청중을 흔들었다.)

c. Nothing could **sway** him after he had made up his mind.(어떤 것도 그가 결심을 하고 난 다음 그를 동요시킬 수 없었다.)

d. He knew how to **sway** the jury.(그는 그 배심원을 움직이는 방법을 알았다.)

2.4. 다음에서 주어는 목적어의 마음을 특정한 방향으로 돌린다.

(7) a. He **swayed** his son **from** entering college.(그는 아들을 대학에 못 가게 했다.)

b. He tried to **sway** me **in favor of** new immigration laws.(그는 새 이민법를 지지하게 나에게 영향을 주려고 노력했다.)

c. Her speech failed to **sway** her colleagues **into** supporting the plan.(그녀의 연설은 동료들이 계획을 지지하도록 움직이는데 실패했다.)

d. TV advertisements try to **sway** us **to** buy things.(TV 광고는 우리가 물건을 사도록 하려고 애쓴다.)

2.5. 다음 주어는 목적어에 영향을 준다.

(8) a. The persuasive politician **swayed** my opinion of the proposed law.(설득력 있는 정치인은 제안된 법안에 대한 나의 의견을 움직였다.)

b. Recent developments have **swayed** the balance of power in the region.(최근의 사태 발전은 그 지역에서 힘의 균형을 흔들었다.)

2.6. 다음은 수동태 문장으로 주어는 방향을 바꾸게 되

는 사람이다.

(9) a. He's very easily **swayed**.(그는 매우 쉽게 흔들린다.)

b. Don't be **swayed** by glamorous advertisements.(매혹적인 광고에 의해 흔들리지 말라.)

c. Don't ever be **swayed** by fashion/their promises.(유행/그들의 약속에 의해 흔들리지 말라.)

d. Were you **swayed** by her arguments?(너는 그녀의 논의에 의해 흔들렸는가?)

e. A mob is **swayed** by its feelings.(폭도는 그들의 감정에 의해 흔들린다.)

f. The jurors were **swayed** by the lawyer's appeal.(그 배심원은 변호사의 호소에 의해 흔들렸다.)

swear

이 동사의 개념 바탕에는 맹세하는 과정이 있다.

1. 타동사 용법

1.1. 다음 주어는 목적어를 맹세한다.

(1) a. I **swear that** I have told the truth.(나는 진실을 말했음을 맹세한다.)

b. She **swore that** she was at home at the time of the accident.(그녀는 그 사건 시간에 집에 있었음을 단언했다.)

c. Victor **swore that** he would get his revenge.(빅터는 복수를 할 것이라고 맹세했다.)

d. I **swear that** the guy just came up to me and gave me the money.(나는 그 남자가 그저 나에게 다가와서 나에게 그 돈을 주었다는 것을 맹세한다.)

e. I would positively **swear that** she is panting with desire.(나는 단연코 그녀가 욕망으로 헐떡거리고 있음을 맹세한다.)

f. If I ever see you near our house, then I **swear that** I'll kill you.(내가 너를 우리집 근처에서 다시 본다면, 맹세컨대 너를 죽일 것이다.)

g. She **swore that** she would never go out with him again.(그녀는 결코 다시는 그와 데이트하러 나가지 않을 것이라고 단언했다.)

h. I **swear that** I will never tell anyone.(나는 아무에게도 말하지 않을 것을 맹세한다.)

i. He says he was there all the time, but I **swear that** I never **saw** him.(그는 항상 거기에 있었다고 말한다, 하지만 나는 그를 본 적이 없음을 맹세한다.)

j. He **swore** on his mother's tombstone **that** he would mend his way.(그는 행실을 고칠 것이라고 어머니의 묘비를 두고 맹세했다.)

k. I could have **sworn that** there was somebody in the next room.(나는 옆방에 누군가가 있었음을 단언할 수 있었을 것이다.)

l. I could have **sworn that** she said she lived in Canterbury.(나는 그녀가 캔터베리에 살았다고 말했음을 맹세할 수 있었을 것이다.)

1.2. 다음 주어는 맹세를 하고 부정사가 가리키는 일을 한다.

(2) a. He **swore** to tell the truth.(그는 사실을 말하기로

선서했다.)

b. Before giving evidence you must **swear** to speak the truth.(증거를 주기 전에, 너는 사실을 말하기로 맹세해야 한다.)

c. Do you **swear** to tell the truth, the whole truth, and nothing but the truth?(당신은 사실을, 전체 사실을, 그리고 오직 사실만을 말하기로 맹세합니까?)

d. New gang members must **swear** to obey the gang leaders at all times.(새 폭력 단원은 항상 폭력단 지도자에게 복종할 것을 맹세해야 한다.)

e. Mona **swore** never to return home.(모나는 집에 돌아오지 않기로 맹세했다.)

1.3. 다음 주어는 목적어를 맹세한다.

(3) a. He **swore** eternal friendship.(그는 영원한 우정을 맹세했다.)

b. I **swore** a charge against them.(나는 그들에 대한 고소를 맹세했다.)

c. The spy **swore** his military contact to secrecy.(그 간첩은 군대 접촉을 비밀에 지킬 것을 맹세했다.)

d. Charles **swore** a new form of allegiance to him.(찰스는 새 형태의 충절을 그에게 맹세했다.)

e. I **swore** an oath to tell the truth, the whole truth and nothing but the truth.(나는 사실을, 전체 사실을, 그리고 오직 사실만을 말하기로 맹세했다.)

2. 자동사 용법

2.1. 다음 주어는 욕을 한다.

(4) a. He **swears** when he is angry.(그는 화가 날 때 욕을 한다.)

b. She **swore** loudly and threw the box on the floor.(그녀는 큰소리로 욕하고 그 상자를 바닥 위로 던졌다.)

c. You never used to **swear**, you know.(네가 알다시피, 너는 욕을 하지 않았었다.)

d. You should not **swear** in front of the children.(너는 아이들 앞에서 욕을 하지 말아야 한다.)

e. I told them, "If you are going to **swear**, you might as well do it properly."(나는 그들에게 말했다; "네가 욕을 하려면, 적절하게 하는 것이 나을 것이다.".)

2.2. 다음 주어는 전치사 at의 목적어에 욕을 한다.

(5) a. He **swore** at his children.(그는 아이들에게 욕했다.)

b. The captain **swore** at his crew.(선장은 선원들에게 욕했다.)

c. He was sent home because he **swore** at the teacher.(그는 선생님에게 욕을 했기 때문에 집으로 보내졌다.)

d. I didn't use to curse or **swear** at them.(나는 그들에게 저주하는 말을 하거나 욕을 하지 않았다.)

e. He leant out of the car window and **swore** at the other drivers.(그는 차 창문에서 상체를 굽혀 내밀어 다른 운전자에게 대고 욕을 했다.)

f. He **swore** at the reckless taxi driver.(그는 무지막지한 택시 운전사에게 욕을 했다.)

g. He could hear them shouting and **swearing** at each other.(그는 그들이 서로에게 소리를 질러대고

욕을 해대는 것을 들을 수 있었다.)

h. When the taxi driver started to **swear** at him, he walked off.(택시 운전사가 그에게 욕을 하기 시작했을 때, 그는 나가 버렸다.)

i. Don't **swear** at me, if you please!(네가 할 수 있다면, 제발 나에게 욕하지 마라.)

2.3. 다음 주어는 전치사 to의 목적어까지 맹세하고 증언한다.

(6) a. She has **sworn** to the truth of the testimony.(그녀는 증언의 진실을 선서하고 증언했다.)

b. I can **swear** to its authenticity.(나는 그것의 확실성을 선서하고 증언할 수 있다.)

c. The prisoner **swore** to the truth of his statement.(그 죄수는 자신의 진술의 사실을 선서하고 증언했다.)

d. Will you **swear** to it that you were not present?(너는 네가 없었다는 것을 선서하고 증언할 거니?)

2.4. 다음 주어는 전치사 to의 목적어에 맹세한다.

(7) a. I **swear** to you.(나는 너에게 맹세한다.)

b. Do you **swear** to me that she didn't know about this?(너는 그녀가 이것에 대해 몰랐다고 나에게 맹세하는가?)

c. If there was a better way, I **swear** to you I would employ it.(더 좋은 방법이 있다면, 내가 너에게 그것을 사용할 것을 맹세한다.)

d. I didn't mean to do it, **swear** to God.(나는 신께 맹세컨대, 그것을 하려고 의도하지 않았다.)

e. I **swear** to God I'll take care of you.(신께 맹세코 나는 너를 보살필 것이다.)

2.5. 다음 주어는 전치사 on의 목적어를 놓고 맹세한다.

(8) a. In some countries, witnesses in court have to **swear** on the Bible.(어떤 나라에서 법정에서 증인들이 성경에 대고 선서를 해야한다.)

b. He **swore** on the Bible to perform his duties faithfully.(그는 성경을 놓고 의무를 충실히 이행할 것을 선서를 했다.)

c. He **swore** on Heaven.(그는 하늘에 대고 맹세했다.)

d. He **swore** on his sword.(그는 검을 걸고 맹세했다.)

e. I **swore** on the head of my son here that I made no threat to the king.(나는 아들의 머리를 두고 맹세컨대, 나는 왕에게 위협을 가하지 않았다.)

f. Do you **swear** on your honor never to tell anyone?(그는 누구에게도 말하지 않을 것을 명예를 걸고 맹세하니?)

2.6. 다음 주어는 맹세를 하고 전치사 off의 목적어를 끊는다.

(9) a. I've **sworn** off drinking.(나는 술을 끊기로 맹세했다.)

b. He **swore** off smoking when the doctors said it caused lung cancer.(그는 의사들이 담배가 폐암을 일으킨다고 말했을 때, 금연하기로 맹세했다.)

c. He has **sworn** off drugs.(그는 마약을 끊기로 맹세해왔다.)

d. I'm **swearing** off alcohol after last night.(나는 지

난밤 이후로 술을 끊기로 맹세하고 있다.)

2.7. 다음 주어는 전치사 by의 힘을 믿는다.

(10) a. My dad **swears by** these vitamin pills. (나의 어버지는 이 비타민약을 깊이 신뢰한다.)

   b. These people **swear by** their refrigerator. (이 사람들은 냉장고를 깊이 신뢰한다.)

   c. When the children are ill, I **swear by** hot lemon and honey. (아이들이 아플 때, 나는 뜨거운 레몬 꿀차가 효과가 있음을 단언한다.)

   d. Some people **swear by** a mixture of hot water and lemon taken as a digestive. (어떤 사람들은 물과 레몬을 섞은 것이 소화제로서 사용됨을 증언한다.)

   e. She **swears by** hand washing and won't have a machine. (그녀는 손빨래를 장려하고 기계를 사용하지 않을 것이다.)

   f. Have you tried using vinegar to clean windows? My mother **swears by** it. (너는 창문을 닦기 위해 식초를 사용해 본 적이 있니? 엄마는 그 방법을 깊이 신뢰한다.)

2.8. 다음 주어는 전치사 by의 목적어의 힘으로 맹세한다.

(11) a. Others **swear by** the power of the spoken word. (다른 사람들은 발화된 말의 힘을 신뢰한다.)

   b. I **swear by** the name of God that what I say is true. (나는 하나님의 이름으로 맹세컨대, 내가 말한 것은 사실이다.)

2.9. 다음 주어는 맹세한다.

(12) I don't know anything about what happened, I **swear**. (무슨 일이 일어났는지에 대해서 나는 아무것도 모른다, 맹세한다.)

---

sweat

이 동사의 개념 바탕에는 sweat의 명사 '땀' 이 있다. 동사의 뜻은 땀과 관련된다.

1. 자동사

1.1. 다음 주어는 땀을 흘리는 사람이다.

(1) a. I was **sweating** after the long climb. (나는 오랜 등산 후에 많은 땀을 흘리고 있었다.)

   b. She **sweated** as she played tennis. (그녀는 테니스를 치면서 땀을 흘렸다.)

   c. She is always **sweating** at her work. (그녀는 일을 하면서 항상 땀을 흘리고 있다.)

1.2. 사람 몸에서 물기가 스며 나오는 과정을 어떤 개체에서 물기가 스며 나오는 과정에 확대할 수 있다.

(2) a. The cheese is beginning to **sweat**. (그 치즈는 녹기 시작하고 있다.)

   b. A pitcher of ice water **sweats** on a hot day. (얼음물이 든 주전자는 더운 날에 곁에 물을 흘린다.)

   c. The walls are **sweating** with damp. (그 벽은 습기로 물기가 스며 나오고 있다.)

1.3. 다음 주어는 땀을 흘린다. 땀을 흘리는 과정은 열심히 일하는 과정으로 풀이된다.

(3) a. Tom really **sweated** over that thesis. (톰은 정말 논문에 대해 열심히 일했다.)

   b. We were all **sweating** as we waited for the results. (우리 모두는 결과를 기다리며 땀을 흘리고 있었다.)

   c. She was **sweating** to keep her family fed. (그녀는 가족들을 먹여 살리기 위해 열심히 일을 하고 있었다.)

1.4. 다음 주어는 애를 쓴다.

(4) Don't **sweat**. I'll lend you the money. (애를 쓰지 마라. 내가 너에게 돈을 빌려줄께.)

2. 타동사 용법

2.1. 다음 주어는 땀을 빼내듯 감기를 빠지게 한다.

(5) a. He is **sweating out** a cold. (그는 땀을 흘려서 감기가 떨어져 나가게 하고 있다.)

   b. He **sweated** the ordeal **out**. (그는 고난을 이겨내려고 노력했다.)

   c. He **sweated out** the fever. (그는 땀을 흘려 열을 내리게 했다.)

   d. They were **sweating** it **out** in the gym. (그들은 그것을 땀을 흘려 없애려고 체육관에서 운동을 하고 있었다.)

2.2. 다음 주어는 목적어를 땀 흘려서 뺀다.

(6) a. He **sweated away** his surplus weight. (그는 과체중을 땀 흘려 뺐다.)

   b. He **sweated off** a few pounds. (그는 땀 흘려서 몇 파운드를 뺐다.)

2.3. 다음 주어는 땀을 빼듯 목적어를 빼낸다.

(7) a. The police **sweated** the other names **out** of him. (경찰관은 다른 이름을 그로부터 빼내었다.)

   b. You can't leave the course now. Just **sweat** it **out** until the summer. (너는 지금 그 과정을 그만 둘 수 없다. 여름까지 참고 견뎌라.)

   c. The election is over; now we just have to **sweat out** the results. (선거는 끝났다; 지금은 결과를 참고 기다려야 한다.)

---

sweep

이 동사의 개념 바탕에는 쓰는 과정이 있다.

1. 타동사 용법

1.1. 다음 주어는 목적어를 쓴다. 목적어는 장소이다.

(1) a. She was **sweeping** the yard with a big broom. (그녀는 커다란 빗자루를 가지고 마당을 쓸고 있었다.)

   b. She **swept** the cart. (그녀는 짐마차를 쓸었다.)

   c. She **swept** the floor clean. (그녀는 바닥을 깨끗이 쓸었다.)

   d. This floor looks it hasn't been **swept** for weeks. (이 바닥은 몇 주 동안이나 쓸리지지 않은 것처럼 보인다.)

1.2. 다음 주어는 목적어를 쓸어서 전치사 of의 목적어를 제거한다.

(2) a. The ship **swept** the area clear of mines. (배는 그 지역을 쓸어서 지뢰를 깨끗이 제거했다.)

   b. They **swept** the chimney free of soot. (그들은 굴뚝을 쓸어서 검댕을 제거했다.)

c. They swept the sea of enemy mines.(그들은 바다를 쓸어서 적군의 지뢰를 제거했다.)

1.3. 다음 주어는 목적어를 스친다. 빗자루로 청소를 할 때 빗자루가 청소되는 개체의 표면을 스치고 지나간다.

(3) a. Her dress swept the ground.(그녀의 옷은 땅을 스쳤다.)

b. Her fingers swept the keys of the piano.(그녀의 손가락은 피아노 건반을 스쳤다.)

c. Her fingers swept the strings of her harp.(그녀의 손가락이 하프의 현을 스쳤다.)

1.4. 다음 주어는 목적어를 훑는다.

(4) a. The police swept the building for drugs.(경찰은 그 건물에서 마약을 찾기 위해 훑었다.)

b. American mine sweepers are sweeping the Arabia sea.(미국의 지뢰 제거정이 아라비아해를 훑고 있다.)

1.5. 다음 주어는 목적어를 빛으로 훑는다.

(5) a. A radio telescope constantly sweeps the night sky.(전파 망원경이 밤하늘을 끊임없이 훑는다.)

b. The beacon light swept the night sky.(신호등은 밤하늘을 쭉 훑고 지나갔다.)

c. The binoculars swept the horizon for enemy activity.(쌍안경은 적 활동을 찾기 위해 지평선을 훑었다.)

d. The old man's eyes swept the horizon.(그 노인의 눈은 지평선을 훑어 보았다.)

e. Her eyes swept the room.(그녀의 눈은 그 방을 훑어 보았다.)

1.6. 다음 주어는 목적어를 전치사 with의 목적어로 훑는다.

(6) a. He slowly swept the horizon with his binoculars.(그는 쌍안경으로 지평선을 쭉 바라보았다.)

b. They swept the sky with a search light.(그들은 서치 라이트로 하늘을 훑어 보았다.)

1.7. 다음 주어는 유행, 요구, 질병 등이다. 주어는 목적어를 휩쓴다.

(7) a. Those fashions swept the country.(저 유행들은 그 나라를 휩쓸었다.)

b. The call for change in politics is sweeping the country.(정치 변화에 대한 요구는 전국을 휩쓸고 있다.)

c. The disease is sweeping the country.(그 병은 전국을 휩쓸고 있다.)

1.8. 다음 주어는 목적어를 전치사 off나 from으로부터 휩쓴다.

(8) a. He grabbed her in both arms sweeping her off her feet.(그는 그녀의 양팔을 잡고 그녀를 번쩍 들어올렸다.)

b. The boy was swept overboard by a huge wave breaking over the bows.(그 소년은 뱃머리로 넘어오는 큰 파도에 배 밖으로 휩쓸렸다.)

1.9. 다음 주어는 목적어를 휩쓸듯 차지한다.

(9) a. The president swept the election with a landslide victory.(대통령은 선거를 압도적인 표차로 휩쓸었다.)

b. The radicals swept all the seats on the committee.(급진주의자들은 위원회의에서 모든 의석을 휩쓸었다.)

c. The team swept the last two doubleheader.(그 팀은 마지막 두 연속 경기를 휩쓸었다.)

d. Their team swept the mile run.(그들의 팀은 1마일 달리기를 휩쓸었다.)

e. Indira Gandhi swept the 1971 election.(인디라 간디는 1971년의 선거를 이겼다.)

f. Australia swept the board in the swimming.(오스트레일리아는 수영에서 모든 상을 모조리 휩쓸었다.)

1.10. 다음 목적어는 환유적으로 쓰여서 사람의 몸이 아니라 마음을 가리킨다. 주어는 목적어를 휩쓸어 간다.

(10) a. He swept us along with his enthusiasm.(그는 자신의 열광과 함께 우리를 휩쓸어 갔다.)

b. She was swept along by the wild enthusiasm of the mob.(그녀는 군중의 열광에 휩쓸려 갔다.)

c. Don't get swept away by his idea.(그의 생각에 휩쓸려 가지 말아라.)

1.11. 반대, 의심 같은 것도 개체로 개념화된다. 주어는 목적어를 휩쓸어 버린다.

(11) a. He swept all the objections aside.(그는 모든 반대를 획 쓸어 옆으로 치웠다.)

b. He swept his doubts aside.(그는 의심을 일축했다.)

c. In times of war, governments swept aside human rights.(전쟁 중에 정부는 인권을 옆으로 휩쓸어 버렸다.)

1.12. 다음 주어는 목적어를 휩쓸듯 움직인다.

(12) a. The current swept the logs along.(급류는 통나무들을 휩쓸어 갔다.)

b. He swept the guests into the siting-room.(그는 손님들을 거실로 몰아넣었다.)

c. He swept the papers into the bag.(그는 서류들을 가방에 쓸어 담았다.)

d. She swept her baby into her arm.(그녀는 아기를 팔에 쓸어 안았다.)

e. She was sweeping crumbs into a dust pan.(그녀는 빵가루를 쓰레받이에 쓸어 담고 있었다.)

f. He swept back his long hair.(그는 긴 머리를 뒤로 쓸어 넘겼다.)

g. She swept the dust from the carpet.(그녀는 카페트에서 먼지를 쓸어내었다.)

1.13. 다음은 수동태 문장으로 주어는 휩쓸린다.

(13) a. He was swept away in the flood.(그는 홍수에 휩쓸려 갔다.)

b. The dust has all been swept away.(그 먼지는 쓸어졌다.)

c. Her long hair was swept back in a pony tail.(그녀의 긴 머리는 뒤로 넘겨져서 조랑말 꼬리로 묶어졌다.)

d. The boat was swept out to sea.(그 배는 바다로 휩쓸려 나갔다.)

e. The visitors were swept past various sights.(방문

객들은 다양한 볼거리 옆을 휩쓸려 지나갔다.)

1.14. 다음 주어는 목적어를 쓸어서 off의 목적어에서 떨어지게 한다.

(14) a. Could you **sweep** the snow **off** the patio?(눈을 안 뜰에서 쓸어내 줄 수 있습니까?)

b. She **swept** all the dead leaves **off** the driveway. (그녀는 모든 낙엽을 진입로에서 쓸어내었다.)

c. She **swept** the crumbs **off** the table with her hand. (그녀는 빵가루를 테이블에서 손으로 쓸어내었다.)

1.15. 다음 주어는 목적어를 완전히 쓸어모은다.

(15) a. Please **sweep up** the sand on the floor.(모래를 마 당에 모두 쓸어모아라.)

b. She **swept up** the crumbs.(그녀는 빵가루를 쓸어 모았다.)

c. The boys **swept up** the leaves.(그 소년은 나뭇잎 을 쓸어모았다.)

1.16. 다음의 주어는 행위자가 아닌 자연의 힘이고 이 힘에 의해서 원래의 자리에서 옮겨진다.

(16) a. The wind **swept** the leaves **away**.(그 바람은 그 나 뭇잎들을 날려버렸다.)

b. The flood **swept** cars **into** the river.(그 홍수는 자 동차를 강으로 휩쓸어 갔다.)

c. The wind **swept** my hat **off**.(바람은 내 모자를 날려 버렸다.)

2.17. 다음의 목적어는 sweep의 도구로 간주될 수 있 는 개체이다.

(17) a. Dan **swept** his arm **over** his friend's shoulder.(단 은 자신의 팔을 친구 어깨 너머로 쓰다듬었다.)

b. The painter **swept** his brush **over** his canvas.(그 화가는 붓을 화폭 전체에 그었다.)

2. 자동사 용법

2.1. 다음 주어는 파도, 바람, 태풍과 같은 자연의 힘이 다. 주어는 휩쓸고 지나간다.

(18) a. High wind **swept across** the desert.(높은 바람이 사막을 가로질러 휘몰아쳤다.)

b. The glance **swept around** the room.(시선은 방을 획 둘러보았다.)

c. A wave of panic **swept over** her.(공포의 파고가 그 녀 위에 휩쓸어왔다.)

d. A huge wave **swept over** the deck.(커다란 파도가 갑판을 휩쓸어 넘어왔다.)

e. An icy wind **swept through** the streets.(차가운 바 람이 그 길을 따라 휘몰아쳤다.)

f. Fire **swept through** the city's wooden buildings. (불이 그 도시의 목조 건물을 따라 휩쓸었다.)

g. Thunderstorms **swept through** the whole country. (뇌우가 전국을 휩쓸었다.)

2.2. 다음 주어는 병이다. 주어는 휩쓸고 지나간다.

(19) A flu epidemic is **sweeping** through Moscow.(유행 성 감기가 모스크바를 휩쓸고 있다.)

2.3. 다음 주어는 휩쓸며 지나간다.

(20) a. She **swept into** the conference room.(그녀는 의젓 하게 그 회의방으로 들어갔다.)

b. She **swept out** of the room.(그녀는 의젓하게 방에 서 나갔다.)

c. The army **swept over** the border.(군대는 국경을 넘어갔다.)

d. She **swept through** the waiting fans and jumped into her car.(그녀는 기다리는 팬들을 획 지나쳐서 차에 뛰어 올라탔다.)

e. The invading army **swept through** the country.(침 략군은 그 나라를 휩쓸고 지나갔다.)

2.4. 다음의 주어는 차량이다.

(21) The car carrying the president **swept into** the driveway.(그 대통령을 태운 차는 진입로로 획 들어 갔다.)

2.5. 다음 주어는 정당으로, 주어는 휩쓴다.

(22) The party **swept into** power.(그 정당은 획 권력을 잡았다.)

2.6. 다음의 주어는 움직이는 개체가 아니다. 그러나 관찰자가 주어의 모습을 시선으로 따라가면 이것 이 특정하게 뻗어있음을 볼 수 있다.

(23) a. The road **sweeps along** the coastline.(그 길은 해 안선을 따라 획 뻗는다.)

b. A long line of rolling hills **sweeps down** to the sea. (일련의 완만한 언덕들이 아래로 바다에까지 이른 다.)

c. The coast **sweeps northward** in a wide curve.(그 해안은 커다란 곡선을 이루며 북쪽으로 뻗는다.)

d. The railways line **sweeps round** the bend.(그 철 길은 획 모퉁이를 돌아간다.)

e. A rolling prairie **sweeps to** the horizon.(완만한 초 원이 지평선에 이른다.)

f. A broad driveway **sweeps up** to the house.(넓은 진입로가 그 집에 획 이른다.)

2.7. 다음에서 sweep의 목적어는 표현되지 않았다. 그러나 (24a)의 목적어는 맥락에서 추리될 수 있 고, (24b)의 목적어는 주어임을 알 수 있다.

(24) a. She picked up the broom and began **sweeping**.(그 녀는 빗자루를 집어들고 쓸기 시작했다.)

b. The chimney needs **sweeping**.(굴뚝을 청소할 필 요가 있다.)

sweeten

이 동사의 개념 바탕에는 달게 하는 과정이 있다.

1. 타동사 용법

1.1. 다음 주어는 목적어를 달게 한다.

(1) a. She **sweetened** her coffee.(그녀는 커피를 달게 했 다.)

b. **Sweeten** the mixture with a little honey.(그 혼합 물을 꿀로 달게 해라.)

1.2. 다음 주어는 목적어를 뇌물을 준다.

(2) a. We have to **sweeten** him **up** if we want that contract.(우리가 계약을 원하면, 우리는 그에게 뇌 물을 먹어야만 한다.)

b. We **sweetened** the deal with an offer of a block of stocks.(우리는 한 묶음의 주식 제공으로 그 거래에 뇌물을 먹였다.)

1.3. 다음 주어는 목적어의 성질을 부드럽게 한다.

(3) a. Old age has not **sweetened** her.(나이가 그녀의 성질을 부드럽게 하지 못했다.)

    b. The fall in inflation did little to **sweeten** news of massive job losses.(인플레이션의 하락은 많은 수의 실직을 조금은 덜하게 하지 못했다.)

2. 자동사 용법

2.1. 다음 주어는 달게 된다.

(4) a. The fruit ripened and **sweetened**.(과일은 익고 달콤해졌다.)

    b. As the wine ages, it will gradually **sweeten**.(포도주는 시간이 지나면서, 서서히 달아질 것이다.)

swell

이 동사의 개념 바탕에는 부푸는 과정이 있다.

1. 자동사 용법

1.1. 다음 주어는 부푸는 개체이다.

(1) a. The injured leg **swelled** up.(다친 다리는 부풀어올랐다.)

    b. My ankle **swelled**.(내 발목은 부풀었다.)

    c. The ground **swells** into an eminence.(그 땅은 부풀어올라서 융기가 된다.)

    d. All the **streams** have swollen since the thaw.(모든 시냇물은 해빙 이후로 불었다.)

1.2. 다음 주어는 부풀어진다.

(2) a. The sails **swelled** out in the wind.(그 돛은 바람에 부풀었다.)

    b. The disease of childhood made his cheeks **swell** out. (어린 시절의 병은 그의 뺨을 부풀게 했다.)

1.3. 다음 주어는 부푼다.

(3) a. Her heart **swelled** with pride/anger.(그의 마음은 자랑/분노로 부풀어 올랐다.)

    b. Her breast **swelled** with pride.(그녀의 가슴은 자랑으로 부풀었다.)

1.4. 다음 주어 자체는 부푸는 개체는 아니지만 그 모습을 시선으로 따라가면 부푸는 것 같이 보인다.

(4) The vase **swells** into a beautiful curve in the middle.(그 꽃병은 가운데가 아름다운 곡선으로 불룩하다.)

1.5. 다음 주어는 부풀어지는 개체이다. 주어는 소리이다.

(5) a. A murmur **swelled** into a roar.(중얼거림이 아우성으로 부풀어 세졌다.)

    b. Music **swelled** around us.(음악이 우리 주위에서 커져갔다.)

1.6. 다음 주어는 부푼다.

(6) a. Pride **swelled** within her.(자만심이 그녀의 내부에서 부풀었다.)

    b. Anger **swelled** in him.(분노가 그 안에서 부풀었다.)

1.7. 다음 주어는 불어난다. 주어는 수이다.

(7) a. Our ranks **swelled** to over a hundred.(우리 당원의 수가 백 이상으로 증가했다.)

    b. The crime rate **swelled** during the economic recession.(범죄율은 불경기 기간동안에 증가하였다.)

2. 타동사 용법

2.1. 다음의 주어는 목적어의 수를 증가시킨다.

(8) a. We asked them to come to the meeting to **swell** the numbers.(우리는 그들에게 인원수를 증가시키기 위해 그 모임에 참석하도록 요청했다.)

    b. We are looking for more volunteers to **swell** the ranks.(우리는 회원을 늘리기 위해 더 많은 자원자를 찾고 있는 중이다.)

    c. The recession **swelled** the number of the unemployed.(그 경기 침체는 실직자들의 수를 증가시켰다.)

2.2. 다음의 주어는 목적어의 양을 증가시킨다.

(9) a. The notes and additions **swelled** the book out to a huge size.(주석과 부록은 그 책을 매우 큰 크기로 부풀렸다.)

    b. The sting could **swell** the foot.(그 쏘인 것은 발을 부풀게 할 수 있다.)

    c. The wind **swelled** out the sails.(바람은 돛을 부풀렸다.)

swerve

이 동사의 개념 바탕에는 갑자기 방향을 바꾸는 과정이 있다.

1. 자동사 용법

1.1. 다음 주어는 방향을 바꾼다. 방향을 바꾸어서 목표를 벗어나거나 어디로 들어간다.

(1) a. The car **swerved** across the road and swerved into a wall.(자동차는 길을 갑자기 가로질러 벽에 부딪혔다.)

    b. The bullet **swerved** from the mark.(탄환은 목표에서 벗어났다.)

    c. The ball **swerved** into the net.(공은 망 속으로 갑자기 방향을 바꾸어 들어가 버렸다.)

    d. The driver **swerved** to avoid hitting a stalled car/a bike.(운전자는 멈춘 자동차/자전거와 충돌하는 것을 피하기 위해 방향을 바꾸었다.)

    e. The ball **swerved** to the right.(공은 오른쪽으로 갑자기 벗어났다.)

1.2. 다음 주어는 전치사 from의 목적어에서 벗어난다.

(2) a. He never **swerves** an inch from his duty.(그는 결코 일 인치도 자신의 의무에서 벗어나지 않는다.)

    b. He would not **swerve** from his declared goal.(그는 자신이 선언한 목표에서 벗어나려고 하지 않았다.)

2. 타동사 용법

2.1. 다음 주어는 목적어의 방향을 바꾼다.

(3) a. He **swerved** the car to avoid a child.(그는 그 아이를 치지 않기 위해 자동차 방향을 갑자기 바꾸었다.)

    b. I **swerved** my car to avoid hitting a man. (나는 차를 사람을 치지 않기 위해 갑자기 돌렸다.)

swim

이 동사의 개념 바탕에는 수영을 하는 사람과 수영을 하는 곳이 있다.

1. 자동사 용법

1.1. 다음 주어는 수영을 한다.
(1) a. He swam in the river.(그는 강에서 수영을 했다.)
b. Can you swim on your back?(배영할 줄 알아요?)
c. Ducks were swimming on the lake.(오리들이 호수에 떠 있었다.)
d. Leaves were swimming on the water.(나뭇잎이 물위에 떠 있었다.)
d. A lot of balloons swim in the air.(많은 풍선이 공중에 떠 있다.)

1.2. 다음 주어는 헤엄을 쳐서 이동한다.
(2) a. He swam across the English Channel/the river.
(그는 헤엄쳐서 영국 해협/강을 건넜다.)
b. A cloud was swimming across the sky.(구름이 하늘을 가로질러 떠가고 있었다.)
c. He swam against the current/the tide/the stream.
(그는 조류/조수/시내를 거슬러 헤엄쳤다.)
d. We swam back to the shore.(우리는 헤엄쳐서 해변으로 돌아왔다.)
e. She swam into the room.(그녀는 방에 쑥 들어갔다.)
f. The boat swam down the river.(보트는 강 아래로 흘러갔다.)
g. A shoal of fish swam past.(고기떼가 헤엄쳐 지나갔다.)
h. Salmon swim up the rapids.(연어는 급류 위로 헤엄쳐 갔다.)

1.3. 다음 주어는 수영을 하듯 움직인다. 주위의 사물은 이렇게 움직이는 것으로 느껴질 때가 있다.
(3) a. For a moment, things swam in front of my eyes.
(한 순간 물건들이 내 눈앞에 빙빙 돌았다.)
b. The room is swimming before my eyes.(방은 내 눈 앞에서 빙빙 돌고 있다.)
c. The numbers swam before my eyes.(숫자들은 내 눈 앞에서 빙빙 돌았다.)
d. The thin atmosphere made my head swim.(그 희박한 공기는 내 머리를 어지럽게 했다.)

1.4. 다음 주어는 전치사 in의 목적어 안에 떠 있다.
(4) a. The scallops were swimming in a white wine sauce.(가리비는 백포도주 소스 안에 조금 잠겨 있었다.)
b. The French Fries swam in the ketchup.(감자 튀김은 케찹 안에 잠겨 있었다.)
c. The potatoes were swimming in gravy.(감자는 육즙에 떠 있었다.)

1.5. 다음 주어는 전치사 with의 목적어로 잠겨있다.
(5) a. His eyes swam with happy tears.(그의 두 눈은 기쁨의 눈물로 고였다.)
b. The floor was swimming with blood.(바닥은 피로 물들어 있었다.)

2. 타동사 용법

2.1. 다음 주어는 목적어를 수영을 해서 건넌다.
(6) a. He swam the Straits of Dover.(그는 도버 해협을 헤엄쳐서 횡단했다.)

b. He's going to swim the 200 meters in the race.
(그는 200미터를 경기에서 헤엄칠 예정이다.)
c. We all swam the race.(우리는 모두 경기에 참가했다.)
d. She swims thirty lengths of the pool every day.
(그녀는 매일 수영장을 30번 헤엄쳐 왔다갔다 한다.)

2.2. 다음 주어는 목적어를 헤엄쳐서 건너게 한다.
(7) a. He swam a horse across the river.(그는 말을 헤엄쳐서 강을 건너게 했다.)
b. The channel is deep enough to swim the ship.(그 해협은 배를 띄울 만큼 깊다.)

2.3. 다음 주어는 목적어를 수영에서 경쟁한다.
(8) a. I swam her 100 meters.(나는 그녀와 100미터 경영을 했다.)
b. I swam him half a mile.(나는 그와 반 마일 경영을 했다.)

2.4. 다음 주어는 목적어를 수영한다. 목적어는 수영 방법이다.
(9) He swam the sidestroke/backstroke/breaststroke.
(그는 횡영/배영/평영을 헤엄쳤다.)

swindle

이 동사의 개념 바탕에는 사취하는 과정이 있다.

1. 타동사 용법

1.1. 다음 주어는 목적어를 사취한다.
(1) a. Honest merchants do not swindle their customers.(정직한 상인들은 고객을 사취하지 않는다.)
b. He will not swindle you.(그는 너를 사취하지 않을 것이다.)

1.2. 다음은 수동태 문장으로 주어는 사취된다.
(2) She was swindled with fake jewelry.(그녀는 가짜 보석으로 사취당했다.)

1.3. 다음 주어는 목적어를 사취하여 전치사 out of의 목적어를 빼앗는다.
(3) a. He swindled me out of $1,000.(그는 나를 속여 1,000 불을 앗았다.)
b. He swindled the old couple out of their life's savings.(그는 노부부를 속여서 그들의 평생 저축을 갈취했다.)
c. They swindled me out of thousands of dollars.(그들은 나를 속여서 수천 달러를 갈취했다.)

1.4. 다음 주어는 목적어를 전치사 from이나 out of의 목적어에서 갈취한다.
(4) a. He swindled thousands of dollars from local businesses.(그는 수천 달러를 지역 사업체들로부터 갈취했다.)
b. They swindled hundreds of dollars out of him.(그들은 수백 달러를 그에게서 갈취했다.)

1.5. 다음 주어는 목적어를 속여서 동명사가 나타내는 일이나 행동을 하게 한다.
(5) a. He swindled us into buying a fake.(그는 우리를 속여서 가짜 물건을 사게 했다.)

b. He **swindled** her **into** buying the fake diamond.(그는 그녀를 속여서 가짜 다이어몬드를 사게 했다.)

swing

이 동사의 개념 바탕에는 swing의 명사 '그네'가 깔려 있다. 동사의 의미는 그네의 움직임과 관계가 있다.

1. 타동사 용법

1.1. 다음 주어는 목적어를 흔든다.
(1) a. They walked along **swinging** their arms and laughing.(그들은 팔을 흔들고 웃으면서 걸었다.)
  b. The boy walked **swinging** his arms.(그 소년은 팔을 흔들면서 걸었다.)
  c. The soldier **swung** his arms as they walked.(군인은 걸을 때, 팔을 흔들었다.)
  d. She **swung** her legs over the edge of the bed.(그녀는 다리를 침대 가장자리에 걸터앉아 흔들었다.)
  e. I **swung** my fist at him.(나는 주먹을 그에게 휘둘렀다.)

1.2. 다음 주어는 목적어를 앞뒤로나 좌우로 흔든다.
(2) a. He walked ahead, **swinging** his shopping bag.(그는 쇼핑백을 흔들면서 앞에서 걸어갔다.)
  b. He **swung** his bat back and forth and waited for the next pitch.(그는 방망이를 앞뒤로 흔들면서 다음 투구를 기다렸다.)
  c. Anne **swung** his tennis racket and hit the tennis ball.(앤은 라켓을 흔들면서 테니스 공을 쳤다.)

1.3. 다음 주어는 목적어를 매단다.
(3) a. He **swung** a lamp from the ceiling.(그는 등불을 천정에 매달았다.)
  b. He **swung** a hammock between two trees.(그는 두 나무 사이에 해먹을 매달았다.)

1.4. 다음 주어는 목적어를 휘두른다.
(4) a. The cowboy **swung** the lasso over his head.(카우보이는 올가미 밧줄을 머리위로 휘둘렀다.)
  b. He **swung** a club/his umbrella around.(그는 곤봉/우산을 휘둘렀다.)
  c. He was **swinging** his keys on a key chain.(그는 열쇠들을 열쇠 고리에서 흔들고 있었다.)

1.5. 다음 주어는 목적어를 획 제친다.
(5) a. He **swung** the door **open**.(그는 문을 획 제쳐 열었다.)
  b. They are hoping to **swing** the voters **in their favor**.(그들은 유권자들이 그들을 지지하도록 바꾸려고 하고 있다.)

1.6. 다음 주어는 목적어의 방향을 돌려서 특정한 방향으로 움직인다.
(6) a. He **swung** his car **into** the lane/drive.(그는 차를 돌려 차선/진입로 몰았다.)
  b. **Swing** the car on **board** the ship.(그 자동차를 배에 획 돌려서 올리시오.)
  c. He **swung** his car **out** of the road.(그는 차를 길에서 획 돌려 뺐다.)
  d. He **swung** his bicycle **over** to the curb.(그는 자전거를 들어 연석을 넘어갔다.)

e. He **swung round** his car and headed north.(그는 자동차의 방향을 획 바꾸어 북쪽을 향해 나아갔다.)
f. He **swung** his car **round** the corner.(그는 자동차를 모퉁이 주위로 획 돌려 몰았다.)
g. He **swung** the camera **round** to face the opposite direction.(그는 반대 방향을 직면하도록 카메라를 획 돌렸다.)
h. He **swung** the chair **around** to face the table.(그는 의자를 탁자를 마주하기 위해서 돌렸다.)

1.7. 다음 주어는 목적어를 획 돌려서 어디에 얹는다.
(7) a. He **swung** his bag **onto** his back.(그는 가방을 등에 획 둘러 매었다.)
  b. He **swung** the baby **on** to his back.(그는 그 애기를 등에 획 둘러 업었다.)

1.8. 여론이나 선거에도 방향과 움직임이 있는 것으로 개념화된다. 다음 주어는 목적어의 방향을 돌린다.
(8) a. She hopes to **swing** public opinion in his favor with a new tax cut.(그녀는 자신의 지지 쪽으로 새 세금 감면으로 여론을 틀기를 바란다.)
  b. He **swung** the election this way or that.(그는 선거를 이런저런 식으로 좌우했다.)
  c. This latest election promise might just **swing** the balance.(이 최근의 선거 공약은 균형을 흔들지 모른다.)

1.9. 다음 주어는 목적어를 조종한다.
(9) a. I'll see if I can **swing** it for you to join me in Seoul.(나는 너가 서울에서 나와 합류할 수 있도록 내가 처리할 수 있는지 알아보겠다.)
  b. I'll see if I can **swing** it so that my wife can come on that business trip with me.(나는 아내가 출장을 같이 가도록 영향을 줄 수 있을지 알아보겠다.)

1.10. 다음 주어는 목적어를 호를 그리면서 움직이게 한다.
(10) a. They **swung** themselves down from the top of the wall.(그들은 자신들을 벽 꼭대기에서 아래로 호를 그리며 뛰어내렸다.)
  b. The truck driver **swung** himself into the driver's seat.(트럭 운전사는 운전석에 획 호를 그리며 뛰어올랐다.)

1.11. 다음 주어는 목적어를 호를 그리듯 그 영역을 다 포함한다.
(11) He **swung** the business deal.(그는 사업상의 거래를 통괄했다.)

2. 자동사 용법

2.1. 다음 주어는 그네를 타듯 흔든다.
(12) a. The kids were **swinging** from a rope tied to a branch.(그 아이들은 나뭇가지에 매단 밧줄에서 흔들거리고 있었다.)
  b. The boy loves to **swing** from the tree branches.(그 소년은 나무 가지를 타고 흔들거리는 것을 좋아한다.)
  c. A noose **swung** from a low branch of a tree.(올가미가 나무의 낮은 가지에 매달려서 흔들거렸다.)
  d. A set of keys **swung** from his belt.(열쇠 꾸러미가 그의 벨트에서 흔들거렸다.)

2.2. 다음 주어는 그네를 탄다.

(13) a. The children were swinging on a rope/a tree.(그 아이들은 밧줄/나무를 타고 흔들거리고 있었다.)

b. Children love to swing as high as they can.(아이들은 할 수 있는 한 높이 그네 타는 것을 좋아한다.)

c. He likes to swing in the dark.(그는 어둠 속에서 그네 타는 것을 좋아한다.)

d. The girl swung higher and higher.(그 소녀는 점점 더 높이 그네를 탔다.)

2.3. 다음의 주어는 앞뒤로나 좌우로 움직이는 개체이다.

(14) a. The door swings inward/both ways.(그 문은 안 쪽으로/양 방향으로 흔들린다.)

b. The door swung in the wind.(그 문은 바람을 타고 흔들렸다.)

c. The hammock is swinging gently.(해먹은 부드럽게 흔들리고 있다.)

d. The hanging rope was swinging to and fro.(매달려 있는 밧줄은 앞뒤로 흔들거리고 있었다.)

e. The pendulum swings in the wind.(진자는 바람 결에 흔들린다.)

f. The signs were swinging in the wind.(표지판은 그 바람을 타고 흔들거리고 있었다.)

g. Our arms swing as we walk.(우리 팔은 우리가 걸을 때 흔들린다.)

2.4. 다음에 쓰인 open, shut, to는 주어가 앞이나 뒤로 움직여서 나타나는 결과이다.

(15) a The door swung open and a dog came out.(그 문이 활짝 젖혀 열리자, 개 한 마리가 들어왔다.)

b. The gate swung shut.(그 문은 휙 젖혀 닫혔다.)

c. The door swung to with a loud click.(그 문은 크게 찰카닥하며 닫혔다.)

d. The door swings inward.(그 문은 안으로 젖힌다.)

2.5. 다음에 쓰인 전치사 at은 시도를 나타낸다.

(16) a. He swung at me with a baseball bat.(그는 나를 야구 방망이로 때리려고 했다.)

b. The batter swung at the pitch/the ball.(그 타자는 투구/공을 휘둘러 쳐 보았다.)

c. The player swung at bad pitches.(그 선수는 나쁜 투구를 휘둘러 쳐 보았다.)

d. He picked up the bat and swung at the man's head.(그는 방망이를 집어들고 그 남자의 머리에 휘둘렀다.)

2.6. 다음 주어는 흔들면서 이동한다.

(17) a. He swung happily along the road.(그는 행복하게 팔을 흔들며 길을 따라갔다.)

b. The troop went swinging along.(군대는 팔을 흔들며 걸었다.)

c. The moon swung slowly across the sky.(달은 하늘을 서서히 가로질러 갔다.)

d. The gunshot sent the monkeys swinging away through the trees.(그 총성은 원숭이들이 그 나무를 타면서 도망가게 했다.)

e. They swung off down the road.(그들은 팔을 흔들며 출발하여 길을 따라 내려갔다.)

2.7. 다음 주어는 호를 그리며 움직인다.

(18) a. He swung onto the balcony.(그는 발코니에 휙 올라갔다.)

b. He swung out of the room.(그는 그 방에서 휙 나갔다.)

c. He turned left and swung on through the gate of the garage.(그는 왼쪽으로 돌아서 차고의 문을 통해 계속 나아갔다.)

d. The monkey swung through the trees.(그 원숭이는 숲을 타고 갔다.)

2.8. 다음의 주어는 움직이는 개체이다.

(19) a. The taxi swung round the corner.(그 택시는 모퉁이를 휙 돌았다.)

b. The motor boat swung round the rock.(그 모터 보트는 암석을 휙 둘렀다.)

c. Suddenly the car swung toward the ditch.(갑자기 그 차가 그 도랑 쪽으로 휙 돌았다.)

2.9. 다음의 주어는 정지된 자리에서 방향을 튼다.

(20) a. He swung around at the loud voice.(그는 큰 목소리를 듣고 휙 돌아섰다.)

b. He swung round and faced the enemy.(그는 휙 돌아서서, 적을 직면했다.)

c. She swung round when he called her name.(그가 그녀의 이름을 불렀을 때, 그녀는 휙 돌아봤다.)

d. He swung round and stared at him.(그는 휙 돌아서서, 그를 응시했다.)

2.10. 다음 주어는 움직이지 않으나 그 모양을 눈으로 따라가면 도는 모습이 된다.

(21) The road swings to the left here.(길은 여기서 왼쪽으로 휙 돈다.)

2.11. 다음 주어는 상태의 변화를 받는다.

(22) a. As the election results came in, it looks as though the country is swinging to Democrats.(선거 결과가 들어오자, 그 나라 전체가 민주당 쪽으로 트는 것처럼 보였다.)

b. I swung over to the subject of the paintings.(나는 그림의 주제로 나의 관심을 돌렸다.)

c. The emergency services swung into action as soon as the news of the bomb explosion reached them.(그 긴급 구조원은 폭탄 폭발 소식이 그들에 이르자마자 행동에 들어갔다.)

d. The price of gold swung sharply as the news came in each day.(금 값은 매일 소식이 들어오자 껑충 뛰어올랐다.)

2.12. 감정이나 여론도 움직임이 있어서 좌우나 앞뒤로 움직이는 것으로 개념화된다.

(23) a. Public opinion suddenly swung against the lying politician.(여론이 거짓말을 하는 정치인을 반대하는 쪽으로 갑자기 틀어졌다.)

b. His mood swings between elation and despair.(그의 마음은 의기양양과 절망 사이를 오간다.)

c. Our hearts swing between hope and fear.(우리의 마음은 희망과 공포 사이에서 흔들린다.)

d. His mood can swing suddenly from great joy to complete dispair.(그의 기분은 갑자기 큰 기쁨에서 완전한 절망감으로 바뀔 수 있다.)

e. Public opinion swung in his favor close to the election.(여론이 그를 지지하는 쪽으로 선거 가까이

2.13. 다음 주어는 활발하다.

(24) a. The jazz didn't swing as much as it used to be. (재즈는 예전만큼 활발하지가 않다.)

b. This music really swings. (이 음악은 정말로 활발하다.)

c. He may be 50, but he swings. (그는 50일지 모르나 아직도 활기가 있다.)

2.14. 다음 주어는 활기가 넘친다.

(25) Monaco swings all year. (모나코는 일년 내내 활기가 넘친다.)

2.15. 다음에서 주어는 줄에 매달린다. 교수형에 처해진다.

(26) a. They will swing for their crimes. (그들은 그들의 범죄 때문에 교수형을 받을 것이다.)

b. He swung for the murder. (그는 그 살인에 대해 교수형을 받았다.)

swirl

이 동사의 개념 바탕에는 소용돌이치는 과정이 있다.

1. 자동사 용법

1.1. 다음 주어는 소용돌이치듯 움직인다.

(1) a. Her hair is swirling. (그녀의 머리카락이 소용돌이치고 있다.)

b. Leaves are swirling in the wind. (잎들이 바람 속에 소용돌이 치고 있다.)

1.2. 다음 주어는 소용돌이 치면서 움직인다.

(2) a. The dust is swirling about. (먼지는 이리저리 소용돌이치고 있다.)

b. The long skirt swirled around. (긴 치맛자락이 둥글게 소용돌이 쳤다.)

c. Couples swirled around the dance floor. (부부들이 무대 위에서 소용돌이 치듯 춤을 추었다.)

d. The water swirled down the drain. (물은 소용돌이치며 배수구 아래로 내려갔다.)

e. The stream swirls over the rocks. (그 시냇물은 바위 위로 소용돌이 치며 넘어갔다.)

f. The smoke swirled upward. (그 연기는 소용돌이를 치며 위로 솟구쳤다.)

2. 타동사 용법

2.1. 다음 주어는 목적어를 소용돌이 치듯 움직이게 한다.

(3) a. He swirled the brandy in his glass. (그는 브랜디를 잔 속에서 흔들었다.)

b. She swirled her hair in her fingers. (그녀는 머리를 손으로 휘저었다.)

c. He took a mouthful of water and swirled it around his mouth. (그는 물 한 모금을 마시고 그것을 입 안에서 돌렸다.)

swish

이 동사의 개념 바탕에는 채찍을 칠 때의 쉭 소리가 나는 과정이 있다.

1. 타동사 용법

1.1. 다음 주어는 소리를 내면서 목적어를 움직인다.

(1) a. Bill swished the ball through the hoop. (빌이 공을 테 속으로 쓱 집어넣었다.)

b. Jane swished the basketball through the net. (제인은 농구공을 네트 속으로 휙 움직였다.)

c. The cow swished its tail. (그 소는 꼬리를 쓱 움직였다.)

d. He swished his arm through the air. (그가 팔을 하늘 속으로 휙 움직였다.)

2. 자동사 용법

2.1. 다음 주어는 쉭 소리를 낸다.

(2) a. The elevator doors swished open. (엘리베이터 문은 휙 하며 열렸다.)

b. Her silk dress swished as she passed by. (그녀의 비단 옷자락이 지나쳐 가자 쉭쉭 소리를 내었다.)

c. The cow's tail swished. (소 꼬리가 쉬익하며 움직였다.)

2.2. 다음 주어는 쉭 소리를 내면서 움직인다.

(3) a. A taxi swished by us in the rain. (택시가 우리 곁을 빗속에서 휙 지나갔다.)

b. The wind swished through the tree branches. (그 바람이 나뭇가지 사이를 휙 소리를 내며 지나갔다.)

switch

이 동사의 개념 바탕에는 바꾸는 과정이 있다.

1. 타동사 용법

1.1. 다음 주어는 목적어의 방향을 바꾼다.

(1) a. Let's switch places. (자리를 바꾸자.)

b. Someone must have switched suitcases at the airport. (누군가가 내 옷가방을 공항에서 바꾼 것이 분명하다.)

1.2. 다음 주어는 목적어의 방향을 to 이하로 바꾼다.

(2) a. He switched the talk to another subject. (그는 이야기를 다른 주제로 바꾸었다.)

b. We can switch the meeting to Saturday if you like. (우리는 네가 원한다면 모임을 토요일로 바꿀 수 있다.)

c. Please switch your attention to the screen on your right. (주의를 오른쪽에 있는 화면에 돌려라.)

d. Switch the freezer to extra cold. (냉장고를 더 차갑게 바꾸어라.)

1.3. 다음 주어는 목적어를 낚아챈다.

(3) He switched the letter out of my hand. (그는 그 편지를 내 손에서 바꾸어갔다.)

1.4. 다음 주어는 목적어를 틀어서 상태를 바꾼다.

(4) a. She switched the TV on. (그녀는 TV를 켰다.)

b. Can you switch the light on? (그 불을 켜주겠니?)

c. She switched the lights off. (그녀는 전등들을 껐다.)

d. Don't forget to switch off when you are finished. (너가 끝마치면 끄는 것을 잊지마라.)

1.5. 다음 주어는 목적어를 빨리 움직인다.
(5) a. The cat **switched** its tail.(그 고양이는 꼬리를 흔들었다.)
   b. The cow **switched** her tail.(그 젖소는 꼬리를 흔들었다.)

2. 자동사 용법

2.1. 다음 주어는 습관이나 습성을 바꾼다.
(6) a. He used to tennis, but **switched** to golf now.(그는 테니스를 쳤지만, 지금은 골프로 바꾸었다.)
   b. She **switched** to the Democratic Party.(그녀는 민주당으로 바꾸었다.)
   c. The coffee drinker **switched** to a new brand of coffee.(커피 애호가는 새 상표의 커피로 바꾸었다.)
   d. A lot of banks are **switching** over to the new electronic system.(많은 은행이 새 전자 시스템으로 바꾸고 있다.)
   e. **Switch** over if you don't like the program.(프로그램이 싫으면 바꾸어라.)

2.2. 다음 주어는 다른 사람과 바꾸어서 일한다.
(7) a. Can you **switch** with me on Tuesday?(나와 화요일에 바꿔 일해줄 수 있니?)
   b. He is going to **switch** with me next week.(그는 나와 다음 주에 바꾸어서 일할 것이다.)

swoop

이 동사의 개념 바탕에는 빠르게 아래로 움직이는 과정이 있다.

1. 타동사 용법

1.1. 다음 주어는 빠르게 아래로 내려온다.
(1) a. The hawk **swooped** and seized a rabbit.(그 매는 재빠르게 내려와 토끼 한 마리를 잡았다.)
   b. An eagle **swooped** down for its prey.(독수리가 먹이를 잡기 위해 아래로 재빠르게 내려왔다.)
   c. The plane **swooped** toward the ground.(그 비행기는 땅으로 재빠르게 내려왔다.)

1.2. 독수리가 작은 새를 덮치듯 경찰이 갱의 은신처를 습격한다.
(2) a. Police **swooped** in on gang hideouts.(경찰이 갱의 은신처를 습격했다.)
   b. Officers **swooped** on the vehicles as they left the ferry.(장교들이 나룻배를 떠날 때 그 운송선을 습격했다.)

2. 타동사 용법

2.1. 다음 주어는 재빠르게 내려와서 목적어를 낚아채 올라간다.
(3) a. The eagle **swooped** up the mouse with its talons.(독수리는 재빠르게 내려와서 쥐를 발톱으로 낚아채 올라갔다.)
   b. A robber **swooped** up her handbag.(강도는 그녀의 핸드백을 낚아챘다.)

sympathize

이 동사의 개념 바탕에는 마음을 같이 하는 과정이 있다.

1. 자동사 용법

1.1. 다음 주어는 with의 목적어를 동정한다. with의 목적어는 사람이다.
(1) a. I **sympathize** with him.(나는 그를 동정한다.)
   b. I **sympathize** with my friend who lost her dog.(나는 강아지를 잃은 내 친구를 동정한다.)

1.2. 다음 주어는 with의 목적어와 동감한다.
(2) a. We fully **sympathize** with your predicament.(우리는 너의 곤경에 진심으로 동정한다.)
   b. It is hard to **sympathize** with his political opinions.(그의 정치적 의견에 동감하긴 힘들다.)
   c. I can **sympathize** with the situation.(나는 그 상황에 동감할 수 있다.)

1.3. 다음 주어는 동감한다.
(3) You feel angry, and I **sympathize**.(네가 화를 느낀다. 그리고 나도 동감한다.)

synchronize

이 동사의 개념 바탕에는 시간을 같게 하는 과정이 있다.

1. 타동사 용법

1.1. 다음 주어는 목적어의 시간을 같게 한다.
(1) a. We all **synchronized** our watches.(우리 모두는 우리의 시계의 시간을 같게 하였다.)
   b. She **synchronized** her watch to the clock at the city hall.(그녀는 자신의 시계를 시청의 시계에 맞추었다.)
   c. He **synchronized** the sound with the image.(그는 소리를 영상과 일치시켰다.)

1.2. 다음 주어는 목적어의 시간을 같게 한다.
(2) a. We **synchronized** our attacks.(우리는 공격 시간을 같게 하였다.)
   b. We **synchronized** our arrival.(우리는 도착시간을 같게 하였다.)
   c. The skating couple had to **synchronize** their movements perfectly.(스케이트 타는 두 분은 완벽하게 움직임을 같게 하여야만 했다.)

2. 자동사 용법

2.1. 다음 주어는 with의 목적어와 시간이 일치된다.
(3) a. The sound track did not **synchronize** with the action.(배경음악은 연기와 시간이 일치하지 않았다.)
   b. The event **synchronized** with another.(그 행사는 다른 행사의 시간과 일치하였다.)

syndicate

이 동사의 개념바탕에는 발행해서 보급하는 과정이

있다.

1. 타동사 용법
1.1. 다음은 수동태 문장으로 주어는 배급되고 게재된다.
(1) His column is **syndicated** throughout America.(그의 평론은 미국 전역에 걸쳐 게재되고 있다.)

synthesize

이 동사의 개념 바탕에는 합성해서 만드는 과정이 있다.

1. 타동사 용법
1.1. 다음 주어는 합성해서 목적어를 만든다.
(1) a. The researchers **synthesized** insulin for a new medicine.(그 연구원들은 인슐린을 새 약으로 합성

했다.)
 b. They succeeded in **synthesizing** rubber.(그들은 고무를 합성하는 데 성공했다.)
 c. John **synthesized** a computer from the parts of many broken computers.(존은 컴퓨터 한 대를 여러 개의 망가진 컴퓨터의 부분들을 합성해서 만들었다.)

1.2. 다음 목적어는 합성되는 요소이다.
(2) a. I think we can **synthesize** our efforts by creating one company.(나는 새 회사를 만들어냄으로써 우리의 노력을 합성해 낼 수 있다고 본다.)
 b. He is trying to **synthesize** Oriental and Western philosophies.(그는 동양철학과 서양철학을 합성하려고 노력하는 중이다.)

1.3. 다음은 수동태 문장으로 주어는 합성된다.
(3) Heroin was first **synthesized** in England.(헤로인은 영국에서 처음 합성되었다.)

$\mathcal{T}$ t

tack

이 동사의 개념 바탕에는 tack의 명사 '시침' '압정'이 있다. 동사의 의미는 이 명사의 쓰임과 관계가 있다.

1. 타동사 용법
1.1. 다음 주어는 목적어를 시침질한다.
(1) a. She tacked the hem of her dress.(그녀는 드레스의 가장자리를 시침질했다.)
 b. She tacked the material together.(그녀는 재료를 함께 임시로 붙여두었다.)
 c. The seamstress will tack the seams before she sews them tightly.(그 재봉사는 그녀가 솔기들을 단단히 꿰매기 전에 시침질 할 것이다.)

1.2. 다음 주어는 목적어를 압정으로 고정시킨다.
(2) a. Please tack the carpet down.(카페트를 고정시켜 놓아 주세요.)
 b. He tacked down the lid of the box.(그는 상자의 뚜껑을 고정시켜 놓았다.)
 c. She tacked down the folds in the carpet.(그녀는 카페트에 주름을 고정시켜 놓았다.)

1.3. 다음 주어는 목적어를 시침이나 압정으로 on의 목적어에 붙인다.
(3) a. He tacked a few more items on the order sheets.(그는 항목 몇 개를 더 주문서들에 붙였다.)
 b. Tack the sleeves on and then sew them up.(소매들을 붙여서 꿰매라.)
 c. They tacked another thousand dollars onto the budget.(그들은 일천 달러를 더 예산에 붙여 넣었다.)
 d. Tack this poster on the wall.(이 포스터를 벽에 붙여라.)
 e. She tacked a ribbon onto her hat.(그녀는 리본을 자신의 모자에 붙였다.)
 f. He tacked on his conclusion at the end.(그는 결론을 끝 부분에 붙였다.)
 g. He tried to tack an extra cup of coffee onto our bill, but Ernest noticed it.(그는 여분의 커피를 우리의 계산서에 붙여 넣으려 했지만, 어니스트가 그것을 알아챘다.)

1.4. 다음 주어는 목적어를 시침이나 압정을 써서 to의 목적어에 붙인다.
(4) a. He tacked some notes to the end of his draft.(그는 몇 개의 메모를 초고 끝에 붙였다.)
 b. She tacked another page to the report.(그녀는 또 한 쪽을 보고서에 붙였다.)
 c. Workers tacked the carpet to the floor.(일꾼들은 그 카페트를 마룻바닥에 고정시켜 붙였다.)
 d. He tacked another proposal to his speech.(그는 또 다른 하나의 제안을 자신의 연설에 붙였다.)

1.5. 다음은 수동태 문장으로 주어는 시침이나 압정으로 다른 개체에 붙여진다.
(5) a. The poems are tacked on at the end of the book.(그 시들은 책의 마지막 부분에 붙여진다.)
 b. An extra paragraph was tacked onto his speech.(여분의 한 단락이 그의 연설에 붙여졌다.)

1.6. 다음은 수동태 문장으로 주어는 서로 붙여진다.
(6) a. Two islands are tacked together by a beautiful bridge.(두 개의 섬이 아름다운 다리에 의해 서로 연결되어진다.)
 b. The ideas are loosely tacked together.(그 의견들은 산만하게 서로 붙여진다.)

1.7. 다음 주어는 목적어의 방향을 바꾼다.
(7) a. The sailor tacked the boat suddenly.(그 해군 병사는 갑자기 그 배의 방향을 바꾸었다.)
 b. The boat tacked its way back to harbor.(그 보트는 항구를 향해 방향을 뒤로 바꾸어 갔다.)

2. 자동사 용법
2.1. 다음 주어는 갈짓자로 움직인다.
(8) a. The boat tacked about against the wind.(그 보트는 바람에 맞서 이리저리 움직였다.)
 b. The skiff tacked about against the storm.(그 소형 보트는 폭풍에 맞서 이리저리 움직였다.)
 c. The yacht tacked along smoothly with the breeze.(그 요트는 미풍에 순조롭게 물가를 따라 움직였다.)
 d. They tacked into the harbor.(그들은 항구 안으로 움직였다.)
 e. They tacked to the west.(그들은 서쪽으로 방향을 틀었다.)

tail

이 동사의 개념 바탕에는 tail의 명사 '꼬리'가 있다. 동사의 뜻은 이 명사의 속성과 관계가 있다.

1. 타동사 용법
1.1. 다음 주어는 목적어의 뒤를 쫓는다.
(1) a. The FBI tailed the suspect to his home.(FBI는 그 용의자를 집까지 쫓았다.)
 b. The secret agent tailed the spy.(그 비밀 요원은 스파이를 쫓았다.)

1.2. 다음 주어는 목적어를 to의 목적어에 꼬리처럼 단다.
(2) He tailed one folly to another.(그는 한 어리석음을 다른 어리석음에 이었다: 어리석은 짓을 거듭했다.)

1.3. 다음 주어는 목적어를 on의 목적어 뒤에 연결한다.
(3) He tailed two coaches on a train.(그는 기차 뒤에 두 객차를 연결했다.)

2. 자동사 용법
2.1. 다음 주어는 뒤에 따라간다.
(4) a. They tailed after the procession.(그들은 그 행렬을 쫓아갔다.)
 b. The policeman tailed after a pickpocket.(경찰관은 소매치기를 쫓아갔다.)

c. The children **tailed** after their mother.(그 아이들은 어머니를 쫓아갔다.)

2.2. 다음 주어는 꼬리처럼 약해지거나 가늘어진다.

(5) a. The sound **tailed** away.(그 소리는 약해졌다.)

b. The beach **tailed** away to nothing.(해변은 점점 멀어져서 안 보였다.)

2.3. 다음 주어는 가늘어져서 사라진다.

(6) a. Our profits **tailed** off towards the end of the year.(우리의 이익은 연말이 되어감에 따라 점점 줄어져서 사라졌다.)

b. His voice **tailed** off into a silence.(그의 목소리는 안 들리게 되었다.)

c. His interest **tailed** off toward the end of the film.(그의 관심은 영화의 끝에 가서 사라졌다.)

tailor

이 동사의 개념 바탕에는 tail의 명사 '재봉사'가 있다. 동사의 뜻은 이 명사의 기능과 관계가 있다.

1. 타동사 용법

1.1. 다음 주어는 목적어를 만든다.

(1) a. He **tailored** the garment to fit.(그는 그 옷을 맞도록 만들었다.)

b. He **tailored** the dress to fit the woman.(그는 그 드레스를 그 여자에게 맞도록 만들었다.)

1.2. 다음은 수동태 문장으로, 주어는 재봉된다.

(2) a. The suit was **tailored** at the store.(그 양복은 가게에서 재봉되었다.)

b. The dress was **tailed** by a famous couturier.(그 드레스는 유명한 재단사에 의해 재봉되었다.)

1.3. 재봉사가 옷을 몸에 맞게 짓듯이, 주어는 목적어를 사실이나 숫자를 맞추거나 고친다.

(3) a. He is good at **tailoring** the facts and figures for his own ends.(그는 그 사실과 수치를 그의 목적대로 끼워 맞추길 잘한다.)

b. Most travel agents **tailor** travel arrangements to meet individual requirements.(대부분의 여행사 직원들은 여행 계획을 개인의 요구를 충족시키기 위해 짜 맞춘다.)

c. He **tailored** the computer program to his special needs.(그는 그 컴퓨터 프로그램을 특별한 필요에 따라 맞추었다.)

d. We can **tailor** the insurance policy according to your needs.(우리는 그 보험증서를 당신의 요구에 따라 맞출 수 있다.)

1.4. 다음은 수동태 문장으로, 주어는 맞추어진다.

(4) a. The payment plan was **tailored** to the man's income.(지불 계획은 그 남자의 소득에 따라 맞추어졌다.)

b. The program is **tailed** to the need of the children.(프로그램은 그 아이들의 욕구에 따라 맞추어져있다.)

taint

이 동사의 개념 바탕에는 taint의 명사 '더럼', '오

염'이 있다. 동사의 뜻은 명사의 특성과 관계가 있다.

1. 자동사 용법

1.1. 다음 주어는 상하게 된다.

(1) a. Food will **taint** readily in this hot weather.(음식은 더운 온도에서는 즉석에서 상하게 될 것이다.)

b. Fish will **taint** in a few hours.(생선은 몇 시간 안에 상할 것이다.)

2. 타동사 용법

2.1. 주어는 목적어를 상하게 한다.

(2) a. The oil spill **tainted** the water of the bay.(기름유출은 그 만의 물을 오염시켰다.)

b. The warm weather **tainted** the meat.(더운 날씨는 그 고기를 상하게 했다.)

c. The bacteria **tainted** the food.(세균은 음식을 상하게 했다.)

2.2. 다음은 수동태 문장으로 주어는 상하게 된다.

(3) a. The meat is **tainted**.(그 고기는 상했다.)

b. The fish is **tainted**.(그 생선은 상했다.)

2.3. 다음은 수동태 문장으로 주어는 더럽혀진다.

(4) a. The administration is **tainted** with scandal.(행정부는 스캔들로 더럽혀졌다.)

b. His reputation is **tainted** by association with the Mafia.(그의 명성은 마피아와의 관계에 의해 더럽혀졌다.)

take

이 동사의 개념 바탕에는 자신의 영역에 잡는 과정이 있다.

1. 타동사 용법

1.1. 다음 주어는 목적어를 손에 잡는다.

(1) a. He **took** a spade and planted the tomato.(그는 삽을 잡고 토마토를 심었다.)

b. He **took** a cup of tea in his hands.(그는 차 한 잔을 양손에 잡았다.)

c. He **took** her arm and led her away.(그는 그녀의 팔을 잡고, 그녀를 끌고 갔다.)

d. He **took** her by the arm.(그는 그녀의 팔을 잡았다.)

1.2. 다음 주어는 목적어를 잡아서 빼어낸다.

(2) a. He **took** 5 from 12.(그는 5를 12에서 떼었다.)

b. **Take** two cards from my hand.(카드 두 장을 내 손에서 가져가라.)

c. She **took** cream off the milk.(그는 크림을 우유에서 걷었다.)

d. She **took** the pot off the stove.(그녀는 주전자를 난로에서 집어내었다.)

e. The child **took** a cork out of the bottle.(그 아이는 코르크를 병에서 뽑았다.)

f. You **took** a coin out of my pocket.(너는 동전 하나를 내 호주머니에서 꺼냈다.)

1.3. 다음 주어는 목적어를 잡고 to의 목적어에 가져가거나 데리고 간다.

(3) a. He **took** flowers to our sick friend.(그는 꽃을 우리

의 병든 친구에게 가져갔다.)
b. He **took** a letter **to** the mayor.(그는 편지를 시장에게 가져갔다.)
c. **Take** your father's slippers **to** him.(너의 아빠의 슬리퍼를 그에게 가져다 드려라.)
d. **Take** the dishes **to** the kitchen.(그 접시를 부엌에 가지고 가거라.)
e. He **took** his whole family **to** dinner.(그는 온 가족을 정찬에 데리고 갔다.)
f. He **took** his wife **to** a cinema. (그는 아내를 영화관에 데리고 갔다.)
g. He usually **takes** the children **to** school in a car.(그는 아이들을 학교에 보통 차로 데리고 간다.)
h. He **took** the baby **to** the park.(그는 그 아기를 공원에 데리고 갔다.)

1.4. 다음 주어는 목적어를 몸 속에 넣는다.
(4) a. He **took** a cup of tea.(그는 차 한 잔을 마셨다.)
b. He **took** his meals.(그는 식사를 했다.)
c. He **took** poison.(그는 독약을 마셨다.)
d. He **took** a fresh air.(그는 신선한 공기를 마셨다.)
e. I don't **take** sugar in my tea.(나는 설탕을 차에 타지 않는다.)

1.5. 다음 주어는 목적어를 소유 영역에 받는다.
(5) a. Will you **take** $100 for your car?(너는 100불을 네 차 값으로 받겠느냐?)
b. The man won't **take** a cent less for his bike.(그 남자는 자전거 대금으로 1센트도 덜 받으려고 하지 않으려고 한다.)
c. He **took** my gift.(그는 내 선물을 받았다.)

1.6. 다음 주어는 목적어를 가족이나 생활 영역에 받아들인다.
(6) a. He **took** a wife.(그는 아내를 얻었다.)
b. She **took** a husband.(그녀는 남편을 얻었다.)
c. They **take** lodgers.(그들은 하숙인을 받아들인다.)
d. He **took** his dead brother's son.(그는 죽은 동생의 아들을 받아들였다.)
e. They arranged to **take** their father once a month.(그들은 아버지를 한 달에 한번 모시기로 했다.)
f. The teacher **took** third graders.(그 선생님은 3학년을 맡았다.)

1.7. 다음 주어는 목적어를 통제 영역에 넣는다.
(7) a. Our forces have **taken** the airport.(아군은 공항을 점령했다.)
b. The general **took** the fort back.(장군은 그 요새를 되찾았다.)
c. The soldiers **took** the city.(군인들은 그 도시를 점령했다.)

1.8. 다음 주어는 목적어를 자신의 소유 영역이나 사용 영역에 넣는다.
(8) a. They **took** the house.(그들은 집을 잡았다/샀다.)
b. They **took** the apartment house.(그들은 아파트를 잡았다/샀다.)
c. He **took** a cottage for summer. (그는 산장을 여름을 보내기 위해 잡았다.)
d. She **took** the camera/the umbrella.(그녀는 그 카메라/우산을 집었다.)

e. He **takes** several magazines/a carton of milk/two newspapers.(그는 몇몇 잡지/한 카톤의 우유/신문 두 종류를 받는다.)

1.9. 다음 주어는 목적어를 활동 영역에 넣는다.
(9) a. She **took** the bend at full speed.(그녀는 그 굽이를 전속력으로 달렸다.)
b. He **took** the curve in the road.(그는 도로에서 곡선 길을 달렸다.)

1.10. 다음 주어는 목적어를 어떤 도구에 기록되게 한다.
(10) a. He **took** my pictures.(그는 내 사진을 찍었다.)
b. The nurse **took** the child's temperature.(간호사는 아이의 체온을 재었다.)
c. The policeman **took** my name and address down.(경찰은 내 이름과 주소를 적었다.)
d. The tailor has **taken** my measurements.(재단사는 나의 치수를 재었다.)
e. He **took** the dimensions of the room.(그는 방의 치수를 재었다.)
f. He **took** the president's speech on tape.(그는 대통령의 연설을 테이프에 담았다.)

1.11. 다음 목적어는 과정이다. 주어는 목적어를 자신의 활동 영역 속에 넣는다.
(11) a. I usually **take** a walk in the morning.(나는 보통 산보를 아침에 한다.)
b. He **took** a rest after lunch.(그는 휴식을 점심 후 취했다.)

take와 잘 쓰이는 동작명사에는 다음이 있다.

a ride	a stroll	a turn	a nap
a doze	a flight	a glance	a leap
a lot	a bite	a trip	a break

1.12. 다음 주어는 목적어를 자신의 사용 영역에 넣는다.
(12) a. He **took** the next road to the right.(그는 오른쪽으로 가는 다음 길을 택했다.)
b. He **took** a bus to school.(그는 버스를 타고 학교에 갔다.)
c. He **took** every means.(그는 모든 수단을 썼다.)
d. He **took** the first opportunity/every chance that life offers him.(그는 삶이 제공하는 최초의 기회/모든 기회를 잡았다.)
e. He **took** a car/a freighter to Europe/the subway/the airplane/ a taxi.(그는 자동차/유럽행 화물차/지하철/비행기/택시를 탔다.)
f. The government **took** these measures to reduce unemployment.(정부는 실업을 줄이기 위하여 이 조처들을 취했다.)

1.13. 다음 주어는 목적어를 학습 영역에 넣는다.
(13) a. Did you **take** history at school?(학교에서 역사를 택했습니까?)
b. What courses are you **taking**?(무슨 과목을 택하고 있습니까?)
c. Let's **take** the problems one by one.(문제들을 하나씩 다룹시다.)
d. Let's **take** the Korean War today.(오늘은 한국전쟁을 다룹시다.)

τ

1.14. 다음 주어는 목적어를 몸 속이나 마음 속에 넣게 된다.

(14) a. He took cold/colic/the measles.(그는 감기/배앓이/홍역을 앓았다.)

     b. He took a fright.(그는 두려움을 가졌다.)

1.15. 다음 주어는 목적어를 마음 속에 갖는다.

(15) a. He took delight in the play.(그는 연극에 기쁨을 가졌다.)

     b. He took interest in the game.(그는 게임에 관심을 가졌다.)

     c. He took satisfaction/pride/pleasure/an immediate dislike.(그는 만족/자부심/즐거움/즉각적인 증오를 가졌다.)

     d. He took offence/umbrage.(그는 불쾌감/역겨움을 가졌다.)

1.16. 다음 주어는 목적어를 의식 속에 넣는다.

(16) a. He took no heed of the policeman.(그는 그 경찰관을 개의치 않았다.)

     b. He took no notice of the warning.(그는 그 경고를 주의하지 않았다.)

     c. He took no thought for the poor man.(그는 그 불쌍한 사람의 생각을 하지 않았다.)

     d. He took an interesting view.(그는 재미있는 견해를 가졌다.)

1.17. 다음 목적어는 추상적이나 구체적인 것으로 은유화되어 있다. 주어는 목적어를 마음 속에 받아들인다.

(17) a. I always take your suggestions.(나는 언제나 너의 제안을 받아들인다.)

     b. Take my advice and tell the police what happened.(내 충고를 받아들여서 경찰에 일어난 일을 알려라.)

     c. He took a hint/an offer/an order/praises.(그는 암시/제의/주문/칭찬을 받아들였다.)

1.18. 다음 주어는 목적어를 특정한 방법으로 마음 속에 받아들인다.

(18) a. I take it as settled.(나는 그것이 해결된 것으로 생각한다.)

     b. He takes things easy.(그는 일들을 쉽게 받아들인다.)

     c. The event was so unusual that we do not know how to take it.(그 사건은 보통이 아니어서 우리는 그것을 어떻게 받아들여야 할지 모른다.)

     d. He took my joke in good part.(그는 나의 농담을 좋게 받아들였다.)

1.19. 다음 주어는 목적어를 전치사 for의 목적어로 마음 속으로 받아들인다.

(19) a. I took his work for a model.(나는 그의 작품을 본으로 받아들였다.)

     b. He took her for a fool.(그는 그녀를 바보로 받아들였다.)

     c. I took his word for a joke.(나는 그의 말을 농담으로 받아들였다.)

     d. I took his words for granted.(나는 그의 말을 당연한 것으로 받아들였다.)

1.20. 다음은 수동태 문장으로 주어는 사로잡힌다. 주어는 환유적으로 쓰여서 마음을 가리킨다.

(20) a. The child was really taken by the pretty dog.(그 아이는 예쁜 개에게 마음이 사로잡혔다.)

     b. She was totally taken by her granddaughter.(그녀는 손녀에게 마음이 완전히 사로잡혔다.)

     c. He was so taken with the design that he decided to copy.(그는 그 디자인에 매혹되어 그것을 베끼기로 결심했다.)

     d. I was quite taken with that young man.(나는 그 청년에게 온통 마음이 사로잡혔다.)

1.21. 다음 주어는 목적어를 부정사와 관련이 있는 것으로 본다.

(21) a. I took her words to be true.(나는 그녀의 말이 진실하다고 생각했다.)

     b. I took the situation to require careful handling.(나는 그 상황을 조심스러운 처리를 요하는 것으로 생각했다.)

     c. I took him to be a detective.(나는 그를 탐정가로 여겼다.)

1.22. 다음 주어는 that-절의 내용을 마음에 갖는다.

(22) I took it that you already know about our marriage.(나는 네가 이미 우리의 결혼에 대해서 알고 있다고 생각했다.)

1.23. 다음 주어는 환유적으로 쓰여서 생명을 가리킨다.

(23) a. She was taken in her prime years.(그녀는 한창나이에 생명이 빼앗기었다.)

     b. He was taken from us.(그는 우리에게서 생명이 빼앗기었다.)

1.24. 다음 주어는 목적어가 어떤 행동을 하고 있을 때 잡는다.

(24) a. He took the man in the very act.(그는 그 남자를 현장에서 잡았다.)

     b. He took her napping.(그는 그녀가 낮잠을 자고 있는 것을 잡았다.)

1.25. 다음 주어는 그릇이다. 주어는 목적어를 받아들인다.

(25) a. What sort of film does this camera take?(이 카메라는 어떤 종류의 필름을 받아들입니까?)

     b. This machine takes only 10-cent coins.(이 기계는 10센트 동전만 먹습니다.)

     c. The bottle takes a liter.(이 병은 1리터 담습니다.)

     d. The suitcase wouldn't take another thing.(가방은 하나도 더 안 들어간다.)

     e. The hall takes more than 200 people.(강당은 200명 이상을 수용한다.)

1.26. 다음 주어는 자체가 목적어를 흡수한다.

(26) a. The cloth takes dye well.(그 천은 물감을 잘 받아들인다.)

     b. The surface will not take paint.(그 표면은 페인트를 받아들이지 않는다.)

     c. The shelf takes just twenty books.(그 선반은 20권의 책만 얹을 수 있다.)

     d. How soon does the medicine take effect?(얼마나 빨리 그 약은 효과를 취할까요?)

     e. The animals take colors from their environment.(동물들은 환경으로부터 색깔을 받는다.)

1.27. 다음 주어는 목적어의 형체를 갖게 된다.
(27) a. Fog takes ghastly shapes.(안개는 무서운 형태를 취한다.)

b. Greek gods take the likeness of a human being. (희랍 신들은 인간의 모습을 취한다.)

1.28. 다음은 [일은 그릇] 은유가 적용된 표현이다. 주어는 목적어를 받아들인다.
(28) a. The journey took two hours.(그 여행은 두 시간이 들었다.)

b. It took two hours to drive from here to London. (여기서 런던까지 차로 가는 데 두 시간이 들었다.)

c. The work took three hours.(그 일은 세 시간이 들었다.)

d. How long will this job take you?(이 일은 당신에게 시간이 얼마나 걸릴까요?)

1.29. 일의 그릇에는 돈도 들어간다.
(29) a. It takes a lot of money to build such a big house. (그러한 큰 집을 짓는 데는 많은 돈이 들어간다.)

b. The work took a lot of money.(그 일은 많은 돈이 들었다.)

c. The problem will take hours to solve.(그 문제는 푸는 데 몇 시간이 걸릴 것이다.)

d. Washing the windows took us two hours.(그 창문 청소하기는 우리에게 두 시간이 걸렸다.)

e. It took him two days to write his report.(그 보고서를 쓰는 데 그에게 이틀이 걸렸다.)

1.30. 다음 주어는 목적어를 빼앗는다.
(30) a. The accident took his life.(그 사고는 그의 생명을 앗아갔다.)

b. An awful fate took him from us.(무서운 운명이 그를 우리에게서 앗아갔다.)

1.31. 다음 주어는 목적어를 사로잡는다.
(31) a. The little house took my fancy.(그 작은 집은 나의 마음을 사로잡았다.)

b. The new song took our fancy.(새 노래는 우리의 마음을 사로잡았다.)

c. It has taken the fancy of the crowd.(그것은 군중의 마음을 사로잡았다.)

1.32. 다음 주어는 목적어를 어디로 데리고 간다.
(32) a. Business took him west.(사업은 그를 서부로 데리고 갔다.)

b. Hard work took her to the top.(근면이 그녀를 정상에 데리고 갔다.)

c. The bus will take you directly to the city.(버스는 너를 곧장 그 시로 데려다 줄 것이다.)

d. This line will take you to the city hall.(이 노선은 너를 시청으로 데려다 줄 것이다.)

e. This road will take us to the palace.(이 도로는 우리를 궁전으로 데려다 줄 것이다.)

1.33. 다음 주어는 목적어를 몸에 받는다.
(33) a. He took a blow.(그는 한 대 맞았다.)

b. He took a sound beating.(그는 심한 매를 맞았다.)

c. The village took the full force of the hurricane.(그 마을은 태풍의 완전한 위력을 받았다.)

1.34. 다음 주어는 첫째 목적어에 둘째 목적어를 가지고 간다.

(34) a. He took her twenty roses on her birthday.(그는 그녀에게 장미 스무 송이를 그녀의 생일날에 가져다 주었다.)

b. The army took the refugees bags of rice.(군대는 그 피난민들에게 쌀 부대를 가져다 주었다.)

2. 자동사 용법

2.1. 다음 주어는 받는다.
(35) a. He takes as heir.(그는 상속자로서 재산을 받는다.)

b. Salmon took well that morning.(연어가 그 날 아침 (미끼를) 잘 물었다.)

c. The queen in chess takes at any distance in a straight line.(체스에서 여왕은 직선상의 어떠한 거리에 있는 것이든지 잡아먹는다.)

d. Those who take are not always those who give. (받는 사람이 언제나 주는 사람은 아니다.)

2.2. 다음 주어는 효력을 갖는다.
(36) a. Did the vaccination take?(예방 접종은 효력이 있었느냐?)

b. The medicine takes instantly.(약은 즉각 효력이 나타난다.)

c. The smallpox injection did not take.(그 마마 주사는 효력이 없었다.)

d. The medicine seems to be taking.(그 약은 효력이 나타나고 있는 것으로 보인다.)

2.3. 다음 주어는 붙는다.
(37) a. The fire took rapidly.(불은 곧 붙었다.)

b. The color took and her white dress is now red(그 색깔이 들어서 그녀의 흰 드레스는 이제 붉은 색이다.)

c. The dye doesn't take in the cold water.(그 물감은 찬물에서 물들지 않는다.)

d. The ink doesn't take on glassy paper.(그 잉크는 미끄러운 종이에는 묻지 않는다.)

e. The ink takes well on cloth.(그 잉크는 천에 잘 묻는다.)

2.4. 다음 생략된 목적어는 관중이나 청중의 관심이다.
(38) a. The play took from its first performance.(연극은 첫 공연부터 (관객의 마음을) 끌었다.)

b. The play took greatly and is still drawing big audiences. (그 연극은 관객의 마음을 매우 끌어서 아직도 많은 관객을 끌고 있다.)

c. The book has not yet taken with the general readers.(이 책은 아직 일반 독자의 호응을 받지 못했다.)

2.5. 다음 주어는 전치사 from의 목적어에서 빠진다.
(39) a. Nothing took from the scene's beauty.(그 경치의 아름다움에서 아무 것도 감해지지 않는다.)

b. It little takes from his true merit.(그것은 그의 참된 가치를 줄이지 않는다.)

2.6. 다음 주어는 움직인다.
(40) a. They took across the field.(그는 밭을 가로질러 갔다.)

b. He took down the street and around the corner.(그는 길 아래로 가서 모퉁이를 돌았다.)

c. They took over the hill.(그들은 산 너머로 갔다.)

d. With a cry, she **took to** the door.(울면서, 그녀는 문으로 갔다.)

e. The horse **took to** the roadside.(말은 그 길가로 갔다.)

2.7. 다음 주어는 분리된다.

(41) a. The toy **takes apart.**(그 장난감은 분해된다.)

b. The table **takes apart.**(그 탁자는 분해된다.)

c. The top **takes off.**(그 뚜껑은 분리된다.)

tally

이 동사의 개념 바탕에는 tally의 명사 '부절'이 깔려 있다. 부절은 득점이나 계산을 표시하는 나무 조각이다.

1. 자동사 용법

1.1. 다음 주어는 전치사 with의 목적어와 일치한다.

(1) a. His story **tallies with** hers.(그의 이야기는 그녀의 것과 일치한다.)

b. The numbers in the first column should **tally with** those in the second column, but they don't.(첫째 줄의 숫자는 둘째 줄의 숫자와 같아야 하지만, 그렇지 않았다.)

c. Her tax figures don't **tally with** the accountant's.(그녀의 세금 수치는 회계원의 수치와 일치하지 않는다.)

d. The witness's testimony **tallied with** the defendant's.(목격자의 진술은 그 피고의 진술과 일치했다.)

e. Your version **tallies with** mine.(너의 묘사는 나의 것과 일치한다.)

f. Your plans don't **tally with** mine.(너의 계획은 나의 계획과 일치하지 않는다.)

1.2. 다음 주어는 복수형으로서 일치한다.

(2) a. The counts **tallied** in every detail.(그 계산은 모든 세부 항목에서 일치했다.)

b. Our numbers/figures don't **tally.**(우리의 숫자는 일치하지 않는다.)

c. Their stories **tally.**(그들의 이야기는 일치한다.)

d. The accountant was glad that the two columns of figures **tallied.**(그 회계사는 두 줄의 숫자가 일치해서 기뻤다.)

1.3. 다음 주어는 득점을 한다.

(3) The team failed to **tally** in the final game.(그 팀은 결승전에서 득점에 실패했다.)

2. 타동사 용법

2.1. 다음 주어는 목적어를 득점한다.

(4) a. He **tallied** his last three points in the final minutes of the game.(그는 마지막 3점을 게임의 막판 몇 분 동안에 득점했다.)

b. The team **tallied** two runs this inning.(그 팀은 두 개의 홈런을 이번 이닝에 득점했다.)

2.2. 다음 주어는 목적어를 계산한다.

(5) a. The computer **tallied** the votes automatically.(컴퓨터는 자동으로 투표수를 세었다.)

b. They **tallied** the election returns.(그들은 그 선거 투표 용지를 세었다.)

2.3. 다음 주어는 목적어를 일치시킨다.

(6) a. He **tallied** the two accounts.(그는 두 계산서를 일치시켰다.)

b. Accountants **tallied** columns of numbers.(회계원들은 숫자의 종열을 일치시켰다.)

2.4. 다음 주어는 목적어를 합한다.

(7) a. The cashier **tallied up** our bill.(그 현금 출납원은 우리의 청구서를 합산했다.)

b. **Tally up** the scores/the figures.(그 점수/숫자를 합산하시오.)

tame

이 동사의 개념 바탕에는 길들이는 과정이 있다.

1. 타동사 용법

1.1. 다음 주어는 짐승을 길들인다.

(1) a. He **tames** wild animals for the circus.(그는 야생동물을 서커스를 위해 길들인다.)

b. He **tamed** the wild horse.(그는 야생마를 길들였다.)

c. He **tamed** a lion.(그는 사자를 길들였다.)

1.2. 자연현상도 길들여지는 것으로 개념화된다.

(2) a. Over the years, a series of dams has **tamed** the might of the Colorado river.(몇 년에 걸쳐, 일련의 댐들은 콜로라도 강의 힘을 길들였다.)

b. The pioneers **tamed** the wilderness.(그 개척자들은 황무지를 길들였다.)

1.3. 화와 같은 감정은 야생적인 것으로 개념화된다.

(3) a. He tried to **tame** his anger.(그는 자신의 분노를 다스리려고 노력했다.)

b. He **tamed** her spirit.(그는 자신의 기운을 다스렸다.)

tan

이 동사의 개념 바탕에는 햇볕에 그을리는 과정이 있다.

1. 타동사 용법

1.1. 다음 주어는 목적어를 그을리게 한다.

(1) a. The sun **tanned** his skin.(태양은 그의 피부를 그을렸다.)

b. The hot sun **tanned** her.(뜨거운 태양은 그녀를 그을렸다.)

c. The sun **tanned** her **brown.**(태양은 그녀를 갈색으로 그을렸다.)

d. The summer sun will **tan** you in no time.(여름의 태양은 너를 금방 그을릴 것이다.)

1.2. 다음 주어는 목적어를 화학 처리한다.

(2) a. The worker **tanned** the animal's skin.(그 일꾼은 동물의 가죽을 화학 처리했다.)

b. The tanners **tanned** the hides to make shoes.(그 제혁업자는 신발을 만들기 위해 그 가죽을 화학 처리했다.)

1.3. 다음 주어는 목적어를 때린다.

(3) a. The angry man **tanned** the dog.(화난 사람은 그 개
　　를 때렸다.)
　　b. The man **tanned** his old dog.(그 남자는 자신의 늙
　　은 개를 때렸다.)

2. 자동사 용법

2.1. 다음 주어는 햇볕에 탄다.

(4) a. She **tans** easily.(그녀는 쉽게 탄다.)
　　b. People with fair skin usually don't **tan** easily.(살
　　결이 흰 사람은 보통 쉽게 타지 않는다.)
　　c. His skin **tanned** to a golden brown.(그의 피부는
　　황금 갈색으로 그을렸다.)

2.2. 다음 주어는 태운다.

(5) a. They **tanned** in the sun on the beach.(그들은 햇빛
　　을 받으며 해변에서 그을렸다.)
　　b. He **tanned** in the bathroom under the lamp light.
　　(그는 욕실의 램프 아래에서 그을렸다.)

tangle

이 동사의 개념 바탕에는 얽히는 과정이 있다.

1. 타동사 용법

1.1. 다음 주어는 목적어를 얽히게 한다.

(1) a. He **tangled** up the sheet on the bed as he tossed
　　and turned.(그는 뒤척여서 침대 위의 침대보를 얽
　　히게 했다.)
　　b. Somebody has **tangled** all those cables under my
　　computer.(누군가가 나의 컴퓨터 아래 있는 모든
　　전선을 얽히게 했다.)
　　c. The wash machine **tangled** my underwear.(세탁
　　기는 내 속옷을 얽히게 했다.)
　　d. The wind **tangled** the girl's long hair.(바람은 소녀
　　의 긴 머리카락을 얽히게 했다.)

1.2. 다음은 수동태 문장으로 주어는 얽혀진다.

(2) a. The hedge is **tangled with** morning glories.(울타리
　　는 나팔꽃으로 얽혀 있다.)
　　b. The bushes were **tangled with** vines.(덤불은 넝쿨
　　과 얽혔다.)

1.3. 다음은 수동태 문장으로 주어는 꼬인다.

(3) a. He is **tangled in** a web of lies.(그는 거짓말의 그물
　　에 얽혀 있다.)
　　b. The fly was **tangled in** the spider's web.(파리는
　　거미줄에 얽혔다.)

2. 자동사 용법

2.1. 다음 주어는 얽힌다.

(4) a. My hair **tangles** easily.(나의 머리카락은 쉽게 얽힌
　　다.)
　　b. The strings **tangle** too easily.(그 실은 너무 쉽게
　　얽힌다.)

2.2. 다음 주어는 with의 목적어와 얽힌다. 즉 다투거
나 티격태격한다.

(5) a. I wouldn't **tangle with** him if I were you.(내가 당
　　신이라면 그와 다투지 않을 것이다.)
　　b. Joan **tangled with** her boss about the market plan.

(존은 사장과 시장 계획에 관해 다투었다.)
　　c. The cat tried to **tangle with** a raccoon and lost.(고
　　양이는 너구리와 다투려고 했으나 졌다.)

tantalize

이 동사의 개념 바탕에는 감질나게 하는 과정이 있다.

1. 타동사 용법

1.1. 다음 주어는 목적어를 감질나게 한다.

(1) a. The paintings **tantalize** the eye.(그 그림은 눈을 감
　　질나게 한다.)
　　b. Dreams of food **tantalized** the starving person.(음
　　식에 대한 몽상이 굶주린 사람들을 감질나게 했다.)

1.2. 다음 주어는 with의 목적어를 가지고, 목적어를
감질나게 만든다.

(2) The company **tantalizes** her **with** dreams of
　　promotion.(그 회사는 그녀가 승진에 대한 꿈으로 헛
　　된 기대를 가지게 한다.)

tap

이 동사의 개념 바탕에는 톡톡 치는 과정이 있다.

1. 타동사 용법

1.1. 다음 주어는 목적어를 친다.

(1) a. A stranger **tapped** me on the shoulder.(낯선 사람
　　이 나의 어깨를 톡 쳤다.)
　　b. Will you **tap** Bob on the shoulder?(밥의 어깨를 가
　　볍게 두드려 주겠니?)

1.2. 다음 주어는 그 자체가 목적어를 친다.

(2) The rain **tapped** the window pane.(비는 유리창을
　　두드렸다.)

1.3. 다음 주어는 목적어를 톡톡 쳐서 움직인다.

(3) a. He **tapped** ashes out of his pipe.(그는 재를 파이프
　　에서 톡톡 쳐서 털어냈다.)
　　b. He **tapped** his ash into a tray.(그는 재를 톡톡 털어
　　접시에 넣었다.)
　　c. He **tapped** a nail into a wall.(그는 못을 벽에 탁탁
　　두드려 박았다.)

1.4. 다음 주어는 목적어를 친다. 목적어는 장소이다.

(4) He **tapped** the pavement with his stick.(그는 보도
　　를 지팡이로 두드렸다.)

1.5. 다음 주어는 목적어를 쳐서 만들어낸다.

(5) a. He **tapped** out a novel on an old typewriter.(그는
　　소설을 낡은 타자기를 두드려 썼다.)
　　b. He **tapped** a message with a finger.(그는 전언을
　　한 손가락으로 쳤다.)
　　c. He **tapped** the rhythm of a song.(그는 노래의 리
　　듬을 두드려 쳤다.)
　　d. **Tap** in your password before you log on.(로그인
　　하기 전에 네 암호를 쳐서 넣어라.)

1.6. 다음 주어는 목적어를 쳐서 만들어낸다. 목적어는
구체적인 개체이다.

(6) He **tapped** a hole in a tree.(그는 구멍 하나를 나무에
　　쳐서 만들었다.)

1.7. 다음 주어는 목적어를 정보를 얻기 위해서 접촉한다.

(7) a. He tapped him for information/subscription.(그는 그에게 정보/기부금을 달라고 접촉했다.)

　b. She tapped him for a tip/the news source.(그녀는 팁/소식의 근원을 얻기 위해 그를 접촉했다.)

　c. We could tap him for a loan of a few pounds.(우리는 몇 파운드의 차용을 위해 그를접촉할 수 있었다.)

1.8. 다음 주어는 목적어를 똑똑 두드린다.

(8) a. She tapped her fingers impatiently on the desk.(그녀는 초조해 하며 책상에 손가락을 두드렸다.)

　b. He tapped a pencil on the table.(그는 테이블 위에 연필을 두드렸다.)

　c. The conductor tapped the baton on the music stand.(그 지휘자는 지휘봉을 받침대 위에 가볍게 두드렸다.)

　d. He tapped his stick on the pavement.(그는 지팡이를 보도 위에 톡톡 두드렸다.)

　e. He tapped his feet to the piano.(그는 발을 피아노에 맞추어서 톡톡 쳤다.)

2. 자동사 용법

2.1. 다음 주어는 톡톡 친다.

(9) Their feet were tapping in time to the music.(그들의 발은 음악에 맞춰 톡톡 두드리고 있었다.)

2.2. 다음 주어는 on이나 at의 목적어를 친다.

(10) a. I tapped on the windows to announce my arrival.(나는 도착을 알리려고 창문을 두드렸다.)

　b. He is tapping away on his computers.(그는 컴퓨터를 계속 치고 있다.)

　c. He tapped at the window.(그는 창문을 톡톡 두드렸다.)

　d. Kathy is tapping away at his computer.(캐시는 그의 컴퓨터를 계속 치고 있다.)

2.3. 다음 주어는 against의 목적어에 부딪친다.

(11) The branches tapped against the windows.(그 나뭇가지들은 창문을 톡톡 두드렸다.)

2.4. 다음 주어는 쳐서 들어간다.

(12) a. I can tap into computers all over the world.(나는 전세계의 컴퓨터에 들어갈 수 있다.)

　b. With the Internet you can tap into information from around the world.(인터넷으로 너는 전 세계로부터 오는 정보에 접근할 수 있다.)

tap²

이 동사의 개념바탕에는 tap의 명사 '마개' 가 있다.

1. 타동사 용법

1.1. 다음 주어는 목적어를 딴다.

(1) a. The bartender tapped a keg of beer.(그 바텐더는 맥주 한 통을 땄다.)

　b. He tapped a barrel.(그는 통 하나를 땄다.)

　c. He tapped a cask.(그는 통의 마개를 땄다.)

　d. He tapped a cask of wine.(그는 한 통의 포도주를 땄다.)

　e. He tapped a water main to supply a new building.

　(그는 신축 건물에 물 공급을 하기 위해서 수도 본관을 땄다.)

　f. He tapped a tumor.(그는 종기를 땄다.)

1.2. 다음 주어는 목적어를 따서 나오게 한다.

(2) He tapped liquor.(그는 술을 따서 나오게 했다.)

1.3. 다음 주어는 목적어를 개발한다.

(3) a. The railway tapped the district.(철로는 그 지역을 개발했다.)

　b. The company tapped an oil field.(그 회사는 유전을 개발했다.)

1.4. 다음 주어는 목적어를 따서 수액을 받는다.

(4) a. The rubber trees are ready to tap.(고무나무들은 칼집을 내어 즙액을 받아 낼 준비가 되어 있다.)

　b. He tapped a maple tree for sap.(그는 수액을 채취하기 위해서 단풍나무를 땄다.)

1.5. 다음은 수동태 문장으로 주어는 채취된다.

(5) Rubber trees are tapped.(고무나무에서 수액이 채취된다.)

1.6. 다음 주어는 목적어를 도청한다.

(6) a. He tapped the telephone wires.(그는 전화선을 도청했다.)

　b. He tapped the conversation.(그는 대화를 도청했다.)

　c. The spy tapped the prime minister's private phone.(그 스파이는 총리의 개인 전화를 도청했다.)

1.7. 다음은 수동태 문장으로 주어는 도청된다.

(7) a. The secret agent suspects that his phone is being tapped.(비밀요원은 자신의 전화가 도청되고 있다고 생각을 한다.)

　b. The phones of foreign diplomats have been tapped.(외국 외교관들의 전화는 도청 당해왔다.)

1.8. 다음 주어는 목적어를 찾아낸다.

(8) a. The company tapped the financial resources of the banks by taking out loans.(그 회사는 대출을 받음으로 해서 은행들의 재정적 자원을 이용했다.)

　b. The school tries to tap the skills of young people.(그 학교는 젊은 사람들의 기술을 개발하려 한다.)

　c. The teacher tries to tap the student's natural abilities.(선생님은 학생들의 천부적 능력을 개발하고자 한다.)

　d. We need to tap the expertise and skill of the people we already have.(우리는 우리가 이미 가지고 있는 사람들의 전문지식과 기술을 개발할 필요가 있다.)

　e. In some area, wind power has been successfully tapped creating an alternative method of producing energy.(어떤 지역에서 풍력이 에너지를 생산하는 대안으로 성공적으로 개발되어 왔다.)

　f. I will have to tap my savings to help pay for the car.(나는 차 값을 지불하는 것을 돕기 위해서 내 저축에서 돈을 빼내야만 할 것이다.)

1.9. 다음은 수동태 문장으로 주어는 개발된다.

(9) a. The country's mineral wealth has never been tapped.(그 나라의 광물부는 결코 개발된 적이 없다.)

　b. They have enormous reservoir of oil to be

tapped.(그들은 개발될 막대한 양의 기름 매장을 가지고 있다.)

c. We have a vast pool of practical experience, just wanting to be tapped.(우리는 이제 이용되기를 그냥 기다리는 거대한 양의 실질적 경험이 있다.)

tape

이 동사의 개념 바탕에는 tape의 명사가 있다. 동사의 뜻은 이 명사의 용도와 관계가 있다.

1. 타동사 용법

1.1. 다음 주어는 접착 테이프를 써서 목적어를 다른 곳에 붙인다.

(1) a. Someone has taped a message on the door.(누군가가 메시지를 문에 붙여 놓았다.)

b. He taped a picture of his girlfriend to the side of his locker.(그는 여자친구의 사진을 자신의 사물함 옆에 붙여 놓았다.)

1.2. 다음 주어는 목적어를 테이프로 붙인다.

(2) a. We've got to tape that wound.(우리는 그 상처를 테이프로 붙여야 한다.)

b. She taped the tear in the dollar bill.(그녀는 달러화의 찢어진 부분을 테이프로 붙였다.)

1.3. 다음 주어는 녹음이나 녹화 테이프를 써서 목적어를 녹음이나 녹화한다.

(3) a.He taped his sister's wedding on video.(그는 여동생의 결혼식을 비디오에 녹화했다.)

b. She taped her favorite radio program on a cassette.(그녀는 가장 좋아하는 라디오 프로그램을 카세트에 녹음했다.)

c. Jane began taping his singing.(제인은 그의 노래를 녹음하기 시작했다.)

d. Will you tape 'Friends' for me?(나를 프렌즈를 위해 녹화해 주겠니?)

e. He taped the concert.(그는 콘서트를 녹화했다.)

1.4. 다음 주어는 목적어를 포장용 테이프로 묶거나 봉한다.

(4) a. Put it in a box and tape it up.(그것을 상자에 넣고 봉해라.)

b. The movers taped the boxes shut.(그 이삿짐꾼들은 상자들을 테이프로 봉해서 닫았다.)

taper

이 동사의 개념 바탕에는 길이가 있는 개체의 한 쪽 끝이 점점 가늘어지는 과정이 있다.

1. 자동사 용법

1.1. 다음 주어는 한 쪽이 점점 작아지거나 가늘어진다.

(1) a. The shirt tapers at the waist.(그 셔츠는 허리 부분에서 가늘어진다.)

b. The pots are wide at the base, and tapered off at the top.(그 단지는 바닥이 넓고 위쪽에서 좁아진다.)

c. The jeans taper towards the ends.(그 청바지는 양

쪽 끝으로 가면서 가늘어진다.)

d. The leaves taper off to a sharp point.(나뭇잎은 가늘어져서 뾰족하게 된다.)

e. The church spire tapers off to a point.(그 교회의 첨탑은 가늘어져서 점이 된다.)

1.2. 다음 주어는 양이나 정도가 줄어든다.

(2) a. Foreign aids are tapering off.(외국 원조가 줄어들고 있다.)

b. The snow will taper off at midnight.(눈은 한밤중에 줄어들 것이다.)

c. Interest in the scandal seems to be tapering off.(그 스캔들에 대한 관심이 줄어들고 있는 것처럼 보인다.)

d. The number of applicants for teaching posts tapered off.(교직에 대한 지원자의 수가 줄어들었다.)

e. Her voice tapered off to a whisper.(그녀의 목소리는 속삭임으로 줄어들었다.)

2. 타동사 용법

2.1. 다음 주어는 목적어의 한 쪽 끝을 작게 만든다.

(3) a. He tapered the shirt at the waist.(그는 셔츠를 허리 부근에서 좁게 만들었다.)

b. They are gradually tapering off production of old models.(그들은 구 모델의 생산을 점차 줄여가고 있다.)

c. The joiner tapered the chair legs.(그 가구장이는 그 의자의 다리를 차츰 가늘게 했다.)

d. He tapered the end of the stick with a knife.(그는 막대기의 끝을 칼로 작게 가늘게 만들었다.)

tarnish

이 동사의 개념 바탕에는 녹이 스는 과정이 있다.

1. 타동사 용법

1.1. 다음 주어는 목적어를 녹슬게 한다.

(1) a. Exposure to open air tarnished the silver bowl.(공기에 노출이 은사발을 녹슬게 했다.)

b. The salty ocean air tarnished the silver teapot.(소금끼 있는 바다 공기는 은 찻주전자를 녹슬게 했다.)

c. The elements tarnished the brass doorknob.(그 요소들은 놋쇠 문 손잡이를 녹슬게 했다.)

1.2. 다음은 [명성, 연극, 기록은 금속] 은유가 적용된 표현이다.

(2) a. The scandal/the charge of fraud tarnished the agent's reputation.(사기에 대한 추문/비난은 그 요원의 명성을 더럽혔다.)

b. The accident tarnished John's driving record.(그 사고는 존의 운전 기록을 더럽혔다.)

c. The ice skater tarnished her performance when she fell down.(그 빙상 선수는 넘어지면서 자신의 공연을 망쳤다.)

1.3. 다음은 수동태 문장으로, 주어는 녹이 슬어진다.

(3) a. His image was tarnished severely by the scandal.(그의 이미지는 추문으로 심하게 더럽혀졌다.)

b. The silver candle stick was **tarnished**.(그 은촛대는 녹이 슬었다.)

2. 자동사 용법
2.1. 다음 주어는 녹이 슨다.
(4) a. Silver **tarnishes** easily.(은은 쉽게 녹이 슨다.)

b. The mirror/the goblet has **tarnished** with age.(거울/술잔은 세월이 흐르면서 녹이 슬었다.)

c. The brass door knobs **tarnished**.(놋쇠 문 손잡이는 녹슬었다.)

---

taste

이 동사의 개념 바탕에는 맛을 보는 과정이 있다.

1. 자동사 용법
1.1. 다음 주어는 목적어를 맛을 본다.
(1) a. I haven't **tasted** food for a week.(나는 음식을 일주일 동안 맛보지 못했다.)

b. Jim refused to **taste** the vegetables.(짐은 채소를 맛보기를 거절했다.)

c. John **tasted** the salt on the potato chips.(존은 감자칩에 있는 소금을 맛보았다.)

d. She **tasted** a piece of cheese.(그녀는 치즈 한 조각을 맛보았다.)

e. She **tasted** the wine and said it had gone bad.(그녀는 그 포도주를 맛보더니 상했다고 말했다.)

f. The cook **tasted** the soup.(그 요리사는 국을 맛보았다.)

g. Please **taste** this and tell me if it is too sweet.(이것을 맛보고 너무 단지 제게 말해 주세요.)

1.2. 다음 주어는 목적어를 맛본다.
(2) a. I've burnt my tongue and I can't **taste** anything.(나는 혓바닥을 데어서 아무 것도 맛볼 수 없다.)

b. He **tasted** almond/ginger in the cake.(그는 아몬드/생강을 케이크에서 맛보았다.)

c. I haven't **tasted** such a beautiful curry for ages.(나는 그렇게 맛있는 카레를 오랫동안 맛보지 못했다.)

d. You can't **taste** things properly when you have a cold.(너는 감기에 걸려있을 때 아무것도 맛을 볼 수 없다.)

1.3. 다음 주어는 목적어를 경험한다.
(3) a. Having **tasted** the luxury of the hotel accommodation, he was reluctant to go back to living in a tent.(호텔 숙박의 사치를 맛본 뒤에, 그는 텐트에서 사는 것으로 돌아가기를 꺼렸다.)

b. He had **tasted** freedom and would no longer wait for it.(그는 자유를 맛보았으므로 더 이상 그것을 기다리지 않을 것이다.)

c. He had **tasted** the delights of country life and never again wanted to go back.(그는 시골 생활의 기쁨을 맛보아서 돌아가기를 다시 결코 원하지 않았다.)

d. I **tasted** danger when I went sky diving.(나는 스카이 다이빙을 하러 갔을 때 위험을 맛보았다.)

e. I **tasted** the sweets and bitters of life.(나는 이 세상의 단맛 쓴맛을 다 보았다.)

f. My family **tasted** the good luxury on the luxurious vacation.(나의 가족은 그 호화스런 휴가 중에 좋은 사치를 맛보았다.)

g. She **tasted** life in Mexico during a long vacation.(그녀는 오랜 휴가동안 멕시코에서의 생활을 맛보았다.)

2. 자동사 용법
2.1. 다음 주어는 맛을 낸다. 형용사는 개체 속에 포함된 맛의 특징을 표사한다.
(4) a. It **tastes** bitter.(그것은 맛이 쓰다.)

b. The coffee **tastes** burnt/bitter.(그 커피는 탄/쓴 맛이 난다.)

c. The cream/the milk **tasted** sour.(그 크림/우유는 신 맛이 났다.)

d. The food in the restaurant **tastes** good.(저 식당의 음식은 맛이 좋다.)

e. Can you **taste** anything **strange** in the soup?(뭔가 이상한 맛을 수프에서 맡을 수 있습니까?)

2.2. 다음 주어는 전치사 of의 목적어의 맛이 난다.
(5) a. The bread **tastes** of garlic.(그 빵은 마늘 맛이 난다.)

b. The bread **tastes** of onion.(그 빵은 양파 맛이 난다.)

c. The meat has been overcooked and doesn't **taste** of anything.(그 고기는 지나치게 구워져서 아무 맛도 나지 않는다.)

d. This soup **tastes** of chicken.(이 수프는 닭고기 맛이 난다.)

2.3. 다음에서는 전치사 like가 쓰여서 주어진 개체의 맛을 특징 짓는다.
(6) a. The coffee **tastes** more like hot water.(그 커피는 뜨거운 물 맛이 더 난다.)

b. The wine **tasted** like vinegar.(그 포도주는 식초 맛이 났다.)

2.4. 다음 주어는 맛을 본다.
(7) When you are ill, you can't **taste** properly.(네가 아프면, 맛을 제대로 볼 수 없다.)

---

taunt

이 동사의 개념 바탕에는 조롱하는 과정이 있다.

1. 타동사 용법
1.1. 다음 주어는 목적어를 조소한다.
(1) a. They **taunted** him **with** his conduct.(그들은 행동으로 그를 조롱했다.)

b. He **taunted** her **with** cowardice.(그는 비겁함으로 그녀를 조롱했다.)

1.2. 다음 주어는 목적어를 about의 목적어와 관련하여 조롱한다.
(2) a. The other children **taunted** him **about** his weight.(그 나머지 아이들은 그의 몸무게에 대해 그를 조롱했다.)

b. They **taunted** her **about** her size. (그들은 크기에 대해 그녀를 조롱했다.)

1.3. 다음 주어는 목적어를 조롱하며 목적어가 어떤 일을 하게 한다.

(3) a. They **taunted** him **into** losing his temper. (그들은 그를 조롱하여 그가 화나게 했다.)

b. The boys **taunted** him **into** jumping off the high wall. (그 소년들은 그를 조롱하며 그 높은 벽에서 뛰어내리게 했다.)

tax

이 동사의 개념 바탕에는 tax의 명사 '세금'이 있다. 동사의 뜻은 세금과 관련된다.

1. 타동사 용법

1.1. 다음 주어는 목적어를 세금으로 매긴다.

(1) a. The state **taxes** all money won at the casino. (그 주는 도박장에서 벌은 돈 전부를 세금으로 매긴다.)

b. The government **taxed** the citizens' incomes. (정부는 시민의 소득을 세금으로 매겼다.)

1.2. 다음은 수동태 문장으로 주어는 세금이 부과된다.

(2) a. Income and savings would both be **taxed**. (소득과 저축 모두가 세금이 부과될 것이다.)

b. Cigarettes are heavily **taxed** in Korea. (담배는 한국에서 높게 세금이 부과된다.)

1.3. 다음 주어는 목적어를 세금으로 매긴다. 목적어는 세금을 내는 사람이다.

(3) a. The border guards **taxed** the tourists. (국경 경비대는 여행자에게 세금으로 매겼다.)

b. The government **taxes** its people at a flat rate. (정부는 그 국민을 일률적인 비율로 세금을 매긴다.)

c. His declared aim was to **tax** the rich. (그의 선언된 목표는 부자들에게 세금을 부과하는 것이었다.)

1.4. 세금이 세금을 내는 사람에게 부담이 되듯 다음 주어는 목적에 부담을 준다.

(4) a. The problem **taxes** his ingenuity. (그 문제는 그의 재능을 혹사한다.)

b. The reading in a dim light **taxes** his eyes. (어두운 불 아래에서 독서는 그의 눈을 혹사시킨다.)

c. The problem is **taxing** the brains of the nation's experts. (그 문제는 그 나라의 전문가의 두뇌를 혹사시키고 있다.)

d. Putting the children through college **taxes** our financial resources. (그 아이를 대학에 보내는 것은 우리의 재원에 부담을 준다.)

1.5. 다음 주어는 목적어를 무리하게 쓴다.

(5) a. The kids are really **taxing** my patience. (아이들은 나의 인내심을 혹사하고 있다.)

b. The screaming children **taxed** the teacher's patience. (소리지르고 있는 아이들은 선생님의 참을성을 혹사했다.)

1.6. 다음 주어는 목적어를 책망한다.

(6) a. I **taxed** him **with** avoiding his responsibilities as a parent. (나는 부모로서 책임을 회피하는 것에 대해 그를 책망했다.)

b. The teacher **taxed** her **with** having neglected her work. (선생님은 일을 등한시한 것에 대해 자신을 책망했다.)

c. They **taxed** him **with** being unfair. (그들은 그를 부당한 것으로 책망했다.)

teach

이 동사의 개념 바탕에는 가르치는 과정이 있다.

1. 타동사 용법

1.1. 다음 주어는 목적어를 가르친다. 목적어는 과목이다.

(1) a. He **teaches** typing at a business school. (그는 타이핑을 실무 학교에서 가르친다.)

b. He **teaches** Korean history at a high school. (그는 한국역사를 고등학교에서 가르친다.)

c. He **teaches** reading and writing. (그는 읽기와 쓰기를 가르친다.)

d. I **taught** him swimming. (나는 그에게 수영을 가르쳤다.)

e. He **teaches** religious tolerance. (그는 종교적 포용력을 가르친다.)

f. He **teaches** English to us. (그는 우리에게 영어를 가르친다.)

g. They are **teaching** a new trick to the dolphins. (그들은 새로운 재주를 돌고래들에게 가르치고 있다.)

1.2. 다음 주어는 첫째 목적어에게 둘째 목적어를 가르친다.

(2) a. He is **teaching** his dog tricks. (그는 개에게 재주를 가르치고 있다.)

b. He is **teaching** his son how to drive. (그는 아들에게 운전을 가르치고 있다.)

c. He **teaches** college students physics. (그는 대학생들에게 물리학을 가르친다.)

d. He drove too fast and crashed his car, and that **taught** him a costly lesson. (그는 과속으로 달리다 자신의 차를 파손시켰다. 그리고 그것은 그에게 값비싼 교훈을 가르쳤다.)

e. She **taught** children swimming. (그녀는 아이들에게 수영을 가르쳤다.)

f. I could **teach** you what you need to know. (나는 당신이 알 필요가 있는 것을 당신에게 가르쳐 줄 수 있었으면 좋겠다.)

g. He **taught** him manners. (그는 그에게 예절을 가르쳤다.)

h. He is **teaching** himself Korean. (그는 한국어를 독학하고 있다.)

1.3. 다음 주어는 목적어를 가르친다. 목적어는 학생이나 학급이다.

(3) a. He **teaches** his class well. (그는 자신의 반을 잘 가르친다.)

b He **teaches** a large class. (그는 큰 학급을 맡고 있다.)

c. He is **teaching** school. (그는 교편을 잡고 있다.)

d. She used to **teach** an evening class in vegetarian

cookery.(그녀는 야채 요리법을 가르치는 저녁반을 맡곤 했다.)

1.4. 다음 주어는 첫째 목적어에게 둘째 목적어를 가르 친다. 둘째 목적어는 추상적인 개체이다.

(4) a. Experience **teaches** us our limitations.(경험은 우리에게 한계를 가르친다.)

b. Experience will **teach** you common sense.(경험은 우리에게 상식을 가르칠 것이다.)

c. I hope this experience has **taught** you something. (나는 이번 경험이 네게 무엇인가를 가르쳤기를 바란다.)

d. Their daughter's death **taught** them humility.(딸의 죽음은 그들에게 겸손을 가르쳐 주었다.)

e. The sad experience **taught** her important lessons. (슬픈 경험은 그녀에게 중요한 교훈들을 가르쳤다.)

f. The sufferings **taught** them the worth of liberty. (그 고난은 그들에게 자유의 가치를 가르쳤다.)

1.5. 다음 주어는 목적어를 가르친다. 목적어는 학생이다.

(5) a. He **teaches** children.(그는 아이들을 가르친다.)

b. He **taught** himself.(그는 독학을 했다.)

c. We must **teach** our children about behaving themselves in public.(우리는 아이들을 사람들 앞에서 잘 행동하는 법에 대해서 가르쳐야 한다.)

d. She prefers to **teach** older people.(그녀는 더 나이가 많은 분을 가르치기를 좋아한다.)

e. He **taught** third grade for years.(그는 3학년을 여러 해 동안 가르쳤다.)

1.6. 다음 주어는 목적어를 가르쳐서 부정사가 가리키는 일을 하게 한다.

(6) a. She **taught** the boy to play the guitar.(그녀는 소년을 가르쳐서 기타를 연주하게 했다.)

b. She **taught** me to be less critical of other people.(그녀는 내가 다른 사람을 덜 비판하도록 일깨워 주었다.)

c. The accident **taught** us to be careful.(그 사고는 우리가 신중하게 행동하도록 가르쳤다.)

d. That will **teach** you to speak the truth.(저것은 네가 진실을 말하도록 가르칠 것이다.)

e. He is **teaching** the students to work hard.(그는 학생들을 가르쳐서 열심히 공부하게 하고 있다.)

f. He **taught** himself to play the guitar.(그는 독학으로 기타 연주를 배웠다.)

g. She **taught** children to swim.(그녀는 아이들에게 수영을 가르쳤다.)

h. He is **teaching** his dog to obey him.(그는 개가 자신을 따르도록 훈련시키고 있다.)

i. In learning a foreign language, it is important to **teach** the ear to distinguish sounds.(외국어를 배울 때에, 소리를 분간하는 능력을 가르키는 것은 중요하다.)

1.7. 다음 주어는 목적어를 가르쳐서 부정사가 가리키는 일을 하게 한다.

(7) a. I'll **teach** you to tell a lie.(거짓말 하면 혼날 줄 알아.)

b. I'll **teach** you to talk back to me.(말대꾸 하면 혼내

줄 테다.)

c. "I got wet through." "That will **teach** you to go out with an umbrella."("흠뻑 젖어버렸다." "우산 없이 나가면 안 된다는 걸 알겠지.")

d. I will **teach** you to meddle in my affairs.(내 일에 간섭하면 가만두지 않겠다.)

1.8. 다음 주어는 첫째 목적어에게 둘째 목적어를 가르 친다.

(8) a. Experience **teaches** us that we are limited in power.(경험은 우리가 힘에 한계가 있음을 우리에게 가르친다.)

b. Father **taught** us that we should always do our best.(아버지는 우리가 항상 최선을 다해야 한다고 우리에게 가르쳐 주셨다.)

c. History **teaches** us that war is wrong.(역사는 우리에게 전쟁이 옳지 않음을 가르쳐 준다.)

d. His travel **taught** him that language is no barrier to friendship.(그의 여행은 언어가 우정의 장벽이 될 수 없음을 가르쳤다.)

e. The typhoons **taught** us that we are at the mercy of nature.(태풍은 우리가 자연에 좌우됨을 우리에게 가르쳤다.)

f. We are **taught** that two sides of a triangle are greater than the third.(우리는 삼각형의 두 변의 길이가 나머지 한 변의 길이보다 크다는 것을 배웠다.)

1.9. 다음 주어는 첫째 목적어에게 의문사가 이끄는 절의 내용을 가르친다.

(9) a. They **taught** us how man has damaged his environment.(그들은 어떻게 인간이 환경을 손상시켜 왔는지를 우리에게 일깨워 주었다.)

b. He **taught** her how to drive the car.(그는 차의 운전법을 그녀에게 가르쳤다.)

c. I will **teach** you how to do the trick.(나는 그 재주를 피우는 법을 너에게 가르쳐 주겠다.)

2. 자동사 용법

2.1. 다음 주어는 가르친다.

(10) a. He has been **teaching** for 20 years.(그는 20년 간 교편을 잡고 있다.)

b. After **teaching** for years, Joan is promoted to principal. (수년간의 교사 생활 이후, 조앤은 교장 선생님이 되었다.)

c. I plan to **teach**.(나는 선생님이 될 계획이다.)

d. He **teaches** for a living.(그는 생계를 위해 가르친다.)

e. He **teaches** at Yale.(그는 예일 대학교에서 가르친다.)

team

이 동사의 개념 바탕에는 team의 명사 '수레와 수레를 끄는 짐승'의 뜻이 있다.

1. 자동사 용법

1.1. 다음 주어는 with의 목적어와 팀을 이룬다.

(1) a. You can **team** up with him if you want to.(당신이

원한다면 당신은 그와 팀을 이룰 수 있다.)

b. They **teamed up with** another family to rent a house for the summer.(그들은 다른 가족과 팀을 짜서 여름 동안 집 한 채를 빌렸다.)

c. The two **teamed up** to work on the new project. (그 둘은 새 기획사업의 일을 하기 위해 팀을 이루었다.)

2. 타동사 용법

2.1. 다음 주어는 목적어를 팀으로 만든다.

(2) a. He **teamed** them on the project.(그는 그 기획사업에 그들을 팀으로 만들었다.)

b. They **teamed** the two groups on a new project. (그들은 새 기획사업에 두 그룹을 팀으로 만들었다.)

2.2. 다음은 수동태 문장으로 주어는 팀이 만들어진다.

(3) He was **teamed** with his brother in the doubles.(그는 동생과 함께 복식 경기에서 팀을 이루었다.)

tear

이 동사의 개념 바탕에는 찢는 과정이 있다.

1. 타동사 용법

1.1. 다음 주어는 목적어를 전치사 in이나 into의 목적어 상태로 찢는다.

(1) a. He **tore** it **in** half.(그는 그것을 반으로 찢었다.)

b. Bill angrily **tore** the letter **into** the shreds.(빌은 화가 나서 편지를 갈기갈기 찢어버렸다.)

c. He **tore** the photographs **into** pieces.(그는 사진을 갈기갈기 찢었다.)

d. He **tore** the sheet of paper **into** pieces.(그는 그 종이를 갈가리 찢었다.)

1.2. 다음 주어는 목적어를 찢어서 어떤 상태로 만든다.

(2) a. War **tore** the nation **apart**.(전쟁이 그 나라를 분열시켰다.)

b. She **tore** the envelope **open**.(그녀는 그 봉투를 찢어 열었다.)

c. He **tore up** the contract.(그는 그 조약을 파기했다.)

d. He **tore up** the letter.(그는 그 편지를 갈기갈기 찢었다.)

e. The wind **tore up** trees.(바람은 나무들을 뿌리채 뽑아 버렸다.)

f. They are **tearing down** the old building.(그들은 오래된 건물을 헐고 있는 중이다.)

g. He **tore** his hair with rage.(그는 머리카락을 분노로 쥐어뜯었다.)

1.3. 다음은 수동태 문장으로 주어는 찢긴다.

(3) a. He is **torn** with jealousy.(그는 질투로 마음이 찢어진다.)

b. Her heart was **torn** by grief.(그녀의 마음은 슬픔으로 찢어졌다.)

c. People who had relations both in East and West Germany felt **torn**.(동서 독일 양쪽에 친척들이 있는 사람들은 마음이 찢어지는 것을 느꼈다.)

d. The country was **torn** by civil war.(그 나라는 내란으로 찢어졌다.)

e. The country was **torn** by disaster.(그 나라는 재난으로 찢어졌다.)

1.4. 다음 주어는 목적어를 전치사 on의 목적어에 걸려 찢는다.

(4) a. Be careful! You don't **tear** your sleeve on the nail.(조심해라! 너는 소매를 못에 찢기지 않는다.)

b. He **tore** a sock on a nail.(그는 양말 하나를 못에 걸려 찢었다.)

c. He **tore** his dress on a nail.(그는 옷을 못에 걸려 찢었다.)

d. I **tore** my shirt on the chair as I stood up.(나는 일어서면서 셔츠를 의자에 걸려 찢었다.)

e. He **tore** his hand on a nail.(그는 손을 못에 찢었다.)

1.5. 다음 주어는 전치사 from의 목적어에서 떨어져 나온다.

(5) a. He **tore** himself **away from** the scene/book.(그는 그 장면에서/그 책에서 자신을 억지로 떼어내었다.)

b. He **tore** the notice down **from** the notice board.(그는 게시를 그 벽보에서 잡아 떼었다.)

c. The wind **tore** the door **from** its hinges.(바람은 문을 경첩에서 떼어 버렸다.)

1.6. 다음 주어는 목적어를 전치사 off의 목적어에서 찢어낸다.

(6) a. He **tore** a corner **off** a newspaper.(그는 그 신문에서 귀퉁이를 찢어내었다.)

b. He **tore** the poster **off** the wall.(그는 벽에서 그 포스터를 찢어 떼어 버렸다.)

c. He **tore** his pajamas **off**.(그는 파자마를 억지로 벗었다.)

d. He **tore off** his clothes and dived to rescue the child.(그는 옷을 급히 벗고 아이를 구하러 물에 뛰어들었다.)

1.7. 다음 주어는 목적어를 전치사 out of 의 목적어에서 찢어낸다.

(7) a. He **tore** a picture **out of** a newspaper.(그는 그림 하나를 신문에서 찢어냈다.)

b. He **tore** a page **out of** the book.(그는 한 페이지를 책에서 찢어냈다.)

c. He **tore** the paper **out of** the boy's hand.(그는 소년의 손에서 신문을 억지로 빼앗았다.)

d. Someone **tore** the last page **out**.(누군가 마지막 페이지를 뜯어냈다.)

1.8. 다음 주어는 목적어를 찢어서 만든다.

(8) a. He **tore** a hole in his jacket.(그는 구멍을 재킷에 찢어서 냈다.)

b. You've **torn** a hole in the knee of your trousers. (너는 구멍을 바지 무릎에 찢어서 내었다.)

2. 자동사 용법

2.1. 다음에서 주어는 찢긴다.

(9) a. The dress **tore** at the seam when I pulled on it.(그 드레스는 내가 그것을 잡아당겨 입을 때 솔기에서 찢어졌다.)

b. The paper **tore** when I grabbed it from John's hand.(그 종이는 내가 존의 손에서 잡아챘을 때 찢

c. The pastry tore as I was putting it into a dish.(그 빵은 내가 그것을 접시에 놓을 때 찢어졌다.)

2.2. 다음 주어는 찢긴다.
(10) a. This fabric tears easily.(이 옷감은 쉽게 찢어진다.)

b. This material tears easily.(이 물질은 쉽게 찢어진다.)

c. Tissue paper tears easily.(화장지는 쉽게 찢겨진다.)

2.3. 다음에 쓰인 전치사 at은 찢는 동작이 목적어에 부분적으로 미침을 나타낸다.
(11) a. He tore at her sleeve, begging her to stay.(그는 그녀의 소매를 당기고는 머물러 달라고 간청했다.)

b. He tore at the wrapping.(그는 포장지를 조금씩 잡아 찢었다.)

c. The animal's claws tore at the body.(그 동물의 발톱은 몸을 조금씩 할퀴었다.)

2.4. 다음 주어는 빠르게 움직인다.
(12) a. A car came tearing along.(차 한 대가 질주해 오고 있었다.)

b. He tore along the road.(그는 길 따라 질주했다.)

c. The dog tore around the yard.(그 개는 마당 주위를 빠르게 돌아다녔다.)

d. The car tore away in the distance.(그 차는 멀리 질주해 가버렸다.)

e. He tore down the hill.(그는 언덕 아래로 빠르게 달려 내려갔다.)

f. The car tore down the street.(그 차는 쏜살같이 거리를 따라 질주해 내려갔다.)

g. The army tore into the enemy.(그 군대는 적에게 돌진해 들어갔다.)

h. He tore off after the bus.(그는 버스를 따라서 둘러 떠났다.)

i. I must tear off to the store before it closes.(나는 상점이 닫기 전에 그 곳에 재빨리 뛰어가야 한다.)

j. We tore off home as soon as the bell rang.(우리는 종이 울리자마자 집으로 재빨리 뛰어갔다.)

k. The children tore out of the school gate.(어린이들은 교문을 뛰어 나왔다.)

l. The wind tore through the trees.(바람은 나무들 사이를 통해 세차게 불고 지나갔다.)

tease

이 동사의 개념 바탕에는 계속 집적거려서 화가 나게 하는 과정이 있다.

1. 타동사 용법
1.1. 다음 주어는 목적어를 귀찮게 집적인다.
(1) a. Don't tease the kitten like that.(그 고양이를 그렇게 집적이지 말아라.)

b. Students often tease each other.(학생들은 종종 서로를 귀찮게 한다.)

1.2. 다음 주어는 목적어를 전치사 for의 목적어를 얻기 위해 조른다.
(2) a. He teased his father for a computer.(그는 아버지에게 컴퓨터를 사달라고 졸랐다.)

b. She teased her mother for a cellular phone.(그녀는 어머니를 졸라 휴대 전화를 사려고 했다.)

1.3. 다음 주어는 목적어를 전치사 about의 목적어에 대해 놀린다.
(3) a. He teased the boy about his defect.(그는 소년의 결함에 대해서 놀렸다.)

b. They teased him about his size.(그들은 그의 크기에 대해서 그를 놀렸다.)

1.4. 다음은 수동태 문장으로 주어는 놀림을 받는다.
(4) I used to get teased about my name.(나는 이름에 대해서 놀림을 받곤 했다.)

1.5. 다음 주어는 목적어를 졸라서 부정사가 가리키는 일을 하게 한다.
(5) The child teased his mother to buy him a bike.(그 아이는 엄마를 졸라서 그에게 자전거를 사주게 했다.)

1.6. 다음 주어는 목적어를 빗어서 풀어낸다.
(6) a. She teased out the knots in her hair.(그녀는 머리의 얽힘을 빗어 풀었다.)

b. He teased out the tangled knots in my hair.(그는 내 머리의 얽힘을 빗어 없앴다.)

1.7. 다음 주어는 목적어를 끌어낸다.
(7) a. The teacher teased out the meaning of the poem.(선생님은 그 시의 의미를 끌어내었다.)

b. It will take a while to tease out the important fact from the mess.(중요한 사실을 혼란에서 끌어내는 데 시간이 걸릴 것이다.)

1.8. 다음 주어는 목적어를 빗어서 전치사 into의 상태로 만든다.
(8) She teased the wool into strands.(그녀는 그 양털을 빗어서 실로 만들었다.)

1.9. 다음 주어는 목적어를 보풀린다.
(9) a. Mary teased her hair before going to the party.(메리는 그 파티에 가기 전에 머리를 부풀렸다.)

b. The hair dresser teased Jane's hair.(그 미용사는 제인의 머리를 보풀렸다.)

1.10. 다음은 수동태 문장으로 주어는 부풀려진다.
(10) Her hair was teased.(그녀의 머리는 부풀려졌다.)

2. 자동사 용법
2.1. 다음 주어는 전치사 for의 목적어를 얻기 위해 조른다.
(11) a. He keeps teasing for candy.(그는 사탕을 달라고 계속 조른다.)

b. He teased for chocolate.(그는 초코렛을 달라고 졸랐다.)

c. The child teases for everything he sees.(그 아이는 그가 보는 모든 것을 달라고 조른다.)

2.2. 다음 주어는 놀린다.
(12) They are only teasing.(그들은 단지 놀리고 있을 뿐이다.)

teeter

이 동사의 개념 바탕에는 앞뒤로 비틀거리는 과정이 있다.

1. 자동사 용법

1.1. 다음 주어는 비틀거린다.

(1) a. The glass **teetered on** the edge of the counter before it fell.(유리잔은 떨어지기 전에 카운터 모서리에서 비틀거렸다.)

b. The hiker **teetered on** the edge of the path, but didn't fall.(도보 여행자는 소로의 가장자리에서 비틀거렸지만, 넘어지진 않았다.)

c. The acrobat **teetered on** the tight rope.(곡예사는 줄 위에서 비틀거렸다.)

d. The ladder **teetered**, and crashed down.(사다리는 비틀거리다가 쾅 하고 넘어졌다.)

1.2. 다음 주어는 비틀거리며 이동한다.

(2) a. They **teetered about** the room like two drunks.(그들은 술 취한 두 사람처럼 방 주위를 비틀거리며 다녔다.)

b. She **teetered along** in her high-heeled shoes.(그녀는 하이힐을 신고 길을 따라 비틀거리며 걸었다.)

1.3. 다음은 [조직체는 건물] 은유가 적용된 예이다.

(3) a. The city is **teetering on** the edge/brink of financial calamity.(그 도시는 재정적 재앙의 벼랑/가장자리에서 비틀거리고 있다.)

b. The government is **teetering on** the brink of defeat.(정부는 패배의 가장자리에서 비틀거리고 있다.)

1.4. 다음은 [값은 개체] 은유가 적용된 예이다.

(4) Prices **teetered on** the edge of $100, then fell sharply.(가격들이 100달러의 가장자리에서 비틀거리더니 그 다음에는 급격히 하락했다.)

telephone

이 동사의 개념 바탕에는 telephone의 명사 '전화'가 있다. 동사의 뜻은 이 명사의 기능과 관련된다.

1. 타동사 용법

1.1. 다음 주어는 목적어를 전화로 부른다.

(1) a. He **telephoned** her by long distance.(그는 장거리 전화로 그녀에게 통화했다.)

b. He **telephoned** her with the news.(그는 그녀에게 새 소식을 전화로 알렸다.)

c. He **telephoned** the store to see what time it closed.(그는 가게를 닫는 시간을 알기 위해서 전화했다.)

1.2. 다음 주어는 목적어를 전화를 건다. 목적어는 장소이다.

(2) a. Can one **telephone** London from here?(여기서 런던에 전화할 수 있습니까?)

b. Can one **telephone** Afghanistan from Korea?(한국에서 아프가니스탄을 전화할 수 있습니까?)

1.3. 다음 주어는 목적어를 전화로 불러 어떤 일을 하게 한다.

(3) I **telephoned** him to come at once.(나는 그를 즉시 오라고 전화했다.)

1.4. 다음 주어는 첫째 목적어에게 둘째 목적어를 전화로 알린다.

(4) a. He **telephoned** her the message.(그는 그녀에게 전언을 전화로 했다.)

b. Please **telephone** me the good news when it happens.(좋은 일이 일어나면 나에게 그 소식을 전화로 해주어라.)

1.5. 다음 주어는 목적어를 전화로 알린다.

(5) You can **telephone** your order for 24 hours a day.(당신은 하루 24시간 언제나 전화로 주문을 할 수 있다.)

1.6. 다음 주어는 that-절의 내용을 전화로 한다.

(6) a. He **telephoned** me **that** he would come to see me.(그는 나에게 나를 보러 올 것이라고 전화했다.)

b. He **telephoned that** there had been an accident.(그는 사고가 있었다고 전화했다.)

2. 자동사 용법

2.1. 다음 주어는 전치사 to의 목적어에 전화를 한다.

(7) He **telephoned to** his friend.(그는 친구에게 전화했다.)

tell

이 동사의 개념 바탕에는 이야기 하는 과정이 있다.

1. 타동사 용법

1.1. 다음 주어는 첫째 목적어에게 둘째 목적어를 말한다.

(1) a. He didn't **tell** her his name.(그는 그녀에게 자신의 이름을 말하지 않았다.)

b. **Tell** me your name and address.(나에게 당신의 이름과 주소를 말해 주시오.)

c. He **told** us his adventures/interesting stories.(그는 우리에게 모험담/흥미로운 이야기를 들려주었다.)

d. She began to **tell** me the story of her life.(그녀는 나에게 자신의 인생 이야기를 하기 시작했다.)

e. He cannot **tell** someone no.(그는 다른 사람에게 안 된다는 말을 하지 못한다.)

f. She **told** him the way to the university.(그녀는 그에게 대학으로 가는 길을 가르쳐 주었다.)

g. My father used to **tell** me stories about the war.(아버지는 나에게 전쟁에 대한 이야기를 해주곤 하셨다.)

1.2. 다음 둘째 목적어는 [의문사+부정사]이다.

(2) a. Stop trying to **tell** me **what** to do all the time.(항상 나에게 무엇을 해야한다고 명령하려고 하지 마시오.)

b. Don't **tell** me **how** to behave in public.(사람들 앞에서 어떻게 행동하라고 나에게 명령하지 마시오.)

1.3. 다음 주어는 목적어를 to의 목적어에 말한다.

(3) He **told** the news to everyone he saw.(그는 그가 만나는 모든 사람에게 그 소식을 말했다.)

1.4. 다음 주어는 목적어를 말로 표현한다.

(4) a. He **told** a secret/a good joke/a lie/the truth.(그는 비밀/재미있는 농담/거짓말/진실을 털어놓았다.)

b. Nobody can **tell** the reason.(아무도 그 이유를 말할 수 없었다.)

c. Dan is **telling** the truth; the others are in danger.

(댄은 진실을 말하고 있다; 그 나머지 사람들은 위험에 처해 있다.)

d. He **told** his thoughts/feelings to his wife.(그는 자신의 생각/느낌을 아내에게 말했다.)

e. He **told** his love.(그는 사랑을 털어놓았다.)

f. He can **tell** people's fortunes.(그는 사람들의 운수를 점칠 수 있다.)

g. The baby can **tell** the time.(그 아기는 시간을 알 수 있다.)

1.5. 다음 주어는 목적어를 소리내어 말한다.

(5) a. He **told** the rosary.(그는 염주/묵주를 돌리며 기도했다.)

b. He **told** the beads.(그는 염주/묵주를 돌리며 기도했다.)

1.6. 다음 주어는 목적어에게 about의 목적어에 대해선 말한다.

(6) a. Did I **tell** you **about** his schedule/his wedding?(내가 당신에게 그의 스케줄/결혼에 대해 말했나요?)

b. He **told** me **about** his childhood/his difficulties/his experiences.(그는 나에게 자신의 어린 시절/어려운 일/경험들에 대해 이야기했다.)

c. He **told** her **about** his work in the office.(그는 그녀에게 사무실에서의 자신의 일에 대해 이야기했다.)

d. He **told** us **about** his wonderful adventures in Tibet.(그는 우리에게 티벳에서의 멋진 모험에 관해 이야기했다.)

e. What do these fossils **tell** us **about** our ancestors?(이 화석들은 우리에게 조상들에 관해 무엇을 말해 줍니까?)

f. Please **tell about** what happened yesterday in school.(어제 학교에서 무슨 일이 있었는지 제발 말해주세요.)

g. Mary **told** Jane **about** the exhibition/the Sahara desert.(메리는 제인에게 그 전람회/사하라 사막에 대해 이야기했다.)

1.7. 다음 주어는 목적어에게 부정사가 가리키는 일을 하게 한다.

(7) a. I kept **telling** myself **to** keep calm.(나는 나 자신에게 침착하라고 계속 말했다.)

b. **Tell** her **to** bring me some coffee.(그녀에게 나에게 커피를 가지고 오라고 말하시오.)

c. The doctor **told** me **not to** worry.(의사는 나에게 걱정하지 말라고 했다.)

d. I was **told** always **to** speak the truth.(나는 항상 진실을 말하라고 들었다.)

1.8. 다음은 수동태 문장으로 주어는 지시를 받는다.

(8) a. Do as you are **told**.(들은 대로 해라.)

b. The children wouldn't do as they are **told**.(아이들은 들은 대로 하지 않을 것이다.)

c. The instructions **tell** you **to** wash the blades before you use the machine.(그 사용 지침서는 기계를 사용하기 전에 날을 씻으라고 한다.)

1.9. 다음은 수동태 문장으로 주어는 지시를 받는다.

(9) We were **told not to** touch the picture.(우리는 그림을 만지지 말라고 들었다.)

1.10. 다음 주어는 첫째 목적어에게 둘째 목적어

(that-절)을 말한다.

(10) a. She **told** me **that** she had been ill.(그녀는 나에게 아팠었다고 말했다.)

b. **Tell** mother **that** we are coming.(어머니께 우리가 간다고 말씀드려.)

c. She **told** him **that** you'd come later.(그녀는 그에게 당신이 나중에 온다고 말했다.)

d. I keep **telling** myself **that** there is nothing I could have done to save him.(나는 그를 구하기 위해서 내가 할 수 있었던 일은 없다고 나 자신에게 계속해서 말한다.)

e. Don't **tell** me you've forgotten my birthday again.(나에게 당신이 또 내 생일을 잊었다고 말하지 말아요.)

1.11. 다음은 수동태 문장으로 주어는 말해진다.

(11) a. I am **told that** he is no longer there.(나는 그가 더이상 거기에 살지 않는다고 들었다.)

b. We weren't **told what** the result was.(우리는 결과가 어떻게 되었는지 듣지 못했다.)

1.12. 다음 주어는 첫째 목적어에 둘째 목적어를 말한다.

(12) a. **Tell** her **how** glad I am.(그녀에게 내가 얼마나 기쁜지 말해주시오.)

b. She will **tell** you **what** to do.(그녀는 당신에게 무엇을 해야 하는지 말해줄 것입니다.)

c. **Tell** me **when** you will leave Seoul.(나에게 당신이 언제 서울을 떠나는지 알려 주시오.)

d. Jane is able to **tell when** I am unhappy.(제인은 내가 언제 슬픈지 알 수 있다.)

e. Don't **tell where** you found the knife.(어디에서 칼을 찾았는지 말하지 마시오.)

f. Don't **tell where** the money is.(돈이 어디에 있는지 말하지 마시오.)

g. I couldn't **tell whether** he was pleased or not.(나는 그가 기쁜지 아닌지 구별할 수 없었다.)

h. How can you **tell which** way to take?(당신은 어느 길로 가야 하는지 알려줄 수 있습니까?)

i. **Tell** me **why** you disagree.(왜 당신이 반대하는지 나에게 말해 주시오.)

1.13. 다음 주어는 기계이다. 주어는 목적어를 소리로 알린다.

(13) a. The clock **tells** the time every hour.(시계는 매 시간마다 시간을 알려준다.)

b. My watch **tells** the date and the time.(내 손목시계는 날짜와 시간을 알려준다.)

c. The gauge **tells** how much fuel you have left.(계측기는 연료가 얼마나 남았는지 알려준다.)

d. The light on the dashboard **tells** you if you are driving too fast.(계기판의 불은 당신이 운전을 너무 빨리 하는지를 알려준다.)

e. The red lamp **tells** that the machine is working.(빨간 램프는 기계가 작동하고 있음을 알려준다.)

1.14. 다음 주어는 목적어를 표현한다.

(14) a. A smile **tells** joy better than words.(미소가 기쁨을 말보다 더 잘 말해준다.)

b. Their expressions **told** me immediately that something had gone wrong.(그들의 표현은 나에게

즉시 무언가 잘못되었다는 것을 알려주었다.)

c. Her face **told** her grief.(그녀의 얼굴은 슬픔을 말해주었다.)

d. The sign post **tells** the way to the city.(그 표지판은 도시로 가는 길을 알려준다.)

e. The smashed automobile **told** a sad story.(산산조각난 자동차는 슬픈 이야기를 말해주었다.)

f. A room **tells** a lot about its occupants.(방은 그 방의 사람들에 대해 많은 것을 말해준다.)

g. Her diary **told** us how close to starvation they were.(그녀의 일기는 얼마나 기아에 가까이 그들이 처해 있었는지 말해주었다.)

h. The facts **tells** us that it is not true.(사실은 우리에게 그것은 진실이 아니라고 알려준다.)

1.15. 다음 주어는 that-절의 내용을 전한다.

(15) a. The radio **tells** that there was a flood in the area.(라디오는 그 지역에 홍수가 있었다고 보도한다.)

b. The sound of his breathing **told** her **that** he was sleeping.(그의 숨소리는 그가 자고 있음을 그녀에게 알려주었다.)

c. The beeper **tells** you **that** you've left your lights on.(무선 호출기는 당신이 불을 켜두고 나왔음을 당신에게 알려줍니다.)

d. Something **tells** that this is not true.(이것이 진실이 아님을 무언가가 말해준다.)

e. The language we use **tells who** we actually are.(우리가 사용하는 언어는 우리가 실제로 누구인가를 말해준다.)

1.16. 다음 주어는 목적어를 식별한다.

(16) a. You can always **tell** a gentleman by his speech.(당신은 말로써 신사를 분별할 수 있다.)

b. You cannot always **tell** a policeman by his uniform.(당신은 경찰관을 항상 제복만으로 분별할 수 없다.)

c. You can tell him by his size.(당신은 그를 덩치로 분별할 수 있다.)

d. I cannot **tell** the color/the size.(나는 색/크기를 분별할 수 없다.)

1.17. 다음 주어는 의문사가 이끄는 절의 내용을 말한다.

(17) a. It is hard to **tell how** far a teacher's influence extends.(교사의 영향력이 어느 범위까지 미치는지는 단언할 수 없다.)

b. Nobody can **tell what** it is.(아무도 이것이 무엇인지 말할 수 없다.)

c. Who can **tell what** tomorrow will bring?(내일이 무엇을 가져다줄지 누가 말할 수 있는가?.)

d. It is hard to **tell what** he means.(그가 무엇을 의미하는지 구별하기 힘들다.)

e. There is no way of **telling when** he may come.(그가 언제 올지 알 길이 없다.)

f. I can't **tell** you **when** the inflation will come down.(나는 네게 언제 통화팽창이 하락할지 말할 수 없다.)

g. Can you **tell who** is at the door?(누가 문에 왔는지 알 수 있습니까?)

h. **Tell** me **how** to make it.(나에게 그것을 어떻게 만드는지 알려주세요.)

i. You can't **tell what** to do.(너는 무엇을 해야 할지 알 수 없다.)

1.18. 말을 할 수 있다는 것은 안다는 의미를 갖는다.

(18) a. You can **tell** that he is well educated.(그가 잘 교육받았음을 알 수 있다.)

b. You can **tell** by the way it walks **that** it has been injured.(당신은 그것이 걷는 모습을 보고 다쳤음을 알 수 있다.)

c. I could **tell** from his expression **that** he was angry.(나는 그의 표현에서 그가 화가 났음을 알 수 있었다.)

d. I could **tell** from her face **that** he'd said the wrong thing.(나는 그가 틀린 것을 말했음을 그녀의 얼굴에서 알 수 있었다.)

e. You can **tell** by the smell **that** it is made from goats' milk.(당신은 그 냄새로 그것이 염소젖으로 만들어졌음을 알 수 있다.)

f. One can **tell that** she is very smart.(사람들은 그녀가 매우 똑똑하다는 것을 알 수 있다.)

g. It was very dark, but I could still **tell** it was you.(매우 어두웠지만, 나는 여전히 그것이 너였음을 알 수 있었다.)

1.19. 안다는 것은 구별할 수 있음을 의미한다. 다음 주어는 목적어를 전치사 from의 목적어로부터 구별한다.

(19) a. You cannot **tell** the fake **from** the original.(너는 그 모조품을 진품으로부터 구별할 수 없다.)

b. Can you **tell** the good **from** the bad?(너는 좋은 사람들을 나쁜 사람들로부터 구별할 수 있니?)

c. Can you **tell** Tim **from** his twin brother?(너는 팀을 그의 쌍둥이형에서 구별할 수 있니?)

1.20. 다음 주어는 목적어를 분간한다.

(20) a. I can't **tell** the twins **apart**.(나는 쌍둥이들을 구별할 수 없다.)

b. I cannot **tell** the brothers **apart**.(나는 형제들을 구별할 수 없다.)

c. One can never **tell** the **difference**.(아무도 차이를 구별할 수 없다.)

d. Margarine and butter, I can't **tell** the **difference**.(나는 마가린과 버터의 차이점을 구별할 수 없다.)

e. How do you **tell which** button to press?(당신은 어떤 버튼을 눌러야 하는지 어떻게 구별하십니까?)

f. I can't **tell which** is which.(나는 어느 것이 어느 것인지 구별할 수 없다.)

g. I cannot **tell how** this is done.(나는 이것이 어떻게 이루어졌는지 알 수 없다.)

1.21. 다음 주어는 목적어를 나무란다.

(21) a. I **told** him **off** for keeping me waiting.(나는 나를 기다리게 했기 때문에 그에게 잔소리를 했다.)

b. I **told** the boys **off** for making so much noise.(나는 그 소년들이 너무 시끄럽게 굴었기 때문에 야단쳤다.)

c. It was about time someone **told** him **off**.(누군가가 그를 야단칠 시간이었다.)

d. The guy was rude and a woman **told** him off.(그 청년은 무례해서 한 여자가 그를 나무랐다.)

e. I was **told** off to do it.(나는 그것을 하라는 지시를 받았다.)

1.22. 다음 주어는 목적어에게 on의 목적어를 고자질한다.

(22) The boy **told** the teacher **on** his mate.(그 소년은 선생님께 친구를 일러바쳤다.)

2. 자동사 용법

2.1. 다음 주어는 안다.

(23) a. I can **tell** at a glance.(나는 한 눈에 알 수 있다.)

b. She may or may not wear makeup, but I can never **tell**.(그녀는 화장을 하기도 하고 안 하기도 한다. 그러나 나는 절대 구별할 수 없다.)

2.2. 다음 주어는 말한다.

(24) Experiences **tell**.(경험이 말해준다.)

2.3. 다음 주어는 이른다.

(25) a. I'm going to **tell**, if you don't stop messing around.(나는 네가 주위를 어지르는 것을 그만두지 않으면 이를테다.)

b. I have a secret; promise not to **tell**.(나는 비밀이 있다; 이르지 않겠다고 약속해.)

c. Did he promise not to **tell**?(그가 말하지 않겠다고 약속했니?)

d. As far as I can **tell**, he's enjoying the course.(내가 아는 한 그는 수업을 즐기고 있어.)

2.4. 다음 주어는 효과가 나타난다.

(26) a. Our efforts are beginning to **tell**.(우리의 노력은 효과를 보이기 시작하고 있다.)

b. Honest will **tell** in the end.(정직은 결국 영향이 나타난다.)

c. Good teaching will always **tell**.(훌륭한 가르침은 언제나 효과가 나타난다.)

d. Money is bound to **tell**.(돈의 효험은 반드시 나타난다.)

e. The nights without sleep were beginning to **tell**; he looked haggard.(잠을 자지 못한 밤들이 영향을 나타내기 시작했다; 그는 초췌해 보인다.)

2.5. 다음 주어는 그 영향이 on의 목적어에 나타난다.

(27) a. His hard life is **telling on** his health.(그의 힘겨운 생활은 그의 건강에 영향을 미치고 있다.)

b. The hard work began to **tell on** him.(힘든 일은 그에게 영향을 미치기 시작했다.)

c. The stress of their work **tells on** their marriage.(일에서 오는 스트레스는 그들의 결혼에 영향을 미친다.)

d. The strains of office are beginning to **tell on** the prime minister.(업무에서 오는 긴장된 일들은 총리에게 영향을 미치기 시작하고 있다.)

e. His age is beginning to **tell on** him.(나이가 그에게 영향을 미치기 시작하고 있다.)

f. The man's age is beginning to **tell on** him--he's finding more difficult to climb the stairs.(그 남자의 나이는 그에게 영향을 미치기 시작하고 있다--그는 계단을 오르기가 더 힘들어진다.)

2.6. 다음 주어는 on의 목적어를 고자질한다.

(28) a. A student stole a pencil and another **told on** him.(학생이 연필 한 자루를 훔쳤고 다른 학생이 그를 고자질했다.)

b. Helen **told on** her brother.(헬렌은 그녀의 오빠를 일러바쳤다.)

c. You shouldn't **tell on** your friends.(친구들을 고자질해서는 안 된다.)

d. Please don't **tell on** us.(제발 우리를 고자질하지마.)

2.7. 다음 주어는 영향을 준다.

(29) a. It is a deal which **tells in** our favor.(그것은 우리에게 유리한 거래이다.)

b. Your southern accent will **tell against** you if you want to be an announcer.(만약 당신이 아나운서가 되고자 하면, 당신의 남부 억양은 당신에게 안 좋은 영향을 미칠 것이다.)

c. It **tells** somewhat **against** him.(그것은 그에게 다소 안 좋은 영향을 미친다.)

2.8. 다음 주어는 about의 목적어에 대해서 말한다.

(30) a. He **told about** his childhood.(그는 어린 시절에 대해서 이야기했다.)

b. You can't **tell about** the weather.(너는 날씨를 예측할 수 없다.)

d. No one can **tell about** his destiny.(아무도 자신의 운명을 예측할 수 없다.)

2.9. 다음 주어는 전치사 of의 목적어의 존재에 대해서 말한다.

(31) a. He is **telling of** his old days.(그는 자신의 옛 시절을 이야기하고 있다.)

b. They **told of** flood and famine in the country.(그들은 나라의 홍수와 기근에 대해 이야기했다.)

c. He **told of** a strange incident.(그는 이상한 사건에 대해 이야기했다.)

2.10. 다음 주어는 of의 목적어에 대해서 말한다.

(32) a. The book **tells of** their travels in Asia.(그 책은 그들의 아시아 여행에 대해 이야기한다.)

b. The notice **tells of** the proposed job cuts.(그 공지는 제안된 인원 감축에 대한 것이다.)

c. Her tears **tells of** the sorrow in her heart.(그녀의 눈물은 가슴 속의 슬픔을 말해준다.)

d. His hands **tell of** labor.(그의 손은 노동을 말해준다.)

e. The painting **tells of** his great skill.(그 그림은 그의 뛰어난 솜씨를 보여준다.)

temper

이 동사의 개념 바탕에는 강함을 약하게 하는 과정이 있다.

1. 타동사 용법

1.1. 다음의 주어는 목적어를 with의 목적어를 써서 약하게 한다.

(1) a. He **tempered** strong drink with water.(그는 독한 술을 물로 약하게 했다.)

b. He **tempered** justice with mercy.(그는 정의를 자

비로 약하게 했다.)

c. A wise man **tempers** his emotions **with** reason. (현명한 사람은 감정을 이성으로 다스린다.)

d. He tried to **temper** harsh reality **with** alcohol.(그는 혹독한 현실을 술로 다스리려고 했다.)

e. She **tempered** her criticism **with** words of encouragement.(그녀는 비판을 격려의 말로 약하게 했다.)

f. God **tempers** the wind to the shorn lamb. (하느님은 털이 깎인 양에게 바람을 약하게 한다.)

1.2. 다음은 수동태 문장으로 주어는 약하게 된다.

(2) a. The heat of the summer here is **tempered** by pleasant winds.(그 여름의 더위는 시원한 바람에 약하게 된다.)

b. Her harsh words were **tempered** with a kind smile.(그녀의 심한 말은 친절한 미소로 부드럽게 되었다.)

1.3. 다음 주어는 목적어를 불린다.

(3) a. The worker **tempered** the metal in a furnace.(그 노동자는 금속을 용광로에서 불리었다.)

b. He is **tempering** the steel of the sword.(그는 칼의 강철을 불리고 있다.)

1.4. 다음은 수동태 문장으로 주어는 처리된다.

(4) a. Glass is **tempered** by heating.(유리는 열처리로 달구어진다.)

b. Steel is **tempered** by heating and sudden cooling. (강철은 열처리와 갑작스러운 식힘으로 불리어진다.)

---

tempt

이 동사의 개념 바탕에는 사람의 마음을 부추기는 과정이 있다.

1. 타동사 용법

1.1. 다음의 주어는 목적어를 유혹하거나 부추긴다.

(1) a. Don't **tempt** them with money.(그들을 돈으로 유혹하지 말아라.)

b. Don't **tempt** thieves by leaving valuables clearly visible.(도둑을 값나가는 물건을 눈에 잘 뜨이게 놓아서 유혹하지 말아라.)

c. Satan **tempted** Jesus in the desert.(사탄은 예수를 사막에서 유혹했다.)

1.2. 다음의 주어는 음식이고 목적어는 사람이다. 음식이 식욕을 일게 한다.

(2) a. The food **temps** me.(그 음식은 나를 유혹한다.)

b. This dish **tempts** me.(이 음식은 나를 유혹한다.)

c. Your offer does not **tempt** me.(너의 제의는 나의 관심을 부추기지 않는다.)

1.3. 다음의 주어는 사람이다. 주어가 목적어를 어떤 일을 하게 꾀거나 부추긴다.

(3) a. He **tempted** us to sin.(그는 나를 유혹해서 죄를 짓게 했다.)

b. The doctor **tempted** the patient to eat more.(의사는 환자가 더 많이 먹게 부추겼다.)

1.4. 다음 주어는 목적어를 꾀어서 부정사가 가리키는 일을 하게 한다.

(4) a. Nothing would **tempt** me to leave here.(아무 것도 나를 꾀어 이곳을 떠나게 하지 않을 것이다.)

b. Poverty **tempted** him to steal.(가난이 그를 훔치도록 부추겼다.)

c. Crowded trains **tempt** people to walk to work.(복잡한 기차는 사람들이 걸어서 일터에 가게 부추긴다.)

d. The thought of the consequences **tempted** him to run away.(그 결과에 대한 생각은 그를 도망가게 부추겼다.)

1.5. 다음에서는 to의 목적어가 명사이다.

(5) a. Can I **tempt** you to another piece of cake?(당신을 케이크 하나에 부추겨도 될까요?)

b. Can I **tempt** you to a dessert?(당신을 후식에 유혹해도 될까요?)

1.6. 다음은 수동태 문장으로 주어는 유혹이나 꾀임을 받는다.

(6) a. I was **tempted** to buy that dress.(나는 저 옷을 사도록 꾀임을 받았다.)

b. I was **tempted** to go out for a walk.(나는 산보를 할 유혹을 받았다.)

1.7. 다음 주어는 목적어를 꾀어서 전치사 into의 목적어를 하게 한다.

(7) a. Bad companions **tempted** him **into** wrong ways. (나쁜 친구들이 그를 유혹하여 나쁜 길로 끌어들였다.)

b. His ambition **tempted** him **into** politics.(그의 야망은 그를 정치로 유혹했다.)

1.8. 다음에서 into의 목적어는 동명사이다.

(8) a. Jane's words **tempted** him **into** kissing her.(제인의 말은 그가 그녀에게 키스하도록 유혹했다.)

b. The ad **tempts** people **into** buying their brand of coffee.(그 광고는 사람들을 유혹하여 자신들의 상표 커피를 사게 한다.)

c. The sight of money **tempted** him **into** stealing.(돈을 본 것은 그를 훔치게 유혹했다.)

1.9. 다음 주어는 목적어를 전치사 from이나 off에서 떨어지게 유혹한다.

(9) a. A rival company is trying to **tempt** her **away from** her present job.(경쟁사가 그녀를 현재 일자리에서 꾀어 내려고 한다.)

b. He was not **tempted off** the straight and narrow path.(그는 곧고 좁은 길에서 벗어나도록 유혹을 받지 않았다.)

---

tend¹

이 동사의 개념 바탕에는 돌보는 과정이 있다.

1. 타동사 용법

1.1. 다음에서 주어는 목적어를 돌본다.

(1) a. He **tends** a shop/a sick person.(그는 상점/환자를 돌본다.)

b. He **tends** the garden every day.(그는 그 정원을 매일 돌본다.)

c The boy is **tending** sheep on the hillside. (그 아이는 양들을 언덕에서 돌보고 있다.)

2. 자동사 용법

2.1. 다음 주어는 전치사 on의 목적어를 돌본다.

(2) a. She **tends on** a patient. (그녀는 환자를 돌본다.)

2.2. 다음 주어는 전치사 to의 목적어에 주의를 기울인다.

(3) He **tended to** his own affairs. (그는 자신의 일에 주의를 기울였다.)

     b. The nurse **tended to** the wounded driver. (그 간호원은 다친 운전수를 돌보았다.)

tend²

이 동사의 개념 바탕에는 어느 한 쪽으로 기우는 과정이 있다.

1. 자동사 용법

1.1. 다음 주어는 어떤 방향으로 뻗는다.

(1) a. The road **tends to** the south here. (그 길은 여기서 남쪽으로 향한다.)

     b. The coastline **tends to** the south here. (그 해안은 여기서 남쪽으로 기운다.)

1.2. 다음의 주어는 to의 목적어가 가리키는 개체나 상태에 기운다.

(2) a. Charlie **tends to** obesity. (찰리는 비만 경향이 있다.)

     b. Education **tends to** refinement. (교육은 세련에 도움이 된다.)

     c. His views **tend to** the extreme. (그의 견해는 극단에 기운다.)

1.3. 다음 주어는 to 부정사가 가리키는 과정을 받는 경향이 있다.

(3) a. Fruits **tend to** decay. (과일은 쉽게 썩는 경향이 있다.)

     b. It **tends to** rain a lot here in the spring. (여기 봄에 많은 비가 내리는 경향이 있다.)

     c. Moderate exercise **tends to** improve our health. (적당한 운동은 우리의 건강을 돕는 경향이 있다.)

     d. Overwork **tends to** cause ill health. (과로는 병을 일으키는 경향이 있다.)

     e. Too much smoking **tends to** affect the voice. (지나치게 많은 흡연은 목소리를 다치게 하는 경향이 있다.)

     f. She **tends to** get up later at the weekends. (그녀는 주말에 더 늦게 일어나는 경향이 있다.)

     g. Women **tend to** live longer than men. (여자가 남자보다 더 오래 사는 경향이 있다.)

1.4. 다음 주어는 전치사 toward의 목적어나 −ward가 가리키는 방향으로 움직이는 경향이 있다.

(4) a. Prices were **tending** downward. (값이 하락하고 있었다.)

     b. Interest rates are **tending** upwards. (이자율이 위로 오르고 있다.)

     c. He **tends toward** selfishness. (그는 게으름 쪽으로 기운다.)

     d. His political beliefs **tend toward** socialism. (그의 정

치 견해는 사회주의로 기운다.)

     e. This wine **tends toward** the sweet side. (이 포도주는 달콤한 쪽으로 기운다.)

     f. The trail **tends toward** the right. (그 철로는 오른쪽으로 기운다.)

tender

이 동사의 개념 바탕에는 가지고 있는 것을 밖으로 내어놓는다.

1. 타동사 용법

1.1. 다음 주어는 목적어를 내어놓는다.

(1) a. He **tendered** his thanks/apologies. (그는 감사/사과를 했다.)

     b. He **tendered** an invitation. (그는 초청장을 내었다.)

1.2. 다음 주어는 목적어를 전치사 to의 목적어에 낸다.

(2) He **tendered** his resignation to the chairman. (그는 사임서를 의장에게 제출했다.)

1.3. 다음 주어는 첫째 목적어에게 둘째 목적어를 준다.

(3) a. He **tendered** the chairman his resignation. (그는 의장에게 사임서를 제출했다.)

     b. People **tendered** him a farewell party. (사람들은 그에게 환송 파티를 열어 주었다.)

2. 자동사 용법

2.1. 다음 주어는 무엇을 얻기 위해서 지원서나 신청서를 낸다.

(4) a. He **tendered for** the contract. (그는 그 계약을 신청했다.)

     b. Local firms were invited to **tender for** the building contract. (지역 회사들은 건축 계약을 신청하도록 초청을 받았다.)

tense

이 동사의 개념 바탕에는 긴장하는 과정이 있다.

1. 자동사 용법

1.1 다음 주어는 긴장한다.

(1) a. He **tensed**, listening for sounds from downstairs. (그는 긴장을 해서 아래층에서 나는 소리를 들었다.)

     b. She **tensed** hearing the strange noise again. (그녀는 이상한 소리를 다시 듣고 긴장했다.)

     c. She **tensed up** as the car went faster and faster. (그녀는 차가 점점 빨리 달리자 바짝 더 긴장했다.)

     d. John **tensed up** when his boss criticised him. (존은 상사가 그를 비판하자 바짝 더 긴장했다.)

     e. After the hard hike, his muscles **tensed up**. (고된 하이킹 후에 그의 근육은 더 긴장했다.)

1.2 다음은 수동태 문장으로 주어는 긴장된다.

(2) John seems to be **tensed up**. (존은 바짝 긴장한 듯 보인다.)

2. 타동사 용법

2.1 다음 주어는 목적어를 긴장시킨다.
(3) a. He tensed his body just before diving from the high board. (그는 높은 다이빙 대에서 뛰어내리기 직전에 몸을 긴장시켰다.)
 b. He tensed himself to see if anyone had followed him. (그는 누군가가 따라왔는지를 보면서 자신을 긴장시켰다.)
 c. Bill tensed his jaw muscles and parachuted from the plane. (빌은 턱 근육을 긴장시키고 비행기에서 낙하했다.)

term

이 동사의 개념 바탕에는 term의 명사 '용어'가 있다.

1. 타동사 용법
1.1. 다음 주어는 첫째 목적어를 둘째 목적어로 부른다.
(1) a. He termed the settlement a breakthrough. (그는 그 화해를 돌파구라고 불렀다.)
 b. He termed the gas argon. (그는 그 가스를 아르곤이라 불렀다.)

1.2. 다음은 수동태 문장으로 주어는 불리어진다.
(2) a. The dog is termed Sam. (그 개는 샘이라 불린다.)
 b. His life may be termed happy. (그의 인생은 즐겁다고 불릴지 모른다.)
 c. This condition is termed RSI, or repetitive strain injury. (이 상태는 RSI 혹은 반복적인 긴장 부상이라고 불린다.)
 d. The meeting could hardly be termed a success. (그 회의는 성공이라고 불릴 수 없을 것이다.)
 e. At his age, he can hardly be termed a young man. (그의 나이로 보건대, 그는 젊은이라고 불릴 수 없을 것이다.)
 f. REM is termed active sleep! (REM은 활동 수면이라고 불린다.)

terminate

이 동사의 개념 바탕에는 끝나는 과정이 있다.

1. 타동사 용법
1.1. 다음 주어는 목적어를 끝나게 한다. 목적어는 시간과 관계 있는 개체이다.
(1) a. She terminated her pregnancy. (그녀는 임신을 끝냈다.)
 b. They vowed to terminate hostilities. (그들은 적대 행위를 끝내기로 서약했다.)
 c. I terminated my relationship with her. (나는 그녀와의 관계를 끝냈다.)
 d. They terminated the contract. (그들은 그 계약을 끝냈다.)

1.2. 다음 주어는 자체가 목적어를 끝낸다.
(2) a. The sonata terminated the concert. (그 소나타는 그 콘서트를 끝냈다.)
 b. A prayer terminated the service. (기도가 예배를 끝냈다.)

1.3. 다음 주어는 목적어의 고용을 끝낸다.
(3) a. The manager terminated the lazy employees. (그 경영자는 게으른 직원을 해고했다.)
 b. The company terminated the manager. (그 회사는 지배인을 해고했다.)

1.4. 다음은 수동태 문장으로, 주어는 고용이 끝난다.
(4) He was terminated from the company almost immediately. (그는 회사로부터 거의 즉각 해고되었다.)

2. 자동사 용법
2.1. 주어는 끝난다.
(5) a. When will hostilities terminate? (언제 적대행위가 끝날까?)
 b. His effort terminated in an utter failure. (그의 노력은 완전한 실패로 끝났다.)
 c. The contract terminates soon. (그 계약은 곧 끝난다.)
 d. The lease terminates in December. (그 임대는 12월에 끝난다.)

2.2. 다음 주어는 멈춘다.
(6) a. The train terminates at London. (그 기차는 런던에서 끝난다.)
 b. The boat ride terminates in downtown. (그 배 운행은 도심에서 끝난다.)

terrify

이 동사의 개념 바탕에는 기겁을 하게 하는 과정이 있다.

1. 타동사 용법
1.1. 다음 주어는 목적어를 기겁하게 한다.
(1) a. We terrified her by jumping out at her from a dark alley. (우리는 그녀를 어두운 골목에서 뛰어 나와서 기겁하게 했다.)
 b. The armed men terrified the crowd. (그 무장한 남자들은 군중을 기겁하게 했다.)
 c. We terrified her with spooky stories. (우리는 그녀를 도깨비 이야기로 기겁하게 했다.)
 d. The ugly man terrified the baby. (추한 남자는 그 아기를 기겁하게 했다.)

1.2. 다음은 수동태 문장으로 주어는 기겁을 한다.
(2) She was terrified by the thunder. (그녀는 천둥에 놀랐다.)

1.3. 다음 주어는 목적어를 기겁하게 한다. 주어는 사람이 아닌 개체이다.
(3) a. The prospect of nuclear war terrifies the population. (핵전쟁의 가능성은 인구를 기겁하게 한다.)
 b. The thought of giving a speech terrifies her. (연설을 한다는 생각은 그녀를 두렵게 한다.)
 c. Heights/flying terrifies me. (높은 곳/비행은 그녀를 기겁하게 한다.)
 d. Her husband's violence/his looks terrified her. (그녀의 남편의 폭력/그의 모습은 그녀를 기겁하게 했다.)

e. The sight of a large bear **terrified** the campers.(커 다란 곰의 모습은 야영자들을 기겁하게 했다.)

f. Insects/rats **terrifies** Susan.(곤충/쥐가 수잔을 기겁하게 한다.)

g. The storm **terrified** the whole village.(폭풍은 온 마을을 기겁하게 했다.)

h. The horror movie **terrified** the child.(공포 영화는 그 아이를 기겁하게 했다.)

1.4. 다음은 수동태 문장으로 주어는 기겁을 한다.

(4) a. She was **terrified** at/by the lightning.(그녀는 번개에 겁을 먹었다.)

b. She was **terrified** by his appearance.(그녀는 그의 모습에 겁을 먹었다.)

c. I was **terrified** by the height.(나는 높은 곳을 무서워했다.)

1.5. 다음 주어는 전치사 of의 목적어에 기겁을 한다.

(5) a. He was **terrified** of being left alone in the room.(그는 방에 홀로 남겨진다는 것이 무서웠다.)

b. He was **terrified** of heights.(그는 높은 곳을 무서워했다.)

1.6. 다음은 수동태 문장으로 주어는 기겁을 하여 out of의 목적어에서 벗어난다.

(6) I was **terrified** out of my wits.(나는 놀라서 혼비백산했다.)

1.7. 다음 주어는 목적어를 기겁하게 하여 목적어가 어떤 일을 엉겁결에 하게 한다.

(7) a. The man **terrified** me **into** giving up my license.(그 남자는 나에게 겁을 주어 내 면허증을 포기하게 했다.)

b. He **terrified** her **into** confessing to the crime.(그는 그녀를 기겁을 시켜서 범행을 자백하게 했다.)

c. His threat **terrified** her **into** handing over the money.(그의 위협은 그녀를 기겁을 시켜서 그 돈을 넘기게 했다.)

d. He **terrified** her **into** compliance/subjection.(그는 그녀를 기겁을 시켜서 응낙/복종하게 했다.)

test

이 동사의 개념 바탕에는 조사를 해서 알아보는 과정이 있다.

1. 타동사 용법

1.1. 다음 주어는 목적어를 알아보게 한다.

(1) a. The next six months will **test** his power of leadership.(다음 6달은 그의 지도력을 시험할 것이다.)

b. The long climb **tested** our fitness.(긴 등산은 우리의 체력을 시험했다.)

c. He **tested** his hearing/eyesight/strength.(그는 청력/시력/힘을 검사했다.)

d. Climbing the mountain **tested** Kay's courage.(등산은 케이의 용기를 시험했다.)

1.2. 다음 주어는 무엇을 알아보기 위해 목적어를 시험한다.

(2) a. He is going to **test** you for diabetes/hepatitis.(그는

당뇨와 간염을 알아보기 위해 당신을 시험할 것이다.)

b. Many colleges **test** students before accepting them.(많은 대학은 학생을 받아들이기 전에 그들을 시험한다.)

c. The school will **test** you on your writing ability.(그 학교는 당신의 쓰기 능력을 시험할 것이다.)

1.3. 다음 주어는 목적어의 성능을 알아본다.

(3) a. You should **test** your brakes regularly.(당신은 브레이크를 정기적으로 성능을 알아보아야 한다.)

b. They **tested** the new car.(그들은 새 차의 성능을 알아봤다.)

c. The doctor **tested** my eyes.(의사는 내 눈을 검사했다.)

1.4. 다음 주어는 목적어의 질을 알아본다.

(4) a. **Test** the cake to see if it's done.(그 케익은 다 되었는지 알아보아라.)

b. He **tested** the food.(그는 그 음식의 질을 알아보았다.)

1.5. 다음은 수동태 문장으로 주어는 검사된다.

(5) a. The water is regularly **tested** for purity.(물은 정기적으로 수질검사를 받는다.)

b. The brakes should be **tested** regularly.(브레이크는 정기적으로 검사 받아야 한다.)

c. We're being **tested** on grammar tomorrow.(우리는 내일 문법을 검사 받게된다.)

d. I had my eyes **tested**.(나는 눈을 검사 받았다.)

2. 자동사 용법

2.1. 다음 주어는 시험을 치는 사람이다.

(6) a. People **test** better in relaxed environment.(사람들은 안정된 환경에서 시험을 더 잘 본다.)

b. My sister **tested** well in reading.(내 여동생은 읽기 시험을 잘 보았다.)

2.2. 다음 주어는 시험을 부과하는 사람이다.

(7) The new teacher never **tests**.(새 선생님은 시험을 절대 보지 않는다.)

2.3. 다음 주어는 검사된다.

(8) The ore **tested** high in uranium.(그 광석은 우라늄이 많은 것으로 분석되었다.)

testify

이 동사의 개념 바탕에는 선서를 하고 증언을 하는 과정이 있다.

1. 타동사의 용법

1.1. 다음의 주어는 목적어를 사실인 것으로 증언하다.

(1) It **testifies** his honesty.(그것은 그의 정직함을 증언한다.)

1.2. 다음 주어는 that-절의 내용을 증언한다.

(2) a. He **testified** that he was at the theater at the time of murder.(그는 살인의 발생시에 그 극장에 있었다고 증언했다.)

b. I **testified that** he had not been there.(나는 그가 그

곳에 없었다고 증언했다.)

2. 자동사의 용법

2.1. 다음 주어는 증언한다.

(3) a. He agreed to testify for the accused.(그는 피고인을 위해 증언하는 것에 동의했다.)

b. He testified against her.(그는 그녀에게 불리하게 증언했다.)

c. Two witnesses testified against him.(두 명의 증인이 그에게 불리하게 증언했다.)

2.2. 다음 주어가 하는 증언은 to의 목적어를 증언한다.

(4) a. I can testify to his ability.(나는 그의 능력을 증언할 수 있다.)

b. Tom testified to the helpfulness of the sermon.(톰은 강론의 도움을 증언했다.)

c. I can testify to the value of this medicine.(나는 이 약의 가치를 증언할 수 있다.)

d. His nervous behavior testifies to the strain he is under.(그의 초조한 행동은 그가 받고 있는 긴장을 증언한다.)

2.3. 다음 주어는 무생명체로서 to의 목적어를 입증한다.

(5) a. The film testifies to the courage of ordinary people during the war.(그 영화는 전쟁동안 보통 사람들의 용기를 입증한다.)

b. This excellent book testifies to the author's ability.(이 훌륭한 책은 작가의 능력을 입증한다.)

2.4. 다음 주어는 against의 목적어에 반대가 되는 입증을 한다.

(6) This incident testifies against his competence.(이 사건은 그의 재능에 반대가 되는 입증을 한다.)

tether

이 동사의 개념 바탕에는 tether의 명사 '짐승을 잡아매는 밧줄'이 있다. 동사의 의미는 이 명사의 쓰임과 관계가 있다.

1. 타동사 용법

1.1. 다음 주어는 목적어를 to의 목적어에 맨다.

(1) a. Mary tethered her child to her wrist while shopping.(메리는 아이를 쇼핑하는 동안 자신의 허리에 줄로 맸다.)

b. The cowhand tethered the horse to the fence post.(그 카우보이는 말을 담 기둥에 줄로 맸다.)

1.2. 다음은 수동태 문장으로, 주어는 매어진다.

(2) a. Asthma kept him tethered to an oxygen tank.(천식이 그를 산소통에 붙들려 있게끔 했다.)

b. The goat was tethered to the fence.(그 염소는 울타리에 매어져 있다.)

thank

이 동사의 개념 바탕에는 감사하는 과정이 있다.

1. 타동사 용법

1.1. 다음 주어는 목적어를 감사한다.

(1) a. He thanked them for coming.(그는 그들에게 방문한 것에 감사했다.)

b. We thanked him for his advice.(우리는 그에게 충고에 대해 감사를 했다.)

1.1. 다음 주어는 목적어를 감사하여 부정사가 가리키는 일을 하게 한다.

(2) a. We thank you to mind your own business.(우리는 네가 네 자신의 일에 신경을 쓰면 감사하겠다.)

b. I will thank you to shut the door.(나는 네가 그 문을 닫으면 감사한다.)

c. I will thank you to be quiet.(나는 네가 조용히 하면 감사한다.)

thicken

이 동사의 개념 바탕에는 thicken의 형용사 thick '진한'이 있다.

1. 타동사 용법

1.1. 다음 주어는 진하게 된다.

(1) a. The sauce thickened as it cooked.(그 양념은 조리되면서 진하게 되었다.)

b. Blood thickens as it dries.(피는 마르면서 진하게 된다.)

1.2. 다음 주어는 짙어진다.

(2) a. The mist thickened.(안개는 짙어졌다.)

b. The fog was thickening.(안개는 짙어지고 있었다.)

1.3. 다음 주어는 복잡하게 된다.

(3) a. The plot thickened.(구성은 복잡하게 되었다.)

b. The mystery thickened.(미스터리는 복잡하게 되었다.)

2. 타동사 용법

2.1. 다음 주어는 목적어를 진하게 만든다.

(4) a. You can thicken a sauce by adding cornstarch.(너는 녹말가루를 첨가함으로써 양념을 진하게 만들 수 있다.)

b. The cook thickened the gravy with flour.(요리사는 고기국물을 밀가루로 진하게 만들었다.)

thrash

이 동사의 개념 바탕에는 벌로 세차게 때리는 과정이 있다.

1. 타동사 용법

1.1. 다음 주어는 목적어를 세차게 때린다.

(1) a. The abusive father was arrested for thrashing his children.(학대하는 아버지는 아이들을 때린 죄로 구속되었다.)

b. She thrashed the boy with a cane.(그녀는 소년을 회초리로 마구 때렸다.)

c. "Liar!" Sarah screamed, as she thrashed the child. "You stole it." (사라는 아이를 마구 때리면서 "거짓말쟁이"라고 소리쳤다. "너가 훔쳤지.")

d. He thrashed the opponent.(그는 상대를 격파했다.)

e. They used to thrash students as a punishment at the school.(그들은 학생들을 학교에서 체벌하곤 했다.)

f. He thrashed the horse with a whip.(그는 말을 채찍으로 마구 때렸다.)

1.2. 다음 주어는 목적어를 몸의 일부를 써서 물을 세차게 친다.

(2) a. The fish thrashed the water with its tail.(물고기는 물을 꼬리로 세차게 쳤다.)

b. A whale was thrashing the water with its tail.(고래가 물을 꼬리로 세차게 치고 있었다.)

1.3. 다음 목적어는 주어의 신체 부위이다. 주어는 목적어를 세차게 움직인다.

(3) a. Jimmy collapsed on the floor, thrashing his legs about like an injured racehorse.(지미는 바닥에 넘어져서 다리를 다친 경주마처럼 마구 흔들어댔다.)

b. The injured bird thrashed its wings.(다친 새는 날개를 마구 흔들어댔다.)

c. He thrashed his legs in the water.(그는 다리를 물에서 마구 물장구를 쳤다.)

d. She thrashed her head from side to side.(그녀는 머리를 좌우로 흔들어댔다.)

e. Bob thrashed his arms, trying to get free from the attacker.(봅은 습격자에게서 벗어나려고 두 팔을 마구 휘저어댔다.)

1.4. 다음 주어는 목적어를 패배시킨다.

(4) a. Second-placed Rangers thrashed St. Johnstone 5-nil.(2위 팀 레인저즈는 세인트 존스톤을 5대 0으로 격파했다.)

b. I thrashed him at billiards.(나는 그를 당구 경기에서 이겼다.)

c. Scotland thrashed England 5-1.(스코틀랜드가 잉글랜드를 5대 1로 이겼다.)

d. We thrashed the visiting team 3-0.(우리는 원정 팀을 3대 0으로 이겼다.)

1.5. 다음은 수동태 문장으로 주어는 격파된다.

(5) The Tigers were thrashed 9-0 by the Giants.(타이거즈가 자이언트에 9대 0으로 패했다.)

1.6. thrash 과정의 좋은 한 예는 도리깨질이다. 도리깨질을 해서 곡식을 털어낸다. 곡식 외에도 곡식을 털어 내듯이 해결책이나 대안 등에 도달할 수 있다. 다음에 쓰인 out은 쳐서 생겨나는 결과이다.

(6) a. The farmer thrashed the wheat after harvesting it.(농부는 밀을 수확하여 탈곡을 했다.)

b. We spent a whole day thrashing out a solution/an agreement/a plan.(우리는 해결책/협정/계획을 짜내느라 온 종일을 보냈다.)

c. The foreign ministers have thrashed out a suitable compromise formula.(외무 장관들은 고심 끝에 적당한 타협안을 내렸다.)

d. They thrashed out the reasons for their constant disagreement.(그들은 계속되는 의견 불일치의 이유들을 찾아내었다.)

1.7. 다음 주어는 out의 목적어를 논의를 통해 해결하거나 타결한다.

(7) a. We thrashed out our differences round the conference table.(우리는 이견을 회의석상에서 없앴다.)

b. A sincere effort needs to be made by two people to thrash out differences about which they have strong feelings.(강한 감정을 가지고 있는 대립을 없애기 위해서 두 사람 사이의 진지한 노력이 이루어질 필요가 있다.)

c. You'll have to thrash out the question among yourselves.(여러분은 그 문제를 스스로 해결해야 할 것이다.)

1.8. 다음은 수동태 문장으로 주어는 타결된다.

(8) The details have not been thrashed out yet.(세부사항들은 아직 타결되지 않았다.)

2. 자동사 용법

2.1. 다음의 주어는 몸통이나 손발을 세차게 움직인다. about은 이리저리 움직임을 나타낸다.

(9) a. Hundreds of mackerel were thrashing about on the deck.(수백 마리의 고등어가 갑판 위에서 파닥거리고 있었다.)

b. The dog thrashed around, trying to break free.(개는 도망치려고 이리저리 날뛰었다.)

c. The fish were thrashing about in the net.(물고기들은 그물 안에서 이리저리 날뛰고 있었다.)

d. The dying dog thrashed on the ground.(죽어가는 개는 땅위에서 몸부림쳤다.)

2.2. 다음 주어는 뒤척인다.

(10) a. I thrashed about for an answer.(나는 답을 찾아내려고 엎치락뒤치락했다.)

b. She thrashed about in bed with pain.(그녀는 고통 때문에 침대에서 이리저리 뒹굴었다.)

c. Someone was thrashing around in the water, obviously in trouble.(누군가가 물 속에서 몸부림치고 있었는데 분명히 어려움에 처해 있었다.)

d. He thrashed from side to side all night.(그는 밤새 이리저리 설쳐댔다.)

e. Dreams are so vivid that I thrash inside my sleeping bag and cry out.(꿈들이 너무 생생해서 나는 침낭 안에서 뒹굴며 소리치고 있다.)

2.3. 다음에서 주어는 against의 목적어에 세차게 부딪친다.

(11) a. The branches thrashed against the windows.(그 나뭇가지은 세차게 창문에 부딪쳤다.)

b. The shark thrashed against the side of the pool.(그 상어는 세차게 수조의 가장자리를 들이받았다.)

thread

이 동사의 개념 바탕에는 thread의 명사 '실'이 있다. 동사의 의미는 이 명사의 쓰임이나 모양과 관계가 있다.

1. 타동사 용법

1.1 다음 주어는 목적어를 실로 꿴다.

(1) a. He threaded a needle.(그는 바늘을 실로 꿰었다.)
　　b. How do you thread the needle on the sewing machine?(너는 재봉틀의 바늘을 어떻게 실로 꿰냐?)

1.2. 다음 주어는 목적어를 지나가게 한다.
(2) a. He threaded the rope through the holes.(그는 밧줄을 구멍으로 지나가게 했다.)
　　b. He threaded the film onto the projector.(그는 그 필름을 영사기에 장착했다.)

1.3. 다음 주어는 목적어를 실 같은 것에 꿴다.
(3) a. He threaded beads on a string.(그는 구슬을 실에 꿰었다.)
　　b. The girl threaded the shells together.(소녀는 조개껍질들을 실로 함께 꿰었다.)

1.4. 다음 주어는 목적어를 꿰뚫고 지나간다.
(4) a. A sad note threads the whole story.(슬픈 분위기가 전체 소설을 흐른다.)
　　b. A note of hope threads the story.(희망의 빛이 그 소설에 흐른다.)

1.5. 다음 주어는 누비듯 지나간다.
(5) a. She threaded her way through the crowd.(그녀는 군중 사이를 누비듯 지나갔다.)
　　b. She threaded her way through the traffic.(그녀는 차들 사이를 누비듯 지나갔다.)

1.6. 다음 주어는 목적어를 실과 같이 뚫고 지나간다.
(6) He threaded the forest.(그는 숲을 뚫고 지나갔다.)

2. 자동사 용법
2.1. 다음 주어는 through의 목적어를 뚫고 지나간다.
(7) a. He threaded through a narrow passage.(그는 좁은 길 사이를 누비듯 지나갔다.)
　　b. He threaded through the crowd.(그는 군중 사이를 누비듯 지나갔다.)

2.2. 다음 주어는 움직이지 않지만, 전체 모습이 실처럼 뻗쳐 있다.
(8) a. The river threads between the mountains.(강은 산 사이를 실처럼 뻗쳐 있다.)
　　b. The path threads through the forest.(길은 숲 사이를 실처럼 뻗쳐 있다.)

threaten

이 동사의 개념 바탕에는 위협하는 과정이 있다.

1. 타동사 용법
1.1. 다음 주어는 목적어를 위협한다.
(1) a. Don't threaten me.(날 위협하지 마.)
　　b. He threatened his opponent.(그는 상대를 위협했다.)
　　c. One country threatened another by moving an army to the border.(한 나라가 군대를 국경으로 이동시킴으로써 다른 나라를 위협했다.)
　　d. Pollution along the coastline is threatening marine life.(해안선의 오염은 수중 생태계를 위협하고 있다.)

1.2. 주어가 목적어를 위협하는 데에 쓰이는 도구는
with로 표현된다.
(2) a. The boss threatened her with dismissal.(그 사장은 그녀를 해고로 협박했다.)
　　b. The boy threatened her with a knife.(그 소년은 그녀를 칼로 협박했다.)
　　c. The law threatens the offender with imprisonment.(그 법은 범죄자를 감금으로 위협한다.)

1.3. 다음은 수동태 문장으로 주어는 위협을 받는다.
(3) a. Millions are threatened with starvation.(수백만의 사람이 기아로 위협받고 있다.)
　　b. She was threatened with dismissal/imprisonment.(그녀는 해고/구금될 것이라고 위협받았다.)
　　c. I was threatened with beating if I didn't obey.(나는 복종하지 않으면 구타로 협박받았다.)

1.4. 다음의 목적어는 사람은 아니지만 그래도 위협을 받는 것으로 개념화되어 있다.
(4) a. A forest fire threatened the cabin.(산불이 오두막집을 위협했다.)
　　b. Landslide threatened the mountain village.(산사태가 산마을을 위협했다.)
　　c. Nuclear weapons threaten the human race.(핵무기가 인류를 위협한다.)
　　d. Bankruptcy threatens the company.(파산이 회사를 위협한다.)
　　e. The rising flood waters threatened the village.(차오르는 홍수는 마을을 위협했다.)
　　f. The drought threatened the crops.(가뭄은 작황을 위협했다.)
　　g. Famine threatens the village.(기근이 그 마을을 위협한다.)
　　h. Air pollution threatens our life.(공기 오염이 우리의 삶을 위협한다.)
　　i. Pollution is threatening the historical buildings of Athens.(공해가 아테네의 역사적 건물들을 위협하고 있다.)
　　j. The new highway threatens the peace of the village.(새 고속도로는 그 마을의 평화를 위협한다.)
　　k. The affair threatened his political life.(그 사건은 그의 정치 생명을 위협했다.)

1.5. 다음은 수동태 문장으로 주어는 위협을 받는다.
(5) a. He thinks his job is threatened.(그는 자신의 직업이 위협받는다고 생각한다.)
　　b. The village was threatened with the forest fire.(그 마을은 산불로 위협받았다.)

1.6. 다음의 목적어는 주어가 위협에 쓰는 도구이다.
(6) a. She threatened legal action against the newspaper.(그녀는 법적 조치로 신문사에 대해 위협했다.)
　　b. He threatened a swift vengeance/retaliation.(그는 신속한 복수로 위협했다.)
　　c. He threatened punishment/dismissal.(그는 처벌/해고로 위협했다.)

1.7. 다음 목적어는 위협이 될 수 있는 개체이다. 주어는 목적어를 예고한다.
(7) a. Dark clouds threaten rain.(검은 구름이 비를 위협한다.)
　　b. Those clouds threatened snow.(저 구름은 눈으로

위협했다.)

c. The clouds threatened snowstorm.(그 구름들은 눈보라로 위협했다.)

d. The sky threatened rain.(하늘은 비로 위협했다.)

e. The incident threatens to ruin his chances in the election.(그 사건은 선거에서 그의 기회를 망칠것이라 위협한다.)

1.8. 다음에서 주어는 목적어를 위협하여 동명사가 가리키는 일이나 행동을 하게 한다.

(8) I was threatened into doing it.(나는 위협받아서 그것을 했다.)

1.9. 다음의 목적어는 that-절이고, 이 절은 주어가 하는 위협의 내용을 담고 있다.

(9) a. He threatened that he would get back at me.(그는 나에게 복수를 하겠노라고 협박했다.)

b. He threatened that he would make it public.(그는 그것을 공개하겠다고 협박했다.)

c. He threatened that he would stop any financial support.(그는 재정적 지원을 중단하겠노라고 협박했다.)

d. They threatened that they would all walk off the job.(그들은 파업을 하겠다고 협박했다.)

2. 자동사 용법

2.1. 다음 주어는 어떤 일을 하려고 하는데 이것은 다른 사람에게 위협이 된다.

(10) a. They are always threatening to move to the suburbs.(그들은 교외로 이사가겠다고 항상 위협하고 있다.)

b. The umpire threatened to stop the game.(그 심판은 경기를 중단시키겠다고 위협했다.)

c. A manager threatens to fire an employee unless her work improves.(관리인이 그 고용인의 일이 개선되지 않으면 그녀를 해고 하겠다고 위협한다.)

d. He threatened to resign.(그는 사임하겠다고 위협했다.)

2.2. 다음 주어는 개체이고 이 주어에는 부정사가 가리키는 일이 일어날 것을 위협적으로 예고한다.

(11) a. The new plan threatens to be an expensive undertaking.(새 계획은 비싼 사업이 될 것으로 위협한다.)

b. Soaring prices threatens to damage the economy.(치솟는 물가가 경제를 악화시킬것으로 위협한다.)

c. The fighting threatens to become a major war.(전투는 큰 전쟁으로 이어질까 두렵다.)

d. The riots threatened to get out of hand.(폭동은 감당할 수 없을 정도로 될까 걱정됐다.)

e. The sky is threatening to snow.(하늘은 눈을 내릴 것 같다.)

f. It threatens to rain.(비가 올 것 같다.)

g. The dispute threatened to split the party.(논쟁은 당을 분열시킬까 걱정됐다.)

h. Tears threatened to spill down her face.(눈물이 그녀의 얼굴을 타고 내려올 것만 같았다.)

i. The wind was threatening to destroy the bridge.(바람은 그 다리를 부술 것 같았다.)

2.3. 다음 주어는 생겨나는 것인데 이것이 생겨나거나 일어나면 위협이 된다.

(12) a. A thunderstorm threatened.(뇌우가 몰아칠 것만 같았다.)

b. A storm is threatening.(폭풍이 불 것 같다.)

c. Rain threatened all day but never fell.(하루종일 비가 올 듯 했는데 결국 오지 않았다.)

d. You've got to know that danger threatens.(당신은 위험이 도사리고 있다는 사실을 알아야 한다.)

2.4. 다음 주어는 위협을 하는 사람이다.

(13) I don't mean to threaten.(나는 위협하고자 한 것이 아니다.)

2.5. 다음 주어는 위협을 받는 사람이다.

(14) I don't threaten easily.(나는 쉽게 위협받지 않는다.)

thresh

이 동사의 개념 바탕에는 도리깨질 하는 과정이 있다.

1. 타동사 용법

1.1. 다음 주어는 목적어를 탈곡한다.

(1) a. The farmer threshed the wheat by hand.(그 농부는 밀을 손으로 탈곡했다.)

b. He threshed corn.(그는 옥수수를 탈곡했다.)

c. They threshed grain with threshing machines.(그들은 곡물을 탈곡기로 탈곡했다.)

1.2. 다음은 수동태 문장으로 주어는 탈곡된다.

(2) This rye was threshed automatically by a machine.(이 호밀은 탈곡기에 의해 자동으로 탈곡되었다.)

2 자동사 용법

2.1. 다음 주어는 탈곡한다.

(1) a. The farmer threshed for a week after the harvest.(농부는 추수 후에 일주일 동안 탈곡했다.)

b. He threshed all day in the field.(그는 하루종일 들에서 탈곡했다.)

c. After the farmer threshed, the children gleaned a few more grains from the ground.(농부가 탈곡한 후에, 아이들은 몇 이삭을 더 땅에서 주웠다.)

thrill

이 동사의 개념 바탕에는 떨리는 과정이 있다.

1. 타동사 용법

1.1. 다음 주어는 목적어를 떨리게 한다.

(1) a. He thrilled the strings of a guitar.(그는 기타줄을 떨리게 했다.)

1.2. 다음 주어는 목적어의 마음을 떨리게 한다.

(2) a. His words thrilled the audience.(그의 말은 관중을 감동시켰다.)

b. The story thrilled him with horror.(그 이야기는 그를 공포로 떨게 했다.)

c. The good news thrilled him.(좋은 소식은 그를 떨리게 했다.)

d. The news of his promotion thrilled him.(승진 소식

은 그를 기쁨에 떨리게 했다.)

1.3. 다음은 수동태 문장으로 주어는 전율을 느낀다. that-절은 원인을 나타낸다.

(3) a. I am thrilled that your work has been recognized at last.(나는 네 연구가 드디어 인정받았다는 사실에 전율을 느낀다.)

b. I am thrilled that you are coming along with us.(나는 네가 우리랑 함께 오게 되어 짜릿한 기쁨을 느낀다.)

2. 자동사 용법
2.1. 다음 주어는 전율을 느낀다.

(4) a. I thrilled at the sight of the singer.(나는 그 가수를 보고 감격했다.)

b. The children thrilled at the sight of their presents.(아이들은 선물을 보고 감격했다.)

c. He thrilled to the magic of the world's greatest guitarist.(그는 세계에서 가장 훌륭한 기타 연주가의 마력에 전율을 느꼈다.)

d. The audience thrilled to his speech.(그 청중은 그의 연설에 감동했다.)

2.2. 다음 주어는 목소리이다. 주어가 떨린다.

(5) a. Her voice thrilled with joy.(그의 목소리는 기쁨으로 떨렸다.)

b. His voice thrilled with excitement.(그의 목소리는 흥분으로 떨렸다.)

2.3. 다음 주어는 떨림을 일으키면서 움직인다.

(6) Fear thrilled through my veins.(공포가 내 혈관을 지나갔다.)

thrive

이 동사의 개념 바탕에는 잘 자라는 과정이 있다.

1. 자동사 용법
1.1. 다음 주어는 잘 자란다.

(1) a. That rosebush seems to be thriving.(저 장미 관목은 잘 자라고 있는 듯 보인다.)

b. Flowers will not thrive without sunshine.(꽃들이 햇볕 없이는 잘 자라지 않을 것이다.)

c. Few plants thrive in a desert.(거의 어느 식물도 사막에서 잘 자라지 않는다.)

d. These animals rarely thrive in captivity.(이 동물들은 갇혀서는 잘 살지 못한다.)

1.2. 다음 주어는 사람이다. 주어는 on의 목적어에 힘을 받고 잘 자라거나 지낸다.

(2) a. The children thrived on good food.(아이들은 양질의 음식을 먹고 잘 자랐다.)

b. Most people hate business trips, but Joe seems to thrive on them.(대부분의 사람들이 출장을 싫어하지만, 조는 그것에 의존하여 잘 지내는 것 같다.)

c. Do you thrive on such challenges?(당신은 그러한 도전 등으로 잘 지내는 것입니까?)

d. She seems to thrive on hard work.(그녀는 어려운 일을 해 내면서 잘 지내는 것 같다.)

1.3. 다음 주어는 사업이다. [사업은 식물] 은유가 적

용된 예이다.

(3) a. The cafe thrived because people loved the flavor of the coffee served there.(그 카페는 거기서 제공되는 커피맛을 좋아하기 때문에 번창했다.)

b. The business is thriving.(그 사업은 번창하고 있다.)

c. The town thrived and grew larger.(그 도시는 번영해서 점점 더 커졌다.)

throb

이 동사의 개념 바탕에는 세고 고통스러운 두근거림이나 욱신거림이 있다.

1. 자동사 용법
1.1. 다음 주어는 with의 목적어로 욱신거리거나 두근거린다.

(1) a. My head is throbbing with pain.(내 머리는 통증으로 욱신거리고 있다.)

b. His leg is throbbing with pain.(그의 다리는 통증으로 욱신거리고 있다.)

c. My pulse is throbbing with excitement.(내 맥박은 흥분으로 두근거리고 있다.)

d. Her temples throbbed with rage.(그녀의 관자놀이는 분노로 씰룩거렸다.)

e. My heart is throbbing heavily.(내 심장은 심하게 두근거리고 있다.)

f. The blood was throbbing in my veins.(그 피는 내 혈관 안에서 맥박을 치고 있었다.)

1.2. 다음 주어는 감정으로 떨린다.

(2) a. He throbbed at the sight.(그는 그 광경을 보고 떨었다.)

b. His voice was throbbing with emotion.(그의 목소리가 감정 때문에 떨리고 있었다.)

1.3. 다음 주어는 소리를 내면서 움직인다.

(3) The music from the party throbbed through the apartment building.(파티에서 나는 음악소리는 그 아파트 건물을 통과해서 울려 퍼졌다.)

1.4. 다음 주어는 쿵쿵 소리를 내면서 움직이거나 상태 변화를 받는다.

(4) a. The boat throbbed all night.(보트는 밤새 쿵쿵 소리를 내었다.)

b. The lawnmower spluttered, and then throbbed into life.(잔디 깎는 기계는 푸더덕하더니, 쿵쿵 소리를 내며 살아났다.)

throng

이 동사의 개념 바탕에는 throng의 명사 '군중' 이 있다. 동사 의미는 이 명사의 모양이나 성질과 관계가 있다.

1. 타동사 용법
1.1. 다음 주어는 목적어에 떼지어 들어간다.

(1) a. Tourists throng the bars and restaurants.(관광객들은 술집과 식당을 떼지어 들어간다.)

b. The fans **thronged** the street where the president would be speaking.(팬들은 대통령이 연설하게 될 거리에 떼지어 몰려들었다.)

c. Thousands of fans **thronged** the arena to hear the band play.(수천 명의 팬들이 그 밴드의 연주를 듣기 위해 공연장에 몰려들었다.)

d. Great multitudes **thronged** every street.(다수의 사람들이 모든 거리로 몰려들었다.)

e. The children **thronged** into the hall.(그 아이들은 회관 안으로 몰려들었다.)

1.2. 다음 주어는 목적어에 몰려든다.

(2) a. Fans **thronged** the movie star.(팬들은 그 영화배우에 몰려들었다.)

b. Demonstrators **thronged** the mayor.(시위대는 시장에게 몰려들었다.)

1.3. 다음은 수동태 문장으로, 주어는 사람들이 떼지어 간다.

(3) a. The streets were **thronged** with people.(거리들은 사람들로 몰려 있었다.)

b. The bars are **thronged** with old people.(술집은 노인들로 가득 몰려 있었다.)

c. The town was **thronged** with tourists.(마을은 관광객으로 가득 몰려 있었다.)

2. 자동사 용법

2.1. 다음 주어는 떼를 지어 모여든다.

(4) a. People **thronged** to hear the preacher.(사람들은 그 설교사를 듣기 위해 몰려들었다.)

b. A huge crowd **thronged** to protest his visit.(거대한 군중이 그의 방문을 반대 시위하기 위해 몰려들었다.)

c. The body guards **thronged** around the president when shots rang out.(경호원들은 총성이 들리자 그 대통령 주위에 몰려들었다.)

d. Dozens of screaming fans **thronged** where the movie star was to appear.(소리를 지르는 수십 명의 팬들이 그 영화배우가 등장할 곳에 모여들었다.)

2.2. 다음 주어는 장소이다. 장소에 많은 사람들이 있다.

(5) a. The cafe is **thronging** with students.(그 카페는 학생들로 가득 차 있다.)

b. The streets are **thronging** with tourists.(그 거리는 관광객으로 가득 차 있다.)

throw

이 동사의 개념 바탕에는 던지는 과정이 있다.

1. 타동사 용법

1.1. 다음 주어는 목적어를 어떤 방향으로 던진다.

(1) a. I wish the children would stop **throwing** stones about.(나는 아이들이 돌을 여기저기 던지기를 멈췄으면 한다.)

b. **Throwing** aside his homework, he ran to join the other children.(숙제를 집어 치우고, 그는 다른 아이들과 합류하기 위해 달려갔다.)

c. Let's **throw** the old TV set away.(낡은 텔레비전 세트를 버리자.)

d. I **threw** the balls **back**.(나는 공을 되던졌다.)

e. The child **threw** his school books **down** and joined the others.(그 아이는 학교 책들을 던져 놓고 다른 아이들과 합류했다.)

f. Please **throw** your waste paper **in** here.(쓰레기 종이를 이 곳에 던지시오.)

g. He put his hand on her shoulder, but she **threw** it off.(그는 손을 그녀의 어깨 위에 얹었으나, 그녀가 그의 손을 떨어 버렸다.)

h. The fire is getting low. **Throw** some wood **on**.(불은 죽어가고 있어. 장작을 더 던져 얹어라.)

i. **Throw** the ball **out**.(공을 밖으로 던져라.)

j. Our ball is on your side of the fence. Would you please **throw** it **over**?(우리 공이 너희 쪽 담장 안에 있다. 그것을 담 너머로 던져주겠니?)

k. For hours the boy would stand **throwing** a ball **up** and catching it again.(몇 시간 동안 소년은 공을 위로 던지고 그것을 다시 잡는 일을 참아내야 할 것이다.)

1.2. 다음 목적어는 주어의 일부이다. 주어는 목적어를 내민다.

(2) a. He **threw** his hands wildly **about**.(그는 손을 사납게 휘둘렀다.)

b. She **threw** out her chin and walked off.(그녀는 턱을 내밀고 걸어나갔다.)

c. He **threw** a hard left jab **to** his opponent's chin.(그는 강한 레프트 잽을 상대 선수의 턱에 날렸다.)

d. He **threw** up his arms and cheered.(그는 팔을 들고 환호했다.)

1.3. 다음 주어는 자신에게 붙어 있는 것은 내던진다.

(3) a. The horse **threw** its rider twice.(말은 기수를 두 번이나 낙상시켰다.)

b. The horse **threw** me.(말은 나를 떨어뜨렸다.)

c. They **threw** all their energy into their work.(그들은 모든 정열을 일에 바쳤다.)

d. A snake **threw** its skin.(뱀이 껍질을 벗어 던졌다.)

1.4. 다음 주어는 목적어를 내보낸다.

(4) a. The single light bulb **threw** a dim light.(그 단일 전구는 어두침침한 빛을 내던지고 있었다.)

b. A passing cloud **threw** a shadow over the garden.(지나가는 구름이 정원에 그늘을 떨구었다.)

c. The trees **threw** cool shadows down on the ground.(나무들은 시원한 그늘을 땅에 던졌다.)

1.5. 다음 주어는 목적어를 전치사 on의 목적어에 던진다. 목적어는 추상적 개체이다.

(5) a. She **threw** the blame **on** me.(그녀는 책임을 내게 던졌다.)

b. Don't **throw** so much responsibility **on** me.(그렇게 많은 책임을 내게 던지지 마시오.)

c. The data **threw** doubt **on** his story.(그 자료는 그의 이야기에 의심을 던졌다.)

1.6. 다음은 [말은 물리적 힘이다]의 은유가 적용된 표현이다.

(6) a. Their hostile remarks **threw** me.(그들의 적대적 발언은 나를 당황하게 했다.)

b. His unexpected answer **threw** me for a moment. (그의 예상 밖의 대답은 잠시 나를 당황하게 했다.)

c. It was her falsetto voice that really **threw** me. (정말 나를 당황하게 한 것은 그녀의 가성이었다.)

1.7. 다음은 [상태는 장소] 은유가 적용된 표현이다.

(7) a. They **threw** the person **into** prison.(그들은 사람을 감옥에 던져 넣었다.)

b. The system has **thrown** us all **into** confusion.(그 제도는 우리 모두를 혼란 속에 던져 넣었다.)

c. His reaction **threw** everything **into** confusion.(그의 반응은 모든 것을 혼란 속에 던져 넣었다.)

d. The bad situation **threw** almost everyone **out of** work.(좋지 않은 상황은 거의 모든 사람들을 실직하게 했다.)

1.8. 다음 주어는 목적어를 던지듯 빠르게 보낸다.

(8) a. The general **threw** soldiers **around** the area.(장군은 군인을 지역 부근에 파견했다.)

b. The FBI **threw** every available agent **into** the case.(FBI는 모든 가용 가능한 요원을 그 사건에 투입했다.)

1.9. 다음 주어는 목적어를 빠르게 놓는다.

(9) a. The army **threw** a bridge **across** the river.(군대는 다리를 강에 놓았다.)

b. The engineers **threw** a road **across** the stream. (토목기사들은 개울을 가로 지르는 길을 급하게 놓았다.)

1.10. 다음 목적어는 재귀대명사이다. 주어는 자신을 던진다.

(10) a. She **threw** herself **into** learning the new routine. (그녀는 새로운 일과를 익히는데 자신을 던졌다.)

b. He **threw** himself **into** his work.(그는 자신을 일에 던졌다.)

c. He **threw** himself **on** the ground.(그는 땅 위에 벌러덩 드러누웠다.)

d. The members of his wife's family have all **thrown** themselves on him.(그의 처가 식구들은 모두 그에게 달려들었다.)

1.11. 다음 주어는 목적어를 만든다.

(11) a. The little girl **threw** a tantrum/a scene when she was told to stay behind.(그 소녀는 뒤에 있으라는 말을 들은 후 심통/소동을 부렸다.)

b. She **threw** a rift.(그녀는 틈을 만들었다.)

1.12. 다음 주어는 목적어를 되돌려 보낸다.

(12) a. His illness **threw** him **back** a year at school.(그는 아팠기 때문에 학교에 일년 더 다녀야만 했다.)

b. Her red hair and blue eyes **threw** her **back** to her great-grand mother.(그녀의 붉은 머리와 푸른 눈은 그녀를 증조모에게 거슬러 돌아가게 했다.)

1.13. 다음 주어는 첫째 목적어에 둘째 목적어를 던진다.

(13) a. He **threw** me the ball.(그는 내게 그 공을 던졌다.)

b. Please **throw** me a towel.(내게 수건을 던져주세요.)

c. He **threw** me a nasty look.(그는 내게 역한 모습을 던졌다.)

d. He **threw** me the file.(그는 파일을 내게 던져주었다.)

2. 자동사

2.1. 다음 주어는 던진다.

(14) a. How far can you **throw**?(얼마나 멀리 던질 수 있니?)

b. It's my turn to **throw**.(내가 던질 차례야.)

c. He **throws** well.(그는 잘 던진다.)

---

thrust

이 동사의 개념 바탕에는 빠르고 거칠게 미는 과정이 있다.

1. 타동사 용법

1.1. 다음 주어는 목적어를 세차게 민다.

(1) a. She **thrust** the papers **at** me.(그녀는 논문을 내게 던졌다.)

b. She **thrust** back the chair, and rushed out of the room.(그녀는 의자를 뒤로 확 밀어젖히고, 방을 뛰어 나갔다.)

c. He **thrust** a chair forward.(그는 의자를 거칠게 앞으로 밀었다.)

d. The man **thrust** the package **in** her hand and ran away.(그 남자는 소포를 그녀의 손에 안기고 도망쳤다.)

e. He **thrust** the baby **into** my arms and ran away. (그는 아기를 내 품에 거칠게 밀어넣고 도망쳤다.)

f. He **thrust** the watch **on** her.(그는 시계를 나에게 강제로 안겼다.)

g. She **thrust** the work **upon** me.(그녀는 일을 나에게 강제로 맡겼다.)

1.2. 다음 목적어는 신체의 일부이다. 주어는 목적어를 민다.

(2) a. He **thrust** his body **forward** to open the stuck door.(그는 잠긴 문을 열기 위해 몸을 앞으로 밀었다.)

b. She **thrust** her hands deep in his pockets.(그녀는 자신의 손을 그의 주머니로 깊이 집어넣었다.)

1.3. 다음 주어는 목적어를 세게 밀어서 움직인다.

(3) a. He **thrust** the man **through**.(그는 그 남자를 밀어서 지나게 했다.)

b. The sword **thrust** him **through**.(그 칼은 그의 몸을 뚫고 지나갔다.)

1.4. 다음 주어는 목적어를 세차게 밀어서 목적어가 어느 개체에 들어가게 한다.

(4) a. He **thrust** a knife **into** the watermelon.(그는 칼을 수박 속으로 찔렀다.)

b. The knight **thrust** his spear **into** the dragon.(그 기사는 창을 용에 찔렀다.)

1.5. 다음 목적어는 재귀 대명사이다. 주어는 자신을 세차게 민다.

(5) a. He **thrust** himself **into** the problem.(그는 자신을 그 문제 속에 몰아부쳤다.)

b. He kept **thrusting** himself **into** the conversation. (그는 자신을 계속해서 대화에 참여시켰다.)

c. He **thrust** himself **in/forward**.(그는 자신을 안/앞으로 밀었다.)

1.6. 다음은 수동태 문장으로, 주어는 밀쳐진다.

(6) Our complaints were thrust aside and ignored.(우리 의 불평들은 옆으로 밀쳐져서 간과되었다.)

1.7. 다음 주어는 움직이지 않는다. 그러나 형상을 보면 마치 밀치는 것으로 보인다고 개념화된다.

(7) a. The tree thrust its branches high.(그 나무는 가지를 높이 뻗었다.)

b. The tree thrust its roots deep into the ground.(그 나무는 뿌리를 지면 아래로 뻗었다.)

1.8. 다음 주어는 밀쳐서 목적어를 만든다.

(8) He thrust his way through the crowd.(그는 관중을 밀치고 걸어갔다.)

2. 자동사 용법

2.1. 다음 주어는 밀어젖히고 나아간다.

(9) a. He thrust rudely into the conversation.(그는 무례하게 대화에 밀치고 들었다.)

b. She thrust past him angrily and left.(그녀는 화가 나서 그를 밀어젖히듯 세차게 지나서 떠났다.)

c. He thrust forward through the crowd.(그는 앞으로 관중을 뚫고 세차게 나아갔다.)

2.2. 다음 주어는 밀치려는 시도를 한다.

(10) a. The robber thrust at me with a large knife.(도둑은 나에게 큰 칼을 들어대려고 했다.)

b. The man thrust at her with a sword.(그 남자는 그녀를 칼로 찌르려고 했다.)

thumb

이 동사의 개념 바탕에는 thumb의 명사 '엄지 손가락'이 있다. 동사의 의미는 이 명사의 쓰임과 관계가 있다.

1. 타동사 용법

1.1. 다음 주어는 엄지 손가락으로 목적어를 넘긴다.

(1) a. He thumbed a pamphlet through.(그는 팜플렛을 엄지 손가락으로 넘겼다.)

b. He thumbed the files through looking for a letter. (그는 서류들을 훑으면서 편지 한 장을 찾았다.)

1.2. 다음 주어는 목적어를 손가락으로 많이 써서 더럽힌다.

(2) a. He thumbed the edges of the book.(그는 책장 모서리에 손때가 묻게 했다.)

b. He thumbed the dictionary.(그는 사전에 손때가 묻게 했다.)

1.3. 다음 주어는 엄지를 코에 댄다. 이것은 경멸의 표시다.

(3) a. The company thumbed its nose at the legislation on pollution.(그 회사는 오염방지에 대한 법안에 대해 경멸을 표했다.)

b. He thumbed his nose at authority all his life.(그는 권위에 대해 평생동안 경멸을 표했다.)

1.4. 다음 주어는 엄지를 써서 목적어를 얻는다.

(4) a. He thumbed a lift with a truck driver.(그는 엄지 손가락을 들어 올려 트럭 운전사의 차를 얻어 탔다.)

b. He thumbed a ride/lift to school.(그는 엄지 손가락

을 들어 올려 학교까지 차를 얻어 탔다.)

c. He thumbed her way to Chicago.(그는 엄지손가락을 들어 올려 차를 얻어 타 시카고까지 갔다.)

2. 자동사 용법

2.1. 다음 주어는 엄지로 책장을 넘겨간다.

(5) a. He thumbed through the pages of the magazine. (그는 잡지의 페이지를 엄지손가락으로 넘겨갔다.)

b. He thumbed through the telephone directory.(그는 전화번호 책을 엄지손가락으로 넘겨갔다.)

2.2. 다음 주어는 남의 차를 얻어 타고 다닌다.

(6) a. He thumbed all across Europe.(그는 남의 차를 얻어 타고 유럽을 가로질러 다녔다.)

b. He thumbed all over California.(그는 캘리포니아 전역을 남의 차를 얻어 타고 다녔다.)

thump

이 동사의 개념 바탕에는 쿵쿵거리는 소리를 내는 과정이 있다.

1. 타동사 용법

1.1. 다음 주어는 목적어를 소리나게 친다.

(1) a. He thumped the table with his fist.(그는 탁자를 주먹으로 내려쳤다.)

b. He thumped the drum.(그는 드럼을 쾅쾅 쳤다.)

c. He thumped my shoulder affectionately.(그는 내 어깨를 애정어리게 두드렸다.)

d. I thumped the chocking man's back with the palm of my hand.(나는 질식하는 남자의 등을 손바닥으로 강하게 쳤다.)

1.2. 다음 주어는 목적어를 쳐서 상태 변화가 오게 한다.

(2) a. She thumped the pillow flat.(그녀는 베개를 쳐서 평평하게 만들었다.)

b. He thumped the mattress smooth.(그는 매트리스를 두들겨 판판하게 했다.)

1.3. 다음 주어는 목적어를 전치사의 목적어에 친다.

(3) a. He thumped his fist on the table.(그는 주먹으로 탁자를 내리쳤다.)

b. The rabbit was thumping its paw against the cage. (토끼는 발을 우리에 쿵쿵 부딪치고 있었다.)

1.4. 다음 주어는 그 자체가 목적어를 친다.

(4) The branches thumped the windows.(그 가지는 창문을 쿵쿵 두들겼다.)

1.5. 다음 주어는 목적어를 소리나게 내려 놓는다.

(5) a. He thumped the report down on the table.(그는 보고서를 탁자 위에 탁 내리쳤다.)

b. He thumped the heavy bag down on the floor.(그는 무거운 가방을 바닥에 쿵하고 내려놓았다.)

c. He thumped a few shillings onto the table.(그는 몇 실링을 탁자 위에 내려놓았다.)

1.6. 다음 주어는 목적어를 친다. 목적어는 사람이나 동물이다.

(6) a. If you don't shut up, I'm going to thump you.(네가 입 다물지 않으면, 내가 너를 한 대 치겠어.)

b. Don't say it serves me right or I'll thump you.(그

것이 내게 당연한 결과라고 말하지만, 그렇지 않으면 너를 한 대 칠꺼야.)

c. The old lady **thumped** the attacking dog with a cane.(노부인은 공격하는 개를 지팡이로 때렸다.)

d. They began to **thump** one another.(그들은 서로 치고 박기 시작했다.)

e. He **thumped** him on the back/the head.(그는 그의 등/머리를 후려갈겼다.)

f. He **thumped** him in the face.(그는 그의 얼굴을 때렸다.)

1.7. 다음 주어는 목적어를 쳐서 만든다.

(7) a. He **thumped** a rhythm out on the table.(그는 리듬을 탁자에 쳐서 맞췄다.)

b. He **thumped** a tune on the piano.(그는 곡조를 피아노를 쾅쾅거리며 쳤다.)

1.8. 다음은 수동태 문장으로 주어는 경기에서 진다.

(8) Our team was **thumped** 9 to 5.(우리 팀은 9대 5로 크게 졌다.)

2. 자동사 용법

2.1. 다음 주어는 쿵쿵 소리를 낸다.

(9) a. Her heart was **thumping** with terror/fear.(그녀의 심장은 공포/두려움으로 쿵쿵거리고 있었다.)

b. The excitement made her heart **thump**.(흥분은 그녀의 마음을 쿵쿵거리게 했다.)

c. His heart is **thumping** away.(그의 심장은 쿵쿵 고동치고 있다.)

d. When I woke up, my mouth was dry and my head was **thumping**.(내가 깨었을 때 입은 메말랐고 머리는 쿵쿵거리고 있었다.)

2.2. 다음 주어는 움직이면서 소리를 낸다.

(10) a. The shutters **thumped** backward and forward in the wind.(덧문들은 앞으로 뒤로 바람에 의해 쿵쿵거렸다.)

b. Her feet **thumped** softly as she ran up the stairs.(그녀의 발은 그녀가 계단을 따라 뛰어올라갈 때 부드럽게 쿵쿵거렸다.)

2.3. 다음 주어는 전치사의 목적어를 부분적으로 친다.

(11) a. He **thumped** at/on the table/the ceiling.(그는 탁자/천장을 쿵쿵 쳤다.)

b. He **thumped** on the door.(그는 그 문을 세게 쳤다.)

c. The child **thumped** on a drum with his hands.(그 아이는 드럼을 손으로 쿵쿵 쳤다.)

d. He **thumped** on the door, but nobody came.(그는 문을 세게 두드렸지만 아무도 오지 않았다.)

e. I **thumped** on the drum with the palms of my hands.(나는 드럼을 내 손바닥으로 세게 두들겼다.)

2.4. 다음 주어는 against의 목적에 소리를 내면서 부딪힌다.

(12) a. The drunk **thumped** against a lamppost.(그 주정뱅이는 가로등 기둥에 세게 부딪혔다.)

b. The child **thumped** hard against the stairs as he fell.(그 아이는 넘어지면서 계단에 쿵하고 세게 부딪혔다.)

c. The dog's tail **thumped** against the floor.(그 개의 꼬리는 바닥에 쿵하고 부딪혔다.)

d. His bat **thumped** against the post/the wall.(그의 방망이는 기둥/벽에 쿵하고 부딪혔다.)

e. The cars **thumped** into each other.(차들은 서로 크게 충돌했다.)

f. The bag **thumped** on to the floor.(가방은 바닥에 쿵하고 떨어졌다.)

2.5. 다음 주어는 소리를 내면서 움직인다.

(13) a. He **thumped** down the stony street.(그가 돌길 아래로 쿵쿵 소리를 내면서 갔다.)

b. The old tractor **thumped** along down the bumpy road.(낡은 트랙터는 울퉁불퉁한 길 아래로 쾅쾅거리며 내려갔다.)

c. The kitchen door opened, feet **thumping** up the stairs.(부엌 문은 열리고, 발이 계단 위로 소리내면서 올라갔다.)

d. The boxer's fist **thumped** into the punch bag.(그 권투 선수의 주먹은 펀치백에 세게 들어갔다.)

thunder

이 동사의 개념 바탕에는 thunder의 명사 '천둥'이 있다. 동사의 의미는 이 명사의 소리와 관계가 있다.

1. 자동사 용법

1.1. it은 기후를 나타낸다.

(1) a. It **thundered** at midnight.(한밤중에 천둥이 쳤다.)

b. During heavy snowstorms, it **thunders** quite loudly.(강력한 눈보라 중에 천둥이 꽤 큰 소리로 친다.)

1.2. 다음 주어는 천둥 소리와 같이 큰 소리로 말한다.

(2) a. He **thundered** at the door.(그는 문을 크게 두들겼다.)

b. Sue **thundered** at her boyfriend for being an hour late.(수는 남자친구에게 한시간 늦은 것에 대해 큰 소리로 화를 냈다.)

c. The boss **thundered** about the company's losses.(사장은 회사의 손실에 대해 큰소리로 야단쳤다.)

d. He **thundered** against the evils of television.(그는 텔레비전의 나쁜 점에 대해 큰소리로 역설했다.)

1.3. 다음 주어는 천둥 같은 소리를 내면서 움직인다.

(3) a. A herd of cattle **thundered** by.(소 떼가 큰소리를 내면서 지나갔다.)

b. The children came **thundering** downstairs.(아이들은 큰 소리를 내면서 아래층으로 내려왔다.)

c. The train **thundered** into the station.(기차는 큰 소리를 내면서 역으로 들어왔다.)

d. Heavy trucks kept **thundering** past.(큰 트럭들이 큰 소리를 내면서 계속 지나갔다.)

e. The beast **thundered** toward its unsuspecting prey.(그 짐승은 의심이 없는 먹이를 향해 큰 소리를 내며 갔다.)

1.4. 다음 주어는 전치사 against의 목적어에 부딪히면서 큰 소리를 낸다.

(4) a. Waves **thundered** against rocks.(파도가 바위에 부딪혀 큰 소리를 냈다.)

b. The sea **thundered** against the rocks.(바다는 바위

에 부딪쳐 큰 소리를 냈다.)

2. 타동사 용법

2.1. 다음 주어는 큰 소리로 목적어를 말한다.

(5) a. The boss thundered its orders to the workers.(그 상사는 명령을 근로자들에게 큰소리로 전했다.)

　　b. He thundered a reply.(그는 큰 소리로 대답했다.)

　　c. They thundered out a salute of twenty-one guns. (그들은 21발의 예포를 쏘았다.)

2.3. 다음 주어는 따옴표 안의 표현을 큰 소리로 말한다.

(6) a. "Sit still," she thundered.("조용히 앉아", 그녀가 큰소리로 말했다.)

　　b. "I never want to see you again." he thundered. ("나는 널 다시 보고 싶지 않아"라고 그는 소리쳤다.)

2.3. 다음 주어는 목적어를 보낸다.

(7) Peet thundered the ball past the goal.(피트는 공을 골대 곁을 지나가게 던졌다.)

2.4. 다음 주어는 목적어를 큰 소리나게 한다.

(8) He thundered a drum.(그는 북을 큰 소리로 쳤다.)

thwart

이 동사의 개념 바탕에는 계획 등을 막는 과정이 있다.

1. 타동사 용법

1.1. 다음 주어는 목적어를 막거나 방해한다.

(1) a. The police thwarted the criminal's escape.(경찰 당국은 범인의 탈출을 막았다.)

　　b. He is constantly thwarting my effort to make new friends.(그는 계속해서 새 친구들을 사귀려는 나의 노력을 방해하고 있다.)

　　c. The storm thwarted the men trying to reach the wrecked plane.(폭풍은 파괴된 비행기에 접근하려는 사람들의 시도를 좌절시켰다.)

1.2. 다음은 수동태 문장으로 주어는 좌절된다.

(2) a. He was thwarted in his plans/efforts/ambitions.(그는 계획/노력/야망에 좌절되었다.)

　　b. He doesn't like to be thwarted.(그는 좌절되고 싶지 않다.)

　　c. He was thwarted in his attempt to take control of the party.(그는 당을 통제하려는 시도가 좌절되었다.)

1.3. 다음은 수동태 문장으로 주어는 방해를 받는다.

(3) a. All his attempts to become rich were thwarted.(부자가 되려는 그의 모든 시도는 좌절되었다.)

　　b. His plan was thwarted.(그의 계획은 좌절되었다.)

tick¹

이 동사의 개념 바탕에 tick의 명사 '똑딱거리는 소리'가 있다. 동사의 의미는 이 명사의 과정과 관계가 있다.

1. 자동사 용법

1.1. 다음 주어는 똑딱거린다.

(1) a. While we waited, the taxi meter ticked away.(우리

가 기다리고 있는 동안 택시의 미터기는 계속 똑딱거렸다.)

　　b. My watch ticked as each second passed.(내 시계는 매초가 지날 때마다 똑딱거렸다.)

　　c. The package was ticking, so I was sure that there was a timing device in it.(그 소포는 똑딱거려서, 나는 소포 안에 시간을 재는 장치가 있다고 확신했다.)

1.2. 다음 주어는 똑딱거리면서 지나간다.

(2) a. Time is ticking away.(시간이 똑딱거리며 흘러가고 있다.)

　　b. The minutes quickly ticked by during the interesting lecture.(분은 재미있는 강의 중에 똑딱거리며 흘러갔다.)

　　c. The hours ticked by.(시간은 똑딱거리며 흘러갔다.)

1.3. 똑딱거리는 소리를 내는 것은 기계가 움직임을 나타낸다. 사람은 기계에 비유된다.

(3) a. What makes him tick?(무엇이 그를 움직이니?)

　　b. I wonder what makes my little brother tick.(나는 무엇이 내 동생이 그런 행동을 하게 하는지 궁금하다.)

2. 타동사 용법

2.1. 다음 주어는 똑딱거리는 소리를 내면서 목적어를 가리킨다.

(4) a. The clock ticked the seconds/the minutes.(그 시계는 똑딱거리며 초/분을 가리켰다.)

　　b. The watch ticked the time.(그 시계는 시간을 알렸다.)

tick²

이 동사의 개념 바탕에는 V표로 나타내는 과정이 있다.

1. 타동사 용법

1.1. 다음 주어는 V표를 한다.

(1) a. Tick 'yes' or 'no' to each question.('예' 또는 '아니오'를 각 문제에 V표로 표시하시오.)

　　b. Tick the box next to the statement that best describes you.(당신을 가장 잘 표현하는 문장 옆에 있는 네모 칸을 V표로 표하시오.)

1.2. 다음 주어는 V표를 해서 목적어를 분리시킨다.

(2) a. He ticked off the items in the list.(그는 항목들을 목록에서 V표를 해서 분리했다.)

　　b. I ticked off the names of those on the list as they entered the room.(나는 목록에 있는 사람들의 이름을 그들이 방에 들어오자 V표로 표시했다.)

1.3. 몇 사람을 다른 사람으로 분리하는 이유 가운데 하나는 꾸짖기 위해서다. 주어는 목적어를 꾸짖는다.

(3) a. The teacher ticked us off for talking in class.(선생님은 우리를 수업 중에 이야기했다고 꾸짖었다.)

　　b. She really ticked me off.(그녀는 정말로 심하게 나를 꾸짖었다.)

tickle

이 동사의 개념 바탕에는 간질이는 과정이 있다.

1. 타동사 용법

1.1. 다음 주어는 목적어를 전치사 with의 목적어를 간질인다.

(1) a. I tickled his nose with a feather.(나는 그의 코를 깃털로 간질였다.)

b. He tickled the child under the arm.(그는 그 아이의 겨드랑이를 간질였다.)

1.2. 다음 주어는 목적어를 따끔거리게 한다.

(2) a. The new blanket tickles me.(새 담요는 나를 따끔거리게 한다.)

b. The wool is tickling my neck.(양털은 내 목을 따끔거리게 하고 있다.)

c. His beard is tickling his cheek.(턱수염은 그의 빰을 간질이고 있다.)

1.3. 다음 주어는 목적어를 정신적으로 간지럽게 한다.

(3) a. The story tickled me.(그 이야기는 즐겁게 했다.)

b. The joke tickled her.(그 농담은 그녀를 즐겁게 했다.)

c. The clown's antics tickled the kids.(광대의 익살스런 행동은 아이들을 즐겁게 했다.)

1.4. 다음은 수동태 문장으로 주어는 간지럼을 받는다.

(4) a. He was highly tickled at the idea.(그는 그 생각에 매우 즐거워했다.)

b. I was tickled by the description of her wedding.(나는 그녀의 결혼식 묘사에 즐거웠다.)

c. Mary was tickled by his funny comments.(메리는 그의 재미있는 말에 즐거웠다.)

d. He was tickled to death.(그는 포복절도 했다.)

e. I was tickled to discover that we'd both done the same thing.(나는 우리 모두 똑같은 것을 했다는 것을 알고 즐거웠다.)

1.5. 다음 주어는 목적어를 간질여서 어떤 일을 하게 한다.

(5) a. He tickled her into confessing it.(그는 그녀를 간지럽히면서 그것을 자백하게 했다.)

b. He tickled her into accepting the present.(그는 그녀를 간지럽혀서 선물을 받게 했다.)

1.6. 다음 주어는 목적어를 자극한다.

(6) a. The description of his travel tickled my interest.(그의 여행 묘사는 나의 흥미를 자극했다.)

b. The story tickled his imagination/curiosity/sense of humor.(그 이야기는 상상력/호기심/유머를 자극했다.)

1.7. 다음 주어는 목적어를 간질여서 상태 변화를 받게 한다.

(7) a. He tickled her pink.(그는 그녀를 간질여서 빨갛게 했다.)

b. I was tickled pink by her compliment.(나는 그녀의 칭찬에 얼굴이 빨갛게 되었다.)

2. 자동사 용법

2.1. 다음 주어는 간지럽다.

(8) a. This blanket tickles.(그 담요는 따끔거리게 한다.)

b. This feather tickles. Get it out of my face.(이 깃털은 간지럽다. 내 얼굴에서 치워라.)

2.2. 다음 주어는 간지럼을 탄다.

(9) a. My throat tickles.(나의 목은 간지럽다.)

b. My foot tickles.(내 발은 간지럽다.)

c. My nose tickles.(내 코는 간지럽다.)

tide

이 동사의 개념 바탕에는 tide의 명사 '조류'가 있다. 동사의 의미는 이 명사의 움직임과 관계가 있다.

1. 자동사 용법

1.1. 다음 주어는 조류를 타듯 어려운 고비를 넘어간다.

(1) a. He tided over the difficult situation.(그는 어려운 상황을 넘어갔다.)

b. She tided over the hard times.(그녀는 고난의 시기를 넘어갔다.)

c. He managed to tide over the two years of misfortune.(그는 지난 2년 간의 불운을 간신히 넘어갔다.)

2. 타동사 용법

2.1. 다음 주어는 목적으로 하여금 어려운 고비를 넘게 한다.

(2) a. He tided her over the crisis.(그는 그녀가 위기를 넘게 했다.)

b. I can give you enough money to tide you over until next month.(나는 다음달까지 고비를 넘을 수 있도록 충분한 돈을 너에게 줄 수 있다.)

2.2. 다음 주어는 목적어를 넘긴다. 주어는 개체이다.

(3) a. This money will tide you over until you get a new job.(이 돈은 네가 새 직장을 얻을 때까지 네가 고비를 넘게 할 것이다.)

b. His savings will tide him over his illness.(그의 저축은 그가 질병의 위기를 넘길 수 있게 할 것이다.)

tidy

이 동사의 개념 바탕에는 말끔히 치우는 과정이 있다.

1. 타동사 용법

1.1. 다음 주어는 목적어를 치운다. 목적어는 장소이다.

(1) a. Tidy up your room before going out.(외출하기 전에 방을 치워라.)

b. My boss tidies her desk at the end of each day.(내 상사는 책상을 일을 마치고 매일 치운다.)

c. The maid tidied the hotel room while I was out.(하녀는 호텔 방을 내가 외출한 동안 치웠다.)

d. He tidied the office before he left.(그는 사무실을 떠나기 전에 치웠다.)

e. He tidied up his room/the cupboard/papers.(그는 방/찬장/서류를 정리했다.)

1.2. 다음 주어는 목적어를 정돈해서 치운다.

(2) a. Can you tidy your clothes away?(너는 옷을 정돈할 수 있니?)

b. Let's tidy these papers away.(이 서류들을 정리하자.)

1.3. 다음 주어는 목적어를 정리한다.

(3) a. I tidied up the report before handing it in.(나는 그 보고서를 내기 전에 정리했다.)

b. I will tidy up a few things and then you can read it.(나는 몇 개 일을 정리한 다음에 그것을 읽을 수 있다.)

tie

이 동사의 개념 바탕에는 끈으로 묶는 과정이 있다.

1. 타동사 용법

1.1. 다음 주어는 목적어를 끈으로 묶는다.

(1) a. He tied her feet together.(그는 그녀의 두 발을 묶었다.)

b. I tied the sticks together.(나는 나무 막대기들을 한데 묶었다.)

c. Great friendship tied them.(숭고한 우정이 그들을 묶었다.)

1.2. 다음 주어는 목적어를 전치사 with의 목적어로 묶는다.

(2) a. He tied her hands together with a leash.(그는 그녀의 양손을 끈으로 묶었다.)

b. She tied her hair with a ribbon.(그녀는 머리를 리본으로 맸다.)

1.3. 다음 주어는 목적어를 묶는다. 목적어는 끈이 달린 개체이다.

(3) a. He tied his shoes quickly.(그는 신을 묶었다.)

b. She tied her bonnet.(그녀는 보닛 모자를 묶었다.)

1.4. 다음 주어는 추상적 개체나 구체적인 것으로 개념화되어 있다.

(4) a. Mutual interests tie us together.(상호 관심이 우리를 묶는다.)

b. Mere propinquity does not tie people together.(단순한 가까움이 사람들을 함께 묶지는 않는다.)

1.5. 다음 주어는 목적어를 to의 목적에 묶는다.

(5) a. He tied the dog to a tree.(그는 개를 나무에 묶었다.)

b. We tied the letter to a brick and threw it over the fence.(우리는 편지를 벽돌에 묶어서 담장 너머로 던졌다.)

c. He tied the flag to the stick.(나는 깃발을 막대기에 묶었다.)

d. They tied their horses to a tree.(그들은 말을 나무에 묶었다.)

e. Family obligations tied him to his hometown.(가족의 의무가 그를 고향에 묶었다.)

f. The storm tied us to a harbor.(폭풍은 우리를 부두에 묶었다.)

1.6. 다음은 수동태 문장으로 주어는 전치사 to의 목적어에 묶인다.

(6) a. He is tied to a new job.(그는 새 일에 얽매어 있다.)

b. I am tied to no particular engagement.(나는 특정 약속에 얽매어 있지 않다.)

c. He is tied to his bed by illness.(그는 병으로 침대에 누워 있어야만 한다.)

1.7. 다음은 수동태 문장으로 주어는 묶여 있다.

(7) a. I am much tied.(나는 아주 바쁘다.)

b. I am tied up.(나는 꽉 묶여 있다.)

c. I am too tied up with other things.(나는 다른 일들로 너무 바쁘다.)

1.8. 다음 주어는 목적어를 매어서 꼼짝을 못하게 한다.

(8) a. The new baby tied her down.(새 아기는 그녀를 꼼짝 할 수 없게 붙들어 놓았다.)

b. Caring for the children ties her down.(아이들을 돌보는 일이 그녀를 꼼짝할 수 없게 붙들어 놓는다.)

1.9. 다음 주어는 목적어를 묶어서 만든다.

(9) a. He tied the knot.(그는 매듭을 묶었다.)

b. I tied a wreath.(나는 화환을 묶었다.)

1.10. 다음 주어는 목적어와의 경기를 동점으로 만든다.

(10) a. Oxford tied Cambridge in football.(옥스포드는 케임브리지를 축구에서 비겼다.)

b. Yonsei tied Korea in basketball.(연세대는 고려대를 농구에서 비겼다.)

2. 자동사 용법

2.1. 다음 주어는 묶어진다.

(11) a. The rope won't tie.(밧줄은 묶이지 않을거야.)

b. The cord doesn't tie well.(이 전선줄은 잘 안 묶인다.)

2.2. 다음 주어는 묶이는 개체이다.

(12) a. My dress ties at the back.(내 드레스는 뒤에서 끈이 매어진다.)

b. Does this sack tie in front or at the back?(이 옷은 끈을 앞에서 매나요, 뒤에서 매나요?)

2.3. 다음 주어는 동점이다.

(13) a. The two teams tied.(양 팀은 동점이 되었다.)

b. The teams tied for first place in the league.(그 팀들은 리그전 1위 자리를 공동으로 차지했다.)

c. Two actresses tied for the Best Actress Award.(두 여배우가 최우수 여우상을 공동 수상했다.)

2.4. 다음 주어는 with의 목적어와 동점이다.

(14) Bill tied with Margaret for first place.(빌은 마가렛과 1위 자리를 놓고 동점이 되었다.)

tighten

이 동사의 개념 바탕에는 조이는 과정이 있다.

1. 타동사 용법

1.1. 다음 주어는 목적어를 조인다.

(1) a. If you tighten guitar strings, the note gets higher.(기타줄을 팽팽하게 하면 음조가 올라간다.)

b. He tightened a string on the guitar.(그는 기타의 줄 하나를 팽팽하게 했다.)

c. He tightened his rein/his shoelaces.(그는 고삐/구두끈을 조였다.)

d. He tightens his belt before he takes a walk.(그는 산책을 하기 전에 허리띠를 조여 맨다.)

e. The string on this parcel needs tightening.(소포의 끈은 조여야할 필요가 있다.)

1.2. 나사를 조이면 조일수록 나사와 나사가 들어가는 구멍은 더 밀착되어 틈이 없어진다.

(2) a. She **tightened** her stomach muscles.(그녀는 복부 근육을 수축시켰다.)

b. He **tightened** his grip on the wheel.(그는 핸들을 잡은 손을 더 꽉 조였다.)

c. You have to **tighten** the lid on the jar.(너는 병의 뚜껑을 꽉 조여야 한다.)

d. He **tightened** the screw.(그는 나사를 조였다.)

1.3. 다음은 수동태 문장으로 주어는 조여진다.

(3) The nuts were not properly **tightened**.(그 너트는 제대로 조여지지 않았다.)

1.4. 규정이나 법규는 그물 같은 개체로 개념화된다. 그물눈을 조이면(좁히면), 규정이나 법규는 더 엄격해진다.

(4) a. Border police **tightened** controls on tourists.(국경 경찰은 관광객에 대한 통제를 강화했다.)

b. He **tightened** the rules/regulations.(그는 규칙/규정을 강화했다.)

c. He **tightened** up the money supply.(그는 통화 공급을 긴축했다.)

d. The police are **tightening** the net.(경찰당국은 수사망을 좁히고 있다.)

2. 자동사 용법

2.1. 다음의 주어는 선형적이다. 이러한 것이 팽팽해진다.

(5) a. The rope **tightened** when I pulled it.(밧줄은 내가 잡아당기자 팽팽해졌다.)

b. As the chained dog suddenly ran at me, the strap **tightened**.(쇠사슬에 묶인 개가 나에게 갑자기 달려들자, 그 가죽끈은 팽팽해졌다.)

2.2. 다음의 주어는 평면적이다. 이러한 것이 팽팽해진다.

(6) a. His face **tightened** with tension.(그의 얼굴은 긴장으로 굳어 있었다.)

b. The sail **tightened** in the wind.(그 돛은 바람에 팽팽해졌다.)

c. The skin **tightened** as it dried.(피부는 마르면서 조였다.)

2.3. 다음의 주어는 조인다. 주어는 근육과 관계가 있다.

(7) a. His muscles **tightened** with terror.(그의 근육은 공포로 죄었다.)

b. John's muscles **tightened** as he lifted the heavy crate.(존의 근육은 무거운 나무상자를 들자 팽팽해졌다.)

c. I can feel my neck **tightening** up.(내 목이 조여오는 것을 느낄 수 있다.)

2.5. 다음 주어는 조인다. 조이는 것은 긴장과도 관련된다.

(8) The race **tightened** as the race began the final lap.(그 경주는 마지막 한 바퀴를 시작할 때, 긴장되었다.)

2.6. 다음 주어는 조인다. 그러나 조이는 개체는 바로 명시되지 않았다.

(9) a. The police **tightened** up on speeding.(경찰당국은 속도 위반의 단속을 강화했다.)

b. The police are **tightening** up on under-age drinking.(경찰당국은 미성년 음주 단속을 강화하고 있다.)

c. Our students are not working as hard as they were; we'd better **tighten** up on their discipline.

(우리의 학생들이 예전만큼 열심히 공부하고 있지 않다; 따라서 우리는 규율을 강화할 필요가 있다.)

tilt

이 동사의 개념 바탕에는 어느 쪽으로 기우는 과정이 있다.

1. 타동사 용법

1.1. 다음 주어는 목적어를 기울인다.

(1) a. They **tilted** the barrel to empty it.(그들은 그 통을 기울여 비웠다.)

b. You **tilt** your cup when you drink.(너는 컵을 물을 마실 때 기울인다.)

c. Joan **tilted** her head and looked thoughtfully.(조앤은 머리를 기울이고 사려깊게 바라봤다.)

d. She **tilted** her head back and looked up at me with a smile.(그녀는 머리를 뒤로 기울이고 나를 미소를 띠며 올려다 봤다.)

e. He **tilted** her out of her saddle.(그는 그녀를 기울여 안장에서 내려보냈다.)

f. He **tilted** his hat sideways.(그는 모자를 옆으로 기울였다.)

1.2. 다음 주어는 목적어의 균형을 깨어지게 한다.

(2) a. The hot conditions may **tilt** the balance in favor of the Kenyan runner.(이 더운 상태는 균형을 그 케냐 선수에게 유리한 쪽으로 기울게 할 것이다.)

b. This piece of evidence may **tilt** the balance of opinion against the defendant.(이 증거는 여론의 균형을 기울려서 피고에게 불리하게 작용할 것이다.)

2. 자동사 용법

2.1. 다음 주어는 기운다.

(3) a. The tree **tilted** toward the ground.(그 나무는 지면을 향해 기울여졌다.)

b. The seat **tilts** forward when you press this lever.(그 자리는 네가 이 지레를 누를 때 앞으로 기울어진다.)

c. The old barn **tilted** to the left.(그 낡은 헛간은 왼쪽으로 기울었다.)

d. The table **tilted** suddenly, spilling all the drinks.(탁자는 갑자기 기울어져 모든 음료수를 엎질렀다.)

e. Suddenly the boat began to **tilt**.(갑자기 배는 기울기 시작했다.)

2.2. 다음 주어는 기울어져서 뒤집힌다.

(4) The desk is apt to **tilt** over.(그 책상은 기울어지기 쉽다.)

2.3. 다음 주어는 추상적 개체이다. 그러나 구체적 개체로 개념화되어 기울어지는 것으로 표현된다.

(5) His political view **tilts** to the right.(그의 정치적인 견해는 우익 쪽이다.)

time

이 동사의 개념 바탕에는 time의 명사 '시간'이 깔려 있다. 동사의 의미는 이 명사의 시간과 관계가 있다.

1. 타동사 용법

1.1. 다음 주어는 목적어의 시간을 잰다.
(1) a. We timed our journey; it took 3 hours. (우리는 여행 소요 시간을 쟀다; 3시간 걸렸다.)
　　b. Time how long it takes me to swim 6 lengths. (내가 6번 길이를 수영하는 데 얼마나 걸리는지 재라.)
　　c. The judges timed the race. (심판들은 경주의 시간을 측정했다.)
　　d. She timed the test at 15 minutes. (그녀는 시험을 15분마다 측정했다.)

1.2. 다음 주어는 목적어의 시간을 맞춘다.
(2) a. You timed your arrival well; we are just going out to eat. (너는 도착시간을 잘 맞췄다; 우리는 막 외식을 하러 나가는 중이다.)
　　b. He timed his steps to the music. (그는 발을 음악에 잘 맞췄다.)
　　c. You should time your visit to fit his convenience. (너는 방문을 그의 편의에 맞춰야 한다.)
　　d. The general timed the attack perfectly. (장군은 공격 시간을 정확하게 맞췄다.)

1.3. 다음 주어는 목적어를 전치사 with의 목적어와 맞춘다.
(3) a. Time your watch with mine. (너의 시계를 나의 것과 맞추자.)
　　b. I am timing my watch with the time signal. (나는 시계를 시보에 맞추고 있다.)

1.4. 다음은 수동태 문장으로 주어는 to의 목적어에 맞추어진다.
(4) a. The train is timed to reach Seoul at 3:00 pm. (기차는 3시에 서울에 도착하도록 시간이 맞추어져 있다.)
　　b. Publication of his biography was timed to coincide with his both birthday celebrations. (그의 전기 출판은 그의 생일 잔치에 시간이 맞춰어졌다.)
　　c. The next show is timed for 11:00. (다음 쇼는 11시에 예정되어 있다.)
　　d. His visit is well-timed. (그의 방문은 시기가 적절하다.)
　　e. Her request was badly timed. (그녀의 요청은 시간 조정이 나빴다.)

1.5. 다음 주어는 목적어의 시간을 정한다.
(5) a. She timed her exposure for three seconds. (그녀는 노출을 삼초로 정했다.)
　　b. The teacher timed the examination for one hour. (선생님은 시험을 한 시간으로 정했다.)

tinge

이 동사의 개념 바탕에는 tinge의 명사 '엷은 색조' '기미'가 있다. 동사의 의미는 이 명사의 특성과 관계가 있다.

1. 타동사 용법

1.1. 다음 주어는 목적어를 with의 목적어로 물들게 한다.

---

(1) a. Autumn tinges the woods with a thousand varieties of colors. (가을은 숲을 수천 종류의 다양한 색깔로 물들인다.)
　　b. The sun tinged the afternoon clouds with red. (태양은 저녁 구름을 붉은 색으로 물들였다.)

1.2. 다음은 수동태 문장으로 주어는 물들여진다.
(2) a. Her memories were tinged with sorrow. (그녀의 기억은 슬픔으로 물들어 있었다.)
　　b. Her admiration for him is tinged with jealousy. (그에 대한 존경은 질투로 물들어져 있다.)
　　c. The dawn sky is tinged with pink. (새벽 하늘은 분홍색으로 물들여져 있다.)

tingle

이 동사의 개념 바탕에는 따끔따끔하게 하는 과정이 있다.

1. 자동사 용법

1.1. 다음 주어는 따끔거린다.
(1) a. His arm tingled when a ball hit it. (내 팔은 공을 맞고 얼얼했다.)
　　b. My fingers tingle with cold. (내 손가락은 추워서 따끔거린다.)
　　c. My cheek tingled from the slap. (내 뺨은 따귀로 따끔거렸다.)
　　d. My body tingled on the amusement park ride. (내 몸은 놀이공원 기구를 타고 짜릿했다.)

1.2. 다음 주어는 흥분 등으로 울렁울렁 거린다.
(2) a. I am tingling with fear. (나는 두려움으로 떨고 있다.)
　　b. The children are tingling with excitement. (아이들은 흥분으로 짜릿함을 느끼고 있다.)

1.3. 다음 주어는 짜릿함을 주는 자극이다.
(3) a. His words tingled in my ears. (그의 말은 내 귀에 울렸다.)
　　b. The cold tingled on his face. (추위는 얼굴을 시리게 했다.)

2. 타동사 용법

2.1. 다음 주어는 자체가 목적어를 짜릿함을 느끼게 한다.
(4) The icy wind tingles my cheeks. (차가운 바람은 내 뺨을 얼얼하게 했다.)

2.2. 다음 주어는 목적어를 짜릿함을 느끼게 한다.
(5) He tingled her with excitement. (그는 그녀를 흥분으로 짜릿하게 만들었다.)

tinkle

이 동사의 개념 바탕에는 가벼운 금속성 소리 (딸랑 딸랑 소리)를 내는 과정이 있다.

1. 자동사 용법

1.1. 다음 주어는 소리를 낸다.
(1) a. A bell tinkled in the background. (종이 뒤에서 딸랑

거렸다.)

b. The icicles **tinkled** as they fell to the ground.(그 고드름은 바닥으로 떨어지면서 소리를 냈다.)

c. The drops of water **tinkled** into a metal fountain. (물 방울은 소리를 내면서 금속 분수로 떨어졌다.)

2. 타동사 용법

2.1. 다음 주어는 소리를 내면서 목적어를 알린다. 목적어는 시각이다.

(2) a. The clock is **tinkling** out the hour of time.(그 시계는 매시간을 딸깍 소리로 알리고 있다.)

b. The little clock **tinkles** out the hours.(그 작은 시계는 매시간을 딸깍 소리로 알린다.)

2.2. 주어는 목적어를 소리나게 한다.

(3) a. He **tinkled** a bell.(그는 벨소리를 냈다.)

b. He **tinkled** the coins together.(그는 동전을 함께 소리를 냈다.)

2.3. 다음 주어는 오줌을 눈다.

(4) a. John told his mother that he had to **tinkle**.(존은 오줌을 싸야한다고 어머니에게 말했다.)

b. Billy laughed when the puppy **tinkled** on the rug. (빌리는 강아지가 카페트에 오줌싸자 웃었다.)

tip¹

이 동사의 개념 바탕에는 기우는 과정이 있다.

1. 자동사 용법

(1) a. The seat **tips** forward to allow passengers into the back.(그 좌석은 앞으로 기울어져서 승객들이 뒤쪽으로 갈 수 있게 한다.)

b. The boat **tipped** over when he leant over the side.(배는 그가 한 쪽으로 기대자 기울어졌다.)

1.2. 다음 주어는 기울어져서 부사가 가리키는 상태로 들어간다.

(2) a. The car **tipped** into the ditch.(차는 기울어져 도랑으로 쳐박혔다.)

b. Our boat **tipped** over.(우리 배는 기울어져서 뒤집혔다.)

b. The table **tipped** up.(그 탁자는 기울어졌다.)

2. 타동사 용법

2.1. 다음 주어는 목적어를 기울인다. 목적어는 그릇이다.

(3) a. I **tipped** the barrel so that the water would flow out.(나는 물이 흘러나오게 통을 기울였다.)

b. Tom **tipped** the container of cereal over.(톰은 씨리얼이 담긴 그릇을 기울였다.)

2.2. 다음 주어는 목적어를 기울인다. 목적어는 내용물이다.

(4) a. She weighed out the flour and **tipped** it out into a bowl.(그녀는 밀가루의 무게를 달고 그것을 기울여서 사발에 넣었다.)

b. He **tipped** his breakfast cereal into a bowl.(그는 아침 시리얼을 기울여 사발 그릇에 부었다.)

c. He **tipped** out the rubbish.(그는 쓰레기를 통을 기울여 버렸다.)

d. The bus stopped abruptly and **tipped** me **out** of my seat.(버스는 갑자기 서서 내가 의자에서 앞으로 기울지게 했다.)

e. He **tipped** the water **out** of the bucket into the ditch.(그는 양동이를 기울여 물을 도랑에 부었다.)

2.3. 다음 주어는 목적어를 조금 들어서 기울게 한다.

(5) a. He **tipped** his hat to me.(그는 모자를 내게 기울여 보였다.)

b. Sit still and don't **tip** the chair back.(조용히 앉고 의자를 뒤로 기울이지 마라.)

2.4. 다음 주어는 목적어를 기울여서 넘어지게 한다.

(6) a. Don't **tip** the milk jug over.(우유 단지를 쓰러뜨리지 마라.)

b. He **tipped** over the glass.(그는 잔을 넘어뜨렸다.)

2.5. 다음 주어는 목적어를 한쪽으로 기울게 한다.

(7) a. He **tipped** the balance.(그는 균형을 기울였다.)

b. He **tipped** the scales.(그는 저울을 한쪽으로 기울였다.)

2.6. 다음은 수동태 문장으로 주어는 기울어진다.

(8) a. His hat was **tipped** over his head.(그는 모자를 기울여 썼다.)

b. The back part of the truck can be **tipped** up to empty the load.(트럭의 뒷부분은 짐을 부리기 위해서 올려질 수 있다.)

2.7. 다음 주어는 목적어를 기울려서 떨어진다.

(9) a. I **tipped** the cat off the chair.(나는 의자를 기울여서 고양이를 떨어지게 했다.)

b. He **tipped** the books off the table.(그는 책상을 기울여서 책들을 떨어지게 했다.)

tip²

이 동사의 개념 바탕에는 tip의 명사 '사례금'이 있다. 동사의 뜻은 이 명사의 관행과 관계가 있다.

1. 타동사 용법

1.1. 다음 주어는 목적어를 사례한다.

(1) a. Did you remember to **tip** the waiter?(너는 웨이터에게 사례하는 것을 기억했니?)

b. I **tipped** the bellboy.(나는 벨보이에게 사례했다.)

1.2. 다음 주어는 목적어를 사례한다. 목적어는 사례금이다.

(2) At the restaurant, we **tipped** $5 on the bill of $50. (식당에서 우리는 50달러 청구서에 5달러를 팁으로 주었다.)

1.3. 주어는 첫째 목적어에게 둘째 목적어를 사례금으로 준다.

(3) a. He **tipped** the waiter a dollar.(그는 웨이터에게 1달러를 사례금으로 주었다.)

b. I **tipped** the porter 2,000 won.(나는 짐꾼에게 2천원을 사례금으로 주었다.)

1.4. 다음 주어는 목적어에 사례금을 주어 어떤 일을 하게 만든다.

(4) He **tipped** the waiter **into** telling the secret.(그는 웨이터에게 사례금을 줘 비밀을 말하게 했다.)

1.5. 다음 주어는 목적어에게 that절이 담고 있는 정보를 준다.

(5) a. Go tip off your brother that Max is looking for him.(맥스가 그를 찾고 있다고 너의 동생에게 가서 알려줘라.)

b. The spy tipped off Max that he was in danger.(그 스파이는 맥스가 위험에 처해있다고 알렸다.)

c. The police was tipped off.(경찰은 비밀을 입수했다.)

1.6. 다음은 수동태 문장으로 주어는 정보를 받는다.

(6) a. The band is tipped for the top.(밴드는 그 정상에 대한 정보를 받는다.)

b. She's been tipped for promotion.(그녀는 승진에 대한 정보를 들었다.)

c. The senator has been tipped by many as a future president.(상원의원은 많은 이로부터 미래의 대통령으로써 정보를 받았다.)

d. The actor is tipped to win on Oscar for his performance.(그 배우는 자신의 공연으로 오스카상을 수상할 것이라는 정보를 듣고 있다.)

1.7. 다음 주어는 첫째 목적어에 둘째 목적어를 준다.

(7) He tipped her a song/a wink.(그는 그녀에게 노래/윙크로 정보를 주었다.)

2. 자동사 용법

2.1. 다음 주어는 사례금을 준다.

(8) The customer tips well.(그 고객은 사례금을 잘 준다.)

---

tip³

이 동사의 개념 바탕에는 tip의 명사 '끝'이 있다.

1. 타동사 용법

1.1 다음 주어는 그 끝에 무엇으로 칠해져 있다.

(1) a. The wings are tipped with yellow.(날개는 노란색으로 칠해져 있다.)

b. The spear is tipped with poison.(창은 독이 칠해져 있다.)

---

tire

이 동사의 개념 바탕에는 피곤해지는 과정이 있다.

1. 타동사 용법

1.1. 다음 주어는 목적어를 육체적으로나 정신적으로 피곤하게 한다.

(1) a. Walking tired me.(걷기가 나를 지치게 했다.)

b. Monotonous filing tires him.(단조로운 자료 정리가 그를 지치게 한다.)

c. His long speech tired us.(그의 긴 연설은 우리를 지치게 했다.)

d. The conversation tired him.(그 대화는 그를 지치게 했다.)

e. The student's excuses tired the teacher.(학생의 변명은 선생님을 지치게 했다.)

f. His dull lecture tired the audience.(그의 지루한 강의는 청중을 지치게 했다.)

1.2. 다음 주어는 목적어를 완전히 지치게 한다.

(2) a. I walked so fast that I tired her out.(나는 너무 빨리 걸어서 그녀를 지치게 했다.)

b. The hard work tired Mary out.(힘든 일은 메리를 지치게 했다.)

c. The exercise tired him out.(그 운동은 그를 지치게 했다.)

1.3. 다음 주어는 목적어를 with의 목적어로 피곤하게 한다.

(3) a. John tired Mary with the pictures from her vacation.(존은 휴가에서 찍은 사진으로 메리를 피곤하게 했다.)

b. He tired us with his long speech.(그는 우리를 긴 연설로 지치게 했다.)

1.4. 다음은 수동태 문장으로 주어는 피곤해진다.

(4) a. I was tired out by the hard work.(나는 힘든 일에 완전히 피곤해졌다.)

b. Jane was tired out during her long day at work.(제인은 직장에서의 긴 하루동안 완전히 피곤했다.)

2. 자동사 용법

2.1. 다음 주어는 육체적으로 신체적으로 피곤해진다.

(5) a. As we neared the summit, we were tiring fast.(정상 근처에 갔을 때, 우리는 급속히 피곤해지고 있었다.)

b. As he grew older, he tired easily.(늙어가자 그는 쉽게 피곤을 느꼈다.)

2.2. 다음 주어는 of 의 목적어에 싫증을 느낀다.

(6) a. She never tires of telling everyone how wonderful her new house is.(그녀는 새 집이 얼마나 훌륭한지 지치지 않고 모든 사람에게 말하고 다닌다.)

b. The children tired of the new game.(그 아이들은 새 게임에 지쳤다.)

c. He had tired of reading the novel.(그는 소설을 읽은 데 지쳤다.)

d. Sooner or later, he'll tire of politics.(조만간 그는 정치에 지치게 될 것이다.)

e. There are plenty of restaurants for those who tire of shopping.(쇼핑에 지쳐버린 사람들을 위한 식당이 많이 있다.)

f. You will never tire of looking at the garden.(너는 정원을 바라보는 것에 결코 질리지 않을 것이다.)

g. They soon tired of the beach and went for a walk.(그들은 곧 해변에 질려 산책을 갔다.)

h. The children tired of playing games.(그 아이들은 게임하는 데 질렸다.)

2.3. 다음 주어는 전치사 with의 목적어로 지친다.

(7) He soon tire with his study.(그는 곧 자신의 연구에 지친다.)

---

title

이 동사의 개념 바탕에는 title의 명사 '제목'이 있다. 동사의 의미는 이 명사의 쓰임과 관계가 있다.

1. 타동사 용법
1.1. 다음 주어는 목적어에 이름을 붙인다.
(1) a. What will you title your book?(너는 너 자신의 책을 뭐라고 이름을 붙일 것이니?)
b. What will you title your new song?(너는 새 노래에 뭐라고 이름을 붙일 것이니?)
1.2. 다음은 수동태 문장으로 주어는 이름이 붙여진다.
(2) a. Their first album was titled 'Ocean Drive'.(그들의 첫 번째 앨범은 'Ocean Drive'라고 제목이 붙여졌다.)
b. His poem was titled "My lost youth."(그의 시는 '나의 잃어버린 젊음'이라고 제목이 붙여졌다.)

toast¹

이 동사의 개념 바탕에는 toast의 명사 '축배'가 있다. 동사의 의미는 이 명사의 쓰임과 관계가 있다.

1. 타동사 용법
1.1. 다음 주어는 목적어를 위해 축배를 한다.
(1) a. They toasted the newly weds.(그들은 신혼부부를 위해 축배를 들었다.)
b. We toasted her on her birthday.(우리는 그녀의 생일날에 축배를 했다.)
c. I toasted my sister at her graduation party.(나는 동생을 졸업식 파티에서 축배를 했다.)
d. We toasted the guests of honor.(우리는 귀빈들을 위해 축배를 했다.)
1.2. 다음은 수동태 문장으로 주어는 축배를 받는다.
(2) The happy couple was toasted in champagne.(행복한 부부는 샴페인으로 축배를 받았다.)
1.3. 다음의 목적어는 사람이 아닌 개체이다. 주어는 목적어에 축배를 든다.
(3) a. We all toasted the birth of the baby.(우리 모두는 아이의 탄생을 축배했다.)
b. We toasted our success.(우리는 성공을 축배했다.)

toast²

이 동사의 개념 바탕에는 굽는 과정이 있다.

1. 타동사 용법
1.1. 다음 주어는 목적어를 굽는다.
(1) a. The campers toasted marshmallows over the fire.(야영객들은 마시멜로를 불에 구웠다.)
b. We toasted some slices of bread for tea.(우리는 차를 마시기 위해 빵 몇 조각을 구웠다.)
1.2. 다음 주어는 빵을 토스트 하듯 목적어를 따뜻하게 한다.
(2) a. He sat there toasting his feet in front of the fire.(그는 발을 불 앞에서 따뜻하게 했다.)
b. They toasted themselves by the fire.(그들은 몸을 그 불가에서 덥혔다.)
1.3. 다음은 수동태 문장으로 주어는 구워진다.
(3) The buns should be served slightly toasted.(햄버그 빵은 약간 구워서 제공되어야 한다.)

toddle

이 동사의 개념 바탕에는 아장아장 걷는 과정이 있다.

1. 자동사 용법
1.1. 다음 주어는 아장아장 걷는다.
(1) Children toddle when they learn to walk.(아이들은 걷기를 배울 때 아장거린다.)
1.2. 다음 주어는 아장거리며 움직인다.
(2) a. The baby toddled across the room.(그 아기는 방을 가로 질러 아장아장 걸어갔다.)
b. The baby toddled along.(그 아기는 아장아장 걸어갔다.)
b. Our two-year baby toddled after his puppy.(우리의 두살박이 아기는 강아지를 따라 아장아장 걸었다.)
c. She toddles down to the park everyday.(그녀는 아장아장 걸어서 공원으로 매일 내려간다.)

toil

이 동사의 개념 바탕에는 toil의 명사 '힘든 일'이 있다. 동사의 의미는 이 명사의 과정과 관계가 있다.

1. 자동사 용법
1.1. 주어는 열심히 애써 일을 한다.
(1) a. The workers toiled in the fields under the hot sun.(근로자들은 들에서 뜨거운 햇볕 아래 고되게 일했다.)
b. The immigrants toiled night and day to make a living.(이민자들은 생계를 위해 밤낮으로 고되게 일했다.)
1.2. 다음 주어는 힘들게 애써 움직인다.
(2) a. He toiled along the road with the heavy luggage.(그는 길을 따라 무거운 짐을 들고 걸어갔다.)
b. He toiled up the hill.(그는 산 위를 힘겹게 올라갔다.)
c. He toiled up the stairs.(그는 힘들게 계단을 올라갔다.)
1.3. 다음 주어는 전치사 at의 목적어에 애써 일한다.
(3) a. He's been toiling away at his essay.(그는 수필을 힘겹게 계속 쓰고 있었다.)
b. The students toiled over their workbooks.(그 학생들은 연습장을 열심히 공부했다.)
c. They toiled on the project day and night.(그들은 프로젝트에 밤낮으로 고되게 일을 했다.)

tolerate

이 동사의 개념 바탕에는 참고 견디는 과정이 있다.

1. 타동사 용법
1.1. 다음 주어는 목적어를 참고 견딘다.
(1) a. He tolerated her impudence/incompetence/bad manners.(그는 그녀의 경솔함/무능함/나쁜 예절을

참았다.)

b. I don't know how you **tolerate** that noise.(나는 어떻게 네가 그 소음을 참는지 모르겠다.)

c. The workers **tolerated** the long hours.(그 근로자들은 오랜 노동 시간을 견뎌냈다.)

1.2. 다음 목적어는 동명사로 표현되어 있다.

(2) a. She refused to **tolerate** being called a liar.(그녀는 거짓말쟁이라고 불리어지는 것을 참기를 거절했다.)

b. Mom won't **tolerate** swearing in the house.(엄마는 집에서 욕하는 것을 참지 않을 것이다.)

c. The school does not **tolerate** cheating on exams.(학교는 시험에서 속이는 것을 용인하지 않는다.)

1.3. 다음은 수동태 문장으로 주어는 참고 견디어진다.

(3) Their relationship was **tolerated** but not encouraged.(그들의 관계는 참아졌지만 권장은 되지 않았다.)

toll

이 동사의 개념 바탕에는 만종이나 종을 울리는 과정이 있다.

1. 타동사 용법

1.1. 다음 주어는 목적어를 울린다.

(1) a. Bill **tolled** the church bell at the end of the funeral service.(빌은 장례식 예배가 끝나자 교회종을 울렸다.)

b. The revolution **tolled** the death knell for the Russian monarchy.(혁명은 러시아의 군주제의 종말을 울렸다.)

1.2. 다음 주어는 종소리로 목적어를 알린다.

(2) a. The bells **toll** the end of the day.(그 종은 그 날의 끝을 울린다.)

b. The bell **tolled** 9 0' clock.(그 종은 9시를 울렸다.)

c. The church bells **tolled** the mayor's death.(교회종들은 시장의 죽음을 울렸다.)

1.3. 다음 주어는 종소리로 목적어를 움직인다.

(3) a. The bell **tolled** in people.(그 종은 사람들은 안으로 들어오게 했다.)

b. The bell **tolled** people out of church.(그 종은 사람들은 교회 밖으로 나가게 했다.)

c. The church bells **tolled** the monks to Vespers.(그 교회종은 수도승을 저녁기도에 가게 했다.)

2. 자동사 용법

2.1. 다음 주어는 종소리를 낸다.

(4) The bell **tolled** for those killed in the war.(그 종은 전쟁 중 죽은 이들을 위해 울렸다.)

tone

이 동사의 개념 바탕에는 tone의 명사 '소리, 색, 정신이나 육체 상태의 정도'가 있다. 동사의 의미는 이 명사의 뜻과 관계가 있다.

1. 타동사 용법

1.1. 다음 주어는 목적어의 상태를 조절한다.

(1) a. He **toned** his body with exercise.(그는 자신의 몸을 운동으로 조절했다.)

b. He **toned** the picture with a light brown coloring.(그는 그 그림을 밝은 갈색으로 칠했다.)

1.2. 다음 주어는 목적어를 누그러지게 한다.

(2) a. Fear **toned** his voice.(공포가 그의 목소리를 누그러지게 했다.)

b. Age **toned** his headiness.(나이가 그의 완고함을 누그러지게 했다.)

1.3. 다음 주어는 목적어의 강도를 높인다.

(3) a. The weightlifter **toned up** his biceps.(그 역도 선수는 이두근을 단련했다.)

b. Joan **toned** her leg muscles **up** by running.(조앤은 달리기로 다리 근육을 단련했다.)

c. Massage will help to **tone up** loose skin under the chin.(마사지는 턱 아래의 피부를 유연하게 하는 데 도움이 될 것이다.)

1.4. 다음 주어는 목적어의 강도를 낮춘다.

(4) a. He **toned down** his speed.(그는 속도를 낮췄다.)

b. He **toned** the harsh colors **down** by using different lighting.(그는 강한 색깔을 다른 조명으로 낮췄다.)

1.5. 다음은 수동태 문장으로, 주어는 정도가 조정된다.

(5) The language of the article had to be **toned down** for the mass market.(이 기사의 언어는 대중 시장을 위해 강도가 낮추어져야 했다.)

2. 자동사 용법

2.1. 다음 주어는 소리를 낸다.

(6) The bells **toned** softly in the distance.(그 종은 멀리서 부드럽게 울렸다.)

2.2. 다음 주어는 전치사 with의 목적어와 조화를 이룬다.

(7) a. The carpet **tones** in with the curtain.(그 카페트는 커텐과 조화를 이룬다.)

b. The wallpaper **tones** in well with the curtain.(그 벽지는 커튼 색과 조화를 이룬다.)

2.3. 다음 주어는 정도가 조절된다.

(8) Her body **toned up** with all her exercise.(그녀의 몸은 운동을 통해 조절됐다.)

top

이 동사의 개념 바탕에는 top의 명사 '꼭지'가 있다. 이 동사의 의미는 꼭지와 관계가 있다.

1. 타동사 용법

1.1. 다음 주어는 목적어를 꼭대기까지 채운다.

(1) a. Can you **top off** the tank with unleaded gas, please?(그 탱크를 무연가스로 채워주시겠습니까?)

b. Can I **top off** your glass of wine?(포도주 잔을 좀 더 채워드릴까요?)

c. The worker carefully **topped off** the oil tank with a few more drops.(그 종업원은 더 기름 탱크를 몇 방울로 주의 깊게 다 채워 넣었다.)

d. We have enough gas to get there, but we ought

to **top** it **off** , so we won't have to bother tanking up tomorrow.(우리는 거기까지 갈 수 있는 충분한 가스가 있었지만, 채워 넣었고, 그래서 내일까지 가스 채우는 것에 대해 신경 쓸 필요가 없다.)

1.2. 다음 목적어는 과정이다. 과정은 밑에서 위로 진행되는 것으로 간주된다.

(2) a. She **topped off** her performance **with** a dazzling encore.(그녀는 자신의 연주를 눈부신 앙코르로 끝맺었다.)

b. They **topped** the evening **with** champagne.(그들은 저녁을 샴페인으로 마무리했다.)

c. We **topped off** the evening **with** a visit to a local bar.(우리는 저녁을 가까운 술집의 방문으로 마무리했다.)

d. A marvelous cherry pie **topped off** the meal.(멋진 체리 파이가 식사의 마지막을 장식했다.)

1.3. 다음 주어는 목적어를 능가한다.

(3) a. What a rotten vacation, the airline was delayed, the airline lost our baggage and to **top** it all, Rob broke his leg skiing.(얼마나 불쾌한 휴가였는지, 비행기가 연착했고, 그 항공사는 우리의 짐을 분실했으며 게다가, 롭은 스키를 타다가 다리를 부러뜨렸다.)

b. We had a wonderful party, and to **top** it all **off**, we were driven home in a limousine.(우리는 멋진 파티를 가졌고, 게다가 모두 리무진을 타고 집으로 돌아갔다.)

c. I lost my job, and to **top** it all **off**, my dog died.(나는 직장을 잃었고 게다가 개가 죽었다.)

1.4. 다음 목적어는 그릇에 채워지는 액체이다. up은 액체가 그릇의 가장자리까지 (끝까지) 올라오는 과정을 나타낸다.

(4) a. I will **top up** the water in the vase.(나는 물을 꽃병에 가득 채우겠다.)

b. Can I **top** you **up**?(제가 당신의 잔을 채워드릴까요?)

c. We need to **top** our car **up** with gas.(우리는 차를 가스로 채워야 한다.)

d. Shall I **top** your glass **up** for you?(제가 잔을 다 채워드릴까요?)

e. The director's salary is **topped up** by a share in the company's profits.(감독의 봉급은 회사 이익의 지분을 나눠 갖는 것으로 채워진다.)

1.5. 다음 주어는 목적어를 with의 목적어로 씌운다.

(5) a. She **topped** the cake **with** cream.(그녀는 케이크를 크림으로 덮었다.)

b. She **topped** the pudding **with** some whipped cream.(그녀는 푸딩에 휘저은 크림을 얹었다.)

c. She **topped** the sundae **with** a cherry.(그녀는 선디에 체리를 얹었다.)

d. He **topped** the field **with** manure.(그는 밭을 비료로 덮었다.)

e. He **topped** the box/the carriage.(그는 그 상자/마차를 씌웠다.)

1.6. 다음은 수동태 문장으로 주어는 with의 목적어로 덮혀진다.

(6) a. The dessert was **topped with** cream.(디저트는 크림이 얹혀 있었다.)

b. The cake was **topped with** cream.(케이크는 크림이 얹혀 있었다.)

1.7. 다음 주어는 목적어보다 높은 자리를 차지한다. 이것은 주어가 수, 양, 정도 면에서 목적어를 능가하는 관계를 나타낸다.

(7) a. He **tops** his father **by** a head.(그는 아버지보다 머리 하나 정도로 더 크다.)

b. He **tops** his brother's height **by** three inches. (그는 남동생보다 3인치 더 크다.)

c. He **tops** four feet.(그의 키는 4피트가 넘는다.)

d. The fish **tops** 80 pounds.(그 물고기는 80파운드 더 나간다.)

e. The school building fund now **topped** $18,000.(학교 건물 기금은 18,000달러를 넘어섰다.)

f. US investments **topped** 50 million dollars.(미국 투자가 5천만 달러를 넘어섰다.)

g. Inflation has **topped** the ten percent mark.(통화팽창률이 10퍼센트를 넘어섰다.)

h. A rival company **topped** our offer.(경쟁 회사가 우리의 제의를 넘어섰다.)

i. Their profits **topped** ours last year.(그들의 이익은 작년 우리 몫보다 많았다.)

1.8. 다음 주어는 기록, 흥행 성적, 흥미도 면에서 목적어를 능가한다.

(8) a. He just **topped** the old record.(그는 옛 기록을 경신했다.)

b. He **topped** his previous performance.(그는 지난 연주를 능가했다.)

c. I can **top** your story with an even funnier one.(나는 더 웃긴 얘기로 너의 얘기를 능가할 수 있다.)

d. He **topped** our expectations.(그는 우리의 기대를 능가했다.)

e. I've seen some weird things, but this **tops** everything.(나는 몇 개의 이상한 것을 봐 왔지만, 이것이 모든 것을 능가한다.)

f. This **tops** everything.(이것은 모든 것을 압도한다.)

1.9. 다음에서 경쟁에서 목적어를 능가하는 관계를 나타낸다.

(9) a. He **topped** his rival.(그는 라이벌을 능가했다.)

b. He **topped** his class in reading.(그는 반을 읽기에서 최고로 앞섰다.)

c. His ability **topped** all the rest.(그의 능력은 나머지 모두를 능가했다.)

d. John **topped** them at baseball.(존은 그들을 야구에서 이겼다.)

e. He **topped** himself.(그는 자신을 능가했다.)

1.10. 다음에서 주어는 목적어를 위로 치는 과정을 나타낸다.

(10) a. She **topped** her driver.(그녀는 자신의 드라이버를 위로 쳤다.)

b. She **topped** the ball.(그녀는 공을 위로 쳤다.)

1.11. 다음 주어는 목적어의 위에 있다.

(11) a. The sun **topped** the maple.(태양은 단풍나무 위에 있었다.)

b. A pine tree tops the hills.(소나무가 언덕 위에 있다.)

c. A flag topped the mast.(깃발이 돛대 위에 있었다.)

d. Snow topped the hills.(눈이 언덕 위에 쌓였다.)

e. The sun topped the horizon.(태양이 지평선 위에 올랐다.)

1.12. 다음은 수동태 문장으로 주어는 그 위에 무엇이 있다.

(12) a. The roof is topped by a chimney.(지붕은 위에 굴뚝이 있다.)

b. The church is topped with/by a steeple.(교회는 위에 첨탑이 있다.)

1.13. 다음 목적어는 정상을 가진 개체이다. 주어는 이러한 개체의 정상을 넘는다.

(13) a. We topped the hill and started to climb down.(우리는 언덕의 정상에 올라 다시 내려오기 시작했다.)

b. We topped the hill at noon.(우리는 언덕을 정오에 넘었다.)

c. The dog topped the fence.(그 개는 울타리를 넘었다.)

1.14. 다음에 쓰인 주어는 개체 자체를 가리키는 것이 아니라, 개체의 이름을 가리킨다. 이러한 이름이 목록의 맨 윗자리를 차지하는 관계를 나타낸다.

(14) a. He tops the list.(그의 이름은 명단 제일 위에 올라 있다.)

b. The book tops the best seller list.(그 책은 베스트 셀러 목록 제일 위에 있다.)

c. The record topped the charts.(그 음반은 차트를 모두 석권했다.)

1.15. 다음 주어는 목적어를 꼭지를 자른다.

(15) He topped the beets/the tree.(그는 사탕무/나무의 꼭지를 잘랐다.)

2. 자동사 용법

2.1. 다음 주어는 상승하는 과정의 정점을 벗어난다.

(16) a. Do you think interest rates have topped out?(당신은 이자율이 최고 정점을 지난 것으로 보십니까?)

b. Prices may top out at their highest level.(가격은 최고 수준에서 안 오를 것이다.)

c. Sales volume on the product is topping out and beginning to decline.(상품의 판매량은 초고치를 벗어나서 이미 하락하기 시작하고 있다.)

d. The Dow Jones average topped out at 6,000 dollars.(다우 존스 평균 주가 지수는 6천 달러에서 최고치를 벗어났다.)

topple

이 동사의 개념 바탕에는 흔들리는 과정이 있다.

1. 타동사 용법

1.1. 다음 주어는 목적어를 흔들거리게 한다.

(1) a. The earthquake toppled many expensive houses.(지진은 많은 값비싼 집들을 흔들었다.)

b. He toppled the challenger with one punch.(그는 도전자를 한번의 펀치로 비틀거리게 했다.)

c. The baby toppled a glass of milk at the dinner table.(그 아기는 우유가 든 컵을 저녁 식탁에서 엎질렀다.)

1.2. 정부와 같은 조직체는 건물로 개념화된다. 주어는 목적어를 넘어지게 한다.

(2) a. The scandal could topple the government.(그 스캔들은 정부를 전복시킬 수 있다.)

b. The coup d'état toppled the government.(그 혁명은 정부를 전복시켰다.)

1.3. 다음 주어는 목적어를 쓰러뜨린다.

(3) a. He toppled the stack of cups.(그는 컵 무더기를 쓰러뜨렸다.)

b. The wrestler toppled his opponent.(그 레슬링 선수는 상대선수를 쓰러뜨렸다.)

2. 자동사 용법

2.1. 다음 주어는 비틀거린다.

(4) a. The stack of plates swayed, and toppled.(그 쟁반 더미는 흔들리더니 넘어졌다.)

b. The ladder toppled.(그 사다리는 흔들거렸다.)

2.2. 다음 주어는 비틀거리며 넘어진다.

(5) a. The pile of logs toppled down/over.(그 나무 더미는 비틀거리며 아래로 넘어졌다.)

b. The chimney toppled over the roof.(그 굴뚝은 지붕 위로 넘어졌다.)

2.3. 다음 주어는 비틀거리며 넘어진다.

(6) He suddenly toppled to the sidewalk.(그는 갑자기 보행도로로 넘어졌다.)

torture

이 동사의 개념 바탕에는 torture이 명사 '고문'이 있다. 동사의 의미는 이 명사의 과정과 관계가 있다.

1. 타동사 용법

1.1. 다음 주어는 고문하거나 괴롭힌다.

(1) a. My arm tortures me.(팔이 나를 몹시 괴롭힌다.)

b. The police tortured the suspect.(경찰당국은 용의자를 고문했다.)

c. The sadistic killer tortured each victim.(가학적인 살인자는 각 희생자를 고문했다.)

1.2. 다음은 수동태 문장으로 주어는 고문이나 고통을 받는다.

(2) a. He is tortured by/with neuralgia/anxiety/doubts.(그는 신경통/걱정/의구심으로 고통받는다.)

b. Many of the rebels were tortured by the secret police.(많은 반군이 비밀 경찰에게 고문을 받았다.)

c. He is tortured with bad memories.(그는 나쁜 기억으로 고통받고 있다.)

1.3. 다음 주어는 목적어를 비튼다.

(3) Winds tortured the trees.(바람은 나무들을 비틀었다.)

1.4. 다음 주어는 목적어를 비틀어서 전치사 into의 목적어가 되게 한다.

(4) Winds have tortured the branches into strange shapes.(바람은 나무 가지를 비틀어 이상한 모양으로

만들었다.)

1.5. 다음 주어는 목적어를 억지로 전치사 into의 목적어로 풀이한다.

(5) a. He **tortured** the word into a strange meaning.(그는 말을 비틀어 이상한 의미로 풀이했다.)

b. He **tortured** her words into admission of faults.(그는 그녀의 말을 비틀어 실수의 인정으로 풀이했다.)

toss

이 동사의 개념 바탕에는 던지는 과정이 있다.

1. 타동사 용법

1.1. 다음 주어는 목적어를 던진다. 주어는 자연현상이다.

(1) a. The hurricane **tossed** a 60-foot trailer 30 yards.(태풍은 60 피트의 트레일러를 30 야드 가볍게 던졌다.)

b. Heavy seas **tossed** the ship.(거친 바다가 배를 요동시켰다.)

c. The wind is **tossing** the waves.(바람은 파도를 위아래로 흔들고 있다.)

1.2. 다음 주어는 목적어를 던진다.

(2) a. The bull **tossed** the dog.(황소는 개를 받아 던졌다.)

b. She **tossed** pancakes.(그녀는 팬케이크를 가볍게 던졌다.)

c. They **tossed** their hats in the air.(그들은 공중으로 모자를 던졌다.)

d. Fred **tossed** her the book.(프레드는 그녀에게 책을 던졌다.)

e. He **tossed** a question.(그는 질문을 던졌다.)

1.3. 다음 주어는 목적어를 쳐든다. 목적어는 신체의 일부이다.

(3) a. She **tossed** her long hair **back** as she strutted down the walk.(산책길을 점잔빼며 걸어갈 때 그녀는 긴 머리를 뒤로 젖혔다.)

b. She **tossed** up her head and laughed.(그녀는 고개를 위로 젖히고 웃었다.)

c. She **tossed** her head angrily.(그녀는 화가 나서 고개를 젖혔다.)

d. The horse **tossed** its mane.(그 말은 갈기를 젖혔다.)

1.4. 다음은 수동태 문장으로 주어는 쳐들어진다.

(4) a. He was **tossed** by the bull.(그는 황소에 받혀 날아갔다.)

b. The jockey was **tossed** by the horse.(그 기수는 말에 받혀 날아갔다.)

c. The boat was **tossed** this way and that in the stormy sea.(그 배는 폭풍 치는 바다에서 이리저리 동요했다.)

d. The ship is **tossed** about by the waves.(그 배는 파도에 동요쳐진다.)

1.5. 다음은 수동태 문장으로 주어는 마음이 흔들린다.

(5) a. My mind is **tossed** by various considerations.(내 마음은 여러 가지 생각으로 흔들린다.)

b. He was **tossed** by envy.(그는 부러움으로 요동했

다.)

c. He was **tossed** about by doubts.(그는 의심으로 요동했다.)

1.6. 다음 주어는 목적어를 가볍게 옮긴다.

(6) a. David **tossed** the empty box **aside**.(데이비드는 빈 상자를 곁으로 가볍게 던졌다.)

b. He **tossed** away the paper after reading it.(그는 신문을 읽은 후에 던져 버렸다.)

c. He **tossed** the paper **away** over his shoulder.(그는 종이를 어깨 너머로 던져 가볍게 버렸다.)

d. The waves **tossed** the little boat **about**.(그 파도는 작은 배를 이리저리 요동시켰다.)

e. I **tossed** around the idea of going to the beach again.(나는 해변으로 다시 갈 생각을 이리저리 돌려보았다.)

1.7. 다음은 수동태 문장으로 주어는 던져진다.

(7) a. He was **tossed** about.(그는 이리저리 던져졌다.)

b. All the rules are **tossed** aside.(모든 규칙들이 내던져진다.)

c. That much money is not to be **tossed away**.(많은 돈은 내던져져서는 안 된다.)

1.8. 다음 주어는 목적어를 to의 목적어에 던진다.

(8) a. He **tossed** a bone to the dog.(그는 뼈다귀를 개에게 던졌다.)

b. She **tossed** the key over to me.(그녀는 열쇠를 나에게 던졌다.)

c. Mary **tossed** the ball to the baby.(메리는 공을 아기에게 던졌다.)

d. The baseball player **tossed** the ball to the catcher.(그 야구 선수는 공을 포수에게 던졌다.)

e. Andy **tossed** him the ball.(앤디는 그에게 공을 던졌다.)

1.9. 다음 주어는 목적어를 가볍게 던져넣는다.

(9) a. Add the grated orange rind and **toss** the apple slices in the mixture.(간 오렌지 껍질을 추가하고 저민 사과 조각을 혼합물에 던져 넣어라.)

b. Father **tossed** the baby into the air.(아버지는 아기를 공중으로 던졌다.)

c. She **tossed** old memos into the wastebasket.(그녀는 오래된 메모를 쓰레기통에 던졌다.)

d. She **tossed** the ball up into the air.(그녀는 공을 공중으로 던져 올렸다.)

e. He **tossed** the letter into the fire.(그는 편지를 불 속으로 던졌다.)

f. He carelessly **tossed** the clothes into the machine.(그는 부주의하게 옷을 세탁기 속으로 던졌다.)

g. He was **tossed** into a fray.(그는 싸움판 속에 던져졌다.)

h. The horse **tossed** him onto the ground.(말은 그를 땅위로 던졌다.)

i. He **tossed** the book onto the desk.(그는 그 책을 책상 위에 던졌다.)

1.10. 다음 주어는 목적어를 홀짝 마신다.

(10) a. He **tossed** off a pint of beer.(그는 한 파인트의 맥주를 단숨에 들이켰다.)

b. He **tossed** off a few whiskies.(그는 몇잔의 위스키

를 단숨에 들이켰다.)

1.11. 다음 주어는 목적어를 가볍게 써낸다.
(11) a. He sat down and tossed off an essay.(그는 앉아서 에세이 한편을 해치웠다.)

b. She tossed off a reply to the letter.(그녀는 편지에 대한 답장을 단숨에 썼다.)

c. She tossed off a letter to her sister.(그녀는 편지 한 장을 언니에게 급히 써서 보냈다.)

d. He tossed out a new proposal.(그는 새 기획안을 거부했다.)

1.12. 다음 주어는 목적어를 던져올린다.
(12) a. The referee tossed a coin to see who kicks off. (심판은 누가 먼저 찰 것인지 결정하기 위해 동전을 던졌다.)

b. I'll toss it for you--heads or tails.(내가 너를 위해 동전을 던지겠다 -- 앞면 아니면 뒷면.)

1.13. 다음 주어는 목적어를 버무려서 만든다.
(13) a. I tossed a salad for dinner.(나는 저녁으로 샐러드를 버무렸다.)

b. Do not toss the salad until you are ready to serve. (내놓기 전까지는 샐러드를 버무리지 말아라.)

c. You should toss the salad just before you serve it. (내놓기 직전에 샐러드를 버무려야 한다.)

d. Toss the carrots in some butter before serving. (내놓기 전에 당근을 버터에 버무려라.)

e. Drain the pasta, and toss it in melted butter.(파스타에서 물을 빼고 녹인 버터에 버무려라.)

f. Toss the cooked vegetables in butter.(요리된 야채들을 버터에 버무려라.)

2. 자동사 용법
2.1. 다음 주어는 이리저리 움직인다.
(14) a. The kite tossed in the wind.(그 연은 바람에 위아래로 까불었다.)

b. The tower was tossing in the storm.(그 탑은 폭풍에 흔들리고 있었다.)

c. The branches were tossing in the wind.(가지들은 바람에 요동하고 있었다.)

2.2. 다음 주어는 뒤척인다.
(15) a. The sick dog tossed on the ground.(병든 개는 땅위에서 뒤척였다.)

b. He tossed on his pillow.(그는 베개 위에서 뒤척였다.)

c. He tossed about in his sleep.(그는 잠자면서 뒤치락거렸다.)

d. I was tossing and turning all night.(나는 밤 내내 엎치락 뒤치락하고 있었다.)

e. He tossed out of the kitchen.(그는 부엌에서 튕기듯 나왔다.)

2.3. 다음 주어는 요동친다.
(16) a. The boat tossed wildly.(그 배는 거칠게 요동했다.)

b. The passengers fell ill when the ship tossed.(승객들은 배가 심하게 흔들릴 때 멀미가 났다.)

c. The boat was tossing about on the stormy sea.(그 배는 폭풍 치는 바다 위에서 요동치고 있었다.)

d. The ship tossed about in the heavy seas.(그 배는

거친 바다에서 이리저리 요동했다.)

e. We were tossing about in waves.(우리는 파도 속에서 이리저리 요동치고 있었다.)

2.4. 다음 주어는 동전을 던져서 무엇을 결정한다.
(17) a. We'll toss for the first ride on the new bike.(우리는 새 자전거를 먼저 타는 순서를 정하기 위해서 동전을 던지겠다.)

b. Let us toss up who will play first.(누가 먼저 경기를 할지 동전 던지기로 결정하자.)

c. We tossed up (to decide) whether to go to the play or the ballet.(우리는 그 연주회/그 발레 공연에 갈지 결정하기 위해 동전을 던졌다.)

d. They tossed up for the last tickets.(그들은 마지막 티켓을 두고 동전 던지기를 했다.)

total
이 동사의 개념 바탕에는 total의 명사 '총액'이 있다.

1. 자동사 용법
1.1. 다음 주어는 목적어를 이룬다.
(1) a. Borrowings totaled $20 billion.(차용액이 총 200억 달러가 되었다.)

b. Expenditure totaled over one million dollars.(지출액이 총 백만달러를 넘어섰다.)

c. This history series totals twelve volumes.(이 역사 시리즈물은 총 12권이다.)

d. Imports totaled $5 billion last year.(수입액이 지난해에 총 50억 달러였다.)

e. The bill totaled $70.(그 계산서는 총 70 달러다.)

f. My income tax last year totaled $100,000.(내 수입세는 지난해에 총 10만 달러였다.)

1.2. 다음 주어는 목적어의 총액을 낸다.
(2) a. The waiter totaled the bill.(그 웨이터는 계산서의 총액을 냈다.)

b. He totaled the three columns of figures.(그는 세 열의 숫자 총액을 냈다.)

1.3. 다음은 수동태 문장으로 주어는 합산되어 총계가 매겨진다.
(2) Each student's points were totalled and entered in a list.(각 학생의 점수가 합산되어서 리스트에 올랐다.)

2. 자동사 용법
2.1. 다음 주어는 총액이 to의 목적어에 이른다.
(4) a. The bill totalled to $100.(계산서의 총액은 100달러에 이르렀다.)

b. The money totaled to over three thousand dollars.(돈의 총액은 3000달러를 넘어섰다.)

totter
이 동사의 개념 바탕에는 비틀거리는 과정이 있다.

1. 자동사 용법
1.1. 다음 주어는 비틀거린다.
(1) a. After the blow to the head, he tottered and fell.

(머리에 가해진 타격 후에, 그는 비틀거리다가 쓰러졌다.)

b. The baby **tottered** as it tried its first steps.(그 아기는 첫 걸음을 내딛으려고 할 때에 비틀거렸다.)

c. The baby **tottered** as she tired to walk.(그 아기는 걸으려고 하면서 비틀거렸다.)

d. She swayed a little, **tottered** and fell.(그녀는 조금 흔들리고 비틀거리다가 쓰러졌다.)

e. The drunken man **tottered** as he moved down the hall.(그 주정뱅이는 언덕 아래로 내려갈 때 비틀거렸다.)

1.2. 다음 주어는 비틀거린다. 주어는 개체이다.

(2) a. The shelf **tottered** during the earthquake, but it didn't collapse.(선반은 지진이 이는 동안 흔들거렸지만, 무너지지는 않았다.)

b. Buildings **tottered** during the earthquake.(건물들은 지진 동안 비틀거렸다.)

c. The old wall **tottered** in the gale and fell.(오래된 벽은 돌풍에 비틀거리다가 무너졌다.)

d. When the earthquake occurred, several old trees **tottered** and then fell.(지진이 일어났을 때, 오래된 나무 몇 그루가 기우뚱거리다가 쓰러졌다.)

e. A pile of books **tottered** at the edge of the table.(한 무더기의 책이 그 탁자 모서리에서 기우뚱거렸다.)

f. The pile of cups **tottered** dangerous on the tray as she carried it upstairs.(그녀가 그 쟁반을 위층으로 옮길 때, 쌓아놓은 컵들이 그 위에서 위태롭게 비틀거렸다.)

1.3. 다음 주어는 비틀거리면서 움직인다.

(3) a. He **tottered** to his feet.(그는 비틀거리며 일어났다.)

b. She managed to **totter back** to her seat.(그녀는 비틀거리며 가까스로 자기 자리로 돌아갔다.)

c. The old lady **tottered down** the stairs.(그 노부인은 비틀거리며 계단 아래로 내려갔다.)

d. He **tottered down** the road leaving his hand heavily on his stick.(그는 자기 손을 지팡이에 무겁게 올려놓은 채 비틀거리며 길을 따라 내려갔다.)

e. The old man got up and **tottered off** to bed.(그 노인은 일어나 비틀거리며 침대로 갔다.)

f. He **tottered** to the fridge and got a beer.(그는 냉장고로 비틀거리며 다가가 맥주를 하나 꺼냈다.)

1.4. 제도는 건물로 개념화된다. 다음 주어는 비틀거린다.

(4) a. The economy is **tottering** on the brink of depression.(그 경제는 침체의 가장자리에서 비틀거리고 있다.)

b. The empire is **tottering** on the edge of ruin.(그 제국은 몰락의 가장자리에서 비틀거리고 있다.)

c. The industry **tottered** from crisis to crisis.(그 산업은 위기에서 위기로 비틀거렸다.)

d. The major change is occurring just as old family support systems are **tottering** to its extinction.(그 주 변화는 구 가족지원 체제가 비틀거리면서 종말을 향해 나아가고 있을 때 일어나고 있다.)

e. The party is **tottering**.(그 정당은 비틀거리고 있

다.)

f. The whole banking system is **tottering** on the brink of collapse.(모든 은행 체제는 붕괴의 가장자리에서 비틀거리고 있다.)

touch

이 동사의 개념 바탕에는 건드리는 과정이 있다.

1. 타동사 용법

1.1. 다음 주어는 목적어를 만지거나 손을 댄다.

(1) a. Please do not **touch** the exhibits.(전시물을 만지지 마시오.)

b. I could reach up and **touch** the ceiling.(나는 팔을 뻗어 천장에 닿을 수 있었다.)

c. Her tiny hands **touched** my face.(그녀의 작은 손은 내 얼굴을 만졌다.)

d. The driver just **touched** the brake.(그 운전사는 막 브레이크를 밟았다.)

e. He **touched** the baby's cheek.(그는 아기의 빰을 만졌다.)

f. The paint is wet; don't **touch** it.(페인트는 아직 마르지 않았으니 만지지 마시오.)

1.2. 다음 주어는 목적어를 전치사 on의 목적어 부위에 건드린다.

(2) He **touched** her on the arm.(그는 그녀의 팔을 건드렸다.)

1.3. 다음 주어는 목적어를 전치사 with의 목적어로 건드린다.

(3) a. See if you can **touch** your left knee **with** your right elbow.(네 왼 무릎을 네 오른쪽 팔꿈치로 닿을 수 있는지 보아라.)

b. Can you **touch** your nose **with** your tongue?(너는 코를 혀로 닿을 수 있니?)

c. He **touched** the ceiling **with a stick**.(그는 천장을 지팡이로 건드렸다.)

1.4. 다음 주어는 목적어를 건드린다. 어떤 개체에 손이 닿게되면 이 개체는 손상을 입거나 다칠 수 있다.

(4) a. She can't **touch** her trust money until she is 21.(그녀는 신탁금을 21살이 될 때까지 손댈 수 없다.)

b. Has someone **touched** my papers?(누가 내 서류를 만졌나?)

c. I have never **touched** your TV set.(나는 너의 텔레비전을 건드린 적이 없다.)

1.5. 다음은 수동태 문장으로 주어는 상한다.

(5) a. The flowers were **touched** by the frost.(꽃은 서리에 상처를 입었다.)

b. The valuable paintings were **touched** by the fire.(값비싼 그림은 그 화재에 망가졌다.)

1.6. 사람이 음식에 손을 댄다는 것은 다음 단계인 음식을 먹다의 뜻으로 풀이될 수 있다. 이것은 환유적 표현이다.

(6) a. He hasn't **touched** food for two days.(그는 음식을 이틀동안 손을 대지 않았다.)

b. Bill has never **touched** alcohol in his life.(빌은 평생동안 술을 입에 대지 않았다.)

c. His diet is vegetarian; he hasn't **touched** meat for ten years.(그의 식단은 채식주의자이다; 그는 10년 동안 고기를 입에 대지 않았다.)

d. He hardly **touched** his dinner.(그는 저녁을 거의 손대지 않았다.)

1.7. 어떤 일에 손을 댄다는 것은 그 일을 한다는 뜻으로 풀이된다. 이것도 환유적 표현이다.

(7) a. I shouldn't have **touched** a job like that.(나는 그와 같은 일에 손대지 말았어야 했다.)

b. He couldn't **touch** the first two questions in the history paper.(그는 역사 시험에서 첫 두 문제에 손을 댈 수 없었다.)

c. He refused to **touch** the affair.(그는 그 일을 손대기를 거절했다.)

1.8. 다음 주어와 목적어는 무정개체이다. 주어는 목적어를 닿는다.

(8) a. The edge of the town **touches** the forest.(그 도시의 경계는 숲에 닿는다.)

b. A part of the road **touches** the river.(그 길의 한 부분은 강에 닿는다.)

c. The branches **touch** the window.(그 나뭇가지들은 창문에 닿는다.)

d. The mountains seem to **touch** the clouds.(그 산들은 구름에 닿는 것처럼 보인다.)

1.9. 다음 주어는 속도계나 온도계이고, 이들의 지침이 특정한 수치에 접촉한다.

(9) a. The speedometer needle **touches** 90 mph.(그 속도계의 바늘은 90mph를 가리킨다.)

b. The temperature **touched** 45 degrees.(그 온도계는 45도를 가리켰다.)

c. The profits **touched** $100,000.(그 이익은 $100,000에 달했다.)

1.10. 한 물체가 다른 물체와 접촉하면, 두 물체는 같은 자리에 있다. 같은 자리에 있다는 것은 같은 수준에 있는 것으로 풀이된다.

(10) a. There is no one to **touch** him at chess.(체스에 있어서 그를 필적할 사람이 없다.)

b. There is no one to **touch** him as an illustrator of children's books.(어린이용 책의 일러스트레이터로 그를 필적할 사람이 없다.)

c. No one can **touch** the girl's for professionalism.(아무도 전문성에 있어 그 소녀를 필적할 수 없다.)

d. There is nothing that can **touch** this.(이것을 필적할만한 것이 아무것도 없다.)

e. Your work will never **touch** the standard set by him.(네 작품은 그가 세운 기준을 결코 도달하지 못할 것이다.)

f. There is nothing to **touch** mountain air for your appetite.(네 식욕을 북돋는데 산의 공기를 필적할만한 것이 없다.)

g. When it comes to making speeches, no one can **touch** him.(연설하는 데 있어서 아무도 그를 필적할 수 없다.)

1.11. 한 물체가 다른 물체에 닿는 것은 한 일이 다른 일과 관계가 있다는 뜻으로 확대된다.

(11) a. The matter **touches** your future.(그 일은 네 미래

와 관계된다.)

b. The question **touches** your interest deeply.(그 문제는 네 관심과 깊게 관계된다.)

1.12. 다음 목적어는 환유적으로 쓰여서 마음을 가리킨다. 주어는 사람의 마음을 움직이거나 건드린다.

(12) a. The dog's loyalty **touched** her.(그 개의 충성심은 그녀를 감동시켰다.)

b. His story **touched** her.(그의 이야기는 그녀를 감동시켰다.)

c. The TV report of the poor really **touched** her.(그 빈민들에 대한 텔레비전 보도는 그녀를 정말 감동시켰다.)

d. Her enthusiasm **touched** us.(그녀의 열정은 우리를 감동시켰다.)

e. Her sad story so **touched** us that we nearly cried.(그녀의 슬픈 이야기는 우리를 감동시켜서 우리는 거의 울 뻔했다.)

f. The sad music **touched** me, and made me feel blue.(슬픈 음악은 나를 감동시켜서 나를 우울하게 했다.)

g. The sad story **touched** our hearts.(슬픈 이야기는 우리의 가슴을 감동시켰다.)

1.13. 다음은 수동태 문장으로 주어는 마음이 움직여진다.

(13) a. He was deeply **touched** by her story.(그는 그녀의 이야기에 깊게 감동 받았다.)

b. I was **touched** by his generosity.(나는 그의 관대함에 감동 받았다.)

c. We were all **touched** with remorse/pity when we heard what had happened.(우리는 모두 무슨 일이 일어났는가를 들었을 때 연민/동정을 느꼈다.)

d. He seemed to be **touched** a little bit.(그는 약간 감동 받은/돈 것처럼 보였다.)

1.14. 다음 주어는 목적어를 건드려서 상하게 한다.

(14) a. You've **touched** her self-esteem.(너는 그녀의 자존심을 건드렸다.)

b. You've **touched** him on a tender place.(너는 그의 약한 부분을 건드렸다.)

1.15. 다음 주어는 무엇을 얻기 위해 목적어를 접촉한다.

(15) Now is the time to **touch** him for a loan.(지금이 대부를 위해 그와 접촉할 시간이다.)

1.16. 다음 주어는 목적어를 서로 닿게 한다. 목적어는 복수이다.

(16) a. I merely **touched** the eggs together, and they cracked.(나는 그 계란을 접촉시켰는데, 그것들은 깨져버렸다.)

b. He **touched** two wires together.(그는 철사 두 개를 이어 붙였다.)

1.17. 다음 주어는 목적어를 전치사 to의 목적어에 갖다 댄다.

(17) a. He **touched** a match to a cigar.(그는 성냥불을 여송연에 갖다 대었다.)

b. He **touched** a match to the paper.(그는 성냥불을 종이에 갖다 대었다.)

1.18. 다음 주어는 목적어를 그린다.

(18) a Her hair is **touched** with grey.(그녀의 머리는 회색

이 섞여있다.)

  b. Her dress is touched with blue.(그녀의 드레스는 푸른 색을 띠고 있다.)

1.19. 다음 주어는 목적어를 들어간다.

(19) The ship touched many ports.(그 배는 많은 항구에 들어갔다.)

2. 자동사

2.1. 다음 주어는 복수 개체이고, 이들은 서로 닿는다.

(20) a. He pushed the two boxes together until they touched.(그는 두 상자를 서로 맞닿을 때까지 밀었다.)

  b. Our shoulders/knees were touching in a crowded elevator.(우리의 어깨/무릎은 복잡한 엘리베이터 안에서 맞닿아 있었다.)

  c. The two hands touched.(그 두 손은 서로 맞닿았다.)

  d. The two fields touch.(그 두 밭은 서로 맞닿아 있다.)

  e. They stood there together, heads almost touching.(그들은 머리를 거의 맞대고 함께 서 있었다.)

2.2. 다음 주어는 손으로 만질 때 느낌을 준다.

(21) The cloth touches rough.(그 천은 거칠게 느껴진다.)

tour

이 동사의 개념 바탕에는 tour의 명사 '관광 여행'이 있다.

1. 타동사 용법

1.1. 다음 주어는 목적어를 여행한다.

(1) a. He toured America with his one-man show.(그는 단독 공연을 하며 미국을 돌았다.)

  b. He toured the country promoting his book.(그는 자신의 책을 선전하며 그 나라를 돌았다.)

  c. They toured the Korean islands.(그들은 한국의 섬을 여행했다.)

  d. She toured all the castles in Spain.(그녀는 스페인의 모든 성을 여행했다.)

1.2. 다음 주어는 목적어를 순회 공연한다.

(2) a. The band toured the Midwest.(그 밴드는 중서부 지역을 순회 공연했다.)

  b. The popular band toured small college towns.(인기 있는 밴드는 작은 대학촌을 돌며 순회 공연했다.)

2. 자동사 용법

2.1. 다음 주어는 관광 여행을 하면서 다닌다.

(3) a. He toured around Korean for a month.(그는 한국의 여러 곳을 한달 동안 여행했다.)

  b. He toured through Seoul.(그는 서울을 관광 여행했다.)

tout

이 동사의 개념 바탕에는 과장되게 선전하거나 칭찬하는 과정이 있다.

1. 타동사 용법

1.1. 다음 주어는 목적어를 과장되게 칭찬한다.

(1) a. All the critics touted the action movie.(모든 비평가들은 액션 영화를 지나치게 칭찬했다.)

  b. The party touted its presidential candidate endlessly.(그 정당은 정당의 대통령 후보자를 끊임없이 칭찬해댔다.)

  c. The company touted its new product.(그 회사는 회사의 새 제품을 선전했다.)

1.2. 다음은 수동태 문장으로 주어는 칭찬이나 선전된다.

(2) a. He's touted as the next leader of the party.(그는 당의 차세대 지도자로 선전되었다.)

  b. He is widely touted as the next Olympic star.(그는 다음 회 올림픽 스타로 널리 선전된다.)

1.3. 다음 주어는 목적어를 전치사 as의 목적어로 선전한다.

(3) A clerk touted the new facial cream as a permanent end to wrinkles.(사무원이 주름을 완전히 제거해 주는 것으로 새 얼굴 크림을 선전했다.)

tow

이 동사의 개념 바탕에는 차량을 뒤에 끌고 가는 과정이 있다.

1. 타동사 용법

1.1. 주어는 목적어를 끌고 간다.

(1) a. A team of horses towed the canal boat.(한 팀의 말들이 짐배를 끌었다.)

  b. The boat was towing a water-skier.(그 배는 수상 스키를 즐기는 사람을 끌고 가고 있었다.)

  c. The tug is towing three barges.(예인선은 3개의 거룻배를 끌고 있다.)

  d. The truck towed the illegally parked car away.(그 트럭은 불법 주차한 차를 견인했다.)

  e. He towed the wrecked car into a garage.(그는 부서진 차를 자동차 수리소로 끌고 갔다.)

  f. They towed my car to a garage.(그들은 내 차를 정비소로 견인했다.)

1.2. 다음은 수동태 문장으로 주어는 끌려간다.

(2) a. Our car was towed away by the police.(우리의 차는 경찰에 의해 견인됐다.)

  b. The car broke down and had to be towed home.(그 차는 고장이 나서 집에 견인되어야 했다.)

  c. The ship had to be towed into the harbor.(그 배는 항구로 예인되어야 했다.)

tower

이 동사의 개념 바탕에는 tower의 명사 '탑'이 있다. 동사의 의미는 이 명사의 모양과 관계가 있다.

1. 자동사 용법

1.1. 다음 주어는 움직이지 않는다. 그러나 전체 형상이 우뚝 솟는 것으로 보인다.

(1) a. The mountains towered above the village in the

valley.(그 산들은 골짜기의 마을 위에 우뚝 솟아 있었다.)

b. The cliff towered above them.(그 절벽은 그들 위에 솟아 있었다.)

c. The mountains towered above us.(그 산은 우리 위에 우뚝 솟아있었다.)

d. Skyscrapers tower over the city.(고층빌딩이 도시 위에 우뚝 솟는다.)

1.2. 다음 주어는 능력이나 성취 면에서 전치사 over 의 목적어 위에 있다.

(2) a. She towers over other dancers of her generation.(그녀는 자기 세대의 다른 무용가 위에 우뚝 선다.)

b. Mozart towers over all other composers.(모차르트는 다른 작곡가들 위에 우뚝 선다.)

trace

이 동사의 개념 바탕에는 trace의 명사 '발자국', '흔적'이 깔려있다.

1. 타동사 용법

1.1. 다음 주어는 목적어를 전치사 to의 목적어까지 추적한다.

(1) a. The police have traced him to Kimchon.(경찰은 그를 김천까지 추적했다.)

b. He traced the animal to its lair.(그는 그 동물을 소굴까지 추적했다.)

c. We traced him to a seedy hotel in Caracas.(우리는 그를 카라카스의 허름한 여관까지 추적했다.)

d. We finally traced him to an address in Chicago.(우리는 마침내 시카고의 주소까지 그를 추적했다.)

1.2. 다음 주어는 목적어를 추적한다. 목적어는 길이다.

(2) a. He is tracing a track.(그는 선로 하나를 따라가고 있다.)

b. The dog is tracing the footprints of the bear.(그 개는 곰의 발자국을 쫓고 있다.)

c. Have you traced her whereabouts?(너는 그녀의 행방을 알아냈나요?)

1.3. 다음 주어는 목적어를 추적한다. 목적어는 사람이다.

(3) a. The police are tracing a missing person.(경찰은 실종자의 행방을 쫓고 있다.)

b. She had given up all hope of tracing her missing daughter.(그녀는 잃어버린 딸을 찾겠다는 희망마저 모두 포기했다.)

c. They were trying to trace her missing husband.(그들은 그녀의 실종된 남편을 찾으려고 애쓰고 있었다.)

1.4. 다음 주어는 목적어를 역추적하여 근원에 이른다.

(4) a. The explorer traced the river to its source.(그 탐험가는 강을 거슬러 강의 발원지까지 이르렀다.)

b. He traced the stream to a spring.(그는 개울을 따라 올라가서 샘에 이르렀다.)

c. The man traced the trouble to a faulty transformer.(그 남자는 그 문제를 결함이 있는 변압기에서 원인을 추적했다.)

1.5. 다음은 수동태 문장으로 주어는 전치사 to의 목적어에 추적된다.

(5) a. The leak was eventually traced to a broken seal.(그 누수는 결국 깨진 봉인에 원인이 추적되었다.)

b. The style of these paintings can be traced back to early medieval influences.(이 그림들의 화풍은 중세 초기의 영향에까지 거슬러 올라갈 수 있다.)

c. The missing child was traced to Pusan.(실종된 아이는 부산까지 추적되었다.)

d. The criminal was traced to London.(그 범인은 런던까지 추적되었다.)

e. British empiricism can be traced back to Hume, Locke and Bacon.(영국의 경험론은 흄, 로크, 베이컨에까지 추적될 수 있다.)

f. The cause of the fire was traced to an electrical fault.(화재의 원인은 전기 누전으로 밝혀졌다.)

g. The rumor was traced back to him.(그 소문은 그에게 다시 추적되었다.)

h. The disease is traced to air pollution.(그 질병은 대기 오염에 원인이 추적된다.)

i. The history of the building can be traced back to the 15th century.(그 건물의 연혁은 15세기까지 올라갈 수 있다.)

1.6. 다음 주어는 목적어를 전치사 to의 목적어에 추적한다.

(6) a. The FBI traced the van back to a rental company.(FBI는 그 밴을 렌터카 회사까지 거슬러 추적했다.)

b. The linguist traced the word 'tea' back to Chinese.(그 언어학자는 'tea'라는 낱말을 중국어에까지 추적했다.)

c. Agents traced the illegal funds from New York to London to the middle East.(조사관들은 뉴욕에서 런던으로 간 불법 자금을 중동까지 추적했다.)

d. The police traced the call to her ex-husband's number.(경찰은 전화 추적에 의해 그녀의 전 남편의 전화 번호를 알아냈다.)

1.7. 자취는 시각적인 것뿐만 아니라 냄새도 될 수 있다.

(7) The police dog traced the smell of the thief.(그 경찰견이 도둑의 체취를 쫓았다.)

1.8. 추적은 공간뿐만 아니라 시간 속에서도 있을 수 있다.

(8) a. She could trace her family tree back to the 16th century.(그녀는 자신의 가족의 계보를 16세기까지 거슬러 추적할 수 있었다.)

b. I am able to trace my ancestry back to the time of the First Crusade.(나는 우리 선조를 첫 번째 십자군 원정 시기에까지 거슬러 갈 수 있다.)

c. He traced his ancestor to the Lee Dynasty.(그는 선조를 조선 왕조까지 추적했다.)

1.9. 다음 주어는 목적어를 추적한다.

(9) a. He is tracing the meaning of a word.(그는 낱말의 의미를 찾아가고 있다.)

b. The phone company was unable to trace the call.(전화 회사는 전화 통화를 추적할 수 없었다.)

c. I can't trace the bill.(나는 청구서를 찾을 수가 없다.)

d. They are **tracing** his luggage.(그들은 그의 짐을 찾고 있다.)

e. I think I've **traced** the source of the poison.(나는 그 독극물의 출처를 찾아낸 것 같다.)

1.10. 다음 주어는 목적어를 탐색하여 밝힌다.

(10) a. The book **traces** the history of football in Korea.(그 책은 한국 축구의 역사를 추적한다.)

b. The book **traces** the growth of the computers during the 1980s.(그 책은 1980년대 컴퓨터의 성장을 추적한다.)

c. He is **tracing** the beginning of the Industrial Revolution.(그는 산업혁명의 발단을 추적하고 있다.)

d. We **traced** the history of Rome back to Caesar.(우리는 로마의 역사를 시이저까지 거슬러 추적했다.)

e. We **traced** Marco Polo's route to China back.(우리는 마르코 폴로의 중국 가는 길을 역추적 했다.)

f. Her book **traces** the town's history from Saxon times to the present day.(그녀의 책은 그 읍내의 역사를 앵글로색슨 시대에서 현재까지 따라가고 있다.)

g. The reporter **traced** the history of corruption in city hall.(그 기자는 시청의 부패사를 추적했다.)

1.11. 다음 주어는 목적어를 베낀다.

(11) a. He **traced** a plan of a house.(그는 집의 도면을 베꼈다.)

b. She **traced** a line in the sand.(그녀는 선 하나를 모래 위에 그었다.)

c. Children **traced** the letters of the Alphabet to learn how to make them.(아이들이 알파벳 쓰는 법을 배우려고 글자 위에 글씨를 따라 그렸다.)

d. He **traced** the old Chinese characters laboriously.(그는 고대 한자를 열심히 베꼈다.)

e. We have been unable to **trace** your letter.(우리는 너의 편지를 베낄 수 없었다.)

f. Rosie's fingers **traced** a delicate pattern in the sand.(로지의 손가락은 아름다운 무늬를 모래 위에 남겨 놓았다.)

g. Susan was **tracing** a pattern in the carpet with his finger.(수잔은 양탄자 위의 무늬를 손가락으로 그려 가고 있었다.)

h. It is easier and quicker to **trace** a map than to draw it yourself.(지도를 그리기보다 베끼는 것이 더 쉽고 빠르다.)

1.12. 다음은 수동태 문장으로 주어는 전사된다.

(12) a. Several ancient Roman camps have been **traced** with the help of air photographs.(여러 고대 로마 진영들은 항공 사진의 도움으로 그려졌다.)

b. The ancient wall may still be **traced** all around.(그 고대 성벽은 아직도 도처에서 찾아볼 수 있다.)

1.13. 다음에 쓰인 out은 안보이던 상태에서 보이는 상태로 없던 상태에서 있는 상태로의 변화를 나타낸다. 주어는 자취를 따라가서 이와 같은 결과를 가져온다.

(13) a. He **traced out** a copy from the original.(그는 원본에서 사본을 추적해 갔다.)

b. The archeologist **traced out** the site of an old castle.(그 고고학자는 옛 성터의 자리를 그려내었다.)

c. He **traced** the criminal out.(그는 범인을 추적하여 찾아냈다.)

d. The thief was **traced out** by stolen goods.(그 도둑은 도난품에 의해 추적되었다.)

e. He **traced** his future out.(그는 자신의 미래를 설계했다.)

f. He **traced out** his scheme for the robbery.(그는 절도에 대한 계획을 세웠다.)

g. The policy **traced out** by him was not followed.(그가 입안한 정책은 실천되지 않았다.)

h. He **traced out** the basic policy.(그는 기본 정책을 입안했다.)

1.14. 다음은 수동태 문장으로 주어는 베껴진다.

(14) The names were **traced out** in stark black print.(그 이름들은 새까맣게 베껴졌다.)

1.15. 다음 주어는 목적어를 지나가면서 만든다.

(15) a. A tear **traced** a path down her cheek.(눈물 한 방울이 그녀의 빰을 따라 흘러내렸다.)

b. He is **tracing** his initials in the sand.(그는 자신의 머리글자를 모래 위에 쓰고 있다.)

2. 자동사 용법

2.1. 다음 주어는 시간상 거슬러 올라간다.

(16) a. His dislike for her **traces** back to their first encounter.(그녀에 대한 그의 싫음은 그들의 첫 만남에까지 거슬러 간다.)

b. This custom **traces** back to the Middle Ages.(이 관습은 중세에까지 거슬러 올라간다.)

c. Her family **traces** back to Paul Revere.(그녀의 가문은 폴 리비어까지 거슬러 올라간다.)

d. His ancestors **trace** back to the 16th century.(그의 선조들은 16세기까지 거슬러 간다.)

track

이 동사의 개념 바탕에는 track의 명사 '오솔길'이 깔려있다.

1. 타동사 용법

1.1. 다음의 주어는 짐승들이 다니는 길을 따라 목적어를 추적한다.

(1) a. The hunter **tracked** the deer through the woods.(그 사냥꾼은 숲을 통해 사슴을 쫓았다.)

b. The hunter **tracked** the bear to its den.(그 사냥꾼은 굴까지 곰을 추적했다.)

c. The dog **tracked** the wolf to its lair.(그 개는 늑대를 굴로 추적했다.)

d. The research project involves **tracking** the careers of 200 law school graduates.(그 조사계획은 200명의 법대 졸업자들의 직업을 추적하는 것을 포함한다.)

1.2. 다음 주어는 목적어를 추적한다. 주어는 레이더, 탐조등, 총 등이다.

(2) a. Our radar began **tracking** the jets.(우리의 레이더

는 제트기를 추적하기 시작했다.)

b. We continued **tracking** the plane on the radar. (우리는 레이더 상에 추적하는 것을 계속했다.)

c. Technicians **tracked** the satellite through its orbits. (기술자들은 궤도를 통해 그 위성을 추적했다.)

d. The gunner **tracked** the incoming craft. (그 포병대원은 들어오는 비행기를 추적했다.)

e. She **tracked** the performance of the best pitcher. (그녀는 최고 투수의 경기를 추적했다.)

f. We have been **tracking** your progress. (우리는 너의 진보를 추적해왔다.)

g. He **tracked** the records of the battle to the 16th century. (그는 전투의 기록을 16세기까지 추적했다.)

1.3. 다음 주어는 목적어를 추적한다. 목적어는 추적하는 장소이다.

(3) He **tracked** a forest path/a prairie. (그는 숲 길/목초지를 걸어갔다.)

1.4. 다음 주어는 목적어를 짓밟는다.

(4) Don't **track** up the floor/the new rug. (마루 바닥/새 깔개를 짓밟지마.)

1.5. 다음 주어는 목적어를 묻혀와서 더럽힌다.

(5) a. He **tracked** mud on the carpet. (그는 진흙을 카페트 위에 묻혔다.)

b. Workers **tracked** mud into the house on their boots. (일꾼들은 진흙을 신발에 묻혀서 집 안에 들어왔다.)

c. The dog **tracked** snow into the house. (그 개는 눈을 묻혀서 집 안으로 들어왔다.)

1.6. 다음 주어는 목적어를 추적하여 잡는다.

(6) a. The police **tracked down** the criminal. (경찰은 그 범죄자를 추적하여 잡았다.)

b. The detectives **tracked down** the pickpocket. (형사는 그 소매치기를 추적하여 잡았다.)

c. I finally **tracked down** the book you wanted in a shop near the school. (나는 결국 너가 원하던 책을 학교 근처의 가게에서 추적해서 찾아냈다.)

d. I never did manage to **track down** my luggage. (나는 결코 짐을 추적하여 찾아낼 수가 없었다.)

1.7. 다음 주어는 목적어를 찾아낸다.

(7) a. We **tracked** him **down** in the library. (우리는 그를 도서관에서 찾아냈다.)

b. He **tracked out** a bear. (그는 곰을 추적하여 찾아냈다.)

c. The explorers **tracked out** the course of an old glacier. (그 탐험가는 빙하의 흐름 과정을 추적해서 찾아냈다.)

trade

이 동사의 개념 바탕에는 trade의 명사 '상업, 무역'이 있다.

1. 타동사 용법

1.1. 다음 주어는 목적어를 거래한다. 목적어는 상품이다.

(1) a. They **trade** silver and gold. (그들은 금은을 거래한다.)

b. Salesman **traded** the new product all over the country. (판매원들은 전국에 새로운 제품을 팔았다.)

1.2. 다음은 수동태 문장으로 주어는 거래된다.

(2) Our products are **traded** world-wide. (우리 제품은 전 세계적으로 거래된다.)

1.3. 다음 주어는 목적어를 판다.

(3) a. He **traded off** his furniture. (그는 자신의 가구를 팔았다.)

b. They are attempting to **trade off** inflation against unemployment. (그들은 실업을 대항해 인플레이션을 막기 위해 쓰고 있다.)

1.4. 다음 주어는 목적어를 웃돈을 주고 전치사 for의 목적어와 바꾼다.

(4) a. He **traded in** his old car for a downpayment **for** his new car. (그는 새 차의 할부금으로 낡은 차를 팔고 새차를 샀다.)

b. I'll **trade** my dessert for his. (나는 내 후식을 그의 것과 바꾸겠다.)

c. He would not **trade** you for the world. (그는 세상을 받고도 너를 안 바꿀 것이다.)

2. 자동사 용법

2.1. 다음 주어는 상품을 싣고 다닌다.

(5) The ship **trades** between Pusan and Hong Kong. (그 배는 부산과 홍콩 사이를 다니며 장사를 한다.)

2.2. 다음 주어는 전치사 in의 영역에서 거래를 한다.

(6) a. The firm **trades in** arms. (그 회사는 무기 거래를 한다.)

b. He **trades in** fur. (그는 모피를 거래한다.)

c. The mob **trades in** terror. (그 군중은 공포 속에 거래한다.)

2.3. 다음 주어는 거래된다.

(7) a. Shares are **trading** at under half their usual value. (주식이 평소 가격의 반 아래로 거래되고 있다.)

b. Shares in the company are **trading**. (그 회사의 주식이 활발하게 거래되고 있다.)

2.4. 다음 주어는 전치사 with의 목적어와 거래한다.

(8) a. He **trades with** South Korea. (그는 남한과 무역한다.)

b. Early explorers **traded** directly **with** the Indians. (초기의 탐험가들은 인디언들과 직접 무역했다.)

c. I **traded with** Bill because I liked his lunch better than mine. (내 것보다 빌의 점심이 좋아서 나는 그와 바꾸었다.)

2.5. 다음 주어는 전치사 on의 목적어를 이용한다.

(9) a. They **trade on** people's insecurity to sell them insurance. (그들은 보험을 팔기 위해 사람들의 불안함을 이용한다.)

b. He **traded on** our generosity and stayed two weeks. (그는 우리의 관대를 이용하여 두 주를 머물렀다.)

2.6. 다음 주어는 돈을 덜 쓰거나 더 쓴다.

(10) a. Shoppers are **trading down** and looking for bargains. (물건 사는 이들은 돈을 적게 써서 할인 상품을 찾는다.)

b. She is **trading down** to a cheaper model. (그녀는 더 값싼 모델로 하향 조정하고 있다.)

c. We're going to **trade up** to a large house. (우리는 돈을 더 써서 큰 집을 사려고 한다.)

d. They **traded up** and bought a bigger house.(그들은 상향 조정을 하여 더 큰 집을 샀다.)

2.7. 다음 주어는 산다.

(11) a. We **trade** at the corner supermarket.(우리는 모퉁이 가게에서 물건을 산다.)

b. They **trade** at the local grocery store.(그들은 지역 식료품 가게에서 물건을 산다.)

traffic

이 동사의 개념 바탕에는 traffic의 명사 '매매' '거래'가 있다. 동사의 의미는 이 명사의 과정과 관계가 있다.

1. 자동사 용법

1.1. 다음 주어는 전치사 with의 목적어와 거래를 한다.

(1) a. He **trafficked with** the natives.(그는 원주민들과 거래를 했다.)

b. I refuse to **traffic with** such a liar.(나는 그러한 거짓말쟁이와 거래하기를 거부한다.)

1.2. 다음 주어는 전치사 in으로 명시되는 영역에서 부정 거래를 한다.

(2) a. They **traffic in** drugs/arms.(그들은 마약/무기를 부정 거래 한다.)

b. The criminals **trafficked in** stolen goods.(그 범죄자들은 훔친 물건을 불법 거래했다.)

trail

이 동사의 개념 바탕에는 trail의 명사 '발자국, 자취'가 깔려 있다. 발자취는 움직이는 발의 뒤에 온다.

1. 타동사 용법

1.1. 다음 주어는 목적어를 뒤에 끌거나 달고 움직이다.

(1) a. The child was **trailing** a toy cart.(그 아이는 장난감 수레를 끌고 있었다.)

b. The bird **trailed** its broken wing.(새는 부러진 날개를 질질 끌었다.)

c. He **trailed** his feet in the water.(그는 발을 물에서 질질 끌었다.)

d. The car **trailed** exhaust fumes.(차는 배출 가스를 뒤로 끌며 달렸다.)

e. She was **trailing** her dress **along** the floor.(그녀는 드레스를 마룻바닥에 따라 질질 끌고 있었다.)

f. He **trailed** his injured leg **behind** him.(그는 다친 다리를 뒤로 끌며 걸었다.)

g. David is **trailing** a big red wagon full of books **behind** him.(데이비드는 책으로 가득찬 큰 빨간 수레를 뒤에 끌고 있다.)

h. He **trailed** the toy boat **through** the water.(그는 장난감 배를 물에서 끌었다.)

i. She leaned out of the boat **trailing** her hand **through** the water.(그녀는 보트 밖으로 기대서, 손을 물 속에서 끌리게 했다.)

1.2. 다음의 목적어는 냄새, 피, 흙 등이다.

(2) a. He passed, **trailing** a reek of whisky.(그는 위스키 냄새를 흘리며 지나갔다.)

b. The dying man **trailed** blood across the floor as he stumbled.(죽어가는 남자는 비틀거리면서 피를 마루를 가로질러 흘렸다.)

c. Mary **trailed** mud on the carpet by walking on it with dirty shoes.(메리는 카페트를 더러운 신발로 걸으면서 위에 진흙을 남겼다.)

d. He **trailed** dirt into the house.(그는 흙을 그 집안으로 묻혀 들어왔다.)

e. The train **trailed** smoke.(기차는 연기를 뒤에 흘렸다.)

1.3. 다음에서 주어는 목적어의 자취를 목적어를 추적한다.

(3) a. The hunter **trailed** the bear.(사냥꾼은 그 곰을 추적했다.)

b. The police are **trailing** the suspect.(경찰은 그 용의자를 추적하고 있다.)

c. Police **trailed** the gang for several days.(경찰은 그 폭력단을 며칠 동안 추적했다.)

d. Police **trailed** the escaped convicts with dogs.(경찰은 개를 데리고 그 탈주범들을 추적했다.)

e. The five ducklings **trailed** their mother duck **round** the yard.(다섯 마리의 오리 새끼는 어미 오리를 뒤따라 마당을 이리저리 다녔다.)

f. The dogs **trailed** the fox **through** the woods.(개들은 그 여우를 숲 속을 통해 추적했다.)

g. The detectives **trailed** the thieves **to** their hideout.(그 형사는 은신처까지 그 도둑들을 미행했다.)

h. The agents **trailed** him **to** a cabin in the woods.(그 요원들은 숲 속 오두막까지 그를 추적했다.)

i. The police **trailed** the criminal **to** his hiding place.(경찰은 그 범죄자를 은신처까지 추적했다.)

j. They **trailed** the bear **to** its den.(그들은 곰을 굴까지 추적했다.)

k. The herd of reindeer was being **trailed** by a pack of wolves.(순록 무리는 늑대 무리에 의해 쫓기고 있었다.)

1.4. 다음 주어는 목적어를 뒤따라간다.

(4) a. The campers **trailed** their leader down the mountainside.(야영자들은 그 산허리를 따라 지도자를 뒤따라갔다.)

b. The dog **trailed** its master.(개는 주인을 뒤따라갔다.)

1.5. 다음 주어는 목적어를 뒤따른다.

(5) a. According to the latest polls the Republicans **trailed** the Democrats by 10%.(최근 투표에 의하면, 공화당이 민주당을 10% 차로 뒤따랐다.)

b. For most of the race, he **trailed** the front runners.(그 경주의 대부분에서, 그는 선두주자들 뒤에 있었다.)

c. He is **trailing** the governor in the polls.(그는 그 주지사를 여론조사에서 뒤따르고 있다.)

d. The tired hikers **trailed** the path.(피곤한 도보 여행자는 그 길을 따라갔다.)

2. 자동사 용법

2.1. 다음 주어는 끌리듯 움직인다.

(6) a. Your coat belt is trailing along the dirty floor. (너의 코트 띠는 더러운 바닥을 따라 끌리고 있다.)

b. Her long skirt was trailing along the mud behind her. (그녀의 긴 치마는 뒤의 진흙 위에 끌리고 있었다.)

c. Her dress was trailing on the ground. (그녀의 드레스는 지면 위에 끌리고 있었다.)

d. Computer wires are trailing all over the floor. (컴퓨터 전선은 온 바닥 위에 끌리고 있다.)

e. His hair trailed down over the shoulders. (그의 머리는 어깨를 넘어 아래로 흘렀다.)

2.2. 다음의 주어는 다른 사람의 뒤를 따라간다.

(7) a. The defeated army trailed along the road back to camp. (패배한 군대는 길을 따라 캠프로 돌아갔다.)

b. The kids trailed around after us while we shopped for clothes. (아이들은 우리가 옷을 사는 동안 우리 뒤 근처에서 따라다녔다.)

c. She trailed back home. (그녀는 집으로 돌아왔다.)

d. Susan trailed along behind her parents. (그녀는 부모님 뒤를 따라갔다.)

e. Bob trailed behind his older brother in the mall. (밥은 산책길에서 형의 뒤를 따라갔다.)

f. He trailed down the road. (그는 길 아래로 내려갔다.)

2.3. 다음의 주어는 실제로 움직이지는 않으나 개념자의 시선이 움직이면서 이동이 있는 것으로 보는 표현이다.

(8) a. Vines trailed along the garden wall. (넝쿨들이 정원 벽을 따라 올라갔다.)

b. Ivy trailed over the house. (담쟁이 덩굴이 집 위로 널렸다.)

c. The vine trailed over the rocks. (그 덩굴은 바위 위로 널렸다.)

d. There is ivy trailing all over the wall. (그 벽면 전체에 널린 넝쿨이 있다.)

e. A road trails through the canyon. (길이 협곡을 지나간다.)

2.4. 다음의 주어는 경기에서 져서 뒤따라간다.

(9) a. Our team was trailing by two goals to one. (우리 팀은 2 대 1로 처지고 있었다.)

b. It was the bottom of the seventh inning and the Giants were trailing by four runs. (7회 말이었고, 자이언츠가 4점 차로 처지고 있었다.)

c. We were trailing by three points. (우리는 3점 차로 뒤처지고 있었다.)

d. She is trailing in the race. (그녀는 경주에서 뒤처지고 있다.)

2.5. 다음 주어는 멀어져서 지각에서 벗어난다.

(10) a. She trailed off, silenced by the look Ken gave her. (그녀는 켄이 그녀에게 준 눈총으로 말을 못하고 침묵했다.)

b. His voice trailed off into a whisper. (그의 목소리는 속삭임으로 작아졌다.)

c. Her voice trailed off into silence. (그의 목소리는 작아져 침묵이 되었다.)

d. The patient's voice trailed away into incoherent mumbling. (그 환자의 목소리는 흐트러진 중얼거림으로 작아졌다.)

2.6. 다음 주어는 전치사 from의 목적어에서 나온다.

(11) Smoke trailed from the chimney. (연기가 굴뚝에서 길게 나왔다.)

2.7. 다음 주어는 시간상 끈다.

(12) The discussion trailed on. (토의는 계속되었다.)

tramp

이 동사의 개념 바탕에는 쿵쿵 짓밟는 과정이 있다.

1. 타동사 용법

1.1. 다음 주어는 목적어를 쿵쿵 밟는다.

(1) a. He tramped the fields. (그는 밭을 밟았다.)

b. She's been tramping the streets looking for a job. (그녀는 일자리를 찾아 거리를 터벅터벅 걸어 다녔다.)

c. The children tramped the woods for berries. (그 아이들은 딸기를 찾아 숲을 오랫동안 다녔다.)

1.2. 다음 주어는 목적어를 짓밟는다. 목적어는 과일이다.

(2) He tramped grapes for wine. (그는 포도주를 만들기 위해 포도를 밟았다.)

2. 자동사 용법

2.1. 다음 주어는 on의 목적어를 밟아서 목적어에 영향을 준다.

(3) a. He tramped on my toes. (그는 나의 발가락을 밟았다.)

b. The horse tramped on my feet. (그 말은 내 발을 밟았다.)

2.2. 다음 주어는 쿵쿵/터벅터벅 거리면서 다닌다.

(4) a. We tramped across the wet grass. (우리는 젖은 잔디밭을 쿵쿵거리며 걸어갔다.)

b. Who's tramping all over the floor in muddy shoes? (누가 마루를 진흙 묻은 신발을 신고 돌아다니는 거야?)

c. The hikers tramped through the newly fallen snow. (도보하는 여행자는 새로 온 눈을 짓밟으며 걸어갔다.)

d. He tramped through the country. (그는 그 나라 전체를 터벅터벅 걸어다녔다.)

e. He tramped up and down the street. (그는 그 거리를 아래 위로 터벅터벅 걸어다녔다.)

f. She tramped upstairs and began to shout angrily. (그녀는 위층으로 터벅터벅 올라가고 화가나서 고함을 지르기 시작했다.)

transfer

이 동사의 개념 바탕에는 한 자리에서 다른 자리로 옮기는 과정이 있다.

1. 타동사 용법

1.1. 다음 주어는 목적어를 to의 목적어로 옮긴다.

(1) a. The company transferred him to Seoul. (그 회사는 그를 서울 지사로 옮겼다.)

　b. She transferred the design to a T-shirt. (그녀는 그 디자인을 티셔츠로 옮겼다.)

　c. He transferred the boy to another school. (그는 그 소년을 다른 학교로 전학시켰다.)

　d. How can I transfer money from my bank account to his? (어떻게 돈을 내 은행 계좌에서 그의 계좌로 이체할 수 있습니까?)

　e. You can transfer your data to a disk in a few seconds. (너는 자료를 디스크에 몇 초만에 옮길 수 있다.)

　f. I decided to transfer the files onto floppy disk. (나는 그 파일을 디스크에 옮기기로 결심했다.)

1.2. 다음은 수동태 문장으로 주어는 옮겨지는 개체이다.

(2) a. Passengers are transferred from the airport to the hotel by taxi. (승객들은 공항에서 호텔까지 택시로 이동된다.)

　b. The patient is transferred to another hospital. (그 환자는 다른 병원으로 이송된다.)

1.3. 다음 목적어는 추상적 개체이다. 그러나 구체적 개체로 개념화되어 있다.

(3) a. He transferred the blame from his shoulders to mine. (그는 그 비난을 그에게서 내게로 돌렸다.)

　b. Joan has already transferred her affections from Bill to Terry. (조앤은 이미 애정을 빌에게서 테리에게로 옮겼다.)

1.4. 다음 주어는 목적어를 to의 목적어에 옮긴다.

(4) He transferred the title to her. (그는 그 권리를 그녀에게 이전했다.)

2. 자동사 용법

2.1. 다음 주어는 옮기는 사람이다.

(5) a. He transferred to Pusan office. (그는 부산 사무실로 옮겼다.)

　b. The player is hoping to transfer to another team. (그 선수는 다른 팀으로 이적하기를 희망하고 있다.)

　c. She transferred from Harvard to Yale. (그녀는 하버드에서 예일대로 학교를 바꾸었다.)

　d. He transferred to UCSD after his freshman year. (그는 1년이 지난 후 UCSD로 학교를 옮겼다.)

2.2. 다음 주어는 한 상태에서 다른 상태로 옮겨지는 개체이다.

(6) a. The novel does not transfer well to the movies. (그 소설은 영화로 잘 옮겨지지 않는다.)

　b. The original recording does not transfer to compact disc. (원래 레코드는 CD로 옮겨지지 않는다.)

　c. He transferred from a train to a bus in Seoul. (그는 기차에서 버스로 서울에서 옮겨 탔다.)

transform

이 동사의 개념 바탕에는 바꾸는 과정이 있다.

1. 타동사 용법

1.1. 다음 주어는 목적어를 바꾸어서 전치사 into의 목적어가 되게 한다.

(1) a. He transformed the old kitchen into a living room. (그는 낡은 주방을 거실로 바꾸었다.)

　b. He transformed the dreary office into a cheery work place. (그는 적막한 사무실을 활기찬 업무 장소로 바꾸었다.)

　c. He transformed the clay into a form of a bird. (그는 진흙을 새 형태로 바꾸었다.)

　d. He transformed a criminal into a decent citizen. (그는 범죄자를 착실한 시민으로 바꾸었다.)

1.2. 다음 주어는 목적어를 한 상태에서 다른 상태로 바꾼다.

(2) a. He succeeded in transforming sunlight into electrical power. (그는 태양빛을 전기로 바꾸는 데 성공했다.)

　b. The machine transforms heat into power. (그 기계는 열을 전기로 바꾼다.)

　c. The photochemical reactions transform the light into electrical impulses. (그 광화학 반응은 빛을 전기 자극으로 바꾼다.)

　d. Meditation transformed the grouch to a more likable person. (명상은 그 불평꾼을 더 호감이 가는 사람으로 바꾸었다.)

1.3. 다음은 수동태 문장으로 주어는 바뀐다.

(3) a. A caterpillar is transformed into a butterfly. (유충이 나비로 바뀌어진다.)

　b. In the last 20 years, Korea has been transformed into an advanced industrial nation. (지난 20년 동안, 한국은 진보된 산업국가로 변해왔다.)

2. 자동사 용법

2.1. 다음 주어는 전치사 into의 목적어로 바뀐다.

(4) a. The sand castle transformed into a heap of sand. (그 모래성은 모래더미로 변하였다.)

　b. Jane's personality transformed when she started meditating. (제인은 명상을 시작하면서 성격이 변했다.)

translate

이 동사의 개념 바탕에는 번역하는 과정이 있다.

1. 타동사 용법

1.1. 다음 주어는 목적어를 전치사 into의 목적어로 번역한다.

(1) a. He translated French into English. (그는 불어를 영어로 번역하였다.)

　b. He translated a letter from French into Korean. (그는 편지를 불어에서 한국어로 번역하였다.)

　c. He translated the letter into Korean. (그는 그 편지를 한국어로 번역하였다.)

　d. We translated the text from Italian into Korean. (우리는 그 교재를 이탈리아어에서 한국어로 번역하였다.)

1.2. 다음은 수동태 문장으로 주어는 번역된다.

(2) a. Her book has been translated into 24 languages. (그녀의 책은 24개의 언어로 번역되고 있다.)

b. Her novels are translated into French.(그녀의 소설들은 불어로 번역된다.)

1.3. 다음 주어는 목적어를 번역한다. 목적어는 말이 아닌 다른 매체이다.

(3) a. The guard translated the sign into English for us. (그 경비원은 우리에게 그 신호를 영어로 번역해주었다.)

b. Most attempts to translate Shakespeare to the small screen are not successful.(소규모 스크린에 셰익스피어를 옮기려는 대부분의 시도는 성공적이지 못하다.)

c. I translated that as a protest.(나는 그것을 항의로 해석했다.)

d. He translated the foreigner's gestures to me.(그는 그 외국인의 몸짓의 의미를 내게 설명해 주었다.)

1.4. 다음 주어는 목적어를 전치사 into의 목적어의 상태로 바꾼다.

(4) a. He translated his promise into action.(그는 자신의 약속을 행동으로 옮겼다.)

b. He translated the phonetic symbols into sounds. (그는 그 음성 기호를 소리로 바꾸었다.)

c. It's time to translate words into action.(말을 행동으로 옮길 때이다.)

2. 자동사 용법

2.1. 다음 주어는 해석되거나 번역된다.

(5) a. Most poetry doesn't translate easily.(대부분의 시는 쉽게 번역되지 않는다.)

b. The Welsh name translates as "Land's end." (그 Welsh 이름은 "땅 끝"이라는 의미로 해석된다.)

c. A ten percent interest rate translated into a payment of $200 a month.(10 퍼센트의 이자율은 한 달에 200달러의 지불로 환산되었다.)

d. I hope all the hard work will translate into profits. (나는 모든 힘든 일이 이득으로 바뀌기를 바란다.)

e. The word doesn't translate into English.(이 단어는 영어로 번역이 되지 않는다.)

transmit

이 동사의 개념 바탕에는 전달하는 과정이 있다.

1. 타동사 용법

1.1. 다음 주어는 목적어를 전달한다.

(1) a. Parents can transmit their own fears to their children.(부모들은 자신의 두려움을 아이들에게 전염시킬 수 있다.)

b. Your panic and fear transmits itself to the horse you are riding.(너의 공포와 두려움은 네가 타고 있는 말에게 전달된다.)

c. He transmitted the disease to others.(그는 그 병을 다른 사람들에게 옮겼다.)

d. He transmitted the title to his descendant.(그는 그

권리를 후손에게 물려주었다.)

e. Glass transmits light, but not sound.(유리는 빛을 투과시키지만, 소리는 투과시키지 못한다.)

f. He transmitted the parcel by mail.(그는 소포를 우편으로 발송했다.)

g. He transmitted the package by courier.(그는 소포를 급사를 시켜서 전달했다.)

1.2. 다음 주어는 목적어를 전도한다.

(2) a. Glass transmits lights.(유리는 빛을 전도한다.)

b. Fiber-optic cables transmit electronic signals.(광학 섬유 케이블은 전기 신호를 전송한다.)

1.3. 다음 주어는 목적어를 방송한다.

(3) a. The radio station plans to transmit its broadcast from a satellite.(라디오 방송국은 방송을 위성으로부터 전파하기를 계획한다.)

b. The radio station transmits programs 24 hours a day.(라디오 방송국은 프로그램을 하루에 24시간 전송한다.)

2. 자동사 용법

2.1. 다음 주어는 전파를 내보낸다.

(4) a. Radio 10 transmits on 202 medium wave.(라디오 10은 202 중 주파수로 전파를 내보낸다.)

b. The submarine was transmitting, but there was no one to receive it.(잠수함은 전파를 보내고 있었지만, 그것을 수신하는 사람이 없었다.)

2.2. 다음은 수동태 문장으로 주어는 전파된다.

(5) a. The ceremony was transmitted live by satellite to over 30 countries.(그 의식은 위성으로 30개 이상의 나라에 생중계 되었다.)

b. The flu is transmitted from person to person.(그 독감은 사람에서 사람으로 옮겨진다.)

transpire

이 동사의 개념 바탕에는 드러나거나 새는 과정이 있다.

1. 자동사 용법

1.1. 다음 주어는 새어난다.

(1) a. It now transpires that he kept all the money for himself.(그가 자신을 위해 모든 돈을 가지고 있었다는 것이 이제 드러났다.)

b. It later transpired that she had known him at school.(그녀가 학교에서 그를 알고 있었다는 것이 나중에 드러났다.)

c. It transpired that the gang had a contact inside the bank.(그 갱이 그 은행 내부에 첩자를 두고 있었다는 것이 드러났다.)

d. It transpired that she was seeing another man.(그녀가 다른 남자를 만나고 있다는 것이 드러났다.)

1.2. 다음 주어는 새어난다.

(2) a. This story, it later transpired, was untrue.(이 이야기는 나중에 밝혀졌지만 사실이 아니었다.)

b. He had been in Korea--or so it later transpired. (그는 한국에 있었었다--후에 그렇게 드러났다.)

c. She gave a report on what transpired at the

meeting.(그녀는 그 회의에서 드러난 것에 대해 보고했다.)

d. As the political scandal **transpired**, the taxpayers became angry.(정치적 의혹이 드러나자, 납세자들은 화가 났다.)

e. You're meeting him tomorrow. Let me know what **transpires**.(당신은 내일 그를 만나게 될 겁니다. 무엇이 드러나는지 나에게 알려주시오..)

1.3. 다음 주어는 발산한다.

(3) Plants **transpire** through pores in their leaves.(식물은 잎에 있는 기공을 통해 수분을 발산한다.)

transport

이 동사의 개념 바탕에는 운송하는 과정이 있다.

1. 타동사 용법

1.1. 다음 주어는 목적어를 운송한다. 주어는 도구이다.

(1) a. The pipe **transports** oil across Alaska.(그 파이프는 알래스카를 가로질러 석유를 수송한다.)

b. Blood **transports** oxygen around the body.(혈액은 몸 구석구석에 산소를 운반한다.)

c. Trains **transported** the coal to the ports.(기차는 그 석탄을 항구에 운송했다.)

1.2. 다음 주어는 목적어를 운송한다. 주어는 사람이다.

(2) a. The criminal **transported** the stolen goods across the state line.(그 범죄자는 훔친 물건들을 주 경계를 가로질러 운반했다.)

b. They **transported** the machine by ship.(그들은 기계를 선편으로 수송했다.)

1.3. 다음 주어는 목적어를 나른다. 주어는 개체이다.

(3) a. The film **transported** us back to Seoul in the 1940s.(그 영화는 우리를 1940년대 서울로 되돌려 놓았다.)

b. The book **transports** you to another world.(그 책은 당신을 다른 세계로 이동시킨다.)

c. Beautiful music **transports** listeners into a pleasant dream world.(아름다운 음악은 듣는 사람들을 기쁜 꿈 세계로 이동시킨다.)

1.4. 다음은 수동태 문장으로 주어는 운송된다.

(4) a. Most of our luggage was **transported** by sea.(우리 짐의 대부분은 배편으로 운송되었다.)

b. The seeds are **transported** by the wind.(그 씨앗들은 바람에 의해 운반된다.)

c. The exiled king was **transported** to a desert.(추방된 왕은 사막으로 이송되었다.)

1.5. 다음은 수동태 문장으로 주어는 어떤 상태로 보내진다.

(5) a. She was **transported** with grief.(그녀는 슬픔에 어쩔 줄 몰랐다.)

b. She was **transported** with joy by the good news.(그녀는 좋은 소식에 기뻐서 어쩔 줄 몰랐다.)

c. He was **transported** while reading the novel.(그는 소설을 읽는 동안 황홀했다.)

d. Walking around the town, I was **transported** back to my youth.(그 마을 주위를 거닐면서, 나는 젊은

시절로 되돌아갔다.)

trap

이 동사의 개념 바탕에는 trap의 명사 '덫' '올가미'가 있다. 동사의 의미는 이 명사의 쓰임과 관계가 있다.

1. 타동사 용법

1.1. 다음 주어는 올가미를 써서 목적어를 잡는다.

(1) a. The hunter **trapped** the fox.(그 사냥꾼은 여우를 덫으로 잡았다.)

b. The dog catcher **trapped** a stray dog.(개 포획인은 길 잃은 개를 덫으로 잡았다.)

1.2. 다음 주어는 목적어를 어떤 장소에 가둔다.

(2) a. Sand and leaves **trapped** the water in the stream.(모래와 나뭇잎이 개울의 물을 가두었다.)

b. A landslide **trapped** the hikers inside the cave.(산사태가 도보 여행자를 동굴 안에 가두었다.)

c. Solar panels trap energy from the sun.(태양열 판은 태양으로부터 에너지를 잡아둔다.)

d. The greenhouse stays warm because the glass **traps** the heat of the sun.(온실은 유리가 태양열을 가두기 때문에 따뜻하게 유지된다.)

1.3. 다음은 수동태 문장으로 주어는 갇힌다.

(3) a. We were **trapped** by the rising flood water.(우리는 불어나는 홍수로 갇히게 되었다.)

b. They were **trapped** in the burning building.(그들은 그 불타고 있는 건물에 갇혀 있었다.)

c. The robbers were **trapped** inside the bank.(그 강도들은 은행 안에 갇히게 되었다.)

d. Twenty miners were **trapped underground**.(20명의 광부들이 지하에 갇혔다.)

e. When the boat tipped over, he was **trapped underwater**.(보트가 뒤집혔을 때, 그는 물 속에 갇히게 되었다.)

1.4. 다음은 수동태 문장으로 주어는 잡힌다.

(4) a. The escaped prisoner was finally **trapped** in an underground garage.(그 탈주범은 마침내 어느 지하차고에 잡히었다.)

b. Racoons used to be **trapped** for their fur.(너구리는 모피 때문에 잡혔었다.)

1.5. 다음 주어는 목적어를 덫을 놓아 어떤 행위나 상태에 들어가게 한다.

(5) a. She **trapped** him into admitting that he liked her.(그녀는 그가 그녀를 좋아한다는 것을 그가 인정하게 했다.)

b. By clever questioning, they **trapped** him into a confession.(교묘한 질문으로, 그들은 그가 자백하게 했다.)

1.6. 다음은 수동태 문장으로 주어는 갇힌다.

(6) a. He is **trapped** in an unhappy marriage.(그는 불행한 결혼 생활에 갇혀 있다.)

b. He feels **trapped** in his job.(그는 자기 일에 갇혀 있다고 느낀다.)

1.7. 다음 주어는 목적어를 어디에 걸리게 한다.

(7) I **trapped** my coat in the car door.(나는 내 코트를

차 문에 끼게 했다.)

trash

이 동사의 개념 바탕에는 trash의 명사 '쓰레기'가 있다. 동사의 의미는 이 명사의 특성이나 속성과 관계가 있다.

1. 타동사 용법

1.1. 다음 주어는 목적어의 내부를 부수거나 어지럽힌다.

(1) a. The band was famous for trashing their hotel rooms.(그 밴드는 호텔 방을 난장판으로 만들어 놓는 것으로 유명하다.)

b. Rioters trashed and looted stores.(폭도들은 가게를 난장판으로 만들고 약탈했다.)

c. The place got trashed last time we had a party.(그 장소는 우리가 파티를 했던 지난번에 난장판이 되었다.)

1.2. 다음 주어는 목적어를 쓰레기로 만든다.

(2) a. The student trashed the empty pizza box.(그 학생은 빈 피자 상자를 버렸다.)

b. I'm leaving my old toys here. If you do not want them, trash them.(낡은 장난감들을 여기에 두겠습니다. 만약 당신이 이 장난감들이 필요하지 않다면, 버리십시오.)

c. Who trashed my old sweatshirt?(누가 내 낡은 스웨터 셔츠를 버렸지?)

1.3. 다음 주어는 목적어를 쓰레기같이 취급한다.

(3) a. The critics trashed all of his new movies.(그 평론가들은 새 영화들을 전부 쓰레기 취급했다.)

b. Critics trashed the new play.(평론가들은 새 연극을 쓰레기 취급했다.)

c. Her work was severely trashed.(그의 작품은 심하게 쓰레기 취급을 받았다.)

1.4. 다음 주어는 목적어를 못 쓰게 만든다.

(4) An electrical surge trashed my computer.(서지(전류의 동요)는 내 컴퓨터를 부숴 놨다.)

travel

이 동사의 개념 바탕에는 한 장소에서 다른 장소로 움직이는 과정이 있다.

1. 자동사 용법

1.1. 다음 주어는 이동한다.

(1) a. He travelled across Spain on a donkey.(그는 당나귀를 타고 스페인을 횡단했다.)

b. He is planning to travel around South America.(그는 남미를 돌아볼 계획이다.)

c. She travels in Asia every summer.(그녀는 매년 여름 아시아에서 여행한다.)

d. He travelled in many countries.(그는 많은 나라에 여행했다.)

e. Next month I have to travel to America.(다음 달에 나는 미국에 가야 한다.)

f. I travelled to Los Angeles by train.(나는 로스앤젤레스까지 기차로 여행했다.)

g. He travels to work by train.(그는 기차로 출근한다.)

h. We travelled from San Diego to Palm Beach by bus.(우리는 샌디에고에서 팜비치까지 버스를 타고 이동했다.)

i. He has travelled all over Korea.(그는 한국을 두루 여행했다.)

i. He has travelled a great deal.(그는 여행을 많이 다녔다.)

1.2. 다음 주어는 이동한다. 주어는 움직이는 개체이다.

(2) a. Trains travel along rails.(기차는 철로를 따라 달린다.)

b. A train travels on tracks.(기차는 선로 위를 달린다.)

c. Supersonic planes can travel faster than the speed of sound.(초음속 비행기는 소리의 속도보다 더 빠르게 이동할 수 있다.)

d. His car can really travel!(그의 차는 정말 잘 달릴 수 있다.)

e. The crankpin travels in a circular path.(크랭크 핀은 원형으로 움직인다.)

f. That motorbike was really travelling; it must have been doing 12 kilometers.(그 오토바이는 정말 잘 달리고 있었다. 분명히 12킬로미터를 주파하고 있었음에 틀림이 없다.)

g. The goal keeper kicked the ball, and it really travelled.(골키퍼는 공을 차서 정말 잘 날아갔다.)

h. The car is travelling at 60 miles an hour.(그 차는 시속 60마일로 달리고 있다.)

1.3. 다음 주어는 이동한다. 주어는 동물이다.

(3) a. A deer travels far and fast when chased.(사슴은 쫓길 때 빠르고 멀리 달린다.)

b. The animals travel south in the fall.(그 동물들은 남쪽으로 가을에 이동한다.)

1.4. 다음 주어는 이동한다.

(4) a. The comet travelled through space at a great speed.(그 혜성은 우주를 엄청난 속도로 지나갔다.)

b. Light travels in a straight line.(빛은 직선으로 나아간다.)

c. Light travels faster than sound.(빛은 소리보다 빠르다.)

d. Light and sound travel in waves.(빛과 소리는 파장으로 전달된다.)

e. The typhoon is travelling in a northeasterly direction.(태풍은 북동쪽으로 이동하고 있다.)

f. Messages travel along the spine from the nerve endings to the brain.(신호는 척추를 타고 신경 말단에서 뇌까지 이동한다.)

g. The news travelled fast.(그 소식은 빨리 전해졌다.)

h. Pain travelled down his leg.(고통이 그의 다리 아래로 퍼졌다.)

1.5. 다음 주어는 이동한다. 주어는 마음이나 시선이다.

(5) a. Her mind travelled back to her childhood.(그녀의 마음은 그의 어린 시절로 돌아갔다.)

b. Her mind **travelled over** the events of the day.(그 녀의 마음은 그 날 사건들을 떠올렸다.)

c. The child's eyes **travelled around** the gym.(아이 의 시선은 그 체육관을 쭉 둘러보았다.)

d. His eyes **travelled about** the room.(그의 눈은 방 안 이곳저곳을 둘러 보았다.)

e. His eyes **travelled over** the landscape.(그의 눈은 풍경을 쭉 둘러보았다.)

1.6. 다음 주어는 목적어를 이동한다. 목적어는 움직인 거리이다.

(6) a. We **travelled** 100 kilometers on the first day.(우리 는 100킬로미터를 첫날 이동했다.)

b. They **travelled** 300 miles on Saturday.(그들은 300마일을 토요일에 움직였다.)

c. Air pollution can **travel** great distances.(대기 오염 은 아주 먼 거리를 갈 수 있다.)

1.7. 다음 주어는 특정한 방법, 목적을 가지고 움직인다.

(7) a. He **travels** by air/sea/land.(그는 비행기/배/육로로 여행한다.)

b. He **travels** often on business.(그는 업무 출장을 자 주 간다.)

c. We **travelled** first/second class.(우리는 일등석/이 등석을 타고 여행했다.)

1.8. 다음 주어는 이동과 관련된 직업에 종사한다.

(8) a. My wife **travels** for an American company.(내 아 내는 미국회사의 외판원으로 일한다.)

b. He **travels** for a publishing house.(그는 출판사의 외판원으로 일한다.)

c. He **travels** in encyclopedia.(그는 백과사전 외판원 이다.)

d. He **travels** in men's accessories.(그는 남성용 악 세서리 외판원이다.)

e. He **travels** in insurance.(그는 보험회사에서 외판원 으로 일한다.)

1.9. 다음 주어는 수송에 견딘다.

(9) a. This kind of apples **travels** well.(이 품종의 사과는 운반하기에 좋다.)

b. Some wines do not **travel** well when they are shipped long distances.(어떤 포도주는 장거리로 수송되면 잘 운반되지 않는다.)

c. Ripe fruit does not **travel** well.(잘 익은 과일은 운 반하기에 좋지 않다.)

d. Some writing **travels** badly in translation.(어떤 글 은 번역이 잘 되지 않는다.)

1.10. 어느 사람이 다른 사람과 함께 다니는 일은 두 사람이 사귀는 뜻으로 확대된다.

(10) a. Paul **travelled** with Susan in those days.(폴은 그 때 수잔과 사귀고 있었다.)

b. He **travelled** with a show-business crowd.(그는 연예계 동료들과 어울렸다.)

1.11. 다음은 [과정은 장소 이동] 은유가 적용된 표현 이다.

(11) He **travels** in wealthy circles.(그는 부유층과 어울린 다.)

2. 타동사 용법

2.1. 다음 주어는 목적어를 이동한다. 목적어는 이동 장소이다.

(12) a. We **travelled** the entire way on interstate freeways.(우리는 고속도로로 전 구간을 이동했다.)

b. He **travelled** a lonely highway.(그는 한적한 고속도 로를 지나왔다.)

c. Do you **travel** this road often?(당신은 이 도로를 자 주 지나십니까?)

d. He has to **travel** a long way to school.(그는 학교 까지 먼 길을 가야한다.)

e. The man **travelled** America in his search for a place to live.(그 남자는 살 집을 구하려고 미국을 찾아 헤맸다.)

f. I **travelled** the main highway from Portland Moines to Chicago.(나는 포트랜드에서 시카고까지 주 고속 도로를 타고 이동했다.)

g. He has **travelled** the whole length of Korea several times.(그는 한국 전역을 여러 차례 일주한 적이 있다.)

h. He **travelled** the length of the Nile in a canoe.(그 는 나일강 전 길이를 카누를 타고 여행했다.)

i. He is **travelling** the country in search of work.(그 는 일을 찾아 전국을 헤매고 있다.)

j. He **travelled** the countries of Africa.(그는 아프리카 의 나라들을 여행했다.)

k. I've **travelled** the world during my time in the navy.(나는 세계 일주를 해군에 근무하는 동안 한 적이 있다.)

l. The project has **travelled** a rough road.(그 기획사 업은 순탄치 않은 길을 지나왔다.)

2.2. 다음은 수동태 문장으로 주어는 여행된다.

(13) Such a road can't be **travelled** at night.(그러한 길은 밤에 다닐 수 없다.)

2.3. 다음의 주어는 목적어를 수송하거나 운반한다.

(14) He **travels** fruit and vegetables to market.(그는 과일 과 야채를 시장에 운반한다.)

traverse

이 동사의 개념 바탕에는 가로지르는 과정이 있다.

1. 타동사 용법

1.1. 다음 주어는 목적어를 가로지른다.

(1) a. The soldier **traversed** the battle field on foot.(그 군인은 전쟁터를 도보로 가로질러 갔다.)

b. The skiers **traversed** the side of the mountain/the slopes.(스타라는 사람들은 산비탈/경사면을 가로 질렀다.)

c. Explorers **traversed** the ice cap to the north pole. (탐험가들은 만년설을 가로질러 북극에 갔다.)

d. The lights **traversed** the sky searching for enemy planes.(불빛들은 적기를 찾기 위해 하늘을 왔다갔 다하고 했다.)

1.2. 다음 주어는 움직이지 않는다. 그러나 그 형상을 눈으로 보면 목적어를 가로지른다.

(2) a. A bridge **traverses** the stream.(다리가 그 개울을

가로지른다.)

b. The river **traverses** several countries.(그 강은 여러 나라들을 가로지른다.)

c. The highway **traverses** the desert.(그 고속도로는 사막을 가로지른다.)

1.3. 다음은 수동태 문장으로 주어는 가로질러진다.

(3) a. The region is **traversed** by several roads.(그 지역은 여러 개의 길들이 가로질러 간다.)

b. The country is **traversed** with mountains.(그 나라는 여러 산들이 가로지르고 있다.)

1.4. 다음 목적어는 추상적 개체이다. 그러나 이들은 공간으로 개념화되어 있다.

(4) a. I must **traverse** several points.(나는 여러 논점을 자세히 고찰해야만 한다.)

b. I do not need to **traverse** the ground in my lecture today.(나는 오늘 수업에서 그 지식 분야를 고찰할 필요가 없다.)

c. The film **traverses** the history of an American family in the 1930s and 1940s.(그 영화는 1930년대와 1940년대의 미국 가족의 역사를 주의 깊게 고찰한다.)

1.5. 다음 주어는 목적어를 반대하거나 방해한다.

(5) a. They **traversed** the plan/the project.(그들은 그 계획/그 기획을 가로 막았다.)

b. He **traversed** the indictment.(그는 기소장을 부인했다.)

---

trawl

이 동사의 개념 바탕에는 저인망으로 고기를 잡는 과정이 있다.

1. 타동사 용법

1.1. 다음 주어는 목적어의 영역에서 저인망으로 고기를 잡는다.

(1) a. They **trawled** the coast for cod.(그들은 연안에서 대구를 잡기 위해 저인망으로 끌었다.)

b. Police have **trawled** the area for clues.(경찰이 단서를 잡기 위해 철저하게 그 지역을 조사했다.)

c. The ship is **trawling** the seas for big fish.(그 배가 큰 고기를 잡기 위해 그 바다를 저인망으로 끌고 있다.)

d. He is **trawling** the Internet to find a new job.(그는 인터넷을 새 일자리를 찾기 위해 뒤지고 있다.)

1.2. 다음 주어는 목적어를 저인망으로 잡는다.

(2) They **trawled** herring.(그들은 저인망으로 청어를 잡았다.)

1.3. 다음 표현은 [물건 찾기는 고기잡기] 은유가 적용된 예이다.

(3) She **trawled** the shops for bargains.(그녀는 싸구려 물건을 그 상점들을 찾아 뒤졌다.)

b. Major companies **trawl** the universities for potential graduate trees.(주 기업들이 잠재적 졸업 재목을 찾아서 대학들을 훑는다.)

2. 자동사 용법

2.1. 다음 주어는 저인망으로 고기를 잡는다.

(4) a. They are **trawling** in Korean waters.(그들은 한국 근해에서 저인망으로 고기를 잡고 있다.)

b. The fishing boat is **trawling** a few miles offshore.(그 어선은 해안에서 몇 마일 떨어진 곳에서 저인망으로 고기를 잡고 있다.)

2.2. 다음 주어는 샅샅이 뒤져간다.

(5) a. We **trawled through** all the files.(우리는 모든 서류를 훑어 보았다.)

b. The police are **trawling through** their files for similar cases.(그 경찰은 유사한 사건을 찾기 위해서 서류를 샅샅이 뒤지고 있다.)

2.3. 다음 주어는 for의 목적어를 얻기 위해서 저인망 어업을 한다.

(6) a. He spent the day **trawling** for fish.(그는 고기를 잡으려고 저인망 어업을 하는 데 그 날을 보냈다.)

b. They **trawled** for cod.(그들은 대구를 잡으려고 저인망 어업을 했다.)

---

tread

이 동사의 개념 바탕에는 밟는 과정이 있다.

1. 자동사 용법

1.1. 다음 주어는 밟는다.

(1) a. Fools rush in where angels fear to **tread**.(바보들은 천사들이 밟기를 두려워하는 곳에 뛰어든다.)

b. That neighborhood is dangerous, so **tread** carefully.(저 지역은 위험하다, 그러니 조심스럽게 지나가라.)

c. Please **tread** very quietly, the baby is asleep.(매우 조용하게 걸어라, 아기가 자고 있다.)

d. Don't **tread** in that puddle.(그 웅덩이 안에서 걷지 말아라.)

1.2. 다음 주어는 밟으면서 자리 이동을 한다.

(2) a. David **trod** wearily **along** behind the others.(데이비드는 다른 사람들을 뒤에서 따라 걸었다.)

b. They **trod through** the meadow.(그들은 목초지를 가로질러 걸었다.)

c. He **trod** heavily **up** the stairs.(그는 계단 위로 무겁게 걸어 올라갔다.)

1.3. 다음 주어는 on의 목적어를 밟는다.

(3) a. I kept **treading on** her toes when we were dancing.(나는 우리가 춤을 출 때 그녀의 발가락을 계속 밟았다.)

b. Ouch! You **trod on** my foot.(아, 너는 내 발을 밟았어.)

c. Don't **tread upon** the flowers.(그 꽃을 밟지 말아라.)

d. He **trod on** a frog.(그는 개구리를 밟았다.)

e. Don't **tread on** the flower beds.(그 화단을 밟지 말아라.)

f. She **trod on** some glass and cut her foot.(그녀는 유리를 밟아서 그녀의 발을 베었다.)

g. He **trod on** the gas.(그는 그 가스(관)을 밟았다.)

1.4. 다음 주어는 생각의 발걸음을 옮긴다.

(4) a. He knows that he has to **tread** carefully on the issue.(그는 그 문제에 조심스럽게 처신해야 한다는 것을 안다.)

b. There are three reasons for **treading** warily in such matters.(이러한 문제에서 조심스럽게 처신해야 할 세 가지가 이유가 있다.)

c. You'll have to **tread** carefully when you discuss the matter with him.(네가 그 문제를 그와 논의할 때에는 조심스럽게 처신해야 한다.)

1.5. 다음 주어는 밟아서 on의 목적어에 영향을 준다.

(5) Their careless remarks **trod** upon her feelings.(그들의 주의 없는 말은 그녀의 감정을 짓밟았다.)

1.6. 다음 주어는 밟는다.

(6) He **trod** all over my floor with his filthy boots.(그는 나의 마루 전체를 그의 더러운 장화로 밟았다.)

2. 타동사 용법

2.1. 다음 목적어는 길이나 거리이다. 주어는 목적어를 밟는다.

(7) a. He **trod** the ground.(그는 땅을 밟았다.)

b. He **trod** the path of exile/virtue.(그는 추방/미덕의 길을 밟았다.)

c. We warily **trod** the path to town/to the river.(우리는 읍내/강으로 가는 길을 밟았다.)

d. Every day he **treads** the same path through the woods.(매일 그는 숲 속을 지나는 같은 길을 걷는다.)

e. I **trod** my weary way to work.(나는 일터로 가는 지친 길을 걸었다.)

f. The man **trod** the road looking for a mailbox.(그 남자는 우편함을 찾으며 그 길을 갔다.)

g. We **trod** the dusty road for hours.(우리는 먼지 길을 여러 시간 걸었다.)

h. I **trod** the long distance to church with a sore foot.(나는 교회로 가는 먼 길을 아픈 발로 걸었다.)

i. They have to **tread** the delicate line between informing the children and boring them.(그들은 아이들을 가르치는 일과 그들을 지루하게 하는 것 사이에 미묘한 선을 밟아야 한다.)

2.2. 다음 목적어는 길이다. 주어는 목적어를 밟아서 만든다.

(8) a. Cattle had **trodden** a path to the pond.(소들이 소로를 따라 그 연못으로 걸어갔다.)

b. Hunters have **trodden** a path through the woods.(사냥군들이 숲 속을 지나는 길을 밟아서 내었다.)

c. The cows **trod** a path to the cowsheds through the grass.(암소들은 풀밭을 지나 외양간까지 가는 길을 내었다.)

d. They **trod** a path through the snow.(그들은 눈속을 지나는 길을 밟아서 내었다.)

2.3. 다음은 수동태 문장으로 주어는 밟힌다.

(9) a. The forest has never been **trodden** by human feet.(그 숲은 인간의 발에 의해 밟힌 적이 없다.)

b. The enemy is completely **trodden down**.(그 적은 완전히 짓밟힌다.)

c. Some of the grass has been **trodden down** where people have been playing football.(사람들이 축구를 한 풀밭 부분은 밟혀졌다.)

d. A load of food has been **trodden** into the carpet.(많은 음식이 양탄자로 밟혀 들어갔다.)

2.4. 다음 주어는 목적어를 밟아서 into 나 over 의 목적어에 가게 한다.

(10) a. He **trod** the flowers into the ground.(그는 꽃을 땅속에 밟아넣었다.)

b. Don't **tread** mud into the carpet.(진흙을 양탄자에 밟아넣지 마세요.)

c. Don't **tread** the ashes into the carpet.(재를 양탄자에 밟아넣지 마세요.)

d. Don't **tread** the crumbs in.(부스러기를 밟아 넣지 마세요.)

e. Stop **treading** mud all over my floor.(진흙을 내 마루 전체에 밟아 묻히지 말아라.)

2.5. 다음 주어는 목적어를 짓밟는다.

(11) a. The dictator **trod** the masses.(독재자는 대중을 짓밟았다.)

b. They **trod** grapes.(그들은 포도를 밟았다.)

c. They threshed the rice by **treading** it on a hand floor.(그들은 단단한 바닥에 놓고 밟으므로서 나락을 탈곡했다.)

2.6. 다음 주어는 목적어를 밟아서 일어나지 못하게 한다.

(12) a. He put the plant in the hole and **trod** the soil down around it.(그는 그 식물을 구멍에 넣고, 흙을 주위에 밟았다.)

b. She managed to **tread down** her sad feelings.(그녀는 간신히 슬픈 감정을 짓눌렀다.)

2.7. 다음 주어는 목적어를 밟거나 밟아서 제압한다.

(13) a. He **trod** my heels down.(그는 내 뒷축을 밟았다.)

b. He **trod** down my right.(그는 내 권리를 짓밟았다.)

2.8. 다음 주어는 목적어를 밟아서 끈다.

(14) a. He **trod out** the fire.(그는 불을 밟아서 껐다.)

b. He **trod out** a cigarette.(그는 담배를 밟아서 껐다.)

2.9. 다음 주어는 물 속에서 제자리 걸음을 한다.

(15) a. She swam a long distance and **trod** water to rest.(그녀는 얼마간 헤엄을 치고 나서 쉬기 위해서 제자리 걸음을 했다.)

b. I have to **tread** water until promoted.(나는 승진이 될 때까지 제자리 걸음을 해야 한다.)

treasure

이 동사의 개념 바탕에는 treasure의 명사 '보물'이 있다. 동사의 의미는 이 명사의 가치와 관계가 있다.

1. 타동사 용법

1.1. 다음 주어는 목적어를 귀중하게 여긴다. 목적어는 물건이다.

(1) a. The girl **treasures** the doll more than any other toys.(그 소녀는 인형을 다른 장난감보다 더 소중히 여긴다.)

b. John **treasures** his brand-new bike.(존은 자신의 신품 자전거를 귀중히 여긴다.)

c. He **treasures** the gold watch his grandfather gave

him.(그는 할아버지가 그에게 준 금시계를 소중히
여긴다.)

d. She **treasures** her children.(그녀는 아이들을 소중
하게 여긴다.)

e. We cannot **treasure** our friends too much.(우리는
친구들을 너무 많이 소중히 여길 수는 없다.)

f. She **treasured** whatever her mother gave.(그녀는
엄마가 주신 무엇이든지 귀중히 여겼다.)

1.2. 다음 목적어는 추상적인 개체이다. 주어는 목적어
를 소중히 여긴다.

(2) a. I **treasure** her friendship.(나는 그녀의 우정을 소중
히 여긴다.)

b. I **treasure** the hours I spend in the country.(나는
그 나라에서 보내는 시간을 소중히 여긴다.)

c. I **treasure** the memories of our brief encounter.
(나는 우리의 짧고 우연한 우리 만남의 기억을 소중
히 여긴다.)

1.3. 다음 주어는 목적어를 모은다.

(3) a. The child **treasured** the pebbles he found on the
beach.(그 아이는 그가 해변에서 찾은 조약돌들을
소중히 모았다.)

b. He has **treasured** the money over the years.(그는
그 돈을 수 년에 걸쳐서 모았다.)

c. He **treasured up** his money and jewels until he
died in the hospital lonely.(그는 병원에서 외롭게
죽을 때까지 돈과 보석을 모았다.)

d. The boy **treasures up** postage stamps.(그 소년은
우표를 모은다.)

1.4. 다음 주어는 목적어를 마음속에 간직한다.

(4) a. You can **treasure up** the intensely sad experience.
(너는 강렬하고 슬픈 경험을 깊이 간직할 수 있다.)

b. He **treasures up** the thoughts of this happy time.
(그는 이 행복한 시간의 기억을 꼭 간직한다.)

c. I **treasure up** in my heart the recollection of old
times.(나는 지난 시간의 회상을 마음 속에 깊이 간
직한다.)

d. She **treasured up** every word he said.(그녀는 그
가 말한 모든 말을 꼭 간직했다.)

e. She **treasures** her memories of those joyous
days.(그녀는 이 즐거운 날의 기억을 간직한다.)

f. She **treasured** all the useful facts the old man
spoke about.(그녀는 그 늙은이가 말했던 모든 유용
한 사실을 간직했다.)

treat

이 동사의 개념 바탕에는 취급하는 과정이 있다.

1. 타동사 용법

1.1. 다음 주어는 목적어를 with의 목적어를 써서 처리
한다.

(1) a. He **treated** the dry leather with grease.(그는 마른
가죽을 윤활유로 처리했다.)

b. She **treated** the cloth with bleach.(그녀는 옷감을
표백제로 처리했다.)

c. He **treated** the copper with sulfuric acid.(그는 구

리를 유황산으로 처리했다.)

d. The farmer **treated** the fruit trees with
insecticide.(그 농부는 과실나무를 살충제로 처리했
다.)

1.2. 다음은 수동태 문장으로 주어는 with의 목적어를
써서 처리된다.

(2) a. The woodwork has been **treated** with a new
chemical.(그 목재 세공물은 새 화학 약품으로 처리
되어져 왔다.)

b. The wood is **treated** with preservatives.(그 목재
는 방부제로 처리되어 있다.)

c. The sewage has been **treated** with chemicals.(그
하수는 화학 약품으로 처리되어져 왔다.)

d. The question is **treated** in more detail in the next
chapter.(그 질문은 다음 장에서 더 자세히 처리된
다.)

e. The material has been **treated** with resin to make
it waterproof.(그 물질은 방수로 만들기 위해 합성
수지로 처리되어졌다.)

1.3. 다음 주어는 against의 목적어에 대비하기 위해서
처리된다.

(3) a. The gate is **treated** against rust.(그 문은 녹에 대
비하기 위해 처리되어 있다.)

b. This car has been specially **treated** against rust.
(이 차는 녹에 대비하여 특별히 처리되어졌다.)

c. The wooden floors are **treated** with a special
paint.(목재 바닥은 특별한 칠로 처리되어 있다.)

1.4. 다음 주어는 목적어를 치료한다. 목적어는 사람이다.

(4) a. The doctor is **treating** the old patient.(의사는 그
늙은 환자를 치료 중이다.)

b. Bill **treated** Mary for shock.(빌은 메리의 충격을
치료했다.)

c. The hospital **treated** forty cases of malaria last
year.(그 병원은 40건의 말라리아 환자를 지난 해
치료했다.)

1.5. 다음 주어는 목적어를 치료한다.

(5) a. The doctor **treated** her with aspirin.(그 의사는 아
스피린으로 그녀를 치료했다.)

b. He **treated** me with a new drug.(그는 새로운 약으
로 나를 치료했다.)

1.6. 다음 목적어는 치료 부위나 병이다.

(6) a. The doctor **treated** my cuts with iodine.(의사는 나
의 베인 상처를 요도로 치료했다.)

b. The dentist is **treating** my toothaches.(치과 의사
는 나의 치통을 치료 중이다.)

c. How do you **treat** a sore throat?(당신은 아픈 목을
어떻게 치료합니까?)

d. The doctor **treated** my broken leg.(의사는 나의 부
러진 다리를 치료했다.)

e. The doctor **treated** his complaints seriously.(의사
는 그의 불평을 진지하게 치료했다.)

f. They are trying to find a new way to **treat** cancer.
(그들은 암을 치료할 새 방법을 찾기 위해 노력 중이다.)

1.7. 다음은 수동태 문장으로 주어는 치료를 받는다.

(7) a. Nowadays malaria can be **treated** with drugs.(최
근에 말라리아는 약으로써 치료될 수 있다.)

b. The glass must be **treated with** care.(그 유리잔은 조심히 다루어져야만 한다.)

c. He is being **treated for** diabetes.(그는 당뇨병을 치료받고 있는 중이다.)

1.8. 다음 주어는 목적어를 수식어가 명시하는 대로 다준다.

(8) a. We **treat** all people **with** respect they deserve.(우리는 사람들이 받을 만한 존중심을 가지고 그들을 대해준다.)

b. You should **treat** your employees **with** kindness.(당신은 당신의 고용인을 친절하게 대해야만 한다.)

c. She **treated** him **badly**.(그녀는 그를 나쁘게 대했다.)

d. Mountains are dangerous in winter, and they must be **treated with** respect.(산들은 겨울에는 위험하고, 반드시 경의를 갖고 대해야만 한다.)

e. We will **treat** you **fairly**.(우리는 당신을 정당하게 대할 것이다.)

f. Don't **treat** the matter **lightly**.(그 문제를 가볍게 대하지 말아라.)

g. The author **treated** the theme **realistically**.(작가는 주제를 사실적으로 다루었다.)

h. The newspaper **treated** the story **in** a sensational way.(그 신문은 이야기를 선풍적인 방법으로 다루었다.)

i. **Treat** your keyboard **with** care.(당신의 키보드를 조심스럽게 다루어라)

1.9. 다음 주어는 목적어를 as의 목적어로 다룬다.

(9) a. Even though they were much younger, we **treated** them **as** equals.(비록 그들은 매우 어리지만, 우리는 그들을 동등하게 다루었다.)

b. He was **treated as** a hero on his release from prison.(그는 감옥에서 출감되어 영웅으로 취급받았다.)

1.10. 다음 주어는 목적어를 like의 목적어와 같이 다룬다.

(10) a. The staff in the hotel **treated** us **like** royalty.(호텔 직원은 우리를 왕족처럼 대접했다.)

b. Please stop **treating** me **like** a child.(제발 나를 아이처럼 다루는 것을 그만두세요.)

c. She **treats** me **like** one of her family.(그녀는 나를 가족 중 한 사람처럼 대한다.)

d. Don't **treat** her **like** a servant.(그녀를 하인처럼 취급하지 말아라.)

1.11. 다음 주어는 마음에서 목적어를 as의 목적어로 취급한다.

(11) a. He **treated** his mistake/accident **as** a joke.(그는 실수/사고를 농담처럼 취급했다.)

b. The police are **treating** his death **as** a case of murder.(경찰은 그의 죽음을 살인 사건으로 취급하고 있다.)

c. They **treat** this matter **as** important/confidential.(그들은 이 문제를 중요한/비밀스러운 것으로 취급한다.)

d. He **treated** his words **as** a warning.(그는 자신의 말을 경고로써 취급했다.)

e. They **treated** the situation **as** an emergency.(그들은 그 상황을 응급 사태로 취급했다.)

f. She **treats** everything I say/my protest **as** a joke.(그녀는 내가 말한 모든 것/나의 항의를 농담으로 취급한다.)

g. We **treated** his threat **as** serious.(우리는 그의 협박이 심각하다고 취급한다.)

1.12. 다음 주어는 목적어를 주제로 다룬다.

(12) a. The essay **treats** the subject **with** humor.(그 수필은 유머를 주제로 다룬다.)

b. He **treated** the theme **with** fantasy.(그는 공상을 주제로 다루었다.)

c. The talk **treated** gambling in the countryside.(그 이야기는 지방에서의 도박을 다루었다.)

1.13. 다음 주어는 목적어를 하수처리를 한다.

(13) a. How much waste can you **treat** a day here? (당신은 여기서 하루에 얼마만큼의 쓰레기를 처리할 수 있습니까?)

b. It is possible to **treat** sewage so that it can be used as fertilizer.(하수를 처리하는 것이 가능하기 때문에 그것은 비료로 사용될 수 있다.)

1.14. 다음 주어는 목적어를 전치사 to의 목적어를 가지게 한다.

(14) a. He **treated** us **to** a taste of his foul language.(그는 우리가 그의 천한 말의 맛을 보게 했다.)

b. Could I **treat** you **to** a movie?(내가 당신에게 영화를 보여줄까요?)

c. I will **treat** you **to** lunch; it's your birthday.(나는 당신에게 점심을 사겠습니다. 당신의 생일입니다.)

d. I **treated** him **to** a new sweater.(나는 그에게 새 스웨터를 입게 했다.)

1.15. 다음 주어는 자신을 to의 목적어를 가지게 한다.

(15) a. I **treated** myself **to** a new suit.(나는 새 양복을 입었다.)

b. I decided to **treat** myself **to** some new clothes.(나는 몇 개의 새 옷을 사기로 결정했다.)

1.16. 다음은 수동태 문장으로 주어는 대접을 받는다.

(16) The crowd were **treated to** a superb game of tennis.(그 군중은 멋진 테니스 게임으로 대접받았다.)

1.17. 다음은 수동태 문장으로 주어는 치료를 받는다.

(17) She was **treated for** sunstroke.(그녀는 일사병으로 치료받았다.)

2. 자동사 용법

2.1. 다음 주어는 of의 목적어를 다룬다.

(18) a. The book **treats of** politics in Korea.(그 책은 한국의 정치를 다룬다.)

b. The book **treats of** social welfare.(그 책은 사회 복지를 다룬다.)

c. The medical journal **treated of** the progress of medicine.(그 의학 잡지는 의학의 진보를 다루었다.)

---

tremble

이 동사의 개념 바탕에는 떨리는 과정이 있다.

1. 자동사 용법
1.1. 다음 주어는 떨린다.
(1) a. I felt the earth tremble. (나는 땅이 흔들리는 것을 느꼈다.)
  b. The leaves trembled in the breeze. (그 나뭇잎은 미풍에 흔들렸다.)
  c. The whole house trembled. (그 집 전체가 흔들렸다.)
1.2. 다음 주어는 사람이다.
(2) a. She trembled at his voice. (그녀는 그의 목소리에 벌벌 떨었다.)
  b. She trembled for his safety. (그녀는 그의 안부를 염려했다.)
  c. I trembled at the thought of having to make a speech. (나는 연설을 해야만 하는 생각에 떨렸다.)
  d. The boy trembled in fear when he saw a lion. (그 소년은 사자를 봤을 때 두려움에 떨었다.)
1.3. 다음 주어는 사람의 일부이다.
(3) a. His hands trembled from fear. (그의 양손은 두려움으로 떨렸다.)
  b. His lip trembled with anger. (그의 입술은 화로 파르르 떨렸다.)
  c. My legs are trembling with fear. (나의 다리는 두려움으로 떨리고 있다.)
  d. His hands trembled as he lit his cigarette. (그의 손은 그가 담배에 불을 붙였을 때 떨렸다.)
  e. His voice started to tremble. (그의 목소리는 떨리기 시작했다.)
1.4. 다음 주어는 부정사가 가리키는 생각에 떨린다.
(4) a. I tremble to think what is going to happen. (나는 무슨 일이 벌어지게 될지를 생각하면 오싹해진다.)
  b. I tremble to think what has become of him. (나는 그에게 무슨 일이 일어났을까를 생각하면 오싹해진다.)

trench
이 동사의 개념 바탕에는 trench의 명사 '도랑, 참호'가 있다.

1. 자동사 용법
1.1. 다음 주어는 on의 목적어를 빼앗거나 장식한다.
(1) Visitors trenched on my free time. (손님이 와서 여가시간을 빼앗았다.)
1.2. 다음 주어는 on의 목적어에 접근한다.
(1) Your remarks are trenching on nonsense. (네 말은 잠꼬대 같다.)

trespass
이 동사의 개념 바탕에는 허가나 권리가 없이 남의 땅에 들어가는 과정이 있다.

1. 자동사 용법
1.1. 다음 주어는 남의 땅에 허가 없이 들어간다.
(1) a. The hunter trespassed on the farmer's property. (그 사냥꾼은 농부의 소유지를 침범했다.)
  b. He told me I was trespassing on private land. (내가 사유지를 침해하고 있다고 그는 나에게 말했다.)
  c. We happened to trespass in his land. (우리는 우연히 그의 땅에 침입하게 되었다.)
1.2. 다음 주어는 허가 없이 on의 목적어를 이용하여 부담을 준다.
(2) a. It would be trespassing on their hospitality to accept any more from them. (그들로부터 더 받는 것은 그들의 호의를 이용하는 일일 것이다.)
  b. Don't trespass on my privacy. (내 사생활을 침해하지 마세요.)
  c. I will trespass on your time. (당신의 시간에 침해할 것입니다.)
  d. I would be trespassing on their generosity if I accept more from them. (내가 그들로부터 더 받게 된다면 그들의 관용을 이용하는 것이 될 것이다.)
  e. He is always trespassing on my time. (그는 항상 내 시간을 빼앗는다.)
1.3. 허가 없이 남의 땅에 들어가는 것은 법을 어기는 일이다.
(3) a. I forgave those who trespassed against us. (나는 우리 땅에 무단침입한 사람들을 용서했다.)
  b. He trespassed against our rights. (그는 우리의 권리를 침해했다.)
  c. He trespassed against the law. (그는 법을 어겼다.)
  d. The sinner trespassed against the laws of God. (그 죄인은 신의 법을 어겼다.)

trick
이 동사의 개념 바탕에는 trick의 명사 '계략', '속임수'가 깔려 있다. 어느 사람이 계략이나 속임수를 써서 다른 사람을 속인다.

1. 타동사 용법
1.1. 다음 주어는 목적어를 속인다.
(1) He tricked us with plausible lies. (그는 그럴싸한 거짓말로 우리를 속였다.)
1.2. 다음은 수동태 문장으로 주어는 속힌다.
(2) a. I was tricked and felt stupid. (나는 속아서 바보같다고 느꼈다.)
  b. I was tricked into letting them know my password. (나는 속아서 그들이 내 비밀번호를 알게 했다.)
1.3. 다음 주어는 목적어를 속여서 전치사 into의 목적어가 가리키는 일을 하게 한다.
(3) a. He tricked me into lending him $200. (그는 나를 속여 그에게 200불을 빌려주게 했다.)
  b. A swindler tricked a victim into thinking that the real estate offer was genuine. (사기꾼이 피해자를 속여 부동산 제의가 진짜인 것으로 생각하게 했다.)
  c. The police tricked him into making a confession. (경찰은 그를 속여 자백하게 했다.)
  d. His family tricked him into going to Korea. (가족은 그를 속여 한국에 가게 했다.)

e. He **tricked** the old lady **into** giving him $300.(그는 노부인을 속여 그에게 300불을 주게 했다.)

f. Mary **tricked** her friends **into** paying for the dinner.(메리는 친구들을 속여 저녁값을 지불하게 했다.)

g. He **tricked** her **into** marrying him.(그는 그녀를 속여 그와 결혼하게 했다.)

1.4. 다음 주어는 목적어를 속여서 into의 목적어가 가리키는 일을 하게 한다.

(4) a. They **tricked** him **into** approval of their fraud.(그들은 그를 속여 자신들의 사기 행각을 승인하게 했다.)

b. They **tricked** him **into** consent.(그들은 그를 속여 동의하게 했다.)

1.5. 다음은 수동태 문장으로 주어는 속임을 당하여 into의 목적어가 가리키는 일을 하게된다.

(5) a. He was **tricked into** buying a stolen car.(그는 속아서 도난된 차를 샀다.)

b. I was **tricked into** signing.(나는 속아서 서명했다.)

c. Clients were **tricked into** believing that their money was being invested.(고객은 자신의 돈이 투자되고 있다고 믿도록 속았다.)

d. She was **tricked into** agreeing to help.(그녀는 속아서 돕기로 동의했다.)

e. She was **tricked into** making a false confession.(그녀는 속아서 거짓 고백을 했다.)

f. She was **tricked into** marriage with him.(그녀는 속아서 그와 결혼했다.)

1.6. 다음 주어는 목적어를 속여서 그의 재산을 빼앗는다. 재산은 out of로 표현되어 있다.

(6) a. He **tricked** them **out of** their life savings.(그는 그들을 속여 종신 생명보험금을 가로챘다.)

b. She **tricked** him **out of** his money.(그녀는 그를 속여 그의 돈을 빼앗았다.)

c. He was **tricked out of** his inheritance by dishonest lawyers.(그는 부정직한 변호사들에게 속아 자신의 유산을 빼앗겼다.)

1.7. 다음에서 주어는 목적어를 장식한다.

(7) a. She **tricked** herself **up** for the party.(그녀는 그 파티를 위해 자신을 잔뜩 치장했다.)

b. She was **tricked out/up** in cheap jewels.(그녀는 싸구려 보석으로 잔뜩 치장되었다.)

trickle

이 동사의 개념 바탕에는 액체가 가늘게, 또 방울져서 흐르는 과정이 있다.

1. 자동사 용법

1.1. 다음 주어는 전치사 from이나 out of의 목적어에서 똑똑 떨어진다.

(1) a. Water **trickled from** the faucet.(물이 수도꼭지에서 똑똑 떨어졌다.)

b. Water **trickled from** the trees during the rain.(물이 나무에서 비가 오는 동안 똑똑 떨어졌다.)

c. Water **trickled from** the broken pipe.(물이 깨진 파이프에서 똑똑 새나왔다.)

d. Blood **trickled from** his wound.(피가 그의 상처에서 똑똑 떨어져 흘러나왔다.)

e. Oil was **trickling from** a tiny hole in the tank.(기름이 탱크의 작은 구멍에서 똑똑 떨어지고 있었다.)

f. Blood **trickled out of** a corner of his mouth.(피가 그의 입가에서 똑똑 떨어져 나왔다.)

1.2. 다음 주어는 뚝뚝 떨어져서 흐른다.

(2) a. Tear **trickled down** her cheeks.(눈물이 그녀의 두 뺨 아래로 뚝뚝 흘러내렸다.)

b. The blood **trickled down** her arm.(그 피는 그녀의 팔 아래로 흘러내렸다.)

c. Rain **trickled down** the window.(비가 창문 아래로 똑똑 흘러내렸다.)

d. The brook **trickled through** the valley.(그 시내는 계곡 사이로 졸졸 흐르고 있었다.)

e. A stream **trickles through** rocks.(개울이 바위 사이로 졸졸 흐르고 있다.)

f. Sand **trickled through** her fingers.(모래가 그녀의 손가락 사이로 흘러내렸다.)

1.3. 뉴스나 정보는 어떤 사람이 가지고 있는 것으로 개념화된다. 이것을 물과 같이 조금씩 흘러나올 수 있는 것으로 표현되어 있다.

(3) a. News is starting to **trickle out**.(뉴스가 조금씩 새 나오고 있다.)

b. The information **trickled out**.(그 정보는 새 나갔다.)

c. Subscriptions are **trickling in**.(신청이 조금씩 들어오고 있다.)

1.4. 다음 주어는 물과 같이 흘러들거나 나간다. [사람의 무리는 물] 은유가 적용된 표현이다.

(4) a. The crowd **trickled away**.(그 군중은 점차 흩어져 갔다.)

b. Gradually people **trickled back into** the village.(점차로 사람들이 마을로 되돌아 흘러 들어가고 있었다.)

c. Summer visitors are **trickling home**.(여름 관광객은 차츰 집으로 흘러 돌아가고 있다.)

d. The students **trickled into** the auditorium.(그 학생들은 점차 강당 안으로 흘러 들어갔다.)

e. The audience **trickled in** before curtain time.(관객은 공연 시간 전에 차츰 흘러 들어갔다.)

f. The guests **trickled out of** the room.(손님들은 점차 방에서 흘러나갔다.)

g. The workers were **trickling out of** the building.(노동자들은 건물 밖으로 조금씩 흘러나가고 있었다.)

2. 타동사 용법

2.1. 다음 주어는 목적어를 다른 개체에 조금씩 흘려서 붓는다.

(5) a. **Trickle** some oil **on** the salad.(약간의 기름을 샐러드 위에 몇 방울 떨어뜨리세요.)

b. The baker **trickled** icing **on** the cake.(제빵사는 당의를 케이크 위에 조금씩 뿌렸다.)

c. He **trickled** the syrup **on** the waffle.(그는 시럽을 와플 위에 조금 떨어뜨렸다.)

d. He **trickled** a few drops of oxygenated water **into**

the goldfish basin.(그는 몇 방울의 과산화 수소수를 금붕어 항아리에 떨어뜨렸다.)

e. She trickled the vinegar into a bottle.(그녀는 식초를 병 안에 조금씩 따라 넣었다.)

f. He trickled ink into the bottle.(그는 잉크를 병 안에 조금씩 넣었다.)

g. The gardner trickled water into each pot.(정원사는 물을 각 화분에 조금씩 떨구어 주었다.)

h. She trickled some water into his mouth.(그녀는 약간의 물을 입안에 조금씩 떨어뜨렸다.)

2.2. 다음 주어는 목적어를 흘린다.

(6) a. When Bill hit me, my nose trickled blood.(빌이 나를 쳤을 때, 나의 코는 피를 똑똑 흘렸다.)

b. The garden hose trickled water.(그 정원 호스는 물을 똑똑 떨어뜨렸다.)

trifle

이 동사의 개념 바탕에는 trifle의 명사 '하찮은 일'이 있다. 동사의 의미는 이 명사의 가치와 관계가 있다.

1. 자동사 용법

1.1. 다음 주어는 with의 목적어를 만지작거린다.

(1) a. Don't trifle with your food.(너의 음식을 만지작거리지 말아라.)

b. I trifled with the leaky pipe for hours before finally calling a plumber.(나는 마침내 배관공을 부르기 전에 몇 시간 동안 새는 파이프를 만지작거렸다.)

c. He trifled with a pen.(그는 펜을 만지작거렸다.)

1.2. 다음 주어는 with의 목적어를 우습게 다룬다.

(2) a. If you trifle with the boss, you'll get in trouble.(당신이 사장을 우습게 다룬다면, 당신은 곤란에 처하게 될 겁니다.)

b. Don't trifle with me; give me the straight answer.(나를 우습게 다루지 마십시오; 솔직한 답을 내게 주십시오.)

1.3. 다음은 수동태 문장으로 주어는 우습게 다루어 진다.

(3) He's not a man to be trifled with.(그는 우습게 다뤄질 사람이 아니다.)

1.4. 다음 주어는 with의 목적어를 가볍게 취급한다.

(4) a. It is wrong of you to trifle with a girl's affection.(소녀의 호의를 우습게 취급하는 것은 잘못된 것이다.)

b. He trifled with her affection.(그는 그녀의 호의를 우습게 취급했다.)

2. 타동사 용법

2.1. 다음 주어는 목적어를 소홀히 다루어서 탕진한다.

(5) a. He's trifling away money.(그는 돈을 탕진하고 있다.)

b. He has trifled away the whole morning.(그는 아침 시간 전부를 허비했다.)

trigger

이 동사의 개념 바탕에는 trigger의 명사 '방아쇠'가

깔려있다. 방아쇠를 당기면 실탄이 나간다.

1. 타동사 용법

1.1. 다음 주어는 목적어를 유발한다.

(1) a. The fight triggered a riot.(그 싸움은 폭동을 유발시켰다.)

b. His thoughtless remark triggered an argument.(그의 경솔한 말은 언쟁을 유발했다.)

c. Tom's indiscreet remark triggered a fight/a rebellion.(톰의 무분별한 말은 싸움/폭동을 유발했다.)

d. Inflation triggered unemployment.(인플레이션은 실업을 유발했다.)

e. The successful hijacking triggered a spate of terrorist activity.(성공적인 공중 납치는 테러리스트 활동의 범람을 유발했다.)

f. This wage hike will trigger inflation.(이 임금 인상은 인플레이션을 유발할 것이다.)

g. Even the slightest movement will trigger the alarm.(아주 작은 미동조차도 그 경보기를 작동시킬 것이다.)

1.2. 다음은 수동태 문장으로 주어는 유발된다.

(2) a. The quarrel was triggered by a silly disagreement over money.(그 다툼은 돈에 대한 하찮은 의견 차이 때문에 유발되었다.)

b. The rise in the interest rates was triggered by inflation.(금리의 인상은 인플레이션에 의해 유발되었다.)

1.3. 다음 주어는 목적어를 유발한다. off는 시작을 강조한다.

(3) a. Don't upset him; it will trigger off an asthma attack.(그를 화나게 하지 마라; 그것은 천식 발작을 유발할 것이다.)

b. The smoke triggered off the fire alarm.(그 연기는 화재 경보기를 울리게 했다.)

c. The boundary dispute triggered off the war.(그 국경 분쟁은 전쟁을 촉발시켰다.)

d. The small incident triggered off a full-scale war.(사소한 사건은 전면전을 촉발했다.)

e. The sight of the old place triggered off a chain of happy memories of my childhood.(옛 집의 모습은 내 어린 시절의 일련의 행복했던 기억을 유발했다.)

f. His action has triggered off a crisis.(그의 행동은 위기를 유발했다.)

g. The assassination triggered off a wave of rioting.(그 암살은 폭동의 물결을 유발했다.)

h. Nuts can trigger off a violent allergic reaction.(견과류는 심한 알레르기 반응을 유발할 수 있다.)

1.4. 다음 주어는 목적어를 터지게 한다.

(4) The terrorist triggered the bomb.(그 테러리스트는 폭탄을 터뜨렸다.)

trim

이 동사의 개념 바탕에는 잘라서 다듬는 과정이 있다.

1. 타동사 용법

1.1. 다음 주어는 목적어를 잘라낸다.

(1) a. She **trimmed off** the loose threads.(그녀는 느슨한 실을 다듬어서 잘랐다.)

b. **Trim** the dead branches **off**.(죽은 가지를 쳐내라.)

c. He **trimmed off** the stems before planting the roses.(그는 장미를 심기 전에 줄기를 쳐냈다.)

d. She always **trims** the fat **off** the meat/ham.(그녀는 항상 지방을 고기/햄에서 잘라낸다.)

e. I **trimmed** 2 centimeters **off** the hem of the skirt.(나는 2 센티미터를 치맛단에서 잘라냈다.)

f. He **trimmed away/off** the rough edges.(그는 거친 가장자리를 다듬어 냈다.)

g. She **trimmed away** the fat edges of the pork.(그녀는 돼지고기의 기름 가장자리를 잘라내었다.)

h. He **trimmed away** the ragged edges.(그는 울퉁불퉁한 가장자리를 잘라 다듬었다.)

1.2. 다음 주어는 목적어를 잘라낸다. 목적어는 돈과 관련되어 있다.

a. He **trimmed** frivolous items **off** a budget.(그는 사소한 항목을 예산에서 삭감시켰다.)

b. He **trimmed** hundreds of dollars **off** the cost.(그는 수백 달러를 비용에서 삭감했다.)

1.3. 다음 주어는 목적어를 from의 목적어에서 잘라낸다.

(3) a. The gardener **trimmed** the dead branches **from** the trees.(그 정원사는 죽은 가지를 나무에서 쳐냈다.)

b. She **trimmed** excess fat **from** the meat.(그녀는 여분의 기름을 고기에서 잘라냈다.)

c. She **trimmed** the crusts **from** the bread.(그녀는 딱딱한 껍질을 빵에서 잘라 다듬었다.)

d. David **trimmed** 10 pounds **from** his body by exercising.(데이비드는 10파운드를 몸에서 운동으로 줄였다.)

1.4. 다음 주어는 목적어를 손질하여 다듬는다.

(4) a. She **trimmed** the loose threads.(그녀는 느슨한 실을 다듬었다.)

b. He **trimmed** the thorns on a rose.(그는 장미의 가시를 다듬었다.)

c. The barber **trimmed** the boy's hair with scissors.(이발사는 그 소년의 머리를 가위로 다듬었다.)

d. She had her hair **trimmed**.(그녀는 머리를 다듬어지게 했다.)

e. The grass/hair needs **trimming**.(그 풀/머리는 다듬어져야 한다.)

f. She **trimmed** her nails/hair.(그녀는 손톱/머리를 다듬었다.)

g. He **trimmed** the bushes.(그는 관목을 다듬었다.)

h. The gardener is **trimming** the hedges.(그 정원사는 울타리를 다듬고 있다.)

i. The hedge needs **trimming**.(울타리는 다듬어져야 한다.)

j. He **trimmed** (the wick of) the lamp.(그는 램프의 심지를 다듬었다.)

k. He **trimmed** the lumber with a plane.(그는 대패로 재목을 다듬었다.)

1.5. 다음 주어는 목적어를 손질하여 줄인다.

(5) a. They **trimmed** the marketing department.(그들은 마케팅 부서를 줄였다.)

b. The company **trimmed** the sales force.(그 회사는 판매 직원을 줄였다.)

c. The company intends to **trim** more workers.(그 회사는 더 많은 직원을 줄이려 한다.)

d. He **trimmed** the city's budget.(그는 시의 예산을 삭감했다.)

e. We have to **trim** costs by not making any unnecessary trips.(우리는 비용을 쓸데없는 여행을 하지 않으므로써 줄여야 한다.)

f. The company **trimmed** costs by 20 million dollars.(그 회사는 비용을 2천만 달러 줄였다.)

g. The training budget has been **trimmed** by $100,000.(훈련 예산은 10만 달러 삭감되었다.)

h. I've **trimmed** the book from 1000 pages to 700 pages.(나는 책을 1000쪽에서 700쪽으로 줄였다.)

1.6. 다음 주어는 목적어를 with의 목적어로 다듬는다.

(6) a. She **trimmed** her dress **with** lace/braid.(그녀는 자신의 드레스를 레이스/끈으로 장식했다.)

b. He **trimmed** a X-mas tree **with** ornament/lights.(그는 크리스마스 트리를 장식물/불빛으로 장식했다.)

c. He **trimmed** the cake.(그는 케이크를 장식했다.)

d. He **trimmed** the windows for X-mas.(그는 창문을 크리스마스를 기념해 장식했다.)

1.7. 다음은 수동태 문장으로 주어는 장식된다.

(7) a. The hat is **trimmed with** ribbon.(그 모자는 가장자리가 리본으로 장식되어 있다.)

b. The robe is **trimmed with** fur.(긴 겉옷은 모피로 가장자리가 장식되어 있다.)

1.8. 다음 주어는 자신을 단장한다.

(8) a. He **trimmed** himself **up**.(그는 깨끗이 몸단장했다.)

b. He **trimmed up** his house.(그는 집을 깨끗이 단장했다.)

c. He **trimmed up** his garden.(그는 정원을 깨끗이 손질했다.)

1.9. 다음 주어는 목적어를 조정한다.

(9) a. Sailors **trimmed** the ship's sails.(선원들이 배의 돛을 조정했다.)

b. He quickly **trimmed** sail and steered the ship past the sandbar.(그는 재빨리 돛을 조정하고 배가 모래톱을 지나치도록 키를 돌렸다.)

c. He **trimmed** his course.(그는 진로를 조정했다.)

d. He **trims** his opinions out of expediency.(그는 자신의 의견을 편의대로 바꾼다.)

1.10. 다음 주어는 목적어를 완전히 꺾는다.

(10) a. The challenger is sure to **trim** the champ in three rounds.(도전자는 그 챔피언을 3라운드만에 이길 것이 분명하다.)

b. We got **trimmed** 8 to nothing.(우리는 8 대 0으로 졌다.)

2. 자동사 용법

2.1. 다음 주어는 몸무게를 줄인다.

(11) By a combination of diet and exercise he's **trimmed**

from 90 kilos to 60 kilos.(다이어트와 운동의 연합 작용으로 그는 90kg에서 60kg로 몸매를 다듬었다.)

2.2. 다음 주어는 중립적 입장을 취한다.

(12) He is always **trimming** between the two parties. (그 는 언제나 두 당 사이에 양다리를 걸치고 있다.)

2.3. 다음 주어는 잘 조정된다.

(13) The boat **trims** well.(그 배는 조종이 잘 된다.)

trip

이 동사의 개념 바탕에는 발에 걸려 넘어지는 과정 이 있다.

1. 자동사 용법

1.1. 다음 주어는 어디에 걸려서 넘어진다.

(1) a. Be careful you don't **trip** up on the door.(문에 걸 려 넘어지지 않게 조심해라.)

b. He **tripped** up and fell.(그는 걸려서 넘어졌다.)

c. He **tripped** on the stairs.(그는 계단에 걸려 넘어졌 다.)

1.2. 다음 주어는 over의 목적어에 걸려서 넘어진다.

(2) a. He **tripped** over the root of a tree.(그는 나무 뿌리 에 걸려 넘어졌다.)

b. The child **tripped** over the rug.(그 아이는 양탄자 에 걸려 넘어졌다.)

1.3. 어디에 걸려서 넘어지는 일은 실수이다. 이러한 관계에서 trip은 '실수하다'의 의미를 갖는다.

(3) a. During the speech, he **tripped** when he confused the Balkan states with the Baltic states.(그 연설을 하는 동안, 그는 발칸 국가를 발틱 국가와 혼동해서 실수했다.)

b. My tongue **tripped**.(말이 잘못 나왔다.)

c. I **tripped** on the math problem.(나는 수학 문제에 서 실수했다.)

d. He **tripped** on that difficult math problem.(그는 어 려운 수학 문제에서 실수했다.)

e. It is easy to **trip** up over some of the regulations. (그 규정의 몇몇을 실수로 어기는 것은 쉬운 일이다.)

f. It doesn't **trip** off the tongue.(그것은 잘못 말한 것 이 아니다.)

1.4. 다음 주어는 가볍게 걷는다.

(4) a. She **tripped** happily across the dance floor.(그녀 는 무용실 바닥을 가로질러 행복하게 경쾌한 걸음으 로 걸었다.)

b. She came **tripping** down the garden path.(그녀는 정원의 소로를 경쾌한 걸음으로 걸어왔다.)

c. The children **tripped** happily over the bridge.(아이 들은 다리 위를 행복하게 경쾌한 걸음으로 걸었다.)

2. 타동사 용법

2.1. 다음 주어는 목적어가 걸려서 넘어지게 한다.

(5) a. The loose board **tripped** Mary when she walked past.(헐거운 판자는 메리가 걸어 지날 때 걸려 넘어 지게 했다.)

b. A root **tripped** Timmy in the woods.(나무 뿌리가 그 숲에서 티미를 걸려 넘어지게 했다.)

2.2. 다음 주어는 발을 걸어서 목적어가 넘어지게 한다.

(6) a. The wrestler **tripped** up his opponent.(레슬링 선 수는 상대방의 다리를 걸어 넘어뜨렸다.)

b. He **tripped** up his friend.(그는 친구의 발을 걸어 넘 어뜨렸다.)

c. He stuck out a leg and tried to **trip** me up.(그는 다 리를 밖으로 내밀어서 나를 걸려 넘어뜨렸다.)

2.3. 다음 주어는 목적어가 실수를 하여 비밀을 털어놓 게 한다.

(7) a. The clever lawyer **tripped** the witness up.(꾀많은 변호사는 그 증인을 실수하여 비밀을 털어놓게 했 다.)

b. The police **tripped** up the suspect during questioning.(경찰은 용의자를 심문하는 동안 실수 하여 비밀을 털어놓게 했다.)

c. He was **tripped** up by the artful question.(그는 교 활한 질문에 실수하여 비밀을 털어놓았다.)

2.4. 다음 주어는 목적어를 발로 건드린다.

(8) a. The thief **tripped** the wire and set the alarm ringing.(그 도둑은 선을 발로 건드려서 경보기가 울 리게 했다.)

b. Any intruder will **trip** the alarm.(어떤 침입자든지 경보기를 발로 건드릴 것이다.)

c. I must have **tripped** the switch on.(나는 스위치를 발로 건드려서 켰음에 틀림없다.)

triple

이 동사의 개념 바탕에는 세 배가 되는 과정이 있다.

1. 타동사 용법

1.1. 다음 주어는 목적어를 3배로 한다.

(1) a. The merger **tripled** the number of students in my school.(합병은 우리 학교의 학생 수를 세 배로 늘렸 다.)

b. The firm **tripled** its profits last year.(그 회사는 작 년에 수익을 3배로 늘렸다.)

c. We have **tripled** our output over the past two years.(우리는 생산을 지난 2년에 걸쳐 세 배로 늘 려오고 있다.)

d. If you **triple** four, you get 12.(4를 세 배하면, 12이 다.)

e. If you **triple** ten, you get 30.(10을 세 배하면, 30이 다.)

2. 자동사 용법

2.1. 다음 주어는 세 배가 된다.

(2) a. The workforce **tripled** in size.(노동인구는 규모 면 에서 세 배가 되었다.)

b. His workload **tripled**.(그의 작업량은 세 배가 되었다.)

c. The inflation rate **tripled** last month.(통화팽창은 지난달 세 배가 되었다.)

d. Output should **triple** by next year.(생산은 내년까 지 세 배가 되어야 한다.)

2.2. 다음 주어는 세 명이 한 조가 된다.

(3) a. Due to a lack of space, freshmen have to **triple** up

in the dorm rooms.(공간이 부족하기 때문에, 1학년생은 기숙사방을 세 명이 써야만 한다.)

b. The three boys **tripled up** until another room is available.(세 명의 소년은 다른 방이 날 때까지 세 명이 한 조가 되었다.)

triumph

이 동사의 개념 바탕에는 이기는 과정이 있다.

1. 자동사

1.1. 다음 주어는 이긴다.

(1) France **triumphed** 3-0 in the final.(프랑스는 결승에서 3 대 0으로 이겼다.)

1.2. 다음에서 주어가 이긴 상대가 over의 목적어로 표현되어 있다.

(2) a. He **triumphed over** a disabling disease.(그는 불치병을 이겨냈다.)

b. The lucky patient **triumphed over** cancer.(운 좋은 환자는 암을 이겨냈다.)

c. They **triumphed over** the difficulties.(그들은 어려움을 이겨냈다.)

d. Good will **triumph over** evil.(선은 악을 이길 것이다.)

e. We shall **triumph over** evil in the end.(우리는 결국에는 악을 이겨낼 것이다.)

troop

이 동사의 개념 바탕에는 troop의 명사 '떼,' '무리'가 있다. 동사의 뜻은 이 명사의 성질과 관계가 있다.

1. 자동사 용법

1.1. 다음 주어는 어느 장소에 모여서 떼를 이룬다.

(1) a. The employees **trooped** together **around** the gate.(종업원들은 대문 주위에 모여들었다.)

b. The students **trooped round** the teacher.(학생들은 선생님 주위에 모여들었다.)

1.2. 다음 주어는 떼를 지어서 움직인다.

(2) a. The soldiers **trooped across** the base.(군인들은 기지를 가로질러 떼지어 이동하였다.)

b. The kids came **trooping down** to breakfast.(그 아이들은 아침을 먹으려고 떼를 지어 내려왔다.)

c. We all **trooped into** the meeting.(우리 모두는 그 회의에 떼지어 들어갔다.)

d. The students **trooped into** the classroom.(그 학생은 교실로 떼지어 들어갔다.)

e. The children **trooped through** the park.(그 아이들은 공원으로 떼지어 들어갔다.)

trot

이 동사의 개념 바탕에는 총총걸음으로 걷는 과정이 있다.

1. 자동사 용법

1.1. 다음 주어는 속보로 걷는다.

(1) a. I must be **trotting** off home **along** now.(나는 이제 빨리 집에 돌아가야만 한다.)

b. The guide led the way and we **trotted** along behind him.(안내원은 길을 안내했고 우리는 뒤에서 총총 걸음으로 갔다.)

c. The children **trotted into** the room.(아이들은 방으로 총총 걸음으로 들어갔다.)

d. I'm just **trotting** down to the shop.(나는 방금 가게로 총총 걸음으로 내려 가고 있는 중이다.)

2. 타동사 용법

2.1. 다음 주어는 목적어를 속보로 걷는다.

(2) a. I **trotted** him around.(나는 그를 총총걸음으로 데리고 다녔다.)

b. A bad news **trotted** him **back** home.(나쁜 소식은 그를 집에 속보로 걸어오게 했다.)

c. The jockey **trotted** the horse **toward** the barn.(기수는 말을 헛간 쪽으로 속보로 걷게 했다.)

d. The rider **trotted** his horse for the competition.(기수는 말을 시합을 위해 속보로 걷게 했다.)

2.2. 다음 주어는 목적어를 자랑삼아 내어 보인다.

(3) a. He **trotted out** his favorite plan.(그는 마음에 드는 계획을 내보였다.)

b. He **trotted out** the same old excuses.(그는 똑같은 예전의 변명을 내보였다.)

c. He **trotted out** the show dogs one by one.(그는 쇼 개를 하나 하나씩 내보였다.)

d. The designer **trotted out** his latest designs.(그 디자이너는 자신의 최근 디자인을 내보였다.)

trouble

이 동사의 개념 바탕에는 수고를 끼치는 과정이 있다.

1. 타동사 용법

1.1. 다음 주어는 목적어를 수고롭게 한다.

(1) a. I am sorry to **trouble** you.(폐를 끼쳐 죄송합니다.)

b. May I **trouble** you for a match?(성냥 좀 얻을 수 있을 까요?)

c. May I **trouble** you to pass the salt?(수고스럽지만 소금 좀 건네주시겠어요?)

d. Don't **trouble** yourself to open the door; I can open it myself.(문 열어 주시려고 하지 않으셔도 돼요; 제가 직접 열겠습니다.)

e. May I **trouble** you to shut the door?(수고스럽지만 문 좀 닫아주시겠어요?)

1.2. 다음 주어는 목적어를 괴롭게 한다.

(2) a. The crime **troubled** the mayor.(범죄는 그 시장을 애먹게 했다.)

b. One of my teeth is **troubling** me.(이 가운데 하나가 나를 괴롭히고 있다.)

c. My stomach is **troubling** me.(위는 나를 괴롭히고 있다.)

d. His back **troubled** him greatly.(등은 그를 아주 괴롭히고 있었다.)

e. Uneasiness **troubles** her.(불안은 그녀를 괴롭혔다.)

1.3. 다음은 수동태 문장으로 주어는 괴로움을 받는다.
(3) a. He was troubled about his son. (그는 아들 때문에 괴로움을 겪고 있었다.)
b. Ray has been troubled by a stomach ulcer for months. (레이는 위궤양으로 수개월 동안 괴로움을 겪어 왔다.)
c. I was troubled with a nasty cough. (나는 호된 기침으로 괴로움을 겪었다.)

1.4. 다음 주어는 목적어를 with의 목적어를 가지고 괴롭힌다.
(4) The students troubled the teacher with trivial questions. (그 학생들은 사소한 질문으로 선생님을 괴롭혔다.)

1.5. 다음 주어는 목적어를 어지럽게 한다.
(5) The wind troubled the waters. (바람은 바다에 파도를 일으켰다.)

2. 자동사 용법
2.1. 주어는 귀찮은 수고를 한다.
(6) a. He came into the room, without troubling to knock. (그는 노크를 하는 수고 없이 방으로 들어왔다.)
b. They never troubled to ask me what I would like. (그들은 내가 무엇을 좋아하는지 묻는 수고를 결코 하지 않았다.)
c. He didn't trouble to read his homework. (그는 숙제를 읽는 수고를 하지 않는다.)
d. Don't trouble to meet me at the airport. (수고스럽게 공항까지 마중 나오지 마세요.)

2.2. 다음 주어는 over의 목적어에 대해 걱정한다.
(7) Don't trouble over trifles. (사소한 일에 걱정하지 말아라.)

truncate
이 동사의 개념 바탕에는 자르는 과정이 있다.

1. 타동사 용법
1.1. 다음 주어는 목적어를 자른다.
(1) a. He truncated his essay by deleting a few lines. (그는 수필을 몇 줄을 삭제해서 줄였다.)
b. The speaker truncated his speech not to bore the audience. (그 연사는 연설을 청중을 지겹게 하지 않기 위해서 줄였다.)

1.2. 다음은 수동태 문장으로 주어는 잘린다.
(2) a. Further discussion was truncated by the arrival of tea. (더 이상의 토론은 차가 들어와서 중단되었다.)
b. Television coverage of the match was truncated by a technical fault. (경기의 텔레비전 중계는 기술 결함으로 중단되었다.)

trust
이 동사의 개념 바탕에는 강하게 믿는 과정이 있다.

1. 타동사 용법

1.1. 다음 주어는 목적어를 의지할 수 있거나 사실인 것으로 믿는다.
(1) a. You can't trust the English weather. (당신은 영국의 날씨를 믿을 수 없을 겁니다.)
b. You can trust this salesman. (당신은 이 판매원을 믿을 수 있습니다.)
c. Don't trust the rickety ladder. (흔들거리는 사다리를 의지하지 말아라.)
d. I trust her story. (나는 그녀의 이야기를 믿는다.)

1.2. 다음 주어는 주어를 믿고 for의 목적어를 준다.
(2) a. I trusted the man for a camera. (나는 그 남자를 믿고 카메라를 맡겼다.)
b. The service station could not trust him for the new tires. (그 정비소는 그를 신뢰하여 새 타이어 외상으로 줄 수가 없었다.)
c. The butcher will trust us for the meat. (그를 정육점 주인은 우리에게 고기를 외상으로 줄 것이다.)

1.3. 다음은 수동태 문장으로 주어는 믿어진다.
(3) He is not a man to be trusted. (그는 믿을 만한 사람이 아니다.)

1.4. 다음 주어는 목적어가 어떤 일을 할 것으로 믿는다.
(4) a. You can trust the trains to run on time. (당신은 그 기차를 정시에 올 것으로 믿을 수 있다.)
b. You may trust him to do the job well. (당신은 그가 그 일을 잘 할 것이라고 믿을 수 있다.)
c. Can they be trusted to look after the house? (그들이 집을 돌볼 것이라고 믿을 수 있겠요?)

1.5. 다음 주어는 목적어를 to의 목적어에 믿고 맡긴다.
(5) a. I trust my affairs to my solicitor. (나는 소송 사무를 내 변호사에게 맡긴다.)
b. I trusted the keys to my assistant. (나는 열쇠들을 조수에게 믿고 맡겼다.)

1.6. 다음 주어는 목적어에 with의 목적어를 안전하리라 믿고 준다.
(6) a. I trusted him with my secret. (나는 그를 믿고 비밀을 털어놓았다.)
b. Her mother trusted her with the car. (어머니는 그녀를 믿고 차를 주었다.)
c. Will you trust that kid with a hammer? (당신은 저 아이를 믿고 망치를 줄 겁니까?)
d. Can I trust them with the boat? (나는 그들을 믿고 보트를 줄 수 있을까?)

1.7. 다음 주어는 that-절을 믿는다.
(7) a. I trust that the work will soon be finished. (나는 그 일이 곧 끝날 것이라고 믿는다.)
b. I trust that you are in good health. (나는 당신이 몸 건강하시리라 믿습니다.)
c. I trust that you're joking. (네가 농담하고 있는 것으로 믿겠어.)
d. Everything went all right, I trust. (모든 것이 괜찮았다, 나는 믿는다.)

2. 자동사 용법
2.1. 다음 주어는 어떤 일을 할 수 있으리라 믿는다.
(8) a. I trust to hear better news. (나는 더 좋은 소식을 들

을 것이라 믿는다.)

　　b. I **trust** to be able to join you. (나는 당신에 참여할
　　수 있을 것이라고 믿습니다.)

2.2. 다음 주어는 to의 목적어에 기대거나 맡긴다.

(9) a. He **trusted** to luck instead of studying for the test.
　　(그는 시험에 대비해 공부를 하는 대신 운에 맡겼
　　다.)

　　b. Don't **trust** to chance. (운에 기대를 걸지 말아라.)

　　c. You **trust** to your memory too much. (너는 너무 지
　　나치게 기억에 의존한다.)

2.3. 다음 주어는 in의 목적어를 믿는다.

(10) a. He **trusts** in god. (그는 신을 믿는다.)

　　b. **Trust** in your own good judgment. (너 자신의 좋은
　　판단을 믿어라.)

try

이 동사의 개념 바탕에는 시험삼아 써보는 과정이
있다.

1. 타동사 용법

1.1. 다음 주어는 목적어를 시험삼아 해 본다.

(1) a. You should **try** my new bike. (너는 새 자전거를 시
　　험삼아 타보는 것이 좋겠다.)

　　b. He **tried** each button/every door. (그는 각각의 버
　　튼/모든 문을 열어보았다.)

　　c. He **tried** a new recipe. (그는 새 요리법을 시험삼아
　　해보았다.)

　　d. He **tried** the brake. (그는 브레이크를 점검했다.)

1.2. 다음 주어는 목적어를 시험삼아 먹어본다.

(2) a. You must **try** the home-made pie. (당신은 집에서
　　만든 파이를 시험삼아 먹어보세요.)

　　b. Let's **try** the pasta dish. (파스타 요리를 먹어 보는
　　게 어때.)

　　c. **Try** some aspirin. (아스피린을 먹어봐.)

1.3. 다음 주어는 목적어를 시험한다.

(3) a. The constant noise **tries** my nerves/temper. (끊임
　　이 없는 소음은 내 신경/성미를 시험한다.)

　　b. Don't **try** your eyes with that small print. (너의 눈
　　을 그러한 작은 활자로 혹사하지 말아라.)

　　c. Your nonsense is **trying** my patience. (너의 허튼
　　말은 내 인내심을 시험하고 있다.)

　　d. The task **tried** his strength. (그 과제는 그의 힘을
　　시험했다.)

1.4. 다음은 수동태 문장으로 주어는 시험된다.

(4) My patience was severely **tried**. (내 인내심은 심하
　　게 시험되고 있었다.)

1.5. 다음 주어는 목적어를 시험 대상으로 한다.

(5) a. He **tried** her for the job. (그는 그녀를 그 일에 시험
　　삼아 고용했다.)

　　b. She is **trying** the baby on solid foods. (그녀는 아기
　　에게 고형식 음식을 시험삼아 먹어보고 있다.)

1.6. 다음 주어는 목적어의 옳고 그름을 가리기 위해서 심문한다.

(6) a. They **tried** the accused for his life. (그들은 피고인
　　을 사형죄로 심문했다.)

　　b. They **tried** him for murder/theft. (그들은 그를 살인
　　죄/절도죄로 심문했다.)

1.7. 다음 주어는 목적어를 심판한다.

(7) a. They **tried** the dispute in a duel. (그들은 논쟁을 결
　　투로 결말을 지었다.)

　　b. The Supreme court **tried** the conspiracy case. (대
　　법원은 공모 소송을 재판했다.)

　　c. Which judge will **try** the case? (어느 판사가 그 소
　　송을 재판하게 될 것인가?)

1.8. 다음은 수동태 문장으로 주어는 재판을 받는다.

(8) a. He was **tried** and found guilty. (그는 재판에 회부되
　　어 유죄가 판명되었다.)

　　b. He was **tried** for murder. (그는 살인죄로 재판을 받
　　았다.)

　　c. The case will be **tried** tomorrow. (그 소송은 내일
　　재판되어 질 것이다.)

1.9. 다음 주어는 목적어를 시험삼아 입어본다.

(9) a. **Try** this coat on. (이 코트를 입어봐라.)

　　b. He **tried** on the pants in the fitting room. (그는 바
　　지를 가봉실에서 입어보았다.)

1.10. 다음 주어는 목적어를 시험하여 성능을 파악한다.

(10) a. He **tried** out a bike and bought it. (그는 자전거를 시
　　험해 보고 샀다.)

　　b. She **tried** out her new shoes. (그녀는 새 신발을 신
　　어서 시험하여 보았다.)

1.11. 다음 주어는 목적어를 뺀다.

(11) a. She **tried** out chicken fat. (그녀는 닭의 기름을 짜냈
　　다.)

　　b. They **tried** out the oil right after the whale was
　　killed. (그들은 고래가 죽여진 직후에 그 기름을 짜
　　내었다.)

1.12. 다음 주어는 경쟁 시험을 받는다.

(12) a I want to **try** out for the basketball team. (나는 농구
　　팀에 들어가기 위해 경쟁 시험을 받아보고 싶다.)

　　b. Are you going to **try** out for the basketball team?
　　(너는 농구팀에 들어가기 위해 경쟁 시험을 받아볼
　　예정이냐?)

　　c. She **tried** out for the play. (그녀는 연극에 출연하기
　　위해서 경쟁 시험을 받았다.)

1.13. 다음 주어는 목적어를 대패로 마무리한다.

(13) He **tried** up the desk. (그는 대패로 책상을 마무리했
　　다.)

1.14. 주어가 시험해보는 사실이 의문사가 이끄는 절로 표현되어 있다.

(14) a. **Try** how far you can throw the ball. (얼마나 멀리
　　공을 던질 수 있는지 시험해 봐라.)

　　b. **Try** whether you can jump over the ditch. (도랑을
　　뛰어 건널 수 있을지 시험해 봐라.)

2. 자동사 용법

2.1. 다음 주어는 부정사가 가리키는 일을 해보려 한다.

(15) a. She **tried** to run, but her feet hurt. (그녀는 뛰어보
　　려 했지만, 발이 아팠다.)

　　b. She **tried** to cry out for help. (그녀는 도움을 청하
　　려 소리를 질러 보려고 했다.)

2.2. 다음 주어는 동명사가 가리키는 일을 해본다.

(16) a. He **tried** opening the door.(그는 문을 열어보려고
　　 했다.)
　 b. He **tried** writing out his views.(그는 견해를 써 내
　　 보려고 했다.)
2.3. 다음 주어는 for의 목적어를 얻기 위해 노력한다.
(17) a. He **tried** for scholarship.(그는 장학금을 타기 위해
　　 노력했다.)
　 b. He **tried** for a position in the government.(그는 정
　　 부에 일자리를 얻기 위해 노력했다.)

tug

이 동사의 개념 바탕에는 힘들게 당기는 과정이 있다.

1. 타동사 용법
1.1. 다음 주어는 목적어를 당긴다.
(1) a. He **tugged** his beard while he thought over it.(그는
　　 그것을 생각하는 동안에 수염을 잡아당겼다.)
　 b. He **tugged** the door open.(그는 문을 잡아당겨 열
　　 었다.)
1.2. 다음 주어는 목적어를 당겨서 움직인다.
(2) a. I **tugged** the chair across the room.(나는 의자를
　　 방을 가로질러 끌었다.)
　 b. He **tugged** the suitcase along.(그는 옷가방을 끌고
　　 갔다.)
　 c. He tried to **tug** my hand away.(그는 내 손을 뿌리
　　 치려고 했다.)
　 d. He **tugged** the hat down over his head.(그는 모자
　　 를 머리에서 끌어내렸다.)
　 e. She **tugged** the story in.(그녀는 그 이야기를 끌어
　　 들였다.)
　 f. He **tugged** the suitcase into the room.(그는 여행가
　　 방을 방 안으로 힘껏 끌어들였다.)
　 g. They **tugged** the ship out into the harbor.(그들은
　　 배를 예인선으로 항구 안으로 끌었다.)
　 h. I managed to **tug** my dog home.(나는 가까스로 개
　　 를 집으로 끌고 왔다.)
　 i. We **tugged** the boat out of water.(우리는 배를 물에
　　 서 끌어냈다.)
　 j. He **tugged** the trunk out of the closet.(그는 트렁크
　　 를 옷장에서 끌어냈다.)
　 k. He **tugged** the car out of the mud.(그는 차를 진흙
　　 탕에서 끄집어냈다.)

2. 자동사 용법
2.1. 다음 주어는 at의 목적어를 당기려고 한다.
(3) a. The dog **tugged** at the chain/the rope.(그 개는 사
　　 슬/밧줄을 힘껏 물어 당기려고 했다.)
　 b. The child **tugged** at the mother's skirt.(그 아이는
　　 어머니의 치마를 힘껏 당기려고 했다.)
　 c. I **tugged** at the door, but it was locked/it didn't
　　 open.(나는 문을 힘껏 당기려고 했으나, 그 문은 잠
　　 겨있었다/열리지 않았다.)
　 d. He **tugged** at the metal handle and it came off.(그
　　 가 금속 손잡이를 힘껏 잡아당기려고 했으나 그것은
　　 빠져버렸다.)

　 e. She **tugged** at the bed clothing.(그녀는 침대 덮개
　　 를 힘껏 당기려고 했다.)
　 f. The kitten **tugged** at my shoelace.(새끼 고양이는
　　 내 구두끈을 힘껏 물어 당기려고 했다.)
　 g. The farmer **tugged** on the horse's bridle to get it
　　 to move.(농부는 말을 움직이려고 고삐를 힘껏 잡
　　 아당겨 보려고 했다.)
　 h. The dog **tugged** on the leg of my pants.(그 개는
　　 내 바지 자락을 물고 잡아당기려고 했다.)
2.2. 다음 주어는 무엇을 당기듯 힘을 쓴다.
(4) a. I've been **tugging** to buy the house.(나는 그 집을
　　 사기 위해서 분투해왔다.)
　 b. I kept **tugging** until the boat came off.(나는 보트가
　　 다가올 때까지 분투했다.)
2.3. 다음 주어는 무엇을 당긴다.
(5) Don't **tug** so hard; it will break.(그렇게 세게 잡아당
　　 기지 말아라; 부러지겠다.)

tumble

이 동사의 개념 바탕에는 넘어져서 뒹구는 과정이
있다.

1. 자동사 용법
1.1. 다음 주어는 뒹군다.
(1) a. At school, we **tumbled** today in the gym.(오늘 학
　　 교 체육관에서 뒹굴었다.)
　 b. The children **tumbled** in the hay/in their sleep.(그
　　 아이들은 건초더미에서 뒹굴었다/잠을 자면서 뒤척
　　 거렸다.)
　 c. He is tossing and **tumbling** from pain.(그는 고통으
　　 로 뒤치락거리며 뒹굴고 있다.)
　 d. The sick child **tumbled** restlessly in the bed.(그
　　 아픈 아이는 침대에서 불안하게 몸을 계속 뒤척였
　　 다.)
　 e. The puppies **tumbled** about on the floor.(그 강아
　　 지들은 마루에서 여기저기서 뒹굴었다.)
1.2. 다음 주어는 개체로서 뒤엉킨다.
(2) a. The clothes **tumbled** in the dryer.(그 옷은 건조기
　　 속에서 뒹굴었다.)
　 b. Long blonde hair **tumbled** about her face.(긴 금발
　　 은 그녀의 얼굴 주위에 흐트러졌다.)
　 c. Thoughts **tumbled** in her brain.(생각이 그의 머리
　　 속에서 뒤범벅되었다.)
1.3. 다음 주어는 무너진다.
(3) a. World records **tumbled** at the last Olympics.(세계
　　 기록이 지난 올림픽에서 무너졌다.)
　 b. House prices/share prices **tumbled** by 30%.(집 값
　　 /주가가 30퍼센트 무너져 내렸다.)
1.4. 다음 주어는 뒹굴듯 원래의 자리에서 벗어난다.
(4) a. Words **tumbled** from her lips.(말이 그녀의 입술에
　　 서 떨어져 나왔다.)
　 b. He **tumbled** off/from a horse.(그는 말에서 굴러 떨
　　 어졌다.)
　 c. The box suddenly **tumbled** off the top of the
　　 wardrobe.(그 상자는 갑자기 옷장의 꼭대기에서 굴

러 떨어졌다.)

d. The children **tumbled off** the bus into the park. (그 아이들은 버스에서 우루루 뛰어나와 공원으로 내달았다.)

e. He **tumbled off** a ladder/a bicycle. (그는 사다리에서/자전거에서 떨어졌다.)

f. The excited children **tumbled out of** school. (흥분한 아이들은 학교에서 우루루 나왔다.)

g. He **tumbled out of** the bed. (그는 침대에서 허둥지둥 나왔다.)

1.5. 다음 주어는 구르면서 이동한다.

(5) a. The rock/the car **tumbled down** the slope. (바위/차는 경사면 아래로 굴러 떨어졌다.)

b. The water **tumbled down** the waterfall. (물은 폭포 아래로 굴러 떨어졌다.)

c. The child **tumbled down** the stairs. (그 아이는 계단 아래로 굴러 떨어졌다.)

1.6. 다음 주어는 무너진다.

(6) a. The old building **tumbled down** to pieces. (낡은 빌딩은 무너져서 산산조각이 되었다.)

b. The wall may **tumble down** in a stiff wind. (벽은 거센 바람에 무너져 내릴지 모른다.)

c. The old house **tumbled down**. (낡은 집은 무너져 내렸다.)

d. If the foundations are flawed, the house will come **tumbling down**. (만일 하부 구조에 흠이 있으면 그 집은 무너져 내릴 것이다.)

e. Thick golden locks **tumbled down over** her shoulders. (짙은 금발 머리가 그녀의 어깨 너머로 떨어졌다.)

1.7. 다음 주어는 뒹굴듯 굴러가거나 넘어진다.

(7) a. She came **tumbling along**. (그녀는 굴러가듯 달려왔다.)

b. He **tumbled from** power. (그는 권력의 자리에서 굴러 떨어졌다.)

c. He **tumbled over** the roots of a tree. (그는 나무의 뿌리에 걸려 굴러 넘어졌다.)

d. Children **tumbled over** each other. (아이들은 서로에게 걸려 넘어졌다.)

e. Waterfalls crash and **tumble over** rocks. (폭포가 큰 소리를 내어 부딪치며 바위 너머로 굴러 떨어진다.)

f. I **tumbled over** the cat. (나는 고양이 위에 굴러 넘어졌다.)

g. The baby just learning to walk is always **tumbling over**. (막 걸음마를 배운 아기는 항상 걸려 넘어지고 있다.)

h. She **tumbled over** and hit her head in the concrete. (그녀는 굴러 넘어지면서 콘크리트에 머리를 부딪쳤다.)

i. The man **tumbled over** backwards. (그 남자는 뒤로 굴러 넘어졌다.)

j. She tripped over a stone and **tumbled to** the ground. (그녀는 돌에 걸려 넘어져서 땅에 굴러 떨어졌다.)

1.8. 다음에서 목적지를 나타내는 전치사 into가 쓰여

서 tumble은 이동 동사가 된다.

(8) a. The car skidded and **tumbled into** a ditch. (그 차는 미끄러지며 도랑에 굴러 곤두박질쳤다.)

b. I threw my clothes off and **tumbled into** bed. (나는 옷을 벗어 던지고 구르다시피 침대로 들어갔다.)

c. I tripped on my shoelace and **tumbled into** a bush. (나는 신발 끈에 걸려서 덤불 속으로 굴러 넘어졌다.)

d. The toddler **tumbled onto** the floor. (아장아장 걷는 아기는 마루에 굴러 넘어졌다.)

1.9. 다음 전치사 into의 목적어는 추상적인 상태이다.

(9) a. They **tumbled into** love/war. (그들은 사랑/전쟁에 굴러들었다.)

b. The castle is **tumbling into** ruin. (그 성은 무너져서 붕괴되고 있다.)

c. Many mothers and children **tumble into** poverty after divorce. (많은 어머니와 아이들은 이혼 후 가난에 굴러 떨어진다.)

1.10. 다음 주어는 on의 목적어를 우연히 접하게(찾게) 된다.

(10) a. We **tumbled upon** a first-rate restaurant. (우리는 우연히 최고급 레스토랑을 마주치게 되었다.)

b. It was a long time before she **tumbled to** what I meant. (그녀가 내가 의미하는 바를 알아차리기까지는 오랜 시간이 걸렸다.)

1.11. 다음 주어는 전치사 to의 목적어를 우연히 알게 된다.

(11) a. Suddenly I **tumbled to** his tricks. (갑자기 나는 그의 속임수를 알아차렸다.)

b. We happened to **tumble to** the game. (우리는 꿍꿍이를 알아채게 되었다.)

c. It took her a while to **tumble to** what her children were doing in the garden. (그녀의 아이들은 정원에서 무엇을 하고 있는지 파악하기까지는 시간이 걸렸다.)

d. I **tumbled to** what she was doing. (나는 그녀가 무엇을 하고 있는지 알아챘다.)

e. He has been deceiving her many years, but she has not **tumbled to** it. (그는 그녀를 수년간 속여오고 있었으나, 그녀는 그것을 알아차리지 못하고 있었다.)

2. 타동사 용법

2.1. 다음 주어는 목적어를 헝클어뜨린다.

(12) a. The baby **tumbled** my hair. (그 아기는 내 머리를 엉망으로 흩뜨려 놓았다.)

b. He **tumbled** the bed. (그는 침대를 흩뜨려 놓았다.)

c. The wrestler **tumbled** the opponent. (그 레슬링 선수는 상대편을 넘어뜨렸다.)

d. Mary types of electric dryers **tumble** the clothes as they dry. (많은 종류의 전기 건조기는 옷을 말릴 때 굴린다.)

2.2. 다음 주어는 목적어를 넘어뜨린다.

(13) a. They **tumbled** the tower with a single cannon shot. (그들은 그 탑을 단 한 방의 대포로 무너뜨렸다.)

b. The earthquake **tumbled** the bridge.(그 지진은 그 다리를 무너뜨렸다.)

2.3. 다음 주어는 목적어를 어떤 그릇에서 아무렇게나 나오게 한다.

(14) a. The accident **tumbled** them all **out of** the bus.(그 사고는 그들을 버스 밖으로 굴러 떨어져 나가게 했다.)

b. All the passengers were **tumbled out of** the car.(모든 승객들은 차 밖으로 굴러 떨어졌다.)

c. The workers **tumbled** logs **out of** a truck.(일꾼들은 통나무들을 트럭 밖으로 굴렸다.)

d. The revolutionaries **tumbled** the dictator **from** power.(혁명가들은 그 독재자를 권좌에서 떨어지게 했다.)

2.4. 다음 주어는 목적어를 굴러가게 하거나 넘어지게 한다.

(15) a. She **tumbled** the boxes **down** the stairs.(그녀는 상자들을 계단 아래로 굴렸다.)

b. The army **tumbled down** rocks on top of the invaders.(군대는 돌을 침략자의 머리 위로 굴렸다.)

c. He **tumbled** me **over** backwards.(그는 나를 뒤로 넘어뜨렸다.)

d. The shacks were **tumbled over** by the gale.(그 판자 집은 강풍으로 인해 무너졌다.)

2.5. 다음 주어는 목적어를 어디에 마구 던져 놓거나 넣는다.

(16) a. She **tumbled** the contents of her purse out **onto** the table.(그녀는 지갑 속의 모든 것을 탁자 위에 쏟아 놓았다.)

b. He **tumbled** his clothes helter−skelter **into** his suitcase.(그는 옷을 여행가방 속에 마구 쑤셔 넣었다.)

c. He **tumbled** the papers back **into** the drawer.(그는 서류들을 다시 서랍 속에 마구 쑤셔 넣었다.)

d. He **tumbled** clothes **into** a box.(그는 옷을 상자 속에 쑤셔 넣었다.)

tune

이 동사의 개념 바탕에는 tune의 명사 '음계'가 깔려 있다. 음계와 같이 연속 변차를 이루는 것을 따라 무엇을 조정하는 것이 동사 tune의 과정이다.

1. 타동사 용법

1.1. 다음 주어는 목적어를 조정하다. up은 최상의 상태를 나타낸다.

(1) a. She **tuned** (up) her violin before the concert.(그녀는 바이올린을 콘서트 전에 조율했다.)

b. Someone's coming tomorrow to **tune** the piano.(어떤 사람이 피아노를 조율하기 위해서 내일 올 것이다.)

c. Others were quietly **tuning up** their instruments.(다른 사람들은 조용히 악기를 조율하고 있었다.)

d. Get into the habit of **tuning** your guitar everyday before you practice.(연습하기 전에 매일 너의 기타를 조율하는 습관을 들여라.)

e. I **tuned** the television so that the picture was clearer.(나는 그 화면이 더 선명하게 되도록 텔레비전을 조정했다.)

1.2. 다음 주어는 목적어 (TV, 라디오)의 파장을 조정하여 특정한 개체에 맞춘다.

(2) a. He **tuned** the TV set **to** a local channel.(그는 그 TV를 지역 방송 채널에 맞췄다.)

b. The place **tuned** me **to** a solemn mood.(그 곳은 나를 엄숙한 기분에 들게 했다.)

c. They **tuned** a radio set **to** a short wave/to their favorite station.(그들은 라디오를 단파에/가장 좋아하는 방송에 맞췄다.)

d. Press this button and the video will automatically **tune** itself **to** the next channel.(이 버튼을 누르면 그 비디오는 자동으로 다음 채널에 맞춰질 것이다.)

e. Keep your dial **tuned to** CNN.(다이얼을 계속 CNN에 맞춰 놓아라.)

f. He **tuned** the radio **in**.(그는 라디오의 파장을 맞췄다.)

g. **Tune** in your favorite station.(네가 좋아하는 방송에 주파수를 맞춰라.)

1.3. 다음 주어는 목적어를 조정한다. 악기뿐만 아니라 기계 같은 것도 조정하여 좋은 상태로 만들 수 있다.

(3) a. He **tuned** (up) the engine.(그는 엔진을 조율했다.)

b. The car needed **tuning**.(차는 조율이 필요했다.)

1.4. 다음에 쓰인 out은 들리는 상태에서 안 들리는 상태로 바뀜을 나타낸다. 주어는 목적어를 안 들리는 상태로 만든다.

(4) a. He **tuned out** her parents.(그는 그녀의 부모님 말씀을 한 귀로 흘려들었다.)

b. I learned to **tune out** the background noise.(나는 잡음을 제거하는 법을 배웠다.)

c. He complains all the time, so I **tune** his comments **out**.(그는 항상 불평을 늘어놓아서, 나는 그의 말을 듣지 않는다.)

d. Rose heard the familiar voice, but **tuned out** the words.(로즈는 낯익은 목소리를 들었지만, 그 말을 듣지 않았다.)

2. 자동사 용법

2.1. 다음의 주어는 to의 목적어를 들을 수 있는 가청 영역에 들어간다(in).

(5) a. He **tuned in** to the weather report.(그는 일기 예보에 주파수를 맞췄다.)

b. Sixty million people **tuned in** to watch the Royal Wedding.(6천만 명의 사람들이 왕실의 결혼식에 채널을 맞췄다.)

c. Will you please **tune in** to a music program?(음악 프로에 채널을 맞춰주시겠어요?)

d. You can **tune into** Kelly Daniels every Sunday on GMP.(당신은 켈리 다니엘즈의 매주 일요일 GMP의 채널에 맞출 수 있습니다.)

e. I **tuned in** on a basketball game.(나는 농구경기에 채널을 맞췄다.)

2.2. 다음의 주어는 to의 목적어를 의식하는 영역에 들

어가 있다(in).

(6) To get on well with others, you must keep **tuned in** to their feelings.(다른 사람들과 잘 지내려면 그들의 감정에 잘 맞춰줘야 한다.)

2.3. 다음은 수동태 문장으로 주어는 전치사 to의 목적어에 조절되어 있다.

(7) a. She doesn't seem very **tuned in to** those new developments.(그녀는 그러한 새로운 개발에 그다지 관심있어 보이지 않는다.)

b. Her speech was **tuned to** what the audience wanted to hear.(그녀의 연설은 청중이 듣고 싶어하는 것에 초점이 맞춰졌다.)

c. The radio is **tuned in to** CNN.(그 라디오는 CNN에 맞춰져 있다.)

2.4. 다음 주어는 청각기관을 조정하여 듣지 않는다(out).

(8) a. When she started to talk about her job, he **tuned out**.(그녀가 자신의 일에 대해 말하기 시작하자, 그는 듣지 않았다.)

b. When her parents begin to talk about her school, she just **tunes out**.(부모님이 학교 얘기를 꺼내기 시작하면, 그녀는 그냥 듣지 않는다.)

c. She **tuned out** after I said no extra money was involved.(내가 더 이상의 돈이 관련되지 않았다고 하자 그녀는 듣지 않았다.)

2.5. 다음 주어는 조율한다.

(9) The concert master signalled the orchestra to **tune up**.(수석 바이올리니스트가 오케스트라에 악기를 조율하라는 신호를 보냈다.)

2.6. 다음 주어는 채널을 맞춘다(for).

(10) He **tuned for** the latest news.(그는 최신 뉴스에 채널을 맞췄다.)

turn

이 동사의 개념 바탕에는 돌리는 과정이 있다.

1. 타동사 용법

1.1. 다음 주어는 목적어를 돌린다.

(1) a. He **turned** the wheel.(그는 바퀴를 돌렸다.)

b. I **turned** the key in the lock.(나는 열쇠를 자물쇠에 넣고 돌렸다.)

c. She **turned** the knob of the door.(그녀는 문의 손잡이를 돌렸다.)

d. She **turned** the hands of the clock until they pointed to 9 o'clock.(그녀는 시계 바늘을 9시를 가리킬 때까지 돌렸다.)

e. He was idly **turning** the pages of a book.(그는 할 일 없이 책의 페이지를 넘기고 있었다.)

1.2. 다음 주어는 목적어를 돌린다. 목적어는 신체부위이다.

(2) a. He **turned** his back to the wall.(그는 등을 벽 쪽으로 돌렸다.)

b. He **turned** his ankle when he fell.(그는 떨어질 때 발을 삐었다.)

c. He **turned** his head and looked back.(그는 머리를 돌려서 뒤로 보았다.)

1.3. 다음 주어는 목적어를 뒤집는다.

(3) a. **Turn** the bag inside out.(그 자루를 뒤집어라.)

b. They **turned** the table upside down.(그들은 탁자를 뒤집어 놓았다.)

1.4. 다음 주어는 목적어의 방향을 돌린다.

(4) a. They **turned** the advancing rioters by firing over their head.(그들은 머리 위로 총을 쏘아서 폭도들의 진로를 되돌렸다.)

b. I **turned** the car in a narrow street.(나는 차를 좁은 길에서 돌렸다.)

1.5. 다음은 [생각, 마음, 대화 등은 움직이는 개체] 은유가 적용된 표현이다. 주어는 목적어의 방향을 돌린다.

(5) a. She skillfully **turned** the conversation **away** from the unpleasant subject. (그녀는 대화를 불쾌한 화제로부터 재치있게 돌렸다.)

b. He **turned** his thought **to** home.(그는 자신의 생각을 집으로 돌렸다.)

c. She wouldn't **turn** her attention **to** what I said.(그녀는 내가 말한 것에 주의를 돌리려고 하지 않았다.)

d. He **turned** his mind **to** practical matters.(그는 자신의 마음을 실제적인 문제에 돌렸다.)

1.6. 다음 주어는 목적어를 돈다.

(6) a. He **turned** a street corner.(그는 길 모퉁이를 돌았다.)

b. The procession **turned** the corner.(그 행렬은 모퉁이를 돌았다.)

1.7. 다음 주어는 돌아서 목적어를 그린다.

(7) a. He **turned** a neat circle on the ice.(그는 얼음 위에서 보기 좋은 원을 그렸다.)

b. He **turned** a somersault.(그는 공중제비를 돌았다.)

1.8. 다음 주어는 목적어를 돌게 한다.

(8) a. All the praise the young actress received **turned** her head.(젊은 여배우가 받은 모든 칭찬은 그녀의 머리를 돌게 했다.)

b. Success **turned** his head.(성공이 그의 머리를 돌게 했다.)

c. Overwork **turned** his brain.(과로가 그의 머리를 돌게 했다.)

1.9. 다음 주어는 목적어를 상하게 한다. [상태 변화는 장소 이동] 은유가 적용된 표현이다.

(9) a. Hot weather **turns** meat.(더운 날씨는 고기를 상하게 한다.)

b. The hot weather **turned** the milk.(무더운 날씨는 우유를 변질시켰다.)

c. The shortening of daylight **turned** the leaves.(그 일조량의 감소는 잎들을 변하게 했다.)

d. Violence **turned** his stomach.(폭력은 그의 속을 뒤집는다.)

1.10. 다음은 주어는 목적어를 전치사 into의 상태로 바꾼다. [상태 변화는 장소 이동] 은유가 적용된 표현이다.

(10) a. Heat **turns** water **into** vapor.(열은 물을 증기로 바꾼다.)

b. She **turned** her old dress **into** a shirt.(그녀는 낡은 드레스를 셔츠로 바꿨다.)

c. She **turned** her tears **into** a smile.(그녀는 눈물을

미소로 바꾸었다.)

d. I can turn this sentence into English.(나는 이 문장
을 영어로 바꿀 수 있다.)

1.11. 다음 주어는 목적어를 변화시켜 상태를 바꾼다.

(11) a. The very thought turns me pale.(그 생각만도 나
를 창백하게 한다.)

b. His behavior turns me sick.(그의 행동은 나를 구역
질나게 한다.)

c. The heat will turn the grass green.(그 열은 그 잔
디를 푸르게 만들 것이다.)

d. Anxiety turned his hair white.(근심이 그의 머리를
희게 했다.)

2. 자동사 용법

2.1. 다음 주어는 방향을 바꾼다.

(12) a. She turned when I called her.(그녀는 내가 불렀을
때 돌아섰다.)

b. The man turned to the left.(그 남자는 왼쪽으로 돌
았다.)

c. My brother turned and tossed all night.(내 동생은
밤새 이리저리 뒤척였다.)

d. Turn right at the next light.(다음 신호등에서 오른
쪽으로 돌아라.)

e. She turned on her heel, and walked out.(그녀는
뒷축을 딛고 갑작스럽게 돌아서서 나갔다.)

2.2. 다음 주어는 돈다.

(13) a. The earth turns round from west to east.(지구는
서쪽에서 동쪽으로 돈다.)

b. The wheel turned slowly.(그 바퀴는 천천히 돌았
다.)

c. The page won't turn. It seems stuck.(그 페이지는
넘어가지 않는다. 붙은 것 같다.)

d. The tap turns easily.(그 수도꼭지는 쉽게 틀린다.)

e. The car turned to the right, and stopped.(그 차는
오른쪽으로 돌아서서 멈추었다.)

2.3. 다음 주어는 방향을 바꾼다.

(14) a. His gaze turned away from the door.(그의 응시는
그 문에서 옮겨졌다.)

b. His attention turned to the pretty young lady.(그
의 주의는 예쁜 젊은 여인에게 옮겨졌다.)

c. His mind turned to his children.(그의 마음은 아이
들에게 갔다.)

2.4. 다음 주어는 변화되어 into의 목적어 상태가 된다.

(15) a. Tadpoles turn into frogs.(올챙이는 개구리가 된
다.)

b. Caterpillars turn into butterflies.(유충은 나비로 변
한다.)

c. The neighborhood turned into a slum.(그 이웃은
빈민가로 변했다.)

2.5. 다음 주어는 전치사 to의 목적어로 바뀐다.

(16) a. Their joy turned to disappointment.(그들의 기쁨
은 실망이 되었다.)

b. Her love turned to hatred.(그녀의 사랑은 미움으
로 바뀌었다.)

2.6. 다음 주어는 상태가 바뀐다.

(17) a. My hair turned grey.(내 머리는 회색이 되었다.)

b. The leaves have turned red.(잎들은 빨갛게 되었
다.)

c. The weather has turned fine.(날씨는 좋아졌다.)

d. The condition turned far worse.(상태는 악화되었
다.)

e. The clothes all turned pink in the wash.(그 옷은
모두 세탁 중에 핑크색이 되었다.)

2.7. 다음에는 변화된 상태가 명사로 표현되어 있다.

(18) a. He has turned traitor/thief.(그는 반역자/도둑이 되
었다.)

b. She turned linguist/Christian.(그는 언어학자/기독
교인이 되었다.)

2.8. 다음 주어는 목적어를 만든다. 변화된 상태는 수치로도 표현된다.

(19) a. He turned 50 last week.(그는 지난 주에 50세가 되
었다.)

b. What time is it? It has just turned 2.(몇 시요? 막 2
시가 되었다.)

2.9. 다음 주어는 움직이지 않는다. 그러나 화자가 그 형상을 시선으로 따라가면 방향이 바뀐다.

(20) a. The road finally widened, and turned into a
courtyard.(그 길은 마침내 넓어져서 정원으로 들어
간다.)

b. The river turns west, and flows out of the valley.
(그 강은 서쪽으로 틀어서 계곡을 벗어난다.)

c. The river turns to the right as you leave the
village.(그 강은 여러분이 마을을 떠나면 오른 쪽으
로 돈다.)

twinkle

이 동사의 개념 바탕에는 반짝이는 과정이 있다.

1. 자동사 용법

1. 다음 주어는 반짝거린다.

(1) a. The stars are twinkling in the sky.(별들은 하늘에
서 반짝반짝 빛나고 있다.)

b. The lights of the town twinkled below us.(그 시내
의 불빛은 우리 아래에서 반짝거렸다.)

c. Her eyes twinkled with amusement/excitement/
laughter/merriment.(그녀의 눈은 즐거움/흥분/웃
음/명랑함으로 반짝거렸다.)

d. The cat's eyes twinkled in the moonlight.(그 고양
이의 눈은 달빛 속에서 반짝였다.)

twist

이 동사의 개념 바탕에는 꼬는 과정이 있다.

1. 타동사 용법

1.1. 다음 주어는 목적어를 꼬아서 into의 목적어의 상태로 만든다.

(1) a. She twisted her long hair into a knot/a roll.(그녀는
긴 머리를 땋아서 매듭/두루마리로 만들었다.)

b. He twisted flowers into a wreath.(그는 꽃들을 엮
어서 화환으로 만들었다.)

c. He twisted wool fibers into yarn.(그는 양모섬유를 꼬아서 뜨개실로 만들었다.)

d. After reading the letter, she twisted it up into a ball. (편지를 읽은 후에, 그녀는 그것을 구겨서 공처럼 둥글게 만들었다.)

e. The child twisted the wire into a shape of a star/a loop.(그 아이는 철사를 꼬아서 별 모양/고리 모양을 만들었다.)

f. It's difficult to twist straw into a rope.(짚을 꼬아서 밧줄을 만드는 것은 어려운 일이다.)

g. They twisted the sheets into a rope and escaped by climbing down it.(그들은 홑이불을 꼬아서 밧줄을 만들고 그것을 타고 내려가 탈출했다.)

h. She twisted the wire into a form of a star.(그녀는 철사를 꼬아서 별 모양을 만들었다.)

1.2. 다음 주어는 목적어를 비튼다.

(2) a. One wrestler twisted his opponents's arm into an armlock.(한 레슬러가 상대의 팔을 꼬아서 팔 조르기 모양으로 만들었다.)

b. The boss twisted the employee's arm into taking a new job by threatening to fire.(사장은 그 직원의 팔을 비틀어서 해고시키겠다는 위협으로 새 일을 맡게 했다.)

c. She twisted her hair in ringlets around her finger. (그녀는 머리를 손가락 주변에 꼬아서 고수머리를 만들었다.)

1.3. 다음은 수동태 문장으로 주어는 꼬인다.

(3) Her hair was twisted into a bun.(그녀의 머리는 둥근 빵 모양으로 꼬였다.)

1.4. 다음 주어는 목적어를 around의 목적어에 감는다.

(4) a. He twisted a cord around the package.(그는 노끈을 짐 꾸러미에 감았다.)

b. She twisted a scarf around her neck.(그녀는 스카프를 목에 둘렀다.)

c. She twisted her hair round her fingers to make it curl.(그녀는 머리를 손가락에 감아 고수머리로 만들었다.)

d. He twisted wreaths around a column.(그는 화환을 기둥에 감았다.)

e. He twisted a cord round the stick.(그는 노끈을 막대기에 감았다.)

1.5. 다음 주어는 목적어를 꼬아서 만든다.

(5) a. She twisted a French braid in her hair.(그녀는 프랑스식 딴 머리를 머리에 감았다.)

b. He twisted a length of rope.(그는 한 발의 밧줄을 꼬았다.)

c. They made a rope by twisting threads.(그들은 실을 꼬아서 밧줄을 만들었다.)

d. They twist a string out of hemp.(그들은 실을 삼을 꼬아서 만든다.)

e. She twisted a ribbon in her hair.(그녀는 머리에 리본을 감았다.)

1.6. 다음은 수동태 문장으로 주어는 꼬여서 만들어진다.

(6) a. The rope is twisted from many threads.(밧줄은 많은 실을 꼬아서 만들어진다.)

b. The cord is twisted from several kinds of fiber.(노

끈은 여러 종류의 섬유를 꼬아서 만들어진다.)

c. Dough is twisted to make a pretzel.(밀반죽은 프레첼을 만들기 위해서 꼬여진다.)

d. His face is twisted with pain.(그의 얼굴은 고통으로 일그러진다.)

1.7. 다음 주어는 목적어를 꼰다.

(7) a. He twisted three strands together. (그는 세 가닥의 끈을 함께 꼬았다.)

b. He twisted the wires together at the end.(그는 철사들을 끝에 한데 꼬았다.)

c. She twisted her sister's hair together to make a braid.(그녀는 언니의 머리를 한 데 꼬아서 딴 머리를 만들었다.)

d. I twisted two pieces of thread on a needle to saw a hole in my coat.(나는 두 가닥의 실을 바늘에 끼워서 코트에 구멍을 기웠다.)

1.8. 다음 주어는 목적어를 찡그린다.

(8) a. The child twisted his face with pain.(그 아이는 얼굴을 고통으로 찌푸렸다.)

b. Pain twisted his face.(고통이 그의 얼굴을 일그러뜨렸다.)

c. She twisted her mouth into a cynical smile.(그녀는 입을 찌푸려서 냉소적인 웃음을 지었다.)

d. He twisted himself like a pretzel.(그는 몸을 프레첼처럼 뒤틀었다.)

e. The heat twisted the metal.(그 열은 금속을 뒤틀었다.)

1.9. 다음 주어는 목적어를 비튼다.

(9) a. She twisted the wet towel.(그녀는 젖은 수건을 비틀어 짰다.)

b. He twisted the door open.(그는 문을 비틀어 열었다.)

1.10. 다음 주어는 목적어를 비틀어서 뗀다.

(10) a. Wash the green beans and twist off the stems. (연두색 콩들을 씻고 줄기에서 비틀어 따라.)

b. Workers twisted dead branches off trees.(노동자들은 죽은 가지들을 나무에서 비틀어 꺾었다.)

c. He twisted a few ripe apples off for us.(그는 우리를 위해서 몇 개의 익은 사과를 비틀어 떼었다.)

d. The typhoon twisted off the large tree.(태풍은 큰 나무를 비틀어 끊었다.)

e. The girl twisted the arm off her doll.(그 소녀는 인형의 팔을 비틀어 떼었다.)

f. She twisted the ring off her finger nervously.(그녀는 신경질적으로 반지를 손가락에서 비틀어 빼냈다.)

g. He twisted the cap off the bottle.(그는 뚜껑을 병에서 비틀어 떼어냈다.)

h. He twisted the handle grip off the bicycle.(그는 손잡이를 자전거에서 비틀어 떼어냈다.)

i. I could not twist off the lid of the jar.(나는 단지의 덮개를 비틀어 떼어낼 수 없었다.)

j. He twisted out a light bulb.(그는 전구를 비틀어 뺐다.)

k. He twisted a bag out of the boy's hand.(그는 그 소년의 손에서 가방을 비틀어 빼냈다.)

1.11. 다음 주어는 목적어의 방향을 튼다.

(11) a. He twisted his chair toward the window.(그는 의자를 창가로 돌렸다.)

b. David twisted the key in the lock.(데이비드는 열쇠를 자물쇠 안에서 비틀었다.)

c. Twist the knob/the handle to the left.(손잡이를/핸들을 왼쪽으로 비틀어라.)

d. Never twist or wring woollen garments.(모직 옷을 절대로 비틀거나 짜지 마라.)

e. He twisted the wire to form a circles.(그는 철사를 꼬아서 둥글게 만들었다.)

f. The policeman twisted the man's arm/his wrist behind his back.(경찰은 그 남자의 팔을/허리를 등뒤로 비틀었다.)

1.12. 다음 주어는 목적어를 튼다.

(12) a. For this exercise, you need to twist your head more.(이 운동을 하려면 당신은 머리를 더 비틀어야 한다.)

b. They twisted their heads around at the sound.(그들은 그 소리에 머리를 돌렸다.)

c. He twisted his body around to look back.(그는 뒤를 돌아보려고 몸을 뒤틀었다.)

d. She twisted the ring on her finger.(그녀는 손가락의 반지를 비틀었다.)

e. Years of hard work twisted the sailor's hands.(노고의 수년의 세월이 그 선원의 손을 비틀었다.)

1.13. 다음 주어는 목적어를 삐걱거리게 한다.

(13) a. Sue twisted her back when she picked up the box.(수는 그 상자를 집어 들었을 때 등을 삐었다.)

b. He twisted his knee/his ankle/back/neck in the game.(그는 그 게임에서 무릎/발목/등/목을 삐었다.)

c. They twisted his limbs on a rack.(그들은 그의 사지를 형틀에 비틀었다.)

d. His ankle twisted and he cried out in pain.(그의 발목이 삐어서 그는 고통으로 울었다.)

1.14. 다음 주어는 목적어를 왜곡한다.

(14) a. The media twist everything he says.(그 매체는 그가 하는 말 모두를 왜곡한다.)

b. The journalist twists everything I say.(그 기자는 내가 하는 말 모두를 왜곡한다.)

c. They twisted the facts/the truth on purpose.(그들은 그 사실/진실을 고의적으로 왜곡했다.)

d. The prosecutor twisted the words of the witness.(검사는 증인의 말을 왜곡했다.)

e. The reporter twisted my statement.(그 기자는 내 말을 왜곡했다.)

1.15. 다음 주어는 목적어를 비틀어서 into의 목적어 상태로 만든다.

(15) a. He tried to twist my words into an admission of error.(그는 내 말을 비틀어서 실수의 인정으로 왜곡시키려 했다.)

b. Don't twist what I say into something completely different.(내가 하는 말을 완전히 다른 것으로 왜곡시키지 마시오.)

c. He twisted my complaint into an insult.(그는 내 불평을 모욕으로 왜곡시켰다.)

d. They twisted the story around and said we tried to cheat them.(그들은 그 이야기를 왜곡하여 우리가 그들을 속이려 했다고 말했다.)

1.16. 다음 주어는 비틀면서 나아간다.

(16) I had to twist my way through the crowd.(나는 군중 속을 비틀며 가야 했다.)

1.17. 다음은 수동태 문장으로 주어는 꼬인다.

(17) His mind is really twisted.(그의 마음은 정말로 꼬인다.)

2. 자동사 용법

2.1. 다음 주어는 방향을 튼다.

(18) She twisted round to see where the noise was coming from.(그녀는 그 소리가 어디서 들려오는지 확인하기 위해 몸을 돌렸다.)

2.2. 다음 주어는 비튼다.

(19) a. The snake twisted and turned when I stepped on it.(그 뱀은 내가 그것을 밟았을 때 비틀고 뒤쳤다.)

b. The leaves twisted and turned in the wind.(그 잎들은 바람에 비틀리고 돌고 뒤쳤다.)

c. The injured man twisted about in pain.(다친 사람은 고통으로 몸을 비틀었다.)

d. He twisted round in his seat.(그는 자리에서 몸을 틀었다.)

e. She twisted to free of the rope.(그녀는 밧줄에서 빠져나가기 위해 몸을 비틀었다.)

f. He twisted and turned to free himself from the ropes.(그는 밧줄에서 빠져나가기 위해 몸부림쳤다.)

2.3. 다음 주어는 비틀면서 움직인다.

(20) a. I tried to give him a hug, but he twisted away.(나는 그를 껴안으려고 했지만, 그는 몸을 비틀어 빠져나갔다.)

b. A snake was twisting around his arm.(뱀이 그의 팔 주위를 비틀고 있었다.)

c. The girl twisted out of the man's arms.(그 소녀는 그 남자의 팔에서 비틀어 빠져나갔다.)

d. We twisted through the crowd.(우리는 군중을 누비며 지나갔다.)

e. The snake twisted and turned through the mud.(그 뱀은 진흙탕을 비틀고 뒤치며 갔다.)

f. The smoke twisted upward.(연기는 비틀며 위로 올라갔다.)

2.4. 다음 주어는 움직이지 않으나 움직이는 것으로 개념화된다.

(21) a. Vines twisted about the fence.(포도덩굴이 울타리 주위에 감겼다.)

b. Vines twisted around the trunk of the old tree.(포도덩굴이 고목의 밑둥 주위에 감겼다.)

c. The lane twists and turns between pleasant cottages.(좁은 길은 유쾌한 오두막들 사이로 구불구불 나있다.)

d. The path twists in and out among the rocks.(그 길은 바위 사이로 구불구불하게 나왔다 들어갔다 한다.)

e. The track twisted into the hills.(그 길은 굽이쳐서

산으로 들어갔다.)

f. A piece of wire twisted round his leg.(한 줄의 철사가 그의 다리 주위에 감겼다.)

g. The road twisted its way through the forest/the mountain.(그 길은 꾸불꾸불한 길을 따라 숲/산 속으로 들어갔다.)

h. The river twisted toward the sea/through the valley.(그 강은 바다를 향해/계곡을 뚫고 구비치며 지나갔다.)

i. The road began to twist up past the lower slopes of pine forest.(그 길은 소나무 숲의 낮은 경사지를 지나 굽이쳐 오르기 시작했다.)

2.5. 다음 주어는 찡그려진다.

(22) a. His face twisted in a frown.(그의 얼굴은 찡그림으로 일그러졌다.)

b. My shoestrings twisted.(내 구두끈은 헝클어졌다.)

c. Her features twisted into a stare of disgusted incredulity.(그녀의 얼굴은 일그러져서 역겨운 불신의 시선이 되었다.)

2.6. 다음 주어는 꼬인다.

(23) a. The wire twists easily.(그 철사는 쉽게 꼬인다.)

b. Paper chips twist easily.(종이 조각들은 쉽게 꼬인다.)

c. The door knob twisted slowly.(그 문의 손잡이는 천천히 틀렸다.)

τ

U u

underlie

이 동사의 개념 바탕에는 두 개체가 있고, 한 개체가 다른 개체의 밑에 있다.

1. 타동사 용법

1.1. 다음 주어는 목적어의 아래에 있다.

(1) a. Rocks underlie the sandy soil.(바위들이 모래 땅 밑에 있다.)

b. Solid rock underlies this topsoil.(단단한 바위가 이 상층토 밑에 있다.)

c. Roman roads underlie many of the modern European highways.(로마의 길은 현대의 많은 유럽 고속도로 밑에 있다.)

d. A series of faults underlie this valley.(일련의 단층이 이 계곡 밑에 있다.)

1.2. 다음 주어와 목적어는 모두 추상적 개체이다. 주어가 목적어의 아래에 있는 것은 주어는 목적어의 기초나 이유가 되는 것으로 개념화된다.

(2) a. His political ideas underlie the revolution.(그의 정치적 생각들은 그 혁명의 바탕이다.)

b. I think a lack of confidence underlies his aggressive manner.(나는 자신감의 부족이 그의 공격적인 행동의 원인이라 생각한다.)

c. The desire to be liked underlies most of his behaviors.(사랑을 받고자 하는 욕망은 그의 행동 대부분에 깔려 있다.)

d. Psychological problems often underlie apparently physical disorders.(심리적인 문제들이 종종 표면적으로 육체적인 병들 밑에 깔려 있다.)

e. What is the energy that underlies your success?(무엇이 너의 성공의 바탕이 되는 힘인가?)

f. Hard work underlay their success.(근면이 그들의 성공의 바탕이었다.)

g. This principle underlies all the party's policies.(이 원칙은 모든 정당의 정책의 바탕이다.)

h. These things underlay his decision.(이 일들은 그의 결정의 바탕이었다.)

i. What do you think underlies her refusal?(무엇이 그녀의 거절의 바탕이라고 생각하는가?)

underline

이 동사의 개념 바탕에는 밑줄을 긋는 과정이 있다.

1. 타동사 용법

1.1. 다음 주어는 목적어를 밑줄로 긋는다.

(1) a. He underlined some words for emphasis.(그는 몇 낱말을 강조하기 위해 밑줄을 그었다.)

b. Please underline the title of the book.(그 책의 제목에 밑줄을 그어주세요.)

c. He underlined the word "now".(그는 "now"라는 단어에 밑줄을 그었다.)

1.2. 다음은 수동태 문장으로 주어는 밑줄이 그어진다.

(2) a. The important phrases were underlined.(중요한 구절에 밑줄이 그어졌다.)

b. All the technical words are underlined in red.(모든 기술적인 말들은 빨간 색으로 밑줄이 그어진다.)

1.3. 낱말 밑에 밑줄을 긋는 목적 가운데 하나는 이 낱말을 눈에 잘 뜨이게 강조하는 것이다. 주어는 목적어를 강조한다.

(3) a. The speaker underlined the main points by repeating them.(그 발표자는 핵심 요점들을 반복함으로써 강조했다.)

b. The speaker underlined three points in his speech.(그 발표자는 자신의 연설에서 세 요점을 강조했다.)

c. Bill underlined his approval by standing up and applauding.(빌은 일어서서 박수를 쳐서 그의 동의를 강조했다.)

d. He underlined their desire to corporate/the necessity of cooperation.(그는 협동을 원하는 그들의 소망/협력의 필요성을 강조했다.)

e. To underline their disgust, the crowd started throwing bottles at the stage.(그들의 혐오를 강조하기 위해, 그 군중은 병을 무대에 던지기 시작했다.)

1.4. 다음 주어는 목적어를 강조한다. 주어는 개체이다.

(4) a. The tragic incident underlines the need for immediate action.(비극적인 사건은 즉각적인 행동의 필요성을 강조한다.)

b. The report underlines the importance of preschool education.(그 보고서는 조기교육의 중요성을 강조한다.)

1.5. 다음 주어는 목적어 절의 내용을 강조한다.

(5) a. Her question underlines how little she understands him.(그녀의 질문은 그녀가 그를 얼마나 이해하지 못하고 있는지를 강조한다.)

b. He underlined the point that he was in the wrong.(그는 자신이 잘못되었다는 점을 강조했다.)

understand

이 동사의 개념 바탕에는 이해하는 과정이 있다.

1. 타동사 용법

1.1. 다음 주어는 목적어를 이해한다. 목적어는 환유적으로 쓰여서 어느 사람이 하는 말이나 행동이다.

(1) a. He pretended not to understand me.(그는 나를 이해하지 못한 척 했다.)

b. She understands him very well.(그녀는 그를 매우 잘 이해한다.)

c. We help the boys and the girls to understand each other.(우리는 그 소년과 소녀가 서로를 이해할 수 있도록 돕는다.)

d. I think you heard and also understood me.(나는 네가 내 이야기를 듣고 이해했다고 생각한다.)

e. It would be nice to have someone who really **understands** me.(나를 진정으로 이해해 주는 사람이 있다는 것은 좋은 일일 것이다.)

f. I can't **understand** him when he behaves badly.(나는 그가 나쁜 행동을 할 때 그를 이해할 수 없다.)

g. She spoke so fast that I couldn't **understand** her.(그녀는 너무 빨리 말을 해서 나는 그녀의 말을 이해할 수가 없었다.)

1.2. 사람인 주어가 이해할 수 있는 것에는 말, 감정, 예술, 상황 등과 같은 것이 있다.

(2) a. She **understands** English.(그녀는 영어를 안다.)

b. She has never **understood** a word of Korean.(그녀는 한국어의 한 마디도 알아듣지 못했다.)

c. He **understands** computers better than me.(그는 컴퓨터를 나보다 더 잘 안다.)

d. They did not exactly **understand** her feelings.(그들은 그녀의 기분을 정확히 이해하지 못했다.)

e. She's never **understood** the political situations in Korea.(그녀는 한국의 정치 상황을 전혀 이해하지 못했다.)

1.3. 다음 주어는 목적어를 이해한다. 목적어는 that이 이끄는 절이다.

(3) a. We **understand that** reforms are needed.(우리는 개혁이 필요하다는 것을 이해한다.)

b. I **understand that** about five years have passed since you left.(나는 네가 떠난 지 5년 정도 지났다고 생각한다.)

c. She had **understood that** she would be promoted.(그녀는 자신이 승진할 것이라고 생각해 왔다.)

d. Am I to **understand** from this letter **that** you are resigning?(내가 이 편지에서 네가 그만둘 것이라는 것을 이해해야만 하니?)

e. You must **understand that** a person in my position in the company can't afford any bad publicity.(너는 그 회사에서 내 지위에 있는 사람이 나쁜 평판을 견딜 수 없다는 것을 이해해야 한다.)

f. I **understand** you heard about Dan.(나는 네가 댄의 소식을 들었다는 것을 안다.)

1.4. 다음의 목적어는 의문사가 이끄는 절이다. 주어가 이해하는 것은 의문사가 이끄는 절의 내용이다.

(4) a. You don't need to **understand how** computers work in order to use them.(너는 컴퓨터를 사용하기 위해서 그것이 어떻게 작동하는지를 알아야 할 필요는 없다.)

b. They are too young to **understand what** is going on.(그들은 너무 어려서 무슨 일이 벌어지고 있는지 이해할 수 없다.)

c. I don't **understand why** anyone wants to hurt him.(나는 왜 누군가가 그를 해치고자 하는지 이해할 수 없다.)

d. I can't **understand why** you are so annoyed/**how** you feel.(나는 왜 네가 그렇게 화났는지/내가 어떻게 느끼는지 이해할 수 없다.)

1.5. 다음은 수동태 문장으로 주어는 이해된다.

(5) a. Bush was **understood** to have welcomed the change of government in the country.(부시가 그 나라 정부의 변화를 환영했다고 이해되었다.)

b. A secret buyer is **understood** to have paid one million dollars for the picture.(비밀 구매자가 10만 불을 그 그림에 지불했다고 이해된다.)

c. It is **understood** that they would wait for us.(그들이 우리를 기다릴 것으로 이해된다.)

undertake

이 동사의 개념 바탕에는 어떤 일을 떠맡아서 시작하는 과정이 있다.

1. 타동사 용법

1.1. 다음 주어는 목적어를 시작한다.

(1) a. He **undertook** a journey/a voyage.(그는 여행/항해를 떠났다.)

b. I'll **undertake** the feeding of the dog while you are away.(당신이 집에 없을 때 개의 먹이 주는 일을 제가 맡도록 하지요.)

c. He **undertook** the project/the arrangements.(그는 기획사업/준비에 착수했다.)

1.2. 다음 주어는 목적어를 떠맡는다.

(2) a. Who **undertakes** the patient?(누가 그 환자를 맡나?)

b. He **undertook** the responsibility/task.(그는 그 책임/일을 떠맡았다.)

1.3. 다음 주어는 부정사가 가리키는 일을 책임지기로 한다.

(3) a. The husband **undertook** to love his wife.(남편은 아내를 사랑할 의무를 졌다.)

b. He **undertook** to reach home before dark.(그는 어두워지기 전에 집에 도착하기로 약속했었다.)

c. I **undertook** to complete what he had begun.(나는 그가 시작해오던 것을 끝마치기로 약속했었다.)

d. I **undertook** to lend them the money.(나는 그들에게 돈을 빌려주기로 약속했었다.)

e. His supporters **undertook** to vote for him.(그의 지지자들은 그에게 투표하겠다고 약속했었다.)

f. He **undertook** to pay back the money in six months.(그는 그 돈을 6개월 안에 갚겠다고 약속했었다.)

g. She **undertook** to inspect the building.(그녀는 그 건물을 점검하겠다고 약속했었다.)

1.4. 다음 주어가 맡아서 지는 책임의 내용이 that-절로 표현되어 있다.

(4) a. I can't **undertake that** they will approve your plan.(그들이 당신의 계획을 승인할 것이라고 장담할 수는 없다.)

b. I can't **undertake that** you will make a profit.(나는 당신이 이익을 얻을 것이라고 장담할 수는 없다.)

c. I will **undertake that** he has not heard a word.(그가 한 마디도 듣지 않았다는 것을 나는 보증한다.)

underwrite

이 동사의 개념 바탕에는 서류 마지막 부분에 서명

을 하는 과정이 있다.

1. 타동사 용법

1.1. 다음 주어는 서명을 하여 목적어의 자금 지원에 합의한다.
(1) a. The government has agreed to **underwrite** the project with a grant of $200,000.(그 정부는 그 기획사업에 2 만불 보조금을 지원하기로 약속했다.)
    b. The company **underwrote** the building of a library.(그 회사는 도서관 건립의 자금을 지원했다.)
    c. The corporation **underwrote** the movie.(그 회사가 그 영화의 자금을 지원했다.)
    d. The university is **underwriting** her research.(그 대학이 그녀의 연구 자금을 지원하고 있다.)

1.2. 다음 주어는 목적어를 서명을 하여 인수한다.
(2)   The bankers **underwrote** the company's bonds. (그 은행가들은 회사의 증권을 인수했다.)

1.3. 다음 주어는 목적어를 지불한다.
(3) a. Lloyds **underwrote** the loss of the tanker.(로이즈는 유조선의 손실을 지불했다.)
    b. The company **underwrote** the insurance policy.(그 회사는 보험을 지불했다.)

1.4. 다음 주어는 목적어를 보증한다.
(4) a. He **underwrote** the statement.(그는 그 성명서에 서명하여 보증했다.)
    b. He **underwrite** the testimony.(그는 그 증언에 서명하여 보증했다.)

undo

이 동사의 개념 바탕에는 원래 상태로 되돌리는 과정이 있다.

1. 타동사 용법

1.1. 다음 주어는 목적어를 원래의 상태로 되돌린다.
(1) a. He **undid** a button/a door/a riddle/a knot.(그는 단추/문/수수께끼/매듭을 풀었다.)
    b. He **undid** the package/the straps.(그는 짐 꾸러미/가죽끈들을 풀었다.)
    c. **Undo** the string around the parcel.(그 소포를 둘러놓은 끈을 풀어라.)
    d. He **undid** the buckle/the zipper.(그는 버클/지퍼를 풀었다.)

1.2. 다음 목적어는 환유적으로 쓰여서 사람의 명성을 가리킨다. 명성을 얻거나 쌓아올리는 것으로 개념화되어 그 반대의 과정도 가능하다.
(2) a. Our folly has **undone** us.(우리의 어리석음은 우리를 떨어뜨렸다.)
    b. His political mistakes have **undone** him.(그의 정치적 실수는 그를 떨어뜨렸다.)

1.3. 다음 주어는 이룩된 일을 무로 돌린다.
(3) a. The workers mended the road, but a heavy storm **undid** the work.(그 노동자들은 그 길을 고쳤지만, 심한 폭풍이 그 작업을 망쳐놓았다.)
    b. The mistake has **undone** all the good work we' ve done.(그 실수는 우리가 해놓은 모든 선행을 망쳐놓았다.)
    c. Your error **undid** all our efforts.(당신의 오류는 우리의 모든 노력을 허사로 만들었다.)

1.4. 다음은 수동태 문장으로 주어는 명성이 망가진다.
(4) a. He was **undone** by his own remark.(그는 자신의 말로 명성이 망가졌다.)
    b. He was **undone** by her criticism.(그는 그녀의 비판에 의해 망가졌다.)

1.5. 다음은 수동태 문장으로 주어는 원래 상태로 되돌려진다.
(5)   What's done cannot be **undone**.(되어진 일은 되돌려질 수 없다.)

1.6. 다음 주어는 목적어를 되돌린다.
(6) a. It's impossible to **undo** the harm you've done.(당신이 저지른 손해를 되돌리는 것은 불가능하다.)
    b. She **undid** her mistake.(그녀는 자신의 실수를 되돌렸다.)
    c. You cannot **undo** the damage done by your own remark.(당신은 자신의 말에 의해 저질러진 손해를 되돌릴 수 없다.)
    d. You should try to **undo** the harm you've done.(당신은 당신이 행한 악행을 되돌리기 위해 노력해야만 한다.)
    e. They **undid** the marriage.(그들은 결혼을 파혼했다.)
    f. They **undid** the agreement.(그들은 합의를 파기했다.)

undulate

이 동사의 개념 바탕에는 물결이 이는 과정이 있다.

1. 자동사 용법

1.1. 다음 주어는 그 움직임이 물결이 이는 것과 같다.
(1) a. The sea **undulated** gently.(바다는 고요히 물결이 일었다.)
    b. The ground **undulated** gently from an earthquake.(땅은 지진으로 고요히 흔들렸다.)
    c. The fields of grain **undulated** with the wind.(곡식밭들은 바람에 일렁였다.)
    d. The wheat **undulated** in the breeze.(그 밀이 산들바람에 일렁였다.)

1.2. 다음 주어는 움직이지 않으나 그 형상을 눈으로 훑어보면 물결 모양을 이룬다.
(2) a. The countryside **undulates** pleasantly.(시골은 유쾌하게 물결친다.)
    b. The hills **undulated** in the distance.(산은 멀리서 물결을 쳤다.)

1.3. 다음 주어는 물결 모양을 이루면서 지나간다.
(3) a. The worm **undulated across** the flower bed.(그 벌레는 화단을 꾸불거리며 지나갔다.)
    b. The snake **undulated through** the grass.(그 뱀은 풀 사이로 굽이치며 지나갔다.)

1.4. 다음 주어는 파도 소리 모양으로 전달된다.
(4)   A siren **undulated**.(사이렌 소리가 커졌다 작아졌다 하면서 울렸다.)

2. 타동사 용법

2.1. 다음 주어는 목적어를 물결 모양으로 이루게 한다.

(5) a. She undulated her hips as she danced.(그녀는 춤을 출 때 엉덩이를 흔들었다.)

b. The wind undulated the wheat.(바람은 밀을 일렁이게 했다.)

2.2. 다음 주어는 목적어의 물결 모양을 이루는 개체이다.

(6) The hills undulated the land for miles.(그 언덕은 그 땅을 수 마일에 걸쳐 물결치게 했다.)

unite

이 동사의 개념 바탕에는 통일하는 과정이 있다.

1. 타동사 용법

1.1. 다음의 주어는 사람이고 목적어는 통일되는 개체(들)이다. 주어는 목적어를 하나로 통일한다.

(1) a. The chemist united the substances to form a new compound.(그 과학자는 그 물질들을 새로운 화합물을 만들기 위해서 결합했다.)

b. The leader united his followers.(그 지도자는 추종자들을 결집시켰다.)

1.2. 다음의 주어는 조약, 거래, 관심사와 같은 추상적 개체이다. 이러한 개체에도 통일하는 힘이 있는 것으로 개념화된다.

(2) a. The deal would unite two of the country's biggest firms.(그 거래는 그 나라의 가장 큰 회사들을 결합할 것이다.)

b. Use glue to unite the two sections.(두 부분을 합치기 위해 풀을 사용했다.)

c. The treaty united all nations in Asia in the fight against the disease.(그 조약은 그 질병에 맞서 싸우는 아시아의 모든 국가들을 결합시켰다.)

d. The common interest unites the two countries.(그 공통된 관심사는 그 두 나라를 결합한다.)

e. The threat of war united the various political groups in this country.(전쟁에 대한 위협은 이 나라의 다양한 정치집단들을 결집시켰다.)

f. He united the factions of the party.(그는 그 당의 분파들을 결집시켰다.)

g. They united the forces.(그들은 그 군대를 결집시켰다.)

h. The trouble had the effect of uniting them more strongly.(그 어려움은 그들을 더 강하게 결집시키는 효과가 있었다.)

1.3. 다음의 목적어는 사람이나 사람으로 구성된 가족, 당파 등이다. 주어는 이러한 목적어를 하나로 통일시킨다.

(3) a. The priest united them in marriage.(그 목사는 그들을 결혼시켰다.)

b. He united the two families by marriage.(그는 결혼으로 두 집안을 결합시켰다.)

c. The leader united the party behind him.(그 지도자는 그 자신의 뒤에 있는 정당을 통일시켰다.)

d. The crisis of war united the whole country.(전쟁의 위기는 그 나라 전체를 통일시켰다.)

1.4. 다음은 수동태 문장으로 주어는 통일되는 사람이나 개체이다.

(4) a. They are united in their efforts to promote peace.(그들은 평화를 증진시키기 위해 자신들의 노력을 결속시켰다.)

b. They were united in marriage today.(그들은 오늘 결혼해서 하나가 되었다.)

c. The two sections of the bridge were united over the river.(그 다리의 두 부분은 강을 지나서 하나로 되었다.)

1.5. 다음에서 통일되는 개체는 동사의 목적어와 전치사 with의 목적어로 분리되어 있다.

(5) a. He united the bricks with cement.(그는 벽돌과 시멘트를 접합시켰다.)

b. The avenue united the highway with the station.(그 거리는 고속도로와 역을 연결시켰다.)

c. The path unites the farm road with the main highway.(그 길은 농장도로와 주 고속도로를 연결시킨다.)

1.6. 다음은 수동태 문장으로 주어는 능동문의 주어에 해당되는 개체이다.

(6) a. He was united with his friend again.(그는 자신의 친구들과 다시 결속되었다.)

b. After three years in prison he was united again with his wife.(감옥에서 삼년 이후, 그는 다시 아내와 하나가 되었다.)

1.7. 다음에서는 통일되는 개체가 접속사 and로 연결되어 있다.

(7) a. The priest united the man and the woman in marriage.(그 목사는 그 남자와 그 여자를 결혼시켰다.)

b. The threat of a foreign attack united the government and its opponents.(외국의 공격에 대한 위협은 정부와 반대자들을 결속했다.)

c. Scotland and English were united under one parliament.(스코틀랜드와 잉글랜드는 하나의 의회 아래 통일되었다.)

1.8. 다음에서는 통일되는 과정이 아니라 통일되어 있는 결과가 표현되어 있다.

(8) a. He unites the best qualities of the gentleman and the Christian.(그는 신사와 기독교인의 좋은 점을 겸비한다.)

b. Our teacher unites tenderness and severity.(우리 선생님은 부드러움과 엄격함을 모두 가지고 있다.)

c. She unites beauty with intelligence.(그녀는 미와 지력을 겸비한다.)

1.9. 다음에서 주어는 목적어를 전치사 to나 into의 목적어에 가져다 통일한다.

(9) a. He united his son to the friend's daughter.(그는 아이들을 친구의 딸과 결합시켰다.)

b. He united the country to another.(그는 그 나라를 다른 나라에 합병시켰다.)

c. The town was united to the neighboring larger town.(그 마을은 이웃의 더 큰 마을과 합병되었다.)

d. He united the countries into one kingdom.(그는 그 나라들을 하나의 왕국에 합병시켰다.)

e. He united all three states into one country.(그는 세 개의 모든 주를 하나의 나라에 합병시켰다.)

2. 자동사 용법

2.1. 다음의 주어는 통일을 하며 동시에 통일되는 사람이다.

(10) a. We must unite to fight against racism.(우리는 인종주의에 맞서 싸우기 위해 단결해야 한다.)

b. Let us unite against the common enemy.(공공의 적에 대항해서 우리를 결합시키자.)

c. The nation united against the enemy.(그 나라는 적에 대항해 결속했다.)

d. Congress united behind the president.(의회는 대통령 배후에서 결속했다.)

e. In a crisis, the party members always unite behind the leader.(위기에서 그 정당 구성원은 항상 지도자 아래서 결속한다.)

f. Let us unite in search for peace.(평화를 찾기 위해 우리 결속하자.)

g. Many slavic groups united under the former Yugoslavia.(많은 슬라빅 집단은 구 유고슬라비아 아래 통일되었다.)

2.2. 다음에서는 주어가 통일되는 영역이나 상태가 전치사 in으로 표현되어 있다.

(11) a. They united in battle against their common enemy.(그들은 그들의 공공의 적에 대항한 싸움에서 결속했다.)

b. They united in their opposition to him.(그들은 그에 대한 반감으로 결속했다.)

c. We should all unite in seeking a solution to this terrible problem.(우리는 이 심각한 문제에 대한 해결책을 찾는 데 결속해야 한다.)

2.3. 다음에서는 통일되어 형성되는 과정이 부정사로 표현되어 있다.

(12) a. The two elements united to form a new compound.(두개의 구성요소는 새로운 화합물을 형성하기 위해서 결합했다.)

b. The two parties united to form a coalition.(그 두 정당은 결합해 연합을 형성했다.)

c. We must unite to fight public nuisances.(우리는 사회에 폐를 끼치는 사람들과 싸우기 위해 연합해야 한다.)

d. The two armies united to combat the common enemy.(그 두 군대는 공공의 적과 싸우기 위해 연합했다.)

e. The two schools united to form a larger school.(그 두 학교는 더 큰 학교를 형성하기 위해서 결합했다.)

f. Thirteen colonies united to form a new nation.(열세 개의 식민지들은 연합해서 하나의 새로운 국가를 형성했다.)

g. The states united into one country.(그 주들은 하나의 나라로 결합됐다.)

2.4. 다음의 주어는 전치사 with의 목적어와 통일된다.

(13) a. Smoke unites with fog to form smog.(연기는 안개와 결합해 스모그를 형성한다.)

b. Oil will not unite with water.(기름은 물과 섞이지 않는다.)

c. Under these conditions oxygen will unite with the element.(이러한 조건하에서 산소는 그 요소와 결합할 것이다.)

2.5. 다음의 주어는 통일되는 사람이나 개체이다.

(14) a. The two countries plan to unite.(그 두 국가는 결합하기를 계획한다.)

b. If the opposition manages to unite, it will command over 60% of the vote.(만약에 반대편이 연합하려 한다면, 그것은 투표의 60%를 차지할 것이다.)

c. By uniting we stand, by dividing we fall.(뭉치면 살고, 흩어지면 죽는다.)

d. Unless we unite, the enemy will defeat us.(우리는 뭉치지 않는다면, 그 적이 우리를 패배시킬 것이다.)

e. The bride and groom were united in holy matrimony.(신랑과 신부는 신성하게 결혼했다.)

upgrade

이 동사의 개념 바탕에는 위로 등급을 매기는 과정이 있다.

1. 타동사 용법

1.1. 다음 주어는 목적어의 질을 높인다.

(1) a. I've upgraded my computer system.(나는 컴퓨터 시스템의 질을 높였다.)

b. If you want to raise the rents, you have to upgrade the housing first.(임대료를 올리고 싶다면, 먼저 그 집의 질을 높여야 한다.)

c. The money will enable us to upgrade the town's leisure facilities.(그 돈은 우리가 그 도시의 여가 시설의 질을 높이도록 해줄 것이다.)

d. The manager upgraded the software on my computer.(그 관리자는 내 컴퓨터의 소프트웨어 질을 높였다.)

1.2. 다음 주어는 목적어의 자리를 높인다.

(2) a. The ticket agent upgraded me from coach to first class.(그 표 담당자는 나를 일반석에서 특등석으로 자리를 높였다.)

b. The company upgraded him to the supervisory level.(회사는 그를 감독자의 지위로 높였다.)

1.3. 다음은 수동태 문장으로 주어는 등급이 높여진다.

(3) a. On the return flight, I was upgraded to business class.(돌아오는 비행에서, 나는 비즈니스 클래스로 등급이 높아졌다.)

b. In 1992, the college was upgraded to a university.(1992년에, 그 단과대학은 종합대학으로 등급이 높아졌다.)

c. The assistant manager was upgraded to a manager.(보조 관리인은 관리자로 등급이 높아졌다.)

d. He is upgraded to senior vice president.(그는 선임 부회장으로 등급이 올랐다.)

uphold

이 동사의 개념 바탕에는 떠받치는 과정이 있다.

1. 타동사 용법
1.1. 다음 주어는 목적어를 떠받친다.
(1) a. The walls uphold the roof.(그 벽들은 지붕을 떠받친다.)
  b. The old wooden posts uphold the dock.(오래된 나무 기둥은 선착장을 떠받친다.)
  c. He upheld the banner.(그는 그 기치를 떠받쳤다.)
1.2. 다음은 [명예나 명성은 개체] [좋은 것은 위] 은유가 적용된 예이다.
(2) a. She upheld her dignity in spite of his accusations.(그녀는 그의 비난에도 불구하고 자신의 품위를 유지했다.)
  b. We uphold the good name of our school.(우리는 학교의 좋은 명예를 떠받든다.)
  c. He upheld his brother's honor.(그는 형의 명예를 떠받쳤다.)
1.3. 다음 주어는 목적어를 확정한다.
(3) a. The appeal court upheld the judge's decision.(그 항소 법원은 판사의 결정을 확정했다.)
  b. The Supreme Court upheld the lower court's ruling.(고등법원은 하위 법원의 판결을 확정했다.)
  c. The supreme court upheld California term limit measure.(대법원은 캘리포니아의 기간 제한 조치를 확정했다.)
  d. He upheld a conviction/an appeal/a complaint. (그는 판결/상소/고소를 확정했다.)

uproot

이 동사의 개념 바탕에는 뿌리채 뽑는 과정이 있다.

1. 타동사 용법
1.1. 다음 주어는 목적어를 뿌리채 뽑는다.
(1) a. The storm uprooted many trees.(폭풍은 많은 나무를 뿌리채 뽑았다.)
  b. The wind uprooted the trees.(바람은 나무를 뿌리채 뽑았다.)
1.2. 다음은 [사람은 식물] 은유가 적용된 예이다.
(2) a. She uprooted herself and went to live abroad.(그녀는 자신의 생활을 뿌리채 뽑고, 해외로 살러 갔다.)
  b. The flood uprooted many families.(그 홍수는 많은 가구를 뿌리채 뽑아 버렸다.)
  c. The gardener uprooted the weeds.(그 정원사는 잡초들을 뿌리채 뽑았다.)
1.3. 다음은 수동태 문장으로 주어는 뿌리채 뽑힌다.
(3) a. A number of oak trees were uprooted in the storm.(수 많은 참나무들이 폭풍에 뿌리채 뽑혀버렸다.)
  b. The carrots were uprooted during the harvest.(그 당근은 추수기간에 뿌리채 뽑혔다.)
  c. The native tribe was uprooted and sent to a reservation.(원주민 부족은 뿌리채 뽑혀서 보호 거주지로 보내졌다.)
  d. Many people were uprooted from their homes by the war.(많은 사람들이 그 전쟁으로 집에서 뿌리채 뽑혔다.)

upset

이 동사의 개념 바탕에는 뒤엎는 과정이 있다.

1. 타동사 용법
1.1. 다음 주어는 목적어를 뒤엎는다.
(1) a. He upset a lamp/a canoe/a cup of tea.(그는 램프/카누/찻잔을 뒤엎었다.)
  b. The strong wind upset the boat.(강한 바람은 그 배를 뒤엎었다.)
  c. Our dog upset the table spilling food all over the floor.(우리 개는 탁자를 뒤엎어서 음식을 온 바닥에 쏟았다.)
  d. If you don't sit still, you will upset the coffee.(만일 네가 가만히 앉아 있지 않으면, 커피를 쏟을 것이다.)
  e. He upset the bowl and the soup ran over the floor.(그가 사발을 엎질러서 국이 온 바닥에 쏟아졌다.)
1.2. 정부, 계획, 관계, 평형 등은 구조가 있는 개체로 개념화된다. 주어는 목적어를 뒤집는다.
(2) a. They are trying to upset the government.(그들은 정부를 뒤엎으려고 하고 있다.)
  b. The rain completely upset our plan.(비는 우리의 계획을 완전히 뒤엎었다.)
  c. He may upset our solution to the problem.(그는 그 문제에 대한 우리의 해결책을 뒤엎을지도 모른다.)
  d. Any mechanical failure might upset our plans of sailing across the ocean.(어떤 기계 고장도 대양을 건너 항해하려는 우리 계획을 뒤엎을 수 있다.)
  e. It would be a shame to upset the good working relationships which have developed.(발전한 좋은 작업 관계를 뒤엎는 것은 부끄러운 일일 것이다.)
1.3. 다음은 수동태 문장으로 주어는 뒤집힌다.
(3) The balance between supply and demand is upset.(공급과 수요 사이의 균형이 뒤엎혀진다.)
1.4. 다음 목적어는 사람의 위이다. 주어는 목적어의의 정상적인 작용을 뒤집는다.
(4) a. He upset his stomach by eating too much.(그는 너무 많이 먹어서 배탈이 나게 했다.)
  b. The fish upset my stomach.(그 생선은 내 위를 뒤집었다.)
  c. It must have been the lobster that upset me last night.(어젯 밤에 내 속을 뒤집은 것이 그 바닷가재임에 틀림이 없었다.)
1.5. 다음의 목적어는 사람을 가리킨다. 이것은 전체로서 부분을 가리키는 환유 과정으로 실제 목적어가 가리키는 것은 사람의 마음이다. [마음은 그릇] 은유가 있다. 마음의 그릇도 뒤집히거나 어지럽게 될 수 있다.

(5) a. Your letter upset her. (네 편지가 그녀의 마음을 뒤집었다.)

　　b. He upsets his neighbor with loud noise. (그는 이웃들을 큰 소음으로 뒤집는다.)

　　c. It still upsets Mark when he thinks about the accident. (마크가 그 사고에 대해 생각하면, 그것은 아직도 그의 마음을 뒤집는다.)

　　d. I don't mean to upset her. (나는 그녀의 마음을 뒤집으려고 의도한 것이 아니다.)

1.6. 다음은 수동태 문장으로 주어는 마음이 뒤집힌다.

(6) a. She is easily upset by the bad news. (그녀는 그 나쁜 소식에 쉽게 마음이 뒤집힌다.)

　　b. They were upset about it. (그들은 그것에 대해 마음이 뒤집혔다.)

　　c. They were upset by the poverty they saw in the country. (그들은 그들이 그 나라에서 본 빈곤으로 뒤집혔다.)

　　e. He was upset when his father died. (그는 아버지가 돌아가셨을 때 슬퍼했다.)

1.7. 다음 주어는 목적어를 타도한다.

(7) a. He upset his opponent in a surprise victory. (그는 상대를 갑작스러운 승리로 타도했다.)

　　b. Korea upset Spain in football. (한국은 축구에서 스페인을 꺾었다.)

urge

이 동사의 개념 바탕에는 밀어붙이는 과정이 있다.

1. 타동사 용법

1.1. 다음 주어는 목적어를 밀어붙인다.

(1) a. The dogs urged the sheep to the gate. (그 개들은 양들을 재촉해서 대문으로 몰아갔다.)

　　b. I urged her away from the door. (나는 그녀를 재촉해서 문에서 떨어지게 했다.)

　　c. Clicking his tongue, he urged his horse forward. (혀를 차면서 그는 말을 앞으로 몰았다.)

　　d. He urged himself on in spite of weariness. (그는 피곤에도 불구하고 스스로를 재촉하여 계속했다.)

1.2. 다음 주어는 목적어를 재촉한다.

(2) a. He urged the car along/forward. (그는 자동차를 재촉하여 몰았다.)

　　b. He urged the cause along. (그는 그 대의를 재촉해서 밀고 나갔다.)

　　c. The riders urged the horses around the track. (그 기수는 그 말을 트랙 주위로 재촉하며 몰았다.)

1.3. 다음 주어가 목적어를 부정사가 가리키는 일을 하도록 강하게 촉구한다.

(3) a. He urged me to study law. (그는 나에게 법학을 공부하라고 촉구했다.)

　　b. He urged us to obey the rules. (그는 우리에게 규칙을 따르라고 촉구했다.)

　　c. He urged us to stay overnight. (그는 우리에게 하루 밤을 자라고 촉구했다.)

　　d. We urged him to drive slowly/carefully. (우리는 그에게 천천히/조심스럽게 운전하라고 촉구했다.)

　　e. We urged him to read the novel first. (우리는 그에게 그 소설을 먼저 읽으라고 촉구했다.)

　　f. We urged her to take a year off to study medicine. (우리는 그녀에게 약학을 공부하기 위해 1년간 쉬라고 촉구했다.)

1.4. 다음 주어는 목적어를 전치사 to의 목적어 상태로 재촉한다.

(4) a. They urged us to greater caution. (그들은 우리를 촉구하여 더 많은 주의를 하게 했다.)

　　b. They urged us to greater efforts. (그들은 우리를 촉구하여 더 많은 노력을 하게 했다.)

1.5. 다음 주어는 목적어를 재촉하여 목적어 자신도 모르게 into의 목적어로 들어가게 한다.

(5) a. We urged him into obeying the rule. (우리는 그를 촉구하여 규칙을 따르도록 했다.)

　　b. He urged me into buying the old car. (그는 나를 열심히 권해서 오래된 차를 사게 했다.)

　　c. The dogs are urged into fighting more fiercely. (그 개들은 더 강력하게 싸우도록 몰아부쳐진다.)

1.6. 다음 주어는 목적어를 촉구하여 전치사 into의 목적어 상태에 들어가게 한다.

(6) She urged her pony into an energetic trot. (그녀는 조랑말을 원기 왕성하게 걷도록 몰았다.)

1.7. 다음 주어는 목적어를 강력하게 주장이나 강조한다.

(7) a. He urged a plan of action/an argument/a tax cut/the need for speed. (그는 행동 계획/논의/세금 감면/빠른 속도의 필요성을 강조했다.)

　　b. He urged greater cooperation between the government and the unions. (그는 정부와 노조 사이의 더 큰 협조를 강조했다.)

1.8. 다음 주어는 목적어를 전치사 on의 목적어에 촉구한다.

(8) a. He urged on us the need for speed/the fruitlessness of a petition. (그는 우리에게 속도의 필요/탄원의 유용성을 역설했다.)

　　b. He urged restraint on the security agents. (그는 그 비밀요원들에게 자제를 역설했다.)

1.9. 다음 주어는 첫째 목적어에게 둘째 목적어를 촉구한다.

(9) He urged the assembly the necessity of prompt action. (그는 의회에 신속한 행동의 필요성을 역설했다.)

1.10. 다음 주어는 따옴표 속의 내용을 촉구한다.

(10) a. "At least, stay for Christmas," he urged. (그는 "최소한 크리스마스 동안이라도 머물러라"라고 촉구했다.)

　　b. "Come on, Jane," he was urging her. (그는 "제발, 제인"하고 그녀를 촉구했다.)

use

이 동사의 개념 바탕에는 쓰는 과정이 있다.

1. 타동사 용법

1.1. 다음 주어는 목적어를 쓴다.

(1) a. He **used** a knife to cut the bread.(그는 빵을 자르기 위해서 칼을 썼다.)

b. He **used** my telephone.(그는 내 전화를 썼다.)

c. He **used** a saw in cutting the stick.(그는 막대기를 자르는 데 톱을 썼다.)

d. He **uses** the buses a lot.(그는 버스를 많이 이용한다.)

e. He **uses** the room for keeping all his books.(그는 그 방을 책을 두는 데 이용한다.)

1.2. 다음 주어는 목적어를 쓴다. 목적어는 사람이다.

(2) a. He **used** me like a dog.(그는 나를 개같이 이용했다.)

b. They **used** him well.(그들은 그를 잘 이용했다.)

c. She **used** her friend badly.(그녀는 친구를 나쁘게 이용했다.)

1.3. 주어는 목적어를 쓴다. 다음 목적어는 소모되는 개체이다.

(3) a. We **use** 10 tons of coal a month.(우리는 한 달에 10톤의 석탄을 쓴다.)

b. I always **use** the same toothpaste.(나는 항상 같은 치약을 쓴다.)

c. He has **used** up all his strength.(그는 자신의 모든 힘을 다 썼다.)

d. He **used** up all the soap.(그는 비누를 다 썼다.)

1.4. 다음 주어는 목적어를 쓴다. 목적은 신체 부위이다.

(4) a. He **used** his ears/legs/eyes.(그는 귀/다리/눈을 썼다.)

b. You should **use** your brains a little more.(너는 두뇌를 더 써야 한다.)

1.5. 다음 목적어는 추상적이나 구체적인 개체로 개념화되었다.

(5) a. He **used** diligence/economy/care/all his skills.(그는 근면/절약/주의/그의 모든 기술을 썼다.)

b. He **used** her good will.(그는 그녀의 호의를 이용했다.)

c. He **used** his influence/his discretion.(그는 자신의 영향력/분별력을 썼다.)

usher

이 동사의 개념 바탕에는 usher의 명사 '극장의 안내인'이 있다. 동사의 의미는 이 명사의 역할과 관계가 있다.

1. 타동사 용법

1.1. 다음 주어는 목적어를 안내한다.

(1) a. He **ushered** me down the isle.(그가 나를 통로 아래로 안내했다.)

b. The guard **ushered** the jury members into the courtroom.(경비원은 배심원단을 법정으로 안내했다.)

c. The secretary **ushered** me into his office.(그 비서는 나를 그의 사무실로 안내했다.)

d. He **ushered** me to my seat.(그는 나를 내 자리로 안내했다.)

1.2. 다음은 [시간은 움직이는 개체] 은유가 적용된 예이다.

(2) a. The party was an elegant way to **usher in** the new year.(그 파티는 새해를 맞아들이기 위한 세련된 방식이었다.)

b. The bombing of Hiroshima **ushered in** the nuclear age.(히로시마의 폭격은 핵무기 시대를 끌어들였다.)

c. The first snow **ushered in** the winter.(첫 눈은 겨울을 재촉해 들였다.)

1.3. 다음은 [생각은 개체] 은유가 적용된 예이다.

(3) The change of management **ushered in** fresh ideas and policies.(경영의 변화는 신선한 착상들과 정책을 끌어들였다.)

usurp

이 동사의 개념 바탕에는 불법적으로 빼앗는 과정이 있다.

1. 타동사 용법

1.1. 다음 주어는 목적어를 빼앗는다.

(1) a. The king's brother **usurped** the throne.(그 왕의 동생은 왕좌를 찬탈했다.)

b. Little by little the secretary began to **usurp** the boss's authority.(조금씩 조금씩 그 비서는 사장의 권위를 빼앗기 시작했다.)

c. He **usurped** another company's patent.(그는 다른 회사의 특허를 빼앗았다.)

1.2. 다음은 수동태 문장으로 주어는 빼앗긴다.

(2) a. The powers of local governments are being **usurped** by central government.(지방 정부의 세력은 중앙 정부에 의해 강탈되고 있다.)

b. The owner's control was **usurped** by the Board of Directors.(소유주의 지배력은 의사회에 의해 강탈되었다.)

2. 자동사 용법

2.1. 주어는 on의 목적어를 침범하거나 침해한다.

(3) He **usurped** on my sphere of influence.(그는 나의 영향권을 침범했다.)

utter

이 동사의 개념 바탕에는 입 밖으로 내보내는 과정이 있다.

1. 타동사 용법

1.1. 다음 주어는 목적어를 입 밖으로 낸다.

(1) a. He **uttered** a cry of pain/a contemptuous laughter.(그는 고통의 울음/경멸하는 웃음을 터뜨렸다.)

b. She **uttered** a scream of terror.(그녀는 공포의 비명을 질렀다.)

c. The child didn't **utter** a word all night.(그 아이는 밤새 한마디도 말하지 않았다.)

d. He **uttered** a vowel sound.(그는 모음 소리를 냈다.)

e. She uttered a sigh of relief.(그녀는 안도의 한숨을 내었다.)

1.2. 다음은 수동태 문장으로 주어는 발음되어진다.

(2) Not a sound was uttered.(어떤 소리도 나지 않았다.)

1.3. 다음 주어는 목적어를 말로 나타낸다.

(3) a. He uttered his view on the subject.(그는 그 주제에 관한 의견을 말했다.)

b. He uttered his thought.(그는 자신의 생각을 말했다.)

c. He uttered an apology.(그는 사과를 했다.)

$$\mathcal{V} \quad \text{V}$$

value

이 동사의 개념 바탕에는 value의 명사 '가치'가 있다. 동사의 뜻은 이 명사의 기능과 관계가 있다.

1. 타동사 용법
1.1. 다음 주어는 목적어의 값을 매긴다.
(1) a. The retailer **valued** the sofa at $500.(그 소매인은 소파를 500불로 매겼다.)
　　b. He **valued** the painting at one million dollars.(그는 그림을 100만 달러로 매겼다.)
1.2. 다음은 수동태 문장으로 주어는 가치가 매겨진다.
(2) a. The watch is **valued** at $300.(그 시계는 300불로 매겨져 있다.)
　　b. His property is **valued** at $300,000.(그의 재산은 30만불로 매겨져 있다.)
　　c. The dollar is **valued** at ₩1,300.(달러는 1,300원에 매겨져 있다.)
1.3. 다음 주어는 목적어를 as의 목적어로 평가한다.
(3) a. I **value** him **as** a friend.(나는 그를 친구로 생각한다.)
　　b. We **value** the pheasant **as** food.(우리는 꿩을 먹이로 생각한다.)
　　c. How do you **value** her **as** a secretary?(당신은 그녀를 비서로서 어떻게 생각합니까?)
1.4. 다음 주어는 목적어에 가치를 둔다, 즉 귀중하게 생각한다.
(4) a. Jane **values** the companionship of her dog.(제인은 개의 동반을 귀하게 여긴다.)
　　b. He **values** health above wealth.(그는 건강을 부보다 더 귀하게 여긴다.)
　　c. Americans **value** manual labor.(미국인은 노동일을 귀하게 여긴다.)
　　d. We **value** your work very lightly.(우리는 너의 일을 매우 가볍게 여긴다.)
1.5. 다음은 수동태 문장으로 주어는 높게 평가된다.
(5) a. This area is **valued for** its vineyard.(이 지역은 포도밭 때문에 높게 평가된다.)
　　b. They are **valued for** their rarity.(그들은 희귀성 때문에 높게 평가된다.)

vanish

이 동사의 개념 바탕에는 사라지는 과정이 있다.

1. 자동사
1.1. 다음 주어는 사라진다.
(1) a. The thief **vanished** in the night.(그 도둑은 밤 속으로 사라졌다.)
　　b. The spy **vanished** from the hotel without a trace.(그 스파이는 호텔에서 흔적도 없이 사라졌다.)
　　c. The magician **vanished** in a puff of smoke.(그 마술사는 연기 속에 사라졌다.)

　　d. My glasses **vanished**.(내 안경은 사라졌다.)
　　e. The magician made the coin **vanish** before our eyes.(그 마술사는 동전을 우리가 보는 앞에서 사라지게 했다.)
1.2. 다음에서 주어가 사라지는 곳이 표현되어 있다.
(2) a. He **vanished into** the darkness.(그는 어둠 속으로 사라졌다.)
　　b. She **vanished out** of sight.(그녀는 사라져서 안 보이게 되었다.)
1.3. 다음 주어는 추상적 개체이나, 구체적인 개체로 개념화되어 사라지는 것으로 표현된다.
(3) a. All hopes of a peaceful settlement **vanished**.(평화적 해결의 모든 희망은 사라졌다.)
　　b. Her resolution **vanished**.(그녀의 결의는 사라졌다.)
　　c. His anger **vanished** and he burst out laughing.(그의 분노는 사라지고 그는 갑자기 웃음을 터뜨렸다.)
　　d. At least 500 jobs are **vanishing** in the catering industry.(적어도 500개의 일자리가 음식 조달 산업에서 사라지고 있다.)

vaporize

이 동사의 개념 바탕에는 증발하는 과정이 있다.

1. 자동사 용법
1.1. 다음 주어는 증발한다.
(1) a. Water **vaporizes** when it boils.(물은 끓으면 증발한다.)
　　b. The chemical liquids **vaporized** when they were combined.(그 화학액은 결합될 때 증발했다.)
　　c. At what temperature does alcohol **vaporize**?(어떤 온도에서 알코올은 증발하나?)

2. 타동사 용법
2.1. 다음 주어는 목적어를 증발시킨다.
(2) a. He **vaporized away** a heated fluid.(그는 가열된 액체를 증발시켰다.)
　　b. The heat from a hydrogen bomb would **vaporize** the entire lakes.(수소폭탄에서 생기는 열은 호수 전체를 증발시킬 것이다.)
2.2. 다음은 수동태 문장으로 주어는 증발된다.
(3) The wax figure was **vaporized** in the high heat.(그 밀초상은 높은 열에 증발되었다.)

varnish

이 동사의 개념 바탕에는 varnish의 명사 '니스', '유약'이 있다. 동사의 뜻은 이 명사의 용도와 관계가 있다.

1. 타동사 용법
1.1. 다음 주어는 목적어를 유약으로 바른다.
(1) a. He **varnished** the wood table.(그는 나무 탁자에 유

약을 칠했다.)

    b. They varnished their boat.(그들은 자신들의 보트를 유약으로 칠했다.)

    c. Jane varnished her nails.(제인은 손톱을 유약으로 발랐다.)

    d. Varnish the bookcase and wax it.(그 책장에 유약을 바르고 왁스 칠을 해라.)

1.2. 다음은 수동태 문장으로 주어는 니스가 칠해진다.

(2) a. Her nails were varnished a brilliant shade of red.(그녀의 손톱은 밝은 빨강색으로 칠해졌다.)

    b. The wooden porch is varnished to protect it from bad weather.(나무 현관은 나쁜 기후로부터 그것을 보호하기 위해서 유약이 칠해진다.)

1.3. 다음 주어는 목적어 전체에 유약 칠을 한다.

(3) a. He varnished over the table. (그는 탁자 전체를 유약칠했다.)

    b. Scrape off the old paint, and varnish it over.(그 낡은 페인트를 긁어내고 그 위에 유약을 발라라.)

1.4. 다음 목적어는 추상적이다.

(4) He varnished the truth.(그는 진실을 호도했다.)

---

vary

이 동사의 개념 바탕에는 변이가 있는 과정이 있다.

1. 자동사 용법

1.1. 다음 주어는 차이가 난다.

(1) a. As they are handmade, each one varies slightly.(그것들은 수공품이므로, 각각은 조금씩 다르다.)

    b. It varies directly/inversely as temperature.(그것은 온도에 따라 직접/거꾸로 변한다.)

1.2. 다음 주어는 장소에 따라서 차이가 난다.

(2) a. The amount of sleep we need varies from person to person.(우리가 필요한 잠의 양은 사람에 따라 다르다.)

    b. The picture varies in detail from place to place.(그 그림은 세부적으로 장소에 따라 다르다.)

    c. The ease with which people find jobs varies from place to place.(사람들이 직업을 찾는 용이함은 장소에 따라 다르다.)

1.3. 다음 주어는 어떤 영역에 걸쳐서 차이가 난다.

(3) a. The color may vary from pale to dark.(그 색은 엷은 것에서부터 어두운 것까지 차이가 날 수 있다.)

    b. The price of the holiday varies from $50 to $100.(휴일의 가격은 $50에서 $100까지 다양하다.)

1.4. 다음 주어는 with의 목적어와 함께 변한다.

(4) a. The price varies with the size.(그 가격은 크기에 따라 다르다.)

    b. The risk of getting the disease varies with age.(병에 걸릴 위험은 나이에 따라 다르다.)

    c. Demand varies with the season.(수요는 계절에 따라 다양하다.)

    d. Growth varies with the individual.(성장은 개인에 따라 차이가 있다.)

    e. One's physical condition varies with climate.(사람의 신체적 상태는 기후에 따라 변한다.)

    f. The color of the fruit varies with age.(과일의 색은 나이에 따라 변한다.)

1.5. 다음 주어는 from의 목적어와 다르다.

(5) a. This story varies little from the other.(이 이야기는 다른 것과 거의 다르지 않다.)

    b. It varies from the law.(그것은 법과 다르다.)

    c. The translation varies little from the original.(변역은 원본과 거의 다르지 않다.)

    d. The texture of the seaweed varies according to the humidity of the air.(해초의 조직은 습기에 따라 차이가 있다.)

    e. Body temperature may vary over a 24-hour period.(체온은 24시간에 걸쳐서 다를 수 있다.)

    f. The lunch varies from day to day.(점심 식사는 매일 바뀐다.)

    g. His mood varies from hour to hour.(그의 기분은 시간마다 변한다.)

    h. Your duty may vary from week to week.(네 임무는 매주 바뀐다.)

1.6. 다음 주어는 변한다.

(6) a. Each night the program varies.(밤마다 그 프로그램은 변한다.)

    b. Her daily routine never varies.(그녀의 일상은 변하지 않는다.)

    c. Her diet never varied.(그녀의 식사는 변하지 않았다.)

    d. The quality of her work never varies; it is always excellent.(그녀 일의 질은 변하지 않는다; 그것은 항상 훌륭하다.)

    e. The evening ritual never varies.(저녁 예배는 결코 변하지 않는다.)

    f. The weather varies hourly.(날씨는 시간마다 변한다.)

1.7. 다음 주어는 복수이고, 주어 사이에 차이가 난다.

(7) a. The results of the experiment varied widely.(그 실험의 결과는 크게 차이가 났다.)

    b. Estimates vary considerably.(평가들이 상당히 차이가 난다.)

    c. The fees vary a lot.(그 요금은 매우 차이가 난다.)

    d. Courses vary a good deal both in their length and the number of students attending them.(과목들이 길이와 수강생의 수에 차이가 꽤 있다.)

1.8. 다음에는 변이의 영역이 표현되어 있다.

(8) a. Teaching methods vary from school to school.(교수법은 학교에 따라 차이가 있다.)

    b. The sums they receive vary from individual to individual.(그들이 받는 총액은 개인에 따라 차이가 있다.)

    c. They vary in age from 10 to 15.(그들의 나이는 10살부터 15살까지 다양하다.)

    d. The hotel bedrooms vary in size from medium to very large.(호텔의 객실은 크기가 중간 것부터 매우 큰 것까지 다양하다.)

    e. Salary scales vary between states/from state to state/ according to state.(봉급의 규모는 주사이에/주에서 주로/주에 따라 차이가 난다.)

1.9. 다음 주어는 in 또는 on의 목적어 영역에서 차이가 난다.

(9) a. Libraries vary in size and design(도서관들이 크기와 디자인에서 차이가 있다.)

b. The samples varied in quality.(그 표본은 질에서 차이가 났다.)

c. These stars vary much in brightness.(이 별들은 밝기에서 크게 차이가 난다.)

d. Colors vary in different lights.(색들이 다양한 빛에서 차이가 난다.)

e. Opinions vary on this point/issue.(의견들이 점에 대해 다양하다.)

f. Rates may vary a lot around these averages.(비율은 이 평균을 주변에서 많이 다양할 수 있다.)

2. 타동사 용법
2.1. 다음 주어는 목적어를 바꾼다.,

(10) a. Accents vary the way words are pronounced.(강세가 말이 발음되는 방법을 바꾼다.)

b. He varied his plan.(그는 자신의 계획을 바꿨다.)

c. He varied his style of writing/the speed/the position of the bed/the rules.(그는 글 쓰는 스타일/속도/침대의 위치/규칙을 바꿨다.)

d. He varied the pressure/the posture/the scene/his diet.(그는 그 압력/그 자세/그 장면/그 식단을 바꿨다.)

e. I try to vary my work as much as possible so I don't get bored.(나는 일에 가능한 한 변화를 주려고 노력한다. 그래서 나는 지루해지지 않는다.)

f. Museums have to vary their opening hours from season to season.(박물관은 개관 시간을 계절에 따라 바꾸어야 한다.)

g. They vary the program each night.(그들은 프로그램을 매일 밤 바꾼다.)

vault
이 동사의 개념 바탕에는 위로 뛰어오르는 과정이 있다.

1. 타동사 용법
1.1. 다음 주어는 뛰어오르고, 뛰어오른 높이가 표현되어 있다.

(1) a. The athlete vaulted 15 feet.(그 육상 선수는 15 피트를 뛰었다.)

b. He has vaulted 6 feet in indoor competition.(그는 6 피트를 실내 경기에서 뛰었다.)

1.2. 다음 주어는 뛰어서 장애물을 뛰어넘는다.

(2) a. The athlete vaulted over the raised beam.(그 선수는 올려놓은 장대를 뛰어넘었다.)

b. The horse vaulted over the fence.(그 말은 울타리를 뛰어넘었다.)

c. He vaulted over the tennis net.(그는 정구넷을 뛰어넘었다.)

d. He vaulted over the bar with a pole.(그는 차단봉을 막대로 뛰어넘었다.)

1.3. 위로의 움직임은 좋은 것과 연관된다. 다음 주어는 좋은 상태로 뛰어오른다.

(3) a. With the discovery, the scientific team vaulted into prominence.(그 발견과 함께, 그 과학 팀은 일약 유명하게 되었다.)

b. U.S.A vaulted to the position of the world leadership.(미국은 세계 지도층의 위치에 뛰어올랐다.)

1.4. 다음 주어는 뛰어서 넘거나 이른다.

(4) a. He came to the gate, and vaulted over.(그는 대문에 와서 뛰어넘었다.)

b. When young, he could vault onto a horse.(젊었을 때, 그는 말에 뛰어오를 수 있었다.)

c. He vaulted into the saddle and ran away.(그는 안장에 뛰어올라 달아났다.)

2. 타동사 용법
2.1. 다음 주어는 뛰어서 옆으로 장애물을 뛰어 넘는다.

(5) a. Tom was not able to vault the width of the stream.(톰은 그 개울의 폭을 뛰어넘을 수 없었다.)

b. She vaulted the wall and kept running.(그녀는 그 벽을 뛰어넘어서 계속 달렸다.)

c. The thief vaulted the fence and ran away.(그 도둑은 울타리를 뛰어넘어서 도망갔다.)

2.2. 다음 주어는 목적어를 위로 뛰어오르게 한다

(6) That discovery vaulted the scientific team into prominence.(그 발견은 그 과학 팀을 일약 유명하게 도약시켰다.)

veer
이동사의 개념 바탕에는 방향이 바뀌는 과정이 있다.

1. 자동사 용법
1.1. 다음 주어는 움직이는 개체로써 방향을 바꾼다.

(1) a. The bus veered east to avoid the oncoming truck.(그 버스는 다가오는 트럭을 피하기 위해서 오른쪽으로 틀었다.)

b. The plane veered off course.(그 비행기는 항로를 벗어났다.)

c. The wind veered round to the west.(바람은 방향을 돌려서 서쪽으로 불었다.)

d. The car veered to the right/off the slide of the road.(그 차는 오른쪽으로 돌았다/그 길의 가장 자리를 벗어났다.)

e. The bus veered onto the wrong side of the road.(그 버스는 길의 잘못된 쪽으로 올라갔다.)

f. The weather cock veered swiftly.(풍향기는 방향을 바꾸었다.)

1.2. 다음 주어는 방향을 바꾼다.

(2) a. The country's leaders seem to veer towards nationalism.(그 나라의 지도자들은 민족주의로 방향을 바꾸는 것 같다.)

b. The driver veered to the left to avoid a large hole.(그 운전수는 큰 구멍을 피하기 위해서 왼쪽으로 방향을 바꾸었다.)

c. The conservative politician **veered** further right. (그 보수주의 정치인은 더욱 우향적이 되었다.)

1.3. 다음 주어는 방향을 바꾼다. [과정은 움직이는 개체] 은유가 적용된 표현이다.

(3) a. The debate **veered** away from the main topic.(그 토의는 본 주제에서 벗어났다.)

b. His emotions **veered** from fear to anger.(그의 감정은 공포에서 분노가 되었다.)

c. Our talk soon **veered** onto the subject of football. (우리의 이야기는 곧 축구 주제로 돌았다.)

2. 타동사 용법

2.1 다음 주어는 목적어의 방향을 바꾼다.

(4) a. We **veered** the boat.(우리는 보트의 방향을 바꾸었다.)

b. He **veered** the car to the left.(그는 차를 왼쪽으로 방향을 바꾸었다.)

venerate

이 동사의 개념 바탕에는 신성하거나 성스러운 것을 깊이 존경하는 과정이 있다.

1. 타동사 용법

1.1. 다음 주어는 목적어를 깊이 존경한다.

(1) a. The devout Catholic **venerates** the saints.(독실한 카톨릭교도들은 성자들을 깊이 존경한다.)

b. The art collector **venerates** Monet for the beautiful paintings he had done.(그 예술품 수집가는 모네가 그린 아름다운 그림에 대해 그를 깊이 존경한다.)

1.2. 다음은 수동태 문장으로, 주어는 존경된다.

(2) a. The writer has been **venerated** for a century.(그 작가 한 세기에 걸쳐 존경받았다.)

b. Their parents' memory is **venerated**.(그들의 부모에 대한 추억은 추앙된다.)

vent

이 동사의 개념 바탕에는 vent의 명사 '배출구멍'이 있다. 동사의 뜻은 이 명사의 용도와 관계 있다.

1. 타동사 용법

1.1. 다음 주어는 목적어를 내보낸다.

(1) a. He **vented** the smoke from the kitchen.(그는 연기를 부엌에서 내보냈다.)

b. He **vented** the smell from the room.(그는 냄새를 방에서 내보냈다.)

1.2. 다음 주어는 목적어를 자신의 속에서 분출시킨다.

(2) a. He **vented** his anger/rage on the referee.(그는 화/분노를 그 심판에게 분출시켰다.)

b. He **vented** his ill humor on his wife.(그는 나쁜 기분을 아내에게 분출시켰다.)

c. He **vented** his frustration by kicking the tires on his car.(그는 좌절감을 차의 타이어를 차서 분출시켰다.)

1.3. 다음은 수동태 문장으로, 주어는 분출된다.

(3) a. Strong emotions were **vented** during the negotiations.(격한 감정들이 그 협상 동안 분출되었다.)

b. Her anger was **vented** on his sister.(그녀의 화는 언니에게 분출되었다.)

2. 자동사 용법

2.1. 다음 주어는 빠져나간다.

(4) When the pressure reached a certain point, it **vents** through a valve.(그 압력이 어느 점에 이르자, 그것은 밸브를 통해 나간다.)

ventilate

이 동사의 개념 바탕에는 환기를 시키는 과정이 있다.

1. 타동사 용법

1.1. 다음 주어는 목적어 안의 바람을 바꾼다.

(1) a. The fan **ventilated** the room.(그 선풍기는 방을 환기시켰다.)

b. This fan can **ventilate** 600 square feet of space. (이 선풍기는 600 평방 피트의 공간을 환기시킬 수 있다.)

c. The teacher opened the windows to **ventilate** the stuffy classroom.(교사는 텁텁한 교실을 환기시키기 위해서 창문을 열었다.)

1.2. 다음은 수동태 문장으로, 주어는 환기가 된다.

(2) a. The bathroom is **ventilated** by means of an extractor fan.(그 욕실은 추출 선풍기로 환기가 된다.)

b. The basement is **ventilated** by opening the entrance door.(그 지하실은 입구 문을 열어서 환기가 된다.)

1.3. 다음 주어는 목적어를 다른 사람에게 드러낸다.

(3) a. He **ventilated** the issue before the committee.(그는 그 문제를 위원회 앞에 알렸다.)

b. We **ventilated** our misgivings.(우리는 불안을 드러내었다.)

c. They **ventilated** the problems.(그들은 그 문제들을 표명했다.)

d. He angrily began to **ventilate** his opinions.(그는 화가 나서 자신의 의견을 표명하기 시작했다.)

venture

이 동사의 개념 바탕에는 위험을 무릅쓰고 모험을 하는 과정이 있다.

1. 타동사 용법

1.1. 다음 주어는 위험을 무릅쓰고 목적어를 내건다.

(1) a. He **ventured** most of his money on the horse race.(그는 돈을 거의 모두 경마에 걸었다.)

b. Mary **ventured** his paycheck on the bet.(메리는 월급 수표를 내기에 걸었다.)

c. The lawyer **ventured** his reputation on the

outcome of the trial.(그 변호사는 자신의 명성을 그 재판의 결과에 걸었다.)

d. He **ventured** his entire fortune **on** a single chance. (그는 모든 재산을 단 한번의 기회에 걸었다.)

e. He **ventured** some of his money **in** a risky business.(그는 돈의 일부를 위험성이 있는 사업에 걸었다.)

1.2. 다음 주어는 위험을 무릅쓰고 목적어를 내건다. 목적어는 생명이다.

(2) a. He **ventured** his life to save the boy.(그는 그 소년을 구하기 위해 자신의 목숨을 걸었다.)

b. The soldiers **ventured** their lives for their country.(군인들은 조국을 위해 목숨을 걸었다.)

c. They **ventured** their lives/their wealth for the cause.(그들은 목숨/재산을 그 이념을 위해 걸었다.)

1.3. 다음 주어는 위험을 무릅쓰고 목적어를 행한다.

(3) a. Will you **venture** an ocean voyage?(위험을 무릅쓰고 대양을 항해하겠습니까?)

b. He **ventured** a flight in a storm.(그는 위험을 무릅쓰고 폭풍 속에서 비행했다.)

c. He **ventured** a ride in my car.(그는 위험을 무릅쓰고 내 차를 탔다.)

d. Will you **venture** an investment?(과감히 위험을 무릅쓰고 투자하시겠습니까?)

e. I won't **venture** a step.(나는 위험을 무릅쓰고는 한 걸음도 내딛지 않겠다.)

f. He **ventured** a glance at the girl.(그는 감히 눈길을 그 여자에게 보냈다.)

g. If you **venture** nothing, you will get nothing.(만약 당신이 아무 것도 감히 하지 않으면, 당신은 아무 것도 얻지 못할 것이다.)

1.4. 다음 목적어는 장소나 상황이다. 주어는 목적어를 위험을 무릅쓰고 간다.

(4) a. He **ventured** the stormy sea.(그는 위험을 무릅쓰고 폭풍이 부는 바다로 나갔다.)

b. He **ventured** the high seas in a light boat.(그는 파도가 높은 바다를 작은 배를 타고 과감히 헤쳤다.)

c. The hunters **ventured** the blizzard and went into the woods.(그 사냥꾼들은 위험을 무릅쓰고 눈보라를 헤치고 숲 속으로 들어갔다.)

1.5. 다음 목적어는 말이나 생각이다. 주어는 위험을 무릅쓰고 목적어를 말한다.

(5) a. I won't **venture** a guess/a suggestion/an objection/a protest.(나는 추측/제안/이의/항거를 과감히 위험을 무릅쓰고 발표하지 않을 것이다.)

b. He **ventured** the opinion that we were wrong.(그는 우리가 틀렸다는 의견을 과감히 위험을 무릅쓰고 말했다.)

c. Bill **ventured** an apology to Tim.(빌은 팀에게 사과를 과감히 했다.)

d. "Shouldn't you be working?" she **ventured**.("당신 일을 하고 있어야 하지않나요?"라고 그녀가 과감히 위험을 무릅쓰고 물었다.)

1.6. 다음 주어는 위험을 무릅쓰고 부정사가 가리키는 일을 한다.

(6) a. He **ventured** to address him personally.(그는 과감히 그에게 개인적으로 말을 걸었다.)

b. He **ventured** to criticize the chairman.(그는 과감히 의장을 비판했다.)

c. I **ventured** to remark that her skirt was too short. (나는 과감히 그녀의 치마가 너무 짧다고 말했다.)

d. Nobody **ventured** to say a word against the plan. (아무도 과감히 그 계획에 반대하여 말을 하지 못했다.)

e. I **venture** to say that this library houses the largest collection in the world.(나는 과감히 이 도서관이 세계에서 가장 많은 장서를 보유하고 있다고 말한다.)

f. I **venture** to say we'll need help.(나는 우리가 도움이 필요하다고 과감히 말한다.)

g. May I **venture** to ask your opinion?(제가 감히 당신의 의견을 여쭈어도 될까요?)

h. May I **venture** to ask your help?(제가 감히 당신의 도움을 요청해도 될까요?)

i. I **venture** to recommend this book to you.(나는 감히 이 책을 너에게 추천한다.)

j. I **venture** to differ from you.(나는 과감히 너와 다르다고 말하겠다.)

k. No one **ventured** to object to the plan.(아무도 그 계획에 과감히 반대하지 않았다.)

l. He **ventured** to kiss her hand.(그는 과감히 그녀의 손에 키스했다.)

m. He **ventured** to write Bill that his novel is not interesting.(그는 과감히 빌에게 그의 소설은 재미가 없다고 썼다.)

n. I **ventured** to suggest that she might have made a mistake.(나는 과감히 그녀가 실수를 했을지도 모른다고 의견을 말했다.)

1.7. 다음 주어는 목적어(that-절)를 과감히 말한다.

(7) He **ventured** that you were wrong.(그는 네가 틀렸다고 과감히 말했다.)

1.8. 다음 주어는 위험을 무릅쓴다. 여기에서 주어는 생략되어 있다.

(8) Nothing **ventured**, nothing won.(위험을 무릅쓰지 않으면 아무것도 얻는 것이 없다; 호랑이가 굴에 들어가지 않으면, 호랑이를 잡을 수 없다.)

2. 자동사 용법

2.1. 다음 주어는 on의 목적어와 관련된 모험을 한다.

(9) a. He was too cautious to **venture on** such a dangerous expedition.(그는 너무 조심스러워서 그런 위험한 탐사에는 가지 않았다.)

b. He **ventured on** an important project.(그는 중요한 프로젝트에 과감히 참여했다.)

c. He **ventured on** an opinion.(그는 과감히 의견을 발표했다.)

d. Now is not the time to **venture on** such an ambitious project.(지금은 그런 대규모의 프로젝트를 감행할 때가 아니다.)

e. We **ventured on** another slice of cake.(우리는 케이크를 한 조각 더 먹었다.)

f. Will you venture on a glass of wine?(포도주를 한 잔 하지 않겠습니까?)

2.2. 다음 주어는 위험을 무릅쓰고 움직인다.

(10) a. They ventured down the river.(그들은 위험을 무릅쓰고 강을 따라 내려갔다.)

b. The young children ventured into the abandoned building.(어린 아이들은 위험을 무릅쓰고 버려진 건물 안으로 들어갔다.)

c. When most of the smoke had gone, I ventured into the room.(연기의 대부분이 사라진 후, 나는 방으로 대담하게 들어갔다.)

d. I wouldn't venture into a new business unless I had the backing of my manager.(나는 경영자의 지원 없이 새로운 사업에 뛰어들지 않겠다.)

e. The children ventured further into the forest.(그 아이들은 위험을 무릅쓰고 숲 속으로 더 깊이 들어갔다.)

f. They ventured into a new territory.(그들은 과감히 새로운 영토로 나아갔다.)

g. I told him not to venture to the edge of the cliff.(나는 그에게 위험을 무릅쓰고 절벽 가장자리로 가지 말라고 말했다.)

h. If I were you, I wouldn't venture near the dark cave again.(내가 너라면, 나는 위험을 무릅쓰고 다시 어두운 동굴로 가지 않겠다.)

i. He ventured too near the edge of a cliff.(그는 위험을 무릅쓰고 절벽의 가장자리로 너무 가까이 갔다.)

j. They ventured out on the stormy sea to rescue the shipwrecked people.(그들은 위험을 무릅쓰고 폭풍이 부는 바다로 나가 난파된 사람들을 구출했다.)

k. The snow was too deep for us to venture on.(그 눈은 너무 깊게 쌓여서 우리가 감히 갈 수 없었다.)

l. Today I ventured out of the house after my illness.(아프고 난 후에 오늘 나는 집밖으로 나가 보았다.)

m. He ventured out of doors.(그는 문 밖으로 과감히 나갔다.)

n. I was reluctant to venture out in bad weather.(나는 나쁜 날씨에 밖으로 나가기가 꺼려졌다.)

2.3. 다음 주어는 위험을 무릅쓰고 into의 상태에 들어간다.

(11) a. Finally the company ventured into movie productions.(마침내 그 회사는 영화 사업에 모험적으로 뛰어들었다.)

b. He enjoyed little success when he ventured into business.(그는 사업에 뛰어들었을 때 그다지 성공하지 못했다.)

verge

이 동사의 개념 바탕에는 verge의 명사 '가장자리'가 있다.

1. 자동사 용법

1.1. 다음 주어는 on의 목적어의 가장자리에 있다.

(1) a. The street verges on the slum area.(그 거리는 빈민가에 접한다.)

b. Our property verges on theirs.(우리의 소유지는 그들의 것에 접한다.)

1.2. 다음 주어는 on의 목적어의 가장자리에 있다. 목적어는 추상적인 상태이다.

(2) a. Some of his suggestions verged on the outrageous.(그의 제안들 중 몇 개는 터무니 없는 짓이었다.)

b. Her behavior sometimes verges on madness.(그녀의 행동은 때때로 미친 짓에 가깝다.)

c. He appears to be verging on insanity.(그는 정신이상에 가까운 것으로 보인다.)

d. The American eagle is verging on extinction.(미국 독수리는 멸종에 가깝다.)

1.3. 다음 주어는 어떤 가장자리 속이나 쪽으로 움직인다.

(3) a. Evening verged into the night.(저녁이 밤으로 되었다.)

b. The sun is verging toward the horizon.(태양은 수평선으로 다가가고 있다.)

verify

이 동사의 개념 바탕에는 입증하는 과정이 있다.

1. 타동사 용법

1.1. 다음 주어는 목적어를 입증한다.

(1) a. Several witnesses verified the alibi.(여러 증인들이 그 알리바이를 입증했다.)

b. Later investigations verified the theory.(나중의 조사가 그 이론을 입증했다.)

c. Subsequent events verified our testimony/report.(뒤따른 사건들이 우리의 증언/보고를 입증했다.)

1.2. 다음은 수동태 문장으로 주어는 입증된다.

(2) a. The details must be verified with the Home Office.(그 세부사항은 본점과 더불어 입증이 되어야 한다.)

b. Her version of events are verified by her neighbors.(사건에 대한 그녀의 이야기는 이웃에 의해 입증되었다.)

c. The figure has to be verified.(그 수치는 확증되어야 한다.)

1.3. 다음 that-절은 주어가 입증하는 내용을 담고있다.

(3) a. Your signature will verify that you understand the terms of the contract.(너의 서명은 네가 그 계약 조건을 이해함을 입증할 것이다.)

b. The bank will have to verify that you are the owner of the property.(그 은행은 네가 그 토지의 소유자임을 증명해야 할 것이다.)

c. Under interrogation, she verified that the tapes were authentic.(심문을 받으면서도, 그녀는 그 테이프가 진짜임을 확인했다.)

vest

이 동사의 개념 바탕에는 vest의 명사 '조끼'가 있다.

1. 타동사 용법

1.1. 다음은 수동태 문장으로 주어는 in의 목적어에 주어진다.

(1) a. Political power is now **vested in** an elected parliament.(정권이 이제 선출된 국회에 주어진다.)

b. In most countries, the right to make new laws is **vested in** the people's representatives.(대부분의 국가에서, 새 법을 만드는 권한은 국민의 대표자들에게 주어진다.)

1.2. 다음은 수동태 문장으로 주어는 전치사 with의 목적어가 주어진다.

(2) a. They are **vested with** the authority to police the park.(그들은 공원을 경비하는 권한이 주어져 있다.)

b. The mayor was **vested with** the right to christen the ship.(그 시장은 배를 명명하는 권리가 주어졌다.)

---

vex

이 동사의 개념 바탕에는 짜증이 나는 과정이 있다.

1. 타동사 용법

1.1. 다음 주어는 목적어를 흔들어 댄다.

(1) a. Winds are **vexing** the seas.(바람이 바다를 출렁이고 있다.)

b. Winds are **vexing** the trees.(바람이 나무들을 흔들어 대고 있다.)

1.2. 다음 주어는 목적어를 짜증나게 한다. 주어는 사람이다.

(2) a. He **vexed** her with foolish questions.(그는 그녀를 어리석은 질문으로 짜증이 나게 했다.)

b. The lazy workers **vexed** the supervisor.(게으른 인부들은 그 감독을 괴롭혔다.)

c. Don't **vex** the dog.(개를 괴롭히지 말아라.)

1.3. 다음 주어는 목적어를 짜증나게 한다. 주어는 개체이다.

(3) a. The problem has **vexed** me.(그 문제는 나를 괴롭혔다.)

b The memory of the conversation still **vexed** him. 그 대화의 기억은 아직도 그를 괴롭혔다.

c. The issue will **vex** the government.(그 쟁점은 정부를 괴롭게 할 것이다.)

1.4. 다음 주어는 수동태 문장으로 주어는 성가심을 받는다.

(4) a. He was **vexed at** the noise.(그는 소음에 괴로움을 느꼈다.)

b. I am **vexed at** his idleness.(나는 그의 게으름에 애가 탄다.)

c. He is **vexed at** his failure.(그는 자신의 실패에 애가 탄다.)

d. He was **vexed by** many problems.(그는 많은 문제로 괴로웠다.)

1.5. 다음은 수동태 문장으로 주어는 성가심을 받는다. 성가심을 주는 사람은 with로 표현되어 있다.

(5) a. She was **vexed with** her son at his laziness. (그녀

는 아들의 게으름에 짜증이 났다.)

b. He felt very much **vexed with** his students.(그는 학생들 때문에 몹시 화가 났다.)

1.5. 다음에서 부정사는 주어가 성가심을 느끼는 이유를 표현한다.

(6) a. I was **vexed to** hear his misconduct.(나는 그의 부정행위를 듣고 괴로웠다.)

b. I am **vexed to** hear that she didn't thank you.(나는 그녀가 당신에게 감사하지 않았다는 것을 듣고 괴로웠다.)

c. He was **vexed that** he could not find out anything. (그는 아무 것도 찾아내지 못해 괴로웠다.)

1.7. 다음 주어는 목적어를 오랫동안 생각한다.

(7) He **vexed** the question without reaching any solution.(그는 어떤 해결책에도 이르지 못한 채 그 질문에 대해 오랫동안 생각했다.)

---

vie

이 동사 개념 바탕에는 경쟁하는 과정이 있다.

1. 자동사 용법

1.1. 다음 주어는 in 이 가리키는 영역에서 경쟁한다.

(1) a. They **vied in** beauty.(그들은 미에서 경쟁을 했다.)

b. The two men **vied in** wealth.(두 남자는 부에서 경쟁을 했다.)

1.2. 다음 주어는 전치사 for의 목적어를 위해 경쟁한다.

(2) a. The two athletes **vied for** the gold medal.(두 운동 선수들은 금메달을 위해 경쟁을 했다.)

b. They are **vying for** the championship.(그들은 선수권을 얻기 위해 경쟁을 했다.)

c. The children **vied for** their mother's attention.(아이들은 어머니의 주의를 얻기 위해 경쟁을 했다.)

1.3. 다음 주어는 전치사 with의 목적어와 경쟁한다.

(3) a. He **vied with** her for power.(그는 그녀와 권력을 얻기 위해 경쟁을 했다.)

b. Sue **vied with** Jane for the open position of the school.(수는 제인과 학교의 빈 일자리를 위해 경쟁을 했다.)

c. The streets were full of cars **vying with** each other for parking spaces.(거리들은 주차 장소를 위해 서로 경쟁하는 차로 가득 차 있었다.)

1.4. 다음 주어는 경쟁자들이 이들은 부정사가 가리키는 일을 경쟁한다.

(4) a. The major record companies are **vying to** sign the group.(주요한 음반회사들은 그 그룹과 계약하기 위해 경쟁을 하고 있다.)

b. The scientists are **vying to** get funding for their research projects.(그 과학자들은 연구사업을 위한 자금을 얻기 위해 경쟁을 하고 있다.)

---

view

이 동사의 개념 바탕에는 특정한 방법이나 목적을 가지고 보는 과정이 있다.

1. 타동사 용법

1.1. 다음 주어는 목적어를 본다.
(1) a. From this platform you can view aircraft taking off and landing.(이 단에서 너는 비행기이륙하고 착륙하는 것을 볼 수 있다.)
   b. Thousands viewed the parade/the fireworks.(수천 명의 사람들이 그 행렬/그 폭죽을 보았다.)
   c. The tourists viewed the scenery with admiration.(관광객들은 그 전경을 경탄으로 보았다.)
   d. She viewed a robin in its nest.(그녀는 둥지에 있는 로빈새 한 마리를 보았다.)
   e. This way, you will view a large number of fields.(이 쪽에서 여러 분들은 많은 수의 밭을 볼 수 있다.)

1.2. 다음 주어는 목적어를 도구를 써서 본다.
(2) a. He viewed the specimen through a microscope.(그는 그 견본을 현미경으로 보았다.)
   b. He viewed the stars with a telescope.(그는 별들을 망원경으로 보았다.)

1.3. 다음 주어는 목적어를 조사한다.
(3) a. The doctor viewed the wound.(의사는 상처를 살펴보았다.)
   b. He is viewing records.(그는 기록을 살펴보고 있다.)
   c. He viewed the damage.(그는 피해를 살펴보았다.)
   d. I viewed a collection of paintings.(나는 그림들의 수집을 살펴보았다.)
   e. The jury viewed the body.(배심원단은 그 시체를 검사했다.)

1.4. 다음 주어는 목적어를 본다.
(4) a. She stood back and viewed the painting from a distance.(그녀는 뒤로 물러서서 그 그림을 멀리서 보았다.)
   b. We viewed the video recording of the incident.(우리는 그 사건의 비디오 기록을 보았다.)

1.5. 다음 주어는 목적어를 검사한다.
(5) a. Several possible buyers came to view the house.(여러명의 잠정 구매자들이 그 집을 보러 왔다.)
   b. Tomorrow we will view the house we are thinking of buying.(내일 우리는 우리가 사려고 생각하고 있는 집을 볼 것이다.)
   c. Charley took me to view the piano.(찰리는 나를 데리고 피아노를 보게 했다.)

1.6. 다음은 수동태 문장으로 주어는 검사된다.
(6) a. The house may be viewed between 14:00 and 17:00.(그 집은 14:00시에서 17:00시 사이에 볼 수 있다.)
   b. The property can be viewed by appointment.(그 땅은 약속에 의해 볼 수 있다.)

1.7. 다음 주어는 목적어를 마음의 눈으로 본다.
(7) a. She views the plan with skepticism.(그녀는 그 계획을 회의적으로 본다.)
   b. He viewed the uprising with alarm.(그는 그 항거를 놀라면서 보았다.)
   c. She has always viewed him with suspicion.(그녀는 항상 그를 의심을 가지고 보았다.)
   d. He views the situation with anxiety.(그는 그 상황을 근심스럽게 본다.)
   e. We view the situation with concern/satisfaction.(우리는 그 상황을 걱정/만족스럽게 본다.)
   f. Ecologists view with dismay the pollution of our air, rivers, and seas.(생태학자들은 낙담스러운 마음으로 우리의 대기, 강 그리고 바다의 오염을 본다.)
   g. The villagers view all tourists with suspicion.(그 마을 사람들은 모든 관광객을 의심스럽게 본다.)
   h. Let's view the matter from another angle.(그 문제를 다른 각도에서 봅시다.)
   i. He is viewing the matter in a new light.(그는 그 문제를 새 각도에서 보고 있다.)

1.8. 다음은 수동태 문장으로 주어는 보아진다.
(8) a. Offers of rides from strangers should always be viewed with caution/suspicion.(낯선 이에 의한 승차 제의는 항상 주의/의심으로 보아져야 한다.)
   b. The subject may be viewed in different ways.(그 주제는 다른 방법으로 보아질 수 있다.)
   c. The plan was viewed favorably.(그 계획은 호의적으로 간주되었다.)

1.9. 다음 주어는 목적어를 as의 목적어로 본다.
(9) a. They view her as a nuisance.(그들은 그녀를 귀찮은 존재로 본다.)
   b. I view him as a good friend.(나는 그를 좋은 친구로 본다.)
   c. I view his action as a breach of trust.(나는 그의 행동을 신뢰의 위반으로 본다.)
   d. I view his political opinions as dangerous.(나는 그의 정치적 의견을 위험한 것으로 본다.)
   e. He views a minor setback as a disaster.(그는 작은 패배를 재앙으로 본다.)

1.10. 다음 주어는 목적어를 마음의 눈으로 본다.
(10) a. How do you view this matter?(너는 이 문제를 어떻게 보느냐?)
   b. How do you view your position within the company?(너는 회사내에서 너의 위치를 어떻게 보느냐?)
   c. How do you view the current crisis?(어떻게 너는 현 위기를 보느냐?)

vindicate
이 동사의 개념 바탕에는 옹호하는 과정이 있다

1. 타동사 용법

1.1 다음 주어는 목적어를 옹호한다.
(1) a. The surprising testimony vindicated the suspect.(그 놀라운 증언은 용의자를 옹호했다.)
   b. The outcome of the trial vindicated Peter completely.(재판의 결과는 피터를 완전히 옹호했다.)
   c. The jury vindicated the suspect.(그 배심원들은 그 용의자의 혐의를 벗겼다.)

1.2. 다음 주어는 목적어의 정당성을 입증하여 옹호한다.
(2) a. He vindicated his claims.(그는 자신의 주장을 입증

했다.)

b. He tried to **vindicate** his behavior to his wife.(그는 자신의 행동을 아내에게 변호하려고 했다.)

c. We **vindicated** his honor.(우리는 그의 명예를 옹호했다.)

d. Subsequent events **vindicated** his innocence.(뒤따른 사건들이 그의 무죄를 옹호했다.)

1.3. 다음은 수동태 문장으로 주어는 옹호된다.

(3) a. The theory was **vindicated** by laboratory tests.(그 이론은 실험실 시험에 의해 입증되었다.)

b. Our fears of conflict were **vindicated** by today's events.(전쟁에 대한 우리의 우려는 오늘의 사건들에 의해 입증되었다.)

c. Your decision must be **vindicated**.(너의 결정은 옹호되어야 한다.)

1.4. 다음에서 주어는 목적어를 옹호(변호)하여 협의 사실에서 벗어나게 한다.

(4) a. Ten years after his execution, new evidence **vindicated** Bill of his alleged crimes.(그의 처형 10년 후에, 새 증거가 빌을 주장된 범죄에서 벗겨주었다.)

b. He **vindicated** her from the charge.(그는 그녀를 그 혐의에서 벗겨주었다.)

c. He was **vindicated** from/of all the charges.(그는 모든 혐의에서 벗겨졌다.)

1.5. 다음 주어는 자신을 해명하거나 변호한다.

(5) a. They welcomed the trial as a chance to **vindicate** themselves.(그들은 자신들을 변호할 수 있는 기회로서 재판을 환영했다.)

b. He succeeded in **vindicating** himself.(그는 자신을 변호하는 데에 성공했다.)

violate

이 동사의 개념 바탕에는 깨거나 위반하는 과정이 있다.

1. 타동사 용법

1.1. 다음 주어는 목적어를 깬다.

(1) a. The construction of the building **violated** fire regulations.(그 건물의 공사는 화재 규정을 어겼다.)

b. Don't **violate** traffic rules.(교통 법규를 위반하지 마시오.)

c. He **violated** a law/a promise.(그는 법/약속을 어겼다.)

d. All countries have agreed not to **violate** the UN sanctions.(모든 국가가 UN의 제재를 위반하지 않을 것임에 합의했다.)

e. The landlord openly **violates** the right of his tenants.(집주인은 세입자의 권리를 공공연히 위반한다.)

f. The law will **violate** the right of free speech.(그 법은 언론의 자유를 위반할 것이다.)

g. He **violated** the right of free speech.(그는 언론의 자유를 위반했다.)

h. He **violated** the speed limit/the commandment.(그

는 속도 제한/명령을 어겼다.)

i. The doctor has **violated** the professional ethics.(의사는 직업 윤리를 위반했다.)

1.2. 다음 주어는 목적어를 침해한다.

(2) a. He **violated** the frontier.(그는 국경을 침범했다.)

b. Some ships from Japan **violated** the territorial waters.(일본 배 몇 척이 영해를 침범했다.)

c. Don't **violate** her privacy.(그녀의 사생활을 침해하지 마시오.)

1.3. 다음 주어는 목적어를 더럽힌다. 목적어는 교회나 사원이다.

(3) a. The soldiers **violated** the church by using it as a stable.(그 군인들은 교회를 마구간으로 사용하여 그것을 불경하게 했다.)

b. The army **violated** a shrine.(군대는 그 사당을 불경하게 했다.)

c. Robbers **violated** the grave by digging it up.(강도들이 무덤을 파헤쳐서 그것을 불경하게 했다.)

1.4. 다음 주어는 목적어를 깬다. 목적어는 평화로운 상태이다.

(4) a. The sound of automobile horns **violated** the usual calm of Sunday morning.(자동차의 경적 소리는 일요일 아침의 여느 평온을 깨뜨렸다.)

b. Noisy motor boats **violated** the peace of the river every weekend.(시끄러운 모터보트 소리가 강의 정적을 매 주말마다 깨뜨렸다.)

c. The loud children **violated** my peace and quiet.(시끄러운 아이들은 나의 평화와 고요함을 깨뜨렸다.)

d. You're **violating** the peace of the country.(당신은 그 국가의 평화를 깨뜨리고 있다.)

e. Bill **violated** my trust by telling others my secrets.(빌은 다른 사람들에게 내 비밀을 말하여 내 신뢰를 깨뜨렸다.)

1.5. 다음은 수동태 문장으로 주어는 깨어진다.

(5) a. The tranquility of the village was **violated** by a coach full of noisy tourists.(그 마을의 평온은 시끄러운 관광객들로 가득 탄 마차가 들어서면서 깨졌다.)

b. Human rights are **violated** every day in the prison.(인권은 매일 감옥에서 위반된다.)

1.6. 다음 주어는 목적어를 폭행한다.

(6) It is a serious crime to **violate** someone.(타인을 폭행하는 것은 심각한 범죄다.)

visit

이 동사의 개념 바탕에는 찾아가는 과정이 있다.

1. 타동사 용법

1.1. 다음 주어는 목적어를 방문한다.

(1) a. Are you going to come and **visit** me when I am in hospital?(당신은 내가 병원에 있는 동안 와서 나를 방문할 것입니까?)

b. He **visited** his friend/a fortune-teller.(그는 친구/점쟁이를 찾아갔다.)

c. She's gone to **visit** her brother for the weekend.

(그녀는 주말동안 오빠를 방문하러 갔다.)

  d. The doctor is out visiting his patient.(그 의사는 환자를 방문하러 나가고 없다.)

  e. They must be out visiting.(그들은 방문하러 나간 게 틀림없다.)

  f. You need to visit a solicitor before thinking about divorce.(너는 이혼을 생각하기 전에 먼저 변호사를 만날 필요가 있다.)

1.2. 다음 주어는 목적어를 방문한다. 목적어는 장소이다.

(2) a. He visited New York a few years ago.(그는 뉴욕을 몇 주 전에 방문했다.)

  b. He visits a hot spring/a botanical garden every winter.(그는 온천을/식물원을 겨울마다 방문한다.)

  c. I hope to visit Rome one day.(나는 로마를 언젠가 방문하고 싶다.)

  d. Millions of tourists visit London each year.(매년 수백만의 관광객들이 런던을 방문한다.)

  e. We hope to visit the Grand Canyon on our trip.(우리는 우리의 여행 중에 그랜드 캐년을 방문하기를 원한다.)

  f. They visited the ruins at Pompeii.(그들은 폼페이의 유적을 방문했다.)

1.3. 다음 주어는 목적어를 찾아간다. 목적어는 기관이나 조직체이다.

(3) a. We visited a few galleries.(우리는 몇몇 화랑을 방문했다.)

  b. He visits the library/museum everyday.(우리는 매일 도서관/박물관을 방문한다.)

  c. The building inspector is visiting the new housing project.(건물 검사관은 새 주택 사업단지를 시찰하고 있다.)

  d. The inspection team visited the factory.(조사팀은 그 공장을 시찰했다.)

1.4. 다음은 수동태 문장으로 주어는 방문을 받는다.

(4) a. The restaurant is visited regularly by public health officers.(그 식당은 정기적으로 공공보건 관리들의 검열을 받는다.)

  b. Public establishments are regularly visited by health officials.(공공 건물들은 보건 관리들의 시찰을 정규적으로 받는다.)

1.5. 다음 주어는 사람이 아니고. 지진, 기근, 전염병, 생각과 같은 것인데 이들은 구체적인 개체로 장소 이동을 하여 어디를 찾아가는 것으로 개념화된다.

(5) a. A few years ago a big earthquake visited the city.(몇 년 전에 큰 지진이 그 도시를 엄습했다.)

  b. Famine often visits the district.(기아가 이 지역을 종종 찾아온다.)

  c. The plague visited the village.(그 전염병은 그 마을을 찾아왔다.)

1.6. 다음은 수동태 문장으로 주어는 병이나 재앙의 방문을 받는다.

(6) a. He is visited by a strange notion.(그는 이상한 생각이 찾아온다.)

  b. London was visited by the plague in 1665.(런던은 1665년에 전염병이 덮쳤다.)

  c. People were visited with a plague of rats.(사람들은 쥐 전염병에 덮쳤다.)

  d. The valley was visited by a drought.(그 마을은 가뭄이 찾아왔다.)

  e. They were visited by many troubles.(그들은 많은 문제들이 찾아왔다.)

1.7. 다음 주어는 전치가 with의 목적어를 가지고 목적어를 찾아간다.

(7) a. God visited him with salvation.(하느님은 그를 구원을 가지고 찾아갔다.)

  b. God visited Job with sorrows.(하느님은 욥을 슬픔을 가지고 찾아갔다.)

1.8. 다음 주어가 목적어를 on의 목적어에 가게 한다.

(8) a. God visited punishment on them for their sins.(하느님은 죄에 대해 벌을 그들에게 내렸다.)

  b. He visited his anger upon everyone around him.(그는 화를 주위의 모든 사람에게 내었다.)

  c. He visited his indignation upon his brother.(그는 자신의 분노를 형에게 내었다.)

1.9. 다음은 수동태 문장으로 주어는 내려진다.

(9) a. The sins of the fathers are visited upon the children.(아버지들의 죄가 자식들에게 내려진다.)

  b. God's wrath will be visited on sinners.(하느님의 분노가 죄인들에게 내려질 것이다.)

2. 자동사 용법

2.1. 다음 주어는 전치사 with의 목적어와 만나서 상호작용을 한다.

(10) a. He visited with his friend over the phone.(그는 친구와 전화로 이야기를 했다.)

  b. I was hoping to visit with Kay while I was in Honolulu.(나는 호놀룰루에 있는 동안 케이와 이야기를 나누고 싶어했다.)

  c. Please stay and visit with me for a while.(잠깐 머무르며 나와 얘기해요.)

2.2. 다음 목적어는 표현되어 있지 않다. 그러나 화맥이나 문맥으로부터 목적어를 추리할 수 있다.

(11) a. The school inspector is visiting next week.(장학관은 다음 주에 시찰을 올 것이다.)

  b. We are not staying here--we are just visiting for the afternoon.(우리는 여기에 묵지 않는다. 다만 오후동안 방문할 것이다.)

2.3. 다음 주어는 방문을 한다.

(12) a. He visited at his friend's.(그는 친구 집에 방문했다.)

  b. He visited in New York.(그는 뉴욕을 방문했다.)

2.4. 다음 주어는 이야기를 한다.

(13) Let's stop here and visit for a while.(여기에 멈춰서 잠시 이야기하자.)

visualize

이 동사의 개념 바탕에는 마음 속에 그리는 과정이 있다.

1. 타동사 용법

1.1. 다음 주어는 목적어를 마음 속에 그린다.

(1) a. Try to **visualize** a successful future.(성공적인 미래를 마음 속에 그려보아라.)

b. I was so surprised when he turned up. I'd **visualized** someone much older.(나는 그가 나타났을 때 놀랐다. 나는 그보다 훨씬 나이가 든 사람을 상상했다.)

c. I can **visualize** the scene clearly.(나는 그 장면을 선명하게 상상할 수 있다.)

1.2. 다음 주어는 목적어가 어떤 일을 하는 것을 상상한다.

(2) a. I can't **visualize** myself teaching the handicapped.(나는 내 자신이 장애인들을 가르치는 것을 상상할 수 없다.)

b. I closed my eyes and **visualized** walking through a field of barley.(나는 눈을 감고 보리밭 속을 걸어가는 것을 상상했다.)

c. She couldn't **visualize** climbing the mountain.(그녀는 산을 올라가는 것을 상상할 수 없었다.)

1.3. 다음 주어가 목적어가 as와 같은 것으로 상상한다.

(3) a. Try to **visualize** him **as** an old man.(그가 노인이라고 상상해 보아라.)

b. I cannot **visualize** her **as** a nun.(나는 그녀를 수녀로 상상할 수 없다.)

1.4. 다음에서 주어의 상상이 의문사가 이끄는 절로 표현되어 있다.

(4) a. It is hard to **visualize** how these tiles will look in our room.(이 타일들이 우리 방에서 어떻게 보일지 상상하기는 어렵다.)

b. I can't **visualize** what the room looked like before it was decorated.(나는 그 방이 장식이 되기 전에 어떻게 보였는지 상상할 수 없다.)

voice

이 동사의 개념 바탕에는 voice의 명사 '목소리'가 있다. 동사의 뜻은 이 명사의 기능과 관계가 있다.

1. 타동사 용법

1.1. 다음 주어는 말(목소리)로 표현된다.

(1) a. They **voiced** their disapproval.(그들은 자신들의 불만을 표현했다.)

b. The parents **voiced** concern about their children's safety.(그 부모는 아이들의 안전에 대한 걱정을 표현했다.)

c. The local residents **voiced** their concerns about the landfills.(지역 주민들은 그 매립지에 대한 그들의 걱정을 표현한다.)

d. He **voiced** several objections to the plan.(그는 그 계획에 대한 여러가지 반대를 말했다.)

e. Many **voiced** a complaint about the rude clerk.(많은 사람들이 무례한 서기에 대해 불만을 말했다.)

f. He **voiced** his opinion/criticism/doubt.(그는 자신의 의견/비판/의심을 표명했다.)

1.2. 다음 주어는 목적어를 유성음으로 낸다.

(2) John mistakenly **voiced** the final consonant of the word.(존은 실수로 그 낱말의 마지막 자음을 유성음으로 발음했다.)

volunteer

이 동사의 개념 바탕에는 volunteer의 명사 '자원자'가 깔려있다.

1. 타동사 용법

1.1. 다음 주어는 목적어를 자원해서 제공한다.

(1) a. He **volunteered** a statement to the police.(그는 그 진술을 경찰에 자원했다.)

b. She **volunteered** some information.(그녀는 정보를 자진해서 제공했다.)

c. A few people **volunteered** suggestions.(몇 사람이 제안을 자원했다.)

d. While I was trying to start the car, several people in the crowd **volunteered** advice.(내가 그 차의 시동을 걸려고 하고 있을 때, 그 군중 속의 여러 사람들이 조언을 자청했다.)

e. He **volunteered** a dangerous duty/a song/an explanation.(그는 위험한 의무/노래/설명을 자원했다.)

1.2. 다음 주어는 따옴표 속의 말을 자원한다.

(2) a. "It's not my car," he **volunteered**.("그것은 내 차가 아니다," 그는 자원해서 말했다.)

b. "I saw her going out of the main entrance," she **volunteered**. ("나는 그녀가 입구를 나가는 것을 보았다," 그녀가 자원해서 말했다.)

1.3. 다음 주어는 목적어로 하여금 자원해서 부정사가 가리키는 일을 한다.

(3) a. I'm **volunteering** you for the late shift at work.(나는 너를 밤 근무에 자원시키고 있다.)

b. Mom **volunteered** me for washing the dishes.(어머니는 나를 접시를 닦는 일에 자원시켰다.)

c. They **volunteered** me for the job of interpreter.(그들은 나를 통역원 일에 자원시켰다.)

d. He **volunteered** himself for the mission.(그는 그 임무에 자원했다.)

2. 자동사 용법

2.1. 다음의 주어는 어떤 일을 자원한다.

(4) a. She **volunteered** for community service.(그녀는 지역사회 봉사를 위해 자원했다.)

b. He **volunteered** for guard duty/military service.(그는 경비 임무/병역을 자원했다.)

c. She **volunteered** for the Peace Corps.(그녀는 평화봉사단에 자원했다.)

d. Several teachers **volunteered** for early retirement.(여러 교사들이 조기 퇴직에 자원했다.)

2.2. 다음에서 주어는 자원해서 부정사가 가리키는 일을 한다.

(5) a. He **volunteered** to help the victims.(그는 희생자들을 돕기로 자원했다.)

b. We **volunteered** to raise the money.(우리는 돈을 모으기로 자원했다.)

vomit

이 동사의 개념 바탕에는 어떤 사람이 음식과 같이 몸 속에 있는 것을 토하는 과정이 있다.

1. 타동사 용법

1.1. 다음에서 주어는 목적어를 토한다.

(1) a. He vomited some blood.(그는 약간의 피를 토했다.)

    b. He vomited his dinner.(그는 저녁 식사를 토했다.)

    c. The sick boy vomited the pizza he had eaten for lunch.(병든 아이는 먹은 피자를 토했다.)

1.2. 다음의 주어는 화산, 굴뚝, 대포 등이다. 주어는 목적어를 내뿜는다.

(2) a. The volcano vomited ash and rock.(그 화산은 재와 용암을 토했다.)

    c. The chimney vomited forth a thick smoke.(그 굴뚝은 짙은 연기를 내뿜었다.)

    d. The cannons vomited smoke and fire.(그 대포는 연기와 불을 뿜었다.)

2. 자동사 용법

2.1. 다음의 주어는 토한다.

(3) a. The child vomited when he had flu.(그 아이는 독감에 걸렸을 때 토했다.)

    b. The smell made me vomit.(그 연기는 나를 토하게 했다.)

2.2. 토할 때 음식물이 나오고 이것은 특정한 곳으로 들어갈 수 있다.

(4) a. The drunken student vomited into a trash can.(취한 학생은 쓰레기 통에 토했다.)

    b. The patient vomited onto his pillow.(그 환자는 베개에 토했다.)

vote

이 동사의 개념 바탕에는 투표하는 과정이 있다.

1. 자동사 용법

1.1. 다음 주어는 특정 후보를 지지하거나 반대하는 투표를 한다.

(1) a. Did you vote for or against her?(너는 그녀에게 찬성표를 아니면 반대표를 던졌나?)

    b. We voted in favor of him.(우리는 그에게 찬성표를 던졌다.)

    c. He always votes for Conservatives.(그는 항상 보수당을 위해 투표한다.)

    d. Did you vote?(너는 투표를 했나?)

1.2. 다음 주어는 투표를 하여 어떤 일을 하기로 결정한다.

(2) a. The Senate voted to lift all trade restrictions.(상원은 모든 무역 제한을 제거하기로 투표했다.)

    b. They voted to go on strike.(그들은 파업을 하기로 투표를 했다.)

    c. The children voted to have their sports meeting on Saturday morning.(그 아이들은 스포츠 모임을 일요일 아침에 갖기로 투표했다.)

    d. Congress voted to increase foreign aid by 10%.(의회는 외국 원조를 10 퍼센트 올리기로 투표했다.)

1.3. 다음의 주어는 투표한다.

(3) a. You're only 16, and you're too young to vote.(너는 16세여서 너무 어려서 투표를 할 수 없다.)

    b. Sue has voted since she turned 18.(수는 18세부터 투표를 했다.)

    c. How did you vote at the last election?(지난 번 선거에서 어떻게 투표를 했습니까?)

1.4. 다음 주어는 전치사 on의 목적어와 관련하여 투표한다.

(4) We'll listen to the arguments on both sides and then vote on it.(우리는 양쪽의 논쟁을 다 듣고 그것에 투표를 하겠다.)

1.5. 다음 주어는 that-절을 투표로 결정한다.

(5) They voted that the meeting should be adjourned.(그들은 그 모임이 휴회되어야 한다고 투표했다.)

2. 타동사 용법

2.1. 다음 주어는 목적어를 투표한다.

(6) a. They voted the Republican ticket.(그들은 공화당 추천 후보를 투표했다.)

    b. They voted the Socialist ticket.(그들은 사회당 추천 후보를 투표했다.)

    c. The Senate voted impeachment of the president.(상원은 대통령의 탄핵을 투표했다.)

2.2. 다음은 수동태 문장으로 주어는 투표로 결의된다.

(7) The resolution was voted by a two-third majority.(그 결의는 3분의 2의 다수로 표결되었다.)

2.3. 다음 주어는 투표를 통하여 목적어를 움직인다.

(8) a. The people in our town voted down money for a new highway.(우리 읍내 사람들은 투표로 새 고속도로를 위한 돈을 부결했다.)

    b. They voted a bill into law.(그들은 법안을 투표해서 법으로 만들었다.)

    c. They voted the measure through.(그들은 그 조치를 투표해서 통과시켰다.)

    d. The State voted a woman to the Senate.(그 주는 투표해서 여성을 상원에 보냈다.)

2.4. 다음은 수동태 문장으로 주어는 투표에 붙여진다.

(9) a. Mayor was voted in with a slim majority.(시장은 빈약한 다수의 투표로 시장이 되었다.)

    b. She was voted onto the board of governors.(그녀는 투표로 의사회에 선출되었다.)

    c. Labor was voted out in 1979.(노동당은 1979년에 투표로 물러나게 되었다.)

    d. The government will be voted out of office.(정부는 투표로 물러나게 될 것이다.)

    e. The proposal to merge the two companies was voted through.(그 두 회사를 통합하려는 제안은 투표로 통과되었다.)

2.5. 다음 주어는 첫째 목적어에 둘째 목적어를 투표로 배정한다.

(10) a. Congress voted the town a large sum of money for a new road.(의회는 그 읍내에 새 길을 위한 엄

청난 돈을 의결했다.)

b. The directors have just **voted** themselves a huge pay increase.(의사들은 자신들에게 큰 임금 인상을 가결했다.)

c. The committee **voted** the Sports Club an extra 1000 dollars.(그 위원회는 스포츠 클럽에 여분의 1000 달러를 가결했다.)

d. They **voted** his widow a generous pension.(그들은 그의 과부에게 관대한 연금을 가결했다.)

e. They **voted** a generous pension for his widow.(그들은 관대한 연금을 그의 과부를 위해 가결했다.)

2.6. 다음은 수동태 문장으로 주어는 가결된다.

(11) Money for a new school was **voted** by the board.(새 학교를 위한 돈이 이사진에 의해 가결되었다.)

2.7. 다음에서 vote는 '평가하다'의 뜻으로 쓰였다. 투표도 하나의 평가로 볼 수 있다.

(12) They **voted** the play a success.(그들은 그 연극을 성공이라 평가했다.)

2.8. 다음은 수동태 문장으로 주어는 평가된다.

(13) a. The measure was **voted** a failure.(그 조치는 실패로 평가되었다.)

b. 'Schindler's List was **voted** "Film of the year".('쉰들러 리스트'는 그 해의 영화로 평가되었다.)

c. His party was **voted** a success/the best.(그의 파티는 성공/최고로 평가되었다.)

e. He was **voted** most promising new director.(그는 가장 유망한 새 감독으로 평가되었다.)

vouch

이 동사의 개념 바탕에는 보증하는 과정이 있다.

1. 자동사 용법

1.1. 다음 주어는 전치사 for의 목적어를 보증한다.

(1) a. He brought along a couple of friends to **vouch for** him.(그는 그를 보증할 두 명의 친구를 데리고 왔다.)

b. I'll **vouch for** my son.(나는 아들을 보증하겠다.)

1.2. 다음 주어는 전치사 for의 목적어를 보증한다.

(2) a. I can **vouch for** the truth of her story.(나는 그녀 이야기의 진실을 보증할 것이다.)

b. I will **vouch for** the quality of the report.(나는 그 보고서의 질을 보증할 수 있다.)

c. I've read this report carefully and I can **vouch for** its correctness.(나는 그 보고서를 세심하게 읽어서 그것의 정확성을 보증할 수 있다.)

d. The researcher **vouched for** the accuracy of the experiment.(그 연구자는 실험의 정확성을 보증했다.)

e. The teacher **vouched for** the student's honesty.(그 교사는 학생의 정직을 보증했다.)

f. I **vouched for** his innocence; he didn't steal

anything.(나는 그의 무죄를 보증했다; 그는 아무 것도 훔치지 않았다.)

1.3. 다음 주어는 목적어를 보증한다. 주어는 개체이다.

(3) a. Her record in office **vouches for** her integrity.(재직시 그녀의 기록은 그녀의 정직을 입증한다.)

b. His reference **vouched for** his ability.(참고인은 그의 능력을 보증했다.)

1.4. 다음 주어는 that-절의 내용을 보증한다.

(4) I can't **vouch that** the house is not yet sold.(나는 그 집이 아직 팔리지 않았다고 보증할 수 없다.)

1.5. 다음 주어는 목적어를 다진다.

(5) He is **vouching** revenge.(그는 복수를 다지고 있다.)

vow

이 동사의 개념 바탕에는 맹세하는 과정이 있다.

1. 타동사 용법

1.1. 다음 주어는 that-절의 내용을 맹세한다.

(1) a. He **vowed that** he would never drink and drive again.(그는 다시는 술을 마시고 운전을 하지 않겠다고 맹세를 했다.)

b. They **vowed that** they would fight against the enemy.(그들은 적에 대항해서 싸우겠다고 맹세했다.)

1.2. 다음 주어는 부정사가 가리키는 일을 맹세한다.

(2) a. Bob **vowed to** be loyal to this cause.(봅은 이 대의에 충실하겠다고 맹세했다.)

b. He **vowed to** kill his enemy.(그는 적을 죽이겠다고 맹세했다.)

c. He **vowed to** repay the debt.(그는 빚을 되갚겠다고 맹세했다.)

d. She **vowed to** lose weight before the wedding.(그녀는 결혼 전에 몸무게를 줄이겠다고 맹세했다.)

e. She **vowed to** love him always.(그녀는 그를 항상 사랑하겠다고 맹세했다.)

f. Susan **vowed to** work hard until she paid off her debts.(수잔은 빚을 다 갚을 때까지 열심히 일하겠다고 맹세했다.)

1.3. 다음 주어는 목적어를 맹세한다.

(3) a. She **vowed** her revenge.(그녀는 복수를 맹세했다.)

b. They **vowed** eternal friendship.(그들은 영원한 우정을 맹세했다.)

1.4. 다음 주어는 목적어를 전치사 to의 목적어에 맹세를 하고 바친다.

(4) a. He **vowed** himself **to** the service of the nation.(그는 자신을 민족의 봉사에 맹세를 하고 바쳤다.)

b. Priests **vow** their lives **to** the service of the church.(신부들은 그들의 일생을 교회의 봉사에 바친다.)

W　W

wad

이 동사의 개념 바탕에는 wad의 명사 '속에 넣는 솜'이 있다. 동사의 뜻은 이 명사의 용도와 관련이 된다.

1. 타동사 용법
1.1. 다음 주어는 목적어를 뭉친다.
(1) a. He **wadded** the paper into a ball and threw it into the wastebasket. (그는 그 종이를 공 모양으로 뭉쳐서 쓰레기통에 던졌다.)
 b. **Wad** the newspaper and hit the flies with it. (신문을 뭉쳐서 그것으로 파리를 쳐라.)
 c. He **wadded** up the paper. (그는 종이를 똘똘 뭉쳤다.)

1.2. 다음 주어는 공간이 있는 목적어를 with의 목적어로 채운다.
(2) a. **Wad** the space with the paper. (공간을 종이로 메워라.)
 b. He **wadded** the box with tissue. (그는 그 상자를 휴지로 메웠다.)
 c. **Wad** the report with more details. (그 보고서를 더 상세한 설명으로 채워라.)

wade

이 동사의 개념 바탕에는 물을 걸어서 지나는 과정이 있다.

1. 자동사 용법
1.1. 다음 주어는 물이나 진흙을 걸어서 지난다.
(1) a. The soldiers **waded** across the river. (그 군인은 강을 걸어서 건넜다.)
 b. The boy **waded** through mud. (그 소년은 진창을 걸어서 지나갔다.)

1.2. 다음 주어는 어떤 일에 관여한다.
(2) a. I wish you wouldn't **wade** in with your opinion. (당신의 의견을 가지고 간섭하지 않기를 바랍니다.)
 b. It wasn't his affairs, but he **waded** in with his opinion. (그것이 그의 일은 아니었지만, 그는 자신의 의견을 가지고 간섭했다.)

1.3. 다음 주어는 through의 목적어를 힘들게 지나간다.
(3) a. He **waded** through difficulties. (그는 어려움을 헤쳐 나갔다.)
 b. He **waded** through the difficult book/the paper/the work. (그는 그 어려운 책/신문/일을 참고 읽어/해냈다.)
 c. I have to **wade** through all this mail. (나는 이 모든 우편물을 참고 읽어내야만 한다.)
 d. He **waded** through slaughter into a throne. (그는 살육을 감행한 끝에 왕위에 이르렀다.)

1.4. 다음 주어는 힘든 일을 시작한다. [과정은 그릇] 은

유가 적용된 표현이다.
(4) a. He **waded** into the task with more enthusiasm. (그는 더 열의를 가지고 그 일에 힘차게 착수했다.)
 b. He **waded** into his homework. (그는 숙제에 힘차게 착수했다.)

2. 타동사 용법
2.1. 다음 주어는 목적어를 걸어서 지나간다.
(5) a. He **waded** the stream. (그는 개울을 걸어서 건넜다.)
 b. We'll **wade** the stream at its shallowest point. (우리는 개울을 가장 얕은 점에서 걸어 건널 것이다.)

2.2. 다음 주어는 물을 걸어가면서 건넌다.
(6) I **waded** my way across. (나는 물을 걸어가면서 건넜다.)

waft

이 동사의 개념 바탕에는 수면이나 공기 속에 이동하는 과정이 있다.

1. 자동사 용법
1.1. 다음 주어는 공기 속에서 가볍게 움직인다.
(1) a. The sound of their voices **wafted** across the lake. (그들의 목소리는 호수를 가로질러 건너 들려왔다.)
 b. Cooking smell **wafted** along the hall. (요리하는 냄새가 복도를 따라 풍겨왔다.)
 c. I could smell cigarette smoke **wafting** down the hallway. (나는 담배 연기가 복도 아래로 풍겨오는 것을 맡을 수 있었다.)
 d. The sound of laughter **wafted** in from the garden. (그 웃음소리는 정원에서부터 들려왔다.)
 e. A feather **wafted** slowly to the ground. (깃털 하나가 천천히 땅으로 날렸다.)
 f. Delicious smell **wafted** up from the kitchen. (맛있는 냄새가 부엌에서 풍겨서 올라왔다.)
 g. The light raft **wafted** on the gentle waves. (가벼운 뗏목은 잔잔한 파도를 타고 떠갔다.)

2. 타동사 용법
2.1. 다음 주어는 목적어를 수면 위나 공기 속에서 나른다.
(2) a. Bill **wafted** a ball across the park. (빌은 공을 공원을 가로질러 날려보냈다.)
 b. A sudden gust of wind **wafted** the papers off the desk. (갑작스런 강풍이 논문을 책상에서 날려버렸다.)
 c. The wind **wafted** the dry leaves over the garden wall. (그 바람은 마른 잎들을 정원 담벼락 너머로 날렸다.)
 d. The breeze **wafted** the sound to us. (그 미풍은 그 소리를 우리에게 실어다 주었다.)

wag

이 동사의 개념 바탕에는 (꼬리를) 흔드는 과정이 있다.

1. 자동사 용법
1.1. 다음 주어는 꼬리이다.
(1) a. The dog's tail wagged.(그 개꼬리는 흔들렸다.)
　　 b. Heads wagged at the wedding announcement.(머리가 그 결혼 발표에 끄덕여졌다.)

1.2. 다음 주어는 움직인다.
(2) a. Local tongues are wagging over the latest scandal.(지역 사람들은 최근의 추문에 대해 혀를 놀리고 있다.)
　　 b. Her tongue wags constantly.(그녀는 끊임없이 혀를 놀린다.)

2. 타동사 용법
2.1. 다음 주어는 목적어를 흔든다.
(3) a. The dog is wagging its tail.(그 개는 꼬리를 치고 있다.)
　　 b. He wagged his finger at us.(그는 손가락을 우리에게 까딱거렸다.)
　　 c. The boy wagged his flag about.(그 소년은 기를 이리저리 흔들었다.)

wager

이 동사의 개념 바탕에는 wager의 명사 '내기'가 있다. 동사의 의미는 명사의 쓰임과 관계가 있다.

1. 타동사 용법
1.1. 다음 주어는 목적어를 내기에 건다.
(1) a. She wagered $100.(그녀는 100달러를 내기에 걸었다.)
　　 b. He wagered his car.(그는 자신의 차를 내기에 걸었다.)

1.2. 다음 주어는 첫째 목적어에게 둘째 목적어를 내기로 건다.
(2) a. He wagered me a dollar.(그는 나에게 1달러를 걸었다.)
　　 b. I wagered him $20.(나는 그에게 20달러를 걸었다.)

1.3. 다음 주어는 목적어를 against의 목적어에 대응해서 내기를 건다.
(3) a. I will wager my watch against your flute.(나는 시계를 너의 플루트 악기에 대해 걸겠다.)
　　 b. I will wager my walkman against your camera.(나는 나의 워크맨을 너의 카메라에 대해 걸겠다.)

1.4. 다음에는 내기를 거는 대상이 on의 목적어로 표현되어 있다.
(4) a. He wagered all his money on an unknown horse.(그는 돈 전부를 잘 알려지지 않은 말에 걸었다.)
　　 b. He wagered $100 on it.(그는 100달러를 그것에 걸었다.)
　　 c. She wagered $50 on Dallas to win the Super Bowl.(그녀는 50달러를 달라스가 슈퍼볼을 이기는 것에 걸었다.)

1.5. 주어는 첫째 목적어에 둘째 목적어를 내기로 건다. 내기의 내용은 that-절로 표현되어 있다.
(5) a. I wager you $10 that I can jump farther than you.(내가 너보다 더 멀리 뛸 수 있다는 것에 너에게 10달러를 걸겠다.)
　　 b. I wagered him $5 that I would not do it.(내가 그것을 하지 않을 것이라는 것에 대해 그에게 5달러를 걸었다.)

1.6. 다음 주어는 목적어를 내기에 건다.
(6) a. I'll wager that boy's never worked in his life.(나는 소년이 절대로 인생에서 일을 하지 않았을 것이라고 자신한다.)
　　 b. I'll wager that she knows more about it than she's saying.(그녀가 말하고 있는 것보다 더 많이 그것에 대해 안다고 나는 자신한다.)
　　 c. I wager that they will win.(나는 그들이 이길 것이라고 자신한다.)

wail

이 동사의 개념 바탕에는 높은 소리로 구슬프게 우는 과정이 있다.

1. 자동사 용법
1.1. 다음 주어는 구슬프게 운다.
(1) a. The children wailed at the grave of their mother.(어린 아이들은 어머니 무덤에서 구슬프게 울었다.)
　　 b. He wailed piteously.(그는 애처롭게 울었다.)
　　 c. There is no point wailing about something that happened long ago.(오래 전에 일어난 일에 대해 구슬피 울 점은 없다.)
　　 d. The child is wailing over its broken toy.(그 어린 아이는 망가진 장난감 때문에 구슬프게 울고 있다.)
　　 e. The women wailed over the war victims.(그 여인들은 전쟁 희생자에 대해 구슬프게 울었다.)
　　 f. He wailed over his misfortune.(그는 자신의 불운을 비탄했다.)

1.2. 다음 주어는 구슬픈 소리를 내는 개체이다.
(2) a. The wind wailed around the hut.(바람은 오두막 주위에 구슬프게 불었다.)
　　 b. The wind wailed in the chimney all night.(바람은 밤새 굴뚝에서 구슬프게 불었다.)
　　 c. A police car wailed in the distance.(경찰차 (사이렌소리)가 먼 곳에서 울렸다.)
　　 d. The siren wailed and woke up everyone.(그 사이렌은 울려서 모두를 깨웠다.)

2. 타동사 용법
2.1. 다음 따옴표 속의 문장은 주어가 울면서 한 말이다.
(3) a. "The world is coming to an end," the woman wailed.(여자는 "세계는 종말을 향해 가고있어"라고 그 여자는 울부짖었다.)
　　 b. "I want to go home," she wailed.(그녀는 "집에 가고 싶어요"라고 울부짖었다.)

2.2. 다음 주어는 목적어를 슬퍼한다.

W

(4) He wailed his hard fate.(그는 자신의 힘겨운 운명을 비탄했다.)

2.3. 다음 주어는 that-절의 내용을 울면서 말한다.

(5) She wailed that she was left all alone.(그녀는 완전히 홀로 남겨졌다고 하면서 울먹였다.)

wait

이 동사의 개념 바탕에는 기다리는 과정이 있다.

1. 자동사 용법

1.1. 다음 주어는 기다린다.

(1) a. Please wait her until I come back.(내가 돌아올 때까지 여기서 기다리세요.)
 b. It will have to wait.(그것은 기다려야 할 것이다.)

1.2. 다음 주어는 전치사 for의 목적어를 기다린다.

(2) a. Are you waiting for anybody?(당신은 누구를 기다립니까?)
 b. The children waited for the vacation.(아이들은 방학을 기다렸다.)
 c. Let's wait for his recovery.(그의 회복을 기다리자.)

1.3. 다음에서 주어가 기다리는 것은 과정이다.

(3) a. We are waiting for the rain to stop.(우리는 비가 그치기를 기다리고 있다.)
 b. We are waiting for the river to freeze.(우리는 강이 얼기를 기다리고 있다.)
 c. We are waiting for the snow to melt.(우리는 눈이 녹기를 기다리고 있다.)
 d. He was waiting for the bus to come.(그는 버스가 오기를 기다리고 있었다.)

1.4. 다음 주어는 to-부정사가 가리키는 과정을 기다린다.

(4) a. I waited to see what would become of him.(나는 그가 어떻게 될 것인지 알기 위해서 기다렸다.)
 b. I am waiting to use that machine.(나는 저 기계를 쓰려고 기다리고 있다.)

1.5. 다음 주어는 기다린다. 주어는 의인화 되어있다.

(5) a. Dinner is waiting for you.(저녁 식사가 여러분을 기다리고 있다.)
 b. Your tea is waiting; don't let it get cold.(너의 차는 기다리고 있다; 식게 내버려두지 말아라.)
 c. His bicycle waited for him at the shop.(그의 자전거는 그 점포에서 그를 기다렸다.)
 d. Let that job wait.(그 일이 기다리게 해라.)
 e. The dishes can wait.(그 접시는 기다릴 수 있다; 나중에 닦아도 된다.)
 f. This business can wait after dinner.(이 사업은 저녁식사 후까지 미룰 수 있다.)
 g. This news can't wait until tomorrow.(이 소식은 내일까지 미룰 수 없다.)

1.6. 다음 주어는 시중을 든다.

(6) a. His wife waits upon her husband.(그의 아내는 남편에게 시중을 든다.)
 b. Our agent will wait upon you tomorrow.(우리의 대리인이 내일 당신을 돌봐줄 것이다.)

2. 타동사 용법

2.1. 다음 주어는 목적어를 어떤 사람을 위해 기다리게 한다. 즉 늦춘다.

(7) a. Don't wait dinner for me.(나를 위해서 저녁을 늦추지 말아라.)
 b. We will wait dinner for you.(우리는 너를 위해 저녁을 늦추겠다.)

2.2. 다음 주어는 목적어를 기다린다.

(8) a. He waited his turn.(그는 차례를 기다렸다.)
 b. He waited his opportunity.(그는 자신의 기회를 기다렸다.)
 c. He always expects me to wait his convenience.(그는 항상 내가 그의 형편을 기다리기를 바란다.)

wake

이 동사의 개념 바탕에는 깨는 과정이 있다.

1. 자동사 용법

1.1. 다음 주어는 잠에서 깬다.

(1) a. She usually wakes early.(그녀는 보통 일찍 깬다.)
 b. What time do you usually wake up?(몇 시에 너는 보통 깨느냐?)
 c. Worries kept me waking all night.(근심이 내가 밤새 깨어 있게 했다.)

1.2. 다음은 [의식 상태는 깬 상태] 은유가 적용된 예이다.

(2) a. He wakes up to danger.(그는 위험을 깨닫는다.)
 b. People are waking up to this threat.(사람들은 이 위협을 깨닫고 있다.)
 c. He suddenly woke to the beauty around him.(그는 갑자기 주위에 있는 아름다움에 눈을 떴다.)
 d. They woke to the gravity of the situation.(그들은 그 상황의 중대함에 눈을 떴다.)

1.3. 다음은 [깨어남은 일어남] 은유가 적용된 예이다.

(3) a. A light wind wakes among the trees.(약한 바람이 나무 사이에 인다.)
 b. Nature wakes up in spring.(자연이 봄에 잠에서 깬다.)

2. 타동사 용법

2.1. 다음 주어는 목적을 깨운다.

(4) a. The noise will wake the baby.(그 소리는 그 아기를 깨울 것이다.)
 b. The children's shouts woke us from our afternoon sleep.(아이들의 소리는 우리를 오후의 잠에서 깨웠다.)
 c. Don't wake her now.(그녀를 지금 깨우지 말아라.)
 d. They were making enough noise to wake the dead.(그들은 죽은 사람들을 깨울 수 있을 정도의 심한 소리를 내고 있었다.)

2.2. 다음 주어는 목적어를 일깨운다. 목적어는 환유적으로 쓰여서 마음을 가리킨다.

(5) a. John needs some interest to wake him up.(존은 자신을 깨울 수 있는 흥미가 필요하다.)
 b. We've got to wake him up from his laziness.(우리

는 게으름으로부터 그를 일깨워야 한다.)

2.3. 다음 주어는 목적어를 전치사 to의 목적어를 각성시킨다.

(6) a. The bad news **woke** the country to the danger of war. (나쁜 소식은 그 나라에 전쟁의 위험을 각성하게 했다.)

b. The teacher **woke** his students to the need of conservation. (교사는 학생들에게 보존의 필요에 눈을 뜨게 했다.)

2.4. 다음 주어는 목적어를 일깨운다.

(7) a. It has **waked** an ambition in me. (그것은 야망을 나에게 일깨웠다.)

b. The lovely child **woke** our pity. (사랑스런 아이는 우리의 동정심을 일깨웠다.)

c. His cruelty **woke** our anger. (그의 잔인함은 우리의 분노를 일깨웠다.)

d. The incident **waked** memories of his boyhood. (그 사건은 그의 소년 시절 기억을 일깨웠다.)

e. The music **woke** memories of holidays in Hawaii. (그 음악은 하와이에서 지낸 휴일의 추억을 일깨웠다.)

2.5. 다음 주어는 목적어를 일게 한다.

(8) a. The wind **woke** the waves. (바람은 파도를 일구었다.)

b. The wind **woke** echoes in a mountain valley. (그 바람은 메아리를 계곡에 일으켰다.)

c. The sound of gunfire **woke** the hillside. (총소리는 산언덕을 일깨웠다.)

waken

이 동사의 개념 바탕에는 잠에서 깨어나는 과정이 있다.

1. 자동사 용법

1.1. 다음 주어는 잠에서 깨어난다.

(1) a. He **wakened** feeling refreshed. (그는 상쾌한 기분으로 잠에서 깨어났다.)

b. He **wakened** to the smell. (그는 그 냄새에 잠에서 깼다.)

c. She would often **waken** at the slightest sound. (그녀는 종종 아주 작은 소리에 잠에서 깨곤 했다.)

d. He **wakens** early every morning. (그는 매일 아침 일찍 잠에서 깬다.)

2. 타동사 용법

2.1 다음 주어는 목적어를 잠에서 깨운다.

(2) a. The noise **wakened** them. (그 소리는 그들을 잠에서 깨웠다.)

b. The earthquake **wakened** him. (그 지진은 그를 잠에서 깨웠다.)

c. She gently **wakened** the sleeping child. (그녀는 부드럽게 잠자고 있는 아이를 깨웠다.)

d. The birds **wakened** me at dawn. (새들은 새벽에 나를 잠에서 깨웠다.)

2.2. 다음 주어는 목적어를 일깨운다. 기억, 의심, 관심은 수면 상태에서 깨는 상태로 변화될 수 있는 것

으로 본다.

(3) a. The dream **wakened** a forgotten memory. (꿈은 잊어버렸던 기억을 일깨워 주었다.)

b. This at once **wakened** suspicions. (이것은 곧 혐의를 일깨웠다.)

c. The review **awakened** the readers' interest. (그 평론은 독자의 흥미를 불러 일으켰다.)

2.3. 다음은 수동태 문장으로, 주어는 깨어난다.

(4) a. I was **wakened** by a knock on the door. (나는 문을 두들기는 소리에 잠이 깼다.)

b. We were **wakened** by a loud noise. (우리는 큰 소리에 잠에서 깼다.)

c. I was **wakened** to the stern realities of life. (나는 엄연한 현실을 깨달았다.)

walk

이 동사의 개념 바탕에는 걷는 과정이 있다.

1. 자동사 용법

1.1. 다음 주어는 걷는다.

(1) a. Are you going to **walk** or ride? (걸으실 것입니까 타실 것입니까?)

b. The baby is beginning to **walk**. (그 아기는 걷기 시작하고 있다.)

c. I am quite out of breath; I must **walk** for a while without running. (나는 숨이 매우 차다. 나는 뛰지 말고 잠간 걸어야 한다.)

1.2. 다음 주어는 걸어서 움직인다.

(2) a. I sometimes **walk to** school. (나는 때때로 걸어서 학교에 간다.)

b. He **walked into** my office. (그는 내 사무실에 걸어 들어왔다.)

c. He **walked up** the hill. (그는 언덕을 걸어 올라갔다.)

1.3. 사람이 '걸어다닌다'는 것은 죽지 않고 '살아간다'의 뜻이다.

(3) a. He **walks** by faith. (그는 믿음의 힘으로 살고 있다.)

b. He is **walking** in the sight of God. (그는 하느님이 보는 곳에서 살고 있다.)

c. She **walks** in sorrow. (그는 슬픔 속에서 산다.)

2. 타동사 용법

2.1. 다음 주어는 목적어를 걸린다.

(4) a. He **walked** his horse to the stable up the hill. (그는 말을 산 위에 있는 마구간까지 걸렸다.)

b. He **walked** the puppy/the dog. (그는 강아지/개를 걸렸다.)

c. He **walked** the bicycle. (그는 자전거를 끌고 갔다.)

2.2. 다음 주어는 같이 걸어가면서 목적어를 데리고 간다.

(5) a. I **walked** her home. (나는 그녀를 집까지 걸어서 데려다 주었다.)

b. The policeman **walked** him off. (경찰은 그를 걸려 데려 갔다.)

c. I will **walk** you to the station. (나는 너를 역까지 같이 걸어가 주겠다.)

2.3. 다음 주어는 목적어를 걸린다. 주어는 목적어의

바닥에 닿는 부분을 교대로 움직여서 이동시킨다.

(6) a. He **walked** the heavy ladder to the other end of the room.(그는 무거운 사다리를 걷게 해서 방의 다른 쪽으로 옮겼다.)

b. He **walked** the heavy box along. (그는 무거운 상자를 걷게 해서 움직이었다.)

c. He **walked** his fingers on the map. (그는 손가락을 그 지도 위에 걸렸다.)

2.4. 다음 목적어는 걷는 장소이다.

(7) a. He **walked** the road. (그는 길을 걸었다.)

b. He **walked** the streets; he had no job and no home. (그는 거리를 떠돌아다니고 있었다; 그는 직업도 집도 없다.)

c. I have **walked** this country for miles round. (나는 이 시골의 몇 마일 주위를 걸었다.)

d. I have **walked** this district for miles around. (나는 이 지역의 수마일 주위를 걸었다.)

2.5. 다음 주어는 목적어를 걷게 해서 어떤 상태에 이르게 한다.

(8) a. He **walked** me to exhaustion. (그는 나를 걸려서 지치게 했다.)

b. He **walked** her off her legs. (그는 그녀를 걸려서 다리가 빠지게 했다.)

2.6. 다음 주어는 목적어를 걸어서 지나가게 한다.

(9) He **walked** the afternoon away. (그는 오후를 걸어서 보냈다.)

wall

이 동사의 개념 바탕에는 wall의 명사 '벽'이 깔려 있다.

1. 타동사 용법

1.1. 다음 주어는 목적어에 벽을 만든다.

(1) a. We are going to **wall** the garden. (우리는 그 정원을 담장으로 두를 것이다.)

b. The garden is **walled**. (그 정원은 담이 쳐져 있다.)

1.2. 다음 주어는 목적어를 담 안에 들어 오게한다.

(2) a. The East Germans **walled in** West Berlin in the 1960s. (동독은 1960년대에 서 베를린을 장벽으로 둘러쌓았다.)

b. They **walled in** the garden for privacy. (그들은 사생활을 위해 정원을 벽으로 둘렀다.)

c. We've **walled in** the playground to prevent the children getting out. (우리는 아이들이 밖으로 나가는 것을 막기 위해 그 운동장을 담으로 쌓았다.)

d. He is **walled in** by a mountain of papers. (그는 산더미만큼의 종이 논문에 의해 에워싸인다.)

e. Blacks have been **walled in** by prejudice for many years. (흑인들은 다년간 편견 때문에 벽으로 둘러쌓여 있었다.)

1.3. 다음 주어는 목적어를 담을 쳐서 갈라 놓는다.

(3) a. We **walled off** the garden to keep intruders out. (우리들은 침입자들이 들어오는 것을 막기 위해 그 정원을 벽으로 칸막이했다.)

b. We **walled off** a study area. (우리들은 공부할 장소를 벽으로 칸막이했다.)

1.4. 다음은 수동태 문장으로 주어는 차단된다.

(4) a The garden is **walled off** from the busy street. (정원은 소음이 많은 길거리에서 담으로 차단되어 있다.)

b. The control room is **walled off** by soundproof glass. (통제실은 방음창에 의해 소음으로부터 차단되어 있다.)

c. This part of the house is **walled off** from the rest of the house. (집의 이 부분은 그 집의 나머지로부터 벽으로 분리되어 있다.)

1.5. 다음에 쓰인 up은 어떤 주어진 과정이 갈 수 있는데 갔음을 나타낸다.

(5) a. Bill **walled up** the old doorway with bricks. (빌은 낡은 출입구를 벽돌로 완전히 막았다.)

b. He **walled** the hole **up**. (그는 구멍을 벽으로 완전히 메웠다.)

c. The prisoner was **walled up** by his captors. (그 죄수는 체포자에 의해 벽 속에 완전히 가두어졌다.)

d. The door/the window/the entrance has been **walled up**. (그 문/창문/입구는 벽으로 완전히 막혔다.)

wander

이 동사의 개념 바탕에는 뚜렷한 목적이 없이 헤매는 과정이 있다.

1. 자동사 용법

1.1. 다음 주어는 헤맨다.

(1) a. The child **wandered away** from home/the parents. (그 아이는 헤매다 집/부모님에서 멀어졌다.)

b. He has been **wandering about** Korea/the streets. (그는 한국/거리를 이곳저곳 돌아다니고 있었다.)

c. Our dog has **wandered away**. (우리 개는 어디론가 가버렸다.)

d. A goat **wandered** from the yard. (염소가 마당에서 사라졌다.)

e. Keep the bees from **wandering**. (그 벌들이 돌아다니지 못하게 하시오.)

f. The ship **wandered** from its course. (그 배는 항로를 이탈했다.)

g. They **wandered** from the path into the woods. (그들은 길을 벗어나 숲 속으로 들어갔다.)

h. She **wandered in** to see me. (그녀는 나를 만나러 어슬렁어슬렁 들어왔다.)

i. The climbers **wandered off** in the mountains. (등산객들은 산 속에서 길을 벗어났다.)

1.2. 다음 주어는 움직이는 길이 전치사 along, about, around, back, off, through등으로 표현되어 있다.

(2) a. We **wandered along** the street. (우리는 거리를 따라 어슬렁 거리며 걸었다.)

b. They **wandered around** the mall. (그들은 상가 주위를 둘러보았다.)

c. The guests began to **wander back** toward the hotel. (투숙객들은 호텔 쪽으로 뒤돌아 어슬렁 걸어가기 시작했다.)

d. He **wandered over** the country. (그는 시골을 헤매

다녔다.)

e. She wandered through the store.(그녀는 상점을 둘러보았다.)

1.3. 다음 주어는 뚜렷한 목적이 없이 움직인다. 주어는 마음이다.

(3) a. His mind/His attention often wanders.(그의 마음/관심은 종종 산만해진다.)

b. His mind wandered back to the past.(그의 마음은 다시 과거로 돌아갔다.)

c. His mind is wandering elsewhere.(그의 마음은 딴 데서 헤매고 있다.)

d. During the lesson her thought wandered.(수업 중에 그녀의 생각은 헤매었다.)

e. My attention wandered during the lecture.(내 관심은 그 강의 동안 헤맸다.)

f. His wits are wandering.(그는 정신이 이리저리 헤매고 있다.)

g. The discussion wandered from the topic.(그 토론은 주제에서 벗어났다.)

1.4. 다음은 [주제는 장소] 은유가 적용된 예이다.

(4) a. Don't wander off the subject.(주제에서 벗어나지 마시오.)

b. The speaker often wandered off the subject.(연설자는 주제에서 자주 벗어났다.)

c. He often wanders from proper conduct.(그는 가끔 올바른 행동에서 벗어난다.)

1.5. 다음 주어는 특정한 목적이 없이 움직인다. 주어는 시선이다.

(5) a. His eyes kept wandering back to the picture.(그의 시선은 그 그림으로 되돌아 갔다.)

b. His gaze briefly wandered through the room.(그의 시선은 잠시 방안을 쭉 둘러보았다.)

1.6. 다음의 주어는 움직이지 않는다. 그러나 주어의 모습을 눈으로 따라가면 헤매는 모습이 나타난다.

(6) a. The road wanders along through the hills.(그 길은 산들을 따라 구불구불 지나간다.)

b. The river wanders through/across several states.(그 강은 몇 개의 주를 걸쳐 이리저리 흐른다.)

c. The little stream wanders through the woods.(그 작은 시내가 숲을 따라 구불구불 흐른다.)

2. 타동사 용법

2.1. 다음 주어는 목적어를 헤맨다. 목적어는 장소이다.

(7) a. We wandered the beautiful park around the hotel.(우리는 호텔 주변의 아름다운 공원을 이리저리 둘러보았다.)

b. They wandered the jungle, looking for food.(그들은 양식을 구하기 위해 밀림 속을 헤맸다.)

c. The mother wandered the streets, looking for her lost child.(어머니는 잃어버린 아이를 찾으면서 거리를 돌아다녔다.)

d. She sometimes wanders the street alone at night.(그녀는 가끔씩 그 거리를 밤에 혼자 배회한다.)

e. He wandered the backwoods/the beautiful streets.(그는 삼림지/아름다운 거리를 거닐었다.)

f. She wandered the streets, admiring the old buildings.(그녀는 오래된 건물에 감탄하면서 거리를 거닐었다.)

g. Bill wandered the countryside, working odd jobs.(빌은 잡일을 하면서 시골을 헤맸다.)

wane

이 동사의 개념 바탕에는 작아지는 과정이 있다.

1. 자동사 용법

1.1. 다음 주어는 작아지거나 약해진다.

(1) a. The moon waxes and wanes every month.(달은 매달 차고 이울었다 한다.)

b. The moon wanes after it has become full.(달은 꽉 찬 다음에 이운다.)

c. Daylight is waning fast.(일광은 빠르게 적어지고 있다.)

d. Summer is waning.(여름이 끝나고 있다.)

1.2. 다음 주어는 추상적인 개체이다. 그러나 구체적인 개체로 개념화되어 작아지는 것으로 표현된다.

(2) a. My enthusiasm for the project was waning.(그 계획에 대한 나의 열정은 줄어들고 있었다.)

b. Public interest in environmental issue tends to wane during a recession.(환경 문제에 대한 대중의 관심은 불경기동안 감소되는 경향이 있다.)

c. His influence is waning.(그의 영향은 감소하고 있다.)

d. Her hope began to wane.(그녀의 희망은 줄어들기 시작했다.)

wangle

이 동사의 개념 바탕에는 교묘하게 잔재주를 부리는 과정이 있다.

1. 타동사 용법

1.1. 다음 주어는 잔재주를 부려서 목적어를 구한다.

(1) a. He wangled a seat on the plane.(그는 비행기에서 좌석 하나를 용케 구했다.)

b. Could you wangle a job for me?(나한테 일자리를 용케 구해주실 수 있으시겠어요?)

c. He wangled a free ticket.(그는 용케 무료 입장권을 구했다.)

d. She wangled the occasional trip abroad at the firm's expenses.(그녀는 이따금씩 회사 비용으로 해외 여행을 용케도 얻어내었다.)

e. He got us seats for the concert--I don't know how he wangled it. (그는 우리에게 공연의 좌석을 구해 주었다--그가 어떻게 용케 그것을 구했는지 모른다.)

1.2. 다음에는 주어는 목적어를 out of 의 목적어에서 우려낸다.

(2) a. He managed to wangle a pay raise out of him.(그는 가까스로 임금 인상을 그에게서 받아냈다.)

b. I wangled an invitation out of Bill.(나는 초청을 빌에게서 받아냈다.)

1.3. 다음 주어는 교묘하게 목적어를 어떤 일을 하게 한다.

(3) a. I wangled Bill into giving me an invitation.(나는 빌을 구슬려 초청장을 내게 주게 했다.)

b. He wangled her into giving up the share.(그는 그녀를 구슬려 몫을 포기하게 했다.)

1.4. 다음 it은 부정사 구문을 대신한다.

(4) He managed to wangle it for us all to go.(그는 우리 모두가 가도록 가까스로 시켰다.)

1.5. 다음 주어는 교묘하게 나아간다.

(5) a. He wangled his way into the biggest company in the city.(그는 그 도시에서 가장 큰 회사에 용·케도 들어갔다.)

b. He managed to wangle his way onto the course.(그는 그 코스에 가까스로 용케 도착했다.)

---

want

이 동사의 개념 바탕에는 있어야 할 것이 없는 과정이 있다.

1. 타동사 용법

1.1. 다음 주어는 목적어가 없다.

(1) a. The book wants a page.(그 책은 한 페이지가 빠져 있다.)

b. It wants 2 inches of 3 feet.(그것은 3피트에서 2인치가 모자란다.)

c. It wants 1 inch of the regular length.(그것은 보통 길이에서 1인치가 모자란다.)

d. It wants half an hour to the appointed time.(약속된 시간에 반 시간이 모자란다.)

e. It wants 3 minutes to 12 o'clock.(12시에서 3분이 모자란다.)

1.2. 다음 주어는 모자라거나 빠진다.

(2) A few pages of this book are wanting.(이 책의 몇 페이지가 빠져 있다.)

1.3. 다음 주어는 목적어가 없다.

(3) a. His answer wants politeness.(그의 대답에는 공손함이 없다.)

b. He wants common sense.(그는 상식이 모자란다.)

c. What you want is courage.(네가 모자라는 것은 용기다.)

1.4. 없으면 원하게 된다. 주어는 목적어를 필요로 한다.

(4) a. Children want plenty of sleep.(아이들은 많은 잠이 필요하다.)

b. What he wants is a good beating.(그가 필요한 것은 한껏 두들겨 맞는 것이다.)

c. The plants are drooping; they want water.(식물들은 축 늘어져 있다; 그들은 물이 필요하다.)

d. That man wants a wife to look after him.(그 남자는 그 자신을 돌봐줄 아내가 필요하다.)

e. The house wants more paints.(그 집은 더 많은 페인트가 필요하다.)

f. This wall wants a coat of paint.(이 벽은 페인트를 한번 입혀야 한다.)

1.5. 다음 주어는 목적어를 원한다.

(5) a. He wants a small house.(그는 작은 집을 원한다.)

b. We want a holiday.(우리는 공휴일을 원한다.)

c. He wants everything he sees.(그는 그가 보는 모든 것을 원한다.)

d. She wants some hot milk.(그녀는 약간의 뜨거운 우유를 원한다.)

1.6. 다음 주어는 목적어를 잡으려고 한다.

(6) a. The police wants him for murder.(경찰은 살인 때문에 그를 잡으려고 한다.)

b. Tell the office boy that I want him.(내가 그 사환을 원한다고 그에게 알려라.)

c. You won't be wanted this afternoon.(너는 오늘 오후에 필요가 없을 것이다.)

1.7. 다음 주어는 to 부정사가 가리키는 일을 하고 싶어한다.

(7) a. She wants to go to Italy.(그녀는 이태리로 가기를 원한다.)

b. He wants to rest.(그는 쉬기를 원한다.)

c. I want to study music.(나는 음악을 공부하고 싶다.)

1.8. 다음 주어는 목적어를 to 부정사가 가리키는 일을 하기를 바란다.

(8) a. I want you to be happy.(나는 네가 행복하기를 원한다.)

b. She wants me to go with her.(그녀는 내가 그녀와 함께 가기를 바란다.)

c. I want him to rest.(나는 그가 쉬기를 바란다.)

1.9. 다음 주어는 목적어가 분사가 가리키는 일을 하고 있기를 바란다.

(9) a. I don't want people playing the piano at night.(나는 사람들이 밤에 피아노 치는 것을 원하지 않는다.)

b. I won't want women meddling in my affair.(나는 여자들이 내 일에 간섭하는 것을 원하지 않는다.)

1.10. 다음 주어는 목적어가 과거분사가 나타내는 상태에 있기를 바란다.

(10) a. Would you want this box opened?(당신은 이 상자가 열려져 있기를 원하십니까?)

b. I want this letter opened.(나는 이 편지가 열려져 있기를 원한다.)

c. I want this shirt washed by tomorrow.(나는 이 셔츠가 내일까지 세탁되어 있기를 원한다.)

d. They wanted the work finished in a week.(그들은 그 일이 일주일 이내에 끝내지기를 바랐다.)

1.11. 다음 주어는 동명사가 가리키는 과정이 필요하다.

(11) a. Your hair wants cutting.(너의 머리는 깎여야 한다.)

b. My shoes want mending.(너의 신발은 수리가 필요하다.)

2. 자동사 용법

2.1. 다음 주어는 전치사 in이 목적어에서 모자람이 있다.

(12) a. He is wanting in courage.(그는 용기가 부족하다.)

b. They were wanting in confidence.(그들은 자신감이 부족했다.)

war

이 동사의 개념 바탕에는 war의 명사 '전쟁'이 있다. 동사의 뜻은 이 명사의 특성과 관련된다.

1. 자동사 용법

1.1. 다음 주어는 싸운다.

(1) a. The two sides warred for years and never reached an agreement.(그 양쪽은 수년동안 싸웠고 결코 합의에 도달하지 못했다.)

b. The two countries have been warring constantly for generations.(그 두 나라는 수 세대에 걸쳐 끊임없이 싸워 왔다.)

c. He's warring against social evil.(그는 사회악과 싸우고 있다.)

d. They warred among themselves.(그들은 자신들 사이에서 싸웠다.)

e. Britain and France once warred over the possession of Malta and Gibraltar.(영국과 프랑스는 한때 말타와 지브롤터의 소유를 놓고 싸웠었다.)

f. The country warred with its neighbor.(그 나라는 이웃나라와 싸웠다.)

g. The natives have been warring with each other for generations.(원주민들은 서로 몇 세대에 걸쳐서 싸워오고 있다.)

ward

이 동사의 개념 바탕에는 물리치는 과정이 있다.

1. 타동사 용법

1.1. 다음 주어는 목적어를 물리친다.

(1) a. He warded off the blow.(그는 일격을 받아냈다.)

b. To ward off sharks, lanterns are hung near the surface of the water.(상어들을 물리치게 위해, 등불이 물의 표면 근처에 걸려 있다.)

1.2. 다음 목적어는 추상적인 개체이지만 구체적인 개체로 개념화된다.

(2) a. Brushing your teeth regularly helps to ward off tooth decay.(정기적으로 양치를 하는 것은 충치를 막아주는 데 도와준다.)

b. I warded off a cold by staying in bed.(나는 침대에 머물러 있으면서 감기를 물리쳤다.)

c. She took some vitamin pills to ward off a cold.(그녀는 감기를 떨쳐내기 위해 몇 개의 비타민 알약을 먹었다.)

d. She chanted a spell to ward off the demon.(그녀는 악마를 물리치기 위해 주문을 외웠다.)

warm

이 동사의 개념 바탕에는 warm의 형용사 '따뜻한'이 있다. 동사의 뜻은 이 형용사의 성질과 관계가 있다.

1. 자동사 용법

1.1. 다음 주어는 따뜻해진다.

(1) a. The room has warmed up.(그 방은 따뜻해져 왔다.)

b. It takes a few minutes for the copy machine to warm up.(그 복사기가 예열되는 데는 몇 분이 걸린다.)

c. The race for governor is warming up.(주지사의 선거전은 뜨거워지고 있는 중이다.)

d. The soup is warming in the pot.(그 스프는 냄비 안에서 데워지고 있는 중이다.)

1.2. 다음 주어는 준비 운동을 한다.

(2) a. The runners are warming for the race.(그 주자들은 경주를 위해 준비 운동을 하고 있는 중이다.)

b. He slipped a disc while warming up.(그는 준비 운동 하는 동안 디스크를 빗나가게 했다.)

1.3. 다음 주어는 전치사 to의 목적어에 마음이 따뜻해진다. 즉 호의적이 된다.

(3) a. We are warming up to our son-in-law, he's not so bad after all.(우리는 사위를 호의적으로 대해주고 있으며, 그는 결국 그렇게 나쁘지는 않았다.)

b. My heart warms to him.(내 마음은 그에게 호의적이다.)

c. The students warmed to the new teacher at once.(학생들은 새 선생님에게 즉시 호의적으로 굴었다.)

d. My heart warmed toward him.(나는 그에게 마음이 끌렸다.)

1.4. 다음 주어는 to의 목적어를 좋아한다.

(4) a. The more he studied the more he warmed to the subject.(그가 공부를 열심히 하면 할수록, 그 과목을 좋아하게 되었다.)

b. She began to warm to the topic.(그녀는 그 주제를 좋아하기 시작했다.)

c. She warmed to his charm.(그녀는 그의 매력에 끌렸다.)

d. He warmed to his work.(그는 자신의 일을 좋아하게 되었다.)

2. 타동사 용법

2.1. 다음 주어는 목적어를 따뜻하게 한다.

(5) a. He warmed his hands in front of the fire.(그는 손을 불 앞에서 따뜻하게 했다.)

b. Warm the plates before you serve the food.(접시를 음식을 내놓기 전에 데워라.)

c. Warm up the stew.(스튜를 데워라.)

d. He warmed the milk up.(그는 우유를 데웠다.)

2.2. 다음은 수동태 문장으로, 주어는 따뜻해진다.

(6) The balloon rises as the helium gas is warmed in the sun.(그 풍선은 헬륨 가스가 태양에 데워지면서 올라간다.)

2.3. 다음 주어는 목적어를 따뜻하게 한다.

(7) a. A brandy will warm you up.(브랜디는 너를 따뜻하게 해줄 겁니다.)

b. He warmed himself at the fire.(그는 자신을 불에 따뜻하게 했다.)

c. A glass of rum will warm you up.(럼 술 한잔은 단신의 몸을 따뜻하게 해줄 겁니다.)

d. Let's try and warm up this party.(이 파티의 열기

를 고조시키자.)

2.4. 다음 주어는 목적어의 마음을 따뜻하게 한다.

(8) a. The story warmed our hearts.(그 이야기는 우리 마음을 훈훈하게 했다.)

    b. It warmed my heart to see her working.(그녀가 일하는 모습을 보는 것은 내 마음을 따뜻하게 했다.)

    c. He warmed his audience with a few jokes.(그는 몇 가지 농담으로 청중의 마음을 따뜻하게 했다.)

warn

이 동사의 개념 바탕에는 경고하는 과정이 있다.

1. 타동사 용법

1.1. 다음 주어는 목적어에게 전치사 of의 목적어를 경고한다.

(1) a. Doctors are not doing enough to warn the public of the dangers of these drugs.(의사들은 대중에게 이 약의 위험에 대해서 충분히 경고하고 있지 않다.)

    b. He warned me of the plot.(그는 나에게 그 음모에 대해 경고했다.)

    c. I did warn you of possible failure.(나는 너에게 가능한 실패에 대해 경고했다.)

    d. The authorities warned the residents of the storm.(당국은 주민들에게 그 태풍에 대해서 경고했다.)

    e. The coast guards warned all ships of the hurricane.(그 해안경비대는 모든 배에 그 태풍에 대해서 경고했다.)

1.2. 다음 주어는 개체이다. 주어는 목적어를 경고한다.

(2) a. Black clouds warned us of the approaching snow.(먹구름이 우리에게 다가오는 눈에 대해서 경고했다.)

    b. The radio warned of severe snowfalls ahead.(그 라디오는 앞으로 올 폭설을 경고했다.)

    c. There were signs warning of fog as soon as we got onto the highway.(우리가 고속도로에 들어서자마자 안개를 경고하는 표지가 있었다.)

    d. You were warned of the risks involved.(여러분은 관련된 위험에 대해서 경고를 받았다.)

1.3. 다음 주어는 목적어를 경고한다.

(3) a. There will be trouble next time you do that, I'm warning you.(그것을 다음에 하면 문제가 있을 것이다, 내가 네게 경고한다.)

    b. I tried to warn him, but he wouldn't listen.(나는 그에게 경고하려고 했지만, 그는 듣지 않았다.)

1.4. 다음 주어는 첫째 목적어에게 둘째 목적어의 내용을 경고한다.

(4) a. Can you warn your mother you're going to be back late?(너는 어머니께 늦게 돌아갈 것이라고 미리 이야기할 수 있니?)

    b. Have you warned them that there will be an extra person for dinner?(너는 그들에게 저녁식사에 한 명이 더 올 것이라고 미리 알렸니?)

    c. He warned me that the animal was extremely dangerous.(그는 나에게 그 동물은 극히 위험하다고 경고했다.)

d. I warn you it's going to be difficult.(나는 너에게 그것은 어려울 것이라고 경고한다.)

1.5. 다음은 수동태 문장으로 주어는 경고를 받는다.

(5) a. We were warned that a storm was coming.(우리는 태풍이 오고 있다고 경고를 받았다.)

    b. She was warned that if she did it again she will be sent to prison.(그녀는 그것을 한 번만 더 하면 감옥에 보내질 것이라고 경고를 받았다.)

    c. They were warned that fuel was running out.(그들은 연료가 다 떨어지고 있다고 경고를 받았다.)

    d. We were warned that there was a bull in the field.(우리는 들에 황소가 있다고 경고를 받았다.)

    e. We were warned that there might be delays.(우리는 지연이 있을 수 있다고 통고 받았다.)

    f. Scientists have warned that further high winds are likely.(과학자들은 더 높은 바람이 불 것 같다고 경고했다.)

1.6. 다음 주어는 목적어를 경고하여 부정사가 가리키는 일을 하게 한다.

(6) a. He warned me not to be late.(그는 나에게 늦지 말라고 경고했다.)

    b. He warned her not to go/against going.(그는 그녀에게 가지 말라고 경고했다.)

    c. He warned us to book early.(그는 우리가 일찍 예약하라고 경고했다.)

    d. They warned her to appear in court.(그들은 그녀에게 법정에 나오라고 통고했다.)

    e. Warn them to be on the lookout.(그들에게 방관하라고 경고해라.)

1.7. 다음은 수동태 문장으로 주어는 경고를 받고 부정사가 가리키는 일을 한다.

(7) a. He was warned not to lose his temper with her.(그는 그녀에게 화를 내지 말라고 경고를 받았다.)

    b. The children were warned not to speak to strangers.(아이들은 낯선 사람들에게 이야기하지 말라고 경고 받았다.)

    c. They were warned not to eat the fish.(그들은 생선을 먹지 말라고 경고 받았다.)

1.8. 다음 주어는 목적어를 경고하여 움직이게 한다.

(8) a. Analysts warned us away from drawing any conclusions yet.(분석가들은 우리가 아직 어떤 결론도 내리지 말라고 경고했다.)

    b. He crossed the line, but he knew that he was being warned away.(그는 그 선을 넘었지만, 그는 접근하지 말라는 경고를 받고 있음을 알았다.)

1.9. 다음 주어는 목적어를 경고하여 off의 목적어에서 떨어지게 한다.

(9) a. He spends his time visiting schools warning pupils off drugs.(그는 학교를 방문하여 학생들에게 경고하여 마약을 멀리하도록 하는 데에 시간을 보냈다.)

    b. I had been warned off visiting her while she was still unwell.(나는 그녀가 아직 건강하지 않은 동안에 그녀를 방문하지 말라고 경고 받았다.)

    c. The doctor was warning him off drink.(그 의사는 그에게 술을 마시지 말라고 경고하고 있었다.)

d. The farmer **warned** the hunters **off** his property. (농부는 사냥꾼들에게 경고하여 그의 목장에 접근하지 말라고 경고했다.)

e. I waved my arm to **warn** them **off**.(나는 팔을 흔들어 그들에게 경고하여 접근하지 못하게 했다.)

1.10. 다음 주어는 목적어를 경고하여 against의 목적어에 조심하게 한다.

(10) a. He **warned** us **against** pickpockets.(그는 우리에게 소매치기에 대해 경고했다.)

b. I feel my duty is to **warn** people **against** these books.(나는 사람들에게 이 책에 대해서 경고하는 것이 내 의무라고 느낀다.)

c. Officials **warned** people **against** eating the mushrooms.(관리들은 사람들에게 그 버섯을 먹는 것에 대해 경고했다.)

d. The doctor **warned against** overtiring the patient. (그 의사는 환자에게 과로시키는 것에 대해 경고했다.)

e. The police have **warned** tourists **against** going to remote regions.(경찰은 관광객에게 외딴 지역에 가는 것에 대해 경고했다.)

1.11. 다음 주어는 목적어를 about의 목적어에 대해 경고한다.

(11) a. I **warned** him **about** those stairs.(나는 그에게 저 계단에 대해 경고했다.)

b. The police have **warned** shopkeepers **about** the forged bank notes.(경찰은 상인에게 위조수표에 대해 경고했다.)

1.12. 다음은 수동태 문장으로 주어는 경고를 받는다.

(12) I had been **warned** what to expect.(나는 예상되는 것을 경고 받았다.)

warp

이 동사의 개념 바탕에는 뒤틀리는 과정이 있다.

1. 자동사 용법

1.1. 다음 주어는 뒤틀리나 휘어진다.

(1) a. The door **warped** and wouldn't shut.(그 문은 뒤틀려서 닫히지를 않는다.)

b. Wood left out in the rain will **warp**.(비 속에 내놓은 나무는 뒤틀려질 것이다.)

c. The wood **warps** easily in damp conditions.(그 나무는 습기 찬 환경에서 쉽게 뒤틀려진다.)

2. 타동사 용법

2.1. 다음 주어는 목적어를 휘어지게 한다.

(2) a. The humidity will **warp** the wooden floor.(습기는 나무 바닥을 휘어지게 할 것이다.)

b. The hot sun **warped** the wood fence.(뜨거운 태양은 나무 울타리를 휘었다.)

2.2. 마음은 구체적 개체로 개념화되어 휘어지는 개체로 표현된다.

(3) a. Prejudice **warps** the mind.(편견이 마음을 비뚤어지게 한다.)

b. The violent video games **warped** the children's mind.(폭력적인 비디오게임은 아이들의 정신을 비뚤어 놓았다.)

2.3. 다음 수동태 문장으로 주어는 휘어진다.

(4) a. His view of women had been **warped** by a painful divorce.(여자에 대한 그의 시각은 아픈 이혼으로 인해 비뚤어져 있었다.)

b. His judgement is **warped** by prejudice.(그의 판단은 편견으로 인해 비뚤어진다.)

c. Her views of men have been **warped** by several bad experiences.(남자를 보는 그녀의 시각은 여러 나쁜 경험으로 인해 비뚤어져 있다.)

warrant

이 동사의 개념 바탕에는 보증하는 과정이 있다.

1. 타동사 용법

1.1. 다음 주어는 목적어를 보증한다.

(1) a. The company **warrants** quality.(그 회사는 품질을 보증한다.)

b. The factory **warrants** its products.(그 공장은 그 제품을 보증한다.)

1.2. 다음 주어는 목적어가 어떠한 상태에 있음을 보증한다.

(2) a. Who can **warrant** it to be true?(누가 그것을 진실이라고 보장할 수 있는가?)

b. The grower **warrants** these plants (to be) free from disease.(그 재배인은 이 식물들이 병이 없는 것을 보증한다.)

1.3. 다음 주어는 사람이 아닌 개체이다. 이러한 개체가 목적어를 보증한다. 즉 주어는 목적어의 충분한 이유가 된다.

(3) a. This tiny crowd doesn't **warrant** such a large police presence.(이 적은 관중은 그렇게 큰 규모의 경찰 출현을 정당화하지 않는다.)

b. A slight cold does not **warrant** your staying off work.(약한 감기 기운은 네가 일에 나오지 않는 이유가 되지 못한다.)

c. The dangerous situation **warrants** immediate action.(위험한 상황은 즉각적인 조치를 정당화한다.)

d. The situation scarcely **warrants** their being dismissed.(그 상황은 그들이 해고된 것을 거의 정당화하지 못한다.)

e. Any plan that could reduce costs **warrants** serious consideration.(비용을 줄이는 어떤 계획도 심각한 고려를 정당화한다.)

f. The circumstances **warrant** a full investigation.(그 상황은 철저한 조사를 정당화한다.)

g. The invasion **warranted** a strong response.(그 침략은 강력한 반응을 정당화했다.)

h. New evidence **warranted** a new trial.(새로운 증거는 새로운 재판을 정당화했다.)

1.4. 다음 주어는 that-절의 내용을 보증한다.

(4) a. The bank **warranted that** the property was free of debt or damage.(은행은 그 재산이 부채나 위험으

로부터 자유롭다는 것을 보증했다.)

b. I **warrant that** the sum shall be paid.(나는 총 액수가 지불될 것을 보증한다.)

c. I'll **warrant** you we won't see him back again here.(나는 우리가 여기서 그를 다시 볼 수 없음을 너에게 보증하겠다.)

wash

이 동사의 개념 바탕에는 씻는 과정이 있다.

1. 타동사 용법

1.1. 다음 주어는 목적어를 씻는다.

(1) a. He **washed** his face/his feet/his hands. (그는 얼굴/발/손을 씻었다.)

b. He **washed** the baby/the dishes/the clothes.(그는 아기/접시/옷을 씻었다.)

c. He **washed** his car/his dog.(그는 자동차/개를 씻었다.)

1.2. 다음 주어는 목적어를 씻어서 떨어지게 한다.

(2) a. He **washed** the dirt off (the car).(그는 먼지를 (자동차에서) 씻어 내렸다.)

b. He **washed** the dirty marks off (the wall).(그는 그 더러운 표지를 (그 벽에서) 씻어 내었다.)

c. He **washed** the dust off (his face).(그는 그 먼지를 (얼굴에서) 씻었다.)

d. He **washed** a stain out (of his handkerchief).(그는 얼룩을 손수건에서 씻어 내었다.)

1.3. 다음은 [죄는 더러운 개체] 은유가 적용된 표현이다.

(3) a. Your prayers will **wash** away your sins.(너의 기도는 죄를 씻어 없앨 것이다.)

b. Your confession will **wash** away your guilt.(너의 고백은 죄책감을 씻어줄 것이다.)

1.4. 다음 주어는 물의 힘으로 목적어를 움직인다.

(4) a. The waves **washed** the boat ashore.(그 파도는 배를 해안으로 밀었다.)

b. The waves **washed** the swimmer away over the rocks.(파도는 그 수영선수를 밀어 바위 위로 올렸다.)

c. The flood **washed** away the bridge.(홍수는 그 다리를 떠내려 가게 했다.)

d. A huge wave **washed** him **overboard**.(큰 파도가 그를 갑판에서 휩쓸어 갔다.)

1.5. 다음은 수동태 문장으로 주어는 물의 힘으로 움직여진다.

(5) a. Wood is **washed** ashore by the waves.(나무가 파도에 의해 해안으로 밀린다.)

b. The cliffs are being **washed** away by the waves.(그 벼랑은 파도에 씻겨서 없어지고 있다.)

c. All this timber has been **washed** up by the waves.(이 모든 목재는 파도에 의해서 위로 밀려왔다.)

1.6. 다음 주어는 목적어를 철썩인다.

(6) a. The North Sea **washes** the northern part of England.(북해는 영국의 북부를 철썩인다.)

b. Gentle waves were **washing** the shore.(잔잔한 파도가 해안을 치고 있었다.)

c. The sea **washes** the base of the cliffs.(바다는 그 벼랑의 바닥을 친다.)

1.7. 다음 주어는 목적어를 적신다.

(7) a. Dew **washed** the grass.(이슬이 그 잔디를 적셨다.)

b. The rain **washed** my coat.(비는 코트를 적시었다.)

c. Tears **washed** his face.(눈물이 그의 얼굴을 적셨다.)

1.8. 다음 주어는 목적어를 물의 흐름으로 만든다.

(8) a. The rain **washed** gullies in the bank.(비는 도랑을 강둑에 내었다.)

b. Water **washed** a channel in the ground.(물이 수로를 바닥에 내었다.)

c. The waves **washed** (out) a large hole in the rock.(파도는 큰 구멍을 바위에 만들었다.)

2. 자동사 용법

2.1. 다음 주어는 씻긴다.

(9) a. Some silks **wash** perfectly.(어떤 비단은 완벽하게 세탁된다.)

b. Will this material **wash**?(이 소재는 물세탁이 됩니까?)

c. The clothes won't **wash** easily. (그 옷은 쉽게 빨리지 않는다.)

2.2. 다음 주어는 씻겨 나간다.

(10) a. The bank has **washed** away.(그 둑은 씻기어 나갔다.)

b. The spot will **wash** out.(그 얼룩은 씻겨 나갈 것이다.)

c. The bridge **washed** out.(그 다리는 씻겨 갔다.)

2.3. 다음 주어는 세수나 목욕을 한다.

(11) a. It is unpleasant to **wash** in cold water.(찬물에 씻는 것은 불쾌하다.)

b. Monday is the day we **wash**.(월요일은 우리가 세탁하는 날이다.)

c. He **washes** before eating.(그는 식사 전에 씻었다.)

2.4. 다음 주어는 철썩인다.

(12) a. The waves **wash** against the house.(파도는 그 집에 부딪친다.)

b. Waves are **washing** on the shore.(파도가 해안에 치고 있다.)

c. Great waves **washed over** the deck.(큰 파도가 그 갑판 위로 철썩였다.)

2.5. 다음 주어는 씻는다.

(13) The soap does not **wash** well.(그 비누는 잘 씻겨지지 않는다.)

waste

이 동사의 개념 바탕에는 낭비하는 과정이 있다.

1. 타동사 용법

1.1. 다음 주어는 목적어를 낭비한다.

(1) a. He **wasted** a lot of money.(그는 많은 돈을 낭비했다.)

b. She **wasted** a lot of money on cigarettes.(그녀는 많은 돈을 담배에 낭비했다.)

c. Leaving the heater on all the time **wastes** electricity.(난로를 항상 켜놓는 것은 전기를 낭비한다.)

d. You must not **waste** all the food.(너는 모든 음식을 낭비하지 말아야 한다.)

1.2. 시간도 물질로 개념화된다. 그래서 시간도 물질과 같이 잘 쓰거나 낭비할 수 있다.

(2) a. Don't **waste** time on unimportant details.(시간을 불필요한 세부사항에 낭비하지 말아라.)

b. He **wastes** time on/over doing trifles.(그는 시간을 하찮은 일들을 하면서 낭비한다.)

c. We've **wasted** enough time already.(그들은 이미 충분한 시간을 낭비했다.)

d. He **wasted** a good opportunity.(그는 좋은 기회를 놓쳤다.)

e. He **wasted** his time and energy on the trifle thing.(그는 시간과 에너지를 하찮은 일에 낭비했다.)

f. He **wasted** his time at university because he didn't work hard.(그는 열심히 공부하지 않았기 때문에 대학에서 시간을 낭비했다.)

1.3. 말도 다른 물질이나 마찬가지로 낭비될 수 있다. 말을 해도 효과가 없을 때 말은 낭비되는 것이다.

(3) a. He **wasted** his words.(그는 자신의 말을 낭비했다.)

b. I am not going to **waste** any words on the subject.(나는 더 이상 말을 이 주제에 대해 낭비하지 않을 것이다.)

c. Don't try to reason with her. You are **wasting** your breath.(그녀와 같이 의논하지 말아라. 너는 숨을 낭비하고 있다.)

1.4. 다음은 수동태 문장으로 주어는 낭비된다.

(4) a. Fine clothes are **wasted** on her--she is a tomboy. (좋은 옷이 그녀에게 낭비된다--그녀는 말괄량이이다.)

b. I will not serve that good coffee to her--it'll be **wasted** on her.(나는 저 좋은 커피를 그녀에게 대접하지 않을 것이다. 그것은 그녀에게 낭비가 될 것이다.)

c. Expensive wine is **wasted** on me. I don't know anything about it.(비싼 포도주는 나에게 낭비이다. 나는 그것에 대해 아무것도 모른다.)

d. A house like that is **wasted** on John. He does not appreciate it.(저것과 같은 집은 존에게 낭비이다. 그는 그것의 진가를 모른다.)

e. His jokes were completely **wasted** on his students.(그의 농담들은 학생들에게 완전히 쓸모가 없었다.)

1.5. 다음 주어는 목적어를 황폐화시킨다.

(5) a. The soldiers **wasted** the enemy's fields.(그 군인들은 적지를 황폐하게 만들었다.)

b. The land was **wasted** by war.(그 땅은 전쟁으로 황폐해졌다.)

c. He was **wasted** from/by disease.(그는 병으로 쇠약해졌다.)

2. 자동사 용법

2.1. 다음 주어는 낭비된다.

(6) a. His fortune is **wasting**.(그의 재산이 낭비되고 있다.)

b. The resources of our country are **wasting**.(우리 나라의 자원이 낭비되고있다.)

c. Turn the water off; don't let it **waste**.(그 물을 잠가라; 그것이 낭비되게 하지 마라.)

d. Don't let your talent **waste**.(너의 재능을 낭비하지 마라.)

2.2. 다음 문장의 주어는 사람이고 이것은 환유적으로 쓰였다. 즉, he는 사람 자체를 가리키는 것이 아니라, 사람의 힘이나 정력 등을 가리킨다.

(7) a. He **wasted** away through illness.(그는 병으로 쇠약해졌다.)

b. She **wasted** away from illness.(그녀는 병으로 쇠약해졌다.)

watch

이 동사의 개념 바탕에는 지켜보는 과정이 있다.

1. 자동사 용법

1.1. 다음 주어는 지켜본다.

(1) a. I **watched** as he walked away.(나는 그가 걸어서 지나갈 때 주시했다.)

b. The mother **watched** all night beside her sick child.(어머니는 아픈 아이 곁에서 밤새 지켜보았다.)

c. The sentry **watched** throughout the night.(초병은 밤새 경계를 했다.)

d. A security police is **watching** outside the store.(안전 경비가 그 상점 밖에서 지키고 있다.)

1.2. 다음 주어는 for의 목적어를 얻기 위해 지켜본다.

(2) a. I **watched** for a chance to cross the street.(나는 그 거리를 가로 질러갈 기회를 주시했다.)

b. **Watch** for a signal.(신호를 주시해라.)

c. The guard **watched** for thieves.(그 경비는 도둑을 지켜보았다.)

1.3. 다음 주어는 for의 목적어를 찾거나 보호하기 위해서 지켜본다.

(3) a. **Watch** out for children while driving.(운전을 할 때에 아이들을 주시해라.)

b. **Watch** out for a short man in glasses.(키가 작고 안경을 낀 사람을 주시해라.)

c. **Watch** out for the dog.(그 개를 주시해라.)

d. You must **watch** out for ice on the road ahead.(너는 앞의 길에 있는 얼음을 주의해라.)

e. **Watch** out for bicycles when you open your car door.(차 문을 열 때에 자전거를 주의해라.)

1.4. 다음 주어는 지켜보면서 주의한다.

(4) a. I will **watch** out while you are sleeping.(나는 네가 자고 있는 동안 지키마.)

b. **Watch** out when you cross the street.(네가 길을 건널 때 주의를 해라.)

c. **Watch** out! The man has a knife.(주의해! 그 남자

는 칼을 가지고 있다.)

1.5. 다음 주어는 for의 목적어가 어떤 일을 하는 것을 지켜본다.

(5) a. He is **watching for** the mailman to come.(그는 배달부가 오기를 주시하고 있다.)

b. He **watched for** the procession to go by.(그는 행렬이 지나가기를 주시했다.)

c. **Watch for** the signal to change.(그 신호가 바뀌는 것을 주시해라.)

d. The man **watched for** the bus to arrive.(그 남자는 버스가 도착하는 것을 주시했다.)

1.6. 다음 주어는 간호하면서 지켜서 본다 .

(6) a. The nurse **watched with** the sick.(간호사는 그 환자를 지켜보았다.)

b. **Watch over** her and protect her from harm.(그녀를 보살피고 해에서 보호해라.)

c. He is **watching over** a flock of sheep.(그는 한 무리의 양을 돌보고 있다.)

1.7. 다음 주어는 무엇을 확인하기 위해서 지켜본다.

(7) a. The teacher **watched to** see what Tom would say.(교사는 톰이 무엇을 말할 것인지 주시했다.)

b. He **watched to** see what would happen.(그는 무엇이 일어날지 알기 위해 주시했다.)

2. 타동사 용법

2.1. 다음 주어는 목적어를 눈으로 주의하여 본다.

(8) a. Bill likes **watching** football.(빌은 축구 보기를 좋아한다.)

b. I **watch** TV/videos every night.(나는 텔레비젼/비디오을 매일 저녁 본다.)

c. **Watch** your step.(너의 발걸음을 주시해라.)

d. He **watched** the pianist's hands as she played.(그는 피아노 연주자의 손을 그녀가 연주할 때 살펴보았다.)

e. The monkey **watched** what he did and imitated him.(그 원숭이는 그가 하는 것을 보고 모방했다.)

f. We are **watching** him for signals of pain.(우리는 고통의 증상을 찾기 위해 그를 살피고 있다.)

g. They are **watching** the election results.(그들은 선거 결과를 주시하고 있다.)

h. We **watched** the parade.(우리는 행진을 주시했다.)

2.2. 다음 주어는 목적어를 마음으로 주시한다.

(9) a. He **watches** the stock market by reading a daily newspaper.(그는 일간 신문을 읽어서 주식시장을 주시한다.)

b. I **watched** her career with interest.(나는 관심을 가지고 그녀의 경력을 주시했다.)

c. He **watched** the development of the situation.(그는 그 상황의 진전을 주시했다.)

d. He is **watching** his opportunity.(그는 자신의 기회를 주시하고 있다.)

e. He is **watching** his weight.(그는 몸무게를 주시하고 있다.)

f. I have to **watch** myself when it comes to eating chocolate.(나는 초콜릿을 먹는 문제에 이르면 주의해야 한다.)

2.3. 다음 주어는 목적어가 없어지거나 해를 입지 않도록 지켜본다.

(10) a. My dog **watched** my bag while I was shopping.(그 개는 내가 장을 보는 동안 내 가방을 지켰다.)

b. Please **watch** this luggage while I am away.(이 짐을 내가 없는 동안 지켜주세요.)

c. **Watch** the baby while I am out.(내가 나가 있는 동안 아기를 봐주세요.)

d. **Watch** the convict so that he can't escape.(그 죄수가 달아나지 않도록 지키세요.)

e. The shepherd **watched** his flock.(그 목동은 양떼를 지켰다.)

f. The two police officers **watched** the house.(두 경관은 그 집을 지켰다.)

g. He **watched** the house for signs of activity.(그는 활동의 표시를 찾기 위해 그 집을 주시했다.)

2.4. 다음은 수동태 문장으로, 주어는 지켜진다.

(11) a. He felt that he was being **watched**.(그는 자신이 주시되고 있다고 느꼈다.)

b. The debate was **watched** by over 2 million people.(그 토론은 2백만 이상의 사람들에 의해 시청되었다.)

2.5. 다음 주어는 목적어가 어떤 과정을 끝내는 것으로 본다.

(12) a. I **watched** him go into the hotel/into a taxi.(나는 그가 호텔로 택시에 들어가는 것을 보았다.)

b. He **watched** his boat sink.(그는 자신의 배가 가라앉는 것을 보았다.)

c. I **watched** him swim across the river.(나는 그가 강을 헤엄쳐 건너는 것을 보았다.)

2.6. 다음 주어는 목적어가 어떤 과정에 있는 것을 본다.

(13) a. The climbers **watched** the sun rising.(등반객들은 해가 오르는 것을 보았다.)

b. I **watched** people walking past.(나는 사람들이 걸어서 지나가는 것을 보았다.)

c. We **watched** the sun setting behind the trees.(우리는 태양이 나무 뒤로 지고 있는 것을 보았다.)

2.7. 다음 주어는 that-절의 내용을 주의한다.

(14) a. **Watch that** the boy does not fall out of the bed.(그 소년이 침대에서 떨어지지 않도록 주의해라.)

b. **Watch that** you don't step in the mud.(내가 진흙에 빠지지 않도록 주의해라.)

c. **Watch that** you don't drop the plate.(접시를 떨어뜨리지 않도록 주의해라.)

d. **Watch** you don't slip.(미끄러지지 않도록 조심해라.)

2.8. 다음 주어는 의문사가 이끄는 절의 내용을 주의한다.

(15) a. **Watch what** he is doing.(그가 무엇을 하고 있는지 살펴라.)

b. **Watch how** he does the job.(어떻게 그가 그 일을 하는지 살펴라.)

c. I **watched how** he did it.(어떻게 그가 그것을 했는지 살폈다.)

d. Do **watch where** you are going.(네가 가고 있는 곳을 유의해라.)

water

이 동사의 개념 바탕에는 water의 명사 '물'이 있다. 동사의 의미는 이 명사의 쓰임과 관계가 있다.

1. 타동사 용법

1.1. 다음 주어는 목적어에 물을 준다.
(1) a. Farmers water their crops.(농부들은 작물에 물을 준다.)

    b. He watered the flowers.(그는 꽃에 물을 주었다.)

    c. He watered the garden/lawn.(그는 그 정원/잔디에 물을 주었다.)

    d. He waters cattle and horses.(그는 가축/말에게 물을 준다.)

1.2. 다음 주어는 목적어를 물로 공급한다.
(2) The river waters three countries around it.(그 강은 주위에 있는 세 나라에 물로 공급한다.)

1.3. 다음은 수동태 문장으로 주어는 물이 공급된다.
(3) a. England is well watered by rivers and brooks.(영국은 강들과 개울로 물이 잘 공급된다.)

    b. Columbia is watered by the Atrato, San Juan, and other rivers.(콜럼비아는 아트라토와 산후안 그리고 다른 강들에서 물이 공급된다.)

    c. The valley is watered by a stream.(그 계곡은 한 개울에 의해 물이 공급된다.)

    d. The city is well watered.(그 도시는 물 공급이 잘 된다.)

1.4. 다음 주어는 목적어에 물을 탄다.
(4) a. You can water a glass of wine, and make it last twice as long.(너는 포도주 한 잔에 물을 타서 두 잔이 되게 할 수 있다.)

    b. He watered the milk.(그는 우유에 물을 탔다.)

    c. They water down the beer to save money.(그들은 돈을 절약하기 위해서 맥주에 물로 탔다.)

1.5. 술에 물을 타면 술이 약해진다. 다음 주어는 목적어의 정도를 약하게 한다.
(5) a. She watered down her criticism.(그녀는 비평을 약하게 했다.)

    b. He watered down his statement.(그는 진술을 약하게 했다.)

1.6. 다음 주어는 목적어를 씻어 내린다.
(6) a. City workers water down the sidewalks in summer.(도시 노동자들이 여름에 보도들을 물로 씻어 내린다.)

    b. Will you water down the lawn today?(잔디를 물로 씻어 내려 주시겠습니까?)

    c. I water the garden every day in summer.(나는 정원에 여름철 매일 여름에 물을 준다.)

1.7. 다음은 수동태 문장으로 주어는 약해진다.
(7) a. The milk is watered down.(그 우유는 물이 타져서 묽어진다.)

    b. The bill has been too watered down to have any effect.(그 법안은 약하게 되어 별 효과가 없어졌다.)

    c. The amendment has been watered down.(수정안은 약하게 되었다.)

2. 자동사 용법

2.1. 다음 주어에는 눈물이 난다.
(8) a. His eyes watered from the smoke.(그의 눈은 그 연기로 눈물이 났다.)

    b. The onion made my eyes water.(양파는 내 눈에 눈물이 나게 했다.)

2.2. 다음 주어에는 침이 난다.
(9) a. His mouth watered.(그의 입은 침이 났다.)

    b. When he saw the food, his mouth watered.(그가 음식을 보았을 때 그의 입은 침이 났다.)

    c. My mouth watered at the delicious smell.(그의 입은 맛난 냄새에 침이 났다.)

2.3. 다음 주어에는 물이 들어온다.
(10) a. Our ship watered before sailing.(우리 배는 항해 전에 물이 새들었다.)

    b. The ship put into port to water.(그 배는 물을 공급받기 위해 항구에 들어갔다.)

2.4. 다음 주어는 물을 먹는다.
(11) The horses watered at the brook.(그 말은 개울에서 물을 먹었다.)

wave

이 동사의 개념 바탕에는 wave의 명사 '파도'가 있다. 동사의 뜻은 이 명사의 움직임과 관계가 있다.

1. 자동사 용법

1.1. 다음 주어는 물결과 같이 움직인다.
(1) a. Seaweed waves below the surface of the water.(해초는 해면 아래에서 파도와 같이 움직인다.)

    b. His hair waves naturally.(그녀의 머리칼은 자연스럽게 물결친다.)

    c. The flags waved gently in the wind.(그 깃발은 바람에 부드럽게 흔들리고 있었다.)

1.2. 다음 주어는 자신의 손을 위아래로 움직인다.
(2) a. He waved to us in greeting.(그는 우리에게 인사로 손을 흔들었다.)

    b. She waved to us.(그녀는 우리에게 손을 흔들었다.)

    c. She was waving from her window.(그녀는 창문에서 손을 흔들었다.)

1.3. 다음 주어는 자신의 손을 위아래 움직여서 어떤 사람을 가리킨다.
(3) a. The president waved at the crowd.(대통령은 관중에게 손을 흔들었다.)

    b. Who are you waving at?(누가 당신에게 손을 흔들었는가?)

2. 타동사 용법

2.1. 다음 주어는 목적어를 좌우로 흔든다.
(4) a. The magician waved his magic wand.(마술사는 마술 봉을 흔들었다.)

    b. Everyone was waving handkerchiefs in farewell.(모두는 작별 인사로 손수건을 흔들고 있었다.)

    c. We waved our flags at the prince.(우리는 깃발을 왕자에게 흔들었다.)

d. He waved the book in my face.(그는 내 얼굴에 그 책을 대고 휘둘렀다.)

e. The driver is waving his arms around at me.(운전 사는 나에게 팔을 휘둘러 대고 있다.)

f. The strong wind waved the branches.(강한 바람은 가지를 흔들었다.)

2.2. 다음 주어는 첫째 목적어에게 둘째 목적어를 손으로 알린다.

(5) a. She waved us goodbye.(그녀는 우리에게 손을 흔들어 작별을 고했다.)

b. She waved them a farewell.(그녀는 그들에게 손을 흔들어 작별 인사를 했다.)

2.3. 주어는 목적어에게 손짓을 하여 어떤 행동을 하게 한다.

(6) a. She waved us to come.(그녀는 우리에게 오라고 손짓을 했다.)

b. She waved them to go away.(그녀는 그들에게 가 버리라고 손짓을 했다.)

2.4. 주어는 목적어에 손짓을 하여 부사가 가리키는 상태가 일어나게 한다.

(7) a. She waved aside my idea for increasing sales.(그녀는 판매 증가에 대한 내 생각에 손을 흔들어 거절했다.)

b. A guard waved me away from the fence.(경비원은 나에게 울타리에서 멀리 떨어지라고 손짓했다.)

c. He waved away our help.(그는 우리의 도움을 거절했다.)

d. He waved off the criticism.(그는 비판을 손을 저으며 거부했다.)

e. He closed his eyes and waved us off.(그는 눈을 감고 손을 흔들어 우리를 쫓아버렸다.)

f. The policeman waved the traffic on.(경찰관은 그 자동차를 앞으로 나가게 손짓을 했다.)

2.5. 다음 주어는 목적어를 물결 모양으로 만든다.

(8) The hairdresser waved her hair.(그 미용사는 그녀의 머리를 물결 모양으로 만들었다.)

wax¹

이 동사의 개념 바탕에는 wax의 명사 '밀초'가 있다. 동사의 뜻은 이 명사의 용도와 관련된다.

1. 타동사 용법

1.1. 다음 주어는 목적어에 왁스를 바른다.

(1) a. He waxed his car/the floor.(그는 자신의 차에/바닥에 왁스를 바르도록 시켰다.)

b. Wax your legs.(너의 다리에 왁스를 발라라.)

c. He had his legs waxed.(그는 다리에 왁스를 발랐었다.)

wax²

이 동사의 개념 바탕에는 커지는 과정이 있다.

1. 자동사 용법

1.1. 다음 주어는 커진다.

(1) a. We see more of the moon as it waxes.(우리는 달이 차면서 달의 더 많은 부분을 본다.)

b. The writer's reputation began to wax.(그 작가의 평판은 증가하기 시작했다.)

c. Discontent waxed among them.(불만이 그들 사이에서 커졌다.)

d. The feminist movement waxed since the 1970s.(여성 운동은 1970년대 이래로 증대했다.)

weaken

이 동사의 개념 바탕에는 약해지는 과정이 있다.

1. 자동사 용법

1.1. 다음 주어는 약해진다.

(1) a. She's weakening fast.(그녀는 급속히 약해지고 있다.)

b. She weakened as her illness got worse.(그녀는 병이 심해지면서 약해졌다.)

c. The animal weakened and eventually died.(그 동물은 쇠약해져서 결국 죽는다.)

1.2. 다음 주어는 강도가 있는 개체이다. 주어는 약해진다.

(2) a. The battery weakened.(그 배터리는 약해졌다.)

b. His authority is steadily weakening.(그의 권위는 점차적으로 약해지고 있다.)

c. The country's economy continues to weaken.(그 나라의 경제는 계속 부실해진다.)

d. The Won has weakened against the Yen.(그 '원' 가가 '엔'가에 비해 하락하고 있다.)

e. The bridge has weakened with age.(그 다리는 세월과 함께 약해졌다.)

2. 타동사 용법

2.1. 다음 목적어는 강도가 있는 개체이다. 주어는 목적어를 약하게 한다.

(3) a. Long exposure to vibration could weaken aircraft parts.(진동에 오랜 노출은 비행기 부품들을 약화시킬 수 있다.)

b. Cancer weakened the patient's body.(암이 환자의 몸을 약해지게 했다.)

c. The explosion has weakened the building's foundations.(그 폭파는 건물의 기초를 약해지게 했다.)

2.2. 다음 목적어는 추상적이나 강도가 있는 개체로 개념화되어 있다. 주어는 목적어를 약하게 한다.

(4) a. The scandal weakened his credibility.(그 스캔들은 그의 신용성을 약하게 했다.)

b. Nothing could weaken his ambition.(아무것도 그의 야망을 약화시킬 수 없었다.)

c. The internal disputes have weakened the government's position.(내부의 정쟁은 정부의 지위를 약하게 했다.)

d. None of these setbacks could weaken her resolve to become a lawyer.(이러한 후퇴들의 어느 것도 그녀가 변호사가 되겠다는 결의를 약화시킬 수 없었다.)

e. A lack of resources will **weaken** our efforts.(자원의 부족이 우리의 노력을 약화시킬 것이다.)

f. The army **weakened** the prime minister's power.(그 군대는 수상의 권력을 약화시켰다.)

g. The new evidence **weakens** the case against her.(새로운 증거는 그녀에 대한 소송을 불리하게 한다.)

wear

이 동사의 개념 바탕에는 입거나 신는 과정이 있다.

1. 타동사 용법
1.1. 다음 주어는 목적어를 입는다.
(1) a. He **wore** a hat/the crown.(그는 모자/왕관을 썼다.)

b. He **wore** a ring on his fingers/spectacles/a wrist watch.(그는 손에 반지를/안경을/팔목시계를 꼈다.)

c. She **wore** new shoes/stockings.(그녀는 새 신/스타킹을 신었다.)

d. She **wore** a new coat.(그녀는 새 저고리를 입었다.)

e. She **wore** a flower in her buttonhole.(그녀는 꽃 송이를 단추 구멍에 달았다.)

1.2. 다음 목적어는 신체의 일부나 신체에 나타나는 표정이다.
(2) a. He **wore** a mustache/a beard.(그는 콧수염/턱수염을 길렀다.)

b. She **wore** her hair up/long/short. (그녀는 머리를 위로/길게/짧게 했다.)

c. She **wore** a smile/a frown.(그녀는 미소/찡그림을 띠었다.)

d. The town **wore** an empty look.(그 도시는 텅빈 모습을 띠었다.)

e. He **wore** an angry expression on his face.(그는 성난 표정을 얼굴에 띠었다.)

f. The house **wore** an air of sadness.(그 집은 슬픈 모습을 띠었다.)

1.3. 신이나 옷을 오래 입으면 닳는다. 주어는 목적어를 닳게 한다.
(3) a. The water **wore** the rocks.(물은 바위를 닳게 했다.)

b. The constant droppings **wore** the stone.(끊임없는 물방울들은 그 돌을 닳게 했다.)

c. The stones **were** worn by the constant flow of water.(그 돌은 물의 끊임없는 흐름에 의해서 닳아졌다.)

1.4. 다음 주어는 목적어를 닳게 하여 어떤 상태에 들게 한다.
(4) a. I have **worn** my socks into holes.(나는 양말을 닳게 해서 구멍을 내었다.)

b. He **wore** his jeans thin.(그는 청바지를 얇아지도록 입었다.)

1.5. 다음 주어는 목적어를 지치거나 피곤하게 한다.
(5) a. The noise **wore** her nerves.(그 소리는 그녀의 신경을 피곤하게 했다.)

b. Hardship and poverty **wore** him.(어려움과 가난이 그를 지치게 했다.)

c. Your questions **wear** my patience.(너의 질문들은 나의 인내심을 지치게 한다.)

1.6. 다음 주어는 반복적이고 지속적인 행동으로 목적어를 생기게 한다.
(6) a. Human feet **wore** a track across the field.(사람 발이 그 밭을 가로질러 길을 내었다.)

b. Walking **wore** a hole in my shoes.(걸음이 나의 신에 구멍이 생기게 했다.)

c. Foot traffic **wore** a hole in the carpet.(발걸음이 그 양탄자에 구멍을 내었다.)

d. The carts **wore** ruts on the road.(그 마차들은 길에 바퀴자국을 내었다.)

e. The villagers had **worn** a path through the field.(그 마을 사람들은 밭을 가로질러 길을 내었다.)

f. He **wore** a hole right through his shoes from all that walking.(그는 그렇게 걸어서 그의 신발을 바로 관통하는 구멍을 냈다.)

2. 자동사 용법
2.1. 다음 주어는 입어진다.
(7) a. This cloth has **worn** well. (이 천은 잘 입어졌다.)

b. This coat has **worn** well.(이 코트는 잘/오래 입었다.)

c. The strong fabric **wears** well.(튼튼한 천은 오래 간다.)

d. Good leather will **wear** for years.(좋은 가죽은 몇 년이고 입을 수 있다.)

2.2. 다음 주어는 닳는다.
(8) a. I like this shirt but the neck has **worn**.(나는 이 셔츠를 좋아하지만, 목이 낡았다.)

b. His shirt has started to **wear**.(그의 셔츠는 해지기 시작했다.)

c. The rear tires began to **wear**.(그 뒤 타이어는 해지기 시작했다.)

d. The carpet starts to **wear**.(그 양탄자는 해지기 시작한다.)

e. The elbows have **worn** badly on his coat.(그 저고리의 팔굽은 심하게 닳았다.)

2.3. 다음 주어는 닳아서 어떤 상태에 들어간다.
(9) a. The material has **worn** thin.(그 소재는 닳아서 얇게 되었다.)

b. Her patience **wore** thin.(그녀의 인내심은 닳아서 얇아졌다.)

c. The soles of his shoes have **worn** thin.(그 신의 바닥은 닳아서 얇아졌다.)

d. His jacket has **worn** to shreds.(그의 재킷은 누더기가 되었다.)

2.4. 사람의 경우 닳는 과정은 늙는 과정이다.
(10) a. Old Mr. Smith is not **wearing** well.(스미스 씨는 늙지 않는다.)

b. Considering her age, she has not **worn** well.(그녀의 나이를 생각하면, 그녀는 잘 늙지 않는다.)

c. He is quiet, but he **wears** well as a friend.(그는 말이 없지만, 친구로서 오래 간다.)

d. The dress has **worn** well.(그 드레스는 잘 입었다.)

weave

이 동사의 개념 바탕에는 짜는 과정이 있다.

1. 타동사 용법
1.1. 다음 주어는 재료인 목적어를 짜서 물건을 만든다.
(1) a. She wove grass into a basket.(그녀는 풀을 짜서 바구니를 만들었다.)
  b. He wove threads into cloth.(그는 실을 짜서 천을 만들었다.)
  c. He wove straw into a hat/a basket.(그는 짚을 짜서 모자/바구니를 만들었다.)
  d. She wove primroses into a garland/a wreath.(그녀는 앵초를 짜서 화환/화관으로 만들었다.)
  e. She wove her hair into a long braid.(그녀는 머리를 땋아 긴 댕기로 만들었다.)

1.2. 다음 주어는 목적어를 엮는다.
(2) a. He wove the ribbons/the threads together.(그는 리본/실을 함께 엮었다.)
  b. He wove the thread together.(그는 실을 함께 엮었다.)
  c. He wove some branches together to form a roof.(그는 몇 개의 가지들을 짜서 지붕을 만들었다.)

1.3. 다음은 수동태 문장으로 주어는 짜인다.
(3) The strips of willow are woven into a basket.(그 버드나무 껍질은 짜서 바구니로 만들어진다.)

1.4. 다음 주어는 목적어를 짠다. 목적어는 짜서 만들어지는 개체이다.
(4) a. She wove a garland from/out of primroses.(그녀는 화환을 앵초로부터 짜서 만들었다.)
  b. He wove a basket out of rattan.(그는 바구니를 등나무로 짰다.)
  c. The spider wove a huge web.(그 거미는 큰 거미집을 짜 만들었다.)
  d. The girl is weaving a rug/a carpet.(그 소녀는 융단/양탄자를 짜고 있다.)
  e. These birds weave their nests out of sticks and feathers.(이 새들은 둥지를 막대와 깃털로 짜 만든다.)
  f. How long does it take to weave three meters of cloth?(이 천의 3미터를 짜는 데 얼마나 걸리죠?)
  g. He wove cloth out of thread.(그는 천을 실로 짰다.)
  h. She wove a straw mat out of reeds.(그녀는 짚 매트를 갈대로 짜서 만들었다.)

1.5. 다음 주어는 첫째 목적어에게 둘째 목적어를 짜거나 엮어서 준다.
(5) a. He wove me a garland.(그는 나에게 화관을 엮어 주었다.)
  b. She wove me a hat.(그녀는 나에게 모자를 짜 주었다.)

1.6. 다음은 수동태 문장으로 주어는 엮기거나 짜서 만들어진다.
(6) a. The basket is woven from strips of willow.(그 바구니는 버드나무 껍질로 짜서 만들어진다.)
  b. The garland is woven from roses.(그 화관은 장미로 짜서 만들어진다.)

1.7. 경험이나 사건도 짜는 재료로 개념화된다. 주어는 목적어를 짜거나 엮는다.
(7) a. The writer wove his early experience into a story.(그 작가는 이전 경험을 짜서 이야기 속에 엮어 넣었다.)
  b. He wove three experiences into a story.(그는 세 가지 경험을 짜서 하나의 이야기로 만들었다.)
  c. She wove the events into a story.(그녀는 그 사건들을 하나의 이야기로 짰다.)
  d. She wove the separate events into a story.(그녀는 각각의 사건들을 짜서 하나의 이야기로 엮었다.)
  e. The biography weaves together the various strands of Einstein's life.(그 전기는 아인슈타인 생애의 다양한 부분을 함께 엮는다.)

1.8. 다음 목적어는 짜서 만들어지는 개체이다.
(8) a. He wove a story from three plots.(그는 하나의 이야기를 세 가지 줄거리로 엮었다.)
  b. She wove a web of lies.(그녀는 거짓말투성이의 이야기를 엮어냈다.)

1.9. 다음 주어는 베를 짤 때 씨줄과 날줄이 움직이듯 헤집고 지나간다.
(9) a. He wove his way through a crowd.(그는 관중 속을 헤집고 지나갔다.)
  b. He weaved his car through traffic.(그는 차를 자동차 사이를 헤집고 지나갔다.)

2. 자동사 용법
2.1. 주어는 누비듯 걷는다.
(10) a. The drunken man weaved as he tried to walk.(술취한 남자는 걸어보려고 노력하면서 이리저리 움직였다.)
  b. A motorcycle is weaving in and out traffic.(오토바이가 자동차 속으로 헤집고 드나들고 있다.)
  c. He wove through traffic.(그는 자동차 속을 누비듯 걸었다.)

2.2. 다음 주어는 움직이지 않는다. 그러나 그 형상을 눈으로 따라가면 누비는 것 같다.
(11) a. A tiny stream weaves in and out of the trees.(작은 시내가 나무들 안팎으로 누비고 지나간다.)
  b. The road weaves through a range of hills.(그 길은 연속된 언덕을 누비고 지나간다.)
  c. A path wove through the valley.(소로가 골짜기를 누비듯 지났다.)
  d. The river weaves through the primeval forest.(강은 원시림을 누비듯 지난다.)

wed

이 동사의 개념 바탕에는 두 사람이 결혼하는 과정이 있다.

1. 타동사 용법
1.1. 다음 주어는 목적어를 부부가 되게 한다.
(1) a. The priest weds the happy couple.(그 목사는 행복한 커플을 부부가 되게 한다.)
  b. The professor wedded his former students.(그 교

수는 이전의 학생을 부부가 되게 했다.)

1.2. 다음 주어는 목적어를 to의 목적어에 결혼하게 한다.
(2) He **wedded** his daughter to a doctor.(그는 딸을 의사와 결혼시켰다.)

1.3. 다음 주어는 목적어와 결혼한다. 목적어는 결혼 상대이다.
(3) a. She **wedded** her childhood sweetheart.(그녀는 유년시절의 애인과 결혼했다.)
  b. The daughter is to **wed** an oil millionaire.(그 딸은 기름 백만장자와 결혼하기로 한다.)
  c. Anne **wedded** Bill when she was 30.(앤은 그녀가 30살 일 때, 빌과 결혼했다.)

1.4. 다음은 수동태 문장으로 주어는 결혼 상대에 헌신하듯 to의 목적어에 고집 또는 몰두한다.
(4) a. The mayor is **wedded** to the new budget plan.(그 시장은 새 예산 계획에 고집한다.)
  b. The manager is **wedded** to the idea of getting new computers.(그 지배인은 새 컴퓨터를 입수할 생각에 고집한다.)
  c. This is a big problem and we're not **wedded** to any one solution.(이것은 큰 문제이고 우리는 어떤 한가지 해결책에 고집하지 않는다.)
  d. He is **wedded** to the doctrine.(그는 교리에 헌신한다.)

1.5. 다음은 수동태 문장으로 주어는 결혼한다.
(5) a. They were **wedded** in July.(그들은 7월에 결혼했다.)
  b. They were happily **wedded**.(그들은 행복하게 결혼했다.)

1.6. 주어는 자신을 to의 목적어에 헌신하게 한다.
(6) He **wedded** himself to the project.(그는 그 기획사업에 몰입했다.)

1.7. 다음 주어는 목적어를 with의 목적어와 결합시킨다.
(7) a. The design **weds** utility with beauty.(그 디자인은 유용성과 미를 결합시킨다.)
  b. The merger will **wed** American ingenuity with Swiss efficiency.(합병은 미국 창의성과 스위스 능률을 결합시킬 것이다.)

1.8. 다음 주어는 목적어를 결합시킨다.
(8) a. Management **wedded** sales and marketing into one department.(경영진은 판매와 마케팅을 한 부서로 통합했다.)
  b. The novel **weds** style and content.(그 소설은 문체와 내용을 결합시킨다.)

2. 자동사 용법

2.1. 다음 주어는 결혼하는 사람들이다.
(9) a. John and Mary **wedded** in a small ceremony.(존과 메어리는 조촐한 예식에서 결혼했다.)
  b. They **wedded** in July at church.(그들은 7월에 교회에서 결혼했다.)

wedge

이 동사의 개념 바탕에는 wedge의 명사 '쐐기'가 있다. 동사의 의미는 이 명사의 용도와 관계가 있다.

1. 타동사 용법

1.1. 다음 주어는 목적어를 쐐기 같은 것을 써서 어떤 상태에 있게 한다.
(1) He **wedged** the door open.(그는 쐐기를 박아 문을 열어 놓았다.)

1.2. 두 개체에 쐐기를 끼우듯 주어는 목적어를 끼워 넣는다.
(2) a. When John speaks, no one can **wedge** a word in edgewise.(존이 말할 때, 아무도 한 마디도 끼어 넣을 수 없다.)
  b. He **wedged** the clothes in the suitcase.(그는 그 옷을 옷가방에 끼워 넣었다.)
  c. Somehow she had **wedged** her head **between** the bars of the railing.(어쨌든 그녀는 머리를 난간의 창살 사이로 끼워 넣었다.)
  d. The people sitting in the corner **wedged** me in.(가장자리에 앉은 사람들은 나를 안으로 끼워 넣었다.)

1.3. 쐐기가 두 개체 사이에 들어가듯 주어는 목적어 (자신)를 끼워 넣는다.
(3) a. He **wedged** himself **into** the crowd.(그는 자신을 군중안으로 끼워 넣었다.)
  b. She **wedged** herself **into** the passenger seat.(그녀는 자신을 객석 안으로 끼워 넣었다.)

1.4. 다음은 수동태 문장으로 주어는 두 개체 사이에 끼인다.
(4) a. The boat is now **wedged between** the rocks.(그 배는 지금 바위사이에 끼워진다.)
  b. I was **wedged between** Tom and Jerry in the back seat.(나는 뒷좌석에서 톰과 제리 사이에 끼여 있었다.)
  c. This sideboard is unsteady; it needs to be **wedged** up.(이 찬장은 흔들거린다; 꽉 끼워져야겠다.)
  d. They have three desks **wedged into** the tiny office.(그들은 세 개의 책상을 그 작은 사무실 안으로 끼워 넣었다.)

weep

이 동사의 개념 바탕에는 눈물을 흘리며 우는 과정이 있다.

1. 자동사 용법

1.1. 다음 주어는 눈물을 흘린다.
(1) a. They **wept** at the sad news.(그들은 슬픈 소식에 눈물을 흘렸다.)
  b. He **wept** at the pitiful sights.(그는 처량한 광경을 보고 눈물을 흘리며 울었다.)
  c. They **wept** for joy.(그들은 즐거움에 눈물을 흘렸다.)
  d. They **wept** for days over his sudden death.(그들은 며칠동안 그의 갑작스런 죽음에 눈물을 흘렸다.)
  e. She **wept** over her misfortunes.(그녀는 자신의 불행에 대해서 눈물을 흘렸다.)

1.2. 사람이 눈물을 흘리듯 다음 주어는 액체를 흘린다.
(2) a. The wound is **weeping**.(그 상처는 피를 흘리고 있다.)

b. The trees are **weeping**.(그 나무들은 수액을 흘리고 있다.)

c. The eye is still **weeping**.(그 눈은 아직도 눈물을 흘리고 있다.)

d. The water tank is **weeping** at the seams.(그 물 탱크는 접합선에서 물이 샌다.)

1.3. 다음 주어는 눈물을 흘려서 목적어가 어떤 상태에 이르게 한다.

(3) a. She **wept** her eyes **blind**.(그녀는 눈이 멀어지도록 울었다.)

b. He **wept** himself **out**.(그는 울다 지쳤다.)

c. The boy is **weeping** his heart **out**.(그 소년은 마음이 빠지도록 울고 있다.)

d. He **wept** his eyes **out**.(그는 눈이 빠질 정도로 울었다.)

e. He **wept** **out** his sorrow and was asleep.(그는 슬픔을 울음으로 나타내다가 잠이 들었다.)

f. The child **wept** himself **to** sleep.(그 아이는 울다 지쳐 잠이 들었다.)

2. 타동사 용법

2.1. 다음 주어는 목적어를 흘린다.

(4) a. The wound is **weeping** blood.(상처 부위는 피를 흘리고 있다.)

b. The pines **wept** tears of sap.(소나무는 수액을 흘렸다.)

c. They **wept** tears of sorrow **for** the missing child.(그들은 잃어버린 아이 때문에 슬픔의 눈물을 흘렸다.)

d. The hostages' families **wept** tears of joy **upon** their release.(인질의 가족들은 그들의 석방에 기쁨의 눈물을 흘렸다.)

e. He **wept** bitter tears.(그는 쓴 눈물을 흘렸다.)

2.2. 다음 주어는 눈물을 흘리며 목적어를 슬퍼한다.

(5) a. She **wept** his brothers.(그녀는 눈물을 흘리며 그의 형제들을 슬퍼했다.)

b. The people **wept** the dead king.(그 국민들은 죽은 왕을 눈물을 흘리며 슬퍼했다.)

c. She **wept** her dead dog.(그녀는 죽은 개를 눈물을 흘리며 슬퍼했다.)

2.3. 다음 주어는 목적어를 눈물을 흘리면서 보낸다.

(6) He **wept** the afternoon **away**.(그는 그 날 오후를 눈물을 흘리며 보냈다.)

---

weigh

이 동사의 개념 바탕에는 무게를 다는 과정이 있다.

1.1. 타동사 용법

1.1. 다음 주어는 목적어의 무게를 잰다. 재는 도구는 전치사 on 의 목적어로 표시된다.

(1) a. He **weighed** himself on the bathroom scale.(그는 몸무게를 목욕탕의 저울로 쟀다.)

b. He **weighs** himself every day.(그는 몸무게를 매일 잰다.)

c. The butcher **weighed** the meat.(그 정육점 주인이 고기를 달았다.)

d. You must have your luggage **weighed** at the airport.(너는 짐의 무게를 공항에서 재야 한다.)

e. He **weighed** the stone in his hand.(그는 그 돌의 무게를 손에 쟀다.)

1.2. 다음에서는 목적어가 추상적 개체이다. 이러한 개체를 저울질한다는 것은 이들의 중요성을 재는 의미이다. 주어는 목적어를 잰다.

(2) a. He **weighed** all the options.(그는 모든 선택을 검토했다.)

b. The student **weighed** his choices as to which university to attend.(학생은 어느 대학에 갈 것인가 하는 자신의 선택들을 재어보았다.)

c. Tim **weighed** the alternatives in his mind.(팀은 그 대안들을 마음 속에 저울질했다.)

d. He **weighed** the consequences.(그는 그 결과를 검토했다.)

e. He **weighed** the proposals.(그는 그 제안을 심사숙고했다.)

1.3. 다음 주어는 목적어를 전치사 against에 비추어본다.

(3) a. He **weighed** his plan against ours.(그는 그의 계획을 우리의 것과 비교 검토했다.)

b. He **weighed** the advantages against the disadvantages.(그는 이익을 불이익에 비교 검토했다.)

1.4. 다음 주어는 목적어를 무겁게 만든다.

(4) He **weighed** the drapes to hang properly.(그는 커튼이 제대로 달려 있도록 그것을 무겁게 했다.)

1.5. 다음 주어는 목적어에 힘을 가한다.

(5) a. The books **weighed** the students.(그 책들은 학생들을 짓눌렀다.)

b. The fruit **weighed** the branches **down**.(과일의 무게는 그 줄기를 휘게 했다.)

c. The burden **weighed** him **down**.(그 부담은 그를 짓눌렀다.)

1.6. 다음은 수동태 문장으로 주어는 짓눌린다.

(6) a. She was **weighed down** with shopping bags.(그녀는 쇼핑 봉투에 짓눌렸다.)

b. He is **weighed down** into (sorrow/anxieties).(그는 짓눌려서 슬픔/걱정에 빠져 있다.)

1.7. 다음 주어는 무게가 나간다.

(7) a. How much do you **weigh**?(너는 무게가 얼마나 나가느냐?)

b. What does the box **weigh**?(그 상자는 무게가 얼마나 나가느냐?)

c. The apples **weighed** one pound.(그 사과는 무게가 1파운드였다.)

d. The machine will **weigh** up to 10 tons.(그 기계는 10톤까지 무게가 나갈 것이다.)

2. 자동사 용법

2.1. 다음 주어는 밑으로 힘을 가하는 개체이고 전치사 on의 목적어는 주어가 가하는 힘이나 영향을 받는 개체이다.

(8) a. His illness **weighs** on his family.(그의 병은 가족을 압박한다.)

b. The separation **weighs** on both of them.(그 이별은 두 사람 모두에게 짐이 된다.)

c. The daughter's disappearance **weighed** on the family.(그 딸의 실종은 가족을 짓눌렀다.)

d. The burden of his responsibility **weighs** heavily on the shoulder.(그의 책임에 대한 부담은 어깨를 무겁게 짓누른다.)

e. The matter **weighed** on his mind.(그 문제는 그의 마음에 부담이 되었다.)

2.2. 다음 주어는 무게를 갖는다. 즉 중요성이 있다.

(9) a. His opinion **weighs** heavy in the academic world.(그의 의견은 학계에서 매우 중요시된다.)

b. The witness's statement **weighed** heavily, and he was declared not guilty.(증인의 진술은 중요하게 받아들여져서 그는 무죄선고를 받았다.)

c. Her evidence **weighed** quite strongly with the judge.(그녀의 증거는 판사에게 꽤 중요하게 받아들여졌다.)

d. Selfish interests ought not to **weigh** at all in this matter.(이기적인 이익이 이 문제에서 중요하게 다루어져서는 안 된다.)

welcome

이 동사의 개념 바탕에는 반갑게 맞이하는 과정이 있다.

1. 타동사 용법

1.1. 다음 주어는 목적어를 반갑게 맞이한다. 목적어는 사람이다.

(1) a. We went to next door to **welcome** our new neighbors.(우리는 새 이웃을 맞이하려고 옆집으로 갔다.)

b. The prime minister **welcomed** the Korean president warmly.(그 수상은 한국 대통령을 따뜻하게 맞이했다.)

1.2. 다음 주어는 목적어를 맞이하여 into의 목적어로 안내한다.

(2) a. We **welcomed** her **into** our house.(우리는 그녀를 맞이하여 우리 집안으로 안내했다.)

b. He **welcomed** us **into** his office.(그는 우리를 맞이해서 사무실로 안내했다.)

1.3. 다음 주어는 목적어를 기꺼이 받아들인다.

(3) a. She **welcomed** the opportunity to explain herself.(그녀는 자신을 설명할 기회를 기꺼이 받아들였다.)

b. Baseball fans **welcomed** the end of the players' strike.(야구경기 팬들이 선수들의 파업의 결말을 기꺼이 받아들였다.)

c. He doesn't **welcome** intrusions into his privacy.(그는 사생활의 침해를 환영하지 않는다.)

d. The college **welcomes** applications from people of all races.(그 대학은 모든 인종의 사람들로부터 오는 지원서를 환영한다.)

e. I **welcome** your comments/any suggestion.(나는 너의 평을/어떠한 제안도 기꺼이 받아들인다.)

well

이 동사의 개념 바탕에는 well의 명사 '우물'이 있다.

1. 자동사 용법

1.1. 다음 주어는 솟아 나온다.

(1) a. As he read the letter, tears **welled** in her eyes.(그가 편지를 읽자, 그녀의 눈에서 눈물이 솟아 나왔다.)

b. Tears **welled up** in his eyes.(눈물이 그의 눈에서 솟았다.)

c. Blood **welled out** from the cut.(피가 벤 상처로부터 솟아 나왔다.)

1.2. 다음은 [분노는 끓는 액체] 은유가 적용된 예이다.

(2) a. He could feel the anger **well up** inside him.(그는 자신의 내부에서 화가 끓어오르는 것을 느낄 수 있었다.)

b. Indignation **welled up** in me.(분노가 내 속에서 끓어올랐다.)

wet

이 동사의 개념 바탕에는 적시는 과정이 있다.

1. 타동사 용법

1.1. 다음 주어는 목적어를 적신다.

(1) a. The heavy rain **wet** us **through**.(엄청난 폭우는 우리를 완전히 적셨다.)

b. The barber **wetted** my hair before cutting it.(그 이발사는 내 머리를 자르기 전에 적셨다.)

c. **Wet** your hair and apply the shampoo.(당신의 머리를 적시고 샴푸를 사용하라.)

d. **Wet** the cloth with warm water.(그 옷감을 따뜻한 물로 적셔라.)

e. She **wetted** the flap and sealed the envelope.(그녀는 뚜껑을 적시고 봉투를 봉했다.)

f. He **wetted** a cloth and tried to rub the mark away.(그는 옷감을 적셔서 얼룩을 문질러 없애려고 노력했다.)

1.2. 다음 주어는 목적어를 오줌으로 적신다.

(2) a. The baby **wetted** his diaper.(그 아기는 기저귀를 적셨다.)

b. The dog **wet** the carpet.(그 강아지는 카페트를 적셨다.)

c. John **wet** his bed again.(존은 침대를 또 적셨다.)

1.3. 다음 주어는 자신을 오줌으로 적신다.

(3) a. I nearly **wet** myself; I was so scared.(나는 거의 오줌 쌀뻔 했다; 나는 너무 두려웠다.)

b. My little boy **wets** himself occasionally.(작은 아이는 가끔 오줌을 싼다.)

1.4. 다음 주어는 술을 마시면서 목적어를 맺는다.

(4) They **wet** a bargain.(그들은 술을 마시며 매매 계약을 맺었다.)

2. 자동사 용법

2.1. 다음 주어는 젖는다.
(5) a. My coat has wet through. (나의 코트는 완전히 젖었다.)
  b. Her hair wet through. (그녀의 머리는 완전히 젖었다.)

wheedle

이 동사의 개념 바탕에는 감언으로 구슬리는 과정이 있다.

1. 타동사 용법

1.1. 다음 주어는 감언으로 목적어를 구슬린다. 구슬림을 받는 목적어는 동명사가 가리키는 일이나 행동을 한다.
(1) a. She wheedled me into paying. (그녀는 나를 구슬려 돈을 지불하게 했다.)
  b. They tried to wheedle her into leaving the house. (그들은 그녀를 구슬려 집을 떠나게 했다.)
  c. He wheedled his father into buying him a car. (그는 아버지를 구슬려 그에게 새 차를 사주게 했다.)
  d. He wheedled his father into giving him a bigger allowance. (그는 아버지를 구슬려 그에게 더 많은 용돈을 주게 했다.)
  e. I wheedled my parents into taking me to the concert. (나는 부모님을 구슬려서 나를 그 공연장에 데려가도록 했다.)
  f. The children wheedled their parents into letting go to the picnic. (아이들은 부모님들을 구슬려서 소풍을 가는 것을 허락하게 했다.)
  g. She wheedled me into good temper. (그녀는 나를 구슬려서 기분 좋게 했다.)

1.2. 다음은 수동태 문장으로 주어는 구슬림을 받고 into의 목적어가 가리키는 일을 하게 된다.
(2) Sam was wheedled into joining the club by Jane. (샘은 제인의 구슬림을 받고 그 모임에 가입하게 되었다.)

1.3. 다음 주어는 목적어를 감언으로 구슬려서 얻어낸다. 감언을 받는 이는 out of나 from으로 표현된다.
(3) a. I wheedled a new car out of my parents. (나는 새 차를 부모님을 구슬려 샀다.)
  b. They finally wheedled the secret out of me. (그들은 나를 구슬려 비밀을 알아냈다.)
  c. She wheedled some money out of her mother. (그녀는 어머니를 구슬려 약간의 돈을 받아냈다.)
  d. She wheedled an extra days' pay out of him. (그녀는 그를 구슬려서 시간외 수당을 받아냈다.)
  e. She wheedled some money from me. (그녀는 나를 구슬려 약간의 돈을 얻어냈다.)
  f. She wheedled a new dress from her mother. (그녀는 어머니를 구슬려 새 옷을 샀다.)

wheel

이 동사의 개념 바탕에는 wheel의 명사 '바퀴' '바퀴가 달린 운반 도구'가 있다. 동사의 뜻은 이들 명사의 용도와 관계가 있다.

1. 타동사 용법

1.1. 다음 주어는 목적어를 휠체어에 태워서 움직인다.
(1) a. She wheeled the baby around the park in a stroller. (그녀는 아기를 유모차에 태워 공원 주변을 산책했다.)
  b. The nurse wheeled him into the ward. (그 간호사는 그를 휠체어에 태워 병실 안으로 움직였다.)
  c. They wheeled me into an operating room. (그들은 나를 휠체어에 태워 수술실로 옮겼다.)
  d. He wheeled the rubbish into a dump. (그들은 쓰레기를 수레에 실어 쓰레기 더미로 옮겼다.)
  e. She wheeled her bike into the garage. (그녀는 자전거를 차고 안으로 굴려갔다.)
  f. They wheeled him off to the emergency room. (그들은 그를 휠체어에 태워 응급실 안으로 움직였다.)
  g. She slowly wheeled her shopping cart over to the checkout stand. (그녀는 쇼핑 수레를 계산대 앞으로 천천히 굴려갔다.)

1.2. 다음 목적어는 바퀴가 달린 개체이다. 주어는 이들을 움직인다.
(2) a. He wheeled a truck along the highway. (그는 트럭을 고속도로를 따라 운전해 갔다.)
  b. He wheeled out a bike. (그는 자전거를 굴려 나갔다.)

1.3. 바퀴는 돌고, 돌면 방향이 바뀐다. 다음 주어는 목적어의 방향을 바꾼다.
(3) He wheeled the horse back to the gate. (그는 말을 대문으로 돌렸다.)

1.4. 다음은 수동태 문장으로 주어는 운반된다.
(4) a. The boxes were wheeled away. (그 상자들은 운반되어졌다.)
  b. The patient was wheeled in. (그 환자는 휠체어로 안으로 옮겨졌다.)

2. 자동사 용법

2.1. 다음 주어는 방향을 바꾼다.
(5) a. She wheeled around and started yelling at us. (그녀는 방향을 돌려서 우리에게 소리치기 시작했다.)
  b. She wheeled round to face her accuser. (그녀는 고소인을 대하기 위해서 뒤돌아 보았다.)
  c. Ben wheeled around when I tapped his back. (벤은 내가 등을 두드렸을 때 뒤돌았다.)
  d. He wheeled around in his chair. (그는 의자에서 뒤돌아 보았다.)

2.2. 다음 주어는 바퀴가 달린 개체로 움직인다.
(6) a. A car is wheeling along the street. (차는 길을 따라 달리고 있다.)
  b. The car wheeled along the highway. (그 차는 고속도로를 따라서 달렸다.)
  c. The truck wheeled off. (그 트럭은 달려나갔다.)

2.3. 다음 주어는 공중에서 원을 그린다.
(7) a. Birds wheeled above us in the sky. (새들이 우리들 위의 하늘에서 원을 그렸다.)
  b. A flock of gulls wheeled over the windy sea. (갈매

기 무리가 바람이 심한 바다 위에서 원을 그렸다.)

while

이 동사의 개념 바탕에는 while의 명사 '기간' 이 있다.

1. 타동사 용법
1.1. 다음 주어는 목적어를 즐겁고 여유있게 보낸다.
(1) a. I knit a lot to while away.(나는 시간을 즐겁고 여유있게 보내려고 뜨개질을 많이 했다.)
    b. He whiled the hours on the train by talking to other passengers.(그는 기차에서 시간을 다른 승객과 이야기를 함으로써 여유롭게 보냈다.)
    c. The children whiled away many hours on the beach.(아이들은 많은 시간을 해변에서 즐겁게 보냈다.)
    d. He whiled the hours of waiting by reading a book.(그는 기다리는 시간을 책을 읽으면서 여유롭게 보냈다.)

whine

이 동사의 개념 바탕에는 애처롭게 우는소리가 있다.

1. 자동사 용법
1.1. 다음 주어는 투덜거린다.
(1) a. He whined about being poor.(그는 가난한 것에 대해 투덜거렸다.)
    b. He always whines about his job.(그는 항상 일에 대해 투덜거린다.)
    c. The children whined throughout the unpleasant trip.(아이들은 즐겁지 않은 여행 내내 투덜거렸다.)

1.2. 다음 주어는 동물이다.
(2) a. The dog whined at the door.(그 개는 문 앞에서 낑낑거렸다.)
    b. The dog's whining for food.(그 개는 먹이를 위해 애처로운 소리를 내고 있다.)

1.3. 다음 주어는 소리를 내면서 시동이 걸린다.
(3) The motor whined into life.(그 자동차는 소리를 내면서 시동이 걸렸다.)

1.4. 다음 주어는 소리를 내면서 이동한다.
(4) a. The bullet whined past/over their heads.(총알은 소리를 내며 그들의 머리를 향해 나아갔다.)
    b. The bus whined up/down the hill in low gear.(버스는 산 위/아래로 저속으로 소리를 내며 갔다.)

2. 타동사 용법
2.1. 다음 주어는 따옴표 속의 문장은 투덜거리며 말한다.
(5) a. "I want to go home," whined the boy.("집에 가고 싶어."라고 소년은 투덜거렸다.)
    b. "I want the toy." whined the boy.("그 장난감을 원해."라고 소년이 투덜거렸다.)

2.2. 다음 주어는 that-절의 내용을 투덜거린다.
(6) a. The children whined that they wanted to stay up late.(아이들은 늦게까지 깨어 있고 싶다고 투덜거렸다.)

    b. Ben whined that his soup was too hot.(벤은 국이 너무 뜨겁다고 투덜거렸다.)

2.3. 다음 주어는 목적어를 투덜거리며 표현한다.
(7) Ben whined his displeasure.(벤은 불쾌감을 푸념했다.)

whip

이 동사의 개념 바탕에는 whip의 명사 '채찍' 이 있다. 동사의 뜻은 이 명사의 용도와 관계가 있다.

1. 타동사 용법
1.1. 다음 주어는 목적어를 채찍질한다.
(1) a. The cabman whipped his horse on.(그 마부는 말을 채찍질하여 계속 가게 했다.)
    b. The captain whipped the slaves.(그 선장은 노예들을 채찍했다.)
    c. He whipped the horse to make it go faster.(그는 말을 채찍하여 더 빨리 가게 했다.)

1.2. 다음 주어는 자체가 목적어를 친다.
(2) a. A branch whipped her across her face.(나무 가지 하나가 그녀를 얼굴을 가로질러 쳤다.)
    b. The wind is whipping the flags back and forth.(바람은 그 국기들을 앞뒤로 펄럭이고 있다.)
    c. The huge waves whipped the shore.(그 큰 파도들이 그 해안을 쳤다.)
    d. The rain whipped the windowpanes/the roof/ the pavement.(비는 창문들을/지붕/보도를 쳤다.)
    e. A fierce wind whipped our faces. (날카로운 바람이 우리의 얼굴을 쳤다.)
    f. He whipped out his credit card.(그는 신용카드를 획 꺼냈다.)

1.3. 다음 주어는 목적어를 휘젓는다.
(3) a. The cook whipped the eggs with a whisk.(요리사는 달걀들을 휘스크로 휘저었다.)
    b. Whip the cream until thick.(크림을 진하게 될 때까지 휘저어라.)
    c. I whipped some cream and put it on strawberries.(나는 약간의 크림을 저어서 그것을 딸기 위에 얹었다.)

1.4. 다음은 수동태 문장으로 주어는 채찍을 맞는다.
(4) a. The waves were whipped by 50 mile an hour winds.(파도는 시속 50마일의 바람에 치었다.)
    b. He was whipped with a studded belt.(그는 징이 박힌 허리띠에 맞았다.)
    c. The criminal was whipped as a punishment.(범인은 벌로 채찍을 맞았다.)
    d. The child was whipped for disobedience.(그 아이은 불복종 때문에 맞았다.)

1.5. 다음 주어는 목적어를 일으킨다. 바람이 파도를 일게 하듯 사람의 감정도 자극하여 일게 할 수 있다.
(5) a. The wind is going to whip up waves on the lake.(바람은 호수 위에 파도를 일게 하고 있다.)
    b. The agitator whipped up the crowd.(그 선동자는 그 군중을 선동했다.)
    c. The baseball players whipped up excitement for winning the game.(야구 선수들은 게임을 이겨서

흥분을 일으켰다.)

d. The rally was organized to **whip** up support for the campaign.(집회는 그 선거전의 지지를 일으키기 위해서 조직되었다.)

e. She tried to **whip** up some interest in the idea.(그녀는 그 생각에 약간의 관심을 일으키려고 애썼다.)

1.6. 채찍질의 한 특징은 빠른 손놀림이다. 다음 주어는 목적어를 빠르게 만든다.

(6) a. The chef **whipped** a delicious dinner in an hour. (그 요리사는 맛이 있는 저녁을 한 시간 안에 만들었다.)

b. She **whipped** up a dress in an evening.(그녀는 드레스 하나를 하루 저녁에 만들었다.)

1.7. 다음 주어는 빠른 동작으로 목적어를 벗거나 치운다.

(7) a. She **whipped** the mask off her face.(그녀는 가면을 얼굴에서 휙 벗었다.)

b. The gangster **whipped** the pearls off the counter. (그 갱은 그 진주를 카운터에서 휙 걷었다.)

c. Players were **whipping** their shirts off.(선수들은 셔츠를 휙 벗고 있었다.)

d. She **whipped** my plate away before I'd finished eating.(그녀는 다 먹기도 전에 내 접시를 휙 치웠다.)

1.8. 다음 주어는 재빠른 동작으로 목적어를 넣는다.

(8) a. He **whipped** the pistol into his pocket.(그는 권총을 재빨리 호주머니에 넣었다.)

b. He is **whipping** sense into the child.(그는 정신을 아이에게 집어넣고 있다.)

c. He could **whip** a crowd into hysteria.(그는 군중을 히스테리로 몰 수 있었다.)

d. He **whipped** the crowd into a frenzy.(그는 군중을 광기로 몰아넣었다.)

e. The new coach soon **whipped** the team into shape. (새 코치는 팀이 제 모습을 갖추게 몰아 넣었다.)

1.9. 주어는 재빠른 동작으로 목적어를 빼낸다.

(9) a. He is **whipping** nonsense out of the child.(그는 터무니 없는 생각을 그 아이에게서 빼낸다.)

b. Bill **whipped** out his notebook.(빌은 공책을 휙 꺼냈다.)

c. Someone **whipped** my pen.(누군가 내 펜을 휙 채갔다.)

1.10. 다음 주어는 목적어를 이긴다.

(10) a. Our team **whipped** our opponent by a score 30 to 10.(우리 팀은 상대를 30대 10으로 격파했다.)

b. Their team really **whipped** our team at basketball. (그들의 팀은 우리 팀을 농구에서 격파했다.)

c. I really **whipped** Bob at tennis.(나는 밥을 정구에서 격파했다.)

d. The mayor **whipped** his opponent in the election. (시장은 상대를 선거에서 격파했다.)

1.11. 다음 주어는 목적어를 후딱 해치운다.

(11) He **whipped** off the report.(그는 후딱 보고서를 마쳤다.)

2. 자동사 용법

2.1. 다음 주어는 빠르게 움직인다.

(12) a.The wind out here is **whipping along** at about 40 miles an hour.(여기 밖의 바람은 시속 40마일로 세차게 불고 있다.)

b. The wind **whipped across** the plain.(바람은 평원을 가로질러 세차게 불었다.)

c. The car **whipped around** the corner.(차는 모퉁이를 휙 지나갔다.)

d. A bullet **whipped by** his head.(총탄이 그의 머리 곁을 휙 지나갔다.)

e. The wind **whipped down** from the mountains.(바람은 산 아래로 빠르게 지나갔다.)

f. The wind and rain were **whipping past** the window.(그 바람과 비는 창문을 휙휙 지나고 있었다.)

g. He **whipped round** at the sound.(그는 소리를 듣고 휙 돌아섰다.)

h. The dog **whipped up** the stairs.(그 개는 계단을 휙 올라갔다.)

2.2. 다음 주어는 다른 개체를 세차게 친다.

(13) a. A branch **whipped across** the car window.(가지가 차 창문을 가로질러 쳤다.)

b. Branches **whipped against** the windows. (가지들이 창문을 세차게 쳤다.)

c. The branch **whipped back**.(그 가지는 뒤로 휙 돌아갔다.)

2.3. 다음 주어는 사람이나 동물이다. 주어는 빠르게 이동한다.

(14) a. I am just going to **whip across** the road to the bank.(나는 길을 가로 건너서 은행으로 갈 참이었다.)

b. He **whipped away** to Europe.(그는 휙 유럽으로 갔다.)

c. She **whipped behind** the door.(그녀는 재빨리 문 뒤로 갔다.)

d. I **whipped into** a parking space.(나는 휙 주차장으로 들어갔다.)

e. He **whipped out of** sight.(그는 시야에서 휙 사라졌다.)

f. He **whipped round** and glanced at him.(그는 휙 돌아서서 그를 힐끗 보았다.)

g. The cat **whipped round** the corner and disappeared. (고양이는 모퉁이를 휙 돌아서 사라졌다.)

h. I can **whip through** all the cleaning in an hour.(나는 청소를 한 시간 안에 휙 해치울 수 있다.)

i. We **whipped through** customs in ten minutes.(우리는 세관을 10분 이내에 통과했다.)

2.5. 다음 주어는 펄럭인다.

(15) a. Blond strands of hair **whipped** in the wind.(금발 머리카락들이 바람에 날렸다.)

b. The sail is **whipping** in the wind.(그 돛은 바람에 펄럭이고 있다.)

c. The flags are **whipping** in the wind.(그 기들은 바람에 펄럭이고 있다.)

whirl

이 동사의 개념 바탕에는 빙빙 도는 과정이 있다.

1. 자동사

1.1. 다음 주어는 빙빙 돈다.

(1) a. Leaves whirled in the wind.(잎들이 바람에 빙글빙
　　　글 돌았다.)
　　b. Snow flakes whirled in the wind.(눈발이 바람에 휘
　　　날렸다.)

1.2. 다음 주어는 돌면서 움직인다.

(2) a.The insect whirled about the room.(곤충은 방 주위
　　　를 빙빙 돌아다녔다.)
　　b. They whiled across the dance floor.(그들은 돌면
　　　서 무도장을 지나갔다.)
　　c. Bob whirled around the corner when he heard his
　　　name called.(밥은 자신의 이름이 불리는 것을 듣자
　　　모퉁이를 돌았다.)
　　d. The bike racers whirled around the curve.(자전거
　　　주자들은 커브 주위를 돌았다.)
　　e. The dancers whirled around the room.(무희들은
　　　방 주위/무도장을 가로질러 돌았다.)
　　f. He whirled around to face me.(그는 돌아서 나를
　　　보았다.)
　　g. The water whirled around the rocks.(그 물은 바위
　　　주위를 소용돌이 쳤다.)
　　h. The clothes in the washing machine whirled
　　　around.(그 세탁기 안의 옷들은 빙빙 돌았다.)

1.3. 다음 주어는 소용돌이치는 물처럼 빠른 속도로 이동한다.

(3) a. The trees by the roadside whirled past by.(그 길
　　　가의 나무들은 빠르게 지나갔다.)
　　b. Snow was whirling down all around us.(눈이 우리
　　　주위에 휘날리면서 내려오고 있었다.)
　　c. The leaves came whirling down in the wind.(그 잎
　　　들은 바람에 휘날리며 내려왔다.)
　　d. The truck whirled down the road.(그 트럭은 길 아
　　　래로 빠르게 내려갔다.)
　　e. They whirled down the highway at 60 mph.(그들
　　　은 고속도로를 시속 60마일로 달려 내려갔다.)
　　f. The bee whirled out of sight.(그 벌은 시야에서 획
　　　사라졌다.)
　　g. The car whirled up the hill.(그 차는 언덕을 획 올라
　　　갔다.)

1.4. 다음 주어는 머리와 마음이다.

(4) a. After so many compliments, his head whirled.(그
　　　토록 많은 칭찬을 받은 후에, 그의 머리는 빙빙 돌
　　　았다.)
　　b. So many thoughts whirled around in her mind.(그
　　　렇게도 많은 생각들이 그녀의 마음 속에 소용돌이
　　　쳤다.)
　　c. My mind is whirling from all that has happened.(나
　　　의 마음은 일어난 모든 일로 빙빙 돌고 있다.)
　　d. Her head was whirling with excitement.(그녀의 머
　　　리는 흥분으로 빙빙 돌고 있었다.)
　　e. My mind is whirling with so many ideas.(내 마음은
　　　그렇게 많은 생각으로 빙빙 돌고 있다.)

1.5. 다음 주어는 목적어를 획 날아가게 한다.

(5) a. The gust whirled the leaves around in the air.(그
　　　질풍은 잎들을 공중에 빙빙 돌게 했다.)

　　b. The wind whirled my hat away before I could
　　　grab it.(바람은 모자를 내가 잡기 전에 날려버렸
　　　다.)
　　c. The wind whirled away her scarf.(바람은 그녀의
　　　목도리를 날려버렸다.)
　　d. The wind is whirling the snowflakes/the dead
　　　leaves.(그 바람은 눈발/낙엽들을 휘날리고 있다.)

1.6. 다음 주어는 목적어를 돌린다.

(6) a. He whirled her around until she felt quite sick.(그
　　　는 멀미가 날 때 까지 그녀를 빙빙 돌렸다.)
　　b. The axle whirled the tire around.(그 축은 타이어
　　　를 돌렸다.)

1.7. 다음 주어는 목적어를 빠른 속도로 나른다.

(7) a. The taxi whirled him into darkness/to the airport.
　　　(택시는 그를 어둠 속으로/공항으로 획 날랐다.)
　　b. The car whirled them off to the wedding.(그 차는
　　　그들을 획 결혼식에 날랐다.)

1.8. 다음은 수동태 문장으로 주어는 운반이나 우송된다.

(8) a. Many cows were whirled away in the flood.(많은
　　　암소들이 홍수에 휩쓸려 갔다.)
　　b. We were whirled away in an airplane.(우리는 비행
　　　기로 획 이동되었다.)

1.9. 다음 주어는 목적어를 빙빙 돌린다.

(9) a. He whirled his club/a stick/a sword around his
　　　head.(그는 지팡이/막대기/칼을 머리 주위에 돌렸
　　　다.)
　　b. He whirled his baton.(그는 바턴을 돌렸다.)
　　c. The boy whirled a top.(그 소년은 팽이를 돌렸다.)

whirr

이 동사의 개념 바탕에는 기계나 벌이 내는 낮고 규
칙적이면서 연속적인 음이 깔려 있다.

1. 자동사 용법

1.1. 다음 주어는 소리를 낸다.

(1) a. The camera whirred and clicked.(그 사진기는 윙
　　　도는 소리가 나고 찰칵했다.)
　　b. Cameras whirred and reporters scribbled.(사진기
　　　가 필름이 윙하고 돌아갔고 기자들은 메모를 휘갈겨
　　　썼다.)
　　c. As film cameras whirred, he breathed deeply and
　　　said he was resigning.(영화 카메라가 소리를 내며
　　　돌아갈 때, 그는 깊이 숨을 쉬고 사임한다고 공표했
　　　다.)
　　d. The propeller whirred loudly as we are prepared
　　　to take off.(프로펠러는 우리가 이륙할 준비가 되었
　　　을 때 큰 소리로 윙하고 회전했다.)
　　e. The helicopter whirred directly overhead.(헬리콥
　　　터는 바로 머리 위에서 윙 소리를 내며 돌아갔다.)
　　f. Flies whirred on the ceiling.(파리는 천장에서 윙윙
　　　소리내었다.)
　　g. The washing machine is whirring in the kitchen.
　　　(세탁기는 부엌에서 윙 소리를 내며 돌아가고 있
　　　다.)
　　h. The clock began to whirr before striking the hour.

(시계는 시간을 쳐서 알리기 전에 소리를 내기 시작했다.)

1.2. 다음 주어는 소리를 내면서 이동한다.

(2) a. The bee whirred past my car.(벌은 윙윙거리면서 내 차를 지나갔다.)

b. The swallow whirred past.(그 제비는 윙 하고 날아갔다.)

c. Large numbers of insects whirred and buzzed through the air.(많은 수의 곤충들이 윙윙거리면서 대기를 가로지르며 날아갔다.)

d. Soft breezes whirr through the pines.(부드러운 산들바람이 소나무들을 소리내며 지나간다.)

e. She put the switch down and the fan whirred into life.(그녀가 스위치를 내리자 선풍기는 윙하며 돌아갔다.)

2. 타동사 용법

2.1. 다음 주어는 목적어를 휠휠 돌린다.

(3) She whirred the stone at the end of the string and released it.(그녀는 끈의 끝에 묶인 돌멩이를 윙 돌린 다음 그것을 놓았다.)

whisk

이 동사의 개념 바탕에는 날쌔게 휙 움직이는 과정이 있다.

1. 타동사 용법

1.1. 다음 주어는 목적어를 친다.

(1) a. The horse whisked flies with its tail.(그 말은 파리를 꼬리로 날렸다.)

b. The horse whisked its tail irritated by the flies.(그 말은 파리에 성가시게 된 꼬리를 쳤다.)

1.2. 다음 주어는 목적어를 휘젓는다.

(2) a. Whisk the egg until stiff.(그 계란을 뻑뻑할 때까지 휘저어라.)

b. She whisked the egg whites.(그녀는 달걀 흰자를 휘저었다.)

c. She whisked the olive oil and lemon juice together.(그녀는 올리브 기름과 레몬 쥬스를 함께 휘저었다.)

1.3. 다음 주어는 목적어를 빠르게 움직인다.

(3) a. He whisked the cups away.(그는 컵들을 휙 치워버렸다.)

b. The waiter whisked away the trays.(그 웨이터는 그 쟁반을 휙 치웠다.)

c. The barber whisked the loose hair away from my shirt.(그 미용사는 떨어진 머리카락을 내 셔츠에서 휙 치웠다.)

d. He whisked the crumbs off the table.(그는 빵 부스러기를 식탁에서 재빨리 치웠다.)

e. He whisked a knife out of his pocket.(그는 칼을 주머니에서 빨리 꺼냈다.)

f. He whisked the letter out of his pocket.(그는 그 편지를 주머니에서 재빨리 꺼냈다.)

1.4. 다음 주어는 목적어를 빠르게 이동하게 한다.

(4) a. A limo whisked us to dinner.(리무진이 우리를 저녁식사 장소로 빠르게 이동시켰다.)

b. She whisked her children away from the reporters.(그녀는 아이들을 기자들로부터 재빨리 데리고 가 버렸다.)

c. He whisked up off the floor.(그는 재빨리 마루를 떠나 위로 올라갔다.)

1.5. 다음은 수동태 문장으로 주어는 빠르게 이동된다.

(5) a. She was whisked away in a taxi.(그녀는 택시로 빠르게 이동했다.)

b. The president was whisked off to the airport in a limousine.(대통령은 공항까지 리무진으로 빠르게 모셔졌다.)

2. 자동사 용법

2.1. 다음 주어는 빠르게 움직인다.

(6) a. The mouse whisked into a hole.(그 쥐는 구멍 속으로 재빨리 쏙 들어갔다.)

b. The cat whisked under the sofa.(그 고양이는 소파 아래로 빠르게 움직였다.)

whistle

이 동사의 개념 바탕에는 휘파람이나 호각 소리 같이 날카로운 소리가 나는 과정이 있다.

1. 자동사 용법

1.1. 다음 주어는 휘파람을 분다.

(1) a. The police whistled, and traffic stopped.(경찰은 호루라기를 불자 차들이 섰다.)

b. He whistled cheerfully.(그는 신나게 휘파람을 불었다.)

1.2. 다음 주어는 휘파람과 비슷한 소리를 낸다.

(2) a. The birds are whistling in the trees.(새들은 나무에서 지저귀고 있다.)

b. The canary whistled in its nest.(그 카나리아는 둥지에서 지저귀고 있었다.)

c. The kettle began to whistle.(그 주전자는 소리를 내기 시작했다.)

1.3. 다음 주어는 휘파람 소리가 난다.

(3) The woods whistle with many kinds of birds.(숲은 많은 종류의 새 소리가 난다.)

1.4. 다음 주어는 소리를 내면서 움직인다.

(4) a. The wind whistled around the house.(바람은 소리를 내면서 집 주위를 움직였다.).

b. A bullet whistled by.(탄환 하나가 획하고 지나갔다.)

c. A shell whistled down and exploded.(포탄 하나가 소리를 내면서 내려와서 터졌다.)

d. The wind whistled down the chimney.(바람은 소리를 내면서 굴뚝을 타고 내려간다.)

e. The arrow whistled past the target.(화살은 소리를 내며 목표물을 지나갔다.)

f. The express train whistled through the station.(그 급행 열차는 기적소리를 내며 역을 통과했다.)

1.5. 다음 주어는 to의 목적어에 휘파람을 분다.

(5) a. He whistled to the dog, and it came running.(그는 개에게 휘파람을 불었고 그 개는 달려왔다.)

　　b. He whistled to his friends to get his attention.(그는 친구들의 주의를 끌려고 그들에게 휘파람을 불었다.)

1.6. 다음 주어는 at의 목적어에 휘파람을 분다.

(6) a. He whistled at a young woman who was passing by.(그는 지나가는 젊은 여자에게 휘파람을 불었다.)

　　b. He whistled at the boys.(그가 그 소년들에게 휘파람을 불었다.)

1.7. 다음 주어는 휘파람이나 호루라기를 분다.

(6) a. He whistled for me to come down.(그는 내게 내려오라고 휘파람을 불었다.)

　　b. The police whistled for the car to stop.(경찰은 차를 세우라고 휘파람을 불었다.)

　　c. The teacher whistled for the runners to start.(그 교사는 그 주자들에게 출발하라고 호각을 불었다.)

2. 타동사 용법

2.1. 다음 주어는 목적어를 휘파람으로 부른다.

(8) a. He always whistles hymns in the bath tub.(그는 항상 찬송가들을 욕조에서 휘파람으로 부른다.)

　　b. He whistled "Arirang."(그가 휘파람으로 "아리랑"을 불렀다.)

　　c. He whistled a happy tune/melody.(그는 행복한 곡조/멜로디를 휘파람으로 불었다.)

　　d. He whistled the first few bars.(그는 첫 몇 마디를 휘파람으로 불렀다.)

2.2. 다음 주어는 휘파람으로 목적어를 움직인다.

(9) a. He whistled down a cab.(그는 택시 한 대를 휘파람으로 불러 세웠다.)

　　b. He whistled off the dog.(그는 휘파람으로 그 개가 떠나게 했다.)

　　c. She whistled her dog to her side.(그녀는 개를 휘파람을 불어서 자신의 쪽으로 움직이게 했다.)

　　c. He whistled up his dog.(그는 휘파람으로 개를 일어서게 했다.)

2.3. 다음 주어는 휘파람을 불어 목적어가 to부정사가 가리키는 일을 하게 한다.

(10) The police whistled us to stop.(경찰이 휘파람을 불어 우리가 서게 했다.)

widow

이 동사의 개념 바탕에는 과부가 되는 과정이 있다.

1. 타동사 용법

1.1. 다음은 수동태 문장으로 주어는 과부가 된다.

(1) a. She was widowed by the war.(그녀는 전쟁에서 남편을 잃었다.)

　　b. It is impossible to estimate the number who were widowed.(미망인이 된 사람의 수를 산정하는 것은 불가능하다.)

　　c. She has been widowed three times.(그녀는 세 번이나 남편을 잃었다.)

　　d. She was widowed in 1967.(그녀는 1967년에 남편을 잃었다.)

　　e. Sadly she is recently widowed after her second marriage.(슬프게도 그녀는 재혼 이후 최근에 홀로 되었다.)

　　f. My grandmother was widowed late in life.(내 할머니는 늦게 혼자 되었다.)

　　g. They may be widowed, divorced, separated or single never-married women.(그들은 남편을 잃었거나 이혼, 별거 아니면 결혼 한번 안한 독신 여성일 수도 있다.)

1.2. 다음 주어는 목적어를 혼자되게 한다.

(2) The war widowed her.(그 전쟁은 그녀를 혼자 되게 했다.)

1.3. 다음은 수동태 문장으로 주어는 혼자된다.

(3) a. Uncle Mac was widowed at the age of 51.(맥 삼촌은 51살 때 혼자 되셨다.)

　　b. More and more young men are widowed by cancer.(점점 더 많은 젊은 남성들이 암으로 부인을 잃고 있다.)

　　c. He was widowed at the age of 50.(그는 50세에 부인을 잃었다.)

1.4. 다음 주어는 목적어를 기습하여 전치사 of의 목적어를 빼앗는다.

(4) a. A surprise attack widowed the army of its supplies.(기습 공격이 그 군대의 군수품을 앗아갔다.)

　　b. The cathedral was widowed of its spire.(그 대성당의 첨탑은 소실되었다.)

wiggle

이 동사의 개념 바탕에는 꿈틀거리는 과정이 있다.

1. 자동사 용법

1.1. 다음 주어는 꿈틀거린다.

(1) a. The puppies wiggled with delight.(강아지들은 즐거움으로 몸을 꿈틀거렸다.)

　　b. The restless child wiggled in his chair.(들떠 있는 아이는 의자에서 몸을 꿈틀거렸다.)

　　c. The children wiggled in their seats.(아이들은 자리에 앉아 몸을 꿈틀거렸다.)

　　d. The worm I used for baits wiggled as I put it on the hook.(미끼로 사용한 벌레는 내가 그것을 낚시바늘에 달 때 꾸물꾸물했다.)

1.2. 다음 주어는 꿈틀꿈틀한다.

(2) a. Her bottom wiggled as she walked past.(그녀가 지나갈 때 그녀의 엉덩이는 흔들렸다.)

　　b. The dog's ears wiggled.(그 개의 귀는 꿈틀거렸다.)

　　c. Her toes wiggled as she slept.(그녀의 발가락은 그녀가 잠잘 때 꿈틀거렸다.)

1.3. 다음 주어는 꿈틀거리면서 이동한다.

(3) a. The baby wiggled along the floor.(그 아기는 꿈틀거리며 마루를 따라갔다.)

　　b. She wiggled through the tight gaps between the chairs.(그녀는 의자들 사이의 좁은 공간을 몸을 뒤

틀며 통과했다.)

2. 타동사 용법
2.1. 다음 주어는 목적어를 조금씩 움직인다.
(4) a. He wiggled his hips while he danced.(그는 춤출 때 엉덩이를 좌우로 꿈틀거렸다.)
    b. Susan can wiggle her ears up and down.(수잔은 그녀의 귀를 위아래로 꿈틀거릴 수 있다.)
    c. Henry wiggled his toes.(헨리는 발가락을 꼼지락거렸다.)
    d. The rabbit wiggled its nose.(토끼는 코를 꼼지락거렸다.)
    e. The tadpole moves by wiggling its tail.(올챙이는 꼬리를 꼼지락거리며 움직인다.)

win
이 동사의 개념 바탕에는 경쟁이나 장애물을 치르고서 원하는 것을 얻는 과정이 있다.

1. 타동사 용법
1.1. 다음 주어는 목적어를 받거나 얻는다.
(1) a. He won the Nobel Prize for literature.(그는 노벨 문학상을 받았다.)
    b. John won the first prize in the speech contest.(존은 그 웅변대회에서 일등상을 받았다.)
    c. She won a gold medal in swimming.(그녀는 수영에서 금메달을 받았다.)
    d. The writer has won many awards.(그 작가는 많은 상을 받았다.)
    e. They won a victory.(그들은 승리를 얻었다.)

1.2. 다음 목적어는 시합이나 이에 상응하는 것이다. 주어는 목적어를 이겨서 얻는다.
(2) a. Our team is winning the game.(우리 팀은 그 경기를 이기고 있다.)
    b. We won the argument.(우리는 논쟁을 이겼다.)
    c. He won the election.(그는 그 선거를 이겼다.)
    d. He won a contest/a battle/a race/a bet/a fight.(그는 시합/전투/경기/내기/싸움을 이겼다.)

1.3. 다음 목적어는 추상적인 개체이다. 그러나 구체적인 개체로 개념화되어 있다. 주어는 목적어를 얻는다.
(3) a. He won fame/honor/esteem/a good opinion/a good reputation.(그는 명성/명예/존경/호평/좋은 평판을 얻었다.)
    b. The country won independence.(그 나라는 독립을 얻었다.)
    c. His courage won our admiration/respect/support.(그의 용기는 우리의 감탄/존경/후원을 받았다.)

1.4. 다음 주어는 이동해서 목적어를 자신의 영향권 안에 넣는다. 목적어는 장소이다.
(4) a. She won the summit.(그녀는 정상을 확보했다.)
    b. They won the shore through the storm.(그들은 폭풍우 속을 지나 해안을 확보했다.)
    c. They won the old fort.(그들은 옛 요새를 확보했다.)
    d. We won the camp by midnight.(우리는 그 야영지를 한밤중에 확보했다.)

1.5. 다음 주어는 길을 만들어서 나아간다.
(5) He won his way through the forest.(그는 숲 속을 통하여 길을 만들어 나아갔다.)

1.6. 다음 주어는 목적어를 확보해서 넘어오게 한다.
(6) a. She won her mother over her side.(그녀는 어머니를 설득하여 자기편이 되게 했다.)
    b. We won him to our views.(우리는 그를 설득하여 우리의 견해를 갖게 했다.)

1.7. 다음 주어는 목적어를 설득하여 to 부정사가 가리키는 일을 하게 한다.
(7) a. She won him to say yes.(그녀는 그를 설득하여 승낙하게 했다.)
    b. We won her to side with us.(우리는 그녀를 설득하여 우리 편이 되게 하였다.)

1.8. 다음 주어는 첫째 목적어에게 둘째 목적어를 얻어다 준다.
(8) a. The book won him fame.(그 책은 그에게 명성을 확보해 주었다.)
    b. The hard work won her a good job.(고된 일은 그녀에게 좋은 일자리를 확보해 주었다.)
    c. Her great skill won her a gold medal.(그녀의 훌륭한 기술은 그녀를 금상을 따게 했다.)
    d. His goal won us the match.(그의 득점은 우리를 그 경기에서 이기게 했다.)

2. 자동사 용법
2.1. 다음 주어는 이긴다.
(9) a. Which side won?(어느 쪽이 (그 경기를) 이겼느냐?)
    b. Human beings won over computers.(인간이 컴퓨터보다 나았다.)
    c. They won 8 to 2.(그들은 8 대 2로 이겼다.)
    d. The team won by two points.(그 팀은 이점 차이로 이겼다.)

2.2. 다음 주어는 애써서 이동한다.
(10) a. He won across the rapids.(그는 급류를 가로질러 갔다.)
    b. He won home.(그는 집에 이르렀다.)
    c. He won to the shore.(그는 해안에 이르렀다.)

2.3. 다음 주어는 어떤 상태에 이른다. [상태 변화는 장소 이동] 은유가 적용된 표현이다.
(11) a. The prisoner of war won free/clear/loose.(그 전쟁 포로는 자유롭게 되었다.)
    b. He won free from prejudice.(그는 편견에서 자유롭게 되었다.)

wind
이 동사의 개념 바탕에는 감는 과정이 있다.

1. 타동사 용법
1.1. 다음 주어는 목적어를 다른 개체의 주위에 감는다.
(1) a. He wound a cloth round the wounded arm.(그는 천을 다친 팔에 감았다.)
    b. She wound a shawl round a baby.(그녀는 쇼올을

아기에게 감았다.)

c. He **wound** his arms round a baby.(그는 팔을 아기 주위에 감았다.)

d. He **wound** the thread on to a reel.(그는 실을 실패에 감았다.)

1.2. 다음 주어는 목적어를 감아서 into의 목적어 상태가 되게 한다.

(2) a. He **wound** the string into a ball.(그는 실을 감아서 공이 되게 했다.)

b. They **wound** the paper into a roll.(그들은 종이를 감아서 두루마리가 되게 했다.)

1.3. 다음 주어는 목적어를 in의 목적어 속에 감싼다.

(3) a. He **wound** a baby in a shawl.(그녀는 아기를 쇼올 안에 감쌌다.)

b. He **wound** the baby in his arms.(그는 그 아기를 팔에 감싸 안았다.)

1.4. 다음 주어는 감는 동작으로 목적어를 움직인다.

(4) a. She **wound** up the bucket from the well.(그녀는 두레박을 우물에서 감아 올렸다.)

b. He **wound** down the car window.(그는 차 창문을 감아 내렸다.)

1.5. 다음 목적어는 환유적으로 쓰여서 시계 안에 있는 태엽을 가리킨다. 주어는 목적어를 감는다.

(5) a. He **wound** the clock.(그는 탁상시계를 감았다.)

b. She **wound** the watch.(그는 시계를 감았다.)

1.6. 다음 주어는 움직이지 않으나 전체 형상을 눈으로 보면 구불구불 나아가는 것으로 보인다.

(6) a. The brook **winds** its way to the lake.(개울은 구불구불 돌아서 호수에 이른다.)

b. The river **winds** its way through the forest.(강은 숲을 가로질러 구불구불 나아간다.)

c. A path **wound** up/down the hillside.(소로가 언덕 위/아래로 올라갔다.)

1.7. 다음 주어는 목적어를 누비듯 운전한다.

(7) He **wound** his car through heavy traffic.(그는 자신의 자동차를 복잡한 차들 속을 누비며 운전했다.)

2. 자동사 용법

2.1. 다음 주어는 감는다.

(8) a. The roses **wound** around the trellis.(장미들은 격자 울타리를 감았다.)

b. The grapevine **wound** around the tree.(포도넝쿨은 나무의 둘레를 감았다.)

2.2. 다음 주어는 구불구불 도는 모습을 한다.

(9) a. The road **winds** along the river.(그 길은 강을 따라 굽이 돈다.)

b. The river **winds** in and out.(그 강은 굽이굽이 돌아 들어가고 나온다.)

c. The vine **wound** round a pole.(그 덩굴은 막대기를 감았다.)

d. A stream **winds** through the woods.(개울물이 숲 속을 굽이 돈다.)

e. The path **winds** up the hillside.(그 길은 산 위로 구불구불 기어오른다.)

이 동사의 개념 바탕에는 wing 의 명사 '날개'가 있다. 동사의 의미는 이 명사의 기능과 관계가 있다.

1. 타동사 용법

1.1. 다음 주어는 목적어를 날려보낸다.

(1) a. He **winged** an arrow at the target.(그는 화살을 과녁에 날려보냈다.)

b. The fielder **winged** the ball to first base.(야외수는 공을 일루로 날려보냈다.)

1.2. 다음 주어는 날개를 써서 이동한다.

(2) a. Birds **wing** their way south during the fall.(새들은 가을 동안 남쪽으로 날아간다.)

b. A solitary seagull **winged** its way across the bay.(외로운 갈매기가 그 만을 가로질러 날아갔다.)

c. The bird **winged** its way out.(그 새는 날아나갔다.)

1.3. 다음 주어는 날개에 상처를 주어 새를 쏘아 떨어뜨린다.

(3) a. He **winged** a flying duck.(그는 날아가는 오리의 날개를 쏘았다.)

b. The rifle shot **winged** him.(그 소총은 그의 팔을 쏘았다.)

c. A stray bullet **winged** the hunter.(유탄이 그 사냥군의 팔을 쏘았다.)

1.4. 다음 주어는 목적어를 날개로 단다. 빠르게 움직이게 한다.

(4) a. Ambition **winged** his spirit.(야망이 그의 기운에 날개를 달았다.)

b. Fear **winged** his feet.(공포가 그의 발에 날개를 달았다.)

2. 자동사 용법

2.1. 다음 주어는 나는 개체이다.

(5) a. The jet plane **winged across** the sky.(제트기는 하늘을 가로질러 날아갔다.)

b. The plane **winged over** the mountain.(비행기는 산 너머로 날아갔다.)

2.2. 다음 주어는 비행기를 타고 이동한다.

(6) a. We **winged to** New York next day.(우리는 다음날 비행기로 뉴욕에 갔다.)

b. He **winged** homeward.(그는 비행기로 집으로 갔다.)

2.3. 다음 주어는 새이다.

(7) a. The year **winged away**.(해는 빠르게 날아가 버렸다.)

b. We watched pelicans **winging down** the coastline.(우리는 페리칸이 그 해안선을 따라 날아 내려가는 것으로 보았다.)

c. The bird is **winging to** its mate.(그 새는 짝에게 날아가고 있다.)

이 동사의 개념 바탕에는 눈을 깜빡거리는 과정이 있다.

1. 자동사 용법

1.1. 다음 주어는 깜빡거리는 개체이다.
(1) a. Her eyes winked with tears.(그녀의 눈은 눈물과 함께 깜박였다.)
b. The bright light made him wink.(환하게 밝은 전등은 그를 깜박이게 했다.)
c. Countless stars are winking at us.(수 많은 별들이 우리에게 깜박이고 있다.)
d. The stars are winking in the distance.(그 별들은 멀리서 깜박이고 있다.)

1.2. 다음 주어는 빛을 발하는 개체이다.
(2) a. The car lights winked as a signal.(그 자동차 불은 신호로 깜박였다.)
b. Christmas trees are winking with color lights.(크리스마스 나무들이 색등으로 깜박이고 있다.)
c. The light of the lighthouse winked in the distance.(그 등대의 불은 멀리서 깜박였다.)
d. The car light winked through the fog.(그 차의 불은 안개를 통해 깜박였다.)

1.3. 다음 주어는 주의를 끌기 위해 눈을 깜빡거린다.
(3) a. He winked at the girl.(그는 그 소녀에게 눈을 깜박였다.)
b. She winked at me.(그녀는 내게 눈을 깜박였다.)

1.4. 다음 주어는 at의 목적어를 눈감아준다.
(4) a. He winks at her fault/misconduct.(그는 그녀의 잘못/비행에 눈을 감는다.)
b. He winks at petty offences.(그는 사소한 잘못은 눈을 감는다.)

1.5. 다음 주어는 눈짓으로 목적어로 하여금 어떤 일을 하게 한다.
(5) a. He winked at me to keep silent.(그는 나에게 눈짓을 하여 조용하게 했다.)
b. He winked at me to go out silently.(그는 나에게 눈짓을 하여 조용히 나가게 했다.)
c. He winked to me to come closer.(그는 나에게 눈짓을 하여 더 가깝게 오게 했다.)
d. He winked to her to listen.(그는 그녀에게 눈짓을 하여 듣게 하였다.)

2. 타동사 용법

2.1. 다음 목적어는 깜빡거리는 눈이다.
(6) a. He winked his left eye.(그는 왼쪽 눈을 깜박였다.)
b. He winked his eyes.(그는 눈을 깜박였다.)

2.2. 다음 주어는 눈 깜박거림으로 목적어를 표현한다.
(7) a. He winked back his consent.(그는 눈을 깜박여서 승인을 표시했다.)
b. Father winked his agreement.(아버지는 눈을 깜박거려서 동의를 표시했다.)

2.3. 다음 주어는 목적어를 깜빡거리게 한다.
(8) a. The driver winked the light.(운전사는 불을 깜박거렸다.)
b. He winked the lights on and off.(그는 불을 켰다 껐다 했다.)

2.4. 다음 주어는 목적어를 깜빡거려서 목적어에 영향을 준다.
(9) a. He winked his tears away.(그는 눈을 깜박거려서

b. He winked back his tears.(그는 눈을 깜박거려서 눈물을 참았다.)

눈물을 지웠다.)

---

wipe

이 동사의 개념 바탕에는 걸레로 닦는 과정이 있다.

1. 타동사 용법

1.1. 다음 주어는 목적어를 닦는다. 목적어는 먼지나 때가 묻어있는 표면이다.
(1) a. She hastily wiped her hands on her apron.(그녀는 급히 손을 앞치마에 닦았다.)
b. He wiped his hand on a towel.(그는 손을 수건에 닦았다.)
c. Don't wipe your nose on your sleeve.(너의 코를 소매에 닦지 마라.)
d. We cleared and wiped the table.(우리는 그 테이블을 치우고 훔쳤다.)
e. Wipe the table with a damp cloth.(그 테이블을 젖은 천으로 훔쳐라.)
f. He wiped himself.(그는 스스로를 닦았다.)

1.2. 다음 목적어는 그릇이나 용기를 나타내지만, 환유적으로 닦여서 나오는 개체이다. 주어는 목적어를 닦는다.
(2) a. Could you wipe out the washhand basin?(그 세면대야를 닦아 내줄 수 있습니까?)
b. He wiped out a bottle/the bath.(그는 병을/욕조를 닦았다.)
c. He wiped out the dishes.(그는 그릇을 닦았다.)

1.3. 다음 주어는 목적어를 닦아서 목적어가 새로운 상태로 만든다.
(3) a. He wiped the floor clean.(그는 바닥을 닦아서 깨끗이 했다.)
b. He wiped the glasses dry.(그는 안경을 닦아서 말렸다.)

1.4. 다음 주어는 목적어를 닦는다. 목적어는 닦이는 개체이다.
(4) a. He wiped the mess.(그는 어질러진 것을 닦았다.)
b. He wiped the spilled milk.(그는 쏟은 우유를 닦았다.)
c. Mother wiped the child's tears.(어머니는 아이의 눈물을 닦았다.)

1.5. 다음 주어는 목적어를 off의 목적어에서 닦아낸다.
(5) a. He wiped the dust off the shelf.(그는 먼지를 선반에서 닦아냈다.)
b. Wipe up the spilt milk off the floor.(쏟은 우유를 바닥에서 훔쳐라.)
c. That will wipe the grin off his face.(그것은 그의 얼굴에서 웃음을 지울 것이다.)
d. Every thing was wiped off my diskette.(모든 것이 내 디스켓에서 지워졌다.)

1.6. 다음 주어는 목적어를 from의 목적어에서 닦거나 지운다.
(6) a. He wiped the tears from her eyes.(그는 그녀의 눈물을 그녀의 눈에서 닦아냈다.)

b. I have **wiped** the thought from my mind.(나는 그 생각을 내 마음에서 지워버렸다.)

c. I try to **wipe** the whole experience from my memory/mind.(나는 경험 모두를 내 기억/마음으로 부터 지우고자 한다.)

1.7. 다음에서 목적어는 추상적인 개체이다. 이러한 것도 어디에 붙어 있다가 닦여져 나가는 것으로 개념화된다. 주어는 목적어를 훔쳐 없앤다.

(7) a. He **wiped off** a drawing from the blackboard.(그는 그림을 칠판에서 지워버렸다.)

b. He **wiped off** a debt.(그는 빚을 다 갚았다.)

c. He **wiped off** scandals.(그는 스캔들을 일소했다.)

1.8. 다음 주어는 목적어를 닦아서 없어지게 한다.

(8) a. He **wiped out** a disgrace/an insult.(그는 불명예/모욕을 설욕했다.)

b. He **wiped out** a stain.(그는 얼룩을 닦아냈다.)

c. He **wiped out** his debt.(그는 빚을 변제했다.)

d. You must try to **wipe out** the memory of these terrible events.(너는 이 끔찍한 사건의 기억을 지우도록 노력해야 한다.)

1.9. 다음 주어는 목적어를 소탕한다.

(9) a. The disease almost **wiped out** the population.(그 병은 그 인구를 거의 전멸시켰다.)

b. The government is trying to **wipe out** drug trafficking.(정부는 마약 거래를 소탕하기 위해 노력하고 있다.)

c. The plague **wiped out** whole villages.(그 전염병이 전체 마을들을 소탕했다.)

d. The war **wiped out** the entire population.(그 전쟁은 인구 전체를 죽였다.)

e. They **wiped** the rivals **out**.(그들은 상대를 모두 없앴다.)

1.10. 다음 주어는 목적어를 닦아서 없앤다.

(10) a. He **wiped away** a reproach.(그는 비난을 씻어냈다.)

b. He **wiped** his eyes/tears **away**.(그는 눈물을 닦아 버렸다.)

c. The rain **wiped away** all the footprints.(비는 모든 발자국들을 지워서 없앴다.)

d. She **wiped** her tears **away** with the back of her hand.(그녀는 눈물을 손등으로 닦았다.)

1.11. 다음에 쓰인 up은 닦는 과정이 끝까지 갔음을 나타낸다.

(11) a. He began to **wipe up** the mess.(그는 어질러진 것을 완전히 치우기 시작했다.)

b. What can I use to **wipe up** the mess?(어질러진 것을 다 치우기 위해 무엇을 사용할 수 있습니까?)

c. He **wiped up** the spilled water.(그는 쏟긴 물은 다 닦아냈다.)

d. I hastily **wiped up** the milk I had spilled.(나는 내가 쏟은 우유를 급히 다 닦아냈다.)

1.12. 다음 주어는 목적어를 발라서 into나 onto의 목적어에 가게 한다.

(12) a. He **wiped** the oil **into** the surface.(그는 기름을 문질러서 표면에 들어가게 했다.)

b. **Wipe** the lotion **onto** your face.(그 로션을 너의 얼굴에 발라라.)

1.13. 다음은 수동태 문장으로 주어는 닦인다.

(13) a. His very name was **wiped out**.(바로 그의 이름이 지워져서 없어졌다.)

b. Smallpox has been completely **wiped out**.(천연두가 완전히 박멸되었다.)

c. Whole villages were **wiped out** in the bombing raids.(전체 마을이 폭격으로 완전히 없어졌다.)

1.14. 다음 주어는 목적어를 닦는 식으로 움직인다.

(14) a. He **wiped** a cloth back and forth over the table.(그는 천을 테이블 위에 앞뒤로 문질렀다.)

b. He **wiped** his hand across his forehead.(그는 손을 이마에 문질렀다.)

c. I will **wipe** the table down before you put your books there.(네가 책들을 식탁에 놓기 전에 나는 그 식탁을 훔쳐 내리겠다.)

d. The walls will have to be **wiped down**.(벽들은 닦아져야 할 것이다.)

2. 자동사 용법

2.1. 다음 주어는 at의 목적어를 치려고 한다.

(15) a. He **wiped** at her with a stick.(그는 그녀를 지팡이로 후려치려고 했다.)

b. He **wiped** at his face with a towel.(그는 얼굴을 수건으로 후려치려고 했다.)

2.2. 다음 주어는 닦는다.

(16) a. It's your turn to **wipe up**; I've **wiped up** the dishes.(네가 닦을 차례이다; 내가 그 그릇들을 다 닦았다.)

b. When you've **wiped up**, don't forget to put them away.(다 닦은 다음에, 그것들을 한 쪽으로 치워놓는 것을 잊지 말아라.)

wire

이 동사의 개념 바탕에는 wire의 명사 '철사'가 있다. 동사의 뜻은 이 명사의 용도와 관계가 있다.

1. 타동사 용법

1.1. 다음 주어는 목적어를 철사로 매거나 고정시킨다.

(1) a. He **wired** the fence.(그는 그 울타리를 철사로 맸다.)

b. The dentist **wired** my teeth to strengthen them.(그 치과의사는 내 치아를 튼튼하게 하기 위해서 철사로 고정시켰다.)

c. She **wired** the stems of the flowers.(그녀는 그 꽃의 줄기를 철사로 고정시켰다.)

d. He **wired** the vine to the stake.(그는 포도나무를 말뚝에 철사로 맸다.)

1.2. 다음은 수동태 문장으로 주어는 연결된다.

(2) a. He is **wired** up to a police tape recorder.(그는 경찰의 테이프 녹음기에 도청을 당한다.)

b. The patient is **wired** to various machines for tests.(그 환자는 여러 가지 기계에 시험을 받기 위해 연결되어 있다.)

1.3. 다음 주어는 목적어를 철사로 묶는다

(3) a. She wired three poles together.(그녀는 세 기둥을 함께 철사로 묶었다.)

　　b. He wired the halves.(그는 반쪽들을 철사로 묶었다.)

　　c. The poles are wired together.(그 기둥은 함께 묶인다.)

1.4. 다음 주어는 목적어를 철사로 묶어서 닫는다.

(4) Dan wired the crate shut.(댄은 그 나무상자를 철사로 묶어서 닫았다.)

1.5. 다음 주어는 철사로 구획을 지어서 목적어를 분리시킨다.

(5) They wired off the corner.(그들은 철사로 모퉁이를 분리시켰다.)

1.6. 다음 주어는 목적어를 배선한다.

(6) The electricians wired the house for electricity. (전기 기사들은 그 집을 배선했다.)

1.7. 다음은 수동태 문장으로 주어는 선이 들어오는 곳이다.

(7) a. The house was wired for cable TV.(그 집은 케이블 TV선이 들어왔다.)

　　b. The garage is wired for electricity.(그 차고는 전선이 들어와 있다.)

　　c. Are you wired for receiving cable TV?(케이블 TV를 받기 위해 선을 끌어 오셨습니까?)

　　d. Nearly every home in the area is wired to receive TV via cable.(그 지역의 거의 모든 집들이 케이블로 TV를 수신을 받기 위해 선을 끌어온다.)

　　e. This old cabin is not wired.(그 낡은 오두막은 배선이 되어 있지 않다.)

1.8. 다음은 수동태 문장으로 주어는 배선이 된다.

(8) a. The stereo is not working because he hasn't wired it up properly.(그 스테레오 재생장치는 그가 적절히 배선을 하지 않기 때문에 작동하지 않고 있다.)

　　b. Check that the plugs have been wired properly. (그 플러그는 제대로 배선이 되어져 있는지 점검해라.)

　　c. The alarm was wired to sound if anyone entered the house.(그 경보는 누군가 집에 들어오면 소리가 나도록 배선이 되어져 있었다.)

　　d. Lamps should be safely wired.(전등은 안전하게 배선되어져야 한다.)

1.9. 다음 주어는 목적어에 전보를 보내 목적어가 어떤 일을 하게 한다.

(9) a. He wired her to meet him at Kimpo. (그는 그녀에게 김포에서 만나자고 전보를 보냈다.)

　　b. Mother wired me to come back.(어머니는 나에게 집에 돌아오라는 전보를 보내 오셨다.)

　　c. He wired for me to come back at once.(그는 나에게 곧 돌아오라는 전보를 보냈다.)

　　d. He wired to me to come back at once.(그는 나에게 곧 돌아오라는 전보를 보냈다.)

1.10. 다음 that-절은 전보의 내용이다.

(10) a. He wired me that he was coming back soon.(그는 나에게 곧 돌아오겠다는 전보를 보내왔다.)

　　b. She wired her father that she had passed her examination.(그녀는 아버지에게 시험에 통과했다

고 전보를 보내왔다.)

1.11. 다음 주어는 목적어를 전보로 보낸다.

(11) a. He wired congratulations to her.(그는 축전을 그녀에게 보냈다.)

　　b. He wired the news to us.(그는 그 소식을 우리에게 전보로 보냈다.)

1.12. 다음 주어는 첫째 목적어에게 둘째 목적어를 전보로 보낸다.

(12) a. He wired me a birthday greeting.(그는 나에게 생일 축전을 보냈다.)

　　b. Father wired me five thousand dollars.(아버지는 나에게 5천 달러를 보내셨다.)

　　c. Wire your parents the result.(부모님께 결과를 전보로 알려드려라.)

　　d. He wired her congratulations.(그는 그녀에게 축전을 보냈다.)

　　e. He wired us the news.(그는 우리에게 그 소식을 전보로 보냈다.)

1.13. 다음 주어는 목적어를 선에 끼운다.

(13) She wired the beads into a necklace.(그녀는 염주들을 끼워서 목걸이를 만들었다.)

2. 자동사 용법

2.1. 다음 주어는 전보를 친다.

(14) a. Don't wire; write.(전보를 치지 말고 편지를 써라.)

　　b. We often wire home.(우리는 종종 집에 전보를 친다.)

　　c. He wired to his father for money.(그는 아버지에게 돈을 얻기 위해서 전보를 쳤다.)

wish

이 동사의 개념 바탕에는 충족되기 어려운 것을 바라는 과정이 있다.

1.1. 타동사 용법

1.1. 다음 that-절은 주어의 바람을 담고 있다.

(1) a. I wish that it would not rain.(나는 비가 오지 않기를 바란다.)

　　b. I wish he were dead.(나는 그가 죽었으면 하고 바란다.)

　　c. I wish I were a bird.(나는 내가 새였으면 좋겠다.)

1.2. 다음에서 주어가 원하는 일이 부정사로 표현되어 있다.

(2) a. I wish to have come.(나는 왔으면 좋겠다.)

　　b. I wish to see you again/ to go abroad.(나는 너를 다시 보기를/해외에 가기를 원한다.)

　　c. I wish to be left alone.(나는 혼자 내버려져 있기를 바란다.)

　　d. I don't wish to give trouble to anyone.(나는 어느 누구에게도 피해를 주기를 원하지 않는다.)

1.3. 주어는 목적어가 어떤 일을 하기 원한다.

(3) a. I wish you to come back again.(나는 네가 다시 오기를 바란다.)

　　b. I wished my rival to be defeated.(나는 내 상대가 지기를 바랐다.)

1.4. 다음 주어는 첫째 목적어가 둘째 목적어를 갖기를 원하다.
(4) a. I wish you every success.(나는 네게 모든 성공을 빈다.)
b. I wished my friend a happy journey.(나는 친구에게 행복한 여행을 빌었다.)
c. I wish you joy.(나는 네게 즐거움을 빈다.)
d. He wished me goodbye.(그는 내게 작별인사를 했다.)

1.5. 주어는 목적어가 on의 목적어에 주어지길 빈다. 목적어는 좋지 않은 일이다.
(5) a. I wish a hard job on him.(나는 힘든 일이 그에게 주어지길 빈다.)
b. I wouldn't wish that terrible thing on my worst enemy.(나는 그 무시무시한 일을 내 최악의 적에게도 원하지 않을 것이다.)

1.6. 다음 주어는 목적어를 전치사 to의 목적어에 주어지길 바란다.
(6) a. He wishes happiness to all.(그는 행복을 모든 이에게 원한다.)
b. He wishes well to all men.(그는 안녕을 모든 이에게 원한다.)

1.7. 다음 주어는 목적어가 어떤 상태에 있기를 바란다.
(7) a. We wished the conference at an end.(우리는 회의가 끝나기를 원했다.)
b. I wish him happy.(나는 그가 행복하기를 원한다.)
c. He wished the long journey over.(그는 긴 여행이 끝나기를 원했다.)
d. He wished me well.(그는 내가 안녕하기를 기원했다.)
e. We all wish you well.(우리는 여러분이 건강하기를 원합니다.)

1.8. 다음 주어는 목적어가 어떤 상태에 들어가기를 바란다.
(8) a. I wish the problem (to be) settled.(나는 그 문제가 해결되기를 원한다.)
b. I wish them to be happy.(나는 그들이 행복하기를 원한다.)

1.9. 다음 주어는 목적어를 원한다.
(9) If you wish more assistance, please call us.(더 많은 조력을 원하면, 우리를 부르세요.)

1.10. 다음은 동족 목적어가 쓰였다.
(10) He closed his eyes and wished a wish.(그는 눈을 감고, 소원을 말했다.)

2. 자동사 용법
2.1. 주어는 for의 목적어를 얻기를 원한다.
(11) a. He wished for a new house.(그는 새 집을 원했다.)
b. She wished for peace with her whole heart.(그녀는 온 마음으로 평화를 원했다.)
c. He wished for a glass of wine.(그는 포도주 한잔을 원했다.)
d. It is no use wishing for the impossible.(불가능한 것을 원하는 것은 소용 없는 일이다.)
e. The weather is all/everything we could wish for.(날씨는 우리가 원할 수 있는 모든 것이다.)

2.2. 다음 주어는 for의 목적어가 어떻게 되기를 바란다.
(12) a. She shut her eyes and wished for him to get better.(그녀는 눈을 감고 그가 더 건강해지길 원했다.)
b. I wished for it to be finished.(나는 그것이 마쳐지기를 원했다.)

withdraw
이 동사의 개념 바탕에는 물러서는 과정이 있다.

1. 타동사 용법
1.1. 다음 주어는 목적어를 물러서게 한다.
(1) a. The general withdrew his troops from the position.(그 장군은 그의 군대를 진지에서 철수시켰다.)
b. The UN should withdraw its troops from the country.(유엔은 군대를 그 나라에서 철수시켜야 한다.)
c. He withdrew his hand from hers.(그는 그의 손을 그녀의 손에서 떼었다.)
d. He withdrew his hands from the hot water.(그는 손을 뜨거운 물에서 떼었다.)
e. He withdrew his head from the window.(그는 머리를 창문에서 떼었다.)
f. He withdrew the key from the door.(그는 열쇠를 문에서 빼었다.)
g. He withdrew the curtain.(그는 커튼을 걷었다.)

1.2. 다음 주어는 목적어를 인출한다.
(2) a. He withdrew $30 from his account.(그는 30불을 구좌에서 인출했다.)
b. He withdrew his savings from the bank.(그는 저축금을 은행에서 인출했다.)
c. He withdrew some money from the bank.(그는 약간의 돈을 은행에서 인출했다.)
d. The card allows you to withdraw up to $200 a day from cash dispensers.(그 카드는 하루에 200 달러까지 현금인출기에서 인출할 수 있게 한다.)

1.3. 다음 주어는 목적어를 철회한다.
(3) a. He withdrew his support for the plan.(그는 그 계획에 대한 지지를 철회했다.)
b. The party withdrew its support for the president.(그 정당은 대통령에 대한 지지를 철회했다.)
c. The government withdrew funding.(정부는 자금 조달을 철회했다.)
d. He withdrew his financial support.(그는 재정지원을 철회했다.)
e. He withdrew privilege from the foreigner.(그는 그 외국인에게서 특권을 빼앗았다.)

1.4. 다음 주어는 목적어를 from의 목적어에서 물러나게 한다.
(4) a. He withdrew the boy from school.(그는 그 소년을 학교에서 퇴학시켰다.)
b. He withdrew the horse from the race.(그는 말을 그 경기에서 기권시켰다.)

1.5. 다음 주어는 목적어를 거두어 들인다.

(5) a. He **withdrew** the offending remark.(그는 공격적인 발언을 철회했다.)

b. He **withdrew** the statement in court.(그는 그 진술을 법정에서 철회했다.)

c. The newspaper promised to **withdraw** its allegations.(그 신문은 그것의 주장을 철회하기로 약속했다.)

d. He later **withdrew** that confession.(그는 나중에 그 고백을 철회했다.)

e. He **withdrew** his charges he made against her.(그는 그녀에 대한 고소를 취하 했다.)

f. He **withdrew** his objection to his proposal.(그는 제안에 대한 반대를 철회했다.)

g. He **withdrew** his resignation/his promise.(그는 사임/약속을 철회했다.)

1.6. 다음 주어는 목적어를 회수한다.

(6) a. The government **withdrew** worn-out paper money from circulation.(정부는 낡은 지폐를 유통에서 회수했다.)

b. They **withdrew** dirty bank notes from use.(그들은 더러운 지폐를 유통에서 회수했다.)

c. The drug has been **withdrawn from** the market for further tests.(그 약은 더 많은 시험을 하기 위해 시장에서 회수되었다.)

d. The water had to be **withdrawn from** sale due to a health scare.(그 물은 건강 위험으로 인해 판매에서 회수되어야 했다.)

2. 자동사 용법

2.1. 다음 주어는 물러선다.

(7) a. After dinner the ladies **withdrew**.(저녁식사 후에 그 숙녀들은 물러났다.)

b. All the troops **withdrew**.(모든 군대는 철수했다.)

c. After lunch, he **withdrew** into his office.(점심식사 후에 그는 자신의 사무실로 물러갔다.)

d. He **withdrew** to his bedroom to think things over.(그는 일을 심사숙고하기 위해 자신의 침실로 물러갔다.)

2.2. 다음 주어는 into의 목적어로 물러간다.

(8) a. After the accident, he **withdrew** into himself and refused to talk to anyone.(그 사고 이후로, 그는 자신에게만 빠져들어 아무하고도 말하려고 하지 않았다.)

b. He **withdrew** into his own fantasy world.(그는 자신만의 환상 세계로 빠져들었다.)

c. The girl seemed to **withdraw** into a private world.(그 소녀는 사적인 세계에 빠져있는 것처럼 보였다.)

2.3. 다음 주어는 from의 목적어에서 물러간다.

(9) a. Following his nervous breakdown, he **withdrew** from public life.(신경쇠약 후에, 그는 공적인 생활에서 물러났다.)

b. He **withdrew from** his office.(그는 공직에서 물러났다.)

c. They **withdrew from** the league.(그들은 그 연합에서 탈퇴했다.)

d. He **withdrew from** the argument/the competition/

the contest.(그는 그 주장/그 경쟁/그 시합에서 물러섰다.)

e. Injury forced him to **withdraw from** the event.(부상이 그 행사에서 그를 물러나게 했다.)

f. She was forced to **withdraw from** the finals by a leg injury.(그녀는 다리 부상으로 결승전에서 기권하게 되었다.)

g. The player had to **withdraw from** the match due to an injury.(그 선수는 부상으로 인해 시합에서 기권해야 했다.)

2.4. 다음 주어는 from의 목적어에서 물러선다/끊는다.

(10) He **withdrew from** heroine.(그는 헤로인 사용을 끊었다.)

wither

이 동사의 개념 바탕에는 시드는 과정이 있다.

1. 자동사 용법

1.1. 다음 주어는 식물이다. 식물은 시든다.

(1) a. Plants **withered** from lack of water.(식물은 물이 없어서 시들었다.)

b. The flowers **withered** away/up.(그 꽃은 시들어서 없어졌다.)

1.2. 감정이나 관계도 식물로 개념화되어 시드는 것으로 표현되어 있다.

(2) a. His sympathy for her **withered**.(그녀에 대한 그의 동정은 시들었다.)

b. Our hopes soon **withered**.(우리의 희망은 시들었다.)

c. The proposed tax on energy use **withered away** and was never adopted.(에너지 사용에 대한 제안된 세금안은 시들어서 결코 채택되지 않았다.)

d. The ties with his home town gradually **withered away**.(그의 고향과의 인연은 점차로 시들어서 없어졌다.)

e. Her beauty **withered away**.(그녀의 미가 시들어서 없어졌다.)

2. 타동사 용법

2.1. 다음 주어는 목적어를 시들게 한다.

(3) a. The hot sun **withered** up the grass.(그 뜨거운 태양은 풀을 시들게 했다.)

b. The cold **withered** the leaves.(추위는 잎들을 시들게 했다.)

c. The drought **withered** the crops.(가뭄은 작물을 시들게 했다.)

2.2. 다음 목적어는 환유적으로 쓰여서 사람의 자신감이나 용기를 가리킨다. 주어는 이것을 시들게 한다.

(4) a. He **withered** me with a scornful look.(그는 나를 경멸에 찬 눈으로 움츠리게 했다.)

b. He **withered** her with his stern glance.(그는 그녀를 엄한 눈으로 움츠리게 했다.)

c. The principal **withered** the noisy student with a glance.(교장선생님은 떠드는 아이를 눈으로 움츠리게 했다.)

2.3. 다음 주어 자체가 목적어를 시들게 한다.

(5) a. His fierce expression withered all who opposed him.(그의 격한 표정은 그를 반대한 모든 사람들을 움츠리게 했다.)

b. Age cannot wither her.(나이가 그녀를 시들게 할 수 없다.)

2.4. 다음 주어는 희망 같은 것을 시들게 한다.

(6) He withered her hopes.(그는 그녀의 희망을 시들게 했다.)

witness

이 동사의 개념 바탕에는 witness의 명사 '목격자'가 있다. 동사의 의미는 명사의 특성과 관계가 있다.

1. 타동사 용법

1.1. 다음 주어는 목적어를 목격한다.

(1) a. He witnessed our wedding.(그는 우리의 결혼을 참석/목격했다.)

b. He witnessed an accident/a murder.(그는 사고/살인을 목격했다.)

1.2. 다음 주어는 증인으로서 목적어를 서명이나 입증한다.

(2) a. He witnessed her will.(그는 그녀의 유언장에 서명했다.)

b. I witnessed their contract.(나는 그들의 계약에 서명했다.)

c. The notary public witnessed my signature.(그 공증인은 나의 서명을 입증했다.)

d. I witness the truth of the statement.(나는 그 진술의 진실을 입증한다.)

1.3. 다음 주어는 목적어를 목격한다. 주어는 개체이다.

(3) a. The decade witnessed a great improvement in the living standard.(십년은 생활 수준에 큰 개선을 목격했다.)

b. The last 50 years have witnessed remarkable advances in technology.(지난 50년은 기술에 주목할 만한 발전을 목격했다.)

c. The 1980s witnessed increasing unemployment in Europe.(1980년대는 유럽에 점증하는 실업을 목격했다.)

d. The retail trade is witnessing a sharp rise in sales.(소매업은 판매에 급격한 상승을 목격하고 있다.)

1.4. 다음 주어는 목적어를 입증한다.

(4) a. His pale look witnesses his agitation.(창백한 얼굴은 그의 동요를 입증한다.)

b. The redness of her cheeks witnessed the shame she felt.(그녀 뺨의 홍조는 그녀가 느끼는 수치를 입증했다.)

c. Your conduct witnesses your honesty.(행동은 너의 정직을 입증한다.)

d. Her trembling hands witnessed her anger.(그녀의 떨리는 손은 분노를 입증했다.)

e. Her red face witnessed embarrassment.(그녀의 빨간 얼굴은 당혹을 입증했다.)

f. The child's laughter witnessed her delight.(그 아

이의 웃음은 그녀의 즐거움을 입증했다.)

1.5. 다음 that-절은 주어가 증언하는 내용을 담고 있다.

(5) a. I witness that he signed the document.(나는 그가 그 서류에 서명한 것을 증언한다.)

b. He witnessed that it was the driver's fault.(그는 그것이 운전사의 과실임을 증언했다.)

c. My wife will witness that I was at home all evening.(아내가 내가 집에 저녁 내내 있었음을 증언할 것이다.)

2. 자동사 용법

2.1. 다음 주어는 to의 목적어를 입증하는 쪽으로 증언한다.

(6) a. The principal witnessed to her good character.(교장 선생님은 그녀의 좋은 인성을 입증하는 증언을 했다.)

b. He witnessed to my innocence/guilt(그는 나의 무죄/죄를 가리키는 증언을 했다.)

c. He witnessed to having seeing the man.(그는 그 남자를 본 적이 있다는 증언을 했다.)

d. The gift witnesses to his generosity.(그 선물은 그의 관대함을 보여준다.)

2.2. 주어는 어떤 사람에게 이롭거나 해가 되는 증언을 할 수 있다.

(7) a. He witnessed against us.(그는 우리에게 불리하게 증언을 했다.)

b. He witnessed for us.(그는 우리에게 유리하게 증언을 했다.)

wobble

이 동사의 개념 바탕에는 좌우로 흔들리는 과정이 있다.

1. 자동사 용법

1.1. 다음 주어는 흔들린다.

(1) a. The table wobbles because its legs are uneven.(식탁은 다리가 고르지 않아서 흔들린다.)

b. The table wobbles when you lean on it.(그 식탁은 네가 기댈 때 흔들린다.)

c. The building wobbled during the earthquake.(그 건물은 지진 동안 흔들렸다.)

d. She wobbled as she set off down the slope.(그녀는 경사면 아래로 내려가려 했을 때 뒤뚱거렸다.)

e. His voice wobbled when he sang.(그의 목소리는 그가 노래할 때 떨렸다.)

1.2. 다음 주어는 비틀거리며 이동한다.

(2) a. He wobbled along supporting himself with a cane.(그는 지팡이에 의지해서 비틀거리며 지나갔다.)

b. Ducks wobbled by.(오리들이 뒤뚱뒤뚱 지나갔다.)

c. A clown wobbled past on a unicycle.(어릿광대 한 명이 외발자전거를 타고 비틀비틀 지나갔다.)

1.3. 다음 주어는 확실한 결정도 하지 못한다.

(3) a. The president wobbled on the question of higher taxes.(그 대통령은 더 높은 세금 문제에 대해 갈팡질팡했다.)

b. He wobbled in his opinion.(그는 자신의 의견을 확

실히 결정하지 못했다.)

    c. He **wobbled** for a while, and decided to buy the cheaper car.(그는 잠시 망설이다가 더 싼 차를 사기로 결정했다.)

2. 타동사 용법

2.1. 다음 주어는 목적어를 비틀거리게 한다.

(4) a. The champ **wobbled** his opponent with the next punch.(그 챔피언은 상대를 그 다음 펀치로 비틀거리게 했다.)

    b. The earthquake **wobbled** all of the glasses on the table.(그 지진은 테이블 위의 모든 유리잔을 흔들리게 했다.)

    c. Don't **wobble** the table--I'm trying to write.(그 탁자를 흔들지 말아라--내가 글을 쓰려 하니깐.)

wonder

이 동사의 개념 바탕에는 의아하게 생각하거나 경탄하는 과정이 있다.

1. 타동사 용법

1.1. 다음 주어는 접속사 if나 whether가 이끄는 절의 내용 (앞으로 있을 일)을 궁금하게 생각한다.

(1) a. I **wonder** if you could come to see me tomorrow.(나는 네가 내일 나를 보러 올 수 있을지 궁금하다.)

    b. I **wonder** if I may borrow your court.(내가 너의 안마당을 빌릴 수 있는지 궁금하다.)

    c. I **wonder** if I could use your car?(내가 너의 차를 빌릴 수 있을지 궁금하다.)

    d. I **wonder** if I might ask you.(내가 너에게 물어볼 수 있을지 궁금하다.)

1.2. 다음 주어는 if-절의 내용(이미 일어난 일)을 궁금하게 생각한다.

(2) a. I **wonder** if he's got any brains at all.(나는 그가 머리가 있는지 궁금하다.)

    b. I **wonder** if it is right.(나는 그것이 옳은지 궁금하다.)

    c. I shouldn't **wonder** if she married him.(나는 그녀가 그와 결혼해도 놀라지 않을 것이다.)

    d. I shouldn't **wonder** if he fails in the examination.(나는 그가 시험에 떨어져도 놀라지 않을 것이다.)

    e. I shouldn't **wonder** if he becomes famous.(나는 그가 유명해져도 놀라지 않을 것이다.)

1.3. 다음 주어는 whether-절의 내용을 궁금하게 생각한다.

(3) a. She is **wondering** loud/aloud **whether** she is capable of learning German.(그녀는 자신이 독일어를 배울 수 있을 지에 대해 심각하게 의문을 가지고 있다.)

    b. I **wonder whether** it will be clear tomorrow.(나는 내일 날씨가 맑을지 아닐지 궁금하다.)

1.4. 다음 주어는 의문사가 이끄는 절의 내용을 궁금하게 생각한다.

(4) a. I **wonder how** that can be.(나는 그것이 어떻게 될지를 궁금해한다.)

    b. I **wonder why** he is in such a hurry.(나는 왜 그가 그렇게 서두르는지를 궁금해한다.)

    c. I **wondered** aloud **why** John had refused my offer.(나는 존이 왜 나의 제안을 거절했는지를 궁금해했다.)

    d. I **wonder where** he has gone now.(나는 지금 그가 어디로 갔는지 모르겠다.)

    e. I **wondered what** that noise was.(나는 그 소음이 무엇이었는지를 궁금해했다.)

    f. I **wonder what** will happen to me.(나는 나에게 무슨 일이 일어날지를 궁금하게 생각한다.)

    g. He **wondered where** you were.(그는 네가 어디 있었는지를 궁금해했다.)

    h. I **wonder where** he bought his necktie.(나는 그가 넥타이를 어디서 샀는지가 궁금하다.)

    i. He was **wondering which** course he should take.(그는 그가 어떤 과목을 들을지를 궁금하게 생각하고 있었다.)

    j. I **wonder who** invented the mobile phone.(나는 누가 이동 전화를 발명했는지를 궁금하게 생각한다.)

    k. I **wonder who** he is.(나는 그가 누구인지를 궁금하게 생각한다.)

1.5. 다음 주어는 that-절의 내용을 궁금하게 생각한다.

(5) a. I **wonder that** the sailor returned alive.(나는 그 선원이 살아서 돌아온 것이 놀랍다.)

    b. I **wonder that** he married your daughter.(나는 그가 네 딸과 결혼한 것이 궁금하다.)

    c. I **wonder that** he didn't hurt himself jumping over the wall.(나는 그가 담을 뛰어 넘으면서 다치지 않은 것이 궁금하다.)

    d. I don't **wonder that** she hates you.(나는 그녀가 너를 미워하는 것을 이상하게 생각하지 않는다.)

    e. I **wonder that** he won first prize.(나는 그가 일등상을 탄 것이 궁금하다.)

    f. I don't **wonder that** you got angry.(나는 너가 화가 난 것이 이상하지 않다.)

    g. I **wonder that** you were able to escape.(나는 너가 도망을 칠 수 있었던 것이 놀랍다.)

1.6. 다음 주어는 앞으로 할 일을 생각하지만, 이것에 대해서 확신이 없다.

(6) a. I am **wondering what** to wear today.(나는 오늘 무엇을 입어야 할지 고민 중이다.)

    b. I **wonder how/where** to spend the summer.(나는 이번 여름을 어떻게/어디서 보내야 할지 모르겠다.)

    c. I am **wondering who** to invite.(나는 누구를 초대해야 할지 모르겠다.)

    d. I am **wondering how** to solve the problem.(나는 그 문제를 어떻게 풀어야 할지 모르겠다.)

1.7. 다음 주어는 놀란다.

(7) a. I **wondered to** see you here.(나는 너를 여기서 보게 되다니 놀랍다.)

    b. I **wondered to** see her reading there.(나는 그녀가 거기서 책을 읽고 있는 것을 보고 놀랐다.)

1.8. 다음 주어는 따옴표 속에 든 내용을 궁금하게 생각한다.

(8) a. "Is he ill or just pretending?" "I **wonder**."("그가 아픈 거니 아니면 아픈 척 하는 거니?" "궁금한데.")

b. I believe he is an honest politician --I wonder. (나는 그가 정직한 정치인이라고 믿는다 --나는 궁금하게 생각한다.)

c. I think he did it --I wonder.(나는 그가 그것을 했다고 생각해.--나는 궁금하다.)

d. How can that be, I wonder.(어떻게 그렇게 될 수 있을까, 나는 궁금하다.)

e. "Does he mean it?" "I wonder." ("그는 그것을 의미했을까?" "나는 궁금하다.")

f. 'John was there again yesterday.' 'I wonder why.' ('존은 어제 거기에 또 있었어.' '왜 그랬을까 궁금하네.')

g. Whereever has he put his car key, I wonder.(그가 어디에 자동차 열쇠를 두었을까, 나는 궁금하다.)

2. 자동사 용법

2.1. 다음에서 주어는 about의 목적어에 대해서 궁금한 마음을 갖는다.

(9) a. He began to wonder about her long absence.(그는 그녀의 오랜 부재에 대해 궁금해 하기 시작했다.)

b. He is wondering about the origin of the earth.(그는 지구의 기원에 대해 궁금해 하고 있다.)

c. I wondered about the feasibility of the project.(나는 그 계획의 실행 가능성에 대해 궁금해 했다.)

d. I've been wondering about going to college.(나는 대학에 가는 것에 대해 생각을 해오고 있다.)

e. We wondered about the future.(우리는 미래에 대해 궁금해 했다.)

f. I have been wondering about you.(나는 너에 대해 많이 궁금했어.)

g. He wondered loud about her management.(그는 그녀의 경영에 대해 아주 궁금해 했다.)

h. I wonder about his sanity.(나는 그의 정신에 대해서 궁금하다.)

2.2. 다음 주어는 전치사 at의 목적어에 자극을 받고 놀란다.

(10) a. They wondered at the splendor of the sunset/the stars.(그들은 일몰/별들의 아름다움에 경탄했다.)

b. They wondered at her skill/her courage/ignorance. (그들은 그녀의 기술/용기/무지에 경탄했다.)

c. I have often wondered at her cleverness/calmness.(나는 그녀의 영리함/침착에 가끔 놀란 적이 있다.)

d. I wonder at you.(나는 너에 대해 경탄한다.)

e. I wondered at her coming soon.(나는 그녀가 그렇게 빨리 온 데 놀랐다.)

2.3. 다음은 수동태 문장으로 주어는 놀라움을 받는다.

(11) a. That is not to be wondered at.(그것은 놀랄만한 일이 아니다.)

b. It is not to be wondered at. That man has resigned.(그것은 놀랄만한 일이 아니다. 저 남자는 사임했다.)

2.4. 다음 주어는 놀란다.

(12) I stood wondering before the magnificent ruins. (나는 거대한 파멸 앞에 그저 놀라서 서 있었다.)

WOO

이 동사의 개념 바탕에는 구혼을 하는 과정이 있다.

1. 타동사 용법

1.1. 다음 주어는 목적어의 사랑을 구한다.

(1) a. He wooed her with Romantic dinners, the theater and gifts.(그는 낭만적인 저녁식사와 영화 관람과 선물로 그녀에게 구애했다.)

b. David wooed Susan by writing Romantic poetry. (데이비드는 낭만시를 써서 수잔에게 구애했다.)

1.2. 다음 주어는 사랑을 구하듯 목적어의 관심을 구한다.

(2) a. The Board of Directors wooed the executive to work for them.(그 이사진은 그 행정관이 그들을 위해 일하게 하려고 간청했다.)

b. A candidate must woo voters by making them feel important.(후보자가 유권자들을 중요하다고 느끼게끔 해서 그들의 지지를 끌어내야 한다.)

c. The salesclerk wooed customers with a lucrative sales promise.(그 판매원은 수지가 좋은 판매 약속으로 고객들의 관심을 끌었다.)

d. The company is wooing college graduates with promises of high salaries.(그 회사는 더 높은 임금 약속으로 대학 졸업자들의 관심을 끌고 있다.)

1.3. 다음 목적어는 사람이 아닌 개체이다.

(3) a. He is wooing fame.(그는 명성을 구하고 있다.)

b. He is wooing public support.(그는 대중의 지지를 구하고 있다.)

1.4. 다음 주어는 구혼을 하듯 목적어를 간청하여 어떤 일을 하게 한다.

(4) a. The airline is wooing away customers from its competitors.(그 항공사는 고객들을 경쟁사로부터 빼앗고 있다.)

b. Bright students are wooed away from science to jobs in business.(머리좋은 학생들은 과학 분야에서 경영 부문으로 유인된다.)

c. He wooed the customer into spending more money.(그는 고객에게 간청해서 더 많은 돈을 쓰게 했다.)

d. He wooed his stubborn son out of his ways.(그는 고집스런 아들에게 간청해서 그의 방식을 버리게끔 했다.)

e. He wooed the author to change his publisher.(그는 그 작가에게 간청해서 그의 출판사를 바꾸게 했다.)

f. The candidate is wooing the voters to change their vote.(그 후보자는 그 유권자들에게 투표를 바꾸도록 간청하고 있다.)

word

이 동사의 개념 바탕에는 word의 명사 '낱말'이 있다. 동사의 의미는 낱말의 쓰임과 관련된다.

1. 타동사 용법

1.1. 다음 주어는 말로 표현된다.

(1) a. Let me word the question differently.(제가 다르게

그 질문을 하게 해 주십시오.)

b. She **worded** the explanation well.(그녀는 설명을 잘 표현했다.)

1.2. 다음은 수동태 문장으로 주어는 말로 표현된다.

(2) a. The final version is **worded** in general terms.(그 마지막 판은 일반적인 용어로 표현되어진다.)

b. His request is politely **worded**.(그의 요청은 정중하게 표현된다.)

work

이 동사의 개념 바탕에는 일을 하는 과정이 있다.

1. 자동사 용법

1.1. 다음의 주어는 사람이고 주어가 하는 일은 육체적이거나 정신적인 일일 수 있다.

(1) a. He **worked** as a waiter for a long time.(그는 웨이터로 오랫동안 일했다.)

b. They **work** at a factory.(그는 공장에서 일한다.)

c. She is **working** on her thesis/on a new novel.(그녀는 학위 논문을/새 소설을 쓰고 있다.)

d. She is **working** for her finals.(그녀는 기말시험을 위해 공부하고 있다.)

e. You **work** too hard.(너는 지나치게 열심히 일한다.)

f. He is **working** in bronze/leather.(그는 청동/가죽 작업을 하고 있다.)

1.2. 다음에서 주어는 기계류이다. 기계가 움직인다.

(2) a. Does this television set **work**?(이 텔레비젼은 작동합니까?)

b. Your right indicator is not **working**.(네 오른쪽 지시등은 작동을 안 한다.)

c. The switch is not **working**.(그 스위치는 작동을 하지 않는다.)

d. The pill doesn't **work** on him.(그 알약은 그에게 효과가 없다.)

1.3. 다음 주어는 계획, 협정, 체계등이다. 이러한 것도 개체와 같이 여러 부분을 가지고 움직이는 것으로 개념화된다.

(3) a. The new arrangements are not **working**.(새 계획은 실천되지 않고 있다.)

b. The new tax system will **work**.(새 세금 제도가 잘 작동할 것이다.)

c. To our surprise, the trick **worked**.(놀랍게도 그 책략이 성공했다.)

d. Most relationships don't **work** like that.(대부분의 관계는 저렇게 돌아가지 않는다.)

1.4. 다음 주어는 어떤 물체의 움직이고, 이러한 부분이 많이 움직이면 상태의 변화가 온다.

(4) a. One of the screws **worked** loose.(그 나사들 중 하나가 많이 움직여서 느슨해졌다.)

b. The window catch **worked** loose.(그 창문 문고리는 많이 쓰여서 느슨해졌다.)

c. The stream **worked** clear.(그 개울은 흘러서 맑아졌다.)

d. The sea **worked** high.(바다는 높게 물결쳤다.)

1.5. 다음 주어는 움직인다.

(5) His mouth **worked** furiously.(그의 입은 격렬하게 움직였다.)

1.6. 다음 주어는 자리 이동을 한다.

(6) a. His shirt **worked** out of his trousers.(그의 셔츠는 움직여서 바지 밖으로 빠져나왔다.)

b. The pin **worked** out of its hinge.(그 핀은 움직여서 돌쩌귀 밖으로 삐져 나왔다.)

c. The ship **worked** to windward.(그 배는 움직여서 바람 방향으로 나아갔다.)

d. He **worked** slowly **through** the crowd.(그는 군중을 뚫고 천천히 나아갔다.)

e. The rain **worked through** the roof.(비는 지붕을 뚫고 새어 들었다.)

2. 타동사 용법

2.1. 주어는 목적어로 하여금 일을 하게 한다.

(7) a. He is **working** his wife.(그는 부인에게 일을 시키고 있다.)

b. The new boss **works** the employees hard.(새 사장은 종업원을 혹사시킨다.)

c. He is **working** his horse.(그는 말을 부리고 있다.)

2.2. 다음 주어는 목적어에 힘을 작용하여 into나 to의 상태로 들어가게 한다.

(8) a. He **worked** the audience into a fury.(그는 청중을 움직여서 화나게 했다.)

b. He **worked** the men to his favor.(그는 사람들을 움직여서 자신을 좋아하게 했다.)

c. She is **working** herself into a panic/a rage.(그녀는 자신을 공포/분노에 들어가게 한다.)

d. It is no good **working** yourself into forty.(40살까지 일하는 것은 좋지 않다.)

2.3. 다음 주어는 목적어를 움직여서 for의 목적어를 얻는다.

(9) a. He **worked** the bank for a loan.(그는 대부를 위해 은행을 움직였다.)

b. He **worked** the management for a ticket.(그는 표한장을 위해 그 경영진을 움직였다.)

2.4. 다음 주어는 목적어로 하여금 어떤 일을 하게 한다.

(10) a. She **worked** charm to get what she wanted.(그녀는 원하는 것을 얻기 위해 매력을 이용했다.)

b. How do I **work** this machine?(어떻게 이 기계를 움직이나요?)

c. He **worked** the computer all day long.(그는 하루종일 컴퓨터를 사용했다.)

d. He **worked** the farm/soil/land.(그는 농장을 경영/토지를 경작했다.)

e. The farmer **workes** the land for six months each year.(농부는 매년 6개월 동안 그 땅을 경작한다.)

2.5. 다음 주어는 목적어를 만들어낸다.

(11) a. She **worked** a floral design on her dress.(그녀는 꽃무늬 장식을 드레스에 수 놓았다.)

b. They **worked** buttonholes.(그들은 단추 구멍을 내었다.)

c. The storm **worked** much damage.(폭풍은 많은 피해를 가져왔다.)

d. Diet and exercise **worked** wonders on him.(다이

어트와 운동이 그에게 기적을 가져왔다.)

2.6. 다음 주어는 목적어(일하는 장소)에 일을 한다.
(12) a. He is **working** the Western States.(그는 서부 주들을 맡아서 일하고 있다.)
    b. The newspaper vendor **worked** the corner opposite the city hall.(그 신문 판매상은 시청 맞은편 모퉁이를 맡아서 일했다.)
    c. The sales representative **worked** the whole state of Arizona.(그 영업 대표는 아리조나주 전체를 맡아서 일했다.)

2.7. 주어가 목적어에 영향을 가하면 목적어는 새 상태에 들어갈 수 있다.
(13) a. He **worked** himself ill.(그는 과로해서 병이 났다.)
    b. He **worked** himself **free** of the ropes.(그는 움직여서 묶인 밧줄을 풀고 빠져 나왔다.)

2.8. 다음 주어는 목적어를 만져서 into의 목적어 상태가 되게 한다.
(14) a. He **worked** the silver coins **into** bracelet.(그는 은화를 팔찌로 만들었다.)
    b. He **worked** the clay **into** a bowl.(그는 진흙을 사발로 만들었다.)

2.9. 다음 주어는 목적어를 움직여서 전치사 into의 목적어에 들어가게 한다.
(15) a. The movers **worked** a large refrigerator **into** a small kitchen.(그 운송업자들은 커다란 냉장고를 작은 부엌에 옮겨 넣었다.)
    b. He **worked** the nail **out** of his sole.(그는 그 못을 신바닥에서 못을 뺐다.)

---

worry

이 동사의 개념 바탕에는 초조하거나 불안한 마음을 가지게 하는 과정이 있다.

1. 타동사 용법
1.1. 다음 주어는 목적어를 집적인다.
(1) a. Any dog **worrying** the sheep will be shot. (양들을 괴롭히는 어떤 개도 사살될 것이다.)
    b. The cat **worried** the mouse.(그 고양이는 그 쥐를 물었다.)

1.2. 다음 주어는 목적어를 귀찮게 한다.
(2) a. Children **worry** their parents **with** questions.(그 아이들은 부모를 질문들로 귀찮게 한다.)
    b. Why didn't you tell me? I didn't want to **worry** you.(왜 내게 말하지 않았니? 나는 너를 귀찮게 하고 싶지 않았다.)

1.3. 다음 주어는 목적어를 걱정시킨다.
(3) a. The high cost of college **worries** them.(그 비싼 대학 학비는 그들을 걱정시킨다.)
    b. The recent changes in the Earth's climate are beginning to **worry** scientists.(최근의 지구 기후의 변화는 과학자들을 걱정시키기 시작하고 있다.)
    c. A bad tooth is **worrying** him.(충치가 그를 괴롭히고 있다.)
    d. What's **worrying** you?(무엇이 너를 걱정시키고 있느냐?)

    e. Her child has a cold, and that **worries** the mother. (아이는 감기에 걸려서, 어머니를 걱정시킨다.)
    f. The continued lack of rain is starting to **worry** people.(계속되는 비의 부족은 사람들을 걱정시키기 시작하고 있다.)
    g. What **worries** me most is the possibility of a nuclear accident.(나를 가장 걱정시키는 것은 핵사고의 가능성이다.)
    h. The noise of the traffic/the cold **worries** her.(차량의 소음/추위는 그녀를 괴롭힌다.)
    i. He **worries** me **with** his dangerous driving.(그는 나를 위험한 운전으로 걱정시킨다.)
    j. Don't **worry** yourself about the son.(네 자신을 아들에 대해 걱정시키지 말아라.)

1.4. 다음 주어는 목적어를 초조하게 한다.
(4) a. It **worries** me to think of your going out every night.(네가 매일 밤마다 외출하는 것을 생각하는 것은 나를 걱정시킨다.)
    b. It **worries** me that he can get out by himself.(그가 혼자 외출할 수 있다는 것은 나를 걱정시킨다.)
    c. Doesn't it **worry** you that Sue spends so much time away from home?(너는 수가 집 밖에서 그렇게 많은 시간을 보낸다는 것이 너를 걱정시키지 않느냐?)

1.5. 다음은 수동태 문장으로 주어는 걱정하게 된다.
(5) a. He was **worried** over the situation.(그는 그 상황에 걱정이 되었다.)
    b. He was **worried** sick.(그는 걱정 때문에 병이 났다.)

1.6. 걱정을 지나치게 하면 병이 나거나 죽게된다.
(6) a. Don't **worry** yourself sick.(자신을 병이 날 정도로 걱정시키지 말아라.)
    b. She **worried** herself to death.(그녀는 자신을 죽을 정도로 걱정시켰다.)

1.7. 다음 주어는 목적어에 신경을 쓴다.
(7) a. He **worries** the problem too much.(그는 그 문제를 너무 많이 걱정한다.)
    b. He **worried** the loose button of his jacket.(그는 재킷의 느슨한 단추를 만지작거렸다.)

1.8. 다음 주어는 목적어를 집적거리기만 한다.
(8) a. She **worried** her lunch rather than eat it.(그녀는 점심을 먹기보다는 점심을 집적이기만 했다.)
    b. The dog is **worrying** its bone.(개는 뼈다귀를 집적이고 있다.)
    c. She was **worrying** the papers on the desk through the meeting.(그녀는 회의 내내 책상 위의 서류들을 뒤적뒤적하고 있었다.)

2. 자동사 용법
2.1. 다음 주어는 불안이나 초조감을 느낀다.
(9) a. Don't **worry**; your luggage will come afterwards by taxi.(걱정하지 말아라; 네 짐은 택시로 뒤따라올 것이다.)
    b. I used to **worry** when she was out.(나는 그녀가 밤에 나가면 걱정하곤 했다.)
    c. I am sorry I didn't call you last night. Don't **worry**. I wasn't offended.(지난 밤에 전화하지 않

아서 미안하다. 걱정하지 말아라. 나는 기분이 나쁘지 않았다.)

2.2. 초조나 불안의 대상은 전치사 about으로 표현된다.

(10) a. She worries about the safety of her kids.(그녀는 아이들의 안전에 대해 걱정한다.)

　 b. You always worry about something.(너는 항상 무엇인가에 대해 걱정한다.)

　 c. Worrying about your health can make you ill.(건강에 대해 걱정하는 것이 너를 병나게 할 수 있다.)

2.3. 다음 주어는 초조감을 느낀다. 초조의 원인은 전치사 at으로 표현된다.

(11) a. She is never happy unless she was worrying at some problem.(그녀는 어떤 문제를 집적이고 있지 않으면, 결코 행복하지 않다.)

　 b. She worries at the problem until she found an answer.(그녀는 답을 발견할 때까지 그 문제에 애를 쓴다.)

2.4. 다음 주어는 that-절 때문에 불안, 초조, 걱정을 한다.

(12) a. I sometimes worry that he'll never find a job.(나는 때때로 그가 결코 직업을 구하지 못할까 걱정한다.)

　 b. They worry that the extremists might get control.(그들은 극단주의자들이 권력을 잡을까 걱정한다.)

　 c. The teacher worried that the examination might be too difficult for the students.(선생님은 그 시험이 학생들에게 너무 어렵지 않을까 걱정했다.)

　 d. She is worrying that she has made a mistake.(그녀는 그녀가 실수했을까 걱정을 하고 있다.)

2.5. 다음 주어는 목적어를 걱정한다.

(13) Don't worry how much you spend.(네가 얼마를 쓰는가를 걱정하지 말아라.)

---

wrap

이 동사의 개념 바탕에는 감는 과정이 있다.

1. 타동사 용법

1.1. 다음 주어는 목적어를 전치사 round의 목적어에 감는다.

(1) a. He wrapped his handkerchief round his bleeding finger.(그는 손수건을 피가 흐르는 손가락에 감았다.)

　 b. He wrapped plenty of paper round it.(그는 많은 종이를 그것 주위에 감았다.)

　 c. I wrapped the rug around the sick man's legs.(나는 양탄자를 그 환자의 다리에 감았다.)

　 d. It was so cold that he wrapped a scarf around his face.(너무 추워서 그는 스카프를 얼굴에 감았다.)

　 e. She sat back in her chair and wrapped her arms around her knees.(그녀는 의자에 뒤로 젖히고 앉아서 팔로 무릎 주위를 감쌌다.)

　 f. The monkey wrapped its tail round the branch and swung to and fro.(원숭이는 제 꼬리를 나뭇가지에 감고 앞뒤로 흔들었다.)

　 g. Wrap this shawl round your knees.(이 숄로 네 무

릎에 감싸라.)

　 h. You can wrap the blanket round for warmth.(너는 따뜻해지기 위해 담요를 두를 수 있다.)

1.2. 다음 주어는 목적어를 감는다. 목적어는 감기는 개체이다.

(2) a. She wrapped the package.(그는 그 꾸러미를 쌌다.)

　 b. The shop assistant wrapped the shoes.(그 종업원은 신발을 쌌다.)

　 c. He wrapped a child in a shawl.(그는 아이를 숄로 감쌌다.)

　 d. He wrapped himself in a blanket.(그는 자신을 담요로 둘렀다.)

　 e. He wrapped the book in a brown paper.(그는 책을 갈색 종이로 쌌다.)

　 f. She wrapped the glasses in plenty of tissue paper before putting them in a box.(그녀는 유리잔을 상자에 넣기 전에 많은 화장지로 감쌌다.)

　 g. The butcher wrapped the meat in paper.(그 정육점 주인은 그 고기를 종이에 쌌다.)

　 h. She wrapped the chicken in foil and cook it for two hours.(그녀는 닭고기를 은박지에 싸서 2시간 동안 조리했다.)

　 i. The mountain top is wrapped in mist.(산 정상은 안개에 싸여 있다.)

1.3. 다음에 쓰인 up은 완전히 감긴 상태를 나타낸다.

(3) a. He wrapped them up in their winter coats.(그는 그것들을 겨울 코트로 감쌌다.)

　 b. She wrapped the baby up in a warm shawl.(그녀는 아기를 따뜻한 숄로 감쌌다.)

　 c. She bought a teapot and was waiting for them to wrap it up.(그녀는 찻주전자 하나를 사서 그들이 그것을 포장하기를 기다리고 있었다.)

1.4. 다음 주어는 목적어를 with의 목적어로 감싼다.

(4) a. I wrapped the gift with colorful paper.(나는 그 선물을 화려한 종이로 포장했다.)

　 b. She wrapped up the present and tied it with ribbon.(그녀는 그 선물을 싸서 리본을 묶었다.)

1.5. 다음 목적어는 추상적인 개체이다. 그러나 구체적인 개체로 개념화되어 있다. 주어는 목적어를 덮는다.

(5) a. He had learned to wrap up bad news.(그는 나쁜 뉴스를 요약하는 법을 배웠다.)

　 b. The announcer wrapped up the day's news.(그 아나운서는 그 날의 뉴스를 요약했다.)

　 c. The police will soon be wrapping up the investigation.(경찰은 곧 조사를 마칠 것이다.)

　 d. They wrapped up the business deal.(그들은 사업 거래를 끝냈다.)

　 e. We wrapped up the class with a review of the lessons.(우리는 그 수업을 과들을 복습하며 마쳤다.)

2. 자동사 용법

2.1. 다음은 수동태 문장으로 주어는 전치사 in의 목적어에 휩싸인다.

(6) a. He is wrapped up in study/work.(그는 공부에/일

에 몰두한다.)

b. Now the trade agreement is **wrapped** up, all we have to do is wait for the first orders to come.(이 제 그 무역 협정은 완결되어서, 우리가 해야할 일은 첫 주문을 기다리는 것이다.)

c. The affair is **wrapped** up in mystery.(그 일은 신비에 싸여 있다.)

d. She is **wrapped** up in her own thoughts.(그녀는 자신의 생각에 몰두하고 있다.)

e. She is so **wrapped** in him, she can't see his faults.(그녀는 그에게 너무 열중해서 그의 단점들을 볼 수 없다.)

2.2. 다음 주어는 무엇으로 둘러싼다.

(7) a. Be sure to **wrap** up before you go out.(외출하기 전에 옷을 확실히 입어라.)

b. **Wrap** up well. It's pretty cold tonight.(옷을 단단히 껴 입어라. 오늘밤에는 꽤 춥다.)

wreathe

이 동사의 개념 바탕에는 wreathe의 명사 wreath '화환'이 있다. 동사의 의미는 이 명사의 모양과 만드는 방법과 관련이 있다.

1. 타동사 용법

1.1. 다음 주어는 목적어를 화환으로 엮는다.

(1) a. He **weathes** the flowers into a garland.(그는 그 꽃을 화환으로 엮는다.)

b. They **wreathed** flowers and leaves into a garland. (그들은 꽃과 잎을 엮어서 화환을 만들었다.)

1.2. 다음 주어는 목적어를 엮는다.

(2) a. The children **weathed** a chain of flowers.(그 아이들은 꽃을 고리로 엮었다.)

b. The girls **weathed** a wreath of roses and tulips. (그 소녀들은 장미와 튤립 화환을 엮었다.)

1.3. 다음 주어는 목적어를 다른 개체에 감는다.

(3) a. He **wreathed** his leg around a stool.(그는 다리를 의자에 감았다.)

b. They **wreathed** flowers around the steel frame. (그들은 꽃을 그 철 틀 주위에 감았다.)

1.4. 다음 주어는 그 자체가 목적어 주위를 감는다.

(4) a. A circle of flowers **wreathed** the tree.(화환이 나무 주위를 감았다.)

b. Mist **wreathed** the hilltops.(안개가 언덕 꼭대기를 감았다.)

1.5. 다음은 수동태 문장으로 주어는 다른 개체가 감긴 다.

(5) a. The poet's brow was **wreathed with** laurel.(그 시인의 이마는 월계관이 씌워졌다.)

b. The angel was **wreathed with** a halo.(그 천사는 후광으로 둘러 싸였다.)

c. The doors of the house were **wreathed with** flowers.(그 집 문은 꽃들로 둘러 싸여 있었다.)

d. The mountains were **wreathed in** mist/cloud.(산들은 안개/구름으로 둘러 싸여 있었다.)

e. She was **wreathed in** smiles.(그녀는 만면에 웃음

을 띄었다.)

2. 자동사 용법

2.1. 다음 주어는 다른 개체의 주위를 감는다.

(6) a. The fog **wreathed round** the street light.(그 안개는 가로등 주위를 감싸고 있었다.)

b. The snake **wreathed around** the tree.(그 뱀은 나무를 감고 있었다.)

2.2. 다음 주어는 원을 그리며 움직인다.

(7) Smoke was **wreathing upwards** into the sky.(연기가 하늘로 원을 그리며 올라가고 있었다.)

wreck

이 동사의 개념 바탕에는 부수어서 망가뜨리는 과정이 있다.

1. 타동사 용법

1.1. 다음 주어는 목적어를 부순다.

(1) a. I hope he doesn't **wreck** the car.(나는 그가 그 차를 부수지 않기를 바란다.)

b. I **wrecked** a good stereo by not following the instruction properly.(나는 지시 사항대로 잘 따르지 않아서 좋은 스테레오를 망가뜨렸다.)

c. Workers **wrecked** an old house.(일꾼들이 낡은 집을 부수었다.)

d. Robbers **wrecked** the mail train.(강도들이 그 우편 기차를 부수었다.)

1.2. 다음은 수동태 문장으로 주어는 부수어지는 개체이다.

(2) a. The ship was **wrecked** on the rocks.(그 배는 암석에 부딪혀 부수어졌다.)

b. We're **wrecked** off the coast of Okpo.(우리는 옥포만 해안 근처에서 난파되었다.)

c. Hundreds of old buildings were **wrecked** by the earthquake.(수백 개의 낡은 건물이 지진으로 파괴되었다.)

d. The building was **wrecked** because it was not safe.(그 건물은 안전하지 않아서 헐렸다.)

e. The telephone box was **wrecked** by vandals.(그 전화박스는 파괴자들에 의해 부수어졌다.)

1.3. 다음의 주어는 사람이 아닌 개체이고, 목적어도 추상적인 개체이다. 주어는 목적어를 부순다.

(3) a. A long period of overspending **wrecked** their finances.(과잉 지출의 긴 기간이 그들의 재정을 망쳤다.)

b. The hard work **wrecked** her.(그 어려운 일은 그녀를 망쳤다.)

c. Her drinking problem **wrecked** her health and marriage.(그녀의 음주 습성은 그녀의 건강과 결혼 생활을 망치게 했다.)

1.4. 다음 주어는 목적어를 망친다.

(4) a. You're **wrecking** my whole life.(너는 나의 전 인생을 망치고 있다.)

b. A serious injury almost **wrecked** his career.(어떤 심각한 상처가 그의 경력을 거의 망쳤다.)

c. I'm sorry if I **wrecked** your weekend.(내가 당신의 주말을 망치게 했다면 유감입니다.)

d. The car broke down on the first day, which completely **wrecked** our holiday.(차는 첫 번째 날에 고장이 나서, 우리의 휴일을 완전히 망쳤다.)

e. The weather/the strike has completely **wrecked** our plans.(날씨/파업은 우리의 계획을 완전히 망쳤다.)

f. His hopes were **wrecked** when he failed the examination.(그가 시험에 실패하자, 그의 희망은 부서졌다.)

1.5. 다음의 목적어는 기회이다. 기회도 망가지는 것으로 개념화된다.

(5) a. The scandal **wrecked** the politician's chances of being elected.(스캔들은 그 정치인들의 선출될 가능성을 망쳤다.)

b. His behavior may **wreck** the chances of promotion.(그의 행동은 승진의 가능성을 망칠지도 모른다.)

c. His prison record **wrecked** his chances of becoming a lawyer.(그의 감옥살이 기록은 변호사가 될 가능성을 망쳤다.)

wrench

이 동사의 개념 바탕에는 갑자기 세게 비트는 과정이 있다.

1. 타동사 용법

1.1. 다음 주어는 목적어를 비튼다.

(1) a. He had to **wrench** the door handle to open it.(그는 그 문을 열기 위해서 문의 손잡이를 비틀어야만 했다.)

b. He grabbed my hand and **wrenched** it behind my back.(그는 내 손을 잡고 등 뒤로 비틀었다.)

c. The man **wrenched** the lid of the box.(그 남자는 상자의 뚜껑을 비틀었다.)

1.2. 다음 주어는 목적어를 비틀어서 어떤 상태에 들게 한다.

(2) He **wrenched** the lid open.(그는 뚜껑을 비틀어 열었다.)

1.3. 다음 목적어는 비틀어서 떨어져 나오는 개체이다.

(3) a. His words **wrenched** a sob from her.(그의 말은 그녀로부터 울음을 나오게 했다.)

b. She **wrenched** the letter from my hand.(그녀는 편지를 내 손을 비틀어서 빼앗았다.)

c. He **wrenched** an apple off the tree.(그는 사과를 나무에서 비틀어서 떼었다.)

d. He **wrenched** the nail out of the board.(그는 그 못을 게시판으로부터 비틀어서 뺐다.)

e. The policeman **wrenched** the pistol out of the kid's hand.(경찰관은 권총을 아이의 손으로부터 비틀어 빼앗았다.)

1.4. 다음은 수동태 문장으로 주어는 비틀어서 떨어져 나온다.

(4) a. The handle is **wrenched off** the door.(그 손잡이는 문에서 비틀어 떨어진다.)

b. The knife is **wrenched out** of the baby's hand.(그 칼은 아이의 손으로부터 비틀어서 떨어진다.)

1.5. 다음에서 주어는 자신을 어디에서 떼어낸다.

(5) a. Tom struggled to **wrench** himself **free** from her grasp.(톰은 그녀의 손아귀에서 자유롭게 되려고 안간힘을 썼다.)

b. He **wrenched** himself **away** from her.(그는 그녀로부터 비틀어서 빠져나왔다.)

1.6. 다음 주어는 목적어를 삔다.

(6) a. I **wrenched** my leg playing soccer.(나는 축구를 하다가 다리를 삐었다.)

b. He **wrenched** his wrist/his shoulder.(그는 손목/어깨를 삐었다.)

c. He **wrenched** his ankle when he fell off his skis.(그는 스키에서 떨어졌을 때 발목을 삐었다.)

d. She **wrenched** her back when she lifted up the heavy box.(그녀는 무거운 상자를 들어올릴 때 등을 삐었다.)

1.7. 누가 어떤 사람을 비틀면, 비틀리는 사람은 아픔을 느낀다. 이 아픔은 정신적 아픔이 확대된다.

(7) a. It **wrenched** us to say good bye.(작별 인사가 우리를 아프게 했다.)

b. It **wrenched** us to leave him behind.(그를 뒤에 남겨두는 것은 우리를 아프게 했다.)

1.8. 다음은 수동태 문장으로 주어는 괴로움을 받는다.

(8) a. She was **wrenched by** the terrible news.(그녀는 끔찍한 소식으로 몹시 괴로워졌다.)

b. He was **wrenched by** the separation.(그는 이별로 인해 몹시 괴로워졌다.)

1.9. 다음 주어는 목적어를 비틀리게 한다. 즉 왜곡시킨다.

(9) a. He **wrenched** the fact out of context.(그는 사실을 문맥 밖에서 왜곡시켰다.)

b. He **wrenched** the facts to make the report more interesting.(그는 사실을 왜곡시켜 그 보고서를 더 재미있게 만들었다.)

1.10. 다음 주어는 목적어를 비틀어서 움직인다. 목적어는 정신이다.

(10) a. He **wrenched** my mind **back** to the present.(그는 내 마음을 현재로 되돌렸다.)

b. He **wrenched** his mind **off** the thought.(그는 자신의 마음을 그 생각에서 억지로 떼었다.)

2. 자동사 용법

2.1. 다음 주어는 애를 써서 벗어난다.

(11) She **wrenched away** and dashed off.(그녀는 애써서 벗어나 돌진했다.)

2.2. 다음 주어는 at의 어느 목적어에 부분적인 영향을 준다.

(12) a. He **wrenched at** the doorknob.(그는 문 손잡이를 비틀어 보았다.)

b. Her words **wrenched at** my heart.(그녀의 말은 내 가슴을 비틀었다.)

wrest

이 동사의 개념 바탕에는 비트는 과정이 있다.

1. 타동사 용법

1.1. 다음 주어 목적어를 비틀어서 전치사 from의 목적어에서 빼앗는다.

(1) a. He wrested the gun/the dagger from the burglar. (그는 총/칼을 강도로부터 비틀어서 빼앗았다.)

b. I tried to wrest the toy from the boy's hand. (나는 장남감을 그 소년으로부터 비틀어서 빼앗으려고 애썼다.)

c. I wrested the picture from his grasp. (나는 사진을 그의 꽉 쥔 손에서 비틀어서 빼앗았다.)

d. He wrested the suitcase from the chauffeur. (그는 옷가방을 운전사의 손을 비틀어서 뺏어갔다.)

e. He wrested the gun out of the burglar's hand. (그는 총을 강도의 손을 비틀어서 빼앗았다.)

1.2. 다음 주어는 목적어를 비틀어서 빼앗는다. 목적어는 추상적인 개체이다.

(2) a. I managed to wrest reluctant permission from him. (나는 그로부터 내키지 않는 허락을 비틀어서 가까스로 얻어냈다.)

b. He wrested a confession from him. (그는 자백을 그로부터 억지로 받아냈다.)

c. They wrested power from the king. (그들은 권력을 왕으로부터 억지로 빼앗았다.)

d. We wrested a victory from the enemy. (우리는 승리를 적으로부터 간신히 얻어냈다.)

e. We wrested an important secret from her. (우리는 중요한 비밀을 그녀로부터 어렵게 알아냈다.)

f. He tried to wrest control of the business from the stock holders. (그는 사업의 경영권을 주주들로부터 억지로 빼앗으려고 애썼다.)

g. The farmer wrested their living from the barren soil. (그 농부는 생계를 척박한 땅에서 얻어냈다.)

1.3. 다음 주어는 목적어를 비튼다. 목적어는 추상적 개체이다.

(3) a. He wrested the facts to fit his theory. (그는 사실을 자신의 이론에 맞추기 위해 왜곡했다.)

b. You wrest my words from the real meanings. (당신은 내 말을 실제 뜻과 다르게 왜곡한다.)

wrestle

이 동사의 개념 바탕에는 맞붙어 싸우는 과정이 있다.

1. 타동사 용법

1.1. 다음 주어는 목적어와 맞붙어 싸운다.

(1) a. He wrestled the mugger to the ground. (그는 강도를 땅바닥에 쓰러뜨렸다.)

b. He wrestled me down. (그는 나를 쓰러뜨렸다.)

1.2. 다음 주어는 목적어를 힘들게 움직인다.

(2) a. He wrestled the heavy box along the corridor. (그는 무거운 상자를 힘들게 복도를 따라 끌고 갔다.)

b. He wrestled the box up the stairs. (그는 상자를 계

단 위로 힘들게 옮겼다.)

2. 자동사 용법

2.1. 다음 주어는 씨름을 하듯 힘들게 싸운다.

(3) a. He's wrestling against adversity. (그는 역경과 싸우고 있다.)

b. He wrestled against a strong opponent. (그는 강한 상대에 대항해서 싸웠다.)

2.2. 다음 주어는 레슬링을 한다.

(4) a. He wrestled for his high school team. (그는 고등학교 팀에서 레슬링을 했다.)

b. The boys are wrestling in the gym. (그 소년들은 체육관에서 레슬링을 하고 있는 중이다.)

c. He hasn't wrestled for years. (그는 수년간 레슬링을 하지 않았다.)

2.3. 다음 주어는 전치사 with의 목적어를 어렵게 다룬다.

(5) a. I am wrestling with my math problems/a serious problem. (나는 수학 문제/심각한 문제와 씨름 중이다.)

b. He is wrestling with a large box. (그는 큰 상자와 씨름하고 있는 중이다.)

c. Several passengers were wrestling with their luggage. (여러 승객들은 짐과 씨름하고 있었다.)

d. He wrestled with temptation. (그는 유혹과 싸웠다.)

2.4. 주어는 전치사 with의 목적어를 상대로 싸운다.

(6) a. The kids were wrestling with each other. (그 아이들은 서로를 상대로 싸우고 있는 중이었다.)

b. The guard wrestled with the intruder. (경비원은 그 침입자와 싸우고 있었다.)

2.5. 다음 주어는 노력을 한다.

(7) a. She wrestled to look serious. (그녀는 심각한 표정을 지우려고 애썼다.)

b. He wrestled to look calm. (그는 침착하게 보이려고 애썼다.)

wring

이 동사의 개념 바탕에는 비틀어서 짜는 과정이 있다.

1. 타동사 용법

1.1. 다음 주어는 목적어를 짜거나 쥐튼다.

(1) a. Car dealers are wringing their hands over the low sales this summer. (자동차 판매업자들은 이번 여름 낮은 판매량에 대해 양손을 쥐어틀고 있다.)

b. He looked dazed and wrung his hands., (그는 멍해 보였고 손을 꽉 쥐어짰다.)

c. He wrung his hands in anguish. (그는 고통으로 손을 꽉 쥐어짰다.)

d. I'll wring his neck if he does that again. (나는 그가 그것을 다시 하면 그의 목을 비틀어 버리겠다.)

e. The robber tried to wring the cashier's neck. (강도는 현금 수납원의 목을 비틀려고 했다.)

f. Shut up or I'll wring your neck. (입 다물어라 그렇지 않으면 네 목을 비틀겠다.)

g. He wrung the neck of the chicken. (그는 병아리의 목을 비틀었다.)

h. The bully **wrung** the boy's arm.(그 불량배는 그 소년의 팔을 잡아 틀었다.)

1.2. 다음 주어는 목적어를 쥐어짜듯 아프게 한다.

(2) a. The sight of the orphan **wrung** her heart.(그 고아의 모습은 그녀의 마음을 아프게 했다.)

b. Their poverty **wrung** our heart.(그들의 가난은 우리의 마음을 아프게 했다.)

c. Misery **wrings** out heart. (비참이 우리의 마음을 아프게 한다.)

d. David was **wringing** my heart.(데이비드가 내 마음을 쥐어 짜듯이 아프게 하고 있었다.)

1.3. 다음 주어는 목적어를 짜낸다. 목적어는 물이다.

(3) a. He **wrung** the water from his soaking shirt.(그는 흠뻑 젖은 셔츠에서 물을 짜냈다.)

b. She **wrung** out the water from the wet washcloth. (그녀는 젖은 수건에서 물을 짜내었다.)

c. She **wrung** water out of the cloth.(그녀는 물을 그 천으로부터 짜냈다.)

d. I **wring** the water out of the sponge and wiped the counter.(그는 그 물을 스폰지에서 짜고 나서 카운터를 닦았다.)

1.4. 다음 주어는 목적어를 짜낸다. 목적어는 돈등의 추상적인 개체이다.

(4) a. Ranchers must **wring** more dollars out of their land.(목장주들은 자신들의 땅에서 반드시 더 많은 돈을 우려내야 한다.)

b. The boy **wrung** money out of his classmate.(그 소년은 돈을 학급친구로부터 억지로 갈취했다.)

c. He **wrung** truth out of the woman. (그는 진실을 그 여자로부터 억지로 짜내었다.)

d. The police **wrung** a confession out of the murderer.(경찰은 그 살인자에게서 자백을 억지로 짜냈다.)

e. They captured the spy and **wrung** the secret password out of him.(그들은 그 스파이를 붙잡아서 그에게서 비밀 암호를 간신히 짜냈다.)

f. We have **wrung** a promise out of the politician.(우리는 약속을 그 정치가에게서 간신히 얻어냈다.)

1.5. 다음에서 주어는 행위자이고 목적어는 물기 같은 것을 머금고 있는 개체이다.

(5) a. He **wrung** wet laundry.(그는 젖은 세탁물을 짰다.)

b. I **wrung** my wet hat after I came inside from the rain.(나는 비 맞고 집에 온 후에 젖은 모자를 짰다.)

c. Please **wring** out the wet rag when you finish with it.(그 젖은 걸레를 다 사용하고 났을 때에 그것을 짜주십시오.)

d. She **wrung** out the clothes and hung them up to dry.(그녀는 옷을 짜고 나서 그것을 위에 걸어 말리도록 했다.)

e. Susan **wrung** the sponge.(수잔은 스폰지를 비틀어 짰다.)

f. **Wring** out your wet bathing suit.(너의 젖은 수영복을 짜내어라.)

g. She **wrung** the washcloth out.(그녀는 수건을 짜내었다.)

1.6. 다음 주어는 목적어를 곡해한다.

(6) He **wrung** the words from their true meanings.(그는 그 단어들의 참뜻을 곡해했다.)

write

이 동사의 개념 바탕에는 쓰는 과정이 있다.

1. 타동사 용법

1.1. 다음 주어는 목적어를 쓴다.

(1) a. Please **write** out your name in full.(당신의 이름을 완전히 기재해 주세요.)

b. He **wrote** his name in the hotel register.(그는 자신의 이름을 호텔 숙박부에 기재했다.)

c. He **writes** English better than he speaks it.(그는 영어 쓰기를 말하기보다 더 잘한다.)

d. He can **write** Chinese characters.(그는 한자를 쓸 줄 안다.)

e. He **wrote** over his letter again.(그는 편지를 반복적으로 고쳐 썼다.)

f. He **wrote** down her name.(그는 그녀의 이름을 썼다.)

1.2. 다음 주어는 목적어를 써서 만든다.

(2) a. He has already **written** his will.(그는 이미 유언장을 작성했다.)

b. He **wrote** an epitaph on a stone.(그는 비명을 돌 위에 새겼다.)

c. Anne **wrote** a message on a note card.(앤은 전언을 메모지 위에 썼다.)

d. He **wrote** a poem/novel/report/draft.(그는 시/소설/기사/초고를 썼다.)

e. He **wrote** the letter in Korea.(그는 한국에서 편지를 썼다.)

f. She has **written** a software to check spelling.(그녀는 철자법을 확인하는 소프트웨어를 만들었다.)

g. He **wrote** out a prescription.(그는 처방을 썼다.)

h. He is **writing** a notice on the wall.(그는 공고를 벽에 쓰고 있다.)

i. Have you finished **writing** your term paper?(당신은 학기말 논문 다 쓰셨어요?)

1.3. 다음 주어는 목적어를 쓴다. 목적어는 악보이다.

(3) a. He **wrote** a wonderful melody for the song.(그는 멋진 멜로디를 노래에 붙였다.)

b. Beethoven **wrote** nine symphonies.(베토벤은 9개의 교향곡을 작곡했다.)

c. Mozart **wrote** his first symphony at the age of eight.(모차르트는 첫 번째 교향곡을 8살의 나이에 작곡했다.)

d. She **wrote** the first draft on the computer.(그녀는 컴퓨터로 첫번째 도안을 작성했다.)

1.4. 다음 주어는 목적어를 글로 쓴다.

(4) a. He is **writing** a life of a doctor.(그는 어떤 의사의 전기를 쓰고 있다.)

b. He **wrote** three days' events in his journal.(그는 삼일간의 사건을 자신의 일기에 기록했다.)

c. She **writes** all that happens.(그녀는 일어나는 모든 일을 기록한다.)

d. He **writes down** his thoughts.(그는 자신의 생각을 적어둔다.)

1.5. 다음 주어는 목적어를 쓴다. 목적어는 글씨이다.
(5) He **writes** a good hand.(그는 글씨를 잘 쓴다.)

1.6. 다음 주어는 목적어를 쓴다. 목적어는 글로 채워지는 개체이다.
(6) Don't **write** an application in red ink.(신청서를 빨간색 잉크로 작성하지 마시오.)

1.7. 다음 주어는 목적어를 써서 전치사 to의 목적어에 보낸다.
(7) a. He **wrote** a poem to me.(그는 시를 써서 나에게 보냈다.)

b. She **wrote** a thank-you note to me.(그녀는 감사의 편지를 써서 내게 보냈다.)

c. He **wrote** a letter to him.(그는 그에게 편지를 썼다.)

1.8. 다음 주어는 첫째 목적어를 써서 둘째 목적어에 보낸다.
(8) a. He **wrote** me a letter.(그는 나에게 편지를 보냈다.)

b. The doctor **wrote** me a prescription.(그 의사는 나에게 처방을 써 주었다.)

c. He **wrote** her a poem of praise.(그는 그녀에게 찬사의 시를 써서 보냈다.)

d. He **wrote** us a letter as soon as he reached China.(그는 우리에게 편지를 중국에 도착하자마자 보냈다.)

e. He **wrote** me the results.(그는 나에게 결과를 써 보냈다.)

f. She sat down and **wrote** me out a check.(그녀는 자리에 앉아서 나에게 수표를 써 줬다.)

g. She **wrote** her friend a postcard.(그녀는 친구에게 엽서를 보냈다.)

1.9. 다음 주어는 목적어를 쓴다. 목적어는 글을 받는 사람이다.
(9) Will you **write** me soon?(곧 내게 편지를 할 거지요?)

1.10. 다음 주어는 목적어를 사인을 해서 없앤다.
(10) Why don't you **write off** my debts?(내 빚을 탕감시켜 주시지 않겠습니까?)

1.11. 다음 주어는 목적어를 쓴다. 목적어는 쓴 양이다.
(11) He **wrote** ten pages.(그는 열 쪽을 썼다.)

1.12. 다음 주어는 인용문 속의 글을 쓴다.
(12) "I hope to see you next week," she **wrote**.(그녀는 "다음 주에 만났으면 좋겠다"고 썼다.)

1.13. 다음 주어는 첫째 목적어 (자신)를 둘째 목적어로 밝힌다.
(13) a. He **writes** himself a doctor.(그는 자신을 의사라고 쓴다.)

b. He **wrote** himself 'Bob'.(그는 자신을 Bob이라고 서명했다.)

1.14. 다음 주어는 that-절의 내용을 쓴다.
(14) a. Bacon **writes** that revenge is wild justice.(베이컨은 복수가 광기의 정의라고 쓴다.)

b. He **wrote** me that he would come to see me.(그는 나를 보러 오겠다고 나에게 편지를 썼다.)

c. He **wrote** me that he would try harder.(그는 좀 더 노력하겠다고 나에게 편지에 썼다.)

d. Longfellow **writes** that life is but an empty dream.(롱펠로는 인생은 한낱 허황된 꿈이라고 쓴다.)

e. Shakespeare **wrote that** women are frail.(셰익스피어는 여자는 약하다고 썼다.)

f. She **wrote that** she was going to leave.(그녀는 출발하겠다고 썼다.)

g. The poet **writes** in one of his books **that** man will never be perfect.(그 시인은 자신의 책들 중 하나에서 인간은 결코 완전하지 못할 것이라고 쓴다.)

1.15. 다음 주어는 의문사가 이끄는 절의 내용을 쓴다.
(15) a. He **wrote** me **when** she would come to see me.(그는 언제 그녀가 나를 만나러 올지 편지로 알려왔다.)

b. She **wrote** me **how** he escaped the fire.(그녀는 그가 어떻게 화재를 피했는지 적어 보냈다.)

2. 자동사 용법

2.1. 다음 주어는 전치사 to의 목적어에 글을 쓴다.
(16) a. He **wrote** to a newspaper.(그는 신문에 글을 썼다.)

b. He **writes** home once a month.(그는 한 달에 한 번 집에 편지를 쓴다.)

2.2. 다음 주어는 글을 쓴다.
(17) a. He can **write**.(그는 글을 쓸 줄 안다.)

b. She **writes** very badly/well.(그녀는 글씨를 아주 못/잘 쓴다.)

c. Please **write** with a pencil.(연필로 써 주세요.)

d. The children are learning to **write**.(아이들은 쓰기를 배우고 있다.)

e. He **wrote** in English.(그는 영어로 썼다.)

2.3. 다음 주어는 글을 쓴다.
(18) a. He **writes about** his personal experience.(그는 자신의 사적경험에 대한 글을 쓴다.)

b. He **wrote about** the businessman.(그는 그 사업가에 대한 글을 썼다.)

c. He **writes on** politics.(그는 정치에 대한 글을 쓴다.)

2.4. 다음 주어는 작곡을 한다.
(19) He **writes** in a sonata form.(그는 소나타 형식으로 작곡한다.)

2.5. 다음 주어는 잘 써진다. 주어는 도구이다.
(20) a. The pen **writes** beautifully.(그 펜은 잘 써진다.)

b. This pen **writes** poorly.(이 펜은 잘 안 써진다.)

2.6. 다음 주어는 작가로서 글을 쓴다.
(21) a. His ambition is to **write** for the stage.(그의 꿈은 무대를 위한 글을 쓰는 것이다.)

b. He **writes** for a living.(그는 글을 업으로 삼고 있다.)

c. He **writes** for TV/the stage.(그는 TV/무대를 위한 글을 쓴다.)

d. He is **writing** for a message.(그는 용건을 남기고 있다.)

e. The writer began **writing** at the age of 30.(그 작가는 30세의 나이에 글을 쓰기 시작했다.)

2.7. 다음은 수동태 문장으로 주어는 쓰여져 있다.
(22) a. Amusement is **written** on his face.(재미가 그의 얼굴에 쓰여져 있다.)

b. Happiness is **written** in his smile.(행복이 그의 미소에 쓰여져 있다.)

c. Honesty is **written** in/on his faces.(정직함이 그의

        얼굴에 쓰여져 있다.)

  d. Joy is **written** all over her face.(기쁨이 그녀의 온 얼굴에 쓰여져 있다.)

  e. Quiet was **written** all over her face.(평온함이 그녀의 온 얼굴에 쓰여져 있었다.)

  f. Sadness is **written** on the face.(슬픔이 얼굴에 쓰여져 있다.)

2.8. 다음 주어는 목적어를 부정사가 가리키는 일을 하게 글로 알린다.

(23) a. He **wrote** me to send him back the book.(그는 그 사람에게 그 책을 되돌려 보내라고 나에게 써왔다.)

  b. I **wrote** my friend to come.(나는 친구에게 놀러오라고 편지를 썼다.)

  c. Mother **wrote** me to come home at once.(어머니는 나에게 당장 집에 오라고 쓰셨다.)

2.9. 다음 주어는 전치사 to의 목적어에게 글을 쓴다.

(24) a. She **wrote** to me from Seoul.(그녀는 서울에서 내게 편지를 보내왔다.)

  b. **Write** to me in detail about your trip to Korea.(당신의 한국 여행에 대해서 자세히 써서 나에게 보내주세요.)

  c. He **wrote** to me complaining about the car I sold him.(그는 내가 판 자동차에 대해 불평하는 글을 보내왔다.)

  d. He **wrote** to his father for money.(그는 아버지에게 돈을 보내달라는 글을 썼다.)

writhe

이 동사의 개념 바탕에는 발작적으로 꿈틀거리는 과정이 있다.

1. 자동사 용법

1.1. 다음의 주어는 꿈틀거린다.

(1) a. The embarrassing situation made me **writhe**.(당혹스런 상황은 나를 몸부림치게 만들었다.)

  b. His body **writhed**, his face contorted, his eyes rolled wildly.(그의 몸은 몸부림치고, 그의 얼굴은 찡그려지고, 그의 두 눈알을 사납게 부라렸다.)

  c. The snake **writhed** as the truck ran over it.(그 트럭이 그 뱀을 넘어가자, 그것은 몸부림쳤다.)

  d. He lay **writhing** in pain/agony.(그는 고통/고뇌로 괴로워하며 누워 있었다.)

1.2. 신체적 꿈틀거림은 정신적 꿈틀거림에도 확대된다. 주어는 괴로워 한다.

(2) a. He is **writhing** with anger/hate/shame.(그는 분노/증오/부끄러움으로 괴로워하고 있다.)

  b. He was **writhing** with embarrassment.(그는 당황하며 괴로워하고 있었다.)

  c. The subject makes her **writhe** with embarrassment.(그 내용은 그녀를 당황하게 하여 몸부림치게 만든다.)

1.3. 다음 주어는 꿈틀거리며 이동한다.

(3) a. The snake was **writhing** around wildly, trying to get free.(그 뱀은 달아나려고 애쓰며 맹렬히 이리저리 몸부림치며 움직이고 있었다.)

  b. She **writhed about** when I tickled her, but she couldn't get away.(그녀는 내가 그녀를 간지르자, 이리저리 몸부림쳤지만 달아날 수는 없었다.)

wrong

이 동사의 개념 바탕에는 wrong의 형용사 '그르다'가 있다. 동사의 뜻은 이 형용사의 뜻과 관련된다.

1. 타동사 용법

1.1. 다음 주어는 도덕적으로나 정신적으로 목적어에 피해를 준다.

(1) a. She **wronged** Ben when she spread malicious gossip about him.(그녀는 그녀 자신이 벤에 관한 악의 있는 험담을 퍼뜨렸을 때 그에게 피해를 주었다.)

  b. I **wronged** him by saying he had lied.(나는 그가 거짓말을 했다고 말해서 그에게 피해를 주었다.)

  c. He has **wronged** you in believing you unfaithful.(그는 당신이 불성실하다고 믿는 점에서 당신에게 피해를 주었다.)

1.2. 다음은 수동태 문장으로, 주어는 피해를 입는다.

(2) a. He felt deeply **wronged** by her allegations.(그는 그녀의 근거 없는 주장에 깊이 피해를 받고 있다고 느꼈다.)

  b. Susan was **wronged** when she was fired from her job.(수잔은 직장에서 해고되었을 때 부당한 취급을 받았다.)

  c. They were **wronged** by the committee's decision.(그들은 그 위원회의 결정으로 인해 피해를 보고 있었다.)

  d. I felt I had been grievously **wronged**.(나는 내가 가혹하게 부당한 취급을 받는다고 느꼈다.)

1.3. 다음 주어는 목적어를 속여서 전치사 of의 목적어를 빼앗는다.

(3) a. He **wronged** her out of her money.(그는 그녀를 속여서 돈을 빼앗았다.)

  b. The swindler **wronged** the old man out of his house.(사기군은 노인을 속여서 그의 집을 빼앗았다.)

y

yank

이 동사의 개념 바탕에는 잽싸게 당기는 과정이 있다.

1. 타동사 용법
1.1. 다음 주어는 목적어를 홱 잡아당긴다.
(1) a. The baby yanked the corner of the table cloth, and a bottle of red wine tripped over.(그 아기는 탁자보의 모서리를 홱 잡아당겨서 적포도주 병이 넘어졌다.)

b. I tried to yank the plant by its roots.(나는 식물의 뿌리를 잡아당기려고 애썼다.)

1.2. 다음 주어는 목적어를 당겨서 목적어가 열린다.
(2) a. He yanked the door open.(그는 문을 홱 당겨 열었다.)

b. Joe yanked the door open and left the room.(조는 문을 홱 당겨 열고는 방을 나갔다.)

c. He yanked the drawer open.(그는 서랍을 홱 당겨 열었다.)

1.3. 다음 주어는 목적어를 당겨낸다.
(3) a. He yanked her out of the car/the chair.(그는 차/의자에서 그녀를 홱 잡아당겨내었다.)

b. She yanked the child out of the mud.(그녀는 그 아이를 진흙에서 홱 잡아당겨내었다.)

c. He was yanking the cork out of a bottle.(그는 코르크 마개를 병에서 홱 잡아 당겨내고 있었다.)

d. He yanked the nail/the tooth out.(그는 손톱/이빨을 홱 잡아 뽑았다.)

e. Please yank out the plug.(플러그를 잡아 뽑아 주십시오.)

f. She fell into the pool, but her father soon yanked her out.(그녀는 수영장에 빠졌으나, 그녀의 아버지가 곧 그녀를 당겨서 건져내 주었다.)

g. He was yanked out of the school.(그는 학교에서 쫓겨났다.)

1.4. 다음 주어는 목적어를 당겨내거나 넣는다.
(4) a. I yanked my hand away from the hot stove.(나는 뜨거운 스토브에서 손을 홱 잡아당겼다.)

b. He yanked a fish from the water.(그는 물고기를 물에서 홱 잡아당겨 올렸다.)

c. She yanked the child back into the house.(그녀는 그 아이를 홱 잡아당겨 집안으로 다시 들어가게 했다.)

d. The baby yanked his bib off and threw it down.(그 아기는 턱받이를 홱 잡아 떼어서 그것을 아래로 던졌다.)

e. He yanked his jacket off the hook.(그는 재킷을 옷걸이에서 홱 잡아 뽑았다.)

f. Mom yanked the bed cloth off Sue.(엄마는 침대 덮개를 수에게서 홱 잡아챘다.)

g. He yanked me to my feet in a moment.(그는 나를 순식간에 일어서게 홱 잡아당겼다.)

2. 자동사 용법
2.1. 다음 주어는 at의 목적어를 당기려고 한다.
(5) a. Lisa yanked at my arm.(리사는 내 팔을 홱 잡아당겼다.)

b. He yanked on the rope.(그는 밧줄을 홱 잡아당겼다.)

c. I yanked on my dog's leash when he started to pull.(나는 내 개가 끌어당기기 시작하자 목끈을 잡고 홱 잡아당기려고 했다.)

d. He yanked on her ponytail.(그는 그녀의 머리타래를 홱 잡아당기려고 했다.)

e. Sue yanked on the rope so hard and snapped it.(수가 밧줄을 홱 잡아당기려고 하는데 그것이 끊어졌다.)

f. He yanked on the doorknob.(그는 문손잡이를 홱 잡아당기려고 했다.)

yawn

이 동사의 개념 바탕에는 하품을 하는 과정이 있다.

1. 자동사 용법
1.1. 다음 주어는 하품을 한다.
(1) a. He yawned heavily.(그는 크게 하품을 했다.)

b. She yawned during the lecture.(그녀는 강의 시간 동안 하품을 했다.)

1.2. 하품의 특징은 입을 크게 벌리는 것이다. 다음 주어는 입을 크게 벌리듯 큰 틈을 보여준다.
(2) a. The deep ravine yawned in front of the bikers.(깊은 골짜기는 자전거 타는 사람들 앞에 크게 입을 벌리고 있었다.)

b. The pit/the hole yawned open in front of us.(그 구덩이/구멍은 우리 앞에서 크게 입을 벌리고 있었다.)

c. A wide gorge/a crevasse yawned beneath our feet.(넓은 골짜기/갈라진 틈이 우리 발 밑에 크게 입을 벌리고 있었다.)

2. 타동사 용법
2.1. 다음 따옴표 속의 문장은 주어가 하품을 하면서 한다.
(3) a. "I think I will go to bed," he yawned.("자러 가야할 것 같아"라고 그는 하품하며 말했다.)

b. "I am falling asleep," she yawned.("잠자고 있는 중이야"라고 그녀는 하품하며 말했다.)

2.2. 다음 주어는 하품을 하면서 목적어를 말한다.
(4) a. He yawned good night.(그는 하품하며 잘 자라고 말했다.)

b. He yawned a reply.(그는 하품하며 대답을 했다.)

yell

이 동사의 개념 바탕에는 큰 소리로 부르짖는 과정

이 있다.

1. 자동사 용법

(1) a. The boy yelled with pain.(그 소년은 아파서 큰소리를 질렀다.)

    b. The crowd yelled and shouted with delight.(관중은 기쁨으로 소리치고 외쳤다.)

    c. She yelled for help.(그녀는 도와달라고 외쳤다.)

    d. The kid was yelling for me from the bedroom.(그 아이는 나를 침대에서 큰소리로 부르고 있었다.)

1.2. 다음 주어는 at의 목적어에 (화가 나서) 외친다.

(2) a. Don't yell at me like that.(나에게 그런 식으로 고함치지 마세요.)

    b. We try not to yell at our children.(우리는 아이들에게 고함치지 않으려고 노력하고 있다.)

    c. There's no need to yell at me.(나에게 고함칠 필요는 없다.)

1.3. 주어는 목적어에 소리를 쳐서 목적어가 어떤 일을 하게 한다.

(3) a. He yelled at the boys to stop.(그는 그 소년들에게 멈추라고 소리쳤다.)

    b. She yelled at the child to get down from the wall.(그녀는 그 아이에게 벽에서 내려오라고 소리쳤다.)

    c. He yelled at her to be careful.(그는 그녀에게 조심하라고 소리쳤다.)

1.4. 다음 주어는 to의 목적어에 큰 소리로 외친다.

(4) a. He yelled to a friend across the street.(그는 길 건너에 있는 친구에게 소리를 질렀다.)

    b. She yelled to us over the stream. (그녀는 시내 건너편에 있는 우리에게 소리를 질렀다.)

2. 타동사 용법

2.1. 주어는 큰소리로 따옴표 속의 말을 외친다.

(5) a. "Speed up!" he yelled to the driver.("속력을 올려!"라고 그는 운전사에게 외쳤다.)

    b. "Come back," they yelled.("돌아와"라고 그들은 외쳤다.)

2.2. 다음 주어는 큰 소리로 목적어를 전달한다.

(6) a. They yelled their hellos/orders.(그들은 인사/주문을 큰 소리로 했다.)

    b. The crowd yelled encouragement at their players.(그 관중은 선수들에게 격려를 외쳤다.)

    c. She yelled the message to me from across the street.(그녀는 길 건너에서 그 전언을 나에게 큰소리로 외쳤다.)

    d. He yelled good-bye as he left.(그는 떠나면서 큰소리로 작별 인사를 했다.)

2.3. 주어는 다른 사람이 들을 수 있게 목적어를 말한다.

(7) a. He yelled out insult.(그는 모욕적인 말을 퍼부었다.)

    b. He yelled out curses.(그는 저주를 큰 소리로 했다.)

    c. He yelled out orders at everyone.(그는 명령을 모두에게 큰소리로 외쳤다.)

    d. The guard yelled a warning to us.(경비원은 우리에게 큰소리로 경고를 했다.)

---

    e. We yelled our goodbyes as the bus moved away.(우리는 버스가 멀리 떠날 때 큰소리로 작별 인사를 했다.)

2.4. 다음 주어는 소리를 쳐서 머리가 떨어져 나가게 한다.

(8) He yelled his head off.(그는 머리가 떨어져나가라 소리를 질렀다.)

yield

이 동사의 개념 바탕에는 내어놓는 과정이 있다.

1. 타동사 용법

1. 다음 주어는 목적어를 생산한다.

(1) a. Fertile soil yields good crops.(기름진 땅은 좋은 곡물을 생산한다.)

    b. How much milk does the cow yield?(얼마나 많은 우유를 그 소는 생산하는가?)

    c. The field yielded a good crops of potatoes last year.(그 밭은 작년에 좋은 감자 수확을 생산했다.)

1.2. 다음 주어는 목적어를 내어놓는다.

(2) a. The talks between the two countries yielded no results(두 나라 사이의 대화는 아무런 결과도 내어놓지 못했다.)

    b. The experiments yielded new insights.(그 실험들은 새로운 통찰을 내어놓았다.)

    c. The task failed to yield any result.(그 관계는 어떠한 결과도 내어놓지 못했다.)

    d. The investigation yielded no further information.(그 조사는 더 이상의 정보를 내어놓지 못했다.)

1.3. 다음 주어는 목적어를 내어놓는다. 목적어는 주어가 가지고 있는 소유물, 통제권 등등이다.

(3) a. They yielded the fortress.(그들은 요새를 포기했다.)

    b. He unwillingly yielded his consent to the proposal.(그는 어쩔 수 없이 그 제안에 동의를 내어놓았다.)

    c. He yielded his property to the state.(그는 그의 재산을 국가에 양도했다.)

    d. In the end, she had to yield control of the school.(결국 그녀는 학교의 통제권을 포기해야 했다.)

2. 자동사 용법

2.1. 다음 주어는 생산한다.

(4) a. The land yields well.(그 땅은 좋은 수확을 낸다.)

    b. The apple trees yield well/poor.(그 사과나무는 좋은/나쁜 수확을 냈다.)

2.2. 다음 주어는 전체나 일부가 제자리에서 떨어져 나간다.

(5) a. The dam eventually yielded, and collapsed under the weight of water.(그 댐은 결국 물의 무게에 져서 무너졌다.)

    b. The roof has yielded under an enormous weight of snow.(그 지붕은 눈의 엄청난 무게에 무너졌다.)

2.3. 다음 주어는 전치사 to의 목적어에 굴복한다.

(6) a. He yielded to despair/temptation/pleasure/force.(그는 절망/유혹/쾌락/폭력에 굴복했다.)

b. Any lock will **yield** to a bit of brute force.(어떤 자물쇠도 막 힘에는 열린다.)

c. I have to **yield** to his superior wisdom.(나는 그의 우월한 지혜에 굴복해야 한다.)

d. He **yielded** to temptation, and had another cigar. (그는 유혹에 져서 담배를 한 대 더 피웠다.)

e. The government has not **yielded** to public opinion. (정부는 여론에 굴하지 않았다.)

f. The disease **yielded** to any treatment.(그 병은 어떤 치료에도 들었다.)

2.4. 다음 주어는 전치사 to의 목적어에 반응한다.

(7) a. The door was shut, but **yielded** to a gentle push.(문은 닫혀 있었지만, 살짝 밀어도 열렸다.)

b The gate would not **yield** to their blows.(대문은 그들의 강타에도 열리지 않았다.)

c. The president **yielded** to pressure and stepped down.(대통령은 압력에 굴해서 사임했다.)

d. Radio has been under pressure to **yield** to television.(라디오가 텔레비전에 굴해야 하는 압력하에 처해 있다.)

zero

이 동사의 개념 바탕에는 영점 조준을 하는 과정이 있다.

1. 자동사 용법

1.1. 다음 주어는 범위를 좁혀서 표적에 이른다.

(1) a. Computers help the pilot to zero in on their targets.(컴퓨터가 비행조종사를 도와서 목표에 조준하게 한다.)

    b. They zeroed in on the key issues.(그들은 그 주요 쟁점에 집중했다.)

    c. The plane zeroed in on the aircraft carrier.(그 비행기는 항공모함에 영점 조준을 했다.)

1.2. 다음 주어는 자신의 주의를 on의 목적어에 집중시킨다.

(2) a. I zeroed in on finishing my work before the deadline.(나는 마감일 전에 내 일을 끝내는 것에 집중했다.)

    b. She is good at zeroing in on an important idea.(그녀는 중요한 아이디어에 집중을 잘 한다.)

zip¹

이 동사의 개념 바탕에는 싱싱 소리를 내면서 움직이는 과정이 있다.

1. 자동사 용법

1.1. 다음 주어는 싱싱 소리를 내면서 지나간다.

(1) a. The car zipped along the street.(그 차는 싱싱 소리를 내면서 거리를 지나갔다.)

    b. The bullet train zipped along.(총알 급행열차가 쌩쌩 달려 지나갔다.)

    c. Cars zipped by on the highway.(차들이 고속도로 위로 쌩쌩 달려 지나갔다.)

    d. The car zipped in and out of traffic on the highway.(그 차는 그 고속도로의 차량들을 들락날락했다.)

    e. A plane zipped off into the air on taking off.(비행기가 이륙과 동시에 세차게 공중으로 날아갔다.)

    f. A bullet zipped past.(총알이 싱싱 지나갔다.)

    g. We were about to cross the street when a car zipped past us.(우리는 차가 쌩하고 우리 옆을 지나쳤을 때 막 길을 건너려던 참이었다.)

    h. The bullets zipped through the air.(그 총탄은 쌩쌩 공기를 가르며 날아갔다.)

    i. The rocket zipped up into the clouds.(그 로켓은 쌩쌩 구름 속으로 솟아올랐다.)

1.2. 다음 주어는 힘차게 빠르게 움직인다.

(2) a. For two weeks they zipped across Europe.(2주동안 그들은 유럽을 힘차고 빠르게 횡단했다.)

    b. I am going to zip along to the shop.(나는 그 상점까지 빨리 가겠다.)

    c. She zipped down the hill on a sled.(그녀는 언덕 아

래로 썰매를 타고 싱싱 내려왔다.)

    d. She zipped into the room and zipped out again.(그녀는 총알같이 방 안으로 들어가서 또 다시 총알같이 뛰쳐나왔다.)

    e. He zipped through the traffic on his bike.(그는 차량들 사이를 자전거를 타고 싱싱 달렸다.)

    f. We zipped through customs in no time.(우리는 곧바로 세관을 통과했다.)

    g. We zipped through our work.(우리는 금새 일을 마쳤다.)

1.3. 다음 주어는 빠르게 움직인다.

(3) The minutes simply zipped past.(그 분들이 금새 지나갔다.)

2. 타동사 용법

2.1. 다음 주어는 목적어를 빠르게 이동시킨다.

(4) a. The driver zipped us home.(그 운전사는 우리를 태우고 총알 같이 집까지 왔다.)

    b. The taxi zipped us to the airport in less than an hour.(택시는 우리를 한 시간도 못돼서 공항에 데리고 갔다.)

    c. They zipped the order through.(그들은 주문을 곧 이행했다.)

    d. If you want the book today, I can zip it round to you later.(그 책을 오늘 원하시면 잠시 후에 당신에게 갖다 드릴 수 있습니다.)

2.2. 다음 주어는 목적어를 기운이 나게 한다.

(5) a. The news zipped him up.(그 소식은 그를 활기차게 했다.)

    b. A little wine will zip up the punch.(약간의 포도주가 펀치의 맛을 돋울 것이다.)

zip²

이 동사의 개념 바탕에는 zip의 명사 '지퍼'가 있다.

1. 자동사 용법

1.1. 다음 주어는 닫힌다.

(1) a. The zipper won't zip.(그 지퍼는 잠기지 않는다.)

    b. This dress zips at the back.(이 옷은 뒤에서 지퍼를 잠근다.)

    c. My sleeping bag zips poorly.(내 침낭은 지퍼가 잘 잠기지 않는다.)

    d. The bag zips in easily.(그 가방은 지퍼로 쉽게 잠긴다.)

    e. The jacket won't zip up.(그 자켓의 지퍼는 잠기질 않는다.)

    f. The jacket zips up right to the neck.(그 재킷은 목까지 지퍼가 잠긴다.)

2. 타동사 용법

2.1. 다음 주어는 목적어를 잠근다.

(2) He is trying to zip the zipper.(그는 지퍼를 잠그려고

애쓰고 있다.)

2.2. 다음 주어는 목적어를 지퍼로 잠근다.

(3) a. Zip your trousers. (네 바지의 지퍼를 잠가라.)
   b. Zip up my dress, will you? (내 옷의 지퍼를 올려 주시겠어요?)
   c. He zipped his wallet shut/open. (그는 지갑의 지퍼를 잠갔다/열었다.)
   d. He zipped up his jacket. (그는 재킷의 지퍼를 올렸다.)

2.3. 다음 주어는 목적어를 잠근다. 목적어는 환유적으로 쓰였다.

(4) a. Could you zip me up please? (지퍼를 올려 주시겠어요?)
   b. Shall I zip you up? (지퍼를 올려 드릴까요?)

2.4. 다음 주어는 목적어를 지퍼가 달린 물건에 넣는다.

(5) a. He zipped his money into his wallet. (그는 돈을 지갑을 열고 넣었다.)
   b. Zip the camera into your bag. (그 카메라를 가방에 지퍼를 열고 넣어라.)

2.5. 다음은 수동태 문장으로 주어는 지퍼가 달린 개체에 넣어진다.

(6) a. The money was safely zipped inside my jacket. (그 돈은 내 재킷안에 안전하게 지퍼로 잠겼다.)
   b. The children were safely zipped into their sleeping bags. (그 아이들은 침낭속에 무사히 지퍼로 잠겨서 들어가 있었다.)

zone

이 동사의 개념 바탕에는 zone의 명사 '구획'이 있다. 동사의 의미는 이 명사의 용도와 관계가 있다.

1. 타동사 용법

1.1. 다음 주어는 목적어를 구획 짓는다.

(1) a. Zone the world into climate provinces. (세계를 기후 지역으로 구획을 지어라.)
   b. The city zoned the area into several districts. (그 도시는 그 지역을 여러개의 구역으로 나누었다.)

1.2. 다음 주어는 구획되어진 목적어를 특정한 용도로 지정한다.

(2) a. The city zoned the district as residential. (그 도시는 그 구역을 거주 지역으로 지정했다.)
   b. The town zoned the area as a shopping district. (도시는 그 지역을 상업 구역으로 지정했다.)
   c. The town zoned the center for office development. (도시는 그 중심지를 사무실 개발구역으로 지정했다.)
   d. The city zoned the neighborhood for two family houses. (그 도시는 이웃 지역을 두 가구 주거형태 지역으로 지정했다.)

1.3. 다음은 수동태 문장으로, 주어는 특별한 용도로 구획된다.

(3) a. The town center was zoned for office development. (그 도시 중심은 사무실 개발 지역으로 지정되었다.)
   b. His land is currently zoned for residential use. (그의 땅은 현재 주거 용도로 지정되어 있다.)
   c. The former dock yard has been zoned for official use. (이전의 부두는 공공 용도로 지정되어 왔다.)
   d. The neighborhood is not zoned for industry. (이웃 지역은 산업 지역으로 지정되어 있지 않다.)
   e. This part of the town is zoned as a shopping area. (도시의 이 부분은 상업 지구로서 지정된다.)

zoom

이 동사의 개념 바탕에는 빠르고 세차게 움직이는 과정이 있다.

1. 자동사 용법

1.1. 다음 주어는 빠르고 세차게 움직이면서 소리를 낸다.

(1) a. The plane zoomed across the sky. (비행기는 붕 소리를 내면서 하늘을 가로질러 빠르게 갔다.)
   b. The racing cars zoomed around the course. (경주용 차들은 코스 주위를 붕 소리를 내면서 빠르게 갔다.)
   c. The motor boat zoomed off. (동력 보트는 붕 소리를 내면서 빠르게 떠났다.)
   d. The car zoomed off up the road. (차는 붕 소리를 내면서 빠르게 떠나 길 위로 갔다.)
   e. We heard the jet zooming overhead. (우리는 제트기가 붕 소리를 내면서 머리 위를 빠르게 지나가는 소리를 들었다.)
   f. The cars zoomed past us on the highway. (차들은 붕 소리를 내면서 고속도로에서 우리를 지나갔다.)
   g. The jet zoomed through the sky. (그 제트기는 하늘을 통해 빠르게 지나갔다.)

1.2. 다음 주어는 빠르게 지나간다.

(2) a. He zoomed ahead of others. (그는 빠른 속도로 다른 사람들을 앞서 갔다.)
   b. In the last few meters of the race, he zoomed ahead. (경주의 마지막 몇 미터에서 그는 빨리 앞질렀다.)
   c. The boy zoomed down the track. (그 소년은 트랙 아래로 빠르게 뛰어갔다.)
   d. She zoomed past on her Honda. (그녀는 혼다를 타고 붕 소리를 내면서 지나갔다.)
   e. Tom went zooming past me on his new motorcycle. (톰은 모토 사이클을 타고 붕 소리를 내면서 나를 지나갔다.)
   f. They got into their car and zoomed off. (그들은 차를 타고 붕 소리를 내면서 떠나갔다.)

1.3. 다음 주어는 급상승한다.

(3) a. Prices zoomed. (값이 껑충 뛰었다.)
   b. Unemployment is zooming among graduates. (실업이 졸업생 사이에 급상승하고 있다.)
   c. Exports are zooming owing to the cheap dollar. (수출이 싼 달러 덕택에 급상승하고 있다.)
   d. Interest rates zoomed to 20% in the late 80s. (이자율이 1980년대 후반에 20 퍼센트까지 급상승했다.)
   e. The monthly production of cars zoomed up. (차의 월 생산이 급상승했다.)

1.4. 다음 주어는 피사체에 빠르게 접근한다.

(4) a. He zoomed in on the actor's face. (그는 배우의 얼

굴에 급하게 초점을 맞추었다.)

b. The camera **zoomed in on** the suspect's face.(카메라는 용의자의 얼굴에 급하게 초점을 맞추었다.)

c. Henry **zoomed in on** the weakest part of my argument.(헨리는 나의 주장 가운데 가장 약한 부분에 초점을 맞추었다.)

1.5. 다음 주어는 카메라로, 줌렌즈로 영상을 급격히 확대하거나 축소한다.

(5) Does this camera **zoom** or not?(이 카메라는 줌이 되나 안 되나?)

2. 타동사 용법

2.1. 다음 주어는 목적어를 붕 소리를 내면서 속력을 낸다.

(6) He **zoomed** the car ahead.(그는 그 차를 붕 소리를 내면서 앞질러 갔다.)

English Verb Dictionary A Cognitive Grammar View
참 | 고 | 문 | 헌

이기동. 1984. 다의어와 의미의 일관성. **인문과학**. 52:17-46

이기동. 1985. 낱말풀이의 개념상의 일관성. **국어학논총**, 어문연구회. 363-385.

이기동. 1986. 낱말의 의미와 범주화. **동방학지**. 50:289-332.

이기동. 1987. 사전 뜻풀이의 검토. **인문과학**. 57:89-118.

이기동. 1988. 인지문법소개(번역) **한글**. 200:359-410.
   (An introduction to cognitive grammar, by R.W. Langacker, *Cognitive Science*, 10: 1-40)

Binnick, R. 1971. Bring and come. *Linguistic Inquiry*, 2: 260-5.

Bolinger, Dwight L. 1977. *Meaning and Form*. London and New York: Longman.

Borkin, A. 1972. Two notes on *want* and *desire*. *Linguistic Inquiry*, 3: 378-385.

Borkin, A. 1973. To be or not to be. *CLS*, 9: 44-56.

Brugman, Claudia. 1981. The story of *over*, Berkeley: University of California master's thesis.

Dixon, R. M. W. 1973. The semantics of *giving*, in M. Gross, M. Halle, and M. P. Schutzenberger, eds., *The Formal Analysis of Natural Languages*. Mouton: the Hague. pp. 205-223.

Dixon, R. M. W. 1991. A *New Approach to English Grammar*. Oxford: Oxford University Press.

Fellbaum, C. 1989. Adverbs in agentless actives and passives. *Papers from the Parasession on Causatives and Agentivity*. *Chicago Linguistics Society*, 21, Part 2 21-31.

Fillmore, Charles. 1967. The grammar of hitting and breaking in R. Jacobs and P. Rosenbaum, (eds.) *Readings in English Transformational Grammar Waltham*, MA.: Ginn. 120-133.

Fillmore, Chalres J. 1968. The case for case, in Emmon Bach and Robert T. Harms, eds., *Universals in Linguistic Theory*. pp. 1- 88. New York: Holt, Rinehart and Winston.

Fraser, Bruce. 1971. A note on *spary paint* case. *Linguistic Inquiry*, 2: 603-7.

Givon, Talmy. 1979. *On Understanding Gramma*r. New York: Academic Press.

Givon, Talmy. 1984. *Syntax: A Functional-Typological Introduction*, vol.1. Amsterdam: John Benjamins.

Goldberb, Adele. 1995. A *Construction Grammar Approach to Argument Structure*. Chicago: University of Chicago Press.

Gruber, J. S. 1976. *Lexical Structures in Syntax and Semantics*. Amsterdam: North-Holland.

Gruber, J. S. 1976. *Look* and *see*. *Language,* 43: 937-947. Heiman

Hopper, Paul., and Sandra A. Thomson. 1980. Transitivity in grammar and discourse. *Language*, 56: 251-80.

Jeffries, L. and P. Willis. 1984. A return to *spray paint issue*. *Journal of pragmatics*, 8: 715-729.

Kimball, J. P. 1973. Get, in *Syntax and semantics* 2. New York: Seminar Press. pp. 205-215.

Lakoff, George. 1989. *Women, Fire and Dangerous Things: What Categories Reveal about the Mind*. Chicago: University of Chicago Press.

Langacker, Ronald W. 1982. Remarks on English aspect. In Paul Hoppwer, ed., *Tense-aspect*; *between Semantics and Pragmatics*, Amsterdam: John Benjamins.

Langacker, Ronald W. 1982. Space grammar, analyzability, and the English passive. *Language*, 58: 22-80.

Langacker, Ronald W. 1984. Active zones. *BLS*, 10: 172-88.

Langacker, Ronald W. 1985. Observations and speculations on subjectivity. In John Haiman (ed.), *Iconicity in Syntax*, Amsterdam: John Benjamins.

Langacker, Ronald W. 1986. Abstract motion. *BLS*, 12: 455-71.

Langacker, Ronald W. 1987. *Foundations of Cognitive Grammar*. Vol.1. Standford: Standford University Press.

Langacker, Ronald W. 1988. A view of linguistic semantics. In Brygida Rudzka-Ostyn, ed., *Topics in Cognitive Linguistics*, Amsterdam: John Benjamins.

Langacker, Ronald W. 1991. *Foundations of Cognitive Grammar*. Vol.2. Stanford: Stanford University Press.

Langacker, Ronald W. 1991. *Concept, Image, and Symbol*. Berlin: Mouton de Gruyter.

Levin, B. and S. Pinker. 1991. Introduction to special issue of cognition on lexical and conceptual semantics. *Cognition*, 41: 1-7.

Levin, Beth. 1993. *English Verb Classes and Alternations: a Preliminary Investigation.* Chicago: University of Chicago Press.

Lindner, Susan. 1982. What goes up doesn' t necessarily come down: The Ins and outs of opposites. *CLS*, 18: 305-323.

Mittwoch, A. 1982. On the difference between eating and eating something: activities versus accomplishment. *Linguistic Inquiry,* 13: 113-122.

Norvig, P. and G. Lakoff. 1987. Taking: a study in lexical network theory. *BLS*, 13: 195-206.

Perlmutter, D. M. 1970. On the two verbs *begin*, in R. Jacobs and P. Rosenbaum, eds. pp. 107-119.

Ross, J. R. 1972. More on *begin. Foundations of language*, 8: 574-577.

Rudzka-Ostyn, Brygida, ed., 1988. Topics in *Cognitive Grammar.* Amsterdam: John Benjamins.

Ruhl, Charles. 1989. *On Monosemy: a Study in Linguistic Semantics.* New York: State University of New York Press.

Tobin, Yishai. 1993. *Aspect in the English Verb.* London: Longmans.

van Oosten, Jeanne. 1977. Subjects and agenthood in English. *CLS*, 13: 459-71.

Wierzbicka, Anna. 1982. *The Grammar of Semantics.* Amsterdam: John Benjamins Publishing Company.

〈개정판〉

English Verb Dictionary

A Cognitive Grammar View

인지 문법에서 본 영어 동사 사전

1판 1쇄 2006년 10월 31일
2판 1쇄 2015년 11월 15일

저 자 / 이기동
발행인 / 김진수

펴낸곳/ 한국문화사
등 록/ 1991년 11월 9일 제2-1276호
주 소/ 서울특별시 성동구 광나루로 130 서울숲IT캐슬 1310호
전 화/ 02-464-7708
팩 스/ 02-499-0846
URL / www.hankookmunhwasa.co.kr
e-mail/ hkm7708@hanmail.net
가격 100,000원

ISBN 978-89-6817-292-2 01740

01740

ISBN 978-89-6817-292-2

이 도서의 국립중앙도서관 출판예정도서목록(CIP)은 서지정보유통지원시스템 홈페이지
(http://seoji.nl.go.kr)와 국가자료공동목록시스템(http://www.nl.go.kr/kolisnet)에서
이용하실 수 있습니다. (CIP제어번호: CIP2015028480)